쉬운
성경
NLT®

2nd Edition

	님께
주후   년   월   일
	드립니다.

The Agape Easy Bible & The New Living Translation 2nd Edition
Korean-English Parallel Bible

■ 쉬운성경 번역 위원 ■

· **유재원**(前 총신대학교 신학대학원 부총장) 창세기–여호수아
· **한정건**(고려신학대학원 명예교수) 사사기–열왕기하
· **손석태**(개신대학원대학교 명예총장·철학박사) 역대상–에스더
· **최종태**(前 아세아연합신학대학교대학원 구약학 교수) 욥기, 잠언–아가
· **류호준**(前 백석대학교 신학대학원 원장) 시편, 에스겔
· **김경래**(前 전주대학교 기독교학과 교수) 이사야–예레미야애가
· **김의원**(前 총신대학교 총장) 다니엘–말라기
· **이국진**(Noordwes Universiteit 신약학 박사·목사) 마태복음–누가복음
· **오광만**(前 대한신학대학원대학교 신약학 교수) 요한복음–고린도후서
· **박형용**(웨스트민스터신학대학원대학교 총장) 갈라디아서–요한계시록

■ 국어 감수 ■

· **정길남**(前 서울교육대학교 국어교육과 교수)

■ 교열 및 교정 위원 ■

· **박성배**(前 한국 문인협회 이사장·아동문학가)   · **송재찬**(前 신목초등학교 교사·동화작가)
· **이동태**(前 예일초등학교 교장·동화작가)   · **이희갑**(前 유석초등학교 교감·아동문학가)

간 행 사

「쉬운성경」과 New Living Translation 2nd edition의 만남!

저희 (주)아가페출판사에서는 지난 2003년 원문에서 번역한 아가페 「쉬운성경」과 미국 Tyndale 사의 New Living Translation(1996년판)을 대조한 한영성경을 출간하였습니다.

「쉬운성경」은 총 8년에 걸쳐 원문에서 번역하여 그 내용이 정확하고, 현대를 살아가는 사람이라면 누구나 쉽게 읽을 수 있도록 문장을 다듬어 그 내용이 쉽게 이해된다는 평가를 받고 있습니다. New Living Translation은 Tyndale 사에서 총 7년에 걸쳐 90 여명의 성경 번역자들이 새롭게 번역한 영어 성경으로 전 세계 성경 번역자들로부터 극찬을 받아왔습니다. 이 두 성경은 모두 원문의 내용을 충실하게 반영하되 현 시대의 성도들이 쉽게 이해할 수 있도록 현대어와 현대 영어로 번역된 것을 특징으로 합니다. 이 두 성경을 한 권으로 편집한 「쉬운성경」 & NLT는 출간 이래로 한국 성도분들의 꾸준한 사랑을 받아왔습니다.

1997년에 초판 발행된 New Living Translation은 현재 미국에서 통용되고 있는 현대 영어를 사용하되, 그 내용이 정확하면서도 쉽게 번역되었습니다. 특히 기존 영어 성경들이 가지고 있던 단점들을 보완하고 영어가 가지고 있는 최선의 장점들을 자연스럽게 채택하되, 쉽고도 정확하게 표현함으로써 영어의 품격을 한 단계 높였다는 찬사를 받아 왔습니다. 이렇듯 NLT가 영어권을 중심으로 그 영향력이 급속도로 커지자 NLT 번역위원회에서는 NLT만의 장점은 최대한 살리면서 내용의 정확성을 더 높이기 위한 개정 작업을 결정하게 되었습니다. 이 개정 작업은 1997년에 시작하여 8년만인 2004년에 완료되었고, 2015년에 보완 개정을 거쳤습니다.

이번에 출간하게 된 아가페 「쉬운성경」 & New Living Translation 2nd edition은 2015년에 개정된 NLT 본문을 수록한 개정판입니다.

모든 성경 번역의 목표는 원문의 의미는 그대로 살리면서 현대의 독자들이 이해하기 쉽게 그 내용을 정확하게 전달하는 데 있습니다. New Living Translation과 「쉬운성경」은 모두 원문의 전체적인 사상을 자연스러운 일상의 언어로 옮김으로써 이 같은 과제를 잘 수행해냈다는 평가를 얻고 있습니다.

이 「쉬운성경」 & NLT 2nd edition 한영성경을 통해 하나님의 말씀을 보다 정확하고 쉽게 이해하실 뿐만 아니라 현재 미국에서 사용하고 있는 가장 현대적이고 활용 가능한 영어 성경과 대조해 보시면서 더 깊이 있는 말씀 이해와 묵상의 세계를 경험하시기를 간절히 기도드립니다.

2017년 9월

발행인

일 러 두 기

1. 한글 성경 본문

- **성경 본문**은 「쉬운성경」 본문으로 원문에서 직접 대조 번역한 성경 본문이다.
  - 구약 본문: 비블리아 헤브라이카 슈투트가르텐시아(BHS)
    맛소라 본문 중 11세기 벤 아셰르의 본
  - 신약 본문: United Bible Society(UBS) 4판
- **알아두세요**: 개역성경과의 현격한 차이를 보이는 부분에 관하여 설명을 달았으며, 좀더 깊은 이해와 설명이 필요할 경우 그 내용을 수록하였다. 또한 성경 시대의 도량형이나 지명을 현대 도량형과 지명으로 바꾸어 놓아 이해하기 쉽게 하였다.

2. 영어 성경 본문

- **영어 성경 본문**은 Tyndale 社가 발행한 「New Living Translation」 2nd Edition(2015년)을 사용하였다.
- **소제목**: 성경 원문에는 없지만 Tyndale 社가 발행한 「New Living Translation」에 있는 것을 그대로 수록하였다.
- **난외주**: 성경학자들이 「NLT」를 번역하면서 발생한 이견이나 사본상의 차이 또는 다른 역본들과의 비교를 요하는 부분을 난외주로 밝혀 놓은 것으로, 하단 해설 부분에 별도로 수록하였다. 본문을 깊이 연구하는 사람들에게 꼭 필요한 부분이다.

3. 해설

- **영어 단어 해설**: 어려운 영어 단어를 골라서 본문에서 사용된 뜻을 자세하게 풀이하였다.
- **숙어 해설**: 영어 본문 이해를 위한 숙어 해설을 실어서 성경 본문을 쉽게 이해할 수 있도록 하였다.

4. 약자

- 「쉬운성경」에 사용된 성경 명칭 표시는 약자로 사용하였다.
  (히) 히브리어, (그) 그리스어를 뜻한다.
- 해설 등에서 성경 명칭 표시는 약자로 사용하였다.

목 차

구 약 전 서 THE OLD TESTAMENT

신 약 전 서 THE NEW TESTAMENT

활용법

자체 책 페이지

한글 개역성경과
일치된 페이지

짐승들은 쫓아내고 가지에 모여든 새들도 쫓아 버려라.

15 그러나 그루터기는 뿌리와 함께 땅에 남겨 두고 쇠줄과 놋줄로 묶어서 들풀 가운데 내버려 두어라. 하늘의 이슬에 젖게 하고 땅의 풀 가운데서 들짐승과 함께 살게 하여라.

16 또 그에게 사람의 마음 대신에 짐승의 마음을 주어서 일곱 해°나 지내할 것이다.

17 이 일은 감시자들이 명령한 것이요, 거룩한 이들이 선언한 것이다. 이는 지극히 높으신 하나님께서 인간의 나라를 다스리시며, 그가 원하는 사람에게 그 나라를 주시며, 가장 낮은 사람을 그 위에 세우시는 것을 모든 사람들로 알게 하려는 것이었다."

18 이것이 나 느부갓네살 왕이 꾼 꿈이다. 그러니 벨드사살아, 이 꿈의 뜻을 풀어 보아라. 내 나라에 있는 모든 지혜자들도 이 꿈의 뜻을 풀지 못했으나, 거룩한 신들의 영이 네게 있으니, 너는 풀 수 있을 것이다.'"

다니엘의 꿈 풀이

19 그러자 벨드사살이라고도 불리는 다니엘은 놀라 한동안 마음이 어지러웠습니다. 그래서 왕이 그에게 말했습니다. "벨드사살아, 이 꿈과 그 뜻 때문에 놀라지 않기를 바란다." 이에 벨드사살이라고도 불리는 다니엘이 왕에게 대답하였습니다. "왕이시여, 그 꿈이 왕의 원수에 관한 꿈이며, 그 뜻도 왕의 적에 대한 것이었으면 좋겠습니다.

20 왕이 꿈에서 보셨던 나무는 크고 튼튼하게 자랐으며, 그 꼭대기가 하늘까지 닿아서 땅끝에서도 잘 보였습니다.

21 그 잎사귀는 아름다웠으며, 열매는 누구나 먹을 수 있을 만큼 매우 많았습니다. 들짐승들이 나무 아래에서 쉬었고, 가지에는 새들이 모여들었습니다.

22 왕이시여, 그 나무는 바로 왕이십니다. 왕은 크고 강대하며, 왕의 강대함은 하늘에 닿았고, 왕의 통치는 땅끝까지 미쳤습니다.

23 왕께서 볼 때, 거룩한 감시자가 하늘에서 내려와서 '이 나무를 베어 엎어 버리되, 뿌리의 그루터기는 땅 속에 남겨 두고, 그것을 쇠줄과 놋줄로 동이고 들풀 가운데 내버려 두어, 이슬에 젖게 하고 들짐승과 함께 어울리게 하여 일곱 때를 지내도록 하여라' 라고 말했습니다.

Chase the wild animals from its shade
　and the birds from its branches.

15 • But leave the stump and the roots in the
　　ground,
　　bound with a band of iron and bronze
　　and surrounded by tender grass.
Now let him be drenched with the dew
　of heaven,
　and let him live with the wild animals
　　among the plants of the field.

16 • For seven periods of time,
　let him have the mind of a wild animal
　　instead of the mind of a human.

17 • For this has been decreed by the
　　messengers*;
　it is commanded by the holy ones,
so that everyone may know
　　that the Most High rules over the
　　kingdoms of the world.
He gives them to anyone he chooses—
　　even to the lowliest of people."

18 • "Belteshazzar, that was the dream that I,
King Nebuchadnezzar, had. Now tell me what it
means, for none of the wise men of my kingdom
can do so. But you can tell me because the spirit
of the holy gods is in you."

Daniel Explains the Dream

19 "Upon hearing this, Daniel (also known as
Belteshazzar) was overcome for a time, fright-
ened by the meaning of the dream. Then the
king said to him, 'Belteshazzar, don't be
alarmed by the dream and what it means.'
　"Belteshazzar replied, 'I wish the events fore-
shadowed in this dream would happen to your
enemies, my lord, and not to you! • The tree
you saw was growing very tall and strong,
reaching high into the heavens for all the world
to see. • It had fresh green leaves and was loaded
with fruit for all to eat. Wild animals lived in its
shade, and birds nested in its branches. • That
tree, Your Majesty, is you. For you have grown
strong and great; your greatness reaches up to
heaven, and your rule to the ends of the earth.
　• "Then you saw a messenger, a holy one,
coming down from heaven and saying, "Cut
down the tree and destroy it. But leave the
stump and the roots in the ground, bound with
a band of iron and bronze and surrounded by
tender grass. Let him be drenched with the dew
of heaven. Let him live with the animals of the
field for seven periods of time."

foreshadow [fɔːrʃǽdou] vt. (신이) 예시(豫示)하다
4:15 be drenched with… : …에 젖다

4:17 Aramaic the watchers.
4:16 '일곱 해'와 같은 의미이다.

Annotations (그림 설명):

- '알아두세요' 표시 기호
- 난외주 표시 기호
- 각 단락의 소제목
- 단어 사전: 본문에서 어려운 단어를 정선하여 알파벳 순서로 배열
- 숙어 해설
- 알아두세요: 「쉬운성경」과 개역성경의 차이점 및 좀 더 깊은 이해를 위한 설명
- NLT 본문
- 난외주: 사본들의 차이를 비교 수록

A NOTE TO READERS

The *Holy Bible*, New Living Translation, was first published in 1996. It quickly became one of the most popular Bible translations in the English-speaking world. While the NLT's influence was rapidly growing, the Bible Translation Committee determined that an additional investment in scholarly review and text refinement could make it even better. So shortly after its initial publication, the committee began an eight-year process with the purpose of increasing the level of the NLT's precision without sacrificing its easy-to-understand quality. This second-generation text was completed in 2004, with minor changes subsequently introduced in 2007, 2013, and 2015.

The goal of any Bible translation is to convey the meaning and content of the ancient Hebrew, Aramaic, and Greek texts as accurately as possible to contemporary readers. The challenge for our translators was to create a text that would communicate as clearly and powerfully to today's readers as the original texts did to readers and listeners in the ancient biblical world. The resulting translation is easy to read and understand, while also accurately communicating the meaning and content of the original biblical texts. The NLT is a general-purpose text especially good for study, devotional reading, and to be read aloud in public worship.

We believe that the New Living Translation—which combines the latest biblical scholarship with a clear, dynamic writing style—will communicate God's word powerfully to all who read it. We publish it with the prayer that God will use it to speak his timeless truth to the church and the world in a fresh, new way.

The Publishers

◆ Translation Philosophy and Methodology

English Bible translations tend to be governed by one of two general translation theories. The first theory has been called "formal-equivalence," "literal," or "word-for-word" translation. According to this theory, the translator attempts to render each word of the original language into English and seeks to preserve the original syntax and sentence structure as much as possible in translation. The second theory has been called "dynamic-equivalence," "functional-equivalence," or "thought-for-thought" translation. The goal of this translation theory is to produce in English the closest natural equivalent of the message expressed by the original-language text, both in meaning and in style.

Both of these translation theories have their strengths. A formal-equivalence translation preserves aspects of the original text—including ancient idioms, term consistency, and original-language syntax—that are valuable for scholars and professional study. It allows a reader to trace formal elements of the original-language text through the English translation. A dynamic-equivalence translation, on the other hand, focuses on translating the message of the original-language text. It ensures that the meaning of the text is readily apparent to the contemporary reader. This allows the message to come through with immediacy, without requiring the reader to struggle with foreign idioms and awkward syntax. It also facilitates serious study of the text's message and clarity in both devotional and public reading.

The pure application of either of these translation philosophies would create translations at opposite ends of the translation spectrum. But in reality, all translations contain a mixture of these two philosophies. A purely formal-equivalence translation would be unintelligible in English, and a purely dynamic-equivalence translation would risk being unfaithful to the original. That is why translations shaped by dynamic-equivalence theory are usually quite literal when the original text is relatively clear, and the translations shaped by formal-equivalence theory are sometimes quite dynamic when the original text is obscure.

The translators of the New Living Translation set out to render the message of the original texts of Scripture into clear, contemporary English. As they did so, they kept the concerns of both formal-equivalence and dynamic-equivalence in mind. On the one hand, they translated as simply and literally as possible when that approach yielded an accurate, clear, and natural English text. Many words and phrases were rendered literally and consistently into English, preserving essential literary and rhetorical devices, ancient metaphors, and word choices that give structure to the text and provide echoes of meaning from one passage to the next.

On the other hand, the translators rendered the message more dynamically when the literal rendering was hard to understand, was misleading, or yielded archaic or foreign wording. They clarified difficult metaphors and terms to aid in the reader's understanding. The translators first struggled with the meaning of the words and phrases in the ancient context; then they rendered the message into clear, natural English. Their goal was to be both faithful to the ancient texts and eminently readable. The result is a translation that is both exegetically accurate and idiomatically powerful.

◆ Translation Process and Team

To produce an accurate translation of the Bible into contemporary English, the translation team needed the skills necessary to enter into the thought patterns of the ancient authors and then to render their ideas, connotations, and effects into clear, contemporary English. To begin this process, qualified biblical scholars were needed to interpret the meaning of the original text and to check it against our base English translation. In order to guard against personal and theological biases, the scholars needed to represent a diverse group of Evangelicals who would employ the best exegetical tools. Then to work alongside the scholars, skilled English stylists were needed to shape the text into clear, contemporary English.

With these concerns in mind, the Bible Translation Committee recruited teams of scholars that represented a broad spectrum of denominations, theological perspectives, and backgrounds within the worldwide Evangelical community. (These scholars are listed at the end of this introduction.) Each books of the Bible was assigned to three different scholars with proven expertise in the book or group of books to be reviewed. Each of these scholars made a thorough review of a base translation and submitted suggested revisions to the appropriate Senior Translator. The Senior Translator then reviewed and summarized these suggestions and proposed a first-draft revision of the base text. This draft served as the basis for several additional phases of exegetical and stylistic committee review. Then the Bible Translation Committee jointly reviewed and approved every verse of the final translation.

Throughout the translation and editing process, the Senior Translators and their scholar teams were given a chance to review the editing done by the team stylists. This ensured that exegetical errors would not be introduced late in the process and that the entire Bible Translation Committee was happy with the final result. By choosing a team of qualified scholars and skilled stylists and by setting up a process that allowed their interaction throughout the process, the New Living Translation has been refined to preserve the essential formal elements of the original biblical texts, while also creating a clear, understandable English text.

The New Living Translation was first published in 1996. Shortly after its initial publication, the Bible Translation Committee began a process of further committee review and translation refinement. The purpose of this continued revision was to increase the level of precision without sacrificing the text's easy-to-understand quality. This second-edition text was completed in 2004, with minor changes subsequently introduced in 2007, 2013, and 2015.

◆ Written to Be Read Aloud

It is evident in Scripture that the biblical documents were written to be read aloud, often in public worship (see Nehemiah 8; Luke 4:16-20; 1 Timothy 4:13; Revelation 1:3). It is still the case today that more people will hear the Bible read aloud in church than are likely to read it for themselves. Therefore, a new translation must communicate with clarity and power when it is read publicly. Clarity was a primary goal for the NLT translators, not only to facilitate private reading and understanding, but also to ensure that it would be excellent for public reading and make an immediate and powerful impact on any listener.

◆ The Texts behind the New Living Translation

The Old Testament translators used the Masoretic Text of the Hebrew Bible as represented in *Biblia Hebraica Stuttgartensia* (1977), with its extensive system of textual notes; this is an update of Rudolf Kittel's *Biblia Hebraica* (Stuttgart, 1937). The translators also further compared the Dead Sea Scrolls, the Septuagint and other Greek manuscripts, the Samaritan Pentateuch, the Syriac Peshitta, the Latin Vulgate, and any other versions or manuscripts that shed light on the meaning of difficult passages.

The New Testament translators used the two standard editions of the Greek New Testament: the *Greek New Testament*, published by the United Bible Societies (UBS, fourth revised edition, 1993), and *Novum Testamentum Graece*, edited by Nestle and Aland (NA, twenty-seventh edition, 1993). These two editions, which have the same text but differ in punctuation and textual notes, represent, for the most part, the best in modern textual scholarship. However, in cases where strong textual or other scholarly evidence supported the decision, the translators sometimes chose to differ from the UBS and NA Greek texts and followed variant readings found in other ancient witnesses. Significant textual variants of this sort are always noted in the textual notes of the New Living Translation.

◆ Translation Issues

The translators have made a conscious effort to provide a text that can be easily understood by the typical reader of modern English. To this end, we sought to use only vocabulary and language structures in common use today. We avoided using language likely to become quickly dated or that reflects only a narrow sub-dialect of English, with the goal of making the New Living Translation as broadly useful and timeless as possible.

But our concern for readability goes beyond the concerns of vocabulary and sentence structure. We are also concerned about historical and cultural barriers to understanding the Bible, and we have sought to translate terms shrouded in history and culture in ways that can be immediately understood. To this end:

· We have converted ancient weights and measures (for example, "ephah" [a unit of dry volume] or "cubit" [a unit of length]) to modern English (American) equivalents, since the ancient measures are not generally meaningful to today's readers. Then in the textual footnotes we offer the literal Hebrew, Aramaic, or Greek measures, along with modern metric equivalents.

· Instead of translating ancient currency values literally, we have expressed them in common terms that communicate the message. For example, in the Old Testament, "ten shekels of silver" becomes "ten pieces of silver" to convey the intended message. In the New Testament, we have often translated the "denarius" as "the normal daily wage" to facilitate understanding. Then a footnote offers: "Greek *a denarius*, the payment for a full day's wage." In general, we give a clear English rendering and then state the literal Hebrew, Aramaic, or Greek in a textual footnote.

· Since the names of Hebrew months are unknown to most contemporary readers, and since the Hebrew lunar calendar fluctuates from year to year in relation to the solar calendar used today, we have looked for clear ways to communicate the time of year the Hebrew months (such as Abib) refer to. When an expanded or interpretive rendering is given in the text, a textual note gives the literal rendering. Where it is possible to define a specific ancient date in terms of our modern calendar, we use modern dates in the text. A textual footnote then gives the literal Hebrew date and states the rationale for our rendering. For example, Ezra 6:15 pinpoints the date when the post-exilic Temple was completed in Jerusalem: "the third day of the month Adar." This was during the sixth year of King Darius's reign (that is, 515 B.C.). We have translated that date as March 12, with a footnote giving the Hebrew and identifying the year as 515 B.C.

· Since ancient references to the time of day differ from our modern methods of denoting time, we have used renderings that are instantly understandable to the modern reader. Accordingly, we have rendered specific times of day by using approximate equivalents in terms of our common "o'clock" system. On occasion, translations such as "at dawn the next morning" or "as the sun began to set" have been used when the biblical reference is more general.

· When the meaning of a proper name (or a wordplay inherent in a proper name) is relevant to the message of the text, its meaning is often illuminated with a textual footnote. For example, in Exodus 2:10 the text reads: "The princess named him Moses, for she explained, 'I lifted him out of the water.'" The accompanying footnote reads: "Moses sounds like a Hebrew term that means 'to lift out.'"

Sometimes, when the actual meaning of a name is clear, that meaning is included in parentheses within the text itself. For example, the text at Genesis 16:11 reads: "You are to name him Ishmael (*which means 'God hears'*), for the LORD has heard your cry of distress." Since the original hearers and readers would have instantly understood the meaning of the name "Ishmael," we have provided modern readers with the same information so they can experience the text in a similar way.

· Many words and phrases carry a great deal of cultural meaning that was obvious to the original readers but needs explanation in our own culture. For example, the phrase "they beat their breasts" (Luke 23:48) in ancient times meant that people were very upset, often in mourning. In our translation we chose to translate this phrase dynamically for clarity: "They went home *in deep sorrow*." Then we included a footnote with the literal Greek, which reads: "Greek *went home beating their breasts*." In other similar cases, however, we have sometimes chosen to illuminate the existing literal expression to make it immediately understandable. For example, here we might have expanded the literal phrase to read: "They went home beating their breasts *in sorrow*." If we had done this, we would not have included a textual footnote, since the literal Greek clearly appears in translation.

· Metaphorical language is sometimes difficult for contemporary readers to understand, so at times we have chosen to translate or illuminate the meaning of a metaphor. For example, the ancient poet writes, "Your neck is *like* the tower of David" (Song of Songs 4:4). We have rendered it "Your neck is *as beautiful* as the tower of David" to clarify the intended positive meaning of the simile. Another example comes in Ecclesiastes 12:3, which can be literally rendered: "Remember him . . . when the grinding women cease because they are few, and the women who look through the windows see dimly." We have rendered it: "Remember him before your teeth—your few remaining servants—stop grinding; and before your eyes—the women looking through the windows—see dimly." We clarified such metaphors only when we believed a typical reader might be confused by the literal text.

· When the content of the original language text is poetic in character, we have rendered it in English poetic form. We sought to break lines in ways that clarify and highlight the relationships between phrases of the text. Hebrew poetry often uses parallelism, a literary form where a second phrase (or in some instances a third or fourth) echoes the initial phrase in some way. In Hebrew parallelism, the subsequent parallel phrases continue, while also furthering and sharpening, the thought expressed in the initial line or phrase. Whenever possible, we sought to represent these parallel phrases in natural poetic English.

· The Greek term *hoi Ioudaioi* is literally translated "the Jews" in many English translations. In the Gospel of John, however, this term doesn't always refer to the Jewish people generally. In some contexts, it refers more particularly to the Jewish religious leaders. We have attempted to capture the meaning in these different contexts by using terms such as "the people" (with a footnote: Greek *the Jewish people*) or "the religious leaders," where appropriate.

· One challenge we faced was how to translate accurately the ancient biblical text that was originally written in a context where male-oriented terms were used to refer to humanity generally. We needed to respect the nature of the ancient context while also trying to make the translation clear to a modern audience that tends to read male-oriented language as applying only to males. Often the original text, though using masculine nouns and pronouns, clearly intends that the message be applied to both men and women. A typical example is found in the New Testament letters, where the believers are called "brothers" (*adelphoi*). Yet it is clear from the content of these letters that they were addressed to all the believers—male and female. Thus, we have usually translated this Greek word as "brothers and sisters" in order to represent the historical situation more accurately.

We have also been sensitive to passages where the text applies generally to human beings or to the human condition. In some instances we have used plural pronouns (they, them) in place of the masculine singular (he, him). For example, a traditional rendering of Proverbs 22:6 is: "Train up a child in the way he should go, and when he is old he will not turn from it." We have rendered it: "Direct your children onto the right path, and when they are older, they will not leave it." At times, we have also replaced third person pronouns with the second person to ensure clarity. A traditional rendering of Proverbs 26:27 is: "He who digs a pit will fall into it, and he who rolls a stone, it will come back on him." We have rendered it: "If you set a trap for others, you will get caught in it yourself. If you roll a boulder down on others, it will crush you instead."

We should emphasize, however, that all masculine nouns and pronouns used to represent God (for example, "Father") have been maintained without exception. All decisions of this kind have been driven by the concern to reflect accurately the intended meaning of the original texts of Scripture.

◆ Lexical Consistency in Terminology

For the sake of clarity, we have translated certain original-language terms consistently, especially within synoptic passages and for commonly repeated rhetorical phrases, and within certain word categories such as divine names and non-theological technical terminology (e.g., liturgical, legal, cultural, zoological, and botanical terms). For theological terms, we have allowed a greater semantic range of acceptable English words or phrases for a single Hebrew or Greek word. We have avoided some theological terms that are not readily understood by many modern readers. For example, we avoided using words such as "justification," "sanctification," and "regeneration," which are carryovers from Latin translations. In place of these words, we have provided renderings such as "we are made right with God," "we are made holy," and "we are born anew."

◆ The Spelling of Proper Names

Many individuals in the Bible, especially the Old Testament, are known by more than one *name* (e.g., *Uzziah/Azariah*). For the sake of clarity, we have tried to use a single spelling for any one individual, footnoting the literal spelling whenever we differ from it. This is especially helpful in delineating the kings of Israel and Judah. King Joash/Jehoash of Israel has been consistently called Jehoash, while King Joash/Jehoash of Judah is called Joash. A similar distinction has been used to distinguish between Joram/Jehoram of Israel and Joram/Jehoram of Judah. All such decisions were made with the goal of clarifying the text for the reader. When the ancient biblical writers clearly had a theological purpose in their choice of a variant name (e.g., Eshbaal/Ishbosheth), the different names have been maintained with an explanatory footnote.

For the names Jacob and Israel, which are used interchangeably for both the individual patriarch and the nation, we generally render it "Israel" when it refers to the nation and "Jacob" when it refers to the individual. When our rendering of the name differs from the underlying Hebrew text, we provide a textual footnote, which includes this explanation: "The names 'Jacob' and 'Israel' are often interchanged throughout the Old Testament, referring sometimes to the individual patriarch and sometimes to the nation."

◆ The Rendering of Divine Names

All appearances of 'el, 'elohim, or 'eloah have been translated "God," except where the context demands the translation "god(s)." We have generally rendered the tetragrammaton (*YHWH*) consistently as "the LORD," utilizing a form with small capitals that is common among English translations. This will distinguish it from the name *'adonai*, which we render "Lord." When *'adonai* and *YHWH* appear together, we have rendered it "Sovereign LORD." This also distinguishes *'adonai YHWH* from cases where *YHWH* appears with *'elohim*, which is rendered "LORD God." When *YH* (the short form of *YHWH*) and *YHWH* appear together, we have rendered it "LORD GOD." When *YHWH* appears with the term *tseba'oth*, we have rendered it "LORD of Heaven's Armies" to translate the meaning of the name. In a few cases, we have utilized the transliteration, *Yahweh*, when the personal character of the name is being invoked in contrast to another divine name or the name of some other god (for example, see Exod 3:15; 6:2-3).

In the Gospels and Acts, the Greek word *christos* has normally been translated as "Messiah" when the context assumes a Jewish audience. When a Gentile audience can be assumed, *christos* has been translated as "Christ." The Greek word *kurios* is consistently translated "Lord," except that it is translated "LORD" wherever the New Testament text explicitly quotes from the Old Testament, and the text there has it in small capitals.

◆ Textual Footnotes

The New Living Translation provides several kinds of textual footnotes, all designated in the text with an asterisk:

· When for the sake of clarity the NLT renders a difficult or potentially confusing phrase dynamically, we generally give the literal rendering in a textual footnote. This allows the reader to see the literal source of our dynamic rendering and how our translation relates to other more literal translations. These notes are prefaced with "Hebrew," "Aramaic," or "Greek," identifying the language of the underlying source text. For example, in Acts 2:42 we translated the literal "breaking of bread" (from the Greek) as "the Lord's Supper" to clarify that this verse refers to the ceremonial practice of the church rather than just an ordinary meal. Then we attached a footnote to "the Lord's Supper," which reads: "Greek *the breaking of bread.*"

· Textual footnotes are also used to show alternative renderings, prefaced with the word "Or." These normally occur for passages where an aspect of the meaning is debated. On occasion, we also provide notes on words or phrases that represent a departure from long-standing tradition. These notes are prefaced with "Traditionally rendered." For example, the footnote to the translation "serious skin disease" at Leviticus 13:2 says: "Traditionally rendered *leprosy.* The Hebrew word used throughout this passage is used to describe various skin diseases."

· When our translators follow a textual variant that differs significantly from our standard Hebrew or Greek texts (listed earlier), we document that difference with a footnote. We also footnote cases when the NLT excludes a passage that is included in the Greek text known as the *Textus Receptus* (and familiar to readers through its translation in the King James Version). In such cases, we offer a translation of the excluded text in a footnote, even though it is generally recognized as a later addition to the Greek text and not part of the original Greek New Testament.

· All Old Testament passages that are quoted in the New Testament are identified by a textual footnote at the New Testament location. When the New Testament clearly quotes from the Greek translation of the Old Testament, and when it differs significantly in wording from the Hebrew text, we also place a textual footnote at the Old Testament location. This note includes a rendering of the Greek version, along with a cross-reference to the New Testament passage(s) where it is cited (for example, see notes on Proverbs 3:12; Psalms 8:2; 53:3).

· Some textual footnotes provide cultural and historical information on places, things, and people in the Bible that are probably obscure to modern readers. Such notes should aid the reader in understanding the message of the text. For example, in Acts 12:1, "King Herod" is named in this translation as "King Herod Agrippa" and is identified in a footnote as being "the nephew of Herod Antipas and a grandson of Herod the Great."

· When the meaning of a proper name (or a wordplay inherent in a proper name) is relevant to the meaning of the text, it is either illuminated with a textual footnote or included within parentheses in the text itself. For example, the footnote concerning the name "Eve" at Genesis 3:20 reads: "Eve sounds like a Hebrew term that means 'to give life.'" This wordplay in the Hebrew illuminates the meaning of the text, which goes on to say that Eve "would be the mother of all who live."

As we submit this translation for publication, we recognize that any translation of the Scriptures is subject to limitations and imperfections. Anyone who has attempted to communicate the richness of God's Word into another language will realize it is impossible to make a perfect translation. Recognizing these limitations, we sought God's guidance and wisdom throughout this project. Now we pray that he will accept our efforts and use this translation for the benefit of the church and of all people.

We pray that the New Living Translation will overcome some of the barriers of history, culture, and language that have kept people from reading and understanding God's Word. We hope that readers unfamiliar with the Bible will find the words clear and easy to understand and that readers well versed in the Scriptures will gain a fresh perspective. We pray that readers wil gain insight and wisdom for living, but most of all that they will meet the God of the Bible and be forever changed by knowing him.

The Bible Translation Committee

PENTATEUCH
Daniel I. Block, Senior Translator
The Southern Baptist Theological Seminary

GENESIS
Allan Ross, *Beeson Divinity School, Samford University*
Gordon Wenham, *University of Gloucester*

EXODUS
Robert Bergen, *Hannibal-LaGrange College*
Daniel I. Block, *The Southern Baptist Theological Seminary*
Eugene Carpenter, *Bethel College, Mishawaka, Indiana*

LEVITICUS
David Baker, *Ashland Theological Seminary*
Victor Hamilton, *Asbury College*
Kenneth Mathews, *Beeson Divinity School, Samford University*

NUMBERS
Dale A. Brueggemann, *Assemblies of God Division of Foreign Missions*
R. K. Harrison, *Wycliffe College*
Paul R. House, *Wheaton College*
Gerald L. Mattingly, *Johnson Bible College*

DEUTERONOMY
J. Gordon McConville, *University of Gloucester*
Eugene H. Merrill, *Dallas Theological Seminary*
John A. Thompson, *University of Melbourne*

HISTORICAL BOOKS
Barry J. Beitzel, Senior Translator
Trinity Evangelical Divinity School

JOSHUA, JUDGES
Carl E. Armerding, *Schloss Mittersill Study Centre*
Barry J. Beitzel, *Trinity Evangelical Divinity School*
Lawson Stone, *Asbury Theological Seminary*

1 & 2 SAMUEL
Robert Gordon, *Cambridge University*
V. Philips Long, *Regent College*
J. Robert Vannoy, *Biblical Theological Seminary*

1 & 2 KINGS
Bill T. Arnold, *Asbury Theological Seminary*
William H. Barnes, *North Central University*
Frederic W. Bush, *Fuller Theological Seminary*

1 & 2 CHRONICLES
Raymond B. Dillard *Westminster Theological Seminary*
David A. Dorsey, *Evangelical School of Theology*
Terry Eves, *Erskine College*

RUTH, EZRA–ESTHER
William C. Williams, *Vanguard University*
H. G. M. Williamson, *Oxford University*

WISDOM BOOKS
Tremper Longman Ⅲ, Senior Translator
Westmont College

JOB
August Konkel, *Providence Theological Seminary*
Tremper Longman Ⅲ, *Westmont College*
Al Wolters, *Redeemer College*

PSALMS 1-75
Mark D. Futato, *Reformed Theological Seminary*
Douglas Green, *Westminster Theological Seminary*
Richard Pratt, *Reformed Theological Seminary*

PSALMS 76-150
David M. Howard Jr., *Bethel Theological Seminary*
Raymond C. Ortlund Jr., *Trinity Evangelical Divinity School*
Willem VanGemeren, *Trinity Evangelical Divinity School*

PROVERBS
Ted Hildebrandt, *Gordon College*
Richard Schultz, *Wheaton College*
Raymond C. Van Leeuwen, *Eastern College*

ECCLESIASTES, SONG OF SONGS
Daniel C. Fredericks, *Belhaven College*
David Hubbard, *Fuller Theological Seminary*
Tremper Longman Ⅲ, *Westmont College*

PROPHETS
John N. Oswalt, Senior Translator
Wesley Biblical Seminary

ISAIAH
John N. Oswalt, *Wesley Biblical Seminary*
Gary Smith, *Midwestern Baptist Theological Seminary*
John Walton, *Wheaton College*

JEREMIAH, LAMENTATIONS
G. Herbert Livingston, *Asbury Theological Seminary*

구약전서
THE OLD TESTAMENT

구 약 전 서 목 록

창 세 기

● 서 론

⁘ 저자 _ 모세
⁘ 저작 연대 _ B.C. 1450~1400년 사이
⁘ 기록 대상 _ 이스라엘 백성
⁘ 핵심어 및 내용 _ 핵심어는 '시작', '인간', '언약' 등이다. 본서는 하늘과 땅, 식물과 동물, 남자와 여자, 죄와 문명, 하나님의 구속 사역이 어떻게 시작되었는지를 설명해 주고 있다. 또한 아브라함과 맺으신 언약을 통해 인류에 대한 하나님의 영원한 구속 계획이 제시되었다.

세계의 시작

1 태초에 하나님께서 하늘과 땅을 창조하셨습니다.

2 그런데 그 땅은 지금처럼 짜임새 있는 모습이 아니었고, 생물 하나 없이 텅 비어 있었습니다. 어둠이 깊은 바다를 덮고 있었고, 하나님의 영은 물 위에서 움직이고 계셨습니다.

3 그때에 하나님께서 말씀하셨습니다. "빛이 생겨라!" 그러자 빛이 생겼습니다.

4 그 빛이 하나님께서 보시기에 좋았습니다. 하나님께서 빛과 어둠을 나누셨습니다.

5 하나님께서는 빛을 '낮'이라 부르시고, 어둠을 '밤'이라 부르셨습니다. 저녁이 지나고 아침이 되니, 이날이 첫째 날이었습니다.

6 하나님께서 또 말씀하셨습니다. "물 한가운데 둥근 공간이 생겨 물을 둘로 나누어라."

7 하나님께서 둥근 공간을 만드시고, 그 공간 아래의 물과 공간 위의 물을 나누시니 그대로 되었습니다.

8 하나님께서 그 공간을 '하늘'이라 부르셨습니다. 저녁이 지나고 아침이 되니, 이날이 둘째 날이었습니다.

9 하나님께서 말씀하셨습니다. "하늘 아래의 물은 한 곳으로 모이고 뭍은 드러나라" 하시니 그대로 되었습니다.

10 하나님께서 뭍을 '땅'이라 부르시고 모인 물은 '바다'라고 부르셨습니다. 하나님께서 보시기에 좋았습니다.

11 하나님께서 말씀하셨습니다. "땅은 풀과 씨를 맺는 식물과 씨가 든 열매를 맺는 온갖 과일나무를 내어라" 하시니, 그대로 되었습니다.

12 이렇게 땅은 풀과 씨를 맺는 식물과 씨가 든 열매를 맺는 과일나무를 각기 종류대로 내었습니다. 하나님께서 보시기에 좋았습니다.

13 저녁이 지나고, 아침이 왔습니다. 이날이 셋째 날이었습니다.

14 하나님께서 말씀하셨습니다. "하늘에 빛들이 있어 낮과 밤을 나누고, 계절과 날과 해를 구별하여라.

The Account of Creation

1 In the beginning God created the heavens
2 and the earth.* •The earth was formless and empty, and darkness covered the deep waters. And the Spirit of God was hovering over the surface of the waters.

3 •Then God said, "Let there be light," and there
4 was light. •And God saw that the light was good. Then he separated the light from the
5 darkness. •God called the light "day" and the darkness "night."

And evening passed and morning came, marking the first day.

6 •Then God said, "Let there be a space between the waters, to separate the waters of the heavens from the waters of the earth."
7 •And that happened. God made this space to separate the waters of the earth
8 from the waters of the heavens. •God called the space "sky."

And evening passed and morning came, marking the second day.

9 •Then God said, "Let the waters beneath the sky flow together into one place, so dry ground may appear." And that is what hap-
10 pened. •God called the dry ground "land" and the waters "seas." And God saw that it
11 was good. •Then God said, "Let the land sprout with vegetation—every sort of seed-bearing plant, and trees that grow seed-bearing fruit. These seeds will then produce the kinds of plants and trees from which they came." And that is what happened.
12 •The land produced vegetation—all sorts of seed-bearing plants, and trees with seed-bearing fruit. Their seeds produced plants and trees of the same kind. And God saw that it was good.
13 •And evening passed and morning came, marking the third day.

14 •Then God said, "Let lights appear in the sky

1:1 Or *In the beginning when God created the heavens and the earth, . . .* Or *When God began to create the heavens and the earth, . . .*

15 우주 공간에 떠 있는 것들은 하늘에서 빛을 내어 땅을 비추어라." 그러자 하나님께서 말씀하신 대로 되었습니다.

16 하나님께서 두 개의 큰 빛을 만드셨습니다. 그 중 큰 빛으로 낮을 다스리게 하시고, 작은 빛으로 밤을 다스리게 하셨습니다. 또 별들을 만드셨습니다.

17 하나님께서는 이 빛들을 하늘에 두셔서 땅을 비추게 하셨습니다.

18 또 그 빛들이 낮과 밤을 다스리게 하시고, 빛과 어둠을 나누게 하셨습니다. 하나님께서 보시기에 좋았습니다.

19 저녁이 지나고 아침이 되니, 이날이 넷째 날이었습니다.

20 하나님께서 말씀하셨습니다. "물은 움직이는 생물을 많이 내어라. 새들은 땅 위의 하늘을 날아다녀라."

21 하나님께서 커다란 바다 짐승과 물에서 움직이는 생물과 날개 달린 새를 그 종류에 따라 창조하셨습니다. 하나님께서 보시기에 좋았습니다.

22 하나님께서 그것들에게 복을 주시며 말씀하셨습니다. "새끼를 많이 낳고, 번성하여 바닷물을 가득 채워라. 새들도 땅 위에서 번성하여라."

23 저녁이 지나고 아침이 되니, 이날이 다섯째 날이었습니다.

24 하나님께서 말씀하셨습니다. "땅은 온갖 생물을 내어라. 가축과 기어다니는 것과 들짐승을 각기 그 종류에 따라 내어라." 그러자 하나님께서 말씀하신 대로 되었습니다.

25 하나님께서 온갖 들짐승과 가축과 땅 위에서 기어다니는 생물을 각기 그 종류대로 만드셨습니다. 하나님께서 보시기에 좋았습니다.

26 하나님께서 말씀하셨습니다. "우리가 우리의 모습과 형상대로 사람을 만들자. 그래서 바다의 물고기와 공중의 새와 온갖 가축과 들짐승과 땅 위에 기어다니는 모든 생물을 다스리게 하자."

27 그래서 하나님께서 하나님의 형상대로 사람을 창조하시되, 남자와 여자를 만드셨습니다.

28 하나님께서 사람에게 복을 주시며 말씀하셨습니다. "자녀를 많이 낳고 번성하여 땅을 채워라. 땅을 정복하여라. 바다의 물고기와 하늘의 새와 땅 위에 움직이는 모든 생물을 다스려라."

29 또 말씀하셨습니다. "내가 땅 위의 온갖 씨 맺는 식물과 씨가 든 열매 맺는 모든 나무를 너희에게 준다. 그러니 너희는 그것들을 너희 양식으로 삼아라.

30 또 땅의 온갖 짐승과 공중의 모든 새와 땅 위를 기어다니는 생명 있는 모든 것에게는 내가 푸른 식

to separate the day from the night. Let them be signs to mark the seasons, days, and years. 15 • Let these lights in the sky shine down on the earth." And that is what happened. 16 • God made two great lights—the larger one to govern the day, and the smaller one to govern the night. He also made the stars. 17 • God set these lights in the sky to light the earth, • to govern the day and night, and to separate the light from the darkness. And God saw that it was good. 19 • And evening passed and morning came, marking the fourth day.

20 • Then God said, "Let the waters swarm with fish and other life. Let the skies be filled 21 with birds of every kind." • So God created great sea creatures and every living thing that scurries and swarms in the water, and every sort of bird—each producing off-spring of the same kind. And God saw that 22 it was good. • Then God blessed them, say-ing, "Be fruitful and multiply. Let the fish fill the seas, and let the birds multiply on the earth." 23 • And evening passed and morning came, marking the fifth day.

24 • Then God said, "Let the earth produce every sort of animal, each producing offspring of the same kind—livestock, small animals that scurry along the ground, and wild animals." 25 And that is what happened. • God made all sorts of wild animals, livestock, and small ani-mals, each able to produce offspring of the same kind. And God saw that it was good. 26 • Then God said, "Let us make human beings* in our image, to be like us. They will reign over the fish in the sea, the birds in the sky, the livestock, all the wild animals on the earth,* and the small animals that scur-ry along the ground."

27 • So God created human beings* in his own image. In the image of God he created them; male and female he created them.

28 • Then God blessed them and said, "Be fruitful and multiply. Fill the earth and gov-ern it. Reign over the fish in the sea, the birds in the sky, and all the animals that scurry along the ground." 29 • Then God said, "Look! I have given you every seed-bearing plant throughout the earth and all the fruit trees for your 30 food. • And I have given every green plant as food for all the wild animals, the birds in the sky, and the small animals that scurry

1:26a Or *man*; Hebrew reads *adam*. 1:26b As in syriac version; Hebrew reads *all the earth*. 1:27 Or *the man*; Hebrew reads *ha-adam*.

물을 먹이로 준다." 그러자 그렇게 되었습니다.
31 하나님께서 손수 만드신 모든 것을 보시니, 보시기에 매우 좋았습니다. 저녁이 지나고 아침이 되니, 이날이 여섯째 날이었습니다.

일곱째 날—안식일

2 그리하여 하늘과 땅과 그 안의 모든 것들이 다 지어졌습니다.

2 일곱째 되는 날에 하나님께서 하시던 일을 마치시고 쉬셨습니다.

3 하나님께서 일곱째 되는 날에 복을 주시고, 그날을 거룩하게 하셨습니다. 왜냐하면 하나님께서 만드시던 모든 일을 마치시고 그날에 쉬셨기 때문입니다.

처음 창조된 남자

4 하늘과 땅이 만들어지던 때, 곧 여호와 하나님께서 땅과 하늘을 만드셨을 때의 이야기는 이러합니다.

5 여호와 하나님께서 아직 땅에 비를 내리지 않으셨고, 땅을 갈 사람도 아직 없었기 때문에 밭에는 식물과 작물이 자라나지 않았습니다.

6 그러나 땅에서 안개가 올라와 온 땅의 표면을 적셨습니다.

7 그때, 여호와 하나님께서 땅의 흙으로 사람을 지으셨습니다. 그리고 사람의 코에 생명의 숨을 불어 넣으시니, 사람이 생명체가 되었습니다.

8 여호와 하나님께서 동쪽 땅 에덴에 동산을 만드시고, 지으신 사람을 그곳에서 지내게 하셨습니다.

9 여호와 하나님께서 아름답고 먹기 좋은 열매를 맺는 온갖 나무들을 그곳에서 자라나게 하셨습니다. 동산 한가운데에는 생명나무와 선악을 알게 하는 나무도 있었습니다.

10 에덴에서 하나의 강이 흘러 동산을 적시고, 그곳에서 강이 나뉘어 네 줄기가 되었습니다.

11 첫 번째 강의 이름은 비손입니다. 이 강은 금이 나는 하윌라 온 땅을 돌아 흐릅니다.

12 그 땅에서 나는 금은 질이 좋았습니다. 그곳에서는 값비싼 베델리엄 향료와 보석도 납니다.

13 두 번째 강의 이름은 기혼입니다. 이 강은 구스 온 땅을 돌아 흐릅니다.

14 세 번째 강의 이름은 티그리스입니다. 이 강은 앗시리아 동쪽으로 흐릅니다. 네 번째 강은 유프라테스입니다.

15 여호와 하나님께서 만드신 사람을 데려다가 에덴동산에 두시고, 그 동산을 돌보고 지키게 하셨습니다.

16 여호와 하나님께서 그 사람에게 명령하셨습니다. "너는 동산에 있는 모든 나무의 열매를 마음대로 먹어라.

17 그러나 선악을 알게 하는 나무의 열매만은 먹지

---

along the ground—everything that has life." And that is what happened.

31 •Then God looked over all he had made, and he saw that it was very good! And evening passed and morning came, marking the sixth day.

2 So the creation of the heavens and the earth and everything in them was completed. 2 •On the seventh day God had finished his work of creation, so he rested* from all his work. 3 •And God blessed the seventh day and declared it holy, because it was the day when he rested from all his work of creation.

4 •This is the account of the creation of the heavens and the earth.

The Man and Woman in Eden

When the LORD God made the earth and the heavens, 5 •neither wild plants nor grains were growing on the earth. For the LORD God had not yet sent rain to water the earth, and there 6 were no people to cultivate the soil. •Instead, springs* came up from the ground and 7 watered all the land. •Then the LORD God formed the man from the dust of the ground. He breathed the breath of life into the man's nostrils, and the man became a living person.

8 •Then the LORD God planted a garden in Eden in the east, and there he placed the man 9 he had made. •The LORD God made all sorts of trees grow up from the ground—trees that were beautiful and that produced delicious fruit. In the middle of the garden he placed the tree of life and the tree of the knowledge of good and evil.

10 •A river flowed from the land of Eden, watering the garden and then dividing into 11 four branches. •The first branch, called the Pishon, flowed around the entire land of 12 Havilah, where gold is found. •The gold of that land is exceptionally pure; aromatic resin 13 and onyx stone are also found there. •The second branch, called the Gihon, flowed around 14 the entire land of Cush. •The third branch, called the Tigris, flowed east of the land of Asshur. The fourth branch is called the Euphrates.

15 •The LORD God placed the man in the Garden of Eden to tend and watch over it. 16 •But the LORD God warned him, "You may freely eat the fruit of every tree in the garden— 17 •except the tree of the knowledge of good and

---

nostril [nɑ́strəl] *n.* 콧구멍
resin [rézin] *n.* 수지; 송진
scurry [skə́:ri] *vi.* 종종 걸음으로 달리다
swarm [swɔ́:rm] *vi.* 떼를 짓다, 많이 모여들다

2:2 Or *ceased*; also in 2:3. 2:6 Or *mist*.

마라. 만약 그 나무의 열매를 먹으면, 너는 반드시 죽을 것이다."

처음 창조된 여자

18 여호와 하나님께서 말씀하셨습니다. "남자가 혼자 있는 것이 좋지 않으니, 내가 그에게 그를 도울 짝을 만들어 줄 것이다."

19 여호와 하나님께서 흙으로 지으신 들의 모든 짐승과 공중의 모든 새를 아담에게 이끌고 가셔서, 아담이 그것들의 이름을 어떻게 짓는지를 보셨습니다. 아담이 모든 생물의 이름을 지어 부르면, 그것이 곧 그것들의 이름이 되었습니다.

20 아담이 모든 가축과 공중의 새들과 들의 모든 짐승에게 이름을 지어 주었습니다. 하지만 아담은 자기를 도와 줄 수 있는 자기와 같은 형상을 가진 짝이 없었습니다.

21 그래서 여호와 하나님께서 아담을 깊이 잠들도록 하셨습니다. 아담이 잠든 사이, 여호와 하나님께서 아담의 갈비뼈 하나를 꺼내시고, 그 자리를 살로 메우셨습니다.

22 그리고는 아담에게서 꺼낸 갈비뼈로 여자를 만드시고, 그녀를 아담에게 데리고 가셨습니다.

23 그러자 아담이 말했습니다. "아, 내 뼈 중의 뼈요, 내 살 중의 살이구나. 남자에게서 나왔으므로, 여자라고 부를 것이다."

24 그리하여 남자는 자기 아버지와 어머니를 떠나 아내와 한몸을 이루게 되는 것입니다.

25 아담과 그의 아내는 벌거벗었지만, 부끄러워하지 않았습니다.

죄의 시작

3 여호와 하나님께서 만드신 들짐승 가운데 뱀이 가장 간사하고 교활했습니다. 어느 날, 뱀이 여자에게 와서 말했습니다. "하나님이 정말로 동산 안의 어떤 나무의 열매도 먹지 말라고 하시더냐?"

2 여자가 뱀에게 대답했습니다. "우리는 동산 안에 있는 나무의 열매를 먹을 수 있어.

3 하지만 하나님께서는 '동산 한가운데 있는 나무의 열매는 먹지도 말고 만지지도 마라. 그렇지 않으면 너희가 죽을 것이다' 라고 말씀하셨어."

4 그러자 뱀이 여자에게 말했습니다. "너희는 죽지 않아.

5 하나님은 너희가 그 나무 열매를 먹고 너희 눈이 밝아지면, 선과 악을 알게 되어 너희가 하나님과 같이 될까봐 그렇게 말씀하신 거야."

6 여자가 보니, 그 나무의 열매는 먹음직스러웠으며, 보기에도 아름다웠습니다. 게다가 그 열매는 사람을 지혜롭게 해 줄 것처럼 보였습니다. 그래서 여자는 그 열매를 따서 먹고, 그 열매를 옆에 있는 자기 남편에게도 주었으며, 남자도 그것을 먹었습니다.

evil. If you eat its fruit, you are sure to die."

18 Then the LORD God said, "It is not good for the man to be alone. I will make a helper who is just right for him." 19 So the LORD God formed from the ground all the wild animals and all the birds of the sky. He brought them to the man* to see what he would call them, and the man chose a name for each one. He gave names to all the livestock, all the birds of the sky, and all the wild animals. But still there was no helper just right for him.

21 So the LORD God caused the man to fall into a deep sleep. While the man slept, the LORD God took out one of the man's ribs* 22 and closed up the opening. Then the LORD God made a woman from the rib, and he brought her to the man.

23 "At last!" the man exclaimed.

"This one is bone from my bone,
　and flesh from my flesh!
She will be called 'woman,'
　because she was taken from 'man.' "

24 This explains why a man leaves his father and mother and is joined to his wife, and the two are united into one.

25 Now the man and his wife were both naked, but they felt no shame.

The Man and Woman Sin

3 The serpent was the shrewdest of all the wild animals the LORD God had made. One day he asked the woman, "Did God really say you must not eat the fruit from any of the trees in the garden?"

2 "Of course we may eat fruit from the trees in the garden," the woman replied. 3 "It's only the fruit from the tree in the middle of the garden that we are not allowed to eat. God said, 'You must not eat it or even touch it; if you do, you will die.' "

4 "You won't die!" the serpent replied to the woman. 5 "God knows that your eyes will be opened as soon as you eat it, and you will be like God, knowing both good and evil."

6 The woman was convinced. She saw that the tree was beautiful and its fruit looked delicious, and she wanted the wisdom it would give her. So she took some of the fruit and ate it. Then she gave some to her husband, who was with her, and he ate

grovel [grάvəl] vi. (동물 등이 배를 대고) 기다
hostility [hastíləti] n. 적의, 적개심
shrewd [ʃruːd] a. 약삭 빠른
3:17 scratch a living : 근근히 먹고 살아가다

2:19 Or Adam, and so throughout the chapter.
2:21 Or took a part of the man's side.

7 그러자 두 사람의 눈이 모두 밝아졌습니다. 그들은 자기들이 벌거벗고 있다는 것을 깨닫고, 무화과나무 잎을 엮어서 옷을 만들어 몸을 가렸습니다.

8 그때, 그들은 여호와 하나님께서 동산을 거니시는 소리를 들었습니다. 그때는 하루 중 서늘한 때였습니다. 아담과 그의 아내는 여호와 하나님을 피해, 동산 나무 사이에 숨었습니다.

9 여호와 하나님께서 아담을 부르시며 말씀하셨습니다. "네가 어디에 있느냐?"

10 아담이 대답했습니다. "제가 하나님의 소리를 들었지만 벌거벗었기 때문에 두려워서 숨었습니다."

11 하나님께서 말씀하셨습니다. "네가 벌거벗었다고 누가 말해 주었느냐? 내가 먹지 말라고 한 나무 열매를 먹었느냐?"

12 아담이 대답했습니다. "하나님이 저에게 주신 여자가 그 나무 열매를 줘서 먹었습니다."

13 여호와 하나님께서 여자에게 말씀하셨습니다. "도대체 네가 무슨 일을 저지른 것이냐?" 여자가 대답했습니다. "뱀이 저를 속였습니다. 그래서 제가 그 열매를 먹었습니다."

14 여호와 하나님께서 뱀에게 말씀하셨습니다. "네가 이런 일을 했으므로, 너는 모든 가축과 모든 들짐승보다 더욱 저주를 받을 것이다. 너는 배로 기어다니고, 평생토록 흙먼지를 먹고 살아야 할 것이다.

15 내가 너와 여자를 서로 원수가 되게 하고, 네 자손과 여자의 자손도 원수가 되게 할 것이다. 여자의 자손이 네 머리를 부수고, 너는 그의 발꿈치를 물 것이다."

16 하나님께서 여자에게도 말씀하셨습니다. "내가 너에게 아기를 가지는 고통을 크게 하고, 너는 고통 중에 아기를 낳게 될 것이다. 너는 네 남편을 지배하려 할 것이고, 남편은 너를 다스릴 것이다."

17 하나님께서 아담에게도 말씀하셨습니다. "너는 네 아내의 말을 듣고 내가 먹지 말라고 한 나무의 열매를 먹었다. 그러므로 너 때문에 땅이 저주를 받고, 너는 평생토록 수고하여야 땅에서 나는 것을 먹을 수 있게 될 것이다.

18 땅은 너에게 가시와 엉겅퀴를 내고, 너는 밭의 채소를 먹을 것이다.

19 너는 먹기 위하여 얼굴에 땀을 흘리고, 열심히 일하다가 마침내 흙으로 돌아갈 것이다. 이는 네가 흙으로 지음을 받았기 때문이다. 너는 흙이니, 흙으로 돌아갈 것이다."

---

7 it, too. •At that moment their eyes were opened, and they suddenly felt shame at their nakedness. So they sewed fig leaves together to cover themselves.

8 •When the cool evening breezes were blowing, the man* and his wife heard the LORD God walking about in the garden. So they hid from the LORD God among the trees.

9 •Then the LORD God called to the man, "Where are you?"

10 •He replied, "I heard you walking in the garden, so I hid. I was afraid because I was naked."

11 •"Who told you that you were naked?" the LORD God asked. "Have you eaten from the tree whose fruit I commanded you not to eat?"

12 •The man replied, "It was the woman you gave me who gave me the fruit, and I ate it."

13 •Then the LORD God asked the woman, "What have you done?"

"The serpent deceived me," she replied. "That's why I ate it."

14 •Then the LORD God said to the serpent,

"Because you have done this, you are cursed
more than all animals, domestic and wild.
You will crawl on your belly,
groveling in the dust as long as you live.

15 And I will cause hostility between you and
the woman,
and between your offspring and her
offspring.
He will strike* your head,
and you will strike his heel."

16 •Then he said to the woman,

"I will sharpen the pain of your pregnancy,
and in pain you will give birth.
And you will desire to control your husband,
but he will rule over you.*"

17 •And to the man he said,

"Since you listened to your wife and ate
from the tree
whose fruit I commanded you not to eat,
the ground is cursed because of you.
All your life you will struggle to scratch
a living from it.

18 It will grow thorns and thistles for you,
though you will eat of its grains.

19 By the sweat of your brow
will you have food to eat
until you return to the ground
from which you were made.
For you were made from dust,
and to dust you will return."

3:8 Or *Adam*, and so throughout the chapter. 3:15 Or *bruise*; also in 3:15b.   3:16 Or *And though you will have desire for your husband, / he will rule over you.*

창

20 아담은 자기 아내의 이름을 하와라고 지었습니다. 이는 그녀가 모든 생명의 어머니가 되었기 때문입니다.

21 여호와 하나님께서 동물 가죽으로 옷을 만들어서 아담과 그의 아내에게 입혀 주셨습니다.

22 여호와 하나님께서 말씀하셨습니다. "보아라, 사람이 우리 중 하나와 같이 되어 선과 악을 알게 되었으니, 이제 그가 손을 뻗어 생명나무의 열매를 따 먹고, 영원히 살게 되는 것을 막아야 한다."

23 그래서 여호와 하나님께서는 아담과 그의 아내를 에덴 동산에서 쫓아내셨습니다. 그리고 그가 나온 근원인 땅을 열심히 갈게 하셨습니다.

24 이와 같이 하나님께서는 그 사람을 쫓아내신 뒤에 에덴 동산 동쪽에 천사들을 세우시고 사방을 돌며 칼날같이 타오르는 불꽃을 두시고, 생명나무를 지키게 하셨습니다.

최초의 가족

4 아담이 자기 아내 하와와 잠자리를 같이했습니다. 그러자 하와가 임신을 하여 가인을 낳았습니다. 하와가 말했습니다. "여호와의 도우심으로 내가 남자 아이를 얻었다."

2 하와는 또 가인의 동생 아벨을 낳았습니다. 아벨은 양을 치고, 가인은 농사를 지었습니다.

3 세월이 지난 뒤에 가인은 땅의 열매를 하나님께 제물로 바쳤습니다.

4 아벨은 처음 태어난 아기 양과 양의 기름을 바쳤습니다. 여호와께서는 아벨과 그의 제물은 받으셨으나,

5 가인과 그의 제물은 받지 않으셨습니다. 가인은 매우 화가 나서 안색이 변하였습니다.

6 여호와께서 가인에게 물으셨습니다. "네가 왜 화를 내느냐? 왜 안색이 변하느냐?

7 네가 좋은 마음을 품고 있다면 어찌 얼굴을 들지 못하겠느냐? 네가 좋은 마음을 품지 않으면 죄가 너를 지배하려 할 것이다. 죄는 너를 다스리고 싶어하지만, 너는 죄를 다스려야 한다."

8 가인이 자기 동생 아벨에게 "들로 나가자" 하고 말했습니다. 그들이 들에 나가 있을 때에 가인이 자기 동생 아벨을 쳐죽였습니다.

9 여호와께서 가인에게 말씀하셨습니다. "네 동생 아벨은 어디 있느냐?" 가인이 대답했습니다. "저는 모릅니다. 제가 동생을 지키는 사람입니까?"

10 여호와께서 말씀하셨습니다. "네가 무슨 일을 했느냐? 네 동생 아벨의 핏소리가 땅에서 나에게 호소하고 있다.

11 땅이 그 입을 벌려 네가 흘리게 한 네 동생의 피를 네 손에서 받아 마셨다. 그러므로 너는 이제 땅에서 저주를 받을 것이다.

Paradise Lost: God's Judgment

20 •Then the man—Adam—named his wife Eve, because she would be the mother of all who live.* 21 And the LORD God made clothing from animal skins for Adam and his wife.

22 •Then the LORD God said, "Look, the human beings* have become like us, knowing both good and evil. What if they reach out, take fruit from the tree of life, and eat it? Then 23 they will live forever!" •So the LORD God banished them from the Garden of Eden, and he sent Adam out to cultivate the ground from 24 which he had been made. •After sending them out, the LORD God stationed mighty cherubim to the east of the Garden of Eden. And he placed a flaming sword that flashed back and forth to guard the way to the tree of life.

Cain and Abel

4 Now Adam* had sexual relations with his wife, Eve, and she became pregnant. When she gave birth to Cain, she said, "With the LORD's help, I have produced* a man!" 2 •Later she gave birth to his brother and named him Abel.

When they grew up, Abel became a shepherd, while Cain cultivated the ground. 3 •When it was time for the harvest, Cain presented some of his crops as a gift to the LORD. 4 •Abel also brought a gift—the best portions of the firstborn lambs from his flock. The LORD accepted Abel and his gift, 5 •but he did not accept Cain and his gift. This made Cain very angry, and he looked dejected.

6 •"Why are you so angry?" the LORD asked Cain. "Why do you look so dejected? 7 •You will be accepted if you do what is right. But if you refuse to do what is right, then watch out! Sin is crouching at the door, eager to control you. But you must subdue it and be its master."

8 •One day Cain suggested to his brother, "Let's go out into the fields."* And while they were in the field, Cain attacked his brother, Abel, and killed him.

9 •Afterward the LORD asked Cain, "Where is your brother? Where is Abel?"

"I don't know," Cain responded. "Am I my brother's guardian?"

10 •But the LORD said, "What have you done? Listen! Your brother's blood cries out to me 11 from the ground! •Now you are cursed and

---

3:20 *Eve* sounds like a Hebrew term that means "to give life." 3:22 Or *the man*; Hebrew reads *ha-adam.* 4:1a Or *The man*; also in 4:25. 4:1b Or *I have acquired. Cain* sounds like a Hebrew term that can mean "produce" or "acquire." 4:8 As in Samaritan Pentateuch, Greek and Syriac versions, and Latin Vulgate; Masoretic Text lacks "*Let's go out into the fields.*"

12 네가 땅을 갈아 농사를 지어도 더 이상 땅은 너를 위해 열매를 맺지 않을 것이다. 너는 땅에서 떠돌 것이다."

13 가인이 여호와께 말했습니다. "이 벌은 제게 너무 무겁습니다.

14 주께서 오늘 저를 땅에서 쫓아내셨습니다. 저는 이제 주를 만나 뵐 수도 없을 것입니다. 저는 땅에서 떠돌며 유랑할 것이고, 누구든지 저를 만나는 사람은 저를 죽이려고 할 것입니다."

15 여호와께서 가인에게 말씀하셨습니다. "아니다. 누구든지 가인을 죽이는 사람은 일곱 배나 벌을 받을 것이다"라고 하시고, 여호와께서 가인에게 표시를 해 주셔서, 가인이 누구를 만나든지 그 사람이 가인을 죽이지 못하게 하셨습니다.

가인의 자손

16 가인은 여호와 앞을 떠나 에덴 동쪽 놋 땅에서 살았습니다.

17 가인이 자기 아내와 잠자리를 같이하니, 아내가 임신을 하여 에녹을 낳았습니다. 그때에 가인은 성을 쌓고 있었는데, 가인은 자기 아들의 이름을 따서 그 성을 에녹이라고 불렀습니다.

18 에녹은 이랏을 낳고, 이랏은 므후야엘을 낳고, 므후야엘은 므드사엘을 낳고, 므드사엘은 라멕을 낳았습니다.

19 라멕은 두 아내를 얻었습니다. 한 아내의 이름은 아다이고, 다른 아내의 이름은 씰라입니다.

20 아다는 야발을 낳았습니다. 야발은 장막에 살면서 짐승을 치는 사람의 조상이 되었습니다.

21 야발의 동생은 유발인데, 그는 수금을 켜고 퉁소를 부는 사람들의 조상이 되었습니다.

22 씰라는 두발가인을 낳았습니다. 두발가인은 구리와 철 연장을 만들었습니다. 두발가인의 누이는 나아마입니다.

23 라멕이 자기 아내들에게 말했습니다. "아다와 씰라여, 내 말을 들어라. 라멕의 아내들이여, 내 말에 귀를 기울여라. 나는 나에게 상처를 입힌 사람을 죽였다. 나를 상하게 한 젊은이를 죽였다.

24 가인을 죽인 사람은 일곱 배로 벌을 받지만 라멕을 죽인 사람은 일흔일곱 배로 벌을 받을 것이다."

아담과 하와가 새 아들을 얻다

25 아담이 다시 자기 아내 하와와 잠자리를 같이했습니다. 그리하여 하와가 아들을 낳았습니다. 하와는 그 아들의 이름을 셋이라고 지었습니다. 하와가 말했습니다. "가인이 아벨을 죽였으므로, 하나님께서 아벨 대신에 다른 아기를 주셨다."

26 셋도 역시 아들을 낳고, 아들의 이름을 에노스라고 지었습니다. 그때부터 사람들은 여호와의 이름을 부르며, 예배를 드리기 시작했습니다.

---

12 banished from the ground, which has swallowed your brother's blood. •No longer will the ground yield good crops for you, no matter how hard you work! From now on you will be a homeless wanderer on the earth."

13 •Cain replied to the LORD, "My punishment* is too great for me to bear! •You have banished me from the land and from your presence; you have made me a homeless wanderer. Anyone who finds me will kill me!"

15 •The LORD replied, "No, for I will give a sevenfold punishment to anyone who kills you." Then the LORD put a mark on Cain to warn anyone who might try to kill him. •So Cain left the LORD's presence and settled in the land of Nod,* east of Eden.

The Descendants of Cain

17 •Cain had sexual relations with his wife, and she became pregnant and gave birth to Enoch. Then Cain founded a city, which he named Enoch, after his son. •Enoch had a son named Irad. Irad became the father of* Mehujael. Mehujael became the father of Methushael. Methushael became the father of Lamech.

19 •Lamech married two women. The first was named Adah, and the second was Zillah. •Adah gave birth to Jabal, who was the first of those who raise livestock and live in tents. •His brother's name was Jubal, the first of all who play the harp and flute.

22 •Lamech's other wife, Zillah, gave birth to a son named Tubal-cain. He became an expert in forging tools of bronze and iron. Tubal-cain had a sister named Naamah. •One day Lamech said to his wives,

"Adah and Zillah, hear my voice;
listen to me, you wives of Lamech.
I have killed a man who attacked me,
a young man who wounded me.

24 • If someone who kills Cain is punished
seven times,
then the one who kills me will be punished
seventy-seven times!"

The Birth of Seth

25 •Adam had sexual relations with his wife again, and she gave birth to another son. She named him Seth,* for she said, "God has granted me another son in place of Abel, whom Cain killed." •When Seth grew up, he had a son and named him Enosh. At that time people first began to worship the LORD by name.

4:13 Or *My sin.* 4:16 *Nod* means "wandering."
4:18 Or *the ancestor of,* and so throughout the verse. 4:25 *Seth* probably means "granted"; the name may also mean "appointed."

아담의 자손

5 아담의 자손은 이러합니다. 하나님께서는 사람을 지으실 때에 하나님의 모습대로 지으셨습니다.

2 하나님께서는 남자와 여자를 창조하시고, 그날 그들에게 복을 주시며 그들의 이름을 '사람'이라고 하셨습니다.

3 아담은 백서른 살이 되어서 자기의 모습 곧 자기 형상을 닮은 아들을 낳고, 그 이름을 셋이라고 지었습니다.

4 아담은 셋을 낳고, 팔백 년을 더 살았습니다. 그동안 아담은 다른 아들들과 딸들을 또 낳았습니다.

5 아담은 모두 구백삼십 년을 살고 죽었습니다.

6 셋은 백다섯 살이 되어서 에노스를 낳았습니다.

7 셋은 에노스를 낳고, 팔백칠 년을 더 살았습니다. 그동안 셋은 다른 아들들과 딸들을 또 낳았습니다.

8 셋은 모두 구백십이 년을 살고 죽었습니다.

9 에노스는 아흔 살이 되어서 게난을 낳았습니다.

10 에노스는 게난을 낳고, 팔백십오 년을 더 살았습니다. 그동안 에노스는 다른 아들들과 딸들을 또 낳았습니다.

11 에노스는 모두 구백오 년을 살고 죽었습니다.

12 게난은 일흔 살에 마할랄렐을 낳았습니다.

13 게난은 마할랄렐을 낳고, 팔백사십 년을 더 살았습니다. 그동안 게난은 다른 아들들과 딸들을 또 낳았습니다.

14 게난은 모두 구백십 년을 살고 죽었습니다.

15 마할랄렐은 예순다섯 살에 야렛을 낳았습니다.

16 마할랄렐은 야렛을 낳고, 팔백삼십 년을 더 살았습니다. 그동안 마할랄렐은 다른 아들들과 딸들을 또 낳았습니다.

17 마할랄렐은 모두 팔백구십오 년을 살고 죽었습니다.

18 야렛은 백예순두 살에 에녹을 낳았습니다.

19 야렛은 에녹을 낳고, 팔백 년을 더 살았습니다. 그동안 야렛은 다른 아들들과 딸들을 또 낳았습니다.

20 야렛은 모두 구백육십이 년을 살고 죽었습니다.

21 에녹은 예순다섯 살에 므두셀라를 낳았습니다.

22 에녹은 므두셀라를 낳은 후, 삼백 년 동안 하나님과 깊은 관계를 누리며 지냈습니다. 그동안 에녹은 다른 아들들과 딸들을 또 낳았습니다.

23 에녹은 모두 삼백육십오 년을 살았습니다.

24 에녹은 하나님의 뜻을 따라 평생 하나님과 깊은 관계를 누리며 살다가 갑자기 사라졌습니다. 이는 하나님께서 그를 데려가셨기 때문입니다.

25 므두셀라는 백예순일곱 살에 라멕을 낳았습니다.

26 므두셀라는 라멕을 낳고, 칠백팔십이 년을 더 살았습니다. 그동안 므두셀라는 다른 아들들과 딸들을 또 낳았습니다.

27 므두셀라는 모두 구백육십구 년을 살고 죽었습니다.

28 라멕은 백여든두 살에 아들을 낳았습니다.

The Descendants of Adam

5 This is the written account of the descendants of Adam. When God created human beings,* he made them to be like

2 himself. • He created them male and female, and he blessed them and called them "human."

3 • When Adam was 130 years old, he became the father of a son who was just like him —in his very image. He named his son

4 Seth. • After the birth of Seth, Adam lived another 800 years, and he had other

5 sons and daughters. • Adam lived 930 years, and then he died.

6 • When Seth was 105 years old, he became

7 the father of* Enosh. • After the birth of* Enosh, Seth lived another 807 years, and

8 he had other sons and daughters. • Seth lived 912 years, and then he died.

9 • When Enosh was 90 years old, he became

10 the father of Kenan. • After the birth of Kenan, Enosh lived another 815 years, and he had other sons and daughters.

11 • Enosh lived 905 years, and then he died.

12 • When Kenan was 70 years old, he became

13 the father of Mahalalel. • After the birth of Mahalalel, Kenan lived another 840 years, and he had other sons and daughters.

14 Kenan lived 910 years, and then he died.

15 • When Mahalalel was 65 years old, he

16 became the father of Jared. • After the birth of Jared, Mahalalel lived another 830 years, and he had other sons and

17 daughters. • Mahalalel lived 895 years, and then he died.

18 • When Jared was 162 years old, he became

19 the father of Enoch. • After the birth of Enoch, Jared lived another 800 years, and

20 he had other sons and daughters. • Jared lived 962 years, and then he died.

21 • When Enoch was 65 years old, he became

22 the father of Methuselah. • After the birth of Methuselah, Enoch lived in close fellowship with God for another 300 years, and he had other sons and daughters.

23-24 • Enoch lived 365 years, • walking in close fellowship with God. Then one day he disappeared, because God took him.

25 • When Methuselah was 187 years old, he

26 became the father of Lamech. • After the birth of Lamech, Methuselah lived another 782 years, and he had other sons and daughters. • Methuselah lived 969 years, and then he died.

28 • When Lamech was 182 years old, he

5:1 Or *man;* Hebrew reads *adam;* similarly in 5:2. 5:6 Or *the ancestor of;* also in 5:9, 12, 15, 18, 21, 25. 5:7 Or *the birth of this ancestor of;* also in 5:10, 13, 16, 19, 22, 26.

29 라멕은 그 아들의 이름을 노아라고 지었습니다. 라멕이 말했습니다. "노아는 하나님께서 저주하신 땅에서 수고하며 고통스럽게 일을 하는 우리를 위로해 줄 것이다."

30 라멕은 노아를 낳고, 오백구십오 년을 더 살았습니다. 그동안 라멕은 다른 아들들과 딸들을 또 낳았습니다.

31 라멕은 모두 칠백칠십칠 년을 살고 죽었습니다.

32 노아는 오백 살이 지나서 셈과 함과 야벳을 낳았습니다.

인간의 악한 행위

6 땅 위에 사람들이 늘어나기 시작할 때, 그들에게서 딸들이 태어났습니다.

2 하나님의 아들들이 사람의 딸들의 아름다움을 보고 마음에 드는 여자를 아내로 맞아들였습니다.

3 여호와께서 말씀하셨습니다. "내 영이 사람과 영원히 함께하지 않을 것이다. 그것은 그들이 실수를 범하여 육체가 되었기 때문이다. 그들은 백이십 년밖에는 살지 못할 것이다."

4 그 무렵, 땅 위에는 '네피림'이라는 거인들이 있었습니다. 그 후에도 하나님의 아들들이 사람의 딸을 아내로 맞이하였습니다. 그들 사이에서 자식들이 태어났는데 그들은 옛날의 용사들로서 유명한 사람들이었습니다.

5 여호와께서 땅 위에 사람의 악한 행동이 크게 퍼진 것을 보셨습니다. 그리고 그들의 생각이 언제나 악할 뿐이라는 것도 아셨습니다.

6 여호와께서는 땅 위에 사람을 만드신 것을 후회하시며 마음 아파하셨습니다.

7 그래서 여호와께서 말씀하셨습니다. "내가 만든 땅 위의 사람들을 모두 멸망시키겠다. 사람에서부터 땅 위의 모든 짐승과 기어다니는 것과 공중의 새까지도 멸망시키겠다. 왜냐하면 내가 그것들을 만든 것을 후회하기 때문이다."

8 하지만 노아는 여호와의 마음에 들었습니다.

노아와 홍수

9 노아의 자손은 이러합니다. 노아는 그가 살던 시대에 의롭고 흠 없는 사람이었습니다. 노아는 하나님의 뜻을 따라 하나님과 함께 살았습니다.

10 노아는 세 아들을 두었습니다. 그들의 이름은 셈과 함과 야벳이었습니다.

11 이때에 땅 위의 사람들은 하나님께 악을 행하였고, 온 땅에는 폭력이 가득 찼습니다.

12 하나님께서는 사람들의 타락함을 보셨습니다. 즉 모든 사람들이 땅 위에서 하나님의 길을 더럽힌 것입니다.

13 하나님께서 노아에게 말씀하셨습니다. "사람들이

became the father of a son. ● Lamech named his son Noah, for he said, "May he bring us relief* from our work and the painful labor of farming this ground that the LORD has cursed." ● After the birth of Noah, Lamech lived another 595 years, and he had other sons and daughters. ● Lamech lived 777 years, and then he died.

32 ● After Noah was 500 years old, he became the father of Shem, Ham, and Japheth.

A World Gone Wrong

6 Then the people began to multiply on the earth, and daughters were born to them. ● The sons of God saw the beautiful women* and took any they wanted as their wives. ● Then the LORD said, "My Spirit will not put up with* humans for such a long time, for they are only mortal flesh. In the future, their normal lifespan will be no more than 120 years."

4 In those days, and for some time after, giant Nephilites lived on the earth, for whenever the sons of God had intercourse with women, they gave birth to children who became the heroes and famous warriors of ancient times.

5 ● The LORD observed the extent of human wickedness on the earth, and he saw that everything they thought or imagined was consistently and totally evil. ● So the LORD was sorry he had ever made them and put them on the earth. It broke his heart. ● And the LORD said, "I will wipe this human race I have created from the face of the earth. Yes, and I will destroy every living thing—all the people, the large animals, the small animals that scurry along the ground, and even the birds of the sky. I am sorry I ever made them." ● But Noah found favor with the LORD.

The Story of Noah

9 ● This is the account of Noah and his family. Noah was a righteous man, the only blameless person living on earth at the time, and he walked in close fellowship with God.

10 ● Noah was the father of three sons: Shem, Ham, and Japheth.

11 ● Now God saw that the earth had become corrupt and was filled with violence.

12 ● God observed all this corruption in the world, for everyone on earth was corrupt.

13 ● So God said to Noah, "I have decided to destroy all living creatures, for they have filled the earth with violence. Yes, I will wipe

5:29 *Noah* sounds like a Hebrew term that can mean "relief" or "comfort." 6:2 Hebrew *daughters of men*; also in 6:4. 6:3 Greek version reads *will not remain in.*

땅을 폭력으로 가득 채웠다. 그래서 나는 땅 위의 모든 사람들을 땅과 함께 다 쓸어 버리겠다.

14 너는 잣나무로 배를 만들어라. 그 안에 방들을 만들고, 안과 밖에 역청을 칠하여라.

15 그 배는 이렇게 만들어라. 길이는 삼백 규빗*, 너비는 오십 규빗*, 높이는 삼십 규빗*으로 만들어라.

16 지붕 위에서 일 규빗* 아래로 사방에 창을 만들고, 배 옆에는 문을 내어라. 배를 위층과 가운데 층과 아래층으로 삼 층을 만들어라.

17 내가 땅 위에 홍수를 일으켜서 하늘 아래 사는 모든 생물, 곧 목숨이 있는 것은 다 멸망시킬 것이다. 땅 위에 있는 것은 다 숨질 것이다.

18 그러나 내가 너하고는 언약을 세우겠다. 너와 네 아들들과 네 아내와 네 며느리들은 모두 배로 들어가거라.

19 그리고 모든 생물을 암컷과 수컷 한 마리씩 배로 데리고 들어가서 너와 함께 살게 하여라.

20 새와 짐승과 기어다니는 모든 것이 각기 그 종류대로 두 마리씩 너에게로 올 테니, 그것들을 살려 주어라.

21 그리고 먹을 것도 종류대로 다 모아 두어라. 그것을 배 안에 쌓아 두고, 너와 짐승들의 식량으로 삼아라."

22 노아는 하나님께서 명령하신 대로 모든 일을 했습니다.

대홍수

7 여호와께서 노아에게 말씀하셨습니다. "너는 가족을 이끌고 배로 들어가거라. 내가 보기에 이 세대에는 너만이 내 앞에서 의로운 사람이다.

2 모든 깨끗한 짐승은 암컷과 수컷 일곱 마리씩, 깨끗하지 않은 짐승은 암컷과 수컷 한 마리씩* 데리고 들어가거라.

3 하늘의 새도 암컷과 수컷 일곱 마리씩 데리고 들어가거라. 그래서 그들의 종자를 온 땅 위에 살아남게 하여라.

4 지금부터 칠 일이 지나면, 내가 땅에 비를 내리겠다. 사십 일 동안, 밤낮으로 비를 내리겠다. 그리하여 내가 만든 생물을 땅 위에서 모두 쓸어 버리겠다."

5 노아는 여호와께서 명령하신 대로 모든 일을 했습니다.

6 홍수가 시작되었을 때, 노아의 나이는 육백 살이었습니다.

7 노아와 그의 아내와 아들들과 며느리들은 배 안으로 들어가서 홍수를 피했습니다.

8 깨끗한 짐승과 깨끗하지 않은 짐승과 새와 땅에 기는 모든 것이

them all out along with the earth!

14 •"Build a large boat* from cypress wood* and waterproof it with tar, inside and out. Then construct decks and stalls throughout its interi-15 or. •Make the boat 450 feet long, 75 feet wide, 16 and 45 feet high.* •Leave an 18-inch opening* below the roof all the way around the boat. Put the door on the side, and build three decks inside the boat—lower, middle, and upper.

17 •"Look! I am about to cover the earth with a flood that will destroy every living thing that 18 breathes. Everything on earth will die. •But I will confirm my covenant with you. So enter the boat—you and your wife and your sons and 19 their wives. •Bring a pair of every kind of animal—a male and a female—into the boat with 20 you to keep them alive during the flood. •Pairs of every kind of bird, and every kind of animal, and every kind of small animal that scurries along the ground, will come to you to be kept 21 alive. •And be sure to take on board enough food for your family and for all the animals."

22 •So Noah did everything exactly as God had commanded him.

The Flood Covers the Earth

7 When everything was ready, the LORD said to Noah, "Go into the boat with all your family, for among all the people of the earth, I 2 can see that you alone are righteous. •Take with you seven pairs—male and female—of each animal I have approved for eating and for sacrifice,* and take one pair of each of the oth-3 ers. •Also take seven pairs of every kind of bird. There must be a male and a female in each pair to ensure that all life will survive on the earth 4 after the flood. •Seven days from now I will make the rains pour down on the earth. And it will rain for forty days and forty nights, until I have wiped from the earth all the living things I have created."

5 •So Noah did everything as the LORD commanded him.

6 •Noah was 600 years old when the flood 7 covered the earth. •He went on board the boat to escape the flood—he and his wife and his 8 sons and their wives. •With them were all the various kinds of animals—those approved for eating and for sacrifice and those that were not—along with all the birds and the small ani-

---

6:14a Traditionally rendered *an ark*.　6:14b Or *gopher wood*.　6:15 Hebrew *300 cubits* [138 meters] *long, 50 cubits* [23 meters] *wide, and 30 cubits* [13.8 meters] *high*.　6:16 Hebrew *an opening of 1 cubit* [46 centimeters].　7:2 Hebrew *each clean animal*; similarly in 7:8.

6:15 300규빗은 약 135m에 해당되고, 50규빗은 약 22.5m에 해당되며, 30규빗은 약 13.5m에 해당된다.
6:16 1규빗은 약 45cm에 해당된다.
7:2 사본에 따라 '두 마리씩'으로 되어 있기도 하다.

9 노아에게 왔습니다. 수컷과 암컷 두 마리씩 와서 배로 들어갔습니다. 하나님께서 노아에게 명령하신 대로 되었습니다.

10 칠 일이 지나고, 홍수가 땅 위를 덮쳤습니다.

11 그때, 노아는 육백 살이었습니다. 홍수는 그해의 둘째 달, 십칠 일에 시작되었습니다. 그날, 땅 속의 샘이 열리고, 하늘의 구름이 비를 쏟아 부었습니다.

12 비는 땅 위에 사십 일 동안, 밤낮으로 쏟아졌습니다.

13 바로 그날, 노아와 그의 아들들인 셈, 함, 야벳과 노아의 아내와 며느리들이 배 안으로 들어갔습니다.

14 그리고 그들과 모든 들짐승이 그 종류대로, 모든 가축이 그 종류대로, 땅 위에 기는 모든 생물이 그 종류대로, 날개 달린 모든 새가 그 종류대로 배 안으로 들어갔습니다.

15 생명의 호흡이 있는 모든 생물들이 암수 한 쌍씩 노아에게로 와서 배 안으로 들어갔습니다.

16 모든 생물의 암컷과 수컷이 하나님께서 노아에게 명령하신 대로 배 안으로 들어갔습니다. 그런 다음에 여호와께서 배의 문을 닫으셨습니다.

17 비가 사십 일 동안, 그치지 않고 내려 대홍수가 났습니다. 물이 불어나니, 배가 물 위로 떠 땅에서 떠올랐습니다.

18 물이 계속 불어나서 배가 물 위를 떠다니게 되었습니다.

19 물이 땅 위에 너무 많이 불어나서 하늘 아래의 높은 산들도 모두 물에 잠기게 되었습니다.

20 물은 그 위로부터 십오 규빗* 정도 더 불어났고, 산들은 완전히 물에 잠겨 버렸습니다.

21 땅 위에서 움직이던 생물이 다 죽었습니다. 새와 가축과 들짐승과 땅에서 기던 모든 것과 사람들이 다 죽었습니다.

22 육지에 있는 모든 것 가운데, 코로 숨을 쉬던 모든 생물이 다 죽었습니다.

23 주께서 땅 위의 모든 생명을 쓸어 버리셨습니다. 사람과 짐승과 기는 것과 공중의 새를 쓸어 버리셨습니다. 모든 것이 땅에서 멸망되었고, 노아와 함께 배 안에 있던 것만이 살아남았습니다.

24 물이 백오십 일 동안, 땅을 뒤덮고 있었습니다.

홍수가 그치다

8 하지만 하나님께서는 노아와, 그와 함께 배 안에 있던 모든 들짐승, 가축을 기억하셨습니다. 하나님께서는 땅 위에 바람이 불게 하셨습니다. 그러자 물이 점점 줄어들었습니다.

2 땅 속의 샘들과 하늘의 창들이 닫혔습니다. 하늘에서 내리던 비도 그쳤습니다.

3 땅에서 물이 점점 빠져 나갔습니다. 백오십 일이 지나자, 물이 많이 줄어들었습니다.

9 mals that scurry along the ground. •They entered the boat in pairs, male and female,
10 just as God had commanded Noah. •After seven days, the waters of the flood came and covered the earth.
11 •When Noah was 600 years old, on the seventeenth day of the second month, all the underground waters erupted from the earth, and the rain fell in mighty torrents
12 from the sky. •The rain continued to fall for forty days and forty nights.
13 That very day Noah had gone into the boat with his wife and his sons—Shem,
14 Ham, and Japheth—and their wives. •With them in the boat were pairs of every kind of animal—domestic and wild, large and small—along with birds of every kind.
15 •Two by two they came into the boat, repre-
16 senting every living thing that breathes. •A male and female of each kind entered, just as God had commanded Noah. Then the LORD closed the door behind them.
17 •For forty days the floodwaters grew deeper, covering the ground and lifting
18 the boat high above the earth. •As the waters rose higher and higher above the ground, the boat floated safely on the sur-
19 face. •Finally, the water covered even the
20 highest mountains on the earth, •rising more than twenty-two feet* above the high-
21 est peaks. •All the living things on earth died—birds, domestic animals, wild ani-
22 mals, small animals that scurry along the ground, and all the people. •Everything that
23 breathed and lived on dry land died. •God wiped out every living thing on the earth—people, livestock, small animals that scurry along the ground, and the birds of the sky. All were destroyed. The only people who survived were Noah and those with him in the
24 boat. •And the floodwaters covered the earth for 150 days.

The Flood Recedes

8 But God remembered Noah and all the wild animals and livestock with him in the boat. He sent a wind to blow across the earth, and the floodwaters began to recede.
2 •The underground waters stopped flowing, and the torrential rains from the sky were
3 stopped. •So the floodwaters gradually receded from the earth. After 150 days,
4 •exactly five months from the time the flood began,* the boat came to rest on the

---

8:2 a torrential rain : 폭우, 억수같은 비

7:20 Hebrew 15 cubits [6.9 meters]. 8:4 Hebrew on the seventeenth day of the seventh month; see 7:11.

7:20 15규빗은 약 6.75m에 해당된다.

4 그 해의 일곱째 달 십칠 일에 배가 아라랏 산에 걸려 머무르게 되었습니다.

5 물은 계속 흘러 빠져 나갔고, 열째 달 첫째 날에는 산봉우리들이 드러나기 시작했습니다.

6 사십 일이 지나자, 노아는 자기가 타고 있던 배의 창문을 열었습니다.

7 그리고는 까마귀를 날려 보냈습니다. 까마귀는 땅에서 물이 마를 때까지 이리저리 날아다녔습니다.

8 또다시 노아는 땅에서 물이 빠졌는가를 알아보려고 비둘기를 날려 보냈습니다.

9 하지만 비둘기는 쉴 곳을 찾지 못하고 다시 노아에게로 돌아왔습니다. 노아는 손을 뻗어 비둘기를 맞아들였습니다.

10 칠 일이 지나자, 노아는 다시 비둘기를 날려 보냈습니다.

11 그날 저녁, 비둘기는 뜯어 낸 올리브 나무 잎사귀를 입에 물고 돌아왔습니다. 그것을 보고, 노아는 땅이 거의 다 말랐다는 것을 알았습니다.

12 칠 일이 지나자, 노아는 다시 비둘기를 내보냈습니다. 이번에는 비둘기가 노아에게 돌아오지 않았습니다.

13 노아가 육백한 살 되던 해 첫째 달, 곧 첫째 날에 물이 땅에서 말랐습니다. 노아가 배의 지붕을 열고 보니, 땅이 말라 있었습니다.

14 둘째 달, 이십칠 일에는 땅이 완전히 말랐습니다.

15 하나님께서 노아에게 말씀하셨습니다.

16 "너는 아내와 아들들과 며느리들을 데리고 배에서 나오너라.

17 너와 함께 머물고 있는 각종 생물 즉 새와 짐승과 땅 위에서 기는 모든 것도 배에서 이끌고 나오너라. 그것들이 땅 위에서 활동하며, 알을 까고 새끼를 많이 낳아 땅 위에서 번성할 것이다."

18 노아는 아들들과 아내와 며느리들을 데리고 밖으로 나왔습니다.

19 모든 짐승과 모든 기는 것과 모든 새도 다 그 종류대로 배에서 나왔습니다.

20 노아는 배에서 나와 여호와께 제단을 쌓았습니다. 노아는 깨끗한 새와 짐승 가운데서 좋은 것을 골라 제단 위에 태워 드리는 제물인 번제물로 바쳤습니다.

21 여호와께서 그 제물을 기뻐 받으시고, 마음속으로 말씀하셨습니다. "다시는 사람 때문에 땅을 저주하지 않을 것이다. 사람의 생각은 어릴 때부터 악하지만, 이번처럼 땅 위의 모든 생물을 멸망시키는 일을 다시는 하지 않을 것이다.

22 땅이 있는 한, 심고 거두는 일, 추위와 더위, 여름과 겨울, 낮과 밤이 그치지 않을 것이다."

5 mountains of Ararat. •Two and a half months later,* as the waters continued to go down, other mountain peaks became visible.

6 •After another forty days, Noah opened the
7 window he had made in the boat •and released
8 a raven. The bird flew back and forth until the floodwaters on the earth had dried up. •He also released a dove to see if the water had receded
9 and it could find dry ground. •But the dove could find no place to land because the water still covered the ground. So it returned to the boat, and Noah held out his hand and drew the
10 dove back inside. •After waiting another seven
11 days, Noah released the dove again. •This time the dove returned to him in the evening with a fresh olive leaf in its beak. Then Noah knew that
12 the floodwaters were almost gone. •He waited another seven days and then released the dove again. This time it did not come back.

13 •Noah was now 601 years old. On the first day of the new year, ten and a half months after the flood began,* the floodwaters had almost dried up from the earth. Noah lifted back the covering of the boat and saw that the
14 surface of the ground was drying. •Two more months went by,* and at last the earth was dry!

15-16 •Then God said to Noah, • "Leave the boat, all of you—you and your wife, and your sons
17 and their wives. •Release all the animals—the birds, the livestock, and the small animals that scurry along the ground—so they can be fruitful and multiply throughout the earth."

18 •So Noah, his wife, and his sons and their
19 wives left the boat. •And all of the large and small animals and birds came out of the boat, pair by pair.

20 •Then Noah built an altar to the LORD, and there he sacrificed as burnt offerings the animals and birds that had been approved for that
21 purpose.* •And the LORD was pleased with the aroma of the sacrifice and said to himself, "I will never again curse the ground because of the human race, even though everything they think or imagine is bent toward evil from childhood. I will never again destroy all living things.

22 •As long as the earth remains, there will be planting and harvest, cold and heat, summer and winter, day and night."

beak [biːk] *n.* 부리
multiply [mʌltəplai] *vi.* (수가) 증가하다
raven [réivən] *n.* 갈가마귀, 큰 까마귀
recede [risíːd] *vi.* 물러가다
scurry [skə́ːri] *vi.* 허둥지둥 (종종 걸음으로) 달리다

8:5 Hebrew *On the first day of the tenth month*; see 7:11 and note on 8:4. 8:13 Hebrew *On the first day of the first month*; see 7:11. 8:14 Hebrew *The twenty-seventh day of the second month arrived*; see note on 8:13. 8:20 Hebrew *every clean animal and every clean bird.*

새로운 시작

9 하나님께서 노아와 그 아들들에게 복을 주시며 말씀하셨습니다. "자녀를 많이 낳고 번성하여 땅을 채워라.

2 땅 위의 모든 짐승과 하늘의 모든 새와 땅 위를 기는 모든 것과 바다의 모든 물고기가 너희들을 두려워할 것이다. 내가 이 모든 것을 너희들에게 주었다.

3 살아서 움직이는 모든 것이 너희의 음식이 될 것이다. 전에 푸른 식물을 음식으로 준 것같이, 이제는 모든 것을 음식으로 줄 테니,

4 다만 고기를 피째 먹지는 마라. 피에는 생명이 있다.

5 너희가 생명의 피를 흘리면, 내가 반드시 복수를 할 것이다. 사람의 피를 흘리면 그것이 짐승이든 사람이든 피흘리게 한 사람의 형제이든 간에 내가 복수를 할 것이다.

6 누구든지 사람의 피를 흘리면, 다른 사람이 그 사람의 피를 흘리게 할 것이다. 이는 하나님께서 자기 모습대로 사람을 지으셨기 때문이다.

7 너희는 자녀를 많이 낳고 번성하여 땅을 가득 채워라. 땅에서 번성하여라."

8 하나님께서 노아와 그의 아들들에게 말씀하셨습니다.

9 "이제 내가 너희와 너희의 뒤를 이을 너희의 자손과

10 배에서 나와서 너희와 함께 사는 모든 생물, 곧 새와 가축과 들짐승과 땅 위의 모든 생물들과

11 너희에게 언약을 세우리니, 다시는 홍수로 모든 생물들을 없애 버리지 않을 것이며, 홍수로 땅을 멸망시키는 일은 없을 것이다."

12 하나님께서 말씀하셨습니다. "내가 너희와 함께 사는 모든 생물과 너희 사이에 대대로 세울 언약의 표는 이러하다.

13 내가 구름 사이에 내 무지개를 두었으니, 그것이 나와 땅 사이의 언약의 표이다.

14 내가 땅에 구름을 보내 구름 사이에 무지개가 나타나면,

15 나는 너희와 모든 생물 사이에 세운 나의 언약을 기억할 것이다. 다시는 홍수로 땅의 모든 생물을 멸망시키는 일은 없을 것이다.

16 구름 사이에 무지개가 나타나면, 내가 그것을 보고 나 하나님과 땅 위의 모든 육체를 가진 생물들 사이에 세운 영원한 언약을 기억할 것이다."

17 하나님께서 노아에게 말씀하셨습니다. "이것이 나와 땅 위의 모든 생물들 사이에 세우는 내 언약의 표이다."

노아와 그의 아들들

18 배에서 나온 노아의 아들들은 셈과 함과 야벳입니다. 함은 가나안의 조상입니다.

19 이 세 명은 노아의 아들들이며, 이 세 명을 통해 온

God Confirms His Covenant

9 Then God blessed Noah and his sons and told them, "Be fruitful and multiply. Fill the earth. 2 •All the animals of the earth, all the birds of the sky, all the small animals that scurry along the ground, and all the fish in the sea will look on you with fear and terror. 3 I have placed them in your power. •I have given them to you for food, just as I 4 have given you grain and vegetables. •But you must never eat any meat that still has the lifeblood in it.

5 •"And I will require the blood of anyone who takes another person's life. If a wild animal kills a person, it must die. And anyone who murders a fellow human must die. 6 •If anyone takes a human life, that person's life will also be taken by human hands. For God made human beings* in his own image. •Now be fruitful and multiply, and repopulate the earth."

8-9 •Then God told Noah and his sons, • "I hereby confirm my covenant with you and 10 your descendants, •and with all the animals that were on the boat with you—the birds, the livestock, and all the wild animals—every 11 living creature on earth. •Yes, I am confirming my covenant with you. Never again will floodwaters kill all living creatures; never again will a flood destroy the earth."

12 •Then God said, "I am giving you a sign of my covenant with you and with all living 13 creatures, for all generations to come. •I have placed my rainbow in the clouds. It is the sign of my covenant with you and with 14 all the earth. •When I send clouds over the earth, the rainbow will appear in the clouds, 15 •and I will remember my covenant with you and with all living creatures. Never again will the floodwaters destroy all life. 16 •When I see the rainbow in the clouds, I will remember the eternal covenant between God and every living creature on 17 earth." •Then God said to Noah, "Yes, this rainbow is the sign of the covenant I am confirming with all the creatures on earth."

Noah's Sons

18 •The sons of Noah who came out of the boat with their father were Shem, Ham, and Japheth. (Ham is the father of Canaan.) 19 •From these three sons of Noah came all the people who now populate the earth.

confirm [kənfə́ːrm] *vi.vt.* 확증하다; 굳게 하다
covenant [kʌ́vənənt] *n.* 언약
eternal [itəːrnl] *a.* 영원(영구)한
repopulate [ripǽpjuleit] *vt.* …에 사람을 다시 살게 하다

9:6 Or *man*; Hebrew reads *ha-adam*.

땅에 사람들이 퍼졌습니다.

20 노아는 농사일을 시작하고, 포도나무를 심었습니다.

21 그는 포도주를 먹고 취하여 자기 장막에서 벌거벗은 채 누워 있었습니다.

22 가나안의 조상 함이 벌거벗은 아버지를 보고, 밖으로 나가서 형제들에게 그 사실을 알렸습니다.

23 그러자 셈과 야벳이 옷을 가지고 와서 어깨에 걸친 다음, 뒷걸음질로 장막으로 들어가 아버지의 벌거벗은 몸을 덮어 드렸습니다. 그들은 얼굴을 돌려서 아버지의 벌거벗은 몸을 보지 않았습니다.

24 포도주를 마시고 취하여 잠이 들었던 노아가 잠에서 깨어났습니다. 노아는 작은 아들 함이 자기에게 한 일을 알고

25 이렇게 말했습니다. "가나안은 저주를 받을 것이다. 가나안은 형제들에게 속한 가장 낮은 종이 될 것이다."

26 노아가 또 말했습니다. "셈의 하나님이신 여호와를 찬양하여라. 가나안은 셈의 종이 될 것이다.

27 하나님께서 야벳에게 더 많은 땅을 주시고, 셈의 장막에서 살게 하실 것이다. 가나안은 그의 종이 될 것이다."

28 홍수가 있은 뒤로 노아는 삼백오십 년을 더 살았습니다.

29 노아는 모두 구백오십 년 동안 살다가 죽었습니다.

나라들이 흩어지다

10 노아의 아들인 셈과 함과 야벳의 자손은 이러합니다. 홍수가 있은 뒤에 그들은 여러 자녀를 낳았습니다.

야벳의 자손

2 야벳의 아들은 고멜과 마곡과 마대와 야완과 두발과 메섹과 디라스입니다.

3 고멜의 아들은 아스그나스와 리밧과 도갈마이며,

4 야완의 아들은 엘리사와 달시스와 깃딤과 도다님입니다.

5 지중해 해안에 사는 사람들은 야벳의 아들들에게서 퍼져 나왔습니다. 이들은 말이나 종족, 나라에 따라 갈라져 나갔습니다.

함의 자손

6 함의 아들은 구스와 미스라임과 붓과 가나안입니다.

7 구스의 아들은 스바와 하윌라와 삽다와 라아마와 삽드가이며 라아마의 아들은 스바와 드단입니다.

---

20 • After the flood, Noah began to cultivate the
21 ground, and he planted a vineyard. • One day he
drank some wine he had made, and he became
22 drunk and lay naked inside his tent. • Ham, the
father of Canaan, saw that his father was naked
23 and went outside and told his brothers. • Then
Shem and Japheth took a robe, held it over their
shoulders, and backed into the tent to cover their
father. As they did this, they looked the other
way so they would not see him naked.

24 • When Noah woke up from his stupor, he
learned what Ham, his youngest son, had done.
25 • Then he cursed Canaan, the son of Ham:

"May Canaan be cursed!
May he be the lowest of servants
to his relatives."

26 • Then Noah said,

"May the LORD, the God of Shem, be blessed,
and may Canaan be his servant!
27 • May God expand the territory of Japheth!
May Japheth share the prosperity of Shem,*
and may Canaan be his servant!"

28 • Noah lived another 350 years after the great
29 flood. • He lived 950 years, and then he died.

10 This is the account of the families of Shem,
Ham, and Japheth, the three sons of Noah.
Many children were born to them after the great
flood.

Descendants of Japheth

2 • The descendants of Japheth were Gomer,
Magog, Madai, Javan, Tubal, Meshech, and
Tiras.
3 • The descendants of Gomer were Ashkenaz,
Riphath, and Togarmah.
4 • The descendants of Javan were Elishah,
5 Tarshish, Kittim, and Rodanim.* • Their
descendants became the seafaring peoples
that spread out to various lands, each identi-
fied by its own language, clan, and national
identity.

Descendants of Ham

6 • The descendants of Ham were Cush,
Mizraim, Put, and Canaan.
7 • The descendants of Cush were Seba, Havilah,
Sabtah, Raamah, and Sabteca. The descen-
dants of Raamah were Sheba and Dedan.

cultivate [kʌ́ltəveit] vt. 경작하다
prosperity [prɑspérəti] n. 번영
proverbial [prəvə́ːrbiəl] a. 유명한, 잘 알려진, 소문난
seafaring [síːfɛəriŋ] a. 항해의, 배를 타는
stupor [stjúːpər] n. 무감각

9:27 Hebrew *May he live in the tents of Shem.* 10:4
As in some Hebrew manuscripts and Greek ver-
sion (see also 1 Chr 1:7); most Hebrew manuscripts
read *Dodanim.*

8 구스는 니므롯을 낳았는데, 니므롯은 땅 위의 첫 용사가 되었습니다.

9 니므롯은 여호와 앞에서 뛰어난 사냥꾼이 되었습니다. 그래서 '여호와 앞에서 니므롯처럼 뛰어난 사냥꾼'이라는 말이 생겨났습니다.

10 처음에 니므롯의 나라는 시날* 땅의 바빌론과 에렉과 악갓과 갈레에서 시작되었습니다.

11 니므롯은 그곳을 떠나 앗시리아로 갔습니다. 그곳에서 니므롯은 니느웨와 르호보딜과 갈라를 세웠습니다.

12 니므롯은 니느웨와 갈라 사이의 큰 성인 레센도 세웠습니다.

13 미스라임은 루딤과 아나님과 르하빔과 납두힘과

14 바드루심과 가슬루힘과 갑도림을 낳았습니다 (블레셋 사람들은 가슬루힘의 후손입니다).

15 가나안은 맏아들 시돈과 헷을 낳았습니다.

16 가나안은 또 여부스와 아모리와 기르가스와

17 히위와 알가와 신과

18 아르왓과 스말과 하맛을 낳았습니다. 가나안의 자손은 사방으로 흩어졌습니다.

19 가나안 자손의 땅은 시돈에서 그랄을 거쳐 가사까지입니다. 그리고 거기에서 소돔과 고모라와 아드마와 스보임을 지나 라사까지입니다.

20 이들은 모두 함의 자손입니다. 이들은 말과 땅과 나라에 따라 갈라져 나갔습니다.

셈의 자손

21 야벳의 형인 셈도 자녀를 낳았습니다. 셈은 에벨의 모든 자손의 조상입니다.

22 셈의 아들은 엘람과 앗수르와 아르박삿과 룻과 아람입니다.

23 아람의 아들은 우스와 훌과 게델과 마스입니다.

24 아르박삿은 셀라를 낳고, 셀라는 에벨을 낳았습니다.

25 에벨은 두 아들을 낳았습니다. 한 아들의 이름은 벨렉인데, 그가 사는 동안, 세상이 나뉘었기 때문에 벨렉이라고 이름지었습니다. 다른 아들의 이름은 욕단입니다.

26 욕단은 알모닷과 셀렙과 하살마웻과 예라와

27 하도람과 우살과 디글라와

28 오발과 아비마엘과 스바와

29 오빌과 하윌라와 요밥을 낳았습니다. 이들은 모두 욕단의 아들들입니다.

30 이들은 메사와 동쪽 땅의 산악 지방에 있는 스발 사이에서 살았습니다.

31 이들은 종족과 말과 땅과 나라에 따라 갈라져 나

8 •Cush was also the ancestor of Nimrod, who was the first heroic warrior on earth.

9 •Since he was the greatest hunter in the world,* his name became proverbial. People would say, "This man is like Nimrod, the greatest hunter in the world."

10 •He built his kingdom in the land of Babylonia,* with the cities of Babylon, Erech, Akkad, and Calneh.

11 •From there he expanded his territory to Assyria,* building the cities of Nineveh, Rehoboth-ir, Calah,

12 •and Resen (the great city located between Nineveh and Calah).

13 •Mizraim was the ancestor of the Ludites, Anamites, Lehabites, Naphtuhites,

14 Pathrusites, Casluhites, and the Caphtorites, from whom the Philistines came.*

15 •Canaan's oldest son was Sidon, the ancestor of the Sidonians. Canaan was also the ancestor of the Hittites,*

16 •Jebusites, Amorites, Girgashites,

17 •Hivites, Arkites, Sinites,

18 •Arvadites, Zemarites, and Hamathites. The Canaanite clans eventually spread out,

19 •and the territory of Canaan extended from Sidon in the north to Gerar and Gaza in the south, and east as far as Sodom, Gomorrah, Admah, and Zeboiim, near Lasha.

20 •These were the descendants of Ham, identified by clan, language, territory, and national identity.

Descendants of Shem

21 •Sons were also born to Shem, the older brother of Japheth.* Shem was the ancestor of all the descendants of Eber.

22 •The descendants of Shem were Elam, Asshur, Arphaxad, Lud, and Aram.

23 •The descendants of Aram were Uz, Hul, Gether, and Mash.

24 •Arphaxad was the father of Shelah,* and Shelah was the father of Eber.

25 •Eber had two sons. The first was named Peleg (which means "division"), for during his lifetime the people of the world were divided into different language groups. His brother's name was Joktan.

26 •Joktan was the ancestor of Almodad,

27 Sheleph, Hazarmaveth, Jerah, •Hadoram,

28 Uzal, Diklah, •Obal, Abimael, Sheba,

29 •Ophir, Havilah, and Jobab. All these were

30 descendants of Joktan. •The territory they occupied extended from Mesha all the way to Sephar in the eastern mountains.

31 •These were the descendants of Shem, identified

10:9 Hebrew *a great hunter before the LORD*; also in 10:9b.   10:10 Hebrew *Shinar*.   10:11 Or *From that land Assyria went out*.   10:14 Hebrew *Casluhites, from whom the Philistines came, and Caphtorites*. Compare Jer 47:4; Amos 9:7.   10:15 Hebrew *ancestor of Heth*.   10:21 Or *Shem, whose older brother was Japheth*.   10:24 Greek version reads *Arphaxad was the father of Cainan, Cainan was the father of Shelah*. Compare Luke 3:36.

10:10 '시날'은 '바빌로니아'를 뜻한다.

간 셈의 자손들입니다.

32 이들은 나라에 따라서 정리한 노아의 자손입니다. 홍수가 난 뒤에 이 종족들을 통해 땅 위에 온 나라가 흩어지게 되었습니다.

언어가 뒤섞이다

11 땅 위의 모든 사람들이 한 가지 언어를 쓰고 있었습니다.

2 사람들이 동쪽으로 옮겨 가며 시날 땅에서 평야를 발견하고, 그곳에서 살았습니다.

3 그들이 서로 말했습니다. "벽돌을 만들어 단단하게 굽자." 그러면서 그들은 돌 대신에 벽돌을 쓰고, 흙 대신에 역청을 썼습니다.

4 그들이 또 서로 말했습니다. "자, 우리의 성을 세우자. 그리고 꼭대기가 하늘까지 닿는 탑을 쌓자. 그래서 우리 이름을 널리 알리고, 온 땅에 흩어지지 않도록 하자."

5 여호와께서 사람들이 쌓고 있는 성과 탑을 보려고 내려오셨습니다.

6 여호와께서 말씀하셨습니다. "이 사람들은 한 백성이고, 그들의 언어도 다 똑같다. 그래서 이런 일을 시작하였는데, 이 일은 그들이 하려고 하는 일의 시작에 불과하다. 그들은 하려고만 하면 어떤 일이든지 할 수 있을 것이다.

7 그러니 내려가서 그들의 언어를 뒤섞어 놓자. 그리하여 그들이 자기들끼리 하는 말을 전혀 알아듣지 못하게 하자."

8 그래서 여호와께서는 그들을 온 땅 위에 흩어 놓으셨습니다. 그들은 성 쌓는 일을 그만두었습니다.

9 여호와께서 온 땅의 언어를 그곳에서 뒤섞어 놓으셨으므로, 그곳의 이름은 바벨이 되었습니다. 또한 거기에 있던 모든 사람들을 온 땅 위에 흩어 놓으셨습니다.

셈의 자손

10 셈의 자손은 이러합니다. 셈은 백 살이 되어서 아르박삿을 낳았습니다. 그때는 홍수가 끝난 지 이 년이 지난 때였습니다.

11 셈은 아르박삿을 낳고 오백 년을 더 살면서 자녀를 낳았습니다.

12 아르박삿은 서른다섯 살이 되어서 셀라를 낳았습니다.

13 아르박삿은 셀라를 낳고, 사백삼 년을 더 살면서 자녀를 낳았습니다.

14 셀라는 서른 살이 되어서 에벨을 낳았습니다.

15 셀라는 에벨을 낳고, 사백삼 년을 더 살면서 자녀를 낳았습니다.

by clan, language, territory, and national identity.

Conclusion

32 • These are the clans that descended from Noah's sons, arranged by nation according to their lines of descent. All the nations of the earth descended from these clans after the great flood.

The Tower of Babel

11 At one time all the people of the world spoke the same language and used the same words.

2 • As the people migrated to the east, they found a plain in the land of Babylonia* and settled there.

3 • They began saying to each other, "Let's make bricks and harden them with fire." (In this region bricks were used instead of stone, and tar was used for mortar.) • Then they said, "Come, let's build a great city for ourselves with a tower that reaches into the sky. This will make us famous and keep us from being scattered all over the world."

5 • But the LORD came down to look at the city and the tower the people were building.

6 • "Look!" he said. "The people are united, and they all speak the same language. After this, nothing they set out to do will be impossible for them!

7 • Come, let's go down and confuse the people with different languages. Then they won't be able to understand each other."

8 • In that way, the LORD scattered them all over the world, and they stopped building the city.

9 • That is why the city was called Babel,* because that is where the LORD confused the people with different languages. In this way he scattered them all over the world.

The Line of Descent from Shem to Abram

10 • This is the account of Shem's family.

Two years after the great flood, when Shem was 100 years old, he became the father of*

11 Arphaxad. • After the birth of* Arphaxad, Shem lived another 500 years and had other sons and daughters.

12 • When Arphaxad was 35 years old, he became

13 the father of Shelah. • After the birth of Shelah, Arphaxad lived another 403 years and had other sons and daughters.*

14 • When Shelah was 30 years old, he became the

15 father of Eber. • After the birth of Eber, Shelah

11:2 Hebrew *Shinar.* 11:9 Or *Babylon. Babel* sounds like a Hebrew term that means "confusion." 11:10 Or *the ancestor of;* also in 11:12, 14, 16, 18, 20, 22, 24. 11:11 Or the birth of this ancestor of; also in 11:13, 15, 17, 19, 21, 23, 25. 11:12-13 Greek version reads [12]*When Arphaxad was 135 years old, he became the father of Cainan.* [13]*After the birth of Cainan, Arphaxad lived another 430 years and had other sons and daughters, and then he died. When Cainan was 130 years old, he became the father of Shelah. After the birth of Shelah, Cainan lived another 330 years and had other sons and daughters, and then he died.* Compare Luke 3:35-36.

16 에벨은 서른네 살이 되어서 벨렉을 낳았습니다.

17 에벨은 벨렉을 낳고, 사백삼십 년을 더 살면서 자녀를 낳았습니다.

18 벨렉은 서른 살이 되어서 르우를 낳았습니다.

19 벨렉은 르우를 낳고, 이백구 년을 더 살면서 자녀를 낳았습니다.

20 르우는 서른두 살이 되어서 스룩을 낳았습니다.

21 르우는 스룩을 낳고, 이백칠 년을 더 살면서 자녀를 낳았습니다.

22 스룩은 서른 살이 되어서 나홀을 낳았습니다.

23 스룩은 나홀을 낳고, 이백 년을 더 살면서 자녀를 낳았습니다.

24 나홀은 스물아홉 살이 되어서 데라를 낳았습니다.

25 나홀은 데라를 낳고, 백십구 년을 더 살면서 자녀를 낳았습니다.

26 데라는 일흔 살이 되어서 아브람과 나홀과 하란을 낳았습니다.

데라의 자손

27 데라의 자손은 이러합니다. 데라는 아브람과 나홀과 하란을 낳았습니다. 하란은 롯을 낳았습니다.

28 하란은 아버지 데라보다 먼저, 자기가 태어난 갈대아* 우르에서 죽었습니다.

29 아브람과 나홀은 아내를 맞아들였습니다. 아브람의 아내는 사래이고, 나홀의 아내는 밀가입니다. 밀가는 하란의 딸입니다. 하란은 밀가와 이스가의 아버지입니다.

30 사래는 임신을 못하여서 자식이 없었습니다.

31 데라는 가나안 땅으로 가려고, 아들 아브람과 하란의 아들인 손자 롯과 아브람의 아내인 며느리 사래를 데리고 갈대아 우르에서 나왔습니다. 그러나 그들은 하란에 이르러 거기에 머물렀습니다.

32 데라는 이백오 년을 살다가 하란에서 죽었습니다.

하나님께서 아브람을 부르시다

12 여호와께서 아브람에게 말씀하셨습니다. "네 나라와 네 친척과 네 아비의 집을 떠나 내가 너에게 보여 줄 땅으로 가거라.

2 내가 너를 큰 나라로 만들어 주고, 너에게 복을 주어, 너의 이름을 빛나게 할 것이다. 너는 다른 사람들에게 복이 될 것이다.

3 너에게 복을 주는 사람에게 내가 복을 주고, 너를 저주하는 사람을 내가 저주하겠다. 땅 위

lived another 403 years and had other sons and daughters.

16 • When Eber was 34 years old, he became the
17 father of Peleg. • After the birth of Peleg, Eber lived another 430 years and had other sons and daughters.

18 • When Peleg was 30 years old, he became the
19 father of Reu. • After the birth of Reu, Peleg lived another 209 years and had other sons and daughters.

20 • When Reu was 32 years old, he became the
21 father of Serug. • After the birth of Serug, Reu lived another 207 years and had other sons and daughters.

22 • When Serug was 30 years old, he became the
23 father of Nahor. • After the birth of Nahor, Serug lived another 200 years and had other sons and daughters.

24 • When Nahor was 29 years old, he became the
25 father of Terah. • After the birth of Terah, Nahor lived another 119 years and had other sons and daughters.

26 • After Terah was 70 years old, he became the father of Abram, Nahor, and Haran.

The Family of Terah

27 • This is the account of Terah's family. Terah was the father of Abram, Nahor, and Haran; and
28 Haran was the father of Lot. • But Haran died in Ur of the Chaldeans, the land of his birth, while
29 his father, Terah, was still living. • Meanwhile, Abram and Nahor both married. The name of Abram's wife was Sarai, and the name of Nahor's
30 wife was Milcah. (Milcah and her sister Iscah were daughters of Nahor's brother Haran.) • But Sarai was unable to become pregnant and had no children.

31 • One day Terah took his son Abram, his daughter-in-law Sarai (his son Abram's wife), and his grandson Lot (his son Haran's child) and moved away from Ur of the Chaldeans. He was headed for the land of Canaan, but they stopped
32 at Haran and settled there. • Terah lived for 205 years* and died while still in Haran.

The Call of Abram

12 The LORD had said to Abram, "Leave your native country, your relatives, and your father's family, and go to the land that I will show
2 you. • I will make you into a great nation. I will bless you and make you famous, and you will be
3 a blessing to others. • I will bless those who bless you and curse those who treat you with contempt. All the families on earth will be blessed through you."

contempt [kəntémpt] *n.* 경멸, 멸시

11:32 Some ancient versions read *145 years*; compare 11:26 and 12:4.

11:28 '갈대아' 는 '바빌로니아' 땅을 가리키는 말이다.

의 모든 백성이 너를 통해 복을 받을 것이다."

4 아브람은 여호와께서 말씀하신 대로 하란을 떠났습니다. 롯도 아브람과 함께 떠났습니다. 그때에 아브람의 나이는 일흔다섯 살이었습니다.

5 아브람은 아내 사래와 조카 롯과 그들이 모은 모든 재산을 가지고 갔습니다. 그들은 또 하란에서 얻은 종들도 모두 데리고 갔습니다. 가나안 땅으로 가기 위해 하란을 떠난 그들은 마침내 가나안 땅에 들어갔습니다.

6 아브람은 그 땅을 지나서 세겜 땅 모레의 큰 나무가 있는 곳까지 갔습니다. 그때에 그 땅에는 가나안 사람들이 살고 있었습니다.

7 여호와께서 아브람에게 나타나 말씀하셨습니다. "내가 이 땅을 네 자손에게 줄 것이다." 아브람은 그곳에서 자기에게 나타나신 여호와께 제단을 쌓았습니다.

8 그리고 나서 아브람은 세겜에서 벧엘 동쪽 산으로 옮겨 갔습니다. 아브람은 그곳에 장막을 세웠습니다. 서쪽은 벧엘이었고, 동쪽은 아이였습니다. 아브람은 그곳에서도 여호와께 제단을 쌓고 예배를 드렸습니다.

9 그런 다음에 아브람은 계속해서 가나안 남쪽 네게브 지방으로 내려갔습니다.

아브람이 이집트로 가다

10 그때에 가나안 땅에 가뭄이 들었습니다. 가뭄이 너무 심해서, 아브람은 이집트로 내려가 살았습니다.

11 이집트에 이르기 바로 전에 아브람이 아내 사래에게 말했습니다. "당신은 매우 아름다운 여자요,

12 이집트 사람들이 당신을 보면, '이 여자는 저 사람의 아내다'라고 말하며 나를 죽이고 당신은 살려 줄 것이오.

13 그러니 당신은 그들에게 내 누이라고 말하시오. 그러면 나에게 나쁜 일이 일어나지 않고 당신 덕분에 나도 살 수 있게 될 것이오."

14 아브람이 이집트로 내려갔습니다. 이집트 사람들이 보기에 사래는 매우 아름다웠습니다.

15 파라오의 신하들도 사래를 보고 파라오에게 사래를 자랑했습니다. 사래는 왕의 궁전으로 불려 갔습니다.

16 사래 때문에 파라오는 아브람에게 잘해 주었습니다. 왕은 아브람에게 양 떼와 소 떼와 암나귀와 수나귀를 주었습니다. 아브람은 왕에게서 남자 종과 여자 종과 낙타까지 얻었습니다.

17 그러나 여호와께서 파라오와 파라오의 집에 사는 모든 사람에게 큰 재앙을 내리셨습니다. 여호와께서 그렇게 하신 것은 아브람의 아내 사래의 일 때문이었습니다.

18 그러자 파라오가 아브람을 불러서 말했습니다. "왜

---

4 ●So Abram departed as the LORD had instructed, and Lot went with him. Abram was seventy-five years old when he left

5 Haran. ●He took his wife, Sarai, his nephew Lot, and all his wealth—his livestock and all the people he had taken into his household at Haran—and headed for the land of Canaan. When they arrived in Canaan,

6 ●Abram traveled through the land as far as Shechem. There he set up camp beside the oak of Moreh. At that time, the area was inhabited by Canaanites.

7 ●Then the LORD appeared to Abram and said, "I will give this land to your descendants.*" And Abram built an altar there and dedicated it to the LORD, who had appeared

8 to him. ●After that, Abram traveled south and set up camp in the hill country, with Bethel to the west and Ai to the east. There he built another altar and dedicated it to the

9 LORD, and he worshiped the LORD. ●Then Abram continued traveling south by stages toward the Negev.

Abram and Sarai in Egypt

10 ●At that time a severe famine struck the land of Canaan, forcing Abram to go down

11 to Egypt, where he lived as a foreigner. ●As he was approaching the border of Egypt, Abram said to his wife, Sarai, "Look, you are

12 a very beautiful woman. ●When the Egyptians see you, they will say, 'This is his wife.'

13 Let's kill him; then we can have her!' ●So please tell them you are my sister. Then they will spare my life and treat me well because of their interest in you."

14 ●And sure enough, when Abram arrived in Egypt, everyone noticed Sarai's beauty.

15 ●When the palace officials saw her, they sang her praises to Pharaoh, their king, and

16 Sarai was taken into his palace. ●Then Pharaoh gave Abram many gifts because of her—sheep, goats, cattle, male and female donkeys, male and female servants, and camels.

17 ●But the LORD sent terrible plagues upon Pharaoh and his household because of Sarai,

18 Abram's wife. ●So Pharaoh summoned Abram and accused him sharply. "What have you done to me?" he demanded. "Why didn't you tell me she was your wife?

---

altar [ɔ́ːltər] *n.* 제단
dedicate [dédikèit] *vt.* 바치다, 헌납하다
famine [fǽmin] *n.* 기근, 가뭄
plague [pleig] *n.* 재앙, 전염병
summon [sʌ́mən] *vt.* 소환하다, 호출하다
12:9 by stages: 점점
12:14 sure enough: 과연, 아니나다를까

12:7 Hebrew seed.

나에게 이런 일을 하였느냐? 어찌하여 사래가 네 아내라는 말을 하지 않았느냐?

19 왜 저 여자를 네 누이라고 말해서 내가 저 여자를 내 아내로 데려오게 했느냐? 네 아내가 여기 있으니 데리고 가거라.”

20 그리고 나서 파라오는 신하들에게 명령하여 아브람이 그의 아내와 그에게 속한 사람과 재산을 가지고 이집트에서 떠나가게 했습니다.

아브람과 롯이 갈라지다

13 아브람은 아내와 롯과 함께 이집트를 떠났습니다. 그들은 모든 재산을 가지고 네게브 지방으로 올라갔습니다.

2 아브람은 가축과 은과 금이 많은 부자였습니다.

3 아브람은 네게브를 떠나 다시 벧엘로 갔습니다. 아브람은 벧엘과 아이 사이, 곧 전에 장막을 쳤던 곳으로 갔습니다.

4 그곳은 아브람이 전에 제단을 쌓았던 곳이었습니다. 아브람은 거기에서 여호와께 예배를 드렸습니다.

5 아브람과 함께 다니던 롯에게도 양과 소와 장막이 많았습니다.

6 아브람과 롯에게는 가축이 아주 많았기 때문에 두 사람이 함께 살기에는 그 땅이 너무 좁았습니다.

7 아브람의 목자들과 롯의 목자들 사이에 다툼이 일어나기 시작했습니다. 그때, 그 땅에는 가나안 사람들과 브리스 사람들이 살고 있었습니다.

8 아브람이 롯에게 말했습니다. “너와 나 사이에 다툼이 있어서야 되겠느냐? 네 목자들과 내 목자들 사이에서도 다투는 일이 있어서는 안 된다. 우리는 친척이 아니냐?

9 모든 땅이 네 앞에 있으니, 우리 서로 떨어져 살자. 네가 왼쪽으로 가면 나는 오른쪽으로 가고, 네가 오른쪽으로 가면 나는 왼쪽으로 가겠다.”

10 롯이 땅을 둘러보니, 요단 골짜기가 보였습니다. 롯이 보기에 소알 쪽으로 있는 그곳은 물이 많았습니다. 그곳은 여호와의 동산 같기도 하고 이집트 땅 같기도 했습니다. 그때는 여호와께서 소돔과 고모라를 멸망시키시기 전이었습니다.

11 그래서 롯은 요단 평원에서 살기로 하고 동쪽으로 옮겨 갔습니다. 이렇게 해서 아브람과 롯은 서로 떨어져서 살게 되었습니다.

12 아브람은 가나안 땅에서 살았습니다. 그러나 롯은 요단 평원의 성들 가운데 살다가 소돔에서 가까운 곳으로 옮겨 갔습니다.

13 그때에 소돔 사람들은 매우 악했습니다. 그들은 항상 여호와께 죄를 짓고 살았습니다.

14 롯이 아브람을 떠난 뒤에 여호와께서 아브람에게 말씀하셨습니다. “네 주변을 둘러보아라. 네가 서

---

19 •Why did you say, 'She is my sister,' and allow me to take her as my wife? Now then, here is your wife. Take her and get out of here!" •Pharaoh ordered some of his men to escort them, and he sent Abram out of the country, along with his wife and all his possessions.

Abram and Lot Separate

13 So Abram left Egypt and traveled north into the Negev, along with his wife and Lot and all that they owned. 2 •(Abram was very rich in livestock, silver, 3 and gold.) •From the Negev, they continued traveling by stages toward Bethel, and they 4 pitched their tents between Bethel and Ai, where they had camped before. •This was the same place where Abram had built the altar, and there he worshiped the LORD again.

5 •Lot, who was traveling with Abram, had also become very wealthy with flocks of sheep and goats, herds of cattle, and many 6 tents. •But the land could not support both Abram and Lot with all their flocks and 7 herds living so close together. •So disputes broke out between the herdsmen of Abram and Lot. (At that time Canaanites and Perizzites were also living in the land.)

8 •Finally Abram said to Lot, "Let's not allow this conflict to come between us or our herdsmen. After all, we are close relatives! 9 •The whole countryside is open to you. Take your choice of any section of the land you want, and we will separate. If you want the land to the left, then I'll take the land on the right. If you prefer the land on the right, then I'll go to the left."

10 •Lot took a long look at the fertile plains of the Jordan Valley in the direction of Zoar. The whole area was well watered everywhere, like the garden of the LORD or the beautiful land of Egypt. (This was before the LORD destroyed Sodom and Gomorrah.) 11 •Lot chose for himself the whole Jordan Valley to the east of them. He went there with his flocks and servants and parted company with his uncle Abram. •So Abram set- 12 tled in the land of Canaan, and Lot moved his tents to a place near Sodom and settled 13 among the cities of the plain. •But the people of this area were extremely wicked and constantly sinned against the LORD.

14 •After Lot had gone, the LORD said to Abram, "Look as far as you can see in every

---

dispute [dispjúːt] *n.* 논쟁, 분쟁
fertile [fɔ́ːrtl] *a.* 비옥한
13:7 break out : (싸움, 전쟁 등이) 발발하다
13:11 part company with… : …와 헤어지다

있는 곳에서 동서남북을 다 둘러보아라.

15 네 눈에 보이는 이 모든 땅을 내가 영원히 너와 네 자손에게 줄 것이다.

16 내가 네 자손을 땅의 티끌만큼 많게 해 주리니, 누 구든지 땅 위의 티끌을 셀 수 있는 사람이 있다면, 그 사람은 네 자손도 셀 수 있을 것이다.

17 일어나라, 이 땅을 동서남북으로 돌아다녀 보아라. 내가 너에게 이 땅을 주겠다.”

18 그리하여 아브람은 자기 장막을 옮겼습니다. 아브 람은 헤브론에 있는 마므레의 큰 나무들 가까이에 서 살았습니다. 그는 그곳에 여호와를 위한 제단을 쌓았습니다.

롯이 사로잡히다

14 그때에 아므라벨이 시날 곧, 바빌로니아 왕으 로 있었고, 아리옥이 엘라살 왕으로 있었고, 그돌라오멜이 엘람 왕으로 있었고, 디달이 고임 왕 으로 있었습니다.

2 이 왕들이 나가서, 소돔 왕 베라와 고모라 왕 비르사 와 아드마 왕 시납과 스보임 왕 세메벨과 벨라 왕과 전쟁을 했습니다. 벨라는 소알이라고도 부릅니다.

3 이 왕들은 군대를 싯딤 골짜기로 모았습니다. 싯딤 골짜기는 지금의 사해입니다.

4 이 왕들은 십이 년 동안, 그돌라오멜을 섬기다가 십 삼 년째 되는 해에 반란을 일으킨 것입니다.

5 그러자 십사 년째 되는 해에 그돌라오멜은 다른 왕 들과 힘을 합하여 아스드롯 가르나임에서 르바 사 람들을 물리쳤습니다. 그들은 또 함에서 수스 사람 들을 물리치고, 사웨 기랴다임에서 엠 사람들을 물 리쳤습니다.

6 또 세일 산에서 호리 사람들을 쳐서 광야에서 가까 운 엘바란까지 이르렀습니다.

7 그러고 나서 그들은 방향을 돌려 엔미스밧으로 갔 습니다. 엔미스밧은 가데스입니다. 거기에서 그들 은 아말렉 사람들을 다 물리치고, 하사손다말에 사 는 아모리 사람들도 물리쳤습니다.

8 그때에 소돔 왕과 고모라 왕과 아드마 왕과 스보임 왕과 벨라 왕, 곧 소알 왕은 싯딤 골짜기로 나가 싸 웠습니다.

9 그들은 엘람 왕 그돌라오멜과 고임 왕 디달과 시날 왕 아므라벨과 엘라살 왕 아리옥과 맞서 싸웠습니 다. 네 왕이 다섯 왕과 싸운 것입니다.

10 싯딤 골짜기에는 역청 구덩이가 많이 있었습니다. 소 돔과 고모라의 왕들과 그들의 군대가 도망쳤습니다. 그러나 소돔 왕과 고모라 왕이 역청 구덩이에 빠졌습 니다. 하지만 나머지 사람들은 산으로 도망쳤습니다.

11 그돌라오멜과 그의 군대는 소돔과 고모라 사람들 의 모든 재산과 음식을 빼앗았습니다.

---

direction—north and south, east and west.

15 •I am giving all this land, as far as you can see, to you and your descendants* as a per-
16 manent possession. •And I will give you so many descendants that, like the dust of the
17 earth, they cannot be counted! •Go and walk through the land in every direction, for I am giving it to you.”

18 •So Abram moved his camp to Hebron and settled near the oak grove belonging to Mamre. There he built another altar to the LORD.

Abram Rescues Lot

14 About this time war broke out in the region. King Amraphel of Babylonia,* King Arioch of Ellasar, King Kedorlaomer of
2 Elam, and King Tidal of Goiim •fought against King Bera of Sodom, King Birsha of Gomorrah, King Shinab of Admah, King Shemeber of Zeboiim, and the king of Bela (also called Zoar).
3 •This second group of kings joined forces in Siddim Valley (that is, the valley of the
4 Dead Sea*). •For twelve years they had been subject to King Kedorlaomer, but in the thir-teenth year they rebelled against him.
5 •One year later Kedorlaomer and his allies arrived and defeated the Rephaites at Ashteroth-karnaim, the Zuzites at Ham, the
6 Emites at Shaveh-kiriathaim, •and the Horites at Mount Seir, as far as El-paran at
7 the edge of the wilderness. •Then they turned back and came to En-mishpat (now called Kadesh) and conquered all the territo-ry of the Amalekites, and also the Amorites living in Hazazon-tamar.
8 •Then the rebel kings of Sodom, Gomor-rah, Admah, Zeboiim, and Bela (also called Zoar) prepared for battle in the valley of the
9 Dead Sea.* •They fought against King Kedorlaomer of Elam, King Tidal of Goiim, King Amraphel of Babylonia, and King Arioch of Ellasar—four kings against five.
10 •As it happened, the valley of the Dead Sea was filled with tar pits. And as the army of the kings of Sodom and Gomorrah fled, some fell into the tar pits, while the rest
11 escaped into the mountains. •The victorious invaders then plundered Sodom and Gomorrah and headed for home, taking with them all the spoils of war and the food

---

conquer [kánkər] *vt.* 정복하다
spoil [spɔil] *n.* 약탈물, 전리품
14:4 be subject to … : …에 예속되다

13:15 Hebrew *seed*; also in 13:16.　14:1 Hebrew *Shinar*; also in 14:9.　14:3 Hebrew *Salt Sea*.
14:8 Hebrew *Siddim Valley* (see 14:3); also in 14:10.

12 그들은 소돔에 살고 있던 아브람의 조카 롯도 끌고 갔습니다. 그들은 롯의 재산도 다 가지고 갔습니다.

13 그때 도망쳐 나온 사람 하나가 히브리 사람 아브람에게 와서 그 사실을 알려 주었습니다. 그때에 아브람은 아모리 사람 마므레의 큰 나무들 가까이에 장막을 치고 있었습니다. 마므레는 에스골의 형제였고, 아넬과도 형제 사이였습니다. 그들은 모두 아브람을 돕기로 약속을 한 사람들이었습니다.

아브람이 롯을 구해 내다

14 아브람은 자기 조카 롯이 사로잡혔다는 소식을 듣고, 그의 장막에서 태어나 그가 훈련시킨 사람 삼백 십팔 명을 이끌고 단까지 뒤쫓았습니다.

15 그날 밤에 아브람은 자기 부하들을 나누었습니다. 그들은 상대편 군대를 공격했습니다. 아브람의 부하들은 그들을 다마스커스 북쪽의 호바까지 뒤쫓았습니다.

16 아브람은 그들이 빼앗아 간 재산을 모두 되찾았습니다. 자기 조카 롯과 롯의 모든 재산을 되찾았고, 여자들과 다른 사람들도 되찾았습니다.

17 아브람은 그돌라오멜과 그와 함께하였던 다른 왕들을 물리친 뒤에 집으로 돌아왔습니다. 아브람이 돌아올 때에 소돔 왕이 아브람을 맞으러 사웨 골짜기로 나왔습니다. 그곳은 '왕의 골짜기'라고도 불렸습니다.

18 살렘 왕 멜기세덱도 아브람을 맞으러 나왔습니다. 멜기세덱은 가장 높으신 하나님의 제사장이었습니다. 멜기세덱은 빵과 포도주를 가지고 나왔습니다.

19 멜기세덱이 아브람에게 복을 빌어 주며 말했습니다. "가장 높으신 하나님, 하늘과 땅을 지으신 하나님께서 아브람에게 복을 주시기를.

20 당신의 원수를 그대 손에 넘겨 주신 가장 높으신 하나님을 찬양합니다." 아브람은 멜기세덱에게 가지고 있던 모든 것 중에서 십분의 일을 주었습니다.

21 그때에 소돔 왕이 아브람에게 말했습니다. "저에게는 붙잡혀 갔던 사람들만 돌려 주시고 재물은 다 가지십시오."

22 하지만 아브람이 소돔 왕에게 말했습니다. "나는 하늘과 땅을 지으신 가장 높으신 하나님 여호와께 나의 손을 들어 약속합니다.

23 나는 당신의 것은 아무것도 가지지 않겠습니다. 나는 실오라기 하나도, 신발 끈 하나도 가지지 않겠습니다. '내가 아브람을 부자가 되게 만들었다'는 말을 당신이 하지 못하도록 하겠습니다.

24 나는 나의 젊은이들이 먹은 음식 말고는 그 외에 아무것도 가지지 않겠습니다. 다만 나와 함께 싸움터에 나아갔던 아넬과 에스골과 마므레의 몫만은 그들에게 주십시오."

12 supplies. •They also captured Lot—Abram's nephew who lived in Sodom—and carried off everything he owned.

13 •But one of Lot's men escaped and reported everything to Abram the Hebrew, who was living near the oak grove belonging to Mamre the Amorite. Mamre and his relatives, Eshcol and Aner, were Abram's allies.

14 •When Abram heard that his nephew Lot had been captured, he mobilized the 318 trained men who had been born into his household. Then he pursued Kedorlaomer's army until he caught up with them at Dan.

15 •There he divided his men and attacked during the night. Kedorlaomer's army fled, but Abram chased them as far as Hobah, north of Damascus. •Abram recovered all

16 the goods that had been taken, and he brought back his nephew Lot with his possessions and all the women and other captives.

Melchizedek Blesses Abram

17 •After Abram returned from his victory over Kedorlaomer and all his allies, the king of Sodom went out to meet him in the valley of Shaveh (that is, the King's Valley).

18 •And Melchizedek, the king of Salem and a priest of God Most High,* brought

19 Abram some bread and wine. •Melchizedek blessed Abram with this blessing:

"Blessed be Abram by God Most High, Creator of heaven and earth.

20 •And blessed be God Most High, who has defeated your enemies for you."

Then Abram gave Melchizedek a tenth of all the goods he had recovered.

21 •The king of Sodom said to Abram, "Give back my people who were captured. But you may keep for yourself all the goods you have recovered."

22 •Abram replied to the king of Sodom, "I solemnly swear to the LORD, God Most High, Creator of heaven and earth, •that I will not

23 take so much as a single thread or sandal thong from what belongs to you. Otherwise you might say, 'I am the one who made

24 Abram rich.' •I will accept only what my young warriors have already eaten, and I request that you give a fair share of the goods to my allies—Aner, Eshcol, and Mamre."

ally [əlai] *n.* 동맹자
capture [kǽptʃər] *vt.* 붙잡다, 생포하다
mobilize [móubəlaiz] *vt.* 움직이다, 동원하다
pursue [pərsúː] *vt.* 쫓다, 추적하다
14:14 catch up with … : …을 따라잡다

14:18 Hebrew *El-Elyon*; also in 14:19, 20, 22.

하나님께서 아브람과 언약을 세우시다

15 이 일들이 있은 후에 여호와께서 환상 가운데 아브람에게 말씀하셨습니다. "아브람아, 두려워하지 마라. 나는 네 방패이다. 내가 너에게 큰 상을 줄 것이다."

2 그러자 아브람이 말했습니다. "주 여호와여, 저에게 무엇을 주시렵니까? 저에게는 아들이 없습니다. 그러니 다마스커스 사람인 제 종 엘리에셀이 제 모든 재산을 물려받을 것입니다."

3 아브람이 또 말했습니다. "주께서 저에게 아들을 주지 않으셨으니, 제 집에서 태어난 종이 저의 모든 것을 물려받을 것입니다."

4 여호와께서 아브람에게 말씀하셨습니다. "그 아이는 네 재산을 물려받을 사람이 아니다. 네 몸에서 태어나는 자가 네 재산을 물려받게 될 것이다."

5 하나님께서 아브람을 밖으로 데리고 나가셔서 말씀하셨습니다. "하늘을 바라보아라. 셀 수 있으면 저 별들을 세어 보아라. 네 자손들도 저 별들처럼 많아지게 될 것이다."

6 아브람은 여호와의 말씀을 믿었습니다. 그런즉 여호와께서는 이런 아브람의 믿음을 보시고 아브람을 의롭게 여기셨습니다.

7 하나님께서 아브람에게 말씀하셨습니다. "나는 너를 갈대아 우르에서 인도해 낸 여호와이다. 내가 너를 이끌어 낸 것은 이 땅을 너에게 주기 위해서이다."

8 아브람이 말했습니다. "주 여호와여, 제가 이 땅을 얻게 될 것을 어떻게 알 수 있겠습니까?"

9 여호와께서 아브람에게 말씀하셨습니다. "나에게 삼 년 된 암송아지 한 마리와 삼 년 된 암염소 한 마리와 삼 년 된 숫양 한 마리를 가지고 오너라. 그리고 산비둘기 한 마리와 집비둘기 새끼 한 마리도 가지고 오너라."

10 아브람이 그 모든 것을 주께 가지고 왔습니다. 아브람은 그 동물들을 죽인 다음에 그 몸통을 반으로 갈라 서로 마주 보게 해 놓았습니다. 하지만 새들은 반으로 쪼개지 않았습니다.

11 솔개가 죽은 동물들을 먹으려고 내려왔습니다. 아브람이 새들을 쫓아 버렸습니다.

12 해가 지자, 아브람은 깊은 잠에 빠져 들었습니다. 아브람이 잠든 사이에 어두움이 몰려왔으므로, 아브람은 두려움에 빠지게 되었습니다.

13 그때에 여호와께서 아브람에게 말씀하셨습니다. "잘 알아 두어라. 네 자손은 나그네가 되어 낯선 땅에서 떠돌게 될 것이다. 그 땅의 사람들이 네 자손을 종으로 삼고 사백 년 동안, 네 자손을 괴롭힐 것이다.

14 그러나 네 자손을 종으로 삼은 그 나라에 내가 벌을 주리니, 네 자손은 많은 재산을 가지고 그 나라에서 나오게 될 것이다.

The LORD's Covenant Promise to Abram

15 Some time later, the LORD spoke to Abram in a vision and said to him, "Do not be afraid, Abram, for I will protect you, and your reward will be great."

2 •But Abram replied, "O Sovereign LORD, what good are all your blessings when I don't even have a son? Since you've given me no children, Eliezer of Damascus, a servant in my household, will inherit all my wealth. 3 •You have given me no descendants of my own, so one of my servants will be my heir."

4 •Then the LORD said to him, "No, your servant will not be your heir, for you will have a son of your own who will be your heir." 5 •Then the LORD took Abram outside and said to him, "Look up into the sky and count the stars if you can. That's how many descendants you will have!"

6 •And Abram believed the LORD, and the LORD counted him as righteous because of his faith.

7 •Then the LORD told him, "I am the LORD who brought you out of Ur of the Chaldeans to give you this land as your possession."

8 •But Abram replied, "O Sovereign LORD, how can I be sure that I will actually possess it?"

9 •The LORD told him, "Bring me a three-year-old heifer, a three-year-old female goat, a three-year-old ram, a turtledove, 10 and a young pigeon." •So Abram presented all these to him and killed them. Then he cut each animal down the middle and laid the halves side by side; he did not, 11 however, cut the birds in half. •Some vultures swooped down to eat the carcasses, but Abram chased them away.

12 •As the sun was going down, Abram fell into a deep sleep, and a terrifying darkness came down over him. 13 •Then the LORD said to Abram, "You can be sure that your descendants will be strangers in a foreign land, where they will be oppressed as slaves for 400 years. 14 •But I will punish the nation that enslaves them, and in the end they will come away with great wealth.

carcass [káːrkəs] *n.* (진승의) 사체
enslave [insléiv] *vt.* 노예로 삼다
heifer [héfər] *n.* (새끼를 낳지 않은 3세 미만의) 암소
inherit [inhérit] *vt.* 상속하다
possession [pəzéʃən] *n.* 소유, 소유물
sovereign [sávərən] *a.* 최고의 권력을 가진
turtledove [tə́ːrtldʌv] *n.* 산비둘기
vulture [vʌ́ltʃər] *n.* 독수리
15:11 swoop down : (매 등이) 내리덮치다

15 아브람아, 너는 오래 살다가 평안히 네 조상에게 돌아갈 것이다.

16 네 자손은 손자의 손자 때가 되어서야 이 땅으로 다시 돌아오게 될 텐데, 이것은 아모리 사람들의 죄가 아직은 벌을 받을 만큼 크지 않기 때문이다."

17 해가 져서 매우 어두운데, 갑자기 연기 나는 화로와 타오르는 횃불이 나타나서 반으로 쪼개 놓은 동물들 사이로 지나갔습니다.

18 그날, 여호와께서 아브람과 언약을 세우셨습니다. "내가 이 땅을 네 자손에게 줄 것이다. 내가 네 자손에게 이집트의 강과 저 큰 강 유프라테스 사이의 땅을 주리니,

19 이 땅은 겐 사람과 그니스 사람과 갓몬 사람과

20 헷 사람과 브리스 사람과 르바 사람과

21 아모리 사람과 가나안 사람과 기르가스 사람과 여부스 사람의 땅이다."

하갈과 이스마엘

16 아브람의 아내 사래는 아이를 낳지 못했습니다. 사래에게는 하갈이라고 하는 이집트인 여종이 있었습니다.

2 사래가 아브람에게 말했습니다. "여호와께서는 내가 아이를 갖도록 허락지 아니하셨습니다. 그러니 내 여종과 잠자리를 같이하십시오, 하갈의 몸을 빌려 아이를 가질 수 있을지도 모릅니다." 아브람은 사래가 말한 대로 했습니다.

3 그때는 아브람이 가나안에서 산 지 십 년이 지난 해였습니다. 사래가 이집트인 몸종 하갈을 자기 남편 아브람에게 주었습니다.

4 아브람이 하갈과 잠자리를 같이하자, 하갈에게 아기가 생겼습니다. 하갈은 자신이 임신한 것을 알고는 자기 여주인 사래를 깔보았습니다.

5 그러자 사래가 아브람에게 말했습니다. "내가 이 고통을 겪는 것은 당신 때문입니다. 나는 내 여종을 당신에게 주었습니다. 그런데 그 여자가 임신을 하더니 나를 깔보기 시작했습니다. 당신과 나 사이에 누가 옳은지 여호와께서 판단해 주시기 바랍니다."

6 아브람이 사래에게 말했습니다. "하갈은 당신의 종이니 하갈에 대해서는 당신 마음대로 하시오." 사래가 하갈을 못살게 굴자, 하갈은 집에서 도망쳤습니다.

7 여호와의 천사가 사막의 샘물 곁에 있는 하갈에게 나타났습니다. 그 샘물은 술로 가는 길가에 있었습니다.

8 천사가 말했습니다. "사래의 여종 하갈아, 어디서 와서 어디로 가는 길이냐?" 하갈이 대답했습니다. "여주인 사래에게서 도망치는 길입니다."

9 여호와의 천사가 하갈에게 말했습니다. "네 여주인에게 돌아가서 그의 말을 잘 들어라."

15 •(As for you, you will die in peace and be
16 buried at a ripe old age.) •After four generations your descendants will return here to this land, for the sins of the Amorites do not yet warrant their destruction.

17 •After the sun went down and darkness fell, Abram saw a smoking firepot and a flaming torch pass between the halves of the
18 carcasses. •So the LORD made a covenant with Abram that day and said, "I have given this land to your descendants, all the way from the border of Egypt* to the great
19 Euphrates River—•the land now occupied by the Kenites, Kenizzites, Kadmonites,
20-21 Hittites, Perizzites, Rephaites, •Amorites, Canaanites, Girgashites, and Jebusites."

The Birth of Ishmael

16 Now Sarai, Abram's wife, had not been able to bear children for him. But she had an Egyptian servant named Hagar.
2 •So Sarai said to Abram, "The LORD has prevented me from having children. Go and sleep with my servant. Perhaps I can have children through her." And Abram agreed
3 with Sarai's proposal. •So Sarai, Abram's wife, took Hagar the Egyptian servant and gave her to Abram as a wife. (This happened ten years after Abram had settled in the land of Canaan.)
4 •So Abram had sexual relations with Hagar, and she became pregnant. But when Hagar knew she was pregnant, she began to treat her mistress, Sarai, with contempt.
5 •Then Sarai said to Abram, "This is all your fault! I put my servant into your arms, but now that she's pregnant she treats me with contempt. The LORD will show who's wrong—you or me!"
6 •Abram replied, "Look, she is your servant, so deal with her as you see fit." Then Sarai treated Hagar so harshly that she finally ran away.
7 •The angel of the LORD found Hagar beside a spring of water in the wilderness,
8 along the road to Shur. •The angel said to her, "Hagar, Sarai's servant, where have you come from, and where are you going?"
"I'm running away from my mistress, Sarai," she replied.
9 •The angel of the LORD said to her, "Return to your mistress, and submit to her authori-

---

contempt [kəntémpt] *n.* 경멸, 모욕
mistress [místris] *n.* 여주인
warrant [wɔ́ːrənt] *vt.* 정당화하다
16:6 deal with … : …을 다루다, 처리하다

15:18 Hebrew *the river of Egypt*, referring either to an eastern branch of the Nile River or to the Brook of Egypt in the Sinai (see Num 34:5).

10 여호와의 천사가 또 말했습니다. "내가 너에게 셀 수 없이 많은 자손을 주겠다."

11 천사가 또 말했습니다. "네 몸 속에 아기가 있으니, 이제 아들을 낳을 것이다. 아들을 낳으면 그 이름을 이스마엘*이라 하여라. 이는 여호와께서 너의 부르짖는 소리를 들어 주셨기 때문이다.

12 이스마엘은 들나귀처럼 될 것이다. 그는 사람들을 대적할 것이며, 사람들도 그를 대적할 것이다. 그는 자기의 모든 형제들과 마주 대하여 살 것이다."

13 하갈은 "내가 정말로 하나님을 뵙고도 이렇게 살아 있다니!"라고 말하면서 자기에게 말씀하신 여호와를 '나를 보시는 하나님'이라고 불렀습니다.

14 그래서 그곳에 있는 샘물도 브엘라해로이*라는 이름이 붙게 되었습니다. 그 샘물은 가데스와 베렛 사이에 있습니다.

15 하갈이 아브람의 아들을 낳았습니다. 아브람은 그 아들의 이름을 이스마엘이라고 지었습니다.

16 하갈이 이스마엘을 낳았을 때, 아브람의 나이는 여든여섯 살이었습니다.

언약의 표

17 아브람이 아흔아홉 살이 되었을 때에 여호와께서 아브람에게 나타나셔서 말씀하셨습니다. "나는 전능한 하나님이다. 내 말에 복종하며 올바르게 살아라.

2 내가 너와 언약을 세워 너에게 수없이 많은 자손을 주겠다.

3 아브람이 땅에 엎드려 절하자, 하나님께서 아브람에게 말씀하셨습니다.

4 "이것은 내가 너와 세우는 언약이다. 너는 여러 나라의 조상이 될 것이다.

5 내가 너를 여러 나라의 조상으로 만들었으니, 이제부터 너의 이름은 아브람이 아니라 아브라함*이 될 것이다.

6 내가 너에게 많은 자손을 줄 것이다. 너를 여러 나라들 위에 세우리니, 너에게서 왕들이 나올 것이다.

7 내가 너에게 언약을 세울 텐데, 이 언약은 지금부터 내가 너와 네 모든 자손에게 세우는 언약이다. 나는 네 하나님이 되며 네 모든 자손의 하나님이 될 것이다.

8 너는 지금 이 가나안 땅에서 나그네로 살고 있다. 그러나 내가 이 땅 전체를 너와 네 자손에게 영원히 주며, 나는 네 자손의 하나님이 되어 주겠다."

9 하나님이 또 아브라함에게 말씀하셨습니다. "너와 네 자손은 지금부터 이 언약을 지켜야 한다.

ty." •Then he added, "I will give you more descendants than you can count."

11 •And the angel also said, "You are now pregnant and will give birth to a son. You are to name him Ishmael (which means 'God hears'), for the LORD has heard your cry of distress. •This son of yours will be a wild man, as untamed as a wild donkey! He will raise his fist against everyone, and everyone will be against him. Yes, he will live in open hostility against all his relatives."

13 •Thereafter, Hagar used another name to refer to the LORD, who had spoken to her. She said, "You are the God who sees me."* She also said, "Have I truly seen the One who sees me?"

14 •So that well was named Beer-lahai-roi (which means "well of the Living One who sees me"). It can still be found between Kadesh and Bered.

15 •So Hagar gave Abram a son, and Abram named him Ishmael. •Abram was eighty-six years old when Ishmael was born.

Abram Is Named Abraham

17 When Abram was ninety-nine years old, the LORD appeared to him and said, "I am El-Shaddai—'God Almighty.' Serve me faithfully and live a blameless life. •I will make a covenant with you, by which I will guarantee to give you countless descendants."

3 •At this, Abram fell face down on the ground. Then God said to him, •"This is my covenant with you: I will make you the father of a multitude of nations! •What's more, I am changing your name. It will no longer be Abram. Instead, you will be called Abraham,* for you will be the father of many nations. •I will make you extremely fruitful. Your descendants will become many nations, and kings will be among them!

7 •"I will confirm my covenant with you and your descendants* after you, from generation to generation. This is the everlasting covenant: I will always be your God and the God of your descendants after you. •And I will give the entire land of Canaan, where you now live as a foreigner, to you and your descendants. It will be their possession forever, and I will be their God."

The Mark of the Covenant

9 •Then God said to Abraham, "Your responsi-

16:13 Hebrew El-roi.　17:5 Abram means "exalted father"; Abraham sounds like a Hebrew term that means "father of many."　17:7 Hebrew seed; also in 17:7b, 8, 9, 10, 19.

16:11 '이스마엘'은 '하나님께서 들으심'이란 뜻이다.
16:14 '브엘라해로이'는 '나를 보시는 살아 계신 분의 우물'이란 뜻이다.
17:5 '아브라함'은 '많은 무리의 아버지'란 뜻이다.

10 너희 가운데 남자는 모두 할례를 받아라. 이것은 너와 네 자손과 세우는 내 언약이니, 너는 이 언약을 지켜야 한다.

11 남자의 양피를 베어라. 이것이 나와 너희 사이에 세운 언약의 표시가 될 것이다.

12 지금부터 남자 아이는 태어난 지 팔 일 만에 할례를 받을 것이다. 너희 집에서 태어난 종과 너희가 너희 자손이 아닌 외국 사람에게서 돈을 주고 산 사람도 할례를 받아야 한다.

13 너희 집에서 태어난 종과 너희 돈으로 산 종이 다 할례를 받아야 한다. 그래야만 너희 살 속에 새겨진 내 언약이 영원한 언약이 될 것이다.

14 할례받지 않은 남자는 내 언약을 어긴 것이므로, 내 백성 가운데서 제외될 것이다.”

약속의 아들 이삭

15 하나님께서 아브라함에게 말씀하셨습니다. “너는 네 아내의 이름을 사래라고 부르지 말고, 이제부터는 사라*라고 하여라.

16 내가 사라에게 복을 주어 너를 위해 아들을 낳게 할 것이다. 또 내가 사라에게 복을 줄 것이니, 사라는 여러 나라의 어머니가 되며 여러 나라의 왕들이 사라에게서 나올 것이다.”

17 아브라함은 얼굴을 땅에 대고 엎드린 채 웃으며, 마음으로 혼잣말을 했습니다. ‘어떻게 백 살이나 먹은 사람이 아기를 낳을 수 있을까? 사라는 나이가 아흔 살인데 어떻게 아기를 낳을 수 있을까?’

18 아브라함이 하나님께 말했습니다. “이스마엘이나 하나님께 복을 받으며 살기를 바랍니다.”

19 하나님께서 말씀하셨습니다. “아니다. 네 아내 사라가 아들을 낳을 것이니, 아들을 낳으면 그 이름을 이삭*이라고 하여라. 내가 네 아들과 내 언약을 세울 것이니, 그 언약은 네 아들의 자손과 세울 영원한 언약이 될 것이다.

20 네가 이스마엘에 대해 한 말은 내가 다 들었다. 이스마엘에게도 내가 복을 주어, 그에게 많은 자손과 후손이 있게 하며 번성하게 할 것이다. 이스마엘은 큰 지도자 열두 명의 아버지가 되고, 큰 나라를 이룰 것이다.

21 그러나 나는 내 언약을 이삭과 세운다. 이삭은 사라가 내년 이맘때쯤 낳을 것이다.”

22 하나님께서는 아브라함과 말씀을 나누신 뒤에 아브라함을 떠나 하늘로 올라가셨습니다.

23 아브라함은 이스마엘을 비롯해 자기 집에서 태어난 모든 남자를 불러 모았습니다. 또 돈을 주고 산 종들도 불러 모았습니다. 그날에 아브라함은 하나님께서 말씀하신 대로 자기 집의 모든 남자에

bility is to obey the terms of the covenant. You and all your descendants have this continual

10 responsibility. •This is the covenant that you and your descendants must keep: Each male

11 among you must be circumcised. •You must cut off the flesh of your foreskin as a sign of

12 the covenant between me and you. •From generation to generation, every male child must be circumcised on the eighth day after his birth. This applies not only to members of your family but also to the servants born in your household and the foreign-born servants

13 whom you have purchased. •All must be circumcised. Your bodies will bear the mark of

14 my everlasting covenant. •Any male who fails to be circumcised will be cut off from the covenant family for breaking the covenant.”

Sarai Is Named Sarah

15 •Then God said to Abraham, “Regarding Sarai, your wife—her name will no longer be Sarai. From now on her name will be Sarah.*

16 •And I will bless her and give you a son from her! Yes, I will bless her richly, and she will become the mother of many nations. Kings of nations will be among her descendants.”

17 •Then Abraham bowed down to the ground, but he laughed to himself in disbelief. “How could I become a father at the age of 100?” he thought. “And how can Sarah have a baby

18 when she is ninety years old?” •So Abraham said to God, “May Ishmael live under your special blessing!”

19 •But God replied, “No—Sarah, your wife, will give birth to a son for you. You will name him Isaac,* and I will confirm my covenant with him and his descendants as an everlast-

20 ing covenant. •As for Ishmael, I will bless him also, just as you have asked. I will make him extremely fruitful and multiply his descendants. He will become the father of twelve princes, and I will make him a great nation.

21 •But my covenant will be confirmed with Isaac, who will be born to you and Sarah

22 about this time next year.” •When God had finished speaking, he left Abraham.

23 •On that very day Abraham took his son, Ishmael, and every male in his household, including those born there and those he had bought. Then he circumcised them, cutting

circumcise [sə́ːrkəmsaiz] *vt.* 할례를 행하다
foreskin [fɔ́ːrskin] *n.* (음경의) 포피
untamed [ʌnteimd] *a.* 길들여지지 않은
17:17 in disbelief : 불신하여

17:15 *Sarai* and *Sarah* both mean “princess”; the change in spelling may reflect the difference in dialect between Ur and Canaan.　17:19 *Isaac* means “he laughs.”

17:15 ‘사라’ 는 ‘공주, 왕비’ 라는 뜻이다.
17:19 ‘이삭’ 은 ‘그가 웃는다’ 라는 뜻이다.

게 할례를 베풀었습니다.

24 아브라함이 할례를 받은 때의 나이는 아흔아홉 살이었으며,

25 아브라함의 아들 이스마엘이 할례를 받은 때의 나이는 열세 살이었습니다.

26 아브라함과 그의 아들 이스마엘은 같은 날에 할례를 받았습니다.

27 그리고 아브라함의 집에 있던 모든 남자들도 같은 날에 할례를 받았습니다. 아브라함의 집에서 태어난 종과 다른 나라 사람에게서 돈을 주고 산 종들도 다 할례를 받았습니다.

세 천사

18 여호와께서 마므레의 커다란 나무들 가까운 곳에서 아브라함에게 다시 나타나셨습니다. 그때에 아브라함은 자기 장막 문에 앉아 있었습니다. 그때는 가장 더운 한낮이었습니다.

2 아브라함이 눈을 들어 보니, 세 사람이 자기 가까이에 서 있었습니다. 아브라함은 그들을 보고, 자기 장막에서 달려와 땅에 엎드려 그들을 맞이했습니다.

3 아브라함이 말했습니다. "내 주여, 저를 좋게 여기신다면, 주의 종 곁을 그냥 지나가지 마십시오.

4 제가 여러분 모두의 발 씻을 물을 가지고 올 테니, 발을 씻으신 뒤에 나무 아래에서 좀 쉬십시오.

5 제가 음식을 조금 가져올 테니 드시고, 기운을 차리신 다음에 다시 길을 떠나도록 하십시오." 그들이 말했습니다. "좋소, 당신 말대로 하겠소."

6 아브라함이 급히 장막으로 달려가 사라에게 말했습니다. "빨리 밀가루 세 스아를 반죽해서 빵을 만드시오."

7 그리고 아브라함은 짐승들이 있는 곳으로 달려가, 아주 좋은 송아지 한 마리를 끌어다가 종에게 주었습니다. 종은 급히 그 송아지를 잡아서 요리를 했습니다.

8 아브라함은 그들에게 송아지 요리와 버터와 우유를 대접했습니다. 그들이 음식을 먹는 동안, 아브라함은 나무 아래에 서서 그들의 시중을 들었습니다.

9 그들이 아브라함에게 물었습니다. "당신 아내 사라는 어디에 있소?" "저기 장막 안에 있습니다." 아브라함이 대답했습니다.

10 그때에 주께서 말씀하셨습니다. "내년 이맘때에 내가 반드시 너를 다시 찾아올 것이다. 그때에는 네 아내 사라에게 아들이 생길 것이다." 그때, 사라는 장막 문간에서 그 말을 들었습니다.

11 아브라함과 사라는 나이가 매우 많았습니다. 사라는 아기를 가질 수 있는 나이가 지나버린 후였습니다.

12 그래서 사라는 속으로 웃으면서 '내 남편과 나는 너무 늙었는데, 어떻게 우리에게 그런 즐거운 일이 생길까?' 하고 말했습니다.

off their foreskins, just as God had told him.

24 • Abraham was ninety-nine years old when 25 he was circumcised, • and Ishmael, his son, 26 was thirteen. • Both Abraham and his son, Ishmael, were circumcised on that same day, 27 • along with all the other men and boys of the household, whether they were born there or bought as servants. All were circumcised with him.

A Son Is Promised to Sarah

18 The LORD appeared again to Abraham near the oak grove belonging to Mamre. One day Abraham was sitting at the entrance to his tent during the hottest part of 2 the day. • He looked up and noticed three men standing nearby. When he saw them, he ran to meet them and welcomed them, bowing low to the ground.

3 • "My lord," he said, "if it pleases you, 4 stop here for a while. • Rest in the shade of this tree while water is brought to wash your 5 feet. • And since you've honored your servant with this visit, let me prepare some food to refresh you before you continue on your journey."

"All right," they said. "Do as you have said."

6 • So Abraham ran back to the tent and said to Sarah, "Hurry! Get three large measures* of your best flour, knead it into dough, 7 and bake some bread." • Then Abraham ran out to the herd and chose a tender calf and gave it to his servant, who quickly prepared 8 it. • When the food was ready, Abraham took some yogurt and milk and the roasted meat, and he served it to the men. As they ate, Abraham waited on them in the shade of the trees.

9 • "Where is Sarah, your wife?" the visitors asked.

"She's inside the tent," Abraham replied.

10 • Then one of them said, "I will return to you about this time next year, and your wife, Sarah, will have a son!"

Sarah was listening to this conversation 11 from the tent. • Abraham and Sarah were both very old by this time, and Sarah was 12 long past the age of having children. • So she laughed silently to herself and said, "How could a worn-out woman like me enjoy such pleasure, especially when my master—my husband—is also so old?"

grove [grouv] *n.* 수풀
knead [ni:d] *vt.* 반죽하다
18:12 worn-out: 노쇠한

18:6 Hebrew *3 seahs*, about half a bushel or 22 liters.
18:6 3스아는 약 22.80에 해당된다.

13 그때에 여호와께서 아브라함에게 말씀하셨습니다. "사라가 왜 웃냐? 어찌하여 '내가 늙었는데 어떻게 아이를 낳을 수 있을까?' 하느냐?

14 나 여호와가 하지 못할 일이 어디에 있느냐? 내년 이맘때에 내가 다시 너를 찾아올 것이다. 그때에는 사라에게 아들이 생길 것이다."

15 사라는 두려워져서 거짓말을 했습니다. "저는 웃지 않았습니다." 그러자 주께서 말씀하셨습니다. "아니다. 너는 웃었다."

16 그 사람들은 거기를 떠나 소돔을 향했습니다. 아브라함은 그들을 배웅하기 위해 얼마쯤 그들과 같이 걸었습니다.

아브라함이 하나님께 빌다

17 여호와께서 말씀하셨습니다. "내가 지금 하려고 하는 일을 어떻게 아브라함에게 숨기겠느냐?

18 아브라함은 크고 강한 나라가 될 것이며, 이 땅의 모든 나라들이 아브라함으로 인하여 복을 받을 것이다.

19 나는 아브라함이 자기 자녀들과 자손들을 가르쳐 여호와의 길을 잘 따르게 하기 위해 그를 선택했다. 그의 자손이 아브라함에게 배운 대로 하면, 나 여호와가 아브라함에게 한 모든 약속을 지키겠다."

20 여호와께서 또 말씀하셨습니다. "나는 소돔과 고모라 백성에 대한 나쁜 이야기를 많이 들었다. 그들은 너무나 악하다.

21 이제 내가 내려가서 그들이 정말로 그토록 악한지 또는 그렇지 않은지를 살펴볼 것이다."

22 그리하여 그들은 그곳을 떠나 소돔 쪽으로 갔습니다. 하지만 아브라함은 그대로 여호와 앞에 서 있었습니다.

23 아브라함이 주께 다가가 말씀드렸습니다. "주여, 착한 사람들도 저 악한 사람들과 함께 멸망시키시겠습니까?

24 만약 저 성 안에 착한 사람 오십 명이 있으면 어떻게 하시겠습니까? 그래도 저 성을 멸망시키시겠습니까? 저 안에 살고 있는 착한 사람 오십 명을 위해 저 성을 용서하지 않으시겠습니까?

25 제발 착한 사람을 악한 사람들과 함께 멸망시키지 말아 주십시오. 그러면 의인이나 악인이나 마찬가지가 되지 않습니까? 주께서는 온 땅의 심판자이십니다. 그러니 옳은 판단을 내리셔야 하지 않겠습니까?"

26 여호와께서 말씀하셨습니다. "만약 저 소돔 성 안에 착한 사람 오십 명이 있다면, 그들을 보아서라도 저 성 전체를 구원해 줄 것이다."

27 그러자 아브라함이 말했습니다. "저는 먼지나 재에 지나지 않지만, 감히 주께 말씀드리겠습니다.

28 만약 저 성 안에 착한 사람이 사십오 명밖에 없다면 어떻게 하시겠습니까? 다섯 명이 부족하다고 해서,

---

13 •Then the LORD said to Abraham, "Why did Sarah laugh? Why did she say, 'Can an
14 old woman like me have a baby?' •Is anything too hard for the LORD? I will return about this time next year, and Sarah will have a son."

15 •Sarah was afraid, so she denied it, saying, "I didn't laugh."
   But the LORD said, "No, you did laugh."

Abraham Intercedes for Sodom

16 •Then the men got up from their meal and looked out toward Sodom. As they left, Abraham went with them to send them on their way.

17 •"Should I hide my plan from Abraham?"
18 the LORD asked. •"For Abraham will certainly become a great and mighty nation, and all the nations of the earth will be
19 blessed through him. •I have singled him out so that he will direct his sons and their families to keep the way of the LORD by doing what is right and just. Then I will do for Abraham all that I have promised."

20 •So the LORD told Abraham, "I have heard a great outcry from Sodom and Gomorrah, because their sin is so flagrant. •I am going down to see if their actions are as wicked as I have heard. If not, I want to know."

22 •The other men turned and headed toward Sodom, but the LORD remained with
23 Abraham. •Abraham approached him and said, "Will you sweep away both the right-
24 eous and the wicked? •Suppose you find fifty righteous people living there in the
25 city—will you still sweep it away and not spare it for their sakes? •Surely you wouldn't do such a thing, destroying the righteous along with the wicked. Why, you would be treating the righteous and the wicked exactly the same! Surely you wouldn't do that! Should not the Judge of all the earth do
26 what is right?" •And the LORD replied, "If I find fifty righteous people in Sodom, I will spare the entire city for their sake."

27 •Then Abraham spoke again. "Since I have begun, let me speak further to my Lord, even though I am but dust and ashes.
28 •Suppose there are only forty-five righteous people rather than fifty? Will you destroy the whole city for lack of five?"
   And the LORD said, "I will not destroy it if I find forty-five righteous people there."

---

intercede [intərsíːd] *vi.* 중재하다
spare [spέər] *vt.* 용서하다, 살려두다
18:19 single out : 골라내다, 선택하다
18:23 sweep away : (장소를) 휩쓸다, 전멸시키다
18:28 for lack of··· : ···이 부족하여

저 성 전체를 멸망시키시겠습니까?" 여호와께서 말씀하셨습니다. "만약 저 성 안에 착한 사람 사십오 명이 있다면, 저 성을 멸망시키지 않을 것이다."

29 아브라함이 또 여호와께 말했습니다. "만약 착한 사람이 사십 명밖에 없다면, 어떻게 하시겠습니까?" 여호와께서 말씀하셨습니다. "착한 사람이 사십 명만 있어도, 저 성을 멸망시키지 않을 것이다."

30 아브라함이 또 여호와께 말했습니다. "주여, 노하지 마시고 제가 드리는 말씀을 들어 주십시오. 만약 저 성 안에 착한 사람이 삼십 명밖에 없다면, 어떻게 하시겠습니까?" 주께서 말씀하셨습니다. "착한 사람이 삼십 명만 있어도, 저 성을 멸망시키지 않을 것이다."

31 아브라함이 또 여호와께 말했습니다. "감히 주께 말씀드립니다. 만약 착한 사람이 이십 명 있다면, 어떻게 하시겠습니까?" 여호와께서 말씀하셨습니다. "착한 사람이 이십 명만 있어도, 저 성을 멸망시키지 않을 것이다."

32 아브라함이 또 여호와께 말했습니다. "주여, 노하지 마시고 마지막으로 한 번만 더 말씀드리게 해 주십시오. 만약 열 명이 있으면, 어떻게 하시겠습니까?" 여호와께서 말씀하셨습니다. "착한 사람이 열 명만 있어도, 저 성을 멸망시키지 않을 것이다."

33 여호와께서는 아브라함과 말씀을 마치신 뒤에 그곳을 떠나셨습니다. 아브라함도 자기 집으로 돌아갔습니다.

롯을 찾아온 사람들

19 밤이 되자, 두 천사가 소돔에 찾아왔습니다. 롯은 소돔 성문 가까이에 앉아 있다가 그들을 보고, 자리에서 일어나 그들에게 다가가 땅에 엎드려 절을 했습니다.

2 롯이 말했습니다. "내 주여, 제발 제 집으로 오셔서 발도 씻으시고 하룻밤 묵어 가십시오. 그러시다가 내일 아침에 일찍 일어나 길을 떠나시면 되지 않겠습니까?" 천사들이 대답했습니다. "아니오, 우리는 거리에서 오늘 밤을 지내겠소."

3 그러나 롯이 간곡히 권하자, 그들은 롯의 집으로 들어갔습니다. 롯은 음식을 준비했습니다. 롯이 누룩을 넣지 않은 빵을 구워 주자, 그들이 빵을 먹었습니다.

4 그들이 잠자리에 들기 전, 소돔 성의 온 마을에서 남자들이 몰려와 롯의 집을 에워쌌습니다. 그 가운데는 젊은이도 있었고, 노인도 있었습니다.

5 그들이 롯에게 소리쳤습니다. "오늘 밤 너에게 온 사람들이 어디에 있느냐? 그들을 우리에게 끌어 내라. 그들을 욕보여야겠다."

6 롯이 밖에 있는 사람들에게로 나가서 뒤로 문을 닫아 걸었습니다.

7 롯이 말했습니다. "형제들이여, 이런 나쁜 일을 하면 안 되오.

---

29 •Then Abraham pressed his request further. "Suppose there are only forty?"
And the LORD replied, "I will not destroy it for the sake of the forty."

30 •"Please don't be angry, my Lord," Abraham pleaded. "Let me speak—suppose only thirty righteous people are found?"
And the LORD replied, "I will not destroy it if I find thirty."

31 •Then Abraham said, "Since I have dared to speak to the Lord, let me continue—suppose there are only twenty?"
And the LORD replied, "Then I will not destroy it for the sake of the twenty."

32 •Finally, Abraham said, "Lord, please don't be angry with me if I speak one more time. Suppose only ten are found there?"
And the LORD replied, "Then I will not destroy it for the sake of the ten."

33 •When the LORD had finished his conversation with Abraham, he went on his way, and Abraham returned to his tent.

Sodom and Gomorrah Destroyed

19 That evening the two angels came to the entrance of the city of Sodom. Lot was sitting there, and when he saw them, he stood up to meet them. Then he welcomed them and bowed with his face to the ground. 2 •"My lords," he said, "come to my home to wash your feet, and be my guests for the night. You may then get up early in the morning and be on your way again."
"Oh no," they replied. "We'll just spend the night out here in the city square."

3 •But Lot insisted, so at last they went home with him. Lot prepared a feast for them, complete with fresh bread made 4 without yeast, and they ate. •But before they retired for the night, all the men of Sodom, young and old, came from all over 5 the city and surrounded the house. •They shouted to Lot, "Where are the men who came to spend the night with you? Bring them out to us so we can have sex with them!"

6 •So Lot stepped outside to talk to them, 7 shutting the door behind him. •"Please, my brothers," he begged, "don't do such a 8 wicked thing. •Look, I have two virgin

---

beg [bég] *vt.* 간청하다
dare [dɛ́ər] *vt.* 감히…하다
insist [insíst] *vi.* 주장하다, 고집하다
press [prés] *vt.* 귀찮게 조르다, 간청하다
retire [ritáiər] *vi.* 잠자리에 들다
square [skwɛ́ər] *n.* 광장
suppose [səpóuz] *vt.* 가정하다
surround [səráund] *vt.* 둘러싸다
18:29 for the sake of… : …을 위하여

8 자, 나에게 남자와 잠자리를 같이한 적이 없는 딸 둘이 있소. 그 애들을 드릴 테니 당신들 좋을 대로 하시오. 하지만 이 사람들에게는 아무 짓도 하지 마시오. 그분들은 내 집에 들어온 손님이기 때문이오."

9 롯의 집을 에워싼 남자들이 말했습니다. "저리 비켜라! 이놈이 우리 성에 떠돌이로 온 주제에, 감히 우리에게 훈계를 하려 들다니!" 그들이 또 말했습니다. "저 사람들보다 네 놈이 먼저 혼 좀 나야 되겠구나." 그러면서 그들은 롯을 밀쳐 내고 문을 부수려 했습니다.

10 그때, 롯의 집에 손님으로 온 두 사람이 문을 열고 손을 내밀어 롯을 집안으로 끌어들였습니다. 그리고 나서 그들은 문을 닫아 걸었습니다.

11 두 사람은 문 밖에 서 있는 사람들의 눈을 어둡게 했습니다. 그래서 밖에 있던 사람들은 젊은이나 노인이나 할 것 없이 문을 찾을 수가 없었습니다.

12 두 사람이 롯에게 말했습니다. "이 성에서 사는 다른 친척들이 있소? 사위나 아들이나 딸이나 그 밖의 다른 친척이 있소? 만약 있으면 당장 이 성을 떠나라고 이르시오.

13 우리는 이 성을 멸망시킬 것이오. 여호와께서는 이 성에서 벌어지는 악한 일에 대해 모두 들으셨소. 그래서 여호와께서 이 성을 멸망시키라고 우리를 보내신 것이오."

14 롯은 이 말을 듣고 밖으로 나가 장차 사위가 될 사람들에게 일러 주었습니다. 그들은 롯의 딸들과 결혼하기로 약속한 사람들입니다. 롯이 말했습니다. "어서 빨리 이 성을 떠나게. 여호와께서 이 성을 멸망시키실 것이네." 그러나 그들은 롯의 말을 장난으로 여겼습니다.

15 이튿날 새벽이 되자, 천사들이 롯에게 빨리 떠날 것을 요구했습니다. "서둘러 여기 있는 아내와 두 딸을 데리고 나가시오. 죄악으로 인해 이 성에 심판이 임할 때에 당신들이 죽는 것을 막기 위해서요."

16 그래도 롯이 머뭇거리자, 그 사람들은 롯과 그의 아내와 두 딸의 손을 잡아끌고, 성 밖 안전한 곳으로 데리고 나갔습니다. 이처럼 여호와께서는 롯과 그의 가족에게 자비를 베푸셨습니다.

17 두 사람은 롯과 그의 가족을 성 밖으로 데리고 나갔습니다. 그 중 한 사람이 말했습니다. "살려면 이곳을 피해야 하오. 골짜기 어디에서든 뒤를 돌아보거나 멈추지 마시오. 산으로 도망가시오. 그렇게 하지 않으면 당신들도 죽을 것이오."

18 그러자 롯이 그들 중 한 사람에게 말했습니다. "내 주여, 제발 그렇게 하지 않도록 해 주십시오.

19 주께서는 주의 종인 저에게 자비를 베푸셔서, 제 목숨을 구해 주셨습니다. 하지만 저는 저 산까지 달려갈 수 없습니다. 산에 이르기도 전에 재앙이 닥쳐서

daughters. Let me bring them out to you, and you can do with them as you wish. But please, leave these men alone, for they are my guests and are under my protection."

9 • "Stand back!" they shouted. "This fellow came to town as an outsider, and now he's acting like our judge! We'll treat you far worse than those other men!" And they lunged toward Lot to break down the door.

10 • But the two angels* reached out, pulled Lot into the house, and bolted the 11 door. • Then they blinded all the men, young and old, who were at the door of the house, so they gave up trying to get inside.

12 • Meanwhile, the angels questioned Lot. "Do you have any other relatives here in the city?" they asked. "Get them out of this place—your sons-in-law, sons, daughters, 13 or anyone else. • For we are about to destroy this city completely. The outcry against this place is so great it has reached the LORD, and he has sent us to destroy it."

14 • So Lot rushed out to tell his daughters' fiancés, "Quick, get out of the city! The LORD is about to destroy it." But the young men thought he was only joking.

15 • At dawn the next morning the angels became insistent. "Hurry," they said to Lot. "Take your wife and your two daughters who are here. Get out right now, or you will be swept away in the destruction of the city!"

16 • When Lot still hesitated, the angels seized his hand and the hands of his wife and two daughters and rushed them to safety outside the city, for the LORD was 17 merciful. • When they were safely out of the city, one of the angels ordered, "Run for your lives! And don't look back or stop anywhere in the valley! Escape to the mountains, or you will be swept away!"

18-19 • "Oh no, my lord!" Lot begged. • "You have been so gracious to me and saved my life, and you have shown such great kindness. But I cannot go to the mountains. Disaster would catch up to me there, and I 20 would soon die. • See, there is a small vil-

bolt [bóult] *vt.* 빗장질러 잠그다
disaster [dizǽstər] *n.* 재앙, 불행
hesitate [hézəteit] *vi.* 머뭇거리다
insistent [insístənt] *a.* 강요하는
lunge [lʌndʒ] *n.* (…에 대한) 강한 항의(against)
outcry [áutkrai] *vt.* 돌진
seize [siːz] *vi.* 잡다
19:9 break down : 때려부수다, 파괴하다
19:10 reach out : (팔을) 내뻗다

19:10 Hebrew *men*; also in 19:12, 16.

저도 죽을까 두렵습니다.

20 보십시오, 저기 보이는 저 성은 도망가기에 가깝고도 작은 성입니다. 그러니 저 성으로 도망가게 해 주십시오, 저 성은 참으로 작지 않습니까? 저 성으로 도망가 살 수 있게 해 주십시오."

21 천사가 롯에게 말했습니다. "보십시오, 이 일에도 내가 당신의 부탁을 들어 주겠소. 당신이 말한 저 성은 멸망시키지 않겠소.

22 하지만 빨리 도망가시오, 당신이 저 성에 도착할 때까지 나는 소돔을 멸망시킬 수 없소." 그러므로 그때부터 그 성은 '작다'는 뜻으로 소알이라고 불렸습니다.

소돔과 고모라가 멸망하다

23 롯이 소알에 들어섰을 때는 이미 해가 떠올라 있었습니다.

24 여호와께서 소돔과 고모라에, 하늘로부터 마치 비를 내리듯 유황과 불을 쏟아 부으셨습니다.

25 주께서 그 두 성을 멸망시키셨습니다. 주께서 또 요단 골짜기 전체와 두 성 안에 사는 모든 사람과 땅에서 자라나는 모든 것을 멸망시키셨습니다.

26 그런데 롯의 아내는 그만 뒤를 돌아보았기 때문에 소금 기둥이 되어 버렸습니다.

27 이튿날 아침 일찍 아브라함은 자리에서 일어나 여호와 앞에 서 있었던 곳으로 갔습니다.

28 아브라함은 소돔과 고모라와 요단 골짜기가 있는 쪽을 내려다보았습니다. 땅에서 연기가 솟아오르고 있었습니다. 마치 아궁이에서 나는 연기 같았습니다.

29 하나님께서 골짜기의 성들을 멸망시키셨지만 아브라함의 부탁을 기억하셔서, 롯이 살던 성을 멸망시키실 때에 롯의 목숨을 살려 주셨습니다.

롯과 그의 딸들

30 롯은 소알에서 계속 사는 것이 두려웠습니다. 그래서 롯과 그의 두 딸은 산으로 이사했습니다. 롯은 딸들과 함께 동굴에서 살았습니다.

31 어느 날, 큰딸이 작은딸에게 말했습니다. "우리 아버지는 늙으셨고 세상 사람들은 다 결혼을 하는데, 우리와 결혼할 남자는 없다.

32 그러니 아버지를 술에 취하게 한 다음에, 아버지와 잠자리를 같이해서 아버지를 통해 자식을 얻자."

33 그날 밤에 두 딸은 아버지에게 술을 드려 취하게 했습니다. 그리고 나서 큰딸이 아버지에게 가서 아버지와 잠자리를 같이했습니다. 하지만 롯은 큰딸이 한 일을 알지 못했습니다.

34 이튿날, 큰딸이 작은딸에게 말했습니다. "어젯밤에는 내가 아버지와 함께 잤으니, 오늘 밤에도 아버지에게 술을 드려 취하게 한 다음, 이번에는 네가 아버지와 함께 자라. 그렇게 해서 아버지를 통해 자식을 얻자."

35 그날 밤에도 두 딸은 아버지에게 술을 드려 취하게 하

---

lage nearby. Please let me go there instead; don't you see how small it is? Then my life will be saved."

21 •"All right," the angel said, "I will grant your request. I will not destroy the 22 little village. •But hurry! Escape to it, for I can do nothing until you arrive there." (This explains why that village was known as Zoar, which means "little place.")

23 •Lot reached the village just as the sun 24 was rising over the horizon. •Then the LORD rained down fire and burning sulfur from the sky on Sodom and Gomorrah. 25 •He utterly destroyed them, along with the other cities and villages of the plain, wiping out all the people and every 26 bit of vegetation. •But Lot's wife looked back as she was following behind him, and she turned into a pillar of salt.

27 •Abraham got up early that morning and hurried out to the place where he 28 had stood in the LORD's presence. •He looked out across the plain toward Sodom and Gomorrah and watched as columns of smoke rose from the cities like smoke from a furnace.

29 •But God had listened to Abraham's request and kept Lot safe, removing him from the disaster that engulfed the cities on the plain.

Lot and His Daughters

30 •Afterward Lot left Zoar because he was afraid of the people there, and he went to live in a cave in the mountains with his 31 two daughters. •One day the older daughter said to her sister, "There are no men left anywhere in this entire area, so we can't get married like everyone else. And our father will soon be too old to have chil- 32 dren. •Come, let's get him drunk with wine, and then we will have sex with him. That way we will preserve our family line through our father."

33 •So that night they got him drunk with wine, and the older daughter went in and had intercourse with her father. He was unaware of her lying down or getting up again.

34 •The next morning the older daughter said to her younger sister, "I had sex with our father last night. Let's get him drunk with wine again tonight, and you go in and have sex with him. That way we will preserve our family line through 35 our father." •So that night they got him drunk with wine again, and the younger daughter went in and had intercourse with him. As before, he was unaware of her lying down or getting up again.

고, 작은딸이 아버지에게 가서 아버지와 잠자리를 같이했습니다. 이번에도 롯은 작은딸이 한 일을 몰랐습니다.

36 이런 방법으로 롯의 두 딸이 모두 아버지의 아이를 가지게 되었습니다.

37 큰딸은 아들을 낳아, 이름을 모압이라고 지었습니다. 모압은 지금까지 살고 있는 모든 모압 백성의 조상입니다.

38 작은딸도 아들을 낳아, 이름을 벤암미*라고 지었습니다. 벤암미는 지금까지 살고 있는 암몬 백성의 조상입니다.

아브라함과 아비멜렉

20 아브라함은 헤브론을 떠나 남쪽 네게브 지방으로 옮겨 가서, 가데스와 술 사이에서 살았습니다. 그 뒤에 아브라함은 또 그랄로 옮겨 갔습니다.

2 아브라함은 그곳 사람들에게 자기 아내 사라를 누이라고 말했습니다. 그랄의 아비멜렉 왕이 그 이야기를 듣고, 종들을 보내어 사라를 데려오게 했습니다.

3 그날 밤, 하나님께서 아비멜렉의 꿈에 나타나서 말씀하셨습니다. "네가 데려온 그 여자 때문에 너는 죽을 것이다. 그녀는 결혼한 여자다."

4 하지만 아비멜렉은 사라를 가까이하지 않았습니다. 그래서 아비멜렉이 말했습니다. "주여, 죄 없는 백성을 멸망시키시겠습니까?

5 아브라함은 저에게 '이 여자는 내 누이입니다'라고 말했습니다. 그리고 그 여자도 '이 사람은 제 오빠입니다'라고 말했습니다. 나는 순수한 마음으로 또 결백한 손으로 이 일을 했습니다."

6 하나님께서 아비멜렉의 꿈에 나타나서 말씀하셨습니다. "나도 네가 순수한 마음으로 그렇게 한 줄 안다. 그래서 내가 너로 하여금 나에게 죄를 짓지 않게 하려고, 네가 그 여자와 함께 자지 못하게 한 것이다.

7 아브라함의 아내를 돌려 보내어라. 아브라함은 예언자이니, 아브라함이 너를 위해 기도하면, 너는 죽지 않을 것이다. 하지만 사라를 돌려 보내지 않으면, 너는 죽을 것이며, 너의 모든 가족도 죽을 것이다."

8 아비멜렉이 이튿날 아침 일찍 일어나 신하들을 모두 불러 모아서 꿈에 보았던 모든 일을 이야기해 주었습니다. 그들은 크게 두려워했습니다.

9 아비멜렉이 아브라함을 불러서 말했습니다. "왜 우리에게 이런 일을 했소? 내가 그대에게 무슨 잘못을 했기에, 나와 내 나라에 이런 큰 죄를 불러들이려 했소? 그대는 나에게 해서는 안 될 일을 했소."

10 아비멜렉이 또 아브라함에게 말했습니다. "그대는 무슨 생각으로 이런 일을 했소?"

11 아브라함이 대답했습니다. "나는 이곳 사람들이 아무도 하나님을 두려워하지 않으므로, 사라를 빼앗으려

36 • As a result, both of Lot's daughters became pregnant by their own father.
37 • When the older daughter gave birth to a son, she named him Moab.* He became the ancestor of the nation now known as
38 the Moabites. • When the younger daughter gave birth to a son, she named him Ben-ammi.* He became the ancestor of the nation now known as the Ammonites.

Abraham Deceives Abimelech

20 Abraham moved south to the Negev and lived for a while between Kadesh and Shur, and then he moved on to Gerar. While living there as a foreigner,
2 • Abraham introduced his wife, Sarah, by saying, "She is my sister." So King Abimelech of Gerar sent for Sarah and had her brought to him at his palace.
3 • But that night God came to Abimelech in a dream and told him, "You are a dead man, for that woman you have taken is already married!"
4 • But Abimelech had not slept with her yet, so he said, "Lord, will you destroy an
5 innocent nation? • Didn't Abraham tell me, 'She is my sister'? And she herself said, 'Yes, he is my brother.' I acted in complete innocence! My hands are clean."
6 • In the dream God responded, "Yes, I know you are innocent. That's why I kept you from sinning against me, and why I
7 did not let you touch her. • Now return the woman to her husband, and he will pray for you, for he is a prophet. Then you will live. But if you don't return her to him, you can be sure that you and all your people will die."
8 • Abimelech got up early the next morning and quickly called all his servants together. When he told them what had
9 happened, his men were terrified. • Then Abimelech called for Abraham. "What have you done to us?" he demanded. "What crime have I committed that deserves treatment like this, making me and my kingdom guilty of this great sin? No one should
10 ever do what you have done! • Whatever possessed you to do such a thing?"
11 • Abraham replied, "I thought, 'This is a godless place. They will want my wife and

enguif [ingʌ́lf] *vi.* (심연, 소용돌이 등) 삼키다
vegetation [vedʒətéiʃən] *n.* (집합적) 초목
19:35 be unaware of … : …을 모르다

19:37 *Moab* sounds like a Hebrew term that means "from father." **19:38** *Ben-ammi* means "son of my kinsman."
19:38 '벤암미'는 '내 백성의 아들'이라는 뜻이다.

고 누군가가 나를 죽일 것이라고 생각했습니다.

12 그리고 실제로 사라는 나의 아버지의 딸로서 나의 누이 동생이지만, 어머니가 다르므로 나의 아내가 되었습니다.

13 하나님께서 나를 내 아버지의 집을 떠나 여러 나라로 다니게 하셨을 때, 나는 사라에게 '내 말을 들어 주시오, 우리가 어디로 가든 사람들에게 내가 당신의 오빠라고 말하시오. 그것이 나를 위하는 길이오' 라고 말했습니다."

14 아비멜렉이 아브라함에게 양 떼와 소 떼와 남종과 여종을 주었습니다. 아비멜렉은 아브라함의 아내 사라도 아브라함에게 돌려 보냈습니다.

15 아비멜렉이 말했습니다. "내 땅을 둘러보고 어디든그대 마음에 드는 곳이 있으면 거기에서 살아도 좋소."

16 아비멜렉이 사라에게 말했습니다. "그대의 오빠에게 은 천 세겔*을 주었소. 그것은 사람들 앞에서 그대가 깨끗한 사람임을 증명해 줄 것이오. 모든 사람들 앞에서 그대가 아무런 잘못이 없다는 것이 확실해질 것이오."

17 아브라함이 하나님께 기도드렸습니다. 그래서 하나님께서 아비멜렉과 그의 아내와 그의 여종들의 병을 고쳐 주셨습니다. 그들은 이제 아이를 가질 수 있게 되었습니다.

18 여호와께서는 전에 아비멜렉이 아브라함의 아내 사라를 데려간 것 때문에, 아비멜렉 집안의 모든 여자들이 아이를 낳을 수 없도록 만드셨습니다.

사라가 아들을 낳다

21 여호와께서는 말씀하신 대로 사라를 보살펴 주셨고, 약속하신 대로 사라에게 이루어 주셨습니다.

2 사라는 임신하여 하나님께서 말씀하신 그 예정된 때에 늙은 아브라함의 아들을 낳았습니다.

3 아브라함은 사라가 낳아 준 아들의 이름을 이삭이라고 지었습니다.

4 아브라함은 하나님께서 명령하신 대로 이삭이 태어난 지 팔 일 만에 이삭에게 할례를 베풀었습니다.

5 아브라함의 아들 이삭이 태어났을 때, 아브라함의 나이는 백 살이었습니다.

6 사라가 말했습니다. "하나님께서 나에게 웃음을 주셨다. 이 이야기를 들은 사람들도 나처럼 웃게 될 것이다.

7 어느 누가 사라가 아이를 낳을 수 있으리라고 아브라함에게 말할 수 있었겠는가? 그런데 나는 지금 늙은 아브라함에게 아들을 낳아 주었다."

하갈과 이스마엘

8 이삭이 자라나 젖을 뗄 때가 되었습니다. 이삭이 젖을 떼던 날에 아브라함은 큰 잔치를 베풀었습니다.

12 will kill me to get her.' ●And she really is my sister, for we both have the same father, but different mothers. And I married her.

13 ●When God called me to leave my father's home and to travel from place to place, I told her, 'Do me a favor. Wherever we go, tell the people that I am your brother.' "

14 ●Then Abimelech took some of his sheep and goats, cattle, and male and female servants, and he presented them to Abraham. He also returned his wife, Sarah, to him.

15 ●Then Abimelech said, "Look over my land and choose any place where you would like to live." ●And he said to Sarah, "Look, I am

16 giving your 'brother' 1,000 pieces of silver* in the presence of all these witnesses. This is to compensate you for any wrong I may have done to you. This will settle any claim against me, and your reputation is cleared."

17 ●Then Abraham prayed to God, and God healed Abimelech, his wife, and his female

18 servants, so they could have children. ●For the LORD had caused all the women to be infertile because of what happened with Abraham's wife, Sarah.

The Birth of Isaac

21 The LORD kept his word and did for Sarah exactly what he had promised.

2 ●She became pregnant, and she gave birth to a son for Abraham in his old age. This happened at just the time God had said it

3 would. ●And Abraham named their son

4 Isaac. ●Eight days after Isaac was born, Abraham circumcised him as God had com-

5 manded. ●Abraham was 100 years old when Isaac was born.

6 ●And Sarah declared, "God has brought me laughter.* All who hear about this will

7 laugh with me. ●Who would have said to Abraham that Sarah would nurse a baby? Yet I have given Abraham a son in his old age!"

Hagar and Ishmael Are Sent Away

8 ●When Isaac grew up and was about to be weaned, Abraham prepared a huge feast to

compensate [kάmpənsèit] *vt.* 보상하다
infertile [infə́:rtl, -tail] *a.* 불임의, 메마른
obviously [άbvɪəsli] *ad.* 명백하게, 뚜렷이
reputation [rèpjutéiʃən] *n.* 평판, 신용
wean [wíːn] *vt.* 젖을 떼다

21:9 make fun of... : …을 놀리다, 조소하다
21:16 burst into tears : 울음을 터뜨리다
21:21 arrange for : 준비하다, 계획을 짜다

20:16 Hebrew *1,000 [shekels] of silver*, about 25 pounds or 11.4 kilograms in weight.　21:6 The name *Isaac* means "he laughs."

20:16 1,000 세겔은 약 11.4kg에 해당된다.

9 그런데 사라가 보니, 이스마엘이 이삭을 놀리고 있었습니다. 이스마엘은 아브라함이 사라의 이집트인 여종 하갈에게서 낳은 아들입니다.

10 그래서 사라가 아브라함에게 말했습니다. "저 여종과 그 아들을 좇아 내십시오. 이 여종의 아들이 우리 아들 이삭과 함께 재산을 물려받을 수 없습니다."

11 아브라함은 이 일로 인해 매우 괴로웠습니다. 왜냐하면 이스마엘도 자기 아들이었기 때문입니다.

12 하지만 하나님께서 아브라함에게 말씀하셨습니다. "저 아이와 여종 때문에 염려하지 마라. 사라가 무슨 말을 하든 그 말을 들어 주어라. 내가 너에게 약속한 자손은 이삭에게서 나올 것이다.

13 그러나 여종에게서 낳은 아들도 네 아들이므로, 내가 그의 자손도 큰 나라가 되게 할 것이다."

14 아브라함이 이튿날 아침 일찍 일어나 먹을 것과 물을 가득 채운 가죽 부대를 준비해서 하갈에게 주었습니다. 아브라함은 그것들을 하갈의 어깨에 메어 준 다음, 이스마엘과 함께 하갈을 내쫓았습니다. 하갈은 밖으로 나가 브엘세바 광야에서 헤매고 다녔습니다.

15 가죽 부대의 물이 다 떨어지자, 하갈은 자기 아들을 어떤 작은 나무 아래에 두었습니다.

16 그리고는 "내 아들이 죽는 모습을 차마 볼 수가 없구나" 하고 말하며, 활의 사정 거리만큼 떨어진 곳으로 가서 주저앉았습니다. 그리고 이내 아들 쪽을 바라보다가 그만 울음을 터뜨리고 말았습니다.

17 하나님께서 아이가 우는 소리를 들으셨습니다. 하나님의 천사가 하늘에서 하갈을 불렀습니다. "하갈아, 왜 그러느냐? 두려워하지 마라. 하나님께서 아이가 우는 소리를 들으셨다.

18 아이를 일으켜 세워 손을 꼭 잡아라. 내가 그 아이의 자손으로 큰 나라를 이루도록 만들어 주겠다."

19 하나님께서 하갈의 눈을 밝게 하셨습니다. 그러자 하갈은 우물을 발견하게 되었고, 그 우물로 가서 가죽 부대에 물을 담아다가 아이에게 먹였습니다.

20 그 아이가 자라는 동안, 하나님께서 그 아이와 함께 계셨습니다. 이스마엘은 광야에서 살았고 훌륭한 활잡이가 되었습니다.

21 이스마엘은 바란 광야에서 살았는데, 이스마엘의 어머니는 이집트 땅에서 여자를 데려다가 이스마엘의 아내로 삼아 주었습니다.

아브라함과 아비멜렉의 약속

22 아비멜렉이 자기의 군대 사령관 비골을 데리고 아브라함에게 와서 말했습니다. "그대가 하는 모든 일에 하나님께서 함께하십니다.

23 그러니 하나님 앞에서 나와 내 자녀와 내 자손들에게 거짓된 일을 하지 않겠다고 약속해 주십시오. 내가 당신에게 친절을 베풀었듯이 당신도 나에게, 그리고

9 celebrate the occasion. •But Sarah saw Ishmael—the son of Abraham and her Egyptian servant Hagar—making fun of her son, Isaac.* •So she turned to Abraham 10 and demanded, "Get rid of that slave woman and her son. He is not going to share the inheritance with my son, Isaac. I won't have it!"

11 •This upset Abraham very much because Ishmael was his son. •But God told 12 Abraham, "Do not be upset over the boy and your servant. Do whatever Sarah tells you, for Isaac is the son through whom 13 your descendants will be counted. •But I will also make a nation of the descendants of Hagar's son because he is your son, too.

14 •So Abraham got up early the next morning, prepared food and a container of water, and strapped them on Hagar's shoulders. Then he sent her away with their son, and she wandered aimlessly in the wilderness of Beersheba.

15 •When the water was gone, she put the 16 boy in the shade of a bush. •Then she went and sat down by herself about a hundred yards* away. "I don't want to watch the boy die," she said, as she burst into tears.

17 •But God heard the boy crying, and the angel of God called to Hagar from heaven, "Hagar, what's wrong? Do not be afraid! God has heard the boy crying as he lies 18 there. •Go to him and comfort him, for I will make a great nation from his descendants."

19 •Then God opened Hagar's eyes, and she saw a well full of water. She quickly filled her water container and gave the boy a drink.

20 •And God was with the boy as he grew up in the wilderness. He became a skillful 21 archer, •and he settled in the wilderness of Paran. His mother arranged for him to marry a woman from the land of Egypt.

Abraham's Covenant with Abimelech

22 •About this time, Abimelech came with Phicol, his army commander, to visit Abraham. "God is obviously with you, helping you in everything you do," Abimelech 23 said. •"Swear to me in God's name that you will never deceive me, my children, or any of my descendants. I have been loyal to you, so now swear that you will be loyal to me and to this country where you are living as a foreigner."

21:9 As in Greek version and Latin Vulgate; Hebrew lacks *of her son, Isaac.* 21:16 Hebrew *a bowshot.*

당신이 나그네로 살았던 이 땅에 친절을 베풀어 주십시오."

24 아브라함이 말했습니다. "그렇게 하기로 약속합니다."

25 그리고 나서 아브라함은 아비멜렉의 종들이 자기 우물을 빼앗은 일에 대해서 아비멜렉에게 불평을 했습니다.

26 그러자 아비멜렉이 말했습니다. "나는 누가 그런 일을 했는지 모릅니다. 당신도 지금까지 한 번도 그 일에 대해서 말하지 않았습니다. 나는 오늘 이외에 이런 이야기를 들은 적이 없습니다."

27 아브라함이 아비멜렉에게 양과 소들을 주었습니다. 두 사람은 언약을 세웠습니다.

28 아브라함은 아비멜렉 앞에 새끼 암양 일곱 마리도 내놓았습니다.

29 아비멜렉이 아브라함에게 물었습니다. "새끼 암양 일곱 마리를 따로 내놓은 까닭은 무엇입니까?"

30 아브라함이 대답했습니다. "이 양들을 받아 주십시오. 내가 이 우물을 팠다는 것을 증명해 달라는 뜻으로 이 양들을 드리는 것입니다."

31 이 두 사람이 그곳에서 서로 약속했기 때문에 그곳의 이름을 브엘세바*라고 부르게 되었습니다.

32 이처럼 아브라함과 아비멜렉은 브엘세바에서 언약을 세웠습니다. 그리고 나서 아비멜렉과 그의 군대사령관 비골은 블레셋 사람들의 땅으로 돌아갔습니다.

33 아브라함은 브엘세바에 에셀 나무를 심었습니다. 아브라함은 그곳에서 영원토록 살아 계신 여호와 하나님의 이름을 부르며 경배드렸습니다.

34 아브라함은 블레셋 사람들의 땅에서 오랫동안 나그네처럼 살았습니다.

하나님께서 아브라함을 시험하시다

22 이 일들이 있은 뒤에 하나님께서 아브라함의 믿음을 시험하셨습니다. 하나님께서 "아브라함아" 하고 부르시자 아브라함이 "예, 제가 여기에 있습니다" 하고 대답했습니다.

2 여호와께서 말씀하셨습니다. "너는 사랑하는 아들 이삭을 데리고 모리아 땅으로 가거라. 내가 너에게 일러 주는 산에서 네 아들을 잡아, 태워 드리는 제물인 번제물로 바쳐라."

3 아브라함은 아침 일찍 일어나 나귀에 안장을 얹었습니다. 아브라함은 태워 드리는 제사인 번제에 쓸 장작을 준비한 다음에 이삭과 두 종을 데리고 길을 떠났습니다. 그들은 하나님께서 일러 주신 곳으로 갔습니다.

4 삼 일째 되는 날 아브라함이 눈을 들어 보니, 멀리에 그곳이 보였습니다.

5 아브라함이 자기 종들에게 말했습니다. "나귀와 함

---

24 • Abraham replied, "Yes, I swear to it!"

25 • Then Abraham complained to Abimelech about a well that Abimelech's servants had taken by force from Abraham's servants.

26 • "This is the first I've heard of it," Abimelech answered. "I have no idea who is responsible. You have never complained about this before."

27 • Abraham then gave some of his sheep, goats, and cattle to Abimelech, and they

28 made a treaty. • But Abraham also took seven additional female lambs and set them

29 off by themselves. • Abimelech asked, "Why have you set these seven apart from the others?"

30 • Abraham replied, "Please accept these seven lambs to show your agreement that I

31 dug this well." • Then he named the place Beersheba (which means "well of the oath"), because that was where they had sworn the oath.

32 • After making their covenant at Beersheba, Abimelech left with Phicol, the commander of his army, and they returned

33 home to the land of the Philistines. • Then Abraham planted a tamarisk tree at Beersheba, and there he worshiped the

34 LORD, the Eternal God.* • And Abraham lived as a foreigner in Philistine country for a long time.

Abraham's Faith Tested

22 Some time later, God tested Abraham's faith. "Abraham!" God called.
"Yes," he replied. "Here I am."

2 • "Take your son, your only son—yes, Isaac, whom you love so much—and go to the land of Moriah. Go and sacrifice him as a burnt offering on one of the mountains, which I will show you."

3 • The next morning Abraham got up early. He saddled his donkey and took two of his servants with him, along with his son, Isaac. Then he chopped wood for a fire for a burnt offering and set out for the place God

4 had told him about. • On the third day of their journey, Abraham looked up and saw

5 the place in the distance. • "Stay here with the donkey," Abraham told the servants. "The boy and I will travel a little farther. We will worship there, and then we will come right back."

---

covenant [kΛvənənt] *n.* 언약
tamarisk [tǽmərìsk] *n.* 에셀나무
21:24 swear to … : …에 대해 맹세하다
21:27 make a treaty : 조약을 맺다

21:33 Hebrew *El-Olam.*
21:31 브엘세바`는 '맹세의 우물' 이라는 뜻이다.

께 이곳에 머물러 있어라. 내 아들과 나는 저쪽으로 가서 예배를 드리고 돌아오겠다."

6 아브라함은 태워 드리는 제사인 번제에 쓸 장작을 자기 아들에게 지게 했습니다. 아브라함은 불과 칼을 챙긴 후, 아들과 함께 걸어갔습니다.

7 이삭이 아브라함을 불렀습니다. "아버지!" 아브라함이 "왜 그러느냐?" 하고 대답했습니다. "불과 장작은 있는데, 번제로 바칠 양은 어디에 있습니까?" 하고 이삭이 물었습니다.

8 "얘야, 하나님께서 번제로 바칠 양을 준비하실 것이다." 아브라함이 대답했습니다. 아브라함과 그 아들은 함께 길을 걸었습니다.

9 그들은 하나님께서 일러 주신 곳에 이르렀습니다. 아브라함은 그곳에 제단을 쌓고 장작을 벌여 놓은 다음, 자기 아들 이삭을 묶어 제단 장작 위에 올려 놓았습니다.

10 그리고 나서 칼을 들어 자기 아들을 죽이려 했습니다.

11 그때에 여호와의 천사가 하늘에서부터 그를 불렀습니다. "아브라함아, 아브라함아!" 그러자 아브라함이 "예, 제가 여기에 있습니다"라고 대답했습니다.

12 천사가 말했습니다. "네 아들에게 손대지 마라. 아무 일도 그에게 하지 마라. 네가 하나밖에 없는 아들을 아낌없이 바치려 하는 것을 내가 보았으니, 네가 하나님을 두려워하는 줄을 이제 내가 알았노라."

13 아브라함이 눈을 들어 살펴보니 나무에 뿔이 걸려 있는 숫양 한 마리가 보였습니다. 아브라함은 그 양을 잡아다가 자기 아들 대신에 하나님께 번제물로 드렸습니다.

14 이 일 때문에 아브라함은 그곳의 이름을 여호와 이레* 라고 불렀습니다. 그래서 지금까지도 사람들은 '여호와의 산에서 준비될 것이다' 라는 말을 합니다.

15 여호와의 천사가 두 번째로 하늘에서 아브라함을 불렀습니다.

16 천사가 말했습니다. "여호와께서 말씀하셨다. '네가 하나밖에 없는 아들을 아끼지 않고 나에게 바치려 했으므로, 맹세코 내가 너에게 한 가지 약속을 해 주겠노라.

17 내가 분명히 너에게 복을 주고 또 많은 자손을 줄 것이다. 네 자손은 하늘의 별처럼 바닷가의 모래처럼 많게 될 것이며, 네 자손은 원수의 성들을 정복하게 될 것이다.

18 네가 나에게 복종하였으므로, 네 자손을 통해 땅 위의 모든 나라들이 복을 받을 것이다.'"

19 아브라함은 자기 종들이 있는 곳으로 돌아왔습니다. 그리고는 함께 일어나 브엘세바로 갔습니다. 아브라함은 브엘세바에서 살았습니다.

20 이 일이 있은 뒤에 누군가가 아브라함에게 말했습니다. "밀가도 당신의 형제인 나홀의 아이들을 낳았습니다.

6 ● So Abraham placed the wood for the burnt offering on Isaac's shoulders, while he himself carried the fire and the knife. As the two of them walked on together, ●Isaac turned to Abraham and said, "Father?"

"Yes, my son?" Abraham replied.

"We have the fire and the wood," the boy said, "but where is the sheep for the burnt offering?"

8 ● "God will provide a sheep for the burnt offering, my son," Abraham answered. And they both walked on together.

9 ●When they arrived at the place where God had told him to go, Abraham built an altar and arranged the wood on it. Then he tied his son, Isaac, and laid him on the altar

10 on top of the wood. ●And Abraham picked

11 up the knife to kill his son as a sacrifice. ●At that moment the angel of the LORD called to him from heaven, "Abraham! Abraham!"

"Yes," Abraham replied. "Here I am!"

12 ● "Don't lay a hand on the boy!" the angel said. "Do not hurt him in any way, for now I know that you truly fear God. You have not withheld from me even your son, your only son."

13 ●Then Abraham looked up and saw a ram caught by its horns in a thicket. So he took the ram and sacrificed it as a burnt

14 offering in place of his son. ●Abraham named the place Yahweh-Yireh (which means "the LORD will provide"). To this day, people still use that name as a proverb: "On the mountain of the LORD it will be provided."

15 ●Then the angel of the LORD called

16 again to Abraham from heaven. ● "This is what the LORD says: Because you have obeyed me and have not withheld even your son, your only son, I swear by my

17 own name that ●I will certainly bless you. I will multiply your descendants* beyond number, like the stars in the sky and the sand on the seashore. Your descendants will conquer the cities of their enemies.

18 ●And through your descendants all the nations of the earth will be blessed—all because you have obeyed me."

19 ●Then they returned to the servants and traveled back to Beersheba, where Abraham continued to live.

20 ●Soon after this, Abraham heard that Milcah, his brother Nahor's wife, had

thicket [θíkit] *n.* 덤불, 잡목 숲
withhold [wiθhóuld] *vt.* 아끼다

- - - - - - - - - - - - - - - - - - - -
22:17 Hebrew *seed*; also in 22:17b, 18.
22:14 '여호와 이레' 는 '여호와께서 준비하신다' 라는 뜻이다.

21 맏아들은 우스이고, 둘째 아들은 부스이고, 셋째 아들은 아람의 아버지인 그므엘입니다.

22 그리고 게셋과 하소와 빌다스와 이들랍과 브두엘도 태어났습니다."

23 브두엘은 리브가의 아버지가 되었습니다. 이 여덟 아들은 아브라함의 동생 나홀과 그의 아내 밀가 사이에서 태어났습니다.

24 또 나홀의 첩 르우마도 데바와 가함과 다하스와 마아가를 낳았습니다.

사라가 죽다

23 사라는 백스물일곱 살까지 살았으며, 이것이 사라가 누린 수명이었습니다.

2 사라는 가나안 땅 기럇아르바 곧 헤브론에서 죽었습니다. 아브라함이 사라를 위해 슬피 울었습니다.

3 얼마 뒤에 아브라함은 죽은 아내 곁에서 물러나와 헷 사람들에게 가서 말했습니다.

4 "나는 이곳에서 나그네요, 외국인에 지나지 않습니다. 내 죽은 아내를 묻을 수 있도록 나에게 땅을 좀 파십시오."

5 헷 사람들이 아브라함에게 대답했습니다.

6 "내 주여, 우리의 말씀을 들어 보십시오. 당신은 우리들의 위대한 지도자입니다. 우리의 땅 중에서 가장 좋은 곳을 골라 돌아가신 분을 장사지내십시오. 우리의 무덤 중에서 어느 곳이든 마음대로 고르십시오. 돌아가신 분을 장사지내는 것을 막을 사람은 아무도 없습니다."

7 아브라함이 자리에서 일어나 그 땅의 백성인 헷 사람들에게 절했습니다.

8 아브라함이 그들에게 말했습니다. "내 죽은 아내를 이 땅에 묻는 일을 정말로 도와 주시겠다면, 소할의 아들 에브론에게 부탁하여

9 에브론이 나에게 막벨라 동굴을 팔게 해 주십시오. 그 동굴은 에브론의 밭 끝에 있습니다. 물론 값은 넉넉하게 치르겠습니다. 그 동굴이 당신들 가운데서 내게 속한 매장지가 되게 해 주십시오."

10 그때에 에브론은 헷 사람들과 함께 앉아 있었습니다. 에브론이 성문 곁에서 헷 사람들이 다 듣도록 아브라함에게 말했습니다.

11 "내 주여, 그러실 필요 없습니다. 내 말을 들으십시오. 그 땅과 거기에 있는 동굴을 그냥 드리겠습니다. 이 사람들이 보는 앞에서 다 드릴 테니 돌아가신 분을 장사지내십시오."

12 아브라함이 헷 사람들 앞에서 절했습니다.

13 아브라함이 모든 사람들 앞에서 에브론에게 말했습니다. "당신이 진정 나를 위한다면, 내 말을 들으십시오. 밭 값을 다 치르고 사게 해 주십시오, 내 돈을 받으십시오. 그래야 내 죽은 아내를 거기에 묻을 수 있

---

21 borne Nahor eight sons. •The oldest was named Uz, the next oldest was Buz, followed by Kemuel (the ancestor of the

22 Arameans), •Kesed, Hazo, Pildash, Jidlaph,

23 and Bethuel. •(Bethuel became the father of Rebekah.) In addition to these eight sons

24 from Milcah, •Nahor had four other children from his concubine Reumah. Their names were Tebah, Gaham, Tahash, and Maacah.

The Burial of Sarah

23 When Sarah was 127 years old,
2 •she died at Kiriath-arba (now called Hebron) in the land of Canaan. There Abraham mourned and wept for her.

3 •Then, leaving her body, he said to the

4 Hittite elders, •"Here I am, a stranger and a foreigner among you. Please sell me a piece of land so I can give my wife a proper burial."

5 •The Hittites replied to Abraham,

6 •"Listen, my lord, you are an honored prince among us. Choose the finest of our tombs and bury her there. No one here will refuse to help you in this way."

7 •Then Abraham bowed low before the

8 Hittites •and said, "Since you are willing to help me in this way, be so kind as to ask

9 Ephron son of Zohar •to let me buy his cave at Machpelah, down at the end of his field. I will pay the full price in the presence of witnesses, so I will have a permanent burial place for my family."

10 •Ephron was sitting there among the others, and he answered Abraham as the others listened, speaking publicly before all

11 the Hittite elders of the town. • "No, my lord," he said to Abraham, "please listen to me. I will give you the field and the cave. Here in the presence of my people, I give it to you. Go and bury your dead."

12 •Abraham again bowed low before the

13 citizens of the land, •and he replied to Ephron as everyone listened. "No, listen to me. I will buy it from you. Let me pay the full price for the field so I can bury my dead there."

bury [béri] *vt.* 장사하다
concubine [káŋkjubain] *n.* 첩
elder [éldər] *n.* 연장자, 장로, 원로
mourn [mɔːrn] *vi.* 슬퍼하다
permanent [pə́ːrmənənt] *a.* 영구의
publicly [pʌ́blikli] *ad.* 공개적으로
stranger [stréindʒər] *n.* 나그네
weep [wiːp] *vi.* 슬피 울다
23:8 be willing to … : 기꺼이 …하다
23:8 so … as to ~ : ~할 정도로 …하다
23:11 in the presence of … : …의 면전에서

습니다."

14 에브론이 아브라함에게 대답했습니다.

15 "그 땅을 값으로 치면 은 사백 세겔*은 되지만, 나와 당신 사이에 그것이 무슨 말입니까? 돌아가신 분을 장사 지내십시오."

16 아브라함은 헷 사람들이 보는 앞에서, 에브론이 말한 은 사백 세겔을 장사하는 사람들의 계산 방식에 따라 달아 주었습니다.

17 이렇게 해서 마므레 동쪽의 막벨라에 있는 에브론의 밭이 팔렸습니다. 그 밭과 거기에 있는 동굴과 밭의 사방을 두르고 있는 모든 나무가

18 성문에 들어와 있던 헷 사람들이 함께하는 가운데 아브라함의 재산이 되었습니다.

19 그리고 나서 아브라함은 자기 아내 사라를 동굴 속에 묻어 주었습니다. 그 동굴은 가나안 땅인 마므레에서 가까운 막벨라 밭에 있었습니다. 마므레는 지금의 헤브론입니다.

20 그리하여 밭과 거기에 있는 동굴은 헷 사람으로부터 아브라함에게 속한 매장지로 바뀌어졌습니다.

이삭의 아내를 구하다

24 아브라함은 이제 나이가 아주 많은 노인이 되었습니다. 여호와께서는 어떤 일을 하든지 아브라함에게 복을 주셨습니다.

2 아브라함의 모든 재산은 아브라함의 늙은 종이 맡아 돌보고 있었습니다. 아브라함이 그 종을 불러 말했습니다. "네 손을 내 넓적다리뼈 아래에 넣어라.

3 그리고 하늘과 땅의 하나님이신 여호와 앞에서 나에게 약속을 하여라. 내 아들의 아내가 될 여자를 여기에 사는 가나안 여자들 가운데서 얻지 않고,

4 내 고향, 내 친척의 땅으로 가서 내 아들 이삭의 아내 될 사람을 데려오겠다고 말이다."

5 종이 아브라함에게 말했습니다. "만약 그 여자가 저를 따라 이 땅으로 오려고 하지 않으면 어떻게 할까요? 주인님의 아들을 데리고 주인님의 고향으로 갈까요?"

6 아브라함이 종에게 말했습니다. "안 된다. 내 아들을 그리로 데려가려면 안 된다.

7 여호와께서는 하늘의 하나님이시다. 주께서 나를 내 아버지의 고향, 내 친척의 땅에서 이끌어 내셨다. 그리고 '내가 이 땅을 네 자손에게 주겠다'고 나에게 약속하셨다. 주께서 천사를 네 앞에 보내셔서 내 아들의 아내를 데려오는 일을 도와 주실 것이다. 네가 거기서 내 아들을 위해 아내를 골라오라.

8 만일 여자가 너를 따라 오기를 원치 않으면, 너는 이 약속에 책임이 없다. 하지만 내 아들을 그리로 데려가서는 안 된다."

9 그래서 종은 주인 아브라함의 다리 아래에 손을 넣

14-15 Ephron answered Abraham, "My lord, please listen to me. The land is worth 400 pieces* of silver, but what is that between friends? Go ahead and bury your dead."

16 So Abraham agreed to Ephron's price and paid the amount he had suggested— 400 pieces of silver, weighed according to the market standard. The Hittite elders witnessed the transaction.

17 So Abraham bought the plot of land belonging to Ephron at Machpelah, near Mamre. This included the field itself, the cave that was in it, and all the surrounding trees.

18 It was transferred to Abraham as his permanent possession in the presence of the Hittite elders at the city gate.

19 Then Abraham buried his wife, Sarah, there in Canaan, in the cave of Machpelah, near Mamre (also called Hebron).

20 So the field and the cave were transferred from the Hittites to Abraham for use as a permanent burial place.

A Wife for Isaac

24 Abraham was now a very old man, and the LORD had blessed him in every way.

2 One day Abraham said to his oldest servant, the man in charge of his household, "Take an oath by putting your hand under my thigh.

3 Swear by the LORD, the God of heaven and earth, that you will not allow my son to marry one of these local Canaanite women.

4 Go instead to my homeland, to my relatives, and find a wife there for my son Isaac."

5 The servant asked, "But what if I can't find a young woman who is willing to travel so far from home? Should I then take Isaac there to live among your relatives in the land you came from?"

6 "No!" Abraham responded. "Be careful never to take my son there.

7 For the LORD, the God of heaven, who took me from my father's house and my native land, solemnly promised to give this land to my descendants.* He will send his angel ahead of you, and he will see to it that you find a wife there for my son.

8 If she is unwilling to come back with you, then you are free from this oath of mine. But under no circumstances are you to take my son there."

9 So the servant took an oath by putting his hand under the thigh of his master, Abra-

solemnly [sáləmli] ad. 엄숙히
thigh [θái] n. 넓적다리, 허벅다리

23:15 Hebrew 400 shekels, about 10 pounds or 4.6 kilograms in weight; also in 23:16.　24:7 Hebrew seed; also in 24:60.
23:15 400세겔은 약 4.56kg에 해당된다.

고 그렇게 하기로 아브라함과 약속을 했습니다.

10 종은 아브라함의 낙타 열 마리를 이끌고 길을 떠났습니다. 종은 여러 가지 좋은 선물을 많이 가지고 북서쪽 메소포타미아에 있는 나홀의 성으로 갔습니다.

11 종은 성 밖의 우물가에서 낙타들을 쉬게 했습니다. 그때는 여자들이 물을 길으러 나오는 저녁 무렵이었습니다.

12 종이 말했습니다. "여호와여, 주께서는 저의 주인 아브라함의 하나님이십니다. 오늘 제가 주인 아들의 아낏감을 순탄하게 찾을 수 있도록 도와 주옵소서. 제 주인 아브라함에게 은혜를 베풀어 주옵소서.

13 저는 지금 우물가에 서 있고, 성의 여자들은 물을 길으러 나오고 있습니다.

14 제가 그 중 한 여자에게 '그 물동이에 있는 물을 좀 먹게 해 주십시오' 하고 말할 때, 만약 그 여자가 '마시세요. 내가 당신의 낙타들에게도 물을 먹이겠습니다' 라고 말하면, 그 여자를 주의 종 이삭의 아낏감으로 알겠습니다. 주께서 제 주인에게 은혜를 베푸신 것으로 알겠습니다."

15 종이 기도를 마치기도 전에 리브가가 성에서 나왔습니다. 리브가는 브두엘의 딸입니다. 브두엘은 아브라함의 동생인 나홀과 그의 아내인 밀가 사이에서 태어난 아들입니다. 리브가는 어깨에 물동이를 메고 있었습니다.

16 리브가는 매우 아름다운 처녀이며, 남자와 가까이한 적이 한 번도 없었습니다. 리브가는 우물로 내려가서 물동이에 물을 채워 가지고 올라왔습니다.

17 그때에 종이 리브가에게 달려가서 말했습니다. "당신의 물동이에 있는 물을 좀 먹게 해 주십시오."

18 리브가가 말했습니다. '내 주여, 마시세요' 하며 급히 어깨에서 물동이를 내려 종에게 마시게 했습니다.

19 종이 물을 다 마시자, 리브가가 말했습니다. "제가 물을 길어다가 낙타들에게도 마시게 하겠습니다."

20 그리고 나서 리브가는 물동이의 물을 여물통에 쏟아 부은 다음, 다시 우물로 달려가서 물을 길어와 모든 낙타들이 물을 마시도록 했습니다.

21 종은 여호와께서 이번 여행을 성공적으로 인도해 주셨는지를 확실히 알고 싶어서, 리브가의 그 모습을 조용히 지켜 보았습니다.

22 낙타들이 물을 다 마신 다음에 종은 리브가에게 반 세겔쯤 나가는 코걸이 하나와 십 세겔쯤 나가는 금팔찌 한 쌍을 주었습니다.

23 그러면서 종이 물었습니다. "아가씨는 어떤 분의 따님이신지요? 아가씨 아버지의 집에 우리들이 하룻밤 묵어 갈 방이 있겠는지요?"

24 리브가가 대답했습니다. "제 아버지는 밀가와 나홀

ham. He swore to follow Abraham's instruc-
10 tions. •Then he loaded ten of Abraham's camels with all kinds of expensive gifts from his master, and he traveled to distant Aram-naharaim. There he went to the town where
11 Abraham's brother Nahor had settled. •He made the camels kneel beside a well just outside the town. It was evening, and the women were coming out to draw water.
12 • "O LORD, God of my master, Abraham," he prayed. "Please give me success today, and show unfailing love to my master,
13 Abraham. •See, I am standing here beside this spring, and the young women of the
14 town are coming out to draw water. •This is my request. I will ask one of them, 'Please give me a drink from your jug.' If she says, 'Yes, have a drink, and I will water your camels, too!'—let her be the one you have selected as Isaac's wife. This is how I will know that you have shown unfailing love to my master."
15 •Before he had finished praying, he saw a young woman named Rebekah coming out with her water jug on her shoulder. She was the daughter of Bethuel, who was the son of Abraham's brother Nahor and his wife,
16 Milcah. •Rebekah was very beautiful and old enough to be married, but she was still a virgin. She went down to the spring, filled
17 her jug, and came up again. •Running over to her, the servant said, "Please give me a lit-
18 tle drink of water from your jug." •"Yes, my lord," she answered, "have a drink." And she quickly lowered her jug from her shoulder and gave him a drink.
19 •When she had given him a drink, she said, "I'll draw water for your camels, too, until
20 they have had enough to drink." •So she quickly emptied her jug into the watering trough and ran back to the well to draw water for all his camels.
21 •The servant watched her in silence, wondering whether or not the LORD had
22 given him success in his mission. •Then at last, when the camels had finished drinking, he took out a gold ring for her nose and two large gold bracelets* for her wrists.
23 •"Whose daughter are you?" he asked. "And please tell me, would your father have any room to put us up for the night?"
24 •"I am the daughter of Bethuel," she replied. "My grandparents are Nahor and

---

24:22 Hebrew *a gold nose-ring weighing a beka* [0.2 ounces or 6 grams] *and two gold bracelets weighing 10 [shekels]* [4 ounces or 114 grams].

24:22 0.5세겔은 약 5.7g에 해당되고, 10세겔은 약 114g에 해당된다.

의 아들 브두엘입니다."

25 리브가가 계속 말했습니다. "우리 집에는 낙타에게 먹일 여물도 있고, 여러분이 하룻밤 묵어 가실 수 있는 방도 있습니다."

26 종은 머리를 숙여 여호와께 예배드렸습니다.

27 종이 말했습니다. "제 주인 아브라함의 하나님이신 여호와를 찬양합니다. 여호와께서는 제 주인에게 은혜와 자비를 베풀어 주셔서, 저를 제 주인의 동생 집으로 인도하셨습니다."

28 리브가는 달려가서 식구들에게 이 모든 사실을 알렸습니다.

29 리브가에게는 라반이라고 부르는 오빠가 있었습니다. 라반은 그때까지 우물가를 떠나지 않고 있던 아브라함의 종에게 달려갔습니다.

30 라반은 자기 동생의 코걸이와 금팔찌를 보고, 그 사람이 자기 누이 리브가에게 말한 내용을 듣고 우물가로 달려간 것입니다. 그곳에 그 사람이 낙타들과 함께 서 있었습니다.

31 라반이 말했습니다. "여호와께 복을 받을 분이여! 어찌하여 밖에 서 계십니까? 제가 묵어 가실 방과 낙타들이 머물 곳을 준비하였습니다."

32 그래서 아브라함의 종은 집으로 들어갔습니다. 라반은 낙타들의 짐을 푼 다음에 짚과 여물을 주어 먹게 했습니다. 그리고 나서 라반은 아브라함의 종에게 물을 주어 종과 그 일행이 발을 씻을 수 있게 했습니다.

33 라반은 종에게 음식을 주었으나 종이 "제가 이곳에 온 이유를 말씀드리기 전에는 음식을 먹지 않겠습니다"라고 말했습니다. 그러자 라반이 "말씀해 보세요"라고 대답했습니다.

34 종이 말했습니다. "저는 아브라함의 종입니다.

35 여호와께서는 제 주인에게 큰 복을 주셔서, 그분을 부자가 되게 하셨습니다. 주께서는 제 주인에게 많은 양 떼와 소 떼를 주셨습니다. 그리고 은과 금, 남종과 여종, 낙타와 말들도 주셨습니다.

36 제 주인의 아내 사라는 늙어서야 아들을 낳았습니다. 제 주인은 자기 재산 전부를 그 아들에게 주었습니다.

37 제 주인이 저에게 한 가지 약속을 하게 했습니다. 제 주인은 '내 아들의 아내가 될 여자를 내가 사는 가나안 여자들 가운데서 얻지 말고,

38 내 아버지의 백성, 내 친척에게로 가서 이삭의 아내 될 사람을 데려오너라' 하고 말씀하셨습니다.

39 제가 주인에게 '만약 그 여자가 저를 따라 이 땅으로 오려고 하지 않으면 어떻게 할까요?' 하고 여쭈었더니,

40 주인은 '나는 여호와를 섬기니, 주께서 천사를 보

---

25 Milcah. •Yes, we have plenty of straw and feed for the camels, and we have room for guests."

26 •The man bowed low and worshiped the

27 LORD. •"Praise the LORD, the God of my master, Abraham," he said. "The LORD has shown unfailing love and faithfulness to my master, for he has led me straight to my master's relatives.

28 •The young woman ran home to tell her family everything that had happened.

29 •Now Rebekah had a brother named Laban, who ran out to meet the man at the

30 spring. •He had seen the nose-ring and the bracelets on his sister's wrists, and had heard Rebekah tell what the man had said. So he rushed out to the spring, where the man was

31 still standing beside his camels. •Laban said to him, "Come and stay with us, you who are blessed by the LORD! Why are you standing here outside the town when I have a room all ready for you and a place prepared for the camels?"

32 •So the man went home with Laban, and Laban unloaded the camels, gave him straw for their bedding, fed them, and provided water for the man and the camel drivers to wash their feet. •Then food was served. But Abraham's servant said, "I don't want to eat until I have told you why I have come."

"All right," Laban said, "tell us."

34 •"I am Abraham's servant," he explained.

35 •"And the LORD has greatly blessed my master; he has become a wealthy man. The LORD has given him flocks of sheep and goats, herds of cattle, a fortune in silver and gold, and many male and female servants and camels and donkeys.

36 •"When Sarah, my master's wife, was very old, she gave birth to my master's son, and my master has given him everything he

37 owns. •And my master made me take an oath. He said, 'Do not allow my son to marry one of these local Canaanite women.

38 •Go instead to my father's house, to my relatives, and find a wife there for my son.'

39 •"But I said to my master, 'What if I can't find a young woman who is willing to go

40 back with me?' •He responded, 'The LORD, in whose presence I have lived, will send his angel with you and will make your mission successful. Yes, you must find a wife for my son from among my relatives, from my father's

---

bracelet [bréislit] *n.* 팔찌
oath [óuθ] *n.* 맹세, 서약
relative [rélətiv] *n.* 친척
unload [ʌnlóud] *vt.* (짐을) 풀다, 내리다
24:23 put up for the night : 하룻밤을 묵다
24:25 plenty of : 많은

내셔서 너를 도와 주실 것이다. 너는 내 집안과 내 아버지의 백성 가운데서 내 아들의 아낏감을 택하여라.

41 네가 내 친족에게 도착하면, 너는 나와의 약속을 다 지킨 셈이 된다. 만약 그 사람들이 내 아들의 아낏감을 주지 않는다 하더라도 너는 나와의 약속을 다 지킨 셈이다'라고 말씀하셨습니다.

42 그리고 저는 오늘 이 우물에 와서 이렇게 기도했습니다. '제 주인 아브라함의 하나님 여호와여, 제가 아낏감을 찾는 일을 성공할 수 있게 해 주십시오.

43 저는 지금 우물가에 서 있습니다. 젊은 여자가 물을 길으러 나오는 것을 기다렸다가 "그 물동이의 물을 좀 먹게 해 주십시오"라고 말할 때,

44 만약 그 여자가 "마시세요. 내가 당신의 낙타들에게도 물을 먹이겠습니다"라고 말하면 여호와께서 그 여자를 제 주인의 아들 이삭의 아낏감으로 삼으신 줄 알겠습니다.'

45 제가 마음속으로 기도를 다 마치기도 전에 리브가가 성에서 나왔는데, 리브가는 어깨에 물동이를 메고 있었습니다. 리브가는 우물로 내려가서 물을 길었습니다. 제가 리브가에게 말했습니다. '물 좀 주세요.'

46 그러자 리브가는 급히 어깨에서 물동이를 내리면서 말했습니다. '마시세요. 내가 당신의 낙타들에게도 물을 먹이겠습니다.' 그래서 나는 물을 마셨고, 리브가는 낙타들에게도 물을 주었습니다.

47 제가 리브가에게 물었습니다. '아가씨는 어떤 분의 따님이신지요?' 리브가가 대답했습니다. '나는 밀가와 나홀의 아들 브두엘의 딸입니다.' 저는 리브가의 코에 코걸이를 걸어 주고, 팔에 팔찌를 채워 주었습니다.

48 그리고 나서 저는 머리를 숙여 여호와께 감사드렸습니다. 저는 제 주인의 하나님 여호와를 찬양했습니다. 이는 주께서 저를 바른 길로 인도해 주셔서, 주인의 동생의 손녀딸을 주인의 아들의 아낏감으로 얻게 해 주셨기 때문입니다.

49 이제 당신들이 제 주인에게 친절과 진실을 보여 주시려거든 그렇게 하겠다고 말씀해 주시고, 그렇게 하지 못하겠거든 못하겠다고 말씀해 주세요. 그렇게 해 주시면 저도 제가 할 일을 결정할 수 있을 것입니다."

50 라반과 브두엘이 대답했습니다. "이 일은 여호와께서 하시는 일이니, 우리는 좋다 나쁘다 말할 수 없군요.

51 자, 리브가가 당신 앞에 있으니 데리고 가세요. 여호와께서 말씀하신 대로 리브가를 데려다가 그대의 주인의 아들과 결혼시키세요."

52 아브라함의 종은 그 말을 듣고 땅에 엎드려 여호와께 예배드렸습니다.

53 그리고 나서 종은 리브가에게 금과 은으로 만든 보물과 옷을 주었습니다. 종은 리브가의 오빠와 어머니니

41 family. ●Then you will have fulfilled your obligation. But if you go to my relatives and they refuse to let her go with you, you will be free from my oath."

42 ●"So today when I came to the spring, I prayed this prayer: 'O LORD, God of my master, Abraham, please give me success

43 on this mission. ●See, I am standing here beside this spring. This is my request. When a young woman comes to draw water, I will say to her, 'Please give me a little drink of water from your jug.' ●If she says, 'Yes, have a drink, and I will draw water for your camels, too,' let her be the one you have selected to be the wife of my master's son.'

45 ●"Before I had finished praying in my heart, I saw Rebekah coming out with her water jug on her shoulder. She went down to the spring and drew water. So I said to

46 her, 'Please give me a drink.' ●She quickly lowered her jug from her shoulder and said, 'Yes, have a drink, and I will water your camels, too!' So I drank, and then she watered the camels.

47 ●"Then I asked, 'Whose daughter are you?' She replied, 'I am the daughter of Bethuel, and my grandparents are Nahor and Milcah.' So I put the ring on her nose, and the bracelets on her wrists.

48 ●"Then I bowed low and worshiped the LORD. I praised the LORD, the God of my master, Abraham, because he had led me straight to my master's niece to be his

49 son's wife. ●So tell me—will you or won't you show unfailing love and faithfulness to my master? Please tell me yes or no, and then I'll know what to do next."

50 ●Then Laban and Bethuel replied, "The LORD has obviously brought you here, so

51 there is nothing we can say. ●Here is Rebekah; take her and go. Yes, let her be the wife of your master's son, as the LORD has directed."

52 ●When Abraham's servant heard their answer, he bowed down to the ground

53 and worshiped the LORD. ●Then he brought out silver and gold jewelry and clothing and presented them to Rebekah. He also gave expensive presents to her brother and

jug [dʒʌg] *n.* 물항아리
niece [niːs] *n.* 조카 딸, 질녀
obligation [ɑblǝgéiʃǝn] *n.* 의무, 책임
fulfill [fulfíl] *vt.* 이행(실행)하다
spring [spriŋ] *n.* 우물, 샘
worship [wɔ́ːrʃip] *vi.* 경배하다
24:43 draw water : 물을 긷다
24:52 bow down to the ground : 머리가 땅에 닿도록 절하다

계도 값진 선물을 주었습니다.

54 종과 그 일행은 함께 먹고 마셨습니다. 그들은 그 날 밤을 그곳에서 묵었습니다. 이튿날 아침 종이 자리에서 일어나 말했습니다. "이제 주인께 돌아가게 해 주십시오."

55 리브가의 어머니와 오빠가 말했습니다. "리브가를 십 일 동안만이라도 우리와 함께 있다가 떠나게 해 주세요."

56 하지만 종이 그들에게 말했습니다. "여호와께서 제 여행을 성공하게 하셨으므로 기다릴 수 없습니다. 제 주인께 돌아가게 해 주십시오."

57 리브가의 오빠와 어머니가 말했습니다. "리브가를 불러서 직접 물어 봐야겠군요."

58 그들이 리브가를 불러서 물었습니다. "지금 이분과 함께 가겠느냐?" 리브가가 말했습니다. "예, 가겠습니다."

59 그리하여 리브가의 오빠와 어머니는 리브가를 그 유모와 함께 아브라함의 종과 그 일행에게 딸려 보냈습니다.

60 그들이 리브가에게 복을 빌며 말했습니다. "우리 누이여, 천만 백성의 어머니가 되어라. 네 자손은 원수들의 성을 정복할 것이다."

61 리브가가 일어나서 그 몸종들과 함께 낙타에 올라타고, 종과 그 일행의 뒤를 따라갔습니다. 종은 리브가를 데리고 길을 떠났습니다.

62 그때에 이삭은 브엘라해로이를 떠나서 남쪽 네게브 지방에 살고 있었습니다.

63 어느 날 저녁 무렵, 이삭은 묵상하러 들로 나갔습니다. 이삭이 눈을 들어 보니 낙타들이 오고 있었습니다.

64 리브가는 고개를 들어 이삭을 보더니 낙타에서 내렸습니다.

65 리브가가 종에게 물었습니다. "저 들판에서 우리를 보려고 이쪽으로 오는 사람은 누구인가요?" 종이 대답했습니다. "나의 주인입니다." 그 말을 듣고 리브가는 베일로 자기 얼굴을 가렸습니다.

66 종이 이삭에게 지금까지 일어난 일을 다 이야기해 주었습니다.

67 종의 말을 들은 이삭은 리브가를 자기 어머니 사라의 장막으로 데리고 갔습니다. 리브가는 이삭의 아내가 되었습니다. 이삭은 리브가를 매우 사랑했습니다. 어머니를 여읜 이삭은 리브가를 통해 위로를 얻었습니다.

아브라함의 자손

25 아브라함은 다시 아내를 맞아들였습니다. 아브라함의 새 아내 이름은 그두라입니다.

2 그두라는 시므란과 욕산과 므단과 미디안과 이스박과 수아를 낳았습니다.

54 mother. •Then they ate their meal, and the servant and the men with him stayed there overnight.

But early the next morning, Abraham's servant said, "Send me back to my master."

55 •"But we want Rebekah to stay with us at least ten days," her brother and mother said. "Then she can go."

56 •But he said, "Don't delay me. The LORD has made my mission successful; now send me back so I can return to my master."

57 •"Well," they said, "we'll call Rebekah
58 and ask her what she thinks." •So they called Rebekah. "Are you willing to go with this man?" they asked her.

And she replied, "Yes, I will go."

59 •So they said good-bye to Rebekah and sent her away with Abraham's servant and his men. The woman who had been Rebekah's childhood nurse went along with her.

60 •They gave her this blessing as she parted:

"Our sister, may you become
the mother of many millions!
May your descendants be strong
and conquer the cities of their
enemies."

61 •Then Rebekah and her servant girls mounted the camels and followed the man. So Abraham's servant took Rebekah and went on his way.

62 •Meanwhile, Isaac, whose home was in the Negev, had returned from Beer-lahai-roi.

63 •One evening as he was walking and meditating in the fields, he looked up and saw
64 camels coming. •When Rebekah looked up and saw Isaac, she quickly dismounted from
65 her camel. • "Who is that man walking through the fields to meet us?" she asked the servant.

And he replied, "It is my master." So Rebekah covered her face with her veil.

66 •Then the servant told Isaac everything he had done.

67 •And Isaac brought Rebekah into his mother Sarah's tent, and she became his wife. He loved her deeply, and she was a special comfort to him after the death of his mother.

The Death of Abraham

25 Abraham married another wife,
2 whose name was Keturah. •She gave birth to Zimran, Jokshan, Medan, Midian,

---

comfort [kΛ́mfərt] *n.* 위로, 위안
delay [diléi] *vt.* 늦추다, 지체시키다
dismount [dismáunt] *vi.* 내리다
meditate [médəteit] *vi.* 묵상하다
24:65 cover A with B : A를 B로 가리다

3 욕산은 스바와 드단의 아버지입니다. 드단의 자손은 앗시리아 백성과 르두시 백성과 르움미 백성입니다.

4 미디안의 아들은 에바와 에벨과 하녹과 아비다와 엘다아입니다. 이들은 모두 그두라의 자손입니다.

5 아브라함은 자기 재산을 모두 이삭에게 주었습니다.

6 하지만 죽기 전에 다른 아내들에게서 얻은 아들들에게도 선물을 주었습니다. 아브라함은 그 아들들을 동쪽으로 보내어 이삭과 멀리 떨어져 살게 했습니다.

7 아브라함은 백일흔다섯 살까지 살았습니다.

8 아브라함은 오랫동안, 평안히 살다가 숨을 거두어 자기 조상들에게로 돌아갔습니다.

9 아브라함의 아들 이삭과 이스마엘은 아브라함을 막벨라 동굴에 장사지냈습니다. 이 동굴은 마므레 동쪽 에브론의 밭에 있었습니다. 에브론은 헷 사람 소할의 아들이었습니다.

10 그 밭은 아브라함이 헷 사람들에게서 산 밭이었습니다. 아브라함은 그곳에 아내 사라와 함께 묻혔습니다.

11 아브라함이 죽은 뒤에 하나님께서는 그의 아들 이삭에게 복을 주셨습니다. 이삭은 그때, 브엘라해로이 근처에 살고 있었습니다.

12 아브라함의 아들 이스마엘의 자손들은 이러합니다. 이스마엘의 어머니는 사라의 이집트인 여종이었던 하갈입니다.

13 이스마엘의 아들들의 이름은 태어난 순서에 따르면 다음과 같습니다. 이스마엘의 맏아들은 느바옷이고, 그 아래로는 게달, 앗브엘, 밉삼,

14 미스마, 두마, 맛사,

15 하닷, 데마, 여둘, 나비스, 게드마입니다.

16 이것은 이스마엘의 아들들 이름이며 또한 여러 마을에 사는 종족들의 열두 조상의 이름입니다.

17 이스마엘은 백서른일곱 살까지 살다가 숨을 거두어 조상들에게로 돌아갔습니다.

18 이스마엘의 자손들은 하윌라와 술 사이에서 살았습니다. 술은 이집트의 동쪽 앗시리아로 가는 길에 있었습니다. 이스마엘의 자손들은 다른 형제들의 맞은편에 마주 대하여 살았습니다.

이삭의 집안

19 아브라함의 아들 이삭의 자손은 이러합니다. 이삭의 아버지는 아브라함입니다.

20 이삭은 마흔 살에 리브가와 결혼했습니다. 리브가는 밧단아람에서 왔습니다. 리브가는 브두엘의 딸이자 아람 사람 라반의 누이입니다.

21 이삭의 아내는 아이를 낳지 못했습니다. 그래서 이

---

3 Ishbak, and Shuah. •Jokshan was the father of Sheba and Dedan. Dedan's descendants were the Asshurites, Letushites, and Leum-

4 mites. •Midian's sons were Ephah, Epher, Hanoch, Abida, and Eldaah. These were all descendants of Abraham through Keturah.

5 •Abraham gave everything he owned to

6 his son Isaac. •But before he died, he gave gifts to the sons of his concubines and sent them off to a land in the east, away from Isaac.

7-8 •Abraham lived for 175 years, •and he died at a ripe old age, having lived a long and satisfying life. He breathed his last and

9 joined his ancestors in death. •His sons Isaac and Ishmael buried him in the cave of Machpelah, near Mamre, in the field of

10 Ephron son of Zohar the Hittite. •This was the field Abraham had purchased from the Hittites and where he had buried his wife

11 Sarah. •After Abraham's death, God blessed his son Isaac, who settled near Beer-lahai-roi in the Negev.

Ishmael's Descendants

12 •This is the account of the family of Ishmael, the son of Abraham through Hagar, Sarah's

13 Egyptian servant. •Here is a list, by their names and clans, of Ishmael's descendants: The oldest was Nebaioth, followed by Kedar,

14 Adbeel, Mibsam, •Mishma, Dumah, Massa,

15 •Hadad, Tema, Jetur, Naphish, and Kedemah.

16 •These twelve sons of Ishmael became the founders of twelve tribes named after them,

17 listed according to the places they settled and camped. •Ishmael lived for 137 years. Then he breathed his last and joined his

18 ancestors in death. •Ishmael's descendants occupied the region from Havilah to Shur, which is east of Egypt in the direction of Asshur. There they lived in open hostility toward all their relatives.*

The Births of Esau and Jacob

19 •This is the account of the family of Isaac,

20 the son of Abraham. •When Isaac was forty years old, he married Rebekah, the daughter of Bethuel the Aramean from Paddan-aram and the sister of Laban the Aramean.

21 •Isaac pleaded with the LORD on behalf of his wife, because she was unable to have children. The LORD answered Isaac's prayer, and Rebekah became pregnant with twins.

---

hostility [hɑstíləti] n. 반대, 적대
concubine [káŋkjubain] n. 첩
25:21 plead with… : …에게 간청하다
25:21 on behalf of… : …를 위하여

25:18 The meaning of the Hebrew is uncertain.

삭이 아내를 위해 여호와께 기도드리니, 여호와께서 이삭의 기도를 들어 주셨으므로, 리브가가 임신을 하게 되었습니다.

22 그런데 리브가의 배 속에 있는 아기들이 서로 다투었습니다. 리브가는 "어찌하여 내게 이런 일이 일어나는가?"라고 생각하며 여호와께 나아가 여쭈었습니다.

23 여호와께서 리브가에게 말씀하셨습니다. "두 나라가 네 몸 안에 있다. 두 백성이 네 몸에서 나누어질 것이다. 한 백성이 다른 백성보다 강하고, 형이 동생을 섬길 것이다."

24 아이를 낳을 때가 되자 리브가는 쌍둥이를 낳았습니다.

25 먼저 나온 아이는 몸이 붉고, 그 피부가 마치 털옷 같았습니다. 그래서 그 아이의 이름을 에서*라고 지었습니다.

26 나중에 나온 아이는 에서의 발꿈치를 붙잡고 있었으므로, 그 아이의 이름을 야곱*이라고 지었습니다. 리브가가 아이를 낳았을 때에 이삭의 나이는 예순 살이었습니다.

27 아이들이 자라 에서는 뛰어난 사냥꾼이 되었습니다. 그는 들판에 나가는 것을 좋아했습니다. 그러나 야곱은 조용한 사람이었으므로, 장막에 머물러 있는 것을 좋아했습니다.

28 이삭은 에서가 잡아오는 들짐승 요리를 좋아했기 때문에 에서를 사랑했습니다. 그러나 리브가는 야곱을 사랑했습니다.

29 어느 날 야곱이 죽을 끓이고 있는데 에서가 들판에서 사냥을 하고 돌아왔습니다. 에서는 몹시 배가 고파서

30 야곱에게 말했습니다. "그 붉은 죽을 좀 다오. 내가 배가 고프구나." 이것 때문에 에서는 '붉은'이란 뜻에서 에돔이라고 불리게 되었습니다.

31 그러자 야곱이 말했습니다. "먼저 나에게 맏아들의 권리를 파세요."

32 에서가 말했습니다. "배가 고파 죽겠는데 그까짓 맏아들의 권리가 무슨 소용이냐?"

33 야곱이 다시 말했습니다. "그렇다면 그 권리를 나에게 주겠다고 약속하세요." 에서는 야곱에게 약속을 했습니다. 이렇게 에서는 맏아들의 권리를 야곱에게 팔았습니다.

34 그러자 야곱이 에서에게 빵과 죽을 주었습니다. 에서는 그것을 먹고 마신 다음에 자리에서 일어났습니다. 이처럼 에서는 맏아들의 권리를 대수롭지 않게 여겼습니다.

아비멜렉에게 거짓말을 하는 이삭

26 아브라함 때에 있었던 것과 같은 기근이 또 다시 찾아들었습니다. 그래서 이삭은 그랄

---

22 •But the two children struggled with each other in her womb. So she went to ask the LORD about it. "Why is this happening to me?" she asked.

23 •And the LORD told her, "The sons in your womb will become two nations. From the very beginning, the two nations will be rivals. One nation will be stronger than the other; and your older son will serve your younger son."

24 •And when the time came to give birth, Rebekah discovered that she did indeed have 25 twins! •The first one was very red at birth and covered with thick hair like a fur coat. So 26 they named him Esau.* •Then the other twin was born with his hand grasping Esau's heel. So they named him Jacob.* Isaac was sixty years old when the twins were born.

Esau Sells His Birthright

27 •As the boys grew up, Esau became a skillful hunter. He was an outdoorsman, but Jacob had a quiet temperament, preferring to stay 28 at home. •Isaac loved Esau because he enjoyed eating the wild game Esau brought home, but Rebekah loved Jacob.

29 •One day when Jacob was cooking some stew, Esau arrived home from the wilderness 30 exhausted and hungry. •Esau said to Jacob, "I'm starved! Give me some of that red stew!" (This is how Esau got his other name, Edom, which means "red.")

31 •"All right," Jacob replied, "but trade me your rights as the firstborn son."

32 •"Look, I'm dying of starvation!" said Esau. "What good is my birthright to me now?"

33 •But Jacob said, "First you must swear that your birthright is mine." So Esau swore an oath, thereby selling all his rights as the firstborn to his brother, Jacob.

34 •Then Jacob gave Esau some bread and lentil stew. Esau ate the meal, then got up and left. He showed contempt for his rights as the firstborn.

Isaac Deceives Abimelech

26 A severe famine now struck the land, as had happened before in Abraham's time. So Isaac moved to Gerar, where Abimelech, king of the Philistines, lived.

---

temperament [témpərəmənt] *n.* 기질, 성미
25:22 struggle with each other : 서로 싸우다

25:25 *Esau* sounds like a Hebrew term that means "hair."   25:26 *Jacob* sounds like the Hebrew words for "heel" and "deceiver."

25:25 '에서'는 '털이 많다'라는 뜻이다.
25:26 '야곱'은 '그가 발꿈치를 잡았다'라는 뜻이며, '속이다'라는 뜻을 비유적으로 나타내고 있다.

마을의 블레셋 왕 아비멜렉을 찾아갔습니다.

2 그때, 여호와께서 이삭에게 나타나셔서 말씀하셨습니다. "이집트로 내려가지 말고 내가 너에게 일러 주는 땅에서 살아라.

3 이 땅에 머물러라. 내가 너와 함께하고 너에게 복을 주며 내가 너와 네 자손에게 이 땅을 주어, 내가 네 아버지 아브라함과 세운 언약을 지키겠다.

4 내가 너에게 하늘의 별처럼 많은 자손을 주고, 이 모든 땅을 네 자손들에게 주겠다. 그들을 통해 땅 위의 모든 나라들이 복을 받을 것이다.

5 그것은 네 아버지 아브라함이 내 말에 순종하고 내 명령과 가르침과 계명과 규율에 복종했기 때문이다."

6 그래서 이삭은 그랄에 머물렀습니다.

7 이삭의 아내 리브가는 매우 아름다웠습니다. 그곳 사람들이 이삭에게 그의 아내가 누구냐고 물어 보면 이삭은 "저 여자는 내 누이요"라고 대답했습니다. 이삭은 리브가를 자기 아내라고 말하기가 두려웠습니다. 사람들이 리브가를 빼앗기 위해 자기를 죽일지도 모른다고 생각했기 때문입니다.

8 이삭은 그랄에서 오랫동안 살았습니다. 어느 날, 블레셋 왕 아비멜렉이 창 밖을 내다보니, 이삭이 자기 아내 리브가를 껴안고 있는 모습이 보였습니다.

9 아비멜렉이 이삭을 불러서 말했습니다. "이 여자는 네 아내인데 왜 우리에게는 누이라고 했느냐?" 이삭이 아비멜렉에게 말했습니다. "저 여자 때문에 제가 죽임을 당할지도 모른다고 생각했기 때문입니다."

10 아비멜렉이 말했습니다. "어찌하여 우리에게 그런 일을 했느냐? 자칫하면 우리들 가운데 누군가가 네 아내와 잠자리를 함께하여, 우리가 큰 죄를 지을 뻔했다."

11 아비멜렉이 모든 백성에게 주의를 주었습니다. "이 사람이나 그의 아내를 건드리는 사람은 반드시 죽을 것이다."

부자가 된 이삭

12 이삭이 그 땅에 씨를 뿌려 그 해에 백 배의 많은 곡식을 거두어들였습니다. 여호와께서 이삭에게 큰 복을 주시니

13 이삭은 부자가 되었고, 점점 더 큰 부자가 되었습니다.

14 이삭에게 양 떼와 소 떼가 많고 또 많은 종들을 거느리자 블레셋 사람들이 이삭을 질투했습니다.

15 블레셋 사람들은 이삭의 아버지 아브라함의 종들이 판 우물들을 흙으로 덮어 버렸습니다. 그 우물은 아브라함이 살아 있을 때에 판 것이었습니다.

16 아비멜렉이 이삭에게 말했습니다. "우리 나라를 떠나라. 너는 우리보다 훨씬 더 강해졌다."

17 그래서 이삭은 그곳을 떠났습니다. 이삭은 그랄 골

2 •The LORD appeared to Isaac and said, "Do not go down to Egypt, but do as I tell you. •Live here as a foreigner in this land, and I will be with you and bless you. I hereby confirm that I will give all these lands to you and your descendants,* just as I solemnly promised Abraham, your father. •I will cause your descendants to become as numerous as the stars of the sky, and I will give them all these lands. And through your descendants all the nations of the earth will be blessed. •I will do this because Abraham listened to me and obeyed all my requirements, commands, decrees, and instructions." •So Isaac stayed in Gerar.

7 •When the men who lived there asked Isaac about his wife, Rebekah, he said, "She is my sister." He was afraid to say, "She is my wife." He thought, "They will kill me to get her, because she is so beautiful." •But some time later, Abimelech, king of the Philistines, looked out his window and saw Isaac caressing Rebekah.

9 •Immediately, Abimelech called for Isaac and exclaimed, "She is obviously your wife! Why did you say, 'She is my sister'?"

"Because I was afraid someone would kill me to get her from me," Isaac replied.

10 •"How could you do this to us?" Abimelech exclaimed. "One of my people might easily have taken your wife and slept with her, and you would have made us guilty of great sin." •Then Abimelech issued a public proclamation: "Anyone who touches this man or his wife will be put to death!"

Conflict over Water Rights

12 •When Isaac planted his crops that year, he harvested a hundred times more grain than he planted, for the LORD blessed him. •He became a very rich man, and his wealth continued to grow. •He acquired so many flocks of sheep and goats, herds of cattle, and servants that the Philistines became jealous of him. •So the Philistines filled up all of Isaac's wells with dirt. These were the wells that had been dug by the servants of his father, Abraham.

16 •Finally, Abimelech ordered Isaac to leave the country. "Go somewhere else," he said, "for you have become too powerful for us."

17 •So Isaac moved away to the Gerar Valley, where he set up his tents and settled down.

caress [kərés] *vt.* 애무하다, 어루만지다
decree [dikrí] *n.* 법령, 명령, 계율
proclamation [prɑkləméiʃən] *n.* 선언

26:3 Hebrew *seed*; also in 26:4, 24.

짜기에 장막을 치고 그곳에서 살았습니다.

18 이삭은 자기 아버지 아브라함이 팠던 우물들을 다시 팠습니다. 아브라함이 죽은 뒤에 블레셋 사람들이 그 우물들을 막아 버렸기 때문입니다. 이삭은 우물들을 다시 판 다음에 그 우물들의 이름을 아버지가 불렀던 대로 불렀습니다.

19 이삭의 종들이 골짜기에 땅을 파서 샘물이 솟아오르는 곳을 찾았습니다.

20 그런데 그랄에서 양을 치고 있던 사람들과 이삭의 종들 사이에 다툼이 일어났습니다. 그랄의 목자들이 말했습니다. "이 우물은 우리 것이다." 그래서 이삭은 그 우물의 이름을 에섹*이라고 지었습니다.

21 이삭의 종들은 또 다른 우물을 팠습니다. 그러나 또 사람들이 와서 그 우물을 두고 서로 다투었습니다. 그래서 이삭은 그 우물의 이름을 싯나*라고 지었습니다.

22 이삭이 그곳에서 이사해서 또다시 우물을 팠습니다. 이번에는 시비를 거는 사람이 아무도 없었습니다. 그래서 이삭은 그 우물의 이름을 르호봇*이라고 짓고, "이제 여호와께서 넓은 곳을 주셨으니, 우리는 이 땅에서 성공할 것이다"라고 말했습니다.

23 이삭은 그곳에서 브엘세바로 갔습니다.

24 여호와께서 그날 밤에 이삭에게 나타나셔서 말씀하셨습니다. "나는 네 아버지 아브라함의 하나님이다. 너는 두려워하지 마라. 내가 내 종 아브라함을 위해서 너와 함께 있겠고, 너에게 복을 주며 많은 자손을 줄 것이다."

25 그래서 이삭은 그곳에 제단을 쌓고 여호와께 예배드렸습니다. 이삭은 그곳에 장막을 치고 그의 종들은 우물을 팠습니다.

26 아비멜렉이 그랄에서 이삭을 만나기 위해 왔습니다. 아비멜렉은 그의 비서 아훗삿과 비골을 데리고 왔습니다.

27 이삭이 그들에게 물었습니다. "무슨 일로 왔습니까? 당신들은 나를 미워하여 쫓아 내지 않았습니까?"

28 그들이 대답했습니다. "우리가 여호와께서 당신과 함께하심을 분명히 보았으니, 우리 서로 맹세하고 언약을 맺읍시다.

29 우리는 당신을 해치지 않고 당신에게 잘해 주었으며, 당신이 평안히 돌아갈 수 있게 해 주었소. 그러니 당신도 우리를 해치지 마시오. 당신은 여호와께 복을 받은 사람이오."

30 그래서 이삭은 음식을 준비하여 그들과 함께 먹고 마셨습니다.

31 이튿날 아침에 그들은 일찍 일어나 서로 언약을 맺었습니다. 언약을 맺은 다음 이삭이 그들을 보내니, 그들이 평화롭게 떠났습니다.

18 ●He reopened the wells his father had dug, which the Philistines had filled in after Abraham's death. Isaac also restored the names Abraham had given them.

19 ●Isaac's servants also dug in the Gerar Valley and discovered a well of fresh water.

20 ●But then the shepherds from Gerar came and claimed the spring. "This is our water," they said, and they argued over it with Isaac's herdsmen. So Isaac named the well Esek (which means "argument").

21 ●Isaac's men then dug another well, but again there was a dispute over it. So Isaac named it Sitnah (which means "hostility").

22 ●Abandoning that one, Isaac moved on and dug another well. This time there was no dispute over it, so Isaac named the place Rehoboth (which means "open space"), for he said, "At last the LORD has created enough space for us to prosper in this land."

23 ●From there Isaac moved to Beersheba,

24 ●where the LORD appeared to him on the night of his arrival. "I am the God of your father, Abraham," he said. "Do not be afraid, for I am with you and will bless you. I will multiply your descendants, and they will become a great nation. I will do this because of my promise to Abraham, my servant."

25 ●Then Isaac built an altar there and worshiped the LORD. He set up his camp at that place, and his servants dug another well.

Isaac's Covenant with Abimelech

26 ●One day King Abimelech came from Gerar with his adviser, Ahuzzath, and also Phicol,

27 his army commander. ●"Why have you come here?" Isaac asked. "You obviously hate me, since you kicked me off your land."

28 ●They replied, "We can plainly see that the LORD is with you. So we want to enter into a sworn treaty with you. Let's make a

29 covenant. ●Swear that you will not harm us, just as we have never troubled you. We have always treated you well, and we sent you away from us in peace. And now look how the LORD has blessed you!"

30 ●So Isaac prepared a covenant feast to celebrate the treaty, and they ate and drank

31 together. ●Early the next morning, they each took a solemn oath not to interfere with each other. Then Isaac sent them home

---

interfere [íntərfíər] *vi.* 방해하다
treaty [tríːti] *n.* 조약, 협정
26:21 dispute over : (잃지 않으려고) 다투다
26:31 take a solemn oath : 굳게 맹세하다

26:20 '에섹' 은 '다툼' 이라는 뜻이다.
26:21 '싯나' 는 '적대' 라는 뜻이다.
26:22 '르호봇'은 '충분히 넓다' 라는 뜻을 나타낸다.

32 그날 이삭의 종들이 이삭에게 와서 자기들이 판 우물에 대해 이야기했습니다. "저 우물에서 물이 나왔습니다."

33 그래서 이삭은 그 우물의 이름을 세바'라고 지었습니다. 사람들은 지금까지도 그 성을 브엘세바라고 부릅니다.

34 에서는 마흔 살이 되어서 헷 여자 두 사람을 아내로 맞아들였습니다. 한 여자는 브에리의 딸 유딧이었고, 다른 여자는 엘론의 딸 바스맛이었습니다.

35 이 두 여자는 이삭과 리브가에게 큰 근심거리가 되었습니다.

이삭을 속인 야곱

27 이삭이 늙어 눈이 어두워져 앞이 잘 안 보이게 되었습니다. 어느 날 이삭이 맏아들 에서를 불렀습니다. "내 아들아." 에서가 대답했습니다. "예, 제가 여기 있습니다."

2 이삭이 말했습니다. "나는 이제 늙어서 언제 죽을지 모르겠다.

3 너는 네 사냥 기구인 활과 화살통을 가지고 들판에 나가 사냥을 해서

4 내가 좋아하는 맛있는 요리를 해 다오. 죽기 전에 네가 해 주는 음식을 먹고 너에게 복을 빌어 주마.

5 그래서 에서는 사냥을 하러 들판으로 나갔습니다. 리브가는 이삭이 아들 에서에게 한 말을 엿들었습니다.

6 그리고는 자기 아들 야곱에게 말했습니다. "네 아버지가 네 형 에서에게 하는 말을 내가 들었다.

7 네 아버지는 '짐승을 잡아서 맛있는 요리를 해 다오. 내가 죽기 전에 네가 해 주는 음식을 먹고 너에게 복을 빌어 주마' 라고 말씀하시더구나.

8 그러니 내 아들아, 내 말을 잘 듣고 내 말대로 하렴.

9 너는 염소 떼가 있는 곳으로 가서, 아주 좋은 새끼 염소 두 마리를 잡아 오너라. 내가 그것으로 네 아버지가 좋아하시는 요리를 해 놓겠다.

10 그러면 네가 그 음식을 가져다가 아버지께 드려라. 그러면 아버지가 돌아가시기 전에 너에게 복을 빌어 주실 게다."

11 그러자 야곱이 어머니 리브가에게 말했습니다. "내 형 에서는 털이 많은데 나는 살결이 부드럽습니다.

12 만약 아버지가 나를 만지실 때에 내가 속이는 자처럼 되면, 아버지가 내게 복을 주시기는커녕 오히려 아버지를 속이려 한 나를 저주하실 것입니다."

13 그러자 리브가가 야곱에게 말했습니다. "만약 네 아버지가 너에게 저주를 하신다면, 그 저주는 내가 받으마. 그저 내가 시키는 대로만 하여라. 가서 염소 두 마리를 끌고 오너라."

14 야곱은 밖으로 나가 염소 두 마리를 붙잡아 자기 어

again, and they left him in peace.

32 •That very day Isaac's servants came and told him about a new well they had dug. "We've found water!" they exclaimed. •So Isaac named the well Shibah (which means "oath"). And to this day the town that grew up there is called Beersheba (which means "well of the oath").

34 •At the age of forty, Esau married two Hittite wives: Judith, the daughter of Beeri,

35 and Basemath, the daughter of Elon. •But Esau's wives made life miserable for Isaac and Rebekah.

Jacob Steals Esau's Blessing

27 One day when Isaac was old and turning blind, he called for Esau, his older son, and said, "My son."
"Yes, Father?" Esau replied.

2 •"I am an old man now," Isaac said, "and

3 I don't know when I may die. •Take your bow and a quiver full of arrows, and go out into the open country to hunt some wild

4 game for me. •Prepare my favorite dish, and bring it here for me to eat. Then I will pronounce the blessing that belongs to you, my firstborn son, before I die."

5 •But Rebekah overheard what Isaac had said to his son Esau. So when Esau left to

6 hunt for the wild game, •she said to her son Jacob, "Listen. I overheard your father say to

7 Esau, •'Bring me some wild game and prepare me a delicious meal. Then I will bless you in the LORD's presence before I die.'

8 •Now, my son, listen to me. Do exactly as I

9 tell you. •Go out to the flocks, and bring me two fine young goats. I'll use them to pre-

10 pare your father's favorite dish. •Then take the food to your father so he can eat it and bless you before he dies."

11 •"But look," Jacob replied to Rebekah, "my brother, Esau, is a hairy man, and my

12 skin is smooth. •What if my father touches me? He'll see that I'm trying to trick him, and then he'll curse me instead of blessing me."

13 •But his mother replied, "Then let the curse fall on me, my son! Just do what I tell you. Go out and get the goats for me!"

14 •So Jacob went out and got the young goats for his mother. Rebekah took them and prepared a delicious meal, just the way

---

curse [kə́:rs] *n.* 저주
game [géim] *n.* 사냥감
hairy [héəri] *a.* 털이 많은
overhear [ouvərhíər] *vt.* 엿듣다
quiver [kwívər] *n.* 화살통
27:12 what if … : …(하)면 어쩌지?

26:33 '세바'는 '맹세' 또는 '일곱'이라는 뜻이다.

머니에게 끌고 갔습니다. 리브가는 그것을 가지고 이
삭이 좋아하는 맛있는 요리를 만들었습니다.

15 그리고 나서 리브가는 자기가 간직해 두었던 큰아들
에서의 가장 좋은 옷을 가지고 와서, 작은 아들 야곱
에게 입혀 주었습니다.

16 그리고 새끼 염소의 가죽을 가지고 와서 야곱의 손과
목에 둘러 주었습니다.

17 그런 다음에 리브가는 야곱의 손에 자기가 만든 맛있
는 요리와 빵을 들려 주었습니다.

18 야곱이 아버지에게 들어가서 "아버지" 하고 불렀습
니다. 아버지가 말했습니다. "그래, 내 아들아. 너는
누구냐?"

19 야곱이 말했습니다. "저는 아버지의 맏아들 에서입니
다. 아버지께서 말씀하신 대로 맛있는 요리를 해 왔
습니다. 자, 이제 일어나셔서 제가 사냥한 짐승으로
만든 요리를 잡수시고 저에게 복을 빌어 주십시오."

20 하지만 이삭은 자기 아들에게 물었습니다. "어떻게
그렇게 빨리 사냥거리를 찾을 수 있었느냐?" 야곱이
대답했습니다. "아버지의 하나님이신 여호와께서
사냥거리를 빨리 찾을 수 있게 도와 주셨습니다."

21 이삭이 야곱에게 말했습니다. "내 아들아, 이리 가까
이 오너라. 한번 만져 봐야겠다. 만져 보면 네가 정말
로 내 아들 에서인지 알 수 있을 것이다."

22 야곱이 자기 아버지 이삭에게 가까이 가니, 이삭이
야곱을 만져 보고 말했습니다. "네 목소리는 야곱의
목소리 같은데 손은 에서의 손처럼 털이 많구나."

23 이삭은 야곱의 손이 에서의 손처럼 털이 많으므로,
그가 야곱인 줄 깨닫지 못하였습니다. 그래서 야곱에
게 복을 빌어 주었습니다.

24 이삭이 물었습니다. "네가 정말 내 아들 에서냐?" 야
곱이 대답했습니다. "예, 그렇습니다."

25 이삭이 말했습니다. "음식을 가져오너라. 내가 그것
을 먹고 너에게 복을 빌어 주마." 야곱이 음식을 주자
이삭이 그것을 먹었습니다. 야곱이 포도주를 주자 그
것도 마셨습니다.

26 그런 다음에 이삭이 야곱에게 말했습니다. "내 아들
아, 가까이 와서 나에게 입을 맞추어라."

27 야곱이 아버지에게 가까이 가서 입을 맞추었습니다.
이삭이 야곱의 옷 냄새를 맡고 야곱에게 복을 빌어 주
었습니다. "내 아들의 냄새는 여호와께서 복을 주신
들판의 냄새로다.

28 하나님께서 너에게 충분한 비와 좋은 땅을 주시고 넉
넉한 곡식과 포도주를 주실 것이다.

29 나라들이 너를 섬기고, 백성들은 너에게 절할 것이
다. 너는 네 형제들을 다스리고, 네 어머니의 아들들
이 너에게 엎드려 절할 것이다. 너를 저주하는 사람
은 저주를 받고, 너에게 복을 주는 사람은 복을 받을

15 Isaac liked it. ●Then she took Esau's favorite clothes, which were there in the house, and gave them to her younger son, Jacob.
16 ●She covered his arms and the smooth part of his neck with the skin of the young goats. ●Then she gave Jacob the delicious meal, including freshly baked bread.
18 ●So Jacob took the food to his father. "My father?" he said.
"Yes, my son," Isaac answered. "Who are you—Esau or Jacob?"
19 ●Jacob replied, "It's Esau, your firstborn son. I've done as you told me. Here is the wild game. Now sit up and eat it so you can give me your blessing."
20 ●Isaac asked, "How did you find it so quickly, my son?"
"The LORD your God put it in my path!" Jacob replied.
21 ●Then Isaac said to Jacob, "Come closer so I can touch you and make sure that you
22 really are Esau." ●So Jacob went closer to his father, and Isaac touched him. "The voice is Jacob's, but the hands are Esau's,"
23 Isaac said. ●But he did not recognize Jacob, because Jacob's hands felt hairy just like Esau's. So Isaac prepared to bless Jacob.
24 ● "But are you really my son Esau?" he asked.
"Yes, I am," Jacob replied.
25 ●Then Isaac said, "Now, my son, bring me the wild game. Let me eat it, and then I will give you my blessing." So Jacob took the food to his father, and Isaac ate it. He also drank the wine that Jacob served him.
26 ●Then Isaac said to Jacob, "Please come a little closer and kiss me, my son."
27 ●So Jacob went over and kissed him. And when Isaac caught the smell of his clothes, he was finally convinced, and he blessed his son. He said, "Ah! The smell of my son is like the smell of the outdoors, which the LORD has blessed!

28 "From the dew of heaven
and the richness of the earth,
may God always give you abundant
harvests of grain
and bountiful new wine.
29 ● May many nations become your
servants,
and may they bow down to you.
May you be the master over your
brothers,
and may your mother's sons bow
down to you.
All who curse you will be cursed,
and all who bless you will be blessed."

bountiful [báuntifəl] a. 풍부한
convince [kənvíns] vt. 확신시키다

것이다."

30 이삭이 야곱에게 복을 빌어 준 후에 야곱이 아버지 이삭에게서 나오자마자, 에서가 사냥을 마치고 돌아왔습니다.

31 에서도 맛있는 요리를 만들어 그것을 들고 아버지에게 들어가 말했습니다. "아버지, 일어나셔서 이 아들이 사냥한 것으로 요리한 음식을 드시고, 저에게 복을 빌어 주십시오."

32 이삭이 물었습니다. "너는 누구냐?" 에서가 대답했습니다. "저는 아버지의 맏아들 에서입니다."

33 그 말을 듣고 이삭은 놀라 몸을 떨며 말했습니다. "그렇다면 네가 오기 전에 나에게 사냥한 짐승을 요리해서 가져다 준 사람은 누구란 말이냐? 나는 그것을 먹고 그에게 복을 빌어 주었다. 이제는 그 사람이 복을 받을 것이다."

34 에서는 아버지의 말을 듣고 크게 소리를 지르며 울부짖었습니다. 에서가 자기 아버지에게 말했습니다. "저에게 복을 빌어 주십시오, 아버지, 저에게도 복을 주십시오."

35 그러나 이삭이 말했습니다. "네 동생이 와서 나를 속였구나. 네 동생이 너의 복을 빼앗아 갔다."

36 에서가 말했습니다. "야곱이란 이름은 정말 그에게 딱 맞는 이름입니다. 야곱은 이번까지 나를 두 번이나 속였습니다. 야곱은 저의 맏아들 권리를 빼앗았고, 이번에는 저의 복까지 빼앗아 갔습니다." 에서가 또 물었습니다. "저를 위해 남겨 두신 복은 없습니까?"

37 이삭이 대답했습니다. "나는 이미 야곱에게 너를 다스릴 권리를 주었다. 그리고 야곱의 형제들은 모두 그의 종이 될 것이다. 나는 야곱에게 곡식과 포도주도 넉넉하게 주었다. 내 아들아, 너에게 줄 것은 아무것도 없구나."

38 에서가 또 자기 아버지에게 말했습니다. "아버지, 아버지께서 빌어 주실 복이 하나밖에 없습니까? 아버지, 저에게도 복을 주십시오." 이 말을 하고 에서는 소리 높여 울었습니다.

39 이삭이 에서에게 말했습니다. "네가 살 곳은 기름진 땅과는 거리가 멀고, 하늘에서 내리는 이슬도 없는 곳이다.

40 너는 칼을 의지해 살아갈 것이고, 네 동생의 종이 될 것이다. 하지만 애쓰고 애쓰면 동생에게서 자유로워질 수 있을 것이다."

41 에서는 아버지 이삭의 축복을 빼앗아 간 야곱을 미워했습니다. 에서는 속으로 이렇게 다짐을 했습니다. '이제 아버지는 곧 돌아가실 것이다. 아버지를 장사지낸 뒤 야곱을 죽여 버리고 말겠다.'

42 에서가 야곱을 죽이려 한다는 말이 리브가에게 들

30 •As soon as Isaac had finished blessing Jacob, and almost before Jacob had left his father, Esau returned from his hunt. •Esau prepared a delicious meal and brought it to his father. Then he said, "Sit up, my father, and eat my wild game so you can give me your blessing."

32 •But Isaac asked him, "Who are you?" Esau replied, "It's your son, your firstborn son, Esau."

33 •Isaac began to tremble uncontrollably and said, "Then who just served me wild game? I have already eaten it, and I blessed him just before you came. And yes, that blessing must stand!"

34 •When Esau heard his father's words, he let out a loud and bitter cry. "Oh my father, what about me? Bless me, too!" he begged.

35 •But Isaac said, "Your brother was here, and he tricked me. He has taken away your blessing."

36 •Esau exclaimed, "No wonder his name is Jacob, for now he has cheated me twice.* First he took my rights as the firstborn, and now he has stolen my blessing. Oh, haven't you saved even one blessing for me?"

37 •Isaac said to Esau, "I have made Jacob your master and have declared that all his brothers will be his servants. I have guaranteed him an abundance of grain and wine—what is left for me to give you, my son?"

38 •Esau pleaded, "But do you have only one blessing? Oh my father, bless me, too!" Then Esau broke down and wept.

39 •Finally, his father, Isaac, said to him,

"You will live away from the richness of the earth,
    and away from the dew of the heaven above.
40 You will live by your sword,
    and you will serve your brother.
But when you decide to break free,
    you will shake his yoke from your neck."

Jacob Flees to Paddan-Aram

41 •From that time on, Esau hated Jacob because their father had given Jacob the blessing. And Esau began to scheme: "I will soon be mourning my father's death. Then I will kill my brother, Jacob."

42 •But Rebekah heard about Esau's plans. So she sent for Jacob and told him, "Listen, Esau is consoling himself by plotting to kill

scheme [ski:m] *vi.* 계획을 세우다, 음모를 꾸미다
tremble [trémbl] *vi.* 떨다

27:36 *Jacob* sounds like the Hebrew words for "heel" and "deceiver."

렸습니다. 그래서 리브가는 사람을 보내 야곱을 불러서 말했습니다. "네 형 에서가 너를 죽여 그 마음을 달래려고 한다.

43 그러니 내 아들아, 내 말을 잘 들어라. 지금 당장 하란에 사시는 내 오빠 라반에게로 가거라.

44 네 형의 화가 풀릴 때까지 당분간 외삼촌과 함께 있거라.

45 네 형의 화가 풀리고 네가 한 일을 네 형이 잊어버리면 그때에 내가 너를 부르러 사람을 보내마. 내가 두 사람을 같은 날 한꺼번에 잃어버릴 수는 없다."

46 그런 다음에 리브가가 이삭에게 말했습니다. "나는 헷 여자들이 싫습니다. 만약 야곱이 여기에 있는 헷 여자들 가운데서 아내를 맞이한다면 내 평생에 무슨 낙이 있겠습니까?"

28 이삭이 야곱을 불러 복을 빌어 주며 당부했습니다. "가나안 여자와 결혼하지 마라.

2 밧단아람*에 계신 네 외할아버지 브두엘의 집으로 가거라. 네 외삼촌인 라반도 거기에 사신다. 라반의 딸들 가운데서 한 여자를 골라 그 여자와 결혼하여라.

3 전능하신 하나님께서 너에게 복을 주시고 너에게 많은 자녀를 주셔서, 네가 많은 백성의 조상이 되기를 원한다.

4 또 아브라함에게 주셨던 복을 너와 네 자손에게도 주셔서, 지금 네가 나그네처럼 살고 있는 이 땅, 하나님께서 아브라함에게 주신 이 땅을 차지할 수 있기를 원한다."

5 이 말을 한 후 이삭은 야곱을 밧단아람으로 보냈습니다. 야곱은 리브가의 오빠인 라반에게 갔습니다. 라반은 아람 사람 브두엘의 아들이며, 야곱과 에서의 어머니인 리브가의 오빠였습니다.

6 에서는 이삭이 야곱에게 복을 빌어 주고, 야곱을 밧단아람으로 보내면서 "그곳에서 아내 될 여자를 찾아라" 또 그에게 복을 빌어 주며 말하기를 "가나안 여자 가운데서 아내를 맞이하지 마라"고 했다는 이야기를 들었습니다.

7 그래서 야곱이 아버지와 어머니의 말씀대로 밧단아람으로 갔다는 이야기를 들었습니다.

8 에서는 아버지 이삭이 가나안 여자를 좋아하지 않는다는 것을 알았습니다.

9 에서는 이미 결혼하여 아내들이 있었지만 아브라함의 아들 이스마엘에게로 가서 이스마엘의 딸 마할랏을 또다시 아내로 맞아들였습니다. 마할랏은 느바욧의 누이였습니다.

벧엘에서 꿈을 꾼 야곱

10 야곱은 브엘세바를 떠나 하란으로 갔습니다.

11 어느 곳에 이르렀을 때에 해가 저물어, 야곱은 그

43 you. •So listen carefully, my son. Get ready and flee to my brother, Laban, in Haran. 44 •Stay there with him until your brother 45 cools off. •When he calms down and forgets what you have done to him, I will send for you to come back. Why should I lose both of you in one day?"

46 •Then Rebekah said to Isaac, "I'm sick and tired of these local Hittite women! I would rather die than see Jacob marry one of them."

28 So Isaac called for Jacob, blessed him, and said, "You must not marry any of 2 these Canaanite women. •Instead, go at once to Paddan-aram, to the house of your grandfather Bethuel, and marry one of your 3 uncle Laban's daughters. •May God Almighty* bless you and give you many children. And may your descendants multiply and 4 become many nations! •May God pass on to you and your descendants* the blessings he promised to Abraham. May you own this land where you are now living as a foreigner, for God gave this land to Abraham."

5 •So Isaac sent Jacob away, and he went to Paddan-aram to stay with his uncle Laban, his mother's brother, the son of Bethuel the Aramean.

6 •Esau knew that his father, Isaac, had blessed Jacob and sent him to Paddan-aram to find a wife, and that he had warned Jacob, "You must not marry a Canaanite 7 woman." •He also knew that Jacob had obeyed his parents and gone to Paddan-aram. 8 •It was now very clear to Esau that his father did not like the local Canaanite 9 women. •So Esau visited his uncle Ishmael's family and married one of Ishmael's daughters, in addition to the wives he already had. His new wife's name was Mahalath. She was the sister of Nebaioth and the daughter of Ishmael, Abraham's son.

Jacob's Dream at Bethel

10 •Meanwhile, Jacob left Beersheba and trav-11 eled toward Haran. •At sundown he arrived at a good place to set up camp and stopped there for the night. Jacob found a stone to rest his head against and lay down to sleep.

---

blessing [blésiŋ] *n.* 축복
multiply [mʌ́ltəplai] *vt.* (자손을)늘리다
sundown [sʌ́ndaun] *n.* 해질 무렵, 일몰
27:43 flee to… : …로 달아나다
27:46 be tired of… : …에 대해 싫증을 느끼다

28:3 Hebrew *El-Shaddai*. **28:4** Hebrew *seed*; also in 28:13, 14.
28:2 '밧단아람'은 북서쪽 '메소포타미아' 지역을 말한다.

곳에서 하룻밤을 지냈습니다. 야곱은 그곳에서 돌 하나를 주워 그것을 베개 삼아 잠을 잤습니다.

12 야곱은 꿈을 꾸었습니다. 사다리 하나가 땅에 세워져 있는데, 그 꼭대기가 하늘에 닿아 있었습니다. 그리고 하나님의 천사들이 사다리 위로 오르락 내리락 하고 있었습니다.

13 야곱은 여호와께서 사다리 위에 서 계신 모습을 보았습니다. 여호와께서 말씀하셨습니다. "나는 네 할아버지 아브라함의 하나님, 이삭의 하나님 여호와다. 내가 너와 네 자손에게 네가 지금 자고 있는 땅을 줄 것이다.

14 네 자손은 땅의 티끌처럼 많아져서 동서남북 사방으로 퍼지며, 땅 위의 모든 민족들이 너와 네 자손을 통해 복을 받을 것이다.

15 나는 너와 함께하고 네가 어디로 가든 너를 지켜 줄 것이다. 그리고 너를 다시 이 땅으로 데려오리니, 내가 너에게 약속한 것을 다 이루어 주기 전까지 너를 떠나지 않을 것이다."

16 그때에 야곱이 잠에서 깨어나 말했습니다. "여호와께서 분명히 이곳에 계시는데 나는 그것을 모르고 있었다."

17 야곱은 두려워하며 또 말했습니다. "이곳은 두려운 곳이다. 이곳은 하나님의 집이요, 하늘의 문이다."

18 야곱은 아침 일찍 일어나 베개로 삼고 잤던 돌을 가져다가 기둥처럼 세웠습니다. 그리고 그 꼭대기에 기름을 부었습니다.

19 원래 그 성의 이름은 루스였으나, 야곱은 그 성의 이름을 벧엘*이라고 불렀습니다.

20 야곱은 이렇게 맹세했습니다. "하나님께서 저와 함께하여 주시고, 이 여행길에서 저를 지켜 주시고, 먹을 음식과 입을 옷을 주셔서

21 무사히 아버지의 집으로 돌아갈 수 있게 해 주시면 여호와를 저의 하나님으로 섬기겠습니다.

22 내가 기둥처럼 세운 이 돌은 하나님의 집이 될 것입니다. 하나님께서 저에게 주신 모든 것의 십분의 일을 하나님께 바치겠습니다."

라반의 집에 도착한 야곱

29 야곱은 여행을 계속해서 동쪽 백성들의 땅에 이르렀습니다.

2 야곱이 보니 들판에 우물이 있었습니다. 우물 근처에는 양 떼 세 무리가 엎드려 있었습니다. 목자들은 그 우물에서 나오는 물을 양들에게 먹였습니다. 우물 위에는 큰 돌이 덮여 있었습니다.

3 양 떼가 다 모이면, 목자들은 우물을 덮고 있는 돌을 굴려 낸 다음 양들에게 물을 먹였습니다. 그런 후에 다시 돌을 덮었습니다.

4 야곱이 그곳에 있던 목자들에게 말했습니다. "형제

12 •As he slept, he dreamed of a stairway that reached from the earth up to heaven. And he saw the angels of God going up and down the stairway.

13 •At the top of the stairway stood the LORD, and he said, "I am the LORD, the God of your grandfather Abraham, and the God of your father, Isaac. The ground you are lying on belongs to you. I am giving it to you

14 and your descendants. •Your descendants will be as numerous as the dust of the earth! They will spread out in all directions—to the west and the east, to the north and the south. And all the families of the earth will be blessed through you and your descen-

15 dants. •What's more, I am with you, and I will protect you wherever you go. One day I will bring you back to this land. I will not leave you until I have finished giving you everything I have promised you."

16 •Then Jacob awoke from his sleep and said, "Surely the LORD is in this place, and I

17 wasn't even aware of it!" •But he was also afraid and said, "What an awesome place this is! It is none other than the house of God, the very gateway to heaven!"

18 •The next morning Jacob got up very early. He took the stone he had rested his head against, and he set it upright as a memorial pillar. Then he poured olive oil

19 over it. •He named that place Bethel (which means "house of God"), although it was pre-viously called Luz.

20 •Then Jacob made this vow: "If God will indeed be with me and protect me on this journey, and if he will provide me with food

21 and clothing, •and if I return safely to my father's home, then the LORD will certainly

22 be my God. •And this memorial pillar I have set up will become a place for worshiping God, and I will present to God a tenth of everything he gives me."

Jacob Arrives at Paddan-Aram

29 Then Jacob hurried on, finally arriv-ing in the land of the east. •He saw a

2 well in the distance. Three flocks of sheep and goats lay in an open field beside it, wait-ing to be watered. But a heavy stone covered the mouth of the well.

3 •It was the custom there to wait for all the flocks to arrive before removing the stone and watering the animals. Afterward the stone would be placed back over the

4 mouth of the well. •Jacob went over to the shepherds and asked, "Where are you from, my friends?"

---

embrace [imbréis] *vt.* 포옹하다, 껴안다

28:19 '벧엘'은 '하나님의 집'이라는 뜻이다.

들이여, 어디에서 오시는 길입니까?" 목자들이 대답했습니다. "하란에서 오는 길입니다."

5 야곱이 물었습니다. "나홀의 손자 라반을 아십니까?" 그들이 대답했습니다. "예, 그 분을 압니다."

6 야곱이 또 물었습니다. "그 분은 안녕하십니까?" 그들이 대답했습니다. "예, 안녕하십니다. 저기, 그 분의 딸인 라헬이 양 떼를 몰고 오고 있군요."

7 야곱이 말했습니다. "그런데 지금은 한낮이라 아직은 양 떼를 모을 때가 아니지 않습니까? 양 떼에게 물을 먹이고 다시 풀을 뜯게 해야 하지 않나요?"

8 목자들이 말했습니다. "양 떼가 다 모이기 전에는 그럴 수 없습니다. 양 떼가 다 모여야 우물 위의 돌을 치운 다음, 양 떼에게 물을 먹입니다."

9 야곱이 목자들과 말하고 있을 때, 라헬이 자기 아버지의 양 떼를 이끌고 왔습니다. 라헬은 양 떼를 돌보는 일을 했습니다.

10 야곱은 라반의 딸 라헬과 자기 외삼촌 라반의 양 떼를 보고, 우물로 가서 돌을 굴려 낸 다음 외삼촌 라반의 양 떼에게 물을 먹였습니다.

11 그리고 나서 야곱은 라헬에게 입을 맞추고 큰 소리로 울었습니다.

12 야곱은 라헬에게 자기가 라헬 아버지의 친척이라는 것과 리브가의 아들이라는 것을 말해 주었습니다. 라헬은 그 말을 듣고 집으로 달려가 자기 아버지에게 이야기했습니다.

13 라반은 자기 누이의 아들 야곱에 대한 이야기를 듣고 달려나가 야곱을 맞이했습니다. 라반은 야곱을 껴안고 입을 맞추고 야곱을 집으로 데려왔습니다. 야곱은 그때까지 일어난 모든 일을 라반에게 말해 주었습니다.

14 야곱의 말을 듣고 라반이 말했습니다. "정말로 너는 내 뼈요, 내 살이다." 야곱은 그곳에서 한 달 동안, 머물렀습니다.

속임을 당하는 야곱

15 어느 날, 라반이 야곱에게 말했습니다. "너는 내 친척이긴 하지만 그렇다고 해서 품삯도 주지 않고 너에게 일을 시킬 수는 없는 일이다. 내가 너에게 무엇을 해 주면 좋겠느냐?"

16 라반에게는 두 딸이 있었습니다. 큰딸의 이름은 레아였고, 작은딸의 이름은 라헬이었습니다.

17 레아는 눈이 곱고,* 라헬은 용모가 아름답고 예뻤습니다.

18 야곱은 라헬을 사랑했습니다. 그래서 야곱이 라반에게 말했습니다. "삼촌의 작은딸 라헬과 결혼하게 해 주십시오, 그렇게 해 주시면 삼촌을 위해 칠 년 동안, 일해 드리겠습니다."

19 라반이 말했습니다. "다른 사람에게 라헬을 주는

"We are from Haran," they answered.

5 • "Do you know a man there named Laban, the grandson of Nahor?" he asked.
"Yes, we do," they replied.

6 • "Is he doing well?" Jacob asked.
"Yes, he's well," they answered. "Look, here comes his daughter Rachel with the flock now."

7 • Jacob said, "Look, it's still broad daylight—too early to round up the animals. Why don't you water the sheep and goats so they can get back out to pasture?"

8 • "We can't water the animals until all the flocks have arrived," they replied. "Then the shepherds move the stone from the mouth of the well, and we water all the sheep and goats."

9 • Jacob was still talking with them when Rachel arrived with her father's flock, for she was a shepherd. • And because Rachel was his cousin—the daughter of Laban, his mother's brother—and because the sheep and goats belonged to his uncle Laban, Jacob went over to the well and moved the stone from its mouth and watered his uncle's flock. • Then Jacob kissed Rachel, and he wept aloud. • He explained to Rachel that he was her cousin on her father's side—the son of her aunt Rebekah. So Rachel quickly ran and told her father, Laban.

13 • As soon as Laban heard that his nephew Jacob had arrived, he ran out to meet him. He embraced and kissed him and brought him home. When Jacob had told him his story, • Laban exclaimed, "You really are my own flesh and blood!"

Jacob Marries Leah and Rachel

After Jacob had stayed with Laban for about a month, • Laban said to him, "You shouldn't work for me without pay just because we are relatives. Tell me how much your wages should be."

16 • Now Laban had two daughters. The older daughter was named Leah, and the younger one was Rachel. • There was no sparkle in Leah's eyes,* but Rachel had a beautiful figure and a lovely face. • Since Jacob was in love with Rachel, he told her father, "I'll work for you for seven years if you'll give me Rachel, your younger daughter, as my wife."

19 • "Agreed!" Laban replied. "I'd rather give her to you than to anyone else. Stay and

29:17 Or *Leah had dull eyes*, or *Leah had soft eyes*. The meaning of the Hebrew is uncertain.
29:17 개역 성경에는 '안력이 부족하였다'라고 표기되어 있다. 이는 시력이 나쁘다는 뜻이 아니라 눈매가 부드럽기는 하지만 빛나지 않는다는 의미이다.

것보다는 너에게 주는 것이 낫겠지. 그래 좋다. 나와 함께 있자."

20 야곱은 라헬과 결혼하기 위해 칠 년 동안 라반을 위해 일했습니다. 하지만 라헬을 너무나 사랑했으므로, 야곱에게 그 칠 년은 마치 며칠밖에 되지 않는 것처럼 느껴졌습니다.

21 칠 년이 지나자 야곱이 라반에게 말했습니다. "약속한 기간이 다 지나갔으니 라헬과 결혼시켜 주십시오."

22 라반은 그곳에 사는 모든 사람들을 불러 잔치를 베풀었습니다.

23 그날 밤에 라반은 자기 딸 레아를 야곱에게 데리고 갔습니다. 야곱과 레아는 함께 잠을 잤습니다.

24 라반은 자기의 여종 실바를 레아의 몸종으로 주었습니다.

25 이튿날 아침, 야곱은 자기가 레아와 함께 잠을 잤다는 것을 알게 되었습니다. 야곱이 라반에게 말했습니다. "어찌하여 저에게 이런 일을 하셨습니까? 저는 라헬과 결혼하려고 외삼촌을 위해 열심히 일했습니다. 그런데 외삼촌은 왜 저를 속이셨습니까?"

26 라반이 말했습니다. "우리 지방에서는 큰딸보다 작은딸을 먼저 시집 보내는 법이 없네.

27 결혼식 기간 일 주일을 채우게. 그러면 라헬도 자네에게 주겠네. 그 대신 나를 위해 칠 년 동안, 더 일해 주어야 되네."

28 야곱은 라반의 말대로 레아와의 결혼식 기간을 채웠습니다. 그러자 라반이 자기 딸 라헬도 야곱의 아내로 주었습니다.

29 라반은 자기의 여종 빌하를 라헬의 몸종으로 주었습니다.

30 야곱은 라헬과도 함께 잠을 잤습니다. 야곱은 레아보다 라헬을 더 사랑했습니다. 야곱은 라반을 위해 칠 년 동안, 더 일했습니다.

야곱의 가족이 늘어남

31 여호와께서는 레아가 라헬보다 사랑받지 못하는 것을 보시고, 레아에게 아이를 낳을 수 있게 해 주셨습니다. 하지만 라헬은 아이를 가지지 못했습니다.

32 레아가 임신하여 아들을 낳았습니다. 레아는 "여호와께서 내 괴로움을 살펴 주셨다. 이제는 내 남편이 나를 사랑해 주겠지"라고 말하면서 그 아들의 이름을 르우벤*이라고 지었습니다.

33 레아가 다시 임신을 해서 또 아들을 낳았습니다. 레아는 "여호와께서는 내가 사랑을 받지 못한다는 것을 들으시고, 내게 이 아들도 주셨구나" 하고 말하면서 아들의 이름을 시므온*이라고 지었습니다.

34 레아가 다시 임신을 해서 또 아들을 낳았습니다. 레아는 "내가 아들을 세 명이나 낳았으니 이제는 내

20 work with me." •So Jacob worked seven years to pay for Rachel. But his love for her was so strong that it seemed to him but a few days.

21 Finally, the time came for him to marry her. "I have fulfilled my agreement," Jacob said to Laban. "Now give me my wife so I can sleep with her."

22 •So Laban invited everyone in the neighborhood and prepared a wedding feast.

23 •But that night, when it was dark, Laban took Leah to Jacob, and he slept with her.

24 •(Laban had given Leah a servant, Zilpah, to be her maid.)

25 •But when Jacob woke up in the morning—it was Leah! "What have you done to me?" Jacob raged at Laban. "I worked seven years for Rachel! Why have you tricked me?"

26 "It's not our custom here to marry off a younger daughter ahead of the firstborn," Laban replied. •"But wait until the bridal week is over; then we'll give you Rachel, too—provided you promise to work another seven years for me."

28 •So Jacob agreed to work seven more years. A week after Jacob had married Leah,

29 Laban gave him Rachel, too. •(Laban gave Rachel a servant, Bilhah, to be her maid.)

30 •So Jacob slept with Rachel, too, and he loved her much more than Leah. He then stayed and worked for Laban the additional seven years.

Jacob's Many Children

31 •When the LORD saw that Leah was unloved, he enabled her to have children, but Rachel

32 could not conceive. •So Leah became pregnant and gave birth to a son. She named him Reuben,* for she said, "The LORD has noticed my misery, and now my husband will love me."

33 •She soon became pregnant again and gave birth to another son. She named him Simeon,* for she said, "The LORD heard that I was unloved and has given me another son."

34 •Then she became pregnant a third time and gave birth to another son. He was named Levi,* for she said, "Surely this time my husband will feel affection for me, since I have given him three sons!"

conceive [kənsíːv] *vi.* 임신하다

29:32 *Reuben* means "Look, a son!" It also sounds like the Hebrew for "He has seen my misery."
29:33 *Simeon* probably means "one who hears."
29:34 *Levi* sounds like a Hebrew term that means "being attached" or "feeling affection for."

29:32 '르우벤' 은 '보아라, 아들이다' 라는 뜻이다.
29:33 '시므온' 은 '듣는다' 라는 뜻이다.

남편이 나를 가까이 하겠지"라고 말하면서 아들의 이름을 레위라고 지었습니다.

35 레아가 다시 임신을 해서 또 아들을 낳았습니다. 레아는 "이제는 여호와를 찬양해야지"라고 말하면서 아들의 이름을 유다라고 지었습니다. 그리고 나서 레아는 아들을 낳지 못했습니다.

30 라헬은 자기가 야곱의 아이를 낳지 못하자 언니 레아를 시샘했습니다. 라헬이 야곱에게 말했습니다. "나에게도 아이를 주세요. 그렇지 않으면 죽어 버리겠어요."

2 야곱이 라헬에게 크게 화를 내며 말했습니다. "아이를 낳을 수 없게 하신 분은 하나님이신데 나더러 어떻게 하란 말이오? 내가 하나님을 대신하란 말이오?"

3 라헬이 말했습니다. "여기 제 몸종 빌하가 있으니 빌하와 함께 주무세요. 그래서 빌하를 통해 나도 아이를 가질 수 있게 해 주세요. 그녀가 아이를 낳아 내 무릎 위에 놓아 줄 것입니다."

4 라헬은 자기 몸종 빌하를 야곱의 아내로 주었습니다. 야곱은 빌하와 함께 잤습니다.

5 빌하가 임신을 해서 야곱에게 아들을 낳아 주었습니다.

6 라헬이 말했습니다. "하나님께서 나의 억울함을 풀어 주셨다. 하나님께서 내 기도를 들어 주셔서 나에게 아들을 주셨다." 그래서 라헬은 그 아들의 이름을 단*이라고 지었습니다.

7 빌하가 다시 임신을 해서 야곱에게 둘째 아들을 낳아 주었습니다.

8 라헬이 말했습니다. "내가 언니와 크게 겨루어서 이기고야 말았다." 그래서 라헬은 그 아들의 이름을 납달리*라고 지었습니다.

9 레아는 자기가 아이를 더 낳지 못하게 된 것을 알고, 자기 몸종 실바를 야곱에게 아내로 주었습니다.

10 그래서 실바에게도 아들이 생겼습니다.

11 레아가 말했습니다. "나는 운이 좋다." 그래서 레아는 그 아들의 이름을 갓*이라고 지었습니다.

12 레아의 몸종 실바가 아들을 또 낳았습니다.

13 레아가 말했습니다. "나는 행복하다. 이제는 여자들이 나를 행복한 사람이라고 부르겠지." 그래서 레아는 그 아들의 이름을 아셀*이라고 지었습니다.

14 보리를 거두어들일 무렵에 르우벤이 들판에 나갔다가 합환채를 발견해서 자기 어머니 레아에게 가져다 주었습니다. 그러자 라헬이 레아에게 말했습니다. "언니 아들이 가져온 합환채를 나에게도 조금 줘요."

15 레아가 대답했습니다. "너는 내 남편을 빼앗아 가더니, 이제는 내 아들이 가져온 합환채까지 빼앗으

35 •Once again Leah became pregnant and gave birth to another son. She named him Judah,* for she said, "Now I will praise the LORD!" And then she stopped having children.

30 When Rachel saw that she wasn't having any children for Jacob, she became jealous of her sister. She pleaded with Jacob, "Give me children, or I'll die!"

2 •Then Jacob became furious with Rachel. "Am I God?" he asked. "He's the one who has kept you from having children!"

3 •Then Rachel told him, "Take my maid, Bilhah, and sleep with her. She will bear children for me,* and through her I can 4 have a family, too." •So Rachel gave her servant, Bilhah, to Jacob as a wife, and he slept 5 with her. •Bilhah became pregnant and 6 presented him with a son. •Rachel named him Dan,* for she said, "God has vindicated me! He has heard my request and given me 7 a son." •Then Bilhah became pregnant again 8 and gave Jacob a second son. •Rachel named him Naphtali,* for she said, "I have struggled hard with my sister, and I'm winning!"

9 •Meanwhile, Leah realized that she wasn't getting pregnant anymore, so she took her servant, Zilpah, and gave her to 10 Jacob as a wife. •Soon Zilpah presented him 11 with a son. •Leah named him Gad,* for she 12 said, "How fortunate I am!" •Then Zilpah 13 gave Jacob a second son. •And Leah named him Asher,* for she said, "What joy is mine! Now the other women will celebrate with me."

14 •One day during the wheat harvest, Reuben found some mandrakes growing in a field and brought them to his mother, Leah. Rachel begged Leah, "Please give me some of your son's mandrakes."

15 •But Leah angrily replied, "Wasn't it enough that you stole my husband? Now will you steal my son's mandrakes, too?"

Rachel answered, "I will let Jacob sleep with you tonight if you give me some of the mandrakes."

29:35 *Judah* is related to the Hebrew term for "praise." 30:3 Hebrew *bear children on my knees.* 30:6 *Dan* means "he judged" or "he vindicated." 30:8 *Naphtali* means "my struggle." 30:11 *Gad* means "good fortune." 30:13 *Asher* means "happy."

29:34 '레위'는 '애착'이라는 뜻이다.
29:35 '유다'는 '찬양한다'라는 뜻이다.
30:6 '단'은 '억울함을 풀어 주셨다'라는 뜻이다.
30:8 '납달리'는 '경쟁한다'라는 뜻이다.
30:11 '갓'은 '행운'이라는 뜻이다.
30:13 '아셀'은 '기쁨'이라는 뜻이다.

려 드는구나." 그 말을 듣고 라헬이 말했습니다. "그 합환채를 나에게 주면 그이가 오늘 밤에는 언니와 함께 자도록 해 주겠어요."

16 그날 저녁, 야곱이 들에서 돌아오자, 야곱을 맞이하러 나간 레아가 말했습니다. "오늘 밤에는 나와 함께 자야 해요. 내 아들이 가져온 합환채로 당신의 대가를 치렀거든요." 그래서 그날 밤에 야곱은 레아와 함께 잠을 잤습니다.

17 하나님께서 레아의 기도를 들어 주셔서 레아가 다시 임신을 했습니다. 레아는 야곱의 다섯째 아들을 낳았습니다.

18 레아가 말했습니다. "내가 내 몸종을 남편에게 주었더니 하나님께서 그 값을 갚아 주셨구나." 그래서 레아는 그 아들의 이름을 잇사갈*이라고 지었습니다.

19 레아가 또 임신을 하여 야곱에게 여섯째 아들을 낳아 주었습니다.

20 레아가 말했습니다. "하나님께서 나에게 좋은 선물을 주셨다. 내가 여섯째 아들을 낳았으니, 이제는 남편이 나를 존중해 주겠지." 그래서 레아는 그 아들의 이름을 스불론*이라고 지었습니다.

21 그 후에 레아는 딸을 낳고 이름을 디나라고 지었습니다.

22 하나님께서 라헬을 기억하시고 라헬의 기도를 들어 주셔서 라헬도 아이를 낳을 수 있게 해 주셨습니다.

23 라헬이 임신을 해서 아들을 낳았습니다. 라헬이 말했습니다. "하나님께서 나의 부끄러움을 없애 주셨다."

24 라헬은 "하나님께서 나에게 아들을 더 주셨으면 좋겠다"라고 말하면서 그 아들의 이름을 요셉*이라고 지었습니다.

야곱이 라반을 속임

25 요셉이 태어난 후에 야곱이 라반에게 말했습니다. "이제는 제 집, 제 나라로 돌아가게 해 주십시오.

26 제가 장인 어른을 위해 일해 드리고 얻은 아내와 자식들을 데리고 돌아가게 해 주십시오. 제가 장인 어른을 위해 해 드린 일은 장인 어른께서 더 잘 아실 것입니다."

27 라반이 말했습니다. "괜찮다면 나와 함께 계속 있게나. 여호와께서 나에게 복을 주신 것이 다 자네 *때문인 것*을 내가 예측하여 알고 있었네.

28 자네 품삯은 자네가 정하게. 내가 그대로 주겠네."

29 야곱이 대답했습니다. "장인 어른께서는 제가 장인 어른을 위해 열심히 일한 것과 제가 돌보아 드린 장인 어른의 가축 떼가 제 앞에 얼마나 있는지 아십니다.

30 제가 장인 어른께 처음 왔을 때는 가축 떼가 얼마

16 • So that evening, as Jacob was coming home from the fields, Leah went out to meet him. "You must come and sleep with me tonight!" she said. "I have paid for you with some mandrakes that my son found." 17 So that night he slept with Leah. • And God answered Leah's prayers. She became pregnant again and gave birth to a fifth son for Jacob. 18 • She named him Issachar,* for she said, "God has rewarded me for giving my servant to my husband as a wife." 19 • Then Leah became pregnant again and gave birth 20 to a sixth son for Jacob. • She named him Zebulun,* for she said, "God has given me a good reward. Now my husband will treat me with respect, for I have given him six 21 sons." • Later she gave birth to a daughter and named her Dinah.

22 • Then God remembered Rachel's plight and answered her prayers by enabling her to 23 have children. • She became pregnant and gave birth to a son. "God has removed my 24 disgrace," she said. • And she named him Joseph,* for she said, "May the LORD add yet another son to my family."

Jacob's Wealth Increases

25 • Soon after Rachel had given birth to Joseph, Jacob said to Laban, "Please release me so I can go home to my own country. 26 • Let me take my wives and children, for I have earned them by serving you, and let me be on my way. You certainly know how hard I have worked for you."

27 • "Please listen to me," Laban replied. "I have become wealthy, for* the LORD has 28 blessed me because of you. • Tell me how much I owe you. Whatever it is, I'll pay it."

29 • Jacob replied, "You know how hard I've worked for you, and how your flocks and 30 herds have grown under my care. • You had little indeed before I came, but your wealth has increased enormously. The LORD has blessed you through everything I've done. But now, what about me? When can I start providing for my own family?"

---

disgrace [disgréis] *n.* 불명예, 망신
enormously [inɔ́ːrməsli] *ad.* 대단히
mandrake [mǽndreik] *n.* 합환채
plight [plait] *n.* 곤궁, 곤경
reward [riwɔ́ːrd] *n.vt.* 보상(하다)

30:18 *Issachar* sounds like a Hebrew term that means "reward." 30:20 *Zebulun* probably means "honor." 30:24 *Joseph* means "may he add." 30:27 Or *I have learned by divination that.*

30:18 '잇사갈'은 '값, 보상'이라는 뜻이다.
30:20 '스불론'은 '존중, 영예'라는 뜻이다.
30:24 '요셉'은 '더함, 더하다'라는 뜻이다.

되지 않았지만 지금은 크게 불어났습니다. 제 발길이 닿는 곳마다 여호와께서 장인 어른에게 복을 주셨습니다. 하지만 저도 이제는 제 식구를 위해 일해야 되지 않겠습니까?"

31 라반이 물었습니다. "그래, 무엇을 해 주었으면 좋겠나?" 야곱이 대답했습니다. "다른 것은 바라지 않습니다. 그저 한 가지만 해 주십시오. 그렇게 해 주시면 제 마음을 돌이켜 다시 장인 어른의 가축 떼를 돌보아 드리겠습니다.

32 오늘, 제가 장인 어른의 모든 가축 떼 사이로 다니면서 점이 있거나 얼룩이 졌거나 검은 새끼양과 점이 있거나 얼룩이 진 새끼염소를 골라 낼 테니, 그것을 저에게 주십시오.

33 제가 정직한가 정직하지 않은가는 장인 어른께서 앞으로 저에게 오셔서 제 가축 떼를 보시면 알게 될 것입니다. 만약 제가 점이 없는 염소나 얼룩이 지지 않은 염소나 검은 색이 아닌 양을 가지고 있다면, 제가 그것을 훔친 것으로 여기셔도 좋습니다."

34 라반이 대답했습니다. "좋네. 자네 말대로 하겠네."

35 그러나 그날, 라반은 몸에 줄무늬나 점이 있는 숫염소들을 따로 놓았습니다. 또한 몸에 얼룩이 있거나 점이 있거나 하얀 반점이 있는 암염소들과 검은 양들도 모두 따로 떼어 놓았습니다. 그런 다음에 라반은 그 짐승들을 자기 아들들에게 맡겨 돌보게 했습니다.

36 라반은 이 짐승들을 야곱에게서 삼 일 길쯤 떨어진 곳으로 몰고 갔습니다. 야곱은 라반의 나머지 가축 떼를 쳤습니다.

37 야곱은 버드나무와 살구나무와 신풍나무 가지를 꺾은 다음에 껍질을 벗겨 내서 나무 껍질에 하얀 줄무늬를 만들었습니다.

38 그리고 나서 야곱은 가축 떼가 와서 물을 먹는 여물통 바로 앞에 그 흰 무늬 가지들을 세워 놓았습니다. 가축들은 물을 먹으러 와서 새끼를 뱄는데,

39 염소들이 그 흰 무늬 가지 앞에서 새끼를 뱄습니다. 그러자 그 사이에서 흰 무늬가 있거나 얼룩이 졌거나 점이 있는 새끼 염소가 태어났습니다.

40 야곱은 그 새끼들을 따로 떼어 놓았습니다. 야곱은 라반의 가축 가운데서 줄무늬가 있거나 검은 가축들을 따로 떼어 놓았습니다.

41 가축 떼 가운데서 튼튼한 짐승들이 새끼를 배려고 하면, 야곱은 그 짐승들의 눈앞에 가지를 놓았습니다. 그래서 짐승들이 그 가지 앞에서 새끼를 배게 했습니다.

42 하지만 약한 짐승들이 새끼를 배려고 하면, 야곱은 그 앞에 가지를 놓지 않았습니다. 그래서 약한 것들은 라반의 것이 되고, 튼튼한 것들은 야곱의 것이 되었습니다.

43 이렇게 해서 야곱은 큰 부자가 되었습니다. 야곱은

---

31 • "What wages do you want?" Laban asked again.

Jacob replied, "Don't give me anything. Just do this one thing, and I'll continue to 32 tend and watch over your flocks. • Let me inspect your flocks today and remove all the sheep and goats that are speckled or spotted, along with all the black sheep. 33 Give these to me as my wages. • In the future, when you check on the animals you have given me as my wages, you'll see that I have been honest. If you find in my flock any goats without speckles or spots, or any sheep that are not black, you will know that I have stolen them from you."

34 • "All right," Laban replied. "It will be as 35 you say." • But that very day Laban went out and removed the male goats that were streaked and spotted, all the female goats that were speckled and spotted or had white patches, and all the black sheep. He placed them in the care of his own sons, 36 • who took them a three-days' journey from where Jacob was. Meanwhile, Jacob stayed and cared for the rest of Laban's flock.

37 • Then Jacob took some fresh branches from poplar, almond, and plane trees and peeled off strips of bark, making white 38 streaks on them. • Then he placed these peeled branches in the watering troughs where the flocks came to drink, for that 39 was where they mated. • And when they mated in front of the white-streaked branches, they gave birth to young that 40 were streaked, speckled, and spotted. • Jacob separated those lambs from Laban's flock. And at mating time he turned the flock to face Laban's animals that were streaked or black. This is how he built his 41 own flock instead of increasing Laban's. • Whenever the stronger females were ready to mate, Jacob would place the peeled branches in the watering troughs in front of them. Then they would mate in 42 front of the branches. • But he didn't do this with the weaker ones, so the weaker lambs belonged to Laban, and the stronger 43 ones were Jacob's. • As a result, Jacob became very wealthy, with large flocks of sheep and goats, female and male servants, and many camels and donkeys.

---

inspect [inspékt] *vt.* 면밀하게 살피다
peel [pi:l] *vt.* (껍질을) 벗기다
remove [rimúːv] *vt.* 떼어놓다, 이동시키다
speckle [spékl] *vt.* 얼룩지게 하다
streak [strík] *vt.* 줄무늬를 넣다
tend [ténd] *vt.* (가축 등을) 지키다
trough [trɔ́:f] *n.* 구유, 여물통

가축 떼와 남종과 여종, 그리고 낙타와 나귀를 많이 가지게 되었습니다.

도망가는 야곱

31 어느 날, 야곱은 라반의 아들들이 하는 이야기를 들었습니다. 라반의 아들들이 한 이야기는 이러 했습니다. "야곱은 우리 아버지의 것을 다 빼앗아 갔다. 그래서 야곱은 우리 아버지의 것으로 부자가 되었다."

2 야곱이 보니, 라반이 자기를 대하는 태도가 그전처럼 다정하지 않았습니다.

3 여호와께서 야곱에게 말씀하셨습니다. "네 조상들이 사는 땅으로 돌아가거라. 내가 너와 함께 있겠다."

4 그래서 야곱은 자기가 가축 떼를 돌보고 있는 들판으로 라헬과 레아를 불러 냈습니다.

5 야곱이 라헬과 레아에게 말했습니다. "장인 어른이 나를 대하시는 태도가 전과 같지 않소. 하지만 내 아버지의 하나님께서 나와 함께 계시오.

6 당신들도 알겠지만, 나는 있는 힘을 다해 당신들의 아버지를 위해 일했소.

7 그런데 그분은 나를 속였소. 그분은 내 품삯을 열 번이나 바꾸었소. 하지만 하나님께서는 당신들의 아버지가 나를 해치지 못하게 하셨소.

8 장인 어른이 '점 있는 것은 다 자네 몫일세' 라고 말씀하시면 가축마다 몸에 점이 생겼고, '줄무늬 있는 것은 다 자네 몫일세' 라고 말씀하시면 가축마다 몸에 줄무늬가 생겼소.

9 하나님께서는 이처럼 장인 어른의 가축을 나에게 되찾아 주셨소.

10 짐승들이 새끼 밸 무렵에 내가 꿈을 꾸었소. 내가 보니 새끼 배려고 하는 숫염소들마다 줄무늬 있는 것이거나 점이 있는 것이거나 얼룩진 것이었소.

11 하나님의 천사가 꿈 속에서 '야곱아!' 하고 부르셔서 내가 '예!' 하고 대답했소.

12 천사가 말씀하셨소. '보아라. 새끼 배려고 하는 것은 다 줄무늬 있는 것이거나 점이 있는 것이거나 얼룩진 것이다. 라반이 너에게 한 못된 짓을 내가 다 보았다.

13 나는 벧엘에서 너에게 나타났던 여호와 하나님이다. 너는 거기에서 돌 기둥에 기름을 붓고 나에게 맹세를 했다. 당장 이곳을 떠나 네가 태어난 땅으로 돌아가거라.'"

14 라헬과 레아가 야곱에게 대답했습니다. "아직도 우리 아버지의 집에서 우리가 물려받을 수 있는 몫이나 유산이 있을까요?

15 아버지는 우리를 당신에게 팔고, 또 우리 몫을 다 차지하셨으니, 이제, 우리를 잠시 묵고 있는 나그네처럼 여기시는 것이 아니겠어요?

16 하나님께서 우리 아버지로부터 찾아 주신 재산은 이

Jacob Flees from Laban

31 But Jacob soon learned that Laban's sons were grumbling about him. "Jacob has robbed our father of everything!" they said. "He has gained all his wealth at 2 our father's expense." •And Jacob began to notice a change in Laban's attitude toward him.

3 •Then the LORD said to Jacob, "Return to the land of your father and grandfather and to your relatives there, and I will be with you."

4 •So Jacob called Rachel and Leah out to the field where he was watching his flock. 5 •He said to them, "I have noticed that your father's attitude toward me has changed. But the God of my father has 6 been with me. •You know how hard I 7 have worked for your father, •but he has cheated me, changing my wages ten times. But God has not allowed him to do me 8 any harm. •For if he said, 'The speckled animals will be your wages,' the whole flock began to produce speckled young. And when he changed his mind and said, 'The striped animals will be your wages,' then the whole flock produced striped 9 young. •In this way, God has taken your father's animals and given them to me.

10 •"One time during the mating season, I had a dream and saw that the male goats mating with the females were streaked, 11 speckled, and spotted. •Then in my dream, the angel of God said to me, 'Jacob!' And I replied, 'Yes, here I am.'

12 •"The angel said, 'Look up, and you will see that only the streaked, speckled, and spotted males are mating with the females of your flock. For I have seen how 13 Laban has treated you. •I am the God who appeared to you at Bethel,* the place where you anointed the pillar of stone and made your vow to me. Now get ready and leave this country and return to the land of your birth.'"

14 •Rachel and Leah responded, "That's fine with us! We won't inherit any of our 15 father's wealth anyway. •He has reduced our rights to those of foreign women. And after he sold us, he wasted the money you 16 paid him for us. •All the wealth God has given you from our father legally belongs to us and our children. So go ahead and do whatever God has told you."

anoint [ənóint] *vt.* 기름붓다
grumble [grʌ́mbl] *vi.* 투덜대다
wage [wéidʒ] *n.* 품삯, 노임

31:13 As in Greek version and an Aramaic Targum; Hebrew reads the God of Bethel.

제, 모두 우리와 우리 아이들 것이에요. 그러니 당신은 하나님께서 말씀하신 대로 하세요."

17 야곱은 자기 아이들과 아내들을 낙타에 태웠습니다.

18 그런 다음에 야곱은 밧단아람에서 살면서 모은 모든 가축 떼와 재산을 가지고 가나안 땅에 사는 자기 아버지 이삭을 향해 떠났습니다.

19 그때, 라반은 양 떼의 털을 깎으러 나가 있었습니다. 그 틈을 타서 라헬이 라반의 드라빔을 훔쳤습니다.

20 야곱은 떠날 생각을 하고 있으면서도 아람 사람 라반에게 알리지 않고, 그를 속였습니다.

21 그러다가 자기가 가진 모든 것을 가지고 도망쳤습니다. 야곱은 먼저 유프라테스 강을 건넌 다음에 길르앗의 산악 지방 쪽으로 갔습니다.

22 삼 일 만에 라반은 야곱이 도망쳤다는 이야기를 들었습니다.

23 그래서 라반은 친척들을 불러모은 다음 야곱을 뒤쫓아갔습니다. 라반은 칠 일 만에 길르앗의 산악 지방에서 야곱을 따라잡았습니다.

24 그날 밤, 하나님께서 아람 사람 라반의 꿈에 나타나셔서 말씀하셨습니다. "조심하여라. 좋은 말이든 나쁜 말이든 야곱에게 아무 말도 하지 마라."

라반이 우상을 찾다

25 라반이 야곱을 따라잡았을 때에 야곱은 산악 지방에 장막을 쳐놓고 있었습니다. 그래서 라반과 그의 친척들도 길르앗의 산악 지방에 장막을 쳤습니다.

26 라반이 야곱에게 말했습니다. "어찌하여 이런 일을 했나? 왜 나를 속였나? 왜 내 딸들을 마치 칼로 잡은 전쟁 포로를 끌고 가듯 끌고 가는가?

27 왜 나에게 말도 하지 않고 이렇게 도망가나? 왜 나를 속였나? 왜 말하지 않았나? 말해 주었더라면 북을 두드리고 수금에 맞춰, 기쁘게 노래하며 자네를 보냈을 것 아닌가?

28 자네는 내 손자들에게 이별의 입맞춤도 못하게 했고, 내 딸들에게도 이별의 인사를 못하게 했네. 어찌하여 이렇게 어리석은 짓을 했나?

29 나는 자네를 해칠 수도 있네. 하지만 지난 밤에 자네 아버지의 하나님께서 나에게 나타나 말씀하셨네. 하나님께서는 좋은 말이든 나쁜 말이든 자네에게 아무 말도 하지 말라고 주의를 주셨네.

30 자네도 고향으로 돌아가고 싶겠지. 하지만 내 우상은 왜 훔쳐 갔는가?"

31 야곱이 라반에게 대답했습니다. "장인 어른께서 강제로 장인 어른의 딸들을 빼앗아 갈까봐 말씀도 드리지 못하고 떠나왔습니다.

32 저희 중에 장인 어른의 우상을 가지고 있는 사람이 있으면 그 사람을 죽여도 좋습니다. 여기 장인 어른의 친척들도 계시니 무엇이든 장인 어른의 것이 저희

17 •So Jacob put his wives and children on
18 camels, •and he drove all his livestock in front of him. He packed all the belongings he had acquired in Paddan-aram and set out for the land of Canaan, where his
19 father, Isaac, lived. •At the time they left, Laban was some distance away, shearing his sheep. Rachel stole her father's house-
20 hold idols and took them with her. •Jacob outwitted Laban the Aramean, for they set out secretly and never told Laban they
21 were leaving. •So Jacob took all his possessions with him and crossed the Euphrates River,* heading for the hill country of Gilead.

Laban Pursues Jacob

22 •Three days later, Laban was told that
23 Jacob had fled. •So he gathered a group of his relatives and set out in hot pursuit. He caught up with Jacob seven days later in
24 the hill country of Gilead. •But the previous night God had appeared to Laban the Aramean in a dream and told him, "I'm warning you—leave Jacob alone!"
25 •Laban caught up with Jacob as he was camped in the hill country of Gilead, and he set up his camp not far from Jacob's.
26 "What do you mean by deceiving me like this?" Laban demanded. "How dare you drag my daughters away like prisoners
27 of war? •Why did you slip away secretly? Why did you deceive me? And why didn't you say you wanted to leave? I would have given you a farewell feast, with singing and music, accompanied by tambourines and
28 harps. •Why didn't you let me kiss my daughters and grandchildren and tell them good-bye? You have acted very fool-
29 ishly! •I could destroy you, but the God of your father appeared to me last night and
30 warned me, 'Leave Jacob alone!' •I can understand your feeling that you must go, and your intense longing for your father's home. But why have you stolen my gods?"
31 •"I rushed away because I was afraid," Jacob answered. "I thought you would take your daughters from me by force.
32 •But as for your gods, see if you can find them, and let the person who has taken them die! And if you find anything else that belongs to you, identify it before all these relatives of ours, and I will give it back!" But Jacob did not know that Rachel had stolen the household idols.

---

accompany [əkʌ́mpəni] *vt.* 반주하다
outwit [áutwit] *vt.* 속이다
shear [ʃiər] *vt.* …의 털을 깎다
31:25 catch up with… : …을 따라잡다

31:21 Hebrew *the river*.

에게 있는가 찾아보시고 있으면 가져가십시오." 야곱은 라헬이 라반의 우상을 훔쳤다는 것을 모르고 있었습니다.

33 그래서 라반은 야곱의 장막과 레아의 장막을 뒤졌습니다. 그리고 두 여종의 장막도 뒤졌습니다. 그러나 우상을 찾아 내지 못한 라반은 레아의 장막을 떠나 라헬의 장막으로 들어갔습니다.

34 그때, 라헬은 우상을 낙타의 안장 밑에 숨겨 놓고 그 위에 앉아 있었습니다. 라반은 장막 안을 샅샅이 뒤졌으나 우상을 발견하지 못했습니다.

35 라헬이 자기 아버지에게 말했습니다. "아버지, 제가 그냥 앉아 있다고 해서 노여워하지 마세요. 지금 월경 중이라 일어날 수가 없어서 그래요." 라반은 라헬의 장막을 뒤졌지만 우상을 찾지 못했습니다.

36 야곱이 화를 내면서 라반에게 말했습니다. "제가 무슨 잘못을 했습니까? 제가 무슨 죄를 졌다고 이처럼 불같이 저를 쫓아오셨습니까?

37 제 물건을 다 뒤지셨는데, 장인 어른의 것이 있습니까? 만약 있다면 장인 어른의 친척들과 제 친척들 앞에 내놓아 보이십시오. 그래서 우리 두 사람 중에서 누가 옳은지 판단할 수 있게 해 주십시오.

38 저는 장인 어른을 위해 이십 년 동안 일했습니다. 그 동안, 어미 배 속에서 죽은 채 나온 새끼 양이나 염소는 한 마리도 없었습니다. 그리고 저는 장인 어른의 가축 중에서 숫양 한 마리 잡아먹은 적이 없습니다.

39 어쩌다가 양 한 마리가 들짐승들에게 잡혀 먹히라도 하면 저는 그것을 장인 어른께 그대로 가져가지 않고, 제 양으로 대신 갚아 드렸습니다. 장인 어른께서는 낮이나 밤 동안에 없어진 가축이 있으면 저에게 그것을 갚게 하셨습니다.

40 낮에는 너무 뜨거워 견딜 수가 없었고, 밤에는 너무 추워 잠을 잘 수가 없었습니다.

41 저는 지난 이십 년 동안, 장인 어른을 위해 종처럼 일했습니다. 처음 십사 년 동안은 장인 어른의 두 딸을 얻으려고 일했고, 육 년 동안은 가축을 얻으려고 일했습니다. 그런데도 장인 어른께서는 제 품삯을 열 번이나 바꾸셨습니다.

42 하지만 제 아버지의 하나님께서는 저와 함께 계셨습니다. 그분은 아브라함의 하나님이시고 이삭의 하나님이십니다. 만약 하나님께서 저와 함께 계시지 않았다면, 장인 어른은 저에게 아무것도 주지 않고 맨손으로 돌려 보냈을 것입니다. 하지만 하나님께서는 제가 겪은 고통과 제가 얼마나 열심히 일했는가를 아시고 지난 밤에 장인 어른을 꾸짖으신 것입니다."

야곱과 라반이 언약을 맺음

43 라반이 야곱에게 말했습니다. "이 딸들은 내 딸이

33 •Laban went first into Jacob's tent to search there, then into Leah's, and then the tents of the two servant wives—but he found nothing. Finally, he went into 34 Rachel's tent. •But Rachel had taken the household idols and hidden them in her camel saddle, and now she was sitting on them. When Laban had thoroughly searched 35 her tent without finding them, •she said to her father, "Please, sir, forgive me if I don't get up for you. I'm having my monthly period." So Laban continued his search, but he could not find the household idols.

36 •Then Jacob became very angry, and he challenged Laban. "What's my crime?" he demanded. "What have I done wrong to make you chase after me as though I were a 37 criminal? •You have rummaged through everything I own. Now show me what you found that belongs to you! Set it out here in front of us, before our relatives, for all to see. Let them judge between us!

38 • "For twenty years I have been with you, caring for your flocks. In all that time your sheep and goats never miscarried. In all those years I never used a single ram of yours 39 for food. •If any were attacked and killed by wild animals, I never showed you the carcass and asked you to reduce the count of your flock. No, I took the loss myself! You made me pay for every stolen animal, whether it was taken in broad daylight or in the dark of night.

40 • "I worked for you through the scorching heat of the day and through cold and 41 sleepless nights. •Yes, for twenty years I slaved in your house! I worked for fourteen years earning your two daughters, and then six more years for your flock. And you 42 changed my wages ten times! •In fact, if the God of my father had not been on my side—the God of Abraham and the fearsome God of Isaac*—you would have sent me away empty-handed. But God has seen your abuse and my hard work. That is why he appeared to you last night and rebuked you!"

Jacob's Treaty with Laban

43 •Then Laban replied to Jacob, "These women are my daughters, these children are my grandchildren, and these flocks are my flocks—in fact, everything you see is mine.

abuse [əbjúːs] *n.* 학대, 혹사
rebuke [ribjúːk] *vt.* 비난하다, 꾸짖다
rummage [rʌ́midʒ] *vt.* 뒤지다, 샅샅이 조사하다
scorching [skɔ́ːrtʃiŋ] *a.* 태우는 듯한

31:42 Or *and the Fear of Isaac.*

요, 이 아이들은 내 손자들이요, 가축들도 내 가축이
네. 자네 앞에 있는 것이 다 내 것일세. 하지만 내가
지금 와서 내 딸들에게 무슨 일을 할 수 있으며, 내 딸
들이 낳은 아이들에게 무슨 일을 할 수 있겠는가?

44 자, 우리 언약을 맺고 돌무더기를 쌓아 그것이 나와
자네 사이에 증거가 되도록 하세."

45 그래서 야곱은 돌 한 개를 가져와서 기둥으로 세웠습
니다.

46 야곱이 자기 친척들에게 돌을 모으라고 말했습니다.
그들은 돌들을 주워 와 무더기를 쌓았습니다. 그런 다
음에 그들은 돌무더기 옆에 앉아 음식을 먹었습니다.

47 라반이 그곳의 이름을 자기 나라 말로 여갈사하두다*
라고 지었습니다. 야곱도 똑같은 이름을 히브리 말로
갈르엣이라고 지어 불렀습니다.

48 라반이 야곱에게 말했습니다. "이 돌무더기는 우리
가 맺은 언약의 증거일세." 사람들이 그곳의 이름을
갈르엣이라고 부르는 것도 이 때문입니다.

49 또한 그곳은 미스바*라고 부르기도 합니다. 그렇게
부르는 까닭은 라반이 이렇게 말했기 때문입니다.
"우리가 서로 헤어져 있는 동안, 여호와께서 우리를
지켜 보시기를 바라네.

50 만약 자네가 내 딸들을 못살게 굴거나 내 딸들을 놔
두고 다른 아내를 또 얻으면, 비록 증인된 사람은 우
리와 함께 있지 못할지라도 하나님께서 자네와 나 사
이에 증인이 되실 것이네."

51 라반이 또 야곱에게 말했습니다. "내가 자네와 나 사
이에 쌓은 이 돌무더기를 보게. 또 내가 세운 이 돌 기
둥을 보게.

52 이 돌무더기와 이 돌 기둥은 우리들의 언약의 증거일
세. 나는 절대로 이 돌무더기를 지나서 자네를 해치
지 않을 걸세. 그리고 자네도 절대로 이 돌무더기를
지나서 나를 해치지 말아야 하네.

53 아브라함의 하나님, 나홀의 하나님, 그분들 조상의
하나님께서 우리 사이에 재판관이 되어 주시기를 바
라네." 그리하여 야곱은 자기 아버지 이삭이 두려워
하는 하나님의 이름으로 약속을 했습니다.

54 그리고 야곱은 짐승 한 마리를 잡아 산에서 제물로
바쳤습니다. 그리고 나서 야곱은 친척들을 불러 함께
음식을 먹었습니다. 음식을 먹은 뒤, 그들은 산에서
하룻밤을 묵었습니다.

55 이튿날 아침 일찍 일어나 라반은 손자 손녀들과 딸들
에게 입을 맞추고, 그들에게 복을 빌어 준 다음, 고향
으로 돌아갔습니다.

야곱이 에서를 만남

32 야곱이 자기 길을 가고 있는데 하나님의 천사
들이 야곱에게 나타났습니다.

2 야곱은 하나님의 천사들을 보고 "이는 하나님의 군

But what can I do now about my daugh-
44 ters and their children? •So come, let's
make a covenant, you and I, and it will be
a witness to our commitment."

45 •So Jacob took a stone and set it up as a
46 monument. •Then he told his family
members, "Gather some stones." So they
gathered stones and piled them in a heap.
Then Jacob and Laban sat down beside the
47 pile of stones to eat a covenant meal. •To
commemorate the event, Laban called the
place Jegar-sahadutha (which means
"witness pile" in Aramaic), and Jacob
called it Galeed (which means "witness
pile" in Hebrew).

48 •Then Laban declared, "This pile of
stones will stand as a witness to remind us
of the covenant we have made today.
This explains why it was called Galeed—
49 "Witness Pile." •But it was also called
Mizpah (which means "watchtower"), for
Laban said, "May the LORD keep watch
between us to make sure that we keep this
covenant when we are out of each other's
50 sight. •If you mistreat my daughters or if
you marry other wives, God will see it even
if no one else does. He is a witness to this
covenant between us.

51 •"See this pile of stones," Laban contin-
ued, "and see this monument I have set
52 between us. •They stand between us as
witnesses of our vows. I will never pass this
pile of stones to harm you, and you must
never pass these stones or this monument
53 to harm me. •I call on the God of our
ancestors—the God of your grandfather
Abraham and the God of my grandfather
Nahor—to serve as a judge between us."

So Jacob took an oath before the fear-
some God of his father, Isaac,* to respect
54 the boundary line. •Then Jacob offered a
sacrifice to God there on the mountain and
invited everyone to a covenant feast. After
they had eaten, they spent the night on the
mountain.

55 •*Laban got up early the next morning,
and he kissed his grandchildren and his
daughters and blessed them. Then he left
and returned home.

1 **32** *As Jacob started on his way again,
angels of God came to meet him.
2 •When Jacob saw them, he exclaimed,

31:53 Or the Fear of his father, Isaac.   31:55
Verse 31:55 is numbered 32:1 in Hebrew text.
32:1 Verses 32:1-32 are numbered 32:2-33 in
Hebrew text.

31:47 '여갈사하두다'는 아람어로 '증거의 무더기'라는 뜻이다.
31:49 '미스바'는 '망루'라는 뜻이다.

대다"라고 말했습니다. 그래서 야곱은 그곳을 마하나임*이라고 불렀습니다.

3 야곱의 형 에서는 에돔 나라의 세일이라고 하는 지역에서 살고 있었습니다. 야곱이 에서에게 심부름꾼들을 자기보다 먼저 보냈습니다.

4 야곱이 심부름꾼들에게 말했습니다. "내 주 에서에게 이 말을 전하여라. '당신의 종인 야곱이 말씀드립니다. 저는 라반과 함께 살며 지금까지 그곳에 머물러 있었습니다.

5 저에게는 소와 나귀와 가축 떼와 남종과 여종들이 있습니다. 그러므로 제가 이 사람들을 보내어 전하여 드리고, 형님의 은혜를 구하려 합니다.'"

6 심부름꾼들이 야곱에게 돌아와 말했습니다. "주인님의 형님이신 에서에게 다녀왔습니다. 에서는 사백 명을 거느리고 주인님을 만나러 오고 있습니다."

7 야곱은 그 말을 듣고 너무나 두렵고 낙심이 되었습니다. 야곱은 자기와 함께 있는 사람들을 두 무리로 나누었습니다. 그리고 양 떼와 소 떼와 낙타들도 두 무리로 나누었습니다.

8 야곱은 이렇게 생각했습니다. '에서가 다가와서 한 무리를 친다 하더라도 나머지 한 무리는 도망칠 수 있을 것이다.'

9 야곱이 말했습니다. "제 할아버지 아브라함의 하나님, 제 아버지 이삭의 하나님! 하나님께서는 저에게 '네 나라, 네 집으로 돌아가거라. 네게 은혜를 베풀어 줄 것이다' 하고 말씀하셨습니다.

10 저는 하나님께서 저에게 베풀어 주신 온갖 은혜와 사랑을 받을 자격이 없는 사람입니다. 제가 처음 요단강을 건넜을 때, 저에게는 지팡이가 하나밖에 없었습니다. 그런데 지금 저에게는 재산을 둘로 나눌 수 있을 만큼 많은 재산이 있습니다.

11 제발 저를 제 형 에서로부터 구해 주십시오. 에서가 와서 저와 아이들의 어머니와 아이들까지 해치지 않도록 해 주십시오.

12 하나님께서는 저에게 '내가 너에게 은혜를 베풀겠다. 내가 네 자손을 바다의 모래처럼 셀 수도 없이 많게 해 주겠다' 고 말씀하지 않으셨습니까?"

13 그날 밤, 야곱은 거기에서 묵었습니다. 야곱은 자기가 가진 것 중에서 에서에게 줄 선물을 준비했습니다.

14 야곱이 준비한 선물은 암염소 이백 마리와 숫염소 이십 마리, 암양 이백 마리와 숫양 이십 마리,

15 젖을 먹이는 암낙타 삼십 마리와 그 새끼 낙타들, 암소 사십 마리와 황소 열 마리, 암나귀 이십 마리와 새끼 나귀 열 마리였습니다.

16 야곱은 이것들을 각각 떼로 나누어 자기 종들에게 주면서 말했습니다. "나보다 먼저 가거라. 그리고 가축 떼와 가축 떼 사이에 거리를 두어라."

"This is God's camp!" So he named the place Mahanaim.*

Jacob Sends Gifts to Esau

3 •Then Jacob sent messengers ahead to his brother, Esau, who was living in the region of Seir in the land of Edom. 4 •He told them, "Give this message to my master Esau: 'Humble greetings from your servant Jacob. Until now I have been living with Uncle Laban, 5 •and now I own cattle, donkeys, flocks of sheep and goats, and many servants, both men and women. I have sent these messengers to inform my lord of my coming, hoping that you will be friendly to me.' "

6 •After delivering the message, the messengers returned to Jacob and reported, "We met your brother, Esau, and he is already on his way to meet you—with an army of 400 men!" 7 •Jacob was terrified at the news. He divided his household, along with the flocks and herds and camels, into two groups. 8 •He thought, "If Esau meets one group and attacks it, perhaps the other group can escape."

9 •Then Jacob prayed, "O God of my grandfather Abraham, and God of my father, Isaac—O LORD, you told me, 'Return to your own land and to your relatives.' And 10 you promised me, 'I will treat you kindly.' •I am not worthy of all the unfailing love and faithfulness you have shown to me, your servant. When I left home and crossed the Jordan River, I owned nothing except a walking stick. Now my household fills two 11 large camps! •O LORD, please rescue me from the hand of my brother, Esau. I am afraid that he is coming to attack me, along 12 with my wives and children. •But you promised me, 'I will surely treat you kindly, and I will multiply your descendants until they become as numerous as the sands along the seashore—too many to count.' "

13 •Jacob stayed where he was for the night. Then he selected these gifts from his posses- 14 sions to present to his brother, Esau: •200 female goats, 20 male goats, 200 ewes, 20 15 rams, •30 female camels with their young, 40 cows, 10 bulls, 20 female donkeys, and 10 16 male donkeys. •He divided these animals into herds and assigned each to different servants. Then he told his servants, "Go ahead of me with the animals, but keep some distance between the herds."

---

assign [əsáin] *vt.* 할당하다, 배당하다
ewe [júː] *n.* (성장한) 암양
tendon [téndən] *n.* 힘줄

32:2 *Mahanaim* means "two camps."
32:2 '마하나임'은 '두 진영'이라는 뜻이다.

17 야곱은 종들에게 명령을 했습니다. 첫 번째 가축 떼를 몰고 가는 종에게는 이렇게 말했습니다. '내 형 에서가 너에게 다가와서 '너는 누구의 종이며 어디로 가는 길이냐? 이 짐승들은 누구의 것이냐?' 하고 물으면

18 너는 이렇게 대답하여라. '이 짐승들은 주인님의 종 야곱의 것으로서 에서 주인님께 드리는 선물입니다. 야곱도 저희들 뒤에 오고 있습니다.'"

19 야곱은 두 번째 종과 세 번째 종과 가축 떼를 따라가는 그 밖의 모든 종들에게도 똑같은 명령을 내렸습니다. "에서를 만나거든 똑같이

20 '주인님의 종 야곱은 저희들 뒤에 오고 있습니다'라고 말하여라." 야곱은 이렇게 생각했습니다. '내가 가기 전에 먼저 이 선물을 주면 형의 마음이 풀어질지도 모른다. 그런 다음에 형을 만나면 형이 나를 맞아 줄 것이다.'

21 그래서 야곱은 에서에게 먼저 선물을 보냈습니다. 그리고 야곱은 그날 밤, 천막에서 묵었습니다.

하나님과 씨름하는 야곱

22 그날 밤, 야곱은 자리에서 일어나 두 아내와 두 여종과 열한 명의 아들을 데리고 얍복 강 나루를 건넜습니다.

23 야곱은 자기의 가족 모두와 자기의 모든 재산을 강 건너편으로 보냈습니다.

24 그리고 자신은 홀로 뒤에 남았습니다. 어떤 사람이 와서 밤새도록 야곱과 씨름을 했습니다.

25 그 사람은 야곱을 이길 수 없다는 것을 알고, 야곱의 엉덩이뼈를 쳐서 엉덩이뼈를 어긋나게 만들었습니다.

26 그 사람이 야곱에게 말했습니다. "날이 새려고 하니 나를 놓아 다오." 하지만 야곱이 말했습니다. "저에게 복을 주시지 않으면 보내 드릴 수 없습니다."

27 그 사람이 야곱에게 말했습니다. "네 이름이 무엇이냐?" 야곱이 대답했습니다. "야곱입니다."

28 그 사람이 말했습니다. "네 이름은 이제부터 야곱이 아니라 이스라엘*이다. 네가 하나님과 씨름했고, 사람과도 씨름을 해서 이겼기 때문이다."

29 야곱이 그 사람에게 물었습니다. "당신의 이름을 가르쳐 주십시오." 그러자 그 사람이 말했습니다. "왜 내 이름을 묻느냐?" 하며 그 자리에서 야곱에게 복을 주었습니다.

30 그래서 야곱은 그곳을 브니엘*이라고 불렀습니다. 야곱이 말했습니다. "나는 하나님의 얼굴을 보고도 죽지 않고 살았다."

31 야곱이 그곳을 떠나려 할 때에 해가 떠올랐습니다. 야곱은 엉덩이 때문에 다리를 절뚝거렸습니다.

32 브니엘에서 나타난 사람이 야곱의 엉덩이뼈를 쳤기 때문에, 지금도 이스라엘 사람들은 엉덩이뼈에

17 •He gave these instructions to the men leading the first group: "When my brother, Esau, meets you, he will ask, 'Whose servants are you? Where are you going? Who
18 owns these animals?' •You must reply, 'They belong to your servant Jacob, but they are a gift for his master Esau. Look, he is coming right behind us.'"

19 •Jacob gave the same instructions to the second and third herdsmen and to all who followed behind the herds: "You must say the same thing to Esau when you meet him.
20 •And be sure to say, 'Look, your servant Jacob is right behind us.'"
Jacob thought, "I will try to appease him by sending gifts ahead of me. When I see him in person, perhaps he will be friendly to
21 me." •So the gifts were sent on ahead, while Jacob himself spent that night in the camp.

Jacob Wrestles with God

22 •During the night Jacob got up and took his two wives, his two servant wives, and his eleven sons and crossed the Jabbok River
23 with them. •After taking them to the other side, he sent over all his possessions.
24 •This left Jacob all alone in the camp, and a man came and wrestled with him
25 until the dawn began to break. •When the man saw that he would not win the match, he touched Jacob's hip and wrenched it out
26 of its socket. •Then the man said, "Let me go, for the dawn is breaking!"
But Jacob said, "I will not let you go unless you bless me."
27 •"What is your name?" the man asked.
He replied, "Jacob."
28 •"Your name will no longer be Jacob," the man told him. "From now on you will be called Israel,* because you have fought with God and with men and have won."
29 •"Please tell me your name," Jacob said.
"Why do you want to know my name?" the man replied. Then he blessed Jacob there.
30 •Jacob named the place Peniel (which means "face of God"), for he said, "I have seen God face to face, yet my life has been
31 spared." •The sun was rising as Jacob left Peniel,* and he was limping because of the
32 injury to his hip. •(Even today the people of Israel don't eat the tendon near the hip socket because of what happened that night when the man strained the tendon of Jacob's hip.)

32:28 *Jacob* sounds like the Hebrew words for "heel" and "deceiver." *Israel* means "God fights." 32:31 Hebrew *Penuel,* a variant spelling of Peniel.

32:28 '이스라엘' 은 '하나님과 겨루다' 라는 뜻이다.
32:30 '브니엘' 은 '하나님의 얼굴' 이라는 뜻이다.

붙어 있는 큰 힘줄을 먹지 않습니다.

야곱이 에서를 만나다

33 야곱이 눈을 들어 보니 에서가 오고 있었습니다. 에서는 종 사백 명을 거느리고 있었습니다. 그래서 야곱은 레아와 라헬과 두 여종에게 아이들을 나누어 맡겼습니다.

2 야곱은 여종들과 그 아이들을 앞에 세우고 레아와 그 아이들을 그 뒤에 세웠습니다. 라헬과 요셉은 맨 뒤에 세웠습니다.

3 야곱은 맨 앞으로 나갔습니다. 야곱은 형이 있는 쪽으로 다가가면서 일곱 번이나 땅에 엎드려 절했습니다.

4 그러자 에서가 달려와 야곱을 맞이했습니다. 에서는 야곱을 끌어안고, 그의 목에 얼굴을 기대었습니다. 그리고 야곱에게 입을 맞추었고, 두 사람은 함께 소리내어 울었습니다.

5 에서가 눈을 들어 보니 여자와 아이들이 보였습니다. 에서가 물었습니다. "너와 함께 있는 이 사람들은 누구냐?" 야곱이 대답했습니다. "이 사람들은 하나님께서 형님의 종인 저에게 은혜로 주신 아이들입니다."

6 두 여종과 그들의 아이들이 에서 앞으로 나와 땅에 엎드려 절했습니다.

7 그런 다음, 이번에는 레아와 그 아이들이 에서에게 나아와 역시 땅에 엎드려 절했습니다. 마지막으로 요셉과 라헬이 에서에게 나아와 마찬가지로 땅에 엎드려 절했습니다.

8 에서가 말했습니다. "여기까지 오는 동안에 가축 떼를 여러 번 만났는데, 그것은 웬 가축 떼냐?" 야곱이 대답했습니다. "그것은 형님께 드리는 선물입니다."

9 에서가 말했습니다. "야곱아, 그런 것은 나에게도 얼마든지 있다. 네 것은 네가 가져라."

10 야곱이 말했습니다. "아닙니다, 형님. 저를 좋게 보신다면, 제가 드리는 선물을 받아 주십시오, 형님 얼굴을 다시 뵙게 되어 너무나 기쁩니다. 형님이 저를 받아 주시니, 마치 하나님 얼굴을 뵙는 듯합니다.

11 그러니 제 선물을 받아 주십시오, 하나님께서 저에게 큰 은혜를 베풀어 주셔서 저는 넉넉하게 가지고 있습니다." 야곱이 자꾸 권하자, 에서가 선물을 받았습니다.

12 에서가 말했습니다. "자, 이제 가자. 나도 너와 함께 가겠다."

13 그러나 야곱이 에서에게 말했습니다. "형님, 형님께서도 아시겠지만, 아이들은 약합니다. 게다가 가축 떼도 그 새끼들도 걱정이 됩니다. 하룻동안, 너무 많이 걷게 되면 짐승들이 다 죽을 것입니다.

14 형님, 그러니 형님 먼저 가십시오, 저는 천천히 뒤따라 가겠습니다. 가축 떼와 아이들의 걸음걸이에 맞추어 천천히 가겠습니다. 그리고 세일에서 다시 형님

Jacob and Esau Make Peace

33 Then Jacob looked up and saw Esau coming with his 400 men. So he divided the children among Leah, Rachel, 2 and his two servant wives. •He put the servant wives and their children at the front, Leah and her children next, and Rachel 3 and Joseph last. •Then Jacob went on ahead. As he approached his brother, he bowed to the ground seven times before 4 him. •Then Esau ran to meet him and embraced him, threw his arms around his neck, and kissed him. And they both wept.

5 •Then Esau looked at the women and children and asked, "Who are these people with you?"

"These are the children God has graciously given to me, your servant," Jacob 6 replied. •Then the servant wives came forward with their children and bowed before him. •Next came Leah with her children, and they bowed before him. Finally, Joseph and Rachel came forward and bowed before him.

8 •"And what were all the flocks and herds I met as I came?" Esau asked.

Jacob replied, "They are a gift, my lord, to ensure your friendship."

9 •"My brother, I have plenty," Esau answered. "Keep what you have for yourself."

10 •But Jacob insisted, "No, if I have found favor with you, please accept this gift from me. And what a relief to see your friendly smile. It is like seeing the face of God! 11 •Please take this gift I have brought you, for God has been very gracious to me. I have more than enough." And because Jacob insisted, Esau finally accepted the gift.

12 •"Well," Esau said, "let's be going. I will lead the way."

13 •But Jacob replied, "You can see, my lord, that some of the children are very young, and the flocks and herds have their young, too. If they are driven too hard, even for one day, all the animals could die. 14 •Please, my lord, go ahead of your servant. We will follow slowly, at a pace that is comfortable for the livestock and the children. I will meet you at Seir."

approach [əpróutʃ] *vt.* 접근하다
defile [difáil] *vt.* 더럽히다
embrace [imbréis] *vt.* 껴안다
furious [fjúəriəs] *a.* 격노한
herd [hə:rd] *n.vi.* 가축의 떼; 가축을 돌보다
plot [plát] *n.* 작은 구획의 땅
rape [réip] *vt.* 강간하다
relief [rilí:f] *n.* (고통, 걱정 등의) 제거, 경감
33:6 bow before … : … 앞에서 절하다

15 그러자 에서가 말했습니다. "그렇다면 내가 데리고 있는 사람 중 몇 명을 네 곁에 남겨 두어 너와 함께 오게 하마." 야곱이 말했습니다. "어찌 그렇게 하겠습니까? 내 주인인 형님의 친절한 마음만으로도 만족합니다."

16 그리하여 그날, 에서는 세일 쪽으로 다시 돌아갔습니다.

17 하지만 야곱은 숙곳*으로 갔습니다. 그곳에서 야곱은 자기 식구들이 머물 집을 지었습니다. 그리고 짐승들을 위해 우리를 지어 주었습니다. 그래서 그곳의 이름은 숙곳이 되었습니다.

18 야곱은 밧단아람을 떠나 가나안땅 세겜 성에 무사히 이르렀습니다. 야곱은 성 동쪽에 장막을 쳤습니다.

19 야곱은 장막을 친 밭을 세겜의 아버지 하몰의 아들들에게서 은 돈 백 개를 주고 샀습니다.

20 야곱은 그곳에 제단을 쌓고 그 이름을 엘엘로헤이스라엘이라고 지었습니다.

디나가 강간을 당하다

34 레아와 야곱 사이에서 태어난 딸 디나가 그 땅의 여자들을 보러 나갔습니다.

2 히위 사람 하몰의 아들이며, 그 땅의 추장인 세겜이 디나를 보고, 끌고 가서 강간하였습니다.

3 세겜은 야곱의 딸 디나에게 마음이 끌렸습니다. 그는 디나를 사랑하였으므로 디나의 마음을 위로하였습니다.

4 세겜이 자기 아버지 하몰에게 말했습니다. "이 여자를 제 아내로 삼게 해 주십시오."

5 세겜이 자기 딸을 더럽혔다는 이야기를 야곱이 들었습니다. 그때, 야곱의 아들들은 들에서 가축 떼를 치고 있었습니다. 야곱은 아들들이 돌아올 때까지 아무 말도 하지 않았습니다.

6 세겜의 아버지 하몰이 이야기할 것이 있어서 야곱에게 왔습니다.

7 그때, 야곱의 아들들은 그 소식을 듣고 들에서 막 돌아와 있었습니다. 그들은 디나가 더럽힘을 당했다는 이야기를 듣고 괴로워하며 분노하였습니다. 세겜이 야곱의 딸에게 해서는 안 될 짓을 하여, 이스라엘 사람을 부끄럽게 만들었기 때문입니다.

8 하몰이 야곱의 아들들에게 말했습니다. "내 아들 세겜이 디나를 너무나 사랑하고 있습니다. 제발 그 소녀를 세겜에게 주어 결혼할 수 있게 해 주십시오.

9 그리고 당신들도 우리 백성과 결혼해서 같이 사십시다. 당신들의 여자를 우리에게 주십시오. 그리고 우리들의 딸을 데리고 가십시오.

10 우리와 함께 사십시다. 거할 땅이 당신들 앞에 있으니 여기에 살면서 장사도 하고, 재산도 늘리십시오."

15 • "All right," Esau said, "but at least let me assign some of my men to guide and protect you.

Jacob responded, "That's not necessary. It's enough that you've received me warmly, my lord!"

16 • So Esau turned around and started back
17 to Seir that same day. • Jacob, on the other hand, traveled on to Succoth. There he built himself a house and made shelters for his livestock. That is why the place was named Succoth (which means "shelters").

18 • Later, having traveled all the way from Paddan-aram, Jacob arrived safely at the town of Shechem, in the land of Canaan. There he set up camp outside the town.
19 • Jacob bought the plot of land where he camped from the family of Hamor, the father of Shechem, for 100 pieces of silver.*
20 • And there he built an altar and named it El-Elohe-Israel.*

Revenge against Shechem

34 One day Dinah, the daughter of Jacob and Leah, went to visit some of the
2 young women who lived in the area. • But when the local prince, Shechem son of Hamor the Hivite, saw Dinah, he seized her
3 and raped her. • But then he fell in love with her, and he tried to win her affection with
4 tender words. • He said to his father, Hamor, "Get me this young girl. I want to marry her."

5 • Soon Jacob heard that Shechem had defiled his daughter, Dinah. But since his sons were out in the fields herding his livestock, he said nothing until they returned.
6 • Hamor, Shechem's father, came to discuss
7 the matter with Jacob. • Meanwhile, Jacob's sons had come in from the field as soon as they heard what had happened. They were shocked and furious that their sister had been raped. Shechem had done a disgraceful thing against Jacob's family,* something that should never be done.

8 • Hamor tried to speak with Jacob and his sons. "My son Shechem is truly in love with your daughter," he said. "Please let him
9 marry her. • In fact, let's arrange other marriages, too. You give us your daughters for our sons, and we will give you our daughters
10 for your sons. • And you may live among us; the land is open to you! Settle here and trade

---

33:19 Hebrew *100 kesitahs*; the value or weight of the kesitah is no longer known.   33:20 *El-Elohe-Israel* means "God, the God of Israel."
34:7 Hebrew *a disgraceful thing in Israel.*

33:17 '숙곳' 은 '초막' 또는 '오두막' 이라는 뜻이다.
33:20 '엘엘로헤이스라엘' 은 '하나님, 이스라엘의 하나님' 이라는 뜻이다.

11 세겜도 야곱과 디나의 오라버니들에게 말했습니다. "내 청을 들어 주십시오. 당신들이 원하는 것은 다 드리겠습니다.

12 우리가 신부를 데리고 가는 데 필요한 몸값과 예물을 말씀해 주십시오. 아무리 많이 말씀하시더라도 말씀하시는 대로 다 드리겠습니다. 디나와 결혼만 하게 해 주십시오."

13 야곱의 아들들이 세겜과 그의 아버지에게 거짓말로 대답했습니다. 이는 세겜이 자기들의 누이 디나를 더럽혔기 때문입니다.

14 야곱의 아들들이 말했습니다. "할례도 받지 않은 사람에게 우리 누이를 줄 수는 없습니다. 그것은 우리에게 부끄러운 일이기 때문입니다.

15 다만 한 가지 조건만 들어 주시면 당신들의 청을 들어 드리겠습니다. 만일 당신들 쪽 모든 남자들이 할례를 받아 우리처럼 된다면 청을 허락하겠습니다.

16 그렇게 하시면 우리 딸들을 당신들에게 드리고, 당신들의 딸들을 우리 아내로 맞아들이겠습니다. 그렇게 되면 우리는 당신들과 함께 살면서 한 백성이 될 것입니다.

17 당신들이 우리의 말을 듣고도 할례를 받을 수 없다면, 우리는 디나를 데리고 떠나겠습니다."

18 하몰과 하몰의 아들 세겜은 이 조건이 괜찮다고 생각했습니다.

19 그래서 세겜은 할례 베푸는 일을 지체하지 않았습니다. 이는 세겜이 야곱의 딸을 사랑하는 마음이 깊었기 때문입니다. 그 당시 세겜은 자기 집안에서도 가장 존경받는 사람이었습니다.

20 하몰과 그의 아들 세겜은 성문으로 나아가 그 성의 사람들에게 말했습니다.

21 "이 사람들은 우리와 친구가 되기를 원합니다. 그러니 그들을 우리 땅에 살면서 장사도 할 수 있게 해 줍시다. 이 땅은 그들과 함께 살 수 있을 만큼 충분히 넓습니다. 그리고 그 사람들의 딸을 데려와 아내로 삼고, 우리 딸도 그 사람들에게 줍시다.

22 그런데 여기에는 한 가지 조건이 있습니다. 우리 중 남자는 모두 그 사람들처럼 할례를 받아야 합니다. 그렇게 하면 그들은 우리와 함께 살 것이고, 우리는 한 백성이 될 것입니다.

23 그렇게 되면 그들의 가축 떼와 그들의 재산이 우리 것이 되지 않겠습니까? 그들 말대로 해서 그들이 우리와 함께 살게 합시다."

24 성문으로 나온 사람들이 다 이 말을 들었습니다. 그들은 하몰과 그의 아들 세겜의 말을 따르기로 했습니다. 그래서 남자들은 다 할례를 받았습니다.

25 삼 일 뒤, 할례를 받은 사람들이 아직도 몸이 아플 때에 야곱의 아들 중에서 디나의 오라버니인 시므온과

with us. And feel free to buy property in the area."

11 •Then Shechem himself spoke to Dinah's father and brothers. "Please be kind to me, and let me marry her," he begged. "I
12 will give you whatever you ask. •No matter what dowry or gift you demand, I will gladly pay it—just give me the girl as my wife."

13 •But since Shechem had defiled their sister, Dinah, Jacob's sons responded deceitfully to Shechem and his father, Hamor.
14 •They said to them, "We couldn't possibly allow this, because you're not circumcised. It would be a disgrace for our sister to
15 marry a man like you! •But here is a solution. If every man among you will be cir-
16 cumcised like we are, •then we will give you our daughters, and we'll take your daughters for ourselves. We will live
17 among you and become one people. •But if you don't agree to be circumcised, we will take her and be on our way."

18 •Hamor and his son Shechem agreed to
19 their proposal. •Shechem wasted no time in acting on this request, for he wanted Jacob's daughter desperately. Shechem was a highly respected member of his fam-
20 ily, •and he went with his father, Hamor, to present this proposal to the leaders at the town gate.

21 •"These men are our friends," they said. "Let's invite them to live here among us and trade freely. Look, the land is large enough to hold them. We can take their daughters as wives and let them marry
22 ours. •But they will consider staying here and becoming one people with us only if all of our men are circumcised, just as they
23 are. •But if we do this, all their livestock and possessions will eventually be ours. Come, let's agree to their terms and let them settle here among us."

24 •So all the men in the town council agreed with Hamor and Shechem, and every male in the town was circumcised.
25 •But three days later, when their wounds were still sore, two of Jacob's sons, Simeon and Levi, who were Dinah's full brothers, took their swords and entered the town

circumcise [sə́rkəmsaiz] *vt.* 할례를 받다
council [káunsəl] *n.* 의회, 협의
deceitfully [disí:tfəli] *ad.* 속여서
defile [difáil] *vt.* 더럽히다
desperately [déspəritli] *ad.* 필사적으로
dowry [dáuəri] *n.* 혼인 지참금
retort [ritɔ́:rt] *vt.* (비난 등에) 되받아치다
stink [stíŋk] *vi.* 악취를 풍기다
35:3 in distress : 고통을 당하는

레위가 칼을 들고 별안간 그 성을 공격해서 그 성 안의 남자들을 모조리 죽였습니다.

26 시므온과 레위는 하몰과 그의 아들 세겜을 칼로 죽였습니다. 그리고 디나를 세겜의 집에서 데리고 나왔습니다.

27 야곱의 다른 아들들도 죽은 사람들 사이로 다니면서 성 안에 있는 것들을 노략질했습니다. 왜냐하면 그 성은 누이가 강간을 당한 성이었기 때문입니다.

28 야곱의 아들들은 양과 소와 나귀들을 비롯해 성과 들에 있는 것을 닥치는 대로 빼앗아 갔습니다.

29 그들은 그 성 백성들이 가지고 있던 값비싼 것들을 다 빼앗았습니다. 그들은 여자들과 아이들, 그리고 집안에 있던 물건들까지도 다 빼앗았습니다.

30 그러자 야곱이 시므온과 레위에게 말했습니다. "너희는 나에게 괴로움을 안겨 주었다. 이제는 이 땅에 사는 가나안 사람들과 브리스 사람들이 나를 미워할 것이다. 우리는 수가 적다. 만약 그들이 힘을 합해 우리를 공격하면, 나와 우리 집안은 멸망하고 말 것이다."

31 하지만 그 형제들이 말했습니다. "우리 누이가 창녀 취급을 받는데 어떻게 보고만 있을 수 있습니까?"

벧엘로 돌아온 야곱

35 하나님께서 야곱에게 말씀하셨습니다. "벧엘 성으로 가서 그곳에서 살아라. 네가 네 형 에서를 피해 도망칠 때, 그곳에서 너에게 나타나셨던 하나님께 제단을 쌓아라."

2 야곱이 자기 가족과 자기와 함께 사는 다른 모든 사람들에게 말했습니다. "너희 가운데 있는 이방 우상들을 다 버려라. 너희 스스로 깨끗하게 하고 옷을 바꾸어 입어라.

3 여기를 떠나 벧엘로 가자. 그곳에서 하나님께 제단을 쌓을 것이다. 그 하나님께서는 내가 괴로움을 당할 때에 나를 도와 주셨으며, 내가 어디를 가든지 나와 함께 계셨다."

4 이 말을 듣고 그들은 가지고 있던 이방 우상들을 다 야곱에게 주었습니다. 그리고 귀에 걸고 있던 귀걸이도 야곱에게 주었습니다. 야곱은 그것들을 세겜 성에서 가까운 큰 나무 아래에 파묻었습니다.

5 그런 다음에 야곱과 그의 아들들은 그곳을 떠났습니다. 그러나 근처에 있는 성 사람들이 하나님을 두려워하여 야곱의 아들들을 좇아오지 못했습니다.

6 야곱의 모든 사람들은 루스로 갔습니다. 루스는 벧엘이라고 불리는 곳으로 가나안 땅에 있습니다.

7 그곳에서 야곱은 제단을 쌓고 그곳의 이름을 엘벧엘*이라고 지었습니다. 야곱이 자기 형 에서를 피해 도망칠 때 하나님께서 그곳에서 자기에게 나타나셨기 때문입니다.

8 이 무렵 리브가의 유모인 드보라가 죽어 벧엘의 상수

without opposition. Then they slaughtered 26 every male there, •including Hamor and his son Shechem. They killed them with their swords, then took Dinah from Shechem's house and returned to their camp.

27 •Meanwhile, the rest of Jacob's sons arrived. Finding the men slaughtered, they plundered the town because their sister 28 had been defiled there. •They seized all the flocks and herds and donkeys—everything they could lay their hands on, both inside 29 the town and outside in the fields. •They looted all their wealth and plundered their houses. They also took all their little children and wives and led them away as captives.

30 •Afterward Jacob said to Simeon and Levi, "You have ruined me! You've made me stink among all the people of this land—among all the Canaanites and Perizzites. We are so few that they will join forces and crush us. I will be ruined, and my entire household will be wiped out!"

31 •"But why should we let him treat our sister like a prostitute?" they retorted angrily.

Jacob's Return to Bethel

35 Then God said to Jacob, "Get ready and move to Bethel and settle there. Build an altar there to the God who appeared to you when you fled from your brother, Esau."

2 •So Jacob told everyone in his household, "Get rid of all your pagan idols, purify yourselves, and put on clean clothing. 3 •We are now going to Bethel, where I will build an altar to the God who answered my prayers when I was in distress. He has been with me wherever I have gone."

4 •So they gave Jacob all their pagan idols and earrings, and he buried them under 5 the great tree near Shechem. •As they set out, a terror from God spread over the people in all the towns of that area, so no one attacked Jacob's family.

6 •Eventually, Jacob and his household arrived at Luz (also called Bethel) in 7 Canaan. •Jacob built an altar there and named the place El-bethel (which means "God of Bethel"), because God had appeared to him there when he was fleeing from his brother, Esau.

8 •Soon after this, Rebekah's old nurse, Deborah, died. She was buried beneath the oak tree in the valley below Bethel. Ever since, the tree has been called Allon-bacuth (which means "oak of weeping").

35:7 '엘벧엘'은 '벧엘의 하나님'이라는 뜻이다.

리나무 아래에 묻혔습니다. 사람들은 그곳을 알론바 굿*이라고 불렀습니다.

야곱의 새 이름

9 야곱이 밧단아람에서 돌아왔을 때, 하나님께서 다시 야곱에게 나타나시고, 야곱에게 복을 주셨습니다.

10 하나님께서 야곱에게 말씀하셨습니다. "네 이름이 야곱이지만 이제 다시는 네 이름을 야곱이라고 부르지 않을 것이다." 그리고는 그를 이스라엘이라고 부르셨습니다.

11 하나님께서 야곱에게 말씀하셨습니다. "나는 전능하신 하나님이다. 너는 많은 자녀를 낳고 큰 나라를 이루어라. 너는 많은 나라와 왕들의 조상이 될 것이다.

12 나는 아브라함과 이삭에게 준 땅을 너와 네 자손에게 주겠다."

13 그리고 나서 하나님께서는 그에게 말씀하시던 곳에서 떠나가셨습니다.

14 야곱은 하나님께서 자기에게 말씀하신 곳에 돌 기둥을 세웠습니다. 그리고 거기에 부어 드리는 제물인 전제물을 드리고, 그 위에 기름을 부었습니다.

15 야곱은 하나님께서 나타나셔서 말씀하신 그곳을 벧엘이라고 불렀습니다.

라헬이 아기를 낳고 죽다

16 야곱과 그의 일행은 벧엘을 떠나갔습니다. 그들이 에브랏에서 얼마 떨어진 곳에 이르렀을 때에 라헬이 아기를 낳기 시작했습니다. 그런데 아기를 낳는 고통이 너무나 컸습니다.

17 라헬이 아기를 낳느라고 고통스러워 하는 모습을 보고 산파가 라헬에게 말했습니다. "두려워하지 말아요. 또 아들을 낳게 될 거예요."

18 라헬은 아들을 낳고 죽었습니다. 라헬은 죽어가면서 그 아들의 이름을 베노니*라고 지었습니다. 그러나 야곱은 그 아들의 이름을 베냐민*이라고 불렀습니다.

19 라헬은 에브랏으로 가는 길에 묻혔습니다. 에브랏은 베들레헴입니다.

20 야곱은 라헬의 무덤에 돌 기둥을 세웠습니다. 라헬의 무덤에 세워진 그 돌 기둥은 지금까지 남아 있습니다.

21 이스라엘이라고도 부르는 야곱은 다시 길을 떠나 에델 탑 맞은편에 장막을 쳤습니다.

22 이스라엘이 그 땅에 있을 때에 르우벤이 이스라엘의 첩 빌하와 함께 잤습니다. 이스라엘이 그 이야기를 들었습니다.

이스라엘의 자손

야곱에게는 열두 명의 아들이 있었습니다.

23 레아의 아들은 야곱의 첫째 아들 르우벤과 시므온, 레위, 유다, 잇사갈, 스불론입니다.

9 • Now that Jacob had returned from Paddan-aram, God appeared to him again

10 at Bethel. God blessed him, • saying, "Your name is Jacob, but you will not be called Jacob any longer. From now on your name will be Israel."* So God renamed him Israel.

11 • Then God said, "I am El-Shaddai— 'God Almighty.' Be fruitful and multiply. You will become a great nation, even many nations. Kings will be among your

12 descendants! • And I will give you the land I once gave to Abraham and Isaac. Yes, I will give it to you and your descendants

13 after you." • Then God went up from the place where he had spoken to Jacob.

14 • Jacob set up a stone pillar to mark the place where God had spoken to him. Then he poured wine over it as an offering to God and anointed the pillar with olive oil.

15 • And Jacob named the place Bethel (which means "house of God"), because God had spoken to him there.

The Deaths of Rachel and Isaac

16 • Leaving Bethel, Jacob and his clan moved on toward Ephrath. But Rachel went into labor while they were still some distance away. Her labor pains were intense.

17 • After a very hard delivery, the midwife finally exclaimed, "Don't be afraid—you

18 have another son!" • Rachel was about to die, but with her last breath she named the baby Ben-oni (which means "son of my sorrow"). The baby's father, however, called him Benjamin (which means "son of my

19 right hand"). • So Rachel died and was buried on the way to Ephrath (that is,

20 Bethlehem). • Jacob set up a stone monument over Rachel's grave, and it can be seen there to this day.

21 • Then Jacob* traveled on and camped

22 beyond Migdal-eder. • While he was living there, Reuben had intercourse with Bilhah, his father's concubine, and Jacob soon heard about it.

These are the names of the twelve sons of Jacob:

23 • The sons of Leah were Reuben (Jacob's oldest son), Simeon, Levi, Judah, Issachar,

35:10 *Jacob* sounds like the Hebrew words for "heel" and "deceiver." *Israel* means "God fights." 35:21 Hebrew *Israel*; also in 35:22a. The names "Jacob" and "Israel" are often interchanged throughout the Old Testament, referring sometimes to the individual patriarch and sometimes to the nation.

35:8 '알론바굿'은 '울음의 상수리나무'라는 뜻이다.
35:18 '베노니'는 '내 슬픔의 아들'이라는 뜻이며, '베냐민'은 '내 오른손의 아들'이라는 뜻이다.

24 라헬의 아들은 요셉과 베냐민입니다.

25 라헬의 몸종 빌하의 아들은 단과 납달리입니다.

26 레아의 몸종 실바의 아들은 갓과 아셀입니다. 이들은 밧단아람에서 태어난 야곱의 아들들입니다.

27 야곱은 기럇아르바 근처 마므레에 있는 아버지 이삭에게 갔습니다. 그곳은 아브라함과 이삭이 잠시 머물러 살았던 헤브론이란 곳입니다.

28 그때, 이삭의 나이는 백여든 살이었습니다.

29 이삭은 목숨이 다하여 오랫동안, 살다 조상들에게로 돌아갔습니다. 그래서 이삭의 아들 에서와 야곱이 이삭을 장사 지냈습니다.

에서의 자손

36 에돔이라고도 부르는 에서의 자손은 이러합니다.

2 에서는 가나안 땅의 여자들을 아내로 맞아들였습니다. 에서는 헷 사람 엘론의 딸 아다를 아내로 맞아들였습니다. 에서는 또 아나의 딸 오홀리바마도 아내로 맞아들였습니다. 아나는 히위 사람 시브온의 아들입니다.

3 에서는 또 이스마엘의 딸이자 느바욧의 누이인 바스맛도 아내로 맞아들였습니다.

4 아다는 엘리바스를 낳았고, 바스맛은 르우엘을 낳았습니다.

5 그리고 오홀리바마는 여우스와 얄람과 고라를 낳았습니다. 이들은 가나안 땅에서 태어난 에서의 아들입니다.

6 에서는 아내들과 아들들과 딸들과 자기 집에서 함께 살고 있는 모든 사람들과, 가축들과 다른 짐승들과 가나안에서 얻은 모든 재산을 가지고, 자기 동생 야곱에게서 멀리 떨어진 곳으로 이사했습니다.

7 에서의 재산과 야곱의 재산이 너무 많아져서 함께 살 수가 없게 되었습니다. 두 사람이 함께 살기에는 그 땅이 너무 좁았습니다. 그들에게는 가축들이 너무 많았습니다.

8 그래서 에서는 세일 산에 살았습니다. 에서는 에돔이라고도 부릅니다.

9 에서는 세일 산에 살았으며, 에돔 사람들의 조상입니다.

10 에서의 아들들은 에서의 아내 아다의 아들 엘리바스와 에서의 아내 바스맛의 아들 르우엘입니다.

11 엘리바스의 아들은 데만과 오말과 스보와 가담과 그나스입니다.

12 엘리바스에게는 딤나라고 하는 첩이 있었습니다. 딤나는 엘리바스를 통해 아말렉을 낳았습니다. 이들은 에서의 아내 아다의 자손입니다.

13 르우엘의 아들은 나핫과 세라와 삼마와 미사입니다. 이들은 에서의 아내 바스맛의 자손입니다.

24 •The sons of Rachel were Joseph and Benjamin.

25 •The sons of Bilhah, Rachel's servant, were Dan and Naphtali.

26 •The sons of Zilpah, Leah's servant, were Gad and Asher.
These are the names of the sons who were born to Jacob at Paddan-aram.

27 •So Jacob returned to his father, Isaac, in Mamre, which is near Kiriath-arba (now called Hebron), where Abraham and Isaac

28 had both lived as foreigners. •Isaac lived for

29 180 years. •Then he breathed his last and died at a ripe old age, joining his ancestors in death. And his sons, Esau and Jacob, buried him.

Descendants of Esau

36 This is the account of the descendants of Esau (also known as Edom). •Esau married two young women from Canaan: Adah, the daughter of Elon the Hittite; and Oholibamah, the daughter of Anah and

3 granddaughter of Zibeon the Hivite. •He also married his cousin Basemath, who was the daughter of Ishmael and the sister of

4 Nebaioth. •Adah gave birth to a son named Eliphaz for Esau. Basemath gave birth to a

5 son named Reuel. •Oholibamah gave birth to sons named Jeush, Jalam, and Korah. All these sons were born to Esau in the land of Canaan.

6 •Esau took his wives, his children, and his entire household, along with his livestock and cattle—all the wealth he had acquired in the land of Canaan—and moved

7 away from his brother, Jacob. •There was not enough land to support them both because of all the livestock and possessions

8 they had acquired. •So Esau (also known as Edom) settled in the hill country of Seir.

9 •This is the account of Esau's descendants, the Edomites, who lived in the hill country of Seir.

10 •These are the names of Esau's sons: Eliphaz, the son of Esau's wife Adah; and Reuel, the son of Esau's wife Basemath.

11 •The descendants of Eliphaz were Teman,

12 Omar, Zepho, Gatam, and Kenaz. •Timna, the concubine of Esau's son Eliphaz, gave birth to a son named Amalek. These are the descendants of Esau's wife Adah.

13 •The descendants of Reuel were Nahath, Zerah, Shammah, and Mizzah. These are the descendants of Esau's wife Basemath.

35:16 go into labor : 산기(産氣)가 있다
35:29 at a ripe old age : 충분히 많은 나이에

14 에서의 세 번째 아내는 오홀리바마입니다. 오홀리바마는 아나의 딸입니다. 아나는 시브온의 아들입니다. 오홀리바마가 에서를 통해 낳은 아들은 여우스와 얄람과 고라입니다.

15 에서의 자손 중에서 족장은 이러합니다. 에서의 맏아들은 엘리바스입니다. 엘리바스에게서는 데만, 오말, 스보, 그나스,

16 고라, 가땀, 아말렉과 같은 족장이 나왔습니다. 이들은 에돔 땅에서 엘리바스에게서 나온 족장들이며 아다의 자손들입니다.

17 에서의 아들 르우엘에게서 나온 족장은 이러합니다. 나핫, 세라, 삼마, 미사이며 이들은 에서의 아내 바스맛의 자손입니다.

18 에서의 아내 오홀리바마에게서 나온 족장은 이러합니다. 여우스, 얄람, 고라이며 이들은 에서의 아내 오홀리바마의 자손입니다. 오홀리바마는 아나의 딸입니다.

19 이들은 에돔이라고도 부르는 에서의 자손이며 각 종족의 족장입니다.

20 에돔 땅에 살던 호리 사람 세일의 자손은 이러합니다. 로단, 소발, 시브온, 아나,

21 디손, 에셀, 디산이며 세일의 아들인 이들은 에돔 땅에서 호리 사람들의 족장이 되었습니다.

22 로단의 자손은 호리와 헤맘입니다. 로단의 누이는 딤나입니다.

23 소발의 자손은 알완과 마나핫과 에발과 스보와 오남입니다.

24 시브온의 자손은 아야와 아나입니다. 아나는 광야에서 자기 아버지의 나귀들을 돌보던 중에 온천을 발견한 사람입니다.

25 아나의 자손은 디손과 아나의 딸 오홀리바마입니다.

26 디손의 자손은 헴단과 에스반과 이드란과 그란입니다.

27 에셀의 자손은 빌한과 사아완과 아간입니다.

28 디산의 자손은 우스와 아란입니다.

29 호리 사람들의 족장 이름은 이러합니다. 로단, 소발, 시브온, 아나,

30 디손, 에셀, 디산입니다. 이들은 호리 사람들 집안의 조상입니다. 이들은 에돔 땅, 곧 세일에서 살았습니다.

31 이스라엘 사람들에게 아직 왕이 없을 때에 에돔 땅을 다스렸던 왕들의 이름은 이러합니다.

32 브올의 아들 벨라는 에돔 왕이었습니다. 벨라는 딘하바 성 사람이었습니다.

---

14 •Esau also had sons through Oholibamah, the daughter of Anah and granddaughter of Zibeon. Their names were Jeush, Jalam, and Korah.

15 •These are the descendants of Esau who became the leaders of various clans:

The descendants of Esau's oldest son, Eliphaz, became the leaders of the clans of Teman,
16 Omar, Zepho, Kenaz, •Korah, Gatam, and Amalek. These are the clan leaders in the land of Edom who descended from Eliphaz. All these were descendants of Esau's wife Adah.

17 •The descendants of Esau's son Reuel became the leaders of the clans of Nahath, Zerah, Shammah, and Mizzah. These are the clan leaders in the land of Edom who descended from Reuel. All these were descendants of Esau's wife Basemath.

18 •The descendants of Esau and his wife Oholibamah became the leaders of the clans of Jeush, Jalam, and Korah. These are the clan leaders who descended from Esau's wife Oholibamah, the daughter of Anah.

19 •These are the clans descended from Esau (also known as Edom), identified by their clan leaders.

Original Peoples of Edom

20 •These are the names of the tribes that descended from Seir the Horite. They lived in the land of
21 Edom: Lotan, Shobal, Zibeon, Anah, •Dishon, Ezer, and Dishan. These were the Horite clan leaders, the descendants of Seir, who lived in the land of Edom.

22 •The descendants of Lotan were Hori and Hemam. Lotan's sister was named Timna.

23 •The descendants of Shobal were Alvan, Manahath, Ebal, Shepho, and Onam.

24 •The descendants of Zibeon were Aiah and Anah. (This is the Anah who discovered the hot springs in the wilderness while he was grazing his father's donkeys.)

25 •The descendants of Anah were his son, Dishon, and his daughter, Oholibamah.

26 •The descendants of Dishon* were Hemdan, Eshban, Ithran, and Keran.

27 •The descendants of Ezer were Bilhan, Zaavan, and Akan.

28 •The descendants of Dishan were Uz and Aran.

29 •So these were the leaders of the Horite clans:
30 Lotan, Shobal, Zibeon, Anah, •Dishon, Ezer, and Dishan. The Horite clans are named after their clan leaders, who lived in the land of Seir.

Rulers of Edom

31 •These are the kings who ruled in the land of Edom before any king ruled over the Israelites*:

32 •Bela son of Beor, who ruled in Edom from his city of Dinhabah.

36:26 Hebrew *Dishan*, a variant spelling of Dishon; compare 36:21, 28.　36:31 Or *before an Israelite king ruled over them.*

33 벨라가 죽자, 세라의 아들 요밥이 왕이 되었습니다. 요밥은 보스라 사람이었습니다.

34 요밥이 죽자, 후삼이 왕이 되었습니다. 후삼은 데만 땅 사람이었습니다.

35 후삼이 죽자, 브닷의 아들 하닷이 왕이 되었습니다. 하닷은 모압 땅에서 미디안을 물리친 적이 있습니다. 하닷은 아윗 성 사람이었습니다.

36 하닷이 죽자, 삼라가 왕이 되었습니다. 삼라는 마스레가 사람이었습니다.

37 삼라가 죽자, 사울이 왕이 되었습니다. 사울은 유프라테스 강가의 르호봇 사람이었습니다.

38 사울이 죽자, 악볼의 아들 바알하난이 왕이 되었습니다.

39 악볼의 아들 바알하난이 죽자, 하달이 왕이 되었습니다. 하달은 바우 성 사람이었습니다. 하달의 아내는 마드렛의 딸 므헤다벨입니다. 마드렛은 메사합의 딸입니다.

40 에서에게서 나온 족장들을 종족과 지역에 따라 나누면 딤나, 알와, 여뎃,

41 오홀리바마, 엘라, 비논,

42 그나스, 데만, 밉살,

43 막디엘, 이람이며, 이들은 에돔의 족장이었고, 에돔 사람들의 조상은 에서입니다. 이 종족들의 이름이 곧 그들이 살던 지역의 이름이 되었습니다.

요셉의 꿈

37 야곱은 자기 아버지가 살았던 가나안 땅에서 살았습니다.

2 다음은 야곱의 가족 이야기입니다. 열일곱 살이 된 젊은 요셉은 그의 형제들과 함께 양 떼를 치고 있었습니다. 요셉의 형들은 그의 아버지의 첩인 빌하와 실바의 아들들이었습니다. 요셉은 형들의 잘못을 아버지에게 가서 그대로 일러 바치곤 하였습니다.

3 요셉은 야곱이라고도 부르는 아버지 이스라엘이 늙어서 낳은 아들이었으므로, 이스라엘은 다른 어느 아들보다도 요셉을 더 사랑했습니다. 이스라엘은 요셉에게 소매가 긴 좋은 옷을 만들어 주었습니다.

4 요셉의 형들은 아버지가 자기들보다 요셉을 더 사랑하는 것을 알고 동생 요셉을 미워하여 요셉에게 인사말도 건네지 않았습니다.

5 어느 날, 요셉이 꿈을 꾸었습니다. 요셉이 그 꿈 이야기를 형들에게 들려 주자, 형들은 요셉을 더 미워했습니다.

33 •When Bela died, Jobab son of Zerah from Bozrah became king in his place.

34 •When Jobab died, Husham from the land of the Temanites became king in his place.

35 •When Husham died, Hadad son of Bedad became king in his place and ruled from the city of Avith. He was the one who defeated the Midianites in the land of Moab.

36 •When Hadad died, Samlah from the city of Masrekah became king in his place.

37 •When Samlah died, Shaul from the city of Rehoboth-on-the-River became king in his place.

38 •When Shaul died, Baal-hanan son of Acbor became king in his place.

39 •When Baal-hanan son of Acbor died, Hadad* became king in his place and ruled from the city of Pau. His wife was Mehetabel, the daughter of Matred and granddaughter of Me-zahab.

40 •These are the names of the leaders of the clans descended from Esau, who lived in the places

41 named for them: Timna, Alvah, Jetheth, •Oho-

42 libamah, Elah, Pinon, •Kenaz, Teman, Mibzar,

43 •Magdiel, and Iram. These are the leaders of the clans of Edom, listed according to their settlements in the land they occupied. They all descended from Esau, the ancestor of the Edomites.

Joseph's Dreams

37 So Jacob settled again in the land of Canaan, where his father had lived as a foreigner.

2 •This is the account of Jacob and his family. When Joseph was seventeen years old, he often tended his father's flocks. He worked for his half brothers, the sons of his father's wives Bilhah and Zilpah. But Joseph reported to his father some of the bad things his brothers were doing.

3 •Jacob* loved Joseph more than any of his other children because Joseph had been born to him in his old age. So one day Jacob had a special gift made for Joseph—a beautiful robe.* •But

4 his brothers hated Joseph because their father loved him more than the rest of them. They couldn't say a kind word to him.

5 •One night Joseph had a dream, and when he told his brothers about it, they hated him

---

clan [klæn] *n.* 종족, 씨족
descend [disénd] *vi.* (사람이) 계통을 잇다
graze [gréiz] *vt.* (풀 등을) 가축에게 뜯게 하다
identify [aidéntəfài] *vt.* 식별하다, 증명하다
occupy [ákjupai] *vt.* 차지하다
wilderness [wíldərnis] *n.* 황야, 황무지

36:39 As in some Hebrew manuscripts, Samaritan Pentateuch, and Syriac version (see also in 1 Chr 1:50); most Hebrew manuscripts read *Hadar*.　37:3a Hebrew *Israel*; also in 37:13. See note on 35:21. 37:3b Traditionally rendered *a coat of many colors*. The exact meaning of the Hebrew is uncertain.

6 요셉이 말했습니다. "내가 꾼 꿈 이야기를 들어 보세요.

7 우리가 들에서 곡식단을 묶고 있는데, 내 곡식단이 일어서니까, 형들의 곡식단이 내 곡식단 곁으로 몰려들더니 내 곡식단 앞에 절을 했어요."

8 요셉의 형들이 말했습니다. "네가 우리의 왕이라도 될 줄 아느냐? 네가 정말로 우리를 다스리게 될 줄 아느냐?" 요셉의 형들은 요셉이 말한 꿈 이야기 때문에 그전보다도 더 요셉을 미워했습니다.

9 그후에 요셉이 또 꿈을 꾸었습니다. 요셉은 그 꿈 이야기를 또 형들에게 들려 주었습니다. "들어 보세요. 내가 또 꿈을 꾸었어요. 꿈에서 보니까 해와 달과 별 열한 개가 나에게 절을 했어요."

10 요셉은 그 꿈 이야기를 자기 아버지에게도 했습니다. 그러자 요셉의 아버지는 요셉을 꾸짖었습니다. "그게 도대체 무슨 꿈이냐? 너는 정말로 너의 어머니와 너의 형들과 내가 너에게 절을 할 것이라고 믿느냐?"

11 요셉의 형들은 요셉을 질투했습니다. 그러나 요셉의 아버지는 그 모든 것을 마음속에 새겨 두고 있었습니다.

12 어느 날 요셉의 형들이 아버지의 양 떼를 치려고 세겜으로 갔습니다.

13 이스라엘이 요셉에게 말했습니다. "네 형들이 세겜에서 양 떼를 치고 있지 않느냐? 내가 너를 그들에게 보내려 한다." 요셉은 "예, 다녀오겠습니다" 하고 대답했습니다.

14 요셉의 아버지가 말했습니다. "가서 네 형들과 양 떼가 잘 있는지 보고 돌아와서 나에게 알려다오." 요셉의 아버지는 헤브론 골짜기에서 요셉을 떠나 보냈습니다. 요셉이 세겜에 이르렀습니다.

15 어떤 사람이 요셉이 들에서 헤매고 있는 것을 보고 물었습니다. "무엇을 찾고 있느냐?"

16 요셉이 대답했습니다. "형들을 찾고 있습니다. 혹시 우리 형들이 어디에서 양 떼를 치고 있는지 아십니까?"

17 그 사람이 말했습니다. "네 형들은 이미 다른 데로 갔다. 네 형들이 '도단으로 가자'라고 말하는 것을 들었다." 그래서 요셉은 형들을 뒤쫓아가 도단에서 형들을 찾았습니다.

종으로 팔려 가는 요셉

18 요셉의 형들은 멀리서 요셉이 오고 있는 것을 보았습니다. 그들은 요셉이 가까이 오기 전에 요셉을 죽이기로 계획했습니다.

19 서로 이렇게 말했습니다. "꿈꾸는 애가 오는구나.

20 저 애를 죽여서 그 시체를 웅덩이에 던져 넣자. 그리고 아버지에게는 들짐승이 저 아이를 죽였다고

more than ever. • "Listen to this dream," he

7 said. • "We were out in the field, tying up bundles of grain. Suddenly my bundle stood up, and your bundles all gathered around and bowed low before mine!"

8 • His brothers responded, "So you think you will be our king, do you? Do you actually think you will reign over us?" And they hated him all the more because of his dreams and the way he talked about them.

9 • Soon Joseph had another dream, and again he told his brothers about it. "Listen, I have had another dream," he said. "The sun, moon, and eleven stars bowed low before me!"

10 • This time he told the dream to his father as well as to his brothers, but his father scolded him. "What kind of dream is that?" he asked. "Will your mother and I and your brothers actually come and bow to the

11 ground before you?" • But while his brothers were jealous of Joseph, his father wondered what the dream meant.

12 • Soon after this, Joseph's brothers went to pasture their father's flocks at Shechem.

13 • When they had been gone for some time, Jacob said to Joseph, "Your brothers are pasturing the sheep at Shechem. Get ready, and I will send you to them."

"I'm ready to go," Joseph replied.

14 • "Go and see how your brothers and the flocks are getting along," Jacob said. "Then come back and bring me a report." So Jacob sent him on his way, and Joseph traveled to Shechem from their home in the valley of Hebron.

15 • When he arrived there, a man from the area noticed him wandering around the countryside. "What are you looking for?" he asked.

16 • "I'm looking for my brothers," Joseph replied. "Do you know where they are pasturing their sheep?"

17 • "Yes," the man told him. "They have moved on from here, but I heard them say, 'Let's go on to Dothan.'" So Joseph followed his brothers to Dothan and found them there.

Joseph Sold into Slavery

18 • When Joseph's brothers saw him coming, they recognized him in the distance. As he approached, they made plans to kill him.

19 • "Here comes the dreamer!" they said.

20 • "Come on, let's kill him and throw him into one of these cisterns. We can tell our

cistern [sístərn] *n.* 물 수조, 물 웅덩이
scold [skóuld] *vt.* 꾸짖다
37:15 wander around… : …주위를 헤매다

말하자. 그가 꾼 꿈이 어떻게 되는지 한번 두고 보자."

21 하지만 그때, 르우벤이 그 계획을 듣고 요셉을 구해 주려는 마음에서 말했습니다. "요셉을 죽이지는 말자.

22 피를 흘리게 하지는 말자. 이 광야의 웅덩이에 저 아이를 던져 넣자. 하지만 해치지는 말자." 르우벤이 이렇게 말한 것은 요셉을 그 형들의 손에서 구해 내어 아버지께 돌려 보내기 위함이었습니다.

23 요셉이 형들에게 가까이 다가오자 형들은 소매가 긴 요셉의 옷을 벗겼습니다.

24 그리고 그들은 요셉을 웅덩이에 던져 넣었습니다. 그 웅덩이는 비어 있었고, 그 안에는 물이 없었습니다.

25 요셉이 웅덩이에 있는 동안 형들은 자리에 앉아서 음식을 먹었습니다. 그들이 고개를 들어 보니, 이스마엘 사람들이 오고 있는 모습이 보였습니다. 그 이스마엘 사람들은 낙타에 향료와 유향과 몰약을 싣고 길르앗에서 이집트로 여행하던 중이었습니다.

26 그 모습을 보고 유다가 형제들에게 말했습니다. "우리가 동생을 죽인 다음, 그 사실을 숨긴다고 해서 우리에게 무슨 좋은 일이 있겠나?

27 차라리 요셉을 저 이스마엘 사람들에게 팔아 버리자. 그러면 동생을 죽이는 죄도 짓지 않게 된다. 그래도 저 애는 우리 동생이고, 우리와 피와 살을 나눈 형제가 아니냐?" 그러자 다른 형들도 모두 유다의 말에 찬성했습니다.

28 그러는 동안, 미디안 상인들이 지나갈 때에 형들은 요셉을 웅덩이에서 꺼내어, 은 이십 세겔*을 받고 이스마엘 사람들에게 팔았습니다. 이스마엘 사람들은 요셉을 이집트로 데리고 갔습니다.

29 요셉의 형들이 요셉을 이스마엘 사람들에게 팔았을 때, 르우벤은 거기에 없었습니다. 르우벤이 웅덩이로 돌아와 보니 요셉이 보이지 않았습니다. 르우벤은 너무나 슬퍼서 자기 옷을 찢었습니다.

30 그 후에 르우벤은 다른 형제들에게 돌아와서 말했습니다. "아이가 보이지 않는다. 이제 나는 어떻게 하면 좋으냐?"

31 요셉의 형들은 염소 한 마리를 죽여서 그 피를 요셉이 입었던 소매가 긴 옷에 묻혔습니다.

32 그리고 나서 그들은 그 옷을 자기 아버지에게 가지고 갔습니다. 그들이 말했습니다. "이 옷을 주웠습니다. 혹시 아버지 아들의 옷이 아닌지 잘 살펴보십시오."

33 야곱이 그 옷을 살펴보고 말했습니다. "내 아들의 옷이 맞다. 사나운 들짐승이 요셉을 잡아먹었나 보

father, 'A wild animal has eaten him.' Then we'll see what becomes of his dreams!"

21 •But when Reuben heard of their scheme, he came to Joseph's rescue. "Let's not kill him," he said. •"Why should we shed any blood? Let's just throw him into this empty cistern here in the wilderness. Then he'll die without our laying a hand on him." Reuben was secretly planning to rescue Joseph and return him to his father.

23 •So when Joseph arrived, his brothers ripped off the beautiful robe he was wearing. 24 •Then they grabbed him and threw him into the cistern. Now the cistern was empty; 25 there was no water in it. •Then, just as they were sitting down to eat, they looked up and saw a caravan of camels in the distance coming toward them. It was a group of Ishmaelite traders taking a load of gum, balm, and aromatic resin from Gilead down to Egypt.

26 •Judah said to his brothers, "What will we gain by killing our brother? We'd have to 27 cover up the crime.* •Instead of hurting him, let's sell him to those Ishmaelite traders. After all, he is our brother—our own flesh 28 and blood!" And his brothers agreed. •So when the Ishmaelites, who were Midianite traders, came by, Joseph's brothers pulled him out of the cistern and sold him to them for twenty pieces* of silver. And the traders took him to Egypt.

29 •Some time later, Reuben returned to get Joseph out of the cistern. When he discovered that Joseph was missing, he tore his 30 clothes in grief. •Then he went back to his brothers and lamented, "The boy is gone! What will I do now?"

31 •Then the brothers killed a young goat 32 and dipped Joseph's robe in its blood. •They sent the beautiful robe to their father with this message: "Look at what we found. Doesn't this robe belong to your son?"

33 •Their father recognized it immediately. "Yes," he said, "it is my son's robe. A wild animal must have eaten him. Joseph has clearly

dip [dip] *vt.* (액체 등에) 적시다
grab [græb] *vt.* 붙들다, 움켜쥐다
grief [gri:f] *n.* 큰 슬픔, 비통
immediately [imí:diətli] *ad.* 곧, 즉각
lament [ləmént] *vi.* 통곡하다
recognize [rékəgnaiz] *vt.* 알아보다
resin [rézin] *n.* 송진
shed [ʃéd] *vt.* (피 · 눈물 등을) 흘리다
37:23 rip off : 벗겨내다

37:26 Hebrew *cover his blood.*
37:28 Hebrew *20 [shekels],* about 8 ounces or 228 grams in weight.
37:28 20세겔은 약 228g에 해당된다.

구나, 내 아들 요셉이 찢겨 죽고 말았구나!"

34 야곱은 너무나 슬퍼서 자기 옷을 찢고 거친 베로 허리를 묶었습니다. 야곱은 아들의 죽음 때문에 오랫동안, 슬퍼했습니다.

35 야곱의 모든 아들과 딸들이 야곱을 위로하려 했지만, 야곱은 위로를 받으려 하지 않았습니다. 야곱이 말했습니다. "나는 울다가 죽어서 내 아들에게로 갈 것이다" 하며 야곱은 아들 요셉을 위해 울었습니다.

36 그러는 동안 요셉을 산 사람들은 요셉을 이집트로 데리고 가서 보디발에게 팔았습니다. 보디발은 파라오의 신하였고, 왕궁 경호대의 대장이었습니다.

유다와 다말

38 그 무렵에 유다는 자기 형제들 곁을 떠났습니다. 유다는 히라라는 사람과 함께 살았습니다. 히라는 아둘람 마을 사람이었습니다.

2 유다는 그곳에서 어떤 가나안 여자를 아내로 맞아들였습니다. 그 여자의 아버지 이름은 수아였습니다. 유다는 그 여자와 잠자리를 같이했습니다.

3 여자가 임신을 하여 아들을 낳았습니다. 유다는 아들의 이름을 엘이라고 지었습니다.

4 그 후에 여자가 또 아들을 낳았습니다. 여자는 그 아들의 이름을 오난이라고 지었습니다.

5 그 후에 여자가 또 아들을 낳았습니다. 여자는 그 아들의 이름을 셀라라고 지었습니다. 여자가 셀라를 낳은 곳은 거십이었습니다.

6 유다는 다말이라는 여자를 자기의 첫째 아들 엘에게 아내로 주었습니다.

7 엘은 유다의 맏아들이었습니다. 그러나 엘은 여호와께서 보시기에 나쁜 일을 했으므로 여호와께서 엘을 죽이셨습니다.

8 그러자 유다가 엘의 동생 오난에게 말했습니다. "가서 너의 죽은 형의 아내와 같이 자거라. 그렇게 해서 네 형의 자손을 낳아 주는 것이 네 의무다."

9 그러나 오난은 그렇게 해서 자손을 얻더라도 그 자손은 자기 자손이 되지 않는다는 것을 알았습니다. 그래서 오난은 다말과 잠자리를 같이하다가도 다말이 절대로 임신할 수 없게 땅에 정액을 쏟아냈습니다.

10 이러한 오난의 행동은 여호와께서 보시기에 나쁜 일이었습니다. 그래서 여호와께서는 오난도 죽이셨습니다.

11 그 후에 유다가 며느리 다말에게 말했습니다. "네 아버지 집으로 돌아가 있어라. 그리고 내 막내 아들 셀라가 어른이 될 때까지 결혼하지 말고 있어라." 유다는 셀라마저도 그 형들처럼 죽을까봐 두려웠습니다. 다말은 자기 아버지 집으로 돌아갔습니다.

12 오랜 세월이 지난 뒤에 유다의 아내가 죽었습니다.

34 been torn to pieces!" • Then Jacob tore his clothes and dressed himself in burlap. He mourned deeply for his son for a long time.
35 • His family all tried to comfort him, but he refused to be comforted. "I will go to my grave* mourning for my son," he would say, and then he would weep.
36 • Meanwhile, the Midianite traders* arrived in Egypt, where they sold Joseph to Potiphar, an officer of Pharaoh, the king of Egypt. Potiphar was captain of the palace guard.

Judah and Tamar

38 About this time, Judah left home and moved to Adullam, where he stayed
2 with a man named Hirah. • There he saw a Canaanite woman, the daughter of Shua, and he married her. When he slept with her,
3 • she became pregnant and gave birth to a
4 son, and he named the boy Er. • Then she became pregnant again and gave birth to another son, and she named him Onan.
5 • And when she gave birth to a third son, she named him Shelah. At the time of Shelah's birth, they were living at Kezib.
6 • In the course of time, Judah arranged for his firstborn son, Er, to marry a young
7 woman named Tamar. • But Er was a wicked man in the LORD's sight, so the LORD
8 took his life. • Then Judah said to Er's brother Onan, "Go and marry Tamar, as our law requires of the brother of a man who has died. You must produce an heir for your brother."
9 • But Onan was not willing to have a child who would not be his own heir. So whenever he had intercourse with his brother's wife, he spilled the semen on the ground. This prevented her from having a child who
10 would belong to his brother. • But the LORD considered it evil for Onan to deny a child to his dead brother. So the LORD took Onan's life, too.
11 • Then Judah said to Tamar, his daughter-in-law, "Go back to your parents' home and remain a widow until my son Shelah is old enough to marry you." (But Judah didn't really intend to do this because he was afraid Shelah would also die, like his two brothers.) So Tamar went back to live in her father's home.
12 • Some years later Judah's wife died. After the time of mourning was over, Judah and his friend Hirah the Adullamite went up to Timnah to supervise the shearing of his

37:35 Hebrew *go down to Sheol.*　37:36 Hebrew *the Medanites.* The relationship between the Midianites and Medanites is unclear; compare 37:28. See also 25:2.

유다의 아내는 수아의 딸이었습니다. 유다는 아내의 죽음을 슬퍼하는 기간을 지낸 후에 딤나로 갔습니다. 유다는 자기 양 떼의 털을 깎고 있는 사람들에게 갔습니다. 유다의 친구 아둘람 사람 히라도 함께 갔습니다.

13 다말은 시아버지인 유다가 양 떼의 털을 깎으러 딤나로 갔다는 이야기를 들었습니다.

14 그래서 다말은 과부들이 입는 옷을 벗고 얼굴을 베일로 가렸습니다. 다말은 에나임 문에 앉았습니다. 에나임 문은 딤나로 가는 길에 있었습니다. 다말이 이런 일을 한 까닭은 유다의 막내 아들인 셀라가 다 커서 어른이 되었는데도, 유다가 그 아들을 자기와 결혼시키려 하지 않았기 때문입니다.

15 유다는 다말을 보고 그녀를 창녀라고 생각했습니다. 다말이 자기 얼굴을 베일로 가리고 있었기 때문입니다.

16 그래서 유다는 여자에게 가서 말했습니다. "우리같이 자자." 유다는 그 여자가 자기 며느리 다말이라는 것을 몰랐습니다. 여자가 물었습니다. "제가같이 자드리면 그 값으로 무엇을 주실 건가요?"

17 유다가 대답했습니다. "내 가축 떼 중에서 새끼염소 한 마리를 보내 주겠다." 여자가 대답했습니다. "그러시다면 염소 새끼를 보내 주겠다는 약속의 물건을 먼저 맡겨 주시지요."

18 유다가 물었습니다. "어떤 것을 맡기면 좋겠느냐?" 다말이 대답했습니다. "가지고 계신 도장과 끈과 지팡이를 주십시오." 유다는 그것들을 여자에게 주었습니다. 그리고 나서 유다와 다말은 잠자리를 함께 했고, 다말은 임신을 했습니다.

19 다말은 집으로 돌아갔습니다. 다말은 얼굴을 가리고 있던 베일을 벗었습니다. 그리고 다시 과부들이 입는 옷을 입었습니다.

20 유다는 자기 친구 히라를 시켜 그 여자에게 새끼염소를 보내면서 자기가 맡겼던 도장과 지팡이를 찾아오라고 했습니다. 그러나 히라는 여자를 찾지 못했습니다.

21 히라가 에나임 마을의 사람들에게 물었습니다. "여기 길가에 있던 창녀는 어디에 있소?" 사람들이 대답했습니다. "여기에는 창녀라곤 없소."

22 히라는 유다에게 다시 가서 말했습니다. "여자를 찾지 못했네. 그곳에 사는 사람들이 '여기에는 창녀라곤 없소'라고 말하던걸."

23 유다가 말했습니다. "내가 맡겼던 물건들을 그 여자가 그냥 가지도록 내버려 두게. 괜히 우리만 망신당할까봐 걱정일세. 약속했던 염소를 보냈지만 자네가 그 여자를 찾지 못해서 못 준 것이 아닌가?"

24 세 달쯤 뒤에 어떤 사람이 유다에게 말했습니다.

13 sheep. ●Someone told Tamar, "Look, your father-in-law is going up to Timnah to shear his sheep."

14 ●Tamar was aware that Shelah had grown up, but no arrangements had been made for her to come and marry him. So she changed out of her widow's clothing and covered herself with a veil to disguise herself. Then she sat beside the road at the entrance to the village of Enaim, which is on

15 the road to Timnah. ●Judah noticed her and thought she was a prostitute, since she

16 had covered her face. ●So he stopped and propositioned her. "Let me have sex with you," he said, not realizing that she was his own daughter-in-law.

"How much will you pay to have sex with me?" Tamar asked.

17 ●"I'll send you a young goat from my flock," Judah promised.

"But what will you give me to guarantee that you will send the goat?" she asked.

18 ●"What kind of guarantee do you want?" he replied.

She answered, "Leave me your identification seal and its cord and the walking stick you are carrying." So Judah gave them to her. Then he had intercourse with her, and

19 she became pregnant. ●Afterward she went back home, took off her veil, and put on her widow's clothing as usual.

20 ●Later Judah asked his friend Hirah the Adullamite to take the young goat to the woman and to pick up the things he had given her as his guarantee. But Hirah co-

21 uldn't find her. ●So he asked the men who lived there, "Where can I find the shrine prostitute who was sitting beside the road at the entrance to Enaim?"

"We've never had a shrine prostitute here," they replied.

22 ●So Hirah returned to Judah and told him, "I couldn't find her anywhere, and the men of the village claim they've never had a shrine prostitute there."

23 ●"Then let her keep the things I gave her," Judah said. "I sent the young goat as we agreed, but you couldn't find her. We'd be the laughingstock of the village if we went back again to look for her."

24 ●About three months later, Judah was told, "Tamar, your daughter-in-law, has acted like a prostitute. And now, because of this, she's pregnant."

"Bring her out, and let her be burned!" Judah demanded.

disguise [disgáiz] *vt.* 변장하다
prostitute [prάstətjuːt] *n.* 창녀
shear [ʃiər] *vt.* …의 털을 깎다
shrine [ʃrain] *n.* 신당, 사당

"당신의 며느리 다말이 창녀와 같은 짓을 했소. 지금 그 여자는 임신중이오." 그러자 유다가 말했습니다. "그 애를 끌어내어 태워 죽여 버려라."

25 사람들이 다말을 끌어 내려 하자 다말은 자기 시아버지께 어떤 이야기를 전하도록 했습니다. 다말이 말했습니다. "이 물건의 주인이 나를 임신시켰습니다. 이 도장과 끈과 지팡이를 잘 살펴보십시오. 이것이 누구의 것입니까?"

26 유다가 그것들을 알아보았습니다. 유다가 말했습니다. "그 애가 나보다 옳다. 내가 내 아들 셀라를 주기로 약속하고도 약속을 지키지 않으니 그 애가 이런 일을 한 것이다." 유다는 그 뒤로 두 번 다시 다말과 같이 자지 않았습니다.

27 다말이 아기를 낳을 때가 되었고, 배 안에는 쌍둥이가 들어 있었습니다.

28 다말이 아기를 낳는데 한 아기가 손을 내밀었습니다. 산파가 그 아기의 손에 붉은 줄을 매어 주면서 "이 아기가 먼저 나온 아기다" 하고 말했습니다.

29 그런데 그 아기가 손을 거두어들였습니다. 그리고 다른 아기가 먼저 태어났습니다. 산파가 말했습니다. "어쩌면! 네가 먼저 터뜨리고 나왔구나!" 그래서 그 아기의 이름은 베레스*가 되었습니다.

30 그 다음에 붉은 줄을 손에 맨 아기가 태어났습니다. 그 아기의 이름은 세라*가 되었습니다.

보디발에게 팔린 요셉

39 요셉이 이집트로 끌려갔습니다. 보디발이라는 이집트 사람이 있었는데, 그 사람은 파라오의 신하였습니다. 그 사람은 왕궁 경호대의 대장이기도 했습니다. 보디발이 요셉을 끌고 온 이스마엘 사람들에게서 요셉을 샀습니다.

2 여호와께서 요셉과 함께하시므로, 요셉이 성공하게 되었습니다. 요셉은 자기 주인인 이집트 사람 보디발의 집에서 살았습니다.

3 보디발은 여호와께서 요셉과 함께 계시다는 것을 알았습니다. 보디발은 여호와께서 요셉이 하는 일마다 성공하게 해 주신다는 것을 알았습니다.

4 그래서 보디발은 요셉을 매우 좋아했습니다. 보디발은 요셉을 마음놓고 믿을 수 있는 부하로 삼았습니다. 그는 요셉에게 집안 일과 자기가 가진 모든 것을 맡겼습니다.

5 그래서 요셉은 집안 일과 보디발이 가진 모든 것을 맡게 되었습니다. 그러자 여호와께서는 요셉으로 인해 보디발의 집에 있는 모든 사람들에게 복을 주셨습니다. 그리고 여호와께서는 보디발이 가진 모든 것, 집에 있는 것이나 들에 있는 모든 것에 복을 주셨습니다.

6 그리하여 보디발은 자기가 가진 모든 것을 요셉에

25 •But as they were taking her out to kill her, she sent this message to her father-in-law: "The man who owns these things made me pregnant. Look closely. Whose seal and cord and walking stick are these?"

26 •Judah recognized them immediately and said, "She is more righteous than I am, because I didn't arrange for her to marry my son Shelah." And Judah never slept with Tamar again.

27 •When the time came for Tamar to give birth, it was discovered that she was carrying twins. 28 •While she was in labor, one of the babies reached out his hand. The midwife grabbed it and tied a scarlet string around the child's wrist, announcing, "This one 29 came out first." •But then he pulled back his hand, and out came his brother! "What!" the midwife exclaimed. "How did you break 30 out first?" So he was named Perez.* •Then the baby with the scarlet string on his wrist was born, and he was named Zerah.*

Joseph in Potiphar's House

39 When Joseph was taken to Egypt by the Ishmaelite traders, he was purchased by Potiphar, an Egyptian officer. Potiphar was captain of the guard for Pharaoh, the king of Egypt.

2 •The LORD was with Joseph, so he succeeded in everything he did as he served in 3 the home of his Egyptian master. •Potiphar noticed this and realized that the LORD was with Joseph, giving him success in every-4 thing he did. •This pleased Potiphar, so he soon made Joseph his personal attendant. He put him in charge of his entire household and everything he owned. 5 •From the day Joseph was put in charge of his master's household and property, the LORD began to bless Potiphar's household for Joseph's sake. All his household affairs ran smoothly, and 6 his crops and livestock flourished. •So Potiphar gave Joseph complete administrative responsibility over everything he owned. With Joseph there, he didn't worry about a thing—except what kind of food to eat!

---

administrative [ədmínəstreitiv] *a.* 행정적인
arrange [əréindʒ] *vt.* (혼담을) 정하다
flourish [flə́riʃ] *vi.* 번성하다
midwife [mídwàif] *n.* 조산원, 산파
wrist [rist] *n.* 손목
38:28 be in labor : 분만 중이다
39:4 in charge of… : …을 맡고 있는, …담당의

38:29 *Perez* means "breaking out." 38:30 *Zerah* means "scarlet" or "brightness."
38:29 '베레스'는 '터뜨리고 나온다'라는 뜻이다.
38:30 '세라'는 '붉은색' 또는 '빛남'이란 뜻이다.

게 맡겼습니다. 보디발은 자기가 먹는 음식 말고는 요셉이 하는 일에 참견하지 않았습니다. 요셉은 멋지고 잘생긴 사람이었습니다.

옥에 갇힌 요셉

7 시간이 흐르자 주인의 아내가 요셉에게 점점 눈길을 주기 시작했습니다. 어느 날, 주인의 아내가 요셉에게 말했습니다. "나와 같이 자자."

8 그러나 요셉은 거절했습니다. 요셉이 주인의 아내에게 말했습니다. "제 주인께서는 이 집의 모든 일을 저에게 맡기셨습니다.

9 주인의 집에는 저보다 높은 사람이 없습니다. 주인께서는 마님만 빼놓고 모든 것을 저에게 맡기셨습니다. 마님께서는 주인의 아내이기 때문입니다. 그런데 제가 어떻게 그런 나쁜 일을 할 수가 있겠습니까? 그것은 하나님께 죄를 짓는 일입니다."

10 주인의 아내는 요셉에게 매일 말을 건넸지만, 요셉은 주인의 아내와 같이 자는 것은 말할 것도 없고 함께 있으려 하지도 않았습니다.

11 어느 날, 요셉은 보통 때처럼 집으로 들어가서 일을 했습니다. 그러나 그 시간에 집에는 요셉밖에 없었습니다.

12 주인의 아내가 요셉의 옷자락을 붙잡고 말했습니다. "와서 나와 같이 자자." 그러나 요셉은 붙잡힌 옷을 남겨 둔 채 집 밖으로 뛰쳐나갔습니다.

13 주인의 아내는 요셉이 옷을 남겨 놓은 채 밖으로 뛰쳐나간 것을 보고

14 집에 있던 종들을 불러서 말했습니다. "내 남편이 우리를 창피스럽게 만들려고 저 히브리 노예를 데리고 왔나 보다. 저놈이 들어와서 나를 강간하려 했다. 내가 소리를 지르니까

15 저놈이 놀라서 도망쳤다. 저놈이 도망치다가 떨어뜨린 옷이 여기에 있다."

16 주인의 아내는 남편이 돌아올 때까지 요셉의 옷을 가지고 있었습니다.

17 그리고 남편에게 똑같은 이야기를 했습니다. "당신이 데리고 온 저 히브리 노예가 나를 강간하려 했어요.

18 그 놈이 가까이 오길래 내가 소리를 질렀더니 이 옷을 버려 두고 도망쳤어요."

19 요셉의 주인은 자기 아내가 요셉에 대해 하는 말을 듣고 매우 화가 났습니다.

20 그래서 보디발은 요셉을 붙잡아 감옥에 넣었습니다. 그 감옥은 왕의 죄수들을 넣는 곳이었습니다. 요셉은 감옥에서 살게 되었습니다.

21 하지만 여호와께서는 요셉과 함께 계셨으며, 요셉에게 한결같은 사랑을 베푸셨습니다. 그래서 요셉을 간수장의 마음에 들게 하셨습니다.

22 간수장은 요셉에게 감옥에 있는 모든 죄수를 맡겼습니다

Joseph was a very handsome and well-built young man, •and Potiphar's wife 7 soon began to look at him lustfully. "Come and sleep with me," she demanded.

8 •But Joseph refused. "Look," he told her, "my master trusts me with everything 9 in his entire household. •No one here has more authority than I do. He has held back nothing from me except you, because you are his wife. How could I do such a wicked thing? It would be a great sin against God."

10 •She kept putting pressure on Joseph day after day, but he refused to sleep with her, and he kept out of her way as much as 11 possible. •One day, however, no one else was around when he went in to do his 12 work. •She came and grabbed him by his cloak, demanding, "Come on, sleep with me!" Joseph tore himself away, but he left his cloak in her hand as he ran from the house.

13 •When she saw that she was holding 14 his cloak and he had fled, •she called out to her servants. Soon all the men came running. "Look!" she said. "My husband has brought this Hebrew slave here to make fools of us! He came into my room 15 to rape me, but I screamed. •When he heard me scream, he ran outside and got away, but he left his cloak behind with me."

16 •She kept the cloak with her until her 17 husband came home. •Then she told him her story. "That Hebrew slave you've brought into our house tried to come in 18 and fool around with me," she said. • "But when I screamed, he ran outside, leaving his cloak with me!"

Joseph Put in Prison

19 •Potiphar was furious when he heard his wife's story about how Joseph had treated 20 her. •So he took Joseph and threw him into the prison where the king's prisoners 21 were held, and there he remained. •But the LORD was with Joseph in the prison and showed him his faithful love. And the LORD made Joseph a favorite with the 22 prison warden. •Before long, the warden put Joseph in charge of all the other prisoners and over everything that happened in

authority [ɔːθɑ́rəti] *n.* 권력
cloak [klóuk] *n.* 소매없는 외투; 망토
lustfully [lʌ́stfəli] *ad.* 탐욕적으로
rape [reip] *vt.* 강간하다
warden [wɔ́ːrdn] *n.* 감시자, 교도소장
39:9 hold back : 관계하지 않다, 제지하다
39:10 keep out of one's way : …로부터 멀리 떨어지다

니다. 요셉은 감옥에서 이루어지는 모든 일을 맡았습니다.

23 간수장은 요셉이 하는 일에 조금도 간섭하지 않았습니다. 그것은 여호와께서 요셉과 함께 계셨기 때문이었습니다. 여호와께서는 요셉이 무슨 일을 하든 성공하게 만드셨습니다.

요셉이 두 꿈의 뜻을 설명해 주다

40 이 일이 있은 뒤에, 이집트 왕의 신하 가운데 두 사람이 이집트 왕에게 미움을 샀습니다. 그들은 왕에게 포도주를 바치던 신하와 빵을 바치던 신하였습니다.

2 파라오는 포도주를 바치던 신하와 빵을 바치던 신하에게 화를 냈습니다.

3 그래서 파라오는 그들을 경대 대장의 집 안에 있는 감옥에 집어넣었습니다. 그곳은 바로 요셉이 갇혀 있던 감옥이었습니다.

4 경대 대장은 요셉에게 두 죄수의 시중을 들게 했습니다. 그들은 얼마 동안 감옥에 갇혀 있었습니다.

5 어느 날 밤에 이집트 왕에게 포도주를 바치던 신하와 빵을 바치던 신하가 모두 꿈을 꾸었습니다. 그런데 꿈의 내용이 저마다 달랐습니다.

6 이튿날 아침에 요셉이 그들에게 가 보니 그들이 걱정을 하고 있었습니다.

7 요셉이 파라오의 신하들에게 물었습니다. "오늘따라 왜 이렇게 슬퍼 보입니까?"

8 두 사람이 대답했습니다. "우리 두 사람은 지난 밤에 꿈을 꾸었는데 그 꿈이 무슨 꿈인지 풀어 줄 사람이 아무도 없다네." 요셉이 그들에게 말했습니다. "꿈의 뜻을 풀어 줄 분은 하나님 이외에는 없습니다. 저에게 그 꿈 이야기를 해 주십시오."

9 그러자 왕에게 포도주를 바치던 사람이 요셉에게 꿈 이야기를 해 주었습니다. "꿈에 어떤 포도나무를 보았다네.

10 그 나무에는 가지가 셋 있었는데 가지에서 싹이 나고 꽃이 피더니, 포도가 열렸다네.

11 나는 파라오의 잔을 들고 있다가 포도를 짜서 즙을 내어 파라오에게 바쳤다네."

12 그 이야기를 듣고 요셉이 말했습니다. "그 꿈을 설명해 드리겠습니다. 가지 셋은 삼 일을 뜻합니다.

13 앞으로 삼 일이 지나기 전에 파라오가 당신을 풀어 줄 것입니다. 그리고 당신이 전에 하던 일을 다시 맡길 것입니다. 당신은 전에 하던 것처럼 다시 파라오에게 포도주를 바치게 될 것입니다.

14 풀려나시게 되면 저를 기억해 주십시오. 저에게 은혜를 베풀어 주십시오. 파라오에게 말해서 제가 이 감옥에서 풀려나도록 해 주십시오.

15 저는 히브리 사람들의 땅에서 강제로 이곳에 끌려왔

23 the prison. •The warden had no more worries, because Joseph took care of everything. The LORD was with him and caused everything he did to succeed.

Joseph Interprets Two Dreams

40 Some time later, Pharaoh's chief cup-bearer and chief baker offended their royal master. •Pharaoh became 2 angry with these two officials, •and he put 3 them in the prison where Joseph was, in the palace of the captain of the guard. 4 •They remained in prison for quite some time, and the captain of the guard assigned them to Joseph, who looked after them. 5 •While they were in prison, Pharaoh's cup-bearer and baker each had a dream one night, and each dream had its own meaning. •When Joseph saw them the 6 next morning, he noticed that they both looked upset. • "Why do you look so wor- 7 ried today?" he asked them.

8 •And they replied, "We both had dreams last night, but no one can tell us what they mean.

"Interpreting dreams is God's business," Joseph replied. "Go ahead and tell me your dreams."

9 •So the chief cup-bearer told Joseph his dream first. "In my dream," he said, "I saw 10 a grapevine in front of me. •The vine had three branches that began to bud and blossom, and soon it produced clusters of ripe 11 grapes. •I was holding Pharaoh's wine cup in my hand, so I took a cluster of grapes and squeezed the juice into the cup. Then I placed the cup in Pharaoh's hand."

12 • "This is what the dream means," Joseph said. "The three branches represent 13 three days. •Within three days Pharaoh will lift you up and restore you to your 14 position as his chief cup-bearer. •And please remember me and do me a favor when things go well for you. Mention me to Pharaoh, so he might let me out of this 15 place. •For I was kidnapped from my homeland, the land of the Hebrews, and now I'm here in prison, but I did nothing to deserve it."

cluster [klʌ́stər] *n.* 송이, 한덩어리
cup-bearer [kʌ́pbɛ̀ərər] *n.* 술 따르는 사람
deserve [dizə́ːrv] *vt.* …할(받을) 만하다
interpret [intə́ːrprit] *vt.* 해석하다
kidnap [kídnæp] *vt.* 납치하다
offend [əfénd] *vt.* 성나게 하다
represent [rèprizént] *vt.* 나타내다
restore [ristɔ́ːr] *vt.* 회복하다
squeeze [skwíːz] *vt.* 짜다
upset [ʌpsét] *a.* 근심되는, 낭패한

습니다. 그리고 저는 이 감옥에 갇힐 만한 일을 한 적이 없습니다."

16 빵을 바치던 사람은 요셉의 꿈 해몽이 좋은 것을 보고 요셉에게 말했습니다. "나도 꿈을 꾸었다네. 내 머리 위에 빵이 담긴 바구니 세 개가 있는 꿈을 꾸었다네.

17 가장 위에 있는 바구니에는 파라오에게 바칠 온갖 빵들이 있었다네. 그런데 새들이 내 머리 위에 있는 바구니 속의 음식을 먹었다네."

18 요셉이 대답했습니다. "그 꿈을 설명해 드리겠습니다. 세 바구니는 삼 일을 뜻합니다.

19 앞으로 삼 일이 지나기 전에 파라오가 당신의 머리를 베어 버릴 것입니다. 파라오는 당신의 시체를 장대 위에 매달 것입니다. 그래서 새들이 당신의 시체를 쪼아 먹을 것입니다."

20 그로부터 삼 일 뒤는 파라오의 생일이었습니다. 그래서 파라오는 모든 신하들을 위해 잔치를 베풀었습니다. 그는 신하들 앞에서 포도주를 바치던 신하와 빵을 바치던 신하를 감옥에서 불러 냈습니다.

21 파라오는 포도주를 바치던 신하에게 옛날에 하던 일을 다시 맡겼습니다. 그래서 그 신하는 다시 파라오의 손에 포도주 잔을 바칠 수 있게 되었습니다.

22 하지만 빵을 바치던 신하는 장대에 매달렸습니다. 모든 일이 요셉이 말한 대로 이루어졌습니다.

23 그러나 포도주를 바치던 신하는 요셉을 기억하지 못했습니다. 그는 요셉을 잊고 말았습니다.

왕의 꿈

41 그로부터 이 년 뒤에 파라오가 어떤 꿈을 꾸었습니다. 그는 꿈 속에서 나일 강가에 서 있었습니다.

2 파라오는 강에서 살지고 아름다운 소 일곱 마리가 올라오는 것을 보았습니다. 그 소들은 강가에서 풀을 뜯어먹었습니다.

3 그 다음에 또 다른 소 일곱 마리가 강에서 올라왔습니다. 그런데 그 소들은 야위고 못생겼습니다. 그 소들은 아름다운 소 일곱 마리와 함께 강가에 서 있었습니다.

4 그런데 야위고 못생긴 소 일곱 마리가 살지고 아름다운 소 일곱 마리를 잡아먹었습니다. 바로 그때, 파라오는 잠에서 깼습니다.

5 그리고 나서 파라오는 다시 잠들어 또 꿈을 꾸었습니다. 파라오는 꿈 속에서 잘 자라고 토실토실한 이삭 일곱 개가 한 가지에 난 것을 보았습니다.

6 그 다음에는 또 다른 일곱 이삭이 솟아 나온 것이 보였는데, 그 이삭들은 야윈데다가 동쪽에서 불어 오는 바람 때문에 바짝 말라 있었습니다.

7 그 야윈 이삭들은 잘 자라고 토실토실한 이삭을 잡아먹었습니다. 바로 그때에 파라오가 또다시 잠에서 깼습니다. 깨어나 보니 모든 것이 꿈이었습니다.

16 •When the chief baker saw that Joseph had given the first dream such a positive interpretation, he said to Joseph, "I had a dream, too. In my dream there were three baskets of white pastries stacked on my head. 17 •The top basket contained all kinds of pastries for Pharaoh, but the birds came and ate them from the basket on my head."

18 •"This is what the dream means," Joseph told him. "The three baskets also 19 represent three days. •Three days from now Pharaoh will lift you up and impale your body on a pole. Then birds will come and peck away at your flesh."

20 •Pharaoh's birthday came three days later, and he prepared a banquet for all his officials and staff. He summoned* his chief cup-bearer and chief baker to join the other 21 officials. •He then restored the chief cup-bearer to his former position, so he could 22 again hand Pharaoh his cup. •But Pharaoh impaled the chief baker, just as Joseph had predicted when he interpreted his dream.

23 •Pharaoh's chief cup-bearer, however, forgot all about Joseph, never giving him another thought.

Pharaoh's Dreams

41 Two full years later, Pharaoh dreamed that he was standing on the bank of 2 the Nile River. •In his dream he saw seven fat, healthy cows come up out of the river and begin grazing in the marsh grass. 3 •Then he saw seven more cows come up behind them from the Nile, but these were scrawny and thin. These cows stood beside 4 the fat cows on the riverbank. •Then the scrawny, thin cows ate the seven healthy, fat cows! At this point in the dream, Pharaoh woke up.

5 •But he fell asleep again and had a second dream. This time he saw seven heads of grain, plump and beautiful, growing on 6 a single stalk. •Then seven more heads of grain appeared, but these were shriveled 7 and withered by the east wind. •And these thin heads swallowed up the seven plump, well-formed heads! Then Pharaoh woke up again and realized it was a dream.

---

impale [impéil] *vt.* 찌르다, 꿰뚫다
marsh [mɑ:rʃ] *n.* 늪, 습지
plump [plʌmp] *a.* 살이 찐
scrawny [skrɔ́:ni] *a.* 수척한, 앙상한
shrivel [ʃrívəl] *vt.* 시들게 하다
stack [stǽk] *vt.* (건초 밀짚 등을) 쌓아올리다
summon [sʌ́mən] *vt.* 호출하다, 불러내다
40:19 peck away at … : … 을 쪼아먹다

8 이튿날 아침 파라오는 그 꿈 때문에 마음이 편치 못했습니다. 그래서 왕은 이집트의 마술사와 지혜로운 사람들을 다 불렀습니다. 파라오는 그들에게 꿈 이야기를 해 주었습니다. 그러나 그 꿈이 어떤 꿈인가를 설명해 줄 수 있는 사람이 아무도 없었습니다.

9 그때에 파라오에게 포도주를 바치는 신하가 말했습니다. "전에 제가 어떤 약속을 했던 일이 기억납니다. 그런데 그 일을 잊고 있었습니다.

10 파라오께서 저와 빵을 바치던 신하에게 화를 내셨던 때가 있었습니다. 그때, 파라오께서는 저희를 경호대 대장의 감옥에 가두셨습니다.

11 그 감옥에서 우리 두 사람은 같은 날 밤 각기 다른 꿈을 꾸었습니다.

12 그때, 어떤 젊은 히브리 사람이 우리가 있던 감옥에 있었습니다. 그 사람은 경호대 대장의 종이었습니다. 그 사람에게 우리의 꿈 이야기를 해 주었더니, 그 사람은 우리의 꿈이 무슨 꿈인가를 설명해 주었습니다.

13 그런데 모든 일이 그 사람이 말한 그대로 되었습니다. 저는 제 옛날 자리를 되찾았고, 빵을 바치던 신하는 장대에 달려 처형되었습니다."

14 파라오는 사람을 보내어 요셉을 불렀습니다. 사람들은 서둘러서 요셉을 감옥에서 풀어 주었습니다. 요셉은 수염을 깎고 깨끗한 옷을 입은 뒤에 파라오 앞에 나아갔습니다.

15 파라오가 요셉에게 말했습니다. "내가 꿈을 꾸었는데, 그 꿈이 어떤 꿈인지를 설명해 줄 사람이 없다. 그런데 너는 꿈 이야기를 들으면 그 꿈을 해몽할 수 있다는 말을 들었다."

16 요셉이 파라오에게 대답했습니다. "저는 꿈을 해몽할 능력이 없습니다. 하나님께서 왕을 위해 해몽해 주실 것입니다."

17 파라오가 요셉에게 말했습니다. "꿈에서 나는 나일 강가에 서 있었는데 거기서

18 살지고 아름다운 소 일곱 마리를 보았다. 그 소들은 강에서 나와 풀을 뜯어먹었다.

19 그런데 또 강에서 다른 소 일곱 마리가 나오는 것이 보였다. 그 소들은 야위고 마르고 못생겼다. 이제껏 내가 이집트의 온 땅에서 보아 온 소 중에서 가장 못생긴 소였다.

20 이 야위고 못생긴 소들이 먼저 나온 살진 일곱 마리 소를 잡아먹었다.

21 그런데 이 야윈 소 일곱 마리는 살진 소 일곱 마리를 잡아먹었으면서도 처음과 똑같이 마르고 못생겨 보였다. 그때에 나는 잠이 깼다.

22 나는 또 다른 꿈도 꾸었다. 어떤 한 가지에 잘 자라고 토실토실한 이삭 일곱 개가 나 있는 것을 보았다.

23 그런 다음에 다른 일곱 이삭이 또 솟아 나왔는데, 그

8 • The next morning Pharaoh was very disturbed by the dreams. So he called for all the magicians and wise men of Egypt. When Pharaoh told them his dreams, not one of them could tell him what they meant.

9 • Finally, the king's chief cup-bearer spoke up. "Today I have been reminded of
10 my failure," he told Pharaoh. • "Some time ago, you were angry with the chief baker and me, and you imprisoned us in the palace of the captain of the guard.
11 • One night the chief baker and I each had a dream, and each dream had its own
12 meaning. • There was a young Hebrew man with us in the prison who was a slave of the captain of the guard. We told him our dreams, and he told us what each of
13 our dreams meant. • And everything happened just as he had predicted. I was restored to my position as cup-bearer, and the chief baker was executed and impaled on a pole."

14 • Pharaoh sent for Joseph at once, and he was quickly brought from the prison. After he shaved and changed his clothes, he went in and stood before Pharaoh.
15 • Then Pharaoh said to Joseph, "I had a dream last night, and no one here can tell me what it means. But I have heard that when you hear about a dream you can
16 interpret it." • "It is beyond my power to do this," Joseph replied. "But God can tell you what it means and set you at ease."

17 • So Pharaoh told Joseph his dream. "In my dream," he said, "I was standing on the
18 bank of the Nile River, • and I saw seven fat, healthy cows come up out of the river
19 and begin grazing in the marsh grass. • But then I saw seven sick-looking cows, scrawny and thin, come up after them. I've never seen such sorry-looking animals in
20 all the land of Egypt. • These thin, scrawny cows are the seven fat cows. • But afterward you wouldn't have known it, for they were still as thin and scrawny as before! Then I woke up.

22 • "In my dream I also saw seven heads of grain, full and beautiful, growing on a
23 single stalk. • Then seven more heads of grain appeared, but these were blighted,

blight [blait] *vi.* 마르다
disturb [distə́ːrb] *vt.* 방해하다, 불안하게 하다
execute [éksikjuːt] *vt.* 사형에 처하다; 처형하다
imprison [imprízn] *vt.* 투옥하다, 가두다
marsh [máːrʃ] *n.* 늪, 습지
scrawny [skrɔ́ːni] *a.* 여윈, 수척한
stalk [stɔːk] *n.* 줄기

이삭들은 야위고 말랐다. 그 이삭들은 동쪽에서 불어 오는 뜨거운 바람 때문에 바싹 말라 있었다.

24 그런데 야윈 이삭들이 살진 이삭들을 잡아먹었다. 나는 이 꿈을 마술사들에게 이야기해 주었지만 아무도 그 꿈이 무슨 꿈인지를 설명해 주지 못했다.”

꿈을 해몽하는 요셉

25 그때에 요셉이 파라오에게 말했습니다. “이 두 꿈의 뜻은 똑같습니다. 하나님께서 앞으로 일어날 일을 파라오께 미리 보여 주신 것입니다.

26 좋은 소 일곱 마리는 칠 년을 뜻합니다. 또 좋은 이삭 일곱 개도 칠 년을 뜻합니다. 두 꿈은 똑같은 것을 뜻합니다.

27 마르고 못생긴 일곱 소는 칠 년을 뜻합니다. 또 동쪽에서 불어 오는 뜨거운 바람에 바싹 마른 일곱 이삭도 칠 년 동안 가뭄이 있을 것을 뜻합니다.

28 이 일은 제가 말씀드린 대로 일어날 것입니다. 하나님께서는 앞으로 일어날 일을 파라오께 미리 보여 주셨습니다.

29 이집트의 온 땅에는 칠 년 동안 큰 풍년이 들 것입니다.

30 그러나 그 칠 년이 지나면 칠 년 동안 가뭄이 들 것입니다. 모든 이집트 땅에 언제 풍년이 든 적이 있었나 싶을 만큼 큰 가뭄이 들 것입니다. 가뭄이 온 땅을 뒤덮을 것입니다.

31 심지어 백성들이 풍년이란 것이 무엇인지를 기억할 수 없을 만큼 가뭄이 심해질 것입니다.

32 파라오께서는 뜻이 똑같은 꿈을 두 번이나 꾸셨습니다. 그것은 하나님께서 이 일을 이루시기로 굳게 작정하셨기 때문입니다. 더구나 하나님께서는 이 일을 곧 이루실 것입니다.

33 그러니 파라오께서는 매우 지혜롭고 현명한 사람을 뽑으셔서 그 사람에게 이집트 땅을 맡기십시오.

34 그리고 모든 이집트 땅에 관리들을 세우셔서, 풍년이 드는 동안 이집트 땅에서 나는 식물의 오분의 일을 거두어들이십시오.

35 그 관리들은 앞으로 있을 풍년 기간 동안 생산될 모든 식물을 거두어들여야 합니다. 그들은 왕의 권위에 힘입어 곡물을 성마다 쌓아 두고 지켜야 합니다.

36 나중을 위해 그 식물을 저장해 두어야 합니다. 그 식물은 이집트 땅에 닥쳐올 칠 년 동안의 가뭄 때 써야 할 것입니다. 그렇게 하면 칠 년 동안 가뭄이 들어도 이집트 백성은 죽지 않을 것입니다.”

이집트의 총리가 된 요셉

37 요셉의 말은 파라오가 듣기에 매우 훌륭한 의견이었습니다. 파라오의 모든 신하들도 같은 생각이었습니다.

38 그래서 파라오는 신하들에게 “요셉보다 이 일을 더

shriveled, and withered by the east wind.

24 •And the shriveled heads swallowed the seven healthy heads. I told these dreams to the magicians, but no one could tell me what they mean.”

25 •Joseph responded, “Both of Pharaoh's dreams mean the same thing. God is telling Pharaoh in advance what he is
26 about to do. •The seven healthy cows and the seven healthy heads of grain both rep-
27 resent seven years of prosperity. •The seven thin, scrawny cows that came up later and the seven thin heads of grain, withered by the east wind, represent seven years of famine.

28 • “This will happen just as I have described it, for God has revealed to Pharaoh
29 in advance what he is about to do. •The next seven years will be a period of great prosperity throughout the land of Egypt.
30 •But afterward there will be seven years of famine so great that all the prosperity will be forgotten in Egypt. Famine will destroy
31 the land. •This famine will be so severe that even the memory of the good years
32 will be erased. •As for having two similar dreams, it means that these events have been decreed by God, and he will soon make them happen.

33 • “Therefore, Pharaoh should find an intelligent and wise man and put him in
34 charge of the entire land of Egypt. •Then Pharaoh should appoint supervisors over the land and let them collect one-fifth of all the crops during the seven good years.
35 •Have them gather all the food produced in the good years that are just ahead and bring it to Pharaoh's storehouses. Store it away, and guard it so there will be food in
36 the cities. •That way there will be enough to eat when the seven years of famine come to the land of Egypt. Otherwise this famine will destroy the land.”

Joseph Made Ruler of Egypt

37 •Joseph's suggestions were well received
38 by Pharaoh and his officials. •So Pharaoh asked his officials, “Can we find anyone else like this man so obviously filled with

---

decree [dikríː] *vt.* 명하다
famine [fǽmin] *n.* 가뭄
obviously [ábviəsli] *ad.* 명백하게, 분명히
prosperity [prɑspérəti] *n.* 번성
reveal [rivíːl] *vt.* 나타내다
severe [səvíər] *a.* 격심한
shrivel [ʃrívəl] *vi.* 시들다, 오그라들다
wither [wíðər] *vi.* 마르다
41:25 in advance : 미리, 사전에
41:33 put … in charge of~ : …에게 ~의 책임을 맡기다

잘 할 사람이 어디에 있겠는가? 이 사람에게는 정말로 하나님의 영이 있도다" 하고 말했습니다.

39 파라오가 요셉에게 말했습니다. "하나님께서 이 모든 일을 그대에게 보여 주셨다. 그대만큼 지혜롭고 현명한 사람은 없다.

40 나는 내 왕궁을 그대에게 맡긴다. 모든 백성들이 그대에게 복종할 것이다. 그대보다 높은 사람은 나밖에 없도다."

41 파라오가 또 요셉에게 말했습니다. "자! 내가 그대에게 모든 이집트 땅을 맡긴다."

42 그리고 자기 손가락에서 왕의 도장이 찍힌 반지를 빼서, 요셉의 손가락에 끼워 주었습니다. 그리고 요셉에게 고운 세마포 옷도 주었습니다. 그리고 요셉의 목에 금목걸이를 걸어 주었습니다.

43 파라오가 요셉을 자기 수레 다음으로 좋은 수레에 태우니, 사람들이 요셉이 탄 수레 앞에서 "무릎을 꿇어라!" 하고 외쳤습니다. 이렇게 하여 파라오는 요셉에게 이집트의 모든 일을 맡겼습니다.

44 파라오가 요셉에게 말했습니다. "나는 파라오다. 이제는 모든 이집트 땅의 누구라도 그대의 허락 없이는 손과 발이라도 함부로 움직이지 못한다."

45 그는 요셉에게 사브낫바네아라는 이름을 주었습니다. 또 요셉에게 아스낫이라는 사람을 아내로 주었습니다. 아스낫은 온의 제사장인 보디베라의 딸이었습니다. 요셉은 이집트의 모든 땅을 다스리게 되었습니다.

46 요셉이 이집트 왕 파라오를 섬기기 시작한 때의 나이는 서른 살이었습니다. 요셉은 이집트 왕 파라오 앞에서 물러나, 이집트의 모든 땅을 두루 돌아다녔습니다.

47 풍년이 든 칠 년 동안에는 땅의 작물들이 잘 자라났습니다.

48 요셉은 풍년이 든 칠 년 동안에 이집트에서 자라난 모든 식물을 거두어들였습니다. 요셉은 그 식물을 각 성에 쌓아 두었습니다. 요셉은 모든 성마다 그 성 근처의 밭에서 자라난 식물을 쌓아 두었습니다.

49 요셉은 바다의 모래와 같이 많은 곡식을 쌓아 두었습니다. 쌓아 둔 곡식이 너무 많아서 다 셀 수가 없을 정도였습니다.

50 요셉의 아내는 온의 제사장 보디베라의 딸 아스낫이었습니다. 가뭄이 시작되기 전에 요셉과 아스낫은 두 아들을 낳았습니다.

51 요셉은 첫째 아들의 이름을 므낫세*라 짓고 "하나님께서 나의 모든 고통과 내 아버지의 집 생각을 잊게 해 주셨다"라고 말했습니다.

52 요셉은 둘째 아들의 이름을 에브라임*이라 짓고 "하나님께서 내가 고통받던 이 땅에서 나에게 자녀

39 the spirit of God?" ●Then Pharaoh said to Joseph, "Since God has revealed the meaning of the dreams to you, clearly no one else
40 is as intelligent or wise as you are. ●You will be in charge of my court, and all my people will take orders from you. Only I, sitting on my throne, will have a rank higher than yours."
41 ●Pharaoh said to Joseph, "I hereby put you in charge of the entire land of Egypt."
42 ●Then Pharaoh removed his signet ring from his hand and placed it on Joseph's finger. He dressed him in fine linen clothing and hung a gold chain around his neck.
43 ●Then he had Joseph ride in the chariot reserved for his second-in-command. And wherever Joseph went, the command was shouted, "Kneel down!" So Pharaoh put
44 Joseph in charge of all Egypt. ●And Pharaoh said to him, "I am Pharaoh, but no one will lift a hand or foot in the entire land of Egypt without your approval."
45 ●Then Pharaoh gave Joseph a new Egyptian name, Zaphenath-paneah.* He also gave him a wife, whose name was Asenath. She was the daughter of Potiphera, the priest of On.* So Joseph took charge of the entire
46 land of Egypt. ●He was thirty years old when he began serving in the court of Pharaoh, the king of Egypt. And when Joseph left Pharaoh's presence, he inspected the entire land of Egypt.
47 ●As predicted, for seven years the land
48 produced bumper crops. ●During those years, Joseph gathered all the crops grown in Egypt and stored the grain from the surrounding fields in the cities. ●He piled up
49 huge amounts of grain like sand on the seashore. Finally, he stopped keeping records because there was too much to measure.
50 ●During this time, before the first of the famine years, two sons were born to Joseph and his wife, Asenath, the daughter of
51 Potiphera, the priest of On. ●Joseph named his older son Manasseh,* for he said, "God has made me forget all my troubles and
52 everyone in my father's family." ●Joseph named his second son Ephraim,* for he said, "God has made me fruitful in this land of my grief."

approval [əprúːvəl] *n.* 승인
bumper [bámpər] *a.* 〈구어〉 풍작의; 대단히 큰

41:45a *Zaphenath-paneah* probably means "God speaks and lives."　41:45b Greek version reads *of Heliopolis*; also in 41:50.　41:51 *Manasseh* sounds like a Hebrew term that means "causing to forget."　41:52 *Ephraim* sounds like a Hebrew term that means "fruitful."

41:51 '므낫세' 는 '잊어버린다' 는 뜻이다.
41:52 '에브라임' 은 '열매가 풍성한' 이란 뜻이다.

를 주셨다" 하고 말했습니다.

53 이집트 땅에 칠 년 동안의 풍년이 다 끝났습니다.

54 그리고 나서 요셉이 말한 대로 칠 년 동안의 가뭄이 시작되었습니다. 모든 땅의 백성들에게 먹을 것이 없었습니다. 하지만 이집트에는 먹을 것이 있었습니다.

55 모든 이집트 땅에 가뭄이 심해지자, 백성들이 파라오에게 먹을 것을 달라고 부르짖었습니다. 그러자 파라오가 모든 이집트 백성에게 "요셉에게 가거라. 요셉이 하라는 대로 하여라" 하고 말했습니다.

56 어디를 가도 가뭄이 들지 않은 곳이 없었습니다. 그래서 요셉은 창고를 열어서 이집트 백성들에게 곡식을 팔았습니다. 왜냐하면 이집트 땅에도 가뭄이 심했기 때문입니다.

57 모든 땅의 백성들이 곡식을 사기 위해, 이집트의 요셉에게 왔습니다. 온 세계에 심한 가뭄이 들었기 때문이었습니다.

꿈이 이루어짐

42 야곱이 이집트에 곡식이 있다는 이야기를 듣고 자기 아들들에게 말했습니다. "왜 가만히 앉아서 서로 얼굴만 쳐다보고 있느냐?

2 듣자하니 이집트에는 곡식이 있다고 한다. 이집트로 내려가서 먹을 곡식을 좀 사 오너라. 그래야 먹고 살 수 있지 않겠느냐?"

3 그리하여 요셉의 형 열 명이 곡식을 사려고 이집트로 내려갔습니다.

4 하지만 야곱은 요셉의 동생 베냐민은 형들과 함께 보내지 않았습니다. 야곱은 베냐민에게 좋지 않은 일이 일어날까봐 두려워했습니다.

5 가나안 땅에도 가뭄이 들었기 때문에 이스라엘이라고도 부르는 야곱의 아들들은 곡식을 사기 위해 다른 많은 사람들과 함께 이집트로 내려갔습니다.

6 그 때, 요셉은 이집트의 총리였습니다. 요셉은 곡식을 사러 오는 사람들에게 곡식을 팔고 있었습니다. 요셉의 형들도 요셉에게 왔습니다. 요셉의 형들은 땅에 엎드려 요셉에게 절했습니다.

7 요셉은 그들을 보자마자, 그들이 자기의 형들이라는 것을 알았습니다. 그러나 요셉은 모르는 체하였습니다. 요셉이 쌀쌀한 말투로 물어 보았습니다. "너희들은 어디에서 왔느냐?" 형들이 대답했습니다. "우리는 가나안 땅에서 먹을 것을 사려고 왔습니다."

8 요셉은 그들이 자기 형들이라는 것을 알았지만, 그들은 요셉을 알아보지 못했습니다.

9 요셉은 형들이 자기에게 절하는 꿈을 꾼 것이 생각났습니다. 요셉이 형들에게 말했습니다. "너희들은 정탐꾼이다. 너희들은 이 나라의 약점을 알아내

53 • At last the seven years of bumper crops throughout the land of Egypt came to an end. • Then the seven years of famine began, just as Joseph had predicted. The famine also struck all the surrounding countries, but throughout Egypt there was plenty of food. • Eventually, however, the famine spread throughout the land of Egypt as well. And when the people cried out to Pharaoh for food, he told them, "Go to Joseph, and do whatever he tells you." • So with severe famine everywhere, Joseph opened up the storehouses and distributed grain to the Egyptians, for the famine was severe throughout the land of Egypt. • And people from all around came to Egypt to buy grain from Joseph because the famine was severe throughout the world.

Joseph's Brothers Go to Egypt

42 When Jacob heard that grain was available in Egypt, he said to his sons, "Why are you standing around looking at one another? • I have heard there is grain in Egypt. Go down there, and buy enough grain to keep us alive. Otherwise we'll die."

3 • So Joseph's ten older brothers went down to Egypt to buy grain. • But Jacob wouldn't let Joseph's younger brother, Benjamin, go with them, for fear some harm might come to him. • So Jacob's* sons arrived in Egypt along with others to buy food, for the famine was in Canaan as well.

6 • Since Joseph was governor of all Egypt and in charge of selling grain to all the people, it was to him that his brothers came. When they arrived, they bowed before him with their faces to the ground. • Joseph recognized his brothers instantly, but he pretended to be a stranger and spoke harshly to them. "Where are you from?" he demanded.

"From the land of Canaan," they replied. "We have come to buy food."

8 • Although Joseph recognized his brothers, they didn't recognize him. • And he remembered the dreams he'd had about them many years before. He said to them, "You are spies! You have come to see how vulnerable our land has become."

---

available [əvéiləbl] *a.* 입수할 수 있는; 통용하는
distribute [distríbju:t] *vt.* 분배하다, 배포하다
harshly [há:rʃli] *ad.* 거칠게, 난폭하게
instantly [ínstəntli] *ad.* 즉시, 당장에
pretend [priténd] *vt.* …척하다
severe [səviər] *a.* 격심한, 맹렬한
vulnerable [vʌ́lnərəbl] *a.* 다치기 쉬운; 취약한

42:5 Hebrew *Israel's*. See note on 35:21.

려고 왔다!"

10 그러자 요셉의 형들이 요셉에게 말했습니다. "내 주여, 그렇지 않습니다. 당신의 종인 우리는 먹을 것을 사려 왔을 뿐입니다.

11 우리는 모두 한 아버지의 아들입니다. 우리는 정탐꾼이 아닙니다. 우리는 정직한 사람입니다."

12 그러자 요셉이 그들에게 말했습니다. "아니다! 너희들은 이 나라의 약점을 알아 내려고 왔다!"

13 그들이 말했습니다. "우리는 열두 형제 중 열 명입니다. 우리는 한 아버지의 아들입니다. 우리는 가나안 땅에 살고 있습니다. 우리의 막내 동생은 지금 그곳에 우리 아버지와 함께 있습니다. 그리고 우리의 다른 동생은 없어졌습니다."

14 요셉이 그들에게 말했습니다. "내 말이 틀림없다. 너희는 정탐꾼이다.

15 그러나 너희들 말이 거짓말이 아니라는 것을 증명할 기회를 주겠다. 살아 계신 파라오께 맹세하지만, 너희의 막내 동생이 여기에 오기 전까지 너희는 이곳을 떠나지 못한다.

16 너희들 중 한 명이 가서 너희 동생을 데리고 오너라. 나머지는 여기 감옥에 갇혀 있어야 한다. 너희의 말이 옳은지 두고 봐야겠다. 만약 너희가 거짓말을 하는 것이라면 살아 계신 파라오를 두고 맹세하지만 너희는 정탐꾼이다."

17 그리고 나서 요셉은 그들 모두를 삼 일 동안 감옥에 넣어 두었습니다.

18 삼 일째 되는 날, 요셉이 그들에게 말했습니다. "나는 하나님을 두려워하는 사람이다. 내 말대로 하면 너희를 살려 주겠다.

19 만약 너희가 정직한 사람이라면, 너희 중 한 사람만 여기 감옥에 남아 있어라. 그리고 나머지 사람들은 곡식을 가지고 돌아가서 너희의 굶주린 식구들에게 먹을 것을 주어라.

20 그리고 나서 너희의 막내 동생을 데리고 오너라. 만약 그렇게 하면 너희의 말이 진실인 줄 알고 너희를 살려 주겠다." 그들은 요셉의 말대로 하기로 했습니다.

21 그들이 자기들끼리 말했습니다. "우리가 동생에게 한 일 때문에 이런 벌을 받는가 보다. 우리는 동생이 고통을 당하면서 우리에게 살려 달라고 애원하는 것을 보면서도 동생의 말을 듣지 않았다. 그래서 우리가 지금 이런 고통을 당하는 것이다."

22 그러자 르우벤이 그들에게 말했습니다. "내가 그 아이를 해치지 말라고 하지 않았느냐? 그런데도 너희는 내 말을 듣지 않았다. 그 아이에게 한 일 때문에 우리가 지금 이런 벌을 받고 있는 것이다."

23 요셉은 자기 형들에게 말할 때 통역하는 사람을 통해서 말을 했습니다. 그래서 형들은 요셉이 자기들끼리

10 • "No, my lord!" they exclaimed. "Your servants have simply come to buy food.

11 •We are all brothers– members of the same family. We are honest men, sir! We are not spies!"

12 • "Yes, you are!" Joseph insisted. "You have come to see how vulnerable our land has become."

13 • "Sir," they said, "there are actually twelve of us. We, your servants, are all brothers, sons of a man living in the land of Canaan. Our youngest brother is back there with our father right now, and one of our brothers is no longer with us."

14 •But Joseph insisted, "As I said, you are
15 spies! •This is how I will test your story. I swear by the life of Pharaoh that you will never leave Egypt unless your youngest
16 brother comes here! •One of you must go and get your brother. I'll keep the rest of you here in prison. Then we'll find out whether or not your story is true. By the life of Pharaoh, if it turns out that you don't have a younger brother, then I'll know you are spies."

17 •So Joseph put them all in prison for
18 three days. •On the third day Joseph said to them, "I am a God-fearing man. If you
19 do as I say, you will live. •If you really are honest men, choose one of your brothers to remain in prison. The rest of you may go home with grain for your starving fami-
20 lies. •But you must bring your youngest brother back to me. This will prove that you are telling the truth, and you will not die." To this they agreed.

21 •Speaking among themselves, they said, "Clearly we are being punished because of what we did to Joseph long ago. We saw his anguish when he pleaded for his life, but we wouldn't listen. That's why we're in this trouble."

22 • "Didn't I tell you not to sin against the boy?" Reuben asked. "But you wouldn't listen. And now we have to answer for his blood!"

23 •Of course, they didn't know that Joseph understood them, for he had been

---

anguish [ǽŋgwiʃ] *n.* 고통
exclaim [ikskléim] *vt.* 소리내어 외치다
insist [insíst] *vi.* 주장하다
starve [stάːrv] *vi.* 굶어죽다, 굶주리다
swear [swέər] *vt.* 맹세하다
vulnerable [vʌ́lnərəbl] *a.* 약점이 있는
42:16 turn out : 증명하다
42:17 put … in prison : …을 투옥하다
42:21 plead for one's life : 살려달라고 빌다
42:21 be in trouble : 곤란한 처지에 있다
42:22 sin against… : …에게 죄를 짓다

하는 말을 알아들을 거라고 생각하지 못했습니다.

24 요셉은 형들이 있는 곳에서 나와 울었습니다. 그리고 얼마 있다가 다시 돌아와 형들에게 말했습니다. 요셉은 시므온을 붙잡아 다른 형들이 보는 앞에서 시므온을 묶었습니다.

25 요셉은 종들에게 자기 형들의 가방에 곡식을 가득 채우라고 말했습니다. 그리고 곡식을 사기 위해 가지고 온 돈도 다 돌려 주고, 집으로 돌아가는 동안에 필요한 물건들도 넣어 주라고 명령했습니다. 종들은 요셉이 하라는 대로 했습니다.

26 그리하여 요셉의 형들은 곡식을 나귀에 싣고 길을 떠났습니다.

27 하룻밤을 머문 곳에서 형들 중 한 명이 나귀에게 먹이를 주려고 자루를 열었더니, 자루 안에 돈이 있는 것이 보였습니다.

28 그 사람이 다른 형제들에게 말했습니다. "곡식을 사려고 낸 돈이 여기 자루에 그대로 있다." 형들은 매우 놀라면서 자기들끼리 "하나님께서 우리를 어떻게 하시려고 이런 일을 하셨는가?" 하고 말했습니다.

야곱에게 돌아간 요셉의 형들

29 형들이 가나안 땅에 있던 자기 아버지 야곱에게 돌아갔습니다. 그들은 지금까지 일어난 일을 모두 야곱에게 이야기해 주었습니다.

30 "그 땅의 주인이 우리에게 엄하게 말했습니다. 그 사람이 우리가 자기네 나라를 정탐하러 온 줄로 알길래

31 우리는 정탐꾼이 아니라 정직한 사람이라고 말했습니다.

32 우리는 한 아버지의 아들들로서 열두 형제 중에서 열 명이라고 말해 주었습니다. 열두 형제 중 한 명은 없어졌고, 막내 동생은 아버지와 함께 가나안 땅에 있다는 이야기도 했습니다.

33 그러자 그 땅의 주인이 우리에게 말했습니다. '너희가 정직한 사람이라는 것을 증명하려면 이렇게 하여라. 너희 중 한 명은 여기에 남아라. 그리고 나머지는 곡식을 가지고 너희의 굶주린 식구들에게 돌아가거라.

34 그리고 너희의 막내 동생을 이리로 데려 오너라. 그래야 너희가 정탐꾼이 아니라 정직한 사람이라는 것을 알고, 너희가 남겨 두고 간 너희 형제를 돌려주겠다. 또한 너희는 우리 땅에서 자유롭게 다닐 수도 있을 것이다.'"

35 이 말을 하고 나서 요셉의 형들은 자루를 비웠습니다. 그랬더니 자루마다 돈이 그대로 들어 있었습니다. 그들과 그들의 아버지는 그것을 보고 두려워했습니다.

36 아버지 야곱이 말했습니다. "너희는 내 자식들을 다 빼앗아 갔다. 요셉도 없어졌고, 시므온도 없어졌다. 그런데 이제는 베냐민마저 데려가려고 하는구나. 어

speaking to them through an interpreter.

24 • Now he turned away from them and began to weep. When he regained his composure, he spoke to them again. Then he chose Simeon from among them and had him tied up right before their eyes.

25 • Joseph then ordered his servants to fill the men's sacks with grain, but he also gave secret instructions to return each brother's payment at the top of his sack. He also gave them supplies for their journey home.

26 • So the brothers loaded their donkeys with the grain and headed for home.

27 • But when they stopped for the night and one of them opened his sack to get grain for his donkey, he found his money

28 in the top of his sack. • "Look!" he exclaimed to his brothers. "My money has been returned; it's here in my sack!" Then their hearts sank. Trembling, they said to each other, "What has God done to us?"

29 • When the brothers came to their father, Jacob, in the land of Canaan, they told him everything that had happened to

30 them. • "The man who is governor of the land spoke very harshly to us," they told

31 him. "He accused us of being spies scouting the land. • But we said, 'We are honest

32 men, not spies. • We are twelve brothers, sons of one father. One brother is no longer with us, and the youngest is at home with our father in the land of Canaan.'

33 • "Then the man who is governor of the land told us, 'This is how I will find out if you are honest men. Leave one of your brothers here with me, and take grain for your starving families and go on home.

34 • But you must bring your youngest brother to me. Then I will know you are honest men and not spies. Then I will give you back your brother, and you may trade freely in the land.'"

35 • As they emptied out their sacks, there in each man's sack was the bag of money he had paid for the grain! The brothers and their father were terrified when they saw

36 the bags of money. • Jacob exclaimed, "You are robbing me of my children! Joseph is gone! Simeon is gone! And now you want to take Benjamin, too. Everything is going against me!"

---

compose [kəmpóuʒər] *n.* 짐작, 평정
instruction [instrʌ́kʃən] *n.* 지시, 교훈
interpreter [intə́ːrpritər] *n.* 통역자
rob [rab] *vt.* 강탈하다, 빼앗다
scout [skaut] *vt.* 염탐하다
sink [siŋk] *vi.* 가라앉다; (절망 따위에) 빠지다
supply [səplái] *n.* (pl) 양식, 군량
tremble [trémbl] *vi.* 떨다

떻게 이런 일들이 일어날 수 있느냐?"

37 그러자 르우벤이 아버지에게 말했습니다. "제가 만약 베냐민을 아버지께 다시 데리고 오지 못한다면, 제 두 아들을 죽이셔도 좋습니다. 베냐민을 저에게 맡겨 주십시오. 아버지께 다시 데리고 오겠습니다."

38 그러나 야곱이 말했습니다. "베냐민을 너희와 함께 보낼 수 없다. 베냐민의 형은 죽었다. 이제 베냐민은 내 아내 라헬이 남긴 마지막 아들이다. 베냐민이 이집트로 가는 동안 어떤 끔찍한 일이 일어날지 모른다. 그렇게 되면 나는 죽는 날까지 슬퍼하게 될 것이다."

다시 이집트로 가는 요셉의 형들

43 가나안 땅에는 아직도 가뭄이 계속되었습니다.

2 야곱의 가족은 이집트에서 가져온 곡식을 다 먹었습니다. 그래서 야곱이 아들들에게 말했습니다. "이집트로 다시 가서 먹을 음식을 조금 더 사 오너라."

3 그러자 유다가 야곱에게 말했습니다. "그 땅의 총리는 우리에게 매우 엄하게 경고했습니다. 그 사람은 '너희 동생을 데려 오너라. 그렇게 하지 않으면 다시는 나를 볼 수 없을 것이다' 라고 말했습니다.

4 만약 아버지께서 베냐민을 우리와 함께 보내 주시면, 이집트로 내려가 음식을 사 오겠지만

5 베냐민을 보내 주지 않으시면, 내려가지 않겠습니다. 그 땅의 총리가 우리에게 경고했습니다. 베냐민을 데리고 오지 않으면 다시는 우리를 보지 않겠다고 말입니다."

6 이스라엘이라고도 부르는 야곱이 말했습니다. "왜 그 사람에게 다른 동생이 있다고 말했느냐? 너희가 나에게 큰 고통을 주는구나."

7 야곱의 아들들이 대답했습니다. "그 사람이 우리와 우리 가족에 대해서 자세히 물어 보았습니다. 그 사람은 '너희 아버지가 아직 살아 계시냐? 너희에게 다른 동생이 있느냐?' 하고 물어 보았습니다. 우리는 그저 그의 물음에 대답했을 뿐입니다. 그 사람이 나머지 동생을 데리고 오라고 말할 줄을 우리가 어떻게 알았겠습니까?'

8 그때에 유다가 아버지 이스라엘에게 말했습니다. "베냐민을 우리와 함께 보내 주십시오. 그러시면 지금 당장 떠나겠습니다. 그렇게 하셔야, 우리가 죽지 않고 살 수 있습니다. 아버지와 우리 자식들이 살 수 있습니다.

9 제가 틀림없이 베냐민을 잘 돌보겠습니다. 제가 책임지겠습니다. 만약 제가 아버지께 베냐민을 다시 데리고 오지 못한다면, 죽을 때까지 저를 욕하셔도 좋습니다.

10 이렇게 시간을 낭비하지 않았다면, 벌써 두 번은 다녀왔을 것입니다."

11 그러자 그들의 아버지 이스라엘이 말했습니다. "정

37 •Then Reuben said to his father, "You may kill my two sons if I don't bring Benjamin back to you. I'll be responsible for him, and I promise to bring him back."

38 •But Jacob replied, "My son will not go down with you. His brother Joseph is dead, and he is all I have left. If anything should happen to him on your journey, you would send this grieving, white-haired man to his grave.*

The Brothers Return to Egypt

43 But the famine continued to ravage the land of Canaan. •When the grain they had brought from Egypt was almost gone, Jacob said to his sons, "Go back and buy us a little more food."

3 •But Judah said, "The man was serious when he warned us, 'You won't see my face again unless your brother is with us.

5 •If you send Benjamin with us, we will go down and buy more food. •But if you don't let Benjamin go, we won't go either. Remember, the man said, 'You won't see my face again unless your brother is with you.'"

6 •"Why were you so cruel to me?" Jacob* moaned. "Why did you tell him you had another brother?"

7 •"The man kept asking us questions about our family," they replied. "He asked, 'Is your father still alive? Do you have another brother?' So we answered his questions. How could we know he would say, 'Bring your brother down here'?"

8 •Judah said to his father, "Send the boy with me, and we will be on our way. Otherwise we will all die of starvation—and not only we, but you and our little ones. •I personally guarantee his safety. You may hold me responsible if I don't bring him back to you. Then let me bear

10 the blame forever. •If we hadn't wasted all this time, we could have gone and returned twice by now."

11 •So their father, Jacob, finally said to them, "If it can't be avoided, then at least do this. Pack your bags with the best products of this land. Take them down to the man as gifts—balm, honey, gum, aromatic

grieve [grí:v] *vi.* 몹시 슬퍼하다, 마음 아파하다
moan [móun] *vi.* 신음하다
ravage [rǽvidʒ] *vt.* 파괴하다
warn [wɔ́:rn] *vt.* 경고하다
43:9 hold a person responsible (for) : 남에게(…의) 책임을 지우다
43:9 bear the blame : 비난을 받다

42:38 Hebrew *to Sheol.*　43:6 Hebrew *Israel;* also in 43:11. See note on 35:21.

그렇다면 이렇게 하여라. 우리 땅에서 나는 것 중에서 가장 좋은 음식을 너희 자루 속에 담아 가거라. 그리고 그것을 그 사람에게 선물로 주어라. 유향과 꿀을 가져가고 향료와 몰약과 유향나무 열매와 아몬드도 가져가거라.

12 이번에는 돈도 두 배로 가지고 가거라. 지난 번에 너희 자루 속에 놓여 있던 돈을 돌려주어라. 아마 실수로 그런 일이 있었던 것 같다.

13 그리고 베냐민을 데리고 가거라. 자, 이제 길을 떠나 그 사람에게로 가거라.

14 전능하신 하나님께서 그 사람 앞에서 너희에게 자비를 베푸셔서, 그 사람이 시므온과 베냐민을 돌려보내 주기를 빈다. 내 아이들을 잃어도 어쩔 수 없다."

15 그리하여 야곱의 아들들은 선물과 두 배의 돈과 베냐민을 데리고 서둘러 이집트로 내려가 요셉 앞에 섰습니다.

16 요셉은 형들과 함께 온 베냐민을 보고 자기 집 관리인에게 말했습니다. "저 사람들을 집으로 데리고 가거라. 짐승을 잡아서 음식을 준비하여라. 오늘 점심을 나와 함께 먹을 수 있게 하여라."

17 관리인은 요셉이 말한 대로 요셉의 형들을 요셉의 집으로 데리고 갔습니다.

18 요셉의 형들은 요셉의 집으로 가게 되어 두려웠습니다. 그들은 이렇게 생각했습니다. '처음 이곳에 왔을 때 우리 자루 속에 들어 있던 돈 때문에 이리로 끌려왔나 보다. 저 사람은 우리를 쳐서 우리를 노예로 만들고 우리 나귀를 빼앗으려 하는구나.'

19 그래서 요셉의 형들은 요셉의 관리인에게 가서 그 집 문에서 말했습니다.

20 "나의 주여, 우리는 전에 이곳에 음식을 사러 온 적이 있습니다.

21 음식을 사 가지고 집으로 돌아가다가 하룻밤을 묵은 곳에서 자루를 풀어 보니, 돈이 자루 속에 그대로 들어 있었습니다. 우리는 그 돈을 돌려드리려고 이렇게 그대로 가지고 왔습니다.

22 그리고 음식을 살 돈도 따로 가지고 왔습니다. 우리 자루 속에 돈을 넣은 사람이 누구인지 우리는 모르겠습니다."

23 그러자 관리인이 대답했습니다. "괜찮습니다. 두려워하지 마십시오. 당신들 아버지의 하나님이 되시며, 당신들의 하나님이 되시는 분께서 그 돈을 자루 속에 넣어 주셨을 것입니다. 나는 당신들이 지난 번에 낸 곡식 값을 받았습니다." 그리고 나서 관리인은 그들에게 시므온을 데려다 주었습니다.

24 관리인은 요셉의 형들을 요셉의 집으로 데리고 갔습니다. 관리인이 그들에게 물을 주자 그들은 발을 씻었습니다. 관리인은 그들의 나귀들에게 먹을 것을

12 resin, pistachio nuts, and almonds. ●Also take double the money that was put back in your sacks, as it was probably someone's
13 mistake. ●Then take your brother, and go
14 back to the man. ●May God Almighty* give you mercy as you go before the man, so that he will release Simeon and let Benjamin return. But if I must lose my children, so be it."

15 ●So the men packed Jacob's gifts and double the money and headed off with Benjamin. They finally arrived in Egypt and presented themselves to Joseph.
16 ●When Joseph saw Benjamin with them, he said to the manager of his household, "These men will eat with me this noon. Take them inside the palace. Then go slaughter an animal, and prepare a big
17 feast." ●So the man did as Joseph told him and took them into Joseph's palace.
18 ●The brothers were terrified when they saw that they were being taken into Joseph's house. "It's because of the money someone put in our sacks last time we were here," they said. "He plans to pretend that we stole it. Then he will seize us, make us slaves, and take our donkeys."

A Feast at Joseph's Palace

19 ●The brothers approached the manager of Joseph's household and spoke to him at
20 the entrance to the palace. ●"Sir," they said, "we came to Egypt once before to buy
21 food. ●But as we were returning home, we stopped for the night and opened our sacks. Then we discovered that each man's money—the exact amount paid—was in the top of his sack! Here it is; we have
22 brought it back with us. ●We also have additional money to buy more food. We have no idea who put our money in our sacks."

23 ●"Relax. Don't be afraid," the household manager told them. "Your God, the God of your father, must have put this treasure into your sacks. I know I received your payment." Then he released Simeon and brought him out to them.

24 ●The manager then led the men into Joseph's palace. He gave them water to wash their feet and provided food for their

approach [əpróutʃ] vt. 다가가다
household [háushould] n. 식솔
release [rilí:s] vt. 풀어주다
seize [si:z] vt. 체포하다
slaughter [slɔ́:tər] vt. 도살하다
terrify [térəfai] vt. 무섭게(겁나게) 하다

43:14 Hebrew El-Shaddai.

주었습니다.

25 그들은 그곳에서 요셉과 함께 점심을 먹는다는 이야기를 듣고, 정오가 되어 요셉이 오면 주려고 선물을 챙겨 놓았습니다.

26 요셉이 집으로 오자, 요셉의 형들은 준비해 온 선물을 요셉에게 주었습니다. 그리고 나서 그들은 땅에 엎드려 절했습니다.

27 요셉은 그들에게 잘 있었느냐고 묻고 또 "당신들이 말했던 늙으신 아버지는 안녕하시오? 그분이 아직도 살아 계시오?" 하고 물어 보았습니다.

28 요셉의 형들이 대답했습니다. "당신의 종인 우리 아버지는 안녕하십니다. 그분은 아직 살아 계십니다." 대답을 마친 후에 그들은 요셉 앞에서 머리를 숙여 다시 절했습니다.

29 그때에 요셉은 자기와 어머니가 같은 친동생 베냐민을 보고 "이 사람이 당신들이 말했던 그 막내 동생이오?"라고 물었습니다. 그리고 나서 요셉이 베냐민에게 말했습니다. "얘야, 하나님께서 너에게 은혜를 베푸시기를 바란다."

30 그 말을 마치고 요셉은 서둘러 자리를 떠났습니다. 요셉은 자기 동생 베냐민을 보니 눈물을 참을 수가 없었습니다. 그래서 요셉은 자기 방으로 가서 울었습니다.

31 요셉은 울음을 그친 후에 얼굴을 씻고 밖으로 나왔습니다. 요셉은 자기 마음을 달래면서 "음식을 내와라" 하고 말했습니다.

32 그러자 사람들이 요셉의 상을 따로 차리고, 요셉의 형들의 상도 따로 차렸습니다. 그리고 요셉과 함께 음식을 먹는 이집트 사람들의 상도 따로 차렸습니다. 이집트 사람들은 히브리 사람을 싫어해서, 그들과 함께 밥을 먹는 법이 없었기 때문입니다.

33 요셉의 형들은 요셉 앞에 앉았는데, 맏형부터 막내 동생까지 자리가 나이 순서대로 정해져 있었습니다. 그들은 놀라서 서로 얼굴을 쳐다보았습니다.

34 요셉은 자기 상에 놓인 음식을 형들의 상에 가져다 주게 했는데, 베냐민에게는 다른 사람들보다 다섯 배나 더 주었습니다. 요셉의 형들은 요셉과 함께 먹고 마시며 즐거워했습니다.

요셉이 꾀를 내다

44 그 후에 요셉이 자기 집의 관리인에게 명령을 내렸습니다. "저 사람들의 자루에 곡식을 넣을 수 있는 대로 넣어라. 그리고 그 곡식 자루 속에 돈도 넣어 주어라.

2 그리고 내 은잔을 저 막내 동생의 자루에 넣어라. 그리고 그 자루에 돈도 넣어라." 관리인은 요셉이 말한 대로 했습니다.

3 새벽이 되어 형들은 나귀를 끌고 길을 떠나게 되었습니다.

---

25 donkeys. ●They were told they would be eating there, so they prepared their gifts for Joseph's arrival at noon.

26 ●When Joseph came home, they gave him the gifts they had brought him, then bowed low to the ground before him.

27 ●After greeting them, he asked, "How is your father, the old man you spoke about? Is he still alive?"

28 ●"Yes," they replied. "Our father, your servant, is alive and well." And they bowed low again.

29 ●Then Joseph looked at his brother Benjamin, the son of his own mother. "Is this your youngest brother, the one you told me about?" Joseph asked. "May God be gracious to you, my son." ●Then Joseph

30 hurried from the room because he was overcome with emotion for his brother. He went into his private room, where he

31 broke down and wept. ●After washing his face, he came back out, keeping himself under control. Then he ordered, "Bring out the food!"

32 ●The waiters served Joseph at his own table, and his brothers were served at a separate table. The Egyptians who ate with Joseph sat at their own table, because Egyptians despise Hebrews and refuse to

33 eat with them. ●Joseph told each of his brothers where to sit, and to their amazement, he seated them according to age,

34 from oldest to youngest. ●And Joseph filled their plates with food from his own table, giving Benjamin five times as much as he gave the others. So they feasted and drank freely with him.

Joseph's Silver Cup

44 When his brothers were ready to leave, Joseph gave these instructions to his palace manager: "Fill each of their sacks with as much grain as they can carry, and put each man's money back into his

2 sack. ●Then put my personal silver cup at the top of the youngest brother's sack, along with the money for his grain." So the manager did as Joseph instructed him.

3 ●The brothers were up at dawn and were sent on their journey with their

---

despise [dispáiz] *vt.* 경멸하다, 멸시하다
feast [fiːst] *vt.* 대접하다, 잔치를 베풀다
gracious [greíʃəs] *a.* 자비로운, 인자하신
overcome [òuvərkʌ́m] *vt.* …을 압도하다
separate [sépərət] *a.* 따로따로의
43:30 break down : 울며 주저앉다
43:31 keep onself under control : 자신을 통제하다
43:33 to one's amazement : …가 놀랍게도

4 그들이 성을 떠난 지 얼마 되지 않아서 요셉이 자기 집의 관리인에게 말했습니다. "그 사람들을 뒤쫓아라. 그 사람들을 붙잡게 되면 '왜 선을 악으로 갚느냐?

5 너희들이 훔친 잔은 내 주인이 술을 마실 때 쓰시는 것이다. 그리고 꿈을 해몽하실 때도 그 잔을 쓰신다. 너희는 너무나 몹쓸 짓을 했다' 하고 말하여라."

6 그리하여 관리인은 요셉의 형들을 뒤쫓아가서 요셉이 하라고 한 말을 그들에게 했습니다.

7 그러나 요셉의 형들이 관리인에게 말했습니다. "왜 그런 말씀을 하십니까? 우리는 그런 일을 할 사람들이 아닙니다.

8 우리는 우리 자루 속에 있던 돈도 당신에게 다시 돌려주었습니다. 우리는 그 돈을 가나안 땅에서 다시 가지고 왔습니다. 그런 우리가 당신 주인의 집에서 은이나 금을 훔칠 리가 있겠습니까?

9 만약 그 은잔이 우리들 중에 누군가의 자루에서 나온다면, 그 사람을 죽여도 좋습니다. 그리고 우리는 당신의 노예가 되겠습니다."

10 관리인이 말했습니다. "당신들 말대로 하겠소. 하지만 은잔을 훔친 사람만 내 종으로 삼을 것이오. 다른 사람들은 그냥 가도 좋소."

11 그리하여 모든 형제들이 서둘러 자루를 내려서 풀었습니다.

12 관리인이 맏형에서 막내 동생에 이르기까지 한 사람씩 자루를 살펴보았습니다. 관리인은 베냐민의 자루 속에서 은잔을 찾아 냈습니다.

13 형들은 너무나 슬퍼서 자기 옷을 찢었습니다. 그들은 자루를 나귀에 다시 실은 뒤에 성으로 돌아갔습니다.

14 유다와 그의 형제들이 요셉의 집으로 돌아왔을 때, 요셉은 집에 있었습니다. 그들은 요셉 앞에서 땅에 엎드려 절했습니다.

15 요셉이 그들에게 말했습니다. "어찌하여 이런 일을 저질렀느냐? 나 같은 사람이면 이런 일쯤 점을 쳐서 다 알아 낼 수 있다는 것을 몰랐느냐?"

16 유다가 말했습니다. "총리님께 무슨 말씀을 드릴 수 있겠습니까? 그리고 우리에게 죄가 없다는 것을 어떻게 보여 드릴 수 있겠습니까? 하나님께서 우리의 죄를 드러내셨습니다. 그러니 이 잔을 훔친 베냐민뿐만 아니라 우리 모두가 총리님의 종이 되겠습니다."

17 그러나 요셉이 말했습니다. "그런 일은 내게 있을 수 없다. 오직 은잔이 그 짐 속에서 발견된 사람만이 내 노예가 될 것이다. 나머지 사람들은 자유롭게 너희 아버지에게로 돌아가도 좋다."

4 loaded donkeys. •But when they had gone only a short distance and were barely out of the city, Joseph said to his palace manager, "Chase after them and stop them. When 5 you catch up with them, ask them, 'Why have you repaid my kindness with such evil? •Why have you stolen my master's silver cup,* which he uses to predict the future? What a wicked thing you have done!'"

6 •When the palace manager caught up with the men, he spoke to them as he had been instructed.

7 •"What are you talking about?" the brothers responded. "We are your servants 8 and would never do such a thing! •Didn't we return the money we found in our sacks? We brought it back all the way from the land of Canaan. Why would we steal silver 9 or gold from your master's house? •If you find his cup with any one of us, let that man die. And all the rest of us, my lord, will be your slaves."

10 •"That's fair," the man replied. "But only the one who stole the cup will be my slave. The rest of you may go free."

11 •They all quickly took their sacks from the backs of their donkeys and opened 12 them. •The palace manager searched the brothers' sacks, from the oldest to the youngest. And the cup was found in Benjamin's 13 sack! •When the brothers saw this, they tore their clothing in despair. Then they loaded their donkeys again and returned to the city.

14 •Joseph was still in his palace when Judah and his brothers arrived, and they fell 15 to the ground before him. •"What have you done?" Joseph demanded. "Don't you know that a man like me can predict the future?"

16 •Judah answered, "Oh, my lord, what can we say to you? How can we explain this? How can we prove our innocence? God is punishing us for our sins. My lord, we have all returned to be your slaves—all of us, not just our brother who had your cup in his sack."

17 •"No," Joseph said. "I would never do such a thing! Only the man who stole the cup will be my slave. The rest of you may go back to your father in peace."

demand [dimǽnd] *vt.* 묻다, 말하라고 다그치다
innocence [ínəsns] *n.* 결백, 무죄
predict [pridíkt] *vt.* 예언하다
steal [stíːl] *vt.* 훔치다
wicked [wíkid] *a.* 사악한, 나쁜
44:4 chase after··· : ···를 쫓다
44:13 in despair : 절망하여, 자포자기하여

44:5 As in Greek version; Hebrew lacks this phrase.

18 그러자 유다가 요셉에게 나아가서 말했습니다. "총리님, 총리님께 한 말씀 드릴 테니 허락해 주십시오. 제발 저에게 노여워하지 마십시오. 총리님은 파라오만큼이나 높으신 분입니다.

19 전에 저희가 여기에 왔을 때 총리님은 '너희에게 아버지나 다른 형제가 있느냐?' 하고 물어 보셨습니다.

20 그때에 저희는 '저희에게는 늙으신 아버지가 계십니다. 그리고 동생도 있습니다. 저희 동생은 아버지가 늙으셨을 때 낳은 아들인데 저희 막내 동생의 형은 죽었습니다. 그래서 그 막내 동생은 그 어머니의 마지막 남은 아들이 되었습니다. 우리 아버지는 그 아이를 매우 사랑하십니다' 라고 대답했습니다.

21 그러자 총리님은 저희에게 '그 동생을 나에게 데려오너라. 그 사람을 보고 싶다' 하고 말씀하셨습니다.

22 우리는 총리님께 '그 어린아이는 자기 아버지를 떠날 수 없습니다. 만약 그 아이가 아버지를 떠나면 아버지는 돌아가시고 말 것입니다' 라고 말씀드렸습니다.

23 하지만 총리님은 '너희 막내 동생을 데리고 와야 한다. 만약 데리고 오지 않으면 다시는 나를 못 볼 줄 알아라' 하고 말씀하셨습니다.

24 그래서 저희는 저희 아버지에게로 돌아가서 총리님께서 말씀하신 그대로 말씀드렸습니다.

25 얼마 뒤에 저희 아버지께서 '다시 가서 곡식을 좀 사오너라' 하고 말씀하셨습니다.

26 그래서 저희가 아버지께 말씀드렸습니다. '막내 동생과 함께 가는 것이 아니라면 갈 수 없습니다. 막내 동생을 데리고 가지 않으면 총리를 만날 수 없을 것입니다.'

27 그러자 제 아버지께서 저희에게 말씀하셨습니다. '너희도 알듯이 내 아내 라헬은 내게 두 아들을 낳아 주었다.

28 그런데 한 아들은 나를 떠났다. 나는 그 아이가 틀림없이 들짐승에게 찢겨 죽었다고 생각한다. 그 아이가 나를 떠난 뒤로 나는 그 아이를 한 번도 보지 못했다.

29 그런데 너희가 이제는 이 아이마저도 내게서 빼앗아 가려고 하는구나. 이 아이에게 어떤 좋지 않은 일이 일어날지 모른다. 그렇게 되면 나는 죽을 때까지 슬퍼하게 될 것이다.'

30 그러니 저희가 그 막내 동생 없이 집에 계신 아버지께 돌아가면 어떤 일이 일어나겠습니까? 저희 아버지에게 그 아이는 무엇보다도 가장 소중한 아들입니다.

31 아버지께서 만약 그 아이가 저희와 함께 오지 않는 것을 아신다면 아버지는 돌아가실 것입니다. 그렇게 되면 저희는 아버지를 돌아가시게 한 죄인이 되고 맙니다.

32 저는 아버지께 그 아이를 무사히 돌려 보내 드리겠다

Judah Speaks for His Brothers

18 •Then Judah stepped forward and said, "Please, my lord, let your servant say just one word to you. Please, do not be angry with me, even though you are as powerful as Pharaoh himself.

19 •"My lord, previously you asked us, your servants, 'Do you have a father or a 20 brother?' •And we responded, 'Yes, my lord, we have a father who is an old man, and his youngest son is a child of his old age. His full brother is dead, and he alone is left of his mother's children, and his father loves him very much.'

21 •"And you said to us, 'Bring him here 22 so I can see him with my own eyes.' •But we said to you, 'My lord, the boy cannot leave his father, for his father would die.' 23 •But you told us, 'Unless your youngest brother comes with you, you will never see my face again.'

24 •"So we returned to your servant, our father, and told him what you had said. 25 •Later, when he said, 'Go back again and 26 buy us more food,' •we replied, 'We can't go unless you let our youngest brother go with us. We'll never get to see the man's face unless our youngest brother is with us.'

27 •"Then my father said to us, 'As you 28 know, my wife had two sons, •and one of them went away and never returned. Doubtless he was torn to pieces by some wild animal. I have never seen him since. 29 •Now if you take his brother away from me, and any harm comes to him, you will send this grieving, white-haired man to his grave.*'

30 •"And now, my lord, I cannot go back 31 to my father without the boy. Our father's life is bound up in the boy's life. •If he sees that the boy is not with us, our father will die. We, your servants, will indeed be responsible for sending that grieving, 32 white-haired man to his grave. •My lord, I guaranteed to my father that I would take care of the boy. I told him, 'If I don't bring him back to you, I will bear the blame for-

---

doubtless [dáutlis] *a.* 의심 없는
full [fúl] *a.* 같은 양친을 가진
grieve [grí:v] *vi.* 몹시 슬퍼하다
previously [prí:viəsli] *ad.* 이전에
44:18 step forward : 앞으로 나아가다
44:28 be torn to pieces : 갈기갈기 찢겨지다
44:30 be bound up in… : …와 밀접한 관계가 있다
44:32 bear the blame : 비난을 받다

44:29 Hebrew *to Sheol;* also in 44:31.

고 약속했습니다. 저는 아버지에게 '만약 제가 그 아이를 아버지에게 돌려보내지 못하면, 두고두고 그 죄값을 받겠습니다' 하고 말했습니다.

33 그러니 제발 저를 남겨 두어 종으로 삼으시고, 그 아이는 형들과 함께 집으로 돌아가게 해 주십시오.

34 그 아이를 데리고 가지 않는 한, 저는 아버지께로 돌아갈 수 없습니다. 저는 아버지가 슬퍼하시는 모습을 차마 볼 수 없습니다."

자신을 밝히는 요셉

45 요셉은 자기 종들 앞에서 더 이상 북받치는 감정을 억누를 수가 없었습니다. 요셉은 "모두 다 물러가거라" 하고 소리쳤습니다. 형들만 남게 되자 요셉은 자기가 누구라는 것을 말했습니다.

2 요셉이 너무 크게 소리내어 울었기 때문에 이집트 사람들도 모두 그 소리를 들었습니다. 그리고 왕궁의 신하들도 그 소리를 들었습니다.

3 요셉이 형들에게 말했습니다. "내가 요셉입니다. 아버지께서 아직 살아 계신가요?" 그러나 형들은 너무나 놀랐기 때문에 아무런 대답도 할 수 없었습니다.

4 요셉이 형들에게 말했습니다. "이리 가까이 오세요." 그러자 형들이 요셉에게 가까이 갔습니다. 요셉이 형들에게 말했습니다. "내가 여러분의 동생 요셉입니다. 형님들이 이집트에 노예로 팔았던 바로 그 요셉이란 말이에요.

5 하지만 이제는 염려하지 마세요. 저를 이곳에 판 일로 마음 아파하지 마세요. 하나님께서 저를 형님들보다 먼저 이곳으로 보내셔서, 사람들의 생명을 구하게 하신 것이니까요.

6 벌써 이 년 동안 땅에서는 식물이 자라지 않고 있어요. 더구나 앞으로도 오 년 동안은 심지도 못하고 거두지도 못할 것입니다.

7 그래서 하나님께서는 형님들과 형님들의 자손이 살아 남도록 하려고, 저를 먼저 이곳에 보내신 것이에요.

8 그러니 저를 이곳에 보내신 분은 형님들이 아니라 하나님이십니다. 하나님께서 저를 이집트 왕의 가장 높은 신하로 만드셨습니다. 왕궁의 모든 일을 제가 맡고 있습니다. 저는 모든 이집트 땅의 주인입니다.

9 그러니 서둘러 이곳을 떠나 아버지에게로 가세요. 가서서 아버지에게 이렇게 말씀드려 주세요. '아버지의 아들 요셉이 이렇게 말했습니다. 하나님께서 저를 온 이집트의 주인으로 만드셨습니다. 어서 저에게로 내려오셔서

10 고센 땅에서 사십시오. 그렇게 하시면 저와 가까운 곳에서 사실 수 있습니다. 그리고 아버지의 자녀들과 손자들과 양 떼와 소 떼와 아버지가 가지신 모든 소유도 저와 가까운 곳에 있을 수 있습니다.

---

ever.'

33 • "So please, my lord, let me stay here as a slave instead of the boy, and let the boy 34 return with his brothers. • For how can I return to my father if the boy is not with me? I couldn't bear to see the anguish this would cause my father!"

Joseph Reveals His Identity

45 Joseph could stand it no longer. There were many people in the room, and he said to his attendants, "Out, all of you!" So he was alone with his broth-2 ers when he told them who he was. • Then he broke down and wept. He wept so loudly the Egyptians could hear him, and word of it quickly carried to Pharaoh's palace.

3 • "I am Joseph!" he said to his brothers. "Is my father still alive?" But his brothers were speechless! They were stunned to realize that Joseph was standing there in front 4 of them. • "Please, come closer," he said to them. So they came closer. And he said again, "I am Joseph, your brother, whom 5 you sold into slavery in Egypt. • But don't be upset, and don't be angry with yourselves for selling me to this place. It was God who sent me here ahead of you to 6 preserve your lives. • This famine that has ravaged the land for two years will last five more years, and there will be neither plow-7 ing nor harvesting. • God has sent me ahead of you to keep you and your families alive and to preserve many survivors.* 8 So it was God who sent me here, not you! And he made me an adviser* to Pharaoh—the manager of his entire palace and the governor of all Egypt.

9 • "Now hurry back to my father and tell him, 'This is what your son Joseph says: God has made me master over all the land of Egypt. So come down to me immediate-10 ly! • You can live in the region of Goshen, where you can be near me with all your children and grandchildren, your flocks

---

anguish [ǽŋgwiʃ] *n.* 고뇌, 번민
extraordinary [ekstrɔ́ːrdəneri] *a.* 특별한
plow [pláu] *vi.* 경작하다
preserve [prizə́ːrv] *vt.* 보전하다
ravage [rǽvidʒ] *vt.* 파괴하다
region [ríːdʒən] *n.* 지역, 지방
reveal [rivíːl] *vt.* 드러내다
stun [stʌn] *vt.* 기절시키다, 깜짝 놀라게 하다
upset [ʌpsét] *a.* 근심되는, 낭패한
44:33 instead of… : …대신에
45:2 break down : 울며 주저앉다

45:7 Or *and to save you with an extraordinary rescue.* The meaning of the Hebrew is uncertain. **45:8** Hebrew *a father.*

11 앞으로도 오 년 동안 가뭄이 있을 터이니 제가 아버지를 보살펴 드리겠습니다. 그래서 아버지와 아버지의 가족과 아버지께서 가지신 모든 소유가 굶주리는 일이 없도록 하겠습니다.'

12 형님들이나 내 동생 베냐민이 직접 봐서 알겠지만, 지금 이 말을 하고 있는 나는 정말로 요셉이랍니다.

13 그러니 내가 이집트에서 얼마나 높은 사람이 되었는가를 아버지에게 말씀드리세요. 형님들이 보신 일을 모두 말씀드리세요. 자, 이제 서둘러서 아버지를 모셔 오세요.'

14 이 말을 마치고 요셉은 자기 동생 베냐민을 껴안고 울었습니다. 베냐민도 울었습니다.

15 그리고 요셉은 형들 모두에게 입을 맞추었습니다. 요셉은 형님들을 껴안으면서 울었습니다. 그제야 비로소 형들도 요셉과 말을 했습니다.

16 요셉의 형들이 왔다는 소식이 파라오의 궁전에 전해지자, 파라오와 그의 신하들이 매우 기뻐했습니다.

17 파라오가 요셉에게 말했습니다. "그대의 형제들에게 짐승들 등에 짐을 싣고 가나안 땅으로 돌아가라고 말하시오.

18 그리고 나서 아버지와 다른 식구들을 이곳으로 모시고 오라고 말하시오. 내가 그들에게 이집트에서 가장 좋은 땅을 주겠소. 그리고 그들은 우리의 가장 좋은 음식도 먹게 될 것이오.

19 이집트의 수레를 몇 대 가지고 가서, 어린아이와 아내들을 데리고 오라고 말하시오. 그리고 그들의 아버지도 모시고 오라고 하시오.

20 가지고 있던 것을 굳이 가지고 올 필요는 없다고 하시오. 이집트에 있는 가장 좋은 것을 우리가 그들에게 줄 것이오."

21 그리하여 이스라엘의 아들들은 파라오의 말대로 했습니다. 요셉은 파라오가 명령한 대로 그들에게 수레 몇 대를 주었고 여행할 때 필요한 음식도 주었습니다.

22 요셉은 형들에게 갈아입을 옷도 챙겨 주었습니다. 특별히 베냐민에게는 갈아입을 옷을 다섯 벌이나 주었고 은 삼백 세겔*도 주었습니다.

23 요셉은 자기 아버지에게 이집트의 가장 좋은 물건들을 나귀 열 마리에 실어 보냈습니다. 그리고 암나귀 열 마리에는 아버지가 이집트로 오는 데 필요한 곡식과 빵과 다른 음식들을 실어 보냈습니다.

24 그리고 나서 요셉은 자기 형제들에게 길을 떠나라고 했습니다. 요셉의 형제들이 길을 떠날 때에 요셉은 그들에게 "집으로 돌아가는 길에 서로 다

11 and herds, and everything you own. •I will take care of you there, for there are still five years of famine ahead of us. Otherwise you, your household, and all your animals will starve."

12 •Then Joseph added, "Look! You can see for yourselves, and so can my brother Benja-
13 min, that I really am Joseph! •Go tell my father of my honored position here in Egypt. Describe for him everything you have seen, and then bring my father here quickly."

14 •Weeping with joy, he embraced Benjamin,
15 and Benjamin did the same. •Then Joseph kissed each of his brothers and wept over them, and after that they began talking freely with him.

Pharaoh Invites Jacob to Egypt

16 •The news soon reached Pharaoh's palace: "Joseph's brothers have arrived!" Pharaoh and his officials were all delighted to hear this.

17 •Pharaoh said to Joseph, "Tell your broth-ers, 'This is what you must do: Load your pack animals, and hurry back to the land of
18 Canaan. •Then get your father and all of your families, and return here to me. I will give you the very best land in Egypt, and you will eat from the best that the land produces.'"

19 •Then Pharaoh said to Joseph, "Tell your brothers, 'Take wagons from the land of Egypt to carry your little children and your
20 wives, and bring your father here. •Don't worry about your personal belongings, for the best of all the land of Egypt is yours.'"

21 •So the sons of Jacob* did as they were told. Joseph provided them with wagons, as Pha-raoh had commanded, and he gave them
22 supplies for the journey. •And he gave each of them new clothes—but to Benjamin he gave five changes of clothes and 300 pieces* of sil-
23 ver. •He also sent his father ten male donkeys loaded with the finest products of Egypt, and ten female donkeys loaded with grain and bread and other supplies he would need on his journey.

24 •So Joseph sent his brothers off, and as they left, he called after them, "Don't quarrel about

delight [diláit] *vt.* 매우 기쁘게 하다
embrace [imbréis] *vt.* 껴안다, 포옹하다
herd [həːrd] *n.* 가축의 떼, 무리
quarrel [kwɔ́ːrəl] *vi.* 싸우다, 다투다
supply [səplái] *n.* (pl.) 양식, 보급품
45:22 a change of … : …한 벌
45:24 call after … : …를 뒤에서 부르다

45:21 Hebrew *Israel*; also in 45:28. See note on 35:21. 45:22 Hebrew *300 [shekels]*, about 7.5 pounds or 3.4 kilograms in weight.
45:22 300세겔은 약 3.42kg에 해당된다.

창세기 본문 (왼쪽 단)

"투지 마세요" 하고 말했습니다.

25 그리하여 요셉의 형제들은 이집트를 떠나 가나안 땅에 있는 아버지 야곱에게로 돌아갔습니다.

26 그들이 야곱에게 말했습니다. "요셉이 아직 살아 있습니다. 요셉은 이집트의 총리가 되었습니다." 그들의 아버지는 너무나 놀라 그들의 말을 믿으려 하지 않았습니다.

27 요셉의 형제들은 요셉이 했던 말을 빠짐없이 야곱에게 들려 주었습니다. 야곱은 요셉이 자기를 이집트로 모셔가기 위해 보낸 수레들을 보고서야 제정신이 들었습니다.

28 이스라엘이라고도 부르는 야곱이 말했습니다. "내 아들 요셉이 아직 살아 있다니! 죽기 전에 가서 그 아이를 만나 봐야겠다."

이집트로 떠나는 야곱

46 그리하여 이스라엘이라고도 부르는 야곱은 가지고 있던 것을 다 챙겨서 길을 떠났습니다. 야곱은 브엘세바로 갔습니다. 그곳에서 야곱은 자기 아버지 이삭의 하나님께 제물을 바쳤습니다.

2 밤에 하나님께서 이스라엘에게 환상 가운데 나타나셔서 "야곱아, 야곱아" 하고 부르셨습니다. 그러자 야곱이 "예, 제가 여기에 있습니다" 하고 대답했습니다.

3 하나님께서 말씀하셨습니다. "나는 하나님, 곧 네 아비의 하나님이니라. 이집트로 가는 것을 두려워하지 마라. 내가 거기에서 너의 자손들을 큰 나라로 만들어 줄 것이다.

4 나도 너와 함께 이집트로 갈 것이며, 너를 다시 이집트에서 나오게 할 것이다. 네가 숨질 때에는 요셉이 직접 네 눈을 감겨 줄 것이다."

5 그리하여 야곱은 브엘세바를 떠났습니다. 이스라엘의 아들들은 자기 아버지와 자기 자식들과 자기 아내들을 파라오가 보내 준 수레에 태웠습니다.

6 그들은 짐승들과 가나안에서 얻은 것을 다 가지고 갔습니다. 이처럼 야곱은 모든 자손들과 함께 이집트로 갔습니다.

7 야곱은 아들들과 손자들, 딸들과 손녀들을 데리고 갔습니다. 야곱은 자기의 모든 가족을 이집트로 데리고 갔습니다.

야곱의 가족

8 이집트로 내려간 이스라엘의 자녀들의 이름은 이러합니다. 그들은 야곱과 그의 자손들입니다. 르우벤은 야곱의 맏아들입니다.

9 르우벤의 아들은 하녹과 발루와 헤스론과 갈미입니다.

10 시므온의 아들은 여무엘과 야민과 오핫과 야긴과

GENESIS (오른쪽 단)

25 all this along the way!" • And they left Egypt and returned to their father, Jacob, in the land of Canaan.

26 • "Joseph is still alive!" they told him. "And he is governor of all the land of Egypt!" Jacob was stunned at the news—he couldn't believe it. • But when they repeated to Jacob everything Joseph had told them, and when he saw the wagons Joseph had sent to carry him, their father's spirits revived.

28 • Then Jacob exclaimed, "It must be true! My son Joseph is alive! I must go and see him before I die."

Jacob's Journey to Egypt

46 So Jacob* set out for Egypt with all his possessions. And when he came to Beersheba, he offered sacrifices to the God of his father, Isaac. • During the night God spoke to him in a vision. "Jacob! Jacob!" he called.

"Here I am," Jacob replied.

3 • "I am God,* the God of your father," the voice said. "Do not be afraid to go down to Egypt, for there I will make your family into a great nation. • I will go with you down to Egypt, and I will bring you back again. You will die in Egypt, but Joseph will be with you to close your eyes."

5 • So Jacob left Beersheba, and his sons took him to Egypt. They carried him and their little ones and their wives in the wagons Pharaoh had provided for them. • They also took all their livestock and all the personal belongings they had acquired in the land of Canaan. So Jacob and his entire family went to Egypt— • sons and grandsons, daughters and granddaughters—all his descendants.

8 • These are the names of the descendants of Israel—the sons of Jacob—who went to Egypt:

9 Reuben was Jacob's oldest son. • The sons of Reuben were Hanoch, Pallu, Hezron, and Carmi.

10 • The sons of Simeon were Jemuel, Jamin, Ohad, Jakin, Zohar, and Shaul. (Shaul's mother was a Canaanite woman.)

acquire [əkwáiər] *vt.* 얻다, 획득하다
belonging [bilɔ́ːŋiŋ] *n.* 소유물, 재산, 소지품
exclaim [ikskléim] *vi.* 외치다
livestock [láivstɑk] *n.* 가축
possession [pəzéʃən] *n.* 소유, 재산
stun [stʌn] *vt.* 기절시키다
45:26 be stunned at… :에 놀라다
46:1 set out for… :…로 출발하다, 길을 떠나다

46:1 Hebrew *Israel*; also in 46:29, 30. See note on 35:21. 46:3 Hebrew *I am El.*

소할과 사울입니다. 사울은 가나안 여자가 낳은 시므온의 아들입니다.

11 레위의 아들은 게르손과 고핫과 므라리입니다.

12 유다의 아들은 엘과 오난과 셀라와 베레스와 세라입니다. 그러나 엘과 오난은 이미 가나안 땅에서 죽었습니다. 베레스의 아들은 헤스론과 하물입니다.

13 잇사갈의 아들은 돌라와 부와와 욥과 시므론입니다.

14 스불론의 아들은 세렛과 엘론과 알르엘입니다.

15 이들은 밧단아람에서 야곱과 레아 사이에서 태어난 아들들입니다. 야곱의 딸 디나도 그곳에서 태어났습니다. 이들을 모두 합하면 삼십삼 명입니다.

16 갓의 아들은 시본과 학기와 수니와 에스본과 에리와 아로디와 아렐리입니다.

17 아셀의 아들은 임나와 이스와와 이스위와 브리아입니다. 그들의 누이는 세라입니다. 브리아의 아들은 헤벨과 말기엘입니다.

18 이들은 야곱이 실바에게서 낳은 아들들입니다. 실바는 라반이 자기 딸 레아에게 준 몸종이었습니다. 이들을 모두 합하면 십육 명입니다.

19 야곱의 아내 라헬의 아들은 요셉과 베냐민입니다.

20 요셉은 이집트에 있을 때, 아스낫에게서 므낫세와 에브라임을 낳았습니다. 아스낫은 온의 제사장 보디베라의 딸입니다.

21 베냐민의 아들은 벨라와 베겔과 아스벨과 게라와 나아만과 에히와 로스와 뭅빔과 훕빔과 아릇입니다.

22 이들은 야곱이 자기 아내 라헬에게서 낳은 아들들입니다. 이들을 모두 합하면 십사 명입니다.

23 단의 아들은 후심입니다.

24 납달리의 아들은 야스엘과 구니와 예셀과 실렘입니다.

25 이들은 야곱이 빌하에게서 낳은 아들들입니다. 빌하는 라반이 자기 딸 라헬에게 준 몸종이었습니다. 이들을 모두 합하면 칠 명입니다.

26 야곱과 함께 이집트로 내려간 야곱의 친 자손은 모두 육십육 명입니다. 그 수는 야곱의 며느리들을 셈하지 않은 수입니다.

27 요셉에게는 이집트에서 낳은 아들이 두 명 있

11 •The sons of Levi were Gershon, Kohath, and Merari.

12 •The sons of Judah were Er, Onan, Shelah, Perez, and Zerah (though Er and Onan had died in the land of Canaan). The sons of Perez were Hezron and Hamul.

13 •The sons of Issachar were Tola, Puah,* Jashub,* and Shimron.

14 •The sons of Zebulun were Sered, Elon, and Jahleel.

15 •These were the sons of Leah and Jacob who were born in Paddan-aram, in addition to their daughter, Dinah. The number of Jacob's descendants (male and female) through Leah was thirty-three.

16 •The sons of Gad were Zephon,* Haggi, Shuni, Ezbon, Eri, Arodi, and Areli.

17 •The sons of Asher were Imnah, Ishvah, Ishvi, and Beriah. Their sister was Serah. Beriah's sons were Heber and Malkiel.

18 •These were the sons of Zilpah, the servant given to Leah by her father, Laban. The number of Jacob's descendants through Zilpah was sixteen.

19 •The sons of Jacob's wife Rachel were Joseph and Benjamin.

20 •Joseph's sons, born in the land of Egypt, were Manasseh and Ephraim. Their mother was Asenath, daughter of Potiphera, the priest of On.*

21 •Benjamin's sons were Bela, Beker, Ashbel, Gera, Naaman, Ehi, Rosh, Muppim, Huppim, and Ard.

22 •These were the sons of Rachel and Jacob. The number of Jacob's descendants through Rachel was fourteen.

23 •The son of Dan was Hushim.

24 •The sons of Naphtali were Jahzeel, Guni, Jezer, and Shillem.

25 •These were the sons of Bilhah, the servant given to Rachel by her father, Laban. The number of Jacob's descendants through Bilhah was seven.

26 •The total number of Jacob's direct descendants who went with him to Egypt, not counting his 27 sons' wives, was sixty-six. •In addition, Joseph had two sons* who were born in Egypt. So altogether, there were seventy* members of Jacob's family in the land of Egypt.

46:13a As in Syriac version and Samaritan Pentateuch (see also 1 Chr 7:1); Hebrew reads *Puvah*. 46:13b As in some Greek manuscripts and Samaritan Pentateuch (see also Num 26:24; 1 Chr 7:1); Hebrew reads *Iob*. 46:16 As in Greek version and Samaritan Pentateuch (see also Num 26:15); Hebrew reads *Ziphion*. 46:20 Greek version reads *of Heliopolis*. 46:27a Greek version reads *nine sons*, probably including Joseph's grandsons through Ephraim and Manasseh (see 1 Chr 7:14-20). 46:27b Greek version reads *seventy-five*; see note on Exod 1:5.

습니다. 그러므로 이집트에 내려간 야곱의 가족을 모두 합하면 칠십 명이 됩니다.

이집트에 도착한 야곱

28 야곱은 유다를 먼저 보내어 고센에서 요셉을 만나게 했습니다. 그리고 나서 야곱과 그의 모든 가족이 고센 땅으로 갔습니다.

29 요셉도 자기 수레를 준비하여 아버지 이스라엘을 맞이하러 고센으로 갔습니다. 요셉은 자기 아버지를 보자마자 아버지의 목을 껴안고 오랫동안 울었습니다.

30 이스라엘이 요셉에게 말했습니다. "너의 살아 있는 모습을 이렇게 보게 되었으니, 나는 이제 죽어도 좋구나."

31 요셉이 자기 형제들과 아버지의 가족에게 말했습니다. "저는 이제 왕에게 가서 이렇게 말씀드리겠습니다. '제 형제들과 제 아버지의 가족이 가나안 땅을 떠나 저에게로 왔습니다.

32 그들은 목자로서 가축을 치는 사람들입니다. 그들은 양과 소와 모든 재산을 가지고 왔습니다.'

33 파라오가 형님들을 부르셔서 '너희는 무슨 일을 하는 사람들이냐?' 하고 물으시면

34 이렇게 대답하십시오. 왕의 종인 우리는 평생토록 가축을 쳐왔습니다. 우리 조상들도 같은 일을 했습니다.' 그러면 왕은 형님들을 고센 땅에서 살게 할 것입니다. 고센 땅은 이집트 사람들이 사는 곳에서 멀리 떨어져 있습니다. 이집트 사람들은 목자들과 함께 있는 것을 싫어합니다."

고센에서 살게 된 야곱

47 요셉이 파라오에게 가서 말했습니다. "제 아버지와 형제들이 가나안에서 이리로 왔습니다. 그들은 양과 소와 모든 재산을 가지고 왔습니다. 그들은 지금 고센 땅에 있습니다."

2 요셉은 자기 형제 중에서 다섯 명을 골라 파라오에게 인사를 시켰습니다.

3 파라오가 형제들에게 물었습니다. "너희는 무슨 일을 하는 사람들이냐?" 형제들이 대답했습니다. "파라오의 종인 우리는 목자들입니다. 우리 조상들도 목자였습니다."

4 형제들이 파라오에게 말했습니다. "우리는 이 땅에서 살려고 왔습니다. 가나안 땅에는 짐승들에게 먹일 풀이 없습니다. 그곳은 가뭄이 매우 심합니다. 그러니 우리를 고센 땅에서 살게 해 주십시오."

5 파라오가 요셉에게 말했습니다. "그대의 아버지와 형제들이 그대에게 왔소.

6 이집트 땅이 그대 앞에 있으니 그대의 아버지와 형제들에게 가장 좋은 땅을 주시오. 그들을 고

Jacob's Family Arrives in Goshen

28 • As they neared their destination, Jacob sent Judah ahead to meet Joseph and get directions to the region of Goshen. And when they finally 29 arrived there, • Joseph prepared his chariot and traveled to Goshen to meet his father, Jacob. When Joseph arrived, he embraced his father 30 and wept, holding him for a long time. • Finally, Jacob said to Joseph, "Now I am ready to die, since I have seen your face again and know you are still alive."

31 • And Joseph said to his brothers and to his father's entire family, "I will go to Pharaoh and tell him, 'My brothers and my father's entire family have come to me from the land of 32 Canaan. • These men are shepherds, and they raise livestock. They have brought with them their flocks and herds and everything they own.'

33 • Then he said, "When Pharaoh calls for you 34 and asks you about your occupation, • you must tell him, 'We, your servants, have raised livestock all our lives, as our ancestors have always done.' When you tell him this, he will let you live here in the region of Goshen, for the Egyptians despise shepherds."

Jacob Blesses Pharaoh

47 Then Joseph went to see Pharaoh and told him, "My father and my brothers have arrived from the land of Canaan. They have come with all their flocks and herds and possessions, and they are now in the region of Goshen.

2 • Joseph took five of his brothers with him 3 and presented them to Pharaoh. • And Pharaoh asked the brothers, "What is your occupation?"

They replied, "We, your servants, are shep-4 herds, just like our ancestors. • We have come to live here in Egypt for a while, for there is no pasture for our flocks in Canaan. The famine is very severe there. So please, we request permission to live in the region of Goshen."

5 • Then Pharaoh said to Joseph, "Now that your father and brothers have joined you here, 6 • choose any place in the entire land of Egypt for them to live. Give them the best land of Egypt. Let them live in the region of Goshen. And if any of them have special skills, put them

---

despise [dispáiz] *vt.* 경멸하다
destination [dèstinéiʃən] *n.* 목적지, 행선지
embrace [imbréis] *vt.* 포옹하다
entire [intáiər] *a.* 전체의
famine [fǽmin] *n.* 기근
occupation [akjupéiʃən] *n.* 직업
pasture [pǽstʃər] *n.* 초원
permission [pərmíʃən] *n.* 허락
severe [səvíər] *a.* 맹렬한, 격심한
shepherd [ʃépərd] *n.* 목자

센 땅에서 살게 하시오. 그리고 그들 중에서 뛰어난 목자가 있으면 내 양 떼와 소 떼를 치게 하시오."

7 그 후에 요셉은 자기 아버지 야곱을 모시고 와서 파라오에게 인사를 시켰습니다. 야곱이 파라오에게 복을 빌어 주었습니다.

8 파라오가 야곱에게 말했습니다. "그대는 나이가 어떻게 되시오?"

9 야곱이 파라오에게 말했습니다. "제가 이 세상을 떠돌아다닌 햇수가 백삼십 년이 되었습니다. 제 조상들보다는 짧게 살았지만 고통스러운 삶이었습니다."

10 이 말을 하고 나서 야곱은 다시 파라오에게 복을 빌어 주고 그 앞에서 물러나왔습니다.

11 요셉은 파라오가 말한 대로 자기 아버지와 형제들에게 이집트에서 가장 좋은 땅을 주었습니다. 그 땅은 라암세스 성에서 가까웠습니다.

12 그리고 요셉은 자기 아버지와 형제들과 그들의 모든 식구에게 필요한 음식을 주었습니다.

요셉이 왕을 위해 땅을 사들이다

13 가뭄이 더 심해져서 온 땅 어느 곳에도 먹을 것이 없었습니다. 이집트 땅과 가나안 땅은 가뭄 때문에 살기가 더욱 힘들어졌습니다.

14 요셉은 이집트와 가나안의 돈이란 돈은 다 모아들였습니다. 사람들은 곡식을 사기 위해 요셉에게 돈을 치렀습니다. 요셉은 그 돈을 파라오의 왕궁으로 가지고 갔습니다.

15 그러자 얼마 지나지 않아 이집트와 가나안 땅 사람들의 돈은 다 떨어지고 말았습니다. 그래서 그들은 요셉에게 나아가 "먹을 것을 좀 주십시오. 돈이 다 떨어졌다고 해서 총리님이 보시는 앞에서 죽을 수야 없지 않겠습니까?" 하고 말했습니다.

16 요셉은 이렇게 대답했습니다. "돈이 다 떨어졌다면, 가축을 가지고 오너라. 그러면 먹을 것을 주겠다."

17 그리하여 사람들은 가축들을 요셉에게 가지고 왔습니다. 요셉은 말과 양과 소와 나귀를 받고 대신 먹을 것을 주었습니다. 이처럼 요셉은 그 해에 가축을 받고, 대신 먹을 것을 주었습니다.

18 그 다음 해에 백성들이 요셉에게 와서 말했습니다. "이제 우리에게는 남은 돈이 없습니다. 그리고 우리 짐승들도 다 총리님의 것이 되었습니다. 이제는 우리 몸과 우리 땅 말고는 남은 것이 없습니다.

19 우리와 우리 땅이 총리님 보시는 앞에서 죽게 되어 버렸습니다. 우리 땅을 사시고 그 대신 먹을 것을 주십시오. 그러면 우리는 우리 땅과 더불어 파라오의 종이 되겠습니다. 밭에 심을 씨앗을 좀 주십시오. 그러면 우리는 죽지 않고 살 것입니다. 그리고 땅도 못 쓸 땅이 되지 않을 것입니다."

20 그리하여 요셉은 이집트의 모든 땅을 사들여 파라

7 •Then Joseph brought in his father, Jacob, and presented him to Pharaoh. And Jacob blessed Pharaoh.

8 "How old are you?" Pharaoh asked him.

9 •Jacob replied, "I have traveled this earth for 130 hard years. But my life has been short compared to the lives of my ancestors."

10 •Then Jacob blessed Pharaoh again before leaving his court.

11 •So Joseph assigned the best land of Egypt—the region of Rameses—to his father and his brothers, and he settled them there,

12 just as Pharaoh had commanded. •And Joseph provided food for his father and his brothers in amounts appropriate to the number of their dependents, including the smallest children.

Joseph's Leadership in the Famine

13 •Meanwhile, the famine became so severe that all the food was used up, and people were starving throughout the lands of Egypt and Canaan. •By selling grain to the people,

14 Joseph eventually collected all the money in Egypt and Canaan, and he put the money in Pharaoh's treasury. •When the people of

15 Egypt and Canaan ran out of money, all the Egyptians came to Joseph. "Our money is gone!" they cried. "But please give us food, or we will die before your very eyes!"

16 •Joseph replied, "Since your money is gone, bring me your livestock. I will give you

17 food in exchange for your livestock." •So they brought their livestock to Joseph in exchange for food. In exchange for their horses, flocks of sheep and goats, herds of cattle, and donkeys, Joseph provided them with food for another year.

18 •But that year ended, and the next year they came again and said, "We cannot hide the truth from you, my lord. Our money is gone, and all our livestock and cattle are yours. We have nothing left to give but our

19 bodies and our land. •Why should we die before your very eyes? Buy us and our land in exchange for food; we offer our land and ourselves as slaves for Pharaoh. Just give us grain so we may live and not die, and so the land does not become empty and desolate."

20 •So Joseph bought all the land of Egypt for Pharaoh. All the Egyptians sold him their fields because the famine was so severe, and

---

appropriate [əpróuprieit] *a.* 적당한
assign [əsáin] *vt.* 할당하다
dependent [dipéndənt] *n.* 부양 가족, 피부양자
desolate [désələt] *a.* 황량한
47:15 run out of… : …가 떨어지다, 바닥나다

오의 것으로 만들었습니다. 모든 이집트 사람이 요셉에게 자기 밭을 팔았습니다. 가뭄이 너무 심했기 때문입니다. 이제 모든 땅은 파라오의 것이 되었습니다.

21 요셉은 이집트의 이쪽 끝에서 저쪽 끝까지의 모든 백성들을 노예로 만들었습니다.

22 요셉이 사들이지 않은 땅은 제사장들의 땅뿐이었습니다. 제사장들은 파라오가 주는 것으로 먹고 살았기 때문에, 땅을 팔 필요가 없었습니다. 제사장들은 음식을 살 돈을 가지고 있었습니다.

23 요셉이 백성들에게 말했습니다. "내가 너희와 너희 땅을 사들여서 왕에게 드렸다. 이제 내가 너희에게 씨앗을 줄 터이니 그것을 너희 밭에 심어라.

24 추수 때가 되면, 너희가 거둔 것의 오분의 일을 파라오께 바쳐야 한다. 나머지 오분의 사는 너희가 가져도 좋다. 그것을 씨앗으로도 이용하고, 너희와 너희 가족과 너희 자식들의 음식으로 삼도록 하여라."

25 백성들이 말했습니다. "총리님은 우리 목숨을 구해 주셨습니다. 총리님의 뜻이라면 우리는 파라오의 노예가 되겠습니다."

26 그리하여 요셉은 이집트에 법을 세웠습니다. 그 법은 오늘날까지 내려오고 있습니다. 땅에서 나는 모든 것의 오분의 일은 파라오의 것입니다. 파라오의 것이 되지 않은 땅은 제사장들의 땅뿐이었습니다.

유언을 남기는 야곱

27 이스라엘 백성들은 그 뒤로도 이집트의 고센 땅에서 살았습니다. 그들은 그곳에서 재산도 얻고, 자녀들도 많이 낳아서 번성하게 되었습니다.

28 이스라엘이라고도 부르는 야곱은 이집트에서 십칠 년을 살았습니다. 그래서 야곱의 나이는 백마흔일곱 살이 되었습니다.

29 이스라엘은 자기가 곧 죽을 것이라는 것을 알고 아들 요셉을 불러 말했습니다. "네가 나에게 효도할 마음이 있다면, 네 손을 내 다리 아래에 넣어라. 그리고 나를 이집트 땅에 묻지 않겠다고 약속하여라.

30 내가 죽으면, 나를 이집트에서 옮겨서, 내 조상들이 누워 계신 곳에 묻어라." 요셉은 "아버지 말씀대로 하겠습니다" 하고 대답했습니다.

31 야곱이 말했습니다. "그렇게 하겠다고 약속하여라." 이에 요셉은 그렇게 하겠다고 야곱에게 약속했습니다. 그러자 이스라엘은 침대 말에 엎드려 하나님께 예배드렸습니다.

므낫세와 에브라임에게 복을 빌어 주는 야곱

48 얼마 후, 요셉은 아버지가 매우 편찮으시다는 이야기를 들었습니다. 그래서 요셉은 두 아들 므낫세와 에브라임을 데리고 아버지께로 갔습니다.

21 soon all the land belonged to Pharaoh. •As for the people, he made them all slaves,* 22 from one end of Egypt to the other. •The only land he did not buy was the land belonging to the priests. They received an allotment of food directly from Pharaoh, so they didn't need to sell their land.

23 •Then Joseph said to the people, "Look, today I have bought you and your land for Pharaoh. I will provide you with seed so you 24 can plant the fields. •Then when you harvest it, one-fifth of your crop will belong to Pharaoh. You may keep the remaining four-fifths as seed for your fields and as food for you, your households, and your little ones."

25 •"You have saved our lives!" they exclaimed. "May it please you, my lord, to let us be 26 Pharaoh's servants." •Joseph then issued a decree still in effect in the land of Egypt, that Pharaoh should receive one-fifth of all the crops grown on his land. Only the land belonging to the priests was not given to Pharaoh.

27 •Meanwhile, the people of Israel settled in the region of Goshen in Egypt. There they acquired property, and they were fruitful, 28 and their population grew rapidly. •Jacob lived for seventeen years after his arrival in Egypt, so he lived 147 years in all.

29 •As the time of his death drew near, Jacob* called for his son Joseph and said to him, "Please do me this favor. Put your hand under my thigh and swear that you will treat me with unfailing love by honoring this last request: Do not bury me in Egypt. 30 •When I die, please take my body out of Egypt and bury me with my ancestors."

So Joseph promised, "I will do as you ask."

31 •"Swear that you will do it," Jacob insisted. So Joseph gave his oath, and Jacob bowed humbly at the head of his bed.*

Jacob Blesses Manasseh and Ephraim

48 One day not long after this, word came to Joseph, "Your father is failing rapidly." So Joseph went to visit his father, and he took with him his two sons, Manasseh and Ephraim.

2 •When Joseph arrived, Jacob was told, "Your son Joseph has come to see you." So

---

allotment [əlátmənt] *n.* 분배, 몫
decree [dikríː] *n.* 법령
47:29 draw near : 다가오다
47:31 give one's oath : 맹세를 하다

47:21 As in Greek version and Samaritan Pentateuch; Hebrew reads *he moved them all into the towns.*　47:29 Hebrew *Israel;* also in 47:31b. See note on 35:21.　47:31 Greek version reads *and Israel bowed in worship as he leaned on his staff.* Compare Heb 11:21.

2 요셉이 오자 누군가가 이스라엘이라고도 부르는 야곱에게 "당신의 아들 요셉이 당신을 보러 왔습니다" 하고 말해 주었습니다. 야곱은 몸이 너무 약해져서, 가까스로 침대에 앉을 수 있었습니다.

3 야곱이 요셉에게 말했습니다. "전능하신 하나님께서 가나안 땅 루스에서 나에게 나타나셨다. 하나님께서는 그곳에서 나에게 복을 주셨다.

4 하나님께서 나에게 말씀하셨다. '내가 너에게 많은 자손을 주고 많은 백성의 아버지로 삼아 주겠다. 네 자손에게 이 땅을 영원히 주겠다.'

5 네 두 아들은 내가 오기 전에 이곳 이집트에서 태어났지만, 이제부터 그 애들은 내 아들이다. 에브라임과 므낫세는 르우벤이나 시므온과 마찬가지로 내 아들이 될 것이다.

6 너에게 다른 자녀가 생긴다면 그 애들은 네 자식이 될 것이다. 하지만 그 애들도 에브라임과 므낫세와 마찬가지로 땅을 받게 될 것이다.

7 내가 밧단에서 왔을 때, 라헬은 가나안 땅에서 죽었다. 그때, 우리는 에브랏 쪽으로 가던 중이었다. 라헬이 죽어서 나는 너무나 슬펐다. 나는 라헬을 에브랏으로 가는 길가에 묻어 주었다."(에브랏은 지금의 베들레헴입니다)

8 야곱은 요셉의 아들들을 보고 "이 아이들은 누구냐?" 하고 물었습니다.

9 요셉이 자기 아버지에게 말했습니다. "이 아이들은 제 아들들입니다. 하나님께서 이곳 이집트에서 이 아이들을 저에게 주셨습니다." 야곱이 말했습니다. "저 애들에게 복을 빌어 줄 테니, 가까이 데리고 오너라."

10 그때에 야곱은 나이가 많아서 눈이 어두웠습니다. 요셉은 아이들을 야곱에게 가까이 데리고 갔습니다. 야곱은 아이들에게 입을 맞추고, 안아 주었습니다.

11 야곱이 요셉에게 말했습니다. "너를 다시 만나게 되리라고는 생각도 하지 못했는데, 하나님께서는 너뿐만 아니라 네 아이들도 보게 해 주셨구나."

12 요셉은 두 아들을 야곱의 무릎에서 떼어 놓은 다음 땅에 엎드려 절했습니다.

13 요셉은 에브라임을 자기 오른쪽에 두고 므낫세는 왼쪽에 두었습니다. 그래서 에브라임은 야곱의 왼손에 가까이 있었고, 므낫세는 오른손에 가까이 있었습니다. 요셉은 아이들을 야곱에게 가까이 데리고 갔습니다.

14 그러나 야곱은 자기 팔을 엇갈리게 해서 오른손을 작은 아들인 에브라임의 머리 위에 얹고, 왼손은 맏아들인 므낫세의 머리 위에 얹었습니다.

15 그리고 나서 그는 요셉에게 복을 빌어 주며 이렇게 말했습니다. "내 조상 아브라함과 이삭이 섬겼던 우리 하나님, 지금까지 내 평생토록 내 목자가 되어 주신 하나님,

Jacob* gathered his strength and sat up in his bed.

3 •Jacob said to Joseph, "God Almighty* appeared to me at Luz in the land of Canaan and blessed me. •He said to me, 'I will make you fruitful, and I will multiply your descendants. I will make you a multitude of nations. And I will give this land of Canaan to your descendants* after you as an everlasting possession.'

5 •"Now I am claiming as my own sons these two boys of yours, Ephraim and Manasseh, who were born here in the land of Egypt before I arrived. They will be my sons, just as Reuben and Simeon are. •But any children born to you in the future will be your own, and they will inherit land within the territories of their brothers Ephraim and Manasseh.

7 •"Long ago, as I was returning from Paddan-aram,* Rachel died in the land of Canaan. We were still on the way, some distance from Ephrath (that is, Bethlehem). So with great sorrow I buried her there beside the road to Ephrath."

8 •Then Jacob looked over at the two boys. "Are these your sons?" he asked.

9 "Yes," Joseph told him, "these are the sons God has given me here in Egypt." And Jacob said, "Bring them closer to me, so I can bless them."

10 •Jacob was half blind because of his age and could hardly see. So Joseph brought the boys close to him, and Jacob kissed and embraced them. •Then Jacob said to Joseph, "I never thought I would see your face again, but now God has let me see your children, too!"

12 •Joseph moved the boys, who were at their grandfather's knees, and he bowed with his face to the ground. •Then he positioned the boys in front of Jacob. With his right hand he directed Ephraim toward Jacob's left hand, and with his left hand he put Manasseh at Jacob's right hand. •But Jacob crossed his arms as he reached out to lay his hands on the boys' heads. He put his right hand on the head of Ephraim, though he was the younger boy, and his left hand on the head of Manasseh, though he was the firstborn.

15 •Then he blessed Joseph and said,

"May the God before whom my grandfather Abraham
and my father, Isaac, walked—

48:2 Hebrew Israel; also in 48:8, 10, 11, 13, 14, 21. See note on 35:21. 48:3 Hebrew El-Shaddai. 48:4 Hebrew seed; also in 48:19. 48:7 Hebrew paddan, referring to paddan-aram; campare Gen 35:9.

16 모든 어려움에서 나를 구해 주신 하나님, 이제 기도 드리오니 이 아이들에게 복을 주십시오. 제 이름이 이 아이들을 통해 알려지게 해 주십시오. 제 조상 아브라함과 이삭의 이름이 이 아이들을 통해 알려지게 해 주십시오. 이 아이들이 이 땅 위에서 많은 자손을 가지게 해 주십시오."

17 요셉은 아버지가 오른손을 에브라임의 머리 위에 얹은 것이 잘못되었다고 생각했습니다. 그래서 요셉은 아버지의 손을 붙잡아 에브라임의 머리 위에서 므낫세의 머리 위로 옮기려 했습니다.

18 요셉이 아버지에게 말했습니다. "아버지, 손을 잘못 얹으셨습니다. 므낫세가 맏아들이니 오른손을 므낫세의 머리 위에 얹으셔야 합니다."

19 그러나 요셉의 아버지는 그 말을 듣지 않고 이렇게 말했습니다. "나도 안다, 내 아들아. 나도 안다. 므낫세는 크게 되어 많은 자손을 가지게 될 것이다. 하지만 므낫세의 동생이 더 크게 될 것이다. 동생의 자손은 한 나라를 이룰 만큼 많아질 것이다."

20 그날에 야곱은 므낫세와 에브라임에게 복을 빌어 주었습니다. "이스라엘의 백성들 사이에서는, 복을 빌 일이 있을 때 이렇게 말할 것이다. '하나님께서 너희를 에브라임과 므낫세같이 해 주시길 바란다.'" 이처럼 야곱은 에브라임을 므낫세보다 앞세웠습니다.

21 그리고 나서 야곱이 요셉에게 말했습니다. "나는 이제 죽을 것이다. 그러나 하나님께서는 너와 함께 계실 것이다. 하나님께서는 너를 네 조상의 땅으로 다시 데리고 가실 것이다.

22 너에게는 네 형제들보다 더 많은 땅을 주겠다. 내가 칼과 활로 아모리 사람들에게서 빼앗은 세겜 땅을 너에게 주겠다."

자기 아들들에게 복을 빌어 주는 야곱

49 야곱이 자기 아들들을 불러 말했습니다. "이리로 오너라. 너희에게 앞으로 무슨 일이 일어날지 말해 주마."

2 "야곱의 아들들아 와서 들어라. 너희 아버지 이스라엘의 말에 귀를 기울여라."

3 "르우벤아 너는 내 맏아들이다. 너는 나의 힘이고, 내 능력의 첫 열매이다. 너는 가장 높고 가장 힘이 세다.

4 하지만 너는 물처럼 제멋대로라 앞으로 으뜸이 되지 못할 것이다. 네가 네 아버지의 침대에 올라가, 그 침대를 더럽혔기 때문이다."

5 "시므온과 레위는 형제다. 그들은 칼을 휘둘러 거친 일을 했다.

6 나는 그들이 하는 비밀스런 이야기에 끼지 않을 것이며, 그들과 만나 나쁜 일을 꾸미지 않을 것이다. 그들은 화가 난다고, 사람들을 죽였다. 그들은 장난삼아, 소의 다리를 못 쓰게 만들었다.

the God who has been my shepherd
all my life, to this very day,
16 • the Angel who has redeemed me from
all harm—
may he bless these boys.
May they preserve my name
and the names of Abraham and Isaac.
And may their descendants multiply
greatly
throughout the earth."

17 •But Joseph was upset when he saw that his father placed his right hand on Ephraim's head. So Joseph lifted it to move it from Ephraim's head to Manasseh's head.
18 • "No, my father," he said. "This one is the firstborn. Put your right hand on his head."
19 •But his father refused. "I know, my son; I know," he replied. "Manasseh will also become a great people, but his younger brother will become even greater. And his descendants will become a multitude of nations."
20 •So Jacob blessed the boys that day with this blessing: "The people of Israel will use your names when they give a blessing. They will say, 'May God make you as prosperous as Ephraim and Manasseh.'" In this way, Jacob put Ephraim ahead of Manasseh.
21 •Then Jacob said to Joseph, "Look, I am about to die, but God will be with you and will take you back to Canaan, the land of
22 your ancestors. •And beyond what I have given your brothers, I am giving you an extra portion of the land* that I took from the Amorites with my sword and bow."

Jacob's Last Words to His Sons

49 Then Jacob called together all his sons and said, "Gather around me, and I will tell you what will happen to each of you in the days to come.

2 • "Come and listen, you sons of Jacob;
listen to Israel, your father.

3 • "Reuben, you are my firstborn,
my strength,
the child of my vigorous youth.
You are first in rank and first in power.
4 • But you are as unruly as a flood,
and you will be first no longer.
For you went to bed with my wife;
you defiled my marriage couch.

5 • "Simeon and Levi are two of a kind;
their weapons are instruments
of violence.
6 • May I never join in their meetings;

48:22 Or *an extra ridge of land.* The meaning of the Hebrew is uncertain.

7 노여움이 심하고 지나치게 잔인해서 그들에게 저주가 있을 것이다. 나는 그들을 야곱 지파 중에 나눌 것이다. 이스라엘 모든 지파 가운데 흩어 놓을 것이다."

8 "유다야, 네 형제들이 너를 찬양할 것이다. 너는 원수들의 목을 움켜쥘 것이다. 네 형제들이 네 앞에 절을 할 것이다.

9 유다는 사자 새끼와 같다. 내 아들아, 너는 먹이를 잡고 돌아오는구나. 내 아들은 마치 사자와 같이 웅크리기도 하고 몸을 펴기도 한다. 마치 암사자와 같으니, 누가 그를 깨우겠는가?

10 유다에게서 왕*이 끊이지 않을 것이고 유다에게서 다스리는 자가 끊임없이 나올 것이다. 유다는 참된 왕*이 올 때까지 다스릴 것이다. 온 나라는 그에게 복종할 것이다.

11 유다는 나귀를 포도나무에 매며 나귀 새끼를 가장 좋은 가지에 맬 것이다. 유다는 포도주로 자기 옷을 씻을 것이며 겉옷을 붉은 포도주에 빨 것이다.

12 유다의 눈은 포도주보다 진하고 그의 이는 우유보다도 흴 것이다.

13 "스불론은 바닷가에 살 것이다. 스불론의 바닷가는 배들이 닻을 내리는 항구가 될 것이며 그의 땅은 시돈까지 미칠 것이다."

14 "잇사갈은 힘센 나귀와 같다. 그는 짐을 싣고 웅크리고 있다.

15 잇사갈은 쉴 곳을 만나면 좋아할 것이고 그런 땅을 만나면 기뻐할 것이다. 그는 자기 등을 들이밀어 짐을 싣고 노예가 될 것이다."

16 "단은 이스라엘의 다른 지파들처럼 자기 백성을 다스릴 것이다.

17 단은 길가의 뱀과 같을 것이며 길가에 숨어 있는 독사와 같을 것이다. 그 뱀이 말의 다리를 물면 그 탄 사람이 뒤로 떨어질 것이다."

18 "여호와여, 저는 주의 구원을 기다립니다."

19 "도둑들이 갓을 공격할 것이다. 하지만 갓은 도둑들과 싸워 이겨 도망가게 할 것이다."

20 "아셀의 땅에서는 좋은 식물이 많이 나올 것이며 그에게서 왕께 바칠 음식이 나올 것이다."

21 "납달리는 사랑스런 새끼 사슴들을 품에 안은 뛰노는 암사슴이다."

22 "요셉은 열매를 많이 맺는 포도나무와 같고, 샘물 가에서 자라는 풍성한 포도덩굴과 같다. 요셉은 담 위에 가지가 무성한 포도나무와 같다.

---

    may I never be a party to their plans.
For in their anger they murdered men,
    and they crippled oxen just for sport.

7 • A curse on their anger, for it is fierce;
    a curse on their wrath, for it is cruel.
I will scatter them among the
    descendants of Jacob;
    I will disperse them throughout Israel.

8 • "Judah, your brothers will praise you.
    You will grasp your enemies by the neck.
All your relatives will bow before you.

9 • Judah, my son, is a young lion
    that has finished eating its prey.
Like a lion he crouches and lies down;
    like a lioness—who dares to rouse him?

10 • The scepter will not depart from Judah,
    nor the ruler's staff from his descendants,*
until the coming of the one to whom it belongs,*
    the one whom all nations will honor.

11 • He ties his foal to a grapevine,
    the colt of his donkey to a choice vine.
He washes his clothes in wine,
    his robes in the blood of grapes.

12 • His eyes are darker than wine,
    and his teeth are whiter than milk.

13 • "Zebulun will settle by the seashore
    and will be a harbor for ships;
    his borders will extend to Sidon.

14 • "Issachar is a sturdy donkey,
    resting between two saddlepacks.*

15 • When he sees how good the countryside is
    and how pleasant the land,
he will bend his shoulder to the load
    and submit himself to hard labor.

16 • "Dan will govern his people,
    like any other tribe in Israel.

17 • Dan will be a snake beside the road,
    a poisonous viper along the path
that bites the horse's hooves
    so its rider is thrown off.

18 • I trust in you for salvation, O LORD!

19 • "Gad will be attacked by marauding bands,
    but he will attack them when
    they retreat.

20 • "Asher will dine on rich foods
    and produce food fit for kings.

21 • "Naphtali is a doe set free
    that bears beautiful fawns.

22 • "Joseph is the foal of a wild donkey,

49:10a Hebrew *from between his feet.*   **49:10b** Or *until tribute is brought to him and the peoples obey;* traditionally rendered *until Shiloh comes.*   **49:14** Or *sheepfolds,* or *hearths.*

49:10 원문은 '홀'로서, 왕권을 상징하는 지팡이를 가리킨다.
49:10 '참된 왕'의 원문은 '실로'로서, 학자들은 예수 그리스도를 예표하는 것으로 설명한다.

23 사람들이 그를 화살로 맹렬히 공격하고, 무섭게 활을 쏘아댄다.

24 그러나 요셉의 활이 더 잘 맞고, 요셉의 팔이 더 힘세다. 요셉의 힘은 야곱의 전능하신 하나님에게서 오고, 그의 능력은 이스라엘의 바위이신 목자에게서 온다.

25 네 아버지의 하나님께서 너를 도우시고, 전능하신 하나님께서 너에게 복을 주신다. 하나님께서 하늘의 비로 너에게 복을 주시고, 땅의 샘물로 너에게 복을 주신다. 네 아내들이 많은 아이들을 낳게 하심으로 너에게 복을 주시고, 네 짐승들이 많은 새끼들을 낳게 하심으로 너에게 복을 주신다.

26 네 아버지의 받은 복은 영원한 산들의 복보다 크고, 변치 않는 언덕들의 복보다 크다. 이 복이 요셉의 머리 위에 내리기를, 자기 형제들과 헤어졌던 자의 이마에 내리기를."

27 "베냐민은 굶주린 늑대와 같다. 아침에는 사냥한 것을 먹으며 저녁에는 사로잡은 것을 찢는다."

28 이들은 이스라엘의 열두 지파입니다. 그리고 이말은 그들의 아버지가 그들에게 한 말입니다. 아버지는 모든 아들에게 알맞은 복을 빌어 주었습니다.

29 그리고 나서 이스라엘이 아들들에게 당부를 했습니다. "나는 곧 죽을 것이다. 내가 죽으면 조상이 계신 헷 사람 에브론의 밭에 있는 동굴에 나를 묻어 다오.

30 그 동굴은 가나안 땅인 마므레 동쪽 막벨라 밭에 있다. 그 밭을 할아버지께서 무덤으로 쓰시려고, 그 밭을 헷 사람 에브론에게서 산 것이다.

31 아브라함과 할머니 사라가 그곳에 계시고 아버지 이삭과 내 어머니 리브가도 그곳에 계신다. 내 아내 레아도 내가 그곳에 묻었다.

32 그 밭과 그 동굴은 헷 사람들에게서 산 것이다."

33 야곱은 아들들에게 이 말을 하고 나서, 자리에 누웠습니다. 야곱은 다리를 침대 위에 올려 바로 누운 뒤, 마지막 숨을 거두고 조상들에게로 돌아갔습니다.

야곱이 무덤에 묻히다

50 야곱이 죽자, 요셉은 아버지를 껴안고 울며 입을 맞추었습니다.

2 요셉은 자기 의사들에게 명령하여 아버지를 장사지낼 준비를 하게 했습니다. 그러자 요셉의 의사들은 야곱의 시체를 묻을 준비를 했습니다.

3 의사들이 그 일을 준비하는 데에는 모두 사십 일이 걸렸습니다. 그때는 시체를 묻을 준비를 하는 데 보통 그만큼 걸렸습니다. 이집트 사람들은 야곱을 위해 칠십 일 동안을 슬퍼했습니다.

4 슬퍼하는 기간이 끝나자 요셉이 파라오의 신하들

---

the foal of a wild donkey at a spring—
one of the wild donkeys on the ridge.*

23 • Archers attacked him savagely;
they shot at him and harassed him.

24 • But his bow remained taut,
and his arms were strengthened
by the hands of the Mighty One of Jacob,
by the Shepherd, the Rock of Israel.

25 • May the God of your father help you;
May the Almighty bless you
with the blessings of the heavens above,
and blessings of the watery depths below,
and blessings of the breasts and womb.

26 • May my fatherly blessings on you
surpass the blessings of my ancestors*
reaching to the heights of the eternal hills.

May these blessings rest on the head of Joseph,
who is a prince among his brothers.

27 • "Benjamin is a ravenous wolf,
devouring his enemies in the morning
and dividing his plunder in the evening."

28 • These are the twelve tribes of Israel, and this is what their father said as he told his sons good-bye. He blessed each one with an appropriate message.

Jacob's Death and Burial

29 • Then Jacob instructed them, "Soon I will die and join my ancestors. Bury me with my father and grandfather in the cave in the field

30 of Ephron the Hittite. • This is the cave in the field of Machpelah, near Mamre in Canaan, that Abraham bought from Ephron the

31 Hittite as a permanent burial site. • There Abraham and his wife Sarah are buried. There Isaac and his wife, Rebekah, are buried. And

32 there I buried Leah. • It is the plot of land and the cave that my grandfather Abraham bought from the Hittites."

33 • When Jacob had finished this charge to his sons, he drew his feet into the bed, breathed his last, and joined his ancestors in death.

50 Joseph threw himself on his father and
2 wept over him and kissed him. • Then Joseph told the physicians who served him to embalm his father's body; so Jacob* was
3 embalmed. • The embalming process took the usual forty days. And the Egyptians mourned his death for seventy days.

4 • When the period of mourning was over, Joseph approached Pharaoh's advisers and said, "Please do me this favor and speak to

---

49:22 Or *Joseph is a fruitful tree, / a fruitful tree beside a spring. / His branches reach over the wall.* The meaning of the Hebrew is uncertain. 49:26 Or *of the ancient mountains.* 50:2 Hebrew *Israel.* See note on 35:21.

에게 말했습니다. "여러분, 괜찮으시다면 파라오
에게 이 말씀을 드려 주십시오.

5 내 아버지가 돌아가실 무렵, 나는 아버지에게 한 가
지 약속을 했습니다. 나는 아버지를 가나안 땅의 어
느 동굴에 장사 지내 드리기로 약속했습니다. 그 동
굴은 아버지께서 스스로 준비해 두신 동굴입니다.
그러니 내가 가서 아버지를 장사 지내고 올 수 있게
해 주십시오."

6 파라오가 대답했습니다. "그대의 약속을 지키시
오, 가서 아버지를 장사 지내 드리시오."

7 그리하여 요셉은 자기 아버지를 장사 지내러 갔습니
다. 파라오의 모든 신하들과 파라오 궁전의 장로들과
이집트 땅의 모든 지도자들이 요셉을 따라갔습니다.

8 요셉의 모든 집안 사람들과 그의 형제들과 요셉의 아
버지께 속한 집안 사람들은 어린아이들과 양 떼와
소 떼를 고센 땅에 남겨 두고, 요셉과 함께 갔습니다.

9 병거와 말을 탄 군인들도 요셉과 함께 갔습니다. 매
우 엄청난 행렬이었습니다.

10 그들은 요단 강 동쪽 아닷의 타작 마당에 이르렀습
니다. 그곳에서 그들은 이스라엘이라고도 부르는
야곱을 위해 큰 소리로 슬프게 울었습니다. 요셉은
아버지를 위해 칠 일 동안을 슬피 울었습니다.

11 가나안에 살던 백성들이 아닷의 타작 마당에서 사
람들이 슬퍼하는 모습을 보고 "저 이집트 사람들이
크게 슬퍼하고 있구나"하고 말하면서 그곳의 이름
을 아벨미스라임*이라고 불렀습니다.

12 이처럼 야곱의 아들들은 자기 아버지가 당부한 말
씀대로 행했습니다.

13 그들은 아버지의 시체를 가나안 땅으로 모시고 가
서, 마므레 근처의 막벨라 밭에 있는 동굴에 장사
지냈습니다. 그 동굴과 밭은 아브라함이 헷 사람 에
브론에게서 산 것입니다. 아브라함은 무덤으로 쓰
기 위해 그 동굴을 샀습니다.

14 요셉은 아버지를 장사 지내고 나서 이집트로 돌아
갔습니다. 요셉과 함께 갔던 요셉의 형제들과 다른
모든 사람들도 이집트로 돌아갔습니다.

형제들이 요셉을 무서워하다

15 야곱이 죽은 후에 요셉의 형들이 말했습니다. "만
약 요셉이 아직도 우리를 미워하면 어떻게 하지?
우리는 요셉에게 나쁜 짓을 많이 했어. 만약 요셉이
우리에게 복수를 하려 하면 어떻게 하지?"

16 그래서 그들은 요셉에게 사람을 보내어 이렇게 전
하게 했습니다. "아우님의 아버지는 돌아가시기 전
에 이렇게 당부하셨습니다.

17 '너희는 몹쓸 짓을 했다. 너희는 요셉에게 죄를 지
었다. 요셉에게 말해서 형들을 용서해 달라고 말
여라.' 그러니 요셉이여, 제발 우리의 잘못을 용서

5 Pharaoh on my behalf. ● Tell him that my
father made me swear an oath. He said to
me, 'Listen, I am about to die. Take my body
back to the land of Canaan, and bury me in
the tomb I prepared for myself.' So please
allow me to go and bury my father. After his
burial, I will return without delay."

6 ● Pharaoh agreed to Joseph's request. "Go
and bury your father, as he made you
7 promise," he said. ● So Joseph went up to
bury his father. He was accompanied by all
of Pharaoh's officials, all the senior members
of Pharaoh's household, and all the senior
8 officers of Egypt. ● Joseph also took his entire
household and his brothers and their house-
holds. But they left their little children and
9 flocks and herds in the land of Goshen. ● A
great number of chariots and charioteers
accompanied Joseph.

10 ● When they arrived at the threshing
floor of Atad, near the Jordan River, they
held a very great and solemn memorial ser-
vice, with a seven-day period of mourning
11 for Joseph's father. ● The local residents, the
Canaanites, watched them mourning at the
threshing floor of Atad. Then they renamed
that place (which is near the Jordan) Abel-
mizraim,* for they said, "This is a place of
deep mourning for these Egyptians."
12 ● So Jacob's sons did as he had command-
13 ed them. ● They carried his body to the land
of Canaan and buried him in the cave in the
field of Machpelah, near Mamre. This is the
cave that Abraham had bought as a perma-
nent burial site from Ephron the Hittite.

Joseph Reassures His Brothers

14 ● After burying Jacob, Joseph returned to
Egypt with his brothers and all who had
accompanied him to his father's burial.
15 ● But now that their father was dead, Joseph's
brothers became fearful. "Now Joseph will
show his anger and pay us back for all the
wrong we did to him," they said.
16 ● So they sent this message to Joseph:
17 "Before your father died, he instructed us ● to
say to you: 'Please forgive your brothers for
the great wrong they did to you—for their sin
in treating you so cruelly.' So we, the ser-
vants of the God of your father, beg you to
forgive our sin." When Joseph received the

accompany [əkΛ́mpəni] vt. 동행하다
mourn [mɔ́ːrn] vi. 슬퍼하다, 애도하다
reassure [riːəʃúər] vt. 안심시키다
solemn [sáləm] a. 엄숙한, 근엄한
thresh [θréʃ] vt. 탈곡하다

50:11　*Abel-mizraim* means "mourning of the
Egyptians."

50:11　'아벨미스라임'은 '이집트 사람들의 애통'이란 뜻이다.

해 주십시오. 우리는 아우님 아버지의 하나님의 종입니다." 요셉은 이 말을 전해 듣고 울었습니다.

18 요셉의 형들이 요셉을 찾아가서 요셉에게 절을 하며 말했습니다. "우리는 아우님의 종입니다."

19 그 말을 듣고 요셉이 형들에게 말했습니다. "두려워하지 마십시오. 하나님만이 하실 수 있는 일을 내가 어떻게 하겠습니까?

20 형님들은 나를 해치려 했지만, 하나님께서는 형님들의 악을 선으로 바꾸셨습니다. 그래서 오히려 많은 사람들의 생명을 구할 수 있었습니다.

21 그러니 두려워하지 마십시오. 내가 형님들과 형님들의 아이들을 돌봐 드리겠습니다." 이처럼 요셉은 형들을 안심시키고 형들에게 따뜻한 말을 해 주었습니다.

22 요셉은 자기 아버지의 모든 가족들과 함께 계속 이집트에서 살다가 백열 살에 죽었습니다.

23 요셉이 아직 살아 있을 때, 에브라임은 자녀를 낳았고, 손자 손녀들도 보았습니다. 요셉의 아들 므낫세에게는 마길이라는 아들이 있었습니다. 요셉은 마길의 자녀들을 자기 자녀로 삼았습니다.

요셉의 죽음

24 요셉이 형들에게 말했습니다. "나는 이제 죽습니다. 하지만 하나님께서는 여러분을 돌봐 주실 것입니다. 하나님께서는 여러분을 이 땅에서 인도해 내실 것입니다. 하나님께서는 아브라함과 이삭과 야곱에게 약속하셨던 땅으로 여러분을 인도하실 것입니다."

25 그리고 나서 요셉은 이스라엘의 아들들에게 약속을 하게 했습니다. "형님들이 이집트에서 나가실 때, 내 뼈도 옮겨 가겠다고 약속해 주십시오."

26 요셉은 백열 살에 죽었습니다. 의사들이 요셉을 장사지낼 준비를 한 뒤에 이집트에서 요셉의 시체를 관에 넣었습니다.

18 message, he broke down and wept. ●Then his brothers came and threw themselves down before Joseph. "Look, we are your slaves!" they said.

19 ●But Joseph replied, "Don't be afraid of

20 me. Am I God, that I can punish you? ●You intended to harm me, but God intended it all for good. He brought me to this position so I could save the lives of many peo-

21 ple. ●No, don't be afraid. I will continue to take care of you and your children." So he reassured them by speaking kindly to them.

The Death of Joseph

22 ●So Joseph and his brothers and their fam-

23 ilies continued to live in Egypt. Joseph lived to the age of 110. ●He lived to see three generations of descendants of his son Ephraim, and he lived to see the birth of the children of Manasseh's son Makir, whom he claimed as his own.*

24 ●"Soon I will die," Joseph told his brothers, "but God will surely come to help you and lead you out of this land of Egypt. He will bring you back to the land he solemnly promised to give to Abraham, to Isaac, and to Jacob."

25 ●Then Joseph made the sons of Israel swear an oath, and he said, "When God comes to help you and lead you back, you

26 must take my bones with you." ●So Joseph died at the age of 110. The Egyptians embalmed him, and his body was placed in a coffin in Egypt.

---

coffin [kɔ́:fin] *n.* 관
embalm [imbɑ́:m] *vt.* (시체를) 향료・약품처리하여 썩지않게 보존하다

50:23 Hebrew *who were born on Joseph's knees.*

출애굽기

서론

- ✛ 저자 · 모세
- ✛ 저작 연대 · B.C. 1450-1400년경
- ✛ 기록 대상 · 이스라엘 백성
- ✛ 기록 장소 · 시내 산
- ✛ 핵심어 및 내용 · 핵심어는 '구출', '구속', '계명' 등이다. 애굽에서 노예의 신분으로 억압받고 있던 이스라엘 민족을 구출해 낸 사건은 하나님께서 택하신 백성을 구속하시기 위해 행하신 이적이다. 또한 십계명과 다른 율법들을 통하여 어떻게 사는 것이 하나님께서 바라시는 삶인가를 가르쳐 주고 있다.

이집트로 내려간 야곱의 가족

1 야곱과 함께 가족을 데리고 이집트로 내려간 이스라엘의 아들들의 이름은

2 르우벤, 시므온, 레위, 유다,

3 잇사갈, 스불론, 베냐민,

4 단, 납달리, 갓, 아셀입니다.

5 야곱의 자손은 모두 칠십 명이었습니다. 야곱의 아들 요셉은 이미 이집트에 가 있었습니다.

6 얼마 후에 요셉과 그의 형제들과 그 시대에 살았던 사람들은 다 죽었습니다.

7 그러나 이스라엘 백성은 자녀를 많이 낳아 그 수가 크게 늘어났습니다. 그들은 매우 강해졌고, 이집트는 그들로 가득 차게 되었습니다.

이스라엘 백성이 고난을 당하다

8 그때에 새 왕이 이집트를 다스리기 시작했습니다. 그 왕은 요셉이 누구인지를 알지 못했습니다.

9 그 왕이 자기 백성 이집트 사람들에게 말했습니다. "이스라엘 백성이 너무 많아서, 그들은 우리보다도 강해졌다.

10 그러니 그들에 대해서 무슨 계획을 세워야 하겠다. 그렇게 하지 않으면 그들의 수가 더 늘어나게 되어 만약 전쟁이라도 일어나면, 그들은 우리들의 적과 한편이 되어서 우리와 맞서 싸운 후에 이 나라에서 떠날 것이다."

11 그래서 이집트 사람들은 이스라엘 백성에게 힘든 일을 시켰습니다. 그들은 이스라엘 백성을 다스릴 노예 감독들을 두었습니다. 노예 감독들은 이스라엘 백성에게 강제로 일을 시켜서, 파라오를 위해 비돔과 라암셋 성을 짓게 했습니다. 그 성은 이집트 사람들이 물건을 쌓아 둘 수 있는 창고 성이었습니다.

12 이집트 사람들은 이스라엘 백성에게 더 힘든 일을 시켰습니다. 그래도 이스라엘 백성의 수는 더 늘어났습니다. 그러자 이집트 사람들은 이스라엘 백성을 더욱 두려워하여

13 이스라엘 백성에게 더욱더 고된 일을 시키고

14 그들을 괴롭혔습니다. 이집트 사람들이 이스라엘

The Israelites in Egypt

1 These are the names of the sons of Israel (that is, Jacob) who moved to Egypt with 2 their father, each with his family: •Reuben, 3 Simeon, Levi, Judah, •Issachar, Zebulun, 4 Benjamin, •Dan, Naphtali, Gad, and Asher. 5 •In all, Jacob had seventy* descendants in Egypt, including Joseph, who was already there.

6 •In time, Joseph and all of his brothers 7 died, ending that entire generation. •But their descendants, the Israelites, had many children and grandchildren. In fact, they multiplied so greatly that they became extremely powerful and filled the land.

8 •Eventually, a new king came to power in Egypt who knew nothing about Joseph or 9 what he had done. •He said to his people, "Look, the people of Israel now outnumber 10 us and are stronger than we are. •We must make a plan to keep them from growing even more. If we don't, and if war breaks out, they will join our enemies and fight against us. Then they will escape from the country.*"

11 •So the Egyptians made the Israelites their slaves. They appointed brutal slave drivers over them, hoping to wear them down with crushing labor. They forced them to build the cities of Pithom and Rameses as 12 supply centers for the king. •But the more the Egyptians oppressed them, the more the Israelites multiplied and spread, and the 13 more alarmed the Egyptians became. •So the Egyptians worked the people of Israel 14 without mercy. •They made their lives bitter, forcing them to mix mortar and make bricks and do all the work in the fields. They were ruthless in all their demands.

---

multiply [mʌ́ltəplài] *vi.* 번성하다
oppress [əprés] *vt.* 억압하다
1:11 wear… down : …를 피로하게 하다

1:5 Dead Sea Scrolls and Greek version read *seventy-five*; see notes on Gen 46:27.　1:10 Or *will take the country*.

백성에게 힘든 노동, 곧 흙 이기기와 벽돌 굽기와 힘겨운 밭일을 시켰기 때문에 이스라엘 백성들의 일은 더욱 힘들게 되었습니다.

15 십브라와 부아라고 하는 히브리 산파들이 있었습니다. 이 산파들은 히브리 여자들이 아기 낳는 것을 도와 주는 일을 했습니다. 이집트 왕이 이 산파들에게 말했습니다.

16 "히브리 여자들이 아기 낳는 것을 도와 주다가 분만 대 위에서 잘 살펴보고 만약 아기가 딸이면, 그 아기를 살려 주고 아들이면 죽여 버려라!"

17 하지만 그 산파들은 하나님을 두려워하는 사람들이었습니다. 그래서 그 산파들은 왕이 명령한 대로 하지 않았습니다. 그들은 남자 아이들도 다 살려 주었습니다.

18 그러자 이집트 왕이 산파들을 불러서 말했습니다. "왜 이렇게 하였느냐? 어찌하여 남자 아이들을 살려 두었느냐?"

19 산파들이 파라오에게 말했습니다. "히브리 여자들은 이집트 여자들보다도 훨씬 튼튼합니다. 그래서 히브리 여자들은 우리가 도착하기도 전에 아기를 낳아 버립니다."

20 하나님께서는 산파들에게 은혜를 베풀어 주셨습니다. 이스라엘 백성은 계속해서 수가 늘어났습니다. 그리고 그들은 더 강해졌습니다.

21 하나님께서는 산파들이 하나님을 두려워하였으므로, 그들에게도 자손을 많이 주셨습니다.

22 파라오가 모든 백성에게 명령을 내렸습니다. "히브리 사람들에게 남자 아이가 태어나면 그 아이는 나일 강에 던져 버려라. 하지만 여자 아이는 살려 두어도 좋다."

아기 모세

2 레위 집안의 한 사람이 레위 집안의 어떤 여자를 아내로 맞아들였습니다.

2 그 여자가 임신하여 아들을 낳았습니다. 여자는 그 아기가 너무 잘생겨서 세 달 동안, 숨겨 두었습니다.

3 하지만 세 달이 지나자, 더 이상 아기를 숨길 수 없었습니다. 그래서 여자는 파피루스 상자*를 가져다가 역청과 나무 진을 칠해서 물에 뜰 수 있게 만들었습니다. 그런 다음에 아기를 그 상자 안에 넣고, 상자를 나일 강가의 큰 풀들 사이에 두었습니다.

4 아기의 누이가 얼마쯤 떨어진 곳에서 그 아기에게 무슨 일이 생길까봐 지켜 보고 있었습니다.

5 그때, 파라오의 딸이 목욕을 하려고 강으로 나왔습니다. 공주의 몸종들은 강가를 거닐고 있었습니다. 공주가 큰 풀들 사이에 있는 그 상자를 보고는 몸종을 시켜 그 상자를 가져오게 했습니다.

6 공주가 상자를 열어 보니, 거기에는 남자 아이가 울

15 •Then Pharaoh, the king of Egypt, gave this order to the Hebrew midwives,
16 Shiphrah and Puah: •"When you help the Hebrew women as they give birth, watch as they deliver.* If the baby is a boy, kill him; if
17 it is a girl, let her live." •But because the midwives feared God, they refused to obey the king's orders. They allowed the boys to live, too.

18 •So the king of Egypt called for the midwives. "Why have you done this?" he demanded. "Why have you allowed the boys to live?"

19 •"The Hebrew women are not like the Egyptian women," the midwives replied. "They are more vigorous and have their babies so quickly that we cannot get there in time."

20 •So God was good to the midwives, and the Israelites continued to multiply, growing
21 more and more powerful. •And because the midwives feared God, he gave them families of their own.

22 •Then Pharaoh gave this order to all his people: "Throw every newborn Hebrew boy into the Nile River. But you may let the girls live."

The Birth of Moses

2 About this time, a man and woman from the tribe of Levi got married. •The woman became pregnant and gave birth to a son. She saw that he was a special baby and kept him hidden for three months.
3 •But when she could no longer hide him, she got a basket made of papyrus reeds and waterproofed it with tar and pitch. She put the baby in the basket and laid it among the
4 reeds along the bank of the Nile River. •The baby's sister then stood at a distance, watching to see what would happen to him.

5 •Soon Pharaoh's daughter came down to bathe in the river, and her attendants walked along the riverbank. When the princess saw the basket among the reeds, she
6 sent her maid to get it for her. •When the princess opened it, she saw the baby. The little boy was crying, and she felt sorry for him. "This must be one of the Hebrew children," she said.

---

deliver [dilívər] *vi.* 분만(해산)하다
midwife [mídwaif] *n.* 산파
vigorous [vígərəs] *a.* 강건한
waterproof [wɔ́ːtərprùːf] *vt.* 방수 처리하다
2:4 at a distance : 어떤 거리를 두고, 좀 떨어져

1:16 Hebrew *look upon the two stones*; perhaps the reference is to a birthstool.
2:3 개역 성경에는 '갈 상자' 라고 표기되어 있다.

출

고 있었습니다. 공주는 우는 아이를 보자 불쌍한 생각이 들었습니다. 그래서 공주가 말했습니다. "이 아이는 틀림없이 히브리 사람의 아기일 거야."

7 그때에 아기의 누이가 나가서 공주에게 물었습니다. "제가 가서 이 아기에게 젖을 먹일 히브리 여자를 구해 올까요?"

8 공주가 말했습니다. "그래, 그렇게 하여라." 그래서 아이의 누이는 가서 아이의 어머니를 데리고 왔습니다.

9 공주가 그 여자에게 말했습니다. "이 아기를 데려가서 나를 위해 젖을 먹여 주면, 내가 그 삯을 주겠다." 그래서 여자는 그 아이를 데려가서 젖을 먹였습니다.

10 아이가 자라나자, 여자는 아이를 공주에게 데리고 갔습니다. 공주는 아이를 자기 아들로 삼았습니다. 공주는 그 아이를 물에서 건져 내었다 해서 그 아이의 이름을 모세라고 지었습니다.

모세가 자기 백성을 도와 주다

11 세월이 흘러 모세는 자라 어른이 되었습니다. 어느 날, 모세는 자기 백성인 히브리 사람들을 찾아갔습니다. 모세는 그들이 힘들게 일하는 모습을 보았습니다. 또 어떤 이집트 사람이 자기와 같은 백성인 히브리 사람을 모질게 때리는 것을 보았습니다.

12 모세는 주변을 살펴서 아무도 없음을 보고 그 이집트 사람을 죽인 뒤에 그 시체를 모래에 파묻었습니다.

13 이튿날, 모세가 다시 나가니, 히브리 사람 둘이 서로 다투고 있는 모습이 보였습니다. 모세는 그 중에서 잘못한 사람에게 말했습니다. "왜 당신과 한 핏줄인 사람을 때리는 거요?"

14 그 사람이 대답했습니다. "누가 당신을 우리의 지도자와 재판관으로 세웠소? 그래, 이집트 사람을 죽이듯이 나도 죽일 생각이오?" 그 말을 듣고 모세는 두려워졌습니다. 모세는 '내가 한 일이 탄로났구나' 하고 생각했습니다.

15 파라오가 모세의 일을 듣고 모세를 죽이려고 찾았습니다. 그러나 모세는 파라오에게서 달아나 미디안 땅으로 도망가 살았습니다. 하루는 모세가 우물가에 앉아 있었습니다.

미디안 땅에서 살게 된 모세

16 미디안에 일곱 딸을 둔 제사장이 있었습니다. 그의 딸들이 아버지의 양 떼에게 물을 먹이려고 그 우물로 왔습니다. 딸들은 양 떼에게 먹일 물을 구유에 채우고 있었습니다.

17 그런데 어떤 목자들이 와서 여자들을 쫓아냈습니다. 그러자 모세는 여자들을 도와 양 떼에게 물을 먹여 주었습니다.

18 여자들이 아버지 르우엘*에게 돌아왔습니다. 르우엘이 딸들에게 물었습니다. "오늘은 어떻게 이렇게

7 • Then the baby's sister approached the princess. "Should I go and find one of the Hebrew women to nurse the baby for you?" she asked.

8 • "Yes, do!" the princess replied. So the girl went and called the baby's mother.

9 • "Take this baby and nurse him for me," the princess told the baby's mother. "I will pay you for your help." So the woman took her baby home and nursed him.

10 • Later, when the boy was older, his mother brought him back to Pharaoh's daughter, who adopted him as her own son. The princess named him Moses,* for she explained, "I lifted him out of the water."

Moses Escapes to Midian

11 • Many years later, when Moses had grown up, he went out to visit his own people, the Hebrews, and he saw how hard they were forced to work. During his visit, he saw an Egyptian beating one of his fellow Hebrews.

12 • After looking in all directions to make sure no one was watching, Moses killed the Egyptian and hid the body in the sand.

13 • The next day, when Moses went out to visit his people again, he saw two Hebrew men fighting. "Why are you beating up your friend?" Moses said to the one who had started the fight.

14 • The man replied, "Who appointed you to be our prince and judge? Are you going to kill me as you killed that Egyptian yesterday?"

Then Moses was afraid, thinking, "Everyone knows what I did." 15 • And sure enough, Pharaoh heard what had happened, and he tried to kill Moses. But Moses fled from Pharaoh and went to live in the land of Midian.

When Moses arrived in Midian, he sat 16 down beside a well. • Now the priest of Midian had seven daughters who came as usual to draw water and fill the water 17 troughs for their father's flocks. • But some other shepherds came and chased them away. So Moses jumped up and rescued the girls from the shepherds. Then he drew water for their flocks.

18 • When the girls returned to Reuel, their father, he asked, "Why are you back so soon today?"

---

engulf [iŋɡʌlf] *vt.* 집어삼키다
nurse [nəːrs] *vt.* 젖을 먹이다; 양육하다
tend [tend] *vt.* (가축 등을) 지키다; 돌보다

2:10 *Moses* sounds like a Hebrew term that means "to lift out."

2:18 모세의 장인은 '르우엘' 외에도 '호밥'(삿 4:11), '이드로'(출 18장;민 10:29)라고도 불린다.

19 여자들이 대답했습니다. "목자들이 우리를 쫓아냈지만, 어떤 이집트 사람이 우리를 지켜 주었습니다. 그 사람은 물을 길어서 양 떼에게 먹여 주기도 했습니다."

20 르우엘이 딸들에게 물었습니다. "그 사람은 어디에 있느냐? 왜 그 사람을 그냥 두고 왔느냐? 그 사람을 불러서 음식을 대접하도록 하여라."

21 모세는 르우엘의 집에서 사는 것을 좋아했습니다. 르우엘은 모세와 자기 딸 십보라를 결혼시켰습니다.

22 십보라는 아들을 낳았습니다. 모세는 자기 땅이 아닌 곳에서 나그네로 살고 있었기 때문에 그 아들의 이름을 게르솜이라고 지었습니다.

23 세월이 흘러서 이집트 왕이 죽었습니다. 이스라엘 백성은 강요에 의해 너무나 힘겹게 일했기 때문에 신음했습니다. 그들이 도와 달라고 부르짖었더니, 하나님께서 그들의 소리를 들으셨습니다.

24 하나님께서 그들의 소리를 들으시고, 아브라함과 이삭과 야곱에게 하신 약속을 기억하셨습니다.

25 하나님께서는 이스라엘 백성의 고통을 보시고 그들에게 관심을 가지셨습니다.

불붙는 나무

3 모세가 이드로의 양 떼를 돌보고 있던 때의 일입니다. 이드로는 미디안의 제사장이며 모세의 장인입니다. 모세는 광야의 서쪽으로 양 떼를 몰고 갔습니다. 모세는 하나님의 산인 호렙 산에 이르렀습니다.

2 그곳에서 여호와의 사자가 떨기나무의 불꽃 속에서 모세에게 나타났습니다. 그 나무는 불붙고 있었지만, 타서 없어지지는 않았습니다.

3 그래서 모세는 "가까이 가서 이 이상한 일을 살펴보아야 하겠다. 어떻게 나무에 불이 붙었는데 타지 않을 수 있을까?" 하고 말했습니다.

4 여호와께서 모세가 그 나무를 살펴보려고 올라오는 모습을 보셨습니다. 그래서 하나님께서는 나무 사이에서 "모세야, 모세야!" 하며 그를 부르셨습니다. 모세는 "제가 여기에 있습니다" 하고 대답했습니다.

5 하나님께서 말씀하셨습니다. "더 가까이 오지 마라. 네 신발을 벗어라. 너는 지금 거룩한 땅 위에 서 있느니라.

6 나는 네 조상의 하나님이다. 나는 아브라함의 하나님, 이삭의 하나님, 야곱의 하나님이다." 모세는 하나님을 바라보는 것이 두려워서 얼굴을 가렸습니다.

7 여호와께서 말씀하셨습니다. "나는 내 백성이 이집트에서 고통당하고 있는 것을 보았고, 또 이집트의 노예 감독들이 내 백성을 때릴 때에 그들이 울부짖는 소리를 들었다. 나는 그들이 얼마나 괴로워하는지를 알고 있다.

8 나는 그들을 이집트 사람들에게서 구해 주려고 내려

19 •"An Egyptian rescued us from the shepherds," they answered. "And then he drew water for us and watered our flocks."

20 •"Then where is he?" their father asked. "Why did you leave him there? Invite him to come and eat with us."

21 •Moses accepted the invitation, and he settled there with him. In time, Reuel gave Moses his daughter Zipporah to be his wife.

22 •Later she gave birth to a son, and Moses named him Gershom,* for he explained, "I have been a foreigner in a foreign land."

23 •Years passed, and the king of Egypt died. But the Israelites continued to groan under their burden of slavery. They cried out for help, and their cry rose up to God.

24 •God heard their groaning, and he remembered his covenant promise to Abraham, Isaac, and Jacob. •He looked

25 down on the people of Israel and knew it was time to act.*

Moses and the Burning Bush

3 One day Moses was tending the flock of his father-in-law, Jethro,* the priest of Midian. He led the flock far into the wilderness and came to Sinai,* the mountain of God. •There the angel of the LORD

2 appeared to him in a blazing fire from the middle of a bush. Moses stared in amazement. Though the bush was engulfed in

3 flames, it didn't burn up. •"This is amazing," Moses said to himself. "Why isn't that bush burning up? I must go see it."

4 •When the LORD saw Moses coming to take a closer look, God called to him from the middle of the bush, "Moses! Moses!"

"Here I am!" Moses replied.

5 •"Do not come any closer," the LORD warned. "Take off your sandals, for you are standing on holy ground. •I am the God

6 of your father*—the God of Abraham, the God of Isaac, and the God of Jacob." When Moses heard this, he covered his face because he was afraid to look at God.

7 •Then the LORD told him, "I have certainly seen the oppression of my people in Egypt. I have heard their cries of distress because of their harsh slave drivers. Yes, I

8 am aware of their suffering. •So I have come down to rescue them from the power of the Egyptians and lead them out of Egypt into their own fertile and spacious

2:22 Gershom sounds like a Hebrew term that means "a foreigner there." 2:25 Or and acknowledged his obligation to help them. 3:1a Moses' father-in-law went by two names, Jethro and Reuel. 3:1b Hebrew Horeb, another name for Sinai. 3:6 Greek version reads your fathers.

왔다. 나는 그들을 그 땅에서 인도해 내고 그들을 넓고도 좋은 땅으로 인도하여 갈 것이다. 그곳은 젖과 꿀이 넘쳐 흐를 만큼 비옥한 땅이며, 가나안 사람, 헷 사람, 아모리 사람, 브리스 사람, 히위 사람, 그리고 여부스 사람들의 땅이다.

9 나는 이스라엘 백성의 울부짖는 소리를 들었고, 이집트 사람들이 그들을 괴롭히는 것을 보았다.

10 그래서 나는 지금 너를 파라오에게 보내려 하니, 가거라! 가서 내 백성 이스라엘 사람들을 이집트에서 인도해 내어라!"

11 그러자 모세가 하나님께 말했습니다. "제가 누구인데 그런 일을 합니까? 어찌하여 제가 파라오에게 가서 이스라엘 백성을 인도해 내야 합니까?"

12 하나님께서 말씀하셨습니다. "내가 너와 함께 있겠다. 네가 이집트에서 이스라엘 백성을 인도해 낸 후, 너희 모두는 이 산에서 하나님을 예배하게 될 것인데, 이것이 너를 보내는 증거다."

13 모세가 하나님께 말했습니다. "제가 이스라엘 백성에게 가서 그들에게 '너희 조상의 하나님께서 나를 보내셨다'라고 말했을 때, 그들이 '그 하나님의 이름이 무엇이냐?' 하고 물으면 어떻게 대답해야 합니까?"

14 하나님께서 모세에게 말씀하셨습니다. "나는 스스로 있는 자이다. 너는 이스라엘 백성에게로 가서 '스스로 있는 분이 나를 너희에게 보내셨다'고 말하여라."

15 하나님께서 또 모세에게 말씀하셨습니다. "너는 가서 그 백성에게 이렇게 말하여라. '여호와께서는 너희 조상의 하나님이시다. 여호와께서는 아브라함의 하나님, 이삭의 하나님, 야곱의 하나님이시다. 그분이 나를 너희에게 보내셨다.' 이것이 영원히 내 이름이 될 것이다. 또 대대로 나를 기억할 표가 될 것이다.

16 가서 장로들을 모아 이렇게 전하여라. '너희 조상의 하나님이신 여호와께서 나에게 나타나셨다. 아브라함의 하나님, 이삭의 하나님, 야곱의 하나님이 나에게 말씀하셨다. 그분은 이렇게 말씀하셨다. 드디어 내가 너희를 찾아왔다. 그리고 나는 이집트에서 너희가 겪고 있는 일을 똑똑히 보았다.

17 이미 약속했던 바와 같이 나는 너희를 이집트에서 당하는 고통으로부터 이끌어 내어 가나안 사람, 헷 사람, 아모리 사람, 브리스 사람, 히위 사람, 그리고 여부스 사람들의 땅으로 인도할 것이다. 그 땅은 젖과 꿀이 넘쳐 흐를 만큼 비옥한 땅이다.'

18 장로들은 네 말에 귀를 기울일 것이다. 그러면 너와 이스라엘의 장로들은 이집트 왕에게 가서 이렇게 말하여라. '히브리 사람들의 하나님이신 여호와께서 우리에게 나타나셨습니다. 삼 일 길을 광야로 여

land. It is a land flowing with milk and honey—the land where the Canaanites, Hittites, Amorites, Perizzites, Hivites, and Jebusites now live.

9 Look! The cry of the people of Israel has reached me, and I have seen how harshly the Egyptians abuse them.

10 Now go, for I am sending you to Pharaoh. You must lead my people Israel out of Egypt."

11 • But Moses protested to God, "Who am I to appear before Pharaoh? Who am I to lead the people of Israel out of Egypt?"

12 • God answered, "I will be with you. And this is your sign that I am the one who has sent you: When you have brought the people out of Egypt, you will worship God at this very mountain."

13 • But Moses protested, "If I go to the people of Israel and tell them, 'The God of your ancestors has sent me to you,' they will ask me, 'What is his name?' Then what should I tell them?"

14 • God replied to Moses, "I AM WHO I AM.* Say this to the people of Israel: I AM has sent me to you." • God also said to Moses, "Say this to the people of Israel: Yahweh,* the God of your ancestors—the God of Abraham, the God of Isaac, and the God of Jacob—has sent me to you.

This is my eternal name,
my name to remember for all
generations.

16 • "Now go and call together all the elders of Israel. Tell them, 'Yahweh, the God of your ancestors—the God of Abraham, Isaac, and Jacob—has appeared to me. He told me, "I have been watching closely, and I see how the Egyptians are treating you. 17 • I have promised to rescue you from your oppression in Egypt. I will lead you to a land flowing with milk and honey—the land where the Canaanites, Hittites, Amorites, Perizzites, Hivites, and Jebusites now live."'

18 • "The elders of Israel will accept your message. Then you and the elders must go to the king of Egypt and tell him, 'The LORD, the God of the Hebrews, has met with us. So please let us take a three-day journey into the wilderness to offer sacrifices to the LORD, our God.'

---

abuse [əbjúːz] vt. 학대하다
wilderness [wíldərnis] n. 황무지, 황야
3:18 offer sacrifices to … : …에게 제물을 바치다

3:14 Or I WILL BE WHAT I WILL BE.   3:15 Yahweh (also in 3:16) is a transliteration of the proper name YHWH that is sometimes rendered "Jehovah"; in this translation it is usually rendered "the LORD" (note the use of small capitals).

행하게 해 주십시오. 그곳에서 우리 하나님이신 여호와께 제물을 바쳐야 하겠습니다.'

19 그러나 이집트 왕은 너희를 보내지 않을 것이다. 큰 능력을 보아야만 너희를 보내 줄 것이니

20 그러므로 나는 이집트에 큰 능력을 보여 줄 것이다. 내가 그 땅에서 기적을 일으킬 것이다. 그런 일이 있은 뒤에야 그가 너희를 보내 줄 것이다.

21 나는 또 이집트 백성이 이스라엘 백성에게 친절을 베풀게 만들어 너희가 이집트를 떠날 때에 빈 몸으로 가지 않게 할 것이다.

22 모든 히브리 여자는 이웃에 사는 이집트 사람이나 그 집에 사는 이집트 여자에게 은붙이와 금붙이와 옷가지를 달라고 하여 너희 아들들과 딸들을 꾸며 주어라. 이렇게 너희는 이집트 사람들이 준 것을 받아 가지고 이집트를 떠나가 될 것이다."

모세에게 보여 주신 증거

4 모세가 대답했습니다. "만약 이스라엘 백성이 내 말을 믿지 않거나 따르지 않으면 어떻게 합니까? 만약 그들이 '여호와께서는 너에게 나타나지 않으셨다' 라고 하면 어떻게 합니까?"

2 여호와께서 모세에게 말씀하셨습니다. "네 손에 있는 것이 무엇이냐?" 모세가 대답했습니다. "제 지팡이입니다."

3 여호와께서 말씀하셨습니다. "그것을 땅에 던져라." 모세가 지팡이를 땅에 던지자 지팡이가 뱀이 되었습니다. 모세는 뱀을 피해 달아났습니다.

4 여호와께서 모세에게 말씀하셨습니다. "손을 펴서 뱀의 꼬리를 붙잡아라." 모세는 손을 펴서 뱀의 꼬리를 붙잡았습니다. 그러자 뱀이 모세의 손에서 다시 지팡이가 되었습니다.

5 주님께서 말씀하셨습니다. "이런 일이 일어나면, 이스라엘 백성은 그들의 조상의 하나님 곧 아브라함의 하나님, 이삭의 하나님, 야곱의 하나님이신 여호와께서 너에게 나타났다는 것을 믿을 것이다."

6 여호와께서 또 모세에게 말씀하셨습니다. "네 손을 옷 안에 넣어 보아라." 그래서 모세는 손을 옷 안에 넣었습니다. 모세가 다시 손을 빼어 보니 손에 문둥병이 생겨서 눈처럼 하얗게 되었습니다.

7 주님께서 말씀하셨습니다. "이제 손을 옷 안에 다시 넣어 보아라." 그래서 모세가 다시 손을 옷 안에 넣었다가 빼어 보니, 손이 그전처럼 깨끗해졌습니다. 몸의 다른 살과 똑같아진 것입니다.

8 여호와께서 말씀하셨습니다. "백성들이 너를 믿지 않고, 또 첫 번째 기적을 못 믿을지라도 이 두 번째 기적은 믿을 것이다.

9 만약 백성이 이 두 가지 기적을 다 믿지 못하거든, 나일 강에서 물을 퍼다가 땅에 부어 보아라. 그러면

---

19 • But I know that the king of Egypt will not let you go unless a mighty hand forces

20 him.* • So I will raise my hand and strike the Egyptians, performing all kinds of miracles among them. Then at last he will let you go.

21 • And I will cause the Egyptians to look favorably on you. They will give you gifts when you go so you will not leave empty-

22 handed. • Every Israelite woman will ask for articles of silver and gold and fine clothing from her Egyptian neighbors and from the foreign women in their houses. You will dress your sons and daughters with these, stripping the Egyptians of their wealth."

Signs of the LORD's Power

4 But Moses protested again, "What if they won't believe me or listen to me? What if they say, 'The LORD never appeared to

2 you'?" • Then the LORD asked him, "What is that in your hand?"

"A shepherd's staff," Moses replied.

3 • "Throw it down on the ground," the LORD told him. So Moses threw down the staff, and it turned into a snake! Moses jumped back.

4 • Then the LORD told him, "Reach out and grab its tail." So Moses reached out and grabbed it, and it turned back into a shepherd's staff in his hand.

5 • "Perform this sign," the LORD told him. "Then they will believe that the LORD, the God of their ancestors—the God of Abraham, the God of Isaac, and the God of Jacob—really has appeared to you."

6 • Then the LORD said to Moses, "Now put your hand inside your cloak." So Moses put his hand inside his cloak, and when he took it out again, his hand was white as snow

7 with a severe skin disease.* • "Now put your hand back into your cloak," the LORD said. So Moses put his hand back in, and when he took it out again, it was as healthy as the rest of his body.

8 • The LORD said to Moses, "If they do not believe you and are not convinced by the first miraculous sign, they will be convinced

9 by the second sign. • And if they don't believe you or listen to you even after these two signs, then take some water from the Nile River and pour it out on the dry ground. When you do, the water from the Nile will turn to blood on the ground."

convince [kənvíns] *vt.* 확신시키다

3:19 As in Greek and Latin versions; Hebrew reads *will not let you go, not by a mighty hand*. 4:6 Or *with leprosy*. The Hebrew word used here can describe various skin diseases.

출

그 물이 땅 위에서 피로 변할 것이다."

10 그러나 모세가 여호와께 말했습니다. "하지만 주님, 저는 말을 잘 할 줄 모릅니다. 전에도 그랬지만, 주님께서 저에게 말씀하시는 지금도 저는 말을 잘 할 줄 모릅니다. 저는 말을 느리게 할 뿐만 아니라 훌륭하게 말하는 법도 모릅니다."

11 여호와께서 모세에게 말씀하셨습니다. "누가 사람의 입을 만들었느냐? 누가 말 못하는 자를 만들고, 듣지 못하는 자를 만드느냐? 누가 앞을 보는 자나 앞을 보지 못하는 자를 만드느냐? 나 여호와가 아니냐?

12 그러니 가거라! 내가 네 입과 함께하겠다. 네가 할 말을 내가 가르쳐 줄 것이다."

13 그러나 모세가 말했습니다. "주여, 제발 보낼 만한 능력 있는 사람을 보내십시오."

14 여호와께서 모세에게 화를 내면서 말씀하셨습니다. "레위 집안 사람인 네 형 아론은 말을 아주 잘 하지 않느냐? 아론이 너를 만나기 위해 오고 있는 중인데, 아론은 너를 만나면 기뻐할 것이다.

15 네가 할 말을 내가 가르쳐 줄 테니, 그것을 아론에게 말해 주어라. 너희 두 사람이 무슨 말을 하고, 무슨 일을 해야 할지를 내가 가르쳐 줄 것이다.

16 아론이 너를 대신해서 백성에게 말을 할 것이니, 너는 하나님께서 말씀하시는 것을 아론에게 전하여라. 그러면 아론이 너를 대신해서 그 말을 할 것이다.

17 네 지팡이를 가지고 가거라. 그것을 가지고 기적을 보여라."

이집트로 돌아가는 모세

18 그리하여 모세는 장인인 이드로에게 돌아가 말했습니다. "이집트에 있는 제 백성에게로 돌아가게 해 주십시오. 그들이 아직 살아 있는지 알고 싶습니다." 이드로가 모세에게 말했습니다. "그렇게 하게. 평안히 가게."

19 모세가 아직 미디안에 있을 때, 여호와께서 모세에게 말씀하셨습니다. "이집트로 돌아가거라. 너를 죽이려 하던 사람들은 다 죽었다."

20 그리하여 모세는 아내와 아들들을 나귀에 태우고 이집트 땅으로 돌아갔습니다. 모세는 하나님의 지팡이를 손에 들고 갔습니다.

21 여호와께서 모세에게 말씀하셨습니다. "이집트로 돌아가서 모든 기적을 일으켜라. 내가 너에게 그런 일을 할 수 있는 능력을 주었다. 파라오에게 기적을 보여 주어라. 하지만 그는 완고하여 백성을 보내지 않을 것이다. 나는 그의 마음을 완고한 채로 그냥 둘 것이다.

22 그러면 파라오에게 이렇게 말하여라. '여호와께서 이렇게 말씀하셨다. 이스라엘은 나의 맏아들이다.

23 나는 너에게 내 아들을 보내어 나를 예배할 수 있게 하라고 말했다. 그러나 네가 이스라엘을 보내 주지 않았으므로, 내가 너의 맏아들을 죽일 것이다.'"

10 • But Moses pleaded with the LORD, "O Lord, I'm not very good with words. I never have been, and I'm not now, even though you have spoken to me. I get tongue-tied, and my words get tangled."

11 • Then the LORD asked Moses, "Who makes a person's mouth? Who decides whether people speak or do not speak, hear or do not hear, see or do not see? Is it not I, the LORD? • Now go! I will be with you as you speak, and I will instruct you in what to say."

13 • But Moses again pleaded, "Lord, please! Send anyone else."

14 • Then the LORD became angry with Moses. "All right," he said. "What about your brother, Aaron the Levite? I know he speaks well. And look! He is on his way to meet you now. He will be delighted to see you. • Talk to him, and put the words in his mouth. I will be with both of you as you speak, and I will instruct you both in what to do. • Aaron will be your spokesman to the people. He will be your mouthpiece, and you will stand in the place of God for him, telling him what to say. • And take your shepherd's staff with you, and use it to perform the miraculous signs I have shown you."

Moses Returns to Egypt

18 • So Moses went back home to Jethro, his father-in-law. "Please let me return to my relatives in Egypt," Moses said. "I don't even know if they are still alive."

"Go in peace," Jethro replied.

19 • Before Moses left Midian, the LORD said to him, "Return to Egypt, for all those who wanted to kill you have died."

20 • So Moses took his wife and sons, put them on a donkey, and headed back to the land of Egypt. In his hand he carried the staff of God.

21 • And the LORD told Moses, "When you arrive back in Egypt, go to Pharaoh and perform all the miracles I have empowered you to do. But I will harden his heart so he will refuse to let the people go. • Then you will tell him, 'This is what the LORD says: Israel is my firstborn son. • I commanded you, "Let my son go, so he can worship me." But since you have refused, I will now kill your firstborn son!'"

---

distract [distrǽkt] *vt.* 혼란시키다
embrace [imbréis] *vt.* 포옹하다
empower [impáuər] *vt.* …할 능력을 주다
mouthpiece [máuθpì:s] *n.* 대변자
retort [ritɔ́:rt] *vt.* 맞받아 응수하다(쏘아붙이다)
tangle [tǽŋgl] *vt.* 얽히게 하다

24 모세는 이집트로 가는 도중에 쉴 곳을 찾아서 하룻밤을 묵었습니다. 그런데 여호와께서 그곳에 나타나셔서 모세를 죽이려 하셨습니다.

25 그때, 십보라가 차돌 칼을 가지고 모세의 아들에게 할례를 베풀고 잘라 낸 살을 모세의 발에 대면서 "당신은 나의 피 남편입니다" 하고 말했습니다.

26 그러자 여호와께서 모세를 놓아 주셨습니다. 십보라가 '피 남편'이라고 말한 것은 할례 때문이었습니다.

27 여호와께서 아론에게 말씀하셨습니다. "광야로 나가서 모세를 맞이하여라." 아론은 나가서 하나님의 산인 시내 산에서 모세를 만나 모세에게 입을 맞추었습니다.

28 모세는 아론에게 여호와께서 자기를 이집트로 보내시면서 하신 말씀을 다 말해 주었습니다. 그리고 모세는 여호와께서 자기를 이집트로 보내시면서 보여 주신 기적들에 대해서도 말해 주었습니다.

29 모세와 아론은 이집트로 가서 이스라엘의 모든 장로들을 다 모았습니다.

30 아론은 그들에게 여호와께서 모세에게 하신 말씀을 다 전해 주었습니다. 그리고 모세는 모든 백성이 보는 앞에서 기적들을 보여 주었습니다.

31 그리하여 이스라엘 백성들이 그들을 믿게 되었습니다. 그들은 여호와께서 자기들을 찾아오셨다는 것과 자기들의 괴로움을 알고 계시다는 말을 듣고, 머리를 숙여 여호와께 예배를 드렸습니다.

왕 앞에 선 모세와 아론

5 모세와 아론은 백성에게 이야기를 다 하고 나서 파라오에게 가서 말했습니다. "이스라엘의 하나님이신 여호와께서 이렇게 말씀하셨습니다. '내 백성을 내보내서 광야에서 나에게 절기를 지킬 수 있게 하여라.'"

2 하지만 파라오가 말했습니다. "여호와가 누구냐? 여호와가 누구길래 내가 그의 말을 듣고 이스라엘 백성을 내보내야 하느냐? 나는 여호와를 알지 못한다. 나는 이스라엘 백성을 보낼 수 없다."

3 그러자 모세와 아론이 말했습니다. "히브리 사람들의 하나님께서 우리에게 나타나셨습니다. 그러니 우리를 삼 일 길쯤 광야로 나가게 해 주십시오. 그곳에서 우리의 하나님이신 여호와께 제사를 드리겠습니다. 그렇게 하지 않으면 여호와께서 우리를 병으로 죽게 하시거나 칼로 치실 것입니다."

4 그러나 이집트 왕이 모세와 아론에게 말했습니다. "모세와 아론아, 너희는 왜 백성을 데려가서 일을 못하게 하려고 하느냐? 가서 너희 일이나 하여라!

5 히브리 사람들은 이 땅에 수가 많아졌다. 그런데 너희는 그들의 일을 쉬게 하려고 하는구나!"

6 바로 그날, 파라오는 노예 감독과 작업 반장들에게 명

24 •On the way to Egypt, at a place where Moses and his family had stopped for the night, the LORD confronted him and was 25 about to kill him. •But Moses' wife, Zipporah, took a flint knife and circumcised her son. She touched his feet* with the foreskin and said, "Now you are a bridegroom 26 of blood to me." •(When she said "a bridegroom of blood," she was referring to the circumcision.) After that, the LORD left him alone.

27 •Now the LORD had said to Aaron, "Go out into the wilderness to meet Moses." So Aaron went and met Moses at the moun-28 tain of God, and he embraced him. •Moses then told Aaron everything the LORD had commanded him to say. And he told him about the miraculous signs the LORD had commanded him to perform.

29 •Then Moses and Aaron returned to Egypt and called all the elders of Israel 30 together. •Aaron told them everything the LORD had told Moses, and Moses performed the miraculous signs as they 31 watched. •Then the people of Israel were convinced that the LORD had sent Moses and Aaron. When they heard that the LORD was concerned about them and had seen their misery, they bowed down and worshiped.

Moses and Aaron Speak to Pharaoh

5 After this presentation to Israel's leaders, Moses and Aaron went and spoke to Pharaoh. They told him, "This is what the LORD, the God of Israel, says: Let my people go so they may hold a festival in my honor in the wilderness."

2 •"Is that so?" retorted Pharaoh. "And who is the LORD? Why should I listen to him and let Israel go? I don't know the LORD, and I will not let Israel go."

3 •But Aaron and Moses persisted. "The God of the Hebrews has met with us," they declared. "So let us take a three-day journey into the wilderness so we can offer sacrifices to the LORD our God. If we don't, he will kill us with a plague or with the sword."

4 •Pharaoh replied, "Moses and Aaron, why are you distracting the people from 5 their tasks? Get back to work! •Look, there are many of your people in the land, and you are stopping them from their work."

Making Bricks without Straw

6 •That same day Pharaoh sent this order to the Egyptian slave drivers and the Israelite

4:25 The Hebrew word for "feet" may refer here to the male sex organ.

령을 내렸습니다.

7 "이제부터는 저 백성이 벽돌 만드는 데 쓸 짚을 그전처럼 주지 말고 백성들 스스로 짚을 모으게 하여라.

8 그러나 그전과 똑같은 개수로 벽돌을 만들어야 한다. 벽돌의 수를 줄여 주지 마라. 그렇게 해 주면 게을러진다. 그들이 '우리 하나님께 제물을 바칠 수 있게 해 주십시오.' 라고 말하는 것도 다 게을러졌기 때문이다.

9 이 백성에게 더 힘든 일을 시켜라. 일하느라고 바빠서 모세의 거짓말을 귀담아 들을 틈이 없게 만들어라."

10 그리하여 노예 감독과 작업 반장들은 이스라엘 백성에게 가서 말했습니다. "파라오께서 이렇게 말씀하셨다. '이제부터는 너희에게 짚을 주지 않을 테니,

11 가서 너희들 스스로 짚을 찾아라. 하지만 너희가 할 일의 양은 줄여 주지 않겠다.'"

12 그리하여 백성들은 이집트 땅 사방으로 흩어져서 짚으로 쓸 마른 줄기를 찾아다녔습니다.

13 노예 감독들은 "너희는 짚을 받았을 때와 똑같이 당일의 벽돌 수를 채워야 한다"라고 말하면서 계속해서 백성들을 몰아붙였습니다.

14 파라오의 노예 감독들은 이스라엘 사람들 중에서 작업 반장을 뽑았습니다. 노예 감독들은 그들에게 백성들이 하는 일에 대한 책임을 맡겼습니다. 노예 감독들은 작업 반장들을 때리면서 "어찌하여 어제도 오늘도 이전처럼 벽돌 만드는 책임량을 채우지 못하느냐?" 하고 다그쳤습니다.

15 그러자 이스라엘의 작업 반장들이 파라오에게 나아가서 부르짖었습니다. "왕께서는 어찌하여 왕의 종들에게 이렇게 하십니까?

16 어찌하여 짚도 주지 않으면서 벽돌을 만들라고 하십니까? 보십시오, 왕의 종들은 얻어맞고 있습니다. 그러나 잘못은 왕의 백성에게 있습니다."

17 파라오가 대답했습니다. "너희들은 게으르다, 정말 게으르다! 너희가 일하기 싫으니까 이곳을 떠나 여호와께 제물을 바치러 가자고 그러는 것이다.

18 당장 돌아가서 일을 하여라! 너희에게는 짚을 주지 않겠다. 하지만 너희는 그전과 똑같은 수의 벽돌을 만들어야 한다."

19 이스라엘의 작업 반장들은 "매일 그전과 똑같은 수의 벽돌을 만들어야 한다"는 말을 듣고 '이제 큰일 났구나' 하고 생각했습니다.

20 그들은 파라오를 만나고 돌아가는 길에 모세와 아론을 만났습니다. 모세와 아론은 그들을 기다리고 있었습니다.

21 작업 반장들이 모세와 아론에게 말했습니다. "여호와께서 당신들을 내려다보시고 심판하시기를 바라오, 당신들 때문에 우리가 파라오와 그의 신하들

7 foremen: • "Do not supply any more straw for making bricks. Make the people get it
8 themselves! • But still require them to make the same number of bricks as before. Don't reduce the quota. They are lazy. That's why they are crying out, 'Let us go and offer sacri-
9 fices to our God.' • Load them down with more work. Make them sweat! That will teach them to listen to lies!"

10 • So the slave drivers and foremen went out and told the people: "This is what Pharaoh says: I will not provide any more
11 straw for you. • Go and get it yourselves. Find it wherever you can. But you must pro-
12 duce just as many bricks as before!" • So the people scattered throughout the land of Egypt in search of stubble to use as straw.

13 • Meanwhile, the Egyptian slave drivers continued to push hard. "Meet your daily quota of bricks, just as you did when we pro-
14 vided you with straw!" they demanded. • Then they whipped the Israelite foremen they had put in charge of the work crews. "Why haven't you met your quotas either yesterday or today?" they demanded.

15 • So the Israelite foremen went to Pharaoh and pleaded with him. "Please don't treat your servants like this," they
16 begged. • "We are given no straw, but the slave drivers still demand, 'Make bricks!' We are being beaten, but it isn't our fault! Your own people are to blame!"

17 • But Pharaoh shouted, "You're just lazy! Lazy! That's why you're saying, 'Let us go and
18 offer sacrifices to the LORD.' • Now get back to work! No straw will be given to you, but you must still produce the full quota of bricks."

19 • The Israelite foremen could see that they were in serious trouble when they were told,
20 "You must not reduce the number of bricks you make each day." • As they left Pharaoh's court, they confronted Moses and Aaron,
21 who were waiting outside for them. • The foremen said to them, "May the LORD judge and punish you for making us stink before Pharaoh and his officials. You have put a sword into their hands, an excuse to kill us!"

brutal [brúːtl] a. 잔인한
clumsy [klʌ́mzi] a. 서투른, 재치없는
confront [kənfrʌ́nt] vt. 직면하다
quota [kwóutə] n. 할당량
reaffirm [rìːəfə́ːrm] vt. 다시 확인하다
redeem [ridíːm] vt. 구속하다
render [réndər] vt. 번역하다
scatter [skǽtər] vi. 흩어지다
stink [stíŋk] vi. 평판이 나쁘다
transliteration [trænslitəréiʃən] n. 바꿔 씀, 음역
5:14 in charge of … : …을 담당하는

에게 미움을 받고 있소. 당신들은 파라오와 그의 신하들이 우리를 죽이도록 그들의 손에 칼을 쥐어 준 거나 다름이 없소.

하나님께 불평하는 모세

22 그러자 모세가 다시 여호와께 와서 말했습니다. "주님, 어찌하여 주님의 백성에게 이런 고통을 주셨습니까? 도대체 무엇 때문에 저를 이곳에 보내셨습니까?

23 저는 파라오에게 가서 주님께서 말씀하라고 하신 대로 말했습니다. 하지만 그때부터 그는 백성을 더 괴롭히고 있습니다. 그런데도 주님께서는 백성을 구해 주지 않고 계십니다."

6 여호와께서 모세에게 말씀하셨습니다. "이제, 너는 내가 파라오에게 하는 일을 보게 될 것이다. 내가 큰 능력을 보여 주면 파라오는 내 백성을 내보낼 것이다. 나의 능력을 보고 파라오는 내 백성을 자기 나라에서 쫓아낼 것이다."

2 하나님께서 또다시 모세에게 말씀하셨습니다. "나는 여호와이다.

3 나는 아브라함과 이삭과 야곱에게 '전능한 하나님'으로 나타났으나, 내 이름을 여호와라고 알리지는 않았다.

4 나는 또 그들과 언약을 세워서, 그들이 나그네처럼 살고 있던 가나안 땅을 그들에게 주겠다고 약속했다.

5 나는 이제 이집트 사람들이 노예처럼 다루고 있는 이스라엘 백성들의 울부짖음을 듣고 내 언약을 기억하였다.

6 그러니 이스라엘 백성에게 내가 하는 말을 전하여라. '나는 여호와이다. 나는 이집트 사람들이 너희에게 강제로 시키는 힘겨운 일에서 너희를 구해 줄 것이다. 큰 능력으로 너희를 이집트 사람들의 노예 생활에서 풀어 주어 자유로운 몸이 되게 할 것이다. 그리고 이집트 사람들에게는 무서운 벌을 내릴 것이다.

7 나는 너희를 내 백성으로 삼고 너희 하나님이 될 것이며, 너희는 내가 너희 여호와 하나님이라는 것을 알게 될 것이다. 나는 이집트 사람들이 너희에게 강제로 시키는 힘든 일에서 너희를 구해 낼 너희의 하나님이다.

8 내가 아브라함과 이삭과 야곱에게 손을 들어 약속했던 땅으로 너희를 인도하리니, 나는 그 땅을 너희에게 줄 것이다. 나는 여호와이다.'"

9 그리하여 모세는 이 말씀을 이스라엘 백성에게 전했습니다. 그러나 그들은 용기를 잃어버린데다가 너무나 고된 노예 생활을 했기 때문에 모세의 말을 들으려 하지 않았습니다.

10 여호와께서 모세에게 말씀하셨습니다.

11 "가서 이집트 왕 파라오에게 이스라엘 백성을 이 땅에서 내보내야 한다고 말하여라."

12 그러나 모세가 대답했습니다. "이스라엘 백성도 제 말을 들으려 하지 않는데 하물며 파라오가 제 말을 들을 까닭이 있겠습니까? 더구나 저는 말이 능숙하지

22 •Then Moses went back to the LORD and protested, "Why have you brought all this trouble on your own people, Lord? 23 Why did you send me? •Ever since I came to Pharaoh as your spokesman, he has been even more brutal to your people. And you have done nothing to rescue them!"

Promises of Deliverance

6 Then the LORD told Moses, "Now you will see what I will do to Pharaoh. When he feels the force of my strong hand, he will let the people go. In fact, he will force them to leave his land!"

2 •And God said to Moses, "I am Yahweh— 3 'the LORD.' * •I appeared to Abraham, to Isaac, and to Jacob as El-Shaddai—'God Almighty' *—but I did not reveal my name, 4 Yahweh, to them. •And I reaffirmed my covenant with them. Under its terms, I promised to give them the land of Canaan, where they were living as foreigners. •You can be sure that I have heard the groans of the people of Israel, who are now slaves to the Egyptians. And I am well aware of my covenant with them.

6 •"Therefore, say to the people of Israel: 'I am the LORD. I will free you from your oppression and will rescue you from your slavery in Egypt. I will redeem you with a powerful arm and great acts of judgment. 7 •I will claim you as my own people, and I will be your God. Then you will know that I am the LORD your God who has freed 8 you from your oppression in Egypt. •I will bring you into the land I swore to give to Abraham, Isaac, and Jacob. I will give it to you as your very own possession. I am the LORD!'"

9 •So Moses told the people of Israel what the LORD had said, but they refused to listen anymore. They had become too discouraged by the brutality of their slavery. 10-11 •Then the LORD said to Moses, •"Go back to Pharaoh, the king of Egypt, and tell him to let the people of Israel leave his country."

12 •"But LORD!" Moses objected. "My own people won't listen to me anymore. How can I expect Pharaoh to listen? I'm such a clumsy speaker!*"

6:2 *Yahweh* is a transliteration of the proper name *YHWH* that is sometimes rendered "Jehovah"; in this translation it is usually rendered "the LORD" (note the use of small capitals). 6:3 *El-Shaddai*, which means "God Almighty," is the name for God used in Gen 17:1; 28:3; 35:11; 43:14; 48:3. 6:12 Hebrew *I have uncircumcised lips*; also in 6:30.

못합니다."

13 하지만 여호와께서는 모세와 아론에게 이집트 왕 파라오에게 가서 말을 전하고, 이스라엘 백성을 이집트에서 인도해 내라고 명령하셨습니다.

이스라엘의 족보

14 이스라엘 각 지파들의 조상은 이러합니다. 이스라엘의 맏아들 루우벤은 네 아들을 두었습니다. 루우벤의 아들은 하녹과 발루와 헤스론과 갈미입니다. 이들이 루우벤의 가족입니다.

15 시므온의 아들은 여무엘과 야민과 오핫과 야긴과 소할과 사울입니다. 사울은 가나안 여자의 아들입니다. 이들이 시므온의 가족입니다.

16 레위는 백서른일곱 살까지 살았습니다. 레위의 아들 이름은 순서대로 게르손과 고핫과 므라리입니다.

17 게르손은 두 아들을 두었는데, 그 이름은 립니와 시므이입니다. 이들에게는 다 자기 가족이 있었습니다.

18 고핫은 백서른세 살까지 살았습니다. 고핫의 아들은 아므람과 이스할과 헤브론과 웃시엘입니다.

19 므라리의 아들은 마흘리와 무시입니다. 족보에 따르면 이들은 레위의 가족입니다.

20 아므람은 자기 아버지의 누이인 요게벳과 결혼했습니다. 요게벳은 아론과 모세를 낳았습니다. 아므람은 백서른일곱 살까지 살았습니다.

21 이스할의 아들은 고라와 네벡과 시그리입니다.

22 웃시엘의 아들은 미사엘과 엘사반과 시드리입니다.

23 아론은 엘리세바와 결혼했습니다. 엘리세바는 암미나답의 딸이며 나손의 누이입니다. 엘리세바는 나답과 아비후와 엘르아살과 이다말을 낳았습니다.

24 고라의 아들은 앗실과 엘가나와 아비아삽입니다. 이들은 고라의 가족입니다.

25 아론의 아들 엘르아살은 부디엘의 딸과 결혼했습니다. 부디엘의 딸은 비느하스를 낳았습니다. 이들은 레위 집안의 조상들입니다.

26 바로 이 아론과 모세에게 여호와께서 "이스라엘 백성을 이집트 땅에서 각 무리대로 인도해 내어라" 하고 말씀하셨습니다.

27 또한 이집트 왕 파라오에게 가서 이스라엘 백성을 이집트에서 내보내라고 말한 사람 역시 모세와 아론입니다.

다시 모세를 부르시는 하나님

28 여호와께서 이집트 땅에서 모세에게 말씀하셨습니다.

---

13 • But the LORD spoke to Moses and Aaron and gave them orders for the Israelites and for Pharaoh, the king of Egypt. The LORD commanded Moses and Aaron to lead the people of Israel out of Egypt.

The Ancestors of Moses and Aaron

14 • These are the ancestors of some of the clans of Israel:

The sons of Reuben, Israel's oldest son, were Hanoch, Pallu, Hezron, and Carmi. Their descendants became the clans of Reuben.

15 • The sons of Simeon were Jemuel, Jamin, Ohad, Jakin, Zohar, and Shaul. (Shaul's mother was a Canaanite woman.) Their descendants became the clans of Simeon.

16 • These are the descendants of Levi, as listed in their family records: The sons of Levi were Gershon, Kohath, and Merari. (Levi lived to be 137 years old.)

17 • The descendants of Gershon included Libni and Shimei, each of whom became the ancestor of a clan.

18 • The descendants of Kohath included Amram, Izhar, Hebron, and Uzziel. (Kohath lived to be 133 years old.)

19 • The descendants of Merari included Mahli and Mushi.

These are the clans of the Levites, as listed in their family records.

20 • Amram married his father's sister Jochebed, and she gave birth to his sons, Aaron and Moses. (Amram lived to be 137 years old.)

21 • The sons of Izhar were Korah, Nepheg, and Zicri.

22 • The sons of Uzziel were Mishael, Elzaphan, and Sithri.

23 • Aaron married Elisheba, the daughter of Amminadab and sister of Nahshon, and she gave birth to his sons, Nadab, Abihu, Eleazar, and Ithamar.

24 • The sons of Korah were Assir, Elkanah, and Abiasaph. Their descendants became the clans of Korah.

25 • Eleazar son of Aaron married one of the daughters of Putiel, and she gave birth to his son, Phinehas.

These are the ancestors of the Levite families, listed according to their clans.

26 • The Aaron and Moses named in this list are the same ones to whom the LORD said, "Lead the people of Israel out of the land of Egypt like an army." • It was Moses and Aaron

27 who spoke to Pharaoh, the king of Egypt, about leading the people of Israel out of Egypt.

28 • When the LORD spoke to Moses in the

---

descendant [diséndənt] *n.* 후손

29 "나는 여호와이다. 이집트 왕 파라오에게 내가 하는 말을 다 전하여라."
30 모세가 여호와께 대답했습니다. "저는 말을 잘 할 줄 모릅니다. 그런데 어찌 파라오가 제 말을 들으려 하겠습니까?"

7 여호와께서 모세에게 말씀하셨습니다. "나는 너를 파라오 앞에서 마치 하나님과 같게 할 것이다. 그리고 네 형 아론은 너를 위해 대언자가 될 것이다.
2 네 형 아론에게 내가 너에게 명령한 모든 것을 말해 주어라. 네 형 아론은 파라오에게 이스라엘 백성을 그 땅에서 내보내라고 말할 것이다.
3 그러나 나는 파라오의 고집을 그대로 두고 이집트 땅에 많은 기적을 일으킬 것이다.
4 그럼에도 파라오는 네 말을 듣지 않을 것이다. 그때에 내가 더 큰 능력으로 이집트에 무서운 벌을 내리고, 그런 다음에 내 백성 이스라엘을 각 무리대로 이집트 땅에서 인도해 낼 것이다.
5 내가 나의 큰 능력으로 이집트에 벌을 내리고 이스라엘 백성을 그 땅에서 인도해 낼 때에야 비로소 이집트 사람들은 내가 여호와인 줄을 알게 될 것이다."
6 모세와 아론은 여호와께서 명령하신 대로 했습니다.
7 모세와 아론이 파라오에게 말을 했을 때, 모세의 나이는 여든 살이었고, 아론의 나이는 여든세 살이었습니다.

뱀으로 변한 지팡이

8 여호와께서 모세와 아론에게 말씀하셨습니다.
9 "파라오가 너희에게 기적을 요구할 것이니, 그러면 모세는 아론에게 지팡이를 파라오 앞에 던지라고 말하여라. 그 지팡이가 뱀으로 변할 것이다."
10 그리하여 모세와 아론은 여호와께서 명령하신 대로 파라오 앞으로 나아갔습니다. 아론은 자기 지팡이를 파라오와 그 신하들 앞에 던졌습니다. 그러자 지팡이가 뱀으로 변했습니다.
11 그때에 파라오도 자기의 지혜로운 자들과 마술사들을 불렀습니다. 이집트의 마술사들도 마술을 부려 똑같은 일을 했습니다.
12 그들이 자기 지팡이를 땅에 던지자, 그 지팡이들이 뱀으로 변했습니다. 하지만 아론의 지팡이가 그 뱀들을 잡아 먹었습니다.
13 그러나 파라오는 고집을 부리며 모세와 아론의 말을 듣지 않았습니다. 여호와께서 말씀하신 그대로였습니다.

첫 재앙─물이 피로 변하다

14 여호와께서 모세에게 말씀하셨습니다. "파라오는 고집이 세서 백성을 내보내려 하지 않는다.
15 아침에 파라오가 나일 강으로 나올 것이니, 너는 가서 강가에서 그를 만나라. 뱀으로 변했던 지팡이를

29 land of Egypt, •he said to him, "I am the LORD! Tell Pharaoh, the king of Egypt, everything I am telling you." •But Moses argued
30 with the LORD, saying, "I can't do it! I'm such a clumsy speaker! Why should Pharaoh listen to me?"

Aaron's Staff Becomes a Serpent

7 Then the LORD said to Moses, "Pay close attention to this. I will make you seem like God to Pharaoh, and your brother,
2 Aaron, will be your prophet. •Tell Aaron everything I command you, and Aaron must command Pharaoh to let the people of
3 Israel leave his country. •But I will make Pharaoh's heart stubborn so I can multiply my miraculous signs and wonders in the
4 land of Egypt. •Even then Pharaoh will refuse to listen to you. So I will bring down my fist on Egypt. Then I will rescue my forces—my people, the Israelites—from the land of Egypt with great acts of judgment.
5 •When I raise my powerful hand and bring out the Israelites, the Egyptians will know that I am the LORD."
6 •So Moses and Aaron did just as the LORD
7 had commanded them. •Moses was eighty years old, and Aaron was eighty-three when they made their demands to Pharaoh.
8 •Then the LORD said to Moses and Aaron,
9 • "Pharaoh will demand, 'Show me a miracle.' When he does this, say to Aaron, 'Take your staff and throw it down in front of Pharaoh, and it will become a serpent.*' "
10 •So Moses and Aaron went to Pharaoh and did what the LORD had commanded them. Aaron threw down his staff before Pharaoh and his officials, and it became a
11 serpent! •Then Pharaoh called in his own wise men and sorcerers, and these Egyptian magicians did the same thing with their
12 magic. •They threw down their staffs, which also became serpents! But then Aaron's staff swallowed up their staffs.
13 •Pharaoh's heart, however, remained hard. He still refused to listen, just as the LORD had predicted.

A Plague of Blood

14 •Then the LORD said to Moses, "Pharaoh's heart is stubborn,* and he still refuses to let
15 the people go. •So go to Pharaoh in the morning as he goes down to the river. Stand on the bank of the Nile and meet him there.

serpent [sə́ːrpənt] *n.* 뱀
7:12 swallow up… : …을 삼키다

7:9 Hebrew *tannin*, which elsewhere refers to a sea monster. Greek version translates it "dragon."　7:14 Hebrew *heavy*.

가지고 가거라.

16 그에게 이렇게 말하여라. '히브리 사람들의 하나님 여호와께서 나를 왕에게 보내셨습니다. 주님께서 내 백성을 광야로 보내서 나를 예배할 수 있게 하라고 말씀하셨지만, 지금까지 왕은 이 말씀을 듣지 않았습니다.

17 그러므로 여호와께서 이 일로 그분이 여호와라는 것을 왕에게 알게 할 것이라고 말씀하십니다. 보십시오, 내 손에 있는 이 지팡이로 내가 나일 강의 물을 치겠습니다. 그러면 나일 강이 피로 변할 것입니다.

18 강의 물고기들은 죽고, 강물에서는 냄새가 나서 이집트 사람들이 나일 강의 물을 먹지 못하게 될 것입니다.'"

19 여호와께서 모세에게 말씀하셨습니다. "아론에게 지팡이를 들어 이집트의 모든 강과 운하와 연못과 늪을 향해 손을 뻗으라고 하여라. 이집트 모든 땅의 물이 변하여 피가 될 것이다. 나무 그릇이나 돌 항아리에 있는 물까지도 피로 변할 것이다."

20 그리하여 모세와 아론은 여호와께서 명령하신 대로 했습니다. 아론은 지팡이를 들어 파라오와 그 신하들이 보는 앞에서 나일 강의 물을 쳤습니다. 그러자 나일 강의 물이 모두 피로 변했습니다.

21 나일 강의 물고기들이 죽고, 강에서 냄새가 나기 시작했습니다. 그래서 이집트 사람들은 그 물을 마실 수가 없었습니다. 이집트 모든 땅이 피로 가득 찼습니다.

22 이집트의 마술사들도 마술을 부려 똑같은 일을 했습니다. 그러자 파라오는 더욱 고집스러워져서, 모세와 아론의 말을 듣지 않았습니다. 모든 일이 여호와께서 말씀하신 대로 일어났습니다.

23 파라오가 몸을 돌이켜 왕궁으로 돌아갔습니다. 그는 모세와 아론이 한 일을 무시해 버렸습니다.

24 이집트 사람들은 나일 강의 물을 마실 수가 없었습니다. 그래서 모든 이집트 사람들은 마실 물을 얻기 위해 나일 강가에 우물을 팠습니다.

25 여호와께서 나일 강의 물을 피로 변하게 하신 지 칠 일이 지났습니다.

둘째 재앙 ― 개구리 떼

8 여호와께서 모세에게 말씀하셨습니다. "파라오에게 가서 전하여라. '여호와께서 이렇게 말씀하셨습니다. 내 백성을 내보내서 나를 예배할 수 있게 하여라.

2 만약 그렇게 하지 않으면 이집트를 개구리로 벌할 것이다.

3 나일 강이 개구리로 가득 찰 것이다. 개구리들이 강에서 나와 너의 왕궁으로 들어갈 것이다. 개구리들이 네 침대와 침실에 들어갈 것이며, 네 신하들과 백성들의 집에도 들어갈 것이다. 개구리들이 화덕과 반죽 그릇에도 들어갈 것이며,

---

Be sure to take along the staff that turned
16 into a snake. •Then announce to him,
"The LORD, the God of the Hebrews, has
sent me to tell you, 'Let my people go, so
they can worship me in the wilderness.'
Until now, you have refused to listen to
17 him. •So this is what the LORD says: "I will
show you that I am the LORD.' Look! I will
strike the water of the Nile with this staff in
my hand, and the river will turn to blood.
18 •The fish in it will die, and the river will
stink. The Egyptians will not be able to
drink any water from the Nile.'"

19 •Then the LORD said to Moses: "Tell
Aaron, 'Take your staff and raise your
hand over the waters of Egypt—all its
rivers, canals, ponds, and all the reservoirs.
Turn all the water to blood. Everywhere in
Egypt the water will turn to blood, even
the water stored in wooden bowls and
stone pots.'"

20 •So Moses and Aaron did just as the
LORD commanded them. As Pharaoh and
all of his officials watched, Aaron raised his
staff and struck the water of the Nile.
Suddenly, the whole river turned to blood!
21 •The fish in the river died, and the water
became so foul that the Egyptians couldn't
drink it. There was blood everywhere
22 throughout the land of Egypt. •But again
the magicians of Egypt used their magic,
and they, too, turned water into blood. So
Pharaoh's heart remained hard. He refused
to listen to Moses and Aaron, just as the
23 LORD had predicted. •Pharaoh returned to
his palace and put the whole thing out of
24 his mind. •Then all the Egyptians dug
along the riverbank to find drinking water,
for they couldn't drink the water from the
Nile.
25 •Seven days passed from the time the
LORD struck the Nile.

A Plague of Frogs

8 •*Then the LORD said to Moses, "Go
back to Pharaoh and announce to
him, 'This is what the LORD says: Let my
2 people go, so they can worship me. •If you
refuse to let them go, I will send a plague
3 of frogs across your entire land. •The Nile
River will swarm with frogs. They will
come up out of the river and into your
palace, even into your bedroom and onto
your bed! They will enter the houses of
your officials and your people. They will
even jump into your ovens and your

8:3 swarm with… : …으로 가득하다

8:1 Verses 8:1-4 are numbered 7:26-29 in
Hebrew text.

4 너와 네 백성과 네 신하들의 몸 속으로도 기어들어 갈 것이다.'"

5 여호와께서 모세에게 말씀하셨습니다. "아론에게 명하여 강과 운하와 늪을 향해 지팡이를 든 손을 뻗게 하여라. 그리하여 개구리들이 이집트 땅으로 올라오게 하여라."

6 아론은 이집트의 물 위로 손을 뻗었습니다. 그러자 개구리들이 물에서 나와서 이집트 땅을 덮었습니다.

7 마술사들도 마술을 부려 똑같은 일을 했습니다. 그들도 이집트 땅에 개구리들이 생겨나게 했습니다.

8 파라오가 모세와 아론을 불러서 말했습니다. "여호와께 기도하여 나와 내 백성이 있는 곳에서 개구리들을 몰아내어라. 그러면 너희 백성을 보내어 여호와께 제물을 바칠 수 있게 하겠다."

9 모세가 파라오에게 말했습니다. "제가 언제쯤 기도하여 개구리들이 왕과 왕궁에서 떠나 오직 나일 강에만 있게 할까요? 왕과 왕의 신하와 왕의 백성을 위해 기도할 때를 제게 말씀해 주십시오."

10 파라오가 대답했습니다. "내일이다." 모세가 말했습니다. "왕이 원하시는 대로 이루어질 것입니다. 이 일을 통해 왕은 우리 여호와 하나님과 같으신 분이 없다는 것을 알게 될 것입니다.

11 개구리들은 왕과 왕궁과 왕의 신하들과 왕의 백성들에게서 떠나 나일 강에만 있을 것입니다."

12 모세와 아론은 파라오로부터 물러났습니다. 모세는 파라오에게 보낸 개구리들에 대해 여호와께 기도드렸습니다.

13 그러자 여호와께서는 모세의 기도를 들어 주셨습니다. 집과 뜰과 마당에 있던 개구리들이 다 죽었습니다.

14 이집트 사람들은 개구리들을 무더기로 쌓았습니다. 모든 땅에 개구리 냄새가 가득했습니다.

15 파라오는 일단 숨을 돌리게 된 것을 알자 또다시 고집스러워졌습니다. 그는 여호와께서 말씀하신 대로 모세와 아론의 말을 듣지 않았습니다.

셋째 재앙—이

16 여호와께서 모세에게 말씀하셨습니다. "아론에게 지팡이로 땅 위의 먼지를 치라고 말하여라. 그러면 온 이집트의 먼지가 이로 변할 것이다."

17 모세와 아론은 그대로 했습니다. 아론은 손에 들고 있던 지팡이로 땅 위의 먼지를 쳤습니다. 그러자 이가 사람과 짐승의 몸 속에 생겨났습니다.

18 마술사들도 마술로 이가 생기게 하려고 했습니다. 그러나 그들은 그렇게 하지 못하였고, 사람과 짐승의 몸에 이가 그대로 있게 되었습니다.

19 마술사들이 파라오에게 말했습니다. "이 일은 하나님의 능력으로 된 일입니다." 하지만 파라오는 고집

4 kneading bowls. •Frogs will jump on you, your people, and all your officials.'"

5 •*Then the LORD said to Moses, "Tell Aaron, 'Raise the staff in your hand over all the rivers, canals, and ponds of Egypt, and bring up frogs over all the land.'" •So Aaron

6 raised his hand over the waters of Egypt, and frogs came up and covered the whole land!

7 •But the magicians were able to do the same thing with their magic. They, too, caused frogs to come up on the land of Egypt.

8 •Then Pharaoh summoned Moses and Aaron and begged, "Plead with the LORD to take the frogs away from me and my people. I will let your people go, so they can offer sacrifices to the LORD."

9 •"You set the time!" Moses replied. "Tell me when you want me to pray for you, your officials, and your people. Then you and your houses will be rid of the frogs. They will remain only in the Nile River."

10 •"Do it tomorrow," Pharaoh said.

"All right," Moses replied, "it will be as you have said. Then you will know that there is

11 no one like the LORD our God. •The frogs will leave you and your houses, your officials, and your people. They will remain only in the Nile River."

12 •So Moses and Aaron left Pharaoh's palace, and Moses cried out to the LORD about the frogs he had inflicted on Pharaoh.

13 •And the LORD did just what Moses had predicted. The frogs in the houses, the court-

14 yards, and the fields all died. •The Egyptians piled them into great heaps, and a terrible

15 stench filled the land. •But when Pharaoh saw that relief had come, he became stubborn.* He refused to listen to Moses and Aaron, just as the LORD had predicted.

A Plague of Gnats

16 •So the LORD said to Moses, "Tell Aaron, 'Raise your staff and strike the ground. The dust will turn into swarms of gnats through-

17 out the land of Egypt.'" •So Moses and Aaron did just as the LORD had commanded them. When Aaron raised his hand and struck the ground with his staff, gnats infested the entire land, covering the Egyptians and their animals. All the dust in the land of Egypt

18 turned into gnats. •Pharaoh's magicians tried to do the same thing with their secret arts, but this time they failed. And the gnats covered everyone, people and animals alike.

19 •"This is the finger of God!" the magicians exclaimed to Pharaoh. But Pharaoh's

8:5 Verses 8:5-32 are numbered 8:1-28 in Hebrew text.　8:15 Hebrew *made his heart heavy*; also in 8:32.

을 부리며 그들의 말을 들으려 하지 않았습니다. 여호와께서 말씀하신 대로 되었습니다.

넷째 재앙-파리 떼

20 여호와께서 모세에게 말씀하셨습니다. "아침에 일찍 일어나서 파라오를 만나라. 그가 강으로 나올 것이니, 그에게 이렇게 전하여라. '여호와께서 이렇게 말씀하셨습니다. 내 백성을 내보내어 나를 예배할 수 있게 하여라.

21 만약 내 백성을 내보내지 않으면 내가 파리 떼를 너와 네 신하들과 네 백성들과 네 집에 보낼 것이다. 이집트 사람들의 집은 파리들로 뒤덮이겠고, 모든 땅에도 파리가 들끓게 될 것이다.

22 하지만 그날에 나는 내 백성이 살고 있는 고센 땅은 따로 구별하여 그곳에는 파리가 없게 할 것이다. 이 일을 통해 너는 나 여호와가 이 땅에 있다는 것을 알게 될 것이다.

23 나는 내 백성과 네 백성을 구별할 것이며, 이 기적은 내일 나타날 것이다.'"

24 여호와께서 말씀하신 대로 그렇게 하셨습니다. 엄청난 파리 떼가 파라오의 궁과 그 신하들의 집으로 몰려들었습니다. 이집트 모든 땅이 파리 떼 때문에 황무지로 변했습니다.

25 파라오가 모세와 아론을 불러서 말했습니다. "너희 하나님께 이 땅에서 제물을 바쳐라."

26 모세가 말했습니다. "그렇게는 할 수 없습니다. 이집트 사람들은 우리가 여호와 하나님께 제물을 바치는 것을 싫어합니다. 그 사람들이 보는 앞에서 우리가 제물을 바치면, 그 사람들이 돌을 들어 우리를 쳐죽일 것입니다.

27 광야로 삼 일 정도 길을 가게 해 주십시오. 우리는 그곳에서 우리의 하나님 여호와께 제물을 바쳐야 합니다. 그것이 주님의 명령입니다."

28 파라오가 말했습니다. "광야에서 너희의 하나님인 여호와께 제물을 바치는 것을 허락하겠다. 하지만 너무 멀리 가지는 마라. 이제는 가서 나를 위해 기도해 다오."

29 모세가 말했습니다. "여기에서 나가는 대로 여호와께 기도드리겠습니다. 그러면 주님께서는 파라오와 파라오의 신하들과 파라오의 백성들 중에 있는 파리 떼를 내일 없애 주실 것입니다. 다만 우리를 또 다시 속일 생각은 하지 마십시오. 백성들이 여호와께 제물 바치는 일을 막지 마십시오."

30 모세는 파라오로부터 물러나와 여호와께 기도드렸습니다.

31 여호와께서 모세의 기도를 들으시고 파라오와 그의 신하들과 백성들 사이에서 파리 떼를 없애 주셨습니다. 파리가 한 마리도 남지 않았습니다.

heart remained hard. He wouldn't listen to them, just as the LORD had predicted.

A Plague of Flies

20 • Then the LORD told Moses, "Get up early in the morning and stand in Pharaoh's way as he goes down to the river. Say to him, 'This is what the LORD says: Let my people go, so 21 they can worship me. • If you refuse, then I will send swarms of flies on you, your officials, your people, and all the houses. The Egyptian homes will be filled with flies, and 22 the ground will be covered with them. • But this time I will spare the region of Goshen, where my people live. No flies will be found there. Then you will know that I am the LORD and that I am present even in the heart 23 of your land. • I will make a clear distinction between* my people and your people. This miraculous sign will happen tomorrow.'"

24 • And the LORD did just as he had said. A thick swarm of flies filled Pharaoh's palace and the houses of his officials. The whole land of Egypt was thrown into chaos by the flies.

25 • Pharaoh called for Moses and Aaron. "All right! Go ahead and offer sacrifices to your God," he said. "But do it here in this land."

26 • But Moses replied, "That wouldn't be right. The Egyptians detest the sacrifices that we offer to the LORD our God. Look, if we offer our sacrifices here where the Egyptians 27 can see us, they will stone us. • We must take a three-day trip into the wilderness to offer sacrifices to the LORD our God, just as he has commanded us."

28 • "All right, go ahead," Pharaoh replied. "I will let you go into the wilderness to offer sacrifices to the LORD your God. But don't go too far away. Now hurry and pray for me."

29 • Moses answered, "As soon as I leave you, I will pray to the LORD, and tomorrow the swarms of flies will disappear from you and your officials and all your people. But I am warning you, Pharaoh, don't lie to us again and refuse to let the people go to sacrifice to the LORD."

30 • So Moses left Pharaoh's palace and pleaded with the LORD to remove all the 31 flies. • And the LORD did as Moses asked and caused the swarms of flies to disappear from Pharaoh, his officials, and his people. Not a

detest [ditést] *vt.* 혐오하다
distinction [distíŋkʃ*ə*n] *n.* 구별, 차별
fester [féstər] *vi.* (상처 등) 곪다
kiln [kíln] *n.* 가마, 화로
soot [sút] *n.* 그을음, 매연

8:23 As in Greek and Latin versions; Hebrew reads *I will set redemption between.*

32 하지만 파라오는 또다시 고집스러워져서 백성을 보내려 하지 않았습니다.

다섯째 재앙 – 짐승의 죽음

9 여호와께서 모세에게 말씀하셨습니다. "파라오에게 가서 말하여라. '히브리 사람들의 하나님 여호와께서 이렇게 말씀하셨습니다. 내 백성을 보내어 나를 예배할 수 있게 하여라.

2 만약 보내지 않고 계속해서 내 백성을 붙들고 있으면,

3 여호와가 너의 모든 짐승에게 끔찍한 병을 내려, 너의 모든 말과 나귀와 낙타와 소와 양을 병들게 할 것이다.

4 하지만 여호와는 이스라엘의 짐승들을 이집트의 짐승들과 구별하여 이스라엘 백성의 짐승은 한 마리도 죽지 않게 할 것이다.'"

5 여호와께서는 때를 정하신 뒤, "내일 이 땅에서 이 일을 하겠다"라고 말씀하셨습니다.

6 이튿날, 여호와께서는 말씀하신 대로 하셨습니다. 이집트의 짐승들이 다 죽었습니다. 그러나 이스라엘 사람들의 짐승은 한 마리도 죽지 않았습니다.

7 파라오는 사람들을 보내어 이스라엘의 짐승들에게는 어떤 일이 일어났는지를 살펴보게 했습니다. 그들은 이스라엘의 짐승이 한 마리도 죽지 않은 것을 알았습니다. 하지만 파라오의 마음은 조금도 움직이지 않았습니다. 그는 백성을 내보내려 하지 않았습니다.

여섯째 재앙 – 종기

8 여호와께서 모세와 아론에게 말씀하셨습니다. "아궁이의 재를 양손에 가득 쥐어라. 그리고 모세는 그것을 파라오가 보는 앞에서 공중에 던지도록 하여라.

9 그 재는 먼지가 되어, 이집트 온 땅에 두루 흩어져서 이집트의 모든 사람과 짐승들의 몸에 종기를 일으킬 것이다."

10 모세와 아론은 아궁이에서 재를 쥐고서 파라오 앞에 섰습니다. 모세는 재를 공중에 던졌습니다. 그러자 그것이 사람과 짐승의 몸에 종기를 일으켰습니다.

11 마술사들은 모세 앞에 서 있을 수 없었습니다. 왜냐하면 마술사들까지 포함해서 이집트 사람들은 한 사람도 빠짐없이 종기가 났기 때문입니다.

12 하지만 여호와께서는 파라오의 마음을 고집스러운 채로 두셨습니다. 그래서 그는 모세와 아론의 말을 들으려 하지 않았습니다. 이는 여호와께서 말씀하신 대로였습니다.

일곱째 재앙 – 우박

13 여호와께서 모세에게 말씀하셨습니다. "아침 일찍 일어나 파라오에게 가서 말하여라. '히브리 사람들의 하나님 여호와께서 이렇게 말씀하셨습니다. 내 백성을 보내어 나를 예배할 수 있게 하여라.

14 만약 그렇게 하지 않으면 이번에는 온갖 벌을 너에게 내릴 것이다. 내가 너와 너의 신하들과 백성들에

32 single fly remained. ●But Pharaoh again became stubborn and refused to let the people go.

A Plague against Livestock

9 "Go back to Pharaoh," the LORD commanded Moses. "Tell him, 'This is what the LORD, the God of the Hebrews, says: Let

2 my people go, so they can worship me. ●If you continue to hold them and refuse to let

3 them go, ●the hand of the LORD will strike all your livestock—your horses, donkeys, camels, cattle, sheep, and goats—with a

4 deadly plague. ●But the LORD will again make a distinction between the livestock of the Israelites and that of the Egyptians. Not a single one of Israel's animals will die! ●The LORD has already set the time for the plague to begin. He has declared that he will strike the land tomorrow.'"

6 ●And the LORD did just as he had said. The next morning all the livestock of the Egyptians died, but the Israelites didn't lose a

7 single animal. ●Pharaoh sent his officials to investigate, and they discovered that the Israelites had not lost a single animal! But even so, Pharaoh's heart remained stubborn,* and he still refused to let the people go.

A Plague of Festering Boils

8 ●Then the LORD said to Moses and Aaron, "Take handfuls of soot from a brick kiln, and have Moses toss it into the air while

9 Pharaoh watches. ●The ashes will spread like fine dust over the whole land of Egypt, causing festering boils to break out on people and animals throughout the land."

10 ●So they took soot from a brick kiln and went and stood before Pharaoh. As Pharaoh watched, Moses threw the soot into the air, and boils broke out on people and animals

11 alike. ●Even the magicians were unable to stand before Moses, because the boils had broken out on them and all the Egyptians.

12 ●But the LORD hardened Pharaoh's heart, and just as the LORD had predicted to Moses, Pharaoh refused to listen.

A Plague of Hail

13 ●Then the LORD said to Moses, "Get up early in the morning and stand before Pharaoh. Tell him, 'This is what the LORD, the God of the Hebrews, says: Let my people go, so they

14 can worship me. ●If you don't, I will send more plagues on you* and your officials and your people. Then you will know that there

9:7 Hebrew *heavy.*　　9:14 Hebrew *on your heart.*

게 벌을 내려 모든 땅에 나와 같은 자가 없다는 것을 알게 할 것이다.

15 내가 내 손을 뻗어 너와 네 백성을 무서운 병으로 쳤다면, 너는 이 세상에서 없어지고 말았을 것이다.

16 그러나 내가 너를 살려 둔 까닭은 나의 능력을 네게 보여 주어 내 이름이 모든 땅에 두루 퍼지게 하기 위함이다.

17 너는 아직까지도 내 백성 위에서 스스로를 높이며 백성을 내보내지 않고 있으니,

18 내일 이맘때에 내가 끔찍한 우박을 내릴 것이다. 그것은 이집트 나라가 세워진 뒤로 지금까지 한 번도 보지 못했던 우박이 될 것이다.

19 그러니 들에 있는 네 짐승과 그 밖의 것들을 안전한 곳으로 피하게 하여라. 들에 남아 있는 것은 사람이든 짐승이든 다 우박에 맞아 죽게 될 것이다.'"

20 파라오의 신하들 중에서 몇 사람은 여호와의 말씀을 듣고 두려워하여 급히 종과 짐승들을 안전한 곳으로 피하게 했습니다.

21 그러나 여호와의 말씀을 두려워하지 않은 사람들은 종과 짐승들을 그대로 들에 남겨 두었습니다.

22 여호와께서 모세에게 말씀하셨습니다. "네 손을 들어 하늘을 가리켜라. 그러면 우박이 이집트 모든 땅의 사람과 짐승과 이집트의 들에서 자라는 모든 것들 위에 떨어질 것이다."

23 모세는 지팡이를 들어 하늘을 가리켰습니다. 그러자 여호와께서 말씀하신 것처럼 천둥 소리가 나며 우박이 떨어졌습니다. 그리고 하늘에서 번개가 쳤습니다.

24 우박이 쏟아질 때, 번개도 쳤습니다. 이집트 나라가 세워진 뒤로 지금까지 한 번도 볼 수 없었던 큰 우박이었습니다.

25 우박은 모든 이집트의 들에 있는 것을 다 쳤습니다. 그 우박은 사람과 짐승을 쳤습니다. 그리고 밭에서 자라는 것을 다 치고, 들에 있는 나무들도 다 부러뜨렸습니다.

26 다만 이스라엘 백성이 사는 고센 땅에는 우박이 내리지 않았습니다.

27 파라오가 모세와 아론을 불러서 말했습니다. "이번에는 내가 죄를 지었다. 여호와께서 옳으시다. 나와 내 백성이 잘못했다.

28 *여호와께 기도드려라. 천둥과 우박을 그치게 해 다오. 너희를 내보내 주겠다. 너희는 여기에 더 이상 머물지 않아도 된다."*

29 모세가 그에게 말했습니다. "이 성에서 나가자마자 여호와께 손을 들어 기도드리겠습니다. 그러면 천둥과 우박이 멈출 것입니다. 이것은 이 땅이 여호와의 소유라는 것을 왕에게 가르쳐 주려는 것입니다.

15 is no one like me in all the earth. ●By now I could have lifted my hand and struck you and your people with a plague to wipe you

16 off the face of the earth. ●But I have spared you for a purpose—to show you my power* and to spread my fame throughout the

17 earth. ●But you still lord it over my people

18 and refuse to let them go. ●So tomorrow at this time I will send a hailstorm more devastating than any in all the history of Egypt.

19 ●Quick! Order your livestock and servants to come in from the fields to find shelter. Any person or animal left outside will die when the hail falls.'

20 ●Some of Pharaoh's officials were afraid because of what the LORD had said. They quickly brought their servants and livestock

21 in from the fields. ●But those who paid no attention to the word of the LORD left theirs out in the open.

22 ●Then the LORD said to Moses, "Lift your hand toward the sky so hail may fall on the people, the livestock, and all the plants throughout the land of Egypt."

23 ●So Moses lifted his staff toward the sky, and the LORD sent thunder and hail, and lightning flashed toward the earth. The LORD sent a tremendous hailstorm against

24 all the land of Egypt. ●Never in all the history of Egypt had there been a storm like that, with such devastating hail and continuous

25 lightning. ●It left all of Egypt in ruins. The hail struck down everything in the open field—people, animals, and plants alike.

26 Even the trees were destroyed. ●The only place without hail was the region of Goshen, where the people of Israel lived.

27 ●Then Pharaoh quickly summoned Moses and Aaron. "This time I have sinned," he confessed. "The LORD is the righteous one,

28 and my people and I are wrong. ●Please beg the LORD to end this terrifying thunder and hail. We've had enough. I will let you go; you don't need to stay any longer."

29 ●"All right," Moses replied. "As soon as I leave the city, I will lift my hands and pray to the LORD. Then the thunder and hail will stop, and you will know that the earth

---

cease [siːs] vi. 그치다, 끝나다
confess [kənfés] vi. 자백하다, 인정하다
devastating [dévəstèitiŋ] a. 파괴적인
hail [heil] n. 우박
hostage [hástidʒ] n. 인질, 볼모
mockery [mάkəri] n. 조롱, 놀림
sprout [spráut] vi. 싹트다
tremendous [triméndəs] a. 거대한, 무시무시한
9:17 lord it over… : …에 군림하다

9:16 Greek version reads to *display my power in you;* compare Rom 9:17.

30 하지만 왕과 왕의 신하들은 그래도 여호와 하나님을 두려워하지 않으리라는 것을 나는 알고 있습니다."

31 그때에 보리는 이삭이 나왔고, 삼은 꽃이 핀 상태였기 때문에 보리와 삼은 해를 입게 되었습니다.

32 그러나 밀은 이삭이 늦게 나오기 때문에 해를 입지 않았습니다.

33 모세가 파라오 앞에서 물러나와 성 밖으로 나갔습니다. 모세가 손을 들어 여호와께 기도드리자 천둥과 우박이 멈추고 비도 그쳤습니다.

34 파라오는 비와 우박과 천둥이 그친 것을 보고 또다시 죄를 지었습니다. 그와 그의 신하들은 또다시 고집스러워졌습니다.

35 파라오는 고집을 부리며 이스라엘 백성을 내보내려 하지 않았습니다. 여호와께서 모세를 통해서 말씀하신 대로 되었습니다.

여덟째 재앙—메뚜기

10 여호와께서 모세에게 말씀하셨습니다. "파라오에게 가거라. 내가 그와 그의 신하들을 고집스럽게 하였으니, 그것은 나의 놀라운 기적들을 그들에게 보여 주기 위함이다.

2 또한 네 아들과 네 후손들에게 내가 이집트 사람들에게 행한 것과 내가 그들에게 보여 준 기적에 대해 이야기할 수 있도록 하기 위함이다. 이 일로 내가 여호와라는 것을 너희가 알게 될 것이다."

3 모세와 아론이 파라오에게 가서 말했습니다. "히브리 사람들의 하나님 여호와께서 이렇게 말씀하셨습니다. '너는 언제까지 내 앞에서 스스로 겸손해지지 않을 것이냐? 내 백성을 보내어 나를 예배할 수 있게 하여라.

4 만약 내 백성을 내보내지 않으면, 내가 내일 네 나라에 메뚜기들을 보낼 것이다.

5 메뚜기들이 땅을 덮어서, 아무도 땅을 볼 수 없게 될 것이다. 메뚜기들은 우박에도 해를 입지 않은 모든 것까지 다 먹어 버리고 들에서 자라는 모든 나무도 다 먹을 것이다.

6 메뚜기들은 네 궁전과 네 신하들과 모든 이집트 사람들의 집에 가득 찰 것이니, 그것은 너의 아버지와 조상들도 보지 못했던 모습이다. 사람들이 이집트에 살기 시작한 뒤로 그렇게 많은 메뚜기는 없었을 것이다.'" 이 말을 마치고 모세는 뒤로 돌아 파라오 앞에서 물러나왔습니다.

7 파라오의 신하들이 그에게 말했습니다. "이 사람이 언제까지 우리를 괴롭히는 덫이 되어야 합니까? 이스라엘 백성을 내보내셔서 그들의 하나님인 여호와를 예배하게 하십시오. 왕은 이집트가 망한 것을 아직도 모르십니까?"

8 그래서 모세와 아론이 다시 파라오에게 불려 왔습

---

30 belongs to the LORD. ●But I know that you and your officials still do not fear the LORD God."

31 ●(All the flax and barley were ruined by the hail, because the barley had formed

32 heads and the flax was budding. ●But the wheat and the emmer wheat were spared, because they had not yet sprouted from the ground.)

33 ●So Moses left Pharaoh's court and went out of the city. When he lifted his hands to the LORD, the thunder and hail stopped, and

34 the downpour ceased. ●But when Pharaoh saw that the rain, hail, and thunder had stopped, he and his officials sinned again, and Pharaoh again became stubborn.*

35 ●Because his heart was hard, Pharaoh refused to let the people leave, just as the LORD had predicted through Moses.

A Plague of Locusts

10 Then the LORD said to Moses, "Return to Pharaoh and make your demands again. I have made him and his officials stubborn* so I can display my miraculous

2 signs among them. ●I've also done it so you can tell your children and grandchildren about how I made a mockery of the Egyptians and about the signs I displayed among them—and so you will know that I am the LORD."

3 ●So Moses and Aaron went to Pharaoh and said, "This is what the LORD, the God of the Hebrews, says: How long will you refuse to submit to me? Let my people go, so they

4 can worship me. ●If you refuse, watch out! For tomorrow I will bring a swarm of locusts

5 on your country. ●They will cover the land so that you won't be able to see the ground. They will devour what little is left of your crops after the hailstorm, including all the

6 trees growing in the fields. ●They will overrun your palaces and the homes of your officials and all the houses in Egypt. Never in the history of Egypt have your ancestors seen a plague like this one!" And with that, Moses turned and left Pharaoh.

7 ●Pharaoh's officials now came to Pharaoh and appealed to him. "How long will you let this man hold us hostage? Let the men go to worship the LORD their God! Don't you realize that Egypt lies in ruins?"

8 ●So Moses and Aaron were brought back to Pharaoh. "All right," he told them, "go and worship the LORD your God. But who exactly will be going with you?"

9:34 Hebrew *made his heart heavy.* 10:1 Hebrew *have made his heart and his officials' hearts heavy.*

니다. 파라오가 그들에게 말했습니다. "가서 너희 하나님인 여호와를 예배하여라. 그런데 예배하러 갈 사람은 누구냐?"

9 모세가 대답했습니다. "젊은 사람과 노인들, 우리의 아들과 딸, 우리의 양과 소가 다 갈 것입니다. 그것은 우리 모두가 여호와의 절기를 지켜야 하기 때문입니다."

10 파라오가 모세와 아론에게 말했습니다. "내가 너희와 너희 어린 것들을 보낸 것이나 마찬가지로 너희 주님이 너희와 함께하기를 바란다. 그러니 그렇게 하지 마라.

11 절대로 안 된다! 여호와를 예배하려면 남자들만 가거라. 너희가 원하는 것이 그것이 아니냐?" 그리고 나서 파라오는 모세와 아론을 왕궁에서 쫓아냈습니다.

12 여호와께서 모세에게 말씀하셨습니다. "네 손을 이집트 땅 위에 뻗어라. 그러면 메뚜기들이 와서 이집트 모든 땅에 퍼져 우박에도 해를 입지 않고 남은 것까지 다 먹어 버릴 것이다."

13 그리하여 모세는 지팡이를 든 손을 이집트 땅 위에 뻗었습니다. 그러자 여호와께서 강한 바람이 동쪽에서 불어 오도록 하셨습니다. 하루 종일, 그리고 밤새도록 바람이 불어 왔습니다. 아침이 되자, 동풍에 실려 메뚜기들이 몰려왔습니다.

14 메뚜기 떼가 몰려와 모든 이집트 땅을 뒤덮었습니다. 전에도 없었고 앞으로도 없을 엄청난 메뚜기 떼였습니다.

15 메뚜기들이 모든 땅을 덮어 땅이 시커멓게 되었습니다. 메뚜기들은 우박에도 해를 입지 않고 남은 것을 다 먹어 치웠습니다. 메뚜기들은 밭의 모든 채소와 나무에 달린 모든 과일을 다 먹어 버렸습니다. 그래서 이집트 온 땅의 나무와 밭에 심은 채소는 하나도 남지 않게 되었습니다.

16 파라오가 급히 모세와 아론을 불러서 말했습니다. "내가 너희 하나님인 여호와와 너희에게 죄를 지었다.

17 내 죄를 용서하여라. 너희 하나님 여호와께 기도를 드려라. 그래서 이 죽음의 벌을 멈추게 하여라."

18 모세가 파라오 앞에서 물러나와 여호와께 기도를 드렸습니다.

19 그러자 여호와께서 바람의 방향을 바꾸셨습니다. 매우 강한 바람이 서쪽에서 불어 오게 하셨습니다. 그 강한 바람은 메뚜기들을 홍해로 몰고 갔습니다. 이집트 땅에는 메뚜기가 하나도 남지 않게 되었습니다.

20 하지만 여호와께서는 파라오를 여전히 고집스러운 채로 두셨습니다. 그는 이스라엘 백성을 내보내지 않았습니다.

아홉째 재앙—어두움

21 여호와께서 모세에게 말씀하셨습니다. "하늘을 향해 네 손을 뻗어라. 그러면 어두움이 이집트 땅을 덮을 것이다. 곧 손으로 더듬어야 할 만큼 짙은 어두움이 임할 것이다."

9 •Moses replied, "We will all go—young and old, our sons and daughters, and our flocks and herds. We must all join together in celebrating a festival to the LORD."

10 •Pharaoh retorted, "The LORD will certainly need to be with you if I let you take your little ones! I can see through your evil plan.

11 •Never! Only the men may go and worship the LORD, since that is what you requested." And Pharaoh threw them out of the palace.

12 •Then the LORD said to Moses, "Raise your hand over the land of Egypt to bring on the locusts. Let them cover the land and devour every plant that survived the hailstorm."

13 •So Moses raised his staff over Egypt, and the LORD caused an east wind to blow over the land all that day and through the night. When morning arrived, the east wind had brought the locusts. •And the

14 locusts swarmed over the whole land of Egypt, settling in dense swarms from one end of the country to the other. It was the worst locust plague in Egyptian history, and there has never been another one like

15 it. •For the locusts covered the whole country and darkened the land. They devoured every plant in the fields and all the fruit on the trees that had survived the hailstorm. Not a single leaf was left on the trees and plants throughout the land of Egypt.

16 •Pharaoh quickly summoned Moses and Aaron. "I have sinned against the LORD your God and against you," he confessed.

17 •"Forgive my sin, just this once, and plead with the LORD your God to take away this death from me."

18 •So Moses left Pharaoh's court and

19 pleaded with the LORD. •The LORD responded by shifting the wind, and the strong west wind blew the locusts into the Red Sea.* Not a single locust remained in

20 all the land of Egypt. •But the LORD hardened Pharaoh's heart again, so he refused to let the people go.

A Plague of Darkness

21 •Then the LORD said to Moses, "Lift your hand toward heaven, and the land of

article [áːrtikl] *n.* 물건
devour [diváuər] *vt.* 게걸스레 먹다
retort [ritɔ́ːrt] *vi.* 반박하다
summon [sʌ́mən] *vt.* 소환하다, 호출하다
grind [gráind] *vt.* (맷돌로) 타다, 찧다, 빻다
wail [weil] *n.* 울부짖음, 통곡; 비탄
10:14 swarm over… : …를 덮치다

10:19 Hebrew *sea of reeds.*

22 그리하여 모세는 하늘을 향해 손을 뻗었습니다. 그러자 이집트의 모든 땅에 삼 일 동안, 짙은 어두움이 깔렸습니다.

23 너무 어두워서 아무도 다른 사람을 알아볼 수 없을 지경이었습니다. 그리고 삼 일 동안은 아무 곳으로도 움직일 수가 없었습니다. 하지만 이스라엘 백성이 사는 곳에는 빛이 있었습니다.

24 파라오가 또다시 모세를 불러서 말했습니다. "가서 여호와를 예배하여라. 여자와 어린아이들도 데리고 가거라. 다만 양과 소만은 남겨 놓고 가거라."

25 모세가 말했습니다. "우리 하나님이신 여호와께 바칠 제물과 번제물도 가지고 갈수 있게 해 주어야 합니다.

26 우리는 짐승들도 가지고 가야 합니다. 한 마리라도 남기고 갈 수 없습니다. 그 짐승들 중에서 몇 마리를 골라 우리 하나님 여호와께 바쳐야 하기 때문입니다. 그곳에 이르기 전에는 어떤 짐승을 바쳐야 좋을지 우리는 모릅니다."

27 여호와께서는 파라오를 여전히 고집스럽게 놔두셨습니다. 그는 이스라엘 백성을 내보내려 하지 않았습니다.

28 파라오가 모세에게 말했습니다. "가 버려라! 다시는 나타나지 마라! 또다시 나타나면 너를 죽이고 말겠다."

29 그러자 모세가 왕에게 말했습니다. "왕이 말한 대로 하겠습니다. 다시는 왕을 만나러 오지 않겠습니다."

열 번째 재앙-처음 태어난 것들의 죽음

11 여호와께서 모세에게 말씀하셨습니다. "파라오와 이집트에 내릴 벌이 한 가지 더 있는데, 그 벌을 내린 다음에야 그가 너희 모두를 이집트에서 내보낼 것이다. 그가 너희를 내보낼 때는 완전히 다 쫓아내 버릴 것이다.

2 너는 이스라엘의 모든 남녀 백성들을 시켜서 이웃 사람들이 은과 금으로 만든 물건을 그들에게 주도록 요청하게 하여라."

3 여호와께서는 이집트 사람들이 이스라엘 백성을 좋아하게 만드셨습니다. 파라오의 신하들과 이집트 백성들은 이미 모세를 위대한 사람으로 생각하고 있었습니다.

4 모세가 파라오에게 말했습니다. "여호와께서 이렇게 말씀하셨습니다. '오늘 밤 자정쯤에 내가 이집트 온 나라를 다닐 것이니

5 이집트 땅에서 처음 태어난 것은 모두 다 죽을 것이다. 보좌 위에 앉아 있는 파라오의 처음 태어난 아들로부터 맷돌질하는 여자 노예의 처음 태어난 아들까지 죽을 것이며, 가축의 처음 태어난 것까지 다 죽을 것이다.

6 이집트 온 땅에서 크게 울부짖는 소리가 들릴 것인데, 그런 소리는 전에도 없었고 앞으로도 없을 것이다.

7 그러나 이스라엘 백성이나 짐승들을 보고는 개 한 마리도 짖지 않을 것이다. 그리하여 너희는 나 여호와가 이집트와 이스라엘을 구별하였다는 것을 알게 될

22 Egypt will be covered with a darkness so thick you can feel it." • So Moses lifted his hand to the sky, and a deep darkness covered the entire land of Egypt for three days.

23 • During all that time the people could not see each other, and no one moved. But there was light as usual where the people of Israel lived.

24 • Finally, Pharaoh called for Moses. "Go and worship the LORD," he said. "But leave your flocks and herds here. You may even take your little ones with you."

25 • "No," Moses said, "you must provide us with animals for sacrifices and burnt

26 offerings to the LORD our God. • All our livestock must go with us, too; not a hoof can be left behind. We must choose our sacrifices for the LORD our God from among these animals. And we won't know how we are to worship the LORD until we get there."

27 • But the LORD hardened Pharaoh's heart once more, and he would not let

28 them go. • "Get out of here!" Pharaoh shouted at Moses. "I'm warning you. Never come back to see me again! The day you see my face, you will die!"

29 • "Very well," Moses replied. "I will never see your face again."

Death for Egypt's Firstborn

11 Then the LORD said to Moses, "I will strike Pharaoh and the land of Egypt with one more blow. After that, Pharaoh will be so eager to get rid of you that he will force you all to leave. • Tell all the

2 Israelite men and women to ask their Egyptian neighbors for articles of silver and

3 gold." • (Now the LORD had caused the Egyptians to look favorably on the people of Israel. And Moses was considered a very great man in the land of Egypt, respected by Pharaoh's officials and the Egyptian people alike.)

4 • Moses had announced to Pharaoh, "This is what the LORD says: At midnight

5 tonight I will pass through the heart of Egypt. • All the firstborn sons will die in every family in Egypt, from the oldest son of Pharaoh, who sits on his throne, to the oldest son of his lowliest servant girl who grinds the flour. Even the firstborn of all

6 the livestock will die. • Then a loud wail will rise throughout the land of Egypt, a wail like no one has heard before or will

7 ever hear again. • But among the Israelites it will be so peaceful that not even a dog will bark. Then you will know that the LORD makes a distinction between the

것이다.'

8 그렇게 되면 왕의 모든 신하들이 나에게 와서 엎드려 절하면서 '제발, 당신과 당신을 따르는 모든 백성은 떠나 주십시오' 라고 말할 것입니다. 그 일이 있은 뒤에야 나는 떠날 것입니다." 이 말을 하고 나서 모세는 크게 화를 내면서 파라오 앞에서 물러나왔습니다.

9 여호와께서 모세에게 말씀하셨습니다. "파라오가 너와 아론의 말을 듣지 않을 것이다. 이것은 내가 이집트 땅에서 더 많은 기적을 보여 주기 위함이다."

10 모세와 아론은 파라오 앞에서 이 모든 기적들을 일으켰습니다. 그러나 여호와께서 파라오가 고집을 부리도록 내버려 두셨으므로, 그는 이스라엘 백성을 자기 땅에서 내보내려 하지 않았습니다.

유월절

12 여호와께서 이집트 땅에서 모세와 아론에게 말씀하셨습니다.

2 "너희들에게 이 달은 일 년의 첫 달이 될 것이다.

3 이스라엘 모든 무리에게 알려라. 이 달 십 일에 집집마다 양 한 마리씩을 준비하도록 하여라. 한 가족이 한 마리씩 준비하도록 하여라.

4 만약 양 한 마리를 다 먹기에 가족이 너무 적거든, 가장 가까운 이웃을 불러 함께 먹도록 하여라. 양을 사람 수대로 골고루 나누어 먹을 수 있도록 너희들의 수를 계산하여라.

5 준비할 양은 일 년 된 수컷으로서 흠이 없는 것이어야 하며, 양이나 염소 가운데서 선택하여라.

6 이 달 십사 일까지 그 양을 잘 지켰다가 어두워질 무렵에 모든 이스라엘 무리가 모여 그것을 잡도록 하여라.

7 피는 받아 두었다가 양을 잡아 먹는 집 문틀의 옆과 위에 발라라.

8 그날 밤, 고기를 불에 구워 먹되 쓴 나물과 누룩을 넣지 않은 빵인 무교병을 함께 먹어라.

9 고기를 날로 먹거나 물에 삶아 먹지 말고, 머리와 다리와 내장 할 것 없이 양 전체를 불에 구워 먹어라.

10 그 어느 것도 아침까지 남겨 두어서는 안 되며 만약 아침까지 남은 것이 있거든 불에 태워라.

11 먹을 때에는 이렇게 먹어라. 금방 길을 떠날 사람처럼 옷을 다 입고 신발도 신고 손에는 지팡이를 든 채 서둘러서 음식을 먹어라. 이것이 여호와의 유월절이다.

12 그날 밤, 나는 이집트 온 나라로 다니며 짐승이든 사람이든 이집트 땅의 모든 처음 태어난 것을 죽일 것이다. 그리고 이집트의 모든 신들에게도 벌을 내릴 것이다. 나는 여호와이다.

13 그러나 너희가 사는 집에 피가 발라져 있으면 그것이 표시가 될 것이니, 피가 발라져 있는 것을 보면 나는 너희를 지나갈 것이다. 내가 이집트 땅을 칠 때에 너희에게는 어떤 재앙도 미치지 않을 것이다.

8 Egyptians and the Israelites. •All the officials of Egypt will run to me and fall to the ground before me. 'Please leave!' they will beg. 'Hurry!' And take all your followers with you.' Only then will I go!" Then, burning with anger, Moses left Pharaoh.

9 •Now the LORD had told Moses earlier, "Pharaoh will not listen to you, but then I will do even more mighty miracles in the land of

10 Egypt." •Moses and Aaron performed these miracles in Pharaoh's presence, but the LORD hardened Pharaoh's heart, and he wouldn't let the Israelites leave the country.

The First Passover

12 While the Israelites were still in the land of Egypt, the LORD gave the following instructions to Moses and Aaron:

2 •"From now on, this month will be the

3 first month of the year for you. •Announce to the whole community of Israel that on the tenth day of this month each family must choose a lamb or a young goat for a sacrifice, one animal for each household.

4 •If a family is too small to eat a whole animal, let them share with another family in the neighborhood. Divide the animal according to the size of each family and

5 how much they can eat. •The animal you select must be a one-year-old male, either a sheep or a goat, with no defects.

6 •Take special care of this chosen animal until the evening of the fourteenth day of this first month. Then the whole assembly of the community of Israel must slaughter their

7 lamb or young goat at twilight. •They are to take some of the blood and smear it on the sides and top of the doorframes of the houses

8 where they eat the animal. •That same night they must roast the meat over a fire and eat it along with bitter salad greens and bread

9 made without yeast. •Do not eat any of the meat raw or boiled in water. The whole animal—including the head, legs, and internal

10 organs—must be roasted over a fire. •Do not leave any of it until the next morning. Burn whatever is not eaten before morning.

11 • "These are your instructions for eating this meal: Be fully dressed,* wear your sandals, and carry your walking stick in your hand. Eat the meal with urgency, for this is

12 the LORD's Passover. •On that night I will pass through the land of Egypt and strike down every firstborn son and firstborn male animal in the land of Egypt. I will execute judgment against all the gods of Egypt, for I

13 am the LORD! •But the blood on your doorposts will serve as a sign, marking the houses

---

12:11 Hebrew *Bind up your loins.*

14 너희는 언제나 이날을 기억하며 이날을 나 여호와의 기념일로 지켜라. 너희는 대대로 이날을 기념하여 지켜야 한다.

15 이 절기를 위해 너희는 칠 일 동안, 무교병을 먹어라. 그리고 이 절기의 첫날에 너희 집 안에 있는 모든 누룩을 없애라. 절기가 계속되는 칠 일 동안, 어느 누구도 누룩을 먹지 마라. 누구든지 누룩을 먹는 사람이 있거든 그 사람은 이스라엘에서 끊어질 것이다.

16 절기의 첫날과 마지막 날에는 거룩한 모임으로 모이고, 음식을 준비하는 일 말고는 아무 일도 하지 마라.

17 너희는 무교절을 지켜라. 바로 이날에 내가 너희 무리들을 이집트 땅에서 인도해 내었으므로, 너희 모든 자손은 이날을 기념하여라. 이것은 지금부터 영원토록 지켜야 할 율법이다.

18 너희는 첫째 달 십사 일 저녁부터 이십일 일 저녁까지 무교병을 먹어라.

19 칠 일 동안, 너희 집에는 누룩이 없어야 하고, 이 기간 동안, 누룩을 먹는 사람은 이스라엘 사람이든 이스라엘 사람이 아니든 이스라엘의 백성 중에서 끊어질 것이다.

20 이 절기 동안에 너희는 누룩을 먹어서는 안 되며, 너희가 어디에서 살든지 무교병을 먹어야 한다."

21 모세가 이스라엘의 모든 장로들을 불러서 말했습니다. "가서 여러분의 가족을 위해 어린 양을 고른 다음에 그것을 잡아 유월절을 지키십시오.

22 우슬초 가지를 가져다가 그것을 피를 받아 둔 그릇에 넣어 적시고, 그런 다음에 문틀의 옆과 위에 그 피를 바르십시오. 아침까지는 아무도 집 밖으로 나가면 안 됩니다.

23 여호와께서 다니시면서 이집트 사람들을 죽일 것입니다. 그분께서 문틀의 옆과 위에 피가 발라져 있는 것을 보시면, 그 집을 그냥 지나쳐 가실 것입니다. 그분께서는 파괴자가 여러분의 집에 들어가지 못하게 하실 것입니다.

24 여러분은 이 명령을 지켜야 합니다. 이 의식은 여러분과 여러분의 자손이 지금부터 영원히 지켜야 할 율법입니다.

25 여호와께서 여러분에게 주겠다고 약속하신 땅에 들어가거든, 이 의식을 지키십시오.

26 여러분의 자손이 '이 의식은 왜 하는 겁니까?' 하고 물으면,

27 여러분은 '이것은 여호와께 바치는 유월절 제물이다. 우리가 이집트에 있을 때, 여호와께서 이스라엘의 집들을 지나가셨다. 여호와께서는 이집트 사람들을 죽이셨지만, 우리들의 집은 구해 주

where you are staying. When I see the blood, I will pass over you. This plague of death will not touch you when I strike the land of Egypt.

14 • "This is a day to remember. Each year, from generation to generation, you must celebrate it as a special festival to the LORD. This is a

15 law for all time. • For seven days the bread you eat must be made without yeast. On the first day of the festival, remove every trace of yeast from your homes. Anyone who eats bread made with yeast during the seven days of the festival will be cut off from the community of

16 Israel. • On the first day of the festival and again on the seventh day, all the people must observe an official day for holy assembly. No work of any kind may be done on these days except in the preparation of food.

17 • "Celebrate this Festival of Unleavened Bread, for it will remind you that I brought your forces out of the land of Egypt on this very day. This festival will be a permanent law for you; celebrate this day from generation to

18 generation. • The bread you eat must be made without yeast from the evening of the fourteenth day of the first month until the evening

19 of the twenty-first day of that month. • During those seven days, there must be no trace of yeast in your homes. Anyone who eats anything made with yeast during this week will be cut off from the community of Israel. These regulations apply both to the foreigners living among you and to the native-born Israelites.

20 • During those days you must not eat anything made with yeast. Wherever you live, eat only bread made without yeast."

21 • Then Moses called all the elders of Israel together and said to them, "Go, pick out a lamb or young goat for each of your families, and

22 slaughter the Passover animal. • Drain the blood into a basin. Then take a bundle of hyssop branches and dip it into the blood. Brush the hyssop across the top and sides of the doorframes of your houses. And no one may go out

23 through the door until morning. • For the LORD will pass through the land to strike down the Egyptians. But when he sees the blood on the top and sides of the doorframe, the LORD will pass over your home. He will not permit his death angel to enter your house and strike you down.

24 • "Remember, these instructions are a permanent law that you and your descendants

25 must observe forever. • When you enter the land the LORD has promised to give you, you

26 will continue to observe this ceremony. • Then your children will ask, 'What does this ceremo-

27 ny mean?' • And you will reply, 'It is the Passover sacrifice to the LORD, for he passed over the houses of the Israelites in Egypt. And though he struck the Egyptians, he spared our

셨다' 라고 말해 주십시오." 그러자 백성들은 엎드려 여호와를 경배하였습니다.

28 이스라엘 백성은 여호와께서 모세와 아론에게 명령하신 대로 했습니다.

29 밤중에 여호와께서는 이집트 땅의 모든 맏아들을 죽이셨습니다. 보좌에 앉아 있는 왕의 맏아들도 죽었습니다. 심지어 감옥에 갇혀 있던 사람들의 맏아들도 죽었습니다. 그리고 가축의 처음 태어난 것들까지 죽었습니다.

30 파라오와 그의 신하들과 모든 이집트 사람들이 밤중에 자리에서 일어났습니다. 왜냐하면 죽음을 겪지 않은 집이 한 곳도 없었기 때문입니다. 그래서 이집트 온 땅에서 크게 울부짖는 소리가 들렸습니다.

이집트를 떠나는 이스라엘 백성

31 파라오가 밤중에 모세와 아론을 불러서 말했습니다. "일어나서 내 백성 중에서 떠나가거라. 너희와 너희 백성은 원하는 대로 해도 좋다. 가서 여호와께 예배드려라.

32 너희가 원했던 대로 너희 양 떼와 소 떼도 다 몰고 가거라. 그리고 나를 위해서도 복을 빌어 주어라."

33 이집트 사람들도 이스라엘 백성에게 서둘러 그 땅을 떠나라고 말했습니다. 그들은 "당신들이 떠나지 않으면, 우리는 다 죽고 말겠소" 하고 말했습니다.

34 이스라엘 백성은 아직 부풀지도 않은 빵 반죽을 반죽 그릇에 담고 옷에 싼 다음에 어깨에 멨습니다.

35 이스라엘 백성은 모세가 말한 대로 했습니다. 그들은 이웃에 사는 이집트 사람들에게 은과 금으로 만든 보석과 옷을 달라고 했습니다.

36 여호와께서는 이집트 사람들이 이스라엘 백성들에게 친절을 베풀도록 만드셨습니다. 그래서 이스라엘 백성은 이집트 사람들이 갖고 있던 값진 물건을 많이 가져 갔습니다.

37 이스라엘 백성은 라암셋을 떠나서 숙곳으로 갔습니다. 아이들 말고 남자 어른만 해도 육십만 명 가량이 되었습니다.

38 그 밖에 이스라엘 백성이 아닌 다른 사람들도 많이 있었습니다. 그리고 수많은 양과 염소와 소들도 함께 갔습니다.

39 이스라엘 백성은 이집트에서 가지고 나온 빵 반죽으로 무교병을 만들었습니다. 그들은 이집트에서 서둘러 나왔기 때문에 반죽에 누룩을 넣지 못했고, 음식을 준비하지 못했습니다.

40 이스라엘 백성은 이집트에서 사백삼십 년 동안, 살았습니다.

41 사백삼십 년이 끝나던 바로 그날에 여호와께 속한 모든 무리가 이집트 땅에서 나왔습니다.

families.'" When Moses had finished speaking, all the people bowed down to the ground and worshiped.

28 •So the people of Israel did just as the LORD had commanded through Moses and 29 Aaron. •And that night at midnight, the LORD struck down all the firstborn sons in the land of Egypt, from the firstborn son of Pharaoh, who sat on his throne, to the firstborn son of the prisoner in the dungeon. Even the firstborn of their livestock was 30 killed. •Pharaoh and all his officials and all the people of Egypt woke up during the night, and loud wailing was heard throughout the land of Egypt. There was not a single house where someone had not died.

Israel's Exodus from Egypt

31 •Pharaoh sent for Moses and Aaron during the night. "Get out!" he ordered. "Leave my people—and take the rest of the Israelites with you! Go and worship the LORD as you have 32 requested. •Take your flocks and herds, as you said, and be gone. Go, but bless me as you 33 leave." •All the Egyptians urged the people of Israel to get out of the land as quickly as possible, for they thought, "We will all die!"

34 •The Israelites took their bread dough before yeast was added. They wrapped their kneading boards in their cloaks and carried 35 them on their shoulders. •And the people of Israel did as Moses had instructed; they asked the Egyptians for clothing and articles of sil-36 ver and gold. •The LORD caused the Egyptians to look favorably on the Israelites, and they gave the Israelites whatever they asked for. So they stripped the Egyptians of their wealth!

37 •That night the people of Israel left Rameses and started for Succoth. There were about 600,000 men,* plus all the women and 38 children. •A rabble of non-Israelites went with them, along with great flocks and herds 39 of livestock. •For bread they baked flat cakes from the dough without yeast they had brought from Egypt. It was made without yeast because the people were driven out of Egypt in such a hurry that they had no time to prepare the bread or other food.

40 •The people of Israel had lived in Egypt* 41 for 430 years. •In fact, it was on the last day of the 430th year that all the LORD's forces

commemorate [kəmémərèit] *vt.* 기념하다
dedication [dèdikéiʃən] *n.* 봉헌
knead [níːd] *vt.* 반죽하다, 개다
rabble [ræbl] *n.* 어중이 떠중이, 오합지졸

12:37 Or *fighting men;* Hebrew reads *men on foot.* 12:40 Samaritan Pentateuch reads *in Canaan and Egypt;* Greek version reads *in Egypt and Canaan.*

42 그날 밤에 여호와께서는 그 백성을 인도해 내시느라고 밤을 새워 지키셨습니다. 그리하여 모든 이스라엘 백성들도 그때부터 대대로 여호와를 위해 이 날 밤을 지켜야 했습니다.

43 여호와께서 모세와 아론에게 말씀하셨습니다. "유월절의 규례는 이러하다. 외국 사람은 유월절 음식을 먹지 못한다.

44 돈을 주고 산 노예는 네가 그에게 할례를 베푼 다음에야 유월절 음식을 먹을 수 있다.

45 하지만 잠시 동안, 머무는 객이나 품삯을 받고 일하는 일꾼은 그 음식을 먹을 수 없다.

46 음식을 먹을 때에는 집 안에서 먹고, 고기의 어떤 부분도 집 밖으로 가지고 나가지 마라. 그리고 뼈를 꺾지도 마라.

47 이스라엘의 모든 백성이 이 절기를 지켜야 한다.

48 너희와 함께 사는 외국인도 여호와의 유월절을 지킬 수 있는데, 그렇게 하려면 그 사람의 집에 있는 모든 남자도 할례를 받아야한다. 할례를 받은 남자는 이스라엘 백성과 똑같이 유월절 음식을 먹을 수 있지만, 할례를 받지 않은 사람은 유월절 음식을 먹을 수 없다.

49 그 땅에서 태어난 이스라엘 백성에게나 그들과 함께 사는 외국인에게나 이 법은 똑같이 지켜져야 한다."

50 모든 이스라엘 백성은 여호와께서 모세와 아론에게 명령하신 대로 했습니다.

51 바로 그날에 여호와께서는 이스라엘 백성을 각 군대로 나누어 이집트에서 인도해 내셨습니다.

처음 태어난 것에 관한 율법

13 여호와께서 모세에게 말씀하셨습니다.
2 "처음 태어난 것은 다 나에게 바쳐라. 사람이든 짐승이든 이스라엘에서 처음으로 태어난 것은 다 내 것이다."

3 모세가 백성에게 말했습니다. "여러분이 이집트를 떠난 이날을 기억하십시오. 여러분은 그 땅에서 종이었습니다. 여호와께서는 크신 능력으로 여러분을 그 땅에서 인도해 내셨습니다. 누룩을 넣어 만든 빵을 먹으면 안 됩니다.

4 아빕 월*의 한 날인 오늘, 여러분은 이집트를 떠났습니다.

5 여호와께서는 여러분의 조상에게 약속을 해 주셨습니다. 그분께서는 여러분에게 가나안 사람과 헷 사람과 아모리 사람과 히위 사람과 여부스 사람들의 땅을 주시기로 약속하셨습니다. 그분께서는 여러분을 매우 비옥한 땅으로 인도하실 것입니다. 그 곳에 이르거든 여러분은 해마다 첫째 달에 이 절기를 지켜야 합니다.

6 여러분은 칠 일 동안, 무교병을 먹어야 합니다. 그

42 left the land. ●On this night the LORD kept his promise to bring his people out of the land of Egypt. So this night belongs to him, and it must be commemorated every year by all the Israelites, from generation to generation.

Instructions for the Passover

43 ●Then the LORD said to Moses and Aaron, "These are the instructions for the festival of Passover. No outsiders are allowed to eat the
44 Passover meal. ●But any slave who has been purchased may eat it if he has been circum-
45 cised. ●Temporary residents and hired ser-
46 vants may not eat it. ●Each Passover lamb must be eaten in one house. Do not carry any of its meat outside, and do not break
47 any of its bones. ●The whole community of Israel must celebrate this Passover festival.
48 ●"If there are foreigners living among you who want to celebrate the LORD's Passover, let all their males be circumcised. Only then may they celebrate the Passover with you like any native-born Israelite. But no uncircumcised male may ever eat the Passover
49 meal. ●This instruction applies to everyone, whether a native-born Israelite or a foreigner living among you."
50 ●So all the people of Israel followed all the LORD's commands to Moses and Aaron.
51 ●On that very day the LORD brought the people of Israel out of the land of Egypt like an army.

Dedication of the Firstborn

13 1-2 Then the LORD said to Moses, ●Dedicate to me every firstborn among the Israelites. The first offspring to be born, of both humans and animals, belongs to me.

3 ●So Moses said to the people, "This is a day to remember forever—the day you left Egypt, the place of your slavery. Today the LORD has brought you out by the power of his mighty hand. (Remember, eat no food
4 containing yeast.) ●On this day in early spring, in the month of Abib,* you have
5 been set free. ●You must celebrate this event in this month each year after the LORD brings you into the land of the Canaanites, Hittites, Amorites, Hivites, and Jebusites. (He swore to your ancestors that he would give you this land—a land flowing with milk
6 and honey.) ●For seven days the bread you eat must be made without yeast. Then on

13:4 Hebrew *On this day in the month of Abib.* This first month of the ancient Hebrew lunar calendar usually occurs within the months of March and April.

13:4 '아빕 월'은 히브리력의 첫 번째 달로서, 3월에서 4월 사이에 해당된다.

리고 칠 일째 되는 날에는 여호와를 위해 절기를 지켜야 합니다.

7 칠 일 동안은 무교병을 드십시오. 여러분의 땅 그 어느 곳에도 누룩을 넣은 빵이 있으면 안 됩니다. 여러분이 있는 곳에는 아예 누룩이 있어서는 안 됩니다.

8 그날에 여러분은 여러분의 자녀에게 이렇게 말하십시오. '우리가 이 절기를 지키는 것은 내가 이집트에서 나올 때, 여호와께서 나에게 해 주신 일 때문이다.'

9 이 말씀이 마치 여러분의 손에 맨 표나 여러분의 이마에 있는 표와 같이 되게 하십시오. 그리하여 여호와의 이 가르치심이 여러분의 입술에 있게 하십시오. 이는 여호와께서 크신 능력으로 여러분을 이집트에서 인도해 내셨기 때문입니다.

10 그러므로 해마다 정해진 때에 이 절기를 지키십시오.

11 여호와께서는 여러분을 가나안 사람들의 땅으로 인도하시고, 또 그 땅을 여러분께 주실 것입니다. 여호와께서 여러분과 여러분의 조상들에게 주시기로 약속하신 그 땅에 들어가면,

12 여러분은 처음 태어난 것을 다 여호와께 바쳐야 합니다. 짐승들의 처음 태어난 것들도 다 여호와께 바쳐야 합니다.

13 처음 태어난 모든 나귀는 양으로 대신해서 바칠 수 있습니다. 나귀 대신 양을 바치기가 싫으면, 나귀의 목을 꺾으십시오. 여러분의 자녀 중에서 맏아들은 다른 것으로 대신해서 바쳐야 합니다.

14 장차 여러분의 자녀들이 '왜 이런 일을 하는 것입니까?' 하고 묻거든 '여호와께서 그 크신 능력으로 우리가 종으로 있었던 이집트 땅에서 우리를 인도해 내셨다.

15 파라오가 고집을 부리며 우리를 내보내려 하지 않았을 때, 여호와께서는 사람이든 짐승이든 이집트 땅의 처음 태어난 것을 다 죽이셨다. 그래서 내가 처음 태어난 모든 수컷을 여호와께 바치는 것이다. 내 아들 중에서 맏아들을 대신해서 다른 것으로 바치는 까닭도 그 때문이다.

16 이 말씀이 너희들의 손에 맨 표나 너희들의 이마에 있는 표와 같이 되게 하여라. 여호와께서 크신 능력으로 우리를 이집트에서 인도해 내셨기 때문이다' 라고 대답하십시오."

이집트에서 나오다

17 파라오가 이스라엘 백성을 내보냈습니다. 이스라엘 백성이 이집트에서 나올 때, 하나님께서는 이스라엘 백성이 블레셋 사람들의 땅을 통과하여 가깝게 갈 수 있도록 하지 않으셨습니다. 왜냐하면 하나님께서 "이 백성이 전쟁을 보면 마음을 바꾸어 이집트로 돌아가자고 할 것이다"라고 말씀하셨기 때문입니다.

18 그래서 하나님께서는 이스라엘 백성을 홍해 쪽으

---

the seventh day, celebrate a feast to the
7 LORD. •Eat bread without yeast during those seven days. In fact, there must be no yeast bread or any yeast at all found within the borders of your land during this time.
8 • "On the seventh day you must explain to your children, 'I am celebrating what the LORD did for me when I left Egypt.' •This annual festival will be a visible sign to you, like a mark branded on your hand or your forehead. Let it remind you always to recite this teaching of the LORD: 'With a strong hand, the LORD rescued you from Egypt.' *
10 •So observe the decree of this festival at the appointed time each year.
11 • "This is what you must do when the LORD fulfills the promise he swore to you and to your ancestors. When he gives you the
12 land where the Canaanites now live, •you must present all firstborn sons and firstborn male animals to the LORD, for they belong to
13 him. •A firstborn donkey may be bought back from the LORD by presenting a lamb or young goat in its place. But if you do not buy it back, you must break its neck. However, you must buy back every firstborn son.
14 •And in the future, your children will ask you, 'What does all this mean?' Then you will tell them, 'With the power of his mighty hand, the LORD brought us out of
15 Egypt, the place of our slavery. •Pharaoh stubbornly refused to let us go, so the LORD killed all the firstborn males throughout the land of Egypt, both people and animals. That is why I now sacrifice all the firstborn
16 males to the LORD—except that the firstborn sons are always bought back.' •This ceremony will be like a mark branded on your hand or your forehead. It is a reminder that the power of the LORD's mighty hand brought us out of Egypt."

Israel's Wilderness Detour

17 •When Pharaoh finally let the people go, God did not lead them along the main road that runs through Philistine territory, even though that was the shortest route to the Promised Land. God said, "If the people are faced with a battle, they might change their
18 minds and return to Egypt." •So God led them in a roundabout way through the wilderness toward the Red Sea.* Thus the Israelites left Egypt like an army ready for battle.*

13:9 Or Let it remind you always to keep the instructions of the LORD on the tip of your tongue, because with a strong hand, the LORD rescued you from Egypt.　13:18a Hebrew sea of reeds.　13:18b Greek version reads left Egypt in the fifth generation.

광야로 인도하셨습니다. 이스라엘 백성은 이집트 땅에서 나올 때, 전투 대열을 지어 나왔습니다.

19 모세는 요셉의 유골을 가지고 나왔습니다. 요셉이 죽기 전에 이스라엘의 아들들에게 "하나님께서 너희를 구해 주시면, 잊지 말고 내 유골도 이집트에서 가지고 나가 다오"라고 말하면서 그들에게 그렇게 하겠다고 맹세를 시킨 일이 있었기 때문입니다.

20 이스라엘 백성은 숙곳을 떠나 에담에 진을 쳤습니다. 에담은 광야의 끝에 있었습니다.

21 여호와께서는 이스라엘 백성에게 길을 가르쳐 주셨습니다. 낮에는 구름 기둥으로 인도하셨고, 밤에는 불 기둥으로 불을 밝히시면서 인도하셨습니다. 그래서 이스라엘 백성은 밤낮으로 갈 수 있었습니다.

22 낮에는 구름 기둥이, 밤에는 불 기둥이 이스라엘 백성을 떠나지 않았습니다.

14 여호와께서 모세에게 말씀하셨습니다.

2 "이스라엘 백성에게 뒤로 돌아서 비하히롯 앞에서 진을 치라고 말하여라. 그곳은 믹돌과 홍해 사이이며, 바알스본 맞은편의 바닷가이다.

3 왕은 '이스라엘 백성이 길을 잃었다. 그들은 광야에 갇혔다'라고 생각할 것이다.

4 내가 파라오를 아직도 고집스럽게 놓아 두었으니, 파라오가 이스라엘 백성을 뒤쫓아올 것이다. 하지만 내가 그와 그의 군대를 물리칠 것이다. 이 일로 인해 나의 영광이 드러날 것이며, 이집트 백성은 내가 여호와라는 것을 알게 될 것이다." 이스라엘 백성은 여호와께서 말씀하신 대로 했습니다.

이스라엘 백성을 뒤쫓는 파라오

5 이집트 왕은 이스라엘 백성이 이미 도망쳤다는 소식을 들었습니다. 파라오와 그의 신하들은 이스라엘 백성에 대해서 마음을 바꾸었습니다. 그들이 말했습니다. "우리 밑에서 종살이하던 이스라엘 백성을 내보냈으니, 우리가 어쩌자고 이런 일을 했을까?"

6 그래서 파라오는 자기 전차를 준비시킨 뒤, 군대를 이끌고 나갔습니다.

7 그는 또 특별히 고른 전차 육백 대와 이집트의 다른 전차들을 거느리고 나갔습니다. 각 전차마다 장교들이 타고 있었습니다.

8 여호와께서 이집트 왕 파라오의 마음을 고집스런 채로 두셨기 때문에, 그는 의기양양하게 이집트 땅을 빠져 나가고 있던 이스라엘 백성을 뒤쫓았습니다.

9 파라오는 말과 전차와 전차를 모는 군인들과 자기 군대를 이끌고 이스라엘 백성을 뒤쫓았습니다. 그들은 이스라엘 백성이 홍해 곁에 진을 치고 있을 때에 이스라엘 백성을 따라잡았습니다. 그곳은 비하히롯과 바알스본에서 가까운 곳이었습니다.

10 파라오가 가까이 왔을 때, 이스라엘 백성은 왕과 왕

19 •Moses took the bones of Joseph with him, for Joseph had made the sons of Israel swear to do this. He said, "God will certainly come to help you. When he does, you must take my bones with you from this place."

20 •The Israelites left Succoth and camped at Etham on the edge of the wilderness.

21 The LORD went ahead of them. He guided them during the day with a pillar of cloud, and he provided light at night with a pillar of fire. This allowed them to travel by day or

22 by night. •And the LORD did not remove the pillar of cloud or pillar of fire from its place in front of the people.

14 Then the LORD gave these instructions
2 to Moses: • "Order the Israelites to turn back and camp by Pi-hahiroth between Migdol and the sea. Camp there along the
3 shore, across from Baal-zephon. •Then Pharaoh will think, 'The Israelites are confused. They are trapped in the wilderness!'
4 •And once again I will harden Pharaoh's heart, and he will chase after you.* I have planned this in order to display my glory through Pharaoh and his whole army. After this the Egyptians will know that I am the LORD!" So the Israelites camped there as they were told.

The Egyptians Pursue Israel

5 •When word reached the king of Egypt that the Israelites had fled, Pharaoh and his officials changed their minds. "What have we done, letting all those Israelite slaves get
6 away?" they asked. •So Pharaoh harnessed his chariot and called up his troops. •He took with him 600 of Egypt's best chariots, along with the rest of the chariots of Egypt,
8 each with its commander. •The LORD hardened the heart of Pharaoh, the king of Egypt, so he chased after the people of Israel, who had left with fists raised in defiance.
9 •The Egyptians chased after them with all the forces in Pharaoh's army—all his horses and chariots, his charioteers, and his troops. The Egyptians caught up with the people of Israel as they were camped beside the shore near Pi-hahiroth, across from Baal-zephon.
10 •As Pharaoh approached, the people of Israel looked up and panicked when they saw the Egyptians overtaking them. They

defiance [difáiəns] *n.* 도전; 반항; 무시
detour [díːtuər] *n.* 우회(로)
harness [háːrnis] *vt.* (말 등에) 마구를 채우다
recite [risáit] *vt.* 암송하다, 읊다
roundabout [ráundəbàut] *a.* 에움길의, 빙도는
14:9 catch up with…: …를 따라잡다

14:4 Hebrew *after them.*

의 군대가 가까이 뒤쫓아온 것을 보고 너무나 무서워서 여호와께 부르짖었습니다.

11 이스라엘 백성이 모세에게 말했습니다. "이집트에 무덤이 없어서 우리를 이 광야로 끌어 내어 죽이려는 거요? 왜 우리를 이집트에서 데리고 나왔소?

12 우리가 이집트에 있을 때, '우리는 여기에 남아서 이집트 사람들을 섬길 테니 우리를 내버려 두시오' 라고 말하지 않았소? 이집트 사람들을 섬기는 것이 광야에서 죽는 것보다 우리에게는 낫소."

13 하지만 모세가 대답했습니다. "두려워하지 마시오! 굳게 서서 여호와께서 오늘 여러분에게 베푸실 구원을 보시오. 오늘이 지나면, 이 이집트 사람들을 다시는 보지 않게 될 것이오.

14 그저 가만히 있기만 하시오. 여호와께서 여러분을 위해 싸워 주실 것이오."

15 그때에 여호와께서 모세에게 말씀하셨습니다. "너는 왜 나에게 부르짖느냐? 이스라엘 백성에게 명령하여 앞으로 나아가게 하여라.

16 네 지팡이를 들어 바다를 가리켜라. 그러면 바다가 갈라질 것이고, 백성은 마른 땅 위로 바다를 건널 수 있을 것이다.

17 내가 이집트 사람들을 고집스러운 채로 둘 것이니, 그들이 너희를 뒤쫓을 것이다. 하지만 나는 파라오와 그의 모든 군대와 그의 전차를 모는 군인들과 전차들을 물리쳐서 영광을 받을 것이다.

18 내가 파라오와 그의 전차를 모는 군인들과 전차들을 물리쳐서 영광을 받게 되면, 이집트 사람들도 내가 여호와라는 것을 알게 될 것이다."

19 이스라엘 백성을 앞에서 인도하고 있던 하나님의 사자가 이스라엘 백성의 뒤로 옮겨 갔습니다. 그리고 구름 기둥도 이스라엘 백성의 앞에서 뒤로 옮겨 갔습니다.

20 구름 기둥은 이집트 군대와 이스라엘 백성 사이에 섰습니다. 구름 기둥은 이집트 군대가 있는 쪽은 어둡게 만들고, 이스라엘 백성이 있는 쪽은 환하게 만들었습니다. 그래서 밤새도록 이집트 군대는 이스라엘 백성을 따라잡지 못했습니다.

21 모세가 손을 들어 바다를 가리켰습니다. 여호와께서 밤새도록 강한 동풍을 일으키셔서 바닷물을 뒤로 밀어내셨습니다. 그리하여 바다를 마른 땅으로 바꾸어 놓으셨습니다. 바다가 둘로 갈라지고 마른 땅이 되었습니다.

22 이스라엘 백성은 마른 땅을 밟고 바다를 건넜습니다. 양쪽에는 바닷물이 벽을 이루고 있었습니다.

23 그러자 파라오의 말과 전차와 전차를 모는 군인들이 이스라엘 백성을 뒤쫓아 바다로 들어왔습니다.

24 새벽이 되어, 여호와께서 구름 기둥과 불 기둥 사이

11 cried out to the LORD, •and they said to Moses, "Why did you bring us out here to die in the wilderness? Weren't there enough graves for us in Egypt? What have you done to us? Why did you make us leave Egypt?

12 •Didn't we tell you this would happen while we were still in Egypt? We said, 'Leave us alone! Let us be slaves to the Egyptians. It's better to be a slave in Egypt than a corpse in the wilderness!'"

13 •But Moses told the people, "Don't be afraid. Just stand still and watch the LORD rescue you today. The Egyptians you see

14 today will never be seen again. •The LORD himself will fight for you. Just stay calm."

Escape through the Red Sea

15 •Then the LORD said to Moses, "Why are you crying out to me? Tell the people to get moving! •Pick up your staff and raise your hand over the sea. Divide the water so the Israelites can walk through the middle of the

17 sea on dry ground. •And I will harden the hearts of the Egyptians, and they will charge in after the Israelites. My great glory will be displayed through Pharaoh and his troops,

18 his chariots, and his charioteers. •When my glory is displayed through them, all Egypt will see my glory and know that I am the LORD!"

19 •Then the angel of God, who had been leading the people of Israel, moved to the rear of the camp. The pillar of cloud also moved from the front and stood behind

20 them. •The cloud settled between the Egyptian and Israelite camps. As darkness fell, the cloud turned to fire, lighting up the night. But the Egyptians and Israelites did not approach each other all night.

21 •Then Moses raised his hand over the sea, and the LORD opened up a path through the water with a strong east wind. The wind blew all that night, turning the seabed into dry land. •So the people of Israel walked through the middle of the sea on dry ground, with walls of water on each side!

23 •Then the Egyptians—all of Pharaoh's horses, chariots, and charioteers—chased

24 them into the middle of the sea. •But just before dawn the LORD looked down on the Egyptian army from the pillar of fire and cloud, and he threw their forces into total

confusion [kənfjúːʒən] *n.* 혼란
corpse [kɔ́ːrps] *n.* 시체
deliverance [dilívərəns] *n.* 구출, 해방
gush [gʌ́ʃ] *vi.* 분출하다, 내뿜다
hurl [hə́ːrl] *vi.* 집어 던지다
seabed [síːbèd] *n.* 해저
troop [truːp] *n.* 군대
unleash [ʌnlíːʃ] *vt.* 해방하다, 자유롭게 하다

에서 이집트 군대를 보시고 이집트 군대를 어수선하게 하셨습니다.

25 여호와께서는 전차 바퀴를 벗겨서 굴러가지 못하게 만드셨습니다. 그래서 전차가 앞으로 잘 나아가지 못했습니다. 이집트 군인들은 "이스라엘 사람들을 쫓지 말고 돌아가자! 여호와가 그들 편이 되어 우리와 싸운다!" 하고 소리질렀습니다.

26 여호와께서 모세에게 말씀하셨습니다. "네 손을 들어 바다를 가리켜라. 그러면 바닷물이 다시 돌아와 이집트 군인과 그들의 전차와 전차를 모는 군인들을 덮을 것이다."

27 그리하여 모세는 손을 들어 바다를 가리켰습니다. 새벽이 되자, 바닷물이 다시 깊어지기 시작했습니다. 이집트 군인들은 바다에서 도망치려고 했습니다. 그러나 여호와께서 그들을 바다에 빠뜨리셨습니다.

28 바닷물이 다시 깊어져서 전차와 전차를 모는 군인들을 덮어 버렸습니다. 그리하여 이스라엘을 뒤쫓아 바다로 들어갔던 파라오의 군대가 모두 바다에 빠져 한 사람도 살아남지 못했습니다.

29 하지만 이스라엘 백성은 마른 땅 위로 바다를 건넜습니다. 이스라엘 백성의 양쪽으로 바닷물이 벽을 이루고 있었습니다.

30 그날, 여호와께서는 이스라엘 백성을 이집트 사람들에게서 구해 주셨습니다. 이스라엘 백성은 바닷가에 널려 있는 이집트 군인들의 시체를 보았습니다.

31 이스라엘 백성은 여호와께서 이집트 사람들을 물리치신 큰 능력을 보고 여호와를 두려워했습니다. 그리고 이스라엘 백성은 여호와와 여호와의 종 모세를 믿었습니다.

모세의 노래

15 그때에 모세와 이스라엘 백성이 여호와께 이 노래를 불렀습니다. "내가 여호와를 찬송하리라. 주님께서는 영광의 승리를 거두셨으니 말과 말 탄 자를 바다에 처넣으셨도다.

2 여호와께서는 나의 힘, 나의 노래시며 나의 구원이시라. 주님께서는 나의 하나님이시니 내가 주님을 찬양하리라. 내 아버지의 하나님이시니 내가 주님을 높이리라.

3 여호와께서는 용사이시며 여호와는 그의 이름이시라.

4 파라오의 전차와 군대를 바다에 처넣으시니 그의 뛰어난 장교들이 홍해에 빠졌노라.

5 깊은 물이 그들을 덮으니 그들이 돌처럼 깊은 바다로 잠겼노라.

6 여호와여, 주의 오른손이 권능으로 영광을 나타

---

25 confusion. •He twisted* their chariot wheels, making their chariots difficult to drive. "Let's get out of here—away from these Israelites!" the Egyptians shouted. "The LORD is fighting for them against Egypt!"

26 •When all the Israelites had reached the other side, the LORD said to Moses, "Raise your hand over the sea again. Then the waters will rush back and cover the Egyptians and their

27 chariots and charioteers." •So as the sun began to rise, Moses raised his hand over the sea, and the water rushed back into its usual place. The Egyptians tried to escape, but the

28 LORD swept them into the sea. •Then the waters returned and covered all the chariots and charioteers—the entire army of Pharaoh. Of all the Egyptians who had chased the Israelites into the sea, not a single one survived.

29 •But the people of Israel had walked through the middle of the sea on dry ground, as the water stood up like a wall on both sides.

30 •That is how the LORD rescued Israel from the hand of the Egyptians that day. And the Israelites saw the bodies of the Egyptians

31 washed up on the seashore. •When the people of Israel saw the mighty power that the LORD had unleashed against the Egyptians, they were filled with awe before him. They put their faith in the LORD and in his servant Moses.

A Song of Deliverance

15 Then Moses and the people of Israel sang this song to the LORD:

"I will sing to the LORD,
  for he has triumphed gloriously;
he has hurled both horse and rider
  into the sea.

2 • The LORD is my strength and my song;
    he has given me victory.
  This is my God, and I will praise him—
    my father's God, and I will exalt him!

3 • The LORD is a warrior;
    Yahweh* is his name!

4 • Pharaoh's chariots and army
    he has hurled into the sea.
  The finest of Pharaoh's officers
    are drowned in the Red Sea.*

5 • The deep waters gushed over them;
    they sank to the bottom like a stone.

6 • "Your right hand, O LORD,
    is glorious in power.

14:25 As in Greek version, Samaritan Pentateuch, and Syriac version; Hebrew reads *He removed.* 15:3 *Yahweh* is a transliteration of the proper name *YHWH* that is sometimes rendered "Jehovah"; in this translation it is usually rendered "the LORD" (note the use of small capitals). 15:4 Hebrew *sea of reeds*; also in 15:22.

내시며 여호와여, 주의 오른손이 원수를 쳐부수셨습니다.

7 주님께서 주의 크신 위엄으로 주의 적을 물리치셨습니다. 주님께서 그들을 향해 진노하시니 그들이 지푸라기처럼 타버리고 말았습니다.

8 주님께서 한 번 숨을 내쉬시니 바닷물이 쌓이고 파도치던 물은 벽을 이루고 깊은 물은 바다 한가운데에 굳어졌습니다.

9 원수가 말하기를 '내가 그들을 뒤쫓아 따라잡고 그들의 가진 것을 다 빼앗아 내 마음대로 가지고 내 칼을 뽑아 내 손으로 그들을 치리라' 하였습니다.

10 하지만 주님께서 바람을 일으키시니 바다가 그들을 덮었고 그들은 납처럼 거센 물 속으로 가라앉았습니다.

11 여호와여, 신들 가운데서 주와 같으신 분이 어디에 있겠습니까? 거룩하여 위엄이 넘치시는 주와 같으신 분이 어디에 있겠습니까? 찬송받을 만한 위엄이 있으시고, 기적을 일으키시는 주와 같으신 분이 어디에 있겠습니까?

12 주님께서 오른손을 뻗치시니 땅이 그들을 삼켰습니다.

13 주님께서는 사랑의 약속으로 주님께서 구원하신 백성을 이끄셨습니다. 주의 능력으로 그들을 거룩한 땅으로 인도하셨습니다.

14 다른 나라들이 듣고 떨며 블레셋 사람들이 두려움에 휩싸였습니다.

15 에돔의 지도자들이 겁에 질렸고 모압의 용사들이 벌벌 떨며 가나안 사람들의 마음이 녹아 버렸습니다.

16 여호와여, 주의 백성이 지나가기까지 주님께서 구해 내신 백성이 지나가기까지 공포와 두려움이 그들을 덮쳤고 주의 팔의 크신 능력으로 인하여 그들은 돌처럼 굳어졌습니다.

17 주님께서 그들을 이끄셔서 주의 산에 심으셨습니다. 여호와여, 그 산은 주님께서 계시려고 만드신 곳이며 주의 손으로 지으신 성소입니다.

18 여호와께서는 영원토록 다스리실 것입니다."

19 파라오의 말과 전차를 모는 군인과 전차들이 바다에 빠지자, 여호와께서는 바닷물로 그들을 덮으셨습니다. 하지만 이스라엘 백성은 마른 땅 위로 바다를 건넜습니다.

20 그때에 예언자인 아론의 누이 미리암이 소고를 들었습니다. 그러자 모든 여자들이 미리암을 따라 소고를 치며 춤을 추었습니다.

Your right hand, O LORD,
    smashes the enemy.

7 • In the greatness of your majesty,
    you overthrow those who rise against you.
You unleash your blazing fury;
    it consumes them like straw.

8 • At the blast of your breath,
    the waters piled up!
The surging waters stood straight like a wall;
    in the heart of the sea the deep waters
    became hard.

9 • "The enemy boasted, 'I will chase them
    and catch up with them.
I will plunder them
    and consume them.
I will flash my sword;
    my powerful hand will destroy them.'

10 • But you blew with your breath,
    and the sea covered them.
They sank like lead
    in the mighty waters.

11 • "Who is like you among the gods, O LORD—
    glorious in holiness,
awesome in splendor,
    performing great wonders?

12 • You raised your right hand,
    and the earth swallowed our enemies.

13 • "With your unfailing love you lead
    the people you have redeemed.
In your might, you guide them
    to your sacred home.

14 • The peoples hear and tremble;
    anguish grips those who live in Philistia.

15 • The leaders of Edom are terrified;
    the nobles of Moab tremble.
All who live in Canaan melt away;

16 • terror and dread fall upon them.
The power of your arm
    makes them lifeless as stone
until your people pass by, O LORD,
    until the people you purchased pass by.

17 • You will bring them in and plant them on
    your own mountain—
the place, O LORD, reserved for your own
    dwelling,
the sanctuary, O Lord, that your hands
    have established.

18 • The LORD will reign forever and ever!"

19 • When Pharaoh's horses, chariots, and charioteers rushed into the sea, the LORD brought the water crashing down on them. But the people of Israel had walked through the middle of the sea on dry ground!

20 • Then Miriam the prophet, Aaron's sister, took a tambourine and led all the women as

anguish [ǽŋgwij] *n.* 고뇌
reserve [rizə́ːrv] *vt.* 마련해 두다
sanctuary [sǽŋktʃueri] *n.* 성소

21 미리암이 여자들을 향해서 노래를 불렀습니다. "여호와께 노래를 불러라. 그는 영광의 승리를 거두신 분이라. 주님께서는 말과 말 탄 사람들을 바다로 처넣으셨노라."

쓴물

22 모세가 이스라엘 백성과 함께 홍해를 떠났습니다. 그리하여 이스라엘 백성은 수르 광야로 들어갔습니다. 그들은 광야에서 삼 일 길을 걸었지만, 물을 찾지 못했습니다.

23 그들은 마라에 이르렀지만, 마라의 물이 써서 마실 수가 없었습니다. 그곳의 이름을 마라*라고 부른 것도 그 때문이었습니다.

24 백성들이 모세에게 불평을 늘어놓았습니다. 그들은 "우리가 무엇을 마셔야 한단 말이오?" 하고 따졌습니다.

25 모세가 여호와께 부르짖었습니다. 그러자 여호와께서 모세에게 어떤 나무를 보여 주셨습니다. 모세가 그 나무를 물에 던지니, 물이 단물로 변했습니다. 여호와께서 그곳에서 이스라엘 백성에게 규례와 율법을 주시고 백성들을 시험하셨습니다.

26 여호와께서 말씀하셨습니다. "너희는 너희 하나님인 나 여호와에게 복종하여라. 너희는 내가 보기에 옳은 일을 하여라. 너희는 나의 모든 율법과 규례를 지켜라. 그렇게 하기만 하면 내가 이집트 사람들에게 보냈던 것과 같은 질병을 너희에게는 보내지 않을 것이다. 나는 여호와이다. 너희를 치료하는 여호와이다."

27 그 후에 이스라엘 백성은 엘림으로 갔습니다. 엘림에는 우물이 열두 곳이 있고, 종려나무 칠십 그루가 있었습니다. 그래서 이스라엘 백성은 그곳의 물가에 천막을 쳤습니다.

먹을 것을 달라고 하는 이스라엘 백성들

16 이스라엘 모든 무리가 엘림을 떠나 신 광야로 갔습니다. 신 광야는 엘림과 시내 산 사이에 있었습니다. 그때는 그들이 이집트에서 나온 날로부터 한 달째 되는 두 번째 달 십오 일이었습니다.

2 그때에 모든 이스라엘 무리가 광야에서 모세와 아론을 원망했습니다.

3 이스라엘 백성이 모세와 아론에게 말했습니다. "여호와께서 우리를 이집트 땅에서 죽이시는 것이 차라리 더 좋을 뻔했소. 이집트에서는 고기 삶는 솥도 곁에 있었고, 빵도 배부르게 먹었소. 그런데 당신들은 우리를 이 광야로 이끌어 내서 우리를 굶어 죽게 하고 있소."

4 여호와께서 모세에게 말씀하셨습니다. "내가 너희를 위하여 하늘에서 비를 내리듯 양식을 내려

they played their tambourines and danced.
21 • And Miriam sang this song:

"Sing to the LORD,
　for he has triumphed gloriously;
he has hurled both horse and rider
　into the sea."

Bitter Water at Marah

22 • Then Moses led the people of Israel away from the Red Sea, and they moved out into the desert of Shur. They traveled in this desert for three
23 days without finding any water. • When they came to the oasis of Marah, the water was too bitter to drink. So they called the place Marah (which means "bitter").

24 • Then the people complained and turned against Moses. "What are we going to drink?"
25 they demanded. • So Moses cried out to the LORD for help, and the LORD showed him a piece of wood. Moses threw it into the water, and this made the water good to drink.

It was there at Marah that the LORD set before them the following decree as a standard to test
26 their faithfulness to him. • He said, "If you will listen carefully to the voice of the LORD your God and do what is right in his sight, obeying his commands and keeping all his decrees, then I will not make you suffer any of the diseases I sent on the Egyptians; for I am the LORD who heals you."

27 • After leaving Marah, the Israelites traveled on to the oasis of Elim, where they found twelve springs and seventy palm trees. They camped there beside the water.

Manna and Quail from Heaven

16 Then the whole community of Israel set out from Elim and journeyed into the wilderness of Sin,* between Elim and Mount Sinai. They arrived there on the fifteenth day of the second month, one month after leaving the
2 land of Egypt.* • There, too, the whole community of Israel complained about Moses and Aaron.
3 • "If only the LORD had killed us back in Egypt," they moaned. "There we sat around pots filled with meat and ate all the bread we wanted. But now you have brought us into this wilderness to starve us all to death."
4 • Then the LORD said to Moses, "Look, I'm going to rain down food from heaven for you. Each day the people can go out and pick up as much food as they need for that day. I will test them in this to see whether or not they will fol-

---

16:1a The geographical name *Sin* is related to *Sinai* and should not be confused with the English word *sin.*　16:1b The Exodus had occurred on the fifteenth day of the first month (see Num 33:3).
15:23 '마라'는 '쓰다'라는 뜻이다.

줄 터이니, 백성들이 날마다 나가서 그날에 필요한 양식을 거두도록 하여라. 내가 이 일로 백성들이 내가 가르친 대로 하는지, 하지 않는지를 시험하여 볼 것이다.

5 매주 육 일째 되는 날에는 다른 날에 거두는 양보다 두 배 더 많게 거두어라. 다음 날 거둘 분량을 저장해 두어라."

6 모세와 아론이 모든 이스라엘 백성에게 말했습니다. "저녁이 되면, 여러분은 여호와께서 여러분을 이집트에서 인도해 내신 분이라는 것을 알게 될 것이오.

7 내일 아침이 되면, 여러분은 여호와의 위대하심을 보게 될 것이오. 여호와께서 여러분이 그분께 원망하는 소리를 들으셨기 때문이오. 우리가 누구입니까? 여러분이 우리를 원망했으므로, 그분께서 그 원망 소리를 들으신 것이오."

8 모세가 또 말했습니다. "매일 저녁 여호와께서 여러분에게 고기를 양식으로 주실 것이오. 그리고 매일 아침 여러분이 배부를 만큼 빵을 주실 것이오. 여호와께서 이 일을 하시는 것은, 여러분이 우리를 원망하는 소리를 들으셨기 때문이오. 우리가 누구입니까? 여러분은 아론과 나를 원망한 것이 아니라, 여호와를 원망한 것이오."

9 그리고 나서 모세가 아론에게 말했습니다. "이스라엘 모든 무리에게 이렇게 말하십시오. '여호와께서 여러분의 원망을 들으셨으니, 여호와를 만나러 나아오시오.'"

10 그러자 아론이 이스라엘 모든 무리에게 말했습니다. 아론이 말을 할 때에 무리가 광야 쪽을 바라보니, 여호와의 영광이 구름 속에서 나타났습니다.

11 여호와께서 모세에게 말씀하셨습니다.

12 "나는 이스라엘 백성의 원망하는 소리를 들었다. 그러므로 그들에게 전하여라. '저녁이 되면, 너희는 고기를 먹게 되리라. 그리고 매일 아침 너희는 배부를 만큼 빵을 먹을 수 있을 것이다. 그렇게 되면 너희는 내가 너희 하나님 여호와라는 것을 알게 될 것이다.'"

13 그날 저녁에 메추라기가 와서, 이스라엘 백성들이 살고 있는 천막들을 덮었습니다. 아침이 되자, 이번에는 이슬이 천막 주위를 덮었습니다.

14 이슬이 걷히자, 서리와 같은 얇은 조각이 땅 위에 있었습니다.

15 이스라엘 백성은 그것이 무엇인지 알지 못했으므로, 서로 "이것이 무엇이냐?" 하고 물었습니다. 그래서 모세가 그들에게 말해 주었습니다. "이것은 여호와께서 여러분에게 먹으라고 주신 양식이오.

16 여호와께서는 '사람마다 필요한 만큼 거두어라. 가족마다 식구 수대로 한 사람당 한 오멜*씩 거두되, 장막 안에 있는 가족의 분량도 거두어라' 하고 말씀하셨소."

17 이스라엘 백성은 그대로 했습니다. 어떤 사람은 많이 거두고, 어떤 사람은 적게 거두었습니다.

5 low my instructions. ●On the sixth day they will gather food, and when they prepare it, there will be twice as much as usual."

●So Moses and Aaron said to all the people of Israel, "By evening you will realize it was the LORD who brought you out of the land of Egypt. ●In the morning you will see the glory of the LORD, because he has heard your complaints, which are against him, not against us. What have we done that you should complain about us?

8 ●Then Moses added, "The LORD will give you meat to eat in the evening and bread to satisfy you in the morning, for he has heard all your complaints against him. What have we done? Yes, your complaints are against the LORD, not against us."

9 ●Then Moses said to Aaron, "Announce this to the entire community of Israel: 'Present yourselves before the LORD, for he has heard your complaining.' " ●And as Aaron spoke to the whole community of Israel, they looked out toward the wilderness. There they could see the awesome glory of the LORD in the cloud.

11-12 ●Then the LORD said to Moses, ● "I have heard the Israelites' complaints. Now tell them, 'In the evening you will have meat to eat, and in the morning you will have all the bread you want. Then you will know that I am the LORD your God.' "

13 ●That evening vast numbers of quail flew in and covered the camp. And the next morning the area around the camp was wet with dew. ●When the dew evaporated, a flaky substance as fine as frost blanketed the ground. ●The Israelites were puzzled when they saw it. "What is it?" they asked each other. They had no idea what it was.

And Moses told them, "It is the food the LORD has given you to eat. ●These are the LORD's instructions: Each household should gather as much as it needs. Pick up two quarts* for each person in your tent."

17 ●So the people of Israel did as they were told. Some gathered a lot, some only a lit-

awesome [ɔ́ːsəm] a. 두려운, 굉장한
evaporate [ivǽpərèit] vi. 증발하다
flaky [fléiki] a. 엷은 조각 모양의
maggot [mǽgət] n. 벌레
odor [óudər] n. 냄새; 악취
puzzle [pʌ́zl] vt. 곤혹하게 하다
quail [kwéil] n. 메추라기
16:13 be wet with… : …로 젖다

16:16 Hebrew *1 omer* [2.2 liters]; also in 16:32, 33.
16:16 1오멜은 약 2.2ℓ에 해당된다.

18 사람마다 자기가 거둔 것을 달아 보니 많이 거둔 사람도 남지 않았고, 적게 거둔 사람도 모자라지 않았습니다. 사람마다 각기 필요한 만큼 거두었습니다.

19 모세가 백성에게 말했습니다. "누구든지 아침까지 그것을 조금이라도 남겨 두지 마시오."

20 하지만 어떤 사람들은 모세의 말을 듣지 않았습니다. 그 사람들은 다음날 아침에 먹을 것을 따로 남겨 두었습니다. 그러나 그것은 벌레가 먹어서 썩기 시작했습니다. 모세는 그 사람들에게 화를 냈습니다.

21 아침마다 사람들은 각기 필요한 만큼 음식을 거두었습니다. 하지만 해가 높이 떠서 뜨거워지면, 그것이 녹아 버렸습니다.

22 육 일째 되는 날에는 사람마다 두 배씩, 그러니까 음식을 두 오멜*씩 거두었습니다. 무리의 모든 지도자들이 다 모세에게 와서 그 일에 대해 말했습니다.

23 모세가 그들에게 말했습니다. "여호와께서 이렇게 명령하셨소. 내일은 쉬는 날이며 여호와의 거룩한 안식일이오. 여러분은 구울 것은 굽고, 삶을 것은 삶으시오. 그리고 남은 음식은 내일 아침까지 남겨 두시오."

24 그리하여 백성은 모세가 명령한 대로 그것을 다음날 아침까지 남겨 두었습니다. 그들 가운데 썩은 냄새가 나는 것이 하나도 없었으며, 벌레 먹은 것도 없었습니다.

25 모세가 백성에게 말했습니다. "어제 거둔 음식을 드시오. 오늘은 여호와의 안식일이니, 들에 나가도 아무것도 얻지 못할 것이오.

26 육 일 동안은 음식을 거두어야 하지만 칠 일째가 되는 날은 안식일이니 그날에는 땅에 아무 음식도 없을 것이오."

27 칠 일째가 되는 날에 어떤 사람들이 음식을 거두러 나갔지만, 아무것도 얻지 못했습니다.

28 여호와께서 모세에게 말씀하셨습니다. "너희가 언제까지 내 명령과 가르침을 지키지 않으려느냐?

29 나는 너희에게 안식일을 주었다. 그러므로 육 일째 되는 날에는 내가 너희에게 이틀 분량의 음식을 주리니, 안식일에는 집을 떠나지 말고 그대로 있어라."

30 그리하여 백성이 칠 일째 되는 날에는 쉬었습니다.

31 이스라엘 백성이 그 음식을 만나라고 불렀습니다. 만나는 작고 하얀 고수나무 씨*처럼 보였습니다. 만나의 맛은 꿀로 만든 과자와 같았습니다.

32 모세가 말했습니다. "여호와께서 말씀하셨소, '너희 자손을 위해 이 음식을 한 오멜 채워서 남겨 두어라. 그래서 내가 너희를 이집트 땅에서 인도해 낸 뒤에 광야에서 너희에게 주어 먹게 한 이 음식을 너희 자손이 볼 수 있게 하여라.'"

18 tle. •But when they measured it out,* everyone had just enough. Those who gathered a lot had nothing left over, and those who gathered only a little had enough. Each family had just what it needed.

19 •Then Moses told them, "Do not keep
20 any of it until morning." •But some of them didn't listen and kept some of it until morning. But by then it was full of maggots and had a terrible smell. Moses was very angry with them.

21 •After this the people gathered the food morning by morning, each family according to its need. And as the sun became hot, the flakes they had not picked up melted
22 and disappeared. •On the sixth day, they gathered twice as much as usual—four quarts* for each person instead of two. Then all the leaders of the community came and
23 asked Moses for an explanation. •He told them, "This is what the LORD commanded: Tomorrow will be a day of complete rest, a holy Sabbath day set apart for the LORD. So bake or boil as much as you want today, and set aside what is left for tomorrow."

24 •So they put some aside until morning, just as Moses had commanded. And in the morning the leftover food was wholesome
25 and good, without maggots or odor. •Moses said, "Eat this food today, for today is a Sabbath day dedicated to the LORD. There
26 will be no food on the ground today. •You may gather the food for six days, but the seventh day is the Sabbath. There will be no food on the ground that day."

27 •Some of the people went out anyway on the seventh day, but they found no food.
28 •The LORD asked Moses, "How long will these people refuse to obey my commands
29 and instructions? •They must realize that the Sabbath is the LORD's gift to you. That is why he gives you a two-day supply on the sixth day, so there will be enough for two days. On the Sabbath day you must each stay in your place. Do not go out to pick up
30 food on the seventh day." •So the people did not gather any food on the seventh day.

31 •The Israelites called the food manna.* It was white like coriander seed, and it tasted like honey wafers.

32 •Then Moses said, "This is what the LORD has commanded: Fill a two-quart container with manna to preserve it for your descendants. Then later generations will be able to see the food I gave you in the wilderness

---

16:18 Hebrew *measured it with an omer.*   16:22 Hebrew *2 omers* [4.4 liters].   16:31 *Manna* means "What is it?" See 16:15.

16:22 2오멜은 약 4.4ℓ에 해당된다.
16:31 개역 성경에는 '갓씨'라고 표기되어 있다.

33 모세가 아론에게 말했습니다. "항아리 하나를 가져다가 만나 한 오멜을 거기에 넣으십시오. 그리고 그 만나를 여호와 앞에 두고 자손 대대로 간직하십시오."

34 아론은 여호와께서 모세에게 명령하신 대로 했는데, 후에 이 만나 항아리는 언약궤 앞에 두어 잘 지켜졌습니다.

35 이스라엘 백성은 정착할 땅에 이르기 전까지 사십 년 동안 만나를 먹었습니다. 그들은 가나안 땅 변두리에 이를 때까지 만나를 먹었습니다.

36 백성이 하루에 거둔 만나의 양은 한 사람당 한 오멜이고, 한 오멜은 십분의 일 에바입니다.

바위에서 솟은 물

17 이스라엘 모든 무리가 신 광야를 떠나 여호와께서 명령하신 대로 이곳 저곳으로 옮겨 다녔습니다. 그들은 르비딤에 진을 쳤지만, 거기에는 마실 물이 없었습니다.

2 그들은 모세에게 대들며 "우리에게 마실 물을 주시오" 하고 말했습니다. 하지만 모세가 그들에게 말했습니다. "왜 나에게 대드시오? 왜 여호와를 시험하시오?"

3 하지만 백성들은 목이 몹시 말랐습니다. 그래서 그들은 모세에게 불평을 늘어놓았습니다. "왜 우리를 이집트에서 데려왔소? 우리와 우리의 자식들과 우리의 가축들을 목말라 죽게 하려고 데려왔소?"

4 모세가 여호와께 부르짖었습니다. "이 백성에게 어떻게 해야 합니까? 이들은 당장이라도 나를 돌로 때릴 듯이 보입니다."

5 여호와께서 모세에게 말씀하셨습니다. "이스라엘 백성 앞으로 나아가거라. 이스라엘의 장로들을 몇 사람 데리고 가거라. 그리고 나일 강을 칠 때에 썼던 지팡이도 가지고 가거라.

6 내가 시내 산* 바위 위에서 네 앞에 설 것이다. 지팡이로 그 바위를 쳐라. 그러면 거기에서 백성이 먹을 수 있는 물이 나올 것이다." 모세는 이스라엘의 장로들이 보는 앞에서 주님께서 말씀하신 대로 했습니다.

7 모세는 이스라엘 백성이 여호와께서 우리와 함께 계신가, 계시지 않는가 하고 여호와를 시험했으므로, 그곳의 이름을 맛사*라고 불렀습니다. 그리고 백성이 다투었으므로 그곳의 이름을 므리바*라고도 불렀습니다.

아말렉과의 싸움

8 그때에 아말렉 사람들이 와서 르비딤에서 이스라엘과 싸웠습니다.

9 모세가 여호수아에게 말했습니다. "사람들을

33 • Moses said to Aaron, "Get a jar and fill it with two quarts of manna. Then put it in a sacred place before the LORD to preserve it for all 34 future generations." • Aaron did just as the LORD had commanded Moses. He eventually placed it in the Ark of the Covenant—in front of the stone tablets inscribed with the terms of the 35 covenant.* • So the people of Israel ate manna for forty years until they arrived at the land where they would settle. They ate manna until they came to the border of the land of Canaan. 36 • The container used to measure the manna was an omer, which was one tenth of an ephah; it held about two quarts.*

Water from the Rock

17 At the LORD's command, the whole community of Israel left the wilderness of Sin* and moved from place to place. Eventually they camped at Rephidim, but there was no water 2 there for the people to drink. • So once more the people complained against Moses. "Give us water to drink!" they demanded.

"Quiet!" Moses replied. "Why are you complaining against me? And why are you testing the LORD?"

3 • But tormented by thirst, they continued to argue with Moses. "Why did you bring us out of Egypt? Are you trying to kill us, our children, and our livestock with thirst?"

4 • Then Moses cried out to the LORD, "What should I do with these people? They are ready to stone me!"

5 • The LORD said to Moses, "Walk out in front of the people. Take your staff, the one you used when you struck the water of the Nile, and call some of the elders of Israel to join you. • I will 6 stand before you on the rock at Mount Sinai.* Strike the rock, and water will come gushing out. Then the people will be able to drink." So Moses struck the rock as he was told, and water gushed out as the elders looked on.

7 • Moses named the place Massah (which means "test") and Meribah (which means "arguing") because the people of Israel argued with Moses and tested the LORD by saying, "Is the LORD here with us or not?"

Israel Defeats the Amalekites

8 • While the people of Israel were still at Rephidim, the warriors of Amalek attacked

---

16:34 Hebrew *He placed it in front of the Testimony;* see note on 25:16.　**16:36** Hebrew *An omer is one tenth of an ephah.*　**17:1** The geographical name *Sin* is related to *Sinai* and should not be confused with the English word *Sin.*　**17:6** Hebrew *Horeb,* another name for *Sinai.*

17:6 '시내 산'의 또 다른 이름으로 개역 성경에는 (히) '호렙 산'이라고 표기되어 있다.

17:7 '맛사'는 '시험함'이란 뜻이고, '므리바'는 '다툼'이란 뜻이다.

뽑아서 아말렉 사람들과 싸우러 나가거라. 내일 내가 하나님의 지팡이를 손에 들고 언덕 꼭대기에 서 있겠다."

10 그리하여 여호수아는 모세의 말대로 아말렉 사람들과 싸우러 나갔습니다. 한편 모세와 아론과 훌은 언덕 꼭대기로 올라갔습니다.

11 모세가 팔을 치켜들고 있는 동안에는 이스라엘 백성이 싸움에서 이겼지만, 모세가 팔을 내리면 아말렉 사람들이 이겼습니다.

12 그러던 중 모세가 지쳐서 팔을 들 수 없게 되었습니다. 이때, 사람들이 큰 돌을 가져다가 그 위에 모세를 앉혔습니다. 그리고 아론과 훌은 모세의 팔을 붙들어 올렸습니다. 아론은 모세의 한쪽에, 훌은 다른 쪽에서 있었습니다. 그들은 해가 질 때까지 그렇게 모세의 팔을 붙들고 있었습니다.

13 그리하여 여호수아는 그 싸움에서 아말렉 사람들을 물리쳐 이겼습니다.

14 그때에 여호와께서 모세에게 말씀하셨습니다. "이 싸움에 관한 일을 책에 써서 사람들이 잊지 않도록 하여라. 그리고 여호수아에게도 꼭 일러 주어라. 왜냐하면 내가 아말렉 사람들을 이 땅에서 완전히 없애 버릴 것이기 때문이다."

15 모세는 제단을 쌓고, 그 이름을 '여호와는 나의 깃발'이라는 뜻의 '여호와 닛시'라고 지었습니다.

16 그리고 모세가 말했습니다. "내가 여호와의 깃발 위에 손을 들면, 여호와께서는 영원토록 아말렉 사람들과 싸우실 것이다."

이드로가 모세를 찾아오다

18 모세의 장인인 이드로는 미디안의 제사장이었습니다. 이드로는 하나님께서 모세와 그의 백성 이스라엘을 위해 해 주신 일에 대한 이야기를 다 들었습니다. 그것은 여호와께서 이스라엘 백성을 이집트에서 인도해 내신 이야기였습니다.

2 모세는 아내 십보라를 장인인 이드로에게 보냈습니다.

3 모세는 두 아들도 보냈습니다. 한 아들의 이름은 게르솜인데 게르솜이 태어났을 때, 모세는 "나는 낯선 나라의 나그네이다" 하며 아들의 이름을 게르솜이라고 지었습니다.

4 다른 아들의 이름은 엘리에셀*이었습니다. 엘리에셀이 태어났을 때, 모세는 "내 아버지의 하나님은 나의 도움이시다. 그 하나님께서 나를 파라오의 칼에서 구해 주셨다" 하며 아들의 이름을 엘리에셀이라고 지었습니다.

5 모세의 장인인 이드로는 모세가 천막을 치고 있는 광야로 모세의 아내와 두 아들을 데리고 왔습니다. 그곳은 하나님의 산이 있는 곳입니다.

9 them. •Moses commanded Joshua, "Choose some men to go out and fight the army of Amalek for us. Tomorrow, I will stand at the top of the hill, holding the staff of God in my hand."

10 •So Joshua did what Moses had commanded and fought the army of Amalek. Meanwhile, Moses, Aaron, and Hur climbed

11 to the top of a nearby hill. •As long as Moses held up the staff in his hand, the Israelites had the advantage. But whenever he dropped his hand, the Amalekites gained

12 the advantage. •Moses' arms soon became so tired he could no longer hold them up. So Aaron and Hur found a stone for him to sit on. Then they stood on each side of Moses, holding up his hands. So his hands held

13 steady until sunset. •As a result, Joshua overwhelmed the army of Amalek in battle.

14 •After the victory, the LORD instructed Moses, "Write this down on a scroll as a permanent reminder, and read it aloud to Joshua: I will erase the memory of Amalek

15 from under heaven." •Moses built an altar there and named it Yahweh-nissi (which

16 means "the LORD is my banner"). •He said, "They have raised their fist against the LORD's throne, so now* the LORD will be at war with Amalek generation after generation."

Jethro's Visit to Moses

18 Moses' father-in-law, Jethro, the priest of Midian, heard about everything God had done for Moses and his people, the Israelites. He heard especially about how the LORD had rescued them from Egypt.

2 •Earlier, Moses had sent his wife, Zipporah, and his two sons back to Jethro, who

3 had taken them in. •(Moses' first son was named Gershom,* for Moses had said when the boy was born, "I have been a foreigner

4 in a foreign land." •His second son was named Eliezer,* for Moses had said, "The God of my ancestors was my helper; he rescued me from the sword of Pharaoh.")

5 •Jethro, Moses' father-in-law, now came to visit Moses in the wilderness. He brought Moses' wife and two sons with him, and they arrived while Moses and the people

argue [áːrgjuː] *vi.* 다투다
gush [gʌʃ] *vi.* 솟아 나오다
overwhelm [òuvərhwélm] *vt.* 전멸시키다
permanent [pə́ːrmənənt] *a.* 영원한
torment [tɔ́ːrmént] *vt.* 괴롭히다; 고통을 주다

17:16 Or *Hands have been lifted up to the* LORD's *throne, and now.*   18:3 *Gershom* sounds like a Hebrew term that means "a foreigner there."   18:4 *Eliezer* means "God is my helper."

18:4 '엘리에셀'은 '나의 하나님은 돕는 분이시다'라는 뜻이다.

6 이드로가 모세에게 사람을 보내어 이렇게 전하게 했습니다. "나는 자네의 장인인 이드로일세. 지금 자네의 아내와 두 아들을 데리고 자네에게 가는 중일세."

7 모세는 장인을 만나러 나와서 장인에게 엎드려 절하고 입을 맞추었습니다. 두 사람은 서로 안부를 물었습니다. 그리고 나서 그들은 모세의 천막으로 들어갔습니다.

8 모세는 장인에게 여호와께서 이스라엘 백성을 구하기 위해 파라오와 이집트 백성들에게 하신 일을 다 이야기해 주었습니다. 모세는 또 거기까지 오는 도중에 겪은 어려움과 여호와께서 그들을 구원하신 일에 대해서도 다 이야기해 주었습니다.

9 이드로는 여호와께서 이스라엘을 위해 해 주신 좋은 일들에 대한 이야기를 듣고 매우 좋아했습니다. 주님께서 이스라엘 백성을 이집트 사람들의 손에서 구해 주셨으므로 기뻐한 것입니다.

10 이드로가 말했습니다. "여호와를 찬양하세. 주님께서는 자네들을 이집트 사람들과 그 왕으로부터 구해 주셨네.

11 여호와께서는 어떤 신보다도 위대하시다는 것을 이제 알았네. 주님께서 이스라엘 백성에게 건방지게 굴던 이집트 사람들로부터 그 백성을 구원하셨기 때문이네."

12 그리고 나서 모세의 장인인 이드로는 하나님께 태워 드리는 제물인 번제물과 희생 제물을 바쳤습니다. 아론과 이스라엘의 모든 장로들도 모세의 장인에게 와서, 하나님 앞에서 거룩한 음식을 함께 나누었습니다.

13 이튿날 모세는 백성들 사이의 문제를 재판해 주려고 앉았고, 백성들도 아침부터 저녁까지 모세를 둘러싸고 서 있었습니다.

14 모세가 백성들을 위해 하고 있는 일을 모세의 장인이 보고 말했습니다. "백성들을 위해 하는 일을 왜 이런 식으로 하는가? 사람들은 아침부터 저녁까지 자네를 둘러싸고 서 있는데, 재판을 해 주는 사람은 왜 자네 혼자뿐인가?"

15 모세가 장인에게 말했습니다. "백성들이 하나님의 뜻을 알려고 저를 찾아오기 때문입니다.

16 백성들 사이에 다툼이 일어나면, 그들은 저에게 옵니다. 그러면 저는 그 양편을 재판해서 그들에게 하나님의 법과 가르침을 알려 줍니다."

17 모세의 장인이 모세에게 말했습니다. "자네가 하고 있는 방식은 좋지 않네.

18 그러다가는 자네나 백성들이나 다 지치고 말 걸세. 이 일은 자네 혼자 하기에는 너무 벅찬 일이네.

19 내 말을 들어 보게. 내가 충고를 해 주겠네. 하나님께서 자네와 함께 계시기 바라네. 자네는 하나님 앞에

---

were camped near the mountain of God.

6 • Jethro had sent a message to Moses, saying, "I, Jethro, your father-in-law, am coming to see you with your wife and your two sons."

7 • So Moses went out to meet his father-in-law. He bowed low and kissed him. They asked about each other's welfare and

8 then went into Moses' tent. • Moses told his father-in-law everything the LORD had done to Pharaoh and Egypt on behalf of Israel. He also told about all the hardships they had experienced along the way and how the LORD had rescued his people from

9 all their troubles. • Jethro was delighted when he heard about all the good things the LORD had done for Israel as he rescued them from the hand of the Egyptians.

10 • "Praise the LORD," Jethro said, "for he has rescued you from the Egyptians and from Pharaoh. Yes, he has rescued Israel

11 from the powerful hand of Egypt! • I know now that the LORD is greater than all other gods, because he rescued his people from the oppression of the proud Egyptians."

12 • Then Jethro, Moses' father-in-law, brought a burnt offering and sacrifices to God. Aaron and all the elders of Israel came out and joined him in a sacrificial meal in God's presence.

Jethro's Wise Advice

13 • The next day, Moses took his seat to hear the people's disputes against each other. They waited before him from morning till evening.

14 • When Moses' father-in-law saw all that Moses was doing for the people, he asked, "What are you really accomplishing here? Why are you trying to do all this alone while everyone stands around you from morning till evening?"

15 • Moses replied, "Because the people come to me to get a ruling from God.

16 • When a dispute arises, they come to me, and I am the one who settles the case between the quarreling parties. I inform the people of God's decrees and give them his instructions."

17 • "This is not good!" Moses' father-in-

18 law exclaimed. • "You're going to wear yourself out—and the people, too. This job is too heavy a burden for you to handle all

19 by yourself. • Now listen to me, and let me give you a word of advice, and may God be with you. You should continue to be

capable [kéipəbl] *a.* 유능한, 역량 있는
dispute [dispjú:t] *n.* 논쟁
quarrel [kwɔ́:rəl] *vi.* 싸우다

서 백성들을 대표해야 하고 백성들의 문제를 하나님께 가지고 가야 하네.

20 그들에게 규례와 법을 가르치고, 그들이 가야 할 길과 해야 할 일을 알려 주게.

21 그리고 백성 가운데서 하나님을 두려워하고, 믿을 만하며, 정직하지 못한 사람들을 싫어하는 능력 있는 사람을 뽑아서 백성 위에 세우게. 그들을 천부장, 백부장, 오십부장, 그리고 십부장으로 세우게.

22 그래서 그들이 언제라도 백성을 재판할 수 있게 하게. 어려운 문제는 자네에게 가져오게 하고, 쉬운 문제는 그들이 스스로 재판하도록 하게. 그렇게 해서 그들이 짐을 나누어 지면, 자네의 일이 쉬워질 걸세.

23 만약 하나님께서 허락하신다면, 그렇게 하도록 하게. 그러면 자네도 일을 잘 할 수 있을 것이고, 백성도 다 평안히 집으로 돌아갈 수 있을 걸세.''

24 모세는 장인의 말을 듣고, 모든 일을 장인의 말대로 했습니다.

25 모세는 모든 이스라엘 백성 중에서 능력 있는 사람을 뽑았습니다. 모세는 그들을 백성의 지도자로 세웠습니다. 그들은 각각 천부장, 백부장, 오십부장, 그리고 십부장이 되었습니다.

26 이 지도자들은 언제라도 백성을 재판했습니다. 그들은 어려운 문제는 모세에게 가지고 왔지만, 쉬운 문제는 스스로 결정했습니다.

27 그 후, 모세의 장인은 모세의 배웅을 받으며 자기 집으로 돌아갔습니다.

이스라엘 백성이 시내 산에 이르다

19 이집트를 떠난 지 꼭 석 달 만에 이스라엘 백성은 시내 광야에 이르렀습니다.

2 이스라엘 백성은 르비딤을 떠나 시내 광야에 이르러, 시내 산 맞은편 광야에 천막을 쳤습니다.

3 모세는 하나님을 만나러 산으로 올라갔습니다. 여호와께서 산에서 모세를 불러 말씀하셨습니다. ''야곱 자손들에게 말하여라. 이스라엘 백성에게 전하여라.

4 너희 모두는 내가 이집트 백성에게 한 일을 다 보았다. 그리고 독수리가 날개로 새끼들을 실어 나르듯 내가 너희를 어떻게 나에게 데리고 왔는가도 보았다.

5 그러므로 이제 너희가 내 목소리를 듣고 내 언약을 지키면, 너희는 모든 백성 중에서 나의 보물이 될 것이다. 온 땅의 백성이 다 내게 속하였지만,

6 너희는 내게 제사장 나라와 거룩한 백성이 될 것이다.' 너는 이 말을 이스라엘 백성에게 전하여라.''

7 그리하여 모세는 산 아래로 내려가서 백성의 장로들을 모아 놓고, 여호와께서 명령하신 모든 말씀을 다 전했습니다.

the people's representative before God,
20 bringing their disputes to him. ●Teach them God's decrees, and give them his instructions. Show them how to conduct their lives.
21 ●But select from all the people some capable, honest men who fear God and hate bribes. Appoint them as leaders over groups of one thousand, one hundred, fifty, and
22 ten. ●They should always be available to solve the people's common disputes, but have them bring the major cases to you. Let the leaders decide the smaller matters themselves. They will help you carry the load,
23 making the task easier for you. ●If you follow this advice, and if God commands you to do so, then you will be able to endure the pressures, and all these people will go home in peace.''

24 ●Moses listened to his father-in-law's
25 advice and followed his suggestions. ●He chose capable men from all over Israel and appointed them as leaders over the people. He put them in charge of groups of one thousand, one hundred, fifty, and ten.
26 ●These men were always available to solve the people's common disputes. They brought the major cases to Moses, but they took care of the smaller matters themselves.
27 ●Soon after this, Moses said good-bye to his father-in-law, who returned to his own land.

The Lord Reveals Himself at Sinai

19 Exactly two months after the Israelites left Egypt,* they arrived in the wilder-
2 ness of Sinai. ●After breaking camp at Rephidim, they came to the wilderness of Sinai and set up camp there at the base of Mount Sinai.
3 ●Then Moses climbed the mountain to appear before God. The Lord called to him from the mountain and said, ''Give these instructions to the family of Jacob; announce
4 it to the descendants of Israel: ● 'You have seen what I did to the Egyptians. You know how I carried you on eagles' wings and
5 brought you to myself. ●Now if you will obey me and keep my covenant, you will be my own special treasure from among all the peoples on earth; for all the earth belongs to
6 me. ●And you will be my kingdom of priests, my holy nation.' This is the message you must give to the people of Israel.''
7 ●So Moses returned from the mountain and called together the elders of the people and told them everything the Lord had

19:1 Hebrew *In the third month after the Israelites left Egypt, on the very day,* i.e., two lunar months to the day after leaving Egypt. Compare Num 33:3.

8 그러자 모든 백성이 한 목소리로 대답했습니다. "우리는 여호와께서 말씀하신 대로 다 하겠습니다." 모세는 백성들의 말을 여호와께 알려 드렸습니다.

9 여호와께서 모세에게 말씀하셨습니다. "내가 짙은 구름 속에서 너에게 갈 것이다. 그래서 내가 너와 이야기할 때에 백성들이 듣고 언제까지나 너를 믿도록 할 것이다." 모세가 백성의 말을 여호와께 알려 드리자,

10 여호와께서 모세에게 말씀하셨습니다. "백성에게 가서 오늘과 내일 그들을 정결하게 하여라. 옷을 빨게 하고

11 셋째 날을 준비하게 하여라. 그날에 나 여호와가 모든 백성이 보는 가운데 시내 산으로 내려갈 것이다.

12 너는 백성의 둘레에 경계선을 정해 주어, 백성이 그 경계선을 넘어오지 않도록 하여라. 백성에게 산으로 올라가지도 말고, 산기슭을 밟지도 말라고 일러라. 누구든지 산기슭을 밟는 사람은 죽을 것이다.

13 아무도 그 사람에게 손을 대지 말고, 그런 자는 돌로 죽이거나 화살을 쏴서 죽여라. 사람이든 짐승이든 살려 두지 마라. 하지만 나팔 소리가 길게 울려 퍼지면 산에 올라와도 좋다."

14 그리하여 모세는 산에서 내려와서 백성에게로 갔습니다. 모세는 백성을 정결케 했고, 백성은 옷을 빨았습니다.

15 모세가 백성에게 말했습니다. "셋째 날을 준비하시오. 여자를 가까이 하지 마시오."

16 셋째 날 아침이 되었습니다. 산 위에 짙은 구름이 끼면서 천둥과 번개가 쳤습니다. 그리고 굉장히 큰 나팔 소리가 울려 퍼지자, 진에 있던 모든 백성이 두려워 떨었습니다.

17 모세는 백성들이 하나님을 만나도록 하기 위해 백성들이 사는 천막에서 백성을 이끌고 나왔습니다. 백성은 산기슭에 섰습니다.

18 시내 산은 연기로 덮여 있었습니다. 왜냐하면 여호와께서 불 속에서 산으로 내려오셨기 때문이었습니다. 마치 가마에서 나는 연기처럼 산에서 연기가 솟아 올랐습니다. 그리고 산 전체가 크게 흔들렸습니다.

19 나팔 소리가 점점 커지는 가운데 모세가 말하고, 하나님께서 소리를 내어서 모세에게 대답하셨습니다.

20 여호와께서는 시내 산 꼭대기로 내려오셔서 모세를 산꼭대기로 올라오게 하셨습니다. 그래서 모세는 산꼭대기로 올라갔습니다.

21 여호와께서 모세에게 말씀하셨습니다. "내려가서 나를 보기 위해 가까이 나아오지 말라고 백성에게 경고하여라. 그렇지 않으면 많은 사람이 죽을 것이다.

8 commanded him. • And all the people responded together, "We will do everything the LORD has commanded." So Moses brought the people's answer back to the LORD.

9 • Then the LORD said to Moses, "I will come to you in a thick cloud, Moses, so the people themselves can hear me when I speak with you. Then they will always trust you." Moses told the LORD what the people had

10 said. • Then the LORD told Moses, "Go down and prepare the people for my arrival. Consecrate them today and tomorrow, and

11 have them wash their clothing. • Be sure they are ready on the third day, for on that day the LORD will come down on Mount

12 Sinai as all the people watch. • Mark off a boundary all around the mountain. Warn the people, 'Be careful! Do not go up on the mountain or even touch its boundaries. Anyone who touches the mountain will cer-

13 tainly be put to death. • No hand may touch the person or animal that crosses the boundary; instead, stone them or shoot them with arrows. They must be put to death.' However, when the ram's horn sounds a long blast, then the people may go up on the mountain.*"

14 • So Moses went down to the people. He consecrated them for worship, and they

15 washed their clothes. • He told them, "Get ready for the third day, and until then abstain from having sexual intercourse."

16 • On the morning of the third day, thunder roared and lightning flashed, and a dense cloud came down on the mountain. There was a long, loud blast from a ram's

17 horn, and all the people trembled. • Moses led them out from the camp to meet with God, and they stood at the foot of the moun-

18 tain. • All of Mount Sinai was covered with smoke because the LORD had descended on it in the form of fire. The smoke billowed into the sky like smoke from a brick kiln, and the whole mountain shook violently.

19 • As the blast of the ram's horn grew louder and louder, Moses spoke, and God thun-

20 dered his reply. • The LORD came down on the top of Mount Sinai and called Moses to the top of the mountain. So Moses climbed the mountain.

21 • Then the LORD told Moses, "Go back down and warn the people not to break through the boundaries to see the LORD, or

abstain [əbstéin] vi. 삼가다
consecrate [kánsəkrèit] vt. 신성하게 하다
intercourse [íntərkɔ̀:rs] n. 육체 관계
lavish [lǽviʃ] vt. 아낌없이 (후하게) 주다

19:13 Or up to the mountain.

22 나에게 가까이 나아오는 제사장들도 스스로를 정결하게 하지 않으면, 여호와인 내가 그들에게 벌을 내릴 것이다."

23 모세가 여호와께 말씀드렸습니다. "백성은 시내 산으로 가까이 올 수 없습니다. 주님께서 산 둘레에 경계선을 정하고, 산을 거룩하게 하라고 말씀하셨기 때문입니다."

24 여호와께서 모세에게 말씀하셨습니다. "내려가서 아론을 데려오너라. 하지만 제사장이나 백성은 가까이 오지 못하게 하여라. 그들은 나 여호와에게 가까이 오면 안 된다. 가까이 오기만 하면 내가 벌을 내릴 것이다."

25 그래서 모세는 백성에게로 내려가서 주님의 말씀을 그대로 전했습니다.

십계명

20 하나님께서 이렇게 말씀하셨습니다.

2 "나는 너희가 종살이하던 이집트 땅에서 너희를 인도해 낸 너희의 여호와 하나님이다.

3 너희는 나 외에는 다른 신들을 두지 마라.

4 너희는 우상을 만들지 마라. 위로 하늘에 있는 것이나, 아래로 땅에 있는 것이나, 땅 아래로 물속에 있는 것의 그 어떠한 모양도 만들지 마라.

5 어떤 우상에게도 예배하거나 섬기지 마라. 나 여호와 너희 하나님은 질투하는 하나님이다. 나에게 죄를 짓고 나를 미워하는 사람에게는 그의 삼대, 사대 자손에게까지 벌을 내릴 것이다.

6 하지만 나를 사랑하고 나의 명령에 따르는 사람에게는 수천 대 자손에 걸쳐 한결같은 사랑을 베풀 것이다.

7 너는 여호와 너의 하나님의 이름을 함부로 부르지 마라. 나 여호와는 나의 이름을 함부로 부르는 사람을 죄 없다고 하지 않을 것이다.

8 안식일을 기억하여 거룩한 날로 지켜라.

9 육 일 동안에는 힘써 모든 일을 하여라.

10 하지만 칠 일째 날은 나 여호와 하나님의 안식일이다. 그날에는 너희나, 너희 아들이나 딸이나, 너희 남종이나 여종이나, 너희 짐승이나 너희 집 문 안에 머무르는 나그네도 일을 하지 마라.

11 왜냐하면 나 여호와가 육 일 동안 하늘과 땅과 바다와 그 안에 있는 모든 것을 만들고 칠 일째 날에는 쉬었기 때문이다. 그러므로 나 여호와는 안식일에 복을 주고, 그날을 거룩하게 하였느니라.

12 너희 아버지와 어머니를 잘 섬겨라. 그러면 나 여호와 하나님이 너희에게 준 이 땅에서 너희를 오래 살게 할 것이다.

22 they will die. •Even the priests who regularly come near to the LORD must purify themselves so that the LORD does not break out and destroy them."

23 • "But LORD," Moses protested, "the people cannot come up to Mount Sinai. You already warned us. You told me, 'Mark off a boundary all around the mountain to set it apart as holy.'"

24 •But the LORD said, "Go down and bring Aaron back up with you. In the meantime, do not let the priests or the people break through to approach the LORD, or he will break out and destroy them."

25 •So Moses went down to the people and told them what the LORD had said.

Ten Commandments for the Covenant Community

20 Then God gave the people all these instructions*:

2 • "I am the LORD your God, who rescued you from the land of Egypt, the place of your slavery.

3 • "You must not have any other god but me.

4 • "You must not make for yourself an idol of any kind or an image of anything in the heavens or on the earth or in the sea. •You must not bow down to them or worship them, for I, the LORD your God, am a jealous God who will not tolerate your affection for any other gods. I lay the sins of the parents upon their children; the entire family is affected—even children in the third and fourth generations of those who reject me.

6 •But I lavish unfailing love for a thousand generations on those* who love me and obey my commands.

7 • "You must not misuse the name of the LORD your God. The LORD will not let you go unpunished if you misuse his name.

8 • "Remember to observe the Sabbath day by
9 keeping it holy. •You have six days each
10 week for your ordinary work, •but the seventh day is a Sabbath day of rest dedicated to the LORD your God. On that day no one in your household may do any work. This includes you, your sons and daughters, your male and female servants, your livestock,
11 and any foreigners living among you. •For in six days the LORD made the heavens, the earth, the sea, and everything in them; but on the seventh day he rested. That is why the LORD blessed the Sabbath day and set it apart as holy.

12 • "Honor your father and mother. Then you will live a long, full life in the land the LORD your God is giving you.

20:1 Hebrew *all these words.*　　20:6 Hebrew *for thousands of those.*

13 사람을 죽이지 마라.

14 간음하지 마라.

15 도둑질하지 마라.

16 이웃에 대하여 거짓 증언을 하지 마라.

17 이웃집을 탐내지 마라. 이웃의 아내나, 남종이나 여종이나, 소나 나귀나, 그 밖에 이웃의 어떠한 것도 탐내지 마라."

18 모든 백성은 천둥 소리와 나팔 소리를 듣고 번개치는 것과 산에서 솟아나는 연기를 보았습니다. 그들은 두려움에 떨면서 산에서 멀찍이 떨어져 있었습니다.

19 백성이 모세에게 말했습니다. "당신이 말하십시오. 우리가 듣겠습니다. 하나님께서 말씀하지 않게 해 주십시오. 하나님께서 말씀하시면, 우리는 죽습니다."

20 모세가 백성에게 말했습니다. "두려워하지 마시오. 하나님께서는 여러분을 시험하시고, 또 여러분에게 두려워하는 마음을 주셔서 죄를 짓지 않게 하시려고 오셨을 뿐이오."

21 모세가 하나님이 계시는 짙은 어두움 가까이로 가는 동안, 백성은 산에서 멀찍이 떨어진 곳에 서 있었습니다.

22 여호와께서 모세에게 말씀하셨습니다. "가서 이스라엘 백성에게 전하여라. '너희는 내가 하늘에서부터 너희에게 말하는 것을 다 보지 않았느냐?

23 그러므로 너희는 나를 금이나 은으로 된 신상으로 만들지 마라. 또한 너희를 위하여 어느 신상도 만들지 마라.

24 나를 위해 흙 제단을 쌓아라. 그 제단 위에 너희의 태워 드리는 제물인 번제물과 화목 제물을 나에게 바쳐라. 너희의 양과 소를 제물로 바쳐라. 내 이름을 기념하게 하는 곳에서 내게 제물을 바쳐라. 그러면 내가 그곳에 와서 너희에게 복을 줄 것이다.

25 나를 위해 돌로 제단을 쌓을 때에는 연장으로 다듬은 돌로 쌓지 마라. 왜냐하면 연장으로 돌을 다듬을 때 몸이 닿아서 그 돌을 더럽게 만들기 때문이다.

26 너는 층계로 내 제단 위에 올라가지 마라. 왜냐하면 층계를 올라갈 때, 옷 속의 알몸이 드러나기 때문이다.'"

종에 관한 법

21 "네가 이스라엘 백성에게 주어야 할 법은 이러하다.

2 너희가 히브리 종을 사면 그 종은 육 년 동안, 종살이를 할 것이며, 칠 년째가 되면 너희는 몸값을 받지 말고 그를 풀어 주어라.

3 만약 그 사람이 혼자 종으로 왔으면 혼자서 나가야

---

13 • "You must not murder.

14 • "You must not commit adultery.

15 • "You must not steal.

16 • "You must not testify falsely against your neighbor.

17 • "You must not covet your neighbor's house. You must not covet your neighbor's wife, male or female servant, ox or donkey, or anything else that belongs to your neighbor."

• When the people heard the thunder and the loud blast of the ram's horn, and when they saw the flashes of lightning and the smoke billowing from the mountain, they stood at a distance, trembling with fear.

19 • And they said to Moses, "You speak to us, and we will listen. But don't let God speak directly to us, or we will die!"

20 • "Don't be afraid," Moses answered them, "for God has come in this way to test you, and so that your fear of him will keep you from sinning!"

21 • As the people stood in the distance, Moses approached the dark cloud where God was.

Proper Use of Altars

22 • And the LORD said to Moses, "Say this to the people of Israel: You saw for yourselves that I spoke to you from heaven. • Remember, you must not make any idols of silver or gold to rival me.

24 • "Build for me an altar made of earth, and offer your sacrifices to me—your burnt offerings and peace offerings, your sheep and goats, and your cattle. Build my altar wherever I cause my name to be remembered, and I will come to you and bless you. • If you use stones to build my altar, use only natural, uncut stones. Do not shape the stones with a tool, for that would make the altar unfit for holy use. • And do not approach my altar by going up steps. If you do, someone might look up under your clothing and see your nakedness.

Fair Treatment of Slaves

21 "These are the regulations you must present to Israel.

2 • "If you buy a Hebrew slave, he may serve for no more than six years. Set him free in the seventh year, and he will owe you nothing for his freedom. • If he was single when he became your slave, he shall leave single. But if he was married before he became a slave, then his wife must be freed with him.

---

altar [ɔ́:ltər] n. 제단
assailant [əséilənt] n. 공격자
deliberately [dilíbərətli] ad. 고의적으로
tremble [trémbl] vi. 떨다

하고, 결혼해서 아내와 함께 왔으면 아내와 함께 나가야한다.

4 만약 종의 주인이 종에게 아내를 주어 그 아내가 아들이든 딸이든 자녀를 낳았으면 그 아내와 자녀는 주인의 것이 되고, 종은 혼자서 떠나야 한다.

5 그러나 만약 그 종이 '나는 내 주인과 내 아내와 내 자녀를 사랑합니다. 나는 자유의 몸이 되고 싶지 않습니다'라고 말하면

6 주인은 그를 재판장 앞으로 데리고 가거라. 또 주인은 종을 문이나 문설주로 데리고 가서 날카로운 연장으로 종의 귀에 구멍을 뚫어라. 그러면 종은 영원토록 주인을 섬기게 될 것이다.

7 어떤 사람이 자기 딸을 여종으로 팔았으면, 그 여종은 남종과 같은 방법으로 자유로운 몸이 될 수 없다.

8 만약 여종과 잠자리를 같이한 주인이 그 여종이 마음에 들지 않아 더 이상 잠자리를 하지 않을 경우, 그 여종을 자유롭게 놓아 주어라. 주인은 그 여종을 다른 사람에게 팔 권리가 없다. 파는 것은 그 여종을 속이는 것이기 때문이다.

9 그가 여종을 자기 아들의 아내로 삼으려고 샀다면, 그는 여종을 자기 딸처럼 여겨야 한다.

10 만약 그가 다른 아내를 또 얻었다 하더라도 그는 여전히 첫 번째 아내에게 음식과 옷을 주고 잠자리를 함께 하는 일을 해야 한다.

11 만약 그가 여자에게 이 세 가지를 해 주지 않으면, 여자는 자유의 몸이 되는 것이니, 몸값을 내지 않고 나갈 수 있다."

몸을 해치는 것에 관한 법

12 "사람을 때려 숨지게 한 사람은 죽여라.

13 하지만 사람을 죽이기는 했지만 죽일 생각 없이 실수로 죽였으면, 그것은 하나님의 뜻에 따라 일어난 일이므로 살인자는 내가 정하는 곳으로 도망하여라.

14 하지만 미리 음모를 꾸며서 일부러 사람을 죽였다면, 너희는 살인자가 내 제단으로 도망가더라도 끌어다가 죽여라.

15 자기 아버지나 어머니를 때린 사람은 죽여라.

16 사람을 유괴한 사람은 그 사람을 팔았건 데리고 있건 죽여라.

17 아버지나 어머니를 저주하는 사람은 죽여라.

18 사람들이 서로 다투다가 한 사람이 다른 사람을 돌이나 주먹으로 쳐서 사람이 죽지는 않았지만, 자리에 누웠다가

19 일어나서 지팡이를 짚고 걸어다닐 수 있게 되었다면 때린 사람은 벌을 받지 않을 것이다. 하지만 때린 사람은 맞은 사람이 그동안에 입은 손해를 갚아 주고, 다 나을 때까지 치료비를 물어주어야 한다.

20 주인이 남종이나 여종을 막대기로 때려서 그 종이

---

4 • "If his master gave him a wife while he was a slave and they had sons or daughters, then only the man will be free in the seventh year, but his wife and children will still belong to his master. • But the slave may 5 declare, 'I love my master, my wife, and my children. I don't want to go free.' • If he does 6 this, his master must present him before God.* Then his master must take him to the door or doorpost and publicly pierce his ear with an awl. After that, the slave will serve his master for life.

7 • "When a man sells his daughter as a slave, she will not be freed at the end of six 8 years as the men are. • If she does not satisfy her owner, he must allow her to be bought back again. But he is not allowed to sell her to foreigners, since he is the one who broke 9 the contract with her. • But if the slave's owner arranges for her to marry his son, he may no longer treat her as a slave but as a daughter.

10 • "If a man who has married a slave wife takes another wife for himself, he must not neglect the rights of the first wife to food, 11 clothing, and sexual intimacy. • If he fails in any of these three obligations, she may leave as a free woman without making any payment.

Cases of Personal Injury

12 • "Anyone who assaults and kills another 13 person must be put to death. • But if it was simply an accident permitted by God, I will appoint a place of refuge where the slayer 14 can run for safety. • However, if someone deliberately kills another person, then the slayer must be dragged even from my altar and be put to death.

15 • "Anyone who strikes father or mother must be put to death.

16 • "Kidnappers must be put to death, whether they are caught in possession of their victims or have already sold them as slaves.

17 • "Anyone who dishonors* father or mother must be put to death.

18 • "Now suppose two men quarrel, and one hits the other with a stone or fist, and the injured person does not die but is con-19 fined to bed. • If he is later able to walk outside again, even with a crutch, the assailant will not be punished but must compensate his victim for lost wages and provide for his full recovery.

20 • "If a man beats his male or female slave with a club and the slave dies as a result, the

---

21:6 Or *before the judges.* 21:17 Greek version reads *Anyone who speaks disrespectfully of.* Compare Matt 15:4; Mark 7:10.

그 자리에서 죽었다면, 주인은 벌을 받을 것이다.

21 하지만 종이 하루나 이틀 동안, 죽지 않고 살아 있으면, 주인은 벌을 받지 않을 것이다. 왜냐하면 종은 주인의 재산이기 때문이다.

22 두 사람이 싸우다가 임신한 여자를 건드려서 여자가 유산만 하고 달리 다친 데가 없다면, 다치게 한 사람은 여자의 남편이 요구하는 돈을 갚아라. 그런데 이는 반드시 재판관의 결정을 얻어야 한다.

23 그러나 그 여자가 다치기까지 했다면, 너희는 목숨은 목숨으로,

24 눈은 눈으로, 이는 이로, 손은 손으로, 발은 발로,

25 화상은 화상으로, 상처는 상처로, 멍은 멍으로 갚아라.

26 종의 주인이 남종이나 여종의 눈을 쳐서 눈을 멀게 했으면 주인은 그의 눈에 대한 대가로 그 종을 자유한 몸으로 풀어 주어라.

27 만약 주인이 남종이나 여종의 이를 부러뜨렸다면 주인은 그에 대한 대가로 종을 자유한 몸으로 풀어 주어라.

28 소가 남자나 여자를 들이받아서 죽였으면 그 소를 돌로 쳐서 죽여라. 그리고 그 소의 고기는 먹지 마라. 하지만 소의 주인에게는 죄가 없다.

29 만약 그 소가 들이받는 버릇이 있어서 사람들이 주의를 주었는데도 주인이 소를 울타리에 가두지 않았다가, 그 소가 남자나 여자를 들이받아서 죽였다면, 소뿐만 아니라 그 주인도 돌로 쳐서 죽여라.

30 그러나 죽은 사람의 가족이 돈을 달라고 하면, 주인은 자기 목숨을 대신하여 그 가족이 달라는 대로 돈을 주어라.

31 소가 남자 아이나 여자 아이를 들이받아 죽였을 때도 같은 법을 따르라.

32 소가 남종이나 여종을 들이받아 죽였을 때는, 소의 주인은 종의 주인에게 은 삼십 세겔*을 주고, 소는 돌로 쳐서 죽여라.

33 어떤 사람이 구덩이를 열어 놓았거나, 구덩이를 파고 덮어 놓지 않고 있다가, 소나 나귀가 그 구덩이에 빠지면,

34 구덩이의 주인은 짐승의 주인에게 돈으로 갚아라. 다만 그 구덩이에 빠져 죽은 짐승은 구덩이 주인의 것이다.

35 어떤 사람의 소가 다른 사람의 소를 들이받아 죽였을 때는 살아 있는 소를 팔아서 그 돈을 반씩 나누어 가지고, 죽은 소도 똑같이 나누어 가져라.

36 만약 그 소가 들이받는 버릇이 있는데도 주인이 소를 울타리에 가두지 않았다면, 주인은 소로 소값을 치르고, 죽은 소는 들이받은 소 주인이 가져

21 owner must be punished. ●But if the slave recovers within a day or two, then the owner shall not be punished, since the slave is his property.

22 ●"Now suppose two men are fighting, and in the process they accidentally strike a pregnant woman so she gives birth prematurely.* If no further injury results, the man who struck the woman must pay the amount of compensation the woman's husband demands and the

23 judges approve. ●But if there is further injury, the punishment must match the injury: a life

24 for a life, ●an eye for an eye, a tooth for a tooth,

25 a hand for a hand, a foot for a foot, ●a burn for a burn, a wound for a wound, a bruise for a bruise.

26 ●"If a man hits his male or female slave in the eye and the eye is blinded, he must let the

27 slave go free to compensate for the eye. ●And if a man knocks out the tooth of his male or female slave, he must let the slave go free to compensate for the tooth.

28 ●"If an ox* gores a man or woman to death, the ox must be stoned, and its flesh may not be eaten. In such a case, however, the

29 owner will not be held liable. ●But suppose the ox had a reputation for goring, and the owner had been informed but failed to keep it under control. If the ox then kills someone, it must be stoned, and the owner must also be

30 put to death. ●However, the dead person's relatives may accept payment to compensate for the loss of life. The owner of the ox may redeem his life by paying whatever is demanded.

31 ●"The same regulation applies if the ox

32 gores a boy or a girl. ●But if the ox gores a slave, either male or female, the animal's owner must pay the slave's owner thirty silver coins,* and the ox must be stoned.

33 ●"Suppose someone digs or uncovers a pit and fails to cover it, and then an ox or a don-

34 key falls into it. ●The owner of the pit must pay full compensation to the owner of the animal, but then he gets to keep the dead animal.

35 ●"If someone's ox injures a neighbor's ox and the injured ox dies, then the two owners must sell the live ox and divide the price equally between them. They must also divide the

36 dead animal. ●But if the ox had a reputation for goring, yet its owner failed to keep it under control, he must pay full compensation—a live ox for the dead one—but he may keep the dead ox.

gore [gɔːr] *vt.* (소 산돼지 등이) 뿔로 받다

21:22 Or *so she has a miscarriage;* Hebrew reads *so her children come out.* 21:28 Or *bull,* or *cow;* also in 21:29-36. 21:32 Hebrew *30 shekels of silver,* about 12 ounces or 342 grams in weight.

21:32 30세겔은 약 342g의 무게에 해당된다.

도록 하여라."

재산에 관한 법

22 "어떤 사람이 소나 양을 훔친 다음에 그 것을 잡거나 팔았으면 그는 소 한 마리는 소 다섯 마리로, 양 한 마리는 양 네 마리로 갚아라.

2 도둑이 밤에 남의 집을 뚫고 들어가다가 발견되어 맞아 죽었다면, 죽인 사람에게는 죄가 없다.

3 그러나 해가 뜬 다음에 그런 일이 일어났다면, 죽인 사람에게 죄가 있다. 붙잡힌 도둑은 도둑질한 것을 갚아라. 하지만 갚을 것이 없으면, 도둑질한 대가로 종이 될 것이다.

4 만일 도둑질한 것을 가지고 있으면, 소든 나귀든 양이든 두 배로 갚아라.

5 어떤 사람이 가축에게 밭이나 포도원에서 풀을 뜯어 먹게 했는데 그 가축이 다른 사람의 밭이나 포도원에서 풀을 뜯어 먹었으면, 짐승의 주인은 자기의 밭이나 포도원에서 거둔 것 중에 가장 좋은 농산물로 물어주어라.

6 불이 나서 가시나무로 옮겨 붙어 이웃의 곡식이 나 아직 밭에서 자라고 있는 곡식이나 밭 전체를 태웠으면, 불을 낸 사람은 그것을 다 물어주어라.

7 어떤 사람이 이웃에게 돈이나 물건을 맡겨 두었는데 그것을 맡고 있던 집에 도둑이 들었을 경우, 만약 도둑이 붙잡히면, 도둑은 두 배로 갚아라.

8 하지만 도둑이 붙잡히지 않으면 집주인을 재판장 앞에 데리고 가서 이웃의 물건에 손을 댔는지 대지 않았는지를 알아 보아라.

9 소나 나귀나 양이나 옷이나 그 밖의 어떤 잃어버린 것 때문에 두 사람 사이에 다툼이 생겨서, 두 사람이 서로 '이것은 내 것이다' 라고 주장하는 일이 생기면, 두 사람 다 재판장에게 나가서 재판을 받아라. 그래서 재판장으로부터 죄가 있다는 판결을 받은 사람은 상대에게 두 배로 갚아라.

10 어떤 사람이 다른 사람에게 나귀나 소나 양이나 그밖의 어떤 짐승을 맡겼는데, 그 짐승이 죽거나 다치거나 아무도 모르게 끌려갔으면,

11 짐승을 맡은 사람은 여호와 앞에서 이웃의 짐승에게 손을 대지 않았다고 맹세하여라. 그러면 주인은 그 맹세를 받아들여야 하고, 짐승을 맡은 사람은 물어주지 않아도 된다.

12 그러나 짐승을 맡은 사람이 도둑질한 것이라면, 주인에게 물어주어라.

13 만약 그 짐승이 맹수에게 찢겨 죽었다면, 죽은 짐승을 증거로 보여라. 찢겨 죽은 짐승은 물어주지 않아도 된다.

Protection of Property

22 •*"If someone steals an ox* or sheep and then kills or sells it, the thief must pay back five oxen for each ox stolen, and four sheep for each sheep stolen.

2 •*"If a thief is caught in the act of breaking into a house and is struck and killed in the process, the person who killed the thief is not 3 guilty of murder. •But if it happens in daylight, the one who killed the thief is guilty of murder.

"A thief who is caught must pay in full for everything he stole. If he cannot pay, he must 4 be sold as a slave to pay for his theft. •If someone steals an ox or a donkey or a sheep and it is found in the thief's possession, then the thief must pay double the value of the stolen animal.

5 •"If an animal is grazing in a field or vineyard and the owner lets it stray into someone else's field to graze, then the animal's owner must pay compensation from the best of his own grain or grapes.

6 •"If you are burning thornbushes and the fire gets out of control and spreads into another person's field, destroying the sheaves or the uncut grain or the whole crop, the one who started the fire must pay for the lost crop.

7 •"Suppose someone leaves money or goods with a neighbor for safekeeping, and they are stolen from the neighbor's house. If the thief is caught, the compensation is double the value of 8 what was stolen. •But if the thief is not caught, the neighbor must appear before God,* who will determine if he stole the property.

9 •"Suppose there is a dispute between two people who both claim to own a particular ox, donkey, sheep, article of clothing, or any lost property. Both parties must come before God, and the person whom God declares* guilty must pay double compensation to the other.

10 •"Now suppose someone leaves a donkey, ox, sheep, or any other animal with a neighbor for safekeeping, but it dies or is injured or is taken away, and no one sees what happened. 11 •The neighbor must then take an oath in the presence of the LORD. If the LORD confirms that the neighbor did not steal the property, the owner must accept the verdict, and no pay-12 ment will be required. •But if the animal was indeed stolen, the guilty person must pay com-13 pensation to the owner. •If it was torn to pieces by a wild animal, the remains of the carcass must be shown as evidence, and no compensation will be required.

22:1a Verse 22:1 is numbered 21:37 in Hebrew text.　22:1b Or *bull*, or *cow*; also in 22:4, 9, 10. 22:2 Verses 22:2-31 are numbered 22:1-30 in Hebrew text.　22:8 Or *before the judges.*　22:9 Or *before the judges, and the person whom the judges declare.*

14 어떤 사람이 이웃에게서 짐승을 빌렸는데 주인 이 없는 자리에서 그 짐승이 다치거나 죽었으면, 빌린 사람은 그것을 다 물어주어라.
15 만약 그 자리에 주인이 있었으면, 물어주지 않아도 된다. 그 짐승이 세를 낸 것이면 주인은 셋돈만 받아라."

여러 가지 관계에 관한 법

16 "어떤 사람이 아직 약혼하지 않은 처녀를 꾀어서 잠자리를 함께 하였으면, 그는 신부의 몸값을 내고 그 여자를 아내로 맞아들여라.
17 그러나 만약 여자의 아버지가 자기 딸을 그에게 주지 않겠다고 하면, 그는 순수한 처녀로 시집가는 신부의 몸값과 똑같은 돈을 치러야 한다.
18 무당은 살려 두지 마라.
19 짐승과 잠자리를 함께 하는 사람은 죽여라.
20 여호와 외의 다른 신에게 제물을 바치는 사람은 없애 버려라.
21 나그네를 억누르거나 학대하지 마라. 너희도 이집트 땅에서 나그네였다는 것을 잊지 마라.
22 과부나 고아를 괴롭히지 마라.
23 만약 그들을 괴롭히면, 그들이 내게 부르짖을 때 내가 반드시 그들의 부르짖음에 귀를 기울일 것이다.
24 나의 노가 불붙듯 일어나 칼로 너희를 죽일 것이다. 그리하여 너희 아내들은 과부가 되고, 너희 자녀는 고아가 될 것이다.
25 너와 함께 살고 있는 내 백성 중에서 가난한 사람에게 돈을 빌려 줄 때는 빚쟁이처럼 굴지 말고, 이자도 받지 마라.
26 만약 이웃의 겉옷을 담보로 잡았으면, 해가 지기 전에 그것을 돌려주어라.
27 그가 몸을 덮을 것이라곤 그 겉옷뿐이다. 그것이 없으면 달리 무엇으로 몸을 덮고 자겠느냐? 그가 나에게 부르짖으면 나는 들어 줄 것이다. 왜냐하면 나는 자비롭기 때문이다.
28 너희는 재판장을 욕하거나 너희 백성의 지도자를 저주하지 마라.
29 처음 추수한 것을 나에게 바치는 일을 미루지 마라. 너희가 거둔 첫 곡식과 포도주를 나에게 바쳐라. 그리고 너희의 맏아들도 나에게 바쳐라.
30 너희의 소나 양도 마찬가지이다. 소나 양의 첫 새끼도 칠 일 동안은 어미와 함께 있게 하고, 팔 일에는 나에게 바쳐라.
31 너희는 나에게 거룩한 백성이 될 것이다. 그러므로 너희는 들에서 맹수에게 찢겨 죽은 짐승의 고기를 먹지 말고, 그런 고기는 개에게 주어라."

14 • "If someone borrows an animal from a
neighbor and it is injured or dies when the
owner is absent, the person who borrowed it
15 must pay full compensation. • But if the owner
was present, no compensation is required. And
no compensation is required if the animal was
rented, for this loss is covered by the rental fee.

Social Responsibility

16 • "If a man seduces a virgin who is not engaged
to anyone and has sex with her, he must pay
17 the customary bride price and marry her. • But
if her father refuses to let him marry her, the
man must still pay him an amount equal to the
bride price of a virgin.
18 • "You must not allow a sorceress to live.
19 • "Anyone who has sexual relations with an
animal must certainly be put to death.
20 • "Anyone who sacrifices to any god other
than the LORD must be destroyed.*
21 • "You must not mistreat or oppress foreigners in any way. Remember, you yourselves were once foreigners in the land of Egypt.
22 • "You must not exploit a widow or an
23 orphan. • If you exploit them in any way and
they cry out to me, then I will certainly hear
24 their cry. • My anger will blaze against you, and
I will kill you with the sword. Then your wives
will be widows and your children fatherless.
25 • "If you lend money to any of my people
who are in need, do not charge interest as a
26 money lender would. • If you take your neighbor's cloak as security for a loan, you must
27 return it before sunset. • This coat may be the
only blanket your neighbor has. How can a person sleep without it? If you do not return it and your neighbor cries out to me for help, then I will hear, for I am merciful.
28 • "You must not dishonor God or curse any of your rulers.
29 • "You must not hold anything back when you give me offerings from your crops and your wine.

"You must give me your firstborn sons.
30 • "You must also give me the firstborn of your cattle, sheep, and goats. But leave the newborn animal with its mother for seven days; then give it to me on the eighth day.
31 • "You must be my holy people. Therefore, do not eat any animal that has been torn up and killed by wild animals. Throw it to the dogs.

compensation [kàmpənséiʃən] *n.* 보상
exploit [iksplɔ́it] *vt.* 착취하다
seduce [sidjú:s] *vt.* 부추기다
23:4 stray away : 방황하다, 길을 잃다

22:20 The Hebrew term used here refers to the complete consecration of things or people to the LORD, either by destroying them or by giving them as an offering.

재판에 관한 법

23 [1] "너희는 거짓된 소문을 퍼뜨리지 마라. 너희는 나쁜 사람과 손잡고 거짓 증언을 하지 마라.

2 다른 사람들이 다 악한 일을 한다고 해서 너희도 악한 일을 하면 안 된다. 다른 사람들이 다 거짓 증언을 한다고 해서 너희도 함께 거짓 증언을 하여 공정한 재판을 방해하면 안 된다.

3 재판을 할 때, 무조건 가난한 사람을 편들지 마라.

4 너희 원수의 소나 나귀가 길을 잃고 헤매는 것을 보면, 그것을 돌려주어라.

5 너희를 미워하는 사람의 나귀가 무거운 짐을 못 이겨 쓰러져 있는 것을 보면 그대로 내버려 두지 말고, 너희를 미워하는 사람을 도와 나귀를 일으켜 세워 주어라.

6 너희는 가난한 사람이라고 해서 그에게 불리한 재판을 하지 마라.

7 거짓 고발을 하지 마라. 죄 없는 사람과 정직한 사람에게 벌을 내려 죽이지 마라. 나는 그런 죄인을 죄 없다고 하지 않을 것이다.

8 재판을 할 때에 돈을 받고 거짓말을 하지 마라. 뇌물은 사람의 눈을 멀게 하여 정직한 사람이 거짓말을 하도록 만든다.

9 나그네를 학대하지 마라. 너희도 이집트에서 나그네로 살았으니 나그네의 마음을 잘 알지 않느냐?'"

안식일에 관한 법

10 "여섯 해 동안은 너희 땅에서 식물을 심고, 거기에서 나는 것을 거두어라.

11 하지만 일곱째 되는 해에는 땅을 갈거나 씨를 뿌리지 마라. 거기에서 무엇이 저절로 자라거든 너희 백성 중에서 가난한 사람들이 먹게 하고, 그들이 남긴 것은 들짐승이 먹게 하여라. 포도원이나 올리브 밭도 마찬가지이다.

12 너희는 육 일 동안은 일을 하고, 칠 일째 되는 날에는 쉬어라. 그래서 너희의 소나 나귀도 쉬게 하고, 너희 집에서 태어난 종과 나그네도 쉬게 하여라.

13 내가 너희에게 한 말을 다 지켜라. 다른 신들의 이름을 기억하지도 마라. 다른 신들의 이름은 너희 입 밖에도 내지 마라."

세 가지 절기

14 "너희는 일 년에 세 차례 나를 기념하는 절기를 지켜라.

15 너희는 무교절을 지켜라. 내가 명령한 대로 너희는 아빕 월*의 정해진 때에 칠 일 동안 무교병을 먹어라. 왜냐하면 그달에 너희가 이집트에서 나왔기 때문이다. 누구든지 나에게 예배드리러 올 때는 예물을 가지고 오너라.

A Call for Justice

23 [1] "You must not pass along false rumors. You must not cooperate with evil people by lying on the witness stand.

2 "You must not follow the crowd in doing wrong. When you are called to testify in a dispute, do not be swayed by the crowd 3 to twist justice. •And do not slant your testimony in favor of a person just because that person is poor.

4 • "If you come upon your enemy's ox or donkey that has strayed away, take it back to 5 its owner. •If you see that the donkey of someone who hates you has collapsed under its load, do not walk by. Instead, stop and help.

6 • "In a lawsuit, you must not deny justice to the poor.

7 • "Be sure never to charge anyone falsely with evil. Never sentence an innocent or blameless person to death, for I never declare a guilty person to be innocent.

8 • "Take no bribes, for a bribe makes you ignore something that you clearly see. A bribe makes even a righteous person twist the truth.

9 • "You must not oppress foreigners. You know what it's like to be a foreigner, for you yourselves were once foreigners in the land of Egypt.

10 • "Plant and harvest your crops for six 11 years, •but let the land be renewed and lie uncultivated during the seventh year. Then let the poor among you harvest whatever grows on its own. Leave the rest for wild animals to eat. The same applies to your vineyards and olive groves.

12 • "You have six days each week for your ordinary work, but on the seventh day you must stop working. This gives your ox and your donkey a chance to rest. It also allows your slaves and the foreigners living among you to be refreshed.

13 • "Pay close attention to all my instructions. You must not call on the name of any other gods. Do not even speak their names.

Three Annual Festivals

14 • "Each year you must celebrate three festi-15 vals in my honor. •First, celebrate the Festival of Unleavened Bread. For seven days the bread you eat must be made without yeast, just as I commanded you. Celebrate this festival annually at the appointed time in early spring, in the month of Abib,* for

---

23:15 Hebrew *appointed time in the month of Abib*. This first month of the ancient Hebrew lunar calendar usually occurs within the months of March and April.

23:15 '아빕 월'은 히브리력의 첫 번째 달로서, 3월에서 4월 사이에 해당된다.

16 너희는 맥추절을 지켜라. 너희는 밭에 심어서 가꾼 것 중에서 처음으로 거둔 것을 내게 바쳐라. 그리고 너희가 애써 가꾼 열매를 거둬들여 그것을 저장하는 연말에 수장절을 지켜라.

17 일 년에 세 차례, 남자는 다 여호와 하나님께 예배드리러 나아오너라.

18 나에게 희생 제물의 피를 바칠 때 누룩이 든 빵과 함께 바치지 마라. 그리고 절기 때에 나에게 바친 희생 제물의 기름을 다음 날 아침까지 남겨 두지 마라.

19 너희는 너희 땅의 가장 좋은 첫 열매를 너희 하나님 여호와의 집으로 가져오너라. 너희는 새끼 염소를 그 어미의 젖으로 삶지 마라."

약속

20 "내가 천사를 너희 앞에 보내어 너희의 길을 지키고 내가 준비한 곳으로 너희를 인도하게 할 것이다.

21 너희는 그 천사의 말을 잘 듣고 그의 목소리에 귀를 기울여라. 그의 말을 어기지 마라. 그는 너희의 그러한 죄를 용서하지 않을 것이다. 그것은 내 이름이 그 안에 있기 때문이다.

22 그가 하는 모든 말을 귀담아 듣고 나의 말대로 하면, 내가 너희의 원수를 나의 원수로 삼을 것이며, 너희의 적을 나의 적으로 삼을 것이다.

23 나의 천사가 앞장서서 너희를 아모리 사람, 헷 사람, 브리스 사람, 가나안 사람, 히위 사람, 그리고 여부스 사람의 땅으로 인도하리니, 내가 그들을 멸망시킬 것이다.

24 너희는 그들의 신에게 절을 하거나 예배하지 마라. 너희는 그 백성이 사는 것을 본받지 마라. 너희는 그들의 우상을 없애 버리고 그들이 예배할 때에 사용하는 돌 기둥을 무너뜨려라.

25 너희는 너희 하나님 여호와께 예배드려라. 그러면 내가 너희의 물과 빵에 복을 내리며 너희에게서 병을 없애 주겠다.

26 여자의 아기가 배 속에 있을 때에 죽는 일이 없게 하며 아기를 낳지 못하는 여자도 없게 하겠다. 그리고 너희는 수명이 다하기까지 살 것이다.

27 나는 너희의 원수들이 나를 두려워해야 한다는 사실을 미리 알게 하여, 너희와 맞서 싸우는 백성을 혼란에 빠뜨리고, 너희의 모든 원수들이 너희 앞에서 도망가게 하겠다.

28 왕벌을 네 앞에 보내서 히위 사람과 가나안 사람과 헷 사람을 쫓아내겠다.

29 하지만 그 백성들을 일 년 안에 쫓아내지는 않을 것이다. 그렇게 하면 그 땅이 광야가 될 것이며, 그 땅에 들짐승이 너무 많아져 너희를 해칠

that is the anniversary of your departure from Egypt. No one may appear before me without an offering.

16 • "Second, celebrate the Festival of Harvest,* when you bring me the first crops of your harvest.

"Finally, celebrate the Festival of the Final Harvest* at the end of the harvest season, when you have harvested all the crops from your fields.

17 • At these three times each year, every man in Israel must appear before the Sovereign, the LORD.

18 • "You must not offer the blood of my sacrificial offerings together with any baked goods containing yeast. And do not leave the fat from the festival offerings until the next morning.

19 • "As you harvest your crops, bring the very best of the first harvest to the house of the LORD your God.

"You must not cook a young goat in its mother's milk.

A Promise of the LORD's Presence

20 • "See, I am sending an angel before you to protect you on your journey and lead you safely to

21 the place I have prepared for you. • Pay close attention to him, and obey his instructions. Do not rebel against him, for he is my representative,

22 and he will not forgive your rebellion. • But if you are careful to obey him, following all my instructions, then I will be an enemy to your enemies, and I will oppose those who oppose you.

23 • For my angel will go before you and bring you into the land of the Amorites, Hittites, Perizzites, Canaanites, Hivites, and Jebusites, so you may live there. And I will destroy them completely.

24 • You must not worship the gods of these nations or serve them in any way or imitate their evil practices. Instead, you must utterly destroy them and smash their sacred pillars.

25 • "You must serve only the LORD your God. If you do, I* will bless you with food and water,

26 and I will protect you from illness. • There will be no miscarriages or infertility in your land, and I will give you long, full lives.

27 • "I will send my terror ahead of you and create panic among all the people whose lands you invade. I will make all your enemies turn and

28 run. • I will send terror* ahead of you to drive out

29 the Hivites, Canaanites, and Hittites. • But I will not drive them out in a single year, because the

---

23:16a Or *Festival of Weeks*. This was later called the Festival of Pentecost (see Acts 2:1). It is celebrated today as Shavuat (or Shabuoth). 23:16b Or *Festival of Ingathering*. This was later called the Festival of Shelters or Festival of Tabernacles (see Lev 23:33-36). It is celebrated today as Sukkot (or Succoth). 23:25 As in Greek and Latin versions; Hebrew reads *he*. 23:28 Often rendered *the hornet*. The meaning of the Hebrew is uncertain.

것이기 때문이다.

30 그 대신, 그 백성들을 너희 땅에서 아주 조금씩 쫓아 내리니, 나는 너희가 강해져서 그 땅을 차지할 때까지 기다릴 것이다.

31 나는 너희 땅의 경계선을 홍해에서 블레셋 바다까지 정하고 광야에서 유프라테스 강에 이르는 땅도 줄 것이다. 나는 현재 그 땅에서 살고 있는 사람들을 이길 힘을 너희에게 줄 것이다. 너희는 그들을 쫓아 내어라.

32 너희는 그 백성들이나 그들의 신들과 언약을 맺지 마라.

33 너희는 그들이 너희 땅에서 살도록 내버려 두지 마라. 그들이 그 땅에서 그냥 살면 그들은 너희들이 나에게 죄를 짓도록 만들 것이다. 만약 너희가 그들의 신을 예배하면, 너희는 덫에 빠진 사람과 같아질 것이다."

하나님과 이스라엘이 언약을 맺음

24 또 주님께서 모세에게 말씀하셨습니다. "너와 아론과 나답과 아비후와 이스라엘의 장로 칠십 명은 나 여호와에게 올라와서 멀리서 나를 예배하여라.

2 그런 다음 너 모세만 여호와께 가까이 나아오너라. 다른 사람들은 가까이 오지 말고, 백성도 모세를 따라 이 산으로 올라오지 마라."

3 모세는 백성에게 여호와의 모든 말씀과 규례를 전해 주었습니다. 그러자 모든 백성이 한목소리로 대답했습니다. "우리는 여호와께서 하신 말씀을 그대로 따르겠습니다."

4 모세는 여호와의 말씀을 다 적었습니다. 이튿날 모세는 아침 일찍 일어나서 산기슭에 제단을 쌓았습니다. 그리고 이스라엘의 열두 지파를 위하여 돌 열두 개를 쌓았습니다.

5 모세는 이스라엘 백성 가운데서 젊은이들을 보내 태워 드리는 제물인 번제물을 바치게 했습니다. 그들은 또 화목 제물로 여호와께 소를 바쳤습니다.

6 모세는 피를 가져다가 그 중 절반은 그릇에 담고, 나머지 절반은 제단 위에 뿌렸습니다.

7 그리고 모세는 언약의 책을 가져다가 백성에게 읽어 주었습니다. 그러자 백성은 "우리는 여호와께서 하신 말씀을 그대로 따르겠습니다. 우리는 주님께 복종하겠습니다"라고 말했습니다.

8 모세는 그릇에 담긴 피를 가지고 백성에게 뿌리며 말했습니다. "이 피는 이 모든 말씀에 대하여 여호와께서 너희와 맺는 언약의 피다."

9 모세와 아론과 나답과 아비후와 이스라엘의 장로 칠십 명은 산으로 올라갔습니다.

10 그들은 이스라엘의 하나님을 보았습니다. 하나님

---

30 land would become desolate and the wild animals would multiply and threaten you. •I will drive them out a little at a time until your population has increased enough to take possession of the land. •And I will fix your

31 boundaries from the Red Sea to the Mediterranean Sea,* and from the eastern wilderness to the Euphrates River.* I will hand over to you the people now living in the land, and you will drive them out ahead of you.

32 • "Make no treaties with them or their

33 gods. •They must not live in your land, or they will cause you to sin against me. If you serve their gods, you will be caught in the trap of idolatry."

Israel Accepts the LORD's Covenant

24 Then the LORD instructed Moses: "Come up here to me, and bring along Aaron, Nadab, Abihu, and seventy of Israel's elders. All of you must worship from

2 a distance. •Only Moses is allowed to come near to the LORD. The others must not come near, and none of the other people are allowed to climb up the mountain with him."

3 •Then Moses went down to the people and repeated all the instructions and regulations the LORD had given him. All the people answered with one voice, "We will do everything the LORD has commanded."

4 •Then Moses carefully wrote down all the LORD's instructions. Early the next morning Moses got up and built an altar at the foot of the mountain. He also set up twelve pillars, one for each of the twelve tribes of

5 Israel. •Then he sent some of the young Israelite men to present burnt offerings and to sacrifice bulls as peace offerings to the

6 LORD. •Moses drained half the blood from these animals into basins. The other half he splattered against the altar.

7 •Then he took the Book of the Covenant and read it aloud to the people. Again they all responded, "We will do everything the LORD has commanded. We will obey."

8 •Then Moses took the blood from the basins and splattered it over the people, declaring, "Look, this blood confirms the covenant the LORD has made with you in giving you these instructions."

9 •Then Moses, Aaron, Nadab, Abihu, and the seventy elders of Israel climbed up the

10 mountain. •There they saw the God of Israel. Under his feet there seemed to be a

miscarriage [mískǽridʒ] *n.* 유산
splatter [splǽtər] *vt.* (물 등을) 튀기다

23:31a Hebrew *from the sea of reeds to the sea of the Philistines.* 23:31b Hebrew *from the wilderness to the river.*

의 발 아래는 마치 청옥을 갈아 놓은 것처럼 보였
고 그것은 마치 하늘처럼 맑았습니다.

11 이스라엘의 지도자들은 하나님을 보았습니다. 하
지만 하나님께서는 그들을 멸망시키지 않으셨고,
그들은 함께 먹고 마셨습니다.

돌판을 받은 모세

12 여호와께서 모세에게 말씀하셨습니다. "내가 있
는 산으로 올라와서 기다려라. 내가 너에게 돌판
두 개를 주겠다. 거기에는 내가 백성에게 가르치
려고 쓴 가르침과 명령이 적혀 있다."

13 그래서 모세는 자기 보좌관 여호수아를 데리고 길
을 떠났습니다. 모세는 하나님의 산인 시내산으로
올라갔습니다.

14 모세가 장로들에게 말했습니다. "아론과 훌이 여
러분과 함께 있을 것이니, 우리가 돌아올 때까지
여기서 기다리시오. 누구든지 문제가 생기면 아론
과 훌에게 가시오."

하나님을 만나는 모세

15 모세가 산에 올라가자, 구름이 산을 덮었습니다.

16 여호와의 영광이 시내산으로 내려왔습니다. 구름
은 육 일 동안, 산을 덮고 있었습니다. 칠 일째 되는
날, 여호와께서 구름 속에서 모세를 부르셨습니
다.

17 이스라엘 백성은 마치 산꼭대기에서 타오르는 불
과 같은 여호와의 영광을 보았습니다.

18 모세는 구름 속으로 들어가서 산 위로 올라갔습니
다. 모세는 사십 일 밤낮을 산 위에 있었습니다.

여호와께 바치는 예물

25 여호와께서 모세에게 말씀하셨습니다.
2 "이스라엘 백성에게 말하여 나에게 예물
을 가져오게 하여라. 바치고자 하는 마음이 우러
나와서 바치는 자들의 예물을 받아라.

3 네가 백성에게서 받을 예물은 이러하니, 금, 은,
놋,

4 파란 실, 자주색 실, 빨간 실, 고운 모시, 염소털,

5 붉게 물들인 숫양 가죽, 부드러운 가죽, 조각목,*

6 등잔 기름, 분향할 때 쓰는 향료, 사람 머리에 붓는
기름,

7 대제사장의 예복인 에봇과 가슴 덮개에 달 줄마노
와 보석들이다.

8 *백성에게 말하여 나를 위한 거룩한 집인 성소를 짓
게 하여라. 내가 그곳에 있으면서 백성과 함께 살
것이다.*

9 내가 너에게 보여 주는 것과 똑같은 모양으로 회막
과 그 안에 들어갈 모든 것을 만들어라."

언약궤

10 "조각목으로 궤를 만들어라. 그 상자는 길이가 이

---

surface of brilliant blue lapis lazuli, as clear as
11 the sky itself. ●And though these nobles of
Israel gazed upon God, he did not destroy
them. In fact, they ate a covenant meal, eat-
ing and drinking in his presence!

12 ●Then the LORD said to Moses, "Come up
to me on the mountain. Stay there, and I will
give you the tablets of stone on which I have
inscribed the instructions and commands so
13 you can teach the people." ●So Moses and his
assistant Joshua set out, and Moses climbed up
the mountain of God.

14 ●Moses told the elders, "Stay here and wait
for us until we come back. Aaron and Hur are
here with you. If anyone has a dispute while I
am gone, consult with them."

15 ●Then Moses climbed up the mountain,
16 and the cloud covered it. ●And the glory of
the LORD settled down on Mount Sinai, and
the cloud covered it for six days. On the sev-
enth day the LORD called to Moses from
17 inside the cloud. ●To the Israelites at the foot
of the mountain, the glory of the LORD
appeared at the summit like a consuming
18 fire. ●Then Moses disappeared into the cloud
as he climbed higher up the mountain. He
remained on the mountain forty days and
forty nights.

Offerings for the Tabernacle

25 1-2 The LORD said to Moses, ● "Tell the
people of Israel to bring me their sacred
offerings. Accept the contributions from all
3 whose hearts are moved to offer them. ●Here
is a list of sacred offerings you may accept
from them:

gold, silver, and bronze;
4 ● blue, purple, and scarlet thread;
fine linen and goat hair for cloth;
5 ● tanned ram skins and fine
goatskin leather;
acacia wood;
6 ● olive oil for the lamps;
spices for the anointing oil and the
fragrant incense;
7 ● onyx stones, and other gemstones to be
set in the ephod and the priest's
chestpiece;

8 ● "Have the people of Israel build me a
holy sanctuary so I can live among them.
9 ●You must build this Tabernacle and its fur-
nishings exactly according to the pattern I
will show you.

Plans for the Ark of the Covenant

10 ● "Have the people make an Ark of acacia
wood—a sacred chest 45 inches long, 27 inch-

25:5 '조각목'은 '아카시아 나무'를 가리킨다.

규빗 반,* 너비가 일 규빗 반,* 높이가 일 규빗 반이 되게 하여라.

11 궤의 안과 밖을 금으로 입히고, 그 둘레에는 금테를 둘러라.

12 궤를 위해 금고리 네 개를 만들어서 밑의 네 모서리에 달아라. 한쪽에 두 개를 달고, 다른 쪽에 두 개를 달아라.

13 조각목으로 채를 만들어서 금으로 입혀라.

14 그 채들을 궤의 네 모서리에 있는 고리에 끼워서 궤를 운반할 때 사용하여라.

15 그 채들은 언제나 궤의 고리에 끼워 놓아라. 거기에서 채를 빼내지 마라.

16 궤 안에는 내가 너에게 줄 증거판을 넣어 두어라.

17 그리고 나서 순금으로 속죄판을 만들어라. 그것의 길이는 이 규빗 반, 너비는 일 규빗 반이 되게 하여라.

18 그리고 금을 두드려서 날개 달린 생물 모양을 한 그룹 둘을 만들어라. 그것을 속죄판 양쪽 끝에 하나씩 두어라.

19 그룹 하나는 속죄판 한쪽 끝에 두고, 다른 그룹은 다른 쪽 끝에 두어라. 그 그룹들을 속죄판에 잘 연결시켜서 전체가 하나가 되게 하여라.

20 그룹들의 날개를 위로 펴서 그 날개로 속죄판을 덮게 하고 속죄판 쪽으로 서로 마주 보게 하여라.

21 이 속죄판을 궤 위에 놓아라. 그리고 궤 안에는 내가 너에게 줄 증거판을 넣어 두어라.

22 내가 거기에서, 곧 언약궤 위에 있는 그룹 사이의 속죄판 위에서 너를 만나 줄 것이다. 내가 거기에서 이스라엘 백성에게 나의 모든 계명을 줄 것이다.”

상

23 “조각목으로 상을 만들어라. 그 상은 길이가 이 규빗, 너비가 일 규빗,* 높이가 일 규빗 반이 되게 하여라.

24 그 상을 순금으로 입히고, 둘레에는 금테를 둘러라.

25 상 둘레에 높이가 한 뼘쯤 되게 턱을 만들고, 그 턱에도 금테를 둘러라.

26 금고리 네 개를 만들어서 상의 네 모서리, 곧 상 다리가 있는 곳에 그 금고리를 붙여라.

27 상 위의 턱에 가깝게 고리를 붙여서 거기에 채를 끼워 상을 운반할 수 있게 하여라.

28 조각목으로 채를 만들고 금으로 입혀라. 상을 운반할 때는 그 채로 운반하여라.

29 상 위에 놓을 접시와 대접을 순금으로 만들어라. 병과 잔도 순금으로 만들어라. 이것들은 부어 드

11 es wide, and 27 inches high.* • Overlay it inside and outside with pure gold, and run a molding

12 of gold all around it. • Cast four gold rings and attach them to its four feet, two rings on each

13 side. • Make poles from acacia wood, and over-

14 lay them with gold. • Insert the poles into the

15 rings at the sides of the Ark to carry it. • These carrying poles must stay inside the rings; never

16 remove them. • When the Ark is finished, place inside it the stone tablets inscribed with the terms of the covenant,* which I will give to you.

17 • "Then make the Ark's cover—the place of atonement—from pure gold. It must be 45

18 inches long and 27 inches wide.* • Then make two cherubim from hammered gold, and place them on the two ends of the atonement

19 cover. • Mold the cherubim on each end of the atonement cover, making it all of one piece of

20 gold. • The cherubim will face each other and look down on the atonement cover. With their wings spread above it, they will protect it.

21 • Place inside the Ark the stone tablets inscribed with the terms of the covenant, which I will give to you. Then put the atone-

22 ment cover on top of the Ark. • I will meet with you there and talk to you from above the atonement cover between the gold cherubim that hover over the Ark of the Covenant.* From there I will give you my commands for the people of Israel.

Plans for the Table

23 • "Then make a table of acacia wood, 36 inches long, 18 inches wide, and 27 inches high.*

24 • Overlay it with pure gold and run a gold

25 molding around the edge. • Decorate it with a 3-inch border* all around, and run a gold

26 molding along the border. • Make four gold rings for the table and attach them at the four

27 corners next to the four legs. • Attach the rings near the border to hold the poles that are used

28 to carry the table. • Make these poles from aca-

29 cia wood, and overlay them with gold. • Make special containers of pure gold for the table— bowls, ladles, pitchers, and jars—to be used in

25:10 Hebrew *2.5 cubits* [115 centimeters] *long, 1.5 cubits* [69 centimeters] *wide, and 1.5 cubits high.* 25:16 Hebrew *Place inside the Ark the Testimony;* similarly in 25:21. The Hebrew word for "testimony" refers to the terms of the LORD's covenant with Israel as written on stone tablets, and also to the covenant itself. 25:17 Hebrew *2.5 cubits* [115 centimeters] *long and 1.5 cubits* [69 centimeters] *wide.* 25:22 Or *Ark of the Testimony.* 25:23 Hebrew *2 cubits* [92 centimeters] *long, 1 cubit* [46 centimeters] *wide, and 1.5 cubits* [69 centimeters] *high.* 25:25 Hebrew *a border of a handbreadth* [8 centimeters].

25:10 2.5규빗은 약 1.12m에 해당되고, 1.5규빗은 약 0.67m에 해당된다.
25:23 1규빗은 약 45cm에 해당된다.

리는 제물인 전제물을 바칠 때에 쓰는 것이다.

30 이 상 위에 진설병을 두고 항상 내 앞에 놓아 두어라."

등잔대

31 "순금을 두드려 등잔대를 만들어라. 그 밑받침과 자루와 등잔과 꽃받침과 꽃잎은 하나로 붙게 하여라.

32 등잔대의 옆으로는 가지가 여섯 개 나와야 하는데 한 쪽으로 세 개, 다른 쪽으로 세 개가 나오게 하여라.

33 각 가지에는 감복숭아꽃 모양의 잔을 세 개 만들고, 각 잔에는 꽃받침과 꽃잎을 만들어라.

34 등잔대의 자루에도 감복숭아꽃 모양의 잔을 네 개 만들고, 그 잔들에도 꽃받침과 꽃잎을 만들어라.

35 등잔대에서 뻗어 나온 가지 한 쌍마다 그 두 가지를 잇는 꽃받침을 아래에 만들어라.

36 가지들과 꽃받침들과 등잔대는 전체가 하나로 이어지게 하고 순금을 두드려 만들어라.

37 등잔 일곱 개를 만들어서 등잔대 위에 두어라. 그 등잔들은 등잔대 앞을 밝힐 것이다.

38 심지를 자르는 가위와 불똥 그릇도 순금으로 만들어라.

39 순금 한 달란트*로 등잔대와 그 모든 기구를 만들어라.

40 내가 산에서 보여 준 모양 그대로 만들어라."

회막

26 "고운 모시와 파란 실, 자주색 실, 그리고 빨간 실로 천 열 폭을 짜고 그것으로 회막을 만들어라. 그리고 정교한 솜씨로 날개 달린 생물 모양을 한 그룹을 수놓아라.

2 각 천은 크기를 같게 하여 길이는 이십팔 규빗,* 너비는 사 규빗*으로 하여라.

3 다섯 폭을 이어서 하나로 만들고, 나머지 다섯 폭도 이어서 하나로 만들어라.

4 이어서 만든 각 천의 제일 아랫부분 가장자리에 파란 천으로 고리를 만들어라.

5 첫째 천의 가장자리에 만들 고리의 수는 오십 개이며, 둘째 천의 가장자리에 만들 고리의 수도 오십 개이다. 이 고리를 만들어서 각 고리들이 서로 맞물리게 하여라.

6 그리고 금으로 갈고리 오십 개를 만들어서 그 갈고리들로 두 천을 연결시켜라. 그렇게 하면 전체 회막이 하나로 연결될 것이다.

7 회막을 덮을 다른 장막을 또 만들어라. 이 장막은 염소털로 짠 천 열한 폭으로 만들어라.

8 각 천은 크기를 같게 하여 길이는 삼십 규빗,* 너비는 사 규빗으로 하여라.

---

30 pouring out liquid offerings. ●Place the Bread of the Presence on the table to remain before me at all times.

Plans for the Lampstand

31 ●"Make a lampstand of pure, hammered gold. Make the entire lampstand and its decorations of one piece—the base, center stem, lamp cups,
32 buds, and petals. ●Make it with six branches going out from the center stem, three on each
33 side. ●Each of the six branches will have three lamp cups shaped like almond blossoms, com-
34 plete with buds and petals. ●Craft the center stem of the lampstand with four lamp cups shaped like almond blossoms, complete with
35 buds and petals. ●There will also be an almond bud beneath each pair of branches where the six branches extend from the center stem.
36 ●The almond buds and branches must all be of one piece with the center stem, and they
37 must be hammered from pure gold. ●Then make the seven lamps for the lampstand, and set them so they reflect their light forward.
38 ●The lamp snuffers and trays must also be
39 made of pure gold. ●You will need seventy-five pounds* of pure gold for the lampstand and its accessories.
40 ●"Be sure that you make everything according to the pattern I have shown you here on the mountain.

Plans for the Tabernacle

26 "Make the Tabernacle from ten curtains of finely woven linen. Decorate the curtains with blue, purple, and scarlet thread and with
2 skillfully embroidered cherubim. ●These ten curtains must all be exactly the same size—42 feet
3 long and 6 feet wide.* ●Join five of these curtains together to make one long curtain, then join the
4 other five into a second long curtain. ●Put loops of blue yarn along the edge of the last curtain in
5 each set. ●The fifty loops along the edge of one curtain are to match the fifty loops along the
6 edge of the other curtain. ●Then make fifty gold clasps and fasten the long curtains together with the clasps. In this way, the Tabernacle will be made of one continuous piece.
7 ●"Make eleven curtains of goat-hair cloth to serve as a tent covering for the Tabernacle.
8 ●These eleven curtains must all be exactly the same size—45 feet long and 6 feet wide.*

embroider [imbrɔ́idər] *vt.* 수놓다

25:39 Hebrew *1 talent* [34 kilograms].　26:2 Hebrew *28 cubits* [12.9 meters] *long and 4 cubits* [1.8 meters] *wide.*　26:8 Hebrew *30 cubits* [13.8 meters] *long and 4 cubits* [1.8 meters] *wide.*

25:39 1달란트는 약 34.27kg에 해당된다.
26:2 28규빗은 약 12.6m에 해당되고, 4규빗은 약 1.8m에 해당된다.
26:8 30규빗은 약 13.5m에 해당된다.

9 다섯 폭을 이어서 하나로 만들고, 나머지 여섯 폭도 이어서 하나로 만들어라. 여섯째 폭은 반으로 접어서 회막 앞을 덮어라.

10 이어서 만든 각 천의 제일 아랫부분 가장자리에 고리 오십 개를 만들고, 둘째 천의 가장자리에도 고리 오십 개를 만들어라.

11 그리고 놋갈고리 오십 개를 만들어 그 갈고리들로 두 천을 연결시켜라. 그렇게 하면 전체 덮개가 하나로 연결될 것이다.

12 나머지 천 반 폭은 회막 뒤에 늘어뜨려라.

13 이쪽에서 일 규빗, 저쪽에서 일 규빗이 남는 것을 회막의 양 옆에 늘어뜨려 회막을 덮어라.

14 회막을 덮을 덮개를 두 개 더 만들어라. 하나는 붉게 물들인 숫양 가죽으로 만들고, 바깥 덮개는 고운 가죽으로 만들어라.

15 조각목으로 회막을 세울 널빤지를 만들어라.

16 널빤지 한 장의 크기는 길이가 십 규빗,* 너비가 일 규빗 반*이 되게 하여라.

17 각 널빤지마다 말뚝 두 개를 박아서 서로 연결하고 회막의 모든 널빤지마다 그렇게 하여라.

18 회막의 남쪽에 세울 널빤지 이십 개를 만들어라.

19 각 널빤지마다 그 아래에 말뚝을 박아 연결시킬 은받침 두 개를 만들어라.

20 회막의 북쪽에 세울 널빤지 이십 개를 더 만들어라.

21 그리고 은받침 사십 개를 만들어 널빤지마다 은받침을 두 개씩 받쳐라.

22 너는 회막의 뒤쪽, 곧 서쪽에 세울 널빤지 여섯 개를 만들어라.

23 뒤쪽의 두 모서리에는 널빤지 두 개를 만들어 세워라.

24 각 모서리에 세울 두 널빤지는 서로 연결되어야 하며, 두 널빤지는 밑에서부터 꼭대기까지 쇠고리로 연결하여라.

25 그렇게 하면 회막의 뒤쪽에는 널빤지가 모두 여덟 개가 되며, 널빤지마다 은받침을 두 개씩 해서 은받침이 모두 열여섯 개가 되리라.

26 회막의 널빤지들을 연결할 빗장을 조각목으로 만들어라. 회막의 한 면에 빗장 다섯 개를 만들어라.

27 다른 면에도 빗장 다섯 개를 만들어라. 서쪽, 곧 뒤쪽의 널빤지들을 연결할 빗장 다섯 개도 만들어라.

28 널빤지들의 가운데에 연결할 빗장은 끝에서 저 끝까지 이어라.

29 너는 널빤지들을 금으로 입히고, 널빤지의 옆면에는 빗장을 끼울 금고리를 만들어라. 그리고 빗장들도 금으로 입혀라.

30 내가 이 산에서 너에게 보여 준 모양대로 회막을 세워라.

9 •Join five of these curtains together to make one long curtain, and join the other six into a second long curtain. Allow 3 feet of material from the second set of curtains to hang over

10 the front* of the sacred tent. •Make fifty loops for one edge of each large curtain.

11 •Then make fifty bronze clasps, and fasten the loops of the long curtains with the clasps. In this way, the tent covering will be made of

12 one continuous piece. •The remaining 3 feet* of this tent covering will be left to hang over

13 the back of the Tabernacle. Allow 18 inches* of remaining material to hang down over each side, so the Tabernacle is completely

14 covered. •Complete the tent covering with a protective layer of tanned ram skins and a layer of fine goatskin leather.

15 •"For the framework of the Tabernacle,

16 construct frames of acacia wood. •Each frame must be 15 feet high and 27 inches

17 wide,* •with two pegs under each frame.

18 Make all the frames identical. •Make twenty of these frames to support the curtains on the

19 south side of the Tabernacle. •Also make forty silver bases—two bases under each frame, with the pegs fitting securely into the

20 bases. •For the north side of the Tabernacle,

21 make another twenty frames, •with their forty silver bases, two bases under each frame.

22 •Make six frames for the rear—the west side

23 of the Tabernacle—•along with two additional frames to reinforce the rear corners of

24 Tabernacle. •These corner frames will be matched at the bottom and firmly attached at the top with a single ring, forming a single corner unit. Make both of these corner units the

25 same way. •So there will be eight frames at the rear of the Tabernacle, set in sixteen silver bases—two bases under each frame.

26 •"Make crossbars of acacia wood to link the frames, five crossbars for the north side of

27 the Tabernacle •and five for the south side. Also make five crossbars for the rear of the

28 Tabernacle, which will face west. •The middle crossbar, attached halfway up the frames, will run all the way from one end of the

29 Tabernacle to the other. •Overlay the frames with gold, and make gold rings to hold the crossbars. Overlay the crossbars with gold as well.

30 •"Set up this Tabernacle according to the pattern you were shown on the mountain.

reinforce [rìːinfɔ́ːrs] *vt.* 강화(보강)하다

26:9 Hebrew *Double over the sixth sheet at the front.* 26:12 Hebrew *The half sheet that is left over.* 26:13 Hebrew *1 cubit* [46 centimeters]. 26:16 Hebrew *10 cubits* [4.6 meters] *high and 1.5 cubits* [69 centimeters] *wide.*

26:16 10규빗은 약 4.5m에 해당되고, 1.5규빗은 약 67.5cm에 해당된다.

31 고운 모시와 파란 실, 자주색 실, 그리고 빨간 실로 휘장을 짜거라. 그리고 정교한 솜씨로 날개 달린 생물 모양을 한 그룹을 그 휘장 위에 수놓아라.

32 그 휘장을 조각목으로 만든 네 기둥 위에 늘어뜨려라. 금을 입힌 그 기둥들에는 금으로 만든 갈고리 네 개를 만들고, 이를 은받침 네 개 위에 세워라.

33 그 휘장을 천장에 있는 갈고리에 매달아 늘어뜨려라. 그리고 돌판 두 개가 들어 있는 언약궤를 휘장 안에 두어라. 이 휘장은 성소와 지성소를 구별하는 휘장이다.

34 지성소에 있는 언약궤 위에 속죄판을 덮어라.

35 휘장 바깥에 회막 북쪽으로 상을 놓아라. 그리고 회막의 남쪽, 곧 상의 맞은편에는 등잔대를 놓아라."

회막의 입구

36 "회막으로 들어가는 입구를 가리는 막을 만들어라. 파란 실, 자주색 실, 그리고 빨간 실로 막을 짜거라. 그리고 수를 잘 놓는 사람이 그 위에 수를 놓아라.

37 그리고 조각목으로 기둥 다섯 개를 만들어서 금을 입혀라. 금갈고리도 다섯 개를 만들어서 거기에 휘장을 걸어 늘어뜨려라. 그리고 기둥을 받칠 놋받침 다섯 개를 만들어라."

제단

27 "조각목으로 제단을 만들어라. 제단은 길이가 오 규빗,* 너비가 오 규빗인 정사각형이 되게 하고 높이는 삼 규빗*이 되게 하여라.

2 제단의 네 모서리에는 뿔을 하나씩 만들고, 그 뿔은 제단에 붙어 있게 하여라. 그런 다음에 제단 전체를 놋으로 입혀라.

3 놋으로 제단 위에서 쓸 모든 연장과 그릇을 만들어라. 재를 담는 통과 삽과 대야와 고기 갈고리와 불타는 나무를 옮길 때, 쓸 냄비를 만들어라.

4 불타는 나무를 담을 큰 놋그물을 만들어라. 석쇠의 네 모서리에는 놋고리 네 개를 만들어 붙여라.

5 그물을 제단 턱 아래, 땅과 제단 꼭대기의 중간쯤에 두어라.

6 조각목으로 제단을 옮기는 데 쓸 채를 만들어라. 그리고 그것을 놋으로 입혀라.

7 제단 양쪽의 고리에 채를 끼워 제단을 옮기는 데 사용하여라.

8 널빤지로 제단을 만들되 속은 비게 하여라. 내가 이 산에서 보여 준 모양 그대로 만들어라."

회막의 뜰

9 "너는 회막의 뜰을 만들어라. 남쪽에는 고운 모시로 만든, 길이가 백 규빗*인 휘장을 둘러서 울타리를 만들어라.

10 그쪽의 기둥 이십 개와 밑받침 이십 개는 놋으로 만들고, 기둥의 갈고리와 고리는 은으로 만들어라.

---

31 "For the inside of the Tabernacle, make a special curtain of finely woven linen. Decorate it with blue, purple, and scarlet thread and with skillfully embroidered cherubim. 32 Hang this curtain on gold hooks attached to four posts of acacia wood. Overlay the posts with gold, and set them in four silver bases. 33 Hang the inner curtain from clasps, and put the Ark of the Covenant* in the room behind it. This curtain will separate the Holy Place from the Most Holy Place.

34 "Then put the Ark's cover—the place of atonement—on top of the Ark of the 35 Covenant inside the Most Holy Place. Place the table outside the inner curtain on the north side of the Tabernacle, and place the lampstand across the room on the south side.

36 "Make another curtain for the entrance to the sacred tent. Make it of finely woven linen and embroider it with exquisite designs, using blue, purple, and scarlet 37 thread. Craft five posts from acacia wood. Overlay them with gold, and hang the curtain from them with gold hooks. Cast five bronze bases for the posts.

Plans for the Altar of Burnt Offering

27 "Using acacia wood, construct a square altar 7 1/2 feet wide, 7 1/2 feet long, and 4 1/2 feet high.* Make horns for each of its four corners so that the horns and altar are all one piece. Overlay the altar with bronze. 3 Make ash buckets, shovels, basins, meat 4 forks, and firepans, all of bronze. Make a bronze grating for it, and attach four bronze 5 rings at its four corners. Install the grating halfway down the side of the altar, under the 6 ledge. For carrying the altar, make poles from acacia wood, and overlay them with 7 bronze. Insert the poles through the rings on 8 the two sides of the altar. The altar must be hollow, made from planks. Build it just as you were shown on the mountain.

Plans for the Courtyard

9 "Then make the courtyard for the Tabernacle, enclosed with curtains made of finely woven linen. On the south side, make the 10 curtains 150 feet long.* They will be held up by twenty posts set securely in twenty bronze bases. Hang the curtains with silver

---

26:33 Or *Ark of the Testimony;* also in 26:34.
27:1 Hebrew *5 cubits* [2.3 meters] *wide, 5 cubits long, a square, and 3 cubits* [1.4 meters] *high.*
27:9 Hebrew *100 cubits* [46 meters]; also in 27:11.

27:1 5규빗은 약 2.25m에 해당되고, 3규빗은 약 1.35m에 해당된다.
27:9 100규빗은 약 45m에 해당된다.

11 남쪽과 마찬가지로 북쪽에도 길이가 백 규빗인 휘장을 둘러라. 그쪽도 기둥 이십 개와 밑받침 이십 개는 놋으로 만들고, 기둥의 갈고리와 고리는 은으로 만들어라.

12 서쪽에는 길이가 오십 규빗*인 휘장을 둘러서 울타리를 만들고, 기둥과 밑받침은 열 개씩 만들어라.

13 동쪽 울타리의 길이도 오십 규빗으로 하여라.

14 한 쪽 입구에는 길이가 십오 규빗*인 휘장을 치고, 거기에 기둥 세 개와 밑받침 세 개를 만들어라.

15 다른 쪽에도 길이가 십오 규빗인 휘장을 쳐라. 거기에도 기둥 세 개와 밑받침 세 개를 만들어라.

16 뜰로 들어가는 입구에는 길이가 이십 규빗*인 막을 만들어라. 그 막은 파란 실과 자주색 실과 빨간 실과 고운 모시로 정교하게 수놓아 짜라. 입구는 기둥 네 개와 밑받침 네 개로 만들어라.

17 뜰 둘레의 모든 기둥에는 은고리와 은갈고리와 놋밑받침을 만들어라.

18 뜰은 길이가 백 규빗, 너비가 오십 규빗이 되게 하여라. 뜰 둘레의 울타리 휘장은 높이가 오 규빗이 되게 하고, 그 휘장은 고운 모시로 만들어라. 기둥의 밑받침은 놋으로 하여라.

19 회막에서 쓰는 모든 기구는 놋으로 만들고 회막과 뜰의 울타리의 모든 말뚝도 놋으로 만들어라."

등잔 기름

20 "이스라엘 백성에게 명령하여 올리브를 짜서 만든 기름을 가져오게 하여라. 그 기름으로 등불을 항상 켜놓도록 하여라.

21 아론과 그의 아들들은 저녁부터 아침까지 여호와 앞에서 등불을 켜놓고 지켜라. 등불을 켜놓을 곳은 회막 안의 언약궤 앞에 쳐져 있는 휘장 밖이다. 이스라엘 백성과 그 자손은 지금부터 영원토록 이 규례를 지켜라."

제사장의 옷

28 "네 형 아론과 그의 아들인 나답과 아비후와 엘르아살과 이다말을 불러 너에게로 오게 하여라. 그들을 이스라엘 백성과 구별하여라. 그들은 나를 섬기는 제사장이 될 것이다.

2 네 형 아론을 위해 영광스럽고 아름답게 보이는 거룩한 옷을 만들어라.

3 내가 옷 짓는 일에 특별한 솜씨를 준 사람들을 불러서 아론의 옷을 만들게 하여라. 그 옷을 아론에게 입혀 나를 섬길 거룩한 제사장이 되게 하여라.

11 hooks and rings. • Make the curtains the same on the north side—150 feet of curtains held up by twenty posts set securely in bronze bases. Hang the curtains with silver hooks and rings.

12 • The curtains on the west end of the courtyard will be 75 feet long,* supported by ten posts set

13 into ten bases. • The east end of the courtyard,

14 the front, will also be 75 feet long. • The courtyard entrance will be on the east end, flanked by two curtains. The curtain on the right side will be 22 1/2 feet long,* supported by three posts set

15 into three bases. • The curtain on the left side will also be 22 1/2 feet long, supported by three posts set into three bases.

16 • "For the entrance to the courtyard, make a curtain that is 30 feet long.* Make it from finely woven linen, and decorate it with beautiful embroidery in blue, purple, and scarlet thread. Support it with four posts, each securely set in its

17 own base. • All the posts around the courtyard must have silver rings and hooks and bronze

18 bases. • So the entire courtyard will be 150 feet long and 75 feet wide, with curtain walls 7 1/2 feet high,* made from finely woven linen. The bases for the posts will be made of bronze.

19 • "All the articles used in the rituals of the Tabernacle, including all the tent pegs used to support the Tabernacle and the courtyard curtains, must be made of bronze.

Light for the Tabernacle

20 • "Command the people of Israel to bring you pure oil of pressed olives for the light, to keep the

21 lamps burning continually. • The lampstand will stand in the Tabernacle, in front of the inner curtain that shields the Ark of the Covenant.* Aaron and his sons must keep the lamps burning in the LORD's presence all night. This is a permanent law for the people of Israel, and it must be observed from generation to generation.

Clothing for the Priests

28 "Call for your brother, Aaron, and his sons, Nadab, Abihu, Eleazar, and Ithamar. Set them apart from the rest of the people of Israel so they may minister to me and be my

2 priests. • Make sacred garments for Aaron that

3 are glorious and beautiful. • Instruct all the skilled craftsmen whom I have filled with the spirit of wisdom. Have them make garments for Aaron that will distinguish him as a priest set

---

27:12 Hebrew *50 cubits* [23 meters]; also in 27:13.
27:14 Hebrew *15 cubits* [6.9 meters]; also in 27:15.
27:16 Hebrew *20 cubits* [9.2 meters]. 27:18 Hebrew *100 cubits* [46 meters] *long and 50 by 50* [23 meters] *wide and 5 cubits* [2.3 meters] *high.* 27:21 Hebrew *in the Tent of Meeting, outside the inner curtain that is in front of the Testimony.* See note on 25:16.

27:12 50규빗은 약 22.5m에 해당된다.
27:14 15규빗은 약 6.75m에 해당된다.
27:16 20규빗은 약 9m에 해당된다.

4 그들이 만들어야 할 옷은 이러하니 가슴 덮개와 대제사장의 예복인 에봇과 겉옷과 줄무늬 속옷과 관과 띠이다. 네 형 아론과 그의 아들들이 그들이 만들어 준 거룩한 옷을 입고 나를 섬기는 제사장이 될 수 있도록 하여라.

5 기술이 좋은 사람들은 금실, 파란 실, 자주색 실, 빨간 실과 고운 모시로 그 옷들을 만들어라."

에봇

6 "기술이 좋은 사람들은 금실, 파란 실, 자주색 실, 빨간 실과 고운 모시로 에봇을 정교하게 만들어라.

7 에봇의 위쪽 모서리에는 멜빵을 달아서 어깨에 멜 수 있게 하여라.

8 기술이 좋은 사람들은 공을 들여서 에봇에 매는 띠를 같은 솜씨로 만들어라. 그 띠는 금실, 파란 실, 자주색 실, 빨간 실과 고운 모시로 에봇에 붙여서 짜라.

9 줄마노 두 개를 가져다가 거기에 이스라엘의 열두 아들들의 이름을 새겨라.

10 한 보석에 여섯 명의 이름을 새기고, 다른 보석에도 여섯 명의 이름을 새겨라. 이름은 맏이부터 막내까지 나이 순서대로 새겨라.

11 마치 보석 다듬는 사람이 도장을 새기듯이 이스라엘의 아들들의 이름을 그 보석들에 새겨라. 그리고 그것을 금틀에 박아 넣어라.

12 그런 다음에 그 보석들을 에봇의 멜빵에 매달아라. 그것은 이스라엘의 열두 아들들을 기억나게 하는 보석이다. 아론은 그 이름들을 자기 어깨에 달고 다녀라. 그것은 여호와 앞에서 이스라엘의 아들들을 기억나게 하는 보석이다.

13 두 보석을 담을 금틀 두 개를 만들어라.

14 그리고 순금으로 노끈처럼 꼰 사슬 두 개를 만들고, 그 꼰 사슬을 금틀에 매달아라."

가슴 덮개

15 "너는 가슴 덮개를 만들어서 재판을 할 때 쓸 수 있도록 하여라. 에봇을 만든 것과 같은 방법으로 금실, 파란 실, 자주색 실, 빨간 실과 고운 모시로 정교하게 짜서 가슴 덮개를 만들어라.

16 가슴 덮개는 정사각형 모양으로 두 겹이 되게 하여 길이와 너비가 모두 한 뼘 정도 되게 하여라.

17 가슴 덮개에 네 줄로 아름다운 보석을 박아라. 첫째 줄에는 홍옥과 황옥과 녹주석을 박고

18 둘째 줄에는 홍수정, 청옥, 금강석을 박고

19 셋째 줄에는 호박과 백마노와 자수정을 박고

20 넷째 줄에는 녹주석과 줄마노와 벽옥을 박아라. 그리고 그 보석들을 금틀에 박아 넣어라.

21 가슴 덮개에는 보석이 모두 열두 개가 되게 하여라. 보석마다 열두 지파를 위해서 그 이름을 도장을 새기듯이 하나씩 새겨라.

---

4 apart for my service. •These are the garments they are to make: a chestpiece, an ephod, a robe, a patterned tunic, a turban, and a sash. They are to make these sacred garments for your brother, Aaron, and his sons to wear when they serve me as priests. 5 •So give them fine linen cloth, gold thread, and blue, purple, and scarlet thread.

Design of the Ephod

6 •"The craftsmen must make the ephod of finely woven linen and skillfully embroider it with gold and with blue, purple, and scarlet thread. •It will consist of two pieces, front and back, joined at the shoulders with two 8 shoulder-pieces. •The decorative sash will be made of the same materials: finely woven linen embroidered with gold and with blue, purple, and scarlet thread.

9 •Take two onyx stones, and engrave on 10 them the names of the tribes of Israel. •Six names will be on each stone, arranged in the order of the births of the original sons of 11 Israel. •Engrave these names on the two stones in the same way a jeweler engraves a seal. Then mount the stones in settings of 12 gold filigree. •Fasten the two stones on the shoulder-pieces of the ephod as a reminder that Aaron represents the people of Israel. Aaron will carry these names on his shoulders as a constant reminder whenever he 13 goes before the LORD. •Make the settings of 14 gold filigree, •then braid two cords of pure gold and attach them to the filigree settings on the shoulders of the ephod.

Design of the Chestpiece

15 •"Then, with great skill and care, make a chestpiece to be worn for seeking a decision from God.* Make it to match the ephod, using finely woven linen embroidered with gold and with blue, purple, and scarlet 16 thread. •Make the chestpiece of a single piece of cloth folded to form a pouch nine 17 inches* square. •Mount four rows of gemstones* on it. The first row will contain a red carnelian, a pale-green peridot, and an emer- 18 ald. •The second row will contain a turquoise, a blue lapis lazuli, and a white 19 moonstone. •The third row will contain an orange jacinth, an agate, and a purple 20 amethyst. •The fourth row will contain a blue-green beryl, an onyx, and a green 21 jasper. All these stones will be set in gold filigree. •Each stone will represent one of the twelve sons of Israel, and the name of that tribe will be engraved on it like a seal.

28:15 Hebrew *a chestpiece for decision.*   28:16 Hebrew *1 span* [23 centimeters].   28:17 The identification of some of these gemstones is uncertain.

22 가슴 덮개에 쓸 순금 사슬을 만들어라. 이 사슬들은 노끈처럼 꼬아 만들어라.

23 금고리 두 개를 만들고 그 금고리를 가슴 덮개의 위쪽 두 모서리에 달아라.

24 금사슬 두 개를 가슴 덮개의 양쪽 끝에 달려 있는 금고리 두 개에 하나씩 매고

25 금사슬의 다른 쪽 끝은 멜빵에 달려 있는 금틀에 매달아라. 그렇게 하면 금사슬은 에봇 앞쪽의 멜빵에 매달릴 것이다.

26 또 금고리를 두 개 더 만들어라. 그것을 가슴 덮개의 아래쪽 두 모서리, 곧 에봇과 맞닿는 안쪽 덮개에 매달아라.

27 그리고 금고리를 또 두 개 만들어라. 그것을 에봇 앞의 멜빵 끝, 곧 에봇의 공들여 짠 띠 위쪽 매는 곳에 매달아라.

28 가슴 덮개의 고리들을 에봇의 고리들과 파란 끈으로 묶어서 가슴 덮개가 에봇의 공들여 짠 띠 위에 놓이게 하고, 또 가슴 덮개가 에봇에 너무 느슨하게 연결되지 않도록 하여라.

29 아론은 성소에 들어갈 때, 이스라엘의 열두 아들의 이름을 가슴에 붙이고 들어가거라. 그 이름을 재판할 때, 도움을 주는 가슴 덮개 위에 새겨라. 그것은 여호와 앞에서 언제나 이스라엘을 기억나게 할 것이다.

30 우림과 둠밈을 가슴 덮개 안에 넣어라. 그 물건들은 아론이 여호와 앞에 나아갈 때, 그의 가슴 위에 있어야 한다. 그 물건들은 이스라엘 백성을 위해 재판할 때 도움을 줄 것이다. 아론은 언제나 여호와 앞에 나아갈 때마다 그것들을 몸에 지니고 있어야 한다.

31 에봇에 받쳐 입을 겉옷을 만들되 파란 실로만 만들어라.

32 그 가운데에는 아론의 머리가 들어갈 구멍을 만들고 구멍 둘레에는 깃을 짜서 구멍이 찢어지지 않도록 하여라.

33 파란 실과 자주색 실과 빨간 실로 석류 모양을 만들고 그 석류 모양을 겉옷 아래에 매달아라. 그리고 그 사이사이에는 금방울을 매달아라.

34 그래서 겉옷 아랫자락에 석류 모양과 금방울이 엇갈리면서 이어지도록 하여라.

35 아론은 제사장의 일을 행할 때에 그 옷을 입어라. 그렇게 해야 아론이 여호와를 섬기러 성소에 드나들 때에 방울 소리가 울릴 것이고, 그래야 죽지 않을 것이다.

36 순금으로 패를 만들어라. 마치 도장을 새기듯이 그 패 위에 '여호와께 성결' 이라는 글자를 새겨 넣어라.

37 그 금패를 제사장이 머리에 쓰는 관의 앞에 파란 끈으로 매어라.

38 아론은 그것을 자기 이마에 달아라. 그렇게 해서 이

---

22 • To attach the chestpiece to the ephod, make braided cords of pure gold thread.

23 • Then make two gold rings and attach them to the top corners of the chestpiece.

24 • Tie the two gold cords to the two rings on
25 the chestpiece. • Tie the other ends of the cords to the gold settings on the shoulder-
26 pieces of the ephod. • Then make two more gold rings and attach them to the inside edges of the chestpiece next to the ephod.

27 • And make two more gold rings and attach them to the front of the ephod, below the shoulder-pieces, just above the knot where the decorative sash is fastened to the ephod.

28 • Then attach the bottom rings of the chest-piece to the rings on the ephod with blue cords. This will hold the chestpiece securely to the ephod above the decorative sash.

29 • "In this way, Aaron will carry the names of the tribes of Israel on the sacred chest-piece* over his heart when he goes into the Holy Place. This will be a continual remin-
30 der that he represents the people when he comes before the LORD. • Insert the Urim and Thummim into the sacred chestpiece so they will be carried over Aaron's heart when he goes into the LORD's presence. In this way, Aaron will always carry over his heart the objects used to determine the LORD's will for his people whenever he goes in before the LORD.

Additional Clothing for the Priests

31 • "Make the robe that is worn with the ephod from a single piece of blue cloth,
32 • with an opening for Aaron's head in the middle of it. Reinforce the opening with a
33 woven collar* so it will not tear. • Make pomegranates out of blue, purple, and scar-let yarn, and attach them to the hem of the
34 robe, with gold bells between them. • The gold bells and pomegranates are to alternate
35 all around the hem. • Aaron will wear this robe whenever he ministers before the LORD, and the bells will tinkle as he goes in and out of the LORD's presence in the Holy Place. If he wears it, he will not die.

36 • "Next make a medallion of pure gold, and engrave it like a seal with these words:
37 HOLY TO THE LORD. • Attach the medallion with a blue cord to the front of Aaron's tur-
38 ban, where it must remain. • Aaron must wear it on his forehead so he may take on himself any guilt of the people of Israel when they consecrate their sacred offerings. He must always wear it on his forehead so the LORD will accept the people.

28:29 Hebrew *the chestpiece for decision;* also in 28:30. See 28:15.   28:32 The meaning of the Hebrew is uncertain.

스라엘 백성이 제물로 바치는 것에 무슨 잘못이 있으면 아론이 그 죄를 대신 담당하게 하여라. 아론이 언제나 그것을 머리에 달고 있으면 내가 백성의 제물을 받아 줄 것이다.

39 고운 모시로 줄무늬 속옷을 만들어라. 그리고 고운 모시로 머리에 쓸 관도 만들고, 수를 놓아 허리띠도 만들어라.

40 아론의 아들들을 위해서도 속옷과 허리띠와 관을 만들어라. 그래서 그들을 영광스럽고 아름답게 해 주어라.

41 이 옷들을 네 형제 아론과 그의 아들들에게 입혀라. 그리고 그들의 머리에 기름을 부어, 그들을 제사장으로 삼아라. 그들을 거룩하게 구별하여 나를 섬기는 제사장이 되게 하여라.

42 몸의 부끄러운 부분을 가리기 위해 그들에게 허리에서 넓적다리까지 덮는 모시 바지를 만들어 입혀라.

43 아론과 그의 아들들은 회막에 들어갈 때 이 바지를 입어야 한다. 만약 이 옷을 입지 않으면 그것은 죄가 되고, 그들은 죽을 것이다. 이것은 아론과 그의 자손이 지켜야 할 영원한 규례이다."

제사장을 거룩히 구별하여 세움

29 "너는 아론과 그의 아들들이 제사장으로서 나를 섬길 수 있도록 하여라. 그들을 거룩히 구별하여 세우는 법은 이와 같다. 수송아지 한 마리와 숫양 두 마리를 흠 없는 것으로 골라라.

2 무교병과 기름 섞인 무교 과자와 기름 바른 무교 전병을 고운 밀가루로 만들어라.

3 그것들을 모두 한 광주리에 담아서 그것을 수송아지와 숫양 두 마리와 함께 가지고 오너라.

4 아론과 그의 아들들을 회막 입구로 데려가서 물로 씻어라.

5 옷을 가지고 와서 속옷과 에봇의 겉옷과 대제사장의 예복인 에봇과 가슴 덮개를 아론에게 입혀라. 그리고 에봇을 공들여 짠 허리띠로 매 주어라.

6 아론의 머리에 관을 씌우고 거룩한 금패를 관에 매 달아라.

7 특별한 기름을 가져다가 아론의 머리에 부어 발라라.

8 그리고 나서 그의 아들들을 데려다가 속옷을 입히고

9 머리에 관을 씌우고 허리에도 띠를 띠게 하여라. 아론과 그의 자손은 영원한 규례에 따라 이스라엘에서 제사장이 될 것이다. 너는 이렇게 아론과 그의 아들들을 제사장으로 임명하여라.

10 너는 회막 앞으로 준비한 수송아지를 끌고 오너라. 아론과 그의 아들들은 그 송아지의 머리 위에 손을 얹어라.

11 그런 다음에 그 송아지를 여호와 앞에서, 곧 회막 입구에서 죽여라.

---

39 • "Weave Aaron's patterned tunic from fine linen cloth. Fashion the turban from this linen as well. Also make a sash, and decorate it with colorful embroidery.

40 • "For Aaron's sons, make tunics, sashes, and special head coverings that are glorious

41 and beautiful. •Clothe your brother, Aaron, and his sons with these garments, and then anoint and ordain them. Consecrate them

42 so they can serve as my priests. •Also make linen undergarments for them, to be worn next to their bodies, reaching from their hips

43 to their thighs. •These must be worn whenever Aaron and his sons enter the Tabernacle* or approach the altar in the Holy Place to perform their priestly duties. Then they will not incur guilt and die. This is a permanent law for Aaron and all his descendants after him.

Dedication of the Priests

29 "This is the ceremony you must follow when you consecrate Aaron and his sons to serve me as priests: Take a young

2 bull and two rams with no defects. •Then, using choice wheat flour and no yeast, make loaves of bread, thin cakes mixed with olive

3 oil, and wafers spread with oil. •Place them all in a single basket, and present them at the entrance of the Tabernacle, along with the young bull and the two rams.

4 • "Present Aaron and his sons at the entrance of the Tabernacle,* and wash them

5 with water. •Dress Aaron in his priestly garments—the tunic, the robe worn with the ephod, the ephod itself, and the chestpiece. Then wrap the decorative sash of the ephod

6 around him. •Place the turban on his head, and fasten the sacred medallion to the tur-

7 ban. •Then anoint him by pouring the

8 anointing oil over his head. •Next present his sons, and dress them in their tunics.

9 •Wrap the sashes around the waists of Aaron and his sons, and put their special head coverings on them. Then the right to the priesthood will be theirs by law forever. In this way, you will ordain Aaron and his sons.

10 • "Bring the young bull to the entrance of the Tabernacle, where Aaron and his sons

11 will lay their hands on its head. •Then slaughter the bull in the LORD's presence at

---

embroidery [imbrɔ́idəri] *n.* 자수; 자수품
incur [inkə́ːr] *vt.* (분노, 비난, 위험을) 초래하다
ordain [ɔːrdéin] *vt.* 임명하다
slaughter [slɔ́ːtər] *vt.* (가축을) 도살하다
28:43 perform one's duty : 직무를 수행하다

28:43 Hebrew *Tent of Meeting.*   **29:4** Hebrew *Tent of Meeting;* also in 29: 10, 11, 30, 32, 42, 44.

12 송아지의 피를 얼마쯤 가지고 제단으로 나아가거라. 너의 손가락으로 피를 제단 뿔들에 바르고 남은 피는 제단 밑에 부어라.

13 내장을 덮고 있는 기름을 다 떼어 내어라. 그리고 간에 붙어 있는 것과 두 콩팥과 거기에 붙어 있는 기름도 다 떼어 낸 다음에 그 기름들을 제단 위에서 태워라.

14 송아지의 고기와 가죽과 똥은 진 밖에서 태워라. 이것이 죄를 씻는 제사인 속죄제이다.

15 숫양 두 마리 중에서 한 마리를 끌고 오너라. 아론과 그의 아들들에게 숫양의 머리에 손을 얹게 하여라.

16 그런 다음에 숫양을 잡아라. 그 피를 제단 둘레에 뿌려라.

17 숫양을 여러 조각으로 잘라 내고 그 내장과 다리는 씻어서 그것들을 잘라 낸 조각과 머리를 함께 놓고

18 숫양 전체를 제단 위에서 태워라. 이것이 나 여호와께 불로 태워 바치는 번제이며 그 냄새가 나를 기쁘게 하는 화제이다.

19 나머지 숫양 한 마리를 끌고 오너라. 아론과 그의 아들들에게 그 숫양의 머리에 손을 얹게 하여라.

20 그런 다음에 숫양을 잡고 그 피를 받아서 아론과 그의 아들들의 오른쪽 귓불에 바르고 그들의 오른손 엄지와 오른발 엄지에도 발라라. 그리고 나머지 피는 제단 둘레에 뿌려라.

21 그리고 나서 제단에서 피를 얼마쯤 가져다가 제사장을 임명할 때에 쓰는 특별한 기름과 섞어라. 그것을 아론과 그의 옷에 뿌리고 아론의 아들들과 그들의 옷에도 뿌려라. 그렇게 하면 아론과 그의 아들들과 그들의 옷이 거룩해질 것이다.

22 그런 다음에 숫양에서 기름을 떼어 따로 두어라. 기름진 꼬리와 내장을 덮은 기름을 떼어 따로 두어라. 간에 붙어 있는 것과 두 콩팥과 거기에 붙어 있는 기름도 다 떼어 따로 두어라. 그리고 오른쪽 넓적다리를 잘라 내어 따로 두어라. 이것이 제사장을 임명할 때, 쓰는 숫양이다.

23 그 다음에 네가 여호와 앞에 놓아 둔 광주리, 즉 무교병 광주리를 가져오너라. 거기에서 빵 한 조각과 기름 섞인 과자 하나와 기름을 바른 전병 하나를 꺼내어라.

24 그것들을 아론과 그의 아들들의 손에 얹어 주어라. 그래서 그것들을 나 여호와 앞에서 흔들어 바치는 요제로 드려라.

25 그런 다음에 너는 그들의 손에서 그 과자들을 받아서 번제물과 함께 제단 위에서 모두 태워라. 이것은 나 여호와께 바치는 화제이니 그 냄새가 나 여호와를 기쁘게 한다.

26 그리고 나서 아론을 제사장으로 임명할 때 쓴 숫양의 가슴을 가져다가 여호와 앞에서 요제로 바쳐라. 그 가슴은 너희의 몫이다.

12 the entrance of the Tabernacle. •Put some of its blood on the horns of the altar with your finger, and pour out the rest at the

13 base of the altar. •Take all the fat around the internal organs, the long lobe of the liver, and the two kidneys and the fat around them, and burn it all on the altar.

14 •Then take the rest of the bull, including its hide, meat, and dung, and burn it outside the camp as a sin offering.

15 • "Next Aaron and his sons must lay their hands on the head of one of the rams.

16 •Then slaughter the ram, and splatter its

17 blood against all sides of the altar. •Cut the ram into pieces, and wash off the internal organs and the legs. Set them alongside the head and the other pieces of the body,

18 •then burn the entire animal on the altar. This is a burnt offering to the LORD; it is a pleasing aroma, a special gift presented to the LORD.

19 • "Now take the other ram, and have Aaron and his sons lay their hands on its

20 head. •Then slaughter it, and apply some of its blood to the right earlobes of Aaron and his sons. Also put it on the thumbs of their right hands and the big toes of their right feet. Splatter the rest of the blood

21 against all sides of the altar. •Then take some of the blood from the altar and some of the anointing oil, and sprinkle it on Aaron and his sons and on their garments. In this way, they and their garments will be set apart as holy.

22 • "Since this is the ram for the ordination of Aaron and his sons, take the fat of the ram, including the fat of the broad tail, the fat around the internal organs, the long lobe of the liver, and the two kidneys and the fat around them, along with the right

23 thigh. •Then take one round loaf of bread, one thin cake mixed with olive oil, and one wafer from the basket of bread without yeast that was placed in the LORD's

24 presence. •Put all these in the hands of Aaron and his sons to be lifted up as a spe-

25 cial offering to the LORD. •Afterward take the various breads from their hands, and burn them on the altar along with the burnt offering. It is a pleasing aroma to the

26 LORD, a special gift for him. •Then take the breast of Aaron's ordination ram, and lift it up in the LORD's presence as a special offering to him. Then keep it as your own portion.

garment [gá:rmənt] *n.* 옷
ordination [ɔ̀:rdənéiʃən] *n.* 성직 수임식; 계율
portion [pɔ́:rʃən] *n.* 몫; 부분
sprinkle [spríŋkl] *vt.* 뿌리다
29:21 be set apart : 구별되다

27 아론과 그의 아들들을 제사장으로 세울 때 쓴 숫양 중에서 흔들어 바친 가슴과 넓적다리를 거룩히 구별하여라.

28 이것은 이스라엘 백성이 화목 제물 중에서 나 여호와께 바쳐야 할 예물인데, 이것은 이스라엘 백성이 언제나 아론과 그의 아들들에게 주어야 할 몫이다.

29 아론을 위해 만든 거룩한 옷은 그의 자손들에게 물려주어라. 그들이 제사장으로 임명받을 때 그 옷을 입고 기름부음을 받게 하여라.

30 아론의 뒤를 이어서 제사장이 될 아들은 회막에 들어가 성소에서 섬길 때에 이 옷을 칠 일 동안, 입고 있어라.

31 제사장을 임명할 때에 쓴 숫양을 가져와서 그 고기를 성소에서 삶아라.

32 아론과 그의 아들들은 회막 입구에서 그 고기를 먹고 광주리에 들어 있는 빵도 먹어라.

33 이 예물은 그들을 제사장으로 임명할 때에 그들의 죄를 씻기 위해 사용한 것이니 거룩한 것이다. 그러므로 아론과 그 아들들만이 그 예물을 먹고 다른 사람은 먹지 마라.

34 그 숫양의 고기나 빵 중에서 이튿날 아침까지 남은 것이 있거든 그것을 불태워 버려라. 그것은 거룩한 것이므로 먹지 마라.

35 내가 너에게 명령한 대로 아론과 그의 아들들을 제사장으로 임명하는 예식을 칠 일 동안, 치러라.

36 너는 그 칠 일 동안, 매일 수소 한 마리씩을 바쳐라. 그것은 아론과 그의 아들들의 속죄 제물이다. 너는 제단을 준비하여 깨끗하게 하고 제단에 기름을 부어 거룩하게 하여라.

37 너는 제단을 준비하여 거룩하게 하는 일을 칠 일 동안, 하여라. 그러면 그 제단은 매우 거룩해지며 그 제단에 닿는 것도 거룩하게 될 것이다."

매일 바치는 제물

38 "네가 제단 위에 바쳐야 할 제물은 이러하다. 너는 일 년 된 어린 양 두 마리를 날마다 바쳐라.

39 그 중에서 한 마리는 아침에 바치고, 다른 한 마리는 저녁에 바쳐라.

40 아침에 양 한 마리를 바칠 때는 고운 밀가루 십분의 일 에바*와 짜서 만든 기름 사분의 일 힌*을 섞어서 함께 바쳐라. 그리고 포도주 사분의 일 힌을 부어 드리는 전제물로 바쳐라.

41 다른 한 마리는 저녁에 바쳐라. 그때는 아침에 바쳤던 것과 마찬가지로 곡식 제물과 전제물을 함께 바쳐라. 이것은 나 여호와께 바치는 화제이다. 그 냄새가 나 여호와를 기쁘게 한다.

42 이것은 너희가 대대로 회막 입구에서 날마다 여호와 앞에 바칠 번제이다. 내가 그곳에서 너희를 만

27 • "Set aside the portions of the ordination ram that belong to Aaron and his sons. This includes the breast and the thigh that were lifted up before the LORD as a special offering.
28 • In the future, whenever the people of Israel lift up a peace offering, a portion of it must be set aside for Aaron and his descendants. This is their permanent right, and it is a sacred offering from the Israelites to the LORD.
29 • "Aaron's sacred garments must be preserved for his descendants who succeed him, and they will wear them when they are anointed and ordained. • The descendant
30 who succeeds him as high priest will wear these clothes for seven days as he ministers in the Tabernacle and the Holy Place.
31 • "Take the ram used in the ordination ceremony, and boil its meat in a sacred place.
32 • Then Aaron and his sons will eat this meat, along with the bread in the basket, at the Tabernacle entrance. • They alone may eat
33 the meat and bread used for their purification* in the ordination ceremony. No one else may eat them, for these things are set apart
34 and holy. • If any of the ordination meat or bread remains until the morning, it must be burned. It may not be eaten, for it is holy.
35 • "This is how you will ordain Aaron and his sons to their offices, just as I have commanded you. The ordination ceremony will
36 go on for seven days. • Each day you must sacrifice a young bull as a sin offering to purify them, making them right with the LORD.* Afterward, cleanse the altar by purifying it*;
37 make it holy by anointing it with oil. • Purify the altar, and consecrate it every day for seven days. After that, the altar will be absolutely holy, and whatever touches it will become holy.
38 • "These are the sacrifices you are to offer regularly on the altar. Each day, offer two
39 lambs that are a year old. • one in the morning
40 and the other in the evening. • With one of them, offer two quarts of choice flour mixed with one quart of pure oil of pressed olives; also, offer one quart of wine* as a liquid offer-
41 ing. • Offer the other lamb in the evening, along with the same offerings of flour and wine as in the morning. It will be a pleasing aroma, a special gift presented to the LORD.
42 • "These burnt offerings are to be made each day from generation to generation. Offer them in the LORD's presence at the

29:33 Or their atonement. 29:36a Or to make atonement. 29:36b Or by making atonement for it; similarly in 29:37. 29:40 Hebrew 1/10 [of an ephah] [2.2 liters] of choice flour…1/4 of a hin [1 liter] of pure oil…1/4 of a hin of wine.
29:40 1/10에바는 약 2.2ℓ에 해당되고, 1/4힌은 약 0.9ℓ에 해당된다.

나 주겠고 너희에게 말할 것이다.

43 내가 그곳에서 이스라엘 백성을 만나 주리니 그곳은 영광으로 거룩해질 것이다.

44 내가 회막과 제단을 거룩하게 하고 아론과 그의 아들들을 거룩하게 하여 제사장으로서 나를 섬기도록 할 것이다.

45 나는 이스라엘 백성과 함께 살고, 그들의 하나님이 될 것이다.

46 그들은 내가 그들을 이집트에서 인도해 낸 그들의 여호와 하나님이라는 것을 알게 될 것이다. 내가 그런 일을 한 것은 그들과 함께 살기 위함이니, 나는 그들의 여호와 하나님이다."

향제단

30 "조각목으로 향을 피울 제단을 만들어라.
2 그것은 길이도 일 규빗* 너비도 일 규빗인 정사각형이 되게 하여라. 그리고 높이는 이 규빗*으로 하여라. 단 네 모퉁이에는 뿔이 나오도록 만들고 그 뿔들은 제단과 이어져서 하나가 되게 하여라.

3 제단의 위와 옆과 모서리와 뿔을 순금으로 덮고 제단 둘레에는 금테를 둘러라.

4 제단 양쪽의 금테 아래로 금고리 두 개를 만들어 달아라. 제단을 나를 때는 그 금고리 안에 채를 끼워 넣어서 옮겨라.

5 채는 조각목으로 만들고 금을 입혀라.

6 언약궤 앞에 있는 휘장 밖에 이 향제단을 놓아라. 곧 그 언약궤를 덮고 있는 속죄판 앞에 제단을 놓아라. 그곳에서 내가 너를 만날 것이다.

7 아론은 아침마다 등잔을 살피러 오면서 그 제단 위에 향기로운 향을 피워야 한다.

8 아론은 저녁에 등잔불을 켤 때에도 그때마다 향을 피워야 한다. 그래서 너희는 대대로 날마다 여호와 앞에서 향이 피어 오르게 하여라.

9 이 제단 위에서는 다른 향이나 번제물이나 곡식 제물을 바치지 마라. 그리고 부어 드리는 전제물도 바치지 마라.

10 일 년에 한 번, 아론은 제단 뿔에 피를 부어서 죄를 씻는 의식을 행하여라. 그 피는 죄를 씻기 위해 바치는 피다. 아론은 지금부터 일 년에 한 번씩 대대로 이 의식을 행하여라. 그 제단은 여호와께 가장 거룩한 것이다."

회막을 위해 내는 세금

11 여호와께서 모세에게 말씀하셨습니다.

12 "너는 이스라엘 백성의 수를 세어라. 그때에 모든 사람이 자기 목숨을 대신한 값을 여호와께 바치게 하여라. 그래야 백성의 수를 셀 때, 그들에게 재앙이 일어나지 않을 것이다.

Tabernacle entrance; there I will meet with
43 you and speak with you. • I will meet the people of Israel there, in the place made holy by my glorious presence. • Yes, I will consecrate the Tabernacle and the altar, and I will consecrate Aaron and his sons to serve me as
45 priests. • Then I will live among the people of
46 Israel and be their God, • and they will know that I am the LORD their God. I am the one who brought them out of the land of Egypt so that I could live among them. I am the LORD their God.

Plans for the Incense Altar

30 "Then make another altar of acacia
2 wood for burning incense. • Make it 18 inches square and 36 inches high,* with horns at the corners carved from the same
3 piece of wood as the altar itself. • Overlay the top, sides, and horns of the altar with pure gold, and run a gold molding around the
4 entire altar. • Make two gold rings, and attach them on opposite sides of the altar below the gold molding to hold the carrying poles.
5 • Make the poles of acacia wood and overlay
6 them with gold. • Place the incense altar just outside the inner curtain that shields the Ark of the Covenant,* in front of the Ark's cover—the place of atonement—that covers the tablets inscribed with the terms of the covenant.* I will meet with you there.
7 • "Every morning when Aaron maintains the lamps, he must burn fragrant incense on
8 the altar. • And each evening when he lights the lamps, he must again burn incense in the LORD's presence. This must be done from gen-
9 eration to generation. • Do not offer any unholy incense on this altar, or any burnt offerings, grain offerings, or liquid offerings.
10 • "Once a year Aaron must purify* the altar by smearing its horns with blood from the offering made to purify the people from their sin. This will be a regular, annual event from generation to generation, for this is the LORD's most holy altar."

Money for the Tabernacle

11-12 • Then the LORD said to Moses, • "Whenever you take a census of the people of Israel, each man who is counted must pay a ransom for himself to the LORD. Then no plague will

---

inscribe [inskráib] *vt.* 새기다, 파다
smear [smíər] *vt.* (기름 등을) 바르다

30:2 Hebrew *1 cubit* [46 centimeters] *long and 1 cubit wide, a square, and 2 cubits* [92 centimeters] *high.*　　**30:6a** Or *Ark of the Testimony; also in 30:26.*　　**30:6b** Hebrew *that covers the Testimony; see note on 25:16.*　　**30:10** Or *make atonement for; also in 30:10b.*

30:2 1규빗은 약 45cm에 해당되고, 2규빗은 약 90cm에 해당된다.

13 인구 조사를 받는 사람은 누구나 성소의 세겔대로 은 반 세겔*을 내게 하여라. 한 세겔은 이십 게라이다. 그것은 여호와께 바치는 예물이다.
14 인구 조사를 받는, 곧 스무 살 이상인 사람은 누구나 여호와께 그만큼 바쳐라.
15 부자라고 해서 더 많이 내지도 말고, 가난한 사람이라고 해서 적게 내지도 마라. 너희가 바치는 것은 너희 목숨을 대신해서 여호와께 바치는 것이다.
16 너는 이스라엘 백성이 목숨을 대신해서 내는 돈을 받아서 회막의 봉사를 위해 쓸 수 있게 하여라. 그러면 나 여호와가 이스라엘 백성을 기억하여 생명을 지켜 줄 것이다."

놋 물동이

17 여호와께서 모세에게 말씀하셨습니다.
18 "씻는 데 쓸 물동이와 그 받침을 놋으로 만들어라. 물동이와 받침을 회막과 제단 사이에 놓고 물을 담아라.
19 아론과 그의 아들들은 이 물동이의 물로 손과 발을 씻어라.
20 그들이 회막에 들어가거나 제사장으로서 제단에 가까이 나아가서 여호와께 화제를 바치려 할 때에는 이 물로 미리 손과 발을 씻어야 한다. 그렇게 해야 죽지 않을 것이다.
21 그들은 손과 발을 씻어야 죽지 않는다. 이것은 아론과 그의 자손에게 영원한 규례가 될 것이다."

거룩히 구별할 때 쓰는 기름

22 여호와께서 모세에게 말씀하셨습니다.
23 "가장 좋은 향품을 가져오너라. 몰약 오백 세겔,* 향기로운 육계를 그 절반, 곧 이백오십 세겔,* 향기로운 창포 이백오십 세겔,
24 계피 오백 세겔을 가져오너라. 이 모든 것을 성소에서 다는 무게로 달아라. 그리고 올리브 기름 한 힌*도 가져오너라.
25 이 모든 것을 향료를 만들 때처럼 섞어서 거룩한 기름을 만들어라. 그것이 거룩히 구별하는 데 쓰이는 기름이 될 것이다.
26 너는 그것을 회막과 내 언약이 들어 있는 언약궤에 발라라.
27 상과 그 모든 기구, 등잔대와 그 기구, 향을 피우는 제단에도 발라라.
28 그리고 번제단과 그 모든 기구에도 바르고 물동이와 그 받침에도 발라라.
29 이 모든 것을 거룩히 구별하여서 가장 거룩하게 하여라. 이 모든 것에 닿는 것이 다 거룩해질 것이다.
30 아론과 그의 아들들에게 기름을 발라서 거룩히

13 strike the people as you count them. ●Each person who is counted must give a small piece of silver as a sacred offering to the LORD. (This payment is half a shekel,* based on the sanctuary
14 shekel, which equals twenty gerahs.) ●All who have reached their twentieth birthday must
15 give this sacred offering to the LORD. ●When this offering is given to the LORD to purify your lives, making you right with him,* the rich must not give more than the specified amount,
16 and the poor must not give less. ●Receive this ransom money from the Israelites, and use it for the care of the Tabernacle.* It will bring the Israelites to the LORD's attention, and it will purify your lives."

Plans for the Washbasin

17-18 ●Then the LORD said to Moses, ●"Make a bronze washbasin with a bronze stand. Place it between the Tabernacle and the altar, and fill it
19 with water. ●Aaron and his sons will wash
20 their hands and feet there. ●They must wash with water whenever they go into the Tabernacle to appear before the LORD and when they approach the altar to burn up their special
21 gifts to the LORD—or they will die! ●They must always wash their hands and feet, or they will die. This is a permanent law for Aaron and his descendants, to be observed from generation to generation."

The Anointing Oil

22-23 ●Then the LORD said to Moses, ●"Collect choice spices—12¹/₂ pounds of pure myrrh, 6¹/₄ pounds of fragrant cinnamon, 6¹/₄ pounds of
24 fragrant calamus,* ●and 12¹/₂ pounds of cassia* —as measured by the weight of the sanctuary
25 shekel. Also get one gallon of olive oil.* ●Like a skilled incense maker, blend these ingredients
26 to make a holy anointing oil. ●Use this sacred oil to anoint the Tabernacle, the Ark of the
27 Covenant, ●the table and all its utensils, the lampstand and all its accessories, the incense
28 altar, ●the altar of burnt offering and all its utensils, and the washbasin with its stand.
29 ●Consecrate them to make them absolutely holy. After this, whatever touches them will also become holy.
30 ●"Anoint Aaron and his sons also, conse-

30:13 Or 0.2 ounces [6 grams].　30:15 Or to make atonement for your lives; similarly in 30:16.　30:16 Hebrew Tent of Meeting; also in 30:18, 20, 26, 36.　30:23 Hebrew 500 [shekels] \5.7 kilograms] of pure myrrh, 250 [shekels] [2.9 kilograms] of fragrant cinnamon, 250 [shekels] of fragrant calamus.　30:24a Hebrew 500 [shekels] [5.7 kilograms] of cassia.　30:24b Hebrew 1 hin [3.8 liters] of olive oil.

30:13 0.5세겔은 약 5.7g에 해당된다.
30:23 500세겔은 약 5.7kg에 해당되고, 250세겔은 약 2.85kg에 해당된다.
30:24 1힌은 약 3.6ℓ에 해당된다.

구별하여라. 그래서 나를 섬기는 제사장이 될 수 있도록 하여라.

31 이스라엘 백성에게 이렇게 말하여라. '이것은 지금부터 대대로 나의 거룩한 기름이 될 것이다. 이것은 사람이나 물건을 거룩히 구별할 때에 쓸 것이다.

32 보통 사람의 몸에는 그것을 붓지 마라. 이 기름을 만드는 것과 같은 방법으로 다른 기름을 만들어서도 안 된다. 그것은 거룩한 것이므로 너희는 그것을 거룩히 여겨라.

33 누구든지 그런 기름을 만들거나 그것을 제사장이 아닌 사람에게 붓는 사람은 백성 중에서 끊어질 것이다.'"

향

34 여호와께서 모세에게 말씀하셨습니다. "너는 향품들을 가져오되 소합향*과 나감향*과 풍자향*과 순수한 유향*을 가져오너라. 그리고 그것들을 같은 분량으로 섞어라.

35 너는 향을 만들되 향료를 만들 때처럼 만들어라. 거기에 소금을 쳐서 깨끗하고 거룩하게 하여라.

36 그 중에서 얼마를 빻아 고운 가루로 만들고 그 중에서 얼마를 회막에 있는 언약궤 앞에 놓아라. 그 향은 너희에게 가장 거룩한 것이다.

37 너희는 이런 방법으로 이 향을 만들어서 너희 마음대로 쓰면 안 된다. 너희는 그것을 여호와께 가장 거룩한 것으로 여겨라.

38 누구든지 그것을 향료로 쓰려고 만드는 사람은 백성 중에서 끊어질 것이다."

브살렐과 오홀리압

31 여호와께서 모세에게 말씀하셨습니다.
2 "자, 내가 유다 지파에서 우리의 아들 브살렐을 뽑을 것이다. 우리는 훌의 아들이다.

3 나는 브살렐에게 하나님의 영을 가득 채워 주고, 그에게 모든 일을 할 수 있는 기술과 능력과 지식을 줄 것이다.

4 설계를 잘 하고 또 금과 은과 놋으로 그 설계대로 만들 수 있는 재능을 그에게 주리니,

5 그는 보석을 다듬을 줄도 알고 나무를 조각할 줄도 아는 온갖 손재주를 다 갖게 될 것이다.

6 내가 또 단 지파 사람인 아히사막의 아들 오홀리압을 뽑을 것이다. 오홀리압은 브살렐과 함께 일할 것이다. 나는 기술이 좋은 모든 사람에게도 기술을 더하여 내가 너에게 명령한 것을 다 만들 수 있게 할 것이다.

7 곧 회막과 언약궤와 언약궤를 덮는 속죄판과 회막 안의 모든 기구와

---

31 crating them to serve me as priests. ●And say to the people of Israel, 'This holy anointing oil is reserved for me from generation to generation.
32 ●It must never be used to anoint anyone else, and you must never make any blend like it for yourselves. It is holy, and you must treat it as
33 holy. ●Anyone who makes a blend like it or anoints someone other than a priest will be cut off from the community.'"

The Incense

34 ●Then the LORD said to Moses, "Gather fragrant spices—resin droplets, mollusk shell, and galbanum—and mix these fragrant spices with pure frankincense, weighed out in equal amo-
35 unts. ●Using the usual techniques of the incense maker, blend the spices together and sprinkle them with salt to produce a pure and
36 holy incense. ●Grind some of the mixture into a very fine powder and put it in front of the Ark of the Covenant,* where I will meet with you in the Tabernacle. You must treat this incense as
37 most holy. ●Never use this formula to make this incense for yourselves. It is reserved for the
38 LORD, and you must treat it as holy. ●Anyone who makes incense like this for personal use will be cut off from the community."

Craftsmen: Bezalel and Oholiab

31 1-2 Then the LORD said to Moses, ●"Look, I have specifically chosen Bezalel son of Uri, grandson of Hur, of the tribe of Judah. I
3 have filled him with the Spirit of God, giving him great wisdom, ability, and expertise in all
4 kinds of crafts. ●He is a master craftsman, expert in working with gold, silver, and bronze.
5 ●He is skilled in engraving and mounting gemstones and in carving wood. He is a master at every craft!
6 ●"And I have personally appointed Oholiab son of Ahisamach, of the tribe of Dan, to be his assistant. Moreover, I have given special skill to all the gifted craftsmen so they can make all the things I have commanded you to make:
7 ● the Tabernacle;*
the Ark of the Covenant;*
the Ark's cover—the place of atonement;
all the furnishings of the Tabernacle;

formula [fɔ́:rmjulə] *n.* (일정한) 방식, 법칙

30:36 Hebrew *in front of the Testimony;* see note on 25:16.　**31:7a** Hebrew *the Tent of Meeting.*
31:7b Hebrew *the Ark of the Testimony.*

30:34 소합향 - 고무 진과 같은 인도산 향.
나감향 - 홍해의 해안에서 모은 조개껍질에서 채취한 것. 아라비아에서는 향수로도 썼음.
풍자향 - 시리아 관목의 껍질에서 채취, 자극적이고 약간 쓴 냄새를 풍기는 진액.
유향 - 감람과의 나무에서 채취한 향기로운 진액. 동방 박사들이 아기 예수님께 드린 선물 중의 하나임(마 2:11).

8 상과 그 기구와 순금 등잔대와 그 기구와 향제
단과

9 번제단과 그 모든 기구와 물동이와 그 받침과

10 아론과 그의 아들들이 제사장으로서 일할 때에
입을 옷과 거룩한 옷과

11 거룩히 구별할 때에 쓸 기름과 성소에서 쓸 향
기로운 향을 만들 수 있게 할 것이다. 그들은 내
가 너에게 명령한 대로 이 모든 것을 다 만들 것
이다."

안식일

12 여호와께서 모세에게 말씀하셨습니다.

13 "이스라엘 백성에게 전하여라. '너희는 내 안식
일을 지켜라. 이것은 지금부터 나와 너희 사이
에 표징이 될 것이다. 이 표징으로 너희는 여호
와인 내가 너희를 거룩하게 만들었다는 것을 알
게 될 것이다.

14 안식일을 거룩하게 지켜라. 안식일을 다른 날과
똑같이 여기는 사람은 죽을 것이다. 누구든지 안
식일에 일하는 사람은 그 백성 중에서 끊어질 것
이다.

15 육 일 동안은 일을 하여라. 그러나 칠 일째 되는
날은 나 여호와를 기리기 위해 쉬는 안식일이므
로 거룩하게 지켜라. 누구든지 그날에 일을 하
는 사람은 죽을 것이다.

16 이스라엘 백성은 안식일을 기억하고 그날을 영
원한 언약으로 삼아 자손 대대로 지켜라.

17 안식일은 나와 이스라엘 백성 사이의 영원한 표
징이다. 이는 여호와인 내가 육 일 동안은 하늘
과 땅을 만들고 칠 일째 되는 날에는 일을 하지
않고 쉬었기 때문이다.'"

18 여호와께서 시내 산에서 모세에게 말씀하시기
를 마치셨습니다. 여호와께서는 모세에게 언약
의 말씀을 새긴 증거판 두 개를 주셨습니다. 그
돌판 위의 말씀은 여호와께서 손수 쓰신 것입니
다.

백성이 금송아지를 만들다

32 백성은 모세가 산에서 내려오는 것이 늦
어지자 아론에게 몰려와서 말했습니다.
"우리를 이집트 땅에서 인도해 낸 모세가 어떻
게 되었는지 모르겠으니 우리를 인도할 신을 만
들어 주시오."

2 아론이 백성에게 말했습니다. "여러분의 아내
와 아들과 딸이 달고 있는 금귀고리를 빼서 나
에게 가지고 오시오."

3 그리하여 모든 백성은 달고 있던 금귀고리를 빼
서 아론에게 가지고 갔습니다.

4 아론은 백성에게서 받은 금을 녹인 다음, 그것

---

8 • the table and its utensils;
the pure gold lampstand with all its acces-
sories;
the incense altar;

9 • the altar of burnt offering with all its utensils;
the washbasin with its stand;

10 • the beautifully stitched garments—the sacred
garments for Aaron the priest, and the
garments for his sons to wear as they
minister as priests;

11 • the anointing oil;
the fragrant incense for the Holy Place.

The craftsmen must make everything as I have
commanded you."

Instructions for the Sabbath

12 • The LORD then gave these instructions to
13 Moses: • "Tell the people of Israel: 'Be careful to
keep my Sabbath day, for the Sabbath is a sign
of the covenant between me and you from gen-
eration to generation. It is given so you may
know that I am the LORD, who makes you holy.

14 • You must keep the Sabbath day, for it is a holy
day for you. Anyone who desecrates it must be
put to death; anyone who works on that day
15 will be cut off from the community. • You have
six days each week for your ordinary work, but
the seventh day must be a Sabbath day of com-
plete rest, a holy day dedicated to the LORD.
Anyone who works on the Sabbath must be put
16 to death. • The people of Israel must keep the
Sabbath day by observing it from generation to
generation. This is a covenant obligation for all
17 time. • It is a permanent sign of my covenant
with the people of Israel. For in six days the
LORD made heaven and earth, but on the sev-
enth day he stopped working and was
refreshed.'"

18 • When the LORD finished speaking with
Moses on Mount Sinai, he gave him the two
stone tablets inscribed with the terms of the
covenant,* written by the finger of God.

The Gold Calf

32 When the people saw how long it was
taking Moses to come back down the
mountain, they gathered around Aaron. "Come
on," they said, "make us some gods who can
lead us. We don't know what happened to this
fellow Moses, who brought us here from the
land of Egypt."

2 • So Aaron said, "Take the gold rings from the
ears of your wives and sons and daughters, and
bring them to me."

3 • All the people took the gold rings from their
4 ears and brought them to Aaron. • Then Aaron
took the gold, melted it down, and molded it

31:18 Hebrew *the two tablets of the Testimony;* see
note on 25:16.

을 틀에 부어 송아지 상을 만들었습니다. 그러자 백성이 말했습니다. "이스라엘아! 이것이 너희를 이집트 땅에서 인도해 낸 신이다!"

5 아론은 그 모습을 보고 송아지 상 앞에 제단을 쌓았습니다. 그런 다음에 아론이 선언했습니다. "내일 여호와를 위한 절기를 지키겠다."

6 이튿날 아침, 백성은 일찍 일어났습니다. 그들은 번제와 화목제를 드렸습니다. 백성은 앉아서 먹고 마시다가 일어나서 마음껏 즐기며 놀았습니다.

7 여호와께서 모세에게 말씀하셨습니다. "당장 이 산에서 내려가거라. 네가 이집트 땅에서 인도해 낸 네 백성이 끔찍한 죄를 짓고 있다.

8 그들은 내가 명령한 일들을 벌써부터 어기고 있다. 그들은 스스로 금송아지를 만든 뒤 그 송아지를 섬기며 거기에 제물을 바쳤다. 백성은 '이스라엘아, 이것이 너희를 이집트에서 인도해 낸 너희 신이다' 라고 말하고 있다.

9 여호와께서 모세에게 말씀하셨습니다. "나는 이 백성이 얼마나 완고한 백성인가를 보았다.

10 그러니 이제는 나를 말리지 마라. 나의 노여움이 너무 크므로 나는 그들을 멸망시키겠다. 하지만 너만은 살려 두어 큰 민족을 만들어 주겠다."

11 그러나 모세는 여호와 하나님께 매달렸습니다. "여호와여, 어찌하여 주님의 백성에게 노여워하십니까? 주님께서는 크신 능력과 힘으로 이 백성을 이집트에서 인도해 내시지 않으셨습니까?

12 만약 주님께서 노하시면, 이집트 백성이 '여호와가 이스라엘 백성을 이집트에서 인도해 낸 것은, 그들을 산에서 죽이고 이 땅 위에서 멸망시키기 위해서였구나' 하고 말할 것 아닙니까? 그러니 노여움을 거두어 주십시오. 주의 백성에게 재앙을 내리지 마십시오.

13 주의 종인 아브라함과 이삭과 이스라엘을 기억해 주십시오. 주님께서는 그들에게 '내가 너희 자손을 하늘의 별처럼 많게 할 것이다. 그리고 내가 약속한 이 모든 땅을 너희 자손에게 주어 그 땅을 영원히 물려받게 할 것이다' 하고 주님 자신을 걸고 맹세하지 않으셨습니까?"

14 그러자 여호와께서 마음을 돌리셨습니다. 여호와께서는 처음에 뜻하셨던 것과는 달리 자기 백성을 멸망시키지 않으셨습니다.

15 모세는 산에서 내려갔습니다. 모세의 손에는 언약이 새겨진 돌판 두 개가 있었습니다. 명령하신 말씀은 각 돌판의 앞뒤에 새겨져 있었습니다.

16 하나님께서 손수 그 돌판을 만드셨습니다. 그리고 하나님께서 손수 그 돌판 위에 명령하신 말씀

into the shape of a calf. When the people saw it, they exclaimed, "O Israel, these are the gods who brought you out of the land of Egypt!"

5 • Aaron saw how excited the people were, so he built an altar in front of the calf. Then he announced, "Tomorrow will be a festival to the LORD!"

6 • The people got up early the next morning to sacrifice burnt offerings and peace offerings. After this, they celebrated with feasting and drinking, and they indulged in pagan revelry.

7 • The LORD told Moses, "Quick! Go down the mountain! Your people whom you brought from the land of Egypt have corrupted themselves!

8 • How quickly they have turned away from the way I commanded them to live! They have melted down gold and made a calf, and they have bowed down and sacrificed to it. They are saying, 'These are your gods, O Israel, who brought you out of the land of Egypt.'"

9 • Then the LORD said, "I have seen how stubborn and rebellious these people are.

10 • Now leave me alone so my fierce anger can blaze against them, and I will destroy them. Then I will make you, Moses, into a great nation."

11 • But Moses tried to pacify the LORD his God. "O LORD!" he said. "Why are you so angry with your own people whom you brought from the land of Egypt with such great power and such a strong hand?

12 • Why let the Egyptians say, 'Their God rescued them with the evil intention of slaughtering them in the mountains and wiping them from the face of the earth'? Turn away from your fierce anger. Change your mind about this terrible disaster you have threatened against your people!

13 • Remember your servants Abraham, Isaac, and Jacob.* You bound yourself with an oath to them, saying, 'I will make your descendants as numerous as the stars of heaven. And I will give them all of this land that I have promised to your descendants, and they will possess it forever.'"

14 • So the LORD changed his mind about the terrible disaster he had threatened to bring on his people.

15 • Then Moses turned and went down the mountain. He held in his hands the two stone tablets inscribed with the terms of the covenant.* They were inscribed on both sides, front and back. •

16 These tablets were God's work; the words on them were written by God himself.

32:13 Hebrew *Israel*. The names "Jacob" and "Israel" are often interchanged throughout the Old Testament, referring sometimes to the individual patriarch and sometimes to the nation. **32:15** Hebrew *the two tablets of the Testimony;* see note on 25:16.

을 새기셨습니다.

17 여호수아가 백성이 시끄럽게 떠드는 소리를 듣고 모세에게 말했습니다. "백성들이 사는 천막에서 싸우는 소리가 납니다."

18 모세가 대답했습니다. "그것은 싸움에 이긴 자들이 지르는 소리도 아니고, 싸움에서 진 자들이 내는 소리도 아니다. 내가 듣는 소리는 노래하는 소리일 뿐이다."

19 모세가 천막에 가까이 가서 보니 금송아지 앞에서 백성들이 춤추는 모습이 보였습니다. 모세는 매우 화가 났습니다. 모세는 가지고 온 돌판들을 산기슭에서 내던졌습니다.

20 모세는 백성이 만든 금송아지를 불로 녹인 다음에 금을 갈아서 가루로 만들었습니다. 그러고는 금가루를 물에 넣어서 이스라엘 백성에게 그 물을 마시게 했습니다.

21 모세가 아론에게 말했습니다. "도대체 이 백성이 형님에게 무슨 일을 했기에 형님은 그들이 이렇게 끔찍한 죄를 짓게 하셨습니까?"

22 아론이 대답했습니다. "내 주여, 노하지 마시오. 그대도 알듯이 이 백성이 죄에 빠져 있기 때문이오.

23 이 백성이 나에게 '우리를 이집트 땅에서 인도해 낸 모세가 어떻게 되었는지 모르겠으니, 우리를 인도할 신을 만들어 주시오' 하고 말했소.

24 그래서 나는 백성에게 '누구든지 금을 가진 사람은 그것을 빼시오'라고 말했소. 그들은 나에게 금을 가지고 왔고, 그 금을 불에 던졌더니, 이 송아지가 나온 것이오."

25 모세는 백성이 제멋대로 날뛰는 모습을 보았습니다. 아론이 그렇게 제멋대로 날뛰게 하여 원수들의 웃음거리가 되게 한 것입니다.

26 모세는 진의 입구에 서서 말했습니다. "누구든지 여호와를 따르고자 하는 사람은 나에게로 오너라." 그러자 레위 집안의 모든 사람들이 모세에게 모여들었습니다.

27 모세가 그들에게 말했습니다. "이스라엘의 하나님이신 여호와께서 이렇게 말씀하셨다. '너희는 모두 옆에 칼을 차고 진의 이 문에서 저 문으로 다니며 너희 형제와 친구와 이웃을 죽여라.'"

28 레위 집안의 백성은 모세에게 복종했습니다. 그날 이스라엘 백성 중에서 삼천 명 가량이 죽었습니다.

29 모세가 말했습니다. "오늘 여러분은 여호와를 섬기기 위해 기꺼이 여러분의 자녀와 형제를 희생시켰으니, 하나님께서 여러분에게 복을 주실 것이오."

30 이튿날 모세가 백성에게 말했습니다. "여러분은 끔찍한 죄를 지었소. 그러나 나는 이제 여호와께 올라갈 것이오. 혹시나 여러분의 죄가 용서받을 수 있는

17 •When Joshua heard the boisterous noise of the people shouting below them, he exclaimed to Moses, "It sounds like war in the camp!"

18 •But Moses replied, "No, it's not a shout of victory nor the wailing of defeat. I hear the sound of a celebration."

19 •When they came near the camp, Moses saw the calf and the dancing, and he burned with anger. He threw the stone tablets to the ground, smashing them at the foot of the mountain.

20 •He took the calf they had made and burned it. Then he ground it into powder, threw it into the water, and forced the people to drink it.

21 •Finally, he turned to Aaron and demanded, "What did these people do to you to make you bring such terrible sin upon them?"

22 •"Don't get so upset, my lord," Aaron replied. "You yourself know how evil these

23 people are. •They said to me, 'Make us gods who will lead us. We don't know what happened to this fellow Moses, who brought us

24 here from the land of Egypt.' •So I told them, 'Whoever has gold jewelry, take it off.' When they brought it to me, I simply threw it into the fire—and out came this calf!"

25 •Moses saw that Aaron had let the people get completely out of control, much to the

26 amusement of their enemies.* •So he stood at the entrance to the camp and shouted, "All of you who are on the LORD's side, come here and join me." And all the Levites gathered around him.

27 •Moses told them, "This is what the LORD, the God of Israel, says: Each of you, take your swords and go back and forth from one end of the camp to the other. Kill everyone—even your brothers, friends, and

28 neighbors." •The Levites obeyed Moses' command, and about 3,000 people died that

29 day. •Then Moses told the Levites, "Today you have ordained yourselves* for the service of the LORD, for you obeyed him even though it meant killing your own sons and brothers. Today you have earned a blessing."

Moses Intercedes for Israel

30 •The next day Moses said to the people, "You have committed a terrible sin, but I will go back up to the LORD on the mountain. Perhaps I will be able to obtain forgiveness* for your sin."

32:25 Or *out of control, and they mocked anyone who opposed them.* The meaning of the Hebrew is uncertain.　32:29 As in Greek and Latin versions; Hebrew reads *Today ordain yourselves.*　32:30 Or *to make atonement.*

길이 있을지도 모르겠소."

31 그리하여 모세는 다시 여호와께 돌아가 말했습니다. "제가 주님께 말씀드립니다. 이 백성이 큰 죄를 지었습니다. 그들은 금으로 신을 만들었습니다.

32 하지만 이제 그들의 죄를 용서하여 주십시오, 만약 용서하지 않으시려거든 주님께서 주의 백성의 이름을 적으신 책에서 제 이름을 지워 버리십시오."

33 여호와께서 모세에게 말씀하셨습니다. "누구든지 나에게 죄를 지으면 그 사람의 이름을 내 책에서 지울 것이다.

34 너는 이제 가서 내가 말한 곳으로 백성을 인도하여라. 내 천사가 너를 인도해 줄 것이다. 그러나 벌을 내릴 때가 오면, 내가 죄를 지은 백성에게 벌을 내릴 것이다."

35 그리하여 여호와께서는 백성에게 끔찍한 일이 일어나게 하셨습니다. 왜냐하면 그들이 아론이 만든 송아지로 죄를 지었기 때문입니다.

33 여호와께서 모세에게 말씀하셨습니다. "너는 네가 이집트에서 인도해 낸 백성과 함께 이 땅을 떠나서 내가 아브라함과 이삭과 야곱에게 '내가 너희 자손에게 이 땅을 주겠다'고 맹세한 땅으로 가거라.

2 내가 너를 인도할 한 천사를 보내 주겠다. 그리고 내가 가나안 사람과 아모리 사람과 헷 사람과 브리스 사람과 히위 사람과 여부스 사람을 그 땅에서 쫓아내겠다.

3 젖과 꿀이 흐르는 비옥한 땅으로 올라가거라. 하지만 나는 너희와 함께 가지 않을 것이다. 왜냐하면 너희는 너무나 고집이 센 백성이라서 내가 그리로 가는 도중에 너희를 멸망시킬지도 모르기 때문이다."

4 백성은 이 나쁜 소식을 듣고 큰 소리로 울었습니다. 그래서 아무도 장식물을 몸에 걸치지 않았습니다.

5 여호와께서 모세에게 말씀하셨습니다. "너는 이스라엘 백성에게 이와 같이 말하여라. '너희는 고집이 센 백성이다. 내가 너희와 함께 올라가면 너희를 멸망시킬지도 모른다. 그러니 너희 몸에서 장식물을 떼어 내어라. 너희에게 어떻게 해야 할지를 이제 내가 결정할 것이다.'"

6 그래서 이스라엘 백성은 시내산에서 몸의 장식물을 떼어 냈습니다.

회막

7 모세는 항상 장막을 가져다가 백성들이 사는 곳에서 멀리 떨어진 곳에 세우곤 했습니다. 모세는 그 장막을 회막이라고 불렀습니다. 누구든지 여호와의 뜻을 알기를 원하는 사람은 진 밖에 있는 회막으로 갔습니다.

8 모세가 회막으로 갈 때마다 모든 백성은 자리에서

31 •So Moses returned to the LORD and said, "Oh, what a terrible sin these people have committed. They have made gods of gold for themselves. •But now, if you will only forgive their sin—but if not, erase my name from the record you have written!"

33 •But the LORD replied to Moses, "No, I will erase the name of everyone who has sinned against me. •Now go, lead the people to the place I told you about. Look! My angel will lead the way before you. And when I come to call the people to account, I will certainly hold them responsible for their sins."

35 •Then the LORD sent a great plague upon the people because they had worshiped the calf Aaron had made.

33 The LORD said to Moses, "Get going, you and the people you brought up from the land of Egypt. Go up to the land I swore to give to Abraham, Isaac, and Jacob. I told them, 'I will give this land to your descendants.' •And I will send an angel before you to drive out the Canaanites, Amorites, Hittites, Perizzites, Hivites, and Jebusites. •Go up to this land that flows with milk and honey. But I will not travel among you, for you are a stubborn and rebellious people. If I did, I would surely destroy you along the way."

4 •When the people heard these stern words, they went into mourning and stopped wearing their jewelry and fine clothes. •For the LORD had told Moses to tell them, "You are a stubborn and rebellious people. If I were to travel with you for even a moment, I would destroy you. Remove your jewelry and fine clothes while I decide what to do with you." •So from the time they left Mount Sinai,* the Israelites wore no more jewelry or fine clothes.

7 •It was Moses' practice to take the Tent of Meeting* and set it up some distance from the camp. Everyone who wanted to make a request of the LORD would go to the Tent of Meeting outside the camp. •Whenever Moses went out to the Tent of Meeting, all the people would get up and stand in the entrances of their own tents. They would all watch Moses until he disap-

boisterous [bɔ́istərəs] *a.* 떠들썩한; 난폭한
obtain [əbtéin] *vt.* 얻다
rebellious [ribéljəs] *a.* 반역하는
stubborn [stʌ́bərn] *a.* 완고한

33:6 Hebrew *Horeb*, another name for Sinai.
33:7 This "Tent of Meeting" is different from the Tabernacle described in chapters 26 and 36.

일어나서 자기 장막 입구에 선 채 모세가 회막으로 들어갈 때까지 지켜 보았습니다.

9 모세가 회막에 들어갈 때에는 언제나 구름 기둥이 내려왔습니다. 구름 기둥은 여호와께서 모세에게 말씀하시는 동안 회막 입구에 서 있었습니다.

10 백성은 회막 입구에 구름 기둥이 서 있는 것을 보고 한 사람도 빠짐없이 자리에서 일어나 자기 장막 입구에서 절을 했습니다.

11 여호와께서는 마치 사람이 자기 친구에게 말하듯이 모세와 얼굴을 맞대고 말씀하셨습니다. 말씀이 끝나면 모세는 진으로 돌아왔습니다. 하지만 모세의 젊은 보좌관 눈의 아들 여호수아는 회막을 떠나지 않았습니다.

12 모세가 여호와께 말씀드렸습니다. "주님께서는 저에게 이 백성을 인도하라고 말씀하셨습니다. 하지만 주님께서는 누구를 저와 함께 보내실 것인지에 대해서는 말씀하지 않으셨습니다. 주님께서는 저에게 '나는 너의 모든 것을 안다. 너는 나에게 은혜를 입었다' 하고 말씀하셨습니다.

13 제가 정말 주님께 은혜를 입었다면 주의 계획을 저에게 보여 주십시오. 그렇게 하셔서 저도 주님을 알게 해 주시고 계속해서 주님께 은혜를 받을 수 있게 해 주십시오. 이 백성은 주님의 백성이라는 것을 기억해 주십시오."

14 여호와께서 대답하셨습니다. "내가 친히 너와 함께 가겠다. 네가 안심할 수 있도록 해 주겠다."

15 모세가 여호와께 말씀드렸습니다. "주님께서 친히 저희와 함께 가지 않으시려면, 저희를 이곳에서 올려 보내지 마십시오.

16 주님께서 저희와 함께 가시지 않으면, 주님께서 저와 주님의 백성에게 은혜를 베푸신다는 것을 어떻게 알겠습니까? 주님이 우리와 함께 계시기 때문에 주님의 백성이 땅 위의 다른 백성과 다른 것이 아닙니까?"

17 여호와께서 모세에게 말씀하셨습니다. "네가 원하는 대로 해 주겠다. 그것은 내가 너를 너무나 잘 알고 또 너는 내게 은혜를 입은 사람이기 때문이다."

모세와 하나님의 영광

18 모세가 말했습니다. "주님, 제발 주님의 영광을 보여 주십시오."

19 여호와께서 대답하셨습니다. "내가 나의 모든 은총을 네 앞에 지나가게 하겠다. 그리고 네 앞에서 나 여호와의 이름을 선포할 것이다. 나는 은혜를 베풀 사람에게 은혜를 베풀고, 자비를 베풀 사람에게 자비를 베풀 것이다.

20 그러나 너는 내 얼굴을 볼 수 없을 것이다. 왜냐하면 나를 보고도 살 수 있는 사람은 아무도 없기 때문이다."

21 여호와께서 말씀을 계속하셨습니다. "모세야, 나에

peared inside. • As he went into the tent, the pillar of cloud would come down and hover at its entrance while the LORD spoke with Moses. 10 • When the people saw the cloud standing at the entrance of the tent, they would stand and bow down in front of their own tents. 11 • Inside the Tent of Meeting, the LORD would speak to Moses face to face, as one speaks to a friend. Afterward Moses would return to the camp, but the young man who assisted him, Joshua son of Nun, would remain behind in the Tent of Meeting.

Moses Sees the LORD's Glory

12 • One day Moses said to the LORD, "You have been telling me, 'Take these people up to the Promised Land.' But you haven't told me whom you will send with me. You have told me, 'I know you by name, and I look 13 favorably on you.' • If it is true that you look favorably on me, let me know your ways so I may understand you more fully and continue to enjoy your favor. And remember that this nation is your very own people."

14 • The LORD replied, "I will personally go with you, Moses, and I will give you rest—everything will be fine for you."

15 • Then Moses said, "If you don't personally go with us, don't make us leave this place. 16 • How will anyone know that you look favorably on me—on me and on your people—if you don't go with us? For your presence among us sets your people and me apart from all other people on the earth."

17 • The LORD replied to Moses, "I will indeed do what you have asked, for I look favorably on you, and I know you by name."

18 • Moses responded, "Then show me your glorious presence."

19 • The LORD replied, "I will make all my goodness pass before you, and I will call out my name, Yahweh,* before you. For I will show mercy to anyone I choose, and I will 20 show compassion to anyone I choose. • But you may not look directly at my face, for no 21 one may see me and live." • The LORD continued, "Look, stand near me on this rock. 22 • As my glorious presence passes by, I will

chisel [tʃízəl] *vi.* 조각하다. 새기다
crevice [krévis] *n.* 갈라진 틈, 균열
hover [hʌ́vər] *vi.* 공중을 맴돌다
iniquity [iníkwəti] *n.* 부정, 죄
smash [smæʃ] *vt.* 깨뜨리다

33:19 *Yahweh* is a transliteration of the proper name *YHWH* that is sometimes rendered "Jehovah"; in this translation it is usually rendered "the LORD" (note the use of small capitals).

게서 가까운 곳의 바위 위에 서 있어라.

22 나의 영광이 그곳을 지나갈 때에 너를 그 바위 틈에 넣고 내가 다 지나갈 때까지 너를 내 손으로 가릴 것이다.

23 그런 다음에 내 손을 치우면 너는 내 등은 볼 수 있지만 내 얼굴은 볼 수 없을 것이다."

모세가 새 돌판을 얻다

34 여호와께서 모세에게 말씀하셨습니다. "처음 것과 같은 돌판 두 개를 깎아라. 네가 깨뜨려 버린 처음 돌판에 썼던 것과 똑같은 글을 거기에 써 주겠다.

2 내일 아침까지 준비한 다음 아침에 시내 산으로 올라와서 산꼭대기에서 내 앞에 서라.

3 아무도 너를 따라오지 못하게 하여라. 산에 그 누구의 모습도 보이면 안 된다. 산 근처에서는 양이나 소에게도 풀을 뜯게 하지 마라."

4 모세는 처음 것과 같은 돌판 두 개를 깎았습니다. 그리고 이튿날 아침 일찍 일어나 시내 산으로 올라갔습니다. 모세는 여호와께서 명령하신 대로 했습니다. 모세는 돌판 두 개를 가지고 올라갔습니다.

5 그러자 여호와께서 구름 속으로 내려오셔서 모세와 함께 서셨습니다. 그리고 여호와라는 이름을 선포하셨습니다.

6 여호와께서 모세 앞을 지나가시며 말씀하셨습니다. "나는 여호와이다. 여호와는 자비롭고 은혜로운 하나님이다. 나는 그리 쉽게 노하지 않으며 사랑과 진실이 큰 하나님이다.

7 나는 수천 대에 이르기까지 한결같은 사랑을 베풀며 잘못과 허물과 죄를 용서할 것이다. 하지만 죄를 그냥 보고 넘기지는 않겠다. 나는 죄를 지은 사람뿐만 아니라, 그의 삼대나 사대 자손에게까지 벌을 내릴 것이다."

8 모세는 급히 엎드려 절을 했습니다.

9 모세가 말했습니다. "주님, 제가 주님께 은혜를 입었다면 저희와 함께 가 주십시오. 비록 이 백성은 고집이 센 백성이지만 저희의 잘못과 죄를 용서해 주십시오. 저희를 주님의 백성으로 삼아 주십시오."

10 여호와께서 말씀하셨습니다. "내가 이제 너희와 이 언약을 세우겠다. 내가 너희 모든 백성 앞에서 기적을 일으키겠다. 그것은 이 땅 위의 어떤 나라에서도 일어난 적이 없는 기적이다. 너희와 함께 사는 모든 백성이 여호와의 일을 보게 되리니, 내가 너희에게 놀라운 일을 행할 것이다.

11 내가 오늘 너희에게 명령하는 것을 지켜라. 그러면 내가 너희 원수들을 너희 땅에서 쫓아내겠다.

---

hide you in the crevice of the rock and cover you
23 with my hand until I have passed by. •Then I will remove my hand and let you see me from behind. But my face will not be seen."

A New Copy of the Covenant

34 Then the LORD told Moses, "Chisel out two stone tablets like the first ones. I will write on them the same words that were on the
2 tablets you smashed. •Be ready in the morning to climb up Mount Sinai and present yourself to
3 me on the top of the mountain. •No one else may come with you. In fact, no one is to appear anywhere on the mountain. Do not even let the flocks or herds graze near the mountain."

4 •So Moses chiseled out two tablets of stone like the first ones. Early in the morning he climbed Mount Sinai as the LORD had commanded him, and he carried the two stone tablets in his hands.

5 •Then the LORD came down in a cloud and stood there with him; and he called out his
6 own name, Yahweh.* •The LORD passed in front of Moses, calling out,

"Yahweh!* The LORD!
　　The God of compassion and mercy!
I am slow to anger
　　and filled with unfailing love and
　　faithfulness.
7 • I lavish unfailing love to a thousand
　　generations.*
　　I forgive iniquity, rebellion, and sin.
But I do not excuse the guilty.
　　I lay the sins of the parents upon their
　　children and grandchildren;
the entire family is affected—
　　even children in the third and fourth
　　generations."

8 •Moses immediately threw himself to the
9 ground and worshiped. •And he said, "O Lord, if it is true that I have found favor with you, then please travel with us. Yes, this is a stubborn and rebellious people, but please forgive our iniquity and our sins. Claim us as your own special possession."

10 •The LORD replied, "Listen, I am making a covenant with you in the presence of all your people. I will perform miracles that have never been performed anywhere in all the earth or in any nation. And all the people around you will see the power of the LORD—the awesome
11 power I will display for you. •But listen carefully to everything I command you today. Then I will go ahead of you and drive out the Amorites,

---

34:5 *Yahweh* is a transliteration of the proper name *YHWH* that is sometimes rendered "Jehovah"; in this translation it is usually rendered "the LORD" (note the use of small capitals).　34:6 See note on 34:5.　34:7 Hebrew *for thousands*.

내가 아모리 사람과 가나안 사람과 헷 사람과 브리스 사람과 히위 사람과 여부스 사람을 너희 앞에서 쫓아낼 것이다.

12 조심하여라. 너희가 가고 있는 땅에 사는 사람들과 어떠한 언약도 맺지 마라. 만약 언약을 맺으면 그것이 너희에게 재앙을 가져올 것이다.

13 그들의 제단을 부수고, 그들의 돌 기둥을 무너뜨려라. 그들의 아세라 우상을 베어 버려라.

14 다른 신을 섬기지 마라. 왜냐하면 '질투의 신'이라는 이름을 가진 나 여호와는 질투하는 하나님이기 때문이다.

15 조심하여라. 그 땅에 사는 백성과 어떤 언약도 맺지 마라. 그들은 음란하게 헛된 신들을 섬기고 제물을 바친다. 그러니 그들이 너희를 초대하면 너희는 그들과 어울려 그들의 제물을 먹게 될지도 모른다.

16 너희가 그들의 딸들 중에서 너희 아들의 아내를 고른다면 그들의 딸은 음란하게 헛된 신을 섬기니, 너희 아들도 음란하게 헛된 신을 섬기게 될 것이다.

17 금속을 녹여 신상을 만들지 마라.

18 무교절을 지켜라. 내가 명령한 대로 너희는 아빕 월의 정해진 때에 칠 일 동안, 무교병을 먹어라. 그달에 너희가 이집트에서 나왔기 때문이다.

19 처음 태어난 것은 다 내 것이다. 너희 짐승 가운데 소든 양이든 처음 태어난 것은 다 내 것이다.

20 나귀는 양으로 대신해서 바칠 수 있지만, 양으로 나귀를 대신해서 바치기를 원하지 않으면 나귀의 목을 꺾어라. 너희의 자녀 중에서 맏아들은 다른 것으로 대신해서 바쳐라. 나에게 올 때는 아무도 빈 손으로 오지 마라.

21 너희는 육 일 동안은 일을 하고 칠 일째 되는 날에는 쉬어라. 밭을 갈거나 거두는 계절에도 쉬어라.

22 밀을 처음 거두어들일 때는 칠칠절을 지켜라. 그리고 가을에는 수장절을 지켜라.

23 해마다 세 번 너희 모든 남자는 이스라엘의 하나님이신 주 여호와께 나아오너라.

24 내가 이방 나라들을 너희 앞에서 쫓아내 줄 것이다. 내가 너희 땅의 경계를 넓혀 줄 것이다. 너희는 여호와 너의 하나님께 해마다 세 번 나아오너라. 그때는 아무도 너희 땅을 넘보지 않을 것이다.

25 나에게 피의 제물을 바칠 때, 누룩이 든 것과

Canaanites, Hittites, Perizzites, Hivites, and Jebusites.

12 • "Be very careful never to make a treaty with the people who live in the land where you are going. If you do, you will follow their evil ways and be trapped. • Instead, you must break down their

13 pagan altars, smash their sacred pillars, and cut

14 down their Asherah poles. • You must worship no other gods, for the LORD, whose very name is Jealous, is a God who is jealous about his relationship with you.

15 • "You must not make a treaty of any kind with the people living in the land. They lust after their gods, offering sacrifices to them. They will invite you to join them in their sacrificial meals,

16 and you will go with them. • Then you will accept their daughters, who sacrifice to other gods, as wives for your sons. And they will seduce your sons to commit adultery against me by wor-

17 shiping other gods. • You must not make any gods of molten metal for yourselves.

18 • "You must celebrate the Festival of Unleavened Bread. For seven days the bread you eat must be made without yeast, just as I commanded you. Celebrate this festival annually at the appointed time in early spring, in the month of Abib,* for that is the anniversary of your departure from Egypt.

19 • "The firstborn of every animal belongs to me, including the firstborn males* from your herds of

20 cattle and your flocks of sheep and goats. • A first-born donkey may be bought back from the LORD by presenting a lamb or young goat in its place. But if you do not buy it back, you must break its neck. However, you must buy back every firstborn son.

"No one may appear before me without an offering.

21 • "You have six days each week for your ordinary work, but on the seventh day you must stop working, even during the seasons of plowing and harvest.

22 • "You must celebrate the Festival of Harvest* with the first crop of the wheat harvest, and cele-

23 brate the Festival of the Final Harvest* at the end of the harvest season. • Three times each year every man in Israel must appear before the

24 Sovereign, the LORD, the God of Israel. • I will drive out the other nations ahead of you and expand your territory, so no one will covet and

---

34:18 Hebrew *appointed time in the month of Abib.* This first month of the ancient Hebrew lunar calendar usually occurs within the months of March and April. 34:19 As in Greek version; the meaning of the Hebrew word is uncertain. 34:22a Hebrew *Festival of Weeks*; compare 23:16. This was later called the Festival of Pentecost. It is celebrated today as Shavuat (or Shabuoth). 34:22b Or *Festival of Ingathering.* This was later called the Festival of Shelters or Festival of Tabernacles (see Lev 23:33-36). It is celebrated today as Sukkot (or Succoth).

함께 바치지 마라. 그리고 유월절 때 나에게 바친 제물은 다음 날 아침까지 남겨 두지 마라.

26 너희 땅에서 거둔 가장 좋은 첫 열매는 너희 하나님이신 여호와의 집에 가져가거라. 너희는 새끼 염소를 그 어미의 젖에 삶지 마라."

27 여호와께서 모세에게 말씀하셨습니다. "이 말을 적어라. 그것은 내가 이 말로 너와 이스라엘에게 언약을 세워 주었기 때문이다."

28 모세는 거기에서 사십 일 밤낮을 여호와와 함께 지냈습니다. 그동안, 모세는 음식도 먹지 않고 물도 마시지 않았습니다. 하나님께서는 언약의 말씀, 곧 십계명을 돌판에 기록하셨습니다.

모세의 얼굴이 빛나다

29 모세가 시내 산에서 내려왔습니다. 모세는 손에 언약의 돌판 두 개를 들고 있었습니다. 모세는 여호와와 함께 이야기를 했기 때문에 그 얼굴이 빛나고 있었지만, 자신은 그 사실을 모르고 있었습니다.

30 아론과 이스라엘의 모든 백성은 모세의 얼굴이 빛나는 것을 보았습니다. 그래서 그들은 모세의 곁에 가까이 가기를 두려워했습니다.

31 하지만 모세가 그들을 부르자 아론을 비롯해서 백성의 모든 지도자들이 모세 쪽으로 몸을 돌렸습니다. 그러자 모세가 그들에게 말을 했습니다.

32 그때에야 비로소 그들이 모세에게 가까이 나아왔습니다. 모세는 여호와께서 시내 산에서 주신 모든 계명을 그들에게 주었습니다.

33 모세는 백성에게 말하기를 마친 다음에 수건으로 얼굴을 가렸습니다.

34 그러나 모세는 여호와께 나아가 주님과 이야기를 할 때는 수건을 벗고 밖으로 나올 때까지 수건을 쓰지 않았습니다. 그 후 모세가 밖으로 나와서 여호와께서 명령하신 것을 이스라엘 백성에게 전해 주었을 때,

35 이스라엘 백성이 모세의 얼굴이 빛나는 것을 보게 되었으므로, 다음에 또다시 여호와와 이야기하러 들어갈 때까지 모세는 얼굴을 가리고 있었습니다.

안식일에 관한 규례

35 모세가 모든 이스라엘 무리를 모아 놓고 말했습니다. "이것은 여호와께서 여러분에게 명령하신 것이오.

2 '육 일 동안은 일을 하여라. 그러나 칠 일째 되는 날은 여호와를 기리기 위해 쉬는 안식일이므로 거룩하게 지켜라. 누구든지 그날에 일을 하는 사람은 죽을 것이다.

---

conquer your land while you appear before the LORD your God three times each year.

25 • "You must not offer the blood of my sacrificial offerings together with any baked goods containing yeast. And none of the meat of the Passover sacrifice may be kept over until the next morning.

26 • "As you harvest your crops, bring the very best of the first harvest to the house of the LORD your God.

"You must not cook a young goat in its mother's milk."

27 •Then the LORD said to Moses, "Write down all these instructions, for they represent the terms of the covenant I am making with you and with Israel."

28 •Moses remained there on the mountain with the LORD forty days and forty nights. In all that time he ate no bread and drank no water. And the LORD* wrote the terms of the covenant—the Ten Commandments*—on the stone tablets.

29 •When Moses came down Mount Sinai carrying the two stone tablets inscribed with the terms of the covenant,* he wasn't aware that his face had become radiant because he had

30 spoken to the LORD. •So when Aaron and the people of Israel saw the radiance of Moses' face, they were afraid to come near him.

31 •But Moses called out to them and asked Aaron and all the leaders of the community to

32 come over, and he talked with them. •Then all the people of Israel approached him, and Moses gave them all the instructions the LORD

33 had given him on Mount Sinai. •When Moses finished speaking with them, he covered his

34 face with a veil. •But whenever he went into the Tent of Meeting to speak with the LORD, he would remove the veil until he came out again. Then he would give the people whatever

35 instructions the LORD had given him, •and the people of Israel would see the radiant glow of his face. So he would put the veil over his face until he returned to speak with the LORD.

Instructions for the Sabbath

35 Then Moses called together the whole community of Israel and told them, "These are the instructions the LORD has com-

2 manded you to follow. •You have six days each day for your ordinary work, but the seventh day must be a Sabbath day of complete rest, a holy day dedicated to the LORD. Anyone who works on that day must be put to death.

---

commit [kəmít] *vt.* (죄, 과실 등을) 범하다
inscribe [inskráib] *vt.* (비석 등에) 새기다
radiant [réidiənt] *a.* 빛나는

34:28a Hebrew *he.*   34:28b Hebrew *the ten words.*   34:29 Hebrew *the two tablets of the Testimony;* see note on 25:16.

3 안식일에는 누구의 집에서든 불을 피우지 마라.'"

4 모세가 모든 이스라엘 백성에게 말했습니다. "여호와께서 이렇게 명령하셨소.

5 '너희가 가진 것 중에서 여호와께 예물을 바쳐라. 누구든지 바치고 싶은 사람이 여호와께 바칠 예물은 이러하니, 곧 금, 은, 놋,

6 파란 실, 자주색 실, 빨간 실, 고운 모시, 염소털,

7 붉게 물들인 숫양 가죽, 부드러운 가죽, 조각목,

8 등잔 기름, 분향할 때 쓰는 향료, 사람 머리에 붓는 기름,

9 대제사장의 예복인 에봇과 가슴 덮개에 달 줄마노와 보석들을 바쳐라.

10 기술이 좋은 사람들은 다 와서 여호와께서 명령하신 것을 만들어라.

11 회막과 그 덮개와 그 윗덮개와 갈고리와 널빤지와 빗장과 회막 기둥과 밑받침과

12 언약궤와 그 채와 속죄판과 그 앞의 휘장과

13 상과 그 채와 그 밖의 모든 기구와 그리고 진설병과

14 불을 켤 등잔대와 그 모든 기구와 불을 켤 등과 기름과

15 향제단과 그 채와 거룩히 구별하는 기름과 향기로운 향과 회막 입구에 칠 휘장과

16 번제단과 그 놋그물과 그 채와 모든 기구와 놋물동이와 그 밑받침과

17 뜰 둘레의 휘장과 그 기둥과 밑받침과 뜰 입구의 휘장과

18 회막과 뜰의 말뚝과 그 밧줄과

19 제사장이 성소에서 입을 특별한 옷을 만들어라. 그 옷은 제사장 아론과 그의 아들들이 제사장으로 일할 때에 입을 거룩한 옷이다.'"

20 이스라엘 모든 백성이 모세에게서 물러나왔습니다.

21 마음이 움직인 사람, 스스로 바치기를 원하는 사람은 여호와께 예물을 가져왔습니다. 그 예물은 회막과 그 안에서 쓸 모든 도구와 특별한 옷을 만드는 데에 쓸 것이었습니다.

22 남자나 여자나 바치기를 원하는 사람은 온갖 금붙이를 가져왔습니다. 그들은 장식 핀과 귀고리와 반지와 목걸이 같은 것을 가져왔습니다.

23 파란 실과 자주색 실과 빨간 실과 고운 모시를 가진 사람도 그것을 주님께 가져왔습니

---

3 •You must not even light a fire in any of your homes on the Sabbath."

Offerings for the Tabernacle

4 •Then Moses said to the whole community of Israel,
5 "This is what the LORD has commanded: •Take a sacred offering for the LORD. Let those with generous hearts present the following gifts to the LORD:

gold, silver, and bronze;
6 • blue, purple, and scarlet thread;
fine linen and goat hair for cloth;
7 • tanned ram skins and fine goatskin leather;
acacia wood;
8 • olive oil for the lamps;
spices for the anointing oil and the fragrant incense;
9 • onyx stones, and other gemstones to be set in the ephod and the priest's chestpiece.

10 • "Come, all of you who are gifted craftsmen. Construct everything that the LORD has commanded:

11 • the Tabernacle and its sacred tent, its covering, clasps, frames, crossbars, posts, and bases;
12 • the Ark and its carrying poles;
the Ark's cover—the place of atonement;
the inner curtain to shield the Ark;
13 • the table, its carrying poles, and all its utensils;
the Bread of the Presence;
14 • for light, the lampstand, its accessories, the lamp cups, and the olive oil for lighting;
15 • the incense altar and its carrying poles;
the anointing oil and fragrant incense;
the curtain for the entrance of the Tabernacle;
16 • the altar of burnt offering;
the bronze grating of the altar and its carrying poles and utensils;
the washbasin with its stand;
17 • the curtains for the walls of the courtyard;
the posts and their bases;
the curtain for the entrance to the courtyard;
18 • the tent pegs of the Tabernacle and courtyard and their ropes;
19 • the beautifully stitched garments for the priests to wear while ministering in the Holy Place—the sacred garments for Aaron the priest, and the garments for his sons to wear as they minister as priests."

20 •So the whole community of Israel left Moses
21 and returned to their tents. •All whose hearts were stirred and whose spirits were moved came and brought their sacred offerings to the LORD. They brought all the materials needed for the Tabernacle,* for the performance of its rituals, and for the
22 sacred garments. •Both men and women came, all whose hearts were willing. They brought to the LORD their offerings of gold—brooches, earrings, rings from their fingers, and necklaces. They presented gold objects of every kind as a special offer-
23 ing to the LORD. •All those who owned the follow-

35:21 Hebrew *Tent of Meeting.*

다. 염소털과 붉게 물들인 숫양 가죽과 고운 가죽을 가진 사람도 그것을 여호와께 가져왔습니다.

24 은이나 놋을 바칠 수 있는 사람은 그것을 여호와께 예물로 바쳤습니다. 여러 가지 도구를 만드는 데에 쓸 조각목을 가진 사람도 그것을 주님께 가져왔습니다.

25 손재주가 있는 여자들은 누구나 실을 만들어 파란 실과 자주색 실과 빨간 실과 고운 모시를 가져왔습니다.

26 손재주가 있으면서 일을 돕기를 원하는 여자들은 다 염소털로 실을 만들었습니다.

27 지도자들은 에봇과 가슴 덮개에 달 줄마노와 그 밖의 보석을 가져왔습니다.

28 그들은 향료와 기름도 가져왔습니다. 그것은 향기를 내는 향과 거룩히 구별할 기름과 불을 켤 기름에 쓸 것이었습니다.

29 이스라엘의 남자와 여자 중에서 일을 돕기를 원하는 사람은 여호와께 예물을 가져왔습니다. 그 예물은 여호와께서 모세와 백성에게 명령하신 일을 하는 데에 쓸 것이었습니다.

30 모세가 이스라엘 백성에게 말했습니다. "자, 여호와께서 유다 지파에서 훌의 손자이며 우리의 아들인 브살렐을 뽑았소.

31 주님께서는 브살렐에게 하나님의 영을 가득 채워 주셨소. 주님께서는 그에게 모든 일을 할 수 있는 기술과 능력과 지식을 주셨소.

32 설계를 잘 하고, 또 금과 은과 놋으로 그 설계대로 만들 수 있는 재능을 그에게 주셨소.

33 그는 보석을 다듬을 줄도 알고, 나무를 조각할 줄도 아는 온갖 손재주를 다 가지고 있소.

34 주님께서는 브살렐과 오홀리압에게 다른 사람을 가르칠 수 있는 능력을 주셨소. 오홀리압은 단 지파 사람 아히사막의 아들이오.

35 주님께서는 그들에게 온갖 일을 할 수 있는 능력을 주셨소. 그들은 쇠와 돌을 가지고 설계대로 만들 수 있소. 그들은 파란 실과 자주색 실과 빨간 실과 고운 모시로 어떤 무늬도 수놓을 수 있소. 그들은 천을 짜는 일도 할 수 있소."

36 "그러므로 브살렐과 오홀리압과 다른 모든 손재주 있는 사람은 여호와께서 명령하신 일을 해야 하오. 여호와께서는 이 사람들에게 회막을 짓는 데에 필요한 모든 일을 할 수 있는 재주와 지혜를 주셨소."

2 그리고 나서 모세는 브살렐과 오홀리압과 여호와께서 재능을 주신 다른 모든 손재주 있는 사람을 불렀습니다. 그들은 일을 돕고 싶은 마음이 있어서 모였습니다.

3 그들은 이스라엘 백성이 회막을 지으려고 예물로 가

ing items willingly brought them: blue, purple, and scarlet thread; fine linen and goat hair for cloth; and tanned ram skins 24 and fine goatskin leather. ●And all who had silver and bronze objects gave them as a sacred offering to the LORD. And those who had acacia wood brought it for use in the project.

25 ●All the women who were skilled in sewing and spinning prepared blue, purple, and scarlet thread, and fine linen cloth. 26 ●All the women who were willing used their skills to spin the goat hair into yarn. 27 ●The leaders brought onyx stones and the special gemstones to be set in the ephod 28 and the priest's chestpiece. ●They also brought spices and olive oil for the light, the anointing oil, and the fragrant incense. 29 ●So the people of Israel—every man and woman who was eager to help in the work the LORD had given them through Moses—brought their gifts and gave them freely to the LORD.

30 ●Then Moses told the people of Israel, "The LORD has specifically chosen Bezalel son of Uri, grandson of Hur, of the tribe of 31 Judah. ●The LORD has filled Bezalel with the Spirit of God, giving him great wisdom, ability, and expertise in all kinds of crafts. 32 ●He is a master craftsman, expert in work-33 ing with gold, silver, and bronze. ●He is skilled in engraving and mounting gem-stones and in carving wood. He is a master 34 at every craft. ●And the LORD has given both him and Oholiab son of Ahisamach, of the tribe of Dan, the ability to teach their 35 skills to others. ●The LORD has given them special skills as engravers, designers, embroiderers in blue, purple, and scarlet thread on fine linen cloth, and weavers. They excel as craftsmen and as designers.

36 "The LORD has gifted Bezalel, Oholiab, and the other skilled craftsmen with wisdom and ability to perform any task involved in building the sanctuary. Let them construct and furnish the Tabernacle, just as the LORD has commanded." 2 ●So Moses summoned Bezalel and Oholiab and all the others who were specially gifted by the LORD and were eager to 3 get to work. ●Moses gave them the materials donated by the people of Israel as sacred offerings for the completion of the sanctuary. But the people continued to bring

craft [kræft] *n.* 기술
engraving [ingréiviŋ] *n.* 조각(술)
expertise [ekspərtíːz] *n.* 전문적 기술(지식)
furnish [fəːrniʃ] *vt.* 설치하다
mount [maunt] *vt.* (보석 따위를) 대에 끼워넣다

져온 모든 것을 모세에게서 받았습니다. 백성은
바치고 싶은 마음이 있어서 아침마다 계속해서
예물을 가져왔습니다.

4 그래서 기술이 좋은 모든 사람들이 회막을 짓기 위
해 하던 일을 멈추고 모세에게 가서 말했습니다.

5 "여호와께서 명령하신 일을 하는 데 필요한 것보
다 백성이 가지고 오는 것이 더 많습니다."

6 그래서 모세가 진 가운데에 이러한 명령을 내렸
습니다. "남자든 여자든 회막에 쓸 예물을 더 가져
오지 마시오." 그러자 백성은 예물을 더 가져오지
않았습니다.

7 이미 필요한 물건은 쓰고도 남을 만큼 많았습니다.

회막

8 일꾼 가운데서 기술이 있는 사람들은 천 열 폭으
로 회막을 만들었습니다. 그 천은 고운 모시와 파
란 실, 자주색 실, 그리고 빨간 실로 짠 것이었습
니다. 그리고 정교한 솜씨로 날개 달린 생물 모양
을 한 그룹을 수놓은 것이었습니다.

9 각 천은 크기가 같았습니다. 길이는 이십팔 규빗,*
너비는 사 규빗*이었습니다.

10 다섯 폭을 이어서 하나로 만들고, 나머지 다섯 폭
도 이어서 하나로 만들었습니다.

11 이어서 만든 각 천의 제일 아랫부분 가장자리에
파란 천으로 고리를 만들었습니다.

12 이어서 만든 첫째 천의 가장자리에도 고리 오십 개를
만들고, 둘째 천의 가장자리에도 고리 오십 개를
만들어 각 고리들이 서로 맞물리게 만들었습니다.

13 그리고 그들은 금갈고리 오십 개를 만들어서, 이
어서 만든 두 천을 연결시켰습니다. 그렇게 해서
전체 회막을 하나로 연결시켰습니다.

14 그들은 염소털로 짠 천 열한 폭으로 다른 장막을
더 만들었습니다. 그것은 회막을 덮을 장막이었
습니다.

15 각 천은 크기가 같았습니다. 길이는 삼십 규빗,*
너비는 사 규빗이었습니다.

16 다섯 폭을 이어서 하나로 만들고, 나머지 여섯 폭
도 이어서 하나로 만들었습니다.

17 이어서 만든 각 천의 제일 아랫부분 가장자리에
고리 오십 개를 만들고, 둘째 천의 가장자리에도
고리 오십 개를 만들었습니다.

18 그리고 놋갈고리 오십 개를 만들어서 이어서 만
든 두 천을 연결시켰습니다. 그렇게 해서 전체 덮
개를 하나로 연결시켰습니다.

19 그들은 회막을 덮을 덮개를 두 개 더 만들었습니
다. 하나는 붉게 물들인 숫양 가죽으로 만들고 바
깥 덮개는 고운 가죽으로 만들었습니다.

20 그리고 그들은 조각목으로 회막을 세울 널빤지를

4 additional gifts each morning. • Finally the
craftsmen who were working on the sanctu-
5 ary left their work. • They went to Moses and
reported, "The people have given more than
enough materials to complete the job the
LORD has commanded us to do!"
6   • So Moses gave the command, and this
message was sent throughout the camp: "Men
and women, don't prepare any more gifts for
the sanctuary. We have enough!" So the peo-
7 ple stopped bringing their sacred offerings.
• Their contributions were more than enough
to complete the whole project.

Building the Tabernacle

8 • The skilled craftsmen made ten curtains of
finely woven linen for the Tabernacle. Then
Bezalel* decorated the curtains with blue, pur-
ple, and scarlet thread and with skillfully
9 embroidered cherubim. • All ten curtains were
exactly the same size—42 feet long and 6
10 feet wide.* • Five of these curtains were joined
together to make one long curtain, and the
other five were joined to make a second long
11 curtain. • He made fifty loops of blue yarn and
put them along the edge of the last curtain in
12 each set. • The fifty loops along the edge of one
curtain matched the fifty loops along the edge
13 of the other curtain. • Then he made fifty gold
clasps and fastened the long curtains together
with the clasps. In this way, the Tabernacle was
made of one continuous piece.
14   • He made eleven curtains of goat-hair cloth
to serve as a tent covering for the Tabernacle.
15 • These eleven curtains were all exactly the
same size 45—feet long and 6 feet wide.*
16 • Bezalel made five of these curtains together
to make one long curtain, and the other six
were joined to make a second long curtain.
17 • He made fifty loops for the edge of each large
curtain. • He also made fifty bronze clasps to
fasten the long curtains together. In this way,
the tent covering was made of one continuous
19 piece. • He completed the tent covering with a
layer of tanned ram skins and a layer of fine
goatskin leather.
20   • For the framework of the Tabernacle,

clasp [klǽsp] *n.* 갈고리
contribution [kàntrəbjúːʃən] *n.* 기여; 기부
craftsman [krǽftsmən] *n.* 장인, 기술자
sanctuary [sǽŋktʃuèri] *n.* 성소

36:8 Hebrew *he;* also in 36:16, 20, 35. See 37:1.
36:9 Hebrew *28 cubits* [12.9 meters] *long and 4
cubits* [1.8 meters] *wide.*   36:15 Hebrew *30
cubits* [13.8 meters] *long and 4 cubits* [1.8 meters]
wide.
36:9 28규빗은 약 12.6m에 해당되고, 4규빗은 약 1.8m에 해
당된다.
36:15 30규빗은 약 13.5m에 해당된다.

만들었습니다.

21 각 널빤지는 길이가 십 규빗,* 너비는 일 규빗 반*이었습니다.

22 각 널빤지마다 말뚝 두 개를 박아서 서로 연결시켰습니다. 회막의 모든 널빤지마다 그렇게 만들었습니다.

23 그들은 회막의 남쪽에 세울 널빤지 이십 개를 만들었습니다.

24 그리고 널빤지 이십 개를 받칠 은받침 사십 개를 만들어, 널빤지마다 은받침 두 개씩을 받치도록 하였습니다.

25 그들은 또 회막의 북쪽에 세울 널빤지 이십 개를 만들었습니다.

26 그리고 널빤지 이십 개를 받칠 은받침 사십 개를 만들었습니다.

27 그들은 회막의 뒤쪽, 곧 서쪽에 세울 널빤지 여섯 개도 만들었습니다.

28 그리고 회막의 뒤쪽 모서리에 세울 널빤지 두 개도 만들었습니다.

29 그들은 이 두 널빤지를 밑에서부터 꼭대기까지 쇠고리로 연결했습니다. 두 모서리의 널빤지들을 모두 그렇게 연결했습니다.

30 그렇게 해서 회막의 뒤쪽에는 널빤지가 모두 여덟 개가 있었습니다. 그리고 널빤지마다 두 개의 은받침이 있어서 모두 열여섯 개의 은받침이 있었습니다.

31 그리고 나서 그들은 회막의 널빤지들을 연결할 빗장을 조각목으로 만들었습니다. 회막의 한 면에 빗장 다섯 개를 만들었고

32 다른 면에도 빗장 다섯 개를 만들었습니다. 서쪽, 곧 뒤쪽의 널빤지들을 연결할 빗장 다섯 개도 만들었습니다.

33 널빤지들의 가운데에 연결할 빗장은 끝에서 끝까지 이어서 만들었습니다.

34 그들은 널빤지들을 금으로 입히고, 널빤지의 옆면에는 빗장을 끼울 금고리를 만들었습니다. 그리고 빗장들도 금으로 입혔습니다.

35 그들은 고운 모시와 파란 실, 자주색 실, 그리고 빨간 실로 휘장을 짰습니다. 그리고 정교한 솜씨로 날개 달린 생물 모양을 한 그룹을 그 휘장 위에 수놓았습니다.

36 그들은 그 휘장을 조각목으로 만든 네 기둥 위에 늘어뜨렸습니다. 금을 입힌 그 기둥들에는 금으로 만든 갈고리 네 개를 만들었으며, 은받침 네 개를 만들어서 그 위에 기둥을 세웠습니다.

37 그들은 회막으로 들어가는 입구를 가리는 막을 만들었습니다. 그들은 파란 실, 자주색 실, 그리고 빨간 실로 막을 짰습니다. 그리고 수를 잘 놓는 사람이 그 위에 수를 놓았습니다.

38 그리고 그들은 기둥 다섯 개와 갈고리를 만들었습니다. 그들은 기둥 꼭대기와 거기에 달린 갈고리에 금을 입혔습니다. 그들은 놋으로 받침 다섯 개를 만들

Bezalel constructed frames of acacia wood.

21 •Each frame was 15 feet high and 27 inch-
22 es wide,* •with two pegs under each
23 frame. All the frames were identical. •He
made twenty of these frames to support
the curtains on the south side of the
24 Tabernacle. •He also made forty silver
bases—two bases under each frame, with
25 the pegs fitting securely into the bases. •For
the north side of the Tabernacle, he made
26 another twenty frames, •with their forty
silver bases, two bases under each frame.
27 •He made six frames for the rear—the
28 west side of the Tabernacle—•along with
two additional frames to reinforce the rear
corners of the Tabernacle. •These corner
frames were matched at the bottom and
firmly attached at the top with a single
ring, forming a single corner unit. Both of
these corner units were made the same
30 way. •So there were eight frames at the
rear of the Tabernacle, set in sixteen silver
bases—two bases under each frame.
31 •Then he made crossbars of acacia
wood to link the frames, five crossbars for
32 the north side of the Tabernacle •and five
for the south side. He also made five cross-
bars for the rear of the Tabernacle, which
33 faced west. •He made the middle crossbar
to attach halfway up the frames; it ran all
the way from one end of the Tabernacle to
34 the other. •He overlaid the frames with
gold and made gold rings to hold the cross-
bars. Then he overlaid the crossbars with
gold as well.
35 •For the inside of the Tabernacle,
Bezalel made a special curtain of finely
woven linen. He decorated it with blue,
purple, and scarlet thread and with skillful-
36 ly embroidered cherubim. •For the cur-
tain, he made four posts of acacia wood
and four gold hooks. He overlaid the posts
with gold and set them in four silver bases.
37 •Then he made another curtain for the
entrance to the sacred tent. He made it of
finely woven linen and embroidered it
with exquisite designs using blue, purple,
38 and scarlet thread. •This curtain was hung
on gold hooks attached to five posts. The
posts with their decorated tops and hooks
were overlaid with gold, and the five bases

attached [ətǽtʃt] a. 붙인
exquisite [ikskwízit] a. 정교한
identical [aidéntikəl] a. 동일한, 똑같은
overlay [òuvərléi] vt. 씌우다, 칠하다

36:21 Hebrew 10 cubits [4.6 meters] high and 1.5 cubits [69 centimeters] wide.
36:21 10규빗은 약 4.5m에 해당되고, 1.5규빗은 약 67.5cm에 해당된다.

었습니다.

언약궤

37 브살렐은 조각목으로 궤를 만들었습니다. 그 상자는 길이가 이 규빗 반,* 너비가 일 규빗 반,* 높이가 일 규빗 반이었습니다.

2 브살렐은 궤의 안팎을 금으로 입혔습니다. 그리고 그 둘레에는 금테를 둘렀습니다.

3 그는 궤를 위해 금고리 네 개를 만들어서 밑의 네 모서리에 달았습니다. 한쪽에 두 개를 달고, 다른 쪽에 두 개를 달았습니다.

4 그는 또 조각목으로 채를 만들어서 금으로 입혔습니다.

5 그는 그 채들을 궤의 네 모서리에 있는 고리에 끼웠습니다.

6 그리고 나서 그는 순금으로 속죄판을 만들었습니다. 그것의 길이는 이 규빗 반, 너비는 일 규빗 반이었습니다.

7 그는 금을 두드려서 날개 달린 생물 모양을 한 그룹 둘을 만들었습니다. 그는 그것을 속죄판 양쪽 끝에 하나씩 두었습니다.

8 그룹 하나는 속죄판 한 쪽 끝에 두고, 다른 그룹은 다른 쪽 끝에 두었습니다. 그룹들을 속죄판에 잘 연결시켜서 전체가 하나가 되게 하였습니다.

9 그룹들은 날개를 위로 펴서 그 날개로 속죄판을 덮었습니다. 그룹들은 속죄판 쪽으로 서로 마주 보고 있었습니다.

상

10 브살렐은 조각목으로 상을 만들었습니다. 그 상은 길이가 이 규빗,* 너비가 일 규빗,* 높이가 일 규빗 반이었습니다.

11 그는 그 상을 순금으로 입히고 둘레에는 금테를 둘렀습니다.

12 그리고 나서 상 둘레에 높이가 한 뼘*쯤 되게 턱을 만들고, 그 턱에도 금테를 둘렀습니다.

13 그는 금고리 네 개를 만들어서 상의 네 모서리에, 곧 상다리가 있는 곳에 그 금고리를 붙였습니다.

14 상 위의 턱에 가깝게 고리를 붙여서, 거기에 채를 끼워 상을 나를 수 있게 하였습니다.

15 상을 나르는 채는 조각목으로 만들었습니다. 그리고 거기에 금을 입혔습니다.

16 그리고 나서 그는 순금으로 상 위에 놓을 접시와 그릇과 부어 드리는 제물인 전제물에 쓸 병과 잔을 만들었습니다.

등잔대

17 그는 또 순금으로 등잔대를 만들었습니다. 그는 금을 두드려 만들었는데 밑받침과 자루와 등잔과 꽃받침과 꽃잎은 하나로 붙어 있게 했습니다.

---

were cast from bronze.

Building the Ark of the Covenant

37 Next Bezalel made the Ark of acacia wood—a sacred chest 45 inches long, 27 inches wide, and 27 inches high.*

2 • He overlaid it inside and outside with pure gold, and he ran a molding of gold all around it. • He cast four gold rings and attached them to its four feet, two rings on each side. • Then he made poles from acacia wood and overlaid them with gold.

5 • He inserted the poles into the rings at the sides of the Ark to carry it.

6 • Then he made the Ark's cover—the place of atonement—from pure gold. It was 45 inches long and 27 inches wide.* • He made two cherubim from hammered gold and placed them on the two ends of the atonement cover. • He molded the cherubim on each end of the atonement cover, making it all of one piece of gold. • The cherubim faced each other and looked down on the atonement cover. With their wings spread above it, they protected it.

Building the Table

10 • Then Bezalel* made the table of acacia wood, 36 inches long, 18 inches wide, and 27 inches high.* • He overlaid it with pure gold and ran a gold molding around the edge. • He decorated it with a 3-inch border* all around, and he ran a gold molding along the border. • Then he cast four gold rings for the table and attached them at the four corners next to the four legs. • The rings were attached near the border to hold the poles that were used to carry the table. • He made these poles from acacia wood and overlaid them with gold. • Then he made special containers of pure gold for the table—bowls, ladles, jars, and pitchers—to be used in pouring out liquid offerings.

Building the Lampstand

17 • Then Bezalel made the lampstand of pure, hammered gold. He made the entire lampstand and its decorations of one

---

37:1 Hebrew *2.5 cubits* [115 centimeters] *long, 1.5 cubits* [69 centimeters] *wide, and 1.5 cubits high.*   **37:6** Hebrew *2.5 cubits* [115 centimeters] *long and 1.5 cubits* [69 centimeters] *wide.*   **37:10a** Hebrew *he;* also in 37:17, 25.   **37:10b** Hebrew *2 cubits* [92 centimeters] *long, 1 cubit* [46 centimeters] *wide, and 1.5 cubits* [69 centimeters] *high.*   **37:12** Hebrew *a border of a handbreadth* [8 centimeters].

37:1 2.5규빗은 약 1.12m에 해당되고, 1.5규빗은 약 67.5cm에 해당된다.
37:10 2규빗은 약 90cm, 1규빗은 약 45cm에 해당된다.
37:12 한 뼘은 약 8cm에 해당된다.

18 등잔대의 옆으로는 가지가 여섯 개 있었는데, 한 쪽으로 세 개, 다른 쪽으로 세 개가 나와 있었습니다.

19 각 가지에는 감복숭아꽃 모양의 잔이 세 개 있었고, 각 잔에는 꽃받침과 꽃잎이 있었습니다.

20 등잔대의 자루에도 감복숭아꽃 모양의 잔이 네 개 있었습니다. 그 잔들에도 꽃받침과 꽃잎이 있었습니다.

21 등잔대에서 뻗어 나온 가지 한 쌍마다 그 두 가지를 잇는 꽃받침이 아래에 있었습니다.

22 가지들과 꽃받침들과 등잔대는 전체가 하나로 이어졌으며 순금을 두드려 만들었습니다.

23 그는 등잔 일곱 개를 만들어서 등잔대 위에 두었습니다. 그리고 그는 심지를 자르는 가위와 불똥 그릇도 순금으로 만들었습니다.

24 그는 순금 한 달란트*를 들여서 등잔대와 그 모든 기구를 만들었습니다.

향제단

25 그는 조각목으로 향을 피울 제단을 만들었습니다. 그 제단은 길이가 일 규빗, 너비가 일 규빗으로 이루어진 정사각형이었습니다. 높이는 이 규빗으로 네 뿔을 제단과 이어서 하나가 되게 만들었습니다.

26 제단의 위와 옆과 모서리는 순금으로 덮었고, 제단 둘레에는 금테를 둘렀습니다.

27 제단 양쪽에는 금테 아래로 금고리 두 개를 만들어 달았습니다. 그래서 제단을 나를 때에 그 금고리 안에 채를 끼워 넣어서 나를 수 있게 했습니다.

28 그는 채를 조각목으로 만들고 금을 입혔습니다.

29 그리고 나서 그는 거룩한 의식에 쓸 기름을 만들었습니다. 그는 또 향을 만드는 방법대로 정결하고 향기로운 향도 만들었습니다.

제단

38 그는 조각목으로 제단을 만들었습니다. 제단은 길이가 오 규빗,* 너비가 오 규빗인 정사각형이고, 높이는 삼 규빗이었습니다.

2 제단의 네 모서리에는 뿔을 하나씩 만들었습니다. 뿔은 제단에 붙어 있게 만들었습니다. 그런 다음에 제단 전체를 놋으로 입혔습니다.

3 그는 놋으로 제단 위에서 쓸 모든 연장과 그릇, 곧 재를 담는 통과 삽과 대야와 고기 갈고리와 불타는 나무를 옮길 때 쓸 냄비를 만들었습니다.

4 그는 또 불타는 나무를 담을 큰 놋그물을 만들고 그 그물을 제단 턱 아래, 땅과 제단 꼭대기의 중간쯤에 두었습니다.

5 그는 놋고리를 만들어 제단을 옮기는 데에 쓸 채를 끼울 수 있게 하였는데, 그 고리들을 그물의 네 모서리에 붙였습니다.

piece—the base, center stem, lamp cups, buds, and petals. •The lampstand had six 18 branches going out from the center stem, 19 three on each side. •Each of the six branches had three lamp cups shaped like almond blossoms, complete with buds and petals. 20 •The center stem of the lampstand was crafted with four lamp cups shaped like almond blossoms, complete with buds and 21 petals. •There was an almond bud beneath each pair of branches where the six branches extended from the center stem, all made 22 of one piece. •The almond buds and branches were all of one piece with the center stem, and they were hammered from pure gold. 23 •He also made seven lamps for the lampstand, lamp snuffers, and trays, all of pure 24 gold. •The entire lampstand, along with its accessories, was made from seventy-five pounds* of pure gold.

Building the Incense Altar

25 •Then Bezalel made the incense altar of acacia wood. It was 18 inches square and 36 inches high,* with horns at the corners carved from the same piece of wood as the 26 altar itself. •He overlaid the top, sides, and horns of the altar with pure gold, and he ran 27 a gold molding around the entire altar. •He made two gold rings and attached them on opposite sides of the altar below the gold 28 molding to hold the carrying poles. •He made the poles of acacia wood and overlaid 29 them with gold. •Then he made the sacred anointing oil and the fragrant incense, using the techniques of a skilled incense maker.

Building the Altar of Burnt Offering

38 Next Bezalel* used acacia wood to construct the square altar of burnt offering. It was 7 1/2 feet wide, 7 1/2 feet long, 2 and 4 1/2 feet high.* •He made horns for each of its four corners so that the horns and altar were all one piece. He overlaid the altar 3 with bronze. •Then he made all the altar utensils of bronze—the ash buckets, shovels, 4 basins, meat forks, and firepans. •Next he made a bronze grating and installed it halfway down the side of the altar, under 5 the ledge. •He cast four rings and attached them to the corners of the bronze grating to

---

37:24 Hebrew *1 talent* [34 kilograms].   37:25 Hebrew *1 cubit* [46 centimeters] *long and 1 cubit wide, a square, and 2 cubits* [92 centimeters] *high.*   38:1a Hebrew *he;* also in 38:8, 9. 38:1b Hebrew *5 cubits* [2.3 meters] *wide, 5 cubits long, a square, and 3 cubits* [1.4 meters] *high.*

37:24 1달란트는 약 34.27kg에 해당된다.
38:1 5규빗은 약 2.25m에 해당된다.

6 그는 조각목으로 제단을 옮기는 데에 쓸 채를 만들었습니다. 그리고 그것을 놋으로 입혔습니다.

7 그는 제단 양쪽의 고리에 채를 끼워 제단을 옮기는 데에 사용할 수 있게 했습니다. 그는 널빤지로 제단을 만들되 속은 비게 했습니다.

놋 물동이

8 그는 씻는 데 쓸 물동이와 그 받침을 놋으로 만들었습니다. 그는 회막 입구에서 봉사하는 여자들이 바친 놋거울로 그것들을 만들었습니다.

회막의 뜰

9 그는 회막의 뜰을 만들었습니다. 남쪽에는 고운 모시로 만든, 길이가 백 규빗*인 휘장을 둘러서 울타리를 만들었습니다.

10 그쪽의 기둥 스무 개와 밑받침 스무 개는 놋으로 만들고, 기둥의 갈고리와 고리는 은으로 만들었습니다.

11 남쪽과 마찬가지로 북쪽에도 길이가 백 규빗인 휘장을 둘렀습니다. 북쪽 또한 기둥 스무 개와 밑받침 스무 개는 놋으로 만들고, 기둥의 갈고리와 고리는 은으로 만들었습니다.

12 서쪽에는 길이가 오십 규빗인 휘장을 둘러서 울타리를 만들었습니다. 그 휘장은 기둥이 열 개이고 밑받침이 열 개인데, 기둥의 고리와 갈고리는 은으로 만들었습니다.

13 동쪽 울타리도 길이가 오십 규빗이었습니다.

14 한쪽 입구에는 길이가 십오 규빗인 휘장이 있었고, 거기에는 기둥 세 개와 밑받침 세 개가 있었습니다.

15 다른 쪽에도 길이가 십오 규빗인 휘장이 있었습니다. 거기에도 기둥 세 개와 밑받침 세 개가 있었습니다.

16 뜰 둘레의 모든 휘장은 고운 모시로 만든 것이었습니다.

17 기둥 밑받침은 놋으로 만들었고, 기둥 위의 고리와 갈고리는 은으로 만들었습니다. 기둥 꼭대기도 은으로 입혔으며 뜰 안의 모든 기둥에는 은고리를 달았습니다.

18 뜰로 들어가는 입구의 막은 파란 실과 자주색 실과 빨간 실과 곱게 짠 모시로 만들었습니다. 수를 잘 놓는 사람이 거기에 수를 놓았습니다. 막의 길이는 이십 규빗이고, 높이는 오 규빗이었습니다. 그 높이는 뜰 둘레의 휘장의 높이와 같았습니다.

19 그 막은 놋으로 만든 기둥 네 개와 밑받침 네 개에 걸려 있었습니다. 기둥 위의 고리와 갈고리는 은으로 만들고, 기둥 꼭대기도 은으로 입혔습니다.

20 회막과 뜰의 울타리의 모든 말뚝은 놋으로 만들었습니다.

21 회막을 지을 때에 사용한 금속은 이러합니다. 회

---

6 hold the carrying poles. •He made the poles from acacia wood and overlaid them with bronze. •He inserted the poles through the 7 rings on the sides of the altar. The altar was hollow and was made from planks.

Building the Washbasin

8 •Bezalel made the bronze washbasin and its bronze stand from bronze mirrors donated by the women who served at the entrance of the Tabernacle.*

Building the Courtyard

9 •Then Bezalel made the courtyard, which was enclosed with curtains made of finely woven linen. On the south side the curtains 10 were 150 feet long.* •They were held up by twenty posts set securely in twenty bronze bases. He hung the curtains with silver hooks and 11 rings. •He made a similar set of curtains for the north side—150 feet of curtains held up by twenty posts set securely in bronze bases. He hung the curtains with silver hooks and 12 rings. •The curtains on the west end of the courtyard were 75 feet long,* hung with silver hooks and rings and supported by ten posts set 13 into ten bases. •The east end, the front, was also 75 feet long.

14 •The courtyard entrance was on the east end, flanked by two curtains. The curtain on the right side was 22¹⁄₂ feet long* and was supported by three posts set into three bases. 15 •The curtain on the left side was also 22¹⁄₂ feet long and was supported by three posts set into 16 three bases. •All the curtains used in the courtyard were made of finely woven linen. 17 •Each post had a bronze base, and all the hooks and rings were silver. The tops of the posts of the courtyard were overlaid with silver, and the 18 rings to hold up the curtains were made of silver. •He made the curtain for the entrance to the courtyard of finely woven linen, and he decorated it with beautiful embroidery in blue, purple, and scarlet thread. It was 30 feet long, and its height was 7¹⁄₂ feet,* just like the curtains of the 19 courtyard walls. •It was supported by four posts, each set securely in its own bronze base. The tops of the posts were overlaid with silver, and the 20 hooks and rings were also made of silver. •All the tent pegs used in the Tabernacle and courtyard were made of bronze.

Inventory of Materials

21 •This is an inventory of the materials used in

38:8 Hebrew *Tent of Meeting;* also in 38:30.   **38:9** Hebrew *100 cubits* [46 meters]; also in 38:11. **38:12** Hebrew *50 cubits* [23 meters]; also in 38:13. **38:14** Hebrew *15 cubits* [6.9 meters]; also in 38:15.   **38:18** Hebrew *20 cubits* [9.2 meters] *long and 5 cubits* [2.3 meters] *high.*

38:9 100규빗은 약 45m에 해당된다.

막은 십계명을 쓴 두 돌판을 보관하는 곳입니다. 모세는 레위 사람들을 시켜서 사용된 금속 목록을 짜게 했습니다. 아론의 아들 이다말이 목록 짜는 일의 책임을 맡았습니다.

22 유다 지파 사람 훌의 손자이며 우리의 아들인 브살렐은 여호와께서 모세에게 명령하신 것을 다 만들었습니다.

23 단 지파 사람 아히사막의 아들 오홀리압이 브살렐을 도왔습니다. 오홀리압은 금속과 돌에 무늬를 놓을 수 있는 재능을 가지고 있었습니다. 그는 설계도 잘 했고, 파란 실과 자주색 실과 빨간 실과 고운 모시로 수를 놓는 솜씨도 있었습니다.

24 회막을 짓는 데 든 모든 금은 다 주님께 바친 것이었습니다. 그 무게는 성소에서 다는 무게로 이십구 달란트*와 칠백삼십 세겔*이었습니다.

25 은은 인구 조사를 받은 사람이 바쳤습니다. 그 무게는 성소에서 다는 무게로 백 달란트*와 천칠백칠십오 세겔*이었습니다.

26 백성의 수를 셀 때에는 스무 살 이상인 사람을 세웠는데, 그 수는 모두 육십만 삼천오백오십 명이었으므로, 한 사람이 은 한 베가* 곧 반 세겔*씩 낸 셈입니다.

27 이 은 중에서 백 달란트는 회막과 휘장의 밑받침 백 개를 만드는 데 썼습니다. 그러므로 기둥 하나에 은 한 달란트를 쓴 셈입니다.

28 나머지 은 천칠백칠십오 세겔로는 기둥의 갈고리를 만드는 데 썼습니다. 그리고 기둥 덮개와 고리를 만드는 데도 썼습니다.

29 주님께 바친 놋의 무게는 칠십 달란트*와 이천사백 세겔*이었습니다.

30 그들은 이 놋으로 회막 입구의 밑받침과 제단과 놋그물과 제단의 모든 기구를 만들었습니다.

31 그리고 이 놋으로 뜰을 둘러 친 휘장의 밑받침과 뜰 입구의 휘장의 밑받침과 회막과 뜰을 둘러 친 휘장의 말뚝도 만들었습니다.

제사장의 옷

39 그들은 파란 실, 자주색 실, 빨간 실로 제사장의 옷을 짜 만들었습니다. 그 옷은 제사장들이 성소에서 입을 옷이었습니다. 그들은 또 여호와께서 모세에게 명령하신 대로 아론을 위해 거룩한 옷을 만들었습니다.

2 그리고 금실, 파란 실, 자주색 실, 빨간 실과 고운 모시로 대제사장의 예복인 에봇을 만

building the Tabernacle of the Covenant.* The Levites compiled the figures, as Moses directed, and Ithamar son of Aaron the priest served as recorder.

22 •Bezalel son of Uri, grandson of Hur, of the tribe of Judah, made everything just as the LORD had com- 23 manded Moses. •He was assisted by Oholiab son of Ahisamach, of the tribe of Dan, a craftsman expert at engraving, designing, and embroidering with blue, purple, and scarlet thread on fine linen cloth.

24 •The people brought special offerings of gold totaling 2,193 pounds,* as measured by the weight of the sanctuary shekel. This gold was used throughout the Tabernacle.

25 •The whole community of Israel gave 7,545 pounds* of silver, as measured by the weight of the 26 sanctuary shekel. •This silver came from the tax collected from each man registered in the census. (The tax is one beka, which is half a shekel,* based on the sanctuary shekel.) The tax was collected from 603,550 men who had reached their twenti- 27 eth birthday. •The hundred bases for the frames of the sanctuary walls and for the posts supporting the inner curtain required 7,500 pounds of silver, 28 about 75 pounds for each base.* •The remaining 45 pounds* of silver was used to make the hooks and rings and to overlay the tops of the posts.

29 •The people also brought as special offerings 30 5,310 pounds* of bronze, •which was used for casting the bases for the posts at the entrance to the Tabernacle, and for the bronze altar with its bronze 31 grating and all the altar utensils. •Bronze was also used to make the bases for the posts that supported the curtains around the courtyard, the bases for the curtain at the entrance of the courtyard, and all the tent pegs for the Tabernacle and the courtyard.

Clothing for the Priests

39 The craftsmen made beautiful sacred garments of blue, purple, and scarlet cloth— clothing for Aaron to wear while ministering in the Holy Place, just as the LORD had commanded Moses.

Making the Ephod

2 •Bezalel* made the ephod of finely woven linen

38:21 Hebrew *the Tabernacle, the Tabernacle of the Testimony.* 38:24 Hebrew *29 talents and 730 shekels* [994 kilograms]. Each shekel weighed about 0.4 ounces or 11 grams. 38:25 Hebrew *100 talents and 1,775 shekels* [3,420 kilograms]. 38:26 Or *0.2 ounces* [6 grams]. 38:27 Hebrew *100 talents* [3,400 kilograms] *of silver, 1 talent* [34 kilograms] *for each base.* 38:28 Hebrew *1,775* [shekels] [20.2 kilograms]. 38:29 Hebrew *70 talents and 2,400 shekels* [2,407 kilograms]. 39:2 Hebrew *He;* also in 39:8, 22.

38:24 29달란트는 약 993.83kg에 해당되고, 730세겔은 약 8.32kg에 해당된다.
38:25 100달란트는 약 3,427kg에 해당되고, 1,775세겔은 약 20.23kg에 해당된다.
38:26 1베가는 약 5.71g에 해당되고, 0.5세겔은 약 5.7g에 해당된다.
38:29 70달란트는 약 2,398kg에 해당되고, 2,400세겔은 약 27.36kg에 해당된다.

3 그들은 금을 얇게 두드려서 오린 다음 길고 가는 실을 만들었습니다. 그들은 솜씨 좋게 그 금실을 파란 실, 자주색 실, 빨간 실과 고운 모시에 섞어 짰습니다.

4 그들은 에봇의 멜빵을 만들었습니다. 멜빵은 조끼의 위쪽 모서리에 만들어 달았습니다.

5 허리띠도 솜씨 있게 똑같은 방법으로 만들었습니다. 허리띠는 에봇에 하나로 이어지게 만들었습니다. 허리띠는 금실, 파란 실, 자주색 실, 빨간 실과 고운 모시로 만들었습니다. 이는 여호와께서 모세에게 명령하신 대로 한 것입니다.

6 그들은 줄마노 둘레에 금을 씌웠습니다. 그리고 거기에 이스라엘의 열두 아들의 이름을 새겨 넣었습니다. 마치 보석 다듬는 사람이 도장을 새기듯이 이스라엘의 아들들의 이름을 그 보석들에 새겼습니다.

7 그런 다음에 그 보석들을 에봇의 멜빵에 매달았습니다. 그것은 이스라엘의 열두 아들들을 기념하는 보석입니다. 이는 여호와께서 모세에게 명령하신 대로 한 것입니다.

8 기술이 좋은 사람들은 에봇을 만든 것과 같은 방법으로 가슴 덮개를 정교하게 만들었습니다. 금실, 파란 실, 자주색 실, 빨간 실과 고운 모시로 만들었습니다.

9 가슴 덮개는 정사각형 모양이며 두 겹이었습니다. 길이와 너비가 모두 한 뼘 정도 되었습니다.

10 그리고 그들은 가슴 덮개에 아름다운 보석을 네 줄로 박았습니다. 첫째 줄에는 홍옥과 황옥과 녹주석을 박았고

11 둘째 줄에는 홍수정과 청옥과 금강석을 박았습니다.

12 셋째 줄에는 호박과 백마노와 자수정을 박았고

13 넷째 줄에는 녹주석과 줄마노와 벽옥을 박았습니다. 그리고 그 보석들을 금틀에 박아 넣었습니다.

14 이스라엘의 아들들의 이름을 마치 도장을 새기듯이 보석 열두 개에 새겼습니다. 각 보석에 이스라엘의 열두 지파의 이름을 새겼습니다.

15 그들은 가슴 덮개에 쓸 순금 사슬을 노끈처럼 꼬아 만들었습니다.

16 그리고 그들은 금테 두 개와 금고리 두 개를 만들었습니다. 그들은 그 금고리를 가슴 덮개의 위쪽 두 모서리에 달았습니다.

17 그들은 금사슬 두 개를 가슴 덮개의 양쪽 끝에 달려 있는 금고리 두 개에 하나씩 매었습니다.

18 그리고 금사슬의 다른 쪽 끝은 멜빵에 달려 있는 금테에 매달았습니다. 그렇게 해서 금사슬을 에

3 and embroidered it with gold and with blue, purple, and scarlet thread. • He made gold thread by hammering out thin sheets of gold and cutting it into fine strands. With great skill and care, he worked it into the fine linen with the blue, purple, and scarlet thread.

4 • The ephod consisted of two pieces, front and back, joined at the shoulders with two shoulder-pieces. • The decorative sash was made of the same materials: finely woven linen embroidered with gold and with blue, purple, and scarlet thread, just as the LORD had commanded Moses. • They mounted the two

6 onyx stones in settings of gold filigree. The stones were engraved with the names of the tribes of Israel, just as a seal is engraved. • He

7 fastened these stones on the shoulder-pieces of the ephod as a reminder that the priest represents the people of Israel. All this was done just as the LORD had commanded Moses.

Making the Chestpiece

8 • Bezalel made the chestpiece with great skill and care. He made it to match the ephod, using finely woven linen embroidered with gold and with blue, purple, and scarlet thread.

9 • He made the chestpiece of a single piece of cloth folded to form a pouch nine inches*

10 square. • They mounted four rows of gemstones* on it. The first row contained a red carnelian, a pale-green peridot, and an emerald.

11 • The second row contained a turquoise, a blue lapis lazuli, and a white moonstone.

12 • The third row contained an orange jacinth,

13 an agate, and a purple amethyst. • The fourth row contained a blue-green beryl, an onyx, and a green jasper. All these stones were set in

14 gold filigree. • Each stone represented one of the twelve sons of Israel, and the name of that tribe was engraved on it like a seal.

15 • To attach the chestpiece to the ephod, they made braided cords of pure gold thread.

16 • They also made two settings of gold filigree and two gold rings and attached them to the

17 top corners of the chestpiece. • They tied the two gold cords to the rings on the chestpiece.

18 • They tied the other ends of the cords to the gold settings on the shoulder-pieces of the

---

braided [bréidid] *a.* 짠, 꼰
consist [kənsíst] *vi.* ⋯로 이루어져 있다
engrave [ingréiv] *vt.* 새기다
fasten [fǽsn] *vt.* 단단히 동여매다
filigree [fíləgriː] *n.* (금, 은 등의) 선조(線條) 세공
mount [máunt] *vt.* (보석 등을) 박아 넣다
represent [rèprizént] *vt.* 상징하다; 대표하다
39:13 be set in : ⋯으로 싸여 있다

39:9 Hebrew *1 span* [23 centimeters].   39:10 The identification of some of these gemstones is uncertain.

봇 앞쪽의 멜빵에 매달았습니다.

19 그들은 금고리를 두 개 더 만들어서 가슴 덮개의 아래쪽 두 모서리, 곧 에봇과 맞닿은 안쪽 덮개에 매달았습니다.

20 그들은 또 금고리를 두 개 더 만들어서 에봇 앞의 멜빵 끝, 곧 에봇의 공들여 짠 띠 위쪽의 매는 곳에 매달았습니다.

21 가슴 덮개의 고리들을 에봇의 고리들과 파란 끈으로 묶어서 가슴 덮개가 에봇의 공들여 짠 띠 위에 놓이게 하고, 또 가슴 덮개가 에봇에 너무 느슨하게 연결되지 않도록 했습니다. 그들은 이 모든 일을 여호와께서 모세에게 명령하신 대로 했습니다.

22 그리고 나서 그들은 에봇에 받쳐 입을 겉옷을 파란 실로만 만들었습니다.

23 그 가운데에는 아론의 머리가 들어갈 구멍을 만들고, 구멍 둘레에는 깃을 짜서 구멍이 찢어지지 않도록 했습니다.

24 그들은 파란 실과 자주색 실과 빨간 실과 고운 모시로 석류 모양을 만들고, 그 석류 모양을 겉옷 아래에 매달았습니다.

25 그리고 순금으로 방울을 만들어서 겉옷 아랫자락에 석류 모양과 금방울이 엇갈리면서 이어지도록 했습니다.

26 겉옷 아랫자락을 빙 둘러가면서 석류 모양 하나, 방울 하나, 석류 모양 하나, 방울 하나를 달았습니다. 제사장은 제사장의 임무를 행할 때에 그 옷을 입었습니다. 이는 여호와께서 모세에게 명령하신 대로 한 것입니다.

27 그들은 아론과 그의 아들들이 입을 속옷을 고운 모시로 만들었습니다.

28 머리에 쓸 관과 바지도 고운 모시로 만들었습니다.

29 그리고 고운 모시와 파란 실, 자주색 실, 빨간 실로 허리띠를 만들고 그 띠에 수를 놓았습니다. 이는 여호와께서 모세에게 명령하신 대로 한 것입니다.

30 그들은 순금으로 머리에 두를 거룩한 패를 만들었습니다. 그리고 마치 도장을 새기듯이 그 위에 '여호와께 성결'이라는 글자를 새겼습니다.

31 파란 끈으로 그 금패를 제사장이 머리에 쓰는 관에 매었습니다. 이는 여호와께서 모세에게 명령하신 대로 한 것입니다.

32 그리하여 성막, 곧 회막을 짓는 일이 다 끝났습니다. 이스라엘 백성은 여호와께서 모세에게 명령하신 대로 했습니다.

33 그리고 나서 그들은 회막을 모세에게 가져왔습

19 ephod. •Then they made two more gold rings and attached them to the inside edges of the
20 chestpiece next to the ephod. •Then they made two more gold rings and attached them to the front of the ephod, below the shoulder-pieces, just above the knot where the decorative sash was fas-
21 tened to the ephod. •They attached the bottom rings of the chestpiece to the rings on the ephod with blue cords. In this way, the chestpiece was held securely to the ephod above the decorative sash. All this was done just as the LORD had commanded Moses.

Additional Clothing for the Priests

22 •Bezalel made the robe that is worn with the ephod from a single piece of blue woven cloth,
23 •with an opening for Aaron's head in the middle of it. The opening was reinforced with a
24 woven collar* so it would not tear. •They made pomegranates of blue, purple, and scarlet yarn, and attached them to the hem of the robe.
25 •They also made bells of pure gold and placed them between the pomegranates along the hem
26 of the robe, •with bells and pomegranates alternating all around the hem. This robe was to be worn whenever the priest ministered before the LORD, just as the LORD had commanded Moses.
27 •They made tunics for Aaron and his sons
28 from fine linen cloth. •The turban and the special head coverings were made of fine linen, and the undergarments were also made of fine-
29 ly woven linen. •The sashes were made of finely woven linen and embroidered with blue, purple, and scarlet thread, just as the LORD had commanded Moses.
30 •Finally, they made the sacred medallion—the badge of holiness—of pure gold. They engraved it like a seal with these words: HOLY TO
31 THE LORD. •They attached the medallion with a blue cord to Aaron's turban, just as the LORD had commanded Moses.

Moses Inspects the Work

32 •And so at last the Tabernacle* was finished. The Israelites had done everything just as the
33 LORD had commanded Moses. •And they brought the entire Tabernacle to Moses:

the sacred tent with all its furnishings, clasps, frames, crossbars, posts, and bases;

alternate [ɔ́ːltərneit] *vi.* 번갈아 일어나다; 엇갈리다
command [kəmǽnd] *vt.* 명령하다
entire [intáiər] *a.* 전체의
hem [hém] *n.* (천, 옷의) 가장자리, 옷단
minister [mínəstər] *vi.* (성직자로서) 임무를 다하다
reinforced [rìːinfɔ́ːrst] *a.* 강화된
sash [sǽʃ] *n.* 장식 띠; 어깨 띠

39:23 The meaning of the Hebrew is uncertain.
39:32 Hebrew *the Tabernacle, the Tent of Meeting;* also in 39:40.

니다. 그들이 가져온 것은 회막과 그 모든 기구와 갈고리, 널빤지, 빗장, 기둥, 밑받침,

34 붉게 물들인 숫양 가죽 덮개, 고운 가죽으로 만든 덮개, 지성소 입구를 막는 휘장,

35 언약궤, 그 채와 속죄판,

36 상과 그 모든 기구, 진설병,

37 순금 등잔대와 거기에 올려져 있는 등잔과 그 모든 기구, 등잔 기름,

38 금 제단, 제사장을 거룩히 구별할 때 쓰는 특별한 기름, 향기로운 향, 회막 입구를 막는 휘장,

39 놋제단과 놋그물, 그 채와 모든 기구, 물동이와 그 받침,

40 뜰의 휘장과 그 기둥과 밑받침, 뜰 입구를 막는 휘장, 노끈, 말뚝, 성막, 곧 회막에서 쓰는 모든 기구,

41 그리고 제사장이 회막에서 일할 때 입는 옷, 곧 제사장 아론의 거룩한 옷과 그의 아들들이 제사장으로 일할 때 입는 옷이었습니다.

42 이스라엘 백성은 이 모든 일을 여호와께서 모세에게 명령하신 대로 했습니다.

43 모세는 그들이 이 모든 일을 여호와께서 명령하신 대로 한 것을 보고 그들에게 복을 빌어 주었습니다.

회막을 세우다

40 여호와께서 모세에게 말씀하셨습니다.

2 "너는 첫째 달 초하루에 성막, 곧 회막을 세워라.

3 언약궤를 회막 안에 두고 궤 앞에 휘장을 쳐라.

4 그런 다음에 상을 들여 놓고 기구들을 잘 차려 놓아라. 그리고 등잔대를 들여 놓고 등잔불을 켜라.

5 또 금향제단을 언약궤 앞에 놓고 회막 입구에 휘장을 쳐라.

6 번제단을 성막, 곧 회막 입구 앞에 놓아라.

7 물동이를 회막과 제단 사이에 놓고 물동이에 물을 담아라.

8 회막 둘레에 뜰 휘장을 쳐서 뜰을 만들고 뜰 입구에도 휘장을 쳐라.

9 특별한 기름을 가져다가 회막과 그 안의 모든 것에 바르고 장막과 그 안의 모든 것을 따로 구별하여 거룩하게 하여라. 그것이 거룩하게 될 것이다.

10 너는 또 특별한 기름을 번제단과 그 모든 기구에 발라서 제단을 따로 구별하여 거룩하게 하여라. 그러면 그 단이 가장 거룩하게 될

34 • the tent coverings of tanned ram skins and fine goatskin leather;
    the inner curtain to shield the Ark;

35 • the Ark of the Covenant* and its carrying poles;
    the Ark's cover—the place of atonement;

36 • the table and all its utensils;
    the Bread of the Presence;

37 • the pure gold lampstand with its symmetrical lamp cups, all its accessories, and the olive oil for lighting;

38 • the gold altar;
    the anointing oil and fragrant incense;
    the curtain for the entrance of the sacred tent;

39 • the bronze altar;
    the bronze grating and its carrying poles and utensils;
    the washbasin with its stand;

40 • the curtains for the walls of the courtyard;
    the posts and their bases;
    the curtain for the entrance to the courtyard;
    the ropes and tent pegs;
    all the furnishings to be used in worship at the Tabernacle;

41 • the beautifully stitched garments for the priests to wear while ministering in the Holy Place—the sacred garments for Aaron the priest, and the garments for his sons to wear as they minister as priests.

42 •So the people of Israel followed all of the LORD's instructions to Moses. 43 •Then Moses inspected all their work. When he found it had been done just as the LORD had commanded him, he blessed them.

The Tabernacle Completed

40 1-2 Then the LORD said to Moses, • "Set up the Tabernacle* on the first day of the new year.* 3 •Place the Ark of the Covenant* inside, and install the inner curtain to enclose the Ark within the Most Holy Place. 4 •Then bring in the table, and arrange the utensils on it. And bring in the lampstand, and set up the lamps.

5 •Place the gold incense altar in front of the Ark of the Covenant. Then hang the curtain at the entrance of the Tabernacle. 6 •Place the altar of burnt offering in front of the Tabernacle entrance. 7 •Set the washbasin between the Tabernacle* and 8 the altar, and fill it with water. •Then set up the courtyard around the outside of the tent, and hang the curtain for the courtyard entrance.

9 "Take the anointing oil and anoint the Tabernacle and all its furnishings to consecrate 10 them and make them holy. •Anoint the altar of burnt offering and its utensils to consecrate them.

39:35 Or *Ark of the Testimony.* 40:2a Hebrew *the Tabernacle, the Tent of Meeting;* also in 40:6, 29. 40:2b Hebrew *the first day of the first month.* This day of the ancient Hebrew lunar calendar occurred in March or April. 40:3 Or *Ark of the Testimony;* also in 40:5, 21. 40:7 Hebrew *Tent of Meeting;* also in 40:12, 22, 24, 26, 30, 32, 34, 35.

것이다.

11 특별한 기름을 물동이와 그 받침에 발라서 거룩히 구별하여라.

12 너는 또 아론과 그의 아들들을 회막 입구로 데려가서 물로 씻어라.

13 그리고 아론에게 거룩한 옷을 입히고 그에게 특별한 기름을 부어 거룩히 구별하여 나를 섬기는 제사장이 되게 하여라.

14 아론의 아들들을 데려와서 속옷을 입혀라.

15 그들의 아버지에게 기름을 부었듯이 그들에게도 특별한 기름을 부어 나를 섬기는 제사장이 되게 하여라. 그들에게 기름을 부을 때에 그들은 제사장 가족이 될 것이다. 그들과 그 자손은 지금부터 제사장이 될 것이다."

16 모세는 모든 일을 여호와께서 명령하신 대로 했습니다.

17 이스라엘 백성이 이집트에서 나온 후 둘째 해 첫째 달 초하루에 회막을 세웠습니다.

18 모세가 회막을 세웠습니다. 모세는 밑받침을 놓고 널빤지를 맞추고 널빤지 고리에 빗장을 끼운 다음 기둥을 세웠습니다.

19 그리고 나서 회막 위에 다른 장막을 펴고 그 위에 덮개를 덮었습니다. 여호와께서 모세에게 명령하신 대로 했습니다.

20 모세는 증거판을 언약궤 안에 넣었습니다. 그리고 언약궤에 채를 끼우고 그 위에 속죄판을 덮었습니다.

21 그런 다음에 모세는 언약궤를 회막 안으로 가져갔습니다. 그리고 휘장을 쳐서 언약궤를 가렸습니다. 여호와께서 모세에게 명령하신 대로 했습니다.

22 모세는 상을 회막 안에 놓았습니다. 모세는 상을 휘장 앞, 곧 회막의 북쪽에 놓았습니다.

23 그리고 여호와 앞 상 위에 빵을 올려놓았습니다. 여호와께서 모세에게 명령하신 대로 했습니다.

24 모세는 등잔대를 회막 안에 놓았습니다. 모세는 등잔대를 상 맞은편, 곧 회막의 남쪽에 놓았습니다.

25 그리고 여호와 앞에서 등잔대 위에 등잔불을 올려놓았습니다. 여호와께서 모세에게 명령하신 대로 했습니다.

26 모세는 금향제단을 회막 안으로 가져가서 휘장 앞에 놓았습니다.

27 그리고 모세는 그 위에 향기로운 향을 피웠습니다. 여호와께서 모세에게 명령하신 대로 했습니다.

28 모세는 회막 입구에 휘장을 쳤습니다.

Then the altar will become absolutely holy.

11 •Next anoint the washbasin and its stand to consecrate them.

12 •"Present Aaron and his sons at the entrance of the Tabernacle, and wash them

13 with water. •Dress Aaron with the sacred garments and anoint him, consecrating him to

14 serve me as a priest. •Then present his sons

15 and dress them in their tunics. •Anoint them as you did their father, so they may also serve me as priests. With their anointing, Aaron's descendants are set apart for the priesthood forever, from generation to generation."

16 •Moses proceeded to do everything just as

17 the LORD had commanded him. •So the Tabernacle was set up on the first day of the

18 first month of the second year. •Moses erected the Tabernacle by setting down its bases, inserting the frames, attaching the crossbars,

19 and setting up the posts. •Then he spread the coverings over the Tabernacle framework and put on the protective layers, just as the LORD had commanded him.

20 •He took the stone tablets inscribed with the terms of the covenant and placed them* inside the Ark. Then he attached the carrying poles to the Ark, and he set the Ark's cover—

21 the place of atonement—on top of it. •Then he brought the Ark of the Covenant into the Tabernacle and hung the inner curtain to shield it from view, just as the LORD had commanded him.

22 •Next Moses placed the table in the Tabernacle, along the north side of the Holy

23 Place, just outside the inner curtain. •And he arranged the Bread of the Presence on the table before the LORD, just as the LORD had commanded him.

24 •He set the lampstand in the Tabernacle across from the table on the south side of the

25 Holy Place. •Then he lit the lamps in the LORD's presence, just as the LORD had com-

26 manded him. •He also placed the gold incense altar in the Tabernacle, in the Holy

27 Place in front of the inner curtain. •On it he burned the fragrant incense, just as the LORD had commanded him.

28 •He hung the curtain at the entrance of the

atonement [ətóunmənt] *n.* 속죄
consecrate [kánsəkrèit] *vt.* 성별하다
erect [irékt] *vt.* (건조물을) 세우다
insert [insə́rt] *vt.* 끼워 넣다
inspect [inspékt] *vt.* 검사하다
proceed [prəsí:d] *vi.* 착수하여 계속하다
shield [ʃi:ld] *vt.* 보호하다; 감추다
symmetrical [simétrikəl] *a.* 대칭적인; 균형이 잡힌
utensil [ju:ténsəl] *n.* 기구, 용구

40:20 Hebrew *He placed the Testimony;* see note on 25:16.

29 모세는 번제단을 성막, 곧 회막 입구에 두었습니다. 그런 다음에 모세는 그 제단 위에 번제물과 곡식 제물을 바쳤습니다. 주님께서 모세에게 명령하신 대로 했습니다.

30 모세는 물동이를 회막과 번제단 사이에 놓고 거기에 씻을 물을 담았습니다.

31 모세와 아론과 아론의 아들들은 그 물로 손과 발을 씻었습니다.

32 그들은 회막에 들어갈 때마다 그 물로 씻었습니다. 그리고 번제단에 가까이 갈 때에도 그 물로 씻었습니다. 그들은 여호와께서 모세에게 명령하신 대로 했습니다.

33 모세는 회막과 제단 둘레의 뜰을 휘장으로 둘러쌌습니다. 그리고 뜰의 입구에 휘장을 쳐서 문을 달았습니다. 이렇게 모세는 모든 일을 마쳤습니다.

회막 위에 구름이 덮이다

34 그러자 구름이 회막을 덮었습니다. 여호와의 영광이 회막을 가득 채웠습니다.

35 모세는 회막에 들어갈 수 없었습니다. 왜냐하면 구름이 그 안에 머물러 있고, 여호와의 영광이 회막 안에 가득 찼기 때문입니다.

36 구름이 회막에서 걷히면 이스라엘 백성은 다시 길을 떠났습니다.

37 그러나 구름이 회막에 머물러 있는 동안에는 구름이 다시 걷힐 때까지 떠나지 않았습니다.

38 이처럼 낮에는 여호와의 구름이 회막 위를 덮었고, 밤에는 구름 가운데 불이 있었습니다. 그리하여 모든 이스라엘 백성은 여행을 하는 동안에 그 구름을 볼 수 있었습니다.

---

29 Tabernacle, •and he placed the altar of burnt offering near the Tabernacle entrance. On it he offered a burnt offering and a grain offering, just as the LORD had commanded him.

30 •Next Moses placed the washbasin between the Tabernacle and the altar. He filled it with water so the priests could wash themselves.

31 •Moses and Aaron and Aaron's sons used water from it to wash their hands

32 and feet. •Whenever they approached the altar and entered the Tabernacle, they washed themselves, just as the LORD had commanded Moses.

33 •Then he hung the curtains forming the courtyard around the Tabernacle and the altar. And he set up the curtain at the entrance of the courtyard. So at last Moses finished the work.

The LORD's Glory Fills the Tabernacle

34 •Then the cloud covered the Tabernacle, and the glory of the LORD filled the Tabernacle.

35 •Moses could no longer enter the Tabernacle because the cloud had settled down over it, and the glory of the LORD filled the Tabernacle.

36 •Now whenever the cloud lifted from the Tabernacle, the people of Israel would set

37 out on their journey, following it. •But if the cloud did not rise, they remained where

38 they were until it lifted. •The cloud of the LORD hovered over the Tabernacle during the day, and at night fire glowed inside the cloud so the whole family of Israel could see it. This continued throughout all their journeys.

---

glow [glóu] *vi.* 빛을 내다, 빛나다
hover [hávər] *vi.* 공중을 맴돌다
Tabernacle [tǽbərnǽkl] *n.* 장막

레위기

서론

‖ 저자 _ 모세
‖ 기록 장소 _ 시내 산
‖ 기록 대상 _ 이스라엘 백성
‖ 핵심어 및 내용 _ 핵심어는 '성별', '거룩' 등이다. 레위인들 중 특별히 제사장들은 온전한 예배를 위하여 구별되었으며, 모든 백성들에게 거룩한 삶의 본보기를 보여 주기 위하여 성별된 자들이었다.

번제

1 여호와께서 회막, 곧 성막에서 모세를 불러 말씀하셨습니다.

2 "이스라엘 백성에게 전하여라. '너희는 여호와께 짐승으로 제물을 바칠 때, 소나 양으로 바쳐라.

3 만약 바치는 번제물이 소라면 흠 없는 수컷으로 바쳐라. 그리고 나서 너희는 그 짐승을 회막문으로 가져다가, 여호와께서 그 예물을 기쁘게 받으시도록 하여라.

4 제물을 바치는 사람은 그 짐승의 머리에 손을 얹어라. 그러면 여호와께서 번제물을 받으실 것이다. 그 제물은 바친 사람을 위한 제물이 되어 그의 죄를 씻어 줄 것이다.

5 제물을 바치는 사람은 수송아지를 여호와 앞에서 잡아라. 그런 다음에 제사장은 그 피를 회막, 곧 성막 입구에 있는 제단 둘레에 뿌려라.

6 제물을 바치는 사람은 짐승의 가죽을 벗기고, 그 몸을 여러 부분으로 잘라라.

7 제사장은 제단 위에 불을 피우고, 그 위에 장작을 올려놓아라.

8 제사장은 짐승의 머리와 기름과 자른 부분들을 제단에 피운 장작불 위에 올려놓아라.

9 제물을 바치는 사람이 짐승의 내장과 다리를 물로 씻어 주면, 제사장은 짐승 전체를 제단 위에서 태워 번제로 드려라. 이것은 불로 태워 바치는 화제이며, 그 냄새가 여호와를 기쁘시게 한다.

10 번제물을 양이나 염소로 바칠 때는 흠 없는 수컷으로 바쳐라.

11 제물을 바치는 사람은 그 짐승을 여호와 앞, 곧 제단 북쪽에서 잡아야 하며, 제사장은 그 피를 제단 둘레에 뿌려야 한다.

12 제물을 바치는 사람은 짐승의 몸을 여러 부분으로 자르고, 제사장은 머리와 기름과 잘라 낸 부분들을 제단에 피운 장작불 위에 올려놓아라.

13 제물을 바치는 사람은 짐승의 내장과 다리를 물로 씻어야 하며, 제사장은 짐승 전체를 제단 위에서 태워 번제로 드려라. 이것은 불로 태우는 화제이며,

Procedures for the Burnt Offering

1 The LORD called to Moses from the Tabernacle* and said to him,

2 • "Give the following instructions to the people of Israel. When you present an animal as an offering to the LORD, you may take it from your herd of cattle or your flock of sheep and goats.

3 • "If the animal you present as a burnt offering is from the herd, it must be a male with no defects. Bring it to the entrance of the Tabernacle so you* may be accepted by the LORD.

4 • Lay your hand on the animal's head, and the LORD will accept its death in your place to purify you, making you right with him.*

5 • Then slaughter the young bull in the LORD's presence, and Aaron's sons, the priests, will present the animal's blood by splattering it against all sides of the altar that stands at the entrance to the Tabernacle.

6 • Then skin the animal and cut it into pieces.

7 • The sons of Aaron the priest will build a wood fire on the altar.

8 • They will arrange the pieces of the offering, including the head and fat, on the wood burning on the altar.

9 • But the internal organs and the legs must first be washed with water. Then the priest will burn the entire sacrifice on the altar as a burnt offering. It is a special gift, a pleasing aroma to the LORD.

10 • "If the animal you present as a burnt offering is from the flock, it may be either a sheep or a goat, but it must be a male with no defects.

11 • Slaughter the animal on the north side of the altar in the LORD's presence, and Aaron's sons, the priests, will splatter its blood against all sides of the altar.

12 • Then cut the animal in pieces, and the priests will arrange the pieces of the offering, including the head and fat, on the wood burning on the altar.

13 • But the internal organs and the legs must first be washed with water. Then the priest will burn the entire sacrifice on the altar as a burnt offering. It is a special gift, a pleasing aroma to the LORD.

1:1 Hebrew *Tent of Meeting;* also in 1:3, 5.   1:3 Or it.   1:4 Or to make atonement for you.

그 냄새가 여호와를 기쁘시게 한다.

14 여호와께 드리는 번제물이 새일 경우에는 산비둘기나 집비둘기 새끼로 바쳐라.

15 제사장은 그 제물을 제단으로 가져가서, 새의 머리를 꺾고 그 머리를 제단 위에서 태워라. 새의 피는 제단 옆에 흘리고,

16 제사장은 새의 목구멍과 그 안에 들어 있는 것을 떼어 내서 제단 동쪽의 재를 버리는 곳에 버려라.

17 그런 다음에 제사장은 새의 날개를 찢어라. 하지만 완전히 찢어서 몸이 두 동강이 나게 하지 말고, 그 새를 제단에 피운 장작불에 태워 번제로 드려라. 이것은 화제이며, 그 냄새가 여호와를 기쁘시게 한다.

곡식 제물로 드리는 소제

2 누구든지 여호와께 곡식 제물을 바치는 사람은 고운 가루로 바쳐라. 제물을 바치는 사람은 가루 위에 올리브 기름을 붓고 향을 얹어라.

2 그런 다음에 그것을 아론의 자손인 제사장에게 가져가거라. 제사장은 기름과 섞은 고운 가루 한 줌과 모든 향을 집어서 그 제물 전체를 여호와께 바쳤다는 표시로 그것을 제단 위에서 태워라. 그것은 화제이며 그 냄새가 여호와를 기쁘시게 한다.

3 곡식 제물 가운데서 남은 것은 아론과 제사장들의 몫이다. 그것은 여호와께 바치는 화제 중에서 가장 거룩한 제물이다.

4 화덕에 구운 것으로 곡식 제물을 바칠 때는 고운 가루로 구운 것을 바쳐라. 그것은 올리브 기름을 섞어 누룩을 넣지 않고 구운 빵인 무교병이나, 올리브 기름을 바르고 누룩을 넣지 않고 만든 얇은 과자인 무교전병으로 드려야 한다.

5 네 곡식 제물이 쇠판 위에서 구워 만든 것이면, 그것은 올리브 기름을 섞은 고운 가루에 누룩을 넣지 않은 것으로,

6 그것을 여러 조각으로 나누어 거기에 기름을 부어라. 이것이 곡식으로 드리는 소제이다.

7 네 곡식 제물이 냄비에 요리한 것이면, 그것은 고운 가루와 올리브 기름으로 만든 것으로 하여라.

8 이렇게 만든 곡식 제물을 여호와께 가져와서 제사장에게 주어라. 그러면 제사장은 그것을 제단으로 가져다가

9 전체를 드렸다는 표시로 그 곡식 제물 가운데서 일부를 따로 떼어 낸 다음, 그것을 제단 위에서 태워라. 그것은 화제이며 그 냄새가 여호와를 기쁘시게 한다.

10 곡식 제물 가운데서 남은 것은 아론과 제사장들의 몫이다. 그것은 여호와께 바치는 화제 중에서 가장 거룩한 제물이다.

11 너희가 여호와께 바치는 모든 곡식 제물에는 누룩을 넣지 마라. 너희는 여호와께 화제를 드릴 때, 누

14 • "If you present a bird as a burnt offering to the LORD, choose either a turtledove or a
15 young pigeon. •The priest will take the bird to the altar, wring off its head, and burn it on the altar. But first he must drain its blood
16 against the side of the altar. •The priest must also remove the crop and the feathers* and throw them in the ashes on the east side of
17 the altar. •Then, grasping the bird by its wings, the priest will tear the bird open, but without tearing it apart. Then he will burn it as a burnt offering on the wood burning on the altar. It is a special gift, a pleasing aroma to the LORD.

Procedures for the Grain Offering

2 "When you present grain as an offering to the LORD, the offering must consist of choice flour. You are to pour olive oil on it,
2 sprinkle it with frankincense, •and bring it to Aaron's sons, the priests. The priest will scoop out a handful of the flour moistened with oil, together with all the frankincense, and burn this representative portion on the
3 altar. It is a special gift, a pleasing aroma to the LORD. •The rest of the grain offering will then be given to Aaron and his sons. This offering will be considered a most holy part of the special gifts presented to the LORD.
4 • "If your offering is a grain offering baked in an oven, it must be made of choice flour, but without any yeast. It may be presented in the form of thin cakes mixed with olive
5 oil or wafers spread with olive oil. •If your grain offering is cooked on a griddle, it must be made of choice flour mixed with olive oil
6 but without any yeast. •Break it in pieces and pour olive oil on it; it is a grain offering.
7 •If your grain offering is prepared in a pan, it must be made of choice flour and olive oil.
8 • "No matter how a grain offering for the LORD has been prepared, bring it to the
9 priest, who will present it at the altar. •The priest will take a representative portion of the grain offering and burn it on the altar. It is a special gift, a pleasing aroma to the LORD.
10 •The rest of the grain offering will then be given to Aaron and his sons as their food. This offering will be considered a most holy part of the special gifts presented to the LORD.
11 • "Do not use yeast in preparing any of the grain offerings you present to the LORD, because no yeast or honey may be burned as

choice [tʃɔis] *a.* 특상의: 정선한
moisten [mɔ́isn] *vt.* 적시다, 축축하게 하다
1:15 wring off : 비틀어 끊다(떼다)

1:16 Or *the crop and its contents.* The meaning of the Hebrew is uncertain

룩이나 꿀을 태워 드리지 마라.

12 너희가 처음 추수한 것을 여호와께 제물로 바칠 때는 누룩이나 꿀을 바쳐도 된다. 하지만 여호와를 기쁘시게 하는 냄새를 내기 위해서 누룩과 꿀을 제단 위에 올려서는 안 된다.

13 너는 모든 곡식 제물에 소금을 넣어라. 소금은 네가 하나님과 맺은 언약을 나타내는 것이다. 네가 바치는 모든 제물에는 소금을 넣어라.

14 네가 처음 추수한 것을 여호와께 곡식 제물로 바칠 때는, 햇곡식을 볶아서 찧은 것으로 바쳐라.

15 그 곡식에 올리브 기름을 바르고 향을 얹어라. 이것이 곡식 제물이다.

16 제사장은 제물을 전부 바치는 표시로 찧은 곡식과 기름의 일부를 따로 떼어 태워 바쳐라. 그리고 거기에 향을 모두 얹어라. 이것이 여호와께 불로 태워 바치는 화제이다.

화목제

3 여호와께 화목 제물을 바칠 때, 소를 바치려거든 수컷이든 암컷이든 흠 없는 것으로 바쳐라.

2 제물을 바치는 사람은 짐승의 머리에 손을 얹고, 그 짐승을 회막, 곧 성막 입구에서 잡아라. 그러면 아론의 자손인 제사장은 그 피를 제단 둘레에 뿌려라.

3 제물을 바치는 사람은 화목 제물 가운데서 내장을 덮고 있는 기름과 내장 주변에 있는 모든 기름을 여호와께 불로 태워 드리는 화제로 삼아라.

4 곧 두 콩팥과 그 둘레에 있는 허리 부분의 기름과, 콩팥과 함께 떼어 내야 할 간의 껍질 부분을 제물로 삼아라.

5 그러면 아론의 자손인 제사장은 그것들을 제단에 피운 장작불 위에 놓인 번제물 위에 올려놓고 불태워라. 그것은 화제이며 그 냄새가 여호와께 향기로운 제물이 된다.

6 여호와께 화목 제물을 바칠 때, 양이나 염소를 바치려거든 수컷이든 암컷이든 흠 없는 것으로 바쳐라.

7 제물을 바치는 사람이 양을 바치려거든 양을 여호와 앞에 가져가거라.

8 그리고 제물을 바치는 사람은 양의 머리에 손을 얹은 다음 회막 앞에서 양을 잡고, 아론의 자손인 제사장은 그 피를 제단 둘레에 뿌려라.

9 제물을 바치는 사람은 화목 제물 가운데서 기름, 곧 등뼈에서 가까운 곳에서 잘라 낸 꼬리 전체와 내장을 덮고 있는 기름과 내장 주변에 있는 모든 기름과

10 두 콩팥과 그 둘레에 있는 허리 부분의 기름과 콩팥과 함께 떼어 내야 할 간의 껍질 부분을 여호와께 바치는 화제의 제물로 삼아라.

11 그러면 제사장은 그것들을 제단 위에서 태워 바쳐라. 그것이 여호와께 바치는 화제이다.

12 a special gift presented to the LORD. • You may add yeast and honey to an offering of the first crops of your harvest, but these must never be offered on the altar as a pleasing aroma to the LORD. • Season all

13 your grain offerings with salt to remind you of God's eternal covenant. Never forget to add salt to your grain offerings.

14 • "If you present a grain offering to the LORD from the first portion of your harvest, bring fresh grain that is coarsely ground

15 and roasted on a fire. • Put olive oil on this grain offering, and sprinkle it with frankin-

16 cense. • The priest will take a representative portion of the grain moistened with oil, together with all the frankincense, and burn it as a special gift presented to the LORD.

Procedures for the Peace Offering

3 "If you present an animal from the herd as a peace offering to the LORD, it may be a male or a female, but it must

2 have no defects. • Lay your hand on the animal's head, and slaughter it at the entrance of the Tabernacle.* Then Aaron's sons, the priests, will splatter its blood against all sides of the altar. • The priest

3 must present part of this peace offering as a special gift to the LORD. This includes all

4 the fat around the internal organs, • the two kidneys and the fat around them near the loins, and the long lobe of the liver. These must be removed with the kidneys,

5 • and Aaron's sons will burn them on top of the burnt offering on the wood burning on the altar. It is a special gift, a pleasing aroma to the LORD.

6 • "If you present an animal from the flock as a peace offering to the LORD, it may be a male or a female, but it must

7 have no defects. • If you present a sheep as

8 your offering, bring it to the LORD, • lay your hand on its head, and slaughter it in front of the Tabernacle. Aaron's sons will then splatter the sheep's blood against all

9 sides of the altar. • The priest must present the fat of this peace offering as a special gift to the LORD. This includes the fat of the broad tail cut off near the backbone, all the

10 fat around the internal organs, • the two kidneys and the fat around them near the loins, and the long lobe of the liver. These

11 must be removed with the kidneys, • and the priest will burn them on the altar. It is a special gift of food presented to the LORD.

coarsely [kɔ́ːrsli] *ad.* (가루 따위가) 굵게, 거칠게
loin [lɔin] *n.* 허리

3:2 Hebrew *Tent of Meeting;* also in 3:8, 13.

레

12 화목 제물을 바치는 사람이 화목제의 제물로 염소를 바치려거든 그 염소를 여호와 앞에 가져가거라.

13 그리고 나서 염소의 머리에 손을 얹은 다음 회막 앞에서 염소를 잡아라. 그러면 아론의 자손인 제사장은 그 피를 제단 둘레에 뿌려라.

14 제물을 바치는 사람은 화목 제물 가운데서 내장을 덮고 있는 기름과 내장 주변에 있는 모든 기름을 여호와께 바치는 화제로 삼아라.

15 두 콩팥과 그 둘레에 있는 허리 부분의 기름과 콩팥과 함께 떼어 내야 할 간의 껍질 부분을 제물로 삼아라.

16 제사장은 그것들을 제단 위에서 태워 바쳐라. 그것이 화제이며, 그 냄새가 여호와를 기쁘시게 한다. 모든 기름은 여호와의 것이다.

17 이것은 너희가 어디에 살든지 지금부터 지켜야 할 규례이다. 너희는 기름이나 피를 먹지 마라.'"

속죄제

4 여호와께서 모세에게 말씀하셨습니다.

2 "이스라엘 백성에게 전하여라. '누구든지 실수로 여호와께서 하지 말라고 하신 일을 하나라도 해서 죄를 지었으면 이렇게 하여라.

3 만약 죄를 지은 사람이 거룩히 구별된 제사장이면, 그는 백성에게 재앙이 돌아가게 한 것이므로, 그 죄를 위해 흠 없는 수송아지를 속죄 제물로 삼아 여호와께 바쳐야 한다.

4 그는 수송아지를 회막 입구, 곧 여호와 앞으로 가져가서 그 수송아지의 머리에 손을 얹고 여호와 앞에서 잡아라.

5 그리고 거룩히 구별된 제사장은 수송아지의 피 가운데서 얼마를 회막으로 가져가거라.

6 제사장은 손가락으로 피를 찍은 다음, 성소 앞에 친 휘장 앞, 곧 여호와 앞에서 일곱 번 뿌려라.

7 또 그 피의 얼마를 취하여 향을 피우는 제단 뿔에도 발라라. 그 제단은 회막 안, 곧 여호와 앞에 있다. 그런 다음에 제사장은 나머지 피를 회막 입구에 있는 번제단 아래에 쏟아라.

8 제사장은 속죄 제물로 바치는 수송아지에서 기름을 다 떼어 내어라. 곧 내장을 덮고 있는 기름과 내장 주변에 있는 모든 기름을 떼어 내고,

9 두 콩팥과 그 둘레에 있는 허리 부분의 기름과, 콩팥과 함께 떼어 내야 할 간의 껍질 부분을 떼어 내어라.

10 마치 화목 제물로 바치는 소에서 기름을 떼어 내듯이 하여라. 그리고 나서 제사장은 그것들을 번제단 위에서 태워라.

11 하지만 수송아지의 가죽과 고기와 머리와 다리와 내장과 똥,

12 곧 수송아지의 나머지 모든 부분은 제사장이 진 밖

12 •"If you present a goat as your offering,
13 bring it to the LORD, •lay your hand on its head, and slaughter it in front of the Tabernacle. Aaron's sons will then splatter the goat's blood against all sides of the altar.
14 •The priest must present part of this offering as a special gift to the LORD. This includes all
15 the fat around the internal organs, •the two kidneys and the fat around them near the loins, and the long lobe of the liver. These
16 must be removed with the kidneys, •and the priest will burn them on the altar. It is a special gift of food, a pleasing aroma to the LORD. All the fat belongs to the LORD.
17 •"You must never eat any fat or blood. This is a permanent law for you, and it must be observed from generation to generation, wherever you live."

Procedures for the Sin Offering

4 1-2 Then the LORD said to Moses, •"Give the following instructions to the people of Israel. This is how you are to deal with those who sin unintentionally by doing anything that violates one of the LORD's commands.
3 •"If the high priest* sins, bringing guilt upon the entire community, he must give a sin offering for the sin he has committed. He must present to the LORD a young bull with
4 no defects. •He must bring the bull to the LORD at the entrance of the Tabernacle,* lay his hand on the bull's head, and slaughter it
5 before the LORD. •The high priest will then take some of the bull's blood into the
6 Tabernacle, •dip his finger in the blood, and sprinkle it seven times before the LORD in front of the inner curtain of the sanctuary.
7 •The priest will then put some of the blood on the horns of the altar for fragrant incense that stands in the LORD's presence inside the Tabernacle. He will pour out the rest of the bull's blood at the base of the altar for burnt offerings at the entrance of the Tabernacle.
8 •Then the priest must remove all the fat of the bull to be offered as a sin offering. This includes all the fat around the internal
9 organs, •the two kidneys and the fat around them near the loins, and the long lobe of the
10 liver. He must remove these along with the kidneys, •just as he does with cattle offered as a peace offering, and burn them on the
11 altar of burnt offerings. •But he must take whatever is left of the bull—its hide, meat, head, legs, internal organs, and dung—•and carry it away to a place outside the camp that is ceremonially clean, the place where the ashes are dumped. There, on the ash heap, he will burn it on a wood fire.

4:3 Hebrew *the anointed priest;* also in 4:5, 16.
4:4 Hebrew *Tent of Meeting;* also in 4:5, 7, 14, 16, 18.

의 깨끗한 곳, 곧 재를 버리는 곳으로 가져가서 장작
불 위에서 태워라.

13 만약 이스라엘 온 무리가 실수로 여호와께서 하지
말라고 하신 일을 하나라도 해서 죄를 지었는데, 그
사실을 모르고 있다가

14 죄를 지은 사실을 알게 되었으면, 그들은 수송아지
한 마리를 바쳐야 한다. 그것은 모든 무리를 위해서
바치는 속죄 제물이다. 그들이 수송아지를 회막으
로 가져가면,

15 장로들은 여호와 앞에서 수송아지의 머리에 손을
얹고, 여호와 앞에서 수송아지를 잡아라.

16 그러면 거룩히 구별된 제사장이 수송아지의 피 가
운데서 얼마를 회막으로 가져가거라.

17 제사장은 손가락으로 피를 찍은 다음에 휘장 앞, 곧
여호와 앞에서 일곱 번 뿌려라.

18 또 그 피의 얼마를 취하여 향을 피우는 제단 뿔에도
발라라. 그 제단은 회막 안, 곧 여호와 앞에 있다. 그
리고 나머지 피는 회막 입구에 있는 번제물의 제단
아래에 쏟아라.

19 제사장은 수송아지에서 기름을 다 떼어 내어, 그것
을 제단 위에서 태워라.

20 마치 속죄 제물로 바친 수송아지에게 한 것처럼 하
여라. 그 송아지에게 한 것과 똑같이 하여라. 그렇
게 해서 제사장은 백성의 죄를 씻는 예식을 행하여
라. 그러면 그들은 용서를 받을 것이다.

21 그런 다음에 제사장은 수송아지를 진 밖으로 데려
가서 태워라. 처음 송아지에게 했던 것과 같이 하여
라. 이것이 모든 무리의 죄를 씻는 속죄제이다.

22 만약 어떤 통치자가 실수로 하나님 여호와께서 하
지 말라고 하신 일을 하나라도 해서 죄를 지었다가

23 자기가 죄를 지은 사실을 깨달았으면, 그는 흠 없는
숫염소를 가져와야 한다. 그것이 그의 속죄 제물이
다.

24 그 통치자는 숫염소의 머리에 손을 얹은 다음에 여
호와 앞의 번제물을 잡는 곳에서 염소를 잡아라. 이
것이 속죄 제물이다.

25 제사장은 속죄 제물의 피 가운데서 얼마를 받아라.
그리고 그 피를 손가락으로 찍어 번제단의 뿔에 바
르고, 나머지는 제단 아래에 쏟아라.

26 숫염소의 기름을 모두 제단 위에서 태우되, 마치 화
목 제물의 기름을 태우듯이 태워라. 그렇게 제사장
이 통치자의 죄를 씻는 예식을 행하면, 그는 용서를
받을 것이다.

27 만약 보통 사람 가운데서 한 사람이 실수로 하나님
여호와께서 하지 말라고 하신 일을 하나라도 해서
죄를 지었다가

28 자기가 죄를 지은 사실을 깨달았으면, 그는 흠 없는 암

---

13 • "If the entire Israelite community sins
by violating one of the LORD's commands,
but the people don't realize it, they are still
guilty. • When they become aware of their
sin, the people must bring a young bull as an
offering for their sin and present it before the
Tabernacle.

15 • The elders of the community
must then lay their hands on the bull's head
16 and slaughter it before the LORD. • The high
priest will then take some of the bull's blood
17 into the Tabernacle, • dip his finger in the
blood, and sprinkle it seven times before the
18 LORD in front of the inner curtain. • He will
then put some of the blood on the horns of
the altar for fragrant incense that stands in
the LORD's presence inside the Tabernacle.
He will pour out the rest of the blood at the
base of the altar for burnt offerings at the
19 entrance of the Tabernacle. • Then the priest
must remove all the animal's fat and burn it
20 on the altar, • just as he does with the bull
offered as a sin offering for the high priest.
Through this process, the priest will purify
the people, making them right with the
21 LORD,* and they will be forgiven. • Then the
priest must take what is left of the bull and
carry it outside the camp and burn it there,
just as is done with the sin offering for the
high priest. This offering is for the sin of the
entire congregation of Israel.

22 • "If one of Israel's leaders sins by violating
23 one of the commands of the LORD his God
but doesn't realize it, he is still guilty. • When
he becomes aware of his sin, he must bring
24 as his offering a male goat with no defects.
• He must lay his hand on the goat's head
and slaughter it at the place where burnt
offerings are slaughtered before the LORD.
25 This is an offering for his sin. • Then the
priest will dip his finger in the blood of the
sin offering and put it on the horns of the
altar for burnt offerings. He will pour out the
26 rest of the blood at the base of the altar.
• Then he must burn all the goat's fat on the
altar, just as he does with the peace offering.
Through this process, the priest will purify
the leader from his sin, making him right
with the LORD, and he will be forgiven.

27 • "If any of the common people sin by
violating one of the LORD's commands, but
28 they don't realize it, they are still guilty.
• When they become aware of their sin, they
must bring as an offering for their sin a

---

congregation [kɑŋɡriɡéiʃən] *n.* 모임; 회중
defect [díːfekt] *n.* 결함
hide [haid] *n.* 짐승의 가죽
splatter [splǽtər] *vt.* 튀기다

4:20　Or *will make atonement for the people;*
similarly in 4:26, 31, 35.

염소를 가져와야 한다. 그것이 그의 속죄 제물이다.

29 그 암염소의 머리에 손을 얹은 다음에 번제물을 잡는 곳에서 염소를 잡아라.

30 제사장은 그 피 가운데서 얼마를 받아라. 그리고 그 피를 손가락으로 찍은 다음에 번제단 뿔에 바르고, 나머지는 제단 아래에 쏟아라.

31 제사장은 염소의 기름을 모두 떼어 내어라. 마치 화목 제물에서 기름을 떼어 내듯이 하여 그것을 제단 위에서 태워라. 그 냄새가 여호와를 기쁘시게 한다. 그렇게 해서 제사장이 그 사람의 죄를 씻는 예식을 행하면 그는 용서를 받을 것이다.

32 만약 속죄 제물로 양을 바치려면 흠 없는 암양을 바쳐라.

33 제물을 바치는 사람은 양의 머리에 손을 얹은 다음에, 번제물을 잡는 곳에서 그 양을 잡아 속죄 제물로 삼아라.

34 제사장은 속죄 제물의 피 가운데서 얼마를 받아, 그 피를 손가락으로 찍은 다음에 번제단의 뿔에 바르고, 나머지는 제단 아래에 쏟아라.

35 제사장은 양의 기름을 모두 떼어 내어라. 마치 화목 제물에서 기름을 떼어 내듯이 하여라. 그리고 나서 여호와께 불로 태워 바치는 화제물과 함께 제단 위에서 태워라. 이렇게 하여 제사장이 그 사람을 위해 죄를 씻는 예식을 행하면, 그가 용서를 받을 것이다.

우연히 짓는 여러 가지 죄

5 어떤 사람이 죄를 지었을 때, 그 사람의 죄에 대해 증인이 된 사람은 증언해야 한다. 만일 증인이 되겠다는 선서를 하고도, 보았거나 알고 있는 것에 대해 증언하지 않으면 그 사람의 죄가 증인에게 돌아갈 것이다.

2 누구든지 깨끗하지 않은 것, 곧 깨끗하지 않은 들짐승의 주검이나, 깨끗하지 않은 가축의 주검이나, 깨끗하지 않은 길짐승의 주검을 만졌으면, 그 사실을 몰랐다 하더라도 그는 깨끗하지 못하며 죄가 있는 것이다.

3 사람에게서는 깨끗하지 않은 것이 많이 나온다. 어떤 사람이 다른 사람의 깨끗하지 못한 것을 만졌을 때, 그가 몰랐다 하더라도 알게 되면 죄가 있다.

4 어떤 사람은 아무 생각 없이 맹세를 하기도 한다. 좋은 일을 하겠다거나 또는 나쁜 일을 하겠다고 맹세를 하고, 맹세한 사실을 잊어버리기도 한다. 하지만 그 사실을 알게 될 때 그는 죄가 있다. 아무리 생각 없이 맹세한 것이라 하더라도 이는 여호와 앞에서 맹세한 것이기 때문이다.

5 누구든지 위에서 말한 것 가운데 어느 한 가지라도 죄를 지었으면, 그는 그 사실을 고백하고,

6 여호와께 저지른 죄에 대한 속죄 제물을 바쳐야 한

---

29 female goat with no defects. •They must lay a hand on the head of the sin offering and slaughter it at the place where burnt offerings are slaughtered. 30 •Then the priest will dip his finger in the blood and put it on the horns of the altar for burnt offerings. He will pour out the rest of the blood at the base of 31 the altar. •Then he must remove all the goat's fat, just as he does with the fat of the peace offering. He will burn the fat on the altar, and it will be a pleasing aroma to the LORD. Through this process, the priest will purify the people, making them right with the LORD, and they will be forgiven.

32 •"If the people bring a sheep as their sin offering, it must be a female with no defects. 33 •They must lay a hand on the head of the sin offering and slaughter it at the place where burnt offerings are slaughtered. 34 •Then the priest will dip his finger in the blood of the sin offering and put it on the horns of the altar for burnt offerings. He will pour out the rest of the blood at the base of 35 the altar. •Then he must remove all the sheep's fat, just as he does with the fat of a sheep presented as a peace offering. He will burn the fat on the altar on top of the special gifts presented to the LORD. Through this process, the priest will purify the people from their sin, making them right with the LORD, and they will be forgiven.

Sins Requiring a Sin Offering

5 "If you are called to testify about something you have seen or that you know about, it is sinful to refuse to testify, and you will be punished for your sin.

2 •"Or suppose you unknowingly touch something that is ceremonially unclean, such as the carcass of an unclean animal. When you realize what you have done, you must admit your defilement and your guilt. This is true whether it is a wild animal, a domestic animal, or an animal that scurries along the ground.

3 •"Or suppose you unknowingly touch something that makes a person unclean. When you realize what you have done, you must admit your guilt.

4 •"Or suppose you make a foolish vow of any kind, whether its purpose is for good or for bad. When you realize its foolishness, you must admit your guilt.

5 •"When you become aware of your guilt in any of these ways, you must confess your 6 sin. •Then you must bring to the LORD as the penalty for your sin a female from the flock, either a sheep or a goat. This is a sin

scurry [skə́:ri] *vi.* 총총걸음으로 달리다
sever [sévər] *vt.* 절단하다, 자르다

레

다. 속죄 제물로는 암양이나 암염소 한 마리를 끌고 가서 바쳐라. 제사장은 그 사람의 죄를 씻는 예식을 행하여라.

7 하지만 양 한 마리를 바칠 형편이 되지 못하는 사람은 산비둘기 두 마리나 집비둘기 새끼 두 마리를 여호와께 죄값으로 바쳐라. 한 마리는 속죄 제물로 바치고, 다른 한 마리는 번제물로 바쳐라.

8 그 사람이 새들을 제사장에게 가져오면, 제사장은 먼저 그 가운데서 한 마리를 죄를 씻는 속죄 제물로 바쳐라. 제사장은 그 새의 머리를 비틀어 꺾되 목이 몸에서 떨어져 나가게 하지는 마라.

9 제사장은 그 속죄 제물의 피 가운데서 얼마를 제단 둘레에 뿌려라. 그리고 나머지 피는 제단 아래에 쏟아라. 이것이 속죄 제물이다.

10 그런 다음에 제사장은 두 번째 새를 규례에 따라 번제물로 바치고, 그 사람을 위해 죄를 씻는 예식을 행하여라. 그러면 그가 용서를 받을 것이다.

11 하지만 산비둘기 두 마리나 집비둘기 새끼 두 마리도 바칠 형편이 되지 못하는 사람은 고운 곡식 가루 십분의 일 에바*를 죄를 씻는 제물인 속죄 제물로 바쳐라. 그것은 속죄 제물이므로 가루에 기름을 섞거나 향을 얹지 마라.

12 제물을 바치는 사람은 그것을 제사장에게 가져가거라. 제사장은 전체를 바쳤다는 표시로 그 가루를 한 줌 쥐어서 불에 태워 바치는 화제물과 함께 제단 위에서 태워라. 이것은 속죄 제물이다.

13 그렇게 해서 제사장은 그 사람을 위해 죄를 씻는 예식을 행하여라. 그러면 그가 용서를 받을 것이다. 곡식 제물과 마찬가지로 속죄 제물 가운데서 남는 것은 제사장의 몫이다.'"

속건제

14 여호와께서 모세에게 말씀하셨습니다.

15 "누구든지 실수로 여호와의 성물을 잘못 다루는 죄를 지으면, 그 사람은 흠 없는 숫양 한 마리를 여호와께 바쳐서 허물을 씻는 제물인 속건 제물로 삼아라. 허물을 씻는 숫양의 값어치가 은으로 계산할 때 성소에서 다는 무게로 정확히 몇 세겔이 되어야 할지는 네가 정해 주어라.

16 그 사람은 성물에 대해 잘못한 죄를 갚아라. 그는 그 값어치에 오분의 일을 더해서 그 모든 것을 제사장에게 주어야 한다. 그러면 제사장은 그 사람을 위해, 속건 제물로 바친 숫양을 가지고 죄를 씻는 예식을 행하여라. 그러면 그가 용서를 받을 것이다.

17 누구든지 여호와께서 하지 말라고 하신 일을 해서 죄를 지었으면, 그가 그 사실을 몰랐다 하더라도 그에게는 허물이 있는 것이니 그는 자기 죄 값

offering with which the priest will purify you from your sin, making you right with the LORD.*

7 •"But if you cannot afford to bring a sheep, you may bring to the LORD two turtledoves or two young pigeons as the penalty for your sin. One of the birds will be for a sin offering, and 8 the other for a burnt offering. •You must bring them to the priest, who will present the first bird as the sin offering. He will wring its neck but without severing its head from the 9 body. •Then he will sprinkle some of the blood of the sin offering against the sides of the altar, and the rest of the blood will be drained out at the base of the altar. This is an 10 offering for sin. •The priest will then prepare the second bird as a burnt offering, following all the procedures that have been prescribed. Through this process the priest will purify you from your sin, making you right with the LORD, and you will be forgiven.

11 •"If you cannot afford to bring two turtledoves or two young pigeons, you may bring two quarts* of choice flour for your sin offering. Since it is an offering for sin, you must not moisten it with olive oil or put any frankin-12 cense on it. •Take the flour to the priest, who will scoop out a handful as a representative portion. He will burn it on the altar on top of the special gifts presented to the LORD. It is an offer-13 ing for sin. •Through this process, the priest will purify those who are guilty of any of these sins, making them right with the LORD, and they will be forgiven. The rest of the flour will belong to the priest, just as with the grain offering."

Procedures for the Guilt Offering

14-15 •Then the LORD said to Moses, •"If one of you commits a sin by unintentionally defiling the LORD's sacred property, you must bring a guilt offering to the LORD. The offering must be your own ram with no defects, or you may buy one of equal value with silver, as measured by the weight of the sanctuary shekel.*
16 •You must make restitution for the sacred property you have harmed by paying for the loss, plus an additional 20 percent. When you give the payment to the priest, he will purify you with the ram sacrificed as a guilt offering, making you right with the LORD, and you will be forgiven.
17 •"Suppose you sin by violating one of the LORD's commands. Even if you are unaware of what you have done, you are guilty and will

---

5:6 Or will make atonement for you for your sin; similarly in 5:10, 13, 16, 18.　5:11 Hebrew 1/10 of an ephah [2.2 liters].　5:15 Each shekel was about 0.4 ounces or 11 grams in weight.

5:11 1/10에바는 약 2.2ℓ에 해당된다.

을 치러야 한다.

18 그는 제사장에게 네가 정해 준 값어치의 허물을 씻는 속건 제물을 가지고 가야 한다. 그 제물은 속건 제물로 알맞은 흠 없는 숫양으로 하여라. 제사장은 알지 못하고 저지른 그 사람의 잘못을 씻는 예식을 행하여라. 그러면 그 사람은 용서를 받을 것이다.

19 그는 여호와께 잘못을 저질렀으므로 속건 제물을 바쳐야 한다.”

6 여호와께서 모세에게 말씀하셨습니다.

2 “누구든지 여호와 앞에 진실하지 못하여 죄를 지으면, 곧 다른 사람의 물건을 맡고 있다가 그 물건에 대해 거짓말을 하거나, 남을 속이거나, 도둑질을 하거나, 남의 것을 빼앗거나,

3 또는 남이 잃어버린 물건을 줍고도 감추거나, 거짓으로 맹세하거나, 그밖에 죄가 되는 일들 중 하나라도 했으면,

4 그에게는 죄가 있다. 그는 훔쳤거나 빼앗은 것을 돌려주어야 하고, 맡고 있던 남의 물건이나 남이 잃어버린 물건도 돌려주어야 한다.

5 그리고 거짓으로 맹세한 물건도 돌려주되, 원래의 물건 값과 거기에 오분의 일을 더해 돌려주어라. 그는 허물을 씻는 속건 제물을 바치는 날에 그 돈을 원래의 주인에게 돌려주어야 한다.

6 그는 제사장에게 네가 정한 값어치의 속건 제물을 가져가야 한다. 그 제물은 속건 제물로 알맞은 흠 없는 숫양으로 하여라.

7 그러면 제사장은 그 사람을 위해 여호와 앞에서 허물을 씻는 예식을 행하여라. 그러면 그가 지은 죄가 용서 받을 것이다.”

번제에 관한 규례

8 여호와께서 모세에게 말씀하셨습니다.

9 “아론과 그의 아들들인 제사장들에게 이렇게 명령하여라. ‘태워 드리는 제사인 번제에 관한 규례는 이러하다. 번제물은 밤새도록 제단 위에 놓여져 아침까지 그대로 있어야 한다. 그리고 제단 불은 계속해서 타게 하여야 한다.

10 제사장은 모시옷을 입어야 하며, 속에도 맨 살에 모시 속옷을 입어야 한다. 제사장은 제단에서 타고 남은 제물의 재를 거두어서 제단 곁에 두고

11 그런 다음에 입었던 옷을 벗고 다른 옷으로 갈아입어라. 그리고 재는 진 밖의 특별히 깨끗한 곳으로 옮겨라.

12 하지만 제단 불은 계속해서 타게 하여 꺼뜨리지 마라. 제사장은 아침마다 제단 위에 장작을 더 올려놓고 번제물을 올려놓아라. 또 제사장은 화목 제물의 기름도 태워라.

13 제단 불은 언제나 타게 하고, 그 불을 꺼뜨리지 마

18 be punished for your sin. •For a guilt offering, you must bring to the priest your own ram with no defects, or you may buy one of equal value. Through this process the priest will purify you from your unintentional sin, making you right with the LORD, and you 19 will be forgiven. •This is a guilt offering, for you have been guilty of an offense against the LORD.”

Sins Requiring a Guilt Offering

6 1 •*Then the LORD said to Moses, 2 •“Suppose one of you sins against your associate and is unfaithful to the LORD. Suppose you cheat in a deal involving a security deposit, or you steal or commit 3 fraud, •or you find lost property and lie about it, or you lie while swearing to tell the 4 truth, or you commit any other such sin. •If you have sinned in any of these ways, you are guilty. You must give back whatever you stole, or the money you took by extortion, or the security deposit, or the lost property you 5 found, •or anything obtained by swearing falsely. You must make restitution by paying the full price plus an additional 20 percent to the person you have harmed. On the same 6 day you must present a guilt offering. •As a guilt offering to the LORD, you must bring to the priest your own ram with no defects, or 7 you may buy one of equal value. •Through this process, the priest will purify you before the LORD, making you right with him,* and you will be forgiven for any of these sins you have committed.”

Further Instructions for the Burnt Offering

8-9 •*Then the LORD said to Moses, • “Give Aaron and his sons the following instructions regarding the burnt offering. The burnt offering must be left on top of the altar until the next morning, and the fire on the altar 10 must be kept burning all night. • In the morning, after the priest on duty has put on his official linen clothing and linen undergarments, he must clean out the ashes of the burnt offering and put them beside the altar. 11 •Then he must take off these garments, change back into his regular clothes, and carry the ashes outside the camp to a place 12 that is ceremonially clean. •Meanwhile, the fire on the altar must be kept burning; it must never go out. Each morning the priest will add fresh wood to the fire and arrange the burnt offering on it. He will then burn 13 the fat of the peace offerings on it. • Remem-

6:1　Verses 6:1-7 are numbered 5:20-26 in Hebrew text.　6:7　Or *will make atonement for you before the LORD.*　6:8　Verses 6:8-30 are numbered 6:1-23 in Hebrew text.

라.

곡식 제사인 소제에 관한 규례

14 곡식 제사인 소제에 관한 규례는 이러하다. 제사장은 곡식 제물을 여호와 앞, 곧 제단 앞으로 가져가거라.

15 제사장은 고운 가루를 한 줌 쥐어 거기에 기름을 바르고 향을 얹어서 곡식 제물을 제단 위에서 태워라. 그것은 전체를 나 여호와에게 바쳤다는 표시이며, 그 냄새가 여호와를 기쁘시게 한다.

16 그 남은 것은 아론과 제사장들의 몫이니, 그것을 먹을 때는 누룩을 넣지 말고 거룩한 곳, 곧 회막 뜰에서 먹어라.

17 그것을 구울 때 누룩을 넣고 굽지 마라. 그것은 나의 화제 가운데서 내가 그들의 몫으로 준 것이다. 그것은 죄를 씻는 속죄제나 허물을 씻는 속건제의 경우와 마찬가지로 지극히 거룩한 것이다.

18 아론의 자손 가운데서 남자는 그것을 먹어라. 그것은 여호와께 불에 태워 바친 것 가운데서 그들의 몫이다. 이것은 지금부터 영원히 지켜야 할 규례로 무엇이든지 제물에 닿는 것은 다 거룩해질 것이다.'"

19 여호와께서 모세에게 말씀하셨습니다.

20 "아론과 제사장이 여호와께 바쳐야 할 제물은 이러하다. 그들은 아론과 그의 아들들을 대제사장으로 구별하여 세울 때, 이 제물을 바쳐야 한다. 그들은 고운 가루 십분의 일 에바*를 곡식 제물로 바치되, 그 가운데서 절반은 아침에 바치고, 나머지 절반은 저녁에 바쳐야 한다.

21 고운 가루는 기름을 섞어 반죽하여 쇠판에 구워라. 너희는 그것을 잘 섞어 여러 조각으로 잘라서, 곡식 제물로 여호와께 바쳐라. 그 냄새가 여호와를 기쁘시게 한다.

22 제사장들 가운데서 한 사람을 아론의 뒤를 잇는 대제사장으로 구별하여 세울 때, 그 제사장은 여호와께 곡식 제물을 바쳐라. 이것은 영원한 규례이다. 곡식 제물은 여호와께 완전히 태워서 바쳐라.

23 제사장이 바치는 모든 곡식 제물은 완전히 태워서 바치고, 누구도 그것을 먹어선 안 된다."

속죄제에 관한 규례

24 여호와께서 모세에게 말씀하셨습니다.

25 "아론과 제사장들에게 전하여라. '속죄제에 관한 규례는 이러하다. 속죄 제물은 여호와 앞에서 잡아라. 그것을 잡을 때는 번제물을 잡았던 곳과 같은 곳에서 잡아라. 그것은 가장 거룩한 것이다.

26 속죄 제물을 바치는 제사장은 그것을 먹되, 회막

---

ber, the fire must be kept burning on the altar at all times. It must never go out.

Further Instructions for the Grain Offering

14 • "These are the instructions regarding the grain offering. Aaron's sons must present this
15 offering to the LORD in front of the altar. • The priest on duty will take from the grain offering a handful of the choice flour moistened with olive oil, together with all the frankincense. He will burn this representative portion on the altar as a pleasing aroma to the LORD.
16 • Aaron and his sons may eat the rest of the flour, but it must be baked without yeast and eaten in a sacred place within the courtyard of the
17 Tabernacle.* • Remember, it must never be prepared with yeast. I have given it to the priests as their share of the special gifts presented to me. Like the sin offering and the guilt
18 offering, it is most holy. • Any of Aaron's male descendants may eat from the special gifts presented to the LORD. This is their permanent right from generation to generation. Anyone or anything that touches these offerings will become holy."

Procedures for the Ordination Offering

19-20 • Then the LORD said to Moses, • "On the day Aaron and his sons are anointed, they must present to the LORD the standard grain offering of two quarts* of choice flour, half to be offered in the morning and half to be offered in the
21 evening. • It must be carefully mixed with olive oil and cooked on a griddle. Then slice* this grain offering and present it as a pleasing aroma
22 to the LORD. • In each generation, the high priest* who succeeds Aaron must prepare this same offering. It belongs to the LORD and must be burned up completely. This is a permanent
23 law. • All such grain offerings of a priest must be burned entirely. None of it may be eaten."

Further Instructions for the Sin Offering

24-25 • Then the LORD said to Moses, • "Give Aaron and his sons the following instructions regarding the sin offering. The animal given as an offering for sin is a most holy offering, and it must be slaughtered in the LORD's presence at the place where the burnt offerings are slaugh-
26 tered. • The priest who offers the sacrifice as a sin offering must eat his portion in a sacred

---

extortion [ikstɔ́ːrʃən] *n.* 강탈, 부당 취득
restitution [rèstətjúːʃən] *n.* 반환, 상환; 손해 배상

6:16 Hebrew *Tent of Meeting;* also in 6:26, 30.
6:20 Hebrew *1/10 of an ephah* [2.2 liters]. 6:21 The meaning of this Hebrew term is uncertain.
6:22 Hebrew *the anointed priest.*
6:20 1/10에바는 약 2.2ℓ에 해당된다.

뜰 성소에서 먹어라.

27 무엇이든 속죄 제물에 닿는 것은 거룩해질 것이다. 만약 그 피가 튀어 옷에 묻으면 그 옷을 거룩한 곳인 성소에서 빨아라.

28 만약 그 고기를 오지그릇에 삶았다면 그 그릇은 깨뜨리고, 놋그릇에 삶았다면, 그 그릇은 문질러 닦고 물에 씻어 내라.

29 제사장 가운데 남자는 그것을 먹어라. 그것은 지극히 거룩한 것이다.

30 하지만 성소에서 사람의 죄를 속죄해 주기 위해 회막으로 속죄 제물의 피를 가져왔다면, 그 제물은 먹지 말고 불로 태워라.

속건제에 관한 규례

7 속건제에 관한 규례는 이러하다. 속건 제물은 지극히 거룩하다.

2 속건 제물을 잡을 때는 번제물을 잡았던 곳과 같은 곳에서 잡아라. 그러면 제사장은 그 피를 제단 둘레에 뿌리고,

3 그 기름, 곧 꼬리와 내장을 덮고 있는 기름을 바쳐라.

4 두 콩팥과 그 둘레에 있는 허리 부분의 기름과 콩팥과 함께 떼어 내야 할 간의 껍질 부분도 바쳐라.

5 제사장은 이 모든 것을 제단 위에서 태워라. 이것은 여호와께 불로 태워 드리는 화제로서 속건제이다.

6 제사장 가운데 남자는 그것을 먹어라. 그것은 지극히 거룩하므로 성소에서 먹어라.

7 속건제와 속죄제는 마찬가지이므로, 두 제물에 관한 규례는 같다. 속죄 제물을 바치는 제사장은 고기를 가질 것이다.

8 번제물을 바치는 제사장도 제물의 가죽을 가질 것이다.

9 모든 곡식 제물은 그것을 바치는 제사장의 몫이다. 화덕에 구웠거나, 쇠판에 구웠거나, 냄비에 요리했거나, 모든 곡식은 제사장의 몫이다.

10 마른 것이나, 기름을 섞은 것이나, 곡식 제물은 제사장의 것이다. 모든 제사장은 그것을 똑같이 나누어라.

화목제에 관한 규례

11 여호와께 바치는 화목제에 관한 규례는 이러하다.

12 감사한 마음을 나타내기 위해 화목 제물을 바치는 사람은 감사의 제물과 함께, 누룩을 넣지 않고 기름을 섞어 만든 빵이나, 누룩을 넣지 않고 기름을 발라 만든 과자를 바쳐라. 고운 가루에 기름을 섞어 만든 빵도 바쳐라.

place within the courtyard of the Tabernacle.

27 •Anyone or anything that touches the sacrificial meat will become holy. If any of the sacrificial blood spatters on a person's clothing, the soiled garment must be washed in a sacred place. •If a

28 clay pot is used to boil the sacrificial meat, it must then be broken. If a bronze pot is used, it must be

29 scoured and thoroughly rinsed with water. •Any male from a priest's family may eat from this

30 offering; it is most holy. •But the offering for sin may not be eaten if its blood was brought into the Tabernacle as an offering for purification* in the Holy Place. It must be completely burned with fire.

Further Instructions for the Guilt Offering

7 "These are the instructions for the guilt offer-

2 ing. It is most holy. •The animal sacrificed as a guilt offering must be slaughtered at the place where the burnt offerings are slaughtered, and its blood must be splattered against all sides

3 of the altar. •The priest will then offer all its fat on the altar, including the fat of the broad tail,

4 the fat around the internal organs, •the two kidneys and the fat around them near the loins, and the long lobe of the liver. These are to be

5 removed with the kidneys, •and the priests will burn them on the altar as a special gift present-

6 ed to the LORD. This is the guilt offering. •Any male from a priest's family may eat the meat. It must be eaten in a sacred place, for it is most holy.

7 •"The same instructions apply to both the guilt offering and the sin offering. Both belong to the priest who uses them to purify someone,

8 making that person right with the LORD.* •In the case of the burnt offering, the priest may

9 keep the hide of the sacrificed animal. •Any grain offering that has been baked in an oven, prepared in a pan, or cooked on a griddle

10 belongs to the priest who presents it. •All other grain offerings, whether made of dry flour or flour moistened with olive oil, are to be shared equally among all the priests, the descendants of Aaron.

Further Instructions for the Peace Offering

11 •"These are the instructions regarding the dif-

12 ferent kinds of peace offerings that may be presented to the LORD. •If you present your peace offering as an expression of thanksgiving, the usual animal sacrifice must be accompanied by various kinds of bread made without yeast— thin cakes mixed with olive oil, wafers spread with oil, and cakes made of choice flour mixed

lobe [loub] *n.* ⟨해부⟩ (폐, 간) 엽
scour [skauər] *vt.* 문질러 닦다

6:30 Or *an offering to make atonement.*   7:7 Or *to make atonement.*

13 누룩을 넣고 만든 빵도 감사의 화목 제물과 함께 바쳐라.

14 이 가운데서 한 개씩은 여호와께 바치고, 여호와께 바친 것은 화목 제물의 피를 뿌리는 제사장의 몫이다.

15 감사의 화목 제물로 바친 제물의 고기는, 바친 그 날에 먹고, 그것을 이튿날까지 남겨 두지 마라.

16 하나님께 바치는 제물이 하나님께 그저 드리고 싶어서 바치는 제물이거나, 하나님께 어떤 특별한 약속을 했기 때문에 바치는 제물이라면, 그 제물은 바친 그날에 먹어라. 만약 남은 것이 있으면 그것은 그 다음날 먹어도 된다.

17 그러나 그 제물이 삼 일째 되는 날까지도 남아 있으면 그것을 전부 불로 태워라.

18 삼 일째 되는 날에 먹은 화목 제물의 고기는 하나님께서 받지도 않으시고, 그것을 바친 사람의 제사도 소용이 없을 것이다. 그것은 부정하게 되었으므로 누구든지 그 고기를 먹는 사람은 죄가 있을 것이다.

19 무엇이든 부정한 것에 닿은 고기는 먹지 마라. 그런 고기는 불로 태우고, 그런 고기만 아니라면 누구든지 깨끗한 사람은 고기를 먹어라.

20 부정한 사람이 여호와의 화목 제물을 먹었다면, 그 사람은 백성에게서 끊어질 것이다.

21 사람에게서 나오는 부정한 것이나 부정한 짐승이나 부정한 물건에 닿은 사람은 부정해질 것이며 그런 사람이 여호와의 화목 제물을 먹었다면, 그 사람은 백성에게서 끊어질 것이다.'"

22 여호와께서 모세에게 말씀하셨습니다.

23 "이스라엘 백성에게 전하여라. '너희는 소나 양이나 염소의 기름을 먹어서는 안 된다.

24 저절로 죽었거나 들짐승들에게 찢긴 짐승의 기름은 다른 목적을 위해서는 쓰일 수 있지만, 먹어서는 안 된다.

25 여호와께 불로 태워 화제로 드리는 짐승의 기름을 먹는 사람은 그 백성 가운데서 끊어질 것이다.

26 너희는 어느 곳에 살든지 새나 짐승의 피를 먹지 마라.

27 누구든지 피를 먹는 사람은 그 백성에게서 끊어질 것이다.'"

제사장의 몫

28 여호와께서 모세에게 말씀하셨습니다.

29 "이스라엘 백성에게 전하여라. '누구든지 여호와께 화목 제물을 바치려는 사람은 그 제물을 여호와께 직접 가져와라.

30 자기 손으로 그 제물을 가져오고, 짐승의 기름과 가슴을 제사장에게 가져가거라. 그러면 제사

---

13 with olive oil. •This peace offering of thanksgiving must also be accompanied by loaves of
14 bread made with yeast. •One of each kind of bread must be presented as a gift to the LORD. It will then belong to the priest who splatters the blood of the peace offering against the altar.
15 •The meat of the peace offering of thanksgiving must be eaten on the same day it is offered. None of it may be saved for the next morning.
16 •"If you bring an offering to fulfill a vow or as a voluntary offering, the meat must be eaten on the same day the sacrifice is offered, but whatever is left over may be eaten on the sec-
17 ond day. •Any meat left over until the third
18 day must be completely burned up. •If any of the meat from the peace offering is eaten on the third day, the person who presented it will not be accepted by the LORD. You will receive no credit for offering it. By then the meat will be contaminated; if you eat it, you will be punished for your sin.
19 •"Meat that touches anything ceremonially unclean may not be eaten; it must be completely burned up. The rest of the meat may be eaten, but only by people who are ceremonially
20 clean. •If you are ceremonially unclean and you eat meat from a peace offering that was presented to the LORD, you will be cut off from the
21 community. •If you touch anything that is unclean (whether it is human defilement or an unclean animal or any other unclean, detestable thing) and then eat meat from a peace offering presented to the LORD, you will be cut off from the community."

The Forbidden Blood and Fat

22-23 •Then the LORD said to Moses, • "Give the following instructions to the people of Israel. You must never eat fat, whether from cattle, sheep, or
24 goats. •The fat of an animal found dead or torn to pieces by wild animals must never be eaten, though it may be used for any other purpose.
25 •Anyone who eats fat from an animal present-ed as a special gift to the LORD will be cut off
26 from the community. •No matter where you live, you must never consume the blood of any
27 bird or animal. •Anyone who consumes blood will be cut off from the community."

A Portion for the Priests

28-29 •Then the LORD said to Moses, • "Give the following instructions to the people of Israel. When you present a peace offering to the LORD,
30 bring part of it as a gift to the LORD. •Present it to the LORD with your own hands as a special gift to the LORD. Bring the fat of the animal, together with the breast, and lift up the breast as

ceremonially [serəmóuniəli] *ad.* 의식적으로
contaminate [kəntǽməneit] *vt.* 더럽히다
defilement [difáilmənt] *n.* 부정, 불결

장은 그 가슴을 여호와께 흔들어 바치는 요제를 위한 제물로 바쳐라.

31 그런 다음에 제사장은 기름을 제단 위에서 태워라. 하지만 짐승의 가슴은 아론과 제사장들의 몫이다.

32 너희는 화목 제물로 바치는 것 가운데서 오른쪽 넓적다리는 제사장에게 높이 들어 올려 선물로 주어라.

33 오른쪽 넓적다리는 제사장 가운데서도 특히 화목 제물의 피와 기름을 바치는 사람의 몫이다.

34 내가 화목 제물 가운데 흔들어 바친 가슴과 높이 들어 올려 바친 넓적다리를 이스라엘 백성에게서 받아서 아론과 제사장들에게 주었으니,

35 이것은 아론과 그의 아들들의 몫이다. 그것은 불로 태워 바친 화제인데, 아론과 그의 아들들이 제사장으로 임명받던 그날에 그들의 몫으로 정해진 것이다.

36 여호와께서는 제사장들을 임명하신 날에 이스라엘에게 명령하여 그것을 그들의 몫이 되게 하셨다. 그것은 대대로 영원히 그들의 몫이다.'"

37 이것은 번제와 곡식제와 속죄제와 속건제에 관한 규례와 제사장을 구별하여 세우는 일에 관한 규례이며, 화목제에 관한 규례입니다.

38 여호와께서 이 규례를 시내 산에서 모세에게 주셨으니, 이 규례를 주신 날은 여호와께서 이스라엘 백성에게 명령하여 시내 광야에서 여호와께 제물을 바치라고 하신 날입니다.

임명받는 아론과 그의 아들들

8 여호와께서 모세에게 말씀하셨습니다.

2 "아론과 그의 아들들을 불러라. 또 그들의 옷과 사람이나 물건에 바르기 위해 쓰는 특별한 기름과 속죄 제물로 바칠 수소 한 마리와 숫양 두 마리와, 누룩을 넣지 않고 만든 빵인 무교병 한 바구니도 가져오너라.

3 그런 다음에 백성을 회막 입구로 불러 모아라."

4 모세는 여호와께서 명령하신 대로 했습니다. 백성이 모이자,

5 모세가 백성에게 말했습니다. "여호와께서 이렇게 하라고 명령하셨소."

6 모세는 아론과 그의 아들들을 앞으로 나오게 했습니다. 모세는 그들을 물로 씻겨 주었습니다.

7 모세는 아론에게 속옷을 입혀 주고, 띠를 띠어주고, 겉옷을 입혀 주었습니다. 그런 다음에 모세는 아론에게 에봇을 입혀 주고, 무늬를 넣어 짠 허리띠를 매어 주어서 에봇이 몸에 꼭 맞게 해 주었습니다.

8 모세는 또 아론에게 가슴 덮개를 달아 주고, 우림과 둠밈을 그 안에 넣어 주었습니다.

9 모세는 아론의 머리에 관을 씌우고, 관 앞면에 금패, 곧 여호와의 성결패를 달아 주었습니다. 모세는 여호와께서 명령하신 대로 했습니다.

31 a special offering to the LORD. • Then the priest will burn the fat on the altar, but the breast will belong to Aaron and his descendants.

32 • Give the right thigh of your peace offering to the priest as a gift. • The right thigh must always be given to the priest who offers the blood and the fat of the peace offering.

34 • For I have reserved the breast of the special offering and the right thigh of the sacred offering for the priests. It is the permanent right of Aaron and his descendants to share in the peace offerings brought by the people of Israel.

35 • This is their rightful share. The special gifts presented to the LORD have been reserved for Aaron and his descendants from the time they were set apart to serve the LORD as priests. • On the day they were anointed, the LORD commanded the Israelites to give these portions to the priests as their permanent share from generation to generation."

37 • These are the instructions for the burnt offering, the grain offering, the sin offering, and the guilt offering, as well as the ordination offering and the peace offering. • The LORD gave these instructions to Moses on Mount Sinai when he commanded the Israelites to present their offerings to the LORD in the wilderness of Sinai.

Ordination of the Priests

8 1-2 Then the LORD said to Moses, • "Bring Aaron and his sons, along with their sacred garments, the anointing oil, the bull for the sin offering, the two rams, and the basket of bread made without yeast, • and call the entire community of Israel together at the entrance of the Tabernacle.*"

4 • So Moses followed the LORD's instructions, and the whole community assembled at the Tabernacle entrance. • Moses announced to them, "This is what the LORD has commanded us to do!" • Then he presented Aaron and his sons and washed them with water. • He put the official tunic on Aaron and tied the sash around his waist. He dressed him in the robe, placed the ephod on him, and attached the ephod securely with its decorative sash. • Then Moses placed the chestpiece on Aaron and put the Urim and the Thummim inside it. • He placed the turban on Aaron's head and attached the gold medallion—the badge of holiness—to the front of the turban, just as the LORD had commanded him.

ordination [ɔːrdənéiʃən] *n.* 임명, 성직 안수
sash [sæʃ] *n.* 허리띠
thigh [θai] *n.* 넓적다리, 허벅다리

8:3 Hebrew *Tent of Meeting*; also in 8:4, 31, 33, 35.

10 그런 다음에, 모세는 성소와 그 안의 모든 것에 특별한 기름을 발라서 거룩하게 했습니다.

11 제단 위에 기름을 일곱 번 뿌렸습니다. 그리고 제단과 그 모든 기구, 물동이와 그 밑받침에도 기름을 발라서 거룩하게 했습니다.

12 그런 다음에 모세는 아론의 머리에 특별한 기름을 부어서, 아론을 거룩하게 했습니다.

13 모세는 아론의 아들들을 앞으로 나오게 했습니다. 모세는 그들에게 속옷을 입혀 주고, 띠를 띠어 주고, 머리띠도 감아 주었습니다. 모세는 여호와께서 명령하신 대로 했습니다.

14 그리고 나서 모세는 속죄 제물로 바칠 수소를 끌고 왔습니다. 아론과 그의 아들들은 그 수소의 머리에 손을 얹었습니다.

15 모세는 그 소를 잡은 다음에 피를 얼마만큼 받아 냈습니다. 그리고 손가락으로 그 피를 찍어 제단 뿔에 발라 제단을 깨끗하게 했습니다. 나머지 피는 제단 아래에 쏟았습니다. 그렇게 하여 모세는 제단을 거룩하게 했습니다.

16 모세는 수소의 내장에 있는 모든 기름과 간의 껍질 부분과 두 콩팥과 그 둘레의 기름을 떼어 내어, 제단 위에서 태웠습니다.

17 수소의 가죽과 고기와 똥은 진 밖에서 태웠습니다. 모세는 이 모든 일을 여호와께서 명령하신 대로 했습니다.

18 그런 다음에 모세는 번제물로 바칠 숫양을 끌고 왔습니다. 아론과 그의 아들들은 그 숫양의 머리에 손을 얹었습니다.

19 모세는 그 숫양을 잡은 다음에, 그 피를 제단 둘레에 뿌렸습니다.

20 모세는 숫양을 여러 조각으로 잘라 낸 다음에, 머리와 여러 조각과 기름을 불로 태웠습니다.

21 모세는 내장과 다리를 물로 씻은 다음에 숫양 전체를 제단 위에서 번제로 드렸습니다. 이것은 화제이며, 그 냄새가 여호와를 기쁘게 하는 것입니다. 모세는 이 모든 일을 여호와께서 명령하신 대로 했습니다.

22 그런 다음에 모세는 다른 숫양을 끌고 왔습니다. 그것은 아론과 그의 아들들을 제사장으로 임명하는 데 썼습니다. 아론과 그의 아들들은 그 숫양의 머리에 손을 얹었습니다.

23 모세는 숫양을 잡고, 그 피 가운데 얼마를 아론의 오른쪽 귀 끝과, 오른쪽 엄지 손가락과, 오른쪽 엄지 발가락에 발랐습니다.

24 그런 다음에 모세는 아론의 아들들을 제단 가까이로 데려갔습니다. 그리고는 그들의 오른쪽 귀 끝과, 오른쪽 엄지 손가락과, 오른쪽 엄지 발가락에도 피를 바르고, 나머지 피는 제단 둘레에 뿌렸습니다.

25 모세는 기름과 기름진 꼬리와 내장 둘레의 모든 기름

10 •Then Moses took the anointing oil and anointed the Tabernacle and everything in it, making them holy. •He sprinkled the oil on the altar seven times, anointing it and all its utensils, as well as the washbasin and its stand, making them holy. •Then he poured some of the anointing oil on Aaron's head, anointing him and making him holy for his work. •Next Moses presented Aaron's sons. He clothed them in their tunics, tied their sashes around them, and put their special head coverings on them, just as the LORD had commanded him.

14 •Then Moses presented the bull for the sin offering. Aaron and his sons laid their hands on the bull's head, •and Moses slaughtered it. Moses took some of the blood, and with his finger he put it on the four horns of the altar to purify it. He poured out the rest of the blood at the base of the altar. Through this process, he made the altar holy by purifying it.* •Then Moses took all the fat around the internal organs, the long lobe of the liver, and the two kidneys and the fat around them, and he burned it all on the altar. •He took the rest of the bull, including its hide, meat, and dung, and burned it on a fire outside the camp, just as the LORD had commanded him.

18 •Then Moses presented the ram for the burnt offering. Aaron and his sons laid their hands on the ram's head, •and Moses slaughtered it. Then Moses took the ram's blood and splattered it against all sides of the altar. •Then he cut the ram into pieces, and he burned the head, some of its pieces, and the fat on the altar. •After washing the internal organs and the legs with water, Moses burned the entire ram on the altar as a burnt offering. It was a pleasing aroma, a special gift presented to the LORD, just as the LORD had commanded him.

22 •Then Moses presented the other ram, which was the ram of ordination. Aaron and his sons laid their hands on the ram's head, •and Moses slaughtered it. Then Moses took some of its blood and applied it to the lobe of Aaron's right ear, the thumb of his right hand, and the big toe of his right foot. •Next Moses presented Aaron's sons and applied some of the blood to the lobes of their right ears, the thumbs of their right hands, and the big toes of their right feet. He then splattered the rest of the blood against all sides of the altar.

25 •Next Moses took the fat, including the fat of the broad tail, the fat around the internal organs, the long lobe of the liver,

8:15 Or *by making atonement for it; or that offerings for purification might be made on it.*

과 간의 껍질 부분과 두 콩팥과 그 기름과 오른쪽 넓
적다리를 떼어 냈습니다.

26 모세는 날마다 여호와 앞에 놓아두는 누룩 없는 빵
인 무교병 광주리에서 빵 한 조각과 기름을 섞어 만
든 빵 하나와 과자 하나를 꺼내어, 숫양의 기름과 오
른쪽 넓적다리 위에 올려놓았습니다.

27 모세는 이 모든 것을 아론과 그의 아들들의 손에 올
려놓고, 여호와 앞에서 흔들어 바치는 요제를 위한
제물로 드렸습니다.

28 그런 다음에 모세는 아론과 그의 아들들의 손에 올
려놓은 것을 다시 받아 가지고, 제단 위의 번제물 위
에 놓고 그것들을 태웠습니다. 이것은 아론과 그의
아들들을 제사장으로 임명하는 예식으로 바친 제
물입니다. 이것은 화제이며 그 냄새가 여호와를 기
쁘시게 하는 것입니다.

29 모세는 가슴 부분을 가져다가, 여호와께 흔들어 바
치는 요제를 위한 제물로 드렸습니다. 그것은 모세
가 제사장을 임명할 때 드린 숫양 가운데서 모세의
몫입니다. 이렇게 하여 여호와께서 모세에게 명령
하신 일이 이루어졌습니다.

30 모세는 제단 위에 있는 특별한 기름과 피를 가지고, 아
론과 그의 옷에 뿌리고, 아론의 아들들과 그들의 옷에
도 뿌렸습니다. 그리하여 모세는 아론과 그의 옷, 그리
고 아론의 아들들과 그들의 옷을 거룩하게 했습니다.

31 모세가 아론과 그의 아들들에게 말했습니다. "회막
입구에서 고기를 삶아 제사장을 임명할 때 쓴 빵 광주
리에 들어 있는 빵과 함께 그곳에서 그것을 먹으시오.
여호와께서 그렇게 하라고 나에게 명령하셨소.

32 고기나 빵이 남으면 불태워 버리시오.

33 제사장으로 구별하여 세우는 위임식은 칠 일 동안
계속될 것이오. 그대들은 그 기간이 끝날 때까지 회
막 입구 밖으로 나가면 안 되오. 구별하여 세우는 위
임식이 끝날 때까지 거기에 머무시오.

34 여호와께서는 그대들의 죄를 씻는 일을 오늘처럼
하라고 명령하셨소.

35 그대들은 회막 입구에 머물러 있어야 하오. 칠 일 동
안 밤낮으로 거기에 머물러 있으시오. 만약 여호와
의 명령을 따르지 않으면 그대들은 죽을 것이오, 여
호와께서 나에게 이렇게 명령하셨소."

36 그리하여 아론과 그의 아들들은 여호와께서 모세
를 통하여 명령하신 그대로 따랐습니다.

제물을 바치는 아론과 그의 아들들

9 팔 일째 되는 날에 모세가 아론과 그의 아들들과
이스라엘의 장로들을 불렀습니다.

2 모세가 아론에게 말했습니다. "송아지와 숫양을 흠
없는 것으로 한 마리씩 가져오십시오. 송아지는 죄
를 씻는 속죄 제물로 바칠 것이고, 숫양은 태워 드리

---

and the two kidneys and the fat around
26 them, along with the right thigh. •On top
of these he placed a thin cake of bread made
without yeast, a cake of bread mixed with
olive oil, and a wafer spread with olive oil.
All these were taken from the basket of
bread made without yeast that was placed in
27 the LORD's presence. •He put all these in the
hands of Aaron and his sons, and he lifted
these gifts as a special offering to the LORD.
28 •Moses then took all the offerings back
from them and burned them on the altar on
top of the burnt offering. This was the ordi-
nation offering. It was a pleasing aroma, a
29 special gift presented to the LORD. •Then
Moses took the breast and lifted it up as a
special offering to the LORD. This was Moses'
portion of the ram of ordination, just as the
LORD had commanded him.
30 •Next Moses took some of the anointing
oil and some of the blood that was on the
altar, and he sprinkled them on Aaron and
his garments and on his sons and their gar-
ments. In this way, he made Aaron and his
sons and their garments holy.
31 •Then Moses said to Aaron and his sons,
"Boil the remaining meat of the offerings at
the Tabernacle entrance, and eat it there,
along with the bread that is in the basket of
offerings for the ordination, just as I com-
manded when I said, 'Aaron and his sons
32 will eat it.' •Any meat or bread that is left
33 over must then be burned up. •You must
not leave the Tabernacle entrance for seven
days, for that is when the ordination cere-
34 mony will be completed. •Everything we
have done today was commanded by the
LORD in order to purify you, making you
35 right with him.* •Now stay at the entrance
of the Tabernacle day and night for seven
days, and do everything the LORD requires. If
you fail to do this, you will die, for this is
36 what the LORD has commanded." •So
Aaron and his sons did everything the LORD
had commanded through Moses.

The Priests Begin Their Work

9 After the ordination ceremony, on the
eighth day, Moses called together Aaron
2 and his sons and the elders of Israel. •He
said to Aaron, "Take a young bull for a sin
offering and a ram for a burnt offering, both
without defects, and present them to the

---

anoint [ənɔ́int] *vt.* 기름붓다, 성별하다
defect [dífékt] *n.* 흠, 결함
garment [gɑ́ːrmənt] *n.* 의복, 긴 겉옷
ordination [ɔ̀ːrdənéiʃən] *n.* 안수, 위임식
sprinkle [spríŋkl] *vt.* (홈)뿌리다

는 번제물로 바칠 것입니다. 그것들을 여호와 앞에 가져오십시오.

3 그리고 이스라엘 백성에게 이르십시오. '속죄 제물로 바칠 숫염소 한 마리를 가져오시오. 그리고 번제물로 바칠 송아지와 어린 양을 가져오시오. 송아지와 어린 양은 태어난 지 일 년 된 것으로서, 흠이 없는 것이어야 하오.

4 그리고 화목 제물로 바칠 수소와 숫양을 여호와 앞으로 가져오고, 기름을 섞은 곡식 제물도 가져오시오. 오늘 여호와께서 여러분에게 나타나실 것이기 때문이오.'"

5 그리하여 모든 백성이 회막 앞으로 왔습니다. 그들은 모세가 가져오라고 명령한 것을 가져와서 여호와 앞에 섰습니다.

6 모세가 말했습니다. "이것은 여호와께서 여러분에게 하라고 하신 일입니다. 여호와의 영광이 여러분에게 나타날 것입니다."

7 모세가 아론에게 말했습니다. "제단으로 가까이 가, 거기에서 속죄 제물과 번제물을 바치십시오. 그렇게 하여 형님의 죄와 백성의 죄를 씻는 예식을 행하십시오. 백성을 위해 제물을 바쳐서, 그들의 죄를 씻는 예식을 행하십시오. 여호와께서 명령하신 대로 하십시오."

8 아론은 제단으로 가까이 갔습니다. 아론은 송아지를 잡아서 자기의 속죄 제물로 삼았습니다.

9 아론의 아들들이 아론에게 피를 가져오자, 아론은 손가락으로 피를 찍어 제단 뿔들에 발랐습니다. 그리고 나머지는 제단 아래에 쏟았습니다.

10 아론은 속죄 제물에서 기름과 콩팥과 간의 껍질 부분을 떼어 낸 다음에 그것들을 제단 위에서 태웠습니다. 아론은 여호와께서 모세에게 명령하신 대로 했습니다.

11 그리고 고기와 가죽은 아론이 진 밖에서 태웠습니다.

12 그런 다음에 아론은 번제물로 바칠 짐승을 잡았습니다. 아론의 아들들은 아론에게 그 짐승의 피를 가져왔습니다. 아론은 그 피를 제단 둘레에 뿌렸습니다.

13 아론의 아들들은 번제물의 여러 조각과 머리를 아론에게 가져왔습니다. 아론은 그것들을 제단 위에서 태웠습니다.

14 아론은 번제물의 내장과 다리를 씻었습니다. 그리고 그것들을 제단 위에서 태웠습니다.

15 그런 다음에 백성의 제물을 바쳤습니다. 아론은 백성의 속죄 제물인 염소를 잡아서 바쳤습니다. 첫 번째 속죄 제물을 바칠 때처럼 그 제물을 바쳤습니다.

16 그런 다음에 번제물을 가져다가 여호와께서 명령하신 대로 바쳤습니다.

17 아론은 곡식 제물도 제단에 가져왔습니다. 아론은 곡

3 LORD. •Then tell the Israelites, 'Take a male goat for a sin offering, and take a calf and a lamb, both a year old and without defects, for a burnt offering. •Also take a bull* and a ram for a peace offering and flour moistened with olive oil for a grain offering. Present all these offerings to the LORD because the LORD will appear to you today.'"

5 •So the people presented all these things at the entrance of the Tabernacle,* just as Moses had commanded. Then the whole community came forward and 6 stood before the LORD. •And Moses said, "This is what the LORD has commanded you to do so that the glory of the LORD may appear to you."

7 •Then Moses said to Aaron, "Come to the altar and sacrifice your sin offering and your burnt offering to purify yourself and the people. Then present the offerings of the people to purify them, making them right with the LORD,* just as he has commanded."

8 •So Aaron went to the altar and slaughtered the calf as a sin offering for himself. 9 •His sons brought him the blood, and he dipped his finger in it and put it on the horns of the altar. He poured out the rest of 10 the blood at the base of the altar. •Then he burned on the altar the fat, the kidneys, and the long lobe of the liver from the sin offering, just as the LORD had commanded 11 Moses. •The meat and the hide, however, he burned outside the camp.

12 •Next Aaron slaughtered the animal for the burnt offering. His sons brought him the blood, and he splattered it against all 13 sides of the altar. •Then they handed him each piece of the burnt offering, including the head, and he burned them on the altar. 14 •Then he washed the internal organs and the legs and burned them on the altar along with the rest of the burnt offering. 15 •Next Aaron presented the offerings of the people. He slaughtered the people's goat and presented it as an offering for their sin, just as he had first done with the 16 offering for his own sin. •Then he presented the burnt offering and sacrificed it in 17 the prescribed way. •He also presented the grain offering, burning a handful of the flour mixture on the altar, in addition to the regular burnt offering for the morning.

prescribed [priskráibd] *a.* 규정된, 미리 정해진
tabernacle [tǽbərnækl] *n.* 회막

9:4 Or *cow;* also in 9:18, 19.   9:5 Hebrew *Tent of Meeting;* also in 9:23.   9:7 Or *to make atonement for them.*

식을 한 움큼 쥐어 아침마다 규칙적으로 드리는 번제물에 더하여 제단에서 태웠습니다.

18 아론은 수소와 숫양도 잡았습니다. 그것은 백성을 위해 바치는 화목 제물입니다. 아론의 아들들이 그 짐승들의 피를 아론에게 가져왔습니다. 아론은 그 피를 제단 둘레에 뿌렸습니다.

19 아론의 아들들은 또 아론에게 수소와 숫양의 기름을 가져왔습니다. 그들은 기름진 꼬리와, 내장을 덮고 있는 기름과, 콩팥과 간의 껍질 부분도 가져왔습니다.

20 아론의 아들들은 그 기름을 가슴 위에 올려놓았습니다. 아론은 그 기름을 제단 위에서 태웠습니다.

21 아론은 가슴과 오른쪽 넓적다리를 여호와 앞에 흔들어 바치는 요제를 위한 제물로 드렸습니다. 아론은 여호와께서 모세를 통하여 명령하신 대로 했습니다.

22 그런 다음에 아론은 백성을 향해 손을 들고, 그들에게 복을 빌어 주었습니다. 아론은 속죄제와 번제와 화목제를 다 바쳤습니다. 그리고 나서 제단에서 내려왔습니다.

23 모세와 아론은 회막으로 들어갔습니다. 그들은 다시 바깥으로 나와서 백성을 축복했습니다. 그러자 여호와의 영광이 모든 백성에게 나타났습니다.

24 여호와께서 불이 내려와, 제단 위의 번제물과 기름을 불살랐습니다. 모든 백성이 그 모습을 보고 소리를 지르며 땅에 엎드렸습니다.

나답과 아비후의 죽음

10 아론의 아들 나답과 아비후는 향을 피울 향로를 가지고 불을 피운 다음에 거기에 향을 얹었습니다. 하지만 그들은 모세가 사용하라고 명령한 불을 사용하지 않았습니다.

2 여호와 앞에서 불이 내려와 나답과 아비후를 삼켰습니다. 그래서 그들은 여호와 앞에서 죽었습니다.

3 그러자 모세가 아론에게 말했습니다. "여호와께서 '나에게 가까이 나아오는 사람에게 나의 거룩함을 보이겠고, 모든 백성 앞에서 내가 영광을 받을 것이다'라고 말씀하신 것은 바로 이와 같은 일을 두고 하신 말씀입니다." 그러자 아론은 자기 아들들의 죽음에 대해 아무 말도 하지 않았습니다.

4 아론의 삼촌 웃시엘에게는 미사엘과 엘사반이라는 두 아들이 있었습니다. 모세가 그들에게 말했습니다. "이리 와서 너희 조카들의 주검을 성소에서 거두어 진 밖으로 옮겨 가거라."

5 미사엘과 엘사반은 모세의 명에 따라 불타지 않고 남은 옷을 잡아끌어 나답과 아비후의 주검을 진 밖으로 옮겼습니다.

6 모세가 아론과 그의 다른 아들인 엘르아살과 이다말에게 말했습니다. "슬퍼하는 기색을 보이지 마십시오. 옷을 찢거나 머리를 풀지도 마십시오. 만약

18 • Then Aaron slaughtered the bull and the ram for the people's peace offering. His sons brought him the blood, and he splattered it against all sides of the altar. • Then 19 he took the fat of the bull and the ram—the fat of the broad tail and from around the internal organs—along with the kidneys and the long lobes of the livers. • He placed these fat portions on top of the breasts of these animals and burned them on the altar. 21 • Aaron then lifted up the breasts and right thighs as a special offering to the LORD, just as Moses had commanded.

22 • After that, Aaron raised his hands toward the people and blessed them. Then, after presenting the sin offering, the burnt offering, and the peace offering, he stepped 23 down from the altar. • Then Moses and Aaron went into the Tabernacle, and when they came back out, they blessed the people again, and the glory of the LORD appeared to 24 the whole community. • Fire blazed forth from the LORD's presence and consumed the burnt offering and the fat on the altar. When the people saw this, they shouted with joy and fell face down on the ground.

The Sin of Nadab and Abihu

10 Aaron's sons Nadab and Abihu put coals of fire in their incense burners and sprinkled incense over them. In this way, they disobeyed the LORD by burning before him the wrong kind of fire, different than he 2 had commanded. • So fire blazed forth from the LORD's presence and burned them up, and they died there before the LORD.

3 • Then Moses said to Aaron, "This is what the LORD meant when he said,

'I will display my holiness
  through those who come near me.
I will display my glory
  before all the people.'"

And Aaron was silent.

4 • Then Moses called for Mishael and Elzaphan, Aaron's cousins, the sons of Aaron's uncle Uzziel. He said to them, "Come forward and carry away the bodies of your relatives from in front of the sanctuary to a place 5 outside the camp." • So they came forward and picked them up by their garments and carried them out of the camp, just as Moses had commanded.

6 • Then Moses said to Aaron and his sons Eleazar and Ithamar, "Do not show grief by leaving your hair uncombed* or by tearing your clothes. If you do, you will die, and the LORD's anger will strike the whole commu-

10:6 Or *by uncovering your heads.*

그렇게 하면 그대들도 죽을 것입니다. 그리고 여호와께서는 모든 백성에게 노하실 것입니다. 하지만 그대들의 친척인 이스라엘 모든 백성은 여호와께서 나답과 아비후를 불살라 죽이신 일에 대해 슬피 울어도 괜찮습니다.

7 그대들은 회막을 벗어나지 마십시오. 만약 밖으로 나가면 그대들은 죽을 것입니다. 그대들은 여호와께서 특별한 기름을 부어, 여호와를 섬기도록 임명하신 구별된 사람들이기 때문입니다." 아론과 엘르아살과 이다말은 모세가 명령한 대로 했습니다.

8 여호와께서 아론에게 말씀하셨습니다.

9 "너와 네 아들들은 회막에 들어갈 때 포도주나 독한 술을 마시지 마라. 마시기만 하면 너희는 죽을 것이다. 이것은 너희가 대대로, 영원히 지켜야 할 규례이다.

10 너희는 성물을 거룩하지 않은 것과 구별하여라. 너희는 또한 깨끗한 것과 부정한 것을 구별하여라.

11 너희는 여호와께서 모세에게 말씀하신 모든 율법을 이스라엘 백성에게 가르쳐라."

12 모세가 아론과 그의 남은 아들들인 엘르아살과 이다말에게 말했습니다. "여호와께 태워 드리는 화제 중에 아직 남아 있는 곡식 제물은 거두어서, 누룩을 넣지 말고, 제단 곁에서 먹으십시오. 그것은 가장 거룩한 것이기 때문입니다.

13 형님과 형님의 아들들은 그것을 성소에서 먹어야 합니다. 그것은 여호와께 바치는 태워 드리는 화제 가운데서 형님과 형님의 아들들의 몫이기 때문입니다. 이것은 내가 여호와께 받은 명령입니다.

14 또한 형님과 형님의 아들, 딸들은 흔들어 바치는 가슴 부분과 높이 들어 바치는 넓적다리를 먹을 수 있습니다. 그것들은 여호와께 바쳐진 것입니다. 그것을 먹을 때는 깨끗한 곳에서 먹어야 합니다. 이스라엘 백성이 바친 화목 제물 가운데서 그것이 형님 가족의 몫입니다.

15 백성은 불에 태워 바치는 짐승 가운데서 기름을 가져와야 합니다. 또 백성은 흔들어 바치는 가슴 부분과 높이 들어 바치는 넓적다리도 가져와야 합니다. 그것들은 여호와께 바쳐야 할 것입니다. 바치고 나면 그것들은 형님과 형님 자손의 몫이 됩니다. 이것은 여호와께서 명령하신 것입니다."

16 모세는 속죄 제물로 바친 염소를 찾아보았습니다. 그런데 그것은 벌써 타 버리고 없었습니다. 그래서 모세는 아론의 나머지 아들들인 엘르아살과 이다말에게 화를 내며 말했습니다.

17 "너희는 왜 그 속죄 제물을 성소에서 먹지 않았느냐? 그것은 지극히 거룩한 것이다. 여호와께서는 백성의 허물을 씻어 주시려고 그것을 너희에게 주셨다. 그 염소는 백성의 죄를 씻으라고 주신 염소이다.

nity of Israel. However, the rest of the Israelites, your relatives, may mourn because of the LORD's fiery destruction of Nadab and Abihu. 7 •But you must not leave the entrance of the Tabernacle* or you will die, for you have been anointed with the LORD's anointing oil." So they did as Moses commanded.

Instructions for Priestly Conduct

8-9 •Then the LORD said to Aaron, •"You and your descendants must never drink wine or any other alcoholic drink before going into the Tabernacle. If you do, you will die. This is a permanent law for you, and it must be observed from generation to generation. 10 •You must distinguish between what is sacred and what is common, between what is ceremonially unclean and what is clean. 11 •And you must teach the Israelites all the decrees that the LORD has given them through Moses."

12 •Then Moses said to Aaron and his remaining sons, Eleazar and Ithamar, "Take what is left of the grain offering after a portion has been presented as a special gift to the LORD, and eat it beside the altar. Make sure it contains no yeast, for it is most holy. 13 •You must eat it in a sacred place, for it has been given to you and your descendants as your portion of the special gifts presented to the LORD. These are the commands I have 14 been given. •But the breast and thigh that were lifted up as a special offering may be eaten in any place that is ceremonially clean. These parts have been given to you and your descendants as your portion of the peace offerings presented by the people of Israel. 15 •You must lift up the thigh and breast as a special offering to the LORD, along with the fat of the special gifts. These parts will belong to you and your descendants as your permanent right, just as the LORD has commanded."

16 •Moses then asked them what had happened to the goat of the sin offering. When he discovered it had been burned up, he became very angry with Eleazar and 17 Ithamar, Aaron's remaining sons. •"Why didn't you eat the sin offering in the sacred area?" he demanded. "It is a holy offering! The LORD has given it to you to remove the guilt of the community and to purify the people, making them right with the LORD.*

permanent [pə́ːrmənənt] *a.* 영원한
slaughter [slɔ́ːtər] *vt.* 도살하다

10:7 Hebrew *Tent of Meeting*; also in 10:9.
10:17 Or *to make atonement for the people before the LORD.*

18 너희는 그 염소의 피를 성소로 가져오지 않았다. 너희는 내가 명령한 대로 그 염소를 성소에서 먹었어야 했다."

19 그러자 아론이 모세에게 말했습니다. "저들은 오늘 자기의 속죄 제물과 번제물을 여호와께 바쳤소. 그런데도 오늘 이런 끔찍한 일이 내게 일어났소. 내가 오늘 그 속죄 제물을 먹었다면 여호와께서 그것을 더 좋아하셨겠소?"

20 모세는 아론의 말을 듣고 그 말이 옳다고 생각했습니다.

깨끗한 짐승과 부정한 짐승에 관한 규례

11 여호와께서 모세와 아론에게 말씀하셨습니다.
2 "이스라엘 백성에게 전하여라. 땅에서 사는 짐승 가운데서 너희가 먹어도 되는 것은 이러하다.

3 굽이 완전히 갈라지고, 새김질하는 짐승은 먹어라.

4 새김질은 하지만 굽이 갈라지지 않았거나, 굽은 갈라졌지만 새김질을 하지 못하는 짐승은 먹지 마라. 낙타는 새김질은 하지만 굽이 갈라지지 않았다. 낙타는 너희에게 부정하다.

5 오소리도 새김질은 하지만 굽이 갈라지지 않았다. 오소리도 너희에게 부정하다.

6 토끼도 새김질은 하지만 굽이 갈라지지 않았다. 토끼도 너희에게 부정하다.

7 돼지는 굽이 완전히 갈라졌지만 새김질은 하지 않는다. 돼지도 너희에게 부정하다.

8 너희는 이런 짐승의 고기를 먹지 마라. 이런 짐승의 주검도 만지지 마라. 이런 짐승은 너희에게 부정하다.

9 물에서 사는 것 중에서 너희가 먹어도 되는 것은 이러하다. 바다나 강에서 사는 동물 가운데서, 지느러미와 비늘이 있는 것은 먹어라.

10 그러나 물에서 사는 고기 떼나, 물속에서 사는 다른 모든 동물 가운데서, 지느러미와 비늘이 없는 것은 바다에 살든지 강에 살든지 모두 피하여라.

11 너희는 그런 고기를 먹지 마라. 그런 것의 주검도 만지지 마라.

12 물에 사는 것 가운데서 지느러미와 비늘이 없는 동물은 피하여라.

13 새 가운데에서도 먹지 말아야 할 것이 있으니, 이런 새는 피하여라. 너희는 독수리와 수리와 검은 수리와

14 솔개와 모든 소리개 종류와

15 모든 까마귀 종류와

16 타조와 올빼미와 갈매기와 모든 매 종류와

17 부엉이와 가마우지와 따오기와

18 백조와 사막 올빼미와 물수리와

19 고니와 왜가리 종류와 오디새와 박쥐를 먹지 마라.

---

18 • Since the animal's blood was not brought into the Holy Place, you should have eaten the meat in the sacred area as I ordered you."

19 • Then Aaron answered Moses, "Today my sons presented both their sin offering and their burnt offering to the LORD. And yet this tragedy has happened to me. If I had eaten the people's sin offering on such a tragic day as this, would the LORD have been

20 pleased?" • And when Moses heard this, he was satisfied.

Ceremonially Clean and Unclean Animals

11 Then the LORD said to Moses and
2 Aaron, • "Give the following instructions to the people of Israel.

"Of all the land animals, these are the ones
3 you may use for food. • You may eat any animal that has completely split hooves and
4 chews the cud. • You may not, however, eat the following animals* that have split hooves or that chew the cud, but not both. The camel chews the cud but does not have split hooves, so it is ceremonially unclean for
5 you. • The hyrax* chews the cud but does
6 not have split hooves, so it is unclean. • The hare chews the cud but does not have split
7 hooves, so it is unclean. • The pig has evenly split hooves but does not chew the cud, so it
8 is unclean. • You may not eat the meat of these animals or even touch their carcasses. They are ceremonially unclean for you.

9 • "Of all the marine animals, these are the ones you may use for food. You may eat anything from the water if it has both fins and scales, whether taken from salt water or
10 from streams. • But you must never eat animals from the sea or from rivers that do not have both fins and scales. They are detestable to you. This applies both to little crea-
11 tures that live in shallow water and to all creatures that live in deep water. • They will always be detestable to you. You must never eat their meat or even touch their dead bod-
12 ies. • Any marine animal that does not have both fins and scales is detestable to you.

13 • "These are the birds that are detestable to you. You must never eat them: the griffon vulture, the bearded vulture, the black vul-
14-15 ture, • the kite, falcons of all kinds, • ravens
16 of all kinds, • the eagle owl, the short-eared
17 owl, the seagull, hawks of all kinds, • the lit-
18 tle owl, the cormorant, the great owl, • the barn owl, the desert owl, the Egyptian vul-
19 ture, • the stork, herons of all kinds, the hoopoe, and the bat.

11:4   The identification of some of the animals, birds, and insects in this chapter is uncertain.   11:5   Or *coney*, or *rock badger*.

20 날개 달린 곤충 가운데서 네 발로 걷는 것은 먹지 말고, 그런 것은 너희가 피하여라.

21 하지만 날개도 달려 있고 네 발로 걷는 곤충 가운데에, 발목과 다리가 있어서 땅에서 뛸 수 있는 것은 먹어라.

22 너희가 먹어도 되는 곤충은 모든 메뚜기 종류와 방아깨비와 귀뚜라미와 황충 종류다.

23 이것들 말고는 날개도 달려 있고, 네 발로 걷는 곤충이어도 너희가 피하여라.

24 그러한 곤충은 너희를 부정하게 하니, 그러한 곤충의 주검을 만지는 사람은 저녁 때까지 부정할 것이다.

25 누구든지 그러한 곤충의 주검을 옮긴 사람은 옷을 빨아라. 그 사람은 저녁 때까지 부정할 것이다.

26 굽은 갈라졌지만 완전히 갈라지지 않았거나, 새김질을 하지 않는 짐승은 너희에게 부정하니, 누구든지 그런 짐승의 주검을 만지는 사람은 부정할 것이다.

27 네 발로 걷는 짐승 가운데 발바닥으로 다니는 것은 너희에게 부정하니, 누구든지 그런 짐승의 주검을 만지는 사람은 부정할 것이다. 그 사람은 저녁 때까지 부정할 것이다.

28 누구든지 그런 짐승의 주검을 옮기는 사람은 옷을 빨아라. 그 사람은 저녁 때까지 부정할 것이다. 이런 짐승은 너희에게 부정하다.

29 땅 위에 기어다니는 짐승 가운데 너희에게 부정한 것은 족제비와 쥐와 큰 도마뱀 종류와

30 수궁과 육지 악어와 도마뱀과 모래 도마뱀과 카멜레온이다.

31 이런 기어다니는 짐승은 너희에게 부정하다. 누구든지 이런 짐승의 주검을 만지는 사람은 저녁 때까지 부정할 것이다.

32 만약 어떤 부정한 동물이 죽어서, 나무 그릇이나 옷이나 가죽이나 자루 위에 떨어져 닿으면 그것도 부정하게 될 것이다. 그것이 어디에 쓰던 물건이든다 부정하게 될 것이다. 그렇게 부정하게 된 것은 물에 담가 두어라. 그런 것은 저녁 때까지 부정하다. 저녁이 지나면 깨끗해질 것이다.

33 부정한 동물이 죽어서 오지그릇에 빠지면, 그릇 안에 있는 것은 무엇이든 부정하게 될 것이다. 너희는 그 그릇을 깨뜨려야 한다.

34 먹을 수 있는 젖은 음식이 그런 그릇에 담겼거나, 마실 물이 담겼으면 모두 부정하게 될 것이다.

35 부정한 동물이 죽어서 어떤 물건에 떨어져 닿으면 그 물건은 부정하게 될 것이다. 만약 부정한 동물의 시체가 가마나 화로에 닿으면 너희는 그것을 깨뜨려야 한다. 그런 물건은 부정할 것이다. 그런 물건은 너희에게도 부정하다.

20 •"You must not eat winged insects that walk along the ground; they are detestable to you. 21 •You may, however, eat winged insects that walk along the ground and have jointed legs so they can jump. 22 •The insects you are permitted to eat include all kinds of locusts, bald locusts, crickets, and grasshoppers. 23 •All other winged insects that walk along the ground are detestable to you.

24 •"The following creatures will make you ceremonially unclean. If any of you touch their carcasses, you will be defiled until 25 evening. •If you pick up their carcasses, you must wash your clothes, and you will remain defiled until evening.

26 •"Any animal that has split hooves that are not evenly divided or that does not chew the cud is unclean for you. If you touch the carcass of such an animal, you will be 27 defiled. •Of the animals that walk on all fours, those that have paws are unclean. If you touch the carcass of such an animal, 28 you will be defiled until evening. •If you pick up its carcass, you must wash your clothes, and you will remain defiled until evening. These animals are unclean for you.

29 •"Of the small animals that scurry along the ground, these are unclean for you: the mole rat, the rat, large lizards of all kinds, 30 •the gecko, the monitor lizard, the common lizard, the sand lizard, and the chameleon. 31 •All these small animals are unclean for you. If any of you touch the dead body of such an animal, you will be 32 defiled until evening. •If such an animal dies and falls on something, that object will be unclean. This is true whether the object is made of wood, cloth, leather, or burlap. Whatever its use, you must dip it in water, and it will remain defiled until evening. After that, it will be ceremonially clean and may be used again.

33 •"If such an animal falls into a clay pot, everything in the pot will be defiled, and the 34 pot must be smashed. •If the water from such a container spills on any food, the food will be defiled. And any beverage in such a 35 container will be defiled. •Any object on which the carcass of such an animal falls will be defiled. If it is an oven or hearth, it must be destroyed, for it is defiled, and you must treat it accordingly.

---

burlap [bə́ːrlæp] *n.* 올이 굵은 삼베
carcass [kɑ́ːrkəs] *n.* 주검, 시체
defiled [difáild] *a.* 부정한, 오염된
detestable [ditéstəbl] *a.* 혐오할 만한
hearth [hɑ́ːrθ] *n.* 난로
hoof [huf] *n.* 발굽
11:3 chew the cud : 새김질 하다

36 부정한 짐승이 물에 빠져 죽으면, 물을 담고 있는 샘이나 웅덩이는 깨끗하다. 그러나 누구든지 그 안에 빠진 부정한 짐승의 시체에 닿는 사람은 부정할 것이다.

37 부정한 동물의 시체가, 뿌리려고 따로 놓아둔 씨에 닿아도 그 씨는 깨끗하다.

38 그러나 그 씨가 물에 젖었을 때, 부정한 동물의 시체가 그 씨에 닿으면 그 씨는 너희에게 부정하다.

39 너희가 먹어도 되는 동물이 죽었을 때, 누구든지 그 시체에 닿는 사람은 저녁 때까지 부정할 것이다.

40 누구든지 그런 동물의 고기를 먹은 사람은 옷을 빨아라. 그 사람은 저녁 때까지 부정할 것이다.

41 땅 위에 기어다니는 모든 동물은 너희가 피하여라. 그런 것은 먹지 마라. 누구든지 그런 동물의 시체를 옮기는 사람은 옷을 빨아라. 그 사람은 저녁 때까지 부정할 것이다.

42 너희는 땅 위에 기어다니는 동물의 고기를 먹지 마라. 배로 기는 것도 먹지 말고, 네 발로나 여러 발로 기는 것도 먹지 마라. 그것들을 피하여라.

43 이런 피해야 할 동물 때문에 너희도 피해야 할 사람이 되지 마라. 너희는 그런 동물 때문에 부정하게 되지 마라.

44 나는 너희의 여호와 하나님이다. 내가 거룩하므로 너희도 거룩하여라. 그런 기는 동물, 피해야 할 동물 때문에 너희를 부정하게 하지 마라.

45 나는 너희의 하나님이 되려고, 너희를 이집트에서 인도해 낸 여호와이다. 내가 거룩하므로, 너희도 거룩하여라.

46 이것은 땅 위의 모든 들짐승과 새와 물속의 모든 동물과 땅 위에 기어다니는 모든 동물에 관한 규례이다.

47 이것은 부정한 것과 깨끗한 것, 먹어도 되는 동물과 먹으면 안 되는 동물을 구별하기 위한 규례이다.'"

산모에 관한 규례

12 여호와께서 모세에게 말씀하셨습니다.

2 "이스라엘 백성에게 일러 주어라. 여자가 아들을 낳으면, 그 여자는 칠 일 동안, 부정하게 될 것이다. 월경을 할 때처럼 부정할 것이다.

3 팔 일째 되는 날에는 아이에게 할례를 베풀어라.

4 피로 부정하게 된 산모의 몸은 삼십삼 일이 지나야 다시 깨끗하게 될 것이다. 산모는 성물을 만지지 말고, 깨끗하게 되는 기간이 찰 때까지 성소에 들어가지 마라.

5 만약 여자가 딸을 낳으면 그 여자는 이 주일 동안 부정하게 될 것이다. 월경을 할 때처럼 부정할 것이다. 피로 부정하게 된 산모의 몸은 육십육 일이 지나야 다시 깨끗하게 될 것이다.

36 • "However, if the carcass of such an animal falls into a spring or a cistern, the water will still be clean. But anyone who touches 37 the carcass will be defiled. • If the carcass falls on seed grain to be planted in the field, 38 the seed will still be considered clean. • But if the seed is wet when the carcass falls on it, the seed will be defiled.

39 • "If an animal you are permitted to eat dies and you touch its carcass, you will be 40 defiled until evening. • If you eat any of its meat or carry away its carcass, you must wash your clothes, and you will remain defiled until evening.

41 • "All small animals that scurry along the ground are detestable, and you must never 42 eat them. • This includes all animals that slither along on their bellies, as well as those with four legs and those with many feet. All such animals that scurry along the ground are detestable, and you must never eat them. 43 • Do not defile yourselves by touching them. You must not make yourselves ceremonially 44 unclean because of them. • For I am the LORD your God. You must consecrate yourselves and be holy, because I am holy. So do not defile yourselves with any of these small 45 animals that scurry along the ground. • For I, the LORD, am the one who brought you up from the land of Egypt, that I might be your God. Therefore, you must be holy because I am holy.

46 • "These are the instructions regarding land animals, birds, marine creatures, and 47 animals that scurry along the ground. • By these instructions you will know what is unclean and clean, and which animals may be eaten and which may not be eaten."

Purification after Childbirth

12 1-2 The LORD said to Moses, • "Give the following instructions to the people of Israel. If a woman becomes pregnant and gives birth to a son, she will be ceremonially unclean for seven days, just as she is unclean 3 during her menstrual period. • On the eighth day the boy's foreskin must be cir- 4 cumcised. • After waiting thirty-three days, she will be purified from the bleeding of childbirth. During this time of purification, she must not touch anything that is set apart as holy. And she must not enter the sanctu- 5 ary until her time of purification is over. • If a woman gives birth to a daughter, she will be ceremonially unclean for two weeks, just as she is unclean during her menstrual period. After waiting sixty-six days, she will be purified from the bleeding of childbirth.

quarantine [kwɔ́ːrəntìːn] *vt.* 고립시키다
slither [slíðər] *vi.* 미끄러져 가다

6 여자가 아들이든 딸이든 아기를 낳아서, 깨끗하게 하는 기간을 거쳤으면, 여자는 회막 입구에 있는 제사장에게 일 년 된 양을 번제로 드려라. 그리고 속죄제로 바칠 집비둘기 새끼 한 마리나, 산비둘기 한 마리를 가져오너라.

7 제사장은 그것들을 여호와 앞에 바쳐서, 그 여자를 깨끗하게 하여라. 그러면 피로 부정하게 된 여자의 몸이 다시 깨끗해질 것이다. 이것이 아들이든 딸이든, 아기를 낳은 여자가 지켜야 할 규례이다.

8 만약 그 여자가 양을 바칠 만한 형편이 되지 못하면, 산비둘기 두 마리나, 집비둘기 새끼 두 마리를 가져오너라. 그래서 한 마리는 번제물로 바치고, 다른 한 마리는 속죄 제물로 바쳐라. 제사장이 그 여자를 위해 제물을 바치면 그 여자는 깨끗해질 것이다."

피부병에 관한 규례

13
여호와께서 모세와 아론에게 말씀하셨습니다.

2 "누구든지 살갗에 종기나 부스럼이나 얼룩이 생겨, 위험한 피부병*에 걸린 것처럼 보이면, 그 사람을 제사장 아론이나 아론의 아들들 가운데 한 제사장에게 데려가거라.

3 제사장은 그 사람의 살갗에 난 병을 자세히 살펴보아라. 만약 병든 부분에 난 털이 하얗게 되었고, 병든 부분이 다른 부분보다 우묵하게 들어갔으면 그것은 위험한 피부병이다. 제사장은 그 사람의 병든 부분을 잘 살핀 다음에, 그 사람을 부정하다고 선언해야 한다.

4 만약 병든 부분이 하얗게 되었지만 다른 부분보다 우묵하게 들어가지 않았고, 그 자리에 난 털도 하얗게 되지 않았으면, 제사장은 그 사람을 다른 사람들에게서 칠 일 동안 떼어 놓아라.

5 칠 일째 되는 날에 제사장은 그 사람을 다시 잘 살펴보아라. 병든 부분이 변화되지 않았고, 살갗에 퍼지지도 않았다면, 그 사람을 칠 일 동안, 더 떼어 놓아라.

6 칠 일째 되는 날에 제사장은 그 사람을 다시 자세히 살펴보아라. 병든 부분의 상태가 좋아졌고 살갗에 퍼지지도 않았다면, 제사장은 그 사람을 깨끗하다고 선언하여라. 그 사람의 살갗의 병은 뾰루지에 지나지 않는다. 그 사람이 옷을 빨면 그 사람은 다시 깨끗해질 것이다.

7 그러나 제사장이 그 사람을 깨끗하다고 선언한 뒤에, 살갗의 병이 다시 퍼지면 그 사람은 다시 제사장에게 가야 한다.

8 제사장은 그 사람을 자세히 살펴보고, 만약 뾰루지가 살갗에 퍼졌으면, 그 사람을 부정하다고 선언하여라. 그것은 위험한 피부병이다.

6 • When the time of purification is completed for either a son or a daughter, the woman must bring a one-year-old lamb for a burnt offering and a young pigeon or turtledove for a purification offering. She must bring her offerings to the priest at the entrance of the Tabernacle.* • The priest will then present them to the LORD to purify her.* Then she will be ceremonially clean again after her bleeding at childbirth. These are the instructions for a woman after the birth of a son or a daughter.

8 • "If a woman cannot afford to bring a lamb, she must bring two turtledoves or two young pigeons. One will be for the burnt offering and the other for the purification offering. The priest will sacrifice them to purify her, and she will be ceremonially clean."

Serious Skin Diseases

13
The LORD said to Moses and Aaron,

2 • "If anyone has a swelling or a rash or discolored skin that might develop into a serious skin disease,* that person must be brought to Aaron the priest or to one of his sons.* • The priest will examine the affected area of the skin. If the hair in the affected area has turned white and the problem appears to be more than skin-deep, it is a serious skin disease, and the priest who examines it must pronounce the person ceremonially unclean.

4 • But if the affected area of the skin is only a white discoloration and does not appear to be more than skin-deep, and if the hair on the spot has not turned white, the priest will quarantine the person for seven days. • On the seventh day the priest will make another examination. If he finds the affected area has not changed and the problem has not spread on the skin, the priest will quarantine the person for seven more days. • On the seventh day the priest will make another examination. If he finds the affected area has faded and has not spread, the priest will pronounce the person ceremonially clean. It was only a rash. The person's clothing must be washed, and the person will be ceremonially clean.

7 • But if the rash continues to spread after the person has been examined by the priest and has been pronounced clean, the infected person must return to be examined again. • If the priest finds that the rash has spread, he must pronounce the person ceremonially

12:6 Hebrew *Tent of Meeting.*　12:7　Or *to make atonement for her;* also in 12:8.　13:2a Traditionally rendered *leprosy.* The Hebrew word used throughout this passage is used to describe various skin diseases.　13:2b Or *one of his descendants.*

13:2 전통적으로 '문둥병'으로 여겨진다.

9 위험한 피부병에 걸린 사람은 제사장에게 데려갈 거라.

10 제사장은 그 사람을 자세히 살펴보아라. 만약 살갗에 흰 종기가 생겼고, 털이 하얗게 되었고, 종기에 생살이 난 것처럼 보이면

11 그것은 위험한 피부병이다. 그것은 이미 오래전부터 생긴 병이다. 제사장은 그 사람을 부정하다고 선언하여라. 그러나 그 사람을 따로 떼어 놓을 필요는 없다. 그 사람이 부정하다는 것을 이미 누구나 다 알기 때문이다.

12 만약 제사장이 보기에 피부병이 온몸에 퍼져서 머리끝부터 발끝까지 덮였으면, 제사장은 그 사람의 몸 전체를 자세히 살펴보아라.

13 만약 피부병이 온몸을 덮고 있으면, 제사장은 그 사람을 깨끗하다고 선언하여라. 온몸이 희어졌으므로, 이미 나은 자이다.

14 그러나 만약 생살이 드러나게 되면 그 사람은 부정하다.

15 제사장은 생살을 자세히 살펴보고, 그 사람을 부정하다고 선언하여라. 생살은 부정하다. 그것은 위험한 피부병이다.

16 만약 생살이 다시 하얗게 되면 그 사람은 제사장에게 가야 한다.

17 제사장은 그 사람을 자세히 살펴보아라. 만약 병든 부분이 하얗게 변했으면, 제사장은 그 사람을 깨끗하다고 선언하여라. 그 사람은 깨끗하다.

18 어떤 사람의 살갗에 종기가 생겼다가 나았는데

19 그 종기가 났던 부분에 흰 부스럼이나 불그스레한 얼룩이 생겼으면, 그 사람은 제사장에게 그 부분을 보여라.

20 제사장은 그 부분을 자세히 살펴보아라. 만약 병든 부분과 거기에 난 털이 하얗게 되었고, 병든 부분이 다른 부분보다 우묵하게 들어갔으면, 제사장은 그 사람을 부정하다고 선언하여라. 그것은 종기에서 생겨난 위험한 피부병이다.

21 그러나 제사장이 자세히 살펴보았는데 그 부분의 털이 하얗지 않고, 다른 부분보다 우묵하게 들어가지도 않았고, 그 부분의 색깔이 희미해졌으면, 제사장은 그 사람을 다른 사람들에게서 칠 일 동안, 떼어 놓아라.

22 만약 얼룩이 살갗에 번졌으면, 제사장은 그 사람을 부정하다고 선언하여라. 그것은 퍼지는 병이다.

23 하지만 얼룩이 퍼지지도 않았고, 변하지도 않았으면, 그것은 종기의 흉터일 뿐이니, 제사장은 그 사람을 깨끗하다고 선언하여라.

24 살갗이 불에 데였는데, 덴 자리의 살갗이 하얗거나 붉게 변했으면,

unclean, for it is indeed a skin disease.

9 • "Anyone who develops a serious skin disease must go to the priest for an examina-

10 tion. • If the priest finds a white swelling on the skin, and some hair on the spot has turned white, and there is an open sore in

11 the affected area, • it is a chronic skin disease, and the priest must pronounce the person ceremonially unclean. In such cases the person need not be quarantined, for it is obvious that the skin is defiled by the disease.

12 • "Now suppose the disease has spread all over the person's skin, covering the body

13 from head to foot. • When the priest examines the infected person and finds that the disease covers the entire body, he will pronounce the person ceremonially clean. Since the skin has turned completely white, the

14 person is clean. • But if any open sores appear, the infected person will be pro-

15 nounced ceremonially unclean. • The priest must make this pronouncement as soon as he sees an open sore, since open sores indi-

16 cate the presence of a skin disease. • However, if the open sores heal and turn white like the rest of the skin, the person must return to the

17 priest • for another examination. If the affected areas have indeed turned white, the priest will then pronounce the person ceremonially clean by declaring, 'You are clean!'

18 • "If anyone has a boil on the skin that

19 has started to heal, • but a white swelling or a reddish white spot develops in its place, that person must go to the priest to be exam-

20 ined. • If the priest examines it and finds it to be more than skin-deep, and if the hair in the affected area has turned white, the priest must pronounce the person ceremonially unclean. The boil has become a serious skin

21 disease. • But if the priest finds no white hair on the affected area and the problem appears to be no more than skin-deep and has faded, the priest must quarantine the

22 person for seven days. • If during that time the affected area spreads on the skin, the priest must pronounce the person ceremonially unclean, because it is a serious skin disease.

23 • But if the area grows no larger and does not spread, it is merely the scar from the boil, and the priest will pronounce the person ceremonially clean.

24 • "If anyone has suffered a burn on the skin and the burned area changes color, becoming either reddish white or shiny

pronounce [prənáuns] vt. 공포하다
sore [sɔːr] n. 종기, 상처
swelling [swéliŋ] n. 부종

25 제사장은 그 부분을 자세히 살펴보아라. 하얀 얼룩이 다른 부분보다 우묵하게 들어갔거나 덴 부분에 난 털이 하얗게 변했으면, 그것은 위험한 피부병이다. 덴 자리에 병이 생긴 것이니, 제사장은 그 사람을 부정하다고 선언하여라. 그것은 위험한 피부병이다.

26 그러나 제사장이 자세히 살펴보았는데, 얼룩진 살갗에 난 털이 하얗게 변하지 않았고, 얼룩진 부분이 다른 부분보다 우묵하게 들어가지도 않았으며, 그 부분의 색깔이 희미해졌으면 제사장은 그 사람을 다른 사람들에게서 칠 일 동안, 떼어 놓아라.

27 칠 일째 되는 날에 제사장은 그 사람을 다시 자세히 살펴보아라. 만약 얼룩이 살갗에 번졌으면 제사장은 그 사람을 부정하다고 선언하여라. 그것은 위험한 피부병이다.

28 그러나 얼룩이 살갗에 번지지 않았고, 그 부분의 색깔이 희미해졌으면, 그것은 데어서 생긴 부스럼일 뿐이니 제사장은 그 사람을 깨끗하다고 선언하여라. 그 얼룩은 데어서 생긴 것일 뿐이다.

29 남자든 여자든, 머리나 턱에 피부병이 생겼으면

30 제사장은 그 부분을 자세히 살펴보아라. 만약 그 부분이 다른 부분보다 우묵하게 들어갔거나, 그 부분 둘레에 난 털이 가늘고 누렇게 변했으면, 제사장은 그 사람을 부정하다고 선언하여라. 그것은 옴으로 머리나 턱에 생기는 위험한 피부병이다.

31 그러나 제사장이 자세히 살펴보았는데, 병든 부분이 다른 부분보다 우묵하게 들어가지 않았고, 그 자리에 검은 털도 없으면, 제사장은 그 사람을 다른 사람들에게서 칠 일 동안, 떼어 놓아라.

32 칠 일째 되는 날에 제사장은 그 사람을 다시 자세히 살펴보아라. 만약 옴이 퍼지지 않았고, 그 자리에 누런 털도 나지 않았으며, 옴이 난 자리가 다른 부분보다 우묵하게 들어가지 않았으면,

33 그 사람은 옴이 난 자리를 빼고 털을 밀어야 한다. 그리고 제사장은 그 사람을 다시 칠 일 동안 다른 사람들에게서 떼어 놓아라.

34 칠 일째 되는 날에 제사장은 병든 부분을 다시 자세히 살펴보아라. 만약 옴이 살갗에 퍼지지 않았고, 옴이 난 자리가 다른 부분보다 우묵하게 들어가지 않았으면, 제사장은 그 사람을 깨끗하다고 선언하여라. 그 사람은 옷을 빨아 입어야 하고, 그렇게 함으로써 깨끗해질 것이다.

35 그러나 그 사람이 깨끗해진 뒤에도 옴이 살갗에 퍼지면,

36 제사장은 그 사람을 다시 자세히 살펴보아라. 만약 옴이 살갗에 퍼졌으면 제사장은 누렇게 변한 털을 찾을 필요가 없다. 그 사람은 부정하다.

37 그러나 제사장이 보기에 옴이 더 퍼지지 않고, 그 자리

25 white, •the priest must examine it. If he finds that the hair in the affected area has turned white and the problem appears to be more than skin-deep, a skin disease has broken out in the burn. The priest must then pronounce the person ceremonially unclean, for it is clearly a serious skin disease. 26 •But if the priest finds no white hair on the affected area and the problem appears to be no more than skin-deep and has faded, the priest must quarantine the infected person for seven days. 27 •On the seventh day the priest must examine the person again. If the affected area has spread on the skin, the priest must pronounce that person ceremonially unclean, for it is clearly a serious skin disease. 28 •But if the affected area has not changed or spread on the skin and has faded, it is simply a swelling from the burn. The priest will then pronounce the person ceremonially clean, for it is only the scar from the burn.

29 "If anyone, either a man or woman, 30 has a sore on the head or chin, •the priest must examine it. If he finds it is more than skin-deep and has fine yellow hair on it, the priest must pronounce the person ceremonially unclean. It is a scabby sore of the head or chin. 31 •If the priest examines the scabby sore and finds that it is only skin-deep but there is no black hair on it, he must quarantine the person for seven days. 32 •On the seventh day the priest must examine the sore again. If he finds that the scabby sore has not spread, and there is no yellow hair on it, and it 33 appears to be only skin-deep, •the person must shave off all hair except the hair on the affected area. Then the priest must quarantine the person for another seven 34 days. •On the seventh day he will examine the sore again. If it has not spread and appears to be no more than skin-deep, the priest will pronounce the person ceremonially clean. The person's clothing must be washed, and the person will be ceremonially clean. 35 •But if the scabby sore begins to spread after the person is pronounced clean, 36 •the priest must do another examination. If he finds that the sore has spread, the priest does not need to look for yellow hair. The infected person is 37 ceremonially unclean. •But if the color of the scabby sore does not change and black hair has grown on it, it has healed. The priest will then pronounce the person

quarantine [kwɔ́:rəntìːn] *vt.* 격리하다
scabby [skǽbi] *a.* 옴에 걸린
scar [skɑ́ːr] *n.* 흉터, (화상·부스럼의) 자국

LEVITICUS 13

에 검은 털이 자라나면 옴은 나았으니 그 사람은 깨끗하다. 제사장은 그 사람을 깨끗하다고 하여라.

38 남자든 여자든 살갗에 얼룩이 생겼으면

39 제사장은 그 사람을 잘 살펴보아라. 만약 살갗의 얼룩이 희끄무레하면, 그 병은 해롭지 않은 뾰루지일 뿐이니 그 사람은 깨끗하다.

40 누구든지 머리털이 빠지면, 그는 대머리다. 그러나 그는 깨끗하다.

41 앞머리의 털이 빠지면, 이마 대머리다. 그러나 그는 깨끗하다.

42 하지만 대머리가 된 정수리나 이마에 불그스레한 얼룩이 있으면, 그것은 정수리 대머리나 이마 대머리에 생긴 위험한 피부병이다.

43 제사장은 그 사람을 자세히 살펴보아라. 대머리에 생긴 얼룩이 불그스레하고, 살갗에 생긴 위험한 피부병과 비슷해 보이면,

44 그 사람은 위험한 피부병에 걸렸으니 그 사람은 부정하다. 얼룩이 머리에 생겨났으므로 제사장은 그 사람을 부정하다고 선언하여라.

45 위험한 피부병에 걸린 사람은 찢어진 옷을 입고 머리를 풀어라. 그리고 그는 윗입술을 가리고 '부정하다! 부정하다!'라고 소리쳐야 한다.

46 그 사람은 병에 걸려 있는 동안 부정한 상태이다. 그는 부정하다. 그는 진 바깥에서 혼자 살아야 한다.

곰팡이에 관한 규례

47 모시옷이나 털옷에 곰팡이가 생길 수도 있다.

48 뜬 옷이든 짠 옷이든, 모시옷이나 털옷의 날에 생길 수도 있고, 가죽이나 가죽으로 만든 것에 생길 수도 있다.

49 만약 뜬 옷이나 짠 옷이나, 가죽이나 가죽으로 만든 것에, 푸르스름하거나 불그스름한 곰팡이*가 나면, 그것을 제사장에게 보여 주어라.

50 제사장은 그것을 자세히 살펴보아라. 그리고 제사장은 그것을 칠 일 동안, 따로 두어라.

51 칠 일째 되는 날에 제사장은 그것을 자세히 살펴보아라. 만약 뜬 옷이나 짠 옷에, 가죽이나 가죽으로 만든 것에 곰팡이가 퍼졌으면, 그것은 위험한 곰팡이다. 그것은 부정하다.

52 뜬 옷이든 짠 옷이든, 털옷이든 모시옷이든, 또는 가죽으로 만든 것이든, 곰팡이가 생긴 것은 제사장이 태워 버려라. 그것은 퍼지는 곰팡이이므로 태워 버려야 한다.

53 제사장이 자세히 살펴보았는데, 뜬 옷이나 짠 옷이나, 가죽으로 만든 것에 곰팡이가 퍼지지 않았으면,

ceremonially clean.

38 • "If anyone, either a man or woman, has
39 shiny white patches on the skin, •the priest must examine the affected area. If he finds that the shiny patches are only pale white, this is a harmless skin rash, and the person is ceremonially clean.

40 • "If a man loses his hair and his head becomes bald, he is still ceremonially clean.
41 •And if he loses hair on his forehead, he simply has a bald forehead; he is still clean.
42 •However, if a reddish white sore appears on the bald area on top of his head or on his fore-
43 head, this is a skin disease. •The priest must examine him, and if he finds swelling around the reddish white sore anywhere on the man's
44 head and it looks like a skin disease, •the man is indeed infected with a skin disease and is unclean. The priest must pronounce him ceremonially unclean because of the sore on his
45 head. • "Those who suffer from a serious skin disease must tear their clothing and leave their hair uncombed.* They must cover their
46 mouth and call out, 'Unclean! Unclean!' •As long as the serious disease lasts, they will be ceremonially unclean. They must live in isolation in their place outside the camp.

Treatment of Contaminated Clothing

47 • "Now suppose mildew* contaminates some
48 woolen or linen clothing, •woolen or linen fabric, the hide of an animal, or anything
49 made of leather. •If the contaminated area in the clothing, the animal hide, the fabric, or the leather article has turned greenish or reddish, it is contaminated with mildew and must be
50 shown to the priest. •After examining the affected spot, the priest will put the article in
51 quarantine for seven days. •On the seventh day the priest must inspect it again. If the contaminated area has spread, the clothing or fabric or leather is clearly contaminated by a serious mildew and is ceremonially unclean.
52 •The priest must burn the item—the clothing, the woolen or linen fabric, or piece of leather—for it has been contaminated by a serious mildew. It must be completely destroyed by fire.
53 • "But if the priest examines it and finds that the contaminated area has not spread in

---

contaminated [kəntǽməneitid] *a.* 오염된
examine [igzǽmin] *vt.* 진찰하다
isolation [àisəléiʃən] *n.* 고립

13:45 Or *and uncover their heads.*   **13:47** Traditionally rendered *leprosy.* The Hebrew term used throughout this passage is the same term used for the various skin diseases described in 13:1-46.
13:49 전통적으로 '문둥병'으로 여겨진다.

54 제사장은 곰팡이가 난 것을 빨래하여라. 그리고 그것을 다시 칠 일 동안, 따로 두어라.

55 제사장은 그 빤 것을 자세히 살펴보아라. 곰팡이가 퍼지지 않았다고 하더라도, 곰팡이가 난 자리의 색깔이 변하지 않고 그대로 있으면, 그것은 부정하니 너희는 그것을 불에 태워 버려라.

56 제사장이 자세히 살펴보았는데 한 번 빤 뒤에 곰팡이가 많이 없어졌으면, 제사장은 뜬 것이든 짠 것이든, 가죽이나 천에서 곰팡이를 도려내어라.

57 그러나 그 가죽이나 옷에 또 곰팡이가 생기면, 그것은 퍼지는 곰팡이니, 그런 가죽이나 옷은 불에 태워 버려라.

58 그러나 뜬 것이든 짠 것이든, 가죽으로 만든 것이든, 한 번 빤 천에서 곰팡이가 사라졌으면, 그것을 한 번 더 빨아라. 그러면 그것은 깨끗해질 것이다.

59 이것은 뜬 옷이나 짠 옷이나, 모시옷이나 털옷이, 그리고 가죽으로 만든 것이 깨끗한지 부정한지를 결정하는 일에 관한 규례이다."

피부병에서 깨끗해지는 일에 관한 규례

14 여호와께서 모세에게 말씀하셨습니다.

2 "이것은 위험한 피부병에 걸렸다가 나은 사람에 관한 가르침이다. 이 가르침은 그런 사람을 깨끗하게 하기 위한 것이다. 그 나은 사람을 제사장에게 데려가거라.

3 제사장은 진 밖으로 나가서 피부병에 걸린 사람을 자세히 살펴보아라. 제사장은 피부병이 나았는가를 살펴보아라. 만약 나았으면

4 제사장은 그 사람을 깨끗하게 하는 데 쓸, 살아 있는 깨끗한 새 두 마리와 백향목*과 진홍색 실 한 뭉치와 우슬초를 가져오게 하여라.

5 제사장은 새 한 마리를, 생수가 담겨 있는 오지 그릇 위에서 잡게 하여라.

6 그런 다음에 제사장은 아직 살아 있는 남은 새와 백향목과 진홍색 실과 우슬초를 가져다가, 그것들을 방금 잡은 새의 피에 담가라.

7 제사장은 그 피를 피부병에 걸렸던 사람에게 일곱 번 뿌려라. 그리고 그 사람을 깨끗하다고 선언하여라. 그런 다음에 제사장은 들판으로 나가서, 살아 있는 새를 날려 보내라.

8 그런 다음, 병에 걸렸던 사람은 옷을 빨아라. 그는 머리털도 다 밀고, 물에 몸을 씻어야 한다. 그러면 그는 깨끗해져서 진으로 들어갈 수 있을 것이다. 그러나 진으로 들어간 뒤에도 그는 칠 일 동안 자기 장막 밖에 머물러 있어야 한다.

---

54 the clothing, the fabric, or the leather, •the priest will order the object to be washed and then quarantined for seven more days. •Then the priest must examine the object again. If he finds that the contaminated area has not changed color after being washed, even if it did not spread, the object is defiled. It must be completely burned up, whether the contaminated 56 spot* is on the inside or outside. •But if the priest examines it and finds that the contaminated area has faded after being washed, he must cut the spot from the clothing, the fabric, 57 or the leather. •If the spot later reappears on the clothing, the fabric, or the leather article, the mildew is clearly spreading, and the contaminated object must be burned up. •But if the spot disappears from the clothing, the fabric, or the leather article after it has been washed, it must be washed again; then it will be ceremonially clean.

59 •"These are the instructions for dealing with mildew that contaminates woolen or linen clothing or fabric or anything made of leather. This is how the priest will determine whether these items are ceremonially clean or unclean."

Cleansing from Skin Diseases

14 1-2 And the LORD said to Moses, •"The following instructions are for those seeking ceremonial purification from a skin disease.* Those who have been healed must be 3 brought to the priest, •who will examine them at a place outside the camp. If the priest finds that someone has been healed of a serious skin 4 disease, •he will perform a purification ceremony, using two live birds that are ceremonially clean, a stick of cedar,* some scarlet yarn, and a 5 hyssop branch. •The priest will order that one bird be slaughtered over a clay pot filled with 6 fresh water. •He will take the live bird, the cedar stick, the scarlet yarn, and the hyssop branch, and dip them into the blood of the bird 7 that was slaughtered over the fresh water. •The priest will sprinkle the blood of the dead bird seven times on the person being purified of the skin disease. When the priest has purified the person, he will release the live bird in the open field to fly away.

8 •"The persons being purified must then wash their clothes, shave off all their hair, and bathe themselves in water. Then they will be ceremonially clean and may return to the camp. However, they must remain outside their

---

juniper [dʒūːnəpər] *n.* 로뎀나무
yarn [jɑːrn] *n.* 실

13:55　The meaning of the Hebrew is uncertain.
14:2　Traditionally rendered *leprosy*; see note on 13:2a.　14:4　Or *juniper*; also in 14:6, 49, 51.

14:4 '백향목'은 '개잎갈나무'라고도 한다.

9 칠 일째 되는 날, 그는 머리털을 다 밀어야 한다. 머리털뿐만 아니라, 턱수염과 눈썹까지 밀어라. 자기 옷을 빨고, 물에 몸을 씻어라. 그러면 그는 깨끗해질 것이다.

10 팔 일째 되는 날, 피부병에 걸렸던 사람은 흠 없는 숫양 두 마리와, 흠 없는 일 년 된 암양 한 마리를 가져오너라. 그는 또 곡식 제물에 쓸 기름을 섞은 고운 가루 십분의 삼 에바*와, 기름 한 록*을 가져오너라.

11 제사장은 그 사람을 깨끗하다고 선언하여라. 그런 다음에 그 사람과 그의 제물을 여호와 앞, 곧 회막 입구로 데려가거라.

12 제사장은 숫양 한 마리를 가져다가, 그것을 기름과 함께 속죄 제물로 바쳐라. 제사장은 여호와 앞에서 그것을 제물로 드려라.

13 그런 다음에 제사장은 회막 안의 속죄 제물과 번제물을 잡는 곳에서 그 숫양을 잡아라. 속죄 제물은 속죄 제물과 마찬가지로 제사장의 몫이다. 그것은 가장 거룩한 것이다.

14 제사장은 속죄 제물의 피 가운데 얼마를 받아서, 깨끗해지고자 하는 사람의 오른쪽 귓불과 오른손 엄지와 오른발 엄지에 발라라.

15 그리고 나서 제사장은 기름 가운데 얼마를 자기 왼손바닥에 붓고,

16 오른손으로 왼손에 있는 기름을 찍어 여호와 앞에서 그 기름을 일곱 번 뿌려라.

17 제사장은 손바닥에 남아 있는 기름으로 깨끗해지고자 하는 사람의 오른쪽 귓불과 오른손 엄지와 오른발 엄지에 발라라. 그 기름은 속죄 제물의 피를 이미 바른 곳 위에 바르게 되는 것이다.

18 그런 다음, 제사장은 왼손바닥에 남아 있는 나머지 기름을 깨끗하게 되고자 하는 사람의 머리에 발라라. 그렇게 하여 제사장은 여호와 앞에서 그의 죄를 씻어 주어라.

19 그런 다음에 제사장은 속죄 제물을 바쳐라. 그것으로 부정하게 되었다가 깨끗해지고자 하는 사람의 죄를 씻어라. 그리고 나서 제사장은 번제물로 바칠 짐승을 잡아서,

20 제단 위에서 번제물과 곡식 제물을 바쳐라. 그렇게 하여 그 사람의 죄를 씻어 주면 그 사람은 깨끗해질 것이다.

21 그러나 병에 걸렸던 사람이 가난해서 그런 제물을 바칠 형편이 되지 못하면, 속죄 제물로 숫양 한 마리를 가져오너라. 그것을 여호와께 바치면, 제사장은 그 사람의 죄를 씻어 깨끗하게 해줄 것이다. 그리고 그 사람은 기름을 섞은 고운 밀가루 십분의 일 에바*도 가져와야 한다. 그것은 곡식 제물로 바칠 것이다. 그는 또 기름 한 록도 가져와야 한다.

9 tents for seven days. ●On the seventh day they must again shave all the hair from their heads, including the hair of the beard and eyebrows. They must also wash their clothes and bathe themselves in water. Then they will be ceremonially clean.

10 ●"On the eighth day each person being purified must bring two male lambs and a one-year-old female lamb, all with no defects, along with a grain offering of six quarts* of choice flour moistened with olive oil, and a cup* of olive oil. ●Then the offici-ating priest will present that person for purification, along with the offerings, before the LORD at the entrance of the Tabernacle.*

12 ●The priest will take one of the male lambs and the olive oil and present them as a guilt offering, lifting them up as a special offering before the LORD. ●He will then slaughter the male lamb in the sacred area where sin offer-ings and burnt offerings are slaughtered. As with the sin offering, the guilt offering belongs to the priest. It is a most holy offer-ing. ●The priest will then take some of the blood of the guilt offering and apply it to the lobe of the right ear, the thumb of the right hand, and the big toe of the right foot of the person being purified.

15 ●"Then the priest will pour some of the olive oil into the palm of his own left hand.

16 ●He will dip his right finger into the oil in his palm and sprinkle some of it with his fin-ger seven times before the LORD. ●The priest will then apply some of the oil in his palm over the blood from the guilt offering that is on the lobe of the right ear, the thumb of the right hand, and the big toe of the right foot of the person being purified. ●The priest will apply the oil remaining in his hand to the head of the person being purified. Through this process, the priest will purify* the person before the LORD.

19 ●"Then the priest must present the sin offering to purify the person who was cured of the skin disease. After that, the priest will slaughter the burnt offering ●and offer it on the altar along with the grain offering. Through this process, the priest will purify the person who was healed, and the person will be ceremonially clean.

21 ●"But anyone who is too poor and can-not afford these offerings may bring one

14:10a Hebrew 3/10 of an ephah [6.6 liters].
14:10b Hebrew 1 log [0.3 liters]; also in 14:21.
14:11 Hebrew Tent of Meeting; also in 14:23.
14:18 Or will make atonement for; similarly in 14:19, 20, 21, 29, 31, 53.
14:10 3/10에바는 약 6.6ℓ에 해당되고, 1록은 약 0.35ℓ에 해당된다.
14:21 1/10에바는 약 2.2ℓ에 해당된다.

22 그는 또 형편이 되는 대로 산비둘기 두 마리나 집비둘기 새끼 두 마리를 가져와야 한다. 한 마리는 속죄 제물로 바칠 것이고, 다른 한 마리는 번제물로 바칠 것이다.

23 팔 일째 되는 날, 그는 그것들을 회막 입구에 있는 제사장에게 가져와서 여호와께 바쳐야 한다. 이것은 그가 깨끗하게 되기 위한 것이다.

24 제사장은 속건 제물과 기름 한 록을 가져다가 여호와께 제물로 드려라.

25 그리고 나서 제사장은 속건 제물에 쓸 양을 잡고, 그 피 가운데서 얼마를 받은 다음에 깨끗해지고자 하는 사람의 오른쪽 귓불과 오른손 엄지와 오른발 엄지에 발라라.

26 제사장은 또 그 기름 가운데 얼마를 자기 왼손바닥에 붓고,

27 오른쪽 손가락으로 왼손바닥에 있는 기름을 찍어, 여호와 앞에서 그 기름을 일곱 번 뿌려라.

28 그리고는 손바닥에 남아 있는 기름으로 깨끗해지고자 하는 사람의 오른쪽 귓불과 오른손 엄지와 오른발 엄지에 발라라. 그 기름은 속건 제물의 피를 이미 바른 곳 위에 바르게 되는 것이다.

29 제사장은 왼손바닥에 남아 있는 나머지 기름을 깨끗해지고자 하는 사람의 머리에 발라라. 그렇게 하여 제사장은 여호와 앞에서 그의 죄를 씻는 예식을 행하여라.

30 그런 다음에 제사장은 그 사람의 형편이 되는 대로 가져온 산비둘기나 집비둘기 새끼 가운데 하나를 바쳐라.

31 한 마리는 속죄 제물로 바치고, 다른 한 마리는 곡식 제물과 함께 번제물로 바쳐라. 그렇게 하여 제사장은 깨끗해지고자 하는 사람의 죄를 씻는 예식을 행하여라. 그러면 그 사람은 깨끗해질 것이다.

32 이것은 위험한 피부병에 걸린 사람 가운데서, 형편이 넉넉하지 못하여 제물을 제대로 바칠 수 없는 사람을 깨끗하게 하는 일에 관한 가르침이다."

곰팡이에 관한 규례

33 여호와께서 모세와 아론에게 말씀하셨습니다.

34 "나는 가나안 땅을 너희에게 소유물로 줄 것이다. 너희가 소유하는 그 땅에 들어갔을 때, 누구의 집에서든 곰팡이가 생기면,

35 그 집주인은 제사장에게 가서 '내 집에 곰팡이 같은 것이 생겼습니다' 라고 말하여라.

36 그러면 제사장은 사람들에게 그 집을 비우라고 명령하여라. 사람들은 제사장이 그 집에 들어가 곰팡이를 자세히 살펴보기 전까지 그 집을 비우라. 그렇게 하지 않으면, 그 집 안에 있는 모든 것

male lamb for a guilt offering, to be lifted up as a special offering for purification. The person must also bring two quarts* of choice flour moistened with olive oil for the grain 22 offering and a cup of olive oil. •The offering must also include two turtledoves or two young pigeons, whichever the person can afford. One of the pair must be used for the sin offering and the other for a burnt offering. 23 •On the eighth day of the purification ceremony, the person being purified must bring the offerings to the priest in the LORD's pres- 24 ence at the entrance of the Tabernacle. •The priest will take the lamb for the guilt offering, along with the olive oil, and lift them up as a special offering to the LORD. •Then the priest will slaughter the lamb for the guilt offering. He will take some of its blood and apply it to the lobe of the right ear, the thumb of the right hand, and the big toe of the right foot of the person being purified. 26 •"The priest will also pour some of the olive oil into the palm of his own left hand. 27 •He will dip his right finger into the oil in his palm and sprinkle some of it seven times 28 before the LORD. •The priest will then apply some of the oil in his palm over the blood from the guilt offering that is on the lobe of the right ear, the thumb of the right hand, and the big toe of the right foot of the person 29 being purified. •The priest will apply the oil remaining in his hand to the head of the person being purified. Through this process, the priest will purify the person before the LORD. 30 •"Then the priest will offer the two turtle- doves or the two young pigeons, whichever the 31 person can afford. •One of them is for a sin offering and the other for a burnt offering, to be presented along with the grain offering. Through this process, the priest will purify the 32 person before the LORD. •These are the instruc- tions for purification for those who have recov- ered from a serious skin disease but who can- not afford to bring the offerings normally required for the ceremony of purification."

Treatment of Contaminated Houses

33 Then the LORD said to Moses and Aaron, 34 •"When you arrive in Canaan, the land I am giving you as your own possession, I may con- taminate some of the houses in your land 35 with mildew.* •The owner of such a house must then go to the priest and say, 'It appears that my house has some kind of mildew.' 36 •Before the priest goes in to inspect the house, he must have the house emptied so nothing inside will be pronounced ceremonially

14:21 Hebrew *1/10 of an ephah* [2.2 liters].   14:34 Traditionally rendered *leprosy*; see note on 13:47.

이 부정하다는 말을 듣게 될 것이다. 사람들이 집을 비우고 나면, 제사장은 그 집에 들어가 자세히 살펴보아라.

37 제사장이 곰팡이를 살펴볼 때, 만약 집 벽에 곰팡이가 나서 푸르스름하거나 불그스름한 얼룩이 있고, 그 부분이 다른 부분보다 우묵하게 보이면,

38 제사장은 집 밖으로 나가서 칠 일 동안 집을 잠가 두어라.

39 칠 일째 되는 날 제사장은 다시 돌아와서 그 집을 조사하여라. 만약 곰팡이가 집 벽에 퍼졌으면,

40 제사장은 사람들에게 명령하여 곰팡이가 난 돌을 빼내게 하여라. 빼낸 돌은 성 밖의 부정한 곳에 버려라.

41 그런 다음에 집 안 전체를 닦아 내게 하여라. 집 안을 닦을 때, 벽에서 떼어 낸 흙은 성 밖의 부정한 곳에 버려라.

42 그리고 집주인은 벽에 새 돌을 채워 넣고, 벽을 새 흙으로 발라라.

43 돌을 빼내고, 새 돌을 채워 넣고, 흙을 바른 뒤에도 집 안에 곰팡이가 다시 생기면,

44 제사장은 다시 돌아와서 그 집을 자세히 조사하여라. 만약 집에 곰팡이가 퍼졌으면 그것은 집에 퍼지는 위험한 곰팡이다. 그 집은 부정하다.

45 그러므로 집주인은 집을 헐어 버리고 모든 돌과 흙과 나무를 성 밖의 부정한 곳에 내다 버려라.

46 누구든지 그 집을 잠가 두었던 기간에 들어간 사람은 저녁 때까지 부정할 것이다.

47 누구든지 그 집에서 음식을 먹거나 자리에 눕는 사람은 옷을 빨아라.

48 만약 제사장이 다시 와서 조사했는데, 곰팡이가 집 안에 퍼지지 않았으면, 제사장은 그 집을 깨끗하다고 선언하여라. 이는 곰팡이가 없어졌기 때문이다.

49 집을 깨끗하게 하기 위해서, 제사장은 새 두 마리와 백향목과 진홍색 실 한 뭉치와 우슬초를 가져오너라.

50 그리고 새 한 마리를, 생수가 담겨 있는 오지그릇 위에서 잡게 하여라.

51 그런 다음에 제사장은 아직 살아 있는 남은 새와 백향목과 진홍색 실과 우슬초를 가져다가 그것들을 방금 잡은 새의 피와 생수에 찍어라. 제사장은 그 피를 그 집에 일곱 번 뿌려라.

52 이처럼 제사장은 새의 피와 생수와 살아 있는 새와 백향목과 우슬초와 진홍색 실 뭉치를 가지고 그 집을 깨끗하게 하여라.

53 그리고 살아 있는 새를 성에서 들판으로 날려 보내라. 이렇게 그 집의 죄를 씻는 예식을 행하면, 그 집은 깨끗해질 것이다.

37 unclean. •Then the priest will go in and examine the mildew on the walls. If he finds greenish or reddish streaks and the contamination appears to go deeper than the wall's surface, •the priest will step outside the door and put the house in quarantine for seven days. •On the seventh day the priest must return for another inspection. If he finds that the mildew on the walls of the house has spread, •the priest must order that the stones from those areas be removed. The contaminated material will then be taken outside the town to an area designated as ceremonially unclean. •Next the inside walls of the entire house must be scraped thoroughly and the scrapings dumped in the unclean place outside the town. •Other stones will be brought in to replace the ones that were removed, and the walls will be replastered.

43 • "But if the mildew reappears after all the stones have been replaced and the house has
44 been scraped and replastered, •the priest must return and inspect the house again. If he finds that the mildew has spread, the walls are clearly contaminated with a serious
45 mildew, and the house is defiled. •It must be torn down, and all its stones, timbers, and plaster must be carried out of town to the place designated as ceremonially unclean.
46 •Those who enter the house during the period of quarantine will be ceremonially
47 unclean until evening, •and all who sleep or eat in the house must wash their clothing.

48 • "But if the priest returns for his inspection and finds that the mildew has not reappeared in the house after the fresh plastering, he will pronounce it clean because the
49 mildew is clearly gone. •To purify the house the priest must take two birds, a stick of cedar, some scarlet yarn, and a hyssop
50 branch. •He will slaughter one of the birds
51 over a clay pot filled with fresh water. •He will take the cedar stick, the hyssop branch, the scarlet yarn, and the live bird, and dip them into the blood of the slaughtered bird and into the fresh water. Then he will sprin-
52 kle the house seven times. •When the priest has purified the house in exactly this way,
53 •he will release the live bird in the open fields outside the town. Through this process, the priest will purify the house, and it will be ceremonially clean.

designated [dézigneitid] a. 지정된
inspection [inspékʃən] n. 검사
reddish [rédiʃ] a. 불그레한
replaster [ripléstər] vt. 회반죽을 바르다
saddle [sǽdl] n. 안장
scrape [skréip] vt. 문지르다: 긁어내다
streak [stri:k] n. 줄, 줄무늬

54 이것은 모든 피부병, 곧 옴과

55 옷과 집에 생기는 곰팡이와

56 부스럼과 뾰루지와 얼룩이

57 언제 깨끗하고 언제 부정한가에 관한 규례이다. 이것은 온갖 피부병에 관한 가르침이다."

남자의 몸에 관한 규례

15 여호와께서 모세와 아론에게 말씀하셨습니다.

2 "이스라엘 백성에게 전하여라. 어떤 남자든지 몸에서 고름이 흐르면, 그 남자는 부정하다.

3 고름을 흘리는 남자가 부정한 경우는 이러하다. 고름이 계속해서 흐르건, 고름이 그쳤건 그 남자는 부정하다.

4 고름을 흘리는 남자가 침대에 누우면 그 침대는 부정해질 것이다. 그가 앉는 자리도 다 부정해질 것이다.

5 누구든지 그의 침대에 닿은 사람은 옷을 빨고, 물에 몸을 씻어라. 그러나 그 사람은 저녁 때까지 부정할 것이다.

6 고름을 흘리는 남자가 앉았던 곳에 앉은 사람은 옷을 빨고, 물에 몸을 씻어라. 그러나 그 사람은 저녁 때까지 부정할 것이다.

7 누구든지 고름을 흘리는 남자의 몸에 닿은 사람은 옷을 빨고, 물에 몸을 씻어라. 그러나 그 사람은 저녁 때까지 부정할 것이다.

8 고름을 흘리는 남자가 깨끗한 사람에게 침을 뱉으면, 몸에 침이 묻은 사람은 옷을 빨고, 물에 몸을 씻어라. 그러나 그 사람은 저녁 때까지 부정할 것이다.

9 부정한 사람이 올라탄 안장도 모두 부정할 것이다.

10 누구든지 고름을 흘리는 남자 아래에 있던 것을 만지는 사람은, 저녁 때까지 부정할 것이다. 고름을 흘리는 남자 아래에 있던 것을 옮기는 사람은 옷을 빨고, 물에 몸을 씻어라. 그러나 그 사람은 저녁 때까지 부정할 것이다.

11 고름을 흘리는 남자가 손을 물로 씻지 않고, 다른 사람을 만지면 그 손에 닿은 사람은 옷을 빨고, 물에 몸을 씻어라. 그러나 그 사람은 저녁 때까지 부정할 것이다.

12 고름을 흘리는 남자가 오지그릇을 만지면, 그 오지그릇은 깨뜨려라. 만약 그가 나무 그릇을 만지면 그 그릇은 물에 씻어라.

13 고름을 흘리는 남자는 깨끗해질 수 있다. 그는 깨끗해지기 위해 칠 일 동안 기다렸다가, 옷을 빨고, 흐르는 물에 몸을 씻어야 한다. 그러면 깨끗해질 것이다.

14 팔 일째 되는 날에 그는 산비둘기 두 마리나 집비둘기 새끼 두 마리를 가지고, 여호와 앞, 곧 회막 입구

54 • "These are the instructions for dealing with serious skin diseases,* including scabby

55 sores; • and mildew,* whether on clothing or

56 in a house; • and a swelling on the skin, a

57 rash, or discolored skin. • This procedure will determine whether a person or object is ceremonially clean or unclean.

"These are the instructions regarding skin diseases and mildew."

Bodily Discharges

15 The LORD said to Moses and Aaron,

2 • "Give the following instructions to the people of Israel.

"Any man who has a bodily discharge is

3 ceremonially unclean. • This defilement is caused by his discharge, whether the discharge continues or stops. In either case the

4 man is unclean. • Any bed on which the man with the discharge lies and anything on which he sits will be ceremonially

5 unclean. • So if you touch the man's bed, you must wash your clothes and bathe yourself in water, and you will remain unclean

6 until evening. • If you sit where the man with the discharge has sat, you must wash your clothes and bathe yourself in water, and you will remain unclean until evening.

7 • If you touch the man with the discharge, you must wash your clothes and bathe yourself in water, and you will remain unclean

8 until evening. • If the man spits on you, you must wash your clothes and bathe yourself in water, and you will remain unclean until

9 evening. • Any saddle blanket on which the

10 man rides will be ceremonially unclean. • If you touch anything that was under the man, you will be unclean until evening. You must wash your clothes and bathe yourself in water, and you will remain unclean until

11 evening. • If the man touches you without first rinsing his hands, you must wash your clothes and bathe yourself in water, and you

12 will remain unclean until evening. • Any clay pot the man touches must be broken, and any wooden utensil he touches must be rinsed with water.

13 • "When the man with the discharge is healed, he must count off seven days for the period of purification. Then he must wash his clothes and bathe himself in fresh water,

14 and he will be ceremonially clean. • On the eighth day he must get two turtledoves or two young pigeons and come before the LORD at the entrance of the Tabernacle* and

---

14:54 Traditionally rendered *leprosy;* see note on 13:2a.   14:55 Traditionally rendered *leprosy;* see note on 13:47.   15:14 Hebrew *Tent of Meeting;* also in 15:29.

에 나와야 한다. 그리고 새 두 마리를 제사장에게 주어야 한다.

15 제사장은 그 새를 바쳐라. 한 마리는 속죄제로, 다른 한 마리는 태워 드리는 제사인 번제로 바쳐라. 그리하여 제사장은 고름을 흘리는 그 남자의 부정한 것을 여호와 앞에서 깨끗하게 하는 예식을 행하여라.

16 남자가 정액을 흘렸으면, 그는 물에 몸을 씻어라. 그러나 저녁 때까지 부정할 것이다.

17 만약 정액이 옷이나 가죽에 묻으면 그것을 빨아라. 그러나 그것은 저녁 때까지 부정할 것이다.

18 남자가 여자와 함께 눕다가 정액을 흘렸으면, 두 사람 모두 물에 몸을 씻어라. 그러나 그들은 저녁 때까지 부정할 것이다.

여자의 몸에 관한 규례

19 여자가 월경을 할 경우, 그는 칠 일 동안 부정할 것이다. 누구든지 그의 몸에 닿는 사람은 저녁 때까지 부정할 것이다.

20 그 칠 일 동안에 그 여자가 눕는 자리나 물건도 부정할 것이다. 그리고 그 여자가 앉는 자리나 물건도 부정할 것이다.

21 누구든지 그 여자의 침대에 닿은 사람은 옷을 빨고, 물로 몸을 씻어라. 그러나 그 사람은 저녁 때까지 부정할 것이다.

22 누구든지 그 여자가 앉았던 것에 닿은 사람은 옷을 빨고, 물로 몸을 씻어라. 그러나 그 사람은 저녁 때까지 부정할 것이다.

23 여자의 침대에 몸이 닿았건, 여자가 앉았던 곳에 몸이 닿았건, 그 사람은 저녁 때까지 부정할 것이다.

24 어떤 남자든지 월경 중인 여자와 함께 눕는 사람은, 칠 일 동안 부정할 것이다. 그 남자가 눕는 침대도 다 부정할 것이다.

25 여자가 월경을 하는 때가 아닌데도, 몸에서 피가 계속 나거나, 월경이 다 끝났는데도 몸에서 계속 피가 나면, 그 여자는 피가 나는 동안 부정할 것이다.

26 피를 흘리는 동안 그 여자가 눕는 모든 침대는 월경을 하는 동안 눕는 침대와 마찬가지로 부정할 것이다. 그리고 그 여자가 앉는 자리도 마찬가지다. 그 자리도 월경을 하는 동안 앉는 자리처럼 부정할 것이다.

27 누구든지 그런 것들에 몸이 닿으면 부정할 것이다. 그 사람은 옷을 빨고, 물로 몸을 씻어야 한다. 그러나 그 사람은 저녁 때까지 부정할 것이다.

28 피를 흘리는 여자가 피가 멎고 나서도 깨끗해지려면, 칠 일 동안 기다려라. 칠 일이 지나야 그 여자는 깨끗해질 것이다.

29 팔 일째가 되는 날에, 그 여자는 산비둘기 두 마리나 집비둘기 새끼 두 마리를 회막 입구에 있는 제사장

15 give his offerings to the priest. •The priest will offer one bird for a sin offering and the other for a burnt offering. Through this process, the priest will purify* the man before the LORD for his discharge.

16 •"Whenever a man has an emission of semen, he must bathe his entire body in water, and he will remain ceremonially

17 unclean until the next evening.* •Any clothing or leather with semen on it must be washed in water, and it will remain unclean

18 until evening. •After a man and a woman have sexual intercourse, they must each bathe in water, and they will remain unclean until the next evening.

19 •"Whenever a woman has her menstrual period, she will be ceremonially unclean for seven days. Anyone who touches her during that time will be unclean until evening.

20 •Anything on which the woman lies or sits during the time of her period will be

21 unclean. •If any of you touch her bed, you must wash your clothes and bathe yourself in water, and you will remain unclean until

22 evening. •If you touch any object she has sat on, you must wash your clothes and bathe yourself in water, and you will remain

23 unclean until evening. •This includes her bed or any other object she has sat on; you will be unclean until evening if you touch it.

24 •If a man has sexual intercourse with her and her blood touches him, her menstrual impurity will be transmitted to him. He will remain unclean for seven days, and any bed on which he lies will be unclean.

25 •"If a woman has a flow of blood for many days that is unrelated to her menstrual period, or if the blood continues beyond the normal period, she is ceremonially unclean. As during her menstrual period, the woman will be unclean as long as the discharge con-

26 tinues. •Any bed she lies on and any object she sits on during that time will be unclean, just as during her normal menstrual period.

27 •If any of you touch these things, you will be ceremonially unclean. You must wash your clothes and bathe yourself in water, and you will remain unclean until evening.

28 •"When the woman's bleeding stops, she must count off seven days. Then she will be

29 ceremonially clean. •On the eighth day she must bring two turtledoves or two young pigeons and present them to the priest at the

discharge [distʃáːrdʒ] *n.* (고름 따위의) 유출병
menstrual [ménstruəl] *a.* 월경의
semen [síːmən] *n.* 정액
transmit [trænsmít] *vt.* 옮기다, 전염시키다

15:15 Or *will make atonement for;* also in 15:30.
15:16 Hebrew *until evening;* also in 15:18.

30 그러면 제사장은 그 가운데 한 마리는 속죄제로, 다른 한 마리는 번제로 바쳐라. 그리하여 제사장이 피를 흘리는 그 여자의 부정한 것을 여호와 앞에서 깨끗하게 하는 예식을 행하여라.

31 너희는 이스라엘 백성이 부정한 것에 가까이하지 않도록 하여라. 그리하여 그들 가운데 있는 내 회막을 더럽히는 일이 없도록 하여라. 만약 그 장막을 더럽히면 그들은 죽을 것이다.

32 이것은 고름을 흘리거나 정액을 흘려서 부정하게 되는 남자에 관한 가르침이다.

33 이것은 또 월경을 하는 여자에 관한 가르침이며, 남자든 여자든, 부정한 것을 흘리는 사람에 관한 가르침이며, 부정한 여자와 함께 눕는 남자에 관한 가르침이다."

속죄일

16 아론의 두 아들이 여호와께 향을 바치다가 죽은 뒤에, 여호와께서 모세에게 말씀하셨습니다.

2 "네 형 아론에게 전하여라. 아무 때나 휘장 안, 곧 법궤가 있는 성소로 들어가지 마라. 들어가는 날에는 죽을 것이다. 내가 속죄판 위에서 구름 가운데 나타날 것이기 때문이다.

3 아론이 성소에 들어가려면, 수송아지 한 마리를 속죄 제물로 바쳐라. 그리고 숫양 한 마리를 번제물로 바쳐라.

4 아론은 거룩한 속옷을 입고, 그 안에는 맨살에 모시 속옷을 입어라. 허리에는 모시 띠를 띠고, 머리에는 모시 관을 써라. 이것은 거룩한 옷이다. 그러므로 아론은 그 옷을 입기 전에 몸 전체를 물로 씻어라.

5 아론은 이스라엘 백성에게서 속죄 제물로 바칠 숫염소 두 마리와 번제로 바칠 숫양 한 마리를 받아라.

6 그런 다음에 속죄 제물로 소를 바쳐라. 그것은 자기를 위한 제물이다. 아론은 그 제물을 바쳐서 자기와 자기 집의 죄를 씻는 예식을 행하여라.

7 그리고 나서 염소 두 마리를 여호와 앞, 곧 회막 입구로 끌고 가거라.

8 아론은 제비를 뽑아, 두 염소 가운데서 여호와께 바칠 염소와 아사셀에게 바칠 염소*를 정하여라.

9 아론은 제비를 뽑아 여호와께 바치기로 정해진 염소를 속죄 제물로 바쳐라.

10 제비를 뽑아 속죄의 염소로 정해진 다른 염소는 산 채로 여호와 앞에 끌고 가거라. 제사장은 그

30 entrance of the Tabernacle. • The priest will offer one for a sin offering and the other for a burnt offering. Through this process, the priest will purify her before the LORD for the ceremonial impurity caused by her bleeding.

31 • "This is how you will guard the people of Israel from ceremonial uncleanness. Otherwise they would die, for their impurity would defile

32 my Tabernacle that stands among them. • These are the instructions for dealing with anyone who has a bodily discharge—a man who is unclean

33 because of an emission of semen • or a woman during her menstrual period. It applies to any man or woman who has a bodily discharge, and to a man who has sexual intercourse with a woman who is ceremonially unclean."

The Day of Atonement

16 The LORD spoke to Moses after the death of Aaron's two sons, who died after they entered the LORD's presence and burned the

2 wrong kind of fire before him. • The LORD said to Moses, "Warn your brother, Aaron, not to enter the Most Holy Place behind the inner curtain whenever he chooses; if he does, he will die. For the Ark's cover—the place of atonement—is there, and I myself am present in the cloud above the atonement cover.

3 • "When Aaron enters the sanctuary area, he must follow these instructions fully. He must bring a young bull for a sin offering and a ram for

4 a burnt offering. • He must put on his linen tunic and the linen undergarments worn next to his body. He must tie the linen sash around his waist and put the linen turban on his head. These are sacred garments, so he must bathe himself in water before he puts them on. • Aaron must take

5 from the community of Israel two male goats for a sin offering and a ram for a burnt offering.

6 • "Aaron will present his own bull as a sin offering to purify himself and his family, making them right with the LORD.* • Then he must

7 take the two male goats and present them to the LORD at the entrance of the Tabernacle.*

8 • He is to cast sacred lots to determine which goat will be reserved as an offering to the LORD and which will carry the sins of the people to

9 the wilderness of Azazel. • Aaron will then present as a sin offering the goat chosen by lot for

10 the LORD. • The other goat, the scapegoat chosen by lot to be sent away, will be kept alive, standing before the LORD. When it is sent away to Azazel in the wilderness, the people will be purified and made right with the LORD.*

16:6 Or to make atonement for himself and his family; similarly in 16:11, 17b, 24, 34.　16:7 Hebrew Tent of Meeting; also in 16:16, 17, 20, 23, 33.　16:10 Or wilderness, it will make atonement for the people.

16:8 '속죄의 염소' 아사셀 염소를 광야로 보내는 것은 이스라엘이 지은 죄의 문제가 온전히 처리되었음을 의미한다.

염소를 여호와 앞에 산 채로 두었다가 이스라엘
의 죄를 씻는 예식에 써라. 그리고 나서 그 염소
를 광야로 내보내어라.

11 아론은 자기를 위해 속죄 제물로 수소를 바쳐
라. 그렇게 하여 자기와 자기 집의 죄를 씻는 예
식을 행하여라. 아론은 자기를 위해 속죄 제물
로 바칠 수소를 잡아라.

12 그런 다음에 아론은 여호와 앞의 제단에서, 피
어 있는 숯으로 가득한 향로를 들고, 곱게 빻은
향 가루 두 움큼을 쥐고, 휘장 안으로 들어가
서,

13 여호와 앞에서 그 향을 불 위에 놓아라. 그래서
그 향 연기가 언약궤 위의 속죄판을 덮게 하여
라. 그래야 네가 죽지 않을 것이다.

14 그리고 아론은 수소의 피 얼마를 받아, 손가락
으로 피를 찍은 다음에 속죄판 위쪽에 한 번 뿌
리고, 속죄판 앞에 일곱 번 뿌려라.

15 그런 다음에 아론은 백성을 위해 속죄 제물인 숫
염소를 바쳐라. 아론은 그 숫염소의 피를 휘장
안으로 가져가서, 수소의 피와 마찬가지로 속죄
판 위쪽과 앞에 뿌려라.

16 그렇게 하여 성소를 깨끗하게 하여라. 이는 이
스라엘 백성이 부정하게 되었고, 온갖 죄를 지
었기 때문이다. 그리고 아론은 부정한 이스라엘
백성 가운데 있는 회막도 깨끗하게 하여라.

17 아론이 회막에 들어가서, 자기와 자기 집과 이
스라엘 모든 무리를 위해 죄를 씻는 예식을 하는
동안, 아무도 회막에 들어가지 마라.

18 아론은 성소에서 모든 예식을 마친 뒤에 여호와
앞의 제단으로 나아오너라. 거기서 아론은 제
단을 깨끗하게 하는 예식을 한 뒤에 수소와 숫
염소의 피 가운데 얼마를 받아서 제단 뿔에 발
라라.

19 그리고 그 피 가운데 얼마를 손가락으로 찍어서
제단 위에 일곱 번 뿌려라. 그렇게 하여 이스라
엘 백성의 죄로 말미암아 부정해진 제단을 깨끗
하게 하고 거룩하게 하여라.

20 아론은 성소와 회막과 제단을 깨끗하게 하는 예
식을 한 뒤에 살아 있는 숫염소를 여호와께 가져
오너라.

21 아론은 살아 있는 숫염소의 머리에 두 손을 얹
고, 이스라엘 백성의 모든 죄를 고백하여, 그 죄
를 숫염소의 머리에 두어라. 그리고 미리 정한
사람을 시켜 그 숫염소를 광야로 내보내어라.

22 그렇게 하면 그 숫염소는 백성의 모든 죄를 지고
광야로 나갈 것이다. 그리고 광야에서 멀리 떠
나가게 하여라.

11 • "Aaron will present his own bull as a sin offering to purify himself and his family, making them right with the LORD. After he has
12 slaughtered the bull as a sin offering, •he will fill an incense burner with burning coals from the altar that stands before the LORD. Then he will take two handfuls of fragrant powdered incense and will carry the burner and the incense
13 behind the inner curtain. •There in the LORD's presence he will put the incense on the burning coals so that a cloud of incense will rise over the Ark's cover—the place of atonement—that rests on the Ark of the Covenant.* If he follows these
14 instructions, he will not die. •Then he must take some of the blood of the bull, dip his finger in it, and sprinkle it on the east side of the atonement cover. He must sprinkle blood seven times with his finger in front of the atonement cover.

15 • "Then Aaron must slaughter the first goat as a sin offering for the people and carry its blood behind the inner curtain. There he will sprinkle the goat's blood over the atonement cover and in front of it, just as he did with the bull's blood.
16 •Through this process, he will purify* the Most Holy Place, and he will do the same for the entire Tabernacle, because of the defiling sin
17 and rebellion of the Israelites. •No one else is allowed inside the Tabernacle when Aaron enters it for the purification ceremony in the Most Holy Place. No one may enter until he comes out again after purifying himself, his family, and all the congregation of Israel, making them right with the LORD.

18 • "Then Aaron will come out to purify the altar that stands before the LORD. He will do this by taking some of the blood from the bull and the goat and putting it on each of the horns of
19 the altar. •Then he must sprinkle the blood with his finger seven times over the altar. In this way, he will cleanse it from Israel's defilement and make it holy.

20 • "When Aaron has finished purifying the Most Holy Place and the Tabernacle and the
21 altar, he must present the live goat. •He will lay both of his hands on the goat's head and confess over it all the wickedness, rebellion, and sins of the people of Israel. In this way, he will transfer the people's sins to the head of the goat. Then a man specially chosen for the task will
22 drive the goat into the wilderness. •As the goat goes into the wilderness, it will carry all the people's sins upon itself into a desolate land.

scapegoat [skéipgòut] *n.* 속죄의 염소

16:13 Hebrew *that is above the Testimony.* The Hebrew word for "testimony" refers to the terms of the LORD's covenant with Israel as written on stone tablets, which were kept in the Ark, and also to the covenant itself.　　16:16 Or *make atonement for;* similarly in 16:17a, 18, 20, 27, 33.

23 그런 다음에 아론은 회막으로 들어가서, 성소에 들어갈 때에 입었던 모시옷을 벗어서 거기에 놓아 두어라.

24 아론은 성소에서 물로 온몸을 씻고, 벗어 둔 옷을 다시 입은 뒤에 거기에서 나와 자기의 번제물과 백성의 번제물을 바쳐라. 그래서 자기와 백성의 죄를 씻는 예식을 행하여라.

25 그리고 나서 아론은 속죄 제물의 기름을 제단 위에서 태워라.

26 염소를 이끌고 광야로 나갔던 사람은 옷을 빨아라. 그리고 온몸을 물로 씻어라. 그런 다음에야 진으로 돌아올 수 있을 것이다.

27 성소에서 죄를 씻는 예식을 행하기 위해, 속죄 제물로 바친 수소와 숫염소의 피를 성소 안으로 가져가라. 그런 후에 그 짐승들을 진 밖으로 내어가고, 제사장은 그 짐승들의 가죽과 고기와 똥을 불로 태워라.

28 그것들을 태우는 사람은 자기 옷을 빨고, 물로 온몸을 씻어라. 그런 다음에야 그 사람은 진으로 돌아올 수 있을 것이다.

29 이것은 너희가 영원히 지켜야 할 규례이다. 일곱째 달, 그 달 십 일*에 너희는 음식도 먹지 말고, 일도 하지 마라. 이스라엘 백성이나 너희 가운데 사는 외국인이나, 다 지켜야 한다.

30 이날은 너희의 속죄일이며, 너희를 깨끗하게 하는 날이기 때문이다. 너희는 여호와 앞에서 너희의 온갖 죄로부터 깨끗해질 것이다.

31 이날은 너희에게 매우 중요한 안식일이다. 너희는 음식을 먹지 마라. 이것은 영원히 지켜야 할 규례이다.

32 기름 부음을 받아 아버지를 대신하여 제사장으로 임명된 제사장은 거룩한 모시옷을 입고, 죄를 씻는 예식을 행하여라.

33 그는 성소를 깨끗하게 해야 하며, 회막과 제단을 깨끗하게 해야 한다. 그는 또한 제사장들과 이스라엘 모든 무리의 죄를 씻는 예식을 행해야 한다.

34 이스라엘 백성의 모든 죄를 일 년에 한 번씩 씻는 이 예식은 너희에게 영원한 규례가 될 것이다." 이 모든 일은 여호와께서 모세에게 명령하신 대로 이루어졌습니다.

제물을 바치는 방법

17 여호와께서 모세에게 말씀하셨습니다.

2 "아론과 그의 아들들과 이스라엘 모든 백성에게 말하여라. '이것은 여호와께서 명령하신 말씀이다.

3 누구든지 이스라엘 백성이 소나 양이나 염소를

---

23 • "When Aaron goes back into the Tabernacle, he must take off the linen garments he was wearing when he entered the Most Holy Place, and he must leave the garments there. • Then he must bathe himself with water in a sacred place, put on his regular garments, and go out to sacrifice a burnt offering for himself and a burnt offering for the people. Through this process, he will purify himself and the people, making them right with the LORD. • He must then burn all the fat of the sin offering on the altar.

26 • "The man chosen to drive the scapegoat into the wilderness of Azazel must wash his clothes and bathe himself in water. Then he may return to the camp.

27 • "The bull and the goat presented as sin offerings, whose blood Aaron takes into the Most Holy Place for the purification ceremony, will be carried outside the camp. The animals' hides, internal organs, and dung are all to be burned. • The man who burns them must wash his clothes and bathe himself in water before returning to the camp.

29 • "On the tenth day of the appointed month in early autumn,* you must deny yourselves.* Neither native-born Israelites nor foreigners living among you may do any kind of work. This is a permanent law for you. • On that day offerings of purification will be made for you,* and you will be purified in the LORD's presence from all your sins. • It will be a Sabbath day of complete rest for you, and you must deny yourselves. This is a permanent law for you. • In future generations, the purification* ceremony will be performed by the priest who has been anointed and ordained to serve as high priest in place of his ancestor Aaron. He will put on the holy linen garments • and purify the Most Holy Place, the Tabernacle, the altar, the priests, and the entire congregation. • This is a permanent law for you, to purify the people of Israel from their sins, making them right with the LORD once each year."

Moses followed all these instructions exactly as the LORD had commanded him.

Prohibitions against Eating Blood

17 1-2 Then the LORD said to Moses, • "Give the following instructions to Aaron and his sons and all the people of Israel. This is what the LORD has commanded.

3 • "If any native Israelite sacrifices a bull* or a lamb or a goat anywhere inside or outside the

---

16:29a Hebrew *On the tenth day of the seventh month.* This day in the ancient Hebrew lunar calendar occurred in September or October. 16:29b Or *must fast;* also in 16:31. 16:30 Or *atonement will be made for you,* to purify you. 16:32 Or *atonement.* 17:3 Or *cow.*

16:29 이날은 히브리력으로서, 9월에서 10월 초순에 해당된다.

바칠 때, 진 안에서 잡든 진 밖에서 잡든,

4 그것을 회막, 곧 성막 입구로 가져가서 여호와께 제물로 바쳐라. 그렇게 하지 않으면, 그 사람은 피를 흘린 자로 간주되므로 자기 백성에게서 끊어질 것이다.

5 이 규례는 이스라엘 백성이 들판에서 바치려던 제물을 여호와께, 곧 회막 입구에 있는 제사장에게 가져와, 여호와께 화목 제물로 바치게 하기 위한 것이다.

6 제사장은 회막 입구에 있는 여호와의 제단 쪽으로 그 짐승의 피를 뿌리고, 기름을 태워 여호와께 향기로운 제물로 바쳐라.

7 이제부터 백성은 염소 우상에게 제물을 바치지 마라. 백성은 지금까지 그러한 다른 신들을 섬겨 마치 창녀와 같이 행동했다. 이것은 이스라엘 백성이 지금부터 영원히 지켜야 할 규례이다.'

8 백성에게 또 이렇게 말하여라. '이스라엘 백성이든지 그들 가운데 사는 외국인이든지 번제물이나 희생 제물을 바칠 때는,

9 그 제물을 회막 입구로 가져와서 여호와께 바쳐라. 그렇게 하지 않으면 그 사람은 자기 백성에게서 끊어질 것이다.

10 이스라엘 백성이든지 그들 가운데 사는 외국인이든지 피를 먹으면, 나는 그에게서 얼굴을 돌리고, 그를 내 백성에게서 끊을 것이다.

11 몸의 생명은 피에 있기 때문이다. 또 나는 제단 위에서 너희의 죄를 씻는 데 쓰라고 피를 주었다. 피가 곧 생명이기 때문에 피로 죄를 씻을 수 있는 것이다.

12 그러므로 내가 이스라엘 백성에게 이렇게 말한다. "너희는 누구도 피를 먹지 말며 너희 가운데서 사는 외국인도 피를 먹지 마라."

13 이스라엘 백성이든지 그들 가운데 사는 외국인이든지 먹어도 되는 짐승이나 새를 사냥하여 잡았을 때는, 그 피를 땅 위에 쏟고 흙으로 덮어라.

14 모든 생물에게 피는 곧 생명이기 때문이다. 그러므로 내가 이스라엘 백성에게 말한다. "너희는 어떤 생물이든지 그 생물의 피를 먹지 마라. 모든 생물의 생명은 그 피에 있기 때문이다. 누구든지 피를 먹는 사람은 백성에게서 끊어질 것이다."

15 이스라엘 백성이든지 그들 가운데 사는 외국인이든지 저절로 죽었거나 다른 들짐승에게 찢겨 죽은 짐승의 고기를 먹으면, 그는 자기 옷을 빨고, 물로 온몸을 씻어야 한다. 그는 저녁 때까지 부정하고, 그 뒤에야 깨끗해질 것이다.

4 camp •instead of bringing it to the entrance of the Tabernacle* to present it as an offering to the LORD, that person will be as guilty as a murderer.* Such a person has shed blood and will be

5 cut off from the community. •The purpose of this rule is to stop the Israelites from sacrificing animals in the open fields. It will ensure that they bring their sacrifices to the priest at the entrance of the Tabernacle, so he can present

6 them to the LORD as peace offerings. •Then the priest will be able to splatter the blood against the LORD's altar at the entrance of the Tabernacle, and he will burn the fat as a pleasing

7 aroma to the LORD. •The people must no longer be unfaithful to the LORD by offering sacrifices to the goat idols.* This is a permanent law for them, to be observed from generation to generation.

8 •"Give them this command as well. If any native Israelite or foreigner living among you

9 offers a burnt offering or a sacrifice •but does not bring it to the entrance of the Tabernacle to offer it to the LORD, that person will be cut off from the community.

10 •"And if any native Israelite or foreigner living among you eats or drinks blood in any form, I will turn against that person and cut him off from the community of your people,

11 •for the life of the body is in its blood. I have given you the blood on the altar to purify you, making you right with the LORD.* It is the blood, given in exchange for a life, that makes

12 purification possible. •That is why I have said to the people of Israel, 'You must never eat or drink blood—neither you nor the foreigners living among you.'

13 •"And if any native Israelite or foreigner living among you goes hunting and kills an animal or bird that is approved for eating, he must

14 drain its blood and cover it with earth. •The life of every creature is in its blood. That is why I have said to the people of Israel, 'You must never eat or drink blood, for the life of any creature is in its blood.' So whoever consumes blood will be cut off from the community.

15 •"And if any native-born Israelites or foreigners eat the meat of an animal that died naturally or was torn up by wild animals, they must wash their clothes and bathe themselves in water. They will remain ceremonially unclean until

---

drain [dréin] *vt.* 배수(방수)하다
permanent [pə́:rmənənt] *a.* 영원한
shed [ʃed] *vt.* 흘리다, 쏟다
unfaithful [ʌnféiθəl] *a.* 불충성한
17:9 be cut off from… : …에서 끊어지다

17:4a Hebrew *Tent of Meeting;* also in 17:5, 6, 9.
17:4b Hebrew *will be guilty of blood.*　17:7 Or *goat demons.*　17:11 Or *to make atonement for you.*

16 만약 옷을 빨지 않거나 몸을 씻지 않으면, 그는 죄의 대가를 치를 것이다.'"

남녀 관계에 관한 규례

18 여호와께서 모세에게 말씀하셨습니다.

2 "이스라엘 백성에게 전하여라. 나는 너희의 하나님 여호와이다.

3 너희는 전에 살던 이집트 땅의 사람들처럼 살지 마라. 또 내가 너희를 인도하여 갈 가나안 땅의 사람들처럼 살지도 마라. 그들의 풍습을 본받지 마라.

4 너희는 내 가르침에 복종하고, 내 규례를 지켜라. 나는 너희의 하나님 여호와니라.

5 내 가르침과 규례에 복종하여라. 내 가르침과 규례에 복종하는 사람은 살 것이다. 나는 여호와이다.

6 너희는 가까운 친척과 성관계를 갖지 마라. 나는 여호와이다.

7 너희는 어머니의 몸을 범함으로 아버지를 욕되게 만들지 마라. 그녀는 네 어머니이니 너희 어머니의 몸을 범하지 마라.

8 너희는 네 계모와 성관계를 갖지 마라. 그녀는 네 아버지의 몸이나 마찬가지이다.

9 너희는 네 누이의 몸을 범하지 마라. 그는 네 아버지나 네 어머니의 딸이다. 네 누이가 너희 집에서 태어났든 밖에서 태어났든 그녀와 함께 눕지 마라.

10 너희는 친손녀든 외손녀든 손녀의 몸을 범하지 마라. 그들은 네 자신의 몸이나 마찬가지이다.

11 너희의 계모가 아버지에게서 딸을 낳으면, 그 딸은 네 누이다. 너는 그 누이의 몸을 범하지 마라.

12 너는 고모의 몸을 범하지 마라. 고모는 네 가까운 친척이다.

13 너희는 이모의 몸을 범하지 마라. 어머니의 형제는 네 가까운 친척이다.

14 너희는 숙모의 몸을 범하지 마라. 그녀는 네 아버지의 형제의 몸이나 마찬가지이다. 그녀는 네 숙모이다.

15 너희는 며느리의 몸을 범하지 마라. 며느리는 너희 아들의 아내이다. 며느리의 몸을 범하지 마라.

16 너희는 형제의 아내의 몸을 범하지 마라. 그녀는 너희 형제의 몸이나 마찬가지이다.

17 너희는 여자와 그 여자의 딸의 몸을 같이 범하지 마라. 그리고 친손녀든 외손녀든 그 여자의 손녀의 몸도 범하지 마라. 그녀의 손녀는 그녀의 가까운 친척이다. 그들을 범하는 일은 나쁜 짓

16 evening, but then they will be clean. ● But if they do not wash their clothes and bathe themselves, they will be punished for their sin."

Forbidden Sexual Practices

18 1-2 Then the LORD said to Moses, ● "Give the following instructions to the people of

3 Israel. I am the LORD your God. ● So do not act like the people in Egypt, where you used to live, or like the people of Canaan, where I am taking you. You must not imitate their way of life.

4 ● You must obey all my regulations and be careful to obey my decrees, for I am the LORD your

5 God. ● If you obey my decrees and my regulations, you will find life through them. I am the LORD.

6 ● "You must never have sexual relations with a close relative, for I am the LORD.

7 ● "Do not violate your father by having sexual relations with your mother. She is your mother; you must not have sexual relations with her.

8 ● "Do not have sexual relations with any of your father's wives, for this would violate your father.

9 ● "Do not have sexual relations with your sister or half sister, whether she is your father's daughter or your mother's daughter, whether she was born into your household or someone else's.

10 ● "Do not have sexual relations with your granddaughter, whether she is your son's daughter or your daughter's daughter, for this would violate yourself.

11 ● "Do not have sexual relations with your stepsister, the daughter of any of your father's wives, for she is your sister.

12 ● "Do not have sexual relations with your father's sister, for she is your father's close relative.

13 ● "Do not have sexual relations with your mother's sister, for she is your mother's close relative.

14 ● "Do not violate your uncle, your father's brother, by having sexual relations with his wife, for she is your aunt.

15 ● "Do not have sexual relations with your daughter-in-law; she is your son's wife, so you must not have sexual relations with her.

16 ● "Do not have sexual relations with your brother's wife, for this would violate your brother.

17 ● "Do not have sexual relations with both a woman and her daughter. And do not take* her granddaughter, whether her son's daughter or her daughter's daughter, and have sexual relations with her. They are close relatives, and this would be a wicked act.

---

stepsister [stépsistər] *n.* 이복자매

18:17 Or *do not marry.*

이다.

18 너희는 아내가 아직 살아 있는데, 그 여자 형제를 또 아내로 맞아들이지 마라. 아내의 형제를 범하지 마라. 아내를 질투하게 하지 마라.

19 너희는 월경을 하고 있는 여자에게 가까이하여 몸을 범하지 마라. 월경 기간 동안 그 여자는 부정하다.

20 너희는 이웃의 아내와 함께 누워 네 몸을 더럽히지 마라.

21 너희는 네 자녀 가운데 하나라도 몰렉에게 제물로 바치지 마라. 그렇게 하여 네 하나님의 이름을 더럽히지 마라. 나는 여호와이다.

22 너희는 여자와 함께 눕듯이 남자와 함께 눕지 마라. 그것은 문란한 죄이다.

23 너희는 짐승과 함께 누워 몸을 더럽히지 마라. 여자도 짐승과 함께 눕지 마라. 그것은 역겨운 죄이다.

24 너희는 이러한 죄 가운데 어느 하나라도 저질러서 몸을 더럽히지 마라. 내가 너희 앞에서 쫓아낸 나라들이 바로 이런 짓을 함으로 몸을 더럽혔다.

25 그리고 그 땅도 더럽혀졌다. 그래서 내가 그 죄 때문에 그 땅에 벌을 내렸고, 그 땅에서 그 백성을 쫓아낸 것이다.

26 너희는 내 가르침과 규례에 복종하거라. 너희는 이런 역겨운 죄를 하나라도 짓지 마라. 이스라엘 백성이나 그들 가운데 사는 외국인도 그런 죄를 짓지 마라.

27 너희보다 앞서 그 땅에 살던 백성은 이 모든 역겨운 죄를 저질렀으므로 그 땅이 부정해졌다.

28 만약 너희가 이런 짓을 하면, 너희도 그 땅을 부정하게 만들고 말 것이다. 그러면 나는 너희보다 앞서 그 땅에 살던 사람을 쫓아냈듯이, 너희도 쫓아낼 것이다.

29 이런 역겨운 죄를 저지르는 사람은 누구든지 자기 백성에게서 끊어질 것이다.

30 너희보다 먼저 그 땅에 살던 백성이 행했던 역겨운 풍속을 하나라도 행하지 마라. 이런 역겨운 죄를 저질러서 스스로 더럽히지 마라. 너희는 내 가르침에 복종하여라. 나는 너희 하나님 여호와이다.'"

그밖의 율법

19 여호와께서 모세에게 말씀하셨습니다.

2 "이스라엘 모든 백성에게 전하여라. 나는 여호와 너희 하나님이다. 내가 거룩하므로 너희도 거룩하여라.

3 너희는 모두 너희 어머니와 아버지를 존경하여라. 그리고 너희는 내 안식일을 지켜라. 나는 너희 하나님 여호와이다.

4 우상을 섬기지 마라. 너희가 섬길 신상을 만들지도

18 •"While your wife is living, do not marry her sister and have sexual relations with her, for they would be rivals.

19 •"Do not have sexual relations with a woman during her period of menstrual impurity.

20 •"Do not defile yourself by having sexual intercourse with your neighbor's wife.

21 •"Do not permit any of your children to be offered as a sacrifice to Molech, for you must not bring shame on the name of your God. I am the LORD.

22 •"Do not practice homosexuality, having sex with another man as with a woman. It is a detestable sin.

23 •"A man must not defile himself by having sex with an animal. And a woman must not offer herself to a male animal to have intercourse with it. This is a perverse act.

24 •"Do not defile yourselves in any of these ways, for the people I am driving out before you have defiled themselves in all these

25 ways. •Because the entire land has become defiled, I am punishing the people who live there. I will cause the land to vomit them

26 out. •You must obey all my decrees and regulations. You must not commit any of these detestable sins. This applies both to native-born Israelites and to the foreigners living among you.

27 •"All these detestable activities are practiced by the people of the land where I am taking you, and this is how the land has

28 become defiled. •So do not defile the land and give it a reason to vomit you out, as it will vomit out the people who live there

29 now. •Whoever commits any of these detestable sins will be cut off from the com-

30 munity of Israel. •So obey my instructions, and do not defile yourselves by committing any of these detestable practices that were committed by the people who lived in the land before you. I am the LORD your God."

Holiness in Personal Conduct

19 1-2 The LORD also said to Moses, •"Give the following instructions to the entire community of Israel. You must be holy because I, the LORD your God, am holy.

3 •"Each of you must show great respect for your mother and father, and you must always observe my Sabbath days of rest. I am the LORD your God.

4 •"Do not put your trust in idols or make metal images of gods for yourselves. I am the LORD your God.

detestable [ditéstəbl] *a.* 가증한
vomit [vámit] *vt.* 토하다
19:18 bear a grudge against… : …에게 원한을 품다

마라. 나는 너희 하나님 여호와이다.

5 너희가 여호와께 화목 제물을 바칠 때는, 여호와께서 받으실 만하게 바쳐라.

6 제물은, 바친 그날이나 그 다음날에 먹어라. 삼 일째 되는 날까지 남은 것은 불에 태워 버려라.

7 삼 일째 되는 날에, 남은 것을 먹는 것은 역겨운 일이다. 여호와께서는 그 제물을 기쁘게 받지 않으실 것이다.

8 누구든지 그런 것을 먹는 사람은 죄가 있을 것이다. 그는 여호와께 바친 거룩한 제물을 더럽혔기 때문이다. 그런 사람은 백성에게서 끊어질 것이다.

9 땅에 심은 것을 거두어들일 때는 밭의 구석구석까지 다 거두어들이지 말며 거두어들이다가 곡식이 밭에 떨어졌더라도 줍지 말고, 그냥 내버려 두어라.

10 포도밭의 포도도 다 따지 마라. 포도밭에 떨어진 포도도 주워 들이지 마라. 가난한 사람과 외국인을 위해 그것들을 남겨 두어라. 나는 너희 하나님 여호와이다.

11 훔치지 마라. 사람을 속이지 마라. 다른 사람에게 거짓말을 하지 마라.

12 너희는 내 이름으로 거짓 약속을 하여, 너희 하나님의 이름을 더럽히지 마라. 나는 여호와이다.

13 이웃을 억압하지 마라. 이웃의 것을 빼앗지 마라. 품꾼의 삯을 그날 주지 않고, 밤새 갖고 있지 마라.

14 듣지 못하는 사람을 저주하지 마라. 눈먼 자 앞에 걸려 넘어질 것을 놓지 마라. 너희는 네 하나님을 두려워하여라. 나는 여호와이다.

15 재판을 할 때는 공정하게 하여라. 가난한 사람이라고 해서 감싸 주거나, 힘 있는 사람이라고 해서 편들어 주지 마라. 이웃을 재판할 때는 공정하게 하여라.

16 다른 사람을 헐뜯는 말을 하고 다니지 마라. 이웃의 목숨을 위태롭게 할 일을 하지 마라. 나는 여호와이다.

17 네 형제를 미워하는 마음을 품지 말고, 형제가 잘못을 하거든 타일러라. 그렇게 하지 않으면 그의 잘못 때문에 네가 죄를 뒤집어쓰게 될 것이다.

18 사람들이 너에게 나쁜 일을 했다 해도, 복수를 하거나 앙심을 품지 말고, 네 이웃을 네 몸과 같이 사랑하여라. 나는 여호와이다.

19 내 가르침에 복종하여라. 종류가 다른 두 짐승을 교미시키지 마라. 밭에다가 종류가 다른 두 씨를 심지 마라. 종류가 다른 두 재료를 섞어서 만든 옷을 입지 마라.

20 어떤 남자가, 다른 남자와 약혼한 처녀 종과 잠자리를 함께 했는데, 만약 그녀와 약혼한 그 남자가 아직 그 여자의 몸값을 치르지 않았거나, 그 여자

5 • "When you sacrifice a peace offering to the LORD, offer it properly so you* will be 6 accepted by God. • The sacrifice must be eaten on the same day you offer it or on the next day. Whatever is left over until the third day must be completely burned up. 7 • If any of the sacrifice is eaten on the third day, it will be contaminated, and I will not 8 accept it. • Anyone who eats it on the third day will be punished for defiling what is holy to the LORD and will be cut off from the community.

9 • "When you harvest the crops of your land, do not harvest the grain along the edges of your fields, and do not pick up 10 what the harvesters drop. • It is the same with your grape crop—do not strip every last bunch of grapes from the vines, and do not pick up the grapes that fall to the ground. Leave them for the poor and the foreigners living among you. I am the LORD your God.

11 • "Do not steal.

"Do not deceive or cheat one another.

12 • "Do not bring shame on the name of your God by using it to swear falsely. I am the LORD.

13 • "Do not defraud or rob your neighbor.

"Do not make your hired workers wait until the next day to receive their pay.

14 • "Do not insult the deaf or cause the blind to stumble. You must fear your God; I am the LORD.

15 • "Do not twist justice in legal matters by favoring the poor or being partial to the rich and powerful. Always judge people fairly.

16 • "Do not spread slanderous gossip among your people.*

"Do not stand idly by when your neighbor's life is threatened. I am the LORD.

17 • "Do not nurse hatred in your heart for any of your relatives.* Confront people directly so you will not be held guilty for their sin.

18 • "Do not seek revenge or bear a grudge against a fellow Israelite, but love your neighbor as yourself. I am the LORD.

19 • "You must obey all my decrees.

"Do not mate two different kinds of animals. Do not plant your field with two different kinds of seed. Do not wear clothing woven from two different kinds of thread.

20 • "If a man has sex with a slave girl whose freedom has never been purchased but who is committed to become another man's wife, he must pay full compensation to her master. But since she is not a free woman, neither the man nor the woman will be put to

19:5 Or *it.* 19:16 Hebrew *Do not act as a merchant toward your own people.* 19:17 Hebrew *for your brother.*

에게 자유를 주지 않았다면, 두 사람은 벌을 받기는 받지만 죽임을 당하지는 않는다. 여자가 아직 자유의 몸이 아니기 때문이다.

21 그 남자는 여호와께, 곧 회막 입구로 숫양을 가져와서, 허물을 씻는 속건 제물을 바쳐라.

22 제사장은 그 숫양을 여호와 앞에 속건 제물로 바쳐라. 그것은 그 남자의 속죄 제물이다. 그러면 그 남자의 죄는 용서받게 될 것이다.

23 너희가 그 땅으로 들어가서 온갖 과일나무를 심었을 때, 삼 년 동안은 과일을 따 먹지 말고 기다려라.

24 사 년째 되는 해에 나무에서 딴 과일은 여호와의 것이다. 그것은 여호와께 바치는 거룩한 찬양의 제물이다.

25 그러다가 오 년째 되는 해에 너희는 그 나무의 과일을 먹어라. 너희가 이대로 하면 그 나무에 과일이 더 많이 맺힐 것이다. 나는 너희 하나님 여호와이다.

26 너희는 어떤 것이든 피째 먹지 마라. 점을 치거나, 마법을 행하지 마라.

27 관자놀이의 머리털을 잘라 내거나 턱수염 끝을 잘라 내지 마라.

28 죽은 사람을 생각하며 슬퍼한다고 몸에 상처를 내지 마라. 몸에 문신도 하지 마라. 나는 여호와이다.

29 너희는 네 딸을 창녀로 만들어서 네 딸을 더럽히지 마라. 그런 짓을 하면 이 땅을 더럽히게 되고, 온통 죄로 가득하게 될 것이다.

30 내 안식일을 지키고 내 성소를 거룩히 여겨라. 나는 여호와이다.

31 무당이나 점쟁이를 찾아가지 마라. 그런 사람을 찾아가면 너희는 부정해질 것이다. 나는 너희 하나님 여호와이다.

32 노인을 존경하여라. 노인이 방에 들어오면 자리에서 일어나라. 너희 하나님을 두려워하여라. 나는 여호와이다.

33 너희 땅에 외국인이 너희와 함께 살 때, 그들을 학대하지 마라.

34 그들을 너희 동포처럼 여기고, 너희 몸을 사랑하듯 그들을 사랑하여라. 너희도 이집트에서 살 때는 외국인이었다. 나는 너희 하나님 여호와이다.

35 사람들을 재판할 때는 공정하게 하여라. 길이를 재거나 무게를 달 때도 정직하게 하여라.

36 올바른 추와 저울과 에바와 힌을 사용하여라. 나는 너희를 이집트에서 인도해 낸 너희 하나님 여호와이다.

37 나의 모든 가르침과 규례를 기억하고 잘 지켜라.

---

21 death. •The man, however, must bring a ram as a guilt offering and present it to the LORD at 22 the entrance of the Tabernacle.* •The priest will then purify him* before the LORD with the ram of the guilt offering, and the man's sin will be forgiven.

23 •"When you enter the land and plant fruit trees, leave the fruit unharvested for the first three years and consider it forbidden.* Do not 24 eat it. •In the fourth year the entire crop must be consecrated to the LORD as a celebration of 25 praise. •Finally, in the fifth year you may eat the fruit. If you follow this pattern, your harvest will increase. I am the LORD your God.

26 •"Do not eat meat that has not been drained of its blood.

"Do not practice fortune-telling or witch-craft.

27 •"Do not trim off the hair on your temples or trim your beards.

28 •"Do not cut your bodies for the dead, and do not mark your skin with tattoos. I am the LORD.

29 •"Do not defile your daughter by making her a prostitute, or the land will be filled with prostitution and wickedness.

30 •"Keep my Sabbath days of rest, and show reverence toward my sanctuary. I am the LORD.

31 •"Do not defile yourselves by turning to mediums or to those who consult the spirits of the dead. I am the LORD your God.

32 •"Stand up in the presence of the elderly, and show respect for the aged. Fear your God. I am the LORD.

33 •"Do not take advantage of foreigners who 34 live among you in your land. •Treat them like native-born Israelites, and love them as you love yourself. Remember that you were once foreigners living in the land of Egypt. I am the LORD your God.

35 •"Do not use dishonest standards when 36 measuring length, weight, or volume. •Your scales and weights must be accurate. Your containers for measuring dry materials or liquids must be accurate.* I am the LORD your God who brought you out of the land of Egypt.

37 •"You must be careful to keep all of my decrees and regulations by putting them into practice. I am the LORD."

---

medium [míːdiəm] *n.* 무당
prostitution [prɑstətjúːʃən] *n.* 매춘
reverence [révərəns] *n.* 공경, 존경
witchcraft [wítʃkræft] *n.* 마술, 요술
19:37 put into practice : 실행하다

19:21 Hebrew *Tent of Meeting.* **19:22** Or *make atonement for him.* **19:23** Hebrew *consider it uncircumcised.* **19:36** Hebrew *Use an honest ephah* [a dry measure] *and an honest hin* [a liquid measure].

나는 여호와이다."

여러 가지 죄에 대한 경고

20 여호와께서 모세에게 말씀하셨습니다.

2 "너는 또 이스라엘 백성에게 이렇게 전하여라. 이스라엘 백성이든지 이스라엘 백성 가운데서 사는 외국인이든지 몰렉에게 자기 자녀를 제물로 바치는 사람은 죽여야 한다. 그 땅의 백성들에게 그 사람을 돌로 쳐서 죽이게 하여라.

3 나도 그런 사람에게 노하여, 그를 그 백성에게서 끊을 것이다. 그가 자기 자녀를 몰렉에게 주어서 내 성소를 더럽히고, 내 거룩한 이름을 욕되게 했기 때문이다.

4 만약 그 땅의 백성이 몰렉에게 자기 자녀를 바치는 사람을 눈감아 주고, 그런 사람을 죽이지 않는다면,

5 내가 스스로 그 사람과 그 집안에게 노하여, 그를 백성에게서 끊을 것이다. 그런 사람뿐만 아니라, 몰렉에게 예배하는 모든 사람에게 그런 벌을 내릴 것이다.

6 무당과 점쟁이를 찾아가는 사람에게 내가 노하여, 그들을 백성에게서 끊을 것이다.

7 내 거룩한 백성이 되어라. 내가 거룩하니 너희도 거룩하여라. 나는 너희 하나님 여호와이다.

8 내 율법을 기억하고 잘 지켜라. 나는 여호와이다. 내가 너희를 거룩하게 했다.

9 자기 아버지나 어머니를 저주하는 사람은 죽여라. 그런 사람은 아버지나 어머니를 저주했으므로 그 죄값이 자기에게 돌아가리라.

남녀 관계의 죄

10 남자가 이웃 사람의 아내와 함께 잠을 자서 간음 죄를 지으면 그 두 사람을 다 죽여라.

11 계모와 잠자리를 같이한 사람은 자기 아버지를 욕되게 했으므로, 그 사람과 계모를 다 죽여라. 그들의 죄값이 자기들에게 돌아갈 것이다.

12 남자가 자기 며느리와 잠자리를 같이하면 두 사람 모두 죽여라. 그들은 망측한 짓을 하였으니, 그들의 죄값이 자기들에게 돌아갈 것이다.

13 남자가 여자와 함께 눕듯이, 남자끼리 함께 누우면, 그 두 사람은 역겨운 짓을 했으므로 죽여라. 그들의 죄값이 자기들에게 돌아갈 것이다.

14 남자가 자기 아내뿐 아니라, 아내의 어머니까지도 자기 아내로 맞아들이는 것은 나쁜 짓이다. 너희는 그 남자와 두 여자를 불로 태워라. 그래서 너희 가운데 그런 역겨운 일이 없게 하여라.

15 짐승과 잠자리를 함께 하는 남자는 죽여라. 그리고 그 짐승도 죽여라.

Punishments for Disobedience

20 [1-2] The LORD said to Moses, • "Give the people of Israel these instructions, which apply both to native Israelites and to the foreigners living in Israel.

"If any of them offer their children as a sacrifice to Molech, they must be put to death. The people of the community must stone them to death. • I myself will turn against them and cut 3 them off from the community, because they have defiled my sanctuary and brought shame on my holy name by offering their children to Molech. • And if the people of the community 4 ignore those who offer their children to Molech and refuse to execute them, • I myself 5 will turn against them and their families and will cut them off from the community. This will happen to all who commit spiritual prostitution by worshiping Molech.

• "I will also turn against those who commit 6 spiritual prostitution by putting their trust in mediums or in those who consult the spirits of the dead. I will cut them off from the community. • So set yourselves apart to be holy, for I 7 am the LORD your God. • Keep all my decrees 8 by putting them into practice, for I am the LORD who makes you holy.

• "Anyone who dishonors* father or mother 9 must be put to death. Such a person is guilty of a capital offense.

• "If a man commits adultery with his 10 neighbor's wife, both the man and the woman who have committed adultery must be put to death.

• "If a man violates his father by having sex 11 with one of his father's wives, both the man and the woman must be put to death, for they are guilty of a capital offense.

• "If a man has sex with his daughter-in-law, 12 both must be put to death. They have committed a perverse act and are guilty of a capital offense.

• "If a man practices homosexuality, having 13 sex with another man as with a woman, both men have committed a detestable act. They must both be put to death, for they are guilty of a capital offense.

• "If a man marries both a woman and her 14 mother, he has committed a wicked act. The man and both women must be burned to death to wipe out such wickedness from among you.

• "If a man has sex with an animal, he must 15 be put to death, and the animal must be killed.

capital [kǽpətl] *a.* (죄가) 사형감인
execute [éksikjùːt] *vt.* 처형하다
perverse [pərvə́ːrs] *a.* 사악한
20:14 wipe out = 쓸어내다

20:9 Greek version reads *Anyone who speaks disrespectfully of.* Compare Matt 15:4; Mark 7:10.

16 짐승과 잠자리를 함께 하는 여자도 그 짐승과 함께 죽여라. 그들의 죄값이 자기들에게 돌아갈 것이다.

17 남자가 자기 누이, 곧 아버지가 다른 아내에게서 낳은 딸이나, 어머니가 다른 남편에게서 낳은 딸을 아내로 맞아들여서 잠자리를 함께 하는 것은 부끄러운 짓이다. 모든 사람이 보는 앞에서, 그들은 백성에게서 끊어질 것이다. 그 남자는 자기 누이를 부끄럽게 했으므로 벌을 받을 것이다.

18 남자가 월경 중인 여자와 함께 누우면 두 사람 모두 백성에게서 끊어질 것이다. 남자는 여자의 피의 샘을 드러내었고, 여자는 자신의 피의 샘을 열어 보이는 죄를 저질렀기 때문이다.

19 이모나 고모의 몸을 범하지 마라. 그것은 가까운 친척을 욕되게 하는 짓이다. 두 사람 모두 벌을 받을 것이다.

20 남자가 자기 숙모와 함께 누우면 그 남자는 자기 삼촌을 욕되게 한 것이니, 그 두 사람 모두 벌을 받을 것이다. 그들은 자손을 보지 못하고 죽을 것이다.

21 남자가 자기 형제의 아내와 결혼하면 부정할 것이다. 그는 자기 형제를 욕되게 했으므로 그들은 자녀를 낳지 못할 것이다.

22 나의 모든 가르침과 규례를 기억하고 잘 지켜라. 그러면 내가 너희를 인도해 갈 그 땅이 너희를 쫓아내지 않을 것이다.

23 너희는 내가 너희 앞에서 쫓아낼 나라의 풍속을 따라 살지 마라. 그들은 이 모든 죄를 지었기 때문에 내가 그들을 미워한다.

24 너희가 그들의 땅을 얻게 될 것이라고 내가 말했다. 내가 그 땅, 곧 젖과 꿀이 넘쳐흐르는 비옥한 그 땅을 너희에게 줄 것이다. 나는 너희 하나님 여호와이다. 나는 너희를 다른 백성과 구별하여 나의 백성으로 삼았다.

25 그러므로 너희는 새나 짐승이나 깨끗하고 부정한 것을 구별하여라. 그런 부정한 새나 짐승이나, 땅에서 기는 것 때문에 너희 스스로를 부정하게 하지 마라.

26 나 여호와가 거룩하므로 너희도 내 앞에 거룩한 백성이 되어라. 나는 너희를 다른 백성과 구별하여 내 백성으로 삼았다.

27 무당이나 점쟁이는 남자든지 여자든지 모두 죽여라. 죽이되 돌로 쳐서 죽여라. 그들의 죄값이 자기들에게 돌아갈 것이다."

제사장이 지켜야 할 규례

21 여호와께서 모세에게 말씀하셨습니다. "아론의 아들들, 곧 제사장들에게 이렇게 전하여라. 제사장은 시체를 만져서 스스로를 부정하

16 • "If a woman presents herself to a male animal to have intercourse with it, she and the animal must both be put to death. You must kill both, for they are guilty of a capital offense.

17 • "If a man marries his sister, the daughter of either his father or his mother, and they have sexual relations, it is a shameful disgrace. They must be publicly cut off from the community. Since the man has violated his sister, he will be punished for his sin.

18 • "If a man has sexual relations with a woman during her menstrual period, both of them must be cut off from the community, for together they have exposed the source of her blood flow.

19 • "Do not have sexual relations with your aunt, whether your mother's sister or your father's sister. This would dishonor a close relative. Both parties are guilty and will be punished for their sin.

20 • "If a man has sex with his uncle's wife, he has violated his uncle. Both the man and woman will be punished for their sin, and they will die childless.

21 • "If a man marries his brother's wife, it is an act of impurity. He has violated his brother, and the guilty couple will remain childless.

22 • "You must keep all my decrees and regulations by putting them into practice; other-
23 wise the land to which I am bringing you as your new home will vomit you out. • Do not live according to the customs of the people I am driving out before you. It is because they do these shameful things that I detest them.

24 • But I have promised you, 'You will possess their land because I will give it to you as your possession—a land flowing with milk and honey.' I am the LORD your God, who has set you apart from all other people.

25 • "You must therefore make a distinction between ceremonially clean and unclean animals, and between clean and unclean birds. You must not defile yourselves by eating any unclean animal or bird or creature that scurries
26 along the ground. I have identified them as being unclean for you. • You must be holy because I, the LORD, am holy. I have set you apart from all other people to be my very own.

27 • "Men and women among you who act as mediums or who consult the spirits of the dead must be put to death by stoning. They are guilty of a capital offense."

Instructions for the Priests

21 The LORD said to Moses, "Give the following instructions to the priests, the descendants of Aaron.

"A priest must not make himself ceremoni-

detest [ditést] *vt.* 몹시 싫어하다
scurry [skə́:ri] *vi.* 종종걸음으로 달리다

게 하지 마라.

2 다만 죽은 사람이 제사장의 가까운 친척, 곧 어머니나 아버지나 아들이나 딸이나 형제면 그 시체는 만져도 된다.

3 그리고 시집가지 못하고 죽은 누이의 시체도 만질 수 있다. 그 누이에게는 남편이 없으므로 제사장이 가까운 친척이다. 그 누이 때문에 몸을 더럽히는 것은 괜찮다.

4 그러나 제사장이 한 여자의 남편이라면, 아내의 친척이 죽었을 경우, 제사장은 그들 때문에 몸을 더럽히지 마라.

5 제사장은 머리털을 대머리같이 만들지 마라. 제사장은 턱수염을 깎아 내거나, 몸에 칼자국을 내지 마라.

6 제사장은 하나님께 거룩해야 하며, 자기들이 섬기는 하나님의 이름을 욕되게 해선 안 된다. 제사장은 여호와께 불에 태워 제물을 바치는 사람이고, 하나님께 음식을 드리는 사람이다. 그러므로 제사장은 거룩해야 한다.

7 제사장은 그들의 하나님께 거룩하므로 창녀나 몸을 더럽힌 여자와 결혼하지 마라. 그리고 남편과 이혼한 여자와 결혼하지도 마라.

8 너희는 제사장을 거룩하게 여겨라. 그들은 너희 하나님의 음식을 바치는 사람이기 때문이다. 너희를 거룩하게 하는 나 여호와가 거룩하므로 너희도 제사장을 거룩히 여겨야 한다.

9 제사장의 딸이 창녀가 되어 스스로 부정하게 되면, 그것은 자기 아버지를 욕되게 하는 것이다. 그런 딸은 불에 태워 죽여라.

10 자기 형제 제사장들 가운데서 뽑힌 대제사장, 곧 머리에 특별한 기름 부음을 받고 임명되어, 제사장의 옷을 입은 대제사장은 슬픔을 나타내기 위해 머리를 풀거나 옷을 찢지 마라.

11 그는 시체가 놓여 있는 집에 들어가면 안 된다. 그는 아버지나 어머니라도 그 주검을 만져 몸을 더럽히지 말아야 한다.

12 대제사장은 성소를 떠남으로 하나님의 성소를 부정하게 하지 마라. 그는 하나님의 특별한 기름으로 임명된 대제사장이기 때문이다. 나는 여호와이다.

13 대제사장은 반드시 처녀인 여자와 결혼하여라.

14 대제사장은 과부나 이혼한 여자나 창녀와 결혼하지 마라. 그는 자기 백성 가운데서 처녀와 결혼해야 한다.

15 그래야만 백성 가운데 자기 자손을 더럽히지 않고 남기게 될 것이다. 나는 그를 거룩하게 한 여호와이다."

16 여호와께서 모세에게 말씀하셨습니다.

17 "아론에게 전하여라. 네 자손 가운데서 흠이 있는 사람은 하나님께 음식을 바치러 나오지 마라.

---

ally unclean by touching the dead body of a relative. •The only exceptions are his closest relatives—his mother or father, son or daughter, brother, •or his virgin sister who depends on him because she has no husband. •But a priest must not defile himself and make himself unclean for someone who is related to him only by marriage.

5 •"The priests must not shave their heads or trim their beards or cut their bodies. •They must be set apart as holy to their God and must never bring shame on the name of God. They must be holy, for they are the ones who present the special gifts to the LORD, gifts of food for their God.

7 •"Priests may not marry a woman defiled by prostitution, and they may not marry a woman who is divorced from her husband, for the priests are set apart as holy to their God. •You must treat them as holy because they offer up food to your God. You must consider them holy because I, the LORD, am holy, and I make you holy.

9 •"If a priest's daughter defiles herself by becoming a prostitute, she also defiles her father's holiness, and she must be burned to death.

10 •"The high priest has the highest rank of all the priests. The anointing oil has been poured on his head, and he has been ordained to wear the priestly garments. He must never leave his hair uncombed* or tear his clothing. •He must not defile himself by going near a dead body. He may not make himself ceremonially unclean even for his father or mother. •He must not defile the sanctuary of his God by leaving it to attend to a dead person, for he has been made holy by the anointing oil of his God. I am the LORD.

13 •"The high priest may marry only a virgin. •He may not marry a widow, a woman who is divorced, or a woman who has defiled herself by prostitution. She must be a virgin from his own clan, •so that he will not dishonor his descendants among his clan, for I am the LORD who makes him holy."

16-17 •Then the LORD said to Moses, •"Give the following instructions to Aaron: In all future generations, none of your descendants who has any defect will qualify to

defile [difáil] *vt.* 더럽히다
ordain [ɔːrdéin] *vt.* 위임하다
trim [trim] *vi.* 다듬다
21:6 set apart as holy : 거룩하게 구별하다

21:10 Or *never uncover his head.*

18 흠이 있는 사람은 제사장이 되어 하나님께 나올 수 없다. 곧 앞을 못 보는 사람, 다리를 저는 사람, 코가 기형인 사람, 팔다리가 성하지 않은 사람,

19 발이나 손을 못 쓰게 된 사람,

20 곱사등이, 난쟁이, 눈에 이상이 있는 사람, 옴이 난 사람, 종기가 난 사람, 고환을 다친 사람은 제사장이 되어 하나님께 나올 수 없다.

21 아론의 자손 가운데서 흠이 있는 사람은, 태워 바치는 제사인 화제를 드리기 위해 여호와께 나올 수 없다. 그는 흠이 있는 사람이므로 하나님께 음식을 바치기 위해 나올 수 없다.

22 그러나 그도 제사장 집안 사람이므로 하나님의 가장 거룩한 음식이나 거룩한 음식을 먹을 수 있다.

23 그러나 그는 휘장을 지나 안으로 들어가지 못한다. 제단에도 가까이 가지 못한다. 그는 흠이 있으므로 내 성소를 더럽히지 말아야 한다. 나는 그것들을 거룩하게 하는 여호와이다."

24 그리하여 모세는 이 모든 말씀을 아론과 아론의 아들들과 모든 이스라엘 백성에게 일러 주었습니다.

22

여호와께서 모세에게 말씀하셨습니다.

2 "아론과 그의 아들들에게 전하여라. 이스라엘 백성이 나에게 바친 제물은 거룩한 것이므로 너희는 그것을 조심스럽게 다루어라. 그리하여 내 이름을 더럽히는 일이 없도록 하여라. 나는 여호와이다.

3 앞으로 너희 자손 가운데 몸이 부정하면서도, 이스라엘 백성이 여호와께 바친 거룩한 제물을 만지는 사람은 다시 내 앞에 나타나지 못하게 하여라. 나는 여호와이다.

4 아론의 자손 가운데서 위험한 피부병에 걸렸거나 몸에서 고름이 흐르는 사람은 깨끗해질 때까지 거룩한 제물을 먹지 마라. 그리고 누구든지 시체를 만졌거나 정액을 흘렸거나,

5 땅에 기는 것 가운데 부정한 짐승을 만져서 부정하게 되었거나 부정한 사람을 만져서 부정하게 되었거나, 그밖에 어떤 것을 만져서 부정하게 된 사람은

6 저녁 때까지 부정할 것이다. 그런 사람은 물로 몸을 씻을 때까지 거룩한 제물을 먹지 마라.

7 해가 지면 그 사람은 깨끗해질 것이다. 그러면 그는 거룩한 제물을 먹을 수 있을 것이다. 왜냐하면 그 제물은 그의 몫이기 때문이다.

8 제사장은 저절로 죽었거나 다른 짐승에게 찢겨 죽은 짐승을 먹지 마라. 만약 먹으면 그는 부정해질 것이다. 나는 여호와이다.

9 제사장은 내가 준 모든 규례를 지켜라. 그래야 죄를 짓지 않을 것이다. 죽지 않으려면 조심하여라. 나는 그들을 거룩하게 하는 여호와이다. 내가 그들을 거

18 offer food to his God. •No one who has a defect qualifies, whether he is blind, lame,

19 disfigured, deformed, •or has a broken foot

20 or arm, •or is hunchbacked or dwarfed, or has a defective eye, or skin sores or scabs, or

21 damaged testicles. •No descendant of Aaron who has a defect may approach the altar to present special gifts to the LORD. Since he has a defect, he may not approach the altar to

22 offer food to his God. •However, he may eat from the food offered to God, including the holy offerings and the most holy offerings.

23 •Yet because of his physical defect, he may not enter the room behind the inner curtain or approach the altar, for this would defile my holy places. I am the LORD who makes them holy."

24 •So Moses gave these instructions to Aaron and his sons and to all the Israelites.

22

1-2 The LORD said to Moses, •"Tell Aaron and his sons to be very careful with the sacred gifts that the Israelites set apart for me, so they do not bring shame on

3 my holy name. I am the LORD. •Give them the following instructions.

"In all future generations, if any of your descendants is ceremonially unclean when he approaches the sacred offerings that the people of Israel consecrate to the LORD, he must be cut off from my presence. I am the LORD.

4 •"If any of Aaron's descendants has a skin disease* or any kind of discharge that makes him ceremonially unclean, he may not eat from the sacred offerings until he has been pronounced clean. He also becomes unclean by touching a corpse, or

5 by having an emission of semen, •or by touching a small animal that is unclean, or by touching someone who is ceremonially

6 unclean for any reason. •The man who is defiled in any of these ways will remain unclean until evening. He may not eat from the sacred offerings until he has bathed him-

7 self in water. •When the sun goes down, he will be ceremonially clean again and may eat from the sacred offerings, for this is his

8 food. •He may not eat an animal that has died a natural death or has been torn apart by wild animals, for this would defile him. I am the LORD.

9 •"The priests must follow my instructions carefully. Otherwise they will be punished for their sin and will die for violating my instructions. I am the LORD who makes them holy.

22:4 Traditionally rendered *leprosy;* see note on 13:2a.

룩히 구별했다.

10 제사장 집안의 사람만이 거룩한 제물을 먹을 수 있다. 제사장의 집에 머무는 나그네나 품꾼은 그것을 먹지 마라.

11 그러나 제사장이 자기 돈으로 산 종은, 그 거룩한 음식을 먹을 수 있다. 그리고 제사장의 집에서 태어난 종도 제사장의 음식을 먹을 수 있다.

12 제사장의 딸은 제사장이 아닌 사람과 결혼했을 경우, 거룩한 음식을 먹을 수 없다.

13 제사장의 딸이 자식을 낳지 못했는데 과부가 되었거나 이혼을 해서, 자기 아버지의 집으로 돌아와서 시집가기 전처럼 살면, 그 딸은 아버지의 음식을 먹을 수 있다. 그러나 제사장의 집안 사람이 아니면 그 음식을 먹을 수 없다.

14 실수로 거룩한 제물을 먹은 사람은, 제사장에게 그 거룩한 음식 값을 갚아라. 그는 음식 값의 오분의 일을 보태서 갚아라.

15 제사장은 이스라엘 백성이 여호와께 바친 거룩한 제물을 더럽히지 마라.

16 만약 제사장이 제사장이 아닌 사람에게 그 음식을 먹게 하면, 그 사람은 그 음식을 먹음으로써 죄를 짓게 된다. 나는 그 음식을 거룩하게 한 여호와이다."

17 여호와께서 모세에게 말씀하셨습니다.

18 "아론과 그의 아들들과 모든 이스라엘 백성에게 전하여라. 이스라엘 백성이나 그 백성과 함께 사는 외국인이 번제를 바칠 때는, 그것이 맹세한 것을 갚기 위해 바치는 제물이든 아니면 스스로 원해서 바치는 제물이든,

19 소나 양이나 염소를 바치되 흠 없는 수컷으로 바쳐라. 그래야 여호와께서 너희를 기뻐하실 것이다.

20 흠이 있는 것을 바치지 마라. 여호와께서 너희를 기뻐하지 않으실 것이다.

21 누구든지 여호와께 화목 제물을 바칠 때는, 그것이 맹세한 것을 갚기 위해 바치는 제물이든 아니면 스스로 원해서 바치는 제물이든, 소나 양을 바치되 흠 없는 수컷으로 바쳐라. 그래야 여호와께서 즐거이 받으실 것이다.

22 앞을 못 보는 것이나, 뼈가 부러진 것이나, 다리를 저는 것이나, 고름이 흐르는 것이나, 피부병에 걸린 것을 여호와께 바치지 마라. 그런 짐승을 제단 위에 바치지 마라. 그런 것들은 여호와께 태워서 드리는 제물이 될 수 없다.

23 소나 양이 보통 것보다 작거나 생긴 모습이 성하지 않은 것이라 하더라도, 그것이 스스로 원해서 바치는 제물이라면 바쳐도 괜찮다. 그러나 맹세한 것을 갚기 위해 바치는 제물이라면 바칠 수 없다.

24 고환이 터졌거나 으스러졌거나 찢어졌거나 잘린

10 • "No one outside a priest's family may eat the sacred offerings. Even guests and hired workers in a priest's home are not allowed to 11 eat them. • However, if the priest buys a slave for himself, the slave may eat from the sacred offerings. And if his slaves have chil- 12 dren, they also may share his food. • If a priest's daughter marries someone outside the priestly family, she may no longer eat 13 the sacred offerings. • But if she becomes a widow or is divorced and has no children to support her, and she returns to live in her father's home as in her youth, she may eat her father's food again. Otherwise, no one outside a priest's family may eat the sacred offerings.

14 • "Any such person who eats the sacred offerings without realizing it must pay the priest for the amount eaten, plus an addi- 15 tional 20 percent. • The priests must not let the Israelites defile the sacred offerings 16 brought to the LORD • by allowing unautho- rized people to eat them. This would bring guilt upon them and require them to pay compensation. I am the LORD who makes them holy."

Worthy and Unworthy Offerings

17-18 • And the LORD said to Moses, • "Give Aaron and his sons and all the Israelites these instructions, which apply both to native Israelites and to the foreigners living among you.

"If you present a gift as a burnt offering to the LORD, whether it is to fulfill a vow or is a 19 voluntary offering, • you* will be accepted only if your offering is a male animal with no defects. It may be a bull, a ram, or a male 20 goat. • Do not present an animal with defects, because the LORD will not accept it on your behalf.

21 • "If you present a peace offering to the LORD from the herd or the flock, whether it is to fulfill a vow or is a voluntary offering, you must offer a perfect animal. It may have 22 no defect of any kind. • You must not offer an animal that is blind, crippled, or injured, or that has a wart, a skin sore, or scabs. Such animals must never be offered on the altar as 23 special gifts to the LORD. • If a bull* or lamb has a leg that is too long or too short, it may be offered as a voluntary offering, but it may 24 not be offered to fulfill a vow. • If an animal has damaged testicles or is castrated, you may not offer it to the LORD. You must never

---

compensation [kɑmpənséiʃən] *n.* 보상
castrate [kǽstreit] *vt.* 거세하다
deformed [difɔ́ːrmd] *a.* 기형의; 불구의

⋯⋯⋯⋯⋯⋯⋯⋯⋯⋯⋯⋯⋯⋯⋯⋯⋯⋯⋯⋯

22:19 Or *it.*　　22:23 Or *cow.*

짐승은 여호와께 바치지 마라. 너희가 사는 땅에서 그런 짐승을 바쳐서는 안 된다.

25 그런 짐승을 외국인에게 받아서 여호와께 제물로 바쳐서도 안 된다. 그런 짐승은 상한 것이고 흠이 있는 것이다. 여호와께서는 너희를 기뻐하지 않으실 것이다."

26 여호와께서 모세에게 말씀하셨습니다.

27 "소나 양이나 염소가 태어나면 칠 일 동안은 그 어미와 함께 있게 하여라. 그러나 팔 일째 되는 날부터 그것을 제물로 바치면 여호와께서는 그것을 받아 주실 것이다.

28 그러나 새끼와 그 어미를 같은 날에 잡지 마라. 암소나 암양이나 다 마찬가지다.

29 너희가 여호와께 감사의 제물을 바칠 때는 여호와께서 너희를 기쁘게 받으시도록 바쳐라.

30 너희는 그 바친 짐승을 그날에 먹어라. 이튿날 아침까지 그 고기를 남기지 마라. 나는 여호와이다.

31 내 명령을 잘 기억하고 그대로 지켜라. 나는 여호와이다.

32 내 거룩한 이름을 더럽히지 마라. 너희 이스라엘 백성 가운데서 내가 거룩하다는 것을 드러낼 것이다. 나는 너희를 거룩하게 하는 여호와이다.

33 나는 너희 하나님이 되기 위해 너희를 이집트에서 인도해 낸 여호와이다."

여러 절기

23 여호와께서 모세에게 말씀하셨습니다. 2 "이스라엘 백성에게 전하여라. 너희는 여호와께서 거룩한 모임을 갖고 여호와를 예배하라고 정하신 절기를 선포하여라. 나의 특별한 절기는 이러하다.

안식일

3 너희는 엿새 동안은 일을 하지만, 칠 일째 되는 날은 완전히 쉬는 안식일이며, 거룩한 모임의 날이다. 너희는 어떤 일도 하지 마라. 그날은 너희의 모든 가정에서 지켜야 할 여호와의 안식일이다.

유월절과 무교절

4 여호와께서 정하신 절기는 이러하다. 너희는 그 절기의 때 거룩한 모임을 갖고 지켜라.

5 여호와의 유월절은 첫째 달 십사 일*인데, 유월절은 해질 무렵부터 시작된다.

6 무교절은 같은 달 십오 일에 시작된다. 너희는 칠 일 동안, 누룩을 넣지 않고 만든 빵인 무교병을 먹어라.

7 이 절기의 첫째 날에 너희는 거룩한 모임을 가져라. 그날에 너희는 아무 일도 하지 마라.

8 너희는 칠 일 동안, 여호와께 불로 태워 바치는 화제를 드려라. 칠 일째 되는 날에는 거룩한 모임

25 do this in your own land, • and you must not accept such an animal from foreigners and then offer it as a sacrifice to your God. Such animals will not be accepted on your behalf, for they are mutilated or defective."

26-27 • And the LORD said to Moses, • "When a calf or lamb or goat is born, it must be left with its mother for seven days. From the eighth day on, it will be acceptable as a special gift to the LORD. • But you must not slaughter a mother animal and her offspring on the same day,

29 whether from the herd or the flock. • When you bring a thanksgiving offering to the LORD, sacrifice it properly so you will be accepted.

30 • Eat the entire sacrificial animal on the day it is presented. Do not leave any of it until the next morning. I am the LORD.

31 • "You must faithfully keep all my commands by putting them into practice, for I am the LORD. • Do not bring shame on my holy name, for I will display my holiness among the people of Israel. I am the LORD who makes you

33 holy. • It was I who rescued you from the land of Egypt, that I might be your God. I am the LORD."

The Appointed Festivals

23 1-2 The LORD said to Moses, • "Give the following instructions to the people of Israel. These are the LORD's appointed festivals, which you are to proclaim as official days for holy assembly.

3 • "You have six days each week for your ordinary work, but the seventh day is a Sabbath day of complete rest, an official day for holy assembly. It is the LORD's Sabbath day, and it must be observed wherever you live.

4 • "In addition to the Sabbath, these are the LORD's appointed festivals, the official days for holy assembly that are to be celebrated at their proper times each year.

Passover and the Festival of Unleavened Bread

5 • "The LORD's Passover begins at sundown on the fourteenth day of the first month.* • On the next day, the fifteenth day of the month, you must begin celebrating the Festival of Unleavened Bread. This festival to the LORD continues for seven days, and during that time the bread you eat must be made without yeast.

7 • On the first day of the festival, all the people must stop their ordinary work and observe an official day for holy assembly. • For seven days you must present special gifts to the LORD. On the seventh day the people must again stop all their ordinary work to observe an official day for holy assembly."

23:5 This day in the ancient Hebrew lunar calendar occurred in late March, April, or early May.

23:5 이날은 히브리력으로서, 태양력의 3월 말에서 4월 초에 해당된다.

을 가져라. 그날에는 보통 때 하던 어떤 일도 하지 마라."

초실절

9 여호와께서 모세에게 말씀하셨습니다.

10 "이스라엘 백성에게 전하여라. 너희는 내가 너희에게 줄 땅으로 들어가서 추수를 할 때, 너희가 거둔 것 가운데서 첫 곡식단을 제사장에게 가져가거라.

11 제사장은 여호와께서 너희를 기뻐하시도록, 그 단을 여호와 앞에 흔들어 바쳐라. 제사장은 그 단을 안식일 다음날에 흔들어서 드려라.

12 너희는 곡식단을 흔들어서 드릴 때, 일 년 된 흠 없는 숫양을 번제물로 바쳐라.

13 너희는 또 곡식 제물을 바쳐라. 너희가 바칠 제물은 기름을 섞은 고운 가루 십분의 이 에바*이다. 그것은 불로 태워 드리는 화제이며 그 냄새가 여호와를 기쁘시게 한다. 너희는 또 포도주 사분의 일 힌*을 부어 드리는 전제로 바쳐라.

14 먼저 너희 제물을 여호와께 바치기 전에는 빵이나 볶은 곡식이나 햇곡식도 먹지 마라. 이것은 너희가 사는 곳에서 지금부터 영원히 지켜야 할 규례이다.

오순절

15 너희는 첫 곡식단을 가져와 흔들어서 바친 안식일 다음날부터 칠 주를 꼭 차게 세어라.

16 그러다가 오십 일째 되는 날, 곧 일곱 번째 안식일 그 다음날에 새 곡식 제물을 여호와께 가져와 바쳐라.

17 그날에는 너희 집에서 고운 가루 십분의 이 에바에 누룩을 넣어 만든 빵인 유교병 두 개를 가져와 여호와께 흔들어 바쳐라. 그것이 너희가 거둘 햇곡식 가운데서 여호와께 바치는 제물이다.

18 그 빵과 함께 수송아지 한 마리와 숫양 두 마리와 일 년 된 흠 없는 어린 숫양 일곱 마리를 번제물로 바쳐라. 그것은 불로 태워 드리는 화제이며 그 냄새가 여호와를 기쁘시게 할 것이다. 곡식 제물과 부어 드리는 전제물도 함께 바쳐라.

19 너희는 또 숫염소 한 마리를 속죄 제물로 바쳐라. 그리고 화목 제물로 일 년 된 어린 숫양 두 마리를 바쳐라.

20 제사장은 양 두 마리를 제물로 바치되, 추수한 햇곡식으로 만든 빵과 함께 흔들어 바쳐라. 그것들은 여호와께 바친 거룩한 것이며 제사장의 몫이다.

21 너희는 그날을 거룩한 모임의 날로 선포하라. 그 날에는 아무 일도 하지 마라. 이것은 너희가 사는 곳에서 지금부터 영원히 지켜야 할 규례이다.

22 너희는 너희 땅에서 추수를 할 때에 밭의 구석구

Celebration of First Harvest

9-10 • Then the LORD said to Moses, • "Give the following instructions to the people of Israel. When you enter the land I am giving you and you harvest its first crops, bring the priest a bundle of grain from the first cutting of your grain 11 harvest. • On the day after the Sabbath, the priest will lift it up before the LORD so it may be 12 accepted on your behalf. • On that same day you must sacrifice a one-year-old male lamb with no defects as a burnt offering to the LORD. 13 • With it you must present a grain offering consisting of four quarts* of choice flour moistened with olive oil. It will be a special gift, a pleasing aroma to the LORD. You must also offer one 14 quart* of wine as a liquid offering. • Do not eat any bread or roasted grain or fresh kernels on that day until you bring this offering to your God. This is a permanent law for you, and it must be observed from generation to generation wherever you live.

The Festival of Harvest

15 • "From the day after the Sabbath—the day you 16 bring the bundle of grain to be lifted up as a special offering—count off seven full weeks. • Keep counting until the day after the seventh Sabbath, fifty days later. Then present an offer- 17 ing of new grain to the LORD. • From wherever you live, bring two loaves of bread to be lifted up before the LORD as a special offering. Make these loaves from four quarts of choice flour, and bake them with yeast. They will be an offering to the LORD from the first of your crops. 18 • Along with the bread, present seven one-year- old male lambs with no defects, one young bull, and two rams as burnt offerings to the LORD. These burnt offerings, together with the grain offerings and liquid offerings, will be a special 19 gift, a pleasing aroma to the LORD. • Then you must offer one male goat as a sin offering and two one-year-old male lambs as a peace offering. 20 • "The priest will lift up the two lambs as a special offering to the LORD, together with the loaves representing the first of your crops. These offerings, which are holy to the LORD, belong to 21 the priests. • That same day will be proclaimed an official day for holy assembly, a day on which you do no ordinary work. This is a permanent law for you, and it must be observed from generation to generation wherever you live.* 22 • "When you harvest the crops of your land, do not harvest the grain along the edges of your

23:13a Hebrew *2/10 of an ephah* [4.4 liters]; also in **23:17. 23:13b** Hebrew *1/4 of a hin* [1 liter]. **23:21** This celebration, called the Festival of Harvest or the Festival of Weeks, was later called the Festival of Pentecost (see Acts 2:1). It is celebrated today as Shavuat (or Shabuoth).

23:13 2/10에바는 약 4.4ℓ에 해당되고, 1/4힌은 약 0.9ℓ에 해당된다.

석까지 다 거두어들이지 마라. 그리고 거두어들이다가 곡식이 밭에 떨어졌더라도 줍지 말고, 너희 땅에 사는 가난한 사람과 외국인이 주워 갈 수 있도록 그냥 내버려 두어라. 나는 너희 하나님 여호와이다."

나팔절

23 여호와께서 또 모세에게 말씀하셨습니다.

24 "이스라엘 백성에게 전하여라. 너희는 일곱째 달 첫째 날을 완전한 안식일로 지켜라. 나팔을 불어 그날을 기념하고 거룩한 모임을 열어라.

25 그날에는 아무 일도 하지 말고, 여호와께 불에 태워 바치는 화제를 드려라."

속죄일

26 여호와께서 모세에게 말씀하셨습니다.

27 "이 일곱째 달 십 일은 속죄일이다. 그날에는 거룩한 모임을 가져라. 너희는 음식을 먹지 말고 불에 태워 바치는 화제를 드려라.

28 그날에는 아무 일도 하지 마라. 그날은 속죄일이기 때문이다. 그날에 제사장은 여호와 앞으로 나아가서 너희의 죄를 씻는 예식을 행하여라.

29 그날에 금식을 하지 않는 사람은 백성에게서 끊어질 것이다.

30 누구든지 그날에 일을 하면, 내가 그 백성 가운데서 끊어 버리겠다.

31 그날에는 아무 일도 하지 말아야 한다. 이것은 너희가 사는 곳에서 지금부터 영원히 지켜야 할 규례이다.

32 그날은 너희의 완전한 안식일이 되게 하여라. 그리고 그날에는 음식을 먹지 마라. 그날은 전날 저녁에 시작해서 다음 날 저녁까지 계속될 것이다."

초막절

33 여호와께서 또 모세에게 말씀하셨습니다.

34 "이스라엘 백성에게 전하여라. 일곱째 달 십오 일은 초막절이다. 여호와를 위해 지키는 이 절기는 칠 일 동안 계속될 것이다.

35 그 첫째 날에는 거룩한 모임을 가져라. 그날에는 아무 일도 하지 마라.

36 너희는 칠 일 동안 매일 여호와 앞에 화제를 위한 제물을 바쳐라. 팔 일째 되는 날에는 또 다시 거룩한 모임을 가져라. 그리고 여호와께 화제를 위한 제물을 바쳐라. 그날의 모임은 거룩한 모임이므로 그날에는 아무 일도 하지 마라.

fields, and do not pick up what the harvesters drop. Leave it for the poor and the foreigners living among you. I am the LORD your God."

The Festival of Trumpets

23-24 • The LORD said to Moses, • "Give the following instructions to the people of Israel. On the first day of the appointed month in early autumn,* you are to observe a day of complete rest. It will be an official day for holy assembly, a day commemorated with loud blasts of a trumpet. 25 • You must do no ordinary work on that day. Instead, you are to present special gifts to the LORD."

The Day of Atonement

26-27 • Then the LORD said to Moses, • "Be careful to celebrate the Day of Atonement on the tenth day of that same month—nine days after the Festival of Trumpets.* You must observe it as an official day for holy assembly, a day to deny yourselves* and 28 present special gifts to the LORD. • Do no work during that entire day because it is the Day of Atonement, when offerings of purification are made for you, making you right with* the LORD 29 your God. • All who do not deny themselves that 30 day will be cut off from God's people. • And I will destroy anyone among you who does any work on 31 that day. • You must not do any work at all! This is a permanent law for you, and it must be observed from generation to generation wherever you live. 32 • This will be a Sabbath day of complete rest for you, and on that day you must deny yourselves. This day of rest will begin at sundown on the ninth day of the month and extend until sundown on the tenth day."

The Festival of Shelters

33-34 • And the LORD said to Moses, • "Give the following instructions to the people of Israel. Begin celebrating the Festival of Shelters* on the fifteenth day of the appointed month—five days after the Day of Atonement.* This festival to the LORD will last for 35 seven days. • On the first day of the festival you must proclaim an official day for holy assembly, 36 when you do no ordinary work. • For seven days you must present special gifts to the LORD. The eighth day is another holy day on which you pre-

23:24 Hebrew *On the first day of the seventh month.* This day in the ancient Hebrew lunar calendar occurred in September or October. This festival is celebrated today as Rosh Hashanah, the Jewish new year. 23:27a Hebrew *on the tenth day of the seventh month;* see 23:24 and the note there. This day in the ancient Hebrew lunar calendar occurred in September or October. It is celebrated today as Yom Kippur. 23:27b Or *to fast;* similarly in 23:29, 32. 23:28 Or *when atonement is made for you before.* 23:34a Or *Festival of Booths,* or *Festival of Tabernacles.* This was earlier called the Festival of the Final Harvest or Festival of Ingathering (see Exod 23:16b). It is celebrated today as Sukkot (or Succoth). 23:34b Hebrew *on the fifteenth day of the seventh month;* see 23:27a and the note there.

37 이상의 절기들은 여호와의 특별한 절기들이다. 각 절기에는 거룩한 모임을 가져라. 너희는 화제를 바쳐라. 번제물과 곡식 제물과 희생 제물과 부어 드리는 전제물을 각각 정해진 날에 바쳐라.

38 너희는 여호와의 안식일에 바치는 것 말고도 이 제물들을 더 바쳐라. 너희는 맹세한 것을 갚기 위해 바치는 제물과 스스로 원해서 여호와께 바치는 제물 말고도 이 제물들을 더 바쳐라.

39 일곱째 달 십오 일에, 곧 너희가 땅에 심었던 것을 거두어들이고 나서, 여호와의 절기를 칠 일 동안 지켜라. 초하루와 팔 일은 완전한 안식일이다.

40 너희는 첫째 날에 좋은 나무에서 열매를 거두어들이고, 종려나무 가지와 잎이 무성한 나무의 가지와 시냇가의 버드나무 가지를 꺾어서, 칠 일 동안, 너희 하나님 여호와 앞에서 즐거워하여라.

41 해마다 이 절기를 여호와 앞에서 칠 일 동안, 지켜라. 이것은 지금부터 영원히 지켜야 할 율법이다. 너희는 이 절기를 일곱째 달에 지켜라.

42 칠 일 동안 초막에서 지내라. 이스라엘에서 태어난 모든 백성은 칠 일 동안, 초막에서 지내라.

43 이것은 내가 너희 이스라엘을 이집트에서 인도해 내던 때에 너희를 초막에서 살게 하던 일을 너희 후손에게 알려 주기 위해서이다. 나는 너희 하나님 여호와이다."

44 그리하여 모세는 여호와께서 정하신 절기들을 이스라엘 백성에게 알려 주었습니다.

등잔대와 거룩한 빵

24 여호와께서 모세에게 말씀하셨습니다. 2 "이스라엘 백성에게 명령하여 올리브를 짜서 만든 순수한 기름을 가져오게 하여라. 그 기름은 등잔에 쓸 기름이다. 그 등잔의 불은 꺼지지 않게 계속 켜 두어라.

3 아론은 그 등잔을 회막 안에, 곧 언약궤 앞에 친 휘장 앞에 두어라. 이것은 지금부터 영원히 지켜야 할 율법이다.

4 아론은 여호와 앞, 곧 순금으로 만든 등잔대 위에 언제나 등불을 켜 두어라.

5 고운 가루로 빵 열두 개를 만들어라. 빵 하나에 가루 십분의 이 에바*가 들어가게 만들어라.

6 그것들을 여호와 앞의 금상 위에 두 줄로 늘어놓되, 한 줄에 여섯 개씩 늘어놓아라.

7 각 줄에 순수한 향을 얹어라. 그 향은 빵을 대신해서 기념하는 몫으로 바치는 것이다. 그것은 여호와께 불에 태워 바치는 화제를 드리기 위한

sent your special gifts to the LORD. This will be a solemn occasion, and no ordinary work may be done that day.

37 •("These are the LORD's appointed festivals. Celebrate them each year as official days for holy assembly by presenting special gifts to the LORD—burnt offerings, grain offerings, sacrifices, and liquid offerings—each on its proper day.

38 •These festivals must be observed in addition to the LORD's regular Sabbath days, and the offerings are in addition to your personal gifts, the offerings you give to fulfill your vows, and the voluntary offerings you present to the LORD.)

39 •"Remember that this seven-day festival to the LORD—the Festival of Shelters—begins on the fifteenth day of the appointed month,* after you have harvested all the produce of the land. The first day and the eighth day of the festival

40 will be days of complete rest. •On the first day gather branches from magnificent trees*—palm fronds, boughs from leafy trees, and willows that grow by the streams. Then celebrate with joy before the LORD your God for seven days.

41 •You must observe this festival to the LORD for seven days every year. This is a permanent law for you, and it must be observed in the appoint-

42 ed month* from generation to generation. •For seven days you must live outside in little shelters. All native-born Israelites must live in shel-

43 ters. •This will remind each new generation of Israelites that I made their ancestors live in shelters when I rescued them from the land of Egypt. I am the LORD your God."

44 •So Moses gave the Israelites these instructions regarding the annual festivals of the LORD.

Pure Oil and Holy Bread

24 1-2 The LORD said to Moses, •"Command the people of Israel to bring you pure oil of pressed olives for the light, to keep the lamps

3 burning continually. •This is the lampstand that stands in the Tabernacle, in front of the inner curtain that shields the Ark of the Covenant.* Aaron must keep the lamps burning in the LORD's presence all night. This is a permanent law for you, and it must be observed from

4 generation to generation. •Aaron and the priests must tend the lamps on the pure gold lampstand continually in the LORD's presence.

5 •"You must bake twelve flat loaves of bread from choice flour, using four quarts* of flour for

6 each loaf. •Place the bread before the LORD on the pure gold table, and arrange the loaves in

7 two stacks, with six loaves in each stack. •Put

23:39 Hebrew *on the fifteenth day of the seventh month.*　23:40　Or *gather fruit from majestic trees.*　23:41　Hebrew *the seventh month.*　24:3 Hebrew *in the Tent of Meeting, outside the inner curtain of the Testimony;* see note on 16:13.　24:5 Hebrew *2/10 of an ephah* [4.4 liters].

24:5 2/10에바는 약 4.4ℓ에 해당된다.

제물이다.

8 아론은 안식일마다 그 빵을 여호와 앞에 놓아두어라. 이스라엘 백성과 맺은 이 언약은 영원히 계속될 것이다.

9 그 빵은 아론과 그의 아들들의 몫이다. 그들은 그것을 성소에서 먹어라. 그것은 여호와께 바치는 화제 가운데서 가장 거룩하기 때문이다. 이것은 그들이 영원히 지켜야 할 규례이다."

하나님을 저주한 사람

10 어머니는 이스라엘 여자이고, 아버지는 이집트 남자인 어떤 사람이, 이스라엘 백성들 사이로 걷고 있었습니다. 그런데 그 사람과 어떤 이스라엘 사람 사이에 싸움이 벌어졌습니다.

11 이스라엘 여자의 아들이 여호와의 이름을 모독하고, 여호와를 저주하는 말을 했습니다. 그래서 사람들이 그를 모세에게 데려갔습니다. 그의 어머니의 이름은 슬로밋이었습니다. 슬로밋은 단 지파 사람 디브리의 딸이었습니다.

12 백성은 여호와께서 명령하시는 것을 확실히 알 때까지 그 사람을 가두어 놓았습니다.

13 여호와께서 모세에게 말씀하셨습니다.

14 "나를 저주한 사람을 진 밖으로 끌어내어라. 그리고 그의 말을 들은 사람을 다 데려가거라. 그 사람들이 그의 머리에 손을 얹은 다음에 모든 백성들이 돌을 던져 그를 죽여라.

15 이스라엘 백성에게 전하여라. 누구든지 하나님을 저주하는 사람은 벌을 받을 것이다.

16 누구든지 하나님의 이름을 모독하는 사람은 죽여라. 모든 백성이 돌을 던져 그 사람을 죽여라. 외국인도 이스라엘에서 태어난 사람과 마찬가지로 같은 벌을 받을 것이다.

17 누구든지 사람을 죽인 자는 반드시 죽여라.

18 짐승을 죽인 사람은 다른 짐승으로 물어 주어라.

19 이웃에게 상처를 입힌 사람은 똑같은 상처를 당하게 하여라.

20 뼈를 부러뜨리면 뼈를 부러뜨림으로, 눈은 눈으로, 이는 이로 갚아라. 다른 사람에게 상처를 입힌 사람은 그것과 똑같은 상처로 벌을 받을 것이다.

21 남의 짐승을 죽인 사람은 다른 짐승으로 물어 주고 사람을 죽인 사람은 죽여라.

22 이 법은 이스라엘 백성이나 외국인이나 똑같이 지켜야 할 것이다. 나는 너희 하나님 여호와이다."

23 그리하여 모세가 이스라엘 백성에게 말했습니다. 그러자 백성은 하나님을 저주한 사람을 진

---

some pure frankincense near each stack to serve as a representative offering, a special gift presented to the LORD. • Every Sabbath day this bread must be laid out before the LORD as a gift from the Israelites; it is an ongoing expression of the eternal covenant. • The loaves of bread will belong to Aaron and his descendants, who must eat them in a sacred place, for they are most holy. It is the permanent right of the priests to claim this portion of the special gifts presented to the LORD."

An Example of Just Punishment

10 • One day a man who had an Israelite mother and an Egyptian father came out of his tent and got into a fight with one of the Israelite men.

11 • During the fight, this son of an Israelite woman blasphemed the Name of the LORD* with a curse. So the man was brought to Moses for judgment. His mother was Shelomith, the daughter of Dibri of the tribe of Dan.

12 • They kept the man in custody until the LORD's will in the matter should become clear to them.

13-14 • Then the LORD said to Moses, • "Take the blasphemer outside the camp, and tell all those who heard the curse to lay their hands on his head. Then let the entire community stone him to death.

15 • Say to the people of Israel: Those who curse their God will be punished for their sin.

16 • Anyone who blasphemes the Name of the LORD must be stoned to death by the whole community of Israel. Any native-born Israelite or foreigner among you who blasphemes the Name of the LORD must be put to death.

17 • "Anyone who takes another person's life must be put to death.

18 • "Anyone who kills another person's animal must pay for it in full—a live animal for the animal that was killed.

19 • "Anyone who injures another person must be dealt with according to the injury inflicted—

20 • a fracture for a fracture, an eye for an eye, a tooth for a tooth. Whatever anyone does to injure another person must be paid back in kind.

21 • "Whoever kills an animal must pay for it in full, but whoever kills another person must be put to death.

22 • "This same standard applies both to native-born Israelites and to the foreigners living among you. I am the LORD your God."

23 • After Moses gave all these instructions to the Israelites, they took the blasphemer outside the camp and stoned him to death. The Israelites did just as the LORD had commanded Moses.

---

blaspheme [blǽsfi:m] *vt.* (하나님을) 모독하다
custody [kʌ́stədi] *n.* 감금
fracture [frǽktʃər] *n.* 부러짐
24:20 in kind : 같은 방법으로

24:11 Hebrew *the Name*; also in 24:16b.

밖으로 끌고 가서 그를 돌로 쳐죽였습니다. 이스라엘 백성은 여호와께서 모세에게 명령하신 대로 했습니다.

땅의 안식

25 여호와께서 시내 산에서 모세에게 말씀하셨습니다.

2 "이스라엘 백성에게 전하여라. 내가 너희에게 줄 그 땅으로 들어가면, 너희는 그 땅이 여호와를 위하여 안식할 수 있도록 특별한 시간을 주어라.

3 육 년 동안은 땅에 씨를 뿌려도 좋고, 포도밭을 가꾸어 열매를 거두어도 좋다.

4 그러나 칠 년째 되는 해에는 땅을 쉬게 하여라. 그 해는 여호와를 위해 쉬는 해이니, 너희는 땅에 씨를 뿌리거나 포도원을 가꾸는 일을 하지 마라.

5 너희는 추수하다가 땅에 떨어져 저절로 자란 것은 거두지 마라. 너희가 가꾸지 않은 포도밭에서 자란 포도도 따지 마라. 이것은 땅이 일 년 동안, 쉬는 해이기 때문이다.

6 땅이 쉬는 해에는 땅이 너희에게 먹을 것을 낼 것이다. 너희 남자나 여자나 종이나 품꾼이나 너희 땅에 사는 외국인에게 땅에서 나는 것은 무엇이든 먹게 하여라.

7 또한 너희가 기르는 가축이나 너희 땅의 들짐승도 땅에서 나는 것이면 다 먹게 하여라.

기쁨의 해인 희년

8 너희는 칠 년을 일곱 번 세어라. 그러면 사십구 년이 될 것이다. 그동안, 땅이 쉬는 해가 일곱 번 있을 것이다.

9 너희는 사십구 년이 지난 다음, 속죄일에 나팔을 불어라. 너희가 나팔을 불어야 할 날은 일곱째 달 십 일이다. 너희는 온 땅에서 나팔을 불어라.

10 오십 번째 되는 해를 특별한 해로 정하여, 너희 땅에 사는 모든 백성에게 자유를 선포하여라. 그 해는 기쁨의 해인 희년이니, 너희 모두는 각자 자기 땅으로 돌아가거라. 모두 자기 집, 자기 가족에게로 돌아가거라.

11 오십 번째 되는 해는 너희에게 기쁨의 해이니, 땅에 씨를 심지 말고, 저절로 자란 것을 거두지 말며, 가꾸지 않은 포도밭의 포도를 따지 마라.

12 그 해는 희년이니 너희에게 거룩한 때이다. 너희는 밭에서 나는 것을 먹어라.

13 희년에는 모든 사람이 자기 땅으로 돌아가거라.

14 이웃에게 땅을 팔거나 이웃에게서 땅을 살 때,

The Sabbath Year

25 While Moses was on Mount Sinai, the LORD said to him, •2"Give the following instructions to the people of Israel. When you have entered the land I am giving you, the land itself must observe a Sabbath rest before the 3 LORD every seventh year. •For six years you may plant your fields and prune your vineyards 4 and harvest your crops, •but during the seventh year the land must have a Sabbath year of complete rest. It is the LORD's Sabbath. Do not plant your fields or prune your vineyards dur-5 ing that year. •And don't store away the crops that grow on their own or gather the grapes from your unpruned vines. The land must have 6 a year of complete rest. •But you may eat whatever the land produces on its own during its Sabbath. This applies to you, your male and female servants, your hired workers, and the 7 temporary residents who live with you. •Your livestock and the wild animals in your land will also be allowed to eat what the land produces.

The Year of Jubilee

8 •"In addition, you must count off seven Sabbath years, seven sets of seven years, adding up 9 to forty-nine years in all. •Then on the Day of Atonement in the fiftieth year,* blow the ram's 10 horn loud and long throughout the land. •Set this year apart as holy, a time to proclaim freedom throughout the land for all who live there. It will be a jubilee year for you, when each of you may return to the land that belonged to your ancestors and return to your own clan. 11 •This fiftieth year will be a jubilee for you. During that year you must not plant your fields or store away any of the crops that grow on their own, and don't gather the grapes from 12 your unpruned vines. •It will be a jubilee year for you, and you must keep it holy. But you may eat whatever the land produces on its own. 13 •In the Year of Jubilee each of you may return to the land that belonged to your ancestors.

14 •"When you make an agreement with your neighbor to buy or sell property, you must not

jubilee [dʒúːbəliː] *n.* 희년
observe [əbzɔ́ːrv] *vt.* 지키다, 준수하다
proclaim [prəkléim] *vt.* 공포하다
property [prápərti] *n.* 재산; 소유물
prune [pruːn] *vt.* (나무의) 가지를 치다
resident [rézədənt] *n.* 거주자
Sabbath [sǽbəθ] *n.* 안식
temporary [témpəreri] *a.* 한 때의; 임시의
25:5 store away : 저장하다
25:8 count off : 번호 붙여 세다
25:10 set apart as holy : 거룩하게 구별하다

25:9 Hebrew *on the tenth day of the seventh month, on the Day of Atonement;* see 23:27a and the note there.

이웃을 속이지 마라.

15 이웃에게서 땅을 살 때는, 바로 전의 희년에서부터 몇 년이 지났는가를 헤아려 보아라. 그래서 땅값을 알맞게 계산하여라. 땅을 파는 사람도, 앞으로 추수할 수 있는 해가 몇 년인가를 헤아려서 땅값을 알맞게 계산하여라.

16 여러 해가 남았으면 값을 더 치러야 하고, 몇 해 안 남았으면 값을 덜 치러도 될 것이다. 이웃은 희년까지 추수할 횟수에 따라 네게 팔 것이다.

17 너희는 서로 속이지 마라. 너희는 하나님을 두려워하여라. 나는 너희 하나님 여호와이다.

18 나의 모든 가르침과 규례를 기억하고 잘 지켜라. 그러면 너희가 그 땅에서 안전하게 살 수 있을 것이다.

19 그 땅이 너희에게 좋은 열매를 주며, 너희는 먹고 싶은 만큼 먹을 수 있을 것이다. 너희는 그 땅에서 안전하게 살 수 있을 것이다.

20 하지만 너희는 "씨를 뿌리지도 않고, 심은 것을 거두어들이지도 않는다면, 일곱째 해에는 무엇을 먹고 삽니까?" 하고 물을 것이다.

21 내가 여섯째 해에는 너희에게 큰 복을 주리니, 그 해에 땅에서는 삼 년 동안, 먹을 작물이 나올 것이다.

22 여덟째 되는 해에 땅에 씨를 뿌릴 때는 전에 거두어 놓은 곡식을 먹을 수 있을 것이다. 아홉째 해가 되어 추수할 때까지 묵은 곡식을 먹게 될 것이다.

재산에 관한 법

23 땅은 원래 나의 것이므로 너희는 땅을 아주 팔지는 못할 것이다. 너희는 내 땅에서 잠시 동안 사는 외국인이요, 나그네일 뿐이다.

24 너희는 땅을 팔 수는 있으나 그 땅을 언제든지 다시 살 수 있어야 한다.

25 너희 땅에 어떤 사람이 매우 가난해져서 땅을 팔게 되었다면, 그의 가까운 친척이 그를 위해 그 땅을 다시 사들여야 한다.

26 만약 그 사람을 위해 다시 그 땅을 사들일 만한 가까운 친척이 없던 중에, 그 사람 스스로가 그 땅을 사들일 만한 돈을 가지게 되면,

27 그 사람은 그 땅을 판지 몇 해가 지났는가를 헤아려라. 그래서 그 땅을 얼마에 사들여야 할지를 결정하여라. 그렇게 해서 그 땅을 사들이면, 그 땅은 다시 그 사람의 것이 된다.

28 그러나 만약 땅을 다시 사들일 만큼 돈이 충분하지 않으면, 그 땅은 기쁨의 해인 희년까지 땅을 산 사람의 것이다. 그러나 기쁨의 해가 돌아오면, 땅을 산 사람은 땅을 원래 임자에게 돌려주어라.

29 성벽 안에 사는 사람이 집을 팔았으면, 일 년 안에는 언제든지 그 집을 다시 살 수 있으나

30 만약 일 년 안에 그 집을 다시 사지 않으면, 성벽 안

15 take advantage of each other. • When you buy land from your neighbor, the price you pay must be based on the number of years since the last jubilee. The seller must set the price by taking into account the number of years remaining until the next Year of Jubilee. 16 • The more years until the next jubilee, the higher the price; the fewer years, the lower the price. After all, the person selling the land is actually selling you a certain number of harvests. 17 • Show your fear of God by not taking advantage of each other. I am the LORD your God.

18 • "If you want to live securely in the land, follow my decrees and obey my regulations. 19 • Then the land will yield large crops, and you will eat your fill and live securely in it. 20 • But you might ask, 'What will we eat during the seventh year, since we are not allowed to plant or harvest crops that year?' 21 • Be assured that I will send my blessing for you in the sixth year, so the land will produce a crop large enough for three years. 22 • When you plant your fields in the eighth year, you will still be eating from the large crop of the sixth year. In fact, you will still be eating from that large crop when the new crop is harvested in the ninth year.

Redemption of Property

23 • "The land must never be sold on a permanent basis, for the land belongs to me. You are only foreigners and tenant farmers working for me.

24 • "With every purchase of land you must 25 grant the seller the right to buy it back. • If one of your fellow Israelites falls into poverty and is forced to sell some family land, then a 26 close relative should buy it back for him. • If there is no close relative to buy the land, but the person who sold it gets enough money 27 to buy it back, • he then has the right to redeem it from the one who bought it. The price of the land will be discounted according to the number of years until the next Year of Jubilee. In this way the original 28 owner can then return to the land. • But if the original owner cannot afford to buy back the land, it will remain with the new owner until the next Year of Jubilee. In the jubilee year, the land must be returned to the original owners so they can return to their family land.

29 • "Anyone who sells a house inside a walled town has the right to buy it back for a full year after its sale. During that year, the 30 seller retains the right to buy it back. • But if it is not bought back within a year, the sale of the house within the walled town cannot be reversed. It will become the permanent

의 그 집은 산 사람의 것이 되어 자손 대대로 그의 것이 된다. 또한 희년이 돌아와도 원래의 임자에게 돌아가지 않을 것이다.

31 그러나 성벽이 없는 마을의 집은 토지와 같이 여겨라. 그런 집은 다시 사들일 수 있으니, 희년이 돌아오면 그런 집은 원래 임자에게 돌려주어라.

32 레위 사람은 성벽 안에 있는 집이라도 언제든지 자기 집을 다시 살 수 있다.

33 레위 사람에게서 집을 샀다 하더라도 레위 사람들의 성 안에 있는 그 집은 희년이 돌아오면 다시 레위 사람들의 것이 될 것이다. 레위 사람들의 성 안에 있는 집은 레위 사람들의 것이기 때문이다. 그런 성은 이스라엘 백성이 레위 사람들에게 준 성이다.

34 레위 사람들의 성 둘레에 있는 밭과 들판도 팔 수 없으니, 그 들판은 영원히 레위 사람의 것이다.

종에 관한 규례

35 네 동족 가운데 너무 가난해서 혼자 힘으로는 살아가기 어려운 사람이 있거든, 너희는 나그네나 외국인을 돕듯이 그를 도와 너와 함께 살 수 있도록 하여라.

36 그에게 돈을 빌려 줄 때는 이자를 받거나 이익을 얻으려 하지 마라. 네 하나님을 두려워하여라. 그 가난한 사람이 너와 함께 살 수 있도록 하여라.

37 그에게 이자를 받을 생각을 하고 돈을 빌려 주지 마라. 그에게 이익을 바라고 먹을 것을 줘서도 안 된다.

38 나는 너희를 이집트 땅에서 인도해 낸 너희 하나님 여호와이다. 내가 너희를 인도해 낸 것은 너희에게 가나안 땅을 주고, 너희 하나님이 되기 위함이다.

39 네 동족 가운데, 너무 가난해서 자기 몸을 종으로 팔려고 하는 사람이 있더라도, 너는 그를 종 부리듯 하지 마라.

40 너는 그들을 품꾼이나 나그네처럼 여겨서 기쁨의 해인 희년이 돌아올 때까지 너와 함께 살 수 있도록 하여라.

41 기쁨의 해가 돌아오면 그를 돌려보내라. 그가 자기 자녀를 데리고, 자기 가족이 있는 조상의 땅으로 돌아가게 하여라.

42 내가 이스라엘 백성을 이집트에서 인도해 냈으니, 그들은 나의 종이다. 그러므로 그들을 종으로 여겨 팔아서는 안 된다.

43 너는 그 사람을 고되게 부리지 마라. 너는 네 하나님을 두려워하여라.

44 남종이나 여종을 두고 싶으면, 네 둘레에 있는 다른 나라 중에서 사 오너라.

45 또 너와 함께 사는 외국인 자녀 가운데서 종을 얻을 수도 있고, 너와 함께 태어난 그들의 가족 가운데서도 얻을 수 있다. 너는 그들을 너의 것으로 삼을 수 있다.

---

property of the buyer. It will not be returned to the original owner in the Year of Jubilee. 31 •But a house in a village—a settlement without fortified walls—will be treated like property in the countryside. Such a house may be bought back at any time, and it must be returned to the original owner in the Year of Jubilee. 32 •The Levites always have the right to buy back a house they have sold within the 33 towns allotted to them. •And any property that is sold by the Levites—all houses within the Levitical towns—must be returned in the Year of Jubilee. After all, the houses in the towns reserved for the Levites are the only 34 property they own in all Israel. •The open pastureland around the Levitical towns may never be sold. It is their permanent possession.

Redemption of the Poor and Enslaved

35 •"If one of your fellow Israelites falls into poverty and cannot support himself, support him as you would a foreigner or a temporary resident and allow him to live with you. 36 •Do not charge interest or make a profit at his expense. Instead, show your fear of God by letting him live with you as your relative. 37 •Remember, do not charge interest on money you lend him or make a profit on 38 food you sell him. •I am the LORD your God, who brought you out of the land of Egypt to give you the land of Canaan and to be your God.

39 •"If one of your fellow Israelites falls into poverty and is forced to sell himself to you, 40 do not treat him as a slave. •Treat him instead as a hired worker or as a temporary resident who lives with you, and he will 41 serve you only until the Year of Jubilee. •At that time he and his children will no longer be obligated to you, and they will return to their clans and go back to the land originally 42 allotted to their ancestors. •The people of Israel are my servants, whom I brought out of the land of Egypt, so they must never be 43 sold as slaves. •Show your fear of God by not treating them harshly.

44 •"However, you may purchase male and female slaves from among the nations 45 around you. •You may also purchase the children of temporary residents who live among you, including those who have been born in your land. You may treat them as

---

fortified [fɔ́ːrtəfaid] *a.* 견고한
obligated [ɑ́bləgeitid] *a.* (…에) 속한
reverse [rivə́ːrs] *vt.* (법을) 파기하다, 취소하다
yield [jiːld] *vt.* 농산물 따위를 산출하다
25:36 charge interest : 이자를 물리다

46 너는 그런 외국인 종을 네 자손에게 물려줄 수도 있고, 너는 그들을 영원히 종으로 삼을 수도 있다. 그러나 너의 형제인 이스라엘 백성들끼리 서로 고되게 부리지 마라.

47 너와 함께 사는 외국인이나 나그네가 부자가 되었다고 하자. 그리고 너의 동족 가운데 한 사람이 가난하게 되었다고 하자. 그 가난하게 된 사람이 너와 함께 사는 외국인에게 종으로 팔렸거나, 아니면 그 외국인의 가족 가운데 다른 사람에게 팔렸다고 하자.

48 이때, 그 가난한 사람은 팔린 후에도, 그 몸값만 지불하면 자유의 몸이 될 권리가 있다. 그의 가까운 친척 중 한 사람이 그를 다시 살 수도 있고,

49 삼촌이나 사촌이 다시 살 수도 있다. 누구든지 그의 가까운 친척 가운데 한 사람이 그를 다시 살 수도 있고, 아니면 그가 스스로 돈을 벌어, 값을 치르고 자유의 몸이 될 수 있다.

50 값을 치를 때는 그 사람이 외국인에게 자기 몸을 판 해로부터 시작해서, 돌아올 희년까지 햇수를 헤아려 값을 계산하여라. 이는 그가 그 햇수만큼만 종으로 일할 것이기 때문이다.

51 기쁨의 해까지 아직 많은 햇수가 남아 있다면 그만큼 값도 많이 치러야 하고,

52 햇수가 얼마 남지 않았다면 그만큼 값을 적게 치르면 된다.

53 그가 자기 몸을 판 동안, 외국인 주인은 그를 품꾼처럼 여기고, 그를 고되게 부리지 마라.

54 아무도 그를 다시 사지 않았다 하더라도 기쁨의 해가 돌아오면 그를 풀어 주어라. 그와 그의 자녀는 자유의 몸이 될 것이다.

55 이는 이스라엘 백성은 내 종이기 때문이다. 그들은 내가 이집트 땅에서 인도해 낸 내 종이다. 나는 너희 하나님 여호와이다.

하나님께 복종하여 얻는 상

26 너희는 우상을 만들지 마라. 조각한 신상이나 돌기둥도 세우지 마라. 너희 땅에 석상을 세워 놓고 절하지 마라. 왜냐하면 나는 너희 하나님 여호와이기 때문이다.

2 내 안식일을 기억하고, 내 성소를 소중히 생각하여라. 나는 여호와이다.

3 내 율법과 명령을 기억하고 잘 지켜라.

4 그리하면 내가 철을 따라 너희에게 비를 내려 줄 것이다. 땅은 작물을 낼 것이고, 들판의 나무는 열매를 맺을 것이다.

5 너희는 타작할 것이 너무 많아서 포도를 거둘 때까지 타작을 해야 할 것이다. 그리고 포도도 너무 많이 달려서 씨를 뿌릴 때까지 포도를 거두어야 할 것이다. 너희에게는 먹을 것이 넘쳐날 것이다. 또한 너

---

46 your property, • passing them on to your children as a permanent inheritance. You may treat them as slaves, but you must never treat your fellow Israelites this way.

47 • "Suppose a foreigner or temporary resident becomes rich while living among you. If any of your fellow Israelites fall into poverty and are forced to sell themselves to such a foreigner or to a member of his family,

48 • they still retain the right to be bought back, even after they have been purchased. They may be bought back by a brother, • an uncle, or a cousin. In fact, anyone from the extended family may buy them back. They may also redeem themselves if they have prospered.

50 • They will negotiate the price of their freedom with the person who bought them. The price will be based on the number of years from the time they were sold until the next Year of Jubilee—whatever it would cost to hire a worker for that period of time.

51 • If many years still remain until the jubilee, they will repay the proper proportion of what they received when they sold

52 themselves. • If only a few years remain until the Year of Jubilee, they will repay a small amount for their redemption.

53 • The foreigner must treat them as workers hired on a yearly basis. You must not allow a foreigner to treat any of your fellow Israelites harshly.

54 • If any Israelites have not been bought back by the time the Year of Jubilee arrives, they and their children must be set free at that time.

55 • For the people of Israel belong to me. They are my servants, whom I brought out of the land of Egypt. I am the LORD your God.

Blessings for Obedience

26 "Do not make idols or set up carved images, or sacred pillars, or sculptured stones in your land so you may worship them. I am the LORD your God. • You must keep my Sabbath days of rest and show reverence for my sanctuary. I am the LORD.

3 • "If you follow my decrees and are careful to obey my commands, • I will send you the seasonal rains. The land will then yield its crops, and the trees of the field will produce their fruit. • Your threshing season will overlap with the grape harvest, and your grape harvest will overlap with the season of planting grain. You will eat your fill and live securely in your own land.

---

carved [kɑːrvd] *a.* 새긴, 조각한
purchase [pə́ːrtʃəs] *vt.* 사들이다
redeem [ridíːm] *vt.* (채무, 채권을) 상환하다
retain [ritéin] *vt.* 보유하다
reverence [révərəns] *n.* 공경, 존경
thresh [θreʃ] *vi.* 타작하다, 탈곡하다

희는 너희 땅에서 안전하게 살 수 있을 것이다.

6 내가 너희 나라에 평화를 주리니 너희는 평화롭게 누울 수 있을 것이며, 아무도 너희를 위협하지 못할 것이다. 내가 해로운 짐승을 너희 나라에서 쫓아내고, 어떤 군대도 너희 나라에 쳐들어오지 못하게 할 것이다.

7 너희는 원수를 뒤쫓아 물리칠 것이니, 그들이 너희 앞에서 칼에 맞아 쓰러질 것이다.

8 너희 다섯 사람이 백 명을 물리치며, 너희 백 명이 만 명을 물리칠 수 있을 것이다. 너희는 원수를 물리쳐 이길 것이니, 그들이 너희 앞에서 칼에 맞아 쓰러질 것이다.

9 그때 내가 너희에게 자비를 베풀 것이다. 내가 너희에게 자녀를 많이 주고, 너희와 맺은 내 언약을 지킬 것이다.

10 너희는 묵은 곡식을 다 먹기도 전에, 햇곡식을 저장하기 위해서 묵은 곡식을 퍼내야 할 것이다.

11 내가 내 성막을 너희 가운데 두고 너희에게서 떠나지 않을 것이다.

12 나는 너희와 동행하며, 너희 하나님이 되며 너희는 나의 백성이 될 것이다.

13 나는 너희를 이집트에서 인도해 낸 너희 하나님 여호와이다. 나는 너희 등을 짓누르던 멍에를 없애 주었고, 너희가 당당히 걸을 수 있게 해 주었다.

하나님께 복종하지 않아 받는 벌

14 그러나 너희가 내 말을 잘 듣지 아니하고, 내 명령에 복종하지 아니하며

15 내 율법과 명령을 따르지 않고, 내 언약을 어기면,

16 내가 너희에게 끔찍한 벌을 내릴 것이다. 너희에게 폐병과 열병을 보내어 너희 눈을 어둡게 하고, 너희 생명을 위태롭게 할 것이다. 너희는 씨를 뿌려도 거두지 못할 것이며, 너희 원수가 너희 작물을 먹을 것이다.

17 내가 내 얼굴을 너희에게서 돌리겠고, 너희 원수가 너희를 물리쳐 이길 것이다. 너희 원수가 너희를 다스리겠고, 누가 너희를 뒤쫓지 않더라도 너희는 쫓기는 신세가 될 것이다.

18 그래도 너희가 내 말을 듣지 않으면, 너희 죄를 일곱 배로 벌할 것이다.

19 너희가 자랑하는 큰 성들을 내가 무너뜨리겠고, 하늘에서는 비가 내리지 않을 것이며, 땅에서는 작물이 자라지 않을 것이다.

20 너희가 아무리 힘을 써도 소용이 없을 것이다. 너희 땅에서는 아무것도 자라나지 않으며, 나무에는 아무 열매도 맺히지 않을 것이다.

21 그래도 내 말을 듣지 않으면 너희 죄를 일곱 배로 벌할 것이다.

22 내가 들짐승을 너희에게 보내리니, 짐승들은 너희를

---

6 •"I will give you peace in the land, and you will be able to sleep with no cause for fear. I will rid the land of wild animals and 7 keep your enemies out of your land. •In fact, you will chase down your enemies and slaughter them with your swords. 8 •Five of you will chase a hundred, and a hundred of you will chase ten thousand! All your enemies will fall beneath your sword.

9 •"I will look favorably upon you, making you fertile and multiplying your people. And I will fulfill my covenant with 10 you. •You will have such a surplus of crops that you will need to clear out the old grain to make room for the new harvest! 11 •I will live among you, and I will not 12 despise you. •I will walk among you; I will be your God, and you will be my people. 13 •I am the LORD your God, who brought you out of the land of Egypt so you would no longer be their slaves. I broke the yoke of slavery from your neck so you can walk with your heads held high.

Punishments for Disobedience

14 •"However, if you do not listen to me or 15 obey all these commands, •and if you break my covenant by rejecting my decrees, treating my regulations with contempt, and refusing to obey my com- 16 mands, •I will punish you. I will bring sudden terrors upon you—wasting diseases and burning fevers that will cause your eyes to fail and your life to ebb away. You will plant your crops in vain because your 17 enemies will eat them. •I will turn against you, and you will be defeated by your enemies. Those who hate you will rule over you, and you will run even when no one is chasing you!

18 •"And if, in spite of all this, you still disobey me, I will punish you seven times 19 over for your sins. •I will break your proud spirit by making the skies as unyielding as 20 iron and the earth as hard as bronze. •All your work will be for nothing, for your land will yield no crops, and your trees will bear no fruit.

21 •"If even then you remain hostile toward me and refuse to obey me, I will inflict disaster on you seven times over for 22 your sins. •I will send wild animals that will rob you of your children and destroy your livestock. Your numbers will dwindle, and your roads will be deserted.

dwindle [dwíndl] *vi.* 점차 감소하다
ebb [éb] *vi.* (힘이) 줄다; (가산 등이) 기울다
inflict [inflíkt] *vt.* (남에게 타격·고통 등을) 가하다
unyielding [ʌnjíːldiŋ] *a.* 완고한

공격하며, 너희 자녀를 물어가고, 너희 가축 떼를 죽일 것이다. 그래서 너희의 수가 줄어들고, 너희가 다니는 길도 텅텅 비게 될 것이다.

23 이 모든 일이 있은 뒤에도 깨닫지 못하고 여전히 내 말을 듣지 않으면,

24 나도 너희에게서 등을 돌리고, 너희 죄를 일곱 배나 벌할 것이다.

25 너희가 내 언약을 어겼으므로 너희에게 군대를 보내어 벌을 내릴 것이다. 너희가 여러 성읍들로 도망치더라도, 너희 가운데에 병이 퍼지게 될 것이다. 결국 너희 원수가 너희를 물리쳐 이길 것이다.

26 내가 너희 먹을 것을 끊어 버릴 것이니, 여자 열 명이 너희가 먹을 빵 전체를 한 화덕에서 구울 것이며, 빵을 저울에 달아 조금씩 나누어 줄 것이다. 너희는 먹어도 여전히 배가 고플 것이다.

27 그래도 내 말을 듣지 않고, 내게서 등을 돌리면

28 나도 계속해서 노할 것이며, 너희 죄를 일곱 배로 벌할 것이다.

29 너희는 너희 아들과 딸의 살을 먹게 될 것이다.

30 너희가 거짓 신들을 섬기는 곳을 내가 무너뜨리며, 분향단을 부수며, 너희의 주검을 너희가 섬기는 우상들의 주검 위에 쌓아 올릴 것이다. 나는 너희를 미워하며,

31 너희 성들을 무너뜨리며, 너희 성소들을 황폐하게 만들 것이다. 너희가 바치는 제물의 향기도 맡지 않을 것이다.

32 나는 이 땅을 황폐하게 만들 것이다. 그래서 너희 땅을 차지한 너희 원수들도 그 모습을 보고 놀랄 것이다.

33 나는 너희를 여러 나라에 흩어 놓고, 너희를 향해 칼을 뽑을 것이다. 너희 땅은 황폐하게 될 것이며, 너희 성들은 폐허가 될 것이다.

34 너희 땅이 황폐하게 된 그때가 너희 땅이 쉬는 때가 될 것이다. 너희가 원수의 나라로 끌려가 있는 동안, 너희 땅은 비로소 쉴 수 있게 될 것이다.

35 너희가 그 땅에 살 동안에는 안식년이 되어도 땅이 쉬지 못하였지만 폐허로 변한 동안에는 쉴 수 있을 것이다.

36 살아남은 사람은 원수들의 나라에서 용기를 잃고, 무엇이나 무서워할 것이다. 그들은 바람에 흔들리는 나뭇잎 소리에도 놀라며, 마치 누가 칼을 들고 쫓아오듯 무서워 달아날 것이다. 누가 너희를 뒤쫓아 오지 않는데도 달아나다가 넘어질 것이다.

37 그들은 뒤쫓아 오는 사람이 없는데도 칼을 피해 달아나는 사람처럼 서로 엉켜서 넘어질 것이다. 너희는 원수를 물리칠 만한 힘이 없을 것이다.

38 너희는 남의 나라에서 죽을 것이며, 원수들의 나라

23 • "And if you fail to learn the lesson and
24 continue your hostility toward me, • then I
myself will be hostile toward you. I will per-
sonally strike you with calamity seven times
25 over for your sins. • I will send armies
against you to carry out the curse of the
covenant you have broken. When you run
to your towns for safety, I will send a plague
to destroy you there, and you will be handed
26 over to your enemies. • I will destroy your
food supply, so that ten women will need
only one oven to bake bread for their fami-
lies. They will ration your food by weight,
and though you have food to eat, you will
not be satisfied.

27 • "If in spite of all this you still refuse to lis-
ten and still remain hostile toward me,
28 • then I will give full vent to my hostility. I
myself will punish you seven times over for
29 your sins. • Then you will eat the flesh of
30 your own sons and daughters. • I will
destroy your pagan shrines and knock
down your places of worship. I will leave
your lifeless corpses piled on top of your life-
31 less idols,* and I will despise you. • I will
make your cities desolate and destroy your
places of pagan worship. I will take no plea-
sure in your offerings that should be a pleas-
32 ing aroma to me. • Yes, I myself will devas-
tate your land, and your enemies who come
to occupy it will be appalled at what they
33 see. • I will scatter you among the nations
and bring out my sword against you. Your
land will become desolate, and your cities
34 will lie in ruins. • Then at last the land will
enjoy its neglected Sabbath years as it lies
desolate while you are in exile in the land of
your enemies. Then the land will finally rest
35 and enjoy the Sabbaths it missed. • As long
as the land lies in ruins, it will enjoy the rest
you never allowed it to take every seventh
year while you lived in it.

36 • "And for those of you who survive, I will
demoralize you in the land of your enemies.
You will live in such fear that the sound of a
leaf driven by the wind will send you flee-
ing. You will run as though fleeing from a
sword, and you will fall even when no one
37 pursues you. • Though no one is chasing
you, you will stumble over each other as
though fleeing from a sword. You will have
no power to stand up against your enemies.
38 • You will die among the foreign nations
and be devoured in the land of your ene-

---

demoralize [dimɔ́ːrəlàiz] *vt.* 사기를 꺾다
ration [rǽʃən] *vt.* 배급(공급)하다
26:28 give full vent to… : …을 한껏 터뜨리다

26:30 The Hebrew term (literally *round things*) probably alludes to dung.

에서 없어져 버릴 것이다.

39 그리고 살아남은 사람들은 자기 죄 때문에, 그리고 조상들의 죄 때문에 원수들의 나라에서 점점 쇠약해질 것이다.

언제나 희망은 있다

40 그러나 만약 백성이 자기 죄와 조상들의 죄를 고백하고, 그들이 나에게서 등을 돌렸음과 나에게 죄를 지었음을 고백하고,

41 내가 그들의 죄 때문에 등을 돌려 그들을 원수의 나라로 쫓아냈음을 고백하고, 복종하지 않았던 내 백성이 자기 잘못을 뉘우치고 그들이 저지른 죄에 대한 벌을 달게 받으면,

42 나도 야곱과 맺은 내 언약을 기억할 것이다. 그리고 이삭과 맺은 언약과 아브라함과 맺은 언약도 기억할 것이다. 그리고 그 땅도 기억할 것이다.

43 그 땅은 폐허가 될 것이나 그동안에 쉴 수 있을 것이다. 살아남은 사람은 자기 죄값을 기꺼이 치를 것이다. 그들은 내 율법을 지키지 않았고, 내 규례를 따르지 않았기 때문에 벌을 받는다는 사실을 배울 것이다.

44 비록 그들이 원수들의 땅에 머물고 있을 때라도, 나는 그들을 버리지 않을 것이다. 그들의 원수의 땅에서도 그들의 말에 귀를 기울일 것이다. 그들을 완전히 멸망시키지 않을 것이다. 그들과 맺은 내 언약을 어기지 않을 것이다. 그것은 나는 그들의 여호와 하나님이기 때문이다.

45 나는 그들을 위해 그들의 조상과 맺은 언약을 기억할 것이다. 나는 그들의 하나님이 되려고 그들을 이집트 땅에서 인도해 내었고, 다른 나라들도 그것을 보았노라. 나는 여호와니라.”

46 이것은 여호와께서 이스라엘 백성에게 주신 율법과 규례와 가르침입니다. 여호와께서는 시내 산에서 모세를 시켜 이 율법을 이스라엘 백성에게 주셨습니다.

특별한 약속의 값

27 여호와께서 모세에게 말씀하셨습니다.

2 “이스라엘 백성에게 전하여라. 만약 어떤 사람이 자기나 다른 사람을 여호와께 종으로 바치기로 특별한 약속을 했다면, 너는 그 사람의 값을 정하여라.

3 이십 세에서 육십 세까지의 남자의 값은 성소에서 다는 무게로 은 오십 세겔*이다.

4 이십 세에서 육십 세까지의 여자의 값은 은 삼십 세겔*이다.

5 오세에서 이십 세까지의 남자의 값은 은 이십 세겔*이고, 오 세에서 이십 세까지의 여자의 값은 은 십 세겔*이다.

39 mies. • Those of you who survive will waste away in your enemies' lands because of their sins and the sins of their ancestors.

40 • "But at last my people will confess their sins and the sins of their ancestors for betraying me and being hostile toward me.

41 • When I have turned their hostility back on them and brought them to the land of their enemies, then at last their stubborn hearts will be humbled, and they will pay for their

42 sins. • Then I will remember my covenant with Jacob and my covenant with Isaac and my covenant with Abraham, and I will

43 remember the land. • For the land must be abandoned to enjoy its years of Sabbath rest as it lies deserted. At last the people will pay for their sins, for they have continually rejected my regulations and despised my decrees.

44 • "But despite all this, I will not utterly reject or despise them while they are in exile in the land of their enemies. I will not cancel my covenant with them by wiping them

45 out, for I am the LORD their God. • For their sakes I will remember my ancient covenant with their ancestors, whom I brought out of the land of Egypt in the sight of all the nations, that I might be their God. I am the LORD."

46 • These are the decrees, regulations, and instructions that the LORD gave through Moses on Mount Sinai as evidence of the relationship between himself and the Israelites.

Redemption of Gifts Offered to the LORD

27 1-2 The LORD said to Moses, • "Give the following instructions to the people of Israel. If anyone makes a special vow to dedicate someone to the LORD by paying

3 the value of that person, • here is the scale of values to be used. A man between the ages of twenty and sixty is valued at fifty shekels* of silver, as measured by the sanctuary shekel.

4 • A woman of that age is valued at thirty

5 shekels* of silver. • A boy between the ages of five and twenty is valued at twenty shekels of silver; a girl of that age is valued at

---

abandon [əbǽndən] *vt.* 버리다, 유기하다
betray [bitréi] *vt.* 배반하다
despise [dispáiz] *vt.* 얕보다, 몹시 싫어하다
utterly [ʌ́tərli] *ad.* 완전히, 철저하게
26:39 waste away : 쇠약해지다

27:3 Or *20 ounces* [570 grams]   **27:4** Or *12 ounces* [342 grams]

27:3 50세겔은 약 570g에 해당된다.
27:4 30세겔은 약 342g에 해당된다.
27:5 20세겔은 약 228g에 해당되고, 10세겔은 약 114g에 해당된다.

6 태어난 지 일 개월 된 아기에서 오 세까지의 남자아이의 값은 은 오 세겔*이고, 여자 아이의 값은 은 삼 세겔*이다.

7 육십 세 이상된 남자의 값은 은 십오 세겔*이고, 여자의 값은 은 십 세겔이다.

8 그러나 너무 가난해서 값을 치를 수 없는 사람은 제사장에게 데리고 가거라. 제사장은 그 사람이 낼 수 있는 값을 정해 주어라.

여호와께 바치는 예물

9 만약 여호와께 바치기로 약속한 것이 여호와께 제물로 바치는 짐승 가운데 한 마리라면, 그 짐승은 거룩하게 되므로

10 그 짐승을 대신해서 다른 짐승을 바칠 수 없다. 좋은 짐승을 나쁜 짐승으로 바꿔서도 안 되고, 나쁜 짐승을 좋은 짐승으로 바꿔서도 안 된다. 만약 바친 짐승을 다른 짐승과 바꾸면 두 짐승 모두 다 거룩하게 바친 것이 된다.

11 만약 여호와께 바치기로 약속한 것이 여호와께 바칠 수 없는 부정한 짐승이라면, 그것을 제사장에게 가져가거라.

12 제사장은 좋은 짐승이냐 나쁜 짐승이냐에 따라 그 값을 정하여라. 제사장이 정하는 값이 그 짐승의 값이 될 것이다.

13 그 짐승을 다시 사려면 그 값에 오분의 일을 더해서 사라.

예물로 바친 집

14 누구든지 자기 집을 여호와께 거룩히 구별하여 바치려 하거든, 제사장은 그 집의 값을 정하여라. 집이 좋으냐 나쁘냐에 따라 그 값을 정하여라. 제사장이 정하는 값이 그 집의 값이 될 것이다.

15 그 집을 다시 사려면 그 값에 오분의 일을 더해서 사라. 그러면 그 집은 원래 주인의 것이 될 것이다.

예물로 바친 땅

16 자기 밭 가운데서 얼마를 여호와께 거룩히 구별하여 바치려 하면, 그 밭의 값은 그 밭에 얼마나 많은 씨를 뿌릴 수 있는가에 따라 정해질 것이다. 보리씨 한 호멜*을 뿌릴 수 있는 밭의 경우는, 그 값이 은 오십 세겔 가량될 것이다.

17 기쁨의 해에 자기 밭을 바치려 하면, 그 밭의 값은 제사장이 정하는 대로이다.

18 기쁨의 해가 지나서 자기 밭을 바치려 하면, 제사장은 그 밭의 정확한 값을 계산하여라. 제사장은 다음 기쁨의 해까지 몇 년이 남았는가를 헤아려 정하여라. 그래서 남은 연수에 따라 값을 정하여라.

19 밭을 바친 사람이 그 밭을 다시 사려면, 그 값에 오분의 일을 더해서 사라. 그러면 그 밭은 원래 주인의 것이 될 것이다.

6 ten shekels* of silver. •A boy between the ages of one month and five years is valued at five shekels of silver; a girl of that age is valued at three shekels* of silver. •A man older

7 than sixty is valued at fifteen shekels of silver; a woman of that age is valued at ten shekels* of silver. •If you desire to make

8 such a vow but cannot afford to pay the required amount, take the person to the priest. He will determine the amount for you to pay based on what you can afford.

9 •If your vow involves giving an animal that is acceptable as an offering to the LORD, any gift to the LORD will be considered holy.

10 •You may not exchange or substitute it for another animal—neither a good animal for a bad one nor a bad animal for a good one. But if you do exchange one animal for another, then both the original animal and

11 its substitute will be considered holy. •If your vow involves an unclean animal—one that is not acceptable as an offering to the LORD—then you must bring the animal to

12 the priest. •He will assess its value, and his assessment will be final, whether high or

13 low. •If you want to buy back the animal, you must pay the value set by the priest, plus 20 percent.

14 •If someone dedicates a house to the LORD, the priest will come to assess its value. The priest's assessment will be final, whether

15 high or low. •If the person who dedicated the house wants to buy it back, he must pay the value set by the priest, plus 20 percent. Then the house will again be his.

16 •If someone dedicates to the LORD a piece of his family property, its value will be assessed according to the amount of seed required to plant it—fifty shekels of silver for a field planted with five bushels of barley

17 seed.* •If the field is dedicated to the LORD in the Year of Jubilee, then the entire assess-

18 ment will apply. •But if the field is dedicated after the Year of Jubilee, the priest will assess the land's value in proportion to the number of years left until the next Year of Jubilee. Its assessed value is reduced each

19 year. •If the person who dedicated the field wants to buy it back, he must pay the value

---

27:5 Or A boy ... 8 ounces [228 grams] of silver; a girl ... 4 ounces [114 grams].   **27:6** Or A boy ... 2 ounces [57 grams] of silver; a girl ... 1.2 ounces [34 grams].   **27:7** Or A man ... 6 ounces [171 grams] of silver; a woman ... 4 ounces [114 grams].   **27:16** Hebrew 50 shekels [20 ounces or 570 grams] of silver for a homer [220 liters] of barley seed.

27:6 5세겔은 약 57g에 해당되고, 3세겔은 약 34.2g에 해당된다.
27:7 15세겔은 약 171g에 해당된다.
27:16 1호멜은 약 220ℓ에 해당된다.

20 그가 밭을 다시 사지 않거나, 그 밭이 다른 사람에게 팔렸으면, 다시는 그 밭을 살 수 없다.

21 기쁨의 해가 돌아와서 그 밭을 원래 주인에게 돌려주어야 할 때도, 그 밭은 여호와께 거룩히 구별된 밭으로 남아 영원히 제사장의 재산이 될 것이다.

22 누구든지 자기 가족의 땅 가운데서 얼마가 아니라, 자기가 산 밭을 여호와께 바치려 하면,

23 제사장은 다음 기쁨의 해까지 몇 년이 남았는가를 헤아려라. 그리고 그 땅의 값을 정하여라. 그 밭은 여호와께 거룩히 구별된 땅이 될 것이다.

24 그러다가 기쁨의 해가 돌아오면 그 땅은 원래 주인의 것이 되어, 그 땅을 판 가족에게로 돌아갈 것이다.

25 값을 정한 다음에, 값을 치를 때는 성소에서 다는 무게로 계산하되 이십 게라*를 한 세겔로 하라.

짐승의 첫 새끼

26 첫 새끼는 따로 바치지 않더라도 여호와의 것이므로, 짐승의 첫 새끼를 거룩히 구별하여 바칠 수는 없다. 소든 양이든 첫 새끼는 여호와의 것이다.

27 만약 바치려 하는 것이 부정한 짐승이면, 바치려는 사람은 그것을 제사장이 정한 값에 오분의 일을 더해서 다시 살 수 있다. 만약 그가 짐승을 다시 사지 않으면, 제사장은 자기가 정한 값으로 그것을 팔아라.

28 백성이 여호와께 바치는 예물 가운데에는 특별한 것이 있다. 그것은 사람이 될 수도 있고, 짐승이 될 수도 있고, 가족의 재산 가운데서 밭이 될 수도 있다. 그런 예물은 다시 사거나 팔 수 없다. 그것은 여호와께 지극히 거룩한 것이다.

29 여호와께 바친 사람은 다시 살 수 없으니 그런 사람은 죽여라.

30 모든 작물의 십분의 일은 여호와의 것이다. 밭의 작물이든 나무의 열매이든 마찬가지이다. 그것의 십분의 일은 여호와의 것이다.

31 그 십분의 일을 되돌려 받으려면, 그 값에 오분의 일을 더하고 다시 사라.

32 소 떼와 양 떼의 십분의 일은 여호와의 것이다. 목자의 지팡이 아래로 짐승을 지나가게 하여 열 번째에 해당되는 것은 여호와의 거룩한 짐승이 될 것이다.

33 소 떼나 양 떼의 주인은 나쁜 것 가운데서 좋은 것을 가려내지 마라. 짐승끼리 서로 바꿔치기하지 마라. 만약 바꿔치기를 하면, 두 짐승 모두 다 거룩하게 되어 그 짐승들은 다시 살 수 없게 된다."

34 이것은 여호와께서 이스라엘 백성을 위해 시내산에서 모세에게 명령하신 말씀입니다.

set by the priest, plus 20 percent. Then the
20 field will again be legally his. •But if he does not want to buy it back, and it is sold to someone else, the field can no longer be bought
21 back. •When the field is released in the Year of Jubilee, it will be holy, a field specially set apart* for the LORD. It will become the property of the priests.

22 •"If someone dedicates to the LORD a field he has purchased but which is not part of his
23 family property, •the priest will assess its value based on the number of years left until the next Year of Jubilee. On that day he must give the assessed value of the land as a sacred
24 donation to the LORD. •In the Year of Jubilee the field must be returned to the person from whom he purchased it, the one who inherited
25 it as family property. •(All the payments must be measured by the weight of the sanctuary shekel,* which equals twenty gerahs.)

26 •"You may not dedicate a firstborn animal to the LORD, for the firstborn of your cattle, sheep, and goats already belong to him.
27 •However, you may buy back the firstborn of a ceremonially unclean animal by paying the priest's assessment of its worth, plus 20 percent. If you do not buy it back, the priest will sell it at its assessed value.

28 •"However, anything specially set apart for the LORD—whether a person, an animal, or family property—must never be sold or bought back. Anything devoted in this way has been set apart as holy, and it belongs to
29 the LORD. •No person specially set apart for destruction may be bought back. Such a person must be put to death.

30 •"One tenth of the produce of the land, whether grain from the fields or fruit from the trees, belongs to the LORD and must be set
31 apart to him as holy. •If you want to buy back the LORD's tenth of the grain or fruit, you
32 must pay its value, plus 20 percent. •Count off every tenth animal from your herds and flocks and set them apart for the LORD as holy.
33 •You may not pick and choose between good and bad animals, and you may not substitute one for another. But if you do exchange one animal for another, then both the original animal and its substitute will be considered holy and cannot be bought back."

34 •These are the commands that the LORD gave through Moses on Mount Sinai for the Israelites.

27:21 The Hebrew term used here refers to the complete consecration of things or people to the LORD, either by destroying them or by giving them as an offering; also in 27:28, 29.　27:25 Each shekel was about 0.4 ounces [11 grams] in weight.

27:25 20게라는 약 11.4g에 해당된다.

민수기

NUMBERS

⊕ 저자 _ 모세
⊕ 저작 연대 _ B.C. 1450–1400년 사이
⊕ 기록 장소 _ 시내 산과 광야
⊕ 기록 대상 _ 이스라엘 백성
⊕ 핵심어 및 내용 _ 핵심어는 '방황', '인구 조사' 등이다. 본서에서 강조된 내용은 출애굽 제 1세대의 인구 조사 때부터 출애굽 제 2세대의 인구 조사 때까지, 광야에서 계속되었던 이스라엘 백성의 방황이다.

이스라엘 백성의 수를 세다

1 여호와께서 회막에서 모세에게 말씀하셨습니다. 말씀하신 곳은 시내 광야였고, 때는 이스라엘 백성이 이집트에서 나온 지 이 년이 되는 해의 둘째 달 첫째 날*이었습니다.

2 "이스라엘 모든 백성의 수를 세어라. 각 사람의 이름을 가족별로, 그리고 집안별로 적어라.

3 너는 아론과 함께 스무 살 이상 된 모든 이스라엘 남자의 수를 세어라. 그들은 이스라엘 군대에서 일할 사람들이다. 그들의 이름을 부대별로 적어라.

4 각 지파에서 한 사람씩을 지도자로 정해 너희와 함께 일하게 하여라.

5 너희를 도와 줄 지도자들의 이름은 이러하다. 르우벤 지파에서는 스데울의 아들 엘리술이요.

6 시므온 지파에서는 수리삿대의 아들 슬루미엘이요,

7 유다 지파에서는 암미나답의 아들 나손이요,

8 잇사갈 지파에서는 수알의 아들 느다넬이요,

9 스불론 지파에서는 헬론의 아들 엘리압이요,

10 요셉의 아들 가운데 에브라임 지파에서는 암미훗의 아들 엘리사마와 므낫세 지파에서는 브다술의 아들 가말리엘이요,

11 베냐민 지파에서는 기드오니의 아들 아비단이요,

12 단 지파에서는 암미삿대의 아들 아히에셀이요,

13 아셀 지파에서는 오그란의 아들 바기엘이요,

14 갓 지파에서는 드우엘의 아들 엘리아삽이요,

15 납달리 지파에서는 에난의 아들 아히라이니라."

16 이들은 백성이 각 지파의 지도자로 뽑은 사람들입니다. 이들은 각 집안의 지도자였습니다.

17 모세와 아론은 백성이 뽑은 이 사람들을 데리고

18 모든 이스라엘 백성을 모았습니다. 그때는 둘째 달 첫째 날이었습니다. 백성은 가족별로, 집안별로 이름을 적었습니다. 스무 살 이상 된 모든 남자가 이름을 적었습니다.

19 모세는 여호와께서 명령하신 대로 했습니다. 모세는 시내 광야에서 백성의 이름을 적었습니다.

Registration of Israel's Troops

1 A year after Israel's departure from Egypt, the LORD spoke to Moses in the Tabernacle* in the wilderness of Sinai. On the first day of the 2 second month* of that year he said, • "From the whole community of Israel, record the names of all the warriors by their clans and 3 families. List all the men •twenty years old or older who are able to go to war. You and Aaron 4 must register the troops, •and you will be assisted by one family leader from each tribe.

5 • "These are the tribes and the names of the leaders who will assist you:

Tribe	Leader
Reuben	Elizur son of Shedeur
6 •Simeon	Shelumiel son of Zurishaddai
7 •Judah	Nahshon son of Amminadab
8 •Issachar	Nethanel son of Zuar
9 •Zebulun	Eliab son of Helon
10 •Ephraim son of Joseph	Elishama son of Ammihud
Manasseh son of Joseph	Gamaliel son of Pedahzur
11 •Benjamin	Abidan son of Gideoni
12 •Dan	Ahiezer son of Ammishaddai
13 •Asher	Pagiel son of Ocran
14 •Gad	Eliasaph son of Deuel
15 •Naphtali	Ahira son of Enan

16 •These are the chosen leaders of the community, the leaders of their ancestral tribes, the heads of the clans of Israel."

17 •So Moses and Aaron called together these 18 chosen leaders, •and they assembled the whole community of Israel on that very day.* All the people were registered according to their ancestry by their clans and families. The men of Israel who were twenty years old or 19 older were listed one by one, •just as the LORD had commanded Moses. So Moses recorded

---

1:1a Hebrew *the Tent of Meeting.* 1:1b This day in the ancient Hebrew lunar calendar occurred in April or May. 1:18 Hebrew *on the first day of the second month; see 1:1.*

1:1 이날은 4월에서 5월 초순 사이에 해당된다.

20 이스라엘의 맏아들인 르우벤 지파의 수를 세었습니다. 스무 살 이상된 남자로서 군대에서 일할 수 있는 사람의 이름을 적었습니다. 그들의 이름을 가족별로, 집안별로 적었습니다.

21 르우벤 지파에서 이름을 적은 사람은 모두 사만 육천오백 명이었습니다.

22 시므온 지파의 수를 세었습니다. 스무살 이상된 남자로서 군대에서 일할 수 있는 사람의 이름을 적었습니다. 그들의 이름을 가족별로, 집안별로 적었습니다.

23 시므온 지파에서 이름을 적은 사람은 모두 오만 구천삼백 명이었습니다.

24 갓 지파의 수를 세었습니다. 스무살 이상된 남자로서 군대에서 일할 수 있는 사람의 이름을 적었습니다. 그들의 이름을 가족별로, 집안별로 적었습니다.

25 갓 지파에서 이름을 적은 사람은 모두 사만 오천육백오십 명이었습니다.

26 유다 지파의 수를 세었습니다. 스무살 이상된 남자로서 군대에서 일할 수 있는 사람의 이름을 적었습니다. 그들의 이름을 가족별로, 집안별로 적었습니다.

27 유다 지파에서 이름을 적은 사람은 모두 칠만 사천육백 명이었습니다.

28 잇사갈 지파의 수를 세었습니다. 스무살 이상된 남자로서 군대에서 일할 수 있는 사람의 이름을 적었습니다. 그들의 이름을 가족별로, 집안별로 적었습니다.

29 잇사갈 지파에서 이름을 적은 사람은 모두 오만 사천사백 명이었습니다.

30 스불론 지파의 수를 세었습니다. 스무살 이상된 남자로서 군대에서 일할 수 있는 사람의 이름을 적었습니다. 그들의 이름을 가족별로, 집안별로 적었습니다.

31 스불론 지파에서 이름을 적은 사람은 모두 오만 칠천사백 명이었습니다.

32 에브라임 지파의 수를 세었습니다. 에브라임은 요셉의 아들입니다. 스무살 이상된 남자로서 군대에서 일할 수 있는 사람의 이름을 적었습니다. 그들의 이름을 가족별로, 집안별로 적었습니다.

33 에브라임 지파에서 이름을 적은 사람은 모두 사만 오백 명이었습니다.

34 므낫세 지파의 수를 세었습니다. 스무살 이상된 남자로서 군대에서 일할 수 있는 사람의 이름을 적었습니다. 그들의 이름을 가족별로, 집안별로 적었습니다.

35 므낫세 지파에서 이름을 적은 사람은 모두 삼만 이천이백 명이었습니다.

36 베냐민 지파의 수를 세었습니다. 스무살 이상된 남자로서 군대에서 일할 수 있는 사람의 이름을 적었습니다. 그들의 이름을 가족별로, 집안별로 적었습니다.

37 베냐민 지파에서 이름을 적은 사람은 모두 삼만 오천사백 명이었습니다.

their names in the wilderness of Sinai.

20-21 •This is the number of men twenty years old or older who were able to go to war, as their names were listed in the records of their clans and families*:

Tribe	Number
Reuben (Jacob's* oldest son)	46,500
22-23 •Simeon	59,300
24-25 •Gad	45,650
26-27 •Judah	74,600
28-29 •Issachar	54,400
30-31 •Zebulun	57,400
32-33 •Ephraim son of Joseph	40,500
34-35 •Manasseh son of Joseph	32,200
36-37 •Benjamin	35,400

성경해설 회막

(히) '오헬 모에드'. 만남의 장막. 하나님께서 인간에게 계시하시는 곳이요, 인간이 하나님께 예배하는 곳이라는 의미를 나타낸다(참고, 출 29:42-43). 이곳에서 하나님께서는 모세에게 말씀하셨으며 동시에 이스라엘은 회막 앞에서 하나님께 희생 제물을 드렸다.

이에 대하여 성막 – (히) '미쉬칸'은 '거하심·임재하심'을 의미하는 말로서, 구름 기둥과 불 기둥으로 자기 백성 사이에 영원히 거하심을 강조하셨다(민 9:15-23; 출 40:34-38). 요한복음 1장 14절의 '말씀이 사람이 되셔서, 우리 가운데서 사셨습니다'에서 '사셨다'의 원어는 '장막을 치고 거한다'는 의미이다. 그리스도의 성육신은 하나님께서 우리와 함께 거하신다 ('임마누엘')는 사실의 절정이다.
—본문보기 1장 1절

ancestry [ǽnsestri] *n.* 계통, 문벌
ancient [éinʃənt] *a.* 태고의, 먼 옛날의
assemble [əsémbl] *vt.* 모으다, 소집하다
assist [əsíst] *vt.* 돕다, 거들다
clan [klǽn] *n.* 종족
command [kəmǽnd] *vt.* 명령하다
community [kəmjúlnəti] *n.* 공동체
departure [dipá:rtʃər] *n.* 출발, 떠남
individual [indərídʒuəl] *a.* 개개의, 개별적인
interchange [intərtʃéindʒ] *vt.* 교환하다
list [list] *vt.* …을 명부에 기입하다
occur [əkə́:r] *vi.* (사건 따위가) 일어나다, 생기다
patriarch [péitria:rk] *n.* 가장; 족장; 장로; 원로
refer [rifə́:r] *vi.* 언급하다
repeat [ripí:t] *vt.* 반복하다

1:20-21a In the Hebrew text, this sentence (*This is the number of men twenty years old or older who were able to go to war, as their names were listed in the records of their clans and families*) is repeated in 1:22, 24, 26, 28, 30, 32, 34, 36, 38, 40, 42. **1:20-21b** Hebrew *Israel's.* The names "Jacob" and "Israel" are often interchanged throughout the Old Testament, referring sometimes to the individual patriarch and sometimes to the nation.

38 단 지파의 수를 세었습니다. 스무 살 이상 된 남자로서 군대에서 일할 수 있는 사람의 이름을 적었습니다. 그들의 이름을 가족별로, 집안별로 적었습니다.

39 단 지파에서 이름을 적은 사람은 모두 육만 이천칠백 명이었습니다.

40 아셀 지파의 수를 세었습니다. 스무 살 이상 된 남자로서 군대에서 일할 수 있는 사람의 이름을 적었습니다. 그들의 이름을 가족별로, 집안별로 적었습니다.

41 아셀 지파에서 이름을 적은 사람은 모두 사만 천오백 명이었습니다.

42 납달리 지파의 수를 세었습니다. 스무 살 이상 된 남자로서 군대에서 일할 수 있는 사람의 이름을 적었습니다. 그들의 이름을 가족별로, 집안별로 적었습니다.

43 납달리 지파에서 이름을 적은 사람은 모두 오만 삼천사백 명이었습니다.

44 모세와 아론은 각 집안을 대표하는 이스라엘의 지도자 열두 명의 도움을 받아서 이 사람들의 수를 세었습니다.

45 이스라엘의 남자 가운데서 스무 살 이상으로 군대에서 일할 수 있는 사람의 수를 세었습니다. 그래서 각 사람의 이름을 집안별로 적었습니다.

46 이름을 적은 사람은 모두 육십만 삼천오백오십 명이었습니다.

47 하지만 레위 지파의 가족들에 대해서는 다른 지파들처럼 그 이름을 적지 않았습니다.

48 여호와께서 모세에게 말씀하셨습니다.

49 "레위 지파는 세지 말고, 다른 이스라엘 백성과 함께 이름을 적지 마라.

50 레위 사람에게는 언약의 성막을 관리하는 일을 시켜라. 레위 사람에게 성막과 그 안에 있는 모든 것을 보살피게 하여라. 그들은 성막과 그 안의 모든 것을 옮기는 일을 하며, 또 성막을 관리하며, 성막 둘레에 진을 치고 살아야 한다.

51 언제든 성막을 옮길 때에는 레위 사람들이 성막을 거두어야 하고, 성막을 칠 때에도 레위 사람이 세워야 한다. 누구든지 다른 사람이 성막에 가까이했다가는 죽을 것이다.

52 이스라엘 백성은 부대별로 진을 치거라. 각 사람은 자기 집안 깃발 가까운 곳에 진을 쳐라.

53 하지만 레위 사람은 언약의 성막 둘레에 진을 쳐라. 그래야 내가 이스라엘 백성에게 진노하지 않을 것이다. 이와 같이 레위 사람은 언약의 성막을 관리하여라."

54 그리하여 이스라엘 백성은 여호와께서 모세에게 명령하신 대로 했습니다.

이스라엘 백성의 진

2 여호와께서 모세와 아론에게 말씀하셨습니다.

2 "이스라엘 백성은 성막 둘레에 진을 치거라. 그러

38-39	• Dan	62,700
40-41	• Asher	41,500
42-43	• Naphtali	53,400

44 • These were the men registered by Moses and Aaron and the twelve leaders of Israel, all listed according to their ancestral

45 descent. • They were registered by families—all the men of Israel who were twenty years old or older and able to go to

46 war. • The total number was 603,550.

47 • But this total did not include the

48 Levites. • For the LORD had said to Moses,

49 • "Do not include the tribe of Levi in the registration; do not count them with the

50 rest of the Israelites. • Put the Levites in charge of the Tabernacle of the Covenant,* along with all its furnishings and equipment. They must carry the Tabernacle and all its furnishings as you travel, and they must take care of it and camp around it.

51 • Whenever it is time for the Tabernacle to move, the Levites will take it down. And when it is time to stop, they will set it up again. But any unauthorized person who goes too near the Tabernacle must be put

52 to death. • Each tribe of Israel will camp in a designated area with its own family ban-

53 ner. • But the Levites will camp around the Tabernacle of the Covenant to protect the community of Israel from the LORD's anger. The Levites are responsible to stand guard around the Tabernacle."

54 • So the Israelites did everything just as the LORD had commanded Moses.

Organization for Israel's Camp

2 Then the LORD gave these instructions to Moses and Aaron: • "When the Israelites set up camp, each tribe will be assigned its own area. The tribal divisions will camp beneath their family banners on all four sides of the Tabernacle,* but at some distance from it.

banner [bǽnər] *n.* 기, 깃발
descent [disént] *n.* 혈통, 가계
designated [dézignèitid] *a.* 지정된
furnishing [fə́ːrniʃiŋ] *n.* 비품
tabernacle [tǽbərnæ̀kl] *n.* 성막
unauthorized [ʌnɔ́ːθəraizd] *a.* 권한 밖의
1:50 in charge of … : …을 맡아서
1:51 take down : 해체하다
1:51 put to death : 죽이다
2:9 lead the way : 앞장서다
2:17 set out : 출발하다
2:18-19 camp on … : …에 진을 치다

1:50 Or *Tabernacle of the Testimony;* also in 1:53. 2:2 Hebrew *the Tent of Meeting;* also in 2:17.

나 그 장막에서 조금 떨어진 곳에 진을 쳐라. 각 사람은 부대별로 진을 치되, 자기 집안의 깃발 아래에 진을 쳐라.

3 유다 지파는 동쪽, 곧 해 돋는 쪽에 진을 치거라. 그들은 부대별로 자기 깃발 아래에 진을 치거라. 유다 백성의 지도자는 암미나답의 아들 나손이다.

4 나손 부대의 군인은 모두 칠만 사천육백 명이다.

5 유다 지파의 한쪽 옆에는 잇사갈 지파가 진을 치거라. 잇사갈 백성의 지도자는 수알의 아들 느다넬이다.

6 그의 부대의 군인은 모두 오만 사천사백 명이다.

7 다른 쪽 옆에는 스불론 지파가 진을 치거라. 스불론 백성의 지도자는 헬론의 아들 엘리압이다.

8 그의 부대의 군인은 모두 오만 칠천사백 명이다.

9 유다 진영의 군인을 부대별로 모두 합하면, 십팔만 육천사백 명이다. 그들은 행군할 때, 가장 먼저 출발해야 한다.

10 르우벤의 진영의 각 부대는 성막 남쪽에 진을 치거라. 그들은 각기 자기 깃발 아래에 진을 쳐야 한다. 르우벤 백성의 지도자는 스데울의 아들 엘리술이다.

11 그의 부대의 군인은 모두 사만 육천오백 명이다.

12 그 한쪽 옆에는 시므온 지파가 진을 치거라. 시므온 백성의 지도자는 수리삿대의 아들 슬루미엘이다.

13 그의 부대의 군인은 모두 오만 구천삼백 명이다.

14 다른 쪽 옆에는 갓 지파가 진을 쳐야 한다. 갓 백성의 지도자는 르우엘의 아들 엘리아삽이다.

15 그의 부대의 군인은 모두 사만 오천육백오십 명이다.

16 르우벤 진영의 군인을 부대별로 모두 합하면, 십오만 천사백오십 명이다. 그들은 행군할 때 두 번째로 출발해야 한다.

17 회막은 레위 사람의 진과 함께 모든 진의 한가운데에서 이동해야 한다. 지파들은 진을 칠 때와 같은 순서로 이동해야 한다. 각 사람은 자기 집안의 깃발 아래에 있어야 한다.

18 에브라임 진영의 각 부대는 서쪽에 진을 치거라. 그들은 각기 자기 깃발 아래에 진을 쳐야 한다. 에브라임 백성의 지도자는 암미훗의 아들 엘리사마이다.

19 그의 부대의 군인은 모두 사만 오백 명이다.

20 그 한쪽 옆에는 므낫세 지파가 진을 치거라. 므낫세 백성의 지도자는 브다술의 아들 가말리엘이다.

21 그의 부대의 군인은 모두 삼만 이천이백 명이다.

22 다른 쪽 옆에는 베냐민 지파가 진을 쳐야 한다. 베냐민 백성의 지도자는 기드오니의 아들 아비단이다.

23 그의 부대의 군인은 모두 삼만 오천사백 명이다.

3-4 • ⁿThe divisions of Judah, Issachar, and Zebulun are to camp toward the sunrise on the east side of the Tabernacle, beneath their family banners. These are the names of the tribes, their leaders, and the numbers of their registered troops:

Tribe	Leader	Number
Judah	Nahshon son of Amminadab	74,600
5-6 • Issachar	Nethanel son of Zuar	54,400
7-8 • Zebulun	Eliab son of Helon	57,400

9 • So the total of all the troops on Judah's side of the camp is 186,400. These three tribes are to lead the way whenever the Israelites travel to a new campsite.

10-11 • ⁿThe divisions of Reuben, Simeon, and Gad are to camp on the south side of the Tabernacle, beneath their family banners. These are the names of the tribes, their leaders, and the numbers of their registered troops:

Tribe	Leader	Number
Reuben	Elizur son of Shedeur	46,500
12-13 • Simeon	Shelumiel son of Zurishaddai	59,300
14-15 • Gad	Eliasaph son of Deuel*	45,650

16 • So the total of all the troops on Reuben's side of the camp is 151,450. These three tribes will be second in line whenever the Israelites travel.

17 • ⁿThen the Tabernacle, carried by the Levites, will set out from the middle of the camp. All the tribes are to travel in the same order that they camp, each in position under the appropriate family banner.

18-19 • ⁿThe divisions of Ephraim, Manasseh, and Benjamin are to camp on the west side of the Tabernacle, beneath their family banners. These are the names of the tribes, their leaders, and the numbers of their registered troops:

Tribe	Leader	Number
Ephraim	Elishama son of Ammihud	40,500
20-21 • Manasseh	Gamaliel son of Pedahzur	32,200
22-23 • Benjamin	Abidan son of Gideoni	35,400

2:14-15 As in many Hebrew manuscripts, Samaritan Pentateuch, and Latin Vulgate (see also 1:14); most Hebrew manuscripts read *son of Reuel.*

24 에브라임 진영의 군인을 부대별로 모두 합하면, 십만 팔천백 명이다. 그들이 행군할 때 세 번째로 출발해야 한다.

25 단 진영의 각 부대는 북쪽에 진을 치거라. 그들은 각기 자기 깃발 아래에 진을 쳐야 한다. 단 백성의 지도자는 암미삿대의 아들 아히에셀이다.

26 그의 부대의 군인은 모두 육만 이천칠백 명이다.

27 그 한쪽 옆에는 아셀 지파가 진을 치거라. 아셀 백성의 지도자는 오그란의 아들 바기엘이다.

28 그의 부대의 군인은 모두 사만 천오백 명이다.

29 다른 쪽 옆에는 납달리 지파가 진을 치거라. 납달리 백성의 지도자는 에난의 아들 아히라이다.

30 그의 부대의 군인은 모두 오만 삼천사백 명이다.

31 단 진영의 군인을 부대별로 모두 합하면, 십오만 칠천육백 명이다. 그들은 행군할 때에 깃발을 앞세우고, 마지막으로 출발해야 한다."

32 집안별로 센 이스라엘 백성의 수는 이러합니다. 각 진에 있는 이스라엘 백성을 부대별로 모두 합하면, 육십만 삼천오백오십 명입니다.

33 여호와께서 모세에게 명령하신 대로 이스라엘 백성을 셀 때, 레위 사람은 세지 않았습니다.

34 그리하여 이스라엘 백성은 여호와께서 모세에게 명령하신 대로 했습니다. 그들은 자기 깃발 아래에 진을 쳤습니다. 각 사람은 가족별로, 집안별로 이동했습니다.

아론의 가족

3 여호와께서 시내 산에서 모세에게 말씀하셨을 당시 아론과 모세의 족보는 이러합니다.

2 아론에게는 네 아들이 있습니다. 맏아들은 나답이고, 그 아래로 아비후와 엘르아살과 이다말입니다.

3 이것이 아론의 아들들의 이름입니다. 그들은 기름부음을 받고, 제사장으로 임명되었습니다.

4 그러나 나답과 아비후는 여호와 앞에서 죄를 지어 죽고 말았습니다. 그들은 시내 광야에서 잘못된 불을 여호와께 제물로 바쳤습니다. 그들에게는 아들이 없었습니다. 그래서 아버지인 아론을 도와 엘르아살과 이다말이 제사장으로 일했습니다.

5 여호와께서 모세에게 말씀하셨습니다.

6 "레위 지파를 제사장 아론에게 데려가거라. 레위 지파는 아론을 도와라.

7 *레위 지파에게 회막 앞에서 아론의 일과 모든 이스라엘 백성의 일을 돕게 하여라.*

8 그들에게 회막의 모든 기구들을 관리하게 하고, 회막의 일을 돌보며, 이스라엘 백성의 일을 보살피게 하여라.

9 레위 사람을 아론과 그의 아들들에게 맡겨라. 모든 이스라엘 백성 가운데 레위 사람은 아론에게 완전히 맡

---

24 •So the total of all the troops on Ephraim's side of the camp is 108,100. These three tribes will be third in line whenever the Israelites travel.

25-26 •The divisions of Dan, Asher, and Naphtali are to camp on the north side of the Tabernacle, beneath their family banners. These are the names of the tribes, their leaders, and the numbers of their registered troops:

Tribe	Leader	Number
Dan	Ahiezer son of Ammishaddai	62,700
27-28 •Asher	Pagiel son of Ocran	41,500
29-30 •Naphtali	Ahira son of Enan	53,400

31 •So the total of all the troops on Dan's side of the camp is 157,600. These three tribes will be last, marching under their banners whenever the Israelites travel."

32 •In summary, the troops of Israel listed

33 by their families totaled 603,550. •But as the LORD had commanded, the Levites

34 were not included in this registration. •So the people of Israel did everything as the LORD had commanded Moses. Each clan and family set up camp and marched under their banners exactly as the LORD had instructed them.

Levites Appointed for Service

3 This is the family line of Aaron and Moses as it was recorded when the LORD spoke to Moses on Mount Sinai:

2 •The names of Aaron's sons were Nadab (the oldest), Abihu, Eleazar, and Ithamar.

3 •These sons of Aaron were anointed and

4 ordained to minister as priests. •But Nadab and Abihu died in the LORD's presence in the wilderness of Sinai when they burned before the LORD the wrong kind of fire, different than he had commanded. Since they had no sons, this left only Eleazar and Ithamar to serve as priests with their father, Aaron.

5-6 •Then the LORD said to Moses, •"Call forward the tribe of Levi, and present them to Aaron the priest to serve as his assistants.

7 •They will serve Aaron and the whole community, performing their sacred duties

8 in and around the Tabernacle.* •They will also maintain all the furnishings of the sacred tent,* serving in the Tabernacle on

9 behalf of all the Israelites. •Assign the

3:7 Hebrew *around the Tent of Meeting, doing service at the Tabernacle.* 3:8 Hebrew *the Tent of Meeting;* also in 3:25.

겨진 사람들이다.

10 그러나 너는 아론과 그의 아들들만을 제사장으로 임명하여라. 다른 사람이 거룩한 것에 가까이 하면 죽게 될 것이다."

11 여호와께서 또 모세에게 말씀하셨습니다.

12 "나는 이스라엘 백성 가운데 레위 사람을 뽑아서 그들로 이스라엘의 모든 맏아들을 대신하게 했다. 레위 사람은 내 것이다.

13 처음 태어난 것은 다 내 것이기 때문이다. 너희가 이집트에 있을 때, 나는 이집트 백성의 처음 태어난 아이를 다 죽이고, 이스라엘의 처음 태어난 것은 구별하여 다 내 것으로 삼았다. 사람이든 짐승이든 처음 태어난 것은 내 것이다. 나는 여호와니라."

14 여호와께서 또다시 시내 광야에서 모세에게 말씀하셨습니다.

15 "레위 사람을 가족별로, 그리고 집안별로 세어라. 태어난 지 한 달 이상 된 남자를 다 세어라."

16 그래서 모세는 여호와의 말씀에 복종하여 레위 사람을 세었습니다.

17 레위에게는 세 아들이 있었습니다. 그 아들들의 이름은 게르손과 고핫과 므라리입니다.

18 게르손의 아들은 집안별로 립니와 시므이입니다.

19 고핫의 아들은 집안별로 아므람과 이스할과 헤브론과 웃시엘입니다.

20 므라리의 아들은 집안별로 마흘리와 무시입니다. 레위 사람을 집안별로 나누면 이러합니다.

21 게르손 집안에는 립니와 시므이 가족이 있습니다. 이들은 모두 게르손 집안입니다.

22 게르손 집안에는 태어난 지 한 달 이상 된 남자가 모두 칠천오백 명이 있었습니다.

23 게르손 집안은 서쪽, 곧 성막 뒤에 진을 쳤습니다.

24 게르손 집안의 어른은 라엘의 아들 엘리아삽입니다.

25 게르손 집안이 회막에서 맡은 일은 회막과 장막과 그 덮개와 회막의 휘장과

26 뜰의 휘장과, 회막과 제단을 둘러싸고 있는 뜰 입구의 휘장과 그 모든 것에 쓰는 줄을 맡아 관리하는 것이었습니다.

27 고핫 집안에는 아므람과 이스할과 헤브론과 웃시엘 가족이 있습니다. 이들은 모두 고핫 집안입니다.

28 고핫 집안에는 태어난 지 한 달 이상 된 남자가 모두 팔천육백 명이 있었습니다. 이들은 성소를 돌보는 일을 맡았습니다.

Levites to Aaron and his sons. They have been given from among all the people of Israel to
10 serve as their assistants. • Appoint Aaron and his sons to carry out the duties of the priesthood. But any unauthorized person who goes too near the sanctuary must be put to death."

11-12 • And the LORD said to Moses, • "Look, I have chosen the Levites from among the Israelites to serve as substitutes for all the firstborn sons of the people of Israel. The Levites belong to me,
13 • for all the firstborn males are mine. On the day I struck down all the firstborn sons of the Egyptians, I set apart for myself all the firstborn in Israel, both of people and of animals. They are mine; I am the LORD."

Registration of the Levites

14 • The LORD spoke again to Moses in the wilder-
15 ness of Sinai. He said, • "Record the names of the members of the tribe of Levi by their families and clans. List every male who is one month
16 old or older." • So Moses listed them, just as the LORD had commanded.

17 • Levi had three sons, whose names were Gershon, Kohath, and Merari.
18 • The clans descended from Gershon were named after two of his descendants, Libni and Shimei.
19 • The clans descended from Kohath were named after four of his descendants, Amram, Izhar, Hebron, and Uzziel.
20 • The clans descended from Merari were named after two of his descendants, Mahli and Mushi.
These were the Levite clans, listed according to their family groups.

21 • The descendants of Gershon were composed of the clans descended from Libni and
22 Shimei. • There were 7,500 males one month old or older among these Gershonite clans.
23 • They were assigned the area to the west of the
24 Tabernacle for their camp. • The leader of the Gershonite clans was Eliasaph son of Lael.
25 • These two clans were responsible to care for the Tabernacle, including the sacred tent with its layers of coverings, the curtain at its entrance,
26 • the curtains of the courtyard that surrounded the Tabernacle and altar, the curtain at the courtyard entrance, the ropes, and all the equipment related to their use.
27 • The descendants of Kohath were composed of the clans descended from Amram, Izhar,
28 Hebron, and Uzziel. • There were 8,600* males one month old or older among these Kohathite clans. They were responsible for the care of the

3:28 Some Greek manuscripts read 8,300; see total in 3:39.

29 고핫 집안은 성막 남쪽에 진을 쳤습니다.

30 고핫 집안의 어른은 웃시엘의 아들 엘리사반입니다.

31 이들이 맡은 일은 언약궤와 상과 등잔대와 제단들과 성소의 연장들과 휘장을 맡아 관리하고, 이와 관계가 있는 그 밖의 모든 일을 돕는 것이었습니다.

32 레위 사람의 가장 큰 어른은 제사장 아론의 아들 엘르아살입니다. 엘르아살은 성소를 관리하는 모든 사람들을 감독했습니다.

33 므라리 집안에는 마흘리와 무시 가족이 있습니다. 이들은 모두 므라리 집안입니다.

34 므라리 집안에는 태어난 지 한 달 이상 된 남자가 모두 육천이백 명이 있었습니다.

35 므라리 집안의 어른은 아비하일의 아들 수리엘입니다. 므라리 집안은 성막의 북쪽에 진을 쳤습니다.

36 이들이 맡은 일은 성막의 널빤지와 빗장과 기둥과 그 받침을 맡아 관리하고, 이와 관계가 있는 그 밖의 모든 일을 돕는 것이었습니다.

37 그들은 또한 성막 둘레의 뜰에 있는 기둥과 그 받침, 말뚝과 줄을 관리하는 일도 맡았습니다.

38 모세와 아론과 그의 아들들은 회막의 동쪽에 진을 쳤습니다. 그들은 회막 앞에 있었습니다. 그들은 이스라엘 백성을 위해 성소의 일을 맡았습니다. 하지만 다른 사람이 성소에 가까이 오면 죽었습니다.

39 모세와 아론은 여호와께서 명령하신 대로 레위 사람을 세웠습니다. 태어난 지 한 달 이상 된 남자는 모두 이만 이천 명이 있었습니다.

레위 사람이 맏아들을 대신하다

40 여호와께서 모세에게 말씀하셨습니다. "이스라엘 백성 가운데서 태어난 지 한 달 이상 된 맏아들을 다 세어라. 그리고 그 이름을 적어라.

41 이스라엘의 모든 맏아들 대신 레위 사람을 나에게 바치고, 이스라엘의 처음 태어난 짐승 대신 레위 사람의 짐승을 나에게 바쳐라. 나는 여호와니라."

42 모세는 여호와께서 명령하신 대로 했습니다. 모세는 이스라엘의 맏아들을 다 세었습니다.

43 모세는 태어난 지 한 달 이상 된 맏아들의 이름을 다 적었습니다. 모세가 적은 이름은 모두 이만 이천이백칠십삼 명이었습니다.

44 여호와께서 또 모세에게 말씀하셨습니다.

45 "너는 이스라엘의 모든 맏아들 대신 레위 사람을 나에게 바치고, 이스라엘의 처음 태어난 짐승 대신 레위 사람의 처음 태어난 짐승을 나에게 바쳐

29 sanctuary, •and they were assigned the area
30 south of the Tabernacle for their camp. •The leader of the Kohathite clans was Elizaphan
31 son of Uzziel. •These four clans were responsible for the care of the Ark, the table, the lampstand, the altars, the various articles used in the
32 sanctuary, the inner curtain, and all the equipment related to their use. •Eleazar, son of Aaron the priest, was the chief administrator over all the Levites, with special responsibility for the oversight of the sanctuary.

33 •The descendants of Merari were composed of the clans descended from Mahli and
34 Mushi. •There were 6,200 males one month old or older among these Merarite clans.
35 •They were assigned the area north of the Tabernacle for their camp. The leader of the Merarite clans was Zuriel son of Abihail.
36 •These two clans were responsible for the care of the frames supporting the Tabernacle, the crossbars, the pillars, the bases, and all the
37 equipment related to their use. •They were also responsible for the posts of the courtyard and all their bases, pegs, and ropes.

38 •The area in front of the Tabernacle, in the east toward the sunrise,* was reserved for the tents of Moses and of Aaron and his sons, who had the final responsibility for the sanctuary on behalf of the people of Israel. Anyone other than a priest or Levite who went too near the sanctuary was to be put to death.

39 •When Moses and Aaron counted the Levite clans at the LORD's command, the total number was 22,000 males one month old or older.

Redeeming the Firstborn Sons

40 •Then the LORD said to Moses, "Now count all the firstborn sons in Israel who are one month old or older, and make a list of their
41 names. •The Levites must be reserved for me as substitutes for the firstborn sons of Israel; I am the LORD. And the Levites' livestock must be reserved for me as substitutes for the firstborn livestock of the whole nation of Israel."

42 •So Moses counted the firstborn sons of the people of Israel, just as the LORD had com-
43 manded. •The number of firstborn sons who were one month old or older was 22,273.

44-45 •Then the LORD said to Moses, • "Take the Levites as substitutes for the firstborn sons of the people of Israel. And take the livestock of the Levites as substitutes for the firstborn livestock of the people of Israel. The Levites

---

oversight [óuvərsait] *n.* 감독
substitute [sʌ́bstətjùːt] *n.* 대리인
3:38 be reserved for… : …을 위해 예비되다

3:38 Hebrew *toward the sunrise, in front of the Tent of Meeting.*

라. 나는 여호와니라.

46 그런데 이스라엘의 모든 맏아들이 레위 사람보다 이백칠십삼 명이 더 많다.

47 그러므로 그 이백칠십삼 명에 대해서는 한 사람에 은 오 세겔*씩 받되, 성소에서 다는 무게로 달아서 받아라. 한 세겔*은 이십 게라*니라.

48 그 은은 아론과 그의 아들들에게 주어라. 그것은 이스라엘 백성 이백칠십삼 명을 대신해서 바치는 것이다.”

49 그리하여 모세는 레위 사람들이 대신할 수 없는 사람들의 돈을 거두었습니다.

50 모세는 이스라엘의 맏아들들에게서 은을 거두었습니다. 모세는 성소에서 다는 무게로 은 천삼백육십오 세겔*을 거두었습니다.

51 모세는 그 은을 아론과 그의 아들들에게 주었습니다.

고핫 집안이 맡은 일

4 여호와께서 모세와 아론에게 말씀하셨습니다.

2 “레위 사람 가운데서 고핫 자손을 따로 세어라. 그들을 집안별로, 가족별로 세어라.

3 삼십 세에서 오십 세까지의 남자들을 세어라. 그들은 회막에서 일할 사람들이다.

4 그들에게 회막 안의 가장 거룩한 물건인 지성물들을 맡게 하여라.

5 이스라엘 백성이 이동할 때, 아론과 그의 아들들은 회막으로 들어가거라. 그들은 휘장을 걷어 내려서, 언약궤를 그 휘장으로 덮어라.

6 그 위에 고운 가죽으로 만든 덮개를 덮고, 다시 파란색 천을 덮은 다음에 언약궤의 고리에 채를 꿰어라.

7 또 진설병을 놓는 상 위에도 파란색 천을 깔아라. 그리고 그 위에 접시와 향 피우는 그릇과 부어 드리는 제물인 전제물을 담을 병과 잔들과 상 위에 늘 차려 놓는 빵인 진설병을 올려놓아라.

8 그런 다음에는 그 모든 것 위에 빨간색 천을 덮어라. 그리고 그 위에 고운 가죽을 덮고 채들을 꿰어라.

9 또 파란색 천을 가져다가 등대와 등잔과 심지 자르는 가위와 불똥 그릇과 등잔에 쓰는 모든 기름 그릇을 덮어라.

10 그런 다음에 그 등대와 거기에 딸린 그 모든 기구들을 고운 가죽으로 싸서 들것에 얹어라.

11 그리고 나서 금 제단 위에 파란색 천을 깔아라. 그리고 다시 고운 가죽으로 덮고 채를 꿰어 두어라.

12 성소에서 쓰던 것은 다 파란색 천으로 싸고, 고운

46 belong to me; I am the LORD. • There are 273 more firstborn sons of Israel than there are Levites. To redeem these extra firstborn sons,

47 • collect five pieces of silver* for each of them (each piece weighing the same as the sanctuary

48 shekel, which equals twenty gerahs). • Give the silver to Aaron and his sons as the redemption price for the extra firstborn sons.”

49 • So Moses collected the silver for redeeming the firstborn sons of Israel who exceeded the

50 number of Levites. • He collected 1,365 pieces of silver* on behalf of these firstborn sons of Israel (each piece weighing the same as the

51 sanctuary shekel). • And Moses gave the silver for the redemption to Aaron and his sons, just as the LORD had commanded.

Duties of the Kohathite Clan

4 Then the LORD said to Moses and Aaron,

2 • “Record the names of the members of the clans and families of the Kohathite division of

3 the tribe of Levi. • List all the men between the ages of thirty and fifty who are eligible to serve in the Tabernacle.*

4 • “The duties of the Kohathites at the Tabernacle will relate to the most sacred

5 objects. • When the camp moves, Aaron and his sons must enter the Tabernacle first to take down the inner curtain and cover the Ark of

6 the Covenant* with it. • Then they must cover the inner curtain with fine goatskin leather and spread over that a single piece of blue cloth. Finally, they must put the carrying poles of the Ark in place.

7 • “Next they must spread a blue cloth over the table where the Bread of the Presence is displayed, and on the cloth they will place the bowls, ladles, jars, pitchers, and the special

8 bread. • They must spread a scarlet cloth over all of this, and finally a covering of fine goatskin leather on top of the scarlet cloth. Then they must insert the carrying poles into the table.

9 • “Next they must cover the lampstand with a blue cloth, along with its lamps, lamp snuffers, trays, and special jars of olive oil.

10 • Then they must cover the lampstand and its accessories with fine goatskin leather and place the bundle on a carrying frame.

11 • “Next they must spread a blue cloth over the gold incense altar and cover this cloth with fine goatskin leather. Then they must attach

12 the carrying poles to the altar. • They must take

3:47   Hebrew *5 shekels* [2 ounces or 57 grams].
3:50   Hebrew *1,365 [shekels] of silver* [34 pounds or 15.5 kilograms].   4:3   Hebrew *the Tent of Meeting;* also in 4:4, 15, 23, 25, 28, 30, 31, 33, 35, 37, 39, 41, 43, 47.   4:5   Or *Ark of the Testimony.*

3:47 5세겔은 약 57g에 해당되며, 1세겔은 약 11.4g에 해당되며, 1게라는 1세겔의 1/20에 해당된다.

3:50 1,365세겔은 약 15.56kg에 해당된다.

가죽으로 덮어서 들것에 얹어라.

13 놋 제단의 재는 모두 쳐내고, 제단 위에 자주색 천을 깔아라.

14 제단에서 쓰던 물건, 곧 불을 옮기는 그릇과 고기를 찍는 갈고리와 삽과 사발을 다 모아서 놋 제단 위에 올려놓고, 그 위에 고운 가죽을 덮은 다음 제단의 고리에 채를 끼워라.

15 진이 이동할 준비가 다 되었으면, 아론과 그의 아들들은 거룩한 물건들과 거기에 딸린 그 모든 기구들을 다 싸 놓아라. 그런 다음에 고핫 자손이 와서 그것들을 옮겨라. 그러나 그들 역시 성물에는 손을 대지 말도록 하여라. 손을 대는 날엔 죽을 것이다. 회막에 있는 물건들을 옮기는 일이 고핫 자손의 할 일이다.

16 제사장 아론의 아들 엘르아살은 성막을 관리할 책임이 있다. 그는 성막 안에 있는 모든 것, 곧 등잔에 쓸 기름과 향기로운 냄새가 나는 향과 늘 바치는 곡식 제물과 제사장과 물건을 거룩히 구별할 때 쓰는 기름을 맡으며, 거기에 딸린 모든 기구들을 맡아라."

17 여호와께서 모세와 아론에게 말씀하셨습니다.

18 "고핫 자손이 레위 사람 가운데서 끊어지지 않게 하여라.

19 그들이 가장 거룩한 물건들에 가까이 갈 때에 죽지 않도록, 아론과 그의 아들들이 들어가서 고핫 자손이 해야 할 일을 일일이 가르쳐 주어라. 그리고 고핫 자손이 옮길 물건을 일일이 정해 주어라.

20 고핫 자손은 성소에 들어가서 잠깐 동안이라도 거룩한 물건들을 보아서는 안 된다. 그러면 죽을 것이다."

게르손 집안이 맡은 일

21 여호와께서 모세에게 말씀하셨습니다.

22 "게르손 자손을 가족별로, 집안별로 세어라.

23 삼십 세에서 오십 세까지의 남자들을 세어라. 그들은 회막에서 일할 사람들이다.

24 게르손 집안이 해야 할 일과 날라야 할 물건은 이러하다.

25 그들에게 회막의 여러 가지 천과 그 덮개와 고운 가죽으로 만든 덮개와 회막 입구의 휘장을 운반하게 하여라.

26 그리고 성막 둘레의 뜰 휘장과 제단과 뜰 입구의 휘장과 줄과 휘장에 쓰는 모든 물건과 이와 관계가 있는 그밖의 모든 물건을 운반하여라.

27 아론과 그의 아들들은 게르손 자손이 하는 모든 일을 감독하여라. 너희는 그들이 날라야 할 물건을 일러 주어라.

all the remaining furnishings of the sanctuary and wrap them in a blue cloth, cover them with fine goatskin leather, and place them on the carrying frame.

13 •"They must remove the ashes from the altar for sacrifices and cover the altar with a 14 purple cloth. •All the altar utensils—the firepans, meat forks, shovels, basins, and all the containers—must be placed on the cloth, and a covering of fine goatskin leather must be spread over them. Finally, they must put the 15 carrying poles in place. •The camp will be ready to move when Aaron and his sons have finished covering the sanctuary and all the sacred articles. The Kohathites will come and carry these things to the next destination. But they must not touch the sacred objects, or they will die. So these are the things from the Tabernacle that the Kohathites must carry.

16 •"Eleazar son of Aaron the priest will be responsible for the oil of the lampstand, the fragrant incense, the daily grain offering, and the anointing oil. In fact, Eleazar will be responsible for the entire Tabernacle and everything in it, including the sanctuary and its furnishings."

17 •Then the LORD said to Moses and Aaron, 18 •"Do not let the Kohathite clans be destroyed 19 from among the Levites! •This is what you must do so they will live and not die when they approach the most sacred objects. Aaron and his sons must always go in with them and assign a specific duty or load to each person. 20 •The Kohathites must never enter the sanctuary to look at the sacred objects for even a moment, or they will die."

Duties of the Gershonite Clan

21-22 •And the LORD said to Moses, •"Record the names of the members of the clans and families of the Gershonite division of the tribe of 23 Levi. •List all the men between the ages of thirty and fifty who are eligible to serve in the Tabernacle.

24 •"These Gershonite clans will be responsible 25 for general service and carrying loads. •They must carry the curtains of the Tabernacle, the Tabernacle itself with its coverings, the outer covering of fine goatskin leather, and the cur-26 tain for the Tabernacle entrance. •They are also to carry the curtains for the courtyard walls that surround the Tabernacle and altar, the curtain across the courtyard entrance, the ropes, and all the equipment related to their use. The Gershonites are responsible for all these items. 27 •Aaron and his sons will direct the Gershonites regarding all their duties, whether it involves moving the equipment or doing other work. They must assign the Gershonites responsibility

utensil [juːténsəl] *n.* 기구, 도구

28 이것이 게르손 집안이 회막에서 해야 할 일이다. 제사장 아론의 아들 이다말이 그 일을 감독하여라."

므라리 집안이 맡은 일

29 "므라리 자손을 가족별로, 집안별로 세어라.

30 삼십 세에서 오십 세까지의 남자들을 세어라. 그들은 회막에서 일할 사람들이다.

31 므라리 집안이 해야 할 일은 회막의 널빤지와 빗장과 기둥과 밑받침을 나르는 일이다.

32 그들은 또 뜰 둘레에 있는 기둥과 그 밑받침과 장막 말뚝과 줄과 거기에 딸린 모든 연장을 날라라. 너희는 각 사람이 해야 할 일을 자세히 일러 주어라.

33 이것이 므라리 집안이 회막에서 해야 할 일이다. 제사장 아론의 아들 이다말이 그 일을 감독하여라."

레위 집안

34 모세와 아론과 이스라엘 장로들은 고핫 자손을 가족별로, 집안별로 세었습니다.

35 이들은 삼십 세에서 오십 세까지의 남자로서 회막에서 일할 사람들입니다.

36 가족별로 이름을 적은 남자는 모두 이천칠백오십 명이었습니다.

37 이것이 회막에서 일한 고핫 자손을 모두 합한 수입니다. 모세와 아론은 여호와께서 모세에게 명령하신 대로 그들의 수를 세었습니다.

38 게르손 집안도 가족별로, 집안별로 이름을 적었습니다.

39 이들은 삼십 세에서 오십 세까지의 남자로서 회막에서 일해야 했습니다.

40 집안별로, 가족별로 이름을 적은 남자는 모두 이천육백삼십 명이었습니다.

41 이것이 회막에서 일한 게르손 자손을 모두 합한 수입니다. 모세와 아론은 여호와께서 명령하신 대로 그들의 수를 세었습니다.

42 므라리 집안도 가족별로, 집안별로 이름을 적었습니다.

43 이들은 삼십 세에서 오십 세까지의 남자로서 회막에서 일해야 했습니다.

44 집안별로 이름을 적은 남자는 모두 삼천이백 명이었습니다.

45 이것이 회막에서 일한 므라리 자손을 모두 합한 수입니다. 모세와 아론은 여호와께서 명령하신 대로 그들의 수를 세었습니다.

46 그리하여 모세와 아론과 이스라엘 장로들은 레위 사람을 가족별로, 집안별로 다 세었습니다.

47 삼십 세에서 오십 세까지의 남자는 회막에서 일할 사람들입니다. 그들은 또 회막과 관계가 있는 물건들을 나르는 일도 했습니다.

28 for the loads they are to carry. ● So these are the duties assigned to the Gershonite clans at the Tabernacle. They will be directly responsible to Ithamar son of Aaron the priest.

Duties of the Merarite Clan

29 ● "Now record the names of the members of the clans and families of the Merarite division of the tribe of Levi. ● List all the men between the ages of thirty and fifty who are eligible to serve in the Tabernacle.

31 ● "Their only duty at the Tabernacle will be to carry loads. They will carry the frames of the Tabernacle, the crossbars, the posts, and the bases; ● also the posts for the courtyard walls with their bases, pegs, and ropes; and all the accessories and everything else related to their use. Assign the various loads to each man by name. ● So these are the duties of the Merarite clans at the Tabernacle. They are directly responsible to Ithamar son of Aaron the priest."

Summary of the Registration

34 ● So Moses, Aaron, and the other leaders of the community listed the members of the Kohathite division by their clans and families. ● The list included all the men between thirty and fifty years of age who were eligible for service in the Tabernacle, ● and the total number came to 2,750. ● So this was the total of all those from the Kohathite clans who were eligible to serve at the Tabernacle. Moses and Aaron listed them, just as the LORD had commanded through Moses.

38 ● The Gershonite division was also listed by its clans and families. ● The list included all the men between thirty and fifty years of age who were eligible for service in the Tabernacle, ● and the total number came to 2,630. ● So this was the total of all those from the Gershonite clans who were eligible to serve at the Tabernacle. Moses and Aaron listed them, just as the LORD had commanded.

42 ● The Merarite division was also listed by its clans and families. ● The list included all the men between thirty and fifty years of age who were eligible for service in the Tabernacle, ● and the total number came to 3,200. ● So this was the total of all those from the Merarite clans who were eligible for service. Moses and Aaron listed them, just as the LORD had commanded through Moses.

46 ● So Moses, Aaron, and the leaders of Israel listed all the Levites by their clans and families. ● All the men between thirty and fifty years of age who were eligible for service

4:35 be eligible for… : …에 자격이 있다

48 가족별로 이름을 적은 남자는 모두 팔천오백팔십 명이었습니다.

49 여호와께서 모세에게 명령하신 대로 각 사람은 해야 할 일과 날라야 할 짐을 맡았습니다. 모든 일이 여호와께서 모세에게 명령하신 대로 이루어졌습니다.

부정한 사람에 관한 규례

5 여호와께서 모세에게 말씀하셨습니다.

2 "이스라엘 백성에게 명령하여, 누구든지 문둥병에 걸린 사람은 진 밖으로 쫓아내도록 하여라. 그리고 피와 고름이 흘러나오는 악성 피부병 환자와 시체를 만진 사람도 쫓아내어라.

3 남자든 여자든 가릴 것 없이 진 밖으로 쫓아내어라. 그래서 내가 너희와 함께 사는 이 진을 더럽히지 마라."

4 이스라엘은 하나님의 명령에 복종했습니다. 그들은 여호와께서 모세에게 명령하신 대로 그런 사람들을 진 밖으로 쫓아냈습니다.

잘못한 일을 갚는 것에 관한 규례

5 여호와께서 모세에게 말씀하셨습니다.

6 "이스라엘 백성에게 전하여라. '남자든 여자든 다른 사람에게 어떤 잘못을 행하여 여호와를 배반하고 죄를 저질렀을 때는

7 자기 잘못을 고백하고, 손해를 본 사람에게 다 갚도록 하여라. 갚을 때에는 오분의 일을 더해서 갚아야 한다.

8 만약 피해를 본 사람에게 보상을 받을 만한 가까운 친척이 없으면, 잘못을 저지른 사람은 죄를 씻는 숫양에 배상금을 더하여 여호와께 갚아야 하고, 그 갚은 것은 제사장의 몫이 될 것이다.

9 이스라엘 백성이 바치는 모든 거룩한 예물 가운데서 이스라엘 백성이 제사 지낼 때, 제사장에게 가져온 것은 제사장의 몫이다.

10 모든 거룩한 예물은 바친 사람의 것이다. 그러나 그것을 제사장에게 주었으면, 그것은 제사장의 것이 된다.'"

의심하는 남편

11 여호와께서 모세에게 말씀하셨습니다.

12 "이스라엘 백성에게 전하여라. 만약 어떤 남자의 아내가 잘못을 저질러 남편을 배반하고,

13 다른 남자와 동침했는데도 남편이 자기 아내의 나쁜 짓을 모를 뿐 아니라 본 사람이 아무도 없고, 아내가 나쁜 짓을 하다가 붙잡히지도 않았다고 하자.

14 그런데 남편이 질투하는 마음 때문에 아내가 죄를 지었건 죄를 짓지 않았건 자기 아내를 의심한다고 하면,

15 남편은 아내를 데리고 제사장에게 가거라. 그때, 남편은 아내를 위해 바칠 제물도 가져가거라. 제사장

in the Tabernacle and for its transportation 48-49 •numbered 8,580. •When their names were recorded, as the LORD had commanded through Moses, each man was assigned his task and told what to carry.

And so the registration was completed, just as the LORD had commanded Moses.

Purity in Israel's Camp

5 The LORD gave these instructions to 2 Moses: •"Command the people of Israel to remove from the camp anyone who has a skin disease* or a discharge, or who has become ceremonially unclean by touching a 3 dead person. •This command applies to men and women alike. Remove them so they will not defile the camp in which I live 4 among them." •So the Israelites did as the LORD had commanded Moses and removed such people from the camp.

5-6 •Then the LORD said to Moses, •"Give the following instructions to the people of Israel: If any of the people—men or women—betray the LORD by doing wrong to 7 another person, they are guilty. •They must confess their sin and make full restitution for what they have done, adding an additional 20 percent and returning it to the person 8 who was wronged. •But if the person who was wronged is dead, and there are no near relatives to whom restitution can be made, the payment belongs to the LORD and must be given to the priest. Those who are guilty must also bring a ram as a sacrifice, and they will be purified and made right with the 9 LORD.* •All the sacred offerings that the Israelites bring to a priest will belong to him. 10 •Each priest may keep all the sacred donations that he receives."

Protecting Marital Faithfulness

11-12 •And the LORD said to Moses, •"Give the following instructions to the people of Israel. "Suppose a man's wife goes astray, •and 13 if she is unfaithful to her husband •and has sex with another man, but neither her husband nor anyone else knows about it. She has defiled herself, even though there was no witness and she was not caught in the 14 act. •If her husband becomes jealous and is suspicious of his wife and needs to know whether or not she has defiled herself, •the husband must bring his wife to the priest.

abdomen [ǽbdəmən] *n.* 복부, 배
restitution [rèstətjúʃən] *n.* 배상

5:2 Traditionally rendered *leprosy*. The Hebrew word used here describes various skin diseases.
5:8 Or *bring a ram for atonement, which will make atonement for them.*

에게 가져가야 할 제물은 보릿가루 십분의 일 에바*이다. 이 제물에는 기름을 붓거나 향을 얹지 마라. 이것은 질투 때문에 바치는 곡식 제물이며, 아내에게 죄가 있는지를 밝혀 주는 곡식 제물이다.

16 제사장은 여자를 가까이 오게 해서 여호와 앞에 세워라.

17 제사장은 거룩한 물을 오지그릇에 담아다가, 성막의 바닥에 있는 흙을 그 물에 타라.

18 제사장은 여자를 여호와 앞에 서게 하고, 머리를 풀게 한 다음에, 질투 때문에 바치는 곡식 제물을 여자에게 주어서 들고 있게 하여라. 그리고 제사장은 저주를 내리는 쓴 물을 들어라.

19 제사장은 여자에게 맹세를 시키고, 여자에게 이렇게 물어보아라. '그대는 다른 남자와 동침한 일이 없는가? 그대는 남편을 배반하여 몸을 더럽힌 일이 없는가? 만약 그런 일이 없다면, 저주를 내리는 이 물이 결코 그대를 해치지 못할 것이다.

20 그러나 만약 그대가 남편을 배반하였거나 남편 말고 다른 남자와 함께 누웠다면,

21 (이때 제사장은 여자에게 저주를 받아도 좋다는 맹세를 하게 하고 이렇게 말하여라.) 여호와께서 네 넓적다리를 떨어져 나가게 하고, 네 배는 부어오르게 하셔서, 네 백성 가운데 본보기가 되게 하실 것이다.

22 그러므로 저주를 내리는 이 물이 그대의 몸에 들어가서 그대의 배를 부어오르게 할 것이고, 넓적다리를 떨어져 나가게 할 것이다.' 그러면 여자는 그렇게 되기를 바란다고 말해야 한다.

23 제사장은 이 저주를 글로 써서, 그 쓴 물에 담가 씻어라.

24 그런 다음에 제사장은 여자에게 그 저주를 내리는 물을 마시게 하여라. 그 물을 마시면, 여자의 몸이 아프게 될 것이다.

25 제사장은 질투 때문에 바치는 곡식 제물을 여자에게서 받아서, 여호와 앞에 드리고 제단으로 가져가거라.

26 그리고 제사장은 곡식을 한 움큼 쥐어 전체를 바쳤다는 뜻으로 그것을 제단 위에서 태워라. 그런 다음에 여자에게 그 물을 마시게 하여라.

27 제사장은 여자에게 물을 마시게 한 다음, 여자가 몸을 더럽히지 않았는지를 살펴보아라. 만약 여자가 남편에게 죄를 지었다면, 물이 몸속에 들어갔을 때에 여자의 배가 부어오를 것이고, 넓적다리는 떨어져 나가게 될 것이다. 또한 백성 가운데서 저줏거리가 될 것이다.

28 그러나 만약 여자가 몸을 더럽히지 않아서 깨끗하다면, 해로운 일도 일어나지 않을 것이고, 아이도 낳을 수 있을 것이다.

He must also bring an offering of two quarts* of barley flour to be presented on her behalf. Do not mix it with olive oil or frankincense, for it is a jealousy offering—an offering to prove whether or not she is guilty.

16 • The priest will then present her to stand
17 trial before the LORD. • He must take some holy water in a clay jar and pour into it dust he has taken from the Tabernacle floor.
18 • When the priest has presented the woman before the LORD, he must unbind her hair and place in her hands the offering of proof—the jealousy offering to determine whether her husband's suspicions are justified. The priest will stand before her, holding the jar of bitter water that brings a curse to
19 those who are guilty. • The priest will then put the woman under oath and say to her, 'If no other man has had sex with you, and you have not gone astray and defiled yourself while under your husband's authority, may you be immune from the effects of this
20 bitter water that brings on the curse. • But if you have gone astray by being unfaithful to your husband, and have defiled yourself by having sex with another man—
21 • 'At this point the priest must put the woman under oath by saying, 'May the people know that the LORD's curse is upon you when he makes you infertile, causing your womb to shrivel* and your abdomen to swell.
22 • Now may this water that brings the curse enter your body and cause your abdomen to swell and your womb to shrivel.* And the woman will be required to say, 'Yes, let it be
23 so.' • And the priest will write these curses on a piece of leather and wash them off into the
24 bitter water. • He will make the woman drink the bitter water that brings on the curse. When the water enters her body, it will cause bitter suffering if she is guilty.
25 • 'The priest will take the jealousy offering from the woman's hand, lift it up before the
26 LORD, and carry it to the altar. • He will take a handful of the flour as a token portion and burn it on the altar, and he will require the
27 woman to drink the water. • If she has defiled herself by being unfaithful to her husband, the water that brings on the curse will cause bitter suffering. Her abdomen will swell and her womb will shrink,* and her name will become a curse among her peo-
28 ple. • But if she has not defiled herself and is pure, then she will be unharmed and will still be able to have children.

5:15 Hebrew *1/10 of an ephah* [2.2 liters]. 5:21 Hebrew *when he causes your thigh to waste away.* 5:22 Hebrew *and your thigh to waste away.* 5:27 Hebrew *and her thigh will waste away.*

5:15 1/10에바는 약 2.2ℓ에 해당된다.

29 이것은 질투에 관한 가르침이다. 이것은 여자가 남편을 배반하고, 몸을 더럽혔을 때에 지켜야 할 율법이다.

30 또한 남편이 자기 아내에게 질투할 때도, 남편은 아내를 여호와 앞에 세워야 하며, 제사장은 위에서 말한 모든 일을 해야 한다. 이것은 율법이다.

31 만약 남편이 옳다면, 여자는 죄의 대가를 받을 것이다.”

나실인에 관한 규례

6 여호와께서 모세에게 말씀하셨습니다.

2 “이스라엘 백성에게 전하여라. 남자든 여자든 특별한 맹세, 곧 나실인의 맹세를 해서 자기를 여호와께 헌신하기로 했다면,

3 포도주와 독한 술을 마시지 말고, 포도주나 독한 술로 만든 초도 마시지 마라. 또 포도즙도 마시지 말고, 포도나 건포도도 먹지 마라.

4 나실인으로 살기로 맹세한 동안에는 포도 나무에서 난 것은 아무것도 먹지 마라. 씨나 껍질도 먹지 마라.

5 나실인으로 살기로 맹세한 동안에는 머리털을 깎지 마라. 여호와께 맹세한 특별한 기간이 끝날 때까지 그는 거룩해야 하므로 머리털이 자라도록 내버려 두어라.

6 나실인은 여호와께 맹세한 특별한 기간에는 시체를 가까이하지 마라.

7 설사 그의 아버지나 어머니나 형제나 누이가 죽었다 하더라도, 그들의 시체를 만지지 마라. 만약 만지면, 부정해질 것이다. 그가 하나님의 나실인이라는 표가 그의 머리에 있기 때문이다.

8 나실인으로 살기로 맹세한 동안에는 여호와께 거룩하게 구별된 사람이다.

9 만약 어떤 사람이 그의 곁에서 갑자기 죽어 어쩔 수 없이 여호와께 헌신한 그의 머리털을 더럽혔다면, 몸을 깨끗하게 하는 날인 칠 일 뒤에 머리를 모두 깎아라.

10 그리고 팔 일째 날 산비둘기 두 마리나 집비둘기 새끼 두 마리를 회막 입구에 있는 제사장에게 가져가거라.

11 제사장은 그 가운데 한 마리를 죄를 씻는 제물인 속죄 제물로 바치고, 나머지 한 마리는 태워 드리는 제물인 번제물로 바쳐라. 그렇게 해서 죄를 씻는 예식을 행하여라. 그가 시체를 가까이했기 때문에 죄가 있느니라. 바로 그날, 그는 자기 머리를 거룩히 구별하기로 다시 맹세하여라.

12 그리고 다시 특별한 기간을 정해서 자기를 여호와께 바치고, 일 년 된 숫양을 가져와서 허물을 씻는 속건제로 바쳐라. 그전까지의 기간은 무효이다.

---

29 • "This is the ritual law for dealing with suspicion. If a woman goes astray and defiles herself while under her husband's authority, •or 30 if a man becomes jealous and is suspicious that his wife has been unfaithful, the husband must present his wife before the LORD, and the priest will apply this entire ritual law to her.
31 •The husband will be innocent of any guilt in this matter, but his wife will be held accountable for her sin."

Nazirite Laws

6 1-2 Then the LORD said to Moses, • "Give the following instructions to the people of Israel.

"If any of the people, either men or women, take the special vow of a Nazirite, setting themselves apart to the LORD in a special way, 3 •they must give up wine and other alcoholic drinks. They must not use vinegar made from wine or from other alcoholic drinks, they must not drink fresh grape juice, and they 4 must not eat grapes or raisins. •As long as they are bound by their Nazirite vow, they are not allowed to eat or drink anything that comes from a grapevine—not even the grape seeds or skins.

5 • "They must never cut their hair throughout the time of their vow, for they are holy and set apart to the LORD. Until the time of their vow has been fulfilled, they must let their 6 hair grow long. •And they must not go near a dead body during the entire period of their 7 vow to the LORD. •Even if the dead person is their own father, mother, brother, or sister, they must not defile themselves, for the hair on their head is the symbol of their separation 8 to God. •This requirement applies as long as they are set apart to the LORD.

9 • "If someone falls dead beside them, the hair they have dedicated will be defiled. They must wait for seven days and then shave their heads. Then they will be cleansed from their 10 defilement. •On the eighth day they must bring two turtledoves or two young pigeons to the priest at the entrance of the Tabernacle.*
11 •The priest will offer one of the birds for a sin offering and the other for a burnt offering. In this way, he will purify them* from the guilt they incurred through contact with the dead body. Then they must reaffirm their commitment and let their hair begin to grow again.
12 •The days of their vow that were completed before their defilement no longer count. They must rededicate themselves to the LORD as a Nazirite for the full term of their vow, and each must bring a one-year-old male lamb for a guilt offering.

6:10 Hebrew *the Tent of Meeting;* also in 6:13, 18.　6:11 Or *make atonement for them.*

그것은 그가 그 기간 동안에 부정해졌기 때문이다.

13 나실인의 규례는 이러하다. 맹세한 기간이 끝나면 회막 입구로 가서

14 거기에서 여호와께 제물을 바쳐라. 흠 없는 일 년 된 숫양을 번제물로 바치고, 흠 없는 일 년 된 암양을 속죄 제물로 바쳐라. 그리고 흠 없는 숫양 한 마리를 화목 제물로 바쳐라.

15 그밖에도 누룩을 넣지 않고 기름을 섞어 만든 빵과 누룩을 넣지 않고 기름을 발라 만든 과자를 가져와서 곡식 제물과 부어 드리는 제물인 전제물과 함께 바쳐라.

16 제사장은 이 제물들을 여호와 앞에 가져와서, 죄를 씻는 제사인 속죄제와 태워 드리는 제사인 번제로 바쳐라.

17 그런 다음에 숫양을 잡아 여호와께 화목 제물로 바치며, 그때에 누룩을 넣지 않은 빵이 무교병 한 광주리를 함께 바쳐라. 그리고 곡식 제물과 전제물도 바쳐라.

18 나실인은 회막 입구로 가서 그가 바친 머리털을 밀고, 그 머리털을 화목 제물 밑에서 타고 있는 불에 올려놓아라.

19 나실인이 머리를 모두 민 뒤에, 제사장은 숫양의 삶은 어깨 고기와 광주리에 들어 있는 누룩을 넣지 않은 빵과 과자를 하나씩 나실인에게 주어서 손에 들고 있게 하여라.

20 그런 다음에 제사장은 그것들을 여호와 앞에 흔들어 바치는 제사인 요제로 드려라. 그것들은 거룩한 제물로서 제사장의 몫이다. 또 흔들어 바친 숫양의 가슴 고기와 높이 들어 올려 바친 넓적다리 고기도 제사장의 몫이다. 그런 다음에야 나실인은 포도주를 마실 수 있다.

21 이것은 나실인에 관한 율법이다. 누구든지 여호와께 자신을 구별하여 나실인이 되기로 예물을 드린 자는 이외에도 힘이 미치는 대로 하고 그가 맹세한 대로 자신을 구별한 법을 따르라.'"

제사장의 축복

22 여호와께서 모세에게 말씀하셨습니다.

23 "아론과 그의 아들들에게 전하여라. '너희는 이스라엘 백성에게 이렇게 복을 빌어 주어라.

24 여호와께서 너에게 복을 내리시고, 너를 지켜 주시고,

25 여호와께서 너에게 자비를 베푸시며, 너에게 은혜를 내려 주시기를 빈다.

26 여호와께서 너를 내려다보시고, 너에게 평화를 주시기를 빈다.'

27 아론과 그의 아들들이 내 이름으로 이스라엘 백성에게 복을 빌어 주면, 내가 그들에게 복을 내릴 것

13 • "This is the ritual law for Nazirites. At the conclusion of their time of separation as Nazirites, they must each go to the entrance of the Tabernacle •and offer their sacrifices to

14 the LORD: a one-year-old male lamb without defect for a burnt offering, a one-year-old female lamb without defect for a sin offering,

15 a ram without defect for a peace offering, •a basket of bread made without yeast—cakes of choice flour mixed with olive oil and wafers spread with olive oil—along with their prescribed grain offerings and liquid offerings.

16 •The priest will present these offerings before the LORD: first the sin offering and the burnt

17 offering; •then the ram for a peace offering, along with the basket of bread made without yeast. The priest must also present the prescribed grain offering and liquid offering to the LORD.

18 • "Then the Nazirites will shave their heads at the entrance of the Tabernacle. They will take the hair that had been dedicated and place it on the fire beneath the peace-offering

19 sacrifice. •After the Nazirite's head has been shaved, the priest will take for each of them the boiled shoulder of the ram, and he will take from the basket a cake and a wafer made without yeast. He will put them all into the

20 Nazirite's hands. •Then the priest will lift them up as a special offering before the LORD. These are holy portions for the priest, along with the breast of the special offering and the thigh of the sacred offering that are lifted up before the LORD. After this ceremony the Nazirites may again drink wine.

21 • "This is the ritual law of the Nazirites, who vow to bring these offerings to the LORD. They may also bring additional offerings if they can afford it. And they must be careful to do whatever they vowed when they set themselves apart as Nazirites."

The Priestly Blessing

22-23 •Then the LORD said to Moses, • "Tell Aaron and his sons to bless the people of Israel with this special blessing:

24 • 'May the LORD bless you
and protect you.

25 • May the LORD smile on you
and be gracious to you.

26 • May the LORD show you his favor
and give you his peace.'

27 •Whenever Aaron and his sons bless the people of Israel in my name, I myself will bless them."

incur [inkə́:r] *vt.* (좋지 않은 결과에) 빠지다
vinegar [vínigər] *n.* 초, 식초
5:29 go astray : 타락하다

이다.”

성막

7 모세는 성막 세우기를 마치고, 성막과 그 안의 모든 것에 기름을 붓고, 제단과 그 모든 연장에도 기름을 부어 거룩히 구별했습니다.

2 그러자 이스라엘 지도자들, 곧 각 집안의 어른들과 각 지파의 지도자들로서 백성의 수를 셀 때에 함께 일한 사람들이 제물을 바쳤습니다.

3 그들은 여호와께 덮개가 있는 수레 여섯 대와 황소 열두 마리를 가져왔습니다. 각 지도자마다 황소 한 마리씩 가져왔고, 수레는 두 사람이 한 대씩 가져왔습니다. 그들은 그것을 성막 앞으로 가져왔습니다.

4 여호와께서 모세에게 말씀하셨습니다.

5 “지도자들이 가져온 이 예물을 받아라. 그래서 회막에서 하는 모든 일에 쓸 수 있도록 하여라. 그것을 레위 사람에게 주어서 각자 맡은 일에 따라 쓸 수 있도록 하여라.”

6 그리하여 모세는 수레와 황소를 받았습니다. 모세는 그것들을 레위 사람에게 주었습니다.

7 수레 두 대와 황소 네 마리는 게르손 자손에게 주었습니다. 이것은 그들이 맡은 일을 하는 데 필요한 분량이었습니다.

8 수레 네 대와 황소 여덟 마리는 므라리 자손에게 주었습니다. 이것은 그들이 맡은 일을 하는 데 필요한 분량이었습니다. 제사장 아론의 아들 이다말이 이들 모두의 일을 감독했습니다.

9 그러나 고핫 자손에게는 황소나 수레를 주지 않았습니다. 왜냐하면 그들은 어깨로 거룩한 물건들을 날라야 했기 때문입니다.

10 제단에 기름을 붓던 날, 지도자들은 여호와를 섬기는 일에 쓸 수 있는 예물을 가져와서 제단 앞에 드렸습니다.

11 여호와께서 모세에게 말씀하셨습니다. “너는 지도자들이 매일 한 사람씩 나와서 예물을 바치게 하여라. 그래서 제단을 거룩히 구별하여라.”

12 첫째 날에는 암미나답의 아들 나손이 예물을 가져왔습니다. 그는 유다 지파의 지도자입니다.

13 그 예물은 거룩한 곳인 성소에서 다는 무게로 백삼십 세겔* 되는 은쟁반 하나와 칠십 세겔* 되는 은시 하나입니다. 접시와 쟁반에는 기름을 섞은 고운 가루를 가득 채워 가져왔습니다. 이것은 곡식 제물로 바칠 것입니다.

14 그리고 무게가 십 세겔* 되는 금잔에 향을 담아서 가져왔습니다.

15 또 수송아지와 숫양과 일 년 된 어린 숫양을 한 마리씩 가져왔습니다. 이것은 태워 드리는 제물인 번제물로 바칠 것입니다.

Offerings of Dedication

7 On the day Moses set up the Tabernacle, he anointed it and set it apart as holy. He also anointed and set apart all its furnishings 2 and the altar with its utensils. • Then the leaders of Israel—the tribal leaders who had registered the troops—came and brought their offerings. 3 • Together they brought six large wagons and twelve oxen. There was a wagon for every two leaders and an ox for each leader. They presented these to the LORD in front of the Tabernacle.

4-5 • Then the LORD said to Moses, • “Receive their gifts, and use these oxen and wagons for transporting the Tabernacle.* Distribute them among the Levites according to the 6 work they have to do.” • So Moses took the wagons and oxen and presented them to 7 the Levites. • He gave two wagons and four oxen to the Gershonite division for their 8 work, • and he gave four wagons and eight oxen to the Merarite division for their work. All their work was done under the leadership of Ithamar son of Aaron the priest. 9 • But he gave none of the wagons or oxen to the Kohathite division, since they were required to carry the sacred objects of the Tabernacle on their shoulders.

10 • The leaders also presented dedication gifts for the altar at the time it was anointed. They each placed their gifts before the altar. 11 • The LORD said to Moses, “Let one leader bring his gift each day for the dedication of the altar.”

12 • On the first day Nahshon son of Amminadab, leader of the tribe of Judah, presented his offering.

13 • His offering consisted of a silver platter weighing 3 1/4 pounds and a silver basin weighing 1 3/4 pounds* (as measured by the weight of the sanctuary shekel). These were both filled with grain offerings of choice flour moistened with olive 14 oil. • He also brought a gold container weighing four ounces,* which was filled 15 with incense. • He brought a young bull, a ram, and a one-year-old male lamb for a

---

platter [plǽtər] *n.* 큰 접시

7:5 Hebrew *the Tent of Meeting;* also in 7:89.
7:13 Hebrew *silver platter weighing 130 [shekels]* [1.5 kilograms] *and a silver basin weighing 70 shekels* [800 grams]; also in 7:19, 25, 31, 37, 43, 49, 55, 61, 67, 73, 79, 85.   7:14 Hebrew *10 [shekels]* [114 grams]; also in 7:20, 26, 32, 38, 44, 50, 56, 62, 68, 74, 80, 86.

7:13 130세겔은 약 1.48kg에 해당되고, 70세겔은 약 0.79kg에 해당된다.
7:14 10세겔은 약 114g에 해당된다.

16 또 죄를 씻는 제물인 속죄 제물로 숫염소를 한마리 가져왔습니다.

17 또 황소 두마리와 숫양 다섯 마리와 숫염소 다섯 마리와 일 년 된 어린 숫양 다섯 마리도 가져왔습니다. 이것은 모두 화목 제물로 바칠 것입니다. 이것은 암미나답의 아들 나손의 예물이었습니다.

18 둘째 날에는 수알의 아들 느다넬이 예물을 가져왔습니다. 그는 잇사갈 지파의 지도자입니다.

19 그 예물은 성소에서 다는 무게로 백삼십 세겔 되는 은쟁반 하나와 칠십 세겔 되는 은접시 하나입니다. 접시와 쟁반에는 기름을 섞은 고운 가루를 가득 채워 가져왔습니다. 이것은 곡식 제물로 바칠 것입니다.

20 그리고 무게가 십 세겔 되는 금잔에 향을 담아서 가져왔습니다.

21 또 수송아지와 숫양과 일 년 된 어린 숫양을 한마리씩 가져왔습니다. 이것은 번제물로 바칠 것입니다.

22 또 속죄 제물로 숫염소를 한마리 가져왔습니다.

23 또 황소 두마리와 숫양 다섯 마리와 숫염소 다섯 마리와 일 년 된 어린 숫양 다섯 마리도 가져왔습니다. 이것은 모두 화목 제물로 바칠 것입니다. 이것은 수알의 아들 느다넬의 예물이었습니다.

24 셋째 날에는 헬론의 아들 엘리압이 예물을 가져왔습니다. 그는 스불론 지파의 지도자입니다.

25 그 예물은 성소에서 다는 무게로 백삼십 세겔 되는 은쟁반 하나와 칠십 세겔 되는 은접시 하나입니다. 접시와 쟁반에는 기름을 섞은 고운 가루를 가득 채워 가져왔습니다. 이것은 곡식 제물로 바칠 것입니다.

26 그리고 무게가 십 세겔 되는 금잔에 향을 담아서 가져왔습니다.

27 또 수송아지와 숫양과 일 년 된 어린 숫양을 한마리씩 가져왔습니다. 이것은 번제물로 바칠 것입니다.

28 또 속죄 제물로 숫염소를 한마리 가져왔습니다.

29 또 황소 두마리와 숫양 다섯 마리와 숫염소 다섯 마리와 일 년 된 어린 숫양 다섯 마리도 가져왔습니다. 이것은 모두 화목 제물로 바칠 것입니다. 이것은 헬론의 아들 엘리압의 예물이었습니다.

30 넷째 날에는 스데울의 아들 엘리술이 예물을 가져왔습니다. 그는 르우벤 지파의 지도자입니다.

31 그 예물은 성소에서 다는 무게로 백삼십 세겔 되는 은쟁반 하나와 칠십 세겔 되는 은접시 하나입니다. 접시와 쟁반에는 기름을 섞은 고운 가루를 가득 채워 가져왔습니다. 이것은 곡식 제물로 바칠 것입니다.

32 그리고 무게가 십 세겔 되는 금잔에 향을 담아서 가져왔습니다.

16 burnt offering, •and a male goat for a sin
17 offering. •For a peace offering he brought two bulls, five rams, five male goats, and five one-year-old male lambs. This was the offering brought by Nahshon son of Amminadab.

18 •On the second day Nethanel son of Zuar, leader of the tribe of Issachar, presented his offering.
19 •His offering consisted of a silver platter weighing $3\frac{1}{4}$ pounds and a silver basin weighing $1\frac{3}{4}$ pounds (as measured by the weight of the sanctuary shekel). These were both filled with grain offerings of choice flour moistened with olive oil.
20 •He also brought a gold container weighing four ounces, which was filled with incense.
21 •He brought a young bull, a ram, and a one-year-old male lamb for a
22 burnt offering, •and a male goat for a sin
23 offering. •For a peace offering he brought two bulls, five rams, five male goats, and five one-year-old male lambs. This was the offering brought by Nethanel son of Zuar.

24 •On the third day Eliab son of Helon, leader of the tribe of Zebulun, presented his offering.
25 •His offering consisted of a silver platter weighing $3\frac{1}{4}$ pounds and a silver basin weighing $1\frac{3}{4}$ pounds (as measured by the weight of the sanctuary shekel). These were both filled with grain offerings of choice flour moistened with olive oil. •He also brought a gold container
26
27 weighing four ounces, which was filled with incense. •He brought a young bull, a ram, and a one-year-old male lamb for a
28 burnt offering, •and a male goat for a sin
29 offering. •For a peace offering he brought two bulls, five rams, five male goats, and five one-year-old male lambs. This was the offering brought by Eliab son of Helon.

30 •On the fourth day Elizur son of Shedeur, leader of the tribe of Reuben, presented his offering.
31 •His offering consisted of a silver platter weighing $3\frac{1}{4}$ pounds and a silver basin weighing $1\frac{3}{4}$ pounds (as measured by the weight of the sanctuary shekel). These were both filled with grain offerings of choice flour moistened with olive
32 oil. •He also brought a gold container weighing four ounces, which was filled

---

basin [bésin] *n.* 그릇, 접시
incense [ínsens] *n.* 향
choice [tʃɔis] *a.* 우수한, 정선된
moisten [mɔ́isn] *vt.* 축축하게 하다, 적시다

33 또 수송아지와 숫양과 일 년 된 어린 숫양을 한마리씩 가져왔습니다. 이것은 번제물로 바칠 것입니다.

34 또 속죄 제물로 숫염소를 한마리 가져왔습니다.

35 또 황소 두마리와 숫양 다섯 마리와 숫염소 다섯 마리와 일년 된 어린 숫양 다섯 마리도 가져왔습니다. 이는 모두 화목 제물로 바칠 것입니다. 이것은 스데울의 아들 엘리술의 예물이었습니다.

36 다섯째 날에는 수리삿대의 아들 슬루미엘이 예물을 가져왔습니다. 그는 시므온 지파의 지도자입니다.

37 그 예물은 성소에서 다는 무게로 백삼십 세겔 되는 은쟁반 하나와 칠십 세겔 되는 은접시 하나입니다. 접시와 쟁반에는 기름을 섞은 고운 가루를 가득 채워 가져왔습니다. 이것은 곡식 제물로 바칠 것입니다.

38 그리고 무게가 십 세겔 되는 금잔에 향을 담아서 가져왔습니다.

39 또 수송아지와 숫양과 일 년 된 어린 숫양을 한마리씩 가져왔습니다. 이것은 번제물로 바칠 것입니다.

40 또 속죄 제물로 숫염소를 한마리 가져왔습니다.

41 또 황소 두 마리와 숫양 다섯 마리와 숫염소 다섯 마리와 일년 된 어린 숫양 다섯 마리도 가져왔습니다. 이것은 모두 화목 제물로 바칠 것입니다. 이것은 수리삿대의 아들 슬루미엘의 예물이었습니다.

42 여섯째 날에는 드우엘의 아들 엘리아삽이 예물을 가져왔습니다. 그는 갓 지파의 지도자입니다.

43 그 예물은 성소에서 다는 무게로 백삼십 세겔 되는 은쟁반 하나와 칠십 세겔 되는 은접시 하나입니다. 접시와 쟁반에는 기름을 섞은 고운 가루를 가득 채워 가져왔습니다. 이것은 곡식 제물로 바칠 것입니다.

44 그리고 무게가 십 세겔 되는 금잔에 향을 담아서 가져왔습니다.

45 또 수송아지와 숫양과 일 년 된 어린 숫양을 한마리씩 가져왔습니다. 이것은 번제물로 바칠 것입니다.

46 또 속죄 제물로 숫염소를 한마리 가져왔습니다.

47 또 황소 두 마리와 숫양 다섯 마리와 숫염소 다섯 마리와 일년 된 어린 숫양 다섯 마리도 가져왔습니다. 이는 모두 화목 제물로 바칠 것입니다. 이것은 드우엘의 아들 엘리아삽의 예물이었습니다.

49 *일곱째 날에는 암미훗의 아들 엘리사마가 예물을 가져왔습니다. 그는 에브라임 지파의 지도자입니다.*

49 그 예물은 성소에서 다는 무게로 백삼십 세겔 되는 은쟁반 하나와 칠십 세겔 되는 은접시 하나입니다. 접시와 쟁반에는 기름을 섞은 고운 가루를 가득 채워 가져왔습니다. 이것은 곡식 제물로 바칠 것입니다

33 with incense. •He brought a young bull, a ram, and a one-year-old male lamb for a burnt offering, •and a male goat for a sin offering. •For a peace offering he brought two bulls, five rams, five male goats, and five one-year-old male lambs. This was the offering brought by Elizur son of Shedeur.

36 •On the fifth day Shelumiel son of Zurishaddai, leader of the tribe of Simeon, presented his offering.

37 •His offering consisted of a silver platter weighing $3\frac{1}{4}$ pounds and a silver basin weighing $1\frac{3}{4}$ pounds (as measured by the weight of the sanctuary shekel). These were both filled with grain offerings of choice flour moistened with olive

38 oil. •He also brought a gold container weighing four ounces, which was filled with incense. •He brought a young bull,

39 a ram, and a one-year-old male lamb for a burnt offering, •and a male goat for a sin

40 offering. •For a peace offering he brought

41 two bulls, five rams, five male goats, and five one-year-old male lambs. This was the offering brought by Shelumiel son of Zurishaddai.

42 •On the sixth day Eliasaph son of Deuel, leader of the tribe of Gad, presented his offering.

43 •His offering consisted of a silver platter weighing $3\frac{1}{4}$ pounds and a silver basin weighing $1\frac{3}{4}$ pounds (as measured by the weight of the sanctuary shekel). These were both filled with grain offerings of choice flour moistened with olive

44 oil. •He also brought a gold container weighing four ounces, which was filled

45 with incense. •He brought a young bull, a ram, and a one-year-old male lamb for a

46 burnt offering, •and a male goat for a sin

47 offering. •For a peace offering he brought two bulls, five rams, five male goats, and five one-year-old male lambs. This was the offering brought by Eliasaph son of Deuel.

48 •On the seventh day Elishama son of Ammihud, leader of the tribe of Ephraim, presented his offering.

49 •His offering consisted of a silver platter weighing $3\frac{1}{4}$ pounds and a silver basin weighing $1\frac{3}{4}$ pounds (as measured by the weight of the sanctuary shekel). These were both filled with grain offer-

flour [flɑuər] *n.* 보드랍고 고운 가루
offering [ɔ́ːfəriŋ] *n.* (신에 대한) 헌납
ram [ræm] *n.* 숫양

다.

50 그리고 무게가 십 세겔 되는 금잔에 향을 담아서 가져왔습니다.

51 또 수송아지와 숫양과 일 년 된 어린 숫양을 한 마리씩 가져왔습니다. 이것은 번제물로 바칠 것입니다.

52 또 속죄 제물로 숫염소를 한 마리 가져왔습니다.

53 또 황소 두 마리와 숫양 다섯 마리와 숫염소 다섯 마리와 일 년 된 어린 숫양 다섯 마리도 가져왔습니다. 이는 모두 화목 제물로 바칠 것입니다. 이것은 암미훗의 아들 엘리사마의 예물이었습니다.

54 여덟째 날에는 브다술의 아들 가말리엘이 예물을 가져왔습니다. 그는 므낫세 지파의 지도자입니다.

55 그 예물은 성소에서 다는 무게로 백삼십 세겔 되는 은쟁반 하나와 칠십 세겔 되는 은접시 하나입니다. 접시와 쟁반에는 기름을 섞은 고운 가루를 가득 채워 가져왔습니다. 이것은 곡식 제물로 바칠 것입니다.

56 그리고 무게가 십 세겔 되는 금잔에 향을 담아서 가져왔습니다.

57 또 수송아지와 숫양과 일 년 된 어린 숫양을 한 마리씩 가져왔습니다. 이것은 번제물로 바칠 것입니다.

58 또 속죄 제물로 숫염소를 한 마리 가져왔습니다.

59 또 황소 두 마리와 숫양 다섯 마리와 숫염소 다섯 마리와 일 년 된 어린 숫양 다섯 마리도 가져왔습니다. 이는 모두 화목 제물로 바칠 것입니다. 이것은 브다술의 아들 가말리엘의 예물이었습니다.

60 아홉째 날에는 기드오니의 아들 아비단이 예물을 가져왔습니다. 그는 베냐민 지파의 지도자입니다.

61 그 예물은 성소에서 다는 무게로 백삼십 세겔 되는 은쟁반 하나와 칠십 세겔 되는 은접시 하나입니다. 접시와 쟁반에는 기름을 섞은 고운 가루를 가득 채워 가져왔습니다. 이것은 곡식 제물로 바칠 것입니다.

62 그리고 무게가 십 세겔 되는 금잔에 향을 담아서 가져왔습니다.

63 또 수송아지와 숫양과 일 년 된 어린 숫양을 한 마리씩 가져왔습니다. 이것은 번제물로 바칠 것입니다.

64 또 속죄 제물로 숫염소를 한 마리 가져왔습니다.

65 또 황소 두 마리와 숫양 다섯 마리와 숫염소 다섯 마리와 일 년 된 어린 숫양 다섯 마리도 가져왔습니다. 이는 모두 화목 제물로 바칠 것입니다. 이것은 기드오니의 아들 아비단의 예물이었습니다.

66 열째 날에는 암미삿대의 아들 아히에셀이 예물을 가져왔습니다. 그는 단 지파의 지도자입니다.

67 그 예물은 성소에서 다는 무게로 백삼십 세겔 되는 은쟁반 하나와 칠십 세겔 되는 은접시 하나입니다. 접시와 쟁반에는 기름을 섞은 고운 가루를 가득 채

50 ings of choice flour moistened with olive oil. •He also brought a gold container weighing four ounces, which was filled with incense. •He brought a young bull,

51 a ram, and a one-year-old male lamb for a

52 burnt offering, •and a male goat for a sin

53 offering. •For a peace offering he brought two bulls, five rams, five male goats, and five one-year-old male lambs. This was the offering brought by Elishama son of Ammihud.

54 •On the eighth day Gamaliel son of Pedahzur, leader of the tribe of Manasseh, presented his offering.

55 •His offering consisted of a silver platter weighing $3\frac{1}{4}$ pounds and a silver basin weighing $1\frac{3}{4}$ pounds (as measured by the weight of the sanctuary shekel). These were both filled with grain offerings of choice flour moistened with olive

56 oil. •He also brought a gold container weighing four ounces, which was filled

57 with incense. •He brought a young bull, a ram, and a one-year-old male lamb for a

58 burnt offering, •and a male goat for a sin

59 offering. •For a peace offering he brought two bulls, five rams, five male goats, and five one-year-old male lambs. This was the offering brought by Gamaliel son of Pedahzur.

60 •On the ninth day Abidan son of Gideoni, leader of the tribe of Benjamin, presented his offering.

61 •His offering consisted of a silver platter weighing $3\frac{1}{4}$ pounds and a silver basin weighing $1\frac{3}{4}$ pounds (as measured by the weight of the sanctuary shekel). These were both filled with grain offerings of choice flour moistened with olive

62 oil. •He also brought a gold container weighing four ounces, which was filled

63 with incense. •He brought a young bull, a ram, and a one-year-old male lamb for a

64 burnt offering, •and a male goat for a sin

65 offering. •For a peace offering he brought two bulls, five rams, five male goats, and five one-year-old male lambs. This was the offering brought by Abidan son of Gideoni.

66 •On the tenth day Ahiezer son of Ammishaddai, leader of the tribe of Dan, presented his offering.

67 •His offering consisted of a silver platter weighing $3\frac{1}{4}$ pounds and a silver basin weighing $1\frac{3}{4}$ pounds (as measured by the weight of the sanctuary shekel). These were both filled with grain offer-

위 가져왔습니다. 이것은 곡식 제물로 바칠 것입니다.

68 그리고 무게가 십 세겔 되는 금잔에 향을 담아서 가져왔습니다.

69 또 수송아지와 숫양과 일 년 된 어린 숫양을 한마리씩 가져왔습니다. 이것은 번제물로 바칠 것입니다.

70 또 속죄 제물로 숫염소를 한 마리 가져왔습니다.

71 또 황소 두 마리와 숫양 다섯 마리와 숫염소 다섯 마리와 일 년 된 어린 숫양 다섯 마리도 가져왔습니다. 이는 모두 화목 제물로 바칠 것입니다. 이것은 암미삿대의 아들 아히에셀의 예물이었습니다.

72 열한째 날에는 오그란의 아들 바기엘이 예물을 가져왔습니다. 그는 아셀 지파의 지도자입니다.

73 그 예물은 성소에서 다는 무게로 백삼십 세겔 되는 은쟁반 하나와 칠십 세겔 되는 은접시 하나입니다. 접시와 쟁반에는 기름을 섞은 고운 가루를 가득 채워 가져왔습니다. 이것은 곡식 제물로 바칠 것입니다.

74 그리고 무게가 십 세겔 되는 금잔에 향을 담아서 가져왔습니다.

75 또 수송아지와 숫양과 일 년 된 어린 숫양을 한 마리씩 가져왔습니다. 이것은 번제물로 바칠 것입니다.

76 또 속죄 제물로 숫염소를 한 마리 가져왔습니다.

77 또 황소 두 마리와 숫양 다섯 마리와 숫염소 다섯 마리와 일 년 된 어린 숫양 다섯 마리도 가져왔습니다. 이는 모두 화목 제물로 바칠 것입니다. 이것은 오그란의 아들 바기엘의 예물이었습니다.

78 열두째 날에는 에난의 아들 아히라가 예물을 가져왔습니다. 그는 납달리 지파의 지도자입니다.

79 그 예물은 성소에서 다는 무게로 백삼십 세겔 되는 은쟁반 하나와 칠십 세겔 되는 은접시 하나입니다. 접시와 쟁반에는 기름을 섞은 고운 가루를 가득 채워 가져왔습니다. 이것은 곡식 제물로 바칠 것입니다.

80 그리고 무게가 십 세겔 되는 금잔에 향을 담아서 가져왔습니다.

81 또 수송아지와 숫양과 일 년 된 어린 숫양을 한 마리씩 가져왔습니다. 이것은 번제물로 바칠 것입니다.

82 또 속죄 제물로 숫염소를 한 마리 가져왔습니다.

83 또 황소 두 마리와 숫양 다섯 마리와 숫염소 다섯 마리와 일 년 된 어린 숫양 다섯 마리도 가져왔습니다. 이는 모두 화목 제물로 바칠 것입니다. 이것은 에난의 아들 아히라의 예물이었습니다.

84 이처럼 모세가 제단에 기름을 부은 때에 이스라엘의 지도자들은 제단을 거룩하게 하기 위해 제물을

---

68 ings of choice flour moistened with olive oil. •He also brought a gold container weighing four ounces, which was filled with incense.

69 •He brought a young bull, a ram, and a one-year-old

70 male lamb for a burnt offering, •and a

71 male goat for a sin offering. •For a peace offering he brought two bulls, five rams, five male goats, and five one-year-old male lambs. This was the offering brought by Ahiezer son of Ammishaddai.

72 •On the eleventh day Pagiel son of Ocran, leader of the tribe of Asher, presented his offering.

73 •His offering consisted of a silver platter weighing $3\frac{1}{4}$ pounds and a silver basin weighing $1\frac{3}{4}$ pounds (as measured by the weight of the sanctuary shekel). These were both filled with grain offerings of choice flour moistened with

74 olive oil. •He also brought a gold container weighing four ounces, which was

75 filled with incense. •He brought a young bull, a ram, and a one-year-old

76 male lamb for a burnt offering, •and a

77 male goat for a sin offering. •For a peace offering he brought two bulls, five rams, five male goats, and five one-year-old male lambs. This was the offering brought by Pagiel son of Ocran.

78 •On the twelfth day Ahira son of Enan, leader of the tribe of Naphtali, presented his offering.

79 •His offering consisted of a silver platter weighing $3\frac{1}{4}$ pounds and a silver basin weighing $1\frac{3}{4}$ pounds (as measured by the weight of the sanctuary shekel). These were both filled with grain offerings of choice flour moistened with olive

80 oil. •He also brought a gold container weighing four ounces, which was filled

81 with incense. •He brought a young bull, a ram, and a one-year-old male lamb for

82 a burnt offering, •and a male goat for a

83 sin offering. •For a peace offering he brought two bulls, five rams, five male goats, and five one-year-old male lambs. This was the offering brought by Ahira son of Enan.

84 •So this was the dedication offering brought by the leaders of Israel at the time the altar was anointed: twelve silver platters, twelve silver basins, and twelve gold incense

---

anoint [ənɔ́int] *vt.* 기름 붓다
sanctuary [sǽŋktʃuèri] *n.* 신성한 장소, 성소
7:73 consist of… : …으로 구성되다

바쳤습니다. 그들이 바친 제물은 은쟁반 열두 개와 은접시 열두 개와 금잔 열두 개입니다.

85 각각 은쟁반의 무게는 백삼십 세겔*이었고, 은접시의 무게는 칠십 세겔*이었습니다. 은쟁반과 은그릇들의 무게를 모두 합하면, 성소에서 다는 무게로 이천사백 세겔*이었습니다.

86 향이 가득 담긴 금잔은 열두 개였는데, 각 금잔은 성소에서 다는 무게로 십 세겔*이었습니다. 그러므로 금잔의 무게를 모두 합하면 백이십 세겔*이었습니다.

87 번제물로 바친 짐승은 수송아지 열두 마리, 숫양 열두 마리, 일 년 된 어린 숫양 열두 마리입니다. 그밖에도 곡식 제물이 있었고, 속죄 제물로 바친 숫염소 열두 마리도 있었습니다.

88 화목 제물로 바친 짐승은 황소 스물네 마리, 숫양 예순 마리, 숫염소 예순 마리, 일 년 된 숫양 예순 마리입니다. 이 모든 제물은 모세가 제단에 기름을 부은 뒤에 제단을 거룩히 구별하기 위해 바친 것입니다.

89 모세는 여호와께 말씀드릴 것이 있을 때에는 만남의 장막인 회막으로 들어갔습니다. 모세는 여호와께서 자기에게 하시는 말씀을 들었습니다. 여호와의 목소리는 언약궤를 덮고 있는 속죄판 위에 있는 날개 달린 생물들이 두 그룹 사이에서 들려왔습니다. 이처럼 여호와께서는 모세에게 말씀하셨습니다.

등잔대

8 여호와께서 모세에게 말씀하셨습니다.

2 "아론에게 전하여라. 그에게 등잔대 앞을 밝힐 수 있도록 등잔 일곱 개를 놓아두라고 말하여라."

3 아론은 그대로 했습니다. 아론은 등잔대 앞을 밝힐 수 있도록 등잔 일곱 개를 놓아두었습니다. 아론은 여호와께서 모세에게 주신 명령에 복종했습니다.

4 등잔대는 여호와께서 모세에게 보여 주신 형식을 따라서 밑받침에서 꽃 모양까지 모두 금을 두드려서 만들었습니다.

레위 사람

5 여호와께서 모세에게 말씀하셨습니다.

6 "이스라엘 백성 가운데서 레위 사람을 데려다가 정결하게 하여라.

7 그들을 정결하게 하는 방법은 이러하다. 정결하게 하는 물을 그들에게 뿌려라. 온몸의 털을 밀고 옷을 빨게 하여라. 그러면 그들은 정결하게 될 것이다.

8 그들에게 수송아지 한 마리를 가져오게 하고, 그것과 함께 바칠 곡식 제물도 가져오게 하여라. 곡

85 containers. • Each silver platter weighed 3¼ pounds, and each silver basin weighed 1¾ pounds. The total weight of the silver was 60 pounds* (as measured by the weight of the sanctuary shekel). 86 • Each of the twelve gold containers that was filled with incense weighed four ounces (as measured by the weight of the sanctuary shekel). The total 87 weight of the gold was three pounds.* • Twelve young bulls, twelve rams, and twelve one-year-old male lambs were donated for the burnt offerings, along with their prescribed grain offerings. Twelve male goats were 88 brought for the sin offerings. • Twenty-four bulls, sixty rams, sixty male goats, and sixty one-year-old male lambs were donated for the peace offerings. This was the dedication offering for the altar after it was anointed.

89 • Whenever Moses went into the Tabernacle to speak with the LORD, he heard the voice speaking to him from between the two cherubim above the Ark's cover—the place of atonement—that rests on the Ark of the Covenant.* The LORD spoke to him from there.

Preparing the Lamps

8 1-2 The LORD said to Moses, • "Give Aaron the following instructions: When you set up the seven lamps in the lampstand, place them so their light shines forward in front of 3 the lampstand." • So Aaron did this. He set up the seven lamps so they reflected their light forward, just as the LORD had commanded 4 Moses. • The entire lampstand, from its base to its decorative blossoms, was made of beaten gold. It was built according to the exact design the LORD had shown Moses.

The Levites Dedicated

5-6 • Then the LORD said to Moses, • "Now set the Levites apart from the rest of the people of Israel and make them ceremonially clean. 7 • Do this by sprinkling them with the water of purification, and have them shave their entire body and wash their clothing. Then they will 8 be ceremonially clean. • Have them bring a young bull and a grain offering of choice flour moistened with olive oil, along with a second

---

blossom [blásəm] *n.* 꽃
reflect [riflékt] *vt.* 반사하다, 반영하다
7:87 be donated for … : …을 위해 드려지다

7:85 Hebrew *2,400 [shekels]* [27.6 kilograms].
7:86 Hebrew *120 [shekels]* [1.4 kilograms].   7:89 Or *Ark of the Testimony.*

7:85 130세겔은 약 1.48kg에 해당되고, 70세겔은 0.79kg에 해당되며, 2,400세겔은 약 27.36kg에 해당된다.
7:86 10세겔은 114g에 해당되고, 120세겔은 약 1.36kg에 해당된다.

식 제물은 기름을 섞은 고운 가루로 하여라. 그리고 너는 다른 수송아지 한 마리를 가져와서 죄를 씻는 제물인 속죄 제물로 바쳐라.

9 레위 사람을 회막 앞으로 데려가고 모든 이스라엘 무리를 모아라.

10 레위 사람을 여호와 앞으로 데려가거라. 그리고 이스라엘 백성이 그들에게 손을 얹게 하여라.

11 아론은 레위 사람을 여호와 앞에 흔들어 바치는 요제로 드려라. 레위 사람을 이스라엘 백성이 바치는 제물로 여겨 여호와 앞에 드려라. 이는 레위 사람이 여호와의 일을 할 수 있도록 하기 위함이다.

12 너는 레위 사람이 수송아지의 머리에 손을 얹게 한 후, 이것을 여호와께 바쳐라. 한 마리는 여호와께 바치는 죄를 씻는 제물인 속죄 제물이고, 다른 한 마리는 태워 드리는 제물인 번제물이다. 이것을 바쳐 레위 사람의 죄를 씻는 예식을 행하여라.

13 레위 사람을 아론과 그의 아들들 앞에 세워라. 그리고 레위 사람을 여호와께 흔들어 바치는 요제로 드려라.

14 이렇게 하여 너는 이스라엘 백성 가운데서 레위 사람을 구별하여라. 레위 사람은 내 것이라.

15 이처럼 레위 사람을 정결하게 한 뒤 그들을 제물로 드려라. 그래야 그들이 회막에 와서 일할 수 있을 것이다.

16 그들은 이스라엘 백성 가운데서 나에게 바쳐진 사람이다. 나는 그들을 이스라엘의 모든 여자가 낳은 맏아들을 대신해서 내 것으로 삼았도다.

17 사람이든 짐승이든 이스라엘에서 처음 태어난 것은 다 내 것이니, 나는 이집트 땅의 처음 태어난 것을 다 죽이던 날에 그들을 거룩히 구별했다.

18 나는 이스라엘의 모든 맏아들을 대신해서 레위 사람을 내 것으로 삼았고,

19 레위 사람을 모든 이스라엘 백성 가운데서 뽑았다. 그리고 그들을 아론과 그의 아들들에게 주었다. 그들은 회막에서 모든 이스라엘 백성의 일을 맡아 볼 것이다. 그들은 이스라엘 백성의 죄를 씻는 예식들을 도울 것이다. 그러면 이스라엘 백성이 성소에 가까이 오더라도, 그들에게 재앙이 내리는 일은 없을 것이다."

20 모세와 아론과 모든 이스라엘 백성은 여호와의 말에 순종했습니다. 그들은 레위 사람에 대하여 여호와께서 모세에게 명령하신 대로 했습니다.

21 레위 사람은 스스로 정결하게 하고 옷을 빨았습니다. 그러자 아론이 그들을 여호와께 흔들어 바치는 제사인 요제로 드렸습니다. 아론은 또 그들의 죄를 씻는 예식을 행하여 그들을 정결하게 했습니다.

22 그런 다음에 레위 사람은 회막으로 와서 일했습니다. 아론과 그의 아들들은 그들에게 해야 할 일을 가르쳐 주었습니다. 그들은 레위 사람에 대하여 여호와께서

9 young bull for a sin offering. •Then assemble the whole community of Israel, and present the Levites at the entrance of the 10 Tabernacle.* •When you present the Levites before the LORD, the people of Israel 11 must lay their hands on them. •Raising his hands, Aaron must then present the Levites to the LORD as a special offering from the people of Israel, thus dedicating them to the LORD's service.

12 •"Next the Levites will lay their hands on the heads of the young bulls. Present one as a sin offering and the other as a burnt offering to the LORD, to purify the Levites and make them right with the 13 LORD.* •Then have the Levites stand in front of Aaron and his sons, and raise your hands and present them as a special offer-14 ing to the LORD. •In this way, you will set the Levites apart from the rest of the people of Israel, and the Levites will belong to me. 15 •After this, they may go into the Tabernacle to do their work, because you have purified them and presented them as a special offering.

16 •"Of all the people of Israel, the Levites are reserved for me. I have claimed them for myself in place of all the firstborn sons 17 of the Israelites; I have taken the Levites as their substitutes. •For all the firstborn males among the people of Israel are mine, both of people and of animals. I set them apart for myself on the day I struck down 18 all the firstborn sons of the Egyptians. •Yes, I have claimed the Levites in place of 19 all the firstborn sons of Israel. •And of all the Israelites, I have assigned the Levites to Aaron and his sons. They will serve in the Tabernacle on behalf of the Israelites and make sacrifices to purify* the people so no plague will strike them when they approach the sanctuary."

20 •So Moses, Aaron, and the whole community of Israel dedicated the Levites, carefully following all the LORD's instructions 21 to Moses. •The Levites purified themselves from sin and washed their clothes, and Aaron lifted them up and presented them to the LORD as a special offering. He then offered a sacrifice to purify them and make 22 them right with the LORD.* •After that the Levites went into the Tabernacle to perform their duties, assisting Aaron and his sons. So they carried out all the commands that the LORD gave Moses concerning the

모세에게 명령하신 대로 했습니다.

23 여호와께서 모세에게 말씀하셨습니다.

24 "이것은 레위 사람을 위한 명령이다. 스물다섯 살 이상 된 모든 남자는 회막으로 나아오게 하여라. 그들을 모두 회막에서 일하게 하고,

25 쉰 살이 되면 하던 일을 그만두게 하여라. 더 일하지 않아도 된다. 그때부터는

26 회막에서 다른 레위 사람을 도와 줄 수는 있으나, 그 일을 대신하지는 못한다. 너는 이렇게 레위 사람에게 해야 할 일을 맡겨라."

유월절

9 여호와께서 시내 광야에서 모세에게 말씀하셨습니다. 여호와께서 말씀하신 때는 이스라엘 백성이 이집트에서 나온 지 이 년째 되는 해의 첫째 달*이었습니다.

2 "이스라엘 백성에게 정해진 때에 유월절을 지키라고 전하여라.

3 유월절을 지켜야 할 때는 이 달 십사 일 해질 무렵이다. 이스라엘 백성은 유월절에 관한 모든 규례를 지켜라."

4 그리하여 모세는 이스라엘 백성에게 유월절을 지키라는 말씀을 전했습니다.

5 이스라엘 백성은 첫째 달 십사 일 해질 무렵에, 시내 광야에서 유월절을 지켰습니다. 이스라엘 백성은 여호와께서 모세에게 명령하신 그대로 했습니다.

6 그러나 그날 유월절을 지킬 수 없는 사람들이 있었습니다. 그들은 시체를 만져서 부정해진 사람들입니다. 그들은 그날 모세와 아론에게 갔습니다.

7 그들이 모세에게 말했습니다. "우리는 시체를 만졌으므로 부정합니다. 그렇지만 이 정해진 때에 우리도 여호와께 예물을 드려야 하지 않겠습니까? 우리도 다른 이스라엘 백성처럼 예물을 드리고 싶습니다."

8 모세가 그들에게 말했습니다. "기다리시오. 여호와께서 여러분에게 무엇이라고 말씀하실지 알아봐야겠소."

9 그때에 여호와께서 모세에게 말씀하셨습니다.

10 "이스라엘 백성에게 전하여라. 너희나 너희 자손은 시체를 만져서 부정해졌거나, 먼길을 떠나 있을 때라도 여호와의 유월절을 지켜야 한다.

11 그러한 사람은 유월절을 지키되 둘째 달 십사 일* 해질 무렵에 지켜라. 그때에는 쓴 나물과 누룩을 넣지 않은 빵을 어린 양고기와 함께 먹어라.

12 먹던 것을 다음 날 아침까지 남기지 말고, 양의 뼈를 부러뜨리지도 마라. 유월절을 지킬 때에는 이

Levites.

23-24 •The LORD also instructed Moses. •"This is the rule the Levites must follow: They must begin serving in the Tabernacle at the age of twenty-five, •and they must retire at the age

25
26 of fifty. •After retirement they may assist their fellow Levites by serving as guards at the Tabernacle, but they may not officiate in the service. This is how you must assign duties to the Levites."

The Second Passover

9 A year after Israel's departure from Egypt, the LORD spoke to Moses in the wilderness of Sinai. In the first month* of that year he

2 said, •"Tell the Israelites to celebrate the

3 Passover at the prescribed time, •at twilight on the fourteenth day of the first month.* Be sure to follow all my decrees and regulations concerning this celebration."

4 •So Moses told the people to celebrate the

5 Passover •in the wilderness of Sinai as twilight fell on the fourteenth day of the month. And they celebrated the festival there, just as the

6 LORD had commanded Moses. •But some of the men had been ceremonially defiled by touching a dead body, so they could not celebrate the Passover that day. They came to

7 Moses and Aaron that day •and said, "We have become ceremonially unclean by touching a dead body. But why should we be prevented from presenting the LORD's offering at the proper time with the rest of the Israelites?"

8 •Moses answered, "Wait here until I have received instructions for you from the LORD."

9-10 •This was the LORD's reply to Moses. •"Give the following instructions to the people of Israel: If any of the people now or in future generations are ceremonially unclean at Passover time because of touching a dead body, or if they are on a journey and cannot be present at the ceremony, they may still cele-

11 brate the LORD's Passover. •They must offer the Passover sacrifice one month later, at twilight on the fourteenth day of the second month.* They must eat the Passover lamb at that time with bitter salad greens and bread

12 made without yeast. •They must not leave any of the lamb until the next morning, and they must not break any of its bones. They must follow all the normal regulations con-

---

9:1 The first month of the ancient Hebrew lunar calendar usually occurs within the months of March and April. 9:3 This day in the ancient Hebrew lunar calendar occurred in late March, April, or early May. 9:11 This day in the ancient Hebrew lunar calendar occurred in late April, May, or early June.

9:1 이달은 3월에서 4월 사이에 해당된다.
9:11 이날은 4월 말에서 5월 초에 해당된다.

모든 규례를 지켜라.

13 부정하지도 않고 먼 길을 떠나지도 않은 사람은 유월절을 지켜라. 만약 지키지 않으면, 그는 백성에게서 끊어질 것이다. 그는 정해진 때에 여호와께 제물을 바치지 않았으므로 죄값을 받을 것이다.

14 너희 가운데 사는 외국인도 여호와의 유월절을 지킬 수 있으니, 그가 유월절을 지킬 때에는 모든 규례를 따르게 하여라. 너희가 지키는 규례를 외국인도 똑같이 지키게 하여라.'"

성막 위의 구름

15 주님의 장막인 성막을 세우던 날, 구름이 그 장막, 곧 언약의 성막을 덮었습니다. 저녁부터 새벽까지 장막 위의 구름은 불처럼 보였습니다.

16 항상 구름은 성막 위에 머물렀으며, 밤이 되면 그 구름은 불처럼 보였습니다.

17 구름이 성막 위에서 걷혀 올라가면, 이스라엘 백성도 길을 떠났습니다. 그러다가 구름이 멈추면, 이스라엘 백성도 그곳에 진을 쳤습니다.

18 이스라엘 백성은 여호와의 명령에 따라 길을 떠났다가 여호와의 명령에 따라 진을 쳤습니다. 구름이 성막 위에 머물러 있는 동안에는 이스라엘 백성도 진에 머물러 있었습니다.

19 성막 위의 구름이 오랫동안 머물러 있을 때는, 이스라엘 백성도 여호와의 명령대로 이동하지 않았습니다.

20 어떤 때에는 성막 위의 구름이 며칠 동안만 머물기도 했습니다. 이스라엘 백성은 여호와의 명령에 따라 길을 떠났고, 여호와의 명령에 따라 진을 쳤습니다.

21 어떤 때에는 성막 위의 구름이 저녁부터 아침까지만 머물기도 했습니다. 이튿날 아침에 구름이 걷히면, 백성도 길을 떠났습니다. 밤이든 낮이든 구름이 걷히면, 백성도 길을 떠났습니다.

22 성막 위의 구름은 이틀을 머물기도 하고, 한 달을 머물기도 하고, 일 년을 머물기도 했습니다. 구름이 머물러 있는 동안에 이스라엘 백성은 진을 치고 있었습니다. 그러나 구름이 걷히면, 백성도 길을 떠났습니다.

23 이스라엘 백성은 여호와의 명령에 따라 진을 쳤다가, 여호와의 명령에 따라 길을 떠났습니다. 그들은 여호와께서 모세에게 명령하신 대로 했습니다.

은 나팔

10 여호와께서 모세에게 말씀하셨습니다.

2 "은을 두드려 나팔 두 개를 만들어라. 그 나팔은 백성을 불러 모을 때와 진을 떠날 때 쓸 것이다.

3 두 나팔을 한꺼번에 불면, 백성을 회막 입구 네 앞

---

concerning the Passover.

13 • "But those who neglect to celebrate the Passover at the regular time, even though they are ceremonially clean and not away on a trip, will be cut off from the community of Israel. If they fail to present the LORD's offering at the proper time, they will suffer the consequences of their guilt. • And if foreigners living among

14 you want to celebrate the Passover to the LORD, they must follow these same decrees and regulations. The same laws apply both to native-born Israelites and to the foreigners living among you."

The Fiery Cloud

15 • On the day the Tabernacle was set up, the cloud covered it.* But from evening until morning the cloud over the Tabernacle looked

16 like a pillar of fire. • This was the regular pattern—at night the cloud that covered the Tabernacle had the appearance of fire.

17 • Whenever the cloud lifted from over the sacred tent, the people of Israel would break camp and follow it. And wherever the cloud settled, the people of Israel would set up

18 camp. • In this way, they traveled and camped at the LORD's command wherever he told them to go. Then they remained in their camp as long as the cloud stayed over the Tabernacle.

19 • If the cloud remained over the Tabernacle for a long time, the Israelites stayed and performed

20 their duty to the LORD. • Sometimes the cloud would stay over the Tabernacle for only a few days, so the people would stay for only a few days, as the LORD commanded. Then at the LORD's command they would break camp and

21 move on. • Sometimes the cloud stayed only overnight and lifted the next morning. But day or night, when the cloud lifted, the people

22 broke camp and moved on. • Whether the cloud stayed above the Tabernacle for two days, a month, or a year, the people of Israel stayed in camp and did not move on. But as soon as it lifted, they broke camp and moved

23 on. • So they camped or traveled at the LORD's command, and they did whatever the LORD told them through Moses.

The Silver Trumpets

10 1-2 Now the LORD said to Moses, • "Make two trumpets of hammered silver for calling the community to assemble and for

3 signaling the breaking of camp. • When both trumpets are blown, everyone must gather before you at the entrance of the Tabernacle.*

---

pillar [pílər] *n.* 기둥
9:18 stay over · : …위에 머무르다

9:15 Hebrew *covered the Tabernacle, the Tent of the Testimony.* 10:3 Hebrew *Tent of Meeting.*

에 모이게 하고,

4 나팔을 하나만 불면, 지도자들이 네 앞에 모이게 하여라.

5 두 나팔을 한 번만 불면, 동쪽에 진을 친 지파들이 이동하고,

6 두 번째로 나팔을 불면, 남쪽에 진을 친 지파들이 이동할 것이다. 그들은 나팔 소리를 듣고 이동할 것이다.

7 백성을 불러 모을 때도 나팔을 불어라. 그러나 똑같은 방법으로 불지는 마라.

8 나팔은 제사장인 아론의 아들들에게 불게 하여라. 이것은 너희가 지금부터 대대로 지켜야 할 규례이다.

9 너희의 땅으로 너희를 공격해 온 적과 싸울 때도 나팔을 불어라. 너희 하나님이신 여호와께서 너희를 기억해 주실 것이다. 여호와께서 너희를 원수에게서 구해 주실 것이다.

10 기쁜 날에도 나팔을 불어라. 절기 때와 매달 초하루에도 나팔을 불어라. 너희의 태워 드리는 제물인 번제물과 화목 제물 위에서 나팔을 불어라. 그러면 너희 하나님께서 너희를 기억해 주실 것이다. 나는 너희 여호와 하나님이다."

진을 옮기는 이스라엘 백성

11 거룩한 장막인 성막에서 구름이 걷혀 올라갔습니다. 그때는 이집트에서 떠나온 지 둘째 해 둘째 달 이십 일*이었습니다.

12 이스라엘 백성은 시내 광야를 떠나서, 구름이 바란 광야에 멈출 때까지 옮겨 다녔습니다.

13 이것은 이스라엘 백성의 첫 번째 이동이었습니다. 그들은 여호와께서 모세에게 명령하신 대로 했습니다.

14 유다 진의 부대들이 깃발을 따라 이동했습니다. 지휘자는 암미나답의 아들 나손이었습니다.

15 수알의 아들 느다넬이 잇사갈 지파의 군대를 이끌었습니다.

16 헬론의 아들 엘리압이 스불론 지파의 부대를 이끌었습니다.

17 그 다음에 성막을 걷었습니다. 게르손 자손과 므라리 자손이 성막을 메고 길을 떠났습니다.

18 그 다음에는 르우벤 진의 부대들이 깃발을 따라 이동했습니다. 지휘자는 스데울의 아들 엘리술이었습니다.

19 수리삿대의 아들 슬루미엘이 시므온 지파의 부대를 이끌었습니다.

20 드우엘의 아들 엘리아삽이 갓 지파의 부대를 이끌었습니다.

21 그 다음에는 고핫 자손이 성막에서 쓰는 물건인

4 •But if only one trumpet is blown, then only the leaders—the heads of the clans of Israel—must present themselves to you.

5 •When you sound the signal to move on, the tribes camped on the east side of the Tabernacle must break camp and move forward.

6 •When you sound the signal a second time, the tribes camped on the south will follow. You must sound short blasts as the signal

7 for moving on. •But when you call the people to an assembly, blow the trumpets with a different signal. •Only the priests, Aaron's

8 descendants, are allowed to blow the trumpets. This is a permanent law for you, to be observed from generation to generation.

9 •When you arrive in your own land and go to war against your enemies who attack you, sound the alarm with the trumpets. Then the LORD your God will remember you and res-

10 cue you from your enemies. •Blow the trumpets in times of gladness, too, sounding them at your annual festivals and at the beginning of each month. And blow the trumpets over your burnt offerings and peace offerings. The trumpets will remind your God of his covenant with you. I am the LORD your God."

The Israelites Leave Sinai

11 •In the second year after Israel's departure from Egypt—on the twentieth day of the second month*—the cloud lifted from the Tab-

12 ernacle of the Covenant.* •So the Israelites set out from the wilderness of Sinai and traveled on from place to place until the cloud stopped in the wilderness of Paran.

13 •When the people set out for the first time, following the instructions the LORD had given

14 through Moses, •Judah's troops led the way. They marched behind their banner, and their leader was Nahshon son of Amminadab.

15 •They were joined by the troops of the tribe of

16 Issachar, led by Nethanel son of Zuar, •and the troops of the tribe of Zebulun, led by Eliab son of Helon.

17 •Then the Tabernacle was taken down, and the Gershonite and Merarite divisions of the Levites were next in the line of march, car-

18 rying the Tabernacle with them. •Reuben's troops went next, marching behind their banner. Their leader was Elizur son of Shedeur.

19 •They were joined by the troops of the tribe of Simeon, led by Shelumiel son of Zurishaddai,

20 •and the troops of the tribe of Gad, led by Eliasaph son of Deuel.

21 •Next came the Kohathite division of the Levites, carrying the sacred objects from the

10:11a This day in the ancient Hebrew lunar calendar occurred in late April, May, or early June. 10:11b Or *Tabernacle of the Testimony*.

10:11 이날은 4월 말에서 5월 초에 해당된다.

성물을 메고 길을 떠났습니다. 성막은 그들이 도착하기 전에 세워야 했습니다.

22 그 다음에는 에브라임 진의 부대들이 깃발을 따라 이동했습니다. 지휘자는 암미훗의 아들 엘리사마였습니다.

23 브다술의 아들 가말리엘이 므낫세 지파의 부대를 이끌었습니다.

24 기드오니의 아들 아비단이 베냐민 지파의 부대를 이끌었습니다.

25 맨 마지막에는 단 진의 부대들이 깃발을 앞세우고, 앞서 간 다른 모든 부대의 후방 수비를 맡은 부대들이 부대별로 이동했습니다. 지휘자는 암미삿대의 아들 아히에셀이었습니다.

26 오그란의 아들 바기엘이 아셀 지파의 부대를 이끌었습니다.

27 에난의 아들 아히라가 납달리 지파의 부대를 이끌었습니다.

28 이스라엘의 부대들은 이동할 때 이런 순서로 행군했습니다.

29 호밥은 미디안 사람 르우엘의 아들입니다. 이드로라고도 하는 르우엘은 모세의 장인입니다. 모세가 처남인 호밥에게 말했습니다. "우리는 하나님께서 우리에게 주시기로 약속한 땅으로 갑니다. 우리와 함께 갑시다. 처남을 잘 대접하겠습니다. 여호와께서 이스라엘에게 좋은 것으로 약속하셨습니다."

30 그러나 호밥이 대답했습니다. "아닐세. 나는 가지 못하네. 나는 내가 태어난 내 고향으로 돌아가야 하네."

31 모세가 말했습니다. "우리를 떠나지 마시오. 처남은 이 광야에서 우리가 어디에 진을 쳐야 할지 알고 있습니다. 처남은 우리의 안내자가 될 수 있습니다.

32 우리와 함께 갑시다. 여호와께서 우리에게 주시는 좋은 것을 다 처남에게 나누어 드리겠습니다."

33 그리하여 그들은 여호와의 산을 떠났습니다. 백성은 여호와의 언약궤를 앞세웠습니다. 그들은 삼 일 동안 진을 칠 곳을 찾았습니다.

34 백성이 진을 떠날 때면, 낮에는 여호와의 구름이 그들 위를 덮었습니다.

35 궤가 진을 떠날 때면, 모세는 늘 "여호와여! 일어나십시오. 원수들을 흩으십시오. 여호와께 맞서는 자들을 여호와 앞에서 쫓아내십시오."라고 말했습니다.

36 그리고 궤를 내려놓을 때도 모세는 늘 "여호와여! 수천만 이스라엘 백성에게 돌아오십시오."라고 말했습니다.

여호와께서 내리신 불

11 백성에게 어려운 일이 닥치자 그들이 여호와께 불평했습니다. 여호와께서 그들의 불평을 들으시고 화를 내셨습니다. 여호와께서 백성 가운데에 불을 내리셨습니다. 그 불이 진 가장자리를 태웠습니다.

2 그러자 백성이 모세에게 부르짖었습니다. 모세가 여

Tabernacle. Before they arrived at the next camp, the Tabernacle would already be set 22 up at its new location. • Ephraim's troops went next, marching behind their banner. Their leader was Elishama son of Ammi- 23 hud. • They were joined by the troops of the tribe of Manasseh, led by Gamaliel son 24 of Pedahzur, • and the troops of the tribe of Benjamin, led by Abidan son of Gideoni.

25 • Dan's troops went last, marching behind their banner and serving as the rear guard for all the tribal camps. Their leader 26 was Ahiezer son of Ammishaddai. • They were joined by the troops of the tribe of 27 Asher, led by Pagiel son of Ocran, • and the troops of the tribe of Naphtali, led by Ahira son of Enan.

28 • This was the order in which the Israelites marched, division by division.

29 • One day Moses said to his brother-in-law, Hobab son of Reuel the Midianite, "We are on our way to the place the LORD promised us, for he said, 'I will give it to you.' Come with us and we will treat you well, for the LORD has promised wonderful blessings for Israel!"

30 • But Hobab replied, "No, I will not go. I must return to my own land and family.

31 • "Please don't leave us," Moses pleaded. "You know the places in the wilderness where we should camp. Come, be our 32 guide. • If you do, we'll share with you all the blessings the LORD gives us."

33 • They marched for three days after leaving the mountain of the LORD, with the Ark of the LORD's Covenant moving ahead of them to show them where to 34 stop and rest. • As they moved on each day, the cloud of the LORD hovered over 35 them. • And whenever the Ark set out, Moses would shout, "Arise, O LORD, and let your enemies be scattered! Let them flee 36 before you!" • And when the Ark was set down, he would say, "Return, O LORD, to the countless thousands of Israel!"

The People Complain to Moses

11 Soon the people began to complain about their hardship, and the LORD heard everything they said. Then the LORD's anger blazed against them, and he sent a fire to rage among them, and he destroyed some of the people in the out- 2 skirts of the camp. • Then the people screamed to Moses for help, and when he

---

blaze [bleiz] *vi.* 타오르다, 격노하다
outskirts [áutskə:rts] *n.* 변두리, 주변
rage [reid3] *vi.* 격노하다
10:34 hover over… ; …위를 맴돌다

호와께 기도드리자, 불이 꺼졌습니다.

3 그곳은 사람들에 의해 다베라라고 불리웠는데, 이는 여호와의 불이 내려와 그들 가운데서 탔기 때문입니다.

장로 칠십 명

4 백성 가운데 섞여 살던 외국인들이 음식에 욕심을 품고 불평했습니다. 이윽고 모든 이스라엘 백성도 불평하기 시작했습니다. 그들이 말했습니다. "고기를 먹었으면 좋겠소.

5 이집트에 있을 때에는 생선을 마음껏 먹었소. 그밖에도 오이와 수박과 부추와 파와 마늘을 먹었소.

6 그런데 지금은 이 만나밖에 없으니, 우리 몸이 쇠약해지고 말았소."

7 만나는 작고 하얀 씨처럼 생겼습니다.

8 백성들은 그것을 주워 모아서, 맷돌에 갈거나 절구에 찧었습니다. 그래서 냄비에 요리를 하거나 과자를 만들기도 했습니다. 그러자 그것은 기름에 구운 빵 맛이 났습니다.

9 밤마다 진에 이슬이 내릴 때, 만나도 같이 내렸습니다.

10 모세는 백성의 온 가족들이 자기 장막 입구에서 우는 소리를 들었습니다. 여호와께서 매우 노하셨습니다. 그래서 모세는 당황했습니다.

11 모세가 여호와께 여쭈었습니다. "왜 저에게 이런 어려움을 주십니까? 저는 여호와의 종입니다. 제가 무슨 잘못을 했습니까? 왜 저에게 이 모든 백성을 맡기셨습니까?

12 저는 이 모든 백성의 아비가 아닙니다. 저는 이 백성을 낳지 않았습니다. 왜 저더러 여호와께서 저희 조상에게 약속하신 땅으로 저들을 인도하게 하십니까? 왜 저에게 유모가 젖먹이를 품듯이 그들을 품으라고 하십니까?

13 모든 백성이 먹을 고기를 제가 어디에서 얻을 수 있겠습니까? 저들은 '고기를 먹고 싶다'라고 저에게 부르짖고 있습니다.

14 저 혼자서는 이 모든 백성을 돌볼 수 없습니다. 저에게는 너무 힘든 일입니다.

15 저에게 이렇게 하시려거든 차라리 저를 지금 죽여 주십시오. 제가 여호와께 은혜를 입었다면 저를 죽여 주십시오. 그래서 이 어려움을 더 이상 보지 않게 해 주십시오."

16 여호와께서 모세에게 말씀하셨습니다. "이스라엘의 장로 칠십 명을 데려오너라. 백성 가운데서 네가 지도자로 알고 있는 사람들을 뽑아 오너라. 그들을 만남의 장막인 회막으로 데려오고, 너도 그들과 함께 서 있어라.

17 내가 내려가 너와 말하겠다. 너에게 있는 영을 그들

3 prayed to the LORD, the fire stopped. ●After that, the area was known as Taberah (which means "the place of burning"), because fire from the LORD had burned among them there.

4 ●Then the foreign rabble who were traveling with the Israelites began to crave the good things of Egypt. And the people of Israel also began to complain. "Oh, for some

5 meat!" they exclaimed. ● "We remember the fish we used to eat for free in Egypt. And we had all the cucumbers, melons, leeks,

6 onions, and garlic we wanted. ●But now our appetites are gone. All we ever see is this

7 manna!"
   ●The manna looked like small coriander seeds, and it was pale yellow like gum resin.

8 ●The people would go out and gather it from the ground. They made flour by grinding it with hand mills or pounding it in mortars. Then they boiled it in a pot and made it into flat cakes. These cakes tasted like pastries

9 baked with olive oil. ●The manna came down on the camp with the dew during the night.

10 ●Moses heard all the families standing in the doorways of their tents whining, and the LORD became extremely angry. Moses was

11 also very aggravated. ●And Moses said to the LORD, "Why are you treating me, your servant, so harshly? Have mercy on me! What did I do to deserve the burden of all these

12 people? ●Did I give birth to them? Did I bring them into the world? Why did you tell me to carry them in my arms like a mother carries a nursing baby? How can I carry them to the land you swore to give their

13 ancestors? ●Where am I supposed to get meat for all these people? They keep min-

14 ing to me, saying, 'Give us meat to eat!' ●I can't carry all these people by myself! The

15 load is far too heavy! ●If this is how you intend to treat me, just go ahead and kill me. Do me a favor and spare me this misery!"

Moses Chooses Seventy Leaders

16 ●Then the LORD said to Moses, "Gather before me seventy men who are recognized as elders and leaders of Israel. Bring them to

17 the Tabernacle* to stand there with you. ●I will come down and talk to you there. I will take some of the Spirit that is upon you, and I will put the Spirit upon them also. They

---

coriander [kɔ̀ːriǽndər] *n.* 갓, 고수풀
crave [kreiv] *vt.* 몹시 원하다, 갈망하다
grind [graind] *vt.* 빻다
mortar [mɔ́ːrtər] *n.* 절구; 분쇄기
rabble [rǽbl] *n.* 오합지졸
whine [hwain] *vi.* 울다

11:16 Hebrew *the Tent of Meeting.*

에게도 줄 것이다. 그러면 그들이 너와 함께 백성을 돌볼 수 있을 것이다. 너 혼자서 백성을 돌보지 않아도 된다.

18 백성에게 스스로 거룩하게 하여 내일 고기 먹기를 기다리라고 전하여라. 나 여호와가 '누가 우리에게 고기를 먹여 줄까? 이집트에서 살 때가 더 좋았다'라고 울며 부르짖는 소리를 들었다. 그러니 이제 나 여호와가 너희에게 고기를 줄 것이다.

19 하루나 이틀이나 닷새나 열흘이나 스무 날만 먹고 그칠 것이 아니다.

20 한 달 내내 먹게 될 것이다. 냄새만 맡아도 질릴 정도로 먹게 될 것이다. 먹기 싫을 때까지 먹게 될 것이다. 그것은 너희가 너희 가운데 있는 나를 모시지 않고, 내가 너희와 함께 있는데도 '우리가 왜 이집트를 떠났나?' 하고 말하면서 나에게 부르짖었기 때문이다."

21 모세가 말했습니다. "여호와여, 저와 함께 있는 사람이 육십만 명이나 됩니다. 그런데 여호와께서는 '내가 그들에게 한 달 동안, 고기를 넉넉히 주겠다'라고 말씀하셨습니다.

22 양과 소를 다 잡는다 하더라도 그것 가지고는 부족할 것입니다. 바다의 물고기를 다 잡는다 하더라도 그것 가지고는 부족할 것입니다."

23 그러나 여호와께서 모세에게 말씀하셨습니다. "너는 내가 능력이 없다고 생각하느냐? 내가 말한 것을 내가 할 수 있는지 없는지 너는 보게 될 것이다."

24 모세는 백성에게로 나가서 여호와께서 말씀하신 것을 들려주었습니다. 모세는 장로 칠십 명을 불러 모았습니다. 모세는 그들을 장막 둘레에서 있게 했습니다.

25 그러자 여호와께서 구름 가운데 내려오셔서 모세에게 말씀하셨습니다. 여호와께서 모세 위에 내리셨던 영을 장로 칠십 명에게 나누어 주셨습니다. 영이 들어오자, 그들은 예언을 했습니다. 그러나 그 때, 한 번만 예언을 했습니다.

26 엘닷과 메닷이라는 사람도 지도자로 이름이 적혀 있었습니다. 그러나 그들은 회막으로 가지 않고 진에 머물러 있었습니다. 영이 그들에게도 내려왔습니다. 그래서 그들은 진에서 예언했습니다.

27 어떤 젊은이가 모세에게 달려와서 "엘닷과 메닷이 진에서 예언하고 있습니다"라고 말했습니다.

28 눈의 아들 여호수아가 말했습니다. "나의 주 모세여, 그들의 하는 일을 말리셔야 합니다." 여호수아는 아직 젊었으며, 모세의 보좌관으로 일할 때였습니다.

29 그러나 모세가 대답했습니다. "네가 나를 위해 질투하는 것이냐? 오히려 여호와의 백성이 다 예언을 했으면 좋겠다. 여호와께서 그의 영을 모두에게 내

will bear the burden of the people along with you, so you will not have to carry it alone.

18 • "And say to the people, 'Purify yourselves, for tomorrow you will have meat to eat. You were whining, and the LORD heard you when you cried, "Oh, for some meat! We were better off in Egypt!" Now the LORD will give you meat, and you will have to eat

19 it. • And it won't be for just a day or two, or

20 for five or ten or even twenty. • You will eat it for a whole month until you gag and are sick of it. For you have rejected the LORD, who is here among you, and you have whined to him, saying, "Why did we ever leave Egypt?'"

21 • But Moses responded to the LORD, "There are 600,000 foot soldiers here with me, and yet you say, 'I will give them meat

22 for a whole month!' • Even if we butchered all our flocks and herds, would that satisfy them? Even if we caught all the fish in the sea, would that be enough?'

23 • Then the LORD said to Moses, "Has my arm lost its power? Now you will see whether or not my word comes true!"

24 • So Moses went out and reported the LORD's words to the people. He gathered the seventy elders and stationed them around

25 the Tabernacle.* • And the LORD came down in the cloud and spoke to Moses. Then he gave the seventy elders the same Spirit that was upon Moses. And when the Spirit rested upon them, they prophesied. But this never happened again.

26 • Two men, Eldad and Medad, had stayed behind in the camp. They were listed among the elders, but they had not gone out to the Tabernacle. Yet the Spirit rested upon them as well, so they prophesied there in

27 camp. • A young man ran and reported to Moses, "Eldad and Medad are prophesying in the camp!"

28 • Joshua son of Nun, who had been Moses' assistant since his youth, protested, "Moses, my master, make them stop!"

29 • But Moses replied, "Are you jealous for my sake? I wish that all the LORD's people were prophets and that the LORD would put

30 his Spirit upon them all!" • Then Moses

---

butcher [bútʃər] *vt.* 도살하다
gag [gæg] *vi.* 구역질이 나다
prophesy [práfəsài] *vi.* 예언하다
protest [prətést] *vi.* 주장하다, 이의를 제기하다
station [stéiʃən] *vt.* 배치하다
11:18 be better off : 더 잘살다, 더 형편이 좋다
11:21 foot soldier : 보병
11:29 for one's sake : …을 위하여

11:24 Hebrew *the tent;* also in 11:26.

30 모세와 이스라엘 장로들은 진으로 돌아왔습니다.

메추라기가 내리다

31 여호와께서 바다에서 강한 바람을 보내셨습니다. 그 바람이 진 둘레에 메추라기를 몰고 왔습니다. 메추라기가 땅 위에 이 규빗* 높이에 가까울 정도로 있었습니다. 사방으로 하룻길이 될 만한 곳까지 메추라기가 있었습니다.

32 백성은 밖으로 나가서 메추라기를 모았습니다. 그들은 하루 종일, 그리고 다음날까지 메추라기를 모았습니다. 적게 모으는 사람도 십 호멜*은 모았습니다. 그들은 모은 것을 진 둘레에 널어놓았습니다.

33 그러나 여호와께서는 크게 노하셨습니다. 아직 백성들이 입 안에서 고기를 씹고 있을 때, 여호와께서는 백성들에게 끔찍한 병을 내리셨습니다.

34 그래서 백성은 그곳의 이름을 기브롯 핫다아와라고 불렀습니다. 다른 음식을 원했던 욕심 많은 사람들을 그곳에 묻었기 때문입니다.

35 백성은 기브롯 핫다아와를 떠나 하세롯으로 가서 거기에 머물렀습니다.

모세를 비방하는 미리암과 아론

12 미리암과 아론이 모세가 구스 여자와 결혼한 것을 내세워 모세를 비방하기 시작했습니다.

2 그들이 말했습니다. "여호와께서 모세하고만 말씀하셨냐? 여호와께서 우리하고는 말씀하지 않으셨단 말이냐?" 여호와께서 이 말을 들으셨습니다.

3 모세는 매우 겸손했습니다. 모세는 땅 위에서 가장 겸손한 사람이었습니다.

4 여호와께서 갑자기 모세와 아론과 미리암에게 말씀하셨습니다. "너희 셋 모두 당장 회막으로 나오너라." 그래서 그들은 회막으로 갔습니다.

5 여호와께서 구름 기둥 가운데서 내려오셨습니다. 여호와께서는 회막 입구에서 계셨습니다. 여호와께서 아론과 미리암을 부르시자, 두 사람 모두 가까이 나아왔습니다.

6 여호와께서 말씀하셨습니다. "내 말을 들어라. 너희 가운데 예언자가 있으면, 나 여호와가 환상으로 나를 그에게 보여 주고, 꿈으로 그에게 말할 것이다.

7 그러나 내 종 모세에게는 그렇게 하지 않았다. 그는 나의 모든 백성을 충성스럽게 보살피고 있다.

8 나는 그와 얼굴과 얼굴을 맞대어 말하고, 숨은 뜻으로 말하지 않고 분명히 말하노라. 그는 나 여호와와의 모습까지 보는데 어찌하여 너희는 아무 두려움도 없이, 내 종 모세를 비방하느냐?"

---

returned to the camp with the elders of Israel.

The LORD Sends Quail

31 •Now the LORD sent a wind that brought quail from the sea and let them fall all around the camp. For miles in every direction there were quail flying about three feet above the ground.* •So the people went out and caught

32 quail all that day and throughout the night and all the next day, too. No one gathered less than fifty bushels*! They spread the quail all

33 around the camp to dry. •But while they were gorging themselves on the meat—while it was still in their mouths—the anger of the LORD blazed against the people, and he struck

34 them with a severe plague. •So that place was called Kibroth-hattaavah (which means "graves of gluttony") because there they buried the people who had craved meat from

35 Egypt. •From Kibroth-hattaavah the Israelites traveled to Hazeroth, where they stayed for some time.

The Complaints of Miriam and Aaron

12 While they were at Hazeroth, Miriam and Aaron criticized Moses because he had married a Cushite woman. •They said,

2 "Has the LORD spoken only through Moses? Hasn't he spoken through us, too?" But the

3 LORD heard them. •(Now Moses was very humble—more humble than any other person on earth.)

4 •So immediately the LORD called to Moses, Aaron, and Miriam and said, "Go out to the Tabernacle,* all three of you!" So the three of

5 them went to the Tabernacle. •Then the LORD descended in the pillar of cloud and stood at the entrance of the Tabernacle.*

6 "Aaron and Miriam!" he called, and they stepped forward. •And the LORD said to them, "Now listen to what I say:

"If there were prophets among you,
    I, the LORD, would reveal myself
      in visions.
    I would speak to them in dreams.

7 •But not with my servant Moses.
    Of all my house, he is the one I trust.

8 I speak to him face to face,
    clearly, and not in riddles!
    He sees the LORD as he is.
    So why were you not afraid

---

gluttony [glʌ́təni] *n.* 폭음, 폭식, 탐닉

11:31 Or *there were quail about 3 feet* [2 cubits or 92 centimeters] *deep on the ground.*   11:32 Hebrew *the Tent of Meeting.*   12:4 Hebrew *the Tent of Meeting.*   12:5 Hebrew *the tent;* also in 12:10.

11:31 2규빗은 약 90cm에 해당된다.
11:32 10호멜은 2.2kℓ에 해당된다.

9 여호와께서 그들에게 크게 노하시고 떠나가셨습니다.

10 장막 위에서 구름이 걷혔습니다. 아론이 미리암을 바라보니, 미리암이 눈처럼 하얗게 되어 있었습니다. 미리암은 문둥병에 걸렸습니다.

11 아론이 모세에게 말했습니다. "내 주여, 우리의 어리석은 죄를 용서해 주십시오.

12 미리암을 죽은 채로 태어나는 아기처럼 내버려 두지 마십시오. 살이 반쯤이나 썩어서 태어난 아이처럼 버려두지 마십시오"

13 모세가 여호와께 부르짖었습니다. "하나님, 미리암을 고쳐 주십시오."

14 여호와께서 모세에게 대답하셨습니다. "미리암의 아버지가 미리암에게 침을 뱉었어도 미리암은 칠 일 동안 부끄러워했을 것이다. 그러니 미리암을 칠 일 동안, 진 밖으로 내보냈다가 돌아오게 하여라."

15 그리하여 미리암은 칠 일 동안, 진 밖에 갇혀 있었습니다. 백성은 미리암이 돌아올 때까지 진을 옮기지 않았습니다.

16 그런 일이 있은 뒤에 백성은 하세롯을 떠나 바란광야에 진을 쳤습니다.

정탐꾼이 가나안을 정탐하다

13 여호와께서 모세에게 말씀하셨습니다.

2 "가나안 땅을 정탐할 사람들을 보내거라. 내가 그 땅을 이스라엘 백성에게 줄 것이다. 각 지파에서 지도자 한 사람씩을 보내어라."

3 모세는 여호와의 명령에 따랐습니다. 모세는 바란 광야에서 가나안 땅으로 이스라엘의 지도자들을 보냈습니다.

4 모세가 보낸 지도자들의 이름은 이러합니다. 르우벤 지파에서는 삭굴의 아들 삼무아,

5 시므온 지파에서는 호리의 아들 사밧,

6 유다 지파에서는 여분네의 아들 갈렙,

7 잇사갈 지파에서는 요셉의 아들 이갈,

8 에브라임 지파에서는 눈의 아들 호세아,

9 베냐민 지파에서는 라부의 아들 발디,

10 스불론 지파에서는 소디의 아들 갓디엘,

11 므낫세 지파 곧 요셉 지파에서는 수시의 아들 갓디,

12 단 지파에서는 그말리의 아들 암미엘,

13 아셀 지파에서는 미가엘의 아들 스둘,

14 납달리 지파에서는 윕시의 아들 나비,

15 갓 지파에서는 마기의 아들 그우엘입니다.

16 이것은 모세가 가나안 땅을 정탐하러 보낸 사람들의 이름입니다. 모세는 눈의 아들 호세아에게 여호수아라는 새 이름을 붙여 주었습니다.

17 모세는 그들을 보내어 가나안 땅을 정탐하게 했습니다. 모세가 말했습니다. "가나안 남쪽 네게브 지

---

to criticize my servant Moses?"

9 • The LORD was very angry with them,
10 and he departed. • As the cloud moved from above the Tabernacle, there stood Miriam, her skin as white as snow from leprosy.* When Aaron saw what had happened to
11 her, • he cried out to Moses, "Oh, my master! Please don't punish us for this sin we
12 have so foolishly committed. • Don't let her be like a stillborn baby, already decayed at birth."

13 • So Moses cried out to the LORD, "O God, I beg you, please heal her!"

14 • But the LORD said to Moses, "If her father had done nothing more than spit in her face, wouldn't she be defiled for seven days? So keep her outside the camp for seven days, and after that she may be accepted back."

15 • So Miriam was kept outside the camp for seven days, and the people waited until she was brought back before they traveled
16 again. • Then they left Hazeroth and camped in the wilderness of Paran.

Twelve Scouts Explore Canaan

13 1-2 The LORD now said to Moses, • "Send out men to explore the land of Canaan, the land I am giving to the Israelites. Send one leader from each of the twelve ancestral
3 tribes." • So Moses did as the LORD commanded him. He sent out twelve men, all tribal leaders of Israel, from their camp in
4 the wilderness of Paran. • These were the tribes and the names of their leaders:

Tribe	Leader
Reuben	Shammua son of Zaccur
5 • Simeon	Shaphat son of Hori
6 • Judah	Caleb son of Jephunneh
7 • Issachar	Igal son of Joseph
8 • Ephraim	Hoshea son of Nun
9 • Benjamin	Palti son of Raphu
10 • Zebulun	Gaddiel son of Sodi
11 • Manasseh son of Joseph	Gaddi son of Susi
12 • Dan	Ammiel son of Gemalli
13 • Asher	Sethur son of Michael
14 • Naphtali	Nahbi son of Vophsi
15 • Gad	Geuel son of Maki

16 • These are the names of the men Moses sent out to explore the land. (Moses called Hoshea son of Nun by the name Joshua.)

17 • Moses gave the men these instructions as he sent them out to explore the land: "Go north through the Negev into the hill coun-

---

방에 갔다가 산악 지방으로도 가시오.

18 그들이 어떻게 생겼는지 살펴보시오. 그 땅에 사는 백성이 강한지 약한지, 적은지 많은지 살펴보시오.

19 그리고 그들이 사는 땅이 어떤가 살펴보시오. 좋은 땅인지 나쁜 땅인지 살펴보시오. 그들이 사는 마을은 어떤지, 마을에 성벽이 있는지 아니면 훤히 트인 들판의 진과 같은지 살펴보시오.

20 흙은 어떤지, 기름진지 메마른지, 나무는 자라는지 살펴보시오. 그 땅에서 자라는 열매도 가져오시오." 그때는 첫 열매가 맺히는 계절이었습니다.

21 그리하여 그들은 올라가서 그 땅을 정탐했습니다. 그들은 신 광야에서부터 하맛 어귀 르홉에 이르기까지 그 땅을 정탐했습니다.

22 그들은 가나안 남쪽 네게브를 거쳐 헤브론에까지 이르렀습니다. 헤브론에는 아히만과 세새와 달매가 살았습니다. 그들은 아낙 자손이었습니다. 헤브론 성은 이집트의 소안보다 칠 년 먼저 세워졌습니다.

23 그들은 에스골 골짜기에서 포도 한 송이가 달려 있는 포도나무 가지 하나를 꺾었습니다. 그리고 두 사람이 장대를 메고, 장대 가운데에 포도나무 가지를 매달아서 날랐습니다. 그들은 석류와 무화과도 땄습니다.

24 그들은 그곳을 에스골 골짜기라고 불렀습니다. 이스라엘 백성이 그곳에서 포도나무 가지를 꺾었기 때문입니다.

25 그들은 사십 일 동안, 가나안 땅을 정탐한 뒤에 진으로 돌아왔습니다.

26 그들은 가데스에 있는 모세와 아론과 모든 이스라엘 백성에게로 돌아왔습니다. 가데스는 바란 광야에 있습니다. 그들은 모세와 아론과 모든 이스라엘 백성에게 보고를 하고, 그 땅에서 가져온 과일을 보여 주었습니다.

27 그들이 모세에게 말했습니다. "당신이 가라고 한 땅에 갔습니다. 그 땅은 온갖 식물이 아주 잘 자라는 땅입니다. 거기에서 자라는 열매를 여기에 가져왔습니다.

28 그러나 거기에 사는 백성은 강합니다. 그들의 성은 성벽도 있고 큽니다. 우리는 거기에서 아낙 자손도 보았습니다.

29 아말렉 사람들은 네게브 지방에 살고 있습니다. 헷 사람과 여부스 사람과 아모리 사람은 산악 지방에서 살고 있고, 가나안 사람들은 바닷가와 요단 강가에서 살고 있습니다."

30 그러자 갈렙이 모세 앞에 있는 백성을 잠잠하게 한 뒤에 말했습니다. "우리는 올라가서 저 땅을 차지해야 합니다. 우리는 할 수 있습니다."

31 그러나 갈렙과 함께 갔던 사람들이 말했습니다. "우

---

18 try. •See what the land is like, and find out whether the people living there are strong or 19 weak, few or many. •See what kind of land they live in. Is it good or bad? Do their towns have walls, or are they unprotected like open 20 camps? •Is the soil fertile or poor? Are there many trees? Do your best to bring back samples of the crops you see." (It happened to be the season for harvesting the first ripe grapes.)

21 •So they went up and explored the land from the wilderness of Zin as far as Rehob, 22 near Lebo-hamath. •Going north, they passed through the Negev and arrived at Hebron, where Ahiman, Sheshai, and Talmai—all descendants of Anak—lived. (The ancient town of Hebron was founded seven years before the Egyptian city of Zoan.) 23 •When they came to the valley of Eshcol, they cut down a branch with a single cluster of grapes so large that it took two of them to carry it on a pole between them! They also brought back samples of the pomegranates 24 and figs. •That place was called the valley of Eshcol (which means "cluster"), because of the cluster of grapes the Israelite men cut there.

The Scouting Report

25 •After exploring the land for forty days, the 26 men returned •to Moses, Aaron, and the whole community of Israel at Kadesh in the wilderness of Paran. They reported to the whole community what they had seen and showed them the fruit they had taken from 27 the land. •This was their report to Moses: "We entered the land you sent us to explore, and it is indeed a bountiful country—a land flowing with milk and honey. Here is the 28 kind of fruit it produces. •But the people living there are powerful, and their towns are large and fortified. We even saw giants there, 29 the descendants of Anak! •The Amalekites live in the Negev, and the Hittites, Jebusites, and Amorites live in the hill country. The Canaanites live along the coast of the Mediterranean Sea* and along the Jordan Valley."

30 •But Caleb tried to quiet the people as they stood before Moses. "Let's go at once to take the land," he said. "We can certainly conquer it!"

31 •But the other men who had explored the land with him disagreed. "We can't go up against them! They are stronger than we

---

bountiful [báuntifəl] *a.* 윤택한
pomegranate [páməgrǽnət] *n.* 석류
stillborn [stílbɔ́ːrn] *a.* 사산의, 유산의

13:29 Hebrew *the sea.*

리는 그 백성들을 공격할 수 없습니다. 그들은 우리보다 강합니다."

32 그 사람들은 자기들이 정탐한 땅에 대해 이스라엘 백성에게 나쁜 소식을 전해 주었습니다. 그들이 말했습니다. "그 땅은 우리를 삼키고 말 것입니다. 우리가 봤던 사람들 모두 키가 매우 컸습니다.

33 우리는 그곳에서 네피림 백성도 보았습니다. 아낙 자손은 네피림 백성의 자손일 것입니다. 그들은 거인이었습니다. 우리는 스스로 보기에도 메뚜기 같았고, 그들에게도 메뚜기 같아 보였을 것입니다."

또 불평하는 백성

14 그날 밤, 모든 백성이 큰 소리로 울기 시작했습니다.

2 모든 이스라엘 백성이 모세와 아론에게 불평했습니다. 모든 백성이 그들에게 말했습니다. "우리가 이집트에서 죽었거나 광야에서 죽었더라면 더 좋았을 것이오.

3 여호와께서는 왜 우리를 이 땅으로 인도해서 칼에 맞아 죽게 하는 거요? 우리 아내와 자식들은 잡혀가고 말 것이오. 차라리 이집트로 돌아가는 것이 좋겠소."

4 그들이 또 서로 말했습니다. "지도자를 뽑아서 이집트로 돌아갑시다."

5 모세와 아론은 그곳에 모인 모든 이스라엘 백성 앞에서 땅에 엎드렸습니다.

6 가나안 땅을 정탐하고 온 눈의 아들 여호수아와 여분네의 아들 갈렙은 옷을 찢었습니다.

7 그들이 모든 이스라엘 백성에게 말했습니다. "우리가 정탐하러 갔던 땅은 매우 좋은 곳입니다.

8 여호와께서 우리에게 자비를 베푸신다면 우리를 그 땅으로 인도하실 것입니다. 젖과 꿀이 넘쳐흐를 만큼 비옥한 그 땅을 우리에게 주실 것입니다.

9 여호와를 배반하지 마십시오. 그 땅의 백성을 두려워하지 마십시오. 그들은 우리의 밥이나 마찬가지입니다. 그들에게는 방벽이 없지만 우리에게는 여호와가 계십니다. 그들을 두려워하지 마십시오."

10 그러나 모든 무리는 그들을 돌로 쳐서 죽이려고 했습니다. 그때에 여호와의 영광이 회막에서 이스라엘 백성에게 나타났습니다.

11 여호와께서 모세에게 말씀하셨습니다. "내가 이들 가운데서 기적을 일으켰는데도 이 백성이 언제까지 나를 멸시할 것이냐? 언제까지 나를 믿지 않을 것이냐?

12 내가 이들에게 끔찍한 병을 내려서 이들을 없애 버리겠다. 그러나 너를 통하여 이들보다 크고 센 나라를 이룰 것이다."

13 모세가 여호와께 말씀드렸습니다. "이집트 사람들이 듣겠습니다. 여호와께서는 이 백성을 크신 능력

32 are!" ● So they spread this bad report about the land among the Israelites: "The land we traveled through and explored will devour anyone who goes to live there. All the people we saw were huge. ● We even saw giants* there, the descendants of Anak. Next to them we felt like grasshoppers, and that's what they thought, too!"

The People Rebel

14 Then the whole community began weeping aloud, and they cried all 2 night. ● Their voices rose in a great chorus of protest against Moses and Aaron. "If only we had died in Egypt, or even here in the 3 wilderness!" they complained. ● "Why is the LORD taking us to this country only to have us die in battle? Our wives and our little ones will be carried off as plunder! Wouldn't it be 4 better for us to return to Egypt?" ● Then they plotted among themselves, "Let's choose a new leader and go back to Egypt!"

5 ● Then Moses and Aaron fell face down on the ground before the whole community 6 of Israel. ● Two of the men who had explored the land, Joshua son of Nun and Caleb son of Jephunneh, tore their clothing. ● They 7 said to all the people of Israel, "The land we traveled through and explored is a wonderful land! ● And if the LORD is pleased with us, he will bring us safely into that land and give it to us. It is a rich land flowing with 9 milk and honey. ● Do not rebel against the LORD, and don't be afraid of the people of the land. They are only helpless prey to us! They have no protection, but the LORD is with us! Don't be afraid of them!"

10 ● But the whole community began to talk about stoning Joshua and Caleb. Then the glorious presence of the LORD appeared to all 11 the Israelites at the Tabernacle.* ● And the LORD said to Moses, "How long will these people treat me with contempt? Will they never believe me, even after all the miracu- 12 lous signs I have done among them? ● I will disown them and destroy them with a plague. Then I will make you into a nation greater and mightier than they are!"

Moses Intercedes for the People

13 ● But Moses objected. "What will the Egyptians think when they hear about it?" he asked the LORD. "They know full well the power you displayed in rescuing your people

devour [diváuər] vt. 삼켜버리다
disown [disoun] vt. 부인하다, 포기하다
14:3 carry off : 유괴하다, 끌고 가다

13:33 Hebrew *nephilim*. 14:10 Hebrew *the Tent of Meeting*.

으로 이집트에서 인도해 내셨습니다.

14 이집트 사람이 이 땅에 사는 사람들에게 이 일에 대해 말할 것입니다. 그들은 이미 여호와에 대해 알고 있습니다. 그들은 여호와께서 여호와의 백성과 함께 계시다는 것을 알고 있습니다. 그리고 여호와께서 얼굴과 얼굴을 마주해 보이셨다는 것도 알고 있습니다. 그들은 여호와의 구름이 여호와의 백성 위에 머문다는 것과 여호와께서 낮에는 구름으로, 밤에는 불로 여호와의 백성을 인도하신다는 것도 알고 있습니다.

15 나라들이 여호와의 능력을 들어 알고 있습니다. 만약 여호와께서 여호와의 백성을 단번에 죽이시면, 나라들은

16 '여호와는 자기 백성을 약속한 땅으로 데려갈 힘이 없어서 광야에서 죽여 버렸다'라고 말할 것입니다.

17 그러므로 나의 여호와시여, 이제 곧 주의 큰 힘을 보여 주십시오. 전에 말씀하신 대로 해 주십시오.

18 여호와께서는 '나는 그리 쉽게 노하지 않는다. 나는 한결같은 사랑의 하나님이다. 나는 허물과 죄를 용서해 준다. 하지만 나는 죄를 그냥 보아 넘기지는 않는다. 나는 죄지은 사람뿐만 아니라, 그의 삼대나 사대 자손에게까지 벌을 내린다'라고 말씀하셨습니다.

19 주의 한결같은 사랑을 베풀어 주십시오. 이 백성의 죄를 용서해 주십시오. 이들이 이집트를 떠났을 때부터 지금까지 용서해 주셨던 것처럼 이제도 용서해 주십시오."

20 여호와께서 대답하셨습니다. "네가 구한 대로 그들을 용서해 주겠다.

21 그러나 내가 사는 한, 그리고 내 영광이 온 땅에 가득 차는 한, 한 가지 약속을 하겠다.

22 이 모든 백성은 내 영광을 보았고, 내가 이집트와 광야에서 일으킨 기적을 보았다. 그러나 그들은 나의 말을 따르지 않고 열 번이나 나를 시험했다.

23 그러므로 어느 누구도 내가 그들의 조상에게 약속한 땅을 보지 못할 것이다. 나를 노하게 한 사람은 그 누구도 그 땅을 볼 수 없을 것이다.

24 그러나 내 종 갈렙은 다른 마음을 가졌다. 갈렙은 나를 온전히 따르고 있다. 따라서 나는 그가 이미 본 땅으로 그를 데리고 가겠다. 그리고 그의 자녀들은 그 땅을 차지하게 될 것이다.

25 아말렉 사람과 가나안 사람이 골짜기에서 살고 있으니 너는 내일 돌아가거라. 홍해 길을 따라 광야 쪽으로 가거라."

백성에게 벌을 내리시는 여호와

26 여호와께서 모세와 아론에게 말씀하셨습니다.

27 "이 악한 백성이 언제까지 나에게 불평하려느냐?

14 from Egypt. ●Now if you destroy them, the Egyptians will send a report to the inhabitants of this land, who have already heard that you live among your people. They know, LORD, that you have appeared to your people face to face and that your pillar of cloud hovers over them. They know that you go before them in the pillar of cloud by

15 day and the pillar of fire by night. ●Now if you slaughter all these people with a single blow, the nations that have heard of your

16 fame will say, ● 'The LORD was not able to bring them into the land he swore to give them, so he killed them in the wilderness.'

17 ● 'Please, Lord, prove that your power is as great as you have claimed. For you said,

18 ● 'The LORD is slow to anger and filled with unfailing love, forgiving every kind of sin and rebellion. But he does not excuse the guilty. He lays the sins of the parents upon their children; the entire family is affected—even children in the third and fourth genera-

19 tions.' ●In keeping with your magnificent, unfailing love, please pardon the sins of this people, just as you have forgiven them ever since they left Egypt.'

20 ●Then the LORD said, "I will pardon them

21 as you have requested. ●But as surely as I live, and as surely as the earth is filled with

22 the LORD's glory, ●not one of these people will ever enter that land. They have all seen my glorious presence and the miraculous signs I performed both in Egypt and in the wilderness, but again and again they have tested me by refusing to listen to my voice.

23 ●They will never even see the land I swore to give their ancestors. None of those who have treated me with contempt will ever see it.

24 ●But my servant Caleb has a different attitude than the others have. He has remained loyal to me, so I will bring him into the land he explored. His descendants will possess

25 their full share of that land. ●Now turn around, and don't go on toward the land where the Amalekites and Canaanites live. Tomorrow you must set out for the wilderness in the direction of the Red Sea.*'

The LORD Punishes the Israelites

26 ●Then the LORD said to Moses and Aaron,

27 ● "How long must I put up with this wicked community and its complaints about me? Yes, I have heard the complaints the Israelites

complaint [kəmpléint] *n.* 불평, 불만
contempt [kəntémpt] *n.* 멸시, 경멸
rebellion [ribéljən] *n.* 반란, 반항
slaughter [slɔ́ːtər] *vt.* 학살하다
14:27 put up with … : …을 참다

14:25 Hebrew *sea of reeds.*

나는 이 이스라엘 백성이 원망하고 불평하는 소리를 들었다.

28 그러니 그들에게 전하여라. '여호와께서 이렇게 말씀하셨다. 나는 너희가 말하는 것을 들었다. 내가 사는 한, 내가 들은 말대로 너희에게 해 줄 것이다.

29 너희는 이 광야에서 죽을 것이다. 너희 가운데 스무 살 이상 된 사람으로서 인구 조사를 할 때 그 수에 포함되었던 사람은 모두 죽을 것이다. 너희는 여호와인 나에게 불평했으니,

30 너희 가운데 한 사람도 내가 너희에게 약속한 땅에 들어가 살지 못하게 하겠다. 오직 여분네의 아들 갈렙과 눈의 아들 여호수아만이 들어갈 수 있을 것이다.

31 너희가 잡혀갈 것이라고 말한 너희 자녀는 내가 그 땅으로 인도할 것이다. 그들은 너희가 저버린 그 땅을 차지할 것이다.

32 그리고 너희는 이 광야에서 죽고,

33 너희 자녀는 사십 년 동안, 이 광야에서 떠돌아다닐 것이다. 그들은 너희의 허물을 짊어지고, 너희가 광야에서 죽어 땅에 묻힐 때까지 고통을 당할 것이다.

34 너희는 사십 년 동안, 너희 죄 때문에 고통을 당할 것이다. 그 사십 년은 너희가 그 땅을 정탐한 사십 일의 하루를 일 년으로 친 것이다. 너희는 내가 너희를 싫어하는 것이 어떤 것인지를 알게 될 것이다.'

35 여호와인 나의 말이다. 나는 이 악한 백성에게 내가 말한 이 모든 일을 분명히 하겠다. 그들은 한데 어울려 나를 배반했다. 그러므로 그들은 모두 이 광야에서 죽을 것이다."

36 모세가 정탐하라고 보냈던 사람들이 돌아와서, 모든 이스라엘 백성에게 불평을 퍼뜨렸습니다. 그들은 그 땅에 대해 나쁜 소식을 전했습니다.

37 그 땅에 대해서 나쁜 소식을 전한 사람들은 여호와께서 내리신 끔찍한 병으로 말미암아 죽었습니다.

38 오직 눈의 아들 여호수아와 여분네의 아들 갈렙만이 죽지 않았습니다.

39 모세가 이 모든 말씀을 백성에게 일러 주자, 백성은 매우 슬퍼했습니다.

40 이튿날 아침 일찍, 백성은 산악 지방 쪽으로 올라가면서 말했습니다. "우리가 죄를 지었다. 여호와께서 말씀하신 곳으로 가자."

41 그러나 모세가 말했습니다. "왜 여호와의 명령에 복종하지 않소? 올라가도 이기지 못할 것이오.

42 가지 마시오. 여호와께서 여러분과 함께 계시지 않으오. 여러분은 원수들에게 질 것이오.

43 아말렉 사람과 가나안 사람이 여러분을 가로막고, 여러분을 칼로 죽일 것이오. 여러분은 여호와의 말씀에 따르지 않았소. 여호와께서는 여러분과 함께

28 are making against me. ●Now tell them this: 'As surely as I live, declares the LORD, I will do to you the very things I heard you 29 say. ●You will all drop dead in this wilderness! Because you complained against me, every one of you who is twenty years old or older and was included in the registration 30 will die. ●You will not enter and occupy the land I swore to give you. The only exceptions will be Caleb son of Jephunneh and Joshua son of Nun.

31 ● "You said your children would be carried off as plunder. Well, I will bring them safely into the land, and they will enjoy 32 what you have despised. ●But as for you, 33 you will drop dead in this wilderness. ●And your children will be like shepherds, wandering in the wilderness for forty years. In this way, they will pay for your faithlessness, until the last of you lies dead in the wilderness.

34 ● "Because your men explored the land for forty days, you must wander in the wilderness for forty years—a year for each day, suffering the consequences of your sins. Then you will discover what it is like to have 35 me for an enemy.' ●I, the LORD, have spoken! I will certainly do these things to every member of the community who has conspired against me. They will be destroyed here in this wilderness, and here they will die!"

36 ●The ten men Moses had sent to explore the land—the ones who incited rebellion against the LORD with their bad report— 37 ●were struck dead with a plague before the 38 LORD. ●Of the twelve who had explored the land, only Joshua and Caleb remained alive.

39 ●When Moses reported the LORD's words to all the Israelites, the people were filled 40 with grief. ●Then they got up early the next morning and went to the top of the range of hills. "Let's go," they said. "We realize that we have sinned, but now we are ready to enter the land the LORD has promised us."

41 ●But Moses said, "Why are you now disobeying the LORD's orders to return to the 42 wilderness? It won't work. ●Do not go up into the land now. You will only be crushed by your enemies because the LORD is not 43 with you. ●When you face the Amalekites and Canaanites in battle, you will be slaughtered. The LORD will abandon you because you have abandoned the LORD."

consequence [kánsəkwens] *n.* 결과
conspire [kənspáiər] *vi.* 음모를 꾸미다
defiantly [difáiəntli] *ad.* 반항적으로
wander [wándər] *vi.* (정처없이) 떠돌다, 헤매다
14:29 drop dead : 죽다
14:44 push ahead : 전진하다

계시지 않을 것이오.”

44 그들은 아랑곳하지 않고 산악 지방 쪽으로 올라갔습니다. 그러나 모세와 여호와의 언약궤는 진을 떠나지 않았습니다.

45 산악 지방에 사는 아말렉 사람과 가나안 사람이 내려와서 이스라엘 백성을 공격했습니다. 이스라엘 백성은 그들에게 져서 호르마까지 쫓겨났습니다.

희생 제물에 관한 규례

15 여호와께서 모세에게 말씀하셨습니다.

2 “이스라엘 백성에게 전하여라. ‘내가 너희에게 줘서 살게 할 땅에 너희가 들어가면,

3 소 떼나 양 떼 가운데서 제물을 골라 나 여호와에게 불에 태워 바치는 제사인 화제로 바쳐라. 그 냄새가 나 여호와를 기쁘게 할 것이다. 그렇게 바치는 제물은 태워드리는 제물인 번제물일 수도 있고, 희생제물일 수도 있으며, 서원한 것을 갚는 제물일 수도 있고, 자발적으로 드리는 낙헌 제물일 수도 있다. 아니면 절기 때에 드리는 예물일 수도 있다.

4 제물을 가져오는 사람은 나 여호와에게 곡식 제물도 바쳐야 한다. 곡식 제물로 바쳐야 할 것은 기름 사분의 일 힌*을 섞은 고운 가루 십분의 일 에바*이다.

5 양을 태워 드리는 제물인 번제물이나 희생 제물로 바칠 때는 포도주 사분의 일 힌을 부어 드리는 전제로 바쳐라.

6 숫양을 제물로 바칠 때에도 곡식 제물을 준비하여라. 곡식 제물로 바쳐야 할 것은 기름 삼분의 일 힌*을 섞은 고운 가루 십분의 이 에바*이다.

7 그리고 포도주 삼분의 일 힌도 준비하여라. 포도주는 전제로 나 여호와에게 바쳐라. 그 냄새가 나 여호와를 기쁘게 한다.

8 맹세한 것을 갚거나, 나 여호와에게 화목 제물을 드리려고, 수송아지를 태워 드리는 제물인 번제물이나 희생 제물로 바칠 때는,

9 수송아지와 함께 기름 이분의 일 힌*을 섞은 고운 가루 십분의 삼 에바*를 바쳐라.

10 그리고 포도주 이분의 일 힌도 준비하여라. 그것은 불에 태워 바치는 제사인 화제이며, 그 냄새가 나 여호와를 기쁘게 한다.

11 이런 방법으로 수소나 숫양이나 어린 양이나 어린 염소도 준비하여라.

12 여러 마리를 바칠 때도 한 마리마다 이런 방법으로 드려라.

13 이스라엘 백성이라면 누구나 화제를 드릴 때는 이와 같이 하여라. 그 냄새가 나 여호와를 기쁘게 한다.

14 그리고 너희와 함께 사는 외국인이라도 화제물, 곧

---

44 • But the people defiantly pushed ahead toward the hill country, even though neither Moses nor the Ark of the LORD's Covenant 45 left the camp. • Then the Amalekites and the Canaanites who lived in those hills came down and attacked them and chased them back as far as Hormah.

Laws concerning Offerings

15 1-2 Then the LORD told Moses, • "Give the following instructions to the people of Israel.

"When you finally settle in the land I am 3 giving you, • you will offer special gifts as a pleasing aroma to the LORD. These gifts may take the form of a burnt offering, a sacrifice to fulfill a vow, a voluntary offering, or an offering at any of your annual festivals, and they may be taken from your herds of cattle or 4 your flocks of sheep and goats. • When you present these offerings, you must also give the LORD a grain offering of two quarts* of choice 5 flour mixed with one quart* of olive oil. • For each lamb offered as a burnt offering or a special sacrifice, you must also present one quart of wine as a liquid offering.

6 • "If the sacrifice is a ram, give a grain offering of four quarts* of choice flour mixed with 7 a third of a gallon* of olive oil, • and give a third of a gallon of wine as a liquid offering. This will be a pleasing aroma to the LORD.

8 • "When you present a young bull as a burnt offering or as a sacrifice to fulfill a vow 9 or as a peace offering to the LORD, • you must also give a grain offering of six quarts* of choice flour mixed with two quarts* of 10 olive oil, • and give two quarts of wine as a liquid offering. This will be a special gift, a pleasing aroma to the LORD.

11 • "Each sacrifice of a bull, ram, lamb, or young goat should be prepared in this way. 12 • Follow these instructions with each offer-13 ing you present. • All of you native-born Israelites must follow these instructions when you offer a special gift as a pleasing 14 aroma to the LORD. • And if any foreigners visit you or live among you and want to pre-

---

15:4a Hebrew *1/10 of an ephah* [2.2 liters].
15:4b Hebrew *1/4 of a hin* [1 liter]; also in 15:5.
15:6a Hebrew *2/10 of an ephah* [4.4 liters].
15:6b Hebrew *1/3 of a hin* [1.3 liters]; also in 15:7.   15:9a Hebrew *3/10 of an ephah* [6.6 liters].   15:9b Hebrew *1/2 of a hin* [2 liters]; also in 15:10.

15:4 1/4힌은 약 0.9ℓ에 해당되고, 1/10에바는 약 2.2ℓ에 해당된다.
15:6 1/3힌은 약 1.2ℓ에 해당되고, 2/10에바는 약 4.4ℓ에 해당된다.
15:9 1/2힌은 약 1.8ℓ에 해당되고, 3/10에바는 약 6.6ℓ에 해당된다.

나 여호와에게 향기로운 제물을 바치려 할 때에는 이런 방법으로 바쳐라.

15 너희나 외국인이나 똑같은 규례를 지켜라. 그것은 지금부터 영원히 지켜야 할 규례니라. 너희나 외국인이나 여호와 앞에서는 똑같으니,

16 너희나 너희 가운데 사는 외국인이나, 똑같은 가르침과 똑같은 규례를 지켜라.'"

17 여호와께서 모세에게 말씀하셨습니다.

18 "이스라엘 백성에게 전하여라. 너희는 내가 인도할 땅으로 들어가서,

19 그 땅에서 나는 음식을 먹을 때마다 나 여호와에게 예물을 드려라.

20 너희의 첫 곡식으로 빵을 만들어 드려라. 타작 마당에서 타작한 것으로 드려야 한다.

21 지금부터 영원히 너희의 첫 곡식 가운데서 얼마를 나 여호와에게 드려라.

22 나 여호와가 모세에게 준 이 명령을 실수로 지키지 못했을 때,

23 곧 나 여호와가 계명을 준 때로부터 시작해서 모세에게 준 명령을 지키지 못했을 때에,

24 그것이 만약 모든 무리가 모르고 실수로 지키지 못한 것이라면, 모든 무리는 수송아지 한 마리를 불에 태워 바치는 제사인 화제로 바쳐라. 그 냄새가 나 여호와를 기쁘게 한다. 그리고 율법에 따라 곡식 제물과 부어 드리는 제물인 전제물도 함께 바쳐라. 또 숫염소 한 마리를 죄를 씻는 제물인 속죄 제물로 바쳐라.

25 제사장은 모든 이스라엘 백성의 죄를 씻는 예식을 행하여라. 그러면 그들이 용서를 받을 것이다. 이는 그들이 모르고 죄를 지었고, 모르고 지은 죄를 씻기 위해 나 여호와에게 제물을 바쳤기 때문이다. 그들이 화제물과 속죄 제물을 가져왔기 때문이다.

26 이스라엘 모든 백성과 그들 가운데 사는 외국인이 용서를 받을 것이다. 이는 그들이 모르고 죄를 지었기 때문이다.

27 만약 어떤 한 사람이 모르고 죄를 지었으면, 그는 일 년 된 암염소를 속죄 제물로 바쳐라.

28 그리고 제사장은 모르고 죄를 지은 그 사람의 죄를 씻는 예식을 행하여라. 그러면 그는 용서를 받을 것이다.

29 이스라엘 백성이든 그들과 함께 사는 외국인이든, 모르고 죄를 지은 사람은 똑같이 이 규례를 지켜라.

30 하지만 이스라엘 백성이든 외국인이든, 일부러 죄를 지은 사람은 나 여호와를 거역한 것이므로, 그 백성 중에서 끊어질 것이다.

---

sent a special gift as a pleasing aroma to the LORD, they must follow these same proce- 15 dures. • Native-born Israelites and foreigners are equal before the LORD and are subject to the same decrees. This is a permanent law for you, to be observed from generation to genera- 16 tion. • The same instructions and regulations will apply both to you and to the foreigners living among you."

17-18 • Then the LORD said to Moses, • "Give the following instructions to the people of Israel. "When you arrive in the land where I am 19 taking you, • and you eat the crops that grow there, you must set some aside as a sacred 20 offering to the LORD. • Present a cake from the first of the flour you grind, and set it aside as a sacred offering, as you do with the first grain 21 from the threshing floor. • Throughout the generations to come, you are to present a sacred offering to the LORD each year from the first of your ground flour.

22 • "But suppose you unintentionally fail to carry out all these commands that the LORD 23 has given you through Moses. • And suppose your descendants in the future fail to do every- thing the LORD has commanded through 24 Moses. • If the mistake was made unintention- ally, and the community was unaware of it, the whole community must present a young bull for a burnt offering as a pleasing aroma to the LORD. It must be offered along with its pre- scribed grain offering and liquid offering and 25 with one male goat for a sin offering. • With it the priest will purify the whole community of Israel, making them right with the LORD,* and they will be forgiven. For it was an uninten- tional sin, and they have corrected it with their offerings to the LORD—the special gift 26 and the sin offering. • The whole community of Israel will be forgiven, including the foreign- ers living among you, for all the people were involved in the sin.

27 • "If one individual commits an uninten- tional sin, the guilty person must bring a one- 28 year-old female goat for a sin offering. • The priest will sacrifice it to purify* the guilty per- son before the LORD, and that person will be 29 forgiven. • These same instructions apply both to native-born Israelites and to the foreigners living among you.

30 • "But those who brazenly violate the LORD's will, whether native-born Israelites or foreigners, have blasphemed the LORD, and

brazenly [bréiznli] *ad.* 뻔뻔스럽게
15:26 be involved in … : …에 연루되다

15:25 Or *will make atonement for the whole com- munity of Israel.*   15:28 Or *to make atonement for.*

31 그 사람은 여호와의 말씀을 멸시했고 나 여호와의 명령에 복종하지 않았으므로, 다른 백성 중에서 끊어질 것이다. 그 사람에게 죄의 대가가 있을 것이다.'"

안식일에 일한 사람

32 이스라엘 백성이 광야에 있을 때입니다. 어떤 사람이 안식일에 장작을 주워 모았습니다.

33 그가 장작을 주워 모으는 모습을 본 사람들이 그를 모세와 아론과 모든 백성에게 데려갔습니다.

34 그들은 그를 가두었습니다. 이는 그들이 그를 어떻게 해야 할지 몰랐기 때문입니다.

35 그때에 여호와께서 모세에게 말씀하셨습니다. "그 사람을 죽여라. 모든 백성이 그를 진 밖에서 돌로 쳐서 죽여라."

36 그리하여 백성이 그를 진 밖으로 끌고 가서, 여호와께서 모세에게 명령하신 대로 돌로 쳐서 죽였습니다.

장식술

37 여호와께서 모세에게 말씀하셨습니다.

38 "이스라엘 백성에게 전하여라. '너희는 옷자락 끝에 술을 만들어 달아라. 그리고 그 술에 파란 실을 달아라. 지금부터 대대로 그렇게 하여라.

39 그렇게 술을 만들어 달고 있으면, 그것을 볼 때마다 너희 몸이 원하는 것과 너희 눈이 바라는 것을 하지 않고, 여호와의 명령을 기억하고 지킬 수 있게 될 것이다.

40 나의 모든 명령을 잘 기억하고 지켜라. 그래야 너희가 하나님의 거룩한 백성이 될 것이다.

41 나는 너희를 이집트에서 인도해 낸 여호와 너희 하나님이다. 나는 여호와 너희 하나님이다.'"

고라, 다단, 아비람, 온

16 고라와 다단과 아비람과 온이 모세에게 반역했습니다. 고라는 이스할의 아들이고, 이스할은 고핫의 아들이며, 고핫은 레위의 아들입니다. 다단과 아비람은 형제로서 엘리압의 아들들입니다. 그리고 온은 벨렛의 아들입니다. 다단과 아비람과 온은 르우벤 지파 사람입니다.

2 이 네 사람은 다른 이스라엘 사람 이백오십 명을 모아 모세에게 반역했습니다. 그들은 이스라엘 무리가 뽑은 유명한 지도자들입니다.

3 그들은 무리를 지어 와서 모세와 아론에게 말했습니다. "당신들은 너무 지나치오. 모든 백성이 다 거룩하오. 거룩하지 않은 백성은 없소. 그리고 여호와께서 그들과도 함께 계시오. 그런데 당신들은 왜 스스로를 높여서 모든 백성 위에 있으려 하오?"

4 모세는 이 말을 듣고 땅에 엎드렸습니다.

5 그런 다음에 모세는 고라를 비롯해서 그를 따르는

they must be cut off from the community.

31 • Since they have treated the LORD's word with contempt and deliberately disobeyed his command, they must be completely cut off and suffer the punishment for their guilt."

Penalty for Breaking the Sabbath

32 • One day while the people of Israel were in the wilderness, they discovered a man gathering wood on the Sabbath day. • The people who found him doing this took him before Moses, Aaron, and the rest of the community. • They held him in custody because they did not know what to do with him. • Then the LORD said to Moses, "The man must be put to death! The whole community must stone him outside the camp." • So the whole community took the man outside the camp and stoned him to death, just as the LORD had commanded Moses.

Tassels on Clothing

37-38 • Then the LORD said to Moses, • "Give the following instructions to the people of Israel: Throughout the generations to come you must make tassels for the hems of your clothing and attach them with a blue cord. • When you see the tassels, you will remember and obey all the commands of the LORD instead of following your own desires and defiling yourselves, as you are prone to do. • The tassels will help you remember that you must obey all my commands and be holy to your God. • I am the LORD your God who brought you out of the land of Egypt that I might be your God. I am the LORD your God!"

Korah's Rebellion

16 One day Korah son of Izhar, a descendant of Kohath son of Levi, conspired with Dathan and Abiram, the sons of Eliab, and On son of Peleth, from the tribe of Reuben. • They incited a rebellion against Moses, along with 250 other leaders of the community, all prominent members of the assembly. • They united against Moses and Aaron and said, "You have gone too far! The whole community of Israel has been set apart by the LORD, and he is with all of us. What right do you have to act as though you are greater than the rest of the LORD's people?"

4 • When Moses heard what they were saying, he fell face down on the ground. • Then he said to Korah and his followers, "Tomorrow morning the LORD will show us who

tassel [tǽsəl] *n.* (장식) 술
15:39 be prone to… : …하기 쉽다

사람들에게 말했습니다. "내일 아침, 여호와께서 누가 여호와의 사람인지를 보여 주실 것이오. 그리고 누가 거룩한 사람인지, 누가 여호와께 가까이 나아갈 수 있는지도 보여 주실 것이오. 여호와께서는 그가 뽑으신 사람만을 여호와께 나아올 수 있도록 하실 것이오.

6 그러므로 고라와 그를 따르는 사람들은 향로를 가져오시오.

7 내일 그 향로에 불을 담아 향을 피우시오. 그때에 여호와께서 뽑으신 사람이 거룩한 사람이 될 것이오. 당신들 레위 사람은 너무 지나치오."

8 모세가 고라에게 말했습니다. "당신들 레위 사람은 들으시오.

9 이스라엘의 하나님께서는 당신들을 다른 이스라엘 백성과 구별하셔서, 당신들을 하나님께 가까이 갈 수 있게 하셨소. 당신들은 여호와의 거룩한 장막인 성막에서 일하며, 모든 이스라엘 백성 앞에 서서 그들을 대신하여 여호와를 섬기고 있소. 그것이 부족하단 말이오?

10 하나님께서는 당신과 다른 레위 사람을 가까이 부르셨소. 그런데 당신들이 이제는 제사장까지 되려 하고 있소.

11 당신과 당신을 따르는 사람들은 무리를 지어서 여호와께 반역했소. 아론이 누구인데 감히 그에게 반역한단 말이오!"

12 모세가 엘리압의 아들들인 다단과 아비람을 불렀으나, 그들은 이렇게 말했습니다. "우리는 가지 않겠소.

13 당신은 젖과 꿀이 넘쳐흐를 만큼 비옥한 땅에서 살고 있던 우리를 이 광야로 이끌어 내어 죽이려 하고 있소. 그것으로도 부족해서 이제는 우리 위에서 우리를 다스리려 하고 있소.

14 당신은 우리를 젖과 꿀이 넘쳐흐를 만큼 비옥한 땅으로 인도하지 못했소. 밭과 포도밭이 있는 땅도 주지 못했소. 당신은 이 사람들의 눈을 뽑을 생각이오? 우리는 갈 수 없소."

15 모세는 몹시 화가 났습니다. 모세가 여호와께 말씀 드렸습니다. "저들의 예물을 받지 마십시오. 저는 저들에게서 나귀 한 마리도 받은 것이 없습니다. 저들에게 아무런 잘못도 한 일이 없습니다."

16 모세가 고라에게 말했습니다. "당신과 당신을 따르는 *사람들은 내일 여호와 앞에 서야 하오. 그때에 아론도 당신들과 함께 설 것이오.

17 당신들은 각자 향로에 향을 얹어서 가져와야 하오. 향로 이백오십 개를 여호와 앞에 드리시오. 당신과 아론도 자기 향로를 드려야 하오."

18 그래서 각 사람은 향로를 가져와서 향을 피웠습니다. 그런 다음에 그들은 모세와 아론과 함께 회막 입

belongs to him* and who is holy. The LORD will allow only those whom he selects to enter his own presence. •Korah, you and all 6 your followers must prepare your incense burners. •Light fires in them tomorrow, and 7 burn incense before the LORD. Then we will see whom the LORD chooses as his holy one. You Levites are the ones who have gone too far!"

•Then Moses spoke again to Korah: 8 "Now listen, you Levites! •Does it seem 9 insignificant to you that the God of Israel has chosen you from among all the community of Israel to be near him so you can serve in the LORD's Tabernacle and stand before the people to minister to them? •Korah, he 10 has already given this special ministry to you and your fellow Levites. Are you now demanding the priesthood as well? •The LORD 11 is the one you and your followers are really revolting against! For who is Aaron that you are complaining about him?"

•Then Moses summoned Dathan and 12 Abiram, the sons of Eliab, but they replied, "We refuse to come before you! •Isn't it 13 enough that you brought us out of Egypt, a land flowing with milk and honey, to kill us here in this wilderness, and that you now treat us like your subjects? •What's more, 14 you haven't brought us into another land flowing with milk and honey. You haven't given us a new homeland with fields and vineyards. Are you trying to fool these men?* We will not come."

•Then Moses became very angry and said 15 to the LORD, "Do not accept their grain offerings! I have not taken so much as a donkey from them, and I have never hurt a single one of them." •And Moses said to Korah, 16 "You and all your followers must come here tomorrow and present yourselves before the LORD. Aaron will also be here. •You and 17 each of your 250 followers must prepare an incense burner and put incense on it, so you can all present them before the LORD. Aaron will also bring his incense burner."

•So each of these men prepared an 18 incense burner, lit the fire, and placed incense on it. Then they all stood at the entrance of the Tabernacle* with Moses and

insignificant [insigníkənt] *a.* 하찮은
subject [sʌ́bdʒikt] *n.* 신하, 부하
summon [sʌ́mən] *vt.* 소환하다, 호출하다
16:9 minister to : …는 섬기다, 돌보시다
16:11 revolt against : 반항하다, 반역하다

16:5 Greek version reads *God has visited and knows those who are his.* Compare 2 Tim 2:19. 16:14 Hebrew *Are you trying to put out the eyes of these men?* 16:18 Hebrew *the Tent of Meeting;* also in 16:19, 42, 43, 50.

구에 섰습니다.

19 고라는 자기를 따르는 사람들, 곧 모세와 아론에게 반역한 사람들을 모았습니다. 그들은 회막 입구에 섰습니다. 그러자 여호와의 영광이 모든 이에게 나타났습니다.

20 여호와께서 모세와 아론에게 말씀하셨습니다.

21 "이 사람들에게서 물러나라. 내가 그들을 순식간에 없애 버릴 것이다."

22 그러나 모세와 아론이 땅에 엎드려 부르짖었습니다. "하나님, 하나님은 모든 백성의 영을 다스리는 하나님이십니다. 이 무리에게 노하지 마십시오. 죄는 한 사람만 지었을 뿐입니다."

23 여호와께서 모세에게 말씀하셨습니다.

24 "모든 무리에게 고라와 다단과 아비람 곁에서 떨어져 있으라고 말하여라."

25 모세가 일어나 다단과 아비람에게 갔습니다. 이스라엘의 장로들이 모세의 뒤를 따라갔습니다.

26 모세가 백성에게 경고했습니다. "이 나쁜 사람들의 장막에서 물러서시오. 그들의 것은 아무것도 만지지 마시오. 만지는 날에는 그들의 죄 때문에 당신들도 멸망하고 말 것이오."

27 그러자 그들은 고라와 다단과 아비람의 장막에서 물러섰습니다. 다단과 아비람은 그들의 아내와 자녀와 어린 아기들과 함께 장막 바깥에 섰습니다.

28 모세가 말했습니다. "이제 당신들은 이 모든 일이 내 뜻대로 한 일이 아니라, 여호와께서 나를 보내셔서 하신 일임을 알게 될 것이오.

29 만약 이 사람들이 보통 사람들이 죽는 것처럼 죽는다면, 여호와께서 나를 보내신 것이 아니오.

30 그러나 여호와께서 새로운 일을 일으키시면, 이 사람들이 하나님을 멸시했다는 것을 알게 될 것이오. 땅이 갈라져 그들을 삼킬 것이오. 그들은 산채로 죽은 자들이 있는 곳으로 내려갈 것이오. 그리고 그들이 가진 모든 것도 땅이 삼켜 버릴 것이오."

31 모세가 이 말을 마치자마자, 그들이 서 있던 땅이 갈라졌습니다.

32 마치 땅이 입을 벌려 그들을 삼키는 것 같았습니다. 그들의 가족과 고라를 따르던 사람들과 그들이 가진 모든 것을 땅이 삼켜 버렸습니다.

33 그들은 산채로 묻혀서, 그들이 가진 모든 것과 함께 죽은 자들이 있는 곳으로 내려갔습니다. 그러자 땅이 그들을 덮어 버렸습니다. 그들은 죽어서 백성의 무리 중에서 사라졌습니다.

34 그들과 가까운 곳에 있던 이스라엘 백성은 그들의 비명 소리를 듣고, "땅이 우리도 삼켜 버리려고 한다"라고 말하면서 도망쳤습니다.

35 그때, 여호와의 불이 내려왔습니다. 그 불이 향을

19 Aaron. •Meanwhile, Korah had stirred up the entire community against Moses and Aaron, and they all gathered at the Tabernacle entrance. Then the glorious presence of the LORD appeared to the whole community, •and the LORD said to Moses and

20-21 Aaron, • "Get away from all these people so that I may instantly destroy them!"

22 •But Moses and Aaron fell face down on the ground. "O God," they pleaded, "you are the God who gives breath to all creatures. Must you be angry with all the people when only one man sins?"

23-24 •And the LORD said to Moses, • "Then tell all the people to get away from the tents of Korah, Dathan, and Abiram."

25 •So Moses got up and rushed over to the tents of Dathan and Abiram, followed by

26 the elders of Israel. • "Quick!" he told the people. "Get away from the tents of these wicked men, and don't touch anything that belongs to them. If you do, you will be

27 destroyed for their sins." •So all the people stood back from the tents of Korah, Dathan, and Abiram. Then Dathan and Abiram came out and stood at the entrances of their tents, together with their wives and children and little ones.

28 •And Moses said, "This is how you will know that the LORD has sent me to do all these things that I have done—for I have not

29 done them on my own. •If these men die a natural death, or if nothing unusual hap-

30 pens, then the LORD has not sent me. •But if the LORD does something entirely new and the ground opens its mouth and swallows them and all their belongings, and they go down alive into the grave,* then you will know that these men have shown contempt for the LORD."

31 •He had hardly finished speaking the words when the ground suddenly split open

32 beneath them. •The earth opened its mouth and swallowed the men, along with their households and all their followers who were standing with them, and everything they

33 owned. •So they went down alive into the grave, along with all their belongings. The earth closed over them, and they all van-

34 ished from among the people of Israel. •All the people around them fled when they heard their screams. "The earth will swallow

35 us, too!" they cried. •Then fire blazed forth from the LORD and burned up the 250 men who were offering incense.

16:19 stir up : 선동하다, 일으키다
16:25 rush over : 급히 달려가다
16:31 split open : 갈라지다

16:30 Hebrew *into Sheol;* also in 16:33.

피운 사람 이백오십 명을 죽였습니다.

36 여호와께서 모세에게 말씀하셨습니다.

37 "제사장 아론의 아들 엘르아살에게 전하여, 불탄 자리에서 향로들을 모으게 하여라. 그리고 타다 남은 불은 멀리 내버리게 하여라. 그러나 그 향로들은 거룩하다.

38 이들은 죄를 지어 목숨을 잃었다. 그러나 그들의 향로는 거두어서 망치로 두드려 펴라. 그래서 그것으로 제단을 덮어라. 그것들은 나 여호와에게 바쳐진 것이므로 거룩하다. 그것이 이스라엘 백성에게 표적이 될 것이다."

39 그리하여 제사장 엘르아살은 놋향로들을 다 거두어들였습니다. 그것은 불에 타 죽은 사람들의 것을 가져온 것입니다. 엘르아살은 향로들을 망치로 두드려서 편 다음에 그것으로 제단을 덮었습니다.

40 이렇게 두드려 펴서 제단을 덮은 향로는 이스라엘 백성에게 이 사건을 기억나게 하는 물건이 되었습니다. 곧 아론 자손이 아닌 다른 사람들은 여호와 앞에 향을 피우러 나올 수 없다는 것을 기억시켜 주어, 고라와 그를 따르는 사람들처럼 죽지 않게 하려는 것입니다. 엘르아살은 여호와께서 모세를 통하여 명령하신 대로 했습니다.

아론이 백성을 구하다

41 이튿날 모든 이스라엘 백성이 모세와 아론에게 불평했습니다. 그들은 "당신들이 여호와의 백성을 죽였소"라고 말했습니다.

42 백성이 모세와 아론에게 몰려들어 불평하자, 모세와 아론은 회막쪽으로 몸을 돌렸습니다. 그러자 구름이 장막을 덮고, 여호와의 영광이 나타났습니다.

43 모세와 아론은 회막 앞으로 갔습니다.

44 여호와께서 모세에게 말씀하셨습니다.

45 "이 백성에게서 멀리 떨어져 있어라. 내가 그들을 순식간에 없애 버릴 것이다." 그 말씀을 듣고 모세와 아론은 땅에 엎드렸습니다.

46 모세가 아론에게 말했습니다. "향로를 가져와서 제단 위의 불을 향로에 담고, 거기에 향을 피우십시오. 급히 백성에게 가서 그들의 죄를 씻는 예식을 행하십시오. 여호와께서 백성에게 노하셨습니다. 이미 재앙이 시작되었습니다."

47 아론은 모세가 말한 대로 했습니다. 아론은 모든 백성들이 있는 한가운데로 달려갔습니다. 이미 그들 가운데서 재앙이 시작되었습니다. 아론은 그들의 죄를 씻는 예식을 행하기 위해 향을 피웠습니다.

48 아론은 산 사람과 죽은 사람 사이에 섰습니다. 그러자 재앙이 그곳에서 그쳤습니다.

49 그 재앙 때문에 만 사천칠백 명이 죽었습니다. 거기에는 고라의 일로 죽은 사람의 숫자는 들어 있지 않

36-37 •*And the LORD said to Moses, • "Tell Eleazar son of Aaron the priest to pull all the incense burners from the fire, for they are holy. Also tell him to scatter the burning

38 coals. •Take the incense burners of these men who have sinned at the cost of their lives, and hammer the metal into a thin sheet to overlay the altar. Since these burners were used in the LORD's presence, they have become holy. Let them serve as a warning to the people of Israel."

39 •So Eleazar the priest collected the 250 bronze incense burners that had been used by the men who died in the fire, and the bronze was hammered into a thin sheet to

40 overlay the altar. •This would warn the Israelites that no unauthorized person—no one who was not a descendant of Aaron—should ever enter the LORD's presence to burn incense. If anyone did, the same thing would happen to him as happened to Korah and his followers. So the LORD's instructions to Moses were carried out.

41 •But the very next morning the whole community of Israel began muttering again against Moses and Aaron, saying, "You have

42 killed the LORD's people!" •As the community gathered to protest against Moses and Aaron, they turned toward the Tabernacle and saw that the cloud had covered it, and the glorious presence of the LORD appeared.

43 •Moses and Aaron came and stood in

44 front of the Tabernacle, •and the LORD said

45 to Moses, • "Get away from all these people so that I can instantly destroy them!" But Moses and Aaron fell face down on the ground.

46 •And Moses said to Aaron, "Quick, take an incense burner and place burning coals on it from the altar. Lay incense on it, and carry it out among the people to purify them and make them right with the LORD.* The LORD's anger is blazing against them—the plague has already begun."

47 •Aaron did as Moses told him and ran out among the people. The plague had already begun to strike down the people, but Aaron burned the incense and purified* the

48 people. •He stood between the dead and the

49 living, and the plague stopped. •But 14,700 people died in that plague, in addition to those who had died in the affair involving

---

overlay [ouvərléi] vt. 덮다, 씌우다
unauthorized [ʌnɔ́ːθəraizd] a. 권한이 없는
16:41 mutter against… : …에게 불평하다
16:49 in the affair: 그 사건으로

16:36 Verses 16:36-50 are numbered 17:1-15 in Hebrew text. 16:46 Or to make atonement for them. 16:47 Or and made atonement for.

왔습니다.

50 재앙이 그치자, 아론은 회막 입구에 있는 모세에게 돌아갔습니다.

싹이 나는 아론의 지팡이

17 여호와께서 모세에게 말씀하셨습니다.

2 "이스라엘 백성에게 전하여라. 지파별로 지팡이를 하나씩 거두되, 각 지파의 지도자에게서 지팡이 한 개씩 모두 열두 개를 거두어라. 그리고 지팡이마다 각 지도자의 이름을 써라.

3 레위 지파의 지팡이에는 아론의 이름을 써라. 각 지파의 우두머리마다 지팡이가 한 개씩 있어야 한다.

4 그 지팡이들을 회막에 두되, 내가 너희를 만나는 언약궤 앞에 놓아두어라.

5 내가 한 사람을 선택하면 그 사람의 지팡이에서 싹이 틀 것이다. 너희에게 늘 불평하는 이스라엘 백성의 버릇을 내가 없애 버리겠다."

6 모세가 이스라엘 백성에게 전했습니다. 그리하여 열두 지도자가 모세에게 지팡이를 하나씩 가져왔으므로, 지팡이는 열두 개가 되었습니다. 아론의 지팡이도 그 가운데 있었습니다.

7 모세가 그 지팡이들을 여호와 앞에, 곧 회막 안에 놓아두었습니다.

8 이튿날 모세가 장막에 들어가 보니, 레위의 집안을 나타내는 아론의 지팡이에서 싹이 텄습니다. 더구나 지팡이에서 싹이 자라고 꽃이 피더니 감복숭아 열매까지 맺혔습니다.

9 모세는 여호와 앞에 있던 그 지팡이들을 이스라엘 백성에게 가지고 나갔습니다. 모든 사람이 그 지팡이들을 보았습니다. 그리고 각자 자기 것을 가지고 갔습니다.

10 여호와께서 모세에게 말씀하셨습니다. "아론의 지팡이를 다시 가져다 놓아라. 그것을 언약궤 앞에 놓아두어라. 그 지팡이는 언제나 나에게 반역하는 이 백성에게 표적이 될 것이다. 이 지팡이가 나를 향해 백성이 불평하는 것을 멈추게 하여 그들을 죽지 않게 할 것이다."

11 모세는 여호와께서 명령하신 대로 했습니다.

12 이스라엘 백성이 모세에게 말했습니다. "우리는 죽게 되었소. 망하게 되었소. 우리 모두가 다 망하게 되었소.

13 여호와의 성막에 가까이 가는 사람은 모두 죽으니, 우리는 다 죽게 생겼소."

제사장과 레위 사람의 할 일

18 여호와께서 아론에게 말씀하셨습니다. "너와 네 아들들과 네 집안 사람들은 거룩한 곳인 성소를 더럽히는 죄에 대해 책임을 겨라. 제사장과 관계된 죄에 대해서는 너와 네 아들들만이 책임을 겨

---

50 Korah. •Then because the plague had stopped, Aaron returned to Moses at the entrance of the Tabernacle.

The Budding of Aaron's Staff

17 ¹•*Then the LORD said to Moses, ²"Tell the people of Israel to bring you twelve wooden staffs, one from each leader of Israel's ancestral tribes, and inscribe each ³leader's name on his staff. •Inscribe Aaron's name on the staff of the tribe of Levi, for there must be one staff for the leader of each ⁴ancestral tribe. •Place these staffs in the Tabernacle in front of the Ark containing the tablets of the Covenant,* where I meet ⁵with you. •Buds will sprout on the staff belonging to the man I choose. Then I will finally put an end to the people's murmuring and complaining against you."

6 •So Moses gave the instructions to the people of Israel, and each of the twelve tribal leaders, including Aaron, brought Moses a ⁷staff. •Moses placed the staffs in the LORD's presence in the Tabernacle of the Covenant.* ⁸•When he went into the Tabernacle of the Covenant the next day, he found that Aaron's staff, representing the tribe of Levi, had sprouted, budded, blossomed, and produced ripe almonds!

9 •When Moses brought all the staffs out from the LORD's presence, he showed them to the people. Each man claimed his own staff. ¹⁰•And the LORD said to Moses: "Place Aaron's staff permanently before the Ark of the Covenant* to serve as a warning to rebels. This should put an end to their complaints against me and prevent any further deaths." ¹¹•So Moses did as the LORD commanded him.

12 •Then the people of Israel said to Moses, "Look, we are doomed! We are dead! We are ¹³ruined! •Everyone who even comes close to the Tabernacle of the LORD dies. Are we all doomed to die?"

Duties of Priests and Levites

18 Then the LORD said to Aaron: "You, your sons, and your relatives from the tribe of Levi will be held responsible for any offenses related to the sanctuary. But you and your sons alone will be held responsible for violations connected with the priesthood.

17:1 Verses 17:1-13 are numbered 17:16-28 in Hebrew text.   17:4 Hebrew *in the Tent of Meeting before the Testimony.* The Hebrew word for "testimony" refers to the terms of the LORD's covenant with Israel as written on stone tablets, which were kept in the Ark, and also to the covenant itself.   17:7 Or *Tabernacle of the Testimony;* also in 17:8.   17:10 Hebrew *before the Testimony;* see note on 17:4.

라.

2 너는 너의 지파에서 너의 형제인 레위 사람들을 데려오너라. 그들에게 너와 네 아들들이 언약의 장막*에서 섬기는 일을 돕게 하여라.

3 너는 그들을 시켜, 그들에게 성막과 관계가 있는 일이라면 무슨 일이든 하게 하여라. 그러나 그들은 거룩한 곳인 성소나 제단 가까이에 가서는 안 된다. 가까이 가는 날에는 그들뿐만 아니라 너희도 죽을 것이다.

4 그들은 너희와 협력하여 회막을 돌볼 것이며, 장막에서 하는 모든 일을 할 것이다. 다른 사람은 너희에게 가까이 올 수 없다.

5 너희는 성소와 제단을 돌보아라. 그래야 내가 다시 이스라엘 백성에게 노하지 않을 것이다.

6 나는 너희 형제 레위 사람을 이스라엘 백성 가운데서 뽑았노라. 그들은 너희에게 준 선물과 같으며 나 여호와에게 바친 사람들이다. 그들이 할 일은 회막을 돌보는 일이다.

7 그러나 너와 네 아들들만이 제사장이 될 수 있다. 너희만이 제단에서 일할 수 있으며, 휘장 뒤로 갈 수 있다. 내가 제사장으로서 일할 수 있는 자격을 너희에게 선물로 주겠다. 그러나 누구든지 다른 사람이 성소에 가까이 오면 그는 죽을 것이다."

8 여호와께서 아론에게 말씀하셨습니다. "나에게 바친 모든 제물을 너에게 맡기겠다. 이스라엘 백성이 나에게 바치는 모든 거룩한 제물을 내가 너에게 주겠다. 그것은 너와 네 아들들의 몫이며, 영원한 너희들의 몫이다.

9 거룩한 제물 가운데서 너희의 몫은 태우지 않고 남은 부분이다. 백성이 바치는 가장 거룩한 제물, 곧 곡식 제물이나 죄를 씻는 제물인 속죄 제물이나 허물을 씻는 제물인 속건 제물은 너와 네 아들들의 몫이다.

10 너는 그것을 가장 거룩한 곳에서 먹어라. 남자만이 그것을 먹을 수 있다. 너희는 그것을 거룩히 여겨라.

11 내가 또 다른 제물도 너에게 줄 것이다. 즉 이스라엘 자손이 드리는 들어 올려 바친 거제물과 흔들어 바친 요제물이다. 내가 너와 네 아들들과 네 딸들에게 이것을 주니 이것은 너희의 몫이다. 너희 집안 가운데서 부정하지 않은 사람이라면, 누구나 그것을 먹어라.

12 내가 또 너에게 가장 좋은 기름과 가장 좋은 포도주와 곡식, 곧 이스라엘 백성이 나 여호와에게 바친 것 가운데서 첫 열매를 너에게 주겠다.

13 이스라엘 백성이 그 땅에서 거둔 것 가운데서 여호와께 가져오는 첫 열매는 너의 것이다. 너희 집

2 • "Bring your relatives of the tribe of Levi— your ancestral tribe—to assist you and your sons as you perform the sacred duties in front of the Tabernacle of the Covenant.* • But as the Levites go about all their assigned duties at the Tabernacle, they must be careful not to go near any of the sacred objects or the altar. If they do, both you and they will die. • The Levites must join you in fulfilling their responsibilities for the care and maintenance of the Tabernacle,* but no unauthorized person may assist you.

5 • "You yourselves must perform the sacred duties inside the sanctuary and at the altar. If you follow these instructions, the LORD's anger will never again blaze against the people of Israel. • I myself have chosen your fellow Levites from among the Israelites to be your special assistants. They are a gift to you, dedicated to the LORD for service in the Tabernacle.

7 • But you and your sons, the priests, must personally handle all the priestly rituals associated with the altar and with everything behind the inner curtain. I am giving you the priesthood as your special privilege of service. Any unauthorized person who comes too near the sanctuary will be put to death."

Support for the Priests and Levites

8 • The LORD gave these further instructions to Aaron: "I myself have put you in charge of all the holy offerings that are brought to me by the people of Israel. I have given all these consecrated offerings to you and your sons as your permanent share. • You are allotted the portion of the most holy offerings that is not burned on the fire. This portion of all the most holy offerings—including the grain offerings, sin offerings, and guilt offerings—will be most holy, and it belongs to you and your sons. • You must eat it as a most holy offering. All the males may eat of it, and you must treat it as most holy.

11 • "All the sacred offerings and special offerings presented to me when the Israelites lift them up before the altar also belong to you. I have given them to you and to your sons and daughters as your permanent share. Any member of your family who is ceremonially clean may eat of these offerings.

12 • "I also give you the harvest gifts brought by the people as offerings to the LORD—the best of the olive oil, new wine, and grain. • All the first crops of their land that the people present to the LORD belong to you. Any member of your family who is ceremonially clean may eat this food.

18:2 Or *Tabernacle of the Testimony.*　18:4 Hebrew *the Tent of Meeting;* also in 18:6, 21, 22, 23, 31.

18:2 '언약의 장막' 은 '증거의 장막' 이라고도 한다.

안 가운데서 부정하지 않은 사람이라면, 누구나 그것을 먹어라.

14 이스라엘에서 나 여호와에게 바친 것은 다 너의 것이다.

15 사람이든 짐승이든 모든 생물의 처음 태어난 것은 다 나 여호와에게 바쳐야 하며, 그것은 너의 것이다. 그러나 처음 태어난 사람과 처음 태어난 부정한 짐승은 대신 돈으로 계산하여 받아라.

16 사람이 태어난 지 한 달이 되었으면 성소에서 다는 무게로 은 다섯 세겔을 받아라. 한 세겔은 이십 게라이다.

17 그러나 처음 태어난 소나 양이나 염소는 돈으로 대신할 수 없다. 치고 돌려주지 못한다. 그 짐승들은 거룩하니, 그 짐승들의 피를 제단 위에 뿌리고 그 기름은 태워라. 그것은 화제이며, 그 냄새가 나 여호와를 기쁘게 한다.

18 그러나 그 짐승들의 고기는 너의 것이다. 또한 나 여호와에게 바친 가슴고기와 오른쪽 넓적다리도 너의 것이다.

19 이스라엘 백성이 거룩한 예물로 드리는 것을 나 여호와가 너와 네 아들들과 딸들에게 주니, 그것은 영원히 너희의 몫이다. 이것은 너와 네 자손을 위해 여호와 앞에서 대대로 지켜야 할 변치 않는 소금 언약이니라."

20 여호와께서 또 아론에게 말씀하셨습니다. "너는 물려받을 땅이 없다. 너는 다른 백성과 같이 땅을 차지하지는 못한다. 이는 이스라엘 백성 가운데서 너의 몫이지, 너의 재산은 바로 나이기 때문이다.

21 이스라엘 백성이 얻은 것의 십분의 일을 바치면, 내가 그것을 레위 사람에게 주겠다. 그것은 그들이 회막에서 일하는 것에 대한 보수이다.

22 그러나 다른 이스라엘 백성은 회막에 가까이 가지 마라. 가까이 가는 날에는 그 죄 때문에 죽을 것이다.

23 오직 레위 사람만이 회막에서 일하여라. 그들은 회막을 더럽히는 죄에 대해 책임을 져라. 이것은 지금부터 영원히 지켜야 할 규례이다. 레위 사람은 다른 이스라엘 백성과 같이 땅을 얻지는 못할 것이다.

24 그러나 이스라엘 백성이 얻은 것의 십분의 일을 내게 바치면, 내가 그것을 레위 사람에게 줄 것이다. 내가 레위 사람에 대해 '그들은 이스라엘 백성 가운데서 땅을 얻지 못할 것이다'라고 말하였다."

25 여호와께서 모세에게 말씀하셨습니다.

26 "레위 사람에게 전하여라. 너희는 '이스라엘 백성이 얻은 것의 십분의 일을 바치면 그것을 받아라. 내가 그것을 너희에게 준다. 그러나 너희는 그가

14 • "Everything in Israel that is specially set apart for the LORD* also belongs to you.

15 • "The firstborn of every mother, whether human or animal, that is offered to the LORD will be yours. But you must always redeem your firstborn sons and the firstborn of ceremonially unclean animals.

16 • Redeem them when they are one month old. The redemption price is five pieces of silver* (as measured by the weight of the sanctuary shekel, which equals twenty gerahs).

17 • "However, you may not redeem the firstborn of cattle, sheep, or goats. They are holy and have been set apart for the LORD. Sprinkle their blood on the altar, and burn their fat as a special gift, a pleasing aroma to the LORD.

18 • The meat of these animals will be yours, just like the breast and right thigh that are presented by lifting them up as a special offering before the altar.

19 • Yes, I am giving you all these holy offerings that the people of Israel bring to the LORD. They are for you and your sons and daughters, to be eaten as your permanent share. This is an eternal and unbreakable covenant* between the LORD and you, and it also applies to your descendants."

20 • And the LORD said to Aaron, "You priests will receive no allotment of land or share of property among the people of Israel. I am your share and your allotment.

21 • As for the tribe of Levi, your relatives, I will compensate them for their service in the Tabernacle. Instead of an allotment of land, I will give them the tithes from the entire land of Israel.

22 • "From now on, no Israelites except priests or Levites may approach the Tabernacle. If they come too near, they will be judged guilty and will die.

23 • Only the Levites may serve at the Tabernacle, and they will be held responsible for any offenses against it. This is a permanent law for you, to be observed from generation to generation. The Levites will receive no allotment of land among the Israelites,

24 • because I have given them the Israelites' tithes, which have been presented as sacred offerings to the LORD. This will be the Levites' share. That is why I said they would receive no allotment of land among the Israelites."

25-26 • The LORD also told Moses, • "Give these instructions to the Levites: When you receive from the people of Israel the tithes I have assigned as your allotment, give a tenth of the tithes you receive—a tithe of the tithe—to the

---

18:14 The Hebrew term used here refers to the complete consecration of things or people to the LORD, either by destroying them or by giving them as an offering. **18:16** Hebrew *5 shekels* [2 ounces or 57 grams] *of silver.* **18:19** Hebrew *a covenant of salt.*

18:16 5세겔은 약 57g에 해당된다.

운데서 다시 십분의 일을 들어 올려 바치는 제사
인 거제로 나 여호와에게 바쳐라.

27 나는 너희가 바치는 것을 다른 사람들이 바치는
새 곡식이나 새 포도주를 받듯이 받을 것이다.

28 이처럼 너희는 다른 이스라엘 백성처럼 나 여호와
에게 제물을 바쳐라. 이스라엘 백성이 너희에게
십분의 일을 주면, 너희는 다시 그것의 십분의 일
을 들어 올려 바치는 거제물로 나 여호와에게 바
치고, 그것을 제사장 아론에게 주어라.

29 너희가 받은 것 가운데서 가장 좋고 가장 거룩한
부분을 골라서 거제로 나 여호와에게 바쳐라.'

30 레위 사람에게 전하여라. '너희가 가장 좋은 부분
을 드리면, 나는 그것을 다른 백성이 바치는 곡식
과 포도를 받듯이 받을 것이다.

31 너희와 너희 집안은 나에게 바치고 남은 것을 어
디에서나 먹어도 좋다. 그것은 너희가 회막에서
일하여 받는 보수이다.

32 너희가 언제나 가장 좋은 부분을 나 여호와에게 바
치면, 이 일 때문에 너희에게 죄가 되지는 않을 것
이다. 너희는 이스라엘 백성의 가장 거룩한 제물을
더럽히지 마라. 만약 더럽히면 죽을 것이다.'"

정결하게 하기 위해 바치는 제물

19 여호와께서 모세와 아론에게 말씀하셨습니다.

2 "이것은 여호와께서 명령하신 규례이다. 이스라
엘 백성에게 붉은 암송아지를 끌고 오게 하여라.
그 암송아지는 흠이 없고, 아직 일을 해 보지 않은
것이어야 한다.

3 그 암송아지를 제사장 엘르아살에게 주어라. 그
러면 엘르아살은 그것을 진 밖으로 끌고 가서 잡
아라.

4 제사장 엘르아살은 그 피를 손가락에 적셔서 회
막 앞을 향해 일곱 번 뿌려라.

5 그리고 나서 제사장이 보는 앞에서 그 암송아지
를 불에 태워라. 가죽과 고기와 피와 내장을 다 불
에 태워라.

6 제사장은 백향목*과 우슬초와 붉은색 줄을 가져
와서 암송아지를 태우고 있는 불에 던져라.

7 제사장은 물에 몸을 씻고 옷을 빨아라. 그런 다음
에야 그는 진으로 돌아올 수 있다. 그러나 제사장
은 저녁 때까지 부정할 것이다.

8 암송아지를 불에 태운 사람도 물에 몸을 씻고 옷
을 빨아라. 그는 저녁 때까지 부정할 것이다.

9 그리고 나서 깨끗한 사람이 암송아지의 재를 거
두어서 진 밖의 깨끗한 곳에 놓아두어라. 그 재는
이스라엘 백성이 죄를 씻는 특별한 예식을 할 때
에 쓸 것이므로 잘 보관하여라.

27 LORD as a sacred offering. •The LORD will con-
sider this offering to be your harvest offering,
as though it were the first grain from your
own threshing floor or wine from your own
28 winepress. •You must present one-tenth of
the tithe received from the Israelites as a sacred
offering to the LORD. This is the LORD's sacred
portion, and you must present it to Aaron the
29 priest. •Be sure to give to the LORD the best
portions of the gifts given to you.

30 •"Also, give these instructions to the
Levites: When you present the best part as
your offering, it will be considered as though it
came from your own threshing floor or wine-
31 press. •You Levites and your families may eat
this food anywhere you wish, for it is your
compensation for serving in the Tabernacle.
32 •You will not be considered guilty for
accepting the LORD's tithes if you give the
best portion to the priests. But be careful not
to treat the holy gifts of the people of Israel as
though they were common. If you do, you
will die."

The Water of Purification

19 The LORD said to Moses and Aaron,
2 •"Here is another legal requirement
commanded by the LORD: Tell the people of
Israel to bring you a red heifer, a perfect ani-
mal that has no defects and has never been
3 yoked to a plow. •Give it to Eleazar the priest,
and it will be taken outside the camp and
4 slaughtered in his presence. •Eleazar will take
some of its blood on his finger and sprinkle
it seven times toward the front of the
5 Tabernacle.* •As Eleazar watches, the heifer
must be burned—its hide, meat, blood, and
6 dung. •Eleazar the priest must then take a
stick of cedar,* a hyssop branch, and some
scarlet yarn and throw them into the fire
where the heifer is burning.

7 •"Then the priest must wash his clothes
and bathe himself in water. Afterward he may
return to the camp, though he will remain cer-
emonially unclean until evening. •The man
who burns the animal must also wash his
clothes and bathe himself in water, and he,
8 too, will remain unclean until evening. •Then
someone who is ceremonially clean will gath-
er up the ashes of the heifer and deposit them
in a purified place outside the camp. They will
be kept there for the community of Israel to
use in the water for the purification ceremony.
This ceremony is performed for the removal

---

compensation [kɑmpənséiʃən] *n.* 보상, 보수
tithe [taið] *n.* 십일조

19:4 Hebrew *the Tent of Meeting.*   19:6 Or
juniper.

19:6 백향목 은 '개입갈나무' 라고도 한다.

10 암송아지의 재를 모은 사람은 옷을 빨아라. 그러나 그는 저녁 때까지 부정할 것이다. 이것은 이스라엘 백성이나 그들과 함께 사는 외국인이 지켜야 할 영원한 규례이다.

11 누구든지 시체에 닿은 사람은 칠 일 동안, 부정할 것이다.

12 그는 이 암송아지의 재를 탄 물로 몸을 씻어라. 그는 삼 일째 되는 날과 칠 일째 되는 날에 그 물로 몸을 씻어라. 만약 삼 일째 되는 날과 칠 일째 되는 날에 그 물로 몸을 씻지 않으면, 그는 깨끗해질 수 없을 것이다.

13 누구든지 시체에 닿는 사람은 부정하니, 그가 부정한 채로 여호와의 성막에 가면 그 장막도 부정해질 것이다. 그러므로 그런 사람은 이스라엘 중에서 끊어질 것이다. 깨끗하게 하는 물을 그 사람에게 뿌리지 않으면, 그 사람은 여전히 부정할 것이다.

14 장막에서 죽은 사람에 관한 규례는 이러하다. 누구든지 그 장막에 있거나 그 장막으로 들어가는 사람은 칠 일 동안, 부정할 것이다.

15 어떤 그릇이든지 뚜껑이 덮여 있지 않으면 부정할 것이다.

16 누구든지 칼에 맞아 죽은 사람이나, 그냥 죽은 사람의 시체를 만지면 부정할 것이다. 죽은 사람의 뼈나 무덤을 만진 사람도 칠 일 동안, 부정할 것이다.

17 그렇게 해서 부정해진 사람은 태워 드리는 제물인 번제물에서 거둔 재로 깨끗하게 하여라. 그러려면 항아리에 재를 넣고, 거기에 깨끗한 물을 부어서, 깨끗하게 하는 물을 만들어라.

18 깨끗한 사람이 우슬초를 그 물에 담갔다가, 장막과 모든 기구와 그 안에 있던 사람에게 뿌려라. 그리고 사람의 뼈나 죽임을 당한 사람이나, 시체나 무덤을 만진 사람에게도 뿌려라.

19 깨끗한 사람은 삼 일째 되는 날과 칠 일째 되는 날에 이 물을 부정한 사람에게 뿌려라. 부정한 사람은 칠 일째 되는 날에 깨끗해질 것이다. 그 사람은 옷을 빨고 목욕을 하여라. 그러면 그날 저녁부터 깨끗해질 것이다.

20 누구든지 부정한 사람이 자기를 깨끗하게 하지 않으면, 백성의 무리 중에서 끊어질 것이다. 깨끗하게 하는 물을 몸에 뿌리지 않은 사람은 부정하며, 그런 사람은 주님의 장막인 성막을 부정하게 하기 때문이다.

21 이것은 영원한 규례이다. 깨끗하게 하는 물을 뿌리는 사람도 자기 옷을 빨아라. 누구든지 그 물을 만지는 사람은 저녁 때까지 부정할 것이

10 of sin. •The man who gathers up the ashes of the heifer must also wash his clothes, and he will remain ceremonially unclean until evening. This is a permanent law for the people of Israel and any foreigners who live among them.

11 •"All those who touch a dead human body will be ceremonially unclean for seven days.

12 •They must purify themselves on the third and seventh days with the water of purification; then they will be purified. But if they do not do this on the third and seventh days, they will continue to be unclean even after the seventh

13 day. •All those who touch a dead body and do not purify themselves in the proper way defile the LORD's Tabernacle, and they will be cut off from the community of Israel. Since the water of purification was not sprinkled on them, their defilement continues.

14 •"This is the ritual law that applies when someone dies inside a tent: All those who enter that tent and those who were inside when the death occurred will be ceremonially unclean for

15 seven days. •Any open container in the tent that was not covered with a lid is also defiled.

16 •And if someone in an open field touches the corpse of someone who was killed with a sword or who died a natural death, or if someone touches a human bone or a grave, that person will be defiled for seven days.

17 •"To remove the defilement, put some of the ashes from the burnt purification offering in a

18 jar, and pour fresh water over them. •Then someone who is ceremonially clean must take a hyssop branch and dip it into the water. That person must sprinkle the water on the tent, on all the furnishings in the tent, and on the people who were in the tent; also on the person who touched a human bone, or touched someone who was killed or who died naturally, or

19 touched a grave. •On the third and seventh days the person who is ceremonially clean must sprinkle the water on those who are defiled. Then on the seventh day the people being cleansed must wash their clothes and bathe themselves, and that evening they will be cleansed of their defilement.

20 •"But those who become defiled and do not purify themselves will be cut off from the community, for they have defiled the sanctuary of the LORD. Since the water of purification has not been sprinkled on them, they remain defiled.

21 •This is a permanent law for the people. Those who sprinkle the water of purification must afterward wash their clothes, and anyone who then touches the water used for purification will

corpse [kɔːrps] *n.* 시체
heifer [héfər] *n.* 암소
hyssop [hísəp] *n.* 우슬초
sprinkle [spríŋkl] *vt.* 뿌리다

다.

22 무엇이든 부정한 사람이 만진 것은 부정하며, 누구든지 그 부정한 것을 만진 사람도 저녁 때까지 부정할 것이다."

바위에서 나온 물

20 첫째 달*에 이스라엘 모든 백성은 신 광야에 이르러 가데스에 머물렀습니다. 미리암이 죽어 그곳에 묻혔습니다.

2 그곳에는 백성이 마실 물이 없었습니다. 그래서 그들은 모세와 아론에게 몰려들었습니다.

3 그들이 모세와 다투며 말했습니다. "우리 형제들이 죽을 때, 우리도 여호와 앞에서 죽는 것이 나을 뻔했소.

4 당신은 왜 여호와의 백성을 이 광야로 끌고 왔소? 우리와 우리 짐승을 여기서 죽일 작정이오?

5 왜 우리를 이집트에서 이 끔찍한 곳으로 끌고 왔소? 여기에는 씨 뿌릴 장소도 없고, 무화과도 없고, 포도도 없고, 석류도 없소. 그리고 마실 물조차 없소."

6 모세와 아론이 백성을 떠나 회막 입구로 갔습니다. 그들은 땅에 엎드렸습니다. 그러자 여호와의 영광이 그들에게 나타났습니다.

7 여호와께서 모세에게 말씀하셨습니다.

8 "너와 네 형 아론은 백성을 불러 모아라. 그리고 네 지팡이를 가지고 간 후에, 백성 앞에서 저 바위에 대고 말하여라. 그러면 저 바위에서 물이 흘러내릴 것이다. 그 물을 백성과 그들의 짐승에게 주어 마시게 하여라."

9 모세는 여호와께서 명령하신 대로 여호와 앞에서 지팡이를 잡았습니다.

10 모세와 아론은 백성을 바위 앞으로 불러 모았습니다. 그런 다음에 모세가 말했습니다. "불평꾼들이여, 내 말을 들으시오. 당신들을 위해 이 바위에서 물이 나오게 하면 되겠소?"

11 모세는 손을 높이 들고, 그 바위를 지팡이로 두 번 내리쳤습니다. 그러자 바위에서 많은 물이 흘러내렸습니다. 백성과 그들의 짐승이 그 물을 마셨습니다.

12 그러나 여호와께서 모세와 아론에게 말씀하셨습니다. "너희는 나를 믿지 않고 백성 앞에서 나를 거룩히 여기지 않았다. 그러므로 너희는 내가 약속으로 주겠다던 그 땅으로 백성을 인도하지 못할 것이다."

13 이곳에서 이스라엘 백성이 여호와와 다투었기 때문에 이곳 물을 므리바* 물이라고 하였습니다. 여호와께서는 백성에게 여호와의 거룩함을 나타내 보이셨습니다.

---

22 remain defiled until evening. ●Anything and anyone that a defiled person touches will be ceremonially unclean until evening."

Moses Strikes the Rock

20 In the first month of the year,* the whole community of Israel arrived in the wilderness of Zin and camped at Kadesh. While they were there, Miriam died and was buried.

2 ●There was no water for the people to drink at that place, so they rebelled against

3 Moses and Aaron. ●The people blamed Moses and said, "If only we had died in the LORD's presence with our brothers! ●Why have you

4 brought the congregation of the LORD's people into this wilderness to die, along with all our

5 livestock? ●Why did you make us leave Egypt and bring us here to this terrible place? This land has no grain, no figs, no grapes, no pomegranates, and no water to drink!"

6 ●Moses and Aaron turned away from the people and went to the entrance of the Tabernacle,* where they fell face down on the

7 ground. Then the glorious presence of the LORD appeared to them, ●and the LORD said

8 to Moses, "You and Aaron must take the staff and assemble the entire community. As the people watch, speak to the rock over there, and it will pour out its water. You will provide enough water from the rock to satisfy the whole community and their livestock."

9 ●So Moses did as he was told. He took the staff from the place where it was kept before

10 the LORD. ●Then he and Aaron summoned the people to come and gather at the rock. "Listen, you rebels!" he shouted. "Must we

11 bring you water from this rock?" ●Then Moses raised his hand and struck the rock twice with the staff, and water gushed out. So the entire community and their livestock drank their fill.

12 ●But the LORD said to Moses and Aaron, "Because you did not trust me enough to demonstrate my holiness to the people of Israel, you will not lead them into the land I

13 am giving them!" ●This place was known as the waters of Meribah (which means "arguing") because there the people of Israel argued with the LORD, and there he demonstrated his holiness among them.

20:11 gush out : 세차게 흘러나오다

20:1 The first month of the ancient Hebrew lunar calendar usually occurs within the months of March and April. The number of years since leaving Egypt is not specified.   20:6 Hebrew *the Tent of Meeting.*

20:1 이달은 3월에서 4월 사이에 해당된다.
20:13 '므리바'는 '다툰다'라는 뜻이다.

에돔이 이스라엘을 못 지나가게 하다

14 모세는 가데스에서 에돔 왕에게 사자들을 보냈습니다. "왕의 형제인 이스라엘 백성이 왕에게 말합니다. 왕은 우리가 겪은 온갖 고난에 대해 알고 계실 것입니다.

15 옛날에 우리 조상이 이집트로 내려간 뒤로, 우리는 그곳에서 오랫동안 살았습니다. 그런데 이집트 백성은 우리와 우리 조상을 학대했습니다.

16 우리가 여호와께 부르짖었더니, 여호와께서 우리의 부르짖음을 들어주셔서, 한 천사를 보내어 우리를 이집트에서 인도해 내셨습니다. 우리는 지금 왕의 땅 변두리에 있는 한 마을인 가데스에 와 있습니다.

17 우리가 왕의 땅을 지나가는 것을 허락해 주십시오. 우리는 왕의 밭이나 포도밭으로 지나가지도 않겠고, 어떤 우물에서도 물을 마시지 않겠고, 오직 '왕의 길' 만을 따라 걷겠습니다. 왕의 땅을 다 지나가기까지는 왼쪽으로도 오른쪽으로도 벗어나지 않겠습니다."

18 그러나 에돔 왕은 "당신들은 여기를 지나갈 수 없소, 만약 지나가기만 하면, 당신들을 칼로 쳐버리겠소"라고 대답했습니다.

19 이스라엘 백성이 말했습니다. "우리는 큰길로만 걷겠습니다. 혹시라도 우리의 짐승들이 왕의 우물에서 물을 마시면 그 값을 치르겠습니다. 우리는 그저 걸어서 지나가기만 하면 됩니다. 허락해 주십시오."

20 그러나 에돔 왕이 대답했습니다. "당신들은 여기를 지나갈 수 없소." 에돔 사람들은 크고도 강한 군대를 보내어 이스라엘 백성 앞을 막았습니다.

21 에돔 사람들은 이스라엘 백성이 자기 나라를 지나가는 것을 끝내 허락하지 않았습니다. 그래서 이스라엘 백성은 돌아서야 했습니다.

아론이 죽다

22 모든 이스라엘 백성은 가데스를 떠나 호르 산에 이르렀습니다.

23 그곳은 에돔 국경에서 가까웠습니다. 여호와께서 모세와 아론에게 말씀하셨습니다.

24 "이제 아론은 죽어 조상들에게 돌아갈 것이다. 아론은 내가 이스라엘 백성에게 주기로 약속한 땅에 들어가지 못할 것이다. 그것은 너희 둘이 므리바 물에서 내 명령을 거역했기 때문이다.

25 아론과 그의 아들 엘르아살을 호르 산으로 데려오너라.

26 아론의 옷을 벗겨서 그의 아들 엘르아살에게 입혀라. 아론은 거기에서 죽어 조상들에게로 돌아갈 것이다."

27 모세는 여호와의 명령에 따랐습니다. 그들은 모든 백성이 지켜보는 가운데 호르 산으로 올라갔습니다

14 • While Moses was at Kadesh, he sent ambassadors to the king of Edom with this message:

"This is what your relatives, the people of Israel, say: You know all the hardships we
15 have been through. • Our ancestors went down to Egypt, and we lived there a long time, and we and our ancestors were bru-
16 tally mistreated by the Egyptians. • But when we cried out to the LORD, he heard us and sent an angel who brought us out of Egypt. Now we are camped at Kadesh, a town on the border of your land.
17 • Please let us travel through your land. We will be careful not to go through your fields and vineyards. We won't even drink water from your wells. We will stay on the king's road and never leave it until we have passed through your territory."

18 • But the king of Edom said, "Stay out of my land, or I will meet you with an army!"
19 • The Israelites answered, "We will stay on the main road. If our livestock drink your water, we will pay for it. Just let us pass through your country. That's all we ask."
20 • But the king of Edom replied, "Stay out! You may not pass through our land." With that he mobilized his army and marched out against them with an imposing force.
21 • Because Edom refused to allow Israel to pass through their country, Israel was forced to turn around.

The Death of Aaron

22 • The whole community of Israel left Kadesh
23 and arrived at Mount Hor. • There, on the border of the land of Edom, the LORD said to
24 Moses and Aaron, • "The time has come for Aaron to join his ancestors in death. He will not enter the land I am giving the people of Israel, because the two of you rebelled against my instructions concerning the
25 water at Meribah. • Now take Aaron and his
26 son Eleazar up Mount Hor. • There you will remove Aaron's priestly garments and put them on Eleazar, his son. Aaron will die there and join his ancestors."
27 • So Moses did as the LORD commanded. The three of them went up Mount Hor together as the whole community watched.

---

ambassador [æmbǽsədər] *n.* 사자, 사절
brutally [brú:tli] *ad.* 잔인하게
hardship [há:rdʃip] *n.* 고난
imposing [impóuziŋ] *a.* 대단한, 당당한
mistreat [mistrí:t] *vt.* 학대하다, 혹사하다
mobilize [móubəlaiz] *vt.* 기동하다

다.

28 모세는 아론의 옷을 벗겨, 그의 아들 엘르아살에게 입혔습니다. 아론은 그 산꼭대기에서 죽었습니다. 모세와 엘르아살은 산에서 내려왔습니다.

29 백성들은 아론이 죽은 것을 알자, 이스라엘 모든 집은 아론을 위해 삼십 일 동안, 슬퍼하며 울었습니다.

가나안과의 전쟁

21 네게브 지방에서 살고 있던 가나안 사람 아랏왕은 이스라엘 백성이 아다림 길로 오고 있다는 소식을 듣고, 그들을 공격하여 그들 가운데 몇 명을 사로잡았습니다.

2 그러자 이스라엘 백성이 여호와께 이렇게 맹세했습니다. "여호와께서 우리를 도우셔서 이 백성을 물리쳐 이기게 해 주시면, 저들의 성을 완전히 멸망시키겠습니다."

3 여호와께서는 이스라엘 백성의 말을 들어주셨습니다. 그래서 이스라엘 백성이 가나안 사람들을 물리쳐 이기게 해 주셨습니다. 이스라엘 백성은 가나안 사람들과 그들의 성을 완전히 멸망시켰습니다. 그래서 그곳의 이름이 호르마*가 되었습니다.

구리뱀

4 이스라엘 백성이 호르 산을 떠나, 홍해로 가는 길을 따라갔습니다. 그 길로 들어선 것은 에돔 나라를 돌아서 가야 했기 때문입니다. 하지만 백성은 참을성이 없어졌습니다.

5 그들은 하나님과 모세를 원망하며 이렇게 말했습니다. "왜 우리를 이집트에서 데리고 나와서, 이 광야에서 죽게 하는 거요? 여기에는 빵도 없고, 물도 없소. 이 형편없는 음식은 이제 지긋지긋하오."

6 그러자 여호와께서 백성에게 독사를 보내셨습니다. 독사가 백성을 물어 많은 사람이 죽었습니다.

7 백성이 모세에게 와서 말했습니다. "우리가 당신과 여호와를 원망함으로 죄를 지었습니다. 여호와께 기도드려서 이 뱀들을 없애 주십시오." 그래서 모세는 백성을 위해 기도드렸습니다.

8 여호와께서 모세에게 말했습니다. "구리뱀을 만들어서 장대에 매달아라. 뱀에 물린 사람은 그것을 쳐다보면 살 것이다."

9 그리하여 모세는 구리뱀을 만들어 장대에 매달았습니다. 뱀에 물린 사람은 누구든지 그것을 쳐다보면 살아났습니다.

모압으로 가는 길

10 이스라엘 백성은 길을 떠나 오봇에 진을 쳤습니다.

11 그들은 또 오봇을 떠나 이예아바림에 진을 쳤습니다. 이예아바림은 모압 동쪽 해 돋는 쪽 광야에 있습니다.

---

28 •At the summit, Moses removed the priestly garments from Aaron and put them on Eleazar, Aaron's son. Then Aaron died there on top of the mountain, and Moses and 29 Eleazar went back down. •When the people realized that Aaron had died, all Israel mourned for him thirty days.

Victory over the Canaanites

21 The Canaanite king of Arad, who lived in the Negev, heard that the Israelites were approaching on the road through Atharim. So he attacked the Israelites and took some of them as prison-2 ers. •Then the people of Israel made this vow to the LORD: "If you will hand these people over to us, we will completely 3 destroy* all their towns." •The LORD heard the Israelites' request and gave them victory over the Canaanites. The Israelites completely destroyed them and their towns, and the place has been called Hormah* ever since.

The Bronze Snake

4 •Then the people of Israel set out from Mount Hor, taking the road to the Red Sea* to go around the land of Edom. But the people grew impatient with the long journey, 5 •and they began to speak against God and Moses. "Why have you brought us out of Egypt to die here in the wilderness?" they complained. "There is nothing to eat here and nothing to drink. And we hate this horrible manna!"

6 •So the LORD sent poisonous snakes among the people, and many were bitten 7 and died. •Then the people came to Moses and cried out, "We have sinned by speaking against the LORD and against you. Pray that the LORD will take away the snakes." So Moses prayed for the people.

8 •Then the LORD told him, "Make a replica of a poisonous snake and attach it to a pole. All who are bitten will live if they sim-9 ply look at it!" •So Moses made a snake out of bronze and attached it to a pole. Then anyone who was bitten by a snake could look at the bronze snake and be healed!

Israel's Journey to Moab

10 •The Israelites traveled next to Oboth and 11 camped there. •Then they went on to Iye-abarim, in the wilderness on the eastern bor-

---

21:2 The Hebrew term used here refers to the complete consecration of things or people to the LORD, either by destroying them or by giving them as an offering; also in 21:3.　21:3 Hormah means "destruction."　21:4 Hebrew sea of reeds.

21:3 '호르마' 는 '완전히 멸한다' 라는 뜻이다.

12 그들은 또 그곳을 떠나 세렛 골짜기에 진을 쳤습니다.

13 그들은 또 그곳을 떠나 아르논 강 건너편에 진을 쳤습니다. 그곳은 아모리 사람들의 땅 바로 안쪽의 광야입니다. 아르논은 모압과 아모리 사람들이 살고 있는 땅의 경계를 이룹니다.

14 그래서 '여호와의 전쟁기'*에도 이런 말이 있습니다. "수바의 와헙과 아르논 골짜기와

15 골짜기의 비탈은 아르 지역으로 뻗어 있고, 모압 경계에 놓여 있다."

16 이스라엘 백성은 그곳을 떠나 브엘*에 이르렀습니다. 브엘에는 샘이 있었는데, 여호와께서는 그 샘에서 모세에게 "백성들을 불러 모아라. 내가 그들에게 물을 주겠다"라고 말씀하셨습니다.

17 그때에 이스라엘 백성이 이런 노래를 불렀습니다. "샘물아, 솟아나라. 샘물을 노래하여라.

18 지도자들이 이 샘을 팠고, 귀한 사람들이 이 우물을 팠다네. 홀과 지팡이로 이 샘을 팠다네." 백성은 광야를 떠나 맛다나에 이르렀습니다.

19 백성은 다시 맛다나를 떠나 나할리엘에 이르렀고, 나할리엘을 떠나서는 바못에 이르렀습니다.

20 백성은 바못을 떠나 모압 골짜기에 이르러, 광야가 내려다보이는 비스가 산 꼭대기에 이르렀습니다.

시혼과 옥

21 이스라엘 백성이 아모리 사람들의 왕 시혼에게 사자들을 보내어 이렇게 말했습니다.

22 "왕의 땅을 지나가는 것을 허락해 주십시오. 우리는 왕의 밭이나 포도밭으로 지나가지도 않겠고, 어떤 우물에서도 물을 마시지 않겠고, 오직 '왕의 길'만을 따라 걷겠습니다. 왕의 땅을 다 지나가기까지는 왼쪽으로도 오른쪽으로도 벗어나지 않겠습니다."

23 그러나 시혼은 이스라엘 백성이 자기 나라를 지나가는 것을 허락하지 않았습니다. 시혼은 군대를 모아 광야로 나와서 이스라엘을 막았습니다. 그들은 야하스에서 이스라엘과 맞서 싸웠습니다.

24 이스라엘은 시혼을 죽이고, 아르논 강에서부터 얍복 강까지 그의 땅을 점령했습니다. 이스라엘은 암몬 사람들의 국경까지 이르렀습니다. 그 국경의 수비는 삼엄하였습니다.

25 이스라엘은 아모리 사람들의 모든 성을 점령하고, 그 성에서 살았습니다. 이스라엘은 헤스본과 그 둘레의 모든 마을을 점령했습니다.

26 헤스본은 아모리 왕 시혼이 살던 성입니다. 시혼

der of Moab. •From there they traveled to the

13 valley of Zered Brook and set up camp. •Then they moved out and camped on the far side of the Arnon River, in the wilderness adjacent to the territory of the Amorites. The Arnon is the boundary line between the Moabites and the

14 Amorites. •For this reason *The Book of the Wars of the LORD* speaks of "the town of Waheb in the area of Suphah, and the ravines of the Arnon

15 River, •and the ravines that extend as far as the settlement of Ar on the border of Moab."

16 •From there the Israelites traveled to Beer,* which is the well where the LORD said to Moses, "Assemble the people, and I will give them

17 water." •There the Israelites sang this song:

"Spring up, O well!
    Yes, sing its praises!

18 • Sing of this well,
    which princes dug,
    which great leaders hollowed out
        with their scepters and staffs."

Then the Israelites left the wilderness and pro-

19 ceeded on through Mattanah, •Nahaliel, and

20 Bamoth. •After that they went to the valley in Moab where Pisgah Peak overlooks the wasteland.*

Victory over Sihon and Og

21 •The Israelites sent ambassadors to King Sihon of the Amorites with this message:

22 • "Let us travel through your land. We will be careful not to go through your fields and vineyards. We won't even drink water from your wells. We will stay on the king's road until we have passed through your territory."

23 •But King Sihon refused to let them cross his territory. Instead, he mobilized his entire army and attacked Israel in the wilderness, engaging

24 them in battle at Jahaz. •But the Israelites slaughtered them with their swords and occupied their land from the Arnon River to the Jabbok River. They went only as far as the Ammonite border because the boundary of the Ammonites was fortified.*

25 •So Israel captured all the towns of the Amorites and settled in them, including the city of Heshbon and its surrounding villages.

26 •Heshbon had been the capital of King Sihon of the Amorites. He had defeated a former

hollow [hálou] *vt.* 파내다

21:16 *Beer* means "well."   21:20 Or *overlooks Jeshimon.*   21:24 Or *because the terrain of the Ammonite frontier was rugged;* Hebrew reads *because the boundary of the Ammonites was strong.*

21:14 고대의 전쟁시를 모은 기록으로 현재는 분실되어 전해지지 않는다.

21:16 '브엘'은 '우물'이란 뜻이다.

은 옛날에 모압 왕과 싸워 아르논까지 모든 땅을 점령했던 왕이었습니다.

27 그래서 시인들은 이렇게 노래했습니다. "오라, 헤스본으로, 성을 지어라. 시혼의 성을 다시 지어라.

28 헤스본에서 불길이 시작되었다네. 시혼의 성에서 불꽃이 타올랐다네. 불꽃이 모압의 아르를 사르고, 아르논의 높은 곳을 삼켰다네.

29 저주받은 모압이여! 그모스의 백성은 망했구나. 그의 아들들은 달아났고, 그의 딸들은 아모리 왕 시혼에게 사로잡혔구나.

30 그러나 우리가 그 아모리 사람들을 물리쳤다네. 우리는 헤스본에서 디본까지 그들의 마을을 멸망시켰다네. 우리는 메드바에서 가까운 노바까지 그들을 쳐부수었다네."

31 이렇게 이스라엘은 아모리 사람들의 땅에서 살았습니다.

32 모세는 정탐꾼들을 야셀 마을로 보냈습니다. 이스라엘은 야셀 주변의 마을들을 점령했습니다. 이스라엘은 그곳에서 살고 있던 아모리 사람들을 쫓아냈습니다.

33 그런 다음에 이스라엘 백성은 바산으로 가는 길로 들어섰습니다. 바산 왕 옥과 그의 군대가 이스라엘을 막으려고 나왔습니다. 그들은 에드레이에서 싸웠습니다.

34 여호와께서 모세에게 말씀하셨습니다. "옥을 두려워하지 마라. 내가 옥과 그의 모든 군대와 그의 땅을 너에게 넘겨줄 것이다. 너는 헤스본에 살던 아모리 왕 시혼에게 한 그대로 옥에게도 하여라."

35 그리하여 이스라엘 백성은 옥과 그의 아들들과 그의 모든 군대를 다 죽이고 한 사람도 살려 두지 않았습니다. 이스라엘 백성은 그의 땅을 점령했습니다.

발람과 발락

22 이스라엘 백성은 길을 떠나 모압 평야로 갔습니다. 그들은 요단 강 가까이, 곧 여리고 건너편에 진을 쳤습니다.

2 십볼의 아들 발락은 이스라엘 백성이 아모리 사람들에게 한 일을 다 보았습니다.

3 모압은 이스라엘 백성을 몹시 두려워했습니다. 그것은 그들의 수가 너무 많았기 때문입니다. 모압은 이스라엘 백성 때문에 겁에 질려 있었습니다.

4 모압 백성이 미디안의 장로들에게 말했습니다. "이 이스라엘 무리들이 마치 소가 풀을 먹어 치우듯이, 우리 둘레의 모든 것을 삼켜 버리고 말 것입니다." 그때, 십볼의 아들 발락은 모압 왕이었습니다.

5 발락은 브돌에 사는 브올의 아들 발람을 부르러 사자들을 보냈습니다. 브돌은 아마우 땅 유프라테스 강가에 있습니다. 발락이 말했습니다. "한 나라가

Moabite king and seized all his land as far as

27 the Arnon River. •Therefore, the ancient poets wrote this about him:

"Come to Heshbon and let it be rebuilt!
    Let the city of Sihon be restored.

28 • A fire flamed forth from Heshbon,
    a blaze from the city of Sihon.
It burned the city of Ar in Moab;
    it destroyed the rulers of the Arnon
    heights.

29 • What sorrow awaits you, O people of
    Moab!
You are finished, O worshipers of
    Chemosh!
Chemosh has left his sons as refugees,
    his daughters as captives of Sihon, the
    Amorite king.

30 • We have utterly destroyed them,
    from Heshbon to Dibon.
We have completely wiped them out
    as far away as Nophah and Medeba.*"

31 •So the people of Israel occupied the terri-
32 tory of the Amorites. •After Moses sent men to explore the Jazer area, they captured all the towns in the region and drove out the
33 Amorites who lived there. •Then they turned and marched up the road to Bashan, but King Og of Bashan and all his people
34 attacked them at Edrei. •The LORD said to Moses, "Do not be afraid of him, for I have handed him over to you, along with all his people and his land. Do the same to him as you did to King Sihon of the Amorites, who
35 ruled in Heshbon." •And Israel killed King Og, his sons, and all his subjects; not a single survivor remained. Then Israel occupied their land.

Balak Sends for Balaam

22 Then the people of Israel traveled to the plains of Moab and camped east of the Jordan River, across from Jericho.
2 •Balak son of Zippor, the Moabite king, had seen everything the Israelites did to the
3 Amorites. •And when the people of Moab saw how many Israelites there were, they
4 were terrified. •The king of Moab said to the elders of Midian, "This mob will devour everything in sight, like an ox devours grass in the field!"

So Balak, king of Moab, •sent messengers to call Balaam son of Beor, who was living in his native land of Pethor* near the Euphrates River.* His message said:

21:30 Or *until fire spread to Medeba.* The meaning of the Hebrew is uncertain.   22:5a Or *who was at Pethor in the land of the Amavites.*   22:5b Hebrew *the river.*

이집트에서 나왔소. 그들은 온 땅을 덮고 있소. 그들은 나와 아주 가까운 곳에 진을 치고 있소.

6 그들은 너무 강해서 나는 이길 수 없소. 그러니 이리 와서 그들을 저주해 주시오. 그러면 내가 그들을 물리치고, 그들을 이곳에서 쫓아낼 수 있을지도 모르겠소. 당신이 누구에게 복을 빌어 주면 그가 복을 받고, 누구를 저주하면 그가 저주를 받는다는 것을 알고 있소."

7 모압과 미디안의 지도자들은 복채를 그들의 손에 가지고 떠났습니다. 그들은 발람을 발견하고, 발락의 말을 그에게 전했습니다.

8 발람이 그들에게 말했습니다. "오늘 밤은 여기에서 지내십시오. 여호와께서 나에게 하시는 말씀을 여러분에게 전해 드리겠습니다." 그래서 모압의 지도자들은 발람과 함께 지냈습니다.

9 하나님께서 발람에게 오셔서 물으셨습니다. "너와 함께 있는 이 사람들은 누구냐?"

10 발람이 하나님께 말씀드렸습니다. "십볼의 아들 모압 왕 발락이 저들을 보내서 저에게 이렇게 말했습니다.

11 '한 나라가 이집트에서 나왔소. 그들은 온 땅을 덮고 있소. 그러니 이리 와서 그들을 저주해 주시오. 그러면 내가 그들을 물리치고, 그들을 이곳에서 쫓아낼 수 있을지도 모르겠소.'"

12 그러자 하나님께서 발람에게 말했습니다. "저들과 함께 가지 마라. 그 백성에게 저주하지 마라. 그들은 복을 받은 백성이다."

13 이튿날 아침 발람은 자리에서 일어나서, 발락이 보낸 지도자들에게 말했습니다. "여러분의 나라로 돌아가십시오. 여호와께서는 내가 여러분과 함께 가는 것을 허락하지 않으셨습니다."

14 그래서 모압의 지도자들은 발락에게 돌아가서, "발람이 우리와 함께 오려 하지 않았습니다" 하고 말했습니다.

15 발락은 다른 지도자들을 보냈습니다. 이번에는 더 높고 더 많은 지도자들을 보냈습니다.

16 그들은 발람에게 가서 말했습니다. "십볼의 아들 발락이 이렇게 말했습니다. '주저하지 말고 나에게로 오시오.

17 내가 충분히 보답을 하겠소. 당신이 원하는 것은 무엇이든 해 주겠소. 와서 이 백성을 저주해 주시오.'"

18 그러나 발람은 발락의 신하들에게 이렇게 대답했습니다. "발락 왕이 은과 금으로 가득 차 있는 그의 집을 준다 해도, 나는 내 하나님이신 여호와의 명령을 어길 수 없습니다.

19 오늘 밤은 전에 왔던 사람들처럼 여기에서 지내

---

6 "Look, a vast horde of people has arrived from Egypt. They cover the face of the earth and are threatening me. •Please come and curse these people for me because they are too powerful for me. Then perhaps I will be able to conquer them and drive them from the land. I know that blessings fall on any people you bless, and curses fall on people you curse."

7 •Balak's messengers, who were elders of Moab and Midian, set out with money to pay Balaam to place a curse upon Israel.* They went to Balaam and delivered Balak's message to him. •"Stay here overnight," Balaam said. "In the morning I will tell you whatever the LORD directs me to say." So the officials from Moab stayed there with Balaam.

9 •That night God came to Balaam and asked him, "Who are these men visiting you?"

10 •Balaam said to God, "Balak son of Zippor, king of Moab, has sent me this message:

11 •'Look, a vast horde of people has arrived from Egypt, and they cover the face of the earth. Come and curse these people for me. Then perhaps I will be able to stand up to them and drive them from the land.'"

12 •But God told Balaam, "Do not go with them. You are not to curse these people, for they have been blessed!"

13 •The next morning Balaam got up and told Balak's officials, "Go on home! The LORD will not let me go with you."

14 •So the Moabite officials returned to King Balak and reported, "Balaam refused to come with us." •Then Balak tried again. This time he sent a larger number of even more distinguished officials than those he had sent the first time. •They went to Balaam and delivered this message to him:

"This is what Balak son of Zippor says: Please don't let anything stop you from coming to help me. •I will pay you very well and do whatever you tell me. Just come and curse these people for me!"

18 •But Balaam responded to Balak's messengers, "Even if Balak were to give me his palace filled with silver and gold, I would be powerless to do anything against the will of the LORD my God. •But stay here one more night,

---

conquer [káŋkər] *vt.* 정복하다
curse [kə́ːrs] *vt.* 저주하다
devour [diváuər] *vt.* 삼켜버리다
distinguished [distíŋgwiʃt] *a.* 뛰어난
horde [hɔ́ːrd] *n.* 무리, 떼거리
refugee [réfjudʒíː] *n.* 도망자

....

22:7 Hebrew *set out with the money of divination in their hand.*

십시오. 여호와께서 무슨 다른 말씀을 하실지 알아보겠습니다."

20 그날 밤, 하나님께서 발람에게 오셔서 말씀하셨습니다. "이 사람들이 너를 부르러 왔다면, 그들을 따라가거라. 그러나 오직 너는 내가 시키는 말만 하여라."

발람과 그의 나귀

21 발람은 이튿날 아침에 일어나 나귀에 안장을 얹었고, 모압의 지도자들과 함께 길을 떠났습니다.

22 그러나 하나님께서는 발람이 길을 떠난 것 때문에 화가 나셨습니다. 여호와의 천사가 발람이 가는 길에 서서 발람을 가로막았습니다. 그때, 발람은 나귀를 타고 있었습니다. 그리고 발람에게는 종 두 사람이 함께 있었습니다.

23 나귀는 여호와의 천사가 길을 가로막고 서 있는 모습을 보았습니다. 천사는 손에 칼을 들고 있었습니다. 나귀가 길을 벗어나 밭으로 들어가자, 발람이 나귀를 때려 억지로 길로 들어서게 했습니다.

24 얼마 후에 여호와의 천사가 두 포도밭 사이에 있는 좁은 길을 가로막고 섰습니다. 길 양쪽에는 담이 있었습니다.

25 이번에도 나귀가 여호와의 천사를 보았습니다. 그래서 나귀는 담에 바짝 붙어서 걸었습니다. 그 때문에 발람의 발이 담에 닿아 긁혔습니다. 발람이 또 나귀를 때렸습니다.

26 여호와의 천사가 다시 앞으로 나가서 좁은 길을 가로막고 섰습니다. 너무 좁은 길이라 왼쪽으로도, 오른쪽으로도 피할 수가 없었습니다.

27 나귀는 여호와의 천사를 보고 발람을 태운 채 주저앉았습니다. 발람은 너무 화가 나서 지팡이로 나귀를 후려쳤습니다.

28 그때에 여호와께서 나귀의 입을 열게 하셨습니다. 나귀가 발람에게 말했습니다. "내가 무슨 일을 했기에 이렇게 세 번씩이나 때리시는 겁니까?"

29 발람이 나귀에게 대답했습니다. "그것은 네가 나를 놀림감으로 만들었기 때문이다. 내가 칼을 가지고 있었다면 당장 너를 죽여 버렸을 것이다."

30 그러자 나귀가 발람에게 말했습니다. "나는 주인님의 나귀입니다. 주인님은 오랫동안 나를 타셨습니다. 내가 언제 지금처럼 행동한 적이 있었습니까?" 발람이 말했습니다. "없었다."

31 그때에 여호와께서 발람의 눈을 열어 천사를 보게 하셨습니다. 여호와의 천사가 칼을 빼들고 길에 서 있었습니다. 그 모습을 보고 발람은 땅에 엎드렸습니다.

32 여호와의 천사가 발람에게 물었습니다. "너는 왜 네 나귀를 세 번이나 쳤느냐? 네가 하는 일이 악하기에, 내가 너를 막으려고 여기에 온 것이다.

and I will see if the LORD has anything else to say to me."

20 • That night God came to Balaam and told him, "Since these men have come for you, get up and go with them. But do only what I tell you to do."

Balaam and His Donkey

21 • So the next morning Balaam got up, saddled his donkey, and started off with the Moabite officials. • But God was angry that

22 Balaam was going, so he sent the angel of the LORD to stand in the road to block his way. As Balaam and two servants were rid-

23 ing along, • Balaam's donkey saw the angel of the LORD standing in the road with a drawn sword in his hand. The donkey bolted off the road into a field, but Balaam beat it and turned it back onto the

24 road. • Then the angel of the LORD stood at a place where the road narrowed between

25 two vineyard walls. • When the donkey saw the angel of the LORD, it tried to squeeze by and crushed Balaam's foot against the wall. So Balaam beat the don-

26 key again. • Then the angel of the LORD moved farther down the road and stood in a place too narrow for the donkey to get by

27 at all. • This time when the donkey saw the angel, it lay down under Balaam. In a fit of rage Balaam beat the animal again

28 with his staff. • Then the LORD gave the donkey the ability to speak. "What have I done to you that deserves your beating me three times?" it asked Balaam.

29 • "You have made me look like a fool!" Balaam shouted. "If I had a sword with me, I would kill you!"

30 • "But I am the same donkey you have ridden all your life," the donkey answered. "Have I ever done anything like this before?"

"No," Balaam admitted.

31 • Then the LORD opened Balaam's eyes, and he saw the angel of the LORD standing in the roadway with a drawn sword in his hand. Balaam bowed his head and fell face down on the ground before him.

32 • "Why did you beat your donkey those three times?" the angel of the LORD demanded. "Look, I have come to block your way because you are stubbornly resisting

---

deserve [dizɔ́rv] vt. …할 만하다
saddle [sǽdl] vt. 안장을 지우다
stubbornly [stʌ́bərnli] ad. 완강하게
22:23 bolt off… : …에서 뛰어나가다
22:25 squeeze by : 비집고 나아가다
22:27 in a fit of rage : 버럭 화가 치밀어 올라

33 나귀가 나를 보고 나에게서 세 번 비켜섰다. 만약 나귀가 비켜서지 않았다면, 내가 당장 너를 죽이고 나귀는 살려 주었을 것이다."

34 발람이 여호와의 천사에게 말했습니다. "제가 죄를 지었습니다. 저는 당신께서 제 길을 가로막고 계신 줄을 몰랐습니다. 제가 잘못된 길을 가고 있는 것이라면 다시 돌아가겠습니다."

35 여호와의 천사가 발람에게 말했습니다. "이 사람들과 함께 가거라. 그러나 오직 내가 너에게 시키는 말만 하여라." 그리하여 발람은 발락이 보낸 지도자들과 함께 갔습니다.

36 발락은 발람이 오고 있다는 말을 듣고 그를 맞으러 모압 땅 아르로 갔습니다. 아르는 아르논 강가, 곧 그 나라의 국경에 있는 마을입니다.

37 발락이 발람에게 말했습니다. "빨리 좀 와 달라고 했는데 왜 오지 않았소? 당신에게 충분히 보답을 해 주지 못할 것 같소?"

38 발람이 대답했습니다. "이렇게 왕에게 오지 않았습니까? 하지만 내 마음대로 아무 말이나 할 수 없습니다. 나는 오직 하나님께서 나에게 하라고 하신 말만 할 수 있습니다."

39 발람은 발락과 함께 기럇후솟으로 갔습니다.

40 발락은 소와 양을 잡아서 발람과 발람을 데려온 지도자들을 대접해 주었습니다.

41 이튿날 아침, 발락은 발람을 데리고 바알 산당*으로 갔습니다. 발람은 거기에서 이스라엘 진의 끝부분을 볼 수 있었습니다.

발람의 첫 번째 예언

23 발람이 말했습니다. "여기에 제단 일곱을 쌓아 주십시오. 그리고 수송아지 일곱 마리와 숫양 일곱 마리를 준비해 주십시오."

2 발락은 발람이 말한 대로 했습니다. 발락과 발람은 각 제단 위에 수송아지와 숫양을 한 마리씩 바쳤습니다.

3 발람이 발락에게 말했습니다. "왕은 왕의 번제물 곁에서 계십시오. 나는 저쪽으로 가겠습니다. 어쩌면 여호와께서 나에게 오실지도 모릅니다. 여호와께서 나에게 무엇을 보여 주시든 그것을 왕에게 알려 드리겠습니다." 그런 다음에 발람은 더 높은 곳으로 갔습니다.

4 하나님께서 발람에게 나타나셨습니다. 발람이 하나님께 말씀드렸습니다. "저는 제단 일곱을 준비했습니다. 그리고 각 제단 위에 수송아지와 숫양을 한 마리씩 바쳤습니다."

5 여호와께서 발람에게 말해야 할 것을 일러 주셨습니다. 그리고 발람에게 말씀하셨습니다. "발락에게로 돌아가서 이렇게 말하여라."

33 me. •Three times the donkey saw me and shied away; otherwise, I would certainly have killed you by now and spared the donkey."

34 •Then Balaam confessed to the angel of the LORD, "I have sinned. I didn't realize you were standing in the road to block my way. I will return home if you are against my going."

35 •But the angel of the LORD told Balaam, "Go with these men, but say only what I tell you to say." So Balaam went on with Balak's

36 officials. •When King Balak heard that Balaam was on the way, he went out to meet him at a Moabite town on the Arnon River at the farthest border of his land.

37 •"Didn't I send you an urgent invitation? Why didn't you come right away?" Balak asked Balaam. "Didn't you believe me when I said I would reward you richly?"

38 •Balaam replied, "Look, now I have come, but I have no power to say whatever I want. I will speak only the message that God

39 puts in my mouth." •Then Balaam accom-

40 panied Balak to Kiriath-huzoth, •where the king sacrificed cattle and sheep. He sent portions of the meat to Balaam and the officials

41 who were with him. •The next morning Balak took Balaam up to Bamoth-baal. From there he could see some of the people of Israel spread out below him.

Balaam Blesses Israel

23 Then Balaam said to King Balak, "Build me seven altars here, and prepare seven young bulls and seven rams for

2 me to sacrifice." •Balak followed his instructions, and the two of them sacrificed a young bull and a ram on each altar.

3 •Then Balaam said to Balak, "Stand here by your burnt offerings, and I will go to see if the LORD will respond to me. Then I will tell you whatever he reveals to me." So Balaam

4 went alone to the top of a bare hill, •and God met him there. Balaam said to him, "I have prepared seven altars and have sacrificed a young bull and a ram on each altar."

5 •The LORD gave Balaam a message for King Balak. Then he said, "Go back to Balak

---

altar [ɔ́ːltər] *n.* 제단
confess [kənfés] *vi.* 죄를 고백하다
reveal [riví:l] *vt.* 계시하다
reward [riwɔ́ːrd] *vt.* 보답하다
sacrifice [sǽkrəfàis] *vt.* 산 제물을 바치다
spare [spéər] *vt.* 살려두다
urgent [ɔ́ːrdʒənt] *a.* 긴급한
22:33 shy away : 꽁무니 빼다
22:34 block one's way : …의 길을 막다

22:41 '바알 산당'은 '바못-바알 산'이라고도 한다.

6 그래서 발람은 발락에게로 돌아갔습니다. 발락과 모압의 모든 지도자들이 아직도 발락이 바친 태워 바치는 제물인 번제물 곁에 서 있었습니다.

7 그때, 발람이 이런 말을 전했습니다. "발락이 나를 아람에서 이곳으로 데려왔구나. 모압 왕이 나를 동쪽 산악 지대에서 데려왔구나. 발락은 '와서 야곱 백성을 저주해 다오. 와서 이스라엘 백성을 꾸짖어 다오' 라고 말하는구나.

8 그러나 하나님께서 그들을 저주하지 않으셨는데, 내가 어찌 그들을 저주할 수 있으랴! 여호와께서 꾸 짖지 않으셨는데, 내가 어찌 꾸짖을 수 있으랴!

9 바위 꼭대기에서 그들을 보고, 언덕에서 그들을 보노라. 그들은 홀로 사는 백성이요, 다른 나라들과는 다르다고 생각하는 백성이다.

10 누구도 야곱 백성의 수를 헤아릴 수 없으며, 누구도 이스라엘 백성 중 사분의 일이라도 셀 수 없다. 나는 정직한 사람처럼 죽기를 바라며, 나는 이스라엘 백성처럼 죽기를 바란다."

11 그러자 발락이 발람에게 말했습니다. "이게 도대체 무슨 짓이오? 내 원수들을 저주하라고 데려왔더니, 그들을 축복하지 않았소?"

12 발람이 대답했습니다. "나는 여호와께서 하라고 하신 말씀만을 할 따름입니다."

발람의 두 번째 예언

13 발락이 발람에게 말했습니다. "나와 함께 다른 곳으로 갑시다. 그곳에서도 저 백성을 볼 수 있을 것이오. 하지만 전부는 보이지 않고 일부만 보일 것이오. 그러니 그곳에서 저 백성을 저주해 주시오."

14 발락은 발람을 소빔 들판, 곧 비스가 산 꼭대기로 데려갔습니다. 발락은 그곳에 일곱 제단을 쌓았습니다. 그리고 각 제단 위에 수송아지와 숫양 한 마리씩을 바쳤습니다.

15 발람이 발락에게 말했습니다. "왕은 왕의 번제물 곁에서 계십시오. 나는 저쪽에서 여호와를 만나 뵙겠습니다."

16 여호와께서 발람에게 오셔서 발람에게 해야 할 말을 일러 주셨습니다. 그리고 발람에게 말씀하셨습니다. "발락에게로 돌아가서 이렇게 말하여라."

17 발람이 발락에게 돌아가 보니, 발락과 모압의 모든 지도자들이 아직도 발락이 바친 번제물 곁에 서 있었습니다. 발락이 발람에게 물었습니다. "여호와께서 뭐라고 말씀하셨소?"

18 발람이 이런 말을 했습니다. "발락이여, 일어나서 들어라. 십볼의 아들이여, 내 말을 들어라.

19 하나님은 사람이 아니시니, 거짓말을 하지 않으신다. 하나님은 인간이 아니시니, 마음을 바꾸지 않으신다. 하나님은 말씀하신 것은 이루시며, 약속하신

---

6 • So Balaam returned and found the king standing beside his burnt offerings with all 7 the officials of Moab. • This was the message Balaam delivered:

> "Balak summoned me to come from Aram;
> the king of Moab brought me from
> the eastern hills.
> 'Come,' he said, 'curse Jacob for me!
> Come and announce Israel's doom.'

8 • But how can I curse those
> whom God has not cursed?
> How can I condemn those
> whom the LORD has not condemned?

9 • I see them from the cliff tops;
> I watch them from the hills.
> I see a people who live by themselves,
> set apart from other nations.

10 • Who can count Jacob's descendants, as
> numerous as dust?
> Who can count even a fourth of
> Israel's people?
> Let me die like the righteous;
> let my life end like theirs."

11 • Then King Balak demanded of Balaam, "What have you done to me? I brought you to curse my enemies. Instead, you have blessed them!"

12 • But Balaam replied, "I will speak only the message that the LORD puts in my mouth."

Balaam's Second Message

13 • Then King Balak told him, "Come with me to another place. There you will see another part of the nation of Israel, but not 14 all of them. Curse at least that many!" • So Balak took Balaam to the plateau of Zophim on Pisgah Peak. He built seven altars there and offered a young bull and a ram on each altar.

15 • Then Balaam said to the king, "Stand here by your burnt offerings while I go over there to meet the LORD."

16 • And the LORD met Balaam and gave him a message. Then he said, "Go back to Balak and give him my message."

17 • So Balaam returned and found the king standing beside his burnt offerings with all the officials of Moab. "What did the LORD say?" Balak asked eagerly.

18 • This was the message Balaam delivered:

> "Rise up, Balak, and listen!
> Hear me, son of Zippor.

19 • God is not a man, so he does not lie.
> He is not human, so he does not change
> his mind.
> Has he ever spoken and failed to act?
> Has he ever promised and not carried

것은 지키신다.

20 하나님께서 나에게 저들을 축복하라고 말씀하셨으니, 내가 그것을 바꿀 수 없다.

21 하나님께서는 야곱 백성에게서 아무런 잘못도 찾지 못하셨고, 이스라엘에게서 아무런 죄도 찾지 못하셨다네. 그들의 하나님이신 여호와께서 그들과 함께하시니, 그들이 자기들의 왕을 찬양할 것이다.

22 하나님께서는 그들을 이집트에서 인도해 내셨고, 그들을 위해 들소처럼 강하게 싸우신다네.

23 야곱 백성에게는 어떤 마법도 통하지 않고, 이스라엘에게는 어떤 주술도 통하지 않을 것이다. 이제는 백성들이 야곱과 이스라엘에 관해 '하나님께서 하신 일을 보아라!' 하고 말할 것이다.

24 그 백성은 암사자처럼 일어나고, 그들은 사자처럼 몸을 일으킨다네. 사자는 먹이를 삼키기 전에는, 먹이의 피를 마시기 전에는, 눕지 않는구나."

25 발락이 발람에게 말했습니다. "이 백성을 저주하지도 말고, 축복하지도 마시오."

26 발람이 발락에게 말했습니다. "전에도 말했듯이 나는 여호와께서 말하라고 하신 것만 말할 수 있습니다."

발람의 세 번째 예언

27 발락이 발람에게 말했습니다. "자, 또 다른 곳으로 가 보십시다. 어쩌면 그곳에서는 나를 위해 저들을 저주하는 것을 하나님께서 기뻐하실지도 모르오."

28 발락은 발람을 데리고 광야가 내려다보이는 브올산 꼭대기로 갔습니다.

29 발람이 발락에게 말했습니다. "여기에 제단 일곱을 쌓으십시오. 그리고 수송아지 일곱 마리와 숫양 일곱 마리를 준비하십시오."

30 발락은 발람이 말한 대로 했습니다. 발락은 각 제단 위에 수송아지와 숫양을 한 마리씩 바쳤습니다.

24 발람은 여호와께서 이스라엘에게 복 주시기를 원하신다는 것을 알았습니다. 그래서 발람은 전과 같이 마술을 쓰려 하지 않고 대신 광야쪽으로 얼굴을 돌렸습니다.

2 발람은 이스라엘 백성이 지파별로 진을 치고 있는 모습을 보았습니다. 그때, 하나님의 영이 그에게 들어갔습니다.

3 발람이 이런 말을 했습니다. "브올의 아들 발람이라. 눈이 열린 사람의 말이라.

4 하나님의 말씀을 들은 사람의 말이라. 나는 전능하신 분에게서 환상을 보았고, 그분 앞에 엎드릴 때, 내 눈이 열렸도다.

---

it through?

20 • Listen, I received a command to bless;
     God has blessed, and I cannot reverse it!

21 • No misfortune is in his plan for Jacob;
     no trouble is in store for Israel.
  For the LORD their God is with them;
     he has been proclaimed their king.

22 • God brought them out of Egypt;
     for them he is as strong as a wild ox.

23 • No curse can touch Jacob;
     no magic has any power against Israel.
  For now it will be said of Jacob,
     'What wonders God has done for Israel!'

24 • These people rise up like a lioness,
     like a majestic lion rousing itself.
  They refuse to rest
     until they have feasted on prey,
     drinking the blood of the slaughtered!"

25 •Then Balak said to Balaam, "Fine, but if you won't curse them, at least don't bless them!"

26 •But Balaam replied to Balak, "Didn't I tell you that I can do only what the LORD tells me?"

Balaam's Third Message

27 •Then King Balak said to Balaam, "Come, I will take you to one more place. Perhaps it will please God to let you curse them from there."

28 •So Balak took Balaam to the top of Mount Peor, overlooking the wasteland.* •Balaam again told Balak, "Build me seven altars, and prepare seven young bulls and seven rams for me to sacrifice." •So Balak did as Balaam ordered and offered a young bull and a ram on each altar.

24 By now Balaam realized that the LORD was determined to bless Israel, so he did not resort to divination as before. Instead, he turned and looked out toward the wilderness, 2 •where he saw the people of Israel camped, tribe by tribe. Then the Spirit of God came 3 upon him, •and this is the message he delivered:

"This is the message of Balaam son of Beor,
  the message of the man whose eyes see clearly,
4 • the message of one who hears the words of God,
  who sees a vision from the Almighty,
  who bows down with eyes wide open:

---

condemn [kəndém] *vt.* 책망하다
divination [dìvənéiʃən] *n.* 점, 점괘
plateau [plætóu] *n.* 고원 지대
resort [rizɔ́ːrt] *vi.* 의지하다, 힘을 빌다
reverse [rivə́ːrs] *vt.* 돌이키다

23:24 **rouse itself** : 기운을 차리다

- -

23:28 Or *overlooking Jeshimon.*

5 야곱 백성아, 너희의 장막은 아름답고, 이스라엘아, 너희의 집은 아름답구나.

6 너희의 장막은 골짜기처럼 펼쳐졌고, 강가의 동산 같구나. 여호와께서 심으신 침향목 같고, 물가에서 자라는 백향목 같구나.

7 이스라엘의 물통은 언제나 가득 찰 것이며, 이스라엘의 씨는 물을 가득 머금으리라. 그들의 왕은 아각보다 위대하고, 그들의 나라는 매우 큰 나라가 될 것이다.

8 하나님께서는 그들을 이집트에서 인도하셨고, 그에게는 들소의 뿔과 같은 힘이 있다네. 그는 원수를 물리칠 것이며, 원수의 뼈를 꺾을 것이고, 활로 몸을 꿰뚫을 것이다.

9 사자처럼 웅크리고 있으니, 누가 과연 잠자는 사자를 깨울 수 있으랴? 너를 축복하는 사람마다 복을 받을 것이요, 너를 저주하는 사람마다 저주를 받을 것이라."

10 그러자 발락이 발람에게 화를 냈습니다. 발락은 주먹을 쥐고 발람에게 말했습니다. "내 원수들을 저주해 달라고 불렀더니, 당신은 오히려 세 번이나 축복해 주었소.

11 이제는 돌아가시오, 당신에게 보수를 충분히 주겠다고 말했지만, 여호와께서 당신이 보수를 받는 것을 막으셨소."

12 그러자 발람이 발락에게 말했습니다. "왕이 나에게 보냈던 사람들에게도 내가 말하지 않았습니까?

13 '발락이 은과 금으로 가득 찬 그의 집을 내게 준다 해도, 나는 좋은 일이든 나쁜 일이든 어떤 일도 내 마음대로 할 수 없습니다. 나는 여호와께서 말씀하신 것만 말해야 합니다' 라고 말하지 않았습니까?

14 나는 이제 내 백성에게로 돌아가겠습니다. 하지만 이 백성이 장차 왕의 백성에게 무슨 일을 할지 말씀드리겠습니다."

발람의 마지막 예언

15 발람이 이런 말을 했습니다. "브올의 아들 발람의 말이라. 눈이 열린 사람의 말이라.

16 하나님의 말씀을 듣는 사람의 말이라. 나는 가장 높으신 하나님을 안다. 나는 전능하신 분에게서 환상을 보았고, 그분 앞에 엎드릴 때 내 눈이 열렸도다.

17 나는 언젠가 오실 분의 모습을 보는도다. 그러나 당장 오실 분은 아니다. 야곱에게서 별이 나오고, 이스라엘에게서 다스리는 자*가 나올 것이다. 그는 모압 백성의 이마를 깨뜨릴 것이고, 셋 자손의 해골을 부술 것이다.

5 ● How beautiful are your tents, O Jacob;
　　how lovely are your homes, O Israel!
6 ● They spread before me like palm groves,*
　　like gardens by the riverside.
　　They are like tall trees planted by the LORD,
　　like cedars beside the waters.
7 ● Water will flow from their buckets;
　　their offspring have all they need.
　　Their king will be greater than Agag;
　　their kingdom will be exalted.
8 ● God brought them out of Egypt;
　　for them he is as strong as a wild ox.
　　He devours all the nations that oppose him,
　　breaking their bones in pieces,
　　shooting them with arrows.
9 ● Like a lion, Israel crouches and lies down;
　　like a lioness, who dares to arouse her?
　　Blessed is everyone who blesses you, O Israel,
　　and cursed is everyone who curses you."

10 　● King Balak flew into a rage against Balaam. He angrily clapped his hands and shouted, "I called you to curse my enemies! Instead, you have blessed them three times.
11 ● Now get out of here! Go back home! I promised to reward you richly, but the LORD has kept you from your reward."
12 　● Balaam told Balak, "Don't you remember
13 what I told your messengers? I said, ● 'Even if Balak were to give me his palace filled with silver and gold, I would be powerless to do anything against the will of the LORD.' I told you that I could say only what the LORD says!
14 ● Now I am returning to my own people. But first let me tell you what the Israelites will do to your people in the future."

Balaam's Final Messages

15 ● This is the message Balaam delivered:

　　"This is the message of Balaam son of Beor,
　　　the message of the man whose eyes see
　　　　clearly,
16 ● the message of one who hears the words of
　　　God,
　　who has knowledge from the Most High,
　　who sees a vision from the Almighty,
　　who bows down with eyes wide open:
17 ● I see him, but not here and now.
　　I perceive him, but far in the distant future.
　　A star will rise from Jacob;
　　　a scepter will emerge from Israel.
　　It will crush the heads of Moab's people,
　　　cracking the skulls* of the people of Sheth.
18 ● Edom will be taken over,
　　　and Seir, its enemy, will be conquered,
　　while Israel marches on in triumph.

24:6 Or *like a majestic valley.*　**24:17** As in Samaritan Pentateuch; the meaning of the Hebrew word is uncertain.

24:17 개역 성경에는 '한 홀' 이라고 표기되어 있다.

18 에돔은 정복될 것이다. 그의 원수 세일도 정복될 것이다. 하지만 이스라엘은 힘을 떨칠 것이다.

19 야곱 자손에게서 한 통치자가 나올 것이며, 성에 남아 있는 사람을 멸망시킬 것이다."

20 발람은 아말렉을 보고 이런 말을 했습니다. "아말렉은 으뜸가는 나라였으나, 마침내 멸망할 것이다."

21 발람은 가인 자손*을 보고 이런 말을 했습니다. "너의 집은 든든하고, 너희 보금자리는 바위 안에 있도다.

22 하지만 너희 가인 자손은 쇠약해질 것이며, 앗시리아가 너희를 포로로 잡아갈 것이다."

23 발람은 또 이런 말을 했습니다. "하나님께서 이 일을 하실 때는 아무도 살지 못하리라.

24 키프로스* 바닷가에서 배들이 와서, 앗시리아와 에벨을 물리쳐 이길 것이다. 그러나 그들도 역시 망할 것이다."

25 이 말을 하고 발람은 자리에서 일어나 집으로 돌아갔습니다. 발락도 자기 갈 길로 갔습니다.

죄를 짓는 이스라엘 백성

25 이스라엘 백성이 싯딤에 진을 치고 있을 때였습니다. 이스라엘 백성이 모압 여자들과 성관계를 맺음으로 죄를 짓기 시작했습니다.

2 모압 여자들이 거짓 신들을 섬기는 제사에 이스라엘 백성을 초대했습니다. 그래서 이스라엘 백성은 거기에서 음식을 먹으며, 그 신들에게 예배했습니다.

3 이처럼 이스라엘 백성이 바알브올을 예배하기 시작했습니다. 그래서 여호와께서 이스라엘 백성에게 크게 노하셨습니다.

4 여호와께서 모세에게 말씀하셨습니다. "백성의 지도자들을 불러 모아라. 그리고 그들을 여호와 앞에서 대낮에 죽여라. 그래야 여호와께서 이스라엘 백성에게 노하지 않으실 것이다."

5 모세가 이스라엘의 재판관들에게 말했습니다. "그대들 각 사람은 바알브올에게 예배한 사람들을 잡아 죽이시오."

6 이스라엘 백성은 회막 입구에 모여서 울부짖었습니다. 그때에 어떤 이스라엘 사람이 한 미디안 여자를 자기 집으로 데리고 들어갔습니다. 모세와 이스라엘 모든 무리가 그 모습을 보았습니다.

7 엘르아살의 아들이며, 아론의 손자인 비느하스도 그 모습을 보고 자리에서 일어나 무리를 떠났습니다. 그는 손에 창을 들었습니다.

19 • A ruler will rise in Jacob
who will destroy the survivors of Ir."

20 •Then Balaam looked over toward the people of Amalek and delivered this message:

"Amalek was the greatest of nations,
but its destiny is destruction!"

21 •Then he looked over toward the Kenites and delivered this message:

"Your home is secure;
your nest is set in the rocks.

22 • But the Kenites will be destroyed
when Assyria* takes you captive."

23 •Balaam concluded his messages by saying:

"Alas, who can survive
unless God has willed it?

24 • Ships will come from the coasts of Cyprus*;
they will oppress Assyria and afflict Eber,
but they, too, will be utterly destroyed."

25 •Then Balaam left and returned home, and Balak also went on his way.

Moab Seduces Israel

25 While the Israelites were camped at Acacia Grove,* some of the men defiled themselves by having* sexual relations with 2 local Moabite women. •These women invited them to attend sacrifices to their gods, so the Israelites feasted with them and worshiped the 3 gods of Moab. •In this way, Israel joined in the worship of Baal of Peor, causing the LORD's anger to blaze against his people.

4 •The LORD issued the following command to Moses: "Seize all the ringleaders and execute them before the LORD in broad daylight, so his fierce anger will turn away from the people of Israel."

5 •So Moses ordered Israel's judges, "Each of you must put to death the men under your authority who have joined in worshiping Baal of Peor."

6 •Just then one of the Israelite men brought a Midianite woman into his tent, right before the eyes of Moses and all the people, as everyone was weeping at the entrance of the 7 Tabernacle.* •When Phinehas son of Eleazar and grandson of Aaron the priest saw this, he jumped up and left the assembly. He took a 8 spear •and rushed after the man into his tent. Phinehas thrust the spear all the way through the man's body and into the woman's stom-

---

24:22 Hebrew *Asshur;* also in 24:24. 24:24 Hebrew *Kittim.* 25:1a Hebrew *Shittim.* 25:1b As in Greek version; Hebrew reads *some of the men began having.* 25:6 Hebrew *the Tent of Meeting.*
24:21 '켄 자손'을 말한다.
24:24 개역 성경에는 (히) '깃딤'이라고 표기되어 있다.

8 그는 그 이스라엘 사람의 뒤를 좇아 장막까지 따라 들어갔습니다. 그리고 창으로 이스라엘 남자와 미디안 여자를 찔렀습니다. 그러자 이스라엘 백성 가운데 있었던 끔찍한 병이 멈추었습니다.

9 그 병으로 죽은 백성은 모두 이만 사천 명이었습니다.

10 여호와께서 모세에게 말씀하셨습니다.

11 "엘르아살의 아들이며, 아론의 손자인 비느하스가 나의 분노로부터 이스라엘 백성을 구해 냈도다. 비느하스는 타오르던 나의 분노를 달랬도다. 그러므로 나는 백성을 죽이지 않을 것이다.

12 그리고 비느하스에게 내가 나의 평화의 언약을 그와 맺겠다고 일러라.

13 비느하스와 그의 모든 자손에게 영원한 언약을 주어, 그들이 영원히 제사장이 되게 할 것이다. 그가 자기 하나님을 위해 분노했기 때문이다. 그리하여 그는 이스라엘 백성의 죄를 가리워 주었다."

14 미디안 여자와 함께 죽임을 당한 이스라엘 사람의 이름은 살루의 아들 시므리입니다. 시므리는 시므온 지파에 속한 한 집안의 어른입니다.

15 그리고 죽임을 당한 미디안 여자의 이름은 수르의 딸 고스비입니다. 수르는 미디안에 속한 한 집안의 우두머리입니다.

16 여호와께서 모세에게 말씀하셨습니다.

17 "미디안 백성을 대적하여라. 그리고 그들을 죽여라.

18 그들은 브올에서 너희를 속였고, 미디안의 한 우두머리의 딸인 고스비의 일로 너희를 괴롭혔도다. 고스비는 이스라엘 백성이 브올에서 지은 죄로 말미암아 병이 퍼졌을 때 창에 찔려 죽은 여자이다."

백성의 수를 세다

26 끔찍한 병이 있은 후, 여호와께서 모세와 제사장 아론의 아들 엘르아살에게 말씀하셨습니다.

2 "이스라엘 모든 백성을 집안별로 세어라. 스무 살 이상 된 남자로서 군대에서 일할 사람의 수를 다 세어라."

3 이스라엘 백성은 요단 강에서 가까운 모압 평야, 곧 여리고 건너편에 있었습니다. 모세와 엘르아살이 백성에게 말했습니다.

4 "여호와께서 모세에게 명령하신 대로 스무 살 이상 된 남자의 수를 세시오." 이집트에서 나온 이스라엘 백성은 이러합니다.

5 이스라엘의 맏아들은 르우벤입니다. 하녹에게서 난 하녹 집안, 발루에게서 난 발루 집안,

6 헤스론에게서 난 헤스론 집안, 갈미에게서 난 갈

ach. So the plague against the Israelites was 9 stopped, • but not before 24,000 people had died.

10-11 • Then the LORD said to Moses, • "Phinehas son of Eleazar and grandson of Aaron the priest has turned my anger away from the Israelites by being as zealous among them as I 12 was. So I stopped destroying all Israel as I had intended to do in my zealous anger. • Now tell 13 him that I am making my special covenant of peace with him. • In this covenant, I give him and his descendants a permanent right to the priesthood, for in his zeal for me, his God, he purified the people of Israel, making them right with me.*"

14 • The Israelite man killed with the Midianite woman was named Zimri son of Salu, the leader of a family from the tribe of 15 Simeon. • The woman's name was Cozbi; she was the daughter of Zur, the leader of a Midianite clan.

16-17 • Then the LORD said to Moses, • "Attack 18 the Midianites and destroy them, • because they assaulted you with deceit and tricked you into worshiping Baal of Peor, and because of Cozbi, the daughter of a Midianite leader, who was killed at the time of the plague because of what happened at Peor."

The Second Registration of Israel's Troops

26 After the plague had ended,* the LORD said to Moses and to Eleazar son of 2 Aaron the priest, • "From the whole community of Israel, record the names of all the warriors by their families. List all the men twenty years old or older who are able to go to war."

3 • So there on the plains of Moab beside the Jordan River, across from Jericho, Moses and Eleazar the priest issued these instructions to 4 the leaders of Israel: • "List all the men of Israel twenty years old and older, just as the LORD commanded Moses."

This is the record of all the descendants of Israel who came out of Egypt.

The Tribe of Reuben

5 • These were the clans descended from the sons of Reuben, Jacob's* oldest son:
The Hanochite clan, named after their ancestor Hanoch.
The Palluite clan, named after their ancestor Pallu.
6 • The Hezronite clan, named after their ancestor Hezron.
The Carmite clan, named after their ancestor

25:13 Or *he made atonement for the people of Israel.* 26:1 The initial phrase in verse 26:1 is numbered 25:19 in Hebrew text. 26:5 Hebrew *Israel's;* see note on 1:20-21b.

미 집안,

7 이들이 르우벤의 집안입니다. 그 수는 모두 사만 삼천칠백삼십 명입니다.

8 발루의 아들은 엘리압입니다.

9 엘리압의 아들은 느무엘과 다단과 아비람입니다. 다단과 아비람은 모세와 아론에게 반역했던 지도자들입니다. 그들은 고라와 함께 여호와께 반역한 사람들입니다.

10 땅이 입을 벌려 그들과 고라를 삼켜 버렸습니다. 그들은 불이 이백오십 명을 태웠을 때 죽었습니다. 그것은 경고였습니다.

11 그러나 고라의 자손은 죽지 않았습니다.

12 시므온의 자손은 집안별로 이러합니다. 느무엘에게서 난 느무엘 집안, 야민에게서 난 야민 집안, 야긴에게서 난 야긴 집안,

13 세라에게서 난 세라 집안, 사울에게서 난 사울 집안이니,

14 이들이 시므온의 집안입니다. 그 수는 모두 이만 이천이백 명입니다.

15 갓의 자손은 집안별로 이러합니다. 스본에게서 난 스본 집안, 학기에게서 난 학기 집안, 수니에게서 난 수니 집안,

16 오스니에게서 난 오스니 집안, 에리에게서 난 에리 집안,

17 아롯에게서 난 아롯 집안, 아렐리에게서 난 아렐리 집안이니,

18 이들이 갓의 집안입니다. 그 수는 모두 사만 오백 명입니다.

19 유다의 두 아들 에르와 오난은 가나안에서 죽었습니다.

20 유다의 자손은 집안별로 이러합니다. 셀라에게서 난 셀라 집안, 베레스에게서 난 베레스 집안, 세라에게서 난 세라 집안이며,

---

Carmi.

7 • These were the clans of Reuben. Their registered troops numbered 43,730.

8-9 • Pallu was the ancestor of Eliab, • and Eliab was the father of Nemuel, Dathan, and Abiram. This Dathan and Abiram are the same community leaders who conspired with Korah against Moses and 10 Aaron, rebelling against the LORD. • But the earth opened up its mouth and swallowed them with Korah, and fire devoured 250 of their followers. This served as a warning to the entire nation of Israel.

11 • However, the sons of Korah did not die that day.

The Tribe of Simeon

12 • These were the clans descended from the sons of Simeon:

The Jemuelite clan, named after their ancestor Jemuel.*

The Jaminite clan, named after their ancestor Jamin.

The Jakinite clan, named after their ancestor Jakin.

13 • The Zoharite clan, named after their ancestor Zohar.*

The Shaulite clan, named after their ancestor Shaul.

14 • These were the clans of Simeon. Their registered troops numbered 22,200.

The Tribe of Gad

15 • These were the clans descended from the sons of Gad:

The Zephonite clan, named after their ancestor Zephon.

The Haggite clan, named after their ancestor Haggi.

The Shunite clan, named after their ancestor Shuni.

16 • The Oznite clan, named after their ancestor Ozni.

The Erite clan, named after their ancestor Eri.

17 • The Arodite clan, named after their ancestor Arodi.*

The Arelite clan, named after their ancestor Areli.

18 • These were the clans of Gad. Their registered troops numbered 40,500.

The Tribe of Judah

19 • Judah had two sons, Er and Onan, who had died 20 in the land of Canaan. • These were the clans descended from Judah's surviving sons:

The Shelanite clan, named after their ancestor Shelah.

The Perezite clan, named after their ancestor Perez.

26:12 As in Syriac version (see also Gen 46:10; Exod 6:15); Hebrew reads *Nemuelite... Nemuel.*   26:13 As in parallel texts at Gen 46:10 and Exod 6:15; Hebrew reads *Zerahite... Zerah.*   26:17 As in Samaritan Pentateuch and Greek and Syriac versions (see also Gen 46:16); Hebrew reads *Arod.*

성경해설   2차 인구 조사의 목적

(1) 군사적 목적

병역을 담당할 수 있는 20세 이상의 모든 남자를 조사하고, 미디안 사람을 치라고 명하신 후에 인구 조사가 시행되었다는 것과 가나안 정복이 임박하였다는 사실 등을 보아 군사적 목적이 있었음을 알 수 있다.

(2) 땅의 분배

그러나 2차 인구 조사의 더 중요한 목적이 있었는데, 그것은 곧 각 지파의 인구에 따라서 그들이 얻을 약속의 땅을 분배하기 위한 것이었다.

─본문 보기 26장 52~65절

21 또 베레스 자손은 집안별로 이러합니다. 헤스론에게서 난 헤스론 집안, 하물에게서 난 하물 집안이니,

22 이들이 유다의 집안입니다. 그 수는 모두 칠만 육천오백 명입니다.

23 잇사갈의 자손은 집안별로 이러합니다. 돌라에게서 난 돌라 집안, 부와에게서 난 부니 집안,

24 야숩에게서 난 야숩 집안, 시므론에게서 난 시므론 집안이니,

25 이들이 잇사갈의 집안입니다. 그 수는 모두 육만 사천삼백 명입니다.

26 스불론의 자손은 집안별로 이러합니다. 세렛에게서 난 세렛 집안, 엘론에게서 난 엘론 집안, 얄르엘에게서 난 얄르엘 집안이니,

27 이들이 스불론의 집안입니다. 그 수는 모두 육만 오백 명입니다.

28 요셉의 자손은 므낫세 집안과 에브라임 집안으로 다시 나뉩니다.

29 므낫세의 집안은 이러합니다. 마길에게서 난 마길 집안이며, 마길은 길르앗의 아버지입니다. 길르앗에게서 난 길르앗 집안이니,

30 길르앗의 집안은 이러합니다. 이에셀에게서 난 이에셀 집안, 헬렉에게서 난 헬렉 집안,

31 아스리엘에게서 난 아스리엘 집안, 세겜에게서 난 세겜 집안,

32 스미다에게서 난 스미다 집안, 헤벨에게서 난 헤벨 집안입니다.

33 헤벨의 아들 슬로브핫에게는 아들이 없고, 딸만 있습니다. 그들의 이름은 말라와 노아와 호글라와 밀가와 디르사입니다.

34 이들이 므낫세의 집안입니다. 그 수는 모두 오만 이천칠백 명입니다.

35 에브라임의 집안은 이러합니다. 수델라에게서 난 수델라 집안, 베겔에게서 난 베겔 집안, 다한에게서 난 다한 집안이며,

---

The Zerahite clan, named after their ancestor Zerah.

21 • These were the subclans descended from the Perezites:
The Hezronites, named after their ancestor Hezron.
The Hamulites, named after their ancestor Hamul.

22 • These were the clans of Judah. Their registered troops numbered 76,500.

The Tribe of Issachar

23 • These were the clans descended from the sons of Issachar:
The Tolaite clan, named after their ancestor Tola.
The Puite clan, named after their ancestor Puah.*

24 • The Jashubite clan, named after their ancestor Jashub.
The Shimronite clan, named after their ancestor Shimron.

25 • These were the clans of Issachar. Their registered troops numbered 64,300.

The Tribe of Zebulun

26 • These were the clans descended from the sons of Zebulun:
The Seredite clan, named after their ancestor Sered.
The Elonite clan, named after their ancestor Elon.
The Jahleelite clan, named after their ancestor Jahleel.

27 • These were the clans of Zebulun. Their registered troops numbered 60,500.

The Tribe of Manasseh

28 • Two clans were descended from Joseph through Manasseh and Ephraim.

29 • These were the clans descended from Manasseh:
The Makirite clan, named after their ancestor Makir.
The Gileadite clan, named after their ancestor Gilead, Makir's son.

30 • These were the subclans descended from the Gileadites:
The Iezerites, named after their ancestor Iezer.
The Helekites, named after their ancestor Helek.

31 • The Asrielites, named after their ancestor Asriel.
The Shechemites, named after their ancestor Shechem.

32 • The Shemidaites, named after their ancestor Shemida.
The Hepherites, named after their ancestor Hepher.

33 • (One of Hepher's descendants, Zelophehad, had no sons, but his daughters' names were Mahlah, Noah, Hoglah, Milcah, and Tirzah.)

34 • These were the clans of Manasseh. Their registered troops numbered 52,700.

The Tribe of Ephraim

35 • These were the clans descended from the sons of Ephraim:

26:23 As in Samaritan Pentateuch, Greek and Syriac versions, and Latin Vulgate (see also 1 Chr 7:1); Hebrew reads *The Punite clan, named after its ancestor Puvah.*

성경해설 1 · 2차 인구조사의 다른 점

(1) 1차 때는 각 지파의 인구만 기록하였다. 그러나 2차 때는 각 지파의 인구와 각 지파를 구성하고 있는 가족도 기록하였다.

(2) 각 지파 간의 인구에 변동이 있었다.

민수기 (한국어)

36 수델라의 자손은 이러합니다. 에란에게서 난 에란 집안이니,

37 이들이 에브라임의 집안입니다. 그 수는 모두 삼만 이천오백 명입니다. 이들이 집안별로 본 요셉의 자손입니다.

38 베냐민의 자손은 집안별로 이러합니다. 벨라에게서 난 벨라 집안, 아스벨에게서 난 아스벨 집안, 아히람에게서 난 아히람 집안,

39 스부밤에게서 난 스부밤 집안, 후밤에게서 난 후밤 집안이며,

40 벨라의 아들은 아룻과 나아만입니다. 아룻에게서 아룻 집안이, 나아만에게서 나아만 집안이 나왔습니다.

41 이들이 베냐민의 집안입니다. 그 수는 모두 사만 오천육백 명입니다.

42 단의 자손은 집안별로 이러합니다. 수함에게서 난 수함 집안이니, 이들이 단의 집안입니다.

43 수함 집안의 수는 모두 육만 사천사백 명입니다.

44 아셀의 자손은 집안별로 이러합니다. 임나에게서 난 임나 집안, 이스위에게서 난 이스위 집안, 브리아에게서 난 브리아 집안이며,

45 브리아의 자손은 집안별로 이러합니다. 헤벨에게서 난 헤벨 집안, 말기엘에게서 난 말기엘 집안입니다.

46 아셀에게는 세라라는 딸도 있습니다.

47 이들이 아셀의 집안입니다. 그 수는 모두 오만 삼천사백 명입니다.

경경해설　민수기의 진정한 주제

2차 인구 조사에서 각 지파의 가족을 상세하게 언급한 이유는, 하나님께서 족장들에게 주신 '그 자손들로 큰 민족을 이루시겠다'는 약속(창 12:2;26:24;46:3)을 성취하셨음을 보여 주기 위함이다. 하나님은 이렇게 약속을 성취하시는데, 이스라엘 백성은 하나님께 불순종하였다. 그 예로 다단·아비람(9~11절;16장), 에르(또는 엘)·오난(19절;창 38:2~9), 나답·아비후(61절;레 10:1~3), 그리고 출애굽한 20세 이상의 모든 백성(64~65절;13~14장)을 언급하고 있다.

그러나 총인구는 광야 방랑 후에도 제1차 인구 조사 때와 거의 같다(1,820명 감소). 바로 여기에 본서의 큰 주제 중 하나인 다음 사실을 알 수 있다. 백성들의 범죄로 하나님의 약속이 지연되었을지라도 그 약속이 무산된 것은 아니라는 것이다(참조, 롬 11장).

－본문보기 26장

NUMBERS 26 (English)

The Shuthelahite clan, named after their ancestor Shuthelah.

The Bekerite clan, named after their ancestor Beker.

The Tahanite clan, named after their ancestor Tahan.

36 •This was the subclan descended from the Shuthelahites:

The Eranites, named after their ancestor Eran.

37 •These were the clans of Ephraim. Their registered troops numbered 32,500.

These clans of Manasseh and Ephraim were all descendants of Joseph.

The Tribe of Benjamin

38 •These were the clans descended from the sons of Benjamin:

The Belaite clan, named after their ancestor Bela.

The Ashbelite clan, named after their ancestor Ashbel.

The Ahiramite clan, named after their ancestor Ahiram.

39 • The Shuphamite clan, named after their ancestor Shupham.*

The Huphamite clan, named after their ancestor Hupham.

40 •These were the subclans descended from the Belaites:

The Ardites, named after their ancestor Ard.*

The Naamites, named after their ancestor Naaman.

41 •These were the clans of Benjamin. Their registered troops numbered 45,600.

The Tribe of Dan

42 •These were the clans descended from the sons of Dan:

The Shuhamite clan, named after their ancestor Shuham.

43 •These were the Shuhamite clans of Dan. Their registered troops numbered 64,400.

The Tribe of Asher

44 •These were the clans descended from the sons of Asher:

The Imnite clan, named after their ancestor Imnah.

The Ishvite clan, named after their ancestor Ishvi.

The Beriite clan, named after their ancestor Beriah.

45 •These were the subclans descended from the Beriites:

The Heberites, named after their ancestor Heber.

The Malkielites, named after their ancestor Malkiel.

46 •Asher also had a daughter named Serah.

47 •These were the clans of Asher. Their registered troops numbered 53,400.

26:39 As in some Hebrew manuscripts, Samaritan Pentateuch, Greek and Syriac versions, and Latin Vulgate; most Hebrew manuscripts read *Shephupham.* 26:40 As in Samaritan Pentateuch, some Greek manuscripts, and Latin Vulgate; Hebrew lacks *named after their ancestor Ard.*

48 납달리의 자손은 집안별로 이러합니다. 야셀에게서 난 야셀 집안, 구니에게서 난 구니 집안,

49 예셀에게서 난 예셀 집안, 실렘에게서 난 실렘 집안이니,

50 이들이 납달리의 집안입니다. 그 수는 모두 사만 오천사백 명입니다.

51 그리하여 이스라엘 백성의 수는 모두 육십만 천칠백삼십 명입니다.

52 여호와께서 모세에게 말씀하셨습니다.

53 "이름을 적은 백성의 수에 따라 이 땅을 백성에게 나누어 주어라.

54 백성의 수가 많은 지파가 더 많은 땅을 얻을 것이고, 수가 적은 지파는 그보다 더 작은 땅을 얻을 것이다. 각 지파가 얻는 땅의 크기는 그 백성의 수에 따라 정하여라.

55 땅을 나누되 제비를 뽑아서 나누어라. 각 지파가 얻는 땅은 그 지파의 조상의 이름을 따라 물려받게 될 것이다.

56 제비를 뽑아 땅을 나누어라. 그래서 수가 많고 적음에 따라 땅을 나누어 주어라."

57 레위 지파도 집안별로 이름을 적었습니다. 레위의 자손은 집안별로 이러합니다. 게르손에게서 난 게르손 집안, 고핫에게서 난 고핫 집안, 므라리에게서 난 므라리 집안입니다.

58 다음도 레위의 집안입니다. 립니 집안, 헤브론 집안, 마흘리 집안, 무시 집안, 고라 집안이니, 고핫은 아므람의 조상입니다.

59 아므람의 아내는 이름이 요게벳입니다. 요게벳은 레위 지파 사람입니다. 요게벳은 이집트에서 태어났습니다. 요게벳과 아므람은 두 아들, 곧 아론과 모세와 그들의 누이 미리암을 낳았습니다.

60 아론은 나답과 아비후와 엘르아살과 이다말을 낳았습니다.

61 그러나 나답과 아비후는 여호와께 옳지 않은 불을 바치다가 죽었습니다.

62 한 달 이상 된 레위 사람 남자의 수는 모두 이만 삼천 명입니다. 그러나 다른 이스라엘 백성의 수를 셀 때, 레위 사람의 수는 세지 않았습니다. 그것은 여호와께서 이스라엘 백성에게 주신 땅 가운데서 레위 사람의 몫은 없었기 때문입니다.

63 모세와 제사장 엘르아살은 요단 강가의 모압 평야, 곧 여리고 건너편에서 이스라엘 백성의 수를 세었습니다.

The Tribe of Naphtali

48 • These were the clans descended from the sons of Naphtali:

The Jahzeelite clan, named after their ancestor Jahzeel.

The Gunite clan, named after their ancestor Guni.

49 • The Jezerite clan, named after their ancestor Jezer.

The Shillemite clan, named after their ancestor Shillem.

50 • These were the clans of Naphtali. Their registered troops numbered 45,400.

Results of the Registration

51 • In summary, the registered troops of all Israel numbered 601,730.

52-53 • Then the LORD said to Moses, • "Divide the land among the tribes, and distribute the grants of land in proportion to the tribes' populations, as indicated by the number of names on the list.

54 • Give the larger tribes more land and the smaller tribes less land, each group receiving a grant in proportion to the size of its population. • But you must assign the land by lot, and give land to each ancestral tribe according to the number of names on the list. • Each grant of land must be assigned by lot among the larger and smaller tribal groups."

The Tribe of Levi

57 • This is the record of the Levites who were counted according to their clans:

The Gershonite clan, named after their ancestor Gershon.

The Kohathite clan, named after their ancestor Kohath.

The Merarite clan, named after their ancestor Merari.

58 • The Libnites, the Hebronites, the Mahlites, the Mushites, and the Korahites were all subclans of the Levites.

59 Now Kohath was the ancestor of Amram, • and Amram's wife was named Jochebed. She also was a descendant of Levi, born among the Levites in the land of Egypt. Amram and Jochebed became the parents of Aaron, Moses, and their sister, Miriam.

60 • To Aaron were born Nadab, Abihu, Eleazar, and

61 Ithamar. • But Nadab and Abihu died when they burned before the LORD the wrong kind of fire, different than he had commanded.

62 • The men from the Levite clans who were one month old or older numbered 23,000. But the Levites were not included in the registration of the rest of the people of Israel because they were not given an allotment of land when it was divided among the Israelites.

63 • So these are the results of the registration of the people of Israel as conducted by Moses and Eleazar the priest on the plains of Moab beside the Jordan

64 모세와 제사장 아론은 시내 광야에서 이스라엘 백성의 수를 센 일이 있었습니다. 그런데 모세가 모압 평야에서 백성의 수를 세었을 때는 첫 번째 시내 광야에서 백성의 수를 셀 때 포함되어 있었던 사람이 한 사람도 없었습니다.

65 그것은 여호와께서 이스라엘 백성에 관하여 "그들은 광야에서 죽을 것이다" 하고 말씀하셨기 때문입니다. 오직 남아 있는 사람은 여분네의 아들 갈렙과 눈의 아들 여호수아뿐이었습니다.

슬로브핫의 딸들

27 슬로브핫은 헤벨의 아들입니다. 헤벨은 길르앗의 아들입니다. 길르앗은 마길의 아들입니다. 마길은 므낫세의 아들입니다. 슬로브핫의 딸들은 요셉의 아들 므낫세의 집안 사람입니다. 슬로브핫의 딸들의 이름은 말라와 노아와 호글라와 밀가와 디르사입니다.

2 그들은 회막 입구로 갔습니다. 그들은 그곳에서 모세와 제사장 엘르아살과 지도자들과 모든 백성 앞에 서서 말했습니다.

3 "우리 아버지는 광야에서 돌아가셨습니다. 우리 아버지는 여호와께 반역했던 고라의 무리 가운데에는 끼지 않았습니다. 우리 아버지는 스스로 지으신 죄 때문에 돌아가셨습니다. 그런데 우리 아버지에게는 아들이 없습니다.

4 어찌하여 우리 아버지에게 아들이 없다고 해서, 그 이름이 집안에서 없어져 버릴 수 있습니까? 우리 아버지의 친척들에게 재산을 주실 때 우리에게도 재산을 주십시오."

5 모세가 이들의 문제를 여호와께 가지고 갔습니다.

6 여호와께서 모세에게 말씀하셨습니다.

7 "슬로브핫 딸들의 말이 옳다. 너는 그 아버지의 친척들에게 재산을 줄 때 그들에게도 재산을 주어라.

8 이스라엘 백성에게 전하여라. '어떤 사람이 아들이 없이 죽으면, 그의 모든 재산은 그 딸에게 돌아가리라.

9 만약 그에게 딸도 없으면, 그의 모든 재산은 그 형제들에게 돌아가리라.

10 만약 그에게 형제들도 없으면, 그의 모든 재산은 그 아버지의 형제들에게 돌아가리라.

11 만약 아버지의 형제들도 없으면, 그의 모든 재산은 그의 집안 가운데서 가장 가까운 친척에게 돌아가리라. 여호와께서 모세에게 명령하셨으므로 이것은 이스라엘 백성에게 규례와 율법이 될 것이다.'"

새 지도자 여호수아

12 여호와께서 모세에게 말씀하셨습니다. "이 아바림 산맥의 산에 올라가서, 내가 이스라엘 백성에게 주는 땅을 보아라.

13 그 땅을 본 다음에 너는 네 형 아론과 마찬가지로 죽게

64 River, across from Jericho. •Not one person on this list had been among those listed in the previous registration taken by Moses and Aaron in the wilderness of Sinai. 65 •For the LORD had said of them, "They will all die in the wilderness." Not one of them survived except Caleb son of Jephunneh and Joshua son of Nun.

The Daughters of Zelophehad

27 One day a petition was presented by the daughters of Zelophehad—Mahlah, Noah, Hoglah, Milcah, and Tirzah. Their father, Zelophehad, was a descendant of Hepher son of Gilead, son of Makir, son of Manasseh, son of Joseph. 2 •These women stood before Moses, Eleazar the priest, the tribal leaders, and the entire community at the entrance of 3 the Tabernacle.* •"Our father died in the wilderness," they said. "He was not among Korah's followers, who rebelled against the LORD; he died because of his 4 own sin. But he had no sons. •Why should the name of our father disappear from his clan just because he had no sons? Give us property along with the rest of our relatives.

5 •So Moses brought their case before 6 the LORD. •And the LORD replied to 7 Moses, •"The claim of the daughters of Zelophehad is legitimate. You must give them a grant of land along with their father's relatives. Assign them the property that would have been given to their 8 father. •"And give the following instructions to the people of Israel: If a man dies and has no son, then give his inheritance to 9 his daughters. •And if he has no daughter either, transfer his inheritance to his 10 brothers. •If he has no brothers, give his 11 inheritance to his father's brothers. •But if his father has no brothers, give his inheritance to the nearest relative in his clan. This is a legal requirement for the people of Israel, just as the LORD commanded Moses."

Joshua Chosen to Lead Israel

12 •One day the LORD said to Moses, "Climb one of the mountains east of the river,* and look out over the land I have given 13 the people of Israel. •After you have seen it, you will die like your brother, Aaron,

legitimate [lidʒítəmət] a. 정당한
petition [pitíʃən] n. 청원, 탄원
wilderness [wíldərnis] n. 광야

27:2 Hebrew *the Tent of Meeting.* 27:12 Or *the mountains of Abarim.*

될 것이다.

14 이는 너희 둘이 신 광야에서 내 명령을 따르지 않고, 므리바 샘에 있을 때에 백성 앞에서 나를 거룩히 여기지 않았기 때문이다." 이것은 신 광야인 가데스의 므리바에 있는 샘입니다.

15 모세가 여호와께 말씀드렸습니다.

16 "모든 백성의 영이 되시는 여호와 하나님, 이 백성을 위해 좋은 지도자를 뽑아 주십시오.

17 그는 백성 앞에서 들어가고 나가야 하며, 양 떼를 치듯이 백성을 인도해야 합니다. 그래서 여호와의 백성은 목자 없는 양 떼와 같이 되지 말아야 합니다."

18 여호와께서 모세에게 말씀하셨습니다. "눈의 아들 여호수아를 데려오너라. 내 영이 그에게 있도다. 네 손을 여호수아에게 얹어라.

19 제사장 엘르아살과 모든 백성 앞에 여호수아를 세워라. 그리고 모든 백성이 보는 가운데서 그를 지도자로 세워라.

20 네 권위를 그에게도 줘서 모든 이스라엘 백성이 그에게 복종하게 하여라.

21 그를 제사장 엘르아살 앞에도 세워라. 그러면 엘르아살이 우림을 써서 여호와의 뜻을 여쭈어 볼 것이다. 그의 명령에 따라 이스라엘 백성은 들어가기도 하고 나가기도 할 것이다."

22 모세는 여호와께서 말씀하신 대로 했습니다. 모세는 여호수아를 제사장 엘르아살과 모든 백성 앞에 세웠습니다.

23 그런 다음에 모세는 여호수아에게 손을 얹고, 그를 지도자로 세웠습니다. 모든 일이 여호와께서 모세에게 말씀하신 대로 이루어졌습니다.

날마다 바치는 제물

28 여호와께서 모세에게 말씀하셨습니다.

2 "이스라엘 백성에게 명령하되 이렇게 말하여라. '불에 태워 바치는 제사인 화제, 곧 내가 기뻐하는 향기를 정해진 때에 드리도록 하여라.'

3 너는 또 이렇게 말하여라. '너희가 나 여호와에게 바칠 화제는 이러하다. 일 년 된 흠 없는 숫양 두 마리를 날마다 바쳐라.

4 한 마리는 아침에 바치고, 한 마리는 저녁에 바쳐라.

5 그리고 곡식 제사로는 고운 가루 십분의 일 에바*를 바치되, 찧어서 짠 기름 사분의 일 힌*을 섞어서 바쳐라.

6 이것은 시내 산에서 시작되어 날마다 바치는 화제이니, 그 냄새가 나 여호와를 기쁘게 한다.

7 양을 바칠 때마다 독한 술 사분의 일 힌을 부어 드리는 제사인 전제로 함께 바쳐라. 그것을 성소에서 나 여호와에게 바쳐라.

14 •for you both rebelled against my instructions in the wilderness of Zin. When the people of Israel rebelled, you failed to demonstrate my holiness to them at the waters." (These are the waters of Meribah at Kadesh* in the wilderness of Zin.)

15-16 •Then Moses said to the LORD, •"O LORD, you are the God who gives breath to all creatures. Please appoint a new man as 17 leader for the community. •Give someone who will guide them wherever they go and will lead them into battle, so the community of the LORD will not be like sheep without a shepherd."

18 •The LORD replied, "Take Joshua son of Nun, who has the Spirit in him, and lay 19 your hands on him. •Present him to Eleazar the priest before the whole community, and publicly commission him to lead the peo-20 ple. •Transfer some of your authority to him so the whole community of Israel will 21 obey him. •When direction from the LORD is needed, Joshua will stand before Eleazar the priest, who will use the Urim—one of the sacred lots cast before the LORD—to determine his will. This is how Joshua and the rest of the community of Israel will determine everything they should do."

22 •So Moses did as the LORD commanded. He presented Joshua to Eleazar the priest 23 and the whole community. •Moses laid his hands on him and commissioned him to lead the people, just as the LORD had commanded through Moses.

The Daily Offerings

28 1-2 The LORD said to Moses, •"Give these instructions to the people of Israel: The offerings you present as special gifts are a pleasing aroma to me; they are my food. See to it that they are brought at the appointed times and offered according to my instructions.

3 • "Say to the people: This is the special gift you must present to the LORD as your daily burnt offering. You must offer two one-year-old male lambs with no defects. 4 •Sacrifice one lamb in the morning and the other in the evening. •With each lamb you must offer a grain offering of two quarts* of choice flour mixed with one quart* of pure 6 oil of pressed olives. •This is the regular burnt offering instituted at Mount Sinai as a special gift, a pleasing aroma to the LORD.

27:14 Hebrew *waters of Meribath-kadesh*.
28:5a Hebrew *1/10 of an ephah* [2.2 liters]; also in 28:13, 21, 29. 28:5b Hebrew *1/4 of a hin* [1 liter]; also in 28:7.

28:5 1/10에바는 약 2.2ℓ에 해당되고, 1/4힌은 약 0.9ℓ에 해당된다.

8 두 번째 양은 저녁에 바쳐라. 아침에 바친 것처럼 저녁에도 곡식 제사와 부어 드리는 제사인 전제를 함께 바쳐라. 이것도 화제이며, 그 냄새가 나 여호와를 기쁘게 한다.'

안식일 제물

9 안식일에는 일 년 된 흠 없는 숫양 두 마리를 바쳐라. 그리고 전제와 곡식 제사도 함께 바쳐라. 곡식 제사로는 기름을 섞은 고운 가루 십분의 이 에바*를 바쳐라.

10 이것이 안식일에 바칠 태워 드리는 제사인 번제이다. 날마다 바치는 번제와 전제 말고도 안식일 제물을 따로 바쳐라.'

달마다 바치는 제물

11 달마다 첫째 날에는 여호와께 번제를 바쳐라. 그때에 바칠 제물은 수송아지 두 마리와 숫양 한 마리와 일 년 된 흠 없는 숫양 일곱 마리이다.

12 수소를 드릴 때는 곡식 제사도 함께 바쳐라. 곡식 제사로는 수소 한 마리마다 기름을 섞은 고운 가루 십분의 삼 에바*를 바쳐라. 숫양을 드릴 때도 곡식 제사를 함께 바쳐라. 그때는 기름을 섞은 고운 가루 십분의 이 에바를 바쳐라.

13 어린 숫양을 드릴 때도 곡식 제사를 바쳐라. 그때는 기름을 섞은 고운 가루 십분의 일 에바를 바쳐라. 이것은 화제이며, 그 냄새가 나 여호와를 기쁘게 하니라.

14 그리고 전제로 포도주를 바쳐라. 수송아지 한 마리와 함께 바칠 포도주는 이분의 일 힌*이고, 숫양 한 마리와 함께 바칠 포도주는 삼분의 일 힌*이며, 어린 숫양 한 마리와 함께 바칠 포도주는 사분의 일 힌*이라. 이것이 달마다 초하루에 바쳐야 할 번제니라.

15 날마다 바치는 번제와 전제 말고도 속죄제를 여호와께 바쳐라. 속죄제로는 숫염소 한 마리를 바쳐라.'

유월절

16 여호와의 유월절은 첫째 달 십사 일이다.

17 무교절은 그 달 보름에 시작된다. 무교절은 칠 일 동안 이어질 것이다. 너희는 누룩을 넣지 않은 빵인 무교병을 먹어라.

18 절기의 첫째 날에는 성회로 모여라. 그날에는 일을 하지 마라.

19 너희는 화제로 번제를 나 여호와에게 드려라. 수송아지 두 마리와 숫양 한 마리와 일 년 된 숫양 일곱 마리를 드려라. 모두 흠 없는 것으로 드려라.

20 그리고 수소를 드릴 때마다 곡식 제사도 함께

---

7 ● Along with it you must present the proper liquid offering of one quart of alcoholic drink with each lamb, poured out in the Holy Place as an offering to the LORD. 8 ● Offer the second lamb in the evening with the same grain offering and liquid offering. It, too, is a special gift, a pleasing aroma to the LORD.

The Sabbath Offerings

9 ● "On the Sabbath day, sacrifice two one-year-old male lambs with no defects. They must be accompanied by a grain offering of four quarts* of choice flour moistened with olive oil, and a 10 liquid offering. ● This is the burnt offering to be presented each Sabbath day, in addition to the regular burnt offering and its accompanying liquid offering.

The Monthly Offerings

11 ● "On the first day of each month, present an extra burnt offering to the LORD of two young bulls, one ram, and seven one-year-old male 12 lambs, all with no defects. ● These must be accompanied by grain offerings of choice flour moistened with olive oil—six quarts* with each 13 bull, four quarts with the ram, ● and two quarts 14 with each lamb. This burnt offering will be a special gift, a pleasing aroma to the LORD. ● You must also present a liquid offering with each sacrifice: two quarts* of wine for each bull, a third of a gallon* for the ram, and one quart* for each lamb. Present this monthly burnt offering on the first day of each month throughout the year.

15 ● "On the first day of each month, you must also offer one male goat for a sin offering to the LORD. This is in addition to the regular burnt offering and its accompanying liquid offering.

Offerings for the Passover

16 ● "On the fourteenth day of the first month,* you 17 must celebrate the LORD's Passover. ● On the following day—the fifteenth day of the month—a joyous, seven-day festival will begin, but no 18 bread made with yeast may be eaten. ● The first day of the festival will be an official day for holy assembly, and no ordinary work may be done 19 on that day. ● As a special gift you must present a burnt offering to the LORD—two young bulls, one ram, and seven one-year-old male lambs, all 20 with no defects. ● These will be accompanied by grain offerings of choice flour moistened with

28:9 Hebrew *2/10 of an ephah* [4.4 liters]; also in 28:12, 20, 28. 28:12 Hebrew *3/10 of an ephah* [6.6 liters]; also in 28:20, 28. 28:14a Hebrew *1/2 of a hin* [2 liters]. 28:14b Hebrew *1/3 of a hin* [1.3 liters]. 28:14c Hebrew *1/4 of a hin* [1 liter]. 28:16 This day in the ancient Hebrew lunar calendar occurred in late March, April, or early May.

28:9 2/10에바는 약 4.4ℓ에 해당된다.
28:12 3/10에바는 약 6.6ℓ에 해당된다.
28:14 1/2힌은 약 1.8ℓ에 해당되고, 1/3힌은 약 1.2ℓ에 해당되며, 1/4힌은 약 0.9ℓ에 해당된다.

드려라. 그때는 소 한 마리마다 기름을 섞은 고운 가루 십분의 삼 에바를 드려라. 숫양을 드릴 때는 숫양 한 마리마다 곡식 제사로 기름을 섞은 고운 가루 십분의 이 에바를 함께 드려라.

21 어린 숫양을 드릴 때는 어린 숫양 한 마리마다 기름을 섞은 고운 가루 십분의 일 에바를 함께 드려라.

22 그리고 너희 죄를 씻기 위해 숫염소 한 마리를 죄를 씻는 제사인 속죄제로 바쳐라.

23 이 제물은 너희가 날마다 아침에 바치는, 태워 드리는 제사인 번제 외에 따로 드리는 것이다.

24 칠 일 동안 날마다 화제, 곧 나 여호와에게 향기로운 음식을 바쳐라. 날마다 바치는 번제와 전제 말고도 그 제물을 따로 바쳐라.

25 칠 일째 되는 날에는 성회로 모여라. 그날에는 보통 때 하던 어떤 일도 하지 마라.'

칠칠절 제물

26 '첫 열매의 날, 곧 칠칠절 기간에 나 여호와에게 햇곡식을 바쳐라. 거룩한 모임인 성회로 모이고, 그날에는 보통 때 하던 어떤 일도 하지 마라.

27 나 여호와에게 번제를 바치되, 수송아지 두 마리와 숫양 한 마리와 일 년 된 숫양 일곱 마리를 바쳐라. 그 냄새가 나 여호와를 기쁘게 한다.

28 수소를 드릴 때마다 곡식 제사도 함께 드려라. 그때는 기름을 섞은 고운 가루 십분의 삼 에바를 드려라. 숫양을 드릴 때는 숫양 한 마리마다 곡식 제사로 기름을 섞은 고운 가루 십분의 이 에바를 드려라.

29 어린 숫양을 드릴 때는 어린 숫양 한 마리마다 기름을 섞은 고운 가루 십분의 일 에바를 함께 드려라.

30 그리고 너희 죄를 씻기 위해 숫염소 한 마리를 속죄제로 바쳐라.

31 너희가 날마다 아침에 바치는 태워 드리는 번제와 곡식 제사와 부어 드리는 전제 말고도 이 제물들을 따로 드려라. 모두 흠 없는 것으로 드려라.'

나팔절

29 '일곱째 달 초하루인 첫째 날*에는 거룩한 모임인 성회로 모여라. 그날에는 보통 때 하던 어떤 일도 하지 마라. 그날은 나팔을 부는 날이다.

2 너희는 나 여호와에게 번제를 바쳐라. 수송아지 한 마리와 숫양 한 마리와 일 년 된 숫양 일곱 마리를 바쳐라. 모두 흠 없는 것으로 드려라. 그 냄새가 나 여호와를 기쁘게 한다.

3 수소를 드릴 때마다 곡식 제사도 함께 드려라. 그때는 기름을 섞은 고운 가루 십분의 삼 에바를 드려라. 숫양을 드릴 때는 숫양 한 마리마다 곡식 제

olive oil—six quarts with each bull, four 21 quarts with the ram, •and two quarts with 22 each of the seven lambs. •You must also offer a male goat as a sin offering to purify yourselves and make yourselves right with the 23 LORD.* • Present these offerings in addition to 24 your regular morning burnt offering. •On each of the seven days of the festival, this is how you must prepare the food offering that is presented as a special gift, a pleasing aroma to the LORD. These will be offered in addition to the regular burnt offerings and liquid offer- 25 ings. •The seventh day of the festival will be another official day for holy assembly, and no ordinary work may be done on that day.

Offerings for the Festival of Harvest

26 •"At the Festival of Harvest,* when you present the first of your new grain to the LORD, you must call an official day for holy assembly, and you may do no ordinary work on 27 that day. •Present a special burnt offering on that day as a pleasing aroma to the LORD. It will consist of two young bulls, one ram, and 28 seven one-year-old male lambs. •These will be accompanied by grain offerings of choice flour moistened with olive oil—six quarts with each bull, four quarts with the ram, 29 •and two quarts with each of the seven 30 lambs. •Also, offer one male goat to purify yourselves and make yourselves right with 31 the LORD. •Prepare these special burnt offerings, along with their liquid offerings, in addition to the regular burnt offering and its accompanying grain offering. Be sure that all the animals you sacrifice have no defects.

Offerings for the Festival of Trumpets

29 "Celebrate the Festival of Trumpets each year on the first day of the appointed month in early autumn.* You must call an official day for holy assembly, 2 and you may do no ordinary work. •On that day you must present a burnt offering as a pleasing aroma to the LORD. It will consist of one young bull, one ram, and seven one-year- 3 old male lambs, all with no defects. •These must be accompanied by grain offerings of choice flour moistened with olive oil—six

28:22 Or to make atonement for yourselves; also in 28:30.　28:26 Hebrew Festival of Weeks. This was later called the Festival of Pentecost (see Acts 2:1). It is celebrated today as Shavuot (or Shabuoth).　29:1 Hebrew the first day of the seventh month. This day in the ancient Hebrew lunar calendar occurred in September or October. This festival is celebrated today as Rosh Hashanah, the Jewish new year.　29:3a Hebrew 3/10 of an ephah [6.6 liters]; also in 29:9, 14.　29:3b Hebrew 2/10 of an ephah [4.4 liters]; also in 29:9, 14.

29:1 이날은 9월에서 10월 초 사이에 해당된다.

사로 기름을 섞은 고운 가루 십분의 이 에바를 드려라.

4 어린 숫양을 드릴 때는 어린 숫양 한 마리마다 기름을 섞은 고운 가루 십분의 일 에바를 함께 드려라.

5 그리고 너희 죄를 씻기 위해 숫염소 한 마리를 속죄제로 바쳐라.

6 너희가 날마다, 그리고 달마다 바치는 번제와 곡식 제사와 전제 말고도 이 제물들을 따로 드려라. 이것은 화제이며, 그 냄새가 나 여호와를 기쁘게 한다.'

정결하게 하는 날

7 '일곱째 달 십 일이 되면 성회로 모여라. 그날에는 먹지도 말고, 일하지도 마라.

8 너희는 나 여호와에게 번제를 바쳐라. 수송아지 한 마리와 숫양 한 마리와 일 년 된 숫양 일곱 마리를 바쳐라. 모두 흠 없는 것으로 드려라. 그 냄새가 나 여호와를 기쁘게 한다.

9 수소를 드릴 때마다 곡식 제사도 함께 드려라. 그때에는 기름을 섞은 고운 가루 십분의 삼 에바를 드려라. 숫양을 드릴 때는 숫양 한 마리마다 곡식 제사로 기름을 섞은 고운 가루 십분의 이 에바를 드려라.

10 어린 숫양을 드릴 때는 어린 숫양 한 마리마다 기름을 섞은 고운 가루 십분의 일 에바를 함께 드려라.

11 그리고 숫염소 한 마리를 속죄제로 바쳐라. 너희가 날마다 바치는 번제와 곡식 제사와 전제 말고도 이 제물들을 따로 드려라.'

장막절

12 '일곱째 달 보름인 십오 일에도 성회로 모여라. 그날에는 일을 하지 마라. 여호와께 칠 일 동안 절기로 지켜라.

13 절기의 첫째 날에 너희는 나 여호와에게 번제를 바쳐라. 수송아지 열세 마리와 숫양 두 마리와 일 년 된 숫양 열네 마리를 바쳐라. 모두 흠 없는 것으로 드려라. 그 냄새가 나 여호와를 기쁘게 한다.

14 수소를 드릴 때마다 곡식 제사도 함께 드려라. 그때는 수송아지 한 마리마다 기름을 섞은 고운 가루 십분의 삼 에바를 드려라. 숫양을 드릴 때는 숫양 한 마리마다 곡식 제사로 기름을 섞은 고운 가루 십분의 이 에바를 드려라.

15 어린 숫양을 드릴 때는 어린 숫양 한 마리마다 기름을 섞은 고운 가루 십분의 일 에바를 함께 드려라.

16 그리고 숫염소 한 마리를 속죄제로 바쳐라. 너

quarts* with the bull, four quarts* with the ram, 4 •and two quarts* with each of the seven lambs. 5 •In addition, you must sacrifice a male goat as a sin offering to purify yourselves and make your- 6 selves right with the LORD.* •These special sacri- fices are in addition to your regular monthly and daily burnt offerings, and they must be given with their prescribed grain offerings and liquid offerings. These offerings are given as a special gift to the LORD, a pleasing aroma to him.

Offerings for the Day of Atonement

7 •"Ten days later, on the tenth day of the same month,* you must call another holy assembly. On that day, the Day of Atonement, the people must go without food and must do no ordinary 8 work. •You must present a burnt offering as a pleasing aroma to the LORD. It will consist of one young bull, one ram, and seven one-year-old 9 male lambs, all with no defects. •These offerings must be accompanied by the prescribed grain offerings of choice flour moistened with olive oil—six quarts of choice flour with the bull, four 10 quarts of choice flour with the ram, •and two quarts of choice flour with each of the seven 11 lambs. •You must also sacrifice one male goat for a sin offering. This is in addition to the sin offering of atonement and the regular daily burnt offering with its grain offering, and their accompanying liquid offerings.

Offerings for the Festival of Shelters

12 •"Five days later, on the fifteenth day of the same month,* you must call another holy assem- bly of all the people, and you may do no ordi- nary work on that day. It is the beginning of the Festival of Shelters,* a seven-day festival to the 13 LORD. •On the first day of the festival, you must present a burnt offering as a special gift, a pleas- ing aroma to the LORD. It will consist of thirteen young bulls, two rams, and fourteen one-year- 14 old male lambs, all with no defects. •Each of these offerings must be accompanied by a grain offering of choice flour moistened with olive oil—six quarts for each of the thirteen bulls, four 15 quarts for each of the two rams, •and two quarts 16 for each of the fourteen lambs. •You must also

29:4 Hebrew *1/10 of an ephah* [2.2 liters]; also in 29:10, 15.   29:5 Or *to make atonement for your- selves.*   29:7 Hebrew *On the tenth day of the sev- enth month;* see 29:1 and the note there. This day in the ancient Hebrew lunar calendar occurred in Sep- tember or October. It is celebrated today as Yom Kippur.   29:12a Hebrew *On the fifteenth day of the seventh month;* see 29:1, 7 and the notes there. This day in the ancient Hebrew lunar calendar occurred in late September, October, or early November. 29:12b Or *Festival of Booths,* or *Festival of Taberna- cles.* This was earlier called the Festival of the Final Harvest or Festival of Ingathering (see Exod 23:16b). It is celebrated today as Sukkot (or Succoth).

희가 날마다 바치는 번제와 곡식 제사와 전제 말고도 이 제물들을 따로 드려라.

17 이 절기의 둘째 날에도 제물을 드려라. 수송아지 열두 마리와 숫양 두 마리와 일 년 된 숫양 열네 마리를 드려라. 모두 흠 없는 것으로 드려라.

18 수송아지와 숫양과 어린 숫양을 드릴 때마다 곡식 제사와 전제를 함께 드려라.

19 그리고 숫염소 한 마리를 속죄제로 바쳐라. 너희가 날마다 바치는 번제와 곡식 제사와 전제 말고도 이 제물들을 따로 드려라.

20 셋째 날에는 수송아지 열한 마리와 숫양 두 마리와 일 년 된 숫양 열네 마리를 드려라. 모두 흠 없는 것으로 드려라.

21 수송아지와 숫양과 어린 숫양을 드릴 때마다 곡식 제사와 전제를 함께 드려라.

22 그리고 숫염소 한 마리를 속죄제로 바쳐라. 너희가 날마다 바치는 번제와 곡식 제사와 전제 말고도 이 제물들을 따로 드려라.

23 넷째 날에는 수송아지 열 마리와 숫양 두 마리와 일 년 된 숫양 열네 마리를 드려라. 모두 흠 없는 것으로 드려라.

24 수송아지와 숫양과 어린 숫양을 드릴 때마다 곡식 제사와 전제를 함께 드려라.

25 그리고 숫염소 한 마리를 속죄제로 바쳐라. 너희가 날마다 바치는 번제와 곡식 제사와 전제 말고도 이 제물들을 따로 드려라.

26 다섯째 날에는 수송아지 아홉 마리와 숫양 두 마리와 일 년 된 숫양 열네 마리를 드려라. 모두 흠 없는 것으로 드려라.

27 수송아지와 숫양과 어린 숫양을 드릴 때마다 곡식 제사와 전제를 함께 드려라.

28 그리고 숫염소 한 마리를 속죄제로 바쳐라. 너희가 날마다 바치는 번제와 곡식 제사와 전제 말고도 이 제물들을 따로 드려라.

29 여섯째 날에는 수송아지 여덟 마리와 숫양 두 마리와 일 년 된 숫양 열네 마리를 드려라. 모두 흠 없는 것으로 드려라.

30 수송아지와 숫양과 어린 숫양을 드릴 때마다 곡식 제사와 전제를 함께 드려라.

31 그리고 숫염소 한 마리를 속죄제로 바쳐라. 너희가 날마다 바치는 번제와 곡식 제사와 전제 말고도 이 제물들을 따로 드려라.

32 일곱째 날에는 수송아지 일곱 마리와 숫양 두 마리와 일 년 된 숫양 열네 마리를 드려라. 모두 흠 없는 것으로 드려라.

33 수송아지와 숫양과 어린 숫양을 드릴 때마다

sacrifice a male goat as a sin offering, in addition to the regular burnt offering with its accompanying grain offering and liquid offering.

17 •"On the second day of this seven-day festival, sacrifice twelve young bulls, two rams, and fourteen one-year-old male lambs, all with no
18 defects. •Each of these offerings of bulls, rams, and lambs must be accompanied by its pre-
19 scribed grain offering and liquid offering. •You must also sacrifice a male goat as a sin offering, in addition to the regular burnt offering with its accompanying grain offering and liquid offering.

20 •"On the third day of the festival, sacrifice eleven young bulls, two rams, and fourteen one-
21 year-old male lambs, all with no defects. •Each of these offerings of bulls, rams, and lambs must
22 be accompanied by its prescribed grain offering and liquid offering. •You must also sacrifice a male goat as a sin offering, in addition to the regular burnt offering with its accompanying grain offering and liquid offering.

23 •"On the fourth day of the festival, sacrifice ten young bulls, two rams, and fourteen one-
24 year-old male lambs, all with no defects. •Each of these offerings of bulls, rams, and lambs must
25 be accompanied by its prescribed grain offering and liquid offering. •You must also sacrifice a male goat as a sin offering, in addition to the regular burnt offering with its accompanying grain offering and liquid offering.

26 •"On the fifth day of the festival, sacrifice nine young bulls, two rams, and fourteen one-
27 old male lambs, all with no defects. •Each of these offerings of bulls, rams, and lambs must be accompanied by its prescribed grain offering and
28 liquid offering. •You must also sacrifice a male goat as a sin offering, in addition to the regular burnt offering with its accompanying grain offering and liquid offering.

29 •"On the sixth day of the festival, sacrifice eight young bulls, two rams, and fourteen one-
30 year-old male lambs, all with no defects. •Each of these offerings of bulls, rams, and lambs must be accompanied by its prescribed grain offering
31 and liquid offering. •You must also sacrifice a male goat as a sin offering, in addition to the regular burnt offering with its accompanying grain offering and liquid offering.

32 •"On the seventh day of the festival, sacrifice seven young bulls, two rams, and fourteen one-
33 year-old male lambs, all with no defects. •Each of these offerings of bulls, rams, and lambs must be accompanied by its prescribed grain offering

---

bull [búl] *n.* 황소
defect [dí:fekt] *n.* 결점, 흠
lamb [lǽm] *n.* 어린 양
offering [ɔ́:fəriŋ] *n.* 제물
prescribed [priskráibd] *a.* 규정된
sacrifice [sǽcrəfais] *vt.* …을 제물로 바치다
29:18 be accompanied by… : …을 수반하다

곡식 제사와 전제를 함께 드려라.

34 그리고 숫염소 한 마리를 속죄제로 바쳐라. 너희는 날마다 바치는 번제와 곡식 제사와 전제 말고도 이 제물들을 따로 드려라.

35 여덟째 날에는 거룩한 모임으로 모여라. 그날에는 보통 때 하던 어떤 일도 하지 마라.

36 너희는 번제를 드려라. 그 냄새가 나 여호와를 기쁘게 한다. 수송아지 한 마리와 숫양 한 마리와 일 년 된 숫양 일곱 마리를 드려라. 모두 흠 없는 것으로 드려라.

37 수송아지와 숫양과 어린 숫양을 드릴 때마다 곡식 제사와 전제를 함께 드려라.

38 그리고 숫염소 한 마리를 속죄제로 바쳐라. 너희가 날마다 바치는 번제와 곡식 제사와 전제 말고도 이 제물들을 따로 드려라.

39 너희는 절기가 돌아오면 번제와 곡식 제사와 전제와 화목제를 나 여호와에게 드려야 한다. 너희가 서약을 지키는 서원제와 자진해서 드리는 낙헌제 말고도 이 제물을 따로 드려라.'"

40 모세는 여호와께서 그에게 명령하신 모든 것을 이스라엘 백성에게 일러 주었습니다.

특별한 약속

30 모세가 이스라엘 각 지파의 지도자들에게 여호와께서 명령하신 것을 말했습니다.

2 "누군가가 여호와께 어떤 약속을 했거나 어떤 특별한 일을 하지 않기로 맹세했다면, 그는 자기의 약속을 지켜라. 그는 자기가 말한 대로 하여라.

3 아직 시집을 가지 않은 여자가 여호와께 어떤 약속을 했거나 어떤 특별한 일을 하지 않기로 맹세했는데,

4 그의 아버지가 그 약속이나 맹세를 듣고 아무 말도 하지 않으면, 여자는 자기가 약속한 대로 하여라. 여자는 맹세한 것을 지켜라.

5 그러나 그의 아버지가 그 약속이나 맹세를 듣고 그것을 허락하지 않으면, 그 약속이나 맹세는 지키지 않아도 된다. 그의 아버지가 허락하지 않았기 때문에 여자가 약속을 지키지 않아도 여호와께서 여자를 용서해 주실 것이다.

6 여자가 어떤 맹세를 했거나 어떤 경솔한 약속을 한 가운데 결혼하는데,

7 그의 남편이 듣고 아무 말도 하지 않으면, 여자는 자기가 약속이나 맹세한 대로 하여라.

8 그러나 그의 남편이 그 약속이나 맹세를 듣고 그것을 허락하지 않으면, 여자가 한 맹세나 경솔한 약속은 무효가 될 것이다. 여자가 약속을 지

34 and liquid offering. •You must also sacrifice one male goat as a sin offering, in addition to the regular burnt offering with its accompanying grain offering and liquid offering.

35 • "On the eighth day of the festival, proclaim another holy day. You must do no ordinary

36 work on that day. •You must present a burnt offering as a special gift, a pleasing aroma to the LORD. It will consist of one young bull, one ram, and seven one-year-old male lambs, all with no

37 defects. •Each of these offerings must be accompanied by its prescribed grain offering and liquid

38 offering. •You must also sacrifice one male goat as a sin offering, in addition to the regular burnt offering with its accompanying grain offering and liquid offering.

39 • "You must present these offerings to the LORD at your annual festivals. These are in addition to the sacrifices and offerings you present in connection with vows, or as voluntary offerings, burnt offerings, grain offerings, liquid offerings, or peace offerings.

40 •*So Moses gave all of these instructions to the people of Israel as the LORD had commanded him.

Laws concerning Vows

30 •*"Then Moses summoned the leaders of the tribes of Israel and told them, "This is

2 what the LORD has commanded: •A man who makes a vow to the LORD or makes a pledge under oath must never break it. He must do exactly what he said he would do.

3 • "If a young woman makes a vow to the LORD or a pledge under oath while she is still liv-

4 ing at her father's home, •and her father hears of the vow or pledge and does not object to it, then

5 all her vows and pledges will stand. •But if her father refuses to let her fulfill the vow or pledge on the day he hears of it, then all her vows and pledges will become invalid. The LORD will forgive her because her father would not let her fulfill them.

6 • "Now suppose a young woman makes a vow or binds herself with an impulsive pledge

7 and later marries. •If her husband learns of her vow or pledge and does not object on the day he

8 hears of it, her vows and pledges will stand. •But if her husband refuses to accept her vow or impulsive pledge on the day he hears of it, he nullifies her commitments, and the LORD will

---

commitment [kəmítmənt] *n.* 서약, 약속
impulsive [impʌ́lsiv] *a.* 충동적인
invalid [ínvəlid] *a.* 무효의
nullify [nʌ́ləfài] *vt.* 파기(취소)하다
pledge [plédʒ] *n.* 맹세, 서약
proclaim [proukléim] *vt.* 선포하다
summon [sʌ́mən] *vt.* 소집하다

29:40 Verse 29:40 is numbered 30:1 in Hebrew text.
30:1 Verses 30:1-16 are numbered 30:2-17 in Hebrew text.

키지 않아도 여호와께서 여자를 용서해 주실 것이다.

9 과부나 이혼한 여자가 어떤 약속을 했다면, 그 여자는 무엇이든 약속한 것을 지켜라.

10 결혼한 여자가 어떤 약속이나 맹세를 했는데,

11 그의 남편이 듣고도 아무 말도 하지 않으면, 여자는 자기가 약속하거나 맹세한 대로 하여라.

12 그러나 그의 남편이 그 약속이나 맹세를 듣고 그것을 허락하지 않으면, 여자가 한 맹세나 약속은 무효가 될 것이다. 여자가 약속을 지키지 않아도 여호와께서 여자를 용서해 주실 것이다.

13 여자의 남편은, 여자가 한 어떤 약속이나 맹세를 지키게 하거나 취소시킬 수 있다.

14 그러나 여자의 남편이 여자의 맹세나 약속에 대해서 여러 날 동안, 아무 말도 하지 않으면, 여자는 자기 약속을 지켜라. 이는 남편이 여자의 약속을 듣고도 아무 말도 하지 않았기 때문이다.

15 그러나 남편이 여자의 약속이나 맹세를 듣고 한참 지난 뒤에 그것을 취소시키면, 여자의 죄를 남자가 져야 한다."

16 이것은 여호와께서 모세에게 주신 명령입니다. 이것은 남편과 아내에 관해, 그리고 아버지와 아직 시집가지 않은 딸에 관해 주신 명령입니다.

이스라엘이 미디안 사람을 공격하다

31 여호와께서 모세에게 말씀하셨습니다.

2 "미디안 사람에게 이스라엘 백성의 원수를 갚아라. 이 일을 마치고 나면 너는 죽을 것이다."

3 모세가 백성에게 말했습니다. "전쟁에 나갈 사람을 준비시키시오. 여호와께서 그들을 미디안 사람에게 보내어 원수를 갚게 하실 것이오.

4 이스라엘 각 지파에서 천 명씩을 전쟁에 내보내시오."

5 그리하여 이스라엘 각 지파에서 천 명씩 모여, 만이천 명이 전쟁에 나갈 준비를 했습니다.

6 모세는 각 지파에서 천 명씩 모인 사람을 전쟁에 내보냈습니다. 제사장 엘르아살의 아들 비느하스가 그들과 함께 나갔습니다. 비느하스는 성소의 기구들과 나팔을 가지고 갔습니다.

7 그들은 여호와께서 모세에게 명령하신 대로 미디안 사람과 싸웠습니다. 그들은 미디안의 남자를 다 죽였습니다.

8 그들이 죽인 사람 가운데는 에위와 레겜과 수르와 후르와 레바가 들어 있었습니다. 이들은 미디안의 다섯 왕입니다. 그들은 브올의 아들 발람도 칼로 죽였습니다.

9 이스라엘 백성은 미디안의 여자와 어린아이들을 포로로 붙잡았습니다. 그리고 미디안의 가축과 짐승과 모든 물건을 빼앗았습니다.

10 그런 다음에 이스라엘 백성은 미디안의 마을과 진을

---

9 forgive her. •If, however, a woman is a widow or is divorced, she must fulfill all her vows and pledges.

10 •"But suppose a woman is married and living in her husband's home when she makes a vow or binds herself with a pledge.

11 •If her husband hears of it and does not object to it, her vow or pledge will stand.

12 •But if her husband refuses to accept it on the day he hears of it, her vow or pledge will be nullified, and the LORD will forgive her.

13 •So her husband may either confirm or nullify any vows or pledges she makes to

14 deny herself. •But if he does not object on the day he hears of it, then he is agreeing to

15 all her vows and pledges. •If he waits more than a day and then tries to nullify a vow or pledge, he will be punished for her guilt."

16 •These are the regulations the LORD gave Moses concerning relationships between a man and his wife, and between a father and a young daughter who still lives at home.

Conquest of the Midianites

31 1-2 Then the LORD said to Moses, •"On behalf of the people of Israel, take revenge on the Midianites for leading them into idolatry. After that, you will die and join your ancestors."

3 •So Moses said to the people, "Choose some men, and arm them to fight the LORD's war of revenge against Midian.

4 •From each tribe of Israel, send 1,000 men

5 into battle." •So they chose 1,000 men from each tribe of Israel, a total of 12,000 men

6 armed for battle. •Then Moses sent them out, 1,000 men from each tribe, and Phinehas son of Eleazar the priest led them into battle. They carried along the holy objects of the sanctuary and the trumpets

7 for sounding the charge. •They attacked Midian as the LORD had commanded

8 Moses, and they killed all the men. •All five of the Midianite kings—Evi, Rekem, Zur, Hur, and Reba—died in the battle. They also killed Balaam son of Beor with the sword.

9 •Then the Israelite army captured the Midianite women and children and seized their cattle and flocks and all their wealth as

10 plunder. •They burned all the towns and villages where the Midianites had lived.

---

capture [kǽptʃər] *vt.* 사로잡다
confirm [kənfə́ːrm] *vt.* 굳게 하다
conquest [kánkwest] *n.* 정복
idolatry [aidálətri] *n.* 우상 숭배
nullify [nʌ́ləfái] *vt.* 무효로 하다
plunder [plʌ́ndər] *n.* 약탈품, 전리품
revenge [rivéndʒ] *n.* 복수
sanctuary [sǽŋktʃuèri] *n.* 성소
seize [síːz] *vt.* 빼앗다, 강탈하다

다 불살랐습니다.

11 이스라엘 백성은 사람과 짐승과 물건을 다 자기 것으로 삼았습니다.

12 그들은 모세와 제사장 엘르아살과 모든 이스라엘 백성에게 돌아갔습니다. 그들은 사로잡은 포로와 짐승과 물건들을 가지고 갔습니다. 이스라엘의 진은 요단 강에서 가까운 모압 평야, 곧 여리고 건너편에 있었습니다.

13 모세와 제사장 엘르아살과 백성의 모든 지도자들은 그들을 맞이하러 진 밖으로 나갔습니다.

14 모세는 전쟁에서 돌아온 장교들, 곧 천부장과 백부장들에게 화를 냈습니다.

15 모세가 그들에게 물었습니다. "왜 여자들을 살려 두었소?

16 이 여자들은 발람의 꾀를 좇아, 이스라엘 백성으로 하여금 브올에서 여호와께 반역하도록 만든 사람들이오. 그때에 끔찍한 병이 여호와의 백성을 치지 않았소?

17 미디안의 모든 사내아이를 죽이시오. 미디안의 여자 가운데서 남자와 동침한 적이 있는 여자는 다 죽이시오.

18 하지만 남자와 함께 잔 적이 없는 여자는 살려 두시오.

19 여러분 가운데 누구든지 사람을 죽였거나 시체를 만진 사람이 있으면 칠 일 동안 진 밖에 머물러 있으시오. 삼 일째 되는 날과 칠 일째 되는 날에 여러분은 여러분이 잡은 포로와 함께 깨끗하게 하는 의식을 해야 하오.

20 여러분은 옷이란 옷은 다 깨끗하게 해야 하오. 그밖에도 가죽이나 양털이나 나무로 만든 것을 다 깨끗하게 해야 하오.

21 제사장 엘르아살이 전쟁에 나갔던 군인들에게 말했습니다. "이것은 여호와께서 모세에게 주신 가르침이오.

22 금과 은과 구리와 철과 주석과 납을 불에 던져 넣으시오.

23 타지 않는 것들은 다 불에 던져 넣으시오. 그런 다음에 그것들을 깨끗하게 하는 물에 씻으시오. 그러면 깨끗해질 것입니다. 그러나 불에 타는 것은 물로 씻으시오.

24 칠 일째 되는 날에는 여러분의 옷을 빠십시오. 그래야 여러분이 깨끗해집니다. 그런 다음에야 여러분은 진으로 돌아올 수 있습니다."

빼앗은 물건을 나누다

25 여호와께서 모세에게 말씀하셨습니다.

26 "너와 제사장 엘르아살과 모든 무리의 지도자들은 사로잡은 사람은 물론 짐승과 빼앗은 물건을 세어라.

27 그래서 그것을 전쟁에 나갔던 군인들과 나머지 백성

---

11 •After they had gathered the plunder and
12 captives, both people and animals, •they brought them all to Moses and Eleazar the priest, and to the whole community of Israel, which was camped on the plains of Moab beside the Jordan River, across from
13 Jericho. •Moses, Eleazar the priest, and all the leaders of the community went to
14 meet them outside the camp. •But Moses was furious with all the generals and captains* who had returned from the battle.
15 • "Why have you let all the women
16 live?" he demanded. • "These are the very ones who followed Balaam's advice and caused the people of Israel to rebel against the LORD at Mount Peor. They are the ones
17 who caused the plague to strike the LORD's people. •So kill all the boys and all the women who have had intercourse with a
18 man. •Only the young girls who are virgins may live; you may keep them for
19 yourselves. •And all of you who have killed anyone or touched a dead body must stay outside the camp for seven days. You must purify yourselves and your cap-
20 tives on the third and seventh days. •Purify all your clothing, too, and everything made of leather, goat hair, or wood."
21 • Then Eleazar the priest said to the men who were in the battle, "The LORD has given Moses this legal requirement:
22 •Anything made of gold, silver, bronze, iron, tin, or lead—that is, all metals that do not burn—must be passed through fire in order to be made ceremonially pure. These metal objects must then be further purified with the water of purification. But everything that burns must be purified by
24 the water alone. •On the seventh day you must wash your clothes and be purified. Then you may return to the camp."

Division of the Plunder

25-26 •And the LORD said to Moses, • "You and Eleazar the priest and the family leaders of each tribe are to make a list of all the plunder taken in the battle, including the peo-
27 ple and animals. •Then divide the plunder into two parts, and give half to the men

---

captive [kǽptiv] *n.* 포로
ceremonially [sèrəmóuniəli] *ad.* 의식적으로
division [divíʒən] *n.* 분할; 분배
intercourse [íntərkɔ̀ːrs] *n.* 육체 관계
lead [led] *n.* 납
plague [pléig] *n.* 전염병
tin [tin] *n.* 주석

31:14 Hebrew *the commanders of thousands, and the commanders of hundreds;* also in 31:48, 52, 54.

에게 절반씩 나누어 주어라.

28 전쟁에 나갔던 군인들의 몫에서 나 여호와에게 바쳐야 할 것을 따로 떼어 놓아라. 여호와의 것은 사람이든 소든 나귀든 양이든 염소든, 모든 것의 오백분의 일이다.

29 이것을 군인들의 몫인 절반에서 떼어 제사장 엘르아살에게 주어라. 그것이 나 여호와에게 바칠 거제니라.

30 그리고 백성의 몫인 절반에서는 사람이든 소든 나귀든 양이든 염소든, 모든 것의 오십분의 일을 떼어서 여호와의 성막을 지키는 레위 사람에게 주어라.”

31 모세와 엘르아살은 여호와께서 모세에게 명령하신 대로 했습니다.

32 군인들이 빼앗아 온 것 가운데서 남은 것은 양이 육십칠만 오천 마리,

33 소가 칠만 이천 마리,

34 나귀가 육만 천 마리,

35 그리고 여자가 삼만 이천 명이었습니다. 이들은 남자와 함께 잔 적이 없는 여자들입니다.

36 전쟁에 나갔던 군인들의 몫은 양이 삼십삼만 칠천오백 마리였습니다.

37 그들은 양 육백일흔다섯 마리를 여호와께 드렸습니다.

38 소는 삼만 육천 마리가 군인들의 몫이었습니다. 그들은 그 가운데서 일흔두 마리를 여호와께 드렸습니다.

39 나귀는 삼만 오백 마리가 군인들의 몫이었습니다. 그들은 그 가운데서 예순한 마리를 여호와께 드렸습니다.

40 사람은 만 육천 명이 군인들의 몫이었습니다. 그들은 그 가운데서 서른두 명을 여호와께 드렸습니다.

41 모세는 여호와의 몫을 제사장 엘르아살에게 주었습니다. 이렇게 모세는 여호와께서 명령하신 대로 했습니다.

42 모세는 백성의 몫과 군인들의 몫을 절반씩 나누었습니다.

43 백성에게 돌아간 몫은 양 삼십삼만 칠천오백 마리와

44 소 삼만 육천 마리와

45 나귀 삼만 오백 마리와

46 사람 만 육천 명이었습니다.

47 모세는 백성의 몫 가운데서 사람과 짐승의 오십분의 일을 여호와께 드렸습니다. 모세는 그것을 여호와의 성막을 지키는 레위 사람들에게 주었습니다. 이렇게 모세는 여호와께서 명령하신 대로 했습니다.

48 군대의 장교들, 곧 천부장과 백부장이 모세에게 왔습니다.

49 그들이 모세에게 말했습니다. “당신의 종인 우리가 다스리고 있는 군인들 중에, 없어진 사람은 한 명도 없습니다.

50 그래서 여호와께 예물을 가져왔습니다. 우리가 저마

28 who fought the battle and half to the rest of the people. ●From the army's portion, first give the LORD his share of the plunder—one of every 500 of the prisoners and of the cattle, donkeys, sheep, and goats. ●Give this share of the army's half

29 to Eleazar the priest as an offering to the LORD. ●From the half that belongs to the

30 people of Israel, take one of every fifty of the prisoners and of the cattle, donkeys, sheep, goats, and other animals. Give this share to the Levites, who are in charge of

31 maintaining the LORD's Tabernacle." ●So Moses and Eleazar the priest did as the LORD commanded Moses.

32 ●The plunder remaining from everything the fighting men had taken totaled

33 675,000 sheep and goats, ●72,000 cattle,

34-35 ●61,000 donkeys, ●and 32,000 virgin girls.

36 ●Half of the plunder was given to the fighting men. It totaled 337,500 sheep and

37 goats, ●of which 675 were the LORD's

38 share; ●36,000 cattle, of which 72 were the

39 LORD's share; ●30,500 donkeys, of which

40 61 were the LORD's share; ●and 16,000 virgin girls, of whom 32 were the LORD's

41 share. ●Moses gave all the LORD's share to Eleazar the priest, just as the LORD had directed him.

42 ●Half of the plunder belonged to the people of Israel, and Moses separated it from the

43 half belonging to the fighting men. ●It

44 totaled 337,500 sheep and goats, ●36,000

45-46 cattle, ●30,500 donkeys, ●and 16,000

47 virgin girls. ●From the half-share given to the people, Moses took one of every fifty prisoners and animals and gave them to the Levites, who maintained the LORD's Tabernacle. All this was done as the LORD had commanded Moses.

48 ●Then all the generals and captains

49 came to Moses ●and said, "We, your servants, have accounted for all the men who went out to battle under our command;

50 not one of us is missing! ●So we are presenting the items of gold we captured as an offering to the LORD from our share of the plunder—armbands, bracelets, rings, earrings, and necklaces. This will purify our lives before the LORD and make us

---

account [əkáunt] *vi.* 책임을 지다(for)
atonement [ətóunmənt] *n.* 갚음, 보상
crafted [kræftid] *a.* 수공예로 만든
discourage [diskə́:ridʒ] *vt.* 낙담시키다
explore [ikspló:r] *vt.* 정탐하다
pentateuch [péntətju:k] *n.* 모세5경
reminder [rimáindər] *n.* 기념품
32:4 be suited for⋯ : ⋯에 적합하다(맞다)
32:5 find favor with : 남의 눈에 좋게 들다

다 얻은 것 가운데서 금붙이들, 곧 팔찌와 인장과 귀고리와 목걸이를 가져왔습니다. 이것은 우리 죄를 씻기 위해 가져온 것입니다."

51 모세와 제사장 엘르아살은 그 금붙이들을 받았습니다.

52 천부장과 백부장들이 여호와께 드린 금붙이는 모두 만 육천칠백오십 세겔이었습니다.

53 군인들은 내놓은 것 말고도 저마다 따로 빼앗아서 가지고 있는 것이 있었습니다.

54 모세와 제사장 엘르아살은 천부장과 백부장에게서 금을 받아 회막에 가져가서, 이스라엘 백성을 위한 기념으로 여호와 앞에 놓아두었습니다.

요단 강 동쪽 지파들

32 르우벤 자손과 갓 자손은 가축 떼를 많이 갖고 있었습니다. 그들은 야셀 땅과 길르앗 땅이 가축 떼를 치기에 좋다는 것을 알고,

2 모세와 제사장 엘르아살과 백성의 지도자들에게 와서 말했습니다.

3 "아다롯과 디본과 야셀과 니므라와 헤스본과 엘르알레와 스밤과 느보와 브온 땅은

4 여호와께서 우리를 위해 정복해 주신 땅입니다. 이 땅은 가축 떼를 치기에 좋은 곳입니다. 그런데 당신의 종인 우리에게는 가축 떼가 많이 있습니다.

5 우리를 좋게 여기신다면 이 땅을 우리에게 주십시오. 요단 강을 건너지 않게 해 주십시오."

6 모세가 갓과 르우벤 자손에게 말했습니다. "당신들의 형제들은 전쟁하러 나가는데, 당신들은 여기에 남겠단 말이오?

7 여호와께서 이스라엘 백성에게 주신 땅으로 그 백성이 들어가려고 하는데, 어찌하여 당신들은 그들의 사기를 꺾는 것이오?

8 당신들의 조상도 내가 가데스바네아에서 저 땅을 정탐하러 보냈을 때, 당신들과 똑같은 일을 했소.

9 그들은 에스골 골짜기까지 가서 그 땅을 살펴보고 나서는, 여호와께서 이스라엘 백성에게 주신 땅으로 그 백성이 들어가려는데, 그만 그 백성의 사기를 꺾어 놓고 말았소.

10 그날 여호와께서 크게 노하셔서 이렇게 맹세하셨소.

11 '이집트에서 나온 백성 가운데 스무 살 이상 된 사람은 내가 아브라함과 이삭과 야곱에게 약속했던 이 땅을 보지 못할 것이다. 그것은 그들이 나를 온전히 따르지 않았기 때문이다.

12 오직 그나스 사람 여분네의 아들 갈렙과 눈의 아들 여호수아가 여호와를 온전히 따랐도다.'

13 여호와께서는 이스라엘에게 크게 노하셨소. 그래서 이스라엘을 광야에서 사십 년 동안 떠돌게 하셨소. 그리하여 마침내 여호와께 죄를 지었던 백성은

right with him.*"

51 •So Moses and Eleazar the priest received the gold from all the military commanders—

52 all kinds of jewelry and crafted objects. •In all, the gold that the generals and captains presented as a gift to the LORD weighed

53 about 420 pounds.* •All the fighting men had taken some of the plunder for themselves.

54 •So Moses and Eleazar the priest accepted the gifts from the generals and captains and brought the gold to the Tabernacle* as a reminder to the LORD that the people of Israel belong to him.

The Tribes East of the Jordan

32 The tribes of Reuben and Gad owned vast numbers of livestock. So when they saw that the lands of Jazer and Gilead were ideally suited for their flocks and herds,

2 •they came to Moses, Eleazar the priest, and the other leaders of the community. They

3 said, • "Notice the towns of Ataroth, Dibon, Jazer, Nimrah, Heshbon, Elealeh, Sibmah,*

4 Nebo, and Beon. •The LORD has conquered this whole area for the community of Israel, and it is ideally suited for all our livestock.

5 •If we have found favor with you, please let us have this land as our property instead of giving us land across the Jordan River."

6 • "Do you intend to stay here while your brothers go across and do all the fighting?" Moses asked the men of Gad and Reuben.

7 • "Why do you want to discourage the rest of the people of Israel from going across to

8 the land the LORD has given them? •Your ancestors did the same thing when I sent them from Kadesh-barnea to explore the

9 land. •After they went up to the valley of Eshcol and explored the land, they discouraged the people of Israel from entering the

10 land the LORD was giving them. •Then the LORD was very angry with them, and he

11 vowed, • 'Of all those I rescued from Egypt, no one who is twenty years old or older will ever see the land I swore to give to Abraham, Isaac, and Jacob, for they have not obeyed

12 me wholeheartedly. •The only exceptions are Caleb son of Jephunneh the Kenizzite and Joshua son of Nun, for they have wholeheartedly followed the LORD.'

13 • "The LORD was angry with Israel and made them wander in the wilderness for forty years until the entire generation that

---

31:50 Or *will make atonement for our lives before the LORD.* 31:52 Hebrew *16,750 shekels* [191 kilograms]. 31:54 Hebrew *the Tent of Meeting.* 32:3 As in Samaritan Pentateuch and Greek version (see also 32:38); Hebrew reads *Sebam.*

다 죽고 말았소.

14 당신들은 지금 당신들의 조상들과 똑같이 행동하고 있소. 당신들이 죄를 많이 지어 여호와가 이스라엘을 향해 더욱더 노하시게 만들었소.

15 당신들이 여호와를 따르지 않는다면 여호와께서는 또다시 이스라엘 백성을 광야에 내버려 두실 것이오. 당신들 때문에 모든 백성이 망하고 말 것이오."

16 그러자 르우벤 자손과 갓 자손이 모세에게 올라와 말했습니다. "우리는 여기에 가축의 우리를 만들고, 아내와 자식들이 살 성을 쌓겠습니다.

17 그래서 우리 가족들이 이 땅에 사는 백성에게서 위협을 당하지 않고, 안전하게 살 수 있도록 강하고 튼튼한 성을 쌓은 다음에, 우리도 전쟁 준비를 해서 다른 이스라엘 백성도 땅을 얻을 수 있도록 도와 주겠습니다.

18 모든 이스라엘 백성이 땅을 얻을 때까지는 우리도 집으로 돌아가지 않겠습니다.

19 우리가 받은 땅은 요단 강 동쪽이므로 서쪽 땅은 우리가 나누어 받지 않겠습니다."

20 그러자 모세가 그들에게 말했습니다. "당신들이 지금 말한 대로 해야 하오. 당신들은 여호와 앞에서 전쟁에 나가야 하오.

21 당신들은 무기를 들고 요단 강을 건너야 하오. 여호와께서 원수를 쫓아내실 것이오.

22 여호와께서 우리를 도우셔서 저 땅을 차지하게 하시면, 당신들은 집으로 돌아가도 좋소. 당신들은 여호와와 이스라엘에게 해야 할 의무를 다한 것이오. 그렇게 하기만 하면 이 땅을 가져도 좋소.

23 그러나 당신들이 그대로 하지 않으면, 당신들은 여호와께 죄를 짓는 것이오. 확실히 알아 두시오. 당신들은 당신들의 죄 때문에 벌을 받을 것이오.

24 당신들의 아내와 자식들을 위해 성을 쌓고, 가축을 위해 우리를 지으시오. 그러나 약속한 것은 반드시 지켜야 하오."

25 갓 자손과 르우벤 자손이 모세에게 말했습니다. "우리는 당신의 종입니다. 우리는 어르신이 명령하신 대로 하겠습니다.

26 우리 아내와 자식과 우리의 모든 가축은 길르앗 성에 남겨 두겠습니다.

27 그러나 당신의 종인 우리는 전쟁에 나갈 준비를 해서, 어르신이 말씀하신 대로 여호와를 위해 싸우겠습니다."

28 모세가 그들에 관하여 제사장 엘르아살과 눈의 아들 여호수아와 이스라엘 각 지파의 지도자들에게 명령을 내렸습니다.

29 모세가 그들에게 말했습니다. "만약 갓 자손과 르우벤 자손이 여호와 앞에서 전쟁에 나갈 준비를 하고,

14 sinned in the LORD's sight had died. ●But here you are, a brood of sinners, doing exactly the same thing! You are making the LORD

15 even angrier with Israel. ●If you turn away from him like this and he abandons them again in the wilderness, you will be responsible for destroying this entire nation!"

16 ●But they approached Moses and said, "We simply want to build pens for our live-

17 stock and fortified towns for our wives and children. ●Then we will arm ourselves and lead our fellow Israelites into battle until we have brought them safely to their land. Meanwhile, our families will stay in the forti-

18 fied towns we build here, so they will be safe from any attacks by the local people. ●We will not return to our homes until all the people of Israel have received their portions

19 of land. ●But we do not claim any of the land on the other side of the Jordan. We would rather live here on the east side and accept this as our grant of land."

20 ●Then Moses said, "If you keep your word and arm yourselves for the LORD's bat-

21 tles, ●and if your troops cross the Jordan and keep fighting until the LORD has driven out

22 his enemies, ●then you may return when the LORD has conquered the land. You will have fulfilled your duty to the LORD and to the rest of the people of Israel. And the land on the east side of the Jordan will be your

23 property from the LORD. ●But if you fail to keep your word, then you will have sinned against the LORD, and you may be sure that

24 your sin will find you out. ●Go ahead and build towns for your families and pens for your flocks, but do everything you have promised."

25 ●Then the men of Gad and Reuben replied, "We, your servants, will follow your

26 instructions exactly. ●Our children, wives, flocks, and cattle will stay here in the towns

27 of Gilead. ●But all who are able to bear arms will cross over to fight for the LORD, just as you have said."

28 ●So Moses gave orders to Eleazar the priest, Joshua son of Nun, and the leaders of

29 the clans of Israel. ●He said, "The men of Gad and Reuben who are armed for battle must cross the Jordan with you to fight for

---

abandon [əbǽndən] *vt.* 저버리다
brood [brúːd] *n.* 무리
fortify [fɔ́ːrtəfài] *vt.* 요새화시키다
grant [grænt] *n.* 권리부여
pen [pen] *n.* 우리
property [prápərti] *n.* 재산
troop [truːp] *n.* 군대
32:20 arm oneself : 전쟁 상태에 들어가다
32:21 drive out : 내쫓다
32:27 bear arms : 무장하다, 싸우다

여러분과 함께 요단강을 건너 저 땅을 차지할 때까지 도와주면, 여러분도 그들에게 길르앗 땅을 주시오.

30 그러나 만약 그들이 전쟁에 나갈 준비를 하지 않은 채 요단강을 건너지 않으면, 이 땅을 주지 말고 여러분과 함께 가나안 땅을 얻게 하시오."

31 갓 자손과 르우벤 자손이 대답했습니다. "우리는 당신의 종입니다. 우리는 여호와께서 말씀하신 대로 하겠습니다.

32 우리는 전쟁 준비를 하고, 여호와 앞에서 요단강을 건너 가나안으로 가겠습니다. 하지만 우리가 가질 땅은 요단강 동쪽이 될 것입니다."

33 그리하여 모세는 그 땅을 갓 자손과 르우벤 자손과 므낫세 지파 절반에게 주었습니다. 므낫세는 요셉의 아들입니다. 그 땅은 원래 아모리 사람 시혼과 바산 왕 옥의 나라였습니다. 그들 나라의 모든 성과 그 둘레의 땅도 그 땅에 포함됩니다.

34 갓 자손은 디본과 아다롯과 아로엘과

35 아다롯소반과 야셀과 욕브하와

36 벧니므라와 벧하란 성들을 새로 쌓았습니다. 이 성들은 견고하고 성벽도 있는 성들입니다. 그들은 양의 우리도 만들었습니다.

37 르우벤 자손은 헤스본과 엘르알레와 기랴다임과

38 느보와 바알므온과 십마 성들을 쌓았습니다. 그들은 성을 쌓은 다음에 느보와 바알므온의 이름을 바꾸었습니다.

39 므낫세의 아들 마길의 자손은 길르앗으로 가서 길르앗을 점령했습니다. 그들은 그곳에 살던 아모리 사람을 쫓아냈습니다.

40 그래서 모세는 길르앗을 므낫세의 아들 마길의 가족에게 주었습니다. 마길의 가족은 길르앗에 머물러 살았습니다.

41 므낫세의 아들 야일은 그곳의 작은 마을들을 점령하고, 그 이름을 '야일 마을'이란 뜻으로 하봇야일이라고 불렀습니다.

42 노바는 그낫과 그 둘레의 작은 마을들을 점령하고, 자기 이름을 따서 그 이름을 노바라고 불렀습니다.

이집트에서 모압까지

33 이스라엘 백성이 이집트에서 나와서 모세와 아론이 인도하는 가운데 부대를 짜서 거쳐간 곳은 이러합니다.

2 여호와의 명령에 따라 모세는 그들이 거쳐 간 곳을 적어 두었습니다. 이스라엘 백성이 거쳐 간 곳은 이러합니다.

3 첫째 달 십오 일*에 그들은 라암셋을 떠났습니다. 그날은 유월절 다음날이었습니다. 이스라엘 백성

the LORD. If they do, give them the land of Gilead as their property when the land is conquered. 30 •But if they refuse to arm themselves and cross over with you, then they must accept land with the rest of you in the land of Canaan."

31 •The tribes of Gad and Reuben said again, "We are your servants, and we will do as the 32 LORD has commanded! •We will cross the Jordan into Canaan fully armed to fight for the LORD, but our property will be here on this side of the Jordan."

33 •So Moses assigned land to the tribes of Gad, Reuben, and half the tribe of Manasseh son of Joseph. He gave them the territory of King Sihon of the Amorites and the land of King Og of Bashan—the whole land with its cities and surrounding lands.

34 •The descendants of Gad built the towns of 35 Dibon, Ataroth, Aroer, •Atroth-shophan, 36 Jazer, Jogbehah, •Beth-nimrah, and Beth-haran. These were all fortified towns with pens for their flocks.

37 •The descendants of Reuben built the to-38 wns of Heshbon, Elealeh, Kiriathaim, •Nebo, Baal-meon, and Sibmah. They changed the names of some of the towns they conquered and rebuilt.

39 •Then the descendants of Makir of the tribe of Manasseh went to Gilead and conquered it, and they drove out the Amorites liv-40 ing there. •So Moses gave Gilead to the Makirites, descendants of Manasseh, and they 41 settled there. •The people of Jair, another clan of the tribe of Manasseh, captured many of the towns in Gilead and changed the name of 42 that region to the Towns of Jair.* •Meanwhile, a man named Nobah captured the town of Kenath and its surrounding villages, and he renamed that area Nobah after himself.

Remembering Israel's Journey

33 This is the route the Israelites followed as they marched out of Egypt under the 2 leadership of Moses and Aaron. •At the LORD's direction, Moses kept a written record of their progress. These are the stages of their march, identified by the different places where they stopped along the way.

3 •They set out from the city of Rameses in early spring—on the fifteenth day of the first month*—on the morning after the first

---

assign [əsáin] *vt.* 할당하다
capture [kǽptʃər] *vt.* 점령하다
stage [steidʒ] *n.* 여정

32:41 Hebrew *Havvoth-jair.*　33:3 This day in the ancient Hebrew lunar calendar occurred in late March, April, or early May.

33:3 이날은 3월 말에서 4월 초에 해당된다.

은 모든 이집트 사람 앞에서 당당하게 행진했
습니다.

4 이집트 사람들은 그때, 여호와께서 쳐서 죽이
신 그들의 맏아들을 장사 지내고 있었습니다.
여호와께서는 이집트 사람들이 믿는 거짓 신들
에게 벌을 주셨습니다.

5 이스라엘 백성은 라암셋을 떠나 숙곳에 진을 쳤
습니다.

6 그들은 숙곳을 떠나 에담에 진을 쳤습니다. 에
담은 광야의 변두리에 있습니다.

7 그들은 에담을 떠나 비하히롯으로 돌아갔습니
다. 비하히롯은 바알스본의 동족에 있습니다.
그들은 믹돌 부근에 진을 쳤습니다.

8 비하히롯을 떠나서는 바다를 건너 광야로 들어
갔습니다. 에담 광야를 삼일 동안 걸은 후에 그
들은 마라에 진을 쳤습니다.

9 마라를 떠나서는 엘림으로 갔습니다. 그들이
진을 친 곳에는 샘이 열두 개가 있었고 종려나
무가 칠십 그루가 있었습니다.

10 엘림을 떠나서는 홍해 부근에 진을 쳤습니다.

11 홍해를 떠나서는 신 광야에 진을 쳤습니다.

12 신 광야를 떠나서는 돕가에 진을 쳤습니다.

13 돕가를 떠나서는 알루스에 진을 쳤습니다.

14 알루스를 떠나서는 르비딤에 진을 쳤는데 그
곳에는 백성이 마실 물이 없었습니다.

15 르비딤을 떠나서는 시내 광야에 진을 쳤습니
다.

16 시내 광야를 떠나서는 기브롯핫다아와에 진을
쳤습니다.

17 기브롯핫다아와를 떠나서는 하세롯에 진을 쳤
습니다.

18 하세롯을 떠나서는 릿마에 진을 쳤습니다.

19 릿마를 떠나서는 림몬베레스에 진을 쳤습니
다.

20 림몬베레스를 떠나서는 립나에 진을 쳤습니
다.

21 립나를 떠나서는 릿사에 진을 쳤습니다.

22 릿사를 떠나서는 그헬라다에 진을 쳤습니다.

23 그헬라다를 떠나서는 세벨산에 진을 쳤습니다.

24 세벨 산을 떠나서는 하라다에 진을 쳤습니다.

25 하라다를 떠나서는 막헬롯에 진을 쳤습니다.

26 막헬롯을 떠나서는 다핫에 진을 쳤습니다.

27 다핫을 떠나서는 데라에 진을 쳤습니다.

28 데라를 떠나서는 밋가에 진을 쳤습니다.

29 밋가를 떠나서는 하스모나에 진을 쳤습니다.

30 하스모나를 떠나서는 모세롯에 진을 쳤습니
다.

Passover celebration. The people of Israel left defi-
antly, in full view of all the Egyptians. •Mean- [4]
while, the Egyptians were burying all their first-
born sons, whom the LORD had killed the night
before. The LORD had defeated the gods of Egypt
that night with great acts of judgment!

5 •After leaving Rameses, the Israelites set up
camp at Succoth.

6 •Then they left Succoth and camped at Etham
on the edge of the wilderness.

7 •They left Etham and turned back toward
Pi-hahiroth, opposite Baal-zephon, and
camped near Migdol.

8 •They left Pi-hahiroth* and crossed the Red Sea*
into the wilderness beyond. Then they trav-
eled for three days into the Etham wilder-
ness and camped at Marah.

9 •They left Marah and camped at Elim, where
there were twelve springs of water and sev-
enty palm trees.

10 •They left Elim and camped beside the Red Sea.*

11 •They left the Red Sea and camped in the
wilderness of Sin.*

12 •They left the wilderness of Sin and camped at
Dophkah.

13 •They left Dophkah and camped at Alush.

14 •They left Alush and camped at Rephidim,
where there was no water for the people to
drink.

15 •They left Rephidim and camped in the wilder-
ness of Sinai.

16 •They left the wilderness of Sinai and camped at
Kibroth-hattaavah.

17 •They left Kibroth-hattaavah and camped at
Hazeroth.

18 •They left Hazeroth and camped at Rithmah.

19 •They left Rithmah and camped at Rimmon-perez.

20 •They left Rimmon-perez and camped at
Libnah.

21 •They left Libnah and camped at Rissah.

22 •They left Rissah and camped at Kehelathah.

23 •They left Kehelathah and camped at Mount
Shepher.

24 •They left Mount Shepher and camped at
Haradah.

25 •They left Haradah and camped at Makheloth.

26 •They left Makheloth and camped at Tahath.

27 •They left Tahath and camped at Terah.

28 •They left Terah and camped at Mithcah.

29 •They left Mithcah and camped at Hashmonah.

30 •They left Hashmonah and camped at Mo-
seroth.

33:8a As in many Hebrew manuscripts, Samaritan
Pentateuch, and Latin Vulgate (see also 33:7); most
Hebrew manuscripts read *left from in front of Hahi-
roth*. 33:8b Hebrew *the sea*. 33:10 Hebrew *sea of
reeds*. 33:11 The geographical name
Sin is related to *Sinai* and should not be confused
with the English word *sin*.

31 모세롯을 떠나서는 브네야아간에 진을 쳤습니다.

32 브네야아간을 떠나서는 홀하깃갓에 진을 쳤습니다.

33 홀하깃갓을 떠나서는 욧바다에 진을 쳤습니다.

34 욧바다를 떠나서는 아브로나에 진을 쳤습니다.

35 아브로나를 떠나서는 에시온게벨에 진을 쳤습니다.

36 에시온게벨을 떠나서는 신 광야의 가데스에 진을 쳤습니다.

37 가데스를 떠나서는 호르 산에 진을 쳤습니다. 호르 산은 에돔의 국경에 있습니다.

38 제사장 아론은 여호와의 명령을 따라 호르 산에 올라가서 죽었습니다. 그때는 이스라엘 백성이 이집트를 떠난 지 사십 년 되던 해의 다섯째 달 첫째 날*이었습니다.

39 아론이 호르 산에서 죽을 때의 나이는 백이십삼 세였습니다.

40 가나안 남쪽 네게브에 살고 있던 아랏 왕이 이스라엘 백성이 오고 있다는 소식을 들었습니다.

41 이스라엘 백성은 호르 산을 떠나 살모나에 진을 쳤습니다.

42 살모나를 떠나서는 부논에 진을 쳤습니다.

43 부논을 떠나서는 오봇에 진을 쳤습니다.

44 오봇을 떠나서는 이예아바림에 진을 쳤습니다. 이예아바림은 모압의 국경에 있습니다.

45 이예아바림을 떠나서는 디본갓에 진을 쳤습니다.

46 디본갓을 떠나서는 알몬디블라다임에 진을 쳤습니다.

47 알몬디블라다임을 떠나서는 느보 부근 아바림 산에 진을 쳤습니다.

48 아바림 산을 떠나서는 모압 평야에 진을 쳤습니다. 모압 평야는 요단 강가, 여리고 건너편에 있습니다.

49 이스라엘 백성은 요단 강을 따라서 모압 평야에 진을 쳤습니다. 그들의 진은 벧여시못에서 아벨싯딤까지 이어졌습니다.

50 요단 강가의 모압 평야, 곧 여리고 건너편에서 여호와께서 모세에게 말씀하셨습니다.

51 "이스라엘 백성에게 전하여라. '요단 강을 건너 가나안으로 들어가거라.

52 그곳에 사는 백성을 쫓아내어라. 그들이 새겨서 만든 우상이나 쇠로 만든 우상을 다 부수어라. 그들의 예배하는 장소도 다 헐어 버려라.

53 그 땅을 차지하고 그 땅에 눌러 살아라. 내가 그

31 •They left Moseroth and camped at Bene-jaakan.

32 •They left Bene-jaakan and camped at Hor-haggidgad.

33 •They left Hor-haggidgad and camped at Jotbathah.

34 •They left Jotbathah and camped at Abronah.

35 •They left Abronah and camped at Ezion-geber.

36 •They left Ezion-geber and camped at Kadesh in the wilderness of Zin.

37 •They left Kadesh and camped at Mount Hor, at
38 the border of Edom. •While they were at the foot of Mount Hor, Aaron the priest was directed by the LORD to go up the mountain, and there he died. This happened in mid-summer, on the first day of the fifth month* of the fortieth year after Israel's departure
39 from Egypt. •Aaron was 123 years old when he died there on Mount Hor.

40 •At that time the Canaanite king of Arad, who lived in the Negev in the land of Canaan, heard that the people of Israel were approaching his land.

41 •Meanwhile, the Israelites left Mount Hor and camped at Zalmonah.

42 •Then they left Zalmonah and camped at Punon.

43 •They left Punon and camped at Oboth.

44 •They left Oboth and camped at Iye-abarim on the border of Moab.

45 •They left Iye-abarim* and camped at Dibon-gad.

46 •They left Dibon-gad and camped at Almon-diblathaim.

47 •They left Almon-diblathaim and camped in the mountains east of the river,* near Mount Nebo.

48 •They left the mountains east of the river and camped on the plains of Moab beside the
49 Jordan River, across from Jericho. •Along the Jordan River they camped from Beth-jeshimoth as far as the meadows of Acacia* on the plains of Moab.

50 •While they were camped near the Jordan River on the plains of Moab opposite Jericho, the
51 LORD said to Moses, • "Give the following instructions to the people of Israel: When you cross the
52 Jordan River into the land of Canaan, •you must drive out all the people living there. You must destroy all their carved and molten images
53 and demolish all their pagan shrines. •Take possession of the land and settle in it, because I have

33:53 settle in : 거처를 정하다

33:38 This day in the ancient Hebrew lunar calendar occurred in July or August. 33:45 As in 33:44; Hebrew reads *Iyim,* another name for Iye-abarim. 33:47 Or *the mountains of Abarim;* also in 33:48. 33:49 Hebrew *as far as Abel-shittim.*

33:38 이날은 7월에서 8월 초에 해당된다.

땅을 너희의 것으로 주었다.

54 제비를 뽑아 집안별로 그 땅을 나누어 가져라. 큰 집안에는 더 넓은 땅을 주고, 작은 집안에는 그보다 좁은 땅을 주어라. 제비를 뽑아 나오는 대로 지파마다 땅을 나누어 가지도록 하여라.

55 그러나 만약 너희가 그 땅의 백성을 쫓아내지 않으면, 그들이 너희에게 재앙을 불러올 것이다. 그들은 너희 눈에 가시와 같을 것이고, 너희 옆구리에 바늘과 같을 것이다. 그들은 너희가 사는 땅에 재앙을 불러올 것이다.

56 내가 그들에게 벌을 내리기로 계획했던 것처럼 너희에게 벌을 내리겠다.'"

가나안의 경계

34 여호와께서 모세에게 말씀하셨습니다.
2 "이 명령을 이스라엘 백성에게 전하여라. '너희는 곧 가나안에 들어갈 것이다. 가나안은 너희 땅이 될 것이다. 가나안의 경계는 이러하다.

3 남쪽으로는 너희가 신 광야의 일부를 얻을 것이다. 그곳은 에돔 국경에서 가깝다. 너희의 남쪽 경계는 동쪽 사해의 끝에서부터 시작된다.

4 거기에서 아그랍빔 언덕 남쪽을 건너, 신 광야와 가데스바네아 남쪽을 지나, 하살아달을 지나 아스몬으로 이어진다.

5 아스몬에서는 이집트 시내로 이어지고 지중해에서 끝난다.

6 너희의 서쪽 경계는 지중해가 된다. 이것이 너희의 서쪽 경계이다.

7 너희의 북쪽 경계는 지중해에서부터 호르 산을 지나

8 하맛 어귀로 이어진다. 하맛 어귀에서는 스닷으로 이어지며,

9 스닷에서는 시브론을 지나 하살에난에서 끝난다. 이것이 너희의 북쪽 경계이다.

10 너희의 동쪽 경계는 하살에난에서부터 스밤을 지나,

11 아인 동쪽을 지나 리블라로 이어진다. 리블라에서는 긴네렛 바다* 동쪽 산악 지대를 따라 이어지며,

12 거기에서 다시 요단 강을 따라 내려가다가 사해에서 끝난다. 이것이 너희 나라의 사방 경계이다.'

13 모세는 이스라엘 백성에게 이 명령을 전했습니다. "이 땅이 여러분이 받을 땅이오. 제비를 뽑아 아홉 지파와 절반 지파에게 이 땅을 분배하시오. 여호와께서 이 땅을 여러분의 몫으로 주라고 명령하셨소.

14 르우벤과 갓과 므낫세 지파 절반은 이미 그들 몫

---

54 given it to you to occupy. •You must distribute the land among the clans by sacred lot and in proportion to their size. A larger portion of land will be allotted to each of the larger clans, and a smaller portion will be allotted to each of the smaller clans. The decision of the sacred lot is final. In this way, the portions of land will be divided among your ancestral
55 tribes. •But if you fail to drive out the people who live in the land, those who remain will be like splinters in your eyes and thorns in your sides. They will harass you in the land
56 where you live. •And I will do to you what I had planned to do to them."

Boundaries of the Land

34 1-2 Then the LORD said to Moses, • "Give these instructions to the Israelites: When you come into the land of Canaan, which I am giving you as your special possession, these
3 will be the boundaries. •The southern portion of your country will extend from the wilderness of Zin, along the edge of Edom. The southern boundary will begin on the east at
4 the Dead Sea.* •It will then run south past Scorpion Pass* in the direction of Zin. Its southernmost point will be Kadesh-barnea, from which it will go to Hazar-addar, and on
5 to Azmon. •From Azmon the boundary will turn toward the Brook of Egypt and end at the Mediterranean Sea.*
6 • "Your western boundary will be the coastline of the Mediterranean Sea.
7 • "Your northern boundary will begin at the Mediterranean Sea and run east to Mount
8 Hor, •then to Lebo-hamath, and on through
9 Zedad •and Ziphron to Hazar-enan. This will be your northern boundary.
10 • "The eastern boundary will start at Hazar-
11 enan and run south to Shepham, •then down to Riblah on the east side of Ain. From there the boundary will run down along the
12 eastern edge of the Sea of Galilee,* •and then along the Jordan River to the Dead Sea. These are the boundaries of your land."
13 •Then Moses told the Israelites, "This territory is the homeland you are to divide among yourselves by sacred lot. The LORD has commanded that the land be divided among the
14 nine and a half remaining tribes. •The families of the tribes of Reuben, Gad, and half the tribe of Manasseh have already received their

---

boundary [báundəri] *n.* 경계
harass [hərǽs] *vt.* 괴롭히다
splinter [splíntər] *n.* 가시

34:3 Hebrew *Salt Sea;* also in 34:12.   34:4 Or *the ascent of Akrabbim.*   34:5 Hebrew *the sea;* also in 34:6, 7.   34:11 Hebrew *Sea of Kinnereth.*

34:11 '긴네렛 바다'는 '갈릴리 호수'를 뜻한다.

의 땅을 받았소.

15 이 두 지파와 절반 지파는 요단강 동쪽 땅, 곧 여리고 건너편 땅을 받았소.”

16 여호와께서 모세에게 말씀하셨습니다.

17 “이 땅을 나눌 사람은 제사장 엘르아살과 눈의 아들 여호수아이다.

18 그리고 각 지파에서 지도자 한 사람씩을 뽑아라. 그들도 땅을 나눌 것이다.

19 지도자들의 이름은 이러하다. 유다 지파에서는 여분네의 아들 갈렙,

20 시므온 지파에서는 암미훗의 아들 스무엘,

21 베냐민 지파에서는 기슬론의 아들 엘리닷,

22 단 지파에서는 요글리의 아들 북기,

23 요셉의 아들 므낫세 지파에서는 에봇의 아들 한니엘,

24 요셉의 아들 에브라임 지파에서는 십단의 아들 그므엘,

25 스불론 지파에서는 바르낙의 아들 엘리사반,

26 잇사갈 지파에서는 앗산의 아들 발디엘,

27 아셀 지파에서는 슬로미의 아들 아히훗,

28 납달리 지파에서는 암미훗의 아들 브다헬이다.”

29 여호와께서는 이 사람들을 시켜 가나안 땅을 이스라엘 백성에게 나누어 주게 하셨습니다.

레위 사람의 성

35 여호와께서 요단 강가의 모압 평야, 곧 여리고 건너편에서 모세에게 말씀하셨습니다.

2 “이스라엘 백성에게 명령하여, 그들이 받을 성 가운데서 레위 사람이 살 성을 주게 하여라. 그리고 레위 사람에게 그 성 둘레의 목초지도 주게 하여라.

3 그래야 레위 사람도 살 성을 얻게 될 것이며, 소 떼와 양 떼와 다른 짐승을 먹일 목초지를 갖게 될 것이다.

4 레위 사람에게 줄 목초지는 성벽에서부터 천 규빗* 떨어진 곳까지이다.

5 또 성벽에서부터 각 방향으로 이천 규빗씩을 재어라. 성의 동쪽으로 이천 규빗을 재고, 성의 남쪽으로도 이천 규빗을 재고, 성의 서쪽으로도 이천 규빗을 재고, 성의 북쪽으로도 이천 규빗을 재어라. 성은 그 한가운데에 있어야 한다. 이것이 레위 사람들이 사는 성의 목초지이다.”

도피성

6 “너희가 레위 사람에게 줄 성 가운데 여섯 성은 도피성이다. 누구든지 실수로 살인을 한 사람은 그 도피성 가운데 한 곳으로 도망갈 수 있다. 너희는 또 다른 성 마흔두 곳을 레위 사람에게 주어야 한다.

15 grants of land • on the east side of the Jordan River, across from Jericho toward the sunrise."

Leaders to Divide the Land

16-17 And the LORD said to Moses, • "Eleazar the priest and Joshua son of Nun are the men designated to divide the grants of land among the people. • Enlist one leader from each tribe to
18 help them with the task. • These are the tribes
19 and the names of the leaders:

Tribe	Leader
Judah	Caleb son of Jephunneh
20 • Simeon	Shemuel son of Ammihud
21 • Benjamin	Elidad son of Kislon
22 • Dan	Bukki son of Jogli
23 • Manasseh son of Joseph	Hanniel son of Ephod
24 • Ephraim son of Joseph	Kemuel son of Shiphtan
25 • Zebulun	Elizaphan son of Parnach
26 • Issachar	Paltiel son of Azzan
27 • Asher	Ahihud son of Shelomi
28 • Naphtali	Pedahel son of Ammihud

29 • These are the men the LORD has appointed to divide the grants of land in Canaan among the Israelites."

Towns for the Levites

35 While Israel was camped beside the Jordan on the plains of Moab across
2 from Jericho, the LORD said to Moses, • "Command the people of Israel to give to the Levites from their property certain towns to live in, along with the surrounding pasturelands.
3 • These towns will be for the Levites to live in, and the surrounding lands will provide pasture for their cattle, flocks, and other livestock.
4 • The pastureland assigned to the Levites around these towns will extend 1,500 feet* from the town walls in every direction.
5 • Measure off 3,000 feet* outside the town walls in every direction—east, south, west, north—with the town at the center. This area will serve as the larger pastureland for the towns.
6 • "Six of the towns you give the Levites will be cities of refuge, where a person who has accidentally killed someone can flee for safety. In addition, give them forty-two other towns.

accidentally [æksədéntəli] *ad.* 우연히
assign [əsáin] *vt.* 할당하다
designated [dézignètid] *a.* 지정된
flee [fliː] *vi.* 도망하다
surrounding [səráundiŋ] *a.* 사면의

35:4 Hebrew *1,000 cubits* [460 meters].　35:5 Hebrew *2,000 cubits* [920 meters].
35:4 1,000규빗은 약 450m에 해당된다.

7 레위 사람에게 모두 마흔여덟 성과 그 목초지를 주어라.

8 이스라엘 지파 가운데서 큰 지파일수록 성을 더 많이 주고, 작은 지파일수록 적게 주어야 한다. 각 지파는 가지고 있는 성 가운데 얼마를 레위 사람에게 주어야 한다. 각 지파는 가지고 있는 땅의 크기에 따라 성을 많이 주거나 적게 주어야 한다."

9 여호와께서 모세에게 말씀하셨습니다.

10 "이스라엘 백성에게 전하여라. 너희는 요단 강을 건너 가나안 땅으로 들어갈 것이다.

11 너희는 여러 성 가운데서 도피성을 골라 누구든지 실수로 살인한 사람은 그 도피성으로 도망갈 수 있게 하여라.

12 그곳에서 그는 살인자에게 벌을 줄 의무가 있는 죽은사람의 친척의 복수를 피할 수 있다. 그는 재판정에서 재판을 받을 때까지는 죽임을 당하지 않을 것이다.

13 너희가 줄 성 가운데 여섯 성은 도피성이다.

14 요단강 동쪽의 세 성과 가나안 지역의 세 성을 도피성으로 주어라.

15 이 여섯 성은 이스라엘 자손을 위한 도피성이 될 것이다. 이 도피성들은 외국인과 무역하는 상인들에게도 해당되니, 누구든지 실수로 살인한 사람은 이 여섯 성 가운데 한 성으로 도망갈 수 있다.

16 쇠 무기를 가지고 사람을 죽인 사람은 모두 살인자니 그런 사람은 죽여야 한다.

17 사람을 죽일 만한 돌을 가지고 사람을 죽인 사람도 살인자이다. 그런 사람은 죽여야 한다.

18 사람을 죽일 만한 나무 무기를 가지고 사람을 죽인 사람 역시 살인자이므로 그런 사람은 죽여야 한다.

19 죽은 사람의 가장 가까운 친척은 살인자를 만나면 죽여야 한다.

20 다른 사람을 미워해서 밀쳐 죽이거나, 숨어서 기다리고 있다가 무엇을 던져서 죽이거나,

21 주먹으로 쳐서 죽이면 그는 살인자니, 그런 사람은 죽여야 한다. 죽은 사람의 가장 가까운 친척은 살인자를 만나면 죽여야 한다.

22 그러나 미워하는 마음이 없이 실수로 사람을 밀치거나, 실수로 무엇을 던져서 사람을 맞히거나,

23 사람을 죽일 만한 돌을 실수로 떨어뜨려서 사람을 죽였다면, 그 사람은 해칠 마음이 없었고, 자기가 죽인 사람을 미워하지도 않았으므로,

24 이스라엘의 모든 무리는 어떻게 할 것인가를 결정해야 한다. 그들은 죽은 사람의 친척과 살인자 사이에서 판단해야 한다. 판단할 때의 규례는 이러하다.

25 무리는 살인자를 죽은 사람의 친척에게서 보호해 주어야 한다. 무리는 살인자를 그가 도망갔던 도피

---

7 •In all, forty-eight towns with the surrounding pastureland will be given to the Levites.

8 •These towns will come from the property of the people of Israel. The larger tribes will give more towns to the Levites, while the smaller tribes will give fewer. Each tribe will give property in proportion to the size of its land.

Cities of Refuge

9-10 •The LORD said to Moses, • "Give the following instructions to the people of Israel.

11 "When you cross the Jordan into the land of Canaan, •designate cities of refuge to which people can flee if they have killed

12 someone accidentally. •These cities will be places of protection from a dead person's relatives who want to avenge the death. The slayer must not be put to death before being

13 tried by the community. •Designate six

14 cities of refuge for yourselves, •three on the east side of the Jordan River and three on the west in the land of Canaan. •These cities are for the protection of Israelites, foreigners living among you, and traveling merchants. Anyone who accidentally kills someone may flee there for safety.

16 • "But if someone strikes and kills another person with a piece of iron, it is murder, and

17 the murderer must be executed. •Or if someone with a stone in his hand strikes and kills another person, it is murder, and

18 the murderer must be put to death. •Or if someone strikes and kills another person with a wooden object, it is murder, and the

19 murderer must be put to death. •The victim's nearest relative is responsible for putting the murderer to death. When they meet, the avenger must put the murderer to death.

20 •So if someone hates another person and waits in ambush, then pushes him or throws something at him and he dies, it is murder.

21 •Or if someone hates another person and hits him with a fist and he dies, it is murder. In such cases, the avenger must put the murderer to death when they meet.

22 • "But suppose someone pushes another person without having shown previous hostility, or throws something that unintention-

23 ally hits another person, •or accidentally drops a huge stone on someone, though they were not enemies, and the person dies.

24 •If this should happen, the community must follow these regulations in making a judgment between the slayer and the

25 avenger, the victim's nearest relative: •The community must protect the slayer from the avenger and must escort the slayer back to

avenge[əvéndʒ] *vt.* 복수하다
hostility[hɑstíləti] *n.* 적대감

성으로 돌려보내야 한다. 그는 그곳에서 거룩한 기름으로 기름 부음을 받은 대제사장이 죽을 때까지 머물러 있어야 한다.

26 그 사람은 도피성 밖으로 나가지 말아야 한다.

27 죽은 사람의 친척이 도피성 밖에서 그를 만났을 경우에 그를 죽여도 그 친척은 살인죄에 해당되지 않는다.

28 살인자는 대제사장이 죽을 때까지 도피성에 머물러 있어야 한다. 대제사장이 죽으면 그때는 자기 땅으로 돌아갈 수 있다.

29 이것은 너희가 사는 땅에서 지금부터 영원히 지켜야 할 규례이다.

30 살인자는 죽여야 한다. 그때는 살인한 것을 본 증인이 있어야 한다. 그러나 단지 증인 한 사람이 증언한 것으로는 살인자를 죽일 수 없다.

31 살인자는 죽여야 한다. 돈을 받고 그를 살려 주면 안 된다. 반드시 죽여야 한다.

32 대제사장이 죽기 전에 도피성으로 도망간 사람으로부터 돈을 받고, 그를 고향으로 돌려보내면 안 된다.

33 너희가 사는 땅을 더럽히면 안 된다. 죄 없는 사람을 죽인 죄를 씻는 길은 오직 한 가지뿐이다. 그것은 살인자를 죽이는 것이다.

34 나는 여호와이다. 나는 이스라엘 백성인 너희와 함께 그 땅에서 산다. 그러므로 살인을 하여 그 땅을 더럽히지 마라.' "

슬로브핫의 딸들을 위한 땅

36 길르앗 집안의 지도자들이 모세와 이스라엘 집안 지도자들에게 가서 말했습니다. 길르앗은 마길의 아들입니다. 마길은 므낫세의 아들이고, 므낫세는 요셉의 아들입니다.

2 "여호와께서 우리의 주인 당신에게 명령하여, 제비를 뽑아 이 땅을 이스라엘 백성에게 주라고 명령하셨습니다. 그리고 여호와께서는 우리의 형제 슬로브핫의 땅을 그의 딸들에게 주라고 명령하셨습니다.

3 하지만 슬로브핫의 딸들이 이스라엘의 다른 지파 사람들과 결혼을 하면, 그 땅은 우리 집안의 땅이 되지 않고 다른 지파 사람들의 땅이 될 것입니다. 그리하여 우리는 우리 땅 가운데서 얼마를 잃어버릴 것입니다.

4 희년이 돌아와도 슬로브핫의 딸들이 가진 땅은 다른 지파에게 돌아갈 것입니다. 그 땅은 그들이 결혼하는 사람들의 지파에게 주어질 것입니다. 그래서 우리 조상들에게서 받은 그 땅을 우리는 잃어버리고 말 것입니다."

5 모세가 여호와의 말씀에 따라 이스라엘 백성에게

live in the city of refuge to which he fled. There he must remain until the death of the high priest, who was anointed with the sacred oil.

26 • But if the slayer ever leaves the limits of
27 the city of refuge, • and the avenger finds him outside the city and kills him, it will not
28 be considered murder. • The slayer should have stayed inside the city of refuge until the death of the high priest. But after the death of the high priest, the slayer may return to
29 his own property. • These are legal requirements for you to observe from generation to generation, wherever you may live.

30 • "All murderers must be put to death, but only if evidence is presented by more than one witness. No one may be put to death on
31 the testimony of only one witness. • Also, you must never accept a ransom payment for the life of someone judged guilty of murder and subject to execution; murderers
32 must always be put to death. • And never accept a ransom payment from someone who has fled to a city of refuge, allowing a slayer to return to his property before the
33 death of the high priest. • This will ensure that the land where you live will not be polluted, for murder pollutes the land. And no sacrifice except the execution of the murder-
34 er can purify the land from murder.* • You must not defile the land where you live, for I live there myself. I am the LORD, who lives among the people of Israel."

Women Who Inherit Property

36 Then the heads of the clans of Gilead—descendants of Makir, son of Manasseh, son of Joseph—came to Moses and the family leaders of Israel with a petition.
2 • They said, "Sir, the LORD instructed you to divide the land by sacred lot among the people of Israel. You were told by the LORD to give the grant of land owned by our brother
3 Zelophehad to his daughters. • But if they marry men from another tribe, their grants of land will go with them to the tribe into which they marry. In this way, the total area
4 of our tribal land will be reduced. • Then when the Year of Jubilee comes, their portion of land will be added to that of the new tribe, causing it to be lost forever to our
5 ancestral tribe. • So Moses gave the Israelites this command from the LORD: "The claim of the

---

ensure [enʃúər] *vt.* 보증하다
pollute [pəlúːt] *vt.* 더럽히다, 오염시키다
ransom [rǽnsəm] *n.* 몸값, 배상금
testimony [téstəmouni] *n.* 증언

35:33 Or *can make atonement for murder.*

명령했습니다. "이 요셉 지파 사람들의 말이 옳소.

6 이것은 슬로브핫의 딸들에 관한 여호와의 명령이오. 그들은 마음에 드는 사람과 결혼할 수 있지만, 자기와 같은 지파의 사람하고만 결혼을 해야 하오.

7 그래야 이스라엘 백성의 땅이 이 지파에서 저 지파로 옮겨지는 일이 없을 것이오. 이스라엘 백성은 누구나 자기 조상에게서 물려받은 땅을 지켜야 하오.

8 자기 아버지의 땅을 물려받은 여자가 결혼을 할 경우에는 같은 지파 사람하고 결혼해야 하오. 그래서 모든 이스라엘 백성은 자기 조상의 땅을 지켜야 하오.

9 땅은 이 지파에서 저 지파로 옮겨질 수 없소. 이스라엘 백성은 누구나 자기 조상에게서 받은 땅을 지켜야 하오."

10 슬로브핫의 딸들은 여호와께서 모세에게 주신 명령에 복종했습니다.

11 그래서 슬로브핫의 딸들, 곧 말라와 디르사와 호글라와 밀가와 노아는 사촌들과 결혼했습니다.

12 그들의 남편은 요셉의 아들 므낫세 지파 사람입니다. 그래서 그들의 땅은 그들의 집안과 지파의 땅으로 남았습니다.

13 이것은 여호와께서 모세를 통해 이스라엘 백성에게 주신 율법과 명령입니다. 백성은 그때, 요단 강가의 모압 평야, 곧 여리고 건너편에 있었습니다.

---

men of the tribe of Joseph is legitimate.

6 •This is what the LORD commands concerning the daughters of Zelophehad: Let them marry anyone they like, as long as it is within their own ancestral tribe. •None of the

7 territorial land may pass from tribe to tribe, for all the land given to each tribe must remain within the tribe to which it was first

8 allotted. •The daughters throughout the tribes of Israel who are in line to inherit property must marry within their tribe, so that all the Israelites will keep their ancestral property. •No grant of land may pass from

9 one tribe to another; each tribe of Israel must keep its allotted portion of land."

10 •The daughters of Zelophehad did as the LORD commanded Moses. •Mahlah, Tirzah,

11 Hoglah, Milcah, and Noah all married

12 cousins on their father's side. •They married into the clans of Manasseh son of Joseph. Thus, their inheritance of land remained within their ancestral tribe.

13 •These are the commands and regulations that the LORD gave to the people of Israel through Moses while they were camped on the plains of Moab beside the Jordan River across from Jericho.

---

ancestral [ænséstrəl] *a.* 조상의
inheritance [inhérətəns] *n.* 유산, 물려받은 것
legitimate [lidʒítəmət] *a.* 정당한
36:12 marry into··· : ···와 인척이 되다, 결혼하여 (지위)를 얻다

신명기

Deuteronomy

서론

✣ 저자 _ 모세
✣ 저작 연대 _ B.C. 1410-1395년 사이
✣ 기록 장소 _ 요단 강 근처의 평원
✣ 기록 대상 _ 가나안 땅에 들어가게 될 새로운 세대의 이스라엘 백성
✣ 핵심어 및 내용 _ 핵심어는 '기억하라', '언약', '순종' 등이다. 모세는 억압 상태에서 그들을 구원해 주시고 광야에서 지켜 주신 하나님을 기억하고, 하나님과 족장들이 맺었던 언약을 지키라고 권면한다.

모세가 이스라엘 백성에게 말하다

1 이것은 모세가 이스라엘 백성에게 일러 준 말씀입니다. 그때, 이스라엘 백성은 요단 강 동쪽 광야, 곧 숩 맞은편, 바란과 도벨, 라반, 하세롯, 디사합 마을들 사이에 있는 아라바 광야에 있었습니다.

2 시내 산*에서 세일 산길로 가데스바네아까지 가는 데는 십일 일이 걸립니다.

3 이스라엘 백성이 이집트에서 떠난 지 이미 사십 년이 되던 해의 열한 번째 달 첫째 날*에 모세는 여호와께서 말하라고 명령하신 모든 말씀을 백성들에게 다 전했습니다.

4 그때는 모세가 시혼과 옥을 물리친 뒤였습니다. 시혼은 아모리 백성의 왕이었으며, 헤스본에 살았습니다. 옥은 바산의 왕이었으며, 아스다롯과 에드레이에 살았습니다.

5 이스라엘 백성은 요단 강 동쪽 모압 땅에 있었습니다. 그곳에서 모세는 하나님의 명령을 설명해 주기 시작했습니다. 모세가 말했습니다.

6 "우리의 하나님 여호와께서 시내 산에서 우리에게 말씀하셨소. '너희는 이 산에서 오랫동안 머물러 있었다.

7 이제 길을 떠날 준비를 하고 아모리 사람들의 산악 지방으로 가거라. 그리고 그 둘레의 모든 땅, 곧 요단 골짜기와 산지와 서쪽 평지와 남쪽 지방과 해안 지방과 가나안 땅과 레바논으로 가거라. 큰 강, 곧 유프라테스까지 가거라.

8 보아라. 내가 이 땅을 너희에게 줄 것이다. 가서 그 땅을 차지하여라. 나 여호와가 그 땅을 너희 조상, 곧 아브라함과 이삭과 야곱과 그 자손들에게 주기로 약속했다.'"

지도자를 세우는 모세

9 "그때에 내가 여러분에게 말했소. '나는 혼자서 여러분을 돌볼 힘이 없소.

10 여러분의 하나님 여호와께서 여러분의 수를 하늘의 별처럼 많게 해 주셨소.

Introduction to Moses' First Address

1 These are the words that Moses spoke to all the people of Israel while they were in the wilderness east of the Jordan River. They were camped in the Jordan Valley* near Suph, between Paran on one side and Tophel, Laban, Hazeroth, and Di-zahab on the other.

2 •Normally it takes only eleven days to travel from Mount Sinai* to Kadesh-barnea, going by way of Mount Seir. 3 •But forty years after the Israelites left Egypt, on the first day of the eleventh month,* Moses addressed the people of Israel, telling them everything the LORD had commanded him to say. 4 •This took place after he had defeated King Sihon of the Amorites, who ruled in Heshbon, and at Edrei had defeated King Og of Bashan, who ruled in Ashtaroth.
5 •While the Israelites were in the land of Moab east of the Jordan River, Moses carefully explained the LORD's instructions as follows.

The Command to Leave Sinai

6 •"When we were at Mount Sinai, the LORD our God said to us, 'You have stayed at this mountain long enough. 7 It is time to break camp and move on. Go to the hill country of the Amorites and to all the neighboring regions—the Jordan Valley, the hill country, the western foothills,* the Negev, and the coastal plain. Go to the land of the Canaanites and to Lebanon, and all the way to the great Euphrates River. 8 •Look, I am giving all this land to you! Go in and occupy it, for it is the land the LORD swore to give to your ancestors Abraham, Isaac, and Jacob, and to all their descendants.'"

Moses Appoints Leaders from Each Tribe

9 •Moses continued, "At that time I told you, 'You are too great a burden for me to carry all

1:1 Hebrew *the Arabah;* also in 1:7.   1:2 Hebrew *Horeb,* another name for Sinai; also in 1:6, 19.   1:3 Hebrew *In the fortieth year, on the first day of the eleventh month.* This day in the ancient Hebrew lunar calendar occurred in January or February.   1:7 Hebrew *the Shephelah.*

1:2 '시내 산'은 '호렙 산'이라고도 한다.
1:3 1월, 혹은 2월 초에 해당된다.

11 나는 여러분 조상의 하나님 여호와께서 백성의 수를 천 배나 많게 해 주시고 그분께서 이미 약속하신 대로 여러분에게 복을 주시기를 원하오.

12 하지만 여러분의 문제와 다툼을 나 혼자서는 다 해결할 수가 없소.

13 그러니 각 지파에서 몇 사람씩을 뽑되 지혜와 경험이 있는 현명한 사람들을 뽑으시오. 내가 그 사람들을 여러분의 지도자로 세우겠소.'

14 그랬더니 여러분은 '좋은 생각입니다' 라고 대답했소.

15 그래서 나는 여러분의 지파에서 지혜롭고 경험 있는 사람들을 뽑아 여러분의 지도자로 세웠소. 천부장과 백부장, 오십부장과 십부장을 가려 여러분 각 지파의 지휘관으로 세웠소.

16 그런 다음에 나는 여러분의 재판관들에게 말했소. '백성 사이의 다툼을 잘 듣고 이스라엘 백성 사이의 일이나, 이스라엘 백성과 외국인 사이의 일이나 모두 공정하게 재판하시오.

17 재판을 할 때는 사람의 얼굴을 보지 말고 신분이 높은 사람과 낮은 사람의 말을 똑같이 들어 주시오. 재판은 하나님께 속한 일이니 사람을 두려워하지 마시오. 어려운 문제가 생기면 나에게 가져오시오. 내가 듣고 결정을 내리겠소.'

18 그때에 나는 여러분이 해야 할 일을 다 말해 주었소."

정탐꾼들이 가나안 땅에 들어가다

19 "우리는 우리 하나님 여호와께서 명령하신 대로 시내 산을 떠났소. 우리는 아모리 사람들이 사는 산지 쪽으로 가다가 여러분이 보았던 넓고 무서운 광야를 지나 가데스바네아에 이르렀소.

20 그때에 내가 여러분에게 말했소. '이제 여러분은 우리 하나님 여호와께서 우리에게 주실 아모리 사람의 산지에 이르렀소.

21 보시오. 여러분의 하나님 여호와께서는 이 땅을 여러분에게 주셨소. 일어나서 여러분의 하나님께서 여러분에게 약속하신 대로 저 땅을 차지하시오. 두려워하지 말고 걱정하지도 마시오.'

22 그러자 여러분 모두가 나에게 와서 말했소. '저 땅을 정탐할 사람을 먼저 보냅시다. 그래서 우리가 올라갈 길과 우리가 들어갈 성에 대해 먼저 보낸 사람들의 이야기를 들어 보도록 합시다.'

23 그것은 내가 듣기에도 좋은 생각이었으므로, 나는 한 지파에서 한 사람씩 열두 명을 뽑았소.

24 그들은 길을 떠나 산지로 올라가 에스골 골짜기에 이르러 그 땅을 정탐했소.

25 그들은 그 땅에서 자란 열매 가운데 얼마를 가지고 내려와서는 '우리 하나님 여호와께서 우리에게 주

---

10 by myself. • The LORD your God has increased your population, making you as

11 numerous as the stars! • And may the LORD, the God of your ancestors, multiply you a thousand times more and bless you as he

12 promised! • But you are such a heavy load to carry! How can I deal with all your problems

13 and bickering? • Choose some well-respected men from each tribe who are known for their wisdom and understanding, and I will appoint them as your leaders.'

14 • "Then you responded, 'Your plan is a

15 good one.' • So I took the wise and respected men you had selected from your tribes and appointed them to serve as judges and officials over you. Some were responsible for a thousand people, some for a hundred, some for fifty, and some for ten.

16 • "At that time I instructed the judges, 'You must hear the cases of your fellow Israelites and the foreigners living among

17 you. Be perfectly fair in your decisions • and impartial in your judgments. Hear the cases of those who are poor as well as those who are rich. Don't be afraid of anyone's anger, for the decision you make is God's decision. Bring me any cases that are too difficult for you, and I will handle them.'

18 • "At that time I gave you instructions about everything you were to do.

Scouts Explore the Land

19 • "Then, just as the LORD our God commanded us, we left Mount Sinai and traveled through the great and terrifying wilderness, as you yourselves remember, and headed toward the hill country of the Amorites.

20 When we arrived at Kadesh-barnea, • I said to you, 'You have now reached the hill country of the Amorites that the LORD our

21 God is giving us. • Look! He has placed the land in front of you. Go and occupy it as the LORD, the God of your ancestors, has promised you. Don't be afraid! Don't be discouraged!'

22 • "But you all came to me and said, 'First, let's send out scouts to explore the land for us. They will advise us on the best route to take and which towns we should enter.'

23 • "This seemed like a good idea to me, so I chose twelve scouts, one from each of your

24 tribes. • They headed for the hill country and came to the valley of Eshcol and

25 explored it. • They picked some of its fruit and brought it back to us. And they reported, 'The land the LORD our God has given us is indeed a good land.'

---

bicker [bíkər] *vi.* 말다툼하다
multiply [mʌ́ltəplai] *vt.* 증가시키다
1:21 be discouraged : 낙담하다, 용기를 잃다

시는 땅은 매우 좋은 땅입니다'라고 말했소."

이스라엘 백성의 불순종

26 "그러나 여러분은 들어가려 하지 않았소. 여러분은 여러분의 하나님 여호와께서 명령하시는 것에 복종하지 않았소.

27 여러분은 장막 안에서 불평하며 이렇게 말했소. '여호와께서는 우리를 미워하신다. 우리를 아모리 사람에게 내어주시려고 우리를 이집트에서 인도해 내셨다.

28 이제 우리가 어디로 갈 수 있겠느냐? 우리가 보낸 정탐꾼들은 우리를 겁에 질리게 만들었다. 그들은 저 땅 사람들이 우리보다 더 크며 강하다고 말했다. 저들의 성은 크고 그 성벽은 하늘까지 닿았으며 그곳에서 아낙 사람들을 보았다고 말했다.'

29 그때에 내가 여러분에게 말했소. '겁내지 마시오. 저 백성들을 두려워하지 마시오.

30 여러분의 하나님 여호와께서 앞장 서실 것이오. 이집트에서 여러분이 보는 가운데 여러분을 위해 싸워 주셨던 것처럼 지금도 싸워 주실 것이오.

31 여러분도 보았듯이 여러분의 하나님 여호와께서 여러분을 인도해 주셨소. 마치 아들을 보살피는 아버지와 같이 이곳까지 오는 동안, 여러분을 안전하게 인도해 주셨소.'

32 그런데도 여러분은 여러분의 하나님 여호와를 믿지 않았소.

33 여러분이 이동할 때는 여호와께서 앞서 가셔서 여러분이 진칠 곳을 찾아 주셨소. 밤에는 불로, 낮에는 구름으로 인도하셨고 어느 길로 가야 할지도 보여 주셨소.

34 그러나 여러분이 하는 말을 듣고는 매우 노하셨소. 그래서 이렇게 맹세하셨소.

35 '내가 너희 조상에게 좋은 땅을 주기로 약속했지만 너희 못된 백성은 그 땅을 보지 못할 것이다.

36 오직 여분네의 아들 갈렙만이 그 땅을 볼 것이다. 갈렙이 나를 온전하게 따랐으므로 갈렙과 그의 자손에게 갈렙이 밟았던 땅을 줄 것이다.'

37 여러분 때문에 여호와께서는 나에게도 노하셔서 이렇게 말씀하셨소 '너도 그 땅에 들어가지 못할 것이다.

38 그러나 너의 시종인 눈의 아들 여호수아는 그 땅에 들어갈 것이다. 여호수아는 이스라엘을 인도하여 그 땅을 차지하게 할 것이므로, 그에게 용기를 불어넣어 주어라.'

39 주께서 우리에게 '너희는 너희의 아이들이 그 땅의 원수들에게 사로잡혀 갈 것이라고 말했다. 그러나 그 아이들, 곧 너무 어려서 옳고 그른 것을 가리지 못하는 너희 자녀들에게는 그 땅을 줄 것이다. 그들은 그 땅을 차지할 것이다.

40 너희는 발길을 돌려라. 홍해 길*을 따라 광야 쪽으로

Israel's Rebellion against the LORD

26 •"But you rebelled against the command of the LORD your God and refused to go in.
27 •You complained in your tents and said, 'The LORD must hate us. That's why he has brought us here from Egypt—to hand us over to the Amorites to be slaughtered.
28 •Where can we go? Our brothers have demoralized us with their report. They tell us, 'The people of the land are taller and more powerful than we are, and their towns are large, with walls rising high into the sky! We even saw giants there—the descendants of Anak!'"

29 •"But I said to you, 'Don't be shocked or afraid of them! •The LORD your God is going ahead of you. He will fight for you, just as you saw him do in Egypt. •And you saw how the LORD your God cared for you all along the way as you traveled through the wilderness, just as a father cares for his child. Now he has brought you to this place.'

32 •"But even after all he did, you refused to trust the LORD your God, •who goes before you looking for the best places to camp, guiding you with a pillar of fire by night and a pillar of cloud by day.

34 •"When the LORD heard your complaining, he became very angry. So he solemnly swore, • 'Not one of you from this wicked generation will live to see the good land I swore to give your ancestors, •except Caleb son of Jephunneh. He will see this land because he has followed the LORD completely. I will give to him and his descendants some of the very land he explored during his scouting mission.'

37 •"And the LORD was also angry with me because of you. He said to me, 'Moses, not even you will enter the Promised Land! •Instead, your assistant, Joshua son of Nun, will lead the people into the land. Encourage him, for he will lead Israel as they take possession of it. •I will give the land to your little ones—your innocent children. You were afraid they would be captured, but they will be the ones who occupy it. •As for you, turn around now and go on back through the wilderness toward the Red Sea.*

---

demoralize [dimɔ́ːrəlaiz] vt. 사기를 꺾다
explore [iksplɔ́ːr] vt. 정탐하다
occupy [ɑ́kjupai] vt. 점령하다
possession [pəzéʃən] n. 소유
scouting [skáutiŋ] n. 정탐
solemnly [sáləmli] ad. 엄숙하게

1:40 Hebrew *sea of reeds*.
1:40 '홍해 길'은 '갈대 바다'라고도 한다.

가거라' 하고 말씀하셨소.

41 그러자 여러분이 나에게 말했소. '우리가 여호와께 죄를 지었습니다. 그러나 지금은 여호와께서 우리 에게 명령하신 대로 올라가서 싸우겠습니다.' 그리 고 나서 여러분 모두는 무기를 들었소. 여러분은 저 산지로 올라가는 것이 쉬운 일이라고 생각했소.

42 그러나 여호와께서 나에게 말씀하셨소. '백성에게 올라가지 말고 싸우지도 말라고 일러라. 나는 저들 과 함께하지 않을 것이다. 저들의 원수가 저들을 싸 워 이길 것이다.'

43 내가 이 말씀을 일러 주었는데도 여러분은 내 말을 들으려 하지 않았고 여호와의 명령에 복종하지 않 았소. 여러분은 교만한 마음으로 산지로 올라갔소.

44 산지에 사는 아모리 사람들이 나와서 여러분과 싸 웠고, 그들은 벌 떼처럼 여러분을 뒤쫓았소. 그들은 세일 산에서 호르마까지 쫓아와 여러분을 물리쳐 이겼소.

45 여러분은 돌아와서 여호와께 부르짖었소. 그러나 여호와께서는 여러분의 부르짖음에 귀 기울이지 않으셨소. 여호와께서는 여러분의 말을 듣지 않으 셨소.

46 그래서 여러분은 오랫동안 가데스에 머물렀소."

이스라엘이 광야에서 떠돌아다니다

2 "그 후에 우리는 발길을 돌려 여호와께서 말씀하 신 대로 광야 길을 따라 홍해 쪽으로 갔소. 우리는 여러 날 동안, 세일 산에서 맴돌았소.

2 그때, 여호와께서 나에게 말씀하셨소.

3 '너희가 이 산지에서 충분히 맴돌았으니 이제는 북 쪽으로 가거라.'

4 그리고 이렇게 전하라고 말씀하셨소. '너희는 곧 세일 땅을 지나게 될 것이다. 이 땅은 너희 친척, 곧 에서 자손의 땅이다. 그들은 너희를 두려워할 것이 다. 그러나 매우 조심하고,

5 그들과 다투지 마라. 그들의 땅은 너희에게 조금도 주지 않을 것이다. 나는 세일 산지를 에서의 몫으로 주었다.

6 너희가 음식이 필요하면 돈을 주고 사 먹어야 하며, 물 또한 돈을 주고 사 먹어야 한다.

7 너희의 하나님 나 여호와는 너희가 하는 모든 일에 복을 주었다. 이 넓은 광야를 지나는 동안에 너희를 지켜 주었으며 이 사실 년 동안, 나 여호와는 너희와 함께 있었다. 그리하여 너희에게는 부족한 것이 하 나도 없었다.'

8 그래서 우리는 우리의 친척, 곧 세일 산에서의 자손 이 사는 땅을 돌아서 갔소. 우리는 엘랏과 에시온게 벨 마을에서 시작되는 아라바로 방향을 바꾸어 모 압의 광야 길을 따라 이동했소."

41 • "Then you confessed, 'We have sinned against the LORD! We will go into the land and fight for it, as the LORD our God has commanded us.' So your men strapped on their weapons, thinking it would be easy to attack the hill country.

42 • "But the LORD told me to tell you, 'Do not attack, for I am not with you. If you go ahead on your own, you will be crushed by your enemies.'

43 • "This is what I told you, but you would not listen. Instead, you again rebelled against the LORD's command and arrogantly went

44 into the hill country to fight. • But the Amorites who lived there came out against you like a swarm of bees. They chased and battered you all the way from Seir to

45 Hormah. • Then you returned and wept

46 before the LORD, but he refused to listen. • So you stayed there at Kadesh for a long time.

Remembering Israel's Wanderings

2 "Then we turned around and headed back across the wilderness toward the Red Sea,* just as the LORD had instructed me, and we wandered around in the region of Mount Seir for a long time.

2-3 • "Then at last the LORD said to me, • 'You have been wandering around in this hill country long enough; turn to the north.

4 • Give these orders to the people: "You will pass through the country belonging to your relatives the Edomites, the descendants of Esau, who live in Seir. The Edomites will feel

5 threatened, so be careful. • Do not bother them, for I have given them all the hill country around Mount Seir as their property, and I will not give you even one square foot of

6 their land. • If you need food to eat or water

7 to drink, pay them for it. • For the LORD your God has blessed you in everything you have done. He has watched your every step through this great wilderness. During these forty years, the LORD your God has been with you, and you have lacked nothing.'"

8 • "So we bypassed the territory of our relatives, the descendants of Esau, who live in Seir. We avoided the road through the Arabah Valley that comes up from Elath and Ezion-geber.

"Then as we turned north along the

---

arrogantly [ǽrəgəntli] *ad.* 거만하게
batter [bǽtər] *vt.* 쳐부수다
bypass [báipæs] *vt.* 우회하다
property [prápərti] *n.* 재산, 자산
swarm [swɔ́ːrm] *n.* 무리, 떼
territory [térətɔːri] *n.* 땅, 지역
2:5 square foot : 제곱 피트

2:1 Hebrew *sea of reeds.*

아르 땅

9 "여호와께서 나에게 말씀하셨소. '모압 백성을 괴롭히지 마라. 그들과 다투지 마라. 그들의 땅은 너희에게 조금도 주지 않을 것이다. 내가 롯의 자손에게 아르 땅을 주었다.'

10 (전에 아르에는 엠 사람이 살았습니다. 그들은 강한 백성이었고, 그 수도 많았습니다. 그들은 아낙 사람들처럼 키도 매우 컸습니다.

11 에밈 사람은 아낙 사람처럼 르바임 사람으로 알려졌지만, 모압 백성은 그들을 에밈 사람이라고 불렀습니다.

12 호리 사람도 전에는 세일에 살았습니다. 그러나 에서 백성이 호리 사람을 몰아내고 그들의 땅을 차지했습니다. 마치 이스라엘 백성이 여호와께서 그들에게 주신 땅에 사는 가나안 사람들을 몰아내고 그 땅을 차지한 것처럼 말입니다.)

13 여호와께서 나에게 말씀하셨소. '이제 일어나서 세렛 골짜기를 건너라.' 그래서 우리는 그 골짜기를 건넜소.

14 가데스바네아를 떠나 세렛 골짜기를 건너기까지는 삼십팔 년이 걸렸소. 그동안, 여호와께서 맹세하신 것처럼 가데스바네아를 떠났을 때의 군인은 다 죽었소.

15 이는 여호와께서 그들의 진 중에 남아 있는 사람이 하나도 없을 때까지 그들을 치셨기 때문이오.

16 그래서 군인이란 군인은 마지막 한 사람까지 다 죽었소.

17 여호와께서 나에게 말씀하셨소.

18 '너는 오늘 모압의 경계인 아르를 지나야 한다.

19 너는 암몬 백성이 사는 곳에 이를 때 그들을 괴롭히지 마라. 그들과 다투지 마라. 그들의 땅은 너에게 주지 않을 것이다. 그 땅은 내가 롯의 자손에게 준 땅이다.'"

20 (그 땅은 또한 르바임 사람의 땅으로 알려졌습니다. 이는 전에는 르바임 사람이 그 땅에 살았기 때문입니다. 암몬 사람은 그들을 삼숨밈 사람이라고 불렀습니다.

21 그들은 강한 백성이었고 그 수도 많았습니다. 그들은 아낙 사람처럼 키도 매우 컸습니다. 여호와께서는 암몬 사람들 앞에서 삼숨밈 사람을 멸망시키셨습니다. 암몬 사람은 삼숨밈 사람을 그 땅에서 쫓아내고 그 땅을 차지했습니다.

22 여호와께서는 에서 자손에게도 같은 일을 해 주셨습니다. 에서 자손은 세일에 살았습니다. 여호와께서는 호리 사람을 멸망시키셨습니다. 에서 자손은 호리 사람을 그 땅에서 쫓아내고 그 땅을 차지해서 지금까지 살고 있습니다.

23 갑돌* 섬에서 갑돌 사람이 와서 아위 사람을 물리쳤

9 desert route through Moab, •the LORD warned us, 'Do not bother the Moabites, the descendants of Lot, or start a war with them. I have given them Ar as their property, and I will not give you any of their land.'"

10 •(A race of giants called the Emites had once lived in the area of Ar. They were as strong and numerous and tall as the

11 Anakites, another race of giants. •Both the Emites and the Anakites are also known as the Rephaites, though the Moabites call

12 them Emites. •In earlier times the Horites had lived in Seir, but they were driven out and displaced by the descendants of Esau, just as Israel drove out the people of Canaan when the LORD gave Israel their land.)

13 •Moses continued, "Then the LORD said to us, 'Get moving. Cross the Zered Brook.' So we crossed the brook.

14 •"Thirty-eight years passed from the time we first left Kadesh-barnea until we finally crossed the Zered Brook! By then, all the men old enough to fight in battle had died in the wilderness, as the LORD had

15 vowed would happen. •The LORD struck them down until they had all been eliminated from the community.

16 •"When all the men of fighting age

17-18 had died, •the LORD said to me, 'Today you will cross the border of Moab at Ar

19 •and enter the land of the Ammonites, the descendants of Lot. But do not bother them or start a war with them. I have given the land of Ammon to them as their property, and I will not give you any of their land.'"

20 •(That area was once considered the land of the Rephaites, who had lived there, though the Ammonites call them Zam-

21 zummites. •They were also as strong and numerous and tall as the Anakites. But the LORD destroyed them so the Ammonites

22 could occupy their land. •He had done the same for the descendants of Esau who lived in Seir, for he destroyed the Horites so they could settle there in their place. The descendants of Esau live there to this day.

23 •A similar thing happened when the Caphtorites from Crete* invaded and destroyed the Avvites, who had lived in villages in the area of Gaza.)

---

displace [displéis] *vt.* 대신 들어서다
eliminate [ilímənèit] *vt.* …을 없애다
invade [invéid] *vt.* 침공하다
numerous [njúːmərəs] *a.* 무수한, 매우 많은

2:23 Hebrew *from Caphtor.*
2:23 '크레타'를 말한다.

습니다. 아위 사람은 가사 주변의 여러 마을에 살고 있었으나 갑돌 사람이 아위 사람을 물리치고 그들의 땅을 차지했습니다.)

아모리 사람과의 싸움

24 "여호와께서 말씀하셨소. '일어나라. 아르논 시내를 건너라. 보아라. 내가 헤스본의 왕 아모리 사람 시혼을 이길 힘을 너희에게 줄 것이다. 그리고 그의 땅을 너희에게 주겠다. 그러니 시혼과 싸워서 그의 땅을 차지하여라.

25 오늘 내가 온 세계의 모든 백성이 너희를 두려워하게 만들겠다. 그들은 두려워 떨 것이며, 그들은 너희를 무서워할 것이다.'

26 나는 그데못 광야에서 헤스본 왕 시혼에게 사신들을 보내어 다음과 같은 평화의 말을 전하게 하였소.

27 '왕의 나라를 지나가게 해 주십시오. 우리는 길로만 다니고, 왼쪽으로나 오른쪽으로 벗어나지 않겠습니다.

28 음식도 돈을 주고 사 먹고, 물도 그 값을 지불하겠습니다. 그저 왕의 나라를 걸어서 지나가게만 해 주십시오.

29 세일의 에서 자손은 우리를 자기 나라로 지나가게 해 주었습니다. 아르의 모압 사람도 그러했습니다. 우리는 요단 강을 건너 우리 하나님 여호와께서 우리에게 주신 땅으로 들어가기만 하면 됩니다.'

30 그러나 헤스본 왕 시혼은 우리를 지나가지 못하게 했소. 여러분의 하나님 여호와께서 시혼의 완고한 성품을 드러내 보여 주셨소. 여호와께서는 시혼을 멸망시킬 생각이셨소. 그리고 지금 여호와께서 생각하신 대로 이루어졌소.

31 여호와께서 나에게 말씀하셨소. '보아라. 내가 시혼과 그의 나라를 너에게 주겠다. 그러니 그 땅을 차지하여라.'

32 시혼과 그의 모든 군대가 몰려 나와 야하스에서 우리와 싸웠소.

33 우리 하나님 여호와께서 시혼을 우리에게 넘겨 주셨소. 우리는 시혼과 그의 아들들과 그의 군대를 물리쳐 이겼소.

34 우리는 시혼의 성을 모두 차지했소. 그리고 남자, 여자, 아이들 할 것 없이 다 없애 버렸소. 아무도 살려 두지 않았소.

35 소 떼를 비롯해 성에서 빼앗은 물건들은 우리의 전리품으로 삼았소.

36 우리는 아르논 골짜기 끝의 아로엘에서부터 골짜기 안의 마을과 길르앗까지 물리쳐서 이겼소. 우리를 당할 성은 없었소. 우리 하나님 여호와께서 그 모든 성을 우리에게 주셨소.

37 그러나 우리는 우리의 하나님 여호와께서 명령하

24 • Moses continued, "Then the LORD said, 'Now get moving! Cross the Arnon Gorge. Look, I will hand over to you Sihon the Amorite, king of Heshbon, and I will give you his land. Attack him and begin to occu-
25 py the land. • Beginning today I will make people throughout the earth terrified because of you. When they hear reports about you, they will tremble with dread and fear.'"

Victory over Sihon of Heshbon

26 • Moses continued, "From the wilderness of Kedemoth I sent ambassadors to King Sihon of Heshbon with this proposal of peace:
27 • 'Let us travel through your land. We will stay on the main road and won't turn off into the fields on either side.
28 • Sell us food to eat and water to drink, and we will pay for it. All we want is per-
29 mission to pass through your land. • The descendants of Esau who live in Seir allowed us to go through their country, and so did the Moabites, who live in Ar. Let us pass through until we cross the Jordan into the land the LORD our God is giving us.'
30 • "But King Sihon of Heshbon refused to allow us to pass through, because the LORD your God made Sihon stubborn and defiant so he could help you defeat him, as he has now done.
31 • "Then the LORD said to me, 'Look, I have begun to hand King Sihon and his land over to you. Begin now to conquer and occupy his land.'
32 • "Then King Sihon declared war on us
33 and mobilized his forces at Jahaz. • But the LORD our God handed him over to us, and we crushed him, his sons, and all his people.
34 • We conquered all his towns and com-pletely destroyed* everyone—men, women, and children. Not a single person was
35 spared. • We took all the livestock as plun-der for ourselves, along with anything of value from the towns we ransacked.
36 • "The LORD our God also helped us con-quer Aroer on the edge of the Arnon Gorge, and the town in the gorge, and the whole area as far as Gilead. No town had walls too
37 strong for us. • However, we avoided the land of the Ammonites all along the Jabbok River and the towns in the hill country—all the places the LORD our God had command-

---

2:34 The Hebrew term used here refers to the complete consecration of things or people to the LORD, either by destroying them or by giv-ing them as an offering.

신 대로 암몬 땅 가까이로는 가지 않았소. 얍복 강 근처와 산지의 마을들 근처로도 가지 않았소."

바산에서 옥과 싸우다

3 "그 후에 우리는 발길을 돌려 바산 쪽으로 가는 길을 따라 올라갔소. 바산 왕 옥과 그의 모든 군대가 나와 에드레이에서 우리와 싸웠소.

2 여호와께서 나에게 말씀하셨소. '옥을 두려워하지 마라. 내가 옥과 그의 모든 군대와 그의 땅을 너에게 넘겨 줄 것이다. 너는 헤스본에서 다스리던 아모리 사람들의 왕 시혼을 무찔렀듯이 옥도 무찔러라.'

3 우리 하나님 여호와께서 바산 왕 옥과 그의 모든 군대를 우리에게 넘겨 주셨으므로, 우리는 그들을 다 물리쳤소. 아무도 살려 두지 않았소.

4 그리고 우리는 옥의 성들을 차지했소. 차지하지 못한 성읍은 하나도 없었소. 우리가 차지한 옥의 성은 모두 육십 개였소. 우리는 바산에 있던 옥의 나라인 아르곱의 모든 지역을 차지했소.

5 우리가 차지한 성은 모두 견고한 성이었소. 성마다 높은 성벽이 있었고, 문에는 빗장이 있었소. 또한 성벽이 없는 자그마한 마을들도 있었소.

6 우리는 헤스본 왕 시혼의 성들을 쳐부순 것과 마찬가지로 그 성들을 완전히 쳐부수었소. 그리고 남자, 여자, 아이들 할 것 없이 다 없애 버렸소.

7 소 떼를 비롯해 성에서 빼앗은 물건들은 우리의 전리품으로 삼았소.

8 우리는 요단 강 동쪽 땅을 아모리 두 왕, 곧 시혼과 옥에게서 빼앗았소. 우리가 빼앗은 땅은 아르논 시내에서부터 헤르몬 산까지요.

9 (시돈 사람은 헤르몬 산을 시룐이라고 불렀고, 아모리 사람은 스닐이라고 불렀습니다.)

10 우리는 고원 지대의 모든 성과 길르앗 전체를 차지했소. 살르가와 에드레이까지 바산 전체를 빼앗았소. 이 마을들은 바산 왕 옥의 나라에 있던 마을들이오."

11 (르바임 사람 가운데 살아남은 사람은 바산 왕 옥뿐이었습니다. 옥의 침대는 쇠로 만든 것입니다. 그 침대는 길이가 구 규빗*이나 되었고 너비는 사 규빗*이나 되었습니다. 그 침대는 지금도 암몬 사람의 성 랍바에 있습니다.)

땅을 나눔

12 "우리가 이 땅을 차지하였을 때에 나는 아르논 시냇가의 아로엘 지역과 길르앗 산지의 절반과 그 안의 성들을 르우벤 자손과 갓 자손에게 주었소.

13 동쪽의 므낫세 지파 절반에게는 길르앗의 나머지 땅과 옥의 나라인 바산 전체를 주었소. (바산의 아르곱 지역은 르바임 사람들의 땅이라고도 불렸습니다.

---

ed us to leave alone.

Victory over Og of Bashan

3 "Next we turned and headed for the land of Bashan, where King Og and his 2 entire army attacked us at Edrei. •But the LORD told me, 'Do not be afraid of him, for I have given you victory over Og and his entire army, and I will give you all his land. Treat him just as you treated King Sihon of the Amorites, who ruled in Heshbon.'

3 •"So the LORD our God handed King Og and all his people over to us, and we killed 4 them all. Not a single person survived. •We conquered all sixty of his towns—the entire Argob region in his kingdom of Bashan. Not 5 a single town escaped our conquest. •These towns were all fortified with high walls and barred gates. We also took many unwalled 6 villages at the same time. •We completely destroyed* the kingdom of Bashan, just as we had destroyed King Sihon of Heshbon. We destroyed all the people in every town we conquered—men, women, and children 7 alike. •But we kept all the livestock for ourselves and took plunder from all the towns.

8 •"So we took the land of the two Amorite kings east of the Jordan River—all the way from the Arnon Gorge to Mount Hermon. 9 •(Mount Hermon is called Sirion by the Sidonians, and the Amorites call it Senir.) 10 •We had now conquered all the cities on the plateau and all Gilead and Bashan, as far as the towns of Salecah and Edrei, which were part of Og's kingdom in Bashan. 11 •(King Og of Bashan was the last survivor of the giant Rephaites. His bed was made of iron and was more than thirteen feet long and six feet wide.* It can still be seen in the Ammonite city of Rabbah.)

Land Division East of the Jordan

12 •"When we took possession of this land, I gave to the tribes of Reuben and Gad the territory beyond Aroer along the Arnon Gorge, plus half of the hill country of Gilead with its 13 towns. •Then I gave the rest of Gilead and all of Bashan—Og's former kingdom—to the half-tribe of Manasseh. (This entire Argob region of Bashan used to be known as the

---

3:7 take plunder : 노획하다, 노략하다

3:6　The Hebrew term used here refers to the complete consecration of things or people to the LORD, either by destroying them or by giving them as an offering. Also in 3:6b.　3:11 Hebrew *9 cubits* [4.1 meters] *long and 4 cubits* [1.8 meters] *wide.*
3:11 9규빗은 약 4.05m에 해당되고, 4규빗은 약 1.8m에 해당된다.

14 므낫세의 자손인 야일은 아르곱 지역 전체를 차지
했습니다. 그 땅은 그술 사람과 마아갓 사람의 땅의
경계까지입니다. 그 땅의 이름은 야일의 이름을 따
서 붙인 것입니다. 그래서 오늘까지 바산을 야일 마
을이라는 뜻으로 하봇야일이라고도 부릅니다.)

15 나는 길르앗을 마길에게 주었소.

16 그리고 르우벤 자손과 갓 자손에게는 길르앗에서
부터 시내의 한가운데를 경계로 하는 아르논 시내
까지 주었고, 또 암몬의 경계인 얍복 강까지 주었
소.

17 그것의 서쪽 경계는 긴네렛에서 아라바 바다라고
도 하는 사해까지 이어지고, 비스가 산기슭 아래의
아라바에 위치한 요단 강이었소.

18 그때, 내가 여러분에게 이렇게 명령했소. '여러분
의 하나님 여호와께서 이 땅을 여러분의 것으로 주
셨소. 이제 여러분 가운데 군인은 무기를 들고 다른
이스라엘 백성보다 먼저 강을 건너야 하오.

19 여러분의 아내와 어린 자식과 짐승은 이곳에 머물
러 있어도 좋소. 여러분에게 짐승이 많다는 것을 내
가 알고 있으니, 그 짐승들은 내가 여러분에게 준 성
들에 남겨 두어도 좋소.

20 장차 여러분의 형제 이스라엘 백성도 편히 쉴 곳을
얻을 것이오. 그들은 하나님 여호와께서 주신 요단
강 건너편 땅을 받을 것이오. 그런 다음에는 여러분
도 내가 여러분에게 준 땅으로 돌아갈 수 있을 것이
오.'

21 그때에 나는 여호수아에게 이렇게 명령했소. '너는
네 눈으로 너희의 하나님 여호와께서 이 두 왕에게
하신 일을 보았다. 여호와께서 네가 지나갈 모든 나
라에게도 똑같은 일을 하실 것이다.

22 그들을 두려워하지 마라. 너희 하나님 여호와께서
너희를 위해 싸워 주실 것이다.'"

모세는 가나안 땅에 들어갈 수 없다

23 "그때에 내가 여호와께 간절히 부탁드렸소.

24 '주 여호와여, 주께서는 주님의 종인 저에게 주께
서 얼마나 위대하신가를 보여 주기 시작하셨습니
다. 주님은 위대한 힘을 가지고 계신 분입니다. 하
늘이나 땅의 다른 어떤 신도 주께서 하신 것과 같은
위대한 일들을 할 수 없습니다. 주님과 같은 신은 하
나도 없습니다.

25 제발 저도 요단 강을 건널 수 있게 해 주십시오. 저
도 저 아름다운 산들과 레바논을 보고 싶습니다.'

26 그러나 여호와께서는 여러분으로 인해 나에게도
노하셨소. 그래서 내 말을 들으려고 하지 않으셨소.
여호와께서는 나에게 이렇게 말씀하셨소. '이것으
로 만족하여라. 그 일에 관해서는 더 이상 말하지 마
라.

---

14 land of the Rephaites. •Jair, a leader from
the tribe of Manasseh, conquered the whole
Argob region in Bashan, all the way to the
border of the Geshurites and Maacathites.
Jair renamed this region after himself, call-
ing it the Towns of Jair,* as it is still known

15 today.) •I gave Gilead to the clan of Makir.

16 •But I also gave part of Gilead to the tribes of
Reuben and Gad. The area I gave them
extended from the middle of the Arnon
Gorge in the south to the Jabbok River on

17 the Ammonite frontier. •They also received
the Jordan Valley, all the way from the Sea
of Galilee down to the Dead Sea,* with the
Jordan River serving as the western bound-
ary. To the east were the slopes of Pisgah.

18 •"At that time I gave this command to
the tribes that would live east of the Jordan:
'Although the LORD your God has given
you this land as your property, all your fight-
ing men must cross the Jordan ahead of
your Israelite relatives, armed and ready to

19 assist them. •Your wives, children, and
numerous livestock, however, may stay
behind in the towns I have given you.

20 •When the LORD has given security to the
rest of the Israelites, as he has to you, and
when they occupy the land the LORD your
God is giving them across the Jordan River,
then you may all return here to the land I
have given you.'

Moses Forbidden to Enter the Land

21 •"At that time I gave Joshua this charge:
'You have seen for yourself everything the
LORD your God has done to these two kings.
He will do the same to all the kingdoms on

22 the west side of the Jordan. •Do not be
afraid of the nations there, for the LORD your
God will fight for you.'

23 •"At that time I pleaded with the LORD

24 and said, • 'O Sovereign LORD, you have
only begun to show your greatness and the
strength of your hand to me, your servant. Is
there any god in heaven or on earth who
can perform such great and mighty deeds as

25 you do? •Please let me cross the Jordan to
see the wonderful land on the other side, the
beautiful hill country and the Lebanon
mountains.'

26 •"But the LORD was angry with me
because of you, and he would not listen to
me. 'That's enough!' he declared. 'Speak of

---

declare [dikléər] *vi.* 선언하다
sovereign [sávərən] *n.* 주권자
3:23 plead with… : …에게 간청하다

3:14   Hebrew *Havvoth-jair*.   3:17   Hebrew *from Kinnereth to the Sea of the Arabah, the Salt Sea.*

27 비스가 산꼭대기로 올라가서 서쪽과 북쪽과 남쪽과 동쪽을 둘러보아라. 너는 그 땅을 볼 수는 있어도 요단 강을 건널 수는 없을 것이다.

28 여호수아를 불러 세워라. 그에게 용기를 불어넣고 힘을 주어라. 여호수아는 이 백성을 이끌고 저 강을 건널 것이며 네가 보는 땅을 그들에게 유산으로 나누어 줄 것이다.'

29 그때에 우리는 벧브올 맞은편 골짜기에 머물러 있었소."

모세가 이스라엘에게 복종할 것을 가르침

4 "이스라엘 백성들이여, 내가 여러분에게 가르칠 율법과 명령에 귀를 기울이시오. 그 말씀에 복종하시오. 그러면 여러분이 살 것이오. 그리고 저리로 건너가 여러분 조상의 하나님 여호와께서 주시는 저 땅을 차지할 것이오.

2 내가 여러분에게 전하는 이 말씀에 다른 것을 더하거나 빼지 말고 내가 여러분에게 전하는 하나님 여호와의 명령에 복종하시오.

3 여러분은 여호와께서 바알브올에서 하신 일을 직접 보았소. 여러분의 하나님 여호와께서는 브올에서 바알을 따르던 사람들을 하나도 빠짐없이 여러분 가운데서 없애 버리셨소.

4 그러나 여러분은 하나님 여호와를 끝까지 따랐으므로 지금까지 살아 있소.

5 보시오. 내가 여러분에게 나의 하나님 여호와께서 나에게 명령하신 대로 율법과 규례를 가르쳐 주었소. 이것은 여러분이 이제 들어가 차지할 땅에서 그대로 복종하도록 하기 위한 것이오.

6 마음을 다하여 이 율법에 복종하시오. 이로 말미암아 다른 백성들이 여러분에게 지혜와 슬기가 있음을 알게 될 것이오. 그들은 이 율법에 관해 듣고 '이 위대한 나라 이스라엘의 민족은 지혜롭고 슬기로운 백성이다' 라고 말할 것이오.

7 다른 나라의 신은 그 백성에게 가까이 가지 않지만 우리 하나님 여호와께서는 우리가 기도할 때마다 우리에게 가까이 오신다오. 우리처럼 위대한 나라가 어디 있소?

8 또한 내가 오늘 여러분에게 주는 것과 같이 이처럼 좋은 가르침과 명령을 가진 위대한 나라가 어디 있소?

9 그러나 조심하고 정신을 차리시오. 여러분이 본 것들을 잊지 않도록 하시오. 평생토록 이 모든 일들이 여러분의 마음에서 떠나지 않게 하시오. 그것을 여러분의 자손에게 가르쳐 대대로 알게 하시오.

10 여러분이 시내 산*에서 여러분의 하나님 여호와 앞에 섰던 것을 기억하시오. 여호와께서 나에게 이렇게 말씀하셨소. '백성을 데려와서 내 말을 듣게 하

it no more. •But go up to Pisgah Peak, and look over the land in every direction. Take a good look, but you may not cross the Jordan River. •Instead, commission Joshua and encourage and strengthen him, for he will lead the people across the Jordan. He will give them all the land you now see before you as their possession. •So we stayed in the valley near Beth-peor.

Moses Urges Israel to Obey

4 "And now, Israel, listen carefully to these decrees and regulations that I am about to teach you. Obey them so that you may live, so you may enter and occupy the land that the LORD, the God of your ancestors, is giving you. •Do not add to or subtract from these commands I am giving you. Just obey the commands of the LORD your God that I am giving you.

3 • "You saw for yourself what the LORD did to you at Baal-peor. There the LORD your God destroyed everyone who had worshiped Baal, the god of Peor. •But all of you who were faithful to the LORD your God are still alive today—every one of you.

5 • "Look, I now teach you these decrees and regulations just as the LORD my God commanded me, so that you may obey them in the land you are about to enter and occupy. •Obey them completely, and you will display your wisdom and intelligence among the surrounding nations. When they hear all these decrees, they will exclaim, 'How wise and prudent are the people of this great nation!' •For what great nation has a god as near to them as the LORD our God is near to us whenever we call on him? •And what great nation has decrees and regulations as righteous and fair as this body of instructions that I am giving you today?

9 • "But watch out! Be careful never to forget what you yourself have seen. Do not let these memories escape from your mind as long as you live! And be sure to pass them on to your children and grandchildren. •Never forget the day when you stood before the LORD your God at Mount Sinai,* where he told me, 'Summon the people before me, and I will personally instruct them. Then they will learn to fear me as long as they live, and they will teach their children to fear me also.'

commission [kəmíʃən] *vt.* 위임하다
prudent [prúːdnt] *a.* 신중한; 분별있는
subtract [səbtrǽkt] *vt.* 감하다

4:10   Hebrew *Horeb*, another name for Sinai; also in 4:15.
4:10 '시내 산' 은 '호렙 산' 이라고도 한다.

여라. 내가 그들을 가르쳐 이 땅에서 사는 동안, 나를 존경할 줄 알게 하고 또 그 자손들에게도 그렇게 가르치도록 할 것이다.'

11 그리하여 여러분은 산기슭에 가까이 와 섰소. 산에서는 불길이 치솟아 하늘까지 닿았고, 검은 구름이 산을 덮어 매우 어두워졌소.

12 그때에 여호와께서 여러분에게 불 가운데서 말씀하셨소. 여러분은 말씀하시는 소리는 들었으나 여호와의 모습은 보지 못했소. 오직 목소리만 들었소.

13 여호와께서는 여호와의 언약에 관해 말씀하셨소. 그것은 십계명이었소. 여호와께서는 십계명에 복종하라고 말씀하시고 친히 돌판 두 개 위에 십계명을 써 주셨소.

14 그리고 나는 여러분에게 율법과 규례를 가르치라고 나에게 명령하셨소. 이는 여러분이 요단 강을 건너가 차지할 땅에서 복종케 하기 위함이오."

우상에 관한 율법

15 "여호와께서 시내 산 불길 속에서 여러분에게 말씀하셨을 때, 여러분은 주님의 모습을 보지 못했소. 그러니 여러분은 이 사실을 마음 깊이 새겨 두시오.

16 어떤 종류든지 우상을 만들어 죄를 짓지 마시오. 남자나 여자의 모습으로 우상을 만들지 마시오.

17 땅의 짐승이나 하늘을 나는 새의 모습으로도 우상을 만들지 마시오.

18 땅 위에 기는 어떤 것의 모습으로도 우상을 만들지 말고, 물 속의 어떤 물고기의 모습으로도 우상을 만들지 마시오.

19 눈을 들어 하늘을 바라보면 해와 달과 별들이 보이겠지만 그것들에게 절하거나 그것들을 경배하지 마시오. 그것들은 여러분의 하나님 여호와께서 이 세상의 모든 백성을 위해 만들어 주신 것이오.

20 여호와께서는 여러분을 택하시고 쇠를 녹이는 용광로와 같은 이집트에서 여러분을 인도해 내셨소. 그것은 주님의 백성으로 삼으신 지금처럼 여러분을 주님의 소유로 삼기 위함이었소.

21 여호와께서는 여러분 때문에 나에게 노하셨소. 그리고 내가 요단 강을 건너지 못할 것이라고 맹세하셨소. 나는 여러분의 하나님 여호와께서 여러분에게 주시는 그 좋은 땅으로 들어가지 못할 것이오.

22 나는 요단 강을 건너지 못하고 이 땅에서 죽을 것이오. 그러나 여러분은 이 강을 건너 그 좋은 땅을 차지하시오.

23 조심하시오. 여러분은 하나님 여호와께서 여러분과 맺은 언약을 잊지 말고 어떤 우상도 만들지 마시오.

24 여러분의 하나님 여호와께서는 그런 일을 하지 말라고 명령하셨소. 여러분의 하나님 여호와께서는 질투하시는 하나님이시며 모든 것을 살라 버리시는 불과

11 • "You came near and stood at the foot of the mountain, while flames from the mountain shot into the sky. The mountain was shrouded in black clouds and deep 12 darkness. • And the LORD spoke to you from the heart of the fire. You heard the sound of his words but didn't see his form; 13 there was only a voice. • He proclaimed his covenant—the Ten Commandments*—which he commanded you to keep, and 14 which he wrote on two stone tablets. • It was at that time that the LORD commanded me to teach you his decrees and regulations so you would obey them in the land you are about to enter and occupy.

A Warning against Idolatry

15 • "But be very careful! You did not see the LORD's form on the day he spoke to you from the heart of the fire at Mount Sinai. 16 • So do not corrupt yourselves by making an idol in any form—whether of a man or 17 a woman, • an animal on the ground, a 18 bird in the sky, • a small animal that scurries along the ground, or a fish in the deep- 19 est sea. • And when you look up into the sky and see the sun, moon, and stars—all the forces of heaven—don't be seduced into worshiping them. The LORD your God gave them to all the peoples of the earth. 20 • Remember that the LORD rescued you from the iron-smelting furnace of Egypt in order to make you his very own people and his special possession, which is what you are today.

21 • "But the LORD was angry with me because of you. He vowed that I would not cross the Jordan River into the good land the LORD your God is giving you as your 22 special possession. • You will cross the Jordan to occupy the land, but I will not. Instead, I will die here on the east side of 23 the river. • So be careful not to break the covenant the LORD your God has made with you. Do not make idols of any shape or form, for the LORD your God has forbid- 24 den this. • The LORD your God is a devouring fire; he is a jealous God.

---

corrupt [kərʌ́pt] *vt.* 부패시키다
devouring [diváuəriŋ] *a.* 삼키는
furnace [fə́ːrnis] *n.* 용광로
idolatry [aidɑ́lətri] *n.* 우상 숭배
jealous [dʒéləs] *a.* 진투심 많은; 시기하는
proclaim [prəkléim] *vt.* 선포하다
scurry [skə́ːri] *vi.* 잰 걸음으로 서두르다
shroud [ʃráud] *vt.* 덮다
4:19 be seduced into … : 유혹받아 …하다

4:13 Hebrew *the ten words*.

같은 하나님이시오.

25 여러분은 저 땅에서 대대로 자식을 낳으며 오래오래 살게 될 것이오. 그러나 악한 일은 하지 마시오. 어떤 종류의 우상도 만들지 마시오. 여호와께서 악하다고 말씀하신 일은 하지 마시오. 그런 일을 행하여 여호와를 노하시게 만든다면,

26 오늘 내가 하늘과 땅을 증거자로 삼아 말하건대 여러분은 얼마 가지 않아 요단 강을 건너가 차지할 그 땅에서 망하게 될 것이오. 저 땅에서 얼마 살지 못하고 완전히 멸망할 것이오.

27 여호와께서 여러분을 다른 나라들 가운데 흩어 놓으실 것이오. 여러분 가운데 얼마 되지 않는 사람만이 살아남을 것이오. 그리고 그 사람들도 여호와께서 쫓아 보내는 다른 나라에 있게 될 것이오.

28 거기에서 여러분은 나무와 돌로 만들어 보지도, 듣지도, 먹지도 못하며, 냄새도 맡지 못하는 우상을 섬길 것이오.

29 그러나 거기에서도 여러분은 여러분의 하나님 여호와를 찾을 수 있을 것이오. 찾기만 하면 찾을 수 있을 것이오. 그러나 하나님을 찾으려면 온몸과 마음을 다해 찾아야 할 것이오.

30 이 모든 일이 일어나면 여러분은 고통을 받을 것이오. 그러나 그런 일이 있은 후에 여러분은 여러분의 하나님 여호와께 돌아오고 그분의 말씀에 복종하게 될 것이오.

31 여러분의 하나님 여호와는 자비로운 하나님이시오. 주님께서는 여러분을 버리지도, 멸망시키지도 않으실 것이오. 주님께서는 여러분의 조상과 굳은 맹세로 맺으신 언약을 잊지 않으실 것이오.

여호와께서는 위대하시다

32 "이와 같은 일이 전에는 일어나지 않았소. 여러분이 태어나기도 훨씬 전인 옛날을 생각해 보시오. 하나님께서 이 땅 위에 사람을 지으셨을 때를 돌이켜보시오. 하늘의 이쪽 끝에서부터 저쪽 끝까지 살펴보시오. 이와 같은 일은 들어 본 적도 없었소.

33 어떤 백성이 하나님께서 불 가운데서 말씀하시는 것을 듣고 여러분처럼 살아남은 일이 있었소?

34 어떤 신이 한 나라를 다른 나라로부터 이끌어 낸 적이 있었소? 여러분의 하나님 여호와께서는 시험과 표적과 기적과 전쟁과 위엄으로 여러분을 이집트 땅에서 이끌어 내셨소. 여호와께서는 여러분이 보는 앞에서 여러분을 위하여 크신 능력과 힘으로 그 일을 행하셨소.

35 여호와께서 여러분에게 그 일들을 보여 주신 것은 여호와만이 하나님이요, 여호와 외에 다른 하나님은 없다는 것을 보여 주시기 위함이오.

36 여호와께서는 여러분을 가르치시려고 하늘에서 말씀하시고, 땅에서는 여호와의 크신 불을 여러분에게

25 • "In the future, when you have children and grandchildren and have lived in the land a long time, do not corrupt yourselves by making idols of any kind. This is evil in the sight of the LORD your God and will arouse his anger.

26 • "Today I call on heaven and earth as witnesses against you. If you break my covenant, you will quickly disappear from the land you are crossing the Jordan to occupy. You will live there only a short time; then you will be utterly destroyed.

27 • For the LORD will scatter you among the nations, where only a few of you will survive. 28 • There, in a foreign land, you will worship idols made from wood and stone—gods that neither see nor hear nor eat nor smell. 29 • But from there you will search again for the LORD your God. And if you search for him with all your heart and soul, you will find him.

30 • "In the distant future, when you are suffering all these things, you will finally return to the LORD your God and listen to what he tells you. 31 • For the LORD your God is a merciful God; he will not abandon you or destroy you or forget the solemn covenant he made with your ancestors.

There Is Only One God

32 • "Now search all of history, from the time God created people on the earth until now, and search from one end of the heavens to the other. Has anything as great as this ever been seen or heard before? 33 • Has any nation ever heard the voice of God* speaking from fire—as you did—and survived? 34 • Has any other god dared to take a nation for himself out of another nation by means of trials, miraculous signs, wonders, war, a strong hand, a powerful arm, and terrifying acts? Yet that is what the LORD your God did for you in Egypt, right before your eyes.

35 • "He showed you these things so you would know that the LORD is God and 36 there is no other. • He let you hear his voice from heaven so he could instruct you. He let you see his great fire here on earth so he

---

abandon [əbǽndən] *vt.* 포기하다 : 저버리다
arouse [əráuz] *vt.* 일으키다
covenant [kʌ́vənənt] *n.* 언약
scatter [skǽtər] *vt.* 흩어지다
solemn [sáləm] *a.* 엄숙한
terrifying [térəfaiiŋ] *a.* 무섭게하는, 놀라게하는
utterly [ʌ́tərli] *ad.* 완전히
4:34 by means of… : …으로, …을 써서

4:33 Or *voice of a god.*

보여 주셨소. 여러분은 그 불 속에서 여호와께서 말
씀하시는 소리를 들었소.

37 여호와께서는 여러분의 조상을 사랑하셔서 그들
의 자손인 여러분을 선택하셨소. 여호와께서는 크
신 능력으로 여러분을 이집트에서 인도해 내셨소.

38 여호와께서는 여러분 앞에서 여러분보다 크고 강
한 나라들을 그 땅에서 쫓아내셨소. 그리고 여러분
을 그들의 땅에 들이시고 그 땅을 차지하게 하셨소.
그래서 지금 그 땅은 여러분의 땅이 되었소.

39 이제 여호와께서 하나님이심을 알고 믿으시오. 주
님께서는 저 위의 하늘에서도, 그리고 저 아래 땅에
서도 하나님이시오. 다른 신은 없소.

40 내가 오늘 여러분에게 주는 여호와의 율법과 명령
에 복종하시오. 복종하면 여러분과 여러분의 자손
은 잘될 것이오. 여러분은 여러분의 하나님 여호와
께서 여러분에게 영원히 주시는 이 땅에서 오랫동
안 살 수 있을 것이오."

도피성

41 모세는 요단 강 동쪽에서 세 성을 뽑았습니다.

42 미워하는 마음이 없이 실수로 사람을 죽인 사람은
그 성으로 도망갈 수 있었으며 그 세 성 중 어느 한
성으로만 도망가면 목숨을 건질 수 있었습니다.

43 한 성은 고원 광야에 있는 베셀로 르우벤 자손을 위
한 것이고, 또 한 성은 길르앗에 있는 라못으로 갓
자손을 위한 것이었으며, 또 한 성은 바산에 있는 골
란인데 므낫세 자손을 위한 것이었습니다.

모세가 준 율법

44 모세가 이스라엘 백성에게 준 가르침은 다음과 같
습니다.

45 이것은 이스라엘 백성이 이집트에서 나왔을 때, 모
세가 준 규례와 명령과 율법입니다.

46 이스라엘 백성은 그때, 벧브올에서 가까운 골짜기
에 있었습니다. 그곳은 요단 강 동쪽이며, 시혼의 땅
이었습니다. 시혼은 아모리 사람들의 왕이었습니
다. 시혼은 헤스본에서 왕으로 있었는데 이집트에
서 나온 모세와 이스라엘 백성들이 쳐서 멸망시킨
왕이었습니다.

47 이스라엘 백성은 시혼의 땅을 차지했습니다. 또 바
산 왕 옥의 땅도 차지했습니다. 이 두 사람은 요단
강 동쪽에 있던 아모리 족속의 왕이었습니다.

48 *이스라엘 백성이 차지한 땅은 아르논 시내가 있는
아로엘에서부터 시온 산, 곧 헤르몬 산까지였으며,*

49 비스가 산기슭 아래, 아라바 바다만큼이나 먼 요단
강 동쪽, 아라바 전 지역을 포함하고 있었습니다.

십계명

5 모세가 이스라엘 백성을 다 모아 놓고 말했습니
다. "이스라엘 백성들이여, 내가 오늘 여러분

---

37 could speak to you from it. •Because he
loved your ancestors, he chose to bless their
descendants, and he personally brought you
out of Egypt with a great display of power.
38 •He drove out nations far greater than you,
so he could bring you in and give you their
land as your special possession, as it is today.
39 •"So remember this and keep it firmly in
mind: The LORD is God both in heaven and
40 on earth, and there is no other. •If you obey
all the decrees and commands I am giving
you today, all will be well with you and your
children. I am giving you these instructions
so you will enjoy a long life in the land the
LORD your God is giving you for all time."

Eastern Cities of Refuge

41 •Then Moses set apart three cities of refuge
42 east of the Jordan River. •Anyone who
killed another person unintentionally, with-
out previous hostility, could flee there to live
43 in safety. •These were the cities: Bezer on the
wilderness plateau for the tribe of Reuben;
Ramoth in Gilead for the tribe of Gad; Golan
in Bashan for the tribe of Manasseh.

Introduction to Moses' Second Address

44 •This is the body of instruction that Moses
45 presented to the Israelites. •These are the
laws, decrees, and regulations that Moses
gave to the people of Israel when they left
46 Egypt, •and as they camped in the valley
near Beth-peor east of the Jordan River. (This
land was formerly occupied by the Amorites
under King Sihon, who ruled from Heshbon.
But Moses and the Israelites destroyed him
and his people when they came up from
47 Egypt. •Israel took possession of his land
and that of King Og of Bashan—the two
48 Amorite kings east of the Jordan. •So Israel
conquered the entire area from Aroer at the
edge of the Arnon Gorge all the way to
Mount Sirion,* also called Mount Hermon.
49 •And they conquered the eastern bank of
the Jordan River as far south as the Dead
Sea,* below the slopes of Pisgah.)

Ten Commandments for the Covenant Community

5 Moses called all the people of Israel
together and said, "Listen carefully,
Israel. Hear the decrees and regulations I am
giving you today, so you may learn them
and obey them!

4:41 set apart : 분리하다, 구별하다

4:48 As in Syriac version (see also 3:9); Hebrew
reads *Mount Sion.*　4:49 Hebrew took the
*Arabah on the east side of the Jordan as far as
the sea of the Arabah.*

게 주는 명령과 율법을 귀담아 듣고 잘 배우며 부지런히 지키시오.

2 우리 하나님 여호와께서 우리와 시내 산에서 언약을 맺으셨소.

3 우리 조상들과 맺으신 것이 아니라 우리와 맺으신 것이오, 오늘까지 여기에 살아 있는 우리 모두와 맺으셨소.

4 여호와께서는 여러분에게 얼굴과 얼굴을 맞대고 말씀하셨으며 산 위의 불 가운데서 말씀하셨소.

5 그때, 나는 여러분과 여호와 사이에 서 있었소. 나는 여호와께서 말씀하신 것을 여러분에게 전했소. 여러분은 불을 두려워하여 산에 가까이 가려 하지 않았소. 여호와께서 말씀하셨소.

6 '나는 너희가 종으로 있던 이집트에서 너희를 인도해 낸 너희의 하나님 여호와이다.

7 너희는 나 외에 다른 신들을 섬기지 마라.

8 너희는 어떤 우상도 만들지 마라. 저 위로 하늘에 있는 것이든, 저 아래로 땅에 있는 것이든, 땅 아래 물에 있는 것이든 그 어떤 모습의 우상도 만들지 마라.

9 너희는 어떤 우상에게도 예배하지 말고 절하지 마라. 이는 나 여호와 너희의 하나님은 질투하는 하나님이기 때문이다. 나에게 죄를 짓고 나를 미워하는 사람에게는 삼사 대 자손에게까지 벌을 내릴 것이다.

10 그러나 나를 사랑하고 나의 명령에 복종하는 사람에게는 수천 대 자손에게까지 자비를 베풀 것이다.

11 너희는 너희 하나님 나 여호와의 이름을 함부로 쓰지 마라. 왜냐하면 나 여호와는 내 이름을 함부로 부르는 사람을 죄 없는 사람으로 보지 않기 때문이다.

12 안식일을 거룩한 날로 지켜라. 나 여호와 너희의 하나님이 그렇게 명령하였다.

13 너희는 육 일 동안, 힘써서 모든 일을 하여라.

14 그러나 칠 일째 되는 날은 너희 하나님 나 여호와를 기리며 쉬는 날이다. 그날에는 아무도 일하지 마라. 너나, 너의 아들이나 딸이나, 너의 남종이나 여종이나 그 누구도 일하지 마라. 또한 너희 소나 나귀나 그 밖에 어떤 가축도 일하게 하지 마라. 그리고 너희 성에서 사는 외국인도 일해서는 안 된다. 너희와 마찬가지로 너희 종들도 쉬게 하여라.

15 너희가 이집트에서 종 되었을 때, 너희 하나님 나 여호와는 큰 힘과 능력으로 너희를 이집트에서 인도해 내었다. 그러므로 너희 하나님 나 여호와가 너희에게 안식일을 지키라고 명령하는 것이다.

16 너희는 너희 하나님 나 여호와가 명령한 대로 너희 아버지와 어머니를 잘 섬겨라. 그리하면 너희 하나님 나 여호와가 너희에게 영원히 주는 이 땅에서 오랫동안 잘 살 수 있을 것이다.

2 "The LORD our God made a covenant
3 with us at Mount Sinai.* •The LORD did not make this covenant with our ancestors, but
4 with all of us who are alive today. •At the mountain the LORD spoke to you face to face
5 from the heart of the fire. •I stood as an intermediary between you and the LORD, for you were afraid of the fire and did not want to approach the mountain. He spoke to me, and I passed his words on to you. This is what he said:

6 •"I am the LORD your God, who rescued you from the land of Egypt, the place of your slavery.

7 •"You must not have any other god but me.

8 •"You must not make for yourself an idol of any kind, or an image of anything in the heavens or on the earth or in the sea.

9 •You must not bow down to them or worship them, for I, the LORD your God, am a jealous God who will not tolerate your affection for any other gods. I lay the sins of the parents upon their children; the entire family is affected—even children in the third and fourth generations
10 of those who reject me. •But I lavish unfailing love for a thousand generations on those* who love me and obey my commands.

11 •"You must not misuse the name of the LORD your God. The LORD will not let you go unpunished if you misuse his name.

12 •"Observe the Sabbath day by keeping it holy, as the LORD your God has comand-
13 ed you. •You have six days each week for
14 your ordinary work, •but the seventh day is a Sabbath day of rest dedicated to the LORD your God. On that day no one in your household may do any work. This includes you, your sons and daughters, your male and female servants, your oxen and donkeys and other livestock, and any foreigners living among you. All your male and female servants must rest as you
15 do. •Remember that you were once slaves in Egypt, but the LORD your God brought you out with his strong hand and powerful arm. That is why the LORD your God has commanded you to rest on the Sabbath day.

16 •"Honor your father and mother, as the LORD your God commanded you. Then you will live a long, full life in the land the LORD your God is giving you.

---

lavish [lǽviʃ] *vt.* 아낌없이 주다
tolerate [tάlərèit] *vt.* 허용하다; 참다

5:2 Hebrew *Horeb*, another name for Sinai.
5:10 Hebrew *for thousands of those.*

17 너희는 살인하지 마라.

18 너희는 간음하지 마라.

19 너희는 도둑질하지 마라.

20 너희는 재판을 할 때 이웃에 대하여 거짓 증언을 하지 마라.

21 너희는 이웃의 아내를 탐내지 마라. 너희는 이웃의 집이나 땅이나 남종이나 여종이나 소나 나귀를 탐내지 마라. 이웃의 것은 어떤 것도 탐내지 마라.'

22 여호와께서는 이 명령을 그 산 위에서 여러분 모두에게 주셨소. 여호와께서는 이 명령을 불 가운데서 큰 소리로 말씀하셨소. 또한 구름 속에서, 그리고 깊은 어둠 속에서 말씀하셨소. 그리고는 더 이상 아무 말씀도 하지 않으시고 이 말씀을 두 돌판에 새겨서 나에게 주셨소.

23 여러분이 산이 불타는 동안 어둠 속에서 들려 오는 목소리를 들었을 때, 여러분의 모든 지파의 장로들과 지도자들은 나에게 나아왔소.

24 여러분은 이렇게 말했소. '우리 하나님 여호와께서 영광과 위엄을 우리에게 보여 주셨습니다. 우리는 불 가운데서 여호와의 목소리를 들었습니다. 우리는 오늘 하나님께서 말씀하시는 소리를 듣고도 살 수 있다는 것을 보았습니다.

25 그런데 지금은 우리가 죽게 생겼습니다. 이 큰 불이 우리를 삼키려고 합니다. 우리 하나님 여호와께서 우리에게 말씀하시는 소리를 한 번만 더 들으면 우리는 죽고 말 것입니다.

26 살아 계신 하나님께서 불 가운데서 말씀하시는 소리를 듣고도 살아남은 사람은 한 사람도 없었으나 우리는 살아남았습니다.

27 모세여, 당신이 가까이 나아가서 우리 하나님 여호와께서 말씀하시는 것을 다 들으시고 우리에게 일러 주십시오. 그러면 우리가 듣고 복종하겠습니다.'

28 여호와께서는 여러분이 나에게 하는 말을 들으셨소. 그래서 여호와께서는 나에게 말씀하셨소. '백성이 너에게 하는 말을 나도 들었다. 그들이 한 말은 다 옳으니라.

29 그들이 언제나 이런 마음으로 나를 두려워하고 내 명령에 복종하기를 원한다. 그러면 그들과 그들의 자손이 영원토록 잘 될 것이다.

30 가서 백성에게 자기 장막으로 돌아가라고 일러라.

31 그러나 너는 나와 함께 여기에 머물러 있어라. 내가 너에게 모든 명령과 규례와 율법을 줄 것이다. 너는 그것을 백성에게 가르쳐서 내가 그들에게 주는 땅에서 그것을 잘 지키게 하여라.'

32 그러니 여러분의 하나님 여호와께서 여러분에게 명령하신 것을 잘 지키도록 하시오. 여호와의 명령

---

17 • "You must not murder.

18 • "You must not commit adultery.

19 • "You must not steal.

20 • "You must not testify falsely against your neighbor.

21 • "You must not covet your neighbor's wife. You must not covet your neighbor's house or land, male or female servant, ox or donkey, or anything else that belongs to your neighbor.

22 • The LORD spoke these words to all of you assembled there at the foot of the mountain. He spoke with a loud voice from the heart of the fire, surrounded by clouds and deep darkness. This was all he said at that time, and he wrote his words on two stone tablets and gave them to me.

23 • "But when you heard the voice from the heart of the darkness, while the mountain was blazing with fire, all your tribal

24 leaders and elders came to me. • They said, 'Look, the LORD our God has shown us his glory and greatness, and we have heard his voice from the heart of the fire. Today we have seen that God can speak to us humans,

25 and yet we live! • But now, why should we risk death again? If the LORD our God speaks to us again, we will certainly die and be con-

26 sumed by this awesome fire. • Can any living thing hear the voice of the living God from the heart of the fire as we did and yet

27 survive? • Go yourself and listen to what the LORD our God says. Then come and tell us everything he tells you, and we will listen and obey.'

28 • "The LORD heard the request you made to me. And he said, 'I have heard what the

29 people said to you, and they are right. • Oh, that they would always have hearts like this, that they might fear me and obey all my commands! If they did, they and their

30 descendants would prosper forever. • Go and tell them, "Return to your tents." • But you stand here with me so I can give you all my commands, decrees, and regulations. You must teach them to the people so they can obey them in the land I am giving them as their possession.' "

32 • So Moses told the people, "You must be careful to obey all the commands of the LORD your God, following his instructions in

---

assembled [əsémbld] *a.* 모여든
awesome [ɔ́ːsəm] *a.* (광경 등이) 무시무시한
blaze [bleiz] *vi.* 타오르다
covet [kʌ́vit] *vt.* 탐내다
prosper [práspər] *vi.* 번영하다, 형통하다
5:18 commit adultery : 간음하다
5:25 be consumed by … : …에 의해 소멸되다

에서 오른쪽으로나 왼쪽으로 벗어나지 말고 그대로 지키시오.

33 여러분의 하나님 여호와께서 여러분에게 명령하신 대로 살면 여러분은 삶을 얻고 복을 얻을 것이요, 여러분이 차지할 땅에서 오래오래 살 것이오."

하나님을 사랑하라는 명령

6 "이것은 여러분의 하나님 여호와의 명령과 규례와 율법이오. 여호와께서는 이것을 나더러 여러분에게 가르치라고 말씀하셨소. 여러분은 요단 강을 건너 차지할 땅에서 이것을 잘 지키시오.

2 이것은 여러분과 여러분의 자녀와 자손들이 하나님 여호와를 평생토록 섬기도록 하기 위함이오. 또한 내가 여러분에게 주는 여호와의 모든 규례와 명령을 잘 지켜 오래오래 살 수 있도록 하기 위함이오.

3 이스라엘 백성들이여, 이 율법을 잘 듣고 부지런히 지키시오. 그러면 모든 일이 잘 될 것이오. 여러분은 젖과 꿀이 흐르는 비옥한 땅, 곧 여러분 조상의 하나님 여호와께서 약속하신 땅에서 큰 나라가 될 것이오.

4 이스라엘 백성들이여, 들으시오. 우리 하나님 여호와는 오직 한 분뿐이신 여호와시오.

5 여러분의 하나님 여호와를 마음과 뜻과 힘을 다하여 사랑하시오.

6 내가 오늘 여러분에게 주는 이 명령을 항상 마음속에 기억하시오.

7 그리고 여러분 자녀에게도 가르쳐 주시오. 집에 앉아 있을 때나 길을 걸어갈 때, 자리에 누웠을 때나 자리에서 일어날 때, 언제든지 그것을 가르쳐 주시오.

8 그것을 써서 손에 매고 이마에 붙여 항상 기억하고 생각해야 합니다.

9 여러분의 집 문설주와 대문에도 써서 붙이시오.

10 여러분의 하나님 여호와께서 여러분의 조상 아브라함과 이삭과 야곱에게 약속하신 땅으로 여러분을 인도하시고 그 땅을 여러분에게 주실 것이오. 그 땅에는 여러분이 세우지 않은 크고 훌륭한 성들이 있소.

11 또 여러분이 채워 놓지 않은 훌륭한 물건들로 가득 찬 집들이 있고, 여러분이 파지 않은 우물들이 있으며, 여러분이 심지 않은 포도밭과 올리브 나무들이 있소. 여러분은 먹고 싶은 것을 마음껏 먹을 것이오.

12 그때에 이집트 땅에서 종살이했던 여러분을 인도해 내신 이가 여호와임을 잊지 않도록 조심하시오.

13 여러분의 하나님 여호와를 존경하고 오직 여호와만을 섬기시오. 맹세할 때에는 여호와의 이름으로만 맹세하시오.

33 every detail. •Stay on the path that the LORD your God has commanded you to follow. Then you will live long and prosperous lives in the land you are about to enter and occupy.

A Call for Wholehearted Commitment

6 "These are the commands, decrees, and regulations that the LORD your God commanded me to teach you. You must obey them in the land you are about to enter 2 and occupy, •and you and your children and grandchildren must fear the LORD your God as long as you live. If you obey all his decrees and commands, you will enjoy a 3 long life. •Listen closely, Israel, and be careful to obey. Then all will go well with you, and you will have many children in the land flowing with milk and honey, just as the LORD, the God of your ancestors, promised you.

4 •"Listen, O Israel! The LORD is our God, 5 the LORD alone.* •And you must love the LORD your God with all your heart, all your 6 soul, and all your strength. •And you must commit yourselves wholeheartedly to these commands that I am giving you today. 7 •Repeat them again and again to your children. Talk about them when you are at home and when you are on the road, when you are going to bed and when you are get- 8 ting up. •Tie them to your hands and wear 9 them on your forehead as reminders. •Write them on the doorposts of your house and on your gates.

10 •"The LORD your God will soon bring you into the land he swore to give you when he made a vow to your ancestors Abraham, Isaac, and Jacob. It is a land with large, pros- 11 perous cities that you did not build. •The houses will be richly stocked with goods you did not produce. You will draw water from cisterns you did not dig, and you will eat from vineyards and olive trees you did not plant. When you have eaten your fill in this 12 land, •be careful not to forget the LORD, who rescued you from slavery in the land of 13 Egypt. •You must fear the LORD your God and serve him. When you take an oath, you must use only his name.

---

cistern [sístərn] *n.* 저수지; 물이 괸 곳
decree [dikríː] *n.* 계율, 법령
stock [sták] *vt.* (물건을) 채우다
6:3 all (be/go) well with⋯ : ⋯에게 만사가 형통하다
6:13 take an oath : 선서하다, 맹세하다

6:4 Or *The LORD our God is one LORD;* or *The LORD our God, the LORD is one;* or *The LORD is our God, the LORD is one.*

14 여러분 주변에 사는 다른 백성들처럼 다른 신을 섬기지 마시오.

15 여러분 가운데 계신 여러분의 여호와 하나님은 질투하시는 하나님이시오. 여러분이 다른 신들을 섬기면, 여호와께서는 노하시고 여러분을 이 땅에서 없애 버리실 것이오.

16 여러분은 맛사에서처럼 여러분의 하나님 여호와를 시험하지 마시오.

17 여러분의 하나님 여호와의 명령을 잘 지키시오. 여호와께서 여러분에게 주신 규례와 율법에 복종하시오.

18 여호와께서 보시기에 올바르고 좋은 일을 하시오. 그러면 여러분의 모든 일이 잘 될 것이며, 여호와께서 여러분 조상에게 약속하신 땅에 들어가 그 좋은 땅을 차지할 수 있을 것이오.

19 여호와께서 약속하신 대로 여러분의 원수들을 다 쫓아내 주실 것이오.

20 장차 여러분의 아들이 '우리 하나님 여호와께서 주신 율법과 명령과 규례의 뜻이 무엇이냐?' 하고 물을 때는

21 이렇게 대답해 주시오. '우리는 이집트에서 파라오의 노예였는데 여호와께서 크신 능력으로 우리를 이집트에서 인도해 내셨다.

22 여호와께서는 우리에게 크고도 놀라운 표적과 기적을 보여 주셨다. 여호와께서는 그 놀라운 표적과 기적으로 이집트와 파라오와 그의 모든 집안을 치셨다.

23 여호와께서 우리를 이집트에서 인도해 내시고, 이곳으로 데려오셨다. 그렇게 하신 것은 우리 조상에게 약속하셨던 땅을 우리에게 주시기 위함이었다.

24 여호와께서는 이 모든 규례를 지키라고 명령하셨다. 이것은 우리가 하나님 여호와를 섬김으로 영원히 잘 되고 지금처럼 살아남을 수 있게 하시기 위함이었다.

25 우리가 우리 하나님 여호와 앞에서 여호와께서 명령하신 이 모든 규례를 지키는 것이 우리에게 의로움이 될 것이다.'"

하나님의 백성

7 "여러분의 하나님 여호와께서 여러분이 들어가 차지할 땅으로 인도하실 때에 헷 사람과 기르가스 사람과 아모리 사람과 가나안 사람과 브리스 사람과 히위 사람과 여부스 사람을 쫓아내실 것이오. 이 일곱 나라 사람은 여러분보다 강하오.

2 여러분의 하나님 여호와께서는 이 나라들을 여러분에게 넘겨 주실 것이오. 여러분은 그들을 물리쳐 이길 수 있을 것이오. 여러분은 그들을 완전히 멸망시키고 그들과 평화 조약을 맺지 마시오. 그들에게 자비를 베풀지 마시오.

3 그들 가운데서 누구와도 결혼하지 마시오. 여러분의 딸을 그들의 아들과 결혼시키면 안 되고, 여러분의 아들을 그들의 딸과 결혼시켜서도 안 되오.

14 • "You must not worship any of the
15 gods of neighboring nations, • for the
LORD your God, who lives among you, is a
jealous God. His anger will flare up against
you, and he will wipe you from the face of
16 the earth. • You must not test the LORD
your God as you did when you com-
17 plained at Massah. • You must diligently
obey the commands of the LORD your
God—all the laws and decrees he has given
18 you. • Do what is right and good in the
LORD's sight, so all will go well with you.
Then you will enter and occupy the good
land that the LORD swore to give your
19 ancestors. • You will drive out all the ene-
mies living in the land, just as the LORD
said you would.

20 • "In the future your children will ask
you, 'What is the meaning of these laws,
decrees, and regulations that the LORD our
God has commanded us to obey?'

21 • "Then you must tell them, 'We were
Pharaoh's slaves in Egypt, but the LORD
brought us out of Egypt with his strong
hand. • The LORD did miraculous signs
and wonders before our eyes, dealing terri-
fying blows against Egypt and Pharaoh
23 and all his people. • He brought us out of
Egypt so he could give us this land he had
24 sworn to give our ancestors. • And the
LORD our God commanded us to obey all
these decrees and to fear him so he can
continue to bless us and preserve our lives,
25 as he has done to this day. • For we will be
counted as righteous when we obey all the
commands the LORD our God has given
us.'

The Privilege of Holiness

7 "When the LORD your God brings you
into the land you are about to enter
and occupy, he will clear away many
nations ahead of you: the Hittites, Gir-
gashites, Amorites, Canaanites, Perizzites,
Hivites, and Jebusites. These seven nations
are greater and more numerous than you.
2 • When the LORD your God hands these
nations over to you and you conquer
them, you must completely destroy* them.
Make no treaties with them and show
3 them no mercy. • You must not intermar-
ry with them. Do not let your daughters

---

privilege [prívəlidʒ] n. 특권, 혜택
regulation [regjuléiʃən] n. 규정, 법도
6:15 flare up against… : …를 거슬러 타오르다

7:2   The Hebrew term used here refers to the
complete consecration of things or people to
the LORD, either by destroying them or by
giving them as an offering; also in 7:26.

4 그 백성들은 여러분 자녀를 여호와에게서 떼어 놓을 것이고, 여러분 자녀는 다른 신들을 섬기기 시작할 것이오. 그러면 여호와께서는 여러분에게 진노하실 것이고 여러분을 멸망시키실 것이오.

5 여러분이 그 백성들에게 해야 할 일은 이렇소. 그들의 제단을 헐어 버리시오. 그들이 세운 돌 기둥들을 부숴 버리시오. 그들의 아세라 우상을 찍어 버리고, 우상들을 불태워 버리시오.

6 여러분은 여호와 하나님의 거룩한 백성이오. 여호와께서는 땅 위의 모든 백성 가운데 여러분을 선택하셨소. 여러분은 여호와의 백성이오.

7 여호와께서 여러분을 돌보시고 여러분을 선택하신 까닭은 여러분의 수가 많기 때문이 아니오. 오히려 여러분은 모든 나라 가운데서도 가장 작은 나라에 불과하오.

8 그런데도 여호와께서 여러분을 선택하신 것은 여러분의 조상에게 하신 약속을 지키시기 위함이며, 여러분을 사랑하시기 때문이오. 여호와는 크신 능력으로 여러분을 이집트에서 인도해 내셨소. 여호와께서는 노예의 땅에서 여러분을 건져 내셨소. 여러분을 이집트 왕 파라오의 손아귀에서 구해 내셨소.

9 그러므로 여호와 하나님이 참 하나님이신 줄을 아시오. 여호와께서는 신실하신 하나님이시오. 여호와께서는 자기를 사랑하고 자기 명령을 지키는 백성을 위해 천 대에 이르기까지 사랑의 언약을 지키실 것이오.

10 그러나 여호와를 미워하는 백성에게는 벌을 내리셔서 멸망시키실 것이오. 여호와께서는 자기를 미워하는 사람에게 벌 내리시기를 늦추지 않으실 것이오.

11 그러므로 조심하여 내가 오늘 여러분에게 주는 여호와의 명령과 규례와 율법을 잘 지키도록 하시오.

12 이 율법을 마음에 새기고 부지런히 지키면 여러분의 하나님 여호와께서도 여러분의 조상에게 맹세하신 언약을 여러분과도 지키실 것이며 여호와의 사랑을 보여 주실 것이오.

13 여호와는 여러분을 사랑해 주시고, 여러분에게 복을 주시며, 여러분 백성의 수를 많게 해 주실 것이오. 또한 자녀의 복과 땅의 복을 주실 것이오. 그래서 땅은 열매와 곡식과 포도주와 기름을 많이 내게 될 것이오. 또 소와 양이 번성케 되는 복을 주셔서 새끼를 많이 낳게 해 주실 것이오. 이 모든 일이 여호와께서 여러분 조상에게 약속하신 땅에서 이루어질 것이오.

14 여러분은 다른 어떤 백성보다도 많은 복을 받을 것이오. 여러분 가운데서 아기를 낳지 못하는 사람이 없을 것이며, 여러분 짐승 가운데서 새끼를 낳지 못하는 짐승이 없을 것이오.

15 여호와께서 여러분 가운데 있는 모든 병을 없애 주실 것이오. 이집트에 있던 것과 같은 끔찍한 병은 다시는 있지 않을 것이오. 그러나 여러분을 미워하는 사람

and sons marry their sons and daughters, 4 •for they will lead your children away from me to worship other gods. Then the anger of the LORD will burn against you, 5 and he will quickly destroy you. •This is what you must do. You must break down their pagan altars and shatter their sacred pillars. Cut down their Asherah poles and 6 burn their idols. •For you are a holy people, who belong to the LORD your God. Of all the people on earth, the LORD your God has chosen you to be his own special treasure.

7 •"The LORD did not set his heart on you and choose you because you were more numerous than other nations, for you were 8 the smallest of all nations! •Rather, it was simply that the LORD loves you, and he was keeping the oath he had sworn to your ancestors. That is why the LORD rescued you with such a strong hand from your slavery and from the oppressive hand 9 of Pharaoh, king of Egypt. •Understand, therefore, that the LORD your God is indeed God. He is the faithful God who keeps his covenant for a thousand generations and lavishes his unfailing love on those who love him and obey his com- 10 mands. •But he does not hesitate to punish and destroy those who reject him. 11 •Therefore, you must obey all these commands, decrees, and regulations I am giving you today.

12 •"If you listen to these regulations and faithfully obey them, the LORD your God will keep his covenant of unfailing love with you, as he promised with an oath to 13 your ancestors. •He will love you and bless you, and he will give you many children. He will give fertility to your land and your animals. When you arrive in the land he swore to give your ancestors, you will have large harvests of grain, new wine, and olive oil, and great herds of cattle, sheep, and 14 goats. •You will be blessed above all the nations of the earth. None of your men or women will be childless, and all your live- 15 stock will bear young. •And the LORD will protect you from all sickness. He will not let you suffer from the terrible diseases you knew in Egypt, but he will inflict them on all your enemies!

fertility [fəːrtíləti] *n.* 비옥함
hesitate [hézəteit] *vt.* 주저하다
inflict [inflíkt] *vt.* (벌 등을) 주다, 가하다(on)
lavish [lǽviʃ] *vt.* 아낌없이 주다
oath [óuθ] *n.* 맹세
pagan [péigən] *a.* 이교도의; 이교 신봉의
shatter [ʃǽtər] *vt.* 분쇄하다
7:15 suffer from… : (고통 등을) 당하다, 겪다

게는 그런 병이 생길 것이오.

16 여러분은 여러분의 하나님 여호와께서 여러분에게 넘겨 주시는 백성을 다 멸망시키시오. 그들을 불쌍히 여기지 말고, 그들의 신을 섬기지도 마시오. 그 신들은 여러분에게 덫이 될 것이오.

17 여러분은 속으로 '이 나라들은 우리보다 강하다. 우리는 그들을 쫓아낼 수 없다'라고 생각할지도 모르겠소.

18 그러나 그들을 두려워하지 마시오. 여러분의 하나님 여호와께서 파라오와 온 이집트에게 하신 일을 기억하시오.

19 여러분은 여호와께서 일으키신 재앙과 표적과 기적을 직접 보았소. 그리고 여호와께서 크신 힘과 능력으로 여러분을 이집트에서 인도해 내신 것을 보았소. 여러분의 하나님 여호와께서는 여러분이 지금 두려워하고 있는 모든 나라들에게도 똑같은 일을 해 주실 것이오.

20 여러분의 하나님 여호와께서 왕벌을 그들에게 보내어 그들을 공격하게 하실 것이오. 그래서 아직 살아남은 사람과 여러분을 피해 숨어 있는 사람들까지 죽게 할 것이오.

21 그들을 두려워하지 마시오. 여러분의 하나님 여호와께서 여러분과 함께 계시오. 여호와께서는 위대하고 두려운 하나님이시오.

22 여러분의 하나님 여호와께서는 그 나라들을 여러분 앞에서 차츰차츰 쫓아내실 것이오. 그러니 그들을 단번에 없애지 마시오. 그렇게 했다가는 들짐승이 너무 많아질 것이오.

23 여러분의 하나님 여호와께서 그들을 여러분에게 넘겨 주시고, 그들을 큰 혼란에 빠지게 하실 것이며, 마침내는 그들을 없애 버리실 것이오.

24 여호와께서 여러분을 도우셔서 그들의 왕들을 물리쳐 이길 수 있게 하실 것이오. 그러니 여러분은 하늘 아래에서 그들의 이름을 완전히 지워 버리시오. 아무도 여러분을 막을 수 없을 것이오. 여러분은 그들 모두를 물리칠 것이오.

25 그들의 우상을 불에 태워 버리시오. 우상에 입힌 은이나 금을 탐내지 말고 갖지도 마시오. 그것이 여러분에게 덫이 될 것이오. 여러분의 하나님 여호와께서는 그런 짓을 싫어하시오.

26 그런 역겨운 것을 여러분의 집에 들여 놓지 마시오. 그렇게 하면 그것과 함께 여러분도 멸망할 것이오. 그런 것들을 미워하고 피하시오. 그런 것들은 모두 없애야 할 것이오."

여호와를 기억하여라

8 "내가 오늘 여러분에게 주는 모든 명령을 지키시오. 그러면 여러분이 살고 여러분의 수도 많아질 것이며, 여호와께서 여러분의 조상에게 약속하신 땅에 들어가 살게 될 것이오.

16 • "You must destroy all the nations the LORD your God hands over to you. Show them no mercy, and do not worship their 17 gods, or they will trap you. •Perhaps you will think to yourselves, 'How can we ever conquer these nations that are so much 18 more powerful than we are?' •But don't be afraid of them! Just remember what the LORD your God did to Pharaoh and to all 19 the land of Egypt. •Remember the great terrors the LORD your God sent against them. You saw it all with your own eyes! And remember the miraculous signs and wonders, and the strong hand and powerful arm with which he brought you out of Egypt. The LORD your God will use this same power against all the people you fear. 20 •And then the LORD your God will send terror* to drive out the few survivors still hiding from you!

21 • "No, do not be afraid of those nations, for the LORD your God is among you, and 22 he is a great and awesome God. •The LORD your God will drive those nations out ahead of you little by little. You will not clear them away all at once, otherwise the wild animals would multiply too quickly 23 for you. •But the LORD your God will hand them over to you. He will throw them into complete confusion until they 24 are destroyed. •He will put their kings in your power, and you will erase their names from the face of the earth. No one will be able to stand against you, and you will destroy them all.

25 • "You must burn their idols in fire, and you must not covet the silver or gold that covers them. You must not take it or it will become a trap to you, for it is detestable to 26 the LORD your God. •Do not bring any detestable objects into your home, for then you will be destroyed, just like them. You must utterly detest such things, for they are set apart for destruction.

A Call to Remember and Obey

8 "Be careful to obey all the commands I am giving you today. Then you will live and multiply, and you will enter and occupy the land the LORD swore to give

---

conquer [kάŋkər] vt. 정복하다
covet [kΛvit] vt. (남의 물건 등을) 몹시탐내다
detest [ditést] vt. 싫어하다
multiply [mΛltəplài] vi. 번식하다
7:22 drive out : 내몰다, 내쫓다
7:23 throw into confusion : 혼란에 빠트리다
7:24 stand against : 대항하다

7:20 Often rendered *the hornet*. The meaning of the Hebrew is uncertain.

2 여러분의 하나님 여호와께서 지난 사십 년 동안, 여러분을 광야에서 인도하신 것을 기억하시오. 주께서 그리 하신 까닭은 여러분을 겸손하게 만드시고, 여러분의 마음속에 무슨 생각이 있는가, 여호와의 명령을 지키는가를 시험하시기 위함이었소.

3 여호와께서 여러분을 낮추시고, 굶기셨다가 만나를 먹여 주셨소. 만나는 여러분이나 여러분의 조상이 한 번도 본 적이 없는 것이오. 여호와께서 그렇게 하신 까닭은 사람이 먹는 것으로만 사는 것이 아니라 여호와께서 말씀하시는 모든 말씀으로 살아야 한다는 것을 여러분에게 가르쳐 주시기 위함이오.

4 지난 사십 년 동안, 여러분의 옷은 해어지지 않았고, 여러분의 발도 부르트지 않았소.

5 부모가 자기 자녀를 단련시켜 가르치는 것과 같이 여호와께서도 여러분을 단련시켜 가르쳐 주신다는 것을 마음속에 새겨 두시오.

6 여러분의 하나님 여호와의 명령을 잘 지키시오. 여호와께서 명령하신 대로 살아가고 여호와를 잘 섬기시오.

7 여러분의 하나님 여호와께서는 여러분을 좋은 땅으로 데려가실 것이오. 그 땅에는 강이 있고, 연못이 있으며, 골짜기와 언덕에는 샘물이 흐르고 있소.

8 그 땅에는 밀과 보리가 있고, 포도나무와 무화과나무와 석류나무가 있으며 올리브 나무와 꿀이 있소.

9 그 땅에는 먹을 것이 얼마든지 있고, 부족한 것이 없소. 그 땅의 돌을 취하여 쇠를 얻을 수 있고, 언덕에서는 구리를 캘 수 있소.

10 여러분은 먹고 싶은 것을 마음껏 먹으며, 여러분에게 좋은 땅을 주신 여러분의 하나님 여호와를 찬양하게 될 것이오.

11 여러분의 하나님 여호와를 잊지 않도록 조심하시오. 내가 오늘 여러분에게 전하여 주는 여호와의 명령과 율법과 규례를 어겨 여호와를 잊어버리는 일이 없도록 하시오.

12 여러분은 먹고 싶은 것을 마음껏 먹을 것이오. 여러분은 멋진 집을 짓고 거기에서 살게 될 것이오.

13 여러분의 소 떼와 양 떼는 점점 많아질 것이오. 여러분의 은과 금도 점점 많아질 것이오. 여러분이 가진 모든 것이 점점 많아질 것이오.

14 그렇더라도 교만해져서 여러분의 하나님 여호와를 잊지 않도록 하시오. 여호와께서는 종살이하던 이집트 땅에서 여러분을 인도해 내셨소.

15 여호와께서는 넓고 무서운 광야에서도 여러분을 인도하셨소. 그 광야는 메마르고 물도 없는 곳이었소. 거기에는 독뱀과 전갈이 있었소. 그러나 여호와께서는 여러분을 위하여 단단한 바위에서 물이 흐르게 하셨소.

2 your ancestors. • Remember how the LORD your God led you through the wilderness for these forty years, humbling you and testing you to prove your character, and to find out whether or not you would obey his commands. • Yes, he humbled you by letting you go hungry and then feeding you with manna, a food previously unknown to you and your ancestors. He did it to teach you that people do not live by bread alone; rather, we live by every word that comes from the mouth of the LORD. 4 • For all these forty years your clothes didn't wear out, and your feet 5 didn't blister or swell. • Think about it: Just as a parent disciplines a child, the LORD your God disciplines you for your own good.

6 • "So obey the commands of the LORD your God by walking in his ways and fearing him. • For the LORD your God is bringing you into a good land of flowing streams and pools of water, with fountains and springs that gush out in the valleys 8 and hills. • It is a land of wheat and barley; of grapevines, fig trees, and pomegranates; 9 of olive oil and honey. • It is a land where food is plentiful and nothing is lacking. It is a land where iron is as common as stone, 10 and copper is abundant in the hills. • When you have eaten your fill, be sure to praise the LORD your God for the good land he has given you.

11 • "But that is the time to be careful! Beware that in your plenty you do not forget the LORD your God and disobey his commands, regulations, and decrees that I 12 am giving you today. • For when you have become full and prosperous and have built 13 fine homes to live in, • and when your flocks and herds have become very large and your silver and gold have multiplied 14 along with everything else, be careful! • Do not become proud at that time and forget the LORD your God, who rescued you from 15 slavery in the land of Egypt. • Do not forget that he led you through the great and terrifying wilderness with its poisonous snakes and scorpions, where it was so hot and dry. He gave you water from the rock!

abundant [əbʌ́ndənt] *a.* 풍부한
blister [blístər] *vi.* 물집이 생기다
discipline [dísəplin] *vt.* 정계하다
gush [gʌʃ] *vi.* 솟아 나오다
humble [hʌ́mbl] *vt.* 낮추다
pomegranate [páməgrӕnit] *n.* 석류
prosperous [práspərəs] *a.* 형통한, 잘되가는
swell [swél] *vi.* 부어오르다
wilderness [wíldərnis] *n.* 황야, 황무지

16 그리고 그 광야에서 여러분의 조상이 한 번도 본 적이 없는 만나를 주어 먹게 하셨소. 그렇게 하신 까닭은 여러분을 겸손하게 만드시고 여러분을 시험하셔서 마침내는 여러분에게 좋은 것을 주시기 위해서였소.

17 여러분이 속으로 '내가 부자가 된 것은 내 힘과 능력 때문이다' 라고 생각할지도 모르겠소.

18 그러나 여러분의 하나님 여호와를 기억하시오. 여호와께서 여러분에게 부자가 될 수 있는 힘을 주셨소. 여호와께서는 여러분의 조상에게 하신 약속을 이루시려고 지금처럼 여러분을 부자로 만들어 주신 것이오.

19 만일 여러분이 여러분의 하나님 여호와를 잊어버리고 다른 신들을 따르고 그들을 섬긴다면, 여러분은 반드시 멸망할 것이오. 내가 오늘 여러분에게 분명히 말합니다.

20 여러분이 여러분의 하나님 여호와의 명령을 지키지 않으면, 여호와께서 여러분 앞에서 멸망시키시는 나라들처럼 여러분도 멸망하고 말 것이오."

여호와께서 이스라엘과 함께하실 것이다

9 "이스라엘 백성들이여, 들으시오. 여러분은 곧 요단강을 건너 여러분보다 크고 강한 나라들을 쫓아내고 그 땅을 차지하게 될 것이오. 그 나라들은 하늘까지 닿는 성벽을 가진 성들을 가지고 있소.

2 그곳의 백성은 아낙 자손인데 그들은 강하고 키가 크오. 여러분은 '아무도 아낙 자손을 막을 수 없다' 라는 말을 들어서 알 것이오.

3 하지만 오늘 여러분의 하나님 여호와께서 태워 버리는 불처럼 여러분보다 앞서 가신다는 것을 기억하시오. 여호와께서는 그들을 멸망시키실 것이오. 여호와께서 여러분 앞에서 그들을 물리치시니 여러분은 그들을 쫓아낼 것이오. 여호와께서 말씀하신 대로 그들을 빨리 몰아낼 수 있을 것이오.

4 여러분의 하나님 여호와께서 여러분 앞에서 그 나라들을 몰아내실 것이오. 그런 일이 있은 다음에 혹시라도 '내가 착하기 때문에 여호와께서 나를 이곳으로 데려오셔서 이 땅을 차지하게 하셨다' 하고 생각하지 마시오. 그렇지 않소. 그 나라들이 악하기 때문에 여호와께서 여러분 앞에서 그 나라들을 쫓아내 주시는 것이오.

5 여러분이 그들의 땅을 차지하는 것은 여러분이 착하고 정직해서가 아니라 그 나라들이 악하기 때문이오. 그래서 여러분의 하나님 여호와께서 그 나라들을 여러분 앞에서 쫓아내시는 것이오. 이렇게 하심으로써 여호와께서는 여러분의 조상, 곧 아브라함과 이삭과 야곱에게 하신 약속을 지키시는 것이오.

6 여러분의 하나님 여호와께서는 이 좋은 땅을 여러분에게 주실 것이오. 그러나 이 땅을 주시는 것이 여러

16 ●He fed you with manna in the wilderness, a food unknown to your ancestors. He did this to humble you and test you for 17 your own good. ●He did all this so you would never say to yourself, 'I have achieved this wealth with my own 18 strength and energy.' ●Remember the LORD your God. He is the one who gives you power to be successful, in order to fulfill the covenant he confirmed to your ancestors with an oath.

19 ●"But I assure you of this: If you ever forget the LORD your God and follow other gods, worshiping and bowing down to 20 them, you will certainly be destroyed. ●Just as the LORD has destroyed other nations in your path, you also will be destroyed if you refuse to obey the LORD your God.

Victory by God's Grace

9 "Listen, O Israel! Today you are about to cross the Jordan River to take over the land belonging to nations much greater and more powerful than you. They live in cities with walls that reach to the 2 sky! ●The people are strong and tall—descendants of the famous Anakite giants. You've heard the saying, 'Who can stand 3 up to the Anakites?' ●But recognize today that the LORD your God is the one who will cross over ahead of you like a devouring fire to destroy them. He will subdue them so that you will quickly conquer them and drive them out, just as the LORD has promised.

4 ●"After the LORD your God has done this for you, don't say in your hearts, 'The LORD has given us this land because we are such good people!' No, it is because of the wickedness of the other nations that he is 5 pushing them out of your way. ●It is not because you are so good or have such integrity that you are about to occupy their land. The LORD your God will drive these nations out ahead of you only because of their wickedness, and to fulfill the oath he swore to your ancestors Abraham, Isaac, 6 and Jacob. ●You must recognize that the LORD your God is not giving you this good land because you are good, for you are not—you are a stubborn people.

achieve [ətʃíːv] *vt.* (일・목적 등을) 이루다
devouring [diváuəriŋ] *a.* 삼키는
integrity [intégrəti] *n.* 고결, 성실
stubborn [stʌ́bərn] *a.* 고집 센
subdue [səbdjúː] *vt.* 제압하다
wickedness [wíkidnis] *n.* 사악, 부정
8:18 fulfill the covenant : 언약을 이루다
9:1 take over : 인계받다. 접수하다

분의 착한 행실 때문이 아니라는 것을 알아 두시오, 왜냐하면 여러분은 악하고 고집 센 백성이기 때문이오."

여호와의 노를 기억하여라

7 "이것을 기억하고 잊지 마시오. 여러분은 광야에서 여러분의 하나님 여호와를 노하시게 하였소. 여러분은 이집트에서 떠나던 날부터 여기에 이르기까지 여호와의 명령을 지키지 않았소.

8 여러분은 시내 산에서 여호와를 노하시게 하였소. 너무 노하셔서 여러분을 멸망시키려고 하실 정도였소.

9 나는 여호와께서 여러분과 맺으신 언약의 돌판을 받으려고 산으로 올라갔소. 나는 사십 일 동안, 밤낮으로 산에 머물면서 빵도 먹지 않고, 물도 마시지 않았소.

10 하나님께서는 손수 쓰신 돌판 두 개를 나에게 주셨소. 돌판 위에는 여러분이 모인 날에 여호와께서 산 위의 불길 속에서 여러분에게 주신 모든 명령이 새겨져 있었소.

11 사십 일 밤낮이 지나자, 여호와께서는 나에게 언약의 말씀이 새겨진 돌판 두 개를 주셨소.

12 그리고 여호와께서 나에게 말씀하셨소, '일어나라. 어서 빨리 여기에서 내려가거라. 네가 이집트에서 인도해 낸 백성이 타락했다. 그들은 지금 나의 명령을 저버리고 자기들이 섬길 우상을 빚어 놓았다.'

13 여호와께서 나에게 말씀하셨소, '나는 이 백성을 지켜보았다. 그런데 그들은 너무 악하고 고집이 세다.

14 내 앞을 가로막지 마라. 내가 그들을 없애 버리겠다. 하늘 아래에서 그들의 이름을 완전히 지워 버리겠다. 너에게서 그들보다 더 크고 강한 나라가 나오게 할 것이다.'

15 나는 발길을 돌려 산에서 내려왔소. 산은 불에 타고 있었소. 내 손에는 언약의 말씀이 새겨진 돌판 두 개가 있었소.

16 내가 보니 여러분은 하나님 여호와께 죄를 짓고 있었소. 여러분은 여러분이 섬길 송아지 모양의 우상을 만들어 놓고 있었소. 그리고 너무도 쉽게 여호와께서 명령하신 길에서 벗어나 있었소.

17 그래서 나는 돌판 두 개를 여러분이 보는 앞에서 내던져 깨뜨려 버렸소.

18 나는 전과 같이 여호와 앞에 엎드렸소. 사십 일 동안, 밤낮으로 빵도 먹지 않고, 물도 마시지 않으면서 그렇게 엎드려 있었소. 내가 그렇게 한 것은 여러분이 여호와께 나쁜 일을 하여 죄를 짓고, 여호와를 화나시게 만들었기 때문이오.

19 여호와께서 너무 화가 나셔서 여러분을 멸망시키려 했으나, 여호와께서는 그때도 나의 말을 들어 주셨

Remembering the Gold Calf

7 • "Remember and never forget how angry you made the LORD your God out in the wilderness. From the day you left Egypt until now, you have been constantly rebelling against him. 8 • Even at Mount Sinai* you made the LORD so angry he was 9 ready to destroy you. • This happened when I was on the mountain receiving the tablets of stone inscribed with the words of the covenant that the LORD had made with you. I was there for forty days and forty nights, and all that time I ate no food and 10 drank no water. • The LORD gave me the two tablets on which God had written with his own finger all the words he had spoken to you from the heart of the fire when you were assembled at the mountain.

11 • "At the end of the forty days and nights, the LORD handed me the two stone tablets inscribed with the words of the 12 covenant. • Then the LORD said to me, 'Get up! Go down immediately, for the people you brought out of Egypt have corrupted themselves. How quickly they have turned away from the way I commanded them to live! They have melted gold and made an idol for themselves!'

13 • "The LORD also said to me, 'I have seen how stubborn and rebellious these people 14 are. • Leave me alone so I may destroy them and erase their name from under heaven. Then I will make a mighty nation of your descendants, a nation larger and more powerful than they are.'

15 • "So while the mountain was blazing with fire I turned and came down, holding in my hands the two stone tablets inscribed 16 with the terms of the covenant. • There below me I could see that you had sinned against the LORD your God. You had melted gold and made a calf idol for yourselves. How quickly you had turned away from the path the LORD had commanded you to 17 follow! • So I took the stone tablets and threw them to the ground, smashing them before your eyes.

18 • "Then, as before, I threw myself down before the LORD for forty days and nights. I ate no bread and drank no water because of the great sin you had committed by doing what the LORD hated, provoking him to 19 anger. • I feared that the furious anger of the LORD, which turned him against you, would drive him to destroy you. But again

furious [fjúəriəs] *a.* 격노한, 격심한
inscribe [inskráib] *vt.* 새기다
provoke [prəvóuk] *vt.* 화나게 하다

9:8 Hebrew *Horeb*, another name for Sinai.

소.

20 여호와께서는 아론에게 분노하여 그를 죽이려 하셨소. 그러나 나는 아론을 위해 기도했소.

21 나는 여러분이 만든 그 죄의 물건, 곧 금송아지를 불에 태워 버렸소. 그리고 그것을 산산이 부수고 갈아 버린 다음, 산에서 흘러내리는 시냇물에 띄워 보냈소.

22 여러분은 다베라*와 맛사*와 기브롯핫다아와*에서도 여호와를 화나게 만들었소.

23 여호와께서 여러분을 가데스바네아에서 내보내시면서 '올라가서 내가 너희에게 주는 땅을 차지하여라' 하고 말씀하셨을 때, 여러분은 여러분의 하나님 여호와의 명령에 복종하지 않았소. 여러분은 여호와를 믿지도 않고, 따르지도 않았소.

24 내가 여러분을 알던 날부터 지금까지 여러분은 여호와의 명령을 따르려 하지 않았소.

25 그때, 여호와께서는 여러분을 멸망시키겠다고 말씀하셨소. 그래서 나는 사십 일 동안, 밤낮으로 여호와 앞에 엎드려 있었소.

26 그리고 여호와께 기도를 드렸소. '주 여호와여, 주님의 백성을 멸망시키지 마십시오. 그들은 주님의 백성입니다. 주께서는 그들에게 자유를 주시고 크신 힘과 능력으로 그들을 이집트에서 인도해 내셨습니다.

27 주님의 종인 아브라함과 이삭과 야곱을 기억해 주십시오. 이 백성의 완고함을 돌아보지 마시고 이 백성의 죄와 악을 돌아보지 마십시오.

28 그렇게 하지 않으시면 이집트 사람들은 여호와는 자기 백성을 자기가 약속한 땅으로 인도할 힘이 없었고 그들을 미워하여 광야로 데려다가 죽였다고 말할 것입니다.

29 하지만 그들은 주님의 크신 힘과 능력으로 인도해 내신 주님의 백성입니다.'"

새로운 돌판

10 "그때, 여호와께서 나에게 말씀하셨소. '처음 것과 같은 돌판 두 개를 다듬어서 내가 있는 산으로 올라오너라. 그리고 나무 상자도 하나 만들어 오너라.

2 네가 깨뜨린 처음 돌판에 썼던 것과 똑같은 말씀을 그 돌판 위에 새겨 줄 것이다. 그러면 그 새 돌판을 상자에 넣어 두어라.'

3 그래서 나는 조각목으로 상자를 만들고, 처음 것과 같은 돌판 두 개를 다듬어 산으로 올라갔소.

4 그러자 여호와께서 전에 쓰셨던 것과 똑같은 말씀, 곧 십계명을 그 돌판 위에 새겨 주셨소. 그 말씀은 여러분이 모인 날에 여호와께서 여러분에게 불길 가운데서 말씀하신 것이오. 여호와께서는

20 he listened to me. • The LORD was so angry with Aaron that he wanted to destroy him, too. But I prayed for Aaron, and the LORD 21 spared him. • I took your sin—the calf you had made—and I melted it down in the fire and ground it into fine dust. Then I threw the dust into the stream that flows down the mountain.

22 "You also made the LORD angry at Taberah,* Massah,* and Kibroth-hattaavah.* 23 • And at Kadesh-barnea the LORD sent you out with this command: 'Go up and take over the land I have given you.' But you rebelled against the command of the LORD your God and refused to put your trust in him or obey 24 him. • Yes, you have been rebelling against the LORD as long as I have known you.

25 "That is why I threw myself down before the LORD for forty days and nights—for the 26 LORD said he would destroy you. • I prayed to the LORD and said, 'O Sovereign LORD, do not destroy them. They are your own people. They are your special possession, whom you redeemed from Egypt by your mighty power 27 and your strong hand. • Please overlook the stubbornness and the awful sin of these people, and remember instead your servants 28 Abraham, Isaac, and Jacob. • If you destroy these people, the Egyptians will say, "The Israelites died because the LORD wasn't able to bring them to the land he had promised to give them." Or they might say, "He destroyed them because he hated them; he deliberately took them into the wilderness to slaughter 29 them." • But they are your people and your special possession, whom you brought out of Egypt by your great strength and powerful arm.'

A New Copy of the Covenant

10 "At that time the LORD said to me, 'Chisel out two stone tablets like the first ones. Also make a wooden Ark—a sacred chest to store them in. Come up to me on the 2 mountain, • and I will write on the tablets the same words that were on the ones you smashed. Then place the tablets in the Ark.'

3 • So I made an Ark of acacia wood and cut two stone tablets like the first two. Then I went up the mountain with the tablets in my hand. 4 • Once again the LORD wrote the Ten Commandments* on the tablets and gave them to me. They were the same words the

9:22a *Taberah* means "place of burning." See Num 11:1-3. 9:22b *Massah* means "place of testing." See Exod 17:1-7. 9:22c *Kibroth-hattaavah* means "graves of gluttony." See Num 11:31-34. 10:4 Hebrew *the ten words*.

9:22 '다베라'는 '불타는 곳'이란 뜻이고, '맛사'는 '시험의 장소'란 뜻이며, '기브롯핫다아와'는 '탐욕의 무덤'이란 뜻이다.

그 돌판을 다 쓰신 후에 나에게 주셨소.

5 나는 발길을 돌려 산에서 내려왔소. 그리고 여호와께서 명령하신 대로 내가 만든 상자 안에 돌판을 넣어 두었소. 그 돌판은 지금도 이 상자 안에 있소.

6 (이스라엘 백성은 브에롯브네야아간 우물을 떠나 모세라에 이르렀습니다. 그곳에서 아론이 죽어 땅에 묻혔습니다. 아론의 아들 엘르아살이 아론을 대신하여 제사장이 되었습니다.

7 모세라를 떠나 굿고다에 이르고, 굿고다를 떠나서는 시냇물이 흐르는 욧바다에 이르렀습니다.

8 그때, 여호와께서 레위 지파를 뽑으셔서 여호와의 언약궤를 나르고 여호와를 섬기며 여호와의 이름으로 축복하는 일을 책임지게 하셨습니다. 지금까지도 레위 사람들은 그 일을 합니다.

9 그 일 때문에 레위 사람은 아무런 땅도 받지 못했습니다. 그들은 여러분의 하나님 여호와께서 말씀하신 대로 땅 대신에 여호와를 선물로 받았습니다.)

10 나는 전에 그랬던 것처럼 사십 일 동안, 밤낮으로 산 위에 머물러 있었소. 여호와께서는 이번에도 내가 드리는 말씀을 들어 주셨소. 여호와께서는 여러분을 멸망시키지 않기로 하셨소.

11 여호와께서 나에게 말씀하셨소. '가서 백성을 인도하여라. 내가 그들의 조상에게 약속한 땅으로 그들을 데려가 그 땅을 차지하게 하여라.'"

여호와께서 바라시는 것

12 "이스라엘 백성들이여, 여러분의 하나님 여호와께서 여러분에게 바라는 것이 무엇이오? 그것은 여러분의 하나님 여호와를 존경하고, 주께서 명령하신 말씀을 따르며, 주를 사랑하고 마음과 정성을 다하여 여러분의 하나님 여호와를 섬기는 것이오.

13 또한 여러분이 잘 되게 하기 위해 내가 오늘 여러분에게 주는 여호와의 명령과 율법에 복종하는 것이오.

14 세계와 그 안의 모든 것은 여호와의 것이오. 하늘과 가장 높은 하늘까지도 여호와의 것이오.

15 여호와께서는 여러분의 조상을 돌보시고 사랑하셔서 그들의 자손인 여러분을 오늘 이렇게 다른 모든 나라 가운데서 선택하여 주셨소.

16 그러니 여러분은 마음을 참되게 하고* 다시는 고집을 피우지 마시오.

17 여러분의 하나님 여호와는 모든 신의 하나님이시며, 모든 주의 주시오. 여호와께서는 위대한 하나님이시며 강하고 두려운 분이시오. 불공평한 일은 하지 않으시며 뇌물도 받지 않으시는 분이시

LORD had spoken to you from the heart of the fire on the day you were assembled at the foot
5 of the mountain. •Then I turned and came down the mountain and placed the tablets in the Ark of the Covenant, which I had made, just as the LORD commanded me. And the tablets are still there in the Ark."

6 •(The people of Israel set out from the wells of the people of Jaakan* and traveled to Moserah, where Aaron died and was buried. His son Eleazar ministered as high priest in his
7 place. •Then they journeyed to Gudgodah, and from there to Jotbathah, a land with
8 many brooks and streams. •At that time the LORD set apart the tribe of Levi to carry the Ark of the LORD's Covenant, and to stand before the LORD as his ministers, and to pronounce blessings in his name. These are their duties to
9 this day. •That is why the Levites have no share of property or possession of land among the other Israelite tribes. The LORD himself is their special possession, as the LORD your God told them.)

10 •"As for me, I stayed on the mountain in the LORD's presence for forty days and nights, as I had done the first time. And once again the LORD listened to my pleas and agreed not
11 to destroy you. •Then the LORD said to me, 'Get up and resume the journey, and lead the people to the land I swore to give to their ancestors, so they may take possession of it.'

A Call to Love and Obedience

12 •"And now, Israel, what does the LORD your God require of you? He requires only that you fear the LORD your God, and live in a way that pleases him, and love him and serve him with
13 all your heart and soul. •And you must always obey the LORD's commands and decrees that I am giving you today for your own good.

14 •"Look, the highest heavens and the earth and everything in it all belong to the LORD
15 your God. •Yet the LORD chose your ancestors as the objects of his love. And he chose you, their descendants, above all other nations, as
16 is evident today. •Therefore, change your hearts* and stop being stubborn.

17 •"For the LORD your God is the God of gods and Lord of lords. He is the great God, the mighty and awesome God, who shows no

---

deliberately [dilíbərətli] *ad.* 고의로, 일부러
evident [évədənt] *a.* 분명한
pronounce [prənáuns] *vt.* 선포하다
resume [rizú:m] *vt.* 다시 시작하다(계속하다)

10:6 Or *set out from Beeroth of Bene-jaakan.*
10:16 Hebrew *circumcise the foreskin of your hearts.*

10:16 개역 성경에는 '마음에 할례를 행하고' 라고 표기되어 있다.

오.

18 고아와 과부를 도와 주시고, 외국인을 사랑하셔서 그들에게 먹을 것과 옷을 주시는 분이시오.

19 여러분은 외국인을 사랑해야 하오. 이는 여러분도 이집트에서 외국인이었기 때문이오.

20 여러분의 하나님 여호와를 존경하고 잘 섬기시오. 여호와께 충성하시오. 맹세를 할 때는 여호와의 이름으로만 맹세하시오.

21 여호와를 찬양하시오. 여호와는 여러분의 하나님이시오. 여러분의 눈으로 직접 보았듯이 여호와께서 여러분을 위해 크고도 두려운 일을 해 주셨소.

22 여러분의 조상이 이집트로 내려갈 때는 칠십 명밖에 없었소. 그러나 지금은 여러분의 하나님 여호와께서 여러분을 하늘의 별처럼 많게 해 주셨소.”

이스라엘이 본 위대한 일들

11 “여러분은 하나님 여호와를 사랑하고, 여호와의 규율과 규례와 율법과 명령을 항상 지키시오.

2 여호와의 징계와 위대하심과 크신 능력을 보고 경험했던 사람은 여러분의 자손이 아니라 바로 여러분 자신임을 기억하시오.

3 여러분의 자손은 여호와의 표적과 이집트 왕 파라오와 이집트 땅에서 하신 일들을 보지 못했소.

4 여러분의 자손은 여호와께서 이집트 군대와 그 말과 전차들에게 하신 일도 보지 못했소. 여호와께서는 여러분의 뒤를 쫓아오는 그들을 홍해에 빠뜨리시고 영원히 멸망시키셨소.

5 여러분의 자손은 여러분이 이곳에 이르기까지 여호와께서 여러분에게 광야에서 해 주신 일을 보지 못했소.

6 그리고 르우벤의 손자요, 엘리압의 아들인 다단과 아비람에게 하신 일도 보지 못했소. 그때에 땅이 갈라져 그들과 그 가족과 장막을 삼켜 버렸고, 온 이스라엘 가운데서 그들과 함께 있었던 사람과 짐승들도 다 삼켜 버렸소.

7 여러분 자신들은 여호와께서 하신 이 모든 일을 보았소.

8 그러므로 내가 오늘 여러분에게 주는 여호와의 모든 명령을 지키시오. 그러면 여러분은 강해져서 여러분이 건너가 들어가려는 땅을 차지할 수 있을 것이오.

9 *여호와께서 여러분의 조상과 자손에게 주시기로 약속하신 그 땅에서 오래오래 살게 될 것이오. 그 땅은 젖과 꿀이 넘쳐 흐를 만큼 비옥한 땅이오.*

10 여러분이 차지할 땅은 여러분이 살았던 이집트와 같지 않소. 이집트에서는 채소밭에 씨를 심고 물을 주느라 발을 많이 움직였소.

11 그러나 여러분이 건너가 차지할 땅은 언덕과 골짜

---

18 partiality and cannot be bribed. •He ensures that orphans and widows receive justice. He shows love to the foreigners living among

19 you and gives them food and clothing. •So you, too, must show love to foreigners, for you yourselves were once foreigners in the

20 land of Egypt. •You must fear the LORD your God and worship him and cling to him. Your oaths must be in his name alone.

21 •He alone is your God, the only one who is worthy of your praise, the one who has done these mighty miracles that you have

22 seen with your own eyes. •When your ancestors went down into Egypt, there were only seventy of them. But now the LORD your God has made you as numerous as the stars in the sky!

11 “You must love the LORD your God and always obey his requirements,

2 decrees, regulations, and commands. •Keep in mind that I am not talking now to your children, who have never experienced the discipline of the LORD your God or seen his greatness and his strong hand and powerful

3 arm. •They didn't see the miraculous signs and wonders he performed in Egypt against

4 Pharaoh and all his land. •They didn't see what the LORD did to the armies of Egypt and to their horses and chariots—how he drowned them in the Red Sea* as they were chasing you. He destroyed them, and they have not recovered to this very day!

5 •“Your children didn't see how the LORD cared for you in the wilderness until you

6 arrived here. •They didn't see what he did to Dathan and Abiram (the sons of Eliab, a descendant of Reuben) when the earth opened its mouth in the Israelite camp and swallowed them, along with their households and tents and every living thing that

7 belonged to them. •But you have seen the LORD perform all these mighty deeds with your own eyes!

The Blessings of Obedience

8 •“Therefore, be careful to obey every command I am giving you today, so you may have strength to go in and take over the land

9 you are about to enter. •If you obey, you will enjoy a long life in the land the LORD swore to give to your ancestors and to you, their descendants—a land flowing with

10 milk and honey! •For the land you are about to enter and take over is not like the land of Egypt from which you came, where you planted your seed and made irrigation ditches with your foot as in a vegetable gar-

---

11:4 Hebrew *sea of reeds.*

기의 땅이오. 그 땅은 하늘에서 내리는 빗물로 물을 대며

12 여러분의 하나님 여호와께서 돌보시는 땅이오, 또 한 한 해가 시작할 때부터 끝날 때까지 여러분의 하나님 여호와께서 언제나 보살펴 주시는 땅이오,

13 내가 오늘 여러분에게 주는 명령을 잘 지키시오. 여러분의 하나님 여호와를 사랑하고 마음과 정성을 다하여 여호와를 섬기시오.

14 그러면 여호와께서 때를 따라 가을과 봄에 여러분의 땅에 비를 내려 주실 것이오. 여러분은 곡식과 새 포도주와 기름을 거둘 수 있을 것이오.

15 들에는 여러분의 가축들이 먹을 풀을 자라게 해 주실 것이며, 여러분도 배불리 먹을 수 있을 것이오.

16 여러분은 조심하시오. 꾐에 빠져 다른 신들을 섬기지 마시오. 다른 신들에게 예배하지 마시오.

17 그렇게 했다가는 여호와께서 여러분에게 노하셔서 하늘을 닫으시고 비를 내리지 않으실 것이오. 그러면 땅에서는 식물이 자라지 않고, 여러분은 여호와께서 주신 저 좋은 땅에서 죽게 될 것이오.

18 내 말을 마음과 영혼에 새겨 두시오. 그것을 써서 손에 매고 이마에 붙여 항상 기억하고 생각하시오.

19 그리고 여러분의 자녀에게도 가르쳐 주시오. 집에 앉아 있을 때나 길을 걸어갈 때나 자리에 누웠을 때나 자리에서 일어날 때, 언제나 그것을 가르쳐 주시오.

20 여러분의 집 문설주와 대문에도 써서 붙이시오.

21 그러면 여호와께서 여러분 조상에게 주시기로 약속하신 그 땅에서 여러분과 여러분의 자손 모두가 오래오래 살 수 있을 것이오, 땅 위에 하늘이 있는 한, 그 땅에서 오래오래 살 수 있을 것이오,

22 내가 여러분에게 주는 이 모든 명령을 부지런히 지키고 여러분의 하나님 여호와를 사랑하며 그의 모든 길을 행하여 그에게 충성하시오.

23 그러면 여호와께서 저 모든 나라들을 여러분 앞에서 쫓아내실 것이오. 여러분은 여러분보다 크고 강한 나라들에게서 땅을 빼앗을 수 있을 것이오.

24 여러분이 발로 밟는 곳마다 여러분의 땅이 될 것이오, 광야에서부터 레바논까지, 유프라테스 강에서부터 지중해까지 모두 여러분의 땅이 될 것이오,

25 여러분의 하나님 여호와께서 약속하신 대로 여러분이 가는 곳마다 그 땅의 백성이 여러분을 두려워하게 만드실 것이오, 아무도 여러분을 막을 수 없을 것이오,

26 보시오, 내가 오늘 여러분에게 복과 저주 가운데 하나를 고르게 하겠소,

27 내가 오늘 여러분에게 주는 하나님 여호와의 명령을 잘 지키면 복을 받을 것이나

11 den. •Rather, the land you will soon take over is a land of hills and valleys with plenty
12 of rain—•a land that the LORD your God cares for. He watches over it through each season of the year!

13 •"If you carefully obey the commands I am giving you today, and if you love the LORD your God and serve him with all your
14 heart and soul, •then he will send the rains in their proper seasons—the early and late rains—so you can bring in your harvests of grain, new wine, and olive oil. •He will give you lush pastureland for your livestock, and you yourselves will have all you want to eat.
16 •"But be careful. Don't let your heart be deceived so that you turn away from the
17 LORD and serve and worship other gods. •If you do, the LORD's anger will burn against you. He will shut up the sky and hold back the rain, and the ground will fail to produce its harvests. Then you will quickly die in that good land the LORD is giving you.
18 •"So commit yourselves wholeheartedly to these words of mine. Tie them to your hands and wear them on your forehead as
19 reminders. •Teach them to your children. Talk about them when you are at home and when you are on the road, when you are going to bed and when you are getting up.
20 •Write them on the doorposts of your house
21 and on your gates, •so that as long as the sky remains above the earth, you and your children may flourish in the land the LORD swore to give your ancestors.
22 •"Be careful to obey all these commands I am giving you. Show love to the LORD your God by walking in his ways and holding
23 tightly to him. •Then the LORD will drive out all the nations ahead of you, though they are much greater and stronger than you, and you will take over their land.
24 •Wherever you set foot, that land will be yours. Your frontiers will stretch from the wilderness in the south to Lebanon in the north, and from the Euphrates River in the east to the Mediterranean Sea in the west.*
25 •No one will be able to stand against you, for the LORD your God will cause the people to fear and dread you, as he promised, wherever you go in the whole land.
26 •"Look, today I am giving you the choice
27 between a blessing and a curse! •You will be blessed if you obey the commands of the LORD your God that I am giving you today.

irrigation [irəgéiʃən] n. 관개
partiality [pɑːrʃiǽləti] n. 불공평; 편들기; 편애
11:17 hold back : 보류하다
11:24 set foot somewhere : …에 발을 들어놓다

11:24 Hebrew *to the western sea.*

28 하나님 여호와의 명령을 지키지 않으면 저주를 받을 것이오. 그러므로 내가 오늘 여러분에게 주는 명령을 어기지 마시오, 여러분이 알지 못하는 다른 신들을 섬기지 마시오.

29 여러분의 하나님 여호와께서는 여러분이 차지할 땅으로 여러분을 인도하실 것이오, 그러면 여러분은 그리심산에서 축복을 선포하고, 에발산에서는 저주를 선포하시오.

30 그 산들은 요단 강 건너편, 곧 서쪽 해 지는 편에 있소. 그 산들은 모레의 상수리나무들이 있는 곳에서 가까우며 길갈 건너편, 요단 골짜기에 사는 가나안 사람들의 땅에 있소.

31 여러분은 곧 요단 강을 건너 여러분의 하나님 여호와께서 여러분에게 주시는 땅으로 들어가 그 땅을 차지할 것이오, 여러분은 그 땅을 차지하고 거기에서 살게 될 것이오.

32 여러분은 내가 오늘 여러분에게 주는 모든 명령을 잘 지키시오."

예배드릴 곳

12 "이것이 하나님 여호와께서 여러분에게 주시기로 약속한 땅에서 여러분이 부지런히 지켜야 할 명령과 율법이오, 여러분은 이 땅에서 사는 동안, 이것들을 잘 지키시오.

2 여러분은 여러분이 좇아낼 민족들이 신을 섬겼던 곳을 헐어 버리시오, 그들은 산꼭대기에서, 언덕 위에서, 그리고 잎이 무성한 모든 나무 아래에서 자기 신들을 섬겼소.

3 여러분은 그들의 제단을 허물고, 그들의 돌 기둥을 부수고, 아세라 우상을 불태우고, 다른 우상들을 찍어 버리시오, 그들의 이름을 그곳에서 없애 버리시오.

4 또한 여러분의 하나님 여호와께 예배드릴 때는 그들이 우상을 섬기던 방식대로 예배드리지 마시오.

5 여러분의 하나님 여호와께서 여러분 지파들 가운데서 예배드릴 장소를 선택하실 것이오, 여러분은 그곳을 찾아가시오.

6 그곳으로 태워 드리는 제물인 번제물과 희생 제물을 가져가시오, 그리고 여러분이 얻은 것의 십분의 일과 여러분의 특별한 예물도 가져가시오, 바치기로 약속한 것과 여호와께 드리기 원하는 특별한 예물도 가져가시오, 소와 양의 처음 태어난 것도 가져가시오.

7 여러분은 여러분의 하나님 여호와께서 계신 그곳에서 가족과 함께 먹으며, 여러분의 하나님 여호와께서 여러분에게 복을 주셔서 잘 되게 하신 모든 일을 가지고 기뻐하시오.

8 우리가 지금 예배드리는 방법으로 예배드리지 마

---

28 • But you will be cursed if you reject the commands of the LORD your God and turn away from him and worship gods you have not known before.

29 • "When the LORD your God brings you into the land and helps you take possession of it, you must pronounce the blessing at Mount Gerizim and the curse at Mount Ebal. • (These two mountains are west of the Jordan River in the land of the Canaanites who live in the Jordan Valley,* near the town of Gilgal, not far from the oaks of Moreh.) • For you are about to cross the Jordan River to take over the land the LORD your God is giving you. When you take that land and are living in it, • you must be careful to obey all the decrees and regulations I am giving you today.

The LORD's Chosen Place for Worship

12 "These are the decrees and regulations you must be careful to obey when you live in the land that the LORD, the God of your ancestors, is giving you. You must obey them as long as you live.

2 • "When you drive out the nations that live there, you must destroy all the places where they worship their gods—high on the mountains, up on the hills, and under every green tree. • Break down their altars and smash their sacred pillars. Burn their Asherah poles and cut down their carved idols. Completely erase the names of their gods!

4 • "Do not worship the LORD your God in the way these pagan peoples worship their gods. • Rather, you must seek the LORD your God at the place of worship he himself will choose from among all the tribes—the place where his name will be honored. • There you will bring your burnt offerings, your sacrifices, your tithes, your sacred offerings, your offerings to fulfill a vow, your voluntary offerings, and your offerings of the first-born animals of your herds and flocks.

7 • There you and your families will feast in the presence of the LORD your God, and you will rejoice in all you have accomplished because the LORD your God has blessed you.

8 • "Your pattern of worship will change.

---

carved [kɑːrvd] a. 조각한
decree [dikríː] n. 법령 ; 계율
feast [fiːst] vi. 마음껏 즐기다 : 실컷 먹다
tithe [táið] n. 십일조
voluntary [váləntèri] a. 자발적인
11:29 take possession of … : …을 점령하다
12:2 drive out : 내몰다, 내쫓다

11:30 Hebrew *the Arabah.*

시오, 지금은 각 사람이 자기 생각에 옳은 대로 하고 있소.

9 여러분은 여러분의 하나님 여호와께서 주시는 편히 쉴 곳에 아직 이르지 못했소.

10 그러나 여러분은 곧 요단 강을 건너서 여러분의 하나님 여호와께서 주시는 땅에서 살게 될 것이오. 그리고 여호와께서 여러분의 모든 원수를 물리치시고, 편안히 살 수 있게 해 주실 것이오.

11 또 여러분의 하나님 여호와께서는 예배받을 만한 장소를 선택하실 것이오. 여러분은 내가 일러 주는 모든 것, 곧 태워 드리는 번제물과 희생 제물과 여러분이 얻은 것의 십분의 일과 여러분의 거제물과 여러분이 여호와께 약속한 가장 좋은 것을 그곳으로 가져가시오.

12 여러분은 여러분의 하나님 여호와 앞에서 기뻐하시오. 여러분뿐만 아니라 여러분의 자녀와 남종, 여종과 자기 땅이 없이 여러분의 마을에 사는 레위 사람들도 다 함께 기뻐해야 하오.

13 태워 드리는 제물인 번제물을 아무 곳에서나 드리는 일이 없도록 조심하시오.

14 그것을 바칠 때에는 앞으로 여호와께서 여러분의 지파들 가운데서 한 곳을 선택하실 테니 그곳에서만 바치시오. 거기에서 여러분은 내가 여러분에게 명령하는 것을 다 지키시오.

15 고기를 먹고 싶을 때는 여러분 마을 어디에서나 짐승을 잡아 그 고기를 먹고 싶은 대로 먹을 수 있소. 깨끗한 사람이든 부정한 사람이든 노루나 사슴을 먹을 때처럼 그 고기를 먹을 수 있소. 그것은 여러분의 하나님 여호와께서 여러분에게 주시는 복이오.

16 그러나 피는 먹지 마시오. 피는 물처럼 땅에 쏟아 버리시오.

17 여러분은 곡식과 새 포도주와 기름의 십분의 일과 소나 양의 처음 태어난 것과 여호와께 바치기로 약속한 것과 자발적으로 드리는 낙헌 제물과 들어 올려 바치는 거제물은 성 안에서 먹을 수 없소.

18 그것을 여러분의 하나님 여호와께서 선택하신 곳으로 가지고 가서, 여러분의 하나님 여호와 앞에서 여러분과 여러분의 자녀와 남종과 여종과 자기 땅이 없이 여러분 마을에 사는 레위 사람들과 함께 드시오. 또 여러분의 하나님 여호와 앞에서 여러분이 이룩한 일들을 기뻐하시오.

19 여러분이 그 땅에 사는 동안, 레위 사람을 잊지 않도록 조심하시오.

20 여러분의 하나님 여호와께서는 약속하신 대로 여러분 땅을 넓혀 주실 것이오. 그때 여러분들이 고기가 먹고 싶다면, 얼마든지 먹고 싶은 대로 먹을 수 있소.

Today all of you are doing as you please, 9 •because you have not yet arrived at the place of rest, the land the LORD your God is 10 giving you as your special possession. •But you will soon cross the Jordan River and live in the land the LORD your God is giving you. When he gives you rest from all your enemies and you're living safely in the land, 11 •you must bring everything I command you—your burnt offerings, your sacrifices, your tithes, your sacred offerings, and your offerings to fulfill a vow—to the designated place of worship, the place the LORD your God chooses for his name to be honored.

12 •"You must celebrate there in the presence of the LORD your God with your sons and daughters and all your servants. And remember to include the Levites who live in your towns, for they will receive no allot-13 ment of land among you. •Be careful not to sacrifice your burnt offerings just anywhere 14 you like. •You may do so only at the place the LORD will choose within one of your tribal territories. There you must offer your burnt offerings and do everything I command you.

15 •"But you may butcher your animals and eat their meat in any town whenever you want. You may freely eat the animals with which the LORD your God blesses you. All of you, whether ceremonially clean or unclean, may eat that meat, just as you now 16 eat gazelle and deer. •But you must not consume the blood. You must pour it out on the ground like water.

17 •"But you may not eat your offerings in your hometown—neither the tithe of your grain and new wine and olive oil, nor the firstborn of your flocks and herds, nor any offering to fulfill a vow, nor your voluntary 18 offerings, nor your sacred offerings. •You must eat these in the presence of the LORD your God at the place he will choose. Eat them there with your children, your servants, and the Levites who live in your towns, celebrating in the presence of the 19 LORD your God in all you do. •And be very careful never to neglect the Levites as long as you live in your land.

20 •"When the LORD your God expands your territory as he has promised, and you have the urge to eat meat, you may freely eat

allotment [əlátmənt] *n.* 할당, 분배
butcher [bútʃər] *vt.* 잡다, 도살하다
ceremonially [serəmóuniəli] *ad.* 의식적으로
designated [dézignèitid] *a.* 지정된
herd [həːrd] *n.* 가축의 떼, 무리
neglect [niglékt] *vt.* 무시하다
territory [térətɔːri] *n.* 영토

21 만약 여러분의 하나님 여호와께서 예배받으실 장소로 선택하신 곳이 여러분이 사는 곳과 너무 멀리 떨어져 있다면, 내가 여러분에게 명령한 대로 여호와께서 여러분에게 주신 소나 양을 잡아서 여러분 마을에서 얼마든지 먹고 싶은 대로 먹을 수 있소.

22 깨끗한 사람이든지 부정한 사람이든지 노루나 사슴을 먹을 때처럼 그 고기를 먹을 수 있소.

23 그러나 피만은 먹지 마시오. 피는 생명이기 때문이오. 생명을 고기와 함께 먹으면 안 되오.

24 피는 먹지 말고 물처럼 땅에 쏟아 버리시오.

25 피를 먹으면 안 되오. 여호와께서 보시기에 옳은 일을 해야 여러분과 여러분의 자손이 하는 일이 잘될 것이오.

26 거룩한 물건인 성물과 여호와께 바치기로 약속한 물건은 여호와께서 선택하신 곳으로 가져가시오.

27 하나님 여호와의 제단 위에 여러분의 태워 드리는 제물인 번제물을 바치시오. 고기와 피를 함께 바치시오. 다른 제물의 피는 제단 둘레에 뿌리고, 고기는 여러분이 먹어도 좋소.

28 내가 여러분에게 명령하는 이 모든 말을 잘 지키고 여러분의 하나님 여호와께서 보시기에 착하고 올바른 일을 하면 여러분과 여러분의 자손이 하는 모든 일이 잘될 것이오.

29 여러분은 그 땅에 들어가서 그곳에 사는 민족들을 쫓아내고 그 땅을 차지할 것이오. 하나님 여호와께서 여러분 앞에서 그 나라들을 멸망시키실 것이오. 여러분은 그들을 쫓아내고 그들의 땅에서 살게 될 것이오.

30 그들이 멸망한 후에 그들의 풍습을 따라 사는 함정에 빠지지 않도록 조심하시오. '이 나라들은 어떻게 예배드릴까? 나도 그렇게 해 보고 싶다'라는 말은 하지도 마시오.

31 여러분의 하나님 여호와를 그런 식으로 섬기지 마시오. 여호와께서는 그들이 자기 신들을 섬길 때 따랐던 방법을 싫어하시오. 심지어 그들은 자기 신들에게 아들과 딸을 태워 바치기까지 했소.

32 내가 여러분에게 명령한 모든 것을 부지런히 지키시오. 거기에서 조금도 더하지 말고 조금도 빼지 마시오."

거짓 예언자

13 "여러분에게 예언자나 꿈으로 점치는 사람이 나타나서 기적이나 표적을 보여 주겠다고 말할지 모르오.

2 그런데 그가 말한 기적이나 표적이 실제로 일어나고, 그가 '다른 신들을 섬깁시다' 하고 여러분이 알지도 못하는 신을 섬기자고 말할 수도 있소.

3 그런 일이 일어나더라도 여러분은 그 예언자나 꿈으로 점치는 사람의 말을 듣지 마시오. 그것은 여러분이 마음과 정성을 다하여 하나님 여호와를 사랑

---

21 meat whenever you want. •It might happen that the designated place of worship—the place the LORD your God chooses for his name to be honored—is a long way from your home. If so, you may butcher any of the cattle, sheep, or goats the LORD has given you, and you may freely eat the meat in your hometown, as I have commanded you.

22 •Anyone, whether ceremonially clean or unclean, may eat that meat, just as you do

23 now with gazelle and deer. •But never consume the blood, for the blood is the life, and you must not consume the lifeblood with

24 the meat. •Instead, pour out the blood on

25 the ground like water. •Do not consume the blood, so that all may go well with you and your children after you, because you will be doing what pleases the LORD.

26 • 'Take your sacred gifts and your offerings given to fulfill a vow to the place the

27 LORD chooses. •You must offer the meat and blood of your burnt offerings on the altar of the LORD your God. The blood of your other sacrifices must be poured out on the altar of the LORD your God, but you may

28 eat the meat. •Be careful to obey all my commands, so that all will go well with you and your children after you, because you will be doing what is good and pleasing to the LORD your God.

29 • "When the LORD your God goes ahead of you and destroys the nations and you

30 drive them out and live in their land, •do not fall into the trap of following their customs and worshiping their gods. Do not inquire about their gods, saying, 'How do these nations worship their gods? I want to

31 follow their example.' •You must not worship the LORD your God the way the other nations worship their gods, for they perform for their gods every detestable act that the LORD hates. They even burn their sons and daughters as sacrifices to their gods.

32 • *"So be careful to obey all the commands I give you. You must not add anything to them or subtract anything from them.

A Warning against Idolatry

13 • *"Suppose there are prophets among you or those who dream dreams about the future, and they promise you signs

2 or miracles, •and the predicted signs or miracles occur. If they then say, 'Come, let us worship other gods' —gods you have not

3 known before— •do not listen to them. The LORD your God is testing you to see if you

---

12:32 Verse 12:32 is numbered 13:1 in Hebrew text. 13:1 Verses 13:1-18 are numbered 13:2-19 in Hebrew text.

하는가를 여호와께서 시험하시는 것이오.

4 여러분의 하나님 여호와만을 섬기시오. 여호와만을 존경하고, 그분의 명령을 잘 지키며, 복종하시오. 그분만을 섬기며 충성하시오.

5 예언자나 꿈으로 점치는 그런 사람은 죽이시오. 그들은 이집트에서 여러분을 인도해 내셨고 종살이하던 땅에서 여러분을 구해 내신 여러분의 하나님 여호와를 배반하라고 말했소. 그들은 하나님 여호와께서 여러분에게 명령하신 대로 살지 말라고 유혹했소. 여러분은 그런 나쁜 사람을 여러분 가운데서 없애야 하오.

6 여러분의 형제나 아들이나 딸이나 사랑하는 아내나 가까운 친구들 가운데서 누군가가 여러분을 유혹하여 '가서 다른 신들을 섬깁시다' 하고 여러분이나 여러분의 조상이 알지 못하는 신을 섬기자고 말할지도 모르오.

7 가까운 곳이든 먼 곳이든, 땅의 이 끝에서 저 끝까지 이웃백성들이 섬기는 신을 섬기자고 할지도 모르오.

8 그런 일이 일어나더라도 그런 말에 귀 기울이지 말고, 듣지도 마시오. 그런 사람을 불쌍하게 여기지도 말고, 풀어 주지도 말고, 보호해 주지도 마시오.

9 그런 사람은 죽이시오. 처음에 유혹받은 사람이 그 사람을 먼저 죽이시오. 그런 다음에 다른 사람들도 힘을 합쳐 그 사람을 죽이시오.

10 여러분은 돌을 던져 그를 죽여야 하오. 그는 여러분이 종살이하던 이집트에서 여러분을 인도해 내신 여러분의 하나님 여호와를 배반하라고 유혹했소.

11 그를 돌로 쳐죽이면 온 이스라엘이 듣고 두려워할 것이오. 그리고 여러분 가운데서 그런 악한 일을 하는 사람이 다시는 나오지 않을 것이오."

멸망시켜야 할 성

12 "여러분의 하나님 여호와께서 여러분에게 주시는 성들 가운데서 어느 한 성에 관하여 이런 소문이 들릴 수도 있소.

13 나쁜 사람들이 여러분 가운데서 일어나 '가서 다른 신들을 섬깁시다' 라고 말하며 성 사람들이 하나님을 배반하게 만든다는 소문이 들리면,

14 여러분은 그 소문에 대해 알아보고 철저하게 조사하시오. 그래서 그런 역겨운 일이 실제로 일어났다는 것이 사실로 밝혀지면

15 그 성을 완전히 없애 버리시오. 그 성에 사는 사람들과 그 안에 있는 짐승까지도 칼로 다 죽이시오.

16 그리고 그 성 사람들이 가지고 있던 것을 성 광장에 모아놓고 성과 함께 그것을 다 불태우시오. 그것을 하나님 여호와께 온전히 태워 바치시오. 다시는 그 곳에 성을 쌓지 말고, 영원히 폐허로 남겨 두시오.

17 그 성에서 나온 물건 가운데 하나라도 가지지 마시

---

truly love him with all your heart and soul.

4 •Serve only the LORD your God and fear him alone. Obey his commands, listen to his

5 voice, and cling to him. •The false prophets or visionaries who try to lead you astray must be put to death, for they encourage rebellion against the LORD your God, who redeemed you from slavery and brought you out of the land of Egypt. Since they try to lead you astray from the way the LORD your God commanded you to live, you must put them to death. In this way you will purge the evil from among you.

6 • "Suppose someone secretly entices you—even your brother, your son or daughter, your beloved wife, or your closest friend—and says, 'Let us go worship other gods'—gods that neither you nor your ancestors

7 have known. •They might suggest that you worship the gods of peoples who live nearby or who come from the ends of the earth.

8 •But do not give in or listen. Have no pity, and do not spare or protect them. •You must put them to death! Strike the first blow yourself, and then all the people must join

10 in. •Stone the guilty ones to death because they have tried to draw you away from the LORD your God, who rescued you from the

11 land of Egypt, the place of slavery. •Then all Israel will hear about it and be afraid, and no one will act so wickedly again.

12 • "When you begin living in the towns the LORD your God is giving you, you may

13 hear •that scoundrels among you are leading their fellow citizens astray by saying, 'Let us go worship other gods'—gods you have

14 not known before. •In such cases, you must examine the facts carefully. If you find that the report is true and such a detestable act

15 has been committed among you, •you must attack that town and completely destroy* all its inhabitants, as well as all the livestock.

16 •Then you must pile all the plunder in the middle of the open square and burn it. Burn the entire town as a burnt offering to the LORD your God. That town must remain a

17 ruin forever; it may never be rebuilt. •Keep none of the plunder that has been set apart for destruction. Then the LORD will turn from his fierce anger and be merciful to you.

---

detestable [ditéstabl] *a.* 가증한, 혐오스러운
entice [intáis] *vt.* 유혹하다, 꾀다
purge [pá:rdʒ] *vt.* 추방하다, 제거하다
scoundrel [skáundrəl] *n.* 악당, 불량배
13:9 put··· to death : ···를 죽이다, 사형하다

13:15 The Hebrew term used here refers to the complete consecration of things or people to the LORD, either by destroying them or by giving them as an offering; similarly in 13:17.

- - - - - - - - -

오, 그래야 여호와께서 분노를 푸시고, 여러분에게 자비를 베푸시며 여러분을 불쌍히 여기실 것이오. 그리고 여러분 조상에게 약속하신 대로 여러분 나라를 번성하게 하실 것이오.

18 여러분은 하나님 여호와의 말씀을 잘 들으시오. 또 내가 오늘 여러분에게 주는 하나님 여호와의 명령을 잘 지키고, 여호와 보시기에 올바른 일을 하시오. 그러면 약속하신 대로 될 것이오."

하나님의 특별한 백성

14 "여러분은 하나님 여호와의 자녀요. 누가 죽더라도 슬픔을 나타내기 위해 몸에 상처를 내거나 앞머리를 밀지 마시오.

2 여러분은 하나님 여호와의 거룩한 백성이오. 여호와께서 땅 위의 모든 백성들 가운데 여러분을 뽑아 자기 백성으로 삼으셨소.

3 "무엇이든지 여호와께서 미워하시는 것은 먹지 마시오.

4 여러분이 먹어도 되는 짐승은 소와 양과 염소와

5 사슴과 노루와 꽃사슴과 들염소와 산염소와 들양과 산양이오.

6 굽이 완전히 갈라졌으면서 새김질하는 짐승은 먹어도 좋소.

7 그러나 새김질을 하거나 굽이 갈라진 짐승 가운데 낙타나 토끼, 오소리*와 같은 짐승은 새김질은 하지만 굽이 갈라지지 않았으므로 여러분에게 부정하오.

8 돼지도 여러분에게 부정하오. 돼지는 굽은 갈라졌지만 새김질은 하지 못하니 여러분은 이런 짐승의 고기를 먹지도 말고, 그 시체를 만지지도 마시오.

9 물에 사는 것 가운데서 지느러미와 비늘이 있는 것은 먹어도 좋소.

10 그러나 지느러미와 비늘이 없는 것은 먹지 마시오. 그런 것은 여러분에게 부정하오.

11 깨끗한 새는 무엇이든지 먹을 수 있소.

12 그러나 새 가운데서도 먹지 말아야 할 것이 있는데, 곧 독수리, 수리, 검은 수리,

13 솔개와 모든 소리개 종류와

14 모든 까마귀 종류와

15 타조, 올빼미, 갈매기, 모든 매 종류와

16 부엉이, 따오기, 백조와

17 사막 올빼미, 물수리, 가마우지와

18 왜가리 종류와 오디새와 박쥐는 먹지 마시오.

19 날개 달린 곤충은 다 여러분에게 부정하오. 그런 것은 먹지 마시오.

20 그러나 날개 달린 깨끗한 생물은 먹어도 좋소.

21 여러분은 하나님 여호와의 거룩한 백성이므로

He will have compassion on you and make you a large nation, just as he swore to your ancestors.

18 "The LORD your God will be merciful only if you listen to his voice and keep all his commands that I am giving you today, doing what pleases him.

Ceremonially Clean and Unclean Animals

14 "Since you are the people of the LORD your God, never cut yourselves or shave the hair above your foreheads in mourning for 2 the dead. You have been set apart as holy to the LORD your God, and he has chosen you from all the nations of the earth to be his own special treasure.

3 "You must not eat any detestable animals
4 that are ceremonially unclean. These are the animals* you may eat: the ox, the sheep, the
5 goat, the deer, the gazelle, the roe deer, the wild goat, the addax, the antelope, and the mountain sheep.

6 "You may eat any animal that has com-
7 pletely split hooves and chews the cud, but if the animal doesn't have both, it may not be eaten. So you may not eat the camel, the hare, or the hyrax.* They chew the cud but do not have split hooves, so they are ceremonially
8 unclean for you. And you may not eat the pig. It has split hooves but does not chew the cud, so it is ceremonially unclean for you. You may not eat the meat of these animals or even touch their carcasses.

9 "Of all the marine animals, you may eat
10 whatever has both fins and scales. You may not, however, eat marine animals that do not have both fins and scales. They are ceremonially unclean for you.

11 "You may eat any bird that is ceremonially
12 clean. These are the birds you may not eat: the griffon vulture, the bearded vulture, the
13 black vulture, the kite, the falcon, buzzards of
14-5 all kinds, ravens of all kinds, the eagle owl, the short-eared owl, the seagull, hawks of all
16 kinds, the little owl, the great owl, the barn
17 owl, the desert owl, the Egyptian vulture, the
18 cormorant, the stork, herons of all kinds, the hoopoe, and the bat.

19 "All winged insects that walk along the ground are ceremonially unclean for you and
20 may not be eaten. But you may eat any winged bird or insect that is ceremonially clean.

21 "You must not eat anything that has died a natural death. You may give it to a foreigner

---

14:4 The identification of some of the animals and birds listed in this chapter is uncertain. 14:7 Or *coney*, or *rock badger*.

14:7 '오소리' 는 '바위 너구리' 라고도 한다.

저절로 죽은 것은 먹지 마시오. 그런 것은 여러분 마을에 사는 외국인에게 주어 먹게 하거나 파시오. 새끼 염소를 그 어미 젖에 삶지 마시오."

십분의 일을 바침

22 "여러분은 해마다 밭에서 나는 작물의 십분의 일을 따로 떼어 놓으시오.

23 여러분은 그것을 여러분의 하나님 여호와께서 예배받으시기 위해 선택하신 곳으로 가져가시오. 여러분은 하나님 여호와께서 계시는 그곳에서 여러분의 곡식과 포도주와 기름의 십분의 일을 소와 양의 처음 태어난 것과 함께 먹으시오. 그렇게 하여 여러분의 하나님 여호와를 언제나 두려워하는 법을 배우시오.

24 그러나 여러분의 하나님 여호와께서 예배받으실 장소로 선택하신 곳이 너무 멀고, 여호와께서 여러분에게 주신 복이 너무 많아서 십분의 일을 가져갈 수 없으면,

25 그것을 돈으로 바꿔 하나님 여호와께서 선택하신 곳으로 가져가시오.

26 그 돈으로 소든 양이든 포도주든 묵은 포도주든 아무것이나 여러분 마음에 드는 것을 사시오. 그리고 여러분의 하나님 여호와 앞에서 여러분의 가족과 함께 먹으며 즐거워하시오.

27 여러분 마을에 사는 레위 사람을 잊지 마시오. 그들에게는 물려받을 땅이 없소.

28 여러분은 매 삼 년마다 그 해에 거둔 것의 십분의 일을 가져와서 마을 안에 쌓아 두시오.

29 그것을 레위 사람에게 주어 배불리 먹게 해야 할 것이오. 그것은 레위 사람에게는 물려받을 땅이 없기 때문이오. 그리고 여러분 마을에 사는 나그네와 고아와 과부에게도 주어 배불리 먹게 하시오. 그렇게 하면 여러분의 하나님 여호와께서 여러분이 하는 모든 일에 복을 주실 것이오."

칠 년째 해

15 "여러분은 매 칠 년마다 빚을 면제해 주어야 하오.

2 면제하는 방법은 이러하오. 누구든지 돈을 꿔 준 사람은 그 빚을 면제해 주어야 하는데 이웃이나 형제에게 자기 빚을 갚으라고 하지 마시오. 왜냐하면 여호와께서는 이 해에 모든 빚이 면제된다고 선포하셨기 때문이오.

3 외국인에게서는 빚을 받아 낼 수 있으나 동족에게서는 받아 내지 마시오.

4 여러분 가운데 가난한 사람이 없어야 할 것이오. 여러분의 하나님 여호와께서 여러분이 차지할 땅에 큰 복을 주실 것이오.

5 내가 오늘 여러분에게 주는 이 모든 명령을 부지

living in your town, or you may sell it to a stranger. But do not eat it yourselves, for you are set apart as holy to the LORD your God.

"You must not cook a young goat in its mother's milk.

The Giving of Tithes

22 •"You must set aside a tithe of your crops— one-tenth of all the crops you harvest each

23 year. •Bring this tithe to the designated place of worship—the place the LORD your God chooses for his name to be honored—and eat it there in his presence. This applies to your tithes of grain, new wine, olive oil, and the firstborn males of your flocks and herds. Doing this will teach you always to fear the LORD your God.

24 •"Now when the LORD your God blesses you with a good harvest, the place of worship he chooses for his name to be honored might

25 be too far for you to bring the tithe. •If so, you may sell the tithe portion of your crops and herds, put the money in a pouch, and go to the

26 place the LORD your God has chosen. •When you arrive, you may use the money to buy any kind of food you want—cattle, sheep, goats, wine, or other alcoholic drink. Then feast there in the presence of the LORD your God and cele-

27 brate with your household. •And do not neglect the Levites in your town, for they will receive no allotment of land among you.

28 •"At the end of every third year, bring the entire tithe of that year's harvest and store it in

29 the nearest town. •Give it to the Levites, who will receive no allotment of land among you, as well as to the foreigners living among you, the orphans, and the widows in your towns, so they can eat and be satisfied. Then the LORD your God will bless you in all your work.

Release for Debtors

15 "At the end of every seventh year you must cancel the debts of everyone who

2 owes you money. •This is how it must be done. Everyone must cancel the loans they have made to their fellow Israelites. They must not demand payment from their neighbors or relatives, for the LORD's time of release has

3 arrived. •This release from debt, however, applies only to your fellow Israelites—not to the foreigners living among you.

4 •"There should be no poor among you, for the LORD your God will greatly bless you in the land he is giving you as a special possession.

5 •You will receive this blessing if you are careful to obey all the commands of the LORD your

---

carcass [kɑ́ːrkəs] *n.* (짐승의) 시체
mourn [mɔ́ːrn] *vi.* 애도하다, 슬퍼하다
portion [pɔ́ːrʃən] *n.* 일부, 부분
release [rilíːs] *n.* 석방; 면제
14:6 chew the cud : 되새김질하다

런히 지켜 하나님 여호와께 복종하기만 하면 여호
와께서 여러분에게 큰 복을 주실 것이오.

6 하나님 여호와께서 약속하신 대로 여러분에게 복
을 주실 것이오. 여러분은 다른 나라들에게 돈을 빌
려 주기는 해도 빌리지는 않을 것이오. 그리고 많은
나라를 다스리기는 해도 다스림을 받지는 않을 것
이오.

7 혹시 여러분의 하나님 여호와께서 여러분에게 주
신 땅의 어느 마을에 가난한 사람이 있다면 그 불쌍
한 형제를 매정히 대하거나 인색하게 대하지 마시
오.

8 그에게 필요한 것은 무엇이든지 아끼지 말고 다 빌
려 주시오.

9 나쁜 생각을 가지지 않도록 조심하시오. '빚을 면
제해 주는 칠 년째 되는 해가 가까웠다'고 생각하여
여러분의 가난한 형제에게 인색하게 굴지 마시오.
만약 여러분이 그에게 아무것도 해 주지 않아서 그
가 여러분을 원망하며 여호와께 부르짖으면, 주님
께서 여러분을 죄인으로 여기실 것이오.

10 가난한 사람에게 아낌없이 베풀어 주시오. 인색한
마음을 갖지 마시오. 그렇게 하면 여러분의 하나님
여호와께서 여러분이 하는 모든 일과 여러분의 손
으로 하는 모든 일에 복을 주실 것이오.

11 이 땅 위에 가난한 사람은 언제나 있을 것이오. 그러
므로 내가 여러분에게 명령하오. 여러분이 사는 땅
의 가난한 사람과 어렵게 사는 사람에게 아낌없이
베풀어 주시오."

종을 풀어 주는 일에 관한 규례

12 "히브리 남자든지 히브리 여자든지 여러분에게 종
으로 팔려 와서 육 년 동안, 섬겼거든 칠 년째 되는
해에는 그들을 풀어 주시오.

13 그에게 자유를 주어 내보낼 때에는 빈손으로 보내
지 마시오.

14 그에게 양과 곡식과 포도주를 넉넉히 주시오. 여러
분의 하나님 여호와께서 여러분에게 복을 주신 것
만큼 그에게도 베풀어 주시오.

15 여러분도 이집트에서 종살이했던 것을 기억하시
오. 또 여러분의 하나님 여호와께서 여러분을 구해
주셨다는 것을 기억하시오. 그분으로 인하여 내가
오늘 여러분에게 이렇게 명령하는 것이오.

16 그러나 그 종이 여러분과 여러분의 가족을 사랑하
며 여러분과 함께 사는 것을 좋아하여 '주인님을 떠
나지 않겠습니다'라고 말하면

17 그의 귀를 문에 대고 송곳으로 뚫으시오. 그러면 그
는 영원히 여러분의 종이 될 것이오. 여자 종에게도
그렇게 하시오.

18 여러분의 종을 내보내는 것을 어려운 일로 생각하

---

6 God that I am giving you today. ●The LORD
your God will bless you as he has promised.
You will lend money to many nations but
will never need to borrow. You will rule
many nations, but they will not rule over
you.

7 ●But if there are any poor Israelites in
your towns when you arrive in the land the
LORD your God is giving you, do not be
hard-hearted or tightfisted toward them.

8 ●Instead, be generous and lend them what-

9 ever they need. ●Do not be mean-spirited
and refuse someone a loan because the year
for canceling debts is close at hand. If you
refuse to make the loan and the needy per-
son cries out to the LORD, you will be consid-

10 ered guilty of sin. ●Give generously to the
poor, not grudgingly, for the LORD your God

11 will bless you in everything you do. ●There
will always be some in the land who are
poor. That is why I am commanding you to
share freely with the poor and with other
Israelites in need.

Release for Hebrew Slaves

12 ●"If a fellow Hebrew sells himself or herself
to be your servant* and serves you for six
years, in the seventh year you must set that
servant free.

13 ●"When you release a male servant, do
not send him away empty-handed. ●Give
him a generous farewell gift from your flock,
your threshing floor, and your winepress.
Share with him some of the bounty with
which the LORD your God has blessed you.

15 ●Remember that you were once slaves in
the land of Egypt and the LORD your God
redeemed you! That is why I am giving you
this command.

16 ●"But suppose your servant says, 'I will
not leave you,' because he loves you and
your family, and he has done well with you.

17 ●In that case, take an awl and push it
through his earlobe into the door. After that,
he will be your servant for life. And do the
same for your female servants.

18 ●"You must not consider it a hardship
when you release your servants. Remember
that for six years they have given you ser-
vices worth double the wages of hired work-
ers, and the LORD your God will bless you in
all you do.

---

awl [ɔ:l] *n.* 송곳
bounty [báunti] *n.* 아낌없이 주어진 것; 은혜
grudgingly [grʌ́dʒiŋli] *ad.* 마지못해서, 억지로
mean-spirited [miːn-spíritid] *a.* 비열한
tightfisted [táitfistid] *a.* 인색한
15:9 close at hand : 바로 가까이에, 접근하여

15:12 Or *If a Hebrew man or woman is sold to
you.*

지 마시오. 그는 육 년 동안, 주인을 섬겼고 품삯은 품꾼을 쓸 때에 비해 반밖에 들지 않았소. 여러분의 하나님 여호와께서 여러분이 하는 모든 일에 복을 주실 것이오."

처음 태어난 짐승에 관한 규례

19 "소와 양의 처음 태어난 모든 수컷은 여러분의 하나님 여호와를 위해 따로 구별하시오. 여러분의 처음 태어난 송아지에게는 일을 시키지 말고 처음 태어난 어린 양의 털도 깎지 마시오.

20 해마다 여러분은 가족과 함께 하나님 여호와께서 예배받으실 장소로 선택하신 곳에서, 곧 여러분의 하나님 여호와께서 계시는 곳에서 그 고기를 드시오.

21 흠이 있는 짐승, 이를테면 다리를 절룩거리거나 앞을 못 보거나 그 밖에 다른 흠이 있는 짐승은 하나님 여호와께 바치지 마시오.

22 그러나 여러분의 마을에서는 그런 짐승을 먹어도 좋소. 깨끗한 사람이든 부정한 사람이든 노루나 사슴을 먹을 때처럼 그 고기를 먹을 수 있소.

23 그러나 그 피는 먹지 마시오. 피는 물처럼 땅에 쏟아 버리시오."

유월절

16 "아빕 월*에는 여러분의 하나님 여호와의 유월절을 지키시오. 그것은 아빕 월 어느 날 밤에 여러분의 하나님 여호와께서 여러분을 이집트에서 인도해 내셨기 때문이오.

2 여러분의 하나님 여호와께 유월절 제물을 바치되 하나님 여호와께서 예배받으시기 위해 선택하신 곳에서 양이나 소로 바치시오.

3 그것을 먹을 때는 누룩 넣은 빵인 유교병과 함께 먹지 마시오. 칠 일 동안은 누룩을 넣지 않은 빵인 무교병을 드시오. 그 빵은 여러분이 이집트를 떠날 때 급히 빠져 나왔으므로 먹는 고난의 빵이오, 여러분은 그 빵을 먹음으로써 이집트 땅에서 나오던 날을 평생토록 기억하시오.

4 칠 일 동안은 여러분의 땅 어느 곳에서도 누룩이 보이지 않게 하시오. 첫날 저녁에 제물을 바치되 다음 날 아침이 되기 전까지 고기를 다 먹고 남기지 마시오.

5 유월절 제물을 바칠 때는 여러분의 하나님 여호와께서 여러분에게 주신 아무 마을에서나 바치지 마시오.

6 유월절 제물은 여호와께서 예배받으실 장소로 선택하신 곳에서 바치시오. 그리고 바치는 시각은 여러분이 이집트에서 나온 시각, 곧 저녁 해질 무렵이오.

7 여러분의 하나님 여호와께서 선택하신 곳에서 고

Sacrificing Firstborn Male Animals

19 •"You must set aside for the LORD your God all the firstborn males from your flocks and herds. Do not use the firstborn of your herds to work your fields, and do not shear the first-

20 born of your flocks. •Instead, you and your family must eat these animals in the presence of the LORD your God each year at the place

21 he chooses. •But if this firstborn animal has any defect, such as lameness or blindness, or if anything else is wrong with it, you must

22 not sacrifice it to the LORD your God. •Instead, use it for food for your family in your hometown. Anyone, whether ceremonially clean or unclean, may eat it, just as anyone

23 may eat a gazelle or deer. •But you must not consume the blood. You must pour it out on the ground like water.

Passover and the Festival of Unleavened Bread

16 "In honor of the LORD your God, celebrate the Passover each year in the early spring, in the month of Abib,* for that was the month in which the LORD your God

2 brought you out of Egypt by night. •Your Passover sacrifice may be from either the flock or the herd, and it must be sacrificed to the LORD your God at the designated place of worship—the place he chooses for his name

3 to be honored. •Eat it with bread made without yeast. For seven days the bread you eat must be made without yeast, as when you escaped from Egypt in such a hurry. Eat this bread—the bread of suffering—so that as long as you live you will remember the day

4 you departed from Egypt. •Let no yeast be found in any house throughout your land for those seven days. And when you sacrifice the Passover lamb on the evening of the first day, do not let any of the meat remain until the next morning.

5 •"You may not sacrifice the Passover in just any of the towns that the LORD your God

6 is giving you. •You must offer it only at the designated place of worship—the place the LORD your God chooses for his name to be honored. Sacrifice it there in the evening as the sun goes down on the anniversary of

7 your exodus from Egypt. •Roast the lamb and eat it in the place the LORD your God

---

shear [ʃ ɪər] *vt.* …의 털을 깎다
15:19 set aside for… : …를 위해 따로 구별하다

16:1 Hebrew *Observe the month of Abib, and keep the Passover unto the LORD your God.* Abib, the first month of the ancient Hebrew lunar calendar, usually occurs within the months of March and April.
16:1 태양력으로는 3월이나 4월에 해당한다.

기를 구워 먹고, 이튿날 아침, 여러분의 장막으로 돌아가시오.

8 육 일 동안 무교병을 드시오. 그리고 칠 일째 되는 날에는 여러분의 하나님 여호와를 위해 거룩한 모임으로 모이고 그날에는 아무 일도 하지 마시오."

칠칠절

9 "곡식을 거두기 시작한 때부터 칠 주를 계산하여

10 여러분의 하나님 여호와를 위하여 칠칠절을 지키시오. 여호와께 특별한 예물을 가져와 바치시오. 여호와께서 여러분에게 복을 주신 대로 여호와께 바치시오.

11 그리고 여호와께서 예배받으실 장소로 선택하신 곳에서 즐거워하시오. 여러분의 아들과 딸과 남종과 여종과 여러분 마을에 사는 레위 사람과 나그네와 고아와 과부와 함께 즐거워하시오.

12 여러분도 이집트에서 종살이했음을 기억하고, 이 모든 율법을 부지런히 지키시오."

초막절

13 "타작 마당과 포도주틀에서 곡식과 포도주를 거두어들인 다음 칠 일 동안 초막절을 지키시오.

14 여러분은 이 절기에 여러분의 아들과 딸, 남종과 여종, 그리고 여러분 마을에 사는 레위 사람과 나그네와 고아와 과부와 함께 즐거워하시오.

15 여러분은 칠 일 동안 여러분의 하나님 여호와께서 선택하신 장소에서 여호와를 위해 절기를 지키시오. 여러분의 하나님 여호와께서 여러분의 모든 추수한 것과 여러분이 하는 모든 일에 복을 주실 것이므로 절기를 지키며 즐거워하시오.

16 여러분 가운데 모든 남자는 한 해에 세 번, 여호와 앞으로 나아가시오. 무교절과 칠칠절과 초막절에 여호와께서 선택하신 곳으로 나아가시오. 여호와 앞으로 나아갈 때에는 누구나 예물을 가지고 가시오.

17 여러분의 하나님 여호와께서 여러분에게 주신 복에 따라 각기 드릴 수 있을 만큼 예물을 드리시오."

백성의 재판관

18 "각 지파는 여호와께서 주신 성마다 재판관과 지도자들을 세워 백성을 공정하게 재판하시오.

19 재판을 할 때는 공정하게 하고 사람에 따라서 재판을 다르게 해서는 안 되오. 돈을 받고 그릇된 재판을 해서도 안 되오. 왜냐하면 뇌물은 지혜

chooses. Then you may go back to your tents

8 the next morning. ● For the next six days you may not eat any bread made with yeast. On the seventh day proclaim another holy day in honor of the LORD your God, and no work may be done on that day.

The Festival of Harvest

9 ● "Count off seven weeks from when you first begin to cut the grain at the time of harvest.

10 Then celebrate the Festival of Harvest* to honor the LORD your God. Bring him a voluntary offering in proportion to the blessings you

11 have received from him. ● This is a time to celebrate before the LORD your God at the designated place of worship he will choose for his name to be honored. Celebrate with your sons and daughters, your male and female servants, the Levites from your towns, and the foreigners, orphans, and widows who live among you.

12 ● Remember that you were once slaves in Egypt, so be careful to obey all these decrees.

The Festival of Shelters

13 ● "You must observe the Festival of Shelters* for seven days at the end of the harvest season, after the grain has been threshed and the grapes have

14 been pressed. ● This festival will be a happy time of celebrating with your sons and daughters, your male and female servants, and the Levites, foreigners, orphans, and widows from your

15 towns. ● For seven days you must celebrate this festival to honor the LORD your God at the place he chooses, for it is he who blesses you with bountiful harvests and gives you success in all your work. This festival will be a time of great joy for all.

16 ● "Each year every man in Israel must celebrate these three festivals: the Festival of Unleavened Bread, the Festival of Harvest, and the Festival of Shelters. On each of these occasions, all men must appear before the LORD your God at the place he chooses, but they must not appear before the LORD without a gift for

17 him. ● All must give as they are able, according to the blessings given to them by the LORD your God.

Justice for the People

18 ● "Appoint judges and officials for yourselves from each of your tribes in all the towns the LORD your God is giving you. They must judge

19 the people fairly. ● You must never twist justice

16:10 Hebrew *Festival of Weeks;* also in 16:16. This was later called the Festival of Pentecost (see Acts 2:1). It is celebrated today as Shavuot (or Shabuoth). **16:13** Or *Festival of Booths,* or *Festival of Tabernacles;* also in 16:16. This was earlier called the Festival of the Final Harvest or Festival of Ingathering (see Exod 23:16b). It is celebrated today as Sukkot (or Succoth).

로운 사람의 눈을 어둡게 하며 죄 없는 사람을 죄인
으로 만들기 때문이오.

20 언제나 옳은 일만 하시오. 그래야 여러분이 살고 여
러분의 하나님 여호와께서 주시는 땅을 차지할 수
있소."

우상을 미워하시는 하나님

21 "하나님 여호와를 위해 쌓는 제단 곁에 나무로 만든
아세라 우상을 세우지 마시오.

22 돌 기둥도 세우지 마시오. 여러분의 하나님 여호와
께서는 그런 것들을 싫어하시오."

17 "흠이 있는 소나 양을 하나님 여호와께 제물로
바치지 마시오. 여호와께서는 그런 것을 싫어
하시오.

2 여호와께서 주시는 성에서 남자든지 여자든지 하
나님 여호와께서 보시기에 나쁜 일을 하여 여호와
의 언약을 깨뜨리는 사람이 나올 수도 있소.

3 또 다른 신들을 섬기는 사람이 나올지도 모르오. 해
나 달이나 하늘의 별들에게 절하는 사람이 생길 수
도 있소. 그런 일은 내가 하지 말라고 한 일이오.

4 만약 그런 일을 한 사람에 대한 이야기가 들리거든
여러분은 그것을 잘 조사하시오. 그래서 이스라엘
에서 그런 나쁜 일이 일어난 것이 사실로 밝혀지면,

5 남자든지 여자든지 그런 나쁜 일을 한 사람은 성 밖
으로 데려가서 돌로 쳐죽이시오.

6 나쁜 일을 한 사람을 죽이려면 그 사람에 대한 증인
이 두 명이나 세 명은 있어야 하오. 증인이 한 사람
밖에 없으면 그 사람을 죽일 수 없소.

7 그 사람을 죽일 때는 증인들이 먼저 돌을 던지고 그
다음에 다른 모든 사람들이 돌을 던지도록 하시오.
그런 나쁜 일을 여러분 가운데서 없애 버리시오."

재판에 관한 규례

8 "살인이나 다툼이나 폭행이 일어났는데 그 문제에
대해 재판하기가 너무 어려우면 그 문제를 여호와
께서 선택하신 곳으로 가져가시오.

9 그곳에서 제사장인 레위 사람과 그때에 재판의 책
임을 맡고 있는 사람들을 찾아가 물어 보면, 그들이
판결을 내려 줄 것이오.

10 여러분은 하나님 여호와께서 선택하신 장소에서
내리는 그들의 판결을 그대로 따르고 그들이 일러
주는 것을 부지런히 지키시오.

11 그들이 여러분에게 주는 가르침을 따르고, 그들이
어떤 판결을 내리든지 그대로 행하시오. 오른쪽으
로나 왼쪽으로 벗어나지 말고 그들이 판결하는 대
로 하시오.

12 만일 어떤 사람이 하나님 여호와를 섬기는 재판관
이나 제사장을 존경하지 않는다면 죽이시오. 그런
나쁜 일을 이스라엘에서 없애 버리시오.

or show partiality. Never accept a bribe, for bribes blind the eyes of the wise and corrupt

20 the decisions of the godly. •Let true justice prevail, so you may live and occupy the land that the LORD your God is giving you.

21 •"You must never set up a wooden Asherah pole beside the altar you build for

22 the LORD your God. •And never set up sacred pillars for worship, for the LORD your God hates them.

17 "Never sacrifice sick or defective cattle, sheep, or goats to the LORD your God, for he detests such gifts.

2 •"When you begin living in the towns the LORD your God is giving you, a man or woman among you might do evil in the sight of the LORD your God and violate the

3 covenant. •For instance, they might serve other gods or worship the sun, the moon, or any of the stars—the forces of heaven—

4 which I have strictly forbidden. •When you hear about it, investigate the matter thoroughly. If it is true that this detestable thing

5 has been done in Israel, •then the man or woman who has committed such an evil act must be taken to the gates of the town and

6 stoned to death. •But never put a person to death on the testimony of only one witness. There must always be two or three witnesses.

7 •The witnesses must throw the first stones, and then all the people may join in. In this way, you will purge the evil from among you.

8 •"Suppose a case arises in a local court that is too hard for you to decide—for instance, whether someone is guilty of murder or only of manslaughter, or a difficult lawsuit, or a case involving different kinds of assault. Take such legal cases to the place the

9 LORD your God will choose, •and present them to the Levitical priests or the judge on duty at that time. They will hear the case

10 and declare the verdict. •You must carry out the verdict they announce and the sentence they prescribe at the place the LORD chooses.

11 You must do exactly what they say. •After they have interpreted the law and declared their verdict, the sentence they impose must be fully executed; do not modify it in any

12 way. •Anyone arrogant enough to reject the verdict of the judge or of the priest who represents the LORD your God must die. In this

---

assault [əsɔ́:lt] *n.* 폭행
impose [impóuz] *vt.* (형벌・의무 등을) 지우다
investigate [invéstəgèit] *vt.* 조사하다, 수사하다
lawsuit [lɔ́:su:t] *n.* 소송, 고소
manslaughter [mǽnslɔ̀:tər] *n.* [법] 과실 치사
modify [mádəfài] *vt.* 수정하다, 변경하다
verdict [və́:rdikt] *n.* 판결

13 그러면 누구나 다 이 일에 관하여 듣고 두려워할 것이며, 다시는 재판관이나 제사장을 업신여기지 않을 것이오."

왕을 세우는 일에 관하여

14 "여러분의 하나님 여호와께서 여러분에게 주시는 땅에 들어가 그 땅을 차지하고 살 때에 '우리 주위의 다른 나라들처럼 우리도 왕을 세우자' 라는 생각이 들면,

15 반드시 여러분의 백성 가운데 하나님 여호와께서 선택하시는 사람을 왕으로 세우시오. 여러분 가운데 속하지 않은 외국인을 왕으로 세우면 안 되오.

16 왕은 너무 많은 말을 가지면 안 되고, 말을 더 사려고 이집트로 백성을 보내서도 안 되오. 여호와께서는 여러분에게 '그 길로는 다시 가지 마라' 고 말씀하셨소.

17 왕은 많은 아내를 두어서도 안 되오. 아내를 많이 두면 그의 마음이 하나님에게서 멀어질 것이오. 그리고 은과 금도 너무 많이 가지면 안 되오.

18 왕의 자리에 오르는 사람은 제사장인 레위 사람 앞에 있는 이 율법을 두루마리에 베끼시오.

19 그것을 늘 곁에 두고 평생토록 날마다 읽으시오. 그래서 하나님 여호와를 두려워하기를 배우고, 모든 율법과 명령을 부지런히 지켜야 하오.

20 왕은 스스로 교만해지지 말아야 하며, 이 계명을 떠나 오른쪽으로나 왼쪽으로 치우치지 말아야 하오. 그렇게 하면 그와 그의 자손은 오랫동안 이 나라를 다스릴 수 있을 것이오."

제사장과 레위 사람의 몫

18 "제사장인 레위 사람과 모든 레위 지파는 다른 이스라엘 백성처럼 땅을 자기 몫으로 받지 못하오. 그 대신 그들은 여호와께 불에 태워 바친 제물을 먹을 수 있소. 그것이 그들의 몫이오.

2 그들은 다른 형제들처럼 땅을 물려받을 수 없소. 여호와께서 약속하신 대로 그들은 여호와를 유산으로 받기 때문이오.

3 소나 양을 제물로 바칠 때에는 제사장의 몫을 따로 떼어 주시오. 제사장에게 돌아갈 몫은 소나 양의 앞다리 하나와 두 볼과 위장이오.

4 그리고 여러분의 첫 곡식과 포도주와 기름도 처음 깎은 양털과 함께 제사장에게 드리시오.

5 하나님 여호와께서는 모든 지파 가운데서 제사장과 그들의 자손을 선택하셨소. 그래서 그들은 언제나 여호와를 섬기는 일을 해야 하오.

6 레위 사람이 자기가 살던 마을을 떠나 간절히 가고 싶었던 곳, 곧 여호와께서 선택하신 장소로 가면,

---

way you will purge the evil from Israel. • Then everyone else will hear about it and be afraid to act so arrogantly.

Guidelines for a King

14 • "You are about to enter the land the LORD your God is giving you. When you take it over and settle there, you may think, 'We should select a king to rule over us like the other 15 nations around us.' • If this happens, be sure to select as king the man the LORD your God chooses. You must appoint a fellow Israelite; he may not be a foreigner.

16 • "The king must not build up a large stable of horses for himself or send his people to Egypt to buy horses, for the LORD has told you, 17 'You must never return to Egypt.' • The king must not take many wives for himself, because they will turn his heart away from the LORD. And he must not accumulate large amounts of wealth in silver and gold for himself.

18 • "When he sits on the throne as king, he must copy for himself this body of instruction on a scroll in the presence of the Levitical 19 priests. • He must always keep that copy with him and read it daily as long as he lives. That way he will learn to fear the LORD his God by obeying all the terms of these instructions and 20 decrees. • This regular reading will prevent him from becoming proud and acting as if he is above his fellow citizens. It will also prevent him from turning away from these commands in the smallest way. And it will ensure that he and his descendants will reign for many generations in Israel.

Gifts for the Priests and Levites

18 "Remember that the Levitical priests—that is, the whole of the tribe of Levi—will receive no allotment of land among the other tribes in Israel. Instead, the priests and Levites will eat from the special gifts given to 2 the LORD, for that is their share. • They will have no land of their own among the Israelites. The LORD himself is their special possession, just as he promised them.

3 • "These are the parts the priests may claim as their share from the cattle, sheep, and goats that the people bring as offerings: the shoul- 4 der, the cheeks, and the stomach. • You must also give to the priests the first share of the grain, the new wine, the olive oil, and the 5 wool at shearing time. • For the LORD your God chose the tribe of Levi out of all your tribes to minister in the LORD's name forever.

6 • "Suppose a Levite chooses to move from his town in Israel, wherever he is living, to the

psychic [saikik] *n.* 무당, 영매
stable [stéibl] *n.* 마구간

7 그는 거기에서 여호와를 섬기던 다른 레위 사람과 마찬가지로 자기 하나님 여호와를 섬길 수 있소.

8 그가 받을 음식의 몫은 다른 레위 사람과 똑같으며, 그 레위 사람이 집안 재산을 팔아 얻는 소득이 있다면 그것은 그 레위 사람의 것이오."

다른 나라들을 본받지 마라

9 "여러분의 하나님 여호와께서 여러분에게 주시는 땅으로 들어가거든 그 땅의 다른 민족들이 하는 못된 일들을 본받지 마시오.

10 여러분 가운데 딸이나 아들을 불에 태워 바치는* 사람이 없게 하고, 무당이나 점쟁이나 마술사도 없게 하시오.

11 주문을 외우는 사람과 귀신을 불러 내는 사람과 죽은 사람의 영에게 물어 보는 사람도 없게 하시오.

12 여호와께서는 이런 일들을 싫어하시오. 여러분의 하나님 여호와께서 그들을 여러분 앞에서 몰아내신 것도 바로 그런 못된 일들 때문이었소.

13 여러분은 하나님 여호와 앞에서 흠 없이 사시오."

여호와의 특별한 예언자

14 "여러분이 쫓아낼 민족들은 점쟁이나 마술사들의 말에 귀를 기울이지만 여러분의 하나님 여호와께서는 여러분이 그렇게 하는 것을 허락하지 않으실 것이오.

15 하나님 여호와께서는 여러분의 백성 가운데서 나와 같은 예언자 하나를 세워 주실 것이오. 여러분은 그의 말에 귀를 기울이시오.

16 이것은 여러분이 여러분의 하나님 여호와께 구하던 일이오. 여러분은 시내 산에 모여서 '우리 하나님 여호와의 목소리를 다시 듣지 않게 해 주십시오. 이 무서운 불을 다시 보지 않게 해 주십시오. 그렇지 않으면 우린 죽을 것 같습니다' 라고 말한 적이 있소.

17 그래서 여호와께서 나에게 말씀하셨소. '저들이 하는 말이 옳도다.

18 그러므로 저들 가운데서 너와 같은 예언자 한 사람을 저들에게 세워 줄 것이다. 내가 그에게 할 말을 일러 주면, 그는 내가 명령한 모든 것을 저들에게 전할 것이다.

19 이 예언자는 나를 위해 말할 것이다. 그가 말할 때, 듣지 않는 사람은 내가 벌을 줄 것이다.

20 또 내가 일러 주지 않은 말을 내 이름으로 말하거나 다른 신들의 이름으로 말하는 예언자는 죽을 것이다.'

21 '어떤 말씀이 여호와께서 하신 말씀인지 아닌지 어떻게 알 수 있느냐?' 하고 생각할지도 모르겠소.

22 만약 어떤 예언자가 여호와의 이름으로 말했는데 그 말이 맞지도 않고 이루어지지도 않으면, 그것은

7 place the LORD chooses for worship. •He may minister there in the name of the LORD his God, just like all his fellow Levites who 8 are serving the LORD there. •He may eat his share of the sacrifices and offerings, even if he also receives support from his family.

A Call to Holy Living

9 •"When you enter the land the LORD your God is giving you, be very careful not to imitate the detestable customs of the nations liv-
10 ing there. •For example, never sacrifice your son or daughter as a burnt offering.* And do not let your people practice fortune-telling, or use sorcery, or interpret omens, or engage
11 in witchcraft, •or cast spells, or function as mediums or psychics, or call forth the spirits
12 of the dead. •Anyone who does these things is detestable to the LORD. It is because the other nations have done these detestable things that the LORD your God will drive
13 them out ahead of you. •But you must be
14 blameless before the LORD your God. •The nations you are about to displace consult sorcerers and fortune-tellers, but the LORD your God forbids you to do such things."

True and False Prophets

15 •Moses continued, "The LORD your God will raise up for you a prophet like me from among your fellow Israelites. You must listen
16 to him. •For this is what you yourselves requested of the LORD your God when you were assembled at Mount Sinai.* You said, 'Don't let us hear the voice of the LORD our God anymore or see this blazing fire, for we will die.'

17 •"Then the LORD said to me, 'What they
18 have said is right. •I will raise up a prophet like you from among their fellow Israelites. I will put my words in his mouth, and he will tell the people everything I command him.
19 •I will personally deal with anyone who will not listen to the messages the prophet
20 proclaims on my behalf. •But any prophet who falsely claims to speak in my name or who speaks in the name of another god must die.'

21 •"But you may wonder, 'How will we know whether or not a prophecy is from the
22 LORD?' •If the prophet speaks in the LORD's name but his prediction does not happen or come true, you will know that the LORD did not give that message. That prophet has spoken without my authority and need not be

18:10 Or *never make your son or daughter pass through the fire.*　18:16 Hebrew *Horeb,* another name for Sinai.

18:10 개역 성경에는 '불 가운데로 지나게 하는' 이라고 표기되어 있다.

여호와의 말씀이 아니오, 그 예언자는 자기 생각을 주제넘게 말한 것 뿐이오, 그런 예언자는 두려워하지 마시오."

도피성

19 "여러분의 하나님 여호와께서 원래 다른 나라들의 것이었던 땅을 여러분에게 주실 것이오, 여호와께서 그 나라들을 멸망시키고 그 나라들을 차지하여 그들의 성과 집에서 살게 될 것이오.

2 그때가 되면 성 셋을 선택하시오. 하나님 여호와께서 여러분에게 주시는 땅 한가운데에 있는 성을 선택하고,

3 여러분의 하나님 여호와께서 여러분에게 주시는 땅을 세 구역으로 나누어 각 구역마다 도피성을 하나씩 만드시오. 그 성으로 가는 길을 닦고 누구든지 살인을 한 사람이 그 성으로 도망갈 수 있게 하시오.

4 살인을 한 사람에 관한 규례는 다음과 같소. 미워하는 마음이 없이 실수로 살인을 한 사람은 자기 목숨을 건지기 위해 그 성들 가운데 한 곳으로 도망갈 수 있소.

5 이를테면 이웃과 함께 숲으로 나무를 하러 가서 나무를 찍으려고 도끼를 휘두르다가 도끼날이 자루에서 빠져 자신이 알지도 못하는 중에 이웃을 죽였다면, 그 사람은 그 성들 중 한 곳으로 도망가 목숨을 건질 수 있소.

6 그러나 그 성까지 가는 거리가 너무 멀면 살인자에게 벌을 줄 의무가 있는 죽은 사람의 친척들이 화를 내며 쫓아와 살인자를 잡아 죽일지도 모르오. 그러나 그 살인자는 죽일 마음이 없이 실수로 이웃을 죽인 것이므로 그를 죽이면 안 되오.

7 그래서 내가 여러분에게 성 셋을 선택하라고 명령한 것이오.

8 그러나 여러분의 하나님 여호와께서 여러분의 조상에게 약속하신 대로 여러분의 땅을 넓혀 주시고 또 여러분의 조상에게 약속하신 땅 전체를 주실 때는

9 도피성을 세 곳 더 고르시오. 그렇게 되기 위해서는 내가 오늘 여러분에게 주는 이 모든 율법을 잘 지켜야 하오. 여러분은 여러분의 하나님 여호와를 사랑하고 언제나 여호와의 가르침대로 사시오.

10 여러분의 하나님 여호와께서 여러분에게 주신 땅에서 죄 없는 사람이 죽임을 당하지 않도록 하시오. 그렇게 하면 여러분은 살인죄를 짓지 않을 것이오.

11 그러나 어떤 사람이 이웃을 미워하여 숨어서 기다렸다가 이웃을 쳐죽이고, 이 도피성 가운데 한 곳으로 도망쳤다면,

12 그의 고향 장로들은 사람을 보내어 도피성에 도망가 있는 그 사람을 붙잡아, 살인자에게 벌을 내릴 책

---

feared.

Cities of Refuge

19 "When the LORD your God destroys the nations whose land he is giving you, you will take over their land and settle in their towns and homes. • Then you must set apart three cities of refuge in the land the LORD your God is giving you. • Survey the territory,* and divide the land the LORD your God is giving you into three districts, with one of these cities in each district. Then anyone who has killed someone can flee to one of the cities of refuge for safety.

4 • "If someone kills another person unintentionally, without previous hostility, the slayer may flee to any of these cities to live in safety. • For example, suppose someone goes into the forest with a neighbor to cut wood. And suppose one of them swings an ax to chop down a tree, and the ax head flies off the handle, killing the other person. In such cases, the slayer may flee to one of the cities of refuge to live in safety.

6 • "If the distance to the nearest city of refuge is too far, an enraged avenger might be able to chase down and kill the person who caused the death. Then the slayer would die unfairly, since he had never shown hostility toward the person who died. • That is why I am commanding you to set aside three cities of refuge.

8 • "And if the LORD your God enlarges your territory, as he swore to your ancestors, and gives you all the land he promised them, • you must designate three additional cities of refuge. (He will give you this land if you are careful to obey all the commands I have given you—if you always love the LORD your God and walk in his ways.) • That way you will prevent the death of innocent people in the land the LORD your God is giving you as your special possession. You will not be held responsible for the death of innocent people.

11 • "But suppose someone is hostile toward a neighbor and deliberately ambushes and murders him and then flees to one of the cities of refuge. • In that case, the elders of the murderer's hometown must send agents to the city of refuge to bring him back and hand him over to the dead person's avenger

---

ambush [ǽmbuʃ] *vi.* 매복하다
district [dístrikt] *n.* 구역
enlarge [inláːrdʒ] *vt.* 확장하다
enraged [inréidʒid] *a.* 분노한
prevent [privént] *vt.* 막다
refuge [réfjuːdʒ] *n.* 피난, 도피; 보호

19:3 Or *Keep the roads in good repair.*

임이 있는 친척에게 그를 넘겨 주시오.

13 그에게 자비를 베풀지 마시오. 죄 없는 사람을 죽이는 일이 이스라엘에서 없어져야 하오. 그래야 여러분의 하는 일이 잘될 것이오.

14 여러분의 하나님 여호와께서 주시는 땅에서 이웃의 땅이 어디까지인가를 표시해 주는 돌을 옮기지 마시오. 그 돌은 오래 전 사람들이 세워 놓은 돌이오."

증인에 관한 규례

15 "증인 한 사람만으로는 어떤 사람의 잘못이나 죄를 가리기에 부족하오. 어떤 일의 옳고 그름을 가리려면 증인이 두 사람이나 세 사람은 있어야 하오.

16 만약 어떤 증인이 거짓말을 하여 다른 사람에게 죄를 뒤집어 씌우려 하면,

17 서로 다투고 있는 두 사람 모두 여호와 앞에 나아와 서시오. 그들은 당시의 제사장과 재판관들 앞에 서시오.

18 재판관들은 그 일을 조심스럽게 살피시오. 만약 증인이 거짓 증언을 하여 이웃에 대해 거짓말을 하였다면,

19 그가 이웃을 해치려 했던 것만큼 그에게 벌을 내리시오. 그래서 여러분 가운데서 그런 악한 일을 없애 버리시오.

20 그러면 다른 백성도 그 이야기를 듣고 두려워할 것이며, 여러분 가운데서 어느 누구도 그런 악한 일을 다시는 하려고 하지 않을 것이오.

21 그런 사람에게 자비를 베풀지 마시오. 목숨은 목숨으로, 눈은 눈으로, 이는 이로, 손은 손으로, 발은 발로 갚으시오."

전쟁에 관한 율법

20 "적과 싸우기 위해 싸움터에 나갔다가 적의 말과 전차와 군대가 여러분보다 많은 것을 보더라도 두려워하지 마시오. 여러분을 이집트에서 인도해 내신 하나님 여호와께서 여러분과 함께 계시기 때문이오.

2 싸움터에 나가기 전에 제사장은 군대 앞에 나와 말하시오.

3 제사장은 이렇게 말하시오. '이스라엘 군대들이여, 들으시오. 여러분은 오늘 싸움터에 나아가 적과 싸울 것이오. 용기를 잃거나 두려워하지 마시오. 겁내지 마시오.

4 여러분의 하나님 여호와께서 여러분과 함께 계십니다. 여호와께서 여러분을 위해 적과 싸워 주실 것이며, 여러분을 구해 주실 것입니다.'

5 그리고 장교들은 군대를 향해 이렇게 말하시오. '혹시 새 집을 짓고도 들어가 살지 못한 사람이 있는가? 그런 사람은 집으로 돌아가도 좋다. 그가 싸

13 to be put to death. •Do not feel sorry for that murderer! Purge from Israel the guilt of murdering innocent people; then all will go well with you.

Concern for Justice

14 •"When you arrive in the land the LORD your God is giving you as your special possession, you must never steal anyone's land by moving the boundary markers your ancestors set up to mark their property.

15 •"You must not convict anyone of a crime on the testimony of only one witness. The facts of the case must be established by the testimony of two or three witnesses.

16 •"If a malicious witness comes forward
17 and accuses someone of a crime, •then both the accuser and accused must appear before the LORD by coming to the priests and judges
18 in office at that time. •The judges must investigate the case thoroughly. If the accuser has brought false charges against his
19 fellow Israelite, •you must impose on the accuser the sentence he intended for the other person. In this way, you will purge
20 such evil from among you. •Then the rest of the people will hear about it and be afraid to
21 do such an evil thing. •You must show no pity for the guilty! Your rule should be life for life, eye for eye, tooth for tooth, hand for hand, foot for foot.

Regulations concerning War

20 "When you go out to fight your enemies and you face horses and chariots and an army greater than your own, do not be afraid. The LORD your God, who brought you out of the land of Egypt, is with you!
2 •When you prepare for battle, the priest must come forward to speak to the troops.
3 •He will say to them, 'Listen to me, all you men of Israel! Do not be afraid as you go out to fight your enemies today! Do not lose
4 heart or panic or tremble before them. •For the LORD your God is going with you! He will fight for you against your enemies, and he will give you victory!'
5 •Then the officers of the army must address the troops and say, 'Has anyone here just built a new house but not yet dedicated it? If so, you may go home! You might be killed in the battle, and someone else would

---

accuse [əkjúːz] *vt.* 비난하다, 고소하다
convict [kənvíkt] *vt.* 유죄를 선고하다
impose [impóuz] *vt.* 부과하다
malicious [məlíʃəs] *a.* 악의 있는: 고의의
tremble [trémbl] *vi.* 벌벌 떨다
19:13 feel sorry for… : …를 가엾게 여기다
19:15 on the testimony of… : …의 증언을 토대로

우다가 죽어서 다른 사람이 그 집에 들어가는 일이 없도록 하여라.

6 포도밭을 가꾸어 놓고도 아직 그 열매를 맛보지 못한 사람이 있는가? 그런 사람은 집으로 돌아가도 좋다. 그가 싸우다가 죽어서 다른 사람이 먼저 그 열매를 맛보는 일이 없도록 하여라.

7 여자와 약혼을 하고도 아직 결혼하지 못한 사람이 있는가? 그런 사람은 집으로 돌아가도 좋다. 그가 싸우다가 죽어서 다른 사람이 그 여자와 결혼하는 일이 없도록 하여라.'

8 장교들은 또 이렇게 말하시오. '여기에 두려워하는 사람은 없는가? 용기를 잃은 사람은 없는가? 그런 사람은 집으로 돌아가도 좋다. 그런 사람이 있으면 다른 사람들까지도 그 사람 때문에 용기를 잃고 만다.'

9 장교들은 군대를 향해 이렇게 말하고 나서 군대를 이끌 지휘관을 세우시오.

10 어떤 성을 공격하려고 그성에 가까이 갈 때에는 먼저 평화적으로 항복할 것을 권하시오.

11 만약 그들이 여러분의 제의를 받아들여 성문을 열어 주면 그 성의 모든 백성을 노예로 삼아 일을 시키시오.

12 그러나 여러분의 평화 제의를 받아들이지 않고 여러분과 싸우려 하면 그 성을 포위하시오.

13 여러분의 하나님 여호와께서 그 성을 여러분에게 넘겨 주실 때에 성안의 모든 남자를 칼로 죽이시오.

14 성 안의 여자와 아이와 짐승과 그 밖의 것은 여러분이 가져도 좋소. 여러분이 적에게서 빼앗은 것은 여러분의 하나님 여호와께서 여러분에게 주신 것이므로, 여러분이 가져도 괜찮소.

15 가까이에 있지 않고 아주 멀리 떨어진 성들에 대해서는 여러분이 다 그렇게 하시오.

16 그러나 여러분의 하나님 여호와께서 여러분에게 주시는 땅의 성들에 대해서는 그 어느 것도 살려 두지 마시오.

17 헷 사람과 아모리 사람과 가나안 사람과 브리스 사람과 히위 사람과 여부스 사람을 여러분의 하나님 여호와께서 명령하신 대로 완전히 멸망시키시오.

18 그렇게 하지 않으면 그들이 그들의 신을 섬기는 일을 여러분에게 가르칠 것이고, 그런 못된 일을 여러분이 하게 되면 그것은 여러분의 하나님 여호와께 죄가 될 것이오.

19 어떤 성을 점령하려고 오랫동안 그 성을 포위할 때 도끼로 그 성의 나무들을 찍지 마시오. 나무의 열매는 따 먹어도 되지만 나무를 베어 버리지는 마시오. 그 나무들은 여러분의 적이 아니므로 나무와 싸우지 마시오.

6 dedicate your house. •Has anyone here just planted a vineyard but not yet eaten any of its fruit? If so, you may go home! You might die in battle, and someone else would eat the 7 first fruit. •Has anyone here just become engaged to a woman but not yet married her? Well, you may go home and get married! You might die in the battle, and someone else would marry her.'

8 •"Then the officers will also say, 'Is anyone here afraid or worried? If you are, you may go home before you frighten anyone 9 else.' •When the officers have finished speaking to their troops, they will appoint the unit commanders.

10 •"As you approach a town to attack it, you must first offer its people terms for 11 peace. •If they accept your terms and open the gates to you, then all the people inside 12 will serve you in forced labor. •But if they refuse to make peace and prepare to fight, 13 you must attack the town. •When the LORD your God hands the town over to you, use your swords to kill every man in the town. 14 •But you may keep for yourselves all the women, children, livestock, and other plunder. You may enjoy the plunder from your enemies that the LORD your God has given you.

15 •"But these instructions apply only to distant towns, not to the towns of the nations 16 in the land you will enter. •In those towns that the LORD your God is giving you as a special possession, destroy every living thing. 17 •You must completely destroy* the Hittites, Amorites, Canaanites, Perizzites, Hivites, and Jebusites, just as the LORD your God has 18 commanded you. •This will prevent the people of the land from teaching you to imitate their detestable customs in the worship of their gods, which would cause you to sin deeply against the LORD your God.

19 •"When you are attacking a town and the war drags on, you must not cut down the trees with your axes. You may eat the fruit, but do not cut down the trees. Are the trees your enemies, that you should attack

---

dedicate [dédikèit] vt. 공식으로 개관하다
detestable [ditéstəbl] a. 혐오할 만한
frighten [fráitn] vt. 별안간 두려워지게 하다
plunder [plándər] n. 노략물
term [tə́ːrm] n. 협약, 타협; 말
troop [trúːp] n. 군대
20:7 become engaged : 약혼하다
20:15 apply only to … : …에만 적용되다

20:17 The Hebrew term used here refers to the complete consecration of things or people to the LORD, either by destroying them or by giving them as an offering.

20 그러나 열매를 맺지 못하는 나무는 베어 버려도 좋소. 그런 나무는 베어 내서 성을 점령할 때까지, 성을 공격할 때에 필요한 장비로 만들어 쓰시오."

죽임을 당한 사람

21 "여러분의 하나님 여호와께서 여러분에게 주신 땅에 어떤 사람이 죽은 채 들판에 쓰러져 있는 것이 발견되었는데 누가 그 사람을 죽였는지 아무도 모르면,

2 여러분의 장로들과 재판관들이 그가 쓰러져 있는 곳으로 가서 그 시체가 주변의 가까운 성들로부터 얼마나 떨어져 있는가를 재어 보시오.

3 그리고 그 시체에서 가장 가까운 성의 장로들이 책임을 지시오. 일을 한 번도 해 본 적이 없거나 멍에를 메어 보지 않은 암송아지 한 마리를 정하여

4 항상 물이 흐르고 갈거나 무엇을 심은 적이 없는 골짜기로 끌고 가서 목을 꺾으시오.

5 그런 다음에 레위의 자손인 제사장들이 그리로 가시오. 그들은 여러분의 하나님 여호와께서 뽑으신 사람들이오. 그들은 여호와를 섬겨야 하고 여호와의 이름으로 복을 빌어 주어야 하며 온갖 다툼과 싸움에 대해 판결을 내려 주어야 하오.

6 그리고 죽임을 당한 사람에게서 가장 가까운 성의 장로들이 손을 씻되 골짜기에서 목을 꺾은 암송아지 위에서 손을 씻으시오.

7 그리고 이렇게 선언하시오. '우리는 이 사람을 죽이지 않았습니다. 그리고 이 사람이 죽는 장면도 보지 못했습니다.

8 여호와여, 여호와께서 구하신 여호와의 백성 이스라엘의 죄를 씻어 주십시오. 이 죄 없는 사람의 죽음에 대해서 여호와의 백성인 이스라엘에게 죄를 묻지 마십시오.' 이렇게 하면 그 피 흘린 죄를 벗을 수 있소.

9 그래야 여러분은 죄 없는 사람을 죽인 죄를 씻을 수 있소. 여호와 보시기에 옳은 일을 하시오."

사로잡은 여자를
아내로 삼는 일에 관하여

10 "여러분이 적과 싸우러 나갔는데 여러분의 하나님 여호와께서 적을 무찌르게 해 주셔서 그들을 사로잡게 되었을 때,

11 그들 가운데 마음에 드는 아름다운 여자가 있으면 그 여자와 결혼해도 좋소.

12 그 여자를 여러분의 집으로 데려가 여자의 머리를 밀고 손톱을 깎아 주시오.

13 여자가 잡혀 올 때에 입었던 옷은 벗기시오. 그 여자는 여러분의 집에 살면서 한 달 동안, 자기 부모를 위해 울어야 하오. 그런 다음에야 그 여자와 결혼할 수 있소. 그렇게 하여 여러분은 그의 남편이 되고,

20 them? • You may only cut down trees that you know are not valuable for food. Use them to make the equipment you need to attack the enemy town until it falls.

Cleansing for Unsolved Murder

21 "When you are in the land the LORD your God is giving you, someone may be found murdered in a field, and you don't

2 know who committed the murder. • In such a case, your elders and judges must measure the distance from the site of the crime to

3 nearby towns. • When the nearest town has been determined, that town's elders must select from the herd a heifer that has never

4 been trained or yoked to a plow. • They must lead it down to a valley that has not been plowed or planted and that has a stream running through it. There in the val-

5 ley they must break the heifer's neck. • Then the Levitical priests must step forward, for the LORD your God has chosen them to minister before him and to pronounce blessings in the LORD's name. They are to decide all legal and criminal cases.

6 • "The elders of the town must wash their hands over the heifer whose neck was bro-

7 ken. • Then they must say, 'Our hands did not shed this person's blood, nor did we see it

8 happen. • O LORD, forgive your people Israel whom you have redeemed. Do not charge your people with the guilt of murdering an innocent person.' Then they will be absolved

9 of the guilt of this person's blood. • By following these instructions, you will do what is right in the LORD's sight and will cleanse the guilt of murder from your community.

Marriage to a Captive Woman

10 • "Suppose you go out to war against your enemies and the LORD your God hands them over to you, and you take some of

11 them as captives. • And suppose you see among the captives a beautiful woman, and you are attracted to her and want to marry

12 her. • If this happens, you may take her to your home, where she must shave her head,

13 cut her nails, • and change the clothes she was wearing when she was captured. She will stay in your home, but let her mourn for her father and mother for a full month. Then you may marry her, and you will be

---

absolve [æbzálv] *vt.* 사면하다
captive [kǽptiv] *n.* 포로
minister [mínəstər] *vi.* 섬기다, 봉사하다
redeem [ridíːm] *vt.* 구하다; 되사다
valuable [vǽljuəbl] *a.* 매우 유용한
yoke [jóuk] *vt.* 멍에를 메다
21:7 shed one's blood : …을 죽이다

그는 아내가 되는 것이오.

14 그러나 만약 그 여자가 마음에 들지 않으면 어디든지 그 여자가 원하는 곳으로 보내 주시오. 그러나 돈을 받고 여자를 팔 수는 없소. 여자를 욕되게 하였으므로 노예로 취급하지 말아야 하오."

맏아들

15 "어떤 사람에게 두 아내가 있는데 한 아내는 사랑을 받았으나 다른 아내는 사랑을 받지 못하였다고 합시다. 그러다가 두 아내 모두 아들을 낳았는데 사랑을 받지 못하던 아내의 아들이 맏아들이라면

16 남편이 자기 재산을 아들에게 물려주는 날에 맏아들, 곧 그가 사랑하지 않는 아내의 아들이 받아야 할 몫을 자기가 사랑하는 아내의 아들에게 주면 안 되오.

17 사랑을 받지 못하는 아내의 아들을 맏아들로 인정하고 자기의 모든 재산에서 두 몫을 그에게 줘야 하오. 그 아들은 그 아버지가 자녀를 낳을 수 있음을 보여 준 첫아들이므로 맏아들의 권리는 그의 것이오.

불효한 아들

18 "어떤 사람에게 고집이 세고 아버지나 어머니의 말씀을 따르지 않으며 타일러도 듣지 않는 아들이 있으면,

19 그의 부모는 그를 성문에 있는 장로들에게 데려가시오.

20 그의 부모는 장로들에게 이렇게 말하시오. '우리 아들은 고집이 세고 무엇이든 제멋대로 하려 들고 우리 말을 듣지 않습니다. 먹고 마시기를 좋아하며 언제나 술에 취해 있습니다.'

21 그러면 그 성의 모든 사람들은 그를 돌로 쳐죽여 여러분 가운데서 그런 악한 일이 없게 하시오. 모든 이스라엘 백성이 그 이야기를 듣고 두려워하게 될 것이오."

그 밖의 율법

22 "어떤 사람이 죽을 죄를 지었으면 그 사람을 죽여서 시체를 나무 위에 매달아 두시오.

23 그러나 그의 시체를 밤새도록 나무 위에 매달아 두지 마시오. 그를 죽인 그날에 그를 묻어 주시오. 누구든지 나무 위에 매달린 사람은 하나님께 저주를 받은 사람이오. 여러분은 여러분의 하나님 여호와께서 주신 땅을 더럽히지 마시오."

22 "여러분이 이웃의 소나 양이 길을 잃고 헤매는 것을 보면 못 본 체하지 말고 주인에게 돌려주시오.

2 주인이 가까운 곳에 살지 않거나 주인이 누구인지 모르면 길 잃은 짐승을 여러분의 집으로 끌고 가서 주인이 찾으러 올 때까지 데리고 있다가 주인이 찾

---

14 her husband and she will be your wife. ●But if you marry her and she does not please you, you must let her go free. You may not sell her or treat her as a slave, for you have humiliated her.

Rights of the Firstborn

15 ●"Suppose a man has two wives, but he loves one and not the other, and both have given him sons. And suppose the firstborn son is the son of the wife he does not love.

16 ●When the man divides his inheritance, he may not give the larger inheritance to his younger son, the son of the wife he loves, as

17 if he were the firstborn son. ●He must recognize the rights of his oldest son, the son of the wife he does not love, by giving him a double portion. He is the first son of his father's virility, and the rights of the firstborn belong to him.

Dealing with a Rebellious Son

18 ●"Suppose a man has a stubborn and rebellious son who will not obey his father or mother, even though they discipline him.

19 ●In such a case, the father and mother must take the son to the elders as they hold court

20 at the town gate. ●The parents must say to the elders, 'This son of ours is stubborn and rebellious and refuses to obey. He is a glutton

21 and a drunkard.' ●Then all the men of his town must stone him to death. In this way, you will purge this evil from among you, and all Israel will hear about it and be afraid.

Various Regulations

22 ●"If someone has committed a crime worthy of death and is executed and hung on a

23 tree,* ●the body must not remain hanging from the tree overnight. You must bury the body that same day, for anyone who is hung* is cursed in the sight of God. In this way, you will prevent the defilement of the land the LORD your God is giving you as your special possession.

22 "If you see your neighbor's ox or sheep or goat wandering away, don't ignore your responsibility.* Take it back to its owner.

2 ●If its owner does not live nearby or you don't know who the owner is, take it to your

---

glutton [ɡlʌ́tn] *n.* 대식가, 폭식가
humiliate [hju:mílieit] *vt.* 욕보이다
virility [vəríləti] *n.* 남성적인 성격 [힘, 생기]
21:22 be executed : 처형되다

21:22 Or *impaled on a pole;* similarly in 21:23.
21:23 Greek version reads *for everyone who is hung on a tree.* Compare Gal 3:13.   22:1 Hebrew *don't hide yourself;* similarly in 22:3.

으러 오면 돌려주시오.

3 이웃의 나귀나 옷이나 그 밖에 이웃이 잃어버린 다른 물건을 발견했을 때도 못 본 체하지 말고 주인에게 돌려주시오.

4 여러분이 이웃의 소나 양이 길에 쓰러져 있는 것을 보게 되면, 못 본 체하지 말고 그 주인을 도와 일으켜 주시오.

5 여자는 남자의 옷을 입지 말고, 남자는 여자의 옷을 입지 마시오. 여러분의 하나님 여호와께서는 그렇게 하는 것을 싫어하시오.

6 나무나 땅 위에서 새의 둥지를 발견했는데 그 안에 새끼나 알을 품고 있는 새가 들어 있으면 그 어미와 새끼를 함께 잡지 마시오.

7 새끼는 잡아도 되지만 어미는 날려 보내시오. 그래야 여러분이 하는 일이 잘 되고 오래 살 수 있을 것이오.

8 새 집을 지을 때는 지붕 둘레에 담을 쌓으시오. 그래야 누가 지붕에서 떨어지더라도 살인죄를 면할 수 있을 것입니다.

9 포도밭에 서로 다른 두 가지 씨를 함께 뿌리지 마시오. 그렇게 하면 두 가지 작물을 다 제사장에게 압수당할 것입니다.

10 소와 나귀에게 한 멍에를 메워 밭을 갈게 하지 마시오.

11 양털과 무명실을 섞어서 짠 옷을 입지 마시오.

12 여러분이 입고 다니는 겉옷의 네 귀퉁이에 술을 달아 입고 다니시오."

결혼에 관한 율법

13 "어떤 남자가 여자와 결혼을 하여 잠자리를 함께했는데 그 후에 여자가 싫어져서

14 여자에 대해 거짓말을 하고 누명을 씌워 '이 여자와 결혼해서 잠자리를 함께하고 보니 처녀가 아니더라' 하고 말하면,

15 여자의 부모는 자기 딸이 처녀라는 증거를 취하여 성문에 있는 장로들에게 가져가시오.

16 여자의 아버지는 장로들에게 이렇게 말하시오. '이 사람에게 내 딸을 아내로 주었더니 이제 와서 내 딸을 싫어합니다.

17 이 사람은 내 딸에 대해 "당신 딸은 처녀가 아니었습니다"라고 거짓말을 했습니다. 하지만 여기에 내 딸이 처녀였다는 증거가 있습니다.' 그리고 나서 여자의 부모는 장로들 앞에서 피 묻은 천을 펼쳐 보이시오.

18 그러면 장로들은 그 남자를 붙잡아 벌을 주시오.

19 장로들은 그에게서 은 백 세겔*을 받아 여자의 아버지에게 주시오. 이는 그가 이스라엘 처녀에게 누명을 씌웠기 때문이오. 그 여자는 계속해서 그 남자의

---

3 place and keep it until the owner comes looking for it. Then you must return it. •Do the same if you find your neighbor's donkey, clothing, or anything else your neighbor loses. Don't ignore your responsibility.

4 •"If you see that your neighbor's donkey or ox has collapsed on the road, do not look the other way. Go and help your neighbor get it back on its feet!

5 •"A woman must not put on men's clothing, and a man must not wear women's clothing. Anyone who does this is detestable in the sight of the LORD your God.

6 •"If you happen to find a bird's nest in a tree or on the ground, and there are young ones or eggs in it with the mother sitting in the nest, do not take the mother with the

7 young. •You may take the young, but let the mother go, so that you may prosper and enjoy a long life.

8 •"When you build a new house, you must build a railing around the edge of its flat roof. That way you will not be considered guilty of murder if someone falls from the roof.

9 •"You must not plant any other crop between the rows of your vineyard. If you do, you are forbidden to use either the grapes from the vineyard or the other crop.

10 •"You must not plow with an ox and a donkey harnessed together.

11 •"You must not wear clothing made of wool and linen woven together.

12 •"You must put four tassels on the hem of the cloak with which you cover yourself —on the front, back, and sides.

Regulations for Sexual Purity

13 •"Suppose a man marries a woman, but after sleeping with her, he turns against her

14 •and publicly accuses her of shameful conduct, saying, 'When I married this woman, I

15 discovered she was not a virgin.' •Then the woman's father and mother must bring the proof of her virginity to the elders as they

16 hold court at the town gate. •Her father must say to them, 'I gave my daughter to this man to be his wife, and now he has

17 turned against her. •He has accused her of shameful conduct, saying, "I discovered that your daughter was not a virgin." But here is the proof of my daughter's virginity.' Then they must spread her bed sheet before the

18 elders. •The elders must then take the man

19 and punish him. •They must also fine him 100 pieces of silver,* which he must pay to

---

22:19 Hebrew 100 [shekels] of silver, about 2.5 pounds or 1.1 kilograms in weight.
22:19 100세겔은 약 1.14kg에 해당된다.

아내가 되어야 하고, 그 남자는 평생토록 그 여자와 이혼할 수 없소.

20 그러나 남편이 말한 것이 사실이어서 그 여자가 처녀였다는 증거가 발견되지 않으면,

21 그 여자를 그의 아버지 집 입구로 끌고 가시오. 그리고 그 마을 사람들에게 그 여자를 돌로 쳐죽이게 하시오. 이는 그 여자가 자기 아버지 집에 살면서, 결혼을 하기도 전에 성관계를 맺음으로 이스라엘 가운데에 부끄러운 일을 했기 때문이오. 여러분은 여러분 가운데서 그런 악한 일을 없애 버리시오.

22 어떤 남자가 다른 남자의 아내와 성관계를 맺다가 들켰으면 성관계를 맺은 그 남자와 여자를 둘 다 죽이시오. 이스라엘 가운데서 그런 악한 일은 없애야 하오.

23 어떤 남자가 다른 남자와 약혼을 한 젊은 여자와 성 안에서 만나 성관계를 맺었으면,

24 여러분은 두 사람을 성문으로 끌고 가서 돌로 쳐죽이시오. 왜냐하면 젊은 여자는 성 안에 있었으면서도 도와 달라는 비명을 지르지 않았기 때문이고, 남자는 다른 남자의 약혼녀와 성관계를 맺었기 때문이오. 여러분은 여러분 가운데서 그런 악한 일을 없애시오.

25 그러나 어떤 남자가 약혼을 한 젊은 여자와 들에서 만나 여자를 강제로 붙잡아 성관계를 맺었으면 그 여자와 함께 누운 남자만 죽이시오.

26 그 여자에게는 아무 벌도 주지 마시오. 왜냐하면 그 여자는 죽을 죄를 짓지 않았기 때문이오. 이것은 어떤 사람이 갑자기 이웃을 쳐서 죽인 것과 같소.

27 그 남자가 다른 남자의 약혼녀를 들에서 만났으므로 여자가 소리를 질렀어도 구해 줄 사람은 아무도 없었을 것이오.

28 어떤 남자가 약혼하지 않은 처녀를 만나 강제로 성관계를 맺다가 들켰으면

29 그 남자는 여자의 아버지에게 은 오십 세겔*을 갚으시오. 그리고 그 여자를 부끄럽게 만들었으므로 그 여자와 결혼하시오. 그 남자는 평생토록 그 여자와 이혼할 수 없소.

30 누구든지 자기 아버지의 아내와 결혼하면 안 되오. 그것은 자기 아버지를 부끄럽게 하는 일이오."

여호와의 백성

23 "누구든지 성기의 일부분이 잘린 사람은 여호와의 백성이 모인 예배에 나올 수 없고

2 누구든지 불륜의 관계에서 태어난 사람은 여호와께 예배드리는 모임에 나올 수 없소. 그들의 자손은 십 대에 이르기까지 여호와께 예배드리는 모임에 나올 수 없소.

the woman's father because he publicly accused a virgin of Israel of shameful conduct. The woman will then remain the man's wife, and he may never divorce her.

20 • "But suppose the man's accusations are true, and he can show that she was not a virgin.

21 • The woman must be taken to the door of her father's home, and there the men of the town must stone her to death, for she has committed a disgraceful crime in Israel by being promiscuous while living in her parents' home. In this way, you will purge this evil from among you.

22 • "If a man is discovered committing adultery, both he and the woman must die. In this way, you will purge Israel of such evil.

23 • "Suppose a man meets a young woman, a virgin who is engaged to be married, and he has sexual intercourse with her. If this hap-

24 pens within a town, • you must take both of them to the gates of that town and stone them to death. The woman is guilty because she did not scream for help. The man must die because he violated another man's wife. In this way, you will purge this evil from among you.

25 • "But if the man meets the engaged woman out in the country, and he rapes her,

26 then only the man must die. • Do nothing to the young woman; she has committed no crime worthy of death. She is as innocent as a

27 murder victim. • Since the man raped her out in the country, it must be assumed that she screamed, but there was no one to rescue her.

28 • "Suppose a man has intercourse with a young woman who is a virgin but is not engaged to be married. If they are discovered,

29 • he must pay her father fifty pieces of silver.* Then he must marry the young woman because he violated her, and he may never divorce her as long as he lives.

30 • *"A man must not marry his father's former wife, for this would violate his father.

Regulations concerning Worship

23 *"If a man's testicles are crushed or his penis is cut off, he may not be admitted to the assembly of the LORD.

2 • "If a person is illegitimate by birth, neither he nor his descendants for ten generations may be admitted to the assembly of the

illegitimate [ilidʒítəmət] *a.* 불법적인, 사생의
promiscuous [prəmískjuəs] *a.* 난잡한

22:29 Hebrew *50 [shekels] of silver*, about 1.25 pounds or 570 grams in weight.　22:30 Verse 22:30 is numbered 23:1 in Hebrew text.　23:1 Verses 23:1-25 are numbered 23:2-26 in Hebrew text.
22:29 50세겔은 약 570g에 해당된다.

3 암몬 사람이나 모압 사람은 여호와께 예배드리는 모임에 나올 수 없소. 그 자손은 십 대뿐 아니라 영원히 여호와께 예배드리는 모임에 나올 수 없소.

4 암몬 사람과 모압 사람은 여러분이 이집트에서 나올 때에 여러분에게 빵과 물을 주지 않았소. 그리고 그들은 북서 메소포타미아의 브돌에서 브올의 아들 발람을 불러 여러분을 저주하려고 했소.

5 그러나 여러분의 하나님 여호와께서는 발람의 말을 듣지 않으셨소. 여러분의 하나님 여호와께서는 여러분을 사랑하시기 때문에 여러분을 위해 저주를 복으로 바꾸셨소.

6 여러분은 평생토록 그들을 평화롭게 하거나 번영하게 하면 안 되오.

7 에돔 사람을 미워하지 마시오. 그들은 여러분의 친척이오. 이집트 사람을 미워하지 마시오. 여러분이 그들의 땅에서 나그네로 살았기 때문이오.

8 그들의 삼대 자손은 여호와께 예배드리는 모임에 나올 수 있소."

진을 깨끗하게 하는 법

9 "진을 치고 적과 맞서 있을 때는 부정한 것들을 피하시오.

10 밤 사이에 몽정을 하여 부정하게 된 사람은 진 밖으로 나가서 돌아오지 마시오.

11 그러나 저녁이 되면 물로 몸을 씻고, 해가 지면 진으로 돌아올 수 있소.

12 진 바깥, 한곳에 대소변을 보는 곳을 정하고,

13 진 바깥으로 나갈 때, 삽 하나를 가지고 가서 그것으로 땅에 구멍을 파낸 뒤 변을 보고 덮으시오.

14 하나님 여호와께서 여러분의 진을 두루 다니시며 지키시고 여러분이 적을 이길 수 있게 도와주실 것이오. 그러므로 진을 거룩하게 하시오. 여호와께서는 부정한 것을 보지 않으시므로 여러분이 거룩해야 여호와께서 여러분을 떠나지 않으실 것이오."

그 밖의 율법

15 "어떤 종이 주인에게서 도망쳐 여러분에게 오면 그를 주인에게 넘겨 주지 마시오.

16 종이 원하는 대로 어디에서든지 여러분과 함께 살 수 있게 하시오. 그가 살고 싶은 마을이 있으면 어디서든지 살게 하시오. 그를 못살게 굴지 마시오.

17 이스라엘 여자는 성전 창녀가 되지 말아야 하고, 이스라엘 남자도 성전 남창이 되지 말아야 하오.

18 여호와께 약속한 것을 갚기 위해 창녀나 남창이 번 돈을 하나님 여호와의 성전으로 가져오지 마시오. 여러분의 하나님 여호와께서는 이 두 가지 예물 모두를 싫어하시오.

19 여러분이 이웃에게 돈이나 음식이나 그 밖의 다른 물건을 빌려 줄 때에는 이자를 받지 마시오.

LORD.

3 • "No Ammonite or Moabite or any of their descendants for ten generations may be admitted to the assembly of the LORD.

4 • These nations did not welcome you with food and water when you came out of Egypt. Instead, they hired Balaam son of Beor from Pethor in distant Aram-naharaim to curse you. 5 • But the LORD your God refused to listen to Balaam. He turned the intended curse into a blessing because the LORD your God loves you. 6 • As long as you live, you must never promote the welfare and prosperity of the Ammonites or Moabites.

7 • "Do not detest the Edomites or the Egyptians, because the Edomites are your relatives and you lived as foreigners among the 8 Egyptians. • The third generation of Edomites and Egyptians may enter the assembly of the LORD.

Miscellaneous Regulations

9 • "When you go to war against your enemies, be sure to stay away from anything that is impure.

10 • Any man who becomes ceremonially defiled because of a nocturnal emission must leave the camp and stay away all day. 11 • Toward evening he must bathe himself, and at sunset he may return to the camp.

12 • "You must have a designated area outside the camp where you can go to relieve 13 yourself. • Each of you must have a spade as part of your equipment. Whenever you relieve yourself, dig a hole with the spade 14 and cover the excrement. • The camp must be holy, for the LORD your God moves around in your camp to protect you and to defeat your enemies. He must not see any shameful thing among you, or he will turn away from you.

15 • "If slaves should escape from their masters and take refuge with you, you must not 16 hand them over to their masters. • Let them live among you in any town they choose, and do not oppress them.

17 • "No Israelite, whether man or woman, 18 may become a temple prostitute. • When you are bringing an offering to fulfill a vow, you must not bring to the house of the LORD your God any offering from the earnings of a prostitute, whether a man* or a woman, for both are detestable to the LORD your God.

19 • "Do not charge interest on the loans you make to a fellow Israelite, whether you loan

---

emission [imíʃən] *n.* 사정
excrement [ékskrəmənt] *n.* 배설물

23:18 Hebrew *a dog.*

20 외국인에게서는 이자를 받을 수 있으나 이스라엘 백성에게서는 이자를 받지 마시오. 그래야 여러분의 하나님 여호와께서 여러분이 하는 모든 일에 복을 주실 것이오. 여러분이 들어가 차지할 땅에서 복을 주실 것이오.

21 여러분의 하나님 여호와께 무엇을 드리기로 약속했으면 미루지 말고 갚으시오. 여러분의 하나님 여호와께서는 여러분이 약속한 것을 달라고 하실 것이오. 미루는 것은 여러분에게 죄가 될 것이오.

22 그러나 약속을 하지 않았으면 그 일로 죄를 지을 것이 없소.

23 무엇이든 여러분의 입으로 말한 것은 지키시오. 여러분 스스로가 여러분의 하나님 여호와께 약속한 것이므로 반드시 지키시오.

24 이웃의 포도밭에 들어갔을 때, 마음껏 포도를 먹는 것은 괜찮소. 그러나 포도를 그릇에 담아 가지는 마시오.

25 이웃의 곡식 밭에 들어갔을 때, 손으로 이삭을 따는 것은 괜찮지만 낫으로 베어 내지는 마시오."

24 "어떤 남자가 결혼을 했는데 여자에게 어떤 결점이 있는 것을 알게 되어 여자가 싫어지거든 이혼 증서를 써 주고 여자를 자기 집에서 내보내시오.

2 여자가 그의 집을 떠나 다른 남자와 결혼했는데

3 여자의 두 번째 남편도 그 여자가 싫어져서 이혼 증서를 써 주고 자기 집에서 내보냈다거나 아니면 여자의 두 번째 남편이 죽었다거나 했다면

4 어떤 경우든지 여자와 이혼한 첫 번째 남편은 그 여자와 다시 결혼하지 마시오. 그 여자는 이미 부정하게 되었기 때문이오. 여호와께서는 그런 일을 싫어하시오. 여러분의 하나님 여호와께서 여러분에게 주시는 땅에 이런 죄가 있게 하지 마시오.

5 결혼한 지 얼마 되지 않은 새신랑을 군대에 보내지 마시오. 그리고 그 밖의 다른 의무를 갖게 하지도 마시오. 그가 일 년 동안 자유롭게 집에 머물면서 새신부를 행복하게 해 주도록 하시오.

6 어떤 사람에게 무엇을 빌려 주어 받을 것이 있다 하더라도 그의 맷돌을 가져가지 마시오. 위짝이든 아래짝이든 가져가지 마시오. 맷돌을 가져가는 것은 그의 목숨을 가져가는 것이나 같소.

7 이웃을 유괴하여 종으로 삼거나 파는 사람은 죽이시오. 여러분 가운데서 그런 악한 일을 없애 버리시오.

8 누구든지 문둥병*에 걸린 사람이 있으면 조심하시오. 여러분은 레위 사람인 제사장이 가르쳐 주는 대로 하시오. 내가 그들에게 명령한 것을 잘 지키시오.

20 money, or food, or anything else. • You may charge interest to foreigners, but you may not charge interest to Israelites, so that the LORD your God may bless you in everything you do in the land you are about to enter and occupy.

21 • "When you make a vow to the LORD your God, be prompt in fulfilling whatever you promised him. For the LORD your God demands that you promptly fulfill all your

22 vows, or you will be guilty of sin. • However, it is not a sin to refrain from making a vow.

23 • But once you have voluntarily made a vow, be careful to fulfill your promise to the LORD your God.

24 • "When you enter your neighbor's vineyard, you may eat your fill of grapes, but you

25 must not carry any away in a basket. • And when you enter your neighbor's field of grain, you may pluck the heads of grain with your hand, but you must not harvest it with a sickle.

24 "Suppose a man marries a woman but she does not please him. Having discovered something wrong with her, he writes a document of divorce, hands it to her, and sends her away from his house. • When she leaves his house, she is free to marry

3 another man. • But if the second husband also turns against her, writes a document of divorce, hands it to her, and sends her away,

4 or if he dies, • the first husband may not marry her again, for she has been defiled. That would be detestable to the LORD. You must not bring guilt upon the land the LORD your God is giving you as a special possession.

5 • "A newly married man must not be drafted into the army or be given any other official responsibilities. He must be free to spend one year at home, bringing happiness to the wife he has married.

6 • "It is wrong to take a set of millstones, or even just the upper millstone, as security for a loan, for the owner uses it to make a living.

7 • "If anyone kidnaps a fellow Israelite and treats him as a slave or sells him, the kidnapper must die. In this way, you will purge the evil from among you.

8 • "In all cases involving serious skin diseases,* be careful to follow the instructions of the Levitical priests; obey all the commands

---

defile [difáil] vt. 부정하게 하다
pluck [plák] vt. 잡아뜯다, 따다

24:8 Traditionally rendered *leprosy.* The Hebrew word used here can describe various skin diseases.

24:8 이는 전염성 피부병을 의미한다.

9 여러분이 이집트에서 나오던 길에 여러분의 하나님 여호와께서 미리암에게 하신 일을 잘 기억하시오.

10 이웃에게 무엇을 빌려 줄 때는 빌려 준 것을 대신해서 맡아 둘 것을 가지려고 그의 집으로 들어가지 마시오.

11 밖에 머물러 있으면서 이웃이 맡길 것을 직접 가지고 나오게 하시오.

12 그가 가난한 사람이면 그가 맡긴 겉옷을 밤새도록 가지고 있지 마시오.

13 해가 지기 전에 그의 겉옷을 돌려주시오. 그는 잠을 잘 때에 그 겉옷이 필요하기 때문이오. 그는 잠자리에 누워 당신을 위해 복을 빌 것이며 그 일은 하나님 여호와께서 보시기에 옳은 일이 될 것이오.

14 이스라엘 백성이든지 여러분의 마을에서 함께 사는 외국인이든지 불쌍하고 가난한 일꾼을 억누르지 마시오.

15 해가 지기 전에 그에게 품삯을 주시오. 왜냐하면 그는 가난해서 돈이 당장 필요하기 때문이오. 그에게 돈을 주지 않으면 그가 여호와 여러분에 대해 원망할 것이고 그렇게 되면 여러분에게 죄가 있게 되오.

16 자식이 잘못했다고 해서 부모를 죽이지 마시오. 그리고 부모가 잘못했다고 해서 자식을 죽여서도 안되오. 사람은 자기가 지은 죄로만 죽임을 당해야 하오.

17 외국인이나 고아의 재판이라고 불공평하게 다루지 마시오. 과부에게 무엇을 빌려 주고 겉옷을 맡아 두지 마시오.

18 여러분은 여러분이 이집트에서 종살이했던 것과 여러분의 하나님 여호와께서 여러분을 구해 주신 것을 기억하시오. 그 때문에 내가 여러분에게 이렇게 명령하는 것이오.

19 밭에서 추수할 때에 곡식 한 다발을 잊어버리고 왔더라도 돌아가서 다시 가져오지 마시오. 외국인과 고아와 과부가 가지게 내버려 두시오. 그러면 여러분의 하나님 여호와께서 여러분이 하는 모든 일에 복을 주실 것이오.

20 올리브 나무를 흔들어 열매를 떨어뜨린 후에 그 가지를 또다시 살피지 마시오. 남은 열매는 외국인과 고아와 과부가 가지게 내버려 두시오.

21 포도밭에서 포도를 딸 때도 따고 남은 것을 또 따지 마시오. 남은 포도는 외국인이나 고아와 과부가 가지게 내버려 두시오.

22 여러분도 이집트에서 종살이했던 것을 기억하시오. 그 때문에 내가 여러분에게 이렇게 명령하는 것이오."

25 "두 사람 사이에 다툼이 일어나서 재판을 하게 되면 재판관들이 그 일에 대해 판결을 내리시오. 그래서 옳은 사람은 옳다고 판결하고 죄가 있는 사람에게는 벌을 주시오.

2 죄가 있는 사람이 매맞는 벌을 받아야 하면 재판관

---

9 I have given them. •Remember what the LORD your God did to Miriam as you were coming from Egypt.

10 •"If you lend anything to your neighbor, do not enter his house to pick up the item he

11 is giving as security. •You must wait outside

12 while he goes in and brings it out to you. •If your neighbor is poor and gives you his cloak as security for a loan, do not keep the

13 cloak overnight. •Return the cloak to its owner by sunset so he can stay warm through the night and bless you, and the LORD your God will count you as righteous.

14 •"Never take advantage of poor and destitute laborers, whether they are fellow Israelites or foreigners living in your towns.

15 •You must pay them their wages each day before sunset because they are poor and are counting on it. If you don't, they might cry out to the LORD against you, and it would be counted against you as sin.

16 •"Parents must not be put to death for the sins of their children, nor children for the sins of their parents. Those deserving to die must be put to death for their own crimes.

17 •"True justice must be given to foreigners living among you and to orphans, and you must never accept a widow's garment as

18 security for her debt. •Always remember that you were slaves in Egypt and that the LORD your God redeemed you from your slavery. That is why I have given you this command.

19 •"When you are harvesting your crops and forget to bring in a bundle of grain from your field, don't go back to get it. Leave it for the foreigners, orphans, and widows. Then the LORD your God will bless you in all you

20 do. •When you beat the olives from your olive trees, don't go over the boughs twice. Leave the remaining olives for the foreigners,

21 orphans, and widows. •When you gather the grapes in your vineyard, don't glean the vines after they are picked. Leave the remaining grapes for the foreigners, orphans, and

22 widows. •Remember that you were slaves in the land of Egypt. That is why I am giving you this command.

25 "Suppose two people take a dispute to court, and the judges declare that one

2 is right and the other is wrong. •If the person in the wrong is sentenced to be flogged, the judge must command him to lie down and be beaten in his presence with the num-

---

cloak [klouk] *n.* 외투, 망토
declare [dikléər] *vt.* 선언하다
destitute [déstətjuːt] *a.* 빈곤한, 궁핍한
garment [ɡáːrmənt] *n.* 의류, 옷
glean [ɡliːn] *vt.* 주워모으다

은 그를 자기 앞에서 엎드리게 한 다음 죄의 정도에 따라 매를 때리게 하시오.

3 그러나 사십 대 이상은 때리지 마시오. 왜냐하면 사십 대 이상 때리면 그가 다른 사람들 앞에서 모욕을 당하게 될 것이기 때문이오.

4 곡식을 밟으며 일하는 소의 입에 곡식을 먹지 못하게 하려고 망을 씌우지 마시오.

5 형제가 함께 살다가 그 가운데 한 명이 아들 없이 죽었을 때, 그의 아내는 다른 집안 사람과 결혼할 수 없소. 죽은 사람의 형제가 그 여자를 아내로 맞아들이시오. 그것이 죽은 남편의 형제로서 지켜야 할 의무요.

6 그렇게 해서 여자가 낳은 첫아들은 죽은 형제의 이름을 따라서 부르시오. 그래서 그의 이름이 이스라엘에서 잊혀지지 않게 하시오.

7 그러나 그 사람이 죽은 형제의 아내와 결혼하려 하지 않으면 그 형제의 아내는 성문에 있는 장로들에게 나아가서 이렇게 말하시오. '내 남편의 형제가 나와 결혼하기 싫어하여 이스라엘 가운데서 자기 형제의 대를 이으려 하지 않습니다. 그가 남편의 형제로서 지켜야 할 의무를 지키려 하지 않습니다.'

8 그러면 마을의 장로들은 그 사람을 불러서 잘 타이르시오. 그런데도 그가 '나는 저 여자와 결혼할 생각이 없습니다' 라고 말하면서 고집을 부리면

9 여자는 장로들이 보는 앞에서 그에게 가까이 나아가 그의 발에서 신을 벗기고, 그의 얼굴에 침을 뱉으면서 '자기 형제의 집안을 잇지 않으려는 사람은 이렇게 된다' 라고 말하시오.

10 그러면 그 사람의 집안은 이스라엘 가운데서 '신을 벗긴 자의 집안' 이라고 불릴 것이오.

11 두 사람이 싸우고 있는데 한 사람의 아내가 자기 남편을 돕기 위해 손으로 다른 남자의 성기를 움켜쥐면

12 여러분은 그 여자의 손을 잘라 버리시오. 여자에게 자비를 베풀지 마시오.

13 하나는 무겁고 하나는 가벼운 두 가지 종류의 저울추를 가지고 다니지 마시오.

14 하나는 크고 하나는 작은 두 가지 종류의 되를 여러분의 집에 가지고 있지 마시오.

15 올바르고 정직한 저울추와 되를 사용하시오. 그래야 여러분의 하나님 여호와께서 주시는 땅에서 오래오래 살 수 있을 것이오.

16 여러분의 하나님 여호와께서는 정직하지 않은 사람과 정확하지 않은 되를 쓰는 사람을 싫어하시오.

17 여러분이 이집트에서 나오던 때, 아말렉 사람들이 여러분에게 한 일을 기억하시오.

18 여러분이 피곤하고 지쳤을 때, 그들이 길에서 나와

3 ber of lashes appropriate to the crime. • But never give more than forty lashes; more than forty lashes would publicly humiliate your neighbor.

4 • "You must not muzzle an ox to keep it from eating as it treads out the grain.

5 • "If two brothers are living together on the same property and one of them dies without a son, his widow may not be married to anyone from outside the family. Instead, her husband's brother should marry her and have intercourse with her to fulfill the duties of a brother-in-law. • The first son she bears to him will be considered the son of the dead brother, so that his name will not be forgotten in Israel.

7 • "But if the man refuses to marry his brother's widow, she must go to the town gate and say to the elders assembled there, 'My husband's brother refuses to preserve his brother's name in Israel—he refuses to fulfill the duties of a brother-in-law by marrying me.' • The elders of the town will then summon and talk with him. If he still refuses and says, 'I don't want to marry her,'

9 • the widow must walk over to him in the presence of the elders, pull his sandal from his foot, and spit in his face. Then she must declare, 'This is what happens to a man who refuses to provide his brother with children.' • Ever afterward in Israel his family will be referred to as 'the family of the man whose sandal was pulled off' !

11 • "If two Israelite men get into a fight and the wife of one tries to rescue her husband by grabbing the testicles of the other man, • you must cut off her hand. Show her no pity.

13 • "You must use accurate scales when you weigh out merchandise, • and you must use full and honest measures. • Yes, always use honest weights and measures, so that you may enjoy a long life in the land the LORD your God is giving you. • All who cheat with dishonest weights and measures are detestable to the LORD your God.

17 • "Never forget what the Amalekites did to you as you came from Egypt. • They attacked you when you were exhausted and weary, and they struck down those who were straggling behind. They had no fear of

exhausted [igzɔ́ːstid] *a.* 지친, 피곤한
grab [græb] *vt.* 움켜쥐다
humiliate [hjuːmílieit] *vt.* 굴욕감을 주다
lash [læʃ] *n.* 채찍질
muzzle [mʌzl] *vt.* 부리망을 씌우다
summon [sʌ́mən] *vt.* 소환하다
straggle [strǽgl] *vi.* (길, 진로에서) 벗어나다
testicle [téstikl] *n.* 음낭
25:4 tread out… : 밟아서 탈곡하다

여러분 뒤에 처져 있던 사람들을 다 죽였소, 그들은 하나님을 두려워하지 않았소.

19 여러분의 하나님 여호와께서 주시는 땅에서, 모든 적들을 물리치시고 여러분에게 평안을 주실 때에 이 땅 위에서 아말렉 사람들을 멸망시켜 그들의 기억조차도 없애 버리시오, 꼭 잊지 마시오."

첫 추수

26 "여러분의 하나님 여호와께서 주시는 땅으로 여러분은 들어갈 것이오, 그 땅을 점령하고 그 땅에서 살 것이오.

2 그때가 되면 여러분은 하나님 여호와께서 여러분에게 주신 땅에서 자라난 작물 가운데 처음으로 거둔 것을 광주리에 담아 하나님 여호와께서 예배받으시기 위해 선택하신 곳으로 나아가시오.

3 그리고 그 당시의 제사장에게 이렇게 말하시오. '오늘 제가 제사장의 하나님 여호와께 선언합니다. 여호와께서 저희 조상에게 약속하신 땅으로 제가 왔습니다.'

4 제사장이 여러분이 가져온 광주리를 받아서 여러분의 하나님 여호와의 제단 앞에 놓으면

5 여러분은 여호와 앞에서 이렇게 말씀드리시오. '제 조상은 떠돌아 다니던 아람 사람이었습니다. 그는 이집트로 내려갔다가 몇 안 되는 사람과 함께 그곳에서 나그네로 살았습니다. 그러나 그들은 거기에서 강하고 번성한 큰 나라를 이루게 되었습니다.

6 그러나 이집트 사람들이 우리에게 고된 일을 시킴으로 우리를 학대하고 괴롭혔습니다.

7 그래서 저희 조상의 하나님이신 여호와께 부르짖었더니 여호와께서 저희 기도를 들어 주셨고, 여호와께서는 저희가 고통당하는 것과 고된 일을 하는 것과 학대받는 것을 보셨습니다.

8 여호와께서는 크신 힘과 능력으로 저희를 이집트에서 인도해 내셨습니다. 여호와께서는 위엄과 표적과 기적을 보여 주셨습니다.

9 그리고 여호와께서는 저희를 이곳으로 인도하시고 젖과 꿀이 흐르는 비옥한 땅을 주셨습니다.

10 이제 제가 여호와께서 저에게 주신 이 땅에서 거둔 첫 열매를 여호와께 가져 왔습니다.' 그리고 나서 그 광주리를 여러분의 하나님 여호와 앞에 놓고, 여호와 앞에 엎드려 경배하시오.

11 여러분은 레위 사람과 여러분 가운데 사는 외국인과 함께 즐거워하시오. 여러분의 하나님 여호와께서 여러분과 여러분의 집에 주신 온갖 좋은 것을 나누며 즐거워하시오.

12 삼 년째 되는 해에 여러분이 거둔 모든 것의 십분의 일을 가져오시오. 그 해는 여러분이 거둔 것의 십분의 일을 드려 그것을 레위 사람과 외국인과 고아와

19 God. • Therefore, when the LORD your God has given you rest from all your enemies in the land he is giving you as a special possession, you must destroy the Amalekites and erase their memory from under heaven. Never forget this!

Harvest Offerings and Tithes

26 "When you enter the land the LORD your God is giving you as a special possession and you have conquered it and
2 settled there, • put some of the first produce from each crop you harvest into a basket and bring it to the designated place of worship—the place the LORD your God chooses
3 for his name to be honored. • Go to the priest in charge at that time and say to him, 'With this gift I acknowledge to the LORD your God that I have entered the land he swore to our ancestors he would give us.'
4 • The priest will then take the basket from your hand and set it before the altar of the LORD your God.
5 • "You must then say in the presence of the LORD your God, 'My ancestor Jacob was a wandering Aramean who went to live as a foreigner in Egypt. His family arrived few in number, but in Egypt they became a large
6 and mighty nation. • When the Egyptians oppressed and humiliated us by making us
7 their slaves, • we cried out to the LORD, the God of our ancestors. He heard our cries and
8 saw our hardship, toil, and oppression. • So the LORD brought us out of Egypt with a strong hand and powerful arm, with overwhelming terror, and with miraculous signs
9 and wonders. • He brought us to this place and gave us this land flowing with milk and
10 honey! • And now, O LORD, I have brought you the first portion of the harvest you have given me from the ground.' Then place the produce before the LORD your God, and bow to the ground in worship before him.
11 • Afterward you may go and celebrate because of all the good things the LORD your God has given to you and your household. Remember to include the Levites and the foreigners living among you in the celebration.
12 • "Every third year you must offer a special tithe of your crops. In this year of the special tithe you must give your tithes to the Levites, foreigners, orphans, and widows, so that they will have enough to eat in your

---

oppress [əprés] *vt.* 억압하다
overwhelming [òuvərhwélmiŋ] *a.* 압도하는
possession [pəzéʃən] *n.* 소유; 재산
toil [tɔil] *n.* 수고, 고생; 노역
wandering [wándəriŋ] *a.* 방황하는
26:3 in charge : 맡고 있는, 담당의

과부에게 주어서 여러분 마을에서 마음껏 먹게 하시오.

13 그리고 나서 여러분의 하나님 여호와께 이렇게 말하시오, '집에서 제가 거둔 것 가운데 여호와의 것을 따로 떼어 놓았습니다. 그리고 여호와께서 제게 명령하신 대로 그것을 레위 사람과 외국인과 고아와 과부에게 주었습니다. 저는 여호와의 명령을 잊지 않았고 어기지도 않았습니다.

14 슬픔에 빠져 있을 때, 그 거룩한 물건인 성물을 먹지 않았고, 제가 부정할 때에 그것을 떼어 놓지도 않았고 그것을 죽은 사람에게 바치지도 않았습니다. 저는 하나님 여호와의 말씀에 복종하였고 주께서 명령하신 대로 행했습니다.

15 주님의 거룩한 집인 하늘에서 굽어살피시고 주님의 백성 이스라엘에게 복을 주시고 저희 조상에게 약속하신 땅, 곧 젖과 꿀이 흐르는 비옥한 땅에 복을 주십시오.'"

여호와의 명령에 복종하여라

16 "오늘 여러분의 하나님 여호와께서 이 모든 규례와 율법을 지키라고 명령하셨소. 마음과 정성을 다하여 그것을 부지런히 지키시오.

17 오늘 여러분은 여호와를 여러분의 하나님으로 인정하고 여호와께서 원하시는 대로 하겠다고 약속했소, 여호와의 규례와 명령과 율법을 지키고 여호와께 복종하겠다고 약속했소.

18 오늘 여호와께서도 여러분을 주님의 소중한 백성으로 받아들이기로 약속하셨소. 그리고 여러분에게 여호와의 모든 명령을 지키라고 말씀하셨소.

19 여호와께서는 그가 지으신 다른 민족들보다 여러분을 더 높이실 것이오. 여러분에게 칭찬과 명예와 영광을 주실 것이오. 여호와께서 약속하신 대로 여러분은 하나님 여호와께 거룩한 백성이 될 것이오."

돌에 새긴 율법

27 모세와 이스라엘 장로들이 백성에게 명령했습니다. "오늘 내가 여러분에게 주는 모든 명령을 지키시오.

2 여러분은 곧 요단 강을 건너서 여러분의 하나님 여호와께서 주시는 땅으로 들어갈 것이오. 그날이 오면 큰 돌들을 세우고 그 위에 석회를 칠하시오.

3 그리고 강을 건너면 바로 이 모든 가르침의 말씀을 그 돌들 위에 새겨 놓으시오. 그렇게 하면 여러분 조상의 하나님 여호와께서 약속하신 대로, 여러분의 하나님 여호와께서 주시는 땅으로 들어가 그곳을 차지하여 살게 될 것이오. 그 땅은 젖과 꿀이 흐르는 비옥한 곳이오.

4 요단 강을 건넌 뒤에는 이 돌들을 내가 오늘 명령한 대로 에발 산 위에 세우고, 그 위에 석회를 칠하시

13 towns. •Then you must declare in the presence of the LORD your God, 'I have taken the sacred gift from my house and have given it to the Levites, foreigners, orphans, and widows, just as you commanded me. I have not violated or forgotten any of your commands. •I have not eaten any of it while in mourning; I have not handled it while I was ceremonially unclean; and I have not offered any of it to the dead. I have obeyed the LORD my God and have done everything you commanded me. •Now look down from your holy dwelling place in heaven and bless your people Israel and the land you swore to our ancestors to give us—a land flowing with milk and honey.'

A Call to Obey the LORD's Commands

16 •"Today the LORD your God has commanded you to obey all these decrees and regulations. So be careful to obey them wholeheartedly. •You have declared today that the LORD is your God. And you have promised to walk in his ways, and to obey his decrees, commands, and regulations, and to do everything he tells you. •The LORD has declared today that you are his people, his own special treasure, just as he promised, and that you must obey all his commands. •And if you do, he will set you high above all the other nations he has made. Then you will receive praise, honor, and renown. You will be a nation that is holy to the LORD your God, just as he promised."

The Altar on Mount Ebal

27 Then Moses and the leaders of Israel gave this charge to the people: "Obey all these commands that I am giving you today. •When you cross the Jordan River and enter the land the LORD your God is giving you, set up some large stones and coat them with plaster. •Write this whole body of instruction on them when you cross the river to enter the land the LORD your God is giving you—a land flowing with milk and honey, just as the LORD, the God of your ancestors, promised you. •When you cross the Jordan, set up these stones at Mount Ebal and coat them with plaster, as I am commanding you today.

---

ceremonially [serəmóuniəli] *ad.* 예법상으로
dwelling [dwélin] *n.* 거처, 사는 곳
mourning [mɔ́ːrniŋ] *n.* 애도
renown [rináun] *n.* 명성
sacred [séikrid] *a.* 신성한
violate [váiəlèit] *vt.* 범하다, 위반하다
wholeheartedly [hóulhá:rtidli] *ad.* 전심전력으로
27:2 coat with plaster : 석회를 입히다

오.

5 그리고 그곳에서 여러분의 하나님 여호와께 돌 제
단을 쌓으시오. 제단을 쌓을 때는 돌을 쇠 연장으
로 다듬지 마시오.

6 여러분은 여러분의 하나님 여호와께 다듬지 않은
돌로 제단을 쌓으시오. 그런 다음 그 제단 위에 하나
님 여호와께 태워 드리는 제사인 번제를 바치시오.

7 화목 제물도 바치시오. 그리고 그곳에서 음식을 먹
으면서 여러분의 하나님 여호와 앞에서 즐거워하
시오.

8 여러분은 그 돌들 위에 이 모든 가르침의 말씀을 정
확히 새기시오.”

율법의 저주

9 모세와 레위 사람인 제사장들이 온 이스라엘에게
말했습니다. “이스라엘 백성들이여, 조용히 하고
잘 들으시오. 여러분은 오늘 하나님 여호와의 백성
이 되었소.

10 그러므로 하나님 여호와의 말씀에 복종하고 내가
오늘 여러분에게 주는 여호와의 명령과 율법을 잘
지키시오.”

11 그날 모세는 백성에게 이렇게 명령했습니다.

12 “여러분은 요단 강을 건널 것이오. 그때가 되면 시
므온, 레위, 유다, 잇사갈, 요셉, 그리고 베냐민 지파
는 그리심산 위에 서서 백성을 향해 축복하시오.

13 그리고 르우벤, 갓, 아셀, 스불론, 단, 그리고 납달리
지파는 에발산 위에 서서 백성을 향해 저주하시오.

14 레위 사람은 큰 소리로 모든 이스라엘 백성에게 이
렇게 말하시오.

15 '대장장이를 시켜서 우상을 조각하거나 쇠를 녹여
만들어서 남몰래 세우는 사람은 저주를 받는다. 여
호와께서는 사람이 만든 우상을 역겨워하신다.' 모
든 백성은 '아멘!'이라고 말하시오.

16 '자기 아버지나 어머니를 업신여기는 사람은 저주
를 받는다.' 모든 백성은 '아멘!'이라고 말하시오.

17 '너희 이웃의 땅이 어디까지인가를 표시해 주는 돌
을 옮기는 사람은 저주를 받는다.' 모든 백성은 '아
멘!'이라고 말하시오.

18 '보지 못하는 사람을 잘못된 길로 이끄는 사람은
저주를 받는다.' 모든 백성은 '아멘!'이라고 말하
시오.

19 '외국인과 고아와 과부를 공정하게 대하지 않는 사
람은 저주를 받는다.' 모든 백성은 '아멘!'이라고
말하시오.

20 '자기 아버지의 아내와 함께 자는 사람은 저주를
받는다. 그것은 자기 아버지를 부끄럽게 하는 짓이
다.' 모든 백성은 '아멘!'이라고 말하시오.

21 '짐승과 함께 자는 사람은 저주를 받는다.' 모든 백

5 • "Then build an altar there to the LORD
your God, using natural, uncut stones. You
must not shape the stones with an iron tool.

6 • Build the altar of uncut stones, and use it to
offer burnt offerings to the LORD your God.

7 • Also sacrifice peace offerings on it, and cele-
brate by feasting there before the LORD your

8 God. • You must clearly write all these inst-
ructions on the stones coated with plaster.

9 • Then Moses and the Levitical priests
addressed all Israel as follows: "O Israel, be
quiet and listen! Today you have become the

10 people of the LORD your God. • So you must
obey the LORD your God by keeping all these
commands and decrees that I am giving you
today."

Curses from Mount Ebal

11 • That same day Moses also gave this charge

12 to the people: • "When you cross the Jordan
River, the tribes of Simeon, Levi, Judah,
Issachar, Joseph, and Benjamin must stand
on Mount Gerizim to proclaim a blessing

13 over the people. • And the tribes of Reuben,
Gad, Asher, Zebulun, Dan, and Naphtali
must stand on Mount Ebal to proclaim a
curse.

14 • "Then the Levites will shout to all the
people of Israel:

15 • 'Cursed is anyone who carves or casts
an idol and secretly sets it up. These idols,
the work of craftsmen, are detestable to
the LORD.'
And all the people will reply, 'Amen.'

16 • 'Cursed is anyone who dishonors father or
mother.'
And all the people will reply, 'Amen.'

17 • 'Cursed is anyone who steals property
from a neighbor by moving a boundary
marker.'
And all the people will reply, 'Amen.'

18 • 'Cursed is anyone who leads a blind
person astray on the road.'
And all the people will reply, 'Amen.'

19 • 'Cursed is anyone who denies justice to
foreigners, orphans, or widows.'
And all the people will reply, 'Amen.'

20 • 'Cursed is anyone who has sexual
intercourse with one of his father's wives,
for he has violated his father.'
And all the people will reply, 'Amen.'

21 • 'Cursed is anyone who has sexual
intercourse with an animal.'

curse [kə:rs] *n. vt.* 저주(하다)
proclaim [proukléim] *vt.* 선언하다
27:18 lead astray : 곁길로 인도하다

성은 '아멘!' 이라고 말하시오.

22 '자기 아버지의 딸이든지 어머니의 딸이든지 자기 누이와 함께 자는 사람은 저주를 받는다.' 모든 백성은 '아멘!' 이라고 말하시오.

23 '자기 장모와 함께 자는 사람은 저주를 받는다.' 모든 백성은 '아멘!' 이라고 말하시오.

24 '남몰래 이웃을 죽이는 사람은 저주를 받는다.' 모든 백성은 '아멘!' 이라고 말하시오.

25 '돈을 받고 죄 없는 사람을 죽이는 사람은 저주를 받는다.' 모든 백성은 '아멘!' 이라고 말하시오.

26 '이 가르침의 말씀을 간직하고 따르지 않는 사람은 저주를 받는다.' 모든 백성은 '아멘!' 이라고 말하시오."

복종하여 받는 복

28 "여러분은 여러분의 하나님 여호와께 온전히 복종하시오. 내가 오늘 여러분에게 주는 여호와의 모든 명령을 부지런히 지키시오. 그러면 하나님 여호와께서 여러분을 땅 위의 어떤 민족보다 더 크게 해 주실 것이오.

2 하나님 여호와께 복종하시오. 그러면 이 모든 복이 여러분에게 찾아올 것이오.

3 성읍에서도 복을 받고, 들에서도 복을 받을 것이오.

4 여러분의 자녀와 땅의 열매가 복을 받을 것이고, 여러분의 짐승의 새끼도 복을 받아 소와 양이 늘어날 것이오.

5 여러분의 광주리와 반죽 그릇이 복을 받을 것이오.

6 여러분은 들어가거나 나가거나, 어디를 가든지 복을 받을 것이오.

7 여호와께서는 여러분이 적을 이길 수 있게 해 주실 것이오. 그들은 한 길로 쳐들어와서 일곱 길로 도망갈 것이오.

8 하나님 여호와께서 여러분에게 복을 주셔서 창고가 가득 차게 해 주실 것이고 여러분이 하는 모든 일과 너희 하나님 여호와께서 여러분에게 주신 모든 땅에 복을 주실 것이오.

9 여러분이 하나님 여호와의 명령을 지키고 여호와께서 원하시는 대로 산다면, 여호와께서는 *여러분에게 약속하신 대로 여러분을 여호와의 거룩한 백성으로 삼으실 것이오.*

10 그러면 여러분이 하나님의 백성이라고 불리는 것만으로도 땅 위의 모든 사람이 여러분을 두려워하게 될 것이오.

11 여호와께서 여러분에게 주시겠다고 여러분의 조상에게 약속하신 땅에서 여러분을 부자로 만

And all the people will reply, 'Amen.'

22 • 'Cursed is anyone who has sexual intercourse with his sister, whether she is the daughter of his father or his mother.'
And all the people will reply, 'Amen.'

23 • 'Cursed is anyone who has sexual intercourse with his mother-in-law.'
And all the people will reply, 'Amen.'

24 • 'Cursed is anyone who attacks a neighbor in secret.'
And all the people will reply, 'Amen.'

25 • 'Cursed is anyone who accepts payment to kill an innocent person.'
And all the people will reply, 'Amen.'

26 • 'Cursed is anyone who does not affirm and obey the terms of these instructions.'
And all the people will reply, 'Amen.'

Blessings for Obedience

28 "If you fully obey the LORD your God and carefully keep all his commands that I am giving you today, the LORD your God will set you high above all the nations of the world. 2 •You will experience all these blessings if you obey the LORD your God:

3 • Your towns and your fields
will be blessed.

4 • Your children and your crops
will be blessed.
The offspring of your herds and flocks
will be blessed.

5 • Your fruit baskets and breadboards
will be blessed.

6 • Wherever you go and whatever you do,
you will be blessed.

7 • "The LORD will conquer your enemies when they attack you. They will attack you from one direction, but they will scatter from you in seven!

8 • "The LORD will guarantee a blessing on everything you do and will fill your storehouses with grain. The LORD your God will bless you in the land he is giving you.

9 • "If you obey the commands of the LORD your God and walk in his ways, the LORD will establish you as his holy people as he swore he would do. 10 •Then all the nations of the world will see that you are a people claimed by the LORD, and they will stand in awe of you.

11 • "The LORD will give you prosperity in the land he swore to your ancestors to give you, blessing you with many children, numerous

---

affirm [əfɜ́ːrm] *vi.* 확약하다; 찬동하다
intercourse [íntərkɔːrs] *n.* 육체 관계
scatter [skǽtər] *vi.* 뿔뿔이 [사방으로] 흩어지다
28:10 stand in awe of… : …를 두려워하다

드실 것이오. 여러분의 자녀가 많아질 것이오, 여러분의 짐승이 새끼를 많이 낳을 것이며, 땅도 열매를 많이 맺을 것이오.

12 여호와께서 여러분을 위하여 아름다운 하늘의 창고를 여실 것이오, 하늘은 알맞은 때에 비를 내릴 것이고 여호와께서는 여러분이 하는 모든 일에 복을 주실 것이오, 여러분이 다른 나라들에게 빌려 주는 일은 있어도, 빌리는 일은 없을 것이오.

13 내가 오늘 여러분에게 선포하는 하나님 여호와의 명령을 부지런히 지키면, 여호와께서는 여러분을 꼬리가 아니라 머리가 되게 하실 것이오, 여러분은 바닥이 아니라 꼭대기에 있게 될 것이오.

14 내가 오늘 여러분에게 명령하는 말씀을 오른쪽으로나 왼쪽으로 치우쳐 어기지 마시오, 내가 명령한 대로만 하시오, 다른 신들을 따르거나 섬기지 마시오."

복종하지 않아 받는 저주

15 "그러나 내가 오늘 여러분에게 주는 여호와의 모든 명령과 규례를 부지런히 지키지 않고 하나님 여호와께 복종하지 않으면 이 모든 저주가 여러분에게 찾아올 것이오.

16 여러분은 성 안에서도 저주를 받고 들에서도 저주를 받을 것이오.

17 여러분의 광주리와 반죽 그릇이 저주를 받을 것이오.

18 여러분의 자녀와 땅의 열매가 저주를 받을 것이고, 여러분 짐승의 새끼도 저주를 받을 것이오.

19 여러분은 들어가거나 나가거나, 어디를 가든지 저주를 받을 것이오.

20 여러분이 죄를 지어 여호와를 떠나면, 여호와께서 여러분이 하는 모든 일에 저주와 혼란과 벌을 내리실 것이오, 여러분은 순식간에 망할 것이오.

21 하나님 여호와께서 여러분에게 무서운 병을 보내실 것이오, 그리하여 여러분이 들어가 차지할 땅에서 여러분을 멸망시키실 것이오.

22 여호와께서 여러분에게 폐병과 열병과 염증과 무더위와 가뭄과 식물을 시들게 하고 썩게 하는 병을 보내실 것이오, 이 재앙들은 여러분이 죽을 때까지 계속될 것이오.

23 하늘은 놋이 될 것이고, 발 아래의 땅은 쇠가 될 것이오.

24 여호와께서는 먼지와 모래를 비처럼 내리실 것이오, 하늘에서 먼지와 모래가 내려 마침내 여러분을 멸망시키고 말 것이오.

25 여호와께서는 여러분의 적들 앞에서 여러분을 패하게 하실 것이오, 여러분은 한 길로 쳐들어가서 일곱 길로 도망칠 것이오, 여러분의 그 모습을 보고 땅 위의 온 나라들이 몸서리칠 것이오.

---

12 livestock, and abundant crops. •The LORD will send rain at the proper time from his rich treasury in the heavens and will bless all the work you do. You will lend to many nations, but you will never need to borrow from them. 13 •If you listen to these commands of the LORD your God that I am giving you today, and if you carefully obey them, the LORD will make you the head and not the tail, and you will always be on top 14 and never at the bottom. •You must not turn away from any of the commands I am giving you today, nor follow after other gods and worship them.

Curses for Disobedience

15 • "But if you refuse to listen to the LORD your God and do not obey all the commands and decrees I am giving you today, all these curses will come and overwhelm you:

16 • Your towns and your fields
will be cursed.

17 • Your fruit baskets and breadboards
will be cursed.

18 • Your children and your crops
will be cursed.
The offspring of your herds and flocks
will be cursed.

19 • Wherever you go and whatever you do,
you will be cursed.

20 • "The LORD himself will send on you curses, confusion, and frustration in everything you do, until at last you are completely destroyed for doing evil and abandoning 21 me. •The LORD will afflict you with diseases until none of you are left in the land you are 22 about to enter and occupy. •The LORD will strike you with wasting diseases, fever, and inflammation, with scorching heat and drought, and with blight and mildew. These 23 disasters will pursue you until you die. •The skies above will be as unyielding as bronze, and the earth beneath will be as hard as iron. 24 •The LORD will change the rain that falls on your land into powder, and dust will pour down from the sky until you are destroyed. 25 • "The LORD will cause you to be defeated by your enemies. You will attack your enemies from one direction, but you will scatter from them in seven! You will be an object of

abundant [əbʌ́ndənt] *a.* 풍부한, 풍요로운
blight [bláit] *n.* 마름병, 충해
confusion [kənfjúʒ:ən] *n.* 혼란
frustration [frʌstréiʃən] *n.* 좌절
inflammation [ìnfləméiʃən] *n.* 염증
mildew [míldju:] *n.* 곰팡이
pursue [pərsú:] *vt.* 따라다니다
scorching [skɔ́:rtʃiŋ] *a.* 타는 듯한
unyielding [ʌnjíːldiŋ] *a.* 굳은, 단단한

26 여러분의 시체는 모든 새와 들짐승의 먹이가 될 것이고, 아무도 그것들을 쫓아 주지 않을 것이오.

27 여호와께서는 이집트의 종기와 곪는 병과 옴과 부스럼으로 여러분을 벌 주실 것이오, 여러분은 치료받지 못할 것이오.

28 여호와께서는 여러분을 미치게도 하시고, 보지 못하게도 하시고, 정신병에 걸리게도 하실 것이오.

29 보지 못하는 사람처럼 대낮에도 더듬을 것이며 하는 일마다 다 실패할 것이오, 사람들이 날마다 여러분을 해치겠고, 여러분의 것을 훔쳐갈 것이오, 여러분을 구해 줄 사람이 아무도 없을 것이오.

30 여자와 약혼을 해도 다른 남자가 그 여자와 함께 잘 것이오. 집을 지어도 거기에서 살 수 없을 것이며, 포도밭을 가꾸어도 그 열매를 먹지 못할 것이오.

31 여러분의 소를 여러분이 보는 앞에서 잡았어도 그 고기를 먹지 못할 것이고, 나귀를 빼앗겨도 되찾지 못할 것이오, 여러분의 양을 적에게 빼앗기겠으나 아무도 도와 주지 않을 것이오.

32 여러분의 아들과 딸들을 여러분이 보는 앞에서 다른 민족에게 빼앗길 것이오, 날마다 눈이 빠지도록 그들을 그리워하며 기다려도 그들을 구할 수 없을 것이오.

33 여러분이 알지 못하는 백성이 여러분 땅의 열매와 여러분이 애써 일하여 얻은 것을 먹어 버릴 것이며 여러분은 평생토록 빼앗기고 짓밟힐 것이오.

34 여러분의 눈으로 보는 불행한 일 때문에 여러분은 미치고 말 것이오.

35 여호와께서 여러분의 무릎과 다리에 낫지 않는 종기를 나게 하실 것이며 머리 끝부터 발 끝까지 번지게 하실 것이오.

36 여호와께서는 여러분과 여러분이 세우게 될 왕을 여러분이 알지도 못하는 나라로 보내실 것이오, 여러분은 그곳에서 나무와 돌로 만든 다른 우상들을 섬길 것이오.

37 여러분은 여호와께서 여러분을 흩어 놓은 나라에서 놀람과 속담의 대상이 될 것이며, 그 나라의 백성들이 여러분을 조롱하고 비웃을 것이오.

38 아무리 밭에 씨를 많이 뿌려도 메뚜기가 먹어 버려 거두는 것이 적을 것이고

39 포도밭을 아무리 열심히 가꾸어도 벌레가 먹어 버려 포도도 따 먹지 못하고 포도주도 마시지 못할 것이오.

40 온 땅에 올리브 나무가 있겠지만 열매가 떨어져 올리브 기름을 얻지 못할 것이오.

41 아들과 딸들을 낳겠지만 그들은 포로로 끌려가서 여러분의 자식이 되지 못할 것이오.

42 여러분의 모든 나무와 땅의 열매는 메뚜기가 먹어 버릴 것이오.

horror to all the kingdoms of the earth.

26 •Your corpses will be food for all the scavenging birds and wild animals, and no one will be there to chase them away.

27 • "The LORD will afflict you with the boils of Egypt and with tumors, scurvy, and the

28 itch, from which you cannot be cured. •The LORD will strike you with madness, blindness, and panic. •You will grope around in broad daylight like a blind person groping in the darkness, but you will not find your way. You will be oppressed and robbed continually, and no one will come to save you.

30 • "You will be engaged to a woman, but another man will sleep with her. You will build a house, but someone else will live in it. You will plant a vineyard, but you will

31 never enjoy its fruit. •Your ox will be butchered before your eyes, but you will not eat a single bite of the meat. Your donkey will be taken from you, never to be returned. Your sheep and goats will be given to your enemies, and no one will be there to help

32 you. •You will watch as your sons and daughters are taken away as slaves. Your heart will break for them, but you won't be

33 able to help them. •A foreign nation you have never heard about will eat the crops you worked so hard to grow. You will suffer under constant oppression and harsh treat-

34 ment. •You will go mad because of all the

35 tragedy you see around you. •The LORD will cover your knees and legs with incurable boils. In fact, you will be covered from head to foot.

36 • "The LORD will exile you and your king to a nation unknown to you and your ancestors. There in exile you will worship

37 gods of wood and stone! •You will become an object of horror, ridicule, and mockery among all the nations to which the LORD sends you.

38 • "You will plant much but harvest little,

39 for locusts will eat your crops. •You will plant vineyards and care for them, but you will not drink the wine or eat the grapes, for

40 worms will destroy the vines. •You will grow olive trees throughout your land, but you will never use the olive oil, for the fruit

41 will drop before it ripens. •You will have sons and daughters, but you will lose them, for they will be led away into captivity.

42 •Swarms of insects will destroy your trees and crops.

afflict [əflíkt] *vt.* 괴롭히다
grope [gróup] *vi.* 손으로 더듬어 찾다
incurable [inkjúərəbl] *a.* 불치의
scavenge [skǽvindʒ] *vi.* 〈동물이〉 〈썩은 고기・밥찌끼 등을〉 찾아 헤매다
scurvy [skə́ːrvi] *n.* 괴혈병

43 여러분 가운데 사는 외국인은 점점 강해지고, 여러분은 점점 약해질 것이오.

44 외국인은 여러분에게 돈을 빌려 주겠지만 여러분은 빌려 줄 수 없을 것이오. 그들은 머리가 될 것이고, 여러분은 꼬리가 될 것이오.

45 여호와께서 명령하신 율법과 규례를 여러분이 지키지 않고, 하나님 여호와께 복종하지 않았으므로 이 모든 저주가 여러분에게 내릴 것이오. 이 모든 저주가 여러분을 따라다니고 여러분을 붙잡아 멸망시킬 것이오.

46 이 모든 저주는 여러분과 여러분의 자손에게 영원토록 표적과 징조가 될 것이오.

47 여러분은 모든 것을 넉넉히 가졌는데도 여러분의 하나님 여호와를 기쁘고 즐거운 마음으로 섬기지 않았소.

48 그러므로 여러분은 여호와께서 보내시는 원수들을 섬기게 될 것이오. 여러분은 굶주리고 목마르고 헐벗고 가난할 것이오. 여호와께서 여러분의 목에 쇠 멍에를 메실 것이며, 여러분은 마침내 멸망할 것이오."

원수 나라의 저주

49 "여호와께서 멀리 땅끝에서 한 나라를 여러분에게 보내실 것이오. 그 나라는 독수리처럼 여러분을 덮칠 것이오. 여러분은 그들이 사용하는 말을 이해하지 못할 것이오.

50 그들은 노인을 존경하지 않고, 젊은이를 돌볼 줄 모르는 무자비한 민족이오.

51 그들은 여러분의 짐승의 새끼와 땅의 열매를 먹어치워서 여러분을 망하게 할 것이오. 곡식과 포도주와 기름과 소와 양의 새끼를 하나도 남겨 두지 않고 모조리 먹어치워 마침내 여러분은 망하게 될 것이오.

52 그들은 모든 성을 에워싸고 쳐들어올 것이오. 여러분은 높고 굳건한 성벽을 믿겠지만 그들이 그 성벽을 허물고 하나님 여호와께서 여러분에게 주신 땅에 있는 모든 성을 에워쌀 것이오.

53 여러분의 원수가 여러분을 에워싸서 먹을 것이 다 떨어져 굶주리게 되면 마침내 여러분은 아들과 딸들을 잡아먹을 것이오.

54 가장 점잖고 온순한 사람도 잔인한 사람으로 변할 것이오. 사랑하는 형제와 아내, 그리고 자식에게도 먹을 것을 나누어 주려 하지 않을 것이오.

55 자기 자녀의 살을 먹으면서 누구에게도 주지 않을 것이오. 왜냐하면 남은 것이라고는 그것밖에 없기 때문이고, 원수가 여러분을 에워싸서 먹을 것이 다 떨어져 굶어 죽게 되었기 때문이오.

56 가장 점잖고 온순한 여자, 너무나 온순하고 점잖아서 발에 흙을 묻히지 않고 살던 여자도 잔인한 사람으로 변할 것이오. 그는 사랑하는 남편과 아들과 딸에게도 먹을 것을 나누어 주려 하지 않을 것이오.

43 • "The foreigners living among you will become stronger and stronger, while you 44 become weaker and weaker. •They will lend money to you, but you will not lend to them. They will be the head, and you will be the tail!

45 • "If you refuse to listen to the LORD your God and to obey the commands and decrees he has given you, all these curses will pursue and overtake you until you are destroyed. 46 •These horrors will serve as a sign and warning among you and your descendants forever. 47 •If you do not serve the LORD your God with joy and enthusiasm for the abundant 48 benefits you have received, •you will serve your enemies whom the LORD will send against you. You will be left hungry, thirsty, naked, and lacking in everything. The LORD will put an iron yoke on your neck, oppressing you harshly until he has destroyed you.

49 • "The LORD will bring a distant nation against you from the end of the earth, and it will swoop down on you like a vulture. It is a nation whose language you do not understand. 50 •a fierce and heartless nation that shows no respect for the old and no pity for 51 the young. •Its armies will devour your livestock and crops, and you will be destroyed. They will leave you no grain, new wine, olive oil, calves, or lambs, and you will starve 52 to death. •They will attack your cities until all the fortified walls in your land—the walls you trusted to protect you—are knocked down. They will attack all the towns in the land the LORD your God has given you.

53 • "The siege and terrible distress of the enemy's attack will be so severe that you will eat the flesh of your own sons and daughters, whom the LORD your God has given 54 you. •The most tenderhearted man among you will have no compassion for his own brother, his beloved wife, and his surviving 55 children. •He will refuse to share with them the flesh he is devouring—the flesh of one of his own children—because he has nothing else to eat during the siege and terrible distress that your enemy will inflict on all your 56 towns. •The most tender and delicate woman among you—so delicate she would not so much as touch the ground with her foot—will be selfish toward the husband she loves and toward her own son or daughter.

---

devour [diváuər] *vt.* 게걸스럽게 먹다
enthusiasm [inθú:ziæzm] *n.* 열의; 열중
fortified [fɔ́:rtəfaid] *a.* 견고한
inflict [inflíkt] *vt.* (해를) 입히다, 가하다; 괴롭히다
siege [sí:dʒ] *n.* 포위공격
tenderhearted [téndər-hɑ:rtid] *a.* 유순한 마음을 가진
28:49 swoop down on… : …를 내리덮치다

57 아기를 낳으면 그 아기를 잡아먹으려 할 것이오. 이는 여러분의 원수가 여러분을 에워싸서 먹을 것이 다 떨어져 굶주리게 되었기 때문이오.

58 이 책에 적혀 있는 이 모든 가르침을 지키지 않고 여러분의 하나님 여호와의 영광스럽고 두려운 이름을 섬기지 않으면

59 여호와께서 여러분과 여러분의 자손에게 무서운 병을 보내실 것이오. 심한 재앙이 오래갈 것이며, 끔찍한 병이 오래갈 것이오.

60 여호와께서는 여러분이 무서워하는 이집트의 모든 병을 여러분에게 보내실 것이오. 그 병이 여러분에게서 떠나지 않을 것이오.

61 여호와께서는 이 '율법의 책'에 적혀 있지 않은 모든 병과 재앙을 보내실 것이오. 그리하여 여러분은 멸망할 것이오.

62 여러분은 하나님 여호와께 복종하지 않았으므로 하늘의 별처럼 여러분의 수가 많았더라도 남는 사람이 얼마 되지 않을 것이오.

63 전에는 여호와께서 여러분에게 좋은 것을 주시고 여러분을 번성하게 하는 일을 기뻐하셨더라도 이제는 여러분을 망하게 하는 일을 기뻐하실 것이오. 여러분이 들어가 차지할 땅에서 여러분은 뿌리째 뽑혀 버릴 것이오.

64 여호와께서 여러분을 모든 민족 가운데 흩으실 것이오. 땅의 이쪽 끝에서 저쪽 끝까지 흩어 놓으실 것이오. 그곳에서 여러분은 나무와 돌로 만든 다른 우상들, 여러분과 여러분의 조상들이 알지 못하던 다른 신들을 섬길 것이오.

65 여러분은 그 나라들에서 쉴 새가 없을 것이오. 여러분이 편히 쉴 곳이 없을 것이오. 여호와께서 여러분의 마음에 두려움을 주시고 눈은 어둡게 하시고 정신은 흐려지게 하실 것이오.

66 여러분은 언제나 생명의 위협 가운데 살 것이오. 여러분은 밤이나 낮이나 무서워하며, 살지 죽을지 확실히 알지 못하게 될 것이오.

67 여러분은 여러분의 마음에 가득 찬 공포와 눈으로 보는 것이 무서워서 아침이 되면 '저녁이 되었으면 좋겠다' 고 말하고, 저녁이 되면 '아침이 되었으면 좋겠다' 고 말할 것이오.

68 여호와께서는 여러분을 배에 태워 이집트로 돌려 보낼 것이오. 다시는 그 길로 이집트에는 돌아가지 않을 것이라고 했지만 바로 그 길로 이집트로 끌려 갈 것이오. 그곳에서 여러분은 여러분의 원수들에게 여러분 자신을 노예로 팔려고 하겠지만 사는 사람이 아무도 없을 것이오."

모압에서 맺으신 언약

29 여호와께서 모세에게 명령하여 모압에서 이스라엘 백성과 언약을 맺으라고 하셨습니다.

---

57 • She will hide from them the afterbirth and the new baby she has borne, so that she herself can secretly eat them. She will have nothing else to eat during the siege and terrible distress that your enemy will inflict on all your towns.

58 • "If you refuse to obey all the words of instruction that are written in this book, and if you do not fear the glorious and awesome name of the LORD your God, • then the LORD will overwhelm you and your children with indescribable plagues. These plagues will be intense and without relief, making you miserable and unbearably sick.

60 • He will afflict you with all the diseases of Egypt that you feared so much, and you will have no relief. • The LORD will afflict you with every sickness and plague there is, even those not mentioned in this Book of Instruction, until you are destroyed. • Though you become as numerous as the stars in the sky, few of you will be left because you would not listen to the LORD your God.

63 • "Just as the LORD has found great pleasure in causing you to prosper and multiply, the LORD will find pleasure in destroying you. You will be torn from the land you are about to enter and occupy. • For the LORD will scatter you among all the nations from one end of the earth to the other. There you will worship foreign gods that neither you nor your ancestors have known, gods made of wood and stone! • There among those nations you will find no peace or place to rest. And the LORD will cause your heart to tremble, your eyesight to fail, and your soul to despair. • Your life will constantly hang in the balance. You will live night and day in fear, unsure if you will survive. • In the morning you will say, 'If only it were night!' And in the evening you will say, 'If only it were morning!' For you will be terrified by the awful horrors you see around you. • Then the LORD will send you back to Egypt in ships, to a destination I promised you would never see again. There you will offer to sell yourselves to your enemies as slaves, but no one will buy you."

29 • *These are the terms of the covenant the LORD commanded Moses to make with the Israelites while they were in the land of Moab, in addition to the covenant he had made with them at Mount Sinai.*

despair [dispéər] *vi.* 절망하다

29:1a Verse 29:1 is numbered 28:69 in Hebrew text.　29:1b Hebrew *Horeb*, another name for Sinai.

이 언약은 여호와께서 이스라엘 백성과 시내 산에서 맺으신 언약과는 다른, 새로 맺는 언약입니다.

2 모세는 이스라엘 백성을 불러모아서 이렇게 말했습니다. "여러분은 여호와께서 이집트 땅에서 파라오와 그의 모든 신하와 그의 모든 땅에 하신 일들을 다 보았소.

3 여러분은 그 큰 재앙과 표적과 기적들을 여러분의 눈으로 직접 보았소.

4 그러나 지금까지 여호와께서는 여러분에게 깨닫는 마음을 주지 않으셨소. 또 보는 눈과 듣는 귀를 열어 주지 않으셨소.

5 여호와께서는 여러분을 사십 년 동안, 광야 가운데로 인도하셨소. 그동안 여러분 몸에 걸친 옷과 신발은 닳지 않았소.

6 여러분은 빵도 먹지 못했고 포도주나 묵은 포도주도 마실 수 없었소. 그것은 주님께서 여러분의 하나님 여호와이심을 깨닫게 하기 위해서였소.

7 여러분이 이곳에 왔을 때에 헤스본 왕 시혼과 바산 왕 옥이 여러분과 싸우러 나왔소. 그러나 우리는 그들을 물리쳐 이겼소.

8 우리는 그들의 땅을 점령해서 르우벤 지파와 갓 지파와 므낫세 지파 절반에게 주었소.

9 그러므로 여러분은 이 언약의 말씀을 부지런히 지키시오. 그러면 여러분이 하는 모든 일에 성공할 것이오.

10 오늘 여러분 모두는 여러분의 하나님 여호와 앞에 모여 서 있소. 여기에는 여러분의 지도자들과 중요한 사람들, 또 장로들과 관리들, 이스라엘의 모든 남자들이 있소.

11 여러분의 아내와 자녀도 있고 여러분과 함께 사는 외국인, 곧 여러분을 위해 나무를 베고 물을 길어 오는 외국인도 여기에 있소.

12 오늘 여러분 모두는 여러분의 하나님 여호와와 맺는 언약에 참여하는 것이오. 여호와께서는 여러분과 언약을 맺으시는 것이오.

13 이 언약을 맺음으로써 여호와께서는 오늘 여러분을 여호와의 백성으로 삼으시려는 것이오. 그리고 여호와께서는 여러분의 하나님이 되시려는 것이오. 이것은 여호와께서 이미 약속하신 것이고, 여러분의 조상 아브라함과 이삭과 야곱에게 맹세하신 것이오.

14 그러나 이 언약은 오늘 여러분의 하나님 여호와 앞에 서 있는 여러분하고만 맺으시는 것이 아니오.

15 이 언약은 우리 하나님 여호와 앞에서 우리와 함께 여기에 서 있는 사람들뿐만 아니라 앞으로 태어날 후손에게도 맺어 주시는 언약이오.

16 여러분은 우리가 이집트 땅에서 어떻게 살았는지 알고 있소. 우리가 어떻게 여러 나라들을 지나 여기까지 왔는지 알고 있소.

17 여러분은 나무와 돌과 은과 금으로 만든 그들의 역

Moses Reviews the Covenant

2 *Moses summoned all the Israelites and said to them, "You have seen with your own eyes what the LORD did in the land of Egypt to Pharaoh and to all his servants and 3 to his whole country——•all the great tests of strength, the miraculous signs, and the 4 amazing wonders. •But to this day the LORD has not given you minds that understand, 5 nor eyes that see, nor ears that hear! •For forty years I led you through the wilderness, yet your clothes and sandals did not wear 6 out. •You ate no bread and drank no wine or other alcoholic drink, but he provided for you so you would know that he is the LORD your God.

7 •"When we came here, King Sihon of Heshbon and King Og of Bashan came out to fight against us, but we defeated them. 8 •We took their land and gave it to the tribes of Reuben and Gad and to the half-tribe of Manasseh as their grant of land.

9 •"Therefore, obey the terms of this covenant so that you will prosper in every- 10 thing you do. •All of you—tribal leaders, elders, officers, all the men of Israel—are standing today in the presence of the LORD 11 your God. •Your little ones and your wives are with you, as well as the foreigners living among you who chop your wood and carry 12 your water. •You are standing here today to enter into the covenant of the LORD your God. The LORD is making this covenant, 13 including the curses. •By entering into the covenant today, he will establish you as his people and confirm that he is your God, just as he promised you and as he swore to your ancestors Abraham, Isaac, and Jacob.

14 •"But you are not the only ones with whom I am making this covenant with its 15 curses. •I am making this covenant both with you who stand here today in the pres- ence of the LORD our God, and also with the future generations who are not standing here today.

16 •"You remember how we lived in the land of Egypt and how we traveled through 17 the lands of enemy nations as we left. •You have seen their detestable practices and their idols* made of wood, stone, silver, and gold.

---

allude [əlúːd] vi. 암시하다 (to)
chop [tʃɑp] vt. 자르다
confirm [kənfə́ːrm] vt. 확인하다, 확증하다
establish [istǽbliʃ] vi. 정하다; 확립하다
29:5 wear out : 낡아 떨어지다
29:13 enter into … : (조약 따위를) 맺다

29:2 Verses 29:2-29 are numbered 29:1-28 in Hebrew text.　29:17 The Hebrew term (literally *round things*) probably alludes to dung.

겨운 우상들을 보았소.

18 여러분 가운데 남자나 여자든지 집안이나 지파든지 그 누구도 우리 하나님 여호와를 떠나는 일이 없도록 조심하시오. 다른 나라의 신들을 섬기는 일이 없도록 하시오. 독이 있고 쓴 열매를 맺는 나무 뿌리와 같은 못된 행실이 여러분 중에 없게 하시오.

19 그런 사람은 이 저주의 말을 들으면서도 스스로 복을 빌면서 '나는 괜찮을 것이다' 라고 말하며 마음을 굳힐 것이오. 그런 사람이 있다면 모두가 망할 것이오.

20 여호와께서는 그런 사람을 용서하지 않으실 것이오. 여호와의 분노가 활활 타는 불처럼 그에게 미칠 것이오. 이 책에 적힌 모든 저주가 그에게 미칠 것이오. 여호와께서는 그의 이름을 이 땅에서 지워 버리실 것이오.

21 여호와께서는 그를 이스라엘 모든 지파 가운데서 구별하여 벌을 내리실 것이오. '율법의 책'에 적혀 있는 언약의 모든 저주가 그에게 닥칠 것이오.

22 여러분의 뒤를 이을 여러분의 자녀가 이 일을 볼 것이오. 먼 나라에서 온 외국인도 이 일을 볼 것이오. 그들은 이 땅에 닥쳐올 재앙과 질병을 볼 것이오. 그리고 이렇게 말할 것이오.

23 '이 땅은 온통 불타는 유황과 소금뿐이다. 아무것도 심을 수 없고, 아무것도 자라지 않고, 아무것도 돋아나지 않는다. 마치 여호와께서 너무 노하셔서 멸망시키셨던 소돔과 고모라 같으며, 아드마와 스보임 같다.'

24 온 나라가 이렇게 물을 것이오. '어찌하여 여호와께서 이 땅에 이런 일을 하셨을까? 어찌하여 이렇게 분노하셨을까?

25 그러면 사람들이 이렇게 대답할 것이오. '이 백성이 그 조상의 하나님인 여호와와 맺은 언약, 곧 그들을 이집트에서 인도해 내실 때 맺었던 언약을 어겼기 때문이다.

26 그들은 가서 다른 신들을 섬겼다. 그들은 여호와께서 허락하지 않으신, 알지 못하는 신들에게 절을 했다.

27 그래서 여호와께서 이 땅을 향해 크게 노하셨고 이 책에 적힌 모든 저주를 그들에게 내리셨다.

28 여호와께서 분노하셔서 그들을 그 땅에서 쫓아내시고 다른 나라로 보내셨다. 그래서 지금 이렇게 된 것이다.'

29 우리 하나님 여호와께서는 비밀로 하시는 일들이 있소. 그러나 어떤 일들은 우리에게 알려 주셨소. 그 일들은 영원토록 우리와 우리 자손의 것이오. 그러므로 우리는 이 모든 율법의 말씀을 지켜야 하오."

---

18 • I am making this covenant with you so that no one among you—no man, woman, clan, or tribe—will turn away from the LORD our God to worship these gods of other nations, and so that no root among you bears bitter and poisonous fruit.

19 • "Those who hear the warnings of this curse should not congratulate themselves, thinking, 'I am safe, even though I am following the desires of my own stubborn heart.' This would lead to utter ruin!

20 • The LORD will never pardon such people. Instead his anger and jealousy will burn against them. All the curses written in this book will come down on them, and the LORD will erase their names from under heaven.

21 The LORD will separate them from all the tribes of Israel, to pour out on them all the curses of the covenant recorded in this Book of Instruction.

22 • "Then the generations to come, both your own descendants and the foreigners who come from distant lands, will see the devastation of the land and the diseases the LORD inflicts on it.

23 • They will exclaim, 'The whole land is devastated by sulfur and salt. It is a wasteland with nothing planted and nothing growing, not even a blade of grass. It is like the cities of Sodom and Gomorrah, Admah and Zeboiim, which the LORD destroyed in his intense anger.'

24 • "And all the surrounding nations will ask, 'Why has the LORD done this to this land? Why was he so angry?

25 • "And the answer will be, 'This happened because the people of the land abandoned the covenant that the LORD, the God of their ancestors, made with them when he brought them out of the land of Egypt.

26 • Instead, they turned away to serve and worship gods they had not known before, gods that were not from the LORD.

27 • That is why the LORD's anger has burned against this land, bringing down on it every curse recorded in this book.

28 • In great anger and fury the LORD uprooted his people from their land and banished them to another land, where they still live today!'

29 • "The LORD our God has secrets known to no one. We are not accountable for them, but we and our children are accountable forever for all that he has revealed to us, so that we may obey all the terms of these instructions.

---

accountable [əkáuntəbl] *a.* 책임이 있는
devastation [devəstéiʃən] *n.* 황폐함
exclaim [ikskléim] *vi.* 외치다
fury [fjúəri] *n.* 분노
jealousy [dʒéləsi] *n.* 질투
uproot [ʌprút] *vt.* 뿌리 뽑다

이스라엘 백성이 돌아올 것이다

30 "내가 말한 이 모든 복과 저주가 여러분에게 일어나 여러분의 하나님 여호와께서 여러분을 쫓아내실 모든 나라에서 이 일들이 마음에 생각나거든

2 여러분과 여러분의 자손은 여호와께 돌아와 마음과 정성을 다하여 여호와께 복종하고 내가 지금 여러분에게 명령하는 모든 것을 지키시오.

3 그러면 여러분의 하나님 여호와께서 마음을 돌이키시고, 여러분을 불쌍히 여겨 주실 것이오. 그리고 여러분을 보내셨던 여러 나라들로부터 여러분을 다시 모아들이실 것이오.

4 여러분이 땅끝까지 쫓겨나 있다 하더라도 여러분의 하나님 여호와께서 그곳에서도 여러분을 모아서 데려오실 것이오.

5 여러분의 하나님 여호와께서는 여러분의 조상이 차지했던 땅으로 여러분을 데려오셔서 그 땅을 차지하게 하실 것이오. 그리고 여호와께서 여러분을 잘 되게 하시고 여러분의 조상보다 더 번성하게 해 주실 것이오.

6 또한 여러분의 하나님 여호와께서 여러분과 여러분의 자손에게 여호와를 섬기는 마음*을 주실 것이오. 그리하여 여러분이 마음과 정성을 다하여 여러분의 하나님 여호와를 사랑하며 살 수 있도록 하실 것이오.

7 여러분의 하나님 여호와께서는 여러분을 미워하고 여러분에게 못된 짓을 한 여러분의 원수들에게 이 모든 저주를 내리실 것이오.

8 여러분은 다시 여호와께 복종하고 내가 오늘 여러분에게 주는 여호와의 모든 명령을 지킬 것이오.

9 여호와께서는 여러분이 하는 모든 일에 복을 주실 것이오. 여러분은 자녀를 많이 낳을 것이며, 여러분의 짐승도 새끼를 많이 낳을 것이고, 여러분의 땅에서는 열매가 많이 맺힐 것이오. 여호와께서는 여러분을 잘 되게 하시고 여러분의 조상들을 보시고 기뻐하셨듯이 여러분을 보시고 기뻐하실 것이오.

10 *그러므로 여러분은 여호와께 복종하시오. 이 '율법의 책'에 적혀 있는 여호와의 명령과 규례를 지키시오. 여러분은 마음과 정성을 다하여 여러분의 하나님 여호와를 따르시오.*"

생명의 길과 죽음의 길

11 "내가 오늘 여러분에게 주는 이 명령은 여러분에게 아주 어려운 것도 아니고, 너무 멀리 있는 것도 아니오.

12 이것은 하늘에 있는 것이 아니므로 '누가 하늘에 올라가서 저 명령을 받아 올 수 있을까? 그래야 우리가 듣고 지킬 수 있을 텐데' 라고 말할 수 없소.

A Call to Return to the LORD

30 "In the future, when you experience all these blessings and curses I have listed for you, and when you are living among the nations to which the LORD your God has exiled you, take to heart all these instructions. [2] •If at that time you and your children return to the LORD your God, and if you obey with all your heart and all your soul all the commands I have given you today, [3] then the LORD your God will restore your fortunes. He will have mercy on you and gather you back from all the nations where he has scattered you. [4] •Even though you are banished to the ends of the earth,* the LORD your God will gather you from there and bring you back again. [5] •The LORD your God will return you to the land that belonged to your ancestors, and you will possess that land again. Then he will make you even more prosperous and numerous than your ancestors! [6] •"The LORD your God will change your heart* and the hearts of all your descendants, so that you will love him with all your heart and soul and so you may live! [7] •The LORD your God will inflict all these curses on your enemies and on those who hate and persecute you. [8] •Then you will again obey the LORD and keep all his commands that I am giving you today. [9] •"The LORD your God will then make you successful in everything you do. He will give you many children and numerous livestock, and he will cause your fields to produce abundant harvests, for the LORD will again delight in being good to you as he was to your ancestors. [10] •The LORD your God will delight in you if you obey his voice and keep the commands and decrees written in this Book of Instruction, and if you turn to the LORD your God with all your heart and soul.

The Choice of Life or Death

[11] •"This command I am giving you today is not too difficult for you, and it is not beyond your reach. [12] •It is not kept in heaven, so distant that you must ask, 'Who will go up to heaven and bring it down so we can hear it

---

banish [bǽniʃ] *vt.* 추방하다
fortune [fɔ́:rtʃən] *n.* 번영
persecute [pə́:rsikjù:t] *vt.* 박해(압박)하다
possess [pəzés] *vt.* 소유하다
30:11 beyond one's reach : 손이 닿지 않는, 힘이 미치지 않는

30:4 Hebrew *of the heavens.*   30:6 Hebrew *circumcise your heart.*
30:6 개역 성경에는 '마음에 할례를 베푸사' 라고 표기되어 있다.

13 또 바다 저편에 있는 것도 아니기 때문에 '누가 바다 저편으로 가서 저 명령을 받아 올 수 있을까? 그래야 우리가 듣고 지킬 수 있을 텐데' 라고 말할 수도 없소.

14 그렇소. 그 말씀은 아주 가까운 곳에 있소. 그것은 여러분의 입과 여러분의 마음속에 있소. 그러므로 그 말씀을 잘 지키시오.

15 보시오. 내가 오늘 여러분에게 생명과 복, 죽음과 멸망의 길을 내놓았소.

16 여러분의 하나님 여호와를 사랑하시오. 여호와께서 원하시는 대로 사시오. 여호와의 명령과 규례와 율법을 지키시오. 그러면 여러분은 살고 번성할 것이오. 그리고 여러분이 들어가 차지할 땅에서 복을 내려 주실 것이오.

17 그러나 여호와를 따르지 않고 여호와의 말씀에 귀기울이지 않으며 다른 신들에게 절을 하고 섬기면,

18 내가 분명히 말하지만 여러분은 망할 것이오. 그리고 요단 강을 건너가 차지할 땅에서 오래 살지 못할 것이오.

19 오늘 내가 하늘과 땅을 증거자로 삼고 여러분 앞에 생명과 죽음, 복과 저주를 내놓았으니 이제 생명의 길을 고르시오. 그러면 여러분과 여러분의 자손이 살 것이오.

20 여러분의 하나님 여호와를 사랑하시오. 여호와의 음성에 순종하고 여호와 곁에서 떠나지 마시오. 여호와는 여러분의 생명이시며 여러분의 조상 아브라함과 이삭과 야곱에게 주셨다고 맹세하신 땅에서 여러분이 오래도록 살 수 있게 하실 분이오."

모세의 뒤를 잇는 여호수아

31 모세가 모든 이스라엘 백성에게 이 말씀을 다시 전했습니다.

2 "나는 이제 백이십 세요, 이제는 더 이상 여러분 앞에 나설 수 없소. 여호와께서는 내가 요단 강을 건널 수 없다고 말씀하셨소.

3 그러나 여러분의 하나님 여호와께서 몸소 건너가셔서 여러분을 위해 저 나라들을 멸망시키실 것이오. 그래서 여러분이 그 땅을 차지할 수 있게 해 주실 것이오. 그리고 여호와께서 말씀하신 대로 여호수아가 여러분 앞에서 저 강을 건너갈 것이오.

4 여호와께서는 시혼과 옥에게 하신 일을 이 나라들에게도 하실 것이오. 그들은 아모리 사람들의 왕이었는데 여호와께서 그들과 그들의 땅을 멸망시키셨소.

5 여호와께서 저 나라들을 여러분에게 주실 것이니, 내가 명령한 대로 그들에게 하시오.

6 마음을 굳세게 하고 용감히 행하시오. 그들을 두

13 and obey?' • It is not kept beyond the sea, so far away that you must ask, 'Who will cross the sea to bring it to us so we can hear it and obey?' • No, the message is very close at hand; it is on your lips and in your heart so that you can obey it.

15 • "Now listen! Today I am giving you a choice between life and death, between prosperity and disaster. • For I command you this day to love the LORD your God and to keep his commands, decrees, and regulations by walking in his ways. If you do this, you will live and multiply, and the LORD your God will bless you and the land you are about to enter and occupy.

17 • "But if your heart turns away and you refuse to listen, and if you are drawn away to serve and worship other gods, • then I warn you now that you will certainly be destroyed. You will not live a long, good life in the land you are crossing the Jordan to occupy.

19 • "Today I have given you the choice between life and death, between blessings and curses. Now I call on heaven and earth to witness the choice you make. Oh, that you would choose life, so that you and your descendants might live! • You can make this choice by loving the LORD your God, obeying him, and committing yourself firmly to him. This* is the key to your life. And if you love and obey the LORD, you will live long in the land the LORD swore to give your ancestors Abraham, Isaac, and Jacob."

Joshua Becomes Israel's Leader

31 When Moses had finished giving these instructions* to all the people of Israel, 2 • he said, "I am now 120 years old, and I am no longer able to lead you. The LORD has told 3 me, 'You will not cross the Jordan River.' • But the LORD your God himself will cross over ahead of you. He will destroy the nations living there, and you will take possession of their land. Joshua will lead you across the river, just as the LORD promised.

4 • "The LORD will destroy the nations living in the land, just as he destroyed Sihon and Og, the kings of the Amorites. • The LORD will hand over to you the people who live there, and you must deal with them as I have 6 commanded you. • So be strong and courageous! Do not be afraid and do not panic before them. For the LORD your God will per-

---

assemble [əsémbl] *vi.* 모이다
commission [kəmíʃən] *vt.* 권한을 주다, 위임하다
30:17 be drawn away to … : …하도록 유혹받다

30:20 Or He.   31:1 As in Dead Sea Scrolls and Greek version; Masoretic Text reads *Moses went and spoke.*

려워하지 마시오, 놀라지 마시오, 여러분의 하나님
여호와께서 여러분과 함께하실 것이오. 여러분을
떠나지도 않고 버리지도 않으실 것이오."

7 모세가 여호수아를 불러서 온 이스라엘이 보는 앞
에서 말했습니다. "마음을 군세게 하고 용기를 내
어라. 이 백성을 여호와께서 그 조상에게 약속하신
땅으로 인도하여라. 이 백성을 도와 그 땅을 차지할
수 있게 하여라.

8 여호와께서 몸소 네 앞에서 가시며 너와 함께하실
것이다. 너를 떠나지도 않고 버리지도 않으실 것이
다. 두려워하지 마라. 걱정하지 마라."

여호와의 가르침을 적는 모세

9 그런 다음에 모세는 이 율법을 적었습니다. 그리고
그것을 여호와의 언약궤를 메는 레위의 자손인 제
사장들과 이스라엘의 장로들에게 주었습니다.

10 모세가 그들에게 명령했습니다. "매 칠 년이 끝나는
해는 백성의 빚을 면제해 주는 해요. 그 해의 초막절
기간에

11 모든 이스라엘 백성이 하나님 여호와 앞에 나와서
여호와께서 선택하신 곳에 서면 이 말씀을 읽어 주
시오.

12 남자나 여자나 아이나 외국인이나 할 것 없이 모든
백성을 불러모으시오. 그들이 이 말씀을 듣고 여러
분의 하나님 여호와를 공경하고 두려워하며 이 모
든 율법의 말씀을 부지런히 지키게 하시오.

13 그리고 율법을 알지 못하는 여러분의 자녀도 요단
강을 건너 차지할 땅에 사는 동안 이 말씀을 듣고 여
러분의 하나님 여호와를 공경하고 두려워하게 하
시오."

모세와 여호수아를 부르시는 여호와

14 여호와께서 모세에게 말씀하셨습니다. "너는 곧 죽
을 것이다. 여호수아를 데리고 회막*으로 나아오너
라. 내가 그에게 명령을 내리겠다." 그래서 모세와
여호수아는 회막으로 갔습니다.

15 여호와께서 구름 기둥 가운데서 회막, 곧 성막에 나
타나셨습니다. 구름 기둥은 성막 입구를 덮고 있었
습니다.

16 여호와께서 모세에게 말씀하셨습니다. "너는 곧 네
조상들처럼 죽을 것이다. 그러면 이 백성이 나를 배
반하고 그들은 이제 곧 들어갈 땅의 다른 신들을 섬
길 것이다. 그들은 나를 떠나갈 것이다. 그리고 나
와 맺은 언약을 어길 것이다.

17 그때, 내가 그들에게 크게 분노하고 그들을 떠나갈
것이다. 내 얼굴을 그들에게 숨길 것이다. 그러면
그들은 멸망할 것이다. 많은 재앙과 무서운 일들이
그들에게 일어날 것이다. 그러면 그들은 '하나님께
서 우리와 함께 계시지 않기 때문에 이런 무서운 일

sonally go ahead of you. He will neither fail
you nor abandon you."

7 •Then Moses called for Joshua, and as all
Israel watched, he said to him, "Be strong
and courageous! For you will lead these peo-
ple into the land that the LORD swore to their
ancestors he would give them. You are the
one who will divide it among them as their
grants of land. •Do not be afraid or discour-

8 aged, for the LORD will personally go ahead
of you. He will be with you; he will neither
fail you nor abandon you."

Public Reading of the Book of Instruction

9 •So Moses wrote this entire body of instruc-
tion in a book and gave it to the priests, who
carried the Ark of the LORD's Covenant, and

10 to the elders of Israel. •Then Moses gave
them this command: "At the end of every
seventh year, the Year of Release, during the

11 Festival of Shelters, •you must read this
Book of Instruction to all the people of Israel
when they assemble before the LORD your

12 God at the place he chooses. •Call them all
together—men, women, children, and the
foreigners living in your towns—so they
may hear this Book of Instruction and learn
to fear the LORD your God and carefully

13 obey all the terms of these instructions. •Do
this so that your children who have not
known these instructions will hear them
and will learn to fear the LORD your God. Do
this as long as you live in the land you are
crossing the Jordan to occupy."

Israel's Disobedience Predicted

14 •Then the LORD said to Moses, "The time
has come for you to die. Call Joshua and pre-
sent yourselves at the Tabernacle,* so that I
may commission him there." So Moses and
Joshua went and presented themselves at the

15 Tabernacle. •And the LORD appeared to
them in a pillar of cloud that stood at the
entrance to the sacred tent.

16 •The LORD said to Moses, "You are about
to die and join your ancestors. After you are
gone, these people will begin to worship for-
eign gods, the gods of the land where they
are going. They will abandon me and break
my covenant that I have made with them.

17 •Then my anger will blaze forth against
them. I will abandon them, hiding my face
from them, and they will be devoured.
Terrible trouble will come down on them,
and on that day they will say, 'These disas-
ters have come down on us because God is

31:14 Hebrew *Tent of Meeting;* also in 31:14b.

31:14 '회막'은 '만남의 장막'이란 뜻이다.

들이 일어나는 것이다' 라고 말할 것이다.

18 그들이 마음을 돌려 다른 신들을 섬기며 온갖 나쁜 일을 저지르므로 내가 내 얼굴을 그들에게 숨길 것이다.

19 이제 이 노래를 적어서 이스라엘 백성에게 가르쳐 주어라. 이 노래를 그들의 입으로 부르게 하여 내가 내릴 무서운 일들의 증거로 삼게 하여라.

20 내가 그들을 젖과 꿀이 흐르는 비옥한 땅, 곧 그들의 조상에게 약속한 땅으로 인도할 것이다. 그들은 배불리 먹고 살이 찔 것이다. 그러면 그들은 다른 신들에게 마음을 돌려 그들을 섬기며 나를 버리고 내 언약을 어길 것이다.

21 그러면 그들에게 여러 가지 재앙과 무서운 일이 일어날 것이다. 그때에 이 노래가 그들에게 증거가 될 것이다. 그들의 자손이 이 노래를 잊지 않을 것이다. 아직 내가 약속한 땅으로 그들을 데려가지 않았지만 나는 그들이 무엇을 생각하고 있는지 이미 다 알고 있다."

22 그리하여 모세는 그날에 이 노래를 적어서 이스라엘 백성에게 가르쳐 주었습니다.

23 여호와께서 눈의 아들 여호수아에게 명령하셨습니다. "마음을 굳세게 하고 용기를 내어라. 왜냐하면 너는 이스라엘 백성을 내가 약속한 땅으로 인도해야 하기 때문이다. 내가 너와 함께 하겠다."

24 모세는 모든 가르침의 말씀을 책에 적었습니다.

25 그리고 여호와의 언약궤를 메는 레위 사람들에게 명령했습니다.

26 "이 '율법의 책'을 여호와의 언약궤 옆에 놓아 두고, 여러분에게 증거가 되게 하시오.

27 나는 여러분이 얼마나 고집이 세고 말을 안 듣는 사람들인지 다 알고 있소. 내가 살아서 여러분과 함께 있는데도 여호와께 복종하지 않았는데 내가 죽은 다음에는 얼마나 더 하겠소?

28 모든 지파의 장로들과 관리들을 불러모으시오. 내가 이 말씀을 그들의 귀에 들려 주겠소. 그리고 하늘과 땅을 증거자로 삼겠소.

29 내가 죽은 다음에 여러분은 틀림없이 악한 일을 할 것이오. 내가 오늘 여러분에게 주는 명령을 어길 것이오. 그리하여 장차 여러분에게 무서운 일들이 일어나고야 말 것이오. 여러분은 여호와 보시기에 나쁜 짓을 하고 여러분이 만든 우상들 때문에 여호와를 화나게 만들 것이오."

모세의 노래

30 모세가 노래를 모든 이스라엘 백성에게 끝까지 들려 주었습니다.

32 하늘아, 들어라. 내가 말할 것이다. 땅아, 내 말에 귀를 기울여라.

---

18 no longer among us!' •At that time I will hide my face from them on account of all the evil they commit by worshiping other gods.

19 •"So write down the words of this song, and teach it to the people of Israel. Help them learn it, so it may serve as a witness for me

20 against them. •For I will bring them into the land I swore to give their ancestors—a land flowing with milk and honey. There they will become prosperous, eat all the food they want, and become fat. But they will begin to worship other gods; they will despise me and

21 break my covenant. •And when great disasters come down on them, this song will stand as evidence against them, for it will never be forgotten by their descendants. I know the intentions of these people, even now before they have entered the land I swore to give them."

22 •So that very day Moses wrote down the words of the song and taught it to the Israelites.

23 •Then the LORD commissioned Joshua son of Nun with these words: "Be strong and courageous, for you must bring the people of Israel into the land I swore to give them. I will be with you."

24 •When Moses had finished writing this

25 entire body of instruction in a book, •he gave this command to the Levites who carried the

26 Ark of the LORD's Covenant: •"Take this Book of Instruction and place it beside the Ark of the Covenant of the LORD your God, so it may remain there as a witness against the people of

27 Israel. •For I know how rebellious and stubborn you are. Even now, while I am still alive and am here with you, you have rebelled against the LORD. How much more rebellious will you be after my death!

28 •"Now summon all the elders and officials of your tribes, so that I can speak to them directly and call heaven and earth to witness

29 against them. •I know that after my death you will become utterly corrupt and will turn from the way I have commanded you to follow. In the days to come, disaster will come down on you, for you will do what is evil in the LORD's sight, making him very angry with your actions."

The Song of Moses

30 •So Moses recited this entire song publicly to the assembly of Israel:

1 **32** •"Listen, O heavens, and I will speak! Hear, O earth, the words that I say!

2 • Let my teaching fall on you like rain; let my speech settle like dew.

---

perversely [pərvə́ːrsli] *ad.* 정도를 벗어나
31:18 on account of … …의 이유로, …때문에

2 내 가르침은 내리는 비와 같고, 내 말은 맺히는 이슬과 같다. 풀 위에 내리는 소나기요, 채소 위에 내리는 가랑비다.

3 내가 여호와의 이름을 선포할 때, 너희는 '우리 하나님의 높으심이여' 라고 대답하여라.

4 여호와께서는 바위와 같으시니 하시는 일이 완전하고 그의 모든 길은 공정하시다. 거짓이 없으시고 미쁘신 하나님이시며, 공정하시고 올바른 하나님이시다.

5 하지만 그들은 하나님께 죄를 지어 부끄럽게도 이제는 하나님의 자녀가 아니다. 못되고 비뚤어진 백성이다.

6 이 어리석고 미련한 백성아, 어찌하여 여호와께 이렇게 갚느냐? 여호와께서는 너희를 지으신 너희의 아버지시며 너희를 만드시고 너희를 세우셨다.

7 옛날을 기억하여라. 이미 지나간 해를 생각해 보아라. 너희의 아비에게 물어 보아라. 일러 줄 것이다. 너희의 장로들에게 물어 보아라. 가르쳐 줄 것이다.

8 가장 높으신 하나님께서 나라들에게 땅을 주시고 인류를 나누셨다. 백성의 경계를 정하시고 이스라엘 백성의 수를 세셨다.

9 여호와께서 자기 백성을 자기 몫으로 삼으셨고 야곱 백성을 택하여 자기 것으로 삼으셨다.

10 여호와께서 거칠고 황폐한 광야에서 야곱 백성을 찾으셨다. 그들을 감싸 주고 돌보셨으며 자신의 눈동자처럼 지켜 주셨다.

11 독수리가 둥지 위를 날며 새끼들 위에서 퍼덕이듯이, 날개를 펴서 새끼들을 받아 날개 위에 놓고 새끼들을 나르듯이,

12 여호와만이 그들을 이끄셨다. 다른 신은 그들 곁에 없었다.

13 여호와께서 그들을 땅의 높은 곳에 두셨고 밭의 열매를 먹이셨도다. 바위에서 꿀을 주시고 단단한 바위에서 기름을 먹게 하셨다.

14 소젖과 양젖, 기름진 어린 양과 염소, 바산의 양과 염소, 그리고 가장 좋은 밀을 붉은 포도로 빚은 포도주와 함께 마시게 하셨다.

15 이스라엘*은 마음껏 먹었다. 배불리 먹어 살도 쪘다. 그러자 이스라엘은 자기를 지으신 하나님에게서 떠나고 자기를 구원하신 '반석' 을 저버렸다.

Let my words fall like rain on tender grass,
    like gentle showers on young plants.

3 • I will proclaim the name of the LORD;
    how glorious is our God!

4 • He is the Rock; his deeds are perfect.
    Everything he does is just and fair.
  He is a faithful God who does no wrong;
    how just and upright he is!

5 • "But they have acted corruptly toward him;
    when they act so perversely,
  are they really his children?*
    They are a deceitful and twisted generation.

6 • Is this the way you repay the LORD,
    you foolish and senseless people?
  Isn't he your Father who created you?
    Has he not made you and established you?

7 • Remember the days of long ago;
    think about the generations past.
  Ask your father, and he will inform you.
    Inquire of your elders, and they will tell you.

8 • When the Most High assigned lands to the nations,
    when he divided up the human race,
  he established the boundaries of the peoples
    according to the number in his heavenly court.*

9 • "For the people of Israel belong to the LORD;
    Jacob is his special possession.

10 • He found them in a desert land,
    in an empty, howling wasteland.
  He surrounded them and watched over them;
    he guarded them as he would guard his
    own eyes.*

11 • Like an eagle that rouses her chicks
    and hovers over her young,
  so he spread his wings to take them up
    and carried them safely on his pinions.

12 • The LORD alone guided them;
    they followed no foreign gods.

13 • He let them ride over the highlands
    and feast on the crops of the fields.
  He nourished them with honey from the rock
    and olive oil from the stony ground.

14 • He fed them yogurt from the herd
    and milk from the flock,
  together with the fat of lambs.
  He gave them choice rams from Bashan, and goats,
    together with the choicest wheat.
  You drank the finest wine,
    made from the juice of grapes.

15 • "But Israel* soon became fat and unruly;
    the people grew heavy, plump, and stuffed!
  Then they abandoned the God who had made

....

32:5 The meaning of the Hebrew is uncertain.   **32:8** As in Dead Sea Scrolls, which read *the number of the sons of God,* and Greek version, which reads *the number of the angels of God;* Masoretic Text reads *the number of the sons of Israel.*   **32:10** Hebrew *as the pupil of his eye.*
32:15 Hebrew *Jeshurun,* a term of endearment for Israel.
32:15 개역 성경에는 '여수룬' 이라고 표기되어 있는데, 이는 '이스라엘' 에 대한 애칭이다.

16 다른 신들을 섬겨 하나님을 질투하게 했으며 역겨운 것들을 따라가 하나님을 분노하시게 만들었다.

17 하나님이 아닌 귀신들에게, 알지도 못하는 신들에게 제사를 드렸다. 얼마 전에 생긴 새로운 신들, 너희 조상이 두려워하지 않던 신들에게 제사를 드렸다.

18 너희는 너희를 낳은 '반석'을 버렸다. 너희를 낳으신 하나님을 잊었다.

19 여호와께서 이것을 보시고 그들을 버리셨다. 여호와의 아들과 딸들이 여호와를 화나게 하였다.

20 여호와께서 말씀하셨다. "내가 그들을 버렸다. 그들에게 무슨 일이 일어날지 두고 볼 것이다. 그들은 악한 백성이며, 진실됨이 없는 자녀이다.

21 그들은 나 아닌 다른 신을 섬겨 나를 질투하게 했고 헛된 우상으로 나를 화나게 만들었다. 그러니 나도 내 백성이 아닌 자들로 그들을 질투하게 하겠고, 어리석은 외국 백성으로 그들을 화나게 만들 것이다.

22 내 분노가 불을 일으켜 죽은 자들이 있는 곳까지 타 내려가며 땅과 그 열매를 삼키고 산들에도 불을 놓을 것이다.

23 그들에게 재앙 위에 재앙을 더하고 내 화살을 전부 쏠 것이다.

24 그들은 기근으로 굶주리고 불 같은 더위와 무서운 질병으로 망할 것이다. 그들에게 짐승을 보내 물어뜯게 하고 먼지를 기는 독뱀을 보낼 것이다.

25 길에서는 사람이 칼에 죽고 방 안에서는 두려움이 사람을 덮칠 것이다. 젊은 남자와 여자가 죽겠고 젖먹는 아기와 노인이 죽을 것이다.

26 그들을 흩어 버리고 아무도 그들을 기억하지 못하게 하려 했으나

27 저들의 원수가 아주 자랑스럽게 행동하는 모양이 보기 싫고 혹시나 저들이 오해할까 두렵다. '우리가 이겼다! 이 모든 일은 여호와께서 하신 일이 아니다'라고 말할까 두렵다."

28 이스라엘은 생각이 없는 민족이라서 깨달음이 없다.

29 지혜로워서 이것을 깨달을 수 있고 자신들의 앞날에 무슨 일이 일어날지 볼 수 있으면 좋으련만.

30 그들의 '반석'이 그들을 넘겨 주지 않으시고, 여호와께서 그들을 내주지 않으셨다면, 어찌 적군 한 사람이 이스라엘 천 명을 물리치고, 두

them;
     they made light of the Rock of their salvation.

16 • They stirred up his jealousy by worshiping
       foreign gods;
     they provoked his fury with detestable deeds.

17 • They offered sacrifices to demons, which are
       not God,
     to gods they had not known before,
to new gods only recently arrived,
     to gods their ancestors had never feared.

18 • You neglected the Rock who had fathered you;
     you forgot the God who gave you birth.

19 • "The LORD saw this and drew back,
     provoked to anger by his own sons and
       daughters.

20 • He said, 'I will abandon them;
     then see what becomes of them.
For they are a twisted generation,
     children without integrity.

21 • They have roused my jealousy by worshiping
       things that are not God;
     they have provoked my anger with their
       useless idols.
Now I will rouse their jealousy through people
     who are not a people;
I will provoke their anger through the foolish
       Gentiles.

22 • For my anger blazes forth like fire
     and burns to the depths of the grave.*
It devours the earth and all its crops
     and ignites the foundations of the mountains.

23 • I will heap disasters upon them
     and shoot them down with my arrows.

24 • I will weaken them with famine,
     burning fever, and deadly disease.
I will send the fangs of wild beasts
     and poisonous snakes that glide in the dust.

25 • Outside, the sword will bring death,
     and inside, terror will strike
both young men and young women,
     both infants and the aged.

26 • I would have annihilated them,
     wiping out even the memory of them.

27 • But I feared the taunt of Israel's enemy,
     who might misunderstand and say,
"Our own power has triumphed!
     The LORD had nothing to do with this!'"

28 • "But Israel is a senseless nation;
     the people are foolish, without
       understanding.

29 • Oh, that they were wise and could
       understand this!
Oh, that they might know their fate!

30 • How could one person chase a thousand of them,
     and two people put ten thousand to flight,
unless their Rock had sold them,
     unless the LORD had given them up?

31 • But the rock of our enemies is not like our Rock,

32:22 Hebrew of Sheol.

사람이 만 명을 도망치게 할 수 있겠는가?

31 그들의 '반석'은 우리의 '반석'과 같지 않다. 우리의 원수인 그들도 그것을 알고 있다.

32 그들의 포도는 소돔의 포도나무에서 온 것이며 밭은 고모라와 같다. 그들의 포도에는 독이 가득하고 포도송이는 쓰디쓰다.

33 그들의 포도주는 뱀의 독과 같고 독뱀의 무서운 독과 같다.

34 "이것은 내가 보관해 두었던 것, 내 창고에 숨겨 두었던 것이다.

35 내가 악한 사람에게 벌을 내리고 죄인에게 죄를 물을 것이다. 언젠가 그들은 미끄러질 것이다. 그들의 재앙의 날이 가까웠다. 심판의 날이 얼마 남지 않았다."

36 여호와께서 자기 백성을 심판하시고 자기 종들 때문에 탄식하신다. 그들의 힘이 빠지고 종이든지 자유로운 사람이든지 아무도 남지 않은 것을 보시면

37 하나님께서 말씀하실 것이다. "그들의 신은 어디에 있느냐? 그들이 의지하던 바위는 어디에 있느냐?

38 누가 그들이 제물로 바친 기름을 먹었으며 누가 그들이 부어서 바친 포도주를 마셨느냐? 그 신들이 와서 너를 돕게 하고 너를 지키게 하여라.

39 이제는 나만이, 오직 나만이 하나님임을 알아라. 나 말고 다른 신은 없다. 내가 생명과 죽음을 주었고 나만이 해칠 수도 있고 고칠 수도 있다. 아무도 나를 피하지 못할 것이다.

40 내가 하늘을 향해 손을 들고 약속한다. 영원한 나의 삶을 두고 맹세한다.

41 나의 칼을 갈아서 그 칼을 손에 들고 심판할 것이다. 원수들에게 벌을 내리고 나를 미워하는 사람들에게 그대로 갚겠다.

42 내 화살은 그들의 피로 가득하겠고 내 칼은 그들의 살을 먹을 것이다. 죽은 사람과 잡힌 사람들에게서 피가 흘러 나오고 원수의 지도자들의 머리가 베일 것이다."

43 나라들아, 여호와의 백성과 함께 즐거워하여라. 여호와께서 그 종들이 흘린 피를 갚아 주실 것이요, 원수들에게 벌을 내리실 것이다. 여호와의 땅과 백성이 지은 죄를 씻어 주실 것이다.

44 모세는 눈의 아들 여호수아*와 함께 이 노래를 끝까지 백성에게 들려 주었습니다.

as even they recognize.*

32 • Their vine grows from the vine of Sodom,
    from the vineyards of Gomorrah.
  Their grapes are poison,
    and their clusters are bitter.

33 • Their wine is the venom of serpents,
    the deadly poison of cobras.

34 • "The LORD says, 'Am I not storing up these things,
    sealing them away in my treasury?

35 • I will take revenge; I will pay them back.
    In due time their feet will slip.
  Their day of disaster will arrive,
    and their destiny will overtake them.'

36 • "Indeed, the LORD will give justice to his people,
    and he will change his mind about*
      his servants,
  when he sees their strength is gone
    and no one is left, slave or free.

37 • Then he will ask, 'Where are their gods,
    the rocks they fled to for refuge?

38 • Where now are those gods,
    who ate the fat of their sacrifices
    and drank the wine of their offerings?
  Let those gods arise and help you!
    Let them provide you with shelter!

39 • Look now; I myself am he!
    There is no other god but me!
  I am the one who kills and gives life;
    I am the one who wounds and heals;
    no one can be rescued from my powerful hand!

40 • Now I raise my hand to heaven
    and declare, "As surely as I live,

41 • when I sharpen my flashing sword
    and begin to carry out justice,
  I will take revenge on my enemies
    and repay those who reject me.

42 • I will make my arrows drunk with blood,
    and my sword will devour flesh—
  the blood of the slaughtered and the captives,
    and the heads of the enemy leaders.'"

43 • "Rejoice with him, you heavens,
    and let all of God's angels worship him.*
  Rejoice with his people, you Gentiles,
    and let all the angels be strengthened in him.*
  For he will avenge the blood of his children*;
    he will take revenge against his enemies.
  He will repay those who hate him*
    and cleanse his people's land."

32:31 The meaning of the Hebrew is uncertain. Greek version reads *our enemies are fools.*   32:36 Or *will take revenge for.*   32:43a As in Dead Sea Scrolls and Greek version; Masoretic Text lacks the first two lines. Compare Heb 1:6.   32:43b As in Greek version; Hebrew text lacks this sentence. Compare Rom 15:10.   32:43c As in Dead Sea Scrolls and Greek version; Masoretic Text reads *his servants.*   32:43d As in Dead Sea Scrolls and Greek version; Masoretic Text lacks this line.
32:44 개역 성경에는 '호세아'라고 표기되어 있는데 이는 '여호수아'의 다른 이름이다.

45 모세가 이 모든 말씀을 모든 이스라엘 백성에게 전하고 나서

46 그들에게 말했습니다. "내가 오늘 여러분에게 증언한 모든 말씀을 마음에 새겨 두시오. 이 모든 가르침의 말씀을 여러분의 자손에게 계명으로 주어서 부지런히 지키게 하시오.

47 이 가르침의 말씀은 빈말이 아니오. 이 말씀은 곧 여러분의 생명이오. 이 말씀대로 산다면 여러분이 요단 강을 건너 차지할 땅에서 오래오래 살 수 있을 것이오."

느보 산에 올라가는 모세

48 그날에 여호와께서 모세에게 말씀하셨습니다.

49 "너는 아바림 산줄기로 올라가서 여리고 건너편 모압 땅에 있는 느보 산으로 가거라. 그리고 내가 이스라엘 백성에게 주어 차지하게 할 가나안 땅을 바라보아라.

50 네 형 아론이 호르 산에서 죽었듯이 너도 네가 오를 그 산에서 죽어 네 조상에게로 돌아갈 것이다.

51 너희 둘은 신 광야에 있는 가데스의 므리바 샘물에서 나에게 죄를 지었다. 너희는 이스라엘 백성 가운데서 나를 거룩히 여기지 않았다.

52 그러므로 이제 너는 저 땅을 멀리서만 바라볼 것이다. 너는 내가 이스라엘 백성에게 줄 땅으로 들어가지 못할 것이다."

백성에게 복을 빌어 주는 모세

33 하나님의 사람인 모세는 죽기 전에 이스라엘 백성에게 복을 빌어 주었습니다.

2 "여호와께서 시내 산에서 오시고, 세일 산에서 해처럼 떠오르셨다. 바란 산에서 위대함을 나타내 보이시고, 수많은 거룩한 천사들을 이끌고 오셨다. 그의 오른손에는 불 같은 율법이 들려 있다.

3 여호와께서는 진정으로 자기 백성을 사랑하신다. 여호와께 속한 자들은 그의 보호 속에 있다. 그 백성이 여호와의 발아래 엎드리고, 여호와에게서 가르침을 받는다.

4 모세가 우리에게 율법을 주었으니, 그것은 야곱 백성의 율법이다.

5 여호와께서 이스라엘의 왕이 되셨다. 그때에 백성의 지도자들이 모이고 이스라엘의 지파들이 나아왔다.

6 르우벤은 죽지 않고 살아서 그 수가 번성하

44　•So Moses came with Joshua* son of Nun and recited all the words of this song to the people.

45　•When Moses had finished reciting all these
46　words to the people of Israel, •he added: "Take to heart all the words of warning I have given you today. Pass them on as a command to your children so they will obey every word of these instructions. •These instructions are not empty words—
47　they are your life! By obeying them you will enjoy a long life in the land you will occupy when you cross the Jordan River."

Moses' Death Foretold

48-49　•That same day the LORD said to Moses, •"Go to Moab, to the mountains east of the river,* and climb Mount Nebo, which is across from Jericho. Look out across the land of Canaan, the land I am giving to the people of Israel as their own special
50　possession. •Then you will die there on the mountain. You will join your ancestors, just as Aaron, your brother, died on Mount Hor and joined his
51　ancestors. •For both of you betrayed me with the Israelites at the waters of Meribah at Kadesh* in the wilderness of Zin. You failed to demonstrate my
52　holiness to the people of Israel there. •So you will see the land from a distance, but you may not enter the land I am giving to the people of Israel."

Moses Blesses the People

33 This is the blessing that Moses, the man of God, gave to the people of Israel before his death:

2　•　"The LORD came from Mount Sinai
　　　and dawned upon us* from Mount Seir;
　　he shone forth from Mount Paran
　　　and came from Meribah-kadesh
　　　with flaming fire at his right hand.*
3　•　Indeed, he loves his people;*
　　　all his holy ones are in his hands.
　　They follow in his steps
　　　and accept his teaching.
4　•　Moses gave us the LORD's instruction,
　　　the special possession of the people of Israel.*
5　•　The LORD became king in Israel*—
　　　when the leaders of the people assembled,
　　　when the tribes of Israel gathered as one."

6　•Moses said this about the tribe of Reuben:*

32:44 Hebrew *Hoshea,* a variant name for Joshua. 32:49 Hebrew *the mountains of Abarim.* 32:51 Hebrew *waters of Meribath-kadesh.* 33:2a As in Greek and Syriac versions; Hebrew reads *upon them.* 33:2b Or *came from myriads of holy ones, from the south, from his mountain slopes.* The meaning of the Hebrew is uncertain. 33:3 As in Greek version; Hebrew reads *Indeed, lover of the peoples.* 33:4 Hebrew of *Jacob.* The names "Jacob" and "Israel" are often interchanged throughout the Old Testament, referring sometimes to the individual patriarch and sometimes to the nation. 33:5 Hebrew *in Jeshurun,* a term of endearment for Israel. 33:6 Hebrew lacks *Moses said this about the tribe of Reuben.*

기를 바란다."

7 모세가 유다에 대해 말했습니다. "여호와여, 유다의 기도를 들어 주시고 그를 그 백성에게 돌아가 하나가 되게 해 주소서. 그의 손을 강하게 하시고 적과 싸울 때에 도와 주소서."

8 모세가 레위에 대해 말했습니다. "여호와여, 여호와의 우림과 둠밈은 여호와께서 사랑하시는 레위에게 있게 하소서. 여호와여, 여호와께서 맛사에서 그를 시험하시고 므리바 샘물에서 그와 다투셨습니다.

9 그는 아버지와 어머니를 보고 '나는 모르는 사람이다'라고 말했고 형제를 모르는 척하며 자기 자녀를 자녀로 여기지 않았습니다. 이것은 그가 여호와의 말씀을 따르고 여호와의 언약을 지키기 위해서였습니다.

10 그는 야곱 백성에게 여호와의 율법을 가르치고 이스라엘 백성에게 여호와의 가르침을 전하고 여호와 앞에 향을 피우고 여호와의 제단 위에 태워 드리는 제사인 번제를 바칠 것입니다.

11 여호와여, 그들을 강하게 하시고 그들의 하는 일을 기쁘게 받아 주소서. 그들을 치는 사람들을 물리치시고 그들의 원수를 누르셔서 다시는 일어나지 못하게 하소서."

12 모세가 베냐민에 대해 말했습니다. "여호와의 사랑을 받는 자여, 여호와 곁에서 안전하게 살 것이다. 여호와께서 하루 종일 지켜 주시고 주의 등에 업혀 살게 하소서."

13 모세가 요셉에 대해 말했습니다. "여호와여, 가장 좋은 열매로 그의 땅에 복을 주소서. 위에서는 하늘의 이슬을 내리시고 아래에서는 샘물이 솟아나게 하소서.

14 해가 좋은 열매를 맺게 하시고, 달이 좋은 열매를 맺게 하소서.

15 오래된 산들에는 최고의 작물이 자라게 하시고 영원한 언덕들은 풍성한 과일을 맺게 하소서.

16 온 땅이 좋은 열매를 내고 불타는 떨기나무 안에 계셨던 여호와의 은혜로 이 복이 요셉의 머리 위에 내리기를 원합니다. 형제들의 지도자인 그의 이마 위에 이 복이 내리기를 원합니다.

17 요셉에게는 처음 태어난 수송아지의 위엄이 있고 황소처럼 강합니다. 멀리 떨어진 나라들까지 그 뿔로 들이받을 것이니 이처럼 에브라임의 만만이요, 므낫세의 천천입니다."

18 모세가 스불론에 대해 말했습니다. "스불론아, 밖으로 나갈 때에 즐거워하고 잇사갈아, 너희

"Let the tribe of Reuben live and not die out,
though they are few in number."

7 •Moses said this about the tribe of Judah:

"O LORD, hear the cry of Judah
and bring them together as a people.
Give them strength to defend their cause;
help them against their enemies!"

8 •Moses said this about the tribe of Levi:

"O LORD, you have given your Thummim
and Urim—the sacred lots—
to your faithful servants the Levites.*
You put them to the test at Massah
and struggled with them at the waters of
Meribah.

9 • The Levites obeyed your word
and guarded your covenant.
They were more loyal to you
than to their own parents.
They ignored their relatives
and did not acknowledge their own children.

10 • They teach your regulations to Jacob;
they give your instructions to Israel.
They present incense before you
and offer whole burnt offerings on the altar.

11 • Bless the ministry of the Levites, O LORD,
and accept all the work of their hands.
Hit their enemies where it hurts the most;
strike down their foes so they never rise again."

12 •Moses said this about the tribe of Benjamin:

"The people of Benjamin are loved by the LORD
and live in safety beside him.
He surrounds them continuously
and preserves them from every harm."

13 •Moses said this about the tribes of Joseph:

"May their land be blessed by the LORD
with the precious gift of dew from the heavens
and water from beneath the earth;

14 • with the rich fruit that grows in the sun,
and the rich harvest produced each month;

15 • with the finest crops of the ancient mountains,
and the abundance from the everlasting hills;

16 • with the best gifts of the earth and its bounty,
and the favor of the one who appeared in
the burning bush.
May these blessings rest on Joseph's head,
crowning the brow of the prince among
his brothers.

17 • Joseph has the majesty of a young bull;
he has the horns of a wild ox.
He will gore distant nations,
even to the ends of the earth.
This is my blessing for the multitudes of
Ephraim
and the thousands of Manasseh."

33:8 As in Greek version; Hebrew lacks *the Levites.*

장막 안에서 기뻐하여라.

19 그들은 백성을 산으로 불러모으고 그곳에서 의로운 제사를 드릴 것이다. 바다에서 하는 일로 부자가 되고 바닷가의 모래에 감추어진 보물로 부자가 될 것이다."

20 모세가 갓에 대해 말했습니다. "갓에게 더 많은 땅을 주신 하나님을 찬양하여라. 갓은 그 땅에서 사자처럼 살면서 사로잡은 먹이의 팔과 머리를 찢어 버린다.

21 그들은 가장 좋은 땅을 고르고 지도자가 받는 많은 몫을 받았다. 백성의 지도자들이 모였을 때, 갓 자손은 여호와 보시기에 옳은 일을 하고 이스라엘을 공정하게 재판했다."

22 모세가 단에 대해 말했습니다. "단은 바산에서 뛰어나오는 사자 새끼와 같구나."

23 모세가 납달리에 대해 말했습니다. "납달리는 여호와의 특별한 은혜를 받고 여호와의 복을 가득히 받아 서쪽과 남쪽을 차지하고 살아라."

24 모세가 아셀에 대해 말했습니다. "아셀은 아들 가운데서 복을 가장 많이 받았다. 형제들의 사랑을 받으며 올리브 기름에 발을 적셔라.

25 너희의 문은 쇠와 놋으로 만든 빗장으로 잠그고 사는 날 동안, 너희에게 능력이 있을 것이다.

26 이스라엘의 하나님과 같으신 분은 없다. 하나님은 하늘을 나시며 너희를 도우실 것이다. 구름을 타시고 위엄을 나타내 보이실 것이다.

27 영원하신 하나님이 너희의 피난처이시다. 그의 팔이 너희를 영원히 붙들어 주시고, 하나님이 너희 앞에서 원수를 쫓아내시며 '원수를 물리쳐라' 하고 말씀하신다.

28 이스라엘 백성은 안전한 곳에 누울 것이며, 야곱의 우물은 아무도 건드리지 못할 것이다. 그 땅은 곡식과 포도주가 가득한 땅이며, 하늘에서는 이슬이 내린다.

29 이스라엘아, 너희는 복을 받았다. 너희와 같은 백성은 없다. 너희는 여호와께서 구해 주신 백성이며, 여호와께서 너희의 방패시고 너희의 돕는 분이며 너희의 영광스런 칼이시다. 너희의 원수들이 너희에게 패하겠고, 너희는 그들의 높은 신전을 짓밟을 것이다."

모세의 죽음

34 모세는 모압 평지에서 느보 산으로 올라가 여리고 건너편에 있는 비스가산 꼭대기로 올라갔습니다. 여호와께서는 그곳에서 모든 땅을 보여 주셨습니다. 모세는 길르앗에서 단까지를 볼 수 있었습니다.

---

18 • Moses said this about the tribes of Zebulun and Issachar*:

　"May the people of Zebulun prosper in their travels.
　　May the people of Issachar prosper at home in their tents.
19 •　They summon the people to the mountain to offer proper sacrifices there.
　　They benefit from the riches of the sea and the hidden treasures in the sand."

20 • Moses said this about the tribe of Gad:

　"Blessed is the one who enlarges Gad's territory!
　　Gad is poised there like a lion to tear off an arm or a head.
21 •　The people of Gad took the best land for themselves;
　　a leader's share was assigned to them.
　　When the leaders of the people were assebled,
　　they carried out the LORD's justice and obeyed his regulations for Israel."

22 • Moses said this about the tribe of Dan:

　"Dan is a lion's cub,
　　leaping out from Bashan."

23 • Moses said this about the tribe of Naphtali:

　"O Naphtali, you are rich in favor and full of the LORD's blessings;
　　may you possess the west and the south."

24 • Moses said this about the tribe of Asher:

　"May Asher be blessed above other sons;
　　may he be esteemed by his brothers;
　　may he bathe his feet in olive oil.
25 •　May the bolts of your gates be of iron and bronze;
　　may you be secure all your days."

26 •　"There is no one like the God of Israel.*
　　He rides across the heavens to help you,
　　across the skies in majestic splendor.
27 •　The eternal God is your refuge,
　　and his everlasting arms are under you.
　　He drives out the enemy before you;
　　he cries out, 'Destroy them!'
28 •　So Israel will live in safety,
　　prosperous Jacob in security,
　　in a land of grain and new wine,
　　while the heavens drop down dew.
29 •　How blessed you are, O Israel!
　　Who else is like you, a people saved by the LORD?
　　He is your protecting shield
　　and your triumphant sword!
　　Your enemies will cringe before you,
　　and you will stomp on their backs!"

33:18 Hebrew lacks *and Issachar*. 　33:26 Hebrew *of Jeshurun*, a term of endearment for Israel.

2 모세는 납달리 모든 땅과 에브라임과 므낫세를 보았고, 지중해까지 유다 모든 땅을 보았습니다.

3 그리고 남쪽 광야 네게브와 여리고 모든 골짜기에서 소알까지 보았습니다. 여리고는 종려나무 성이라고 부릅니다.

4 여호와께서 모세에게 말씀하셨습니다. "이것은 내가 아브라함과 이삭과 야곱에게 약속한 땅이다. 나는 그들에게 '이 땅을 너희의 자손에게 주겠다' 고 말하였다. 내가 이 땅을 너에게 보여 주기는 했지만, 너는 이 땅에 들어가지는 못할 것이다."

5 여호와의 종 모세는 여호와께서 말씀하신 대로 모압에서 죽었습니다.

6 모세는 벧브올 맞은편 모압 땅 어느 골짜기에 묻혔는데 지금까지 그의 무덤이 어디에 있는지 아는 사람은 없습니다.

7 모세는 백이십 세에 죽었습니다. 그러나 그의 눈은 어두워지지 않았고, 그때까지도 기력이 약해지지 않았습니다.

8 이스라엘 백성은 모세의 죽음을 슬퍼하며 삼십 일 동안 울었습니다. 그들은 슬퍼하는 기간이 끝날 때까지 모압 평지에 머물러 있었습니다.

9 모세가 눈의 아들 여호수아에게 손을 얹었으므로 여호수아는 지혜가 가득해졌습니다. 그래서 이스라엘 백성은 여호와께서 모세에게 명령하신 대로 여호수아의 말을 따랐습니다.

10 모세와 같은 예언자는 그 뒤로 한 사람도 나타나지 않았습니다. 모세는 여호와께서 얼굴과 얼굴을 마주하여 말씀하신 사람이었습니다.

11 여호와께서는 모세를 이집트에 보내셔서 파라오와 그의 모든 신하와 이집트 모든 땅에 표적과 기적들을 일으키게 하셨습니다.

12 모세에게는 큰 능력이 있었습니다. 모세는 모든 이스라엘 백성이 보는 앞에서 놀라운 일들을 행했습니다.

The Death of Moses

34 Then Moses went up to Mount Nebo from the plains of Moab and climbed Pisgah Peak, which is across from Jericho. And the LORD showed him the whole land, 2 from Gilead as far as Dan; •all the land of Naphtali; the land of Ephraim and Manasseh; all the land of Judah, extending 3 to the Mediterranean Sea*; •the Negev; the Jordan Valley with Jericho—the city of 4 palms—as far as Zoar. •Then the LORD said to Moses, "This is the land I promised on oath to Abraham, Isaac, and Jacob when I said, 'I will give it to your descendants.' I have now allowed you to see it with your own eyes, but you will not enter the land."

5 •So Moses, the servant of the LORD, died there in the land of Moab, just as the LORD 6 had said. •The LORD buried him* in a valley near Beth-peor in Moab, but to this day no 7 one knows the exact place. •Moses was 120 years old when he died, yet his eyesight was 8 clear, and he was as strong as ever. •The people of Israel mourned for Moses on the plains of Moab for thirty days, until the customary period of mourning was over.

9 •Now Joshua son of Nun was full of the spirit of wisdom, for Moses had laid his hands on him. So the people of Israel obeyed him, doing just as the LORD had commanded Moses.

10 •There has never been another prophet in Israel like Moses, whom the LORD knew 11 face to face. •The LORD sent him to perform all the miraculous signs and wonders in the land of Egypt against Pharaoh, and all his 12 servants, and his entire land. •With mighty power, Moses performed terrifying acts in the sight of all Israel.

---

cringe [krínʒ] *vi.* 굽실거리다
cub [kʌb] *n.* 짐승 새끼
endearment [indíərmənt] *n.* 사랑받음; 사모받음
esteem [istí:m] *vt.* 존경(존중) 하다
poise [pɔiz] *vi.* (자세를) 취하다
splendor [spléndər] *n.* 훌륭함; 빛남
stomp [stamp] *vi.* 짓밟다

34:2 Hebrew *the western sea.*　34:6 Hebrew *He buried him;* Samaritan Pentateuch and some Greek manuscripts read *They buried him.*

여호수아

서론

- ✛ 저자 _ 여호수아
- ✛ 저작 연대 _ B.C. 1370-1330년 사이
- ✛ 기록 장소 _ 정복 전쟁 이전 : 요단 강 동편 / 정복 전쟁 이후 : 요단 강 서편 가나안 땅
- ✛ 기록 대상 _ 이스라엘 백성
- ✛ 핵심어 및 내용 _ 핵심어는 '선택하라'와 '섬겨라'이다. 여호수아는 그의 설교를 통해 이 두 가지를 다 강조하였다. "여러분은 오늘 스스로 선택하시오. 누구를 섬길 것인 가를 결정하시오 … 나와 내 후손은 여호와를 섬기겠소."(24:15)

하나님이 여호수아에게 명령하심

1 모세는 여호와의 종이었습니다. 눈의 아들 여호수아는 모세의 보좌관이었는데, 모세가 죽은 후, 여호와께서 여호수아에게 말씀하셨습니다.

2 "내 종 모세는 죽었다. 이제 너는 모든 백성을 이끌고 요단 강을 건너가 내가 너희 이스라엘 자손에게 주는 땅으로 가거라.

3 나는 이 땅을 너희에게 주기로 모세와 약속하였다. 나는 너희 발바닥이 닿는 곳마다 그곳을 너희에게 줄 것이다.

4 남쪽의 광야에서부터 북쪽의 레바논에 이르기까지 모든 땅을 너희가 가지게 될 것이다. 저 동쪽의 큰 강 유프라테스에서부터 서쪽의 지중해에 이르는 모든 땅을 너희가 차지하게 될 것이다. 헷 사람들의 땅도 너희의 것이 될 것이다.

5 내가 모세와 함께했던 것처럼 너와도 함께할 것이며, 네가 살아 있는 동안에는 너를 막을 사람이 아무도 없을 것이다. 나는 너를 떠나지 않을 것이며 결코 너를 홀로 내버려 두지 않을 것이다.

6 너는 힘을 내고 용기를 가져라. 장차 너는 백성을 이끌고 그 땅을 차지하게 될 것이다. 그 땅은 내가 이 백성의 조상에게 주기로 약속했던 땅이다.

7 힘을 내고 용기를 가져서 내 종 모세가 너에게 준 모든 가르침을 빠짐없이 지키도록 하여라. 네가 그 가르침대로 행하며 왼쪽으로나 오른쪽으로 치우치지 않고 그대로 지키면 하는 일마다 다 잘 될 것이다.

8 언제나 율법책에 씌어 있는 것을 입에서 떠나지 않게 밤낮으로 소리 내어 읽어라. 그리하여 거기에 씌어 있는 모든 것을 잘 지킬 수 있도록 하여라. 그러면 네가 하는 일이 다 잘 되고 또 성공할 것이다.

9 힘을 내고 용기를 가져라. 내가 명령한 것을 기억하여라. 두려워하지 마라. 네가 가는 곳마다 네 하나님 여호와가 너와 함께할 것이다."

여호수아가 백성에게 명령함

10 여호수아는 백성의 지도자들에게 명령을 내렸습니

The LORD's Charge to Joshua

1 After the death of Moses the LORD's servant, the LORD spoke to Joshua son of Nun, Moses' assistant. He said, • "Moses my
2 servant is dead. Therefore, the time has come for you to lead these people, the Israelites, across the Jordan River into the land I am
3 giving them. • I promise you what I promised Moses: 'Wherever you set foot, you will be on land I have given you—
4 • from the Negev wilderness in the south to the Lebanon mountains in the north, from the Euphrates River in the east to the Mediterranean Sea* in the west, including all the
5 land of the Hittites.' • No one will be able to stand against you as long as you live. For I will be with you as I was with Moses. I will not fail you or abandon you.
6 • "Be strong and courageous, for you are the one who will lead these people to possess all the land I swore to their ancestors I would
7 give them. • Be strong and very courageous. Be careful to obey all the instructions Moses gave you. Do not deviate from them, turning either to the right or to the left. Then you
8 will be successful in everything you do. • Study this Book of Instruction continually. Meditate on it day and night so you will be sure to obey everything written in it. Only then will you prosper and succeed in all you
9 do. • This is my command—be strong and courageous! Do not be afraid or discouraged. For the LORD your God is with you wherever you go."

Joshua's Charge to the Israelites

10 • Joshua then commanded the officers of

---

abandon [əbǽndən] *vt.* (사람을) 버리다
courageous [kəréidʒəs] *a.* 용기 있는, 담력 있는
deviate [díːvieit] *vi.* 벗어나다
meditate [médəteit] *vi.* 묵상하다, 숙고하다
possess [pəzés] *vt.* 소유하다
1:5 stand against… : …에 반대하다

1:4 Hebrew *the Great Sea.*

다.

11 "진 사이를 다니며 백성들에게 이렇게 일러 두시오. 양식을 예비하시오. 앞으로 삼 일 후면 여러분은 요단 강을 건너게 될 것이오. 여러분은 그 땅에 들어가 여러분의 하나님 여호와께서 주시는 땅을 차지하게 될 것이오."

12 그 후에 여호수아는 르우벤 지파와 갓 지파와 므낫세 지파 절반에게 말했습니다.

13 "여호와의 종 모세가 여러분에게 말한 것을 기억하시오. 여러분의 하나님 여호와께서는 편히 쉴 수 있는 땅을 여러분에게 줄 것이라고 모세가 말했소. 요단 강 동쪽에 있는 이 땅을 주실 것이라고 말이오.

14 여러분의 아내와 자녀, 여러분의 집짐승들은 여기에 남겨 두어도 좋소. 그러나 여러분 중 싸울 수 있는 사람들은 여러분의 형제들보다 앞서 요단 강을 건너야 할 것이오. 여러분은 형제들을 도와야 하오.

15 여호와께서는 여러분에게 쉴 곳을 주셨소. 주께서 여러분의 형제들에게도 쉴 곳을 주실 것이오. 여러분은 형제들이 그 땅을 얻을 때까지 그들을 도와주어야 하오. 그 땅은 주께서 그들에게 주시는 땅이오. 그들이 그 땅을 얻은 후에 여러분은 요단 강 동쪽에 있는 여러분 땅으로 돌아가도 좋소. 그 땅은 여호와의 종인 모세가 여러분에게 준 땅이오."

16 그 말을 들은 백성들은 여호수아에게 대답했습니다. "당신이 명령한 모든 것을 우리가 지키겠습니다. 우리를 어디로 보내든지 우리는 가겠습니다.

17 우리가 전에 모세의 말을 그대로 따랐듯이 당신의 말도 따르겠습니다. 오직 당신의 하나님 여호와께서 모세와 함께하셨던 것처럼, 당신과도 함께하시기를 바랄 뿐입니다.

18 만약 누구든지 당신의 명령을 따르지 않거나 당신을 배반하는 사람이 있다면 그 사람을 죽여도 좋습니다. 그러니 힘을 내시고 용기를 가지십시오!"

여리고에 정탐꾼을 보냄

2 눈의 아들 여호수아는 싯딤이라는 곳에 이르러 두 명의 정탐꾼을 몰래 내보내며 말했습니다. "가서 저 땅을 잘 살펴보고 오시오. 특히 여리고 성을 자세히 살펴보고 오시오." 그래서 그 두 사람은 여리고로 갔습니다. 그들은 라합이라고 하는 어떤 기생의 집에 들어가 머무르게 되었습니다.

2 어떤 사람이 여리고 왕에게 가서 말했습니다. "이스라엘 사람들 몇 명이 오늘밤 이곳에 와서 이 땅을 몰래 엿보고 있습니다."

3 그래서 여리고 왕은 라합에게 사람을 보내어 말했습니다. "네 집에 들어간 사람들을 내보내라. 그들은 우리 땅을 엿보러 온 사람들이다."

4 그러자 라합은 이렇게 말했습니다. "그 사람들이 여

---

11 Israel, • "Go through the camp and tell the people to get their provisions ready. In three days you will cross the Jordan River and take possession of the land the LORD your God is giving you."

12 •Then Joshua called together the tribes of Reuben, Gad, and the half-tribe of Manasseh.
13 He told them, "Remember what Moses, the servant of the LORD, commanded you: 'The LORD your God is giving you a place of rest.
14 He has given you this land.' •Your wives, children, and livestock may remain here in the land Moses assigned to you on the east side of the Jordan River. But your strong warriors, fully armed, must lead the other tribes across the Jordan to help them conquer their
15 territory. Stay with them •until the LORD gives them rest, as he has given you rest, and until they, too, possess the land the LORD your God is giving them. Only then may you return and settle here on the east side of the Jordan River in the land that Moses, the servant of the LORD, assigned to you."

16 •They answered Joshua, "We will do whatever you command us, and we will go
17 wherever you send us. •We will obey you just as we obeyed Moses. And may the LORD your God be with you as he was with Moses.
18 •Anyone who rebels against your orders and does not obey your words and everything you command will be put to death. So be strong and courageous!"

Rahab Protects the Spies

2 Then Joshua secretly sent out two spies from the Israelite camp at Acacia Grove.* He instructed them, "Scout out the land on the other side of the Jordan River, especially around Jericho." So the two men set out and came to the house of a prostitute named Rahab and stayed there that night.

2 •But someone told the king of Jericho, "Some Israelites have come here tonight to
3 spy out the land." •So the king of Jericho sent orders to Rahab: "Bring out the men who have come into your house, for they have come here to spy out the whole land."
4 •Rahab had hidden the two men, but she replied, "Yes, the men were here earlier, but I

---

assign [əsáin] *vt.* 할당하다
command [kəmǽnd] *vt.* 명령하다
conquer [káŋkər] *vt.* 정복하다
prostitute [prástətjù:t] *n.* 창녀
provision [prəvíʒən] *n.* 식량, 양식, 저장품
territory [térətɔ̀:ri] *n.* 영토
1:11 take possession of… : …을 차지하다
1:18 rebel against… : …에 반역하다
2:2 spy out : 정탐하다

2:1 Hebrew *Shittim.*

기에 온 것은 사실이지만, 나는 그들이 어디에서 온 사람들인지 알지 못했고,

5 저녁이 되어 성문 닫을 시간이 되자, 그들은 이 집을 떠났습니다. 나는 그들이 어디로 갔는지 모릅니다. 그러나 빨리 뒤쫓아가면 그들을 따라잡을 수 있을지도 모릅니다."

6 라합은 이미 그 사람들을 지붕 위에 숨겨 놓은 뒤였습니다. 그들은 말리기 위해 지붕 위에 펼쳐 놓았던 삼대 밑에 숨어 있었습니다.

7 라합의 말을 들은 왕의 부하들은 밖으로 나가 이스라엘에서 온 정탐꾼들을 찾아나섰습니다. 그들은 요단 강을 건너는 곳까지 뒤쫓아갔는데, 왕의 부하들이 성을 나가자마자 성문은 닫혔습니다.

8 정탐꾼들이 잠자리에 들 준비를 할 때, 라합이 지붕으로 올라와 그들에게 말했습니다.

9 "나는 여호와께서 이 땅을 당신들의 백성에게 주셨다는 것을 압니다. 우리는 당신들 때문에 매우 두려워하고 있고, 이 땅에 사는 모든 사람들도 당신들을 무서워하고 있습니다.

10 우리가 무서워하는 것은 여호와께서 당신들을 도우셨기 때문입니다. 우리는 당신들이 이집트에서 나올 때, 여호와께서 홍해*의 물을 마르게 하신 사실을 들어서 알고 있습니다. 또 당신들이 요단 강 동쪽에 살고 있던 아모리 사람들의 두 왕 시혼과 옥을 물리쳤다는 사실도 알고 있습니다.

11 이 모든 이야기를 들었을 때, 우리는 너무나도 무서웠습니다. 지금 이 성 사람들은 당신들과 싸우는 것을 두려워하고 있습니다. 그것은 당신들의 하나님 여호와께서 위로는 하늘과 아래로는 땅을 다스리는 분이심을 알고 있기 때문입니다.

12 그러니 여호와 앞에서 나에게 약속을 해 주십시오. 내가 당신들에게 친절을 베푼 것처럼 당신들도 내 가족에게 친절을 베풀겠다고 말입니다.

13 제발 내 아버지와 어머니, 형제 자매들과 그들의 모든 가족을 구해 주겠다고 약속해 주시고, 그렇게 하겠다는 증거를 보여 주십시오."

14 정탐꾼들이 라합에게 말했습니다. "우리의 목숨을 걸고 당신들을 살려 주겠소. 우리가 하고 있는 일을 아무에게도 말하지 마시오. 여호와께서 이 땅을 우리에게 주실 때, 우리는 친절함과 성실함으로 당신들을 대하겠소."

15 라합이 살고 있던 집은 성벽 위에 세워져 있었는데, 라합은 정탐꾼들이 창문을 통해 밧줄을 타고 내려갈 수 있도록 해 주었습니다.

16 라합은 그들에게 말했습니다. "언덕으로 올라가십시오. 그곳으로 가면 왕의 부하들이 당신들을 찾을 수 없을 것입니다. 거기서 삼 일 동안 숨어 있다가

5 didn't know where they were from. ●They left the town at dusk, as the gates were about to close. I don't know where they went. If you hurry, you can probably catch up with them." 6 ●(Actually, she had taken them up to the roof and hidden them beneath bundles of flax she had laid out.) 7 ●So the king's men went looking for the spies along the road leading to the shallow crossings of the Jordan River. And as soon as the king's men had left, the gate of Jericho was shut.

8 ●Before the spies went to sleep that night, Rahab went up on the roof to talk with them. 9 ●"I know the LORD has given you this land," she told them. "We are all afraid of you. Everyone in the land is living in terror. 10 ●For we have heard how the LORD made a dry path for you through the Red Sea* when you left Egypt. And we know what you did to Sihon and Og, the two Amorite kings east of the Jordan River, whose people you completely destroyed.* 11 ●No wonder our hearts have melted in fear! No one has the courage to fight after hearing such things. For the LORD your God is the supreme God of the heavens above and the earth below.

12 ●"Now swear to me by the LORD that you will be kind to me and my family since I have helped you. Give me some guarantee 13 that ●when Jericho is conquered, you will let me live, along with my father and mother, my brothers and sisters, and all their families."

14 ●"We offer our own lives as a guarantee for your safety," the men agreed. "If you don't betray us, we will keep our promise and be kind to you when the LORD gives us the land."

15 ●Then, since Rahab's house was built into the town wall, she let them down by a rope through the window. 16 ●"Escape to the hill country," she told them. "Hide there for three days from the men searching for you. Then, when they have returned, you can go on your way."

---

betray [bitréi] *vt.* 밀고하다
consecration [kɑnsəkréiʃən] *n.* 신성화, 정화
flax [flæks] *n.* 아마
guarantee [gærəntí:] *n.* 보증
melt [melt] *vi.* 녹다
shallow [ʃǽlou] *a.* 얕은
supreme [suprí:m] *a.* 지고의
2:5 catch up with⋯ : ⋯을 따라잡다

2:10a Hebrew *sea of reeds.* **2:10b** The Hebrew term used here refers to the complete consecration of things or people to the LORD, either by destroying them or by giving them as an offering.

2:10 '홍해' 는 '갈대 바다' 라고도 한다.

왕의 부하들이 되돌아가면, 당신들의 갈 길을 가십시오."

17 정탐꾼들은 라합에게 대답했습니다. "우리는 당신과 약속한 이 맹세를 무슨 일이 있어도 꼭 지키겠소.

18 우리가 이 땅으로 다시 돌아올 때, 우리가 내려갔던 창문에 이 붉은 밧줄을 매어 놓으시오. 그리고 당신의 아버지와 어머니, 당신의 형제 자매와 모든 가족들을 당신의 집 안에 모아 두시오.

19 누구든지 당신의 집 밖으로 나갔다가 죽임을 당하면 그 사람 잘못이오. 우리에게는 책임이 없소. 그러나 만약 당신의 집 안에 있는 사람 중 한 사람에게 손이라도 대면 우리가 책임을 지겠소.

20 우리가 한 이 약속을 아무에게도 말하지 마시오. 만약 이 약속을 다른 사람에게 말하면 우리도 이 약속에 대해 책임을 지지 않겠소."

21 라합은 "그렇게 하겠습니다" 하고 대답했습니다. 그런 후에 정탐꾼들은 그곳을 떠나 자기 갈 길을 갔습니다. 그들이 떠난 뒤에 라합은 창문에 붉은 밧줄을 매어 놓았습니다.

22 정탐꾼들은 라합의 집을 나와 언덕으로 올라갔습니다. 그들은 그곳에서 삼 일 동안, 머물렀습니다. 왕의 부하들은 이리저리 정탐꾼들을 찾아다녔지만, 그들을 찾지 못한 채 삼 일 만에 성으로 되돌아갔습니다.

23 그때에 두 사람도 여호수아에게 돌아갔습니다. 그들은 언덕을 내려와 강을 건넜습니다. 그들은 눈의 아들 여호수아에게 가서 자기들에게 일어난 모든 일을 보고했습니다.

24 그들이 여호수아에게 말했습니다. "여호와께서 그 땅 전체를 우리에게 주신 것이 틀림없습니다. 그 땅의 모든 사람들이 우리를 몹시도 무서워하여 두려움에 떨고 있습니다."

요단 강을 건넘

3 이튿날 여호수아는 아침 일찍 일어났습니다. 여호수아는 이스라엘 백성과 함께 싯딤을 떠나 요단 강까지 갔습니다. 그리고 강을 건너기 전, 그곳에 진을 쳤습니다.

2 삼 일 후, 지도자들이 진 사이로 돌아다니면서

3 백성에게 명령했습니다. "여러분은 제사장들과 레위 사람들이 여러분의 하나님 여호와의 언약궤를 메고 가는 것을 볼 것이오. 그러면 여러분은 지금 있는 곳을 떠나 그 뒤를 따라가시오.

4 이제 여러분은 한 번도 가 본 적이 없는 길을 가게될 것이오. 그러나 언약궤를 따라가면 어느 길로 가야 할 것인가를 알 수 있을 것이오. 언약궤를 너무 가까이하지 말고, 이천 규빗* 정도의 거리를 두고 따라가시오."

17 •Before they left, the men told her, "We will be bound by the oath we have taken only if you follow these instructions. •When we come into the land, you must leave this scarlet rope hanging from the window through which you let us down. And all your family members—your father, mother, brothers, and all your relatives—must be

18 here inside the house. •If they go out into the street and are killed, it will not be our fault. But if anyone lays a hand on people inside this house, we will accept the responsi-

19 bility for their death. •If you betray us, however, we are not bound by this oath in any

20 way."

21 •"I accept your terms," she replied. And she sent them on their way, leaving the scarlet rope hanging from the window.

22 •The spies went up into the hill country and stayed there three days. The men who were chasing them searched everywhere along the road, but they finally returned without success.

23 •Then the two spies came down from the hill country, crossed the Jordan River, and reported to Joshua all that had happened to

24 them. •"The LORD has given us the whole land," they said, "for all the people in the land are terrified of us."

The Israelites Cross the Jordan

3 Early the next morning Joshua and all the Israelites left Acacia Grove* and arrived at the banks of the Jordan River,

2 where they camped before crossing. •Three days later the Israelite officers went through

3 the camp, •giving these instructions to the people: "When you see the Levitical priests carrying the Ark of the Covenant of the LORD your God, move out from your posi-

4 tions and follow them. •Since you have never traveled this way before, they will guide you. Stay about a half mile* behind them, keeping a clear distance between you and the Ark. Make sure you don't come any closer."

---

chase [tʃéis] *vt.* 추격하다
fault [fɔ́ːlt] *n.* 잘못, 과실
oath [óuθ] *n.* 맹세
responsibility [rispɑnsəbíləti] *n.* 책임, 의무
scarlet [skɑ́ːrlit] *a.* 진홍색의
2:17 be bound by⋯ : ⋯에 구속되다
2:18 hang from⋯ : ⋯로부터 내걸리다
2:20 in any way : 어쨌든
2:24 be terrified of⋯ : ⋯에게 겁을 먹다
3:2 go through⋯ : ⋯을 두루 다니다

3:1 Hebrew *Shittim*.   3:4 Hebrew *about 2,000 cubits* [920 meters].

3:4 2,000규빗은 약 900m에 해당된다.

5 그 후에 여호수아가 백성에게 말했습니다. "여호와를 위해 자신을 거룩하게 하시오. 내일이면 여호와께서 여러분에게 놀라운 일을 행하실 것이오."

6 그리고 여호수아는 제사장들에게 말했습니다. "언약궤를 메고 백성을 앞에서 강을 건너시오." 그러자 제사장들은 백성들 앞에서 그 언약궤를 메고 갔습니다.

7 그때에 여호와께서 여호수아에게 말씀하셨습니다. "오늘부터 내가 너를 모든 이스라엘 사람들 앞에서 큰 사람이 되게 하겠다. 그러면 백성은 내가 모세와 함께했던 것같이 너와 함께한다는 것을 알게 될 것이다.

8 언약궤를 나르는 제사장들에게 말하여라. 그들에게 요단 강가에 도착하면 물 한가운데로 들어가라고 하여라."

9 그리하여 여호수아는 이스라엘 백성에게 말했습니다. "이리 와서 여러분의 하나님 여호와의 말씀을 들으시오.

10 살아 계신 하나님이 여러분과 함께하신다는 것을 여러분은 알 것이오. 하나님이 가나안 사람, 헷 사람, 히위 사람, 브리스 사람, 기르가스 사람, 아모리 사람, 여부스 사람을 쫓아내실 것이라는 것을 알게 될 것이오.

11 보시오. 온 땅의 주인이신 주님의 언약궤가 여러분보다 먼저 요단 강에 들어갈 것이오.

12 이제 이스라엘의 열두 지파에서 한 사람씩 열두 사람을 뽑으시오.

13 온 땅의 주인이신 여호와의 언약궤를 메고 가는 제사장들의 발이 물 속에 닿으면, 강물의 흐름이 그치고 물이 흐르지 않게 될 것이오. 마치 둑에 가로막힌 것처럼 물이 멈춰 쌓이게 될 것이오."

14 백성들이 요단 강을 건너기 위해 진치던 곳을 떠났을 때, 제사장들은 백성들 앞에서 언약궤를 옮겼습니다.

15 추수할 때가 되면 요단 강의 물이 가득 차는데, 그때도 물이 넘쳐 흐르고 있었습니다. 언약궤를 나르던 제사장들이 강가에 도착하여 강물에 발을 내디뎠습니다.

16 바로 그 순간, 강물의 흐름이 그치고 강물은 멀리 떨어진 아담이라는 곳까지 둑처럼 쌓였습니다. 그곳은 사르단 근처의 한 마을입니다. 사해*로 흐르는 요단 강물이 완전히 말라 버려서 백성들은 여리고 근처로 강을 건널 수 있었습니다.

17 강바닥은 완전히 말랐습니다. 이스라엘 모든 백성이 강을 건너는 동안, 제사장들은 언약궤를 멘 채 강 가운데에 서 있었습니다. 이스라엘 백성들은 마른 땅을 밟으며 요단 강을 건넜습니다.

5 • Then Joshua told the people, "Purify yourselves, for tomorrow the LORD will do great wonders among you."

6 • In the morning Joshua said to the priests, "Lift up the Ark of the Covenant and lead the people across the river." And so they started out and went ahead of the people.

7 • The LORD told Joshua, "Today I will begin to make you a great leader in the eyes of all the Israelites. They will know that I am

8 with you, just as I was with Moses. • Give this command to the priests who carry the Ark of the Covenant: 'When you reach the banks of the Jordan River, take a few steps into the river and stop there.'"

9 • So Joshua told the Israelites, "Come and listen to what the LORD your God says.

10 • Today you will know that the living God is among you. He will surely drive out the Canaanites, Hittites, Hivites, Perizzites, Girgashites, Amorites, and Jebusites ahead of

11 you. • Look, the Ark of the Covenant, which belongs to the Lord of the whole earth, will

12 lead you across the Jordan River! • Now choose twelve men from the tribes of Israel,

13 one from each tribe. • The priests will carry the Ark of the LORD, the Lord of all the earth. As soon as their feet touch the water, the flow of water will be cut off upstream, and the river will stand up like a wall."

14 • So the people left their camp to cross the Jordan, and the priests who were carrying the Ark of the Covenant went ahead of

15 them. • It was the harvest season, and the Jordan was overflowing its banks. But as soon as the feet of the priests who were carrying the Ark touched the water at the river's

16 edge, • the water above that point began backing up a great distance away at a town called Adam, which is near Zarethan. And the water below that point flowed on to the Dead Sea* until the riverbed was dry. Then all the people crossed over near the town of Jericho.

17 • Meanwhile, the priests who were carrying the Ark of the LORD's Covenant stood on dry ground in the middle of the riverbed as the people passed by. They waited there until the whole nation of Israel had crossed the Jordan on dry ground.

---

ark [áːrk] n. 궤, 상자
overflow [ouvərflóu] vt. 넘쳐 흐르다
purify [pjúərəfai] vt. 깨끗이 하다
riverbed [rívərbed] n. 강바닥
upstream [ʌ́pstríːm] ad. 상류에서
3:10 drive out : 쫓아내다

3:16　Hebrew the sea of the Arabah, the Salt Sea.

3:16 '사해'는 '아라바 바다', 곧 '염해'를 의미한다.

기념하는 돌

4 온 백성이 요단 강을 다 건너자, 여호와께서 여호수아에게 말씀하셨습니다.

2 "각 지파에서 한 사람씩 열두 명을 뽑아라.

3 그리고 제사장이 서 있던 강 한가운데서 한 사람이 한 개씩 큰 돌을 골라 모두 열두 개를 가져오너라. 그 돌들을 오늘 밤, 너희가 머무를 곳에 두어라."

4 그래서 여호수아는 각 지파에서 한 사람씩 뽑아

5 그들에게 말했습니다. "여러분은 여호와 하나님의 궤가 있는 강 한가운데로 가서 큰 돌을 한 개씩 찾으시오. 이스라엘 각 지파마다 돌 한 개씩을 찾아 내야 하오. 그리고 그 돌을 어깨 위에 메고 나르시오.

6 그 돌은 여러분에게 기념이 될 것이오. 먼 훗날 여러분의 자녀가 여러분에게 '이 돌들은 왜 여기에 있지요?' 하고 물으면

7 여러분은 여호와의 언약궤 앞에서 흐르는 요단 강물이 멈추었다고 자녀들에게 말해 주시오. 이 돌들은 이스라엘 백성들에게 이 일을 영원토록 기억시켜 줄 것이오."

8 이스라엘 사람들은 여호수아가 시키는 대로 요단 강 가운데서 돌 열두 개를 날라왔습니다. 이스라엘의 열두 지파는 여호와께서 여호수아에게 명령하신 대로 각각 한 개씩의 돌을 맡아 자기들 진 가운데 두었습니다.

9 또 여호수아는 돌 열두 개를 취하여 제사장들이 언약궤를 메고 서 있던 요단 강 한가운데에도 두었습니다. 그 돌들은 아직까지도 거기에 있습니다.

10 여호와께서 여호수아에게 명령하여 백성들에게 이르게 하신 일, 곧 모세가 여호수아에게 명령했던 일을 백성들이 다 마칠 때까지, 제사장들은 언약궤를 멘 채 계속 강 한가운데 서 있었습니다. 백성들은 서둘러 강을 건넜습니다.

11 마침내 백성들은 모두 강을 건넜고 그 후, 제사장들은 여호와의 궤를 강 건너편으로 옮겼습니다. 제사장들이 언약궤를 옮기는 동안, 백성들은 그 모습을 바라보고 있었습니다.

12 르우벤 자손과 갓 자손과 므낫세 반 지파 사람들은 모세가 그들에게 지시했던 것과 같이 기꺼이 싸울 준비를 갖췄습니다. 그들은 다른 백성들보다 앞서서 강을 건넜고

13 사만 명이나 되는 무장한 사람들이 여호와 앞에서 요단 강을 건너, 여리고 평야로 나아가 싸움을 준비했습니다.

14 그날 여호와께서는 여호수아를 모든 이스라엘 사람들 가운데서 큰 사람으로 만드셨습니다. 이스라엘 사람들은 모세를 존경했듯이 여호수아가 사는 날 동안, 그를 존경했습니다.

Memorials to the Jordan Crossing

4 When all the people had crossed the Jordan, the LORD said to Joshua, •"Now choose twelve men, one from each tribe.

3 •Tell them, 'Take twelve stones from the very place where the priests are standing in the middle of the Jordan. Carry them out and pile them up at the place where you will camp tonight.'"

4 •So Joshua called together the twelve men he had chosen—one from each of the tribes of Israel. •He told them, "Go into the middle of the Jordan, in front of the Ark of the LORD your God. Each of you must pick up one stone and carry it out on your shoulder—twelve stones in all, one for each of the twelve tribes of Israel. •We will use these stones to build a memorial. In the future your children will ask you, 'What do these stones mean?' •Then you can tell them, 'They remind us that the Jordan River stopped flowing when the Ark of the LORD's Covenant went across.' These stones will stand as a memorial among the people of Israel forever."

8 •So the men did as Joshua had commanded them. They took twelve stones from the middle of the Jordan River, one for each tribe, just as the LORD had told Joshua. They carried them to the place where they camped for the night and constructed the memorial there.

9 •Joshua also set up another pile of twelve stones in the middle of the Jordan, at the place where the priests who carried the Ark of the Covenant were standing. And they are there to this day.

10 •The priests who were carrying the Ark stood in the middle of the river until all of the LORD's commands that Moses had given to Joshua were carried out. Meanwhile, the people hurried across the riverbed. •And when everyone was safely on the other side, the priests crossed over with the Ark of the LORD as the people watched.

12 •The armed warriors from the tribes of Reuben, Gad, and the half-tribe of Manasseh led the Israelites across the Jordan, just as Moses had directed. •These armed men—about 40,000 strong—were ready for battle, and the LORD was with them as they crossed over to the plains of Jericho.

14 •That day the LORD made Joshua a great leader in the eyes of all the Israelites, and for the rest of his life they revered him as much as they had revered Moses.

---

construct [kənstrʌ́kt] *vt.* 건설하다, 세우다
memorial [məmɔ́:riəl] *n.* 기념비, 기념물
revere [rivíər] *vt.* 존경하다

15 그때, 여호와께서 여호수아에게 말씀하셨습니다.

16 "증거궤라고도 불리는 언약궤를 메고 있는 제사장들에게 요단 강에서 올라오라고 명령하여라."

17 그래서 여호수아는 제사장들에게 "강에서 나오시오"라고 명령했습니다.

18 그러자 제사장들은 여호와의 언약궤를 메고 강에서 나왔습니다. 그들이 강가의 마른 땅을 밟자마자 강물은 강을 건너기 전처럼 다시 넘쳐 흘렀습니다.

19 백성들은 첫 번째 달의 십 일째 되는 날*에 요단 강을 건넜고 여리고 동쪽의 길갈에 진을 쳤습니다.

20 여호수아는 요단 강에서 주운 돌 열두 개를 길갈에 세웠습니다.

21 여호수아는 이스라엘 사람들에게 이렇게 말했습니다. '훗날 여러분의 자녀가 아버지에게 '이 돌들은 무슨 돌이지요?' 라고 물으면,

22 그들에게 이렇게 말해 주시오, '이스라엘은 마른 땅을 밟으며 요단 강을 건넜다.

23 너희 하나님 여호와께서 강물이 흐르는 것을 멈추게 하셨고, 백성이 강을 다 건널 때까지 강물은 말라 있었다. 여호와께서는 홍해에서 하셨던 일과 똑같은 일을 요단 강에서도 하셨다. 주께서 홍해의 물을 멈추게 하셨기 때문에 우리가 건널 수 있었다.

24 여호와께서 이 일을 행하신 것은 땅 위의 모든 사람들이 주께서 큰 능력을 가지고 계신 분임을 알게 하기 위함이다. 또한 너희들이 언제나 여호와 하나님을 섬기도록 하기 위해서이다.'"

5 이처럼 여호와께서는 이스라엘 사람들이 강을 건널 때까지 요단 강을 마르게 하셨습니다. 그때, 요단 강 서쪽에 사는 아모리 사람의 모든 왕들과 또 지중해 가까이에 사는 가나안 왕들도 그 이야기를 듣게 되었습니다. 그들은 그 이야기를 들은 후 몹시 두려워했고, 이스라엘 사람들과 마주치는 것을 너무나 무서워하게 되었습니다.

이스라엘 사람들이 할례를 받다

2 그때, 여호와께서 여호수아에게 말씀하셨습니다. "부싯돌로 칼을 만들어서 이스라엘 사람들에게 다시 할례를 행하여라."

3 그래서 여호수아는 부싯돌로 칼을 만들어 기브앗 하아라롯*에서 이스라엘 사람들에게 할례를 베풀었습니다.

4 여호수아가 남자들에게 할례를 베푼 이유는 이러합니다. 이스라엘 사람들이 이집트를 떠난 이후, 군대에서 일할 만큼 나이가 든 남자들은 광야에서 모두 죽었습니다.

5 이집트에서 나온 남자들은 할례를 받았으나 광야에서 태어난 많은 아이들은 할례를 받지 않았습니다.

15-16 •The LORD had said to Joshua, •"Command the priests carrying the Ark of the Covenant* to come up out of the riverbed."

17-18 •So Joshua gave the command. •As soon as the priests carrying the Ark of the LORD's Covenant came up out of the riverbed and their feet were on high ground, the water of the Jordan returned and overflowed its banks as before.

19 •The people crossed the Jordan on the tenth day of the first month.* Then they

20 camped at Gilgal, just east of Jericho. •It was there at Gilgal that Joshua piled up the twelve stones taken from the Jordan River.

21 •Then Joshua said to the Israelites, "In the future your children will ask, 'What do these

22 stones mean?' •Then you can tell them, 'This is where the Israelites crossed the

23 Jordan on dry ground.' •For the LORD your God dried up the river right before your eyes, and he kept it dry until you were all across, just as he did at the Red Sea* when he dried

24 it up until we had all crossed over. •He did this so all the nations of the earth might know that the LORD's hand is powerful, and so you might fear the LORD your God forever."

5 When all the Amorite kings west of the Jordan and all the Canaanite kings who lived along the Mediterranean coast* heard how the LORD had dried up the Jordan River so the people of Israel could cross, they lost heart and were paralyzed with fear because of them.

Israel Reestablishes
Covenant Ceremonies

2 •At that time the LORD told Joshua, "Make flint knives and circumcise this second gen-

3 eration of Israelites.*' •So Joshua made flint knives and circumcised the entire male population of Israel at Gibeath-haaraloth.*

4 •Joshua had to circumcise them because all the men who were old enough to fight in battle when they left Egypt had died in the

5 wilderness. •Those who left Egypt had all been circumcised, but none of those born after the Exodus, during the years in the

circumcise [sə́ːrkəmsaiz] *vt.* 할례를 베풀다

4:16 Hebrew *Ark of the Testimony.*   4:19 This day in the ancient Hebrew lunar calendar occurred in late March, April, or early May. 4:23 Hebrew *sea of reeds.*   5:1 Hebrew *along the sea.*   5:2 Or *circumcise the Israelites a second time.*   5:3 *Gibeath-haaraloth* means "hill of foreskins."

4:19 이날은 늦은 3월 혹은 이른 4월에 해당된다. 5:3 개역 성경에는 '할례 산'이라고 표기되어 있다.

6 이스라엘 사람들은 광야에서 사십 년 동안을 옮겨 다녔고 그동안, 이집트에서 나온 사람 가운데 싸울 수 있는 남자들은 다 죽었습니다. 그것은 그들이 여호와께 순종하지 않았기 때문입니다. 그래서 주께서는 그들이 가나안 땅을 볼 수 없을 것이라고 말씀하셨습니다. 그 땅은 여호와께서 그들의 조상들에게 주기로 약속하셨던 땅이었고, 젖과 꿀이 흐르는 비옥한 땅이었습니다.

7 마침내 그들의 자손들이 그 땅을 차지하게 되었으나, 광야에서 태어난 자손들 중에는 할례를 받은 사람이 하나도 없었기 때문에 여호수아는 그들에게 할례를 베풀었습니다.

8 할례를 받은 모든 이스라엘 사람들은 상처가 아물 때까지 그들의 진에 머물러 있었습니다.

9 그때에 여호와께서 여호수아에게 말씀하셨습니다. "너희는 이집트에서 노예로 있으면서 부끄러움을 당했다. 그러나 오늘날 내가 그 부끄러움을 없애 버리겠다." 그래서 여호수아는 그곳의 이름을 길갈이라고 불렀고, 지금까지도 길갈이라는 이름으로 불리고 있습니다.

10 여리고 평야에 있는 길갈에서 진을 치고 있었던 이스라엘 백성들은, 그달 십사 일 저녁에 그곳에서 유월절을 지켰습니다.

11 유월절 이튿날, 백성들은 그 땅에서 자라난 식물 중 몇 가지를 먹었는데, 그것은 누룩을 넣지 않고 만든 빵인 무교병과 볶은 곡식이었습니다.

12 이 음식을 먹은 그날부터 만나는 더 이상 내리지 않았습니다. 이스라엘 사람들은 그날 이후 만나를 먹을 수 없었기 때문에 가나안 땅에서 나는 것을 먹기 시작했습니다.

13 여호수아가 여리고 근처에 있었을 때, 눈을 들어 보니 어떤 사람이 자기 앞에 칼을 들고 서 있는 것이 보였습니다. 여호수아는 그에게 다가가 "당신은 우리 편이요, 아니면 적의 편이요?"라고 물었습니다.

14 그 사람은 "나는 누구의 편도 아니다. 나는 여호와의 군대 사령관으로 왔다"고 대답했습니다. 그러자 여호수아는 땅에 엎드려, 그에게 물었습니다. "주의 종인 저에게 하실 말씀이 무엇입니까?"

15 여호와의 군대 사령관은 "너의 신을 벗어라. 네가 서 있는 곳은 거룩한 곳이다"라고 말했습니다. 여호수아는 그의 말대로 했습니다.

여리고가 무너짐

6 여리고 성 사람들은 이스라엘 자손들을 두려워하여 성문을 굳게 닫아 걸었습니다. 아무도 성 안으로 드나들지 못했습니다.

2 그때에 여호와께서 여호수아에게 말씀하셨습니다. "보아라, 내가 여리고를 너에게 주겠다. 여리고

6 wilderness, had been circumcised. ●The Israelites had traveled in the wilderness for forty years until all the men who were old enough to fight in battle when they left Egypt had died. For they had disobeyed the LORD, and the LORD vowed he would not let them enter the land he had sworn to give us—a land flowing with milk and honey.

7 ●So Joshua circumcised their sons—those who had grown up to take their fathers' places—for they had not been circumcised on the way to the Promised Land. ●After all the males had been circumcised, they rested in the camp until they were healed.

9 ●Then the LORD said to Joshua, "Today I have rolled away the shame of your slavery in Egypt." So that place has been called Gilgal* to this day.

10 ●While the Israelites were camped at Gilgal on the plains of Jericho, they celebrated Passover on the evening of the fourteenth

11 day of the first month.* ●The very next day they began to eat unleavened bread and

12 roasted grain harvested from the land. ●No manna appeared on the day they first ate from the crops of the land, and it was never seen again. So from that time on the Israelites ate from the crops of Canaan.

The LORD's Commander Confronts Joshua

13 ●When Joshua was near the town of Jericho, he looked up and saw a man standing in front of him with sword in hand. Joshua went up to him and demanded, "Are you friend or foe?"

14 ●"Neither one," he replied. "I am the commander of the LORD's army."

At this, Joshua fell with his face to the ground in reverence. "I am at your command," Joshua said. "What do you want your servant to do?"

15 ●The commander of the LORD's army replied, "Take off your sandals, for the place where you are standing is holy." And Joshua did as he was told.

The Fall of Jericho

6 Now the gates of Jericho were tightly shut because the people were afraid of the Israelites. No one was allowed to go out

2 or in. ●But the LORD said to Joshua, "I have

foe [fou] n. 적
reverence [révərəns] n. 존경, 경외
unleavened [ʌnlévənd] a. 누룩을 넣지 않은

5:9　*Gilgal* sounds like the Hebrew word *galal,* meaning "to roll."　**5:10**　This day in the ancient Hebrew lunar calendar occurred in late March, April, or early May.

의 왕과 그 모든 군인들도 너에게 줄 것이니

3 하루에 한 번씩 여리고 성을 너의 군대와 함께 행군하며 돌아라. 그 일을 육 일 동안, 하여라.

4 제사장 일곱 명에게 숫양의 뿔로 만든 나팔을 가지고 언약궤 앞에서 행군하라고 말하여라. 칠 일째 되는 날에는 성을 일곱 바퀴 돌며 제사장들에게 나팔을 불라고 말하여라.

5 제사장들이 한 번 길게 나팔을 불면, 백성들에게 나팔 소리를 듣고 크게 고함을 치라고 말하여라. 그리하면 여리고의 성벽이 무너질 것이다. 그때, 백성들은 곧장 앞으로 쳐들어가거라."

6 그리하여 눈의 아들 여호수아는 제사장들을 불러 모아 말했습니다. "여호와의 언약궤를 나르시오. 제사장 일곱 명은 나팔을 들고 그 언약궤 앞에서 행군하시오."

7 그리고 여호수아는 백성들에게 명령했습니다. "자, 가시오! 성 둘레를 도시오. 무기를 든 군인들은 여호와의 궤 앞에서 행군하시오."

8 여호수아가 백성들에게 말하기를 마치자, 나팔을 가진 일곱 명의 제사장들이 여호와 앞에서 행군하기 시작했고, 행군과 동시에 나팔을 불기 시작했습니다. 그 뒤에는 여호와의 언약궤를 든 제사장들이 뒤따랐고,

9 무기를 든 군인들은 제사장들 앞에서 행군하였습니다. 또 언약궤 뒤에도 무기를 든 군인들이 뒤따랐습니다. 그들은 각기 자기 나팔을 불었습니다.

10 그러나 여호수아는 백성들에게 고함을 지르지 말라고 했습니다. "소리내지 마시오. 내가 명령을 내리기 전까지는 아무 말도 하지 마시오. 내가 명령을 내리면 그때 고함을 지르시오."

11 이처럼 여호수아는 백성들에게 여호와의 궤를 메고 성 둘레를 한 바퀴 돌게 하였습니다. 그리고 나서 그들은 진으로 되돌아와 하룻밤을 지냈습니다.

12 이튿날 여호수아는 아침 일찍 일어났습니다. 제사장들은 여호와의 궤를 다시 메었고,

13 제사장 일곱 명은 일곱 나팔을 들었습니다. 그들은 여호와의 언약궤 앞에서 행군하면서 각기 나팔을 불었습니다. 무기를 든 군인들은 제사장들 앞에서 행군했고, 다른 군인들은 여호와의 언약궤 뒤에서 걸었습니다. 행군하는 동안, 제사장들은 계속해서 나팔을 불었습니다.

14 이처럼 두 번째 날에도 그들은 성 둘레를 한 바퀴 돌고 나서 진으로 되돌아왔습니다. 그들은 이 일을 육 일 동안, 날마다 했습니다.

15 칠 일째 되는 날, 그들은 새벽에 일어났습니다. 그리고 성 둘레를 일곱 번 돌았습니다. 그들은 전과 같은 방법으로 성 둘레를 돌았지만, 성을 일곱 바퀴 돌

given you Jericho, its king, and all its strong

3 warriors. • You and your fighting men should march around the town once a day

4 for six days. • Seven priests will walk ahead of the Ark, each carrying a ram's horn. On the seventh day you are to march around the town seven times, with the priests blow-

5 ing the horns. • When you hear the priests give one long blast on the rams' horns, have all the people shout as loud as they can. Then the walls of the town will collapse, and the people can charge straight into the town."

6 • So Joshua called together the priests and said, "Take up the Ark of the LORD's Covenant, and assign seven priests to walk in front of it,

7 each carrying a ram's horn." • Then he gave orders to the people: "March around the town, and the armed men will lead the way in front of the Ark of the LORD."

8 • After Joshua spoke to the people, the seven priests with the rams' horns started marching in the presence of the LORD, blowing the horns as they marched. And the Ark of the LORD's Covenant followed behind

9 them. • Some of the armed men marched in front of the priests with the horns and some behind the Ark, with the priests continually

10 blowing the horns. • "Do not shout; do not even talk," Joshua commanded. "Not a single word from any of you until I tell you to

11 shout. Then shout!" • So the Ark of the LORD was carried around the town once that day, and then everyone returned to spend the night in the camp.

12 • Joshua got up early the next morning, and the priests again carried the Ark of the

13 LORD. • The seven priests with the rams' horns marched in front of the Ark of the LORD, blowing their horns. Again the armed men marched both in front of the priests with the horns and behind the Ark of the LORD. All this time the priests were blowing

14 their horns. • On the second day they again marched around the town once and returned to the camp. They followed this pattern for six days.

15 • On the seventh day the Israelites got up at dawn and marched around the town as they had done before. But this time they

---

ark [άːrk] *n.* 궤, 상자; 방주
assign [əsáin] *vt.* 배치하다
blast [blǽst] *n.* (나팔, 피리의) 취주(음)
blow [blou] *vt.* 불다
charge [tʃάːrdʒ] *vi.* 돌격하다
collapse [kəlǽps] *vi.* 붕괴되다
covenant [kʌ́vənənt] *n.* 계약, 맹약
ram [rǽm] *n.* 숫양
6:6 take up : 들어 올리다
6:8 in the presence of … : …의 면전에서

가는 그날이 처음이었습니다.

16 일곱 바퀴째 돌 때, 제사장들이 또 나팔을 불었습니다. 그러자 여호수아가 명령을 내렸습니다. "자, 고함을 지르시오! 여호와께서 여러분에게 이 성을 주셨소.

17 성과 성 안에 있는 모든 것은 다 여호와께 바치는 것이므로 모두 없애시오. 다만 기생 라합과 그의 집에 있는 사람들은 모두 살려 주어야 하오. 이는 라합이 우리가 보낸 두 명의 정탐꾼을 숨겨 주었기 때문이오.

18 전리품 중 어떤 것도 가지지 마시오. 이것은 이미 여호와께 바쳐진 것이므로 모두 없애 버리시오. 그 중 어떤 것이라도 취하여 진으로 가지고 돌아오면 그것 때문에 이스라엘 백성에게 재앙이 내릴 것이오.

19 모든 금과 은과 구리와 쇠로 만든 것은 여호와께 속한 것이니 그것들은 여호와의 창고에 넣어 두어야 하오."

20 제사장들이 나팔을 불고 백성들은 고함을 질렀습니다. 백성이 나팔 소리를 듣고 고함을 치자 성벽이 무너졌습니다. 그러자 모든 사람들이 성 안으로 곧장 쳐들어갔습니다. 이렇게 하여 이스라엘 사람들은 여리고를 차지했습니다.

21 이스라엘 사람들은 성 안에 살아 있는 모든 것을 다 죽였습니다. 그들은 남자와 여자, 젊은이와 노인을 죽였습니다. 그들은 소와 양, 그리고 나귀들을 죽였습니다.

22 여호수아가 그 땅을 정탐하러 갔던 두 사람에게 말했습니다. "그 기생의 집으로 가서 그 여자를 밖으로 나오게 하시오. 그리고 그 여자와 함께 있는 모든 사람을 밖으로 나오게 해서 당신들이 그 여자에게 약속한 대로 하시오."

23 그래서 두 사람은 라합의 집으로 들어가 라합을 밖으로 나오게 했습니다. 그들은 또 라합의 아버지와 어머니를 비롯해서 라합과 함께 있던 모든 사람들을 밖으로 나오게 했습니다. 두 사람은 라합의 온 가족을 이스라엘의 진 밖으로 데리고 갔습니다.

24 그리고 나서 이스라엘은 성 전체와 그 안에 있는 모든 것을 불태웠습니다. 그러나 그들은 금과 은과 구리와 쇠로 만든 물건은 태우지 않았습니다. 그것들은 여호와의 집 창고에 넣어 두었습니다.

25 여호수아는 기생 라합과 그 여자의 가족, 그리고 그 여자와 함께 있던 모든 사람들을 구해 주었습니다. 여호수아는 그 사람들을 살려 주었습니다. 왜냐하면 라합은 여호수아가 여리고를 정탐하기 위해 보낸 두 사람을 도와주었기 때문입니다. 라합은 오늘까지도 이스라엘 사람들과 함께 살고 있습니다.

26 그 후에 여호수아는 이렇게 경고했습니다. "누구든

16 went around the town seven times. •The seventh time around, as the priests sounded the long blast on their horns, Joshua commanded the people, "Shout! For the LORD 17 has given you the town! •Jericho and everything in it must be completely destroyed* as an offering to the LORD. Only Rahab the prostitute and the others in her house will be spared, for she protected our spies.

18 •"Do not take any of the things set apart for destruction, or you yourselves will be completely destroyed, and you will bring 19 trouble on the camp of Israel. •Everything made from silver, gold, bronze, or iron is sacred to the LORD and must be brought into his treasury."

20 •When the people heard the sound of the rams' horns, they shouted as loud as they could. Suddenly, the walls of Jericho collapsed, and the Israelites charged straight 21 into the town and captured it. •They completely destroyed everything in it with their swords—men and women, young and old, cattle, sheep, goats, and donkeys.

22 •Meanwhile, Joshua said to the two spies, "Keep your promise. Go to the prostitute's house and bring her out, along with all her family."

23 •The men who had been spies went in and brought out Rahab, her father, mother, brothers, and all the other relatives who were with her. They moved her whole family to a safe place near the camp of Israel.

24 •Then the Israelites burned the town and everything in it. Only the things made from silver, gold, bronze, or iron were kept for the 25 treasury of the LORD's house. •So Joshua spared Rahab the prostitute and her relatives who were with her in the house, because she had hidden the spies Joshua sent to Jericho. And she lives among the Israelites to this day.

26 •At that time Joshua invoked this curse:

"May the curse of the LORD fall on any
   one
     who tries to rebuild the town of Jericho.
At the cost of his firstborn son,
   he will lay its foundation.
At the cost of his youngest son,
   he will set up its gates."

curse [kə:rs] *n.* 저주
invoke [invóuk] *vt.* 염원하다, 빌다
prostitute [prɑ́stətjut] *n.* 창녀, 매춘부
6:26 at the cost of… : …의 대가를 치르고서

6:17   The Hebrew term used here refers to the complete consecration of things or people to the LORD, either by destroying them or by giving them as an offering; similarly in 6:18, 21.

지 이 여리고 성을 다시 지으려 하는 사람은 여호와의 저주 때문에 벌을 받을 것이다. 이 성의 기초를 놓는 사람은 맏아들을 잃어버릴 것이고, 이 성에 문을 세우는 사람은 막내 아들을 잃어버릴 것이다."

27 이처럼 여호와께서는 여호수아와 함께하셨습니다. 또 여호수아는 온 땅 위에 유명한 사람이 되었습니다.

아간의 죄

7 그러나 이스라엘 백성은 여리고 성을 점령할 때, 어떤 물건도 가지지 말라는 여호와의 말씀을 어기는 죄를 지었습니다. 유다 지파의 세라의 아들인 삽디의 손자이며 갈미의 아들이었던 아간이 여호와께 바쳐야 할 물건 중 몇 가지를 가졌던 것입니다. 그래서 여호와께서는 이스라엘에게 크게 화를 내셨습니다.

2 여호수아는 몇 사람을 뽑아 여리고에서 아이로 보냈습니다. 아이는 벧엘 동쪽에 있는 벧 아웬에서 가까운 곳입니다. 여호수아는 그들에게 "아이로 가서 그 땅을 정탐하시오"라고 말했습니다. 그 사람들은 아이로 올라가서 정탐했습니다.

3 얼마 후, 여호수아에게 돌아온 그들이 말했습니다. "아이에는 우리와 싸울 사람이 얼마 되지 않습니다. 백성 모두를 내보낼 필요는 없습니다. 이천 명이나 삼천 명만 보내서 아이 성을 공격하게 하십시오. 우리 백성 모두가 나가서 수고할 필요는 없습니다."

4 그래서 약 삼천 명 가량이 아이로 나갔습니다. 그러나 그들은 아이 사람들에게 패하여 도망쳐 왔습니다.

5 아이 백성은 이스라엘 사람들을 뒤쫓았습니다. 그들은 성문에서부터 스바림까지 이스라엘을 뒤쫓았습니다. 그들은 언덕을 내려오는 동안에 삼십육 명 정도의 이스라엘 사람들을 죽였습니다. 이스라엘 사람들은 이 일을 보고 매우 두려워하였습니다.

6 그러자 여호수아는 슬퍼하며 자기 옷을 찢었습니다. 여호수아는 얼굴을 땅에 대고 여호와의 궤 앞에 엎드렸고, 그런 자세로 저녁까지 있었습니다. 이스라엘의 지도자들도 여호수아와 같은 자세를 취했습니다. 그들은 또한 슬픔의 표시로 머리에 재를 뒤집어 썼습니다.

7 그 후에 여호수아가 말했습니다. "하나님 여호와여, 주님은 우리 백성이 요단 강을 건널 수 있게 하셨습니다. 그런데 왜 주님은 우리를 이곳까지 오게 하셔서 아모리 사람에게 죽임을 당하게 하십니까? 우리가 요단 강 저쪽에 머무르는 것이 더 좋을 뻔했습니다.

8 주님, 지금은 아무것도 말씀드릴 것이 없습니다. 이스라엘은 적에게 패했고

9 가나안 사람들과 이 땅에 사는 모든 사람들이 이 일

---

27 • So the LORD was with Joshua, and his reputation spread throughout the land.

Ai Defeats the Israelites

7 But Israel violated the instructions about the things set apart for the LORD.* A man named Achan had stolen some of these dedicated things, so the LORD was very angry with the Israelites. Achan was the son of Carmi, a descendant of Zimri* son of Zerah, of the tribe of Judah.

2 • Joshua sent some of his men from Jericho to spy out the town of Ai, east of 3 Bethel, near Beth-aven. • When they returned, they told Joshua, "There's no need for all of us to go up there; it won't take more than two or three thousand men to attack Ai. Since there are so few of them, don't make all our people struggle to go up there."

4 • So approximately 3,000 warriors were sent, but they were soundly defeated. The 5 men of Ai • chased the Israelites from the town gate as far as the quarries,* and they killed about thirty-six who were retreating down the slope. The Israelites were paralyzed with fear at this turn of events, and their courage melted away.

6 • Joshua and the elders of Israel tore their clothing in dismay, threw dust on their heads, and bowed face down to the ground before the Ark of the LORD until evening.

7 • Then Joshua cried out, "Oh, Sovereign LORD, why did you bring us across the Jordan River if you are going to let the Amorites kill us? If only we had been con-8 tent to stay on the other side! • Lord, what can I say now that Israel has fled from its 9 enemies? • For when the Canaanites and all the other people living in the land hear about it, they will surround us and wipe our name off the face of the earth. And then what will happen to the honor of your great name?"

10 • But the LORD said to Joshua, "Get up!

---

approximately [əpráksəmeitli] *ad.* 대략
dismay [disméi] *n.* 절망, 낙담
quarry [kwɔ́:ri] *n.* 채석장
reputation [repjutéiʃən] *n.* 명성, 평판
violate [váiəleit] *vt.* 어기다, 범하다
7:5 retreat down… : …아래로 퇴각하다
7:5 be paralyzed with… : …로 무력하게 되다
7:7 be content to… : …으로 만족하다
7:9 wipe off : (속어) 파괴하다, 말살하다

7:1a　The Hebrew term used here refers to the complete consecration of things or people to the LORD, either by destroying them or by giving them as an offering; similarly in 7:11, 12, 13, 15.　7:1b　As in parallel text at 1 Chr 2:6; Hebrew reads *Zabdi*. Also in 7:17, 18.　7:5　Or *as far as Shebarim*.

에 관해 들으면 곧 우리를 포위하여 우리 모두를 죽일 것입니다. 그렇게 되면 주님의 크신 이름은 어떻게 되는 것입니까?"

10 여호와께서는 여호수아에게 말씀하셨습니다. "일어나라! 왜 얼굴을 땅에 대고 있느냐?

11 이스라엘 사람들은 죄를 지었다. 그들은 내가 지키라고 명령한 약속을 깨뜨렸다. 그들은 나와 약속한 대로 하지 않고 나의 것을 훔쳐 내 물건 중 몇 가지를 가졌다. 그들은 거짓말을 했고, 자기를 위해 그 물건들을 가지고 갔다.

12 그런 까닭에 이스라엘은 적과 싸워 이길 수 없었던 것이다. 그들은 싸우다가 뒤돌아서서 도망치고 말았다. 왜냐하면 너희는 내가 없애라고 한 것을 모두 없애지 않고, 나에게 완전히 바치지 않았기 때문이다. 너희는 내가 바치라고 명령한 모든 것을 없애야 한다. 너희가 그 일을 행하지 않는 한, 나는 너희를 도와줄 수 없다.

13 이제 일어나라! 내 앞에서 백성들을 거룩하게 하여라. 그들에게 이렇게 전하여라. '내일 주님을 위해 스스로를 거룩하게 하여라. 이스라엘의 하나님 여호와께서 너희 중 누군가가 여호와의 명령을 어기고 여호와께 바쳐야 할 것을 가지고 갔다고 말씀하셨다. 그 물건들을 버리지 않는 한 너희는 결코 적과 싸워 이길 수 없을 것이다.

14 내일 아침, 너희의 모든 지파들은 여호와 앞에 가까이 나아오너라. 여호와께서 그 중 한 지파를 고르실 것이다. 그러면 그 지파의 모든 집안들을 여호와 앞에 가까이 나아오게 하여라. 여호와는 그 집안 중에서 한 가족을 고르실 것이다. 그때 그 가족의 남자들을 여호와 앞에 가까이 나아오게 하여라.

15 바쳐서 없애 버려야 할 것을 감추고 있는 사람을 골라내면, 그는 불로 죽임을 당할 것이고 그가 가지고 있는 모든 것도 그와 함께 없어질 것이다. 그 사람은 여호와와의 약속을 깨뜨렸으며 이스라엘 백성 가운데서 부끄러운 일을 행하였기 때문이다.'"

16 이튿날 아침 일찍, 여호수아는 이스라엘 모든 사람들을 여호와 앞에 서게 했습니다. 이스라엘의 모든 지파가 여호와 앞에 서자 여호와께서는 유다 지파를 뽑으셨습니다.

17 그래서 유다 지파의 모든 집안이 여호와 앞에 섰습니다. 여호와는 세라의 집안을 뽑으셨습니다. 그러자 세라의 온 집안이 여호와 앞에 섰습니다. 이번에는 삽디의 가족이 뽑혔습니다.

18 그러자 여호수아는 삽디의 가족 모두에게 "여호와 앞으로 나오너라" 하고 말했습니다. 주님은 갈미의 아들 아간을 뽑으셨습니다. 갈미는 삽디의 아들이었고 세라의 손자였습니다.

Why are you lying on your face like this?

11 • Israel has sinned and broken my covenant! They have stolen some of the things that I commanded must be set apart for me. And they have not only stolen them but have lied about it and hidden the things among their own belongings.

12 • That is why the Israelites are running from their enemies in defeat. For now Israel itself has been set apart for destruction. I will not remain with you any longer unless you destroy the things among you that were set apart for destruction.

13 • "Get up! Command the people to purify themselves in preparation for tomorrow. For this is what the LORD, the God of Israel, says: Hidden among you, O Israel, are things set apart for the LORD. You will never defeat your enemies until you remove these things from among you.

14 • "In the morning you must present yourselves by tribes, and the LORD will point out the tribe to which the guilty man belongs. That tribe must come forward with its clans, and the LORD will point out the guilty clan. That clan will then come forward, and the LORD will point out the guilty family. Finally, each member of the guilty family must come forward one by one. • The one who has stolen what was set apart for destruction will himself be burned with fire, along with everything he has, for he has broken the covenant of the LORD and has done a horrible thing in Israel."

Achan's Sin

16 • Early the next morning Joshua brought the tribes of Israel before the LORD, and the tribe of Judah was singled out. • Then the clans of Judah came forward, and the clan of Zerah was singled out. Then the families of Zerah came forward, and the family of Zimri was singled out. • Every member of Zimri's family was brought forward person by person, and Achan was singled out.

---

belonging [bilɔ́:ŋiŋ] *n.* (pl.) 소유물, 재산
clan [klæn] *n.* 씨족
covenant [kávənənt] *n.* 언약
defeat [difíːt] *n. vt.* 패배(시키다)
guilty [gílti] *a.* 죄를 범한
horrible [hɔ́:rəbl] *a.* 무서운, 끔찍한
sin [sin] *vi.* 죄를 짓다
7:10 lie on one's face : 얼굴을 땅에 대고 엎드리다
7:11 set apart : 떼어놓다, 구별하다
7:13 in preparation for… : …을 준비하여
7:14 point out : 지목하다
7:16 single out : 골라내다, 선발하다

19 여호수아는 아간에게 말했습니다. "아간아, 이스라엘 하나님 여호와께 영광을 돌리고 사실대로 고백하여라, 숨길 생각은 하지 말고 네가 한 일을 내게 말하여라."

20 아간이 대답했습니다. "옳습니다. 제가 이스라엘의 하나님 여호와께 죄를 지었습니다. 제가 한 일을 말씀드리겠습니다.

21 제가 본 물건 중에는 시날*에서 온 아름다운 겉옷이 있었고 이백 세겔* 가량의 은과 오십 세겔* 가량의 금도 있었습니다. 저는 그것들이 너무나도 갖고 싶어 가지고 왔습니다. 그것들은 지금 제 천막 아래 땅에 묻혀 있습니다. 은은 겉옷 아래에 있습니다."

22 여호수아는 몇 사람을 아간의 천막으로 보냈습니다. 그들은 천막으로 달려가 감춘 물건들을 찾아냈습니다. 은은 외투 아래에 있었습니다.

23 사람들은 그 물건들을 천막에서 가지고 나와 여호수아와 온 이스라엘 사람들 앞에 놓았습니다. 그리고 여호와 앞에 그 물건들을 펼쳐 놓았습니다.

24 여호수아와 모든 백성들은 세라의 아들 아간을 '괴로움'이란 뜻의 아골 골짜기로 데리고 갔습니다. 그들은 은과 외투와 금과 아간의 아들들과 딸들과 소와 나귀와 양들과 천막과 그 밖에 아간이 가지고 있던 모든 것들도 함께 가지고 갔습니다.

25 여호수아가 말했습니다. "어찌하여 네가 우리를 이토록 괴롭게 했단 말이냐? 하지만 이제는 여호와께서 너를 괴롭게 하실 것이다." 그 후에 모든 백성들은 아간과 그의 가족들을 돌로 쳐죽였습니다. 그리고 나서 아간과 그의 가족들을 불로 태웠습니다.

26 그들은 아간의 시체 위에 돌무더기를 쌓았는데, 그 돌무더기는 지금까지도 거기에 있습니다. 그곳을 '괴로움의 골짜기' *라고 부르는 것도 이런 이유 때문입니다. 이 일이 있은 후, 여호와께서는 화를 내지 않으셨습니다.

아이 성을 무너뜨림

8 그 후에 여호와께서 여호수아에게 말씀하셨습니다. "두려워하지 마라, 포기하지 마라. 너의 모든 군대를 이끌고 아이로 향하여라. 내가 그의 백성과 그의 성과 그의 땅을 너에게 줄 것이니,

2 너는 여리고와 그 왕에게 한 것같이 아이와 그 왕에게도 하여라. 하지만 이번만은 그 성안의 모든 좋은 것을 가져도 좋다. 자, 이제 너의 군인들 중 몇 사람에게 성 뒤로 가서 몰래 숨어 있으라고 말하여라."

3 그리하여 여호수아는 모든 군대를 이끌고 아이로 향했습니다. 여호수아는 군인 삼만 명을 뽑아 밤중에 그들을 내보냈습니다.

4 여호수아는 그 군인들에게 명령을 내렸습니다. "여러분은 성 뒤쪽에 숨어 있으시오, 성에서 멀리 떨어

19 ●Then Joshua said to Achan, "My son, give glory to the LORD, the God of Israel, by telling the truth. Make your confession and tell me what you have done. Don't hide it from me."

20 ●Achan replied, "It is true! I have sinned
21 against the LORD, the God of Israel. ●Among the plunder I saw a beautiful robe from Babylon,* 200 silver coins,* and a bar of gold weighing more than a pound.* I wanted them so much that I took them. They are hidden in the ground beneath my tent, with the silver buried deeper than the rest."

22 ●So Joshua sent some men to make a search. They ran to the tent and found the stolen goods hidden there, just as Achan had said, with the silver buried beneath the rest.

23 ●They took the things from the tent and brought them to Joshua and all the Israelites. Then they laid them on the ground in the presence of the LORD.

24 ●Then Joshua and all the Israelites took Achan, the silver, the robe, the bar of gold, his sons, daughters, cattle, donkeys, sheep, goats, tent, and everything he had, and they
25 brought them to the valley of Achor. ●Then Joshua said to Achan, "Why have you brought trouble on us? The LORD will now bring trouble on you." And all the Israelites stoned Achan and his family and burned
26 their bodies. ●They piled a great heap of stones over Achan, which remains to this day. That is why the place has been called the Valley of Trouble* ever since. So the LORD was no longer angry.

The Israelites Defeat Ai

8 Then the LORD said to Joshua, "Do not be afraid or discouraged. Take all your fighting men and attack Ai, for I have given you the king of Ai, his people, his town, and his
2 land. ●You will destroy them as you destroyed Jericho and its king. But this time you may keep the plunder and the livestock for yourselves. Set an ambush behind the town."

3 ●So Joshua and all the fighting men set out to attack Ai. Joshua chose 30,000 of his best warriors and sent them out at night
4 ●with these orders: "Hide in ambush close

7:21a Hebrew *Shinar.*　7:21b Hebrew *200 shekels of silver,* about 5 pounds or 2.3 kilograms in weight.　7:21c Hebrew *50 shekels,* about 20 ounces or 570 grams in weight.　7:26 Hebrew *valley of Achor.*

7:21 '시날'은 '바빌로니아'를 뜻한다. 1세겔은 약 11.4g이므로, 200세겔은 약 2.28kg에 해당되고, 50세겔은 약 570g에 해당된다.
7:26 개역 성경에는 '아골 골짜기'라고 표기되어 있는데 '아골'은 '아갈'(괴롭히다)과 어원이 같다.

져 있지 말고 성을 주의 깊게 살펴보면서 언제라도 싸울 준비를 하고 있으시오.

5 나와 나를 따르는 군대는 성을 향해 진군할 것이고, 성 안의 사람들은 우리와 싸우기 위해 밖으로 나올 것이오. 그때, 우리는 전에 했던 것처럼 등을 돌려 후퇴할 것이오.

6 그들은 성을 떠나 우리를 쫓아올 것이오. 그들은 우리가 전처럼 도망치는 것으로 생각할 것이오. 우리가 후퇴할 때,

7 여러분은 숨어 있던 곳에서 나와 성을 차지하시오. 하나님 여호와께서 여러분에게 그 성을 주실 것이오.

8 아이 성을 점령한 후에는 그 성을 불태우시오. 여호와께서 말씀하신 대로 하시오. 보시오. 내가 분명히 여러분에게 명령을 내렸소.”

9 그 말을 한 후, 여호수아는 그들을 보냈습니다. 그들은 벧엘과 아이의 서쪽 사이에 숨었습니다. 그러나 여호수아는 그날 밤, 자기 백성들과 함께 진에 머물렀습니다.

10 여호수아는 이튿날 아침, 일찍 일어나서 자기 군대를 불러모았습니다. 여호수아와 이스라엘의 장로들은 아이로 군대를 이끌고 갔습니다.

11 여호수아를 따르는 모든 군인들은 아이로 행군했습니다. 그들은 성 앞에서 멈춰선 후, 아이의 북쪽에 진을 쳤습니다. 그들과 성 사이에는 골짜기가 있었습니다.

12 여호수아는 오천 명 가량의 군인을 뽑아 벧엘과 아이 사이로 보내어 그곳에 숨어 있게 했습니다.

13 이처럼 이스라엘 백성은 각기 자기 자리를 잡고 있었습니다. 주력 부대는 성 북쪽에 있었습니다. 다른 사람들은 서쪽에 숨어 있었습니다. 그날 밤, 여호수아는 골짜기 아래로 내려갔습니다.

14 아이의 왕이 이스라엘 군대를 보았습니다. 그래서 왕과 그의 백성은 이튿날 아침, 일찍 일어나 싸우기 위해 서둘러 움직였습니다. 그들은 성 동쪽에 있는 어떤 곳으로 나갔습니다. 왕은 이스라엘 군인들이 성 뒤쪽에 숨어서 기다리고 있다는 것을 몰랐습니다.

15 여호수아와 이스라엘의 모든 군인들은 아이의 군대에 쫓겨 후퇴하는 척하며 광야 길로 도망쳤습니다.

16 아이의 군인들은 성을 떠나 여호수아의 군대를 뒤쫓아갔습니다.

17 아이와 벧엘의 사람들은 한 명도 남지 않고 모두 이스라엘의 군대를 쫓았습니다. 그들은 성문을 열어 둔 채 이스라엘 군대를 따라갔습니다.

18 그때에 여호와께서 여호수아에게 말씀하셨습니다. “네 창을 아이 쪽으로 치켜들어라. 내가 그 성을

behind the town and be ready for action.

5 ● When our main army attacks, the men of Ai will come out to fight as they did before,

6 and we will run away from them. ● We will let them chase us until we have drawn them away from the town. For they will say, ‘The Israelites are running away from us as they did before.’ Then, while we are running

7 from them, ● you will jump up from your ambush and take possession of the town, for

8 the LORD your God will give it to you. ● Set the town on fire, as the LORD has commanded. You have your orders.”

9 ● So they left and went to the place of ambush between Bethel and the west side of Ai. But Joshua remained among the people

10 in the camp that night. ● Early the next morning Joshua roused his men and started toward Ai, accompanied by the elders of

11 Israel. ● All the fighting men who were with Joshua marched in front of the town and camped on the north side of Ai, with a valley

12 between them and the town. ● That night Joshua sent about 5,000 men to lie in ambush between Bethel and Ai, on the west

13 side of the town. ● So they stationed the main army north of the town and the ambush west of the town. Joshua himself spent that night in the valley.

14 ● When the king of Ai saw the Israelites across the valley, he and all his army hurried out early in the morning and attacked the Israelites at a place overlooking the Jordan Valley.* But he didn't realize there was an

15 ambush behind the town. ● Joshua and the Israelite army fled toward the wilderness as

16 though they were badly beaten. ● Then all the men in the town were called out to chase after them. In this way, they were lured

17 away from the town. ● There was not a man left in Ai or Bethel* who did not chase after the Israelites, and the town was left wide open.

18 ● Then the LORD said to Joshua, “Point the spear in your hand toward Ai, for I will hand the town over to you.” Joshua did as he was

---

discouraged [diskʌ́ridʒd] *a.* 낙심한, 낙담한
flee [fliː] *vi.* 달아나다, 도망치다
rouse [rauz] *vt.* 깨우다
station [stéiʃən] *vt.* 주둔시키다
wilderness [wíldərnis] *n.* 광야, 황무지
8:3 set out : 출발하다
8:8 set…on fire : …에 불을 지르다
8:12 lie in ambush : 매복하다
8:16 chase after… : …을 추격하다
8:16 lure away : 유인하여 끌어내다

8:14　Hebrew *the Arabah.*　8:17　Some manu-scripts lack *or Bethel.*

너에게 주겠다." 그래서 여호수아는 자기 창을 아이 성을 향하여 치켜들었습니다.

19 이스라엘 사람들은 여호수아가 창을 치켜드는 것을 보고 숨어 있던 곳에서 나와 급히 성으로 달려 갔습니다. 그들은 성으로 들어가 성을 점령하고, 재빨리 성에 불을 질렀습니다.

20 아이 사람들이 뒤를 돌아보니 성에서 연기가 하늘로 치솟고 있었습니다. 아이 사람들은 이쪽으로도 저쪽으로도 도망칠 수 없게 되었습니다. 그때, 광야로 도망치던 이스라엘 사람들이 뒤쫓던 아이 사람들을 향해 방향을 돌렸습니다.

21 여호수아와 그의 모든 사람들은 숨어 있던 군대가 성을 점령한 것과, 성에서 연기가 올라오고 있는 것을 보았습니다. 그들은 되돌아와서 아이 사람들을 공격했습니다.

22 숨어 있던 사람들도 성에서 나와 같이 싸웠습니다. 아이 사람들은 이스라엘 군대에 포위되고 말았습니다. 이스라엘 사람들은 아이 사람이 한 명도 남지 않을 때까지 쳐죽였습니다. 적군 중에 살아남은 사람은 아무도 없었고

23 다만 아이의 왕만이 살아남았습니다. 여호수아의 군대는 아이 왕을 여호수아에게 데리고 왔습니다.

24 이스라엘 군대는 광야 벌판에서 그들을 추격하던 아이 사람들을 다 죽였습니다. 그들 모두를 칼로 죽이고 다시 아이로 되돌아와 그곳에 있는 사람들을 전부 칼로 죽였습니다.

25 그날 아이의 모든 백성들이 다 죽었는데, 남자와 여자를 합해 만 이천 명의 사람이 죽었습니다.

26 여호수아는 창을 치켜들고 있던 손을 내리지 않았습니다. 여호수아는 아이의 모든 백성들을 다 죽일 때까지 창을 치켜들고 있었습니다.

27 이스라엘 백성은 동물들은 죽이지 않고 자기들이 가졌습니다. 또 아이 사람들이 가지고 있었던 물건들도 가졌습니다. 그들은 여호와께서 여호수아에게 명령하신 대로 하였습니다.

28 그리고 나서 여호수아는 아이 성을 불태웠습니다. 아이 성은 쓰레기더미가 되어 버렸습니다. 오늘날까지도 아이 성은 그런 모습으로 남아 있습니다.

29 *여호수아는 아이 성의 왕을 저녁까지 나무에 매달아 놓았습니다. 해가 질 무렵, 여호수아는 왕의 시체를 나무에서 끌어내려 성문 아래로 던지라고 말했습니다. 사람들은 그것을 성문 아래로 던진 후, 돌로 시체를 덮었습니다. 그 돌무더기는 오늘날까지도 그곳에 있습니다.*

30 그 후에 여호수아는 이스라엘의 하나님 여호와를

19 commanded. •As soon as Joshua gave this signal, all the men in ambush jumped up from their position and poured into the town. They quickly captured it and set it on fire.

20 •When the men of Ai looked behind them, smoke from the town was filling the sky, and they had nowhere to go. For the Israelites who had fled in the direction of the wilderness now turned on their pursuers. •When Joshua and all the other Israelites saw that the ambush had succeeded and that smoke was rising from the town, they turned and attacked the

22 men of Ai. •Meanwhile, the Israelites who were inside the town came out and attacked the enemy from the rear. So the men of Ai were caught in the middle, with Israelite fighters on both sides. Israel attacked them, and not

23 a single person survived or escaped. •Only the king of Ai was taken alive and brought to Joshua.

24 •When the Israelite army finished chasing and killing all the men of Ai in the open fields, they went back and finished off everyone

25 inside. •So the entire population of Ai, including men and women, was wiped out that

26 day— 12,000 in all. •For Joshua kept holding out his spear until everyone who had lived in

27 Ai was completely destroyed.* •Only the livestock and the treasures of the town were not destroyed, for the Israelites kept these as plunder for themselves, as the LORD had com-

28 manded Joshua. •So Joshua burned the town of Ai,* and it became a permanent mound of ruins, desolate to this very day.

29 •Joshua impaled the king of Ai on a sharpened pole and left him there until evening. At sunset the Israelites took down the body, as Joshua commanded, and threw it in front of the town gate. They piled a great heap of stones over him that can still be seen today.

The LORD's Covenant Renewed

30 •Then Joshua built an altar to the LORD, the

deception [disépʃən] *n.* 속임; 사기
desolate [désələt] *a.* 황폐한
impale [impéil] *vt.* 찌르다, 꿰뚫다
permanent [pə́rmənənt] *a.* 불변의, 항구적인
plunder [plʌ́ndər] *n.* 약탈품
pursuer [pərsúːər] *n.* 추적자
resort [rizɔ́ːrt] *vi.* 의지하다, 도움을 요청하다
weather [wéðər] *vt.* 풍화시키다
8:23 be taken alive : 생포되다
8:24 finish off : 소탕하다
8:25 wipe out : 전멸시키다
8:29 pile…over- : …을 ~위에 쌓다

8:26　The Hebrew term used here refers to the complete consecration of things or people to the LORD, either by destroying them or by giving them as an offering.　8:28　*Ai* means "ruin."

위해 에발 산에 제단을 쌓았습니다.

31 그것은 여호와의 증인 모세가 명령한 대로였습니다. 여호수아는 모세의 율법책에 설명되어 있는 것과 같이 제단을 쌓았습니다. 그 제단은 쇠 연장으로 다듬지 않은 자연석으로 만들어졌는데, 이스라엘 사람들은 그 제단 위에서 여호와께 태워 드리는 제사인 번제와 화목제를 드렸습니다.

32 그곳에서 여호수아는 이스라엘의 모든 백성들이 보는 앞에서 모세가 썼던 율법을 돌에 새겼습니다.

33 장로와 지도자와 재판관과 모든 이스라엘 사람들이 언약궤를 가운데 두고 섰습니다. 그들은 그 언약궤를 멘 레위 사람 제사장들 앞에 섰으며 이스라엘 사람들과 이방 사람들도 모두 그곳에 섰습니다. 백성 중 절반은 에발 산 앞에 섰고, 나머지 절반은 그리심 산 앞에 섰습니다. 그들은 전에 모세가 백성을 위해 복을 빌 때, 그렇게 하라고 명령했던 대로 했습니다.

34 그 뒤에 여호수아는 율법책에 적혀 있는 대로 복과 저주의 말씀을 모두 읽었습니다.

35 이스라엘 사람들이 다 모였습니다. 여자들과 어린이들과 이스라엘 사람들과 함께 사는 이방 사람들도 그곳에 모였습니다. 여호수아는 모세가 준 명령을 빠짐없이 읽었습니다.

기브온 사람들의 속임수

9 요단 강 서쪽의 모든 왕들이 이 이야기를 들었습니다. 그 왕들은 헷 사람, 아모리 사람, 가나안 사람, 브리스 사람, 히위 사람, 여부스 사람들의 왕이었습니다. 그들은 산악 지대와 서쪽 경사 지역과 지중해 해안에 사는 사람들이었습니다.

2 이 왕들은 여호수아를 비롯한 이스라엘 사람들과 싸우기 위해 모두 모였습니다.

3 기브온 사람들도 여호수아가 여리고와 아이에 대해 했던 일을 들었습니다.

4 그래서 그들은 이스라엘 사람에게 속임수를 쓰기로 하였습니다. 그들은 여기저기 떨어진 곳을 기운 가죽 술부대와 낡아빠진 자루를 모아서 나귀 등에 실었습니다.

5 그들은 낡아빠진 신발을 신고 다 떨어진 옷을 입었습니다. 딱딱하게 굳고 곰팡이 냄새가 나는 빵을 준비해서

6 길갈의 진에 있던 여호수아에게 갔습니다. 기브온 사람들은 여호수아와 이스라엘 사람들에게 이렇게 말했습니다. "우리는 아주 먼 나라에서 왔습니다. 우리와 평화 조약을 맺어 주십시오."

7 이스라엘 사람들이 히위 족속인 기브온 사람들에게 물었습니다. "당신들은 이 근처에 사는 사람들 같은데 우리가 어떻게 당신들과 평화 조약을 맺을 수 있겠습니까?"

---

31 God of Israel, on Mount Ebal. •He followed the commands that Moses the LORD's servant had written in the Book of Instruction: "Make me an altar from stones that are uncut and have not been shaped with iron tools."* Then on the altar they presented burnt offerings and

32 peace offerings to the LORD. •And as the Israelites watched, Joshua copied onto the stones of the altar* the instructions Moses had given them.

33 •Then all the Israelites—foreigners and native-born alike—along with the elders, officers, and judges, were divided into two groups. One group stood in front of Mount Gerizim, the other in front of Mount Ebal. Each group faced the other, and between them stood the Levitical priests carrying the Ark of the LORD's Covenant. This was all done according to the commands that Moses, the servant of the LORD, had previously given for blessing the people of Israel.

34 •Joshua then read to them all the blessings and curses Moses had written in the

35 Book of Instruction. •Every word of every command that Moses had ever given was read to the entire assembly of Israel, including the women and children and the foreigners who lived among them.

The Gibeonites Deceive Israel

9 Now all the kings west of the Jordan River heard about what had happened. These were the kings of the Hittites, Amorites, Canaanites, Perizzites, Hivites, and Jebusites, who lived in the hill country, in the western foothills,* and along the coast of the Mediterranean Sea* as far north as the Lebanon mountains.

2 •These kings combined their armies to fight as one against Joshua and the Israelites.

3 •But when the people of Gibeon heard what Joshua had done to Jericho and Ai,

4 •they resorted to deception to save themselves. They sent ambassadors to Joshua, loading their donkeys with weathered saddlebags and old, patched wineskins.

5 •They put on worn-out, patched sandals and ragged clothes. And the bread they took

6 with them was dry and moldy. •When they arrived at the camp of Israel at Gilgal, they told Joshua and the men of Israel, "We have come from a distant land to ask you to make a peace treaty with us."

7 •The Israelites replied to these Hivites,

8:31 Exod 20:25; Deut 27:5-6.   8:32 Hebrew *onto the stones.*   9:1a Hebrew *the Shephelah.*   9:1b Hebrew *the Great Sea.*

8 그러자 히위 사람들은 여호수아에게 "우리는 당신의 종입니다"라고 말했습니다. 여호수아가 그들에게 말했습니다. "당신들은 누구요? 당신들은 어디에서 왔소?"

9 그 사람들이 대답했습니다. "우리는 당신의 종입니다. 우리는 아주 먼 나라에서 당신들의 하나님 여호와의 유명한 이름을 듣고 이곳까지 왔습니다. 우리는 당신들의 하나님 여호와께서 하신 일들에 대해 잘 알고 있습니다. 당신의 하나님이 이집트에서 하신 모든 일과

10 또 요단 강 동쪽에 살던 아모리 사람의 두 왕을 쳐죽인 이야기도 들어 알고 있습니다. 한 사람은 헤스본 왕 시혼이고, 다른 사람은 아스다롯에 있는 바산 왕 옥이지요.

11 그래서 장로들과 백성들은 우리에게 '여행에 필요한 음식을 준비해서 이스라엘 사람들을 만나시오. 그리고 그들에게 우리는 아주 먼 나라에서 왔으며, 우리와 평화 조약을 맺자고 전하시오'라고 말했습니다.

12 우리의 빵을 보십시오. 우리가 집을 떠날 때 이 빵은 따끈따끈한 새 빵이었습니다. 그런데 지금은 딱딱하고 곰팡이 냄새가 나는 빵이 되어 버렸습니다.

13 우리의 가죽 술부대를 보십시오. 우리가 떠날 때에 이 술부대는 새것이었고, 포도주도 가득 들어 있었으나 지금은 다 떨어져 여기저기 기운 낡아빠진 술부대가 되어 버렸습니다. 우리 옷과 신발을 보십시오. 너무 오래 여행을 했더니만 옷과 신발도 다 해어지고 말았습니다."

14 이스라엘 사람들은 그들이 가지고 온 빵을 맛보았습니다. 그러나 이스라엘 사람들은 어떻게 해야 할지 여호와께 묻지 않았습니다.

15 마침내 여호수아는 기브온 사람들과 평화 조약을 맺고 그 사람들을 살려 주기로 하였습니다. 이스라엘 사람들의 지도자들은 그 조약을 지키기로 약속하였습니다.

16 삼 일 후, 이스라엘 사람들은 기브온 사람들이 가까운 곳에 살고 있다는 것을 알게 되었습니다.

17 그래서 이스라엘 사람들은 그들이 살고 있는 곳으로 갔습니다. 이스라엘 사람들은 삼 일 만에 그들이 사는 성에 도착하였습니다. 그 성의 이름은 기브온과 그비라와 브에롯과 기럇여아림이었습니다.

18 그러나 이스라엘 사람들은 이 성들을 공격하지 않았습니다. 왜냐하면 이스라엘 사람들은 이스라엘의 하나님 여호와 앞에서 그들과 약속을 맺었기 때문입니다. 이스라엘의 모든 사람들이 그들과 평화조약을 맺은 지도자들에게 불만을 터뜨렸습니다.

19 그러나 지도자들은 이렇게 말했습니다. "우리는 우리 하나님 여호와 앞에서 그들과 약속을 했기 때문에 지금은 그들을 공격할 수 없소.

20 우리는 그들을 살려 주어야 하오. 여호와 앞에서 맺

"How do we know you don't live nearby? For if you do, we cannot make a treaty with you."

8 •They replied, "We are your servants."
"But who are you?" Joshua demanded. "Where do you come from?"

9 •They answered, "Your servants have come from a very distant country. We have heard of the might of the LORD your
10 God and of all he did in Egypt. •We have also heard what he did to the two Amorite kings east of the Jordan River—King Sihon of Heshbon and King Og of Bashan (who
11 lived in Ashtaroth). •So our elders and all our people instructed us, 'Take supplies for a long journey. Go meet with the people of Israel and tell them, "We are your servants; please make a treaty with us."'
12 •"This bread was hot from the ovens when we left our homes. But now, as you
13 can see, it is dry and moldy. •These wineskins were new when we filled them, but now they are old and split open. And our clothing and sandals are worn out from our very long journey."
14 •So the Israelites examined their food,
15 but they did not consult the LORD. •Then Joshua made a peace treaty with them and guaranteed their safety, and the leaders of the community ratified their agreement with a binding oath.
16 •Three days after making the treaty,
17 they learned that these people actually lived nearby! •The Israelites set out at once to investigate and reached their towns in three days. The names of these towns were Gibeon, Kephirah, Beeroth, and Kiriath-
18 jearim. •But the Israelites did not attack the towns, for the Israelite leaders had made a vow to them in the name of the LORD, the God of Israel.
The people of Israel grumbled against
19 their leaders because of the treaty. •But the leaders replied, "Since we have sworn an oath in the presence of the LORD, the God
20 of Israel, we cannot touch them. •This is what we must do. We must let them live, for divine anger would come upon us if we

---

divine [diváin] *a.* 하나님의, 신성의
grumble [grámbl] *vi.* 불평하다
investigate [invéstəgeit] *vt.* 조사하다
moldy [móuldi] *a.* 곰팡이 핀; 케케묵은
9:7 make a treaty with… : …와 조약을 맺다
9:13 split open : 찢어지다
9:13 wear out : 낡다
9:15 ratify with… : …로써 비준하다, 재가하다
9:18 make a vow to… : …에게 맹세하다
9:19 swear an oath : 맹세하다
9:19 in the presence of… : …의 면전에서

은 조약을 어겨 하나님의 노여움이 우리에게 미치도록 해서는 안되오.

21 그들을 살려 주시오. 그러나 그들은 이스라엘 백성들을 위해 나무를 베고, 물을 길어 주는 종이 될 것이오." 이렇게 해서 이스라엘 지도자들은 기브온 사람들과 맺은 조약을 지켰습니다.

22 여호수아는 기브온 사람들을 불러와 물어 보았습니다. "당신들은 왜 우리에게 거짓말을 했소? 당신들의 땅은 우리의 진에서 가깝소. 그런데 당신들은 우리에게 아주 먼 나라에서 왔다고 말했소.

23 이제 당신들은 저주를 받을 수밖에 없소. 당신들은 우리의 종이 되어야 하오. 당신들은 하나님의 집을 위해 나무를 베고 물을 길어 오는 사람이 될 것이오."

24 기브온 사람들이 여호수아에게 대답했습니다. "우리는 당신의 하나님 여호와께서 자기 종 모세에게 이 땅 모두를 당신에게 주라고 했다는 것을 들어서 알고 있습니다. 또 하나님은 이 땅에 사는 모든 사람을 죽이라고 당신에게 말씀하셨다는 것도 알고 있습니다. 그래서 우리는 당신들에게 생명을 잃을까봐 두려웠습니다. 이 때문에 우리가 거짓말을 한 것입니다.

25 이제는 당신 좋으실 대로 하십시오. 우리는 당신의 손 안에 있습니다."

26 그리하여 여호수아는 그들의 목숨을 살려 주었습니다. 여호수아는 이스라엘 사람들이 그들을 죽이지 못하게 했습니다.

27 여호수아는 기브온 사람들을 이스라엘 사람들의 종으로 삼았습니다. 그들은 이스라엘 사람들을 위해 나무를 베고 물을 길었습니다. 그들은 여호와께서 선택하신 곳의 제단을 위해 나무를 베고 물을 길었으며, 지금까지도 그 일을 하고 있습니다.

해와 달이 멈춰 서다

10 그때에 아도니세덱이 예루살렘의 왕으로 있었습니다. 그는 여호수아가 아이를 점령하고 그 성을 완전히 파괴시켰다는 이야기를 들었습니다. 또 여호수아가 여리고 성과 그 왕에게 한 것과 같이 아이 성과 그 왕에게도 똑같은 일을 했다는 이야기와 기브온 사람들이 이스라엘과 평화 조약을 맺고 그들과 함께 살고 있다는 이야기도 들었습니다.

2 아도니세덱과 그의 백성은 이 일 때문에 매우 두려워했습니다. 기브온은 아이보다 크고 군사력도 강했습니다. 이 성은 왕이 다스리는 다른 성 만큼이나 큰 성이었습니다.

3 그래서 예루살렘 왕 아도니세덱은 헤브론 왕 호함에게 사람을 보내어 호소했습니다. 아도니세덱은 또 야르뭇 왕 비람과 라기스 왕 야비아와 에글론 왕 드빌에게도 사람을 보내어 호소했습니다.

4 "나에게로 와서 나를 도와주시오. 우리가 기브온을

---

21 broke our oath. •Let them live." So they made them woodcutters and water carriers for the entire community, as the Israelite leaders directed.

22 •Joshua called together the Gibeonites and said, "Why did you lie to us? Why did you say that you live in a distant land when 23 you live right here among us? •May you be cursed! From now on you will always be servants who cut wood and carry water for the house of my God."

24 •They replied, "We did it because we—your servants—were clearly told that the LORD your God commanded his servant Moses to give you this entire land and to destroy all the people living in it. So we feared greatly for our lives because of you.
25 That is why we have done this. •Now we are at your mercy—do to us whatever you think is right."

26 •So Joshua did not allow the people of 27 Israel to kill them. •But that day he made the Gibeonites the woodcutters and water carriers for the community of Israel and for the altar of the LORD—wherever the LORD would choose to build it. And that is what they do to this day.

Israel Defeats the Southern Armies

10 Adoni-zedek, king of Jerusalem, heard that Joshua had captured and completely destroyed* Ai and killed its king, just as he had destroyed the town of Jericho and killed its king. He also learned that the Gibeonites had made peace with Israel and 2 were now their allies. •He and his people became very afraid when they heard all this because Gibeon was a large town—as large as the royal cities and larger than Ai. And the Gibeonite men were strong warriors.

3 •So King Adoni-zedek of Jerusalem sent messengers to several other kings: Hoham of Hebron, Piram of Jarmuth, Japhia of 4 Lachish, and Debir of Eglon. •"Come and help me destroy Gibeon," he urged them, "for they have made peace with Joshua and

---

ally [əlái] *n.* 동맹자
altar [ɔ́ːltər] *n.* 제단
urge [ə́ːrdʒ] *vt.* 설득하다, 권하다
warrior [wɔ́ːriər] *n.* 전사, 용사
woodcutter [wúdkʌ̀tər] *n.* 나무꾼, 벌목꾼
9:22 call together : 다 불러모으다
9:23 from now on : 지금부터
9:26 allow … to ~ : …에게 ~을 허용하다
10:1 make peace with … : …와 화친하다

10:1 The Hebrew term used here refers to the complete consecration of things or people to the LORD, either by destroying them or by giving them as an offering; also in 10:28, 35, 37, 39, 40.

공격합시다. 기브온은 여호수아를 비롯한 이스라엘 사람들과 평화 조약을 맺었소."

5 그러자 아모리의 다섯 왕이 군대를 모았습니다. 그들은 예루살렘, 헤브론, 야르못, 라기스, 그리고 에글론의 왕이었습니다. 이들의 군대는 기브온으로 가서 기브온을 포위하고 공격했습니다.

6 기브온 사람들은 길갈의 진에 있던 여호수아에게 사람을 보내어 말했습니다. "당신의 종들인 우리를 빨리 구해 주십시오. 산악 지대에 사는 아모리 사람의 왕들이 모든 군대를 모아 우리를 공격하고 있습니다."

7 그리하여 여호수아는 전 군대를 이끌고 길갈을 떠났습니다. 여호수아는 용감한 군인들을 데리고 떠났습니다.

8 여호와께서 여호수아에게 말씀하셨습니다. "적군을 두려워하지 마라. 나는 네가 그들을 물리치게 해 주겠다. 그들 중 너를 이길 사람은 아무도 없다."

9 여호수아는 길갈에서 떠나 밤새도록 행군하여 적군의 진 가까운 곳에 이르렀을 때, 갑자기 공격했습니다.

10 여호와께서 적군을 혼란스럽게 만들어 놓으셨으므로 이스라엘은 적군을 물리쳐 크게 이겼습니다. 이스라엘은 기브온에서 벧호론으로 내려가는 길까지 적군을 뒤쫓았습니다. 이스라엘 군대는 아세가와 막게다에 이르는 길에서 적군을 죽였습니다.

11 또 적군들이 이스라엘 군대에게 쫓겨 벧호론으로 뻗은 비탈길로 도망치며 아세가에 이르는 동안에 여호와께서 큰 우박을 내리셔서 많은 적군이 죽었습니다. 이스라엘 사람들의 칼에 맞아 죽은 사람보다 우박 때문에 죽은 사람이 더 많았습니다.

12 그날, 여호와께서 이스라엘 사람들이 아모리 사람들을 이길 수 있게 하셨습니다. 여호수아는 그날에 이스라엘 모든 백성 앞에 서서 여호와께 말했습니다. "해야, 기브온 위에 멈춰 서라. 달아, 아얄론 골짜기 위에 멈춰 서라."

13 그러자 해가 멈춰 섰고, 달도 이스라엘 백성이 적을 물리칠 때까지 멈춰 섰습니다. 이 이야기는 야살의 책*에 적혀 있습니다. 해가 하늘 한가운데 멈춰 서서 하루 종일 지지 않았다고 한 것이 바로 이를 두고 한 말입니다.

14 여호와께서 한 사람의 말을 들어 주신 일은 전에도 없었고 그 뒤로도 없었습니다. 진정 여호와께서 이스라엘을 위해 싸워 주신 것입니다.

15 이 일이 있은 후, 여호수아와 그의 군대는 길갈에 있는 진으로 되돌아왔습니다.

16 다섯 왕은 싸움을 하는 동안, 도망을 쳐 막게다에 가까운 어떤 동굴에 숨었습니다.

5 the people of Israel." • So these five Amorite kings combined their armies for a united attack. They moved all their troops into place and attacked Gibeon.

6 • The men of Gibeon quickly sent messengers to Joshua at his camp in Gilgal. "Don't abandon your servants now!" they pleaded. "Come at once! Save us! Help us! For all the Amorite kings who live in the hill country have joined forces to attack us."

7 • So Joshua and his entire army, including his best warriors, left Gilgal and set out

8 for Gibeon. • "Do not be afraid of them," the LORD said to Joshua, "for I have given you victory over them. Not a single one of them will be able to stand up to you."

9 • Joshua traveled all night from Gilgal and took the Amorite armies by surprise.

10 • The LORD threw them into a panic, and the Israelites slaughtered great numbers of them at Gibeon. Then the Israelites chased the enemy along the road to Beth-horon, killing them all along the way to Azekah

11 and Makkedah. • As the Amorites retreated down the road from Beth-horon, the LORD destroyed them with a terrible hailstorm from heaven that continued until they reached Azekah. The hail killed more of the enemy than the Israelites killed with the sword.

12 • On the day the LORD gave the Israelites victory over the Amorites, Joshua prayed to the LORD in front of all the people of Israel. He said,

"Let the sun stand still over Gibeon,
　　and the moon over the valley of
　　　　Aijalon."

13 • So the sun stood still and the moon stayed in place until the nation of Israel had defeated its enemies.

Is this event not recorded in *The Book of Jashar*? The sun stayed in the middle of the sky, and it did not set as on a normal

14 day.* • There has never been a day like this one before or since, when the LORD answered such a prayer. Surely the LORD fought for Israel that day!

15 • Then Joshua and the Israelite army returned to their camp at Gilgal.

Joshua Kills the Five Southern Kings

16 • During the battle the five kings escaped

---

hailstorm [héilstɔ:rm] *n.* 우박을 동반한 폭풍
10:8 stand up to… : …에 견디다, 대항하다

10:13a Or *The Book of the Upright.* 　10:13b Or *did not set for about a whole day.*

10:13 '야살의 책'은 '의로운 자의 책'이라고도 한다.

17 누군가가 그들이 동굴에 숨어 있는 것을 발견하고 여호수아에게 말해 주었습니다.

18 그러자 여호수아가 말했습니다. "동굴 입구를 커다란 바위로 막고 사람을 몇 명 두어서 동굴을 지키게 하시오.

19 여러분은 이곳에 있지 말고 계속해서 뒤쫓으시오. 도망하는 사람들을 계속 공격해서 그들이 자기 성으로 무사히 들어가지 못하도록 하시오. 여러분의 하나님 여호와께서 여러분에게 승리를 주셨소."

20 여호수아와 이스라엘 사람들이 적군을 많이 죽였으나, 몇 사람은 살아남아 굳건한 자기들의 성으로 도망쳤습니다.

21 싸움이 끝난 후, 여호수아의 군대는 막게다에 있던 여호수아에게 무사히 돌아왔습니다. 이스라엘 사람들을 헐뜯는 말을 하는 사람은 하나도 없었습니다.

22 여호수아는 "동굴 앞을 가로막고 있는 바위들을 옮기고 다섯 왕을 나에게 데리고 오시오" 하고 말했습니다.

23 그러자 사람들은 다섯 왕을 동굴에서 데리고 나왔습니다. 그들은 예루살렘, 헤브론, 야르뭇, 라기스, 그리고 에글론의 왕들이었습니다.

24 사람들은 이 왕들을 여호수아에게 데리고 왔습니다. 여호수아는 이스라엘의 모든 백성들에게 모이라고 말했습니다. 여호수아는 군대의 지휘관들에게 "이리 오시오! 여러분의 발로 이 왕들의 목을 밟으시오"라고 말했습니다. 그러자 군대 지휘관들이 가까이 와서 왕들의 목을 자기 발로 밟았습니다.

25 그런 후에 여호수아가 지휘관들에게 말했습니다. "강한 마음을 먹고 용기를 가지시오. 두려워하지 마시오. 여러분이 앞으로 싸우게 될 적들에게 여호와께서 어떠한 일을 하실 것인지를 내가 보여 주겠소."

26 그리고 나서 여호수아는 다섯 왕을 죽였습니다. 여호수아는 그들의 시체를 저녁 때까지 다섯 그루의 나무에 매달아 놓았습니다.

27 해가 지자 여호수아는 그 시체들을 나무에서 끌어내리라고 말했습니다. 여호수아의 사람들은 그 시체들을 전에 그 왕들이 숨어 있던 동굴에 던져 넣고 동굴 입구를 큰 바위들로 막아 놓았습니다. 그 바위들은 지금도 거기에 있습니다.

28 그날, 여호수아는 막게다를 물리쳐 이겼고, 왕과 성 안의 모든 백성들을 다 죽였습니다. 여호수아는 그들을 쳐 없앴습니다. 살아남은 사람은 아무도 없었습니다. 여호수아는 여리고 왕을 죽인 것과 같이 막게다 왕을 죽였습니다.

남쪽 성들을 정복함

29 그 후에 여호수아와 모든 이스라엘 사람은 막게다를 떠났습니다. 그리고 그들은 립나로 가서 그 성을 공격하였습니다.

17 and hid in a cave at Makkedah. ●When Joshua heard that they had been found,

18 ●he issued this command: "Cover the opening of the cave with large rocks, and place guards at the entrance to keep the

19 kings inside. ●The rest of you continue chasing the enemy and cut them down from the rear. Don't give them a chance to get back to their towns, for the LORD your God has given you victory over them."

20 ●So Joshua and the Israelite army continued the slaughter and completely crushed the enemy. They totally wiped out the five armies except for a tiny remnant that managed to reach their fortified

21 towns. ●Then the Israelites returned safely to Joshua in the camp at Makkedah. After that, no one dared to speak even a word against Israel.

22 ●Then Joshua said, "Remove the rocks covering the opening of the cave, and

23 bring the five kings to me." ●So they brought the five kings out of the cave— the kings of Jerusalem, Hebron, Jarmuth,

24 Lachish, and Eglon. ●When they brought them out, Joshua told the commanders of his army, "Come and put your feet on the kings' necks." And they did as they were told.

25 ●"Don't ever be afraid or discouraged," Joshua told his men. "Be strong and courageous, for the LORD is going to do

26 this to all of your enemies." ●Then Joshua killed each of the five kings and impaled them on five sharpened poles, where they hung until evening.

27 ●As the sun was going down, Joshua gave instructions for the bodies of the kings to be taken down from the poles and thrown into the cave where they had been hiding. Then they covered the opening of the cave with a pile of large rocks, which remains to this very day.

Israel Destroys the Southern Towns

28 ●That same day Joshua captured and destroyed the town of Makkedah. He killed everyone in it, including the king, leaving no survivors. He destroyed them all, and he killed the king of Makkedah as

29 he had killed the king of Jericho. ●Then Joshua and the Israelites went to Libnah

---

dare [dɛər] vt. 감히 …하다
discouraged [diskɑ́ridʒd] a. 낙심한
remnant [rémnənt] n. 남은 자; 생존자
slaughter [slɔ́ːtər] n. 학살, 살육
10:20 manage to… : 간신히 …하다
10:24 put one's feet on… : …을 밟다

30 여호와께서는 립나와 그 왕을 이스라엘의 손에 넘기셨습니다. 이스라엘은 립나 성에 있던 사람을 하나도 남기지 않고 모두 죽였습니다. 이스라엘 사람들은 립나 왕에게도 여리고 왕에게 한 것과 똑같은 일을 했습니다.

31 그 후에 여호수아와 모든 이스라엘 사람은 립나를 떠나 라기스 근처에 진을 치고 라기스를 공격했습니다.

32 여호와께서 라기스를 이스라엘의 손에 넘기셨습니다. 둘째 날에 여호수아는 라기스를 정복했고 성안에 있던 사람들을 다 죽였습니다. 그들은 립나에서 한 것과 똑같은 일을 라기스에서도 행했습니다.

33 바로 그때, 게셀 왕 호람이 라기스를 도우러 왔습니다. 그러나 여호수아는 호람과 그의 군대도 물리쳤습니다. 그들 중에 살아남은 사람은 아무도 없었습니다.

34 그 후에 여호수아와 모든 이스라엘 사람은 라기스를 떠나 에글론으로 갔습니다. 그들은 에글론 근처에 진을 치고 에글론을 공격했습니다.

35 그날, 그들은 에글론을 정복했고 에글론의 모든 백성을 죽였습니다. 또 성 안에 있는 모든 것을 없앴습니다. 그들은 에글론에서도 라기스에서 한 것과 똑같은 일을 행했습니다.

36 그 후에 여호수아를 비롯한 이스라엘 사람들은 에글론을 떠나 헤브론으로 가서 그곳을 공격했습니다.

37 그들은 헤브론과 헤브론 근처의 모든 작은 마을들을 정복했고 헤브론 사람을 다 죽였습니다. 그들 중에 살아남은 사람은 아무도 없었습니다. 이스라엘 사람들은 헤브론에서도 에글론에서 한 것과 똑같은 일을 행했습니다. 그들은 헤브론의 모든 백성을 죽이고 성 안에 있는 모든 것을 없앴습니다.

38 그 후에 여호수아를 비롯한 이스라엘 사람들은 드빌로 돌아와 그곳을 공격했습니다.

39 그들은 성을 정복하고 왕과 성 근처의 모든 작은 마을들도 정복했습니다. 그들은 드빌 성 안의 모든 것을 완전히 멸망시켰습니다. 아무도 살아남지 못했습니다. 이스라엘은 립나와 그 왕에게 한 것과 똑같은 일을 드빌과 그 왕에게 행했고, 이스라엘 사람들이 헤브론에서 한 것과 똑같은 일을 드빌에서도 행했습니다.

40 이처럼 여호수아는 모든 땅, 곧 산지와 남쪽 네게브 지방과 평지와 경사지의 모든 성에 있는 왕을 물리쳐 이겼습니다. 한 사람도 남겨 두지 않고 죽였습니다. 이스라엘의 하나님 여호와께서 살아서 숨쉬는 모든 것을 죽여서 주께 바치라고 말씀하셨습니다.

41 여호수아는 가데스 바네아에서 가사에 이르기까지 모든 성을 점령했고 고센에서 기브온에 이르는 모든 성도 점령했습니다.

42 여호수아는 이 모든 성과 그 왕들을 단 한 번에 모두

30 and attacked it. •There, too, the LORD gave them the town and its king. He killed everyone in it, leaving no survivors. Then Joshua killed the king of Libnah as he had killed the king of Jericho.

31 •From Libnah, Joshua and the Israelites
32 went to Lachish and attacked it. •Here again, the LORD gave them Lachish. Joshua took it on the second day and killed everyone in it, just as he had done at Libnah.

33 •During the attack on Lachish, King Horam of Gezer arrived with his army to help defend the town. But Joshua's men killed him and his army, leaving no survivors.

34 •Then Joshua and the Israelite army
35 went on to Eglon and attacked it. •They captured it that day and killed everyone in it. He completely destroyed everyone, just as
36 he had done at Lachish. •From Eglon, Joshua and the Israelite army went up to
37 Hebron and attacked it. •They captured the town and killed everyone in it, including its king, leaving no survivors. They did the same thing to all of its surrounding villages. And just as he had done at Eglon, he completely destroyed the entire population.

38 •Then Joshua and the Israelites turned
39 back and attacked Debir. •He captured the town, its king, and all of its surrounding villages. He completely destroyed everyone in it, leaving no survivors. He did to Debir and its king just what he had done to Hebron and to Libnah and its king.

40 •So Joshua conquered the whole region— the kings and people of the hill country, the Negev, the western foothills,* and the mountain slopes. He completely destroyed everyone in the land, leaving no survivors, just as the LORD, the God of Israel, had command-
41 ed. •Joshua slaughtered them from Kadesh-barnea to Gaza and from the region around
42 the town of Goshen up to Gibeon. •Joshua conquered all these kings and their land in a single campaign, for the LORD, the God of Israel, was fighting for his people.

---

completely [kəmplíːtli] *ad.* 철저히
conquer [káŋkər] *vt.* 정복하다
defend [difénd] *vt.* 방어하다
entire [intáiər] *a.* 전체의
foothill [fúthil] *n.* 산기슭의 작은 언덕
population [pɑpjuléiʃən] *n.* 인구
slaughter [slɔ́ːtər] *vt.* 도살하다, 학살하다
slope [slóup] *n.* 비탈, 경사지
surrounding [səráundiŋ] *a.* 주위의, 주변의
survivor [sərváivər] *n.* 생존자
10:42 in a single campaign : 단 한 번의 원정으로

10:40 Hebrew *the Shephelah.*

점령했는데, 그렇게 할 수 있었던 것은 이스라엘의 하나님 여호와께서 이스라엘을 위해 싸워 주셨기 때문입니다.

43 그 후에 여호수아와 모든 이스라엘 사람들은 길갈에 있는 진으로 되돌아왔습니다.

북쪽 왕들을 물리쳐 이김

11 히슬 왕 야빈은 지금까지 일어난 모든 일에 대한 이야기를 듣고 마돈 왕 요밥과 시므론 왕과 악삽 왕에게 사람을 보냈습니다.

2 야빈은 북쪽 산지의 왕들과 긴네롯* 남쪽에 있는 아라바와 평지에 있는 왕들에게도 사람을 보냈습니다. 또 그는 서쪽 돌의 높은 곳에 있는 왕에게도 사람을 보냈습니다.

3 야빈은 동쪽과 서쪽에 있는 가나안 왕들에게도 사람을 보냈고 산지에 사는 아모리 사람, 헷 사람, 브리스 사람, 산지의 여부스 사람과 미스바 지역의 헤르몬 산 아래에 사는 히위 사람에게도 사람을 보냈습니다.

4 그리하여 이 왕들의 군대가 모였는데, 그 군인과 말과 전차의 수가 셀 수도 없이 많았습니다. 마치 바닷가의 모래처럼 많은 군대가 모였습니다.

5 이 왕들은 모두 이스라엘 사람들과 싸우기 위해 메롬 물가에 모여서 한곳에 진을 쳤습니다.

6 그때에 여호와께서 여호수아에게 말씀하셨습니다. "그들을 두려워하지 마라. 내가 내일 이맘때에 그들 모두를 이스라엘 앞에서 죽일 것이다. 너는 그들이 가진 말의 다리를 부러뜨리고 그들이 소유한 모든 전차를 불에 태워라."

7 여호수아와 그의 모든 군대는 메롬 물가에 있는 적군을 갑자기 공격하였습니다.

8 여호와께서는 이스라엘의 손에 그들을 넘겨 주셨습니다. 이스라엘은 적군을 큰 시돈과 미스르봇 마임과 동쪽의 미스바 골짜기까지 뒤쫓아가서 한 사람도 남기지 않고 쳐죽였습니다.

9 여호수아는 여호와께서 말씀하신 대로 했습니다. 적이 가진 말들의 다리를 부러뜨렸으며 그들의 전차를 불태웠습니다.

10 그리고 나서 여호수아는 다시 돌아와 하슬 성을 점령했습니다. 여호수아는 하슬 왕을 칼로 죽였습니다. 하슬은 이스라엘과 맞서 싸운 나라들을 다스리는 지도자였습니다.

11 이스라엘은 하슬 성에 있는 모든 사람들을 죽였습니다. 아무것도 살아남지 못했고, 이스라엘은 그 성을 불태워 버렸습니다.

12 여호수아는 이 모든 성들을 점령하고 그 왕들도 모두 죽여 버렸습니다. 여호수아는 성 안에 있는 모든 것을 완전히 없앰으로써 여호와 하나님과의 약속

---

43 • Then Joshua and the Israelite army returned to their camp at Gilgal.

Israel Defeats the Northern Armies

11 When King Jabin of Hazor heard what had happened, he sent messages to the following kings: King Jobab of Madon; the king of Shimron; the king of Acshaph; 2 • all the kings of the northern hill country; the kings in the Jordan Valley south of Galilee*; the kings in the Galilean foothills*; 3 the kings of Naphoth-dor on the west; • the kings of Canaan, both east and west; the kings of the Amorites, the Hittites, the Perizzites, the Jebusites in the hill country, and the Hivites in the towns on the slopes of Mount Hermon in the land of Mizpah.

4 • All these kings came out to fight. Their combined armies formed a vast horde. And with all their horses and chariots, they covered the landscape like the sand on the seashore. 5 The kings joined forces and established their camp around the water near Merom to fight against Israel.

6 • Then the LORD said to Joshua, "Do not be afraid of them. By this time tomorrow I will hand all of them over to Israel as dead men. Then you must cripple their horses and burn their chariots."

7 • So Joshua and all his fighting men traveled to the water near Merom and attacked 8 suddenly. • And the LORD gave them victory over their enemies. The Israelites chased them as far as Greater Sidon and Misrephoth-maim, and eastward into the valley of Mizpah, until not one enemy warrior was 9 left alive. • Then Joshua crippled the horses and burned all the chariots, as the LORD had instructed.

10 • Joshua then turned back and captured Hazor and killed its king. (Hazor had at one time been the capital of all these kingdoms.) 11 • The Israelites completely destroyed* every living thing in the city, leaving no survivors. Not a single person was spared. And then Joshua burned the city.

12 • Joshua slaughtered all the other kings and their people, completely destroying them, just as Moses, the servant of the LORD,

---

chariot [tʃériət] *n.* 병거
cripple [krípl] *vt.* 절름거리게 하다
horde [hɔ́ːrd] *n.* 무리, 다수

11:2a　Hebrew *in the Arabah south of Kinnereth.*　11:2b　Hebrew *the Shephelah;* also in 11:16.　11:11　The Hebrew term used here refers to the complete consecration of things or people to the LORD, either by destroying them or by giving them as an offering; also in 11:12, 20, 21.

11:2 '긴네롯' 은 '갈릴리 호수' 를 뜻한다.

을 지켰습니다. 여호수아는 여호와의 종 모세가 명령한 대로 했습니다.

13 이스라엘은 언덕 위에 세워져 있는 성들은 불태우지 않았습니다. 그러나 하솔만은 여호수아가 불태웠습니다.

14 이스라엘 백성은 성 안에서 발견한 동물들과 모든 재물을 가졌지만 성 안에 있는 사람들은 모두 칼로 죽였습니다. 숨쉬는 사람은 한 사람도 남기지 않고 죽였습니다.

15 오래 전에 여호와께서는 자기 종 모세에게 그렇게 하라고 명령하셨고, 모세는 또 여호수아에게 그렇게 하라고 명령하였습니다. 그리고 여호수아는 그대로 복종했습니다. 여호수아는 여호와께서 모세에게 명령하신 것을 하나도 미루지 않았습니다.

16 이처럼 여호수아는 이 모든 땅, 곧 산지와 네게브 지방을 차지했습니다. 여호수아는 고센 지역 전체와 평지와 아라바를 차지하고 이스라엘의 산지와 그 주변의 모든 평지를 차지했습니다.

17 여호수아는 세일로 올라가는 할락 산에서부터 바알갓까지의 온 땅을 차지했는데, 바알갓은 헤르몬 산 아래 레바논 골짜기에 있었습니다. 여호수아는 그 땅의 모든 왕을 사로잡은 후, 그들을 죽였습니다.

18 여호수아는 그 땅의 왕들과 여러 해동안, 싸웠습니다.

19 그러나 그들 가운데 오직 한 성의 백성, 즉 기브온에 사는 히위 사람들과만 평화 조약을 맺었습니다. 그 밖의 모든 성은 이스라엘과 싸워 모두 패했습니다.

20 그들의 마음이 고집스러워져 이스라엘과 싸우러 나온 것은, 주님께서 그들을 죽임으로써 그들을 바치도록 하기 위해서였습니다. 이렇게 여호와께서는 그들에게 자비를 베푸시지 않고 그들을 완전히 멸망시키셨습니다. 이 일은 여호와께서 모세에게 명령하신 일이었습니다.

21 여호수아는 헤브론, 드빌, 아납, 유다, 그리고 이스라엘에 사는 아낙 사람들과 싸워 그들과 그들의 마을을 완전히 멸망시켰습니다.

22 아낙 사람 중 이스라엘 사람들의 땅에서 살아남은 자는 아무도 없었습니다. 단지 가사와 가드와 아스돗에서 몇 명만이 살아남았을 뿐이었습니다.

23 여호수아는 이스라엘 모든 땅을 차지했습니다. 이 일은 오래 전에 여호와께서 모세에게 그렇게 하라고 말씀하신 일이었습니다. 여호와께서는 약속하신 대로 이스라엘에게 그 땅을 주셨습니다. 그리고 여호수아는 그 땅을 이스라엘 지파들에게 나누어 주었습니다. 마침내 그 땅에서 모든 싸움이 끝났습니다.

이스라엘이 물리친 왕들

12 이스라엘 사람들은 요단 강 동쪽 땅, 곧 해돋는 쪽을 차지하였습니다. 이제 그들은 아르논 골

---

13 had commanded. •But the Israelites did not burn any of the towns built on mounds except Hazor, which Joshua burned. 14 •And the Israelites took all the plunder and livestock of the ravaged towns for themselves. But they killed all the people, leaving no survivors. 15 •As the LORD had commanded his servant Moses, so Moses commanded Joshua. And Joshua did as he was told, carefully obeying all the commands that the LORD had given to Moses.

16 •So Joshua conquered the entire region— the hill country, the entire Negev, the whole area around the town of Goshen, the western foothills, the Jordan Valley,* the mountains of Israel, and the Galilean foothills. 17 •The Israelite territory now extended all the way from Mount Halak, which leads up to Seir in the south, as far north as Baal-gad at the foot of Mount Hermon in the valley of Lebanon. Joshua killed all the kings of those 18 territories, •waging war for a long time to accomplish this. 19 •No one in this region made peace with the Israelites except the Hivites of Gibeon. All the others were defeated. 20 •For the LORD hardened their hearts and caused them to fight the Israelites. So they were completely destroyed without mercy, as the LORD had commanded Moses.

21 •During this period Joshua destroyed all the descendants of Anak, who lived in the hill country of Hebron, Debir, Anab, and the entire hill country of Judah and Israel. He killed them all and completely destroyed 22 their towns. •None of the descendants of Anak were left in all the land of Israel, though some still remained in Gaza, Gath, and Ashdod. 23 •So Joshua took control of the entire land, just as the LORD had instructed Moses. He gave it to the people of Israel as their special possession, dividing the land among the tribes. So the land finally had rest from war.

Kings Defeated East of the Jordan

12 These are the kings east of the Jordan River who had been killed by the Israelites and whose land was taken. Their territory extended from the Arnon Gorge to Mount Hermon and included all the land east of the Jordan Valley.*

---

ravage [rǽvidʒ] vt. 파괴하다, 약탈하다
wage [wéidʒ] vt. (전쟁 등을) 행하다
11:14 take…for oneself : …을 탈취하다
11:23 take control of… : …을 장악하다

....

11:16 Hebrew the Shephelah, the Arabah. 12:1 Hebrew the Arabah; also in 12:3, 8.

짜기에서 헤르몬 산까지의 온 땅을 얻었고 요단
강 골짜기*의 동쪽 모든 땅도 얻었습니다. 이스
라엘 사람들은 아래의 왕들을 물리쳐 이기고 그
땅을 차지했습니다.

2 시혼은 아모리 사람의 왕이었는데 헤스본 성에
서 살았습니다. 시혼은 아르논 골짜기에 있는
아로엘에서부터 얍복 강까지의 땅을 다스리고
있었습니다. 시혼의 땅은 골짜기 가운데서부터
시작되었는데, 그곳은 암몬 사람들과의 경계
지역이기도 합니다. 시혼은 길르앗 땅의 절반
이상을 차지하고 있었고

3 갈릴리 호수에서부터 사해까지 요단 강 골짜기
동쪽을 다스렸습니다. 또 벧여시못에서부터 남
쪽으로 비스가 언덕까지 다스렸습니다.

4 바산 왕 옥은 르바의 마지막 사람 중 하나였습니
다. 옥은 아스다롯과 에드레이에 있는 땅을 다
스렸고

5 헤르몬 산과 살르가와 바산 지역의 온 땅도 다
스렸습니다. 옥의 땅은 그술과 마아가의 백성이
살고 있는 곳까지였습니다. 옥은 길르앗 땅 절
반도 다스렸습니다. 길르앗의 땅은 헤스본 왕
시혼의 땅과 경계를 이루고 있는 곳입니다.

6 일찍이 여호와의 종 모세와 이스라엘 사람들은
이 모든 왕들을 물리쳐 이겼고, 모세는 그 땅을
르우벤과 갓과 요단 강 동쪽의 므낫세 지파 절반
에게 주었습니다. 그 땅은 그들의 차지가 되었
습니다.

7 여호수아와 이스라엘 사람들이 물리쳐 이긴 왕
들은 이러합니다. 그 왕들은 요단 강 서쪽, 곧 레
바논 골짜기에 있는 바알갓과 세일로 올라가는
곳 할락 산 사이에 있는 왕들이었습니다. 여호
수아는 그 땅을 이스라엘의 지파를 구분하여 그
에 따라 나누어 주었습니다.

8 그 땅은 산지와 평지와 아라바와 경사지와 광야
와 네게브 지방이었습니다. 그 땅은 헷 사람, 아
모리 사람, 가나안 사람, 브리스 사람, 히위 사
람, 여부스 사람이 살던 곳이었습니다. 이스라
엘 백성이 물리친 왕들은 다음과 같습니다.

9 여리고 왕, 벧엘 근처의 아이 왕,

10 예루살렘 왕, 헤브론 왕,

11 야르뭇 왕, 라기스 왕,

12 에글론 왕, 게셀 왕,

13 드빌 왕, 게델 왕,

14 호르마 왕, 아랏 왕,

15 립나 왕, 아둘람 왕,

16 막게다 왕, 벧엘 왕,

17 답부아 왕, 헤벨 왕,

---

2 • King Sihon of the Amorites, who lived in
Heshbon, was defeated. His kingdom included
Aroer, on the edge of the Arnon Gorge, and
extended from the middle of the Arnon Gorge
to the Jabbok River, which serves as a border for
the Ammonites. This territory included the
3 southern half of the territory of Gilead. • Sihon
also controlled the Jordan Valley and regions to
the east—from as far north as the Sea of Galilee
to as far south as the Dead Sea,* including the
road to Beth-jeshimoth and southward to the
slopes of Pisgah.

4 • King Og of Bashan, the last of the Rephaites,
5 lived at Ashtaroth and Edrei. • He ruled a territo-
ry stretching from Mount Hermon to Salecah in
the north and to all of Bashan in the east, and
westward to the borders of the kingdoms of
Geshur and Maacah. This territory included the
northern half of Gilead, as far as the boundary
of King Sihon of Heshbon.

6 • Moses, the servant of the LORD, and the
Israelites had destroyed the people of King
Sihon and King Og. And Moses gave their land
as a possession to the tribes of Reuben, Gad, and
the half-tribe of Manasseh.

Kings Defeated West of the Jordan

7 • The following is a list of the kings that Joshua
and the Israelite armies defeated on the west
side of the Jordan, from Baal-gad in the valley of
Lebanon to Mount Halak, which leads up to
Seir. (Joshua gave this land to the tribes of Israel
8 as their possession, • including the hill country,
the western foothills,* the Jordan Valley, the
mountain slopes, the Judean wilderness, and
the Negev. The people who lived in this region
were the Hittites, the Amorites, the Canaanites,
the Perizzites, the Hivites, and the Jebusites.)
These are the kings Israel defeated:

9 •   The king of Jericho
       The king of Ai, near Bethel
10 •   The king of Jerusalem
       The king of Hebron
11 •   The king of Jarmuth
       The king of Lachish
12 •   The king of Eglon
       The king of Gezer
13 •   The king of Debir
       The king of Geder
14 •   The king of Hormah
       The king of Arad
15 •   The king of Libnah
       The king of Adullam
16 •   The king of Makkedah
       The king of Bethel
17 •   The king of Tappuah

12:3 Hebrew *from the Sea of Kinnereth to the Sea of
the Arabah, which is the Salt Sea.*   **12:8** Hebrew
the Shephelah.

12:1 개역 성경에는 '아라바' 라고 표기되어 있다.

18 아벡 왕, 랏사론 왕,

19 마돈 왕, 하솔 왕,

20 시므론 므론 왕, 악삽 왕,

21 다아낙 왕, 므깃도 왕,

22 게데스 왕, 갈멜의 욕느암 왕,

23 돌의 높은 곳에 있는 돌 왕, 길갈의 고임 왕,

24 디르사 왕이었으며, 모두 삼십일 명이었습니다.

아직 차지하지 못한 땅

13 여호수아가 나이 많아 늙자, 여호와께서 여호수아에게 말씀하셨습니다. "여호수아야, 너는 이제 늙었다. 그러나 차지해야 할 땅이 아직도 많이 남아 있다.

2 남아 있는 땅은 이러하다. 블레셋 사람의 온 땅과 그술 사람의 땅, 그리고

3 이집트와 붙어 있는 시홀 강에서부터 북쪽의 에그론까지의 지역이다. 그 지역은 가나안 사람들의 땅이며 블레셋의 다섯 지도자들의 땅인 가사, 아스돗, 아스글론, 가드, 그리고 에그론과 아위 사람의 땅들이다.

4 또 남쪽으로 가나안 사람의 온 땅과 시돈 사람의 땅인 므아라 땅과 아모리 사람의 경계인 아벡까지의 땅과

5 그발 사람의 땅과 헤르몬 산 아래 바알갓 동쪽에서부터 하맛까지의 레바논 지역이며,

6 또 레바논에서부터 미스르봇 마임까지의 높은 지대에 살고 있는 모든 시돈 사람들의 땅이 그것이다. 내가 이스라엘 사람들 앞에서 그들 모두를 쫓아낼 것이다. 네가 이스라엘 사람들에게 땅을 나누어 줄 때, 이 땅을 잊지 말고 내가 말한 대로 하여라.

7 이제 땅을 나머지 아홉 지파와 므낫세 지파 절반에게 나누어 주어라."

땅을 나누어 줌

8 므낫세 지파 절반과 함께 르우벤 지파와 갓 지파는 요단 강 동쪽에서 자기 몫의 땅을 모세로부터 이미 받았습니다. 여호와의 종 모세가 그들에게 준 요단 강 동쪽의 땅은 다음과 같습니다.

9 그들의 땅은 아르논 골짜기의 아로엘에서 시작되어 골짜기 가운데에 있는 마을까지 이어졌고, 거기에는 메드바에서 디본까지의 평지가 속해 있습니다.

10 아모리 사람의 왕 시혼이 다스리던 모든 마을도 그 땅에 속해 있습니다. 시혼은 헤스본 성에서 다스렸고 시혼의 땅은 암몬 사람들이 살던 지역까지 이어졌는데

	The king of Hepher
18 ●	The king of Aphek
	The king of Lasharon
19 ●	The king of Madon
	The king of Hazor
20 ●	The king of Shimron-meron
	The king of Acshaph
21 ●	The king of Taanach
	The king of Megiddo
22 ●	The king of Kedesh
	The king of Jokneam in Carmel
23 ●	The king of Dor in the town of Naphoth-dor*
	The king of Goyim in Gilgal*
24 ●	The king of Tirzah.

In all, thirty-one kings were defeated.

The Land Yet to Be Conquered

13 When Joshua was an old man, the LORD said to him, "You are growing old, and
2 much land remains to be conquered. ●This is the territory that remains: all the regions of the
3 Philistines and the Geshurites, ●and the larger territory of the Canaanites, extending from the stream of Shihor on the border of Egypt, northward to the boundary of Ekron. It includes the territory of the five Philistine rulers of Gaza, Ashdod, Ashkelon, Gath, and Ekron. The land of
4 the Avvites ●in the south also remains to be conquered. In the north, the following area has not yet been conquered: all the land of the Canaanites, including Mearah (which belongs to the Sidonians), stretching northward to Aphek
5 on the border of the Amorites; ●the land of the Gebalites and all of the Lebanon mountain area to the east, from Baal-gad below Mount Hermon
6 to Lebo-hamath; ●and all the hill country from Lebanon to Misrephoth-maim, including all the land of the Sidonians.

"I myself will drive these people out of the land ahead of the Israelites. So be sure to give this land to Israel as a special possession, just as I
7 have commanded you. ●Include all this territory as Israel's possession when you divide this land among the nine tribes and the half-tribe of Manasseh."

The Land Divided East of the Jordan

8 ●Half the tribe of Manasseh and the tribes of Reuben and Gad had already received their grants of land on the east side of the Jordan, for Moses, the servant of the LORD, had previously assigned this land to them.

9 ●Their territory extended from Aroer on the edge of the Arnon Gorge (including the town in the middle of the gorge) to the plain
10 beyond Medeba, as far as Dibon. ●It also

12:23a Hebrew *Naphath-dor,* a variant spelling of Naphoth-dor. 12:23b Greek version reads *Goyim in Galilee.*

11 거기에는 길르앗도 속해 있습니다. 또 그술 사람과 마아갓 사람이 살던 지역과 헤르몬 산과 살르가까지의 바산 전체도 속해 있습니다.

12 바산 왕 옥의 온 나라가 그 땅에 속해 있습니다. 옛날에 옥은 아스다롯과 에드레이에서 다스렸는데, 옥은 거인족 르바의 마지막 사람 중 하나였습니다. 옛날에 모세가 그들을 물리쳐 이기고 그들의 땅을 차지하였습니다.

13 이스라엘 사람들은 그술과 마아갓 사람들을 쫓아내지 않았기 때문에, 그들은 지금도 이스라엘 사람들과 함께 살고 있습니다.

14 여호수아는 레위 지파에게만은 아무런 땅도 주지 않았습니다. 그 대신에 이스라엘의 하나님 여호와께 불에 태워 바치는 제물인 화제물을 선물로 받았습니다. 이것은 여호와께서 그들에게 약속하셨던 것입니다.

15 모세는 르우벤 지파의 인구 수에 비례하여 땅을 나누어 주었습니다.

16 그 땅은 아르논 골짜기의 아로엘에서부터 메드바를 지나는 온 평지와 골짜기 가운데에 있는 마을로부터

17 헤스본까지 이어지는데 거기에는 평지에 있는 모든 마을이 속해 있습니다. 그 마을 중에는 디본, 바못 바알, 벧 바알 므온이 있고

18 야하스, 그데못, 메바앗과

19 기랴다임, 십마, 골짜기의 언덕 위에 있는 세렛 사할도 있습니다.

20 또 벧 브올과 비스가 언덕과 벧 여시못도 있는데

21 그 땅은 평지의 모든 마을과 아모리 왕 시혼이 다스리던 모든 지역을 포함하고 있습니다. 시혼은 헤스본의 왕으로 있었지만 모세는 시혼과 미디안 사람의 지도자들을 물리쳐 이겼습니다. 그 지도자들 중에는 에위, 레겜, 술, 훌, 그리고 레바가 있습니다.

22 이스라엘 사람들이 그들과 싸우는 동안 브올의 아들 발람도 죽였는데 발람은 주술을 쓰는 사람이었습니다.

23 르우벤이 받은 땅은 요단 강가에서 끝납니다. 이상이 르우벤의 각 집안이 받은 마을과 평야입니다.

24 모세는 갓 지파의 모든 집안에게도 땅을 주었습니다.

25 그들에게 주어진 땅은 야셀 땅과 길르앗 모든 마을입니다. 모세는 또 암몬 사람들의 땅 절반도 주었는데 암몬 사람들의 땅은 랍바 근처의 아로엘까지였습니다.

26 모세가 준 땅에는 헤스본에서부터 라맛 미스베와

included all the towns of King Sihon of the Amorites, who had reigned in Heshbon, and extended as far as the borders of Ammon.

11 •It included Gilead, the territory of the kingdoms of Geshur and Maacah, all of Mount Hermon, all of Bashan as far as Salecah,

12 •and all the territory of King Og of Bashan, who had reigned in Ashtaroth and Edrei. King Og was the last of the Rephaites, for Moses had attacked them and driven them out. •But the Israelites failed to drive out the people of Geshur and Maacah, so they continue to live among the Israelites to this day.

An Allotment for the Tribe of Levi

14 •Moses did not assign any allotment of land to the tribe of Levi. Instead, as the LORD had promised them, their allotment came from the offerings burned on the altar to the LORD, the God of Israel.

The Land Given to the Tribe of Reuben

15 •Moses had assigned the following area to the clans of the tribe of Reuben.

16 •Their territory extended from Aroer on the edge of the Arnon Gorge (including the town in the middle of the gorge) to the plain beyond Medeba. •It included Heshbon and the other towns on the plain—Dibon, Bamoth-baal, Beth-baal-meon, •Jahaz, Kedemoth, Mephaath, •Kiriathaim, Sibmah, Zereth-shahar on the hill above the valley, •Beth-peor, the slopes of Pisgah, and Beth-jeshimoth.

21 •The land of Reuben also included all the towns of the plain and the entire kingdom of Sihon. Sihon was the Amorite king who had reigned in Heshbon and was killed by Moses along with the leaders of Midian—Evi, Rekem, Zur, Hur, and Reba—princes living in the region who were allied with Sihon. •The Israelites had also killed Balaam son of Beor, who used magic to tell the future. •The Jordan River marked the western boundary for the tribe of Reuben. The towns and their surrounding villages in this area were given as a homeland to the clans of the tribe of Reuben.

The Land Given to the Tribe of Gad

24 •Moses had assigned the following area to the clans of the tribe of Gad.

25 •Their territory included Jazer, all the towns of Gilead, and half of the land of Ammon, as far as the town of Aroer just west of* Rabbah. •It extended from Heshbon to Ramath-mizpeh and Betonim,

브도님까지의 지역과 마하나임에서 드빌 땅까지의 지역이 속해 있고

27 그 땅에는 골짜기와 벧 하람, 벧 니므라, 숙곳, 사본, 그리고 헤스본 왕 시혼이 다스리던 모든 땅도 속해 있습니다. 그 땅은 요단 강 동쪽에서 갈릴리 호수 끝까지 이어집니다.

28 이 모든 땅이 모세가 갓 지파에게 준 땅입니다. 모세는 그 땅을 갓 지파의 모든 집안에게 주었습니다.

29 다음은 모세가 동쪽에 있는 므낫세 지파 절반에게 준 땅입니다. 모세가 므낫세 지파 절반의 각 집안에 준 땅은 다음과 같습니다.

30 그 지역은 마하나임에서 시작되어 바산 전체와 바산 왕 옥이 다스리던 땅과 바산에 있는 야일의 모든 마을이 속해 있습니다. 성은 모두 육십 곳이었습니다.

31 또 길르앗 절반과 아스다롯과 에드레이도 속해 있습니다. 이곳은 바산 왕 옥이 다스리던 성입니다. 이상이 므낫세의 아들 마길의 집안이 받은 땅입니다. 마길의 자손의 절반이 위의 땅을 받았습니다.

32 모세는 모압 평지에서 그 땅을 위의 세 지파에게 주었습니다. 그 땅은 요단 강 건너 여리고 동쪽에 있었습니다.

33 그러나 모세는 레위 지파에게 아무런 땅도 주지 않았습니다. 왜냐하면 이스라엘의 하나님 여호와께서 몸소 레위 사람들을 위한 선물이 되어 주시겠다고 약속하셨기 때문입니다.

14 제사장 엘르아살과 눈의 아들 여호수아, 그리고 이스라엘의 모든 지파의 지도자들이 백성들에게 나누어 준 땅은 아래와 같습니다. 이것은 이스라엘 자손이 가나안 지방에서 받은 땅입니다.

2 이 땅은 아홉 지파와 지파 절반에게 제비를 뽑아 나누어 주었습니다. 이것은 여호와께서 모세에게 명령하신 대로 한 것입니다.

3 모세는 이미 두 지파와 므낫세 지파 절반에게 요단 강 동쪽의 땅을 나눠 주었습니다. 그러나 레위 지파에게는 다른 지파들처럼 땅을 주지 않았습니다.

4 요셉의 자손은 므낫세와 에브라임 두 지파로 나누어졌습니다. 레위 지파는 땅을 받지 못했지만 거주할 여러 성읍과 그들의 동물들을 기를 수 있는 목초지를 받았습니다.

5 이스라엘 백성은 여호와께서 모세에게 말씀하신 대로 각각 땅을 나누었습니다.

갈렙의 땅

6 어느 날, 유다 지파의 몇 사람이 길갈에 있는 여호수아에게 왔습니다. 그들 중 한 사람은 그니스 사람 여분네의 아들 갈렙이었는데 갈렙이 여호수아에게 말했습니다. "당신도 여호와께서 가데스바네아에서

27 and from Mahanaim to the territory of Lo-debar.* •In the valley were Beth-haram, Beth-nimrah, Succoth, Zaphon, and the rest of the kingdom of King Sihon of Heshbon. The western boundary ran along the Jordan River, extended as far north as the tip of the Sea of Galilee,* and then turned eastward. •The towns and their surrounding villages in this area were given as a homeland to the clans of the tribe of Gad.

The Land Given to the Half-Tribe of Manasseh

29 •Moses had assigned the following area to the clans of the half-tribe of Manasseh.

30 •Their territory extended from Mahanaim, including all of Bashan, all the former kingdom of King Og, and the sixty towns of Jair in Bashan. •It also included half of Gilead and King Og's royal cities of Ashtaroth and Edrei. All this was given to the clans of the descendants of Makir, who was Manasseh's son.

32 •These are the allotments Moses had made while he was on the plains of Moab, across the Jordan River, east of Jericho. •But Moses gave no allotment of land to the tribe of Levi, for the LORD, the God of Israel, had promised that he himself would be their allotment.

The Land Divided West of the Jordan

14 The remaining tribes of Israel received land in Canaan as allotted by Eleazar the priest, Joshua son of Nun, and the tribal leaders. •These nine and a half tribes received their grants of land by means of sacred lots, in accordance with the LORD's command through Moses. •Moses had already given a grant of land to the two and a half tribes on the east side of the Jordan River, but he had given the Levites no such allotment. •The descendants of Joseph had become two separate tribes—Manasseh and Ephraim. And the Levites were given no land at all, only towns to live in with surrounding pasturelands for their livestock and all their possessions. •So the land was distributed in strict accordance with the LORD's commands to Moses.

Caleb Requests His Land

6 •A delegation from the tribe of Judah, led by Caleb son of Jephunneh the Kenizzite, came to Joshua at Gilgal. Caleb said to Joshua, "Remember what the LORD said to Moses,

13:26 Hebrew *Li-debir*, apparently a variant spelling of Lo-debar (compare 2 Sam 9:4; 17:27; Amos 6:13). 13:27 Hebrew *Sea of Kinnereth*.

말씀하신 것을 기억하실 것입니다. 여호와께서
는 예언자 모세에게 당신과 나에 대해 말씀하셨
습니다.

7 내가 사십 세가 되었을 때에 여호와의 종인 모세
는 우리가 들어갈 땅을 살펴보고 오라고 나를 정
탐꾼으로 보냈습니다. 나는 그 땅을 살펴보고 돌
아와서 그 땅에 대한 자세한 것을 모세에게 말했
습니다.

8 나와 함께 그 땅에 들어갔던 다른 사람들은 돌
아온 뒤, 백성들에게 겁을 주는 말만 했지만 나는
나의 하나님 여호와를 온전히 믿었습니다.

9 그래서 그날, 모세는 나에게 '당신이 들어갔던 땅
은 당신의 땅이 될 것이오, 당신의 자녀가 그 땅을
영원토록 가지게 될 것이오, 당신이 나의 하나님
여호와를 온전히 믿었기 때문에 그 땅을 당신에
게 주겠소' 라고 약속했습니다.

10 주께서 약속해 주셨던 것과 같이, 여호와께서는
이 말씀을 모세에게 하신 후부터 지금까지 나를
사십오 년 동안을 더 살게 해 주셨습니다. 그동안,
우리 모두는 광야에서 떠돌아다녔고 이제 나는
팔십오 세가 되었습니다.

11 나는 모세가 나를 보냈던 때처럼 튼튼합니다. 나
는 지금도 얼마든지 그때처럼 싸울 수 있습니다.

12 그러니 여호와께서 오래 전에 약속하셨던 그 산
지를 나에게 주십시오. 아낙 사람들이 그곳에 살
고 있다는 이야기를 그때, 당신도 들어 알고 있을
것입니다. 그곳의 성들은 매우 크고 견고하지만
여호와께서 나를 도와 주시기만 한다면 나는 여
호와께서 말씀하신 것처럼 그들을 쫓아낼 수 있
습니다."

13 여호수아는 여분네의 아들 갈렙을 위해 복을 빌고
갈렙에게 헤브론 성을 주었습니다.

14 이 헤브론 성은 지금까지도 그니스 사람 여분네의
아들 갈렙의 집안 몫으로 남아 있습니다. 그 성이
갈렙 집안 사람들 차지가 될 수 있었던 것은 이스라
엘의 하나님 여호와를 온전히 믿었기 때문입니다.

15 옛날에는 헤브론을 기랏 아르바라고도 불렀습니
다. 이 이름은 아낙 사람들 중에서도 가장 큰 사람
인 아르바라는 사람의 이름을 따서 붙인 것입니다.
이 일이 있은 후, 그 땅에는 평화가 있었습니다.

유다 지파의 땅

15 유다 지파는 각 집안별로 제비를 뽑아 땅을
나누어 받았습니다. 그 땅은 가장 남쪽으로
는 에돔의 경계인 신 광야까지 이어집니다.

2 유다 땅의 남쪽 경계는 사해의 남쪽 끝에서 시작
되는데,

3 그 땅은 아그랍빔 비탈 남쪽을 지나 신으로 이어

---

the man of God, about you and me when we

7 were at Kadesh-barnea. •I was forty years old
when Moses, the servant of the LORD, sent me
from Kadesh-barnea to explore the land of
Canaan. I returned and gave an honest report,

8 •but my brothers who went with me fright-
ened the people from entering the Promised
Land. For my part, I wholeheartedly followed

9 the LORD my God. •So that day Moses solemn-
ly promised me, 'The land of Canaan on
which you were just walking will be your
grant of land and that of your descendants
forever, because you wholeheartedly followed
the LORD my God.'

10 • "Now, as you can see, the LORD has kept
me alive and well as he promised for all these
forty-five years since Moses made this
promise—even while Israel wandered in the
wilderness. Today I am eighty-five years old.

11 •I am as strong now as I was when Moses sent
me on that journey, and I can still travel and

12 fight as well as I could then. •So give me the
hill country that the LORD promised me. You
will remember that as scouts we found the
descendants of Anak living there in great,
walled towns. But if the LORD is with me, I
will drive them out of the land, just as the
LORD said."

13 •So Joshua blessed Caleb son of Jephunneh
and gave Hebron to him as his portion of

14 land. •Hebron still belongs to the descendants
of Caleb son of Jephunneh the Kenizzite
because he wholeheartedly followed the

15 LORD, the God of Israel. •(Previously Hebron
had been called Kiriath-arba. It had been
named after Arba, a great hero of the descen-
dants of Anak.)

And the land had rest from war.

The Land Given to the Tribe of Judah

15 The allotment for the clans of the tribe
of Judah reached southward to the bor-
der of Edom, as far south as the wilderness of
Zin.

2 •The southern boundary began at the south
3 bay of the Dead Sea.* •ran south of Scorpion
Pass* into the wilderness of Zin, and then
went south of Kadesh-barnea to Hezron.
Then it went up to Addar, where it turned

---

allotment [əlátmənt] *n.* 할당, 분배
explore [iksplɔ́:r] *vt.* 탐사하다, 답사하다
solemnly [sáləmli] *ad.* 진지하게, 장엄하게
wander [wándər] *vi.* 떠돌아다니다
wholeheartedly [hóulhá:rtidli] *ad.* 전심으로
14:5 in accordance with… : …에 따라서, …대로
14:8 for one's part : …의 입장에서는

15:2   Hebrew *the Salt Sea;* also in 15:5.   15:3
Hebrew *Akrabbim.*

지며 거기에서 다시 가데스 바네아 남쪽을 거쳐 헤스론을 지나고 아달을 거칩니다. 또 아달에서는 방향을 바꿔 갈가로 이어지고

4 갈가에서 다시 아스몬과 이집트 시내와 지중해로 이어집니다. 이것이 남쪽 경계입니다.

5 동쪽 경계는 사해의 해안인데 그 끝은 요단 강이 바로 흘러들어가는 곳입니다. 북쪽 경계는 요단 강이 사해로 흘러들어가는 곳에서 시작되는데

6 거기서 벧 호글라를 지나 벧 아라바 북쪽으로 이어지며 다시 보한의 돌로 이어집니다. 보한은 르우벤의 아들입니다.

7 북쪽 경계는 아골 골짜기를 지나 드빌로 이어집니다. 그리고 거기에서 북쪽으로 방향을 바꾸어 길갈로 이어집니다. 길갈은 아둠밈 산으로 가는 길의 맞은편에 있는데 아둠밈 산은 골짜기의 남쪽에 있습니다. 경계는 엔 세메스 물을 따라 이어지고 엔 세메스 물은 엔 로겔에서 그칩니다.

8 거기에서 다시 힌놈의 아들 골짜기를 지나갑니다. 그곳은 여부스 성의 남쪽에서 가깝습니다. 그 성은 예루살렘이라고 부르기도 합니다. 거기에서의 경계는 힌놈의 골짜기의 서쪽 언덕 꼭대기입니다. 그곳은 르바임 골짜기의 북쪽 끝에 있습니다. 그

9 거기에서 다시 넵도아 샘물로 이어지며 계속해서 에브론 산 가까이에 있는 성들로 이어집니다. 거기에서 방향을 바꿔 바알라로 이어집니다. 바알라는 기럇 여아림이라고 부르기도 합니다.

10 바알라에서는 방향을 서쪽으로 바꾸어 세일 산으로 이어지고 여아림 산의 북쪽을 따라가다가 벧 세메스에 이르며 그곳에서 딤나를 지나갑니다. 여아림 산은 그살론이라고 부르기도 합니다.

11 그 다음에는 에그론 북쪽 언덕으로 이어지며 거기에서 식그론 쪽으로 방향을 바꾸어 바알라 산을 지나갑니다. 바알라 산에서는 얍느엘로 이어지다가 바다에서 끝납니다.

12 지중해와 그 해변은 서쪽 경계입니다. 이것이 유다 자손이 그들의 집안별로 얻은 땅의 사방 경계입니다.

13 여호와께서는 여호수아에게 유다 땅의 일부를 여분네의 아들 갈렙에게 주라고 명령하셨습니다. 그래서 여호수아는 갈렙에게 하나님께서 명령하신 땅을 주었습니다. 여호수아는 갈렙에게 헤브론이라고도 부르는 기럇 아르바 마을을 주었습니다. 아르바는 아낙의 아버지입니다.

14 갈렙은 헤브론에 살고 있던 아낙 사람들의 세 집안을 쫓아냈습니다. 갈렙이 쫓아낸 아낙 사람들의 집안은 세새와 아히만과 달매였습니다. 이들은 거인족 아낙의 자손이었습니다.

---

4 toward Karka. • From there it passed to Azmon until it finally reached the Brook of Egypt, which it followed to the Mediterranean Sea.* This was their* southern boundary.

5 • The eastern boundary extended along the Dead Sea to the mouth of the Jordan River.

The northern boundary began at the bay where the Jordan River empties into the Dead Sea, • went up from there to

6 Beth-hoglah, then proceeded north of Beth-arabah to the Stone of Bohan. (Bohan was Reuben's son.) • From that

7 point it went through the valley of Achor to Debir, turning north toward Gilgal, which is across from the slopes of Adummim on the south side of the valley. From there the boundary extended to the springs at En-shemesh and on to

8 En-rogel. • The boundary then passed through the valley of Ben-Hinnom, along the southern slopes of the Jebusites, where the city of Jerusalem is located. Then it went west to the top of the mountain above the valley of Hinnom, and on up to the northern end of the val-

9 ley of Rephaim. • From there the boundary extended from the top of the mountain to the spring at the waters of Nephtoah,* and from there to the towns on Mount Ephron. Then it turned toward Baalah (that is, Kiriath-jearim).

10 • The boundary circled west of Baalah to Mount Seir, passed along to the town of Kesalon on the northern slope of Mount Jearim, and went down to Beth-shemesh

11 and on to Timnah. • The boundary then proceeded to the slope of the hill north of Ekron, where it turned toward Shikkeron and Mount Baalah. It passed Jabneel and ended at the Mediterranean Sea.

12 • The western boundary was the shoreline of the Mediterranean Sea.*

These are the boundaries for the clans of the tribe of Judah.

The Land Given to Caleb

13 • The LORD commanded Joshua to assign some of Judah's territory to Caleb son of Jephunneh. So Caleb was given the town of Kiriath-arba (that is, Hebron), which had

14 been named after Anak's ancestor. • Caleb drove out the three groups of Anakites—the descendants of Sheshai, Ahiman, and

---

15:4a Hebrew *the sea;* also in 15:11.   15:4b Hebrew *your.*   15:9 Or *the spring at Me-nephtoah.*   15:12 Hebrew *the Great Sea;* also in 15:47.

15 그리고 나서 갈렙은 드빌에 살고 있던 사람들과 싸웠습니다. 옛날에는 드빌을 기럇 세벨이라고 불렀습니다.

16 갈렙이 말했습니다. "기럇 세벨을 공격해서 점령하는 사람에게는 내 딸 악사를 그의 아내로 주겠다."

17 그 성과 싸워 이긴 사람은 갈렙의 형제인 그나스의 아들 옷니엘이었습니다. 그래서 갈렙은 자기 딸 악사를 옷니엘에게 주어 아내로 삼게 했습니다.

18 악사가 결혼할 때, 악사는 옷니엘이 자기 아버지 갈렙에게 땅을 달라고 하기를 원했습니다. 그래서 악사는 자기 아버지에게 갔습니다. 악사가 나귀에서 내리자 갈렙은 "무엇을 원하느냐?" 하고 물었습니다.

19 악사가 대답했습니다. "제게 복을 주세요. 아버지께서 저에게 주신 땅은 너무 메마른 땅이에요. 저에게 샘물이 있는 땅을 주세요." 그러자 갈렙은 악사에게 위쪽과 아래쪽에 샘물이 있는 땅을 주었습니다.

20 유다 지파는 하나님께서 그들에게 약속하셨던 땅을 받았고, 모든 집안들이 자기 몫의 땅을 받았습니다.

21 유다 지파는 가나안 남쪽에 있는 모든 마을들을 얻었는데 그 마을들은 에돔과 경계를 이루는 곳에 가까이 있습니다. 그 마을들의 이름은 갑스엘, 에델, 야굴,

22 기나, 디모나, 아다다,

23 게데스, 하솔, 잇난,

24 십, 델렘, 브알롯,

25 하솔 하닷다, 하솔이라고 부르는 그리욧 헤스론,

26 아맘, 세마, 몰라다,

27 하살 갓다, 헤스몬, 벧 벨렛,

28 하살 수알, 브엘 세바, 비스요댜,

29 바알라, 이임, 에셈,

30 엘돌랏, 그실, 홀마,

31 시글락, 맛만나, 산산나,

32 르바옷, 실힘, 아인, 림몬으로 모두 스물아홉 개의 성과 그 주변 마을들이었습니다.

33 또 평지에는 에스다올, 소라, 아스나,

34 사노아, 엔간님, 답부아, 에남,

35 야르뭇, 아둘람, 소고, 아세가,

36 사아라임, 아디다임, 그데라, 그데로다임으로 모두 열네 개의 성과 그 주변 마을들이었습니다.

37 또 스난, 하다사, 믹달갓,

38 딜르안, 미스베, 욕드엘,

39 라기스, 보스갓, 에글론,

40 갑본, 라맘, 기들리스,

41 그데롯, 벧다곤, 나아마, 막게다로 모두 열여섯

Talmai, the sons of Anak.

15 •From there he went to fight against the people living in the town of Debir (formerly called Kiriath-sepher).

16 •Caleb said, "I will give my daughter Acsah in marriage to the one who attacks and captures Kiriath-sepher."

17 Othniel, the son of Caleb's brother Kenaz, was the one who conquered it, so Acsah became Othniel's wife.

18 •When Acsah married Othniel, she urged him* to ask her father for a field. As she got down off her donkey, Caleb asked her, "What's the matter?"

19 •She said, "Give me another gift. You have already given me land in the Negev; now please give me springs of water, too." So Caleb gave her the upper and lower springs.

The Towns Allotted to Judah

20 This was the homeland allocated to the clans of the tribe of Judah.

21 •The towns of Judah situated along the borders of Edom in the extreme south were Kabzeel, Eder, Jagur, •Kinah, Dimonah,

23-24 Adadah, •Kedesh, Hazor, Ithnan, •Ziph, Telem, Bealoth, •Hazor-hadattah, Kerioth-hezron (that is, Hazor), •Amam, Shema,

27 Moladah, •Hazar-gaddah, Heshmon, Beth-pelet, •Hazar-shual, Beersheba, Biziothiah,

29-30 •Baalah, Iim, Ezem, •Eltolad, Kesil, Hormah,

31-32 •Ziklag, Madmannah, Sansannah, •Lebaoth, Shilhim, Ain, and Rimmon—twenty-nine towns with their surrounding villages.

33 •The following towns situated in the western foothills* were also given to Judah:

34 Eshtaol, Zorah, Ashnah, •Zanoah, En-gannim, Tappuah, Enam, •Jarmuth, Adullam,

36 Socoh, Azekah, •Shaaraim, Adithaim, Gederah, and Gederothaim—fourteen towns with their surrounding villages.

37 •Also included were Zenan, Hadashah, Migdal-gad, •Dilean, Mizpeh, Joktheel,

39-40 •Lachish, Bozkath, Eglon, •Cabbon, Lahmam, Kitlish, •Gederoth, Beth-dagon, Naamah, and Makkedah—sixteen towns with their surrounding villages.

allocate [ǽləkeit] vt. 할당하다
border [bɔ́ːrdər] n. 접경
extreme [ikstríːm] a. 맨 끝의
foothill [fúthil] n. 산기슭의 언덕
situated [sítʃueitid] a. 위치에 있는
urge [ɚːrdʒ] vt. 설득하다
15:9 extend from⋯ to ~ : ⋯로부터 ~까지 뻗다
15:11 proceed to⋯ : ⋯로 진행하다
15:15 fight against⋯ : ⋯와 싸우다
15:18 get down off⋯ : ⋯에서 내리다

15:18 Some Greek manuscripts read *he urged her.* 15:33 Hebrew *the Shephelah.*

개의 성과 그 주변 마을들이었습니다.

42 또 립나, 에델, 아산,

43 입다, 아스나, 느십,

44 그일라, 악십, 마레사로 모두 아홉 개의 성과 그 주변 마을들이었습니다.

45 또 에그론 마을과 그 근처의 모든 작은 마을들과 거기에 딸린 들과

46 에그론에서 바다까지 아스돗 근처의 모든 성과 마을이었습니다.

47 아스돗과 그 주변의 모든 작은 마을과 가사 주변의 들과 마을들이었는데, 그 땅은 이집트 시내까지 이어졌고 거기에서부터 지중해 해안을 따라 계속 이어졌습니다.

48 또 산지에는 사밀, 얏딜, 소고,

49 단나, 드빌이라고 부르는 기럇 산나,

50 아납, 에스드모, 아님,

51 고센, 홀론, 길로로 모두 열한 개의 성과 그 주변 마을들이었습니다.

52 또 아랍, 두마, 에산,

53 야님, 벧 답부아, 아베가,

54 훔다, 헤브론이라고 부르는 기럇 아르바, 시올로 모두 아홉 개의 성과 그 주변 마을들이었습니다.

55 또 마온, 갈멜, 십, 윳다,

56 이스르엘, 욕드암, 사노아,

57 가인, 기브아, 딤나로 모두 열 개의 성과 거기에 딸린 주변 마을들이었습니다.

58 또 할훌, 벧 술, 그돌,

59 마아랏, 벧 아놋, 엘드곤으로 모두 여섯 개의 성과 그 주변 마을들이었습니다.

60 또 기럇 여아림이라고 부르는 기럇 바알과 랍바로 두 마을이었습니다.

61 또 광야에는 벧 아라바, 밋딘, 스가가,

62 닙산, 소금 성, 엔게디로 모두 여섯 개의 성과 그 주변 마을들이었습니다.

63 유다 군대는 예루살렘에서 살고 있던 여부스 사람들을 쫓아내지 못했습니다. 그래서 여부스 사람들은 아직까지도 예루살렘에서 유다 사람들과 함께 살고 있습니다.

에브라임과 므낫세의 땅

16 요셉 지파가 제비 뽑아 얻은 땅은 여리고에서 가까운 요단 강에서부터 여리고 성 동쪽에 있는 여리고 샘까지 이어집니다. 또 여리고에서 벧엘 산지로 올라가는 광야까지 이어집니다.

2 또 루스라고 부르는 벧엘에서 아다롯에 있는 아렉 사람들의 경계로 이어집니다.

3 거기에서 다시 서쪽으로 야블렛 사람들의 경

---

42 • Besides these, there were Libnah, Ether,
43-44 Ashan, • Iphtah, Ashnah, Nezib, • Keilah, Aczib, and Mareshah—nine towns with their surrounding villages.

45 • The territory of the tribe of Judah also included Ekron and its surrounding settlements and villages.

46 • From Ekron the boundary extended west and included the towns near Ashdod with their surrounding villages.

47 • It also included Ashdod with its surrounding settlements and villages and Gaza with its settlements and villages, as far as the Brook of Egypt and along the coast of the Mediterranean Sea.

48 • Judah also received the following towns in the hill country: Shamir, Jattir, Socoh,

49 • Dannah, Kiriath-sannah (that is, Debir),

50-51 • Anab, Eshtemoh, Anim, • Goshen, Holon, and Giloh—eleven towns with their surrounding villages.

52 • Also included were the towns of Arab,
53 Dumah, Eshan, • Janim, Beth-tappuah,
54 Aphekah, • Humtah, Kiriath-arba (that is, Hebron), and Zior—nine towns with their surrounding villages.

55 • Besides these, there were Maon, Carmel,
56 Ziph, Juttah, • Jezreel, Jokdeam, Zanoah,
57 • Kain, Gibeah, and Timnah—ten towns with their surrounding villages.

58 • In addition, there were Halhul, Beth-zur,
59 Gedor, • Maarath, Beth-anoth, and Eltekon—six towns with their surrounding villages.

60 • There were also Kiriath-baal (that is, Kiriath-jearim) and Rabbah—two towns with their surrounding villages.

61 • In the wilderness there were the towns of
62 Beth-arabah, Middin, Secacah, • Nibshan, the City of Salt, and En-gedi—six towns with their surrounding villages.

63 • But the tribe of Judah could not drive out the Jebusites, who lived in the city of Jerusalem, so the Jebusites live there among the people of Judah to this day.

The Land Given to Ephraim and West Manasseh

16 The allotment for the descendants of Joseph extended from the Jordan River near Jericho, east of the springs of Jericho, through the wilderness and into the hill country of Bethel. 2 • From Bethel (that is, Luz)* it ran over to Ataroth in the territory of the Arkites. 3 • Then it descended westward to the territory of the Japhletites as far as Lower Beth-horon, then to Gezer and over to the Mediterranean Sea.*

16:2 As in Greek version (also see 18:13); Hebrew reads *From Bethel to Luz.*   16:3 Hebrew *the sea;* also in 16:6, 8.

계까지 이어지다가 그 아래 벧 호론 지역과 게셀을 거쳐 바다에서 끝납니다.

4 이처럼 요셉의 자손인 므낫세와 에브라임은 자기 몫의 땅을 받았습니다.

5 다음은 에브라임의 집안별로 받은 땅입니다. 그 땅의 경계는 동쪽의 아다롯 앗달에서 시작됩니다. 거기에서 벧 호론 위를 지나,

6 바다로 이어지고 믹므다에서 동쪽으로 방향을 바꾸어 다아낫 실로를 거쳐, 동쪽으로 더 나아가 야노아에 이릅니다.

7 야노아에서부터 다시 아다롯과 나아라로 내려가서 여리고에 이르며 요단 강에서 끝납니다.

8 에브라임의 경계는 답부아에서 서쪽으로 가나 골짜기를 지나 바다로 이어지는데 이 모든 땅이 에브라임 사람들이 받은 땅입니다. 에브라임 지파의 모든 집안은 이 땅을 나눠 자기 몫으로 받았습니다.

9 므낫세 자손의 몫 가운데 에브라임 사람의 몫으로 구별된 마을들과 거기에 딸린 들이 있었습니다.

10 에브라임 사람들은 가나안 사람들을 게셀에서 쫓아내지 못했습니다. 그래서 가나안 사람들은 오늘날까지도 에브라임 사람들과 함께 살고 있습니다. 그러나 그들은 에브라임 사람들의 노예가 되었습니다.

17 그 다음에는 므낫세 지파가 땅을 받았는데 므낫세는 요셉의 첫째 아들입니다. 므낫세의 첫째 아들은 마길인데, 마길은 길르앗의 조상이며 훌륭한 용사였습니다. 그래서 길르앗과 바산 땅이 그의 집안의 몫으로 돌아갔습니다.

2 므낫세의 다른 집안들도 땅을 받았습니다. 므낫세의 자손 이름은 아비에셀, 헬렉, 아스리엘, 세겜, 헤벨, 그리고 스미다입니다. 이들은 모두 요셉의 아들 므낫세의 남자 자손들입니다.

3 슬로브핫은 헤벨의 아들이며 헤벨은 길르앗의 아들입니다. 길르앗은 마길의 아들이고 마길은 므낫세의 아들입니다. 그러나 슬로브핫에게는 아들이 없었습니다. 그에게는 딸만 다섯 명이 있었는데, 그 딸들의 이름은 말라, 노아, 호글라, 밀가, 그리고 디르사입니다.

4 그의 딸들은 제사장 엘르아살에게 나아갔고, 또 눈의 아들 여호수아와 모든 지도자들에게도 나아갔습니다. 그 딸들은 말했습니다. "여호와께서는 남자들이 땅을 받는 것처럼 우리도 땅을 받아야 한다고 모세에게 말씀하셨습니다." 그러자 엘르아살은 여호와께 복종하여 그 딸들에게도 땅을 주었습니다. 그 딸들도 자기 아버지의 형제들과 똑같이 땅을 받게 되었습니다.

5 그리하여 므낫세 지파는 요단 강 동편에 있는 길르

4 •This was the homeland allocated to the families of Joseph's sons, Manasseh and Ephraim.

The Land Given to Ephraim

5 •The following territory was given to the clans of the tribe of Ephraim.

The boundary of their homeland began at Ataroth-addar in the east. From there it ran to Upper Beth-horon, •then on to the Mediterranean Sea. From Micmethath on the north, the boundary curved eastward past Taanath-shiloh to the east of Janoah. •From Janoah it turned southward to Ataroth and Naarah, touched Jericho, and ended at the Jordan River. •From Tappuah the boundary extended westward, following the Kanah Ravine to the Mediterranean Sea. This is the homeland allocated to the clans of the tribe of Ephraim.

9 •In addition, some towns with their surrounding villages in the territory allocated to the half-tribe of Manasseh were set aside for the tribe of Ephraim. •They did not drive the Canaanites out of Gezer, however, so the people of Gezer live as slaves among the people of Ephraim to this day.

The Land Given to West Manasseh

17 The next allotment of land was given to the half-tribe of Manasseh, the descendants of Joseph's older son. Makir, the firstborn son of Manasseh, was the father of Gilead. Because his descendants were experienced soldiers, the regions of Gilead and Bashan on the east side of the Jordan had already been given to them. •So the allotment on the west side of the Jordan was for the remaining families within the clans of the tribe of Manasseh: Abiezer, Helek, Asriel, Shechem, Hepher, and Shemida. These clans represent the male descendants of Manasseh son of Joseph.

3 •However, Zelophehad, a descendant of Hepher son of Gilead, son of Makir, son of Manasseh, had no sons. He had only daughters, whose names were Mahlah, Noah, Hoglah, Milcah, and Tirzah. •These women came to Eleazar the priest, Joshua son of Nun, and the Israelite leaders and said, "The LORD commanded Moses to give us a grant of land along with the men of our tribe."

So Joshua gave them a grant of land along with their uncles, as the LORD had commanded. •As a result, Manasseh's total allocation came to ten parcels of land, in addi-

homeland [hóumlænd] *n.* 특정 부족 거주 구역

앗과 바산 두 구역 외에, 요단 강 서쪽에 있는 열 구역의 땅을 더 가지게 되었습니다.

6 이것은 므낫세의 여자 자손들이 그 남자 자손들과 똑같이 땅을 받았기 때문이었으며, 길르앗 땅은 므낫세의 나머지 자손들이 차지했습니다.

7 므낫세의 땅은 아셀과 믹므닷 사이에 있는데 믹므닷은 세겜에서 가깝습니다. 므낫세의 경계는 남쪽의 엔답부아 지역까지 이어집니다.

8 답부아 땅은 므낫세의 것이지만 답부아 마을은 므낫세의 것이 아닙니다. 답부아 마을은 므낫세의 경계를 따라서 있지만 에브라임 자손의 것입니다.

9 므낫세의 경계는 가나 골짜기 남쪽으로 이어집니다. 므낫세의 이 지역에 있는 성들은 에브라임의 것입니다. 므낫세의 경계는 골짜기의 북쪽을 따라 있으며 지중해로 이어집니다.

10 그 가나 골짜기 남쪽은 에브라임의 땅이고 그 골짜기 북쪽은 므낫세의 땅입니다. 므낫세의 땅은 바다에 닿아 있고, 북쪽으로는 아셀의 땅과 동쪽으로는 잇사갈의 땅과 경계를 이루고 있습니다.

11 잇사갈과 아셀 지역에도 므낫세 백성의 땅이 있는데 므낫세 백성이 가진 땅은 벧 스안*과 그 주변의 작은 마을들입니다. 이블르암과 그 주변의 작은 마을도 그들의 것이고, 돌에 사는 모든 사람과 그 주변의 작은 마을들, 엔돌에 사는 사람들과 그 주변의 작은 마을들도 므낫세의 것입니다. 또 다아낙에 사는 모든 사람과 그 주변의 작은 마을들도 므낫세의 소유이며, 므낫세는 므깃도에 사는 사람들과 그 주변의 작은 마을들도 차지했습니다.

12 그러나 므낫세는 그 성에 사는 사람들을 쫓아내지 못하였으므로, 가나안 사람들은 계속 그곳에서 살게 되었습니다.

13 이스라엘 사람들은 점점 강해져서 강제로 가나안 사람들에게 일을 시켰지만 이스라엘 사람들은 가나안 사람들을 그 땅에서 쫓아내지는 않았습니다.

14 요셉 지파의 백성들이 여호수아에게 말했습니다. "여호와께서 지금까지 복을 주셔서 우리는 수가 많아졌습니다. 그런데 왜 당신은 우리에게 한 번만 제비를 뽑아서 한 몫만 받게 하시는 것입니까?"

15 여호수아는 이렇게 대답했습니다. "여러분은 수가 많소. 일어나 숲이 있는 곳으로 가서 여러분의 살 터를 스스로 마련하시오. 그 숲은 브리스 사람과 르바임 사람의 땅이오. 에브라임의 산악 지대는 여러분에게는 너무 좁소."

16 요셉의 자손이 말했습니다. "그렇습니다. 에브라임의 산악 지대는 우리에게 충분하지 않습니다. 그러나 가나안 사람들이 살고 있는 땅은 위험합니다. 그들은 훈련이 잘된 군인들입니다. 벧 스안과 그 주변

tion to the land of Gilead and Bashan across the Jordan River, •because the female descendants of Manasseh received a grant of land along with the male descendants. (The land of Gilead was given to the rest of the male descendants of Manasseh.)

7 •The boundary of the tribe of Manasseh extended from the border of Asher to Micmethath, near Shechem. Then the boundary went south from Micmethath to the settlement near the spring of Tappuah. •The land surrounding Tappuah belonged to Manasseh, but the town of Tappuah itself, on the border of Manasseh's territory, belonged to the tribe of Ephraim. •From the spring of Tappuah, the boundary of Manasseh followed the Kanah Ravine to the Mediterranean Sea.* Several towns south of the ravine were inside Manasseh's territory, but they actually belonged to the tribe of Ephraim. •In general, however, the land south of the ravine belonged to Ephraim, and the land north of the ravine belonged to Manasseh. Manasseh's boundary ran along the northern side of the ravine and ended at the Mediterranean Sea. North of Manasseh was the territory of Asher, and to the east was the territory of Issachar.

11 •The following towns within the territory of Issachar and Asher, however, were given to Manasseh: Beth-shan,* Ibleam, Dor (that is, Naphoth-dor),* Endor, Taanach, and Megiddo, each with their surrounding settlements.

12 •But the descendants of Manasseh were unable to occupy these towns because the Canaanites were determined to stay in that region. •Later, however, when the Israelites became strong enough, they forced the Canaanites to work as slaves. But they did not drive them out of the land.

14 •The descendants of Joseph came to Joshua and asked, "Why have you given us only one portion of land as our homeland when the LORD has blessed us with so many people?"

15 •Joshua replied, "If there are so many of you, and if the hill country of Ephraim is not large enough for you, clear out land for yourselves in the forest where the Perizzites and Rephaites live."

16 •The descendants of Joseph responded,

17:9 Hebrew *the sea;* also in 17:10.　17:11a Hebrew *Beth-shan,* a variant spelling of Beth-shan; also in 17:16.　17:11b The meaning of the Hebrew here is uncertain.

17:11 '벧 스안'은 '벧 산'의 또 다른 이름이다.

의 작은 마을들에 사는 가나안 사람들은 모두 뛰어난 무기를 가지고 있습니다. 이스르엘 골짜기에 살고 있는 사람들도 뛰어난 무기가 있습니다."

17 그때에 여호수아는 요셉의 백성인 에브라임 지파와 므낫세 지파에게 말했습니다. "하지만 여러분은 수가 많고 큰 힘을 가지고 있소. 여러분은 한 구역의 땅만을 가질 사람들이 아니오.

18 여러분은 산악 지대도 가지게 될 것이오. 그곳은 숲이지만 여러분은 그곳의 나무를 잘라 내어 살기 좋은 곳으로 만들 수 있소. 그러니 그 땅을 가지시오. 그들이 비록 뛰어난 무기를 가지고 있고, 강하다 하더라도 여러분은 그들을 물리쳐 이길 수 있소."

나머지 땅을 나눔

18 이스라엘 사람 모두가 실로에 모여 그곳에 회막을 세웠습니다. 그 땅은 이미 이스라엘에게 정복되었습니다.

2 그러나 이스라엘의 일곱 지파는 아직 하나님께서 약속하신 땅을 받지 못했습니다.

3 그래서 여호수아는 이스라엘 사람들에게 말했습니다. "여러분은 언제까지 땅을 차지하러 가는 것을 미루려고 합니까? 우리 조상의 하나님 여호와께서 이 땅을 여러분에게 주셨소.

4 이제 각 지파에서 세 사람씩 뽑으시오. 내가 그들을 보내어 그 땅을 정탐하도록 하겠소. 그들은 그 땅을 두루 돌아다니며 자기들의 지파가 얻게 될 땅의 모양을 그려서 나에게로 돌아오게 할 것이오.

5 그들은 그 땅을 일곱 부분으로 나눌 것이오. 유다 백성은 남쪽 자기들의 땅에 그대로 있게 될 것이고, 요셉의 백성도 북쪽 자기들의 땅 안에 그대로 있게 될 것이오.

6 여러분은 그 땅을 일곱 부분으로 나누고 그 일곱 부분의 모습을 그려서 나에게 가지고 오시오. 나는 여기, 우리 하나님 여호와 앞에서 제비를 뽑아 그 땅을 여러분에게 나누어 주겠소.

7 그러나 레위 지파는 그 땅 중의 어떤 부분도 가질 수 없소. 그것은 여호와를 위한 제사장 직무가 그들의 몫이기 때문이오. 갓과 르우벤과 므낫세 지파 절반은 그들에게 약속된 땅을 이미 받았고 그들의 땅은 요단 강 동쪽에 있소. 여호와의 종인 모세가 그 땅을 그들에게 주었소."

8 그리하여 각 지파에서 뽑힌 사람들은 그 땅을 향해 떠났습니다. 여호수아가 땅을 그리러 가는 사람들에게 말했습니다. "가서 그 땅을 두루 다녀 보시오. 그리고 그 땅의 모습을 그려서 나에게 가지고 오시오. 그러면 내가 여러분이 가질 땅에 대

"It's true that the hill country is not large enough for us. But all the Canaanites in the lowlands have iron chariots, both those in Beth-shan and its surrounding settlements and those in the valley of Jezreel. They are too strong for us."

17 •Then Joshua said to the tribes of Ephraim and Manasseh, the descendants of Joseph, "Since you are so large and strong, you will be

18 given more than one portion. •The forests of the hill country will be yours as well. Clear as much of the land as you wish, and take possession of its farthest corners. And you will drive out the Canaanites from the valleys, too, even though they are strong and have iron chariots."

The Allotments of the Remaining Land

18 Now that the land was under Israelite control, the entire community of Israel gathered at Shiloh and set up the Tabernacle.*

2 •But there remained seven tribes who had not yet been allotted their grants of land.

3 •Then Joshua asked them, "How long are you going to wait before taking possession of the remaining land the LORD, the God of your

4 ancestors, has given to you? •Select three men from each tribe, and I will send them out to explore the land and map it out. They will then return to me with a written report of their proposed divisions of their new homeland. •Let them divide the land into seven sections, excluding Judah's territory in the south and Joseph's territory in the north.

6 •And when you record the seven divisions of the land and bring them to me, I will cast sacred lots in the presence of the LORD our God to assign land to each tribe.

7 • "The Levites, however, will not receive any allotment of land. Their role as priests of the LORD is their allotment. And the tribes of Gad, Reuben, and the half-tribe of Manasseh won't receive any more land, for they have already received their grant of land, which Moses, the servant of the LORD, gave them on the east side of the Jordan River."

8 •As the men started on their way to map out the land, Joshua commanded them, "Go and explore the land and write a description of it. Then return to me, and I will assign the land to the tribes by casting sacred lots here in

---

description [dɪskrípʃən] *n.* 묘사
portion [pɔ́ːrʃən] *n.* 일부분; 몫
ravine [rəvíːn] *n.* 계곡, 골짜기
settlement [sétlmənt] *n.* 촌락
18:6 cast lots : 제비를 뽑아서 정하다
18:8 map out : 지도로 표기하다

18:1 Hebrew *Tent of Meeting.*

해 여호와 앞에서 제비를 뽑도록 하겠소. 그 일은 여기 실로에서 할 것이오."

9 그 사람들은 그 땅으로 들어가 두루 돌아다녔습니다. 그리고 마을별로 그 땅을 일곱 부분으로 나누어 책에 그렸습니다. 그들은 실로의 진에 있었던 여호수아에게 돌아왔습니다.

10 여호수아는 여호와 앞에서 그들을 위하여 제비를 뽑았습니다. 그는 실로에서 이스라엘 자손들에게 그 땅을 나누어 주었습니다.

베냐민 지파의 땅

11 그 땅의 첫 번째 부분은 베냐민 지파가 받았습니다. 베냐민 지파의 모든 집안이 자기 땅을 받았습니다. 그 땅의 경계선은 유다의 땅과 요셉의 땅 중간이었습니다.

12 북쪽 경계는 요단 강에서 시작되어 여리고의 북쪽 모서리를 따라 이어지다가 서쪽의 산지로 나아갑니다. 그 경계는 벧 아웬 광야까지 이어집니다.

13 거기에서 남쪽으로 내려가 루스 곧 벧엘로 이어지고, 루스에서는 남으로 더 내려가 아다롯 앗달로 이어집니다. 아다롯 앗달은 아래 벧 호론의 남쪽 언덕 위에 있습니다.

14 벧 호론 남쪽으로 언덕이 하나 있는데 이 언덕에서 경계의 방향이 바뀝니다. 언덕의 서쪽면에 가까운 남쪽으로 내려가면 기럇 바알, 곧 기럇 여아림이라는 곳으로 이어집니다. 이곳은 유다 백성이 사는 마을이며 여기가 서쪽의 끝입니다.

15 남쪽 경계는 기럇 여아림 끝에서 시작되어 서쪽으로 나아가 넵도아 샘으로 이어집니다.

16 거기에서 밑으로 내려가면 언덕 아래로 이어지는데, 그곳은 힌놈 골짜기에서 가깝습니다. 힌놈 골짜기는 르바임 골짜기의 북쪽에 있습니다. 거기서 여부스 앞쪽을 지나서 엔 로겔로 이어집니다.

17 거기에서 방향을 북쪽으로 바꾸어 엔 세메스로 이어지다가 계속해서 산지에 있는 아둠밈 고갯길 가까이의 그릴롯에 이릅니다. 거기에서 르우벤 자손인 보한의 돌까지 내려갑니다.

18 이어서 북쪽으로 아라바 맞은편을 지나서 아라바까지 내려갑니다.

19 거기에서 다시 벧 호글라의 북쪽으로 이어져서 사해의 북쪽 해안에서 끝납니다. 그곳은 요단 강 물이 바다로 흘러 들어가는 곳입니다. 그곳이 남쪽 끝입니다.

20 요단 강은 동쪽의 경계입니다. 이상이 베냐민의 각 후손이 받은 땅이고 사방의 경계입니

9 the presence of the LORD at Shiloh." •The men did as they were told and mapped the entire territory into seven sections, listing the towns in each section. They made a written record and

10 returned to Joshua in the camp at Shiloh. •And there at Shiloh, Joshua cast sacred lots in the presence of the LORD to determine which tribe should have each section.

The Land Given to Benjamin

11 •The first allotment of land went to the clans of the tribe of Benjamin. It lay between the territory assigned to the tribes of Judah and Joseph.

12 •The northern boundary of Benjamin's land began at the Jordan River, went north of the slope of Jericho, then west through the hill country and the wilderness of Beth-aven.

13 •From there the boundary went south to Luz (that is, Bethel) and proceeded down to Atarothaddar on the hill that lies south of Lower Bethhoron.

14 •The boundary then made a turn and swung south along the western edge of the hill facing Beth-horon, ending at the village of Kiriath-baal (that is, Kiriath-jearim), a town belonging to the tribe of Judah. This was the western boundary.

15 •The southern boundary began at the outskirts of Kiriath-jearim. From that western point it ran* to the spring at the waters of Nephtoah,*

16 •and down to the base of the mountain beside the valley of Ben-Hinnom, at the northern end of the valley of Rephaim. From there it went down the valley of Hinnom, crossing south of the slope where the Jebusites lived, and continued down to En-rogel.

17 •From En-rogel the boundary proceeded in a northerly direction and came to En-shemesh and on to Geliloth (which is across from the slopes of Adummim). Then it went down to the Stone of Bohan. (Bohan was Reuben's son.)

18 •From there it passed along the north side of the slope overlooking the Jordan Valley.* The border then

19 went down into the valley, •ran past the north slope of Beth-hoglah, and ended at the north bay of the Dead Sea,* which is the southern end of the Jordan River. This was the southern boundary.

20 •The eastern boundary was the Jordan River.

These were the boundaries of the homeland allocated to the clans of the tribe of Benjamin.

---

determine [ditə́:rmin] *vt.* 결의하다, 결정하다
outskirts [áutskə̀:rts] *n.* 변두리
wilderness [wíldərnis] *n.* 광야, 황무지

18:15a Or *From there it went to Mozah.* The meaning of the Hebrew is uncertain. 18:15b Or *the spring at Me-nephtoah.* 18:18 Hebrew *overlooking the Arabah,* or *overlooking Beth-arabah.* 18:19 Hebrew *Salt Sea.*

다.

21 베냐민 자손의 각 집안이 받은 성들은 다음과 같습니다. 여리고, 벧 호글라, 에멕 그시스,

22 벧 아라바, 스마라임, 벧엘,

23 아윔, 바라, 오브라,

24 그발 암모니, 오브니, 게바로 모두 열두 개의 성과 그 주변 마을들이었습니다.

25 또 기브온, 라마, 브에롯,

26 미스베, 그비라, 모사,

27 레겜, 이르브엘, 다랄라,

28 셀라, 엘렙, 여부스, 곧 예루살렘, 기부앗, 그리고 기럇으로 모두 열네 개의 성과 그 주변 마을이었습니다. 이 모든 지역이 베냐민 자손들이 받은 땅이었습니다.

시므온 지파의 땅

19 그 땅의 두 번째 부분은 시므온 지파가 받았습니다. 시므온의 모든 후손이 그 땅을 자기 몫으로 받았습니다. 그들이 받은 땅은 유다 지역 안에 있었습니다.

2 그 땅은 브엘세바, 곧 세바, 몰라다,

3 하살 수알, 발라, 에셈,

4 엘돌랏, 브둘, 호르마,

5 시글락, 벧 말가봇, 하살수사,

6 벧 르바옷, 그리고 사루헨으로 모두 열세 개의 성과 그 주변 마을들이었습니다.

7 또 아인과 림몬과 에델과 아산으로 모두 네 개의 성과 그 주변 마을들이었습니다.

8 또 남쪽 라마, 곧 바알랏 브엘까지의 아주 작은 마을들입니다. 이상이 시므온 지파가 받은 땅입니다. 시므온 지파의 모든 집안이 그 땅 중에서 자기 몫을 받았습니다.

9 시므온 사람들의 땅은 유다 땅에서 일부를 떼어 낸 것입니다. 유다는 필요한 것보다 훨씬 많은 땅을 가지고 있었기 때문에 시므온 사람들은 그들의 땅 중 일부를 받았습니다.

스불론 지파의 땅

10 그 땅의 세 번째 부분은 스불론 지파가 받았습니다. 스불론의 모든 후손이 그 땅을 자기 몫으로 받았습니다. 스불론의 경계는 사릿까지입니다.

11 사릿에서 서쪽으로 마랄라를 지나 답베셋 가까이로 이어지다가 다시 욕느암 맞은편에 있는 시내에 미칩니다.

12 거기에서 동쪽으로 방향을 바꿔 사릿에서 기슬롯 다볼 지역으로 이어지고, 계속 다브랏과 야비아로 이어집니다.

13 계속해서 동쪽으로 나아가면 가드 헤벨과 엣 가

The Towns Given to Benjamin

21 ●These were the towns given to the clans of the tribe of Benjamin.

22 Jericho, Beth-hoglah, Emek-keziz, ●Beth-
23 arabah, Zemaraim, Bethel, ●Avvim, Parah,
24 Ophrah, ●Kephar-ammoni, Ophni, and Geba—twelve towns with their surrounding
25 villages. ●Also Gibeon, Ramah, Beeroth,
26-27 ●Mizpah, Kephirah, Mozah, ●Rekem, Irpeel,
28 Taralah, ●Zela, Haeleph, the Jebusite town (that is, Jerusalem), Gibeah, and Kiriath-jearim*—fourteen towns with their surrounding villages.

This was the homeland allocated to the clans of the tribe of Benjamin.

The Land Given to Simeon

19 The second allotment of land went to the clans of the tribe of Simeon. Their homeland was surrounded by Judah's territory.

2 ●Simeon's homeland included Beersheba,
3 Sheba, Moladah, ●Hazar-shual, Balah, Ezem,
4-5 Eltolad, Bethul, Hormah, ●Ziklag, Beth-mar-
6 caboth, Hazar-susah, ●Beth-lebaoth, and Sharuhen—thirteen towns with their sur-
7 rounding villages. ●It also included Ain, Rimmon, Ether, and Ashan—four towns with
8 their villages, ●including all the surrounding villages as far south as Baalath-beer (also known as Ramah of the Negev).

This was the homeland allocated to the clans of
9 the tribe of Simeon. ●Their allocation of land came from part of what had been given to Judah because Judah's territory was too large for them. So the tribe of Simeon received an allocation within the territory of Judah.

The Land Given to Zebulun

10 ●The third allotment of land went to the clans of the tribe of Zebulun.

The boundary of Zebulun's homeland started
11 at Sarid. ●From there it went west, going past Maralah, touching Dabbesheth, and proceed-
12 ing to the brook east of Jokneam. ●In the other direction, the boundary went east from Sarid to the border of Kisloth-tabor, and from
13 there to Daberath and up to Japhia. ●Then it continued east to Gath-hepher, Eth-kazin, and

---

boundary [báundəri] *n.* 경계선
brook [brúk] *n.* 시내, 개천
territory [térətɔːri] *n.* 지역, 땅, 영역
19:1 be surrounded by… : …로 둘러싸이다
19:9 come from… : …로부터 오다
19:11 go past… : …을 지나가다
19:12 up to… : …까지

18:28 As in Greek version; Hebrew read *Kiriath.*

신으로 이어지다가 림몬에서 끝납니다. 거기에서 방향을 바꿔 네아 쪽으로 이어집니다.

14 네아에서는 다시 방향을 바꿔 북쪽으로 나가다가 한나돈을 지나 입다 엘 골짜기로 이어집니다.

15 또 갓닷과 나할랄과 시므론과 이달라와 베들레헴으로 모두 열두 개의 성과 그 주변 마을들이었습니다.

16 이상이 스불론 지파가 받은 성과 마을입니다. 스불론의 모든 후손이 자기 몫을 받았습니다.

잇사갈 지파의 땅

17 그 땅의 네 번째 부분은 잇사갈 지파가 받았습니다. 잇사갈의 모든 후손이 그 땅 중에서 자기 몫을 받았습니다.

18 그들의 땅은 이스르엘, 그술롯, 수넴,

19 하바라임, 시온, 아나하랏,

20 랍빗, 기손, 에베스,

21 레멧, 언 간님, 엔핫다, 그리고 벧 바세스입니다.

22 그들의 땅의 경계는 다볼과 사하수마와 벧 세메스에 이어지고 그 경계의 끝은 요단으로 모두 열여섯 개의 성과 그 주변 마을이었습니다.

23 이상의 성과 마을이 잇사갈 지파가 받은 땅입니다. 잇사갈의 모든 후손이 그 땅 중에서 자기 몫을 받았습니다.

아셀 지파의 땅

24 그 땅의 다섯 번째 부분은 아셀 지파가 받았습니다. 아셀의 모든 후손이 그 땅 중에서 자기 몫을 받았습니다.

25 그들의 땅에는 헬갓, 할리, 베덴, 악삽,

26 알람멜렉, 아맛, 그리고 미살이 속해 있습니다. 서쪽 경계는 갈멜 산과 시홀 림낫과 맞닿아 있습니다.

27 거기에서 방향을 동쪽으로 바꾸면 벧 다곤으로 이어지는데 그쪽 경계는 스불론과 입다 엘 골짜기와 맞닿아 있습니다. 거기에서 벧 에멕과 느이엘 북쪽을 지나 가불로 이어지다가

28 에브론과 르홉과 함몬과 가나를 거쳐 큰 시돈으로 이어집니다.

29 거기에서 다시 방향을 남쪽으로 바꿔 라마로 나아갑니다. 라마에서는 성벽이 있는 강한 성 두로로 이어지는데 두로에서 다시 방향을 바꿔 호사를 지나 바다에서 끝납니다. 이곳에는 악십과,

30 움마와 아벡과 르홉이 있습니다. 모두 스물두 개의 성과 거기에 딸린 마을들이 아셀의 몫이었습니다.

31 이상의 성과 그 마을들이 아셀 지파가 받은 땅의 일부입니다. 아셀의 모든 후손이 그 땅 중에서 자기 몫을 받았습니다.

---

14 Rimmon and turned toward Neah. •The northern boundary of Zebulun passed Hannathon and ended at the valley of Iphtah-el. •The towns in these areas includ-

15 ed Kattath, Nahalal, Shimron, Idalah, and Bethlehem—twelve towns with their surrounding villages.

16 •The homeland allocated to the clans of the tribe of Zebulun included these towns and their surrounding villages.

The Land Given to Issachar

17 •The fourth allotment of land went to the clans of the tribe of Issachar.

18 •Its boundaries included the following towns: Jezreel, Kesulloth, Shunem,

19-20 Hapharaim, Shion, Anaharath, •Rabbith,

21 Kishion, Ebez, •Remeth, En-gannim, En-

22 haddah, and Beth-pazzez. •The boundary also touched Tabor, Shahazumah, and Beth-shemesh, ending at the Jordan River—sixteen towns with their surrounding villages.

23 •The homeland allocated to the clans of the tribe of Issachar included these towns and their surrounding villages.

The Land Given to Asher

24 •The fifth allotment of land went to the clans of the tribe of Asher.

25 •Its boundaries included these towns: Helkath, Hali, Beten, Acshaph,

26 •Allammelech, Amad, and Mishal. The boundary on the west touched Carmel and Shihor-libnath, •then it turned east toward

27 Beth-dagon, and ran as far as Zebulun in the valley of Iphtah-el, going north to Beth-emek and Neiel. It then continued north to Cabul, •Abdon,* Rehob, Hammon, Kanah,

28 and as far as Greater Sidon. •Then the

29 boundary turned toward Ramah and the fortress of Tyre, where it turned toward Hosah and came to the Mediterranean Sea.* The territory also included Mehebel, Aczib,

30 •Ummah, Aphek, and Rehob—twenty-two towns with their surrounding villages.

31 •The homeland allocated to the clans of the tribe of Asher included these towns and their surrounding villages.

---

allocate [ǽləkeit] vt. 할당하다, 배분하다
allotment [əlátmənt] n. 할당된 몫
fortress [fɔ́ːrtris] n. 요새
19:13 turn toward … : …쪽으로 방향을 돌리다
19:27 as far as … : …까지

19:28　As in some Hebrew manuscripts (see also 21:30); most Hebrew manuscripts read *Ebron*.
19:29　Hebrew *the sea*.

납달리 지파의 땅

32 그 땅의 여섯 번째 부분은 납달리 지파가 받았습니다. 납달리의 모든 후손이 그 땅 중에서 자기 몫을 받았습니다.

33 그들의 땅의 경계는 사아난님 지역에 있는 큰 나무에서 시작하는데 사아난님은 헬렙 근처에 있습니다. 거기에서 아다미 네겝과 얍느엘을 거쳐 락굼 지역을 지나고 요단 강에서 끝납니다.

34 또 그 경계는 서쪽으로 아스놋 다볼을 거쳐 훅곡으로 이어지는데, 거기에서 남쪽으로는 스불론 지역과 만나고 서쪽으로는 아셀 땅으로 이어집니다. 그리고 동쪽으로는 유다와 맞닿은 요단 강입니다.

35 성벽이 있는 강한 성의 이름은 싯딤, 세르, 함맛, 락갓, 긴네렛,

36 아다마, 라마, 하솔,

37 게데스, 에드레이, 엔 하솔,

38 이론, 믹다렐, 호렘, 벧 아낫, 그리고 벧 세메스입니다. 모두 열아홉 개의 성과 거기에 딸린 주변 마을이 있었습니다.

39 납달리 지파가 받은 땅 안에 이 성들과 그 주변 마을들이 있었습니다. 납달리 지파의 모든 후손이 그 땅 중에서 자기 몫을 받았습니다.

단 지파의 땅

40 그 땅의 일곱 번째 부분은 단 지파가 받았습니다. 단의 모든 후손이 그 땅 중에서 자기 몫을 받았습니다.

41 그들의 땅의 경계는 소라, 에스다올, 이르 세메스,

42 사알랍빈, 아얄론, 이들라,

43 엘론, 딤나, 에그론,

44 엘드게, 깁브돈, 바알랏,

45 여훗, 브네브락, 가드 림몬,

46 메얄곤, 락곤, 그리고 욥바 맞은편 지역까지 이릅니다.

47 그러나 단 사람들은 그들의 땅을 잃었습니다.* 단 자손들은 위로 올라가서 레셈*과 싸웠습니다. 단 자손들은 그들을 물리치고 그 땅을 차지하여 그곳에서 살았습니다. 그들은 레셈을 그들의 조상인 단의 이름을 붙여 단이라고 불렀습니다.

48 이 성들과 거기에 딸린 주변 마을이 단 자손의 지파가 받은 것이었습니다. 단 지파의 모든 후손이 자기 몫을 받았습니다.

여호수아의 땅

49 그리하여 이스라엘의 지도자들은 여러 지파에게 땅을 나누어 주는 일을 끝마쳤습니다. 이 일을 마친 후에 모든 이스라엘 사람들은 눈의 아들 여호수아에게도 땅을 주기로 결정하였습니다. 그 땅은 여호수아에게 약속되었던 땅입니다.

The Land Given to Naphtali

32 •The sixth allotment of land went to the clans of the tribe of Naphtali.

33 •Its boundary ran from Heleph, from the oak at Zaanannim, and extended across to Adami-nekeb, Jabneel, and as far as Lakkum, ending at the Jordan River.

34 •The western boundary ran past Aznoth-tabor, then to Hukkok, and touched the border of Zebulun in the south, the border of Asher on the west, and the Jordan River* on the east. •The fortified towns included in this territory were Ziddim, Zer, Hammath,

35 Rakkath, Kinnereth, •Adamah, Ramah,

36 Hazor, •Kedesh, Edrei, En-hazor, •Yiron,

37-38 Migdal-el, Horem, Beth-anath, and Beth-shemesh—nineteen towns with their surrounding villages.

39 •The homeland allocated to the clans of the tribe of Naphtali included these towns and their surrounding villages.

The Land Given to Dan

40 •The seventh allotment of land went to the clans of the tribe of Dan.

41 •The land allocated as their homeland included the following towns: Zorah,

42 Eshtaol, Ir-shemesh, •Shaalabbin, Aijalon,

43-44 Ithlah, •Elon, Timnah, Ekron, •Eltekeh,

45 Gibbethon, Baalath, •Jehud, Bene-berak,

46 Gath-rimmon, •Me-jarkon, Rakkon, and the territory across from Joppa.

47 •But the tribe of Dan had trouble taking possession of their land,* so they attacked the town of Laish.* They captured it, slaughtered its people, and settled there. They renamed the town Dan after their ancestor.

48 •The homeland allocated to the clans of the tribe of Dan included these towns and their surrounding villages.

The Land Given to Joshua

49 •After all the land was divided among the tribes, the Israelites gave a piece of land to

---

capture [kǽptʃər] *vt.* 점령하다
fortify [fɔ́ːrtəfài] *vt.* 요새화하다
slaughter [slɔ́ːtər] *vt.* 적무수다
territory [térətɔ̀ːri] *n.* 지역, 땅, 영역
19:33 run from … : … 로부터 뻗다
19:47 take possession of … : … 을 점령하다
19:47a hold onto : 고수하다, 집착하다

19:34 Hebrew *and Judah at the Jordan River*.
19:47a Or *had trouble holding onto their land*.
19:47b Hebrew *Leshem*, a variant spelling of Laish.

19:47 '단 사람들의 경계는 더욱 확장되었습니다' 로도 번역할 수 있다. '레셈' 은 '라이스' 의 또 다른 이름이다.

50 여호와께서는 여호수아가 원하는 이 땅을 주라고 명령하셨습니다. 그래서 이스라엘 사람들은 여호수아에게 에브라임 산지에 있는 딤낫 세라 마을을 주었습니다. 이곳은 여호수아가 이스라엘 사람들에게 구한 마을입니다. 여호수아는 그 마을을 다시 지어 그곳에 살았습니다.

51 이상은 제사장 엘르아살과 눈의 아들 여호수아와 각 지파의 지도자들이 나누어 준 땅의 몫입니다. 그들은 실로에서 회막*의 문 곧 여호와 앞에서 제비를 뽑아 땅을 나누어 주었습니다. 이제 그들은 땅을 나누는 일을 모두 마쳤습니다.

도피성

20 그때에 여호와께서 여호수아에게 말씀하셨습니다.

2 "이스라엘 사람들에게 도피성을 지정하라고 하여라. 이것은 내가 모세를 통해 너희에게 명령한 일이다.

3 어떤 사람이 사람을 죽일 생각이 없었는데 그만 실수를 해서 죽이는 일이 생기게 되면 그 사람은 도피성으로 도망가도록 하여라. 그곳은 복수를 피할 수 있는 곳이다.

4 그 사람이 도피성들 중 한 곳으로 달아나면 그는 성문에서 멈춰 서서 그곳 백성의 지도자들에게 어떤 일이 일어났었는가를 설명해 주어야 한다. 그러면 지도자들은 그를 성 안으로 들어오게 할 것이고 그에게 자기들과 함께 살 곳을 마련해 줄 것이다.

5 그를 뒤쫓는 사람이 성까지 따라오는 일이 생기더라도 성의 지도자들은 그 사람을 넘겨 주지 말아야 한다. 왜냐하면 그 사람은 미워하는 마음 없이 실수로 사람을 죽였기 때문이다.

6 너희는 그 사람을 그곳의 법정에서 재판할 때까지 성 안에 머무르게 해야 한다. 또한 당시의 대제사장이 죽을 때까지 그곳에 머무르게 해야 한다. 그런 후에야 그는 자기가 도망하여 나온 마을의 자기 집으로 되돌아갈 수 있다."

7 그리하여 이스라엘 사람들은 납달리 산지의 갈릴리에 있는 게데스, 에브라임 산지에 있는 세겜, 유다 산지에 있는 기럇 아르바 곧 헤브론을 구별하여 도피성으로 지정했습니다.

8 또 여리고 동쪽, 요단 강 건너편 르우벤 땅의 평지 *광야*에 있는 *베셀*과 갓 땅의 길르앗 라못과 므낫세 땅의 바산 골란을 구별하여 지정하였습니다.

9 이 성들은 이스라엘 사람이든지, 그들과 함께 사는 외국인이든지, 실수로 사람을 죽였을 때에 그곳으로 도망하여, 살인자에게 복수하려는 사람의 손에 죽지 않도록 보호하려고 만든 곳입니다. 도피한 사람은 사람들 앞에서 재판받을 때까지 그곳에 머물

50 Joshua as his allocation. • For the LORD had said he could have any town he wanted. He chose Timnath-serah in the hill country of Ephraim. He rebuilt the town and lived there.

51 • These are the territories that Eleazar the priest, Joshua son of Nun, and the tribal leaders allocated as grants of land to the tribes of Israel by casting sacred lots in the presence of the LORD at the entrance of the Tabernacle* at Shiloh. So the division of the land was completed.

The Cities of Refuge

20 1-2 The LORD said to Joshua, • "Now tell the Israelites to designate the cities of refuge, as I instructed Moses. • Anyone who kills another person accidentally and unintentionally can run to one of these cities; they will be places of refuge from relatives seeking revenge for the person who was killed.

4 • "Upon reaching one of these cities, the one who caused the death will appear before the elders at the city gate and present his case. They must allow him to enter the city and give him a place to live among them.

5 • If the relatives of the victim come to avenge the killing, the leaders must not release the slayer to them, for he killed the other person unintentionally and without previous hostility. • But the slayer must stay in that city and be tried by the local assembly, which will render a judgment. And he must continue to live in that city until the death of the high priest who was in office at the time of the accident. After that, he is free to return to his own home in the town from which he fled."

7 • The following cities were designated as cities of refuge: Kedesh of Galilee, in the hill country of Naphtali; Shechem, in the hill country of Ephraim; and Kiriath-arba (that is, Hebron), in the hill country of Judah. 8 • On the east side of the Jordan River, across from Jericho, the following cities were designated: Bezer, in the wilderness plain of the tribe of Reuben; Ramoth in Gilead, in the territory of the tribe of Gad; and Golan in Bashan, in the land of the tribe of Manasseh. 9 • These cities were set apart for all the Israelites as well as the foreigners living among them. Anyone who accidentally killed another person could take refuge in one of these cities. In this way, they could escape being killed in revenge prior to standing trial before the local assembly.

19:51　Hebrew *Tent of Meeting*.
19:51　'회막' 은 '만남의 장막' 이란 뜻이다.

수 있습니다.

레위 지파를 위한 마을

21 레위 지파의 지도자들이 제사장 엘르아살에게 나아가 말했습니다. 그들은 눈의 아들 여호수아와 이스라엘 모든 지파의 지도자들에게도 말했습니다.

2 그들은 가나안 땅에 있는 실로 마을에서 이렇게 말했습니다. "여호와께서는 모세를 통해 당신에게 우리가 살 마을을 주라고 명령하셨습니다. 또 여호와께서는 당신더러 우리에게 그 주변의 들도 주라고 명령하셨습니다."

3 이 말을 듣고 이스라엘 사람들은 여호와의 명령에 복종했습니다. 레위 사람들에게 다음과 같은 마을과 그 주변의 들을 주었습니다.

4 고핫 후손을 위해 제비를 뽑았는데, 레위 사람 가운데 제사장 아론의 후손에게는 열세 개의 마을이 돌아갔습니다. 그 마을들은 유다와 시므온과 베냐민의 마을에서 떼어 준 것입니다.

5 고핫의 다른 후손은 열 개의 마을을 받았는데, 이 열 개의 마을은 제비를 뽑아 에브라임과 단과 므낫세 지파 절반의 마을에서 받은 것입니다.

6 게르손 후손의 사람들은 열세 개의 마을을 받았습니다. 그 마을들은 제비를 뽑아 잇사갈과 아셀과 납달리와 바산에 있는 다른 므낫세 지파 절반의 마을에서 받은 것입니다.

7 므라리 후손도 열두 개의 마을을 받았는데, 이 열두 개의 마을들은 르우벤과 갓과 스불론의 마을에서 받은 것입니다.

8 이처럼 이스라엘 사람들은 레위 사람들에게 마을과 마을 주변의 들을 주었습니다. 그들은 그렇게 함으로써 여호와께서 모세에게 주신 명령에 복종했습니다.

9 유다와 시므온의 땅에서 레위 사람들이 받은 마을의 이름은 다음과 같습니다.

10 레위 지파 가운데 고핫 후손의 아론 자손이 첫 번째로 제비를 뽑았는데,

11 그들에게 기럇 아르바, 곧 헤브론과 그 주변의 들을 주었습니다. 그곳은 유다의 산지에 있습니다. 아르바는 아낙의 조상입니다.

12 그러나 기럇 아르바 성 주변의 들과 작은 마을들은 여분네의 아들 갈렙에게 주었습니다.

13 제사장 아론의 자손에게 준 것은 살인자의 도피성인 헤브론과 그 주변의 들이며 또 립나와 그 주변의 들과

14 얏딜과 그 주변의 들과 에스드모아와 그 주변의 들과

15 홀론과 그 주변의 들과 드빌과 그 주변의 들과

The Towns Given to the Levites

21 Then the leaders of the tribe of Levi came to consult with Eleazar the priest, Joshua son of Nun, and the leaders of 2 the other tribes of Israel. •They came to them at Shiloh in the land of Canaan and said, "The LORD commanded Moses to give us towns to live in and pasturelands for our 3 livestock." •So by the command of the LORD the people of Israel gave the Levites the following towns and pasturelands out of their own grants of land.

4 •The descendants of Aaron, who were members of the Kohathite clan within the tribe of Levi, were allotted thirteen towns that were originally assigned to the tribes of 5 Judah, Simeon, and Benjamin. •The other families of the Kohathite clan were allotted ten towns from the tribes of Ephraim, Dan, and the half-tribe of Manasseh.

6 •The clan of Gershon was allotted thirteen towns from the tribes of Issachar, Asher, Naphtali, and the half-tribe of Manasseh in Bashan.

7 •The clan of Merari was allotted twelve towns from the tribes of Reuben, Gad, and Zebulun.

8 •So the Israelites obeyed the LORD's command to Moses and assigned these towns and pasturelands to the Levites by casting sacred lots.

9 •The Israelites gave the following towns 10 from the tribes of Judah and Simeon •to the descendants of Aaron, who were members of the Kohathite clan within the tribe of Levi, since the sacred lot fell to them first:

11 •Kiriath-arba (that is, Hebron), in the hill country of Judah, along with its surrounding pasturelands. (Arba was an ancestor of 12 Anak.) •But the open fields beyond the town and the surrounding villages were given to Caleb son of Jephunneh as his possession.

13 •The following towns with their pasturelands were given to the descendants of Aaron the priest: Hebron (a city of refuge for those who accidentally killed someone), 14-15 Libnah, •Jattir, Eshtemoa, •Holon, Debir,

---

assign [əsáin] *vt.* 할당하다
designate [dézignèit] *vt.* 지명하다, 가리키다
hostility [hastíləti] *n.* 적의, 적개심
pastureland [pǽstʃərlænd] *n.* 목초지
refuge [réfjuːdʒ] *n.* 도피처
render [réndər] *vt.* (판결을) 언도하다, 내리다
20:3 seek revenge for… : …를 위해 복수할 기회를 노리다
20:6 be tried by… : …에게 재판을 받다
20:6 be in office : 재직 중이다
21:1 consult with… : …와 의논하다

16 아인과 그 주변의 들과 윳다와 그 주변의 들과 벧 세메스와 그 주변의 들인데, 레위 자손은 유다와 시므온 두 지파로부터 받은 땅은 모두 아홉 개의 마을입니다.

17 이스라엘 사람들은 베냐민 지파의 땅에 있는 성들도 아론의 자손에게 주었습니다. 그들이 준 성은 기브온과 게바와

18 아낫돗과 알몬입니다. 그들은 아론 자손에게 이 네 개의 마을과 그 주변의 들을 주었습니다.

19 제사장 아론 자손의 마을은 열세 개의 마을과 그 주변의 들이었습니다.

20 레위 지파의 나머지 고핫 후손 사람들이 에브라임 지파에게서 받은 마을은 이러합니다.

21 에브라임 지파는 그들에게 살인자의 도피성 세겜 성과 그 주변의 들을 주었습니다. 세겜은 에브라임 산지에 있습니다. 또 게셀과 그 주변의 들과

22 깁사임과 그 주변의 들과 벧 호론과 그 주변의 들로 모두 네 개의 성이 고핫 자손의 몫이었습니다.

23 단 지파는 엘드게와 그 주변의 들과 깁브돈과 그 주변의 들과

24 아얄론과 그 주변의 들과 가드 림몬과 그 주변의 들로 모두 네 개의 성을 고핫 자손의 몫으로 주었습니다.

25 므낫세 서쪽 지파는 다아낙과 그 주변의 들과 가드 림몬과 그 주변의 들로 두 개의 성을 주었습니다.

26 이상 열 개의 마을과 그 주변의 들을 고핫 자손의 나머지 후손이 받았습니다.

27 레위 지파의 게르손 후손이 받은 마을은 이러합니다. 므낫세 동쪽 지파는 그들에게 살인자의 도피성인 바산에 있는 골란과 그 주변의 들을 주었습니다. 그리고 브에스드라와 그 주변의 들을 주었습니다. 이 두 마을을 게르손 후손이 받았습니다.

28 잇사갈 지파는 기시온과 그 주변의 들과 다브랏과 그 주변의 들과

29 야르뭇과 그 주변의 들과 언 간님과 그 주변의 들을 주었으니 게르손은 이 네 개의 마을을 받았습니다.

30 아셀 지파는 미살과 그 주변의 들과 압돈과 그 주변의 들과

31 헬갓과 그 주변의 들과 르홉과 그 주변의 들을 주었으니 아셀 지파는 이 네 개의 마을을 주었습니다.

32 납달리 지파는 살인자의 도피성인 갈릴리 게데스와 그 주변의 들을 주었습니다. 또 납달리는 함못 돌과 그 주변의 들과 가르단과 그 주변의 들을 주었으니 이 세 마을을 게르손 후손이 받았습니다.

33 이처럼 게르손 후손은 열세 개의 마을과 그 주변의 들을 받았습니다.

34 레위 지파의 나머지 후손인 므라리 후손이 받은 마

---

16 • Ain, Juttah, and Beth-shemesh—nine towns from these two tribes.

17 • From the tribe of Benjamin the priests were given the following towns with their pasturelands: Gibeon, Geba, • Anathoth,

18 and Almon—four towns. • So in all, thirteen

19 towns with their pasturelands were given to the priests, the descendants of Aaron.

20 • The rest of the Kohathite clan from the tribe of Levi was allotted the following towns and pasturelands from the tribe of

21 Ephraim: Shechem in the hill country of Ephraim (a city of refuge for those who accidentally killed someone), Gezer, • Kibzaim,

22 and Beth-horon—four towns.

23 • The following towns and pasturelands were allotted to the priests from the tribe of

24 Dan: Eltekeh, Gibbethon, • Aijalon, and Gath-rimmon—four towns.

25 • The half-tribe of Manasseh allotted the following towns with their pasturelands to the priests: Taanach and Gath-rimmon—

26 two towns. • So in all, ten towns with their pasturelands were given to the rest of the Kohathite clan.

27 • The descendants of Gershon, another clan within the tribe of Levi, received the following towns with their pasturelands from the half-tribe of Manasseh: Golan in Bashan (a city of refuge for those who accidentally killed someone) and Be-eshterah—two towns.

28 • From the tribe of Issachar they received the following towns with their pasturelands:

29 Kishion, Daberath, • Jarmuth, and En-gan-nim—four towns.

30 • From the tribe of Asher they received the following towns with their pasturelands:

31 Mishal, Abdon, • Helkath, and Rehob—four towns.

32 • From the tribe of Naphtali they received the following towns with their pasturelands: Kedesh in Galilee (a city of refuge for those who accidentally killed someone), Hammoth-

33 dor, and Kartan—three towns. • So in all, thirteen towns with their pasturelands were allotted to the clan of Gershon.

34 • The rest of the Levites—the Merari clan—were given the following towns with their pasturelands from the tribe of Zebulun:

accidentally [æksədéntəli] *ad.* 우연히, 뜻하지 않게

clan [klæn] *n.* 씨족

descendant [diséndənt] *n.* 자손

pastureland [pǽstʃərlænd] *n.* 목초지

priest [príːst] *n.* 제사장

rest [rést] *n.* 나머지

tribe [tráib] *n.* 지파

21:19 be given to … : …에게 부여되다
21:23 be allotted to … : …에게 배분되다
21:27 receive … from ~ : ~로부터 …을 받다

올은 이러합니다. 스블론 지파는 욕느암과 그 주변의 들과 가르다와 그 주변의 들과

35 딤나와 그 주변의 들과 나할랄과 그 주변의 들로 네 마을을 주었습니다.

36 르우벤 지파는 므라리 후손에게 베셀과 그 주변의 들과 야하스*와 그 주변의 들과

37 그데못과 그 주변의 들과 므바앗과 그 주변의 들을 주었으니 므라리 후손은 이 네 마을을 받았습니다.

38 갓 지파는 그들에게 살인자의 도피성인 길르앗 라못과 그 주변의 들을 주었습니다. 그들은 마하나임과 그 주변의 들과

39 헤스본과 그 주변의 들과 야셀과 그 주변의 들을 주었으니 갓 지파는 이 네 마을을 주었습니다.

40 이상은 레위 지파의 나머지 후손인 므라리 후손이 얻은 마을입니다. 그들은 제비를 뽑아 열두 개의 마을을 받았습니다.

41 레위 지파는 모두 마흔여덟 개의 마을과 그 주변의 들을 얻었습니다. 이 마을들은 모두 이스라엘 사람들이 차지한 땅에서 받은 것이었습니다.

42 모든 마을에는 그 주변에 들이 딸려 있었습니다.

43 이와 같이 여호와께서는 이스라엘 사람들에게 하신 약속을 지키셨습니다. 여호와께서는 이스라엘 백성에게 약속하신 모든 땅을 주셨습니다. 이스라엘 백성은 그 땅을 차지하고 거기에 살았습니다.

44 여호와께서는 이스라엘 사람들이 온 땅에서 평화롭게 살도록 해 주셨습니다. 여호와께서는 오래 전에 그들의 조상에게 하신 약속을 지키신 것입니다. 이스라엘의 적들 중 누구도 이스라엘을 이기지 못했습니다. 여호와께서는 이스라엘 사람들의 손에 모든 적을 넘겨 주셨습니다.

45 여호와께서는 이스라엘 사람들에게 하신 모든 약속을 지키셨습니다. 지켜지지 않은 약속은 하나도 없었습니다.

세 지파가 자기 땅으로 돌아감

22 그때, 여호수아는 르우벤과 갓과 므낫세 동쪽 지파의 사람들을 모두 모이게 했습니다.

2 여호수아는 그들에게 말했습니다. "여러분은 여호와의 종인 모세가 여러분에게 하라고 한 모든 일에 복종했소. 그리고 여러분은 나의 모든 명령에도 복종했소.

3 여러분은 지금까지 오랜 시간 동안, 여러분의 형제를 저버리지 않았소. 여러분은 하나님 여호와께서 내리신 모든 명령을 잘 지켰소.

4 여러분의 하나님 여호와께서는 이스라엘 사람들에게 평화를 주시겠다고 약속하셨소. 이제 주께서 그 약속을 지키셨으니 여러분은 여러분의 땅에 있는 집으로 돌아가도 좋소. 여러분은 여호와의 종이었

35 Jokneam, Kartah, •Dimnah, and Nahalal — four towns.

36 •From the tribe of Reuben they received the following towns with their pasturelands:

37 Bezer, Jahaz,* •Kedemoth, and Mephaath — four towns.

38 •From the tribe of Gad they received the following towns with their pasturelands: Ramoth in Gilead (a city of refuge for those who accidentally killed someone), Ma-

39 hanaim, •Heshbon, and Jazer —four towns.

40 •So in all, twelve towns were allotted to the clan of Merari.

41 •The total number of towns and pasturelands within Israelite territory given to the

42 Levites came to forty-eight. •Every one of these towns had pasturelands surrounding it.

43 •So the LORD gave to Israel all the land he had sworn to give their ancestors, and they

44 took possession of it and settled there. •And the LORD gave them rest on every side, just as he had solemnly promised their ancestors. None of their enemies could stand against them, for the LORD helped them conquer all

45 their enemies. •Not a single one of all the good promises the LORD had given to the family of Israel was left unfulfilled; everything he had spoken came true.

The Eastern Tribes Return Home

22 Then Joshua called together the tribes of Reuben, Gad, and the half-tribe of

2 Manasseh. •He told them, "You have done as Moses, the servant of the LORD, commanded you, and you have obeyed every

3 order I have given you. •During all this time you have not deserted the other tribes. You have been careful to obey the commands of the LORD your God right up to the present

4 day. •And now the LORD your God has given the other tribes rest, as he promised them. So go back home to the land that Moses, the servant of the LORD, gave you as your possession on the east side of the Jordan

---

conquer [kánkər] vt. 정복하다
desert [dizə́rt] vt. 저버리다
obey [oubéi] vt. 순종하다
settle [sétl] vi. 정착하다
solemnly [sáləmli] ad. 엄숙하게; 진지하게
swear [swεər] vt. 맹세하다
unfulfilled [ʌnfulfíld] a. 이루어지지 않은
21:44 stand against… : …에 대항하다
21:45 come true : 실현되다
22:1 call together : 불러모으다

21:36　Hebrew *Jahzah,* a variant spelling of Jahaz.

21:36 '야하스'는 (히)'야흐차'의 또 다른 이름이다.

던 모세가 준 땅으로 돌아가시오. 그 땅은 요단 강 동쪽에 있소.

5 그리고 여호와의 종이었던 모세가 여러분에게 준 명령과 율법에 복종하시오. 여러분은 여러분의 하나님 여호와를 사랑하고 주께서 지시하시는 길로 가며 주님의 명령을 지켜 주님을 가까이하며 여러분이 할 수 있는 모든 힘을 다하여 주님을 따르고 섬기시오."

6 여호수아가 그들에게 축복하고 보내니, 그들이 자기들 땅으로 돌아갔습니다.

7 모세는 바산 땅을 므낫세 동쪽 지파에게 주었고, 여호수아는 요단 강 서쪽의 땅을 므낫세 서쪽 지파에게 주었습니다. 여호수아는 그들을 자기 땅으로 돌려 보냈습니다. 여호수아는 그들을 축복해 주었습니다.

8 여호수아는 말했습니다. "여러분은 이제 많은 재물들을 가지고 돌아가시오. 여러분은 많은 가축과 은과 금과 구리와 철과 많은 옷을 가지고 돌아가시오. 또한 적에게 빼앗은 물건도 많이 가지고 가서 그 물건들을 서로 나누어 가지도록 하시오."

9 그리하여 르우벤과 갓과 므낫세 동쪽 지파의 백성들은 다른 이스라엘 사람들과 헤어졌습니다. 그들은 가나안의 실로를 떠나 길르앗으로 돌아갔습니다. 길르앗은 그들의 땅이었습니다. 여호와께서 명령하신 대로 모세가 그 땅을 그들에게 주었습니다.

10 르우벤과 갓과 므낫세 동쪽 지파는 가나안 땅의 요단 강에서 가까운 그릴롯*으로 가서 거기에 제단을 쌓았습니다. 그 제단은 보기에도 상당히 컸습니다.

11 그때, 실로에 남아 있던 이스라엘 사람들이 르우벤과 갓과 므낫세 지파 절반이 이스라엘 자손에게 속한 요단 강쪽, 가나안의 경계인 그릴롯에 제단을 쌓았다는 이야기를 들었습니다.

12 이스라엘 모든 백성들이 이 이야기를 듣고 그들과 싸우려고 실로로 몰려왔습니다.

13 이스라엘 사람들은 르우벤과 갓과 므낫세 동쪽 지파의 백성에게 사람을 보냈습니다. 그들은 제사장 엘리아살의 아들 비느하스를 길르앗 땅으로 보냈습니다.

14 그들은 또한 실로에 있는 열 지파에서 지도자들을 보냈습니다. 이 사람들은 이스라엘 각 지파의 어른들이었습니다.

15 이 사람들은 길르앗으로 가서 르우벤과 갓과 므낫세 동쪽 지파의 백성에게 이렇게 말했습니다.

16 "여호와의 모든 백성이 이와 같이 묻습니다. '여러분은 어찌하여 이스라엘의 하나님께 이런 악한 일을 하였소? 어찌하여 여러분은 오늘날 여호와를 떠나 여러분들을 위해 제단을 쌓고 여호와께 범죄하

5 River. •But be very careful to obey all the commands and the instructions that Moses gave to you. Love the LORD your God, walk in all his ways, obey his commands, hold firmly to him, and serve him with all your 6 heart and all your soul." •So Joshua blessed them and sent them away, and they went home.

7 •Moses had given the land of Bashan, east of the Jordan River, to the half-tribe of Manasseh. (The other half of the tribe was given land west of the Jordan.) As Joshua 8 sent them away and blessed them, •he said to them, "Go back to your homes with the great wealth you have taken from your enemies—the vast herds of livestock, the silver, gold, bronze, and iron, and the large supply of clothing. Share the plunder with your relatives."

9 •So the men of Reuben, Gad, and the half-tribe of Manasseh left the rest of Israel at Shiloh in the land of Canaan. They started the journey back to their own land of Gilead, the territory that belonged to them according to the LORD's command through Moses.

The Eastern Tribes Build an Altar

10 •But while they were still in Canaan, and when they came to a place called Geliloth* near the Jordan River, the men of Reuben, Gad, and the half-tribe of Manasseh stopped to build a large and imposing altar.

11 •The rest of Israel heard that the people of Reuben, Gad, and the half-tribe of Manasseh had built an altar at Geliloth at the edge of the land of Canaan, on the west 12 side of the Jordan River. •So the whole community of Israel gathered at Shiloh and pre-13 pared to go to war against them. •First, however, they sent a delegation led by Phinehas son of Eleazar, the priest, to talk with the tribes of Reuben, Gad, and the half-14 tribe of Manasseh. •In this delegation were ten leaders of Israel, one from each of the ten tribes, and each the head of his family within the clans of Israel.

15 •When they arrived in the land of Gilead, they said to the tribes of Reuben, Gad, and 16 the half-tribe of Manasseh, •"The whole community of the LORD demands to know why you are betraying the God of Israel. How could you turn away from the LORD and build an altar for yourselves in rebellion

delegation [dèligéiʃən] *n.* 대표단
imposing [impóuziŋ] *a.* 남의 눈을 끄는

22:10 Or *to the circle of stones;* similarly in 22:11.
22:10 개역 성경에는 '요단 언덕가' 라고 표기되어 있다.

려 하시오?

17 브올에서 있었던 일을 모르시오? 우리는 그 죄 때문에 아직도 괴로움을 겪고 있소. 그 일 때문에 하나님은 많은 이스라엘 사람들을 병들게 하셨소.

18 그런데도 여러분은 똑같은 일을 하려 하오? 여러분은 여호와께 등을 돌릴 작정이오? 여러분은 여호와를 따르지 않을 작정이오? 만일 여러분이 지금 하고 있는 일을 멈추지 않는다면, 여호와께서 이스라엘의 모든 사람들에게 화를 내실 것이오.

19 여러분의 땅은 깨끗하지 못한 땅이오. 그러니 성막이 있는 여호와의 땅으로 건너 오시오. 여러분은 우리들 땅의 일부를 차지하고 그 땅에 살아도 좋소. 우리 하나님 여호와의 제단 이외에 다른 제단을 쌓아 여호와께 등을 돌리는 일은 하지 마시오. 또 우리에게 등을 돌리는 일도 하지 마시오.

20 세라의 증손인 아간은 여호와께 완전히 바쳐야 할 것을 바치지 않고 범죄하였소. 그래서 이스라엘 사람 모두가 벌을 받았소. 아간의 죄 때문에 죽은 사람이 그 사람 하나뿐이겠소?"

21 르우벤과 갓과 므낫세 지파 절반의 백성이 이스라엘 지파의 수많은 지도자들에게 대답했습니다.

22 "여호와는 전능하신 하나님입니다. 전능하신 하나님 여호와께서는 아십니다. 또 이스라엘도 알게 될 것입니다. 만일 우리가 한 일이 여호와께 죄를 짓는 일이라면 오늘 우리를 살려 두지 마십시오.

23 우리가 제단을 쌓은 일이 여호와께 등을 돌리려는 것이라면 벌을 주십시오. 그 제단 위에 태워 드리는 제사인 번제나 곡식 제사나 또는 화목제물을 드리려고 한 것이라면 여호와께서 친히 벌을 주시기 바랍니다.

24 그러나 그렇지 않습니다. 우리가 이렇게 한 것은 훗날에 여러분의 자손들이 우리 자손들에게 말하기를 '여러분이 이스라엘의 하나님과 무슨 관계가 있소?

25 하나님은 당신들에게 요단 강 저쪽 땅을 주셨소. 그 요단 강은 당신들 르우벤과 갓 사람과 우리를 가르는 경계선이니 당신들은 이곳에서 여호와께 예배드릴 수 없소'라고 말할지도 모릅니다. 우리는 우리의 자손이 여호와께 예배드리는 것을 여러분의 자손이 못하게 할까 걱정했던 것입니다.

26 그래서 우리는 이 제단을 쌓기로 마음먹었습니다. 번제나 다른 제사를 드릴 생각으로 이 제단을 쌓은 것이 아니라

27 단지 우리와 여러분들 사이에 그리고 우리들의 후대들 사이에 우리가 번제물과 다른 제물과 화목제물을 여호와께 드리는 것을 증거하기 위해서입니다. 그래서 나중에 여러분의 자손이 우리 자손에게

17 against him? •Was our sin at Peor not enough? To this day we are not fully cleansed of it, even after the plague that struck the entire community of the LORD. •And yet

18 today you are turning away from following the LORD. If you rebel against the LORD today, he will be angry with all of us tomorrow.

19 •"If you need the altar because the land you possess is defiled, then join us in the LORD's land, where the Tabernacle of the LORD is situated, and share our land with us. But do not rebel against the LORD or against us by building an altar other than the one

20 true altar of the LORD our God. •Didn't divine anger fall on the entire community of Israel when Achan, a member of the clan of Zerah, sinned by stealing the things set apart for the LORD*? He was not the only one who died because of his sin."

21 •Then the people of Reuben, Gad, and the half-tribe of Manasseh answered the

22 heads of the clans of Israel: •"The LORD, the Mighty One, is God! The LORD, the Mighty One, is God! He knows the truth, and may Israel know it, too! We have not built the altar in treacherous rebellion against the LORD. If we have done so, do not spare our

23 lives this day. •If we have built an altar for ourselves to turn away from the LORD or to offer burnt offerings or grain offerings or peace offerings, may the LORD himself punish us.

24 •"The truth is, we have built this altar because we fear that in the future your descendants will say to ours, 'What right do you have to worship the LORD, the God of

25 Israel? •The LORD has placed the Jordan River as a barrier between our people and you people of Reuben and Gad. You have no claim to the LORD.' So your descendants may prevent our descendants from worshiping the LORD.

26 •"So we decided to build the altar, not for

27 burnt offerings or sacrifices, •but as a memorial. It will remind our descendants and your descendants that we, too, have the right to worship the LORD at his sanctuary with our burnt offerings, sacrifices, and peace offerings. Then your descendants will not be able to say to ours, 'You have no claim to the LORD.'

---

plague [pléig] *n.* 전염병
sanctuary [sǽŋktʃuèri] *n.* 성소
treacherous [trétʃərəs] *a.* 배반하는

22:20 The Hebrew term used here refers to the complete consecration of things or people to the LORD, either by destroying them or by giving them as an offering.

'너희는 여호와께 받을 분깃이 없다' 고 말하는 것을 막으려는 것입니다."

28 "장차 여러분의 자손이 우리에게 만약 그런 말을 하면 우리 자손은 이렇게 대답할 수 있습니다. '보십시오! 우리 조상들은 제단을 쌓았습니다. 그것은 여호와의 제단과 똑같은 제단입니다. 우리는 그 제단을 다른 제물을 바치는 데 사용하지 않았습니다. 이 제단은 우리와 여러분 사이에 증거가 되기 위해 우리 조상들이 쌓은 것입니다.'

29 우리가 제단을 쌓아 여호와께 등을 돌려 범죄하려는 것이 결코 아닙니다. 우리가 태워 드리는 제사인 번제나 곡식 제사나 다른 제사를 드리기 위해, 성막 안에 있는 우리 하나님 여호와의 제단 외에 다른 제단을 쌓은 것이 아닙니다."

30 제사장 비느하스와 다른 열 명의 지도자들이 이 모든 말을 들었습니다. 그들은 르우벤과 갓과 므낫세 동쪽 지파 사람들의 이야기를 듣고 기뻐했습니다.

31 제사장 엘르아살의 아들 비느하스가 말했습니다. "이제 우리는 여호와께서 우리와 함께 계시다는 것과 또 여러분이 여호와를 저버리지 않았다는 것을 알았습니다. 여러분들이 이스라엘 사람들을 여호와의 손에서 건져 내셨소."

32 그리고 나서 비느하스와 다른 지도자들은 길르앗에 있는 르우벤과 갓 지파의 사람들을 떠나 자기 땅으로 돌아갔습니다. 그들은 가나안으로 돌아가서 지금까지 있었던 일을 이스라엘 사람들에게 이야기해 주었습니다.

33 이스라엘 사람들도 기뻐했습니다. 그들은 만족하게 여기며 여호와께 감사드렸습니다. 그들은 르우벤과 갓의 백성들이 사는 땅에 가서 그들을 공격하자는 말을 하지 않았습니다.

34 그 후에 르우벤과 갓의 백성은 그 제단에 이름을 붙였습니다. 그들은 그 제단을 '엣' 이라고 불렀는데, 이것은 '여호와께서 하나님이심을 우리가 믿는 증거다' 라는 뜻입니다.

여호수아의 마지막 인사

23 여호와께서는 이스라엘에게 주변의 모든 적들을 물리치게 하시고 평화를 주셨습니다. 여호와께서는 이스라엘을 안전하게 해 주셨습니다. 여러 해가 지나 여호수아의 나이가 많아지자

2 여호수아는 모든 장로들과 지도자들과 이스라엘의 재판관들과 관리들을 모았습니다. 여호수아가 말했습니다. "나는 이제 매우 늙었소.

3 여러분은 여호와께서 우리의 적을 향해 하신 일을 보았소. 여호와께서는 우리를 도우셨소. 여러분의 하나님 여호와께서는 여러분을 위해 싸우셨소.

4 보시오, 나는 여러분을 위하여 여러분의 지파들에

28 • 'If they say this, our descendants can reply, 'Look at this copy of the LORD's altar that our ancestors made. It is not for burnt offerings or sacrifices; it is a reminder of the relationship both of us have with the LORD.'

29 •Far be it from us to rebel against the LORD or turn away from him by building our own altar for burnt offerings, grain offerings, or sacrifices. Only the altar of the LORD our God that stands in front of the Tabernacle may be used for that purpose."

30 •When Phinehas the priest and the leaders of the community—the heads of the clans of Israel—heard this from the tribes of Reuben, Gad, and the half-tribe of Manasseh,

31 they were satisfied. •Phinehas son of Eleazar, the priest, replied to them, "Today we know the LORD is among us because you have not committed this treachery against the LORD as we thought. Instead, you have rescued Israel from being destroyed by the hand of the LORD."

32 •Then Phinehas son of Eleazar, the priest, and the other leaders left the tribes of Reuben and Gad in Gilead and returned to the land of Canaan to tell the Israelites what

33 had happened. •And all the Israelites were satisfied and praised God and spoke no more of war against Reuben and Gad.

34 •The people of Reuben and Gad named the altar "Witness,"* for they said, "It is a witness between us and them that the LORD is our God, too."

Joshua's Final Words to Israel

23 The years passed, and the LORD had given the people of Israel rest from all their enemies. Joshua, who was now very old,

2 •called together all the elders, leaders, judges, and officers of Israel. He said to them,

3 "I am now a very old man. •You have seen everything the LORD your God has done for you during my lifetime. The LORD your God

4 has fought for you against your enemies. •I have allotted to you as your homeland all the land of the nations yet unconquered, as well as the land of those we have already conquered—from the Jordan River to the

---

commit [kəmít] *vt.* 범하다, 저지르다
offering [ɔ́ːfəriŋ] *n.* 제물
reminder [rimáindər] *n.* 상기시키는 암시, 신호
sacrifice [sǽkrəfais] *n.* 산 제물
tabernacle [tǽbərnækl] *n.* 장막
treachery [trétʃəri] *n.* 배반, 변절
witness [wítnis] *n.* 증거
22:29 rebel against … : …에 반항하다, 반란을 일으키다

22:34 Some manuscripts lack this word.

게 요단 강에서부터 해지는 곳, 지중해까지 아직 남
아 있는 나라와 이미 정복한 나라를 제비 뽑아 나누어
주었소.

5 여러분의 하나님 여호와께서 그 땅에 사는 백성들을
쫓아내실 것이오, 여러분은 그 땅에 들어가게 될 것
이오, 여호와께서는 이 일을 약속하셨소.

6 힘을 내시오, 왼쪽으로나 오른쪽으로 치우침 없이 모
세의 율법책에 써 있는 모든 것에 복종하도록 주의하
시오.

7 우리 가운데 아직 이스라엘 사람이 아닌 다른 민족들
이 살고 있소. 그들은 자기들의 신을 섬기고 있소. 그
들과 친구가 되지 마시오, 그 신의 이름으로 맹세하
지 마시오, 그들의 신을 섬기거나 예배드리지 마시
오.

8 여러분은 하나님 여호와를 계속 따라야 하오, 전에도
그랬듯이 앞으로도 그래야 하오.

9 여호와께서는 여러분이 크고 강한 여러 나라를 물리
쳐 이기도록 도와 주셨소, 여호와께서는 그들을 여러
분 앞에서 쫓아내셨소, 어떤 나라도 여러분을 이길
수 없었소.

10 여호와의 도우심으로 이스라엘 사람 한 명이 적군 천 명
을 이길 수 있었소, 이것은 여러분의 하나님 여호와께
서 약속대로 여러분을 위해 싸워 주셨기 때문이오.

11 그러므로 여러분은 온몸을 다하고 마음을 다해 여러
분의 하나님 여호와를 사랑해야 합니다.

12 만일 여러분이 여호와의 길에서 떠나 여러분 가운데
남아 있는 다른 민족의 사람들과 친구가 되고 그들과
결혼하면,

13 하나님 여호와께서 다시는 여러분 앞에서 적을 쫓아
주시지 않을 것이란 사실을 알아야 하오, 그렇게 되
면 그들은 여러분에게 덫이 될 것이오, 그들은 등을
내려치는 채찍이나 눈을 찌르는 가시와 같이 여러분
에게 괴로움을 안겨 줄 것이오, 그렇게 되면 여러분
은 여러분의 하나님 여호와께서 주신 이 좋은 땅에서
망하게 될 것이오.

14 보시오, 이제 나는 온 세상 사람들이 죽는 것처럼 죽
을 때가 되었소. 여러분은 여호와께서 여러분을 위해
약속하신 좋은 일들을 다 이루어 주셨다는 것을 알고
있소, 여호와께서는 모든 약속을 다 지키셨소.

15 하나님 여호와께서 약속하신 모든 좋은 일이 여러분
에게 다 이루어졌소, 그러나 이와 마찬가지로 여호와
께서는 여러분에게 해로운 일들도 일어나게 하실 수
있소, 여호와께서는 여러분에게 준 이 좋은 땅에서
여러분을 멸망시키실 수도 있소.

16 만약 여러분이 여러분의 하나님 여호와와 맺은 약속
을 지키지 않으면 그런 일이 일어날 것이오, 또 여러
분이 다른 신들을 섬기고 다른 신들에게 예배하면,

5 Mediterranean Sea* in the west. • This land will be yours, for the LORD your God will himself drive out all the people living there now. You will take possession of their land, just as the LORD your God promised you.

6 • "So be very careful to follow everything Moses wrote in the Book of Instruction. Do not deviate from it, turning either to the right or to the left. • Make sure you do not associate with the other people still remaining in the land. Do not even mention the names of their gods, much less swear by them or serve them or worship them.

8 • Rather, cling tightly to the LORD your God as you have done until now.

9 • "For the LORD has driven out great and powerful nations for you, and no one has yet been able to defeat you.

10 • Each one of you will put to flight a thousand of the enemy, for the LORD your God fights for you, just as he has promised.

11 • So be very careful to love the LORD your God.

12 • "But if you turn away from him and cling to the customs of the survivors of these nations remaining among you, and if you intermarry with them,

13 • then know for certain that the LORD your God will no longer drive them out of your land. Instead, they will be a snare and a trap to you, a whip for your backs and thorny brambles in your eyes, and you will vanish from this good land the LORD your God has given you.

14 • "Soon I will die, going the way of everything on earth. Deep in your hearts you know that every promise of the LORD your God has come true. Not a single one has failed!

15 • But as surely as the LORD your God has given you the good things he promised, he will also bring disaster on you if you disobey him. He will completely destroy you from this good land he has given you.

16 • If you break the covenant of the LORD your God by worshiping and serving other gods, his anger will burn against you, and you will quickly vanish from the good land he has given you."

associate [əsóuʃièit] vi. 교제하다
bramble [bræmbl] n. 가시나무
cling [kliŋ] vi. 달라붙다
deviate [díːvièit] vi. 벗어나다
snare [snέər] n. 올무, 덫
vanish [vǽniʃ] vi. 사라지다
23:7 much less swear : 맹세하지 말 것은 말할 것도 없고
23:10 put to flight : 패주시키다
23:12 intermarry with… : …와 통혼(通婚)하다
23:4 Hebrew the Great Sea.

여호와께서는 여러분에게 큰 화를 내실 것이고, 그렇게 되면 여러분은 여호와께서 주신 이 좋은 땅에서 멸망하게 될 것이오."

24 그 후에 여호수아가 이스라엘 온 지파를 세겜에 모았습니다. 그리고 나서 여호수아는 장로들과 지도자들과 이스라엘의 재판관들과 관리들을 불렀습니다. 그 사람들은 하나님 앞에 섰습니다.

2 그때에 여호수아가 모든 백성에게 이렇게 말했습니다. "이것은 이스라엘 하나님 여호와께서 하시는 말씀이오. '오래 전에 너희 조상은 유프라테스 강 저쪽에 살고 있었다. 거기에서 너희 조상 아브라함의 아버지이며 나홀의 아버지인 데라는 다른 신들을 섬겼지만

3 나는 너희 조상 아브라함을 강 저쪽 땅에서 나오게 했고 아브라함을 가나안 땅으로 인도하였다. 그리고 그 땅을 두루 돌아다니게 했고 그에게 많은 자손을 주었다. 나는 그에게 아들 이삭을 주었고

4 이삭에게는 두 아들 야곱과 에서를 주었다. 나는 세일 산악 지대를 에서에게 주었지만 야곱과 그의 아들들은 이집트로 내려갔다.

5 그 후에 나는 모세와 아론을 이집트로 보내어 많은 끔찍한 일들이 이집트에 일어나도록 하여 그들을 치고, 너희 백성을 인도해 내었다.

6 내가 너희 조상을 이집트에서 인도해 낸 후 너희 조상은 홍해에 이르렀고, 전차와 말을 탄 이집트 사람들이 너희 조상을 쫓아왔다.

7 그러자 백성들은 나에게 도와 달라고 부르짖었고, 나는 너희 조상과 이집트 사람들 사이에 어둠을 있게 하였다. 그리고 바닷물로 이집트 사람들을 덮었다. 너희는 내가 이집트 군대에게 한 일을 보았고, 또한 오랫동안 광야에서 살았다.

8 그 후에 나는 너희를 아모리 사람들의 땅으로 인도하였는데 그 땅은 요단 강 동쪽에 있었다. 그들은 너희와 싸웠으나 나는 너희 손에 그들을 넘겨 주었다. 나는 그들을 너희 앞에서 멸망시켰다. 그리하여 너희는 그 땅을 차지하게 되었다.

9 그러나 모압 왕 십볼의 아들 발락이 이스라엘 사람들과 싸울 준비를 하였고, 발락은 브올의 아들 발람에게 사람을 보내어 너희를 저주하게 하려 했다.

10 그러나 내가 발람의 말을 듣지 않았으므로, 발람은 오히려 너희에게 좋은 일이 일어날 것을 말했다. 발람은 너희를 여러 번 축복했다. 나는 너희를 발락에게서 구해 주었다.

11 그 후에 너희는 요단 강을 건너 여리고에 이르렀고, 여리고 성의 백성들은 너희와 맞서 싸웠다. 그리고 아모리 사람, 브리스 사람, 가나안 사람, 헷 사람, 기르가스 사람, 히위 사람, 그리고 여부스 사람도 너희와 맞서 싸웠지만 나는 그들 모두를 너희 손에 넘겨 주었다.

12 너희 군대가 앞으로 전진하였을 때, 나는 너희들 앞에 왕벌들을 보내어 너희가 이르기 전에 그들을 쫓아내었다.

The LORD's Covenant Renewed

24 Then Joshua summoned all the tribes of Israel to Shechem, including their elders, leaders, judges, and officers. So they came and presented themselves to God.

2 •Joshua said to the people, "This is what the LORD, the God of Israel, says: Long ago your ancestors, including Terah, the father of Abraham and Nahor, lived beyond the Euphrates River,* and they worshiped other gods.

3 •But I took your ancestor Abraham from the land beyond the Euphrates and led him into the land of Canaan. I gave him many descendants through

4 his son Isaac. •To Isaac I gave Jacob and Esau. To Esau I gave the mountains of Seir, while Jacob and his children went down into Egypt.

5 •Then I sent Moses and Aaron, and I brought terrible plagues on Egypt; and afterward I brought you out as a free

6 people. •But when your ancestors arrived at the Red Sea,* the Egyptians chased after you with chariots and

7 charioteers. •When your ancestors cried out to the LORD, I put darkness between you and the Egyptians. I brought the sea crashing down on the Egyptians, drowning them. With your very own eyes you saw what I did. Then you lived in the wilderness for many years.

8 •"Finally, I brought you into the land of the Amorites on the east side of the Jordan. They fought against you, but I destroyed them before you. I gave you victory over them, and you took

9 possession of their land. •Then Balak son of Zippor, king of Moab, started a war against Israel. He summoned

10 Balaam son of Beor to curse you, •but I would not listen to him. Instead, I made Balaam bless you, and so I rescued you from Balak.

11 •"When you crossed the Jordan River and came to Jericho, the men of Jericho fought against you, as did the Amorites, the Perizzites, the Canaanites, the Hittites, the Girgashites, the Hivites, and the Jebusites. But I gave you victory

12 over them. •And I sent terror* ahead of

---

drown [dráun] *vt.* 익사시키다
summon [sʌ́mən] *vt.* 모으다, 소집하다

24:2   Hebrew *the river;* also in 24:3, 14, 15.   24:6   Hebrew *sea of reeds.*   24:12 Often rendered *the hornet.* The meaning of the Hebrew is uncertain.

그래서 너희는 칼과 활을 쓰지 않고도 그 땅을 차지할 수 있었다.

13 그 땅을 너희에게 준 것은 나 여호와이다. 너희가 아무 일도 하지 않은 땅을 내가 너희에게 주었고, 너희가 짓지 아니한 성을 내가 너희에게 주었다. 이제 너희는 그 땅과 그 성에 살고 있고, 너희가 심지도 않은 그 땅의 포도원과 올리브 나무의 열매를 먹고 있다.'"

14 그리고 나서 여호수아는 백성에게 말했습니다. "이제 여러분은 여호와의 말씀을 들었소. 여러분은 여호와를 존경하고 그분을 온 마음으로 섬겨야 하오. 여러분이 섬기던 거짓 신들을 버리시오. 여러분의 조상은 유프라테스 강 저쪽과 이집트에서 거짓 신들을 섬겼소. 이제 여러분은 여호와를 섬겨야 하오.

15 그러나 여러분은 여호와를 섬기고 싶지 않을지도 모르오. 여러분은 오늘 스스로 선택하시오. 누구를 섬길 것인가를 결정하시오. 여러분은 여러분의 조상이 유프라테스 강 저쪽에서 경배하던 신들을 섬길 수도 있고, 이 땅에 살던 아모리 사람들의 신들을 섬길 수도 있소. 그러나 나와 내 후손은 여호와를 섬기겠소."

16 그러자 백성들이 대답했습니다. "우리는 결코 여호와를 저버리지 않을 것입니다. 우리는 결코 다른 신들을 섬기지 않을 것입니다.

17 우리는 우리와 우리 조상을 이집트에서 이끌어 내신 분이 여호와시라는 것을 알고 있습니다. 우리는 그 땅에서 노예로 있었습니다. 그러나 여호와께서는 우리를 위해 놀라운 일들을 행하셨으며, 우리를 그곳에서 인도해 내셨습니다. 여호와께서는 우리가 걸어왔던 모든 길에서 우리를 지켜 주셨습니다.

18 또 여호와께서는 우리가 이 땅에 사는 사람들을 물리쳐 이기도록 도와 주셨습니다. 여호와께서는 우리가 이곳에 살던 아모리 사람들을 물리쳐 이기도록 해 주셨습니다. 그러므로 우리도 늘 여호와만 섬기겠습니다. 왜냐하면 그분만이 우리의 하나님이시기 때문입니다."

19 여호수아가 말했습니다. "여러분은 여호와를 잘 섬긴다고 하나 그렇지 못할 수도 있을 것이오. 왜냐하면 여호와는 거룩한 하나님이시기 때문이오. 또 질투하는 하나님이시기 때문이오. 만약 여러분이 여호와를 배반하고 죄를 짓는다면 여호와께서는 여러분을 용서하지 않으실 것이오.

20 만약 여러분이 여호와를 저버리고 다른 신들을 섬긴다면 여호와께서는 마음을 돌이켜 여러분에게 큰 괴로움을 주실 것이오. 여호와께서는 여러분에게 복을 주신 뒤에라도 여러분이 여호와를 저버린다면 여러분을 멸망시켜 버리실 것이오."

21 그러자 백성이 여호수아에게 대답했습니다. "아닙니다! 우리는 여호와를 섬길 것입니다."

22 여호수아가 말했습니다. "여러분이 이제 여러분 스스로

you to drive out the two kings of the Amorites. It was not your swords or bows that brought you victory. •I gave you land you had not worked on, and I gave you towns you did not build—the towns where you are now living. I gave you vineyards and olive groves for food, though you did not plant them.

14 •"So fear the LORD and serve him wholeheartedly. Put away forever the idols your ancestors worshiped when they lived beyond the Euphrates River and in Egypt. Serve the LORD alone.

15 •But if you refuse to serve the LORD, then choose today whom you will serve. Would you prefer the gods your ancestors served beyond the Euphrates? Or will it be the gods of the Amorites in whose land you now live? But as for me and my family, we will serve the LORD."

16 •The people replied, "We would never abandon the LORD and serve other gods. •For the LORD our God is the one who rescued us and our ancestors from slavery in the land of Egypt. He performed mighty miracles before our very eyes. As we traveled through the wilderness among our enemies, he preserved us. •It was the LORD who drove out the Amorites and the other nations living here in the land. So we, too, will serve the LORD, for he alone is our God."

19 •Then Joshua warned the people, "You are not able to serve the LORD, for he is a holy and jealous God. He will not forgive your rebellion and your sins.

20 •If you abandon the LORD and serve other gods, he will turn against you and destroy you, even though he has been so good to you."

21 •But the people answered Joshua, "No, we will serve the LORD!"

22 •"You are a witness to your own decision," Joshua said. "You have chosen to serve the LORD."

"Yes," they replied, "we are witnesses to what we have said."

abandon [əbǽndən] *vt.* 버리다
bow [bou] *n.* 활
grove [gróuv] *n.* 과수원; 작은 숲
jealous [dʒéləs] *a.* 질투하는
preserve [prizə́ːrv] *vt.* 보존하다
rebellion [ribéljən] *n.* 반란, 폭동
slavery [sléivəri] *n.* 노예 신분
wilderness [wíldərnis] *n.* 광야, 황무지
24:12 drive out : 몰아내다
24:14 put away : 치우다, 제거하다
24:15 as for… : …은 어떠냐 하면
24:20 turn against… : …에게 돌아서서 공격하다

여호와를 섬기겠다고 주님을 선택했소. 그러니 여러분 스스로가 증인이 된 것이오." 백성이 대답했습니다. "예, 그렇습니다. 우리 모두가 증인입니다."

23 그러자 여호수아가 말했습니다. "이제는 여러분 가운데에 있는 거짓 신들을 버리시오. 여러분의 마음을 이스라엘의 하나님 여호와께로 향하시오."

24 그때에 백성들이 여호수아에게 대답했습니다. "우리는 우리 하나님 여호와를 섬기겠습니다. 우리는 하나님께 복종하겠습니다."

25 그날 여호수아는 백성들과 약속을 맺었습니다. 여호수아는 그 약속을 백성이 지켜야 할 가르침으로 삼았습니다. 이 일은 세겜에서 이루어졌습니다.

26 여호수아는 이 일들을 하나님의 율법책에 기록하였습니다. 그리고 나서 큰 돌을 가져다가 여호와의 성소 근처에 있던 상수리나무 아래에 세웠습니다.

27 그리고 나서 여호수아는 모든 백성에게 말했습니다. "이 돌을 보시오! 이 돌은 우리가 오늘 한 일에 대해 증거가 될 것이오. 여호와께서는 오늘 이곳에서 우리에게 말씀하셨소. 이 돌은 오늘 일어난 모든 일을 우리와 우리 후손들에게 기억나게 해 줄 것이오. 이 돌은 여러분이 여러분의 하나님을 저버리지 못하게 하는 증거가 될 것이오."

여호수아의 죽음

28 그 후에 여호수아는 백성들에게 자기 땅으로 돌아가라고 말했습니다. 그러자 모든 사람이 자기 땅으로 돌아갔습니다.

29 그 일이 있은 후에 여호와의 종, 눈의 아들 여호수아는 죽었습니다. 그의 나이는 백십 세였습니다.

30 사람들은 여호수아를 딤낫 세라에 있는 그의 땅에 묻었습니다. 딤낫 세라는 가아스 산 북쪽의 에브라임 산지에 있었습니다.

31 이스라엘 사람들은 여호수아가 살아 있는 동안 여호와를 섬겼고, 여호수아가 죽은 후에도 계속해서 여호와를 섬겼습니다. 그들은 장로들이 살아 있는 동안에도 계속해서 여호와를 섬겼습니다. 이 장로들은 여호와께서 이스라엘 사람들을 위해 하신 일들을 본 지도자들이었습니다.

요셉이 자기 땅으로 돌아옴

32 이스라엘 사람들이 이집트를 떠나왔을 때 요셉의 뼈를 함께 가지고 왔는데 그들은 요셉의 뼈를 세겜에 묻어 주었습니다. 세겜은 야곱이 하몰의 자손들에게 산 땅이었습니다. 하몰은 세겜의 아버지였습니다. 야곱은 그 땅을 은 백 개에 샀습니다. 그래서 그 땅은 요셉의 자손들의 땅이 되었습니다.

33 아론의 아들 엘르아살도 죽었습니다. 이스라엘 사람들은 그를 에브라임 산지에 있는 기브아에 묻었습니다. 기브아는 엘르아살의 아들 비느하스가 받은 땅입니다.

23 • "All right then," Joshua said, "destroy the idols among you, and turn your hearts to the LORD, the God of Israel."

24 • The people said to Joshua, "We will serve the LORD our God. We will obey him alone."

25 • So Joshua made a covenant with the people that day at Shechem, committing them to follow the decrees and regulations of the LORD. 26 • Joshua recorded these things in the Book of God's Instructions. As a reminder of their agreement, he took a huge stone and rolled it beneath the terebinth tree beside the Tabernacle of the LORD.

27 • Joshua said to all the people, "This stone has heard everything the LORD said to us. It will be a witness to testify against you if you go back on your word to God."

28 • Then Joshua sent all the people away to their own homelands.

Leaders Buried in the Promised Land

29 • After this, Joshua son of Nun, the servant of the LORD, died at the age of 110.

30 • They buried him in the land he had been allocated, at Timnath-serah in the hill country of Ephraim, north of Mount Gaash.

31 • The people of Israel served the LORD throughout the lifetime of Joshua and of the elders who outlived him—those who had personally experienced all that the LORD had done for Israel.

32 • The bones of Joseph, which the Israelites had brought along with them when they left Egypt, were buried at Shechem, in the plot of land Jacob had bought from the sons of Hamor for 100 pieces of silver.* This land was located in the territory allotted to the descendants of Joseph.

33 • Eleazar son of Aaron also died. He was buried in the hill country of Ephraim, in the town of Gibeah, which had been given to his son Phinehas.

allocate [ǽləkèit] *vt.* 할당하다, 배분하다
bury [béri] *vt.* 묻다, 매장하다
covenant [kʌ́vənənt] *n.* 약속, 계약
decree [dikríː] *n.* 법령, 계율
24:25 make a covenant with… : …와 언약을 맺다
24:27 testify against… : …에 대하여 불리하게 증언하다
24:27 go back on one's word : 약속을 어기다

24:32 Hebrew *100 kesitahs;* the value or weight of the kesitah is no longer known.

사사기

● 서론

✥ 저자 ─ 사무엘로 추정
✥ 저작 연대 ─ 왕정 수립 이후(삿 17:6 참조), 다윗의 예루살렘 점령(B.C. 1000경) 이전으로 추정
✥ 기록 장소 ─ 가나안
✥ 기록 대상 ─ 이스라엘 백성
✥ 핵심어 및 내용 ─ 핵심어는 '불순종', '심판', '회개', '자비' 등이다. 반복되는 이스라엘 백성의 범죄와 타락으로 마침내 하나님의 심판이 임하였다. 그러나 이스라엘 백성이 고통 가운데서 회개하자 자비로우신 하나님께서는 그들을 회복시키고 이끌어 줄 지도자를 세우신다.

유다 사람들이 가나안 사람들과 싸움

1 여호수아가 죽었습니다. 그 후에 이스라엘 백성이 "우리 중에서 누가 먼저 가나안 사람들과 싸워야 합니까?" 하고 여호와께 물었습니다.

2 그러자 여호와께서 대답하셨습니다. "유다 지파가 먼저 가거라. 내가 유다 지파에게 이 땅을 차지할 힘을 주겠다."

3 유다 사람들은 그 형제 시므온 사람들에게 도움을 요청했습니다. "우리가 앞으로 차지하게 될 땅에 함께 가서, 우리가 가나안 사람들과 싸우는 것을 도와주시오. 그러면 우리도 당신들이 제비를 뽑아 받은 땅을 얻기 위해 싸울 때, 도와 주겠소." 그래서 시므온 사람들은 유다 사람들과 함께 갔습니다.

4 여호와께서는 유다 사람들이 가나안과 브리스 사람들과 싸워 이기게 해 주셨습니다. 유다 사람들은 베섹 성에서 만 명을 쳐죽였습니다.

5 유다 사람들은 베섹 성에서 그 성을 다스리던 아도니 베섹을 발견하고 그와 싸웠습니다. 유다 사람들이 가나안과 브리스 사람들을 공격하자,

6 아도니 베섹이 도망쳤습니다. 유다 사람들은 아도니 베섹을 뒤쫓아 붙잡아서, 그의 엄지손가락과 엄지발가락을 잘라 버렸습니다.

7 아도니 베섹이 말했습니다. "내가 왕 칠십 명의 엄지손가락과 엄지발가락을 잘라 내었고, 그들에게 내 밥상에서 떨어지는 부스러기를 먹게 하였더니, 이제 하나님께서 그 왕들에게 한 일을 내게 갚으시는구나." 유다 사람들은 아도니 베섹을 예루살렘으로 끌고 왔습니다. 아도니 베섹은 그곳에서 죽었습니다.

8 유다 사람들이 예루살렘과 싸워 그곳을 점령했습니다. 유다 사람들은 칼로 예루살렘에 살던 사람들을 죽인 후, 그 성을 불태웠습니다.

9 그 후에 유다 사람들이 내려가서, 산지와 남쪽 지방*과 서쪽 경사지*에 살고 있는 가나안 사람들과 싸웠습니다.

10 그리고 유다 사람들은 헤브론 성에 사는 가나안 사

Judah and Simeon Conquer the Land

1 After the death of Joshua, the Israelites asked the LORD, "Which tribe should go first to attack the Canaanites?"

2 •The LORD answered, "Judah, for I have given them victory over the land."

3 •The men of Judah said to their relatives from the tribe of Simeon, "Join with us to fight against the Canaanites living in the territory allotted to us. Then we will help you conquer your territory." So the men of Simeon went with Judah.

4 •When the men of Judah attacked, the LORD gave them victory over the Canaanites and Perizzites, and they killed 10,000 enemy warriors at the town of Bezek. •While at

5 Bezek they encountered King Adoni-bezek and fought against him, and the Canaanites and Perizzites were defeated. •Adoni-bezek escaped, but the Israelites soon captured him

6 and cut off his thumbs and big toes.

7 •Adoni-bezek said, "I once had seventy kings with their thumbs and big toes cut off, eating scraps from under my table. Now God has paid me back for what I did to them." They took him to Jerusalem, and he died there.

8 •The men of Judah attacked Jerusalem and captured it, killing all its people and set-

9 ting the city on fire. •Then they went down to fight the Canaanites living in the hill country, the Negev, and the western foot-

10 hills.* • Judah marched against the Canaanites in Hebron (formerly called Kiriath-arba), defeating the forces of Sheshai, Ahiman, and Talmai.

---

encounter [inkáuntər] *vt.* (우연히) 마주치다
march [mɑːrtʃ] *vi.* 진군하다
territory [térətɔ̀ːri] *n.* 영토, 땅
1:3 allotted to … : …에게 할당된

1:9 Hebrew *the Shephelah.*

1:9 유대 산지 이남에 있는 남쪽 지방은 '네게브' 라는 지명으로도 불린다.

1:9 서쪽 경사지는 유대 산지 서쪽 편의 저지대로서 '세펠라' 라는 지명으로 불려진다.

람들과 싸우기 위해 나아갔습니다. 헤브론은 기럇 아르바라고 불리기도 했습니다. 유다 사람들은 세새와 아히만과 달매의 자손을 물리쳤습니다.

갈렙과 그의 딸

11 그리고 나서 유다 사람들은 드빌 성으로 가서 그곳의 백성과 싸웠습니다. 드빌은 기럇 세벨이라고 불리기도 했습니다.

12 그 성을 공격하기 전에 갈렙이 말했습니다. "기럇 세벨을 공격해서 점령하는 사람에게는 내 딸 악사를 아내로 주겠소."

13 갈렙의 동생 그나스의 아들인 옷니엘이 기럇 세벨을 점령했습니다. 그래서 갈렙은 자기 딸 악사를 옷니엘과 결혼시켰습니다.

14 악사가 친정을 떠날 때 "우리 아버지께 밭을 좀 달라고 해요"라고 옷니엘에게 말했습니다. 악사가 나귀에서 내리자, 갈렙이 "딸아, 네가 무엇을 원하느냐?" 하고 물었습니다.

15 악사가 갈렙에게 대답했습니다. "아버지, 부탁이 있어요. 아버지께서 저를 남쪽 메마른 땅으로 보내시니까, 저에게 샘물을 주세요." 그래서 갈렙은 악사에게 윗샘과 아랫샘을 주었습니다.

가나안 사람과 싸움

16 겐 사람들은 종려나무의 성인 여리고를 떠나, 유다 사람들과 함께 '유다 광야'로 가서 같이 살았습니다. '유다 광야'는 아랏 성 근처의 남쪽 유다에 있었습니다. 모세의 장인은 겐 사람이었습니다.

17 유다 사람들은 그들의 형제인 시므온 사람들과 함께 가서 스밧 성에 살고 있는 가나안 사람들과 싸워 그들을 완전히 멸망시켰습니다. 그 성은 호르마*라고 불렸습니다.

18 유다 사람들은 가사와 아스글론과 에그론 및 그 주변의 모든 땅을 점령했습니다.

19 여호와께서는 유다 사람들과 함께하셨으므로, 유다 사람들은 산지의 땅을 차지했습니다. 그러나 그들은 평지에 사는 백성을 쫓아내지는 못했습니다. 왜냐하면 그 백성은 철로 만든 전차를 가지고 있었기 때문입니다.

20 모세가 약속하였던 것처럼 갈렙이 헤브론을 얻었습니다. 갈렙은 아낙의 세 아들을 쫓아냈습니다.

21 그러나 베냐민 백성은 여부스 사람들을 예루살렘에서 쫓아내지 못하였습니다. 그래서 그때부터 여부스 사람들은 예루살렘에서 베냐민 사람들과 함께 살게 되었습니다.

22 요셉 자손도 벧엘 성을 치기 위해 나아갔습니다. 여호와께서 그들과 함께하셨습니다.

23 요셉 자손은 벧엘에 정탐꾼을 보냈습니다. 벧엘은 전에 루스라고 불렸습니다.

11 • From there they went to fight against the people living in the town of Debir (formerly called Kiriath-sepher). 12 • Caleb said, "I will give my daughter Acsah in marriage to the one who attacks and captures Kiriath-sepher." 13 • Othniel, the son of Caleb's younger brother, Kenaz, was the one who conquered it, so Acsah became Othniel's wife.

14 • When Acsah married Othniel, she urged him* to ask her father for a field. As she got down off her donkey, Caleb asked her, "What's the matter?"

15 • She said, "Let me have another gift. You have already given me land in the Negev; now please give me springs of water, too." So Caleb gave her the upper and lower springs.

16 • When the tribe of Judah left Jericho—the city of palms—the Kenites, who were descendants of Moses' father-in-law, traveled with them into the wilderness of Judah. They settled among the people there, near the town of Arad in the Negev.

17 • Then Judah joined with Simeon to fight against the Canaanites living in Zephath, and they completely destroyed* the town. So the town was named Hormah.* 18 • In addition, Judah captured the towns of Gaza, Ashkelon, and Ekron, along with their surrounding territories.

Israel Fails to Conquer the Land

19 • The LORD was with the people of Judah, and they took possession of the hill country. But they failed to drive out the people living in the plains, who had iron chariots. 20 • The town of Hebron was given to Caleb as Moses had promised. And Caleb drove out the people living there, who were descendants of the three sons of Anak.

21 • The tribe of Benjamin, however, failed to drive out the Jebusites, who were living in Jerusalem. So to this day the Jebusites live in Jerusalem among the people of Benjamin.

22 • The descendants of Joseph attacked the town of Bethel, and the LORD was with 23 them. • They sent men to scout out Bethel

---

capture [kǽptʃər] vt. 점령하다
conquer [káŋkər] vt. 정복하다
urge [ə:rdʒ] vt. 설득하다; 격려하다
1:19 take possession of : 점령하다
1:19 drive out : 몰아내다

1:14 Greek version and Latin Vulgate read *he urged her*.   1:17a The Hebrew term used here refers to the complete consecration of things or people to the LORD, either by destroying them or by giving them as an offering.   1:17b *Hormah* means "destruction."

1:17 '호르마'는 '멸망' 또는 '저주'의 뜻이다.

24 정탐꾼들은 성에서 밖으로 나오는 어떤 사람을 보고, 그 사람에게 말했습니다. "성으로 들어가는 길을 가르쳐 주시오. 우리를 도와 주면 당신에게 은혜를 베풀겠소."

25 그 사람은 정탐꾼들에게 성으로 들어가는 길을 가르쳐 주었습니다. 요셉 자손은 벧엘의 백성을 죽였으나, 정탐꾼들을 도와 준 사람과 그의 가족은 살려 주었습니다.

26 그 사람은 헷 사람들이 살고 있던 땅으로 가서 성을 세웠습니다. 그는 그 성의 이름을 루스라고 했는데, 지금까지도 루스라고 불립니다.

27 므낫세 자손은 벧스안과 다아낙과 돌과 이블르암과 므깃도와 그 주변의 작은 마을에 살고 있는 가나안 사람들을 쫓아내지 못했습니다. 그래서 가나안 사람들은 자기들 마음대로 하며 그 땅에서 살았습니다.

28 그 후, 이스라엘 백성은 점점 강해졌으며, 가나안 사람들에게 강제로 일을 시켰습니다. 그러나 가나안 사람들을 그들의 땅에서 쫓아내지 않았습니다.

29 에브라임 자손도 게셀에 사는 가나안 사람들을 쫓아내지 못하였습니다. 그래서 가나안 사람들은 지금까지도 게셀에서 에브라임 백성과 함께 살고 있습니다.

30 스불론 자손도 기드론과 나할롤에 사는 가나안 사람들을 쫓아내지 못하였습니다. 가나안 사람들은 그 땅에 살았고, 스불론 백성은 그들과 함께 살면서 그들을 노예로 삼았습니다.

31 아셀 자손도 악고, 시돈, 알랍, 악십, 헬바, 아빅, 그리고 르홉에 사는 가나안 사람들을 쫓아내지 않았습니다.

32 그래서 가나안 사람들은 계속 아셀 백성과 함께 살았습니다.

33 납달리 자손도 벧세메스와 벧아낫 성의 사람들을 쫓아내지 못하였습니다. 그래서 납달리 백성은 계속 그 성들의 가나안 사람들과 함께 살았습니다. 그들은 납달리 백성의 노예로 일했습니다.

34 아모리 사람들은 단 지파의 사람들을 산지로 몰아내고, 평지로 내려와서 살지 못하게 했습니다.

35 아모리 사람들은 헤레스 산과 아얄론과 사알빔에 눌러 살기로 마음먹었습니다. 그러나 이스라엘 사람들이 점점 강해져서 아모리 사람들을 자기들의 노예로 삼았습니다.

36 아모리 사람들은 아그랍빔 비탈에서 셀라를 지나 그 너머까지 땅을 차지했습니다.

보김에 나타난 여호와의 천사

2 여호와의 천사가 길갈에서 보김*으로 올라왔습니다. 그곳에서 여호와의 천사가 이스라엘 백성

---

24 (formerly known as Luz). •They confronted a man coming out of the town and said to him, "Show us a way into the town, and we will have mercy on you." 25 •So he showed them a way in, and they killed everyone in the town except that man and his family. 26 •Later the man moved to the land of the Hittites, where he built a town. He named it Luz, which is its name to this day.

27 •The tribe of Manasseh failed to drive out the people living in Beth-shan,* Taanach, Dor, Ibleam, Megiddo, and all their surrounding settlements, because the Canaanites were determined to stay in that region. 28 •When the Israelites grew stronger, they forced the Canaanites to work as slaves, but they never did drive them completely out of the land.

29 •The tribe of Ephraim failed to drive out the Canaanites living in Gezer, so the Canaanites continued to live there among them.

30 •The tribe of Zebulun failed to drive out the residents of Kitron and Nahalol, so the Canaanites continued to live among them. But the Canaanites were forced to work as slaves for the people of Zebulun.

31 •The tribe of Asher failed to drive out the residents of Acco, Sidon, Ahlab, Aczib, Helbah, 32 Aphik, and Rehob. •Instead, the people of Asher moved in among the Canaanites, who controlled the land, for they failed to drive them out.

33 •Likewise, the tribe of Naphtali failed to drive out the residents of Beth-shemesh and Beth-anath. Instead, they moved in among the Canaanites, who controlled the land. Nevertheless, the people of Beth-shemesh and Beth-anath were forced to work as slaves for the people of Naphtali.

34 •As for the tribe of Dan, the Amorites forced them back into the hill country and would not let them come down into the plains. 35 •The Amorites were determined to stay in Mount Heres, Aijalon, and Shaalbim, but when the descendants of Joseph became stronger, they forced the Amorites to work as slaves. •The boundary of the Amorites ran from Scorpion Pass* to Sela and continued upward from there.

The Lord's Messenger Comes to Bokim

2 The angel of the LORD went up from Gilgal to Bokim and said to the Israelites, "I brought you out of Egypt into this land that I swore to give your ancestors, and I said

---

1:27 Hebrew *Beth-shean*, a variant spelling of Beth-shan.　1:36 Hebrew *Akrabbim*.

2:1 '보김'은 '우는 자들'이라는 뜻이다.

에게 말했습니다. "나는 너희를 이집트에서 이끌어 내어, 너희 조상에게 약속했던 땅으로 데리고 왔다. 나는 너희에게 '너희와 맺은 언약을 절대로 깨뜨리지 않을 것이다.

2 그러니 너희도 이 땅에 살고 있는 사람들과 언약을 맺지 말며, 그들의 제단을 무너뜨려라' 하고 말했다. 그러나 너희는 나의 말에 복종하지 않았다. 어찌하여 너희가 그와 같이 하였느냐?

3 이제 내가 하는 말을 잘 들어라. 나는 이 땅의 백성을 쫓아내지 않을 것이다. 그들은 너희의 적이 되어 너희를 괴롭힐 것이며, 그들의 신은 너희에게 덫이 될 것이다."

4 여호와의 천사가 이 말씀을 전하자, 이스라엘 백성은 소리 높여 울었습니다.

5 그래서 이스라엘 백성은 그곳을 보김이라고 불렀습니다. 이스라엘 백성은 보김에서 여호와께 희생 제물을 바쳤습니다.

눈의 아들 여호수아의 죽음

6 그때에 여호수아가 이스라엘 백성에게 각자 나누어 받은 땅으로 돌아가도 좋다고 말했습니다. 그러자 모든 사람이 돌아가서 자기 몫의 땅을 차지했습니다.

7 이스라엘 백성은 여호수아가 살아 있는 동안 여호와를 섬겼고, 장로들이 살아 있는 동안에도 계속해서 여호와를 섬겼습니다. 이 장로들은 모두 여호와께서 이스라엘을 위해 하신 큰 일을 본 사람들이었습니다.

8 여호와의 종인 눈의 아들 여호수아는 백십 세에 죽었습니다.

9 이스라엘 사람들은 여호수아를 그가 나누어 받은 땅, 딤낫 헤레스에 묻어 주었습니다. 딤낫 헤레스는 가아스 산 북쪽의 에브라임 산지에 있습니다.

이스라엘 백성이 복종하지 않음

10 여호수아와 같은 시대에 살았던 사람들이 다 죽고, 후에 그들의 자녀들이 자라났습니다. 그 자녀들은 여호와를 알지 못했으며, 여호와께서 이스라엘을 위해 어떤 일을 하셨는지도 알지 못했습니다.

11 그래서 그들은 악한 일을 하였고, 바알 우상들을 섬겼습니다. 그들은 여호와께서 보시기에 나쁜 일을 했습니다.

12 그들은 이스라엘 백성을 이집트 땅에서부터 이끌어 내신 조상들의 하나님 여호와를 배반하고, 주변 사람들이 섬기는 신들을 섬기기 시작했습니다. 그 때문에 여호와께서 분노하셨습니다.

13 이스라엘 사람들은 여호와를 따르지 않고 바알과 아스다롯을 섬겼습니다.

14 이스라엘 백성에게 화가 나신 여호와께서는 약탈

I would never break my covenant with you. 2 •For your part, you were not to make any covenants with the people living in this land; instead, you were to destroy their altars. But you disobeyed my command. 3 Why did you do this? •So now I declare that I will no longer drive out the people living in your land. They will be thorns in your sides,* and their gods will be a constant temptation to you."

4 •When the angel of the LORD finished speaking to all the Israelites, the people wept loudly. 5 •So they called the place Bokim (which means "weeping"), and they offered sacrifices there to the LORD.

The Death of Joshua

6 •After Joshua sent the people away, each of the tribes left to take possession of the land allotted to them. •And the Israelites served the LORD throughout the lifetime of Joshua and the leaders who outlived him—those who had seen all the great things the LORD had done for Israel.

8 •Joshua son of Nun, the servant of the LORD, died at the age of 110. 9 •They buried him in the land he had been allocated, at Timnath-serah* in the hill country of Ephraim, north of Mount Gaash.

Israel Disobeys the LORD

10 •After that generation died, another generation grew up who did not acknowledge the LORD or remember the mighty things he had done for Israel.

11 •The Israelites did evil in the LORD's sight 12 and served the images of Baal. •They abandoned the LORD, the God of their ancestors, who had brought them out of Egypt. They went after other gods, worshiping the gods of the people around them. And they 13 angered the LORD. •They abandoned the LORD to serve Baal and the images of Ashtoreth. •This made the LORD burn with anger against Israel, so he handed them over to raiders who stole their possessions. He turned them over to their enemies all around, and they were no longer able to

abandon [əbǽndən] vt. 저버리다
allocate [ǽləkèit] vt. 할당하다
declare [diklɛ́ər] vt. 선언하다, 공표하다
raider [réidər] n. 침략자
temptation [temptéiʃən] n. 유혹물
2:2 make covenant with… : …와 언약을 맺다
2:14 hand… over to ~ : …를 ~에게 넘겨주다

2:3 Hebrew They will be in your sides; compare Num 33:55. 2:9 As in parallel text at Josh 24:30; Hebrew reads Timnath-heres, a variant spelling of Timnath-serah.

자들이 이스라엘 백성을 공격하여 그들이 가진 것을 빼앗게 하셨습니다. 여호와께서 이스라엘 백성을 주변 원수들에게 넘겨주셨으므로 그들은 적들이 공격해 오는 것을 스스로 막아 낼 수 없었습니다.

15 이스라엘 사람들은 싸우러 나갈 때마다 졌습니다. 이는 여호와께서 그들에게 벌을 내리셨기 때문이었습니다. 여호와께서 이미 그들에게 경고하셨던 대로 되었습니다. 그래서 이스라엘 사람들은 많은 괴로움을 겪었습니다.

하나님이 사사들을 뽑으심

16 그때에 여호와께서는 사사라고 부르는 지도자들을 세우셨습니다. 이 지도자들은 약탈자들로부터 이스라엘 백성을 구해 주었습니다.

17 하지만 이스라엘 사람들은 사사들의 말을 듣지 않았고, 하나님을 잘 믿지도 않았습니다. 그들은 하나님 대신 다른 신들을 따랐습니다. 옛날 그들의 조상은 여호와의 명령에 순종하였지만, 이제 그들은 더 이상 순종하지 않았습니다.

18 적들이 여러 차례 이스라엘 사람들을 괴롭혔기 때문에, 이스라엘 사람들은 여호와께 도와 달라고 부르짖었습니다. 그때마다 여호와께서는 이스라엘 사람들을 불쌍히 여기시고, 이스라엘을 적에게서 구하기 위해 사사를 보내 주셨습니다. 여호와께서 사사들과 함께하셨기 때문에 그 사사들이 살아 있는 동안에는 적들로부터 구해 주셨습니다.

19 그러나 이스라엘 사람들은 사사들이 죽으면 다시 죄를 짓고, 거짓 신들을 섬겼습니다. 이스라엘 사람들은 그들의 조상보다 더 악했습니다. 그들은 나쁜 길에서 벗어나려 하지 않았습니다.

20 그래서 여호와께서는 이스라엘 사람들에게 분노하셨습니다. 여호와께서 말씀하셨습니다. "이 백성은 내가 그들의 조상과 맺은 약속을 깨뜨렸다. 이 백성은 내 말을 듣지 않았다.

21 그러므로 이제 나는, 여호수아가 죽을 때까지 정복하지 못했던 민족들을 쫓아내지 않을 것이다.

22 나는 그 나라들을 이용해서 이스라엘을 시험하겠다. 나는 이스라엘 백성이 그들의 조상처럼 나 여호와의 명령을 따르는지를 지켜보겠다."

23 여호와께서는 그 나라들을 쫓아내지 않고, 그 땅에 머물러 있게 하시며, 빨리 쫓아내지 않으셨습니다. 여호수아의 군대가 그 나라들을 물리칠 수 있도록 도와 주지도 않으셨습니다.

3 여호와께서는 가나안을 차지하기 위해 전쟁을 해 본 경험이 없는 이스라엘 사람들을 시험하려고 그 나라들을 남겨두셨습니다.

2 여호와께서 그 나라들을 그 땅에 남겨 두신 단 한 가지 이유는, 이스라엘 자손에게 가르침을 주기 위해

resist them. ●Every time Israel went out to battle, the LORD fought against them, causing them to be defeated, just as he had warned. And the people were in great distress.

The LORD Rescues His People

16 ●Then the LORD raised up judges to rescue
17 the Israelites from their attackers. ●Yet Israel did not listen to the judges but prostituted themselves by worshiping other gods. How quickly they turned away from the path of their ancestors, who had walked in obedience to the LORD's commands.
18 ●Whenever the LORD raised up a judge over Israel, he was with that judge and rescued the people from their enemies throughout the judge's lifetime. For the LORD took pity on his people, who were burdened by
19 oppression and suffering. ●But when the judge died, the people returned to their corrupt ways, behaving worse than those who had lived before them. They went after other gods, serving and worshiping them. And they refused to give up their evil practices and stubborn ways.
20 ●So the LORD burned with anger against Israel. He said, "Because these people have violated my covenant, which I made with their ancestors, and have ignored my com-
21 mands, ●I will no longer drive out the nations that Joshua left unconquered when
22 he died. ●I did this to test Israel—to see whether or not they would follow the ways
23 of the LORD as their ancestors did." ●That is why the LORD left those nations in place. He did not quickly drive them out or allow Joshua to conquer them all.

The Nations Left in Canaan

3 These are the nations that the LORD left in the land to test those Israelites who had not experienced the wars of Canaan.
2 ●He did this to teach warfare to generations of Israelites who had no experience in battle.

burden [bə́ːrdn] vt. 괴롭히다, 고민하게 하다
corrupt [kərʌ́pt] a. 타락한
distress [distrés] n. 고통, 괴로움
oppression [əpréʃən] n. 압제, 탄압
prostitute [prάstətjùːt] vt. 몸을 팔다
rescue [réskjuː] vt. 구원하다
resist [rizíst] vt. 적을 막아내다
stubborn [stʌ́bərn] a. 완고한
unconquered [ʌnkάŋkərd] a. 정복되지 않은
violate [vάiəleit] vt. 어기다
warfare [wɔ́ːrfɛər] n. 전쟁
2:17 turn away from… : …로부터 돌아서다
2:17 in obedience to… : …에 복종하여
2:18 take pity on… : …를 긍휼히 여기다
2:19 go after : 뒤를 쫓아다니다

서셨습니다. 여호와께서는 전쟁을 해 본 경험이 없는 이스라엘 백성에게 싸우는 법을 가르치기를 원하셨습니다.

3 여호와께서 좇아내지 않은 민족들은 블레셋의 다섯 군주와 모든 가나안 사람들, 그리고 시돈과 히위 백성들입니다. 히위 사람들은 바알 헤르몬 산에서 하맛까지 이르는 레바논 산지에 살고 있었습니다.

4 그들은 이스라엘을 시험하기 위해 그 땅에 남겨진 백성들이었습니다. 여호와께서는 이스라엘 백성이 모세를 통해 이스라엘의 조상에게 내린 명령에 순종하는지 알고 싶어 하셨습니다.

5 이스라엘 백성은 가나안 사람, 헷 사람, 아모리 사람, 브리스 사람, 히위 사람, 그리고 여부스 사람과 함께 살았습니다.

6 이스라엘 사람들은 그 사람들의 딸들과 결혼하기 시작하였고, 자기의 딸들을 그 사람들의 아들들과 결혼시켰습니다. 그러면서 이스라엘은 그들의 신을 섬겼습니다.

첫 번째 사사 옷니엘

7 이스라엘 백성은 여호와께서 보시기에 나쁜 일을 저질렀습니다. 이스라엘 백성은 그들의 하나님이신 여호와를 잊어버리고, 대신 바알과 아세라들을 섬겼습니다.

8 여호와께서는 이스라엘에게 분노하셨습니다. 여호와께서는 북서쪽 메소포타미아 왕 구산 리사다임이 이스라엘 사람들을 다스리게 하셨습니다. 이스라엘 사람들은 팔 년 동안, 그 왕 밑에 있었습니다.

9 그때에 이스라엘 사람들이 여호와께 부르짖었습니다. 그래서 여호와께서는 그들을 구하기 위해 한 사람을 세우셨는데, 그가 곧 그나스의 아들 옷니엘입니다. 그나스는 갈렙의 동생입니다. 옷니엘은 이스라엘 사람들을 구했습니다.

10 여호와의 신이 옷니엘에게 임하셔서, 그는 이스라엘의 사사가 되어 전쟁터에 나갔습니다. 여호와께서는 옷니엘을 도와 주셔서 북서쪽 메소포타미아 왕 구산 리사다임을 물리치게 하셨습니다.

11 그래서 옷니엘이 죽을 때까지 사십 년 동안은 그 땅이 평화로웠습니다.

사사 에훗

12 이스라엘 백성이 또다시 여호와께서 보시기에 나쁜 일을 저질렀습니다. 그래서 여호와께서는 모압 왕 에글론을 강하게 하여 이스라엘을 공격하도록 하셨습니다.

13 에글론은 암몬 백성과 아말렉 백성을 자기 편으로 끌어들였습니다. 그리고 나서 이스라엘을 공격하여 종려나무 성인 여리고를 점령했습니다.

14 이스라엘 백성은 십팔 년 동안, 모압 왕 에글론의 지

3 •These are the nations: the Philistines (those living under the five Philistine rulers), all the Canaanites, the Sidonians, and the Hivites living in the mountains of Lebanon from Mount Baal-hermon to Lebo-hamath.

4 •These people were left to test the Israelites—to see whether they would obey the commands the LORD had given to their ancestors through Moses.

5 •So the people of Israel lived among the Canaanites, Hittites, Amorites, Perizzites,

6 Hivites, and Jebusites, •and they intermarried with them. Israelite sons married their daughters, and Israelite daughters were given in marriage to their sons. And the Israelites served their gods.

Othniel Becomes Israel's Judge

7 •The Israelites did evil in the LORD's sight. They forgot about the LORD their God, and they served the images of Baal and the

8 Asherah poles. •Then the LORD burned with anger against Israel, and he turned them over to King Cushan-rishathaim of Aram-naharaim.* And the Israelites served Cushan-rishathaim for eight years.

9 •But when the people of Israel cried out to the LORD for help, the LORD raised up a rescuer to save them. His name was Othniel, the son of Caleb's younger brother, Kenaz.

10 •The Spirit of the LORD came upon him, and he became Israel's judge. He went to war against King Cushan-rishathaim of Aram, and the LORD gave Othniel victory

11 over him. •So there was peace in the land for forty years. Then Othniel son of Kenaz died.

Ehud Becomes Israel's Judge

12 •Once again the Israelites did evil in the LORD's sight, and the LORD gave King Eglon of Moab control over Israel because of their

13 evil. •Eglon enlisted the Ammonites and Amalekites as allies, and then he went out and defeated Israel, taking possession of

14 Jericho, the city of palms. •And the Israelites served Eglon of Moab for eighteen years.

ally [əlái] n. 동맹국, 자기 편
defeat [difíit] vt. 쳐부수다
enlist [inlíst] vt. …의 찬조(협력, 지지)를 얻다
3:6 intermarry with… : …와 통혼하다
3:10 go to war against… : …에 대항하여 개전하다: 출정하다
3:12 in one's sight : …의 시각에
3:13 take possession of… : …를 차지하다

3:8 Aram-naharaim means "Aram of the two rivers," thought to have been located between the Euphrates and Balih Rivers in northwestern Mesopotamia.

15 그러자 이스라엘 백성은 여호와께 부르짖었습니다. 여호와께서는 이스라엘 백성을 구하기 위해 한 사람을 보내 주셨는데, 그 사람은 왼손잡이인 에훗입니다. 에훗은 베냐민 지파 사람인 게라의 아들입니다. 이스라엘은 모압 왕 에글론에게 바칠 물건을 에훗을 통해 보냈습니다.

16 에훗은 양쪽에 날이 선 칼을 하나 만들었습니다. 그 칼의 길이가 한 규빗* 정도 되었습니다. 그는 그 칼을 오른쪽 허벅지 옷 속에 차고,

17 모압 왕 에글론에게 가서, 그가 바치라고 한 물건을 전했습니다. 에글론은 매우 뚱뚱한 사람이었습니다.

18 에훗은 에글론에게 물건을 바친 후에 그 물건을 싣고 왔던 사람들을 돌려보내고,

19 자신은 길갈 성 근처 채석장이 있는 곳을 지나가다가 다시 돌아와서 에글론에게 말했습니다. "에글론 왕이여, 왕께 전할 비밀스러운 말씀이 있습니다." 그러자 에글론 왕은 신하들에게 "조용히들 하여라"고 말하고, 그들을 방에서 내보냈습니다.

20 에훗은 에글론 왕에게 가까이 갔습니다. 에글론은 꼭대기에 있는 서늘한 다락방에 혼자 앉아 있었습니다. 에훗은 "하나님께서 왕에게 전하라고 하신 말씀이 있습니다" 하고 말했습니다. 그 말을 듣고 왕이 자리에서 일어섰습니다.

21 에훗은 오른쪽 허벅지에 차고 있던 칼을 왼손으로 빼서 왕의 배를 깊이 찔렀습니다.

22 칼자루까지 몸 안으로 들어갈 정도로 에글론의 배에 칼이 깊이 박혔습니다. 그리고 칼 끝은 에글론의 등 뒤까지 나왔습니다. 왕의 몸속 기름이 칼과 함께 엉키었습니다. 에훗은 에글론의 몸에서 칼을 빼내지 않았습니다.

23 에훗은 방에서 나와 문을 잠갔습니다.

24 에훗이 그곳을 떠나자마자 신하들이 돌아왔는데 문이 잠겨 있었습니다. 신하들은 왕이 용변을 보고 있는 줄로 생각하고

25 오랫동안 기다렸습니다. 그래도 왕이 문을 열지 않자, 신하들은 이상하게 생각하였습니다. 그래서 열쇠를 구해 문을 열어 보니, 왕이 죽은 채 바닥에 쓰러져 있었습니다.

26 한편, 신하들이 왕이 문을 열기를 기다리고 있는 동안, 에훗은 몸을 피해 채석장을 지나 스이라로 갔습니다.

27 스이라에 이르러서 에훗은 에브라임 산지에서 나팔을 불었습니다. 이스라엘 백성은 그 나팔 소리를 듣고 에훗을 앞장세워 언덕을 내려왔습니다.

28 에훗이 말했습니다. "나를 따르시오. 여호와께서 우리를 도우셔서 우리의 적인 모압 백성을 물리치

---

15 • But when the people of Israel cried out to the LORD for help, the LORD again raised up a rescuer to save them. His name was Ehud son of Gera, a left-handed man of the tribe of Benjamin. The Israelites sent Ehud to deliver their tribute money to King Eglon of Moab. 16 • So Ehud made a double-edged dagger that was about a foot* long, and he strapped it to his right thigh, keeping it hidden under his clothing. 17 • He brought the tribute money to Eglon, who was very fat.

18 • After delivering the payment, Ehud started home with those who had helped 19 carry the tribute. • But when Ehud reached the stone idols near Gilgal, he turned back. He came to Eglon and said, "I have a secret message for you."

So the king commanded his servants, "Be quiet!" and he sent them all out of the room.

20 • Ehud walked over to Eglon, who was sitting alone in a cool upstairs room. And Ehud said, "I have a message from God for you!" 21 As King Eglon rose from his seat, • Ehud reached with his left hand, pulled out the dagger strapped to his right thigh, and 22 plunged it into the king's belly. • The dagger went so deep that the handle disappeared beneath the king's fat. So Ehud did not pull out the dagger, and the king's bowels emp-23 tied.* • Then Ehud closed and locked the doors of the room and escaped down the latrine.*

24 • After Ehud was gone, the king's servants returned and found the doors to the upstairs room locked. They thought he might be 25 using the latrine in the room, • so they waited. But when the king didn't come out after a long delay, they became concerned and got a key. And when they opened the doors, they found their master dead on the floor.

26 • While the servants were waiting, Ehud escaped, passing the stone idols on his way 27 to Seirah. • When he arrived in the hill country of Ephraim, Ehud sounded a call to arms. Then he led a band of Israelites down from the hills.

28 • "Follow me," he said, "for the LORD has given you victory over Moab your enemy." So they followed him. And the Israelites took control of the shallow crossings of the Jordan

---

dagger [dǽɡər] *n.* 단검
latrine [lətríːn] *n.* 변소
strap [stræp] *vt.* 가죽끈으로 잡아매다
3:21 plunge⋯ into ~ : ⋯을 ~ 속으로 찌르다

3:16 Hebrew *gomed*, the length of which is uncertain.   3:22 Or *and it came out behind.*   3:23 Or *and went out through the porch;* the meaning of the Hebrew is uncertain.

3:16 1규빗은 약 45cm에 해당된다.

게 해 주셨소." 그러자 이스라엘 백성은 에훗의 뒤를 따랐습니다. 이스라엘 백성은 요단 강 나루를 차지하고, 모압 사람 중 한 사람도 요단 강을 건너가지 못하게 했습니다.

29 이스라엘은 강하고 힘센 모압 사람 일만 명 정도를 죽여서 아무도 도망치지 못하게 하였습니다.

30 그날, 모압이 이스라엘에게 항복하자 이스라엘 땅에 팔십 년 동안, 평화가 임했습니다.

사사 삼갈

31 에훗의 뒤를 이어 아낫의 아들 삼갈이 사사가 되었습니다. 삼갈은 소를 모는 데 쓰는 막대기로 블레셋 사람 육백 명을 죽여 이스라엘을 구원하였습니다.

여자 사사 드보라

4 에훗이 죽은 뒤에 이스라엘 백성은 또다시 여호와께서 보시기에 나쁜 일을 저질렀습니다.

2 그래서 여호와께서는 가나안 왕 야빈에게 그들을 넘겨 주셨습니다. 야빈은 하솔 성에서 왕 노릇을 했습니다. 야빈의 군대 지휘관은 시스라였는데, 하로셋 학고임에 살았습니다.

3 시스라는 쇠로 만든 전차 구백 대를 가지고 있었으며, 이십 년 동안, 이스라엘 백성을 심하게 괴롭혔습니다. 그래서 이스라엘 백성은 여호와께 도와달라고 부르짖었습니다.

4 그때에 랍비돗의 아내인 여예언자 드보라가 이스라엘의 사사가 되었습니다.

5 드보라가 에브라임 산지 라마와 벧엘 성 사이에 있는 종려나무 밑에 앉아 있을 때, 이스라엘 사람들이 그녀에게 자주 가서 재판을 받았습니다.

6 드보라는 바락에게 심부름하는 사람을 보내어 그를 불러오게 했습니다. 바락은 아비노암의 아들인데, 납달리 지파의 지역에 있는 게데스 성에 살았습니다. 드보라가 바락에게 말했습니다. "이스라엘의 하나님 여호와께서 당신에게 명령하십니다. 가서 납달리와 스불론 지파 사람 만 명을 모아 다볼 산으로 가거라.

7 내가 야빈의 군대 지휘관인 시스라를 너에게 오게 할 텐데, 너는 기손 강에서 시스라와 그의 전차와 그의 군대를 맞이할 것이다. 나는 네가 그곳에서 시스라를 물리치도록 도와 줄 것이다.'"

8 그러자 바락이 드보라에게 말했습니다. "당신이 나와 함께 가면, 나도 가겠습니다. 그러나 당신이 나와 함께 가지 않는다면, 나도 가지 않겠습니다."

9 드보라가 대답했습니다. "물론 나도 당신과 함께 가겠습니다. 그러나 이 싸움에서 이기더라도, 당신에게 돌아갈 영광은 없습니다. 여호와께서는 한 여자에게 시스라를 물리치도록 하실 것입니다." 그 후에 드보라는 바락과 함께 게데스로 갔습니다.

10 게데스에서 바락은 스불론과 납달리 백성을 불러모

River across from Moab, preventing anyone from crossing.

29 •They attacked the Moabites and killed about 10,000 of their strongest and most able-bodied warriors. Not one of them

30 escaped. •So Moab was conquered by Israel that day, and there was peace in the land for eighty years.

Shamgar Becomes Israel's Judge

31 •After Ehud, Shamgar son of Anath rescued Israel. He once killed 600 Philistines with an ox goad.

Deborah Becomes Israel's Judge

4 After Ehud's death, the Israelites again did evil in the LORD's sight. •So the

2 LORD turned them over to King Jabin of Hazor, a Canaanite king. The commander of his army was Sisera, who lived in

3 Harosheth-haggoyim. •Sisera, who had 900 iron chariots, ruthlessly oppressed the Israelites for twenty years. Then the people of Israel cried out to the LORD for help.

4 •Deborah, the wife of Lappidoth, was a prophet who was judging Israel at that

5 time. •She would sit under the Palm of Deborah, between Ramah and Bethel in the hill country of Ephraim, and the Israelites would go to her for judgment.

6 •One day she sent for Barak son of Abinoam, who lived in Kedesh in the land of Naphtali. She said to him, "This is what the LORD, the God of Israel, commands you: Call out 10,000 warriors from the tribes of Naphtali and Zebulun at Mount

7 Tabor. •And I will call out Sisera, commander of Jabin's army, along with his chariots and warriors, to the Kishon River. There I will give you victory over him."

8 •Barak told her, "I will go, but only if you go with me."

9 •"Very well," she replied, "I will go with you. But you will receive no honor in this venture, for the LORD's victory over Sisera will be at the hands of a woman." So

10 Deborah went with Barak to Kedesh. •At Kedesh, Barak called together the tribes of Zebulun and Naphtali, and 10,000 warriors went up with him. Deborah also went with him.

---

able-bodied [éiblbǽdid] *a.* 강건한
chariot [tʃǽriət] *n.* 전차
escape [iskéip] *vi.* 도망하다, 달아나다
goad [góud] *n.* (가죽, 코끼리 등) 몰이 막대기
prevent [privént] *vt.* 막다, 방해하다
ruthlessly [rúːθlisli] *ad.* 무자비하게
venture [véntʃər] *n.* 위험, 모험
3:30 be conquered by… : …에 정복되다
4:6 call out : 군대를 소집하다

앉고, 만 명이 바락을 따라갔습니다. 드보라도 바락과 함께 갔습니다.

11 겐 사람 헤벨은 자기 민족 사람들을 떠나, 사아난님에 있는 큰 나무 곁에 장막을 치고 살았습니다. 그곳은 게데스에서 가깝습니다. 겐 사람은 모세의 장인인 호밥의 자손입니다.

12 시스라는 아비노암의 아들 바락이 다볼 산으로 올라갔다는 이야기를 들었습니다.

13 그래서 그는 쇠로 만든 전차 구백 대와 모든 군대를 모아 하로셋에서 출발하여 기손 강으로 갔습니다.

14 그때에 드보라가 바락에게 말했습니다. "일어나십시오, 여호와께서 당신을 도와 시스라를 물리치게 해 주실 날이 오늘입니다. 당신도 아시겠지만, 여호와께서는 당신을 위해 이미 길을 닦아 놓으셨습니다." 그래서 바락은 다볼 산에서 만 명을 이끌고 내려왔습니다.

15 바락과 그의 군대는 시스라와 그의 군대를 공격했습니다. 싸우는 동안, 여호와께서는 시스라와 그의 군대와 전차들을 혼란스럽게 만드셨습니다. 바락과 그의 군대는 시스라의 군대를 물리쳤습니다. 시스라는 자기 전차를 버리고 걸어서 달아났습니다.

16 바락과 그의 군대는 시스라의 전차와 군대를 하로셋까지 뒤쫓아 갔습니다. 그리고 칼을 휘둘러 시스라의 군인들을 다 죽였습니다. 시스라의 군대 중 살아남은 사람은 한 명도 없었습니다.

17 그러나 시스라만은 잡히지 않고 달아났습니다. 시스라는 겐 사람인 헤벨의 아내 야엘의 천막으로 갔습니다. 왜냐하면 하솔 왕 야빈이 헤벨의 집안과 사이좋게 지내고 있었기 때문입니다.

18 야엘은 밖으로 나가 시스라를 맞이하며 말했습니다. "장군님, 내 장막으로 들어오십시오. 두려워하지 마십시오." 그러자 시스라가 야엘의 천막으로 들어갔습니다. 야엘은 시스라에게 이불을 덮어 주었습니다.

19 시스라가 야엘에게 말했습니다. "목이 마르다. 마실 물 좀 다오." 야엘은 우유가 담긴 가죽 부대를 열어 시스라에게 마시게 했습니다. 그리고 다시 이불을 덮어 주었습니다.

20 시스라가 또 야엘에게 말했습니다. "가서 천막 입구에 서 있어라. 만약 누가 와서 '여기 누구 오지 않았소?'라고 물으면 '안 왔습니다'라고 대답하여라."

21 그러나 헤벨의 아내 야엘은 밖에 서 있지 않고 장막 말뚝과 망치를 들고 조심스럽게 시스라에게 다가갔습니다. 시스라는 매우 피곤했기 때문에 잠이 깊이 들어 있었습니다. 야엘은 말뚝을 시스라의 관자놀이에 박았습니다. 말뚝이 머리를 뚫고 땅에 박혔습니다. 그래서 시스라는 죽었습니다.

---

11 • Now Heber the Kenite, a descendant of Moses' brother-in-law* Hobab, had moved away from the other members of his tribe and pitched his tent by the oak of Zaanannim near Kedesh.

12 • When Sisera was told that Barak son of Abinoam had gone up to Mount Tabor,

13 • he called for all 900 of his iron chariots and all of his warriors, and they marched from Harosheth-haggoyim to the Kishon River.

14 • Then Deborah said to Barak, "Get ready! This is the day the LORD will give you victory over Sisera, for the LORD is marching ahead of you." So Barak led his 10,000 warriors down the slopes of Mount Tabor into battle.

15 • When Barak attacked, the LORD threw Sisera and all his chariots and warriors into a panic. Sisera leaped down from his chariot and escaped on foot.

16 • Then Barak chased the chariots and the enemy army all the way to Harosheth-haggoyim, killing all of Sisera's warriors. Not a single one was left alive.

17 • Meanwhile, Sisera ran to the tent of Jael, the wife of Heber the Kenite, because Heber's family was on friendly terms with King Jabin of Hazor.

18 • Jael went out to meet Sisera and said to him, "Come into my tent, sir. Come in. Don't be afraid." So he went into her tent, and she covered him with a blanket.

19 • "Please give me some water," he said. "I'm thirsty." So she gave him some milk from a leather bag and covered him again.

20 • "Stand at the door of the tent," he told her. "If anybody comes and asks you if there is anyone here, say no."

21 • But when Sisera fell asleep from exhaustion, Jael quietly crept up to him with a hammer and tent peg in her hand. Then she drove the tent peg through his temple and into the ground, and so he died.

---

chase [tʃeis] *vt.* 추격하다
exhaustion [igzɔ́ːstʃən] *n.* 피로, 기진
march [mɑːrtʃ] *vi.* 진군하다
peg [peg] *n.* (천막줄을 매는) 말뚝
slope [sloup] *n.* 비탈
temple [témpl] *n.* 관자놀이
warrior [wɔ́ːriər] *n.* 전사(戰士)

4:11 pitch one's tent by… : …곁에 장막을 치다
4:15 throw… into a panic : …를 공포의 도가니에 빠뜨리다
4:15 leap down from… : …에서 뛰어내리다
4:17 be on friendly terms with… : …와 사이좋게 지내다
4:21 creep up to… : …에게 살금살금 다가가다

4:11 Or *father-in-law*.

22 그 후에 시스라의 뒤를 쫓던 바락이 야엘의 천막에 왔습니다. 야엘은 밖으로 나가 바락을 맞이하면서 "이리 와 보세요, 당신이 찾고 있던 사람을 보여 드리겠어요" 하고 말했습니다. 바락은 야엘의 장막으로 들어갔습니다. 그곳에는 시스라가 장막 말뚝이 머리에 박힌 채 죽어 있었습니다.

23 그날, 하나님은 가나안 왕 야빈을 이스라엘이 보는 앞에서 물리쳐 주셨습니다.

24 이스라엘은 가나안 왕 야빈보다 더욱더 강해졌습니다. 마침내 이스라엘은 야빈을 완전히 무찔렀습니다.

드보라의 노래

5 그날, 드보라와 아비노암의 아들 바락이 이렇게 노래했습니다.

2 "지도자들이 이스라엘을 이끌었네. 백성은 스스로 나서서 전쟁에 나가 싸웠네. 여호와를 찬양하여라!

3 왕들아, 들어라! 군주들아, 귀 기울여 들어 보아라! 나는 여호와께 노래하리라. 나는 이스라엘의 하나님 여호와를 찬송하리라.

4 여호와여, 주께서는 세일에서 오셨습니다. 주께서는 에돔 땅에서 달려오셨습니다. 그때, 땅이 흔들렸습니다. 하늘에서는 비가 내리고, 구름이 물을 뿌렸습니다.

5 여호와 앞에서 산들이 흔들렸습니다. 이스라엘의 하나님 여호와 앞에서 저 시내 산도 흔들렸습니다.

6 아낫의 아들 삼갈의 날에, 또 야엘의 날에, 큰 길들은 비었다네. 길을 가는 사람들은 뒷길로 다녔다네.

7 나 드보라가 일어나기 전까지 이스라엘에는 용사가 없었다네. 내가 일어나 이스라엘의 어미가 되었다네.

8 그때에 사람들은 새로운 신들을 따랐었네. 그 때문에 적들이 우리 성문에 와서 우리와 싸웠다네. 이스라엘 사만 명 중에 방패나 창을 든 자는 없었다네.

9 내 마음이 이스라엘의 용사들을 기다렸다네. 백성을 위해 몸을 바칠 그런 사람을. 여호와를 찬양하여라!

10 흰 나귀를 타고 다니는 자들아, 값비싼 양탄자 위에 앉은 자들아, 들어라! 길을 가는 자들아, 들어라!

11 활 쏘는 자들의 소리로부터 멀리 떨어진 샘물에서 노래하는 자들의 소리도 들어 보아라. 그들은 그곳에서 여호와께서 이루신 의로운 일

---

22 •When Barak came looking for Sisera, Jael went out to meet him. She said, "Come, and I will show you the man you are looking for." So he followed her into the tent and found Sisera lying there dead, with the tent peg through his temple.

23 •So on that day Israel saw God defeat Jabin,
24 the Canaanite king. •And from that time on Israel became stronger and stronger against King Jabin until they finally destroyed him.

The Song of Deborah

5 On that day Deborah and Barak son of Abinoam sang this song:

2 • "Israel's leaders took charge,
      and the people gladly followed.
   Praise the LORD!

3 • "Listen, you kings!
      Pay attention, you mighty rulers!
   For I will sing to the LORD.
      I will make music to the LORD, the God of Israel.

4 • "LORD, when you set out from Seir
      and marched across the fields of Edom,
   the earth trembled,
      and the cloudy skies poured down rain.

5 • The mountains quaked in the presence of the LORD,
      the God of Mount Sinai—
   in the presence of the LORD,
      the God of Israel.

6 • "In the days of Shamgar son of Anath,
      and in the days of Jael,
   people avoided the main roads,
      and travelers stayed on winding pathways.

7 • There were few people left in the villages of Israel*—
      until Deborah arose as a mother for Israel.

8 • When Israel chose new gods,
      war erupted at the city gates.
   Yet not a shield or spear could be seen
      among forty thousand warriors in Israel!

9 • My heart is with the commanders of Israel,
      with those who volunteered for war.
   Praise the LORD!

10 • "Consider this, you who ride on fine donkeys,
      you who sit on fancy saddle blankets,
   and you who walk along the road.

11 • Listen to the village musicians*
      gathered at the watering holes.
   They recount the righteous victories of the LORD
      and the victories of his villagers in Israel.
   Then the people of the LORD
      marched down to the city gates.

5:7 The meaning of the Hebrew is uncertain.   5:11 The meaning of the Hebrew is uncertain.

을 전한다네. 그들은 그곳에서 이스라엘을 다 스리시는 여호와의 승리의 소식을 전한다네. 그때, 여호와의 백성이 성문으로 내려갔다네.

12 깨어나라, 깨어나라, 드보라여! 깨어나라, 깨 어나라, 노래를 불러라. 일어나라, 바락이여! 가서 너희 적들을 사로잡아라. 아비노암의 아 들이여!

13 그때에 남아 있던 사람들이 지도자들에게 내 려왔다네. 여호와께서 나를 위하여 용사를 치 시려고 내려오셨도다.

14 그들은 아말렉 산지의 에브라임에서 왔다네. 베냐민도 너를 따른 자 중에 있었다네. 서쪽 므 낫세의 마길 집안에서도 지휘관들이 내려왔다 네. 스불론에서도 장교의 지휘봉을 든 자들이 내려왔다네.

15 잇사갈의 지도자들이 드보라와 함께 있었다 네. 잇사갈의 백성은 바락에게 충성하였다네. 그들은 골짜기까지 바락을 따라갔다네. 르우 벤 사람들은 어찌해야 할지 몰라 망설이고 있 었다네.

16 어찌하여 너희는 양 떼 곁에 머무르고 있느냐? 양 떼를 위해 부는 목동의 피리 소리를 듣기 위 함인가? 르우벤 사람들은 어찌해야 할지 몰라 망설이고 있었다네.

17 길르앗 백성은 요단 강 동쪽에 머물러 있었다 네. 단 백성이여, 너희는 어찌하여 배에 앉아 있 는가? 아셀 백성은 바닷가에 앉았고, 그들은 시 냇가에서 쉬는구나.

18 스불론 백성은 생명을 아끼지 아니하였구나. 납달리 백성도 싸움터에서 목숨을 내걸었도 다.

19 그때에 가나안 왕들이 와서 싸웠다네. 다아낙 에서, 므깃도 물가에서. 그러나 그들은 은도, 이스라엘의 물건도 빼앗아 가지 못했다네.

20 하늘에서 별들이 싸우고 그 다니는 길에서 시 스라와 싸웠다네.

21 기손 강이 시스라의 군대를 쓸어버렸다네. 옛 적부터 흐르던 강, 저 기손 강이. 내 영혼아, 네 가 힘있는 자를 밟았도다.

22 그때에 말발굽 소리가 땅을 울렸다네. 시스라 의 힘센 말들이 달리고 또 달렸다네.

23 '메로스 마을에 저주가 있기를' 여호와의 천사 가 말하였다네. '그 백성에게 큰 저주가 있을 것이니, 그들은 여호와를 도우러 오지 않았고 강한 적과 싸우러 오지도 않았도다.'

24 겐 사람 헤벨의 아내 야엘은 천막에 사는 다른 모든 여자들보다 더 복을 받을 것이다.

12 "Wake up, Deborah, wake up!
   Wake up, wake up, and sing a song!
   Arise, Barak!
   Lead your captives away, son of Abinoam!

13 "Down from Tabor marched the few against the nobles.
   The people of the LORD marched down against mighty warriors.

14 • They came down from Ephraim—
   a land that once belonged to the Amalekites;
   they followed you, Benjamin, with your troops.
   From Makir the commanders marched down;
   from Zebulun came those who carry a commander's staff.

15 • The princes of Issachar were with Deborah and Barak.
   They followed Barak, rushing into the valley.
   But in the tribe of Reuben
   there was great indecision.*

16 • Why did you sit at home among the sheepfolds—
   to hear the shepherds whistle for their flocks?
   Yes, in the tribe of Reuben
   there was great indecision.

17 • Gilead remained east of the Jordan.
   And why did Dan stay home?
   Asher sat unmoved at the seashore,
   remaining in his harbors.

18 • But Zebulun risked his life,
   as did Naphtali, on the heights of the battlefield.

19 "The kings of Canaan came and fought,
   at Taanach near Megiddo's springs,
   but they carried off no silver treasures.

20 • The stars fought from heaven.
   The stars in their orbits fought against Sisera.

21 • The Kishon River swept them away—
   that ancient torrent, the Kishon.
   March on with courage, my soul!

22 • Then the horses' hooves hammered the ground,
   the galloping, galloping of Sisera's mighty steeds.

23 • 'Let the people of Meroz be cursed,' said the angel of the LORD.
   'Let them be utterly cursed,
   because they did not come to help the LORD—
   to help the LORD against the mighty warriors.'

24 "Most blessed among women is Jael,
   the wife of Heber the Kenite.
   May she be blessed above all women who live in tents.

5:15 As in some Hebrew manuscripts and Syriac version, which read *searchings of heart*; Masoretic Text reads *resolve of heart*.

25 시스라가 물을 구했으나, 야엘은 우유를 주었다. 귀한 사람에게 어울리는 그릇에 담아 엉긴 우유를 주었다.

26 야엘은 장막 말뚝을 잡았고, 오른손으로는 일꾼의 망치를 잡았다. 야엘이 시스라를 내리쳤다. 야엘이 시스라의 머리를 부수었다. 야엘이 시스라의 살을 꿰뚫었도다.

27 야엘의 발 앞에 시스라가 거꾸러졌다. 시스라가 그곳에 쓰러져 누웠다. 야엘의 발 앞에 시스라가 거꾸러졌다. 시스라가 그곳에 쓰러져 죽었다.

28 시스라의 어머니가 창문으로 밖을 보며 창살 사이로 외쳤도다. '시스라의 전차가 왜 이리 더디 오는가? 시스라의 전차 소리가 왜 이리 들리지 않는가?'

29 시스라의 지혜로운 시녀들이 대답하였다. 시스라의 어머니도 혼잣말을 하였다.

30 '아마 싸워서 이긴 백성의 물건들을 차지하고 있는 게지. 그 물건들을 서로 나누어 가지고 있는 게지. 군인마다 여자를 한두 명씩 얻었을 거야. 시스라도 염색한 옷을 차지했겠지. 아마 염색하고 수를 놓은 옷을 승리자들의 목에 걸어 주고 있을 거야.'

31 여호와여! 여호와의 적은 모두 이와 같이 죽게 하소서. 그러나 여호와를 사랑하는 사람은 떠오르는 해와 같이 강하게 하소서!" 그리하여 그 땅은 사십 년 동안, 평화로웠습니다.

미디안 사람들이 이스라엘을 공격함

6 이스라엘 백성은 또다시 여호와께서 보시기에 나쁜 일을 했습니다. 그래서 여호와께서는 미디안 백성이 칠 년 동안, 이스라엘을 다스리게 하셨습니다.

2 미디안 사람들은 매우 강했으며, 이스라엘 사람들을 잔인하게 대했습니다. 그래서 이스라엘 사람들은 산에 있는 동굴이나 산성에 숨기도 했습니다.

3 이스라엘 사람들이 농사를 지을 때마다 미디안 사람들과 아말렉 사람들과 동쪽의 다른 사람들이 와서 이스라엘 사람들을 공격했습니다.

4 그들은 이스라엘 땅에 진을 쳤습니다. 그리고 그들은 이스라엘 사람들이 심어 놓은 농작물을 망쳐 놓았습니다. 그들은 가사 땅에까지 그런 짓을 했습니다. 그들은 이스라엘 사람들이 먹을 것을 남겨 놓지 않았습니다. 양이든, 소든, 나귀든, 하나도 남겨 놓지 않았습니다.

5 미디안 사람들이 와서 그 땅에 진을 쳤습니다. 그들은 천막과 가축을 가지고 왔는데, 마치 메뚜기 떼와 같았습니다. 사람과 낙타가 너무 많아서 셀 수 없을 정도였습니다. 미디안 사람들은 그 땅에 들어와서 그 땅을 못 쓰게 만들어 놓았습니다.

25 • Sisera asked for water,
and she gave him milk.
In a bowl fit for nobles,
she brought him yogurt.

26 • Then with her left hand she reached for a tent peg,
and with her right hand for the workman's hammer.
She struck Sisera with the hammer, crushing his head.
With a shattering blow, she pierced his temples.

27 • He sank, he fell,
he lay still at her feet.
And where he sank,
there he died.

28 • "From the window Sisera's mother looked out.
Through the window she watched for his return, saying,
'Why is his chariot so long in coming?
Why don't we hear the sound of chariot wheels?'

29 • "Her wise women answer,
and she repeats these words to herself:

30 • 'They must be dividing the captured plunder—
with a woman or two for every man.
There will be colorful robes for Sisera,
and colorful, embroidered robes for me.
Yes, the plunder will include
colorful robes embroidered on both sides.'

31 • "LORD, may all your enemies die like Sisera!
But may those who love you rise like the sun in all its power!"

Then there was peace in the land for forty years.

Gideon Becomes Israel's Judge

6 The Israelites did evil in the LORD's sight. So the LORD handed them over to the Midianites for seven years. • The Midianites

2 were so cruel that the Israelites made hiding places for themselves in the mountains, caves,

3 and strongholds. • Whenever the Israelites planted their crops, marauders from Midian, Amalek, and the people of the east would attack

4 Israel, • camping in the land and destroying crops as far away as Gaza. They left the Israelites with nothing to eat, taking all the sheep, goats,

5 cattle, and donkeys. • These enemy hordes, coming with their livestock and tents, were as thick as locusts; they arrived on droves of camels too numerous to count. And they stayed

---

drove [dróuv] *n.* (소, 돼지, 양의) 떼지어 가는 무리
embroider [imbrɔ́idər] *vt.* 수놓다
marauder [mərɔ́:dər] *n.* 약탈자
plunder [plʌ́ndər] *n.* 약탈; 약탈품
stronghold [strɔ́:ŋhòuld] *n.* 요새, 성채

6 이스라엘은 미디안 사람들의 약탈 때문에 매우 가난해졌습니다. 그래서 여호와께 도와 달라고 부르짖었습니다.

7 이스라엘 사람들은 여호와께 미디안 사람들에게서 구해 달라고 부르짖었습니다.

8 그래서 여호와께서는 이스라엘 사람들에게 한 예언자를 보내 주셨습니다. 그 예언자가 말했습니다. "이스라엘의 하나님 여호와께서 이렇게 말씀하셨소, '나는 너희가 노예로 있던 땅, 이집트에서 너희를 이끌어 내었다.

9 나는 이집트 백성에게서 너희를 구해 주었다. 또 나는 가나안의 모든 백성을 쫓아내고 그 땅을 너희에게 주었다.

10 그때에 내가 너희에게 말했다. 나는 너희 하나님 여호와다. 너희는 아모리 사람의 땅에서 살게 될 것이다. 하지만 너희는 그들의 신을 섬겨서는 안 된다. 그러나 너희는 나의 말에 순종하지 않았다.'"

여호와의 천사가 기드온을 찾아오다

11 여호와의 천사가 오브라의 상수리나무 아래에 와서 앉았습니다. 그 나무는 아비에셀 자손인 요아스의 것이었습니다. 요아스는 기드온의 아버지였습니다. 기드온은 미디안 사람들에게 들키지 않으려고, 포도주 틀에서 밀을 타작하고 있었습니다.

12 여호와의 천사가 기드온에게 나타나 말했습니다. "힘센 용사여! 여호와께서 너와 함께 계신다."

13 그러자 기드온이 말했습니다. "무슨 말씀입니까? 여호와께서 우리와 함께 계시다면, 왜 이토록 많은 괴로움을 겪어야 합니까? 우리 조상들은 우리에게 여호와께서는 많은 기적을 일으키셨다고 이야기해 주었습니다. 또 여호와께서 우리 조상들을 이집트에서 이끌어 내셨다고도 말해 주었습니다. 그렇지만 여호와께서는 지금 우리를 버리셨습니다. 여호와께서는 우리를 미디안 사람들에게 정복당하게 하셨습니다."

14 여호와께서 기드온을 향해 말씀하셨습니다. "너에게는 이스라엘 백성을 구할 능력이 있으니, 가서 너의 백성을 미디안 사람에게서 구하여라. 내가 너를 보낸다."

15 그러자 기드온이 대답했습니다. "하지만 주여, 제가 어떻게 이스라엘을 구할 수 있겠습니까? 제 집안은 므낫세 지파 중에서도 가장 약합니다. 그리고 저는 제 집안에서도 가장 보잘것없는 사람입니다."

16 여호와께서 기드온에게 대답하셨습니다. "내가 너와 함께할 것이다. 너는 마치 단 한 사람하고만 싸우는 것처럼 미디안의 군대와 싸워 쉽게 물리칠 것이다."

17 그러자 기드온이 여호와께 말했습니다. "만일 제가 주님께 은혜를 입었다면 저에게 증거를 주십시오, 저와 이야기하고 있는 분이 정말 주님이시라는 것을 보여 주십시오.

18 여기에서 기다려 주십시오. 제가 다시 돌아올 때까지

6 until the land was stripped bare. •So Israel was reduced to starvation by the Midianites. Then the Israelites cried out to the LORD for help.

7 •When they cried out to the LORD
8 because of Midian, •the LORD sent a prophet to the Israelites. He said, "This is what the LORD, the God of Israel, says: I brought you up out of slavery in Egypt. •I rescued you from the Egyptians and from
9 all who oppressed you. I drove out your
10 enemies and gave you their land. •I told you, 'I am the LORD your God. You must not worship the gods of the Amorites, in whose land you now live.' But you have not listened to me."

11 •Then the angel of the LORD came and sat beneath the great tree at Ophrah, which belonged to Joash of the clan of Abiezer. Gideon son of Joash was threshing
12 wheat at the bottom of a winepress to hide the grain from the Midianites. •The angel of the LORD appeared to him and said, "Mighty hero, the LORD is with you!"

13 •"Sir," Gideon replied, "if the LORD is with us, why has all this happened to us? And where are all the miracles our ancestors told us about? Didn't they say, 'The LORD brought us up out of Egypt'? But now the LORD has abandoned us and handed us over to the Midianites."

14 •Then the LORD turned to him and said, "Go with the strength you have, and rescue Israel from the Midianites. I am sending you!"

15 •"But Lord," Gideon replied, "how can I rescue Israel? My clan is the weakest in the whole tribe of Manasseh, and I am the least in my entire family!"

16 •The LORD said to him, "I will be with you. And you will destroy the Midianites as if you were fighting against one man."

17 •Gideon replied, "If you are truly going to help me, show me a sign to prove that it
18 is really the LORD speaking to me. •Don't go away until I come back and bring my offering to you."

He answered, "I will stay here until you return."

abandon [əbǽndən] vt. 저버리다
clan [klǽn] n. 일족, 지파
entire [intáiər] a. 전체의
prophet [práfit] n. 예언자
reduce [ridjúːs] vt. 몰락시키다
starvation [staːrvéiʃən] n. 기아; 궁핍
thresh [θréʃ] vt. 타작하다
winepress [wáinpres] n. 포도짜는 기구
6:5 be stripped bare : 철저히 약탈당하다
6:9 rescue… from~ : …를 ~로부터 구출하다

가지 마십시오. 제가 예물을 가져와서 주 앞에 바치
겠습니다." 그러자 여호와께서 "네가 돌아올 때까
지 기다리겠다"라고 대답하셨습니다.

19 기드온은 들어가서 어린 염소를 요리했습니다. 기
드온은 또 한 에바*쯤 되는 가루로 누룩을 넣지 않고
만든 빵인 무교병을 만들고, 고기와 함께 바구니에
담았습니다. 그리고 국도 그릇에 담았습니다. 기드
온은 그것들을 상수리나무 아래로 가지고 가서 여
호와의 천사에게 드렸습니다.

20 하나님의 천사가 기드온에게 말했습니다. "그 고기
와 누룩을 넣지 않고 만든 빵인 무교병을, 저기 바위
위에 올려놓아라. 그리고 국을 그 위에 부어라." 기
드온은 천사가 시키는 대로 했습니다.

21 여호와의 천사는 손에 지팡이를 들고 있었는데, 지
팡이 끝을 고기와 무교병에 대자 바위에서 불길이
치솟았습니다. 불이 고기와 무교병을 완전히 태워
버렸습니다. 그리고 나서 여호와의 천사는 사라졌
습니다.

22 그제서야 기드온은 자기가 여호와의 천사와 이야
기하고 있었다는 것을 깨달았습니다. 기드온은 "주
여호와여! 나를 살려 주십시오. 내가 여호와의 천사
를 직접 보았습니다"라고 소리쳤습니다.

23 여호와께서는 기드온에게 "안심하여라. 두려워하
지 마라. 너는 죽지 않을 것이다" 하고 말씀하셨습
니다.

24 그래서 기드온은 그곳에 여호와께 예배드릴 제단
을 쌓고, 그 제단을 여호와 살롬*이라고 불렀습니
다. 그 제단은 아직도 아비에셀 사람들이 살고 있는
오브라에 있습니다.

기드온이 바알의 제단을 부숴뜨림

25 그날 밤, 여호와께서 기드온에게 말씀하셨습니다.
"네 아버지의 수소와 일곱 살 된 다른 수소*를 이끌
고 오너라. 네 아버지의 바알 제단을 헐어 버려라.
그 곁에 있는 아세라 우상도 찍어 버려라.

26 그리고 네 하나님 여호와를 위해 성에서 가장 높은
곳에 제단을 쌓아라. 돌들을 올바른 순서대로 쌓아
라. 그리고 나서 수소를 죽여 그 제단 위에서 태워
드리는 제사인 번제로 드려라. 아세라 우상을 찍어
서 나온 나무로 네 제물을 불살라라."

27 기드온은 자기 종 열 명을 데리고, 여호와께서 하라
고 하신 일을 했습니다. 그러나 기드온은 자기 가족
과 성 사람들이 자기를 볼까봐 두려워서 그 일을 낮
에 하지 않고 밤에 했습니다.

28 이튿날 아침에 성 사람들이 일어나 보니, 바알을 위
한 제단이 무너져 있었습니다. 그리고 그 곁에 있는
아세라 우상도 찍혀 있었습니다. 성 사람들은 기드
온이 쌓은 제단을 보았습니다. 그 제단 위에는 수소

19 • Gideon hurried home. He cooked a
young goat, and with a basket* of flour he
baked some bread without yeast. Then, car-
rying the meat in a basket and the broth in a
pot, he brought them out and presented
them to the angel, who was under the great
tree.

20 • The angel of God said to him, "Place the
meat and the unleavened bread on this rock,
and pour the broth over it." And Gideon did
as he was told. • Then the angel of the LORD

21 touched the meat and bread with the tip of
the staff in his hand, and fire flamed up
from the rock and consumed all he had
brought. And the angel of the LORD disap-
peared.

22 • When Gideon realized that it was the
angel of the LORD, he cried out, "Oh, Sover-
eign LORD, I'm doomed! I have seen the
angel of the LORD face to face!"

23 • "It is all right," the LORD replied. "Do
24 not be afraid. You will not die." • And
Gideon built an altar to the LORD there and
named it Yahweh-Shalom (which means
"the LORD is peace"). The altar remains in
Ophrah in the land of the clan of Abiezer to
this day.

25 • That night the LORD said to Gideon,
"Take the second bull from your father's
herd, the one that is seven years old. Pull
down your father's altar to Baal, and cut
down the Asherah pole standing beside it.

26 • Then build an altar to the LORD your God
here on this hilltop sanctuary, laying the
stones carefully. Sacrifice the bull as a burnt
offering on the altar, using as fuel the wood
of the Asherah pole you cut down."

27 • So Gideon took ten of his servants and
did as the LORD had commanded. But he
did it at night because he was afraid of the
other members of his father's household and
the people of the town.

28 • Early the next morning, as the people of
the town began to stir, someone discovered
that the altar of Baal had been broken down
and that the Asherah pole beside it had been
cut down. In their place a new altar had
been built, and on it were the remains of the

---

consume [kənsúːm] *vt.* (화염이) 태워버리다
stir [stəːr] *vi.* 〈구어〉 소동을 일으키다
unleavened [ʌnlévənd] *a.* 누룩을 넣지 않은
6:25 pull down : 부수다, 무너뜨리다

6:19 Hebrew *an ephah* [20 quarts or 22 liters].
6:19 1에바는 약 22ℓ에 해당된다.
6:24 '주님(또는 여호와)은 평화이시다'라는 뜻이다.
6:25 소가 몇 마리인지는 논란이 있으나 원문에 "그리
고"라는 접속사가 있는 것으로 보아 두 마리로 보는 것이 가
장 자연스럽다. 그러나 이 접속사를 "다시 말해"의 뜻으로 이
해한다면 한 마리로 볼 수도 있다.

가 제물로 바쳐져 있었습니다.

29 성 사람들은 "누가 이런 짓을 했느냐?" 하고 물었습니다. 그들은 그 일을 한 사람을 찾으려고 서로 캐묻고 자세히 조사했습니다. 그때에 누가 말했습니다. "요아스의 아들 기드온이다."

30 그래서 그들은 요아스에게 말했습니다. "당신의 아들을 끌어내시오. 그놈이 바알의 제단을 헐어 버렸소. 그놈이 제단 곁에 있는 아세라 우상도 찍어 버렸소. 그러니 당신의 아들은 죽어야 하오."

31 요아스는 자기에게 몰려온 화가 난 무리에게 말했습니다. "당신들은 바알의 편을 들 셈이오? 바알을 위한 생각이오? 누구든지 바알의 편을 드는 사람은 이 아침에 죽임을 당할 것이오. 여기 이렇게 무너진 것은 바알의 제단이오. 바알이 과연 여러분들의 신이오? 바알이 신이라면 바알 스스로가 싸우게 하시오."

32 그래서 그날, 기드온은 여룹바알이라는 이름을 얻었는데, 그 뜻은 '바알 스스로 싸우게 하라' 입니다. 기드온을 이렇게 부른 것은 기드온이 바알의 제단을 무너뜨렸기 때문입니다.

기드온이 미디안을 물리침

33 모든 미디안 사람과 아말렉 사람과 동쪽의 다른 백성들이 함께 모였습니다. 그들은 요단강을 건너서 이스르엘 골짜기에 진을 쳤습니다.

34 여호와의 영이 기드온에게 들어갔습니다. 기드온은 나팔을 불어 아비에셀 사람들이 자기를 따르게 했습니다.

35 기드온은 므낫세 온 땅에 명령을 받고 심부름을 하는 사람을 보냈습니다. 므낫세 백성도 부름을 받고 기드온을 따랐습니다. 기드온은 아셀과 스불론과 납달리 백성에게도 심부름을 하는 사람을 보냈습니다. 그래서 그들도 올라와 기드온과 그의 군대를 맞이했습니다.

36 그때에 기드온이 하나님께 말했습니다. "주께서는 제가 이스라엘을 구원하는 것을 도와 주겠다고 말씀하셨습니다.

37 보십시오! 제가 타작 마당에 양털 한 뭉치를 놓겠습니다. 양털에만 이슬이 맺히고, 다른 땅은 모두 마르게 해 주십시오. 그러면 주께서 저를 쓰셔서 이스라엘을 구원하시겠다고 말씀하신 것을 믿겠습니다."

38 기드온이 말한 대로 되었습니다. 기드온이 이튿날 아침 일찍 일어나 양털을 짰더니, 물이 한 그릇 가득히 나왔습니다.

39 기드온이 다시 하나님께 말했습니다. "저에게 화내지 말아 주십시오. 한 번만 더 말씀드리겠습니다. 한 번만 더 시험해 보게 해 주십시오. 이번에는 양털은 마르게 하시고, 그 주변의 땅은 이슬로 젖게 해 주십시오."

40 그날 밤, 하나님께서는 기드온이 말한 대로 하셨습니

---

29 bull that had been sacrificed. •The people said to each other, "Who did this?" And after asking around and making a careful search, they learned that it was Gideon, the son of Joash.

30 •"Bring out your son," the men of the town demanded of Joash. "He must die for destroying the altar of Baal and for cutting down the Asherah pole."

31 •But Joash shouted to the mob that confronted him, "Why are you defending Baal? Will you argue his case? Whoever pleads his case will be put to death by morning! If Baal truly is a god, let him defend himself and destroy the one who

32 broke down his altar!" •From then on Gideon was called Jerub-baal, which means "Let Baal defend himself," because he broke down Baal's altar.

Gideon Asks for a Sign

33 •Soon afterward the armies of Midian, Amalek, and the people of the east formed an alliance against Israel and crossed the Jordan, camping in the valley of Jezreel.

34 •Then the Spirit of the LORD clothed Gideon with power. He blew a ram's horn as a call to arms, and the men of the clan

35 of Abiezer came to him. •He also sent messengers throughout Manasseh, Asher, Zebulun, and Naphtali, summoning their warriors, and all of them responded.

36 •Then Gideon said to God, "If you are truly going to use me to rescue Israel as you

37 promised, •prove it to me in this way. I will put a wool fleece on the threshing floor tonight. If the fleece is wet with dew in the morning but the ground is dry, then I will know that you are going to help me

38 rescue Israel as you promised." •And that is just what happened. When Gideon got up early the next morning, he squeezed the fleece and wrung out a whole bowlful of water.

39 •Then Gideon said to God, "Please don't be angry with me, but let me make one more request. Let me use the fleece for one more test. This time let the fleece remain dry while the ground around it is wet with

40 dew." •So that night God did as Gideon asked. The fleece was dry in the morning, but the ground was covered with dew.

---

alliance [əláiəns] *n.* 동맹, 연합
fleece [fliːs] *n.* 양털
mob [mab] *n.* 폭도
plead [pliːd] *vt.* 변호하다; 항변하다
squeeze [skwiːz] *vt.* 짜다
summon [sʌ́mən] *vt.* 불러모으다
6:38 wring out : 비틀어 짜다

다. 양털은 말라 있었으나, 그 주변의 땅은 이슬로 젖어 있었습니다.

7 여룹바알이라 하는 기드온과 그의 군대는 아침 일찍 하롯 샘에 진을 쳤습니다. 미디안 사람들은 그들의 북쪽에 진을 치고 있었습니다. 미디안 사람들이 진을 친 곳은 모레라고 부르는 언덕 아래의 골짜기였습니다.

2 그때에 여호와께서 기드온에게 말씀하셨습니다. "미디안 백성과 싸울 이스라엘 백성이 너무 많다. 이스라엘 사람들이 자기들 힘으로 싸워 승리했다고 자랑하는 것을 듣고 싶지 않다.

3 그러니 이제 이스라엘 백성에게 이렇게 명령하여라. '누구든지 두려운 사람은 길르앗 산을 떠나 집으로 돌아가도 좋다.'" 그래서 이만 이천 명이 집으로 돌아갔지만, 아직 만 명이 남아 있었습니다.

4 그때에 여호와께서 기드온에게 다시 말씀하셨습니다. "아직도 사람이 너무 많다. 사람들을 물가로 데리고 가거라. 내가 그들을 시험해 보겠다. 그런 뒤 내가 '이 사람들은 너와 함께 갈 것이다' 하고 말하는 사람들은 너와 함께 갈 것이고, 내가 '이 사람들은 너와 함께 가지 않을 것이다' 하고 말하는 사람들은 돌려보내어라."

5 그래서 기드온은 사람들을 물가로 데리고 갔습니다. 그때, 여호와께서 기드온에게 말씀하셨습니다. "사람들을 두 편으로 나누어라. 개처럼 혀로 물을 핥아먹는 사람과 무릎을 꿇고 물을 먹는 사람을 구별하여 각각 다른 편에 두어라."

6 여호와의 명령대로 물을 먹는 사람을 보았습니다. 물을 손에 담아 가지고 핥아먹는 사람은 삼백 명이었고, 나머지 사람들은 모두 무릎을 꿇고 물을 먹었습니다.

7 그때에 여호와께서 기드온에게 말씀하셨습니다. "내가 물을 핥아먹은 사람 삼백 명으로 너희를 구원하겠다. 너희가 미디안을 물리치도록 해 주겠다. 다른 사람들은 모두 집으로 보내어라."

8 그리하여 기드온은 나머지 이스라엘 사람들을 집으로 돌려보내고, 삼백 명만 남겨 두었습니다. 기드온은 집으로 돌아간 사람들의 항아리와 나팔을 받아 놓았습니다. 미디안의 진은 기드온이 있는 골짜기 아래에 있었습니다.

9 그날 밤, 여호와께서 기드온에게 말씀하셨습니다. "일어나라. 내려가서 미디안의 진을 공격하여라. 내가 그들을 물리치도록 해 주겠다.

10 그러나 만약 내려가는 것이 두렵거든 너의 종 부라를 데리고 가거라.

11 미디안의 진으로 내려가면 그들이 말하는 것을 듣게 될 것이다. 너는 그 말을 통해 용기를 얻어 그들

Gideon Defeats the Midianites

7 So Jerub-baal (that is, Gideon) and his army got up early and went as far as the spring of Harod. The armies of Midian were camped north of them in the valley near the hill of Moreh. •The LORD said to Gideon, 2 "You have too many warriors with you. If I let all of you fight the Midianites, the Israelites will boast to me that they saved themselves by their own strength. • Therefore, tell the people, 'Whoever is timid or afraid may leave this mountain* and go home.' " So 22,000 of them went home, leaving only 10,000 who were willing to fight.

•But the LORD told Gideon, "There are 4 still too many! Bring them down to the spring, and I will test them to determine who will go with you and who will not." •When Gideon took his warriors down to 5 the water, the LORD told him, "Divide the men into two groups. In one group put all those who cup water in their hands and lap it up with their tongues like dogs. In the other group put all those who kneel down and drink with their mouths in the stream." •Only 300 of the men drank from their 6 hands. All the others got down on their knees and drank with their mouths in the stream.

The LORD told Gideon, "With these 300 7 men I will rescue you and give you victory over the Midianites. Send all the others home." •So Gideon collected the provisions 8 and rams' horns of the other warriors and sent them home. But he kept the 300 men with him.

The Midianite camp was in the valley just 9 below Gideon. •That night the LORD said, "Get up! Go down into the Midianite camp, for I have given you victory over them! •But 10 if you are afraid to attack, go down to the camp with your servant Purah. •Listen to 11 what the Midianites are saying, and you will be greatly encouraged. Then you will be eager to attack."

So Gideon took Purah and went down to

boast [bóust] *vt.* 자랑하다
lap [lǽp] *vt.* 핥다, 핥아먹다
provision [prəvíʒən] *n.* 식량
stream [stríːm] *n.* 시내, 개울
timid [tímid] *a.* 소심한, 겁많은
7:3 be willing to … : …할 의지를 갖다
7:5 cup water in one's hands : 손을 오므려 물을 뜨다
7:5 kneel down : 무릎을 꿇다

7:3 Hebrew *may leave Mount Gilead.* The identity of Mount Gilead is uncertain in this context. It is perhaps used here as another name for Mount Gilboa.

의 진을 공격할 수 있을 것이다." 그래서 기드온과 그의 종 부라는 적진의 가장자리로 내려갔습니다.

기드온이 용기를 얻음

12 미디안 사람들과 아말렉 사람들과 동쪽의 모든 백성이 그 골짜기에 진을 치고 있었습니다. 사람들이 너무 많아서 마치 메뚜기 떼처럼 보였습니다. 그들이 가진 낙타도 바닷가의 모래알처럼 셀 수 없을 정도로 많았습니다.

13 기드온이 적의 진으로 내려왔을 때, 어떤 사람이 자기 친구에게 꿈 이야기를 하고 있었습니다. "들어 보게. 꿈을 꾸었는데 말이야, 보리로 만든 빵 한 덩어리가 미디안 진으로 들어오더군. 그런데 그 빵이 얼마나 세게 천막을 쳤는지, 그만 그 천막이 무너져서 납작해지고 말았어."

14 그 사람의 친구가 말했습니다. "자네 꿈은 이스라엘 사람인 요아스의 아들 기드온의 칼과 관계가 있어. 하나님께서는 기드온이 미디안과 그 모든 군대를 물리치게 하실 거야."

15 기드온이 그 이야기를 듣고, 하나님께 감사드리고 이스라엘의 진으로 돌아왔습니다. 기드온은 이스라엘 사람들에게 "일어나시오! 여호와께서 미디안 군대를 이기게 해 주셨소" 하고 말했습니다.

16 기드온은 삼백 명을 세 무리로 나누었습니다. 그리고 모든 사람에게 나팔과 빈 항아리를 나누어 주었습니다. 항아리 속에는 횃불이 들어 있었습니다.

17 기드온이 사람들에게 말했습니다. "나를 잘 보고 내가 하는 대로 따라 하시오. 내가 적진의 가장자리에 이르면

18 나와 내 주변에 있는 모든 사람이 나팔을 불 것이오. 그러면 여러분도 가지고 있는 나팔을 부시오. 그리고 나서 '여호와를 위하여! 기드온을 위하여!' 라고 외치시오."

미디안을 물리침

19 기드온과 그를 따르는 군사 백 명이 적진의 가장자리까지 갔습니다. 마침 한밤중이었고, 적군이 보초를 막 바꾼 뒤였습니다. 기드온과 그를 따르는 사람들은 나팔을 불며 항아리를 깨뜨렸습니다.

20 세 무리로 나누어진 기드온의 군사들이 모두 나팔을 불며 항아리를 깨뜨렸습니다. 그들은 왼손에는 횃불을 들고 오른손에는 나팔을 들었습니다. 그리고 나서 "여호와와 기드온을 위한 칼이여!" 하고 외쳤습니다.

21 기드온의 군사들은 모두 진을 둘러싸고 자기 자리에 서 있었습니다. 그러나 진 안에서는 미디안 사람들이 소리를 지르며 달아나기 시작했습니다.

22 기드온의 군사 삼백 명이 나팔을 불었을 때, 여호와께서는 미디안 사람들끼리 칼을 가지고 서로 싸우

12 the edge of the enemy camp. •The armies of Midian, Amalek, and the people of the east had settled in the valley like a swarm of locusts. Their camels were like grains of sand on the seashore—too many to count! 13 •Gideon crept up just as a man was telling his companion about a dream. The man said, "I had this dream, and in my dream a loaf of barley bread came tumbling down into the Midianite camp. It hit a tent, turned it over, and knocked it flat!"

14 •His companion answered, "Your dream can mean only one thing—God has given Gideon son of Joash, the Israelite, victory over Midian and all its allies!"

15 •When Gideon heard the dream and its interpretation, he bowed in worship before the LORD.* Then he returned to the Israelite camp and shouted, "Get up! For the LORD has given you victory over the Midianite hordes!" 16 •He divided the 300 men into three groups and gave each man a ram's horn and a clay jar with a torch in it.

17 •Then he said to them, "Keep your eyes on me. When I come to the edge of the 18 camp, do just as I do. •As soon as I and those with me blow the rams' horns, blow your horns, too, all around the entire camp, and shout, 'For the LORD and for Gideon!'"

19 •It was just after midnight,* after the changing of the guard, when Gideon and the 100 men with him reached the edge of the Midianite camp. Suddenly, they blew the rams' horns and broke their clay jars. 20 •Then all three groups blew their horns and broke their jars. They held the blazing torches in their left hands and the horns in their right hands, and they all shouted, "A sword for the LORD and for Gideon!"

21 •Each man stood at his position around the camp and watched as all the Midianites rushed around in a panic, shouting as they 22 ran to escape. •When the 300 Israelites blew their rams' horns, the LORD caused the warriors in the camp to fight against each other with their swords. Those who were not killed fled to places as far away as Beth-shittah near Zererah and to the border of Abel-meholah near Tabbath.

---

interpretation [intə́ːrprətéiʃən] *n.* 해석
swarm [swɔ́ːrm] *n.* 무리, 떼
torch [tɔ́ːrtʃ] *n.* 횃불
tumble [tʌ́mbl] *vi.* 굴러 떨어지다
7:13 turn over : 쓰러뜨리다, 전복시키다
7:13 knock… flat : …을 쳐서 납작하게 만들다
7:21 rush around : 좌충우돌하다

7:15 As in Greek version; Hebrew reads *he bowed.* 7:19 Hebrew *at the beginning of the second watch.*

게 만드셨습니다. 적군은 스레라의 벧 싯다 성과 답밧 성에서 가까운 아벨므홀라 성의 경계선으로 도망쳤습니다. 아벨므홀라는 답밧 성에서 가깝습니다.

23 그러자 납달리와 아셀과 므낫세에서 모여온 이스라엘 사람들은 미디안 사람들을 뒤쫓았습니다.

24 기드온은 에브라임의 모든 산지에 사람을 보내어 말했습니다. "어서 내려와서 미디안 사람들을 공격하시오. 벧 바라까지 요단 강을 지키시오. 그래서 미디안 사람들이 요단 강을 건너지 못하도록 하시오." 그리하여 에브라임 사람들이 다 모였습니다. 그들은 벧 바라까지 요단 강을 지켰습니다.

25 에브라임 사람들은 오렙과 스엡이라는 이름을 가진 미디안 왕 두 사람을 사로잡았습니다. 에브라임 사람들은 오렙을 오렙 바위에서 죽였고, 스엡은 스엡의 포도주 틀에서 죽였습니다. 그리고 에브라임 사람들은 계속해서 미디안 사람들을 뒤쫓았습니다. 에브라임 사람들은 오렙과 스엡의 머리를 잘라서 기드온에게 가지고 갔습니다. 그때, 기드온은 요단 강 동쪽에 있었습니다.

8 에브라임 사람들이 기드온에게 물었습니다. "왜 우리를 이런 식으로 대하시오? 미디안과 싸우러 나갈 때, 왜 우리를 부르지 않았소?" 에브라임 사람들이 화를 내었습니다.

2 기드온이 대답했습니다. "내가 한 일은 여러분이 한 일보다 못합니다. 여러분 몇 명이 한 일이 아비에셀 사람 모두가 한 일보다 더 낫습니다.*

3 하나님은 여러분이 미디안 왕인 오렙과 스엡을 사로잡도록 해 주셨습니다. 내가 한 일을 어떻게 여러분이 한 일과 비교할 수 있겠습니까?" 에브라임 사람들은 기드온이 하는 그 말을 듣고 더 이상 화를 내지 않았습니다.

기드온이 두 왕을 사로잡음

4 기드온과 그의 군사 삼백 명이 요단 강에 이르렀습니다. 그들은 지쳐 있었지만 강을 건너 계속 적을 뒤쫓았습니다.

5 기드온이 숙곳 사람들에게 말했습니다. "내 군사들에게 빵을 좀 주시오. 그들은 매우 지쳐 있소. 나는 미디안 왕인 세바와 살문나를 뒤쫓고 있소."

6 그러나 숙곳의 지도자들은 거절했습니다. "우리가 왜 당신의 군사들에게 빵을 주어야 합니까? 당신은 아직 세바와 살문나를 사로잡지 못했잖습니까?"

7 기드온이 말했습니다. "여호와께서는 내가 세바와 살문나를 사로잡도록 도와 주실 것이오. 그들을 사로잡은 후에는 광야의 가시와 찔레로 당신들의 살을 찢어 놓고 말 것이오."

8 기드온은 숙곳을 떠나 브누엘* 성으로 갔습니다. 기

---

23 •Then Gideon sent for the warriors of Naphtali, Asher, and Manasseh, who joined
24 in chasing the army of Midian. •Gideon also sent messengers throughout the hill country of Ephraim, saying, "Come down to attack the Midianites. Cut them off at the shallow crossings of the Jordan River at Beth-barah."

So all the men of Ephraim did as they
25 were told. •They captured Oreb and Zeeb, the two Midianite commanders, killing Oreb at the rock of Oreb, and Zeeb at the winepress of Zeeb. And they continued to chase the Midianites. Afterward the Israelites brought the heads of Oreb and Zeeb to Gideon, who was by the Jordan River.

Gideon Kills Zebah and Zalmunna

8 Then the people of Ephraim asked Gideon, "Why have you treated us this way? Why didn't you send for us when you first went out to fight the Midianites?" And they argued heatedly with Gideon.

2 •But Gideon replied, "What have I accomplished compared to you? Aren't even the leftover grapes of Ephraim's harvest better than the entire crop of my little
3 clan of Abiezer? •God gave you victory over Oreb and Zeeb, the commanders of the Midianite army. What have I accomplished compared to that?" When the men of Ephraim heard Gideon's answer, their anger subsided.

4 •Gideon then crossed the Jordan River with his 300 men, and though exhausted,
5 they continued to chase the enemy. •When they reached Succoth, Gideon asked the leaders of the town, "Please give my warriors some food. They are very tired. I am chasing Zebah and Zalmunna, the kings of Midian."

6 •But the officials of Succoth replied, "Catch Zebah and Zalmunna first, and then we will feed your army."

7 •So Gideon said, "After the LORD gives me victory over Zebah and Zalmunna, I will return and tear your flesh with the thorns and briers from the wilderness."

8 •From there Gideon went up to Peniel* and again asked for food, but he got the

---

brier [bráiər] *n.* 찔레
subside [səbsáid] *vi.* 진정되다
thorn [θɔːrn] *n.* 가시
variant [véəriənt] *a.* 다른; 상이한
8:1 argue with … : …와 논쟁을 벌이다

8:8 Hebrew *Penuel*, a variant spelling of Peniel; also in 8:9, 17.

8:2 직역하면 '에브라임의 이삭줍기가 아비에셀의 포도 수확보다 낫지 아니합니까?'이다.

8:8 '브누엘'은 '브니엘'의 또 다른 이름이다.

드온은 숙곳 사람들에게 그랬던 것처럼 그곳에서도 먹을 것을 좀 달라고 했습니다. 그러자 브누엘 사람들도 숙곳 사람들과 똑같은 대답을 했습니다.

9 그래서 기드온이 브누엘 사람들에게 말했습니다. "내가 승리를 거두고 이리로 돌아올 때, 반드시 이 탑을 무너뜨릴 것이오."

10 세바와 살문나와 그들의 군대는 갈골 성에 있었습니다. 동쪽에서 온 군대 중에서 이미 십이만 명은 죽고 만 오천 명 가량 남았습니다.

11 기드온은 천막에서 사는 사람들의 길을 이용했습니다. 그 길은 노바와 욕브하의 동쪽에 있습니다. 기드온은 적군이 생각할 겨를을 가지지 못하도록 갑자기 공격했습니다.

12 미디안의 왕인 세바와 살문나가 도망쳤지만, 기드온은 그들을 뒤쫓아가서 사로잡았습니다. 기드온과 그의 군대들은 적군을 물리쳐서 이겼습니다.

13 요아스의 아들 기드온은 헤레스의 비탈 싸움터에서 돌아왔습니다.

14 기드온은 숙곳에서 온 한 젊은이를 붙잡아서 그에게 몇 가지를 물어 봤습니다. 그 젊은이는 기드온에게 숙곳의 지도자들과 장로들의 이름 칠십칠 명을 적어 주었습니다.

기드온이 숙곳을 벌함

15 그 후, 기드온은 숙곳에 이르렀습니다. 기드온이 그 성 사람들에게 말했습니다. "여기에 세바와 살문나가 있소. 당신들은 '우리가 왜 당신의 군사들에게 빵을 주어야 합니까? 당신은 아직 세바와 살문나를 사로잡지 못했잖습니까?' 라고 말하면서 우리를 조롱하였소."

16 그리고 나서 기드온은 그 성의 장로들을 붙잡아서 광야의 가시와 찔레로 벌하였습니다.

17 기드온은 또 브누엘 탑도 무너뜨리고, 그 성 사람들을 죽였습니다.

18 기드온이 세바와 살문나에게 물었습니다. "너희들이 다볼 산에서 죽인 사람들은 어떻게 생겼었느냐?" 세바와 살문나가 대답했습니다. "그들은 당신처럼 생겼소. 모두가 왕의 아들처럼 생겼소."

19 기드온이 말했습니다. "그 사람들은 내 형제들이며, 내 어머니의 아들들이다. 살아 계신 여호와를 가리켜 맹세하지만, 너희들이 그들을 살려 주었으면, 나도 너희들을 죽이지 않았을 것이다."

20 그리고 나서 기드온은 자기 맏아들인 여델을 향하여 "이들을 죽여라" 하고 말했습니다. 그러나 여델은 아직 어린아이여서 칼을 뽑는 것을 두려워했습니다.

21 그때에 세바와 살문나가 말했습니다. "이보시오, 당신이 우리를 죽이시오. 사내가 할 일을 어린애에게 맡기지 마시오." 기드온이 일어나 세바와 살문나를

9 same answer. ●So he said to the people of Peniel, "After I return in victory, I will tear down this tower."

10 ●By this time Zebah and Zalmunna were in Karkor with about 15,000 warriors—all that remained of the allied armies of the east, for 120,000 had already been killed.

11 ●Gideon circled around by the caravan route east of Nobah and Jogbehah, taking

12 the Midianite army by surprise. ●Zebah and Zalmunna, the two Midianite kings, fled, but Gideon chased them down and captured all their warriors.

13 ●After this, Gideon returned from the

14 battle by way of Heres Pass. ●There he captured a young man from Succoth and demanded that he write down the names of all the seventy-seven officials and elders

15 in the town. ●Gideon then returned to Succoth and said to the leaders, "Here are Zebah and Zalmunna. When we were here before, you taunted me, saying, 'Catch Zebah and Zalmunna first, and then we

16 will feed your exhausted army.'" ●Then Gideon took the elders of the town and taught them a lesson, punishing them with thorns and briers from the wilderness.

17 ●He also tore down the tower of Peniel and killed all the men in the town.

18 ●Then Gideon asked Zebah and Zalmunna, "The men you killed at Tabor—what were they like?"

"Like you," they replied. "They all had the look of a king's son."

19 ●"They were my brothers, the sons of my own mother!" Gideon exclaimed. "As surely as the LORD lives, I wouldn't kill you if you hadn't killed them."

20 ●Turning to Jether, his oldest son, he said, "Kill them!" But Jether did not draw his sword, for he was only a boy and was afraid.

21 ●Then Zebah and Zalmunna said to Gideon, "Be a man! Kill us yourself!" So Gideon killed them both and took the royal ornaments from the necks of their camels.

ally [əlái] *vt.* 동맹시키다
capture [kǽptʃər] *vt.* 사로잡다
caravan [kǽrəvæn] *n.* 대상(隊商)
exclaim [ikskléim] *vi.* 큰 소리로 말하다
ornament [ɔ́ːrnəmənt] *n.* 장신구, 장식
taunt [tɔːnt] *vt.* 조롱하다
wilderness [wíldərnis] *n.* 광야, 황무지
8:9 tear down : 무너뜨리다
8:11 circle around : 우회하다; 선회하다
8:16 punish… with~ : …를 ~로써 벌하다
8:20 draw one's sword : 칼을 뽑다
8:21 be a man : 〈명령형으로〉 남자답게(당당하게) 굴다

죽였습니다. 그리고 그들의 낙타 목에 걸려 있는 장식을 떼어 내어 가졌습니다.

기드온이 우상을 만듦

22 이스라엘 백성이 기드온에게 말했습니다. "당신은 우리를 미디안의 손에서 구했습니다. 그러니 이제 우리를 다스리십시오. 당신과 당신의 자손들이 우리를 다스리기를 원합니다."

23 그러나 기드온은 이렇게 대답했습니다. "여호와께서 여러분을 다스리실 것입니다. 나와 내 아들은 여러분을 다스리지 않을 것입니다."

24 기드온이 또 말했습니다. "여러분에게 한 가지만 부탁하겠습니다. 여러분이 싸우는 동안 얻은 물건 중에서 금귀고리를 하나씩 나에게 주십시오." 이번 싸움에서 진 사람들 중에는 이스마엘 사람들도 있었는데, 그들은 모두 금귀고리를 달고 다녔습니다.

25 그러자 이스라엘 백성은 기드온에게 "기꺼이 드리겠습니다" 하고 말했습니다. 그런 다음 이스라엘 백성은 땅 위에 외투 한 벌을 벗어 놓았고, 모두가 그 외투 위에 귀고리를 하나씩 던졌습니다.

26 그렇게 해서 모은 귀고리의 무게는 금 천칠백 세겔* 가량이었습니다. 그 외에 이스라엘 백성은 기드온에게 장식품과 패물들, 그리고 미디안 왕들이 입었던 자주색 옷과 낙타 목에 둘렀던 목걸이도 주었습니다.

27 기드온은 금을 가지고 에봇을 만들어 자기 고향인 오브라에 두었습니다. 그랬더니 모든 이스라엘 백성이 하나님을 섬기지 않고, 그 에봇을 섬겼습니다. 그 에봇은 기드온과 그의 가족들이 죄를 짓게 만드는 덫이 되었습니다.

기드온의 죽음

28 미디안은 이스라엘의 다스림을 받게 되었고, 더 이상 말썽을 일으키지 못했습니다. 그래서 기드온이 죽기까지 사십 년 동안 그 땅은 평화로웠습니다.

29 요아스의 아들 기드온*은 자기 고향으로 돌아가 살았습니다.

30 기드온은 아내가 많았기 때문에 아들이 칠십 명이나 있었습니다.

31 기드온에게는 세겜에 사는 첩이 한 명 있었는데, 이 여자에게도 기드온의 아들이 있었습니다. 기드온은 그 아들의 이름을 아비멜렉이라고 붙여 주었습니다.

32 요아스의 아들 기드온은 오래 살다가 죽었습니다. 그리고 아버지 요아스의 무덤에 묻혔습니다. 그 무덤은 아비(에셀 사람들이 살고 있는 오브라에 있습니다.

33 기드온이 죽고 나서, 이스라엘 백성은 다시 하나님을 섬기지 않았습니다. 그들은 바알 신들을 따랐습니다. 그들은 바알브릿을 자기들의 신으로 삼았습니다.

34 이스라엘의 하나님께서 이스라엘을 그 주변에 사는 모든 적들한테서 구원해 주셨는데도 불구하고, 이스

Gideon's Sacred Ephod

22 • Then the Israelites said to Gideon, "Be our ruler! You and your son and your grandson will be our rulers, for you have rescued us from Midian."

23 • But Gideon replied, "I will not rule over you, nor will my son. The LORD will 24 rule over you! • However, I do have one request—that each of you give me an earring from the plunder you collected from your fallen enemies." (The enemies, being Ishmaelites, all wore gold earrings.)

25 • "Gladly!" they replied. They spread out a cloak, and each one threw in a gold earring he had gathered from the plunder.

26 • The weight of the gold earrings was forty-three pounds,* not including the royal ornaments and pendants, the purple clothing worn by the kings of Midian, or the chains around the necks of their camels.

27 • Gideon made a sacred ephod from the gold and put it in Ophrah, his hometown. But soon all the Israelites prostituted themselves by worshiping it, and it became a trap for Gideon and his family.

28 • That is the story of how the people of Israel defeated Midian, which never recovered. Throughout the rest of Gideon's lifetime—about forty years—there was peace in the land.

29 • Then Gideon* son of Joash returned 30 home. • He had seventy sons born to him, 31 for he had many wives. • He also had a concubine in Shechem, who gave birth to 32 a son, whom he named Abimelech. • Gideon died when he was very old, and he was buried in the grave of his father, Joash, at Ophrah in the land of the clan of Abiezer.

33 • As soon as Gideon died, the Israelites prostituted themselves by worshiping the images of Baal, making Baal-berith their 34 god. • They forgot the LORD their God, who had rescued them from all their ene-

---

cloak [klóuk] *n.* 겉옷
concubine [kάŋkjubain] *n.* 첩
parable [pǽrəbl] *n.* 비유, 이야기
plunder [plΛ́ndər] *n.* 노획물
prostitute [prάstətjuːt] *vt.* 간음하다
reckless [réklis] *a.* 무모한, 앞뒤를 가리지 않는
recover [rikΛ́vər] *vt.* 회복하다
8:22 rescue… from~ : …를 ~로부터 구출하다
8:23 rule over… : …을 다스리다
8:25 spread out : 펼치다

8:26 Hebrew *1,700 [shekels]* [19.4 kilograms].
8:29 Hebrew *Jerub-baal; see 6:32.*

8:26 1,700세겔은 약 19.38kg에 해당된다.
8:29 '기드온' 의 또 다른 이름은 '여룹바알' 이다.

라엘 사람들은 여호와 자기들의 하나님을 기억하지 않았습니다.

35 여룹바알이라고 하는 기드온이 이스라엘을 위해 좋은 일을 많이 했지만, 이스라엘은 기드온의 가족에게 친절을 베풀지 않았습니다.

아비멜렉이 왕이 됨

9 여룹바알의 아들 아비멜렉이 자기 외삼촌들이 살고 있는 세겜으로 갔습니다. 아비멜렉이 자기 외삼촌들과 자기 어머니의 모든 식구들에게 말했습니다.

2 "세겜의 지도자들에게 이렇게 물어보세요. '여룹바알의 아들 칠십 명이 여러분을 다스리는 것이 좋겠소, 아니면 단 한 명이 여러분을 다스리는 것이 좋겠소?' 내가 여러분의 친척이라는 것을 잊지 마시오."

3 아비멜렉의 외삼촌들이 세겜의 모든 지도자에게 그 말을 전했습니다. 모든 지도자들이 아비멜렉을 따르기로 결정하고 "아비멜렉은 우리의 형제다"라고 말했습니다.

4 그리고 세겜의 지도자들은 아비멜렉에게 은돈 칠십 개를 주었습니다. 이 은은 바알브릿 신의 신전에서 가지고 온 것입니다. 아비멜렉은 그 은으로 부랑자들을 사서 자기를 따르게 했습니다.

5 아비멜렉은 자기 아버지의 고향인 오브라로 갔습니다. 그는 그곳에 있는 한 바위 위에서 여룹바알의 아들, 즉 자기의 형제 칠십 명을 죽였습니다. 그러나 여룹바알의 막내 아들인 요담은 아비멜렉을 피해 도망갔습니다.

6 그 후에 세겜과 밀로*의 모든 지도자가 세겜에 있는 돌기둥 근처의 큰 나무 곁으로 모였습니다. 그들은 그곳에서 아비멜렉을 왕으로 삼았습니다.

요담의 이야기

7 요담이 이 소식을 듣고, 그리심 산 꼭대기로 올라갔습니다. 요담은 그곳에 서서 백성에게 이렇게 소리쳤습니다. "세겜의 지도자들이여, 내 말을 들어 보십시오. 그러면 하나님도 여러분의 말씀을 들어주실 것입니다.

8 어느 날, 나무들이 자기들을 다스릴 왕을 뽑기로 결정했습니다. 나무들이 올리브 나무에게 '우리 왕이 되어 주시오' 하고 말했습니다.

9 그러나 올리브 나무는 '내 기름은 사람과 하나님을 영화롭게 하오. 그런데 내가 어떻게 기름 만드는 일을 그만두고, 다른 나무들을 다스리는 일을 하겠소?' 하고 말했습니다.

10 나무들은 무화과나무에게 가서 '우리 왕이 되어 주시오' 하고 말했습니다.

11 그러나 무화과나무는 '내가 어떻게 달고도 맛있는

---

mies surrounding them. •Nor did they show any loyalty to the family of Jerub-baal (that is, Gideon), despite all the good he had done for Israel.

Abimelech Rules over Shechem

9 One day Gideon's* son Abimelech went to Shechem to visit his uncles—his mother's brothers. He said to them and to the rest of his mother's family, • "Ask the leading citizens of Shechem whether they want to be ruled by all seventy of Gideon's sons or by one man. And remember that I am your own flesh and blood!"

3 •So Abimelech's uncles gave his message to all the citizens of Shechem on his behalf. And after listening to this proposal, the people of Shechem decided in favor of Abimelech because he was their relative. •They gave him seventy silver coins from the temple of Baal-berith, which he used to hire some reckless troublemakers who agreed to follow him. •He went to his father's home at Ophrah, and there, on one stone, they killed all seventy of his half brothers, the sons of Gideon.* But the youngest brother, Jotham, escaped and hid.

6 •Then all the leading citizens of Shechem and Beth-millo called a meeting under the oak beside the pillar* at Shechem and made Abimelech their king.

Jotham's Parable

7 •When Jotham heard about this, he climbed to the top of Mount Gerizim and shouted,

"Listen to me, citizens of Shechem!
  Listen to me if you want God to listen to you!
8 • Once upon a time the trees decided to choose a king.
  First they said to the olive tree,
  'Be our king!'
9 • But the olive tree refused, saying,
  'Should I quit producing the olive oil
    that blesses both God and people,
    just to wave back and forth over the trees?'
10 • Then they said to the fig tree,
    'You be our king!'
11 • But the fig tree also refused, saying,
    'Should I quit producing my sweet fruit
      just to wave back and forth over the trees?'

9:1 Hebrew *Jerub-baal's* (see 6:32); also in 9:2, 24.　9:5 Hebrew *Jerub-baal* (see 6:32); also in 9:16, 19, 28, 57.　9:6 The meaning of the Hebrew is uncertain.

9:6 (히) '벧 밀로'이며 '채움의 집'이란 뜻이다.

과일 맺는 일을 그만두고 다른 나무들을 다스리는 일을 하겠소?' 하고 말했습니다.

12 나무들은 포도나무에게 가서 '우리 왕이 되어 주시오' 하고 말했습니다.

13 그러나 포도나무는 '내 포도주는 사람과 하나님을 기쁘게 하오. 그런데 내가 어떻게 포도 맺는 일을 그만두고 다른 나무들을 다스리겠소?' 하고 말했습니다.

14 그래서 모든 나무들이 가시나무에게 가서 '우리 왕이 되어 주시오' 하고 말했습니다.

15 가시나무는 나무들에게 이렇게 말했습니다. '너희가 정말 나를 왕으로 삼고 싶다면 내 그늘에 와서 피하여라. 그러나 그렇지 않으면 가시나무에서 불이 나와 레바논의 백향목을 불살라 버릴 것이다.'

16 이제 여러분이 아비멜렉을 왕으로 삼은 일이 올바르고 참된 것인지 생각해 보십시오. 여러분은 여룹바알과 그 가족을 올바르게 대접하셨습니까?

17 여러분도 아시는 것처럼 내 아버지는 여러분을 미디안 사람들의 손에서 구하기 위해 목숨을 걸고 싸웠습니다.

18 그러나 지금 여러분은 내 아버지의 아들 칠십 명을 한바위 위에서 죽인 아비멜렉을 세겜사람들의 왕으로 삼았습니다. 아비멜렉은 내 아버지의 여종의 아들입니다. 여러분은 단지 아비멜렉이 여러분의 친척이라는 이유로 아비멜렉을 왕으로 삼았습니다.

19 만약 여러분이 지금까지 여룹바알과 그의 가족에게 한 일이 올바르고 참되다면, 아비멜렉을 여러분의 왕으로 삼아 행복하게 사십시오. 또 아비멜렉도 여러분과 함께 행복하게 되기를 원합니다.

20 그러나 만약 여러분이 한 일이 올바르지 않다면, 아비멜렉에게서 불이 나와 세겜과 밀로의 지도자들을 태울 것입니다. 또 세겜과 밀로의 지도자들에게서 불이 나와 아비멜렉을 태울 것입니다."

21 그리고 나서 요담은 도망가서 브엘 성으로 피했습니다. 그는 자기 형 아비멜렉을 두려워했기 때문에 그곳에서 살았습니다.

아비멜렉이 세겜과 맞서 싸움

22 아비멜렉은 삼 년 동안, 이스라엘을 다스렸습니다.

23 하나님께서는 나쁜 영을 보내셔서 아비멜렉과 세겜의 지도자들 사이에 다툼이 일어나게 하셨습니다. 그래서 세겜의 지도자들이 아비멜렉을 배반했습니다.

24 여호와께서 아비멜렉이 여룹바알의 아들 칠십 명을 죽인 일과, 세겜 지도자들이 아비멜렉을 도와 그의 형제를 죽이도록 한 악한 일에 대해 갚으신 것입니다.

25 세겜의 지도자들은 여러 언덕 위에 사람들을 숨겨

12 • "Then they said to the grapevine,
　　'You be our king!'

13 • But the grapevine also refused, saying,
　　'Should I quit producing the wine
　　　that cheers both God and people,
　　　just to wave back and forth over the
　　　　trees?'

14 • "Then all the trees finally turned to the
　　　thornbush and said,
　　'Come, you be our king!'

15 • And the thornbush replied to the trees,
　　'If you truly want to make me your king,
　　　come and take shelter in my shade.
　　If not, let fire come out from me
　　　and devour the cedars of Lebanon.' "

16 • Jotham continued, "Now make sure you have acted honorably and in good faith by making Abimelech your king, and that you have done right by Gideon and all of his descendants. Have you treated him with the honor he deserves for all he accomplished?

17 • For he fought for you and risked his life when he rescued you from the Midianites.

18 • But today you have revolted against my father and his descendants, killing his seventy sons on one stone. And you have chosen his slave woman's son, Abimelech, to be your king just because he is your relative.

19 • "If you have acted honorably and in good faith toward Gideon and his descendants today, then may you find joy in Abimelech, and may he find joy in you.

20 • But if you have not acted in good faith, then may fire come out from Abimelech and devour the leading citizens of Shechem and Beth-millo; and may fire come out from the citizens of Shechem and Beth-millo and devour Abimelech!"

21 • Then Jotham escaped and lived in Beer because he was afraid of his brother Abimelech.

Shechem Rebels against Abimelech

22 • After Abimelech had ruled over Israel for
23 three years, • God sent a spirit that stirred up trouble between Abimelech and the leading citizens of Shechem, and they revolted.

24 • God was punishing Abimelech for murdering Gideon's seventy sons, and the citizens of Shechem for supporting him in this
25 treachery of murdering his brothers. • The citizens of Shechem set an ambush for Abimelech on the hilltops and robbed everyone who passed that way. But someone warned Abimelech about their plot.

revolt [rivóult] *vi.* 반역하다
treachery [trétʃəri] *n.* 배반, 변절
9:15 take shelter in … : …에서 피난하다
9:25 set an ambush : 복병을 두다, 매복시키다

놓고 언덕을 지나가는 사람을 공격하여 그 가진 것을 빼앗게 했습니다. 아비멜렉이 그 이야기를 들었습니다.

26 가알이라는 사람과 그의 형제들이 세겜으로 이사를 했습니다. 가알은 에벳의 아들이었습니다. 세겜의 지도자들은 가알을 믿고 따르기로 결정했습니다.

27 세겜 사람들이 포도밭으로 나가 포도를 따서 포도주를 만들었습니다. 그리고 신전에서 잔치를 베풀었습니다. 세겜 사람들은 먹고 마시면서 아비멜렉을 저주했습니다.

28 그때에 에벳의 아들 가알이 말했습니다. "우리는 세겜 사람입니다. 우리가 왜 아비멜렉의 말을 들어야 합니까? 도대체 아비멜렉이 누구입니까? 아비멜렉은 여룹바알의 아들이 아닙니까? 아비멜렉은 스불을 자기 부하로 삼지 않았습니까? 우리는 아비멜렉의 말을 들을 필요가 없습니다. 우리는 세겜의 아버지인 하몰에게 복종해야 합니다. 우리가 왜 아비멜렉에게 복종해야 합니까?

29 만약 여러분이 나를 이 백성의 지휘관으로 삼아 주신다면, 나는 아비멜렉을 쫓아낼 것입니다. 나는 아비멜렉에게 '네 군대를 이끌고 나오너라. 나와 싸우자!'라고 말할 것입니다."

30 그때, 세겜의 지도자는 스불이었습니다. 스불은 에벳의 아들 가알이 한 말을 듣고 분노했습니다.

31 스불은 아루마 성에 있던 아비멜렉에게 심부름꾼을 보내어 이렇게 전했습니다. "에벳의 아들 가알과 그의 형제들이 세겜에 왔습니다. 가알은 세겜 성 사람들이 당신에게 등을 돌리도록 만들고 있습니다.

32 그러니 당신과 당신의 군대는 밤중에 일어나 성 둘레에 있는 들에 숨어 있다가

33 아침에 해가 뜨면, 성을 공격하십시오. 그러면 가알과 그의 군대가 당신과 싸우기 위해 밖으로 나올 것입니다. 그 뒤의 일은 당신이 알아서 하십시오."

34 아비멜렉과 그를 따르는 모든 군사가 밤중에 일어났습니다. 그들은 세겜 근처로 가서 군대를 넷으로 나누어 숨었습니다.

35 에벳의 아들 가알이 밖으로 나가서 성문 입구에 서 있을 때에 아비멜렉과 그의 군사들은 숨어 있던 곳에서 밖으로 나왔습니다.

36 가알이 군사들을 보고 스불에게 말했습니다. "보시오! 산에서 내려오는 사람들이 있소!" 그러나 스불은 말했습니다. "당신이 본 것은 산의 그림자요. 산의 그림자가 마치 사람처럼 보인 것뿐이오."

37 그러나 가알이 다시 말했습니다. "보시오, 들 한가운데에서 사람들이 내려오고 있소. 또 므오느님 상수리나무에서 내려오는 사람들도 있소."

38 스불이 가알에게 말했습니다. "큰소리치던 때의 당

---

26 ●One day Gaal son of Ebed moved to Shechem with his brothers and gained the confidence of the leading citizens of Shechem. ●During the annual harvest festival at Shechem, held in the temple of the local god, the wine flowed freely, and everyone began cursing Abimelech. ● "Who is Abimelech?" Gaal shouted. "He's not a true son of Shechem,* so why should we be his servants? He's merely the son of Gideon, and this Zebul is merely his deputy. Serve the true sons of Hamor, the founder of Shechem.

29 Why should we serve Abimelech? ●If I were in charge here, I would get rid of Abimelech. I would say* to him, 'Get some soldiers, and come out and fight!' "

30 ●But when Zebul, the leader of the city, heard what Gaal was saying, he was furious.

31 ●He sent messengers to Abimelech in Arumah,* telling him, "Gaal son of Ebed and his brothers have come to live in Shechem, and now they are inciting the city to rebel

32 against you. ●Come by night with an army

33 and hide out in the fields. ●In the morning, as soon as it is daylight, attack the city. When Gaal and those who are with him come out against you, you can do with them as you wish."

34 ●So Abimelech and all his men went by night and split into four groups, stationing

35 themselves around Shechem. ●Gaal was standing at the city gates when Abimelech

36 and his army came out of hiding. ●When Gaal saw them, he said to Zebul, "Look, there are people coming down from the hilltops!"

Zebul replied, "It's just the shadows on the hills that look like men."

37 ●But again Gaal said, "No, people are coming down from the hills.* And another group is coming down the road past the Diviners' Oak.*"

38 ●Then Zebul turned on him and asked, "Now where is that big mouth of yours? Wasn't it you that said, 'Who is Abimelech, and why should we be his servants?' The men you mocked are right outside the city! Go out and fight them!"

---

deputy [dépjuti] n. 보좌관
furious [fjúəriəs] a. 격노한
incite [insáit] vt. 선동하다
station [stéiʃən] vt. 배치하다, 주둔시키다
9:26 gain the confidence of… : …의 신임을 얻다
9:29 get rid of… : …를 제거하다

9:28 Hebrew *Who is Shechem?*　　9:29 As in Greek version; Hebrew reads *And he said.*　　9:31 Or *in secret;* Hebrew reads *in Tormah;* compare 9:41.　　9:37a Or *the center of the land.*　　9:37b Hebrew *Elon-meonenim.*

신 모습은 어디로 갔소? 당신은 '아비멜렉이 누구냐? 왜 우리가 아비멜렉에게 복종해야 하느냐?' 하고 말하지 않았소? 당신은 이 사람들을 우습게 여겼소. 그러니 이제 나가서 그들과 싸우시오."

39 가알은 세겜 사람들을 이끌고 나가서 아비멜렉과 싸웠습니다.

40 세겜 사람들은 아비멜렉에게 쫓겨 도망쳤습니다. 가알의 많은 군사가 성문에 이르기도 전에 죽임을 당했습니다.

41 아비멜렉은 아루마로 되돌아갔습니다. 스불은 가알과 그의 형제들을 세겜에서 쫓아냈습니다.

42 이튿날, 세겜 백성은 들로 나갈 계획을 세웠습니다. 누군가 아비멜렉에게 그 사실을 전했습니다.

43 그래서 아비멜렉은 자기 군대를 세 부대로 나누어 숲에 숨겨 두었습니다. 드디어 세겜 사람들이 성에서 나오자, 아비멜렉의 군대는 일어나 세겜 사람들을 공격했습니다.

44 아비멜렉과 그 주력 부대는 쳐들어가 성문을 장악하고, 나머지 두 부대도 들로 달려가 백성들을 죽였습니다.

45 아비멜렉과 그의 군대는 하루 종일 세겜 성에서 싸웠습니다. 그들은 세겜 성을 점령하고, 그 성의 백성을 죽였습니다. 그리고 나서 아비멜렉은 그 성을 헐고 무너진 성 위에 소금을 뿌렸습니다.

세겜의 망대

46 세겜 망대에 살고 있는 사람들이 세겜 성에서 일어난 일에 대해 들었습니다. 그래서 세겜 망대의 지도자들은 엘브릿의 신전 안쪽에 모였습니다.

47 아비멜렉은 세겜 망대의 모든 지도자들이 그곳에 모여 있다는 소식을 들었습니다.

48 그래서 아비멜렉은 그의 모든 군대와 함께 세겜에서 가까운 살몬 산으로 올라갔습니다. 아비멜렉은 도끼를 들고 나뭇가지 몇 개를 잘라 내서 자기 어깨 위에 메었습니다. 아비멜렉은 자기를 따르던 모든 군인들에게 "내가 한 대로 하시오, 어서 서두르시오" 하고 말했습니다.

49 모든 군인들이 나뭇가지를 잘라 아비멜렉을 따라 했습니다. 그들은 나뭇가지를 모아 신전 안쪽 주변에 쌓고 그 위에 불을 질러 그 안에 있던 사람들을 불태워 버렸습니다. 그래서 세겜 망대에 살고 있던 사람들도 다 죽었습니다. 죽은 사람은 남자와 여자를 합하여 모두 천 명이었습니다.

아비멜렉의 죽음

50 그 후에 아비멜렉은 데베스 성으로 갔습니다. 아비멜렉은 그 성을 에워싼 후에 성을 공격하여 점령했습니다.

51 그 성 안에는 굳건한 망대가 있어서 그 성의 모든 남자와 여자들이 그 망대로 들어갔습니다. 그들은 문을 잠

39　● So Gaal led the leading citizens of Shechem into battle against Abimelech.

40　● But Abimelech chased him, and many of Shechem's men were wounded and fell along the road as they retreated to the city

41 gate. ● Abimelech returned to Arumah, and Zebul drove Gaal and his brothers out of Shechem.

42　● The next day the people of Shechem went out into the fields to battle. When

43 Abimelech heard about it, ● he divided his men into three groups and set an ambush in the fields. When Abimelech saw the people coming out of the city, he and his men jumped up from their hiding places and

44 attacked them. ● Abimelech and his group stormed the city gate to keep the men of Shechem from getting back in, while Abimelech's other two groups cut

45 them down in the fields. ● The battle went on all day before Abimelech finally captured the city. He killed the people, leveled the city, and scattered salt all over the ground.

46　● When the leading citizens who lived in the tower of Shechem heard what had happened, they ran and hid in the temple

47 of Baal-berith.* ● Someone reported to Abimelech that the citizens had gathered

48 in the temple, ● so he led his forces to Mount Zalmon. He took an ax and chopped some branches from a tree, then put them on his shoulder. "Quick, do as I have

49 done!" he told his men. ● So each of them cut down some branches, following Abimelech's example. They piled the branches against the walls of the temple and set them on fire. So all the people who had lived in the tower of Shechem died—about 1,000 men and women.

50　● Then Abimelech attacked the town of

51 Thebez and captured it. ● But there was a strong tower inside the town, and all the men and women—the entire population—fled to it. They barricaded themselves in and climbed up to the roof of the

---

barricade [bǽrəkeid] vt. 가로막다
chop [tʃáp] vt. 찍다, 자르다
divide [diváid] vt. 나누다
force [fɔ́ːrs] n. (군대. 부대: 병력
level [lévəl] vt. 무너뜨리다
retreat [ritríːt] vi. 후퇴하다
scatter [skǽtər] vt. (흩)뿌리다
storm [stɔ́ːrm] vt. 습격하다
wound [wúːnd] vt. 상처를 입히다
9:49 pile… against- : …을 ～에 기대어 쌓다
9:49 set… on fire : …에 불을 지르다

9:46 Hebrew *El-berith*, another name for Baal-berith; compare 9:4.

근 후, 망대의 지붕으로 올라갔습니다.

52 아비멜렉은 그 망대에 도착해서 공격하기 시작했습니다. 아비멜렉은 망대에 불을 지르기 위해 문 가까이로 갔습니다.

53 아비멜렉이 가까이 갔을 때, 한 여자가 맷돌 위짝을 아비멜렉의 머리 위로 던졌습니다. 아비멜렉은 그 돌에 맞아 머리가 깨지고 말았습니다.

54 아비멜렉은 자기의 무기를 들고 다니는 부하를 급히 불러서 말했습니다. "네 칼을 꺼내 나를 죽여라. 사람들이 '아비멜렉은 여자에게 죽임을 당했다'고 말하지 못하게 하여라." 그래서 그 부하가 칼로 찌르자, 아비멜렉이 죽었습니다.

55 이스라엘 백성은 아비멜렉이 죽은 것을 보고, 모두 자기 집으로 돌아갔습니다.

56 하나님께서는 아비멜렉이 악하게 행동했던 모든 일을 되갚으셨습니다. 아비멜렉은 자기 형제 칠십 명을 죽여서 자기 아버지에게 악한 일을 했던 것입니다.

57 하나님께서는 세겜 사람들이 악하게 행동한 것에 대해서도 벌을 주셨습니다. 그래서 요담이 말했던 저주가 그대로 이루어졌습니다. 요담은 여룹바알의 막내 아들이었습니다.

사사 돌라

10 아비멜렉이 죽은 뒤, 다른 사사가 나타나서 이스라엘 백성을 구원했습니다. 그 사사는 부아의 아들 돌라였습니다. 부아는 도도의 아들이었고, 돌라는 잇사갈 지파 사람이었습니다. 돌라는 에브라임 산지에 있는 사밀 성에서 살았습니다.

2 돌라는 이스라엘을 위해 이십삼 년 동안, 사사로 있었습니다. 돌라는 죽어서 사밀에 묻혔습니다.

사사 야일

3 돌라가 죽은 뒤 야일이 사사가 되었습니다. 야일은 길르앗 지역에서 살았습니다. 야일은 이스라엘을 위해 이십이 년 동안, 사사로 있었습니다.

4 야일은 삼십 명의 아들을 두었는데, 그들은 삼십 마리의 나귀를 타고 다녔고, 길르앗에 있는 삼십 개의 마을을 다스렸습니다. 그 마을들은 아직까지도 야일 마을* 이라고 불립니다.

5 야일은 죽어서 가몬 성에 묻혔습니다.

암몬 사람들이 이스라엘을 괴롭힘

6 이스라엘 사람들은 또다시 여호와께서 보시기에 나쁜 일을 저질렀습니다. 바알과 아스다롯 우상을 섬긴 것입니다. 이스라엘 사람들은 아람과 시돈과 모압과 암몬 백성들의 신들도 섬겼고, 블레셋 사람들의 신들도 섬겼습니다. 그들은 여호와를 멀리하고 섬기지 않았습니다.

7 여호와께서는 이스라엘 사람들에게 화가 나셔서 블레셋과 암몬 사람들이 이스라엘을 지배하게 하셨습니

52 tower. ●Abimelech followed them to attack the tower. But as he prepared to set
53 fire to the entrance, ●a woman on the roof dropped a millstone that landed on Abimelech's head and crushed his skull.
54 ●He quickly said to his young armor bearer, "Draw your sword and kill me! Don't let it be said that a woman killed Abimelech!" So the young man ran him through with his sword, and he died.
55 ●When Abimelech's men saw that he was dead, they disbanded and returned to their homes.
56 ●In this way, God punished Abimelech for the evil he had done against his father
57 by murdering his seventy brothers. ●God also punished the men of Shechem for all their evil. So the curse of Jotham son of Gideon was fulfilled.

Tola Becomes Israel's Judge

10 After Abimelech died, Tola son of Puah, son of Dodo, was the next person to rescue Israel. He was from the tribe of Issachar but lived in the town of Shamir in the hill country of Ephraim.
2 ●He judged Israel for twenty-three years. When he died, he was buried in Shamir.

Jair Becomes Israel's Judge

3 ●After Tola died, Jair from Gilead judged
4 Israel for twenty-two years. ●His thirty sons rode around on thirty donkeys, and they owned thirty towns in the land of Gilead, which are still called the Towns of
5 Jair.* ●When Jair died, he was buried in Kamon.

The Ammonites Oppress Israel

6 ●Again the Israelites did evil in the LORD's sight. They served the images of Baal and Ashtoreth, and the gods of Aram, Sidon, Moab, Ammon, and Philistia. They abandoned the LORD and no longer served
7 him at all. ●So the LORD burned with anger against Israel, and he turned them over to the Philistines and the Am-

---

crush [krʌʃ] *vt.* 부수다, 뭉개다
curse [kəːrs] *n.* 저주
disband [disbǽnd] *vi.* 해산하다
millstone [mílstòun] *n.* 맷돌
skull [skʌl] *n.* 두개골
9:54 armor bearer : 무기를 들고 다니는 부하
9:54 run… through with one's sword : 칼로 …을 찌르다
10:2 be buried in… : …에 묻히다
10:7 turn over : 인계하다, 넘겨주다

10:4 Hebrew *Havvoth-jair.*
10:4 개역 성경에는 (히) '하봇야일'이라고 표기되어 있다.

다.

8 같은 해에 블레셋과 암몬 사람들이 요단 강 동쪽에 사는 이스라엘 사람들을 괴롭혔습니다. 이스라엘 사람들은 요단 강 동쪽에 살고 있었는데, 그곳은 아모리 사람들이 살던 길르앗 지역에 있습니다. 이스라엘 사람들은 그곳에서 십팔 년 동안, 괴롭힘을 당했습니다.

9 그 후에 암몬 사람들은 요단 강을 건너와서 유다와 베냐민과 에브라임 사람들을 쳤습니다. 암몬 사람들은 이스라엘 사람들에게 많은 괴로움을 주었습니다.

10 그래서 이스라엘 사람들은 여호와께 부르짖었습니다. "우리가 여호와 앞에 죄를 지었습니다. 우리가 우리 하나님을 떠나 바알 우상을 섬겼습니다."

11 여호와께서 이스라엘 사람들에게 대답하셨습니다. "너희는 이집트 사람과 아모리 사람과 암몬 사람과 블레셋 사람들이 너희를 괴롭힐 때, 나에게 부르짖었다. 나는 그때, 너희를 그 사람들의 손에서 구해 주었다.

12 또 너희는 시돈 사람과 아말렉 사람과 마온 사람이 괴롭힐 때에도 나에게 부르짖었다. 그때도 나는 너희를 구해 주었다.

13 그런데도 너희는 나를 저버리고 다른 신들을 섬겼다. 따라서 나도 다시는 너희를 구해 주지 않을 것이다.

14 너희는 다른 신들을 선택했으니, 그들에게 가서 도와 달라고 하여라. 너희가 괴로움을 당할 때, 그 신들에게 너희를 구해 달라고 하여라."

15 이에 이스라엘 백성이 여호와께 말씀드렸습니다. "우리가 죄를 지었습니다. 주께서 어떻게 하시든지 우리가 그대로 따르겠습니다. 그러니 이번만은 우리를 구해 주십시오."

16 그리고 나서 이스라엘 사람들은 자기들 중에 있던 다른 나라 신들을 없애 버리고 다시 여호와를 섬겼습니다. 그러자 여호와께서도 이스라엘 사람들이 괴로움 가운데 있는 것을 보시고 마음 아파하셨습니다.

17 암몬 백성은 전쟁을 하기 위해 길르앗에 진을 쳤고, 이스라엘 사람들도 미스바에 진을 쳤습니다.

18 길르앗 백성의 지도자들은 "누가 우리를 이끌고 암몬 백성과 맞서 싸움을 시작할 것인가? 그 사람은 길르앗에 사는 모든 사람의 통치자가 될 것이다" 하고 말했습니다.

입다가 지도자로 뽑힘

11 길르앗 사람인 입다는 뛰어난 용사였습니다. 입다는 아버지 길르앗이 창녀를 통해 낳은 아들이었습니다.

2 길르앗의 아내는 아들이 여러 명이었는데, 그 아들이 어른이 되자 입다를 집에서 쫓아냈습니다. 그들이 입다에게 말했습니다. "너는 우리 아버지의 재산을 조금도 가질 수 없다. 이는 네가 다른 여자의 아들이기 때문이다."

---

8 monites, • who began to oppress them that year. For eighteen years they oppressed all the Israelites east of the Jordan River in the land of the Amorites

9 (that is, in Gilead). • The Ammonites also crossed to the west side of the Jordan and attacked Judah, Benjamin, and Ephraim. The Israelites were in great distress.

10 • Finally, they cried out to the LORD for help, saying, "We have sinned against you because we have abandoned you as our God and have served the images of Baal."

11 • The LORD replied, "Did I not rescue you from the Egyptians, the Amorites, the

12 Ammonites, the Philistines, • the Sidonians, the Amalekites, and the Maonites? When they oppressed you, you cried out to me for help, and I rescued

13 you. • Yet you have abandoned me and served other gods. So I will not rescue you

14 anymore. • Go and cry out to the gods you have chosen! Let them rescue you in your hour of distress!"

15 • But the Israelites pleaded with the LORD and said, "We have sinned. Punish us as you see fit, only rescue us today from

16 our enemies." • Then the Israelites put aside their foreign gods and served the LORD. And he was grieved by their misery.

17 • At that time the armies of Ammon had gathered for war and were camped in Gilead, and the people of Israel assembled

18 and camped at Mizpah. • The leaders of Gilead said to each other, "Whoever attacks the Ammonites first will become ruler over all the people of Gilead."

Jephthah Becomes Israel's Judge

11 Now Jephthah of Gilead was a great warrior. He was the son of Gilead,

2 but his mother was a prostitute. • Gilead's wife also had several sons, and when these half brothers grew up, they chased Jephthah off the land. "You will not get any of our father's inheritance," they said, "for you are the son of a prostitute."

---

assemble [əsémbl] *vi.* 모이다, 집합하다
distress [distrés] *n.* 고통, 괴로움
inheritance [inhérətəns] *n.* 유산, 기업
misery [mízəri] *n.* 고통, 괴로움
oppress [əprés] *vt.* 학대하다, 탄압하다
prostitute [prάstətjuːt] *n.* 매춘부
10:10 sin against… : …에게 죄를 짓다
10:12 cry out for help : 소리쳐 도움을 구하다
10:15 plead with… : …에게 간청하다
10:15 see fit : 적당하다고 여기다, 결정하다
10:16 put aside… : …를 버리다
10:16 be grieved by… : …으로 슬퍼하다
11:2 chase … off ~ : …를 ~에서 쫓아내다

3 그래서 입다는 자기 형제들 사이에서 도망쳐, 돕 땅에서 살았습니다. 그리고 그곳의 부랑자들과 함께 어울렸습니다.

4 얼마 후, 암몬 백성이 이스라엘을 치려 했습니다.

5 그때에 길르앗의 장로들이 입다를 찾아 왔습니다. 그들은 입다가 길르앗으로 돌아오기를 원했습니다.

6 장로들이 입다에게 말했습니다. "와서 우리 군대를 이끌고 암몬 사람과 싸워 주시오."

7 입다가 대답했습니다. "당신들은 나를 미워하지 않았소? 당신들은 나를 내 아버지 집에서 쫓아내었소. 이제 어려움을 당하게 되니까 나를 찾는 겁니까?"

8 길르앗의 장로들이 입다에게 대답했습니다. "제발 우리에게 와서 암몬 사람들과 싸워 주시오. 당신은 길르앗에 사는 모든 사람의 통치자가 될 것이오."

9 그러자 입다가 길르앗 장로들에게 말했습니다. "당신들과 함께 길르앗으로 돌아가서 암몬 사람들과 싸운다고 합시다. 만약 여호와께서 나를 도와 이긴다면 나를 당신들의 통치자로 세우겠단 말이오?"

10 길르앗의 장로들이 입다에게 말했습니다. "여호와께서 우리가 말한 모든 것을 듣고 계시오. 당신이 말한 모든 것을 그대로 지킬 것을 약속하오."

11 그래서 입다는 길르앗의 장로들과 함께 갔습니다. 길르앗 백성은 입다를 자기들의 지도자이자 군대의 지휘관으로 삼았습니다. 입다는 미스바에서 자기가 했던 모든 말을 여호와 앞에서 한 번 더 말했습니다.

입다가 암몬 왕에게 사자를 보냄

12 입다가 암몬 사람들의 왕에게 사자를 보냈습니다. 입다의 사자들이 물었습니다. "이스라엘이 당신에게 잘못한 것이 무엇이오? 당신은 왜 우리 땅을 공격하러 왔소?"

13 암몬 왕이 대답했습니다. "이스라엘이 이집트에서 나올 때에 우리 땅을 빼앗았기 때문이오. 당신들은 아르논 강에서 얍복 강과 요단 강으로 이어지는 우리 땅을 빼앗아 갔소. 그러니 이제 이스라엘 백성에게 가서 우리 땅을 평화롭게 돌려주라고 전하시오."

14 입다가 암몬 왕에게 다시 사자들을 보냈습니다.

15 입다는 다음과 같은 말을 전하게 했습니다. "입다가 이렇게 말하였소. 이스라엘은 모압이나 암몬 백성의 땅을 빼앗지 않았소.

16 이스라엘 백성은 이집트에서 나올 때에 광야로 들어가서, 홍해를 지나, 가데스에 도착했소.

17 거기서 이스라엘은 에돔 왕에게 사자를 보내어, '이스라엘 백성이 당신의 땅을 지나가게 해 주시

3 • So Jephthah fled from his brothers and lived in the land of Tob. Soon he had a band of worthless rebels following him.

4 • At about this time, the Ammonites 5 began their war against Israel. • When the Ammonites attacked, the elders of Gilead 6 sent for Jephthah in the land of Tob. • The elders said, "Come and be our commander! Help us fight the Ammonites!"

7 • But Jephthah said to them, "Aren't you the ones who hated me and drove me from my father's house? Why do you come to me now when you're in trouble?"

8 • "Because we need you," the elders replied. "If you lead us in battle against the Ammonites, we will make you ruler over all the people of Gilead."

9 • Jephthah said to the elders, "Let me get this straight. If I come with you and if the LORD gives me victory over the Ammonites, will you really make me ruler over all the people?"

10 • "The LORD is our witness," the elders replied. "We promise to do whatever you say."

11 • So Jephthah went with the elders of Gilead, and the people made him their ruler and commander of the army. At Mizpah, in the presence of the LORD, Jephthah repeated what he had said to the elders.

12 • Then Jephthah sent messengers to the king of Ammon, asking, "Why have you come out to fight against my land?"

13 • The king of Ammon answered Jephthah's messengers, "When the Israelites came out of Egypt, they stole my land from the Arnon River to the Jabbok River and all the way to the Jordan. Now then, give back the land peaceably."

14 • Jephthah sent this message back to the Ammonite king:

15 • "This is what Jephthah says: Israel did not steal any land from Moab or Ammon.

16 • When the people of Israel arrived at Kadesh on their journey from Egypt after 17 crossing the Red Sea,* • they sent messengers to the king of Edom asking for permission to pass through his land. But their request was denied. Then they asked the king of Moab for similar permission, but he wouldn't let them pass through either. So the people of Israel stayed in Kadesh.

---

commander [kəmǽndər] *n.* 지휘관
peaceably [píːsəbli] *ad.* 평화롭게
rebel [rébəl] *n.* 반역자
witness [wítnis] *n.* 증인
11:3 flee from···: ···로부터 도피하다

....

11:16 Hebrew *sea of reeds.*

오' 라고 요청했소. 그러나 에돔 왕은 허락하지 않았소. 우리는 모압 왕에게도 사자들을 보냈소. 그러나 모압 왕 역시 우리가 자기 땅을 지나가는 것을 허락하지 않았소. 그래서 이스라엘 사람들은 가데스에 더 머물렀소.

18 그 후에 이스라엘 사람들은 광야로 들어가 에돔과 모압 땅의 경계를 돌아서 갔소. 이스라엘은 모압 땅 동쪽으로 걸어가 아르논 강 건너편에 진을 쳤소. 그곳이 모압 땅의 경계였지만, 이스라엘 사람들은 아르논 강을 건너 모압 땅으로 들어가지 않았소.

19 그때, 이스라엘은 아모리 사람들의 왕 시혼에게 사자들을 보냈소. 시혼은 헤스본 성의 왕이었는데, 사자들은 시혼에게 '이스라엘 백성이 당신의 땅을 지나가게 해 주십시오. 우리는 우리 땅으로 가고 싶습니다' 하고 말했소.

20 시혼은 이스라엘 사람들이 자기 땅으로 지나가는 것을 허락하지 않았소. 도리어 자기 백성을 모두 모아 야하스에 진을 쳤고, 아모리 사람들은 이스라엘과 싸움을 했소.

21 이스라엘의 하나님 여호와께서는 이스라엘을 도우셔서 시혼과 그의 군대를 물리치도록 해 주셨소. 아모리 사람들의 모든 땅이 이스라엘의 재산이 되었소.

22 이스라엘은 아르논 강에서 얍복 강가지 이르고 광야 쪽으로는 요단 강에 이르는 아모리 사람들의 모든 땅을 차지하였소.

23 이스라엘 백성 앞에서 아모리 사람들을 쫓아내신 분은 이스라엘의 하나님이신 여호와셨소. 그런데도 당신은 이스라엘 백성을 이 땅에서 쫓아낼 수 있다고 생각하시오?

24 물론 당신은 당신의 신인 그모스가 준 땅에서 살 수 있을 것이오. 마찬가지로 우리도 우리 하나님이신 여호와께서 우리에게 주신 땅에서 살 것이오.

25 당신이 십볼의 아들 발락보다 나은 것이 무엇이오? 발락은 모압의 왕이었소. 발락이 이스라엘 백성과 다투거나 싸운 적이 있소?

26 이스라엘 사람들은 헤스본과 아로엘과 그 주변 마을들과 아르논 강 주변의 모든 성에서 삼백 년 동안 살아왔소. 그동안 당신은 왜 그 땅을 도로 찾아가지 못했소?

27 나는 당신에게 죄를 지은 것이 없소. 그러나 당신은 전쟁을 일으켜서 나에게 죄를 짓고 있소. 심판자이신 여호와께서 이스라엘과 암몬 사람들 중 어느 쪽이 옳은지를 가려 주실 것이오."

28 그러나 암몬 왕은 입다가 한 말을 무시했습니다.

입다의 약속

29 그 후에 여호와의 영이 입다에게 내렸습니다. 입다

18 • "Finally, they went around Edom and Moab through the wilderness. They traveled along Moab's eastern border and camped on the other side of the Arnon River. But they never once crossed the Arnon River into Moab, for the Arnon was the border of Moab.

19 • "Then Israel sent messengers to King Sihon of the Amorites, who ruled from Heshbon, asking for permission to cross through his land to get to their destina-

20 tion. • But King Sihon didn't trust Israel to pass through his land. Instead, he mobilized his army at Jahaz and attacked

21 them. • But the LORD, the God of Israel, gave his people victory over King Sihon. So Israel took control of all the land of the Amorites, who lived in that region,

22 • from the Arnon River to the Jabbok River, and from the eastern wilderness to the Jordan.

23 • "So you see, it was the LORD, the God of Israel, who took away the land from the Amorites and gave it to Israel. Why, then, should we give it back to you?

24 • You keep whatever your god Chemosh gives you, and we will keep whatever the

25 LORD our God gives us. • Are you any better than Balak son of Zippor, king of Moab? Did he try to make a case against Israel for disputed land? Did he go to war against them?

26 • "Israel has been living here for 300 years, inhabiting Heshbon and its surrounding settlements, all the way to Aroer and its settlements, and in all the towns along the Arnon River. Why have you made no effort to recover it before

27 now? • Therefore, I have not sinned against you. Rather, you have wronged me by attacking me. Let the LORD, who is judge, decide today which of us is right—Israel or Ammon."

28 • But the king of Ammon paid no attention to Jephthah's message.

Jephthah's Vow

29 • At that time the Spirit of the LORD came upon Jephthah, and he went throughout the land of Gilead and Manasseh, including Mizpah in Gilead, and from there he led an

destination [dèstənéi∫ən] *n.* 목적지
mobilize [móubəlàiz] *vt.* 동원하다
permission [pərmí∫ən] *n.* 허용
settlement [sétlmənt] *n.* 촌락, 부락
wilderness [wíldərnis] *n.* 광야
11:25 make a case against : 자기 주장이 정당함을 입증하다: 반대론을 펴다
11:26 make an effort : 노력하다, 애쓰다

는 길르앗과 므낫세를 지나 길르앗 지역에 있는 미스바에 이르렀습니다. 입다는 길르앗의 미스바에서 암몬 사람들의 땅으로 나아갔습니다.

30 입다는 여호와께 한 가지 약속을 했습니다. "제가 암몬 사람들을 물리치도록 해 주시면,

31 저는 여호와께 태워 드리는 제물인 번제물을 바치겠습니다. 제가 승리를 거두고 돌아올 때, 제 집에서 저를 맞으러 나오는 첫 번째 사람을 여호와께 바치겠습니다. 번제로 그를 여호와께 드리겠습니다."

32 그리고 나서 입다는 암몬 사람들과 싸웠습니다. 여호와께서 입다를 도우셔서 암몬 사람들을 물리쳤습니다.

33 입다는 암몬 사람들을 아로엘 성에서부터 민닛 지역까지, 그리고 아벨 그라밈 성까지 쫓아갔습니다. 입다는 이 지역에 있는 성 이십 곳을 점령하는 큰 승리를 거뒀습니다. 이렇게 이스라엘 사람들은 암몬 사람들을 크게 물리쳤습니다.

34 입다가 미스바에 있는 집으로 돌아올 때, 입다의 딸이 그를 맞으러 나왔습니다. 입다의 딸은 소고를 치며 춤을 췄습니다. 입다의 자녀는 오직 이 딸 하나밖에 없었습니다.

35 입다는 자기 딸을 보자 놀라고 당황해서 자기 옷을 찢었습니다. 입다가 말했습니다. "내 딸아! 네가 나를 너무나 슬프게 하는구나. 내가 여호와께 약속을 했는데, 그것은 깨뜨릴 수 없는 것이란다."

36 그때에 입다의 딸이 말했습니다. "아버지, 아버지가 여호와께 약속하셨으니, 그 약속대로 하세요. 여호와께서는 아버지를 도우셔서 아버지의 적인 암몬 사람들을 물리칠 수 있게 하셨어요.

37 그렇지만 제게도 한 가지 부탁이 있어요. 제가 두 달 동안, 산에서 지낼 수 있도록 해 주세요. 나는 결혼도 못하고 죽어요. 그러니 친구들과 함께 산에 가서 울 수 있게 해 주세요."

38 입다는 "가거라" 하고 말했습니다. 입다는 두 달 동안, 딸이 산에서 지낼 수 있도록 해 주었습니다. 입다의 딸과 그 친구들은 그동안 산에 머무르며 결혼하지 못하고 죽는 것에 대해 슬퍼하였습니다.

39 두 달이 지나자, 입다의 딸은 자기 아버지에게 돌아왔습니다. 입다는 자기가 여호와께 약속한 대로 했고, 입다의 딸은 남자를 알지 못한 채 죽고 말았습니다. 이때부터 이스라엘에서는 하나의 관습이 생겼습니다.

40 이스라엘의 여자들은 해마다 사 일 동안, 밖으로 나가 길르앗 사람인 입다의 딸을 기억하며 슬피 울었습니다.

입다와 에브라임

12 에브라임 사람들이 모여 북쪽으로 왔습니다. 그들이 입다에게 말했습니다. "당신은 암몬 사

30 army against the Ammonites. ●And Jephthah made a vow to the LORD. He said, "If you 31 give me victory over the Ammonites, ●I will give to the LORD whatever comes out of my house to meet me when I return in triumph. I will sacrifice it as a burnt offering."

32 ●So Jephthah led his army against the Ammonites, and the LORD gave him victory. 33 ●He crushed the Ammonites, devastating about twenty towns from Aroer to an area near Minnith and as far away as Abel-keramim. In this way Israel defeated the Ammonites.

34 ●When Jephthah returned home to Mizpah, his daughter came out to meet him, playing on a tambourine and dancing for joy. She was his one and only child; he had 35 no other sons or daughters. ●When he saw her, he tore his clothes in anguish. "Oh, my daughter!" he cried out. "You have completely destroyed me! You've brought disaster on me! For I have made a vow to the LORD, and I cannot take it back."

36 ●And she said, "Father, if you have made a vow to the LORD, you must do to me what you have vowed, for the LORD has given you a great victory over your enemies, the 37 Ammonites. ●But first let me do this one thing: Let me go up and roam in the hills and weep with my friends for two months, because I will die a virgin."

38 ●"You may go," Jephthah said. And he sent her away for two months. She and her friends went into the hills and wept because 39 she would never have children. ●When she returned home, her father kept the vow he had made, and she died a virgin.

40 So it has become a custom in Israel ●for young Israelite women to go away for four days each year to lament the fate of Jephthah's daughter.

Ephraim Fights with Jephthah

12 Then the people of Ephraim mobilized an army and crossed over the Jordan River to Zaphon. They sent this message to Jephthah: "Why didn't you call for us to help you fight against the Ammonites? We are going to burn down your house with you in it!"

custom [kʌ́stəm] n. 관습, 관례
devastate [dévəstèit] vt. 파괴하다, 황폐시키다
lament [ləmént] vt. 애도하다
roam [róum] vi. 돌아다니다, 배회하다
weep [wíːp] vi. 슬퍼하다, 한탄하다
11:30 make a vow to : …에게 서약하다
11:31 in triumph : 대승을 거두어
11:35 in anguish : 괴로워서
11:35 take back : 취소하다, 철회하다

람들과 싸우러 강을 건너갈 때에 왜 우리를 부르지 않았소? 우리는 당신과 당신 집을 불로 태워 버리겠소."

2 입다가 그들에게 대답했습니다. "내 백성과 나는 암몬 사람들과 큰 싸움을 치렀소. 나는 당신들을 불렀지만, 당신들은 나를 도우러 오지 않았소.

3 나는 당신들이 나를 도울 뜻이 없는 것으로 알고, 내 목숨을 걸고 암몬 사람들과 싸웠소. 여호와께서 나를 도우셔서 그들을 물리치게 해 주셨소. 그런데 이제 와서 당신들이 나와 싸우겠다니, 이게 어찌 된 일이오?"

4 에브라임 사람들이 길르앗 사람들을 조롱하였습니다. "너희들은 원래 에브라임과 므낫세에서 도망친 자들이다." 입다는 길르앗 사람들을 불러모아 에브라임 사람들과 싸웠습니다.

5 길르앗 사람들은 에브라임 사람들이 도망치지 못하도록 요단 강의 나루터를 먼저 차지하여 지키고 있었습니다. 에브라임 사람들이 도망치면서 "강을 건너게 해 주시오"라고 말하면 길르앗 사람들은 "당신은 에브라임 사람이 아니오?" 하고 물어보았습니다. 만약 그 사람이 "아닙니다"라고 대답하면,

6 길르앗 사람들은 그 사람에게 '쉽볼렛'이라는 소리를 내 보라고 말했습니다. 에브라임 사람들은 그 단어를 바르게 소리내지 못하였습니다. 만약 '십볼렛'이라고 말하면, 길르앗 사람은 나루터에서 그 사람을 죽여 버렸습니다. 그때, 에브라임 사람 사만 이천 명이 죽임을 당했습니다.

7 입다는 이스라엘 백성을 위해 육 년 동안, 사사로 있었습니다. 그 후 길르앗 사람 입다는 죽어서 길르앗에 있는 어떤 마을에 묻혔습니다.

사사 입산

8 입다가 죽은 후에 입산이 이스라엘의 사사가 되었습니다. 입산은 베들레헴 사람이었습니다.

9 입산은 아들 삼십 명과 딸 삼십 명을 두었습니다. 입산은 자기 딸들을 다른 지방 남자들에게 시집보냈습니다. 또 다른 지방의 여자 삼십 명을 데려와 자기 아들들의 아내로 삼았습니다. 입산은 칠 년 동안, 이스라엘의 사사로 있었고

10 그 후에 죽어서 베들레헴에 묻혔습니다.

사사 엘론

11 입산이 죽은 후에 엘론이 이스라엘의 사사가 되었습니다. 엘론은 스불론 사람이었고, 십 년 동안, 이스라엘의 사사로 있었습니다.

12 스불론 사람 엘론은 죽어서 스불론 땅에 있는 아얄론 성에 묻혔습니다.

사사 압돈

13 엘론이 죽은 후에 압돈이 이스라엘의 사사가 되었

---

2 •Jephthah replied, "I summoned you at the beginning of the dispute, but you refused to come! You failed to help us in our struggle

3 against Ammon. •So when I realized you weren't coming, I risked my life and went to battle without you, and the LORD gave me victory over the Ammonites. So why have you now come to fight me?"

4 •The people of Ephraim responded, "You men of Gilead are nothing more than fugitives from Ephraim and Manasseh." So Jephthah gathered all the men of Gilead and attacked the men of Ephraim and defeated them.

5 •Jephthah captured the shallow crossings of the Jordan River, and whenever a fugitive from Ephraim tried to go back across, the men of Gilead would challenge him. "Are you a member of the tribe of Ephraim?" they would ask. If the man said, "No, I'm

6 not," •they would tell him to say "Shibboleth." If he was from Ephraim, he would say "Sibboleth," because people from Ephraim cannot pronounce the word correctly. Then they would take him and kill him at the shallow crossings of the Jordan. In all, 42,000 Ephraimites were killed at that time.

7 •Jephthah judged Israel for six years. When he died, he was buried in one of the towns of Gilead.

Ibzan Becomes Israel's Judge

8 •After Jephthah died, Ibzan from Bethlehem

9 judged Israel. •He had thirty sons and thirty daughters. He sent his daughters to marry men outside his clan, and he brought in thirty young women from outside his clan to marry his sons. Ibzan judged Israel for seven

10 years. •When he died, he was buried at Bethlehem.

Elon Becomes Israel's Judge

11 •After Ibzan died, Elon from the tribe of

12 Zebulun judged Israel for ten years. •When he died, he was buried at Aijalon in Zebulun.

Abdon Becomes Israel's Judge

13 •After Elon died, Abdon son of Hillel, from

---

bury [béri] vt. 매장하다
challenge [tʃǽlindʒ] vt. …에게 대답을 요구하다
correctly [kəréktli] ad. 정확히
dispute [dispjúːt] n. 분쟁
fugitive [fjúːdʒətiv] n. 도망자
pronounce [prənáuns] vt. 발음하다
shallow [ʃǽlou] a. 얕은
struggle [strʌ́gl] n. 전투
summon [sʌ́mən] vt. 불러모으다
12:2 fail to… : …하지 않다
12:3 risk one's life : 생명을 걸다

습니다. 압돈은 힐렐의 아들이었고, 비라돈 성 사람이었습니다.

14 압돈은 사십 명의 아들과 삼십 명의 손자를 두었는데, 그들은 나귀 칠십 마리를 타고 다녔습니다. 압돈은 팔 년 동안, 이스라엘의 사사로 있었고,

15 그가 죽은 후에는 에브라임 땅에 있는 비라돈에 묻혔습니다. 비라돈은 아말렉 사람들이 살던 산지에 있습니다.

삼손이 태어남

13 이스라엘 백성이 또다시 하나님 보시기에 나쁜 일을 저질렀습니다. 그래서 하나님은 블레셋 사람이 이스라엘을 사십 년 동안 다스리게 하셨습니다.

2 소라 성에 마노아라는 사람이 있었습니다. 마노아는 단 지파 사람이었습니다. 마노아의 아내는 아이를 낳지 못했습니다.

3 여호와의 천사가 마노아의 아내에게 나타나서 말했습니다. "너는 지금까지 아이를 낳지 못했다. 그러나 이제 임신하여 아들을 낳게 될 것이다.

4 너는 포도주나 독주를 마시지 마라. 부정한 것은 아무것도 먹지 마라.

5 너는 임신하여 아들을 낳게 될 것이다. 아들을 낳으면 그의 머리를 깎지 마라. 그는 태어나면서부터 하나님께 바쳐진 나실인이 될 것이다. 그는 블레셋 사람의 손에서 이스라엘을 구원하는 일을 시작할 것이다."

6 마노아의 아내는 자기가 겪었던 일을 남편에게 말했습니다. "하나님께서 보내신 사람이 저에게 왔어요. 그분의 모습은 하나님의 천사와 같았기에 너무나도 두려워서 어디서 왔냐고 물어보지도 못했어요. 그분은 자신의 이름을 말해 주지 않았어요.

7 그러나 그분이 이렇게 말했어요. '너는 이제 임신하여 아들을 낳게 될 것인데 포도주나 독주를 마시지 마라. 부정한 것은 그 어떤 것도 먹지 마라. 그 아기는 태어나면서부터 죽을 때까지 하나님께 바쳐진 나실인이 될 것이다.'"

8 그 말을 듣고 마노아는 여호와께 기도드렸습니다. "주여, 주께서 보내셨던 하나님의 사람이 저희에게 다시 오기를 바랍니다. 그래서 우리에게 태어날 아기에 대해 우리가 어떻게 해야 되는지 가르쳐 주십시오."

9 하나님께서 마노아의 기도를 들으셨습니다. 하나님의 천사가 마노아의 아내에게 다시 나타났습니다. 그 때, 마노아의 아내는 들에 앉아 있었습니다. 마노아는 거기에 없었습니다.

10 그래서 마노아의 아내는 남편에게 달려가서 말했습니다. "그 사람이 왔어요! 전에 저에게 나타났던 사람이 지금 왔어요!"

---

14 Pirathon, judged Israel. ●He had forty sons and thirty grandsons, who rode on seventy donkeys. He judged Israel for eight years.

15 ●When he died, he was buried at Pirathon in Ephraim, in the hill country of the Amalekites.

The Birth of Samson

13 Again the Israelites did evil in the LORD's sight, so the LORD handed them over to the Philistines, who oppressed them for forty years.

2 ●In those days a man named Manoah from the tribe of Dan lived in the town of Zorah. His wife was unable to become pregnant, and they had no children. ●The

3 angel of the LORD appeared to Manoah's wife and said, "Even though you have been unable to have children, you will soon become pregnant and give birth to a

4 son. ●So be careful; you must not drink wine or any other alcoholic drink nor eat

5 any forbidden food.* ●You will become pregnant and give birth to a son, and his hair must never be cut. For he will be dedicated to God as a Nazirite from birth. He will begin to rescue Israel from the Philistines."

6 ●The woman ran and told her husband, "A man of God appeared to me! He looked like one of God's angels, terrifying to see. I didn't ask where he was from, and

7 he didn't tell me his name. ●But he told me, 'You will become pregnant and give birth to a son. You must not drink wine or any other alcoholic drink nor eat any forbidden food. For your son will be dedicated to God as a Nazirite from the moment of his birth until the day of his death.'"

8 ●Then Manoah prayed to the LORD, saying, "Lord, please let the man of God come back to us again and give us more instructions about this son who is to be born."

9 ●God answered Manoah's prayer, and the angel of God appeared once again to his wife as she was sitting in the field. But her husband, Manoah, was not with her.

10 ●So she quickly ran and told her husband, "The man who appeared to me the other day is here again!"

---

alcoholic [ælkəhɔ́ːlik] *a.* 알콜이 함유된
forbidden [fərbídn] *a.* 금지된
oppress [əprés] *vt.* 억압하다
terrifying [térəfaiiŋ] *a.* 겁나게 하는; 무서운
13:3 give birth to : 아이를 낳다
13:5 be dedicated to⋯ : ⋯에게 바쳐지다

13:4 Hebrew *any unclean thing*; also in 13:7, 14.

11 마노아는 일어나서 자기 아내를 따라갔습니다. 마노아는 하나님의 천사에게 다가가 물었습니다. "당신이 제 아내에게 말씀하셨던 그분입니까?" 그 사람이 대답했습니다. "그렇다."

12 마노아가 또 물었습니다. "당신이 말씀하신 일이 일어나면, 태어날 아기를 어떻게 길러야 합니까? 우리는 그 아이에게 무엇을 해야 합니까?"

13 여호와의 천사가 말했습니다. "너의 아내는 내가 전에 말한 모든 것을 지켜야 한다.

14 포도나무에서 나는 것은 무엇이든 먹지 말아야 하고, 포도주나 독주를 마셔도 안 된다. 또 부정한 것은 무엇이든지 먹지 말아야 한다. 너의 아내는 내가 명령한 모든 것을 지켜야 한다."

15 마노아가 여호와의 천사에게 말했습니다. "잠시 동안만 여기 머물러 계십시오. 당신을 위해 염소 새끼를 요리해 드리겠습니다."

16 여호와의 천사가 대답했습니다. "내가 잠시 머무른다 할지라도 너의 음식을 먹지는 않을 것이다. 그러나 음식을 마련할 생각이 있다면 여호와께 태워 드리는 제물인 번제물을 드리도록 하여라." 마노아는 그 사람이 여호와의 천사라는 것을 전혀 알지 못했습니다.

17 마노아가 여호와의 천사에게 말했습니다. "당신의 이름이 무엇인지 알고 싶습니다. 이름을 알아야 당신이 말씀하신 것이 이루어질 때, 당신께 영광을 돌릴 수 있지 않겠습니까?"

18 여호와의 천사가 말했습니다. "왜 내 이름을 묻느냐? 내 이름은 기포*이다."

19 그 후에 마노아는 한 바위 위에서 염소 새끼와 곡식을 여호와께 제물로 바쳤습니다. 그때, 여호와께서 놀라운 일을 하셨는데, 마노아와 그의 아내는 그것을 지켜보았습니다.

20 불꽃이 제단에서부터 하늘로 치솟았습니다. 불이 타고 있을 때, 여호와의 천사가 그 불을 타고 하늘로 올라갔습니다. 마노아와 그의 아내는 그 모습을 보고 얼굴을 땅에 대고 엎드렸습니다.

21 마노아와 그의 아내에게 여호와의 천사가 다시는 나타나지 않았습니다. 마노아는 그때서야 비로소 그 사람이 여호와의 천사라는 것을 알았습니다.

22 마노아가 말했습니다. "우리가 하나님을 보았다! 그러니 우리는 이제 죽을 것이다."

23 그러나 마노아의 아내가 자기 남편에게 말했습니다. "여호와께서는 우리를 죽이지 않으실 거예요. 우리를 죽이실 생각이었다면, 우리의 번제물이나 곡식 제물도 받지 않으셨을 거예요. 또 여호와께서는 이 모든 일을 우리에게 보여 주지도 않으셨을 것이고, 말씀해 주지도 않으셨을 거예요."

11 •Manoah ran back with his wife and asked, "Are you the man who spoke to my wife the other day?"

"Yes," he replied, "I am."

12 •So Manoah asked him, "When your words come true, what kind of rules should govern the boy's life and work?"

13 •The angel of the LORD replied, "Be sure your wife follows the instructions I gave her. •She must not eat grapes or raisins, drink wine or any other alcoholic drink, or eat any forbidden food."

14

15 •Then Manoah said to the angel of the LORD, "Please stay here until we can prepare a young goat for you to eat."

16 •"I will stay," the angel of the LORD replied, "but I will not eat anything. However, you may prepare a burnt offering as a sacrifice to the LORD." (Manoah didn't realize it was the angel of the LORD.)

17 •Then Manoah asked the angel of the LORD, "What is your name? For when all this comes true, we want to honor you."

18 •"Why do you ask my name?" the angel of the LORD replied. "It is too wonderful for you to understand."

19 •Then Manoah took a young goat and a grain offering and offered it on a rock as a sacrifice to the LORD. And as Manoah and his wife watched, the LORD did an amazing thing. •As the flames from the altar shot up toward the sky, the angel of the LORD ascended in the fire. When Manoah and his wife saw this, they fell with their faces to the ground.

20

21 •The angel did not appear again to Manoah and his wife. Manoah finally realized it was the angel of the LORD, •and he said to his wife, "We will certainly die, for we have seen God!"

22

23 •But his wife said, "If the LORD were going to kill us, he wouldn't have accepted our burnt offering and grain offering. He wouldn't have appeared to us and told us this wonderful thing and done these miracles."

---

accept [æksépt] *vt.* 받다
altar [ɔ́ːltər] *n.* 제단
ascend [əsénd] *vi.* 올라가다
flame [fléim] *n.* 불꽃, 화염
govern [gʌ́vərn] *vt.* 주관하다
instruction [instrʌ́kʃən] *n.* 지시
offer [ɔ́ːfər] *vt.* 제물을 바치다, 드리다
raisin [réizn] *n.* 건포도
sacrifice [sǽkrəfais] *n.* 산 제물
13:12 come true : 실현되다
13:20 shoot up toward … : …를 향해 치솟다

....

13:18 (히) '펠레' 로, '경이', '비범' 의 뜻이다,

24 마노아의 아내는 아들을 낳았습니다. 그리고 이름을 삼손이라고 지었습니다. 삼손은 자라나면서 여호와의 복을 받았습니다.

25 삼손이 소라와 에스다올 성 사이에 있는 마하네단에 있을 때에 여호와의 영이 그의 안에서 일하기 시작하셨습니다.

삼손의 결혼

14 삼손은 딤나 성으로 내려가서 어떤 블레셋 처녀를 보았습니다.

2 삼손은 집으로 돌아와서 자기 아버지와 어머니에게 말했습니다. "딤나에서 어떤 블레셋 여자를 보았습니다. 그 여자를 저에게 데려다 주세요. 그 여자와 결혼하고 싶습니다."

3 삼손의 아버지와 어머니가 대답했습니다. "이스라엘에도 너와 결혼할 여자가 얼마든지 있다. 그런데 너는 왜 그 블레셋 여자와 결혼하겠다는 말이냐? 블레셋 사람들은 할례도 받지 않았다." 그러나 삼손은 "그 여자를 데려다 주세요. 나는 그 여자와 결혼하겠어요"라고 말했습니다.

4 삼손의 부모는 여호와께서 이 일을 계획하셨다는 것을 모르고 있었습니다. 여호와께서는 블레셋 사람들을 칠 기회를 찾고 계셨습니다. 그때, 이스라엘은 블레셋의 다스림을 받고 있었습니다.

5 삼손은 자기 아버지, 어머니와 함께 딤나로 내려갔습니다. 그들은 딤나에서 가까운 포도밭에 갔는데, 그때, 갑자기 한 어린 사자가 으르렁거리면서 삼손에게 다가왔습니다.

6 여호와의 영이 삼손에게 들어가자, 삼손은 큰 힘을 얻었습니다. 삼손은 마치 염소 새끼를 찢듯이 맨손으로 그 사자를 찢어 버렸습니다. 그러나 삼손은 자기가 한 일을 아버지와 어머니에게는 말하지 않았습니다.

7 삼손은 딤나 성으로 내려갔습니다. 삼손은 딤나 성에서 블레셋 여자를 만나 이야기해 보고, 그 여자를 더욱 좋아하게 되었습니다.

8 며칠 후, 삼손은 그 여자와 결혼하기 위해 다시 딤나로 갔습니다. 딤나로 가는 길에 삼손은 자기가 죽인 사자가 놓여 있는 곳으로 가 보았습니다. 사자의 몸 속에는 벌떼가 있었습니다. 그 벌떼는 꿀을 만들고 있었습니다.

9 삼손은 손으로 꿀을 떼어 내어 걸어가면서 먹었습니다. 삼손이 자기 부모에게 그 꿀을 드려서 그들도 꿀을 먹었습니다. 그러나 삼손은 그 꿀이 죽은 사자의 몸에서 떼어 낸 것이라는 말은 하지 않았습니다.

10 삼손의 아버지는 블레셋 여자를 보러 내려갔습니다. 그때는 신랑이 아내가 될 처녀의 동네에서 잔치를 베푸는 것이 관례였으므로, 삼손은 거기에서 잔치를 베풀었습니다.

---

24 •When her son was born, she named him Samson. And the LORD blessed him as he grew up. •And the Spirit of the LORD began to stir him while he lived in Mahaneh-dan, which is located between the towns of Zorah and Eshtaol.

Samson's Riddle

14 One day when Samson was in Timnah, one of the Philistine women caught his eye. •When he returned home, he told his father and mother, "A young Philistine woman in Timnah caught my eye. I want to marry her. Get her for me."

3 •His father and mother objected. "Isn't there even one woman in our tribe or among all the Israelites you could marry?" they asked. "Why must you go to the pagan Philistines to find a wife?"

But Samson told his father, "Get her for me! She looks good to me." •His father and mother didn't realize the LORD was at work in this, creating an opportunity to work against the Philistines, who ruled over Israel at that time.

5 •As Samson and his parents were going down to Timnah, a young lion suddenly attacked Samson near the vineyards of Timnah. •At that moment the Spirit of the LORD came powerfully upon him, and he ripped the lion's jaws apart with his bare hands. He did it as easily as if it were a young goat. But he didn't tell his father or mother about it. •When Samson arrived in Timnah, he talked with the woman and was very pleased with her.

8 •Later, when he returned to Timnah for the wedding, he turned off the path to look at the carcass of the lion. And he found that a swarm of bees had made some honey in the carcass. •He scooped some of the honey into his hands and ate it along the way. He also gave some to his father and mother, and they ate it. But he didn't tell them he had taken the honey from the carcass of the lion.

10 •As his father was making final arrangements for the marriage, Samson threw a party at Timnah, as was the cus-

---

carcass [kɑːrkəs] *n.* (짐승의) 시체
object [əbdʒékt] *vi.* 반대하다
pagan [péigən] *a.* 이교도의
scoop [skúːp] *vt.* 푸다, 퍼올리다
stir [stəːr] *vt.* 감동시키다; 각성시키다
swarm [swɔːrm] *n.* (벌, 개미 등의) 떼
14:1 catch one's eye : 눈에 띄다
14:6 rip… apart : …을 잡아 찢다
14:6 with one's bare hands : 맨손으로
14:10 throw a party : 잔치를 열다

11 사람들은 삼손에게 삼십 명의 젊은이를 보내 그와 즐겁게 지내도록 했습니다.

삼손의 수수께끼

12 그때에 삼손이 블레셋 사람 삼십 명에게 말했습니다. "내가 수수께끼를 하나 내겠소. 이 잔치는 일주일 동안 계속될 텐데, 이 잔치 기간 동안에 내가 내는 수수께끼의 답을 알아맞히면 베옷 삼십 벌과 겉옷 삼십 벌을 주겠소.

13 하지만 답을 알아맞히지 못하면 당신들이 나에게 베옷 삼십 벌과 겉옷 삼십 벌을 줘야 하오." 그러자 그들이 말했습니다. "당신이 내려는 수수께끼를 말해 보시오. 어디 한번 들어 봅시다."

14 삼손이 말했습니다. "먹는 자에게서 먹을 것이 나오고 강한 자에게서 단 것이 나온다."

그 삼십 명은 삼일 동안 이 수수께끼를 풀려고 애썼습니다. 하지만 답을 알아낼 수가 없었습니다.

15 사일째 되는 날, 그들은 삼손의 아내에게 가서 말했습니다. "너는 우리가 가진 것을 빼앗으려고 이곳에 초대했느냐? 네 남편을 꾀어서 그 수수께끼의 답을 우리에게 알려 다오. 만약 알려 주지 않으면 너와 네 아버지의 집에 있는 것을 다 불태워 버릴 것이다."

16 그래서 삼손의 아내는 삼손에게 가 울면서 말했습니다. "당신은 나를 미워하는 것 같아요. 당신은 나를 진정으로 사랑하지 않아요. 내 백성에게 수수께끼를 내놓고는, 나에게는 왜 그 답을 가르쳐 주지 않죠?" 삼손이 말했습니다. "나는 내 아버지와 어머니에게도 답을 가르쳐 드리지 않았소. 그런데 내가 왜 당신에게 가르쳐 주겠소?"

17 삼손의 아내는 나머지 잔칫날 동안 계속 울며 졸라댔습니다. 그래서 삼손은 칠 일째 되는 날, 마침내 답을 가르쳐 주고 말았습니다. 그것은 그동안, 그의 아내가 계속 귀찮게 굴었기 때문입니다. 그러자 삼손의 아내는 자기 백성에게 그 수수께끼의 답을 가르쳐 주었습니다.

18 잔치 칠 일째 되는 날, 해지기 전에 블레셋 사람들이 삼손에게 와서 수수께끼의 답을 말했습니다. "꿀보다 단 것이 어디 있느냐? 사자보다 강한 것이 어디 있느냐?" 그러자 삼손이 그들에게 말했습니다. "당신들이 내 암송아지로 밭을 갈지 않았더라면, 내 수수께끼를 풀지 못했을 것이다."

19 그때에 여호와의 영이 삼손에게 임하여 삼손에게 큰 힘이 생겼습니다. 삼손은 아스글론 성으로 내려가서 그곳에 있던 삼십 명의 사람을 죽이고, 그들이 가진 옷과 재산을 모두 빼앗아 수수께끼를 푼 사람들에게 주었습니다. 삼손은 몹시 화가 나서 자기 아버지 집으로 돌아갔습니다.

---

11 tom for elite young men. •When the bride's parents* saw him, they selected thirty young men from the town to be his companions.

12 •Samson said to them, "Let me tell you a riddle. If you solve my riddle during these seven days of the celebration, I will give you thirty fine linen robes and thirty sets of festive clothing. •But if you can't solve it, then you must give me thirty fine linen robes and thirty sets of festive clothing."

"All right," they agreed, "let's hear your riddle."

13 •So he said:

"Out of the one who eats came something to eat;
    out of the strong came something
    sweet."

Three days later they were still trying to

15 figure it out. •On the fourth* day they said to Samson's wife, "Entice your husband to explain the riddle for us, or we will burn down your father's house with you in it. Did you invite us to this party just to make us poor?"

16 •So Samson's wife came to him in tears and said, "You don't love me; you hate me! You have given my people a riddle, but you haven't told me the answer."

"I haven't even given the answer to my father or mother," he replied. "Why should I

17 tell you?" •So she cried whenever she was with him and kept it up for the rest of the celebration. At last, on the seventh day he told her the answer because she was tormenting him with her nagging. Then she explained the riddle to the young men.

18 •So before sunset of the seventh day, the men of the town came to Samson with their answer:

"What is sweeter than honey?
    What is stronger than a lion?"

Samson replied, "If you hadn't plowed with my heifer, you wouldn't have solved my riddle!"

19 •Then the Spirit of the LORD came powerfully upon him. He went down to the town of Ashkelon, killed thirty men, took their belongings, and gave their clothing to the men who had solved his riddle. But Samson was furious about what had happened, and he went back home to live with

---

entice [intáis] *vt.* 꾀다, 부추기다
riddle [rídl] *n.* 수수께끼
torment [tɔːrmént] *vt.* 못살게 굴다

....

14:11 Hebrew *they.* 14:15 As in Greek version; Hebrew reads *seventh.*

20 삼손의 아내는 그의 결혼식에 참석했던 사람 중에서 삼손과 제일 친하게 지냈던 친구에게 주어졌습니다.

삼손이 블레셋 사람과 다툼

15 밀을 거두어들일 무렵, 삼손은 새끼 염소를 가지고 자기 아내를 찾아갔습니다. 삼손은 "내 아내의 방으로 들어가겠습니다"라고 말했습니다. 그러나 삼손의 장인은 삼손을 못 들어가게 했습니다.

2 삼손의 장인이 말했습니다. "나는 자네가 내 딸을 미워하는 줄 알았네. 그래서 나는 내 딸을 결혼식에 참석했던 자네 친구에게 주었네. 그 동생은 더 예쁘니 그 애를 데려가게."

3 그러나 삼손이 장인에게 말했습니다. "이제 내가 블레셋 사람을 해치더라도 나에게는 책임이 없습니다."

4 삼손은 밖으로 나가서 여우 삼백 마리를 잡아 두 마리씩 서로 꼬리를 붙들어 매고는 그 사이에 홰를 하나씩 매달았습니다.

5 그리고 나서 홰에 불을 붙인 다음, 여우들을 블레셋 사람들의 밭에 풀어놓았습니다. 이렇게 하여 삼손은 블레셋 사람의 베지 않은 곡식과 베어 놓은 곡식단을 불태워 버렸고, 포도밭과 올리브 나무들도 불태워 버렸습니다.

6 블레셋 사람들은 "누가 이런 짓을 했느냐?" 하고 서로 물었습니다. 누군가가 말했습니다. "딤나 사람의 사위인 삼손이 이런 짓을 했다. 이는 그의 장인이 삼손의 아내를 그의 친구에게 주었기 때문이다." 그러자 블레셋 사람들은 삼손의 아내와 그 아버지를 불태워 죽였습니다.

7 그때에 삼손이 블레셋 사람들에게 말했습니다. "너희가 이런 일을 했으니, 나도 너희를 그냥 두지 않겠다. 내가 반드시 복수하고 말겠다."

8 삼손은 블레셋 사람들을 공격하여 많은 사람을 죽이고, 에담 바위 동굴에 머물렀습니다.

9 그때, 블레셋 사람들이 올라와서 유다 땅에 진을 쳤습니다. 블레셋 사람들은 레히라는 곳에 멈췄습니다.

10 유다 사람들이 그들에게 물었습니다. "너희는 왜 이 곳에 와서 우리와 싸우려 하느냐?" 블레셋 사람들이 대답했습니다. "삼손을 붙잡아 가려고 왔다. 삼손이 우리 백성에게 한 대로 우리도 삼손에게 해 주겠다."

11 그러자 유다 사람 삼천 명이 에담 바위에 있는 동굴로 가서 삼손에게 말했습니다. "당신은 블레셋 사람들이 우리를 다스리고 있다는 것을 모르오? 어찌하여 우리에게 화를 미치게 하였소?" 삼손이 대답했

---

20 his father and mother. •So his wife was given in marriage to the man who had been Samson's best man at the wedding.

Samson's Vengeance on the Philistines

15 Later on, during the wheat harvest, Samson took a young goat as a present to his wife. He said, "I'm going into my wife's room to sleep with her," but her father wouldn't let him in.

2 •"I truly thought you must hate her," her father explained, "so I gave her in marriage to your best man. But look, her younger sister is even more beautiful than she is. Marry her instead."

3 •Samson said, "This time I cannot be blamed for everything I am going to do to 4 you Philistines." •Then he went out and caught 300 foxes. He tied their tails together in pairs, and he fastened a torch to each pair 5 of tails. •Then he lit the torches and let the foxes run through the grain fields of the Philistines. He burned all their grain to the ground, including the sheaves and the uncut grain. He also destroyed their vineyards and olive groves.

6 •"Who did this?" the Philistines demanded.

"Samson," was the reply, "because his father-in-law from Timnah gave Samson's wife to be married to his best man." So the Philistines went and got the woman and her father and burned them to death.

7 •"Because you did this," Samson vowed, "I won't rest until I take my revenge on 8 you!" •So he attacked the Philistines with great fury and killed many of them. Then he went to live in a cave in the rock of Etam.

9 •The Philistines retaliated by setting up camp in Judah and spreading out near the 10 town of Lehi. •The men of Judah asked the Philistines, "Why are you attacking us?"

The Philistines replied, "We've come to capture Samson. We've come to pay him back for what he did to us."

11 •So 3,000 men of Judah went down to get Samson at the cave in the rock of Etam. They said to Samson, "Don't you realize the Philistines rule over us? What are you doing to us?"

But Samson replied, "I only did to them what they did to me."

---

fasten [fǽsn] vt. 단단히 동여매다
retaliate [ritǽlièit] vi. 보복하다, 앙갚음하다
sheaf [ʃiːf] n. (곡물의) 단, 다발
vengeance [véndʒəns] n. 복수, 앙갚음
15:3 be blamed for … : …에 대해 책임지다
15:7 take revenge on … : …에게 복수하다

습니다. "나는 블레셋 사람들이 나에게 한 일을 블레셋 사람들에게 갚아 준 것뿐이오."

12 그러자 유다 사람들이 삼손에게 말했습니다. "우리는 당신을 묶어서 블레셋 사람들에게 넘겨주겠소." 삼손이 말했습니다. "그렇다면 당신들은 나를 해치지 않겠다고 약속해 주시오."

13 유다 사람들이 말했습니다. "약속하오. 우리는 단지 당신을 묶어 블레셋 사람들에게 넘겨주기만 하겠소. 당신을 죽이지는 않겠소." 유다 사람들은 삼손을 새 밧줄 두 개로 묶은 후, 바위 동굴에서 데리고 나왔습니다.

14 삼손이 레히라는 곳에 이르자, 블레셋 사람들이 삼손에게 다가왔습니다. 블레셋 사람들은 기뻐서 소리를 질렀습니다. 그때에 여호와의 영이 삼손에게 임하여 삼손에게 큰 힘이 생겼습니다. 그래서 삼손을 묶고 있던 밧줄이 마치 불에 탄 실처럼 약해져서 삼손의 손에서 떨어져 나갔습니다.

15 삼손은 죽은 지 얼마 되지 않은 나귀의 턱뼈를 주워 들고, 천 명이나 되는 사람을 죽였습니다.

16 그때에 삼손이 말했습니다. "나귀의 턱뼈 하나로 무더기에 무더기를 쌓았네. 나귀의 턱뼈 하나로 천 명이나 죽였네."

17 삼손이 이 말을 한 후에 턱뼈를 던져 버렸습니다. 그래서 그곳은 '라맛 레히'라고 불리게 되었습니다.

18 삼손이 매우 목이 말라 여호와께 부르짖었습니다. "나는 여호와의 종입니다. 여호와께서는 저에게 이렇게 큰 승리를 주셨는데, 제가 이제 목말라 죽어야 합니까? 할례받지 않은 백성에게 사로잡혀야 합니까?"

19 그때, 하나님은 레히 땅의 한 곳에 구멍을 내시고 물을 주셨습니다. 삼손은 그 물을 마시고 다시 기운을 차렸습니다. 그래서 삼손은 그 샘의 이름을 엔학고레*라고 지었습니다. 그 샘은 지금까지도 레히에 있습니다.

20 이처럼 삼손은 이십 년 동안, 이스라엘의 사사로 있었습니다. 그때는 블레셋 사람들이 다스리던 시대였습니다.

삼손이 가사 성으로 가다

16 어느 날, 삼손이 가사에 갔다가 한 창녀를 보았습니다. 삼손은 그날 밤을 그 창녀와 함께 지내기 위해서 그 집으로 들어갔습니다.

2 어떤 사람이 가사 백성에게 와서 "삼손이 이곳에 왔다" 하고 말했습니다. 그래서 그들은 그곳을 에워싸고 숨어서 숨을 죽인 채 밤새도록 성문 곁에서 삼손을 기다렸습니다. 그들은 서로 이렇게 말했습니다. "새벽이 되면 삼손을 죽여 버리자."

3 하지만 삼손은 그 창녀와 함께 있다가 한밤중이 되

---

12 •But the men of Judah told him, "We have come to tie you up and hand you over to the Philistines."

"All right," Samson said. "But promise that you won't kill me yourselves."

13 •"We will only tie you up and hand you over to the Philistines," they replied. "We won't kill you." So they tied him up with two new ropes and brought him up from the rock.

14 •As Samson arrived at Lehi, the Philistines came shouting in triumph. But the Spirit of the LORD came powerfully upon Samson, and he snapped the ropes on his arms as if they were burnt strands of flax, and they fell from his wrists. •Then he

15 found the jawbone of a recently killed donkey. He picked it up and killed 1,000 Philistines with it. •Then Samson said,

16 "With the jawbone of a donkey, I've piled them in heaps! With the jawbone of a donkey, I've killed a thousand men!"

17 •When he finished his boasting, he threw away the jawbone; and the place was named Jawbone Hill.*

18 •Samson was now very thirsty, and he cried out to the LORD, "You have accomplished this great victory by the strength of your servant. Must I now die of thirst and fall into the hands of these pagans?" •So

19 God caused water to gush out of a hollow in the ground at Lehi, and Samson was revived as he drank. Then he named that place "The Spring of the One Who Cried Out,"* and it is still in Lehi to this day.

20 •Samson judged Israel for twenty years during the period when the Philistines dominated the land.

Samson Carries Away Gaza's Gates

16 One day Samson went to the Philistine town of Gaza and spent the night with a prostitute. •Word soon spread* that

2 Samson was there, so the men of Gaza gathered together and waited all night at the town gates. They kept quiet during the night, saying to themselves, "When the light of morning comes, we will kill him."

3 •But Samson stayed in bed only until midnight. Then he got up, took hold of the doors of the town gate, including the two posts, and lifted them up, bar and all. He put

---

15:17 Hebrew *Ramath-lehi.*   15:19 Hebrew *En-hakkore.*   16:2 As in Greek and Syriac versions and Latin Vulgate; Hebrew lacks *Word soon spread.*

15:17 '라맛 레히'는 '턱뼈의 산'이라는 뜻이다.
15:19 '엔학고레'는 '부르짖는 자의 샘'이라는 뜻이다.

자, 자리에서 일어났습니다. 그리고 삼손은 성문의 문짝과 두 기둥과 빗장을 부수고, 그것들을 자기 어깨에 메고 헤브론 성이 마주 보이는 언덕 꼭대기까지 가져갔습니다.

삼손과 들릴라

4 이 일이 있은 후에 삼손은 들릴라라는 여자와 사랑에 빠졌습니다. 들릴라는 소렉 골짜기에 살았습니다.

5 블레셋 왕들이 들릴라에게 가서 말했습니다. "삼손을 그처럼 강하게 하는 것이 무엇인지 알아내어라. 삼손을 꾀어 그 이유를 털어놓도록 만들어라. 삼손을 붙잡아 묶을 수 있는 방법을 찾아내어라. 그렇게 해 주면, 우리가 각각 너에게은 천백 세겔*을 주겠다."

6 들릴라가 삼손에게 말했습니다. "당신이 그토록 힘이 센 이유를 가르쳐 주세요. 당신을 묶어서 꼼짝 못하게 하려면 어떻게 하면 되나요?"

7 삼손이 대답했습니다. "마르지 않은 풀줄 일곱 개로 나를 묶으면 되오. 그러면 나는 보통 사람처럼 약해지고 마오."

8 블레셋 왕들이 마르지 않은 풀줄 일곱 개를 들릴라에게 가지고 왔습니다. 들릴라는 그것을 가지고 삼손을 묶었습니다.

9 그때, 다른 방에는 사람들 몇몇이 숨어 있었습니다. 들릴라가 삼손에게 말했습니다. "삼손, 블레셋 사람들이 당신을 붙잡으러 왔어요!" 그러자 삼손은 쉽게 그 풀줄들을 끊어 버렸습니다. 그 풀줄들은 마치 불에 탄 실과 같았습니다. 블레셋 사람들은 삼손에게서 나오는 힘의 비밀을 알아내지 못했습니다.

10 그러자 들릴라가 삼손에게 말했습니다. "당신은 나를 바보로 여기고 있어요. 당신은 나를 속였어요. 제발 말해 주세요. 어떻게 하면 당신을 꼼짝 못하게 할 수 있죠?"

11 삼손이 말했습니다. "한 번도 쓴 일이 없는 새 밧줄로 나를 묶으면 되오. 그러면 나는 보통 사람처럼 약해질 것이오."

12 들릴라는 새 밧줄을 구해서 삼손을 묶었습니다. 그때, 다른 방에는 블레셋 사람들이 숨어 있었습니다. 들릴라가 삼손에게 말했습니다. "삼손, 사람들이 당신을 붙잡으러 왔어요!" 그러자 삼손은 그 밧줄을 마치 실을 끊듯 아주 쉽게 끊었습니다.

13 그러자 들릴라가 삼손에게 말했습니다. "당신은 아직도 나를 바보로 여기고, 나를 속이는군요. 당신을 꼼짝 못하게 할 수 있는 방법을 가르쳐 주세요." 삼손이 말했습니다. "내 머리털 일곱 가닥을 옷감 짜듯 짜 놓으면 될 것이오." 삼손이 잠이 들자, 들릴라는 삼손의 머리털 일곱 가닥을 옷감 짜듯 짰습니다.

them on his shoulders and carried them all the way to the top of the hill across from Hebron.

Samson and Delilah

4 • Some time later Samson fell in love with a woman named Delilah, who lived in the valley of Sorek. 5 • The rulers of the Philistines went to her and said, "Entice Samson to tell you what makes him so strong and how he can be overpowered and tied up securely. Then each of us will give you 1,100 pieces* of silver."

6 • So Delilah said to Samson, "Please tell me what makes you so strong and what it would take to tie you up securely."

7 • Samson replied, "If I were tied up with seven new bowstrings that have not yet been dried, I would become as weak as anyone else."

8 • So the Philistine rulers brought Delilah seven new bowstrings, and she tied Samson up with them. 9 • She had hidden some men in one of the inner rooms of her house, and she cried out, "Samson! The Philistines have come to capture you!" But Samson snapped the bowstrings as a piece of string snaps when it is burned by a fire. So the secret of his strength was not discovered.

10 • Afterward Delilah said to him, "You've been making fun of me and telling me lies! Now please tell me how you can be tied up securely."

11 • Samson replied, "If I were tied up with brand-new ropes that have never been used, I would become as weak as anyone else."

12 • So Delilah took new ropes and tied him up with them. The men were hiding in the inner room as before, and again Delilah cried out, "Samson! The Philistines have come to capture you!" But again Samson snapped the ropes from his arms as if they were thread.

13 • Then Delilah said, "You've been making fun of me and telling me lies! Now tell me how you can be tied up securely."

Samson replied, "If you were to weave the seven braids of my hair into the fabric on your loom and tighten it with the loom shuttle, I would become as weak as anyone else."

So while he slept, Delilah wove the seven

---

gush [gʌʃ] *vi.* 세차게 흘러나오다
overpower [ouvərpáuər] *vt.* 제압하다
strand [strænd] *n.* 꼰 실
16:13 weave… into ~ : ~을 가지고 ~을 짜다

16:5 Hebrew *1,100 [shekels]*, about 28 pounds or 12.5 kilograms in weight.
16:5 1,100세겔은 약 12.54kg에 해당된다.

14 그리고 나서 들릴라는 그것을 말뚝으로 박았습니다. 들릴라가 다시 삼손에게 소리쳤습니다. "삼손, 블레셋 사람들이 당신을 붙잡으러 왔어요!" 삼손은 그 소리를 듣고 벌떡 일어나 말뚝과 베틀을 뽑아 버렸습니다.

15 그 후에 들릴라가 삼손에게 말했습니다. "당신은 나를 믿지도 않으면서 어떻게 사랑한다고 말할 수 있어요? 당신은 세 번이나 나를 속였어요. 당신은 당신이 가진 위대한 힘이 어디서 나오는지 나에게 가르쳐 주지 않았어요."

16 들릴라는 매일 그 비밀을 가르쳐 달라고 삼손을 졸라댔습니다. 삼손은 귀찮아서 죽을 지경이었습니다.

17 결국 삼손은 들릴라에게 모든 것을 가르쳐 주었습니다. 삼손이 말했습니다. "나는 아직까지 내 머리를 깎은 적이 한 번도 없소. 나는 태어날 때부터 나실인으로 하나님께 바쳐진 사람이오. 누구든지 내 머리를 밀면, 나는 힘을 잃어 보통 사람처럼 약해지고 마오."

18 들릴라는 삼손이 사실을 이야기해 주었다는 것을 알았습니다. 그래서 들릴라는 블레셋 왕들에게 심부름하는 사람을 보내어 말했습니다. "한 번만 더 오세요. 삼손이 나에게 모든 것을 말해 주었어요." 그러자 블레셋 왕들이 들릴라에게 돌아왔습니다. 블레셋 왕들은 들릴라에게 주기로 약속한 은을 주었습니다.

19 들릴라는 삼손을 자기 무릎에 누이고 잠들게 했습니다. 그리고 사람들을 불러 삼손의 머리털 일곱 가닥을 밀게 한 뒤, 그를 건드리고 나서 힘이 없어진 것을 알았습니다.

20 그래서 들릴라가 삼손에게 소리쳤습니다. "삼손, 블레셋 사람들이 당신을 잡으러 왔어요!" 삼손은 잠에서 깨어나 '전처럼 힘을 써야지' 하고 생각했습니다. 삼손은 여호와께서 자기를 떠나셨다는 것을 알지 못했던 것입니다.

21 마침내 블레셋 사람들은 삼손을 사로잡았습니다. 그들은 삼손의 두 눈을 뽑은 뒤, 가사로 데려갔습니다. 블레셋 사람들은 삼손을 구리 사슬로 묶어 감옥에 넣고, 곡식을 갈게 만들었습니다.

22 그때, 삼손의 머리가 다시 자라기 시작했습니다.

삼손이 죽다

23 블레셋 왕들이 자기들의 신 다곤에게 큰 제사를 드리기 위해 함께 모였습니다. 그들은 "우리의 신이 우리의 적인 삼손을 넘겨주셨다"고 하며 즐거워했습니다.

24 블레셋 왕들은 삼손을 보고 자기들의 신을 찬양했습니다. "이놈이 우리 땅을 망쳐 놓았고, 우리 백성

---

14 braids of his hair into the fabric. •Then she tightened it with the loom shuttle.* Again she cried out, "Samson! The Philistines have come to capture you!" But Samson woke up, pulled back the loom shuttle, and yanked his hair away from the loom and the fabric.

15 •Then Delilah pouted, "How can you tell me, 'I love you,' when you don't share your secrets with me? You've made fun of me three times now, and you still haven't told 16 me what makes you so strong!" •She tormented him with her nagging day after day until he was sick to death of it.

17 •Finally, Samson shared his secret with her. "My hair has never been cut," he confessed, "for I was dedicated to God as a Nazirite from birth. If my head were shaved, my strength would leave me, and I would become as weak as anyone else."

18 •Delilah realized he had finally told her the truth, so she sent for the Philistine rulers. "Come back one more time," she said, "for he has finally told me his secret." So the Philistine rulers returned with the money in 19 their hands. •Delilah lulled Samson to sleep with his head in her lap, and then she called in a man to shave off the seven locks of his hair. In this way she began to bring him down,* and his strength left him.

20 •Then she cried out, "Samson! The Philistines have come to capture you!" When he woke up, he thought, "I will do as before and shake myself free." But he didn't realize the LORD had left him.

21 •So the Philistines captured him and gouged out his eyes. They took him to Gaza, where he was bound with bronze chains and forced to grind grain in the prison. 22 •But before long, his hair began to grow back.

Samson's Final Victory

23 •The Philistine rulers held a great festival, offering sacrifices and praising their god, Dagon. They said, "Our god has given us victory over our enemy Samson!"

24 •When the people saw him, they praised their god, saying, "Our god has delivered our enemy to us! The one who killed so many of us is now in our power!"

---

lull [lʌl] *vt.* 달래다, 어르다
nag [næg] *vi.* 들볶다
pout [paut] *vi.* 입을 삐죽거리며 말하다

16:13-14 As in Greek version and Latin Vulgate; Hebrew lacks *I would become as weak as anyone else. / So while he slept, Delilah wove the seven braids of his hair into the fabric.* 14Then she tightened it with the loom shuttle.　16:19 Or *she began to torment him.* Greek version reads *He began to grow weak.*

을 많이 죽였다. 그러나 우리의 신이 도와주셔서 우리 원수를 사로잡게 하셨다.”

25 블레셋 백성은 매우 즐거워하며 말했습니다. “삼손을 끌어내어 재주를 부리게 하자.” 그들은 삼손을 감옥에서 끌어냈습니다. 삼손은 그들을 위해 재주를 부렸습니다. 블레셋 사람들은 삼손을 다곤 신전의 두 기둥 사이에 세워 놓았습니다.

26 한 노예가 삼손의 손을 붙잡고 있었는데, 삼손이 그 노예에게 말했습니다. “내 손으로 신전의 기둥을 만지게 해 다오. 그 기둥에 기대고 싶다.”

27 그 신전은 남자와 여자로 가득 차 있었습니다. 블레셋의 모든 통치자들도 거기에 있었고, 지붕 위에도 남자와 여자를 합하여 삼천 명 가량 있었습니다. 그들은 삼손이 재주를 부리는 모습을 보고 있었습니다.

28 그때에 삼손이 여호와께 기도했습니다. “주 하나님, 저를 기억해 주십시오. 하나님, 저에게 한 번만 더 힘을 주십시오. 내 두 눈을 뽑아 버린 이 블레셋 사람들에게 원수를 갚게 해 주십시오.”

29 그리고 나서 삼손은 신전 가운데 있는 두 기둥을 붙잡았습니다. 이 두 기둥은 신전 전체를 받치고 있었습니다. 삼손은 두 기둥 사이에 버티고 서서 오른손으로 한 기둥을 잡고, 왼손으로는 다른 기둥을 붙잡았습니다.

30 삼손이 말했습니다. “나는 이 블레셋 사람들과 함께 죽겠다!” 그리고 나서 삼손이 있는 힘을 다해 몸을 굽혀 기둥을 밀어내자, 신전이 왕들과 그 안에 있던 모든 사람들 위로 무너져 내렸습니다. 이렇게 해서 삼손은 살아 있을 때보다도 죽을 때, 더 많은 사람을 죽였습니다.

31 삼손의 형제들과 가족이 삼손의 시체를 거두어서 그의 아버지 마노아의 무덤에 묻어 주었습니다. 그 무덤은 소라와 에스다올 성 사이에 있습니다. 삼손은 이십 년 동안 이스라엘 백성의 사사로 있었습니다.

미가의 우상

17 미가라는 사람이 에브라임 산지에 살고 있었습니다.

2 미가가 자기 어머니에게 말했습니다. “어머니, 전에 은돈 천백 개를 잃어버린 일이 있으시지요? 그때, 어머니가 그 은돈 때문에 저주하는 소리를 들었습니다. 그 은돈은 저에게 있습니다. 제가 그 돈을 훔쳤어요.” 미가의 어머니가 말했습니다. “얘야, 여호와께서 너의 잘못을 복으로 바꾸어 주시길 바란다.”

3 미가는 은돈 천백 개를 어머니께 돌려주었습니다. 그러자 어머니가 말했습니다. “내가 이 은돈을 여

25 •Half drunk by now, the people demanded, "Bring out Samson so he can amuse us!" So he was brought from the prison to amuse them, and they had him stand between the pillars supporting the roof.

26 •Samson said to the young servant who was leading him by the hand, "Place my hands against the pillars that hold up the

27 temple. I want to rest against them." •Now the temple was completely filled with people. All the Philistine rulers were there, and there were about 3,000 men and women on the roof who were watching as Samson amused them.

28 •Then Samson prayed to the LORD, "Sovereign LORD, remember me again. O God, please strengthen me just one more time. With one blow let me pay back the Philistines for the loss of my two eyes."

29 •Then Samson put his hands on the two center pillars that held up the temple.

30 Pushing against them with both hands, •he prayed, "Let me die with the Philistines." And the temple crashed down on the Philistine rulers and all the people. So he killed more people when he died than he had during his entire lifetime.

31 •Later his brothers and other relatives went down to get his body. They took him back home and buried him between Zorah and Eshtaol, where his father, Manoah, was buried. Samson had judged Israel for twenty years.

Micah's Idols

17 There was a man named Micah, who lived in the hill country of Ephraim.

2 •One day he said to his mother, "I heard you place a curse on the person who stole 1,100 pieces* of silver from you. Well, I have the money. I was the one who took it."

3 "The LORD bless you for admitting it," mother replied. •He returned the money to her, and she said, "I now dedicate these silver coins to the LORD. In honor of my son, I will have an image carved and an idol cast."

---

admit [ədmít] *vt.* 허락하다, 인정하다
amuse [əmjúːz] *vt.* 웃기다, 즐겁게 하다
carve [káːrv] *vt.* 새겨서 만들다, 조각하다
cast [kæst] *vi.* 주형 속에서 만들어지다
dedicate [dédikeit] *vt.* 봉헌하다
pillar [pílər] *n.* 기둥
sovereign [sávərən] *a.* 주권을 가진
strengthen [stréŋkθən] *vt.* 강하게 하다
16:28 with one blow : 일격에; 일거에
16:30 crash down : 와르르 무너지다
17:2 place a curse : 저주하다

17:2 Hebrew *1,100 [shekels]*, about 28 pounds or 12.5 kilograms in weight.

호와께 거룩하게 드리겠다. 그것으로 너를 위해 조
각한 우상과 녹여 만든 우상을 만들겠다. 그래서 네
가 이것들을 도로 차지하게 하겠다."

4 미가가 어머니에게 은돈을 돌려주었습니다. 미가
의 어머니는 그중 은돈 이백 개를 은장이에게 주어,
하나는 조각한 우상을 만들었고, 또 하나는 녹여서
우상을 만들었습니다. 그리고 그 우상들을 미가의
집에 두었습니다.

5 미가는 우상을 섬길 신전을 가지고 있었습니다. 그
는 대제사장의 예복인 에봇과 가문의 우상 몇 개를
더 만들었습니다. 그리고 나서 미가는 자기 아들 중
하나를 제사장으로 삼았습니다.

6 그때에 이스라엘 사람들에게는 왕이 없었기 때문
에 사람들마다 자기 하고 싶은 대로 했습니다.

7 레위의 한 젊은이가 유다 땅 베들레헴에서 살았습
니다. 그 젊은이는 유다 백성과 함께 살고 있었습니
다.

8 그 사람은 베들레헴을 떠나 살 곳을 찾아다니던 중
에 미가의 집에 오게 되었습니다. 미가의 집은 에브
라임 산지에 있었습니다.

9 미가가 그 사람에게 물었습니다. "당신은 어디에서
오는 길이오?" 그 사람이 대답했습니다. "나는 유
다 땅 베들레헴에서 온 레위 사람인데 살 곳을 찾아
다니는 중입니다."

10 그러자 미가가 그에게 말했습니다. "나와 함께 삽시
다. 우리 집의 어른이 되어 주고, 또 나의 제사장이
되어 주시오. 당신에게 해마다 은 십 세겔*을 주겠
소. 또 옷과 음식도 주겠소." 그래서 레위 사람이 미
가의 집으로 들어갔습니다.

11 그 젊은 레위 사람은 미가와 함께 사는 것을 좋아했
습니다. 레위 사람은 마치 미가의 아들처럼 되었습
니다.

12 미가가 그를 제사장으로 삼아서, 그 젊은이는 미가
의 집에서 함께 살았습니다.

13 그때, 미가는 "레위 사람을 내 제사장으로 삼았으
니, 여호와께서 나에게 복을 주시겠지!" 하고 말했
습니다.

단 지파가 라이스를 차지함

18 그때에 이스라엘 사람들에게는 왕이 없었습니
다. 단 지파 백성은 아직도 살 땅을 찾고 있었
습니다. 그들은 자기 땅을 가지고 싶어했습니다. 이
스라엘의 다른 지파들은 이미 자기 땅을 가지고 있
었지만, 단 지파 사람들은 자기 땅을 갖지 못했습니
다.

2 그래서 그들은 모든 집안 가운데서 힘센 사람 다섯
명을 뽑았는데, 소라와 에스다올 성 사람 중에서 다
섯 명이 뽑혔습니다. 단 지파 사람들은 그들을 보내

4 ●So when he returned the money to his
mother, she took 200 silver coins and gave
them to a silversmith, who made them into
an image and an idol. And these were placed
5 in Micah's house. ●Micah set up a shrine for
the idol, and he made a sacred ephod and
some household idols. Then he installed one
of his sons as his personal priest.

6 ●In those days Israel had no king; all peo-
ple did whatever seemed right in their own
eyes.

7 ●One day a young Levite, who had been
living in Bethlehem in Judah, arrived in that
8 area. ●He had left Bethlehem in search of
another place to live, and as he traveled, he
came to the hill country of Ephraim. He
happened to stop at Micah's house as he was
traveling through. ● "Where are you from?"
Micah asked him.

He replied, "I am a Levite from Bethlehem
in Judah, and I am looking for a place to
live."

10 ● "Stay here with me," Micah said, "and
you can be a father and priest to me. I will
give you ten pieces of silver* a year, plus a
11 change of clothes and your food." ●The
Levite agreed to this, and the young man
became like one of Micah's sons.

12 ●So Micah installed the Levite as his per-
sonal priest, and he lived in Micah's house.
13 ● "I know the LORD will bless me now,"
Micah said, "because I have a Levite serving
as my priest."

Idolatry in the Tribe of Dan

18 Now in those days Israel had no king.
And the tribe of Dan was trying to
find a place where they could settle, for they
had not yet moved into the land assigned to
them when the land was divided among the
2 tribes of Israel. ●So the men of Dan chose
from their clans five capable warriors from
the towns of Zorah and Eshtaol to scout out
a land for them to settle in.

When these warriors arrived in the hill
country of Ephraim, they came to Micah's

---

assign [əsáin] *vt.* 할당하다
capable [kéipəbl] *a.* 유능한
idolatry [aidálətri] *n.* 우상 숭배
settle [sétl] *vi.* 정착하다
shrine [rain] *n.* 성소, 사당
silversmith [sílvərsmiθ] *n.* 은 세공인
17:5 set up : 설치하다, 세우다
17:5 install… as~ : …를 ～로 임명하다
18:2 scout out : 정탐하다

17:10 Hebrew *10 [shekels] of silver*, about 4
ounces or 114 grams in weight.
17:10 10세겔은 약 114g에 해당된다.

면서 "가서 땅을 살펴보아라" 하고 말했습니다. 그들은 에브라임 산지에 있는 미가의 집으로 가서 그날 밤을 지냈습니다.

3 그들이 미가의 집 가까이 왔을 때, 젊은 레위 사람의 목소리가 나는 것을 들었습니다. 그들은 미가의 집에 멈춰 선 뒤 젊은 레위 사람에게 물었습니다. "누가 당신을 이곳에 오게 했소? 여기에서 무슨 일을 하고 있소? 왜 여기에 와 있는 거요?"

4 레위 사람은 미가가 자기에게 한 일을 말했습니다. "미가가 나를 데려다 썼습니다. 나는 그의 제사장입니다."

5 그들이 레위 사람에게 말했습니다. "하나님께 우리의 일을 물어 봐 주시오. 우리는 지금 우리가 살 땅을 찾고 있는데, 그 일이 잘 되겠소?"

6 그 제사장이 그들에게 말했습니다. "평안히 가십시오. 여호와께서 여러분이 가는 길을 지켜 주실 것입니다."

7 그 다섯 명은 길을 떠나 라이스 성으로 갔습니다. 그 성 사람들은 마치 시돈 백성처럼 아무 걱정 없이 평화롭게 살고 있었습니다. 다른 사람들을 두려워하지 않았고, 모든 것이 넘쳐 흐를 만큼 많이 있었습니다. 그들은 시돈 사람들과 멀리 떨어져 있었으며, 그 누구와도 어울리지 않고 따로 살고 있었습니다.

8 다섯 명은 소라와 에스다올로 돌아왔습니다. 그들의 친척이 그들에게 물어 보았습니다. "너희는 무엇을 보았느냐?"

9 그들이 대답했습니다. "우리가 본 땅은 매우 좋았습니다. 이대로 있지 말고 빨리 가서 그 땅을 차지합시다.

10 그곳 백성들은 평안하게 살고 있습니다. 또, 그 땅은 매우 넓습니다. 하나님께서 그 땅을 여러분 손에 넘겨 주셨습니다. 그곳에는 세상에 있는 것이 다 있고, 하나도 부족한 것이 없습니다."

11 그래서 단 지파 사람 육백 명은 싸울 무기들을 갖추고 소라와 에스다올을 떠났습니다.

12 그들은 길을 가다가 유다 땅에 있는 기럇여아림에서 가까운 곳에 진을 쳤습니다. 그곳은 지금까지 마하네단*이라고 불리고 있으며, 기럇여아림 서쪽에 있습니다.

13 단 지파 사람들은 그곳에서부터 계속해서 에브라임 산지로 이동했습니다. 마침내 그들은 미가의 집까지 왔습니다.

14 전에 라이스 주변을 살펴보았던 다섯 사람이 자기 친척들에게 말했습니다. "이 집들 중에 에봇과 가문의 신들과, 조각한 우상과 은을 녹여 만든 우상을 갖고 있는 집이 있습니다. 그러니 우리가 해야 할 일이 무엇인지 아시겠지요?"

---

3 house and spent the night there. • While at Micah's house, they recognized the young Levite's accent, so they went over and asked him, "Who brought you here, and what are you doing in this place? Why are 4 you here?" • He told them about his agreement with Micah and that he had been hired as Micah's personal priest.

5 • Then they said, "Ask God whether or not our journey will be successful."

6 • "Go in peace," the priest replied. "For the LORD is watching over your journey."

7 • So the five men went on to the town of Laish, where they noticed the people living carefree lives, like the Sidonians; they were peaceful and secure.* The people were also wealthy because their land was very fertile. And they lived a great distance from Sidon and had no allies nearby.

8 • When the men returned to Zorah and Eshtaol, their relatives asked them, "What did you find?"

9 • The men replied, "Come on, let's attack them! We have seen the land, and it is very good. What are you waiting for? Don't hesitate to go and take possession of 10 it. • When you get there, you will find the people living carefree lives. God has given us a spacious and fertile land, lacking in nothing!"

11 • So 600 men from the tribe of Dan, armed with weapons of war, set out from 12 Zorah and Eshtaol. • They camped at a place west of Kiriath-jearim in Judah, which is called Mahaneh-dan* to this day.

13 • Then they went on from there into the hill country of Ephraim and came to the house of Micah.

14 • The five men who had scouted out the land around Laish explained to the others, "These buildings contain a sacred ephod, as well as some household idols, a carved image, and a cast idol. What do you think

---

15 그래서 단 지파 사람들은 레위 사람이 있는 집에 멈췄습니다. 그 집은 미가의 집이기도 했습니다. 그들은 레위 사람에게 인사를 했습니다.

16 단 지파 사람 육백 명은 문 앞에 무기를 들고 서 있었습니다.

17 땅을 살피러 갔던 다섯 사람이 집 안으로 들어갔습니다. 그들은 조각한 우상과 에봇과 집안 우상들과 은 우상을 가지고 나왔습니다. 그동안, 제사장과 무기를 든 단 지파 사람 육백 명은 문 앞에 서 있었습니다.

18 다섯 사람이 미가의 집으로 들어가서 조각한 우상과 에봇과 가문의 우상들과 은으로 도금한 우상을 가지고 나오는 것을 보고 제사장이 그들에게 물었습니다. "당신들 무엇을 하고 있는 거요?"

19 그들이 대답했습니다. "조용히 하시오! 아무 말도 하지 말고 우리와 함께 갑시다. 우리의 어른과 제사장이 되어 주시오. 한 사람의 집을 위해 제사장이 되는 것이 좋소, 아니면 이스라엘의 한 지파와 여러 집안의 제사장이 되는 것이 좋소?"

20 이 말을 듣고 레위 사람은 기뻐했습니다. 그래서 레위 사람은 에봇과 가문의 우상들과 조각한 우상을 받아들고, 단 지파 사람들과 함께 갔습니다.

21 그들은 미가의 집을 떠나 어린 자녀들과 가축들과 그 밖의 모든 것을 앞장세우고 가던 길을 계속 갔습니다.

22 단 지파 사람들은 미가의 집에서 멀리 떨어진 곳까지 갔습니다. 그때에 미가와 그의 이웃 사람들이 함께 모여서 단 지파 사람들을 뒤쫓아왔습니다.

23 미가와 함께 온 사람들이 단 지파 사람들을 불렀습니다. 단 지파 사람들이 뒤로 돌아서서 미가에게 말했습니다. "무슨 일이오? 왜 사람들을 몰고 왔소?"

24 미가가 대답했습니다. "당신들이 내가 만든 나의 우상들을 가지고 가지 않았소! 또 당신들은 나의 제사장도 데리고 갔소, 내게 있는 것을 당신들이 다 가지고 갔으면서 어떻게 '무슨 일이오?'라고 말할 수가 있소?"

25 단 지파 사람들이 대답했습니다. "우리와 잘잘못을 가릴 생각은 아예 하지 마시오, 우리 중에는 성질이 급한 사람이 있소. 당신과 당신 가족이 목숨을 잃을 것이오."

26 그리고 나서 단 지파 사람들은 가던 길을 계속 갔습니다. 미가는 자기 힘으로 그들을 당해 낼 수 없다는 것을 알고 집으로 돌아갔습니다.

27 단 지파 사람들은 미가가 만든 것을 가지고 미가의 제사장과 함께 라이스로 갔습니다. 그들은 라이스에서 평화롭게 살고 있던 사람들을 공격했습니다. 단 지파 사람들은 그 백성을 칼로 죽이고, 그 성을 불태워 버렸습니다.

15 you should do?" ●Then the five men turned off the road and went over to Micah's house, where the young Levite lived, and 16 greeted him kindly. ●As the 600 armed warriors from the tribe of Dan stood at the 17 entrance of the gate, ●the five scouts entered the shrine and removed the carved image, the sacred ephod, the household idols, and the cast idol. Meanwhile, the priest was standing at the gate with the 600 armed warriors.

18 ●When the priest saw the men carrying all the sacred objects out of Micah's shrine, he said, "What are you doing?"

19 ●"Be quiet and come with us," they said. "Be a father and priest to all of us. Isn't it better to be a priest for an entire tribe and clan of Israel than for the household of just one man?"

20 ●The young priest was quite happy to go with them, so he took along the sacred ephod, the household idols, and the carved 21 image. ●They turned and started on their way again, placing their children, livestock, and possessions in front of them.

22 ●When the people from the tribe of Dan were quite a distance from Micah's house, the people who lived near Micah 23 came chasing after them. ●They were shouting as they caught up with them. The men of Dan turned around and said to Micah, "What's the matter? Why have you called these men together and chased after us like this?"

24 ●"What do you mean, 'What's the matter?'" Micah replied. "You've taken away all the gods I have made, and my priest, and I have nothing left!"

25 ●The men of Dan said, "Watch what you say! There are some short-tempered men around here who might get angry 26 and kill you and your family." ●So the men of Dan continued on their way. When Micah saw that there were too many of them for him to attack, he turned around and went home.

27 ●Then, with Micah's idols and his priest, the men of Dan came to the town of Laish, whose people were peaceful and secure. They attacked with swords and burned the

livestock [láivstak] n. 가축
object [ábdʒikt] n. 물건
possession [pəzéʃən] n. 소유
sacred [séikrid] a. 거룩한
scout [skáut] n. 정찰병
secure [sikjúər] a. 안전한
short-tempered [ʃɔ́ːrt-témpərd] a. 성마른
18:22 chase after… : …를 추격하다
18:23 catch up with… : …를 따라잡다

28 라이스 백성을 구해 줄 사람은 아무도 없었습니다. 왜냐하면 라이스는 시돈에서 너무 멀리 떨어져 있었기 때문입니다. 또한 베드르홉에서 가까운 골짜기에 있었기 때문에 그들은 누구와도 어울리지 않고 지냈던 것입니다. 단 지파 백성은 그 자리에 다시 성을 쌓았습니다.

29 그들은 이스라엘의 아들 중 하나인 자기 조상의 이름을 따서 그곳의 이름을 단으로 바꿨습니다. 그러나 그 성의 원래 이름은 라이스였습니다.

30 단 지파 백성은 단 성에 우상들을 세웠습니다. 그들은 모세의 손자이며 게르손*의 아들인 요나단을 제사장으로 삼았습니다. 요나단과 그의 아들들은 단 지파의 제사장이 되어, 이스라엘 사람들이 포로로 끌려갈 때까지 일했습니다.

31 단 지파 백성은 하나님의 성막이 실로에 있는 동안 미가가 만든 우상들을 섬겼습니다.

한 레위 사람과 그의 첩

19 이스라엘에 왕이 없을 때, 에브라임 산지 외진 곳에 어떤 레위 사람이 살고 있었습니다. 그는 유다 땅 베들레헴 여자를 첩으로 데리고 살았습니다.

2 그러나 그 여자는 레위 사람에게 나쁜 짓을 저지른 후, 레위 사람을 떠나 자기 아버지 집으로 도망쳤습니다. 그 집은 유다 땅 베들레헴에 있었는데, 그 여자는 그곳에서 넉 달 동안, 머물러 있었습니다.

3 그 여자의 남편은 여자를 데려오고 싶었으므로 자기 종과 함께 나귀 두 마리를 끌고 길을 떠났습니다. 레위 사람은 그 여자의 아버지 집에 도착했습니다. 그 여자는 레위 사람을 들어오게 했고, 여자의 아버지도 그를 보고 반가워했습니다.

4 레위 사람의 장인은 그에게 그곳에 머물러 있으라고 권했습니다. 그래서 레위 사람은 삼 일 동안, 그곳에서 머물렀습니다.

5 사 일째 되는 날, 그들은 아침 일찍 일어났습니다. 레위 사람은 떠날 준비를 했습니다. 여자의 아버지는 사위에게 말했습니다. "음식을 먹고 기운을 차린 후에 떠나게."

6 그래서 두 사람은 앉아서 함께 먹고 마셨습니다. 그런 다음에 여자의 아버지가 레위 사람에게 말했습니다. "오늘 밤도 여기에서 묵고 가게. 편히 쉬면서 즐겁게 지내게."

7 레위 사람은 일어나 가려고 하였습니다. 그러나 그의 장인이 그에게 묵어가라고 권했습니다. 그래서 레위 사람은 그날 밤도 그곳에서 지냈습니다.

8 오 일째 되는 날, 레위 사람은 아침 일찍 일어나 길을 떠나려 했습니다. 또 여자의 아버지가 말했습니다. "기운을 차린 후에 떠나도록 하게." 그래서 두

---

28 town to the ground. •There was no one to rescue the people, for they lived a great distance from Sidon and had no allies nearby. This happened in the valley near Beth-rehob.

Then the people of the tribe of Dan rebuilt
29 the town and lived there. •They renamed the town Dan after their ancestor, Israel's son, but it had originally been called Laish.

30 •Then they set up the carved image, and they appointed Jonathan son of Gershom, son of Moses,* as their priest. This family continued as priests for the tribe of Dan until
31 the Exile. •So Micah's carved image was worshiped by the tribe of Dan as long as the Tabernacle of God remained at Shiloh.

The Levite and His Concubine

19 Now in those days Israel had no king. There was a man from the tribe of Levi living in a remote area of the hill country of Ephraim. One day he brought home a woman from Bethlehem in Judah to be his
2 concubine. •But she became angry with him* and returned to her father's home in Bethlehem.

3 After about four months, •her husband set out for Bethlehem to speak personally to her and persuade her to come back. He took with him a servant and a pair of donkeys. When he arrived at* her father's house, her
4 father saw him and welcomed him. •Her father urged him to stay awhile, so he stayed three days, eating, drinking, and sleeping there.

5 •On the fourth day the man was up early, ready to leave, but the woman's father said to his son-in-law, "Have something to
6 eat before you go." •So the two men sat down together and had something to eat and drink. Then the woman's father said, "Please stay another night and enjoy yourself." •The man got up to leave, but his
7 father-in-law kept urging him to stay, so he finally gave in and stayed the night.

8 •On the morning of the fifth day he was up early again, ready to leave, and again the woman's father said, "Have something to eat; then you can leave later this afternoon."

---

awhile [əhwáil] *ad.* 잠시
tabernacle [tǽbərnǽkl] *n.* 장막
19:7 give in : 따르다, 굴복하다

18:30 As in an ancient Hebrew tradition, some Greek manuscripts, and Latin Vulgate; Masoretic Text reads *son of Manasseh.*   19:2 Or *she was unfaithful to him.*   19:3 As in Greek version; Hebrew reads *When she brought him to.*

18:30 다른 곳에서는 '게르솜'으로 일컫기도 하며, 그의 후손을 '게르솜 족속'이라고도 한다.

사람은 함께 먹었습니다.

9 그리고 나서 레위 사람은 그의 첩과 종을 데리고 떠나려 했습니다. 레위 사람의 장인은 말했습니다. "해가 저물어 가니, 오늘 밤도 여기에서 묵으면서 즐기다 가게. 내일 아침, 일찍 일어나 자네 집으로 떠나게."

10 그러나 레위 사람은 하룻밤을 더 지내고 싶지 않았습니다. 그래서 그는 일어나 나귀 두 마리에 안장을 지우고 자기 여자와 함께 떠났습니다. 그들은 여부스 성 맞은편에 도착했습니다. 여부스는 예루살렘의 다른 이름입니다.

11 그들이 여부스 가까이에 도착했을 때, 해가 저물어 가고 있었습니다. 종이 주인에게 말했습니다. "이 성으로 들어가 쉬어 갑시다. 이 성은 여부스 사람들의 성입니다. 오늘 밤은 이곳에서 지냅시다."

12 그러나 그의 주인이 말했습니다. "안 돼. 다른 민족들의 성에는 들어갈 수 없어. 이 사람들은 이스라엘 사람이 아니야. 우린 기브아 성까지 가야 해.

13 자, 기브아나 라마까지 가도록 하자. 오늘 밤은 그 두 성 중 어느 한 곳에서 지낼 수 있을 거야."

14 그래서 그들은 가던 길을 계속 갔습니다. 그들이 베냐민 지파의 성인 기브아에 가까이 이르렀을 때, 해가 졌습니다.

15 그들은 기브아 성으로 들어가 그날 밤을 그곳에서 지내려 했습니다. 그들은 성안의 거리에 앉았습니다. 그러나 그들을 자기 집에 데려가서 재워 주는 사람은 아무도 없었습니다.

16 마침 한 노인이 밭에서 일을 끝내고 성으로 돌아오고 있었습니다. 노인의 고향은 에브라임 산지에 있었으나, 그때는 기브아에 살고 있었습니다. 기브아 주민은 베냐민 지파 사람들이었습니다.

17 노인은 나그네가 마을의 거리에 있는 것을 보았습니다. 그 노인이 물었습니다. "당신은 어디에서 왔소? 어디로 가고 있소?"

18 레위 사람이 대답했습니다. "우리는 유다 땅 베들레헴에서 왔습니다. 그리고 에브라임 산지 외진 곳으로 가고 있는 중입니다. 그런데 아무도 우리를 재워 주려고 하지 않습니다.

19 우리는 나귀에게 먹일 먹이를 가지고 있습니다. 그리고 나와 저 젊은 여자와 내 종이 먹을 빵과 포도주도 갖고 있습니다. 우리에게는 부족한 것이 없습니다."

20 노인이 말했습니다. "걱정하지 마십시오, 당신이 필요한 것이 있으면 다 드리겠소. 이런 거리에서 밤을 지내지 마십시오."

21 노인은 레위 사람을 자기 집으로 데리고 갔습니다. 노인은 나귀들에게 먹을 것을 주었습니다. 레위 사

---

9 So they had another day of feasting. •Later, as the man and his concubine and servant were preparing to leave, his father-in-law said, "Look, it's almost evening. Stay the night and enjoy yourself. Tomorrow you can get up early and be on your way."

10 •But this time the man was determined to leave. So he took his two saddled donkeys and his concubine and headed in the direction of Jebus (that is, Jerusalem). •It was late in the day when they neared Jebus, and the man's servant said to him, "Let's stop at this Jebusite town and spend the night there."

12 •"No," his master said, "we can't stay in this foreign town where there are no Israelites. Instead, we will go on to Gibeah.

13 •Come on, let's try to get as far as Gibeah or Ramah, and we'll spend the night in one of those towns." •So they went on. The sun

14 was setting as they came to Gibeah, a town in the land of Benjamin, •so they stopped there to spend the night. They rested in the town square, but no one took them in for the night.

16 •That evening an old man came home from his work in the fields. He was from the hill country of Ephraim, but he was living in Gibeah, where the people were from the tribe of Benjamin. •When he saw the travelers sitting in the town square, he asked them where they were from and where they were going.

18 •"We have been in Bethlehem in Judah," the man replied. "We are on our way to a remote area in the hill country of Ephraim, which is my home. I traveled to Bethlehem, and now I'm returning home.* But no one has taken us in for the night, •even though we have everything we need. We have straw and feed for our donkeys and plenty of bread and wine for ourselves."

20 •"You are welcome to stay with me," the old man said. "I will give you anything you might need. But whatever you do, don't spend the night in the square." •So he took them home with him and fed the donkeys. After they washed their feet, they ate and drank together.

---

concubine [kάŋkjubàin] *n.* 첩.
determined [ditə́rmind] *a.* 굳게 결심한
feast [fiːst] *vi.* 잔치를 벌여 시간을 보내다
remote [rimóut] *a.* 먼, 외딴
saddled [sǽdld] *a.* 안장을 얹은
straw [strɔː] *n.* 짚
19:9 enjoy oneself : 즐기다, 즐겁게 보내다
19:15 take in : 숙박시키다

19:18 As in Greek version (see also 19:29);
Hebrew reads *now I'm going to the Tabernacle
of the LORD.*

람과 그의 젊은 여자는 그 노인의 집에 들어가 발을 씻고, 먹고 마셨습니다.

22 그들이 평안히 쉬고 있을 때에 그 성의 사람들이 그 집을 둘러싸며 문을 두드렸습니다. 그들은 집주인인 노인에게 말했습니다. "당신 집에 온 사람을 끌고 나오시오, 우리가 그 사람을 강간해야겠소."

23 집주인이 밖으로 나가 그들에게 말했습니다. "여보시오, 그런 나쁜 일은 하지 마시오. 이 사람은 내 집에 온 손님이오. 그런 끔찍한 일은 하지 마시오.

24 자, 여기 내 딸이 있소. 내 딸은 아직 순결한 처녀요. 또 이 사람의 첩도 있소. 이 여자들을 밖으로 내보낼 테니 당신들 좋을 대로 하시오. 제발 이 사람에게만은 그런 끔찍한 일을 하지 마시오."

25 그러나 사람들은 노인의 말을 들으려 하지 않았습니다. 그래서 레위 사람은 자기 첩을 그들에게 내보냈습니다. 그들은 그 여자를 욕보이고 밤새도록 괴롭혔습니다. 그러다가 새벽이 되어서야 놓아주었습니다.

26 여자는 자기 남편이 머무르고 있는 노인의 집으로 돌아와 문간에 쓰러졌습니다. 그리고 해가 뜰 때까지 거기에 누워 있었습니다.

27 아침이 되자, 레위 사람은 자리에서 일어나 자기 길을 가려고 밖으로 나섰습니다. 그곳에는 자기의 첩이 문턱에 손을 걸친 채 문간에 쓰러져 있었습니다.

28 레위 사람이 여자에게 말했습니다. "일어나라, 가자." 하지만 여자는 아무 대답도 하지 않았습니다. 레위 사람은 첩의 시체를 나귀에 싣고 자기 집으로 갔습니다.

29 레위 사람은 집에 와서 칼을 꺼내어, 자기 첩의 몸을 열두 부분으로 잘랐습니다. 그리고 이스라엘 열두 지파에게 그것들을 두루 보냈습니다.

30 그것을 본 사람들마다 이렇게 말했습니다. "이스라엘 백성이 이집트에서 나온 후로 이런 일은 한 번도 일어난 적이 없었다. 생각해 보고, 앞으로 어떻게 할 것인가를 말해 보자."

이스라엘과 베냐민 사이의 전쟁

20 모든 이스라엘 사람이 단에서부터 브엘세바에 이르는 곳까지, 또 길르앗 땅에서부터도 나와, 미스바 성에서 여호와 앞에 섰습니다.

2 이스라엘 모든 지파의 지도자들도 하나님의 백성이 다 모인 회의에 왔습니다. 칼을 든 군인도 사십만 명이나 있었습니다.

3 베냐민 백성은 이스라엘 사람들이 미스바로 올라갔다는 이야기를 들었습니다. 이스라엘 백성들이 레위 사람에게 말했습니다. "이 몹쓸 일이 어떻게 일어났는지 말해 주시오."

---

22 •While they were enjoying themselves, a crowd of troublemakers from the town surrounded the house. They began beating at the door and shouting to the old man, "Bring out the man who is staying with you so we can have sex with him."

23 •The old man stepped outside to talk to them. "No, my brothers, don't do such an evil thing. For this man is a guest in my house, and such a thing would be shameful.

24 •Here, take my virgin daughter and this man's concubine. I will bring them out to you, and you can abuse them and do whatever you like. But don't do such a shameful thing to this man."

25 •But they wouldn't listen to him. So the Levite took hold of his concubine and pushed her out the door. The men of the town abused her all night, taking raping her until morning. Finally, at dawn they let her go. •At daybreak the woman returned to the house where her husband was staying. She collapsed at the door of the house and lay there until it was light.

27 •When her husband opened the door to leave, there lay his concubine with her hands on the threshold. •He said, "Get up! Let's go!" But there was no answer.* So he put her body on his donkey and took her home.

29 •When he got home, he took a knife and cut his concubine's body into twelve pieces. Then he sent one piece to each tribe throughout all the territory of Israel.

30 •Everyone who saw it said, "Such a horrible crime has not been committed in all the time since Israel left Egypt. Think about it! What are we going to do? Who's going to speak up?"

Israel's War with Benjamin

20 Then all the Israelites were united as one man, from Dan in the north to Beersheba in the south, including those from across the Jordan in the land of Gilead. The entire community assembled in the presence of the LORD at Mizpah. •The leaders of all the people and all the tribes of Israel—400,000 warriors armed with swords—took their positions in the assembly of the people of God. •(Word soon reached the land of Benjamin that the other tribes had gone up to Mizpah.) The Israelites then asked how this terrible crime had happened.

---

abuse [əbjúːz] *vt.* 욕보이다
collapse [kəlǽps] *vi.* 쓰러지다
rape [reip] *vt.* 겁탈하다
19:25 **take turn** : (⋯을) 교대로 하다

19:28 Greek version adds *for she was dead.*

4 그러자 죽임을 당한 여자의 남편인 레위 사람이 말 했습니다. "나와 나의 첩이 하룻밤을 묵기 위해 베냐민 땅 기브아로 갔습니다.

5 그날 밤, 기브아 사람들이 나에게로 몰려왔습니다. 그들은 내가 묵고 있는 집을 에워싸고 나를 죽이려 했습니다. 그들은 나의 첩을 욕보이고 밤새도록 괴롭혔습니다. 그 때문에 내 첩이 죽고 말았습니다.

6 그래서 내 첩의 시체를 가져다가 여러 부분으로 쪼개어 이스라엘의 열두 지파에게 보냈습니다. 베냐민 사람이 이스라엘 안에서 음란하고 끔찍한 짓을 저질렀음을 보여 드리기 위해서였습니다.

7 이스라엘 모든 사람이 이렇게 다 모였습니다. 우리가 어떻게 해야 할지 의견들을 말해 주십시오."

8 그러자 모든 백성이 한결같이 자리에서 일어나서 말했습니다. "우리 중에 한 사람도 집으로 돌아가지 않겠다.

9 우리는 기브아를 칠 것이며, 이 일을 위해서 제비를 뽑겠다.

10 우리는 이스라엘 각 지파에서 백 사람마다 열 명씩을 뽑겠다. 그리고 천 명에서 백 명을 뽑고, 만 명에서 천 명을 뽑겠다. 이렇게 제비 뽑힌 사람들은 군대를 위해 먹을 것을 대주는 일을 할 것이다. 그리고 나머지는 베냐민의 기브아 성으로 가서 그들이 이스라엘에서 한 끔찍한 일을 갚을 것이다."

11 이스라엘의 모든 사람이 기브아를 치기 위해 함께 모였습니다. 그들은 앞으로 할 일을 위해 한마음으로 뭉쳤습니다.

12 이스라엘 지파들은 베냐민의 모든 집안에 사람을 보내어, 이렇게 전하도록 했습니다. "당신들 가운데서 어떻게 이처럼 나쁜 일이 일어날 수 있소?

13 기브아의 그 나쁜 사람들을 우리에게 넘겨주시오, 그들을 죽여야겠소. 이런 악한 일은 이스라엘에서 없애 버려야 하오." 그러나 베냐민 사람들은 자기들의 형제인 이스라엘 백성의 말을 들으려 하지 않았습니다.

14 베냐민 사람들은 각 성에서 나와 이스라엘 사람들과 싸우기 위해 기브아에 모였습니다.

15 그날에 각 성에서부터 나온 베냐민 사람들 중에는 칼을 잘 쓰는 군인들만이 이만 육천 명이 모였습니다. 또한 기브아에서도 칠백 명이 뽑혀 나왔습니다.

16 기브아 사람 중에서 뽑혀 온 칠백 명은 왼손잡이들이었는데, 물매로 돌을 던져 정확하게 맞추는 사람들이었습니다.

17 이스라엘 사람들은 베냐민을 제외하고도 사십만 명이 모였습니다. 이들도 칼을 가지고 있었으며,* 싸움을 잘하는 군사들이었습니다.

18 이스라엘 사람들은 벧엘 성으로 올라가 하나님께

4 •The Levite, the husband of the woman who had been murdered, said, "My concubine and I came to spend the night in Gibeah, a town that belongs to the people of Benjamin. 5 •That night some of the leading citizens of Gibeah surrounded the house, planning to kill me, and they raped my concubine until she was dead. 6 •So I cut her body into twelve pieces and sent the pieces throughout the territory assigned to Israel, for these men have committed a terrible and shameful crime. 7 •Now then, all of you—the entire community of Israel—must decide here and now what should be done about this!"

8 •And all the people rose to their feet in unison and declared, "None of us will return home! No, not even one of us! 9 •Instead, this is what we will do to Gibeah; we will draw lots to decide who will attack it. 10 •One tenth of the men* from each tribe will be chosen to supply the warriors with food, and the rest of us will take revenge on Gibeah* of Benjamin for this shameful thing they have done in Israel." 11 •So all the Israelites were completely united, and they gathered together to attack the town.

12 •The Israelites sent messengers to the tribe of Benjamin, saying, "What a terrible 13 thing has been done among you! •Give up those evil men, those troublemakers from Gibeah, so we can execute them and purge Israel of this evil."

But the people of Benjamin would not lis-14 ten. •Instead, they came from their towns and gathered at Gibeah to fight the Israelites. 15 •In all, 26,000 of their warriors armed with swords arrived in Gibeah to join the 700 elite 16 troops who lived there. •Among Benjamin's elite troops, 700 were left-handed, and each of them could sling a rock and hit a target 17 within a hairsbreadth without missing. •Israel had 400,000 experienced soldiers armed with swords, not counting Benjamin's warriors.

18 •Before the battle the Israelites went to Bethel and asked God, "Which tribe should go first to attack the people of Benjamin?"

execute [éksikju:t] *vt.* 사형에 처하다
purge [pə́:rdʒ] *vt.* 제거하다
sling [slíŋ] *vt.* 투석기로 던지다
20:8 rise to one's feet : 일어서다
20:8 in unison : 일제히
20:9 draw lots : 제비 뽑다
20:16 within a hairsbreadth : 한치도 틀림없이

20:10a Hebrew *10 men from every hundred, 100 men from every thousand, and 1,000 men from every 10,000.* 20:10b Hebrew *Geba,* in this case a variant spelling of Gibeah; also in 20:33.
20:17 칼을 잘 쓰며

여쭈었습니다. "우리 중에 누가 먼저 올라가서 베냐민 사람과 싸울까요?" 여호와께서 대답하셨습니다. "유다가 먼저 가거라."

19 이튿날 아침, 이스라엘 사람들은 일어나, 기브아를 향하여 진을 쳤습니다.

20 이스라엘 사람들은 베냐민 사람들과 싸우기 위해 나아갔습니다. 그들은 대형을 갖추어 베냐민 사람들과 마주섰습니다.

21 그때에 베냐민 사람들이 기브아에서 돌격해 나왔습니다. 이스라엘 사람들은 그날, 싸움에서 이만이천 명이 죽었습니다.

22-23 이스라엘 사람들은 여호와 앞에 나아가서 저녁 때까지 소리 내어 울었습니다. 그들은 여호와께 "우리 친척인 베냐민 사람들과 다시 싸우러 나가야 합니까?"하고 물었습니다. 여호와께서는 "나가서 그들과 싸워라" 하고 대답하셨습니다. 이스라엘 사람들은 서로 용기를 북돋웠습니다. 그리고 나서 그들은 첫째 날과 같은 대형으로 베냐민 사람들과 마주 섰습니다.

24 이스라엘 사람들은 둘째 날에도 베냐민 사람들과 맞서 싸우러 나아갔습니다.

25 베냐민 사람들은 기브아에서 나와 이스라엘 사람들을 공격했습니다. 이번에도 베냐민 사람들이 이스라엘 사람 만 팔천 명을 죽였습니다. 죽은 이스라엘 사람들은 모두 칼을 잘 쓰는 군인들이었습니다.

26 그러자 이스라엘 사람들은 벧엘로 올라가서 주저 앉아 여호와께 부르짖었습니다. 그들은 저녁 때까지 하루 종일 아무것도 먹지 않았습니다. 그들은 여호와께 태워 드리는 제물인 번제물과 화목 제물도 드렸습니다.

27 이스라엘 사람들은 여호와의 뜻을 여쭈었습니다. 그때, 하나님의 언약궤가 벧엘에 있었습니다.

28 비느하스라고 하는 제사장이 언약궤 앞에서 섬기고 있었는데, 그는 아론의 아들인 엘르아살의 후손이었습니다. 이스라엘 백성은 이렇게 여쭈어 보았습니다. "다시 가서 우리의 형제인 베냐민 사람들과 싸워야 합니까? 아니면 싸움을 그만두어야 합니까?" 여호와께서 대답하셨습니다. "가거라. 내일 너희가 베냐민 사람들을 물리치도록 도와 주겠다."

29 그래서 이스라엘 사람들은 기브아 주변에 군인들을 숨겨 놓았습니다.

30 삼 일째 되는 날, 이스라엘 사람들은 베냐민 사람들과 싸우기 위해 기브아로 나아가, 전처럼 싸울 대형을 갖췄습니다.

31 그러자 베냐민 사람들도 싸우기 위해 성에서 나왔습니다. 이스라엘 사람들은 도망치면서 베냐민 사람들이 성에서 멀리 떨어진 곳까지 자기들을 쫓아오게 만들었습니다. 베냐민 사람들은 전에 그랬던 것

The LORD answered, "Judah is to go first."

19 •So the Israelites left early the next morning and camped near Gibeah. •Then they
20 advanced toward Gibeah to attack the men
21 of Benjamin. •But Benjamin's warriors, who were defending the town, came out and killed 22,000 Israelites on the battlefield that day.

22 •But the Israelites encouraged each other and took their positions again at the same
23 place they had fought the previous day. •For they had gone up to Bethel and wept in the presence of the LORD until evening. They had asked the LORD, "Should we fight against our relatives from Benjamin again?"

And the LORD had said, "Go out and fight against them."

24 •So the next day they went out again to
25 fight against the men of Benjamin, •but the men of Benjamin killed another 18,000 Israelites, all of whom were experienced with the sword.

26 •Then all the Israelites went up to Bethel and wept in the presence of the LORD and fasted until evening. They also brought burnt offerings and peace offerings to the
27 LORD. •The Israelites went up seeking direction from the LORD. (In those days the Ark of
28 the Covenant of God was in Bethel, •and Phinehas son of Eleazar and grandson of Aaron was the priest.) The Israelites asked the LORD, "Should we fight against our relatives from Benjamin again, or should we stop?"

The LORD said, "Go! Tomorrow I will hand them over to you."

29 •So the Israelites set an ambush all
30 around Gibeah. •They went out on the third day and took their positions at the
31 same place as before. •When the men of Benjamin came out to attack, they were drawn away from the town. And as they had done before, they began to kill the Israelites. About thirty Israelites died in the open fields and along the roads, one leading to Bethel and the other leading back to Gibeah.

ambush [ǽmbuʃ] *n.* 복병, 매복
attack [ətǽk] *vi.* 공격하다
defend [difénd] *vt.* 방어하다
encourage [inkə́ːridʒ] *vt.* 용기를 북돋우다
fast [fæst] *vi.* 금식하다
previous [príːviəs] *a.* 이전의
relative [rélətiv] *n.* 친척
20:20 advance toward… : …을 향해 진격하다
20:23 fight against… : …와 맞서 싸우다
20:25 be experienced with… : …에 노련하다
20:26 in the presence of… : …의 면전에서
20:27 seek direction from… : …에게 인도를 구하다
20:31 draw away from… : …에서 빠져나오다

처럼 이스라엘 사람들을 죽이기 시작했습니다. 그래서 이스라엘 사람 삼십 명 가량이 죽임을 당했습니다. 이들 중에는 들에서 죽은 사람도 있었고, 벧엘로 가는 길과 기브아로 가는 길에서 죽은 사람도 있었습니다.

32 베냐민 사람들은 "이번에도 우리가 이긴다!" 하고 말했습니다. 그러자 이스라엘 사람들은 이렇게 말했습니다. "달아나자. 저들을 꾀어서 자기 성에서부터 큰 길까지 나오게 하자."

33 이스라엘의 모든 사람은 자기가 있던 곳에서 다른 곳으로 움직였습니다. 그들은 바알다말이란 곳에서 싸우기 위해 대형을 갖추었습니다. 그때에 기브아 가까이 풀 속에 숨어 있던 이스라엘 사람들이 달려나왔습니다.

34 그들은 이스라엘 군인 중에서 특별히 뽑힌 만 명의 용사들이었습니다. 그들은 기브아를 공격했습니다. 매우 격렬한 싸움이 벌어졌지만, 베냐민 사람들은 자기들에게 불행한 일이 일어나고 있다는 것을 알지 못했습니다.

35 여호와께서는 이스라엘 사람들 앞에서 베냐민 사람들을 물리치셨습니다. 그날, 이스라엘 사람 앞에서 죽은 베냐민 사람은 이만 오천 명이었습니다. 죽은 사람들은 모두 칼을 가진 군인들이었습니다.

36 그제서야 베냐민 사람들은 자기들이 졌다는 것을 깨달았습니다. 이스라엘 사람들이 뒤로 도망치는 척했던 것은 기브아 근처에 숨겨 놓은 군인들을 이용하여 베냐민 사람들을 갑자기 공격하기 위해서였습니다.

37 숨어 있던 사람들은 재빠르게 나와서 기브아로 달려나갔습니다. 그들은 기브아 성에 있는 모든 사람을 칼로 죽였습니다.

38 이스라엘 사람들은 숨어 있던 사람들에게 성안에서 연기를 치솟게 하는 신호를 보내라고 했습니다. 그 신호를 보면 이스라엘 군대가 뒤로 돌아서 다시 싸우기로 약속했던 것입니다.

39 베냐민 사람들은 이스라엘 사람을 삼십 명 가량 죽이고는 "처음 싸울 때처럼 이번에도 우리가 이긴다!" 하고 말했습니다.

40 그러나 그때, 성안에서 연기가 기둥같이 치솟아 오르기 시작했습니다. 베냐민 사람들도 뒤로 돌아 그 연기를 보았습니다. 성 전체가 하늘로 치솟는 연기로 가득 찼습니다.

41 이제 이스라엘 사람들이 뒤돌아 싸우기 시작했습니다. 베냐민 사람들은 겁을 먹었습니다. 자기들에게 불행한 일이 일어나고 있다는 것을 깨달았습니다.

42 베냐민 사람들이 이스라엘 사람들 앞에서 도망쳤습니다. 베냐민 사람들은 광야로 갔지만 더 이상 달아날 길이 없었습니다. 이스라엘 군사들이 각 성에서 뽑혀 나온 베냐민 사람들을 죽이고, 베냐민 사람들 가운데 들어가서 그들을 전멸시켰습니다.

43 그들은 베냐민 사람들을 뒤쫓아가서 그들이 잠시 쉬

---

32 • Then the warriors of Benjamin shouted, "We're defeating them as we did before!" But the Israelites had planned in advance to run away so that the men of Benjamin would chase them along the roads and be drawn away from the town.

33 • When the main group of Israelite warriors reached Baal-tamar, they turned and took up their positions. Meanwhile, the Israelites hiding in ambush to the west* of Gibeah jumped up to fight.

34 • There were 10,000 elite Israelite troops who advanced against Gibeah. The fighting was so heavy that Benjamin didn't

35 realize the impending disaster. • So the LORD helped Israel defeat Benjamin, and that day the Israelites killed 25,100 of Benjamin's warriors, all of whom were

36 experienced swordsmen. • Then the men of Benjamin saw that they were beaten.

The Israelites had retreated from Benjamin's warriors in order to give those hiding in ambush more room to maneu-

37 ver against Gibeah. • Then those who were hiding rushed in from all sides and killed everyone in the town. • They had

38 arranged to send up a large cloud of

39 smoke from the town as a signal. • When the Israelites saw the smoke, they turned and attacked Benjamin's warriors.

By that time Benjamin's warriors had killed about thirty Israelites, and they shouted, "We're defeating them as we did

40 in the first battle!" • But when the warriors of Benjamin looked behind them and saw the smoke rising into the sky

41 from every part of the town, • the men of Israel turned and attacked. At this point the men of Benjamin became terrified, because they realized disaster was close at

42 hand. • So they turned around and fled before the Israelites toward the wilderness. But they couldn't escape the battle, and the people who came out of the nearby

43 towns were also killed.* • The Israelites surrounded the men of Benjamin and chased them relentlessly, finally overtak-

---

impending [impéndiŋ] *a.* 임박한
maneuver [mənú:vər] *vi.* 책략을 쓰다
overtake [ouvərtéik] *vt.* 따라잡다
relentlessly [riléntlisli] *ad.* 집요하게
20:36 give room to… : …할 여지를 주다
20:41 close at hand : 바로 가까이에

20:33 As in Greek and Syriac versions and Latin Vulgate; Hebrew reads *hiding in the open space.* 20:42 Or *battle, for the people from the nearby towns also came out and killed them.*

고 있는 곳을 에워쌌습니다. 이스라엘 군대는 베냐민 사람들을 쫓아 기브아 동쪽 지역까지 갔습니다.

44 베냐민 군인 만 팔천 명이 죽임을 당했습니다.

45 또 베냐민 사람들은 광야에 있는 림몬 바위라는 곳으로 도망쳤습니다. 이스라엘 군대는 큰 길에서 베냐민 사람 오천 명을 죽이고,* 기돔이라는 곳까지 베냐민 사람들을 뒤쫓아서 이천 명을 더 죽였습니다.

46 그날, 베냐민 사람 이만 오천 명이 죽임을 당했습니다. 그들은 모두 칼을 가진 사람들이었고 용사들이었습니다.

47 베냐민 사람 육백 명은 광야의 림몬 바위로 달아났는데, 그들은 그곳에서 네 달 동안 머물러 있었습니다.

48 이스라엘 사람들은 베냐민 땅으로 돌아왔습니다. 그들은 각 성마다 다니면서 그 안에 있는 사람들과 가축들을 모두 죽였습니다. 눈에 보이는 것은 무엇이든지 다 죽였습니다. 그리고 성을 모두 불태워 버렸습니다.

베냐민 사람들을 위해 아내를 얻어 줌

21 이스라엘 사람들은 전에 미스바에 모였을 때, "누구든지 베냐민 지파의 남자에게 자기 딸을 시집 보내지 말자"고 맹세했었습니다.

2 이스라엘 백성은 벧엘 성으로 가서, 하나님 앞에 앉아 저녁 때까지 큰 소리로 울었습니다.

3 그들이 말했습니다. "여호와여! 이스라엘의 하나님이시여! 어찌하여 이스라엘 안에서 이런 끔찍한 일이 일어났습니까? 왜 이스라엘의 한 지파가 없어지게 되었습니까?"

4 이튿날, 이스라엘 백성은 일찍이 제단을 쌓고 태워 드리는 제물인 번제물과 화목 제물을 하나님께 바쳤습니다.

5 그 후, 이스라엘 사람들이 서로 물었습니다. "이스라엘 지파 중에 여호와 앞에 모이지 않은 지파가 누구인가?" 이는 예전에 이스라엘 백성 중 미스바에 모이지 않는 사람은 죽이기로 맹세했기 때문이었습니다.

6 이스라엘 사람들은 자기 친척인 베냐민 사람들 때문에 마음이 아파서 말했습니다. "오늘날, 이스라엘에서 한 지파가 끊어져 버렸다.

7 우리는 여호와 앞에서 우리 딸을 베냐민 사람과 결혼시키지 않겠다고 맹세하였다. 어떻게 하면 그 남은 베냐민 사람들에게 아내를 얻게 할 수 있을까?"

8 그리고 이스라엘 백성이 물었습니다. "이스라엘 지파 가운데 이곳 미스바로 모이지 않은 지파는 어느 지파인가?" 그들은 길르앗의 야베스 성에 사는 사람이 하나도 오지 않았다는 것을 알아 냈습니다.

9 이스라엘 백성이 모든 사람을 다 세어 보았지만, 길르앗의 야베스에서 온 사람은 한 사람도 없었습니다.

10 그래서 이스라엘 백성은 길르앗의 야베스에 용사 만이천 명을 보내면서, 그 용사들에게 야베스 사람들을

44 ing them east of Gibeah.* •That day 18,000 of Benjamin's strongest warriors

45 died in battle. •The survivors fled into the wilderness toward the rock of Rimmon, but Israel killed 5,000 of them along the road. They continued the chase until they had killed another 2,000 near Gidom.

46 •So that day the tribe of Benjamin lost 25,000 strong warriors armed with sw-

47 ords, •leaving only 600 men who escaped to the rock of Rimmon, where they lived

48 for four months. •And the Israelites returned and slaughtered every living thing in all the towns—the people, the livestock, and everything they found. They also burned down all the towns they came to.

Israel Provides Wives for Benjamin

21 The Israelites had vowed at Mizpah, "We will never give our daughters in marriage to a man from the tribe of

2 Benjamin." •Now the people went to Bethel and sat in the presence of God until

3 evening, weeping loudly and bitterly. •"O LORD, God of Israel," they cried out, "why has this happened in Israel? Now one of our tribes is missing from Israel!"

4 •Early the next morning the people built an altar and presented their burnt

5 offerings and peace offerings on it. •Then they said, "Who among the tribes of Israel did not join us at Mizpah when we held our assembly in the presence of the LORD?" At that time they had taken a solemn oath in the LORD's presence, vowing that anyone who refused to come would be put to death.

6 •The Israelites felt sorry for their brother Benjamin and said, "Today one of the tribes of Israel has been cut off. •How can we find wives for the few who remain, since we have sworn by the LORD not to give them our daughters in marriage?"

8 •So they asked, "Who among the tribes of Israel did not join us at Mizpah when we assembled in the presence of the LORD?" And they discovered that no one from Jabesh-gilead had attended the

9 assembly. •For after they counted all the people, no one from Jabesh-gilead was present.

10 •So the assembly sent 12,000 of their best warriors to Jabesh-gilead with orders to kill everyone there, including women

11 and children. •This is what you are to

21:5 take an oath : 맹세하다

20:43 The meaning of the Hebrew is uncertain.

20:45 오천 명을 이삭 줍듯이 죽이고

칼로 죽이라고 말했습니다. 여자와 어린아이들도 죽이라고 말했습니다.

11 "여러분은 이렇게 하시오. 길르앗 땅 야베스에 있는 모든 사람을 죽이시오. 남자와 함께 잔 적이 있는 여자도 다 죽이시오."

12 그 용사들은 길르앗의 야베스에서 남자와 함께 잔 적이 없는 젊은 여자 사백 명을 찾아냈습니다. 용사들은 이 여자들을 가나안 땅 실로의 진으로 데리고 왔습니다.

13 그 후에 이스라엘에 사는 모든 백성이 림몬 바위에 있는 베냐민 사람들에게 전령을 보내어 그들에게 평화를 선언했습니다.

14 그제서야 베냐민 사람들이 다시 돌아왔습니다. 이스라엘 백성은 그들에게 길르앗의 야베스에서 데리고 온 여자들을 데려다 주었습니다. 그러나 아직 남자에 비해서 여자의 수가 부족했습니다.

15 이스라엘 백성은 베냐민 사람들 때문에 마음이 아팠습니다. 이는 여호와께서 이스라엘 중에 한 지파를 갈라 놓으셨기 때문입니다.

16 이스라엘의 장로들이 말했습니다. "베냐민의 여자들은 모두 죽임을 당했소. 살아남은 베냐민 사람들에게 줄 아내를 어디서 더 얻을 수 있겠소?

17 이 사람들은 자신들의 가문을 이어가기 위해 자녀를 가져야 하오. 그래야 이스라엘에서 한 지파가 끊어지는 일이 없을 것이오.

18 그러나 우리는 누구든지 베냐민 사람에게 딸을 주는 사람은 저주를 받을 것이라고 맹세했기 때문에, 우리 딸을 베냐민 사람에게 아내로 줄 수 없소."

19 그들 중에 어떤 사람이 말했습니다. "좋은 생각이 있소. 벧엘 북쪽에 있는 실로에서는 해마다 여호와의 축제가 열리오. 실로는 벧엘에서 세겜으로 가는 길의 동쪽에, 르보나 성의 남쪽에 있소."

20 이스라엘 장로들이 베냐민 사람들에게 말했습니다. "당신들은 가서 포도밭에 숨어 있으시오.

21 실로에서 젊은 여자들이 나오는 것을 잘 지켜보다가, 젊은 여자들이 춤을 추러 나올 때, 포도밭에서 달려나오시오. 그리고 각 사람이 젊은 실로 여자 한 사람씩을 붙잡아 베냐민 땅으로 가시오.

22 만약 그 젊은 여자들의 아버지나 오빠들이 우리에게 찾아와서 따지면, 우리는 이렇게 말해 주겠소. '베냐민 사람들에게 친절을 베풀어 줍시다. 우리는 전쟁을 할 때에 베냐민 각 사람에게 아내를 주지 못하였소. 여러분 스스로가 베냐민 사람들에게 딸을 준 것도 아니오. 그러므로 여러분은 죄가 없소.'"

23 베냐민 사람들은 장로들이 말한 대로 했습니다. 젊은 여자들이 춤을 추고 있을 때, 베냐민 사람들은 각자 여자 한 명씩을 붙잡아 데리고 가서 결혼했습니

---

do," they said. "Completely destroy* all the males and every woman who is not a 12 virgin." •Among the residents of Jabesh-gilead they found 400 young virgins who had never slept with a man, and they brought them to the camp at Shiloh in the land of Canaan.

13 •The Israelite assembly sent a peace delegation to the remaining people of Benjamin who were living at the rock of Rimmon. 14 •Then the men of Benjamin returned to their homes, and the 400 women of Jabesh-gilead who had been spared were given to them as wives. But there were not enough women for all of them.

15 •The people felt sorry for Benjamin because the LORD had made this gap among 16 the tribes of Israel. •So the elders of the assembly asked, "How can we find wives for the few who remain, since the women of 17 the tribe of Benjamin are dead? •There must be heirs for the survivors so that an entire 18 tribe of Israel is not wiped out. •But we cannot give them our own daughters in marriage because we have sworn with a solemn oath that anyone who does this will fall under God's curse."

19 •Then they thought of the annual festival of the LORD held in Shiloh, south of Lebonah and north of Bethel, along the east side of the road that goes from Bethel to 20 Shechem. •They told the men of Benjamin who still needed wives, "Go and hide in the 21 vineyards. •When you see the young women of Shiloh come out for their dances, rush out from the vineyards, and each of you can take one of them home to the land of 22 Benjamin to be your wife! •And when their fathers and brothers come to us in protest, we will tell them, 'Please be sympathetic. Let them have your daughters, for we didn't find wives for all of them when we destroyed Jabesh-gilead. And you are not guilty of breaking the vow since you did not actually give your daughters to them in marriage.'"

23 •So the men of Benjamin did as they were told. Each man caught one of the women as she danced in the celebration and carried her off to be his wife. They returned to their own land, and they rebuilt their towns and lived in them.

delegation [dèligéiʃən] *n.* 대표단
heir [ɛ́ər] *n.* 상속인, 후계자
21:15 feel sorry for… : …를 딱하게 여기다

21:11 The Hebrew term used here refers to the complete consecration of things or people to the LORD, either by destroying them or by giving them as an offering.

다. 그리고 그들은 하나님께서 그들에게 주신 땅으로 돌아갔습니다. 그들은 다시 성을 짓고, 그곳에서 살았습니다.

24 그런 후에 이스라엘 사람들도 각기 자기 지파와 가족들이 있는, 하나님께서 주신 땅으로 돌아갔습니다.

25 그때에 이스라엘 사람들에게는 왕이 없었습니다. 그래서 사람들마다 자기가 하고 싶은 대로 했습니다.

24 • Then the people of Israel departed by tribes and families, and they returned to their own homes.

25 • In those days Israel had no king; all the people did whatever seemed right in their own eyes.

---

depart [dipá:rt] *vi.* 떠나다
return [ritá:rn] *vi.* 돌아가다
tribe [tráib] *n.* 지파

룻기

● 서론

✢ 저자 _ 미상
✢ 저작 연대 _ B.C. 1011~931년 사이(확실치 않음)
✢ 기록 대상 _ 이스라엘 백성
✢ 핵심어 및 내용 _ 핵심어는 '기업 무를 자', '조상' 등이다. 보아스는 나오미의 친척으로서 나오미의 기업에 대한 권리를 회복시켜 주기 위해 기꺼이 나오미의 며느리인 모압 여자 룻과 결혼하여 가계를 이어 주었다. 그리하여 룻은 다윗의 족보에 들어가고 보아스와 룻은 다윗의 증조부와 증조모가 되었다.

모압 여자 룻

1 사사들이 이스라엘을 다스리던 시대에 가뭄이 든 일이 있었습니다. 그때에 엘리멜렉이라는 사람이 아내와 두 아들을 데리고 유다 땅 베들레헴을 떠나 모압 지방으로 갔습니다.

2 그의 아내의 이름은 나오미고, 두 아들의 이름은 말론과 기룐이었습니다. 이들은 원래 유다 땅 베들레헴에서 가까운 에브랏 지방 사람이었지만, 모압으로 가서 살았습니다.

3 그 뒤에 나오미의 남편 엘리멜렉이 죽고, 나오미와 그의 두 아들만 남게 되었습니다.

4 그 두 아들은 모압 여자를 아내로 맞아들였는데, 한 여자의 이름은 오르바이고, 다른 여자의 이름은 룻이었습니다. 나오미와 그의 아들들은 모압에서 십 년쯤 살았습니다.

5 그러다 말론과 기룐마저 죽어 버리자, 나오미는 남편과 두 아들을 잃고 홀로 남게 되었습니다.

6 그러던 어느 날, 나오미는 여호와께서 자기 백성을 돌보아 유다에 풍년이 들게 하셨다는 소식을 들었습니다. 그래서 모압을 떠나 고향으로 돌아갈 준비를 했습니다. 나오미의 두 며느리도 함께 떠날 준비를 했습니다.

7 그들은 살던 곳을 떠나 유다 땅으로 가려고 길을 나섰습니다.

8 나오미가 두 며느리에게 말했습니다. "너희는 각자 너희 어머니의 집으로 돌아가거라. 너희가 나와 죽은 내 아들을 잘 보살펴 주었으니, 여호와께서 너희를 잘 돌보아 주시기를 바란다.

9 또 여호와께서 너희에게 새 남편과 새 가정을 주시기를 바란다." 이 말을 한 뒤, 나오미가 작별을 하기 위해 며느리들에게 입을 맞추자, 두 며느리는 큰 소리로 울었습니다.

10 며느리들이 나오미에게 말했습니다. "아닙니다. 우리도 어머니와 함께 어머니의 나라로 가겠습니다."

11 그러자 나오미가 말했습니다. "내 딸들아, 너희 집으로 돌아가거라. 왜 나를 따라가려고 하느냐? 내가 아

Elimelech Moves His Family to Moab

1 In the days when the judges ruled in Israel, a severe famine came upon the land. So a man from Bethlehem in Judah left his home and went to live in the country of Moab, taking his wife and two sons with him. ●The man's name was Elimelech, and his wife was Naomi. Their two sons were Mahlon and Kilion. They were Ephrathites from Bethlehem in the land of Judah. And when they reached Moab, they settled there.

3 ●Then Elimelech died, and Naomi was left with her two sons. ●The two sons married Moabite women. One married a woman named Orpah, and the other a woman named Ruth. But about ten years later, ●both Mahlon and Kilion died. This left Naomi alone, without her two sons or her husband.

Naomi and Ruth Return

6 ●Then Naomi heard in Moab that the LORD had blessed his people in Judah by giving them good crops again. So Naomi and her daughters-in-law got ready to leave Moab to return to her homeland. ●With her two daughters-in-law she set out from the place where she had been living, and they took the road that would lead them back to Judah.

8 ●But on the way, Naomi said to her two daughters-in-law, "Go back to your mothers' homes. And may the LORD reward you for your kindness to your husbands and to me. ●May the LORD bless you with the security of another marriage." Then she kissed them good-bye, and they all broke down and wept.

10 ●"No," they said. "We want to go with you to your people."

11 ●But Naomi replied, "Why should you go on with me? Can I still give birth to

---

famine [fǽmin] *n.* 기근
1:7 set out from… : …에서 출발하다

들을 더 낳아 너희에게 새 남편을 줄 수 있는 것도 아니지 않느냐?

12 너희 집으로 돌아가거라. 나는 다른 남편을 맞아들이기에는 너무 늙었다. 설령 내가 오늘 밤에 다른 남편을 맞아들여서 아들을 낳을 수 있다 해도 무슨 소용이 있겠느냐?

13 그 아이들이 클 때까지 너희가 기다릴 수 있겠느냐? 그렇게 오랜 세월을 남편 없이 지낼 수 있겠느냐? 그러지 마라. 여호와께서 나를 치셨기 때문에 내 마음이 너희로 인해 너무 아프구나."

14 그들은 다시 한 번 큰 소리로 울었습니다. 그리고 오르바는 나오미에게 입을 맞추어 작별 인사를 했습니다. 그러나 룻은 시어머니에게 매달렸습니다.

15 나오미가 말했습니다. "보아라. 네 동서는 자기 백성과 자기 신들에게로 돌아갔다. 너도 네 동서의 뒤를 따라가거라."

룻이 나오미 곁에 머물다

16 그러자 룻이 말했습니다. "저더러 어머니를 떠나라고 하거나, 어머니 뒤를 따르지 말라고 하지 마십시오. 저는 어머니가 가시는 곳에 따라가고, 어머니가 사시는 곳에서 살겠습니다. 어머니의 백성이 제 백성이고, 어머니의 하나님이 제 하나님이십니다.

17 어머니가 돌아가시는 곳에서 저도 죽어, 거기에 묻히겠습니다. 만약 제가 이 맹세를 지키지 않는다면, 여호와께서 제게 무서운 벌을 내리셔도 좋습니다. 오직 죽음만이 우리를 갈라 놓을 수 있을 것입니다."

18 나오미는 룻이 자기와 함께 가기로 굳게 마음먹은 것을 보고, 더 이상 아무 말도 하지 않았습니다.

19 나오미와 룻은 길을 떠나, 베들레헴으로 향했습니다. 그들이 베들레헴에 도착했을 때, 온 마을이 떠들썩해졌습니다. 마을 여자들이 말했습니다. "이 사람이 정말 나오미인가?"

20 그러자 나오미가 사람들에게 말했습니다. "저를 나오미*라고 부르지 마십시오. 전능하신 하나님께서 저를 슬프게 만드셨으니, 이제 저를 마라*라고 부르십시오.

21 제가 떠날 때에는 가진 것이 많았으나, 여호와께서는 저를 빈털터리로 돌아오게 하셨습니다. 여호와께서 저를 괴롭게 만드셨고, 전능하신 하나님께서 제게 큰 고통을 주셨습니다. 그런데 어떻게 저를 나오미라고 부르십니까?"

22 나오미와 그의 며느리인 모압 여자 룻은 이렇게 모압에서 돌아왔습니다. 그들이 베들레헴에 왔을 때는 보리 수확을 시작할 무렵이었습니다.

룻이 보아스를 만나다

2 베들레헴에 보아스라는 유력한 사람*이 살고 있었습니다. 보아스는 엘리멜렉 가문의 사람으로, 나오미의 가까운 친척이었습니다.

---

other sons who could grow up to be your

12 husbands? •No, my daughters, return to your parents' homes, for I am too old to marry again. And even if it were possible, and I were to get married tonight and

13 bear sons, then what? •Would you wait for them to grow up and refuse to marry someone else? No, of course not, my daughters! Things are far more bitter for me than for you, because the LORD himself has raised his fist against me."

14 •And again they wept together, and Orpah kissed her mother-in-law good-bye.

15 But Ruth clung tightly to Naomi. •"Look," Naomi said to her, "your sister-in-law has gone back to her people and to her gods. You should do the same."

16 •But Ruth replied, "Don't ask me to leave you and turn back. Wherever you go, I will go; wherever you live, I will live. Your people will be my people, and your

17 God will be my God. •Wherever you die, I will die, and there I will be buried. May the LORD punish me severely if I allow anything but death to separate us!"

18 •When Naomi saw that Ruth was determined to go with her, she said nothing more.

19 •So the two of them continued on their journey. When they came to Bethlehem, the entire town was excited by their arrival. "Is it really Naomi?" the women asked.

20 •"Don't call me Naomi," she responded. "Instead, call me Mara,* for the Almighty has made life very bitter for me.

21 •I went away full, but the LORD has brought me home empty. Why call me Naomi when the LORD has caused me to suffer* and the Almighty has sent such tragedy upon me?"

22 •So Naomi returned from Moab, accompanied by her daughter-in-law Ruth, the young Moabite woman. They arrived in Bethlehem in late spring, at the beginning of the barley harvest.

Ruth Works in Boaz's Field

2 Now there was a wealthy and influential man in Bethlehem named Boaz, who was a relative of Naomi's husband, Elimelech.

---

cling [klíŋ] vi. 매달리다
1:21 go away full : 풍족한 상태로 가다

1:20 *Naomi* means "pleasant"; *Mara* means "bitter." 1:21 Or *has testified against me.*
1:20 '나오미'는 '즐거움'이란 뜻이고, '마라'는 '괴롭다' 혹은 '쓰다'라는 뜻이다.
2:1 직역하면 '힘센 용사'라는 뜻이다.

룻

2 어느 날, 모압 여자 룻이 나오미에게 말했습니다. "밭에 나가게 해 주십시오. 혹시 친절한 사람을 만나게 되면, 그 사람이 밭에 떨어뜨린 이삭을 주워 오겠습니다." 나오미가 말했습니다. "그래, 가 보아라."

3 그래서 룻은 밭으로 나갔습니다. 그녀는 곡식을 거두는 일꾼들을 따라다니며, 그들이 남긴 이삭을 주웠습니다. 마침 그 밭은 엘리멜렉 가문의 사람인 보아스의 밭이었습니다.

4 보아스가 베들레헴에서 와서 일꾼들에게 인사하고 있었습니다. "여호와께서 그대들과 함께 계시기를 비네!" 일꾼들도 인사했습니다. "여호와께서 주인님께 복 주시기를 빕니다!"

5 보아스가 일꾼들을 감독하는 자기 종에게 물었습니다. "저 여자는 어느 집 여자인가?"

6 그 종이 대답했습니다. "저 여자는 나오미와 함께 모압 지방에서 온 모압 여자입니다.

7 일꾼들 뒤를 따라다니며 땅에 떨어진 이삭을 줍도록 해 달라고 했습니다. 그녀는 잠시 오두막에서 쉰 것 말고는 아침부터 지금까지 계속 이삭을 줍고 있습니다."

8 보아스가 룻에게 말했습니다. "여인이여, 나의 말을 잘 들으시오. 이삭을 줍기 위해 다른 밭으로 가지 말고 여기에서 주우시오. 내 일꾼들 뒤만 따라다니시오.

9 그들이 가는 밭을 잘 보고 그 뒤를 따라가시오. 나의 일꾼들에게 당신을 건드리지 말라고 일러두었소. 목이 마르거든 물항아리 있는 곳으로 가서 일꾼들이 길어 온 물을 마시도록 하시오."

10 그러자 룻이 얼굴을 땅에 대고 절하며 보아스에게 말했습니다. "저는 이방 사람인데 어떻게 저 같은 사람에게 이런 은혜를 베푸시고 돌보아 주십니까?"

11 보아스가 대답했습니다. "나는 당신 남편이 죽은 뒤에 당신이 시어머니에게 한 일을 들었소. 또 당신이 당신 부모와 당신 나라를 떠나, 아는 사람 하나 없는 이 나라로 온 것도 다 알고 있소.

12 여호와께서 당신이 한 일을 갚아 주실 것이오. 작은 새가 자기 어미 날개 아래로 피하듯이 당신이 여호와께 왔으니, 이스라엘의 주 하나님께서 당신에게 넉넉히 갚아 주실 것이오."

13 그러자 룻이 말했습니다. "나의 주여! 당신께 은총을 입기 바랍니다. 저는 당신 종들 중의 하나와 같습니다. 그런데도 당신은 이렇게 종의 마음을 위로하는 말씀을 해 주셨습니다."

14 식사할 시간이 되자, 보아스가 룻에게 말했습니다. "이리로 오시오. 같이 먹읍시다. 자, 빵을 이 초에 찍

2 •One day Ruth the Moabite said to Naomi, "Let me go out into the harvest fields to pick up the stalks of grain left behind by anyone who is kind enough to let me do it."

Naomi replied, "All right, my daughter, go ahead." •So Ruth went out to gather 3 grain behind the harvesters. And as it happened, she found herself working in a field that belonged to Boaz, the relative of her father-in-law, Elimelech.

4 •While she was there, Boaz arrived from Bethlehem and greeted the harvesters. "The LORD be with you!" he said.

"The LORD bless you!" the harvesters replied.

5 •Then Boaz asked his foreman, "Who is that young woman over there? Who does she belong to?"

6 •And the foreman replied, "She is the young woman from Moab who came back with Naomi. •She asked me this morning if 7 she could gather grain behind the harvesters. She has been hard at work ever since, except for a few minutes' rest in the shelter."

8 •Boaz went over and said to Ruth, "Listen, my daughter. Stay right here with us when you gather grain; don't go to any other fields. Stay right behind the young women working in my field. •See which 9 part of the field they are harvesting, and then follow them. I have warned the young men not to treat you roughly. And when you are thirsty, help yourself to the water they have drawn from the well."

10 •Ruth fell at his feet and thanked him warmly. "What have I done to deserve such kindness?" she asked. "I am only a foreigner."

11 •"Yes, I know," Boaz replied. "But I also know about everything you have done for your mother-in-law since the death of your husband. I have heard how you left your father and mother and your own land to 12 live here among complete strangers. •May the LORD, the God of Israel, under whose wings you have come to take refuge, reward you fully for what you have done."

13 •"I hope I continue to please you, sir," she replied. "You have comforted me by speaking so kindly to me, even though I am not one of your workers."

14 •At mealtime Boaz called to her, "Come over here, and help yourself to some food. You can dip your bread in the sour wine." So she sat with his harvesters, and Boaz gave her some roasted grain to eat. She ate all she

comfort [kʌ́mfərt] *vt.* 위로하다
deserve [dizə́ːrv] *vt.* …의 값을 받을 만하다
foreman [fɔ́ːrmən] *n.* 현장 주임
sheaf [ʃiːf] *n.* (pl. sheaves) (곡물의) 단, 다발
winnow [winou] *vt.* (낟알, 겨 등을) 까부르다

어 드시오." 룻이 일꾼들 옆에 앉자, 보아스가 룻에게 볶은 곡식을 주었는데, 룻이 배불리 먹고도 남을 정도로 많았습니다.

15 룻이 이삭을 주우려고 일어나자, 보아스가 일꾼들에게 말했습니다. "저 여자가 곡식단 사이에서도 이삭을 주울 수 있도록 내버려 두고, 쫓아내지 마라.

16 또 단에서 이삭을 조금씩 떨어뜨려서 저 여자가 주울 수 있게 하고, 여자를 꾸짖지 마라."

17 룻은 저녁까지 그 밭에서 이삭을 주웠습니다. 주운 이삭을 떨었더니 보리가 한 에바*쯤 나왔습니다.

18 룻은 그것을 가지고 마을로 돌아갔습니다. 룻은 시어머니에게 모은 것과 함께 자기가 배불리 먹고 남은 음식도 꺼내서 드렸습니다.

19 나오미가 룻에게 물었습니다. "오늘 어디서 이삭을 주웠느냐? 어디서 일했느냐? 너를 이렇게 생각해 준 사람에게 복이 있기를 빈다." 그러자 룻이 대답했습니다. "제가 오늘 일한 밭의 주인은 보아스라고 합니다."

20 나오미가 며느리에게 말했습니다. "여호와께서 그 사람에게 복 주시기를 빈다. 여호와께서는 산 사람이나 죽은 사람 모두에게 자비를 베푸시는구나. 보아스는 우리의 가까운 친척이란다. 우리 가족의 땅을 사서 되돌려 줄 수 있는 사람이지."

21 룻이 말했습니다. "보아스는 저에게 자기 일꾼들 가까이에서 계속 일하라고 했습니다. 수확이 끝날 때까지 그렇게 하라고 했습니다."

22 나오미가 며느리 룻에게 말했습니다. "그 사람의 여종들 가까이에서 일하는 것이 좋겠다. 네가 다른 밭에서 희롱을 당하지 않아도 되니 말이다."

23 룻은 보아스의 일꾼들 가까이에서 이삭을 주우며 시어머니를 모시고 살았습니다.

나오미의 계획

3 시어머니 나오미가 룻에게 말했습니다. "얘야, 너에게 알맞은 가정을 찾아봐야겠다. 너도 행복하게 살아야지.

2 네가 함께 일하고 있는 일꾼들의 주인인 보아스는 우리의 가까운 친척이란다. 그가 오늘 밤에 타작 마당에서 일할 것이다.

3 너는 가서 목욕을 하고 몸에 향수를 발라라. 그리고 옷을 갈아입고 타작 마당으로 내려가거라. 그 사람이 먹고 마시기를 끝낼 때까지 그의 눈에 띄지 않도록 주의해야 한다.

4 그가 잠자리에 들면 그가 누운 자리를 눈여겨 보아 두었다가 그리로 가서, 그의 발치 이불을 들고 들어가서 누워라. 그러면 그가 네가 할 일을 일러

---

wanted and still had some left over.

15 •When Ruth went back to work again, Boaz ordered his young men, "Let her gather grain right among the sheaves without stopping her. •And pull out some heads of barley

16 from the bundles and drop them on purpose for her. Let her pick them up, and don't give her a hard time!"

17 •So Ruth gathered barley there all day, and when she beat out the grain that evening, it

18 filled an entire basket.* •She carried it back into town and showed it to her mother-in-law. Ruth also gave her the roasted grain that was left over from her meal.

19 •"Where did you gather all this grain today?" Naomi asked. "Where did you work? May the LORD bless the one who helped you!"

So Ruth told her mother-in-law about the man in whose field she had worked. She said, "The man I worked with today is named Boaz."

20 •"May the LORD bless him!" Naomi told her daughter-in-law. "He is showing his kindness to us as well as to your dead husband.* That man is one of our closest relatives, one of our family redeemers."

21 •Then Ruth* said, "What's more, Boaz even told me to come back and stay with his harvesters until the entire harvest is completed."

22 •"Good!" Naomi exclaimed. "Do as he said, my daughter. Stay with his young women right through the whole harvest. You might be harassed in other fields, but you'll be safe with him."

23 •So Ruth worked alongside the women in Boaz's fields and gathered grain with them until the end of the barley harvest. Then she continued working with them through the wheat harvest in early summer. And all the while she lived with her mother-in-law.

Ruth at the Threshing Floor

3 One day Naomi said to Ruth, "My daughter, it's time that I found a permanent home for you, so that you will be provided for.

2 •Boaz is a close relative of ours, and he's been very kind by letting you gather grain with his young women. Tonight he will be winnowing

3 barley at the threshing floor. •Now do as I tell you—take a bath and put on perfume and dress in your nicest clothes. Then go to the threshing floor, but don't let Boaz see you until

4 he has finished eating and drinking. •Be sure to notice where he lies down; then go and uncover his feet and lie down there. He will tell you what to do."

2:17 Hebrew *it was about an ephah* [20 quarts or 22 liters].　　2:20 Hebrew *to the living and to the dead.*　　2:21 Hebrew *Ruth the Moabite.*

2:17 1에바는 약 22ℓ에 해당된다.

줄 것이다."

5 룻이 대답했습니다. "어머님이 말씀하신 대로 하겠습니다."

6 룻은 타작 마당으로 내려가서 시어머니가 일러 준 대로 했습니다.

7 먹고 마시기를 마친 보아스는 기분이 좋아서 곡식 더미 곁에 누웠습니다. 그러자 룻이 조용히 그에게 다가가 이불을 들고 그의 발치에 누웠습니다.

8 한밤중에 돌아눕던 보아스는 자기 발치에 어떤 여자가 누워 있는 것을 보고 깜짝 놀랐습니다.

9 보아스가 "누구시오?" 하고 물었습니다. 룻이 대답했습니다. "저는 어른의 종, 룻입니다. 어른의 이불로 제 몸을 덮어 주십시오. 주인님은 저희 가족의 땅을 사서 돌려 주실 분입니다."

10 보아스가 말했습니다. "여호와께서 당신에게 복 주시기를 바라오. 이번에 보여 준 당신의 성실함은 당신이 지금까지 보여 준 것보다 더 크오. 당신은 가난하든지 부유하든지 젊은 남자를 찾아갈 수도 있었는데 그러지 않았소.

11 이제는 걱정하지 마시오. 당신이 바라는 것을 다 해 주겠소. 당신이 착한 여자라는 것은 우리 마을 사람들이 다 알고 있소.

12 또한 내가 당신 가족의 땅을 사서 돌려주어야 할 당신의 친척이라는 것도 사실이오. 하지만 당신은 나보다 더 가까운 친척이 있소.

13 오늘 밤은 여기서 지내시오. 아침이 되면 그 사람이 당신 가족의 땅을 사서 돌려줄 뜻이 있는지 알아보겠소. 만약 그가 책임을 진다면 그 사람 뜻에 따르겠소. 하지만 그가 당신 가족의 땅을 사서 돌려줄 뜻이 없다면, 내가 그 일을 하겠소. 살아 계신 여호와를 두고 맹세하오. 그러니 아침까지 여기에 누워 있으시오."

14 그리하여 룻은 새벽녘까지 그의 발치에 누워 있다가, 아직 어두워서 서로의 얼굴을 알아보기 힘든 때에 일어났습니다. 보아스가 종들에게 말했습니다. "이 여자가 여기 타작 마당에 와 있었다는 것을 아무에게도 알리지 마라."

15 그런 뒤에 보아스가 룻에게 말했습니다. "당신이 입고 있는 겉옷을 가져와서 펼치시오." 룻이 겉옷을 펼치자, 보아스가 거기에 보리 여섯 되를 담아서 룻에게 주었습니다. 룻은 성으로 들어갔습니다.

16 룻이 돌아오자, 시어머니가 물었습니다. "얘야, 어떻게 되었느냐?" 룻은 보아스가 한 일 모두를 시어머니에게 자세히 말했습니다.

17 "어머니께 빈 손으로 돌아가면 안 된다고 하면서, 이렇게 보리 여섯 되를 담아 주었습니다."

18 나오미가 말했습니다. "얘야, 일이 어떻게 될지 기

5 • "I will do everything you say," Ruth replied. 6 • So she went down to the threshing floor that night and followed the instructions of her mother-in-law.

7 • After Boaz had finished eating and drinking and was in good spirits, he lay down at the far end of the pile of grain and went to sleep. Then Ruth came quietly, 8 uncovered his feet, and lay down. • Around midnight Boaz suddenly woke up and turned over. He was surprised to find a woman lying at his feet! 9 • "Who are you?" he asked.

"I am your servant Ruth," she replied. "Spread the corner of your covering over me, for you are my family redeemer."

10 • "The LORD bless you, my daughter!" Boaz exclaimed. "You are showing even more family loyalty now than you did before, for you have not gone after a younger man, whether rich or poor. 11 • Now don't worry about a thing, my daughter. I will do what is necessary, for everyone in town knows you are a virtuous woman. 12 • But while it's true that I am one of your family redeemers, there is another man who is more closely related to you than I am. 13 • Stay here tonight, and in the morning I will talk to him. If he is willing to redeem you, very well. Let him marry you. But if he is not willing, then as surely as the LORD lives, I will redeem you myself! Now lie down here until morning."

14 • So Ruth lay at Boaz's feet until the morning, but she got up before it was light enough for people to recognize each other. For Boaz had said, "No one must know that a woman was here at the threshing floor."

15 • Then Boaz said to her, "Bring your cloak and spread it out." He measured six scoops* of barley into the cloak and placed it on her back. Then he* returned to the town.

16 • When Ruth went back to her mother-in-law, Naomi asked, "What happened, my daughter?"

Ruth told Naomi everything Boaz had done for her, 17 • and she added, "He gave me these six scoops of barley and said, 'Don't go back to your mother-in-law empty-handed.'"

18 • Then Naomi said to her, "Just be patient, my daughter, until we hear what happens. The man won't rest until he has settled things today."

virtuous [və́ːrtʃuəs] *a.* 정숙한, 덕 있는
3:7 be in good spirits : 기분이 좋다

3:15a Hebrew *six measures*, an unknown quantity. 3:15b Most Hebrew manuscripts read *he*; many Hebrew manuscripts, Syriac version, and Latin Vulgate read *she*.

다려 보자꾸나. 보아스는 가만히 있지 않을 거야. 그는 오늘 안으로 이 일을 결정할 거다."

보아스가 룻과 결혼하다

4 보아스가 성문에 올라가 앉아 있었습니다. 드디어 그가 말한 가까운 친척이 지나갔습니다. 보아스가 그를 불렀습니다. "여보시오, 이리 좀 와서 앉아 보시오." 그러자 그 사람이 와서 앉았습니다.

2 또 보아스는 성에 있는 장로 열 명을 불러 그 자리에 함께 앉도록 하였습니다.

3 보아스가 가까운 친척에게 말했습니다. "우리의 형제 엘리멜렉이 살아 있을 때에 그는 땅을 가지고 있었소. 이제 모압 지방에서 돌아온 나오미에게 그 소유의 권한이 있소.

4 그래서 당신에게 이 말을 해야겠소. 여기에 앉아 있는 내 백성의 장로들을 앞에서 내게 말해 주시오. 그 땅을 사시오. 그 땅을 사들여 나오미에게 돌려 줄 수 있는 첫 번째 사람은 당신이고, 그 다음이 나요. 당신이 사지 않겠다면, 내가 사서 돌려주겠소." 그러자 그 친척이 말했습니다. "내가 그 땅을 사서 돌려주겠소."

5 보아스가 말했습니다. "당신이 나오미의 땅을 사겠다면 죽은 사람의 아내인 모압 여자 룻을 아내로 맞아들여야 하오. 그렇게 해야 그 땅이 죽은 사람 집안의 땅으로 남게 되오."

6 그러자 그 친척이 대답했습니다. "그렇다면 그 땅을 사서 돌려 줄 수 없소. 그렇게 했다가는 내 재산만 손해볼까 염려되오. 나는 그 땅을 사서 돌려주지 못하겠으니, 당신이 그 일을 하도록 하시오."

7 옛날부터 이스라엘에서는 사람들이 물건을 바꾸거나 새로 살 때에 한 사람이 자기 신을 벗어서 다른 사람에게 주는 관습이 있었는데, 그것으로 물건을 사고 파는 증거를 삼았습니다.

8 그 친척이 보아스에게 "당신이 그 땅을 사시오" 하면서 자기 신을 벗었습니다.

9 그러자 보아스가 장로들과 모든 마을 사람들에게 말했습니다. "여러분은 오늘 내가 나오미의 땅을 사는 일의 증인입니다. 나는 엘리멜렉과 기론과 말론에게 속했던 모든 것을 사겠습니다.

10 그리고 말론의 아내였던 모압 여자 룻도 내 아내로 맞아들이겠습니다. 그렇게 되면 룻의 죽은 남편의 재산이 그의 집안에 그대로 남아 있을 것입니다. 그리고 그의 이름이 그의 집안에서나 그의 땅에서 영원히 끊기지 않을 것입니다. 여러분은 오늘 이 일의 증인입니다."

11 그러자 성문 곁에 있던 사람들과 장로들이 말했습니다. "우리가 증인입니다. 여호와께서 당신의 집으로 들어가는 이 여자에게 많은 자녀를 낳게 하여,

---

Boaz Marries Ruth

4 Boaz went to the town gate and took a seat there. Just then the family redeemer he had mentioned came by, so Boaz called out to him, "Come over here and sit down, friend. I want to talk to you." So they sat down together. ●Then Boaz called ten leaders from the town and asked them to sit as witnesses. ●And Boaz said to the family redeemer, "You know Naomi, who came back from Moab. She is selling the land that belonged to our relative Elimelech. ●I thought I should speak to you about it so that you can redeem it if you wish. If you want the land, then buy it here in the presence of these witnesses. But if you don't want it, let me know right away, because I am next in line to redeem it after you."

The man replied, "All right, I'll redeem it."

5 ●Then Boaz told him, "Of course, your purchase of the land from Naomi also requires that you marry Ruth, the Moabite widow. That way she can have children who will carry on her husband's name and keep the land in the family."

6 ●"Then I can't redeem it," the family redeemer replied, "because this might endanger my own estate. You redeem the land; I cannot do it."

7 ●Now in those days it was the custom in Israel for anyone transferring a right of purchase to remove his sandal and hand it to the other party. This publicly validated the transaction. ●So the other family redeemer drew off his sandal as he said to Boaz, "You buy the land."

9 ●Then Boaz said to the elders and to the crowd standing around, "You are witnesses that today I have bought from Naomi all the property of Elimelech, Kilion, and Mahlon. 10 ●And with the land I have acquired Ruth, the Moabite widow of Mahlon, to be my wife. This way she can have a son to carry on the family name of her dead husband and to inherit the family property here in his hometown. You are all witnesses today."

11 ●Then the elders and all the people standing in the gate replied, "We are witnesses! May the LORD make this woman who is coming into your home like Rachel and Leah, from whom all the nation of Israel descended! May you prosper in Ephrathah

---

endanger [indéindʒər] *vt.* 위태롭게 하다
redeem [ridí:m] *vt.* 되사다, 도로 찾다
transaction [trænsǽkʃən] *n.* 거래:(교섭 따위의) 처리
transfer [trænsfɔ́:r] *vt.* 양도하다
validate [vǽlədèit] *vt.* 정당성을 입증하다
witness [wítnis] *n.* 증인
4:8 draw off : (신을) 벗다

이스라엘 집안을 일으킨 라헬과 레아처럼 되게 해 주시기를 빕니다. 또 당신이 에브랏 지방에서 권세를 떨치고, 베들레헴에서 유명해지기를 바랍니다.

12 다말이 유다의 아들 베레스를 낳았듯이, 여호와께서 룻을 통해 당신에게 많은 자손을 주시기를 바랍니다. 그리고 당신 집안이 베레스의 집안처럼 되기를 바랍니다."

13 그래서 보아스는 룻을 아내로 맞아들였습니다. 여호와께서 룻이 임신하게 해 주셔서, 룻은 아들을 낳았습니다.

14 여자들이 나오미에게 말했습니다. "여호와를 찬양합니다. 여호와께서 오늘 당신의 가문을 이어 갈 아이를 주셨습니다. 이 아이가 이스라엘에서 유명해지기를 바랍니다.

15 이 아이는 당신에게 삶의 의미를 불어넣어 주었고, 당신이 늙었을 때 당신을 돌보아 줄 자입니다. 당신의 며느리는 당신을 많이 사랑하며, 당신에게 아들까지 낳아 주었습니다. 착한 당신의 며느리는 아들 일곱 명보다 낫습니다."

16 나오미가 그 아기를 받아 품에 안고 돌보았습니다.

17 이웃 사람들은 그 아기에게 이름을 지어 주면서 "나오미에게 아들이 태어났다"라고 말하며, 아기를 오벳이라고 불렀습니다. 그가 바로 이새의 아버지이며, 다윗의 할아버지입니다.

18 베레스의 자손은 이러합니다. 베레스는 헤스론을 낳았고

19 헤스론은 람을 낳았으며, 람은 암미나답을 낳았습니다.

20 암미나답은 나손을 낳았고, 나손은 살몬을 낳았습니다.

21 살몬은 보아스를 낳았고, 보아스는 오벳을 낳았습니다.

22 오벳은 이새를 낳았고, 이새는 다윗을 낳았습니다.

---

and be famous in Bethlehem. • And may the LORD give you descendants by this young woman who will be like those of our ancestor Perez, the son of Tamar and Judah."

The Descendants of Boaz

13 • So Boaz took Ruth into his home, and she became his wife. When he slept with her, the LORD enabled her to become pregnant, and she gave birth to a son. • Then the women of the town said to Naomi, "Praise the LORD, who has now provided a redeemer for your family! May this child be famous in Israel. • May he restore your youth and care for you in your old age. For he is the son of your daughter-in-law who loves you and has been better to you than seven sons!"

16 • Naomi took the baby and cuddled him to her breast. And she cared for him as if he were her own. • The neighbor women said, "Now at last Naomi has a son again!" And they named him Obed. He became the father of Jesse and the grandfather of David.

18 • This is the genealogical record of their ancestor Perez:

19 Perez was the father of Hezron.
19 Hezron was the father of Ram.
Ram was the father of Amminadab.
20 • Amminadab was the father of Nahshon.
Nahshon was the father of Salmon.*
21 • Salmon was the father of Boaz.
Boaz was the father of Obed.
22 • Obed was the father of Jesse.
Jesse was the father of David.

---

cuddle [kʌ́dl] vt. 꼭 껴안다
enable [inéibl] vt. …할 수 있게 하다
genealogical [dʒìːniəládʒikəl] a. 족보의, 가계를 나타내는
restore [ristɔ́ːr] vt. 회복하다
4:13 sleep with… : …와 동침하다
4:13 become pregnant : 임신하다

4:20 As in some Greek manuscripts (see also 4:21); Hebrew reads *Salma*.

사무엘상

서론

✥ 저자 _ 누가 기록했는지 알 수 없다(갓·나단의 기록 등에서 발췌하여 사무엘이 기록한 것으로 추정).
✥ 저작 연대 _ B.C. 1050~931년 사이
✥ 기록 장소 _ 이스라엘로 추정
✥ 기록 대상 _ 이스라엘 백성
✥ 핵심어 및 내용 _ 핵심어는 '시기'와 '마음'이다. 이 책은 시기심으로 가득 차 있다. 이스라엘은 이웃 나라들에 왕이 있는 것을 보고 그것을 시기하였다. 또한 사울은 다윗이 승리하는 것을 시기하였다. 하지만 하나님은 사람의 마음을 감찰하시기 때문에 인간들이 생각하는 방식대로 하나님의 사람을 선택하지는 않는다.

사무엘이 태어남

1 여로함의 아들 중에 엘가나라는 사람이 있었습니다. 엘가나는 에브라임 산지에 있는 라마다임소빔 사람이며 숩 집안 사람이었습니다. 엘가나의 아버지 여로함은 엘리후의 아들이고, 엘리후는 도후의 아들입니다. 도후는 에브라임 사람 숩의 아들입니다.

2 엘가나에게는 아내가 두 명 있었는데, 한 아내의 이름은 한나였고, 다른 아내의 이름은 브닌나였습니다. 브닌나에게는 자녀가 있었지만, 한나에게는 자녀가 없었습니다.

3 엘가나는 해마다 자기 마을 라마를 떠나 실로로 올라가서 만군의 여호와께 경배하며 제물을 바쳤습니다. 실로에서는 엘리의 아들인 홉니와 비느하스가 여호와의 제사장으로 일하고 있었습니다.

4 엘가나는 제물을 바칠 때마다 자기 아내 브닌나에게 제물의 몫을 나누어 주었습니다. 또 자기 아들과 딸들에게도 나누어 주었습니다.

5 그리고 한나에게는 언제나 더 많은 몫을 주었습니다. 왜냐하면 엘가나는 한나를 더 사랑했기 때문입니다. 그러나 여호와께서는 한나에게 자녀를 주지 않으셨습니다.

6 한나에게 자녀가 없었기 때문에 브닌나는 한나를 괴롭히고 마음을 아프게 만들었습니다.

7 이런 일은 매년 그들이 실로에 있는 여호와의 장막으로 올라갈 때마다 일어났습니다. 브닌나가 한나를 너무나 괴롭혔으므로, 한나는 울며 아무것도 먹으려 하지 않았습니다.

8 한나의 남편인 엘가나가 한나에게 말했습니다. "여보, 왜 우시오? 왜 아무것도 먹지 않으시오? 왜 슬퍼하시오? 내가 있는 것이 당신에게 열 명의 아들이 있는 것보다 더 낫지 않소?"

9 엘가나의 가족이 실로에서 식사를 한 후에 한나가 자리에서 일어났습니다. 그때, 제사장 엘리는 여호와의 성전 문 밖 가까이에 앉아 있었습니다.

10 한나는 매우 슬퍼 크게 울면서 여호와께 기도드렸

Elkanah and His Family

1 There was a man named Elkanah who lived in Ramah in the region of Zuph* in the hill country of Ephraim. He was the son of Jeroham, son of Elihu, son of Tohu, son of Zuph, of Ephraim. •Elkanah had two wives, Hannah and Peninnah. Peninnah had children, but Hannah did not.

3 •Each year Elkanah would travel to Shiloh to worship and sacrifice to the LORD of Heaven's Armies at the Tabernacle. The priests of the LORD at that time were the two sons of Eli—Hophni and Phinehas. •On the days Elkanah presented his sacrifice, he would give portions of the meat to Peninnah and each of her children. •And though he loved Hannah, he would give her only one choice portion* because the LORD had given her no children. •So Peninnah would taunt Hannah and make fun of her because the LORD had kept her from having children. •Year after year it was the same—Peninnah would taunt Hannah as they went to the Tabernacle.* Each time, Hannah would be reduced to tears and would not even eat.

8 •"Why are you crying, Hannah?" Elkanah would ask. "Why aren't you eating? Why be downhearted just because you have no children? You have me—isn't that better than having ten sons?"

Hannah's Prayer for a Son

9 •Once after a sacrificial meal at Shiloh, Hannah got up and went to pray. Eli the priest was sitting at his customary place beside the entrance of the Tabernacle.* •Hannah was in deep anguish, crying bitterly as

---

1:1 As in Greek version; Hebrew reads in Ra-mathaim-zophim; compare 1:19. 1:5 Or And because he loved Hannah, he would give her a choice portion. The meaning of the Hebrew is uncertain. 1:7 Hebrew the house of the LORD; also in 1:24. 1:9 Hebrew the Temple of the LORD.

습니다.

11 한나는 한 가지 약속을 했습니다. "만군의 여호와여, 저의 괴로움을 돌아봐 주십시오. 저를 기억해 주십시오. 저를 잊지 마십시오. 저에게 아들을 주신다면, 그 아들과 그의 전 생애를 여호와께 드리고 아무도 그의 머리에 칼을 대지 못하게 하겠습니다."

12 한나가 계속해서 기도하고 있는 동안 엘리는 한나의 입술을 지켜 보았습니다.

13 한나는 마음속으로 기도하고 있었기 때문에 입술은 움직였지만, 소리는 내지 않았습니다. 그래서 엘리는 한나가 술에 취했다고 생각했습니다.

14 엘리가 한나에게 말했습니다. "언제까지 취해 있을 작정이오. 포도주를 끊으시오."

15 한나가 대답했습니다. "아닙니다, 제사장님. 저는 포도주나 술을 마시지 않았습니다. 저는 큰 괴로움 중에 있는 여자입니다. 여호와 앞에 저의 마음을 쏟아 놓고 있었습니다.

16 저를 나쁜 여자로 생각하지 마십시오. 저는 너무나 괴롭고 슬퍼서 기도드리고 있는 중입니다."

17 엘리가 대답했습니다. "평안히 가시오. 이스라엘의 하나님께서 당신이 원하는 것을 허락해 주시기를 바라오."

18 한나가 말했습니다. "당신의 여종과 같은 저에게 자비를 베풀어 주시기를 바랍니다." 한나는 가족들이 머무르고 있는 곳으로 돌아가서 음식을 먹었습니다. 그리고 한나는 더 이상 슬퍼하지 않았습니다.

19 이튿날 아침 일찍, 엘가나의 가족은 자리에서 일어나 여호와께 예배드렸습니다. 그리고 나서 그들은 라마에 있는 집으로 돌아갔습니다. 엘가나가 자기 아내 한나와 동침하니, 여호와께서 한나를 기억해 주셨습니다.

20 드디어 한나는 임신을 하게 되었고, 아들을 낳았습니다. 한나는 '내가 여호와께 구하여 얻었다' 하여 그 아이의 이름을 사무엘이라고 지었습니다.

한나가 사무엘을 하나님께 바침

21 엘가나와 그의 온 가족은 하나님께 해마다 드리는 제사인 매년제와 약속을 지키는 제사인 서원제를 드리기 위해 실로에 갔습니다. 엘가나가 또다시 하나님의 성전이 있는 실로로 올라가려고 할 때였습니다.

22 한나는 엘가나와 함께 가지 않겠다고 했습니다. 한나가 엘가나에게 말했습니다. "이 아이가 젖을 떼면, 이 아이를 데리고 여호와를 뵈러 가겠어요. 그리고 이 아이를 영원히 그곳에 있게 하겠어요."

23 한나의 남편 엘가나가 말했습니다. "당신 생각에 좋을 대로 하시오. 아기가 젖을 뗄 때까지 집에 남아 있으시오. 여호와께서 말씀하신 대로 이루어 주시

11 she prayed to the LORD. ●And she made this vow: "O LORD of Heaven's Armies, if you will look upon my sorrow and answer my prayer and give me a son, then I will give him back to you. He will be yours for his entire lifetime, and as a sign that he has been dedicated to the LORD, his hair will never be cut.*"

12 ●As she was praying to the LORD, Eli watched her. ●Seeing her lips moving but hearing no sound, he thought she had been
13
14 drinking. ●"Must you come here drunk?" he demanded. "Throw away your wine!"

15 ●"Oh no, sir!" she replied. "I haven't been drinking wine or anything stronger. But I am very discouraged, and I was pouring out
16 my heart to the LORD. ●Don't think I am a wicked woman! For I have been praying out of great anguish and sorrow."

17 ●"In that case," Eli said, "go in peace! May the God of Israel grant the request you have asked of him."

18 ●"Oh, thank you, sir!" she exclaimed. Then she went back and began to eat again, and she was no longer sad.

Samuel's Birth and Dedication

19 ●The entire family got up early the next morning and went to worship the LORD once more. Then they returned home to Ramah. When Elkanah slept with Hannah,
20 the LORD remembered her plea, ●and in due time she gave birth to a son. She named him Samuel,* for she said, "I asked the LORD for him."

21 ●The next year Elkanah and his family went on their annual trip to offer a sacrifice
22 to the LORD and to keep his vow. ●But Hannah did not go. She told her husband, "Wait until the boy is weaned. Then I will take him to the Taber-nacle and leave him there with the LORD permanently.*"

23 ●"Whatever you think is best," Elkanah agreed. "Stay here for now, and may the LORD help you keep your promise.*" So she stayed home and nursed the boy until he was weaned.

---

anguish [ǽŋgwiʃ] *n.* 고뇌
plea [pliː] *n.* 간청
wean [wiːn] *vt.* 젖을 떼다
wicked [wíkid] *a.* 부도덕한, 행실이 고약한
1:20 in due time : (언젠가) 때가 되면, 머지않아

1:11 Some manuscripts add *He will drink neither wine nor intoxicants.*　1:20 *Samuel* sounds like the Hebrew term for "asked of God" or "heard by God."　1:22 Some manuscripts add *I will offer him as a Nazirite for all time.*　1:23 As in Dead Sea Scrolls and Greek version; Masoretic Text reads *may the LORD keep his promise.*

기를 바라오." 그리하여 한나는 집에 남아 아들이 젖을 뗄 때까지 돌보았습니다.

24 사무엘이 젖을 뗄 만큼 자라나자, 한나는 사무엘을 실로에 있는 여호와의 장막으로 데리고 갔습니다. 한나는 삼 년 된 수소와 밀가루 한 에바*와 포도주 한 가죽 부대도 함께 가지고 갔습니다. 그런데 그 아이는 아직 어렸습니다.

25 그들은 소를 잡아 제물로 바쳤습니다. 그리고 나서 한나는 사무엘을 데리고 엘리에게 나아갔습니다.

26 한나가 말했습니다. "제사장님, 맹세하건대 저는 제사장님 가까이에 서서 여호와께 기도드렸던 그 여자입니다.

27 저는 아이를 가지기 위해 기도드렸습니다. 여호와께서는 제 기도를 들어 주시고 이 아이를 저에게 주셨습니다.

28 이제 이 아이를 여호와께 다시 돌려 드립니다. 이 아이는 평생토록 여호와의 사람이 될 것입니다." 그런 뒤, 그 아이는 그곳에서 여호와께 예배드렸습니다.

한나가 감사의 노래를 부르다

2 한나가 기도했습니다. "여호와께서는 내 마음에 기쁨이 넘치게 해 주셨습니다. 나는 여호와 안에서 매우 강해졌습니다. 나는 원수들 앞에서 웃을 수 있게 되었습니다. 여호와께서 나를 도우셨으니 나는 기쁩니다.

2 여호와와 같이 거룩하신 분은 없습니다. 여호와 외에는 다른 신이 없습니다. 우리 하나님과 같이 든든한 분도 없습니다.

3 거만한 자들아! 다시는 자랑하지 마라. 너의 입에서 다시는 거만한 말을 뱉지 마라. 여호와께서는 모든 것을 아시는 하나님이시라네. 여호와께서는 너의 행동을 심판하신다.

4 용사들의 활은 부러졌도다. 넘어진 자가 힘을 얻었도다.

5 부자들은 이제 먹을 것을 위해 일해야 하고 가난한 자가 배불리 먹게 되었도다. 아기를 낳을 수 없던 여자가 지금은 일곱을 낳았고 아들을 많이 둔 여자는 슬픔에 빠져 있다.

6 여호와께서는 사람을 죽게도 하시고 살게도 하신다. 여호와께서는 사람을 죽은 자들이 있는 곳으로 내려보내기도 하시고 죽은 자들을 다시 일으키기도 하신다.

7 여호와께서는 사람을 가난하게도 하시고 부유하게도 하신다. 여호와께서는 사람을 낮추기도 하시고 높이기도 하신다.

8 여호와께서는 가난한 사람을 흙먼지에서 일으키시고 궁핍한 사람을 잿더미에서 건져 올리신다. 여

---

24 ●When the child was weaned, Hannah took him to the Tabernacle in Shiloh. They brought along a three-year-old bull* for the sacrifice and a basket* of flour and some wine. 25 ●After sacrificing the bull, they brought the boy to Eli. 26 "Sir, do you remember me?" Hannah asked. "I am the very woman who stood here several years ago 27 praying to the LORD. 28 I asked the LORD to give me this boy, and he has granted my request. ●Now I am giving him to the LORD, and he will belong to the LORD his whole life." And they* worshiped the LORD there.

Hannah's Prayer of Praise

2 Then Hannah prayed:

"My heart rejoices in the LORD!
  The LORD has made me strong.*
Now I have an answer for my enemies;
  I rejoice because you rescued me.

2 ● No one is holy like the LORD!
  There is no one besides you;
  there is no Rock like our God.

3 "Stop acting so proud and haughty!
  Don't speak with such arrogance!
For the LORD is a God who knows what you have done;
  he will judge your actions.

4 ● The bow of the mighty is now broken,
  and those who stumbled are now strong.

5 ● Those who were well fed are now starving,
  and those who were starving are now full.
The childless woman now has seven children,
  and the woman with many children wastes away.

6 ● The LORD gives both death and life;
  he brings some down to the grave* but raises others up.

7 ● The LORD makes some poor and others rich;
  he brings some down and lifts others up.

8 ● He lifts the poor from the dust
  and the needy from the garbage dump.
He sets them among princes,
  placing them in seats of honor.
For all the earth is the LORD's,

1:24a As in Dead Sea Scrolls, Greek and Syriac versions; Masoretic Text reads *three bulls*. 1:24b Hebrew *and an ephah* [20 quarts or 22 liters]. 1:28 Hebrew *he*. 2:1 Hebrew *has exalted my horn*. 2:6 Hebrew *to Sheol*.

1:24 1에바는 약 22ℓ 에 해당된다.

호와께서는 가난한 사람을 귀족들과 함께 앉게 하시고 영광의 자리를 차지하게 하신다. 여호와께서 땅에 기초를 놓으셨고 그 기초 위에 세계를 세우셨다.

9 여호와께서는 자기의 거룩한 백성을 지켜 주시며 악한 사람을 어둠 속에서 잠잠하게 하신다. 그들의 힘이 아무리 세더라도 이길 수 없을 것이다.

10 여호와께서는 자기 원수를 물리치시고 그들을 향해 벼락을 내리신다. 여호와께서 온 땅을 심판하실 것이다. 여호와께서는 자기 왕에게 힘을 주시며 자기가 기름 부어 세운 왕을 강하게 하실 것이다."

엘리의 나쁜 아들들

11 엘가나는 라마에 있는 자기 집으로 돌아갔습니다. 그러나 어린 사무엘은 그곳에 남아 제사장 엘리 밑에서 여호와를 섬겼습니다.

12 엘리의 아들들은 나쁜 사람들이었습니다. 그들은 여호와를 두려워할 줄 몰랐습니다.

13 또 그들은 제사장이 백성에게 지켜야 하는 규정도 무시했습니다. 사람들이 제물을 가져와 그 고기를 삶으면 제사장의 종은 세 갈래로 된 창을 가지고 와서,

14 냄비나 솥에 찔러 넣어 그 창에 걸려 나오는 고기를 제사장의 것으로 가져갔습니다. 이 제사장들은 제물을 바치려고 실로에 오는 모든 이스라엘 사람들을 이런 식으로 괴롭혔습니다.

15 더구나 제물로 바칠 고기의 기름을 떼어 태우기도 전에, 제물을 바치는 사람에게 종을 보내어 "제사장이 구워 먹을 고기를 주시오. 제사장은 삶은 고기를 좋아하지 않습니다. 날고기를 원합니다" 하고 말하게 합니다.

16 제물을 바치던 사람이 "보통 때처럼 기름을 먼저 태우게 내버려 두시오. 그런 다음에 당신 좋을 대로 아무거나 가지고 가시오"라고 말하면 제사장의 종은 "아니오. 지금 당장 그 고기를 주시오. 지금 주지 않으면 강제로 빼앗겠소"라고 합니다.

17 여호와께서 제사장의 종들이 매우 큰 죄를 짓고 있는 것을 보셨습니다. 그들은 여호와께 바치는 제물을 소중히 여기지 않고 함부로 다루었습니다.

사무엘이 자라남

18 그러나 사무엘은 여호와께 순종했습니다. 사무엘은 *세마포로 만든 에봇*을 입었습니다.

19 사무엘의 어머니는 제사 드리기 위해 남편과 함께 실로로 왔습니다. 사무엘의 어머니는 그때마다 자기 아들을 위해 작은 겉옷을 만들어 가지고 왔습니다.

20 엘리는 엘가나와 엘가나의 아내에게 "한나가 기도하여 얻었다가 다시 여호와께 바친 사무엘을 대신해서 여호와께서 한나에게 다른 자녀를 주시기를

and he has set the world in order.

9 • "He will protect his faithful ones, but the wicked will disappear in darkness. No one will succeed by strength alone.

10 • Those who fight against the LORD will be shattered. He thunders against them from heaven; the LORD judges throughout the earth. He gives power to his king; he increases the strength* of his anointed one."

11 •Then Elkanah returned home to Ramah without Samuel. And the boy served the LORD by assisting Eli the priest.

Eli's Wicked Sons

12 •Now the sons of Eli were scoundrels who 13 had no respect for the LORD •or for their duties as priests. Whenever anyone offered a sacrifice, Eli's sons would send over a servant with a three-pronged fork. While the meat of the sacrificed animal was still boiling, 14 •the servant would stick the fork into the pot and demand that whatever it brought up be given to Eli's sons. All the Israelites who came to worship at Shiloh were treated 15 this way. •Sometimes the servant would come even before the animal's fat had been burned on the altar. He would demand raw meat before it had been boiled so that it could be used for roasting.

16 •The man offering the sacrifice might reply, "Take as much as you want, but the fat must be burned first." Then the servant would demand, "No, give it to me now, or 17 I'll take it by force." •So the sin of these young men was very serious in the LORD's sight, for they treated the LORD's offerings with contempt.

18 •But Samuel, though he was only a boy, served the LORD. He wore a linen garment 19 like that of a priest.* •Each year his mother made a small coat for him and brought it to 20 him when she came with her husband for the sacrifice. •Before they returned home, Eli would bless Elkanah and his wife and say, "May the LORD give you other children to take the place of this one she gave to the

contempt [kəntémpt] *n.* 경멸, 수치, 모욕
garment [gάːrmənt] *n.* 의복
roast [roust] *vi.* 고기를 굽다, 구워지다
scoundrel [skáundrəl] *n.* 불량자, 악당
shatter [ʃǽtər] *vt.* 산산이 부수다, 파괴하다
2:13 a three-pronged fork : 삼지창

2:10 Hebrew *he exalts the horn.* 2:18 Hebrew *He wore a linen ephod.*

바라오" 하고 축복해 주었습니다. 그리고 엘가나와 한나는 집으로 돌아갔습니다.

21 여호와께서는 한나를 도와 주셨습니다. 한나가 아이를 낳게 해 주셨습니다. 한나는 세 아들과 두 딸의 어머니가 되었습니다. 그리고 어린 사무엘은 자라면서 여호와를 섬겼습니다.

22 엘리는 나이가 매우 많았습니다. 엘리는 자기 아들들이 이스라엘 사람에게 하는 나쁜 일들을 다 들었습니다. 또 자기 아들들이 회막 앞에서 예배드리고 있는 여자들과 잠자리를 함께 한다는 이야기도 들었습니다.

23 엘리가 자기 아들들에게 말했습니다. "어찌하여 너희가 이런 나쁜 일들을 하느냐? 내가 너희들이 한 모든 일들을 이 백성들을 통해 다 듣고 있다.

24 얘들아, 그러면 안 된다. 너희들에 대한 소문이 좋지 않다. 너희가 이 백성에게 죄를 짓게 만드는구나.

25 다른 사람에게 죄를 지으면 하나님께서 도와 주실 수 있으나, 여호와께 죄를 지으면 누가 구해 줄 수 있겠느냐?" 그러나 엘리의 아들들은 아버지의 말을 들으려 하지 않았습니다. 그것은 이미 여호와께서 그들을 죽이려고 결심하셨기 때문입니다.

26 어린 사무엘은 점점 자라 갔습니다. 그러면서 사무엘은 하나님과 백성을 기쁘게 했습니다.

27 하나님의 사람이 엘리에게 와서 말했습니다. "여호와께서 말씀하셨다. '나는 너희 조상 집안이 이집트의 파라오에게 노예로 있을 때, 그들에게 나타났었다.

28 나는 그들을 이스라엘 모든 지파에서 뽑아 내 제사장이 되게 하였다. 나는 그들에게 내 제단으로 올라가 향을 피우고 에봇을 입게 하였다. 또 나는 이스라엘 사람들이 바치는 제물 중에서 얼마를 너희 조상의 집안이 가질 수 있게 해 주었다.

29 그런데 너희는 왜 여호와께 바치는 제물과 성물을 더럽히느냐? 너는 나보다 네 아들들을 더 귀하게 여기고, 이스라엘 사람들이 나에게 바치는 고기 중에서 제일 좋은 부분을 먹어 살이 쪘도다.'"

30 "이스라엘의 하나님 여호와께서 말씀하신다. '나는 전에 너와 네 조상의 집안이 영원토록 나를 섬기는 일을 맡을 것이라고 약속했었다.' 그러나 지금은 여호와께서 이렇게 말씀하신다. '결단코 그렇게 하지 않겠다. 나는 나를 소중히 여기는 사람을 소중히 여길 것이고, 나를 소중히 여기지 않는 사람은 나도 소중히 여기지 않을 것이다.

31 이제 너와 너의 조상의 자손들을 멸망시킬 때가 되었다. 너의 집안에는 오래 사는 노인이 없을 것이다.

32 너는 내 집에서 괴로움을 겪게 될 것이다. 이스라엘에는 좋은 일들이 있게 될 것이나, 너의 집안에는

---

21 LORD.*" •And the LORD blessed Hannah, and she conceived and gave birth to three sons and two daughters. Meanwhile, Samuel grew up in the presence of the LORD.

22 •Now Eli was very old, but he was aware of what his sons were doing to the people of Israel. He knew, for instance, that his sons were seducing the young women who assist-
23 ed at the entrance of the Tabernacle.* •Eli said to them, "I have been hearing reports from all the people about the wicked things you are doing. Why do you keep sinning?
24 •You must stop, my sons! The reports I hear
25 among the LORD's people are not good. •If someone sins against another person, God* can mediate for the guilty party. But if someone sins against the LORD, who can intercede?" But Eli's sons wouldn't listen to their father, for the LORD was already planning to put them to death.

26 •Meanwhile, the boy Samuel grew taller and grew in favor with the LORD and with the people.

A Warning for Eli's Family

27 •One day a man of God came to Eli and gave him this message from the LORD: "I revealed myself* to your ancestors when
28 they were Pharaoh's slaves in Egypt. •I chose your ancestor Aaron* from among all the tribes of Israel to be my priest, to offer sacrifices on my altar, to burn incense, and to wear the priestly vest* as he served me. And I assigned the sacrificial offerings to you
29 priests. •So why do you scorn my sacrifices and offerings? Why do you give your sons more honor than you give me—for you and they have become fat from the best offerings of my people Israel!

30 •"Therefore, the LORD, the God of Israel, says: I promised that your branch of the tribe of Levi* would always be my priests. But I will honor those who honor me, and I will
31 despise those who think lightly of me. •The time is coming when I will put an end to your family, so it will no longer serve as my priests. All the members of your family will
32 die before their time. None will reach old age. •You will watch with envy as I pour

---

scorn [skɔ:rn] *vt.* 멸시하다

삼상

노인이 한 사람도 없게 될 것이다.

33 나는 한 사람을 남겨 놓아 내 제단에서 제사장으로 일하게 할 것이다. 그러나 그 사람은 너의 눈을 멀게 하고 너의 가슴을 아프게 할 것이다. 네 집의 사람들은 젊어서 죽을 것이다.

34 내가 너에게 겉으로 드러나는 표시 한 가지를 보여 주겠다. 네 두 아들 홉니와 비느하스는 같은 날에 죽을 것인데, 네가 이것을 보고 나서야 내 말을 믿게 될 것이다.

35 나는 나를 위해 일할 충성스런 제사장을 뽑을 것이다. 그 사람은 내 말을 잘 듣고 내가 원하는 일을 할 것이다. 나는 그의 집안을 강하게 만들겠다. 그는 언제나 내가 기름 부은 왕 앞에서 제사장으로 일할 것이다.

36 그때에 너의 집안에 남아 있는 모든 사람이 그에게 와서 그 앞에 절하며 그에게 돈이나 먹을 것을 구걸할 것이다. 그들은 자신들이 먹고 살 수 있게 제사장으로 써 달라고 말할 것이다.'"

하나님이 사무엘을 부르심

3 어린 사무엘은 엘리 밑에서 여호와를 섬겼습니다. 그때에는 여호와께서 사람들에게 직접 말씀하시는 일이 거의 없었습니다. 그리고 사람들이 환상을 보는 일도 거의 없었습니다.

2 엘리는 눈이 어두워져 거의 보지 못하는 사람처럼 되었습니다. 어느 날 밤, 엘리가 자기 방에 누워 있었습니다.

3 사무엘도 여호와의 성막 안에 있는 자기 자리에 누워 있었습니다. 하나님의 궤는 성막 안에 있었습니다. 하나님의 등불은 아직 꺼지지 않았습니다.

4 그때에 여호와께서 사무엘을 부르셨습니다. 사무엘이 "제가 여기 있습니다" 하고 대답했습니다.

5 사무엘이 엘리에게 달려가 말했습니다. "제가 여기 있습니다. 저를 부르셨습니까?" 엘리가 대답했습니다. "나는 너를 부르지 않았다. 돌아가 자라." 그래서 사무엘은 자기 자리로 돌아가 누웠습니다.

6 여호와께서 다시 "사무엘아!" 하고 부르셨습니다. 사무엘은 다시 엘리에게 가서 말했습니다. "제가 여기 있습니다. 저를 부르셨습니까?" 엘리가 대답했습니다. "나는 너를 부르지 않았다. 돌아가 자라."

7 사무엘은 아직 여호와를 알지 못했습니다. 여호와께서 사무엘에게 직접 말씀하신 적이 없었습니다.

8 여호와께서 사무엘을 세 번째 부르셨습니다. 사무엘은 일어나 엘리에게 가서 말했습니다. "제가 여기 있습니다. 저를 부르셨습니까?" 그때에야 엘리는 여호와께서 어린 사무엘을 부르셨다는 것을 깨달았습니다.

9 그래서 엘리는 사무엘에게 말해 주었습니다. "잠자리로 돌아가거라. 다시 너를 부르는 소리가 나면 '여호와여, 말씀하십시오. 저는 주님의 종입니다. 제가 듣겠습니다' 라고 말하여라." 그래서 사무엘은 다시 가서 잠자리에 누웠습니다.

out prosperity on the people of Israel. But no members of your family will ever live

33 out their days. ●The few not cut off from serving at my altar will survive, but only so their eyes can go blind and their hearts break, and their children will die a violent

34 death.* ●And to prove that what I have said will come true, I will cause your two sons, Hophni and Phinehas, to die on the same day!

35 ●"Then I will raise up a faithful priest who will serve me and do what I desire. I will establish his family, and they will be priests to my anointed kings forever.

36 ●Then all of your surviving family will bow before him, begging for money and food. 'Please,' they will say, 'give us jobs among the priests so we will have enough to eat.'"

The LORD Speaks to Samuel

3 Meanwhile, the boy Samuel served the LORD by assisting Eli. Now in those days messages from the LORD were very rare, and visions were quite uncommon.

2 ●One night Eli, who was almost blind

3 by now, had gone to bed. ●The lamp of God had not yet gone out, and Samuel was sleeping in the Tabernacle* near the

4 Ark of God. ●Suddenly the LORD called out, "Samuel!"

5 "Yes?" Samuel replied. "What is it?" ●He got up and ran to Eli. "Here I am. Did you call me?"

"I didn't call you," Eli replied. "Go back to bed." So he did.

6 ●Then the LORD called out again, "Samuel!"

Again Samuel got up and went to Eli. "Here I am. Did you call me?"

"I didn't call you, my son," Eli said. "Go back to bed."

7 ●Samuel did not yet know the LORD because he had never had a message from

8 the LORD before. ●So the LORD called a third time, and once more Samuel got up and went to Eli. "Here I am. Did you call me?"

Then Eli realized it was the LORD who

9 was calling the boy. ●So he said to Samuel, "Go and lie down again, and if someone calls again, say, 'Speak, LORD, your servant is listening.'" So Samuel went back to bed.

2:32 live out : 삶을 이어가다
2:33 die a violent death : 횡사하다

2:33 As in Dead Sea Scrolls and Greek version, which read die by the sword; Masoretic Text reads die like mortals. 3:3 Hebrew the Temple of the LORD.

10 여호와께서 그곳에 서 계셨습니다. 여호와께서는 그 전처럼 "사무엘아, 사무엘아" 하고 부르셨습니다. 사무엘이 대답했습니다. "여호와여, 말씀하십시오. 저는 주님의 종입니다. 제가 듣겠습니다."

11 여호와께서 사무엘에게 말씀하셨습니다. "내가 이스라엘에 어떤 일을 하려고 한다. 그 일을 듣는 사람은 깜짝 놀라게 될 것이다.

12 그날에 내가 엘리와 그의 집안에게 말했던 일을 다 이룰 것이다. 하나도 빠짐없이 이룰 것이다.

13 엘리는 자기 아들들이 나쁘다는 것을 알았다. 또 자기의 아들들이 나를 배반한 것도 알았다. 그러나 엘리는 그들을 말리지 않았다. 그래서 나는 엘리의 가족을 영원토록 벌주겠다고 말했다.

14 그래서 나는 엘리의 가족에게 이렇게 맹세했다. '엘리 가족의 죄는 제물이나 예물로도 절대로 용서받지 못할 것이다.'"

15 사무엘은 아침까지 누워 있다가 여호와의 집 문을 열었습니다. 사무엘은 자기가 본 환상을 엘리에게 말하기가 두려웠습니다.

16 엘리가 사무엘을 불렀습니다. "내 아들 사무엘아!" 사무엘이 대답했습니다. "예, 제가 여기에 있습니다."

17 엘리가 물었습니다. "여호와께서 너에게 무슨 말씀을 하셨느냐? 숨기지 말고 말하여라. 하나님께서 말씀하신 것을 조금이라도 숨기면, 하나님이 네게 큰 벌을 내리실 것이다."

18 그래서 사무엘은 엘리에게 모든 것을 말해 주었습니다. 사무엘은 조금도 숨기지 않았습니다. 그러자 엘리가 말하였습니다. "그분은 여호와시다. 여호와께서는 스스로 생각하셔서 옳은 대로 하실 것이다."

19 사무엘은 점점 자라났습니다. 여호와께서는 사무엘과 함께하셨고, 사무엘에게 말한 것을 다 이루어 주셨습니다.

20 단에서 브엘세바에 이르는 모든 이스라엘 사람들은 사무엘이 여호와의 예언자라는 것을 알았습니다.

21 여호와께서는 실로에서 다시 사무엘에게 나타나셔서 말씀을 통해 여호와의 뜻을 알려 주셨습니다.

블레셋 사람들이 언약궤를 빼앗음

4 사무엘에 대한 소식이 온 이스라엘에 퍼졌습니다. 그때에 이스라엘 사람들이 블레셋 사람들과 싸우러 나갔습니다. 이스라엘 사람들은 에벤에셀에 진을 쳤고, 블레셋 사람들은 아벡에 진을 쳤습니다.

2 블레셋 사람들은 대형을 갖추어 이스라엘 사람들과 싸울 준비를 했습니다. 싸움이 시작되자, 블레셋 사람들이 이스라엘 사람들을 물리쳐 이겼습니다. 블레셋 사람들은 이스라엘 군인 사천 명 가량을 죽였습니다.

3 그러자 나머지 이스라엘 군인들이 자기들 진으로 돌아갔습니다. 이스라엘의 장로들이 말했습니다. "어찌

10 •And the LORD came and called as before, "Samuel! Samuel!"

And Samuel replied, "Speak, your servant is listening."

11 •Then the LORD said to Samuel, "I am
12 about to do a shocking thing in Israel. •I am going to carry out all my threats against Eli and his family, from beginning
13 to end. •I have warned him that judgment is coming upon his family forever, because his sons are blaspheming God*
14 and he hasn't disciplined them. •So I have vowed that the sins of Eli and his sons will never be forgiven by sacrifices or offerings."

Samuel Speaks for the LORD

15 •Samuel stayed in bed until morning, then got up and opened the doors of the Tabernacle* as usual. He was afraid to tell
16 Eli what the LORD had said to him. •But Eli called out to him, "Samuel, my son."

"Here I am," Samuel replied.

17 •"What did the LORD say to you? Tell me everything. And may God strike you and even kill you if you hide anything
18 from me!" •So Samuel told Eli everything; he didn't hold anything back. "It is the LORD's will," Eli replied. "Let him do what he thinks best."

19 •As Samuel grew up, the LORD was with him, and everything Samuel said
20 proved to be reliable. •And all Israel, from Dan in the north to Beersheba in the south, knew that Samuel was confirmed
21 as a prophet of the LORD. •The LORD continued to appear at Shiloh and gave messages to Samuel there at the Tabernacle.
1 • And Samuel's words went out to all the people of Israel.

The Philistines Capture the Ark

4 At that time Israel was at war with the Philistines. The Israelite army was camped near Ebenezer, and the Philistines
2 were at Aphek. •The Philistines attacked and defeated the army of Israel, killing
3 4,000 men. •After the battle was over, the troops retreated to their camp, and the elders of Israel asked, "Why did the LORD allow us to be defeated by the Philistines?" Then they said, "Let's bring the Ark of the Covenant of the LORD from Shiloh. If we carry it into battle with us, it* will save us

---

blaspheme [blǽsfiːm] *vt.* 모독하다
retreat [ritríːt] *vi.* 물러나다, 도망치다

3:13 As in Greek version; Hebrew reads *his sons have made themselves contemptible.* 3:15 Hebrew *the house of the LORD.* 4:3 Or *he.*

하여 여호와께서는 오늘 우리를 블레셋 사람들에게 지게 하셨을까? 여호와의 언약궤를 실로에서 이곳으로 가져오자. 그리고 그 언약궤를 우리 가운데 있게 하자. 그러면 하나님께서 우리를 원수에게서 구해 주실 것이다.”

4 그리하여 이스라엘 백성은 실로에 사람을 보냈습니다. 그들은 만군의 여호와의 언약궤를 가지고 왔습니다. 엘리의 두 아들인 홉니와 비느하스도 하나님의 언약궤와 함께 있었습니다.

5 여호와의 언약궤가 진으로 들어오자, 이스라엘 사람들은 모두 기뻐서 땅이 울릴 정도로 크게 소리를 질렀습니다.

6 블레셋 사람들이 이스라엘의 외치는 소리를 듣고 물었습니다. “히브리 사람들의 진에서 나는 이 소리는 도대체 무슨 소리인가?” 블레셋 사람들은 여호와의 궤가 히브리 사람들의 진에 왔다는 것을 알게 되었습니다.

7 그들은 두려워하며 말했습니다. “신이 히브리 사람들의 진에 왔다. 큰일났다. 전에는 이런 일이 없었다.

8 도대체 이 일을 어떻게 하면 좋으냐? 누가 우리를 이 강한 신에게서 구해 줄 수 있을까? 이 신은 광야에서 이집트 사람들에게 온갖 괴로움을 주었던 바로 그 신이다.

9 블레셋 사람들아, 용기를 내어라. 사내답게 싸워라! 전에 히브리 사람들은 우리의 노예였지 않았는가? 이제 사내답게 싸우자. 그렇지 않으면 너희는 그들의 노예가 될 것이다.”

10 그리하여 블레셋 사람들은 용감하게 싸워 이스라엘 사람들을 물리쳐 이겼습니다. 이스라엘의 군인들은 모두 자기 집으로 도망쳤습니다. 이스라엘은 크게 겨서, 군인 삼만 명을 잃었습니다.

11 게다가 하나님의 궤를 블레셋 사람들에게 빼앗겼습니다. 엘리의 두 아들인 홉니와 비느하스도 죽었습니다.

12 그날, 어떤 베냐민 사람이 싸움터에서 달려왔습니다. 그 사람은 너무나 슬퍼 자기 옷을 찢고, 머리에 재를 뒤집어 쓴 채 달려왔습니다.

13 그 사람이 실로에 이르렀을 때, 엘리가 길가에 앉아 있었습니다. 엘리는 의자에 앉아 소식이 오기만을 기다리고 있었습니다. 엘리는 하나님의 궤 때문에 걱정이 되었습니다. 베냐민 사람이 실로에 이르러 나쁜 소식을 전하자, 마을의 모든 백성들이 큰소리로 울었습니다.

14 엘리는 그 우는 소리를 듣고 “이게 무슨 소리냐?” 하고 물었습니다. 베냐민 사람이 엘리에게 달려와 사실대로 이야기했습니다.

15 엘리는 그때, 구십팔 세였으며 앞을 보지 못했습니다.

16 베냐민 사람이 말했습니다. “저는 싸움터에서 왔습니다. 오늘 싸움터에서 도망쳐 나왔습니다.” 엘리가 물었습니다. “여보게, 싸움은 어떻게 되었느냐?”

17 베냐민 사람이 말했습니다. “이스라엘이 블레셋 사람

---

4 •So they sent men to Shiloh to bring the Ark of the Covenant of the LORD of Heaven's Armies, who is enthroned between the cherubim. Hophni and Phinehas, the sons of Eli, were also there with the Ark of the Covenant of God.

5 •When all the Israelites saw the Ark of the Covenant of the LORD coming into the camp, their shout of joy was so loud it made the ground shake!

6 • "What's going on?" the Philistines asked. "What's all the shouting about in the Hebrew camp?" When they were told it was because the Ark of the LORD had arrived, •they panicked. "The gods have* come into their camp!" they cried. "This is

7 a disaster! We have never had to face anything like this before! •Help! Who can

8 save us from these mighty gods of Israel? They are the same gods who destroyed the Egyptians with plagues when Israel

9 was in the wilderness. •Fight as never before, Philistines! If you don't, we will become the Hebrews' slaves just as they have been ours! Stand up like men and fight!"

10 •So the Philistines fought desperately, and Israel was defeated again. The slaughter was great; 30,000 Israelite soldiers died that day. The survivors turned and fled to

11 their tents. •The Ark of God was captured, and Hophni and Phinehas, the two sons of Eli, were killed.

The Death of Eli

12 •A man from the tribe of Benjamin ran from the battlefield and arrived at Shiloh later that same day. He had torn his clothes and put dust on his head to show

13 his grief. •Eli was waiting beside the road to hear the news of the battle, for his heart trembled for the safety of the Ark of God. When the messenger arrived and told what had happened, an outcry resounded throughout the town.

14 •"What is all the noise about?" Eli asked.

15 The messenger rushed over to Eli, •who

16 was ninety-eight years old and blind. •He said to Eli, "I have just come from the battlefield—I was there this very day."

"What happened, my son?" Eli demanded.

17 •"Israel has been defeated by the Phili-

---

desperately [déspərətli] *ad.* 필사적으로
enthrone [inθróun] *vt.* 높이 받들다
intact [intǽkt] *a.* 손상되지 않은, 손대지 않은

4:7 Or A god has.

들에게 져서 도망쳤습니다. 이스라엘 군대는 많은 군인을 잃었고, 제사장의 두 아들도 죽었습니다. 그리고 하나님의 궤를 블레셋 사람들에게 빼앗겼습니다."

18 베냐민 사람이 하나님의 궤 이야기를 하자, 엘리는 의자 뒤로 나자빠졌습니다. 엘리는 문 옆으로 넘어지면서 목이 부러지고 말았습니다. 이는 나이가 많은 데다가 뚱뚱했기 때문이었습니다. 그렇게 엘리는 죽었습니다. 그는 사십 년 동안, 이스라엘을 다스렸습니다.

영광이 떠나감

19 엘리의 며느리인 비느하스의 아내가 임신하여 아기를 낳을 때가 다 되었습니다. 비느하스의 아내가 하나님의 궤를 빼앗겼다는 것과 자기 시아버지인 엘리와 자기 남편인 비느하스가 죽었다는 소식을 듣자, 곧 그 여자에게 진통이 왔습니다. 그 여자는 몸을 구부리고 아이를 낳으려 했습니다.

20 아기 엄마는 죽어 가고 있었습니다. 그때, 아기 낳는 것을 도와 주던 여자가 말했습니다. "걱정하지 말아요. 아들을 낳았어요." 비느하스의 아내는 정신이 없어 대답하지 못했습니다.

21 비느하스의 아내는 아기의 이름을 이가봇이라고 지어 주며 "영광이 이스라엘에게서 떠났도다"라고 말했습니다. 하나님의 궤를 빼앗겼고, 자기 시아버지와 남편도 죽었기 때문이었습니다.

22 비느하스의 아내가 말했습니다. "하나님의 궤를 빼앗겼으니, 영광이 이스라엘에게서 떠났도다."

블레셋 사람들이 재앙을 당함

5 블레셋 사람들은 하나님의 궤를 빼앗아 그것을 에벤에셀에서 아스돗으로 가지고 갔습니다.

2 블레셋 사람들은 하나님의 궤를 다곤 신전에 가지고 가서 다곤 신상 곁에 두었습니다.

3 아스돗 백성이 이튿날 아침에 일찍 일어나 보니, 다곤 신상이 얼굴을 땅에 대고 여호와의 궤 앞에 쓰러져 있었습니다. 그래서 아스돗 백성은 다곤 신상을 제자리에 다시 올려 놓았습니다.

4 이튿날 아침, 아스돗 백성이 잠에서 깨어 일어나 보니 다곤 신상이 또 땅에 쓰러져 있었습니다. 다곤은 여호와의 궤 앞에서 머리와 손이 부러져 몸통만 남은 채 문지방에 엎드려 있었습니다.

5 그래서 오늘날까지도 다곤의 제사장들과 아스돗의 다곤 신전에 들어가는 사람들은 그 문지방을 밟지 않습니다.

6 여호와께서는 아스돗과 그 이웃 백성에게 벌을 주셨습니다. 여호와께서는 피부에 종기가 나는 큰 고통을 그들에게 주셨습니다.

7 아스돗 백성은 그런 일이 일어나는 것을 보고 말했

stines," the messenger replied. "The people have been slaughtered, and your two sons, Hophni and Phinehas, were also killed. And the Ark of God has been captured."

18 •When the messenger mentioned what had happened to the Ark of God, Eli fell backward from his seat beside the gate. He broke his neck and died, for he was old and overweight. He had been Israel's judge for forty years.

19 •Eli's daughter-in-law, the wife of Phinehas, was pregnant and near her time of delivery. When she heard that the Ark of God had been captured and that her father-in-law and husband were dead, she went 20 into labor and gave birth. •She died in childbirth, but before she passed away the midwives tried to encourage her. "Don't be afraid," they said. "You have a baby boy!" But she did not answer or pay attention to them.

21 •She named the child Ichabod (which means "Where is the glory?"), for she said, "Israel's glory is gone." She named him this because the Ark of God had been captured 22 and because her father-in-law and husband were dead. •Then she said, "The glory has departed from Israel, for the Ark of God has been captured."

The Ark in Philistia

5 After the Philistines captured the Ark of God, they took it from the battleground 2 at Ebenezer to the town of Ashdod. •They carried the Ark of God into the temple of Dagon and placed it beside an idol of 3 Dagon. •But when the citizens of Ashdod went to see it the next morning, Dagon had fallen with his face to the ground in front of the Ark of the LORD! So they took Dagon 4 and put him in his place again. •But the next morning the same thing happened— Dagon had fallen face down before the Ark of the LORD again. This time his head and hands had broken off and were lying in the doorway. Only the trunk of his body was left 5 intact. •That is why to this day neither the priests of Dagon nor anyone who enters the temple of Dagon in Ashdod will step on its threshold.

6 •Then the LORD's heavy hand struck the people of Ashdod and the nearby villages 7 with a plague of tumors.* •When the people realized what was happening, they cried out, "We can't keep the Ark of the God of Israel here any longer! He is against us! We will all

---

5:6 Greek version and Latin Vulgate read *tumors; and rats appeared in their land, and death and destruction were throughout the city.*

습니다. "이스라엘 신의 궤를 이곳에 둘 수 없다. 하나님이 우리와 우리의 신 다곤을 벌하고 있다."

8 아스돗 백성은 블레셋의 다섯 왕을 모이게 하고 말했습니다. "이스라엘 신의 궤를 어떻게 하면 좋겠습니까?" 블레셋의 왕들이 대답했습니다. "이스라엘 신의 궤를 가드로 옮겨라." 그래서 블레셋 사람들은 이스라엘 신의 궤를 가드로 옮겼습니다.

9 하나님의 궤가 가드로 옮겨진 후에 여호와께서는 가드 성에 벌을 주셨습니다. 하나님은 가드의 늙은 사람과 젊은 사람 모두에게 고통을 주셨는데, 그들의 피부에도 종기가 나기 시작했습니다.

10 그러자 블레셋 사람들이 하나님의 궤를 에그론으로 보냈습니다. 하나님의 궤가 에그론에 도착하자, 에그론 사람들이 소리를 질렀습니다. "왜 이스라엘 신의 궤를 우리 성으로 가지고 오는 거요? 당신들은 우리와 우리 백성을 죽일 참이요?"

11 에그론 백성은 블레셋의 왕들을 다 모이게 한 후에 그 왕들에게 말했습니다. "이스라엘 신의 궤를 원래 있던 자리로 보내시오. 그 하나님의 궤가 우리와 우리 백성을 죽이기 전에 빨리 그렇게 하시오." 그들은 매우 두려워했습니다. 왜냐하면 하나님이 그들을 너무나 무섭게 심판하셨기 때문입니다.

12 죽지 않고 살아남은 사람은 피부에 종기가 나서 괴로움을 당했습니다. 그래서 온 성읍이 하늘을 향하여 크게 울부짖었습니다.

하나님의 궤가 돌아오다

6 블레셋 사람들은 여호와의 궤를 일곱 달 동안 자기 땅에 두었습니다.

2 그 후, 블레셋 사람들은 제사장과 점쟁이들을 불러서 물었습니다. "여호와의 궤를 어떻게 하면 좋겠소? 그것을 원래 있던 곳으로 돌려보낼 방법을 말해 주시오."

3 제사장과 점쟁이들이 대답했습니다. "이스라엘 신의 궤를 돌려보낼 생각이라면 빈손으로 돌려보내지 마시오. 허물을 씻는 제사인 속건 제물과 함께 돌려보내시오. 그래야 여러분의 병이 나을 것이오. 그리고 그 결과를 통해 과연 하나님께서 여러분에게 벌을 내리셨는지도 알 수 있을 것이오."

4 블레셋 사람들이 물었습니다. "이스라엘의 하나님께 속건 제물로 무엇을 드리면 좋겠소?" 제사장과 점쟁이들이 대답했습니다. "피부에 난 종기와 같은 모양으로 금종기 다섯 개를 만드시오. 그리고 금쥐 다섯 개도 만드시오, 금쥐와 금종기의 수는 블레셋 왕들의 수와 같아야 하오. 왜냐하면 똑같은 병이 여러분과 여러분의 왕에게 닥쳤기 때문이오.

5 이 나라를 망치고 있는 종기와 쥐의 모양을 만드시오. 그것을 이스라엘 신께 바치시오. 그리고 이스라엘 신께 영광을 돌리시오. 그러면 이스라엘 신이 여러분과

---

be destroyed along with Dagon, our god."

8 •So they called together the rulers of the Philistine towns and asked, "What should we do with the Ark of the God of Israel?"

The rulers discussed it and replied, "Move it to the town of Gath." So they moved the Ark of the God of Israel to Gath. •But when the Ark arrived at Gath, the LORD's heavy hand fell on its men, young and old; he struck them with a plague of tumors, and there was a great panic.

10 •So they sent the Ark of God to the town of Ekron, but when the people of Ekron saw it coming they cried out, "They are bringing the Ark of the God of Israel here to kill us, too!" •The people summoned the Philistine rulers again and begged them, "Please send the Ark of the God of Israel back to its own country, or it* will kill us all." For the deadly plague from God had already begun, and great fear was sweeping across the town.

12 •Those who didn't die were afflicted with tumors; and the cry from the town rose to heaven.

The Philistines Return the Ark

6 The Ark of the LORD remained in Philistine territory seven months in all.

2 •Then the Philistines called in their priests and diviners and asked them, "What should we do about the Ark of the LORD? Tell us how to return it to its own country."

3 •"Send the Ark of the God of Israel back with a gift," they were told. "Send a guilt offering so the plague will stop. Then, if you are healed, you will know it was his hand that caused the plague."

4 •"What sort of guilt offering should we send?" they asked.

And they were told, "Since the plague has struck both you and your five rulers, make five gold tumors and five gold rats, just like those that have ravaged your land. •Make these things to show honor to the God of Israel. Perhaps then he will stop afflicting you, your gods, and your

---

afflict [əflíkt] *vt.* 괴롭히다
diviner [diváinər] *n.* 점쟁이
plague [pleig] *n.* 역병, 전염병
ravage [rǽvidʒ] *vt.* 파괴하다
summon [sʌ́mən] *vt.* 불러모으다
tumor [tjúːmər] *n.* 종기
5:11 sweep across : 두루 휩쓸다
6:2 call in… : …을 불러들이다

5:11 Or *he.*

여러분의 신과 여러분의 땅에 벌주시는 것을 멈추실 것이오.

6 이집트 백성과 파라오처럼 고집을 부리지 마시오. 하나님께서 이집트 백성에게 심하게 벌을 내리신 후에야 이집트 백성이 이스라엘 사람들을 나가게 한 것이 아니었소?

7 여러분은 새 수레를 만드시오. 그리고 새끼를 낳은 지 얼마 안 된 젖소 두 마리를 준비하시오. 그 젖소는 아직 멍에를 메어 본 적이 없는 것이어야 하오. 그 젖소들을 수레에 매고 새끼들은 집으로 돌려보내시오. 새끼들이 자기 어미를 따라가게 하지 마시오.

8 여호와의 궤를 수레에 올려 놓으시오. 그리고 금종기와 금쥐들도 상자에 담아 궤 곁에 두시오. 그것들은 여러분의 죄를 용서받기 위하여 하나님께 드리는 속건 제물이오. 수레를 곧장 앞으로 나아가게 하시오.

9 그리고 수레를 지켜 보시오. 만약 수레가 이스라엘 땅 벧세메스 쪽으로 가면 우리에게 이 큰 병을 주신 분은 여호와가 확실하오. 그러나 만약 수레가 벧세메스 쪽으로 가지 않으면 이스라엘의 하나님이 우리에게 벌을 주신 것이 아니라 우연히 우리가 병들게 된 것으로 보면 될 것이오."

10 블레셋 사람들은 제사장과 점쟁이들이 말한 대로 했습니다. 블레셋 사람들은 새끼를 낳은 지 얼마안 된 젖소 두 마리를 가지고 와서 수레에 메우고 그 새끼들은 집으로 돌려보냈습니다.

11 블레셋 사람들은 여호와의 궤를 수레에 올려 놓고, 금쥐와 금종기들이 든 상자도 수레에 올려 놓았습니다.

12 그러자 소들은 벧세메스 쪽으로 곧장 갔습니다. 오른쪽으로나 왼쪽으로 치우치지 않았습니다. 블레셋의 왕들은 소들의 뒤를 따라 벧세메스의 경계까지 갔습니다.

13 그때, 골짜기에서 밀을 베던 벧세메스 사람이 눈을 들어 여호와의 궤를 보았습니다. 여호와의 궤를 다시 보게 된 그들은 매우 기뻤습니다.

14 수레는 벧세메스 사람인 여호수아의 밭으로 와서 큰 바위 곁에 멈추어 섰습니다. 벧세메스 사람들은 수레의 나무를 잘라 냈습니다. 그리고 소를 잡아서 주께 제물로 바쳤습니다.

15 레위 사람들은 여호와의 궤를 내려 놓고, 금쥐와 금종기가 든 상자도 내려 놓았습니다. 레위 사람들은 그두 상자를 큰 바위 위에 올려 놓았습니다. 벧세메스 백성은 그날, 태워 드리는 제물인 번제물과 희생 제물을 여호와께 바쳤습니다.

16 블레셋의 다섯 왕은 이 모든 일을 지켜 보고, 그날, 에 그론으로 돌아갔습니다.

17 블레셋 사람들이 보낸 금종기는 여호와께 바치는 허물을 씻는 제물인 속건 제물이었습니다. 금종기를 보낸 마을의 이름은 아스돗, 가사, 아스글론, 가드, 그리

6 land. ●Don't be stubborn and rebellious as Pharaoh and the Egyptians were. By the time God was finished with them, they were eager to let Israel go.

7 ●"Now build a new cart, and find two cows that have just given birth to calves. Make sure the cows have never been yoked to a cart. Hitch the cows to the cart, but shut their calves away from them in a

8 pen. ●Put the Ark of the LORD on the cart, and beside it place a chest containing the gold rats and gold tumors you are sending as a guilt offering. Then let the cows go

9 wherever they want. ●If they cross the border of our land and go to Beth-shemesh, we will know it was the LORD who brought this great disaster upon us. If they don't, we will know it was not his hand that caused the plague. It came simply by chance."

10 ●So these instructions were carried out. Two cows were hitched to the cart, and their newborn calves were shut up in a

11 pen. ●Then the Ark of the LORD and the chest containing the gold rats and gold

12 tumors were placed on the cart. ●And sure enough, without veering off in other directions, the cows went straight along the road toward Beth-shemesh, lowing as they went. The Philistine rulers followed them as far as the border of Beth-shemesh.

13 ●The people of Beth-shemesh were harvesting wheat in the valley, and when they saw the Ark, they were overjoyed!

14 ●The cart came into the field of a man named Joshua and stopped beside a large rock. So the people broke up the wood of the cart for a fire and killed the cows and sacrificed them to the LORD as a burnt

15 offering. ●Several men of the tribe of Levi lifted the Ark of the LORD and the chest containing the gold rats and gold tumors from the cart and placed them on the large rock. Many sacrifices and burnt offerings were offered to the LORD that

16 day by the people of Beth-shemesh. ●The five Philistine rulers watched all this and returned to Ekron that same day.

17 ●The five gold tumors sent by the Philistines as a guilt offering to the LORD were gifts from the rulers of Ashdod, Gaza,

---

hitch [hit͡ʃ] *vt.* (말, 소 등을) 매다
pen [pen] *n.* 가축의 우리
rebellious [ribéljəs] *a.* 패역한; 반항적인
veer [viər] *vi.* (사람, 차 등이) 방향을 바꾸다
yoke [jouk] *vt.* (말, 소 등에) 멍에를 메우다
6:7 shut… away from~ : ~에게서 …을 메어 놓다
6:10 carry out : 실행하다

고 에그론입니다.

18 블레셋 사람들은 금쥐도 보냈는데, 금쥐의 숫자는 블레셋 왕들이 맡은 마을의 숫자와 같았습니다. 금쥐를 보낸 마을 중에는 성벽을 가진 굳건한 성도 있었고, 시골 마을들도 있었습니다. 벧세메스 사람들이 여호와의 궤를 올려 놓았던 큰 바위는 지금도 벧세메스 사람 여호수아의 밭에 그대로 있습니다.

19 그런데 벧세메스 백성 중 여호와의 궤를 들여다 본 사람들이 있었습니다. 그러자 여호와께서는 그들을 쳐 칠십 명*을 죽이셨습니다. 벧세메스 백성은 여호와께서 자기들에게 그토록 무섭게 벌주시는 것을 보고 소리내어 울었습니다.

20 그들은 이렇게 말하였습니다. "누가 이 거룩하신 하나님, 여호와 앞에 설 수 있겠는가? 이 여호와의 궤를 어디로 보내야 하는가?"

21 벧세메스 백성은 기럇여아림 백성에게 명령을 받고 심부름하는 사람들을 보내어 이렇게 말했습니다. "블레셋 사람들이 여호와의 궤를 돌려보냈소. 이리로 와서 그것을 당신들의 성으로 가지고 가시오."

7 기럇여아림 사람들이 와서 여호와의 궤를 가지고 갔습니다. 그들은 그 상자를 언덕 위에 있는 아비나답의 집에 두고 아비나답의 아들 엘리아살을 거룩한 사람으로 세워 여호와의 궤를 지키게 하였습니다.

여호와께서 이스라엘 사람들을 구원하심

2 여호와의 궤는 기럇여아림에 오랫동안 머물러 있었습니다. 머무른 기간은 이십 년이었습니다. 이스라엘 백성은 다시 여호와를 따르기 시작했습니다.

3 사무엘이 이스라엘 모든 지파에게 말했습니다. "만약 여러분이 진심으로 여호와께 돌아오려면, 여러분 가운데 있는 이방인들과 아스다롯 우상을 없애 버려야 하오. 여러분은 온전히 여호와께 자신을 바치고 여호와와만 섬겨야 하오. 그러면 여호와께서 여러분을 블레셋 사람들에게서 구해 주실 것이오.

4 그리하여 이스라엘 사람들은 바알과 아스다롯 우상들을 없애 버리고 오직 여호와만을 섬겼습니다.

5 사무엘이 말했습니다. "모든 이스라엘 사람들은 미스바에 모이시오. 여러분을 위해 여호와께 기도드리겠소."

6 그래서 이스라엘 사람들은 미스바에 모였습니다. 그들은 땅에서 물을 길어 내어 여호와 앞에 부었습니다. 그들은 그날 아무것도 먹지 않고 "우리는 여호와께 죄를 지었습니다" 하고 고백했습니다. 사무엘은 미스바에서 이스라엘을 다스렸습니다.

7 이스라엘 사람들이 미스바에 모여 있다는 이야기를 블레셋 사람들이 듣고, 이스라엘을 공격하기 위해 올라왔습니다. 이스라엘 사람들은 이 소식을 듣

18 Ashkelon, Gath, and Ekron. •The five gold rats represented the five Philistine towns and their surrounding villages, which were controlled by the five rulers. The large rock* at Beth-shemesh, where they set the Ark of the LORD, still stands in the field of Joshua as a witness to what happened there.

The Ark Moved to Kiriath-Jearim

19 •But the LORD killed seventy men* from Beth-shemesh because they looked into the Ark of the LORD. And the people mourned greatly because of what the LORD had done.

20 • "Who is able to stand in the presence of the LORD, this holy God?" they cried out. "Where can we send the Ark from here?"

21 •So they sent messengers to the people at Kiriath-jearim and told them, "The Philistines have returned the Ark of the LORD. Come here and get it!"

7 So the men of Kiriath-jearim came to get the Ark of the LORD. They took it to the hillside home of Abinadab and ordained Eleazar, his son, to be in charge of it. •The Ark remained in Kiriath-jearim for a long time—twenty years in all. During that time all Israel mourned because it seemed the LORD had abandoned them.

Samuel Leads Israel to Victory

3 •Then Samuel said to all the people of Israel, "If you want to return to the LORD with all your hearts, get rid of your foreign gods and your images of Ashtoreth. Turn your hearts to the LORD and obey him alone; then he 4 will rescue you from the Philistines." •So the Israelites got rid of their images of Baal and Ashtoreth and worshiped only the LORD.

5 •Then Samuel told them, "Gather all of Israel to Mizpah, and I will pray to the LORD 6 for you." •So they gathered at Mizpah and, in a great ceremony, drew water from a well and poured it out before the LORD. They also went without food all day and confessed that they had sinned against the LORD. (It was at Mizpah that Samuel became Israel's judge.)

•When the Philistine rulers heard that Israel had gathered at Mizpah, they mobi-

---

7:4 get rid of… : …을 제거하다

6:18 As in some Hebrew manuscripts and Greek version; most Hebrew manuscripts read *great meadow or Abel-haggedolah*.

6:19 As in a few Hebrew manuscripts; most Hebrew manuscripts read *70 men, 50,000 men.* Perhaps the text should be understood to read *the LORD killed 70 men and 50 oxen.*

6:19 어떤 다른 사본에는 '오만 칠십 명'이라고 표기되어 있다.

고 두려워했습니다.

8 이스라엘 사람들이 사무엘에게 말했습니다. "우리를 위해 여호와께 기도드리는 일을 멈추지 마시오, 우리를 블레셋 사람들에게서 구해 달라고 하시오."

9 사무엘은 어린 양을 가져다가 여호와께 통째로 태워 드리는 제물인 번제물로 바쳤습니다. 사무엘은 이스라엘을 위하여 여호와께 부르짖었습니다. 여호와께서는 사무엘의 기도를 들어 주셨습니다.

10 사무엘이 태워 드리는 제물인 번제물을 바치고 있는 동안, 블레셋 사람들은 점점 가까이 왔습니다. 그들은 이스라엘을 공격했습니다. 그날에 여호와께서는 블레셋 사람들을 향하여 큰 천둥 소리를 내셨습니다. 블레셋 사람들이 그 소리를 듣고 놀라, 크게 당황했습니다. 그래서 이스라엘 사람들은 블레셋 사람들과 싸워 이겼습니다.

11 이스라엘 사람들이 미스바에서 달려나가 블레셋 사람들의 뒤를 쫓았습니다. 이스라엘 사람들은 벧갈까지 뒤쫓으면서 블레셋 사람들을 죽였습니다.

이스라엘에 평화가 오다

12 이 일이 있은 후에 사무엘은 돌을 하나 가져다가 미스바와 센 사이에 세우고, 그 돌을 에벤에셀*이라고 불렀습니다. 사무엘은 "여호와께서 우리를 이곳까지 도와 주셨다" 하고 말했습니다.

13 이렇게 블레셋 사람들은 싸움에서 졌습니다. 더 이상 블레셋 사람들은 이스라엘 땅에 들어오지 않았습니다. 여호와께서는 사무엘이 살아 있는 동안, 블레셋 사람들을 막아 주셨습니다.

14 옛날에 블레셋 사람들이 이스라엘 사람들의 마을을 빼앗은 일이 있었습니다. 그러나 이스라엘 사람들은 에그론에서 가드까지 그 마을들을 다시 찾아왔습니다. 이스라엘 사람들은 이 마을 주변의 땅도 블레셋 사람들에게서 다시 빼앗아 왔습니다. 이스라엘과 아모리 사람들 사이에도 평화가 찾아왔습니다.

15 사무엘은 평생토록 이스라엘을 다스렸습니다.

16 해마다 사무엘은 벧엘에서 길갈을 거쳐 미스바로 갔습니다. 사무엘은 이 모든 마을에서 이스라엘을 다스렸습니다.

17 그리고 나서는 언제나 자기 집이 있는 라마로 돌아왔습니다. 사무엘은 라마에서도 이스라엘을 다스렸습니다. 사무엘은 그곳에서 여호와께 제단을 쌓았습니다.

이스라엘이 왕을 요구함

8 사무엘은 나이가 들어 자기 아들들을 이스라엘의 사사로 삼았습니다.

2 사무엘의 맏아들 이름은 요엘이었고, 둘째는 아비야였습니다. 요엘과 아비야는 브엘세바에서 사사로 있었습니다.

3 그러나 사무엘의 아들들은 사무엘처럼 살지 않았습니다

---

lized their army and advanced. The Israelites were badly frightened when they learned that the Philistines were
8 approaching. • "Don't stop pleading with the LORD our God to save us from the
9 Philistines!" they begged Samuel. •So Samuel took a young lamb and offered it to the LORD as a whole burnt offering. He pleaded with the LORD to help Israel, and the LORD answered him.

10 •Just as Samuel was sacrificing the burnt offering, the Philistines arrived to attack Israel. But the LORD spoke with a mighty voice of thunder from heaven that day, and the Philistines were thrown into such confusion that the Israelites defeated them. •The men of Israel chased them from Mizpah to a place below Beth-car, slaughtering them all along the way.

11 •Samuel then took a large stone and placed it between the towns of Mizpah and Jeshanah.* He named it Ebenezer (which means "the stone of help"), for he said, "Up to this point the LORD has helped us!"

13 •So the Philistines were subdued and didn't invade Israel again for some time. And throughout Samuel's lifetime, the LORD's powerful hand was raised against
14 the Philistines. •The Israelite villages near Ekron and Gath that the Philistines had captured were restored to Israel, along with the rest of the territory that the Philistines had taken. And there was peace between Israel and the Amorites in those days.

15 •Samuel continued as Israel's judge for
16 the rest of his life. •Each year he traveled around, setting up his court first at Bethel, then at Gilgal, and then at Mizpah. He judged the people of Israel at each of these
17 places. •Then he would return to his home at Ramah, and he would hear cases there, too. And Samuel built an altar to the LORD at Ramah.

Israel Requests a King

8 As Samuel grew old, he appointed his
2 sons to be judges over Israel. •Joel and Abijah, his oldest sons, held court in
3 Beersheba. •But they were not like their father, for they were greedy for money. They accepted bribes and perverted jus-

---

pervert [pərvə́:rt] vt. 오용하다; 그르치다
plead [pli:d] vi. 간구하다
subdue [səbdjú:] vt. 진압하다

7:12 As in Greek and Syriac versions; Hebrew reads *Shen.*
7:12 '에벤에셀'은 '도움의 돌'이라는 뜻이다.

다. 그들은 정직하지 않은 방법으로 돈을 모으려 했습니다. 그들은 남몰래 돈을 받고 공정하지 않은 재판을 했습니다.

4 그래서 장로들이 모두 모여 라마에 있는 사무엘에게 왔습니다.

5 장로들이 사무엘에게 말했습니다. "이제 당신은 늙었고 당신의 아들들은 당신처럼 살지 않습니다. 우리에게도 다른 나라들처럼 우리를 다스릴 왕을 세워 주십시오."

6 사무엘은 장로들의 이 말을 기쁘게 여기지 않았습니다. 사무엘은 여호와께 기도드렸습니다.

7 여호와께서 사무엘에게 말씀하셨습니다. "백성들이 너에게 말하는 것을 다 들어 주어라. 백성들이 너를 버린 것이 아니라 나를 버려 내가 그들의 왕이 되지 못하게 하려는 것이다.

8 백성들이 하는 일은 언제나 똑같다. 내가 그들을 이집트에서 데리고 나올 때부터 오늘날까지 그들은 나를 버렸고 다른 신들을 섬겼다. 그런데 그들은 똑같은 일을 너에게도 하고 있다.

9 이제 백성의 말을 들어 주어라. 그러나 그들에게 경고하여라. 그들을 다스릴 왕이 어떤 일을 할지 일러 주어라."

10 사무엘은 왕을 달라고 한 사람들에게 대답했습니다. 사무엘은 여호와께서 하신 말씀을 모두 전해 주었습니다.

11 사무엘이 말했습니다. "여러분은 여러분을 다스릴 왕을 달라고 하는데, 그 왕은 이런 일을 할 것이오. 왕은 여러분의 아들을 빼앗아 갈 것이고, 그 아들을 데려다가 자기 전차와 말을 몰게 할 것이오. 여러분의 아들은 왕의 전차 앞에서 달리게 될 것이오.

12 왕은 여러분의 아들 중에서 몇 명을 뽑아 군인 천 명을 거느리는 지휘관인 천부장과 군인 오십 명을 거느리는 지휘관인 오십부장으로 삼을 것이며, 다른 아들에게는 자기 땅을 갈게 하거나 땅에서 나는 것을 거둬들이게 할 것이오. 또 다른 아들에게는 전쟁 무기나 자기 전차에 쓸 장비를 만들게 할 것이오.

13 왕은 여러분의 딸도 빼앗아 갈 것이오. 왕은 여러분의 딸에게 향료를 만들게 하거나 자기가 먹을 음식을 요리하게 할 것이오.

14 왕은 여러분의 제일 좋은 밭과 포도원과 올리브 나무밭을 빼앗아 자기 신하들에게 줄 것이오.

15 여러분이 거둔 곡식과 포도의 십분의 일을 가져다가 왕의 관리와 신하들에게 나눠 줄 것이오.

16 왕은 여러분의 남종과 여종도 빼앗아 갈 것이오, 또 여러분의 제일 좋은 소와 나귀도 빼앗아, 왕의 일을 시킬 것이오.

17 왕은 여러분 양 떼의 십분의 일을 가져갈 것이고, 여러분 스스로는 왕의 종이 될 것이오.

18 그때, 여러분은 여러분이 뽑은 왕 때문에 울부짖게 될 것이오. 하지만 여호와께서는 여러분에게 대답하지 않

tice.

4 •Finally, all the elders of Israel met at Ramah to discuss the matter with Samuel. 5 •"Look," they told him, "you are now old, and your sons are not like you. Give us a king to judge us like all the other nations have."

6 •Samuel was displeased with their request and went to the LORD for guidance. 7 •"Do everything they say to you," the LORD replied, "for they are rejecting me, not you. They don't want me to be their king any longer. 8 •Ever since I brought them from Egypt they have continually abandoned me and followed other gods. And now they are giving you the same treatment. 9 •Do as they ask, but solemnly warn them about the way a king will reign over them."

Samuel Warns against a Kingdom

10 •So Samuel passed on the LORD's warning to the people who were asking him for a king. 11 •"This is how a king will reign over you," Samuel said. "The king will draft your sons and assign them to his chariots and his charioteers, making 12 them run before his chariots. •Some will be generals and captains in his army,* some will be forced to plow in his fields and harvest his crops, and some will make his weapons and chariot equipment. 13 •The king will take your daughters from you and force them to cook and bake and make perfumes for him. 14 •He will take away the best of your fields and vineyards and olive groves and give 15 them to his own officials. •He will take a tenth of your grain and your grape harvest and distribute it among his officers 16 and attendants. •He will take your male and female slaves and demand the finest of your cattle* and donkeys for his own 17 use. •He will demand a tenth of your 18 flocks, and you will be his slaves. •When that day comes, you will beg for relief from this king you are demanding, but then the LORD will not help you."

chariot [tʃǽriət] *n.* 병거
draft [dræft] *vt.* 징집하다
grove [gróuv] *n.* 작은 숲, 과수원
guidance [gáidns] *n.* 지시, 길잡이
plow [plau] *vi.* 갈다, 일구다
solemnly [sáləmli] *ad.* 엄숙하게
8:9 reign over⋯ : ⋯을 통치하다
8:10 pass on⋯ : ⋯을 전하다

8:12 Hebrew *commanders of thousands and commanders of fifties.* 8:16 As in Greek version; Hebrew reads *young men.*

"으실 것이오."

19 그러나 백성들은 사무엘의 말을 들으려 하지 않았습니다. 백성들이 말했습니다. "아닙니다. 우리는 우리를 다스릴 왕이 필요합니다.

20 왕이 있으면 우리도 다른 모든 나라들과 같게 됩니다. 우리 왕이 우리를 다스릴 것입니다. 왕이 우리와 함께 나가서 우리를 위해 싸울 것입니다."

21 사무엘은 백성들이 하는 말을 다 들었습니다. 사무엘은 그들이 한 말을 다 여호와께 말씀드렸습니다.

22 여호와께서 대답하셨습니다. "그들의 말을 들어 주어라. 그들에게 왕을 주어라." 그 말씀을 듣고 사무엘은 이스라엘 백성들에게 말했습니다. "모두 자기 마을로 돌아가시오."

사울이 자기 아버지의 나귀를 찾아나섬

9 아비엘의 아들 기스는 베냐민 지파 사람이었습니다. 기스는 능력의 용사였습니다. 기스의 아버지 아비엘은 스롤의 아들이고, 스롤은 베고랏의 아들이며, 베고랏은 베냐민 사람 아비아의 아들입니다.

2 기스에게는 사울이라는 아들이 있었는데, 사울은 잘생긴 젊은이였습니다. 이스라엘 사람 중에 사울처럼 잘생긴 사람은 없었습니다. 사울은 이스라엘의 어느 누구보다도 키가* 컸습니다.

3 사울의 아버지인 기스의 나귀들이 어디로 갔는지 보이지 않았습니다. 그래서 기스는 사울에게 말했습니다. "종을 한 명 데리고 가서 나귀들을 찾아오너라."

4 사울은 에브라임 산지를 돌아다녔습니다. 또 살리사 땅도 돌아다녔습니다. 그러나 사울과 그의 종은 나귀를 찾지 못했습니다. 사울과 그의 종은 사알림 땅으로 가 보았으나 그곳에도 나귀는 없었습니다. 사울과 그의 종은 베냐민 땅으로도 가 보았으나 그곳에서도 나귀는 보이지 않았습니다.

5 사울과 그의 종은 숩 지역에 이르렀습니다. 사울이 자기 종에게 말했습니다. "그냥 돌아가자. 아버지가 나귀들보다 우리를 더 걱정하시겠다."

6 그러나 사울의 종이 대답했습니다. "하나님의 사람이 이 마을에 계십니다. 그 사람이 말한 것은 모두 이루어지기 때문에, 백성들은 그 사람을 존경합니다. 지금 이 마을로 들어갑시다. 어쩌면 그 사람이 우리가 찾는 나귀를 찾아 줄지도 모릅니다."

7 사울이 자기 종에게 말했습니다. "그렇지만, 그 사람에게 무엇을 드리지? 우리 가방에는 음식도 없고 그 사람에게 드릴 선물도 없지 않은가?"

8 그러자 종이 사울에게 대답했습니다. "보십시오, 저에게 은 사분의 일 세겔*이 있습니다. 이것을 그 하나님의 사람에게 드리십시오, 그러면 그 사람이 우리 나귀를 찾아 줄 것입니다."

9 (옛날에는 이스라엘 사람이 하나님께 물어 볼 것이 있

19 •But the people refused to listen to Samuel's warning. "Even so, we still want a 20 king," they said. • "We want to be like the nations around us. Our king will judge us and lead us into battle."

21 •So Samuel repeated to the LORD what 22 the people had said, •and the LORD replied, "Do as they say, and give them a king." Then Samuel agreed and sent the people home.

Saul Meets Samuel

9 There was a wealthy, influential man named Kish from the tribe of Benjamin. He was the son of Abiel, son of Zeror, son of Becorath, son of Aphiah, of the tribe of 2 Benjamin. •His son Saul was the most handsome man in Israel—head and shoulders taller than anyone else in the land.

3 •One day Kish's donkeys strayed away, and he told Saul, "Take a servant with you, 4 and go look for the donkeys." •So Saul took one of the servants and traveled through the hill country of Ephraim, the land of Shalishah, the Shaalim area, and the entire land of Benjamin, but they couldn't find the donkeys anywhere.

5 •Finally, they entered the region of Zuph, and Saul said to his servant, "Let's go home. By now my father will be more worried about us than about the donkeys!"

6 •But the servant said, "I've just thought of something! There is a man of God who lives here in this town. He is held in high honor by all the people because everything he says comes true. Let's go find him. Perhaps he can tell us which way to go."

7 •"But we don't have anything to offer him," Saul replied. "Even our food is gone, and we don't have a thing to give him."

8 •"Well," the servant said, "I have one small silver piece.* We can at least offer it to the man of God and see what happens!"

9 •(In those days if people wanted a message from God, they would say, "Let's go and ask the seer," for prophets used to be called seers.)

influential [influːénʃəl] a. 유력한
prophet [práfit] n. 예언자
seer [síər] n. 선견자;명력이 있는 사람
8:19 refuse to… : …하기를 거절하다
8:19 even so : 그렇다 하더라도
8:20 lead… into battle… : …을 전장으로 이끌다
9:3 stray away : 길을 잃다
9:6 be held in high honor : 큰 존경을 받다

9:8 Hebrew 1/4 shekel of silver, about 0.1 ounces or 3 grams in weight.

9:2 어깨 위만큼 키가 더
9:8 1/4세겔은 약 2.85g에 해당된다.

으면 "선견자에게 가자" 하고 말했습니다. 옛날에 선견자라고 부르던 사람을 지금은 예언자라고 부릅니다.)

10 사울이 자기 종에게 말했습니다. "그거 좋은 생각이다. 자, 가자." 그리하여 이 두 사람은 하나님의 사람이 살고 있는 마을로 갔습니다.

11 사울과 그의 종은 마을로 가는 언덕을 오르고 있었습니다. 그 길에서 그들은 물을 길러 나오는 젊은 여자들을 만났습니다. 사울과 그의 종은 "예언자가 이 마을에 계십니까?" 하고 물어 보았습니다.

12 젊은 여자들이 대답했습니다. "예, 이 마을에 계십니다. 방금 이곳을 지나가셨으니 서두르세요. 오늘 사람들이 예배 장소에서 제사를 드리기 때문에, 그분이 방금 우리 마을에 오셨습니다.

13 지금 마을로 들어가면, 그분이 식사를 하러 예배 장소로 올라가시기 전에 그분을 만날 수 있을 것입니다. 백성들은 그 예언자가 오기 전에는 식사를 하지 않습니다. 먼저 예언자가 제물에 축복을 해야 손님들도 식사를 합니다. 그러니 지금 가십시오. 그분을 만날 수 있을 것입니다."

사울이 사무엘을 만남

14 사울과 그의 종은 마을로 올라갔습니다. 그들이 마을에 들어서자 곧 사무엘을 볼 수 있었습니다. 사무엘은 예배 장소로 가던 중이었습니다. 사무엘은 성을 나와 사울과 그의 종이 있는 쪽으로 오고 있었습니다.

15 사울이 오기 전날, 여호와께서는 사무엘에게 이렇게 말씀하셨습니다.

16 "내일 이맘때쯤 내가 너에게 한 사람을 보낼 것이다. 그 사람은 베냐민 사람이다. 너는 그 사람에게 기름을 부어 내 백성 이스라엘을 다스릴 지도자로 삼아라. 그 사람은 내 백성을 블레셋 사람들에게서 구해 줄 것이다. 나는 내 백성의 고통을 보았고 그들의 부르짖는 소리를 들었노라."

17 사무엘이 사울을 처음으로 보았을 때, 여호와께서 사무엘에게 말씀하셨습니다. "보아라, 이 사람이 내가 말했던 그 사람이다. 이 사람이 내 백성을 다스릴 것이다."

18 사울이 성문 곁에 있는 사무엘에게 다가가 말했습니다. "예언자의 집이 어디에 있는지 가르쳐 주십시오."

19 사무엘이 대답했습니다. "내가 예언자요. 나보다 먼저 예배 장소로 올라가시오. 오늘 당신과 당신의 종은 나와 함께 식사를 하게 될 것이오. 내일 아침에 당신을 집으로 보내 주겠소. 당신이 나에게 물어 보려 하는 것도 다 대답해 주겠소.

20 삼 일 전에 잃어버린 나귀들에 대해서는 걱정하지 마시오. 그 나귀들은 이미 찾았소. 이스라엘은 지금 당신과 당신 아버지의 온 집안을 원하고 있소."

21 사울이 대답했습니다. "하지만 나는 베냐민 지파 사람입니다. 베냐민 지파는 이스라엘에서도 가장 작은 지파

---

10 •"All right," Saul agreed, "let's try it!" So they started into the town where the man of God lived.

11 •As they were climbing the hill to the town, they met some young women coming out to draw water. So Saul and his servant asked, "Is the seer here today?"

12 •"Yes," they replied. "Stay right on this road. He is at the town gates. He has just arrived to take part in a public sacri-

13 fice up at the place of worship. •Hurry and catch him before he goes up there to eat. The guests won't begin eating until he arrives to bless the food."

14 •So they entered the town, and as they passed through the gates, Samuel was coming out toward them to go up to the place of worship.

15 •Now the LORD had told Samuel the

16 previous day, •"About this time tomorrow I will send you a man from the land of Benjamin. Anoint him to be the leader of my people, Israel. He will rescue them from the Philistines, for I have looked down on my people in mercy and have heard their cry."

17 •When Samuel saw Saul, the LORD said, "That's the man I told you about! He will rule my people."

18 •Just then Saul approached Samuel at the gateway and asked, "Can you please tell me where the seer's house is?"

19 •"I am the seer!" Samuel replied. "Go up to the place of worship ahead of me. We will eat there together, and in the morning I'll tell you what you want to

20 know and send you on your way. •And don't worry about those donkeys that were lost three days ago, for they have been found. And I am here to tell you that you and your family are the focus of all Israel's hopes."

21 •Saul replied, "But I'm only from the tribe of Benjamin, the smallest tribe in Israel, and my family is the least important of all the families of that tribe! Why are you talking like this to me?"

---

anoint [ənɔ́int] *vt.* 기름붓다
approach [əpróutʃ] *vt.* 다가가다
mercy [mə́:rsi] *n.* 자비, 인정
previous [príːviəs] *a.* 앞의, 이전의
rescue [réskjuː] *vt.* 구(출)하다
rule [rúːl] *vt.* 통치하다
worship [wə́:rʃip] *n.* 예배
9:11 draw water : 물을 긷다
9:12 take part in… : …에 참석하다
9:14 pass through : 통과하다
9:16 look down on : 내려다보다, 굽어살피다
9:19 ahead of… : …보다 앞서서(먼저)

입니다. 그리고 내 집안은 베냐민 지파 중에서도 가장 작은 집안입니다. 그런데 왜 이스라엘이 나를 원한다고 말씀하십니까?"

22 사무엘은 사울과 그의 종을 거실로 데리고 갔습니다. 사무엘은 가장 좋은 자리에 사울과 그의 종을 앉혔습니다. 그곳에는 손님이 삼십 명 가량 있었습니다.

23 사무엘이 요리사에게 말했습니다. "내가 따로 부탁한 고기를 가져오시오."

24 요리사는 넓적다리 부분을 가져다가 사울 앞 탁자에 올려 놓았습니다. 사무엘이 말했습니다. "이것은 당신을 위해 남겨 둔 고기요. 내가 손님을 청한 이 특별한 자리에서 당신을 위해 따로 떼어 놓은 것이니 이것을 먹으시오." 그리하여 사울은 그날, 사무엘과 함께 식사를 했습니다.

25 식사를 마친 후에 그들은 예배 장소에서 내려와 마을로 갔습니다. 사무엘은 자기 집 지붕 위에서 사울과 함께 이야기를 했습니다.

26 이튿날 새벽에 사무엘은 지붕 위에 있는 사울을 불러 말했습니다. "일어나 떠날 준비를 하시오." 그리하여 사울은 자리에서 일어나 사무엘과 함께 집 밖으로 나갔습니다.

27 사울과 그의 종과 사무엘이 성을 나가기 바로 전에 사무엘이 사울에게 말했습니다. "당신 종에게 먼저 가라고 이르시오." 사울의 종이 앞서 가니, 사무엘이 사울에게 다시 말했습니다. "당신은 잠깐 서시오, 당신에게 하나님의 말씀을 전해 주겠소."

사무엘이 사울을 임명함

10 사무엘은 기름병을 가져다가 사울의 머리에 기름을 부었습니다. 사무엘은 사울에게 입을 맞추고 이렇게 말했습니다. "여호와께서 당신을 자기 백성 이스라엘의 지도자로 세우셨소. 당신은 여호와의 백성을 다스리게 될 것이오. 당신은 여호와의 백성을 이웃 나라 적들로부터 구해 내야 할 것이오. 여호와께서 당신을 자기 백성의 지도자로 삼으셨다는 증거를 일러 주겠소.

2 오늘 나와 헤어진 후에 당신은 베냐민 땅의 경계인 셀사에 있는 라헬의 무덤 가까이에서 두 사람을 만나게 될 것인데, 그 두 사람은 당신에게 이렇게 말할 것이오, '당신이 찾아다니던 나귀들을 찾았습니다. 그러나 이번에는 당신 아버지께서 나귀보다 당신 걱정을 하고 있습니다. 당신 아버지는 당신을 찾지 못해 염려하고 계십니다.'

3 그 후, 당신은 계속 가다가 다볼에 있는 큰 나무에 이를 것이오, 그곳에서 벧엘로 하나님께 예배드리러 가는 세 사람을 만나게 될 것이오. 첫 번째 사람은 염소 새끼 세 마리를 끌고 갈 것이고, 두 번째 사람은 빵 세 덩이를 가지고 갈 것이며, 세 번째 사람은 포도주가

22 ●Then Samuel brought Saul and his servant into the hall and placed them at the head of the table, honoring them above the thirty special guests. ●Samuel then instructed the cook to bring Saul the finest cut of meat, the piece that had been set aside for the guest of honor. ●So the cook brought in the meat and placed it before Saul. "Go ahead and eat it," Samuel said. "I was saving it for you even before I invited these others!" So Saul ate with Samuel that day.

25 ●When they came down from the place of worship and returned to town, Samuel took Saul up to the roof of the house and prepared a bed for him there.*

26 ●At daybreak the next morning, Samuel called to Saul, "Get up! It's time you were on your way." So Saul got ready, and he and Samuel left the house together.

27 ●When they reached the edge of town, Samuel told Saul to send his servant on ahead. After the servant was gone, Samuel said, "Stay here, for I have received a special message for you from God."

Samuel Anoints Saul as King

10 Then Samuel took a flask of olive oil and poured it over Saul's head. He kissed Saul and said, "I am doing this because the LORD has appointed you to be the ruler over Israel, his special possession.*

2 ●When you leave me today, you will see two men beside Rachel's tomb at Zelzah, on the border of Benjamin. They will tell you that the donkeys have been found and that your father has stopped worrying about them and is now worried about you. He is asking, 'Have you seen my son?'

3 ● "When you get to the oak of Tabor, you will see three men coming toward you who are on their way to worship God at Bethel. One will be bringing three young goats, another will have three loaves of bread, and the third will be carrying a

daybreak [déibreik] *n.* 새벽
flask [flæsk] *n.* 병
instruct [instrʌ́kt] *vt.* 지시하다; 명령하다
9:22 honor… above~ : …를 ~보다 높이 예우하다
9:23 set aside : 남겨두다
9:26 be on one's way : 길을 떠나다
10:2 on the border of~ : …의 접경에서

9:25　As in Greek version; Hebrew reads *and talked with him there.*　　10:1　Greek version reads *over Israel. And you will rule over the LORD's people and save them from their enemies around them. This will be the sign to you that the LORD has appointed you to be leader over his special possession.*

가득 찬 가죽부대를 가지고 갈 것이오.

4 그 사람들은 당신에게 인사를 하고 빵 두 덩이를 줄 것이며, 당신은 그것을 받을 것이오.

5 그리고 나서 당신은 '하나님의 산 기브아'로 갈 것이오. 그곳에는 블레셋의 진이 있소. 그 마을 근처를 지날 때, 한 무리의 예언자들이 예배 장소에서 내려올 것이오. 그들은 수금과 비파를 타고 소고를 치며 피리를 불며, 예언을 할 것이오.

6 여호와의 영이 당신에게 강하게 들어갈 것이오. 당신은 이 예언자들과 함께 예언을 할 것이고, 당신은 변하여 다른 사람이 될 것이오.

7 이러한 표징들이 있은 후에 무엇이든지 당신 뜻대로 하시오. 하나님이 당신을 도우실 것이오.

8 나보다 먼저 길갈로 가시오. 나도 당신에게 내려갈 것이오. 그때에 나는 태워 드리는 제물인 번제물과 화목 제물을 바칠 것이오. 하지만 당신은 칠 일 동안 기다려야 하오. 칠 일이 지난 후에 내가 가서 당신이 할 일을 말해 주겠소."

사울이 왕이 됨

9 사울이 사무엘과 헤어져 몸을 돌이킬 때에 하나님이 사울의 마음을 변하게 하셨습니다. 그날, 이 모든 표징이 사무엘이 말한 대로 일어났습니다.

10 사울과 그의 종이 기브아에 이르렀을 때, 사울은 한 무리의 예언자들을 만났습니다. 하나님의 영이 사울에게 들어와서 사울은 예언자들과 함께 예언을 하였습니다.

11 사울이 예언자들과 함께 예언하고 있는 것을, 전부터 사울을 알고 있던 사람들이 보았습니다. 그 사람들은 서로 이렇게 말했습니다. "기스의 아들이 도대체 어떻게 된 것인가? 사울도 예언자 중의 하나였던가?"

12 그곳에 사는 어떤 사람이 "이 예언자의 아버지는 누구요?" 하고 물었으므로, 이때부터 '사울도 예언자 중의 하나였던가?'라는 속담이 생기게 되었습니다.

13 사울은 예언하는 일을 멈춘 후에 예배 장소로 갔습니다.

14 사울의 삼촌이 사울과 그의 종에게 와서 물었습니다. "지금까지 어디에 있었느냐?" 사울이 말했습니다. "나귀를 찾고 있었어요. 나귀를 찾을 수가 없어서 사무엘에게 물어 보러 갔었어요."

15 사울의 삼촌이 물었습니다. "사무엘이 너에게 뭐라고 말했는지 이야기해 보아라."

16 사울이 대답했습니다. "벌써 나귀를 찾았다고 말했어요." 그러나 사울은 자기가 왕이 될 것이라는 사무엘의 말은 삼촌에게 알려 주지 않았습니다.

17 사무엘은 이스라엘 모든 백성에게 미스바로 나아와 여호와를 만나라고 말했습니다.

18 사무엘이 말했습니다. "이스라엘의 하나님 여호와

4 wineskin full of wine. • They will greet you and offer you two of the loaves, which you are to accept.

5 • "When you arrive at Gibeah of God,* where the garrison of the Philistines is located, you will meet a band of prophets coming down from the place of worship. They will be playing a harp, a tambourine, a flute, and a lyre, and they will be prophesying.

6 • At that time the Spirit of the LORD will come powerfully upon you, and you will prophesy with them. You will be changed into a different person. • After these signs

7 take place, do what must be done, for God is

8 with you. • Then go down to Gilgal ahead of me. I will join you there to sacrifice burnt offerings and peace offerings. You must wait for seven days until I arrive and give you further instructions."

Samuel's Signs Are Fulfilled

9 • As Saul turned and started to leave, God gave him a new heart, and all Samuel's

10 signs were fulfilled that day. • When Saul and his servant arrived at Gibeah, they saw a group of prophets coming toward them. Then the Spirit of God came powerfully upon Saul, and he, too, began to prophesy.

11 • When those who knew Saul heard about it, they exclaimed, "What? Is even Saul a prophet? How did the son of Kish become a prophet?

12 • And one of those standing there said, "Can anyone become a prophet, no matter who his father is?"* So that is the origin of the saying "Is even Saul a prophet?"

13 • When Saul had finished prophesying,

14 he went up to the place of worship. • "Where have you been?" Saul's uncle asked him and his servant.

"We were looking for the donkeys," Saul replied, "but we couldn't find them. So we went to Samuel to ask him where they were."

15 • "Oh? And what did he say?" his uncle asked.

16 • "He told us that the donkeys had already been found," Saul replied. But Saul didn't tell his uncle what Samuel said about the kingdom.

Saul Is Acclaimed King

17 • Later Samuel called all the people of Israel

18 to meet before the LORD at Mizpah. • And he said, "This is what the LORD, the God of Israel, has declared: I brought you from Egypt and rescued you from the Egyptians

10:5 Hebrew *Gibeath-haelohim.* 10:12 Hebrew *said, "Who is their father?"*

께서 이렇게 말씀하셨소. '나는 이스라엘을 이집 트에서 이끌어 내었다. 나는 너희를 이집트의 손 에서 구해 주었다. 너희를 괴롭히는 다른 나라들 에게서 너희를 구해 주었다.'

19 그런데도 여러분은 여러분의 하나님을 배반하였 소. 하나님은 모든 괴로움과 어려움에서 여러분 을 건져 주셨소. 그런데 여러분은 '아니다! 우리 는 우리를 다스릴 왕이 필요하다'라고 말하고 있 소. 자, 이제 지파와 가문별로 여호와 앞에 서시 오."

20 사무엘이 이스라엘의 모든 지파를 가까이 나아오 게 하니, 베냐민 지파가 뽑혔습니다.

21 사무엘은 베냐민 지파를 가문별로 지나가게 했습 니다. 그러자 마드리의 가문이 뽑혔습니다. 사무 엘은 다시 마드리의 집안 사람을 한 사람씩 지나 가게 했습니다. 그러자 기스의 아들 사울이 뽑혔 습니다. 사람들이 사울을 찾았을 때, 그는 보이지 않았습니다.

22 그래서 사람들이 여호와께 여쭈어 보았습니다. "사 울이 여기에 와 있습니까?" 여호와께서 대답하셨 습니다. "그렇다. 사울은 짐꾸러미 뒤에 숨어 있 다."

23 그래서 사람들이 달려가 사울을 데려왔습니다. 사울이 사람들 사이에 서니, 사울의 키는 다른 사 람들보다 머리 하나 정도 더 컸습니다.

24 그때, 사무엘이 백성들에게 말했습니다. "여호와 께서 뽑으신 사람을 보시오. 모든 백성 중에 이만 한 사람은 없소." 그러자 백성이 "왕 만세!" 하고 외쳤습니다.

25 사무엘은 왕의 권리와 의무를 설명해 주었습니 다. 그는 왕의 규칙을 책에 써서 여호와 앞에 두었 습니다. 그리고 나서 사무엘은 백성들에게 자기 집으로 돌아가라고 말했습니다.

26 사울도 기브아에 있는 자기 집으로 돌아갔습니 다. 하나님께서 몇몇 용감한 사람들의 마음을 움 직이셔서 그 사람들이 사울과 함께 가도록 하였 습니다.

27 그러나 몇몇 불량배들은 "이 사람이 어떻게 우리 를 구할 수 있겠나?" 하고 비아냥거렸습니다. 그 들은 사울을 미워하여 선물을 갖다 주지 않았습 니다. 그러나 사울은 그냥 잠자코 있었습니다.

나하스가 야베스를 괴롭힘

11 한 달쯤 후에 암몬 사람 나하스와 그의 군대가 길르앗 땅의 야베스 성을 에워쌌습니다. 야베 스의 모든 백성이 나하스에게 말했습니다. "우리 와 조약을 맺읍시다. 그러면 우리가 당신을 섬기 겠소."

and from all of the nations that were oppress-
19 ing you. •But though I have rescued you from
your misery and distress, you have rejected
your God today and have said, 'No, we want
a king instead!' Now, therefore, present your-
selves before the LORD by tribes and clans."

20 •So Samuel brought all the tribes of Israel
before the LORD, and the tribe of Benjamin
21 was chosen by lot. •Then he brought each
family of the tribe of Benjamin before the
LORD, and the family of the Matrites was cho-
sen. And finally Saul son of Kish was chosen
from among them. But when they looked for
22 him, he had disappeared! •So they asked the
LORD, "Where is he?"

And the LORD replied, "He is hiding among
23 the baggage." •So they found him and
brought him out, and he stood head and
shoulders above anyone else.

24 •Then Samuel said to all the people, "This
is the man the LORD has chosen as your king.
No one in all Israel is like him!"

And all the people shouted, "Long live the
king!"

25 •Then Samuel told the people what the
rights and duties of a king were. He wrote
them down on a scroll and placed it before
the LORD. Then Samuel sent the people home
again.

26 •When Saul returned to his home at
Gibeah, a group of men whose hearts God
27 had touched went with him. •But there were
some scoundrels who complained, "How can
this man save us?" And they scorned him and
refused to bring him gifts. But Saul ignored
them.

[Nahash, king of the Ammonites, had been
grievously oppressing the people of Gad and
Reuben who lived east of the Jordan River. He
gouged out the right eye of each of the Israelites
living there, and he didn't allow anyone to
come and rescue them. In fact, of all the
Israelites east of the Jordan, there wasn't a sin-
gle one whose right eye Nahash had not
gouged out. But there were 7,000 men who
had escaped from the Ammonites, and they
had settled in Jabesh-gilead.]*

Saul Defeats the Ammonites

11 About a month later,* King Nahash of
Ammon led his army against the Isra-
elite town of Jabesh-gilead. But all the citizens
of Jabesh asked for peace. "Make a treaty with
us, and we will be your servants," they plead-
ed.

10:27 This paragraph, which is not included in
the Masoretic Text, is found in Dead Sea Scroll
4QSamᵃ. 11:1 As in Dead Sea Scroll 4QSamᵃ and
Greek version; Masoretic Text lacks *About a
month later.*

2 그러자 나하스가 대답했습니다. "너희들과 조약을 맺기는 하겠다. 하지만 조약을 맺기 전에 먼저 너희들의 오른쪽 눈을 뽑아 버려야겠다. 그리하여 온 이스라엘을 부끄럽게 만들어야겠다."

3 야베스의 장로들이 나하스에게 말했습니다. "우리에게 칠 일 동안, 시간을 주시오. 우리는 온 이스라엘에 도움을 청하겠소. 만약 아무도 우리를 도우러 오지 않는다면, 우리는 당신이 하라는 대로 하겠소."

4 야베스 성의 명령을 전달하는 사람들이 사울이 살고 있는 기브아에 왔습니다. 명령을 받고 심부름하는 사람들이 기브아 백성에게 소식을 전하자, 백성들은 큰 소리를 내며 울었습니다.

5 사울이 자기 소를 몰고 밭가는 일을 마친 후에 집으로 돌아오다가 백성들이 우는 소리를 듣고, 물었습니다. "백성들에게 무슨 일이 생겼소? 왜 울고 있소?" 백성들은 야베스에서 온, 명령을 전달하는 사람이 자기들에게 한 말을 사울에게 이야기해 주었습니다.

6 사울이 그 말을 들었을 때, 하나님의 영이 사울에게 강하게 들어왔습니다. 사울은 매우 화가 났습니다.

7 그래서 그는 소 두 마리를 잡아서 여러 토막으로 잘라 내고, 그 토막을 명령을 전달하는 사람들에게 주었습니다. 사울은 명령을 전달하는 사람들에게 명령하여 그 토막들을 이스라엘 모든 땅에 전하게 하였습니다. 명령을 전달하는 사람들은 이스라엘 백성에게 가서 외쳤습니다. "누구든지 사울과 사무엘을 따르지 않는 사람이 있으면 그 사람의 소도 이렇게 하겠소." 이 말을 듣고 이스라엘 백성은 여호와를 매우 두려워했습니다. 그래서 한 사람도 빠짐없이 모두 모였습니다.

8 사울은 백성을 베섹으로 모이게 했는데 이스라엘에서 삼십만 명이 모였고 유다에서 삼만 명이 모였습니다.

9 모인 사람들이 야베스에서 온, 명령을 받고 심부름하는 사람들에게 말했습니다. "길르앗의 야베스 사람들에게 말하시오. 내일 해가 높이 뜨기 전에 당신들을 구해 주겠소." 그리하여 명령을 받고 심부름하는 사람들은 가서 야베스의 백성들에게 이 말을 전했습니다. 야베스 백성은 매우 기뻐했습니다.

10 야베스 백성이 암몬 사람들에게 말했습니다. "내일 우리가 당신에게 항복하겠소. 그러니 우리를 어떻게 하든지 당신 마음대로 하시오."

11 이튿날 아침, 사울은 자기 군인들을 세 무리로 나누었습니다. 그들은 새벽에 암몬 사람들의 진을 공격하여 해가 높이 뜨기 전에 암몬 사람들을 물리쳐 이겼습니다. 살아남은 암몬 사람들은 뿔뿔이 흩어졌습니다. 두 사람도 함께 모이지 못하고 모두 흩어졌습니다.

12 이 일이 있은 후에 백성들은 사무엘에게 말했습니다. "사울이 왕이 되는 것을 반대하던 사람들은 어디에 있습니까? 그 사람들을 이리로 끌어 냅시다. 죽여 버리

---

2 • All right," Nahash said, "but only on one condition. I will gouge out the right eye of every one of you as a disgrace to all Israel!"

3 • "Give us seven days to send messengers throughout Israel!" replied the elders of Jabesh. "If no one comes to save us, we will agree to your terms."

4 • When the messengers came to Gibeah of Saul and told the people about their plight, everyone broke into tears. • Saul had been plowing a field with his oxen, and when he returned to town, he asked, "What's the matter? Why is everyone crying?" So they told him about the message from Jabesh.

6 • Then the Spirit of God came powerfully upon Saul, and he became very angry. • He took two oxen and cut them into pieces and sent the messengers to carry them throughout Israel with this message: "This is what will happen to the oxen of anyone who refuses to follow Saul and Samuel into battle!" And the LORD made the people afraid of Saul's anger, and all of them came out together as one.

8 • When Saul mobilized them at Bezek, he found that there were 300,000 men from Israel and 30,000* men from Judah.

9 • So Saul sent the messengers back to Jabesh-gilead to say, "We will rescue you by noontime tomorrow!" There was great joy throughout the town when that message arrived!

10 • The men of Jabesh then told their enemies, "Tomorrow we will come out to you, and you can do to us whatever you wish." • But before dawn the next morning, Saul arrived, having divided his army into three detachments. He launched a surprise attack against the Ammonites and slaughtered them the whole morning. The remnant of their army was so badly scattered that no two of them were left together.

12 • Then the people exclaimed to Samuel, "Now where are those men who said, 'Why should Saul rule over us?' Bring them here, and we will kill them!"

---

detachment [ditǽtʃmənt] *n.* (군대의) 분대
disgrace [disgréis] *n.* 치욕이 되는 일
mobilize [móubəlaiz] *vt.* 동원하다
plight [plait] *n.* 곤경
remnant [rémnənt] *n.* 남은 자; 생존자
11:2 gouge out : 후벼내다
11:4 break into tears : 울음을 터뜨리다

11:8 Dead Sea Scrolls and Greek version read 70,000.

고 말겠습니다."

13 그러자 사울이 말하였습니다. "안 되오. 오늘은 아무도 죽여서는 안 되오. 여호와께서 오늘 이스라엘을 구해 주셨기 때문이오."

14 사무엘이 백성에게 말했습니다. "자, 우리가 함께 길갈로 갑시다. 거기에다 새로운 나라를 세웁시다."

15 그리하여 모든 백성이 길갈로 갔습니다. 그곳에서 이스라엘 백성은 여호와 앞에서 사울을 왕으로 세웠습니다. 그들은 여호와께 화목 제물을 바쳤습니다. 사울과 모든 이스라엘 사람들은 크게 기뻐했습니다.

길갈에서 언약을 새롭게 함

12 사무엘이 온 이스라엘에게 말했습니다. "나는 여러분이 원하는 것을 다 해 주었소. 나는 여러분에게 왕을 세워 주었소.

2 이제 여러분에게는 여러분을 이끌 왕이 있소. 나는 늙어 머리가 희어졌으나, 내 아들들은 여러분과 함께 여기에 있소. 나는 젊었을 때부터 여러분의 지도자로 일해 왔소.

3 내가 지금 여호와와 여호와께서 기름 부으신 왕 앞에 서 있으니, 내가 무슨 일이든지 잘못한 것이 있으면 말해 주시오. 내가 누구의 소나 나귀를 훔친 적이 있소? 내가 누구를 해치거나 속인 일이 있소? 내가 몰래 돈을 받고 잘못된 일을 눈감아 준 적이 있소? 내가 그런 일을 한 적이 있다면 다 갚아 주겠소."

4 이스라엘 사람들이 대답했습니다. "당신은 우리를 속이지 않았습니다. 우리를 해치지도 않았습니다. 당신은 누구에게서도 공정하지 않게 무엇을 가져간 일이 없었습니다."

5 사무엘이 이스라엘 사람들에게 말했습니다. "여호와께서 여러분이 말한 것의 증인이시오. 또 여호와께서 기름 부으신 왕도 증인이오. 여호와와 왕이 내가 아무런 잘못도 행하지 않았다고 여러분이 말한 것의 증인이오." 이스라엘 사람들이 말했습니다. "여호와와 왕이 우리의 증인이십니다."

6 사무엘이 또 백성에게 말했습니다. "여호와께서 모세와 아론을 세워 여러분의 조상을 이집트에서 이끌어 내셨소.

7 거기에 그대로 서 있으시오. 여호와께서 여러분과 여러분의 조상에게 하신 모든 좋은 일에 대해 이야기하겠소.

8 야곱이 이집트에 들어간 후에 야곱의 자손들은 여호와께 도와 달라고 부르짖었소. 그래서 여호와께서는 모세와 아론을 보내 주셨소. 모세와 아론은 여러분의 조상을 이집트에서 이끌어 내어 이곳까지 인도하였소.

9 그러나 여러분의 조상은 자기들의 하나님 여호와를 잊어 버렸소. 그래서 여호와께서는 그들을 하솔의 군

---

13 •But Saul replied, "No one will be executed today, for today the LORD has rescued Israel!"

14 •Then Samuel said to the people, "Come, let us all go to Gilgal to renew the kingdom." 15 •So they all went to Gilgal, and in a solemn ceremony before the LORD they made Saul king. Then they offered peace offerings to the LORD, and Saul and all the Israelites were filled with joy.

Samuel's Farewell Address

12 Then Samuel addressed all Israel: "I have done as you asked and given 2 you a king. •Your king is now your leader. I stand here before you—an old, gray-haired man—and my sons serve you. I have served as your leader from the time 3 I was a boy to this very day. •Now testify against me in the presence of the LORD and before his anointed one. Whose ox or donkey have I stolen? Have I ever cheated any of you? Have I ever oppressed you? Have I ever taken a bribe and perverted justice? Tell me and I will make right whatever I have done wrong."

4 •"No," they replied, "you have never cheated or oppressed us, and you have never taken even a single bribe."

5 •"The LORD and his anointed one are my witnesses today," Samuel declared, "that my hands are clean."

"Yes, he is a witness," they replied.

6 •"It was the LORD who appointed Moses and Aaron," Samuel continued. "He brought your ancestors out of the 7 land of Egypt. •Now stand here quietly before the LORD as I remind you of all the great things the LORD has done for you and your ancestors.

8 •"When the Israelites were* in Egypt and cried out to the LORD, he sent Moses and Aaron to rescue them from Egypt and 9 to bring them into this land. •But their people soon forgot about the LORD their God, so he handed them over to Sisera, the commander of Hazor's army, and also to the Philistines and to the king of Moab, who fought against them.

---

cheat [tʃiːt] *vt.* 속이다
execute [éksikjùːt] *vt.* 사형에 처하다
oppress [əprés] *vt.* 탄압하다, 학대하다
pervert [pərvə́ːrt] *vt.* (판단 등을) 그르치게 하다

12:8 Hebrew *When Jacob was.* The names "Jacob" and "Israel" are often interchanged throughout the Old Testament, referring sometimes to the individual patriarch and sometimes to the nation.

대 지휘관인 시스라의 노예가 되게 하셨소. 여호와께서는 또 여러분의 조상을 블레셋 사람들과 모압 왕의 노예가 되게 하셨소. 이들은 모두 여러분의 조상과 맞서 싸웠소.

10 그러자 여러분의 조상은 여호와께 이렇게 부르짖었소. '우리가 죄를 지었습니다. 우리가 여호와를 떠나 바알과 아스다롯을 섬겼습니다. 하지만 이제 우리를 원수에게서 구해 주십시오. 그러면 우리가 여호와를 섬기겠습니다.'

11 여호와께서는 여룹바알이라고도 부르는 기드온을 보내 주셨소. 또 여호와께서는 베단과 입다와 사무엘을 보내 주셨소. 그리하여 여호와께서는 여러분 주변의 원수들에게서 여러분을 구해 주셨소. 그래서 안전하게 살 수 있었소.

12 그런데 여러분은 암몬 왕 나하스가 여러분을 공격하러 오는 것을 보고 '우리에게도 우리를 다스릴 왕이 필요합니다!' 하고 말했소. 여호와께서 여러분의 왕이신데도 말이오.

13 자, 여기에 여러분이 뽑은 왕이 있소. 여호와께서 그를 여러분들 위에 세우셨소.

14 여러분은 여호와를 받들고 섬겨야 하오. 여러분은 여호와의 명령에 순종해야 하오. 여러분과 여러분을 다스리는 왕은 여러분의 하나님 여호와를 따라야 하오. 그렇게 하면 모든 일이 잘 될 것이오.

15 그러나 만약 여러분이 여호와께 순종하지 않고 여호와의 명령을 따르지 않으면 여호와께서 여러분을 치실 것이오. 여호와께서는 전에 여러분의 조상에게 내리셨던 벌을 여러분에게도 내리실 것이오.

16 이제 가만히 서서, 여호와께서 여러분 앞에서 행하실 큰 일을 잘 보시오.

17 지금은 밀을 거두어들이는 때요, 내가 여호와께 기도드려 천둥과 비를 보내 달라고 하겠소. 이제 여러분은 왕을 달라고 요구한 것이 여호와께 얼마나 나쁜 일이었나를 알게 될 것이오."

18 그리고 나서 사무엘은 여호와께 기도를 드렸습니다. 그날, 여호와께서는 천둥과 비를 내리셨습니다. 그리하여 백성은 여호와와 사무엘을 매우 두려워하게 되었습니다.

19 백성들이 사무엘에게 말했습니다. "당신의 종인 우리를 위해 당신의 하나님 여호와께 기도드려 주십시오. 우리를 죽게 내버려 두지 마십시오. 우리는 많은 죄를 지은 데다가 왕을 구하는 죄를 더하였습니다."

20 사무엘이 대답했습니다. "두려워하지 마시오. 여러분은 나쁜 일을 하였지만 이제부터라도 여호와를 떠나지 마시오. 온 마음을 다하여 여호와를 섬기시오.

21 우상들은 아무 소용이 없소. 그러므로 우상을 섬기지 마시오. 우상은 여러분을 구해 줄 수도 없고 도와 줄

---

10 • "Then they cried to the LORD again and confessed, 'We have sinned by turning away from the LORD and worshiping the images of Baal and Ashtoreth. But we will worship you and you alone if you will rescue us from our enemies.' • Then the LORD sent Gideon,* Bedan,* Jephthah, and Samuel* to save you, and you lived in safety.

12 • "But when you were afraid of Nahash, the king of Ammon, you came to me and said that you wanted a king to reign over you, even though the LORD your God was already your king. • All right, here is the king you have chosen. You asked for him, and the LORD has granted your request.

14 • "Now if you fear and worship the LORD and listen to his voice, and if you do not rebel against the LORD's commands, then both you and your king will show that you recognize the LORD as your God. • But if you rebel against the LORD's commands and refuse to listen to him, then his hand will be as heavy upon you as it was upon your ancestors.

16 • "Now stand here and see the great thing the LORD is about to do. • You know that it does not rain at this time of the year during the wheat harvest. I will ask the LORD to send thunder and rain today. Then you will realize how wicked you have been in asking the LORD for a king!"

18 • So Samuel called to the LORD, and the LORD sent thunder and rain that day. And all the people were terrified of the LORD and of Samuel. • "Pray to the LORD your God for us, or we will die!" they all said to Samuel. "For now we have added to our sins by asking for a king."

20 • "Don't be afraid," Samuel reassured them. "You have certainly done wrong, but make sure now that you worship the LORD with all your heart, and don't turn your back on him. • Don't go back to worshiping worthless idols that cannot help or

---

garrison [gǽrəsn] *n.* 수비대; 요새, 주둔지
grant [grænt] *vt.* 허락하다
muster [mʌ́stər] *vt.* 소집하다
revolt [rivóult] *n.* 반란
summon [sʌ́mən] *vt.* 군대를 소집하다
thicket [θíkit] *n.* 덤불, 잡목 숲
wicked [wíkid] *a.* 사악한

12:14 rebel against … : …을 반역하다
12:18 be terrified of … : …을 무서워하다
12:20 turn one's back on … : …를 등지다

12:11a Hebrew *Jerub-baal*, another name for Gideon; see Judg 6:32. 12:11b Greek and Syriac versions read *Barak*. 12:11c Greek and Syriac versions read *Samson*.

수도 없소. 우상은 쓸데없소.

22 여호와께서는 자기 이름을 위해서 자기 백성을 버리지 않으실 것이오. 그분은 여러분을 자기 백성으로 삼은 것을 기뻐하고 계시오.

23 나도 여러분을 위해 기도하는 일을 멈추지 않겠소. 만약 내가 기도를 멈춘다면, 그것은 여호와께 죄를 짓는 일이 되오. 나는 여러분에게 무엇이 좋고 옳은 것인가를 가르치겠소.

24 오직 여호와만을 두려워하시오. 여러분은 온 마음을 다하여 언제나 여호와를 섬겨야 하오. 여호와께서 여러분을 위해 하신 놀라운 일들을 잊지 마시오.

25 만약 여러분이 고집을 피워 나쁜 일을 계속한다면, 하나님께서 여러분과 여러분의 왕을 멸망시키실 것이오.”

사울이 실패함

13 사울이 왕이 되었을 때, 그의 나이는 서른 살* 이었습니다. 그는 사십이 년 동안, 이스라엘의 왕으로 있었습니다.

2 사울은 이스라엘에서 삼천 명을 뽑았습니다. 그 중 이천 명은 벧엘 산지에 있는 믹마스에서 사울과 함께 있었고, 나머지 천 명은 베냐민 땅 기브아에서 요나단과 함께 있었습니다. 사울은 나머지 백성을 집으로 돌려보냈습니다.

3 요나단이 게바에 있는 블레셋의 진을 공격하였습니다. 다른 블레셋 사람들이 그 소식을 들었습니다. 사울이 말했습니다. “히브리 사람들에게 어떤 일이 일어났는지를 알려 주시오.” 사울은 사람들을 시켜 이스라엘 모든 땅에 나팔을 불게 했습니다.

4 이스라엘의 모든 사람이 그 소식을 듣고 말했습니다. “사울이 블레셋 진을 공격하였다. 이제 블레셋 사람들은 우리를 진짜로 미워할 것이다.” 그리하여 이스라엘 사람들은 길갈에 있는 사울에게 모여들었습니다.

5 블레셋 사람들도 이스라엘과 싸우기 위해 모였습니다. 블레셋 사람들에게는 전차 삼천 대와 말을 타는 군인 육천 명이 있었습니다. 블레셋 군인은 마치 바닷가의 모래처럼 많았습니다. 블레셋 사람들은 벧아웬 동쪽에 있는 믹마스에 진을 쳤습니다.

6 이스라엘 사람들은 용기를 잃고 말았습니다. 그래서 그들은 동굴과 나무숲으로 가서 숨었습니다. 바위 틈과 구덩이와 우물 속에 숨은 사람도 있었습니다.

7 심지어 어떤 히브리 사람은 요단 강을 건너 갓과 길르앗 땅으로 도망쳤습니다. 그러나 사울은 길갈에 그대로 있었습니다. 그의 군대는 모두 두려워 떨고 있었습니다.

8 사울은 칠 일 동안, 기다렸습니다. 왜냐하면 사무엘

---

22 rescue you—they are totally useless! •The LORD will not abandon his people, because that would dishonor his great name. For it has pleased the LORD to make you his very own people.

23 •"As for me, I will certainly not sin against the LORD by ending my prayers for you. And I will continue to teach you what is good

24 and right. •But be sure to fear the LORD and faithfully serve him. Think of all the won-

25 derful things he has done for you. •But if you continue to sin, you and your king will be swept away."

Continued War with Philistia

13 Saul was thirty* years old when he became king, and he reigned for forty-two years.*

2 •Saul selected 3,000 special troops from the army of Israel and sent the rest of the men home. He took 2,000 of the chosen men with him to Micmash and the hill country of Bethel. The other 1,000 went with Saul's son Jonathan to Gibeah in the land of Benjamin.

3 •Soon after this, Jonathan attacked and defeated the garrison of Philistines at Geba. The news spread quickly among the Philistines. So Saul blew the ram's horn throughout the land, saying, "Hebrews, hear this!

4 Rise up in revolt!" •All Israel heard the news that Saul had destroyed the Philistine garrison at Geba and that the Philistines now hated the Israelites more than ever. So the entire Israelite army was summoned to join Saul at Gilgal.

5 •The Philistines mustered a mighty army of 3,000* chariots, 6,000 charioteers, and as many warriors as the grains of sand on the seashore! They camped at Micmash east of

6 Beth-aven. •The men of Israel saw what a tight spot they were in; and because they were hard pressed by the enemy, they tried to hide in caves, thickets, rocks, holes, and

7 cisterns. •Some of them crossed the Jordan River and escaped into the land of Gad and Gilead.

Saul's Disobedience and Samuel's Rebuke

Meanwhile, Saul stayed at Gilgal, and his

8 men were trembling with fear. •Saul waited there seven days for Samuel, as Samuel had

---

13:1a As in a few Greek manuscripts; the number is missing in the Hebrew.　13:1b Hebrew *reigned... and two*; the number is incomplete in the Hebrew. Compare Acts 13:21.　13:5 As in Greek and Syriac versions; Hebrew reads 30,000.

13:1 히브리어 성경에는 나이가 빠져 있으나, 어떤 고대 그리스어 번역 성경에는 나이를 삼십으로 표기하고 있다.

이 그곳에 오기로 되어 있었기 때문입니다. 하지만 사무엘은 길갈로 오지 않았습니다. 그러자 군인들이 하나 둘씩 떠나가기 시작하였습니다.

9 사울이 말했습니다. "나에게 태워 드리는 제물인 번제물과 화목 제물을 가지고 오시오." 그리고 그는 하나님께 태워 드리는 제물인 번제물을 바쳤습니다.

10 사울이 막 태워 드리는 제물인 번제물을 바쳤을 때, 사무엘이 도착하였습니다. 사울은 사무엘을 맞으러 나갔습니다.

11 사무엘이 물었습니다. "대체 무슨 일을 하였소?" 사울이 대답했습니다. "군인들은 하나 둘씩 떠나가고 당신은 오지 않았습니다. 또 블레셋 사람들은 믹마스에 모여 있었습니다.

12 블레셋 사람들이 길갈로 와서 나를 공격할 것인데, 나는 아직 여호와의 허락을 받지 못하였습니다. 그래서 할 수 없이 태워 드리는 제물인 번제물을 바쳤습니다."

13 사무엘이 말했습니다. "당신은 바보 같은 짓을 하였소. 당신은 하나님의 명령에 순종하지 않았소. 당신이 하나님께 순종했다면, 하나님께서는 이스라엘에 당신의 나라를 영원토록 세우셨을 것이오.

14 하지만 당신의 나라는 이제 이어지지 않을 것이오. 여호와께서는 자기 마음에 드는 사람을 찾아 내셨소. 여호와께서는 그 사람을 자기 백성의 통치자로 임명하셨소. 여호와께서 그렇게 하신 것은 당신이 여호와의 명령에 순종하지 않았기 때문이오."

15 이 말을 하고 나서 사무엘은 길갈을 떠나 베냐민 땅 기브아로 갔습니다. 나머지 군인은 사울을 따라 싸움터에 나갔습니다. 사울이 남아 있는 사람들을 세어 보니 육백 명 가량이었습니다.

이스라엘의 어려운 시절

16 사울과 그의 아들 요나단은 베냐민 땅 게바에 머물렀습니다. 그들을 따르는 군인들도 그곳에 진을 쳤습니다. 블레셋 사람들은 믹마스에 진을 치고 있었습니다.

17 블레셋 사람들은 이스라엘을 공격하기 위해 세 무리로 나누어 진을 떠났습니다. 첫 번째 무리는 수알 땅에 있는 오브라 길로 갔고,

18 두 번째 무리는 벧호론 길로 갔습니다. 그리고 세 번째 무리는 사막 쪽에 있는 스보임 골짜기가 내려다 보이는 경계 길로 떠났습니다.

19 이스라엘 모든 땅에는 대장장이가 한 사람도 없었습니다. 그것은 블레셋 사람들이 "히브리 사람들이 칼과 창을 만들까 두렵다"라고 말했기 때문입니다.

20 그래서 모든 이스라엘 사람은 쟁기나 괭이, 도끼, 낫을 갈려 할 때는 블레셋 사람들에게 갔습니다.

instructed him earlier, but Samuel still didn't come. Saul realized that his troops were rapidly slipping away. •So he demanded, "Bring me the burnt offering and the peace offerings!" And Saul sacrificed the burnt offering himself.

10 •Just as Saul was finishing with the burnt offering, Samuel arrived. Saul went out to 11 meet and welcome him, •but Samuel said, "What is this you have done?"

Saul replied, "I saw my men scattering from me, and you didn't arrive when you said you would, and the Philistines are at 12 Micmash ready for battle. •So I said, 'The Philistines are ready to march against us at Gilgal, and I haven't even asked for the LORD's help!' So I felt compelled to offer the burnt offering myself before you came."

13 •"How foolish!" Samuel exclaimed. "You have not kept the command the LORD your God gave you. Had you kept it, the LORD would have established your kingdom over 14 Israel forever. •But now your kingdom must end, for the LORD has sought out a man after his own heart. The LORD has already appointed him to be the leader of his people, because you have not kept the LORD's command."

Israel's Military Disadvantage

15 •Samuel then left Gilgal and went on his way, but the rest of the troops went with Saul to meet the army. They went up from Gilgal to Gibeah in the land of Benjamin.* When Saul counted the men who were still 16 with him, he found only 600 were left! •Saul and Jonathan and the troops with them were staying at Geba in the land of Benjamin. The Philistines set up their camp 17 at Micmash. •Three raiding parties soon left 18 the camp of the Philistines. One went north toward Ophrah in the land of Shual, •another went west to Beth-horon, and the third moved toward the border above the valley 19 of Zeboim near the wilderness. •There were no blacksmiths in the land of Israel in those days. The Philistines wouldn't allow them for fear they would 20 make swords and spears for the Hebrews. •So whenever the Israelites needed to sharpen their plowshares, picks, axes, or sickles,* they had to take them to a Philistine black-

---

raid [réid] *vi.* 급습(공격)하다
13:8 slip away : (말도 없이) 살짝 가버리다
13:12 feel compelled to… : 어쩔 수 없이 …하다

13:15 As in Greek version; Hebrew reads *Samuel then left Gilgal and went to Gibeah in the land of Benjamin.* **13:20** As in Greek version; Hebrew reads *or plowshares.*

21 블레셋의 대장장이들은 쟁기와 괭이를 날카롭게 가는데 은 삼분의 이 세겔*을 받았고, 낫이나 도끼나 소를 몰 때 쓰는 쇠막대기를 가는 데 은 삼분의 일 세겔*을 받았습니다.

22 그래서 전쟁이 일어났을 때에도 사울과 요나단을 따르는 군인들에게는 칼이나 창이 없었습니다. 오직 사울과 요나단만이 칼과 창을 가지고 있었습니다.

23 블레셋 군대의 한 무리가 믹마스에 있는 산길로 갔습니다.

이스라엘이 블레셋 사람들을 물리쳐 이김

14 어느 날, 사울의 아들 요나단이 자기 무기를 든 부하에게 말했습니다. "자, 저쪽에 있는 블레셋 진으로 건너가자." 요나단은 이 일을 자기 아버지에게 알리지 않았습니다.

2 사울은 기브아 근처의 미그론에 있는 석류나무 아래에 앉아 있었습니다. 사울에게는 군인이 육백 명쯤 있었는데,

3 그 중에는 에봇을 입고 있는 아히야라는 사람이 있었습니다. 아히야는 이가봇의 형제 아히둡의 아들이었습니다. 아히둡은 비느하스의 아들이었으며, 비느하스는 실로에서 여호와의 제사장이었던 엘리의 아들이었습니다. 백성 중 누구도 요나단이 빠져 나갔다는 것을 알지 못했습니다.

4 산길 양쪽에는 경사가 급한 언덕이 있었습니다. 요나단은 이 산길을 지나 블레셋의 진으로 가려 했습니다. 한 쪽 절벽의 이름은 보세스였고, 다른 쪽 절벽의 이름은 세네였습니다.

5 한 쪽 절벽은 북쪽으로 믹마스를 향해 있었고, 다른 쪽 절벽은 남쪽으로 게바를 향해 있었습니다.

6 요나단이 자기 무기를 든 부하에게 말했습니다. "자, 저 할례받지 않은 사람들의 진으로 가자. 어쩌면 여호와께서 우리를 도와 주실 것이다. 여호와께서 우리에게 구원을 주실 때는 군대의 수가 많고 적은 것이 문제가 되지 않는다."

7 무기를 든 부하가 요나단에게 말했습니다. "당신 생각에 좋을 대로 하십시오. 나는 당신과 함께하겠습니다."

8 요나단이 말했습니다. "블레셋 사람들이 있는 곳으로 건너가자. 그리고 그들 앞에 나타나자.

9 만약 그들이 우리에게 '우리가 너희에게 가기까지 기다려라' 하고 말하면, 우리는 그대로 서서 기다려야 할 것이다.

10 그러나 그들이 만약 '우리에게로 오너라' 하고 말하면, 이것은 여호와께서 그들을 우리 손 안에 주셨다는 표시니, 우리가 올라갈 것이다."

11 요나단과 그의 부하는 블레셋 사람들 앞에 모습을 나타냈습니다. 블레셋 사람들이 말했습니다. "저기 봐라! 구멍에 숨어 있던 히브리 놈들이 기어 나왔다!"

---

21 smith. • The charges were as follows: a quarter of an ounce* of silver for sharpening a plowshare or a pick, and an eighth of an ounce* for sharpening an ax or making

22 the point of an ox goad. • So on the day of the battle none of the people of Israel had a sword or spear, except for Saul and Jonathan.

23 • The pass at Micmash had meanwhile been secured by a contingent of the Philistine army.

Jonathan's Daring Plan

14 One day Jonathan said to his armor bearer, "Come on, let's go over to where the Philistines have their outpost." But Jonathan did not tell his father what he was doing.

2 • Meanwhile, Saul and his 600 men were camped on the outskirts of Gibeah, around the pomegranate tree* at Migron.

3 • Among Saul's men was Ahijah the priest, who was wearing the ephod, the priestly vest. Ahijah was the son of Ichabod's brother Ahitub, son of Phinehas, son of Eli, the priest of the LORD who had served at Shiloh.

No one realized that Jonathan had left

4 the Israelite camp. • To reach the Philistine outpost, Jonathan had to go down between two rocky cliffs that were called Bozez and

5 Seneh. • The cliff on the north was in front of Micmash, and the one on the south was

6 in front of Geba. • "Let's go across to the outpost of those pagans," Jonathan said to his armor bearer. "Perhaps the LORD will help us, for nothing can hinder the LORD. He can win a battle whether he has many warriors or only a few!"

7 • "Do what you think is best," the armor bearer replied. "I'm with you completely, whatever you decide."

8 • "All right, then," Jonathan told him.

9 "We will cross over and let them see us. If they say to us, 'Stay where you are or we'll kill you,' then we will stop and not go up

10 to them. • But if they say, 'Come on up and fight,' then we will go up. That will be the LORD's sign that he will help us defeat them."

11 • When the Philistines saw them com-

---

contingent [kəntíndʒənt] *n.* 분견대, 파견단
outskirt [áutskə̀ːrt] *n.* (종종~s)변두리; 주변
13:23 be secured by… : …에 의해 장악되다

13:21a Hebrew *1 pim* [8 grams].　13:21b Hebrew *1/3* [of a shekel] [4 grams].　14:2 Or *around the rock of Rimmon;* compare Judg 20:45, 47; 21:13.

13:21 2/3세겔은 약 7.6g에 해당되고, 1/3세겔은 약 3.8g에 해당된다.

12 진에 있던 블레셋 사람들이 요나단과 그의 부하에게 외쳤습니다. "이리 와 봐라. 네 놈들에게 본때를 보여 주겠다." 요나단이 자기 부하에게 말했습니다. "내 뒤를 따라 올라오너라. 여호와께서 블레셋 사람들을 이스라엘에게 넘기셨다."

13 요나단은 손과 발로 기어서 위로 올라갔습니다. 요나단의 부하도 요나단의 바로 뒤를 따라 올라갔습니다. 요나단은 앞으로 나가면서, 블레셋 사람들을 쳐서 넘어뜨렸습니다. 요나단의 부하도 요나단의 뒤를 따라가면서, 블레셋 사람들을 죽였습니다.

14 이 첫 번째 싸움으로 요나단과 그의 부하는 한 쌍의 소가 반나절 동안 갈아엎을 만한 들판에서* 블레셋 사람 이십 명 가량을 죽였습니다.

15 블레셋의 모든 군인들이 갑자기 두려움에 휩싸였습니다. 진에 있던 군인이나 돌격대에 있던 군인들이 모두 두려움에 떨었습니다. 심지어 땅까지도 흔들렸습니다. 하나님께서 블레셋 사람들을 큰 두려움에 휩싸이게 하셨습니다.

16 베냐민 땅 기브아에 있던 사울의 호위병들이, 블레셋 군인들이 사방으로 달아나고 있는 것을 보았습니다.

17 사울이 자기 군대에게 말했습니다. "우리 진에서 빠져 나간 사람이 있는가 조사해 보시오." 조사를 해 보니, 요나단과 그의 부하가 없어졌습니다.

18 사울이 제사장 아히야에게 말했습니다. "하나님의 궤를 가져오시오." 그때에는 법궤가 이스라엘 사람들에게 있었습니다.

19 사울이 제사장 아히야에게 말하고 있을 때, 블레셋 진은 더욱더 혼란스러워졌습니다. 그러자 사울이 아히야에게 말하였습니다. "그만두시오. 지금은 기도할 시간이 없소."

20 사울과 그의 군대가 모두 모여서 싸움터에 들어섰습니다. 싸움터에 가 보니, 블레셋 사람들이 제정신을 잃은 나머지 자기 편끼리 칼을 휘두르고 있었습니다.

21 전에 블레셋 사람들을 섬기며 그들의 진에 함께 머물렀던 히브리 사람들이 사울과 요나단의 이스라엘 사람들 편으로 왔습니다.

22 에브라임 산지에 숨어 있던 모든 이스라엘 사람은 블레셋 군인들이 달아나고 있다는 소식을 듣고, 그들도 싸움터에 나와 블레셋 사람들을 뒤쫓았습니다.

23 이처럼 여호와께서는 그날, 이스라엘 사람들을 구해 주셨습니다. 그리고 싸움터는 벧아웬을 지나 다른 곳으로 옮겨졌습니다.

사울이 또 잘못을 함

24 그날에 이스라엘 사람들은 매우 지쳐 있었습니다.

ing, they shouted, "Look! The Hebrews are
12 crawling out of their holes!" •Then the men
from the outpost shouted to Jonathan,
"Come on up here, and we'll teach you a les-
son!"

"Come on, climb right behind me," Jo-
nathan said to his armor bearer, "for the
LORD will help us defeat them!"
13 •So they climbed up using both hands
and feet, and the Philistines fell before
Jonathan, and his armor bearer killed those
14 who came behind them. •They killed some
twenty men in all, and their bodies were
scattered over about half an acre.*
15 •Suddenly, panic broke out in the Phili-
stine army, both in the camp and in the
field, including even the outposts and raid-
ing parties. And just then an earthquake
struck, and everyone was terrified.

Israel Defeats the Philistines

16 •Saul's lookouts in Gibeah of Benjamin saw
a strange sight—the vast army of Philistines
began to melt away in every direction.*
17 • "Call the roll and find out who's missing,"
Saul ordered. And when they checked, they
found that Jonathan and his armor bearer
were gone.
18 •Then Saul shouted to Ahijah, "Bring the
ephod here!" For at that time Ahijah was
wearing the ephod in front of the Israelites.*
19 •But while Saul was talking to the priest, the
confusion in the Philistine camp grew loud-
er and louder. So Saul said to the priest,
"Never mind; let's get going!"*
20 •Then Saul and all his men rushed out to
the battle and found the Philistines killing
each other. There was terrible confusion
21 everywhere. •Even the Hebrews who had
previously gone over to the Philistine army
revolted and joined in with Saul, Jonathan,
22 and the rest of the Israelites. •Likewise, the
men of Israel who were hiding in the hill
country of Ephraim joined the chase when
23 they saw the Philistines running away. •So
the LORD saved Israel that day, and the battle
continued to rage even beyond Beth-aven.

Saul's Foolish Oath

24 •Now the men of Israel were pressed to
exhaustion that day, because Saul had

14:14 Hebrew *half a yoke;* a "yoke" was the
amount of land plowed by a pair of yoked
oxen in one day.   **14:16** As in Greek version;
Hebrew reads *they went there and there.*   **14:18** As
in some Greek manuscripts; Hebrew reads
*"Bring the Ark of God." For at that time the Ark
of God was with the Israelites.*   **14:19** Hebrew
Withdraw your hand.

14:14 이 부분은 '한 쌍의 소가 반나절 동안 밭을 갈아엎듯
이'라고도 번역할 수 있다.

왜냐하면 사울이 이스라엘 사람들에게 이렇게 맹세하며 말했기 때문입니다. "저녁이 되어 적군을 물리쳐 이기기 전까지는 아무도 음식을 먹어서는 안 되오. 누구든지 음식을 먹는 사람은 저주를 받을 것이오." 그래서 이스라엘 군인들은 아무도 음식을 먹지 않았습니다.

25 이스라엘 군대가 숲으로 들어갔을 때, 숲 속 이곳 저곳에 꿀이 있었습니다.

26 이스라엘 군대는 꿀이 있는 곳으로 갔지만, 그들은 사울의 맹세를 두려워하여 아무도 꿀을 먹지 못했습니다.

27 하지만 요나단은 사울이 자기 백성에게 말한 맹세를 듣지 못했습니다. 그래서 요나단은 들고 있던 막대기 끝으로 꿀을 찍어 먹었습니다. 그는 그 꿀을 먹고 기운을 되찾았습니다.

28 그때에 군인 중 한 사람이 요나단에게 말했습니다. "당신의 아버지가 모든 군인에게 맹세하여 말하기를 '누구든지 오늘 음식을 먹는 사람은 저주를 받을 것이다'라고 했습니다. 군인들이 배가 고파 지쳐 있는 것도 그 때문입니다."

29 요나단이 말했습니다. "내 아버지가 우리 모두를 괴롭게 만드셨도다. 이 꿀을 조금 먹었는데도 이렇게 눈이 번쩍 뜨이는 것을 보아라.

30 그러니 오늘 적군에게서 빼앗은 음식을 우리 군인들이 먹었더라면 훨씬 더 좋았을 텐데. 그리고 블레셋 사람들을 더 많이 죽일 수 있었을 텐데."

31 그날, 이스라엘 사람들은 블레셋 사람들을 믹마스에서 아얄론까지 물리쳐 이겼습니다. 이 일을 마친 후, 이스라엘 사람들은 매우 피곤하였습니다.

32 이스라엘 사람들은 블레셋 사람들에게서 양과 소와 송아지들을 빼앗았습니다. 이스라엘 사람들은 너무나 배가 고팠기 때문에 그 짐승들을 땅에서 잡아, 고기를 피째 마구 먹었습니다.

33 누군가가 사울에게 말했습니다. "사람들이 고기를 피째 먹음으로써 여호와께 죄를 짓고 있습니다." 사울이 말했습니다. "당신들은 죄를 지었소. 큰 돌을 이리로 가지고 오시오!"

34 사울이 계속해서 말했습니다. "사람들에게 돌아다니면서 말하시오. '모두들 자기의 소와 양을 이리로 끌고 와서 잡아 먹읍시다. 그러나 고기를 피째 먹음으로써 여호와께 죄를 짓지 맙시다.'" 그날 밤, 모든 사람들이 자기 짐승을 가지고 와서 그곳에서 잡았습니다.

35 사울은 여호와께 제단을 쌓았습니다. 그 제단은 사울이 여호와께 쌓은 첫 제단이었습니다.

36 사울이 말했습니다. "오늘 밤, 블레셋 사람들의 뒤를 쫓읍시다. 그들이 가진 것을 빼앗읍시다. 한 사

placed them under an oath, saying, "Let a curse fall on anyone who eats before evening—before I have full revenge on my enemies." So no one ate anything all day,

25 • even though they had all found honey-
26 comb on the ground in the forest. • They didn't dare touch the honey because they all feared the oath that they had taken.

27 • But Jonathan had not heard his father's command, and he dipped the end of his stick into a piece of honeycomb and ate the honey. After he had eaten it, he felt refreshed.*

28 • But one of the men saw him and said, "Your father made the army take a strict oath that anyone who eats food today will be cursed. That is why everyone is weary and faint."

29 • "My father has made trouble for us all!" Jonathan exclaimed. "A command like that only hurts us. See how refreshed I am now
30 that I have eaten this little bit of honey. • If the men had been allowed to eat freely from the food they found among our enemies, think how many more Philistines we could have killed!"

31 • They chased and killed the Philistines all day from Micmash to Aijalon, growing more
32 and more faint. • That evening they rushed for the battle plunder and butchered the sheep, goats, cattle, and calves, but they ate
33 them without draining the blood. • Someone reported to Saul, "Look, the men are sinning against the LORD by eating meat that still has blood in it."

"That is very wrong," Saul said. "Find a
34 large stone and roll it over here. • Then go out among the troops and tell them, 'Bring the cattle, sheep, and goats here to me. Kill them here, and drain the blood before you eat them. Do not sin against the LORD by eating meat with the blood still in it.'"

So that night all the troops brought their
35 animals and slaughtered them there. • Then Saul built an altar to the LORD; it was the first of the altars he built to the LORD.

36 • Then Saul said, "Let's chase the Philistines all night and plunder them until sunrise. Let's destroy every last one of them."

His men replied, "We'll do whatever you think is best."

But the priest said, "Let's ask God first."

---

butcher [bútʃər] *vt.* 도살하다
drain [drein] *vt.* (용기 속의 액체 등을) 퍼서 없애다
exhaustion [igzɔ́ːstʃən] *n.* 소모, 고갈
honeycomb [hʌ́nikòum] *n.* 벌집
outpost [áutpòust] *n.* (군사) 전초기지; 주둔기지
plunder [plʌ́ndər] *vt.* 약탈물
14:11 crawl out of⋯ : ⋯에서 기어 나오다

14:27 Or *his eyes brightened;* similarly in 14:29.

람도 살려 두지 맙시다." 사람들이 대답했습니다. "왕의 생각에 좋을 대로 하십시오." 그러나 제사장이 말했습니다. "하나님께 여쭤 봅시다."

37 그리하여 사울이 하나님께 여쭤 보았습니다. "블레셋 사람들을 뒤쫓을까요? 주께서는 우리가 그들을 이길 수 있게 해 주실 것입니까?" 그러나 그날, 하나님께서는 사울에게 대답해 주지 않으셨습니다.

38 그래서 사울은 자기 군대의 모든 지도자에게 말했습니다. "이리 오시오. 오늘 누가 어떤 죄를 지었는가 알아봅시다.

39 살아 계신 여호와의 이름으로 맹세하지만 내 아들 요나단이 죄를 지었다 하더라도 그는 죽임을 당할 것이오." 그러나 아무도 대답하는 사람이 없었습니다.

40 사울이 모든 이스라엘 사람에게 말했습니다. "여러분은 이쪽으로 서시오. 나와 내 아들 요나단은 저쪽으로 서겠소." 사람들이 대답했습니다. "왕의 생각에 좋을 대로 하십시오."

41 사울이 이스라엘의 하나님 여호와께 기도하였습니다. "저에게 올바른 대답을 주십시오." 이어 제비뽑기를 하니 사울과 요나단이 뽑혔습니다. 다른 사람들은 죄가 없다는 것이 밝혀졌습니다.

42 사울이 말했습니다. "나와 내 아들 요나단 가운데 누가 죄인인지 제비를 뽑자." 제비로 뽑힌 사람은 요나단이었습니다.

43 사울이 요나단에게 말했습니다. "네가 무슨 일을 했는지 말해 보아라." 요나단이 사울에게 말했습니다. "저는 그저 나무 막대기로 꿀을 조금 찍어 먹었을 뿐입니다. 그런 일로 제가 지금 죽어야 합니까?"

44 사울이 말했습니다. "요나단아, 너를 죽이지 않으면, 하나님께서 나에게 무서운 벌을 주실 것이다."

45 군인들이 사울에게 말했습니다. "요나단을 죽이시겠다고요? 절대로 안 됩니다. 요나단은 오늘 이스라엘을 구한 사람입니다. 살아 계신 여호와의 이름으로 맹세하지만 요나단의 머리털 하나라도 땅에 떨어질 수 없습니다. 오늘 요나단은 하나님의 도우심으로 블레셋 사람들과 싸웠습니다." 이리하여 이스라엘 군대는 요나단을 살려 주었습니다. 요나단은 죽지 않았습니다.

46 사울은 블레셋 사람들을 뒤쫓는 일을 그만두었습니다. 사울과 그의 군대는 자기 땅으로 돌아왔습니다.

사울이 이스라엘의 적들과 싸움

47 사울은 이스라엘의 왕이 되어서 이스라엘 주변의 적들과 맞서 싸웠습니다. 사울은 모압과 암몬 사람과 에돔과 소바의 왕들과 블레셋 사람들과 싸웠습니다. 사울은 가는 곳마다 이스라엘의 적을 물리쳐 이겼습니다.

48 사울은 강해졌습니다. 그는 용감하게 싸워서 아말렉

---

37 •So Saul asked God, "Should we go after the Philistines? Will you help us defeat them?" But God made no reply that day.

38 •Then Saul said to the leaders, "Something's wrong! I want all my army commanders to come here. We must find out

39 what sin was committed today. •I vow by the name of the LORD who rescued Israel that the sinner will surely die, even if it is my own son Jonathan!" But no one would tell him what the trouble was.

40 •Then Saul said, "Jonathan and I will stand over here, and all of you stand over there."

And the people responded to Saul, "Whatever you think is best."

41 •Then Saul prayed, "O LORD, God of Israel, please show us who is guilty and who is innocent.*" Then they cast sacred lots, and Jonathan and Saul were chosen as the guilty ones, and the people were declared innocent.

42 •Then Saul said, "Now cast lots again and choose between me and Jonathan." And Jonathan was shown to be the guilty one.

43 • "Tell me what you have done," Saul demanded of Jonathan.

"I tasted a little honey," Jonathan admitted. "It was only a little bit on the end of my stick. Does that deserve death?"

44 • "Yes, Jonathan," Saul said, "you must die! May God strike me and even kill me if you do not die for this."

45 •But the people broke in and said to Saul, "Jonathan has won this great victory for Israel. Should he die? Far from it! As surely as the LORD lives, not one hair on his head will be touched, for God helped him do a great deed today." So the people rescued Jonathan, and he was not put to death.

46 •Then Saul called back the army from chasing the Philistines, and the Philistines returned home.

Saul's Military Successes

47 •Now when Saul had secured his grasp on Israel's throne, he fought against his enemies in every direction—against Moab, Ammon, Edom, the kings of Zobah, and the Philistines. And wherever he turned, he was victorious.* •He performed great deeds

48 and conquered the Amalekites, saving Israel from all those who had plundered them.

....

14:41 Greek version adds *If the fault is with me or my son Jonathan, respond with Urim; but if the men of Israel are at fault, respond with Thummim.*
14:47 As in Greek version; Hebrew reads *he acted wickedly.*

사람들도 물리쳐 이겼습니다. 사울은 이스라엘을 침략하고 약탈한 적들에게서 이스라엘을 구해 주었습니다.

49 사울의 아들 이름은 요나단과 리스위와 말기수아입니다. 사울의 큰딸의 이름은 메랍이고, 작은딸의 이름은 미갈입니다.

50 사울의 아내는 아히마아스의 딸 아히노암입니다. 사울의 군대 사령관은 넬의 아들 아브넬입니다. 넬은 사울의 삼촌입니다.

51 사울의 아버지 기스와 아브넬의 아버지 넬은 아비엘의 아들입니다.

52 사울은 살아 있는 동안, 블레셋 사람들과 치열하게 싸웠습니다. 사울은 강하거나 용감한 사람을 보면 그 사람을 자기 군대의 군인으로 삼았습니다.

여호와께서 사울 왕을 버리심

15 사무엘이 사울에게 말했습니다. "여호와께서 나를 보내셔서 당신을 이스라엘의 왕으로 임명하셨소. 이제 여호와의 말씀을 들으시오.

2 만군의 여호와께서 이렇게 말씀하셨소. '이스라엘 사람들이 이집트에서 나올 때에 아말렉 사람들이 길을 막으려 했던 것을 내가 기억한다.

3 그러니 이제 가서 아말렉 사람들을 공격하여라. 아말렉 사람들의 가진 모든 것을 나에게 바치는 제물로 삼아 없애 버려라. 아무도 살려 주지 마라. 남자와 여자, 어린아이와 갓난아기뿐만 아니라 소와 양과 낙타와 나귀들도 모두 죽여 없애 버려라.'"

4 그리하여 사울은 들라임으로 군대를 모았습니다. 군인이 이십만 명 있었고, 유다 사람이 만 명 있었습니다.

5 사울은 아말렉 성으로 가서 골짜기에 군인들을 숨겨 놓았습니다.

6 사울이 겐 사람들에게 말했습니다. "아말렉 사람들을 떠나시오. 아말렉 사람들과 함께 당신들까지도 죽이고 싶지 않소. 당신들은 이스라엘 사람들이 이집트에서 나올 때, 그들에게 친절을 베풀었소." 그리하여 겐 사람들은 아말렉 사람들에게서 떠났습니다.

7 사울은 아말렉 사람들을 물리쳐 이겼습니다. 사울은 하윌라에서 이집트의 경계에 있는 술까지 이르는 모든 길에서 아말렉 사람들과 싸웠습니다.

8 사울은 아말렉 왕 아각을 사로잡았습니다. 사울은 아각의 군대를 모두 칼로 죽였습니다.

9 그러나 사울과 그의 군대는 아각만은 죽이지 않고 살려 주었습니다. 그리고 제일 좋은 양과 살진 소와 양뿐만 아니라, 그밖의 모든 좋은 동물들도 살려 주었습니다. 사울과 그의 군대는 그 동물들을 죽이기를 좋아하지 않았습니다. 그들은 약하거나 쓸모 없

49 •Saul's sons included Jonathan, Ishbosheth,* and Malkishua. He also had two daughters: Merab, who was older, and Michal. 50 •Saul's wife was Ahinoam, the daughter of Ahimaaz. The commander of Saul's army was Abner, the son of Saul's uncle Ner. 51 •Saul's father, Kish, and Abner's father, Ner, were both sons of Abiel.

52 •The Israelites fought constantly with the Philistines throughout Saul's lifetime. So whenever Saul observed a young man who was brave and strong, he drafted him into his army.

Saul Defeats the Amalekites

15 One day Samuel said to Saul, "It was the LORD who told me to anoint you as king of his people, Israel. Now listen to this 2 message from the LORD! •This is what the LORD of Heaven's Armies has declared: I have decided to settle accounts with the nation of Amalek for opposing Israel when 3 they came from Egypt. •Now go and completely destroy* the entire Amalekite nation—men, women, children, babies, cattle, sheep, goats, camels, and donkeys."

4 •So Saul mobilized his army at Telaim. There were 200,000 soldiers from Israel and 5 10,000 men from Judah. •Then Saul and his army went to a town of the Amalekites and 6 lay in wait in the valley. •Saul sent this warning to the Kenites: "Move away from where the Amalekites live, or you will die with them. For you showed kindness to all the people of Israel when they came up from Egypt." So the Kenites packed up and left.

7 •Then Saul slaughtered the Amalekites 8 from Havilah all the way to Shur, east of Egypt. •He captured Agag, the Amalekite king, but completely destroyed everyone 9 else. •Saul and his men spared Agag's life and kept the best of the sheep and goats, the cattle, the fat calves, and the lambs—everything, in fact, that appealed to them. They destroyed only what was worthless or of poor quality.

---

conquer [kánkər] *vt.* 정복하다, 굴복시키다
deserve [dizə́:rv] *vt.* 마땅히 …할 만하다
oppose [əpóuz] *vt.* 대적하다
14:45 break in : 막다, 끼어들다
15:2 settle accounts with … : …와 계산을 마무리하다; …에게 원한을 품다
15:5 lie in wait : 매복하다

14:49 Hebrew *Ishvi,* a variant name for Ishbosheth; also known as Esh-baal. **15:3** The Hebrew term used here refers to the complete consecration of things or people to the LORD, either by destroying them or by giving them as an offering; also in 15:8, 9, 15, 18, 20, 21.

는 동물들만 죽였습니다.

10 그때에 여호와께서 사무엘에게 말씀하셨습니다.

11 "사울이 이제는 나의 말을 따르지 않는다. 사울을 왕으로 세운 것이 후회된다. 사울은 내 명령에 순종하지 않았다." 사무엘은 이 말씀을 듣고 당황하였습니다. 그는 밤새도록 하나님께서 마음을 돌리시기를 간구하며 큰 소리로 부르짖었습니다.

12 이튿날 아침, 일찍 사무엘은 사울을 만나러 올라갔습니다. 그런데 사람들이 사무엘에게 이렇게 말했습니다. "사울은 갈멜로 가서 자기 이름을 기리기 위해 기념비를 세웠습니다. 사울은 지금 길갈로 내려갔습니다."

13 그 후에 사무엘이 사울에게 갔습니다. 사울이 말했습니다. "여호와께서 당신에게 복을 주시길 빕니다. 나는 여호와의 명령에 순종했습니다."

14 이 말을 듣고 사무엘이 말했습니다. "그러면 내 귀에 들리는 저 양의 소리와 소의 소리는 무엇입니까?"

15 사울이 대답했습니다. "군인들이 아말렉 사람들에게서 빼앗은 것입니다. 당신의 하나님 여호와께 제물로 바치기 위해 제일 좋은 양과 소들을 남겨 둔 것입니다. 하지만 다른 동물들은 다 죽여 없앴습니다."

16 사무엘이 사울에게 말했습니다. "그만두시오! 어젯밤에 여호와께서 나에게 하신 말씀을 들으시오." 사울이 말했습니다. "말해 보시오."

17 사무엘이 말했습니다. "옛날 당신은 스스로 작은 사람이라고 겸손해하지 않았습니까? 그때에 여호와께서 당신에게 기름을 부어 이스라엘의 왕으로 세우지 않았습니까?

18 그리고 여호와께서는 가서 저 나쁜 백성 아말렉 사람들을 멸망시켜라. 그들과 전쟁을 하여 한 사람도 빠짐없이 다 죽여라' 하고 당신에게 이 일을 맡기지 않았습니까?

19 그런데 왜 당신은 여호와의 명령에 순종하지 않았소? 왜 당신은 제일 좋은 것들을 없애지 않았소? 왜 당신은 여호와께서 악하다고 말씀하신 일을 하였소?"

20 사울이 대답했습니다. "하지만 나는 여호와께 순종하였소. 나는 여호와께서 하라고 하신 일을 하였소. 나는 아말렉 사람들을 다 죽였소. 그리고 그들의 왕 아각도 사로잡아 왔소.

21 군인들이 당신의 하나님 여호와께 길갈에서 제물을 바치기 위해 제일 좋은 양과 소들을 남겨 놓았을 뿐이오."

22 그러나 사무엘이 말했습니다. "여호와를 더 기쁘시게 할 것이 무엇이겠소? 태워 드리는 제물인 번제물과 그 밖의 제사요? 아니면 순종이요? 하나님께 순종하는 것이 제사보다 낫소. 하나님의 말씀을 듣는 것이 숫양의 기름을 바치는 것보다 낫소.

23 순종하지 않는 것은 점쟁이의 속임수만큼 나쁘고, 교

The LORD Rejects Saul

10-11 • Then the LORD said to Samuel, • "I am sorry that I ever made Saul king, for he has not been loyal to me and has refused to obey my command." Samuel was so deeply moved when he heard this that he cried out to the LORD all night.

12 • Early the next morning Samuel went to find Saul. Someone told him, "Saul went to the town of Carmel to set up a monument to himself; then he went on to Gilgal."

13 • When Samuel finally found him, Saul greeted him cheerfully. "May the LORD bless you," he said. "I have carried out the LORD's command!"

14 • "Then what is all the bleating of sheep and goats and the lowing of cattle I hear?" Samuel demanded.

15 • "It's true that the army spared the best of the sheep, goats, and cattle," Saul admitted. "But they are going to sacrifice them to the LORD your God. We have destroyed everything else."

16 • Then Samuel said to Saul, "Stop! Listen to what the LORD told me last night!" "What did he tell you?" Saul asked.

17 • And Samuel told him, "Although you may think little of yourself, are you not the leader of the tribes of Israel? The LORD has anointed you king of Israel. • And the LORD sent you on a mission and told you, 'Go and completely destroy the sinners, the Amalekites, until they are all dead.'

19 • Why haven't you obeyed the LORD? Why did you rush for the plunder and do what was evil in the LORD's sight?"

20 • "But I did obey the LORD," Saul insisted. "I carried out the mission he gave me. I brought back King Agag, but I destroyed everyone else. • Then my troops brought in the best of the sheep, goats, cattle, and plunder to sacrifice to the LORD your God in Gilgal."

22 • But Samuel replied,

"What is more pleasing to the LORD:
  your burnt offerings and sacrifices
  or your obedience to his voice?
Listen! Obedience is better than sacrifice,
  and submission is better than offer-
  ing the fat of rams.
23 • Rebellion is as sinful as witchcraft,
  and stubbornness as bad as worship-
  ing idols.

bleat [bliːt] *vi.* (양·염소 등이) 울다
plunder [plʌ́ndər] *n.* 약탈품
rebellion [ribéljən] *n.* 반역
submission [səbmíʃən] *n.* 복종
witchcraft [wítʃkræft] *n.* 마법

만한 고집은 우상을 섬기는 것만큼 나쁘오. 당신은 여호와의 명령을 듣지 않았소. 그러므로 이제 여호와께서 당신을 버려 왕이 되지 못하게 하실 것이오."

24 그러자 사울이 사무엘에게 말했습니다. "내가 죄를 지었소. 내가 여호와의 명령에 순종하지 않았소. 내가 당신이 한 말을 따르지 않았소. 나는 백성이 두려워서 백성이 하자는 대로 하였소.

25 제발 내 죄를 용서해 주시오. 나와 함께 가서 내가 여호와께 예배드리게 해 주시오."

26 그러나 사무엘이 사울에게 말했습니다. "나는 당신과 함께 가지 않겠소. 당신은 여호와의 명령을 듣지 않았소. 그러므로 이제 여호와께서 당신을 이스라엘의 왕이 되지 못하게 하셨소."

27 사무엘이 떠나려 하였습니다. 사울이 사무엘의 옷을 붙잡다가 그만 옷을 찢고 말았습니다.

28 사무엘이 사울에게 말했습니다. "여호와께서 오늘 이스라엘 나라를 이 옷자락처럼 찢어 당신에게서 빼앗아 당신의 이웃 중 한 사람에게 주셨소. 여호와께서 이 나라를 당신보다 나은 사람에게 주셨소.

29 여호와께서는 이스라엘의 영원하신 분이오. 그분께서는 거짓말을 하지 않으시고 자기 마음을 바꾸지도 않으시오. 여호와께서는 사람이 아니시오. 그러므로 사람처럼 마음을 바꾸지 않을 것이오."

30 사울이 대답했습니다. "내가 죄를 지었소. 하지만 내 백성의 장로들과 이스라엘 백성들 앞에서는 나를 높여 주시오. 나와 함께 가서 당신의 하나님 여호와께 예배드릴 수 있도록 해 주시오."

31 이 말을 듣고 사무엘은 사울과 함께 갔고, 사울은 여호와께 예배드렸습니다.

32 그 후에 사무엘이 말했습니다. "아말렉 사람들의 왕 아각을 데리고 오시오." 아각이 사슬에 묶여 사무엘에게 왔습니다. 아각은 '틀림없이 이제 난 살아났다' 라고 생각하며 기뻐했습니다.

33 사무엘이 아각에게 말했습니다. "네 칼 때문에 많은 어머니들이 자식을 잃었다. 이제 네 어머니가 자식을 잃을 차례이다." 그리고 나서 사무엘은 길갈에 있는 여호와의 성소 앞에서 아각을 칼로 쳤습니다.

34 그리고 나서 사무엘은 그곳을 떠나 라마로 갔습니다. 그러나 사울은 기브아에 있는 자기 집으로 갔습니다.

35 사무엘은 더 이상 사울을 만나지 않았습니다. 사무엘은 사울 때문에 마음이 아팠습니다. 또 여호와께서는 사울을 이스라엘의 왕으로 삼으신 것을 후회하셨습니다.

사무엘이 베들레헴으로 가다

16 여호와께서 사무엘에게 말씀하셨습니다. "너는 언제까지 사울 때문에 마음 아파할 것이냐?

So because you have rejected the command of the LORD,
he has rejected you as king."

Saul Pleads for Forgiveness

24 •Then Saul admitted to Samuel, "Yes, I have sinned. I have disobeyed your instructions and the LORD's command, for I was afraid of the people and did what they demanded. 25 •But now, please forgive my sin and come back with me so that I may worship the LORD."

26 •But Samuel replied, "I will not go back with you! Since you have rejected the LORD's command, he has rejected you as king of Israel."

27 •As Samuel turned to go, Saul tried to hold him back and tore the hem of his robe. 28 •And Samuel said to him, "The LORD has torn the kingdom of Israel from you today and has given it to someone else—one who is better than you. 29 •And he who is the Glory of Israel will not lie, nor will he change his mind, for he is not human that he should change his mind!"

30 •Then Saul pleaded again, "I know I have sinned. But please, at least honor me before the elders of my people and before Israel by coming back with me so that I may worship the LORD your God." 31 •So Samuel finally agreed and went back with him, and Saul worshiped the LORD.

Samuel Executes King Agag

32 •Then Samuel said, "Bring King Agag to me." Agag arrived full of hope, for he thought, "Surely the worst is over, and I have been spared!"* 33 •But Samuel said, "As your sword has killed the sons of many mothers, now your mother will be childless." And Samuel cut Agag to pieces before the LORD at Gilgal.

34 •Then Samuel went home to Ramah, and Saul returned to his house at Gibeah of Saul. 35 •Samuel never went to meet with Saul again, but he mourned constantly for him. And the LORD was sorry he had ever made Saul king of Israel.

Samuel Anoints David as King

16 Now the LORD said to Samuel, "You have mourned long enough for Saul. I have rejected him as king of Israel, so fill your flask with olive oil and go to Bethlehem.

---

execute [éksikjùːt] *vt.* 처형하다; 죽이다
hem [hem] *n.* 옷단. 옷의 가장자리
plead [pliːd] *vi.* 간청하다

15:32 Dead Sea Scrolls and Greek version read *Agag arrived hesitantly, for he thought, "Surely this is the bitterness of death."*

나는 이미 사울을 버려 이스라엘의 왕이 되지 못하게 하였다. 이제 너는 그릇에 올리브 기름을 채우고 가거라. 내가 너를 베들레헴에 사는 이새에게 보낸다. 내가 그 사람의 아들 중 하나를 왕으로 뽑았다."

2 사무엘이 말했습니다. "제가 가면, 사울이 그 소식을 듣고 저를 죽이려 할 것입니다." 여호와께서 말씀하셨습니다. "암송아지를 몰고 가서 여호와께 제물을 바치러 왔다고 말하여라.

3 그리고 제사드릴 때, 이새를 초대하여라. 그 다음 네가 무엇을 해야 할지 가르쳐 주겠다. 이새의 아들 가운데 내가 가리키는 사람에게 너는 기름을 부어라."

4 사무엘은 여호와께서 말씀하신 대로 했습니다. 사무엘이 베들레헴에 도착하자, 베들레헴의 장로들이 두려움에 떨었습니다. 장로들이 사무엘에게 나아와 물었습니다. "평화로운 일로 오시는 겁니까?"

5 "그렇소. 평화로운 일로 왔소. 여호와께 제물을 바치려고 왔소. 여호와를 위해 스스로 거룩하게 한 다음, 나와 함께 제사를 드립시다" 하고 사무엘이 대답했습니다. 사무엘은 이새와 그의 아들들을 여호와 앞에서 거룩하고 깨끗하게 한 뒤, 그들을 제사에 초대하였습니다.

6 이새와 그의 아들들이 도착했을 때, 사무엘은 엘리압을 보았습니다. 사무엘은 생각하였습니다. '틀림없이 여호와께서는 여기 서 있는 이 사람을 뽑으셨을 것이다.'

7 그러나 여호와께서 사무엘에게 말씀하셨습니다. "엘리압의 멋있는 모습과 키 큰 모습을 보지 마라. 나는 엘리압을 뽑지 않았다. 내가 보는 것은 사람이 보는 것과 같지 않다. 사람은 겉모양을 보지만, 나 여호와는 마음을 본다."

8 이어서 이새는 아비나답을 불러 사무엘 옆으로 지나가게 했습니다. 사무엘이 말했습니다. "여호와께서는 이 사람도 뽑지 않으셨소."

9 그러자 이새는 삼마를 지나가게 했으나, 사무엘은 또 이렇게 말했습니다. "아니오. 여호와께서는 이 사람도 뽑지 않으셨소."

10 이새는 자기 아들 일곱 명을 사무엘 앞으로 지나가게 했습니다. 그러나 사무엘은 "여호와께서는 이 아들들 중 누구도 뽑지 않으셨소"라고 이새에게 말했습니다.

11 그리고 나서 사무엘이 이새에게 물었습니다. "여기에 있는 아들이 전부요?" 이새가 대답했습니다. "막내 아들이 더 있습니다. 그 아이는 밖에서 양들을 돌보고 있습니다." 사무엘이 말했습니다. "그 아이를 불러 오시오. 그 아이가 오기 전까지 식탁에 앉지 않겠소."

12 그리하여 이새는 사람을 보내어 자기 막내 아들을 불러 오게 하였습니다. 이새의 막내 아들은 살결이 불그스레하고 눈이 빛나는 잘생긴 소년이었습니다. 여

Find a man named Jesse who lives there, for I have selected one of his sons to be my king."

2 • But Samuel asked, "How can I do that? If Saul hears about it, he will kill me."

"Take a heifer with you," the LORD replied, "and say that you have come to

3 make a sacrifice to the LORD. • Invite Jesse to the sacrifice, and I will show you which of his sons to anoint for me."

4 • So Samuel did as the LORD instructed. When he arrived at Bethlehem, the elders of the town came trembling to meet him. "What's wrong?" they asked. "Do you come in peace?"

5 • "Yes," Samuel replied. "I have come to sacrifice to the LORD. Purify yourselves and come with me to the sacrifice." Then Samuel performed the purification rite for Jesse and his sons and invited them to the sacrifice, too.

6 • When they arrived, Samuel took one look at Eliab and thought, "Surely this is the LORD's anointed!"

7 • But the LORD said to Samuel, "Don't judge by his appearance or height, for I have rejected him. The LORD doesn't see things the way you see them. People judge by outward appearance, but the LORD looks at the heart."

8 • Then Jesse told his son Abinadab to step forward and walk in front of Samuel. But Samuel said, "This is not the one the

9 LORD has chosen." • Next Jesse summoned Shimea,* but Samuel said, "Neither is this

10 the one the LORD has chosen." • In the same way all seven of Jesse's sons were presented to Samuel. But Samuel said to Jesse, "The LORD has not chosen any of these."

11 • Then Samuel asked, "Are these all the sons you have?"

"There is still the youngest," Jesse replied. "But he's out in the fields watching the sheep and goats."

"Send for him at once," Samuel said. "We will not sit down to eat until he arrives."

12 • So Jesse sent for him. He was dark and handsome, with beautiful eyes.

And the LORD said, "This is the one;

heifer [héfər] *n.* 암송아지
outward [áutwərd] *a.* 겉보기의, 눈에 보이는
perform [pərfɔ́rm] *vt.* 수행하다
rite [rait] *n.* 의식, 예식, 전례
summon [sʌ́mən] *vt.* 부르다
tremble [trémbl] *vi.* 떨다
variant [véəriənt] *a.* 다른, 상이한

16:9 Hebrew *Shammah*, a variant spelling of Shimea; compare 1 Chr 2:13; 20:7.

호와께서 사무엘에게 말씀하셨습니다. "자! 바로 이 소년이다. 일어나 그에게 기름을 부어라."

13 사무엘은 올리브 기름이 든 그릇을 가지고 형제들이 보는 앞에서 이새의 막내 아들에게 기름을 부었습니다. 그날부터 여호와의 영이 큰 힘으로 다윗에게 들어갔습니다. 이 일이 있은 후에 사무엘은 라마로 돌아갔습니다.

다윗이 사울을 섬김

14 여호와의 영이 사울에게서 떠났습니다. 그리고 여호와께서 보내신 나쁜 영이 사울을 괴롭혔습니다.

15 사울의 종들이 사울에게 말했습니다. "하나님이 보내신 나쁜 영이 왕을 괴롭히고 있습니다.

16 우리에게 명령하십시오. 우리가 수금을 탈 수 있는 사람을 찾아보겠습니다. 여호와께서 보내신 나쁜 영이 왕에게 들어와 괴롭힐 때, 그 사람에게 수금을 타게 하면 나쁜 영이 왕에게서 떠나가고 기분이 좋아지실 것입니다."

17 그러자 사울이 자기 종들에게 말했습니다. "그런 사람을 찾아보아라. 수금을 잘 타는 사람이 있으면 나에게 데리고 오너라."

18 사울의 종 중에서 한 사람이 말했습니다. "베들레헴의 이새에게 수금을 타는 아들이 하나 있는데, 저는 그 사람이 수금을 타는 것을 본 적이 있습니다. 그 사람은 용감하고 싸움을 잘하며 말도 잘하고 잘생겼습니다. 게다가 여호와께서 그 사람과 함께하고 계십니다."

19 그리하여 사울은 이새에게 사자들을 보내어 말을 전했습니다. "양을 치는 당신의 아들 다윗을 나에게 보내시오."

20 이새는 나귀에 포도주가 가득 담긴 가죽부대와 빵을 실었습니다. 또 염소새끼 한 마리도 가지고 왔습니다. 이새는 이 모든 것을 자기 아들 다윗과 함께 사울에게 보냈습니다.

21 다윗은 사울에게 와서 사울을 섬기기 시작하였습니다. 사울은 다윗을 매우 사랑하였습니다. 다윗은 사울의 무기를 맡는 부하가 되었습니다.

22 사울은 이새에게 심부름꾼을 보내어 말을 전했습니다. "다윗이 이곳에 머물면서 나를 섬기게 하시오. 나는 다윗이 좋소."

23 하나님이 보내신 나쁜 영이 사울에게 들어와 괴롭힐 때마다 다윗은 자기의 수금을 타곤 했습니다. 그러면 나쁜 영이 사울에게서 나갔으며, 그때마다 사울은 기분이 좋아졌습니다.

다윗과 골리앗

17 블레셋 사람들이 전쟁을 하기 위해 군대를 모았습니다. 블레셋 사람들은 유다 땅 소고에 모여서 소고와 아세가 사이에 있는 에베스담밈에 진을 쳤습니다.

anoint him."

13 •So as David stood there among his brothers, Samuel took the flask of olive oil he had brought and anointed David with the oil. And the Spirit of the LORD came powerfully upon David from that day on. Then Samuel returned to Ramah.

David Serves in Saul's Court

14 •Now the Spirit of the LORD had left Saul, and the LORD sent a tormenting spirit* that filled him with depression and fear.

15 •Some of Saul's servants said to him, "A tormenting spirit from God is trou-

16 bling you. •Let us find a good musician to play the harp whenever the tormenting spirit troubles you. He will play soothing music, and you will soon be well again."

17 •"All right," Saul said. "Find me someone who plays well, and bring him here."

18 •One of the servants said to Saul, "One of Jesse's sons from Bethlehem is a talented harp player. Not only that—he is a brave warrior, a man of war, and has good judgment. He is also a fine-looking young man, and the LORD is with him."

19 •So Saul sent messengers to Jesse to say, "Send me your son David, the shepherd."

20 •Jesse responded by sending David to Saul, along with a young goat, a donkey loaded with bread, and a wineskin full of wine.

21 •So David went to Saul and began serving him. Saul loved David very much, and David became his armor bearer.

22 •Then Saul sent word to Jesse asking, "Please let David remain in my service, for I am very pleased with him."

23 •And whenever the tormenting spirit from God troubled Saul, David would play the harp. Then Saul would feel better, and the tormenting spirit would go away.

Goliath Challenges the Israelites

17 The Philistines now mustered their army for battle and camped between Socoh in Judah and Azekah at Ephes-

---

armor [ɑ́ːrmər] *n.* 갑옷과 투구, 갑주
bearer [béərər] *n.* 심부름꾼
court [kɔːrt] *n.* 궁전, 왕궁
depression [dipréʃən] *n.* 의기소침, 우울
muster [mʌ́stər] *vt.* 소집하다
soothe [suːð] *vi.* 가라앉히다, 위로하다
torment [tɔ́ːrment] *vt.* 괴롭히다
wineskin [wáinskin] *n.* 가죽포도주부대
16:13 from that day on : 그날부터
16:18 not only that : 그뿐 아니라
16:20 load with … : …을 싣다

16:14 Or *an evil spirit;* also in 16:15, 16, 23.

2 사울과 이스라엘 사람들도 엘라 골짜기에 모여 진을 쳤습니다. 이스라엘 사람들은 블레셋 사람들과 싸울 대형을 갖추었습니다.

3 블레셋 사람들은 한 언덕을 차지하고 있었고, 이스라엘 사람들은 다른 언덕을 차지하고 있었습니다. 그 사이에는 골짜기가 있었습니다.

4 블레셋 사람들에게는 골리앗이라는 한 대장이 있었습니다. 그 사람은 가드 사람이었고, 키는 육 규빗 한 뼘* 가량 되었습니다.

5 머리에 놋으로 만든 투구를 쓰고, 놋으로 만든 갑옷을 입고 있었는데, 그 갑옷의 무게가 오천 세겔* 가량 되었습니다.

6 다리에도 놋으로 만든 보호대를 대고 있었으며, 등에는 작은 놋창을 메고 있었습니다.

7 그 사람이 가지고 있는 큰 창의 나무 부분은 베틀채만큼 컸습니다. 그리고 그 창날의 무게는 육백 세겔* 가량 되었습니다. 그 사람의 커다란 방패를 든 부하가 그 사람 앞에 걸어 나왔습니다.

8 골리앗이 서서 이스라엘 군인들에게 소리를 질렀습니다. "너희는 어찌하여 싸울 대형을 갖추고 있느냐? 나는 블레셋 사람이고, 너희는 사울의 종들이다. 한 사람을 뽑아 나에게 보내어 싸우게 하여라.

9 만약 누구든지 나를 죽일 수 있다면, 우리가 너희들의 종이 되겠다. 그러나 내가 그 사람을 죽이면, 너희가 우리의 종이 되어야 한다."

10 골리앗은 또 이렇게 말하였습니다. "오늘 내가 너희 이스라엘 군대를 이렇게 조롱하는데 나와 싸울 놈이 없단 말이냐?"

11 사울과 이스라엘 사람들은 이 블레셋 사람의 말을 듣고 무서워서 벌벌 떨었습니다.

12 다윗은 에브랏 사람 이새의 아들이었습니다. 이새는 유다 땅 베들레헴 사람이었는데, 아들이 여덟 명 있었습니다. 사울의 때에 이새는 이미 나이가 많은 노인이었습니다.

13 이새의 아들 중 위로부터 세 아들은 사울과 함께 싸움터에 있었습니다. 첫째 아들은 엘리압이었고, 둘째 아들은 아비나답이었으며, 셋째 아들은 삼마였습니다.

14 다윗은 막내아들이었습니다. 이새의 아들 중 위로부터 세 아들은 사울을 따르고 있었습니다.

15 다윗은 사울이 있는 곳과 베들레헴 사이를 왔다갔다하고 있었습니다. 다윗은 베들레헴에서 자기 아버지의 양 떼를 치고 있었습니다.

16 블레셋 사람 골리앗은 매일 아침 저녁으로 이스라엘 군대 앞에 나와 섰습니다. 그러기를 사십 일 동안, 하였습니다.

17 이새가 자기 아들 다윗에게 말하였습니다. "이 볶은

---

2 dammim. •Saul countered by gathering his
3 Israelite troops near the valley of Elah. •So
the Philistines and Israelites faced each other
on opposite hills, with the valley between
them.

4 •Then Goliath, a Philistine champion
from Gath, came out of the Philistine ranks
to face the forces of Israel. He was over nine
5 feet* tall! •He wore a bronze helmet, and his
bronze coat of mail weighed 125 pounds.*
6 •He also wore bronze leg armor, and he car-
7 ried a bronze javelin on his shoulder. •The
shaft of his spear was as heavy and thick as a
weaver's beam, tipped with an iron spear-
head that weighed 15 pounds.* His armor
bearer walked ahead of him carrying a
shield.

8 •Goliath stood and shouted a taunt
across to the Israelites. "Why are you all
coming out to fight?" he called. "I am the
Philistine champion, but you are only the
servants of Saul. Choose one man to come
9 down here and fight me! •If he kills me,
then we will be your slaves. But if I kill him,
10 you will be our slaves! •I defy the armies of
Israel today! Send me a man who will fight
11 me!" •When Saul and the Israelites heard
this, they were terrified and deeply shaken.

Jesse Sends David to Saul's Camp

12 •Now David was the son of a man named
Jesse, an Ephrathite from Bethlehem in the
land of Judah. Jesse was an old man at that
13 time, and he had eight sons. •Jesse's three
oldest sons—Eliab, Abinadab, and Shimea*—
had already joined Saul's army to fight the
14 Philistines. •David was the youngest son.
David's three oldest brothers stayed with
15 Saul's army, •but David went back and
forth so he could help his father with the
sheep in Bethlehem.

16 •For forty days, every morning and
evening, the Philistine champion strutted in
front of the Israelite army.

17 •One day Jesse said to David, "Take this
basket* of roasted grain and these ten loaves

---

counter [káuntər] *vi.* 대항하다, 맞서다(by)

17:4 Hebrew *6 cubits and 1 span* [which totals
about 9.75 feet or 3 meters]; Dead Sea Scrolls
and Greek version read *4 cubits and 1 span*
[which totals about 6.75 feet or 2 meters].
17:5 Hebrew *5,000 shekels* [57 kilograms].
17:7 Hebrew *600 shekels* [6.8 kilograms].
17:13 Hebrew *Shammah*, a variant spelling of
Shimea; compare 1 Chr 2:13; 20:7.　17:17
Hebrew *ephah* [20 quarts or 22 liters].

17:4 6규빗 한 뼘은 약 3m에 해당된다.
17:5 5,000세겔은 약 57kg에 해당된다.
17:7 600세겔은 약 6.84kg에 해당된다.

곡식 한 에바*와 빵 열 덩이를 진에 있는 네 형들에게 갖다 주어라.

18 또 이 치즈 열 덩이도 가지고 가서, 네 형들의 천부장에게 주어라. 그리고 네 형들이 어떻게 지내는지 알아보아라. 형들이 모두 잘 있다는 증거가 될 만한 것을 나에게 가지고 오너라."

19 그때 다윗의 형들은 사울과 이스라엘 군대와 함께 엘라 골짜기에서 블레셋 사람들과 싸우고 있었습니다.

20 다음 날, 다윗은 아침 일찍 일어나 다른 목동에게 양 떼를 맡겼습니다. 다윗은 음식을 가지고 이새가 말한 대로 집을 떠났습니다. 다윗이 진에 도착했을 때, 이스라엘 군대는 자기 진을 떠나서 싸움터로 나아가 함성을 지르고 있었습니다.

21 이스라엘 사람들과 블레셋 사람들은 대형을 갖추고 서로 마주 보면서 싸울 준비를 하고 있었습니다.

22 다윗은 자기가 가지고 온 음식을 짐 맡은 사람에게 맡기고, 싸움터로 나아가 형들을 만나 편안히 잘 있는지를 물었습니다.

23 다윗이 형들과 이야기를 하고 있을 때, 블레셋의 거인 골리앗이 또 나왔습니다. 골리앗은 보통 때처럼 이스라엘을 향하여 소리를 질러 댔습니다. 다윗도 그 소리를 들었습니다.

24 이스라엘 사람들은 골리앗을 보자 무서워 벌벌 떨며 달아나고 말았습니다.

25 이스라엘 사람들이 자기들끼리 말했습니다. "저 사람 골리앗을 봐라. 저 사람은 계속해서 이스라엘에게 욕을 퍼붓고 있다. 왕은 골리앗을 죽이는 사람에게 많은 돈을 주고 자기 딸도 주어 아내로 삼게 하고, 그 사람의 가족에게는 세금을 면제해 주기로 했다네."

26 다윗이 가까이에 서 있는 사람들에게 물었습니다. "이 블레셋 사람을 죽여 이스라엘에게서 수치를 없애 버리는 사람에게 어떤 상을 줍니까? 저 할례받지 못한 블레셋 사람이 누군데 감히 살아 계신 하나님의 군대를 욕할 수 있습니까?"

27 이스라엘 사람들이 다윗에게 골리앗을 죽인 사람에게 어떤 상이 주어지는지를 이야기해 주었습니다.

28 다윗이 군인들과 이야기하는 것을 다윗의 제일 큰형 엘리압이 들었습니다. 엘리압은 다윗에게 화를 내며 말했습니다. "넌 여기에 왜 왔니? 들에 있는 네 양들은 누구에게 맡겨 놓았니? 건방지고 잘난 체하는 아이야, 넌 지금 아무짝에도 쓸모 없는 짓을 하고 있어. 넌 지금 전쟁 구경을 하려고 여기에 온 거야."

29 다윗이 물었습니다. "제가 무엇을 잘못했어요? 군인들하고 이야기한 것도 잘못인가요?"

30 그리고 나서 다윗은 다른 사람들에게 가서 똑같은 질문을 하였습니다. 그러자 그 사람들도 먼저 사람들과 똑같이 대답했습니다.

of bread, and carry them quickly to your brothers. ●And give these ten cuts of cheese to their captain. See how your brothers are getting along, and bring back a report on 19 how they are doing.*" ●David's brothers were with Saul and the Israelite army at the valley of Elah, fighting against the Philistines.

20 ●So David left the sheep with another shepherd and set out early the next morning with the gifts, as Jesse had directed him. He arrived at the camp just as the Israelite army was leaving for the battlefield with shouts and battle cries. ●Soon 21 the Israelite and Philistine forces stood facing each other, army against army. ●David 22 left his things with the keeper of supplies and hurried out to the ranks to greet his 23 brothers. ●As he was talking with them, Goliath, the Philistine champion from Gath, came out from the Philistine ranks. Then David heard him shout his usual taunt to the army of Israel.

24 ●As soon as the Israelite army saw him, 25 they began to run away in fright. ●"Have you seen the giant?" the men asked. "He comes out each day to defy Israel. The king has offered a huge reward to anyone who kills him. He will give that man one of his daughters for a wife, and the man's entire family will be exempted from paying taxes!"

26 ●David asked the soldiers standing nearby, "What will a man get for killing this Philistine and ending his defiance of Israel? Who is this pagan Philistine anyway, that he is allowed to defy the armies of the living God?"

27 ●And these men gave David the same reply. They said, "Yes, that is the reward for killing him."

28 ●But when David's oldest brother, Eliab, heard David talking to the men, he was angry. "What are you doing around here anyway?" he demanded. "What about those few sheep you're supposed to be taking care of? I know about your pride and deceit. You just want to see the battle!"

29 ●"What have I done now?" David replied. "I was only asking a question!" ●He 30 walked over to some others and asked them the same thing and received the

---

deceit [disíːt] *n.* 불성실, 기만
defy [difái] *vt.* …을 무시하다
exempt [igzémpt] *vt.* 면제하다
pagan [péigən] *n.* 이교도
17:20 set out : 출발하다

17:18 Hebrew *and take their pledge.*
17:17 1에바는 약 22ℓ에 해당된다.

31 어떤 사람들이 다윗이 한 말을 듣고 그 말을 사울에게 전했습니다. 그러자 사울은 사람을 보내어 다윗을 데려오게 하였습니다.

32 다윗이 사울에게 말했습니다. "용기를 잃은 사람이 있으면 안 됩니다. 왕의 종인 제가 나가서 저 블레셋 사람과 싸우겠습니다."

33 사울이 대답했습니다. "너는 저 블레셋 사람과 싸울 수 없다. 너는 아직 어린아이일 뿐이지만, 골리앗은 젊었을 때부터 싸움을 많이 해 온 뛰어난 군인이다."

34 그러나 다윗이 사울에게 말했습니다. "왕의 종인 저는 내 아버지의 양 떼를 지키던 사람입니다. 사자나 곰이 나타나서 양을 물어 가면,

35 저는 그놈을 공격하여 그 입에서 양을 구해 냈습니다. 그놈이 저를 공격하면, 저는 그놈의 턱을 잡고 때려 죽이기도 하였습니다.

36 왕의 종인 저는 사자와 곰도 죽였습니다. 할례받지 않은 블레셋 사람인 골리앗도 제가 죽인 사자나 곰과 같은 꼴이 될 것입니다. 왜냐하면 골리앗은 살아 계신 하나님의 군대를 욕했기 때문에 죽어야 합니다.

37 여호와께서는 나를 사자와 곰에게서 구해 주셨습니다. 여호와께서는 나를 이 블레셋 사람으로부터도 구해 주실 것입니다." 사울이 다윗에게 말했습니다. "가거라. 여호와께서 너와 함께하시기를 빈다."

38 사울은 자기 옷을 다윗에게 입혀 주었습니다. 사울은 다윗의 머리에 놋투구를 씌워 주고, 몸에도 갑옷을 입혀 주었습니다.

39 다윗은 사울의 칼을 차고 몇 걸음 걸어 보았지만 투구와 갑옷이 거추장스러워서 걸을 수가 없었습니다. 다윗이 사울에게 말했습니다. "이 옷을 입고 갈 수 없습니다. 거추장스러워서 몸을 움직일 수가 없습니다." 다윗은 투구와 갑옷을 다 벗어 버렸습니다.

40 다윗은 손에 막대기를 들었습니다. 그리고 시냇가에서 조약돌 다섯 개를 주워서 양을 칠 때에 쓰는 주머니에 넣고 손에는 물매를 들었습니다. 그리고 나서 골리앗에게 나아갔습니다.

41 바로 그때, 블레셋 사람 골리앗도 다윗에게 다가오고 있었습니다. 골리앗의 방패를 든 사람이 골리앗 앞에 있었습니다.

42 골리앗은 다윗을 바라보았습니다. 골리앗은 다윗이 살결이 불그스레하고 잘생긴 어린아이라는 것을 알았습니다. 골리앗은 불쾌한 표정으로 다윗을 내려다보았습니다.

43 골리앗이 다윗에게 말했습니다. "막대기를 가지고 오다니 너는 내가 개인 줄 아느냐?" 골리앗은 자기 신들의 이름을 들먹이며 다윗을 저주하였습니다.

44 골리앗이 다윗에게 말했습니다. "이리 오너라. 내가 네 몸을 공중의 새와 들짐승들에게 먹이로 줄 것이

---

31 same answer. •Then David's question was reported to King Saul, and the king sent for him.

David Kills Goliath

32 •"Don't worry about this Philistine," David told Saul. "I'll go fight him!"

33 •"Don't be ridiculous!" Saul replied. "There's no way you can fight this Philistine and possibly win! You're only a boy, and he's been a man of war since his youth."

34 •But David persisted. "I have been taking care of my father's sheep and goats," he said. "When a lion or a bear comes to 35 steal a lamb from the flock, •I go after it with a club and rescue the lamb from its mouth. If the animal turns on me, I catch 36 it by the jaw and club it to death. •I have done this to both lions and bears, and I'll do it to this pagan Philistine, too, for he has defied the armies of the living God! 37 •The LORD who rescued me from the claws of the lion and the bear will rescue me from this Philistine!"

Saul finally consented. "All right, go ahead," he said. "And may the LORD be with you!"

38 •Then Saul gave David his own armor—a bronze helmet and a coat of 39 mail. •David put it on, strapped the sword over it, and took a step or two to see what it was like, for he had never worn such things before.

"I can't go in these," he protested to Saul. "I'm not used to them." So David took 40 them off again. •He picked up five smooth stones from a stream and put them into his shepherd's bag. Then, armed only with his shepherd's staff and sling, he started across the valley to fight the Philistine.

41 •Goliath walked out toward David with his shield bearer ahead of him, 42 sneering in contempt at this ruddy-faced 43 boy. •"Am I a dog," he roared at David, "that you come at me with a stick?" And he cursed David by the names of his gods. 44 •"Come over here, and I'll give your flesh to the birds and wild animals!" Goliath yelled.

consent [kənsént] vi. 동의하다
contempt [kəntémpt] n. 경멸
jaw [dʒɔː] n. 턱
mail [meil] n. 갑옷
persist [pərsíst] vi. 고집하다
ridiculous [ridíkjuləs] a. 터무니없는, 웃기는
roar [rɔːr] vi. 고함치다, 노호하다
sneer [sniər] vi. 조소하다, 비웃다
yell [jél] vi. 소리치다

다.”

45 다윗이 골리앗에게 말했습니다. “너는 나에게 칼과 큰 창과 작은 창을 가지고 나아오지만, 나는 만군의 여호와의 이름으로 너에게 간다. 여호와는 이스라엘 군대의 하나님이시다. 너는 여호와께 욕을 했다.

46 오늘 여호와께서 너를 나에게 주실 것이다. 나는 너를 죽여 너의 머리를 벨 것이며, 블레셋 군인들의 몸을 공중의 새와 들짐승들에게 먹이로 줄 것이다. 그렇게 하여 이스라엘에 하나님이 계시다는 것을 온 세상이 알게 할 것이다.

47 여기 모인 모든 사람들에게 여호와께서는 자기 백성을 구하시기 위하여 칼이나 창을 쓰실 필요가 없다는 것을 알게 할 것이다. 싸움은 여호와의 것이다. 하나님께서 우리가 너희 모두를 물리쳐 이기도록 도와 주실 것이다.”

48 골리앗이 다윗을 공격하기 위하여 가까이 왔을 때, 다윗도 재빨리 골리앗을 향해 달려갔습니다.

49 다윗은 자기 주머니에서 돌 하나를 꺼내어 물매에 올려 놓은 다음, 물매로 돌을 던졌습니다. 돌이 날아가 블레셋 사람의 이마를 맞혔습니다. 골리앗은 앞으로 고꾸라졌습니다.

50 이처럼 다윗은 물매와 돌 하나만 가지고 블레셋 사람을 물리쳐 이겼습니다. 다윗은 그 사람을 돌로 맞혀 죽였습니다. 다윗은 손에 칼도 가지고 있지 않았습니다.

51 다윗은 달려가서 블레셋 사람을 밟고 섰습니다. 다윗은 골리앗의 칼을 그의 칼집에서 꺼내어 그것으로 골리앗을 죽였습니다. 그리고 나서 골리앗의 머리를 베었습니다. 블레셋 사람들은 자기 대장이 죽은 것을 보고 뒤로 돌아 달아났습니다.

52 이스라엘과 유다 사람들은 소리를 지르며 블레셋 사람들을 뒤쫓기 시작했습니다. 그들은 가드 성으로 들어가는 곳과 에그론 성문까지 블레셋 사람들을 뒤쫓았습니다. 많은 블레셋 사람들이 죽었습니다. 죽거나 부상당한 블레셋 사람들이 가드와 에그론으로 가는 사이라임 길에 쓰러졌습니다.

53 이스라엘 사람들은 블레셋 사람들을 뒤쫓다가 다시 돌아와서 블레셋 사람들의 진에서 많은 물건을 가져 갔습니다.

54 다윗은 골리앗의 머리를 가지고 예루살렘으로 갔습니다. 다윗은 골리앗의 무기들도 자기 천막에 두었습니다.

55 사울은 다윗이 골리앗과 싸우러 나갈 때, 군대 지휘관인 아브넬에게 물었습니다. “아브넬이여, 저 젊은이의 아버지가 누군가?” 아브넬이 대답했습니다. “왕이시여, 정말이지 저는 모르겠습니다.”

56 사울이 말했습니다. “저 젊은이가 누구의 아들인지 알아보시오.”

45 ●David replied to the Philistine, "You come to me with sword, spear, and javelin, but I come to you in the name of the LORD of Heaven's Armies—the God of the armies of Israel, whom you have defied.

46 ●Today the LORD will conquer you, and I will kill you and cut off your head. And then I will give the dead bodies of your men to the birds and wild animals, and the whole world will know that there is a God in Israel! ●And everyone assembled here will know that the LORD rescues his people, but not with sword and spear. This is the LORD's battle, and he will give you to us!"

48 ●As Goliath moved closer to attack, David quickly ran out to meet him. 49 ●Reaching into his shepherd's bag and taking out a stone, he hurled it with his sling and hit the Philistine in the forehead. The stone sank in, and Goliath stumbled and fell face down on the ground.

50 ●So David triumphed over the Philistine with only a sling and a stone, for he had no sword. 51 ●Then David ran over and pulled Goliath's sword from its sheath. David used it to kill him and cut off his head.

Israel Routs the Philistines

When the Philistines saw that their champion was dead, they turned and ran. 52 ●Then the men of Israel and Judah gave a great shout of triumph and rushed after the Philistines, chasing them as far as Gath* and the gates of Ekron. The bodies of the dead and wounded Philistines were strewn all along the road from Shaaraim, 53 as far as Gath and Ekron. ●Then the Israelite army returned and plundered the deserted Philistine camp. 54 ●(David took the Philistine's head to Jerusalem, but he stored the man's armor in his own tent.)

55 ●As Saul watched David go out to fight the Philistine, he asked Abner, the commander of his army, "Abner, whose son is this young man?"

"I really don't know," Abner declared.

56 ●"Well, find out who he is!" the king told him.

---

hurl [hə:rl] *vt.* 던지다
javelin [dʒǽvəlin] *n.* 던지는 창
rout [raut] *vt.* 대승하다, 완패시키다
sheath [ʃi:θ] *n.* 칼집
stumble [stʌ́mbl] *vi.* 비틀거리다
17:49 sink in : 박히다

17:52　As in some Greek manuscripts; Hebrew reads *a valley*.

57 다윗이 골리앗을 죽이고 돌아오자, 아브넬은 다윗을 사울에게 데리고 갔습니다. 다윗은 그때까지 골리앗의 머리를 들고 있었습니다.

58 사울이 다윗에게 물었습니다. "젊은이여, 그대의 아버지는 누구인가?" 다윗이 대답했습니다. "나는 베들레헴 사람 이새의 아들입니다."

사울이 다윗을 두려워함

18 다윗이 사울과 이야기를 나누고 있는 모습을 본 요나단은 이미 맘속으로 다윗을 매우 좋아하게 되었습니다. 요나단은 다윗을 자기 목숨처럼 아끼고 사랑했습니다.

2 사울은 그날부터 다윗을 자기 곁에 있게 했습니다. 사울은 다윗이 자기 아버지 집으로 돌아가는 것을 허락하지 않았습니다.

3 요나단은 다윗을 자기 목숨처럼 아끼고 사랑했기 때문에 다윗과 영원한 우정을 약속했습니다.

4 요나단은 자기 겉옷을 벗어 다윗에게 주었습니다. 또 자기의 갑옷과 칼과 활과 띠까지 모두 주었습니다.

5 사울은 다윗을 보내어 여러 싸움터에서 싸우게 했는데, 다윗은 그때마다 늘 이겼습니다. 그래서 사울은 다윗을 군대를 지휘하는 사령관으로 삼았습니다. 그러자 사울의 부하들과 모든 백성들이 기뻐했습니다.

6 다윗이 블레셋 사람 골리앗을 죽인 후 다른 사람들과 함께 돌아올 때, 이스라엘의 온 마을에서 여자들이 사울 왕을 맞이하기 위해 나왔습니다. 여자들은 기쁨의 노래를 부르면서 춤을 추고 소고와 경쇠를 연주했습니다.

7 여자들은 악기를 연주하면서 이렇게 노래했습니다. "사울이 죽인 적은 천천이요, 다윗이 죽인 적은 만만이라네."

8 여자들의 노래는 사울의 기분을 상하게 만들었습니다. 그는 크게 화가 났습니다. 사울이 생각했습니다. '여자들은 다윗이 수만 명을 죽이고, 나는 수천 명밖에 죽이지 않았다고 말하는구나. 이대로 가다가는 다윗이 나라를 차지하고 말겠구나.'

9 그리하여 사울은 그날부터 다윗을 경계하는 눈으로 바라보았습니다. 사울은 다윗을 질투했습니다.

10 이튿날, 하나님이 보내신 나쁜 영이 사울에게 강하게 들어갔습니다. 그러자 사울은 자기 집에서 미친 사람처럼 말을 했습니다. 다윗은 보통 때처럼 수금을 타고 있었고, 사울은 손에 창을 들고 있었습니다.

11 사울은 창을 들어올리며 '다윗을 벽에 박아 버려야지' 하면서 창을 던졌습니다. 그러나 다윗은 그 창을 두 번이나 피해 도망갔습니다.

12 여호와께서는 다윗과 함께하셨으나 사울에게서는 떠나셨습니다. 그래서 사울은 다윗을 두려워했습니다.

13 사울은 다윗을 멀리 보내어 작은 부대 지휘관으로 임명하였습니다. 그리하여 다윗은 작은 부대를 이끌고

---

57 • As soon as David returned from killing Goliath, Abner brought him to Saul with the Philistine's head still in his

58 hand. • "Tell me about your father, young man," Saul said.

And David replied, "His name is Jesse, and we live in Bethlehem."

Saul Becomes Jealous of David

18 After David had finished talking with Saul, he met Jonathan, the king's son. There was an immediate bond between them, for Jonathan loved David.

2 • From that day on Saul kept David with him and wouldn't let him return home.

3 • And Jonathan made a solemn pact with David, because he loved him as he loved himself. • Jonathan sealed the pact by taking off his robe and giving it to David, together with his tunic, sword, bow, and belt.

5 • Whatever Saul asked David to do, David did it successfully. So Saul made him a commander over the men of war, an appointment that was welcomed by the people and Saul's officers alike.

6 • When the victorious Israelite army was returning home after David had killed the Philistine, women from all the towns of Israel came out to meet King Saul. They sang and danced for joy with tambourines and cymbals.* • This was their song:

> "Saul has killed his thousands,
> and David his ten thousands!"

8 • This made Saul very angry. "What's this?" he said. "They credit David with ten thousands and me with only thousands. Next they'll be making him their king!"

9 • So from that time on Saul kept a jealous eye on David.

10 • The very next day a tormenting spirit* from God overwhelmed Saul, and he began to rave in his house like a madman. David was playing the harp, as he did each day. But Saul had a spear in his

11 hand, • and he suddenly hurled it at David, intending to pin him to the wall. But David escaped him twice.

12 • Saul was then afraid of David, for the LORD was with David and had turned

13 away from Saul. • Finally, Saul sent him away and appointed him commander over 1,000 men, and David faithfully led his troops into battle.

18:6 The type of instrument represented by the word *cymbals* is uncertain.　18:10 Or *an evil spirit.*

14 여호와께서 다윗과 함께하셨기 때문에, 나가 싸울 때마다 승리하였습니다.

15 사울은 다윗이 크게 승리하는 것을 보고 점점 더 다윗을 두려워했습니다.

16 그러나 이스라엘과 유다의 모든 백성들은 다윗을 사랑하였습니다. 왜냐하면 다윗이 군대를 이끌고 전쟁을 할 때마다 모두 승리하였기 때문입니다.

사울의 딸과 다윗

17 사울이 다윗에게 말했습니다. "여기에 내 맏딸 메랍이 있다. 내 딸을 너에게 주어 너의 아내로 삼게 해 주겠다. 그 대신 너는 나가서 용감하게 여호와를 위해 싸워라." 사울은 또 이렇게 마음먹었습니다. '다윗이 블레셋 사람들의 손에 죽을 테니, 내가 다윗을 죽일 필요가 없다.'

18 그러나 다윗이 말했습니다. "이런 대접은 나에게 분에 넘치는 것입니다. 그리고 내 아버지의 집안도 왕의 사위가 되기에는 보잘것 없는 집안입니다."

19 그러나 다윗이 사울의 딸 메랍과 결혼할 때가 되었을 때, 사울은 메랍을 다윗 대신에 므홀랏 사람 아드리엘에게 주었습니다.

20 그런데 사울의 둘째 딸 미갈이 다윗을 사랑하였습니다. 미갈이 다윗을 사랑하고 있다는 이야기를 전해 들은 사울은 잘 된 일이라고 생각했습니다.

21 사울이 생각했습니다. '미갈을 다윗과 결혼시켜야겠다. 그리고 미갈을 이용해 다윗을 블레셋 사람들의 손에 죽게 해야겠다.' 그리하여 사울은 두 번째로 다윗에게 "내 사위가 되지 않겠나?" 하고 물었습니다.

22 그리고 사울은 자기 종들에게 명령을 내렸습니다. "다윗에게 몰래 이렇게 말하여라. '왕은 당신을 좋아하고 있소, 왕의 종들도 당신을 좋아하고 있으니, 당신은 왕의 사위가 되어야 하오.'"

23 사울의 종들은 이 명령대로 다윗에게 말했습니다. 그러나 다윗은 대답했습니다. "여러분은 왕의 사위가 되는 것이 쉽다고 생각하시오? 나는 가난하고 보잘 것 없는 사람입니다."

24 그러자 사울의 종들이 다윗의 말을 사울에게 전하였습니다.

25 사울이 말했습니다. "다윗에게 이렇게 말하여라. '왕은 그렇게 많은 것을 요구하지 않습니다. 왕이 원하는 것은 블레셋 사람들의 포피 백 개일 뿐이오, 단지 왕의 원수를 갚아 드리면 되오.'" 사울은 다윗을 블레셋 사람들 손에 죽게 만들 속셈이었습니다.

26 사울의 종들은 이 말을 그대로 다윗에게 전했습니다. 다윗은 자기가 왕의 사위가 될 수 있다고 생각하니 기뻤습니다. 정한 날짜가 가까이 왔습니다.

27 그래서 다윗과 그의 부하들은 밖으로 나가 블레셋 사

14 ●David continued to succeed in everything he did, for the LORD was with him.
15 ●When Saul recognized this, he became
16 even more afraid of him. ●But all Israel and Judah loved David because he was so successful at leading his troops into battle.

David Marries Saul's Daughter

17 ●One day Saul said to David, "I am ready to give you my older daughter, Merab, as your wife. But first you must prove yourself to be a real warrior by fighting the LORD's battles." For Saul thought, "I'll send him out against the Philistines and let them kill him rather than doing it myself."

18 ●"Who am I, and what is my family in Israel that I should be the king's son-in-law?" David exclaimed. "My father's family is nothing!" ●So* when the time came
19 for Saul to give his daughter Merab in marriage to David, he gave her instead to Adriel, a man from Meholah.

20 ●In the meantime, Saul's daughter Michal had fallen in love with David, and Saul was delighted when he heard about it.
21 ●"Here's another chance to see him killed by the Philistines!" Saul said to himself. But to David he said, "Today you have a second chance to become my son-in-law!"

22 ●Then Saul told his men to say to David, "The king really likes you, and so do we. Why don't you accept the king's offer and become his son-in-law?"

23 ●When Saul's men said these things to David, he replied, "How can a poor man from a humble family afford the bride price for the daughter of a king?"

24 ●When Saul's men reported this back to
25 the king, ●he told them, "Tell David that all I want for the bride price is 100 Philistine foreskins! Vengeance on my enemies is all I really want." But what Saul had in mind was that David would be killed in the fight.

26 ●David was delighted to accept the
27 offer. Before the time limit expired, ●he and his men went out and killed 200 Philistines. Then David fulfilled the king's requirement by presenting all their foreskins to him. So Saul gave his daughter Michal to David to be his wife.

afford [əfɔ́ːrd] vt. 여력이 있다
expire [ikspáiər] vi. 끝나다, 만기되다
pact [pækt] n. (개인간의) 약속
rave [réiv] vi. 헛소리하다; (미친 사람처럼) 지껄이다
vengeance [véndʒəns] n. 복수, 원수갚기

18:19 Or But.

람이 백 명을 죽였습니다. 다윗은 블레셋 사람들의 포피를 베어서 사울에게 가지고 갔습니다. 다윗은 왕의 사위가 되고 싶어했습니다. 그리하여 사울은 자기 딸 미갈을 다윗의 아내로 주었습니다.

28 사울은 여호와께서 다윗과 함께하신다는 것을 알았습니다. 사울은 자기 딸 미갈이 다윗을 사랑한다는 것도 알았습니다.

29 그래서 사울은 다윗을 더욱 두려워하게 되었습니다. 사울은 평생토록 다윗의 원수가 되었습니다.

30 블레셋의 지휘관들은 계속해서 이스라엘을 공격해 왔습니다. 그러나 그때마다 다윗은 그들을 물리쳐 이 겼습니다. 다윗은 사울의 부하들보다 더 많은 공을 세 웠습니다. 그리하여 다윗은 더 유명해졌습니다.

사울이 다윗을 죽이려 함

19 사울은 자기 아들 요나단과 자기의 모든 종들에 게 다윗을 죽이라고 말했습니다. 그러나 요나단 은 다윗을 매우 아꼈습니다.

2 그래서 요나단은 다윗에게 이렇게 귓속말을 해 주었 습니다. "내 아버지 사울이 자네를 죽일 기회를 찾고 있네. 그러니 조심하여 내일 아침에 아무도 모르는 곳에 숨어 있게.

3 내가 아버지와 함께 자네가 숨어 있는 들로 나가서, 자네에 대해 아버지에게 이야기를 해 보겠네. 그런 다음, 내가 알아 낸 것을 자네에게도 알려 주겠네."

4 요나단은 자기 아버지 사울과 이야기를 했습니다. 요 나단은 다윗에 대해 좋은 말을 했습니다. 요나단이 말 했습니다. "아버지는 왕이십니다. 아버지의 종 다윗 에게 나쁜 일을 하지 마십시오. 다윗은 아버지에게 나쁜 일을 하지 않았습니다. 다윗이 한 일은 오히려 아버지에게 크게 도움이 되었습니다.

5 다윗은 자기 목숨을 걸고 블레셋 사람 골리앗을 죽였 습니다. 여호와께서는 온 이스라엘이 큰 승리를 거두 게 하셨습니다. 아버지도 그것을 보시고 기뻐하셨는 데, 왜 다윗에게 나쁜 일을 하려 하십니까? 다윗은 죄 가 없습니다. 그를 죽일 이유가 없습니다."

6 사울은 요나단의 말을 듣고 이렇게 약속하였습니다. "여호와께 맹세하지만, 나는 결코 다윗을 죽이지 않 겠다."

7 그러자 요나단은 다윗을 불러 냈습니다. 요나단은 아 버지 사울 왕이 한 모든 말을 다윗에게 이야기해 주었 습니다. 그리고 요나단은 다윗을 사울에게 데리고 갔 습니다. 그리하여 다윗은 전처럼 사울과 함께 있게 되 었습니다.

8 다시 전쟁이 일어나자, 다윗은 나가서 블레셋 사람들 과 싸웠습니다. 다윗은 그들을 물리쳐 이겼고, 그들 은 다윗 앞에서 달아났습니다.

9 사울이 손에 창을 들고 자기 집에 앉아 있을 때에 여

28 • When Saul realized that the LORD was with David and how much his daughter
29 Michal loved him, • Saul became even more afraid of him, and he remained David's enemy for the rest of his life.

30 • Every time the commanders of the Philistines attacked, David was more successful against them than all the rest of Saul's officers. So David's name became very famous.

Saul Tries to Kill David

19 Saul now urged his servants and his son Jonathan to assassinate David. But Jonathan, because of his strong affection for David, • told him what his father was planning. "Tomorrow morning," he warned him, "you must find a hiding
3 place out in the fields. • I'll ask my father to go out there with me, and I'll talk to him about you. Then I'll tell you everything I can find out."

4 • The next morning Jonathan spoke with his father about David, saying many good things about him. "The king must not sin against his servant David," Jonathan said. "He's never done anything to harm you. He has always helped you in any way
5 he could. • Have you forgotten about the time he risked his life to kill the Philistine giant and how the LORD brought a great victory to all Israel as a result? You were certainly happy about it then. Why should you murder an innocent man like David? There is no reason for it at all!"

6 • So Saul listened to Jonathan and vowed, "As surely as the LORD lives, David will not be killed."

7 • Afterward Jonathan called David and told him what had happened. Then he brought David to Saul, and David served in the court as before.

8 • War broke out again after that, and David led his troops against the Philistines. He attacked them with such fury that they all ran away.

9 • But one day when Saul was sitting at home, with spear in hand, the tormenting spirit* from the LORD suddenly came upon

---

affection [əfékʃən] *n.* 애정, 호의
assassinate [əsǽsənèit] *vt.* 암살하다
fury [fjúəri] *n.* 격분
harm [háːrm] *vt.* 해치다
spear [spiər] *n.* 창
19:1 **urge … to** ∼ : …에게 ∼하도록 강요하다
19:5 **risk one's life** : 목숨을 걸다
19:8 **break out** : 돌발하다, 발생하다

19:9 Or *evil spirit.*

호와께서 보내신 나쁜 영이 사울에게 들어갔습니다. 다윗은 그 앞에서 수금을 타고 있었습니다.

10 사울은 창을 들어 다윗에게 던졌습니다. 그러나 다윗은 몸을 피하여 다치지 않았고, 사울의 창은 벽에 박혔습니다. 다윗은 그날 밤에 사울에게서 도망쳤습니다.

11 사울은 다윗의 집으로 사람들을 보내어, 집 밖에서 지키고 있다가 아침에 다윗을 죽이라고 했습니다. 그러나 다윗의 아내인 미갈이 다윗에게 말해 주었습니다. "당신은 오늘 밤 안으로 도망쳐야 목숨을 건질 수 있어요. 지금 도망가지 않으면 내일 아침 죽을 거예요."

12 미갈은 창문을 통해 다윗을 밖으로 내려보냈습니다. 그래서 다윗은 피했습니다.

13 미갈은 우상을 가져다가 침대 위에 놓고, 옷으로 싼 다음에 염소털을 그 머리에 씌웠습니다.

14 사울은 다윗을 잡으려고 사람들을 보냈습니다. 그러나 미갈은 "다윗은 아파요" 하고 말했습니다.

15 다윗을 잡으러 갔던 사람들이 사울에게 돌아와서 미갈의 말을 전하였지만, 사울은 그 사람들을 다시 돌려보내 다윗을 잡아 오게 했습니다. 사울이 그들에게 말했습니다. "침대를 통째로 들고 오너라. 내가 다윗을 죽여 버리겠다."

16 그러나 다윗을 잡으러 간 사람들이 다윗의 집에 들어가 보니 침대 위에 있는 것은 우상이었고, 머리털은 염소의 털이었습니다.

17 사울이 미갈에게 말했습니다. "너는 왜 이런 식으로 나를 속였느냐? 너는 내 원수를 달아나게 했도다." 미갈이 사울에게 대답했습니다. "다윗이 자기를 도망갈 수 있게 해 주지 않으면 나를 죽여 버리겠다고 했어요."

18 다윗은 사울을 피해 도망친 후에 라마에 있는 사무엘에게 갔습니다. 다윗은 사무엘에게 사울이 자기에게 한 모든 일을 말해 주었습니다. 다윗과 사무엘은 나욧으로 가서 거기에 머물렀습니다.

19 사울은 다윗이 라마의 나욧에 있다는 소식을 들었습니다.

20 그래서 사람들을 보내어 다윗을 잡아 오게 하였습니다. 그 사람들이 다윗을 잡으러 갔을 때, 그들은 예언을 하고 있는 예언자들을 보았습니다. 그리고 사무엘이 그 예언자들의 우두머리로 있는 것도 보았습니다. 그때, 하나님의 영이 사울이 보낸 사람들에게 들어가서, 그들도 예언을 하게 되었습니다.

21 사울이 그 소식을 들었습니다. 그래서 다른 사람들을 보냈지만, 그 사람들도 예언을 하였습니다. 세 번째로 사람을 보냈지만 그 사람들도 예언을 하였습니다.

22 그래서 이번에는 사울이 직접 라마로 갔습니다. 사울은 세구에 있는 우물에 이르러 물었습니다. "사무엘과 다윗이 어디에 있소?" 백성들이 대답하였습니다. "라마의 나욧에 있습니다."

him again. As David played his harp,

10 •Saul hurled his spear at David. But David dodged out of the way, and leaving the spear stuck in the wall, he fled and escaped into the night.

Michal Saves David's Life

11 •Then Saul sent troops to watch David's house. They were told to kill David when he came out the next morning. But Michal, David's wife, warned him, "If you don't escape tonight, you will be dead by morning." •So she helped him climb out through a window, and he fled and escaped.

12

13 •Then she took an idol* and put it in his bed, covered it with blankets, and put a cushion of goat's hair at its head.

14 •When the troops came to arrest David, she told them he was sick and couldn't get out of bed.

15 •But Saul sent the troops back to get David. He ordered, "Bring him to me in his

16 bed so I can kill him!" •But when they came to carry David out, they discovered that it was only an idol in the bed with a cushion of goat's hair at its head.

17 •"Why have you betrayed me like this and let my enemy escape?" Saul demanded of Michal.

"I had to," Michal replied. "He threatened to kill me if I didn't help him."

18 •So David escaped and went to Ramah to see Samuel, and he told him all that Saul had done to him. Then Samuel took David

19 with him to live at Naioth. •When the report reached Saul that David was at

20 Naioth in Ramah, •he sent troops to capture him. But when they arrived and saw Samuel leading a group of prophets who were prophesying, the Spirit of God came upon Saul's men, and they also began to

21 prophesy. •When Saul heard what had happened, he sent other troops, but they, too, prophesied! The same thing happened

22 a third time. •Finally, Saul himself went to Ramah and arrived at the great well in Secu. "Where are Samuel and David?" he demanded.

"They are at Naioth in Ramah," someone told him.

---

arrest [ərést] *vt.* 체포하다
betray [bitréi] *vt.* 배반하여 넘기다
dodge [dadʒ] *vi.* 잽싸게 몸을 피하다
prophesy [práfəsài] *vi.* 예언하다
stick [stík] *vi.* 꽂히다
teraphim [térəfim] *n.* (고대 히브리 인들의) 가신상
19:12 climb out through … : …으로 기어나가다
19:17 demand of … : …심문하다, 다그치다
....
19:13 Hebrew *teraphim*; also in 19:16.

23 그 말을 듣고 사울은 라마의 나욧으로 갔습니다. 그러나 하나님의 영이 사울에게도 들어갔습니다. 사울은 걸으면서 예언을 하다가 라마의 나욧까지 갔습니다.

24 사울은 자기 옷을 벗고 사무엘 앞에서 예언을 하였습니다. 사울은 지쳐 쓰러졌습니다. 그리고 하루 종일, 밤새도록 그렇게 누워 있었습니다. 그래서 '사울도 예언자 중 한 사람인가?' 라는 말이 생겨났습니다.

다윗과 요나단

20 그때에 다윗은 라마의 나욧에서 달아났습니다. 다윗은 요나단에게 가서 이렇게 물었습니다. "내가 무슨 잘못을 했나? 내 죄가 무엇인가? 내가 자네 아버지에게 무슨 잘못을 저질렀기에 자네 아버지가 나를 죽이려고 하는가?"

2 요나단이 대답하였습니다. "아닐세! 자네는 결코 죽지 않을 걸세. 아버지는 아무리 작은 일을 하시더라도 먼저 나에게 말씀을 해 주신다네. 자네를 죽일 생각이 있었다면 반드시 나에게도 말씀해 주셨을 걸세. 아버지는 결코 자네를 죽이지 않을 걸세."

3 다윗이 다시 말했습니다. "자네 아버지는 내가 자네 친구라는 것을 잘 알고 계시네. 자네 아버지는 속으로 이렇게 생각하고 계실 걸세. '요나단에게는 이 일을 알리지 말아야지. 만약 요나단이 이 일을 알면 다윗에게 말해 버릴 거야.' 그러니 여호와와 자네에게 맹세하지만 나는 곧 죽을 걸세."

4 요나단이 다윗에게 말했습니다. "자네가 해 달라는 것은 무엇이든지 해 주겠네."

5 다윗이 말했습니다. "이보게, 내일은 '초하루 축제일' 일세. 나는 왕과 함께 식사를 하게 되어 있네. 하지만 나는 삼 일 저녁까지 들에 숨어 있겠네.

6 자네 아버지가 내가 없어졌다는 것을 눈치 채시면 이렇게 말해 주게나. '다윗은 나에게 자기 고향 베들레헴으로 가게 해 달라고 말했어요. 해마다 이맘때에는 그의 온 가족이 제사를 드린답니다.'

7 만약 자네 아버지가 '잘했다' 라고 말씀하시면, 나는 무사할 걸세. 하지만 자네 아버지가 화를 내시면, 자네 아버지가 날 해칠 생각이 있는 걸로 알겠네.

8 요나단! 자네 종인 나를 도와 주게. 자네는 여호와 앞에서 나와 약속을 하였네. 나에게 죄가 있다면, 자네가 나를 죽이게나. 자네 아버지에게 넘겨 줄 필요가 없지 않겠나?"

9 요나단이 대답합니다. "아닐세. 결코 그럴 수 없네. 아버지가 만약 자네를 해칠 생각을 갖고 있다는 것을 알게 되면 반드시 자네에게 알려 주겠네."

10 다윗이 물었습니다. "자네 아버지가 자네에게 엄하게 대답하면, 누가 나에게 알려 줄 수 있겠나?"

11 요나단이 말했습니다. "들로 나가세." 그래서 요나단과 다윗은 함께 들로 나갔습니다.

---

23 •But on the way to Naioth in Ramah the Spirit of God came even upon Saul, and he, too, began to prophesy all the way to Naioth! 24 •He tore off his clothes and lay naked on the ground all day and all night, prophesying in the presence of Samuel. The people who were watching exclaimed, "What? Is even Saul a prophet?"

Jonathan Helps David

20 David now fled from Naioth in Ramah and found Jonathan. "What have I done?" he exclaimed. "What is my crime? How have I offended your father that he is so determined to kill me?"

2 •"That's not true!" Jonathan protested. "You're not going to die. He always tells me everything he's going to do, even the little things. I know my father wouldn't hide something like this from me. It just isn't so!"

3 •Then David took an oath before Jonathan and said, "Your father knows perfectly well about our friendship, so he has said to himself, 'I won't tell Jonathan— why should I hurt him?' But I swear to you that I am only a step away from death! I swear it by the LORD and by your own soul!"

4 •"Tell me what I can do to help you," Jonathan exclaimed.

5 •David replied, "Tomorrow we celebrate the new moon festival. I've always eaten with the king on this occasion, but tomorrow I'll hide in the field and stay 6 there until the evening of the third day. If your father asks where I am, tell him I asked permission to go home to Bethlehem for an annual family sacrifice. •If he says, 'Fine!' you will know all is well. But if he is 7 angry and loses his temper, you will know 8 he is determined to kill me. •Show me this loyalty as my sworn friend—for we made a solemn pact before the LORD—or kill me yourself if I have sinned against your father. But please don't betray me to him!"

9 •"Never!" Jonathan exclaimed. "You know that if I had the slightest notion my father was planning to kill you, I would tell you at once."

10 •Then David asked, "How will I know whether or not your father is angry?"

11 •"Come out to the field with me," Jonathan replied. And they went out there

---

notion [nóuʃən] *n.* 생각
offend [əfénd] *vt.* 기분을 상하게 하다
protest [prətést] *vt.* 부인하다
20:3 take an oath : 맹세하다
20:7 lose one's temper : 흥분하다

12 요나단이 다윗에게 말했습니다. "이스라엘의 하나님 여호와 앞에서 이렇게 약속하네. 모레 이맘때까지 아버지의 마음을 알아 보겠네. 만약 아버지가 자네에게 나쁜 마음을 품고 계시지 않다면 자네에게 그 소식을 알려 주겠네.

13 하지만 만약 아버지가 자네를 해칠 마음을 품고 계시다면 그 사실도 자네에게 알려 주겠네. 그래서 자네가 안전하게 멀리 도망갈 수 있도록 하겠네. 그렇게 하지 않는다면 하나님께서 나에게 무서운 벌을 내리셔도 감당하겠네. 여호와께서 내 아버지와 함께 계셨던 것처럼 자네와도 함께 계시기를 바라네.

14 내가 살아 있는 동안, 나에게 여호와의 사랑을 베풀어 주게나. 그래서 내가 죽지 않게 해 주게.

15 내 집안에도 변함없이 사랑을 베풀어 주어야 하네. 여호와께서 자네의 모든 원수를 이 땅에서 없애 버리시더라도 우리 집안에 대한 사랑을 버리지 말아 주게."

16 요나단은 다윗과 약속을 하며 "여호와께서 다윗의 원수들을 벌주시기를 바라네" 하고 말했습니다.

17 그리고 요나단은 다윗에게 자기가 맺은 사랑의 약속을 다시 말하게 했습니다. 요나단은 다윗을 자기 목숨만큼 사랑했기 때문에 그런 약속을 하게 하였습니다.

18 요나단이 다윗에게 말했습니다. "내일은 '초하루 축제일'이네. 하지만 자네의 자리는 빌 것이고, 내 아버지는 자네가 없어졌다는 것을 알게 될 걸세.

19 이틀 뒤에 자네는 지난 번에 숨어 있었던 곳으로 가게. 가서 에셀 바위 곁에서 기다리게.

20 그러면 내가 화살 세 발을 바위 가까이로 쏘겠네. 마치 어떤 목표물을 향해 쏘는 것처럼 쏘겠네.

21 그리고 나서 소년을 한 명 보내서 그 화살들을 찾으라고 말하겠네. 만약 내가 '애야, 너무 멀리 갔다. 화살은 네 뒤쪽에 있으니 이리 주워 오너라' 하고 말하면, 자네는 숨어 있는 곳에서 나와도 상관없네. 여호와께 맹세하지만 자네에게 위험한 일이 없을 테니 그곳에서 나와도 좋을 걸세.

22 하지만 만약 내가 '애야, 화살은 네 앞쪽에 있다' 하고 말하면, 여호와께서 자네를 보내시는 것으로 알고 그곳을 떠나게나.

23 우리가 이야기한 것을 기억하게. 여호와께서는 자네와 나 사이에 영원한 증인이시네."

24 그리하여 다윗은 들에 숨었습니다. '초하루 축제일'이 이르자, 왕이 식탁에 앉았습니다.

25 왕은 언제나 앉던 자리인 벽 가까이에 앉았습니다. 요나단은 왕의 맞은편에 앉았고, 아브넬은 왕의 곁에 앉았습니다. 하지만 다윗의 자리는 비어 있었습니다.

26 그날, 사울은 아무 말도 하지 않았습니다. 사울은 다윗에게 무슨 부정한 일이 생겨 나오지 못한 거겠지'

---

12 together. ●Then Jonathan told David, "I promise by the LORD, the God of Israel, that by this time tomorrow, or the next day at the latest, I will talk to my father and let you know at once how he feels about you. If he speaks favorably about

13 you, I will let you know. ●But if he is angry and wants you killed, may the LORD strike me and even kill me if I don't warn you so you can escape and live. May the LORD be with you as he used to be with my father.

14 ●And may you treat me with the faithful love of the LORD as long as I live. But if I

15 die, ●treat my family with this faithful love, even when the LORD destroys all your enemies from the face of the earth."

16   ●So Jonathan made a solemn pact with David,* saying, "May the LORD destroy all

17 your enemies!" ●And Jonathan made David reaffirm his vow of friendship again, for Jonathan loved David as he loved himself.

18   ●Then Jonathan said, "Tomorrow we celebrate the new moon festival. You will be missed when your place at the table is

19 empty. ●The day after tomorrow, toward evening, go to the place where you hid

20 before, and wait there by the stone pile.* I will come out and shoot three arrows to the side of the stone pile as though I were

21 shooting at a target. ●Then I will send a boy to bring the arrows back. If you hear me tell him, 'They're on this side,' then you will know, as surely as the LORD lives, that all is well, and there is no trouble.

22 ●But if I tell him, 'Go farther—the arrows are still ahead of you,' then it will mean that you must leave immediately, for the

23 LORD is sending you away. ●And may the LORD make us keep our promises to each other, for he has witnessed them."

24   ●So David hid himself in the field, and when the new moon festival began, the

25 king sat down to eat. ●He sat at his usual place against the wall, with Jonathan sitting opposite him* and Abner beside him.

26 But David's place was empty. ●Saul didn't say anything about it that day, for he said to himself, "Something must have made

---

favorably [féivərəbli] *ad.* 호의적으로
pact [pǽkt] *n.* 약속, 조약, 협정
reaffirm [rìːəfɔ́ːrm] *vt.* 재확인하다
solemn [sáləm] *a.* 엄숙한
witness [wítnis] *vt.* 증거하다
20:14 treat… with ~ : …를 ~로써 대접하다

20:16 Hebrew *with the house of David.*　**20:19** Hebrew *the stone Ezel.* The meaning of the Hebrew is uncertain.　**20:25** As in Greek version; Hebrew reads *with Jonathan standing.*

라고 생각했습니다.

27 이튿날은 그 달의 두 번째 날이었습니다. 다윗의 자리가 또 비어 있었습니다. 이번에는 사울이 요나단에게 물었습니다. "이새의 아들은 왜 이 식탁에 어제도 오지 않고 오늘도 오지 않는 거냐?"

28 요나단이 대답하였습니다. "다윗이 나에게 베들레헴으로 가게 해 달라고 부탁했습니다.

29 다윗은 '우리 가족이 마을에서 제사를 드리니 가게 해 주게. 형이 나를 오라고 했네. 자네가 내 친구라면 내 형들을 만나게 해 주게' 하고 말했습니다. 그래서 다윗은 왕의 식탁에 나오지 못했습니다."

30 그러자 사울은 요나단에게 화를 내며 말했습니다. "이 바보 같은 놈아! 그래 난 네가 이새의 아들 다윗의 편인 줄 알고 있었다. 너는 너뿐만 아니라 너를 낳아 준 네 어미도 수치스럽게 만들고 있다.

31 이새의 아들이 살아 있는 한, 너는 절대로 왕이 될 수 없고, 나라를 가질 수도 없다. 그러니 이제 사람들을 보내어 다윗을 끌고 오너라. 다윗을 반드시 죽여야 한다."

32 요나단이 자기 아버지에게 물었습니다. "다윗이 왜 죽어야 합니까? 다윗이 대체 무슨 잘못을 했습니까?"

33 그러자 사울이 자기 창을 요나단에게 던져 요나단을 죽이려 했습니다. 요나단은 자기 아버지가 다윗을 정말로 죽이려 한다는 것을 알았습니다.

34 요나단은 크게 화를 내며 식탁을 떠났습니다. 요나단은 아무것도 먹지 않았습니다. 그날은 그 달의 이튿째였습니다. 요나단은 다윗을 죽이려는 자기 아버지의 모습을 보고 마음이 상했습니다.

35 이튿날 아침에 요나단은 전에 약속했던 것처럼 다윗을 만나기 위해 들로 나갔습니다. 요나단은 어린 아이를 데리고 갔습니다.

36 요나단은 아이에게 "달려가서 내가 쏘는 화살을 찾아오너라" 하고 말했습니다. 아이가 달려가자, 요나단은 아이의 앞으로 화살을 쏘았습니다.

37 아이는 화살이 떨어진 곳으로 달려갔습니다. 요나단은 이 아이 뒤에서 외쳤습니다. "화살이 네 앞쪽에 있지 않느냐?"

38 요나단이 또 외쳤습니다. "서둘러서 빨리 뛰어가거라. 머뭇거리면 안 된다." 아이는 화살을 주워 자기 주인에게 가지고 돌아왔습니다.

39 아이는 이 모든 일이 무슨 뜻인지를 알지 못했지만, 요나단과 다윗만은 알고 있었습니다.

40 그리고 나서 요나단은 자기 무기를 아이에게 주면서 "마을로 돌아가거라" 하고 말했습니다.

41 아이가 떠나자, 다윗은 바위의 남쪽에서 나왔습니다. 다윗은 땅에 머리를 대고 요나단에게 절을 하였

27 David ceremonially unclean." ●But when David's place was empty again the next day, Saul asked Jonathan, "Why hasn't the son of Jesse been here for the meal either yesterday or today?"

28 ●Jonathan replied, "David earnestly
29 asked me if he could go to Bethlehem. ●He said, 'Please let me go, for we are having a family sacrifice. My brother demanded that I be there. So please let me get away to see my brothers.' That's why he isn't here at the king's table."

30 ●Saul boiled with rage at Jonathan. "You stupid son of a whore!"* he swore at him. "Do you think I don't know that you want him to be king in your place, shaming your-
31 self and your mother? ●As long as that son of Jesse is alive, you'll never be king. Now go and get him so I can kill him!"

32 ●"But why should he be put to death?" Jonathan asked his father. "What has he
33 done?" ●Then Saul hurled his spear at Jonathan, intending to kill him. So at last Jonathan realized that his father was really determined to kill David.

34 ●Jonathan left the table in fierce anger and refused to eat on that second day of the festival, for he was crushed by his father's shameful behavior toward David.

35 ●The next morning, as agreed, Jonathan went out into the field and took a young
36 boy with him to gather his arrows. ●"Start running," he told the boy, "so you can find the arrows as I shoot them." So the boy ran, and Jonathan shot an arrow beyond him.

37 ●When the boy had almost reached the
38 arrow, Jonathan shouted, "The arrow is still ahead of you. ●Hurry, hurry, don't wait." So the boy quickly gathered up the arrows and
39 ran back to his master. ●He, of course, suspected nothing; only Jonathan and David
40 understood the signal. ●Then Jonathan gave his bow and arrows to the boy and told him to take them back to town.

41 ●As soon as the boy was gone, David came out from where he had been hiding near the stone pile.* Then David bowed three times to Jonathan with his face to the ground. Both of them were in tears as they embraced each other and said good-bye, especially David.

---

embrace [imbréis] *vt.* 부둥켜안다
fierce [fiərs] *a.* 격렬한
suspect [səspékt] *vt.* 짐작하다; 의심하다
whore [hɔːr] *n.* 매춘부
20:30 boil with rage : 격분하다

....

20:30 Hebrew *You son of a perverse and rebellious woman.*　**20:41** As in Greek version; Hebrew reads *near the south edge.*

습니다. 다윗은 그렇게 세 번 절을 하였습니다. 그리고 나서 다윗과 요나단은 서로 입을 맞추면서 함께 울었습니다. 다윗이 더 많이 울었습니다.

42 요나단이 다윗에게 말했습니다. "평안히 가게. 우리는 여호와의 이름으로 맹세하였네. 여호와께서 자네와 나 사이에, 그리고 우리의 자손들 사이에 영원한 증인이시네." 그리고 나서 다윗은 떠났고, 요나단은 마을로 돌아갔습니다.

다윗이 아히멜렉을 만나러 감

21 다윗은 제사장 아히멜렉을 만나기 위해 놉으로 갔습니다. 아히멜렉은 다윗을 보자 떨면서 말하였습니다. "왜 혼자 다니시오? 아무도 당신과 함께 있지 않으시오?" 하고 물었습니다.

2 다윗이 대답했습니다. "왕이 나에게 특별한 명령을 내렸소. 왕은 내가 할 일을 아무에게도 알리지 말라고 말했소. 내 부하들하고도 나중에 만날 곳을 가르쳐 주고 헤어졌소.

3 그런데 혹시 먹을 것을 가지고 계시오? 빵 다섯 덩이나 그 밖의 먹을 것이 있으면 아무것이나 좀 주시오."

4 제사장이 다윗에게 말했습니다. "보통 빵은 가지고 있지 않소. 하지만 거룩한 빵은 조금 있소. 당신의 부하들이 여자와 가까이하지 않았다면, 그 빵을 먹어도 좋소."

5 다윗이 대답했습니다. "우리는 삼 일 동안 여자와 가까이하지 않았소. 내 부하들은 보통 길을 갈 때도 자기 몸을 거룩하게 지켰소. 하물며 오늘 그들이 나와 함께 길을 가고 있으니 더 말할 것도 없소."

6 제사장은 거룩한 빵을 다윗에게 주었습니다. 왜냐하면 제사장에게는 여호와 앞에 차려 놓았던 빵 말고는 다른 빵이 없기 때문입니다. 그것은 진설병 곧 하나님 앞에 따뜻한 빵을 차려 놓으면서 물려낸 빵이었습니다.

7 그날, 사울의 종들 중 한 사람이 그곳에 있었습니다. 그 사람은 에돔 사람 도엑으로 사울의 목자들 중 우두머리였는데, 마침 그날, 여호와 앞에 있었던 것입니다.

8 다윗이 아히멜렉에게 물었습니다. "혹시 창이나 칼을 가지고 계시오? 왕의 일이 너무 급하여 미처 무기를 가지고 나오지 못했소."

9 제사장이 대답하였습니다. "당신이 엘라 골짜기에서 죽인 블레셋 사람 골리앗의 칼이 있소. 그의 칼이 보자기에 싸여 에봇 뒤에 놓여 있소. 필요하다면 그 칼을 가지고 가시오. 여기에 다른 칼은 없소." 다윗이 말했습니다. "골리앗의 칼만한 것이 어디 있겠소. 그 칼을 주시오."

다윗이 가드로 가다

10 그날, 다윗은 사울에게서 도망쳐 가드 왕 아기스에게로 갔습니다.

---

42 •At last Jonathan said to David, "Go in peace, for we have sworn loyalty to each other in the LORD's name. The LORD is the witness of a bond between us and our children forever." Then David left, and Jonathan returned to the town.*

David Runs from Saul

21 •*David went to the town of Nob to see Ahimelech the priest. Ahimelech trembled when he saw him. "Why are you alone?" he asked. "Why is no one with you?"

2 •"The king has sent me on a private matter," David said. "He told me not to tell anyone why I am here. I have told my men where to meet me later. •Now, what is there to eat? Give me five loaves of bread or anything else you have."

4 •"We don't have any regular bread," the priest replied. "But there is the holy bread, which you can have if your young men have not slept with any women recently."

5 •"Don't worry," David replied. "I never allow my men to be with women when we are on a campaign. And since they stay clean even on ordinary trips, how much more on this one!"

6 •Since there was no other food available, the priest gave him the holy bread—the Bread of the Presence that was placed before the LORD in the Tabernacle. It had just been replaced that day with fresh bread.

7 •Now Doeg the Edomite, Saul's chief herdsman, was there that day, having been detained before the LORD.*

8 •David asked Ahimelech, "Do you have a spear or sword? The king's business was so urgent that I didn't even have time to grab a weapon!"

9 •"I only have the sword of Goliath the Philistine, whom you killed in the valley of Elah," the priest replied. "It is wrapped in a cloth behind the ephod. Take that if you want it, for there is nothing else here."

"There is nothing like it!" David replied. "Give it to me!"

10 •So David escaped from Saul and went

---

bond [bɑnd] *n.* 정신적인 결속
campaign [kæmpéin] *n.* 출정
detain [ditéin] *vt.* 기다리게 하다
herdsman [hə́:rdzmən] *n.* 목자
tremble [trémbl] *vi.* 떨다

20:42 This sentence is numbered 21:1 in Hebrew text. 21:1 Verses 21:1-15 are numbered 21:2-16 in Hebrew text. 21:7 The meaning of the Hebrew is uncertain.

11 그러자 아기스의 종들이 아기스에게 말하였습니다. "이 사람은 이스라엘 사람들의 왕 다윗입니다. 이 사람은 이스라엘 여자들이 춤을 추면서, '사울이 죽인 적은 천천이요, 다윗이 죽인 적은 만만이라네' 라고 노래했던 바로 그 사람입니다."

12 그들이 하는 말을 듣고 다윗은 가드 왕 아기스를 매우 두려워했습니다.

13 그래서 다윗은 아기스와 그의 종들 앞에서 미친 척하였습니다. 다윗은 그들과 함께 있는 동안, 미친 사람처럼 행동했습니다. 괜히 문짝을 긁기도 하고, 수염에 침을 질질 흘리기도 했습니다.

14 아기스가 자기 종들에게 말했습니다. "이 사람을 보아라. 이 사람은 미쳤다. 왜 이런 사람을 나에게 데리고 왔느냐?

15 어디 미친 사람이 부족해서 이런 사람까지 내 앞에서 이런 짓을 하게 하느냐. 이 사람을 내 집에서 쫓아내어라."

다윗이 아둘람과 미스베에서 지냄

22 다윗은 가드를 떠나 아둘람 동굴로 도망갔습니다. 다윗의 형들과 다른 친척들이 다윗이 그곳에 있다는 이야기를 듣고 다윗을 만나러 왔습니다.

2 많은 사람이 다윗에게 몰려왔습니다. 어려움을 당하는 사람과 빚을 진 사람, 그리고 마음에 억울함을 가진 사람들이 다윗에게 몰려들었습니다. 다윗은 그들의 지도자가 되었습니다. 그에게 몰려온 사람들은 사백 명 가량 되었습니다.

3 다윗은 그곳에서 모압 땅에 있는 미스베로 갔습니다. 다윗이 모압 왕에게 말했습니다. "내 아버지와 어머니가 이리로 와서 당신과 함께 있게 해 주시오. 하나님이 나에게 어떤 일을 하실지 알 수 있을 때까지 머물러 있게 해 주시오."

4 다윗은 자기 부모님을 모압 왕에게 부탁했습니다. 다윗의 부모님은 다윗이 요새에 숨어 있는 동안, 모압 왕과 함께 있었습니다.

5 하지만 예언자 갓은 다윗에게 이렇게 말했습니다. "요새에 숨어 있지 말고 유다 땅으로 가시오." 그리하여 다윗은 그곳을 떠나 헤렛 숲으로 갔습니다.

사울이 아히멜렉의 가족을 전멸시킴

6 사울은 다윗과 그의 부하들이 나타났다는 소식을 들었습니다. 사울은 기브아 언덕 위의 한 상수리나무 아래에 앉아 있었고, 모든 신하들은 그 주변에 둘러서 있었습니다. 사울은 손에 창을 들고 있었습니다.

7 사울이 신하들에게 말했습니다. "베냐민 사람들이여, 들어 보시오. 여러분은 이새의 아들이 여러분에게 밭과 포도원을 주리라고 생각하시오? 과연 다윗이 여러분을 군인 백 명을 지휘하는 백부장 혹은 군인 천 명을 지휘하는 천부장으로 삼을 것 같소?

8 여러분은 모두 나를 배반할 음모를 꾸몄소. 내 아들이

---

11 to King Achish of Gath. •But the officers of Achish were unhappy about his being there. "Isn't this David, the king of the land?" they asked. "Isn't he the one the people honor with dances, singing,

'Saul has killed his thousands,
and David his ten thousands'?"

12 •David heard these comments and was very afraid of what King Achish of
13 Gath might do to him. •So he pretended to be insane, scratching on doors and drooling down his beard.

14 •Finally, King Achish said to his men,
15 "Must you bring me a madman? •We already have enough of them around here! Why should I let someone like this be my guest?"

David at the Cave of Adullam

22 So David left Gath and escaped to the cave of Adullam. Soon his brothers and all his other relatives joined
2 him there. •Then others began coming— men who were in trouble or in debt or who were just discontented—until David was the captain of about 400 men.

3 •Later David went to Mizpeh in Moab, where he asked the king, "Please allow my father and mother to live here with you until I know what God is going to do
4 for me." •So David's parents stayed in Moab with the king during the entire time David was living in his stronghold.

5 •One day the prophet Gad told David, "Leave the stronghold and return to the land of Judah." So David went to the forest of Hereth.

6 •The news of his arrival in Judah soon reached Saul. At the time, the king was sitting beneath the tamarisk tree on the hill at Gibeah, holding his spear and surrounded by his officers.

7 •"Listen here, you men of Benjamin!" Saul shouted to his officers when he heard the news. "Has that son of Jesse promised every one of you fields and vineyards? Has he promised to make you all generals and captains in his army?*
8 •Is that why you have conspired against me? For not one of you told me when

---

comment [kάment] *n.* 소문, 세평
discontent [dìskəntént] *vt.* 불만을 품게 하다
drool [dru:l] *vt.* (침 따위를)입에서 흘리다
stronghold [strɔ́:ŋhould] *n.* 요새

22:7 Hebrew *commanders of thousands and commanders of hundreds?*

이새의 아들과 약속을 하였는데도 아무도 나에게 그 사실을 말해 주지 않았소. 나를 생각해 주는 사람은 아무도 없소. 내 아들이 내 종을 부추겨 오늘 당장 나를 해치려는데도 아무도 그 사실을 나에게 말해 주지 않았소."

9 에돔 사람 도엑이 사울의 신하들과 함께 그곳에 서 있었습니다. 도엑이 말했습니다. "내가 이새의 아들을 보았습니다. 다윗은 놉으로 와서 아히둡의 아들 아히멜렉을 만났습니다.

10 아히멜렉은 다윗을 위해 주께 기도해 주었습니다. 또 아히멜렉은 다윗에게 음식도 주고 블레셋 사람 골리앗의 칼도 주었습니다."

11 이 말을 듣고 사울 왕은 사람을 보내어 놉에서 제사장으로 있던 아히멜렉과 그의 모든 친척을 잡아 오게 했습니다. 그리하여 그들 모두가 왕에게 잡혀 왔습니다.

12 사울이 아히멜렉에게 말했습니다. "아히둡의 아들아, 내 말을 들어라." 아히멜렉이 대답했습니다. "왕이여, 말씀하십시오."

13 사울이 말했습니다. "너는 왜 이새의 아들과 함께 나를 해치려고 남이 모르게 나쁜 일을 꾸몄느냐? 너는 다윗에게 빵과 칼을 주었고, 그를 위해 하나님께 기도도 드렸다. 어찌하여 다윗이 지금 나를 치도록 만들었느냐?"

14 아히멜렉이 대답했습니다. "다윗은 왕에게 충성을 다 바쳤습니다. 왕에게 다윗만큼 충성스러운 종이 어디에 있습니까? 다윗은 왕의 사위이고, 호위대장입니다. 왕실에서 그는 귀중한 사람입니다.

15 다윗을 위해 내가 하나님께 기도드린 것이 이번만은 아닙니다. 나와 내 친척에게는 잘못이 없습니다. 우리는 왕의 종입니다. 나는 모든 일에 대해서 아무것도 모릅니다."

16 그러나 왕이 말했습니다. "아히멜렉아, 너와 너의 친척들은 죽어 마땅하다."

17 사울은 곁에 서 있던 호위병들에게 말했습니다. "가서 이 여호와의 제사장들을 죽여라. 그들은 다윗의 편이다. 그들은 다윗이 도망친다는 것을 알고도 나에게 알려 주지 않았다." 하지만 왕의 신하들은 여호와의 제사장에게 손을 대려 하지 않았습니다.

18 그러자 왕은 도엑에게 명령을 내렸습니다. "이 제사장들을 죽여라." 에돔 사람 도엑은 사울의 말대로 제사장들을 죽였습니다. 그날, 도엑은 세마포 에봇을 입은 사람 팔십오 명을 죽였습니다.

19 도엑은 또 제사장들의 성읍 놉의 백성도 죽였습니다. 도엑은 칼로 남자와 여자와 어린아이와 갓난아기들을 죽였고 소와 나귀와 양도 죽였습니다.

20 그러나 아비아달은 죽음을 피하여 달아났습니다.

---

my own son made a solemn pact with the son of Jesse. You're not even sorry for me. Think of it! My own son—encouraging him to kill me, as he is trying to do this very day!"

9 •Then Doeg the Edomite, who was standing there with Saul's men, spoke up. "When I was at Nob," he said, "I saw the son of Jesse talking to the priest, Ahimelech 10 of Ahitub. •Ahimelech consulted the LORD for him. Then he gave him food and the sword of Goliath the Philistine."

The Slaughter of the Priests

11 •King Saul immediately sent for Ahimelech and all his family, who served as priests at 12 Nob. •When they arrived, Saul shouted at him, "Listen to me, you son of Ahitub!"

"What is it, my king?" Ahimelech asked.

13 •"Why have you and the son of Jesse conspired against me?" Saul demanded. "Why did you give him food and a sword? Why have you consulted God for him? Why have you encouraged him to kill me, as he is trying to do this very day?"

14 •"But sir," Ahimelech replied, "is anyone among all your servants as faithful as David, your son-in-law? Why, he is the captain of your bodyguard and a highly honored 15 member of your household! •This was certainly not the first time I had consulted God for him! May the king not accuse me and my family in this matter, for I knew nothing at all of any plot against you."

16 •"You will surely die, Ahimelech, along with your entire family!" the king shouted.

17 •And he ordered his bodyguards, "Kill these priests of the LORD, for they are allies and conspirators with David! They knew he was running away from me, but they didn't tell me!" But Saul's men refused to kill the LORD's priests.

18 •Then the king said to Doeg, "You do it." So Doeg the Edomite turned on them and killed them that day, eighty-five priests in all, 19 still wearing their priestly garments. •Then he went to Nob, the town of the priests, and killed the priests' families—men and women, children and babies—and all the cattle, donkeys, sheep, and goats.

20 •Only Abiathar, one of the sons of Ahi-

---

accuse [əkjúːz] *vt.* 고소하다
ally [əlái] *n.* 같은 편, 동맹
conspire [kənspáiər] *vi.* 음모를 꾸미다
consult [kənsʌ́lt] *vt.* 상의하다
encourage [inkə́ːridʒ] *vt.* …을 부추기다
garment [gáːrmənt] *n.* 의복
plot [plat] *n.* 음모
slaughter [slɔ́ːtər] *n.* 학살, 살육
22:9 speak up : 털어놓고 이야기하다
22:18 turn on… : …을 공격하다

아비아달은 아히둡의 아들인 아히멜렉의 아들이었습니다. 아비아달은 다윗에게로 달아났습니다.

21 아비아달은 다윗에게 사울이 여호와의 제사장들을 죽였다는 이야기를 했습니다.

22 그러자 다윗이 아비아달에게 말했습니다. "에돔 사람 도엑이 그날, 그곳에 있었소. 나는 그 사람이 사울에게 모든 것을 다 말할 줄 알고 있었소. 당신 아버지와 당신 친척들이 죽은 것은 내 책임이오.

23 당신을 죽이려 하는 사람이 나도 죽이려 하고 있소. 두려워하지 말고 나와 함께 있으시오. 나와 함께 있으면 안전할 것이오."

다윗이 그일라 백성을 구함

23 누군가가 다윗에게 말했습니다. "블레셋 사람들이 그일라를 공격하고 타작 마당에서 곡식을 훔치고 있습니다."

2 다윗이 여호와께 여쭈었습니다. "가서 블레셋 사람과 싸워야 합니까?" 여호와께서 대답하셨습니다. "가거라. 블레셋 사람들을 공격하여 그일라를 구하여라."

3 하지만 다윗의 부하들이 다윗에게 말했습니다. "여기 유다 땅에 있는 것만 해도 두려운데 어떻게 그일라까지 가서 블레셋 군대와 싸울 수 있겠습니까?"

4 다윗이 다시 여호와께 여쭈어 보았습니다. 그러자 여호와께서는 "그일라로 내려가거라. 블레셋 사람들과 싸워 이길 수 있도록 해 주겠다" 하고 말씀하셨습니다.

5 그리하여 다윗과 그의 부하들은 그일라로 갔습니다. 그들은 블레셋 사람들과 싸워 그들의 가축을 빼앗았습니다. 다윗은 수많은 블레셋 사람들을 죽이고 그일라 백성을 구하였습니다.

6 아히멜렉의 아들 아비아달은 사울 왕을 피해 달아날 때, 에봇을 가져왔는데 그일라에 있는 다윗에게 올 때, 그 에봇을 가지고 왔습니다.

사울이 다윗을 뒤쫓음

7 누군가가 사울에게 다윗이 지금 그일라에 있다고 말해 주었습니다. 그러자 사울이 말했습니다. "마침내 하나님께서 다윗을 나에게 주셨다. 다윗이 성문과 성벽이 있는 성으로 들어갔으니, 그가 그 속에 갇혔도다."

8 사울은 자기 군대를 모두 모아 싸울 준비를 하게 했습니다. 그들은 그일라로 내려가서 다윗과 그의 부하들을 공격할 준비를 했습니다.

9 다윗도 사울이 자기를 해칠 준비를 하고 있다는 소식을 들었습니다. 그래서 다윗은 제사장 아비아달에게 에봇을 가져오라고 말했습니다.

10 그리고 나서 다윗은 이렇게 기도하였습니다. "이스라엘의 하나님 여호와여, 사울이 나를 해치려 합니다. 사울이 나 때문에 그일라 성을 멸망시키려고 이곳으로 오고 있습니다.

11 그일라 백성이 나를 사울에게 넘겨 줄까요? 사울은

---

21 melech, escaped and fled to David. ●When he told David that Saul had killed the
22 priests of the LORD, ●David exclaimed, "I knew it! When I saw Doeg the Edomite there that day, I knew he was sure to tell Saul. Now I have caused the death of all
23 your father's family. ●Stay here with me, and don't be afraid. I will protect you with my own life, for the same person wants to kill us both."

David Protects the Town of Keilah

23 One day news came to David that the Philistines were at Keilah stealing
2 grain from the threshing floors. ●David asked the LORD, "Should I go and attack them?"

"Yes, go and save Keilah," the LORD told him.

3 ●But David's men said, "We're afraid even here in Judah. We certainly don't want to go to Keilah to fight the whole Philistine army!"

4 ●So David asked the LORD again, and again the LORD replied, "Go down to Keilah, for I will help you conquer the Philistines."

5 ●So David and his men went to Keilah. They slaughtered the Philistines and took all their livestock and rescued the people of
6 Keilah. ●Now when Abiathar son of Ahimelech fled to David at Keilah, he brought the ephod with him.

7 ●Saul soon learned that David was at Keilah. "Good!" he exclaimed. "We've got him now! God has handed him over to me, for he has trapped himself in a walled
8 town!" ●So Saul mobilized his entire army to march to Keilah and besiege David and his men.

9 ●But David learned of Saul's plan and told Abiathar the priest to bring the ephod and ask the LORD what he should do.
10 ●Then David prayed, "O LORD, God of Israel, I have heard that Saul is planning to come and destroy Keilah because I am
11 here. ●Will the leaders of Keilah betray me to him?* And will Saul actually come as I have heard? O LORD, God of Israel, please tell me."

And the LORD said, "He will come."

---

besiege [bisíːdʒ] *vt.* 포위(공격)하다
exclaim [ikskléim] *vi.* 소리치다, 외치다
livestock [láivstɑk] *n.* 생축
mobilize [móubəlaiz] *vt.* 동원하다
thresh [θréʃ] *vi.* 타작하다
22:20 flee to⋯ : ⋯에게 도망치다
23:7 trap oneself : 스스로 올무에 걸리다

23:11 Some manuscripts lack the first sentence of 23:11.

정말 그일라로 올까요? 이스라엘의 하나님 여호와여, 주님의 종에게 말씀해 주십시오." 여호와께서 대답하셨습니다. "사울이 내려올 것이다."

12 다윗이 다시 여쭈었습니다. "그일라 백성이 나와 내 부하들을 사울에게 넘겨 주겠습니까?" 여호와께서 대답하셨습니다. "그럴 것이다."

13 그리하여 다윗과 그의 부하들은 그일라를 떠났습니다. 다윗과 함께 간 사람은 육백 명 가량되었습니다. 그들은 이곳 저곳으로 계속 옮겨 다녔습니다. 사울은 다윗이 그일라에서 도망쳤다는 이야기를 듣고 그일라를 치려던 계획을 거두었습니다.

14 다윗은 광야의 요새에 머물러 있었습니다. 다윗은 십 광야의 언덕에도 머물러 있었습니다. 사울은 매일 다윗을 찾아다녔지만, 여호와께서는 사울이 다윗을 붙잡지 못하도록 다윗에게 미리 알려 주었습니다.

15 다윗은 사울이 자기를 죽이려 오고 있는 것을 보았습니다. 그래서 다윗은 십 광야의 수풀에 숨어 있었습니다.

16 이때, 사울의 아들 요나단은 호레쉬에 있는 다윗에게 왔습니다. 요나단은 다윗이 하나님 안에서 강한 믿음을 가질 수 있도록 힘을 북돋아 주었습니다.

17 요나단이 다윗에게 말했습니다. "두려워하지 말게. 내 아버지는 자네를 건드리지 못할 걸세. 자네는 이스라엘 왕이 되고, 나는 자네 다음 가는 사람이 될 걸세. 내 아버지인 사울도 이 사실을 알고 계시네."

18 두 사람은 여호와 앞에서 언약을 맺었습니다. 그리고 나서 요나단은 집으로 돌아갔고, 다윗은 호레쉬에 계속 머물렀습니다.

19 십 백성이 기브아에 있는 사울에게 가서 말했습니다. "다윗이 우리 땅에 숨어 있습니다. 그는 호레쉬의 요새에 있습니다. 그 요새는 여시몬 남쪽의 하길라 언덕 위에 있습니다.

20 왕이시여, 어느 때든 내려오십시오. 기꺼이 다윗을 왕께 넘겨 드리겠습니다."

21 사울이 대답하였습니다. "나를 도와 준 여러분에게 여호와께서 복을 주시길 바라오.

22 가서 다윗에 대해 더 알아봐 주시오. 다윗이 어디에 머물러 있는지 알아보시오. 그는 영리하다고 들었소.

23 다윗이 숨는 데 사용하는 장소를 다 찾아보시오. 그런 후에 나에게 다시 돌아와서 모든 것을 말해 주시오. 그러면 내가 여러분과 함께 가겠소. 만약 다윗이 그 지역에 있다면, 내가 반드시 그를 찾아 내겠소. 유다의 온 집안을 뒤져서라도 찾아 내고 말겠소."

24 그리하여 십 백성은 사울보다 먼저 십으로 돌아왔습니다. 다윗과 그의 부하들은 마온 광야에 있었습

12 • Again David asked, "Will the leaders of Keilah betray me and my men to Saul?"

And the LORD replied, "Yes, they will betray you."

David Hides in the Wilderness

13 • So David and his men—about 600 of them now—left Keilah and began roaming the countryside. Word soon reached Saul that David had escaped, so he didn't go to Keilah

14 after all. • David now stayed in the strongholds of the wilderness and in the hill country of Ziph. Saul hunted him day after day, but God didn't let Saul find him.

15 • One day near Horesh, David received the news that Saul was on the way to Ziph to

16 search for him and kill him. • Jonathan went to find David and encouraged him to

17 stay strong in his faith in God. • "Don't be afraid," Jonathan reassured him. "My father will never find you! You are going to be the king of Israel, and I will be next to you, as

18 my father, Saul, is well aware." • So the two of them renewed their solemn pact before the LORD. Then Jonathan returned home, while David stayed at Horesh.

19 • But now the men of Ziph went to Saul in Gibeah and betrayed David to him. "We know where David is hiding," they said. "He is in the strongholds of Horesh on the hill of Hakilah, which is in the southern part of

20 Jeshimon. • Come down whenever you're ready, O king, and we will catch him and hand him over to you!"

21 • "The LORD bless you," Saul said. "At last

22 someone is concerned about me! • Go and check again to be sure of where he is staying and who has seen him there, for I know that

23 he is very crafty. • Discover his hiding places, and come back when you are sure. Then I'll go with you. And if he is in the area at all, I'll track him down, even if I have to search

24 every hiding place in Judah!" • So the men of Ziph returned home ahead of Saul.

Meanwhile, David and his men had moved into the wilderness of Maon in the

---

aware [əwé:r] *a.* 알고 있는
crafty [krǽfti] *a.* 교활한
pact [pækt] *n.* 조약, 협정, 약속
reassure [rì:əʃúər] *vt.* 안심시키다
renew [rinjú:] *vt.* 새롭게 하다
roam [roum] *vt.* 방랑하다
solemn [sáləm] *a.* 신성한, 엄숙한
wilderness [wíldərnis] *n.* 광야, 황무지
23:14 day after day : (오늘도, 내일도) 매일 : 며칠이고 끝이 없이
23:20 hand over : 넘겨주다
23:21 be concerned about … : …에 대해 걱정하다
23:23 track down : 찾아내다

니다. 마온은 여시몬 남족 아라바에 있는 광야 지대였습니다.

25 사울과 그의 부하들이 다윗을 찾아다녔지만, 다윗은 이미 사울이 자기를 찾아다니고 있다는 것을 백성들에게 들어 알고 있었습니다. 다윗은 바위로 내려가마온 광야에 머물렀습니다. 사울은 다윗이 마온 광야로 내려갔다는 소식을 듣고, 다윗의 뒤를 쫓아 마온 광야로 갔습니다.

26 사울은 산 이족으로 가고, 다윗과 그의 부하들은 산 저족으로 갔습니다. 다윗과 그의 부하들은 사울에게서 멀리 피하기 위해 서둘러 움직였습니다. 사울과 그의 군인들은 다윗과 그의 부하들을 에워싸서 잡으려 하였습니다.

27 그때에 한 사람이 사울에게 와서 이렇게 전하였습니다. "빨리 오십시오. 블레셋 사람들이 우리 땅을 공격하고 있습니다."

28 그래서 사울은 다윗을 쫓다 말고 블레셋 사람들과 싸우기 위해 돌아갔습니다. 사람들이 이곳을 '셀라하마느곳'*이라고 부르는 것도 이 때문입니다.

29 다윗은 마온 광야를 떠나 엔게디 요새에서 살았습니다.

다윗이 사울을 부끄럽게 하다

24 사울이 블레셋 사람들을 물리치고 난 후에 누군가가 사울에게 와서 다윗이 엔게디 광야에 있다고 전했습니다.

2 그래서 사울은 온 이스라엘에서 삼천 명을 뽑았습니다. 사울은 이 사람들을 데리고 다윗과 그의 부하들을 찾아다녔습니다. 그들은 '들염소 바위' 근처를 찾아다니고 있었습니다.

3 사울은 길가에 있는 양 우리에 이르렀습니다. 그곳에 마침 동굴이 있어서 사울은 용변을 보기 위해 동굴로 들어갔습니다. 그런데 다윗과 그의 부하들은 바로 이 동굴의 안쪽 깊은 곳에 숨어 있었습니다.

4 다윗의 부하들이 다윗에게 말했습니다. "오늘이 바로 여호와께서 말씀하신 날입니다. 여호와께서는 '내가 네 적을 너에게 넘겨 줄 테니 네 마음대로 하여라' 하고 말씀하셨습니다." 다윗은 사울에게 가까이 기어갔습니다. 다윗은 사울의 옷자락을 잘라 내었습니다. 그런데도 사울은 아무것도 모르고 있었습니다.

5 그 후에 다윗은 사울의 옷자락을 잘라 낸 것 때문에 마음이 찔렸습니다.

6 다윗이 자기 부하들에게 말했습니다. "내 주인에게 그런 일을 하면 안 되는데 내가 그만 잘못했소. 사울은 여호와께서 기름 부으신 왕이오. 그렇기 때문에 사울에게 해가 되는 일을 하면 안 되오."

7 다윗은 이러한 말로 자기 부하들을 말렸습니다. 다윗은 자기 부하들이 사울을 공격하지 못하게 했습니다.

25 Arabah Valley south of Jeshimon. •When David heard that Saul and his men were searching for him, he went even farther into the wilderness to the great rock, and he remained there in the wilderness of Maon. But Saul kept after him in the wilderness.

26 •Saul and David were now on opposite sides of a mountain. Just as Saul and his men began to close in on David and his 27 men, •an urgent message reached Saul that the Philistines were raiding Israel 28 again. •So Saul quit chasing David and returned to fight the Philistines. Ever since that time, the place where David was camped has been called the Rock of Escape.*

29 •*David then went to live in the strongholds of En-gedi.

David Spares Saul's Life

24 •*After Saul returned from fighting the Philistines, he was told that David had gone into the wilderness of En-2 gedi. •So Saul chose 3,000 elite troops from all Israel and went to search for David and his men near the rocks of the wild goats.

3 •At the place where the road passes some sheepfolds, Saul went into a cave to relieve himself. But as it happened, David and his men were hiding farther back in that very cave!

4 •"Now's your opportunity!" David's men whispered to him. "Today the LORD is telling you, 'I will certainly put your enemy into your power, to do with as you wish.'" So David crept forward and cut off a piece of the hem of Saul's robe.

5 •But then David's conscience began bothering him because he had cut Saul's 6 robe. •He said to his men, "The LORD forbid that I should do this to my lord the king. I shouldn't attack the LORD's anointed one, for the LORD himself has chosen 7 him." •So David restrained his men and did not let them kill Saul.

After Saul had left the cave and gone on

conscience [kánʃəns] *n.* 양심
restrain [ristréin] *vt.* 제지하다
sheepfold [ʃíːpfould] *n.* 양우리
spare [spεər] *vt.* 목숨을 살려주다
23:25 keep after : 쉬지 않고 추적하다
24:3 relieve oneself : 용변을 보다
24:3 as it happen : 공교롭게도

23:28　Hebrew *Sela-hammahlekoth.*　23:29 Verse 23:29 is numbered 24:1 in Hebrew text. 24:1　Verses 24:1-22 are numbered 24:2-23 in Hebrew text.
23:28 그 뜻은 '도피의 바위'임.

사울은 동굴을 떠나 자기 길을 갔습니다.

8 다윗도 동굴에서 나와 사울의 뒤에서 "내 주 왕이여!"라고 소리질렀습니다. 사울이 뒤돌아보자, 다윗이 얼굴을 땅에 대고 절했습니다.

9 다윗이 사울에게 말했습니다. "왕은 왜 '다윗이 사울을 해치려 한다'라고 하는 사람들의 말을 귀담아 들으십니까?

10 왕이여 보십시오! 여호와께서 오늘 동굴에서 왕을 내 손에 맡기신 것을 당신도 보셨습니다. 어떤 사람은 왕을 죽이라고 말하였으나, 나는 '내 주는 여호와께서 기름 부으신 왕이므로 해치지 않겠노라'고 말했습니다.

11 내 아버지여, 내 손에 들려 있는 왕의 옷자락을 보십시오, 나는 왕의 옷자락을 잘라 내기만 하고 죽이지는 않았습니다. 자, 이제는 내가 왕에게 어떤 나쁜 일도 할 생각이 없다는 것을 알아 주십시오. 나는 왕에게 죄를 짓거나 해치려고 한 적이 없습니다. 그런데도 왕은 나를 죽이려고 쫓아오고 있습니다.

12 여호와께서 왕과 나 사이에 옳고 그름을 가려 주시기 바랍니다. 그리고 여호와께서 왕에게 벌을 주시기 바랍니다. 그러나 나는 내 손으로 왕을 해치지 않겠습니다.

13 옛 속담에 '나쁜 일은 나쁜 사람에게서 나온다'라는 말이 있습니다. 그러므로 나는 왕을 해치지 않겠습니다.

14 이스라엘 왕이 누구를 잡으려 하고 있습니까? 왕이 뒤쫓고 있는 사람은 누구입니까? 왕은 죽은 개나 벼룩을 뒤쫓고 있는 것과 같습니다.

15 여호와께서 우리의 재판관이 되시어 왕과 나 사이에 옳고 그름을 가려 주시기 바랍니다. 여호와께서 나의 억울함을 살펴 주시기 바랍니다. 또 나를 왕의 손에서 구해 주시기 바랍니다."

16 다윗이 이 말을 마치자, 사울은 "내 아들 다윗아, 이것이 정말 네 목소리냐?" 하고 말하면서 크게 소리 내어 울었습니다.

17 사울이 말했습니다. "너는 나보다 옳도다. 너는 나에게 잘해 주었는데, 나는 너에게 나쁜 일을 했구나.

18 네 말을 들으니 너는 나에게 좋은 일을 하였구나. 여호와께서 나를 너에게 넘기셨는데도, 너는 나를 죽이지 않았다.

19 자기 원수를 손 안에 넣고도 좋게 돌려보내는 사람이 어디 있겠느냐. 네가 오늘 나에게 착한 일을 하였으므로 여호와께서 너에게 상 주시기를 바란다.

20 네가 틀림없이 왕이 되리라는 것을 나는 잘 알고 있다. 너는 이스라엘 나라를 잘 다스리게 될 것이다.

21 그러므로 이제 너는 내 자손을 죽이지 않겠다고 여

8 his way, •David came out and shouted after him, "My lord the king!" And when Saul looked around, David bowed low before him.

9 •Then he shouted to Saul, "Why do you listen to the people who say I am trying to

10 harm you? •This very day you can see with your own eyes it isn't true. For the LORD placed you at my mercy back there in the cave. Some of my men told me to kill you, but I spared you. For I said, 'I will never harm the king—he is the LORD's anointed

11 one.' •Look, my father, at what I have in my hand. It is a piece of the hem of your robe! I cut it off, but I didn't kill you. This proves that I am not trying to harm you and that I have not sinned against you, even though you have been hunting for me to kill me.

12 •"May the LORD judge between us. Perhaps the LORD will punish you for what you are trying to do to me, but I will never

13 harm you. •As that old proverb says, 'From evil people come evil deeds.' So you can be

14 sure I will never harm you. •Who is the king of Israel trying to catch anyway? Should he spend his time chasing one who is as worth-

15 less as a dead dog or a single flea? •May the LORD therefore judge which of us is right and punish the guilty one. He is my advocate, and he will rescue me from your power!"

16 •When David had finished speaking, Saul called back, "Is that really you, my son

17 David?" Then he began to cry. •And he said to David, "You are a better man than I am,

18 for you have repaid me good for evil. •Yes, you have been amazingly kind to me today, for when the LORD put me in a place where you could have killed me, you didn't do it.

19 •Who else would let his enemy get away when he had him in his power? May the LORD reward you well for the kindness you

20 have shown me today. •And now I realize that you are surely going to be king, and that the kingdom of Israel will flourish under

21 your rule. •Now swear to me by the LORD that when that happens you will not kill my family and destroy my line of descendants!"

---

advocate [ǽdvəkèit] *n.* 대변자
flea [fli:] *n.* 벼룩
flourish [flə́:riʃ] *vi.* 융성하다
harm [há:rm] *vt.* 해치다
repay [ripéi] *vt.* 되돌리다, 보답하다
reward [riwɔ́:rd] *vt.* 상을 주다
24:8 look around : 돌아보다
24:10 this very day : 바로 오늘
24:10 at one's mercy : …의 뜻에
24:11 sin against… : …에게 죄를 짓다

호와의 이름으로 맹세해 다오, 내 아버지의 집에서 내 이름을 지워 버리지 않겠다고 약속해 다오."

22 다윗은 사울에게 그렇게 하겠다고 약속했습니다. 그런 뒤, 사울은 자기 왕궁으로 돌아가고, 다윗과 그의 부하들은 엔게디 요새로 올라갔습니다.

25 사무엘이 죽었습니다. 모든 이스라엘 사람이 모여서 사무엘을 위하여 슬퍼했습니다. 이스라엘 사람들은 사무엘을 라마에 있는 그의 집에서 장사지냈습니다. 그때에 다윗은 바란 광야로 내려갔습니다.

2 마온에 어떤 사람이 있었는데, 그는 갈멜에 땅을 가지고 있는 큰 부자였습니다. 그는 양 삼천 마리와 염소 천 마리를 가지고 있었습니다. 그는 갈멜에서 자기 양의 털을 깎았습니다.

3 그 사람의 이름은 나발*이었고, 갈렙의 자손이었습니다. 그의 아내의 이름은 아비가일이었습니다. 아비가일은 지혜롭고 아름다운 여자였습니다. 하지만 나발은 무자비하고 속이 좁은 사람이었습니다.

4 다윗은 목자들의 축제날인 양털 깎는 절기를 맞아 나발이 자기 양의 털을 깎고 있다는 이야기를 광야에서 들었습니다.

5 그래서 다윗은 젊은 사람 열 명을 나발에게 보내며 그들에게 말했습니다. "갈멜로 가서 나발을 만나라. 그에게 내 이름으로 인사하여라.

6 그리고 이렇게 말하여라. '당신과 당신 집안이 잘 되기를 빕니다. 그리고 당신에게 딸린 모든 것도 잘 되기를 빕니다.

7 당신이 양털을 깎고 있다는 이야기를 들었습니다. 당신의 목자들이 우리와 함께 있었을 때에 우리는 그들을 조금도 해치지 않았습니다. 당신의 목자들이 갈멜에 있는 동안 그들은 아무것도 도둑맞지 않았습니다.

8 당신의 종들에게 물어 보십시오, 그러면 그들이 그 사실을 이야기해 줄 것입니다. 우리가 이 좋은 날에 왔으니, 제발 당신의 종과 같은 다윗과 그의 종들에게 친절을 베풀어 먹을 것을 좀 주십시오.'"

9 다윗의 부하들은 나발에게 가서 다윗의 말을 전했습니다.

10 그러나 나발은 그들에게 대답했습니다. "다윗이 누구요? 이새의 아들이란 자가 도대체 누구요? 요즘은 자기 주인에게서 도망치는 종놈들이 많다던데,

11 내가 어찌 빵과 물 그리고 양털 깎는 내 종에게 주려고 잡은 짐승의 고기를 알지도 못하는 사람들에게 줄 수 있겠소?"

12 다윗의 부하들은 돌아가서, 나발이 한 말을 그대로 전했습니다.

13 그러자 다윗이 그들에게 "칼을 차라" 하고 말했습니다. 그들은 명령대로 칼을 찼고, 다윗도 칼을 찼습니다. 사백 명 가량이 다윗과 함께 떠나갔고, 이백 명은

22 •So David promised this to Saul with an oath. Then Saul went home, but David and his men went back to their stronghold.

The Death of Samuel

25 Now Samuel died, and all Israel gathered for his funeral. They buried him at his house in Ramah.

Nabal Angers David

Then David moved down to the wilderness of Maon.* •There was a wealthy 2 man from Maon who owned property near the town of Carmel. He had 3,000 sheep and 1,000 goats, and it was sheep-shearing time. •This man's name was 3 Nabal, and his wife, Abigail, was a sensible and beautiful woman. But Nabal, a descendant of Caleb, was crude and mean in all his dealings.

•When David heard that Nabal was 4 shearing his sheep, •he sent ten of his 5 young men to Carmel with this message for Nabal: •"Peace and prosperity to you, 6 your family, and everything you own! •I 7 am told that it is sheep-shearing time. While your shepherds stayed among us near Carmel, we never harmed them, and nothing was ever stolen from them. •Ask 8 your own men, and they will tell you this is true. So would you be kind to us, since we have come at a time of celebration? Please share any provisions you might have on hand with us and with your friend David." •David's young men gave 9 this message to Nabal in David's name, and they waited for a reply.

•"Who is this fellow David?" Nabal 10 sneered to the young men. "Who does this son of Jesse think he is? There are lots of servants these days who run away from their masters. •Should I take my bread 11 and my water and my meat that I've slaughtered for my shearers and give it to a band of outlaws who come from who knows where?"

•So David's young men returned and 12 told him what Nabal had said. •"Get 13 your swords!" was David's reply as he strapped on his own. Then 400 men started off with David, and 200 remained behind to guard their equipment.

crude [krúːd] *a.* (태도 등이) 버릇없는
dealing [díːliŋ] *n.* 관계, 교제
shear [ʃiər] *vt.* 털을 깎다

25:1 As in Greek version (see also 25:2); Hebrew reads *Paran*.

25:3 '나발' 은 '어리석음' 이란 뜻이다.

남아서 그들이 가진 물건을 지켰습니다.

14 나발의 종들 중 한 명이 나발의 아내 아비가일에게 말했습니다. "다윗이 우리 주인에게 인사하기 위하여 광야에서 사람들을 보냈는데, 주인은 그들에게 욕을 했습니다.

15 그 사람들은 우리에게 아주 잘해 주었습니다. 그들은 우리를 조금도 해치지 않았습니다. 우리가 그들과 함께 들에 있는 동안, 그들은 아무것도 훔치지 않았습니다.

16 그들은 밤낮으로 우리를 보호해 주었습니다. 우리가 양떼를 지키고 있을 때, 우리의 담이 되어 주었습니다.

17 그러므로 이제 어떻게 해야 할지를 잘 생각해 보십시오. 다윗은 우리 주인과 그 집안을 해치기로 이미 결심하였습니다. 주인은 너무 못된 사람이라, 누구도 말을 붙여 볼 생각조차 못하고 있습니다."

아비가일의 지혜

18 아비가일은 급히 서둘렀습니다. 아비가일은 빵덩이 이백 개와 포도주가 가득 찬 가죽 부대 두 개와 양 다섯 마리를 요리하였습니다. 또 볶은 곡식 다섯 세아*와 건포도 백 송이와 무화과 떡 이백 덩이도 준비하였습니다. 아비가일은 그것들을 나귀 등에 실었습니다.

19 그리고 나서 아비가일은 자기 종들에게 말했습니다. "먼저 가거라. 나는 뒤따라 가겠다." 아비가일은 이 일을 자기 남편에게는 말하지 않았습니다.

20 아비가일은 자기 나귀를 타고 산골짜기로 내려갔습니다. 그곳에서 아비가일은 자기 쪽으로 내려오고 있는 다윗과 그의 부하들을 만났습니다.

21 그때, 다윗은 막 이렇게 말하고 있었습니다. "다 소용 없다! 나는 광야에서 나발의 재산을 지켜 주었고, 그의 양이 도둑맞지 않게 보살펴 주었다. 그에게 좋은 일을 해 주었는데도 그는 선을 악으로 갚았다.

22 내일까지 나발의 가족 중 한 사람이라도 내가 살려 두면, 내가 하나님의 무서운 벌을 받아도 좋다."

23 아비가일은 다윗을 보고 급히 나귀에서 내렸습니다. 아비가일은 얼굴을 땅에 대고 다윗에게 절했습니다.

24 아비가일은 다윗의 발 앞에 엎드려 이렇게 말했습니다. "내 주여, 모든 것은 제 잘못입니다. 제발 제 말을 들어 주십시오.

25 내 주여, 아무 쓸데없는 사람인 나발에게 신경쓰지 마십시오. 나발은 그 이름처럼 정말 미련한 사람입니다. 하지만 당신의 종인 저는 당신이 보낸 사람을 보지 못했습니다.

26 그러나 이제나마 제가 당신을 만난 것은 여호와의 도움이라고 생각합니다. 여호와께서 살아 계셔서, 내 주 당신의 손으로 친히 피를 흘려 복수하는 것을 막으셨습니다. 이제 내 주 당신을 해하려는 자들과 당신의 원수들은 나발과 같이 될 것입니다.

14 •Meanwhile, one of Nabal's servants went to Abigail and told her, "David sent messengers from the wilderness to greet our master, but he screamed insults at 15 them. •These men have been very good to us, and we never suffered any harm from them. Nothing was stolen from us the 16 whole time they were with us. •In fact, day and night they were like a wall of pro- 17 tection to us and the sheep. •You need to know this and figure out what to do, for there is going to be trouble for our master and his whole family. He's so ill-tempered that no one can even talk to him!"

18 •Abigail wasted no time. She quickly gathered 200 loaves of bread, two wine-skins full of wine, five sheep that had been slaughtered, nearly a bushel* of roasted grain, 100 clusters of raisins, and 200 fig 19 cakes. She packed them on donkeys •and said to her servants, "Go on ahead. I will follow you shortly." But she didn't tell her husband Nabal what she was doing.

20 •As she was riding her donkey into a mountain ravine, she saw David and his 21 men coming toward her. •David had just been saying, "A lot of good it did to help this fellow. We protected his flocks in the wilderness, and nothing he owned was lost or stolen. But he has repaid me evil for 22 good. •May God strike me and kill me* if even one man of his household is still alive tomorrow morning!"

Abigail Intercedes for Nabal

23 •When Abigail saw David, she quickly got off her donkey and bowed low before him. 24 She fell at his feet and said, "I accept all blame in this matter, my lord. Please listen 25 to what I have to say. •I know Nabal is a wicked and ill-tempered man; please don't pay any attention to him. He is a fool, just as his name suggests.* But I never even saw the young men you sent.

26 •"Now, my lord, as surely as the LORD lives and you yourself live, since the LORD has kept you from murdering and taking vengeance into your own hands, let all your enemies and those who try to harm

---

ill-tempered [iltémpərd] *a.* 화를 잘 내는
insult [insʌ́lt] *n.* 모욕, 무례
intercede [intərsíːd] *vi.* 중재하다
vengeance [véndʒəns] *n.* 복수
25:17 figure out : (미) 이해하다; 해결하다

25:18 Hebrew *5 seahs* [36.5 liters].   25:22 As in Greek version; Hebrew reads *May God strike and kill the enemies of David.*   25:25 The name *Nabal* means "fool."

25:18 5세아는 약 38ℓ에 해당된다.

27 당신께 선물을 가지고 왔습니다. 그것을 당신을 따르는 사람들에게 주십시오.

28 제 잘못을 용서해 주십시오. 당신은 여호와를 위해 싸웠으므로, 여호와께서는 틀림없이 당신 집안을 든든히 세우실 것입니다. 당신이 사는 날 동안, 백성들은 당신에게서 아무런 흠도 찾아 내지 못할 것입니다.

29 당신을 죽이려고 쫓아다니는 사람이 있을지라도, 하나님 여호와께서는 당신을 지켜 주실 것입니다. 여호와께서는 물매로 돌을 던지듯 당신의 원수들의 목숨을 내던져 버리실 것입니다.

30 여호와께서는 당신께 약속하신 좋은 일들을 다 지키실 것입니다. 여호와께서는 당신을 이스라엘의 지도자로 삼으실 것입니다.

31 그때에 당신은 당신 스스로 죄 없는 사람을 죽였다든지 벌을 주었다는 양심의 가책을 받거나 죄책감을 가지는 일이 없어야 할 것입니다. 여호와께서 당신을 성공시키실 때, 제발 저를 기억해 주십시오.”

32 다윗이 아비가일에게 대답하였습니다. “오늘 당신을 보내어 나를 영접케 하신 이스라엘의 하나님 여호와를 찬양합니다.

33 지혜로운 당신도 복을 받기를 바라오. 당신은 내가 오늘 사람들을 죽이거나 벌주는 일을 막았소.

34 이스라엘의 하나님 여호와께 맹세하지만 여호와께서 나를 막아 당신을 해치지 못하게 하셨소. 만약 당신이 나를 만나러 빨리 오지 않았다면, 나발의 집에 있는 사람 중 내일까지 살아남을 사람은 아무도 없었을 것이오.”

35 다윗은 아비가일의 선물을 받아들였습니다. 그리고 다윗이 말했습니다. “평안히 집으로 가시오. 당신 말을 잘 들었소. 당신이 부탁한 대로 하겠소.”

나발의 죽음

36 아비가일이 나발에게 돌아왔을 때, 나발이 집에 있었습니다. 그는 왕처럼 먹고 있었습니다. 나발은 술에 잔뜩 취해 기분이 좋았습니다. 그래서 아비가일은 이튿날 아침까지 나발에게 아무 말도 하지 않았습니다.

37 이튿날 아침, 나발이 술에서 깨자, 아비가일은 그에게 모든 것을 말해 주었습니다. 그러자 그의 심장이 멈춰 마치 돌처럼 몸이 굳어졌습니다.

38 십 일 가량 지난 후, 여호와께서 나발을 죽게 하셨습니다.

39 나발이 죽었다는 말을 듣고 다윗이 말했습니다. “여호와를 찬양하여라! 나발이 나를 욕되게 하였으나, 여호와께서는 내가 직접 악을 행하지 못하게 하시고 여호와께서 나발이 저지른 잘못을 직접 갚으셨다.” 그 후에 다윗은 아비가일에게 사람을 보내어 아

---

27 you be as cursed as Nabal is. ●And here is a present that I, your servant, have brought to

28 you and your young men. ●Please forgive me if I have offended you in any way. The LORD will surely reward you with a lasting dynasty, for you are fighting the LORD's battles. And you have not done wrong throughout your entire life.

29 ●"Even when you are chased by those who seek to kill you, your life is safe in the care of the LORD your God, secure in his treasure pouch! But the lives of your enemies will disappear like stones shot from a sling!

30 ●When the LORD has done all he promised

31 and has made you leader of Israel, ●don't let this be a blemish on your record. Then your conscience won't have to bear the staggering burden of needless bloodshed and vengeance. And when the LORD has done these great things for you, please remember me, your servant!"

32 ●David replied to Abigail, "Praise the LORD, the God of Israel, who has sent you to

33 meet me today! ●Thank God for your good sense! Bless you for keeping me from murder and from carrying out vengeance with my

34 own hands. ●For I swear by the LORD, the God of Israel, who has kept me from hurting you, that if you had not hurried out to meet me, not one of Nabal's men would still be

35 alive tomorrow morning." ●Then David accepted her present and told her, "Return home in peace. I have heard what you said. We will not kill your husband."

36 ●When Abigail arrived home, she found that Nabal was throwing a big party and was celebrating like a king. He was very drunk, so she didn't tell him anything about her meeting with David until dawn the next

37 day. ●In the morning when Nabal was sober, his wife told him what had happened. As a result he had a stroke,* and he

38 lay paralyzed on his bed like a stone. ●About ten days later, the LORD struck him, and he died.

David Marries Abigail

39 ●When David heard that Nabal was dead, he said, "Praise the LORD, who has avenged the insult I received from Nabal and has kept me from doing it myself. Nabal has received the punishment for his sin." Then David sent messengers to Abigail to ask her to become his wife.

---

avenge [əvéndʒ] vt. 보복하다
blemish [blémiʃ] n. 흠, 결점
paralyze [pǽrəlaiz] vt. 마비시키다
staggering [stǽɡəriŋ] a. 압도적인

25:37 Hebrew *his heart failed him.*

비가일을 자기 아내로 삼고 싶다는 말을 전했습니다.

40 다윗의 종들이 갈멜로 가서 아비가일에게 말했습니다. "다윗이 당신을 아내로 삼고 싶다고 하십니다. 그래서 우리를 보내어 당신을 모시고 오게 했습니다."

41 아비가일은 얼굴을 땅에 대고 절을 하면서 말했습니다. "나는 당신의 종입니다. 나는 내 주의 종들의 발까지도 기꺼이 씻어 드리겠습니다."

42 아비가일은 급히 나귀에 올라 하녀 다섯 명을 데리고 다윗의 종들과 함께 갔습니다. 이렇게 하여 아비가일은 다윗의 아내가 되었습니다.

43 다윗은 이스르엘 사람 아히노암과도 결혼하였습니다. 두 사람 모두 다윗의 아내가 되었습니다.

44 사울의 딸 미갈도 다윗의 아내였습니다. 그러나 사울은 미갈을 갈림 사람인 라이스의 아들 발디에게 주었습니다.

다윗이 또 사울을 부끄럽게 만들다

26 십 백성이 기브아에 있는 사울을 찾아와서 이렇게 말했습니다. "다윗이 여시몬 맞은편의 하길라 언덕에 숨어 있습니다."

2 그리하여 사울은 이스라엘에서 뽑은 삼천 명과 함께 십 광야로 내려갔습니다. 그들은 십 광야에서 다윗을 찾아내었습니다.

3 사울은 여시몬 맞은편에 있는 하길라 언덕 길가에 진을 쳤습니다. 그러나 다윗은 광야에 머물러 있었습니다. 다윗은 사울이 자기를 뒤쫓아왔다는 이야기를 들었습니다.

4 그래서 다윗은 정탐꾼들을 내보내 사울이 가까이 왔다는 사실을 확인했습니다.

5 다윗은 사울이 진을 치고 있는 곳으로 갔습니다. 그가 보니, 사울과 넬의 아들 아브넬이 잠을 자고 있었습니다. 아브넬은 사울 군대의 사령관이었습니다. 사울은 진 한가운데에서 잠자고 있었고, 모든 군대가 사울을 둘러싸고 있었습니다.

6 다윗은 헷 사람 아히멜렉과 스루야의 아들이요, 요압의 동생인 아비새에게 물었습니다. "누가 나와 함께 사울의 진으로 내려가겠소?" 아비새가 대답하였습니다. "제가 가겠습니다."

7 그리하여 그날 밤, 다윗과 아비새는 사울의 진으로 갔습니다. 사울은 진 한가운데에서 자고 있었습니다. 사울의 창은 사울의 머리 가까운 곳에 꽂혀 있었습니다. 아브넬과 그의 군대도 사울을 둘러싸고 잠들어 있었습니다.

8 아비새가 다윗에게 말했습니다. "오늘 하나님께서 당신의 원수를 물리쳐 이기게 해 주셨습니다. 내가 이 창으로 사울을 땅에 꽂아 버리고 말겠습니다. 두 번 찌를 것도 없이 단번에 해치우겠습니다."

9 다윗이 아비새에게 말했습니다. "사울을 죽이지 마시

---

40 •When the messengers arrived at Carmel, they told Abigail, "David has sent us to take you back to marry him."

41 She bowed low to the ground and responded, "I, your servant, would be happy to marry David. I would even be willing to become a slave, washing the feet of his servants!" •Quickly getting

42 ready, she took along five of her servant girls as attendants, mounted her donkey, and went with David's messengers. And

43 so she became his wife. •David also married Ahinoam from Jezreel, making both

44 of them his wives. •Saul, meanwhile, had given his daughter Michal, David's wife, to a man from Gallim named Palti son of Laish.

David Spares Saul Again

26 Now some men from Ziph came to Saul at Gibeah to tell him, "David is hiding on the hill of Hakilah, which overlooks Jeshimon."

2 •So Saul took 3,000 of Israel's elite troops and went to hunt him down in the

3 wilderness of Ziph. •Saul camped along the road beside the hill of Hakilah, near Jeshimon, where David was hiding. When David learned that Saul had come

4 after him into the wilderness, •he sent out spies to verify the report of Saul's arrival.

5 •David slipped over to Saul's camp one night to look around. Saul and Abner son of Ner, the commander of his army, were sleeping inside a ring formed by the slumbering warriors.

6 •"Who will volunteer to go in there with me?" David asked Ahimelech the Hittite and Abishai son of Zeruiah, Joab's brother.

7 "I'll go with you," Abishai replied. •So David and Abishai went right into Saul's camp and found him asleep, with his spear stuck in the ground beside his head. Abner and the soldiers were lying asleep around him.

8 •"God has surely handed your enemy over to you this time!" Abishai whispered to David. "Let me pin him to the ground with one thrust of the spear; I won't need to strike twice!"

9 •"No!" David said. "Don't kill him. For who can remain innocent after attacking

---

overlook [òuvərlúk] *vt.* ~을 내려다보다
slumber [slʌ́mbər] *vi.* 잠시 졸다
stick [stík] *vi.* 꽂히다
thrust [θrʌ́st] *n.* 찌르기
troop [trúːp] *n.* 군대
verify [vérəfài] *vt.* 확인하다
volunteer [vàləntíər] *n.* 자원자
26:5 slip over : 서둘러 가다

오, 여호와께서 기름 부으신 사람을 해치고도 죄를 면제받을 사람은 없소.

10 여호와께 맹세하지만 여호와께서 직접 사울에게 벌을 내리실 것이오. 사울은 죽을 때가 되어 죽을지도 모르고 싸움터에서 죽임을 당할지도 모르오.

11 어쨌든 내가 직접 손을 들어 여호와께서 기름 부으신 사람을 해칠 수는 없소. 자, 사울의 머리 가까이에 있는 창과 물병을 집어 여기서 나갑시다."

12 이처럼 다윗은 사울의 머리 가까이에 있는 창과 물병을 가지고 갔습니다. 다윗과 아비새가 왔다 갔지만, 아무도 잠에서 깨거나 본 사람이 없었습니다. 이는 여호와께서 사울의 군대를 깊이 잠들게 하셨기 때문입니다.

13 다윗은 언덕 저쪽으로 건너가 사울의 진에서 멀리 떨어진 언덕 꼭대기에 섰습니다.

14 다윗은 사울의 군대와 넬의 아들 아브넬을 향하여 소리를 질렀습니다. "아브넬아, 내 말이 들리면 대답해 보아라!" 아브넬이 대답했습니다. "누가 왕을 부르고 있느냐? 너는 누구냐?"

15 다윗이 말했습니다. "너는 이스라엘에서 가장 위대한 용사가 아니냐? 그런데 너는 왜 너의 주 왕을 보호하지 않았느냐? 너의 진으로 내려가 너의 주 왕을 죽이려 한 사람이 있었다.

16 너의 잘못이 크다. 여호와께 맹세하지만, 너와 네 부하들은 죽어 마땅하도다. 너는 여호와께서 기름 부으신 왕 너의 주를 보호하지 못하였다. 자 보아라! 왕의 머리 가까이에 있던 창과 물병이 어디에 있는지 똑똑히 보아라."

17 사울이 다윗의 목소리를 알아듣고 말했습니다. "네가 내 아들 다윗이 맞느냐?" 다윗이 대답했습니다. "내 주 왕이여, 그렇습니다."

18 다윗이 또 말했습니다. "내 주여, 왜 나를 쫓고 계십니까? 내가 무슨 잘못을 했습니까? 내 죄가 무엇입니까?

19 내 주 왕이여, 내 말을 들어 보십시오. 만약 왕이 나에 대해 진노하게 하신 분이 여호와시라면, 여호와께서 나를 제물로 받으시기를 원합니다. 그러나 만약 왕이 나에 대해 진노하게 한 것이 사람들이라면, 여호와께서 그들을 저주하시기를 바랍니다. 그들은 여호와께서 내게 주신 땅에서 나를 쫓아냈습니다. 그들은 내게 '낯선 땅에 가서 다른 신들을 섬겨라' 하고 말했습니다.

20 나를 여호와께서 계신 곳에서 멀리 떨어져 죽게 하지 마십시오. 이스라엘 왕이 어찌 메추라기 한 마리를 사냥하는 사람같이 행동하십니까? 왕이 벼룩을 찾아 나서다니 말이 됩니까?"

21 다윗의 말을 듣고 사울이 말했습니다. "내가 죄를 지었다. 내 아들 다윗아 돌아오너라. 오늘 너는 내 생명을 아껴 주었다. 그러니 이제 나도 너를 해치려 하지

10 the LORD's anointed one? •Surely the LORD will strike Saul down someday, or

11 he will die of old age or in battle. •The LORD forbid that I should kill the one he has anointed! But take his spear and that jug of water beside his head, and then let's get out of here!"

12 •So David took the spear and jug of water that were near Saul's head. Then he and Abishai got away without anyone seeing them or even waking up, because the LORD had put Saul's men into a deep sleep.

13 •David climbed the hill opposite the

14 camp until he was at a safe distance. •Then he shouted down to the soldiers and to Abner son of Ner, "Wake up, Abner!"

"Who is it?" Abner demanded.

15 •"Well, Abner, you're a great man, aren't you? David taunted. "Where in all Israel is there anyone as mighty? So why haven't you guarded your master the king

16 when someone came to kill him? •This isn't good at all! I swear by the LORD that you and your men deserve to die, because you failed to protect your master, the LORD's anointed! Look around! Where are the king's spear and the jug of water that were beside his head?"

17 •Saul recognized David's voice and called out, "Is that you, my son David?"

And David replied, "Yes, my lord the king.

18 •Why are you chasing me? What

19 have I done? What is my crime? •But now let my lord the king listen to his servant. If the LORD has stirred you up against me, then let him accept my offering. But if this is simply a human scheme, then may those involved be cursed by the LORD. For they have driven me from my home, so I can no longer live among the LORD's people, and they have said, 'Go,

20 worship pagan gods.' •Must I die on foreign soil, far from the presence of the LORD? Why has the king of Israel come out to search for a single flea? Why does he hunt me down like a partridge on the mountains?"

21 •Then Saul confessed, "I have sinned. Come back home, my son, and I will no longer try to harm you, for you valued my life today. I have been a fool and very, very wrong."

partridge [páːrtridʒ] *n.* 꿩, 메추라기 등의 엽조

scheme [skiːm] *n.* 음모

taunt [tɔːnt] *vt.* 조롱하다

26:16 deserve to die : 죽어 마땅하다

26:19 stir… up against ~ : ~을 해치도록 …을 격동시키다

않겠다. 내가 바보 같은 짓을 하였다. 내가 큰 실수를 하였다."

22 다윗이 대답하였습니다. "여기 왕의 창이 있습니다. 신하한 사람을 이리로 보내어 가져가게 하십시오.

23 여호와께서는 옳은 일을 하고 충성하는 사람에게 상을 주십니다. 여호와께서는 오늘 왕을 나에게 넘겨 주셨습니다. 그러나 나는 여호와께서 기름 부으신 사람을 해칠 생각이 없었습니다.

24 나는 오늘 왕의 생명을 아껴 주었습니다. 나는 여호와께서도 이처럼 내 생명을 아껴 주실 것을 확실히 믿습니다. 여호와께서는 모든 어려운 일에서 나를 구해 주실 것입니다."

25 이 말을 듣고 사울이 다윗에게 말했습니다. "내 아들 다윗아, 너는 복을 받았다. 너는 큰 일을 하며 성공할 것이다." 그런 다음에 다윗은 자기 길을 갔고, 사울도 자기 왕궁으로 돌아갔습니다.

다윗과 블레셋 사람들

27 그러나 다윗은 속으로 이렇게 생각했습니다. '언젠가는 사울이 나를 잡을 것이다. 그러니 지금은 블레셋 사람들의 땅으로 도망가는 것이 제일 안전하다. 그러면 사울은 이스라엘에서 나를 찾는 일을 포기할 것이며, 나는 사울에게서 피할 수 있을 것이다.'

2 그리하여 다윗과 그의 부하 육백 명은 이스라엘을 떠났습니다. 그들은 가드 왕 마옥의 아들 아기스에게 갔습니다.

3 다윗과 그의 부하들 그리고 그들의 가족들은 가드에서 아기스와 함께 살았습니다. 다윗은 두 아내와 같이 있었는데, 다윗의 아내의 이름은 이스르엘의 아히노암과 갈멜의 아비가일이었습니다. 아비가일은 죽은 나발의 아내였습니다.

4 사울은 다윗이 가드로 도망갔다는 이야기를 듣고, 다시는 다윗을 추적하지 않았습니다.

5 어느 날, 다윗이 아기스에게 말했습니다. "나를 좋게 여기신다면 시골 마을 중 하나를 나에게 주어 그곳에서 살게 해 주십시오. 나 같은 사람이 어떻게 당신과 함께 왕의 성에 있을 수 있겠습니까?"

6 그날, 아기스는 다윗에게 시글락 마을을 주었습니다. 이 때문에 시글락 마을은 그때부터 유다 왕들의 땅이 되었습니다.

7 다윗은 블레셋 땅에서 일 년 사 개월 동안을 살았습니다.

8 다윗과 그의 부하들은 나가서 그술과 기르스와 아말렉 백성들을 공격하였습니다. 이 백성들은 오랫동안 술과 이집트로 가는 땅에 살았습니다.

9 다윗은 그들과 싸워 남자와 여자를 모두 죽였습니다. 그는 양과 소와 나귀와 낙타와 옷을 빼앗아서 아기스에게 돌아왔습니다.

---

22 • "Here is your spear, O king," David replied. "Let one of your young men come over and get it. • The LORD gives his own reward for doing good and for being loyal, and I refused to kill you even when the LORD placed you in my power, for you are the LORD's anointed one. 24 • Now may the LORD value my life, even as I have valued yours today. May he rescue me from all my troubles."

25 • And Saul said to David, "Blessings on you, my son David. You will do many heroic deeds, and you will surely succeed." Then David went away, and Saul returned home.

David among the Philistines

27 But David kept thinking to himself, "Someday Saul is going to get me. The best thing I can do is escape to the Philistines. Then Saul will stop hunting for me in Israelite territory, and I will finally be safe. 2 • So David took his 600 men and went over and joined Achish son of Maoch, the king of Gath. 3 • David and his men and their families settled there with Achish at Gath. David brought his two wives along with him—Ahinoam from Jezreel and Abigail, Nabal's widow from Carmel. 4 • Word soon reached Saul that David had fled to Gath, so he stopped hunting for him.

5 • One day David said to Achish, "If it is all right with you, we would rather live in one of the country towns instead of here in the royal city." 6 • So Achish gave him the town of Ziklag (which still belongs to the kings of Judah to this day), 7 • and they lived there among the Philistines for a year and four months.

8 • David and his men spent their time raiding the Geshurites, the Girzites, and the Amalekites—people who had lived near Shur, toward the land of Egypt, since ancient times. 9 • David did not leave one person alive in the villages he attacked. He took the sheep, goats, cattle, donkeys, camels, and clothing before returning home to see King Achish.

---

deed [di:d] *n.* 행위, 행실
escape [iskéip] *n.* 도망
heroic [hiróuik] *a.* 영웅적인
raid [réid] *vt.* 급습하다
territory [térətɔ̀:ri] *n.* 지역; 영토
26:24 rescue from … : …로부터 구출하다
27:4 flee to … : …로 도망치다
27:8 since ancient times : 옛적부터

10 아기스는 다윗에게 "오늘은 어디를 공격하였느냐?" 하고 묻곤 했습니다. 그럴 때마다 다윗은 유다 땅 남쪽을 공격하고 왔다고 대답했습니다. 어떤 때는 여라무엘이나 겐 사람의 땅을 공격하고 왔다고 말했습니다.

11 다윗은 남자든지 여자든지 사람을 살려서 가드로 데리고 온 적이 한 번도 없었습니다. 다윗은 이렇게 생각하였습니다. '만약 우리가 누구든지 살려서 데리고 오면, 그 사람은 아기스에게 내가 실제로 한 일을 말할 것이다.' 다윗은 블레셋 땅에 사는 동안 내내 그렇게 행동하였습니다.

12 아기스는 다윗을 믿었습니다. 아기스는 혼자 이렇게 생각하였습니다. 다윗의 백성인 이스라엘 사람들이 다윗을 굉장히 미워한다. 그러니 다윗은 언제까지나 나를 섬길 것이다.'

사울과 엔돌의 무당

28 그 후에 블레셋 사람들은 이스라엘과 싸우기 위해 군대를 모았습니다. 아기스가 다윗에게 말했습니다. "너와 네 부하들도 나의 군대와 함께 나가야 한다는 것을 알아 두어라."

2 다윗이 대답하였습니다. "물론입니다. 당신의 종인 내가 나가서 어떤 일을 하는지 당신 눈으로 직접 보실 수 있을 것입니다." 아기스가 말했습니다. "좋다. 너를 영원토록 내 호위병으로 삼겠다."

3 사무엘이 죽었으므로 모든 이스라엘 사람들이 사무엘을 위해 슬퍼하며, 사무엘을 그의 고향 라마에 장사지낸 지 이미 오래 되었습니다. 사울은 이스라엘 땅에서 무당과 점쟁이를 쫓아냈습니다.

4 블레셋 사람들은 모여서 수넴에 진을 쳤고, 사울은 모든 이스라엘 사람을 모아 길보아에 진을 쳤습니다.

5 사울은 블레셋 군대를 보고 그 마음이 두려워 떨었습니다.

6 사울이 여호와께 기도드렸지만, 여호와께서는 꿈으로도, 우림으로도, 예언자로도 대답해 주지 않으셨습니다.

7 그래서 사울은 자기 종들에게 명령했습니다. "가서 무당을 찾아보아라. 내가 그에게 가서 물어 봐야 되겠다." 그러자 종들은 "엔돌에 무당이 있습니다" 하고 대답했습니다.

8 사울은 아무도 알아보지 못하게 다른 옷으로 갈아입었습니다. 사울은 밤중에 신하 두 사람을 데리고 무당을 만나러 갔습니다. 사울이 무당에게 말했습니다. "나를 위해 주문을 외워 내가 말하는 사람을 불러 내어라."

9 하지만 무당이 사울에게 말했습니다. "당신도 사울이 내린 명령을 알지 않소. 사울은 이스라엘 땅에서 무당과 점쟁이를 쫓아내었소. 당신은 나에게 덫을 놓아 나를 죽이려 하고 있소."

10 사울은 여호와의 이름으로 무당에게 약속했습니다. "여호와께 맹세하지만 이 일을 했다고 해서 벌을 받지

10 • "Where did you make your raid today?" Achish would ask.
And David would reply, "Against the south of Judah, the Jerahmeelites, and the Kenites."

11 • No one was left alive to come to Gath and tell where he had really been. This happened again and again while he was 12 living among the Philistines. • Achish believed David and thought to himself, "By now the people of Israel must hate him bitterly. Now he will have to stay here and serve me forever!"

Saul Consults a Medium

28 About that time the Philistines mustered their armies for another war with Israel. King Achish told David, "You and your men will be expected to join me in battle."

2 • "Very well!" David agreed. "Now you will see for yourself what we can do."
Then Achish told David, "I will make you my personal bodyguard for life."

3 • Meanwhile, Samuel had died, and all Israel had mourned for him. He was buried in Ramah, his hometown. And Saul had banned from the land of Israel all mediums and those who consult the spirits of the dead.

4 • The Philistines set up their camp at Shunem, and Saul gathered all the army 5 of Israel and camped at Gilboa. • When Saul saw the vast Philistine army, he 6 became frantic with fear. • He asked the LORD what he should do, but the LORD refused to answer him, either by dreams 7 or by sacred lots* or by the prophets. • Saul then said to his advisers, "Find a woman who is a medium, so I can go and ask her what to do."
His advisers replied, "There is a medium at Endor."

8 • So Saul disguised himself by wearing ordinary clothing instead of his royal robes. Then he went to the woman's home at night, accompanied by two of his men.
"I have to talk to a man who has died," he said. "Will you call up his spirit for me?"

9 • "Are you trying to get me killed?" the woman demanded. "You know that Saul has outlawed all the mediums and all who consult the spirits of the dead. Why are you setting a trap for me?"

10 • But Saul took an oath in the name of the LORD and promised, "As surely as the LORD lives, nothing bad will happen to

28:6 Hebrew *by Urim.*

는 않을 것이다."

11 그러자 무당이 물었습니다. "누구를 불러드릴까요?" 사울이 대답하였습니다. "사무엘을 불러 주시오."

12 무당은 사무엘이 올라온 것을 보고 큰 소리로 비명을 질렀습니다. 무당은 "왜 저를 속이셨습니까? 당신은 사울 왕이 아니십니까?" 하고 말했습니다.

13 왕이 무당에게 말했습니다. "두려워하지 마라. 무엇이 보이느냐?" 무당이 말했습니다. "땅에서 한 영이 올라 오는 것이 보입니다."

14 사울이 물었습니다. "그가 어떻게 생겼느냐?" 무당이 대답하였습니다. "겉옷을 입은 한 노인이 올라오고 있습니다." 그러자 사울은 그가 사무엘이라는 것을 알아 보고 얼굴을 땅에 대고 엎드렸습니다.

15 사무엘이 사울에게 물었습니다. "왜 나를 불러 내서 귀찮게 하시오?" 사울이 말했습니다. "나는 큰 괴로움을 겪고 있습니다. 블레셋 사람들이 나에게 싸움을 걸었습니다. 하나님께서는 나를 떠나셨습니다. 하나님께서는 예언자로도, 꿈으로도 나에게 대답해 주지 않으십니다. 그래서 당신을 불렀습니다. 나는 어떻게 해야 좋겠습니까?"

16 사무엘이 말했습니다. "여호와께서는 당신을 버리고 당신의 원수가 되셨소. 그런데 왜 나에게 물으시오?

17 여호와께서는 나에게 말씀하신 대로 하셨소. 여호와께서는 이 나라를 당신의 손에서 찢어서 당신의 이웃 중 한 사람인 다윗에게 주셨소.

18 당신은 여호와께 순종하지 않았소. 당신은 아말렉 사람들에게 하나님의 진노를 보여 주지 않았소. 그래서 하나님께서 오늘 당신에게 이런 일을 하신 것이오.

19 여호와께서는 이스라엘과 당신을 블레셋 사람들에게 넘기실 것이오. 당신과 당신의 아들들은 내일 나와 함께 있게 될 것이오."

20 사울은 급히 땅에 엎드렸습니다. 사울은 사무엘이 한 말 때문에 두려웠습니다. 사울은 하루 종일 아무것도 먹지 않았기 때문에 힘도 없었습니다.

21 그때에 무당은 사울이 두려움에 떨고 있는 모습을 보고, 사울에게 말했습니다. "당신의 종인 저는 당신의 말에 순종하였습니다. 저는 제 목숨을 걸고 당신이 하라는 대로 했습니다.

22 그러니 이제는 제 말을 들으십시오. 잡수실 것을 좀드릴 테니 잡수시고 힘을 내십시오. 그리고 나서 갈 길을 가십시오."

23 그러나 사울은 무당의 말을 듣지 않고 "먹지 않겠다"고 말했습니다. 사울의 신하들도 사울에게 먹을 것을 권했습니다. 그때서야 사울은 그들의 말을 들었습니다. 사울은 땅에서 일어나 침대 위에 앉았습니다.

24 무당의 집에는 살진 송아지가 있었는데, 무당은 서둘러 송아지를 잡았습니다. 무당은 밀가루를 가져다가 반죽을 하여 누룩을 넣지 않은 빵을 만들었습니다.

---

11 • Finally, the woman said, "Well, whose spirit do you want me to call up?"

"Call up Samuel," Saul replied.

12 • When the woman saw Samuel, she screamed, "You've deceived me! You are Saul!"

13 • "Don't be afraid!" the king told her. "What do you see?"

"I see a god* coming up out of the earth," she said.

14 • "What does he look like?" Saul asked.

"He is an old man wrapped in a robe," she replied. Saul realized it was Samuel, and he fell to the ground before him.

15 • "Why have you disturbed me by calling me back?" Samuel asked Saul.

"Because I am in deep trouble," Saul replied. "The Philistines are at war with me, and God has left me and won't reply by prophets or dreams. So I have called for you to tell me what to do."

16 • But Samuel replied, "Why ask me, since the LORD has left you and has 17 become your enemy? • The LORD has done just as he said he would. He has torn the kingdom from you and given it 18 to your rival, David. • The LORD has done this to you today because you refused to carry out his fierce anger against the 19 Amalekites. • What's more, the LORD will hand you and the army of Israel over to the Philistines tomorrow, and you and your sons will be here with me. The LORD will bring down the entire army of Israel in defeat."

20 • Saul fell full length on the ground, paralyzed with fright because of Samuel's words. He was also faint with hunger, for he had eaten nothing all day and all night.

21 • When the woman saw how distraught he was, she said, "Sir, I obeyed your command at the risk of my life. 22 • Now do what I say, and let me give you a little something to eat so you can regain your strength for the trip back."

23 • But Saul refused to eat anything. Then his advisers joined the woman in urging him to eat, so he finally yielded and got up from the ground and sat on the couch.

24 • The woman had been fattening a calf, so she hurried out and killed it. She took some flour, kneaded it into dough

---

distraught [distrɔ́:t] *a.* 곤혹스러운; 미친
frantic [frǽntik] *a.* 광란의, 극도로 흥분한
medium [míːdiəm] *n.* 무녀, 무당
outlaw [áutlɔ̀:] *vt.* 금지하다

28:13 Or gods.

25 무당은 사울과 그의 신하들에게 음식을 가져다 주어 먹게 하였습니다. 사울과 신하들은 음식을 먹고 그날 밤에 일어나 길을 떠났습니다.

다윗이 시글락으로 돌아감

29 블레셋 사람들은 모든 군인을 아벡으로 모아들였습니다. 이스라엘은 이스르엘에 있는 샘물 곁에 진을 쳤습니다.

2 블레셋 왕들은 백 명과 천 명씩 부대를 이루어 행군을 하였습니다. 다윗과 그의 부하들은 뒤에서 아기스와 함께 행군을 하였습니다.

3 블레셋의 지휘관들이 물었습니다. "이 히브리 사람들은 여기에서 무엇을 하고 있는 것이오?" 아기스가 말했습니다. "이 사람은 이스라엘 왕 사울의 신하였던 다윗이 아니겠소? 하지만 그가 여러 날 그리고 몇 년을 나와 함께 있는 중이오. 다윗이 사울을 떠나서 나에게 온 후로 오늘날까지 나는 그에게서 아무런 흠을 찾아내지 못했소."

4 그러나 블레셋의 지휘관들은 아기스에게 화를 냈습니다. 그들은 이렇게 말했습니다. "다윗을 당신이 그에게 준 성으로 돌려보내시오. 다윗은 우리와 함께 싸움터에 갈 수 없소. 다윗이 우리와 함께 있다면, 그것은 우리 진 한가운데에 적이 있는 것과 같소. 다윗은 우리 군인들을 죽여서 자기 왕을 기쁘게 할 것이오.

5 다윗은 이스라엘 사람들이 춤을 추면서 '사울이 죽인 적은 천천이요, 다윗이 죽인 사람은 만만이라' 하고 노래했던 바로 그 사람 아니오?"

6 그래서 아기스는 다윗을 불러 이렇게 말했습니다. "여호와께 맹세하지만 너는 나에게 충성을 다했다. 나는 네가 내 군대에서 일해 주면 좋겠다. 너는 나에게 온 뒤로 잘못한 일이 하나도 없다. 하지만 블레셋 왕들은 너를 믿지 못한다.

7 평안히 돌아가거라. 블레셋 왕들을 거스르는 일을 하지 마라."

8 다윗이 물었습니다. "내가 무슨 잘못을 했습니까? 내가 당신에게 온 뒤로 지금까지 나쁜 일을 한 적이 있습니까? 내 주 왕이여, 왜 나는 당신의 적과 싸우면 안 됩니까?"

9 아기스가 대답했습니다. "너는 나에게 하나님이 보내신 천사와 같이 소중하다. 하지만 블레셋의 지휘관들은 다윗은 우리와 함께 싸움터에 갈 수 없다'라고 말하니,

10 *아침 일찍 날이 밝으면 너와 너의 부하들은 떠나라.*"

11 그리하여 다윗과 그의 부하들은 아침 일찍 일어나 블레셋 사람들의 땅으로 돌아갔습니다. 그리고 블레셋 사람들은 이스르엘로 올라갔습니다.

다윗이 아말렉 사람들과 싸움

30 삼 일째 되는 날, 다윗과 그의 부하들은 시글락에 이르렀습니다. 그때, 마침 아말렉 사람들이

---

25 and baked unleavened bread. •She brought the meal to Saul and his advisers, and they ate it. Then they went out into the night.

The Philistines Reject David

29 The entire Philistine army now mobilized at Aphek, and the Israelites 2 camped at the spring in Jezreel. •As the Philistine rulers were leading out their troops in groups of hundreds and thousands, David and his men marched at the 3 rear with King Achish. •But the Philistine commanders demanded, "What are these Hebrews doing here?"

And Achish told them, "This is David, the servant of King Saul of Israel. He's been with me for years, and I've never found a single fault in him from the day he arrived until today."

4 •But the Philistine commanders were angry. "Send him back to the town you've given him!" they demanded. "He can't go into the battle with us. What if he turns against us in battle and becomes our adversary? Is there any better way for him to reconcile himself with his master than 5 by handing our heads over to him? •Isn't this the same David about whom the women of Israel sing in their dances,

'Saul has killed his thousands,
　and David his ten thousands'?"

6 •So Achish finally summoned David and said to him, "I swear by the LORD that you have been a trustworthy ally. I think you should go with me into battle, for I've never found a single flaw in you from the 7 day you arrived until today. But the other Philistine rulers won't hear of it. •Please don't upset them, but go back quietly."

8 •"What have I done to deserve this treatment?" David demanded. "What have you ever found in your servant, that I can't go and fight the enemies of my lord the king?"

9 •But Achish insisted, "As far as I'm concerned, you're as perfect as an angel of God. But the Philistine commanders are afraid to have you with them in the bat-10 tle. •Now get up early in the morning, and leave with your men as soon as it gets light."

11 •So David and his men headed back into the land of the Philistines, while the Philistine army went on to Jezreel.

David Destroys the Amalekites

30 Three days later, when David and his men arrived home at their town of Ziklag, they found that the Amalekites

남쪽 유다와 시글락에 쳐들어왔습니다. 아말렉 사람들은 시글락을 공격하여 그 성을 불태웠습니다.

2 아말렉 사람들은 시글락에 있는 여자들과 젊은이와 노인 할 것 없이 모든 사람들을 사로잡아 포로로 끌고 갔습니다.

3 다윗과 그의 부하들이 시글락에 와서 보니, 마을은 불타 버렸고 그들의 아내들과 아들딸들이 포로로 끌려갔습니다.

4 다윗과 그의 부하들은 큰 소리로 울었습니다. 너무 울어서 더 울 힘이 없을 정도였습니다.

5 다윗의 두 아내 이스르엘의 아히노암과 갈멜 사람 나발의 과부 아비가일도 끌려갔습니다.

6 다윗의 부하들이 다윗을 돌로 쳐죽이려 하였습니다. 그 때문에 다윗은 몹시 당황하였습니다. 다윗의 부하들은 자기 아들딸들이 포로로 끌려갔기 때문에 슬프고 화가 났던 것입니다. 그러나 다윗은 자기 하나님 여호와 안에서 힘을 얻었습니다.

7 다윗이 제사장 아비아달에게 말했습니다. "에봇을 가지고 오시오." 아비아달이 다윗에게 에봇을 가져오자

8 다윗은 여호와께 기도드렸습니다. "우리 가족을 끌고 간 사람들을 뒤쫓을까요? 그들을 따라잡을까요?" 여호와께서 대답하셨습니다. "그들을 뒤쫓아가거라. 그들을 따라잡을 수 있을 것이다. 네 가족을 구할 수 있을 것이다."

9 다윗과 그의 부하 육백 명은 브솔 골짜기에 이르렀습니다. 다윗의 부하 중 뒤떨어진 이백 명은 그곳에 남았습니다.

10 이백 명은 너무 지쳐서 브솔 시내를 건너지 못했습니다. 다윗은 사백 명을 거느리고 추격하였습니다.

11 다윗의 부하들이 들에서 어떤 이집트 사람을 발견하고 그를 다윗에게 데리고 왔습니다. 그들은 이집트 사람에게 마실 물과 먹을 음식을 주었습니다.

12 그들은 또 무화과 빵과 건포도 두 송이도 주었습니다. 이집트 사람은 그것을 먹고 기운을 되찾았습니다. 그 사람은 삼 일 동안이나 아무것도 먹지 못하고 있었습니다.

13 다윗이 그에게 물었습니다. "당신의 주인은 누구요? 당신은 어디에서 왔소?" 그가 대답하였습니다. "나는 이집트 사람입니다. 나는 아말렉 사람의 노예입니다. 내가 병이 나자, 주인은 삼 일 전에 나를 버려 두고 떠났습니다.

14 우리는 그렛 사람들의 남쪽 지역을 공격하였습니다. 우리는 유다 땅과 갈렙 사람들의 남쪽 지역도 공격하였습니다. 우리는 시글락을 불사르기도 하였습니다."

15 다윗이 그에게 물었습니다. "우리 집안 사람들을 끌고 간 그자들이 어디에 있는지 그곳을 가르쳐 줄 수 있겠소?" 그가 대답하였습니다. "나를 죽이거나 내 주인에

---

had made a raid into the Negev and Ziklag; they had crushed Ziklag and burned it to the ground. •They had carried off the women and children and everyone else but without killing anyone.

3 •When David and his men saw the ruins and realized what had happened to 4 their families, •they wept until they could 5 weep no more. •David's two wives, Ahinoam from Jezreel and Abigail, the widow of Nabal from Carmel, were among those 6 captured. •David was now in great danger because all his men were very bitter about losing their sons and daughters, and they began to talk of stoning him. But David found strength in the LORD his God.

7 •Then he said to Abiathar the priest, "Bring me the ephod!" So Abiathar brought 8 it. •Then David asked the LORD, "Should I chase after this band of raiders? Will I catch them?"

And the LORD told him, "Yes, go after them. You will surely recover everything that was taken from you!"

9 •So David and his 600 men set out, 10 and they came to the brook Besor. •But 200 of the men were too exhausted to cross the brook, so David continued the pursuit with 400 men.

11 •Along the way they found an Egyptian man in a field and brought him to David. They gave him some bread to eat 12 and water to drink. •They also gave him part of a fig cake and two clusters of raisins, for he hadn't had anything to eat or drink for three days and nights. Before long his strength returned.

13 •"To whom do you belong, and where do you come from?" David asked him.

"I am an Egyptian—the slave of an Amalekite," he replied. "My master abandoned me three days ago because I was 14 sick. •We were on our way back from raiding the Kerethites in the Negev, the territory of Judah, and the land of Caleb, and we had just burned Ziklag."

15 •"Will you lead me to this band of raiders?" David asked.

The young man replied, "If you take an oath in God's name that you will not kill me or give me back to my master, then I will guide you to them."

---

adversary [ǽdvərsèri] *n.* 적
crush [krʌʃ] *vt.* 궤멸시키다
flaw [flɔ:] *n.* 흠, 결점
raider [réidər] *n.* 침입자
raisin [réizn] *n.* 건포도
reconcile [rékənsàil] *vt.* 화해시키다
unleavened [ʌnlévənd] *a.* 누룩을 넣지 않은

게 돌려보내지 않는다고 하나님 앞에서 약속해 주십시오. 그러면 그들이 있는 곳으로 당신을 인도하겠습니다."

16 그리하여 이 이집트 사람은 다윗을 아말렉 사람들이 있는 곳으로 인도했습니다. 아말렉 사람들은 이곳 저곳에 흩어져 누운 채 먹고 마시고 있었습니다. 그들은 블레셋과 유다 땅에서 빼앗아 온 물건들을 가지고 즐거워하고 있었습니다.

17 다윗은 그날 밤부터 이튿날 저녁까지 그들과 싸웠습니다. 낙타를 타고 달아난 사백 명을 빼고 아말렉 사람들은 아무도 달아나지 못했습니다.

18 다윗은 자기의 두 아내를 비롯해서 아말렉 사람들이 빼앗아 갔던 모든 것을 되찾았습니다.

19 다윗은 잃어버린 것 없이 모든 것을 되찾았습니다. 젊은이와 노인, 아들과 딸, 그리고 값진 물건 등 모든 것을 되찾았습니다.

20 다윗은 양 떼와 소 떼를 빼앗았습니다. 다윗의 부하들은 이 양 떼와 소 떼를 몰고 오면서 "이것은 다윗이 빼앗은 것이다" 하고 말했습니다.

21 다윗은 너무 지치고 약해져서 자기를 따를 수 없어 브솔 시내에 머물게 했던 이백 명의 부하들에게 돌아왔습니다. 그들도 다윗과 그의 군대를 맞으러 나왔습니다.

22 그런데 다윗을 따르던 사람들 중에는 나쁜 사람들도 있었습니다. 그들은 "이 사람들은 우리와 함께 가지 않았으므로 우리가 가지고 온 것을 나누어 줄 필요가 없다. 이 사람들의 아내와 자식들만 돌려줘야합니다"라고 말했습니다.

23 다윗이 대답했습니다. "내 형제들이여, 그렇게 하면 안 되오. 여호와께서 우리를 도우셔서 원수들을 물리쳐 이길 수 있었는데 그렇게 하면 되겠소?

24 여러분이 한 말을 누가 들어 주겠소? 남아서 우리의 물건을 지킨 사람이나 나가서 싸운 사람이나 누구나 똑같이 나누어 가져야 하오."

25 다윗은 이것을 이스라엘의 명령과 규칙으로 삼았습니다. 이 명령과 규칙은 오늘날까지 계속 이어지고 있습니다.

26 다윗은 시글락에 이르렀습니다. 그곳에서 다윗은 아말렉 사람들에게서 빼앗은 물건 중 일부를 유다의 지도자로 있는 자기 친구들에게 보냈습니다. 다윗이 말했습니다. "여호와의 원수들에게서 빼앗은 물건 중 일부를 선물로 드립니다."

27 다윗은 아말렉 사람들에게서 빼앗은 물건을 벧엘과 유다 남쪽의 라못과 얏딜과

28 아로엘과 십못과 에스드모아와

29 라갈의 지도자들에게 보냈습니다. 다윗은 또 여라므엘과 겐 사람들의 성읍 지도자들과

30 호르마와 고라산과 아닥과

16 • So he led David to them, and they found the Amalekites spread out across the fields, eating and drinking and dancing with joy because of the vast amount of plunder they had taken from the Philistines 17 and the land of Judah. • David and his men rushed in among them and slaughtered them throughout that night and the entire next day until evening. None of the Amalekites escaped except 400 young 18 men who fled on camels. • David got back everything the Amalekites had taken, and 19 he rescued his two wives. • Nothing was missing: small or great, son or daughter, nor anything else that had been taken. 20 David brought everything back. • He also recovered all the flocks and herds, and his men drove them ahead of the other livestock. "This plunder belongs to David!" they said.

21 • Then David returned to the brook Besor and met up with the 200 men who had been left behind because they were too exhausted to go with him. They went out to meet David and his men, and David 22 greeted them joyfully. • But some evil troublemakers among David's men said, "They didn't go with us, so they can't have any of the plunder we recovered. Give them their wives and children, and tell them to be gone."

23 • But David said, "No, my brothers! Don't be selfish with what the LORD has given us. He has kept us safe and helped us defeat the band of raiders that attacked us. 24 • Who will listen when you talk like this? We share and share alike—those who go to battle and those who guard the equip- 25 ment." • From then on David made this a decree and regulation for Israel, and it is still followed today.

26 • When he arrived at Ziklag, David sent part of the plunder to the elders of Judah, who were his friends. "Here is a present for you, taken from the LORD's enemies," he said.

27 • The gifts were sent to the people of the following towns David had visited: Bethel, Ramoth-negev, Jattir, • Aroer, Siphmoth, 28 Eshtemoa, • Racal,* the towns of the Jerah- 30 meelites, the towns of the Kenites, • Hor-

---

decree [díkri:] *n.* 법령
exhausted [igzɔ́:stid] *a.* 지칠대로 지친
plunder [plʌ́ndər] *n.* 약탈물
selfish [sélfiʃ] *a.* 이기적인
30:16 spread out : 널리 흩어지다
30:16 take from : 탈취하다
30:21 meet up with… : …을 따라잡다

30:29 Greek version reads Carmel.

31 헤브론의 지도자들에게도 선물을 보냈습니다. 다윗은 자기와 자기 부하들이 거쳐 갔던 모든 곳에 선물을 보냈습니다.

사울의 죽음

31 블레셋 사람들과 이스라엘 사이에 전쟁이 일어났습니다. 이스라엘 사람들은 이 싸움에서 져서, 블레셋 사람들 앞에서 도망쳤습니다. 많은 이스라엘 사람들이 길보아 산에서 죽임을 당했습니다.

2 블레셋 사람들은 사울과 그의 아들들을 끝까지 쫓아갔습니다. 블레셋 사람들은 사울의 아들 요나단과 아비나답과 말기수아를 죽였습니다.

3 싸움은 사울에게 불리하게 돌아갔습니다. 활 쏘는 사람들의 화살이 사울을 맞혀 사울이 크게 부상을 당하였습니다.

4 사울은 자기 무기를 들고 다니는 부하에게 말했습니다. "네 칼을 뽑아서 나를 죽여라. 저 할례받지 않은 자들이 나를 조롱하고 죽이기 전에 네가 나를 죽여라." 그러나 사울의 부하는 두려워서 사울을 죽이지 못하였습니다. 그래서 사울은 자기 칼을 가지고, 칼 끝을 배에 대고 그 위에 엎드렸습니다.

5 사울의 부하는 사울이 죽은 것을 보고, 그도 자기 칼 위에 몸을 던져 사울과 함께 죽었습니다.

6 그리하여 사울과 사울의 세 아들과 그의 무기를 들고 다니던 그의 부하가 그날, 함께 죽었습니다.

7 이스르엘 골짜기 맞은편과 요단 강 건너편에 살고 있던 이스라엘 사람들은, 이스라엘 군대가 도망치는 것과 사울과 그의 아들들이 죽은 것을 보고 자기 성들을 버리고 달아났습니다.

8 이튿날, 블레셋 사람들이 죽은 군인들에게서 물건들을 거두러 왔다가 사울과 그의 아들들이 죽어 있는 것을 발견했습니다.

9 그들은 사울의 머리를 베고 그의 갑옷을 벗겨 냈습니다. 그리고 나서 그들은 사람들을 보내어 블레셋 사람들의 모든 땅에 그 소식을 전했습니다. 그들은 자기들의 우상의 신전과 자기들의 백성에게 그 소식을 전하였습니다.

10 블레셋 사람들은 사울의 갑옷을 아스다롯 신전에 두었고, 사울의 시체는 벧산의 성벽에 매달았습니다.

11 블레셋 사람들이 사울에게 한 일을 길르앗의 야베스에 사는 백성들이 들었습니다.

12 그래서 길르앗의 야베스의 용사들이 밤새도록 가서 사울과 그의 아들들의 시체를 벧산의 성벽에서 내려가지고 야베스로 돌아왔습니다. 야베스 백성은 그곳에서 그 시체들을 화장했습니다.

13 야베스 백성은 그들의 뼈를 야베스에 있는 에셀 나무 아래에 묻어 주고, 칠 일 동안, 음식을 먹지 않았습니다.

31 mah, Bor-ashan, Athach, ●Hebron, and all the other places David and his men had visited.

The Death of Saul

31 Now the Philistines attacked Israel, and the men of Israel fled before them. Many were slaughtered on the slopes of Mount Gilboa. ●The Philistines closed in on Saul and his sons, and they killed three of his sons—Jonathan, Abinadab, and Malkishua. ●The fighting grew very fierce around Saul, and the Philistine archers caught up with him and wounded him severely.

4 ●Saul groaned to his armor bearer, "Take your sword and kill me before these pagan Philistines come to run me through and taunt and torture me."

But his armor bearer was afraid and would not do it. So Saul took his own sword 5 and fell on it. ●When his armor bearer realized that Saul was dead, he fell on his own 6 sword and died beside the king. ●So Saul, his three sons, his armor bearer, and his troops all died together that same day.

7 ●When the Israelites on the other side of the Jezreel Valley and beyond the Jordan saw that the Israelite army had fled and that Saul and his sons were dead, they abandoned their towns and fled. So the Philistines moved in and occupied their towns.

8 ●The next day, when the Philistines went out to strip the dead, they found the bodies of Saul and his three sons on Mount Gilboa. 9 ●So they cut off Saul's head and stripped off his armor. Then they proclaimed the good news of Saul's death in their pagan temple and to the people throughout the land of 10 Philistia. ●They placed his armor in the temple of the Ashtoreths, and they fastened his body to the wall of the city of Beth-shan.

11 ●But when the people of Jabesh-gilead heard what the Philistines had done to Saul, 12 ●all their mighty warriors traveled through the night to Beth-shan and took the bodies of Saul and his sons down from the wall. They brought them to Jabesh, where they 13 burned the bodies. ●Then they took their bones and buried them beneath the tamarisk tree at Jabesh, and they fasted for seven days.

---

fast [fǽst] *vi.* 금식하다
groan [gróun] *vi.* 신음하다
strip [strip] *vt.* 약탈하다
taunt [tɔːnt] *vt.* 조소하다
torture [tɔ́ːrtʃər] *vt.* 심한 고통을 주다
31:4 run through : 찌르다

사무엘하

● 서론

✥ 저자 _ 갓과 나단으로 추정
✥ 저작 연대 _ B.C. 1010~931년 사이
✥ 기록 장소 _ 이스라엘로 추정
✥ 기록 대상 _ 이스라엘 백성
✥ 핵심어 및 내용 _ 핵심어는 '기름 부음 받은 자', '다윗' 등이다. 본서의 전체 내용은 기름 부음을 받은
다윗의 일생을 중심으로 전개되고 있다. 전쟁에서 승리하거나, 좌절하고 범죄했던 다윗의 모든 삶은 하
나님이 그에게 베풀어 주신 중요한 직분의 차원에서 이해해야 한다.

1 사울이 죽은 후였습니다. 다윗이 아말렉 사람들을
물리쳐 이긴 후에 시글락으로 돌아와 그곳에서 이
틀 동안, 머물렀습니다.

2 삼 일째 되던 날, 어떤 젊은이가 사울의 진에서부터
시글락으로 왔는데, 젊은이는 옷을 찢고 머리에 흙
을 뒤집어써서 슬픔을 나타냈습니다. 젊은이는 다
윗 앞에서 얼굴을 땅에 대고 절을 했습니다.

3 다윗이 젊은이에게 물었습니다. "어디에서 오는 길
이냐?" 젊은이가 대답했습니다. "이스라엘 진에서
빠져나오는 길입니다."

4 다윗이 물었습니다. "무슨 일이 일어났느냐? 말해
보아라." 젊은이가 대답했습니다. "사람들은 전쟁
터에서 도망쳤고, 많은 사람들이 죽었습니다. 사울
과 그의 아들 요나단도 죽었습니다."

5 다윗이 젊은이에게 말했습니다. "사울과 그의 아들
요나단이 죽었다는 것을 네가 어떻게 아느냐?"

6 젊은이가 대답했습니다. "우연히 길보아 산에 올라
갔다가 사울이 자기 창 위에 쓰러져 있는 것을 보았
습니다. 블레셋 사람들이 전차 여러 대를 타고 사울
에게 가까이 오고 있었습니다.

7 사울은 뒤를 돌아보다가 저를 보고 불렀습니다. 그
래서 제가 대답했습니다. '제가 여기에 있습니다!'

8 사울이 저에게 '너는 누구냐?'라고 물었습니다. 저
는 '아말렉 사람입니다' 하고 대답했습니다.

9 그러자 사울이 저에게 '이리 와서 나를 좀 죽여 다
오. 고통이 너무 심한데도 내 목숨이 끊어지지 않는
구나'라고 말했습니다.

10 그래서 저는 가까이 가서 사울을 죽였습니다. 사울
은 너무나 심하게 다쳐서 살아날 가망이 없었기 때
문입니다. 그리고 나서 저는 사울의 머리에서 왕관
을 벗겨 내고 팔에서 팔찌를 벗겨 냈습니다. 내 주
여, 그것들을 가지고 왔습니다."

11 이 말을 듣고 다윗은 자기 옷을 찢어 슬픔을 나타냈
습니다. 다윗과 함께 있던 사람들도 모두 다윗처럼
옷을 찢었습니다.

12 그들은 사울과 그의 아들 요나단과 여호와의 백성

David Learns of Saul's Death

1 After the death of Saul, David returned
from his victory over the Amalekites and
2 spent two days in Ziklag. • On the third day
a man arrived from Saul's army camp. He
had torn his clothes and put dirt on his head
to show that he was in mourning. He fell to
the ground before David in deep respect.

3 • "Where have you come from?" David
asked.

"I escaped from the Israelite camp," the
man replied.

4 • "What happened?" David demanded.
"Tell me how the battle went."

The man replied, "Our entire army fled
from the battle. Many of the men are dead,
and Saul and his son Jonathan are also
dead."

5 • "How do you know Saul and Jonathan
are dead?" David demanded of the young
man.

6 • The man answered, "I happened to be
on Mount Gilboa, and there was Saul leaning
on his spear with the enemy chariots and
7 charioteers closing in on him. • When he
turned and saw me, he cried out for me to
come to him. 'How can I help?' I asked
him.

8 • "He responded, 'Who are you?'
'I am an Amalekite,' I told him.

9 • "Then he begged me, 'Come over here
and put me out of my misery, for I am in
terrible pain and want to die.'

10 • "So I killed him," the Amalekite told
David, "for I knew he couldn't live. Then I
took his crown and his armband, and I have
brought them here to you, my lord."

11 • David and his men tore their clothes in
sorrow when they heard the news. • They
12 mourned and wept and fasted all day for
Saul and his son Jonathan, and for the LORD's

---

condemn [kəndém] vt. 유죄로 판결하다
thrust [θrʌst] vt. 쑤셔 넣다, 찌르다
1:9 put out of one's misery : 죽임으로써 편안
하게 해주다, 안락사시키다

과 이스라엘 사람들이 칼에 맞아 죽은 것을 생각하고 너무나 슬퍼서 울었습니다. 그리고 저녁 때까지 아무것도 먹지 않았습니다.

다윗이 아말렉 사람을 죽이라고 명령하다

13 다윗이 사울에 대한 소식을 가지고 온 젊은이에게 물었습니다. "너는 어디에서 온 누구냐?" 젊은이가 대답했습니다. "저는 외국 사람의 아들입니다. 저는 아말렉 사람입니다."

14 다윗이 그에게 물었습니다. "너는 왜 여호와께서 기름 부으신 사람을 죽이는 일을 두려워하지 않았느냐?"

15 그리고 나서 다윗은 자기 부하 중 한 사람을 불러서 "자! 저 아말렉 사람을 죽여라!" 하고 명령했습니다. 그 부하는 아말렉 사람을 죽였습니다.

16 다윗이 아말렉 사람에게 말했습니다. "너를 죽이는 사람에게는 책임이 없다. 왜냐하면 네 스스로가 '내가 여호와께서 기름 부으신 사람을 죽였습니다'라고 말을 했기 때문이다."

사울과 요나단을 기리는 다윗의 노래

17 다윗은 사울과 그의 아들 요나단을 기리는 장례 노래를 불렀습니다.

18 다윗은 유다 백성에게 이 노래를 가르치라고 명령했습니다. 이 노래는 '활'이라고 부르며, 야살의 책에 쓰여 있습니다.

19 "이스라엘아, 너의 지도자들이 언덕에서 죽임을 당했구나. 아, 용사들이 싸움터에서 쓰러졌구나.

20 그 일을 가드에서 말하지 마라. 그 일을 아스글론 거리에서 이야기하지 마라. 그 일을 말하면 블레셋의 딸들이 기뻐할 것이다. 할례받지 않은 자들의 딸이 즐거워할 것이다.

21 길보아 산에 이슬이나 비가 내리지 말지어다. 그들에서 곡식이 나지 말지어다. 거기에서 용사들의 방패가 부끄러움을 당했도다. 사울의 방패는 더 이상 기름칠할 수 없게 되었구나.

22 요나단의 활은 많은 적을 죽였고, 사울의 칼도 적들을 죽였다. 그들의 무기는 죽은 자들의 피로 물들었고, 그들의 무기는 강한 자들의 살에 박혔다.

23 우리는 사울과 요나단을 사랑했다. 그들이 살아 있는 것을 기뻐했다. 사울과 요나단은 죽을 때에도 함께 죽었다. 그들은 독수리보다 빨랐고 사자보다도 강했다.

24 너희 이스라엘의 딸들아, 사울을 위해 울어라. 사울은 너희를 붉은 옷으로 입혔고 너희 옷에 황금 장식을 달게 했다.

25 아, 용사들이 싸움터에서 쓰러졌구나. 요나단이 길보아 언덕에서 죽었구나.

26 내 형제 요나단이여, 내가 너를 위해 우노라. 너는

army and the nation of Israel, because they had died by the sword that day.

13 • Then David said to the young man who had brought the news, "Where are you from?" And he replied, "I am a foreigner, an Amalekite, who lives in your land."

14 • "Why were you not afraid to kill the LORD's anointed one?" David asked.

15 • Then David said to one of his men, "Kill him!" So the man thrust his sword into the

16 Amalekite and killed him. • "You have condemned yourself," David said, "for you yourself confessed that you killed the LORD's anointed one."

David's Song for Saul and Jonathan

17 • Then David composed a funeral song for
18 Saul and Jonathan, • and he commanded that it be taught to the people of Judah. It is known as the Song of the Bow, and it is recorded in *The Book of Jashar.**

19 • Your pride and joy, O Israel, lies dead on the hills!
  Oh, how the mighty heroes have fallen!

20 • Don't announce the news in Gath,
  don't proclaim it in the streets of Ashkelon,
  or the daughters of the Philistines will rejoice
  and the pagans will laugh in triumph.

21 • O mountains of Gilboa,
  let there be no dew or rain upon you,
  nor fruitful fields producing offerings of grain.*
  For there the shield of the mighty heroes was defiled;
  the shield of Saul will no longer be anointed with oil.

22 • The bow of Jonathan was powerful,
  and the sword of Saul did its mighty work.
  They shed the blood of their enemies
  and pierced the bodies of mighty heroes.

23 • How beloved and gracious were Saul and Jonathan!
  They were together in life and in death.
  They were swifter than eagles,
  stronger than lions.

24 • O women of Israel, weep for Saul,
  for he dressed you in luxurious scarlet clothing,
  in garments decorated with gold.

25 • Oh, how the mighty heroes have fallen in battle!
  Jonathan lies dead on the hills.

26 • How I weep for you, my brother Jonathan!

1:18 Or *The Book of the Upright.* 1:21 The meaning of the Hebrew is uncertain.

나를 너무나 사랑하였지. 네가 나를 사랑함이 놀라 웠으니 여자들의 사랑보다도 놀라웠다.

27 아, 용사들이 싸움터에서 쓰러졌구나. 전쟁 무기들 이 사라져 버렸구나."

다윗이 유다의 왕이 되다

2 그 후에 다윗이 여호와께 기도드렸습니다. 다윗 은 "유다의 한 성으로 올라갈까요?" 하고 여쭈었 습니다. 여호와께서 다윗에게 "올라가거라" 하고 말씀하셨습니다. 다윗이 다시 여쭈었습니다. "어디 로 갈까요?" 여호와께서 대답하셨습니다. "헤브론 으로 가거라."

2 그리하여 다윗은 자기 아내 두 명과 함께 헤브론으 로 올라갔습니다. 한 아내는 이스르엘의 아히노암 이었고, 다른 아내는 갈멜 사람 나발의 과부 아비가 일이었습니다.

3 다윗은 자기 부하들과 그 식구들을 모두 데리고 가 서 헤브론 성에서 살았습니다.

4 그때에 유다 사람들이 헤브론으로 왔습니다. 그들 은 다윗에게 기름을 부어 유다 왕으로 세웠습니다. 그들은 다윗에게 길르앗의 야베스 사람들이 사울 을 묻어 주었다고 이야기했습니다.

5 그래서 다윗은 길르앗의 야베스 사람들에게 사자 들을 보내어 다윗의 말을 전하게 했습니다. "여호와 께서 여러분에게 복 주시기를 바라오. 여러분은 친 절하게도 여러분의 주인인 사울을 묻어 주었소.

6 이제 여호와께서 여러분에게 은혜와 진리를 베푸 시기 바라오. 나도 여러분의 선한 일을 갚아 주겠 소.

7 강하게 마음먹고, 용기를 내시오. 여러분의 주인인 사울은 죽었소. 유다 백성이 나에게 기름을 부어 자 기들의 왕으로 세웠소."

유다와 이스라엘 사이의 전쟁

8 넬의 아들 아브넬은 사울의 군대 지휘관이었습니 다. 아브넬은 사울의 아들 이스보셋을 마하나임으 로 데리고 갔습니다.

9 아브넬은 그곳에서 이스보셋을 길르앗과 아술과 이스르엘과 에브라임과 베냐민과 온 이스라엘의 왕 으로 세웠습니다.

10 사울의 아들 이스보셋이 이스라엘 왕이 되었을 때, 그의 나이는 마흔 살이었습니다. 이스보셋이 이 년 동안 나라를 다스렸지만, 유다 백성은 다윗을 따랐 습니다.

11 다윗은 헤브론에서 칠 년 육 개월 동안 왕으로 있었 습니다.

12 넬의 아들 아브넬과 사울의 아들 이스보셋의 종들 은 마하나임을 떠나서 기브온으로 갔습니다.

13 스루야의 아들 요압과 다윗의 부하들도 그곳으로

Oh, how much I loved you!
And your love for me was deep,
　deeper than the love of women!

27 • Oh, how the mighty heroes have fallen!
Stripped of their weapons, they lie dead.

David Anointed King of Judah

2 After this, David asked the LORD, "Should I move back to one of the towns of Judah?"

"Yes," the LORD replied.

Then David asked, "Which town should I go to?"

"To Hebron," the LORD answered.

2 • David's two wives were Ahinoam from Jezreel and Abigail, the widow of Nabal from Carmel. So David and his wives •and

3 his men and their families all moved to Judah, and they settled in the villages near

4 Hebron. •Then the men of Judah came to David and anointed him king over the people of Judah.

When David heard that the men of

5 Jabesh-gilead had buried Saul, •he sent them this message: "May the LORD bless you for being so loyal to your master Saul and

6 giving him a decent burial. •May the LORD be loyal to you in return and reward you with his unfailing love! And I, too, will

7 reward you for what you have done. •Now that Saul is dead, I ask you to be my strong and loyal subjects like the people of Judah, who have anointed me as their new king."

Ishbosheth Proclaimed King of Israel

8 •But Abner son of Ner, the commander of Saul's army, had already gone to Mahanaim

9 with Saul's son Ishbosheth.* •There he proclaimed Ishbosheth king over Gilead, Jezreel, Ephraim, Benjamin, the land of the Ashurites, and all the rest of Israel.

10 •Ishbosheth, Saul's son, was forty years old when he became king, and he ruled from Mahanaim for two years. Meanwhile, the people of Judah remained loyal to David.

11 •David made Hebron his capital, and he ruled as king of Judah for seven and a half years.

War between Israel and Judah

12 •One day Abner led Ishbosheth's troops

13 from Mahanaim to Gibeon. •About the same time, Joab son of Zeruiah led David's

---

decent [díːsnt] *a.* 품위있는, 기준에 맞는
proclaim [proukléim] *vt.* 선포하다
subject [sábdʒikt] *n.* 신민, 신하; 국민
2:6 in return : 답례로; 그 대신에

2:8 *Ishbosheth* is another name for Esh-baal.

갔는데, 기브온 연못가에서 아브넬과 이스보셋의 부하들을 만나게 되었습니다. 아브넬의 무리는 연못가에 앉았고, 요압의 무리는 그 맞은편에 앉았습니다.

14 아브넬이 요압에게 말했습니다. "젊은이들을 일으켜서 여기에서 겨루어 보자." 요압이 말했습니다. "좋다. 한번 겨루어 보자."

15 그리하여 젊은이들이 자리에서 일어났습니다. 두 무리는 나가 싸울 사람들의 수를 세었습니다. 사울의 아들 이스보셋을 위하여 베냐민 백성 중에서 열두 명이 뽑혔고, 다윗의 부하들 중에서도 열두 명이 뽑혔습니다.

16 각 사람은 자기 적의 머리를 잡고 옆구리를 칼로 찔렀습니다. 칼에 찔린 사람들은 한꺼번에 쓰러졌습니다. 그래서 기브온에 있는 이곳의 이름을 헬갓핫수림*이라고 불렀습니다.

17 그날의 힘겨루기는 끔찍한 전쟁이 되어버렸고, 그 결과 다윗의 부하들이 아브넬과 이스라엘 사람들을 물리쳐 이겼습니다.

아브넬이 아사헬을 죽이다

18 스루야의 세 아들인 요압과 아비새와 아사헬이 그 싸움터에 있었습니다. 아사헬의 발은 마치 들의 사슴처럼 빨랐습니다.

19 아사헬이 아브넬에게 곧장 나아가서 아브넬을 뒤쫓았습니다.

20 아브넬이 뒤를 돌아보며 물었습니다. "네가 아사헬이냐?" 아사헬이 대답했습니다. "그렇다. 내가 아사헬이다."

21 아브넬이 아사헬에게 말했습니다. "나를 그만 쫓고, 오른쪽이나 왼쪽으로 방향을 돌려서 다른 젊은 군인을 붙잡고 그의 무기를 빼앗아 가거라." 그러나 아사헬은 그 말을 듣지 않고 계속해서 아브넬을 뒤쫓았습니다.

22 아브넬이 아사헬에게 다시 말했습니다. "나를 쫓아오지 마라. 그래도 나를 쫓아온다면 너를 죽일 수밖에 없다. 그렇게 되면 내가 너의 형 요압의 얼굴을 어찌 볼 수 있겠느냐?"

23 아사헬은 계속해서 아브넬을 뒤쫓아 왔습니다. 그러자 아브넬은 창으로 아사헬의 배를 찔렀습니다. 창이 아사헬의 배에 깊이 박혀 창끝이 등을 뚫고 나왔습니다. 아사헬은 그 자리에서 죽었습니다. 아사헬의 시체가 쓰러져 있는 곳에 도착한 사람들은 모두 그 자리에 멈춰 섰습니다.

24 그러나 요압과 아비새는 계속해서 아브넬을 뒤쫓았습니다. 그들이 암마 언덕에 이르렀을 때에 날이 저물었습니다. 암마 언덕은 기아에서 그리 멀리 떨어져 있지 않으며, 기아는 기브온에서 가까운 광야로 가는 길에 있습니다.

troops out and met them at the pool of Gibeon. The two groups sat down there, facing each other from opposite sides of the pool.

14 •Then Abner suggested to Joab, "Let's have a few of our warriors fight hand to hand here in front of us."

"All right," Joab agreed. 15 •So twelve men were chosen to fight from each side—twelve men of Benjamin representing Ishbosheth son of Saul, and twelve representing David. 16 •Each one grabbed his opponent by the hair and thrust his sword into the other's side so that all of them died. So this place at Gibeon has been known ever since as the Field of Swords.*

17 •A fierce battle followed that day, and Abner and the men of Israel were defeated by the forces of David.

The Death of Asahel

18 •Joab, Abishai, and Asahel—the three sons of Zeruiah—were among David's forces that day. Asahel could run like a gazelle, 19 •and he began chasing Abner. He pursued him relentlessly, not stopping for anything. 20 •When Abner looked back and saw him coming, he called out, "Is that you, Asahel?"

"Yes, it is," he replied.

21 •"Go fight someone else!" Abner warned. "Take on one of the younger men, and strip him of his weapons." But Asahel kept right on chasing Abner.

22 •Again Abner shouted to him, "Get away from here! I don't want to kill you. How could I ever face your brother Joab again?"

23 •But Asahel refused to turn back, so Abner thrust the butt end of his spear through Asahel's stomach, and the spear came out through his back. He stumbled to the ground and died there. And everyone who came by that spot stopped and stood still when they saw Asahel lying there.

24 •When Joab and Abishai found out what had happened, they set out after Abner. The sun was just going down as they arrived at the hill of Ammah near

---

butt [bʌt] *n.* 굵은 쪽 끝, 밑동
fierce [fiərs] *a.* 맹렬한
opponent [əpóunənt] *n.* 대적
pursue [pərsúː] *vt.* 쫓다, 추격하다
relentlessly [riléntlisli] *ad.* 집요하게
stumble [stʌ́mbl] *vi.* 비틀거리며 걷다
2:14 **hand to hand** : 드잡이하여, 접근해서
2:23 **come out through…** : …을 관통하다

2:16 Hebrew *Helkath-hazzurim.*
2:16 '헬갓핫수림'은 '날카로운 칼의 싸움터'란 뜻이다.

25 그때에 베냐민 사람들이 언덕 꼭대기에서 아브넬을 호위하며 함께 서 있었습니다.

26 아브넬이 요압에게 소리쳤습니다. "언제까지 칼로 싸워야 하겠느냐? 이렇게 싸우면 슬픔만이 있을 뿐이라는 것을 너도 알지 않느냐? 사람들에게 우리를 뒤쫓는 일을 그만두게 하여라."

27 요압이 말했습니다. "살아 계신 하나님께 맹세하지만 만약 네가 아무 말도 하지 않았다면, 사람들이 너희들을 내일 아침까지 뒤쫓았을 것이다."

28 그리고 나서 요압은 나팔을 불었고, 그의 부하들은 이스라엘 사람들을 뒤쫓는 일을 그만두었습니다. 요압의 부하들은 이스라엘 사람들과 더 이상 싸우려 하지 않았습니다.

29 아브넬과 그의 부하들은 밤새도록 걸어서 아라바를 지나 요단 강 골짜기를 건너갔습니다. 하루 종일 걸은 뒤에 그들은 마침내 마하나임에 이르렀습니다.

30 요압은 아브넬 뒤쫓기를 멈추고 돌아와서 백성들을 모았습니다. 아사헬을 비롯해서 다윗의 부하 열아홉 명이 보이지 않았습니다.

31 다윗의 부하들은 아브넬을 따랐던 베냐민 사람 삼백육십 명을 죽였습니다.

32 다윗의 부하들은 아사헬의 시체를 거두어 베들레헴에 있는 그의 아버지의 무덤에 묻어 주었습니다. 그리고 나서 요압과 그의 부하들은 밤새도록 걸었습니다. 그들이 헤브론에 이르자, 동이 트기 시작했습니다.

3 사울의 집안을 따르는 백성과 다윗의 집안을 따르는 백성 사이에 오랫동안 싸움이 있었습니다. 다윗 집안을 따르는 사람들은 점점 강해졌고, 반대로 사울 집안을 따르는 사람들은 점점 약해졌습니다.

다윗의 아들들

2 헤브론에서 다윗의 아들들이 태어났습니다. 첫 번째 아들은 암논이었습니다. 암논의 어머니는 이스르엘 사람 아히노암이었습니다.

3 두 번째 아들은 길르압이었으며, 길르압의 어머니는 갈멜 사람 나발의 과부 아비가일이었습니다. 세 번째 아들은 압살롬이었고, 압살롬의 어머니는 그술 왕 달매의 딸 마아가였습니다.

4 네 번째 아들은 아도니야였습니다. 아도니야의 어머니는 학깃이었습니다. 다섯 번째 아들은 스바댜였으며, 스바댜의 어머니는 아비달이었습니다.

5 여섯 번째 아들은 이드르암이었고, 이드르암의 어머니는 에글라였습니다. 이들은 헤브론에서 태어난 다윗의 아들들입니다.

Giah, along the road to the wilderness of
25 Gibeon. •Abner's troops from the tribe of
Benjamin regrouped there at the top of the hill
to take a stand.

26 •Abner shouted down to Joab, "Must we
always be killing each other? Don't you realize
that bitterness is the only result? When will
you call off your men from chasing their
Israelite brothers?"

27 •Then Joab said, "God only knows what
would have happened if you hadn't spoken,
for we would have chased you all night if
28 necessary." •So Joab blew the ram's horn,
and his men stopped chasing the troops of
Israel.

29 •All that night Abner and his men retreated
through the Jordan Valley.* They crossed the
Jordan River, traveling all through the morning,*
and didn't stop until they arrived at
Mahanaim.

30 •Meanwhile, Joab and his men also returned
home. When Joab counted his casualties,
he discovered that only 19 men were
31 missing in addition to Asahel. •But 360 of
Abner's men had been killed, all from the tribe
32 of Benjamin. •Joab and his men took Asahel's
body to Bethlehem and buried him there in
his father's tomb. Then they traveled all night
and reached Hebron at daybreak.

3 That was the beginning of a long war
between those who were loyal to Saul and
those loyal to David. As time passed David
became stronger and stronger, while Saul's
dynasty became weaker and weaker.

David's Sons Born in Hebron

2 •These are the sons who were born to David
in Hebron:

The oldest was Amnon, whose mother was
Ahinoam from Jezreel.

3 • The second was Daniel,* whose mother was
Abigail, the widow of Nabal from
Carmel.

The third was Absalom, whose mother was
Maacah, the daughter of Talmai, king
of Geshur.

4 • The fourth was Adonijah, whose mother
was Haggith.

The fifth was Shephatiah, whose mother
was Abital.

5 • The sixth was Ithream, whose mother was
Eglah, David's wife.

2:29a Hebrew *the Arabah.*   2:29b Or *continued
on through the Bithron.* The meaning of the
Hebrew is uncertain.   3:3 As in parallel text at 1
Chr 3:1 (see also Greek version, which reads
Daluia, and Possible support by Dead Sea
Scrolls); Hebrew reads *Kileab.*

아브넬이 다윗 편이 되다

6 아브넬은 사울을 따르는 사람들 사이에서도 중요한 지도자가 되었습니다. 그때에 사울 집안의 지지자들과 다윗 집안의 지지자들 사이에 전쟁이 일어났습니다.

7 사울에게는 리스바라고 하는 후궁이 있었는데, 리스바는 아야의 딸이었습니다. 이스보셋이 아브넬에게 말했습니다. "당신은 왜 내 아버지의 후궁과 잠자리를 같이했소?"

8 아브넬은 이스보셋의 말을 듣고 매우 화가 났습니다. 아브넬이 말했습니다. "나는 사울과 그의 집안과 그 친구들에게 충성을 바쳐왔소. 나는 당신을 다윗에게 넘겨주지 않았소. 나는 유다를 위해 일하는 배신자가 아니오. 그런데 당신은 내가 이 여자와 나쁜 일을 저질렀다고 말하고 있소.

9 이제부터 내가 다윗을 돕지 않는다면, 하나님께서 나에게 끔찍한 벌을 내리실 것이오. 나는 이제 하나님께서 다윗에게 약속하신 일을 반드시 이루도록 할 것이오.

10 나는 사울의 집안에서 나라를 빼앗을 것이오. 나는 다윗을 이스라엘과 유다의 왕으로 세울 것이오. 다윗이 단에서 브엘세바까지 다스릴 것이오."

11 이스보셋은 아브넬에게 아무 말도 할 수 없었습니다. 이스보셋은 아브넬을 너무나 무서워했습니다.

12 그 후에 아브넬이 다윗에게 사람들을 보냈습니다. 아브넬이 말했습니다. "이 땅을 장차 누가 다스리게 되겠습니까? 나와 언약을 맺읍시다. 그러면 당신이 온 이스라엘의 왕이 되도록 도와 드리겠습니다."

13 다윗이 대답했습니다. "좋소! 당신과 언약을 맺겠소. 그러나 한 가지 부탁할 일이 있소. 당신이 사울의 딸 미갈을 나에게 데리고 오기 전에는 당신을 만나지 않겠소."

14 그 후에 다윗은 사울의 아들 이스보셋에게 사람들을 보냈습니다. 다윗이 말했습니다. "내 아내 미갈을 돌려주시오. 그 여자는 나에게 약속된 사람이오. 나는 그 여자와 결혼하기 위해 블레셋 사람 백 명을 죽였소."

15 그래서 이스보셋은 사람들을 보내어 미갈을 그의 남편에게서 빼앗아 오게 했습니다. 미갈의 남편은 라이스의 아들 발디엘이었습니다.

16 미갈의 남편은 울면서 바후림까지 자기 아내 뒤를 쫓아왔습니다. 그러나 아브넬이 발디엘에게 "집으로 돌아가거라" 하고 말하자, 발디엘은 집으로 돌아갔습니다.

17 아브넬이 이스라엘의 장로들에게 말을 전했습니다. "여러분은 다윗을 여러분의 왕으로 세우기를 원하고 있었습니다.

These sons were all born to David in Hebron.

Abner Joins Forces with David

6 As the war between the house of Saul and the house of David went on, Abner became a powerful leader among those loyal to Saul. 7 One day Ishbosheth,* Saul's son, accused Abner of sleeping with one of his father's concubines, a woman named Rizpah, daughter of Aiah.

8 Abner was furious. "Am I some Judean dog to be kicked around like this?" he shouted. "After all I have done for your father, Saul, and his family and friends by not handing you over to David, is this my reward—that you find fault with me about this woman? 9 May God strike me and even kill me if I don't do everything I can to help David get what the LORD has promised him! 10 I'm going to take Saul's kingdom and give it to David. I will establish the throne of David over Israel as well as Judah, all the way from Dan in the north to Beersheba in the south." 11 Ishbosheth didn't dare say another word because he was afraid of what Abner might do.

12 Then Abner sent messengers to David, saying, "Doesn't the entire land belong to you? Make a solemn pact with me, and I will help turn over all of Israel to you."

13 "All right," David replied, "but I will not negotiate with you unless you bring back my wife Michal, Saul's daughter, when you come."

14 David then sent this message to Ishbosheth, Saul's son: "Give me back my wife Michal, for I bought her with the lives* of 100 Philistines."

15 So Ishbosheth took Michal away from her husband, Palti* son of Laish. 16 Palti followed along behind her as far as Bahurim, weeping as he went. Then Abner told him, "Go back home!" So Palti returned.

17 Meanwhile, Abner had consulted with the elders of Israel. "For some time now," he told them, "you have wanted to make

casualty [kǽʒuəlti] *n.* (전시의) 사상자
concubine [káŋkjubain] *n.* 첩
daybreak [déibreik] *n.* 새벽, 동틀녘
negotiate [nigóuʃièit] *vi.* 협상하다
pact [pǽkt] *n.* 조약, 협정
solemn [sáləm] *a.* 중대한
3:8 be kicked around : 함부로 다뤄지다
3:8 find fault with : 비난하다, 나무라다

3:7 *Ishbosheth* is another name for Esh-baal. 3:14 Hebrew *the foreskins.* 3:15 As in 1 Sam 25:44; Hebrew reads *Paltiel,* a variant spelling of Palti.

18 자, 이제 그 일을 하십시오! 여호와께서 다윗에 관해 이렇게 말씀하셨습니다. '나는 나의 종 다윗의 손을 통해 내 백성 이스라엘을 이스라엘의 원수 블레셋 사람들로부터 구원하겠다!'"

19 아브넬은 또 이 말을 베냐민 백성에게도 했습니다. 그리고 나서 아브넬은 헤브론으로 가서, 베냐민 사람들과 이스라엘 사람들의 생각을 다윗에게 말해 주었습니다.

20 아브넬은 부하 이십 명을 데리고 헤브론에 있던 다윗에게 갔습니다. 다윗은 헤브론에서 아브넬을 위해 잔치를 베풀어 주었습니다.

21 그때에 아브넬이 다윗에게 말했습니다. "나의 주, 나의 왕이시여, 이제 가서 모든 이스라엘 사람을 당신에게 데리고 오겠습니다. 그러면 그들은 당신과 언약을 맺을 것입니다. 당신은 당신 뜻대로 온 이스라엘을 다스리게 될 것입니다." 그리하여 다윗은 아브넬을 보내 주었고, 아브넬은 평안히 길을 떠났습니다.

아브넬의 죽음

22 바로 그때에 요압과 다윗의 부하들이 전쟁터에서 돌아왔습니다. 그들은 적에게서 소중한 것들을 많이 빼앗아 가지고 왔습니다. 다윗은 이미 아브넬을 평안히 돌려보낸 후였고, 아브넬은 다윗과 함께 헤브론에 있지 않았습니다.

23 요압과 그의 모든 군대가 헤브론에 이르렀습니다. 요압의 군대가 요압에게 말했습니다. '넬의 아들 아브넬이 다윗 왕에게 왔습니다. 그런데 다윗 왕은 아브넬을 평안히 돌아가게 했습니다.

24 요압이 다윗 왕에게 가서 물었습니다. "왜 이런 일을 하셨습니까? 아브넬이 왕에게 왔는데, 왕께서는 왜 그를 돌려보냈습니까?

25 왕께서도 넬의 아들 아브넬을 아시지 않습니까? 그는 왕을 속이러 왔습니다. 그는 왕께서 하시는 모든 일을 엿보러 왔습니다."

26 그리고 나서 요압은 다윗을 떠나 아브넬에게 사람들을 보냈습니다. 사람들은 시라 연못에서 아브넬을 다시 데리고 왔습니다. 그러나 다윗은 이 일을 모르고 있었습니다.

27 아브넬이 헤브론에 이르렀을 때, 요압은 아브넬을 성문으로 데리고 갔습니다. 요압은 마치 아브넬과 조용히 할 이야기가 있는 것처럼 행동하다가 칼로 아브넬의 배를 찔러 죽였습니다. 아브넬이 요압의 동생 아사헬을 죽인 일이 있었기 때문에, 요압은 원수를 갚기 위해 아브넬을 죽인 것입니다.

28 그 후에 다윗이 이 소식을 들었습니다. 다윗이 말했습니다. "내 나라와 나는 여호와 앞에서 영원히 죄가 없다. 우리는 넬의 아들 아브넬을 죽이지 않았다. 여호와께서 이 일을 알고 계신다.

29 이 일은 요압과 그의 집안에게 책임이 돌아갈 것이

---

18 David your king. •Now is the time! For the LORD has said, 'I have chosen David to save my people Israel from the hands of the Philistines and from all their other 19 enemies.'" •Abner also spoke with the men of Benjamin. Then he went to Hebron to tell David that all the people of Israel and Benjamin had agreed to support him.

20 •When Abner and twenty of his men 21 came to Hebron, David entertained them with a great feast. •Then Abner said to David, "Let me go and call an assembly of all Israel to support my lord the king. They will make a covenant with you to make you their king, and you will rule over everything your heart desires." So David sent Abner safely on his way.

Joab Murders Abner

22 •But just after David had sent Abner away in safety, Joab and some of David's troops returned from a raid, bringing much 23 plunder with them. •When Joab arrived, he was told that Abner had just been there visiting the king and had been sent away in safety.

24 •Joab rushed to the king and demanded, "What have you done? What do you mean 25 by letting Abner get away? •You know perfectly well that he came to spy on you and find out everything you're doing!"

26 •Joab then left David and sent messengers to catch up with Abner, asking him to return. They found him at the well of Sirah and brought him back, though 27 David knew nothing about it. •When Abner arrived back at Hebron, Joab took him aside at the gateway as if to speak with him privately. But then he stabbed Abner in the stomach and killed him in revenge for killing his brother Asahel.

28 •When David heard about it, he declared, "I vow by the LORD that I and my kingdom are forever innocent of this crime 29 against Abner son of Ner. •Joab and his family are the guilty ones. May the family of Joab be cursed in every generation with a man who has open sores or leprosy* or who walks on crutches* or dies by the sword

---

assembly [əsémbli] *n.* 집회, 모임
covenant [kávnənt] *n.* 언약
crutch [krʌtʃ] *n.* 목다리, 버팀목
leprosy [léprəsi] *n.* 나병, 문둥병
stab [stæb] *vt.* 찌르다
3:27 in revenge for… : …에 대한 보복으로

3:29a Or *or a contagious skin disease.* The Hebrew word used here can describe various skin diseases.   **3:29b** Or *who is effeminate;* Hebrew reads *who handles a spindle.*

다. 그 집안에 성병 환자나 문둥병 환자, 그리고 다리 저는 사람이 끊이지 않을 것이다. 그의 집안 중에 전쟁에서 죽는 사람과 먹을 것이 없어 굶주리는 사람도 끊임없이 나올 것이다."

30 요압과 그의 동생 아비새가 아브넬을 죽인 것은 아브넬이 기브온 전쟁터에서 자기들의 동생 아사헬을 죽였기 때문이었습니다.

31 그때에 다윗이 요압과 자기와 함께한 모든 사람들에게 말했습니다. "너희 옷을 찢고 거친 베옷을 걸치고 너희 슬픔을 나타내어라. 아브넬을 위해 울어라." 다윗 왕 스스로가 아브넬의 상여 뒤를 따라갔습니다.

32 그리하여 그들은 아브넬을 헤브론에서 장사지내 주었습니다. 다윗과 모든 백성은 아브넬의 무덤에서 울었습니다.

33 다윗 왕이 아브넬을 위해 다음과 같은 슬픔의 노래를 불렀습니다. "아브넬이 어찌 이렇게 바보처럼 죽었는가?

34 그의 손은 묶이지 않았고 그의 발은 사슬에 매이지 않았는데, 아브넬은 악한 사람 앞에서 쓰러지듯 죽었구나." 이 노래를 듣고 모든 백성은 다시 아브넬을 위해 울었습니다.

35 모든 백성은 해가 저물기 전에 다윗에게 나아와 음식을 먹으라고 권했습니다. 그러나 다윗은 이렇게 약속을 했습니다. "해가 지기 전에 내가 빵이나 그밖의 다른 음식을 먹는다면, 하나님께서 나에게 끔찍한 벌을 내리셔도 마땅하다."

36 모든 백성은 다윗이 하는 행동을 보고 기뻐했습니다.

37 그날에 유다의 모든 백성과 이스라엘의 모든 백성은 넬의 아들 아브넬을 죽인 사람이 다윗이 아니라는 것을 알게 되었습니다.

38 다윗이 신하들에게 말했습니다. "너희도 알듯이 오늘 이스라엘에서 매우 중요한 지도자가 죽었다.

39 내가 비록 기름 부음받은 왕이지만, 오늘은 내가 약하여서 이 스루야의 아들들을 어떻게 할 수가 없다. 여호와께서 직접 그들에게 벌을 내리시기를 바랄 뿐이다."

이스보셋의 죽음

4 사울의 아들 이스보셋도 아브넬이 헤브론에서 죽었다는 이야기를 들었습니다. 그러자 이스보셋과 온 이스라엘은 두려움에 떨었습니다.

2 사울의 군대에서 장교로 있던 두 사람이 이스보셋에게 왔습니다. 한 사람의 이름은 바아나였고, 다른 사람의 이름은 레갑이었습니다. 그들은 베냐민 사람인 브에롯 마을 림몬의 아들들이었습니다. 브에롯 마을은 베냐민 지파의 마을이었습니다.

---

or begs for food!"

30 •So Joab and his brother Abishai killed Abner because Abner had killed their brother Asahel at the battle of Gibeon.

David Mourns Abner's Death

31 •Then David said to Joab and all those who were with him, "Tear your clothes and put on burlap. Mourn for Abner." And King David himself walked behind the procession
32 to the grave. •They buried Abner in Hebron, and the king and all the people wept at his
33 graveside. •Then the king sang this funeral song for Abner:

"Should Abner have died as fools die?
34 • Your hands were not bound;
　　　your feet were not chained.
No, you were murdered—
　　　the victim of a wicked plot."

All the people wept again for Abner.
35 •David had refused to eat anything on the day of the funeral, and now everyone begged him to eat. But David had made a vow, saying, "May God strike me and even kill me if I eat anything before sundown."
36 •This pleased the people very much. In fact, everything the king did pleased them!
37 •So everyone in Judah and all Israel understood that David was not responsible for Abner's murder.
38 •Then King David said to his officials, "Don't you realize that a great commander
39 has fallen today in Israel? •And even though I am the anointed king, these two sons of Zeruiah—Joab and Abishai—are too strong for me to control. So may the LORD repay these evil men for their evil deeds."

The Murder of Ishbosheth

4 When Ishbosheth,* Saul's son, heard about Abner's death at Hebron, he lost all courage, and all Israel became paralyzed
2 with fear. •Now there were two brothers, Baanah and Recab, who were captains of Ishbosheth's raiding parties. They were sons of Rimmon, a member of the tribe of Benjamin who lived in Beeroth. The town of Beeroth is now part of Benjamin's territory

---

burlap [bə́ːrlæp] *n.* 올이 굵은 삼베
funeral [fjúːnərəl] *a.* 장례의
mourn [mɔ́ːrn] *vt.* 죽음을 애도하다
paralyze [pǽrəlàiz] *vt.* 무력화하다
plot [plát] *n.* 음모
raid [réid] *vi.* 급습(침입)하다
3:37 be responsible for… : …에 책임이 있다

4:1 *Ishbosheth* is another name for Esh-baal.

3 브에롯 백성들은 깃다임으로 도망하여 오늘날까지 그곳에서 살고 있습니다.

4 사울의 아들 요나단에게는 두 다리를 저는 아들이 있었는데, 그의 이름은 므비보셋입니다. 사울과 요나단이 죽었다는 소식이 이스라엘에 전해졌을 때, 므비보셋의 나이는 다섯 살이었습니다. 그때 므비보셋의 유모가 므비보셋을 안고 급히 도망치다가 그만 므비보셋을 떨어뜨려, 그때부터 다리를 절게 되었습니다.

5 림몬의 아들 레갑과 바아나는 브에롯에서 길을 떠나 한낮에 이스보셋의 집에 이르렀습니다. 이스보셋은 낮잠을 자고 있었습니다.

6-7 그들은 집 한가운데로 들어갔습니다. 레갑과 바아나는 밀을 가지러 온 체했습니다. 이스보셋은 안방 침대 위에 누워 있었습니다. 레갑과 바아나는 이스보셋의 배를 찌르고, 이스보셋의 머리를 베어 가지고 도망쳤습니다. 그들은 밤새도록 요단 강 계곡을 따라 걸었습니다.

8 그들은 헤브론에 이르러서 그 머리를 다윗에게 건네주었습니다. 그들은 다윗 왕에게 이렇게 말했습니다. "여기에 사울의 아들 이스보셋의 머리가 있습니다. 그는 왕을 죽이려 하던 왕의 원수입니다. 오늘 여호와께서 사울과 그의 집안이 왕에게 한 일의 원수를 갚으셨습니다."

9 다윗은 브에롯의 사람 림몬의 아들인 레갑과 그의 동생 바아나에게 이렇게 말했습니다. "모든 어려움에서 나의 생명을 건져 주신 여호와의 이름으로 맹세한다.

10 언젠가 어떤 사람이 나에게 좋은 소식이라고 생각해서 '왕이시여! 사울이 죽었습니다'라는 말을 전한 적이 있다. 그러나 나는 그가 가진 것을 모두 빼앗고 그를 시글락에서 죽여 버렸다. 그런 소식을 가지고 오는 자는 그런 보답을 받아야마땅하다.

11 하물며 죄 없는 사람을 그의 침대 위에서 죽인 너희는 말할 것도 없다. 그의 피 흘린 값을 너희의 죽음으로 갚아야 하지 않겠느냐?"

12 다윗은 자기 부하들에게 레갑과 바아나를 죽이라고 명령했습니다. 그들은 레갑과 바아나를 죽이고 나서 그들의 손과 발을 잘라 냈습니다. 그들은 레갑과 바아나의 손과 발을 헤브론의 연못 위에 매달았습니다. *그리고 나서 이스보셋의 머리를 가져다가 그것을 헤브론에 있는 아브넬의 무덤에 묻어 주었습니다.*

다윗이 이스라엘의 왕이 되다

5 그 일이 있은 후에 이스라엘의 모든 지파들이 헤브론에 있는 다윗에게 왔습니다. 그들은 다윗에게 이렇게 말했습니다. "왕이시여, 우리는 당신의

3 because the original people of Beeroth fled to Gittaim, where they still live as foreigners.

4 • (Saul's son Jonathan had a son named Mephibosheth,* who was crippled as a child. He was five years old when the report came from Jezreel that Saul and Jonathan had been killed in battle. When the child's nurse heard the news, she picked him up and fled. But as she hurried away, she dropped him, and he became crippled.)

5 • One day Recab and Baanah, the sons of Rimmon from Beeroth, went to Ishbosheth's house around noon as he was taking his 6 midday rest. • The doorkeeper, who had been sifting wheat, became drowsy and fell asleep. • So Recab and Baanah slipped past 7 her.* • They went into the house and found Ishbosheth sleeping on his bed. They struck and killed him and cut off his head. Then, taking his head with them, they fled across the Jordan Valley* through the night.

8 • When they arrived at Hebron, they presented Ishbosheth's head to David. "Look!" they exclaimed to the king. "Here is the head of Ishbosheth, the son of your enemy Saul who tried to kill you. Today the LORD has given my lord the king revenge on Saul and his entire family!"

9 • But David said to Recab and Baanah, "The LORD, who saves me from all my ene- 10 mies, is my witness. • Someone once told me, 'Saul is dead,' thinking he was bringing me good news. But I seized him and killed him at Ziklag. That's the reward I gave him 11 for his news! • How much more should I reward evil men who have killed an innocent man in his own house and on his own bed? Shouldn't I hold you responsible for his blood and rid the earth of you?"

12 • So David ordered his young men to kill them, and they did. They cut off their hands and feet and hung their bodies beside the pool in Hebron. Then they took Ishbosheth's head and buried it in Abner's tomb in Hebron.

David Becomes King of All Israel

5 Then all the tribes of Israel went to David at Hebron and told him, "We are your

cripple [krípl] vt. 절름거리게 하다
drowsy [dráuzi] a. 졸린
sift [sift] vt. 체로 치다; 선별하다
4:6 slip past 몰래 지나가다

4:4 *Mephibosheth* is another name for Meribbaal. 4:6 As in Greek version; Hebrew reads *So they went into the house pretending to fetch wheat, but they stabbed him in the stomach. Then Recab and Baanah escaped.* 4:7 Hebrew *the Arabah.*

집안 사람들입니다.

2 전에 사울이 우리 왕이었을 때에도 당신은 이스라엘을 위해 우리를 싸움터에서 이끈 분이었습니다. 여호와께서는 당신에게 '너는 내 백성 이스라엘을 위한 목자가 될 것이다. 너는 그들의 통치자가 될 것이다' 라고 말씀하셨습니다."

3 이스라엘의 모든 장로들은 헤브론에 있던 다윗에게 왔습니다. 헤브론에서 다윗은 여호와 앞에서 그들과 언약을 맺었습니다. 그리고 그들은 다윗에게 기름을 부어 다윗을 이스라엘의 왕으로 삼았습니다.

4 다윗이 왕이 되었을 때의 나이는 서른 살이었습니다. 다윗은 사십 년 동안 왕으로 있었습니다.

5 다윗은 헤브론에서 칠 년 반 동안 유다의 왕으로 있었고, 예루살렘에서 삼십삼 년 동안 온 이스라엘과 유다의 왕으로 있었습니다.

6 다윗 왕과 그의 부하들은 예루살렘으로 가서 그곳에 살고 있던 여부스 사람들을 공격했습니다. 여부스 사람들이 다윗에게 말했습니다. "너는 우리 성에 들어오지 못한다. 우리 중 보지 못하는 사람이나 다리 저는 사람들도 얼마든지 너를 물리칠 수 있다." 여부스 사람들이 이런 말을 한 것은 다윗이 그들의 성에 들어올 수 없다고 생각했기 때문이었습니다.

7 그러나 다윗은 요새인 시온 성을 점령했습니다. 그 성은 다윗 성이 되었습니다.

8 그날, 다윗이 자기 부하들에게 말했습니다. "여부스 사람들을 물리치려면 땅속 물길로 가야한다. 그러면 저 다리 저는 사람과 보지 못하는 사람이 있는 곳에 이를 수 있을 것이다." 이 일 때문에 사람들 사이에 '보지 못하는 사람과 다리 저는 사람은 왕궁에 들어갈 수 없다' 라는 속담이 생겼습니다.

9 그리하여 다윗은 요새에서 살게 되었습니다. 다윗은 그 성을 다윗 성이라고 불렀습니다. 다윗은 밀로에서부터 성벽을 둘러 쌓았습니다.

10 다윗은 점점 강해졌습니다. 만군의 하나님 여호와께서 다윗과 함께 계셨기 때문입니다.

11 두로 왕 히람이 다윗에게 사절단을 보냈습니다. 히람은 또 백향목과 목수들과 석수들도 보냈습니다. 그들은 다윗의 왕궁을 지었습니다.

12 그때에 다윗은 여호와께서 정말로 자기를 이스라엘 왕으로 세우셨다는 것을 알았습니다. 그리고 다윗은 여호와께서 자기 백성 이스라엘을 위하여 자기 나라를 매우 강한 나라로 만드셨다는 것도 알았습니다.

13 다윗이 헤브론에서 예루살렘으로 옮겨 온 후, 예루살렘에서 후궁과 아내들을 더 많이 맞아들였습니다. 다윗에게는 더 많은 아들과 딸들이 태어났습니

2 own flesh and blood. •In the past,* when Saul was our king, you were the one who really led the forces of Israel. And the LORD told you, `You will be the shepherd of my people Israel. You will be Israel's leader.' "

3 •So there at Hebron, King David made a covenant before the LORD with all the elders of Israel. And they anointed him king of Israel.

4 •David was thirty years old when he began to reign, and he reigned forty years in

5 all. •He had reigned over Judah from Hebron for seven years and six months, and from Jerusalem he reigned over all Israel and Judah for thirty-three years.

David Captures Jerusalem

6 •David then led his men to Jerusalem to fight against the Jebusites, the original inhabitants of the land who were living there. The Jebusites taunted David, saying, "You'll never get in here! Even the blind and lame could keep you out!" For the Jebusites thought they were safe. •But David captured

7 the fortress of Zion, which is now called the City of David.

8 •On the day of the attack, David said to his troops, "I hate those `lame` and `blind` Jebusites.* Whoever attacks them should strike by going into the city through the water tunnel.*" That is the origin of the saying, "The blind and the lame may not enter the house."*

9 •So David made the fortress his home, and he called it the City of David. He extended the city, starting at the supporting

10 terraces* and working inward. •And David became more and more powerful, because the LORD God of Heaven's Armies was with him.

11 •Then King Hiram of Tyre sent messengers to David, along with cedar timber and carpenters and stonemasons, and they built

12 David a palace. •And David realized that the LORD had confirmed him as king over Israel and had blessed his kingdom for the sake of his people Israel.

13 •After moving from Hebron to Jerusalem, David married more concubines and wives, and they had more sons and daughters.

cedar [síːdər] n. 백향목(cedar timber)
stonemason [stóunmeisn] n. 석공
taunt [tɔːnt] vt. 조롱하다
5:6 keep out : 못 들어오게 하다; 막다

다.

14 다윗이 예루살렘에서 낳은 아들들의 이름은 삼무아, 소밥, 나단, 솔로몬,

15 입할, 엘리수아, 네벡, 야비아,

16 엘리사마, 엘랴다, 엘리벨렛입니다.

다윗이 블레셋 사람들을 물리치다

17 블레셋 사람들은 다윗이 이스라엘의 왕으로 세워졌다는 이야기를 듣고 다윗을 찾으러 올라왔습니다. 다윗이 그 소식을 듣고 요새로 내려갔습니다.

18 블레셋 사람들은 르바임 골짜기에 진을 쳤습니다.

19 다윗이 여호와께 여쭤 보았습니다. "블레셋 사람들을 공격할까요? 여호와여, 저를 도와 주셔서 그들을 물리치게 해 주시겠습니까?" 여호와께서 다윗에게 말씀하셨습니다. "가거라! 내가 틀림없이 너를 도와 그들을 물리치도록 해 주겠다."

20 다윗은 바알브라심으로 내려가서, 그곳에서 블레셋 사람들을 물리쳐 이겼습니다. 다윗이 말했습니다. "여호와께서는 마치 홍수처럼 나의 원수들을 덮치셨다." 그래서 다윗은 그곳의 이름을 바알브라심이라고 불렀습니다.

21 블레셋 사람들은 바알브라심에 자기들의 우상들을 놓고 도망쳤습니다. 그래서 다윗과 그의 부하들이 그 우상들을 치워 버렸습니다.

22 또다시 블레셋 사람들이 와서 르바임 골짜기에 진을 쳤습니다.

23 다윗은 여호와께 기도드렸습니다. 이번에는 여호와께서 다윗에게 이렇게 말씀하셨습니다. "앞쪽에서 블레셋 사람들을 공격하지 마라. 그들 뒤로 돌아가 뽕나무 숲 맞은편에서 그들을 빠르게 공격하여라.

24 뽕나무 밭머리에서 행군하는 소리가 들리거든 즉시 공격하여라. 나 여호와가 너보다 먼저 가서 블레셋 군대를 물리치겠다."

25 그리하여 다윗은 여호와께서 명령하신 대로 했습니다. 다윗은 블레셋 사람들을 물리쳐 이기고 게바에서 게셀까지 이르는 모든 길에서 블레셋 사람들을 뒤쫓았습니다.

언약궤를 예루살렘으로 가져오다

6 다윗은 또다시 이스라엘에서 뽑힌 사람 삼만 명을 모았습니다.

2 다윗은 그의 모든 백성들과 함께 유다의 바알레*로 가서, 그곳에 있는 하나님의 궤를 예루살렘으로 옮겼습니다. 그 궤는 그룹들 사이에 계신 만군의 여호와의 이름으로 부르는 궤였습니다.

3 다윗의 부하들은 하나님의 궤를 새 수레 위에 놓았습니다. 그들은 그것을 언덕 위에 있는 아비나답의 집에서 가지고 나왔고, 아비나답의 아들인 웃사와

---

14 •These are the names of David's sons who were born in Jerusalem: Shammua, Shobab,
15 Nathan, Solomon, •Ibhar, Elishua, Nepheg,
16 Japhia, •Elishama, Eliada, and Eliphelet.

David Conquers the Philistines

17 •When the Philistines heard that David had been anointed king of Israel, they mobilized all their forces to capture him. But David was told they were coming, so he went into
18 the stronghold. •The Philistines arrived and
19 spread out across the valley of Rephaim. •So David asked the LORD, "Should I go out to fight the Philistines? Will you hand them over to me?"

The LORD replied to David, "Yes, go ahead. I will certainly hand them over to you."
20 •So David went to Baal-perazim and defeated the Philistines there. "The LORD did it!" David exclaimed. "He burst through my enemies like a raging flood!" So he named that place Baal-perazim (which means "the Lord who bursts through"). •The Philistines had abandoned their idols there, so David and his men confiscated them.
22 •But after a while the Philistines returned and again spread out across the valley of
23 Rephaim. •And again David asked the LORD what to do. "Do not attack them straight on," the LORD replied. "Instead, circle around behind and attack them near
24 the poplar* trees. •When you hear a sound like marching feet in the tops of the poplar trees, be on the alert! That will be the signal that the LORD is moving ahead of you to
25 strike down the Philistine army." •So David did what the LORD commanded, and he struck down the Philistines all the way from Gibeon* to Gezer.

Moving the Ark to Jerusalem

6 Then David again gathered all the elite
2 troops in Israel, 30,000 in all. •He led them to Baalah of Judah* to bring back the Ark of God, which bears the name of the LORD of Heaven's Armies,* who is enthroned
3 between the cherubim. •They placed the Ark of God on a new cart and brought it from Abinadab's house, which was on a hill. Uzzah and Ahio, Abinadab's sons, were

---

5:23 Or *aspen*, or *balsam*; also in 5:24. The exact identification of this tree is uncertain. 5:25 As in Greek version (see also 1 Chr 14:16); Hebrew reads *Geba*.　6:2a Hebrew *Baale Judah*, another name for Kiriath-jearim; compare 1 Chr 13:6.　6:2b Or *the Ark of God where the Name is proclaimed—the name of the LORD of Heaven's Armies*.

6:2 '유다의 바알레'는 (히) '기럇여아림'의 또 다른 이름이다.

아효가 그것을 끌었습니다.

4 그들이 아비나답의 집에서 하나님의 궤를 싣고 나올 때에 아효가 그 앞에서 걸었습니다.

5 다윗과 모든 사람들은 여호와 앞에서 잣나무로 만든 온갖 악기를 연주했고, 수금과 비파와 소고와 양금과 제금으로도 연주했습니다.

6 다윗의 부하들이 나곤의 타작 마당에 이르렀을 때, 소들이 뛰어서 하나님의 궤가 수레에서 떨어지려 했습니다. 그때 웃사가 손을 내밀어 궤를 붙잡았습니다.

7 여호와께서 웃사에게 노하셔서 그를 죽이셨습니다. 이는 웃사가 아무나 만질 수 없는 궤를 만졌기 때문입니다. 웃사는 하나님의 궤 곁에서 죽었습니다.

8 다윗은 여호와께서 웃사를 죽이신 일 때문에 화가 났습니다. 그래서 그곳의 이름을 '웃사의 벌'이라는 뜻으로 '베레스웃사'라고 불렀습니다. 오늘날도 그 이름이 남아 있습니다.

9 다윗은 그날부터 여호와를 무서워했습니다. 다윗은 "이래서야 어떻게 여호와의 궤를 무사히 옮길 수 있겠느냐?"고 말했습니다.

10 그래서 다윗은 여호와의 궤를 다윗 성으로 옮기지 않고 그 대신 그것을 가드 사람인 오벧에돔의 집으로 가지고 갔습니다.

11 여호와의 궤는 오벧에돔의 집에 세 달 동안 머물러 있었는데, 여호와께서는 오벧에돔과 그의 온 집안에 복을 주셨습니다.

12 백성들이 다윗에게 말했습니다. "여호와께서는 오벧에돔의 집에 복을 주셨습니다. 그에게 속한 모든 것이 복을 받았습니다. 이것은 하나님의 궤가 그곳에 있었기 때문입니다." 그 이야기를 들은 다윗은 기쁜 마음으로 오벧에돔의 집으로 가서 하나님의 궤를 가지고 다윗 성으로 올라갔습니다.

13 여호와의 궤를 나르는 사람들이 여섯 걸음을 걸었을 때, 다윗은 소와 살진 송아지를 제물로 바쳤습니다.

14 그리고 나서 다윗은 여호와 앞에서 온 힘을 다해 춤을 추었습니다. 다윗은 거룩한 베 에봇을 입고 있었습니다.

15 다윗과 모든 이스라엘 백성들은 기쁨으로 소리를 질렀습니다. 그들은 여호와의 궤를 성으로 가지고 들어가면서 나팔을 불었습니다.

16 여호와의 궤가 다윗 성으로 들어올 때에 사울의 딸 미갈이 창에서 보고 있었습니다. 미갈은 다윗이 여호와 앞에서 뛰며 춤추는 것을 보고 다윗을 깔보았습니다.

17 다윗은 여호와의 궤를 위한 장막을 세웠습니다. 그

4 guiding the cart •that carried the Ark of God.* Ahio walked in front of the Ark.

5 •David and all the people of Israel were celebrating before the LORD, singing songs* and playing all kinds of musical instruments—lyres, harps, tambourines, castanets, and cymbals.

6 •But when they arrived at the threshing floor of Nacon, the oxen stumbled, and Uzzah reached out his hand and steadied the Ark of God. •Then the LORD's anger was

7 aroused against Uzzah, and God struck him dead because of this.* So Uzzah died right there beside the Ark of God.

8 •David was angry because the LORD's anger had burst out against Uzzah. He named that place Perez-uzzah (which means "to burst out against Uzzah"), as it is still called today.

9 •David was now afraid of the LORD, and he asked, "How can I ever bring the Ark of

10 the LORD back into my care?" •So David decided not to move the Ark of the LORD into the City of David. Instead, he took it to the

11 house of Obed-edom of Gath. •The Ark of the LORD remained there in Obed-edom's house for three months, and the LORD blessed Obed-edom and his entire household.

12 •Then King David was told, "The LORD has blessed Obed-edom's household and everything he has because of the Ark of God." So David went there and brought the Ark of God from the house of Obed-edom to the City of David with a great celebration.

13 •After the men who were carrying the Ark of the LORD had gone six steps, David

14 sacrificed a bull and a fattened calf. •And David danced before the LORD with all his

15 might, wearing a priestly garment.* •So David and all the people of Israel brought up the Ark of the LORD with shouts of joy and the blowing of rams' horns.

Michal's Contempt for David

16 •But as the Ark of the LORD entered the City of David, Michal, the daughter of Saul, looked down from her window. When she saw King David leaping and dancing before the LORD, she was filled with contempt for him.

17 •They brought the Ark of the LORD and

6:4 As in Dead Sea Scrolls and some Greek manuscripts; Masoretic Text reads *and they brought it from Abinadab's house which was on a hill, with the Ark of God.* 6:5 As in Dead Sea Scrolls and Greek version (see also 1 Chr 13:8); Masoretic Text reads *before the LORD with all manner of cypress wood.* 6:7 As in Dead Sea Scrolls; Masoretic Text reads *because of his irreverence.* 6:14 Hebrew *a linen ephod.*

리고 이스라엘 백성은 여호와의 궤를 장막 안의 제
자리에 두었습니다. 다윗은 태워 드리는 제사인 번
제와 화목제를 여호와 앞에 드렸습니다.

18 다윗은 번제와 화목제를 바치고 나서 만군의 여호
와의 이름으로 백성을 축복했습니다.

19 다윗은 빵 한 조각과 고기 한 점과 건포도 과자 한 개
씩을 남자든지 여자든지 모든 이스라엘 사람에게
나눠 주었습니다. 그러자 모든 백성들은 집으로 돌
아갔습니다.

20 다윗은 자기 집 사람들을 축복하기 위해 집으로 돌
아갔습니다. 그런데 사울의 딸 미갈이 다윗을 맞으
러 나와서 말했습니다. "오늘은 이스라엘의 왕이 체
면을 잃었군요. 당신은 당신 신하들의 여종이 보는
앞에서 몸을 드러내었어요. 당신은 부끄러움도 모
르고 몸을 드러내는 바보 같았어요."

21 다윗이 미갈에게 말했습니다. "나는 여호와 앞에서
그런 일을 했소. 여호와께서는 당신 아버지가 아니
라 나를 선택하셨소. 여호와께서는 사울의 집안 사
람 중에서 그 누구도 선택하지 않으셨소. 여호와께
서는 나를 여호와의 백성인 이스라엘의 지도자로
세워 주셨소. 그러므로 나는 여호와 앞에서 즐거워
할 것이오.

22 앞으로 더 낮아져서 체면을 잃는 일이 많을지라도,
여호와 앞에서는 그렇게 되고 싶소. 그러나 당신이
말한 그 여종들은 나를 존경할 것이오."

23 이런 일 때문에 사울의 딸 미갈은 죽는 날까지 자식
을 낳지 못했습니다.

다윗이 성전을 지으려 하다

7 다윗 왕은 자기 왕궁에서 살았습니다. 그리고 여
호와께서는 주변의 모든 원수를 막아 주셔서 다
윗에게 평화를 주셨습니다.

2 다윗이 예언자 나단에게 말했습니다. "나는 백향목
으로 지은 왕궁에 살고 있는데, 하나님의 궤는 아직
도 장막 안에 있소."

3 나단이 다윗 왕에게 말했습니다. "가셔서 무엇이든
지 왕의 뜻대로 하십시오. 여호와께서는 왕과 함께
계십니다."

4 그러나 그날 밤에 여호와께서 나단에게 말씀하셨
습니다.

5 "가서 내 종 다윗에게 이렇게 전하도록 해라. '너는
내가 살 집을 지을 사람이 아니다.

6 나는 이스라엘 백성을 이집트에서 이끌어 낼 때부
터 지금까지 장막을 내 집으로 여기면서 옮겨 다녔
다.

7 나는 계속해서 이스라엘의 지파들과 함께 옮겨 다
녔고, 한 번도 이스라엘 백성을 돌보는 지도자들에
게 백향목 집을 지어 달라고 한 적이 없다.'

set it in its place inside the special tent David
had prepared for it. And David sacrificed
burnt offerings and peace offerings to the
18 LORD. •When he had finished his sacrifices,
David blessed the people in the name of the
19 LORD of Heaven's Armies. •Then he gave to
every Israelite man and woman in the
crowd a loaf of bread, a cake of dates,* and a
cake of raisins. Then all the people returned
to their homes.

20 •When David returned home to bless his
own family, Michal, the daughter of Saul,
came out to meet him. She said in disgust,
"How distinguished the king of Israel looked
today, shamelessly exposing himself to the
servant girls like any vulgar person might
do!"

21 •David retorted to Michal, "I was dancing
before the LORD, who chose me above your
father and all his family! He appointed me
as the leader of Israel, the people of the LORD,
22 so I celebrate before the LORD. •Yes, and I
am willing to look even more foolish than
this, even to be humiliated in my own eyes!
But those servant girls you mentioned will
23 indeed think I am distinguished!" •So
Michal, the daughter of Saul, remained
childless throughout her entire life.

The LORD's Covenant
Promise to David

7 When King David was settled in his
palace and the LORD had given him rest
2 from all the surrounding enemies, •the king
summoned Nathan the prophet. "Look,"
David said, "I am living in a beautiful cedar
palace,* but the Ark of God is out there in a
tent!"

3 •Nathan replied to the king, "Go ahead
and do whatever you have in mind, for the
LORD is with you."

4 •But that same night the LORD said to
Nathan,

5 •"Go and tell my servant David, 'This is
what the LORD has declared: Are you the
6 one to build a house for me to live in? •I
have never lived in a house, from the day
I brought the Israelites out of Egypt until
this very day. I have always moved from
one place to another with a tent and a
7 Tabernacle as my dwelling. •Yet no
matter where I have gone with the
Israelites, I have never once complained
to Israel's tribal leaders, the shepherds of
my people Israel. I have never asked

6:19 Or *a portion of meat*. The meaning of the
Hebrew is uncertain.　7:2 Hebrew *a house of
cedar*.

8 너는 내 종 다윗에게 전하여라. '나는 네가 양 떼를 따라다닐 때, 풀밭에서 너를 데리고 와서 내 백성 이스라엘의 지도자로 세웠다.

9 나는 네가 어디로 가든지 너와 항상 함께 있었고, 너를 위해 네 원수들을 물리쳐 주었다. 나는 너를 이 땅 위의 위대한 사람들만큼 유명하게 해 줄 것이다.

10 그리고 내 백성 이스라엘을 위해 한 곳을 정하여 거기에서 내 백성들이 정착하여 자기들 집에서 살 수 있게 하겠다. 악한 백성이 전처럼 그들을 괴롭히지 못할 것이다. 그래서 그들이 더 이상 옮겨다니지 않게 하겠다.

11 내가 사사들을 세워 나의 백성을 다스리게 했던 때와는 다르게, 나는 너의 모든 원수들을 물리쳐 너에게 평화를 줄 것이다. 또 나는 네 자손들이 너의 뒤를 이어 이스라엘 왕이 되게 할 것이다.

12 네가 나이 많아 죽을 때에 나는 너의 몸에서 태어날 아들들 중 하나를 왕으로 세워, 그의 나라를 굳건하게 해 주겠다.

13 그리고 바로 그가 나를 위해 성전을 지을 것이다. 나는 그의 나라를 영원히 강하게 만들 것이다.

14 나는 그의 아버지가 되고, 그는 나의 아들이 될 것이다. 만일 그가 죄를 지으면 다른 사람을 채찍과 막대기로 삼아 그에게 벌을 줄 것이다.

15 그러나 나의 사랑과 자비를 거둬들여 사울에게서 마음을 돌렸던 것처럼, 너의 아들에게서는 나의 사랑을 거둬들이지 않을 것이다.

16 너의 집안과 너의 나라는 내 앞에서 영원히 이어질 것이다.'"

17 나단은 자기가 들은 모든 말을 다윗에게 전했습니다.

다윗이 하나님께 기도하다

18 그 후에 다윗 왕은 장막으로 들어가서 여호와 앞에 앉았습니다. 다윗이 말했습니다. "주 여호와여, 제가 누구이기에, 그리고 제 집안이 무엇이기에 그토록 위해 주십니까?

19 주 여호와여, 주께서는 장차 제 집안에 말씀하신 것도 부족하여, 인류의 대강령을 주셨습니까?

20 더 이상 무슨 말씀을 드리겠습니까? 주 여호와여, 주께서는 주의 종인 저를 너무나 잘 아십니다.

21 주께서는 주의 기뻐하시는 대로 이 모든 큰 일을 결정하시고 주의 종에게 알려 주셨습니다.

22 여호와 하나님이시여, 이처럼 주께서는 위대하

them, "Why haven't you built me a beautiful cedar house?"'

8 • "Now go and say to my servant David, 'This is what the LORD of Heaven's Armies has declared: I took you from tending sheep in the pasture and selected you to be the leader of my people Israel. • I have been with you wherever you have gone, and I have destroyed all your enemies before your eyes. Now I will make your name as famous as anyone who has ever lived on the earth!

10 • And I will provide a homeland for my people Israel, planting them in a secure place where they will never be disturbed. Evil nations won't oppress them as they've done in the past, • starting from the time I appointed judges to rule my people Israel. And I will give you rest from all your enemies.

" 'Furthermore, the LORD declares that he will make a house for you—a dynasty of kings! • For when you die and are buried with your ancestors, I will raise up one of your descendants, your own offspring, and I will make his kingdom strong. • He is the one who will build a house—a temple—for my name. And I will secure his royal throne forever. • I will be his father, and he will be my son. If he sins, I will correct and discipline him with the rod, like any father would do. • But my favor will not be taken from him as I took it from Saul, whom I removed from your sight. • Your house and your kingdom will continue before me* for all time, and your throne will be secure forever.' "

17 • So Nathan went back to David and told him everything the LORD had said in this vision.

David's Prayer of Thanks

18 • Then King David went in and sat before the LORD and prayed,

"Who am I, O Sovereign LORD, and what is my family, that you have brought me this far? • And now, Sovereign LORD, in addition to everything else, you speak of giving your servant a lasting dynasty! Do you deal with everyone this way, O Sovereign LORD?*

20 • "What more can I say to you? You know what your servant is really like, Sovereign LORD. • Because of your promise and according to your will, you have done all these great things and have made them known to your servant.

22 • "How great you are, O Sovereign LORD!

7:16 As in Greek version and some Hebrew manuscripts; Masoretic Text reads *before you.* 7:19 Or *This is your instruction for all humanity, O Sovereign LORD.*

십니다. 주님과 같으신 분은 없습니다. 주님밖에
는 다른 하나님이 없습니다. 우리는 이 모든 일을
우리 귀로 직접 들었습니다.

23 그리고 주님의 백성인 이스라엘과 같은 백성도 없
습니다. 하나님께서 이 땅 위에서 오직 한 백성을
구원하사 자기 백성으로 삼으신 것은 이스라엘뿐
입니다. 하나님께서는 저희와 주의 땅을 위하여
위대하고 놀라운 기적을 일으키셔서 주의 이름을
널리 알리셨습니다. 하나님께서는 이집트와 여러
나라들과 그 신들에게서부터 이 백성을 구해 주
셨습니다.

24 주께서는 이스라엘 백성을 세우시고, 영원히 주
님의 백성으로 삼으셨습니다. 그리고 여호와께
서는 우리의 하나님이 되어 주셨습니다.

25 여호와 하나님, 이제 저의 집안과 주님의 종인 저
에게 하신 말씀을 이루어 주십시오. 약속하신 것
을 영원히 지켜 주십시오.

26 그리하시면 주님의 이름을 영원히 높일 것입니
다. 그리고 백성들은 '만군의 여호와는 이스라엘
의 하나님이시다!'라고 부를 것입니다. 그리고 주
님의 종 다윗의 집안을 주님 앞에서 굳게 서게 해
주십시오.

27 만군의 여호와여, 이스라엘의 하나님, 주께서 이
모든 것을 저에게 보여 주셨습니다. 주께서는 '너
의 집안을 굳게 세우겠다'고 말씀하셨습니다. 그
래서 주님의 종인 제가 감히 주께 기도드리는 것
입니다.

28 주 여호와여, 주님은 하나님이시며, 주님의 말씀
은 진리입니다. 주께서는 이 좋은 것을 주님의 종
인 저에게 약속해 주셨습니다.

29 저의 집안에 복을 주십시오. 영원히 주님 앞에 있
게 해 주십시오. 주 하나님, 주께서는 이 놀라운
일을 말씀하셨습니다. 주님의 은혜로 저의 집안
이 영원토록 복을 받게 해 주십시오."

다윗이 여러 전쟁에서 승리하다

8 그 후에 다윗은 블레셋 사람들을 물리쳐 이겼
습니다. 그리고 다윗은 블레셋 사람들의 손에
서 메덱암마를 빼앗았습니다.

2 다윗은 또 모압 백성을 물리쳐 이겼습니다. 다윗
은 모압 백성을 땅에 엎드리게 하여 그들의 키를
재었습니다. 다윗은 두 줄 길이의 사람들은 다 죽
이고 한 줄 길이의 사람은 살려 주었습니다. 이렇
게 하여 모압 백성은 다윗의 종이 되어 다윗이 요
구하는 대로 조공을 바쳤습니다.

3 다윗은 유프라테스 강을 다시 차지하려고 가고
있던 르홉의 아들 하닷에셀을 쳐서 이겼습니다.
하닷에셀은 소바의 왕이었습니다.

There is no one like you. We have never

23 even heard of another God like you! •What
other nation on earth is like your people
Israel? What other nation, O God, have you
redeemed from slavery to be your own
people? You made a great name for yourself
when you redeemed your people from
Egypt. You performed awesome miracles
and drove out the nations and gods that
stood in their way.* •You made Israel your

24 very own people forever, and you, O LORD,
became their God.

25 •"And now, O LORD God, I am your serv-
ant; do as you have promised concerning
me and my family. Confirm it as a promise

26 that will last forever. •And may your name
be honored forever so that everyone will say,
'The LORD of Heaven's Armies is God over
Israel!' And may the house of your servant
David continue before you forever.

27 •"O LORD of Heaven's Armies, God of
Israel, I have been bold enough to pray this
prayer to you because you have revealed all
this to your servant, saying, 'I will build a

28 house for you—a dynasty of kings!' •For
you are God, O Sovereign LORD. Your words
are truth, and you have promised these good

29 things to your servant. •And now, may it
please you to bless the house of your servant,
so that it may continue forever before you.
For you have spoken, and when you grant a
blessing to your servant, O Sovereign LORD, it
is an eternal blessing!"

David's Military Victories

8 After this, David defeated and subdued the
Philistines by conquering Gath, their largest

2 town.* •David also conquered the land of
Moab. He made the people lie down on the
ground in a row, and he measured them off in
groups with a length of rope. He measured off
two groups to be executed for every one group
to be spared. The Moabites who were spared
became David's subjects and paid him tribute
money.

3 •David also destroyed the forces of Ha-
dadezer son of Rehob, king of Zobah, when

campaign [kæmpéin] *n.* 출정, 종군
reveal [riví:l] *vt.* (신이) 계시[묵시]하다
subdue [səbdjú:] *vt.* 이기다, 정복하다
tribute [tríbju:t] *n.* 조공

7:23 As in Greek version (see also 1 Chr 17:21);
Hebrew reads *You made a name for yourself and
awesome miracles for your land in the sight of
your people, whom you redeemed from Egypt, the
nations and their gods.* **8:1** Hebrew *by
conquering Metheg-ammah,* a name that means
"the bridle," possibly referring to the size of the
town or the tribute money tak-en from it.
Compare 1 Chr 18:1.

4 다윗은 하닷에셀에게서 전차를 몰던 군인 천칠백명과 보병 이만 명을 사로잡았습니다. 다윗은 말 백 마리만을 남겨 전차를 끌게 하고, 나머지 말들은 다리를 못 쓰게 만들었습니다.

5 다마스커스의 아람 사람들이 소바 왕 하닷에셀을 도우려고 왔습니다. 그러나 다윗은 그 아람 사람이 만이천 명을 물리쳐 이겼습니다.

6 그리고 나서 다윗은 자기 군대를 아람의 수도인 다마스커스에 두었습니다. 아람 사람들은 다윗의 종이 되어 다윗이 요구하는 대로 조공을 바쳤습니다. 여호와께서는 다윗이 가는 곳마다 승리하게 해 주셨습니다.

7 다윗은 하닷에셀의 신하들이 가지고 있던 금방패를 빼앗아 예루살렘으로 가지고 왔습니다.

8 다윗은 또 베다와 베로대에서 놋쇠로 만든 물건들을 많이 빼앗아 왔습니다. 베다와 베로대는 하닷에셀이 통치하던 성이었습니다.

9 하맛 왕 도이가 다윗이 하닷에셀의 모든 군대를 물리쳐 이겼다는 이야기를 들었습니다.

10 그래서 도이는 자기 아들 요람을 보내 다윗 왕을 맞이하여 축하해 주도록 했습니다. 요람은 다윗이 하닷에셀을 물리쳐 이긴 것을 축하해 주었습니다. 하닷에셀은 전에 도이와 맞서 싸운 일이 있습니다. 요람은 은과 금과 놋쇠로 만든 물건들을 가지고 왔습니다.

11 다윗은 그 물건들을 받아서 여호와께 바쳤습니다. 다윗은 또 자기가 물리쳐 이긴 나라들에게서 빼앗은 은과 금,

12 곧 아람*과 모압, 암몬 사람들과 블레셋 사람들, 그리고 아말렉에게서 얻은 것들과, 소바 왕 르홉의 아들 하닷에셀에게서 빼앗은 것들도 같이 여호와께 바쳤습니다.

13 다윗은 '소금 골짜기'에서 에돔 사람 만 팔천 명을 물리쳐 이기고 돌아왔습니다. 그 일로 다윗은 유명해졌습니다.

14 다윗은 에돔 땅 모든 곳에 자기 군대를 두었습니다. 에돔 백성은 모두 다윗의 종이 되었습니다. 여호와께서는 다윗이 가는 곳마다 승리하게 해 주셨습니다.

15 다윗은 온 이스라엘을 올바르고 공정하게 다스렸습니다.

16 스루야의 아들 요압은 모든 군대의 지휘관이 되었습니다. 아힐룻의 아들 여호사밧은 역사 기록관이 되었습니다.

17 아히둡의 아들 사독과 아비아달의 아들 아히멜렉은 제사장이 되었습니다. 스라야는 서기관이 되었습니다.

18 여호야다의 아들 브나야는 그렛 사람과 블렛 사람

Hadadezer marched out to strengthen his
4 control along the Euphrates River. •David
captured 1,000 chariots, 7,000 charioteers,*
and 20,000 foot soldiers. He crippled all the
chariot horses except enough for 100 chariots.

5 •When Arameans from Damascus arrived
to help King Hadadezer, David killed 22,000
of them. •Then he placed several army
garrisons in Damascus, the Aramean capital,
and the Arameans became David's subjects
and paid him tribute money. So the LORD
made David victorious wherever he went.

7 •David brought the gold shields of
8 Hadadezer's officers to Jerusalem, •along
with a large amount of bronze from Ha-
dadezer's towns of Tebah* and Berothai.

9 •When King Toi of Hamath heard that
David had destroyed the entire army of
10 Hadadezer, •he sent his son Joram to con-
gratulate King David for his successful
campaign. Hadadezer and Toi had been
enemies and were often at war. Joram pre-
sented David with many gifts of silver, gold,
and bronze.

11 •King David dedicated all these gifts to
the LORD, as he did with the silver and gold
12 from the other nations he had defeated—
•from Edom,* Moab, Ammon, Philistia, and
Amalek—and from Hadadezer son of Rehob,
king of Zobah.

13 •So David became even more famous
when he returned from destroying 18,000
14 Edomites* in the Valley of Salt. •He placed
army garrisons throughout Edom, and all
the Edomites became David's subjects. In
fact, the LORD made David victorious
wherever he went.

15 •So David reigned over all Israel and did
what was just and right for all his people.
16 •Joab son of Zeruiah was commander of the
army. Jehoshaphat son of Ahilud was the
17 royal historian. •Zadok son of Ahitub and
Ahimelech son of Abiathar were the priests.
18 Seraiah was the court secretary. •Benaiah
son of Jehoiada was captain of the king's
bodyguard.* And David's sons served as
priestly leaders.*

8:4 As in Dead Sea Scrolls and Greek version (see
also 1 Chr 18:4); Masoretic Text reads captured 1,700
charioteers. 8:8 As in some Greek manuscripts (see
also 1 Chr 18:8); Hebrew reads Betah. 8:12 As in a
few Hebrew manuscripts and Greek and Syriac
versions (see also 8:14; 1 Chr 18:11); most Hebrew
manuscripts read Aram. 8:13 As in a few Hebrew
manuscripts and Greek and Syriac versions (see also
8:14; 1 Chr 18:12); most Hebrew manuscripts read
Arameans. 8:18a Hebrew of the Kerethites and
Pelethites. 8:18b Hebrew David's sons were priests;
compare parallel text at 1 Chr 18:17.

8:12 어떤 고대 번역 사본에는 '에돔'으로 표기되어 있다.

을 다스리는 왕의 경호관이 되었습니다. 그리고 다
윗의 아들들도 중요한 자리를 맡아보게 되었습니다.

다윗이 사울의 집안을 돕다

9 다윗이 물었습니다. "사울의 집안에 아직 살아
남은 사람이 있느냐? 있다면 요나단을 보아서라
도 그 사람에게 잘해 주고 싶구나."

2 사울의 집안에 시바라는 이름을 가진 종이 있었습
니다. 그래서 다윗의 종들이 시바를 불러 다윗에게
오게 했습니다. 다윗 왕이 시바에게 물었습니다.
"네가 시바냐?" 시바가 대답했습니다. "그렇습니
다. 제가 왕의 종 시바입니다."

3 왕이 물었습니다. "사울의 집안에 살아남은 사람이
있느냐? 있다면 내가 하나님의 은혜를 베풀고 싶
다." 시바가 왕에게 대답했습니다. "요나단의 아들
이 아직 살아 있습니다. 그는 두 다리를 모두 절뚝거
립니다."

4 왕이 시바에게 물었습니다. "그 아들이 어디에 있느
냐?" 시바가 대답했습니다. "그는 로드발에 있는 암
미엘의 아들 마길의 집에 있습니다."

5 이 말을 듣고 다윗 왕은 종들을 시켜 로드발에 있는
암미엘의 아들 마길의 집에서 요나단의 아들을 데
리고 오게 했습니다.

6 요나단의 아들 므비보셋이 다윗 앞에 와서 얼굴을
땅에 대고 절을 했습니다. 다윗이 말했습니다. "므
비보셋아!" 므비보셋이 대답했습니다. "저는 왕의
종입니다."

7 다윗이 므비보셋에게 말했습니다. "두려워하지 마
라. 너의 아버지 요나단을 생각해서 너에게 은혜를
베풀고자 한다. 너의 할아버지 사울의 땅을 모두 너
에게 돌려주겠다. 그리고 너는 언제나 내 식탁에서
식사를 해도 좋다."

8 므비보셋이 다시 얼굴을 땅에 대고 다윗에게 절을
하며 말했습니다. "왕께서는 왕의 종에 지나지 않
는 저에게 너무 많은 은혜를 베푸십니다. 저는 죽은
개만도 못한 사람입니다."

9 그 후에 다윗이 사울의 종 시바를 불러 말했습니다.
"나는 네 주인의 손자에게 사울과 그의 집안의 소유
였던 것을 다 주었다.

10 너와 너의 아들들과 너의 종들은 므비보셋을 위해
땅을 갈고 곡식과 열매를 거둬야 할 것이다. 그래서
네 주인의 손자 므비보셋에게 양식이 늘 있게 하여
라. 그러나 네 주인의 손자 므비보셋은 언제나 내 식
탁에서 식사를 할 것이다." 시바에게는 아들 열다섯
명과 종 이십 명이 있었습니다.

11 시바가 다윗 왕에게 말했습니다. "저는 왕의 종입니
다. 저는 내 주이신 왕이 명령하시는 일이라면 무엇

David's Kindness to Mephibosheth

9 One day David asked, "Is anyone in Saul's
family still alive—anyone to whom I can
2 show kindness for Jonathan's sake?" •He
summoned a man named Ziba, who had
been one of Saul's servants. "Are you Ziba?"
the king asked.

"Yes sir, I am," Ziba replied.
3 •The king then asked him, "Is anyone
still alive from Saul's family? If so, I want to
show God's kindness to them."

Ziba replied, "Yes, one of Jonathan's sons
is still alive. He is crippled in both feet."
4 •"Where is he?" the king asked.

"In Lo-debar," Ziba told him, "at the home
of Makir son of Ammiel."
5 •So David sent for him and brought him
6 from Makir's home. •His name was Me-
phibosheth*; he was Jonathan's son and
Saul's grandson. When he came to David, he
bowed low to the ground in deep respect.
David said, "Greetings, Mephibosheth."

Mephibosheth replied, "I am your ser-
vant."
7 •"Don't be afraid!" David said. "I intend
to show kindness to you because of my
promise to your father, Jonathan. I will give
you all the property that once belonged to
your grandfather Saul, and you will eat here
with me at the king's table!"
8 •Mephibosheth bowed respectfully and
exclaimed, "Who is your servant, that you
should show such kindness to a dead dog
like me?"
9 •Then the king summoned Saul's servant
Ziba and said, "I have given your master's
grandson everything that belonged to Saul
10 and his family. •You and your sons and
servants are to farm the land for him to
produce food for your master's household.*
But Mephibosheth, your master's grandson,
will eat here at my table." (Ziba had fifteen
sons and twenty servants.)
11 •Ziba replied, "Yes, my lord the king; I
am your servant, and I will do all that you
have commanded." And from that time on,
Mephibosheth ate regularly at David's table,*
like one of the king's own sons.

---

household [háushòuld] *n.* 온 집안 사람
intend [inténd] *vt.* …할 작정이다
property [prápərti] *n.* 재산, 소유물
regularly [régjulərli] *ad.* 정식으로, 여김없이
respectfully [rispéktfəli] *ad.* 공손하게
summon [sámən] *vt.* 소환하다
9:3 be crippled in both feet : 두 발을 다 절다

9:6 *Mephibosheth* is another name for Merib-
baal.　9:10 As in Greek version; Hebrew reads
your master's grandson.　9:11 As in Greek
version; Hebrew reads *my table.*

이든지 다 하겠습니다." 그리하여 므비보셋은 다윗의 아들들처럼 다윗의 식탁에서 식사를 했습니다.

12 므비보셋에게는 미가라는 젊은 아들이 있었습니다. 시바의 집안에 있는 사람은 다 므비보셋의 종이 되었습니다.

13 므비보셋은 두 다리를 모두 절었습니다. 므비보셋은 예루살렘에서 살면서 언제나 왕의 식탁에서 식사를 했습니다.

암몬 사람 그리고 아람 사람과 전쟁을 하다

10 얼마 후, 암몬 사람들의 왕 나하스가 죽었습니다. 그의 아들 하눈이 아버지의 뒤를 이어 왕이 되었습니다.

2 다윗이 말했습니다. "나하스는 나에게 잘 해 주었다. 그러니 나도 그의 아들 하눈에게 잘 해 주어야겠다." 그래서 다윗은 자기 신하들을 하눈에게 보내어 그의 아버지의 죽음을 위로하게 했습니다. 다윗의 신하들이 암몬 사람들의 땅으로 갔습니다.

3 암몬의 장관들이 자기 주인인 하눈에게 말했습니다. "다윗이 사람들을 보내어 왕을 위로하는 것이 정말로 왕의 아버지를 공경하려는 것인 줄 아십니까? 그렇지 않습니다. 다윗은 이 성을 엿보게 하려고 사람들을 보낸 것입니다. 그들은 이 성을 정복하려 하고 있습니다."

4 그래서 하눈은 다윗의 신하들을 잡아서 수염을 절반쯤 깎아 그들을 창피하게 만들었습니다. 하눈은 또 엉덩이 부분의 옷을 잘라 내어 그들을 욕되게 했습니다. 그런 다음에 하눈은 그들을 돌려보냈습니다.

5 사람들이 이 일을 다윗에게 알리자, 다윗은 사신들을 보내어 수치스러워 하는 신하들을 맞이하게 하고 수염이 다 자랄 때까지 여리고에 있다가 예루살렘으로 돌아오라고 지시하였습니다.

6 그때, 암몬 사람들은 자기들이 다윗의 원수가 되었다는 것을 깨달았습니다. 그래서 그들은 벧르홉과 소바에서 아람의 보병 이만 명을 모았습니다. 그들은 또 마아가 왕과 그의 군대 천 명, 그리고 돕에서 만 이천 명을 모았습니다.

7 다윗은 이 소식을 듣고 요압을 비롯한 모든 용사들을 전쟁터에 보냈습니다.

8 암몬 사람들은 나와서 싸울 준비를 했습니다. 그들은 성문에 서 있었습니다. 벧르홉과 소바에서 온 아람 사람들과 돕과 마아가에서 온 사람들은 암몬 사람들과 떨어져서 들에 있었습니다.

9 요압은 자기들의 앞과 뒤에 적이 진을 치고 있는 것을 보고 이스라엘 사람들 중에 가장 뛰어난 용사들을 뽑았습니다. 요압은 그들에게 아람 사람들과 싸울 준비를 하게 했습니다.

10 요압은 나머지 군대를 자기 동생 아비새에게 맡겨 암

12 •Mephibosheth had a young son named Mica. From then on, all the members of Ziba's household were Mephibosheth's 13 servants. •And Mephibosheth, who was crippled in both feet, lived in Jerusalem and ate regularly at the king's table.

David Defeats the Ammonites

10 Some time after this, King Nahash* of the Ammonites died, and his son 2 Hanun became king. •David said, "I am going to show loyalty to Hanun just as his father, Nahash, was always loyal to me." So David sent ambassadors to express sympathy to Hanun about his father's death.

But when David's ambassadors arrived 3 in the land of Ammon, •the Ammonite commanders said to Hanun, their master, "Do you really think these men are coming here to honor your father? No! David has sent them to spy out the city so they can 4 come in and conquer it!" •So Hanun seized David's ambassadors and shaved off half of each man's beard, cut off their robes at the buttocks, and sent them back to David in shame.

5 •When David heard what had happened, he sent messengers to tell the men, "Stay at Jericho until your beards grow out, and then come back." For they felt deep shame because of their appearance.

6 •When the people of Ammon realized how seriously they had angered David, they sent and hired 20,000 Aramean foot soldiers from the lands of Beth-rehob and Zobah, 1,000 from the king of Maacah, 7 and 12,000 from the land of Tob. •When David heard about this, he sent Joab and 8 all his warriors to fight them. •The Ammonite troops came out and drew up their battle lines at the entrance of the city gate, while the Arameans from Zobah and Rehob and the men from Tob and Maacah positioned themselves to fight in the open fields.

9 •When Joab saw that he would have to fight on both the front and the rear, he chose some of Israel's elite troops and placed them under his personal command 10 to fight the Arameans in the fields. •He left

---

ambassador [æmbǽsədər] *n.* 사신, 사절
buttock [bʌ́tək] *n.* 엉덩이
position [pəzíʃən] *vt.* (인력·군대를)배치하다
seize [síːz] *vt.* 붙잡다, 체포하다
sympathy [símpəθi] *n.* 위문, 문상
10:3 spy out … : …을 염탐하다
10:8 draw up … : …을 정렬시키다

10:1 As in parallel text at 1 Chr 19:1; Hebrew reads *the king.*

몬 사람들과 맞서 싸우게 했습니다.

11 요압이 아비새에게 말했습니다. "만약 아람 사람들이 너무 강해서 내가 어려워지면 나를 도우러 오너라. 만약 암몬 사람들이 너무 강해서 네가 어려워지면 내가 너를 도우러 가겠다.

12 용기를 내어라. 우리 백성과 하나님의 성들을 위해 용감하게 싸우자. 여호와께서 좋은 방향으로 일을 도와 주실 것이다."

13 그리고 나서 요압과 그의 부하들은 아람 사람들을 공격했습니다. 그러자 아람 사람들이 도망쳤습니다.

14 암몬 사람들은, 아람 사람들이 도망치는 모습을 보고 아비새에게서 도망쳐 자기들의 성으로 돌아가 버렸습니다. 그래서 요압은 암몬 사람들과 싸우기를 멈추고 예루살렘으로 돌아왔습니다.

15 아람 사람들은 이스라엘에 지고 나자 엄청난 군대를 불러모았습니다.

16 그때, 하닷에셀 왕이 사람들을 보내 유프라테스 강 건너편에 살고 있던 아람 사람들을 오게 했습니다. 이 아람 사람들은 헬람으로 갔습니다. 그들의 지도자는 하닷에셀의 군대 지휘관인 소박이었습니다.

17 다윗은 이 소식을 듣고 온 이스라엘 군대를 불러 모았습니다. 그들은 요단 강을 건너 헬람으로 갔습니다. 그곳에서 아람 사람들은 싸울 준비를 하고 있다가 이스라엘 군대를 공격했습니다.

18 그러나 다윗은 아람 사람들을 물리쳐 이겼습니다. 아람 사람들은 이스라엘 군대에게 쫓겨 도망쳤습니다. 다윗은 아람의 전차를 모는 군인 칠백 명과 아람의 말 탄 군인 사만 명을 죽였습니다. 다윗은 또 아람 군대의 지휘관인 소박도 죽였습니다.

19 하닷에셀을 섬기던 다른 나라 왕들은 이스라엘이 그들을 물리쳐 이겼다는 소식을 듣고 이스라엘과 평화롭게 지내기로 했습니다. 그리고 그들은 이스라엘을 섬겼습니다. 이제 아람 사람들은 암몬 사람들을 돕는 것을 두려워했습니다.

다윗과 밧세바

11 봄이 오면, 왕들은 전쟁터에 나갑니다. 그래서 다윗은 봄이 오자, 자기 종인 요압과 모든 이스라엘 사람들을 전쟁터에 보냈습니다. 그들은 암몬 사람들을 무찌르고 랍바 성을 공격했습니다. 그러나 다윗은 예루살렘에 머물러 있었습니다.

2 어느 날 저녁이었습니다. 다윗이 침대에서 일어나서 왕궁의 지붕 위를 거닐었습니다. 그러다가 한 여자가 목욕을 하고 있는 것을 보았는데, 그 여자는 매우 아름다웠습니다.

3 다윗은 자기 종들을 보내어 그 여자가 누구인지 알아보게 했습니다. 한 종이 대답했습니다. "그 여자는 엘리암의 딸 밧세바로서 헷 사람 우리아의 아내

---

the rest of the army under the command of his brother Abishai, who was to attack the

11 Ammonites. ● "If the Arameans are too strong for me, then come over and help me," Joab told his brother. "And if the

12 Ammonites are too strong for you, I will come and help you. ● Be courageous! Let us fight bravely for our people and the cities of our God. May the LORD's will be done."

13 ● When Joab and his troops attacked, the

14 Arameans began to run away. ● And when the Ammonites saw the Arameans running, they ran from Abishai and retreated into the city. After the battle was over, Joab returned to Jerusalem.

15 ● The Arameans now realized that they were no match for Israel. So when they

16 regrouped, ● they were joined by additional Aramean troops summoned by Hadadezer from the other side of the Euphrates River.* These troops arrived at Helam under the command of Shobach, the commander of Hadadezer's forces.

17 ● When David heard what was happening, he mobilized all Israel, crossed the Jordan River, and led the army to Helam. The Arameans positioned themselves in battle formation and fought against David.

18 ● But again the Arameans fled from the Israelites. This time David's forces killed 700 charioteers and 40,000 foot soldiers,* including Shobach, the commander of their

19 army. ● When all the kings allied with Hadadezer saw that they had been defeated by Israel, they surrendered to Israel and became their subjects. After that, the Arameans were afraid to help the Ammonites.

David and Bathsheba

11 In the spring of the year,* when kings normally go out to war, David sent Joab and the Israelite army to fight the Ammonites. They destroyed the Ammonite army and laid siege to the city of Rabbah. However, David stayed behind in Jerusalem.

2 ● Late one afternoon, after his midday rest, David got out of bed and was walking on the roof of the palace. As he looked out over the city, he noticed a woman of unusual

3 beauty taking a bath. ● He sent someone to

---

retreat [ritri:t] *vi.* 후퇴하다, 퇴각하다
surrender [səréndər] *vi.* (…에게) 항복하다
11:1 lay siege to …: …을 포위 공격하다

10:16 Hebrew *the river.* **10:18** As in some Greek manuscripts (see also 1 Chr 19:18); Hebrew reads *charioteers.* **11:1** Hebrew *At the turn of the year.* The first day of the year in the ancient Hebrew lunar calendar occurred in March or April.

입니다."

4 다윗은 사람들을 보내 밧세바를 데리고 오게 했습니다. 밧세바가 오자, 다윗은 그 여자와 함께 잠을 잤습니다. 그때, 밧세바는 월경을 끝내고 깨끗해져 있던 상태였습니다. 그런 후, 여자는 자기 집으로 돌아갔습니다.

5 그런데 밧세바가 임신을 했습니다. 밧세바는 다윗에게 '임신을 했다'는 사실을 알렸습니다.

6 다윗은 요압에게 "헷 사람 우리아를 나에게로 보내라"고 전했습니다. 그래서 요압은 우리아를 다윗에게 보냈습니다.

7 우리아가 다윗에게 왔습니다. 다윗은 우리아에게 요압은 잘 있는지, 군인들은 잘 있는지, 그리고 전쟁은 잘 되고 있는지를 물었습니다.

8 그리고 나서 다윗은 우리아에게 "집으로 가서 쉬시오"라고 말하고 선물도 딸려 보냈습니다. 우리아는 왕궁에서 나왔습니다.

9 그러나 집으로 가지 않았습니다. 우리아는 왕궁 문 밖에서 왕의 모든 신하들과 함께 잠을 잤습니다.

10 신하들이 다윗에게 말했습니다. "우리아가 집으로 가지 않았습니다." 그러자 다윗이 우리아에게 말했습니다. "그대는 오랫동안 집을 떠났다 돌아왔는데 왜 집으로 가지 않는가?"

11 우리아가 대답했습니다. "언약궤와 이스라엘과 유다의 군인들이 장막에 머물고 있습니다. 나의 주 요압과 그의 부하들도 들에서 잠을 자며 지내고 있습니다. 그런데 제가 어찌 집으로 가서 먹고 마시며 제 아내와 함께 잠자리를 가질 수 있겠습니까?"

12 다윗이 우리아에게 말했습니다. "오늘은 여기에 머물러라. 내일 그대를 싸움터로 돌려 보내겠다." 그래서 우리아는 그날과 그 다음날에도 예루살렘에 머물러 있었습니다.

13 그때에 다윗이 우리아를 불러 자기에게 오게 했습니다. 우리아는 다윗과 함께 먹고 마셨습니다. 다윗은 우리아를 취하게 만들었지만, 우리아는 그래도 자기 집으로 돌아가지 않았습니다. 그날 저녁에 우리아는 왕의 신하들과 함께 왕궁 문 밖에서 잠을 잤습니다.

14 이튿날 아침, 다윗은 요압에게 편지를 써서 우리아에게 그 편지를 전하게 했습니다.

15 다윗이 쓴 편지의 내용은 이러했습니다. "우리아를 싸움이 가장 치열한 곳으로 보내어라. 그런 다음에 우리아만 혼자 남겨 두고 물러나거라. 우리아를 싸움터에서 죽게 하여라."

16 요압은 성을 살피다가 그 성 중에서 적군이 가장 강하게 막고 있는 곳을 알아냈습니다. 요압은 우리아를 그 곳으로 보냈습니다.

17 성의 군인들이 밖으로 나와서 요압과 맞서 싸웠습니

find out who she was, and he was told, "She is Bathsheba, the daughter of Eliam

4 and the wife of Uriah the Hittite." •Then David sent messengers to get her; and when she came to the palace, he slept with her. She had just completed the purification rites after having her menstrual period.

5 Then she returned home. •Later, when Bathsheba discovered that she was pregnant, she sent David a message, saying, "I'm pregnant."

6 •Then David sent word to Joab: "Send me Uriah the Hittite." So Joab sent him to

7 David. •When Uriah arrived, David asked him how Joab and the army were getting along and how the war was progressing.

8 •Then he told Uriah, "Go on home and relax.*" David even sent a gift to Uriah after

9 he had left the palace. •But Uriah didn't go home. He slept that night at the palace entrance with the king's palace guard.

10 •When David heard that Uriah had not gone home, he summoned him and asked, "What's the matter? Why didn't you go home last night after being away for so long?"

11 •Uriah replied, "The Ark and the armies of Israel and Judah are living in tents,* and Joab and my master's men are camping in the open fields. How could I go home to wine and dine and sleep with my wife? I swear that I would never do such a thing."

12 •"Well, stay here today," David told him, "and tomorrow you may return to the army." So Uriah stayed in Jerusalem

13 that day and the next. •Then David invited him to dinner and got him drunk. But even then he couldn't get Uriah to go home to his wife. Again he slept at the palace entrance with the king's palace guard.

David Arranges for Uriah's Death

14 •So the next morning David wrote a letter to Joab and gave it to Uriah to deliver.

15 •The letter instructed Joab, "Station Uriah on the front lines where the battle is fiercest. Then pull back so that he will be killed."

16 •So Joab assigned Uriah to a spot close to the city wall where he knew the enemy's

17 strongest men were fighting. •And when the enemy soldiers came out of the city to fight, Uriah the Hittite was killed along with several other Israelite soldiers.

connotation [kɑnətéiʃən] *n.* 암시, 내포
menstrual [ménstruəl] *a.* 월경의

11:8 Hebrew *and wash your feet,* an expression that may also have a connotation of ritualistic washing. 11:11 Or *at Succoth.*

다. 다윗의 부하들 중 몇 명이 죽임을 당했습니다. 헷 사람 우리아도 죽었습니다.

18 그 일이 있은 후에 요압이 사람을 보내어 싸움터에서 일어난 일을 다윗에게 보고했습니다.

19 요압이 전령에게 말했습니다. "다윗 왕께 전쟁에서 일어난 일을 말씀드려라.

20 말씀을 다 드리고 나면 왕께서 화를 내실 것이다. 그리고 왕께서 만약 '왜 그렇게 성 가까이 가서 싸웠느냐? 그들이 성벽에서 화살을 쏠 줄 몰랐느냐?

21 여룹베셋의 아들 아비멜렉을 누가 죽였느냐? 성벽 위에 있던 한 여자가 아니냐? 그 여자가 큰 맷돌을 아비멜렉에게 던져서 아비멜렉이 데베스에서 죽지 않았느냐? 왜 그렇게 성벽에 가까이 갔느냐?'고 물으시면 '왕의 종 헷 사람 우리아도 죽었습니다' 라고 대답하여라."

22 요압이 보낸 사람이 다윗에게 가서, 요압이 시키는 대로 모든 말을 전했습니다.

23 전령이 다윗에게 말했습니다. "암몬 사람들이 우리보다 잘 싸웠습니다. 그들은 밖으로 나와 들에서 우리를 공격했습니다. 그러나 우리는 그들과 맞서 싸워 성문에까지 이르렀습니다.

24 성벽 위의 군인들이 왕의 종들을 향해 화살을 쏘았습니다. 왕의 종들 중 몇 사람이 죽었습니다. 왕의 종 헷 사람 우리아도 죽었습니다."

25 다윗이 전령에게 말했습니다. "요압에게 이렇게 전하여라. '이 일로 염려하지 마라. 전쟁을 하다 보면 누구나 죽이고 죽을 수가 있다. 성을 맹렬히 공격하여 점령하도록 하여라.' 이 말을 전하여 요압에게 용기를 주어라."

26 밧세바는 자기 남편이 죽었다는 소식을 듣고 남편을 위해 울었습니다.

27 밧세바가 슬픔의 기간을 다 마치자, 다윗은 종들을 보내어 밧세바를 왕궁으로 데리고 오게 했습니다. 그리고 밧세바는 다윗의 아내가 되어 다윗의 아들을 낳았습니다. 그러나 여호와께서는 다윗이 한 일을 기뻐하지 않으셨습니다.

다윗의 아들이 죽다

12 여호와께서 나단을 다윗에게 보내셨습니다. 나단은 다윗에게 가서 이렇게 말했습니다. "어떤 성에 두 사람이 있었습니다. 한 사람은 부자였고, 다른 사람은 가난했습니다.

2 부자에게는 양과 소가 아주 많았습니다.

3 하지만 가난한 사람에게는 사서 키우는 어린 암양 한 마리밖에 없었습니다. 가난한 사람은 그 양을 먹여 길렀습니다. 양은 가난한 사람의 아이들과 함께 자랐습니다. 양은 가난한 사람이 먹을 음식과 마실 물을 나누어 먹으며 자랐습니다. 양은 가난한 사람의 팔에서 잠을 잤습니다. 양은 가난한 사람에게 마치 딸과도 같았

---

18 • Then Joab sent a battle report to
19 David. • He told his messenger, "Report all
20 the news of the battle to the king. • But he might get angry and ask, 'Why did the troops go so close to the city? Didn't they know there would be shooting from the
21 walls? • Wasn't Abimelech son of Gideon* killed at Thebez by a woman who threw a millstone down on him from the wall? Why would you get so close to the wall?' Then tell him, 'Uriah the Hittite was killed, too.' "

22 • So the messenger went to Jerusalem and gave a complete report to David.
23 • "The enemy came out against us in the open fields," he said. "And as we chased
24 them back to the city gate, • the archers on the wall shot arrows at us. Some of the king's men were killed, including Uriah the Hittite."

25 • "Well, tell Joab not to be discouraged," David said. "The sword devours this one today and that one tomorrow! Fight harder next time, and conquer the city!"

26 • When Uriah's wife heard that her husband was dead, she mourned for him.
27 • When the period of mourning was over, David sent for her and brought her to the palace, and she became one of his wives. Then she gave birth to a son. But the LORD was displeased with what David had done.

Nathan Rebukes David

12 So the LORD sent Nathan the prophet to tell David this story: "There were two men in a certain town. One was
2 rich, and one was poor. • The rich man owned a great many sheep and cattle.
3 • The poor man owned nothing but one little lamb he had bought. He raised that little lamb, and it grew up with his children. It ate from the man's own plate and drank from his cup. He cuddled it in

---

archer [áːrtʃər] *n.* 궁수
chase [tʃéis] *vt.* 추격하다, 뒤쫓다
conquer [káŋkər] *vt.* 정복하다
cuddle [kʌ́dl] *vt.* (다정하게) 껴안다
devour [diváuər] *vt.* 삼켜버리다, 멸망시키다
discouraged [diskə́ridʒd] *a.* 낙심한
millstone [mílstòun] *n.* 맷돌
prophet [práfit] *n.* 선지자
rebuke [ribjúːk] *vt.* 꾸짖다, 나무라다
11:26 mourn for … : …를 애도하다
11:27 be displeased with… : …을 불쾌하게 여기다

11:21 Hebrew *son of Jerub-besheth*. Jerubbesheth is a variation on the name Jerubbaal, which is another name for Gideon; see Judg 6:32.

습니다.

4 그런데 어떤 나그네가 부자를 찾아왔습니다. 부자는 나그네에게 음식을 대접하고 싶었습니다. 그러나 부자는 나그네에게 음식을 주기 위해 자기의 양이나 소를 잡고 싶지는 않았습니다. 그 대신 부자는 가난한 사람의 양을 빼앗았습니다. 부자는 그 양을 잡아서 나그네를 위해 음식을 만들었습니다."

5 다윗은 그 부자에 대해서 크게 화를 냈습니다. "살아 계신 여호와께 맹세하지만 이 일을 한 사람은 죽어야 한다.

6 그 사람은 그런 일을 한 대가로 양을 네 배로 갚아 주어야 한다. 그는 무자비한 사람이다."

7 그러자 나단이 다윗에게 말했습니다. "왕이 바로 그 사람입니다. 이스라엘의 하나님 여호와께서 이렇게 말씀하십니다. '나는 너를 이스라엘의 왕으로 세워 주었다. 나는 너를 사울에게서 구해 주었다

8 사울의 나라와 사울의 딸을 아내로 너에게 주었다. 그리고 나는 너를 이스라엘과 유다의 왕으로 세워 주었다. 너에게 부족한 것이 있었다면 나는 너에게 더 많은 것을 주었을 것이다.

9 그런데 너는 왜 나 여호와의 명령을 무시했느냐? 왜 나 여호와가 악하다고 말씀한 일을 했느냐? 너는 헷 사람 우리아를 암몬 사람들 칼에 죽게 했다. 그리고 너는 그의 아내를 빼앗아 네 아내로 만들었다.

10 그러니 이제 너의 집안에는 언제나 칼로 죽는 사람이 있을 것이다. 네가 나를 존경하지 않음을 내가 보았기 때문이다. 너는 헷 사람 우리아의 아내를 빼앗았다.'

11 여호와께서 또 이렇게 말씀하십니다. '너의 집안 사람들이 너에게 재앙을 일으킬 것이다. 네가 보는 앞에서 내가 너의 아내들을 빼앗아서 너의 아주 가까운 사람들에게 줄 것이다. 그 사람이 대낮에 너의 아내들과 잠자리를 함께 할 것이다.

12 너는 남몰래 밧세바와 함께 잠을 잤다. 그러나 나는 이스라엘의 모든 백성이 이 일을 알게 할 것이다.'"

13 그러자 다윗이 나단에게 말했습니다. "내가 여호와께 죄를 지었소." 나단이 대답했습니다. "여호와께서는 왕의 죄를 용서하셨습니다. 왕은 죽지 않을 것입니다.

14 그러나 왕이 한 일 때문에 여호와의 원수들이 여호와를 경멸하고 모욕할 기회를 주었으니 왕에게서 태어난 아기는 죽게 될 것입니다."

15 나단이 집으로 돌아간 후에 여호와께서는 다윗과 우리아의 아내였던 밧세바의 사이에서 낳은 아들에게 큰 병을 주셨습니다.

16 다윗은 아기를 위해 하나님께 기도를 드렸습니다. 다윗은 먹지도 않고 마시지도 않았습니다. 다윗은 자기 집으로 돌아가서 그곳에 머물렀습니다. 다윗

---

4 his arms like a baby daughter. ●One day a guest arrived at the home of the rich man. But instead of killing an animal from his own flock or herd, he took the poor man's lamb and killed it and prepared it for his guest."

5 ●David was furious. "As surely as the LORD lives," he vowed, "any man who would

6 do such a thing deserves to die! ●He must repay four lambs to the poor man for the one he stole and for having no pity."

7 ●Then Nathan said to David, "You are that man! The LORD, the God of Israel, says: I anointed you king of Israel and saved you

8 from the power of Saul. ●I gave you your master's house and his wives and the kingdoms of Israel and Judah. And if that had not been enough, I would have given you

9 much, much more. ●Why, then, have you despised the word of the LORD and done this horrible deed? For you have murdered Uriah the Hittite with the sword of the Ammonites

10 and stolen his wife. ●From this time on, your family will live by the sword because you have despised me by taking Uriah's wife to be your own.

11 ●"This is what the LORD says: Because of what you have done, I will cause your own household to rebel against you. I will give your wives to another man before your very eyes, and he will go to bed with them in

12 public view. ●You did it secretly, but I will make this happen to you openly in the sight of all Israel."

David Confesses His Guilt

13 ●Then David confessed to Nathan, "I have sinned against the LORD."

Nathan replied, "Yes, but the LORD has forgiven you, and you won't die for this sin.

14 ●Nevertheless, because you have shown utter contempt for the word of the LORD* by doing this, your child will die."

15 ●After Nathan returned to his home, the LORD sent a deadly illness to the child of

16 David and Uriah's wife. ●David begged God to spare the child. He went without food

---

confess [kənfés] *vi.* 고백하다, 자백하다
deserve [dizə́ːrv] *vt.* …할[받을] 만하다
despise [dispáiz] *vt.* 경멸하다, 멸시하다
furious [fjúəriəs] *a.* 격노한
spare [spέər] *vt.* 목숨을 살려주다
utter [ʌ́tər] *a.* 전적인, 철저한
vow [vau] *vi.* 맹세하다, 단언하다
12:5 as surely as… : …와 마찬가지로, 틀림없이
12:11 rebel against… : …에게 반역하다
12:11 in public view : 공개적으로

12:14 As in Dead Sea Scrolls; Masoretic Text reads *the enemies of the LORD*.

은 밤새도록 땅 위에 누워 있었습니다.

17 다윗의 집안에서 나이 든 어른들이 다윗의 건강을 걱정하며 왔습니다. 그들은 다윗이 땅에서 일어나도록 애썼지만, 다윗은 일어나지 않았습니다. 다윗은 그들과 함께 밥을 먹지도 않았습니다.

18 칠 일째 되던 날, 아기가 죽고 말았습니다. 다윗의 종들은 아기가 죽었다는 사실을 다윗에게 말하기가 두려웠습니다. 다윗의 종들이 말했습니다. "아기가 살아 있을 때에도 왕은 우리 말을 들으려 하지 않으셨다. 그런데 아기가 죽었다는 것을 말씀드리면 왕이 무슨 일을 하실지 모른다."

19 그러나 다윗은 종들이 서로 수군거리는 것을 보고 아기가 죽었다는 것을 알았습니다. 왕이 종들에게 물었습니다. "아기가 죽었느냐?" 종들이 대답했습니다. "예, 죽었습니다."

20 그러자 다윗은 자리에서 일어나 몸을 씻고 몸에 기름을 바르고 옷을 바꾸어 입었습니다. 그리고 나서 다윗은 여호와의 집으로 들어가 여호와께 예배를 드렸습니다. 그런 다음에 다윗은 집으로 돌아가서 먹을 것을 달라고 했습니다. 종들이 음식을 가져오자, 다윗은 그것을 먹었습니다.

21 다윗의 종들이 다윗에게 물었습니다. "어쩐 일인지 모르겠습니다. 아기가 살아 있을 때에는 음식을 들지도 않으시고 슬퍼하시더니 아기가 죽으니까 자리에서 일어나 음식을 드시니 말입니다."

22 다윗이 말했습니다. "아기가 살아 있을 때에 내가 먹지도 않고 슬퍼한 것은 여호와께서 혹시 나를 불쌍히 여기셔서 아기를 살려 주실지도 모른다고 생각했기 때문이다.

23 하지만 이제는 아기가 죽었으니 음식을 먹지 않을 이유가 없지 않느냐? 그런다고 아기가 다시 살아나는 것도 아니다. 언젠가 나도 아기에게 가겠지만, 아기가 나에게로 다시 돌아올 수는 없는 일이다."

24 그리고 다윗은 자기 아내 밧세바를 위로하고 동침하니 밧세바가 다시 임신해서 아들을 낳았습니다. 다윗은 그 아들의 이름을 솔로몬이라고 지었습니다. 여호와께서는 솔로몬을 사랑하셨습니다.

25 여호와께서는 예언자 나단을 통해 그 아기의 이름을 여디디야라고 부르게 하셨습니다. 그 이름은 여호와께서 그 아기를 사랑하신다는 뜻입니다.

다윗이 랍바를 점령하다

26 요압이 암몬 사람들의 성인 랍바와 맞서 싸웠습니다. 요압은 왕이 사는 그 성을 거의 다 점령했습니다.

27 요압이 다윗에게 사람들을 보내어 말했습니다. "제가 랍바를 쳐서 이겼으며, 또한 성에 물을 공급하는 장소도 점령하였습니다.

28 이제 왕께서는 다른 군인들을 보내셔서 이 성을 공격

---

and lay all night on the bare ground.

17 • The elders of his household pleaded with him to get up and eat with them, but he refused.

18 • Then on the seventh day the child died. David's advisers were afraid to tell him. "He wouldn't listen to reason while the child was ill," they said. "What drastic thing will he do when we tell him the child is dead?"

19 • When David saw them whispering, he realized what had happened. "Is the child dead?" he asked.

"Yes," they replied, "he is dead."

20 • Then David got up from the ground, washed himself, put on lotions,* and changed his clothes. He went to the Tabernacle and worshiped the LORD. After that, he returned to the palace and was served food and ate.

21 • His advisers were amazed. "We don't understand you," they told him. "While the child was still living, you wept and refused to eat. But now that the child is dead, you have stopped your mourning and are eating again."

22 • David replied, "I fasted and wept while the child was alive, for I said, 'Perhaps the LORD will be gracious to me and let the

23 child live.' • But why should I fast when he is dead? Can I bring him back again? I will go to him one day, but he cannot return to me."

24 • Then David comforted Bathsheba, his wife, and slept with her. She became pregnant and gave birth to a son, and David* named him Solomon. The LORD loved

25 the child • and sent word through Nathan the prophet that they should name him Jedidiah (which means "beloved of the LORD"), as the LORD had commanded.*

David Captures Rabbah

26 • Meanwhile, Joab was fighting against Rabbah, the capital of Ammon, and he

27 captured the royal fortifications.* • Joab sent messengers to tell David, "I have fought against Rabbah and captured its

28 water supply.* • Now bring the rest of the army and capture the city. Otherwise, I will capture it and get credit for the victory."

drastic [drǽstik] *a.* (변화가) 격렬한, 맹렬한
12:22 be gracious to … : …에게 은혜를 베풀다
12:28 get credit for … : …으로 명성을 얻다

12:20 Hebrew *anointed himself.* 12:24 Hebrew *he*; an alternate Hebrew reading and some Hebrew manuscripts read *she.* 12:25 As in Greek version; Hebrew reads *because of the LORD.* 12:26 Or *the royal city.* 12:27 Or *captured the city of water.*

하십시오. 제가 차지하기 전에 왕께서 먼저 이 성을 차지하십시오. 제가 이 성을 차지하게 되면, 이 성은 제 이름을 따서 부르게 될까 염려됩니다."

29 다윗은 모든 군대를 모아 랍바로 갔습니다. 다윗은 랍바와 맞서 싸워 성을 점령했습니다.

30 다윗은 랍바 왕의 머리에서 왕관을 벗겨 냈습니다. 그 왕관은 금으로 만든 것으로 무게가 한 달란트*나 되었습니다. 거기에는 보석도 달려 있었습니다. 사람들은 그 왕관을 다윗의 머리에 씌워 주었습니다. 다윗은 그 성에서 많은 값비싼 물건들을 빼앗았습니다.

31 다윗은 또 랍바 성의 백성들도 사로잡아다가 톱질과 곡괭이질과 도끼질을 시켰습니다. 다윗은 그들에게 벽돌로 건물을 짓게 했습니다. 다윗은 암몬 사람들의 온 성에서 이런 일을 시켰습니다. 그리고 나서 다윗과 그의 모든 군대는 예루살렘으로 돌아갔습니다.

암논과 다말

13 다윗에게는 압살롬이라는 아들과 암논이라는 아들이 있었습니다. 압살롬에게는 다말이라는 아름다운 누이동생이 있었습니다. 그런데 암논이 그 다말을 사랑했습니다.

2 다말은 결혼하지 않은 처녀였습니다. 암논은 다말에게 어찌할 수 없는 줄을 알고, 그로 인하여 병이 나고 말았습니다.

3 암논에게는, 시므아의 아들인 요나답이라는 친구가 있었습니다. 시므아는 다윗의 형이었습니다. 요나답은 아주 간교한 사람이었습니다.

4 요나답이 암논에게 물었습니다. "왜 날마다 그렇게 슬퍼하는가? 자네는 왕자가 아닌가? 대체 무슨 일이 있는지 말해 보게." 암논이 대답했습니다. "나는 다말을 사랑한다네. 하지만 다말은 나의 이복동생 압살롬의 누이일세."

5 요나답이 암논에게 말했습니다. "침대로 가게. 가서 아픈 척하게. 그러면 자네 아버지가 자네를 보러 올 걸세. 그러면 아버지께 말하게. *제발 제 누이 다말이 와서 저에게 먹을 것을 주게 하십시오. 제가 보는 앞에서 음식을 만들게 해 주십시오. 다말이 음식 만드는 모습을 보고, 다말이 만든 음식을 먹으면 나을 것 같습니다.'"

6 그래서 암논은 침대에 누워 아픈 척을 했습니다. 다윗 왕이 암논을 보러 왔습니다. 암논이 왕에게 말했습니다. "제 누이 다말을 오게 해 주십시오. 제가 보는 앞에서 맛있는 과자를 만들게 해 주십시오. 그리고 그것을 다말에게서 직접 받아 먹을 수 있게 해 주십시오."

7 다윗이 명령을 받고 심부름하는 사람을 다말의 집

---

29 •So David gathered the rest of the army and went to Rabbah, and he fought against it and captured it. •David removed the crown from the king's head,* and it was placed on his own head. The crown was made of gold and set with gems, and it weighed seventy-five pounds.* David took a vast amount of plunder from the city. •He also made slaves of the people of Rabbah and forced them to labor with* saws, iron picks, and iron axes, and to work in the brick kilns.* That is how he dealt with the people of all the Ammonite towns. Then David and all the army returned to Jerusalem.

The Rape of Tamar

13 Now David's son Absalom had a beautiful sister named Tamar. And Amnon, her half brother, fell desperately in love with her. •Amnon became so obsessed with Tamar that he became ill. She was a virgin, and Amnon thought he could never have her.

3 •But Amnon had a very crafty friend—his cousin Jonadab. He was the son of David's brother Shimea.* •One day Jonadab said to Amnon, "What's the trouble? Why should the son of a king look so dejected morning after morning?"

So Amnon told him, "I am in love with Tamar, my brother Absalom's sister."

5 •"Well," Jonadab said, "I'll tell you what to do. Go back to bed and pretend you are ill. When your father comes to see you, ask him to let Tamar come and prepare some food for you. Tell him you'll feel better if she prepares it as you watch and feeds you with her own hands."

6 •So Amnon lay down and pretended to be sick. And when the king came to see him, Amnon asked him, "Please let my sister Tamar come and cook my favorite dish* as I watch. Then I can eat it from her own hands."

7 •So David agreed and sent Tamar to Amnon's house to prepare some food for him.

---

dejected [didʒéktid] a. 낙심한, 풀 죽은
13:2 become obsessed with··· : ···로 괴로워하다

12:30a Or *from the head of Milcom* (as in Greek version). Milcom, also called Molech, was the god of the Ammonites. 12:30b Hebrew *1 talent* [34 kilograms]. 12:31a Hebrew *He also brought out the people [of Rabbah] and put them under.* 12:31b Hebrew *and he made them pass through the brick kilns.* 13:3 Hebrew *Shimeah* (also in 13:32), a variant spelling of Shimea; compare 1 Chr 2:13. 13:6 Or *a couple of cakes;* also in 13:8, 10.

12:30 1달란트는 약 34.27kg에 해당된다.

으로 보냈습니다. 심부름꾼이 다말에게 전했습니다. "당신의 오라비 암논의 집으로 가서 암논을 위해 맛있는 음식을 만들어 주십시오."

8 그래서 다말은 자기 오라비 암논의 집으로 갔습니다. 암논은 침대에 있었습니다. 다말은 밀가루를 가지고 손으로 반죽을 했습니다. 다말은 암논이 보는 앞에서 맛있는 과자를 만들어 구웠습니다.

9 다말이 냄비째 가져다가 암논을 위해 과자를 꺼내 주었습니다. 그러나 암논은 과자를 먹지 않았습니다. 암논이 자기 종들에게 말했습니다. "너희는 모두 물러가 있어라!" 그러자 암논의 종들이 모두 방을 나갔습니다.

10 암논이 다말에게 말했습니다. "그 음식을 침실로 가져와 다오. 네 손으로 직접 먹여 다오." 다말은 자기가 만든 과자를 침실에 있는 자기 오라비 암논에게 가지고 갔습니다.

11 다말이 과자를 직접 먹여 주려고 암논에게 가까이 갔을 때, 암논은 다말을 꽉 붙들더니 "누이야, 이리 와서 나와 함께 자자"라고 말했습니다.

12 다말이 암논에게 말했습니다. "오라버니, 안 됩니다. 이러시면 안 됩니다. 이스라엘에는 이런 일이 있을 수 없습니다. 이런 부끄러운 일을 하시면 안 됩니다.

13 저는 제 부끄러움을 벗을 수 없을 것입니다. 그리고 오라버니는 이스라엘에서 부끄러운 바보가 될 것입니다. 제발 왕께 말씀드리십시오. 왕께서 오라버니를 저와 결혼시켜 주실 것입니다."

14 그러나 암논은 다말의 말을 들으려 하지 않았습니다. 암논은 다말보다 힘이 세었으므로 다말을 강간하고 말았습니다.

15 그리하고 나니, 다말에 대한 암논의 마음이 미워하는 마음으로 변했습니다. 전에 다말을 사랑했던 것보다 지금 미워하는 마음이 훨씬 더 컸습니다. 암논이 다말에게 말했습니다. "일어나 가거라!"

16 다말이 암논에게 말했습니다. "안 됩니다! 저를 보내는 것은 더욱 큰 죄를 짓는 것입니다. 그것은 오라버니가 지금 하신 일보다 더 큰 죄입니다." 그러나 암논은 다말의 말을 들으려 하지 않았습니다.

17 암논은 자기의 젊은 종을 다시 들어오게 했습니다. 암논이 말했습니다. "이 여자를 당장 밖으로 끌어내어라. 그런 다음에 문을 잠가 버려라."

18 그래서 암논의 종이 다말을 집 밖으로 끌어낸 다음에 문을 잠가 버렸습니다. 그때 다말은 소매가 긴 특별한 옷을 입고 있었습니다. 결혼하지 않은 공주들은 그런 옷을 입었습니다.

19 다말은 머리에 흙을 뒤집어 씀으로써 슬픔을 나타내 보였습니다. 다말은 소매가 긴 옷도 찢고 손을 머리 위에 올렸습니다. 그리고 길을 가면서 소리 높여 울었습니다.

20 다말의 오라비인 압살롬이 다말에게 말했습니다. "너

---

8 • When Tamar arrived at Amnon's house, she went to the place where he was lying down so he could watch her mix some dough. Then she baked his favorite dish for him. • But when she set the serving tray before him, he refused to eat. "Everyone get out of here," Amnon told his servants. So they all left.

10 • Then he said to Tamar, "Now bring the food into my bedroom and feed it to me here." So Tamar took his favorite dish to him. • But as she was feeding him, he grabbed her and demanded, "Come to bed with me, my darling sister."

12 • "No, my brother!" she cried. "Don't be foolish! Don't do this to me! Such wicked things aren't done in Israel. • Where could I go in my shame? And you would be called one of the greatest fools in Israel. Please, just speak to the king about it, and he will let you marry me."

14 • But Amnon wouldn't listen to her, and since he was stronger than she was, he raped her. • Then suddenly Amnon's love turned to hate, and he hated her even more than he had loved her. "Get out of here!" he snarled at her.

16 • "No, no!" Tamar cried. "Sending me away now is worse than what you've already done to me."

17 But Amnon wouldn't listen to her. • He shouted for his servant and demanded, "Throw this woman out, and lock the door behind her!"

18 • So the servant put her out and locked the door behind her. She was wearing a long, beautiful robe,* as was the custom in those days for the king's virgin daughters.

19 • But now Tamar tore her robe and put ashes on her head. And then, with her face in her hands, she went away crying.

20 • Her brother Absalom saw her and asked, "Is it true that Amnon has been with you? Well, my sister, keep quiet for now, since he's your brother. Don't you worry about it." So Tamar lived as a desolate woman in her brother Absalom's house.

custom [kʌ́stəm] n. 풍습, 관습
desolate [désələt] a. 불행한, 비참한
dough [dóu] n. 반죽, 굽지않은 빵
grab [grǽb] vt. 움켜쥐다, 꽉 잡다
rape [réip] vt. 강간하다
wicked [wíkid] a. 부도덕한, 사악한
13:15 snarl at … : …에게 호통치다
13:17 throw out : 쫓아내다

13:18 Or a robe with sleeves, or an ornamented robe. The meaning of the Hebrew is uncertain.

의 오라비니 암논이 너를 강간했다고? 하지만 그도 너의 오라비니 지금은 잠자코 있어라. 이 일로 너무 슬퍼하지 마라." 그리하여 다말은 자기 오라비 압살롬의 집에서 살았습니다. 다말은 슬프고 외로웠습니다.

21 다윗 왕이 그 소식을 듣고 크게 화를 냈습니다.

22 압살롬은 암논에게 잘했느니 잘못했느니 하는 말을 전혀 하지 않았습니다. 압살롬은 암논이 자기 누이 다말을 강간한 일 때문에 암논을 미워했습니다.

압살롬의 복수

23 이 년 후, 압살롬이 에브라임 근처의 바알하솔에서 자기 양 떼의 털을 깎는 일이 있었습니다. 양털을 깎을 때는 크게 잔치를 여는 풍습이 있어서 압살롬은 왕자들을 모두 초대했습니다.

24 압살롬이 왕에게 가서 말했습니다. "양털을 깎는 일에 사람들을 초대했습니다. 왕께서도 신하들과 함께 와 주십시오."

25 다윗 왕이 압살롬에게 말했습니다. "내 아들아, 아니다. 우리는 가지 않겠다. 우리가 가면 너에게 짐만 될 뿐이다." 그래도 압살롬은 다윗에게 와 달라고 간절히 청했습니다. 다윗은 가지 않고 압살롬에게 복을 빌어 주기만 했습니다.

26 압살롬이 말했습니다. "왕께서 가시지 않겠다면 제 형 암논을 저와 함께 가게 해 주십시오." 다윗 왕이 압살롬에게 물었습니다. "왜 암논을 데리고 가려 하느냐?"

27 그래도 압살롬이 계속해서 암논을 보내 달라고 했습니다. 그러자 다윗은 암논과 왕자들을 모두 압살롬과 함께 가게 했습니다.

28 그때에 압살롬이 자기 종들에게 명령을 내렸습니다. "암논을 잘 살펴보아라. 암논이 술에 취하거든, 내가 '암논을 죽여라' 하고 말할 테니, 그러면 당장 그를 죽여 버려라. 두려워하지 마라. 내가 명령하는 것이다. 마음을 굳게 먹고 용기를 가져라."

29 그리하여 압살롬의 젊은 종들은 압살롬이 명령한 대로 암논을 죽였습니다. 그러자 다윗의 다른 아들들은 나귀에 올라타고 도망쳤습니다.

30 왕자들이 도망치고 있는 동안, 소문이 다윗에게 전해졌습니다. "압살롬이 왕자들을 다 죽였고, 아무도 살아 남지 못하였다."

31 다윗 왕은 자기 옷을 찢고 땅 위에 누워 슬픔을 나타냈습니다. 가까이에 있던 왕의 모든 종들도 자기 옷을 찢었습니다.

32 다윗의 형 시므아의 아들 요나답이 다윗에게 말했습니다. "왕자들이 다 죽었다고 생각하지 마십시오, 암논만 죽었을 뿐입니다. 압살롬이 이 일을 꾸민 것은 암논이 그의 누이 다말을 강간했기 때문입니다.

---

21 •When King David heard what had
22 happened, he was very angry.* •And though Absalom never spoke to Amnon about this, he hated Amnon deeply because of what he had done to his sister.

Absalom's Revenge on Amnon

23 •Two years later, when Absalom's sheep were being sheared at Baal-hazor near Ephraim, Absalom invited all the king's
24 sons to come to a feast. •He went to the king and said, "My sheep-shearers are now at work. Would the king and his servants please come to celebrate the occasion with me?"

25 •The king replied, "No, my son. If we all came, we would be too much of a burden on you." Absalom pressed him, but the king would not come, though he gave Absalom his blessing.

26 •"Well, then," Absalom said, "if you can't come, how about sending my brother Amnon with us?"
27 "Why Amnon?" the king asked. •But Absalom kept on pressing the king until he finally agreed to let all his sons attend, including Amnon. So Absalom prepared a feast fit for a king.*

28 •Absalom told his men, "Wait until Amnon gets drunk; then at my signal, kill him! Don't be afraid. I'm the one who has given the command. Take courage and do
29 it!" •So at Absalom's signal they murdered Amnon. Then the other sons of the king jumped on their mules and fled.

30 •As they were on the way back to Jerusalem, this report reached David: "Absalom has killed all the king's sons; not one
31 is left alive!" •The king got up, tore his robe, and threw himself on the ground. His advisers also tore their clothes in horror and sorrow.

32 •But just then Jonadab, the son of David's brother Shimea, arrived and said, "No, don't believe that all the king's sons have been killed! It was only Amnon! Absalom has been plotting this ever since Amnon

---

occasion [əkéiʒən] *n.* 행사
plot [plát] *vt.* 음모를 꾸미다
revenge [rivéndʒ] *n.* 복수, 보복
shear [ʃíər] *vt.* 양털을 깎다
13:25 be a burden on… : …의 부담이 되다
13:27 keep on pressing : 계속해서 조르다

13:21 Dead Sea Scrolls and Greek version add *But he did not punish his son Amnon, because he loved him, for he was his firstborn.* 13:27 As in Greek and Latin versions (compare also Dead Sea Scrolls); the Hebrew text lacks this sentence.

33 내 주 왕이여, 왕자들이 다 죽었다고 생각하지 마십시오, 암논만 죽었을 뿐입니다."

34 그러는 사이에 압살롬은 다른 나라로 도망쳤습니다. 한 호위병이 성벽 위를 지키고 있다가 여러 사람이 언덕 맞은편에서 오는 것을 보았습니다.

35 요나답이 다윗 왕에게 말했습니다. "보십시오, 제가 말한 대로, 저기 왕자들이 오고 있습니다."

36 요나답이 이 말을 하자마자 왕자들이 이르렀습니다. 그들은 크게 소리 내어 울었습니다. 다윗과 그의 모든 신하들도 크게 울었습니다.

37 압살롬은 암미훌의 아들 달매에게로 도망쳤고, 다윗은 날마다 죽은 아들 암논을 생각하며 슬프게 보냈습니다.

38 압살롬은 그술로 도망친 후에 그곳에서 삼 년 동안 머물렀습니다.

39 다윗 왕은 암논의 죽음으로 인한 슬픔이 가라앉자, 이제는 압살롬이 매우 보고 싶어졌습니다.

요압이 다윗에게 지혜로운 여자를 보내다

14 다윗 왕이 압살롬을 매우 그리워하고 있다는 것을 스루야의 아들 요압이 알게 되었습니다.

2 그래서 요압은 사람들을 드고아로 보내어 어떤 지혜로운 여자를 데리고 오게 했습니다. 요압이 그 여자에게 말했습니다. "어떤 사람을 위해 매우 슬퍼하는 척 하시오, 슬픔을 나타내는 옷을 입으시오, 몸에 기름을 바르지 마시오, 어떤 죽은 사람을 위해 오랫동안 슬퍼하는 사람처럼 행동하시오.

3 그런 모습으로 왕에게 들어가서, 내가 하는 말을 그대로 왕에게 말하시오." 요압은 그 지혜로운 여자에게 할 말을 일러 주었습니다.

4 드고아에서 온 여자가 얼굴을 땅에 대고 절을 했습니다. 그리고 "왕이시여, 저를 도와 주십시오"라고 말했습니다.

5 다윗 왕이 여자에게 물었습니다. "대체 무슨 일이냐?" 여자가 말했습니다. "저는 과부입니다. 제 남편은 죽었습니다.

6 저에게는 두 아들이 있습니다. 제 아들들은 들에서 싸우고 있었는데, 거기에는 아무도 말려 줄 사람이 없어서 그만 한 아들이 다른 아들을 죽이고 말았습니다.

7 그런데 지금은 온 집안 사람들이 저를 욕하면서 이렇게 말하고 있습니다. '자기 형제를 죽인 그 아들 놈을 내어 놓아라. 우리가 그를 죽여 제 형제를 죽인 죄를 갚겠다. 그리고 그 집안의 상속자를 끊겠다.' 제 아들은 마지막 불씨와도 같은 아들입니다. 이제 저에게 남은 것이라곤 그 아들뿐입니다. 만약 저들이 제 아들을 죽이면, 제 남편의 이름과 재산도 이 땅에서 사라져 버리고 말 것입니다."

33 raped his sister Tamar. •No, my lord the king, your sons aren't all dead! It was only 34 Amnon." •Meanwhile Absalom escaped.

Then the watchman on the Jerusalem wall saw a great crowd coming down the hill on the road from the west. He ran to tell the king, "I see a crowd of people coming from the Horonaim road along the side of the hill."*

35 •"Look!" Jonadab told the king. "There they are now! The king's sons are coming, just as I said."

36 •They soon arrived, weeping and sobbing, and the king and all his servants wept 37 bitterly with them. •And David mourned many days for his son Amnon.

Absalom fled to his grandfather, Talmai son of Ammihud, the king of Geshur. •He 39 stayed there in Geshur for three years. •And King David,* now reconciled to Amnon's death, longed to be reunited with his son Absalom.*

Joab Arranges for Absalom's Return

14 Joab realized how much the king longed to see Absalom. •So he sent for 2 a woman from Tekoa who had a reputation for great wisdom. He said to her, "Pretend you are in mourning; wear mourning clothes and don't put on lotions.* Act like a woman who has been mourning for the dead for a 3 long time. •Then go to the king and tell him the story I am about to tell you." Then Joab told her what to say.

4 •When the woman from Tekoa approached* the king, she bowed with her face to the ground in deep respect and cried out, "O king! Help me!"

5 •"What's the trouble?" the king asked.

"Alas, I am a widow!" she replied. "My 6 husband is dead. •My two sons had a fight out in the field. And since no one was there 7 to stop it, one of them was killed. •Now the rest of the family is demanding, 'Let us have your son. We will execute him for murdering his brother. He doesn't deserve to inherit his family's property.' They want to extinguish the only coal I have left, and my husband's name and family will disappear from the face of the earth."

execute [éksikjù:t] *vt.* 처형하다
extinguish [ikstíŋgwiʃ] *vt.* 소멸시키다
reconcile [rékənsàil] *vt.* 체념케 하다
sob [sáb] *vi.* 흐느껴 울다
14:2 have a reputation for⋯ : ⋯로 유명하다

13:34 As in Greek version; Hebrew lacks this sentence. 13:39a Dead Sea Scrolls and Greek version read *And the spirit of the king.* 13:39b Or *no longer felt a need to go out after Absalom.* 14:2 Hebrew *don't anoint yourself with oil.* 14:4 As in many Hebrew manuscripts and Greek and Syriac versions; Masoretic Text reads *spoke to.*

8 이 말을 듣고 왕이 여자에게 말했습니다. "집으로 돌아가거라. 내가 이 일을 해결해 주겠다."

9 드고아의 여자가 왕에게 말했습니다. "왕께서 저를 도와 주신다고 하더라도 제 친척들은 저와 제 아들에게 죄가 있다고 할 것입니다. 그리고 왕과 왕의 자리와는 관계없는 일이라고 주장할 것입니다."

10 다윗 왕이 말했습니다. "너를 욕하는 사람을 불러오너라. 다시는 너를 괴롭히지 못하게 하겠다."

11 여자가 말했습니다. "왕의 하나님이신 여호와의 이름으로 약속해 주십시오. 그러면 죽은 제 아들의 원수를 갚으려고하는 친척들이 남은 제아들을 죽이지 못할 것입니다." 다윗이 말했습니다. "살아계신 여호와께 맹세하지만, 너의 아들을 누구도 해치지 못할 것이다. 네 아들의 머리카락 하나라도 땅에 떨어지지 않을 것이다."

12 그러자 여자가 말했습니다. "내 주 왕이시여, 한 가지만 더 말씀드리게 해 주십시오." 왕이 말했습니다. "말하여라."

13 여자가 말했습니다. "왕께서는 어찌 이와 같은 일을 계획하셨습니까? 그런 일은 하나님의 백성이라면 하지 못할 일입니다. 왕께서 쫓아낸 압살롬 왕자를 돌아오지 못하게 하시는 것은 죄 있는 사람이 하는 일과 같은 것입니다.

14 우리는 언젠가 다 죽을 것입니다. 우리는 마치 땅에 쏟아진 물과도 같아서 누구도 그것을 다시 주워 담을 수 없습니다. 그러나 하나님께서는 생명을 빼앗지 않으십니다. 오히려 내쫓긴 사람이라도 다시 하나님께 돌아올 수 있는 길을 찾아 주십니다.

15 내 주 왕이시여, 제가 이런 말씀을 드리러 오게 된 까닭은 사람들이 저를 위협했기 때문입니다. 저는 이렇게 생각했습니다. '왕께 말씀드리자. 그러면 왕께서 내가 원하는 것을 들어주실지 모른다.

16 왕께서 내 말을 듣고 나와 내 아들을 죽이려 하는 사람들로부터 나를 구해 주실지도 모른다. 하나님께서 우리에게 주신 재산을 빼앗으려는 사람들로부터 보호해 주실 것이다.'

17 왕의 종인 저는 이렇게 생각했습니다. '내 주 왕의 말씀이 나를 위로해 줄 것이다. 내 주 왕께서는 마치 하나님의 천사와 같아서 선과 악을 가릴 수 있기 때문이다. 왕의 하나님이신 여호와께서 왕과 함께하시기를 바란다.'"

18 그러자 다윗 왕이 말했습니다. "너는 이제 내가 묻는 말에 대답해야 한다." 여자가 말했습니다. "내 주 왕이시여, 말씀하십시오."

19 왕이 물었습니다. "요압이 너에게 이 모든 말을 하라고 시키더냐?" 여자가 대답했습니다. "내 주 왕이시여, 사실 그렇습니다. 왕의 종인 요압이 저에게 이 말씀을 드리라고 했습니다.

---

8 • "Leave it to me," the king told her. "Go home, and I'll see to it that no one touches him."

9 • "Oh, thank you, my lord the king," the woman from Tekoa replied. "If you are criticized for helping me, let the blame fall on me and on my father's house, and let the king and his throne be innocent."

10 • "If anyone objects," the king said, "bring him to me. I can assure you he will never harm you again!"

11 • Then she said, "Please swear to me by the LORD your God that you won't let anyone take vengeance against my son. I want no more bloodshed."

"As surely as the LORD lives," he replied, "not a hair on your son's head will be disturbed!"

12 • "Please allow me to ask one more thing of my lord the king," she said.

"Go ahead and speak," he responded.

13 • She replied, "Why don't you do as much for the people of God as you have promised to do for me? You have convicted yourself in making this decision, because you have refused to bring home your own banished son. 14 • All of us must die eventually. Our lives are like water spilled out on the ground, which cannot be gathered up again. But God does not just sweep life away; instead, he devises ways to bring us back when we have been separated from him.

15 • "I have come to plead with my lord the king because people have threatened me. I said to myself, 'Perhaps the king 16 will listen to me •and rescue us from those who would cut us off from the inheritance* 17 God has given us. • Yes, my lord the king will give us peace of mind again.' I know that you are like an angel of God in discerning good from evil. May the LORD your God be with you."

18 • "I must know one thing," the king replied, "and tell me the truth."

"Yes, my lord the king," she responded.

19 • "Did Joab put you up to this?"

And the woman replied, "My lord the king, how can I deny it? Nobody can hide anything from you. Yes, Joab sent me and

---

assure [əʃúər] vt. 보증하다
banish [bǽniʃ] vt. 내쫓다
convict [kənvíkt] vt. 유죄를 입증하다
devise [diváiz] vt. (방법을) 궁리하다
discern [disə́rn] vt. 식별하다
disturb [distə́rb] vt. (권리를) 침해하다
vengeance [véndʒəns] n. 복수
14:8 see to it that : 조치하다, 배려하다

14:16 Or the property; or the people.

20 요압이 이 일을 꾸민 까닭은 왕의 마음을 돌이키기 위함입니다. 내 주여, 왕께서는 하나님의 천사처럼 지혜로우십니다. 왕께서는 땅에서 일어나는 모든 일을 알고 계십니다."

압살롬이 예루살렘으로 돌아오다

21 왕이 요압에게 말했습니다. "자! 이제 허락하겠다. 젊은 압살롬을 데리고 오너라."

22 요압은 얼굴을 땅에 대고 절을 했습니다. 요압이 왕에게 복을 빌어 주면서 말했습니다. "제가 바라던 것을 들어주시니, 이제서야 왕께서 저를 총애하시는 줄 알겠습니다."

23 요압은 일어나 그술로 가서 압살롬을 예루살렘으로 데리고 왔습니다.

24 그러나 다윗 왕은 이렇게 말했습니다. "압살롬을 자기 집으로 가게 하여라. 나의 얼굴을 보지 못할 것이다." 그래서 압살롬은 자기 집으로 돌아갔습니다. 압살롬은 왕을 만나러 가지 못했습니다.

25 압살롬은 그 잘생긴 모습 때문에 칭찬을 많이 받았습니다. 이스라엘의 그 어떤 사람도 압살롬만큼 잘생기지는 못했습니다. 압살롬에게는 머리끝부터 발끝까지 아무런 흠도 찾을 수 없었습니다.

26 해마다 그 해가 끝나 갈 무렵이면, 압살롬은 머리를 깎았는데, 그것은 그의 머리카락이 너무 무거웠기 때문입니다. 잘라 낸 머리카락의 무게는 왕궁 저울로 이백 세겔* 가량 되었습니다.

27 압살롬에게는 아들 셋과 딸 하나가 있었는데, 그 딸의 이름은 다말이었습니다. 다말은 아름다운 여자였습니다.

28 압살롬은 예루살렘에서 꼬박 이 년 동안 살았지만 그 동안, 한번도 다윗 왕을 만나 보지 못했습니다.

29 압살롬은 요압에게 사람을 보냈습니다. 압살롬은 요압을 왕에게 보내 자기에 대해 잘 말해 달라고 부탁하려 했습니다. 그러나 요압은 오지 않았습니다. 압살롬은 한 번 더 요압에게 사람을 보냈습니다. 그러나 이번에도 요압은 오지 않았습니다.

30 압살롬이 자기 종들에게 말했습니다. "보아라! 요압의 밭이 우리 밭 바로 곁에 있다. 요압은 거기에 보리를 심어 놓았다. 가서 거기에 불을 질러라." 이 말을 듣고 압살롬의 종들은 요압의 밭에 불을 질렀습니다.

31 그러자 요압이 압살롬의 집으로 와서 말했습니다. "왜 종들을 시켜 내 밭에 불을 질렀습니까?"

32 압살롬이 요압에게 말했습니다. "나는 당신을 왕에게 보내고 싶어서 나에게 와 달라고 사람을 보냈소. 왕이 왜 그술에 있던 나를 불러 내 집으로 오게 했는지를 알고 싶어 당신을 왕에게 보내려 했던 거요. 차라리 그곳에 머물러 있는 것이 나에게는 더 좋았을 것이오. 왕을 좀 만나게 해 주시오. 만약 내가 죄를 지

---

20 told me what to say. • He did it to place the matter before you in a different light. But you are as wise as an angel of God, and you understand everything that happens among us!"

21 • So the king sent for Joab and told him, "All right, go and bring back the young man Absalom."

22 • Joab bowed with his face to the ground in deep respect and said, "At last I know that I have gained your approval, my lord the king, for you have granted me this request!"

23 • Then Joab went to Geshur and brought
24 Absalom back to Jerusalem. • But the king gave this order: "Absalom may go to his own house, but he must never come into my presence." So Absalom did not see the king.

Absalom Reconciled to David

25 • Now Absalom was praised as the most handsome man in all Israel. He was flawless
26 from head to foot. • He cut his hair only once a year, and then only because it was so heavy. When he weighed it out, it came
27 to five pounds!* • He had three sons and one daughter. His daughter's name was Tamar, and she was very beautiful.

28 • Absalom lived in Jerusalem for two years, but he never got to see the king.
29 • Then Absalom sent for Joab to ask him to intercede for him, but Joab refused to come. Absalom sent for him a second time,
30 but again Joab refused to come. • So Absalom said to his servants, "Go and set fire to Joab's barley field, the field next to mine." So they set his field on fire, as Absalom had commanded.

31 • Then Joab came to Absalom at his house and demanded, "Why did your servants set my field on fire?"

32 • And Absalom replied, "Because I wanted you to ask the king why he brought me back from Geshur if he didn't intend to see me. I might as well have stayed there. Let me see the king; if he finds me guilty of anything, then let him kill me."

---

approval [əprúːvəl] *n.* 인정, 승인
barley [báːrli] *n.* 보리
flawless [flɔ́ːlis] *a.* 흠 없는
grant [grǽnt] *vt.* 허락하다, 들어주다
guilty [gílti] *a.* (과실 등을) 저지른
intercede [intərsíːd] *vi.* 중재하다
14:30 set… on fire : …에 불을 지르다
14:32 might as well… : …하는 편이 낫다

14:26 Hebrew *200 shekels* [2.3 kilograms] *by the royal standard.*
14:26 200세겔은 약 2.28kg에 해당된다.

었다면, 왕이 나를 죽여도 좋소."

33 그리하여 요압이 왕에게 가서 압살롬의 말을 전했습니다. 왕이 압살롬을 부르니, 압살롬이 왔습니다. 압살롬은 얼굴을 땅에 대고 왕에게 절을 했습니다. 왕은 압살롬에게 입을 맞추었습니다.

압살롬이 다윗의 나라를 빼앗으려 하다

15 이 일이 있은 후에 압살롬은 자기가 쓸 전차와 말들을 마련했습니다. 압살롬은 호위병도 오십 명이나 두었습니다.

2 압살롬은 아침에 일찍 일어나 성문 가까이에 서 있곤 했습니다. 그런데 누구든지 재판할 문젯거리가 있어 왕을 찾는 사람은 그 성문을 지나가게 되어 있었습니다. 그런 사람이 오면, 압살롬은 그 사람을 불러 세워서 "어느 성에서 왔소?" 하고 물었습니다. 그러면 그 사람은 "저는 이스라엘의 무슨 지파에서 왔습니다" 하고 대답하며 자신의 억울함을 이야기했습니다.

3 그러면 압살롬은 "당신의 주장이 옳소. 하지만 왕궁 안에는 당신의 말을 들어줄 사람이 없소" 하고 말했습니다.

4 또 압살롬은 "나는 이 땅의 재판관이 되어 문제를 가진 모든 사람에게 공정한 재판을 베풀기를 원하오"라고 말하기도 했습니다.

5 사람들은 압살롬에게 가까이 나와 절을 했습니다. 그러면 압살롬은 자기 손을 내밀어 그들을 일으키고 그들에게 입을 맞추었습니다.

6 압살롬은 다윗 왕에게 재판을 받으러 오는 모든 이스라엘 사람들에게 이런 식으로 행동했습니다. 이런 방법으로 압살롬은 모든 이스라엘 사람들의 마음을 사로잡았습니다.

7 사 년이 지난 후에 압살롬이 다윗 왕에게 말했습니다. "제가 헤브론으로 가는 것을 허락해 주십시오, 여호와께 약속한 것이 있으니 그 약속을 지키고 싶습니다.

8 아람 땅 그술에 살 때, 저는 '만약 여호와께서 저를 다시 예루살렘으로 돌아가게 해 주신다면 여호와를 헤브론에서 예배드리겠습니다'라고 약속한 적이 있습니다."

9 그러자 왕이 말했습니다. "평안히 가거라." 그래서 압살롬은 헤브론으로 갔습니다.

10 그러나 압살롬은 이스라엘의 모든 지파에 몰래 사자들을 보냈습니다. 사자들은 백성들에게 "나팔 소리가 울리면, '압살롬이 헤브론에서 왕이 되었다!' 고 외치시오"라고 말했습니다.

11 압살롬은 자기와 함께 갈 사람 이백 명을 초대했습니다. 그들은 압살롬과 함께 예루살렘을 떠났지만 압살롬이 무슨 일을 꾸미고 있는지는 몰랐습니다.

12 다윗에게 도움을 주던 사람 중에 아히도벨이라는 사

• So Joab told the king what Absalom had said. Then at last David summoned Absalom, who came and bowed low before the king, and the king kissed him.

Absalom's Rebellion

15 After this, Absalom bought a chariot and horses, and he hired fifty bodyguards to run ahead of him. •He got up early every morning and went out to the gate of the city. When people brought a case to the king for judgment, Absalom would ask where in Israel they were from, 3 and they would tell him their tribe. •Then Absalom would say, "You've really got a strong case here! It's too bad the king 4 doesn't have anyone to hear it. •I wish I were the judge. Then everyone could bring their cases to me for judgment, and I would give them justice!"

5 •When people tried to bow before him, Absalom wouldn't let them. Instead, he took them by the hand and kissed them. 6 •Absalom did this with everyone who came to the king for judgment, and so he stole the hearts of all the people of Israel.

7 •After four years,* Absalom said to the king, "Let me go to Hebron to offer a 8 sacrifice to the LORD and fulfill a vow I made to him. •For while your servant was at Geshur in Aram, I promised to sacrifice to the LORD in Hebron* if he would bring me back to Jerusalem."

9 •"All right," the king told him. "Go and fulfill your vow."

10 So Absalom went to Hebron. •But while he was there, he sent secret messengers to all the tribes of Israel to stir up a rebellion against the king. "As soon as you hear the ram's horn," his message read, "you are to say, 'Absalom has been crowned king in 11 Hebron.'" •He took 200 men from Jerusalem with him as guests, but they knew 12 nothing of his intentions. •While Absalom was offering the sacrifices, he sent for Ahithophel, one of David's counselors who lived in Giloh. Soon many others also joined Absalom, and the conspiracy gained momentum.

---

conspiracy [kənspírəsi] *n.* 공모, 모의
fulfill [fulfíl] *vt.* (의무, 약속 등을) 이행하다
intention [inténʃən] *n.* 의도, 계획
rebellion [ribéljən] *n.* 반역
summon [sʌ́mən] *vt.* 호출하다
15:10 stir up : 선동하다, 일으키다
15:12 gain momentum : 힘(세력)을 얻다

....

15:7 As in Greek and Syriac versions; Hebrew reads *forty years*.   15:8 As in some Greek manuscripts; Hebrew lacks *in Hebron*.

람이 있었는데, 아히도벨은 길로 마을 사람이었습니다. 압살롬은 제물을 바치는 동안 아히도벨의 고향인 길로로 사람을 보내 아히도벨을 오게 하여 자기 편으로 만들었습니다. 압살롬의 계획은 착착 잘 진행되었습니다. 점점 많은 사람들이 압살롬을 돕기 시작했습니다.

13 어떤 사람이 와서 "이스라엘 사람들이 압살롬을 따르기 시작했습니다"라고 다윗에게 소식을 전해 주었습니다.

14 그러자 다윗은 자기와 함께 예루살렘에 있던 모든 신하들에게 말했습니다. "서둘러 떠나야겠다. 서두르지 않으면 압살롬에게 잡히고 말겠다. 압살롬이 우리를 잡으러 오기 전에 어서 이곳을 떠나자. 압살롬은 우리를 해치고 예루살렘의 백성들까지 죽일 것이다."

15 왕의 신하들이 왕에게 말했습니다. "무엇이든지 왕께서 말씀하시는 대로 하겠습니다."

16 왕은 자기 왕궁에 있던 모든 사람들을 데리고 떠났습니다. 그러나 왕은 왕궁을 지킬 후궁 열 명은 남겨 두었습니다.

17 왕은 자기를 따르는 모든 백성들과 함께 떠났습니다. 그들이 성을 빠져나갈 때에 그 성의 마지막 집*에서 멈춰 섰습니다.

18 왕의 모든 종들이 왕의 곁을 지나갔습니다. 모든 그렛 사람과 모든 블렛 사람과 왕의 호위병들도 왕의 곁을 지나갔습니다. 가드에서 와서 다윗을 따랐던 육백 명도 왕의 곁을 지나갔습니다.

19 왕이 가드 사람 잇대에게 물었습니다. "그대는 어찌하여 나와 함께 가려 하느냐? 돌아가서 압살롬 왕과 함께 있어라. 그대는 이방 사람이고, 이곳은 그대의 고향땅이 아니다.

20 그대가 나와 함께 있던 시간도 얼마 되지 않는데, 지금 와서 그대를 우리와 함께 다른 곳으로 가게 할 수야 없지 않은가? 더구나 나는 어디로 가야 할지도 모른다. 돌아가거라. 그대의 형제들도 함께 데리고 가거라. 여호와의 은혜와 사랑이 그대와 함께 있기를 빈다."

21 그러나 잇대가 왕에게 말했습니다. "살아 계신 여호와와 왕께 맹세하지만, 저는 왕과 함께 있겠습니다. 왕께서 어디로 가시든지 왕과 함께 가겠습니다. 죽든지 살든지 왕과 함께 있겠습니다."

22 다윗이 잇대에게 말했습니다. "정 그렇다면 앞서서 가거라." 그리하여 가드 사람 잇대와 그의 모든 백성과 그들의 자녀들도 왕의 곁을 지나갔습니다.

23 모든 백성은 왕의 곁을 지나가면서 큰 소리로 울었습니다. 다윗 왕도 기드론 골짜기를 건넜습니다. 그 후에 모든 백성은 광야 쪽으로 나아갔습니다.

24 사독과 모든 레위 사람들은 하나님의 언약궤를 지고

David Escapes from Jerusalem

13 • A messenger soon arrived in Jerusalem to tell David, "All Israel has joined Absalom in a conspiracy against you!"

14 • "Then we must flee at once, or it will be too late!" David urged his men. "Hurry! If we get out of the city before Absalom arrives, both we and the city of Jerusalem will be spared from disaster."

15 • "We are with you," his advisers replied. "Do what you think is best."

16 • So the king and all his household set out at once. He left no one behind except ten of his concubines to look after the palace. 17 • The king and all his people set out on foot, pausing at the last house 18 • to let all the king's men move past to lead the way. There were 600 men from Gath who had come with David, along with the king's bodyguard.*

19 • Then the king turned and said to Ittai, a leader of the men from Gath, "Why are you coming with us? Go on back to King Absalom, for you are a guest in Israel, a foreigner in exile. 20 • You arrived only recently, and should I force you today to wander with us? I don't even know where we will go. Go on back and take your kinsmen with you, and may the LORD show you his unfailing love and faithfulness.*"

21 • But Ittai said to the king, "I vow by the LORD and by your own life that I will go wherever my lord the king goes, no matter what happens—whether it means life or death."

22 David replied, "All right, come with us." So Ittai and all his men and their families went along.

23 • Everyone cried loudly as the king and his followers passed by. They crossed the Kidron Valley and then went out toward the wilderness.

24 • Zadok and all the Levites also came along, carrying the Ark of the Covenant of God. They set down the Ark of God, and Abiathar offered sacrifices* until everyone had passed out of the city.

concubine [kάŋkjubain] n. 첩, 후궁
exile [égzail] n. 망명, 유랑
kinsman [kínzmən] n. 동족인 사람
urge [ə́rdʒ] vt. 촉구하다, 재촉하다
wander [wάndər] vt. 헤매다, 방랑하다
wilderness [wíldərnis] n. 광야

15:18 Hebrew the Kerethites and Pelethites. 15:20 As in Greek version; Hebrew reads and may unfailing love and faithfulness go with you. 15:24 Or Abiathar went up.

15:17 개역 성경에는 '벧메르학'으로 표기되어 있는데, 이는 '먼 궁'이란 뜻이다.

있었습니다. 그들은 그 하나님의 궤를 내려놓았습니다. 모든 백성이 예루살렘 성을 떠날 때까지 아비아달이 제물을 바쳤습니다.

25 왕이 사독에게 말했습니다. "하나님의 궤를 성 안으로 다시 가지고 가시오. 여호와께서 만약 나에게 은혜를 베푸신다면 나를 다시 돌아가게 해 주실 것이오. 여호와께서는 언약궤와 예루살렘을 다시 볼 수 있게 해 주실 것이오.

26 그러나 주께서 나에게 은혜를 베푸시지 않는다 해도 어쩔 수 없소. 주 뜻대로 하시기를 바랄 뿐이오."

27 왕이 또 제사장 사독에게 말했습니다. "그대는 선견자요. 평안히 성으로 돌아가시오. 그대의 아들 아히마아스와 아비아달의 아들 요나단을 데리고 가시오.

28 광야로 들어가는 길목에서 그대가 소식을 전해 주기를 기다리고 있겠소."

29 그리하여 사독과 아비아달은 하나님의 궤를 가지고 예루살렘으로 돌아가서 거기에 머물러 있었습니다.

30 다윗은 울면서 올리브 산으로 올라갔습니다. 다윗은 두 손으로 머리를 가리고 맨발로 올라갔습니다. 다윗과 함께한 모든 백성도 자기 머리를 가렸습니다. 그들도 울면서 올라갔습니다.

31 누군가가 다윗에게 말했습니다. "왕을 배반하여 압살롬과 함께 음모를 꾸민 사람 중에 아히도벨도 있습니다." 그 말을 듣고 다윗이 기도드렸습니다. "여호와시여, 아히도벨의 계획을 어리석은 것으로 만들어 주십시오."

32 다윗이 산꼭대기에 이르렀습니다. 그곳은 다윗이 하나님께 예배드리던 장소였습니다. 이렉 사람 후새가 다윗을 맞아들였습니다. 후새의 옷은 찢어져 있었고, 머리에는 흙을 덮어썼습니다. 그것은 슬픔을 나타내는 표시였습니다.

33 다윗이 후새에게 말했습니다. "그대가 나와 함께 간다면, 그대는 짐만 될 뿐이오.

34 그러나 만약 그대가 성으로 돌아간다면, 그대는 아히도벨의 계획을 쓸모없는 것으로 만들 수 있소. 압살롬에게 말하시오. '내 왕이시여, 저는 왕의 종입니다. 전에는 제가 왕의 아버지를 섬겼으나 이제는 왕을 섬기겠습니다.'

35 제사장 사독과 아비아달이 그대와 함께 있을 것이오. 그대는 왕궁에서 들은 모든 일을 그들에게 이야기해 주어야 하오.

36 사독의 아들 아히마아스와 아비아달의 아들 요나단이 그들과 함께 있소. 그들을 보내어 그대가 들은 모든 것을 나에게 전해 주시오."

37 그리하여 다윗의 친구 후새는 예루살렘으로 들어갔습니다. 바로 그 무렵에 압살롬도 예루살렘에 이르렀습니다.

25 •Then the king instructed Zadok to take the Ark of God back into the city. "If the LORD sees fit," David said, "he will bring me back to see the Ark and the 26 Tabernacle* again. •But if he is through with me, then let him do what seems best to him."

27 •The king also told Zadok the priest, "Look,* here is my plan. You and Abiathar* should return quietly to the city with your son Ahimaaz and Abiathar's son Jonathan. 28 •I will stop at the shallows of the Jordan River* and wait there for a report from 29 you." •So Zadok and Abiathar took the Ark of God back to the city and stayed there.

30 •David walked up the road to the Mount of Olives, weeping as he went. His head was covered and his feet were bare as a sign of mourning. And the people who were with him covered their heads and 31 wept as they climbed the hill. •When someone told David that his adviser Ahithophel was now backing Absalom, David prayed, "O LORD, let Ahithophel give Absalom foolish advice!"

32 •When David reached the summit of the Mount of Olives where people worshiped God, Hushai the Arkite was waiting there for him. Hushai had torn his clothing and put dirt on his head as a sign of 33 mourning. •But David told him, "If you go with me, you will only be a burden. 34 •Return to Jerusalem and tell Absalom, 'I will now be your adviser, O king, just as I was your father's adviser in the past.' Then you can frustrate and counter Ahithophel's 35 advice. •Zadok and Abiathar, the priests, will be there. Tell them about the plans 36 being made in the king's palace, •and they will send their sons Ahimaaz and Jonathan to tell me what is going on."

37 •So David's friend Hushai returned to Jerusalem, getting there just as Absalom arrived.

back [bæk] *vt.* 후원하다, 지지하다
counter [káuntər] *vt.* 무효로 하다, 저지하다
frustrate [frʌ́streit] *vt.* 좌절시키다
instruct [instrʌ́kt] *vt.* 지시[명령]하다
priest [príːst] *n.* 제사장
summit [sʌ́mit] *n.* 정상, 꼭대기
15:25 take… back into ~: …을 ~에 도로 가지고 들어가다
15:26 be through with…: …와 관계가 끊어지다
15:28 at the shallow of…: …의 얕은 곳에

15:25 Hebrew *and his dwelling place.*　15:27a As in Greek version; Hebrew reads *Are you a seer?* or *Do you see?*　15:27b Hebrew lacks *and Abiathar;* compare 15:29.　15:28 Hebrew *at the crossing points of the wilderness.*

시바가 다윗을 만나다

16 다윗이 올리브산꼭대기를 지나서 얼마 가지 않았을 때, 므비보셋의 종 시바가 다윗에게 나아왔습니다. 시바는 안장을 얹은 나귀 두 마리를 가지고 있었습니다. 나귀의 등에는 빵 이백 개와 마른 포도 백 송이, 그리고 무화과 과자 백 개가 실려 있었습니다. 포도주가 가득 든 가죽 부대들도 있었습니다.

2 왕이 시바에게 물었습니다. "왜 이런 것들을 가지고 왔느냐?" 시바가 대답했습니다. "나귀들은 왕의 가족들이 타시라고 끌고 왔습니다. 빵과 무화과 과자는 종들이 먹으라고 가져왔습니다. 포도주는 누구든지 광야에서 지쳤을 때, 마시라고 가져왔습니다."

3 왕이 물었습니다. "므비보셋은 어디에 있느냐?" 시바가 대답했습니다. "므비보셋은 예루살렘에 남아 있습니다. 므비보셋은 '이제는 이스라엘 백성들이 내 아버지의 나라를 나에게 돌려주겠지' 라고 생각하고 있습니다."

4 그 말을 듣고 왕이 시바에게 말했습니다. "좋다. 므비보셋이 가졌던 모든 것을 이제 너에게 준다." 시바가 말했습니다. "내 주 왕이시여, 고맙습니다. 언제나 왕에게 은혜를 입으면 좋겠습니다."

시므이가 다윗을 저주하다

5 다윗 왕이 바후림에 이르렀을 때, 어떤 사람이 그곳에서 나왔습니다. 그 사람은 사울의 집안 사람이었습니다. 그는 게라의 아들 시므이였습니다. 시므이는 나오면서 다윗을 저주했습니다.

6 시므이는 다윗과 그의 신하들을 향해 돌을 던지기 시작했습니다. 그러나 백성들과 군인들이 빙 둘러서 다윗을 지켰습니다.

7 시므이는 이런 말로 다윗을 저주했습니다. "이 살인자야, 이 나쁜 놈아, 가거라, 가!

8 네가 사울의 집안 사람들을 죽였기 때문에, 여호와께서 너에게 벌을 주고 계신다. 너는 사울의 왕 자리를 빼앗았다. 그러나 이제 주께서 네 나라를 네 아들 압살롬에게 주셨다. 너 같은 살인자는 망해야 한다."

9 스루야의 아들 아비새가 왕에게 말했습니다. "왕이시여, 왜 저 죽은 개만도 못한 자가 왕을 저주하도록 그냥 내버려 두십니까? 제가 가서 저놈의 머리를 베어 버리겠습니다."

10 그러나 왕이 대답했습니다. "스루야의 아들들이여, 이 일은 그대들과 상관이 없소. 저 사람이 나를 저주하도록 여호와께서 시키셨다면, 누가 뭐라고 할 수 있겠소?"

11 다윗은 또 아비새와 자기의 모든 신하들에게 말했습니다. "내 아들이 나를 죽이려고 하는 판인데, 저 베냐민 사람이야 말해 무엇하겠소? 저 사람을 그냥 내버려 두시오. 나를 저주하게 놔 두시오. 이 일은

David and Ziba

16 When David had gone a little beyond the summit of the Mount of Olives, Ziba, the servant of Mephibosheth,* was waiting there for him. He had two donkeys loaded with 200 loaves of bread, 100 clusters of raisins, 100 bunches of summer fruit, and a wineskin full of wine.

2 "What are these for?" the king asked Ziba.

Ziba replied, "The donkeys are for the king's people to ride on, and the bread and summer fruit are for the young men to eat. The wine is for those who become exhausted in the wilderness."

3 • "And where is Mephibosheth, Saul's grandson?" the king asked him.

"He stayed in Jerusalem," Ziba replied. "He said, 'Today I will get back the kingdom of my grandfather Saul.'"

4 • "In that case," the king told Ziba, "I give you everything Mephibosheth owns."

"I bow before you," Ziba replied. "May I always be pleasing to you, my lord the king."

Shimei Curses David

5 • As King David came to Bahurim, a man came out of the village cursing them. It was Shimei son of Gera, from the same clan as Saul's family. • He threw stones at the king and the king's officers and all the mighty warriors who surrounded him. • "Get out of here, you murderer, you scoundrel!" he shouted at David. • "The LORD is paying you back for all the bloodshed in Saul's clan. You stole his throne, and now the LORD has given it to your son Absalom. At last you will taste some of your own medicine, for you are a murderer!"

9 • "Why should this dead dog curse my lord the king?" Abishai son of Zeruiah demanded. "Let me go over and cut off his head!"

10 • "No!" the king said. "Who asked your opinion, you sons of Zeruiah! If the LORD has told him to curse me, who are you to stop him?"

11 • Then David said to Abishai and to all his servants, "My own son is trying to kill me. Doesn't this relative of Saul* have even more reason to do so? Leave him alone and let him curse, for the LORD has told him to do it. • And perhaps the LORD will see that I am

---

bloodshed [blʌ́dʃèd] *n.* 유혈의 참사, 학살
reconciliation [rèkənsìliéiʃən] *n.* 화해; 일치
scoundrel [skáundrəl] *n.* 악당
16:13 keep pace with… : …를 따라가다

16:1 *Mephibosheth* is another name for Meribbaal.　16:11 Hebrew this *Benjaminite*.

여호와께서 시키신 일이오,

12 어쩌면 여호와께서 내 비참함을 보시고 오늘 시므이가 말한 저주 대신 오히려 더 좋은 것으로 나에게 복을 주실지도 모르지 않소?

13 그리하여 다윗과 그의 신하들은 계속 길을 갔습니다. 그러나 시므이는 다윗을 계속 따라왔습니다. 시므이는 길 맞은편 언덕 위를 걸었습니다. 시므이는 계속 다윗에게 저주를 퍼부으면서 돌과 흙을 던졌습니다.

14 왕과 그의 모든 백성은 요단 강에 이르렀습니다. 그들은 너무나 지쳐서 그곳에서 쉬었습니다.

15 그러는 동안, 압살롬과 아히도벨, 이스라엘의 모든 무리는 예루살렘에 이르렀습니다.

16 다윗의 친구 아렉 사람 후새가 압살롬에게 와서 말했습니다. "왕이여, 만세! 왕이여, 만세!"

17 압살롬이 후새에게 말했습니다. "이것이 친구의 은혜에 보답하는 것인가? 왜 그대의 친구와 함께 가지 않았소?"

18 후새가 말했습니다. "저는 여호와와 이 백성들과 이스라엘의 모든 무리가 뽑은 사람 편입니다. 저는 왕과 함께 있겠습니다.

19 전에는 왕의 아버지를 섬겼지만 이제는 누구를 섬기겠습니까? 다윗의 아드님입니다! 저는 왕을 섬기겠습니다."

아히도벨의 계획

20 압살롬이 아히도벨에게 말했습니다. "이제 어떻게 하면 좋겠는지 말해 보시오."

21 아히도벨이 말했습니다. "왕의 아버지는 후궁 몇 사람을 남겨서 왕궁을 지키게 했습니다. 그들과 함께 잠자리에 드십시오. 그리하시면 모든 이스라엘은 왕의 아버지가 왕을 원수로 여기고 있다는 것을 알게 될 것입니다. 그러면 왕의 모든 백성이 더욱 힘을 합하여 왕을 도와 줄 것입니다."

22 그리하여 사람들이 압살롬을 위해 왕궁 지붕 위에 장막을 쳤습니다. 그리고 압살롬은 이스라엘 사람들이 보는 앞에서 자기 아버지의 후궁들과 함께 잠자리를 가졌습니다.

23 그때에 사람들은 아히도벨의 계획이 하나님의 말씀만큼이나 믿을 만하다고 생각했습니다. 그래서 다윗은 물론 압살롬도 다 그의 말을 의심 없이 그대로 따랐습니다.

17 아히도벨이 압살롬에게 말했습니다. "군인 만 이천 명을 뽑게 해 주십시오. 오늘 밤 다윗을 뒤쫓겠습니다.

2 다윗이 지치고 약할 때, 따라잡겠습니다. 다윗에게 겁을 주면 그의 모든 백성은 도망칠 것입니다. 저는 다윗 왕만을 죽이겠습니다.

3 다른 사람들은 모두 왕에게 다시 데리고 오겠습니

being wronged* and will bless me because of these curses today." •So David and his men continued down the road, and Shimei kept pace with them on a nearby hillside, cursing and throwing stones and dirt at David.

14 •The king and all who were with him grew weary along the way, so they rested when they reached the Jordan River.

Ahithophel Advises Absalom

15 •Meanwhile, Absalom and all the army of Israel arrived at Jerusalem, accompanied by

16 Ahithophel. •When David's friend Hushai the Arkite arrived, he went immediately to see Absalom. "Long live the king!" he exclaimed. "Long live the king!"

17 •"Is this the way you treat your friend David?" Absalom asked him. "Why aren't you with him?"

18 •"I'm here because I belong to the man who is chosen by the LORD and by all the

19 men of Israel," Hushai replied. • "And anyway, why shouldn't I serve you? Just as I was your father's adviser, now I will be your adviser!"

20 •Then Absalom turned to Ahithophel and asked him, "What should I do next?"

21 •Ahithophel told him, "Go and sleep with your father's concubines, for he has left them here to look after the palace. Then all Israel will know that you have insulted your father beyond hope of reconciliation, and they will throw their support to you."

22 •So they set up a tent on the palace roof where everyone could see it, and Absalom went in and had sex with his father's concubines.

23 •Absalom followed Ahithophel's advice, just as David had done. For every word Ahithophel spoke seemed as wise as though it had come directly from the mouth of God.

17 Now Ahithophel urged Absalom, "Let me choose 12,000 men to start

2 out after David tonight. •I will catch up with him while he is weary and discouraged. He and his troops will panic, and everyone will run away. Then I will kill

3 only the king, •and I will bring all the people back to you as a bride returns to her husband. After all, it is only one man's life that you seek.* Then you will be at peace

16:12 As in Greek and Syriac versions; Hebrew reads *see my iniquity.* 16:14 As in Greek version (see also 17:16); Hebrew reads *when they reached their desti-nation.* 17:3 As in Greek version; Hebrew reads *like the return of all is the man whom you seek.*

다. 왕이 찾으시는 사람이 죽으면, 다른 사람은 다 평안히 돌아올 것입니다."

4 이 계획을 들은 압살롬과 이스라엘의 모든 지도자들은 좋은 계획이라고 생각했습니다.

5 그러나 압살롬은 "아렉 사람 후새를 불러라. 그의 말도 듣고 싶다"라고 말했습니다.

6 그래서 후새가 압살롬에게 왔습니다. 압살롬이 말했습니다. "아히도벨은 이런 계획을 가지고 있소. 그의 계획대로 하는 것이 좋겠소? 그렇지 않다면 그대 생각을 말해 보시오."

7 후새가 압살롬에게 말했습니다. "아히도벨의 계획이 지금은 좋지 않습니다."

8 후새는 계속해서 이렇게 말했습니다. "왕께서도 아시듯이 왕의 아버지 다윗과 그의 부하들은 용사입니다. 그들은 새끼를 빼앗긴 곰만큼 화가 나 있습니다. 왕의 아버지는 노련한 군인입니다. 다윗은 온 밤을 백성들과 함께 지새우지 않을 것입니다.

9 아마 다윗은 이미 동굴 속이나 다른 곳에 숨어 있을 것입니다. 만약 왕의 아버지가 왕의 군인들을 먼저 공격하기라도 하면, 백성들이 그 소식을 듣게 될 것이고, 그들은 '압살롬을 따르는 자들이 졌다'고 생각할 것입니다.

10 그렇게 되면 아무리 사자처럼 용감한 사람이라 하더라도 두려워지게 마련입니다. 모든 이스라엘 백성이, 왕의 아버지는 노련한 군인이라는 것을 알고 있기 때문입니다. 백성들은 다윗의 부하들이 용감하다는 것을 알고 있습니다.

11 제 생각은 이렇습니다. 단에서 브엘세바까지 모든 이스라엘 백성을 모으십시오. 바닷가의 모래알처럼 많은 백성이 될 것입니다. 그런 다음에 왕께서 직접 싸움터로 가셔야 합니다.

12 우리는 다윗이 숨어 있는 곳에 들이닥칠 수 있을 것입니다. 우리는 땅에 내리는 이슬처럼 다윗을 덮칠 것이고, 다윗과 그의 모든 부하를 죽일 것입니다. 아무도 살아남지 못할 것입니다.

13 만약 다윗이 어떤 성으로 도망친다 합시다. 그러면 모든 이스라엘 백성이 그 성으로 밧줄을 가지고 가서 성을 동여맨 다음 골짜기로 끌고 갈 것입니다. 작은 돌 한 개라도 남지 못할 것입니다."

14 압살롬과 모든 이스라엘 백성이 말했습니다. "아렉 사람 후새의 계획이 아히도벨의 계획보다 낫다." 그들이 이렇게 말한 까닭은 여호와께서 아히도벨의 좋은 계획을 방해하기로 작정하셨기 때문입니다. 또 그것은 여호와께서 압살롬을 망하게 하려고 작정하셨기 때문입니다.

15 후새는 이 사실을 제사장인 사독과 아비아달에게 말해 주었습니다. 후새는 아히도벨이 압살롬과 이스라엘의

4 with all the people." •This plan seemed good to Absalom and to all the elders of Israel.

Hushai Counters Ahithophel's Advice

5 •But then Absalom said, "Bring in Hushai the Arkite. Let's see what he thinks about this." 6 •When Hushai arrived, Absalom told him what Ahithophel had said. Then he asked, "What is your opinion? Should we follow Ahithophel's advice? If not, what do you suggest?"

7 •"Well," Hushai replied to Absalom, "this time Ahithophel has made a mistake. 8 •You know your father and his men; they are mighty warriors. Right now they are as enraged as a mother bear who has been robbed of her cubs. And remember that your father is an experienced man of war. He won't be spending the night among the troops. 9 •He has probably already hidden in some pit or cave. And when he comes out and attacks and a few of your men fall, there will be panic among your troops, and the word will spread that Absalom's men are being slaughtered. 10 •Then even the bravest soldiers, though they have the heart of a lion, will be paralyzed with fear. For all Israel knows what a mighty warrior your father is and how courageous his men are.

11 •"I recommend that you mobilize the entire army of Israel, bringing them from as far away as Dan in the north and Beersheba in the south. That way you will have an army as numerous as the sand on the seashore. And I advise that you personally 12 lead the troops. •When we find David, we'll fall on him like dew that falls on the ground. Then neither he nor any of his 13 men will be left alive. •And if David were to escape into some town, you will have all Israel there at your command. Then we can take ropes and drag the walls of the town into the nearest valley until every stone is torn down."

14 •Then Absalom and all the men of Israel said, "Hushai's advice is better than Ahithophel's." For the LORD had determined to defeat the counsel of Ahithophel, which really was the better plan, so that he could bring disaster on Absalom!

Hushai Warns David to Escape

15 •Hushai told Zadok and Abiathar, the

---

cub [kʌb] *n.* 짐승 새끼, 어린 짐승

17:10 be paralyzed with fear : 두려움(공포) 때문에 얼어붙다

장로들에게 내놓은 생각을 이야기했습니다. 그리고 후새는 자기가 내놓은 생각도 말해 주었습니다.

16 후새가 말했습니다. "서두르십시오! 사람을 다윗에게 보내십시오, 오늘 밤은 광야로 들어가는 길목에서 묵지 말고 당장에 요단 강을 건너라고 말씀드리십시오. 강을 건너시면 다윗 왕과 그의 모든 백성은 붙잡히지 않을 것입니다."

17 요나단과 아히마아스는 성으로 들어가는 것을 남들이 보게 될까봐 겁이 나서 성의 한적한 곳인 엔로겔에서 기다리고 있었습니다. 그래서 한 여종이 그들에게 가서 소식을 전해 주곤 했습니다. 그러면 요나단과 아히마아스는 그 소식을 다시 다윗 왕에게 전해 주었습니다.

18 그런데 어떤 소년이 요나단과 아히마아스를 보고 압살롬에게 고자질했습니다. 그래서 요나단과 아히마아스는 급히 달려서 바후림에 있는 어떤 사람의 집으로 숨었습니다. 그 집의 뜰에는 우물이 있었는데, 요나단과 아히마아스는 그 우물 속으로 내려갔습니다.

19 그 후에 집 주인의 아내가 덮을 것을 가져다 우물 위를 덮어 버렸습니다. 그리고 나서 그 위에 곡식을 널어 놓았습니다. 아무도 요나단과 아히마아스가 그 곳에 숨어 있다는 것을 알 수 없었습니다.

20 압살롬의 종들이 여자의 집으로 와서 물었습니다. "요나단과 아히마아스가 어디에 있느냐?" 여자가 대답했습니다. "벌써 시내를 건너가고 없습니다." 그 말을 듣고 압살롬의 종들은 요나단과 아히마아스를 찾으러 나섰습니다. 그러나 그들을 찾을 수 없었고, 예루살렘으로 되돌아갔습니다.

21 압살롬의 종들이 돌아간 후에 요나단과 아히마아스는 우물에서 나왔습니다. 그들은 다윗 왕에게 가서 이렇게 말했습니다. "서두르십시오, 강을 건너십시오. 아히도벨이 왕을 해칠 계획을 세웠습니다."

22 그리하여 다윗과 그의 모든 백성은 요단 강을 건넜습니다. 날이 샐 무렵에는 한 사람도 빠짐없이 요단 강을 건넜습니다.

23 아히도벨은 이스라엘 백성이 자기의 계획을 받아들이지 않는 것을 보고 나귀에 안장을 지워 고향으로 돌아갔습니다. 아히도벨은 자기 집안 일과 재산을 정리한 뒤에 목을 매고 죽었습니다. 아히도벨이 죽자, 사람들은 그를 그의 아버지의 무덤에 묻어 주었습니다.

다윗과 압살롬 사이의 전쟁

24 다윗이 마하나임에 이르렀을 때에 비로소 압살롬과 그의 모든 이스라엘 백성은 요단 강을 건넜습니다.

25 압살롬은 요압을 대신해서 아마사를 군대의 총사령관으로 임명했습니다. 아마사는 이스마엘* 사람인

---

priests, what Ahithophel had said to Absalom and the elders of Israel and what he himself had advised instead. • "Quick!" he 16 told them. "Find David and urge him not to stay at the shallows of the Jordan River* tonight. He must go across at once into the wilderness beyond. Otherwise he will die and his entire army with him."

17 Jonathan and Ahimaaz had been staying at En-rogel so as not to be seen entering and leaving the city. Arrangements had been made for a servant girl to bring them the message they were to take to King David. 18 • But a boy spotted them at En-rogel, and he told Absalom about it. So they quickly escaped to Bahurim, where a man hid them 19 down inside a well in his courtyard. • The man's wife put a cloth over the top of the well and scattered grain on it to dry in the sun; so no one suspected they were there.

20 • When Absalom's men arrived, they asked her, "Have you seen Ahimaaz and Jonathan?"

The woman replied, "They were here, but they crossed over the brook." Absalom's men looked for them without success and returned to Jerusalem.

21 • Then the two men crawled out of the well and hurried on to King David. "Quick!" they told him, "cross the Jordan tonight!" And they told him how Ahithophel had 22 advised that he be captured and killed. • So David and all the people with him went across the Jordan River during the night, and they were all on the other bank before dawn.

23 • When Ahithophel realized that his advice had not been followed, he saddled his donkey, went to his hometown, set his affairs in order, and hanged himself. He died there and was buried in the family tomb.

24 • David soon arrived at Mahanaim. By now, Absalom had mobilized the entire army of Israel and was leading his troops 25 across the Jordan River. • Absalom had appointed Amasa as commander of his army, replacing Joab, who had been commander under David. (Amasa was Joab's cousin. His father was Jether,* an Ishmaelite.*

brook [brúk] n. 시내, 개천
saddle [sǽdl] vt. 안장을 얹다
spot [spɑt] vt. 찾아내다, 발견하다
suspect [səspékt] vt. 의심하다
17:21 crawl out of⋯ : ⋯에서 기어 나오다
17:23 set⋯ in order : ⋯을 정돈하다

17:16 Hebrew *at the crossing points of the wilderness.* 17:25a Hebrew *Ithra,* a variant spelling of Jether. 17:25b As in some Greek manuscripts (see also 1 Chr 2:17); Hebrew reads *an Israelite.*

17:25 개역 성경에는 '이스라엘'이라고 표기되어 있다.

이드라의 아들이었습니다. 아마사의 어머니는 나하스의 딸이자 요압의 어머니인 스루야의 동생 아비가일이었습니다.

26 압살롬과 모든 이스라엘 백성은 길르앗 땅에 진을 쳤습니다.

27 다윗이 마하나임에 이르렀을 때에 그곳에는 소비와 마길과 바르실래가 있었습니다. 나하스의 아들 소비는 랍바라는 암몬 사람들의 성에서 왔고, 암미엘의 아들 마길은 로데발에서 왔고, 바르실래는 길르앗 땅 로글림에서 왔습니다.

28 그들은 침대와 대야와 질그릇을 가지고 왔습니다. 또한 밀과 보리와 밀가루와 볶은 곡식과 콩과 팥도 가지고 왔습니다.

29 그들은 또 꿀과 버터와 양과 치즈도 가지고 와서 다윗과 백성들에게 주었습니다. 왜냐하면 백성들이 광야에서 굶주리고 지치고 목마를 것이라고 생각했기 때문입니다.

18 다윗은 자기와 함께한 사람들의 수를 세어 보았습니다. 다윗은 천 명씩, 그리고 백 명씩 나누어 그 위에 지휘관을 세웠습니다.

2 다윗은 군대를 세 부대로 나눴습니다. 요압이 한 부대를 지휘했고, 스루야의 아들이자 요압의 동생인 아비새가 또 한 부대를 지휘했습니다. 가드 사람 잇대도 나머지 한 부대를 지휘하게 되었습니다. 다윗 왕이 그들에게 말했습니다. "나도 그대들과 함께 가겠소."

3 그러나 그들이 말했습니다. "안 됩니다! 왕께서는 우리와 같이 가시면 안 됩니다. 만약 우리가 싸움터에서 도망친다 해도 압살롬의 부하들은 우리에게 마음을 쓰지 않을 것입니다. 우리 중 절반이 죽는다 해도 압살롬의 부하들은 신경쓰지 않을 것입니다. 왕께서는 우리들 만 명만큼이나 귀하십니다. 그러니 왕께서는 성에 그대로 머물러 계시는 것이 좋습니다. 그러다가 우리에게 도움이 필요해지면 그때 도와 주십시오."

4 왕이 자기 백성들에게 말했습니다. "그대들이 좋다고 생각하는 대로 하겠소." 그리하여 군대가 밖으로 나갈 때, 왕은 그냥 성문 곁에 서 있었습니다. 군대는 백 명씩, 천 명씩 무리지어 나갔습니다.

5 왕이 요압과 아비새에게 잇대에게 명령을 내렸습니다. "나를 봐서라도 어린 압살롬을 너그럽게 대해 주시오." 왕이 압살롬에 대해서 지휘관들에게 내린 명령을 모든 백성들이 다 들었습니다.

6 다윗의 군대가 압살롬의 이스라엘 사람들과 맞서 싸우기 위해 들로 나갔습니다. 그들은 에브라임 숲에서 싸웠습니다.

7 이 싸움에서 다윗의 군대는 이스라엘 사람들을 물

His mother, Abigail daughter of Nahash, was

26 the sister of Joab's mother, Zeruiah.) •Absalom and the Israelite army set up camp in the land of Gilead.

27 •When David arrived at Mahanaim, he was warmly greeted by Shobi son of Nahash, who came from Rabbah of the Ammonites, and by Makir son of Ammiel from Lo-debar, and by Barzillai of Gilead from Rogelim.

28 •They brought sleeping mats, cooking pots,

29 serving bowls, wheat and barley, flour and roasted grain, beans, lentils, •honey, butter, sheep, goats, and cheese for David and those who were with him. For they said, "You must all be very hungry and tired and thirsty after your long march through the wilderness."

Absalom's Defeat and Death

18 David now mustered the men who were with him and appointed generals

2 and captains* to lead them. •He sent the troops out in three groups, placing one group under Joab, one under Joab's brother Abishai son of Zeruiah, and one under Ittai, the man from Gath. The king told his troops, "I am going out with you."

3 •But his men objected strongly. "You must not go," they urged. "If we have to turn and run—and even if half of us die—it will make no difference to Absalom's troops; they will be looking only for you. You are worth 10,000 of us,* and it is better that you stay here in the town and send help if we need it."

4 •"If you think that's the best plan, I'll do it," the king answered. So he stood alongside the gate of the town as all the troops marched out in groups of hundreds and of thousands.

5 •And the king gave this command to Joab, Abishai, and Ittai: "For my sake, deal gently with young Absalom." And all the troops heard the king give this order to his commanders.

6 •So the battle began in the forest of

7 Ephraim, •and the Israelite troops were beaten back by David's men. There was a great slaughter that day, and 20,000 men

---

lentil [léntil] *n.* 렌즈콩
muster [mʌ́stər] *vt.* 소집하다, 모으다
object [əbdʒékt] *vi.* 반대하다
18:5 give command to… : …에게 명령하다
18:5 for one's sake… : …을 위하여
18:7 beat back : 격퇴하다, 물리치다

18:1 Hebrew *appointed commanders of thousands and commanders of hundreds.* **18:3** As in two Hebrew manuscripts and some Greek and Latin manuscripts; most Hebrew manuscripts read *Now there are 10,000 like us.*

리쳐 이겼습니다. 그날에 죽은 사람만 해도 무려 이 만 명이나 되었습니다.

8 싸움이 나라 전체에 퍼졌지만, 그날, 숲 속에서 도망치다 죽은 압살롬의 부하들은 칼에 맞아 죽은 사람보다 더 많았습니다.

압살롬이 죽다

9 그때에 압살롬은 우연히 다윗의 군대와 마주쳤습니다. 압살롬은 노새를 타고 있었는데, 마침 달리던 그 노새가 커다란 상수리나무 아래로 지나가게 되었습니다. 그 나무의 가지들은 매우 굵었습니다. 노새를 타고 달리던 압살롬의 머리가 그만 그 나뭇가지에 걸리고 말았습니다. 노새는 그래도 그냥 달려갔습니다. 그래서 압살롬은 나뭇가지에 걸린 채 공중에 매달리게 되었습니다.

10 어떤 사람이 그 모습을 보고 요압에게 그 사실을 이야기했습니다. "압살롬이 상수리나무에 매달려 있는 것을 보았습니다."

11 요압이 그에게 말했습니다. "네가 압살롬을 보았느냐? 그렇다면 왜 죽여서 땅에 떨어지게 하지 않았느냐? 그렇게만 했다면 너에게 은 열 개*와 띠 하나를 주었을 것이다."

12 그 사람이 대답했습니다. "제게 은 천 개*를 준다 해도 왕자를 해치고 싶지 않았습니다. 우리는 왕께서 장군님과 아비새에 잇대에게 내리신 명령을 들었습니다. 왕께서는 '어린 압살롬을 해치지 않도록 조심하라'고 말씀하셨습니다.

13 만약 내가 왕의 명령을 듣지 않고 압살롬을 죽였다면, 왕께서는 반드시 그 사실을 알아내셨을 것입니다. 그때에는 장군님도 저를 보호해 주지 않으실 겁니다."

14 요압이 말했습니다. "여기에서 너하고 이러고 있을 시간이 없다." 요압이 압살롬에게 달려갔습니다. 압살롬은 그때까지 아직 산 채로 나무에 매달려 있었습니다. 요압은 창 세 자루를 집어 들어서 압살롬의 가슴을 꿰뚫었습니다.

15 그걸 보고 요압의 무기를 들고 다니는 젊은 군인 열 명도 모여 압살롬을 둘러쌌습니다. 그들은 압살롬을 쳐죽였습니다.

16 그리고 나서 요압은 나팔을 불었습니다. 그러자 다윗의 부대들은 압살롬의 군사들을 뒤쫓는 일을 멈추었습니다.

17 그 후에 요압의 부하들이 압살롬의 시체를 가지고 갔습니다. 그들은 그 시체를 숲 속의 커다란 구덩이에 던져 넣고 나서 구덩이를 수많은 돌로 메워 버렸습니다. 압살롬을 따르던 모든 이스라엘 사람들은 집으로 도망쳤습니다.

18 압살롬은 죽기 전에 '왕의 골짜기'에 한 기둥을 세워

8 laid down their lives. ●The battle raged all across the countryside, and more men died because of the forest than were killed by the sword.

9 ●During the battle, Absalom happened to come upon some of David's men. He tried to escape on his mule, but as he rode beneath the thick branches of a great tree, his hair* got caught in the tree. His mule kept going and left him dangling in the air.

10 ●One of David's men saw what had happened and told Joab, "I saw Absalom dangling from a great tree."

11 ●"What?" Joab demanded. "You saw him there and didn't kill him? I would have rewarded you with ten pieces of silver* and a hero's belt!"

12 ●"I would not kill the king's son for even a thousand pieces of silver,*" the man replied to Joab. "We all heard the king say to you and Abishai and Ittai, 'For my sake, please spare young Absalom.' ●And if I

13 had betrayed the king by killing his son— and the king would certainly find out who did it—you yourself would be the first to abandon me."

14 ●"Enough of this nonsense," Joab said. Then he took three daggers and plunged them into Absalom's heart as he dangled,

15 still alive, in the great tree. ●Ten of Joab's young armor bearers then surrounded Absalom and killed him.

16 ●Then Joab blew the ram's horn, and his men returned from chasing the army

17 of Israel. ●They threw Absalom's body into a deep pit in the forest and piled a great heap of stones over it. And all Israel fled to their homes.

18 ●During his lifetime, Absalom had built a monument to himself in the King's Valley, for he said, "I have no son to carry on my name." He named the monument after himself, and it is known as Absalom's Monument to this day.

---

betray [bitréi] *vt.* 배반하다
dagger [dǽgər] *n.* 단검
dangle [dǽŋgl] *vi.* (달랑달랑) 매달리다
monument [mánjumənt] *n.* 기념비
plunge [plʌ́ndʒ] *vt.* 찌르다
rage [réidʒ] *vt.* 맹위를 떨치다
reward [riwɔ́ːrd] *vt.* 보상하다, 보답하다
18:7 lay down one's life : 목숨을 버리다

··

18:9 Hebrew *his head.* 18:11 Hebrew *10 [shekels] of silver,* about 4 ounces or 114 grams in weight. 18:12 Hebrew *1,000 [shekels] of silver,* about 25 pounds or 11.4 kilograms in weight.

18:11 은 10세겔에 해당되며, 무게는 약 114g이다.
18:12 은 1,000세겔에 해당되며, 무게는 약 11.4kg이다.

자기를 스스로 기념한 일이 있습니다. 압살롬은 "내 이름을 전할 아들이 내게는 없다"는 말을 했습니다. 그래서 압살롬은 자기 이름을 따서 그 기둥을 세웠습니다. 오늘날에도 그 기둥은 '압살롬의 기념비'라고 부릅니다.

19 사독의 아들 아히마아스가 요압에게 말했습니다. "달려가서 다윗 왕에게 이 소식을 전하겠습니다. 여호와께서 원수를 무찔러 주셨다고 왕에게 전하겠습니다."

20 요압이 아히마아스에게 말했습니다. "안 된다. 오늘은 이 소식을 전하지 마라. 다른 날에도 이 소식은 전할 수 있으니 네가 오늘 이 소식을 전하지 마라. 왜냐하면 왕자가 죽었기 때문이다."

21 그리고 나서 요압은 어떤 구스 사람에게 말했습니다. "가거라. 가서 왕에게 네가 본 대로 말씀드려라." 구스 사람은 요압에게 절을 하고 다윗에게 달려갔습니다.

22 그러나 사독의 아들 아히마아스가 요압에게 다시 말했습니다. "무슨 일이 일어나도 좋으니 제발 저도 저 구스 사람과 함께 가게 해 주십시오." 요압이 말했습니다. "얘야, 어찌하여 이 소식을 그렇게 전하고 싶어 하느냐? 이 소식을 가지고 간다고 해서 상을 받을 것도 아닌데."

23 아히마아스가 대답했습니다. "무슨 일이 일어나든 저는 가겠습니다." 할 수 없이 요압은 아히마아스에게 "가거라!" 하고 말했습니다. 그리하여 아히마아스는 요단 강 골짜기 길을 달려서 구스 사람을 앞질러 갔습니다.

24 그때에 다윗은 성의 안쪽 문과 바깥쪽 문 사이에 앉아 있었습니다. 파수꾼이 망대에 올라가서 보니, 어떤 사람이 혼자서 달려오고 있었습니다.

25 파수꾼이 이 사실을 다윗 왕에게 큰 소리로 알려 주었습니다. 왕이 말했습니다. "혼자서 온다면 아마 좋은 소식을 가지고 오겠다." 그 사람은 점점 성으로 가까이 왔습니다.

26 그때에 파수꾼은 또 다른 사람이 달려오고 있는 것을 보았습니다. 파수꾼이 문지기에게 외쳤습니다. "보라! 또 다른 사람이 달려오고 있다!" 왕이 말했습니다. "그 사람도 좋은 소식을 가져오겠지."

27 파수꾼이 말했습니다. "앞에서 달려오는 사람은 사독의 아들 아히마아스 같습니다." 왕이 말했습니다. "아히마아스는 좋은 사람이다. 그 사람이 가지고 오는 소식은 반드시 좋은 소식일 것이다."

28 아히마아스가 왕에게 인사를 드렸습니다. 아히마아스는 얼굴을 땅에 대고 왕에게 절을 했습니다. 그리고 이렇게 말했습니다. "왕의 하나님 여호와를 찬양합니다. 여호와께서 내 주 왕에게 대적하는 사람들을 물리치셨습니다."

29 왕이 물었습니다. "어린 압살롬은 잘 있느냐?" 아히마

David Mourns Absalom's Death

19 •Then Zadok's son Ahimaaz said, "Let me run to the king with the good news that the LORD has rescued him from his enemies."

20 •"No," Joab told him, "it wouldn't be good news to the king that his son is dead. You can be my messenger another time, but not today."

21 •Then Joab said to a man from Ethiopia,* "Go tell the king what you have seen." The man bowed and ran off.

22 •But Ahimaaz continued to plead with Joab, "Whatever happens, please let me go, too."

"Why should you go, my son?" Joab replied. "There will be no reward for your news."

23 •"Yes, but let me go anyway," he begged.
Joab finally said, "All right, go ahead." So Ahimaaz took the less demanding route by way of the plain and ran to Mahanaim ahead of the Ethiopian.

24 •While David was sitting between the inner and outer gates of the town, the watchman climbed to the roof of the gateway by the wall. As he looked, he saw

25 a lone man running toward them. •He shouted the news down to David, and the king replied, "If he is alone, he has news." As the messenger came closer, •the

26 watchman saw another man running toward them. He shouted down, "Here comes another one!"
The king replied, "He also will have news."

27 •"The first man runs like Ahimaaz son of Zadok," the watchman said.
"He is a good man and comes with good news," the king replied.

28 •Then Ahimaaz cried out to the king, "Everything is all right!" He bowed before the king with his face to the ground and said, "Praise to the LORD your God, who has handed over the rebels who dared to stand against my lord the king."

29 •"What about young Absalom?" the king demanded. "Is he all right?"
Ahimaaz replied, "When Joab told me to come, there was a lot of commotion. But I didn't know what was happening."

---

commotion [kəmóuʃən] *n.* 소동
dare [dέər] *vt.* 감히 …하다
plead [plí:d] *vi.* 간청하다
rebel [rébəl] *n.* 반역자
watchman [wátʃmən] *n.* 파수꾼
18:28 stand against… : …에게 대적하다

18:21 Hebrew *from Cush*; similarly in 18:23, 31, 32.

아스가 재치있게 대답했습니다. "요압이 저를 보낼 때에 압살롬이 있는 곳에 큰 소란이 일어나는 것을 보았지만 무슨 일인지는 모르겠습니다."

30 그러자 왕이 말했습니다. "물러나 있어라." 아히마아스는 옆으로 물러나서 가만히 서 있었습니다.

31 그때에 구스 사람이 이르러서 말했습니다. "내 주 왕이시여! 좋은 소식을 가지고 왔습니다. 오늘 여호와께서 왕께 대적하는 사람들에게 벌을 내리셨습니다."

32 왕이 구스 사람에게 물었습니다. "어린 압살롬은 잘 있느냐?" 구스 사람이 대답했습니다. "왕의 원수과 왕을 해치려 하는 사람들은 다 그 압살롬처럼 되기를 바랍니다."

33 그제서야 왕은 압살롬이 죽었다는 것을 알았습니다. 왕은 마음이 찢어질 듯이 아팠습니다. 왕은 성문 위에 있는 방으로 올라가서 "내 아들 압살롬아, 내 아들 압살롬아! 차라리 내가 죽어야 되는 건데! 압살롬아, 내 아들아, 내 아들아!" 하며 울었습니다.

요압이 다윗을 나무라다

19 백성들이 요압에게 말했습니다. "왕이 압살롬 때문에 너무 슬퍼하며 울고 계십니다."

2 다윗의 군대는 압살롬과의 싸움에서 이겼으나, 그날은 오히려 모든 백성에게 슬픔의 날이 되고 말았습니다. 그것은 백성들이 "왕께서 자기 아들 때문에 매우 슬퍼하신다"는 이야기를 들었기 때문입니다.

3 백성들은 성으로 살며시 들어왔습니다. 그들은 마치 전쟁에서 지고 도망친 사람들 같았습니다.

4 왕은 자기 얼굴을 가리고 "내 아들 압살롬아, 압살롬아! 내 아들아, 내 아들아!" 하고 외치며 소리 높여 울었습니다.

5 그때에 요압이 왕의 집으로 들어가서 왕에게 말했습니다. "오늘 왕께서는 왕의 모든 군대를 부끄럽게 만드셨습니다. 그들은 오늘 왕의 목숨을 구해 주었습니다. 그들은 왕자들과 공주들과 왕비와 후궁들의 목숨도 구해 주었습니다.

6 그런데도 왕께서는 왕을 미워하는 사람을 사랑하시고 왕을 사랑하는 사람들을 미워하심으로 그들을 부끄럽게 만드셨습니다. 오늘 왕께서는 왕의 지휘관들과 군인들이 왕에게는 있으나마나 한 사람들이라는 사실을 분명하게 보여 주셨습니다. 압살롬이 살고 우리 모두가 죽었더라면, 왕께서는 오히려 기뻐하셨을 것입니다.

7 자, 이제는 나가셔서 왕의 종들을 격려해 주십시오. 살아 계신 여호와께 맹세드리지만 왕께서 나가지 않으시면 오늘 밤에 왕의 곁에 남아 있을 사람은 아무도 없을 것입니다. 그렇게 되면 왕께서는 젊은 시절부터 지금까지 당해 온 모든 어려움보다 더욱 큰 어려움을

30 • "Wait here," the king told him. So Ahimaaz stepped aside.

31 • Then the man from Ethiopia arrived and said, "I have good news for my lord the king. Today the LORD has rescued you from all those who rebelled against you."

32 • "What about young Absalom?" the king demanded. "Is he all right?"

And the Ethiopian replied, "May all of your enemies, my lord the king, both now and in the future, share the fate of that young man!"

33 •*The king was overcome with emotion. He went up to the room over the gateway and burst into tears. And as he went, he cried, "O my son Absalom! My son, my son Absalom! If only I had died instead of you! O Absalom, my son, my son."

Joab Rebukes the King

19 Word soon reached Joab that the king was weeping and mourning for Absalom. 2 • As all the people heard of the king's deep grief for his son, the joy of that day's victory was turned into deep sadness. 3 • They crept back into the town that day as though they were ashamed and had deserted in battle. 4 • The king covered his face with his hands and kept on crying, "O my son Absalom! O Absalom, my son, my son!"

5 • Then Joab went to the king's room and said to him, "We saved your life today and the lives of your sons, your daughters, and your wives and concubines. Yet you act like this, making us feel ashamed of ourselves. 6 • You seem to love those who hate you and hate those who love you. You have made it clear today that your commanders and troops mean nothing to you. It seems that if Absalom had lived and all of us had died, you would be pleased. 7 • Now go out there and congratulate your troops, for I swear by the LORD that if you don't go out, not a single one of them will remain here tonight. Then you will be worse off than ever before."

concubine [káŋkjubain] n. 첩
desert [dizə́:rt] vt. 탈영하다
rebuke [ribjú:k] vt. 비난하다, 꾸짖다
18:30 step aside : 옆으로 비키다(비켜서다)
18:33 be overcome with emotion : 감정에 복받치다
18:33 burst into tears : 울음을 터뜨리다
19:3 creep back into … : …에 조용히 들어가다
19:7 be worse off : 형편이 더욱 나빠지다

18:33 Verse 18:33 is numbered 19:1 in Hebrew text. 19:1 Verses 19:1-43 are numbered 19:2-44 in Hebrew text.

당하게 되실 것입니다."

8 이 말을 듣고 왕은 성문으로 나갔습니다. 그러자 왕이 성문에 나와있다는 소식이 퍼졌고, 모든 사람들이 왕을 보러 나왔습니다. 압살롬을 따랐던 모든 이스라엘 사람들은 자기 집으로 도망쳤습니다.

다윗이 예루살렘으로 돌아가다

9 이스라엘의 모든 지파 사람들이 서로 다투기 시작했습니다. 그들은 이렇게 말했습니다. "왕은 우리를 블레셋 사람과 우리의 다른 원수들로부터 구해 주었다. 그러나 지금 왕은 압살롬 때문에 이 나라를 떠나 있다.

10 우리가 왕으로 세운 압살롬은 이제 싸움터에서 죽고 말았다. 우리는 다시 다윗을 왕으로 세워야 한다."

11 다윗 왕은 제사장 사독과 아비아달에게 사람을 보내어 이렇게 말했습니다. "유다의 장로들에게 말하시오. '나는 내 집에서도 모든 이스라엘 백성들이 왕을 왕궁으로 다시 모셔 오자고 말하는 소리를 들었소. 그런데 그대들은 어찌하여 왕을 왕궁으로 모시는 일에 가만히들 있는 거요?

12 그대들은 나의 형제요, 나의 집안 사람이오. 그런데 어찌하여 그대들은 왕을 다시 모시는 일에 아무말이 없소?'

13 그리고 압살롬을 따랐던 아마사에게 말하시오. '그대는 내 집안 사람 중 한 사람이오. 내가 그대를 군대의 사령관으로 삼겠소. 만약 내가 요압 대신 그대를 군대의 사령관으로 임명하지 않는다면 하나님께서 나에게 벌을 주셔도 좋소.'"

14 다윗이 모든 유다 백성의 마음을 움직였습니다. 유다 백성은 하나같이 마음이 모아졌습니다. 그들은 왕에게 사람을 보내어 이렇게 말했습니다. "모든 신하들과 함께 돌아오십시오."

15 그리하여 왕이 요단 강까지 돌아왔을 때, 유다 사람들은 길갈로 와서 왕을 맞이했습니다. 그들은 왕이 요단 강을 건너는 것을 도와 주려 했습니다.

16 게라의 아들 시므이는 베냐민 사람이었습니다. 시므이는 바후림에 살았습니다. 시므이는 유다 사람들과 함께 서둘러 내려와서 다윗 왕을 맞이했습니다.

17 시므이와 함께 베냐민 사람 천 명도 왔습니다. 사울 집안의 종인 시바도 왔습니다. 시바는 자기 아들 열다섯 명과 종 스무 명을 데리고 왔습니다. 그들은 모두 서둘러 요단 강으로 내려가서 왕을 맞이했습니다.

18 사람들은 요단 강을 건너서 왕의 가족이 유다로 돌아오는 것을 도와 주었습니다. 그들은 왕의 마음이 기쁘도록 애를 썼습니다. 왕이 강을 막 건너려 할 때에 게라의 아들 시므이가 왕에게 나아왔습니다. 시므이는 얼굴을 땅에 대고 왕 앞에서 절을 했습니다.

19 시므이가 왕에게 말했습니다. "내 주여, 저의 죄를

---

8 •So the king went out and took his seat at the town gate, and as the news spread throughout the town that he was there, everyone went to him.

Meanwhile, the Israelites who had supported Absalom fled to their homes. •And throughout all the tribes of Israel there was much discussion and argument going on. The people were saying, "The king rescued us from our enemies and saved us from the Philistines, but Absalom chased him out of the country. •Now Absalom, whom we anointed to rule over us, is dead. Why not ask David to come back and be our king again?"

11 •Then King David sent Zadok and Abiathar, the priests, to say to the elders of Judah, "Why are you the last ones to welcome back the king into his palace? For I have heard that all Israel is ready. •You are my relatives, my own tribe, my own flesh and blood! So why are you the last ones to welcome back the king?" •And David told them to tell Amasa, "Since you are my own flesh and blood, like Joab, may God strike me and even kill me if I do not appoint you as commander of my army in his place."

14 •Then Amasa* convinced all the men of Judah, and they responded unanimously. They sent word to the king, "Return to us, and bring back all who are with you."

David's Return to Jerusalem

15 •So the king started back to Jerusalem. And when he arrived at the Jordan River, the people of Judah came to Gilgal to meet him and escort him across the river. •Shimei son of Gera, the man from Bahurim in Benjamin, hurried across with the men of Judah to welcome King David. •A thousand other men from the tribe of Benjamin were with him, including Ziba, the chief servant of the house of Saul, and Ziba's fifteen sons and twenty servants. They rushed down to the Jordan to meet the king. •They crossed the shallows of the Jordan to bring the king's household across the river, helping him in every way they could.

David's Mercy to Shimei

As the king was about to cross the river,
19 Shimei fell down before him. • "My lord the king, please forgive me," he pleaded. "Forget the terrible thing your servant did when you left Jerusalem. May the king put it out of his

---

unanimously [juːˈnænəməsli] *ad.* 만장일치로
19:19 put… out of one's mind : (일부러) 잊어버리다

19:14 Or *David;* Hebrew reads *he.*

마음에 품지 말아 주십시오, 왕께서 예루살렘을 떠나셨을 때, 제가 저지른 죄를 기억하지 말아 주십시오.

20 저의 죄를 제가 압니다. 그래서 요셉의 집안 중에서 제가 제일 먼저 내려와서 왕을 모시는 것입니다. 내 주 왕이시여!"

21 그러나 스루야의 아들 아비새가 말했습니다. "시므이는 죽어야 합니다. 시므이는 여호와께서 기름 부어 세우신 왕을 저주했습니다."

22 다윗이 말했습니다. "스루야의 아들들이여, 이 일이 그대들과 무슨 상관이 있소? 그대들은 오늘 나와 원수가 되려 하고 있소. 오늘은 이스라엘에서 아무도 죽임을 당하지 않을 것이오. 오늘은 내가 이스라엘의 왕이 된 날이 아니오?"

23 그리고 나서 왕이 시므이에게 말했습니다. "너는 죽임을 당하지 않을 것이다." 왕은 이처럼 시므이에게 약속을 했습니다.

24 사울의 손자인 므비보셋도 다윗 왕을 맞이하러 내려왔습니다. 므비보셋은 왕이 예루살렘을 떠난 날부터 평안히 돌아올 때까지 발도 씻지 않고 수염도 깎지 않고 옷도 빨지 않았습니다.

25 므비보셋이 예루살렘에서 왕을 맞으러 왔습니다. 왕이 므비보셋에게 물었습니다. "므비보셋아, 너는 어찌하여 나와 함께 가지 않았느냐?"

26 므비보셋이 대답했습니다. "내 주여, 저의 종 시바가 저를 속였습니다. 저는 시바에게 '나를 다리를 저니 나귀에 안장을 채워 다오. 나귀를 타고 왕을 따라가겠다' 하고 말했습니다.

27 그러나 시바는 저를 속이고 저에 대해 왕께 거짓말을 했습니다. 내 주 왕이시여, 왕께서는 하나님이 보내신 천사와도 같으신 분입니다. 그러니 왕께서 판단하시기에 옳은 대로 결정하십시오.

28 제 아버지의 모든 집안은 내 주 왕 앞에서 죽어 마땅했으나, 왕께서는 저를 왕의 식탁에서 함께 먹는 사람들 가운데 앉혀 주셨습니다. 그러니 이제 저는 왕께 더 바랄 것이 없습니다."

29 왕이 므비보셋에게 말했습니다. "그만두어라. 너와 시바가 땅을 나누어 가져라."

30 므비보셋이 왕에게 말했습니다. "시바에게 땅을 다 주십시오. 저는 내 주 왕께서 집에 평안히 돌아오신 것만으로도 만족합니다."

31 길르앗 사람 바르실래가 로글림에서 왕을 배웅하기 위하여 요단에 왔습니다.

32 바르실래는 여든 살이나 된 아주 늙은 사람이었고, 아주 부자였습니다. 바르실래는 다윗이 마하나임에 머물러 있을 때, 왕을 돌보아 주었습니다.

33 다윗이 바르실래에게 말했습니다. "나와 함께 강을

---

20 mind. •I know how much I sinned. That is why I have come here today, the very first person in all Israel* to greet my lord the king."

21 •Then Abishai son of Zeruiah said, "Shimei should die, for he cursed the LORD's anointed king!"

22 •"Who asked your opinion, you sons of Zeruiah!" David exclaimed. "Why have you become my adversary* today? This is not a day for execution, for today I am once

23 again the king of Israel!" •Then, turning to Shimei, David vowed, "Your life will be spared."

David's Kindness to Mephibosheth

24 •Now Mephibosheth,* Saul's grandson, came down from Jerusalem to meet the king. He had not cared for his feet, trimmed his beard, or washed his clothes since the

25 day the king left Jerusalem. • "Why didn't you come with me, Mephibosheth?" the king asked him.

26 •Mephibosheth replied, "My lord the king, my servant Ziba deceived me. I told him, 'Saddle my donkey* so I can go with the king.' For as you know I am crippled.

27 •Ziba has slandered me by saying that I refused to come. But I know that my lord the king is like an angel of God, so do what

28 you think is best. •All my relatives and I could expect only death from you, my lord, but instead you have honored me by allowing me to eat at your own table! What more can I ask?"

29 •"You've said enough," David replied. "I've decided that you and Ziba will divide your land equally between you."

30 •"Give him all of it," Mephibosheth said. "I am content just to have you safely back again, my lord the king!"

David's Kindness to Barzillai

31 •Barzillai of Gilead had come down from Rogelim to escort the king across the Jordan.

32 •He was very old—eighty years of age—and very wealthy. He was the one who had provided food for the king during his stay in

33 Maha-naim. • "Come across with me and live in Jerusalem," the king said to Barzillai. "I will take care of you there."

---

adversary [ǽdvərsèri] *n.* 적, 반대자
deceive [disíːv] *vt.* 속이다, 기만하다
slander [slǽndər] *vt.* 중상하다, 명예를 훼손하다

19:20 Hebrew *in the house of Joseph.*   **19:22** Or *my prosecutor.*   **19:24** *Mephibosheth* is another name for Merib-baal.   **19:26** As in Greek, Syriac, and Latin versions; Hebrew reads *I will saddle a donkey for myself.*

건너서 예루살렘으로 갑시다. 그러면 내가 그대를 돌보아 드리겠소."

34 그러나 바르실래가 왕에게 대답했습니다. "제 나이가 얼마인지 아십니까? 제가 왕과 함께 예루살렘으로 갈 수 있다고 생각하십니까?

35 제 나이가 여든 살입니다. 저는 먹고 마셔도 맛을 모를 만큼 늙었습니다. 저는 젊은 남자와 여자가 노래를 해도 그 소리를 알아들을 수 없을 만큼 늙었습니다. 그러니 저와 같은 사람에게 마음을 쓰지 마십시오.

36 저는 왕에게 상을 받을 자격이 없습니다. 왕을 모시고 요단 강을 건너기는 하겠습니다.

37 하지만 그 다음에는 다시 돌아가서 제가 사는 성에서 죽음을 맞이할 수 있게 해 주십시오. 제 부모님의 무덤 가까운 곳에서 죽게 해 주십시오. 하지만 여기에 왕의 종 김함이 있습니다. 내 주 왕이시여, 제 아들 김함을 데리고 가셔서 왕께서 좋으실 대로 하십시오."

38 왕이 대답했습니다. "김함을 데리고 가겠소. 그대가 원하는 것이라면 무엇이든지 김함에게 해 주겠소. 그리고 그대가 내게 원하는 것도 다 그대에게 해 주겠소."

39 모든 백성은 요단 강을 건넜습니다. 왕도 바르실래에게 입맞추고, 그에게 축복한 뒤, 강을 건너갔습니다. 바르실래는 자기 집으로 돌아갔습니다.

40 왕이 요단 강을 건너 길갈로 갈 때에 김함도 함께 갔습니다. 유다의 모든 백성과 이스라엘의 백성 절반이 왕을 모시고 나아갔습니다.

41 이스라엘의 모든 백성이 왕에게 나아와 불평했습니다. "우리 형제인 유다 사람들이 우리와 의논도 없이 왕과 왕의 가족들과 신하들을 요단 강 건너편으로 건네 주었다는데 그들이 이럴 수 있습니까?"

42 유다의 모든 백성이 이스라엘 사람들에게 대답했습니다. "우리가 이 일을 한 까닭은 왕이 우리의 가장 가까운 친척이기 때문이오. 왜 이 일에 대해 화를 내시오? 우리는 왕의 음식을 축내지도 않았소. 왕이 우리에게 선물을 주신 일도 없소."

43 이스라엘 사람들이 유다 백성에게 대답했습니다. "이 나라 안에서 우리의 지파 수는 열이나 되오. 그러므로 우리는 여러분보다 다윗 왕에게 더 많은 것을 요구할 수 있소. 그런데 한 지파밖에 안 되는 여러분은 우리를 무시했소. 우리의 왕을 다시 모시는 일에 대해 어째서 우리와 먼저 상의하지 않았소?" 그러나 유다 사람들은 이스라엘 사람들보다 더 강력하게 말을 했습니다.

세바가 반란을 일으키다

20 비그리의 아들이며 이름이 세바인 난봉꾼이 있었습니다. 세바는 베냐민 지파 사람이었습니다. 세바는 나팔을 불면서 이렇게 말했습니다. "우리는 다윗과 상관이 없다. 우리는 이새의 아들에게서 얻을 것이 없다. 이스라엘 백성아, 모두 자기 집으로

34 • "No," he replied, "I am far too old to go
35 with the king to Jerusalem. • I am eighty years old today, and I can no longer enjoy anything. Food and wine are no longer tasty, and I cannot hear the singers as they sing. I would only be a burden to my lord
36 the king. • Just to go across the Jordan River with the king is all the honor I need!
37 • Then let me return again to die in my own town, where my father and mother are buried. But here is your servant, my son Kimham. Let him go with my lord the king and receive whatever you want to give him."
38 • "Good," the king agreed. "Kimham will go with me, and I will help him in any way you would like. And I will do for you
39 anything you want." • So all the people crossed the Jordan with the king. After David had blessed Barzillai and kissed him, Barzillai returned to his own home.
40 • The king then crossed over to Gilgal, taking Kimham with him. All the troops of Judah and half the troops of Israel escorted the king on his way.

An Argument over the King

41 • But all the men of Israel complained to the king, "The men of Judah stole the king and didn't give us the honor of helping take you, your household, and all your men across the Jordan."
42 • The men of Judah replied, "The king is one of our own kinsmen. Why should this make you angry? We haven't eaten any of the king's food or received any special favors!"
43 • "But there are ten tribes in Israel," the others replied. "So we have ten times as much right to the king as you do. What right do you have to treat us with such contempt? Weren't we the first to speak of bringing him back to be our king again?" The argument continued back and forth, and the men of Judah spoke even more harshly than the men of Israel.

The Revolt of Sheba

20 There happened to be a trouble-maker there named Sheba son of Bicri, a man from the tribe of Benjamin. Sheba blew a ram's horn and began to chant:

"Down with the dynasty of David!
We have no interest in the son of Jesse.
Come on, you men of Israel,

chant [tʃǽnt] *vi.* 되풀이하여 말하다, 노래하다
revolt [rivóult] *n.* (소규모의) 반란, 폭동

돌아가자!"

2 그리하여 모든 이스라엘 백성이 다윗을 떠나 비그리의 아들 세바를 따랐습니다. 그러나 유다 사람들은 요단 강에서 예루살렘에 이르기까지 자기 왕의 곁을 떠나지 않았습니다.

3 다윗은 예루살렘에 있는 왕궁으로 돌아왔습니다. 전에 다윗은 왕궁을 지키기 위해 후궁 열 명을 남겨 둔 일이 있습니다. 다윗은 그 후궁들을 잡아다가 별실에 가두고 보초들을 세워 놓았습니다. 후궁들은 죽을 때까지 그 집에 갇혀 살았습니다. 다윗은 그들에게 음식을 주기는 했지만, 그들과 함께 잠을 자지는 않았습니다. 그들은 죽을 때까지 과부나 다름없이 살았습니다.

4 왕이 아마사에게 말했습니다. "유다 사람들에게 삼 일 안으로 나에게 나아오라고 전하시오. 그리고 그대도 함께 오시오."

5 그리하여 아마사는 유다 사람들을 부르러 갔습니다. 그러나 아마사는 왕이 정한 기간을 넘겨 버렸습니다.

6 다윗이 아비새에게 말했습니다. "우리에게 비그리의 아들 세바는 압살롬보다도 더 위험하오. 내 부하들을 데리고 가서 세바를 뒤쫓으시오. 세바가 강하고 튼튼한 성을 찾기 전에 어서 서두르시오. 세바가 강하고 튼튼한 성에 들어가게 되면 잡을 수 없게 되오."

7 그리하여 요압의 부하들과 그렛 사람과 블렛 사람, 그리고 모든 군인들이 아비새와 함께 갔습니다. 그들은 예루살렘에서 나와 비그리의 아들 세바를 뒤쫓았습니다.

8 요압과 그 군대가 기브온의 커다란 바위에 이르렀을 때, 아마사가 나와서 요압을 맞이했습니다. 그때 요압은 군복을 입고 있었고 허리에는 띠를 차고 있었습니다. 그 띠에는 칼집이 있었고 칼집 안에는 칼이 들어 있었습니다. 요압이 앞으로 나서면서, 그 칼집을 풀어놓았습니다.

9 요압이 아마사에게 말했습니다. "형님, 모든 일이 평안하시오?" 그러면서 요압은 오른손으로 아마사의 수염을 잡고 입을 맞추었습니다.

10 아마사는 요압의 손에 칼이 있으리라곤 생각도 못했습니다. 요압은 칼을 아마사의 배에 찔러 넣었습니다. 그러자 아마사의 창자가 땅 위에 쏟아졌습니다. 아마사는 그 자리에서 죽었기 때문에 요압이 다시 아마사를 칼로 찌를 필요가 없었습니다. 그리고 나서 요압과 그의 동생 아비새는 계속해서 비그리의 아들 세바를 뒤쫓았습니다.

11 요압의 부하 중 한 사람이 아마사의 시체 곁에 서 있다가 말했습니다. "요압과 다윗 편에 있는 사람은 요압을 따르도록 하여라!"

12 아마사는 피투성이가 된 채 길 한가운데에 쓰러져 있었습니다. 요압의 부하들은, 지나가는 사람마다 그

2 • So all the men of Israel deserted David and followed Sheba son of Bicri. But the men of Judah stayed with their king and escorted him from the Jordan River to Jerusalem.

3 • When David came to his palace in Jerusalem, he took the ten concubines he had left to look after the palace and placed them in seclusion. Their needs were provided for, but he no longer slept with them. So each of them lived like a widow until she died.

4 • Then the king told Amasa, "Mobilize the army of Judah within three days, and 5 report back at that time." • So Amasa went out to notify Judah, but it took him longer than the time he had been given.

6 • Then David said to Abishai, "Sheba son of Bicri is going to hurt us more than Absalom did. Quick, take my troops and chase after him before he gets into a fortified town where we can't reach him."

7 • So Abishai and Joab,* together with the king's bodyguard* and all the mighty warriors, set out from Jerusalem to go after 8 Sheba. • As they arrived at the great stone in Gibeon, Amasa met them. Joab was wearing his military tunic with a dagger strapped to his belt. As he stepped forward to greet Amasa, he slipped the dagger from its sheath.*

9 • "How are you, my cousin?" Joab said and took him by the beard with his right 10 hand as though to kiss him. • Amasa didn't notice the dagger in his left hand, and Joab stabbed him in the stomach with it so that his insides gushed out onto the ground. Joab did not need to strike again, and Amasa soon died. Joab and his brother Abishai left him lying there and continued after Sheba.

11 • One of Joab's young men shouted to Amasa's troops, "If you are for Joab and 12 David, come and follow Joab." • But Amasa lay in his blood in the middle of the road, and Joab's man saw that everyone was stopping to stare at him. So he pulled him off the road into a field and threw a cloak

fortify [fɔ́ːrtəfài] *vt.* 요새화하다
notify [nóutəfài] *vt.* 통지(통보)하다
sheath [ʃiːθ] *n.* 칼집
stab [stæb] *vt.* 찌르다
20:3 in seclusion : 격리해서
20:10 gush out : 분출하다, 내뿜다

20:7a Hebrew *So Joab's men.*　　20:7b Hebrew *the Kerethites and Pelethites;* also in 20:23.
20:8 Hebrew *As he stepped forward, it fell out.*

시체를 보려고 멈추는 것을 보고 아마사의 시체를 길에서 끌어다가 들에 놓아두었습니다. 그리고 그 시체를 옷으로 덮어 주었습니다.

13 아마사의 시체가 길에서 치워지자, 모든 사람들이 요압을 따라갔습니다. 그들은 요압과 함께 비그리의 아들 세바를 뒤쫓았습니다.

14 세바는 이스라엘의 모든 지파 가운데로 이리저리 다니다가 벧마아가의 아벨로 갔습니다. 모든 베림 사람들도 와서 세바의 뒤를 따라갔습니다.

15 요압과 그의 부하들도 벧마아가의 아벨로 가서 그곳을 에워쌌습니다. 그들은 성을 공격하기 위해 성벽 곁에 흙을 쌓아 올렸습니다. 또 성벽을 무너뜨리기 위해 성벽 아래를 파기 시작했습니다.

16 그런데 어떤 지혜로운 여자가 성에서 소리를 질렀습니다. "제 말씀을 들어 보십시오! 요압에게 이리로 좀 와 달라고 해 주십시오. 드릴 말씀이 있습니다."

17 그래서 요압이 여자가 있는 쪽으로 왔습니다. 여자가 "요압 장군이십니까?" 하고 물었습니다. 요압이 "그렇소" 하고 대답했습니다. 여자가 말했습니다. "제 말을 들어주십시오." 요압이 말했습니다. "듣고 있으니 말해 보시오."

18 그러자 여자가 말했습니다. "전에는 사람들이 '도움 말을 구할 일이 있으면 아벨로 가 보아라' 하고 말하곤 했습니다. 그러면 문제가 풀렸습니다.

19 저는 평화를 좋아하는, 충성스런 이스라엘 백성 중한 사람입니다. 장군께서는 이스라엘의 중요한 성 하나를 멸망시키려 하고 있습니다. 여호와의 성인 이 성을 왜 멸망시키려 하십니까?"

20 요압이 대답했습니다. "나는 결코 멸망시키거나 무너뜨리려고 온 것이 아니오.

21 그런 일은 나도 바라지 않소. 하지만이 성에는 에브라임의 산악 지방에서 온 사람이 하나 있소. 그 사람의 이름은 비그리의 아들 세바인데 그 사람은 다윗 왕을 향해 반란을 일으켰소. 만약 그 사람을 나에게 데리고 오기만 하면 이 성을 그대로 내버려 두겠소." 여자가 요압에게 말했습니다. "그 사람의 머리를 장군님이 있는 성문 밖으로 던지고 말겠습니다."

22 그리고 나서 그 여자는 성의 모든 백성에게 매우 지혜롭게 말을 했습니다. 그들은 비그리의 아들 세바의 목을 잘랐습니다. 그리고 그 목을 성문 밖의 요압에게로 던졌습니다. 그러자 요압은 나팔을 불었고 군대는 그 성을 떠났습니다. 모두 다 집으로 돌아갔습니다. 요압은 왕이 있는 예루살렘으로 돌아갔습니다.

23 요압은 다시 이스라엘 모든 군대의 총사령관이 되었습니다. 여호야다의 아들 브나야는 그렛 사람과 블렛 사람을 지휘했습니다.

24 아도니람은 강제 노동을 하는 사람들을 감독했습니

13 over him. ●With Amasa's body out of the way, everyone went on with Joab to capture Sheba son of Bicri.

14 ●Meanwhile, Sheba traveled through all the tribes of Israel and eventually came to the town of Abel-beth-maacah. All the members of his own clan, the Bicrites,* assembled for battle and followed him into

15 the town. ●When Joab's forces arrived, they attacked Abel-beth-maacah. They built a siege ramp against the town's fortifications and began battering down

16 the wall. ●But a wise woman in the town called out to Joab, "Listen to me, Joab.

17 Come over here so I can talk to you." ●As he approached, the woman asked, "Are you Joab?"

"I am," he replied.

So she said, "Listen carefully to your servant."

"I'm listening," he said.

18 ●Then she continued, "There used to be a saying, 'If you want to settle an argument,

19 ask advice at the town of Abel.' ●I am one who is peace loving and faithful in Israel. But you are destroying an important town in Israel.* Why do you want to devour what belongs to the LORD?"

20 ●And Joab replied, "Believe me, I don't want to devour or destroy your town!

21 ●That's not my purpose. All I want is a man named Sheba son of Bicri from the hill country of Ephraim, who has revolted against King David. If you hand over this one man to me, I will leave the town in peace."

"All right," the woman replied, "we will throw his head over the wall to you."

22 ●Then the woman went to all the people with her wise advice, and they cut off Sheba's head and threw it out to Joab. So he blew the ram's horn and called his troops back from the attack. They all returned to their homes, and Joab returned to the king at Jerusalem.

23 ●Now Joab was the commander of the army of Israel. Benaiah son of Jehoiada was captain of the king's bodyguard.

24 ●Adoniram* was in charge of forced labor. Jehoshaphat son of Ahilud was the royal

batter [bǽtər] vt. 쳐부수다
devour [diváuər] vt. 멸망시키다
ramp [ræmp] n. 진입로, 경사로
siege [si:dʒ] n. 포위 공격
20:18 **settle an argument** : 다툼을 해결하다

20:14 As in Greek and Latin versions; Hebrew reads All the Berites. 20:19 Hebrew a town that is a mother in Israel. 20:24 As in Greek version (see also 1 Kgs 4:6; 5:14); Hebrew reads Adoram.

다. 아힐룻의 아들 여호사밧은 역사 기록관이 되었습니다.

25 스와는 서기관이 되고, 사독과 아비아달은 제사장이 되었습니다.

26 야일 사람 이라는 다윗의 제사장이 되었습니다.

기브온 사람들이 사울의 집안에 벌을 주다

21 다윗이 왕으로 있을 때에 기근이 있었습니다. 기근은 삼 년 동안, 계속되었습니다. 그래서 다윗은 여호와께 기도를 드렸습니다. 여호와께서 대답해 주셨습니다. "사울과 그의 집안 때문에 기근이 생긴 것이다. 사울이 기브온 사람들을 죽였기 때문이다."

2 다윗 왕은 기브온 사람들을 불러 모아 그들에게 물었습니다. 기브온 사람들은 이스라엘 백성이 아니었습니다. 그들은 살아남은 아모리 사람의 한 무리였습니다. 전에 이스라엘 사람들은 기브온 사람들을 해치지 않기로 약속을 했습니다. 그러나 사울은 이스라엘과 유다의 백성들을 도우려는 열심이 너무 지나쳐서 기브온 사람들을 다 죽이려 했습니다. 다윗 왕은 기브온 사람들을 불러모아 그들에게 이야기했습니다.

3 다윗이 물었습니다. "내가 당신들을 위해 어떻게 하면 좋겠소? 어떻게 해야 이스라엘 백성의 죄를 용서하고 오히려 여호와의 백성에게 복을 빌어 주겠소?"

4 기브온 사람들이 다윗에게 대답했습니다. "사울과 그의 집안과 우리 사이의 문제는 금이나 은으로 해결할 수 없는 문제입니다. 이것은 사람의 목숨으로 보상할 문제입니다. 그런데 우리는 이스라엘 사람을 죽일 권한이 없습니다." 그 말을 듣고 다윗이 다시 그들에게 물었습니다. "그렇다면 당신들이 바라는 것은 무엇이오?"

5 기브온 사람들이 다윗에게 대답했습니다. "사울은 우리에게 몹쓸 짓을 했습니다. 사울은 우리를 전멸시켜 이스라엘 땅에 남지 못하도록 음모를 꾸몄습니다.

6 그러니 사울의 아들 일곱 명을 우리에게 넘겨주십시오. 그러면 사울의 고향인 기브아에서, 그리고 여호와 앞에서 그들을 목매어 달겠습니다." 왕이 말했습니다. "그들을 넘겨주겠소."

7 그러나 왕은 요나단의 아들 므비보셋만은 보호해 주었습니다. 요나단은 사울의 아들이었습니다. 다윗이 그런 일을 한 까닭은 다윗이 여호와의 이름으로 요나단에게 그의 후손을 보호해 주겠다고 약속했기 때문입니다.

8 그래서 왕은 리스바와 사울 사이에서 태어난 아들인 알모니와 므비보셋을 붙잡았습니다. 리스바는 아야의 딸이었습니다. 그리고 왕은 사울의 딸 메랍의 다섯 아들을 붙잡았습니다. 메랍의 다섯 아들의 아버지는 아드리엘이었습니다. 아드리엘은 므홀랏 사람 바르실래의 아들이었습니다.

9 다윗은 이들 일곱 명을 기브온 사람들에게 넘겨주었

26 Zadok and Abiathar were the priests. •And Ira, a descendant of Jair, was David's personal priest.

David Avenges the Gibeonites

21 There was a famine during David's reign that lasted for three years, so David asked the LORD about it. And the LORD said, "The famine has come because Saul and his family are guilty of murdering the Gibeonites."

2 •So the king summoned the Gibeonites. They were not part of Israel but were all that was left of the nation of the Amorites. The people of Israel had sworn not to kill them, but Saul, in his zeal for Israel and Judah, had tried to wipe them out. •David asked them, "What can I do for you? How can I make amends so that you will bless the LORD's people again?"

4 •"Well, money can't settle this matter between us and the family of Saul," the Gibeonites replied. "Neither can we demand the life of anyone in Israel."

"What can I do then?" David asked. "Just tell me and I will do it for you."

5 •Then they replied, "It was Saul who planned to destroy us, to keep us from having any place at all in the territory of Israel. •So let seven of Saul's sons be handed over to us, and we will execute them before the LORD at Gibeon, on the mountain of the LORD.*"

"All right," the king said, "I will do it."

7 •The king spared Jonathan's son Mephibosheth,* who was Saul's grandson, because of the oath David and Jonathan had sworn before the LORD. •But he gave them Saul's two sons Armoni and Mephibosheth, whose mother was Rizpah daughter of Aiah. He also gave them the five sons of Saul's daughter Merab,* the wife of Adriel son of Barzillai from Meholah. •The men of Gibeon executed them on the mountain before the LORD. So all seven of them died together at the beginning of the barley harvest.

famine [fǽmin] *n.* 기근, 가뭄
oath [óuθ] *n.* 맹세, 서약
zeal [zíːl] *n.* 열심, 열성
21:2 wipe out : (적 등을) 전멸하다
21:3 make amends : 변상하다

21:6 As in Greek version (see also 21:9); Hebrew reads *at Gibeah of Saul, the chosen of the LORD.* 21:7 *Mephibosheth* is another name for Merib-baal. 21:8 As in a few Hebrew and Greek manuscripts and Syriac version (see also 1 Sam 18:19); most Hebrew manuscripts read *Michal.*

습니다. 그러자 기브온 사람들은 언덕 위에서 여호와 앞에 그들을 목매달았습니다. 일곱 아들이 다 함께 죽었습니다. 그들은 추수를 시작할 무렵에 죽임을 당했습니다. 그때는 사람들이 보리를 막 거둘 때였습니다.

10 아야의 딸 리스바는 거친 베로 만든 천을 가져다가 바위 위에 그것을 폈습니다. 그리고 리스바는 추수가 시작될 때부터 비가 내릴 때까지 하늘의 새들이 자기 아들들의 시체를 건드리지 못하게 막았습니다. 또 밤이 되면 들짐승들이 시체를 건드리지 못하게 막았습니다.

11 사람들이 사울의 후궁이었던 리스바가 하고 있는 일을 다윗에게 이야기했습니다.

12 그러자 다윗은 사울과 요나단의 뼈를 길르앗의 야베스 사람들에게서 찾아왔습니다. 전에 블레셋 사람들이 길보아에서 사울과 요나단을 죽인 후, 시체들을 벧산 거리에 매달았습니다. 그때, 길르앗의 야베스 사람들이 몰래 그 시체들을 가져온 것이었습니다.

13 다윗은 사울과 그의 아들 요나단의 뼈를 길르앗에서 옮겨 왔습니다. 그러자 백성들은 달려 죽은 사울의 일곱 아들의 시체를 거두어들였습니다.

14 백성들은 사울과 그의 아들 요나단의 뼈를 옮기면서, 죽임을 당한 사울의 일곱 아들의 시체도 함께 베나민 땅 셀라에 있는 사울의 아버지 기스의 무덤에 묻어 주었습니다. 백성들은 왕이 명령한 것을 다 지켰습니다. 그러자 하나님께서 그 땅 백성들의 기도를 들어 주셨습니다.

블레셋 사람과 전쟁을 하다

15 블레셋과 이스라엘 사이에 또다시 전쟁이 일어났습니다. 다윗은 자기 부하들을 거느리고 블레셋 사람들과 싸우러 나갔습니다. 그러나 다윗은 지치고 약해졌습니다.

16 거인의 아들 중에 이스비브놉이라는 사람이 있었습니다. 이스비브놉의 놋쇠창은 무게가 삼백 세겔* 가까이 나갔습니다. 이스비브놉은 또 새 칼을 가지고 다윗을 죽일 계획을 세웠습니다.

17 그러나 스루야의 아들 아비새가 이 블레셋 사람을 죽이고 다윗의 목숨을 구해 주었습니다. 그때에 다윗의 부하들이 다윗에게 한 가지 다짐을 받으려 했습니다. 그들이 말했습니다. "다시는 우리와 함께 싸움터에 나오지 마십시오. 만약 왕이 돌아가시면, 이스라엘의 등불이 꺼지는 것과 같습니다."

18 그 후, 곱에서 다시 블레셋과 싸움이 있었습니다. 후사 사람 십브개가 거인의 아들 중 하나인 삽을 죽였습니다.

19 그 후, 곱에서 또다시 블레셋과 싸움이 있었습니다. 베들레헴 사람 야레오르김의 아들 엘하난이 가드 사

10 • Then Rizpah daughter of Aiah, the mother of two of the men, spread burlap on a rock and stayed there the entire harvest season. She prevented the scavenger birds from tearing at their bodies during the day and stopped wild animals from eating them at night. 11 • When David learned what Rizpah, Saul's concubine, had done, 12 • he went to the people of Jabesh-gilead and retrieved the bones of Saul and his son Jonathan. (When the Philistines had killed Saul and Jonathan on Mount Gilboa, the people of Jabesh-gilead stole their bodies from the public square of Beth-shan, 13 where the Philistines had hung them.) • So David obtained the bones of Saul and Jonathan, as well as the bones of the men the Gibeonites had executed.

14 • Then the king ordered that they bury the bones in the tomb of Kish, Saul's father, at the town of Zela in the land of Benjamin. After that, God ended the famine in the land.

Battles against Philistine Giants

15 • Once again the Philistines were at war with Israel. And when David and his men were in the thick of battle, David became 16 weak and exhausted. • Ishbi-benob was a descendant of the giants*; his bronze spearhead weighed more than seven pounds,* and he was armed with a new sword. He had cornered David and was about to kill 17 him. • But Abishai son of Zeruiah came to David's rescue and killed the Philistine. Then David's men declared, "You are not going out to battle with us again! Why risk snuffing out the light of Israel?"

18 • After this, there was another battle against the Philistines at Gob. As they fought, Sibbecai from Hushah killed Saph, another descendant of the giants.

19 • During another battle at Gob, Elhanan son of Jair* from Bethlehem killed the brother of Goliath of Gath.* The handle of his spear was as thick as a weaver's beam! 20 • In another battle with the Philistines

---

scavenger [skǽvindʒər] *n.* (썩은 고기를 먹는) 청소 동물
snuff [snʌf] *vt.* (촛불 따위를) 꺼뜨리다
weaver [wíːvər] *n.* 직조공

21:16a *Or a descendant of the Rapha;* also in 21:18, 20, 22.　21:16b Hebrew *300 [shekels]* [3.4 kilograms].　21:19a As in parallel text at 1 Chr 20:5; Hebrew reads *son of Jaare-oregim.* 21:19b As in parallel text at 1 Chr 20:5; Hebrew reads *killed Goliath of Gath.*

21:16 300세겔은 약 3.42kg에 해당된다.

람 골리앗의 동생 라흐미를 죽였습니다. 그의 창은 베들레헴만큼 컸습니다.

20 가드에서도 또다시 전쟁이 일어났습니다. 거기에는 굉장히 큰 거인이 있었습니다. 그 사람의 손가락은 한 손에 여섯 개씩 있었고, 발가락도 한쪽에 여섯 개씩 있었습니다. 그러니까 그 사람의 손가락과 발가락은 모두 스물네 개였습니다. 이 사람도 역시 거인의 아들이었습니다.

21 이 사람은 이스라엘에 맞서 싸우다가 요나단에게 죽임을 당했습니다. 요나단은 다윗의 형인 삼마의 아들이었습니다.

22 이들 네 사람은 모두 가드에 사는 거인의 아들들이었습니다. 그들은 모두 다윗과 그의 부하들에게 죽임을 당했습니다.

다윗의 찬양

22 다윗이 여호와께 노래를 지어 불렀습니다. 다윗이 이 노래를 부른 때는 여호와께서 그를 사울과 다른 모든 원수들에게서 구해 주셨을 때입니다.

2 다윗은 이렇게 노래했습니다. "여호와는 나의 바위, 나의 요새이시며, 나의 구세주이시다.

3 나의 하나님은 나의 피할 바위이시며, 나의 방패, 나의 구원의 뿔이시다. 주님은 나의 망대이시며, 나의 피난처이시다. 주님께서 나를 해치려는 자에게서 구해 주셨다.

4 찬양받으실 여호와께 내가 부르짖으니, 여호와께서 나를 원수에게서 구해 주셨다.

5 죽음의 파도가 나를 에워싸고 멸망의 강물이 나를 덮쳤도다.

6 죽음의 밧줄이 나를 두르고 죽음의 덫이 내 앞에 있도다.

7 고통 중에 주님을 부르고 나의 하나님께 부르짖었다. 여호와께서 그 성전에서 나의 소리를 들으시고 나의 부르짖음을 들어주셨다.

8 주께서 노하시니 땅이 움직이고 흔들리며 하늘의 기초가 흔들리기 시작했다.

9 연기가 주님의 코에서 나오고 입에서는 타는 불이 나와 그 불에 숯덩이가 피어올랐다.

10 주께서 하늘을 가르고 내려오시니, 검은 구름이 그의 발 아래에 있도다.

11 주께서 날개 달린 생물인 그룹을 타고 날아다니시며 바람의 날개를 타고 다니신다.

12 주께서 어둠과 안개와 구름으로 장막을 삼으셨다.

13 주님 앞에 있는 밝은 빛으로 숯덩이가 불을 피웠도다.

14 주께서 하늘에서 천둥을 치시고 가장 높으신 분께서 소리를 높이셨다.

---

at Gath, they encountered a huge man* with six fingers on each hand and six toes on each foot, twenty-four in all, who was also a descendant of the giants. •But when he defied and taunted Israel, he was killed by Jonathan, the son of David's brother Shimea.* 22 •These four Philistines were descendants of the giants of Gath, but David and his warriors killed them.

David's Song of Praise

22 David sang this song to the LORD on the day the LORD rescued him from 2 all his enemies and from Saul. •He sang:

"The LORD is my rock, my fortress, and my savior;
3 •　my God is my rock, in whom I find protection.
He is my shield, the power that saves me, and my place of safety.
He is my refuge, my savior, the one who saves me from violence.
4 • I called on the LORD, who is worthy of praise, and he saved me from my enemies.

5 • "The waves of death overwhelmed me; floods of destruction swept over me.
6 • The grave* wrapped its ropes around me; death laid a trap in my path.
7 • But in my distress I cried out to the LORD; yes, I cried to my God for help.
He heard me from his sanctuary; my cry reached his ears.

8 • "Then the earth quaked and trembled. The foundations of the heavens shook; they quaked because of his anger.
9 • Smoke poured from his nostrils; fierce flames leaped from his mouth. Glowing coals blazed forth from him.
10 • He opened the heavens and came down; dark storm clouds were beneath his feet.
11 • Mounted on a mighty angelic being* he flew, soaring* on the wings of the wind.
12 • He shrouded himself in darkness, veiling his approach with dense rain clouds.
13 • A great brightness shone around him, and burning coals* blazed forth.
14 • The LORD thundered from heaven; the voice of the Most High resounded.

21:20 As in parallel text at 1 Chr 20:6; Hebrew reads *a Midianite.*
21:21 As in parallel text at 1 Chr 20:7; Hebrew reads *Shimei,* a variant spelling of Shimea.
22:6 Hebrew *Sheol.*　**22:11a** Hebrew *a cherub.*
22:11b As in some Hebrew manuscripts (see also Ps 18:10); other Hebrew manuscripts read *appearing.*　**22:13** Or *and lightning bolts.*

15 주께서 화살을 쏘아 원수들을 물리치시며 번개로 그들을 두려움에 떨게 하셨다.

16 주께서 강하게 말씀하시고 그 코에서 바람이 불어 나오니, 바다 밑이 나타나고 땅의 기초가 드러났도다.

17 주께서 하늘에서 내려오셔서 나를 붙드시고 깊은 물에서 나를 건지셨다.

18 내가 이길 수 없는 강한 원수들에게서 나를 구하시고 나를 미워하는 자에게서 나를 구하셨다.

19 그들은 내가 어려울 때, 나를 공격했으나 주께서 나의 안식처가 되어 주셨다.

20 주께서 나를 피난처로 이끄시며 나를 기쁘게 여기시어 나를 구해 주셨다.

21 주께서 나를 살려 주신 것은 내가 의로운 일을 했기 때문이다. 내가 나쁜 일을 하지 않았기 때문에 주께서 나를 구해 주셨다.

22 나는 주님의 길을 따랐고 하나님에게서 멀어지지 않았다.

23 주님의 모든 율법을 내가 지켰으며 주님의 가르침을 어기지 않았다.

24 주님 앞에서 흠 없이 살았고 나쁜 일을 하지 않았다.

25 주께서 나를 구해주신 것은 나의 의로움 때문이다. 주님 보시기에 흠이 없었기 때문이다.

26 주님, 주께서는 진실한 사람에게 진실을 베푸시고 선한 사람에게 선을 베푸십니다.

27 깨끗한 사람에게 깨끗함을 보이시고 나쁜 사람에게는 그의 악함을 되갚으십니다.

28 겸손한 사람을 구하시고 교만한 사람을 낮추십니다.

29 여호와여, 주께서는 나의 등불이십니다. 여호와께서는 나의 어둠을 밝히셨습니다.

30 주님의 도우심으로 나는 원수를 칠 수 있고 하나님의 도우심으로 성벽을 뛰어넘을 수 있습니다.

31 하나님의 길은 완전하고, 여호와의 약속은 틀림없습니다. 주께서는 주님을 믿는 사람의 방패가 되십니다.

32 누가 하나님이신가? 여호와밖에 없으시다. 누가 바위인가? 우리 하나님뿐이시다.

33 하나님은 나의 든든한 요새이시며, 나의 길을 곧고 평탄하게 하신다.

34 하나님께서는 나의 발을 사슴의 발처럼 만드셔서 높은 곳에서도 든든하게 세워 주셨다.

35 내 손을 훈련시켜 싸울 수 있게 하시고 놋쇠 활도 당길 수 있게 하신다.

36 주께서는 나에게 구원의 방패를 주시고 나를 도

15 • He shot arrows and scattered his enemies;
　　his lightning flashed, and they were
　　confused.
16 • Then at the command of the LORD,
　　at the blast of his breath,
　　the bottom of the sea could be seen,
　　and the foundations of the earth were laid
　　bare.
17 • "He reached down from heaven and rescued
　　me;
　　he drew me out of deep waters.
18 • He rescued me from my powerful enemies,
　　from those who hated me and were too
　　strong for me.
19 • They attacked me at a moment when I was
　　in distress,
　　but the LORD supported me.
20 • He led me to a place of safety;
　　he rescued me because he delights in me.
21 • The LORD rewarded me for doing right;
　　he restored me because of my innocence.
22 • For I have kept the ways of the LORD;
　　I have not turned from my God to follow evil.
23 • I have followed all his regulations;
　　I have never abandoned his decrees.
24 • I am blameless before God;
　　I have kept myself from sin.
25 • The LORD rewarded me for doing right.
　　He has seen my innocence.
26 • "To the faithful you show yourself faithful;
　　to those with integrity you show integrity.
27 • To the pure you show yourself pure,
　　but to the crooked you show yourself shrewd.
28 • You rescue the humble,
　　but your eyes watch the proud and
　　humiliate them.
29 • O LORD, you are my lamp.
　　The LORD lights up my darkness.
30 • In your strength I can crush an army;
　　with my God I can scale any wall.
31 • "God's way is perfect.
　　All the LORD's promises prove true.
　　He is a shield for all who look to him for
　　protection.
32 • For who is God except the LORD?
　　Who but our God is a solid rock?
33 • God is my strong fortress,
　　and he makes my way perfect.
34 • He makes me as surefooted as a deer,
　　enabling me to stand on mountain heights.
35 • He trains my hands for battle;
　　he strengthens my arm to draw a bronze
　　bow.
36 • You have given me your shield of victory;
　　your help* has made me great.

22:36 As in Dead Sea Scrolls; Masoretic Text reads
your answering.

우서서 큰 사람으로 만드셨다.

37 나에게 좀 더 나은 길을 주셔서 내 발이 미끄러지지 않게 하셨다.

38 나는 원수를 뒤쫓아 몰리쳤고 그들이 멸망할 때까지 물러나지 않았다.

39 나는 그들을 부수고 멸망시켜 다시는 일어서지 못하게 하였다. 그들은 내 발 아래 엎어졌도다.

40 주께서는 싸움터에서 나에게 힘을 주셨고 나의 원수들을 엎어지게 하셨다.

41 주께서는 원수들이 나의 앞에서 등을 돌려 달아나게 하시고 나를 미워하는 사람들을 물리쳐 이기게 해 주셨다.

42 원수들은 도움을 구했으나, 아무도 그들을 구하러 오지 않았다. 그들은 주님을 불렀지만, 주께서는 대답하지 않으셨다.

43 나는 원수들을 흙먼지처럼 무너뜨렸고 길바닥의 진흙처럼 짓밟았다.

44 주께서는 나의 백성이 나를 공격할 때에 구해 주셨고, 다른 나라들의 지도자로 삼아 주셨다. 그래서 내가 알지도 못하는 백성들이 나를 섬기고,

45 이방 사람들이 나에게 복종한다. 나에 대한 이야기만 듣고도 나에게 복종한다.

46 그들은 모두 두려워하고 피난처에서 떨고 있다.

47 주님은 살아 계신다. 나의 바위를 찬양하여라. 나를 구한 바위이신 하나님을 찬양하여라.

48 하나님께서는 내가 원수들을 이기게 해 주셨고 백성들이 나에게 복종하도록 해 주셨다.

49 원수에게서 나를 구해 주시고 나를 미워하는 사람들에게서 나를 높이 드시고 폭력을 휘두르는 사람들에게서 나를 건져 주셨다.

50 그러므로 여호와여, 내가 여러 나라들 가운데서 주께 감사합니다. 주님의 이름을 찬양합니다.

51 주께서는 손수 세우신 왕에게 큰 승리를 주셨고 손수 기름 부으신 사람, 다윗과 그의 자손들에게 한결같은 사랑을 베푸셨습니다."

다윗의 마지막 말

23 다음은 다윗이 남긴 마지막 말입니다.

"이새의 아들 다윗의 말이며 하나님께서 높이신 사람의 말이다. 그는 야곱의 하나님께서 기름 부으신 왕이며, 그는 이스라엘의 아름다운 노래를 부르는 사람이다.

2 여호와의 영이 나를 통해 말씀하셨다. 그분의 말씀이 내 혀에 담겼다.

---

37 • You have made a wide path for my feet
　　to keep them from slipping.

38 • "I chased my enemies and destroyed them;
　　I did not stop until they were conquered.

39 • I consumed them;
　　I struck them down so they did not get up;
　　they fell beneath my feet.

40 • You have armed me with strength for the
　　battle;
　　you have subdued my enemies under my
　　feet.

41 • You placed my foot on their necks.
　　I have destroyed all who hated me.

42 • They looked for help, but no one came to
　　their rescue.
　　They even cried to the LORD, but he
　　refused to answer.

43 • I ground them as fine as the dust of the earth;
　　I trampled them* in the gutter like dirt.

44 • "You gave me victory over my accusers.
　　You preserved me as the ruler over nations;
　　people I don't even know now serve me.

45 • Foreign nations cringe before me;
　　as soon as they hear of me, they submit.

46 • They all lose their courage
　　and come trembling* from their strong-
　　holds.

47 • "The LORD lives! Praise to my Rock!
　　May God, the Rock of my salvation, be
　　exalted!

48 • He is the God who pays back those who
　　harm me;
　　he brings down the nations under me

49 • and delivers me from my enemies.
　　You hold me safe beyond the reach of my
　　enemies;
　　you save me from violent opponents.

50 • For this, O LORD, I will praise you among the
　　nations;
　　I will sing praises to your name.

51 • You give great victories to your king;
　　you show unfailing love to your anointed,
　　to David and all his descendants forever."

David's Last Words

23 These are the last words of David:

"David, the son of Jesse, speaks—
　　David, the man who was raised up so high,
　　David, the man anointed by the God of Jacob,
　　David, the sweet psalmist of Israel.*

2 • "The Spirit of the LORD speaks through me;

22:43 As in Dead Sea Scrolls (see also Ps 18:42); Masoretic Text reads *I crushed and trampled them.* **22:46** As in parallel text at Ps 18:45; Hebrew reads *come girding themselves.* **23:1** Or *the favorite subject of the songs of Israel;* or *the favorite of the Strong One of Israel.*

3 이스라엘의 하나님께서 말씀하셨다. 이스라엘의 반석이신 분이 나에게 말씀하셨다. '너는 백성을 공평하게 다스리는 사람이며, 하나님을 두려워하는 마음으로 다스리는 사람이로다.

4 그런 너는 새벽빛과 같고, 구름 끼지 않은 아침과도 같으며, 비 온 뒤의 햇살과도 같고, 땅에서 새싹을 돋게 하는 햇살과도 같다.'

5 이처럼 하나님께서는 내 집안을 돌봐 주셨다. 하나님께서는 나와 영원한 약속을 맺어 주셨고 모든 일에 올바르고 든든한 약속을 해주셨다. 이 약속은 나의 구원이며, 이 약속은 내가 가장 기뻐하는 것이다. 진실로 주께서는 그 약속을 이루어 주실 것이다.

6 그러나 모든 악한 백성은 가시와 같아서 버림을 받을 것이다. 왜냐하면 손으로 가시를 잡을 수 없기 때문이다.

7 누구나 가시를 만지려면 쇠막대나 창을 사용해야 한다. 가시는 불에 던져져서 마침내 타 버리고 말 것이다."

다윗의 군대

8 다윗의 용사들의 이름은 이러합니다. 다그몬 사람 요셉밧세벳은 세 용사의 우두머리입니다. 그는 에센 사람 아디노라고도 불립니다. 그는 한꺼번에 창 하나로 적군 팔백 명을 죽인 일이 있습니다.

9 그 다음에는 아호아 사람 도대의 아들 엘르아살이 있습니다. 엘르아살은 다윗이 블레셋과 싸울 때, 다윗과 함께 있었던 세 명의 군인 중 한 사람입니다. 블레셋 사람들이 싸움터에 모였을 때, 이스라엘 백성은 도망쳤습니다.

10 그러나 엘르아살은 도망치지 않고 남아 있다가 지쳐서 칼을 더 휘두를 수 없을 때까지 블레셋과 싸웠습니다. 여호와께서는 그날, 이스라엘이 크게 이기게 해 주셨습니다. 엘르아살이 싸움에서 이긴 다음에 백성들이 다시 돌아왔습니다. 그러나 백성들이 와서 한 일은 적에게서 무기와 갑옷을 거둬들이는 일뿐이었습니다.

11 그 다음에는 하랄 사람 아게의 아들 삼마가 있습니다. 블레셋 사람들이 와서 싸울 때의 일입니다. 블레셋 사람들은 우거진 팥밭에 떼를 지어 모여 있었습니다. 이스라엘의 군대는 블레셋 사람을 피해 도망쳤습니다.

12 그러나 삼마는 밭 한가운데에 서 있었습니다. 삼마는 그곳에서 블레셋 사람들과 맞서 싸웠습니다. 여호와께서는 그에게 큰 승리를 주셨습니다.

13 추수를 시작할 무렵에 다윗이 거느린 으뜸가는 군인들 삼십 명 중에서 세 용사가 다윗을 찾아왔습니다. 그때, 다윗은 아둘람 동굴에 있었고, 블레셋 군

---

his words are upon my tongue.

3 • The God of Israel spoke.
　　The Rock of Israel said to me:
　　'The one who rules righteously,
　　　who rules in the fear of God,

4 • is like the light of morning at sunrise,
　　　like a morning without clouds,
　　like the gleaming of the sun
　　　on new grass after rain.'

5 • "Is it not my family God has chosen?
　　Yes, he has made an everlasting
　　　covenant with me.
　　His agreement is arranged and guaranteed
　　　in every detail.
　　He will ensure my safety and success.

6 • But the godless are like thorns to be
　　　thrown away,
　　for they tear the hand that touches
　　　them.

7 • One must use iron tools to chop them
　　　down;
　　they will be totally consumed by fire."

David's Mightiest Warriors

8 • These are the names of David's mightiest warriors. The first was Jashobeam the Hacmonite,* who was leader of the Three*—the three mightiest warriors among David's men. He once used his spear to kill 800 enemy warriors in a single battle.*

9 • Next in rank among the Three was Eleazar son of Dodai, a descendant of Ahoah. Once Eleazar and David stood together against the Philistines when the entire 10 Israelite army had fled. • He killed Philistines until his hand was too tired to lift his sword, and the LORD gave him a great victory that day. The rest of the army did not return until it was time to collect the plunder!

11 • Next in rank was Shammah son of Agee from Harar. One time the Philistines gathered at Lehi and attacked the Israelites in a field 12 full of lentils. The Israelite army fled, • but Shammah* held his ground in the middle of the field and beat back the Philistines. So the LORD brought about a great victory.

13 • Once during the harvest, when David was at the cave of Adullam, the Philistine army was camped in the valley of Rephaim.

---

gleam [gliːm] vi. 반짝 빛나다

23:8a As in parallel text at 1 Chr 11:11; Hebrew reads *Josheb-basshebeth the Tahkemonite.* **23:8b** As in Greek and Latin versions (see also 1 Chr 11:11); the meaning of the Hebrew is uncertain. **23:8c** As in some Greek manuscripts (see also 1 Chr 11:11); the meaning of the Hebrew is uncertain, though it might be rendered *the Three. It was Adino the Eznite who killed 800 men at one time.* **23:12** Hebrew *he.*

대는 르바임 골짜기에 진을 치고 있었습니다.

14 그때, 다윗이 있던 곳은 안전한 요새였고, 몇몇 블레셋 군인들은 베들레헴에 있었습니다.

15 다윗은 몹시 물이 마시고 싶었습니다. 다윗이 말했습니다. "누가 베들레헴 성문 가까이에 있는 샘에 가서 물을 길어다 줄 수 없을까?"

16 그 말을 듣고 세 용사가 블레셋 군대를 뚫고 나가서, 베들레헴 성문 가까이에 있는 샘에서 물을 길어 다윗에게 가지고 왔습니다. 그러나 다윗은 그 물을 마시지 않았습니다. 다윗은 그 물을 여호와 앞에서 땅에 쏟아 버렸습니다.

17 그리고 다윗이 말했습니다. "여호와여! 저는 이 물을 마시지 않겠습니다. 이 물을 마시는 것은 곧 자기 목숨을 내건 이 사람들의 피를 마시는 것과 같습니다." 결국 다윗은 그 물을 마시지 않았습니다. 세 용사는 다윗에게 그렇게까지 용감히 나서서 충성심을 보였습니다.

18 그 세 용사는 다음과 같습니다. 아비새는 스루야의 아들 요압의 동생입니다. 아비새는 삼십 명 부대의 우두머리였습니다. 아비새는 창으로 적군 삼백 명을 죽인 일이 있습니다. 아비새는 세 용사 중의 하나라는 명성을 얻었습니다.

19 아비새는 세 용사보다도 더 존경을 받았고, 세 용사의 지휘관이 되었습니다. 그러나 아비새는 처음의 세 용사에는 들지 못했습니다.

20 여호야다의 아들 브나야는 갑스엘 사람으로서 용감한 군인이었습니다. 브나야는 용감한 일을 많이 했습니다. 브나야는 모압의 최고 군인 두 사람을 죽인 일이 있습니다. 또 브나야는 눈이 내리는 날, 구덩이에 내려가서 사자를 죽인 일도 있습니다.

21 브나야는 이집트의 거인도 죽인 일이 있습니다. 그 이집트 사람은 손에 창을 들고 있었는데, 브나야는 작은 막대기 하나만 들고 있었습니다. 브나야는 이집트 사람의 손에서 창을 빼앗아서 그 창으로 그를 죽였습니다.

22 여호야다의 아들 브나야는 이처럼 용감한 일들을 했습니다. 브나야는 세 용사 중의 하나라는 명성을 얻었습니다.

23 브나야는 삼십 용사보다도 존경을 받았으나, 세 용사에는 들지 못했습니다. 다윗은 브나야를 자기의 경호대장으로 삼았습니다.

다윗의 용사 삼십 명

24 다음은 다윗의 용사들 삼십 명의 이름입니다. 요압의 동생 아사헬, 베들레헴 사람 도도의 아들 엘하난,

25 하롯 사람 삼훗, 하롯 사람 엘리가,

The Three (who were among the Thirty—an elite group among David's fighting men) went down to meet him there. •David was staying in the stronghold at the time, and a Philistine detachment had occupied the town of Bethlehem.

15 •David remarked longingly to his men, "Oh, how I would love some of that good water from the well by the gate in Bethlehem."

16 •So the Three broke through the Philistine lines, drew some water from the well by the gate in Bethlehem, and brought it back to David. But he refused to drink it. Instead, he poured it out as an offering to the LORD.

17 •"The LORD forbid that I should drink this!" he exclaimed. "This water is as precious as the blood of these men* who risked their lives to bring it to me." So David did not drink it. These are examples of the exploits of the Three.

David's Thirty Mighty Men

18 •Abishai son of Zeruiah, the brother of Joab, was the leader of the Thirty.* He once used his spear to kill 300 enemy warriors in a single battle. It was by such feats that he became as famous as the Three. •Abishai was the most famous of the Thirty* and was their commander, though he was not one of the Three.

20 •There was also Benaiah son of Jehoiada, a valiant warrior* from Kabzeel. He did many heroic deeds, which included killing two champions* of Moab. Another time, on a snowy day, he chased a lion down into a pit

21 and killed it. •Once, armed only with a club, he killed an imposing Egyptian warrior who was armed with a spear. Benaiah wrenched the spear from the Egyptian's hand and killed him with it. •Deeds like these made Benaiah as famous as the Three mightiest warriors.

23 •He was more honored than the other members of the Thirty, though he was not one of the Three. And David made him captain of his bodyguard.

24 •Other members of the Thirty included:

Asahel, Joab's brother;
Elhanan son of Dodo from Bethlehem;

25 •Shammah from Harod;
Elika from Harod;

exploit [íksplóit] *n.* 위업, 공적
valiant [vǽljənt] *a.* 용맹스러운
wrench [rént∫] *vt.* 비틀다, 억지로 빼앗다

23:17 Hebrew *Shall I drink the blood of these men?*　23:18 As in a few Hebrew manuscripts and Syriac version; most Hebrew manuscripts read *the Three.*　23:19 As in Syriac version; Hebrew reads *the Three.*　23:20a Or *son of Jehoiada, son of Ish-hai.*　23:20b Hebrew *two of Ariel.*

26 발디 사람 헬레스, 드고아 사람 익게스의 아들이라,

27 아나돗 사람 아비에셀, 후사 사람 므분내,

28 아호아 사람 살몬, 느도바 사람 마하래,

29 느도바 사람 바아나의 아들 헬렙, 베냐민 땅 기브아 사람 리배의 아들 잇대,

30 비라돈 사람 브나야, 가아스 골짜기 사람 힛대,

31 아르바 사람 아비알본, 바르훔 사람 아스마윗,

32 사알본 사람 엘리아바, 야센의 아들 요나단

33 하랄 사람 삼마, 아랄 사람 사랄의 아들 아히암,

34 마아가 사람 아하스배의 아들 엘리벨렛, 길로 사람 아히도벨의 아들 엘리암,

35 갈멜 사람 헤스래, 아랍 사람 바아래,

36 소바 사람 나단의 아들 이갈, 갓 사람 바니,

37 암몬 사람 셀렉, 스루야의 아들 요압의 무기를 들고 다녔던 브에롯 사람 나하래,

38 이델 사람 이라, 이델 사람 가렙,

39 헷 사람 우리아, 이상 모두 삼십칠 명이었습니다.

다윗의 인구 조사와 재앙

24 여호와께서 또다시 이스라엘 백성에게 진노하셨습니다. 그래서 여호와께서는 다윗의 마음속에 이스라엘 백성의 수를 세려는 충동을 불어넣으셨습니다. 다윗이 말했습니다. "가서 이스라엘과 유다 백성의 수를 세어 보아라."

2 다윗 왕이 군대 지휘관인 요압에게 말했습니다. "이스라엘의 모든 지파 사이를 두루 다니시오. 단에서 브엘세바까지 다니면서 백성의 수를 세시오. 그래서 그 수가 얼마나 되는지 나에게 알려 주시오."

3 그러나 요압이 왕에게 말했습니다. "왕의 하나님 여호와께서 왕에게 백 배나 더 많은 백성을 주시기 바랍니다. 그리고 그런 일이 일어날 때까지 왕께서 살아 계시기를 바랍니다. 하지만 왕께서는 어찌하여 이런 일을 하려 하십니까?"

4 그러나 요압을 비롯한 다른 지휘관들은 왕의 명령을 계속 따르지 않을 수 없음을 깨닫고 이스라엘 백성의 수를 세러 나갔습니다.

5 그들은 요단 강을 건넌 후에 아로엘에서 가까운 곳에 진을 쳤습니다. 그들은 골짜기 가운데에 있는 아로엘 성의 남쪽에 진을 쳤습니다. 그들은 갓과 야셀을 거쳐서 갔습니다.

26 • Helez from Pelon*;
  Ira son of Ikkesh from Tekoa;

27 • Abiezer from Anathoth;
  Sibbecai* from Hushah;

28 • Zalmon from Ahoah;
  Maharai from Netophah;

29 • Heled* son of Baanah from Netophah;
  Ithai* son of Ribai from Gibeah (in the land of Benjamin);

30 • Benaiah from Pirathon;
  Hurai from Nahale-gaash*;

31 • Abi-albon from Arabah;
  Azmaveth from Bahurim;

32 • Eliahba from Shaalbon;
  the sons of Jashen;

33 • Jonathan • son of Shagee* from Harar;
  Ahiam son of Sharar from Harar;

34 • Eliphelet son of Ahasbai from Maacah;
  Eliam son of Ahithophel from Giloh;

35 • Hezro from Carmel;
  Paarai from Arba;

36 • Igal son of Nathan from Zobah;
  Bani from Gad;

37 • Zelek from Ammon;
  Naharai from Beeroth, the armor bearer of Joab son of zeruiah;

38 • Ira from Jattir;
  Gareb from Jattir;

39 • Uriah the Hittite.

There were thirty-seven in all.

David Takes a Census

24 Once again the anger of the LORD burned against Israel, and he caused David to harm them by taking a census. "Go and count the people of Israel and Judah," the LORD told him.

2 • So the king said to Joab and the commanders* of the army, "Take a census of all the tribes of Israel— from Dan in the north to Beersheba in the south—so I may know how many people there are."

3 • But Joab replied to the king, "May the LORD your God let you live to see a hundred times as many people as there are now! But why, my lord the king, do you want to do this?"

4 • But the king insisted that they take the census, so Joab and the commanders of the army went out

23:26 As in parallel text at 1 Chr 11:27 (see also 1 Chr 27:10); Hebrew reads *from Palti*. 23:27 As in some Greek manuscripts (see also 1 Chr 11:29); Hebrew reads *Mebunnai*. 23:29a As in some Hebrew manuscripts (see also 1 Chr 11:30); most Hebrew manuscripts read *Heleb*. 23:29b As in parallel text at 1 Chr 11:31; Hebrew reads *Ittai*. 23:30a As in some Greek manuscripts (see also 1 Chr 11:32); Hebrew reads *Hiddai*. 23:30b Or *from the ravines of Gaash*. 23:33 As in parallel text at 1 Chr 11:34; Hebrew reads *Jonathan, Shammah*; some Greek manuscripts read *Jonathan son of Shammah*. 24:2 As in Greek version (see also 24:4 and 1 Chr 21:2); Hebrew reads *Joab the commander*.

6 그 후에 그들은 길르앗과 닷딤홋시 땅으로 갔습니다. 그 다음에 그들은 다냐안을 거쳐 시돈으로 돌아갔습니다.

7 그들은 굳건한 성벽이 있는 두로 성으로 갔습니다. 그들은 또 히위 사람과 가나안 사람의 모든 성으로도 갔습니다. 마지막으로 그들은 유다 남쪽 브엘세바로 갔습니다.

8 그들은 구 개월 이십 일 만에 모든 땅을 두루 다니고 예루살렘으로 돌아왔습니다.

9 요압이 백성들의 수를 왕에게 말했습니다. 이스라엘에는 칼을 쓸 수 있는 사람이 모두 팔십만 명이었고, 유다에는 오십만 명이 있었습니다.

10 인구 조사가 다 끝나자, 다윗은 자기가 잘못했다는 생각이 들었습니다. 다윗이 여호와께 말씀드렸습니다. "제가 큰 죄를 지었습니다. 여호와여, 제발 저의 죄를 용서해 주십시오, 제가 너무나 바보 같은 일을 했습니다."

11 다윗이 아침에 일어나기 전에 여호와께서 갓에게 말씀하셨습니다. 갓은 다윗의 예언자였습니다.

12 여호와께서 갓에게 말씀하셨습니다. "가서 다윗에게 전하여라. '여호와께서 이렇게 말씀하셨습니다. 내가 너에게 세 가지를 내놓겠다. 그 중에서 하나를 골라라.'"

13 갓이 다윗에게 가서 말했습니다. "이 세 가지 중에서 하나를 고르십시오. 왕과 왕의 땅에 칠 년 동안 가뭄이 드는 것이 좋겠습니까? 아니면 왕의 원수가 왕을 세 달 동안 뒤쫓는 것이 좋겠습니까? 그것도 아니면 왕의 나라에 삼 일 동안, 전염병이 도는 것이 좋겠습니까? 잘 생각해 보고 저를 보내신 여호와께 대답할 말씀을 정해 주십시오."

14 다윗이 갓에게 말했습니다. "정말로 큰일났구려. 하지만 여호와께서는 매우 자비로우신 분이오, 그러므로 여호와께서 주시는 벌을 받는 편이 낫겠소, 사람들 손에 벌을 받는 것은 싫소,"

15 그리하여 여호와께서는 그날 아침부터 전염병을 삼 일 동안 이스라엘에 돌게 하셨습니다. 단에서 브엘세바까지 칠만 명이나 되는 사람이 죽었습니다.

16 전염병을 퍼뜨리고 다니던 천사가 팔을 들어 예루살렘을 가리키며 치려 하는 순간, 여호와께서 이스라엘에 재앙을 내리셨던 마음을 바꾸셨습니다. 여호와께서 백성들에게 벌을 주고 있는 천사에게 말씀하셨습니다. "이젠 되었도다. 그만 팔을 거두어라." 그때, 주님의 천사는 여부스 사람 아라우나의 타작 마당 곁에 서 있었습니다.

17 다윗이, 백성들을 친 천사를 보고 여호와께 말씀드렸습니다. "제가 죄를 지었습니다. 제가 잘못했습니다. 하지만 이 백성들은 양처럼 저를 따르기만 했

5 to count the people of Israel. •First they crossed the Jordan and camped at Aroer, south of the town in the valley, in the direction of 6 Gad. Then they went on to Jazer, •then to Gilead in the land of Tahtim-hodshi* and to 7 Dan-jaan and around to Sidon. •Then they came to the fortress of Tyre, and all the towns of the Hivites and Canaanites. Finally, they went south to Judah* as far as Beersheba.

8 •Having gone through the entire land for nine months and twenty days, they returned 9 to Jerusalem. •Joab reported the number of people to the king. There were 800,000 capable warriors in Israel who could handle a sword, and 500,000 in Judah.

Judgment for David's Sin

10 •But after he had taken the census, David's conscience began to bother him. And he said to the LORD, "I have sinned greatly by taking this census. Please forgive my guilt, LORD, for doing this foolish thing."

11 •The next morning the word of the LORD came to the prophet Gad, who was David's 12 seer. This was the message: •"Go and say to David, 'This is what the LORD says: I will give you three choices. Choose one of these punishments, and I will inflict it on you.'"

13 •So Gad came to David and asked him, "Will you choose three* years of famine throughout your land, three months of fleeing from your enemies, or three days of severe plague throughout your land? Think this over and decide what answer I should give the LORD who sent me."

14 •"I'm in a desperate situation!" David replied to Gad. "But let us fall into the hands of the LORD, for his mercy is great. Do not let me fall into human hands."

15 •So the LORD sent a plague upon Israel that morning, and it lasted for three days.* A total of 70,000 people died throughout the nation, from Dan in the north to Beersheba 16 in the south. •But as the angel was preparing to destroy Jerusalem, the LORD relented and said to the death angel, "Stop! That is enough!" At that moment the angel of the LORD was by the threshing floor of Araunah the Jebusite.

17 •When David saw the angel, he said to the LORD, "I am the one who has sinned and done wrong! But these people are as innocent as sheep—what have they done? Let your

desperate [déspərət] *a.* 절망적인
inflict [inflíkt] *vt.* (형벌 따위를) 가하다

24:6 Greek version reads *to Gilead and to Kadesh in the land of the Hittites.* 24:7 Or *they went to the Negev of Judah.* 24:13 As in Greek version (see also 1 Chr 21:12); Hebrew reads *seven.* 24:15 Hebrew *for the designated time.*

습니다. 그들은 아무 잘못이 없습니다. 저와 제 아버지의 집안에만 벌을 주십시오."

18 그날, 갓이 다윗에게 와서 말했습니다. "가서 여호와를 위하여 여부스 사람 아라우나의 타작 마당에 제단을 쌓으십시오."

19 그래서 다윗은 갓을 통해 여호와께서 명령하신 대로 했습니다. 다윗은 여호와의 명령을 따라 아라우나를 만나러 갔습니다.

20 아라우나가 보니, 왕이 신하들과 함께 자기에게 오고 있었습니다. 그래서 아라우나는 밖으로 나가서 얼굴을 땅에 대고 절을 했습니다.

21 그리고 이렇게 물었습니다. "어쩐 일로 내 주 왕께서 저에게 오십니까?" 다윗이 대답했습니다. "그대에게서 이 타작 마당을 사려고 왔소. 그래서 여호와께 제단을 쌓고 싶소. 그러면 백성들에게 닥친 이 재앙도 그칠 것이오."

22 아라우나가 다윗에게 말했습니다. "내 주 왕이시여, 어디든지 마음에 드시는 곳에서 제물을 바치십시오. 온전한 번제를 드릴 소도 여기에 몇 마리 있습니다. 또 땔감으로 쓸 타작판과 소의 멍에도 있습니다.

23 왕이시여, 아라우나가 이 모든 것을 왕께 드립니다." 아라우나가 또 말했습니다. "왕의 하나님 여호와께서 왕의 제물을 기쁘게 받아 주시기를 바랍니다."

24 그러나 왕은 아라우나에게 이렇게 대답했습니다. "안 되오. 돈을 주고 이 땅을 사겠소. 내 하나님 여호와께 거저 얻은 것으로 태워 드리는 제사인 번제를 드릴 수는 없소." 그리하여 다윗은 타작 마당과 소를 은 오십 세겔*을 주고 샀습니다.

25 그리고 나서 다윗은 온전한 번제와 화목제를 드렸습니다. 그러자 여호와께서 나라를 위한 다윗의 기도를 들어주셔서 이스라엘에 내렸던 재앙을 멈추셨습니다.

anger fall against me and my family."

David Builds an Altar

18 • That day Gad came to David and said to him, "Go up and build an altar to the LORD on the threshing floor of Araunah the Jebusite."

19 • So David went up to do what the LORD had commanded him. • When Araunah

20 saw the king and his men coming toward him, he came and bowed before the king

21 with his face to the ground. • "Why have you come, my lord the king?" Araunah asked.

David replied, "I have come to buy your threshing floor and to build an altar to the LORD there, so that he will stop the plague."

22 • "Take it, my lord the king, and use it as you wish," Araunah said to David. "Here are oxen for the burnt offering, and you can use the threshing boards and ox yokes for wood

23 to build a fire on the altar. • I will give it all to you, Your Majesty, and may the LORD your God accept your sacrifice."

24 • But the king replied to Araunah, "No, I insist on buying it, for I will not present burnt offerings to the LORD my God that have cost me nothing." So David paid him fifty pieces of silver* for the threshing floor and the oxen.

25 • David built an altar there to the LORD and sacrificed burnt offerings and peace offerings. And the LORD answered his prayer for the land, and the plague on Israel was stopped.

---

plague [pléig] *n.* 전염병, 재앙
thresh [θréʃ] *vi.* 타작하다
yoke [jóuk] *n.* 멍에

24:24 Hebrew *50 shekels of silver*, about 20 ounces or 570 grams in weight.
24:24 50세겔은 약 570g에 해당된다.

열왕기상

● 서론

❖ 저자 _ 예레미야
❖ 저작 연대 _ B.C. 561~538년 사이로 추정
❖ 기록 장소 _ 유다와 애굽(확실치 않음)
❖ 기록 대상 _ 이스라엘 백성
❖ 핵심어 및 내용 _ 핵심어는 '지혜', '분열' 등이다. 솔로몬은 하나님께 인간적인 명예나 부를 간구하지 않고 이스라엘 백성을 잘 다스릴 수 있는 지혜를 달라고 간구했다. 하지만 말년에 이방 첩들의 영향을 받아 그의 마음은 하나님을 떠나게 되었고 결국 그의 왕국은 분열되었다.

아도니야가 왕이 되려 하다

1 다윗 왕은 이제 나이가 아주 많이 들었습니다. 신하들이 이불을 많이 덮어 줘도 그의 몸은 따뜻해지지 않았습니다.

2 그래서 신하들이 다윗에게 말했습니다. "젊은 여자를 데려다가 왕의 시중을 들게 하겠습니다. 그 여자가 왕의 품에 누우면, 왕의 몸이 따뜻해질 것입니다.

3 신하들은 이스라엘 온 땅을 누비면서 젊고 아름다운 여자를 찾아다녔습니다. 그러다가 수넴 여자 아비삭을 찾아서 왕에게 데려왔습니다.

4 아비삭은 매우 아름다웠습니다. 그 여자는 왕의 시중을 들고 왕을 섬겼으나, 다윗 왕은 그 여자와 잠자리를 함께하지 않았습니다.

5 다윗에게는 아도니야라는 아들이 있었는데, 그의 어머니는 학깃이었습니다. 아도니야는 스스로를 높이며 "나는 왕이 될 것이다"라고 말하면서 전차와 말을 준비했습니다. 그리고 자신을 호위하는 병사 오십 명을 데리고 다녔습니다.

6 그런데도 다윗 왕은 "왜 왕처럼 행세하고 다니느냐?"라고 묻지 않았습니다. 그리고 그가 하는 일에 대해 한 번도 간섭하지 않았습니다. 아도니야는 압살롬 바로 밑의 동생이었으며, 매우 잘생겼습니다.

7 아도니야는 스루야의 아들 요압과 제사장 아비아달과 의논했습니다. 그들은 아도니야를 도왔습니다.

8 그러나 제사장 사독과 여호야다의 아들 브나야와 예언자 나단과 시므이와 레이와 다윗 왕을 특별히 경호하는 사람들은 아도니야 편을 들지 않았습니다.

9 아도니야는 양과 소와 살진 송아지를 잡아 엔로겔 샘 가까이에 있는 소헬렛 바위에서 제사를 드렸습니다. 그리고 자기의 모든 형제들, 곧 다윗 왕의 다른 아들들을 초대했습니다. 유다의 지도자들과 장로들도 초대했습니다.

10 그러나 예언자 나단과 브나야와 자기 아버지의 특별 경호대와 자기 동생 솔로몬은 초대하지 않았습

David in His Old Age

1 King David was now very old, and no matter how many blankets covered him, 2 he could not keep warm. •So his advisers told him, "Let us find a young virgin to wait on you and look after you, my lord. She will lie in your arms and keep you warm."

3 •So they searched throughout the land of Israel for a beautiful girl, and they found Abishag from Shunem and brought her to 4 the king. •The girl was very beautiful, and she looked after the king and took care of him. But the king had no sexual relations with her.

Adonijah Claims the Throne

5 •About that time David's son Adonijah, whose mother was Haggith, began boasting, "I will make myself king." So he provided himself with chariots and charioteers and recruited fifty men to run in front of him. 6 •Now his father, King David, had never disciplined him at any time, even by asking, "Why are you doing that?" Adonijah had been born next after Absalom, and he was very handsome.

7 •Adonijah took Joab son of Zeruiah and Abiathar the priest into his confidence, and 8 they agreed to help him become king. •But Zadok the priest, Benaiah son of Jehoiada, Nathan the prophet, Shimei, Rei, and David's personal bodyguard refused to support Adonijah.

9 •Adonijah went to the Stone of Zoheleth* near the spring of En-rogel, where he sacrificed sheep, cattle, and fattened calves. He invited all his brothers—the other sons of King David—and all the royal officials of 10 Judah. •But he did not invite Nathan the prophet or Benaiah or the king's bodyguard or his brother Solomon.

---

discipline [dísəplin] *vt.* 벌하다, 징계하다
1:2 wait on… : …의 시중을 들다

1:9 Or *to the Serpent's Stone*; Greek version supports reading *Zoheleth* as a proper name.

니다.

11 나단이 이 소식을 듣고, 솔로몬의 어머니인 밧세바에게 가서 말했습니다. "학깃의 아들 아도니야가 스스로 왕이 된 것을 듣지 못하였습니까? 우리의 주이신 다윗 왕도 그 사실을 모르고 계십니까?

12 이제 당신과 당신 아들의 목숨이 위태롭게 되었습니다. 그러니 제가 하라는 대로 하십시오.

13 다윗 왕에게 가서 이렇게 말씀하십시오. '내 주 왕이여, 왕은 나에게 왕의 뒤를 이어 내 아들 솔로몬이 왕의 보좌에 앉을 것이라고 약속하지 않으셨습니까? 그런데 어찌하여 아도니야가 왕이 되었습니까?'

14 당신이 왕에게 말씀하실 때에 나도 들어가서 당신이 아도니야에 대해 한 말이 사실이라고 왕에게 말씀드리겠습니다."

15 그리하여 밧세바는 왕을 만나러 왕의 침실로 갔습니다. 왕이 매우 늙었으므로, 수넴 여자 아비삭이 시중을 들고 있었습니다.

16 밧세바가 왕 앞에 나아가 절을 했습니다. 왕이 물었습니다. "무엇을 원하시오?"

17 밧세바가 대답했습니다. "내 주여, 왕은 나에게 왕의 하나님 여호와의 이름으로 '그대의 아들 솔로몬이 내 뒤를 이어 왕이 될 것이오, 솔로몬이 내 보좌에 앉아다스릴 것이오' 라고 약속하셨습니다.

18 그런데 지금 아도니야가 왕이 된 것을 어찌 모르고 계십니까?

19 아도니야가 소와 살진 송아지와 양을 많이 잡아 제사를 드리고 왕의 아들들을 다 초대했습니다. 제사장 아비아달과 왕의 군대 사령관 요압도 초대했습니다. 그러나 왕을 섬기는 왕의 아들 솔로몬은 초대하지 않았습니다.

20 내 주 왕이여, 모든 이스라엘 백성이 왕을 지켜 보고 있습니다. 누가 왕의 뒤를 이을 사람인지 왕이 결정해 주시기를 기다리고 있습니다.

21 왕이 돌아가시면 솔로몬과 나는 죄인 취급을 받을 것입니다."

22 밧세바가 왕에게 말하고 있을 때에 예언자 나단이 들어왔습니다.

23 신하들이 왕에게 말했습니다. "예언자 나단이 오셨습니다." 나단은 왕에게 가까이 나아가서 엎드려 절을 했습니다.

24 나단이 말했습니다. "내 주 왕이여, 왕의 뒤를 이어 아도니야가 왕이 되어 왕의 보좌에 앉으라고 말씀하셨습니까?

25 오늘 아도니야가 소와 살진 송아지와 양을 많이 잡아 제사를 드리고 왕의 아들들과 왕의 군대 사령관과 제사장 아비아달도 초대했습니다. 지금 그들은 아도니야와 더불어 먹고 마시고 있습니다. 그들은 '아도니야

11 •Then Nathan went to Bathsheba, Solomon's mother, and asked her, "Haven't you heard that Haggith's son, Adonijah, has made himself king, and our lord 12 David doesn't even know about it? •If you want to save your own life and the life of your son Solomon, follow my advice. 13 •Go at once to King David and say to him, 'My lord the king, didn't you make a vow and say to me, "Your son Solomon will surely be the next king and will sit on my throne"? Why then has Adonijah 14 become king?' •And while you are still talking with him, I will come and confirm everything you have said."

15 •So Bathsheba went into the king's bedroom. (He was very old now, and Abi- 16 shag was taking care of him.) •Bathsheba bowed down before the king.

"What can I do for you?" he asked her. 17 •She replied, "My lord, you made a vow before the LORD your God when you said to me, 'Your son Solomon will surely be the next king and will sit on my 18 throne.' •But instead, Adonijah has made himself king, and my lord the king 19 does not even know about it. •He has sacrificed many cattle, fattened calves, and sheep, and he has invited all the king's sons to attend the celebration. He also invited Abiathar the priest and Joab, the commander of the army. But he did not 20 invite your servant Solomon. •And now, my lord the king, all Israel is waiting for you to announce who will become king 21 after you. •If you do not act, my son Solomon and I will be treated as criminals as soon as my lord the king has died."

22 •While she was still speaking with the 23 king, Nathan the prophet arrived. •The king's officials told him, "Nathan the prophet is here to see you."

Nathan went in and bowed before the 24 king with his face to the ground. •Nathan asked, "My lord the king, have you decided that Adonijah will be the next king and that he will sit on your throne? 25 •Today he has sacrificed many cattle, fattened calves, and sheep, and he has invited all the king's sons to attend the celebration. He also invited the commanders of the army and Abiathar the priest. They are feasting and drinking with him and

announce [ənáuns] vt. 공포하다
confirm [kənfə́:rm] vt. 확증하다
criminal [krímənl] n. 범죄자
feast [fi:st] vi. 즐겁게 먹다
throne [θróun] n. 왕좌
1:13 make a vow : 맹세하다
1:16 bow down before… : …에게 절하다

왕
상

왕 만세!'를 외치고 있습니다.

26 그러나 아도니야는 나와 제사장 사독과 여호야다의 아들 브나야와 왕의 아들 솔로몬은 초대하지 않았습니다.

27 이 일을 왕이 하신 것입니까? 그런데 어찌하여 왕의 뒤를 이을 사람이 누구인지 우리에게 알려 주지 않으셨습니까?"

다윗이 솔로몬을 왕으로 삼다

28 다윗 왕이 말했습니다. "밧세바를 불러 오시오." 밧세바가 다시 들어와서 왕 앞에 섰습니다.

29 왕이 말했습니다. "나를 온갖 재앙에서 구해 주신 여호와 앞에서 맹세하오.

30 내가 전에 이스라엘 하나님 여호와의 이름으로 약속했던 것, 곧 당신 아들 솔로몬이 내 뒤를 이어 왕이 되며 내 왕위에 앉게 될 것이라고 약속했던 것을 오늘 시행하겠소."

31 밧세바가 왕 앞에서 엎드려 절하며 "내 주 다윗 왕이여, 만수무강하소서"라고 말했습니다.

32 다윗 왕이 말했습니다. "제사장 사독과 예언자 나단과 여호야다의 아들 브나야를 내 앞에 오게 하시오." 그러자 그들이 왕 앞으로 나아왔습니다.

33 왕이 그들에게 말했습니다. "내 신하들을 데리고 내 아들 솔로몬을 내 노새에 태워 기혼 샘으로 내려가시오.

34 거기에서 제사장 사독과 예언자 나단은 솔로몬에게 올리브 기름을 부어 그를 이스라엘의 왕으로 세우시오. 그리고 나팔을 불며 '솔로몬 왕 만세!'를 외치시오.

35 그런 다음에 솔로몬과 함께 돌아오시오. 솔로몬이 내 왕위에 앉아 나를 대신해서 나라를 다스릴 것이오. 내가 솔로몬을 이스라엘과 유다를 다스리는 왕으로 세우기를 명령하오."

36 여호야다의 아들 브나야가 왕에게 대답했습니다. "옳은 말씀입니다. 왕의 하나님께서도 그렇게 하시기를 바랍니다.

37 여호와께서 우리의 왕이신 당신을 언제나 도와 주셨던 것처럼 이제 솔로몬도 도와 주시기를 바랍니다. 그리고 솔로몬이 왕보다도 더 위대한 왕이 되시기를 바랍니다."

38 제사장 사독과 예언자 나단과 여호야다의 아들 브나야는 왕의 경호대인 그렛 사람들과 블렛 사람들과 함께 솔로몬을 다윗 왕의 노새에 태워 기혼 샘으로 내려갔습니다.

39 제사장 사독은 성막에서 기름을 담은 뿔을 가져왔습니다. 사독은 그 기름을 솔로몬의 머리에 부었습니다. 사람들이 나팔을 불고 모든 백성은 '솔로몬 왕 만세!' 하고 외쳤습니다.

40 모든 백성이 솔로몬을 따라 성으로 들어갔습니다. 그들은 피리를 불고 소리를 지르며 기뻐했습니다. 그들이 지르는 소리에 땅이 흔들릴 정도였습니다.

26 shouting, 'Long live King Adonijah!' • But he did not invite me or Zadok the priest or
27 Benaiah or your servant Solomon. • Has my lord the king really done this without letting any of his officials know who should be the next king?"

David Makes Solomon King

28 • King David responded, "Call Bathsheba!" So she came back in and stood before the
29 king. • And the king repeated his vow: "As surely as the LORD lives, who has rescued
30 me from every danger, • your son Solomon will be the next king and will sit on my throne this very day, just as I vowed to you before the LORD, the God of Israel."

31 • Then Bathsheba bowed down with her face to the ground before the king and exclaimed, "May my lord King David live forever!"

32 • Then King David ordered, "Call Zadok the priest, Nathan the prophet, and Benaiah son of Jehoiada." When they
33 came into the king's presence, • the king said to them, "Take Solomon and my officials down to Gihon Spring. Solomon is to
34 ride on my own mule. • There Zadok the priest and Nathan the prophet are to anoint him king over Israel. Blow the ram's horn and shout, 'Long live King Solomon!'
35 • Then escort him back here, and he will sit on my throne. He will succeed me as king, for I have appointed him to be ruler over Israel and Judah."

36 • "Amen!" Benaiah son of Jehoiada replied. "May the LORD, the God of my
37 lord the king, decree that it happen. • And may the LORD be with Solomon as he has been with you, my lord the king, and may he make Solomon's reign even greater than yours!"

38 • So Zadok the priest, Nathan the prophet, Benaiah son of Jehoiada, and the king's bodyguard* took Solomon down to Gihon Spring, with Solomon riding on
39 King David's own mule. • There Zadok the priest took the flask of olive oil from the sacred tent and anointed Solomon with the oil. Then they sounded the ram's horn and all the people shouted, "Long live King
40 Solomon!" • And all the people followed Solomon into Jerusalem, playing flutes and shouting for joy. The celebration was so joyous and noisy that the earth shook

anoint [ənɔ́int] *vt.* 기름을 붓다
exclaim [ikskléim] *vi.* 외치다
1:29 rescue… from~ : …을 ~에서 구출하다

1:38　Hebrew *the Kerethites and Pelethites;* also in 1:44.

41 아도니야와 그의 모든 손님들은 음식을 다 먹을 즈음에 그 소리를 들었습니다. 나팔 소리가 들려 오자 요압이 말했습니다. "성 안에 왜 저렇게 소란스러운가?"

42 요압이 말을 마치기도 전에 제사장 아비아달의 아들 요나단이 왔습니다. 아도니야가 말했습니다. "어서 오시오. 그대는 용사이니 틀림없이 좋은 소식을 가져왔을 줄로 믿소."

43 요나단이 대답했습니다. "아닙니다. 우리 주 다윗 왕은 솔로몬을 왕으로 세웠습니다.

44 다윗 왕은 솔로몬을 제사장 사독과 예언자 나단과 여호야다의 아들 브나야와 그렛 사람들과 블렛 사람들과 함께 보냈습니다. 그들은 솔로몬을 왕의 노새에 태웠습니다.

45 제사장 사독과 예언자 나단이 기혼 샘에서 솔로몬에게 기름을 부어 그를 왕으로 세웠습니다. 그리고 그들은 기뻐하며 성으로 들어갔습니다. 지금 온 성은 흥분으로 들떠 있습니다. 여러분이 들은 소리가 바로 그 소리입니다.

46 이제 솔로몬이 왕이 되었습니다.

47 왕의 신하들도 다윗 왕이 한 일을 축하하고 있습니다. 그들은 '왕의 하나님께서 솔로몬을 왕보다 더 유명하게 만드시기 바랍니다'라고 말하고 있습니다. 다윗 왕은 침대에서 여호와께 절하고

48 '이스라엘의 하나님 여호와를 찬양하여라. 여호와께서는 오늘 내 아들 가운데서 하나를 왕으로 삼으시고 내 눈으로 그것을 보게 해 주셨다'라고 말했습니다."

49 그러자 아도니야의 손님들이 다 두려워하면서 각자 자기의 길로 떠났습니다.

50 아도니야도 솔로몬이 두려워 자리에서 일어나 제단으로 가서 제단 뿔을 잡았습니다.

51 누군가가 솔로몬에게 일러 주었습니다. "아도니야가 솔로몬 왕을 두려워하여 제단 뿔을 잡고 있습니다. 그는 '솔로몬 왕에게 가서 그의 종인 나를 칼로 죽이지 않겠다고 맹세하게 해 달라고 전해 주시오'라고 말했습니다."

52 솔로몬이 대답했습니다. "아도니야가 믿을 만한 사람이라면 그의 머리카락 하나라도 땅에 떨어지지 않을 것이다. 그러나 만약 그에게서 악한 것이 발견되면 죽을 것이다."

53 그러면서 솔로몬 왕은 사람을 보내어 아도니야를 제단에서 끌어오게 했습니다. 아도니야가 와서 솔로몬에게 절을 했습니다. 그러자 솔로몬이 "집으로 가시오" 하고 말했습니다.

다윗이 죽다

2 다윗은 죽을 날이 가까워지자 솔로몬에게 유언을 했습니다.

2 "나는 이제 세상 모든 사람들이 가야 할 길로 간다. 너

---

41 •Adonijah and his guests heard the celebrating and shouting just as they were finishing their banquet. When Joab heard the sound of the ram's horn, he asked, "What's going on? Why is the city in such an uproar?"

42 •And while he was still speaking, Jonathan son of Abiathar the priest arrived. "Come in," Adonijah said to him, "for you are a good man. You must have good news."

43 •"Not at all!" Jonathan replied. "Our lord King David has just declared Solomon king! •The king sent him down to Gihon Spring with Zadok the priest, Nathan the prophet, and Benaiah son of Jehoiada, protected by the king's bodyguard. They had him ride on the king's own mule, •and Zadok and Nathan have anointed him at Gihon Spring as the new king. They have just returned, and the whole city is celebrating and rejoicing. That's what all the noise is about. •What's more, Solomon is now sitting on the royal throne as king.

47 •And all the royal officials have gone to King David and congratulated him, saying, 'May your God make Solomon's fame even greater than your own, and may Solomon's reign be even greater than yours!' Then the king bowed his head in worship as he lay in his bed, •and he said, 'Praise the LORD, the God of Israel, who today has chosen a successor to sit on my throne while I am still alive to see it.'"

49 •Then all of Adonijah's guests jumped up in panic from the banquet table and quickly scattered. •Adonijah was afraid of Solomon, so he rushed to the sacred tent and grabbed onto the horns of the altar.

51 •Word soon reached Solomon that Adonijah had seized the horns of the altar in fear, and that he was pleading, "Let King Solomon swear today that he will not kill me!"

52 •Solomon replied, "If he proves himself to be loyal, not a hair on his head will be touched. But if he makes trouble, he will die." •So King Solomon summoned Adonijah, and they brought him down from the altar. He came and bowed respectfully before King Solomon, who dismissed him, saying, "Go on home."

David's Final Instructions to Solomon

2 As the time of King David's death approached, he gave this charge to his son Solomon:

2 •"I am going where everyone on earth

는 훌륭하고 용감한 지도자가 되어라.

3 너의 하나님 여호와께서 명령하신 것을 잘 지켜라. 그분께서 주신 계명을 지키고, 율법에 복종하며 그분께서 말씀하신 대로만 하여라. 모세의 율법에 적힌 것을 지켜라. 그렇게 하면 너는 무엇을 하든지, 어디를 가든지 성공할 것이다.

4 여호와께서 나에게 하신 약속, 곧 '네 자손이 내 말을 잘 따르고 마음과 정성을 다하여 내 앞에서 행하기만 하면 이스라엘 백성을 다스릴 왕이 네 집안에서 끊어지지 않고 나오게 하겠다'라고 하신 약속을 지켜 주실 것이다.

5 그리고 너는 스루야의 아들 요압이 내게 한 일을 잊지 마라. 요압은 이스라엘의 훌륭한 두 장군인 넬의 아들 아브넬과 예델의 아들 아마사를 암살했다. 전쟁 때도 아닌 평화의 때에 그들의 피를 흘렸다. 요압은 죄 없는 사람들을 죽여서 그의 허리띠와 신에 피를 묻혔다.

6 너는 지혜롭게 행동하여 그에게 벌을 주어라. 그가 오래도록 살다가 평안히 죽게 내버려 두지 마라.

7 그러나 길르앗 사람 바실래*의 자녀에게는 자비를 베풀어 주어라. 그들이 네 상에서 함께 먹을 수 있도록 하여라. 그들은 내가 네 형 압살롬을 피해 도망갈 때에 나를 도와 주었다.

8 바후림 출신의 베냐민 사람이요, 게라의 아들인 시므이가 너와 함께 있다는 것을 잊지 마라. 그는 내가 마하나임으로 가던 날 나를 저주한 사람이다. 그러나 그가 나를 맞이하러 요단 강까지 내려왔으므로, 나는 여호와 앞에서 그에게 '시므이야, 내가 칼로 너를 죽이지 않겠다'라고 약속했다.

9 그러나 그를 죄 없는 사람으로 여기지 마라. 너는 지혜로운 사람이니 시므이를 어떻게 처리해야 할지 알 것이다. 그 노인이 피를 흘리며 음부에 내려가게 하여라."

10 그 후, 다윗은 죽어서 그의 조상들과 함께 다윗성에 묻혔습니다.

11 다윗은 사십 년 동안, 이스라엘을 다스렸습니다. 헤브론에서 칠 년을 다스리고 예루살렘에서 삼십삼년을 다스렸습니다.

솔로몬이 나라를 굳건하게 세우다

12 솔로몬은 아버지 다윗의 뒤를 이어 왕이 되었습니다. 그리고 그의 나라를 굳건하게 세웠습니다.

13 그때에 학깃의 아들 아도니야가 솔로몬의 어머니 밧세바에게 갔습니다. 밧세바가 물었습니다. "좋은 일로 왔느냐?" 아도니야가 대답했습니다. "그렇습니다. 좋은 일로 왔습니다.

14 한 가지 꼭 부탁드릴 말씀이 있어서 왔습니다." 밧세바가 말했습니다. "말해 보아라."

must someday go. Take courage and be a
3 man. •Observe the requirements of the
LORD your God, and follow all his ways.
Keep the decrees, commands, regulations,
and laws written in the Law of Moses so that
you will be successful in all you do and
4 wherever you go. •If you do this, then the
LORD will keep the promise he made to me.
He told me, 'If your descendants live as they
should and follow me faithfully with all
their heart and soul, one of them will always
sit on the throne of Israel.'

5 •"And there is something else. You know
what Joab son of Zeruiah did to me when he
murdered my two army commanders,
Abner son of Ner and Amasa son of Jether.
He pretended that it was an act of war, but it
was done in a time of peace,* staining his
6 belt and sandals with innocent blood.* •Do
with him what you think best, but don't let
him grow old and go to his grave in peace.*

7 •"Be kind to the sons of Barzillai of
Gilead. Make them permanent guests at
your table, for they took care of me when I
fled from your brother Absalom.

8 •"And remember Shimei son of Gera, the
man from Bahurim in Benjamin. He cursed
me with a terrible curse as I was fleeing to
Mahanaim. When he came down to meet
me at the Jordan River, I swore by the LORD
9 that I would not kill him. •But that oath
does not make him innocent. You are a wise
man, and you will know how to arrange a
bloody death for him.*"

10 •Then David died and was buried with
11 his ancestors in the City of David. •David
had reigned over Israel for forty years, seven
of them in Hebron and thirty-three in
12 Jerusalem. •Solomon became king and sat
on the throne of David his father, and his
kingdom was firmly established.

Solomon Establishes His Rule

13 •One day Adonijah, whose mother was
Haggith, came to see Bathsheba, Solomon's
mother. "Have you come with peaceful
intentions?" she asked him.

14 "Yes," he said, "I come in peace. •In fact, I

---

dismiss [dismís] *vt.* 해산시키다; 퇴거시키다
stain [stéin] *vt.* 더럽히다, 얼룩지게 하다
2:11 reign over … : …을 통치하다

2:5a Or *He murdered them during a time of
peace as revenge for deaths they had caused in
time of war.* **2:5b** As in some Greek and Old
Latin manuscripts; Hebrew reads *with the blood
of war.* **2:6** Hebrew *don't let his white head go
down to Sheol in peace.* **2:9** Hebrew *how to
bring his white head down to Sheol in blood.*
2:7 '바실래'는 '바르실래'와 동일 인물임.

15 아도니야가 말했습니다. "당신도 아시듯이 이 나라는 내 것이었고, 모든 이스라엘 백성은 내가 왕이 되기를 기대했습니다. 그런데 여호와께서 내 동생을 선택하셔서 이 나라의 왕이 되게 하셨습니다.

16 이제 한 가지 부탁드릴 것이 있습니다. 거절하지 마십시오." 밧세바가 말했습니다. "말해 보아라."

17 아도니야가 말했습니다. "솔로몬 왕은 당신의 말이라면 거절하지 않을 것입니다. 그러니 왕에게 말씀드려 수넴 여자 아비삭을 내 아내로 삼을 수 있게 해 주십시오."

18 밧세바가 말했습니다. "좋다. 너를 위해 왕에게 말씀드려 보겠다."

19 그리하여 밧세바는 아도니야가 부탁한 것을 말하기 위해 솔로몬 왕에게 갔습니다. 솔로몬은 밧세바를 보자 자리에서 일어나 맞이하며, 밧세바에게 절을 한 뒤 다시 자리에 앉았습니다. 솔로몬은 자기 어머니를 위해 의자를 마련하였고, 밧세바는 솔로몬의 오른쪽에 앉았습니다.

20 밧세바가 말했습니다. "한 가지 작은 부탁이 있어서 왔으니 거절하지 마십시오." 왕이 대답했습니다. "어머니, 말씀하십시오, 거절하지 않겠습니다."

21 밧세바가 말했습니다. "수넴 여자 아비삭을 왕의 형 아도니야의 아내로 주시기를 부탁하오."

22 솔로몬 왕이 자기 어머니에게 대답했습니다. "왜 아도니야에게 아비삭을 주라고 말씀하십니까? 그는 나의 형이니 아예 왕의 자리까지 그에게 주라고 말씀하시지요. 제사장 아비아달과 스루야의 아들 요압을 위해서도 그렇게 하시지요."

23 그러더니 솔로몬 왕은 여호와의 이름으로 맹세를 했습니다. "아도니야가 감히 이런 부탁을 했으니, 내가 아도니야의 목숨을 살려 둔다면 여호와께서 나에게 무서운 벌을 내리실 것입니다.

24 여호와께서는 내 아버지 다윗의 왕위를 나에게 주셨습니다. 여호와께서는 약속을 지키셔서 그 나라를 나와 내 백성에게 주셨습니다. 여호와의 살아 계심을 두고 맹세하오니 아도니야는 반드시 죽을 것입니다."

25 그리고 나서 솔로몬 왕은 여호야다의 아들 브냐야를 보내어 아도니야를 쳐죽였습니다.

26 솔로몬 왕이 제사장 아비아달에게 말했습니다. "그대를 그대의 집이 있는 아나돗으로 보낼 테니 그리로 가시오. 그대는 죽어야 마땅하오. 그러나 그대는 내 아버지 다윗과 함께 행진할 때에 여호와 하나님의 궤를 메었고 내 아버지가 온갖 고통을 당했을 때에도 그 고통을 함께했으므로 지금은 그대를 죽이지 않겠소."

27 솔로몬은 아비아달이 여호와를 섬기는 제사장 일을 하지 못하도록 쫓아 냈습니다. 그리하여 여호와께서 실로에 있던 제사장 엘리와 그의 집안에 대해서 말씀

have a favor to ask of you."

"What is it?" she asked.

15 •He replied, "As you know, the kingdom was rightfully mine; all Israel wanted me to be the next king. But the tables were turned, and the kingdom went to my brother instead; for that is the way the LORD wanted it. •So now I have just one favor to ask of you. Please don't turn me down."

"What is it?" she asked.

17 •He replied, "Speak to King Solomon on my behalf, for I know he will do anything you request. Ask him to let me marry Abishag, the girl from Shunem."

18 •"All right," Bathsheba replied. "I will speak to the king for you."

19 •So Bathsheba went to King Solomon to speak on Adonijah's behalf. The king rose from his throne to meet her, and he bowed down before her. When he sat down on his throne again, the king ordered that a throne be brought for his mother, and she sat at his right hand.

20 •"I have one small request to make of you," she said. "I hope you won't turn me down."

"What is it, my mother?" he asked. "You know I won't refuse you."

21 •"Then let your brother Adonijah marry Abishag, the girl from Shunem," she replied.

22 •"How can you possibly ask me to give Abishag to Adonijah?" King Solomon demanded. "You might as well ask me to give him the kingdom! You know that he is my older brother, and that he has Abiathar the priest and Joab son of Zeruiah on his side."

23 •Then King Solomon made a vow before the LORD: "May God strike me and even kill me if Adonijah has not sealed his fate with this request. •The LORD has confirmed me and placed me on the throne of my father, David; he has established my dynasty as he promised. So as surely as the LORD lives, Adonijah will die this very day!" •So King Solomon ordered Benaiah son of Jehoiada to execute him, and Adonijah was put to death.

26 •Then the king said to Abiathar the priest, "Go back to your home in Anathoth. You deserve to die, but I will not kill you now, because you carried the Ark of the Sovereign LORD for David my father and you shared all his hardships." •So Solomon deposed Abiathar from his position as priest of the LORD, thereby fulfilling the prophecy the LORD had given at Shiloh concerning the descendants of Eli.

하신 일이 그대로 이루어졌습니다.

28 요압은 이 소식을 듣고 두려워했습니다. 그는 압살롬의 편은 들지 않았으나 아도니야의 편을 들었으므로 여호와의 장막으로 도망쳐 제단 뿔을 붙잡았습니다.

29 누군가가 솔로몬 왕에게 요압이 여호와의 장막으로 도망쳐 제단 뿔 곁에 있다고 일러 주었습니다. 그래서 솔로몬은 브나야에게 요압을 죽이라고 명령했습니다.

30 브나야가 여호와의 장막으로 들어가서 요압에게 말했습니다. "왕의 명령이니, 밖으로 나오시오." 요압이 대답했습니다. "아니다. 나는 여기에서 죽겠다." 브나야가 왕에게 돌아가서 요압이 한 말을 전했습니다.

31 그러자 왕이 브나야에게 명령했습니다. "그가 말한 대로 요압이 나와 나의 아버지 집에서 무모하게 흘린 피를 이제 네가 거두어라.

32 요압은 자기보다 선한 두 사람, 곧 이스라엘 군대의 사령관이었던 넬의 아들 아브넬과 유다 군대의 사령관이었던 예델의 아들 아마사를 죽였다. 내 아버지 다윗은 요압이 그들을 죽인 것을 몰랐다. 그러므로 여호와께서 요압이 흘린 피를 그의 머리로 돌려 보내실 것이다.

33 그들을 죽인 죄는 요압과 그의 집안에 영원히 돌아갈 것이다. 그러나 다윗과 그의 자손과 그의 집안과 그의 왕좌에는 여호와께서 주시는 평화가 영원토록 있게 될 것이다."

34 그러자 여호야다의 아들 브나야가 올라가서 요압을 죽였습니다. 요압은 광야에서 가까운 자기 집에 묻혔습니다.

35 왕은 요압을 대신해서 여호야다의 아들 브나야를 군대 사령관으로 삼았습니다. 또 아비아달의 자리에는 제사장 사독을 세웠습니다.

36 왕은 시므이에게 사람을 보내어 그를 불러 놓고 말했습니다. "너는 예루살렘에서 집을 짓고 거기서 살아라. 예루살렘을 벗어난 다른 어떤 곳으로도 가면 안 된다.

37 만약 예루살렘을 떠나 기드론 골짜기를 건너는 날에는 반드시 죽게 될 것이다. 네가 죽으면, 그것은 네 책임이 될 것이다."

38 시므이가 왕에게 대답했습니다. "왕의 말씀은 정당합니다. 내 주 왕이여, 왕의 말씀대로 하겠습니다." 그리하여 시므이는 오랫동안 예루살렘에서 살았습니다.

39 삼 년 후에 시므이의 두 종이 마아가의 아들이며 가드의 왕인 아기스에게로 도망갔습니다. 시므이는 자기 종들이 가드에 있다는 소식을 들었습니다.

40 시므이가 일어나 나귀에 안장을 얹었습니다. 그리고

28 •Joab had not joined Absalom's earlier rebellion, but he had joined Adonijah's rebellion. So when Joab heard about Adonijah's death, he ran to the sacred tent of the LORD and grabbed onto the horns of the altar. 29 •When this was reported to King Solomon, he sent Benaiah son of Jehoiada to execute him.

30 •Benaiah went to the sacred tent of the LORD and said to Joab, "The king orders you to come out!"

But Joab answered, "No, I will die here."

So Benaiah returned to the king and told him what Joab had said.

31 •"Do as he said," the king replied. "Kill him there beside the altar and bury him. This will remove the guilt of Joab's senseless murders from me and from my father's family. 32 •The LORD will repay him* for the murders of two men who were more righteous and better than he. For my father knew nothing about the deaths of Abner son of Ner, commander of the army of Israel, and of Amasa son of Jether, commander of the army of Judah. 33 •May their blood be on Joab and his descendants forever, and may the LORD grant peace forever to David, his descendants, his dynasty, and his throne."

34 •So Benaiah son of Jehoiada returned to the sacred tent and killed Joab, and he was buried at his home in the wilderness. 35 •Then the king appointed Benaiah to command the army in place of Joab, and he installed Zadok the priest to take the place of Abiathar.

36 •The king then sent for Shimei and told him, "Build a house here in Jerusalem and live there. But don't step outside the city to go anywhere else. 37 •On the day you so much as cross the Kidron Valley, you will surely die; and your blood will be on your own head."

38 •Shimei replied, "Your sentence is fair; I will do whatever my lord the king commands." So Shimei lived in Jerusalem for a long time.

39 •But three years later two of Shimei's slaves ran away to King Achish son of Maacah of Gath. When Shimei learned where they were, 40 •he saddled his donkey and went to Gath to search for them. When he found them, he brought them back to Jerusalem.

depose [dipóuz] *vt.* ⋯을 면직하다
grab [græb] *vi.* 붙잡다
rebellion [ribéljən] *n.* 반역

2:32 Hebrew *will return his blood on his own head.*

가드의 아기스에게로 가서 그 종들을 찾아 데려왔습니다.

41 솔로몬은 시므이가 예루살렘을 떠나서 가드로 갔다가 다시 돌아왔다는 소식을 들었습니다.

42 그래서 솔로몬은 사람을 보내어 시므이를 불러 놓고 말했습니다. "내가 너에게 예루살렘을 떠나지 말라고 여호와의 이름으로 맹세하게 하지 않았느냐? 그리고 어디든지 예루살렘을 떠나 다른 곳으로 가면 죽을 것이라고 경고하지 않았느냐? 너도 말하기를 그 말이 정당하니 그대로 하겠다고 하지 않았느냐?

43 그런데 어찌하여 여호와께 한 약속을 어겼느냐? 어찌하여 내 명령을 따르지 않았느냐?

44 너도 잘 알겠지만 너는 내 아버지 다윗에게 악한 짓을 많이 했다. 이제 여호와께서 네가 저지른 악한 일들을 갚으실 것이다.

45 그러나 나 솔로몬 왕은 복을 받고 다윗의 왕좌는 여호와 앞에서 영원히 굳건할 것이다."

46 왕이 여호야다의 아들 브나야에게 시므이를 죽이라고 명령했습니다. 솔로몬은 자기 나라를 굳건하게 세웠습니다.

솔로몬이 지혜를 구하다

3 솔로몬이 이집트 왕 파라오와 조약을 맺고 그의 딸과 결혼하여 그녀를 다윗 성으로 데려왔습니다. 솔로몬은 자기 왕궁과 여호와의 성전과 예루살렘 성벽을 완공할 때까지 그녀를 다윗 성에서 살게 하였습니다.

2 여호와의 이름을 위한 성전이 아직 지어지지 않은 때였으므로, 그때까지 백성들은 제각기 산당에서 제사를 드렸습니다.

3 솔로몬은 여호와를 사랑했고 자기 아버지 다윗의 교훈을 잘 지켰지만, 여전히 산당에서 제사를 드리며 향을 피웠습니다.

4 솔로몬 왕이 제사를 드리려고 기브온으로 갔습니다. 그곳에는 가장 유명한 산당이 있었는데, 솔로몬은 천 마리의 짐승을 잡아 제단에서 태워 드리는 제사를 드렸습니다.

5 기브온에 있던 그날 밤, 여호와께서 솔로몬의 꿈속에 나타나셨습니다. 하나님께서 말씀하셨습니다. "무엇이든지 네가 원하는 것을 구하여라. 내가 들어 주겠다."

6 솔로몬이 대답했습니다. "여호와께서는 주님의 종인 내 아버지 다윗에게 큰 은혜를 베풀어 주셨습니다. 다윗은 주님 앞에서 진실되고 공의로우며 정직한 마음으로 살았습니다. 주님은 다윗에게 큰 자비를 베푸셔서 그의 아들인 저에게 그의 뒤를 이어 왕이 되게 하시고 오늘날까지 이르게 하셨습니다.

7 나의 하나님 여호와여, 주께서는 주의 종인 저를 종

---

41 • Solomon heard that Shimei had left Jerusalem and had gone to Gath and
42 returned. • So the king sent for Shimei and demanded, "Didn't I make you swear by the LORD and warn you not to go anywhere else or you would surely die? And you replied, 'The sentence is fair; I will do
43 as you say.' • Then why haven't you kept your oath to the LORD and obeyed my command?"

44 • The king also said to Shimei, "You certainly remember all the wicked things you did to my father, David. May the LORD now bring that evil on your own head.
45 • But may I, King Solomon, receive the LORD's blessings, and may one of David's descendants always sit on this throne in
46 the presence of the LORD." • Then, at the king's command, Benaiah son of Jehoiada took Shimei outside and killed him.

So the kingdom was now firmly in Solomon's grip.

Solomon Asks for Wisdom

3 Solomon made an alliance with Pharaoh, the king of Egypt, and married one of his daughters. He brought her to live in the City of David until he could finish building his palace and the Temple of the LORD and the wall around the city.
2 • At that time the people of Israel sacrificed their offerings at local places of worship, for a temple honoring the name of the LORD had not yet been built.
3 • Solomon loved the LORD and followed all the decrees of his father, David, except that Solomon, too, offered sacrifices and burned incense at the local places of worship.
4 • The most important of these places of worship was at Gibeon, so the king went there and sacrificed 1,000 burnt offerings.
5 • That night the LORD appeared to Solomon in a dream, and God said, "What do you want? Ask, and I will give it to you!"
6 • Solomon replied, "You showed great and faithful love to your servant my father, David, because he was honest and true and faithful to you. And you have continued to show this great and faithful love to him today by giving him a son to sit on his throne.
7 • "Now, O LORD my God, you have made me king instead of my father, David, but I am like a little child who doesn't

---

grip [gríp] *n.* 지배력, 통제력
sentence [séntəns] *n.* 판결
wicked [wíkid] *a.* 사악한
2:43 keep one's oath: 맹세를 지키다
3:1 make an alliance with…: …와 동맹을 맺다

의 아버지 다윗을 대신해서 왕이 되게 하셨습니다.
그러나 저는 어린아이와 같아서 무슨 일을 해야 하는
지 판단할 수 있는 지혜가 없습니다.

8 그럼에도 불구하고 주님의 종인 저에게 주님께서 선
택하신 수많은 백성을 다스리도록 하셨습니다.

9 저에게 주님의 백성을 다스릴 수 있도록 옳고 그름을
가려 판결할 수 있는 지혜를 주십시오. 주께서 지혜
를 주지 않으시면 이렇게 많은 주님의 백성을 어떻게
다스릴 수 있겠습니까?'

10 주께서는 솔로몬이 지혜를 달라고 하자 기뻐하셨습
니다.

11 하나님께서 솔로몬에게 말씀하셨습니다. "너는 오래
사는 것이나 부자가 되는 것을 구하지 않았고 네 원수
를 죽여 달라고 하지도 않았다. 너는 바르게 판결할
수 있는 지혜를 구했다.

12 그러므로 내가 너의 말대로 하겠다. 나는 너에게 지
혜와 슬기를 주겠다. 너처럼 지혜로운 사람은 전에도
없었고, 앞으로도 없을 것이다.

13 뿐만 아니라 네가 구하지 않은 것까지도 주겠다. 너
는 부와 영광을 누릴 것이며 네 평생토록 너와 같은
왕은 어디에도 없을 것이다.

14 만일 네 아버지 다윗처럼 네가 나를 따르고 내 율법과
명령을 잘 지켜 행하면, 너를 오래 살도록 해 주겠다."

15 솔로몬이 깨어 보니 꿈이었습니다. 솔로몬은 예루살
렘으로 가서 여호와의 언약궤 앞에 섰습니다. 그는
여호와께 태워 드리는 제물인 번제물과 화목 제물을
바치고, 모든 신하들에게 잔치를 베풀었습니다.

솔로몬이 지혜로운 판결을 하다

16 어느 날, 창녀 두 명이 솔로몬 왕에게 왔습니다.

17 그 중 한 여자가 말했습니다. "내 주여, 이 여자와 나
는 한 집에서 살고 있는데, 내가 아이를 낳았습니다.

18 내가 아이를 낳은 지 삼 일 만에 이 여자도 아이를 낳
았습니다. 우리는 함께 있었고, 우리 두 사람 말고는
아무도 집에 없었습니다.

19 그런데 어느 날 밤, 이 여자가 자기 아이를 깔고 자는
바람에 아이가 죽어 버렸습니다.

20 이 여자는 내가 자는 사이에 내 곁에 있던 내 아들을
데려가서 자기 품에 안고는 자기의 죽은 아이를 내 품
에 뉘어 놓았습니다.

21 이튿날 아침, 내 아들에게 젖을 먹이려고 보니, 아이
는 이미 죽어 있었습니다. 그런데 자세히 봤더니 그
아이는 내 아이가 아니었습니다."

22 그러자 다른 여자가 말했습니다. "아니다. 살아 있는
아이가 내 아들이고, 죽은 아이가 당신 아들이다." 첫
번째 여자가 말했습니다. "아니다. 죽은 아이가 당신
아들이고, 살아 있는 아이가 내 아들이다." 이처럼 두
여자가 왕 앞에서 다투었습니다.

8 know his way around. •And here I am in the midst of your own chosen people, a nation so great and numerous they cannot
9 be counted! •Give me an understanding heart so that I can govern your people well and know the difference between right and wrong. For who by himself is able to govern this great people of yours?"
10 •The Lord was pleased that Solomon
11 had asked for wisdom. •So God replied, "Because you have asked for wisdom in governing my people with justice and have not asked for a long life or wealth or
12 the death of your enemies—•I will give you what you asked for! I will give you a wise and understanding heart such as no
13 one else has had or ever will have! •And I will also give you what you did not ask for—riches and fame! No other king in all the world will be compared to you for the
14 rest of your life! •And if you follow me and obey my decrees and my commands as your father, David, did, I will give you a long life."
15 •Then Solomon woke up and realized it had been a dream. He returned to Jerusalem and stood before the Ark of the Lord's Covenant, where he sacrificed burnt offerings and peace offerings. Then he invited all his officials to a great banquet.

Solomon Judges Wisely

16 •Some time later two prostitutes came to the king to have an argument settled.
17 •"Please, my lord," one of them began, "this woman and I live in the same house. I gave birth to a baby while she was with
18 me in the house. •Three days later this woman also had a baby. We were alone; there were only two of us in the house.
19 •But her baby died during the night
20 when she rolled over on it. •Then she got up in the night and took my son from beside me while I was asleep. She laid her dead child in my arms and took mine to
21 sleep beside her. •And in the morning when I tried to nurse my son, he was dead! But when I looked more closely in the morning light, I saw that it wasn't my son at all."
22 •Then the other woman interrupted, "It certainly was your son, and the living child is mine."
"No," the first woman said, "the living child is mine, and the dead one is yours." And so they argued back and forth before

covenant [kʌ́vənənt] *n.* 언약
interrupt [intərʌ́pt] *vi.* 가로막다
prostitute [prɑ́stətjùːt] *n.* 창녀

23 솔로몬 왕이 말했습니다. "두 사람 모두, 살아 있는 아이는 자기 아들이고, 죽은 아이는 다른 여자의 아들이라고 하는구나."

24 솔로몬 왕은 신하들을 시켜 칼을 가져오게 했습니다. 신하들이 칼을 가져오자,

25 왕이 말했습니다. "살아 있는 아이를 둘로 나누어라. 그래서 두 여자에게 반 쪽씩 나누어 주어라."

26 살아 있는 아이의 진짜 어머니는 자기 아들을 위하는 마음이 불붙듯 일어났습니다. 그래서 왕에게 말했습니다. "내 주여, 제발 그 아이를 죽이지 말고 저 여자에게 주십시오." 그러나 다른 여자는 "우리 둘 가운데서 아무도 그 아이를 가지지 못하게 그냥 나누어 주십시오"라고 말했습니다.

27 그러자 솔로몬 왕이 말했습니다. "아이를 죽이지 마라. 그 아이를 첫 번째 여자에게 주어라. 저 여자가 진짜 어머니다."

28 솔로몬 왕의 판결 이야기를 들은 이스라엘 백성은 왕을 두려워했습니다. 왜냐하면 그들은 솔로몬 왕이 하나님의 지혜로써 재판한다는 것을 알게 되었기 때문입니다.

솔로몬의 관리들

4 솔로몬 왕은 온 이스라엘의 왕이 되었습니다.
2 솔로몬이 거느렸던 중요한 신하들의 이름은 이러합니다. 사독의 아들 아사리야는 제사장입니다.

3 시사의 아들 엘리호렙과 아히야는 서기관이었습니다. 아힐룻의 아들 여호사밧은 백성의 역사를 기록하는 사람입니다.

4 여호야다의 아들 브나야는 군대 사령관입니다. 사독과 아비아달은 제사장입니다.

5 나단의 아들 아사리야는 지방의 관리들을 감독하는 사람입니다. 나단의 아들 사붓은 제사장이자 왕의 친구였습니다.

6 아히살은 왕궁 안의 모든 것을 관리하는 사람입니다. 압다의 아들 아도니람은 노예들을 감독하는 사람입니다.

7 솔로몬은 이스라엘 각 지방에 열두 명의 장관을 두었습니다. 그들은 각 지방에서 음식을 모아 왕과 왕의 가족에게 바치는 일을 하였습니다. 각 장관은 일 년에 한 달씩 왕에게 음식을 바쳐야 했습니다.

8 열두 지방 장관의 이름은 이러합니다. 에브라임 산지를 다스리는 장관은 벤훌입니다.

9 마가스와 사알빔과 벧세메스와 엘론벧하난을 다스리는 장관은 벤데겔입니다.

10 아룹봇과 소고와 헤벨을 다스리는 장관은 벤헤셋입니다.

11 높은 지대인 돌을 다스리는 장관은 벤아비나답입니다. 그는 솔로몬의 딸 다밧과 결혼했습니다.

---

the king.

23 •Then the king said, "Let's get the facts straight. Both of you claim the living child is yours, and each says that the dead one

24 belongs to the other. •All right, bring me a sword." So a sword was brought to the king.

25 •Then he said, "Cut the living child in two, and give half to one woman and half to the other!"

26 •Then the woman who was the real mother of the living child, and who loved him very much, cried out, "Oh no, my lord! Give her the child—please do not kill him!"

But the other woman said, "All right, he will be neither yours nor mine; divide him between us!"

27 •Then the king said, "Do not kill the child, but give him to the woman who wants him to live, for she is his mother!"

28 •When all Israel heard the king's decision, the people were in awe of the king, for they saw the wisdom God had given him for rendering justice.

Solomon's Officials and Governors

4 King Solomon now ruled over all Israel,
2 •and these were his high officials:

Azariah son of Zadok was the priest.

3 •Elihoreph and Ahijah, the sons of Shisha, were court secretaries.
Jehoshaphat son of Ahilud was the royal historian.

4 •Benaiah son of Jehoiada was commander of the army.
Zadok and Abiathar were priests.

5 •Azariah son of Nathan was in charge of the district governors.
Zabud son of Nathan, a priest, was a trusted adviser to the king.

6 •Ahishar was manager of the palace property.
Adoniram son of Abda was in charge of forced labor.

7 •Solomon also had twelve district governors who were over all Israel. They were responsible for providing food for the king's household. Each of them arranged provisions for one month of the year. •These are

8 the names of the twelve governors:

Ben-hur, in the hill country of Ephraim.

9 •Ben-deker, in Makaz, Shaalbim, Beth-shemesh, and Elon-bethhanan.

10 •Ben-hesed, in Arubboth, including Socoh and all the land of Hepher.

11 •Ben-abinadab, in all of Naphoth-dor.* (He

4:11 Hebrew *Naphath-dor*, a variant spelling of Naphoth-dor.

12 다아낙과 므깃도와 사르단에서 가까운 벧스안 모든 지역을 다스리는 장관은 아힐룻의 아들 바아나입니다. 이곳은 이스르엘 아래, 곧 벧스안에서 아벨므홀라를 지나 욕느암 건너편까지 이릅니다.

13 길르앗 라못을 다스리는 장관은 벤게벨입니다. 그는 길르앗에 있는 므낫세의 아들 야일이 다스리던 마을을 담당했습니다. 벤게벨은 바산에 있는 아르곱의 장관이기도 합니다. 그는 성문에 놋 빗장이 걸려 있는 큰 성을 육십 개나 다스렸습니다.

14 마하나임은 잇도의 아들 아히나답이 장관이 되어 다스렸습니다.

15 납달리를 다스리는 장관은 아히마아스입니다. 그는 솔로몬의 딸 바스맛과 결혼했습니다.

16 아셀과 아롯을 다스리는 장관은 후새의 아들 바아나입니다.

17 잇사갈을 다스리는 장관은 바루아의 아들 여호사밧입니다.

18 베냐민을 다스리는 장관은 엘라의 아들 시므이입니다.

19 길르앗을 다스리는 장관은 우리의 아들 게벨입니다. 길르앗은 아모리 백성의 왕인 시혼이 살던 곳입니다. 바산 왕 옥도 그곳에 살았습니다. 그러나 그 지방에서는 게벨만이 장관으로 있었습니다.

솔로몬의 나라

20 유다와 이스라엘에는 바닷가의 모래알처럼 많은 백성들이 있었습니다. 백성은 먹고 마시며 즐거워했습니다.

21 솔로몬은 유프라테스 강에서부터 블레셋 사람의 땅에 이르는 모든 지역과 이집트 국경에 이르는 곳을 다스렸습니다. 이 지역 안에 있는 나라들은 솔로몬이 살아 있는 동안, 조공을 바치면서 솔로몬을 섬겼습니다.

22 솔로몬 왕에게 바치는 하루 분량의 음식은 고운 가루 약 6.6킬로리터와 거친 가루 약 13.2킬로리터,

23 살진 소 열 마리와 들에서 기른 소 스무 마리와 양 백 마리, 그리고 세 종류의 사슴과 살진 새들이었습니다.

24 솔로몬은 유프라테스 강 서쪽의 모든 나라, 곧 딥사에서 가사에 이르는 지역을 다스렸습니다. 그리고 모든 이웃 나라와 평화롭게 지냈습니다.

25 솔로몬이 살아 있는 동안, 단에서부터 브엘세바 지역에 사는 이스라엘과 유다 백성들은 각자 자기의 무화과나무와 포도나무 아래에서 평안을 누렸습니다.

---

was married to Taphath, one of Solomon's daughters.)

12 • Baana son of Ahilud, in Taanach and Megiddo, all of Beth-shan* near Zarethan below Jezreel, and all the territory from Beth-shan to Abel-meholah and over to Jokmeam.

13 • Ben-geber, in Ramoth-gilead, including the Towns of Jair (named for Jair of the tribe of Manasseh*) in Gilead, and in the Argob region of Bashan, including sixty large fortified towns with bronze bars on their gates.

14 • Ahinadab son of Iddo, in Mahanaim.

15 • Ahimaaz, in Naphtali. (He was married to Basemath, another of Solomon's daughters.)

16 • Baana son of Hushai, in Asher and in Aloth.

17 • Jehoshaphat son of Paruah, in Issachar.

18 • Shimei son of Ela, in Benjamin.

19 • Geber son of Uri, in the land of Gilead,* including the territories of King Sihon of the Amorites and King Og of Bashan. There was also one governor over the land of Judah.*

Solomon's Prosperity and Wisdom

20 • The people of Judah and Israel were as numerous as the sand on the seashore. They were very contented, with plenty to eat and drink.

21 • *Solomon ruled over all the kingdoms from the Euphrates River* in the north to the land of the Philistines and the border of Egypt in the south. The conquered peoples of those lands sent tribute money to Solomon and continued to serve him throughout his lifetime.

22 • The daily food requirements for Solomon's palace were 150 bushels of choice flour and 300 bushels of meal*; • also 10 oxen from the fattening pens, 20 pasture-fed cattle, 100 sheep or goats, as well as deer, gazelles, roe deer, and choice poultry.*

24 • Solomon's dominion extended over all the kingdoms west of the Euphrates River, from Tiphsah to Gaza. And there was peace on all his borders. • During the lifetime of Solomon, all of Judah and Israel lived in peace and safety. And from Dan in the north to

---

4:12 Hebrew *Beth-shean,* a variant spelling of Beth-shan; also in 4:12b. 4:13 Hebrew *Jair son of Manasseh;* compare 1 Chr 2:22. 4:19a Greek version reads *of Gad;* compare 4:13. 4:19b As in some Greek manuscripts; Hebrew lacks *of Judah.* The meaning of the Hebrew is uncertain. 4:21a Verses 4:21-34 are numbered 5:1-14 in Hebrew text. 4:21b Hebrew *the river;* also in 4:24. 4:22 Hebrew *30 cors* [6.6 kiloliters] *of choice flour and 60 cors* [13.2 kiloliters] *of meal.* 4:23 Or *and fattened geese.*

26 솔로몬에게는 전차를 끄는 말의 마구간 사천 개와 전차를 타는 군인 만 이천 명이 있었습니다.

27 각 지방의 장관들은 자기가 맡은 달에 솔로몬에게 음식을 가져다 주었습니다. 음식은 왕의 상에서 함께 먹는 사람들까지 먹고 남을 정도로 많았습니다. 장관들은 솔로몬에게 필요한 것이 모자라지 않도록 잘 준비했습니다.

28 그들은 또 전차를 끄는 말과 일하는 말에게 먹일 보리와 짚도 각자 맡은 분량대로 가져왔습니다.

솔로몬의 지혜

29 하나님께서는 솔로몬에게 큰 지혜와 슬기로운 마음을 주셨습니다. 그리고 바닷가의 모래알처럼 헤아릴 수 없는 넓은 마음을 주셨습니다.

30 솔로몬의 지혜는 동방의 그 어떤 사람의 지혜보다 컸으며, 이집트의 그 어떤 사람의 지혜보다 더 컸습니다.

31 솔로몬은 이 땅의 어느 누구보다도 지혜로웠습니다. 에스라 사람 에단보다도, 마홀의 아들 헤만과 갈골과 다르다보다도 더 지혜로웠습니다. 솔로몬의 명성은 모든 나라에 널리 퍼졌습니다.

32 솔로몬 왕은 평생 동안, 지혜로운 가르침을 삼천 가지나 말했으며, 천다섯 편이나 되는 노래를 지었습니다.

33 그는 레바논의 백향목으로부터 돌담에서 자라는 우슬초에 이르기까지 온갖 식물과 짐승과 새와 기어다니는 것과 물고기에 대해서도 가르칠 수 있었습니다.

34 모든 민족들이 솔로몬 왕의 지혜를 들으려고 몰려왔습니다. 그들은 솔로몬의 지혜를 듣도록 세상의 모든 왕들이 보낸 사람들입니다.

솔로몬이 성전 지을 준비를 하다

5 두로 왕 히람은 다윗의 친구였습니다. 히람은 솔로몬이 다윗의 뒤를 이어 왕이 되었다는 소식을 듣고, 심부름하는 사람들을 솔로몬에게 보냈습니다.

2 솔로몬도 히람 왕에게 다음과 같은 말을 전했습니다.

3 "왕도 아시겠지만 내 아버지 다윗은 주변의 여러 나라들과 전쟁을 해야 했기 때문에 여호와 하나님께 예배드릴 성전을 지을 수 없었습니다. 원수들을 다 물리칠 수 있도록 여호와께서 허락하실 때까지 기다려야 했습니다.

4 그러나 이제 내 하나님 여호와께서 나와, 내 나라 어느 곳에나 평화를 주셨습니다. 이제는 적도 없고 나쁜 일도 일어나지 않습니다.

5 여호와께서는 내 아버지 다윗에게 '네 뒤를 이어 네 아들이 왕이 되게 할 것이다. 그리고 그가

Beersheba in the south, each family had its own home and garden.*

26 •Solomon had 4,000* stalls for his chariot horses, and he had 12,000 horses.*

27 •The district governors faithfully provided food for King Solomon and his court; each made sure nothing was lacking during the

28 month assigned to him. •They also brought the necessary barley and straw for the royal horses in the stables.

29 •God gave Solomon very great wisdom and understanding, and knowledge as vast as the

30 sands of the seashore. •In fact, his wisdom exceeded that of all the wise men of the East

31 and the wise men of Egypt. •He was wiser than anyone else, including Ethan the Ezrahite and the sons of Mahol—Heman, Calcol, and Darda. His fame spread throughout all the sur-

32 rounding nations. •He composed some 3,000

33 proverbs and wrote 1,005 songs. •He could speak with authority about all kinds of plants, from the great cedar of Lebanon to the tiny hyssop that grows from cracks in a wall. He could also speak about animals, birds, small

34 creatures, and fish. •And kings from every nation sent their ambassadors to listen to the wisdom of Solomon.

Preparations for Building the Temple

5 •*King Hiram of Tyre had always been a loyal friend of David. When Hiram learned that David's son Solomon was the new king of Israel, he sent ambassadors to congratulate him.

2 •Then Solomon sent this message back to Hiram:

3 •"You know that my father, David, was not able to build a Temple to honor the name of the LORD his God because of the many wars waged against him by surrounding nations. He could not build until the LORD gave him

4 victory over all his enemies. •But now the LORD my God has given me peace on every

5 side; I have no enemies, and all is well. •So I am planning to build a Temple to honor the name of the LORD my God, just as he had instructed my father, David. For the LORD told him, 'Your son, whom I will place on

---

ambassador [æmbǽsədər] *n.* 사신, 사절
assign [əsáin] *vt.* 지정하다
chariot [tʃǽriət] *n.* 전차
exceed [iksíːd] *vt.* 뛰어나다, 우월하다

4:25　Hebrew *each family lived under its own grapevine and under its own fig tree.*　4:26a　As in some Greek manuscripts (see also 2 Chr 9:25); Hebrew reads *40,000.*　4:26b　Or *12,000 chario-teers.*　5:1　Verses 5:1-18 are numbered 5:15-32 in Hebrew text.

나에게 예배드릴 성전을 지을 것이다'라고 말씀하셨습니다. 보십시오, 이제 나는 내 하나님 여호와께 예배드릴 성전을 지으려 합니다.

6 이제 레바논의 백향목을 베어 나에게 보내라고 명령을 내려 주십시오, 내 종들이 왕의 종들과 함께 일할 것입니다. 왕의 종들에게는 왕이 정하시는 대로 품삯을 주겠습니다. 우리 중에는 시돈 사람만큼 나무를 잘 벨 줄 아는 사람이 없습니다."

7 히람이 솔로몬의 말을 듣고 크게 기뻐하면서 말했습니다. "오늘 여호와께 감사를 드립니다. 여호와께서는 이 큰 나라를 다스릴 지혜로운 아들을 다윗에게 주셨습니다."

8 그리고 히람이 솔로몬에게 이런 말을 전했습니다. "왕이 전하신 말씀을 받았습니다. 왕이 바라시는 백향목과 잣나무를 다 보내겠습니다.

9 내 종들이 레바논에서 바다까지 나무를 나르면, 그것을 뗏목으로 엮어 왕께서 바라시는 곳으로 띄워 보내겠습니다. 그곳에 나무가 이르면 나무를 풀어 드릴 테니 왕은 가져가시기만 하면 됩니다. 그 대신 나와 함께 사는 모든 사람들이 먹을 음식을 주십시오."

10 히람은 솔로몬이 바라는 대로 백향목과 잣나무를 보냈습니다.

11 솔로몬은 히람에게 해마다 밀 약 4,400킬로리터를 주었습니다. 그것은 히람과 함께 사는 모든 사람들이 먹을 수 있는 음식이었습니다. 솔로몬은 해마다 맑은 올리브 기름 약 440킬로리터도 주었습니다.

12 여호와께서는 약속하신 대로 솔로몬에게 지혜를 주셨습니다. 히람과 솔로몬은 평화롭게 지냈습니다. 두 왕은 서로 조약을 맺었습니다.

13 솔로몬 왕은 이스라엘에서 일꾼 삼만 명을 불러모았습니다.

14 솔로몬은 그들을 한 달에 만 명씩 번갈아 레바논으로 보냈습니다. 그들은 레바논에서 한 달을 일하고 자기 나라에서 두 달을 일했습니다. 아도니람은 그들을 감독하였습니다.

15 솔로몬은 산지에서 돌을 깎는 사람 팔만 명을 두었으며, 깎은 돌을 운반하는 사람 칠만 명을 두었습니다.

16 일꾼을 감독하는 사람도 삼천삼백 명이나 두었습니다.

17 솔로몬 왕은 그들에게 성전의 기초를 놓는 데에 쓸 크고 고운 돌을 깎도록 명령했습니다.

18 솔로몬의 건축자들과 히람의 건축자들, 그리

your throne, will build the Temple to honor my name.'

6 •"Therefore, please command that cedars from Lebanon be cut for me. Let my men work alongside yours, and I will pay your men whatever wages you ask. As you know, there is no one among us who can cut timber like you Sidonians!"

7 •When Hiram received Solomon's message, he was very pleased and said, "Praise the LORD today for giving David a wise son to be king of the great nation of Israel." •Then he sent this reply to Solomon:

"I have received your message, and I will supply all the cedar and cypress timber you need.
9 •My servants will bring the logs from the Lebanon mountains to the Mediterranean Sea* and make them into rafts and float them along the coast to whatever place you choose. Then we will break the rafts apart so you can carry the logs away. You can pay me by supplying me with food for my household."

10 •So Hiram supplied as much cedar and
11 cypress timber as Solomon desired. •In return, Solomon sent him an annual payment of 100,000 bushels* of wheat for his household
12 and 110,000 gallons* of pure olive oil. •So the LORD gave wisdom to Solomon, just as he had promised. And Hiram and Solomon made a formal alliance of peace.
13 •Then King Solomon conscripted a labor
14 force of 30,000 men from all Israel. •He sent them to Lebanon in shifts, 10,000 every month, so that each man would be one month in Lebanon and two months at home. Adoniram
15 was in charge of this labor force. •Solomon also had 70,000 common laborers, 80,000 quarry
16 workers in the hill country, •and 3,600* fore-
17 men to supervise the work. •At the king's command, they quarried large blocks of high-quality stone and shaped them to make the founda-
18 tion of the Temple. •Men from the city of Gebal helped Solomon's and Hiram's builders prepare the timber and stone for the Temple.

---

conscript [kənskrípt] *vt.* 징병하다, 징발하다
quarry [kwɔ́ːri] *vt.* 채석하다
raft [ræft] *n.* 뗏목
timber [tímbər] *n.* 목재
5:14 in shifts : 교대로

5:9　Hebrew *the sea.*　5:11a　Hebrew *20,000 cors* [4,400 kiloliters]　5:11b　As in Greek version, which reads *20,000 baths* [420 kiloliters] (see also 2 Chr 2:10); Hebrew reads *20 cors,* about 1,000 gallons or 4.4 kiloliters in volume.　5:16　As in some Greek manuscripts (see also 2 Chr 2:2, 18); Hebrew reads *3,300.*

고 그발에서 온 사람들은 돌을 다듬었으며, 성전을 짓는 데에 쓸 돌과 나무를 준비했습니다.

솔로몬이 성전을 짓다

6 이처럼 솔로몬은 성전을 짓기 시작했습니다. 그때는 이스라엘이 이집트에서 나온 지 사백팔십 년 되던 해였으며, 솔로몬이 왕이 된 지 사 년 둘째 달, 곧 시브 월*이었습니다.

2 솔로몬이 여호와를 위해 지은 성전은 길이가 육십 규빗,* 너비가 이십 규빗,* 높이가 삼십 규빗*이었습니다.

3 성전의 성소 앞 현관의 너비는 성전의 너비와 마찬가지로 이십 규빗이었고, 앞뒤 길이는 십 규빗*이었습니다. 현관은 성전 앞쪽으로 성전과 이어져 있었습니다.

4 성전 벽에는 자그마한 창을 내었습니다.

5 솔로몬은 또 성전 본당을 빙 돌아가며 곁방을 만들었는데, 각 방은 여러 층으로 이루어져 있었습니다.

6 아래층은 너비가 오 규빗*이었고, 가운데 층은 너비가 육 규빗*이었으며 그 위층은 너비가 칠 규빗*이었습니다. 솔로몬은 성전 벽 바깥 둘레에 턱을 만들어 서까래가 성전 벽에 박히지 않게 했습니다.

7 돌은 채석장에서 다듬은 뒤에 가져왔습니다. 그래서 망치나 정, 그 밖의 쇠 연장으로 작업하는 소리가 성전에서는 들리지 않았습니다.

8 가운데 층으로 올라가는 문은 성전 오른쪽에 있었는데, 나사 모양의 계단으로 이루어져 있었습니다. 가운데 층에서 삼 층으로 올라가는 계단도 있었습니다.

9 솔로몬은 백향목 서까래와 널빤지로 성전 지붕을 덮었습니다. 이렇게 하여 성전 짓는 일을 다 마쳤습니다.

10 솔로몬은 성전을 돌아가며 다락방 짓는 일을 마쳤는데, 그 아래층의 높이는 오 규빗이었습니다. 그 방은 백향목 들보로 만들었는데, 성전에 연결되어 있었습니다.

11 여호와께서 솔로몬에게 말씀하셨습니다.

12 "네가 이 성전을 건축하였도다. 이제 내 모든 율법과 계명을 잘 지켜라. 그러면 내가 네 아버지 다윗에게 약속했던 것을 너에게 이루어 주겠다.

13 나는 이스라엘 자손과 더불어 살 것이며 결코 이스라엘 백성을 저버리지 않을 것이다."

Solomon Builds the Temple

6 It was in midspring, in the month of Ziv,* during the fourth year of Solomon's reign, that he began to construct the Temple of the LORD. This was 480 years after the people of Israel were rescued from their slavery in the land of Egypt.

2 •The Temple that King Solomon built for the LORD was 90 feet long, 30 feet wide, and 45 feet high.* 3 •The entry room at the front of the Temple was 30 feet* wide, running across the entire width of the Temple. It projected outward 15 feet* from the front of the Temple. 4 •Solomon also made narrow recessed windows throughout the Temple.

5 •He built a complex of rooms against the outer walls of the Temple, all the way around the sides and rear of the building. 6 •The complex was three stories high, the bottom floor being 7 1/2 feet wide, the second floor 9 feet wide, and the top floor 10 1/2 feet wide.* The rooms were connected to the walls of the Temple by beams resting on ledges built out from the wall. So the beams were not inserted into the walls themselves.

7 •The stones used in the construction of the Temple were finished at the quarry, so there was no sound of hammer, ax, or any other iron tool at the building site.

8 •The entrance to the bottom floor* was on the south side of the Temple. There were winding stairs going up to the second floor, and another flight of stairs between the second and third 9 floors. •After completing the Temple structure, Solomon put in a ceiling made of cedar beams 10 and planks. •As already stated, he built a complex of rooms along the sides of the building, attached to the Temple walls by cedar timbers. Each story of the complex was 7 1/2 feet* high.

11 •Then the LORD gave this message to Solo-12 mon: •"Concerning this Temple you are building, if you keep all my decrees and regulations and obey all my commands, I will fulfill through 13 you the promise I made to your father, David. •I will live among the Israelites and will never aban-

6:1 Hebrew *It was in the month of Ziv, which is the second month.* This month of the ancient Hebrew lunar calendar usually occurs within the months of April and May.　6:2 Hebrew *60 cubits* [27.6 meters] *long, 20 cubits* [9.2 meters] *wide, and 30 cubits* [13.8 meters] *high.*　6:3a Hebrew *20 cubits* [9.2 meters]; also in 6:16, 20.　6:3b Hebrew *10 cubits* [4.6 meters].　6:6 Hebrew *the bottom floor being 5 cubits* [2.3 meters] *wide, the second floor 6 cubits* [2.8 meters] *wide, and the top floor 7 cubits* [3.2 meters] *wide.*　6:8 As in Greek version; Hebrew reads *middle floor.*　6:10 Hebrew *5 cubits* [2.3 meters].

6:1 이달은 4월에서 5월 사이에 해당된다.
6:2 60규빗은 약 27m에 해당되고, 20규빗은 약 9m에 해당되며, 30규빗은 약 13.5m에 해당된다.
6:3 10규빗은 약 4.5m에 해당된다.
6:6 5규빗은 약 2.25m에 해당되고, 6규빗은 약 2.7m에 해당되며, 7규빗은 약 3.15m에 해당된다.

14 솔로몬이 성전 짓기를 마쳤습니다.

15 성전 안쪽 벽은 바닥에서 천장까지 백향목 널빤지로 덮었으며, 마루에는 잣나무 널빤지를 깔았습니다.

16 성전 안쪽에는 길이가 이십 규빗 되는 방을 만들었는데, 바닥에서 천장까지 백향목 널빤지로 가로막았습니다. 그곳은 성전의 안쪽에 해당하는 지성소였습니다.

17 지성소 앞에 있는 큰 성소의 길이는 사십 규빗*이었습니다.

18 성전 안쪽 벽에는 백향목을 입히고 꽃과 식물로 장식하여 돌이 보이지 않게 했습니다.

19 솔로몬은 성전 안에 여호와의 언약궤를 놓아 둘 지성소를 만들었습니다.

20 이 지성소의 크기는 길이가 이십 규빗, 너비가 이십 규빗, 높이가 이십 규빗이었습니다. 솔로몬은 이 방을 순금으로 입혔습니다. 그는 백향목 제단을 만들고 그것을 순금으로 입혔습니다.

21 솔로몬은 성소 안을 순금으로 입힌 다음, 지성소 앞쪽으로 금사슬을 드리웠습니다. 그는 지성소도 금으로 입혔습니다.

22 이처럼 솔로몬은 성전 안을 온통 금으로 입혔습니다. 지성소에 놓일 모든 제단도 금으로 입혔습니다.

23 솔로몬은 지성소 안에 올리브 나무로 두 그룹*을 만들었습니다. 각 그룹의 높이는 십 규빗이었습니다.

24 각 그룹에는 날개가 있었는데, 각 날개의 길이는 오 규빗이었습니다. 그룹의 한쪽 날개 끝에서 다른 쪽 날개 끝까지의 길이는 십 규빗이 되었습니다.

25 다른 그룹의 길이도 십 규빗이었으며, 두 그룹은 크기와 모양이 똑같았습니다.

26 그리고 높이는 모두 십 규빗이었습니다.

27 이 두 그룹은 지성소 안에 나란히 놓여 있었습니다. 이 그룹들의 날개는 펼쳐져 있었기 때문에, 한 그룹의 날개는 한쪽 벽에 닿았고 다른 그룹의 날개는 다른쪽 벽에 닿았습니다. 그리고 방 한가운데에서 두 그룹의 날개가 맞닿아 있었습니다.

28 솔로몬은 이 두 그룹에도 금을 입혔습니다.

29 지성소와 성소의 모든 벽에는 조각을 했는데, 그룹과 종려나무와 꽃 모양을 새겨 넣었습니다.

30 두 방*의 마루도 모두 금으로 입혔습니다.

31 지성소 입구에는 올리브 나무로 만든 문을 달았습니다. 인방과 문설주는 오각형으로 만들었습니다.

32 솔로몬은 올리브 나무로 만든 그 두 문짝에 그룹

don my people Israel."

The Temple's Interior

14 •So Solomon finished building the Temple.
15 •The entire inside, from floor to ceiling, was paneled with wood. He paneled the walls and ceilings with cedar, and he used planks of
16 cypress for the floors. •He partitioned off an inner sanctuary—the Most Holy Place—at the far end of the Temple. It was 30 feet deep and was paneled with cedar from floor to ceiling.
17 •The main room of the Temple, outside the
18 Most Holy Place, was 60 feet* long. •Cedar paneling completely covered the stone walls throughout the Temple, and the paneling was decorated with carvings of gourds and open flowers.
19 •He prepared the inner sanctuary at the far end of the Temple, where the Ark of the LORD's
20 Covenant would be placed. •This inner sanctuary was 30 feet long, 30 feet wide, and 30 feet high. He overlaid the inside with solid gold. He
21 also overlaid the altar made of cedar.* •Then Solomon overlaid the rest of the Temple's interior with solid gold, and he made gold chains to protect the entrance* to the Most Holy Place.
22 •So he finished overlaying the entire Temple with gold, including the altar that belonged to the Most Holy Place.
23 •He made two cherubim of wild olive* wood, each 15 feet* tall, and placed them in
24 the inner sanctuary. •The wingspan of each of the cherubim was 15 feet, each wing being 7 1/2
25 feet* long. •The two cherubim were identical
26-27 in shape and size; •each was 15 feet tall. •He placed them side by side in the inner sanctuary of the Temple. Their outspread wings reached from wall to wall, while their inner wings
28 touched at the center of the room. •He overlaid the two cherubim with gold.
29 •He decorated all the walls of the inner sanctuary and the main room with carvings of
30 cherubim, palm trees, and open flowers. •He overlaid the floor in both rooms with gold.
31 •For the entrance to the inner sanctuary, he made double doors of wild olive wood with
32 five-sided doorposts.* •These double doors were decorated with carvings of cherubim, palm trees, and open flowers. The doors, including the decorations of cherubim and

6:17 Hebrew *40 cubits* [18.4 meters]. 6:20 Or *overlaid the altar with cedar.* The meaning of the Hebrew is uncertain. 6:21 Or *to draw curtains across.* The meaning of the Hebrew is uncertain. 6:23a Or *pine*; Hebrew reads *oil tree*; also in 6:31, 33. 6:23b Hebrew *10 cubits* [4.6 meters]; also in 6:24, 26. 6:24 Hebrew *5 cubits* [2.3 meters]. 6:31 The meaning of the Hebrew is uncertain.
6:17 40규빗은 약 18m에 해당된다.
6:23 그룹은 하나님을 가장 가까이에서 모시고 있는 천사를 말한다.
6:30 지성소와 성소

과 종려나무와 꽃 모양을 새겼습니다. 그리고 그 새긴 것 위에 금을 입혔습니다.

33 솔로몬은 거룩한 곳인 성소에 올리브 나무로 문틀을 만들었는데, 그 문설주는 사각형이었습니다.

34 그리고 잣나무로 문 두 짝을 만들었습니다. 각 문은 두 부분으로 만들어져서 접히게 되어 있었습니다.

35 그 문에도 그룹과 종려나무와 꽃 모양을 새기고 그 위에 골고루 금을 입혔습니다.

36 안뜰에는 벽을 둘렀습니다. 그 벽은 다듬은 돌 세 겹과 백향목 널빤지 한 겹으로 쌓은 것입니다.

37 성전을 짓기 시작한 때는 솔로몬이 이스라엘의 왕으로 있은 지 사 년째 되는 해의 시브 월, 곧 둘째 달이었습니다.

38 성전 짓는 일을 마친 때는 솔로몬이 왕으로 있은 지 십일 년째 되는 해의 여덟째 달, 곧 불 월*이었습니다. 성전은 설계한 대로 정확하게 지어졌습니다. 솔로몬이 성전을 짓는 데는 칠 년이 걸렸습니다.

솔로몬의 왕궁

7 솔로몬 왕은 자기가 살 왕궁도 지었습니다. 왕궁을 짓는 데는 모두 십삼 년이 걸렸습니다.

2 솔로몬은 레바논 나무로 궁을 지었습니다. 그 궁은 길이가 백 규빗,* 너비가 오십 규빗,* 높이가 삼십 규빗*이었습니다. 그 궁에 있는 네 줄로 된 백향목 기둥이 백향목 서까래를 받치고 있었습니다.

3 천장에는 서까래 위에 백향목을 덮었습니다. 서까래는 한 줄에 열다섯 개씩 모두 마흔다섯 개가 있었습니다.

4 창틀은 세 줄로 되어 있고, 또 창은 삼단으로 되어 있는데 서로 마주 보고 있었습니다.

5 문과 문설주는 모두 네모난 모양이었습니다. 삼단으로 된 창문은 서로 마주 보고 있었습니다.

6 솔로몬은 기둥들이 늘어선 현관을 만들었습니다. 그 길이는 오십 규빗, 너비는 삼십 규빗이었는데, 현관 앞에도 기둥들이 늘어서 있었는데, 그 위에는 처마 끝에 덧붙인 작은 지붕이 덮여 있었습니다.

7 솔로몬은 법정을 만든 뒤에 왕좌를 놓고 재판을 했습니다. 이 방에는 마루에서 천장까지 백향목이 깔려 있었습니다.

8 솔로몬이 살 왕궁은 법정 뒤뜰에 있었습니다.

palm trees, were overlaid with gold.

33 •Then he made four-sided doorposts of wild olive wood for the entrance to the Temple.
34 •There were two folding doors of cypress wood, and each door was hinged to fold back upon itself.
35 •These doors were decorated with carvings of cherubim, palm trees, and open flowers—all overlaid evenly with gold.
36 •The walls of the inner courtyard were built so that there was one layer of cedar beams between every three layers of finished stone.
37 •The foundation of the LORD's Temple was laid in midspring, in the month of Ziv,* during the fourth year of Solomon's reign. •The entire building was completed in every detail by midautumn, in the month of Bul,* during the eleventh year of his reign. So it took seven years to build the Temple.

Solomon Builds His Palace

7 Solomon also built a palace for himself, and it took him thirteen years to complete the construction.
2 •One of Solomon's buildings was called the Palace of the Forest of Lebanon. It was 150 feet long, 75 feet wide, and 45 feet high.* There were four rows of cedar pillars, and great cedar beams rested on the pillars. •The hall had a cedar roof. Above the beams on the pillars were forty-five side rooms,* arranged in three tiers of fifteen each.
4 •On each end of the long hall were three rows of
5 windows facing each other. •All the doorways and doorposts* had rectangular frames and were arranged in sets of three, facing each other.
6 •Solomon also built the Hall of Pillars, which was 75 feet long and 45 feet wide.* There was a porch in front, along with a canopy supported by pillars.
7 •Solomon also built the throne room, known as the Hall of Justice, where he sat to hear legal matters. It was paneled with cedar from floor to ceiling.* •Solomon's living quarters surrounded a courtyard behind this hall, and they were constructed the same way. He also built similar living

6:37 Hebrew *was laid in the month of Ziv.* This month of the ancient Hebrew lunar calendar usually occurs within the months of April and May.　6:38 Hebrew *by the month of Bul, which is the eighth month.* This month of the ancient Hebrew lunar calendar usually occurs within the months of October and November.　7:2 Hebrew *100 cubits* [46 meters] *long, 50 cubits* [23 meters] *wide, and 30 cubits* [13.8 meters] *high.*　7:3 Or *45 rafters,* or *45 beams,* or *45 pillars.* The architectural details in 7:2-6 can be interpreted in many different ways.　7:5 Greek version reads *windows.*　7:6 Hebrew *50 cubits* [23 meters] *long and 30 cubits* [13.8 meters] *wide.*　7:7 As in Syriac version and Latin Vulgate; Hebrew reads *from floor to floor.*

6:38 이 달은 10월에서 11월 사이에 해당된다.
7:2 100규빗은 약 45m에 해당되고, 50규빗은 약 22.5m에 해당되며, 30규빗은 약 13.5m 정도이다.

왕궁은 법정과 비슷하게 지어졌습니다. 솔로몬은 그가 결혼한 파라오의 딸을 위해서도 같은 모양의 궁을 지었습니다.

9 이 모든 건물은 톱으로 자른 다음, 앞면과 뒷면을 곱게 다듬은 같은 크기의 돌로 지었습니다. 건물의 기초에서부터 벽의 꼭대기에 이르기까지 이러한 돌을 사용하여 지었습니다. 심지어 뜰까지도 이러한 돌을 사용하여 만들었습니다.

10 건물의 기초가 되는 돌도 값지고 큰 것이었습니다. 어떤 돌은 길이가 십 규빗*이었고, 어떤 돌은 길이가 팔 규빗*이었습니다.

11 그 돌들 위에는 치수대로 다듬은 값진 돌과 백향목을 쌓았습니다.

12 큰 뜰 둘레에는 두꺼운 판자로 둘러 현관을 만들었습니다. 그것은 마치 여호와의 성전 안뜰에 만든 현관과 같았습니다.

성전 안쪽을 모두 짓다

13 솔로몬 왕은 사람을 보내어 두로에 있는 히람을 불러 왔습니다.

14 히람의 어머니는 납달리 지파 사람이며 과부입니다. 히람의 아버지는 두로 사람으로서 놋을 다루는 대장장이였습니다. 히람도 놋을 다루는 기술이 뛰어났고 지혜와 총명이 있었습니다. 히람이 솔로몬 왕에게 불려 와서 모든 일을 도맡아 했습니다.

15 히람은 놋기둥 두 개를 만들었습니다. 각 놋기둥의 높이는 십팔 규빗*이었고 둘레는 십이 규빗*이었습니다.

16 그는 또 오 규빗* 되는 높이의 기둥 머리를 만들어서 기둥 위에 놓았습니다.

17 그리고 기둥 머리를 장식할 그물을 일곱 개씩 만들어서 두 기둥 위에 놓여 있는 기둥 머리 위에 덮었습니다.

18 또 놋석류 두 줄을 만들어서 그물 위에 두었습니다. 그것은 기둥 꼭대기에 있는 기둥 머리를 덮는 것이었습니다.

19 기둥 꼭대기의 기둥 머리는 나리꽃 모양으로 만들었습니다. 그 높이는 사 규빗*이었습니다.

20 기둥 머리는 두 기둥의 꼭대기에 놓였습니다. 그것은 그물 곁에 둥그렇게 튀어 나온 부분 위에 놓였습니다. 그 둘레에는 석류 이백 개가 줄을 지어 있었습니다.

21 히람은 이 두 놋기둥을 성전 현관에 세웠습니다. 그리고 남쪽 기둥의 이름을 '하나님이 세우다'라는 뜻의 야긴이라고 했고, 북쪽 기둥의 이름은 '그에게 힘이 있다'라는 뜻의 보아스라고 붙였습니다.

22 기둥 위의 기둥 머리는 나리꽃 모양으로 만들었습니다. 이렇게 해서 기둥 만드는 일이 끝났습니다

---

quarters for Pharaoh's daughter, whom he had married.

9 •From foundation to eaves, all these buildings were built from huge blocks of high-quality stone, cut with saws and trimmed to
10 exact measure on all sides. •Some of the huge foundation stones were 15 feet long,
11 and some were 12 feet* long. •The blocks of high-quality stone used in the walls were also cut to measure, and cedar beams were
12 also used. •The walls of the great courtyard were built so that there was one layer of cedar beams between every three layers of finished stone, just like the walls of the inner courtyard of the LORD's Temple with its entry room.

Furnishings for the Temple

13 •King Solomon then asked for a man
14 named Huram* to come from Tyre. •He was half Israelite, since his mother was a widow from the tribe of Naphtali, and his father had been a craftsman in bronze from Tyre. Huram was extremely skillful and talented in any work in bronze, and he came to do all the metal work for King Solomon.

15 •Huram cast two bronze pillars, each 27
16 feet tall and 18 feet in circumference.* •For the tops of the pillars he cast bronze capitals,
17 each 7¹⁄₂ feet* tall. •Each capital was decorated with seven sets of latticework and
18 interwoven chains. •He also encircled the latticework with two rows of pomegranates
19 to decorate the capitals over the pillars. •The capitals on the columns near the entry room were shaped like water lilies, and they
20 were six feet* tall. •The capitals on the two pillars had 200 pomegranates in two rows around them, beside the rounded surface
21 next to the latticework. •Huram set the pillars at the entrance of the Temple, one toward the south and one toward the north. He named the one on the south Jakin, and
22 the one on the north Boaz.* •The capitals on the pillars were shaped like water lilies. And

---

7:10 Hebrew *10 cubits [4.6 meters]... 8 cubits [3.7 meters].* 7:13 Hebrew *Hiram* (also in 7:40, 45); compare 2 Chr 2:13. This is not the same person mentioned in 5:1. 7:15 Hebrew *18 cubits [8.3 meters] tall and 12 cubits [5.5 meters] in circumference.* 7:16 Hebrew *5 cubits [2.3 meters].* 7:19 Hebrew *4 cubits [1.8 meters];* also in 7:38. 7:21 *Jakin* probably means "he establishes"; *Boaz* probably means "in him is strength."

7:10 10규빗은 약 4.5m에 해당되고, 8규빗은 약 3.6m에 해당된다.
7:15 18규빗은 약 8.1m에 해당되고, 12규빗은 약 5.4m에 해당된다.
7:16 5규빗은 약 2.25m에 해당된다.
7:19 4규빗은 약 1.8m에 해당된다.

다.

23 그리고 나서 히람은 놋으로 크고 둥근 그릇을 만들어 바다라고 불렀습니다. 바다는 둘레가 삼십 규빗, 지름이 십 규빗, 깊이가 오 규빗이었습니다.

24 그 가장자리 아래로는 빙 둘러가며 놋으로 박 모양이 새겨졌는데, 매 규빗마다 박이 열 개씩 새겨졌습니다. 그것은 놋을 녹여 그릇을 만들 때에 두 줄로 만든 것입니다.

25 이 바다는 놋황소 열두 마리의 등 위에 올려져 있었습니다. 세 마리는 북쪽을 바라보고, 세 마리는 동쪽을 바라보고, 세 마리는 남쪽을 바라보고, 세 마리는 서쪽을 바라보고 있었습니다.

26 그릇의 두께는 한 손 너비만했고, 그 가장자리는 잔의 테두리 같기도 했고, 나리꽃 같기도 했습니다. 그 그릇은 물을 이천 바트* 가량 담을 수 있었습니다.

27 히람은 또 놋받침대 열 개를 만들었는데, 각 받침대는 길이와 너비가 사 규빗이고, 높이는 삼 규빗*이었습니다.

28 받침대에는 널빤지 테두리가 있었고, 그 테두리는 틀 안에 있었습니다.

29 테두리 위에는 사자와 소와 날개 달린 생물인 그룹 모양이 있었습니다. 사자와 소의 위, 아래 틀에는 꽃무늬를 새겨 넣었습니다.

30 각 받침대에는 놋바퀴 네 개와 놋축이 있었습니다. 네 모퉁이에는 물동이를 괴기 위한 놋버 팀대가 있었습니다. 그 버팀대에는 꽃무늬가 새겨져 있었습니다.

31 물동이 위쪽으로 일 규빗 높이 되는 곳에 테두리가 있었습니다. 둥그런 모양의 물동이 입구는 그 지름이 일 규빗 반*이었습니다. 입구에는 무늬를 아로새겼으며 테두리는 둥글지 않고 네모난 모양이었습니다.

32 테두리 아래에는 네 바퀴가 있었는데 그 높이는 일 규빗 반이었습니다. 바퀴 사이의 축은 받침대와 한 몸으로 만들었습니다.

33 바퀴는 전차 바퀴처럼 만들었습니다. 바퀴 위에 있는 것은 다 놋으로 만들었으며, 축과 테두리와 바퀴살과 바퀴통도 다 놋으로 만들었습니다.

34 각 받침대의 네 모퉁이에는 네 버팀대가 있었습니다. 버팀대와 받침대는 하나로 만들었습니다.

35 받침대 꼭대기에는 반 규빗* 높이의 둥그런 띠가 있었습니다. 그것도 받침대와 하나로 만들

---

so the work on the pillars was finished.

23 • Then Huram cast a great round basin, 15 feet across from rim to rim, called the Sea. It was 7 1/2 24 feet deep and about 45 feet in circumference.* • It was encircled just below its rim by two rows of decorative gourds. There were about six gourds per foot* all the way around, and they were cast as part of the basin.

25 • The Sea was placed on a base of twelve bronze oxen,* all facing outward. Three faced north, three faced west, three faced south, and 26 three faced east, and the Sea rested on them. • The walls of the Sea were about three inches* thick, and its rim flared out like a cup and resembled a water lily blossom. It could hold about 11,000 gallons* of water.

27 • Huram also made ten bronze water carts, 28 each 6 feet long, 6 feet wide, and 4 1/2 feet tall.* • They were constructed with side panels braced 29 with crossbars. • Both the panels and the crossbars were decorated with carved lions, oxen, and cherubim. Above and below the lions and oxen were wreath decorations. • Each of these carts had four bronze wheels and bronze axles. There were supporting posts for the bronze basins at the corners of the carts; these supports were decorated on 31 each side with carvings of wreaths. • The top of each cart had a rounded frame for the basin. It projected 1 1/2 feet* above the cart's top like a round pedestal, and its opening was 2 1/4 feet* across; it was decorated on the outside with carvings of wreaths. The panels of the carts were 32 square, not round. • Under the panels were four wheels that were connected to axles that had 33 been cast as one unit with the cart. The wheels were 2 1/4 feet in diameter • and were similar to chariot wheels. The axles, spokes, rims, and hubs were all cast from molten bronze.

34 • There were handles at each of the four corners of the carts, and these, too, were cast as one 35 unit with the cart. • Around the top of each cart was a rim nine inches wide.* The corner supports

---

circumference [sərkʌ́mfərəns] *n.* 둘레
7:26 flare out : 벌어지다

7:23 Hebrew *10 cubits* [4.6 meters] *across.... 5 cubits* [2.3 meters] *deep and 30 cubits* [13.8 meters] *in circumference.*　7:24　Or *20 gourds per meter;* Hebrew reads *10 per cubit.*　7:25　Hebrew *12 oxen;* compare 2 Kgs 16:17, which specifies *bronze oxen.*　7:26a Hebrew *a handbreadth* [8 centimeters].　7:26b Hebrew *2,000 baths* [42 kiloliters].　7:27　Hebrew *4 cubits* [1.8 meters] *long, 4 cubits wide, and 3 cubits* [1.4 meters] *high.*　7:31a　Hebrew *a cubit* [46 centimeters].　7:31b　Hebrew *1 1/2 cubits* [69 centimeters]; also in 7:32　7:35　Hebrew *half a cubit wide* [23 centimeters].

7:26 2,000바트는 약 44㎘에 해당된다.
7:27 3규빗은 약 1.35m에 해당된다.
7:31 1규빗은 약 45cm에 해당되고, 1.5규빗은 약 67.5cm에 해당된다.
7:35 0.5규빗은 약 22.5cm에 해당된다.

었습니다.

36 받침대의 겉과 널빤지 테두리에는 날개 달린 생물인 그룹과 사자와 종려나무와 꽃을 새겨 넣었습니다.

37 히람은 이런 방법으로 받침대 열 개를 만들었습니다. 모두 다 같은 틀에 부어 만들었기 때문에 크기와 모양이 똑같았습니다.

38 히람은 또 놋대야 열 개를 만들었습니다. 받침대 열 개에 대야가 하나씩 있었습니다. 각 대야는 지름이 사 규빗*이었고 사십 바트* 가량의 물을 담을 수 있었습니다.

39 받침대 다섯 개는 성전 남쪽에 두고 나머지 다섯 개는 성전 북쪽에 두었습니다. 그리고 바다는 남동쪽 모퉁이에 두었습니다.

40 히람은 솥과 부삽과 대접들도 만들었습니다. 마침내 히람은 솔로몬 왕이 지시한 것을 다 만들었습니다. 히람이 여호와의 성전을 위해 만든 것들은 이러합니다.

41 기둥 두 개와 두 기둥 꼭대기에 얹는 공 모양의 기둥 머리 두 개, 두 기둥 꼭대기에 얹는 공 모양의 기둥 머리를 덮는 그물 두 개,

42 그물에 장식할 석류 사백 개,

43 받침대 열 개와 받침대 위에 놓을 대야 열 개,

44 바다와 바다를 받치는 황소 열두 마리,

45 솥과 부삽과 대접과 여호와의 성전에서 쓸 온갖 접시들입니다. 히람은 솔로몬 왕을 위하여 이것들을 모두 놋으로 만들었습니다.

46 솔로몬 왕은 이 모든 것을 숙곳과 사르단 사이에 있는 요단 강 가까이에서 진흙틀에 부어 만들게 했습니다.

47 너무 많이 만들었으므로 솔로몬은 그 무게를 달아 보지 못했습니다. 그래서 놋의 무게가 모두 얼마인지는 알 수가 없습니다.

48 솔로몬은 성전에 두기 위해 금으로 여러 가지 물건을 만들게 했습니다. 금 제단, 하나님의 백성이 하나님 앞에 있음을 보여 주는 빵을 차려 놓는 금상,

49 지성소 앞의 오른쪽과 왼쪽에 다섯 개씩 놓을 순금 등잔대와 금꽃 장식과 등잔, 부집게,

50 순금 잔, 심지 다듬는 집게, 작은 그릇, 향로, 불 옮기는 접시, 지성소와 성소에 달 금돌쩌귀들이었습니다.

51 그리하여 솔로몬 왕은 여호와의 성전을 짓는 일을 마쳤습니다. 솔로몬은 그의 아버지 다윗이 거룩하게 구별하여 여호와께 드린 은과 금과 여러 기구들을 성전으로 가져가서 성전의 창고에 넣어 두었습니다.

---

and side panels were cast as one unit with the cart. •Carvings of cherubim, lions, and palm trees decorated the panels and corner supports wherever there was room, and there were wreaths all around. •All ten water carts were the same size and were made alike, for each was cast from the same mold.

38 •Huram also made ten smaller bronze basins, one for each cart. Each basin was six feet across and could hold 220 gallons* of water. •He set five water carts on the south side of the Temple and five on the north side. The great bronze basin called the Sea was placed near the southeast corner of the Temple. •He also made the necessary washbasins, shovels, and bowls.

So at last Huram completed everything King Solomon had assigned him to make for the Temple of the LORD:

41 •the two pillars;
the two bowl-shaped capitals on top of the pillars;
the two networks of interwoven chains that decorated the capitals;

42 •the 400 pomegranates that hung from the chains on the capitals (two rows of pomegranates for each of the chain networks that decorated the capitals on top of the pillars);

43 •the ten water carts holding the ten basins;

44 •the Sea and the twelve oxen under it;

45 •the ash buckets, the shovels, and the bowls.

Huram made all these things of burnished bronze for the Temple of the LORD, just as King Solomon had directed. •The king had them cast in clay molds in the Jordan Valley between Succoth and Zarethan. •Solomon did not weigh all these things because there were so many; the weight of the bronze could not be measured.

48 •Solomon also made all the furnishings of the Temple of the LORD:

the gold altar;
the gold table for the Bread of the Presence;

49 •the lampstands of solid gold, five on the south and five on the north, in front of the Most Holy Place;
the flower decorations, lamps, and tongs—all of gold;

50 •the small bowls, lamp snuffers, bowls, ladles, and incense burners—all of solid gold;
the doors for the entrances to the Most Holy Place and the main room of the Temple, with their fronts overlaid with gold.

51 •So King Solomon finished all his work on the Temple of the LORD. Then he brought all the gifts his father, David, had dedicated—the silver, the

---

7:38 Hebrew *40 baths* [840 liters].

7:38 4규빗은 약 1.8m에 해당되고, 40바트는 약 880ℓ에 해당된다.

언약궤를 성전으로 옮기다

8 솔로몬 왕이 이스라엘의 모든 지도자를 불러 자기가 있는 예루살렘으로 나오게 했습니다. 솔로몬은 장로들과 각 지파의 지도자들과 각 집안의 어른들을 불렀습니다. 솔로몬이 그들을 부른 까닭은 여호와의 언약궤를 다윗 성에서 옮겨 오기 위해서였습니다.

2 그래서 이스라엘의 모든 백성이 솔로몬 왕 앞으로 모였습니다. 그때는 에다님 월,* 곧 일곱째 달의 절기였습니다.

3 이스라엘의 모든 장로들이 모이고, 제사장들은 궤를 메어 옮겼습니다.

4 그들은 여호와의 궤와 회막과 그 안에 있는 거룩한 물건들을 옮겼습니다. 제사장과 레위 사람들이 함께 옮겼습니다.

5 솔로몬 왕과 이스라엘의 모든 백성이 궤 앞에 모였습니다. 그들은 셀 수도 없을 만큼 많은 양과 소를 제물로 바쳤습니다.

6 그런 다음에 제사장들이 여호와의 언약궤를 제자리, 곧 성전 안의 지성소에 놓았습니다. 언약궤는 금을 두드려서 만든 날개 달린 생물인 그룹의 날개 아래에 두었습니다.

7 그 그룹들의 날개는 궤를 놓아 둔 곳에 펼쳐져 궤와 그 궤를 메는 채를 덮었습니다.

8 궤를 메는 채는 매우 길었습니다. 지성소 앞에 있는 성소에서도 채의 끝을 볼 수 있었습니다. 그러나 성소 밖에서는 보이지 않았습니다. 그 채들은 아직까지도 거기에 놓여 있습니다.

9 궤 안에는 돌판 두 개만 들어 있었습니다. 그 돌판은 이스라엘 백성이 이집트에서 나온 뒤, 여호와께서 시내* 산에서 그들과 언약을 맺을 때에 모세가 넣었던 것입니다.

10 제사장들이 성소에서 나오자, 구름이 여호와의 성전에 가득 찼습니다.

11 제사장들은 일을 계속할 수 없었습니다. 왜냐하면 여호와의 영광이 성전 안에 가득 찼기 때문입니다.

솔로몬이 백성에게 연설을 하다

12 솔로몬이 말했습니다. "여호와께서는 캄캄한 구름 속에 계시겠다고 말씀하셨습니다.

13 그러나 저는 주님을 위해 훌륭한 성전을 지었습니다. 이 성전은 주께서 영원히 계실 곳입니다."

14 그리고 나서 솔로몬 왕은 몸을 돌려 거기에 서 있는 이스라엘의 모든 백성에게 복을 빌어 주었습니다.

15 솔로몬이 말했습니다. "이스라엘 하나님 여호

gold, and the various articles—and he stored them in the treasuries of the LORD's Temple.

The Ark Brought to the Temple

8 Solomon then summoned to Jerusalem the elders of Israel and all the heads of the tribes—the leaders of the ancestral families of the Israelites. They were to bring the Ark of the LORD's Covenant to the Temple from its location in the City of David, also known as Zion. 2 So all the men of Israel assembled before King Solomon at the annual Festival of Shelters, which is held in early autumn in the month of Ethanim.*

3 When all the elders of Israel arrived, the 4 priests picked up the Ark. The priests and Levites brought up the Ark of the LORD along with the special tent* and all the sacred items that had 5 been in it. There, before the Ark, King Solomon and the entire community of Israel sacrificed so many sheep, goats, and cattle that no one could keep count!

6 Then the priests carried the Ark of the LORD's Covenant into the inner sanctuary of the Temple—the Most Holy Place—and placed it 7 beneath the wings of the cherubim. The cherubim spread their wings over the Ark, forming a canopy over the Ark and its carrying poles. 8 These poles were so long that their ends could be seen from the Holy Place, which is in front of the most Holy place, but not from the outside. 9 They are still there to this day. Nothing was in the Ark except the two stone tablets that Moses had placed in it at Mount Sinai,* where the LORD made a covenant with the people of Israel when they left the land of Egypt.

10 When the priests came out of the Holy Place, 11 a thick cloud filled the Temple of the LORD. The priests could not continue their service because of the cloud, for the glorious presence of the LORD filled the Temple of the LORD.

Solomon Praises the LORD

12 Then Solomon prayed, "O LORD, you have said that you would live in a thick cloud of darkness. 13 Now I have built a glorious Temple for you, a place where you can live forever!"*

14 Then the king turned around to the entire community of Israel standing before him and 15 gave this blessing: "Praise the LORD, the God of

8:2 Hebrew *at the festival in the month Ethanim, which is the seventh month.* The Festival of Shelters began on the fifteenth day of the seventh month of the ancient Hebrew lunar calendar. This day occurred in late September, October, or early November. 8:4 Hebrew *the Tent of Meeting;* i.e., the tent mentioned in 2 Sam 6:17 and 1 Chr 16:1. 8:9 Hebrew *at Horeb,* another name for Sinai. 8:13 Some Greek texts add the line *Is this not written in the Book of Jashar?*

8:2 이달은 9월 말에서 10월 초 사이에 해당된다.
8:9 개역 성경에는 (히) '호렙' 이라고 표기되어 있다.

와를 찬양합시다. 여호와께서는 내 아버지 다윗에게 약속하신 것을 이루어 주셨습니다. 여호와께서는 내 아버지에게 이렇게 말씀하셨습니다.

16 '나는 내 백성 이스라엘을 이집트에서 인도해 냈다. 그러나 아직 이스라엘의 어느 지파에서도 나에게 예배드릴 성전을 선택하지 않았다. 나는 다윗을 선택하여 내 백성 이스라엘을 다스리게 하였다.'

17 내 아버지 다윗은 이스라엘 하나님 여호와께 예배드릴 성전을 짓고 싶어했습니다.

18 그러나 여호와께서는 내 아버지 다윗에게 이렇게 말씀하셨습니다. '나는 네가 나의 이름을 위하여 성전을 짓고 싶어한다는 것을 알고 있다. 그것은 좋은 일이다.

19 그러나 너는 성전을 지을 사람이 아니다. 내 이름을 위한 성전은 네 몸에서 태어날 네 아들이 지을 것이다.'

20 이제 여호와께서는 약속하신 것을 이루어 주셨습니다. 나는 이제 여호와께서 약속하신 대로 내 아버지 다윗의 뒤를 이어 이스라엘 왕이 되었습니다. 그리고 나는 이스라엘 하나님 여호와께 예배드릴 성전을 지었습니다.

21 나는 여호와께서 우리 조상을 이집트에서 인도해 내실 때에 그들과 맺으신 언약의 궤를 넣어 둘 곳을 이 성전 안에 마련해 놓았습니다."

솔로몬의 기도

22 솔로몬은 여호와의 제단 앞에 이스라엘의 모든 백성과 마주 보고 서 있었습니다. 솔로몬은 하늘을 향해 팔을 치켜들었습니다.

23 그리고 이렇게 말했습니다. "이스라엘 하나님 여호와여, 주님 같으신 분은 어디에도 없습니다. 저 하늘에도 없고, 저 땅에도 없습니다. 주께서는 주님의 백성을 사랑하셔서 그들과 언약을 맺어 주셨습니다. 그리고 참마음으로 주님을 따르는 사람들에게는 그 언약을 지켜 주셨습니다.

24 주께서는 주의 종인 내 아버지 다윗에게 하신 약속을 지켜 주셨습니다. 주님의 입으로 말씀하신 그 약속을 오늘 주님의 크신 능력으로 이루어 주셨습니다.

25 이스라엘의 하나님 여호와시여, 주의 종이요, 내 아버지인 다윗에게 하신 다른 약속도 지켜 주십시오. 주께서는 '네가 나에게 복종했듯이 네 자손도 조심하여 나에게 복종하면, 이스라엘을 다스릴 사람이 네 집안에서 끊이지 않고 나올 것이다'라고 말씀하셨습니다.

26 이스라엘의 하나님이시여, 주의 종이요, 내 아버지인 다윗에게 하신 약속을 이루어 주십시오.

27 하나님이시여, 하나님께서 정말로 땅에서 사시겠

Israel, who has kept the promise he made to my father, David. For he told my father,

16 'From the day I brought my people Israel out of Egypt, I have never chosen a city among any of the tribes of Israel as the place where a Temple should be built to honor my name. But I have chosen David to be king over my people Israel.'"

17 • Then Solomon said, "My father, David, wanted to build this Temple to honor the

18 name of the LORD, the God of Israel. • But the LORD told him, 'You wanted to build the Temple to honor my name. Your inten-

19 tion is good, • but you are not the one to do it. One of your own sons will build the Temple to honor me.'

20 • "And now the LORD has fulfilled the promise he made, for I have become king in my father's place, and now I sit on the throne of Israel, just as the LORD promised. I have built this Temple to honor the name of

21 the LORD, the God of Israel. • And I have prepared a place there for the Ark, which contains the covenant that the LORD made with our ancestors when he brought them out of Egypt."

Solomon's Prayer of Dedication

22 • Then Solomon stood before the altar of the LORD in front of the entire community of Israel. He lifted his hands toward heaven,

23 • and he prayed,

"O LORD, God of Israel, there is no God like you in all of heaven above or on the earth below. You keep your covenant and show unfailing love to all who walk before you

24 in wholehearted devotion. • You have kept your promise to your servant David, my father. You made that promise with your own mouth, and with your own hands you have fulfilled it today.

25 • "And now, O LORD, God of Israel, carry out the additional promise you made to your servant David, my father. For you said to him, 'If your descendants guard their behavior and faithfully follow me as you have done, one of them will always sit on

26 the throne of Israel.' • Now, O God of Israel, fulfill this promise to your servant David, my father.

27 • "But will God really live on earth? Why, even the highest heavens cannot contain you. How much less this Temple I

---

dedication [dedikéiʃən] *n.* 봉헌, 헌신
devotion [divóuʃən] *n.* 헌신, 전념
fulfill [fulfíl] *vt.* 성취하다
intention [inténʃən] *n.* 의도, 목적
8:25 carry out : 실행하다

습니까? 하늘과 하늘의 가장 높은 곳이라도 하나님을 모실 수 없을 텐데, 제가 지은 이 집에 주님을 모실 수 있겠습니까?

28 그러나 저의 기도와 소원을 들어 주십시오. 저는 여호와의 종이고, 주님은 저의 주 하나님이십니다. 제가 오늘 주께 드리는 이 기도를 들어 주십시오.

29 주께서는 전에 '내 이름이 거기 있을 것이다' 라고 말씀하셨습니다. 그러니 밤낮으로 이 성전을 지켜봐 주십시오. 이곳에서 제가 드리는 기도를 들어 주십시오.

30 저와 주님의 백성 이스라엘이 이곳을 향해 기도할 때에 주님은 하늘에서 들으시고 우리 죄를 용서해 주십시오.

31 만약 어떤 사람이 이웃에게 죄를 지었다고 생각되면, 이 성전으로 나아오게 될 것입니다. 그런데 그 사람이 자기에게는 죄가 없다고 제단에서 맹세하면,

32 주께서는 하늘에서 그 맹세를 들으시고 판단해 주십시오. 죄 있는 사람에게는 벌을 내리시고, 올바른 사람에게는 죄가 없음을 밝혀 주십시오.

33 주님의 백성 이스라엘이 주께 죄를 지어 적에게 패한 후, 주께 돌아와 주님을 찬양하고 이 성전에서 주께 기도드리면,

34 주께서는 하늘에서 그들의 기도를 들으시고, 주님의 백성 이스라엘의 죄를 용서해 주십시오. 주께서 그들의 조상에게 주신 그 땅을 다시 찾을 수 있게 해 주십시오.

35 만약 주님의 백성 이스라엘이 주께 죄를 지어 주님이 그 벌로 비를 내리지 않으실 때, 그들이 이곳을 향해 기도하고 주님을 찬양하며 죄에서 돌아서면,

36 주님은 하늘에서 그들이 하는 기도를 들으시고, 주님의 종들과 이스라엘 백성의 죄를 용서해 주십시오. 그들에게 올바르게 살아가는 법을 가르쳐 주십시오. 그리고 주께서 주님의 백성에게 주신 이 땅에 비를 내려 주십시오.

37 만약 이 땅에 가뭄이 들거나 백성들 사이에 무서운 전염병이 돌거나 병충해나 메뚜기 떼가 온갖 곡식을 갉아먹거나 주님의 백성이 적의 공격을 받게 되거나 그들에게 병이 생길 때,

38 그들이 참마음으로 죄를 뉘우치고 주님의 백성 이스라엘 가운데서 어느 누구든지 이 성전을 향해 팔을 벌려 기도드리면,

39 주께서는 하늘에서 그 기도를 들으시고, 백성을 용서해 주십시오. 주님만이 사람의 속마음을 아십니다. 그러니 각 사람을 판단하시고 그들이 한 일대로 그들에게 갚아 주십시오.

40 그렇게 하시면 주님의 백성은 주께서 우리 조상에

28 have built! • Nevertheless, listen to my prayer and my plea, O LORD my God. Hear the cry and the prayer that your servant is making to you today. • May you 29 watch over this Temple night and day, this place where you have said, 'My name will be there.' May you always hear the prayers I make toward this 30 place. • May you hear the humble and earnest requests from me and your people Israel when we pray toward this place. Yes, hear us from heaven where you live, and when you hear, forgive.

31 • "If someone wrongs another person and is required to take an oath of innocence in front of your altar in this 32 Temple, • then hear from heaven and judge between your servants—the accuser and the accused. Punish the guilty as they deserve. Acquit the innocent because of their innocence.

33 • "If your people Israel are defeated by their enemies because they have sinned against you, and if they turn to you and acknowledge your name and pray to you 34 here in this Temple, • then hear from heaven and forgive the sin of your people Israel and return them to this land you gave their ancestors.

35 • "If the skies are shut up and there is no rain because your people have sinned against you, and if they pray toward this Temple and acknowledge your name and turn from their sins because you 36 have punished them, • then hear from heaven and forgive the sins of your servants, your people Israel. Teach them to follow the right path, and send rain on your land that you have given to your people as their special possession.

37 • "If there is a famine in the land or a plague or crop disease or attacks of locusts or caterpillars, or if your people's enemies are in the land besieging their towns—whatever disaster or disease there is—38 • and if your people Israel pray about their troubles, raising their hands toward 39 this Temple, • then hear from heaven where you live, and forgive. Give your people what their actions deserve, for you alone know each human heart. • Then 40 they will fear you as long as they live in

---

acquit [əkwít] vt. 무죄를 선고하다
besiege [bisí:dʒ] vt. 포위 공격하다
captor [kǽptər] n. 체포자
congregation [kàŋgrigéiʃən] n. 모임, 회중
petition [pitíʃən] n. 청원, 탄원
plague [pléig] n. 전염병
uphold [ʌphóuld] vt. 지지하다, 변호하다

게 주신 이 땅에서 사는 동안, 늘 주님을 섬길 것입니다.

41-42 이스라엘에 속하지 아니한 외국인이 주의 크신 이름과 주께서 행하신 큰 일에 대해 듣고 먼 땅에서 와서 이 성전을 향하여 기도하면,

43 주께서는 하늘에서 그들의 기도를 들으시고 그들이 구하는 대로 이루어 주십시오. 그러면 주님의 백성 이스라엘처럼 온 땅의 백성이 주님을 알고 주님을 두려워할 것입니다. 또한 제가 지은 이 성전이 주님의 이름이 있는 곳임을 알게 될 것입니다.

44 주님의 백성이 적과 싸우라는 주님의 명령을 받고 나갈 때에 그들이 주께서 선택하신 이 성과 제가 주님의 이름을 위하여 지은 이 성전을 향해 여호와께 기도드리면,

45 주께서는 하늘에서 그들의 기도를 들으시고, 그들을 도와 주십시오.

46 죄를 짓지 않는 사람은 없습니다. 주님의 백성도 주께 죄를 지을 것입니다. 이것 때문에 주께서 분노하시어 그들을 싸움에서 지게 하시면, 적들은 그들을 사로잡아 자기 나라로 끌고 갈 것입니다.

47 그때, 주님의 백성이 포로로 끌려간 그 땅에서 정신을 차리고 마음을 돌려 '우리가 죄를 지었습니다. 우리가 잘못했습니다' 라고 주께 기도하며,

48 그들이 포로로 있는 원수의 땅에서 온마음과 정성을 다하여 주께 회개하고, 주께서 그들의 조상에게 주신 땅과 주께서 선택하신 이 성과 제가 주님의 이름을 위하여 지은 이 성전을 향해 주께 기도드리면,

49 주께서는 하늘에서 그들이 하는 기도를 들으시고 사정을 살펴 주십시오.

50 주님의 백성을 용서해 주십시오. 주님을 배반한 그들을 용서해 주십시오. 그래서 그들을 사로잡아간 사람들이 그들을 불쌍히 여기도록 해 주십시오.

51 그들이 주님의 백성이라는 것을 기억해 주십시오. 주께서 그들을 용광로와도 같은 이집트에서 인도해 내셨다는 것을 기억해 주십시오.

52 제가 드리는 기도와 주님의 백성 이스라엘이 드리는 기도에 귀를 기울여 주십시오. 그들이 주께 부르짖을 때마다 그 기도를 들어 주십시오.

53 주 여호와여, 주께서는 우리의 조상을 이집트에서 인도해 내실 때에 주의 종 모세를 통하여 약속하신 대로 이 땅의 모든 나라들 가운데서 우리를 선택하셔서 주님의 백성으로 삼으셨습니다."

54 솔로몬은 제단 앞에 무릎을 꿇고 하늘을 향해 팔을 벌리고 이런 기도를 드렸습니다. 기도를 마친 솔로몬은 여호와의 제단 앞에서 일어났습니다.

55 솔로몬은 서서 큰 소리로 이스라엘 모든 백성에게

the land you gave to our ancestors.

41 • "In the future, foreigners who do not belong to your people Israel will hear of you. They will come from distant lands because of your name, • for they will hear **42** of your great name and your strong hand and your powerful arm. And when they pray toward this Temple, • then hear from **43** heaven where you live, and grant what they ask of you. In this way, all the people of the earth will come to know and fear you, just as your own people Israel do. They, too, will know that this Temple I have built honors your name.

44 • "If your people go out where you send them to fight their enemies, and if they pray to the LORD by turning toward this city you have chosen and toward this Temple I have built to honor your name, • then hear **45** their prayers from heaven and uphold their cause.

46 • "If they sin against you—and who has never sinned?—you might become angry with them and let their enemies conquer them and take them captive to their land far away or near. • But in that land of exile, **47** they might turn to you in repentance and pray, 'We have sinned, done evil, and acted wickedly.' • If they turn to you with their **48** whole heart and soul in the land of their enemies and pray toward the land you gave to their ancestors—toward this city you have chosen, and toward this Temple I have built to honor your name—• then **49** hear their prayers and their petition from heaven where you live, and uphold their cause. • Forgive your people who have **50** sinned against you. Forgive all the offenses they have committed against you. Make their captors merciful to them, • for they are **51** your people—your special possession— whom you brought out of the iron-smelting furnace of Egypt.

52 • "May your eyes be open to my requests and to the requests of your people Israel. May you hear and answer them whenever they cry out to you. • For when you **53** brought our ancestors out of Egypt, O Sovereign LORD, you told your servant Moses that you had set Israel apart from all the nations of the earth to be your own special possession."

The Dedication of the Temple

54 • When Solomon finished making these prayers and petitions to the LORD, he stood up in front of the altar of the LORD, where he had been kneeling with his hands raised **55** toward heaven. • He stood and in a loud voice blessed the entire congregation of Israel:

복을 빌어 주었습니다.

56 "여호와를 찬양합시다! 주께서는 당신의 백성 이 스라엘에게 약속하신 대로 안식을 주셨습니다. 주께서 그의 종 모세를 통해 말씀하신 좋은 약속 가운데서 하나라도 이루시지 않은 것이 없습니 다.

57 우리의 하나님 여호와께서 우리 조상들과 함께 계셨던 것처럼 우리와도 함께 계시기를 원합니 다. 결코 우리를 떠나시지도 않고 버리시지도 않 기를 원합니다.

58 우리의 마음이 주께 기울게 하시고 주님을 따르 게 하시기를 바랍니다. 주께서 우리 조상에게 주 신 모든 율법과 계명을 우리가 지킬 수 있도록 해 주시기를 원합니다.

59 우리의 하나님께서 제가 드린 이 기도를 언제 나 기억해 주시기를 바랍니다. 주님의 종과 주님 의 백성 이스라엘에 가까이 계시기를 바랍니다. 날마다 우리가 필요한 대로 우리를 도와 주시기 바랍니다.

60 그러면 세계의 모든 백성이 주님만이 참하나님이 심을 알게 될 것입니다.

61 여러분은 우리의 주 하나님 여호와께 완전히 복 종하십시오. 주님의 모든 율법과 계명을 지키십 시오."

제물을 바치다

62 그런 다음에 솔로몬 왕과 온 이스라엘은 여호와께 제사를 드렸습니다.

63 솔로몬은 화목 제물로 소 이만 이천 마리와 양 십 이만 마리를 잡아서 여호와께 바쳤습니다. 이러 한 방법으로 왕과 이스라엘 백성은 여호와께 성전 을 바쳤습니다.

64 그날에 솔로몬 왕은 성전 앞뜰을 거룩하게 구별 했습니다. 솔로몬은 거기서 태워 드리는 제물인 번제물과 곡식 제물을 바쳤습니다. 그리고 화목 제물의 기름도 바쳤습니다. 여호와 앞에 있는 놋 제단이 너무 작아서 제물들을 다 담을 수 없었기 때문에 성전 앞뜰에서 이 제물들을 바쳤습니다.

65 그때에 솔로몬 왕과 이스라엘의 모든 백성은 절기 를 지켰습니다. 북쪽으로는 하맛 어귀에서부터 남쪽으로는 이집트 시내에 이르기까지, 그 지역 에 사는 많은 사람들이 모여들었습니다. 그들은 칠 일을 두 번 합한 십사 일 동안, 절기를 지켰습니 다.

66 절기 팔 일째 되는 날에 솔로몬은 백성을 집으로 돌려 보냈습니다. 그들은 왕에게 복을 빌어 주며 집으로 돌아갔습니다. 그들은 여호와께서 그의 종 다윗과 그의 백성 이스라엘에게 베풀어 주신

56 • "Praise the LORD who has given rest to his people Israel, just as he promised. Not one word has failed of all the wonderful promises 57 he gave through his servant Moses. •May the LORD our God be with us as he was with our ancestors; may he never leave us or abandon 58 us. •May he give us the desire to do his will in everything and to obey all the commands, decrees, and regulations that he gave our 59 ancestors. •And may these words that I have prayed in the presence of the LORD be before him constantly, day and night, so that the LORD our God may give justice to me and to his people Israel, according to each day's 60 needs. •Then people all over the earth will know that the LORD alone is God and there is 61 no other. •And may you be completely faithful to the LORD our God. May you always obey his decrees and commands, just as you are doing today."

62 •Then the king and all Israel with him 63 offered sacrifices to the LORD. •Solomon offered to the LORD a peace offering of 22,000 cattle and 120,000 sheep and goats. And so the king and all the people of Israel dedicated the Temple of the LORD.

64 •That same day the king consecrated the central area of the courtyard in front of the LORD's Temple. He offered burnt offerings, grain offerings, and the fat of peace offerings there, because the bronze altar in the LORD's presence was too small to hold all the burnt offerings, grain offerings, and the fat of the peace offerings.

65 •Then Solomon and all Israel celebrated the Festival of Shelters* in the presence of the LORD our God. A large congregation had gathered from as far away as Lebo-hamath in the north and the Brook of Egypt in the south. The celebration went on for fourteen days in all—seven days for the dedication of the altar 66 and seven days for the Festival of Shelters.* •After the festival was over,* Solomon sent the people home. They blessed the king and went to their homes joyful and glad because the LORD had been good to his servant David and to his people Israel.

---

abandon [əbǽndən] *vt.* 저버리다
consecrate [kánsəkrèit] *vt.* 성별하다
decree [dikríː] *n.* 계율, 법령
dedicate [dédikèit] *vt.* 헌당하다
regulation [règjuléiʃən] *n.* 율례
8:59 in the presence of…: …의 면전에서

8:65a Hebrew *the festival*; see note on 8:2.   8:65b Hebrew *seven days and seven days, fourteen days*; compare parallel text at 2 Chr 7:8-10.   8:66 Hebrew *On the eighth day*, probably referring to the day following the seven-day Festival of Shelters; compare parallel text at 2 Chr 7:9-10.

온갖 은혜로 말미암아 기뻐했습니다.

여호와께서 솔로몬에게 다시 나타나시다

9 솔로몬은 여호와의 성전과 자기가 살 왕궁과 자기가 짓고 싶어하던 모든 것을 다 지었습니다.

2 여호와께서 기브온에서 나타나셨던 것처럼 솔로몬에게 나타나셔서

3 "내 앞에서 기도한 것과 네가 나에게 구한 것을 들었다. 네가 지은 이 성전을 내가 거룩하게 구별하였으므로, 내가 내 이름을 영원히 거기에 둘 것이다. 내가 그 성전을 보살피며 항상 지킬 것이다.

4 만약 네가 네 아버지 다윗처럼 올바르고 성실하게 내 율법과 내가 명령한 모든 것을 지키면,

5 네 집안이 영원토록 이스라엘을 다스릴 수 있게 해 주겠다. 나는 다윗의 집안에서 이스라엘을 다스릴 왕이 끊이지 않고 나올 것이라고 다윗에게 약속했다.

6 그러나 만약 너나 네 자녀가 나를 따르지 않고 내가 너에게 준 규례와 계명도 지키지 않고 다른 신들을 섬기거나 예배한다면,

7 나는 이스라엘 백성들을 이 땅에서 쫓아 내겠다. 그리고 내 이름을 위하여 내가 거룩히 구별한 성전도 헐어 버리겠다. 이스라엘은 다른 백성들에게 속담거리와 웃음거리가 되고 말 것이다.

8 성전이 무너지면, 그 모습을 보는 모든 사람들이 놀랄 것이다. 그들은 너희를 놀리며 '여호와께서 어찌하여 이 땅과 이 성전을 이런 지경으로 만드셨을까?' 하고 비웃을 것이다.

9 그러면 다른 백성이 '이렇게 된 까닭은 그들의 조상을 이집트에서 인도해 낸 여호와 하나님을 그들이 버렸기 때문이다. 그들은 다른 신들에게 마음이 끌려 그들을 예배하고 섬겼다. 그래서 여호와께서 이런 재앙을 그들에게 내린 것이다'라고 대답할 것이다" 하고 솔로몬에게 말씀하셨습니다.

솔로몬의 다른 활동

10 이십 년에 걸쳐 솔로몬 왕은 여호와의 성전과 왕궁을 완성하였습니다.

11 솔로몬 왕은 그가 원하는 대로 백향목과 잣나무와 금을 보내 주었던, 두로 왕 히람에게 갈릴리에 있는 스무 개의 마을을 주었습니다.

12 히람은 두로에서 와서 솔로몬이 준 마을들을 둘러보았습니다. 그러나 그 마을들은 그의 마음에 들지 않았습니다.

13 히람이 말했습니다. "나의 형제여, 그대가 나에게 준 마을들이 이 정도밖에 안 되오?" 그래서 지금까지 사람들은 그 마을들을 '쓸모없는 땅'이라는

The LORD's Response to Solomon

9 So Solomon finished building the Temple of the LORD, as well as the royal palace. He completed everything he had planned to do.
2 •Then the LORD appeared to Solomon a second time, as he had done before at Gibeon.
3 •The LORD said to him,

"I have heard your prayer and your petition. I have set this Temple apart to be holy—this place you have built where my name will be honored forever. I will always watch over it, for it is dear to my heart.

4 •"As for you, if you will follow me with integrity and godliness, as David your father did, obeying all my commands, decrees, and regulations, •then I will establish the throne of your dynasty over Israel forever. For I made this promise to your father, David: 'One of your descendants will always sit on the throne of Israel.'

6 •"But if you or your descendants abandon me and disobey the commands and decrees I have given you, and if you serve and worship other gods, •then I will uproot Israel from this land that I have given them. I will reject this Temple that I have made holy to honor my name. I will make Israel an object of mockery and ridicule among the nations. •And though this Temple is impressive now, all who pass by will be appalled and will gasp in horror. They will ask, 'Why did the LORD do such terrible things to this land and to this Temple?'

9 •"And the answer will be, 'Because his people abandoned the LORD their God, who brought their ancestors out of Egypt, and they worshiped other gods instead and bowed down to them. That is why the LORD has brought all these disasters on them.'"

Solomon's Agreement with Hiram

10 •It took Solomon twenty years to build the LORD's Temple and his own royal palace. At the end of that time, •he gave twenty towns in the land of Galilee to King Hiram of Tyre. (Hiram had previously provided all the cedar and cypress timber and gold that Solomon had requested.) •But when Hiram came from Tyre to see the towns Solomon had given him, he was not at all pleased with them. •"What kind of towns are these, my brother?" he asked. So Hiram called that area Cabul (which means "worthless"), as it is still known

appall [əpɔ́:l] *vt.* 질겁하게 하다
integrity [intégrəti] *n.* 정직, 성실
mockery [mɑ́kəri] *n.* 조롱
ridicule [rídikjuːl] *n.* 비웃음, 조소

14 히람이 솔로몬에게 보낸 금은 전부 다하여 백이십 달란트*였습니다.

15 솔로몬 왕은 일꾼들을 불러모아 성전과 왕궁을 지었습니다. 솔로몬은 일꾼들에게 밀로와 예루살렘 성벽 쌓는 일을 시켰습니다. 또한 하솔과 므깃도와 게셀 성을 다시 쌓는 일도 시켰습니다.

16 옛날에 이집트 왕이 게셀을 공격하여 점령한 일이 있었습니다. 이집트 왕은 게셀을 불태우고 거기에 살던 가나안 사람들을 죽였습니다. 그리고 그 성을 자기 딸의 결혼 선물로 솔로몬에게 주었습니다.

17 솔로몬은 게셀과 아래쪽 벧호론과

18 바알랏과 유다 광야에 있는 다드몰을 세웠습니다.

19 솔로몬 왕은 또 곡식과 그 밖의 물건을 저장해 둘 수 있는 성과 전차를 두는 성과 전차 모는 군인들을 위한 성도 세웠습니다. 솔로몬은 예루살렘과 레바논과 그가 다스리는 모든 땅에 원하는 것을 다 지었습니다.

20 그 땅에는 이스라엘 백성이 아닌 사람들, 곧 아모리 사람과 헷 사람과 브리스 사람과 히위 사람과 여부스 사람들이 남아서 살고 있었습니다.

21 이스라엘 백성은 그들을 완전히 멸망시키지 못했습니다. 그래서 솔로몬은 그들을 노예로 삼아서 일을 시켰습니다. 그들은 지금까지도 노예로 있습니다.

22 솔로몬은 이스라엘 백성 중에서는 어느 누구도 노예로 삼지 않았습니다. 이스라엘 백성은 솔로몬의 군인, 신하, 장교, 전차 지휘관, 전차병으로 일했습니다.

23 솔로몬이 맡긴 일을 지휘하는 감독은 오백오십 명이었습니다. 그들은 사람들이 하는 일을 감독하였습니다.

24 파라오의 딸이 다윗 성에서 왕궁으로 옮겨 왔습니다. 그 왕궁은 솔로몬이 이집트 왕의 딸을 위해 지어 준 것입니다. 솔로몬은 밀로*를 건축하였습니다.

25 솔로몬은 한 해에 세 번씩 자기가 여호와를 위해 쌓은 제단 위에 태워 드리는 제물인 번제물과 화목 제물을 바쳤습니다. 그리고 여호와 앞에 놓인 향단에서 향을 피웠습니다. 이렇게 솔로몬은 성전 짓는 일을 마쳤습니다.

26 솔로몬은 에돔 땅 홍해 해안에 있는 엘랏 근처 에시온게벨에서 배를 만들기도 했습니다.

27 히람 왕은 바다에 대해 잘 알고 있는 뱃사람들

---

14 today. ●Nevertheless, Hiram paid* Solomon 9,000 pounds* of gold.

Solomon's Many Achievements

15 ●This is the account of the forced labor that King Solomon conscripted to build the LORD's Temple, the royal palace, the supporting terraces,* the wall of Jerusalem, and the cities of Hazor, Megiddo,

16 and Gezer. ●(Pharaoh, the king of Egypt, had attacked and captured Gezer, killing the Canaanite population and burning it down. He gave the city to his daughter as a wedding gift

17 when she married Solomon. ●So Solomon rebuilt the city of Gezer.) He also built up the towns of

18 Lower Beth-horon, ●Baalath, and Tamar* in the

19 wilderness within his land. ●He built towns as supply centers and constructed towns where his chariots and horses* could be stationed. He built everything he desired in Jerusalem and Lebanon and throughout his entire realm.

20 ●There were still some people living in the land who were not Israelites, including Amorites,

21 Hittites, Perizzites, Hivites, and Jebusites. ●These were descendants of the nations* whom the people of Israel had not completely destroyed.* So Solomon conscripted them as slaves, and they

22 serve as forced laborers to this day. ●But Solomon did not conscript any of the Israelites for forced labor. Instead, he assigned them to serve as fighting men, government officials, officers and captains in his army, commanders of his chariots,

23 and charioteers. ●Solomon appointed 550 of them to supervise the people working on his various projects.

24 ●Solomon moved his wife, Pharaoh's daughter, from the City of David to the new palace he had built for her. Then he constructed the supporting terraces.

25 ●Three times each year Solomon presented burnt offerings and peace offerings on the altar he had built for the LORD. He also burned incense to the LORD. And so he finished the work of building the Temple.

26 ●King Solomon also built a fleet of ships at Ezion-geber, a port near Elath* in the land of

27 Edom, along the shore of the Red Sea.* ●Hiram sent experienced crews of sailors to sail the ships

---

9:14a Or For Hiram had paid. 9:14b Hebrew 120 talents [4,000 kilograms]. 9:15 Hebrew the millo; also in 9:24. The meaning of the Hebrew is uncertain. 9:18 An alternate reading in the Masoretic Text reads Tadmor. 9:19 Or and charioteers. 9:21 The Hebrew term used here refers to the complete consecration of things or people to the LORD, either by destroying them or by giving them as an offering. 9:26a As in Greek version (see also 2 Kgs 14:22; 16:6); Hebrew reads Eloth, a variant spelling of Elath. 9:26b Hebrew sea of reeds.

9:14 120달란트는 약 4.11t에 해당된다.
9:24 '밀로'는 예루살렘 동쪽편 움푹 파인 곳이었을 것으로 추측된다. 그래서 '밀로를 건축하였다' 라는 말을 '성의 동쪽 땅을 메웠다' 라고 하기도 한다.

을 두고 있었습니다. 히람은 그 사람들을 솔로몬에게 보내어 솔로몬의 신하들을 돕게 했습니다.

28 그들은 솔로몬의 배를 타고 오빌에 이르러 금 사백이십 달란트*를 솔로몬 왕에게 가져왔습니다.

스바의 여왕이 솔로몬을 찾아오다

10 스바의 여왕이 솔로몬의 명성을 듣고 솔로몬을 시험해 보기 위해 어려운 문제를 가지고 왔습니다.

2 스바의 여왕은 수많은 신하들을 거느리고 예루살렘으로 왔습니다. 향료와 보석과 금을 실은 낙타도 매우 많았습니다. 스바의 여왕은 솔로몬에게 와서 마음속에 있는 모든 생각을 솔로몬과 함께 이야기했습니다.

3 솔로몬은 여왕의 질문에 빠짐없이 대답해 주었습니다. 설명할 수 없는 어려운 문제는 하나도 없었습니다.

4 스바의 여왕은 솔로몬이 매우 지혜롭다는 것을 깨달았습니다. 여왕은 솔로몬이 지은 왕궁과

5 솔로몬의 식탁 위에 놓인 음식과 솔로몬의 신하들과 왕궁 관리들과 그들이 차려 입은 옷, 식탁에서 시중드는 종들의 모습, 그리고 솔로몬이 여호와의 성전에서 드리는 번제를 보고 너무나 놀랐습니다.

6 여왕이 솔로몬 왕에게 말했습니다. "내 나라에서 들은 왕의 업적과 지혜에 대한 소문이 사실이군요.

7 거기에서는 믿을 수 없었는데, 여기에 와서 내 눈으로 보니 듣던 것보다도 더 놀랍군요. 왕의 지혜와 부유함은 내가 듣던 것보다 훨씬 뛰어납니다.

8 언제나 왕을 섬기면서 왕의 지혜를 들을 수 있는 왕의 백성과 신하들은 행복할 것입니다.

9 왕의 하나님 여호와를 찬양합니다. 여호와께서는 당신을 좋아하셔서 이스라엘의 왕좌에 앉히셨습니다. 여호와께서는 언제나 이스라엘을 사랑하십니다. 그래서 당신을 왕좌에 앉게 하시고 정의를 지키면서 공평하게 다스리도록 하셨습니다."

10 스바의 여왕은 솔로몬 왕에게 금 백이십 달란트*와 많은 향료와 보석을 주었습니다. 그때부터 지금까지 스바의 여왕이 솔로몬 왕에게 가져온 것보다 더 많은 향료를 가져온 사람은 없었습니다.

11 (히람의 배는 오빌에서 금을 가져왔고, 그 밖에도 백단목과 보석을 매우 많이 가져왔습니다.

12 솔로몬은 백단목을 여호와의 성전과 왕궁의 계단을 만드는 데 썼습니다. 그리고 음악가들이 쓸 수금과 비파를 만드는 데도 썼습니다. 지금까지 그렇게 좋은 백단목은 들어온 일도 없었고 본 적

28 with Solomon's men. •They sailed to Ophir and brought back to Solomon some sixteen tons* of gold.

Visit of the Queen of Sheba

10 When the queen of Sheba heard of Solomon's fame, which brought honor to the name of the LORD,* she came to test him with hard questions. •She arrived in Jerusalem with a large group of attendants and a great caravan of camels loaded with spices, large quantities of gold, and precious jewels. When she met with Solomon, she talked with him about everything she had on her mind. 3 •Solomon had answers for all her questions; nothing was too hard for the king to explain to 4 her. •When the queen of Sheba realized how very wise Solomon was, and when she saw the 5 palace he had built, •she was overwhelmed. She was also amazed at the food on his tables, the organization of his officials and their splendid clothing, the cup-bearers, and the burnt offerings Solomon made at the Temple of the LORD.

6 •She exclaimed to the king, "Everything I heard in my country about your achieve-7 ments* and wisdom is true! •I didn't believe what was said until I arrived here and saw it with my own eyes. In fact, I had not heard the half of it! Your wisdom and prosperity are far 8 beyond what I was told. •How happy your people* must be! What a privilege for your officials to stand here day after day, listening to 9 your wisdom! •Praise the LORD your God, who delights in you and has placed you on the throne of Israel. Because of the LORD's eternal love for Israel, he has made you king so you can rule with justice and righteousness."

10 •Then she gave the king a gift of 9,000 pounds* of gold, great quantities of spices, and precious jewels. Never again were so many spices brought in as those the queen of Sheba gave to King Solomon.

11 •(In addition, Hiram's ships brought gold from Ophir, and they also brought rich cargoes 12 of red sandalwood* and precious jewels. •The king used the sandalwood to make railings for the Temple of the LORD and the royal palace, and to construct lyres and harps for the musicians. Never before or since has there been such a supply of sandalwood.)

9:28 Hebrew *420 talents* [14 metric tons].　10:1 Or *which was due to the name of the LORD*. The meaning of the Hebrew is uncertain.　10:6 Hebrew *your words*.　10:8 Greek and Syriac versions and Latin Vulgate read *your wives*.　10:10 Hebrew *120 talents* [4,000 kilograms].　10:11 Hebrew *almug wood*; also in 10:12.

9:28 420달란트는 약 14.39t에 해당된다.
10:10 120달란트는 약 4.11t에 해당된다.

도 없었습니다.)

13 솔로몬 왕은 스바의 여왕에게 많은 선물을 주었습니다. 보통 관례에 따라 한 나라 왕이 다른 통치자에게 주는 만큼의 선물 외에도 여왕이 가지고 싶어하는 것과 달라는 것을 다 주었습니다. 여왕은 신하들과 함께 자기 나라로 돌아갔습니다.

솔로몬의 부

14 솔로몬은 해마다 금 육백육십육 달란트*를 세금으로 받았습니다.

15 그것 말고도 무역업자와 상인들이 바치는 금과 함께 아라비아 왕들과 이스라엘 땅의 장관들이 바치는 금도 받았습니다.

16 솔로몬 왕은 금을 두드려서 큰 방패 이백 개를 만들었습니다. 방패 하나에 들어간 금은 육백 세겔*이나 되었습니다.

17 솔로몬은 또 금을 두드려서 작은 방패 삼백 개를 만들었습니다. 그 방패 하나에 들어간 금은 삼 마네*였습니다. 왕은 그 방패들을 '레바논 수풀의 궁'에 두었습니다.

18 솔로몬 왕은 상아로 커다란 왕좌를 만들었습니다. 그리고 거기에 금을 입혔습니다.

19 왕좌로 올라가는 계단은 여섯 개였습니다. 왕좌의 꼭대기는 뒤가 둥그렇게 되어 있었습니다. 왕좌의 양쪽에는 팔걸이가 있었고, 팔걸이 양 옆에는 사자 상이 있었습니다.

20 여섯 계단 양 옆에는 열두 사자 상이 있었습니다. 다른 어떤 나라에서도 이런 것은 만들지 못했습니다.

21 솔로몬 왕이 마시는 데 쓰는 모든 그릇은 금으로 만들었습니다. 그리고 '레바논 수풀의 궁'에서 쓰는 모든 그릇도 다 순금으로 만들었습니다. 은으로 만든 것은 하나도 없었는데, 솔로몬의 시대에는 사람들이 은을 귀하게 여기지 않았기 때문입니다.

22 솔로몬 왕은 바다에 다시스 배들을 두어 히람의 배들과 함께 있게 했습니다. 그 배들은 삼 년에 한 번씩 금과 은과 상아와 원숭이와 공작새들을 싣고 돌아왔습니다.

23 솔로몬은 이 세상의 어떤 왕보다 재산이 많았으며 뛰어난 지혜를 갖고 있었습니다.

24 모든 세상의 백성들이 솔로몬을 보고 싶어했습니다. 그들은 하나님께서 솔로몬에게 주신 지혜를 듣고 싶어했습니다.

25 그래서 그들은 해마다 선물을 가지고 찾아왔습니다. 그들은 금이나 은으로 만든 물건들과 옷과 무기와 향료와 말과 노새를 가지고 찾아왔습니다.

26 솔로몬은 전차와 말을 많이 가지고 있었습니다. 솔로몬은 전차 천사백 대와 전차를 모는 사람 만 이천 명을 두고 있었습니다. 솔로몬은 그들을, 전차를 두

---

13 •King Solomon gave the queen of Sheba whatever she asked for, besides all the customary gifts he had so generously given. Then she and all her attendants returned to their own land.

Solomon's Wealth and Splendor

14 •Each year Solomon received about 25 tons*
15 of gold. •This did not include the additional revenue he received from merchants and traders, all the kings of Arabia, and the governors of the land.
16 •King Solomon made 200 large shields of hammered gold, each weighing more than
17 fifteen pounds.* •He also made 300 smaller shields of hammered gold, each weighing nearly four pounds.* The king placed these shields in the Palace of the Forest of Lebanon.
18 •Then the king made a huge throne, decorated with ivory and overlaid with fine
19 gold. •The throne had six steps and a rounded back. There were armrests on both sides of the seat, and the figure of a lion
20 stood on each side of the throne. •There were also twelve other lions, one standing on each end of the six steps. No other throne in all the world could be compared with it!
21 •All of King Solomon's drinking cups were solid gold, as were all the utensils in the Palace of the Forest of Lebanon. They were not made of silver, for silver was considered worthless in Solomon's day!
22 •The king had a fleet of trading ships of Tarshish that sailed with Hiram's fleet. Once every three years the ships returned, loaded with gold, silver, ivory, apes, and peacocks.*
23 •So King Solomon became richer and
24 wiser than any other king on earth. •People from every nation came to consult him and to hear the wisdom God had given him.
25 •Year after year everyone who visited brought him gifts of silver and gold, clothing, weapons, spices, horses, and mules.
26 •Solomon built up a huge force of chariots and horses.* He had 1,400 chariots and 12,000 horses. He stationed some of them in the chariot cities and some near him in

---

customary [kʌ́stəmèri] *a.* 관례에 따른
revenue [révənjùː] *n.* 세입
utensil [juːténsəl] *n.* 기구, 용구

10:14 Hebrew *666 talents* [23 metric tons].
10:16 Hebrew *600 [shekels] of gold* [6.8 kilograms]. 10:17 Hebrew *3 minas* [1.8 kilograms].
10:22 Or *and baboons*. 10:26 Or *charioteers*; also in 10:26b.

10:14 666달란트는 약 22.82t에 해당된다.
10:16 600세겔은 약 6.84kg에 해당된다.
10:17 3마네는 약 1.71kg에 해당된다.

는 성과 예루살렘에 두었습니다.

27 솔로몬이 왕으로 있는 동안, 예루살렘에서는 은이 돌처럼 흔했습니다. 그리고 백향목은 언덕에서 자라는 뽕나무처럼 흔했습니다.

28 솔로몬은 이집트와 길리기아에서 말을 수입했습니다. 말은 솔로몬의 무역업자들이 길리기아에서 값을 치르고 사 왔습니다.

29 이집트에서 들여오는 전차의 값은 한 대에 은 육백 세겔이었습니다. 그리고 말 한 마리의 값은 은 백오십 세겔*이었습니다. 무역업자들은 전차와 말을 헷 사람과 아람 사람의 왕들에게도 팔았습니다.

솔로몬의 아내들

11 솔로몬 왕은 다른 여러 나라 여자들을 좋아했습니다. 솔로몬은 파라오의 딸을 좋아했을 뿐만 아니라 모압 여자, 암몬 여자, 에돔 여자, 시돈 여자, 헷 여자도 좋아했습니다.

2 여호와께서 전에 이스라엘 백성에게 이렇게 말씀하셨습니다. "너희는 다른 나라의 백성과 결혼하지 마라. 그들과 결혼하면, 그들이 너희의 마음을 돌려 놓아 너희가 그들의 우상을 섬기도록 만들 것이다." 그러나 솔로몬은 이 여자들과 사랑에 빠졌습니다.

3 솔로몬은 칠백 명의 후궁과 삼백 명의 첩을 두었습니다. 솔로몬의 아내들은 솔로몬의 마음이 하나님으로부터 멀어지도록 만들었습니다.

4 솔로몬이 늙어 감에 따라, 그의 아내들은 그의 마음을 돌려 다른 우상들을 섬기게 했습니다. 솔로몬은 그의 아버지 다윗처럼 여호와를 참되게 섬기지 못했습니다.

5 솔로몬은 시돈 백성의 여신 아스다롯을 섬겼습니다. 그리고 암몬 사람들이 섬기는 역겨운 신인 밀곰*에게 예배했습니다.

6 이처럼 솔로몬은 여호와께서 보시기에 악한 일을 저질렀습니다. 솔로몬은 그의 아버지 다윗처럼 여호와를 참되게 섬기지 않았습니다.

7 솔로몬은 예루살렘 양쪽 언덕 위에 산당을 지었습니다. 그곳에서 모압 사람들은 역겨운 신인 그모스를 섬겼고, 암몬 사람들은 역겨운 신인 몰렉을 섬겼습니다.

8 솔로몬은 외국인 아내 모두에게 이와 같은 일을 해 주었습니다. 그래서 그 아내들은 자기들의 신에게 향을 피우고 제물을 바쳤습니다.

9 여호와께서는 솔로몬에게 두 번이나 나타나셔서 다른 신을 섬기지 말라고 말씀하셨습니다. 그럼에도 솔로몬이 이스라엘의 하나님 여호와를 따르지 않자, 여호와께서 솔로몬에게 분노하셨습니다.

10 여호와께서는 솔로몬에게 다른 신을 따르지 말라고 명령하셨지만, 솔로몬은 여호와의 명령에 복종

Jerusalem. •The king made silver as plentiful in Jerusalem as stone. And valuable cedar timber was as common as the sycamore-fig trees that grow in the foothills of Judah.*

28 •Solomon's horses were imported from Egypt* and from Cilicia*; the king's traders acquired them from Cilicia at the standard price. 29 •At that time chariots from Egypt could be purchased for 600 pieces of silver,* and horses for 150 pieces of silver.* They were then exported to the kings of the Hittites and the kings of Aram.

Solomon's Many Wives

11 Now King Solomon loved many foreign women. Besides Pharaoh's daughter, he married women from Moab, Ammon, Edom, Sidon, and from among the Hittites. 2 •The LORD had clearly instructed the people of Israel, 'You must not marry them, because they will turn your hearts to their gods.' Yet Solomon insisted on loving them anyway. 3 He had 700 wives of royal birth and 300 concubines. And in fact, they did turn his heart away from the LORD.

4 •In Solomon's old age, they turned his heart to worship other gods instead of being completely faithful to the LORD his God, as his father, David, had been. 5 •Solomon worshiped Ashtoreth, the goddess of the Sidonians, and Molech,* the detestable god of the Ammonites. 6 •In this way, Solomon did what was evil in the LORD's sight; he refused to follow the LORD completely, as his father, David, had done.

7 •On the Mount of Olives, east of Jerusalem,* he even built a pagan shrine for Chemosh, the detestable god of Moab, and another for Molech, the detestable god of the Ammonites. 8 •Solomon built such shrines for all his foreign wives to use for burning incense and sacrificing to their gods.

9 •The LORD was very angry with Solomon, for his heart had turned away from the LORD, the God of Israel, who had appeared to him twice. 10 •He had warned Solomon specifically about worshiping other gods, but

concubine [kάŋkjubàin] *n.* 첩

10:27 Hebrew *the Shephelah.* **10:28a** Possibly *Muzur,* a district near Cilicia; also in 10:29. **10:28b** Hebrew *Kue,* probably another name for Cilicia. **10:29a** Hebrew *600 [shekels] of silver,* about 15 pounds or 6.8 kilograms in weight. **10:29b** Hebrew *150 [shekels],* about 3.8 pounds or 1.7 kilograms in weight. **11:5** Hebrew *Milcom,* a variant spelling of Molech; also in 11:33. **11:7** Hebrew *On the mountain east of Jerusalem.*

10:29 150 세겔은 약 1.71kg에 해당된다. **11:5** 암몬 족속의 주요 신으로, '말감'으로 발음되기도 한다.

하지 않았습니다.

11 그래서 여호와께서는 솔로몬에게 "너는 나와 맺은 언약을 어기고 내 명령을 따르지 않았다. 그러므로 나는 네 나라를 너에게서 빼앗아 네 신하에게 줄 것이다.

12 그러나 네가 살아 있는 동안에는 그렇게 하지 않겠다. 왜냐하면 내가 네 아버지 다윗을 사랑하기 때문이다. 네 아들이 왕이 될 때에 이 나라를 갈라 놓겠다.

13 나라 전체를 다 빼앗지 않는 것은 내 종 다윗과 내가 선택한 성 예루살렘을 위해서 한 지파를 네 아들에게 남겨 주어 다스리도록 하기 위함이다"라고 말씀하셨습니다.

솔로몬의 적

14 그때, 여호와께서 에돔 사람 하닷을 일으켜 솔로몬의 적이 되게 하셨습니다. 하닷은 에돔의 왕족이었습니다.

15 전에 다윗이 에돔에 있을 때에 다윗의 군대 사령관이었던 요압이 죽은 사람을 묻어 주려고 갔다가 에돔의 남자들을 다 죽인 일이 있었습니다.

16 요압과 모든 이스라엘 백성은 에돔에 여섯 달 동안, 머물러 있으면서 에돔의 남자들을 다 죽였습니다.

17 그때, 아직 어린아이였던 하닷은 그의 아버지의 신하들과 함께 이집트로 도망쳤습니다.

18 그들은 미디안을 떠나 바란에 이르렀습니다. 그들은 바란에서 몇 사람을 데리고 이집트로 가서 이집트 왕 파라오를 만났습니다. 파라오가 하닷에게 집과 땅과 먹을 것을 주었습니다.

19 파라오는 하닷을 매우 좋아하여 자기 아내, 곧 다브네스 왕비의 동생을 그의 아내로 주었습니다.

20 그들은 그누밧이라는 아들을 낳았고, 다브네스 왕비는 그누밧을 왕궁에서 길렀습니다. 그래서 그누밧은 왕의 자녀들과 함께 자랐습니다.

21 하닷은 이집트에 있는 동안, 다윗이 그 조상의 무덤에 묻힌 것과, 군대 사령관인 요압이 죽었다는 소식을 듣고 파라오에게 말했습니다. "나를 보내 주십시오. 내 나라로 돌아가고 싶습니다."

22 그러자 파라오가 말했습니다. "왜 네 나라로 돌아가려고 하느냐? 내가 너에게 잘못한 것이라도 있느냐?" 하닷이 대답했습니다. "아닙니다. 그냥 돌아가게 해 주십시오."

23 하나님께서는 또 엘리아다의 아들 르손을 일으켜서 솔로몬의 적이 되게 하셨습니다. 르손은 자기의 주인인 소바 왕 하닷에셀로부터 도망친 사람입니다.

24 다윗이 소바의 군대를 물리친 뒤에 르손은 사람들을 모아 작은 군대를 만들고 그들의 지도자가 되었

Solomon did not listen to the LORD's command. •So now the LORD said to him, "Since you have not kept my covenant and have disobeyed my decrees, I will surely tear the kingdom away from you and give it to 12 one of your servants. •But for the sake of your father, David, I will not do this while you are still alive. I will take the kingdom 13 away from your son. •And even so, I will not take away the entire kingdom; I will let him be king of one tribe, for the sake of my servant David and for the sake of Jerusalem, my chosen city."

Solomon's Adversaries

14 •Then the LORD raised up Hadad the Edomite, a member of Edom's royal family, 15 to be Solomon's adversary. •Years before, David had defeated Edom. Joab, his army commander, had stayed to bury some of the Israelite soldiers who had died in battle. While there, they killed every male in Edom. 16 •Joab and the army of Israel had stayed 17 there for six months, killing them. •But Hadad and a few of his father's royal officials escaped and headed for Egypt. 18 (Hadad was just a boy at the time.) •They set out from Midian and went to Paran, where others joined them. Then they traveled to Egypt and went to Pharaoh, who gave them 19 a home, food, and some land. •Pharaoh grew very fond of Hadad, and he gave him his wife's sister in marriage—the sister of 20 Queen Tahpenes. •She bore him a son named Genubath. Tahpenes raised him* in Pharaoh's palace among Pharaoh's own sons.

21 •When the news reached Hadad in Egypt that David and his commander Joab were both dead, he said to Pharaoh, "Let me return to my own country."

22 •"Why?" Pharaoh asked him. "What do you lack here that makes you want to go home?"

"Nothing," he replied. "But even so, please let me return home."

23 •God also raised up Rezon son of Eliada as Solomon's adversary. Rezon had fled from 24 his master, King Hadadezer of Zobah, •and had become the leader of a gang of rebels. After David conquered Hadadezer, Rezon and his men fled to Damascus, where he

---

adversary [ǽdvərsèri] n. 적, 반대자
cloak [klóuk] n. 외투, 망토
industrious [indʌ́striəs] a. 근면한, 부지런한
wean [wiːn] vt. 젖을 떼다
11:12 for the sake of … : …을 위하여

11:20 As in Greek version; Hebrew reads *weaned him.*

습니다. 르손과 그 무리들은 다마스커스로 가서 살다가 르손을 다마스커스의 왕으로 세웠습니다.

25 르손은 아람*을 다스리면서 이스라엘을 미워했습니다. 그래서 르손은 솔로몬이 살아 있는 동안, 끊임없이 이스라엘을 괴롭혔습니다. 르손과 하닷은 계속하여 이스라엘을 적으로 삼고 미워했습니다.

26 느밧의 아들 여로보암은 솔로몬의 신하였습니다. 여로보암은 에브라임 사람으로서 스레다 마을 출신이었고, 그의 어머니는 스루아라는 과부였습니다. 여로보암은 솔로몬 왕에게 반역했습니다.

27 여로보암이 솔로몬 왕을 반역하게 된 까닭은 이러합니다. 솔로몬 왕이 밀로를 건축하고 자기 아버지의 성인 다윗 성의 성벽을 고치고 있었습니다.

28 여로보암은 유능한 사람이었는데, 솔로몬은 이 젊은이가 일을 잘한다는 것을 알고 그에게 에브라임과 므낫세 지파, 즉 요셉 가문의 모든 일꾼들을 감독하는 일을 맡겼습니다.

29 어느 날, 여로보암이 예루살렘을 떠나 다른 곳으로 가는 길에 실로 사람 예언자 아히야를 만났습니다. 아히야는 새 옷을 입고 있었습니다. 들에는 그 두 사람만 있었습니다.

30 아히야는 입고 있던 새 옷을 찢어 열두 조각으로 나누었습니다.

31 아히야가 여로보암에게 말했습니다. "열 조각은 당신이 가지시오. 이스라엘 하나님 여호와께서 말씀하셨소. '내가 솔로몬에게서 그 나라를 빼앗겠다. 그래서 열 지파는 여로보암에게 주겠다.

32 그러나 한 지파는 내 종 다윗과 내가 선택한 예루살렘 성을 위해서 솔로몬에게 남겨 줄 것이다.

33 내가 이렇게 하는 까닭은 솔로몬이 나를 버렸기 때문이다. 솔로몬은 시돈 사람의 신 아스다롯과 모압 사람의 신 그모스와 암몬 사람의 신 밀곰을 섬기고 있다. 솔로몬은 내 말을 듣지 않았고, 내가 보기에 옳은 일도 하지 않았다. 내 율법과 계명을 지키지도 않았다. 그는 그의 아버지 다윗을 본받아 살지 않고 있다.

34 그러나 내가 선택한 내 종 다윗이 내 계명과 규례를 지킨 것을 생각하여 솔로몬이 살아 있는 동안에는 그의 나라를 다 빼앗지 않고 왕으로 있게 해 주겠다.

35 그의 아들로부터 이 나라를 빼앗아 열 지파를 너에게 주겠다.

36 솔로몬의 아들에게는 한 지파를 남겨 주어 계속 다스리게 할 것이다. 그래서 내가 내 이름을 두려고 선택한 성, 예루살렘에서 다윗의 후손이 계속해서 나라를 다스릴 수 있게 하겠다.

37 여로보암아, 나는 너를 선택하여 네가 원하는 모든 것을 다스릴 수 있도록 할 것이다. 너는 온 이스라엘

became king. ●Rezon was Israel's bitter adversary for the rest of Solomon's reign, and he made trouble, just as Hadad did. Rezon hated Israel intensely and continued to reign in Aram.

Jeroboam Rebels against Solomon

26 ●Another rebel leader was Jeroboam son of Nebat, one of Solomon's own officials. He came from the town of Zeredah in Ephraim, and his mother was Zeruah, a widow.

27 ●This is the story behind his rebellion. Solomon was rebuilding the supporting terraces* and repairing the walls of the city of his father, David. ●Jeroboam was a

28 very capable young man, and when Solomon saw how industrious he was, he put him in charge of the labor force from the tribes of Ephraim and Manasseh, the descendants of Joseph.

29 ●One day as Jeroboam was leaving Jerusalem, the prophet Ahijah from Shiloh met him along the way. Ahijah was wearing a new cloak. The two of them were alone in

30 a field, ●and Ahijah took hold of the new cloak he was wearing and tore it into twelve

31 pieces. ●Then he said to Jeroboam, "Take ten of these pieces, for this is what the LORD, the God of Israel, says: 'I am about to tear the kingdom from the hand of Solomon,

32 and I will give ten of the tribes to you! ●But I will leave him one tribe for the sake of my servant David and for the sake of Jerusalem, which I have chosen out of all the tribes of

33 Israel. ●For Solomon has* abandoned me and worshiped Ashtoreth, the goddess of the Sidonians; Chemosh, the god of Moab; and Molech, the god of the Ammonites. He has not followed my ways and done what is pleasing in my sight. He has not obeyed my decrees and regulations as David his father did.

34 ● "But I will not take the entire kingdom from Solomon at this time. For the sake of my servant David, the one whom I chose and who obeyed my commands and decrees, I will keep Solomon as leader for the

35 rest of his life. ●But I will take the kingdom away from his son and give ten of the tribes

36 to you. ●His son will have one tribe so that the descendants of David my servant will continue to reign, shining like a lamp in Jerusalem, the city I have chosen to be the

37 place for my name. ●And I will place you on the throne of Israel, and you will rule over all

---

11:27　Hebrew the millo. The meaning of the Hebrew is uncertain.　11:33　As in Greek, Syriac, and Latin Vulgate; Hebrew reads For they have.

11:25 '아람'은 '시리아' 라고도 불렸다.

38 을 다스리는 왕이 될 것이다.

내가 보기에 옳은 일을 하기만 하면, 나는 너와 함께 하겠다. 너는 내 명령을 지켜라. 다윗처럼 내 율법과 계명을 지키면 너와 함께해 주겠다. 다윗에게 해 준 것처럼 네 집안을 왕의 집안에서 끊이지 않게 하겠다. 이스라엘을 너에게 주겠다.

39 솔로몬의 죄 때문에 다윗의 후손들에게 벌을 주겠지만, 그 벌이 영원히 계속되지는 않을 것이다.'"

40 솔로몬이 여로보암을 죽이려 하자, 여로보암은 이집트로 도망쳤습니다. 여로보암은 이집트 왕 시삭에게 도망가서 솔로몬이 죽을 때까지 이집트에 머물렀습니다.

솔로몬의 죽음

41 솔로몬이 한 다른 모든 일과 그의 지혜에 관한 것은 솔로몬의 역사책에 적혀 있습니다.

42 솔로몬은 예루살렘에서 사십 년 동안, 온 이스라엘을 다스렸습니다.

43 솔로몬은 죽어서 그의 아버지 다윗의 성에 묻혔습니다. 그의 아들 르호보암이 뒤를 이어 왕이 되었습니다.

이스라엘이 르호보암에게 반역하다

12 온 이스라엘이 르호보암을 왕으로 세우려고 세겜에 모였습니다. 르호보암도 세겜으로 갔습니다.

2 솔로몬을 피해서 이집트로 도망쳤던 느밧의 아들 여로보암은 이집트에 있을 때에 르호보암이 왕이 되었다는 소식을 들었습니다.

3 그러자 이스라엘 백성들은 여로보암을 불렀습니다. 여로보암이 이스라엘 모든 무리와 함께 르호보암에게 가서 말했습니다.

4 "왕의 아버지는 우리에게 매우 고된 일을 시켰습니다. 이제 우리의 일을 좀 덜어 주십시오. 왕의 아버지처럼 우리에게 고된 일을 시키지 마십시오. 그렇게 해 주시면 왕을 섬기겠습니다."

5 르호보암이 대답했습니다. "삼 일 뒤에 다시 오너라. 그때에 대답해 주겠다." 그래서 백성은 그 자리를 떠났습니다.

6 르호보암 왕은 솔로몬을 섬겼던 나이 든 지도자들과 의논했습니다. "이 백성에게 어떻게 대답하면 좋겠소?"

7 그들이 대답했습니다. "왕은 오늘 이 백성들에게 종이 하는 것처럼 그들을 섬겨야 합니다. 그들에게 친절한 말로 대답해 주십시오. 그러면 그들이 언제나 왕을 섬길 것입니다."

8 그러나 르호보암은 그들의 충고를 듣지 않고, 자기와 함께 자라 자기를 섬기고 있는 젊은 사람들과 의논을 했습니다.

---

38 that your heart desires. • If you listen to what I tell you and follow my ways and do whatever I consider to be right, and if you obey my decrees and commands, as my servant David did, then I will always be with you. I will establish an enduring dynasty for you as I did for David, and I will give Israel to you.
39 • Because of Solomon's sin I will punish the descendants of David—though not forever.'"
40 • Solomon tried to kill Jeroboam, but he fled to King Shishak of Egypt and stayed there until Solomon died.

Summary of Solomon's Reign

41 • The rest of the events in Solomon's reign, including all his deeds and his wisdom, are recorded in *The Book of the Acts of Solomon.*
42 • Solomon ruled in Jerusalem over all Israel
43 for forty years. • When he died, he was buried in the City of David, named for his father. Then his son Rehoboam became the next king.

The Northern Tribes Revolt

12 Rehoboam went to Shechem, where all Israel had gathered to make him king. • When Jeroboam son of Nebat heard of this, he returned from Egypt,* for he had fled to Egypt to escape from King Solomon.
3 • The leaders of Israel summoned him, and Jeroboam and the whole assembly of Israel
4 went to speak with Rehoboam. • "Your father was a hard master," they said. "Lighten the harsh labor demands and heavy taxes that your father imposed on us. Then we will be your loyal subjects."
5 • Rehoboam replied, "Give me three days to think this over. Then come back for my answer." So the people went away.
6 • Then King Rehoboam discussed the matter with the older men who had counseled his father, Solomon. "What is your advice?" he asked. "How should I answer these people?"
7 • The older counselors replied, "If you are willing to be a servant to these people today and give them a favorable answer, they will always be your loyal subjects."
8 • But Rehoboam rejected the advice of the older men and instead asked the opinion of

---

enduring [indjúəriŋ] *a.* 영구적인
favorable [féivərəbl] *a.* 호의를 보이는
impose [impóuz] *vi.* 부과하다
subject [sʌ́bdʒikt] *n.* 백성, 국민; 신하
summon [sʌ́mən] *vt.* 부르다
11:42 rule over … : …을 다스리다

12:2 As in Greek version and Latin Vulgate (see also 2 Chr 10:2); Hebrew reads *he lived in Egypt.*

9 르호보암이 그들에게 말했습니다. "백성이 '왕의 아버지처럼 우리에게 고된 일을 시키지 마십시오' 라고 말하고 있는데, 내가 어떻게 대답하면 좋겠소? 그대들의 생각은 어떠하오?"

10 왕과 함께 자란 젊은 사람들이 대답했습니다. "이 백성이 왕에게 '왕의 아버지는 우리에게 매우 고된 일을 시켰지만 왕은 우리의 일을 덜어 주십시오' 라고 말했습니다. 그러니 왕은 이렇게 말하십시오. '내 새끼 손가락은 내 아버지의 허리보다 더 굵다.

11 내 아버지는 너희에게 고된 일을 시켰지만, 나는 너희에게 훨씬 더 고된 일을 시키겠다. 내 아버지는 너희를 가죽 채찍으로 쳤지만, 나는 너희를 가시 돋친 채찍으로 치겠다.'"

12 르호보암이 백성에게 "삼 일 뒤에 다시 오라"고 말했으므로, 모든 백성이 삼 일 뒤에 다시 르호보암에게 왔습니다.

13 르호보암 왕은 백성에게 무자비한 말을 했습니다. 르호보암은 나이 든 지도자들의 충고를 듣지 않고

14 젊은 사람들이 일러 준 대로 말했습니다. "내 아버지는 너희에게 힘든 일을 시켰지만, 나는 너희에게 훨씬 더 힘든 일을 시키겠다. 내 아버지는 너희를 가죽 채찍으로 쳤지만, 나는 너희를 가시 돋친 채찍으로 치겠다."

15 이처럼 르호보암 왕은 백성이 원하는 것을 들어 주지 않았습니다. 이 일은 여호와께서 그렇게 되도록 하신 것이었는데, 이는 실로 사람 아히야를 통해 느밧의 아들 여로보암에게 하신 약속을 이루시기 위함이었습니다.

16 이스라엘 모든 백성은 새 왕이 자기들의 말을 듣지 않으려는 것을 보고 왕에게 이렇게 대답했습니다. "우리가 다윗과 무슨 관계가 있느냐? 우리는 이새의 아들과 상관이 없다. 이스라엘 백성아, 우리 집으로 돌아가자. 다윗의 아들이여, 이제 네 가족이나 다스려라." 이스라엘 백성은 집으로 돌아갔습니다.

17 그러나 유다의 여러 마을에 사는 이스라엘 백성만은 르호보암을 왕으로 섬겼습니다.

18 아도니람은 강제로 동원된 일꾼들을 감독하는 사람이었습니다. 르호보암 왕이 아도니람을 백성에게 보냈습니다. 모든 이스라엘 백성이 돌을 던져 아도니람을 죽였습니다. 그러자 르호보암 왕은 서둘러 수레를 타고 예루살렘으로 도망쳤습니다.

19 그때부터 이스라엘은 다윗의 집안을 반역하기 시작하여 오늘날까지 이르게 되었습니다.

20 모든 이스라엘 백성은 여로보암이 돌아왔다는 소식을 듣고 사람을 보내어 그를 이스라엘 백성의 모임에 나오게 하였습니다. 그들은 그를 온 이스라엘의 왕으로 세웠습니다. 그러나 유다 지파는 여전히

---

9 the young men who had grown up with him and were now his advisers. • "What is your advice?" he asked them. "How should I answer these people who want me to lighten the burdens imposed by my father?"

10 •The young men replied, "This is what you should tell those complainers who want a lighter burden: 'My little finger is thicker

11 than my father's waist! •Yes, my father laid heavy burdens on you, but I'm going to make them even heavier! My father beat you with whips, but I will beat you with scorpions!' "

12 •Three days later Jeroboam and all the people returned to hear Rehoboam's deci-

13 sion, just as the king had ordered. •But Rehoboam spoke harshly to the people, for he rejected the advice of the older counselors

14 •and followed the counsel of his younger advisers. He told the people, "My father laid heavy burdens on you, but I'm going to make them even heavier! My father beat you with whips, but I will beat you with scorpions!"

15 •So the king paid no attention to the people. This turn of events was the will of the LORD, for it fulfilled the LORD's message to Jeroboam son of Nebat through the prophet Ahijah from Shiloh.

16 •When all Israel realized that the king had refused to listen to them, they responded,

"Down with the dynasty of David!
    We have no interest in the son of Jesse.
Back to your homes, O Israel!
    Look out for your own house, O David!"

So the people of Israel returned home.

17 •But Rehoboam continued to rule over the Israelites who lived in the towns of Judah.

18 •King Rehoboam sent Adoniram,* who was in charge of forced labor, to restore order, but the people of Israel stoned him to death. When this news reached King Rehoboam, he quickly jumped into his chari-

19 ot and fled to Jerusalem. •And to this day the northern tribes of Israel have refused to be ruled by a descendant of David.

20 •When the people of Israel learned of Jeroboam's return from Egypt, they called an assembly and made him king over all Israel. So only the tribe of Judah remained loyal to the family of David.

---

burden [bə́ːrdn] *n.* 짐, 부담
scorpion [skɔ́ːrpiən] *n.* 갈고리가 달린 채찍
12:18 in charge of… : …의 책임을 맡은

12:18 As in some Greek manuscripts and Syriac version (see also 4:6; 5:14); Hebrew reads *Adoram*.

다윗의 집안을 따랐습니다.

21 르호보암은 예루살렘에 이르러서 유다와 베냐민 지파를 모았습니다. 그러자 십팔만 명의 군사가 모였습니다. 르호보암은 이스라엘 백성과 싸워 자기 나라를 되찾으려 했습니다.

22 하나님께서 하나님의 사람 스마야에게 말씀하셨습니다.

23 "유다 왕 솔로몬의 아들 르호보암에게 전하여라. 그리고 유다와 베냐민 백성과 그 밖의 모든 백성에게 전하여라.

24 '너는 너희 형제인 이스라엘 백성과 싸우러 나가지 마라. 모두 집으로 돌아가거라. 이 일은 나의 뜻대로 된 일이다.'" 그러자 르호보암의 군대 사람들은 여호와의 명령에 복종했습니다. 그들은 여호와의 말씀대로 모두 집으로 돌아갔습니다.

여로보암이 금송아지를 만들다

25 여로보암은 에브라임 산지에 있는 세겜 성을 건축하고 그곳에서 살았습니다. 그리고 그곳에서 나와 부느엘 성을 세웠습니다.

26 여로보암이 속으로 생각했습니다. '이 나라가 다시 다윗의 집으로 돌아갈지도 모르겠다.

27 백성은 앞으로도 예루살렘에 있는 여호와의 성전으로 제사드리러 갈 것이다. 그렇게 가다 보면 그들의 마음이 다시 유다 왕 르호보암에게 기울어질지도 모른다. 결국 그들은 나를 죽이고 유다 왕 르호보암을 따를 것이다.'

28 여로보암 왕은 신하들과 의논한 끝에 금송아지 두 개를 만들고 백성에게 말했습니다. "예루살렘으로 가서 예배드리는 것은 너무 어려운 일이다. 이스라엘아, 너희를 이집트에서 인도해 내신 너희의 신이 여기에 계시다."

29 여로보암 왕은 금송아지 하나를 벧엘 성에 두고 다른 하나는 단 성에 두었습니다.

30 이 일은 여호와께 매우 큰 죄가 되었습니다. 백성은 단까지 가서 그곳의 금송아지 앞에 예배드렸습니다.

31 여로보암은 여러 산당을 지었습니다. 그리고 레위 사람이 아닌 보통 백성 가운데서 제사장을 뽑았습니다.

32 여로보암은 여덟째 달 십오 일*에 새로운 절기를 정했습니다. 그 절기는 유다의 절기와 비슷하게 지켜졌습니다. 여로보암은 그 절기 때에 제단 위에 제물을 바쳤습니다. 그리고 그는 그가 만든 벧엘의 송아지에게 제물을 바쳤습니다. 그는 또 그가 뽑은 산당의 제사장들을 벧엘의 제사장으로 일하게 했습니다.

33 여로보암은 자기 마음대로 정한 여덟째 달 십오 일

Shemaiah's Prophecy

21 • When Rehoboam arrived at Jerusalem, he mobilized the men of Judah and the tribe of Benjamin—180,000 select troops—to fight against the men of Israel and to restore the kingdom to himself.

22 • But God said to Shemaiah, the man of God, • 23 Say to Rehoboam son of Solomon, king of Judah, and to all the people of Judah and Benjamin, and to the rest of the people, 24 • 'This is what the LORD says: Do not fight against your relatives, the Israelites. Go back home, for what has happened is my doing!'" So they obeyed the message of the LORD and went home, as the LORD had commanded.

Jeroboam Makes Gold Calves

25 • Jeroboam then built up the city of Shechem in the hill country of Ephraim, and it became his capital. Later he went and built up the town of Peniel.*

26 • Jeroboam thought to himself, "Unless I am careful, the kingdom will return to the 27 dynasty of David. • When these people go to Jerusalem to offer sacrifices at the Temple of the LORD, they will again give their allegiance to King Rehoboam of Judah. They will kill me and make him their king instead."

28 • So on the advice of his counselors, the king made two gold calves. He said to the people,* "It is too much trouble for you to worship in Jerusalem. Look, Israel, these are the gods who brought you out of Egypt!"

29 • He placed these calf idols in Bethel and 30 in Dan—at either end of his kingdom. • But this became a great sin, for the people worshiped the idols, traveling as far north as Dan to worship the one there.

31 • Jeroboam also erected buildings at the pagan shrines and ordained priests from the common people—those who were not from 32 the priestly tribe of Levi. • And Jeroboam instituted a religious festival in Bethel, held on the fifteenth day of the eighth month,* in imitation of the annual Festival of Shelters in Judah. There at Bethel he himself offered sacrifices to the calves he had made, and he appointed priests for the pagan shrines he 33 had made. • So on the fifteenth day of the eighth month, a day that he himself had designated, Jeroboam offered sacrifices on

12:25 Hebrew *Penuel*, a variant spelling of Peniel. 12:28 Hebrew *to them*. 12:32 This day of the ancient Hebrew lunar calendar occurred in late October or early November, exactly one month after the annual Festival of Shelters in Judah (see Lev 23:34).

12:32 이날은 10월 말에서 11월 초 사이에 해당한다.

절기 때에 자기가 만든 벧엘의 제단에 가서 제물을 바쳤습니다. 이처럼 그는 이스라엘 백성을 위해 절기를 정하고 제단으로 올라가 향을 피웠습니다.

하나님의 사람이 벧엘에 대해 말하다

13 여호와께서 하나님의 사람에게 명령하여 유다를 떠나 벧엘로 가게 하셨습니다. 그가 이르렀을 때에 여로보암은 제단 곁에 서서 제물을 바치고 있었습니다.

2 하나님의 사람이 그 제단을 향하여, 여호와의 말씀으로 외쳤습니다. "제단아, 제단아! 여호와께서 너에게 이렇게 말씀하셨다. '다윗의 집안에 요시야라는 아들이 태어날 것이다. 그는 네 위에서 제사를 드리고 있는 산당의 제사장들을 네 위에 제물로 바칠 것이며 인간의 뼈를 네 위에서 태울 것이다.'"

3 하나님의 사람은 이 일이 일어날 것이라는 증거로 "이 제단은 갈라질 것이고, 그 위의 재는 땅에 쏟아질 것이다"라고 말했습니다.

4 여로보암 왕은 하나님의 사람이 벧엘의 제단에 대해 말한 것을 듣고 제단 위에서 손을 뻗어 그 사람을 가리키며 "저 놈을 잡아라" 하고 소리쳤습니다. 그러나 왕이 내민 팔은 마비되어 움직일 수가 없었습니다.

5 곧이어 제단이 갈라지고, 그 모든 재가 땅에 쏟아졌습니다. 하나님의 사람이 말한 증거대로 일이 이루어졌습니다.

6 왕이 하나님의 사람에게 말했습니다. "나를 위해 그대의 하나님 여호와께 기도해 주시오. 제발 내 팔을 고쳐 달라고 기도해 주시오." 하나님의 사람이 여호와께 은혜를 베풀어 달라고 기도드리자, 왕의 팔은 나아서 그전처럼 되었습니다.

7 왕이 하나님의 사람에게 말했습니다. "나와 함께 집으로 가서 음식을 듭시다. 그대에게 선물을 드리고 싶소."

8 하나님의 사람이 왕에게 대답했습니다. "왕과 함께 갈 수 없습니다. 왕이 나라의 절반을 준다 해도 갈 수 없습니다. 이곳에서는 아무것도 먹거나 마실 수 없습니다.

9 여호와께서 나에게 아무것도 먹거나 마시지 말라고 명령하셨습니다. 그리고 내가 온 길로 되돌아가지도 말라고 명령하셨습니다."

10 그래서 그 사람은 다른 길로 갔습니다. 벧엘에 올라왔던 길로 되돌아가지 않았습니다.

11 그때에 벧엘에 늙은 예언자가 한 사람 살고 있었습니다. 그의 아들들이 와서 그날, 하나님의 사람이 한 일에 대해 이야기해 주었고, 하나님의 사람이 여로보암에게 한 말도 들려 주었습니다.

12 그러자 그 아버지는 "그 사람이 어느 길로 돌아갔느

---

the altar at Bethel. He instituted a religious festival for Israel, and he went up to the altar to burn incense.

A Prophet Denounces Jeroboam

13 At the LORD's command, a man of God from Judah went to Bethel, arriving there just as Jeroboam was approaching the altar to burn incense. 2 •Then at the LORD's command, he shouted, "O altar, altar! This is what the LORD says: A child named Josiah will be born into the dynasty of David. On you he will sacrifice the priests from the pagan shrines who come here to burn incense, and human bones will be burned on you." 3 •That same day the man of God gave a sign to prove his message. He said, "The LORD has promised to give this sign: This altar will split apart, and its ashes will be poured out on the ground."

4 •When King Jeroboam heard the man of God speaking against the altar at Bethel, he pointed at him and shouted, "Seize that man!" But instantly the king's hand became paralyzed in that position, and he couldn't pull it back. 5 •At the same time a wide crack appeared in the altar, and the ashes poured out, just as the man of God had predicted in his message from the LORD.

6 •The king cried out to the man of God, "Please ask the LORD your God to restore my hand again!" So the man of God prayed to the LORD, and the king's hand was restored and he could move it again.

7 •Then the king said to the man of God, "Come to the palace with me and have something to eat, and I will give you a gift."

8 •But the man of God said to the king, "Even if you gave me half of everything you own, I would not go with you. I would not eat or drink anything in this place. 9 •For the LORD gave me this command: 'You must not eat or drink anything while you are there, and do not return to Judah by the same way you came.'" 10 •So he left Bethel and went home another way.

11 •As it happened, there was an old prophet living in Bethel, and his sons* came home and told him what the man of God had done in Bethel that day. They also told their father what the man had said to the king. 12 •The old prophet asked them, "Which way did he go?" So they showed their father* which road the man of God had

paralyzed [pǽrəlàizd] *a.* 마비된
shrine [ʃráin] *n.* 성소

13:11　As in Greek version; Hebrew reads *son.*
13:12　As in Greek version; Hebrew reads *They had seen.*

나?" 하고 물었습니다. 그의 아들들은 유다에서 온 하나님의 사람이 돌아간 길을 아버지에게 일러 주었습니다.

13 그 예언자는 아들들에게 자기 나귀에 안장을 얹어 달라고 말했습니다. 아들들이 안장을 얹어 주자, 그 예언자는 나귀를 탔습니다.

14 그는 하나님의 사람을 뒤좇아가서 그가 상수리나무 아래에 앉아 있는 것을 발견하고 다가가서 물었습니다. "그대가 유다에서 온 하나님의 사람이오?" 그 사람이 대답했습니다. "그렇습니다. 내가 그 사람입니다."

15 예언자가 말했습니다. "나와 함께 집으로 가서 음식을 같이 드십시다."

16 그러자 하나님의 사람이 대답했습니다. "당신과 함께 돌아갈 수 없습니다. 그리고 당신의 집에 들어갈 수도 없습니다. 이곳에서 당신과 함께 무엇이든 먹거나 마실 수 없습니다.

17 여호와께서 나에게 '너는 그곳에서 아무것도 먹거나 마시지 마라. 그리고 오던 길로 다시 돌아가지 마라' 하고 말씀하셨습니다."

18 그러자 늙은 예언자가 "하지만 나도 그대와 같은 예언자요"라고 하면서 거짓말을 했습니다. "주님의 천사가 나에게 와서 그대를 내 집으로 데려가 먹을 것과 마실 것을 대접하라고 하셨소."

19 하나님의 사람은 그 늙은 예언자의 집으로 가서 그와 함께 먹고 마셨습니다.

20 그들이 식탁에 앉아 있는데, 여호와의 말씀이 하나님의 사람을 데리고 온 늙은 예언자에게 내렸습니다.

21 늙은 예언자가 유다에서 온 하나님의 사람에게 외쳤습니다. "여호와께서 당신에게 이렇게 말씀하셨소, '너는 여호와의 말씀을 듣지 않았다. 너는 너의 하나님 여호와께서 명령하신 것을 따르지 않았다.

22 여호와께서 너에게 이곳에서는 아무것도 먹지 말고 마시지도 말라고 하셨는데, 너는 길을 돌이켜 먹기도 하고 마시기도 했다. 그러므로 너의 시체는 너의 가족 무덤에 묻히지 못할 것이다.'"

23 하나님의 사람이 먹고 마시기를 마치자, 늙은 예언자는 그의 나귀에 안장을 채워 주었습니다.

24 그 사람이 집으로 돌아가고 있는데, 사자 한 마리가 나타나 그를 물어 죽였습니다. 그의 시체는 길에 버려졌으며, 나귀와 사자가 시체 곁에 서 있었습니다.

25 마침 그때, 어떤 사람들이 그 길을 가고 있었는데, 그들은 시체 옆에 사자가 서 있는 것을 보았습니다. 그래서 그들은 늙은 예언자가 살고 있는 성으로 가서 그 사실을 알려 주었습니다.

26 하나님의 사람을 자기 집으로 데려왔던 늙은 예언자도 그 소식을 듣고 말했습니다. "그 사람은 여호와의 명령을 따르지 않았던 하나님의 사람이다. 그래서 여

13 taken. •"Quick, saddle the donkey," the old man said. So they saddled the donkey for him, and he mounted it.

14 •Then he rode after the man of God and found him sitting under a great tree. The old prophet asked him, "Are you the man of God who came from Judah?"

"Yes, I am," he replied.

15 •Then he said to the man of God, "Come home with me and eat some food."

16 •"No, I cannot," he replied. "I am not allowed to eat or drink anything here in

17 this place. •For the LORD gave me this command: 'You must not eat or drink anything while you are there, and do not return to Judah by the same way you came.'"

18 •But the old prophet answered, "I am a prophet, too, just as you are. And an angel gave me this command from the LORD: 'Bring him home with you so he can have something to eat and drink.'" But the old man was lying to him. •So they went back together, and the man of God ate and drank at the prophet's home.

20 •Then while they were sitting at the table, a command from the LORD came to

21 the old prophet. •He cried out to the man of God from Judah, "This is what the LORD says: You have defied the word of the LORD and have disobeyed the command the

22 LORD your God gave you. •You came back to this place and ate and drank where he told you not to eat or drink. Because of this, your body will not be buried in the grave of your ancestors."

23 •After the man of God had finished eating and drinking, the old prophet saddled

24 his own donkey for him, •and the man of God started off again. But as he was traveling along, a lion came out and killed him. His body lay there on the road, with the donkey and the lion standing beside it.

25 •People who passed by saw the body lying in the road and the lion standing beside it, and they went and reported it in Bethel, where the old prophet lived.

26 •When the prophet heard the report, he said, "It is the man of God who disobeyed the LORD's command. The LORD has fulfilled his word by causing the lion to attack and kill him."

---

command [kəmǽnd] *n.* 명령
defy [difái] *vt.* 무시하다
disobey [dìsəbéi] *vt.* 따르지 않다
fulfill [fulfíl] *vt.* 이행하다, 다하다
prophet [práfit] *n.* 예언자
saddle [sǽdl] *vt.* 안장을 얹어주다
13:26 cause⋯ to ~ : ⋯가 ~하게 하다

호와께서 전에 말씀하신 대로 사자를 보내어 그 사람을 죽이신 것이다."

27 늙은 예언자가 자기 아들들에게 말했습니다. "나귀에 안장을 채워라." 아들들은 말씀대로 했습니다.

28 늙은 예언자는 밖으로 나가서 길에 버려져 있는 그 사람의 시체를 찾아 냈습니다. 그 곁에는 나귀와 사자가 서 있었습니다. 사자는 그 시체를 먹지 않았을 뿐더러 나귀도 해치지 않았습니다.

29 늙은 예언자가 그 시체를 자기 나귀에 싣고 성으로 돌아왔습니다. 그리고 그의 죽음을 슬퍼해 주고 그를 묻어 주었습니다.

30 늙은 예언자는 그의 시체를 자기 집안 무덤에 묻었습니다. 그리고 "오, 내 형제여!" 하면서 하나님의 사람이 죽은 것을 슬퍼했습니다.

31 예언자가 그를 묻어 준 다음에 자기 아들들에게 말했습니다. "내가 죽거든 하나님의 사람이 묻혀 있는 이 무덤에 나를 묻어라. 내 뼈를 그의 뼈 옆에 두어라.

32 여호와께서 이 사람을 통해 벧엘의 제단과 사마리아의 여러 마을의 산당들에 대해 말씀하신 것은 반드시 이루어질 것이다."

33 그러나 여로보암 왕은 나쁜 짓을 그만두지 않았습니다. 그는 여전히 일반 백성 가운데서 산당의 제사장을 뽑았고, 누구든지 산당의 제사장이 되고 싶은 사람은 그렇게 될 수 있게 하였습니다.

34 이와 같이 여로보암의 집안은 죄를 지었습니다. 그 죄 때문에 그의 집안은 멸망하여 땅에서 사라졌습니다.

여로보암의 아들이 죽다

14 그때에 여로보암의 아들 아비야가 병들었습니다.

2 여로보암이 자기 아내에게 말했습니다. "실로로 가서 예언자 아히야를 만나시오. 그는 전에 내가 이스라엘의 왕이 될 것이라고 말한 사람이오. 당신이 내 아내라는 것을 사람들이 모르게 변장하고 가시오.

3 그 예언자에게 빵 열 개와 과자와 꿀 한 병을 선물로 가져가시오. 그가 우리 아들이 어떻게 될 것인지 알려 줄 것이오."

4 여로보암의 아내는 그대로 했습니다. 그는 실로에 있는 아히야의 집으로 갔습니다. 아히야는 너무 늙어서 앞을 보지 못했습니다.

5 여호와께서 그에게 말씀하셨습니다. "여로보암의 아들이 병들었다. 그래서 여로보암의 아내가 그 아들에 대해 물어 보려고 너에게 오고 있다. 그는 다른 사람인 것처럼 변장을 하고 올 것이다." 여호와께서는 아히야에게 무슨 말을 해야 할지 가르쳐 주셨습니다.

6 여로보암의 아내가 문에 들어서는 소리를 듣고 아히야가 말했습니다. "여로보암의 아내여, 들어오시오. 어찌하여 다른 사람인 것처럼 변장을 했소? 내가 하

27 •Then the prophet said to his sons, "Saddle a donkey for me." So they saddled

28 a donkey, •and he went out and found the body lying in the road. The donkey and lion were still standing there beside it, for the lion had not eaten the body nor

29 attacked the donkey. •So the prophet laid the body of the man of God on the donkey and took it back to the town to mourn

30 over him and bury him. •He laid the body in his own grave, crying out in grief, "Oh, my brother!"

31 •Afterward the prophet said to his sons, "When I die, bury me in the grave where the man of God is buried. Lay my bones beside his bones. •For the message the LORD told him to proclaim against the altar in Bethel and against the pagan shrines in the towns of Samaria will certainly come true."

33 •But even after this, Jeroboam did not turn from his evil ways. He continued to choose priests from the common people. He appointed anyone who wanted to become a priest for the pagan shrines.

34 •This became a great sin and resulted in the utter destruction of Jeroboam's dynasty from the face of the earth.

Ahijah's Prophecy against Jeroboam

14 At that time Jeroboam's son Abijah became very sick. •So Jeroboam told

2 his wife, "Disguise yourself so that no one will recognize you as my wife. Then go to the prophet Ahijah at Shiloh—the man

3 who told me I would become king. •Take him a gift of ten loaves of bread, some cakes, and a jar of honey, and ask him what will happen to the boy."

4 •So Jeroboam's wife went to Ahijah's home at Shiloh. He was an old man now

5 and could no longer see. •But the LORD had told Ahijah, "Jeroboam's wife will come here, pretending to be someone else. She will ask you about her son, for he is very sick. Give her the answer I give you."

6 •So when Ahijah heard her footsteps at the door, he called out, "Come in, wife of Jeroboam! Why are you pretending to be someone else?" Then he told her, "I have

---

destruction [distrʌ́kʃən] *n.* 파멸
disguise [disgáiz] *vt.* 변장하다
mourn [mɔ́ːrn] *vi.* 슬퍼하다, 애도하다
proclaim [proukléim] *vt.* 선포하다
recognize [rékəgnàiz] *vt.* 알아채다
shrine [ʃráin] *n.* 산당
utter [ʌ́tər] *a.* 철저한, 완전한
13:30 in grief : 슬픔에 젖어
14:5 pretend to… : …인 체하다

님의 명령을 받아 좋지 않은 소식을 당신에게 전해
야겠소.

7 돌아가서 여로보암에게 전하시오. 이스라엘의 하나
님 여호와께서 이렇게 말씀하셨소. '여로보암아, 나
는 너를 이스라엘 모든 백성 가운데서 뽑아 내 백성의
지도자가 되게 하였다.

8 다윗의 집안에서 나라를 쪼개어 너에게 주었다. 그러
나 너는 내 종 다윗이 언제나 내 계명을 지키고 온 마
음으로 나에게 복종하며 정직하게 행하였던 것처럼
살지 않았다.

9 너는 너보다 먼저 나라를 다스렸던 자들보다도 더 나
쁜 일을 했다. 너는 나를 배반하고 다른 신들과 우상
을 만들어 나를 크게 화나게 했다.

10 그러므로 내가 여로보암 집안에 벌을 주겠다. 종이든
지 자유인이든지 네 집안의 모든 남자는 다 죽이겠
다. 쓰레기를 불로 태우듯이 네 집안을 완전히 멸망
시키겠다.

11 네 집안 사람 가운데 성에서 죽는 사람은 개들이 그
시체를 먹을 것이요, 들에서 죽는 사람은 새들이 그
시체를 먹을 것이다.'"

12 아히야가 다시 여로보암의 아내에게 말했습니다. "집
으로 돌아가시오. 당신이 성문에 들어설 시간에 당신
아들이 죽을 것이오.

13 온 이스라엘이 그의 죽음을 슬퍼하며 당신 아들을 묻
어 줄 것이오. 여로보암의 집안 사람 가운데 그 아들
만이 무덤에 묻힐 수 있을 것이오. 여로보암의 집안
사람 가운데 그 아들만이 여호와를 기쁘게 했기 때문
이오.

14 여호와께서 이스라엘에 새 왕을 세우실 텐데, 그 왕은
여로보암의 집안을 멸망시킬 것이오. 이 일은 곧 일어
날 것이오.

15 또 여호와께서 이스라엘을 심판하셔서 이스라엘은
마치 물에 떠다니는 풀과 같이 될 것이며, 여호와께
서는 그들의 조상에게 주신 좋은 땅에서 이스라엘을
쫓아 내어 유프라테스 강 저쪽으로 흩어 버리실 것이
오. 이런 일이 일어나는 것은 그들이 아세라 상을 만
들어 섬김으로 여호와를 진노하시게 만들었기 때문
이오.

16 여로보암은 자기 자신도 죄를 지었을 뿐 아니라, 이스
라엘 백성에게도 죄를 짓게 했소. 그러므로 여호와께
서 *이스라엘 백성을 버리실 것이오.*"

17 여로보암의 아내는 일어나서 디르사로 돌아갔습니
다. 그가 집 안으로 들어설 때에 아이가 죽었습니다.

18 온 이스라엘은 그를 묻어 주고 그의 죽음을 슬퍼했습
니다. 이 모든 일이 여호와께서 그의 종 예언자 아히
야를 통해서 말씀하신 대로 이루어졌습니다.

19 여로보암이 한 다른 모든 일, 곧 그가 전쟁을 하고 백

7 bad news for you. •Give your husband,
Jeroboam, this message from the LORD, the
God of Israel: 'I promoted you from the
ranks of the common people and made
8 you ruler over my people Israel. •I ripped
the kingdom away from the family of
David and gave it to you. But you have not
been like my servant David, who obeyed
my commands and followed me with all
his heart and always did whatever I want-
9 ed. •You have done more evil than all
who lived before you. You have made
other gods for yourself and have made me
furious with your gold calves. And since
10 you have turned your back on me, •I will
bring disaster on your dynasty and will
destroy every one of your male descen-
dants, slave and free alike, anywhere in
Israel. I will burn up your royal dynasty as
11 one burns up trash until it is all gone. •The
members of Jeroboam's family who die in
the city will be eaten by dogs, and those
who die in the field will be eaten by vul-
tures. I, the LORD, have spoken.'

12 •Then Ahijah said to Jeroboam's wife,
"Go on home, and when you enter the
13 city, the child will die. •All Israel will
mourn for him and bury him. He is the
only member of your family who will
have a proper burial, for this child is the
only good thing that the LORD, the God of
Israel, sees in the entire family of Jeroboam.

14 •"In addition, the LORD will raise up a
king over Israel who will destroy the fami-
ly of Jeroboam. This will happen today,
15 even now! •Then the LORD will shake
Israel like a reed whipped about in a
stream. He will uproot the people of Israel
from this good land that he gave their
ancestors and will scatter them beyond the
Euphrates River,* for they have angered the
LORD with the Asherah poles they have set
16 up for worship. •He will abandon Israel
because Jeroboam sinned and made Israel
sin along with him."

17 •So Jeroboam's wife returned to Tirzah,
and the child died just as she walked
18 through the door of her home. •And all
Israel buried him and mourned for him, as
the LORD had promised through the
prophet Ahijah.

19 •The rest of the events in Jeroboam's
reign, including all his wars and how he

---

furious [fjúəriəs] *a.* 격노한
rip [ríp] *vt.* 찢다
scatter [skǽtər] *vt.* 흩어버리다
uproot [ʌprúːt] *vt.* 뿌리째뽑다: 몰아내다

14:15 Hebrew *the river*.

성을 다스린 모든 일은 이스라엘 왕들의 역사책에 적혀 있습니다.

20 여로보암은 이십이 년 동안, 이스라엘을 다스렸습니다. 그가 죽자, 그의 아들 나답이 뒤를 이어 왕이 되었습니다.

유다 왕 르호보암

21 솔로몬의 아들 르호보암이 유다의 왕이 되었을 때, 그의 나이는 사십일 세였습니다. 그의 어머니는 암몬 사람 나아마였습니다. 르호보암은 예루살렘에서 십칠 년 동안, 다스렸습니다. 예루살렘은 여호와께서 자기 이름을 두시려고 이스라엘 온 땅 중에서 선택하신 성읍이었습니다.

22 유다 백성은 여호와께서 보시기에 악한 일을 저질렀습니다. 그들은 조상들보다도 더 많은 죄를 지어 여호와를 화나게 만들었습니다.

23 백성은 높은 언덕과 푸른 나무 아래마다 산당과 우상과 아세라 신상을 만들어 세웠습니다.

24 심지어 산당에는 남자 창기들까지 있었습니다. 이스라엘 백성보다 먼저 그 땅에 살던 사람들은 악한 일을 많이 했기 때문에, 여호와께서는 그들을 그 땅에서 쫓아 내셨습니다. 그런데 유다 백성까지 그들과 똑같은 일을 했습니다.

25 르호보암이 왕으로 있은 지 오 년째 되던 해에 이집트 왕 시삭이 예루살렘에 쳐들어왔습니다.

26 시삭은 여호와의 성전과 왕궁에서 보물을 모두 빼앗아 갔습니다. 솔로몬이 만든 금방패들까지 가져갔습니다.

27 르호보암 왕은 그 대신에 놋방패를 만들어서 왕궁 문을 지키는 경호대장에게 주었습니다.

28 왕이 여호와의 성전에 들어갈 때마다 경호원들은 그 방패들을 가지고 갔다가 일이 끝나면 다시 경호실에 놓아 두었습니다.

29 르호보암 왕이 한 다른 모든 일은 유다 왕들의 역사책에 적혀 있습니다.

30 르호보암과 여로보암은 살아 있는 동안, 늘 서로 전쟁을 했습니다.

31 르호보암은 죽어서 조상들과 함께 예루살렘에 묻혔습니다. 암몬 여자인 나아마의 아들 르호보암이 죽자, 그의 아들 아비얌이 그의 뒤를 이어 왕이 되었습니다.

유다의 아비얌 왕

15 느밧의 아들 여로보암이 이스라엘을 다스린 지 십팔 년째 되던 해에 아비얌이 유다의 왕이 되었습니다.

2 아비얌은 예루살렘에서 삼 년 동안, 다스렸습니다. 그의 어머니는 아비살롬의 딸 마아가였습니다.

---

ruled, are recorded in *The Book of the History of the Kings of Israel.* ●Jeroboam reigned in Israel twenty-two years. When Jeroboam died, his son Nadab became the next king.

Rehoboam Rules in Judah

21 ●Meanwhile, Rehoboam son of Solomon was king in Judah. He was forty-one years old when he became king, and he reigned seventeen years in Jerusalem, the city the LORD had chosen from among all the tribes of Israel as the place to honor his name. Rehoboam's mother was Naamah, an Ammonite woman.

22 ●During Rehoboam's reign, the people of Judah did what was evil in the LORD's sight, provoking his anger with their sin, for it was even

23 worse than that of their ancestors. ●For they also built for themselves pagan shrines and set up sacred pillars and Asherah poles on every

24 high hill and under every green tree. ●There were even male and female shrine prostitutes throughout the land. The people imitated the detestable practices of the pagan nations the LORD had driven from the land ahead of the Israelites.

25 ●In the fifth year of King Rehoboam's reign, King Shishak of Egypt came up and attacked

26 Jerusalem. He ransacked the treasuries of the LORD's Temple and the royal palace; he stole everything, including all the gold shields

27 Solomon had made. ●King Rehoboam later replaced them with bronze shields as substitutes, and he entrusted them to the care of the commanders of the guard who protected the

28 entrance to the royal palace. ●Whenever the king went to the Temple of the LORD, the guards would also take the shields and then return them to the guardroom.

29 ●The rest of the events in Rehoboam's reign and everything he did are recorded in *The Book

30 of the History of the Kings of Judah.* ●There was constant war between Rehoboam and

31 Jeroboam. ●When Rehoboam died, he was buried among his ancestors in the City of David. His mother was Naamah, an Ammonite woman. Then his son Abijam* became the next king.

Abijam Rules in Judah

15 Abijam* began to rule over Judah in the eighteenth year of Jeroboam's reign in

2 Israel. ●He reigned in Jerusalem three years. His mother was Maacah, the granddaughter of Absalom.*

---

entrust [intrást] *vt.* 위탁하다
ransack [rǽnsæk] *vt.* (집, 호주머니) 샅샅이 뒤지다

14:31 Also known as *Abijah.* 15:1 Also known as *Abijah.* 15:2 Hebrew *Abishalom* (also in 15:10), a variant spelling of Absalom; compare 2 Chr 11:20.

3 아비얌은 그의 아버지가 지은 모든 죄를 그대로 따라 했습니다. 아비얌은 그의 조상인 다윗과는 달리 그의 하나님 여호와께 충성하지 않았습니다.

4 하나님 여호와께서는 다윗을 위하여 예루살렘을 지켜 주셨습니다. 그리고 그의 아들이 예루살렘에서 왕위를 이어 가도록 해 주셨습니다.

5 왜냐하면 다윗은 언제나 여호와께서 보시기에 옳은 일을 했기 때문입니다. 다윗은 헷 사람 우리아의 일 외에는 그의 평생에 하나님의 명령을 어긴 적이 없었습니다.

6 르호보암과 여로보암 사이에는 사는 날 동안, 계속 전쟁이 있었습니다.

7 아비얌이 다스리는 동안에도 아비얌과 여로보암 사이에 전쟁이 있었습니다. 아비얌이 한 모든 일은 유다 왕들의 역사책에 적혀 있습니다.

8 아비얌은 죽어 예루살렘에 묻혔습니다. 아비얌의 아들 아사가 뒤를 이어 왕이 되었습니다.

유다의 아사 왕

9 여로보암이 이스라엘의 왕으로 있은 지 이십 년째 되는 해에 아사가 유다의 왕이 되었습니다.

10 아사는 사십일 년 동안, 예루살렘을 다스렸습니다. 그의 할머니는 아비살롬의 딸 마아가입니다.

11 아사는 그의 조상 다윗처럼 여호와께서 보시기에 올바르게 살았습니다.

12 그는 남자 창기들을 그 땅에서 쫓아 버리고, 그의 조상들이 만든 온갖 우상을 없애 버렸습니다.

13 그의 할머니 마아가는 더러운 아세라 우상을 만들어 가지고 있었는데, 아사는 그것 때문에 마아가를 왕비의 자리에서 쫓아 냈습니다. 그리고 그 우상을 부숴 기드론 골짜기에서 태웠습니다.

14 아사는 평생토록 여호와께 충성했습니다. 그러나 그는 산당만은 없애지 않았습니다.

15 아사는 그의 아버지가 준비한 거룩한 물건인 성물과 자신이 준비한 성물을 여호와의 성전에 바쳤습니다. 그것은 금과 은과 그 밖의 물건들이었습니다.

16 아사와 이스라엘 왕 바아사 사이에는 늘 전쟁이 있었습니다.

17 바아사는 유다를 공격하기 위해서 올라왔습니다. 그는 어느 누구도 유다로 들어가지 못하게 하고 또 유다에서 나오지 못하게 하려고 했습니다. 그래서 그는 라마 성을 굳건하게 쌓았습니다.

18 아사는 여호와의 성전과 자기 왕궁의 보물 가운데 남아 있는 금과 은을 다 모아 신하들에게 주었습니다. 그리고 그들을 아람 왕 벤하닷에게 보냈습니다. 벤하닷은 다브림몬의 아들이고, 다브림몬은 헤시온의 아들입니다. 벤하닷은 다마스커스 성에서 다스리고 있었습니다. 그들이 아사의 말을 벤하닷에게

3 • He committed the same sins as his father before him, and he was not faithful to the LORD his God, as his ancestor David had been. 4 But for David's sake, the LORD his God allowed his descendants to continue ruling, shining like a lamp, and he gave Abijam a son to rule after him in Jerusalem. 5 • For David had done what was pleasing in the LORD's sight and had obeyed the LORD's commands throughout his life, except in the affair concerning Uriah the Hittite.

6 • There was war between Abijam and Jeroboam* throughout Abijam's reign. • The rest of the events in Abijam's reign and everything he did are recorded in *The Book of the History of the Kings of Judah.* There was constant war between Abijam and Jeroboam. 8 • When Abijam died, he was buried in the City of David. Then his son Asa became the next king.

Asa Rules in Judah

9 • Asa began to rule over Judah in the twentieth year of Jeroboam's reign in Israel. 10 • He reigned in Jerusalem forty-one years. His grandmother* was Maacah, the granddaughter of Absalom.

11 • Asa did what was pleasing in the LORD's sight, as his ancestor David had done. 12 • He banished the male and female shrine prostitutes from the land and got rid of all the idols* his ancestors had made. 13 • He even deposed his grandmother Maacah from her position as queen mother because she had made an obscene Asherah pole. He cut down her obscene pole and burned it in the Kidron Valley. 14 • Although the pagan shrines were not removed, Asa's heart remained completely faithful to the LORD throughout his life. 15 • He brought into the Temple of the LORD the silver and gold and the various items that he and his father had dedicated.

16 • There was constant war between King Asa of Judah and King Baasha of Israel. 17 • King Baasha of Israel invaded Judah and fortified Ramah in order to prevent anyone from entering or leaving King Asa's territory in Judah.

18 • Asa responded by removing all the silver and gold that was left in the treasuries of the Temple of the LORD and the royal palace. He sent it with some of his officials to Benhadad son of Tabrimmon, son of Hezion, the king of Aram, who was ruling in

15:6 As in a few Hebrew and Greek manuscripts; most Hebrew manuscripts read *between Rehoboam and Jeroboam.* 15:10 Or *The queen mother;* Hebrew reads *His mother* (also in 15:13); compare 15:2. 15:12 The Hebrew term (literally *round things*) probably alludes to dung.

전했습니다.

19 "내 아버지와 그대의 아버지는 평화 조약을 맺었습니다. 그대에게 금과 은을 선물로 보냅니다. 이스라엘 왕 바아사와 맺은 조약을 끊고, 그가 내 땅에서 떠나가 해 주십시오."

20 벤하닷은 아사 왕의 말을 들어 주었습니다. 그래서 그는 자기 군대를 보내어 이스라엘 마을들을 공격하게 했습니다. 그는 이욘과 단, 아벨벧마아가와 긴네렛 전 지역과 납달리 지역을 침입했습니다.

21 바아사가 그 소식을 듣고는, 라마 성 쌓는 일을 멈추고 디르사로 돌아갔습니다.

22 아사는 유다의 모든 백성에게 명령을 내려, 한 사람도 빠짐없이 바아사가 라마 성을 쌓을 때 쓰던 돌과 나무를 나르게 했습니다. 아사는 그것으로 베냐민 땅에 있는 게바와 미스바 성을 건축하였습니다.

23 아사가 한 다른 모든 일, 곧 그가 전쟁에서 승리한 일과 그가 성들을 건축한 것에 대한 이야기는 유다 왕들의 역사책에 적혀 있습니다. 아사는 늙어서 발에 병이 났습니다.

24 아사가 죽어 조상들과 함께 그의 조상 다윗의 성에 묻혔습니다. 아사의 아들 여호사밧이 뒤를 이어 왕이 되었습니다.

이스라엘의 나답 왕

25 아사가 유다의 왕으로 있은 지 이 년째 되던 해에 여로보암의 아들 나답이 이스라엘의 왕이 되었습니다. 나답은 이 년 동안, 이스라엘을 다스렸습니다.

26 나답은 여호와께서 보시기에 악한 왕이었습니다. 전에 여로보암이 이스라엘 백성에게 죄를 짓게 했는데, 나답 역시 여로보암이 지은 모든 죄를 그대로 따라 했습니다.

27 잇사갈 지파 사람 아히야의 아들 바아사가 나답을 배반했습니다. 나답과 온 이스라엘이 블레셋 사람의 마을인 깁브돈을 공격하고 있을 때, 바아사는 그곳에서 나답을 죽였습니다.

28 아사가 유다의 왕으로 있은 지 삼 년째 되던 해에 바아사가 나답을 죽이고, 그의 뒤를 이어 이스라엘의 왕이 되었습니다.

이스라엘의 바아사 왕

29 바아사는 왕이 되자마자 여로보암의 집안 사람들을 한 사람도 남김없이 다 죽였습니다. 그리하여 여호와께서 그의 종 실로 사람 아히야를 통해서 하신 말씀을 그대로 이루셨습니다.

30 그런 일이 일어난 것은 여로보암 왕이 많은 죄를 지었기 때문입니다. 뿐만 아니라 그는 이스라엘

Damascus, along with this message:

19 • "Let there be a treaty* between you and me like the one between your father and my father. See, I am sending you a gift of silver and gold. Break your treaty with King Baasha of Israel so that he will leave me alone."

20 •Ben-hadad agreed to King Asa's request and sent the commanders of his army to attack the towns of Israel. They conquered the towns of Ijon, Dan, Abel-beth-maacah, and all 21 Kinnereth, and all the land of Naphtali. •As soon as Baasha of Israel heard what was happening, he abandoned his project of fortifying 22 Ramah and withdrew to Tirzah. •Then King Asa sent an order throughout Judah, requiring that everyone, without exception, help to carry away the building stones and timbers that Baasha had been using to fortify Ramah. Asa used these materials to fortify the town of 23 Geba in Benjamin and the town of Mizpah. •The rest of the events in Asa's reign—the extent of his power, everything he did, and the names of the cities he built—are recorded in *The Book of the History of the Kings of Judah.* In his old age his feet became diseased. 24 •When Asa died, he was buried with his ancestors in the City of David.

Then Jehoshaphat, Asa's son, became the next king.

Nadab Rules in Israel

25 •Nadab son of Jeroboam began to rule over Israel in the second year of King Asa's reign in 26 Judah. He reigned in Israel two years. •But he did what was evil in the LORD's sight and followed the example of his father, continuing the sins that Jeroboam had led Israel to commit.

27 •Then Baasha son of Ahijah, from the tribe of Issachar, plotted against Nadab and assassinated him while he and the Israelite army were laying siege to the Philistine town of 28 Gibbethon. •Baasha killed Nadab in the third year of King Asa's reign in Judah, and he became the next king of Israel.

29 •He immediately slaughtered all the descendants of King Jeroboam, so that not one of the royal family was left, just as the LORD had promised concerning Jeroboam by the 30 prophet Ahijah from Shiloh. •This was done because Jeroboam had provoked the anger of the LORD, the God of Israel, by the sins he had committed and the sins he had led Israel to

depose [dipóuz] *vt.* 물러나게 하다, 폐하다
obscene [əbsíːn] *a.* 음란한; 역겨운

15:19 As in Greek version; Hebrew reads *There is a treaty.*

백성들까지도 죄를 짓게 하여 여호와를 노하게 하였습니다.

31 나답이 한 다른 모든 일은 이스라엘 왕들의 역사책에 적혀 있습니다.

32 유다 왕 아사와 이스라엘 왕 바아사 사이에 전쟁이 끊이지 않았습니다.

33 아사가 유다의 왕이 된 지 삼 년째 되는 해에 아히야의 아들 바아사가 이스라엘의 왕이 되었습니다. 바아사는 이십사 년 동안, 디르사에서 다스렸습니다.

34 그러나 바아사는 여호와께서 보시기에 악하게 살았습니다. 전에 여로보암이 이스라엘 백성에게 죄를 짓게 했는데, 바아사도 여로보암이 지은 모든 죄를 그대로 따라 했습니다.

16 여호와의 말씀이 하나니의 아들 예후에게 내려왔습니다. 예후가 바아사를 향하여 말했습니다.

2 "너는 아무것도 아니었는데, 내가 너를 높여서 내 백성 이스라엘의 지도자로 삼았다. 그런데 너는 여로보암처럼 내 백성 이스라엘이 죄를 짓도록 했고, 그들의 죄 때문에 나를 화나게 만들었다.

3 바아사야, 그러므로 내가 너와 네 집안을 멸망시키겠다. 느밧의 아들 여로보암에게 벌을 내렸던 것처럼 너에게 벌을 내려

4 네 집안 사람 가운데 성에서 죽는 사람은 개들이 그 시체를 먹을 것이고, 들에서 죽는 사람은 새들이 그 시체를 먹을 것이다."

5 바아사가 한 다른 모든 일과 전쟁에서 승리한 이야기는 이스라엘 왕들의 역사책에 적혀 있습니다.

6 바아사는 죽어 디르사에 묻혔습니다. 그의 아들 엘라가 뒤를 이어 왕이 되었습니다.

7 여호와께서 하나니의 아들인 예언자 예후를 통하여 바아사와 그의 집안에 대하여 말씀하셨습니다. 바아사는 여호와께서 보시기에 악한 일을 많이 했습니다. 그래서 주께서 크게 노하셨습니다. 바아사는 전에 여로보암의 집안이 한 일과 똑같이 악한 일을 저질렀습니다. 게다가 그는 여로보암의 집안 사람들을 다 죽여 여호와를 더욱 화나게 했습니다.

이스라엘의 엘라 왕

8 아사가 유다의 왕으로 있은 지 이십육 년째 되는 해에 바아사의 아들 엘라가 이스라엘의 왕이 되었습니다. 엘라는 디르사에서 이 년 동안, 다스렸습니다.

9 시므리는 엘라의 신하로서 엘라의 전차들 가운데 절반을 지휘하는 장군이었습니다. 엘라가 왕궁을 관리하는 아르사의 집에서 술에 취해 있을 때에 시므리는 엘라를 반역했습니다.

10 시므리가 아르사의 집으로 들어가 엘라를 죽였습니다. 그때는 아사가 유다의 왕으로 있은 지 이십칠

commit.

31 • The rest of the events in Nadab's reign and everything he did are recorded in *The Book of the History of the Kings of Israel.*

Baasha Rules in Israel

32 • There was constant war between King Asa
33 of Judah and King Baasha of Israel. • Baasha son of Ahijah began to rule over all Israel in the third year of King Asa's reign in Judah. Baasha reigned in Tirzah twenty-four years.
34 • But he did what was evil in the LORD's sight and followed the example of Jeroboam, continuing the sins that Jeroboam had led Israel to commit.

16 This message from the LORD was delivered to King Baasha by the
2 prophet Jehu son of Hanani: • "I lifted you out of the dust to make you ruler of my people Israel, but you have followed the evil example of Jeroboam. You have provoked my anger by causing my people Israel to sin.
3 • So now I will destroy you and your family, just as I destroyed the descendants of
4 Jeroboam son of Nebat. • The members of Baasha's family who die in the city will be eaten by dogs, and those who die in the field will be eaten by vultures."
5 • The rest of the events in Baasha's reign and the extent of his power are recorded in *The Book of the History of the Kings of Israel.*
6 • When Baasha died, he was buried in Tirzah. Then his son Elah became the next king.
7 • The message from the LORD against Baasha and his family came through the prophet Jehu son of Hanani. It was delivered because Baasha had done what was evil in the LORD's sight (just as the family of Jeroboam had done), and also because Baasha had destroyed the family of Jeroboam. The LORD's anger was provoked by Baasha's sins.

Elah Rules in Israel

8 • Elah son of Baasha began to rule over Israel in the twenty-sixth year of King Asa's reign in Judah. He reigned in the city of Tirzah for two years.
9 • Then Zimri, who commanded half of the royal chariots, made plans to kill him. One day in Tirzah, Elah was getting drunk at the home of Arza, the supervisor of the
10 palace. • Zimri walked in and struck him down and killed him. This happened in the

---

constant [kánstənt] *a.* 끊임없는
provoke [prəvóuk] *vt.* 유발하다
vulture [vʌ́ltʃər] *n.* 독수리

년째 되는 해였습니다. 시므리가 엘라의 뒤를 이어 이스라엘의 왕이 되었습니다.

이스라엘의 시므리 왕

11 시므리는 왕이 되자마자 바아사의 집안 사람들을 다 죽였습니다. 그는 바아사의 집안 사람과 그 친구들을 한 사람도 살려 두지 않았습니다.

12 이처럼 시므리는 바아사의 집안을 완전히 멸망시켰습니다. 그리하여 여호와께서 예언자 예후를 통해 바아사에게 말씀하신 것이 그대로 이루어졌습니다.

13 이런 일은 바아사와 그의 아들 엘라가 저지른 모든 죄 때문에 일어났습니다. 그들은 자기들뿐만 아니라 이스라엘 백성까지 죄를 짓게 만들었습니다. 그들은 헛된 우상들을 만들어 이스라엘 하나님 여호와를 노하시게 했습니다.

14 엘라가 행한 다른 모든 일은 이스라엘 왕들의 역사책에 적혀 있습니다.

15 시므리는 아사가 유다의 왕으로 있은 지 이십칠 년째 되는 해에 이스라엘의 왕이 되어서 칠 일 동안, 디르사에서 다스렸습니다. 그때에 이스라엘 군대가 블레셋 마을인 깁브돈에서 가까운 곳에 진을 치고 있었습니다.

16 진에 있던 사람들은 시므리가 반역하여 왕을 죽였다는 소식을 듣게 되었습니다. 그래서 그들은 그날로 군대 사령관인 오므리를 이스라엘의 왕으로 세웠습니다.

17 오므리와 모든 이스라엘 백성은 깁브돈을 떠나 디르사로 쳐들어갔습니다.

18 시므리는 성이 점령되는 것을 보고 왕궁으로 들어가 불을 지르고 자기도 타죽었습니다.

19 이와 같은 일은 시므리가 여호와께서 보시기에 악한 일을 하여 죄를 지었기 때문에 일어났습니다. 전에 여로보암이 이스라엘 백성에게 죄를 짓게 했는데, 시므리도 여로보암이 지은 모든 죄를 그대로 따라 했습니다.

20 시므리가 한 다른 모든 일과 엘라 왕에게 반역한 이야기는 이스라엘 왕들의 역사책에 적혀 있습니다.

이스라엘의 오므리 왕

21 이스라엘 백성이 두 무리로 나뉘었습니다. 한 무리는 기낫의 아들 디브니를 왕으로 삼길 원했고, 다른 무리는 오므리가 왕이 되는 것을 원했습니다.

22 오므리를 따르는 사람들은 기낫의 아들 디브니를 따르는 사람들보다 강했기 때문에 싸움에서 그들을 이겼습니다. 그래서 디브니가 죽고 오므리가 왕이 되었습니다.

23 아사가 유다의 왕으로 있은 지 삼십일 년째 되는 해에 오므리가 이스라엘의 왕이 되었습니다. 오므리

twenty-seventh year of King Asa's reign in Judah. Then Zimri became the next king.

11 •Zimri immediately killed the entire royal family of Baasha, leaving him not even a single male child. He even destroyed distant relatives and friends. •So Zimri

12 destroyed the dynasty of Baasha as the LORD had promised through the prophet Jehu.

13 •This happened because of all the sins Baasha and his son Elah had committed, and because of the sins they led Israel to commit. They provoked the anger of the LORD, the God of Israel, with their worthless idols.

14 •The rest of the events in Elah's reign and everything he did are recorded in *The Book of the History of the Kings of Israel.*

Zimri Rules in Israel

15 •Zimri began to rule over Israel in the twenty-seventh year of King Asa's reign in Judah, but his reign in Tirzah lasted only seven days. The army of Israel was then attacking

16 the Philistine town of Gibbethon. •When they heard that Zimri had committed treason and had assassinated the king, that very day they chose Omri, commander of the

17 army, as the new king of Israel. •So Omri led the entire army of Israel up from Gibbethon to attack Tirzah, Israel's capital.

18 •When Zimri saw that the city had been taken, he went into the citadel of the palace and burned it down over himself and died

19 in the flames. •For he, too, had done what was evil in the LORD's sight. He followed the example of Jeroboam in all the sins he had committed and led Israel to commit.

20 •The rest of the events in Zimri's reign and his conspiracy are recorded in *The Book of the History of the Kings of Israel.*

Omri Rules in Israel

21 •But now the people of Israel were split into two factions. Half the people tried to make Tibni son of Ginath their king, while the

22 other half supported Omri. •But Omri's supporters defeated the supporters of Tibni. So Tibni was killed, and Omri became the next king.

23 •Omri began to rule over Israel in the thirty-first year of King Asa's reign in Judah. He reigned twelve years in all, six of them in

assassinate [əsǽsəneit] *vt.* 암살하다
citadel [sítədl] *n.* 성채, 요새
commit [kəmít] *vt.* 범하다, 저지르다
conspiracy [kənspírəsi] *n.* 음모
faction [fǽkʃən] *n.* 당파, 분파
flame [fleim] *n.* 불길, 불꽃, 화염
treason [tríːzn] *n.* 반역
16:18 burn down : 전소하다; 태워 없애다
16:21 be split into… : …로 분열되다

는 십 년 동안, 이스라엘을 다스렸는데 처음 육 년
은 디르사에서 다스렸습니다.

24 오므리는 세멜에게 은 두 달란트*를 주고 사마리아
언덕을 샀습니다. 오므리는 그 언덕 위에 성을 쌓고
그 성을 원래 주인이었던 세멜의 이름을 따서 사마
리아라고 불렀습니다.

25 그러나 오므리는 여호와께서 보시기에 악한 일을
저질렀습니다. 오므리는 전에 있던 다른 왕들보다
더 악했습니다.

26 느밧의 아들 여로보암이 이스라엘 백성에게 죄를
짓게 했던 것처럼, 오므리도 여로보암이 지은 모든
죄를 그대로 따라 했습니다. 이스라엘 백성은 헛된
우상들을 섬겨서 이스라엘 하나님 여호와를 노하
게 만들었습니다.

27 오므리가 한 다른 모든 일과 승리한 일들은 이스라
엘 왕들의 역사책에 적혀 있습니다.

28 오므리는 죽어서 조상들과 함께 사마리아에 묻혔
습니다. 그의 아들 아합이 뒤를 이어 왕이 되었습니
다.

이스라엘의 아합 왕

29 아사가 유다의 왕으로 있은 지 삼십팔 년째 되던 해
에 오므리의 아들 아합이 이스라엘의 왕이 되었습
니다. 아합은 사마리아에서 이십 년 동안, 이스라
엘을 다스렸습니다.

30 오므리의 아들 아합은 여호와께서 보시기에 악한
일을 많이 했습니다. 아합은 전에 있던 다른 왕들보
다 더 악했습니다.

31 아합은 느밧의 아들 여로보암이 지은 죄를 그대로
따라 했을 뿐만 아니라 그보다 더 큰 죄도 지었습니
다. 아합은 시돈 사람의 왕 엣바알의 딸 이세벨과 결
혼했습니다. 아합은 바알 신을 섬기고 예배하기 시
작했습니다.

32 아합은 사마리아에 바알의 신전을 세웠습니다. 그
리고 그곳에 바알을 섬기는 제단을 쌓았습니다.

33 아합은 아세라 우상도 만들어 섬겼습니다. 아합은
전에 있던 다른 어떤 왕보다도 더 이스라엘의 하나
님 여호와를 노하게 했습니다.

34 아합이 왕으로 있는 동안에 벧엘 사람 히엘이 여리
고를 다시 세웠습니다. 히엘은 여리고 성을 쌓기 시
작하면서 맏아들 아비람을 잃었습니다. 그리고 성
문을 세울 때에는 막내 아들 스굽을 잃었습니다. 그
래서 여호와께서 눈의 아들 여호수아를 통해서 하
신 말씀이 이루어졌습니다.

엘리야가 가뭄을 예고하다

17 길르앗 땅 디셉 사람인 예언자 엘리야가 아합
왕에게 말했습니다. "나는 이스라엘 하나님 여
호와를 섬깁니다. 여호와의 살아 계심을 두고 맹세

24 Tirzah. •Then Omri bought the hill now
known as Samaria from its owner, Shemer,
for 150 pounds of silver.* He built a city on it
and called the city Samaria in honor of
Shemer.

25 •But Omri did what was evil in the
LORD's sight, even more than any of the
26 kings before him. •He followed the exam-
ple of Jeroboam son of Nebat in all the sins
he had committed and led Israel to commit.
The people provoked the anger of the LORD,
the God of Israel, with their worthless idols.
27 •The rest of the events in Omri's reign,
the extent of his power, and everything he
did are recorded in *The Book of the History of*
28 *the Kings of Israel.* •When Omri died, he
was buried in Samaria. Then his son Ahab
became the next king.

Ahab Rules in Israel

29 •Ahab son of Omri began to rule over Israel
in the thirty-eighth year of King Asa's reign
in Judah. He reigned in Samaria twenty-two
30 years. •But Ahab son of Omri did what was
evil in the LORD's sight, even more than any
31 of the kings before him. •And as though it
were not enough to follow the sinful exam-
ple of Jeroboam, he married Jezebel, the
daughter of King Ethbaal of the Sidonians,
and he began to bow down in worship of
32 Baal. •First Ahab built a temple and an altar
33 for Baal in Samaria. •Then he set up an
Asherah pole. He did more to provoke the
anger of the LORD, the God of Israel, than
any of the other kings of Israel before him.
34 •It was during his reign that Hiel, a man
from Bethel, rebuilt Jericho. When he laid its
foundations, it cost him the life of his oldest
son, Abiram. And when he completed it and
set up its gates, it cost him the life of his
youngest son, Segub.* This all happened
according to the message from the LORD
concerning Jericho spoken by Joshua son of
Nun.

Elijah Fed by Ravens

17 Now Elijah, who was from Tishbe in
Gilead, told King Ahab, "As surely as
the LORD, the God of Israel, lives—the God I
serve—there will be no dew or rain during

---

raven [réivən] *n.* 까마귀
scribal [skráibəl] *a.* (유대의)율법학자의: 필사의
16:33 set up : 세우다

16:24 Hebrew *for 2 talents* [68 kilograms] *of*
silver.   16:34 An ancient Hebrew scribal tradi-
tion reads *He killed his oldest son when he laid*
its foundations, and he killed his youngest son
when he set up its gates.

16:24 2달란트는 약 68.54kg에 해당된다.

하지만, 내가 다시 명령하기까지 앞으로 몇 년 동안, 비나 이슬이 내리지 않을 것입니다."

2 여호와께서 엘리야에게 말씀하셨습니다.

3 "여기를 떠나 동쪽으로 가서 요단 강 동쪽에 있는 그릿 시냇가에 숨고

4 그곳의 시냇물을 마셔라. 내가 까마귀들을 시켜 네게 먹을 것을 가져다 주겠다."

5 엘리야는 여호와께서 명령하신 대로 했습니다. 그는 요단 강 동쪽에 있는 그릿 시냇가로 가서 살았습니다.

6 까마귀들이 아침 저녁으로 엘리야에게 빵과 고기를 가져다 주었습니다. 그리고 엘리야는 그곳의 시냇물을 마셨습니다.

7 땅에 비가 내리지 않자, 얼마 뒤에 그 시냇물도 말라 버렸습니다.

8 여호와께서 엘리야에게 말씀하셨습니다.

9 "너는 일어나서 시돈 땅 사르밧으로 가서 살아라. 그곳의 한 과부에게 너를 돌보아 주라고 명령했다."

10 그래서 엘리야는 사르밧으로 갔습니다. 그가 성문으로 들어설 때에 한 과부가 땔감을 줍고 있었습니다. 엘리야가 말했습니다. "마실 물을 한 그릇만 떠다 주시오."

11 그 과부가 물을 가지러 가려고 할 때, 엘리야가 또 말했습니다. "빵도 조금만 가져다 주시오."

12 그 여자가 대답했습니다. "당신의 하나님 여호와께서 살아 계심을 두고 맹세하지만 나에게는 빵이 없습니다. 항아리에 밀가루가 조금 있고 기름병에 기름이 조금 있을 뿐입니다. 이곳에 땔감을 주우러 왔는데 땔감을 주워 집에 가져가서 나와 내 아들이 죽기 전에 마지막으로 먹을 음식을 준비하려던 참이었습니다."

13 엘리야가 말했습니다. "걱정하지 마시오, 집으로 가서 당신이 말한 대로 음식을 준비하시오. 그러나 먼저 조그마한 빵을 만들어서 나에게 가져오시오. 그리고 나서 당신과 당신 아들이 먹을 것을 준비하시오.

14 이스라엘 하나님 여호와께서 말씀하셨소. '나 여호와가 이 땅에 비를 내리기까지 그 항아리의 밀가루가 결코 떨어지지 않을 것이며 병의 기름도 떨어지지 않을 것이다.'"

15 여자는 집으로 가서 엘리야가 말한 대로 했습니다. 그리고 엘리야와 여자와 그의 아들이 날마다 음식을 넉넉히 먹었습니다.

16 여호와께서 엘리야를 통해 말씀하신 대로 항아리의 밀가루와 병에 있는 기름은 떨어지지 않았습니다.

엘리야가 아이를 살려 내다

17 얼마 뒤에 그 집 사르밧 과부의 아들이 병이 들었는데, 그 병이 점점 깊어지더니 마침내 숨을 거두고 말았습니다.

the next few years until I give the word!"

2-3 •Then the LORD said to Elijah, •"Go to the east and hide by Kerith Brook, near
4 where it enters the Jordan River. •Drink from the brook and eat what the ravens bring you, for I have commanded them to bring you food."

5 •So Elijah did as the LORD told him and camped beside Kerith Brook, east of the
6 Jordan. •The ravens brought him bread and meat each morning and evening, and
7 he drank from the brook. •But after a while the brook dried up, for there was no rainfall anywhere in the land.

The Widow at Zarephath

8-9 •Then the LORD said to Elijah, •"Go and live in the village of Zarephath, near the city of Sidon. I have instructed a widow there to feed you."

10 •So he went to Zarephath. As he arrived at the gates of the village, he saw a widow gathering sticks, and he asked her, "Would you please bring me a little water in a
11 cup?" •As she was going to get it, he called to her, "Bring me a bite of bread, too."

12 •But she said, "I swear by the LORD your God that I don't have a single piece of bread in the house. And I have only a handful of flour left in the jar and a little cooking oil in the bottom of the jug. I was just gathering a few sticks to cook this last meal, and then my son and I will die."

13 •But Elijah said to her, "Don't be afraid! Go ahead and do just what you've said, but make a little bread for me first. Then use what's left to prepare a meal for yourself
14 and your son. •For this is what the LORD, the God of Israel, says: There will always be flour and olive oil left in your containers until the time when the LORD sends rain and the crops grow again!"

15 •So she did as Elijah said, and she and Elijah and her family continued to eat for
16 many days. •There was always enough flour and olive oil left in the containers, just as the LORD had promised through Elijah.

17 •Some time later the woman's son became sick. He grew worse and worse,

---

bite [bait] *n.* 한 입
container [kəntéinər] *n.* 그릇
feed [fiːd] *vt.* 음식을 먹이다
flour [fláuər] *n.* 밀가루
handful [hǽndful] *n.* 소량, 한 움큼, 한 줌
instruct [instrʌ́kt] *vt.* 지시(명령)하다
jug [dʒʌɡ] *vt.* 물병, 물주전자
swear [swɛər] *vi.* 맹세하다
widow [wídou] *n.* 과부
17:3 hide by…: …옆에 숨다

18 그러자 그 여자가 엘리야에게 말했습니다. "당신은 하나님의 사람입니다. 어찌해서 당신은 나에게 와서 내 죄를 생각나게 하십니까? 내 아들을 죽이려고 나에게 오셨습니까?"

19 엘리야가 말했습니다. "그 아이를 이리로 주시오." 엘리야는 여자가 내 주는 아들을 받아 안고 위층으로 올라갔습니다. 엘리야는 그 아이를 자기가 묵고 있는 방 침상에 눕혀 놓았습니다.

20 그리고 여호와께 기도했습니다. "나의 하나님 여호와여! 이 과부는 나를 자기 집에서 묵게 해 주었습니다. 그런데 어찌하여 그녀에게 이런 재앙을 내리십니까? 어찌하여 그녀의 아이를 죽게 하셨습니까?"

21 그런 다음에 엘리야는 아이의 몸 위에 세 번 엎드렸습니다. 그리고 또 여호와께 기도했습니다. "내 하나님 여호와여, 이 아이가 다시 살아나게 해 주십시오."

22 여호와께서 엘리야의 기도를 들어 주셨습니다. 그리하여 아이가 다시 숨을 쉬기 시작했습니다. 아이가 살아난 것입니다.

23 엘리야가 아이를 안고 아래층으로 내려갔습니다. 그리고 아이를 그의 어머니에게 보여 주면서 말했습니다. "보시오, 당신 아들이 살아났소."

24 여자가 엘리야에게 말했습니다. "이제 보니 당신은 정말로 하나님의 사람입니다. 여호와께서 당신을 통해서 하시는 말씀이 참으로 진실인 줄 알겠습니다."

엘리야와 바알의 예언자들

18 세월이 흘렀습니다. 가뭄이 든 지 삼 번째 되던 해에 여호와께서 엘리야에게 말씀하셨습니다. "가서 아합 왕을 만나라. 내가 곧 땅에 비를 내리겠다."

2 그리하여 엘리야는 아합을 만나러 갔습니다. 그 무렵, 사마리아에는 심한 가뭄이 들었습니다.

3 그래서 아합 왕은 왕궁을 관리하는 사람인 오바댜를 부르러 사람을 보냈습니다. 오바댜는 참마음으로 여호와를 따르는 사람이었습니다.

4 언젠가 이세벨이 여호와의 예언자들을 죽일 때에 오바댜는 그 가운데서 예언자 백 명을 오십 명씩 두 동굴에 나누어 숨겨 주고 그들에게 먹을 것과 마실 것을 가져다 준 일이 있었습니다.

5 아합 왕이 오바댜에게 말했습니다. "모든 땅에 있는 샘과 시내를 다 뒤져 보자. 풀이 넉넉히 있는 곳을 알아내면 우리의 말과 노새들을 살릴 수 있을 것이고 더 이상 짐승들을 잃지 않게 될 것이다."

6 왕과 오바댜는 땅을 둘로 나누어 찾아다니기로 했습니다. 그래서 아합과 오바댜는 제각기 자기가 맡은 땅으로 떠났습니다.

7 오바댜가 길을 가다가 엘리야를 만났습니다. 오바댜가 엘리야를 알아보고 고개를 숙여 인사했습니다. "당신은 나의 주 엘리야가 아니십니까?"

18 and finally he died. •Then she said to Elijah, "O man of God, what have you done to me? Have you come here to point out my sins and kill my son?"

19 •But Elijah replied, "Give me your son." And he took the child's body from her arms, carried him up the stairs to the room where he was staying, and laid the

20 body on his bed. •Then Elijah cried out to the LORD, "O LORD my God, why have you brought tragedy to this widow who has opened her home to me, causing her son to die?"

21 •And he stretched himself out over the child three times and cried out to the LORD, "O LORD my God, please let this

22 child's life return to him." •The LORD heard Elijah's prayer, and the life of the

23 child returned, and he revived! •Then Elijah brought him down from the upper room and gave him to his mother. "Look!" he said. "Your son is alive!"

24 •Then the woman told Elijah, "Now I know for sure that you are a man of God, and that the LORD truly speaks through you."

The Contest on Mount Carmel

18 Later on, in the third year of the drought, the LORD said to Elijah, "Go and present yourself to King Ahab.

2 Tell him that I will soon send rain!" •So Elijah went to appear before Ahab.

Meanwhile, the famine had become

3 very severe in Samaria. •So Ahab summoned Obadiah, who was in charge of the palace. (Obadiah was a devoted fol-

4 lower of the LORD. •Once when Jezebel had tried to kill all the LORD's prophets, Obadiah had hidden 100 of them in two caves. He put fifty prophets in each cave

5 and supplied them with food and water.) •Ahab said to Obadiah, "We must check every spring and valley in the land to see if we can find enough grass to save at least

6 some of my horses and mules." •So they divided the land between them. Ahab went one way by himself, and Obadiah went another way by himself.

7 •As Obadiah was walking along, he suddenly saw Elijah coming toward him. Obadiah recognized him at once and bowed low to the ground before him. "Is it really you, my lord Elijah?" he asked.

---

drought [dráut] *n.* 가뭄
revive [riváiv] *vi.* 다시 살아나다
severe [səvíər] *a.* 심한
tragedy [trǽdʒədi] *n.* 비극
17:18 point out… : …을 지적하다

8 엘리야가 대답했습니다. "그렇소. 그대의 왕에게 가서 내가 여기에 있다고 이르시오."

9 오바댜가 말했습니다. "내가 무슨 죄를 지었기에, 당신이 나를 아랍의 손에 넘겨 나를 죽이려 하십니까?

10 당신의 하나님 여호와의 살아 계심을 두고 맹세하지만 왕은 당신을 찾으려고 사람들을 보내어 모든 나라 안을 샅샅이 뒤졌습니다. 그 나라에서 '엘리야는 여기에 없소' 라고 말하면 아합은 그 나라 왕까지 의심하면서 정말 엘리야를 찾지 못했다는 맹세를 하게 했습니다.

11 그런데 지금 당신은 나더러 가서 나의 왕에게 당신이 여기에 있다고 말하라는 것입니까?

12 내가 떠나면, 여호와의 영이 당신을 다른 곳으로 데려갈지도 모릅니다. 내가 가서 아합 왕에게 당신이 여기에 있다고 말하였다가 아합 왕이 이곳에 와서 당신을 찾지 못한다면 그는 나를 죽이고 말 것입니다. 나는 어릴 때부터 여호와를 따랐습니다.

13 혹시 내가 한 일을 듣지 못하셨습니까? 이세벨이 여호와의 예언자들을 죽일 때에 내가 그 가운데서 예언자 백 명을 오십 명씩 두 동굴에 나누어 숨겨 주고 먹을 것과 마실 것을 가져다 주었습니다.

14 그런데도 당신은 나더러 가서 나의 왕에게 엘리야가 여기에 있다고 말하라는 것입니까? 그는 틀림없이 나를 죽일 것입니다."

15 엘리야가 대답했습니다. "나는 만군의 여호와를 섬기는 사람이오. 여호와의 살아 계심을 두고 맹세하지만, 나는 오늘 반드시 아합을 만날 것이오."

16 오바댜가 아합에게 가서 엘리야가 있는 곳을 일러 주었습니다. 그리하여 아합이 엘리야를 만나러 갔습니다.

17 아합이 엘리야를 보고 말했습니다. "바로 네가 이스라엘을 괴롭히는 자냐?"

18 엘리야가 대답했습니다. "이스라엘을 괴롭히는 사람은 내가 아니라 왕과 왕의 집안이오. 왕은 여호와의 명령에 복종하지 않았고 바알 신을 따랐소.

19 모든 이스라엘 백성에게 나를 만나러 갈멜 산으로 오라고 이르시오. 이세벨에게서 얻어 먹고 사는 바알의 예언자 사백오십 명과 아세라의 예언자 사백 명도 데려오시오."

20 아합이 모든 이스라엘 백성과 그 예언자들을 갈멜 산으로 불러모았습니다.

21 엘리야가 백성 앞에 서서 말했습니다. "여러분은 언제까지 바알과 여호와 두 사이에서 머뭇거리고 있으렵니까? 여호와와 바알을 함께 섬길 것이오? 여호와가 참하나님이시면 여호와를 따르고 바알이 참하나님이면 바알을 따르시오." 그러나 백성은 아무 말도 하지 않고 잠잠히 있었습니다.

---

8 •"Yes, it is," Elijah replied. "Now go and tell your master, 'Elijah is here.'"

9 •"Oh, sir," Obadiah protested, "what harm have I done to you that you are sending me to my death at the hands of Ahab?

10 •For I swear by the LORD your God that the king has searched every nation and kingdom on earth from end to end to find you. And each time he was told, 'Elijah isn't here,' King Ahab forced the king of that nation to swear to the truth of his claim. •And now you say, 'Go and tell

11 your master, "Elijah is here."' •But as soon

12 as I leave you, the Spirit of the LORD will carry you away to who knows where. When Ahab comes and cannot find you, he will kill me. Yet I have been a true ser-

13 vant of the LORD all my life. •Has no one told you, my lord, about the time when Jezebel was trying to kill the LORD's prophets? I hid 100 of them in two caves and supplied them with food and water.

14 •And now you say, 'Go and tell your master, "Elijah is here."' Sir, if I do that, Ahab will certainly kill me."

15 •But Elijah said, "I swear by the LORD Almighty, in whose presence I stand, that I will present myself to Ahab this very day."

16 •So Obadiah went to tell Ahab that Elijah had come, and Ahab went out to

17 meet Elijah. •When Ahab saw him, he exclaimed, "So, is it really you, you troublemaker of Israel?"

18 •"I have made no trouble for Israel," Elijah replied. "You and your family are the troublemakers, for you have refused to obey the commands of the LORD and have worshiped the images of Baal instead.

19 •Now summon all Israel to join me at Mount Carmel, along with the 450 prophets of Baal and the 400 prophets of Asherah who are supported by Jezebel.*"

20 •So Ahab summoned all the people of Israel and the prophets to Mount Carmel.

21 •Then Elijah stood in front of them and said, "How much longer will you waver, hobbling between two opinions? If the LORD is God, follow him! But if Baal is God, then follow him!" But the people were completely silent.

---

claim [kléim] *n.* 주장, 단언
exclaim [ikskléim] *vi.* 소리치다
force [fɔ́ːrs] *vt.* 강요하다
hobble [hábl] *vi.* 절뚝거리며 걷다, 더듬거리다
protest [prətést] *vi.* 항의하다
summon [sʌ́mən] *vt.* 소집하다
waver [wéivər] *vi.* 주저하다, 머뭇거리다

18:19 Hebrew *who eat at Jezebel's table.*

22 엘리야가 말했습니다. "여호와의 예언자라고는 나밖에 남은 사람이 없소. 그러나 바알의 예언자들은 사백오십 명이나 있소.

23 소 두 마리를 가져와 바알의 예언자들에게 한 마리를 고르게 하고 그 소를 잡아서 여러 조각으로 나눈 다음에 장작 위에 올려놓게 하시오. 그러나 거기에 불을 지피지는 마오. 나도 나머지 소 한 마리를 잡아서 장작 위에 올려놓겠소. 나도 거기에 불을 지피지 않겠소.

24 당신들 바알의 예언자들이여, 당신들의 신에게 기도하시오. 나도 여호와께 기도하겠소. 기도를 들어 주셔서 불을 내리시는 신이 참하나님이시오." 그러자 모든 백성이 그렇게 하는 것이 좋겠다고 말했습니다.

25 엘리야가 바알의 예언자들에게 말했습니다. "당신들은 수가 많으니 먼저 하시오. 소 한 마리를 잡아서 준비하고 당신들의 신에게 기도하시오. 그러나 불을 지피지는 마시오."

26 그리하여 그들은 소 한 마리를 잡아다가 준비해 놓고 아침부터 한낮이 될 때까지 바알에게 기도했습니다. 그들은 "바알이여, 우리의 기도를 들어 주십시오"라고 외쳤습니다. 그러나 아무런 소리도 들리지 않았으며 아무런 대답도 없었습니다. 그들은 자기들이 만든 제단 둘레를 돌며 춤을 추었습니다.

27 한낮이 되자, 엘리야가 그들을 부추겼습니다. "더 크게 기도해 보시오. 바알이 정말로 신이라면 지금 생각에 빠져 있는지도 모르고, 아니면 다른 일로 바쁘거나 어디 먼 길을 떠났는지도 모르지 않소? 어쩌면 자고 있는지도 모르겠소. 그렇다면 깨워야 하지 않겠소?"

28 그들은 더 큰 소리로 기도했습니다. 그리고 그들은 자기들의 예배 관습에 따라 칼과 창으로 자기 몸을 찔러서 피가 나게 했습니다. 그들은 그런 식으로 자기들의 신을 예배하기도 했습니다.

29 낮이 지나서 저녁 제사를 드릴 시간이 다 되도록 바알의 예언자들은 계속해서 미친 듯이 날뛰었습니다. 그러나 아무런 소리도 들리지 않았습니다. 아무런 대답도 없었고 어떤 움직임도 보이지 않았습니다.

30 엘리야가 모든 백성에게 말했습니다. "이제는 나에게로 오시오." 백성이 엘리야 곁으로 모여들자, 엘리야는 무너진 여호와의 제단을 다시 쌓았습니다.

31 엘리야는 야곱의 아들들의 지파 수에 따라 돌 열두 개를 준비했습니다. *야곱은 옛날에 여호와께서 '네 이름을 이스라엘이라 하여라'고 말씀했던 사람입니다.

32 엘리야는 그 돌들을 가지고 여호와를 위해 제단을 쌓았습니다. 그리고 나서 제단 둘레에 곡식 종자를 두 세아* 정도 담을 수 있는 작은 도랑을 팠습니다.

33 엘리야는 제단 위에 장작을 놓고 소를 잡아서 여러 조각으로 나눈 다음에 장작 위에 올려놓았습니다. 그런

22 •Then Elijah said to them, "I am the only prophet of the LORD who is left, but 23 Baal has 450 prophets. •Now bring two bulls. The prophets of Baal may choose whichever one they wish and cut it in pieces and lay it on the wood of their altar, but without setting fire to it. I will prepare the other bull and lay it on the wood on 24 the altar, but not set fire to it. •Then call on the name of your god, and I will call on the name of the LORD. The god who answers by setting fire to the wood is the true God!" And all the people agreed.

25 •Then Elijah said to the prophets of Baal, "You go first, for there are many of you. Choose one of the bulls, and prepare it and call on the name of your god. But do not set fire to the wood."

26 •So they prepared one of the bulls and placed it on the altar. Then they called on the name of Baal from morning until noontime, shouting, "O Baal, answer us!" But there was no reply of any kind. Then they danced, hobbling around the altar they had made.

27 •About noontime Elijah began mocking them. "You'll have to shout louder," he scoffed, "for surely he is a god! Perhaps he is daydreaming, or is relieving himself.* Or maybe he is away on a trip, or is asleep and needs to be wakened!"

28 •So they shouted louder, and following their normal custom, they cut themselves with knives and swords until the blood 29 gushed out. •They raved all afternoon until the time of the evening sacrifice, but still there was no sound, no reply, no response.

30 •Then Elijah called to the people, "Come over here!" They all crowded around him as he repaired the altar of the LORD that 31 had been torn down. •He took twelve stones, one to represent each of the tribes of 32 Israel,* •and he used the stones to rebuild the altar in the name of the LORD. Then he dug a trench around the altar large enough 33 to hold about three gallons.* •He piled wood on the altar, cut the bull into pieces, and laid the pieces on the wood.*

---

trench [trént∫] n. 도랑
18:27 relieve oneself : 용변을 보다
18:28 gush out : 분출하다

18:27 Or *is busy somewhere else*, or *is engaged in business.* **18:31** Hebrew *each of the tribes of the sons of Jacob to whom the LORD had said, "Your name will be Israel."* **18:32** Hebrew *2 seahs* [14.6 liters] *of seed.* **18:33** Verse 18:34 in the Hebrew text begins here

18:32 2세아는 약 15.2ℓ에 해당된다.

다음, "항아리 네 개에 물을 가득 채워서 제물과 장작 위에 부으시오"라고 말했습니다.

34 엘리야가 "한 번 더 부으시오"라고 말하자 사람들이 그대로 했습니다. 엘리야가 또 말했습니다. "한 번 더 부으시오." 사람들이 세 번째로 물을 부었습니다.

35 그리하여 물이 제단 위로 넘쳐 흘러 도랑을 가득 채웠습니다.

36 저녁 제사를 드릴 때가 되자, 예언자 엘리야가 제단 앞으로 나아가 기도했습니다. "여호와여, 주님은 아브라함과 이삭과 이스라엘의 하나님이십니다. 주님이 이스라엘의 하나님이심을 증명해 주십시오. 그리고 제가 주님의 종이라는 것과 주께서 저에게 명령하여 이 모든 일을 하게 하셨음을 이 백성에게 보여 주십시오.

37 여호와여, 제 기도를 들어 주십시오. 여호와께서 하나님이시라는 것을 이 백성들이 알게 하소서. 주님이야말로 이 백성을 주께로 돌아오게 하시는 분이라는 것을 알게 하소서."

38 여호와의 불이 하늘에서 떨어져 제물과 장작과 제단 둘레의 돌과 흙을 태우고 도랑의 물을 말렸습니다.

39 모든 백성이 그 모습을 보고 땅에 엎드려 외쳤습니다. "여호와 그는 하나님이시다! 여호와 그는 하나님이시다!"

40 엘리야가 말했습니다. "바알의 예언자들을 붙잡으시오! 한 사람도 도망가지 못하게 하시오!" 백성이 예언자들을 다 붙잡자, 엘리야가 그들을 기손 시냇가로 끌고 가서 다 죽였습니다.

다시 비가 오다

41 엘리야가 아합에게 말했습니다. "이제 올라가서 먹고 마시십시오, 곧 큰 비가 내릴 것이오."

42 아합이 돌아가서 먹고 마셨습니다. 엘리야는 갈멜 산 꼭대기로 올라가서 몸을 굽혀 머리를 무릎 사이에 파묻었습니다.

43 엘리야가 자기 종에게 말했습니다. "가서 바다 쪽을 살펴보아라." 종이 가서 살펴본 후, 말했습니다. "아무것도 안 보입니다." 엘리야가 다시 가서 살펴보라고 말했습니다. 그가 가서 살펴보는 일이 일곱 번이나 되풀이되었습니다.

44 일곱 번째가 되자, 종이 말했습니다. "사람 손바닥만 한 작은 구름이 바다에서 올라오고 있습니다." 엘리야가 종에게 말했습니다. "가서 아합에게 비가 와서 길이 막히기 전에 마차를 준비해서 당장 집으로 돌아가라고 전하여라."

45 얼마 지나지 않아서 검은 구름이 하늘을 덮었습니다. 그리고 바람이 불더니, 큰비가 내리기 시작했습

Then he said, "Fill four large jars with water, and pour the water over the offering and the wood."

34 •After they had done this, he said, "Do the same thing again!" And when they were finished, he said, "Now do it a third time!" So

35 they did as he said, •and the water ran around the altar and even filled the trench.

36 •At the usual time for offering the evening sacrifice, Elijah the prophet walked up to the altar and prayed, "O LORD, God of Abraham, Isaac, and Jacob,* prove today that you are God in Israel and that I am your servant. Prove that I have done all this at your

37 command. •O LORD, answer me! Answer me so these people will know that you, O LORD, are God and that you have brought them back to yourself."

38 •Immediately the fire of the LORD flashed down from heaven and burned up the young bull, the wood, the stones, and the dust. It even licked up all the water in the

39 trench! •And when all the people saw it, they fell face down on the ground and cried out, "The LORD—he is God! Yes, the LORD is God!"

40 •Then Elijah commanded, "Seize all the prophets of Baal. Don't let a single one escape!" So the people seized them all, and Elijah took them down to the Kishon Valley and killed them there.

Elijah Prays for Rain

41 •Then Elijah said to Ahab, "Go get something to eat and drink, for I hear a mighty rainstorm coming!"

42 •So Ahab went to eat and drink. But Elijah climbed to the top of Mount Carmel and bowed low to the ground and prayed with his face between his knees.

43 •Then he said to his servant, "Go and look out toward the sea."

The servant went and looked, then returned to Elijah and said, "I didn't see anything."

Seven times Elijah told him to go and

44 look. •Finally the seventh time, his servant told him, "I saw a little cloud about the size of a man's hand rising from the sea."

Then Elijah shouted, "Hurry to Ahab and tell him, 'Climb into your chariot and go back home. If you don't hurry, the rain will stop you!'"

45 •And soon the sky was black with clouds.

18:38 lick up : 모조리(깨끗이) 핥아먹다

18:36 Hebrew *and Israel.* The names "Jacob" and "Israel" are often interchanged throughout the Old Testament, referring sometimes to the individual patriarch and sometimes to the nation.

니다. 아합은 자기 마차를 타고 이스르엘로 돌아갔습니다.

46 여호와께서 엘리야에게 큰 능력을 주셔서 엘리야는 허리를 동여매고 아합 왕보다 앞서서 이스르엘로 달려갔습니다.

시내 산의 엘리야

19 아합 왕은 이세벨에게 가서 엘리야가 한 일을 다 들려 주었습니다. 엘리야가 모든 예언자들을 칼로 죽인 일도 말해 주었습니다.

2 그러자 이세벨이 엘리야에게 사자를 보내서 말했습니다. "내일 이맘때까지 너를 죽이고 말겠다. 네가 그 예언자들을 죽였듯이 나도 너를 죽이겠다. 내가 너를 죽이지 못한다면, 신들이 나에게 무서운 벌을 내려도 좋다."

3 엘리야는 이 말을 듣고 무서워서 도망쳤습니다. 엘리야는 자기 종을 데리고 갔는데, 유다 땅 브엘세바에 이르렀을 때에 그 종을 거기에 남겨 두었습니다.

4 엘리야는 하루 종일, 광야로 걸어 들어갔습니다. 그러다가 한 로뎀 나무 밑에 앉아서 하나님께 죽여 달라고 기도했습니다. "여호와여, 이제는 다 되었습니다. 내 목숨을 거두어 가십시오. 나는 내 조상들보다 나을 것이 없습니다."

5 그리고 엘리야는 로뎀 나무 밑에 누워 잠이 들었습니다. 그때, 한 천사가 와서 엘리야를 깨우며 말했습니다. "일어나 먹어라."

6 엘리야가 보니, 뜨거운 돌 위에 놓인 구운 과자 하나와 물 한 병이 그의 머리맡에 있었습니다. 그는 먹고 마신 다음에 다시 자리에 누웠습니다.

7 여호와의 천사가 그에게 두 번째로 나타났습니다. 천사가 그를 깨우며 말했습니다. "일어나 먹어라. 아직도 갈 길이 멀다."

8 그래서 엘리야는 자리에서 일어나 먹고 마셨습니다. 그 음식을 먹고 힘을 얻어 엘리야는 사십 일 동안, 밤낮으로 걸어서 하나님의 산인 시내 산*으로 갔습니다.

9 시내 산*에 도착한 엘리야는 한 동굴 속에 들어가 밤을 지냈습니다. 여호와께서 그에게 말씀하셨습니다. "엘리야야, 어찌하여 여기에 있느냐?"

10 엘리야가 대답했습니다. "만군의 하나님 여호와여, 저는 언제나 제 힘을 다해 주님을 섬겼습니다. 그러나 이스라엘 백성은 주님과 맺은 언약을 어겼습니다. 그들은 주님의 제단을 부수고 주님의 예언자들을 칼로 죽였습니다. 살아남은 예언자는 저밖에 없습니다. 그런데 지금 그들은 저까지 죽이려 합니다."

11 여호와께서 엘리야에게 말씀하셨습니다. "가거라. 산 위에서 내 앞에 서 있어라. 내가 네 앞으로 지나

A heavy wind brought a terrific rainstorm, and Ahab left quickly for Jezreel. • Then the LORD gave special strength to Elijah. He tucked his cloak into his belt* and ran ahead of Ahab's chariot all the way to the entrance of Jezreel.

Elijah Flees to Sinai

19 When Ahab got home, he told Jezebel everything Elijah had done, including the way he had killed all the prophets of Baal. 2 So Jezebel sent this message to Elijah: "May the gods strike me and even kill me if by this time tomorrow I have not killed you just as you killed them."

3 • Elijah was afraid and fled for his life. He went to Beersheba, a town in Judah, and he 4 left his servant there. • Then he went on alone into the wilderness, traveling all day. He sat down under a solitary broom tree and prayed that he might die. "I have had enough, LORD," he said. "Take my life, for I am no better than my ancestors who have already died."

5 • Then he lay down and slept under the broom tree. But as he was sleeping, an angel touched him and told him, "Get up and 6 eat!" • He looked around and there beside his head was some bread baked on hot stones and a jar of water! So he ate and drank and lay down again.

7 • Then the angel of the LORD came again and touched him and said, "Get up and eat some more, or the journey ahead will be too much for you."

8 • So he got up and ate and drank, and the food gave him enough strength to travel forty days and forty nights to Mount Sinai,* 9 the mountain of God. • There he came to a cave, where he spent the night.

The LORD Speaks to Elijah

But the LORD said to him, "What are you doing here, Elijah?"

10 • Elijah replied, "I have zealously served the LORD God Almighty. But the people of Israel have broken their covenant with you, torn down your altars, and killed every one of your prophets. I am the only one left, and now they are trying to kill me, too."

11 • "Go out and stand before me on the mountain," the LORD told him. And as Elijah stood there, the LORD passed by, and a mighty windstorm hit the mountain. It was such a terrible blast that the rocks were torn loose, but the LORD was not in the wind.

18:46 Hebrew *He bound up his loins.*　　19:8 Hebrew *to Horeb,* another name for Sinai.

19:8,9 '호렙 산'이라고도 불림.

가겠다." 그러더니 매우 센 바람이 불어와 여호와 앞에서 산을 가르고 큰 바위를 쪼갰습니다. 그러나 여호와께서는 그 바람 속에 계시지 않았습니다. 바람이 불고 난 뒤에 지진이 일어났습니다. 그러나 그 지진 속에도 여호와께서는 계시지 않았습니다.

12 지진이 일어난 뒤에 또 불이 났지만 그 불 속에도 여호와께서는 계시지 않았습니다. 불이 난 뒤에는 조용하고 부드러운 목소리가 들렸습니다.

13 엘리야는 그 소리를 듣고 겉옷으로 얼굴을 가렸습니다. 그리고 밖으로 나가서 동굴 입구에 섰습니다. 그때에 어떤 소리가 들려 왔습니다. "엘리야야! 어찌하여 여기에 있느냐?"

14 엘리야가 대답했습니다. "만군의 하나님 여호와여, 저는 언제나 제 힘을 다해 주님을 섬겼습니다. 그러나 이스라엘 백성은 주님과 맺은 언약을 어겼습니다. 그들은 주님의 제단을 부수고 주님의 예언자들을 칼로 죽였습니다. 살아남은 예언자는 저밖에 없습니다. 그런데 지금 그들은 저까지 죽이려 합니다."

15 여호와께서 엘리야에게 말씀하셨습니다. "네가 왔던 광야 길로 돌아가 다마스커스로 가거라. 그 성에 들어가서 하사엘에게 기름을 부어 아람 왕으로 세워라.

16 그런 다음에 님시의 아들 예후에게 기름을 부어 이스라엘 왕으로 세워라. 그리고 아벨므홀라 사람 사밧의 아들 엘리사에게 기름을 부어라. 그는 너의 뒤를 이을 예언자가 될 것이다.

17 하사엘의 칼을 피해서 도망치는 사람은 예후가 죽일 것이요, 예후의 칼을 피해서 도망치는 사람은 엘리사가 죽일 것이다.

18 또한 내가 이스라엘에 칠천 명을 남겨 두었는데, 그들은 한 번도 바알에게 절한 적이 없고 바알의 우상에게 입을 맞춘 적이 없는 사람들이다."

엘리사가 예언자가 되다

19 엘리야가 그곳을 떠나서 사밧의 아들 엘리사를 찾았습니다. 엘리사는 밭에서 열두 쌍의 소가 끄는 쟁기로 밭을 갈고 있었습니다. 엘리사는 열한 쌍의 소를 앞세우고 열두 번째 소가 끄는 쟁기로 밭을 갈고 있었는데, 엘리야는 엘리사 곁으로 지나가면서 입고 있던 겉옷을 그에게 입혀 주었습니다.

20 그러자 엘리사가 소를 버려 두고 엘리야에게 달려와서 말했습니다. "내 아버지와 어머니에게 작별 인사를 하고 오게 해 주십시오. 그런 다음에 선생님을 따라가겠습니다." 엘리야가 대답했습니다. "돌아가거라. 말리지 않겠다."

21 엘리사가 집으로 돌아가 소 두 마리를 잡고 소가 메던 멍에로 불을 때서 고기 요리를 만들어 사람들에

After the wind there was an earthquake, but
12 the LORD was not in the earthquake. •And
after the earthquake there was a fire, but the
LORD was not in the fire. And after the fire
there was the sound of a gentle whisper.
13 •When Elijah heard it, he wrapped his face
in his cloak and went out and stood at the
entrance of the cave.

And a voice said, "What are you doing
here, Elijah?"

14 •He replied again, "I have zealously
served the LORD God Almighty. But the people
of Israel have broken their covenant with
you, torn down your altars, and killed every
one of your prophets. I am the only one left,
and now they are trying to kill me, too."

15 •Then the LORD told him, "Go back the
same way you came, and travel to the
wilderness of Damascus. When you arrive
there, anoint Hazael to be king of Aram.

16 •Then anoint Jehu grandson of Nimshi* to
be king of Israel, and anoint Elisha son of
Shaphat from the town of Abel-meholah to

17 replace you as my prophet. •Anyone who
escapes from Hazael will be killed by Jehu,
and those who escape Jehu will be killed by

18 Elisha! •Yet I will preserve 7,000 others in
Israel who have never bowed down to Baal
or kissed him!"

The Call of Elisha

19 •So Elijah went and found Elisha son of
Shaphat plowing a field. There were twelve
teams of oxen in the field, and Elisha was
plowing with the twelfth team. Elijah went
over to him and threw his cloak across his

20 shoulders and then walked away. •Elisha
left the oxen standing there, ran after Elijah,
and said to him, "First let me go and kiss my
father and mother good-bye, and then I will
go with you!"

Elijah replied, "Go on back, but think
about what I have done to you."

21 •So Elisha returned to his oxen and
slaughtered them. He used the wood from
the plow to build a fire to roast their flesh. He
passed around the meat to the townspeople,
and they all ate. Then he went with Elijah as
his assistant.

---

loin [lɔin] *n.* 허리
plow [pláu] *vt.* 경작하다
preserve [prizə́:rv] *vt.* 보존하다
slaughter [slɔ́:tər] *vt.* 도살하다
solitary [sɑ́ləteri] *a.* 유일한, 단 하나의
terrific [tərífik] *a.* 대단한, 무시무시한
tuck [tʌk] *vt.* 조여매다, 걷어올리다
zealously [zéləsli] *ad.* 열정적으로

....

19:16 Hebrew *descendant of Nimshi;* compare
2 Kgs 9:2, 14.

게 주었습니다. 사람들이 요리를 먹은 뒤에 엘리사는 그곳을 떠나 엘리야를 따라가 그의 제자가 되었습니다.

벤하닷과 아합이 전쟁에 나가다

20 아람 왕 벤하닷이 모든 군대를 모았습니다. 삼십이 명의 왕이 말과 전차를 이끌고 모여들었습니다. 벤하닷은 사마리아로 가서 그 성을 포위하고 공격했습니다.

2 벤하닷 왕이 성 안에 있는 이스라엘의 아합 왕에게 사자들을 보내어 말했습니다. "벤하닷이 이렇게 말씀하셨다.

3 '너의 은과 금도 내놓고 너의 아름다운 아내들과 자녀들도 내놓아라.'"

4 이스라엘의 아합 왕이 대답했습니다. "내 주 왕이시여, 왕의 말씀대로 하겠습니다. 나와 내가 가진 모든 것을 다 드리겠습니다."

5 그러자 사자들이 다시 아합에게 와서 말했습니다. "벤하닷이 이렇게 말씀하셨다. '전에 내가 너에게 은과 금도 내놓고 너의 아내들과 자녀들도 내놓으라고 말한 적이 있다.

6 내일 이맘때에 내 신하들을 보내 네 집과 네 신하들의 집을 뒤질 것이다. 마음에 드는 것이 있으면 다 가져갈 것이다.'"

7 아합이 온 나라의 장로들을 다 모아 놓고 말했습니다. "벤하닷이 우리를 괴롭히고 있소. 내 아내와 자녀, 그리고 내 은과 금을 내놓으라고 사람을 보내 왔는데, 나는 거절하지 못했소."

8 그러자 장로들과 모든 백성이 말했습니다. "그의 말을 무시하고 들어 주지 마십시오."

9 아합이 벤하닷의 사자들에게 말했습니다. "내 주 왕에게 전하시오. 처음에 말씀하신 것은 들어 줄 수 있지만, 두 번째로 말씀하신 것은 들어 줄 수 없소." 그러자 벤하닷 왕의 사자들이 돌아가서 그 말을 전했습니다.

10 벤하닷이 다시 아합에게 사람들을 보내어 말했습니다. "내가 내 군인들을 보내 사마리아를 완전히 멸망시켜 버리겠다. 내 군인들이 이 성에서 재를 한 줌이라도 모을 수 있다면, 신들이 나에게 무서운 벌을 내려도 좋다."

11 아합이 대답했습니다. "벤하닷에게 전하여라. 아직 싸우고 있는 군인은 이미 이긴 것처럼 뽐내어서는 안 된다고 일러라."

12 그때에 벤하닷은 자기 장막에서 다른 왕들과 함께 술을 마시고 있었습니다. 아합에게서 돌아온 사자들이 전한 말을 들은 벤하닷은 신하들에게 성을 공격 준비를 하라고 명령했습니다. 그래서 모두들 싸울 준비를 갖추었습니다.

Ben-Hadad Attacks Samaria

20 About that time King Ben-hadad of Aram mobilized his army, supported by the chariots and horses of thirty-two allied kings. They went to besiege Samaria, the capital of Israel, and launched attacks
2 against it. •Ben-hadad sent messengers into the city to relay this message to King Ahab of
3 Israel: "This is what Ben-hadad says: • 'Your silver and gold are mine, and so are your wives and the best of your children!' "
4 •"All right, my lord the king," Israel's king replied. "All that I have is yours!"
5 •Soon Ben-hadad's messengers returned again and said, "This is what Ben-hadad says: 'I have already demanded that you give me your silver, gold, wives, and chil-
6 dren. •But about this time tomorrow I will send my officials to search your palace and the homes of your officials. They will take away everything you consider valuable!' "
7 •Then Ahab summoned all the elders of the land and said to them, "Look how this man is stirring up trouble! I already agreed with his demand that I give him my wives and children and silver and gold."
8 •"Don't give in to any more demands," all the elders and the people advised.
9 •So Ahab told the messengers from Ben-hadad, "Say this to my lord the king: 'I will give you everything you asked for the first time, but I cannot accept this last demand of yours.' " So the messengers returned to Ben-hadad with that response.
10 •Then Ben-hadad sent this message to Ahab: "May the gods strike me and even kill me if there remains enough dust from Samaria to provide even a handful for each of my soldiers."
11 •The king of Israel sent back this answer: "A warrior putting on his sword for battle should not boast like a warrior who has already won."
12 •Ahab's reply reached Ben-hadad and the other kings as they were drinking in their tents.* "Prepare to attack!" Ben-hadad commanded his officers. So they prepared to attack the city.

---

allied [əláid] *a.* 동맹한, 연합한
besiege [bisí:dʒ] *vt.* 포위(공격)하다
boast [bóust] *vi.* 자랑하다
contingent [kəntíndʒənt] *n.* 파견단, 대표단
launch [lɔ́:ntʃ] *vt.* 시작하다
mobilize [móubəlàiz] *vt.* 동원하다
muster [mʌ́stər] *vt.* 소집하다
stupor [stjú:pər] *n.* 인사불성, 혼수
20:8 give in… : …에 굴복하다
- -
20:12 Or *in Succoth;* also in 20:16.

13 어떤 예언자가 이스라엘의 왕 아합에게 와서 말했습니다. "여호와께서 이렇게 말씀하셨소. '저 큰 군대가 보이느냐? 내가 오늘 저 군대를 너에게 넘겨 주어 싸움에서 이기도록 해 주겠다. 그러면 너는 내가 여호와인 줄을 알게 될 것이다.'"

14 아합이 말했습니다. "누구를 통해서 저들을 물리치실 것입니까?" 예언자가 대답했습니다. "여호와께서 이렇게 말씀하셨소. '각 지역 장관들의 젊은 장교들이 그들을 물리칠 것이다.'" 왕이 다시 물었습니다. "누가 군대를 지휘합니까?" 예언자가 대답했습니다. "왕이 지휘하십시오."

15 아합이 각 지역 장관들의 젊은 장교들을 모았습니다. 모아 보니 모두 이백삼십이 명이었습니다. 그런 다음에 이스라엘 군대를 모아 보니 모두 칠천 명이었습니다.

16 그들은 낮 12시에 공격을 시작했습니다. 그때에 벤하닷과 그를 따르는 왕 삼십이 명은 장막 안에서 술에 취해 있었습니다.

17 각 지역 장관들의 젊은 장교들이 먼저 그들을 공격했습니다. 벤하닷의 정찰병들은 군인들이 사마리아에서 나오고 있다고 왕에게 보고했습니다.

18 그러자 벤하닷이 말했습니다. "싸우러 나오는 것이든지 협상을 하러 나오는 것이든지 저들을 무조건 잡아라."

19 각 지역 장관들의 젊은 장교들과 그들을 따르는 군대는 이미 성 바깥으로 나와 있었습니다.

20 이스라엘의 장교들은 적군을 닥치는 대로 죽였습니다. 아람 사람들은 도망쳤고 이스라엘 군인들은 그들을 뒤쫓았습니다. 아람 왕 벤하닷은 기병들과 함께 말을 타고 도망쳤습니다.

21 이스라엘의 왕이 군대를 이끌고 나가서 말과 전차들을 공격하고 아람 군대를 크게 무찔렀습니다.

22 그 예언자가 이스라엘의 왕 아합에게 가서 말했습니다. "아람의 왕은 이듬해 봄에 다시 쳐들어올 것입니다. 그러므로 이제 돌아가시면 강한 군대를 만들어야 합니다. 적을 막을 계획을 세우셔야 합니다."

23 아람 왕의 장교들이 그들의 왕에게 말했습니다. "이스라엘의 신은 산의 신입니다. 우리가 산에서 싸웠기 때문에 이스라엘이 이긴 것입니다. 그러므로 그들과 싸우려면 평지에서 싸워야 합니다. 그러면 우리가 이길 것입니다.

24 삼십이 명의 왕들을 자리에서 쫓아 내고 그들 자리에 지휘관들을 임명하십시오.

25 싸움에 져서 잃어버린 군대만큼 다시 군대를 모으십시오. 그리고 말과 전차도 그만큼 모으십시오. 우리는 이제 평지에서 싸울 것입니다. 그러면 반드시 이깁니다." 벤하닷은 그들의 말을 좋게 여겨서 그대로

Ahab's Victory over Ben-Hadad

13 •Then a certain prophet came to see King Ahab of Israel and told him, "This is what the LORD says: Do you see all these enemy forces? Today I will hand them all over to you. Then you will know that I am the LORD."

14 •Ahab asked, "How will he do it?"
And the prophet replied, "This is what the LORD says: The troops of the provincial commanders will do it."
"Should we attack first?" Ahab asked.
"Yes," the prophet answered.

15 •So Ahab mustered the troops of the 232 provincial commanders. Then he called out the rest of the army of Israel,

16 some 7,000 men. •About noontime, as Ben-hadad and the thirty-two allied kings were still in their tents drinking themselves

17 into a stupor, •the troops of the provincial commanders marched out of the city as the first contingent.
As they approached, Ben-hadad's scouts reported to him, "Some troops are coming from Samaria."

18 •"Take them alive," Ben-hadad commanded, "whether they have come for peace or for war."

19 •But Ahab's provincial commanders and the entire army had now come out to

20 fight. •Each Israelite soldier killed his Aramean opponent, and suddenly the entire Aramean army panicked and fled. The Israelites chased them, but King Ben-hadad and a few of his charioteers escaped on horses. •However, the king of Israel destroyed the other horses and chariots and slaughtered the Arameans.

22 •Afterward the prophet said to King Ahab, "Get ready for another attack. Begin making plans now, for the king of Aram will come back next spring.*"

Ben-Hadad's Second Attack

23 •After their defeat, Ben-hadad's officers said to him, "The Israelite gods are gods of the hills; that is why they won. But we can

24 beat them easily on the plains. •Only this time replace the kings with field comman-

25 ders! •Recruit another army like the one you lost. Give us the same number of horses, chariots, and men, and we will fight against them on the plains. There's no doubt that we will beat them." So King Ben-hadad did as they suggested.

20:22 Hebrew *at the turn of the year;* similarly in 20:26. The first day of the year in the ancient Hebrew lunar calendar occurred in March or April.

했습니다.

26 이듬해 봄에 벤하닷이 아람 백성을 모았습니다. 그는 이스라엘과 싸우려고 아벡으로 갔습니다.

27 이스라엘 백성도 전쟁 준비를 하여 아람 사람들을 맞으러 나가서 그들 앞에 진을 쳤습니다. 이스라엘 군대는 적은 수의 두 염소 떼처럼 보였으나, 아람 군대는 온 땅을 덮었습니다.

28 하나님의 사람이 이스라엘의 왕에게 와서 말했습니다. "여호와께서 이렇게 말씀하셨소. '아람 백성은 나 여호와가 산의 신이지 평지의 신이 아니라고 말하고 있다. 그러므로 내가 이 큰 군대를 너에게 넘겨 주어 싸움에서 이기게 하겠다. 그러면 너희는 내가 여호와인 줄을 알게 될 것이다.'"

29 두 군대는 서로 마주 보며 칠 일 동안 진을 치고 있었습니다. 칠 일째 되는 날에 싸움이 시작되었습니다. 이스라엘 군대가 하루 만에 아람 군인 십만 명을 죽였습니다.

30 나머지는 아벡 성으로 도망쳤는데, 그 성의 성벽이 그들 위에 무너져 내려서 이만 칠천 명이 죽었습니다. 그때, 벤하닷은 그 성으로 도망쳐서 어떤 방안에 숨었습니다.

31 벤하닷의 신하들이 그에게 말했습니다. "이스라엘의 왕들은 자비롭다고 들었습니다. 베옷을 입어 우리의 슬픔을 나타내고 머리에 줄을 동여매어 항복의 표시를 보입시다. 그리고 나서 이스라엘의 왕에게 갑시다. 왕이 우리를 살려 줄지도 모릅니다."

32 신하들은 베옷을 입고 머리에 줄을 동여맸습니다. 그리고 이스라엘의 왕에게 가서 말했습니다. "왕의 종 벤하닷이 제발 목숨만 살려 달라고 말했습니다." 아합이 대답했습니다. "그가 아직 살아 있느냐? 그는 내 형제다."

33 벤하닷의 신하들은 아합의 말을 좋은 징조로 여겨 재빨리 그 말에 대답했습니다. "그렇습니다. 벤하닷은 왕의 형제입니다." 아합이 말했습니다. "벤하닷을 데려오너라." 벤하닷이 오자 아합은 그를 자기 전차에 태웠습니다.

34 벤하닷이 아합에게 말했습니다. "아합이여, 내 아버지가 왕의 아버지로부터 빼앗은 마을들을 다 돌려 드리겠습니다. 그리고 내 아버지가 사마리아에 상점들을 두었던 것같이 왕도 다마스커스에 상점들을 만드십시오." 아합이 말했습니다. "그런 조건이라면 당신을 보내 주겠소." 그리하여 두 왕은 평화 조약을 맺었습니다. 그런 다음에 아합은 벤하닷을 풀어 주었습니다.

어떤 예언자가 아합을 나무라다

35 예언자 가운데서 한 사람이 여호와의 명령을 받아 다른 예언자에게 자기를 때리라고 말했습니다. 그

26 • The following spring he called up the Aramean army and marched out against

27 Israel, this time at Aphek. • Israel then mustered its army, set up supply lines, and marched out for battle. But the Israelite army looked like two little flocks of goats in comparison to the vast Aramean forces that filled the countryside.

28 • Then the man of God went to the king of Israel and said, "This is what the LORD says: The Arameans have said, 'The LORD is a god of the hills and not of the plains.' So I will defeat this vast army for you. Then you will know that I am the LORD."

29 • The two armies camped opposite each other for seven days, and on the seventh day

30 the battle began. The Israelites killed 100,000 Aramean foot soldiers in one day. • The rest fled into the town of Aphek, but the wall fell on them and killed another 27,000. Ben-hadad fled into the town and hid in a secret room.

31 • Ben-hadad's officers said to him, "Sir, we have heard that the kings of Israel are merciful. So let's humble ourselves by wearing burlap around our waists and putting ropes on our heads, and surrender to the king of Israel. Then perhaps he will let you live."

32 • So they put on burlap and ropes, and they went to the king of Israel and begged, "Your servant Ben-hadad says, 'Please let me live!'"

The king of Israel responded, "Is he still alive? He is my brother!"

33 • The men took this as a good sign and quickly picked up on his words. "Yes," they said, "your brother Ben-hadad!"

"Go and get him," the king of Israel told them. And when Ben-hadad arrived, Ahab invited him up into his chariot.

34 • Ben-hadad told him, "I will give back the towns my father took from your father, and you may establish places of trade in Damascus, as my father did in Samaria."

Then Ahab said, "I will release you under these conditions." So they made a new treaty, and Ben-hadad was set free.

A Prophet Condemns Ahab

35 • Meanwhile, the LORD instructed one of the group of prophets to say to another man, "Hit me!" But the man refused to hit the

burlap [bə́ːrlæp] *n.* 올이 굵은 삼베
condemn [kəndém] *vt.* 나무라다, 책망하다
release [rilíːs] *vt.* 놓아주다
surrender [səréndər] *vi.* 항복하다
treaty [tríːti] *n.* 조약, 맹약
20:27 in comparison to… : …과 비교할 때
20:33 pick up on… : …에 덧붙이다
20:34 be set free : 풀려나다

러나 그 예언자는 때리지 않았습니다.

36 첫 번째 예언자가 말했습니다. "당신은 여호와의 명령에 복종하지 않았소. 그러므로 당신이 나에게서 떠나가는 순간, 사자가 당신을 죽일 것이오." 두 번째 예언자가 떠나자, 사자가 나타나서 그를 죽였습니다.

37 첫 번째 예언자가 또 다른 예언자에게 가서 자기를 때리라고 말했습니다. 그러자 그 예언자가 첫 번째 예언자를 때려서 다치게 했습니다.

38 맞은 예언자가 천으로 얼굴을 가려서 아무도 자기를 알아보지 못하게 했습니다. 그리고 그는 길가로 나가서 왕을 기다렸습니다.

39 이스라엘의 아합 왕이 지나가자, 그가 왕을 불러서 말했습니다. "나는 전쟁터에 갔습니다. 그런데 우리 편 군인 가운데 한 사람이 적군 한 명을 데려오더니 이렇게 말했습니다. '이 사람을 지켜라. 만약 이 사람이 도망치면, 네가 대신해서 죽어야 한다. 죽지 않으려면 은 한 달란트*를 내야 한다.'

40 그러나 내가 다른 일로 바쁜 사이에 그 사람이 도망치고 말았습니다." 이스라엘의 왕이 대답했습니다. "네가 스스로 정한 벌이니 너는 그 벌을 받아야 한다."

41 그 예언자가 재빨리 자기 얼굴을 가린 천을 벗어 버렸습니다. 이스라엘의 왕은 그를 보고 그가 예언자 가운데 한 사람이라는 것을 알았습니다.

42 예언자가 왕에게 말했습니다. "여호와께서 이렇게 말씀하셨소. '너는 내가 죽이라고 한 사람을 살려 주었다. 그러므로 그 대신에 네가 죽을 것이며, 그의 백성 대신에 네 백성이 죽을 것이다.'"

43 이스라엘 왕은 무겁고 우울한 마음으로 사마리아로 돌아갔습니다.

나봇의 포도밭

21 그 일이 있은 후였습니다. 나봇이라는 사람이 이스르엘에 포도밭을 가지고 있었습니다. 그 밭은 아합의 궁에서 가까운 곳에 있었습니다.

2 어느 날, 아합이 나봇에게 말했습니다. "그대의 포도밭이 내 왕궁에서 가까우니 나에게 주시오. 그 밭을 내 정원으로 만들고 싶소. 그 대신에 그대에게 더 좋은 포도밭을 주겠소. 그대가 원하면 그 값만큼 돈으로 줄 수도 있소."

3 나봇이 대답했습니다. "조상에게서 물려받은 땅을 왕에게 드리는 것은 여호와께서 금하신 일입니다."

4 그러자 아합은 분하고 상한 마음으로 집에 돌아왔습니다. 왜냐하면 이스르엘 사람 나봇이 '내 조상에게서 물려받은 땅을 왕에게 드릴 수 없습니다'라고 말했기 때문입니다. 아합은 침대에 누워 얼굴을 벽쪽으로 돌리고 음식도 먹지 않았습니다.

36 prophet. •Then the prophet told him, "Because you have not obeyed the voice of the LORD, a lion will kill you as soon as you leave me." And when he had gone, a lion did attack and kill him.

37 •Then the prophet turned to another man and said, "Hit me!" So he struck the prophet and wounded him.

38 •The prophet placed a bandage over his eyes to disguise himself and then waited

39 beside the road for the king. •As the king passed by, the prophet called out to him, "Sir, I was in the thick of battle, and suddenly a man brought me a prisoner. He said, 'Guard this man; if for any reason he gets away, you will either die or pay a fine of sev-

40 enty-five pounds* of silver!' •But while I was busy doing something else, the prisoner disappeared!"

"Well, it's your own fault," the king replied. "You have brought the judgment on yourself."

41 •Then the prophet quickly pulled the bandage from his eyes, and the king of Israel

42 recognized him as one of the prophets. •The prophet said to him, "This is what the LORD says: Because you have spared the man I said must be destroyed,* now you must die in his place, and your people will die instead of his

43 people." •So the king of Israel went home to Samaria angry and sullen.

Naboth's Vineyard

21 Now there was a man named Naboth, from Jezreel, who owned a vineyard in Jezreel beside the palace of King Ahab of

2 Samaria. •One day Ahab said to Naboth, "Since your vineyard is so convenient to my palace, I would like to buy it to use as a vegetable garden. I will give you a better vineyard in exchange, or if you prefer, I will pay you for it."

3 •But Naboth replied, "The LORD forbid that I should give you the inheritance that was passed down by my ancestors."

4 •So Ahab went home angry and sullen because of Naboth's answer. The king went to bed with his face to the wall and refused to eat!

---

forbid [fərbíd] *vt.* 금하다
inheritance [inhérətəns] *n.* 유산, 기업
sullen [sʌ́lən] *a.* 언짢은, 음울한
21:2 be convenient to … : …하기 편리하다

20:39 Hebrew *1 talent* [34 kilograms].　**20:42** The Hebrew term used here refers to the complete consecration of things or people to the LORD, either by destroying them or by giving them as an offering.

20:39 1달란트는 약 34.27kg에 해당된다.

5 그의 아내 이세벨이 와서 물었습니다. "무슨 일로 그렇게 마음이 상하셨습니까? 왜 음식을 드시지 않습니까?"

6 아합이 대답했습니다. "'이스르엘 사람 나봇에게 '그대의 포도밭을 파시오. 그대가 원하면 다른 포도밭을 주겠소'라고 말했더니 그가 자기 포도밭을 줄 수 없다고 하였소. 그래서 그러오."

7 이세벨이 말했습니다. "그러고도 당신이 이스라엘의 왕이십니까? 일어나셔서 음식을 드시고 기운을 차리십시오. 이스르엘 사람 나봇의 포도밭을 왕의 것으로 만들어 드리겠습니다."

8 이세벨이 아합의 이름으로 편지 몇 통을 쓰고 거기에 왕의 도장을 찍었습니다. 그리고 나서 그 편지들을 나봇의 마을에 사는 장로들과 귀족들에게 보냈습니다.

9 이세벨은 편지에 이렇게 썼습니다. "금식일을 선포하고 백성을 불러모으시오. 그리고 나봇을 높은 자리에 앉히고

10 불량배 두 사람을 나봇의 맞은편에 앉히시오. 그들더러 나봇이 하나님과 왕을 욕하는 말을 들었다고 거짓으로 말하게 하시오. 그런 다음에 나봇을 성에서 끌어 내 돌로 쳐죽이시오."

11 이스르엘의 장로들과 귀족들은 이세벨의 명령을 그대로 따랐습니다.

12 그들은 백성이 아무 음식도 먹지 않는 날을 선포하고 백성을 불러모았습니다. 그리고 나봇을 높은 자리에 앉혔습니다.

13 불량배 두 사람이 들어와서 나봇의 맞은편에 앉았습니다. 그들은 나봇이 하나님과 왕을 욕하는 말을 들었다고 말했습니다. 그러자 백성이 나봇을 성 밖으로 끌고 가서 돌로 쳐죽였습니다.

14 마을의 지도자들이 나봇이 돌에 맞아 죽었다는 말을 이세벨에게 전했습니다.

15 이세벨은 나봇이 죽었다는 말을 전해 듣고 아합에게 말했습니다. "이스르엘 사람 나봇이 죽었습니다. 가셔서 왕에게 팔기를 거절했던 그의 포도밭을 차지하십시오."

16 아합은 나봇이 죽었다는 말을 듣고 이스르엘 사람 나봇의 포도밭을 차지하려고 그 포도밭으로 갔습니다.

17 그때에 여호와께서 디셉 사람 예언자 엘리야에게 말씀하셨습니다.

18 "너는 일어나 사마리아에서 다스리고 있는 이스라엘 왕 아합에게 가거라. 그는 나봇의 포도밭을 차지하려고 그곳으로 내려갔다.

19 아합에게 나의 말을 전하여라. '여호와께서 말씀하셨다. 아합아, 너는 나봇을 죽이고 그의 땅을 빼앗았다. 그러므로 개들이 나봇의 피를 핥았던 그곳에서

5 • "What's the matter?" his wife Jezebel asked him. "What's made you so upset that you're not eating?"

6 • "I asked Naboth to sell me his vineyard or trade it, but he refused!" Ahab told her.

7 • "Are you the king of Israel or not?" Jezebel demanded. "Get up and eat something, and don't worry about it. I'll get you Naboth's vineyard!"

8 • So she wrote letters in Ahab's name, sealed them with his seal, and sent them to the elders and other leaders of the town where Naboth lived. • In her letters she

9 commanded: "Call the citizens together for a time of fasting, and give Naboth a place of honor. • And then seat two scoundrels

10 across from him who will accuse him of cursing God and the king. Then take him out and stone him to death."

11 • So the elders and other town leaders followed the instructions Jezebel had writ-

12 ten in the letters. • They called for a fast and put Naboth at a prominent place

13 before the people. • Then the two scoundrels came and sat down across from him. And they accused Naboth before all the people, saying, "He cursed God and the king." So he was dragged outside the town

14 and stoned to death. • The town leaders then sent word to Jezebel, "Naboth has been stoned to death."

15 • When Jezebel heard the news, she said to Ahab, "You know the vineyard Naboth wouldn't sell you? Well, you can have it

16 now! He's dead!" • So Ahab immediately went down to the vineyard of Naboth to claim it.

17-18 • But the LORD said to Elijah,* • "Go down to meet King Ahab of Israel, who rules in Samaria. He will be at Naboth's vineyard in Jezreel, claiming it for himself.

19 • Give him this message: 'This is what the LORD says: Wasn't it enough that you killed Naboth? Must you rob him, too? Because you have done this, dogs will lick your blood at the very place where they licked the blood of Naboth!'"

20 • "So, my enemy, you have found me!"

---

curse [kə́rs] *vt.* 저주하다
fast [fæst] *vi.* 금식(하다)
lick [lik] *vt.* 핥다
plot [plát] *n.* 작은 구획의 땅
prominent [prámənənt] *a.* 잘 보이는, 두드러진
rob [ráb] *vt.* (…에게서) 빼앗다
scoundrel [skáundrəl] *n.* 불량배
upset [ʌpsét] *a.* 근심되는, 패배한
21:13 drag outside : 밖으로 끌어내다

21:17 Hebrew *Elijah the Tishbite;* also in 21:28.

네 피도 핥을 것이다.'"

20 아합이 자기를 찾아온 엘리야를 보고 말했습니다. "이 원수, 네가 또 나를 찾아왔구나." 엘리야가 대답했습니다. "그렇소. 내가 왕을 찾아왔소. 내가 찾아온 까닭은 왕이 여호와께서 보시기에 나쁜 짓을 저질렀기 때문이오.

21 여호와께서 이렇게 말씀하셨소. '내가 너에게 재앙을 내리겠다. 너뿐만 아니라 좋아든지 자유인이든지 네 집안의 남자란 남자는 다 죽이겠다.

22 네 집안은 느밧의 아들 여로보암 왕의 집안처럼 될 것이다. 그리고 아히야의 아들 바아사의 집안처럼 될 것이다. 내가 너의 집안에 이런 벌을 내리는 까닭은 네가 나를 화나게 했고 네가 이스라엘 백성으로 하여금 죄를 짓게 했기 때문이다.'

23 여호와께서 이세벨에게도 이렇게 말씀하셨소. '개들이 이스르엘 성에서 이세벨의 시체를 먹을 것이다.

24 아합 집안의 사람이 성에서 죽으면 개들이 먹을 것이요, 들에서 죽으면 공중의 새들이 먹을 것이다.'"

25 아합처럼 여호와 앞에서 나쁜 짓을 그렇게 자주 한 사람은 없었습니다. 아합은 그의 아내 이세벨이 시키는 대로 나쁜 짓을 했습니다.

26 아합은 아모리 백성들과 같이 우상들을 섬기는 무서운 죄를 지었습니다. 아모리 사람들이 그런 죄를 지었기 때문에 여호와께서는 그들을 그 땅에서 쫓아 내셨습니다.

27 엘리야가 여호와의 말씀을 다 전하자, 아합이 자기 옷을 찢었습니다. 그는 베옷을 입고 음식을 먹지 않았습니다. 누울 때에도 베옷을 입은 채로 누웠습니다. 그가 그렇게 한 까닭은 여호와의 말씀을 듣고서 두렵고 슬펐기 때문입니다.

28 여호와께서 디셉 사람인 예언자 엘리야에게 말씀하셨습니다.

29 "아합이 내 앞에서 겸손해진 것을 보았다. 그가 내 앞에서 겸손해졌으므로 그가 살아 있는 동안에는 그에게 재앙을 내리지 않고, 그의 아들이 왕이 될 때, 그의 집안에 재앙을 내리겠다."

아합의 죽음

22 이스라엘과 아람 사이에 삼 년 동안, 평화가 있었습니다.

2 삼 년째 되는 해에 유다의 여호사밧 왕이 이스라엘의 왕을 찾아왔습니다.

3 그때, 아합이 자기 신하들에게 말했습니다. "아람의 왕이 길르앗 라못을 우리에게서 빼앗아 간 것을 잊었소? 어찌하여 그대들은 그 땅을 다시 찾을 생각도 하지 않고 있소?"

4 아합이 여호사밧 왕에게 물었습니다. "우리와 함께 가서 길르앗 라못에 있는 아람의 군대와 싸우지 않겠

Ahab exclaimed to Elijah.

"Yes," Elijah answered, "I have come because you have sold yourself to what is evil in the LORD's sight. 21 So now the LORD says,* 'I will bring disaster on you and consume you. I will destroy every one of your male descendants, slave and free alike, anywhere in Israel! 22 I am going to destroy your family as I did the family of Jero-boam son of Nebat and the family of Baasha son of Ahijah, for you have made me very angry and have led Israel into sin.'

23 "And regarding Jezebel, the LORD says, 'Dogs will eat Jezebel's body at the plot of land in Jezreel.*

24 "The members of Ahab's family who die in the city will be eaten by dogs, and those who die in the field will be eaten by vultures."

25 (No one else so completely sold himself to what was evil in the LORD's sight as Ahab did under the influence of his wife Jezebel. 26 His worst outrage was worshiping idols* just as the Amorites had done—the people whom the LORD had driven out from the land ahead of the Israelites.)

27 But when Ahab heard this message, he tore his clothing, dressed in burlap, and fasted. He even slept in burlap and went about in deep mourning.

28 Then another message from the LORD came to Elijah: 29 "Do you see how Ahab has humbled himself before me? Because he has done this, I will not do what I promised during his lifetime. It will happen to his sons; I will destroy his dynasty."

Jehoshaphat and Ahab

22 For three years there was no war between Aram and Israel. 2 Then during the third year, King Jehoshaphat of Judah went to visit King Ahab of Israel. 3 During the visit, the king of Israel said to his officials, "Do you realize that the town of Ramoth-gilead belongs to us? And yet we've done nothing to recapture it from the king of Aram!"

4 Then he turned to Jehoshaphat and asked, "Will you join me in battle to recover Ramoth-gilead?"

Jehoshaphat replied to the king of Israel, "Why, of course! You and I are as one. My

21:21 As in Greek version; Hebrew lacks So now the LORD says. 21:23 As in several Hebrew manuscripts, Syriac, and Latin Vulgate (see also 2 Kgs 9:26, 36); most Hebrew manuscripts read at the city wall. 21:26 The Hebrew term (literally round things) probably alludes to dung.

습니까?" 여호사밧이 대답했습니다. "왕과 함께 가겠습니다. 내 군대와 말들은 당신의 군대와 말들과 마찬가지입니다."

5 그러나 여호사밧이 이스라엘 왕에게 다시 말했습니다. "싸우러 가기 전에 먼저 여호와께 여쭈어 봅시다."

6 아합이 예언자들을 불렀습니다. 모인 예언자는 사백 명 가량 되었습니다. 아합이 그들에게 물었습니다. "길르앗 라못에 있는 아람의 군대와 싸우러 나가는 것이 좋겠소, 아니면 기다리는 것이 좋겠소?" 예언자들이 대답했습니다. "싸우러 가십시오. 주께서 그들을 왕의 손에 넘겨 주실 것입니다."

7 여호사밧이 물었습니다. "여호와께 여쭤 볼 다른 예언자는 없습니까?"

8 이스라엘의 왕이 대답했습니다. "여호와의 뜻을 여쭤 볼 다른 예언자가 있기는 합니다. 그는 이믈라의 아들 미가야인데, 나는 그를 미워합니다. 그는 한 번도 나에게 좋은 예언을 해 준 적이 없습니다. 그는 언제나 나쁜 말만 합니다." 여호사밧이 말했습니다. "왕이여, 그렇게 말씀하시면 안 됩니다."

9 그래서 이스라엘의 왕이 신하들 가운데 한 사람을 불러 당장 미가야를 데려오라고 말했습니다.

10 이스라엘의 왕과 유다의 여호사밧 왕은 왕의 옷을 입고 있었습니다. 그들은 사마리아 성문 앞 마당에 보좌를 놓고 앉아 있었습니다. 모든 예언자들은 왕들 앞에 서서 예언을 하였습니다.

11 그 예언자들 가운데 그나아나의 아들 시드기야가 있었는데, 그는 쇠뿔을 만들어 가지고 있었습니다. 그가 아합에게 말했습니다. "여호와께서 이렇게 말씀하셨습니다. '너는 이 뿔들을 가지고 아람 사람과 싸워라. 너는 그들을 멸망시킬 것이다.'"

12 다른 예언자들도 다 똑같은 말을 했습니다. "길르앗 라못을 치십시오. 그러면 이기실 것입니다. 여호와께서 아람 사람을 왕에게 넘겨 주실 것입니다."

13 미가야를 데리러 갔던 사람이 미가야에게 말했습니다. "다른 예언자들은 한결같이 왕이 이길 것이라고 말하고 있소. 당신도 같은 말을 하시오. 왕에게 좋은 말을 해 주시오."

14 그러나 미가야가 대답했습니다. "여호와께서 살아 계심을 두고 맹세하지만, 나는 오직 여호와께서 말씀해 주시는 것만을 전할 뿐이오."

15 미가야가 아합에게 오자 왕이 그에게 물었습니다. "미가야여, 우리가 길르앗 라못으로 싸우러 가는 것이 좋겠소, 가지 않는 것이 좋겠소?" 미가야가 대답했습니다. "싸우러 가서 이기시오. 여호와께서 그들을 왕에게 넘겨 주실 것이오."

16 왕이 그에게 말했습니다. "여호와의 이름으로 진실

troops are your troops, and my horses are 5 your horses." •Then Jehoshaphat added, "But first let's find out what the LORD says."

6 •So the king of Israel summoned the prophets, about 400 of them, and asked them, "Should I go to war against Ramoth-gilead, or should I hold back?"

They all replied, "Yes, go right ahead! The Lord will give the king victory."

7 •But Jehoshaphat asked, "Is there not also a prophet of the LORD here? We should ask him the same question."

8 •The king of Israel replied to Jehosha-phat, "There is one more man who could consult the LORD for us, but I hate him. He never prophesies anything but trouble for me! His name is Micaiah son of Imlah."

Jehoshaphat replied, "That's not the way a king should talk! Let's hear what he has to say."

9 •So the king of Israel called one of his officials and said, "Quick! Bring Micaiah son of Imlah."

Micaiah Prophesies against Ahab

10 •King Ahab of Israel and King Jehoshaphat of Judah, dressed in their royal robes, were sitting on thrones at the threshing floor near the gate of Samaria. All of Ahab's prophets were prophesying there in front of them.

11 •One of them, Zedekiah son of Kenaanah, made some iron horns and proclaimed, "This is what the LORD says: With these horns you will gore the Arameans to death!"

12 •All the other prophets agreed. "Yes," they said, "go up to Ramoth-gilead and be victorious, for the LORD will give the king victory!"

13 •Meanwhile, the messenger who went to get Micaiah said to him, "Look, all the prophets are promising victory for the king. Be sure that you agree with them and promise success."

14 •But Micaiah replied, "As surely as the LORD lives, I will say only what the LORD tells me to say."

15 •When Micaiah arrived before the king, Ahab asked him, "Micaiah, should we go to war against Ramoth-gilead, or should we hold back?"

Micaiah replied sarcastically, "Yes, go up and be victorious, for the LORD will give the king victory!"

16 •But the king replied sharply, "How many times must I demand that you speak only the truth to me when you speak for the

---

gore [ɡɔːr] *vt.* 뿔로 찌르다
sarcastically [sɑːrˈkæstik (əl)li] *ad.* 냉소적으로
22:6 hold back : 취소하다, 제지하다

만을 이야기하시오. 몇 번이나 말해야 알아듣겠소?"

17 미가야가 대답했습니다. "온 이스라엘이 목자 없는 양처럼 이 산, 저 산에 흩어져 있는 것이 보이오. 여호와께서 말씀하셨소. '이들에게 지도자가 없으니 싸우지 말고 집으로 돌아가게 하여라.'"

18 이스라엘의 아합 왕이 여호사밧에게 말했습니다. "그것 보십시오. 이 예언자는 한 번도 좋은 말을 해 준 적이 없습니다. 언제나 나쁜 말만 합니다."

19 미가야가 계속해서 말했습니다. "여호와의 말씀을 들으시오. 여호와께서 보좌에 앉아 계시고 천사가 여호와의 양쪽 옆에 서 있는 것이 보이오.

20 여호와께서 말씀하셨소. '누가 아합을 속여 길르앗 라못으로 싸우러 나가게 하겠느냐?' 그러자 천사들마다 서로 다른 의견을 말했소.

21 그때에 한 천사가 나아와 여호와 앞에 서서 '내가 그를 속이겠습니다' 하고 말했소.

22 여호와께서 그에게 물으셨소. '어떻게 아합을 속이겠느냐?' 그 천사가 대답했소. '아합의 예언자들에게 가서 거짓말을 하도록 시키겠습니다.' 그러자 여호와께서 말씀하셨소. '좋다. 너는 그를 속일 수 있을 것이다. 가서 말한 대로 하여라.'"

23 미가야가 말했습니다. "아합이여, 이 일은 이미 일어났습니다. 여호와께서는 왕의 예언자들이 왕에게 거짓말을 하게 하셨습니다. 여호와께서는 왕에게 큰 재앙을 내리셨습니다."

24 그러자 그나아나의 아들 시드기야가 미가야에게 가서 미가야의 뺨을 때리며 말했습니다. "여호와의 영이 언제 내게서 나가 너에게 말씀하셨느냐?"

25 미가야가 대답했습니다. "네가 구석 방으로 들어가서 숨는 날에 그 사실을 알게 될 것이다."

26 이스라엘의 아합 왕이 명령했습니다. "미가야를 붙잡아서 이 성의 영주인 아몬과 왕자 요아스에게 데려가거라.

27 그리고 미가야를 감옥에 넣으라고 그들에게 말하여라. 내가 전쟁터에서 돌아올 때까지 그를 감옥에 가두어 놓고 빵하고 물만 죽지 않을 만큼 조금씩 주어라."

28 미가야가 말했습니다. "아합이여, 만약 왕이 전쟁터에서 무사히 돌아온다면, 내가 전한 말은 여호와께서 하신 말씀이 아닙니다. 여기에 있는 모든 백성이여, 내 말을 기억하시오."

29 이스라엘의 아합 왕과 유다의 여호사밧 왕은 길르앗 라못으로 갔습니다.

30 아합이 여호사밧에게 말했습니다. "나는 변장을 하고 싸움터에 갈 테니, 왕은 왕의 옷을 입으십시오." 아합은 변장을 하고 싸움터로 갔습니다.

17 •Then Micaiah told him, "In a vision I saw all Israel scattered on the mountains, like sheep without a shepherd. And the LORD said, 'Their master has been killed.* Send them home in peace.'"

18 •"Didn't I tell you?" the king of Israel exclaimed to Jehoshaphat. "He never prophesies anything but trouble for me."

19 •Then Micaiah continued, "Listen to what the LORD says! I saw the LORD sitting on his throne with all the armies of heaven around him, on his right and on his left.

20 •And the LORD said, 'Who can entice Ahab to go into battle against Ramoth-gilead so he can be killed?'

21 "There were many suggestions, •and finally a spirit approached the LORD and said, 'I can do it!'

22 "'How will you do this?' the LORD asked.

"And the spirit replied, 'I will go out and inspire all of Ahab's prophets to speak lies.'

"'You will succeed,' said the LORD. 'Go ahead and do it.'

23 •"So you see, the LORD has put a lying spirit in the mouths of all your prophets. For the LORD has pronounced your doom."

24 •Then Zedekiah son of Kenaanah walked up to Micaiah and slapped him across the face. "Since when did the Spirit of the LORD leave me to speak to you?" he demanded.

25 •And Micaiah replied, "You will find out soon enough when you are trying to hide in some secret room!"

26 •"Arrest him!" the king of Israel ordered. "Take him back to Amon, the governor of the city, and to my son Joash. •Give them

27 this order from the king: 'Put this man in prison, and feed him nothing but bread and water until I return safely from the battle!'"

28 •But Micaiah replied, "If you return safely, it will mean that the LORD has not spoken through me!" Then he added to those standing around, "Everyone mark my words!"

The Death of Ahab

29 •So King Ahab of Israel and King Jehoshaphat of Judah led their armies against Ramoth-gilead. •The king of Israel said to

30 Jehoshaphat, "As we go into battle, I will disguise myself so no one will recognize me,

doom [dúːm] *n.* 운명, 파멸
entice [intáis] *vt.* 유혹하다, 꾀다
inspire [inspáiər] *vt.* 영감을 주다

22:17 Hebrew *These people have no master.*

31 아람의 왕은 삼십이 명의 전차 지휘관을 두고 있었습니다. 그가 그들에게 명령했습니다. "너희들은 높은 사람이든지 낮은 사람이든지 다른 사람과는 싸우지 말고 오직 이스라엘의 왕하고만 싸워라."

32 이 지휘관들은 여호사밧을 보고 그가 이스라엘의 왕인 줄 알았습니다. 그래서 그에게 달려들었습니다. 그러자 여호사밧이 소리를 질렀습니다.

33 그때에야 그 지휘관들은 그가 아합이 아니라는 것을 알았습니다. 그들은 여호사밧을 더 이상 뒤쫓지 않았습니다.

34 어떤 군인이 화살을 쏘았는데, 그 화살이 우연히 이스라엘의 아합 왕에게 맞았습니다. 화살이 갑옷 틈새를 뚫고 아합의 몸에 꽂혔습니다. 아합 왕이 전차를 모는 군인에게 말했습니다. "전차를 돌려서 이 싸움터에서 빠져 나가거라. 내가 다쳤다."

35 싸움은 하루 종일 계속되었습니다. 아합 왕은 전차 안에서 겨우 버티고 서서 아람 사람들과 싸웠습니다. 그러다가 저녁 때에 숨을 거두었습니다. 상처에서 흘러나온 피가 전차 바닥에 흥건히 고였습니다.

36 해질 무렵에 이스라엘 군대 안에서 외치는 소리가 들렸습니다. "각자 자기 성으로 돌아가거라. 각자 자기 고향으로 돌아가거라."

37 아합 왕은 이처럼 죽었습니다. 그의 시체는 사마리아로 옮겨져서 거기에 묻혔습니다.

38 사람들이 아합의 전차를 사마리아의 연못에서 씻었는데 개들이 와서 아합의 피를 핥았습니다. 그 연못은 창녀들이 목욕하는 곳이었습니다. 모든 일이 여호와께서 말씀하신 대로 이루어졌습니다.

39 아합이 한 다른 모든 일은 이스라엘 왕들의 역사책에 적혀 있습니다. 그 책에는 또 아합이 짓고 상아로 장식한 왕궁과 아합이 지은 여러 성에 대한 이야기도 적혀 있습니다.

40 아합이 죽고, 그의 아들 아하시야가 뒤를 이어 왕이 되었습니다.

유다의 여호사밧 왕

41 아합이 이스라엘의 왕으로 있은 지 사 년째 되는 해에 아사의 아들 여호사밧이 유다의 왕이 되었습니다.

42 여호사밧은 삼십오 세에 왕이 되어 이십오 년 동안, 예루살렘에서 다스렸습니다. 그의 어머니는 실히의 딸 아수바입니다.

43 여호사밧은 그의 아버지 아사처럼 살면서 여호와께서 보시기에 올바른 일을 했습니다. 그러나 산

but you wear your royal robes." So the king of Israel disguised himself, and they went into battle.

31 • Meanwhile, the king of Aram had issued these orders to his thirty-two chariot commanders: "Attack only the king of Israel. Don't bother with anyone else!" • So when the Aramean chariot commanders saw Jehoshaphat in his royal robes, they went after him. "There is the king of Israel!" they shouted. But when Jehoshaphat called out, • the chariot commanders realized he was not the king of Israel, and they stopped chasing him.

34 • An Aramean soldier, however, randomly shot an arrow at the Israelite troops and hit the king of Israel between the joints of his armor. "Turn the horses* and get me out of here!" Ahab groaned to the driver of his chariot. "I'm badly wounded!"

35 • The battle raged all that day, and the king remained propped up in his chariot facing the Arameans. The blood from his wound ran down to the floor of his chariot, and as 36 evening arrived he died. • Just as the sun was setting, the cry ran through his troops: "We're done for! Run for your lives!"

37 • So the king died, and his body was taken 38 to Samaria and buried there. • Then his chariot was washed beside the pool of Samaria, and dogs came and licked his blood at the place where the prostitutes bathed,* just as the LORD had promised.

39 • The rest of the events in Ahab's reign and everything he did, including the story of the ivory palace and the towns he built, are recorded in *The Book of the History of the Kings* 40 *of Israel.* • So Ahab died, and his son Ahaziah became the next king.

Jehoshaphat Rules in Judah

41 • Jehoshaphat son of Asa began to rule over Judah in the fourth year of King Ahab's reign 42 in Israel. • Jehoshaphat was thirty-five years old when he became king, and he reigned in Jerusalem twenty-five years. His mother was Azubah, the daughter of Shilhi.

43 • Jehoshaphat was a good king, following the example of his father, Asa. He did what was pleasing in the LORD's sight. *During his

disguise [disgáiz] *vt.* 변장하다
groan [gróun] *vi.* 신음하다
prop [práp] *vt.* 기대어 세우다
prostitute [prástətjùːt] *n.* 창녀
randomly [rǽndəmli] *ad.* 임의로

22:34 Hebrew *Turn your hand.* 22:38 Or *his blood, and the prostitutes bathed [in it]; or his blood, and they washed his armor.* 22:43 Verses 22:43b-53 are numbered 22:44-54 in Hebrew text.

당은 없애 버리지 않았습니다. 그래서 백성들은 계속
해서 산당에서 제물을 바치고 향을 피웠습니다.

44 여호사밧은 이스라엘의 왕과 평화롭게 지냈습니다.

45 여호사밧은 전쟁을 많이 했습니다. 그의 전쟁 이야기
와 전쟁에서 승리한 이야기들은 유다 왕들의 역사책
에 적혀 있습니다.

46 나쁜 신들을 섬기는 신전에는 남자 창기들이 있었습
니다. 여호사밧의 아버지인 아사는 그 남자 창기들을
다 쫓아 내지 않았습니다. 그러나 여호사밧은 남은 남
자 창기들을 다 쫓아 냈습니다.

47 그때에 에돔에는 왕이 없었습니다. 그래서 유다 왕이
보낸 장관이 에돔을 다스렸습니다.

48 여호사밧 왕은 오빌에서 금을 실어 오려고 다시스의
배를 만들었습니다. 그러나 그 배들은 에시온게벨에
서 부서졌고 다시는 그 배들을 띄우지 못했습니다.

49 아합의 아들 아하시야가 여호사밧을 도와 주러 갔습
니다. 아하시야는 여호사밧의 사람들과 함께 배에 탈
사람들을 보내 주겠다고 말했지만, 여호사밧은 거절
했습니다.

50 여호사밧은 죽어서 조상들과 함께 묻혔습니다. 그는
예루살렘, 곧 그의 조상인 다윗 성에 묻혔습니다. 그
의 아들 여호람이 왕이 되었습니다.

이스라엘의 아하시야 왕

51 여호사밧이 유다의 왕으로 있은 지 십칠 년째 되는 해
에 아합의 아들 아하시야가 사마리아에서 이스라엘
의 왕이 되었습니다. 아하시야는 이 년 동안, 이스라
엘을 다스렸습니다.

52 아하시야는 여호와께서 보시기에 악한 일을 저질렀
습니다. 그는 그의 아버지 아합과 어머니 이세벨과 느
밧의 아들 여로보암이 지은 죄를 그대로 따라 했습니
다. 이들은 모두 이스라엘을 죄의 길로 인도했습니
다.

53 아하시야는 바알을 섬기고 그에게 예배했습니다. 그
래서 아하시야는 그의 아버지처럼 이스라엘 하나님
여호와를 크게 노하게 했습니다.

reign, however, he failed to remove all the
pagan shrines, and the people still offered
sacrifices and burned incense there.

44 •Jehoshaphat also made peace with the
king of Israel.

45 •The rest of the events in Jehoshaphat's
reign, the extent of his power, and the wars
he waged are recorded in *The Book of the
History of the Kings of Judah*.

46 •He banished from the land the rest of the male and
female shrine prostitutes, who still contin-
ued their practices from the days of his
father, Asa.

47 •(There was no king in Edom at that
time, only a deputy.)

48 •Jehoshaphat also built a fleet of trad-
ing ships* to sail to Ophir for gold. But the
ships never set sail, for they met with disas-
ter in their home port of Ezion-geber. •At
one time Ahaziah son of Ahab had pro-
posed to Jehoshaphat, "Let my men sail
with your men in the ships." But Jeho-
shaphat refused the request.

50 •When Jehoshaphat died, he was
buried with his ancestors in the City of
David. Then his son Jehoram became the
next king.

Ahaziah Rules in Israel

51 •Ahaziah son of Ahab began to rule
over Israel in the seventeenth year of King
Jehoshaphat's reign in Judah. He reigned
in Samaria two years. •But he did what
was evil in the LORD's sight, following the
example of his father and mother and the
example of Jeroboam son of Nebat, who
had led Israel to sin. •He served Baal and
worshiped him, provoking the anger of
the LORD, the God of Israel, just as his
father had done.

---

banish [bǽniʃ] *vt.* 추방하다
deputy [dépjuti] *n.* 대리인, 대표자
disaster [dizǽstər] *n.* 재앙
pagan [péigən] *a.* 이교도의
provoke [prəvóuk] *vt.* 불러 일으키다
shrine [ʃráin] *n.* 산당

22:48 Hebrew *fleet of ships of Tarshish*.

열왕기하

● 서론

✛ 저자 _ 예레미야설 유력
✛ 저작 연대 _ B.C. 561-538년 사이로 추정
✛ 기록 대상 _ 이스라엘 백성
✛ 기록 장소 _ 유다와 애굽으로 추정
✛ 핵심어 및 내용 _ 핵심어는 '심판', '포로 생활'이다. 하나님 및 그분과 맺은 언약과 관련하여 각 왕의 삶을 평가하고 심판하면서 현재 자신들이 겪고 있는 비운의 원인이 자신들의 죄악과 하나님께 대한 배반의 결과임을 가르치고, 이제라도 하나님께 돌아와 옛 신앙을 회복하도록 촉구한다.

엘리야와 아하시야 왕

1 아합 왕이 죽은 뒤에 모압이 이스라엘을 배반했습니다.

2 아하시야 왕이 사마리아에 있는 그의 이층 방 난간에서 떨어져 크게 다쳤습니다. 그는 명령을 받고 심부름하는 사람들을 보내며 말했습니다. "에그론의 신 바알세붑에게 가서 내 다친 몸이 나을 수 있는지 물어 보아라."

3 여호와의 천사가 디셉 사람 엘리야에게 말했습니다. "일어나 가서 아하시야 왕이 보낸 사람들을 만나라. 그들에게 이렇게 말하여라. '이스라엘에 하나님이 안 계셔서 에그론의 신 바알세붑에게 물으러 가느냐?

4 여호와께서 아하시야 왕에게 말씀하셨다. 너는 지금 누워 있는 침대에서 일어나지 못하고 죽을 것이다.'" 그 후, 엘리야는 길을 떠나 여호와의 천사가 일러 준 말을 그들에게 그대로 전했습니다.

5 그러자 심부름하는 사람들이 즉시 아하시야 왕에게 돌아왔습니다. 아하시야 왕이 그들에게 물었습니다. "왜 돌아왔느냐?"

6 그들이 대답했습니다. "어떤 사람이 우리에게 오더니 왕께 이렇게 전하라고 했습니다. '여호와께서 말씀하셨다. 이스라엘에 하나님이 안 계셔서 에그론의 신 바알세붑에게 물으러 가느냐? 그러므로 너는 지금 누워 있는 침대에서 일어나지 못하고 죽을 것이다.'"

7 아하시야 왕이 그들에게 물었습니다. "그대들을 만나서 그 말을 한 사람이 어떻게 생겼더냐?"

8 심부름하는 사람들이 대답했습니다. "그 사람은 털옷을 입고,* 허리에는 가죽띠를 매고 있었습니다." 아하시야 왕이 말했습니다. "그 사람은 디셉 사람 엘리야다."

9 아하시야 왕이 오십부장과 그의 부하 오십 명을 엘리야에게 보냈습니다. 그들이 갔을 때, 엘리야는 산꼭대기에 앉아 있었습니다. 오십부장이 엘리야에게 말했습니다. "하나님의 사람이여, 왕이 내려오

Elijah Confronts King Ahaziah

After King Ahab's death, the land of Moab rebelled against Israel.

2 ●One day Israel's new king, Ahaziah, fell through the latticework of an upper room at his palace in Samaria and was seriously injured. So he sent messengers to the temple of Baal-zebub, the god of Ekron, to ask whether he would recover.

3 ●But the angel of the LORD told Elijah, who was from Tishbe, "Go and confront the messengers of the king of Samaria and ask them, 'Is there no God in Israel? Why are you going to Baal-zebub, the god of Ekron, to ask whether the king will recover?

4 ●Now, therefore, this is what the LORD says: You will never leave the bed you are lying on; you will surely die.'" So Elijah went to deliver the message.

5 ●When the messengers returned to the king, he asked them, "Why have you returned so soon?"

6 ●They replied, "A man came up to us and told us to go back to the king and give him this message. 'This is what the LORD says: Is there no God in Israel? Why are you sending men to Baal-zebub, the god of Ekron, to ask whether you will recover? Therefore, because you have done this, you will never leave the bed you are lying on; you will surely die.'"

7 ●"What sort of man was he?" the king demanded. "What did he look like?"

8 ●They replied, "He was a hairy man,* and he wore a leather belt around his waist."
"Elijah from Tishbe!" the king exclaimed.

9 ●Then he sent an army captain with fifty soldiers to arrest him. They found him sitting on top of a hill. The captain said to him, "Man of God, the king has commanded you

---

confront [kənfrʌ́nt] *vt.* 직면하다
injured [índʒərd] *a.* 상처입은, 다친

1:8 Or *He was wearing clothing made of hair.*
1:8 개역 성경에는 '털이 많은 사람'이라고 표기되어 있다.

라고 말씀하셨소."

10 엘리야가 대답했습니다. "내가 하나님의 사람이라면, 하늘에서 불이 내려와 너와 네 부하 오십 명을 태워 버릴 것이다." 그러자 하늘에서 불이 내려와 오십부장과 그의 부하 오십 명을 태워 버렸습니다.

11 아하시야 왕이 다른 오십부장과 그의 부하 오십 명을 엘리야에게 보냈습니다. 오십부장이 엘리야에게 말했습니다. "하나님의 사람이여, 왕의 말씀이오, 어서 내려오시오."

12 엘리야가 대답했습니다. "내가 하나님의 사람이라면, 하늘에서 불이 내려와 너와 네 부하 오십 명을 태워 버릴 것이다." 그러자 또 하늘에서 불이 내려와 오십부장과 그의 부하 오십 명을 태워 버렸습니다.

13 아하시야 왕이 세 번째로 또 다른 오십부장과 그의 부하 오십 명을 엘리야에게 보냈습니다. 세 번째 오십부장이 가서 엘리야 앞에 무릎을 꿇었습니다. 그가 엘리야에게 빌었습니다. "하나님의 사람이여, 내 목숨과 내 부하 오십 명의 목숨을 하찮게 여기지 말아 주십시오.

14 보십시오, 하늘에서 불이 내려와 먼저 왔던 두 명의 오십부장과 그들의 부하들을 다 태워 버렸습니다. 그러나 이번에는 제 목숨을 귀하게 여겨 주십시오."

15 여호와의 천사가 엘리야에게 말했습니다. "저 사람과 함께 가거라. 저 사람을 두려워하지 마라." 그리하여 엘리야가 일어나 그 사람과 함께 왕을 보러 갔습니다.

16 엘리야가 아하시야 왕에게 말했습니다. "여호와께서 이렇게 말씀하셨소. '너는 에그론의 신 바알세붑에게 네 병에 관해 물어보려고 사람들을 보냈다. 이스라엘에는 여쭈어 볼 하나님이 계시지 않다고 생각했느냐? 그러므로 너는 네 병상에서 일어나지 못하고 죽을 것이다.'"

17 아하시야 왕은 여호와께서 엘리야를 통해 하신 말씀대로 죽었습니다. 아하시야 왕은 아들이 없었으므로, 여호람*이 아하시야의 뒤를 이어 왕이 되었습니다. 그때는 여호사밧의 아들 여호람이 유다의 왕으로 있은 지 이 년째 되던 해였습니다.

18 아하시야가 행한, 다른 모든 일은 이스라엘 왕들의 역사책에 적혀 있습니다.

엘리야가 하늘로 올라가다

2 여호와께서 엘리야를 회오리바람에 실어 하늘로 데려가려고 하셨습니다. 그때에 엘리야와 엘리사는 길갈에 있었습니다.

2 엘리야가 엘리사에게 말했습니다. "여기에 남아 있어라. 여호와께서 나에게 벧엘로 가라고 말씀하셨

---

to come down with us."

10 • But Elijah replied to the captain, "If I am a man of God, let fire come down from heaven and destroy you and your fifty men!" Then fire fell from heaven and killed them all.

11 So the king sent another captain with fifty men. The captain said to him, "Man of God, the king demands that you come down at once."

12 • Elijah replied, "If I am a man of God, let fire come down from heaven and destroy you and your fifty men!" And again the fire of God fell from heaven and killed them all.

13 • Once more the king sent a third captain with fifty men. But this time the captain went up the hill and fell to his knees before Elijah. He pleaded with him, "O man of God, please spare my life and the lives of these, your fifty servants. •See how the fire from heaven came down and destroyed the first two groups. But now please spare my life!"

14

15 • Then the angel of the LORD said to Elijah, "Go down with him, and don't be afraid of him." So Elijah got up and went with him to the king.

16 • And Elijah said to the king, "This is what the LORD says: Why did you send messengers to Baal-zebub, the god of Ekron, to ask whether you will recover? Is there no God in Israel to answer your question? Therefore, because you have done this, you will never leave the bed you are lying on; you will surely die."

17 • So Ahaziah died, just as the LORD had promised through Elijah. Since Ahaziah did not have a son to succeed him, his brother Joram* became the next king. This took place in the second year of the reign of Jehoram son of Jehoshaphat, king of Judah.

18 • The rest of the events in Ahaziah's reign and everything he did are recorded in *The Book of the History of the Kings of Israel.*

Elijah Taken into Heaven

2 When the LORD was about to take Elijah up to heaven in a whirlwind, Elijah and Elisha were traveling from Gilgal. •And Elijah said to Elisha, "Stay here, for the LORD has told me to go to Bethel."

But Elisha replied, "As surely as the LORD lives and you yourself live, I will never leave

---

spare [spέər] *vt.* 아끼다, 목숨을 살려주다
1:17 take place : 발생하다

1:17   Hebrew *Jehoram*, a variant spelling of Joram.

1:17 '요람'이라고 불리기도 한다.

다.” 그러자 엘리사가 말했습니다. “여호와의 살아 계심과 선생님의 살아 계심을 두고 맹세합니다. 저는 결코 선생님을 떠나지 않겠습니다.” 그래서 그들은 함께 벧엘로 갔습니다.

3 벧엘에 있는 예언자의 무리가 엘리사에게 와서 말했습니다. “여호와께서 오늘 당신의 선생님을 하늘로 데려가실 것을 알고 있습니까?” 엘리사가 말했습니다. “그렇소, 알고 있소, 아무 말도 하지 마시오.”

4 엘리야가 엘리사에게 말했습니다. “여기에 남아 있어라. 여호와께서 나를 여리고로 보내셨다.” 엘리사가 말했습니다. “여호와의 살아 계심과 선생님의 살아 계심을 두고 맹세합니다. 저는 결코 선생님을 떠나지 않겠습니다.” 그래서 두 사람은 함께 여리고로 갔습니다.

5 여리고에 있는 예언자의 무리가 엘리사에게 와서 말했습니다. “여호와께서 오늘 당신의 선생님을 하늘로 데려가실 것을 알고 있습니까?” 엘리사가 말했습니다. “그렇소, 알고 있소, 아무 말도 하지 마시오.”

6 엘리야가 엘리사에게 말했습니다. “여기에 남아 있어라. 여호와께서 나를 요단 강으로 보내셨다.” 엘리사가 대답했습니다. “여호와의 살아 계심과 선생님의 살아 계심을 두고 맹세합니다. 저는 결코 선생님을 떠나지 않겠습니다.” 그래서 두 사람은 함께 요단 강으로 갔습니다.

7 예언자의 무리 가운데 오십 명도 따라갔습니다. 그들은 요단 강가에 있는 엘리야와 엘리사에게서 멀찌감치 떨어져 두 사람을 바라보았습니다.

8 엘리야가 자기 겉옷을 벗어 둘둘 말더니 그것으로 강물을 쳤습니다. 그러자 강물이 양쪽으로 갈라졌습니다. 엘리야와 엘리사는 강물 사이로 드러난 마른 땅 위로 강을 건넜습니다.

9 강을 건넌 뒤에 엘리야가 엘리사에게 말했습니다. “여호와께서 나를 데려가시기 전에 내가 너에게 무엇을 해 주기를 원하느냐?” 엘리사가 말했습니다. “선생님의 영적인 능력에 두 배를 나에게 주십시오.”

10 엘리야가 말했습니다. “어려운 것을 구하는구나. 그러나 여호와께서 나를 데려가시는 것을 네가 보면, 그것을 받을 수 있을 것이다. 하지만 보지 못하면, 받지 못할 것이다.”

11 엘리야와 엘리사가 걸어가며 이야기하고 있을 때에 불전차와 불말들이 나타나 두 사람을 갈라 놓았습니다. 그러자 엘리야가 회오리바람을 타고 하늘로 올라갔습니다.

12 엘리사가 그 모습을 보고 외쳤습니다. “내 아버지여, 내 아버지여, 이스라엘의 전차와 기병이여!” 엘리야는 다시 보이지 않았습니다. 엘리사는 너무 슬퍼서 자기 옷을 두 조각으로 찢었습니다.

you!” So they went down together to Bethel.

3 ● The group of prophets from Bethel came to Elisha and asked him, “Did you know that the LORD is going to take your master away from you today?”

“Of course I know,” Elisha answered. “But be quiet about it.”

4 ● Then Elijah said to Elisha, “Stay here, for the LORD has told me to go to Jericho.”

But Elisha replied again, “As surely as the LORD lives and you yourself live, I will never leave you.” So they went on together to Jericho.

5 ● Then the group of prophets from Jericho came to Elisha and asked him, “Did you know that the LORD is going to take your master away from you today?”

“Of course I know,” Elisha answered. “But be quiet about it.”

6 ● Then Elijah said to Elisha, “Stay here, for the LORD has told me to go to the Jordan River.”

But again Elisha replied, “As surely as the LORD lives and you yourself live, I will never leave you.” So they went on together.

7 ● Fifty men from the group of prophets also went and watched from a distance as Elijah and Elisha stopped beside the Jordan River. ● Then Elijah folded his cloak together and struck the water with it. The river divided, and the two of them went across on dry ground!

9 ● When they came to the other side, Elijah said to Elisha, “Tell me what I can do for you before I am taken away.”

And Elisha replied, “Please let me inherit a double share of your spirit and become your successor.”

10 ● “You have asked a difficult thing,” Elijah replied. “If you see me when I am taken from you, then you will get your request. But if not, then you won't.”

11 ● As they were walking along and talking, suddenly a chariot of fire appeared, drawn by horses of fire. It drove between the two men, separating them, and Elijah was carried by a whirlwind into heaven.

12 ● Elisha saw it and cried out, “My father! My father! I see the chariots and charioteers of Israel!” And as they disappeared from sight, Elisha tore his clothes in distress.

---

chariot [tʃǽriət] *n.* 병거
divide [diváid] *vt.* 나누다
fold [fóuld] *vt.* 둘둘 말다, 접어 포개다
separate [sépəreit] *vt.* 구분하다
successor [səksésər] *n.* 후계자
2:12 in distress : 슬픔으로

13 엘리사는 엘리야가 떨어뜨린 겉옷을 주워 들었습니다. 그리고 다시 돌아가 요단 강가에 섰습니다.

14 엘리사가 엘리야의 옷으로 강물을 치며 말했습니다. "엘리야의 하나님 여호와께서는 어디에 계십니까?" 그가 강물을 치자, 강물이 양쪽으로 갈라졌습니다. 엘리사가 그 갈라진 곳으로 강을 건넜습니다.

15 여리고에 있는 예언자의 무리가 엘리사를 지켜 보고 있다가 말했습니다. "엘리야의 영이 지금은 엘리사 위에 있도다." 그들은 엘리사를 맞으러 나와서 그 앞에 엎드려 절했습니다.

16 그들이 엘리사에게 말했습니다. "우리에게 힘센 사람 오십 명이 있습니다. 그들을 보내서 당신의 선생님을 찾게 하십시오. 어쩌면 여호와의 영이 엘리야를 데려가시다가 산이나 골짜기에 떨어뜨렸는지도 모르지 않습니까?" 엘리사가 대답했습니다. "아니오, 보내지 마시오."

17 그러나 예언자의 무리가 하도 졸라대는 바람에 엘리사는 "그 사람들을 보내시오"라고 말했습니다. 그러자 그들은 예언자의 무리 오십 명을 보내어 삼 일 동안, 찾아다녔으나 찾지 못했습니다.

18 그들이 여리고에 머무르고 있는 엘리사에게 돌아왔을 때, 엘리사는 "그것 보시오. 내가 가지 말라고 하지 않았소?" 하고 말했습니다.

엘리사가 물을 깨끗하게 하다

19 그 성에 사는 사람들이 엘리사에게 말했습니다. "선생님, 보십시오. 선생님도 보시듯이 이 성은 살기 좋은 곳이지만 물이 좋지 않습니다. 그래서 이 땅에서는 열매가 익지 못하고 곧 떨어집니다."

20 엘리사가 말했습니다. "새 대접에 소금을 담아 오시오." 사람들이 소금을 담아 왔습니다.

21 엘리사가 샘이 솟는 곳으로 가서 소금을 뿌리며 말했습니다. "여호와께서 이렇게 말씀하셨소. '내가 이 물을 고치니 지금부터는 이 물 때문에 죽는 일이 없을 것이다. 그리고 이 물 때문에 열매 맺지 못하는 일도 없을 것이다.'"

22 엘리사가 말한 것과 같이 그 물은 오늘날까지도 깨끗한 상태로 남아 있습니다.

23 엘리사가 그곳을 떠나 벧엘로 갔습니다. 벧엘로 가는 길에 어린아이들이 성에서 나와 엘리사를 놀려 대며 말했습니다. "가거라, 이 대머리야. 가거라, 이 대머리야."

24 엘리사가 몸을 돌려 그들을 바라보며 여호와의 이름으로 저주했습니다. 그러자 암곰 두 마리가 숲에서 나와 어린아이 마흔두 명을 찢어 죽였습니다.

25 엘리사가 그곳을 떠나 갈멜 산으로 갔다가, 다시

---

13 •Elisha picked up Elijah's cloak, which had fallen when he was taken up. Then Elisha 14 returned to the bank of the Jordan River. •He struck the water with Elijah's cloak and cried out, "Where is the LORD, the God of Elijah?" Then the river divided, and Elisha went across.

15 •When the group of prophets from Jericho saw from a distance what happened, they exclaimed, "Elijah's spirit rests upon Elisha!" And they went to meet him and bowed to the 16 ground before him. • "Sir," they said, "just say the word and fifty of our strongest men will search the wilderness for your master. Perhaps the Spirit of the LORD has left him on some mountain or in some valley."

17 "No," Elisha said, "don't send them." •But they kept urging him until they shamed him into agreeing, and he finally said, "All right, 18 send them." So fifty men searched for three days but did not find Elijah. •Elisha was still at Jericho when they returned. "Didn't I tell you not to go?" he asked.

Elisha's First Miracles

19 •One day the leaders of the town of Jericho visited Elisha. "We have a problem, my lord," they told him. "This town is located in pleasant surroundings, as you can see. But the water is bad, and the land is unproductive."

20 •Elisha said, "Bring me a new bowl with 21 salt in it." So they brought it to him. •Then he went out to the spring that supplied the town with water and threw the salt into it. And he said, "This is what the LORD says: I have purified this water. It will no longer cause death or 22 infertility.*" •And the water has remained pure ever since, just as Elisha said.

23 •Elisha left Jericho and went up to Bethel. As he was walking along the road, a group of boys from the town began mocking and mak- 24 ing fun of him. "Go away, baldy!" they chanted. "Go away, baldy!" •Elisha turned around and looked at them, and he cursed them in the name of the LORD. Then two bears came out of the woods and mauled forty-two of 25 them. •From there Elisha went to Mount Carmel and finally returned to Samaria.

---

baldy [bɔ́ːldi] *n.* (속어) 대머리
chant [tʃǽnt] *vi.* 일제히 외치다, (노래 등을) 부르다
curse [kə́ːrs] *vt.* 저주하다
infertility [ìnfərtíləti] *n.* 불모; 불임
maul [mɔ́ːl] *vt.* (짐승 등이) 할퀴어 상처내다
mock [mάk] *vt.* 조롱하다
unproductive [ʌ̀nprədʌ́tiv] *a.* 수확이 없는
urge [ə́ːrdʒ] *vt.* 촉구하다
2:23 make fun of… : …을 조롱하다

2:21 Or or *make the land unproductive;* Hebrew reads or *barrenness.*

사마리아로 돌아갔습니다.

이스라엘과 모압이 전쟁을 하다

3 여호사밧이 유다 왕으로 있은 지 십팔 년째 되는 해에 아합의 아들 요람이 사마리아에서 이스라엘의 왕이 되었습니다. 요람 왕은 십이 년 동안, 이스라엘을 다스렸습니다.

2 요람 왕은 여호와께서 보시기에 악한 일을 했으나, 그의 부모처럼 악하지는 않았습니다. 그는 그의 아버지가 바알을 위해 세운 돌 우상들을 없애 버렸습니다.

3 그러나 이스라엘 백성이 죄를 짓도록 만든 느밧의 아들 여로보암의 죄는 그대로 따라 했습니다. 그는 죄에서 돌이키지 않았습니다.

4 모압 왕 메사는 양을 치는 사람이었습니다. 그는 이스라엘의 왕에게 어린 양 십만 마리와 숫양 십만 마리의 털을 바쳐야 했습니다.

5 그러나 아합이 죽자, 모압 왕은 이스라엘을 배반했습니다.

6 요람 왕은 사마리아에 나가서 모든 이스라엘 백성을 불러 모았습니다.

7 요람이 유다의 왕 여호사밧에게 사람들을 보내어 말했습니다. "모압 왕이 우리를 반역했습니다. 나와 함께 모압과 싸우러 가지 않겠습니까?" 여호사밧이 말했습니다. "왕과 함께 가겠습니다. 기꺼이 왕과 함께 싸우러 가겠습니다. 나는 당신과 하나이고, 내 군인들과 내 말들은 왕의 군대나 마찬가지입니다."

8 그리고 나서 여호사밧*이 물었습니다. "어느 길로 모압을 치러 가는 것이 좋겠습니까?" 요람*이 대답했습니다. "에돔 광야 길로 갑시다."

9 그리하여 이스라엘 왕과 유다 왕은 에돔 왕과 함께 길을 떠났습니다. 그들이 칠 일 동안, 행군하던 중에 군인들과 짐승들이 마실 물이 다 떨어졌습니다.

10 이스라엘 왕이 말했습니다. "이런 일이 일어나다니! 여호와께서 우리 세 왕을 모압 사람들에게 넘겨 주시려고 부르셨나 보다."

11 여호사밧이 물었습니다. "혹시 여기에 여호와의 예언자는 없습니까? 예언자가 있으면 그를 통해서 여호와의 뜻을 여쭈어 볼 수 있을 것입니다." 이스라엘 왕의 신하들이 대답했습니다. "엘리야를 섬겼던 그의 제자, 사밧의 아들 엘리사가 여기에 있습니다."

12 여호사밧이 말했습니다. "여호와께서 그를 통해 말씀하실 것입니다." 그래서 이스라엘 왕과 여호사밧과 에돔 왕이 엘리사를 만나러 갔습니다.

13 엘리사가 이스라엘 왕에게 말했습니다. "나는 왕과 아무런 상관이 없습니다. 왕의 부모님의 예언자들에게 가 보십시오." 이스라엘 왕이 엘리사에게 말했습니다. "아니오, 여호와께서 우리 세 왕을 부르시

War between Israel and Moab

3 Ahab's son Joram* began to rule over Israel in the eighteenth year of King Jehoshaphat's reign in Judah. He reigned in 2 Samaria twelve years. •He did what was evil in the LORD's sight, but not to the same extent as his father and mother. He at least tore down the sacred pillar of Baal that his 3 father had set up. •Nevertheless, he continued in the sins that Jeroboam son of Nebat had committed and led the people of Israel to commit.

4 •King Mesha of Moab was a sheep breeder. He used to pay the king of Israel an annual tribute of 100,000 lambs and the wool of 5 100,000 rams. •But after Ahab's death, the king of Moab rebelled against the king of 6 Israel. •So King Joram promptly mustered the army of Israel and marched from 7 Samaria. •On the way, he sent this message to King Jehoshaphat of Judah: "The king of Moab has rebelled against me. Will you join me in battle against him?"

And Jehoshaphat replied, "Why, of course! You and I are as one. My troops are your troops, and my horses are your horses." 8 •Then Jehoshaphat asked, "What route will we take?"

"We will attack from the wilderness of Edom," Joram replied.

•The king of Edom and his troops joined them, and all three armies traveled along a roundabout route through the wilderness for seven days. But there was no water for the men or their animals.

10 •"What should we do?" the king of Israel cried out. "The LORD has brought the three of us here to let the king of Moab defeat us."

11 •But King Jehoshaphat of Judah asked, "Is there no prophet of the LORD with us? If there is, we can ask the LORD what to do through him."

One of King Joram's officers replied, "Elisha son of Shaphat is here. He used to be Elijah's personal assistant.*"

12 •Jehoshaphat said, "Yes, the LORD speaks through him." So the king of Israel, King Jehoshaphat of Judah, and the king of Edom went to consult with Elisha.

13 •"Why are you coming to me?"* Elisha asked the king of Israel. "Go to the pagan prophets of your father and mother!"

3:1 Hebrew *Jehoram*, a variant spelling of Joram; also in 3:6.　**3:11** Hebrew *He used to pour water on the hands of Elijah.*　**3:13** Hebrew *What is there in common between you and me?*

3:8 히브리어 원문은 3인칭 남성 단수 '그'이다. 각각의 '그'가 누구를 가리키는지는 학자 간에 이견을 보이는 부분으로, 물어 본 사람을 요람, 대답한 사람을 여호사밧으로 번역하기도 한다.

더니 우리를 모압 사람들에게 넘겨 주려 하오."

14 엘리사가 말했습니다. "내가 섬기는 만군의 여호와의 살아 계심을 두고 맹세하지만, 유다의 왕 여호사밧만 여기에 없었어도 나는 왕을 쳐다보지도 않았고 왕에게 관심을 두지도 않았을 것이오.

15 거문고를 타는 사람을 데려오시오." 거문고를 타는 사람이 거문고를 타자, 여호와께서 엘리사에게 능력을 주셨습니다.

16 엘리사가 말했습니다. "여호와께서 골짜기에 도랑을 여러 개 파라고 말씀하셨소.

17 여호와께서 이렇게 말씀하셨소. '너희는 바람이 부는 것도, 비가 내리는 것도 보지 못할 것이나, 이 골짜기에는 물이 가득 차게 될 것이다. 그리하여 너희와 너희가 기르는 가축과 짐승이 물을 마시게 될 것이다.'

18 여호와께서 보시기에 이 일은 작은 일에 불과하오. 여호와께서 왕들이 모압을 이길 수 있게 해 주실 것이오.

19 왕들은 성벽이 있는 굳건한 성과 모든 중요한 성을 멸망시킬 것이오. 모든 좋은 나무를 넘어뜨릴 것이며, 모든 우물도 못 쓰게 만들 것이오. 그리고 그 땅의 모든 기름진 들을 돌무더기로 만들 것이오."

20 이튿날 아침, 제물을 바칠 때에 에돔 쪽에서 물이 흘러 나오기 시작하더니, 골짜기에 물이 가득 찼습니다.

21 모든 모압 백성들은 왕들이 자기들과 싸우러 왔다는 소식을 들었습니다. 군복을 입을 나이가 된 사람은 다 모여서 국경에 줄을 지어 섰습니다.

22 이튿날 아침, 모압 사람들이 일찍 일어나 보니 해가 물 위를 비추고 있었는데, 건너편 물이 피처럼 붉게 보였습니다.

23 모압 사람들이 말했습니다. "이것은 피다! 왕들이 자기들끼리 싸우다가 서로 죽인 것이 틀림없다. 모압 사람들이여, 가자! 물건들을 빼앗으러 가자!"

24 모압 사람들이 이스라엘의 진에 이르렀을 때, 이스라엘 사람들은 일어나 모압 사람들을 공격했습니다. 모압 사람들이 도망치니, 이스라엘 사람들은 모압 땅까지 쳐들어가 그들과 싸웠습니다.

25 이스라엘 백성은 모압의 성들을 무너뜨리고 모든 기름진 들에 돌을 던져 돌무더기를 만들었습니다. 모든 우물도 못 쓰게 만들었습니다. 그리고 모든 좋은 나무를 넘어뜨렸습니다. 오직 길하레셋 성에만 돌 성벽이 남아 있었는데, 물매를 든 사람들이 그곳마저 점령했습니다.

26 모압 왕은 전쟁이 자기에게 불리하게 돌아가는 것을 보고 칼을 쓰는 군인 칠백 명을 이끌고 에돔 왕이 있는 쪽을 뚫고 나가려 했습니다. 그러나 그들은 그것조차도 실패했습니다.

But King Joram of Israel said, "No! For it was the LORD who called us three kings here—only to be defeated by the king of Moab!"

14 • Elisha replied, "As surely as the LORD Almighty lives, whom I serve, I wouldn't even bother with you except for my respect for King Jehoshaphat of Judah. • Now bring

15 me someone who can play the harp."

While the harp was being played, the

16 power* of the LORD came upon Elisha, • and he said, "This is what the LORD says: This dry valley will be filled with pools of water!

17 • You will see neither wind nor rain, says the LORD, but this valley will be filled with water. You will have plenty for yourselves

18 and your cattle and other animals. • But this is only a simple thing for the LORD, for he will make you victorious over the army of

19 Moab! • You will conquer the best of their towns, even the fortified ones. You will cut down all their good trees, stop up all their springs, and ruin all their good land with stones."

20 • The next day at about the time when the morning sacrifice was offered, water suddenly appeared! It was flowing from the direction of Edom, and soon there was water everywhere.

21 • Meanwhile, when the people of Moab heard about the three armies marching against them, they mobilized every man who was old enough to strap on a sword, and they stationed themselves along their

22 border. • But when they got up the next morning, the sun was shining across the water, making it appear red to the

23 Moabites—like blood. • "It's blood!" the Moabites exclaimed. "The three armies must have attacked and killed each other! Let's go, men of Moab, and collect the plunder!"

24 • But when the Moabites arrived at the Israelite camp, the army of Israel rushed out and attacked them until they turned and ran. The army of Israel chased them into the land of Moab, destroying everything as they

25 went.* • They destroyed the towns, covered their good land with stones, stopped up all the springs, and cut down all the good trees. Finally, only Kir-hareseth and its stone walls were left, but men with slings surrounded and attacked it.

26 • When the king of Moab saw that he was losing the battle, he led 700 of his swordsmen in a desperate attempt to break through the enemy lines near the king of Edom, but

desperate [déspərət] a. 필사적인

3:15 Hebrew *the hand.* 3:24 The meaning of the Hebrew is uncertain.

27 그러자 모압 왕은 자기의 뒤를 이어 왕이 될 맏아들을 성벽 위에서 자기 신에게 태워 드리는 번제로 바쳤습니다. 그러자 이스라엘을 향한 맹렬한 분노가 일어났습니다. 이것을 본 이스라엘 군대는 그곳을 떠나 자기 나라로 돌아갔습니다.

과부가 엘리사에게 도움을 요청하다

4 예언자의 무리에 속한 한 사람의 아내가 엘리사에게 와서 말했습니다. "선생님의 종인 내 남편이 죽었습니다. 선생님도 아시듯이 내 남편은 여호와를 잘 섬기던 사람이었습니다. 그런데 내 남편이 죽자, 빚쟁이가 찾아와 내 두 아들을 데려다가 종으로 삼으려 하고 있습니다."

2 엘리사가 대답했습니다. "내가 어떻게 하는 것이 도움이 되겠소? 당신 집에 무엇이 있는지 알려 주시오." 여자가 말했습니다. "가진 것이라고는 기름 한 병이 전부입니다."

3 엘리사가 말했습니다. "이웃 사람들에게 가서 빈 그릇을 있는 대로 빌려 오시오. 그릇을 조금 빌리지 말고 많이 빌리시오.

4 그리고 당신은 두 아들만 데리고 집에 들어가서 문을 닫으시오. 그런 다음, 빌려 온 항아리마다 기름을 부어 채워지는 대로 옮겨 놓으시오."

5 그 여자는 엘리사 앞에서 물러난 뒤, 아들들만 데리고 집으로 들어가 문을 닫았습니다. 아들들이 빈 그릇을 가져오면, 여자가 거기에 기름을 부었습니다.

6 그릇마다 기름이 가득 차게 되자, 여자가 아들에게 말했습니다. "다른 그릇을 가져오너라." 아들이 말했습니다. "이제는 그릇이 더 없습니다." 그러자 기름이 더 이상 나오지 않았습니다.

7 여자가 엘리사에게 가서 그 사실을 알려 주었습니다. 엘리사가 여자에게 말했습니다. "가서 기름을 팔아 빚을 갚으시오. 당신과 당신의 아들들은 남은 것을 가지고 살아갈 수 있을 것이오."

수넴 여자

8 어느 날, 엘리사가 수넴으로 갔습니다. 그곳에는 한 귀부인이 살고 있었습니다. 그 여자는 엘리사에게 자기 집에서 머물며 음식을 먹으라고 간절히 부탁했습니다. 그래서 엘리사는 그곳을 지날 때마다 그 집에 들러 음식을 먹고 갔습니다.

9 여자가 자기 남편에게 말했습니다. "내가 보기에 우리집 앞으로 자주 지나다니는 엘리사는 하나님께서 거룩하다고 여기는 사람입니다.

10 지붕 위에 작은 방 하나를 만들고 그 방에 엘리사를 위해 침대와 책상과 의자와 등잔대를 들여 놓읍시다. 그래서 엘리사가 우리 집에 들를 때마다 그 방에서 묵어갈 수 있게 합시다."

11 어느 날, 엘리사가 그 여자의 집에 와서 그 방에 들

27 they failed. ●Then the king of Moab took his oldest son, who would have been the next king, and sacrificed him as a burnt offering on the wall. So there was great anger against Israel,* and the Israelites withdrew and returned to their own land.

Elisha Helps a Poor Widow

4 One day the widow of a member of the group of prophets came to Elisha and cried out, "My husband who served you is dead, and you know how he feared the LORD. But now a creditor has come, threatening to take my two sons as slaves."

2 ●"What can I do to help you?" Elisha asked. "Tell me, what do you have in the house?"

"Nothing at all, except a flask of olive oil," she replied.

3 ●And Elisha said, "Borrow as many empty jars as you can from your friends and 4 neighbors. ●Then go into your house with your sons and shut the door behind you. Pour olive oil from your flask into the jars, setting each one aside when it is filled."

5 ●So she did as she was told. Her sons kept bringing jars to her, and she filled one after 6 another. ●Soon every container was full to the brim!

"Bring me another jar," she said to one of her sons.

"There aren't any more!" he told her. And then the olive oil stopped flowing.

7 ●When she told the man of God what had happened, he said to her, "Now sell the olive oil and pay your debts, and you and your sons can live on what is left over."

Elisha and the Woman from Shunem

8 ●One day Elisha went to the town of Shunem. A wealthy woman lived there, and she urged him to come to her home for a meal. After that, whenever he passed that way, he would stop there for something to eat.

9 ●She said to her husband, "I am sure this man who stops in from time to time is a 10 holy man of God. ●Let's build a small room for him on the roof and furnish it with a bed, a table, a chair, and a lamp. Then he will have a place to stay whenever he comes by."

11 ●One day Elisha returned to Shunem,

brim [brim] *n.* (접시 · 컵 등의) 가장자리
debt [dét] *n.* 빚
furnish [fə́ːrniʃ] *vt.* 제공하다, 주다
withdraw [wiðdrɔ́ː] *vi.* 철수하다

3:27 Or *So Israel's anger was great.* The meaning of the Hebrew is uncertain.

어가 쉬웠습니다.

12 엘리사가 자기 종 게하시에게 말했습니다. "수넴 여자를 불러 오너라." 게하시가 수넴 여자를 불러 왔습니다. 그녀가 엘리사 앞에 섰습니다.

13 엘리사가 게하시에게 말했습니다. "여자에게 이렇게 말하여라. '보시오, 당신이 우리를 위해 이렇게 세밀하게 준비했군요. 내가 당신을 위해 무엇을 해 주면 좋겠소? 왕이나 군대 사령관에게 부탁할 것이 있으면 말해 보시오.'" 여자가 대답했습니다. "아닙니다. 나는 내 백성과 함께 살고 있으니, 별 어려움이 없습니다."

14 엘리사가 말했습니다. "그렇다면 저 여자를 위해 무엇을 해 주면 좋을까?" 게하시가 대답했습니다. "저 여자는 아들이 없고 남편은 늙었습니다."

15 엘리사가 말했습니다. "여자를 불러 오너라." 게하시가 다시 여자를 부르자, 여자가 문간에 와서 섰습니다.

16 엘리사가 말했습니다. "내년 이맘때쯤에 당신은 아들을 품에 안고 있을 것이오." 여자가 말했습니다. "아닙니다. 하나님의 사람이시여, 당신의 여종을 속이지 마십시오."

17 그 여자는 엘리사가 말한 대로 임신하여 그 다음 해에 아들을 낳았습니다.

18 아이가 자랐습니다. 어느 날, 그 아이가 자기 아버지에게 갔습니다. 그의 아버지는 곡식을 거두는 사람들과 함께 있었습니다.

19 아이가 갑자기 자기 아버지 앞에서 외쳤습니다. "아이고, 머리야. 아이고, 내 머리야." 아버지가 종에게 말했습니다. "이 아이를 어머니에게 데려가거라."

20 종이 그 아이를 그의 어머니에게 데려갔습니다. 아이는 낮 12시까지 어머니 무릎 위에 누워 있다가 죽고 말았습니다.

21 어머니가 아이를 안고 올라가 하나님의 사람이 쓰는 침대에 눕혀 놓았습니다. 그리고 문을 닫고 나왔습니다.

22 여자가 자기 남편을 불러 말했습니다. "종 한 명과 나귀 한 마리를 보내 주세요. 빨리 하나님의 사람에게 다녀와야겠어요."

23 여자의 남편이 말했습니다. "왜 오늘 그에게 가려 하오? 오늘은 초하루도 아니고, 안식일도 아니지 않소?" 여자가 말했습니다. "걱정하지 말아요. 괜찮을 거예요."

24 여자가 나귀에 안장을 지우고 종에게 말했습니다. "나귀를 몰아라. 내가 말하기 전에는 늦추지 마라."

25 그리하여 여자는 갈멜 산에 있는 엘리사에게 갔습니다. 엘리사는 멀리서 여자가 오는 모습을 보고 자기 종 게하시에게 말했습니다. "저기를 보아라. 수넴 여자가 오고 있구나.

26 달려가 여자를 맞이하여라. 그리고 '안녕하십니까?'

and he went up to this upper room to rest.

12 ●He said to his servant Gehazi, "Tell the woman from Shunem I want to speak to

13 her." When she appeared, ●Elisha said to Gehazi, "Tell her, 'We appreciate the kind concern you have shown us. What can we do for you? Can we put in a good word for you to the king or to the commander of the army?' "

"No," she replied, "my family takes good care of me."

14 ●Later Elisha asked Gehazi, "What can we do for her?"

Gehazi replied, "She doesn't have a son, and her husband is an old man."

15 ●"Call her back again," Elisha told him. When the woman returned, Elisha said to

16 her as she stood in the doorway, ●"Next year at this time you will be holding a son in your arms!"

"No, my lord!" she cried. "O man of God, don't deceive me and get my hopes up like that."

17 ●But sure enough, the woman soon became pregnant. And at that time the following year she had a son, just as Elisha had said.

18 ●One day when her child was older, he went out to help his father, who was work-

19 ing with the harvesters. ●Suddenly he cried out, "My head hurts! My head hurts!"

His father said to one of the servants, "Carry him home to his mother."

20 ●So the servant took him home, and his mother held him on her lap. But around noontime he died. ●She carried him up and laid him on the bed of the man of God, then shut the door and left him there.

21 ●She sent a message to her husband: "Send one of the servants and a donkey so that I can hurry to the man of God and come right back."

23 ●"Why go today?" he asked. "It is neither a new moon festival nor a Sabbath."

But she said, "It will be all right."

24 ●So she saddled the donkey and said to the servant, "Hurry! Don't slow down unless I tell you to."

25 ●As she approached the man of God at Mount Carmel, Elisha saw her in the distance. He said to Gehazi, "Look, the wo-

26 man from Shunem is coming. ●Run out to meet her and ask her, 'Is everything all right with you, your husband, and your child?' "

"Yes," the woman told Gehazi, "everything is fine."

appreciate [əprí:ʃièit] *vt.* 고맙게 생각하다
approach [əpróutʃ] *vt.* 다가가다

남편도 안녕하시고 아이도 잘 있습니까?' 하고 물어보아라." 여자가 대답했습니다. "다들 잘 있습니다."

27 그러더니 여자가 산에 있는 엘리사에게 와서 그의 발을 붙잡았습니다. 게하시가 가까이 와서 여자를 떼어놓으려 하자, 엘리사가 말했습니다. "그대로 두어라. 여자가 큰 슬픔에 빠져 있다. 여호와께서는 이 일을 나에게 숨기시고 아무 말씀도 해 주지 않으셨다."

28 여자가 말했습니다. "선생님, 나는 아들을 달라고 말한 적이 없습니다. 오히려 거짓말을 하지 말라고 말씀드리지 않았습니까?"

29 엘리사가 게하시에게 말했습니다. "길을 떠날 채비를 하여라. 내 지팡이를 손에 들고 서둘러 떠나라. 가다가 누구를 만나도 인사하지 마라. 누가 인사를 하더라도 대구하지 마라. 내 지팡이를 그 아이의 얼굴 위에 놓아라."

30 그러나 아이의 어머니가 말했습니다. "여호와의 살아 계심과 당신의 살아 계심을 두고 맹세하지만 나는 선생님 곁을 떠나지 않겠습니다." 그래서 엘리사도 자리에서 일어나 여자를 따라갔습니다.

31 게하시가 먼저 가서 지팡이를 아이의 얼굴 위에 올려놓았습니다. 그러나 아이는 소리도 내지 않고 움직이지도 않았습니다. 게하시가 돌아와서 엘리사를 맞이하며 말했습니다. "아이가 깨어나지 않습니다."

32 엘리사가 집으로 들어가 보니, 아이가 죽은 채 자기 침대에 누워 있었습니다.

33 엘리사는 방으로 들어가서 문을 닫았습니다. 방안에는 엘리사와 아이밖에 없었습니다. 엘리사가 여호와께 기도를 드렸습니다.

34 그리고 나서 침대로 가서 아이 위에 엎드렸습니다. 자기 입을 아이의 입에 맞추고 자기 눈을 아이의 눈에 맞추고 자기 손을 아이의 손 위에 올려 놓았습니다. 그렇게 아이 위에 엎드려 있는 사이에 아이의 몸이 따뜻해지기 시작했습니다.

35 엘리사는 침대에서 내려와 방 안에서 왔다갔다한 다음, 다시 침대에 올라가 아이 위에 엎드렸습니다. 그러자 아이가 재채기를 일곱 번 하더니 눈을 떴습니다.

36 엘리사가 게하시를 불러 말했습니다. "수넴 여자를 불러 오너라." 게하시가 수넴 여자를 불렀습니다. 여자가 오자, 엘리사가 말했습니다. "아들을 데리고 가시오."

37 여자가 들어와서 엘리사의 발 앞에 엎드려 절한 다음, 아이를 데리고 밖으로 나갔습니다.

엘리사가 독을 없애다

38 엘리사가 길갈로 돌아왔을 때, 그 땅에는 가뭄이 들었습니다. 예언자의 무리가 엘리사 앞에 앉아 있었습니다. 엘리사가 자기 종에게 말했습니다. "불 위에 큰 솥

---

27 •But when she came to the man of God at the mountain, she fell to the ground before him and caught hold of his feet. Gehazi began to push her away, but the man of God said, "Leave her alone. She is deeply troubled, but the LORD has not told me what it is."

28 Then she said, "Did I ask you for a son, my lord? And didn't I say, 'Don't deceive me and get my hopes up'?"

29 •Then Elisha said to Gehazi, "Get ready to travel*; take my staff and go! Don't talk to anyone along the way. Go quickly and lay the staff on the child's face."

30 •But the boy's mother said, "As surely as the LORD lives and you yourself live, I won't go home unless you go with me." So Elisha returned with her.

31 •Gehazi hurried on ahead and laid the staff on the child's face, but nothing happened. There was no sign of life. He returned to meet Elisha and told him, "The child is still dead."

32 •When Elisha arrived, the child was indeed dead, lying there on the prophet's bed. 33 •He went in alone and shut the door behind him and prayed to the LORD. 34 •Then he lay down on the child's body, placing his mouth on the child's mouth, his eyes on the child's eyes, and his hands on the child's hands. And as he stretched out on him, the child's body began to grow warm again! •Elisha got up, walked back and forth across the room once, and then stretched himself out again on the child. This time the boy sneezed seven times and opened his eyes!

36 •Then Elisha summoned Gehazi. "Call the child's mother!" he said. And when she came in, Elisha said, "Here, take your son!" 37 •She fell at his feet and bowed before him, overwhelmed with gratitude. Then she took her son in her arms and carried him downstairs.

Miracles during a Famine

38 •Elisha now returned to Gilgal, and there was a famine in the land. One day as the group of prophets was seated before him, he said to his servant, "Put a large pot on the fire, and make some stew for the rest of the group."

---

contagious [kəntéidʒəs] *a.* (접촉)전염성의
deceive [disíːv] *vt.* 속이다
gratitude [grǽtətjùːd] *n.* 감사
shred [ʃréd] *vt.* 조각조각으로 찢다
sneeze [sníːz] *vi.* 재채기하다
summon [sʌ́mʌn] *vt.* 부르다, 호출하다

을 올려 놓고 이 사람들을 위해 국을 끓여라."

39 그 가운데서 한 사람이 나물을 캐려고 들에 나갔다 가 야생 덩굴을 발견했습니다. 그는 그 야생 덩굴에 서 박을 따서 자기 옷에 가득 담아 왔습니다. 그리고 그것을 국을 끓이고 있는 솥에 썰어 넣었습니다. 그 들은 그것이 어떤 열매인지 몰랐습니다.

40 사람들이 국을 그릇에 담은 뒤, 먹기 시작했습니다. 그러던 중에 그들이 소리를 질렀습니다. "하나님의 사람이여, 국에 독이 있습니다." 그들은 더 이상 국 을 먹을 수 없었습니다.

41 엘리사가 사람들에게 밀가루를 가져오라고 말했 습니다. 밀가루를 가져오자 엘리사가 그것을 국에 다 넣고 말했습니다. "사람들에게 국을 떠 주어 먹 게 하시오." 그러자 국 안에 있는 독이 없어졌습니 다.

엘리사가 여러 사람에게 빵을 먹이다

42 어떤 사람이 바알 살리사에서 엘리사에게 왔습니 다. 그는 햇곡식으로 만든 보리빵 이십 개와 햇곡식 을 자루에 담아서 엘리사에게 가져왔습니다. 엘리 사가 말했습니다. "그것을 사람들에게 주어서 먹게 하여라."

43 엘리사의 종이 말했습니다. "이렇게 적은 것을 가지 고 어떻게 백 명에게 먹일 수 있겠습니까?" 엘리사 가 말했습니다. "그 빵을 사람들에게 주어서 먹게 하여라. 여호와께서 이렇게 말씀하셨다. '그들이 먹고도 남을 것이다.'"

44 그래서 그 빵을 사람들에게 주니, 여호와께서 말씀 하신 대로 사람들이 먹고도 남았습니다.

나아만의 병을 고치다

5 아람 왕의 군대 사령관인 나아만은 왕이 사랑하 고 아끼던 사람이었습니다. 왜냐하면 여호와께 서 그를 통해 아람이 승리하게 하셨기 때문입니다. 그는 강하고 용감한 사람이었지만 문둥병에 걸려 있었습니다.

2 아람 사람들이 전에 이스라엘에 쳐들어가서 어린 소녀 한 명을 잡아온 일이 있었습니다. 그 소녀는 나 아만 아내의 시중을 들었습니다.

3 그 소녀가 여주인에게 말했습니다. "주인님이 사마 리아에 사는 예언자를 만나 보시면 좋겠습니다. 그 예언자는 주인님의 병을 고칠 수 있을 것입니다."

4 나아만이 왕에게 가서 이스라엘에서 잡아온 소녀 가 한 말을 일러 주었습니다.

5 아람 왕이 말했습니다. "그렇다면 가 보시오. 내가 이스라엘 왕에게 편지를 써 보내겠소." 나아만은 은 십 달란트* 가량과 금 육천 세겔*과 옷 열 벌을 가지 고 길을 떠났습니다.

6 나아만은 이스라엘 왕에게 편지를 전해 주었습니

---

39   •One of the young men went out into the field to gather herbs and came back with a pocketful of wild gourds. He shredded them and put them into the pot without 40 realizing they were poisonous. •Some of the stew was served to the men. But after they had eaten a bite or two they cried out, "Man of God, there's poison in this stew!" So they would not eat it.

41   •Elisha said, "Bring me some flour." Then he threw it into the pot and said, "Now it's all right; go ahead and eat." And then it did not harm them.

42   •One day a man from Baal-shalishah brought the man of God a sack of fresh grain and twenty loaves of barley bread made from the first grain of his harvest. Elisha said, "Give it to the people so they can eat."

43   •"What?" his servant exclaimed. "Feed a hundred people with only this?"

But Elisha repeated, "Give it to the people so they can eat, for this is what the LORD says: Everyone will eat, and there will even 44 be some left over!" •And when they gave it to the people, there was plenty for all and some left over, just as the LORD had promised.

The Healing of Naaman

5 The king of Aram had great admiration for Naaman, the commander of his army, because through him the LORD had given Aram great victories. But though Naaman was a mighty warrior, he suffered from leprosy.*

2   •At this time Aramean raiders had invaded the land of Israel, and among their captives was a young girl who had been given 3 to Naaman's wife as a maid. •One day the girl said to her mistress, "I wish my master would go to see the prophet in Samaria. He would heal him of his leprosy."

4   •So Naaman told the king what the 5 young girl from Israel had said. •"Go and visit the prophet," the king of Aram told him. "I will send a letter of introduction for you to take to the king of Israel." So Naaman started out, carrying as gifts 750 pounds of silver, 150 pounds of gold,* and ten sets of 6 clothing. •The letter to the king of Israel said: "With this letter I present my servant Naaman. I want you to heal him of his leprosy."

5:1 Or *from a contagious skin disease.* The Hebrew word used here and throughout this passage can describe various skin diseases. **5:5** Hebrew *10 talents* [340 kilograms] *of silver, 6,000* [shekels] [68 kilograms] *of gold.*

5:5 10달란트는 약 342.7kg에 해당되며, 6,000세겔은 약 68.4kg에 해당된다.

다. 그 편지에는 "내 종 나아만을 왕에게 보내니 그의 문둥병을 고쳐 주시오"라고 적혀 있었습니다.

7 그 편지를 읽은 이스라엘 왕은 기가 막혀 자기 옷을 찢었습니다. 왕이 말했습니다. "나는 하나님이 아니다. 내가 어떻게 사람을 죽이기도 하고 살리기도 하겠느냐? 어찌하여 이렇게 사람을 보내어 나더러 문둥병을 고치라고 하느냐? 아람 왕이 싸울 구실을 찾으려고 이런 일을 꾸민 것이 틀림없다."

8 하나님의 사람인 엘리사는 이스라엘 왕이 자기 옷을 찢었다는 소식을 들었습니다. 그래서 왕에게 심부름꾼을 보내어 말했습니다. "어찌하여 옷을 찢으셨습니까? 그 사람을 나에게 보내십시오. 이스라엘에 예언자가 있음을 그에게 알려 주겠습니다."

9 그래서 나아만은 말과 전차를 몰아 엘리사의 집으로 가서 문 밖에 섰습니다.

10 엘리사가 나아만에게 심부름하는 사람을 보내어 말했습니다. "요단 강으로 가서 일곱 번 씻으시오. 그러면 당신의 피부가 고침을 받아 깨끗해질 것이오."

11 나아만이 화가 나서 그곳을 떠나며 말했습니다. "나는 적어도 엘리사가 밖으로 나와 내 앞에 서서 그의 주 하나님의 이름을 부르며, 병든 자리에 손을 얹고 문둥병을 고칠 줄 알았다.

12 다마스커스에 있는 아마나 강이나 바르발 강이 이스라엘에 있는 어떤 강보다 좋지 않느냐? 몸을 씻어서 병이 낫는다면 그런 강에서 씻는 것이 낫겠다." 나아만은 크게 화를 내며 발길을 돌렸습니다.

13 그러자 나아만의 종들이 가까이 와서 말했습니다. "주인님, 만약 저 예언자가 그보다 더 큰 일을 하라고 했더라도 그대로 하지 않았겠습니까? 그런데 기껏해야 몸을 씻으라는 것뿐인데 그 정도도 하지 못하시겠습니까?"

14 그리하여 나아만은 내려가서 엘리사가 말한 대로 요단 강에 몸을 일곱 번 담갔습니다. 그러자 나아만의 살결이 마치 어린아이의 살결처럼 깨끗해졌습니다. 그렇게 해서 나아만의 병이 나았습니다.

15 나아만과 그를 따르는 모든 무리가 엘리사에게 돌아왔습니다. 나아만이 엘리사 앞에 서서 말했습니다. "온 땅 가운데서 하나님이 계시는 곳은 오직 이스라엘밖에 없다는 것을 이제야 알았소. 부디 내 선물을 받아 주시오."

16 엘리사가 말했습니다. "내가 섬기는 여호와의 살아 계심을 두고 맹세하지만, 나는 아무것도 받지 않겠소." 나아만이 선물을 받아 달라고 간청했으나, 엘리사는 거절했습니다.

17 그러자 나아만이 말했습니다. "그러시다면 나에게 나귀 두 마리에 실을 수 있는 분량의 흙을 주시오.

7 • When the king of Israel read the letter, he tore his clothes in dismay and said, "Am I God, that I can give life and take it away? Why is this man asking me to heal someone with leprosy? I can see that he's just trying to pick a fight with me."

8 • But when Elisha, the man of God, heard that the king of Israel had torn his clothes in dismay, he sent this message to him: "Why are you so upset? Send Naaman to me, and he will learn that there is a true prophet here in Israel."

9 • So Naaman went with his horses and chariots and waited at the door of Elisha's house. • But Elisha sent a messenger out to

10 him with this message: "Go and wash yourself seven times in the Jordan River. Then your skin will be restored, and you will be healed of your leprosy."

11 • But Naaman became angry and stalked away. "I thought he would certainly come out to meet me!" he said. "I expected him to wave his hand over the leprosy and call on the name of the LORD his God and heal me!

12 • Aren't the rivers of Damascus, the Abana and the Pharpar, better than any of the rivers of Israel? Why shouldn't I wash in them and be healed?" So Naaman turned and went away in a rage.

13 • But his officers tried to reason with him and said, "Sir,* if the prophet had told you to do something very difficult, wouldn't you have done it? So you should certainly obey him when he says simply, 'Go and wash

14 and be cured!' " • So Naaman went down to the Jordan River and dipped himself seven times, as the man of God had instructed him. And his skin became as healthy as the skin of a young child, and he was healed!

15 • Then Naaman and his entire party went back to find the man of God. They stood before him, and Naaman said, "Now I know that there is no God in all the world except in Israel. So please accept a gift from your servant."

16 • But Elisha replied, "As surely as the LORD lives, whom I serve, I will not accept any gifts." And though Naaman urged him to take the gift, Elisha refused.

17 • Then Naaman said, "All right, but please allow me to load two of my mules with earth from this place, and I will take it back home with me. From now on I will never again offer burnt offerings or sacrifices to

leprosy [léprəsi] *n.* 문둥병
restore [ristɔ́ːr] *vt.* 회복하다
5:7 in dismay : 당황하여, 깜짝 놀라
5:11 stalk away : 퉁명스럽게 걸어나가다

5:13 Hebrew *My father.*

이제부터 불에 태워 드리는 제물인 번제물이나 그 밖의 제물을 바칠 때는 다른 신들에게 바치지 않고 오직 여호와께만 바치겠소.

18 그러나 여호와께서 한 가지만은 용서해 주시기 원합니다. 내 주인이 림몬 신전에 들어가서 예배할 때는 내 부축을 받아서 신전에 들어갑니다. 그때는 나도 머리를 숙여야 하는데 이것만은 여호와께서 용서해 주시기 원합니다."

19 엘리사가 말했습니다. "평안히 가시오." 나아만이 엘리사를 떠나 얼마쯤 가고 있었습니다.

20 하나님의 사람 엘리사의 종 게하시가 생각했습니다. '내 주인은 아람 사람 나아만이 가져온 것을 받지 않았다. 내가 하나님께 살아 계심으로 결심하노니 나아만을 뒤쫓아가서 뭔가 하나라도 꼭 받아 오고 말 것이다.'

21 그리하여 게하시는 나아만을 뒤쫓아갔습니다. 나아만은 누군가가 자기를 뒤쫓아오는 것을 보고 전차에서 내려 그를 맞이하며 말했습니다. "안녕하시오?"

22 게하시가 말했습니다. "그렇습니다. 그런데 내 주인이 나를 보내며 말했습니다. '지금 막 예언자의 무리 가운데 두 사람이 에브라임 산지에서 왔습니다. 그들에게 필요한 은 한 달란트*와 옷 두 벌을 주면 좋겠습니다.'"

23 나아만이 말했습니다. "은 두 달란트*를 받으시오." 그러면서 나아만은 게하시에게 은을 억지로 주었습니다. 나아만은 은 두 달란트를 자루 두 개에 담아 옷 두 벌과 함께 자기 종들에게 주며 게하시 앞에서 지고 가게 했습니다.

24 그들이 언덕에 이르렀을 때에 게하시는 그 물건들을 나아만의 종에게서 받아 집에 들여 놓았습니다. 그리고 나아만의 종들을 돌려 보냈습니다.

25 게하시가 들어가 주인 앞에 섰습니다. 엘리사가 그에게 물었습니다. "게하시야, 어디에 갔다 왔느냐?" 게하시가 대답했습니다. "아무 데도 가지 않았습니다."

26 엘리사가 말했습니다. "어떤 사람이 전차에서 내려 너를 맞이할 때 내 영이 너와 함께 있었다. 지금이 돈이나 옷이나 기름이나 포도를 받을 때냐? 지금이 양이나 소나 남종이나 여종을 받을 때냐?

27 나아만의 문둥병이 너와 네 자손에게 영원히 옮겨 질 것이다." 게하시가 엘리사 앞에서 물러나오자, 그에게 문둥병이 생겨 눈처럼 하얗게 되었습니다.

잃어버린 도끼를 찾다

6 예언자의 무리가 엘리사에게 말했습니다. "우리가 선생님을 모시고 사는 이곳은 너무나 좁습니다.

---

any other god except the LORD. •However, may the LORD pardon me in this one thing: When my master the king goes into the temple of the god Rimmon to worship there and leans on my arm, may the LORD pardon me when I bow, too."

19 •"Go in peace," Elisha said. So Naaman started home again.

The Greed of Gehazi

20 •But Gehazi, the servant of Elisha, the man of God, said to himself, "My master should not have let this Aramean get away without accepting any of his gifts. As surely as the LORD lives, I will chase after him and get 21 something from him." •So Gehazi set off after Naaman.

When Naaman saw Gehazi running after him, he climbed down from his chariot and went to meet him. "Is everything all right?" Naaman asked.

22 •"Yes," Gehazi said, "but my master has sent me to tell you that two young prophets from the hill country of Ephraim have just arrived. He would like 75 pounds* of silver and two sets of clothing to give to them."

23 •"By all means, take twice as much* silver," Naaman insisted. He gave him two sets of clothing, tied up the money in two bags, and sent two of his servants to carry the gifts 24 for Gehazi. •But when they arrived at the citadel,* Gehazi took the gifts from the servants and sent the men back. Then he went and hid the gifts inside the house.

25 •When he went in to his master, Elisha asked him, "Where have you been, Gehazi?" "I haven't been anywhere," he replied.

26 •But Elisha asked him, "Don't you realize that I was there in spirit when Naaman stepped down from his chariot to meet you? Is this the time to receive money and clothing, olive groves and vineyards, sheep and cattle, and male and female servants? 27 •Because you have done this, you and your descendants will suffer from Naaman's leprosy forever." When Gehazi left the room, he was covered with leprosy; his skin was white as snow.

The Floating Ax Head

6 One day the group of prophets came to Elisha and told him, "As you can see, this

---

5:18 lean on… : …에 기대다
5:21 set off after… : …를 따라 길을 나서다

5:22 Hebrew *1 talent* [34 kilograms].　5:23 Hebrew *take 2 talents* [150 pounds or 68 kilograms].　5:24 Hebrew *the Ophel*.
5:22 1달란트는 약 34.27kg에 해당된다.
5:23 2달란트는 약 68.54kg에 해당된다.

2 모두들 요단 강으로 가서 나무를 주워다가 살 곳을 짓도록 합시다." 엘리사가 말했습니다. "그렇게 하자."

3 그 가운데 한 사람이 말했습니다. "선생님도 같이 가시지요." 엘리사가 말했습니다. "그래, 나도 가마."

4 그리하여 엘리사도 그들과 함께 갔습니다. 그들은 요단 강에 이르러서 나무를 베기 시작했습니다.

5 어떤 사람이 나무를 찍다가 도끼를 물에 빠뜨리고 말았습니다. 그러자 그가 소리쳤습니다. "선생님, 빌려 온 도끼인데 어쩌면 좋습니까?"

6 엘리사가 물었습니다. "어디에 빠졌느냐?" 그 사람이 엘리사에게 도끼가 빠진 곳을 가리켰습니다. 엘리사가 나뭇가지 하나를 꺾어서 그곳에 던지자, 도끼가 떠올랐습니다.

7 엘리사가 말했습니다. "도끼를 건져 내어라." 그가 손을 내밀어 도끼를 건져 냈습니다.

엘리사와 아람 군대

8 아람 왕이 이스라엘과 전쟁을 할 때였습니다. 아람 왕이 신하들과 회의를 하던 중에 말했습니다. "이곳에 진을 쳐야겠소."

9 엘리사가 이스라엘 왕에게 심부름하는 사람을 보내어 말했습니다. "조심하시오. 그곳으로 지나가지 마시오. 아람 사람들이 그리로 내려가고 있소."

10 이스라엘 왕은 엘리사가 말해 준 곳에 사람들을 보냈습니다. 그리고 그곳을 특별히 잘 지키게 했습니다. 엘리사가 그렇게 알려 주어 미리 방비한 것이 한두 번이 아니었습니다.

11 아람 왕이 그 일 때문에 화가 났습니다. 그가 신하들을 불러 놓고 말했습니다. "우리 가운데서 이스라엘 왕과 내통하는 사람이 도대체 누구요?"

12 신하들 가운데서 한 사람이 아람 왕에게 말했습니다. "내 주 왕이시여, 그렇지 않습니다. 그런 일을 하는 사람은 이스라엘의 예언자 엘리사입니다. 그는 왕이 침대에서 하는 말까지도 이스라엘 왕에게 알려 주는 사람입니다."

13 왕이 말했습니다. "가서 그 사람이 어디에 있는지 알아보시오. 내가 사람을 보내어 그를 붙잡아 오겠소." 신하들이 돌아와서 왕에게 보고했습니다. "그는 도단에 있습니다."

14 그러자 왕이 말과 전차와 큰 군대를 도단으로 보냈습니다. 그들은 밤에 그곳에 이르러 그 성을 에워쌌습니다.

15 엘리사의 종이 일찍 일어나 바깥으로 나가 보니, 큰 군대가 말과 전차를 이끌고 성을 에워싸고 있었습니다. 종이 엘리사에게 말했습니다. "주인님, 어떻게 하면 좋겠습니까?"

16 엘리사가 말했습니다. "두려워하지 마라. 우리를

---

place where we meet with you is too small.
● Let's go down to the Jordan River, where there are plenty of logs. There we can build a new place for us to meet."

"All right," he told them, "go ahead."

3 ● "Please come with us," someone suggested.

4 "I will," he said. ● So he went with them.

When they arrived at the Jordan, they

5 began cutting down trees. ● But as one of them was cutting a tree, his ax head fell into the river. "Oh, sir!" he cried. "It was a borrowed ax!"

6 ● "Where did it fall?" the man of God asked. When he showed him the place, Elisha cut a stick and threw it into the water at that spot. Then the ax head floated to the

7 surface. ● "Grab it," Elisha said. And the man reached out and grabbed it.

Elisha Traps the Arameans

8 ● When the king of Aram was at war with Israel, he would confer with his officers and say, "We will mobilize our forces at such and such a place."

9 ● But immediately Elisha, the man of God, would warn the king of Israel, "Do not go near that place, for the Arameans are planning to mobilize their troops there."

10 ● So the king of Israel would send word to the place indicated by the man of God. Time and again Elisha warned the king, so that he would be on the alert there.

11 ● The king of Aram became very upset over this. He called his officers together and demanded, "Which of you is the traitor? Who has been informing the king of Israel of my plans?"

12 ● "It's not us, my lord the king," one of the officers replied. "Elisha, the prophet in Israel, tells the king of Israel even the words you speak in the privacy of your bedroom!"

13 ● "Go and find out where he is," the king commanded, "so I can send troops to seize him."

And the report came back: "Elisha is at

14 Dothan." ● So one night the king of Aram sent a great army with many chariots and horses to surround the city.

15 ● When the servant of the man of God got up early the next morning and went outside, there were troops, horses, and chariots everywhere. "Oh, sir, what will we do now?" the young man cried to Elisha.

16 ● "Don't be afraid!" Elisha told him. "For there are more on our side than on theirs!"

---

confer [kənfə́:r] *vi.* 의논하다
grab [græb] *vt.* 붙잡다
traitor [tréitər] *n.* 밀고자
6:10 on the alert : 준비가 갖추어져서

위해 싸우는 군대는 저 군대보다 더 강하다."

17 그리고 나서 엘리사가 기도드렸습니다. "여호와여, 내 종의 눈을 열어 주셔서 볼 수 있게 해 주십시오." 여호와께서 종의 눈을 열어 주시니 온 산에 불말과 불전차가 가득하여 엘리사를 에워싸고 있는 모습이 보였습니다.

18 적군이 엘리사에게 다가오자, 엘리사가 여호와께 기도드렸습니다. "저 사람들의 눈이 멀게 해 주십시오." 그러자 엘리사의 기도대로 여호와께서 아람 군대의 눈을 멀게 하셨습니다.

19 엘리사가 그들에게 말했습니다. "이 길은 다른 길이요, 이 성도 다른 성이니 나를 따라오시오, 당신들이 찾고 있는 사람에게 데려다 주겠소." 그리하여 엘리사는 그들을 사마리아로 데려갔습니다.

20 그들이 사마리아에 들어서자, 엘리사가 말했습니다. "여호와여, 이 사람들의 눈을 열어 주셔서 볼 수 있게 해 주십시오." 여호와께서 그들의 눈을 열어 주셨습니다. 아람 군대는 자기들이 사마리아 성에 와 있는 것을 알게 되었습니다.

21 이스라엘 왕이 아람 군대를 보고 엘리사에게 물었습니다. "내가 저들을 죽여도 되겠습니까?"

22 엘리사가 대답했습니다. "죽이지 마십시오, 저 사람들은 왕의 칼과 활로 사로잡은 것이 아니지 않습니까? 그들에게 먹을 것과 물을 주어서 먹고 마시게 한 다음, 그들의 주인에게 돌려 보내십시오."

23 그리하여 왕은 아람 군대를 위해 큰 잔치를 베풀었습니다. 그들이 먹고 마시게 한 뒤, 왕은 그들을 돌려 보냈습니다. 그들은 자기 주인에게 돌아갔습니다. 그 뒤로 얼마 동안, 아람 군대는 이스라엘 땅에 쳐들어오지 않았습니다.

굶주림에서 벗어나다

24 얼마 뒤에 아람의 벤하닷 왕이 온 군대를 불러 모아 사마리아로 가서 그곳을 에워싸고 공격했습니다.

25 그래서 사마리아에 엄청난 굶주림이 있었습니다. 심지어 나귀 머리 하나가 은 팔십 세겔* 가량에 팔리고, 비둘기 똥 사분의 일 가량이 은 오 세겔*에 팔렸습니다.

26 이스라엘의 왕이 성벽 위를 지나가고 있는데 어떤 여자가 왕에게 부르짖었습니다. "내 주 왕이여, 좀 도와 주십시오."

27 왕이 말했습니다. "여호와께서 돕지 않으시는데, 내가 어찌 도울 수 있겠느냐? 나에게는 너를 도울 곡식도 없고, 포도주도 없다."

28 그리고 왕이 또 물었습니다. "그런데 무슨 일로 그러느냐?" 여자가 대답했습니다. "이 여자가 나에게 '당신 아들을 내놓아라. 오늘은 당신 아들을 잡아먹고 내일은 내 아들을 잡아먹자' 라고 말했습니다.

---

17 •Then Elisha prayed, "O LORD, open his eyes and let him see!" The LORD opened the young man's eyes, and when he looked up, he saw that the hillside around Elisha was filled with horses and chariots of fire.

18 •As the Aramean army advanced toward him, Elisha prayed, "O LORD, please make them blind." So the LORD struck them with blindness as Elisha had asked.

19 •Then Elisha went out and told them, "You have come the wrong way! This isn't the right city! Follow me, and I will take you to the man you are looking for." And he led them to the city of Samaria.

20 •As soon as they had entered Samaria, Elisha prayed, "O LORD, now open their eyes and let them see." So the LORD opened their eyes, and they discovered that they were in the middle of Samaria.

21 •When the king of Israel saw them, he shouted to Elisha, "My father, should I kill them? Should I kill them?"

22 •"Of course not!" Elisha replied. "Do we kill prisoners of war? Give them food and drink and send them home again to their master."

23 •So the king made a great feast for them and then sent them home to their master. After that, the Aramean raiders stayed away from the land of Israel.

Ben-Hadad Besieges Samaria

24 •Some time later, however, King Ben-hadad of Aram mustered his entire army and besieged Samaria. •As a result, there was a

25 great famine in the city. The siege lasted so long that a donkey's head sold for eighty pieces of silver, and a cup of dove's dung sold for five pieces* of silver.

26 •One day as the king of Israel was walking along the wall of the city, a woman called to him, "Please help me, my lord the king!"

27 •He answered, "If the LORD doesn't help you, what can I do? I have neither food from the threshing floor nor wine from the press

28 to give you." •But then the king asked, "What is the matter?" She replied, "This woman said to me:

besiege [bisí:dʒ] *vt.* 포위(공격)하다
feast [fí:st] *n.* 잔치, 연회
muster [mʌ́stər] *vt.* 모으다, 소집하다

6:25 Hebrew *sold for 80 [shekels]* [2 pounds or 0.9 kilograms] *of silver, and 1/4 of a cab* [0.3 liters] *of dove's dung sold for 5 [shekels]* [2 ounces or 57 grams]. *Dove's dung* may be a variety of wild vegetable.

6:25 80세겔은 약 912g에 해당되고, 5세겔은 약 57g에 해당된다.

다.

29 그래서 내 아들을 삶아서 먹었습니다. 다음 날, 내가 여자에게 '당신 아들을 내놓아라. 그 아이를 같이 잡아먹자' 하고 말했더니, 이 여자가 아이를 감추어 버렸습니다.”

30 왕은 여자의 말을 듣고 너무나 기가 막혀 자기 옷을 찢었습니다. 왕이 성벽을 따라 걷고 있었기 때문에 왕이 겉옷 안에 베옷을 입고 있는 것을 백성이 볼 수 있었습니다.

31 왕이 말했습니다. “오늘 사밧의 아들 엘리사의 머리를 반드시 베어 내고 말겠다. 만약 그렇게 하지 못하면 하나님께서 나에게 무서운 벌을 내리실 것이다.”

32 왕이 엘리사에게, 명령을 받고 심부름하는 사람을 보냈습니다. 엘리사는 자기 집에 앉아 있었고, 장로들도 엘리사 곁에 앉아 있었습니다. 왕이 보낸 사람이 이르기도 전에 엘리사가 장로들에게 말했습니다. “보시오, 이 살인자가 사람들을 보내어 내 머리를 베려 하고 있소. 사자가 이르거든 문을 잠그고 열어 주지 마시오, 왕의 발자국 소리도 들리오.”

33 엘리사가 아직 장로들과 말하고 있는데, 왕의 심부름꾼이 와서 말했습니다. “이 재앙은 여호와께서 내리신 것이오. 내가 어찌 여호와께 더 기대할 수 있겠소?”

7 엘리사가 말했습니다. “여호와의 말씀을 들어 보시오, 여호와께서 이렇게 말씀하셨소. ‘내일 이맘때쯤에 사마리아 성문에서 고운 밀가루 한 스아*를 은 한 세겔*에, 보리 두 스아*를 은 한 세겔에 살 수 있을 것이다.’”

2 그러자 왕 곁에 있던 보좌관이 엘리사에게 대답했습니다. “여호와께서 하늘의 창을 열고 곡식을 쏟아 부어 주신다 하더라도 그런 일은 일어날 수 없소.” 엘리사가 말했습니다. “당신은 당신 눈으로 그것을 볼 수 있을 것이오, 그러나 그것을 먹지는 못할 것이오.”

3 성문 입구에 문둥병자 네 명이 있었습니다. 그들이 서로 말했습니다. “이렇게 앉아서 죽을 수는 없지 않으냐?

4 성 안에 들어가 봐야 먹을 것이 없으니 굶어 죽을 테고, 여기에 가만히 앉아 있어도 죽기는 마찬가지다. 그러니 아람 군대에게 가서 항복하자. 그들이 우리를 살려 주면 사는 것이고, 죽이면 죽는 것이다.”

5 그들은 땅거미가 질 무렵 자리에서 일어나 아람 군대의 진으로 갔습니다. 그런데 그곳에는 아무도 없었습니다.

---

29 'Come on, let's eat your son today, then we will eat my son tomorrow.' •So we cooked my son and ate him. Then the next day I said to her, 'Kill your son so we can eat him,' but she has hidden her son.

30 •When the king heard this, he tore his clothes in despair. And as the king walked along the wall, the people could see that he was wearing burlap under his robe next to his skin.

31 •“May God strike me and even kill me if I don't separate Elisha's head from his shoulders this very day,” the king vowed.

32 •Elisha was sitting in his house with the elders of Israel when the king sent a messenger to summon him. But before the messenger arrived, Elisha said to the elders, “A murderer has sent a man to cut off my head. When he arrives, shut the door and keep him out. We will soon hear his master's steps following him.”

33 •While Elisha was still saying this, the messenger arrived. And the king* said, “All this misery is from the LORD! Why should I wait for the LORD any longer?”

7 Elisha replied, “Listen to this message from the LORD! This is what the LORD says: By this time tomorrow in the markets of Samaria, six quarts of choice flour will cost only one piece of silver,* and twelve quarts of barley grain will cost only one piece of silver.*”

2 •The officer assisting the king said to the man of God, “That couldn't happen even if the LORD opened the windows of heaven!”
But Elisha replied, “You will see it happen with your own eyes, but you won't be able to eat any of it!”

Outcasts Visit the Enemy Camp

3 •Now there were four men with leprosy* sitting at the entrance of the city gates. “Why should we sit here waiting to die?” they asked each

4 other. •“We will starve if we stay here, but with the famine in the city, we will starve if we go back there. So we might as well go out and surrender to the Aramean army. If they let us live, so much the better. But if they kill us, we would have died anyway.”

5 •So at twilight they set out for the camp of the Arameans. But when they came to the edge

---

6:33 Hebrew he.   7:1a Hebrew 1 seah [7.3 liters] of choice flour will cost 1 shekel [0.4 ounces or 11 grams]; also in 7:16, 18.   7:1b Hebrew 2 seahs [14.6 liters] of barley grain will cost 1 shekel [0.4 ounces or 11 grams]; also in 7:16, 18.   7:3 Or with a contagious skin disease. The Hebrew word used here and throughout this passage can describe various ous skin diseases.

7:1 1스아는 약 7.6ℓ에 해당되고, 1세겔은 약 11.4g에 해당되며, 2스아는 약 15.2ℓ에 해당된다.

6 주께서는 아람 군대의 귀에 전차와 말과 큰 군대의 소리가 들리도록 하셨습니다. 그들이 서로 말했습니다. "이스라엘 왕이 헷과 이집트의 왕들을 불러 우리를 치려 한다."

7 그래서 그들은 땅거미가 질 때에 장막과 말과 나귀들을 버려 두고 도망쳤습니다. 그들은 목숨을 건지려고 진을 그대로 내버려 둔 채 도망친 것입니다.

8 문둥병자들이 진의 가장자리로 가서 어느 장막 안으로 들어갔습니다. 그들은 거기에서 먹고 마셨습니다. 그리고 은과 금과 옷가지들을 진에서 가지고 나와 숨겨 두었습니다. 그런 다음에 그들은 다시 진으로 돌아가서 다른 장막으로 들어갔습니다. 거기에서도 여러 물건을 챙긴 뒤, 숨겨 두었습니다.

9 그러다가 그들이 서로 말했습니다. "우리는 지금 옳지 않은 일을 하고 있네. 이렇게 좋은 소식이 있는데도 아무 말을 않고 해가 뜰 때까지 기다린다면, 우리는 벌을 받을 것이네. 당장 가서 왕궁에 있는 사람들에게 이 사실을 알려 주세."

10 그리하여 그들은 성으로 가서 성의 문지기를 불러 말했습니다. "아람 군대의 진으로 갔더니 거기에 아무도 없었고 아무 소리도 들리지 않았습니다. 말과 나귀들은 그대로 매여 있고, 장막들도 그대로 세워져 있었습니다."

11 그러자 성의 문지기들이 소리를 지르며 왕궁 안에 있는 사람들에게 그 사실을 알려 주었습니다.

12 그 소리를 들은 왕이 밤중에 자리에서 일어나 신하들에게 말했습니다. "아람 사람들이 꾸민 계략을 내가 말해 보겠소. 그들은 우리가 굶주리고 있다는 것을 알고 있소. 그래서 그들은 진을 떠나 들에 숨어 있는 것이오. 그들은 '이스라엘 사람들이 성에서 나오면 그들을 사로잡고 그들의 성으로 쳐들어가자'고 말하고 있소."

13 신하 가운데서 한 사람이 대답했습니다. "이대로 있다가는 이 성 안에 남아 있는 모든 이스라엘 백성도 이미 죽은 사람들처럼 죽게 될 것이 뻔합니다. 그러니 몇 사람에게, 남아 있는 말 다섯 마리를 타고 밖으로 나가서 한번 살펴보게 하는 것이 어떻겠습니까?"

14 그래서 몇 명의 사람들이 전차 두 대와 말들을 끌고 왕 앞으로 나아왔습니다. 왕이 그들에게 말했습니다. "아람 군대의 뒤를 쫓아가서 무슨 일이 일어났는지 살펴보아라."

15 그들이 요단 강까지 아람 군대의 뒤를 쫓아가 보았습니다. 길에는 옷과 장비들이 잔뜩 널려 있었는데, 그것은 아람 군대가 서둘러 도망치면서 내버린 것이었습니다. 사자들이 왕에게 돌아와서 그 사실을 알려 주었습니다.

6 of the camp, no one was there! • For the Lord had caused the Aramean army to hear the clatter of speeding chariots and the galloping of horses and the sounds of a great army approaching. "The king of Israel has hired the Hittites and Egyptians* to attack us!" they cried to one another. • So they panicked and ran into the night, abandoning their tents, horses, donkeys, and everything else, as they fled for their lives.

8 • When the men with leprosy arrived at the edge of the camp, they went into one tent after another, eating and drinking wine; and they carried off silver and gold and 9 clothing and hid it. • Finally, they said to each other, "This is not right. This is a day of good news, and we aren't sharing it with anyone! If we wait until morning, some calamity will certainly fall upon us. Come on, let's go back and tell the people at the palace."

10 • So they went back to the city and told the gatekeepers what had happened. "We went out to the Aramean camp," they said, "and no one was there! The horses and donkeys were tethered and the tents were all in order, but there wasn't a single person 11 around!" • Then the gatekeepers shouted the news to the people in the palace.

Israel Plunders the Camp

12 • The king got out of bed in the middle of the night and told his officers, "I know what has happened. The Arameans know we are starving, so they have left their camp and have hidden in the fields. They are expecting us to leave the city, and then they will take us alive and capture the city."

13 • One of his officers replied, "We had better send out scouts to check into this. Let them take five of the remaining horses. If something happens to them, it will be no worse than if they stay here and die with the rest of us."

14 • So two chariots with horses were prepared, and the king sent scouts to see what had happened to the Aramean army. • They went all the way to the Jordan River, following a trail of clothing and equipment that the Arameans had thrown away in their mad rush to escape. The scouts returned and

---

abandon [əbǽndən] *vt.* 버리다

calamity [kəlǽməti] *n.* 큰 재난; 참사

gallop [ɡǽləp] *vi.* 질주하다

leper [lépər] *n.* 문둥병자

scout [skáut] *n.* 정찰병, 수색병

starve [stάːrv] *vi.* 굶어 죽다

tether [téðər] *vt.* 밧줄로 잡아매다, 속박하다

7:6 Possibly *and the people of Muzur*, a district near Cilicia.

16 그러자 백성들이 밖으로 나가 아람 군대의 진을 뒤져 온갖 물건들을 훔쳤습니다. 여호와께서 말씀하신 대로 고운 밀가루 한 스아를 은 한 세겔에, 보리 두 스아를 은 한 세겔에 살 수 있었습니다.

17 왕이 가까이에 있던 보좌관을 시켜 성문을 지키게 했습니다. 그러나 백성들이 그를 밟고 지나가 죽고 말았습니다. 모든 일이 하나님의 사람인 엘리사가 왕과 그 신하들에게 말한 대로 이루어졌습니다.

18 전에 엘리사는 왕에게 이렇게 말했습니다. "내일 이맘때쯤에 사마리아 성문에서 고운 밀가루 한 스아를 은 한 세겔에, 보리 두 스아를 은 한 세겔에 살 수 있을 것이오."

19 그러자 왕의 보좌관이 대답했습니다. "여호와께서 하늘의 창을 열고 곡식을 쏟아 부어 주신다 하더라도 그런 일은 일어날 수 없소." 엘리사가 그에게 말했습니다. "당신 눈으로 틀림없이 볼 수 있을 것이오. 그러나 당신은 아무것도 먹지 못할 것이오."

20 그 보좌관은 엘리사의 말대로 되었습니다. 백성들이 성문에서 그를 밟고 지나가는 바람에 그는 죽고 말았습니다.

수넴 여자가 자기 땅을 돌려받다

8 엘리사가 전에 그 아들을 살려 준 적이 있는 수넴 여자에게 말했습니다. "일어나서 가족과 함께 떠나시오. 어디든지 살 만한 나라로 가서 머무르시오. 여호와께서 이 땅에 칠 년 동안, 가뭄을 내리실 것이오."

2 그 여자는 엘리사가 말한 대로 가족과 함께 떠났습니다. 그들은 블레셋 사람들의 땅에서 칠 년 동안, 머물렀습니다.

3 칠 년이 지난 뒤에 그 여자는 블레셋 사람들의 땅에서 돌아와 자기 집과 땅을 돌려 달라고 말하기 위해 왕에게 갔습니다.

4 그때, 왕은 엘리사의 종인 게하시와 이야기를 나누고 있었습니다. 왕이 게하시에게 말했습니다. "엘리사가 보여 준 놀라운 일들을 다 이야기해 보아라."

5 그러자 게하시는 왕에게 엘리사가 죽은 사람을 다시 살려 낸 이야기를 들려 주었습니다. 그때, 마침 엘리사로 말미암아 아들의 목숨을 살린 적이 있는 수넴 여자가 들어와서 왕에게 자기 집과 땅을 돌려 달라고 부탁했습니다. 게하시가 말했습니다. "내 주 왕이시여, 이 여자가 바로 그 여자입니다. 그리고 엘리사가 이 아이를 살려 주었습니다."

6 왕이 여자에게 물었습니다. 그러자 여자가 그 일에 대해 이야기했습니다. 왕이 한 신하를 불러서 여자를 도와 주도록 명령했습니다. 왕이 말했습니다. "이 여자의 재산을 다 돌려 주어라. 그리고 이 여자

16 told the king about it. •Then the people of Samaria rushed out and plundered the Aramean camp. So it was true that six quarts of choice flour were sold that day for one piece of silver, and twelve quarts of barley grain were sold for one piece of silver, just as

17 the LORD had promised. •The king appointed his officer to control the traffic at the gate, but he was knocked down and trampled to death as the people rushed out.

So everything happened exactly as the man of God had predicted when the king

18 came to his house. •The man of God had said to the king, "By this time tomorrow in the markets of Samaria, six quarts of choice flour will cost one piece of silver, and twelve quarts of barley grain will cost one piece of silver."

19 •The king's officer had replied, "That couldn't happen even if the LORD opened the windows of heaven!" And the man of God had said, "You will see it happen with your own eyes, but you won't be able to eat

20 any of it!" •And so it was, for the people trampled him to death at the gate!

The Woman from Shunem Returns Home

8 Elisha had told the woman whose son he had brought back to life, "Take your family and move to some other place, for the LORD has called for a famine on Israel

2 that will last for seven years." •So the woman did as the man of God instructed. She took her family and settled in the land of the Philistines for seven years.

3 •After the famine ended she returned from the land of the Philistines, and she went to see the king about getting back her

4 house and land. •As she came in, the king was talking with Gehazi, the servant of the man of God. The king had just said, "Tell me some stories about the great things Elisha

5 has done." •And Gehazi was telling the king about the time Elisha had brought a boy back to life. At that very moment, the mother of the boy walked in to make her appeal to the king about her house and land.

"Look, my lord the king!" Gehazi exclaimed. "Here is the woman now, and this is her son—the very one Elisha brought back to life!"

6 •"Is this true?" the king asked her. And she told him the story. So he directed one of his officials to see that everything she had

choice [tʃɔis] *a.* 최상의, 정선된
famine [fǽmin] *n.* 기근, 가뭄
plunder [plʌ́ndər] *vt.* 약탈하다
trample [trǽmpl] *vt.* 짓밟다, 밟아 뭉개다
8:5 make one's appeal to … : …에게 호소하다

가 떠난 날부터 지금까지 이 여자의 땅에서 생긴 수입도 다 돌려 주어라."

벤하닷이 죽임을 당하다

7 엘리사가 다마스커스에 갔습니다. 그때, 아람 왕 벤하닷은 병들어 있었습니다. 누군가가 그에게 말했습니다. "하나님의 사람이 여기에 와 있습니다."

8 그러자 왕이 하사엘에게 말했습니다. "손에 선물을 들고 하나님의 사람을 만나러 가시오. 여호와께 내 병이 나을지, 낫지 않을지 여쭤 봐 달라고 하시오."

9 하사엘이 선물을 가지고 엘리사를 만나러 갔습니다. 그는 다마스커스에서 나는 온갖 좋은 물건을 사십 마리의 낙타에 싣고 갔습니다. 하사엘이 말했습니다. "아람 왕 벤하닷이 나를 선생님에게 보냈습니다. 그가 지금 앓고 있는 병이 나을지, 낫지 않을지 여쭈어 보라고 했습니다."

10 엘리사가 말했습니다. "벤하닷에게 가서 틀림없이 나을 것이라고 전하시오. 그러나 여호와께서는 그가 틀림없이 죽을 것이라고 나에게 가르쳐 주셨소."

11 그리고 엘리사는 하사엘이 부끄러움을 느낄 정도로 하사엘의 얼굴을 뚫어지게 쳐다보더니 갑자기 울음을 터뜨렸습니다.

12 하사엘이 물었습니다. "아니, 선생님, 왜 그러십니까?" 엘리사가 대답했습니다. "당신이 이스라엘 백성에게 어떤 악한 일을 할지 내가 알고 있기 때문이오. 당신은 이스라엘의 강하고 굳건한 성을 불태울 것이고, 젊은이들을 칼로 죽일 것이며, 아이들을 땅에 메어칠 것이고 임신한 여자들의 배를 가를 것이오."

13 하사엘이 말했습니다. "나는 개만도 못한 사람인데 어떻게 그런 일을 할 수 있겠습니까?" 엘리사가 대답했습니다. "당신이 아람의 왕이 될 것을 여호와께서 나에게 보여 주셨소."

14 하사엘이 엘리사 곁을 떠나 그의 주인에게 돌아갔습니다. 벤하닷이 하사엘에게 물었습니다. "엘리사가 무슨 말을 했소?" 하사엘이 대답했습니다. "왕이 틀림없이 나을 것이라고 말했습니다."

15 그러나 이튿날 하사엘은 담요를 물에 적셔서 벤하닷의 얼굴을 덮어 그를 죽였습니다. 그리고 그의 뒤를 이어 왕이 되었습니다.

유다의 여호람 왕

16 아합의 아들 요람이 이스라엘 왕으로 있은 지 오 년째 되는 해에 여호사밧의 아들 여호람이 유다의 왕이 되었습니다.

17 여호람이 왕이 되었을 때, 그의 나이는 서른두 살이었습니다. 그는 예루살렘에서 팔 년 동안, 다스렸습니다.

lost was restored to her, including the value of any crops that had been harvested during her absence.

Hazael Murders Ben-Hadad

7 •Elisha went to Damascus, the capital of Aram, where King Ben-hadad lay sick. When someone told the king that the man of God had come, •the king said to Hazael,
8 "Take a gift to the man of God. Then tell him to ask the LORD, 'Will I recover from this illness?'"

9 •So Hazael loaded down forty camels with the finest products of Damascus as a gift for Elisha. He went to him and said, "Your servant Ben-hadad, the king of Aram, has sent me to ask, 'Will I recover from this illness?'"

10 •And Elisha replied, "Go and tell him, 'You will surely recover.' But actually the LORD has shown me that he will surely die!"

11 •Elisha stared at Hazael* with a fixed gaze until Hazael became uneasy.* Then the man of God started weeping.

12 "What's the matter, my lord?" Hazael asked him.
Elisha replied, "I know the terrible things you will do to the people of Israel. You will burn their fortified cities, kill their young men with the sword, dash their little children to the ground, and rip open their pregnant women!"

13 •Hazael responded, "How could a nobody like me* ever accomplish such great things?"
Elisha answered, "The LORD has shown me that you are going to be the king of Aram."

14 •When Hazael left Elisha and went back, the king asked him, "What did Elisha tell you?"
And Hazael replied, "He told me that you will surely recover."

15 •But the next day Hazael took a blanket, soaked it in water, and held it over the king's face until he died. Then Hazael became the next king of Aram.

Jehoram Rules in Judah

16 •Jehoram son of King Jehoshaphat of Judah began to rule over Judah in the fifth year of the reign of Joram son of Ahab, king of Israel. •Jehoram was thirty-two years old

---

accomplish [əkámpliʃ] *vt.* 성취하다
dash [dǽʃ] *vt.* 내던지다
soak [sóuk] *vt.* 적시다, 담그다
8:11 with a fixed gaze : 고정된 시선으로

8:11a Hebrew *He stared at him.*   8:11b The meaning of the Hebrew is uncertain.   8:13 Hebrew *a dog.*

18 그러나 여호람은 아합의 딸을 아내로 맞아들인 탓에 아합의 집안이 행한 것처럼 이스라엘 왕들의 길을 그대로 따랐습니다.

19 여호와께서는 자기 종 다윗 때문에 유다를 멸망시키려 하지는 않으셨습니다. 왜냐하면 주께서는 다윗과 그의 자손이 영원히 나라를 가지게 될 것이라고 약속하셨기 때문입니다.

20 여호람 왕이 유다를 다스리고 있을 때에 에돔이 유다에 반역했습니다. 에돔 백성은 자기들의 왕을 따로 세웠습니다.

21 그래서 여호람은 모든 전차를 이끌고 사일로 갔습니다. 밤중에 에돔 사람들이 여호람과 그의 전차 부대를 에워쌌습니다. 여호람이 일어나 에돔 사람들을 공격했으나, 그의 군대는 자기 장막으로 도망쳤습니다.

22 이처럼 에돔 사람이 유다를 배반해서 오늘날까지 에돔이 유다의 지배를 벗어나 있습니다. 그때에 립나도 유다를 배반했습니다.

23 여호람이 한 다른 모든 일은 유다 왕들의 역사책에 기록되어 있습니다.

24 여호람이 죽어 조상들과 함께 다윗 성에 묻히고, 그의 아들 아하시야가 여호람의 뒤를 이어 왕이 되었습니다.

25 아합의 아들 요람이 이스라엘의 왕으로 있은 지 십이 년째 되는 해에 여호람의 아들 아하시야가 유다의 왕이 되었습니다.

26 아하시야가 왕이 되었을 때, 그의 나이는 스물두 살이었습니다. 그는 예루살렘에서 일 년 동안, 다스렸습니다. 그의 어머니의 이름은 아달랴인데, 아달랴는 이스라엘의 오므리 왕의 손녀입니다.

27 아하시야는 아합의 집안이 했던 길을 그대로 따랐습니다. 그는 아합의 집안과 마찬가지로 여호와께서 보시기에 악한 일을 했습니다. 그것은 그가 아합 집안의 사위였기 때문입니다.

28 아하시야는 아합의 아들 요람과 함께 길르앗 땅 라못으로 갔습니다. 그들은 그곳에서 아람 왕 하사엘과 싸웠습니다. 요람은 아람 사람들과 싸우던 중 부상을 당했습니다.

29 요람 왕은 그 상처를 치료하려고 이스르엘로 돌아왔습니다. 여호람의 아들이며 유다의 왕인 아하시야가 부상을 당한 아합의 아들 요람을 문병하기 위해 이스르엘로 내려갔습니다.

예후가 왕으로 뽑히다

9 엘리사가 예언자의 무리 가운데서 한 사람을 불러 말했습니다. "옷을 단단히 동여매고 이 작은 기름병을 손에 들고 길르앗 땅 라못으로 가거라.

---

18 when he became king, and he reigned in Jerusalem eight years. •But Jehoram followed the example of the kings of Israel and was as wicked as King Ahab, for he had married one of Ahab's daughters. So Jehoram did what 19 was evil in the LORD's sight. •But the LORD did not want to destroy Judah, for he had promised his servant David that his descendants would continue to rule, shining like a lamp forever.

20 •During Jehoram's reign, the Edomites revolted against Judah and crowned their 21 own king. •So Jehoram* went with all his chariots to attack the town of Zair.* The Edomites surrounded him and his chariot commanders, but he went out at night and attacked them* under cover of darkness. But Jehoram's army deserted him and fled to their 22 homes. •So Edom has been independent from Judah to this day. The town of Libnah also revolted about that same time.

23 •The rest of the events in Jehoram's reign and everything he did are recorded in *The Book of the History of the Kings of Judah.* 24 •When Jehoram died, he was buried with his ancestors in the City of David. Then his son Ahaziah became the next king.

Ahaziah Rules in Judah

25 •Ahaziah son of Jehoram began to rule over Judah in the twelfth year of the reign of Joram son of Ahab, king of Israel.

26 •Ahaziah was twenty-two years old when he became king, and he reigned in Jerusalem one year. His mother was Athaliah, a grand-27 daughter of King Omri of Israel. •Ahaziah followed the evil example of King Ahab's family. He did what was evil in the LORD's sight, just as Ahab's family had done, for he was related by marriage to the family of Ahab.

28 •Ahaziah joined Joram son of Ahab in his war against King Hazael of Aram at Ramoth-gilead. When the Arameans wounded King 29 Joram in the battle, •he re-turned to Jezreel to recover from the wounds he had received at Ramoth.* Because Joram was wounded, King Ahaziah of Judah went to Jezreel to visit him.

Jehu Anointed King of Israel

9 Meanwhile, Elisha the prophet had summoned a member of the group of prophets. "Get ready to travel," * he told him, "and take this flask of olive oil with you. Go to Ramoth-

---

8:21a Hebrew *Joram*, a variant spelling of Jehoram; also in 8:23, 24.　8:21b Greek version reads *Seir*.　8:21c Or *he went out and escaped.* The meaning of the Hebrew is uncertain.　8:29 Hebrew *Ramah*, a variant spelling of Ramoth. 9:1 Hebrew *Bind up your loins.*

2 그곳에 이르거든 님시의 손자이며 여호사밧의 아들인 예후를 찾아라. 들어가서 예후를 형제들 가운데서 불러 내어 골방으로 데려가거라.

3 기름병을 가지고 예후의 머리에 기름을 부으면서 '여호와께서 당신을 이스라엘의 왕으로 세우셨다고 말씀하셨소' 하고 말하여라. 그런 다음에 문을 열고 빨리 도망쳐라. 머뭇거리지 마라."

4 그리하여 예언자인 그 젊은이가 일어나 길르앗땅 라못으로 갔습니다.

5 그가 들어가서 보니, 군대에 있는 장군들이 회의를 하고 있었습니다. 그가 말했습니다. "장군님, 전할 말씀이 있습니다." 예후가 물었습니다. "우리 가운데서 누구에게 말을 전하겠다는 거요?" 젊은이가 말했습니다. "바로 장군님입니다."

6 예후가 자리에서 일어나 집으로 들어갔습니다. 그러자 젊은 예언자가 예후의 머리에 기름을 부으며 말했습니다. "이스라엘의 하나님 여호와께서 이렇게 말씀하셨습니다. '내가 너를 여호와의 백성, 곧 이스라엘의 왕으로 세웠다.

7 너는 네 주인인 아합의 집안을 멸망시켜야 한다. 나는 내 종인 예언자들을 죽이고 여호와의 모든 종들을 죽인 이세벨에게 벌을 내려 그 죄값을 꼭 치르도록 하겠다.

8 아합의 집안은 다 죽을 것이다. 아합 집안의 남자는 종이든지 자유인이든지 한 명도 살려 두지 않겠다.

9 아합의 집안을 느밧의 아들 여로보암의 집안처럼 만들고, 아히야의 아들 바아사의 집안처럼 만들겠다.

10 개들이 이스르엘 땅에서 이세벨의 시체를 뜯어 먹을 것이며, 아무도 이세벨을 묻어 주지 않을 것이다.'" 이 말을 한 다음에 젊은 예언자는 문을 열고 도망쳤습니다.

11 예후가 자기 주인인 왕의 신하들에게 돌아오자 그들 가운데 한 사람이 물었습니다. "평안하오? 그 미친 녀석이 무슨 일로 왔소?" 예후가 대답했습니다. "그 사람이 누구며 그 사람이 무슨 말을 하는지 당신들도 알고 있지 않소?"

12 그들이 말했습니다. "그런 말 말고 그 사람이 무슨 말을 했는지 우리에게도 일러주시오." 예후가 말했습니다. "그는 '여호와께서 이렇게 말씀하셨소, 내가 너를 이스라엘의 왕으로 세웠다' 하고 말했소."

13 이 말을 들은 신하들은 급히 입고 있던 옷을 벗어 돌층계 위에 깔고 예후를 그 위에 모셨습니다. 그리고 나팔을 불며 외쳤습니다. "예후가 왕이다."

요람과 아하시야가 죽임을 당하다

14 그리하여 님시의 손자요, 여호사밧의 아들인 예후가 요람을 배반했습니다. 그 당시 요람과 온 이스라엘은 아람 왕 하사엘과 맞서 싸우며 길르앗 땅 라못을 지키

---

2 gilead, •and find Jehu son of Jehoshaphat, son of Nimshi. Call him into a private

3 room away from his friends, •and pour the oil over his head. Say to him, 'This is what the LORD says: I anoint you to be the king over Israel.' Then open the door and run for your life!"

4 •So the young prophet did as he was

5 told and went to Ramoth-gilead. •When he arrived there, he found Jehu sitting around with the other army officers. "I have a message for you, Commander," he said.

"For which one of us?" Jehu asked.

"For you, Commander," he replied.

6 •So Jehu left the others and went into the house. Then the young prophet poured the oil over Jehu's head and said, "This is what the LORD, the God of Israel, says: I anoint you king over the LORD's peo-

7 ple, Israel. •You are to destroy the family of Ahab, your master. In this way, I will avenge the murder of my prophets and all the LORD's servants who were killed by

8 Jezebel. •The entire family of Ahab must be wiped out. I will destroy every one of his male descendants, slave and free alike, any-

9 where in Israel. •I will destroy the family of Ahab as I destroyed the families of Jeroboam son of Nebat and of Baasha son

10 of Ahijah. •Dogs will eat Ahab's wife Jezebel at the plot of land in Jezreel, and no one will bury her." Then the young prophet opened the door and ran.

11 •Jehu went back to his fellow officers, and one of them asked him, "What did that madman want? Is everything all right?"

"You know how a man like that babbles on," Jehu replied.

12 •"You're hiding something," he said. "Tell us."

So Jehu told them, "He said to me, 'This is what the LORD says: I have anointed you to be king over Israel.'"

13 •Then they quickly spread out their cloaks on the bare steps and blew the ram's horn, shouting, "Jehu is king!"

Jehu Kills Joram and Ahaziah

14 •So Jehu son of Jehoshaphat, son of Nimshi, led a conspiracy against King Joram. (Now Joram had been with the army at Ramoth-gilead, defending Israel against the forces of King Hazael of Aram.

avenge [əvénʤ] *vt.* 복수하다
babble [bǽbl] *vi.* 실없이 지껄이다
conspiracy [kənspírəsi] *n.* 음모
revolt [rivóult] *vi.* 반란을 일으키다
9:8 wipe out : 전멸시키다

고 있었습니다.

15 요람 왕은 아람 왕 하사엘과 싸우다가 부상을 당했기 때문에 상처를 치료하려고 이스르엘로 돌아와야 했습니다. 예후가 자기를 따르기로 한 사람들에게 말했습니다. "당신들의 뜻이 내 뜻과 같다면, 아무도 이 성을 빠져 나가지 못하게 하시오. 이스르엘에 있는 왕에게 가서 우리의 상황을 알리는 사람이 있으면 안 되기 때문이오."

16 그런 다음에 예후는 자기 전차에 올라타고 요람이 쉬고 있는 이스르엘로 떠났습니다. 유다 왕 아하시야도 요람을 문병하러 그곳에 와 있었습니다.

17 이스르엘의 망대를 지키는 파수꾼이 예후의 군대가 오는 모습을 보고 말했습니다. "웬 군대가 보입니다." 요람이 말했습니다. "기마병을 불러라. 그를 보내어 그들을 맞이하게 하고 좋은 소식을 가져오는지 물어 보게 하여라."

18 그리하여 기마병이 말을 타고 달려나가 예후를 맞이했습니다. 기마병이 말했습니다. "왕이 좋은 소식을 가져오는지 물어 보라고 하셨습니다." 예후가 말했습니다. "너와 상관 없는 일이다. 너는 내 뒤를 따라라." 파수꾼이 보고했습니다. "기마병이 저들에게 가기는 갔는데 돌아오지 않고 있습니다."

19 그래서 요람이 두 번째 기마병을 보냈습니다. 그 기마병이 그들에게 가서 말했습니다. "왕이 좋은 소식을 가져오는지 물어 보라고 하셨습니다." 예후가 대답했습니다. "너와 상관 없는 일이다. 너는 내 뒤를 따라라."

20 파수꾼이 보고했습니다. "두 번째 기마병도 저들에게 가기는 갔는데 돌아오지 않고 있습니다. 전차를 몰고 오는 사람은 님시의 아들 예후인 것 같습니다. 마치 미친 사람처럼 전차를 몰고 있습니다."

21 요람이 말했습니다. "내 전차를 준비하여라." 신하들이 요람의 전차를 준비하자, 이스라엘 왕 요람과 유다 왕 아하시야가 각자 자기 전차를 타고 예후를 만나러 나갔습니다. 그들은 이스르엘 사람 나봇의 땅에서 예후를 만났습니다.

22 요람이 예후를 보고 말했습니다. "예후여, 좋은 소식을 가지고 오는가?" 예후가 대답했습니다. "왕의 어머니 이세벨이 우상을 섬기고 요술을 부리고 있는데 어떻게 좋은 소식이 있을 수 있겠소?"

23 요람이 말을 돌려 도망치며 아하시야에게 소리쳤습니다. "아하시야여, 반역입니다!"

24 예후가 활로 요람의 두 팔 사이를 쏘았습니다. 화살이 요람의 심장을 꿰뚫고 나왔습니다. 그가 전차에서 쓰러져 죽었습니다.

25 예후가 자기의 신하인 빗갈에게 말했습니다. "요람의 시체를 들어서 이스르엘 사람 나봇의 밭에 던져

15 •But King Joram* was wounded in the fighting and returned to Jezreel to recover from his wounds.) So Jehu told the men with him, "If you want me to be king, don't let anyone leave town and go to Jezreel to report what we have done."

16 •Then Jehu got into a chariot and rode to Jezreel to find King Joram, who was lying there wounded. King Ahaziah of Judah was there, too, for he had gone to visit him. •The

17 watchman on the tower of Jezreel saw Jehu and his company approaching, and he shouted to Joram, "I see a company of troops coming!"

"Send out a rider to ask if they are coming in peace," King Joram ordered.

18 •So a horseman went out to meet Jehu and said, "The king wants to know if you are coming in peace."

Jehu replied, "What do you know about peace? Fall in behind me!"

The watchman called out to the king, "The messenger has met them, but he's not returning."

19 •So the king sent out a second horseman. He rode up to them and said, "The king wants to know if you come in peace."

Again Jehu answered, "What do you know about peace? Fall in behind me!"

20 •The watchman exclaimed, "The messenger has met them, but he isn't returning either! It must be Jehu son of Nimshi, for he's driving like a madman."

21 •"Quick! Get my chariot ready!" King Joram commanded.

Then King Joram of Israel and King Ahaziah of Judah rode out in their chariots to meet Jehu. They met him at the plot of land that had belonged to Naboth of Jezreel.

22 •King Joram demanded, "Do you come in peace, Jehu?"

Jehu replied, "How can there be peace as long as the idolatry and witchcraft of your mother, Jezebel, are all around us?"

23 •Then King Joram turned the horses around* and fled, shouting to King Ahaziah,

24 "Treason, Ahaziah!" •But Jehu drew his bow and shot Joram between the shoulders. The arrow pierced his heart, and he sank down dead in his chariot.

25 •Jehu said to Bidkar, his officer, "Throw him into the plot of land that belonged to Naboth of Jezreel. Do you remember when

idolatry [aidálətri] *n.* 우상숭배
treason [tríːzn] *n.* 반역
wound [wúːnd] *vt.* 부상을 입히다

9:15 Hebrew *Jehoram*, a variant spelling of Joram; also in 9:17, 21, 22, 23, 24.　　9:23 Hebrew *turned his hands*.

라. 그대와 내가 요람의 아버지 아합의 뒤를 따라 나란히 말을 타고 달릴 때에 여호와께서 아합에 대해 하신 말씀을 기억하여라. 여호와께서 이렇게 말씀하셨다.

26 '나는 어제 나봇과 그의 아들들이 흘린 피를 보았다. 그러므로 내가 나봇의 밭에서 아합에게 벌을 내릴 것이다.' 그러니 여호와께서 말씀하신 대로 요람의 시체를 들어서 나봇의 밭에 던져라."

27 유다 왕 아하시야가 이 모습을 보고 동산 별장 길로 도망쳤습니다. 예후가 그를 뒤쫓아가며 "전차에 탄 아하시야도 죽여라!" 하고 말했습니다. 아하시야는 이블르암에서 가까운 구르로 올라가는 길에서 전차를 타고 달리다 부상을 당했습니다. 아하시야는 므깃도까지 도망쳤지만 그곳에서 죽고 말았습니다.

28 아하시야의 신하들이 그의 시체를 전차에 실어 예루살렘으로 옮겨 가서 그의 조상들이 묻혀 있는 다윗 성에 묻어 주었습니다.

29 아하시야는 아합의 아들 요람이 왕으로 있은 지 십일 년째 되는 해에 유다의 왕이 되었습니다.

이세벨이 죽다

30 그 후, 예후가 이스르엘에 돌아왔을 때에 이세벨이 그 소식을 들었습니다. 이세벨은 눈에 화장을 하고 머리를 손질한 뒤에 창 밖을 내다보았습니다.

31 예후가 성문으로 들어오자, 이세벨이 말했습니다. "자기 주인을 죽인 너 시므리야! 평안하냐?"

32 예후가 창문을 쳐다보며 말했습니다. "내 편에 설 사람이 아무도 없느냐?" 그러자 내시 두세 사람이 밖을 내다보았습니다.

33 예후가 그들에게 명령했습니다. "저 여자를 내던져라!" 그들이 이세벨을 내던지자, 말들이 그 시체를 밟았습니다. 이세벨의 피가 담과 말에 뛰었습니다.

34 예후가 집으로 들어가 먹고 마신 뒤에 말했습니다. "그 저주받은 여자가 어떻게 되었는지 보고 묻어 주어라. 그래도 그 여자는 왕의 딸이다."

35 사람들이 이세벨을 묻어 주러 갔지만 이세벨의 시체를 찾을 수 없었습니다. 찾아 낸 것이라고는 두 골과 발과 손바닥뿐이었습니다.

36 그들이 돌아와서 예후에게 보고하니 예후가 말했습니다. "여호와께서 그의 종 디셉 사람 엘리야를 통해 이 일에 대해 말씀하신 일이 있다. '개들이 이세벨의 시체를 이스르엘 땅에서 먹을 것이며,

37 이세벨의 시체는 이스르엘 땅에 있는 밭의 거름처럼 될 것이다. 그러므로 아무도 그 시체를 보고 이것이 이세벨이라고 말할 수 없을 것이다.'"

---

you and I were riding along behind his father, Ahab? The LORD pronounced this message against him: • 'I solemnly swear that I will repay him here on this plot of land, says the LORD, for the murder of Naboth and his sons that I saw yesterday.' So throw him out on Naboth's property, just as the LORD said."

27 When King Ahaziah of Judah saw what was happening, he fled along the road to Beth-haggan. Jehu rode after him, shouting, "Shoot him, too!" So they shot Ahaziah* in his chariot at the Ascent of Gur, near Ibleam. He was able to go on as far as Megiddo, but he 28 died there. • His servants took him by chariot to Jerusalem, where they buried him with his 29 ancestors in the City of David. • Ahaziah had become king over Judah in the eleventh year of the reign of Joram son of Ahab.

The Death of Jezebel

30 • When Jezebel, the queen mother, heard that Jehu had come to Jezreel, she painted her eyelids and fixed her hair and sat at a window.
31 • When Jehu entered the gate of the palace, she shouted at him, "Have you come in peace, you murderer? You're just like Zimri, who murdered his master!"*
32 • Jehu looked up and saw her at the window and shouted, "Who is on my side?" And two or three eunuchs looked out at him.
33 • "Throw her down!" Jehu yelled. So they threw her out the window, and her blood spattered against the wall and on the horses. And Jehu trampled her body under his horses' hooves.
34 • Then Jehu went into the palace and ate and drank. Afterward he said, "Someone go and bury this cursed woman, for she is the 35 daughter of a king." • But when they went out to bury her, they found only her skull, her feet, and her hands.
36 • When they returned and told Jehu, he stated, "This fulfills the message from the LORD, which he spoke through his servant Elijah from Tishbe: 'At the plot of land in 37 Jezreel, dogs will eat Jezebel's body. • Her remains will be scattered like dung on the plot of land in Jezreel, so that no one will be able to recognize her.'"

---

cursed [kə́ːrsid] *a.* 저주받은
pronounce [prənáuns] *vt.* 선언하다
skull [skʌl] *n.* 두개골
solemnly [sáləmli] *ad.* 엄숙하게
spatter [spǽtər] *vi.* 튀다, 흩어져 떨어지다
trample [trǽmpl] *vt.* 내리밟다, 짓밟다
yell [jél] *vi.* 소리치다(cry)

9:27 As in Greek and Syriac versions; Hebrew lacks *So they shot Ahaziah.* 9:31 See 1 Kgs 16:9-10, where Zimri killed his master, King Elah.

아합과 아하시야의 집안이 죽임을 당하다

10 아합의 아들 칠십 명은 사마리아에 살고 있었습니다. 예후는 사마리아에 있는 이스르엘의 관리와 장로와 아합의 아들을 보호하고 있는 사람들에게 편지를 써서 보냈습니다. 예후는 그 편지에 이렇게 썼습니다.

2 "왕의 아들들이 당신과 함께 있소. 당신들에게는 전차와 말들이 있고 성벽이 있는 굳건한 성과 무기가 있소. 그러므로 이 편지를 받거든

3 즉시 왕의 아들들 가운데 가장 뛰어나고 쓸 만한 사람을 왕으로 세우고 당신들은 왕의 집안을 위해 나와 싸울 준비를 하시오."

4 그러나 사마리아의 관리와 장로들은 매우 두려워하며 말했습니다. "두 왕도 예후를 막지 못했는데, 우리가 어떻게 막을 수 있겠소?"

5 왕궁 관리와 성의 지도자와 장로와 아합의 아들을 보호하고 있는 사람들이 예후에게 사자를 보내어 말했습니다. "우리는 당신의 종입니다. 당신 말이라면 무엇이든지 따르겠습니다. 우리는 누구도 왕으로 세우지 않겠습니다. 당신 마음에 좋을 대로 하십시오."

6 그러자 예후가 두 번째 편지를 써서 보냈습니다. "당신들이 내 편을 들고 내 뜻을 따르겠다면 왕의 아들들의 목을 베시오. 그리고 내일 이맘때쯤 이스르엘로 나를 만나러 오시오." 왕의 집안에는 아들이 칠십 명이 있었습니다. 그들은 왕자들을 보호해 주던 그 성의 지도자들과 함께 있었습니다.

7 그들은 편지를 받고 왕자 칠십 명을 붙잡아 모두 죽였습니다. 그리고 그들의 머리를 광주리에 담아 이스르엘에 있는 예후에게 보냈습니다.

8 사자가 예후에게 와서 전했습니다. "그들이 왕자들의 머리를 가져왔습니다." 그러자 예후가 말했습니다. "그 머리들을 두 무더기로 나누어 아침까지 성문에 놓아 두어라."

9 아침이 되자, 예후가 나아가 백성 앞에 서서 말했습니다. "여러분에게는 죄가 없소. 보시오, 요람 왕을 없앨 계획을 세운 사람은 나요. 내가 그를 죽였소. 하지만 이들을 죽인 사람은 누구요?

10 여호와께서 하신 말씀은 절대로 어긋나지 않는다는 것을 여러분은 아셔야 하오. 여호와께서 아합의 집안에 대해 하신 말씀은 다 이루어질 것이오. 여호와께서는 그의 종 엘리야를 통해서 말씀하셨고, 말씀하신 것을 그대로 이루셨소."

11 그리하여 예후는 아직 이스르엘에 살아남아 있는 아합의 집안 사람들을 모두 죽였습니다. 그리고 아합을 섬기던 지도자와 아합의 가까운 친구와 제사장들도 다 죽였습니다. 아합에게 속한 사람 중에는

Jehu Kills Ahab's Family

10 Ahab had seventy sons living in the city of Samaria. So Jehu wrote letters and sent them to Samaria, to the elders and officials of the city,* and to the guardians of King Ahab's sons. He said, • "The king's sons

2 are with you, and you have at your disposal chariots, horses, a fortified city, and weapons.

3 As soon as you receive this letter, • select the best qualified of your master's sons to be your king, and prepare to fight for Ahab's dynasty.

4 • But they were paralyzed with fear and said, "We've seen that two kings couldn't stand against this man! What can we do?"

5 • So the palace and city administrators, together with the elders and the guardians of the king's sons, sent this message to Jehu: "We are your servants and will do anything you tell us. We will not make anyone king; do whatever you think is best."

6 • Jehu responded with a second letter: "If you are on my side and are going to obey me, bring the heads of your master's sons to me at Jezreel by this time tomorrow." Now the seventy sons of the king were being cared for by the leaders of Samaria, where they had been raised since childhood.

7 • When the letter arrived, the leaders killed all seventy of the king's sons. They placed their heads in baskets and presented them to Jehu at Jezreel.

8 • A messenger went to Jehu and said, "They have brought the heads of the king's sons." So Jehu ordered, "Pile them in two heaps at the entrance of the city gate, and leave them there until morning."

9 • In the morning he went out and spoke to the crowd that had gathered around them. "You are not to blame," he told them. "I am the one who conspired against my master and killed him. But who killed all these?

10 • You can be sure that the message of the LORD that was spoken concerning Ahab's family will not fail. The LORD declared through his servant Elijah that this would happen."

11 • Then Jehu killed all who were left of Ahab's relatives living in Jezreel and all his important officials, his personal friends, and his priests. So Ahab was left without a single survivor.

---

conspire [kənspáiər] *vi.* 음모를 꾸미다
guardian [gáːrdiən] *n.* 호위병
10:2 at one's disposal : …의 임의로(처분대로)
10:4 be paralyzed with … : …으로 무력하게 되다
10:9 be to blame : 책임이 있다, 나쁘다

10:1 As in some Greek manuscripts and Latin Vulgate (see also 10:6); Hebrew reads *of Jezreel*.

한 사람도 살아남은 사람이 없었습니다.

12 그런 다음, 예후는 그곳을 떠나 사마리아로 갔습니다. 사마리아로 가는 길에 목자가 양털 깎는 집에 이르렀습니다.

13 그곳에서 예후는 유다 왕 아하시야의 형제들을 만나서 말했습니다. "당신들은 누구요?" 그들이 대답했습니다. "우리는 아하시야의 형제들인데 왕의 가족들과 왕의 어머니를 만나러 가는 길이오."

14 그러자 예후가 외쳤습니다. "이 사람들을 붙잡아라!" 예후를 따르던 사람들이 그들을 붙잡아 양털 깎는 집의 한 웅덩이에서 그들을 죽였습니다. 죽은 사람은 모두 마흔두 명이었습니다. 예후는 한 사람도 살려 두지 않았습니다.

15 예후는 그곳을 떠나 계속 길을 가다가 레갑의 아들 여호나답을 만났습니다. 여호나답도 예후를 만나러 오던 길이었습니다. 예후가 그에게 인사하며 말했습니다. "나는 그대를 믿는데, 그대도 나를 믿소?" 여호나답이 대답했습니다. "예, 믿습니다." 예후가 말했습니다. "그렇다면 손을 내미시오." 여호나답이 손을 내밀자, 예후가 그를 이끌어 자기 전차로 올라오게 했습니다.

16 예후가 말했습니다. "나와 함께 가서 내가 얼마나 여호와를 위해 열성적인지 보시오." 예후는 여호나답을 자기 전차에 태웠습니다.

17 예후는 사마리아로 가서 아합의 집안 사람을 한 사람도 남김없이 다 죽였습니다. 여호와께서 엘리야를 통해 말씀하신 대로 된 것입니다.

바알의 숭배자들이 죽임을 당하다

18 예후가 모든 백성을 불러 모은 뒤에 말했습니다. "아합은 바알을 조금 섬겼으나, 나는 많이 섬길 것이오.

19 이제 바알의 예언자와 제사장들을 다 불러 주시오. 바알을 위해 큰 제사를 지내려 하니 한 사람도 빠지지 않게 하시오. 거기에 빠지는 사람은 살아남지 못할 것이오." 이는 예후가 바알을 섬기는 사람들을 없애기 위해 그들에게 거짓말을 한 것입니다.

20 예후가 말했습니다. "바알을 위해 거룩한 모임을 준비하시오." 그리하여 사람들이 거룩한 모임을 선포했습니다.

21 예후가 온 이스라엘에 자기 말을 전하게 하니, 바알을 섬기는 사람들이 하나도 빠짐없이 다 모였습니다. 그들은 바알의 신전으로 들어갔습니다. 그곳은 사람들로 차 있었습니다.

22 예후가 예복을 맡은 사람에게 말했습니다. "예복을 꺼내서 바알을 섬기는 사람들에게 주어라." 그리하여 그가 예복을 내왔습니다.

23 예후와 레갑의 아들 여호나답이 바알의 신전으로 들어갔습니다. 예후가 바알을 섬기는 사람들에게 말했

12 •Then Jehu set out for Samaria. Along the way, while he was at Beth-eked of the 13 Shepherds, •he met some relatives of King Ahaziah of Judah. "Who are you?" he asked them.

And they replied, "We are relatives of King Ahaziah. We are going to visit the sons of King Ahab and the sons of the queen mother."

14 •"Take them alive!" Jehu shouted to his men. And they captured all forty-two of them and killed them at the well of Beth-eked. None of them escaped.

15 •When Jehu left there, he met Jehonadab son of Recab, who was coming to meet him. After they had greeted each other, Jehu said to him, "Are you as loyal to me as I am to you?"

"Yes, I am," Jehonadab replied.

"If you are," Jehu said, "then give me your hand." So Jehonadab put out his hand, and Jehu helped him into the chari-16 ot. •Then Jehu said, "Now come with me, and see how devoted I am to the LORD." So Jehonadab rode along with him.

17 •When Jehu arrived in Samaria, he killed everyone who was left there from Ahab's family, just as the LORD had promised through Elijah.

Jehu Kills the Priests of Baal

18 •Then Jehu called a meeting of all the people of the city and said to them, "Ahab's worship of Baal was nothing compared to 19 the way I will worship him! •Therefore, summon all the prophets and worshipers of Baal, and call together all his priests. See to it that every one of them comes, for I am going to offer a great sacrifice to Baal. Anyone who fails to come will be put to death." But Jehu's cunning plan was to destroy all the worshipers of Baal.

20 •Then Jehu ordered, "Prepare a solemn assembly to worship Baal!" So they did.

21 •He sent messengers throughout all Israel summoning those who worshiped Baal. They all came—not a single one remained behind—and they filled the temple of Baal 22 from one end to the other. •And Jehu instructed the keeper of the wardrobe, "Be sure that every worshiper of Baal wears one of these robes." So robes were given to them.

23 •Then Jehu went into the temple of Baal with Jehonadab son of Recab. Jehu said to the worshipers of Baal, "Make sure

summon [sámən] *vt.* 소집하다, 모으다
wardrobe [wɔ́ːrdroub] *n.* 옷장
10:12 set out for…: …를 향해 출발하다
10:19 see to it that…: 꼭 …하게 하다

습니다. "여러분 가운데 여호와의 좋은 한 명도 있지 못하게 하시오, 여기에는 바알을 섬기는 사람들만 있어야 하오."

24 이처럼 바알을 섬기는 사람들이 태워 드리는 제사인 번제와 다른 제사들을 드리려고 신전으로 들어가자, 예후는 자기 부하 팔십 명을 밖에서 기다리게 해 놓고 말했습니다. "아무도 도망치지 못하게 하여라. 한 사람이라도 놓치면, 놓치는 사람이 대신 죽을 것이다."

25 예후는 번제 드리기를 마치자마자 호위병과 장교들에게 말했습니다. "들어가서 바알을 섬기는 사람들을 죽여라. 한 사람도 빠져 나가지 못하게 하여라." 그리하여 호위병과 장교들이 바알을 섬기는 사람들을 칼로 죽이고 그 시체를 밖으로 내던졌습니다. 그런 다음에 그들은 바알의 신전 내실로 들어갔습니다.

26 그들은 바알 신전의 나무 우상들을 끌어 내어 불태우고,

27 바알의 돌 우상도 깨뜨렸습니다. 그들은 바알 신전까지 무너뜨리고 그곳을 변소로 만들었습니다. 그 변소는 지금까지도 있습니다.

28 이처럼 예후는 이스라엘에서 바알 종교를 없애 버렸습니다.

29 그러나 예후도 느밧의 아들 여로보암이 저지른 죄의 길에서 완전히 돌아서지는 않았습니다. 여로보암은 이스라엘 백성이 벧엘과 단에 있는 금송아지를 섬기도록 했습니다.

30 여호와께서 예후에게 말씀하셨습니다. "잘했다. 너는 내가 보기에 옳은 일을 했다. 네가 아합 집안에게 행한 일이 내 마음에 든다. 그러므로 너의 사 대 자손까지 이스라엘 왕좌에 앉게 될 것이다."

31 그러나 예후는 마음을 다하여 하나님 여호와의 율법을 지켜 따르지 않았습니다. 예후는 여로보암의 죄를 그대로 따랐습니다.

32 그러자 여호와께서 이스라엘 나라의 땅들을 떼어서 다른 나라에게 주기 시작하셨습니다. 아람 왕 하사엘이 온 이스라엘 땅에서 이스라엘 백성을 물리쳤습니다.

33 하사엘은 요단 강 동쪽 땅, 곧 길르앗 땅을 다 차지했습니다. 그 땅은 갓과 르우벤과 므낫세의 땅입니다. 하사엘은 아르논 강 옆의 아로엘에서부터 길르앗을 지나 바산까지 차지했습니다.

34 예후가 행한, 다른 모든 일과 전쟁에서 승리한 일은 이스라엘 왕들의 역사책에 기록되어 있습니다.

35 예후가 죽어서 사마리아에 묻히고, 그의 아들 여호아하스가 뒤를 이어 왕이 되었습니다.

36 예후는 사마리아에서 이십팔 년 동안, 이스라엘의

---

no one who worships the LORD is here—
24 only those who worship Baal." •So they were all inside the temple to offer sacrifices and burnt offerings. Now Jehu had stationed eighty of his men outside the building and had warned them, "If you let anyone escape, you will pay for it with your own life."
25 •As soon as Jehu had finished sacrificing the burnt offering, he commanded his guards and officers, "Go in and kill all of them. Don't let a single one escape!" So they killed them all with their swords, and the guards and officers dragged their bodies outside.* Then Jehu's men went into the inner-
26 most fortress* of the temple of Baal. •They dragged out the sacred pillar* used in the
27 worship of Baal and burned it. •They smashed the sacred pillar and wrecked the temple of Baal, converting it into a public toilet, as it remains to this day.
28 •In this way, Jehu destroyed every trace
29 of Baal worship from Israel. •He did not, however, destroy the gold calves at Bethel and Dan, with which Jeroboam son of Nebat had caused Israel to sin.
30 •Nonetheless the LORD said to Jehu, "You have done well in following my instructions to destroy the family of Ahab. Therefore, your descendants will be kings of Israel
down to the fourth generation." •But Jehu did not obey the Law of the LORD, the God of Israel, with all his heart. He refused to turn from the sins that Jeroboam had led Israel to commit.

The Death of Jehu

32 •At about this time the LORD began to cut down the size of Israel's territory. King Hazael conquered several sections of the
33 country •east of the Jordan River, including all of Gilead, Gad, Reuben, and Manasseh. He conquered the area from the town of Aroer by the Arnon Gorge to as far north as Gilead and Bashan.
34 •The rest of the events in Jehu's reign—everything he did and all his achievements—are recorded in *The Book of the History of the Kings of Israel*.
35 •When Jehu died, he was buried in Samaria. Then his son Jehoahaz became the
36 next king. •In all, Jehu reigned over Israel

---

innermost [ínərmoust] *a.* 맨 안쪽의
mercenary [mɔ́ːrsəneri] *n.* 용병
territory [térətɔːri] *n.* 영토
wreck [rék] *vt.* 파괴하다

10:25a Or *and they left their bodies lying there;* or *and they threw them out into the outermost court.*　10:25b Hebrew *city.*　10:26 As in Greek and Syriac versions and Latin Vulgate; Hebrew reads *sacred pillars.*

아달랴와 요아스

11 유다 왕 아하시야의 어머니 아달랴는 자기 아들이 죽는 것을 보고 왕의 집안 사람들을 다 죽이기 시작했습니다.

2 그러나 요람 왕의 딸이요, 아하시야의 누이인 여호세바가 죽임을 당하는 왕자들 가운데 아하시야의 아들 요아스를 빼내어 요아스와 그의 유모를 침실에 숨겼습니다. 그래서 요아스는 아달랴로부터 죽임을 당하지 않게 되었습니다.

3 요아스는 여호세바와 함께 여호와의 성전에서 육 년 동안을 숨어 지냈습니다. 그동안, 아달랴가 그 나라를 다스렸습니다.

4 칠 년째 되던 해에 제사장 여호야다가 가리 사람의 군인 백 명을 지휘하는 백부장들과 호위병의 백부장들을 불렀습니다. 여호야다는 그들을 데리고 여호와의 성전으로 가서 그들과 언약을 맺고 그들에게 충성을 맹세하게 한 다음에 요아스 왕자를 보여 주었습니다.

5 여호야다가 그들에게 명령했습니다. "그대들이 해야 할 일은 이러하오. 그대들 가운데 안식일에 왕궁을 지키는 사람이 있을 것이오. 그 사람 중 삼분의 일은 왕궁을 지키고,

6 삼분의 일은 수르 문을 지키시오. 그리고 나머지 삼분의 일은 호위대 뒤에 있는 문을 지키시오. 그렇게 해서 왕궁을 지키시오.

7 안식일에 왕궁을 지키지 않아도 되는 사람은 왕을 위해서 여호와의 성전을 지키시오.

8 그대들 모두는 손에 무기를 들고 왕이 가는 곳마다 따라다니며 왕을 지켜야 하오. 누구든지 가까이 다가오는 사람은 죽이시오. 왕이 나가고 들어올 때, 왕에게 바짝 붙어서 지키시오."

9 군인 백 명을 지휘하는 그 백부장들은 제사장 여호야다가 명령한 것을 다 지켰습니다. 그들은 안식일에 일할 사람들과 쉬는 사람들을 이끌고 제사장 여호야다에게 왔습니다.

10 여호야다가 백부장들에게 창과 방패를 나누어 주었습니다. 그 창과 방패들은 다윗 왕이 쓰던 것으로 여호와의 성전 안에 보관되어 있던 것입니다.

요아스가 왕이 되다

11 그리하여 성전 오른쪽에서부터 왼쪽까지, 호위병들이 손에 무기를 들고 섰습니다. 그들은 제단과 성전 둘레에 서서 왕을 지켰습니다.

12 여호야다가 왕자 요아스를 데려와서 머리에 왕관을 씌우고, 여호와의 율법책을 그에게 주었습니다. 그들은 요아스에게 기름을 부어 왕으로 세웠습니다. 그리고 손뼉을 치며 외쳤습니다. "왕 만

from Samaria for twenty-eight years.

Queen Athaliah Rules in Judah

11 When Athaliah, the mother of King Ahaziah of Judah, learned that her son was dead, she began to destroy the rest of the royal family. 2 But Ahaziah's sister Jehosheba, the daughter of King Jehoram,* took Ahaziah's infant son, Joash, and stole him away from among the rest of the king's children, who were about to be killed. She put Joash and his nurse in a bedroom, and they hid him from Athaliah, so the child was not murdered. 3 Joash remained hidden in the Temple of the LORD for six years while Athaliah ruled over the land.

Revolt against Athaliah

4 In the seventh year of Athaliah's reign, Jehoiada the priest summoned the commanders, the Carite mercenaries, and the palace guards to come to the Temple of the LORD. He made a solemn pact with them and made them swear an oath of loyalty there in the LORD's Temple; then he showed them the king's son.

5 Jehoiada told them, "This is what you must do. A third of you who are on duty on the Sabbath are to guard the royal palace itself. 6 Another third of you are to stand guard at the Sur Gate. And the final third must stand guard behind the palace guard. These three groups will all guard the palace. 7 The other two units who are off duty on the Sabbath must stand guard for the king at the LORD's Temple. 8 Form a bodyguard around the king and keep your weapons in hand. Kill anyone who tries to break through. Stay with the king wherever he goes."

9 So the commanders did everything as Jehoiada the priest ordered. The commanders took charge of the men reporting for duty that Sabbath, as well as those who were going off duty. They brought them all to Jehoiada the priest, 10 and he supplied them with the spears and small shields that had once belonged to King David and were stored in the Temple of the LORD. 11 The palace guards stationed themselves around the king, with their weapons ready. They formed a line from the south side of the Temple around to the north side and all around the altar.

12 Then Jehoiada brought out Joash, the king's son, placed the crown on his head, and presented him with a copy of God's laws.* They anointed him and proclaimed him king, and everyone clapped their hands and shouted, "Long live the king!"

11:2 Hebrew *Joram*, a variant spelling of Jehoram.　11:12 Or *a copy of the covenant*.

세!"

13 호위병과 백성이 외치는 소리를 들은 아달랴는 여호와의 성전에 있는 백성에게 갔습니다.

14 아달랴가 보니, 거기에 왕이 있었습니다. 왕은 관습대로 받침대 위에 서 있었고, 관리들과 나팔 부는 사람들이 그 곁에서 있었습니다. 온 땅의 백성이 매우 기뻐하며 나팔을 불고 있었습니다. 아달랴는 옷을 찢으며 "반역이다! 반역이다!" 하고 소리 질렀습니다.

15 제사장 여호야다가 군대를 이끌고 있는 장교들에게 명령했습니다. "저 여자를 쫓아내시오. 그리고 누구든지 저 여자를 따르는 사람은 칼로 죽이시오." 이렇게 명령한 것은 그가 전에 "여호와의 성전 안에서 아달랴를 죽이지 마시오"라고 말한 적이 있었기 때문입니다.

16 그들은 아달랴가 나갈 길을 열어 주었습니다. 그녀는 왕궁의 말이 다니는 길에서 죽임을 당했습니다.

17 여호야다가 여호와와 왕과 백성 사이에 언약을 세웠습니다. 그리하여 그들이 여호와의 백성이 되게 하고, 왕과 백성 사이에도 언약을 맺게 했습니다.

18 그 땅의 모든 백성들이 바알 신전으로 가서 제단과 우상들을 부숴 버리고 신전을 무너뜨렸습니다. 그리고 바알의 제사장 맛단을 제단 앞에서 죽였습니다. 제사장 여호야다는 여호와의 성전에 호위병들을 세웠습니다.

19 여호야다는 군인 백 명을 거느리는 지휘관인 백부장과 가리 사람과 호위병들과 그 땅의 모든 백성이 보는 중에 여호와의 성전에서 왕을 모시고 나와 호위병들이 지키는 문을 통해 왕궁으로 인도했습니다. 왕이 보좌에 앉게 되자,

20 유다의 모든 백성은 매우 기뻐했습니다. 아달랴가 왕궁에서 칼에 맞아 죽었기 때문에 예루살렘에 다시 평화가 찾아오게 되었습니다.

21 요아스는 그의 나이 일곱 살에 왕이 되었습니다.

12 요아스는 예후가 이스라엘 왕으로 있은 지 칠 년째 되던 해에 유다의 왕이 되었습니다. 요아스는 사십 년 동안을 예루살렘에서 다스렸는데, 그의 어머니는 브엘세바 사람인 시비아입니다.

2 요아스는 제사장 여호야다가 가르쳐 준 대로 여호와가 보시기에 옳은 일을 했습니다.

3 그러나 산당은 없애지 않았으므로, 백성들은 여전히 그곳에서 제사를 지내고 향을 피웠습니다.

The Death of Athaliah

13 • When Athaliah heard the noise made by the palace guards and the people, she hurried to the LORD's Temple to see what was happening.

14 • When she arrived, she saw the newly crowned king standing in his place of authority by the pillar, as was the custom at times of coronation. The commanders and trumpeters were surrounding him, and people from all over the land were rejoicing and blowing trumpets. When Athaliah saw all this, she tore her clothes in despair and shouted, "Treason! Treason!"

15 • Then Jehoiada the priest ordered the commanders who were in charge of the troops, "Take her to the soldiers in front of the Temple,* and kill anyone who tries to rescue her." For the priest had said, "She must not be killed in the Temple

16 of the LORD." • So they seized her and led her out to the gate where horses enter the palace grounds, and she was killed there.

Jehoiada's Religious Reforms

17 • Then Jehoiada made a covenant between the LORD and the king and the people that they would be the LORD's people. He also made a covenant

18 between the king and the people. • And all the people of the land went over to the temple of Baal and tore it down. They demolished the altars and smashed the idols to pieces, and they killed Mattan the priest of Baal in front of the altars.

Jehoiada the priest stationed guards at the

19 Temple of the LORD. • Then the commanders, the Carite mercenaries, the palace guards, and all the people of the land escorted the king from the Temple of the LORD. They went through the gate of the guards and into the palace, and the king

20 took his seat on the royal throne. • So all the people of the land rejoiced, and the city was peaceful because Athaliah had been killed at the king's palace.

21 • *Joash* was seven years old when he became king.

Joash Repairs the Temple

1 **12** *Joash* began to rule over Judah in the seventh year of King Jehu's reign in Israel. He reigned in Jerusalem forty years. His mother

2 was Zibiah from Beersheba. • All his life Joash did what was pleasing in the LORD's sight

3 because Jehoiada the priest instructed him. • Yet even so, he did not destroy the pagan shrines, and the people still offered sacrifices and burned

---

11:15 Or *Bring her out from between the ranks;* or *Take her out of the Temple precincts.* The meaning of the Hebrew is uncertain. 11:21a Verse 11:21 is numbered 12:1 in Hebrew text. 11:21b Hebrew *Jehoash,* a variant spelling of Joash. 12:1a Verses 12:1-21 are numbered 12:2-22 in Hebrew text. 12:1b Hebrew *Jehoash,* a variant spelling of Joash; also in 12:2, 4, 6, 7, 18.

성전을 수리하다

4 요아스가 제사장들에게 말했습니다. "백성들이 여호와의 성전에 예물로 바친 모든 돈, 곧 각 사람이 세금으로 바친 돈과 각 사람이 약속하여 바친 돈과 스스로 원해서 바친 돈을 받아 두시오.

5 제사장마다 그가 섬기는 백성들에게 돈을 받아서 성전을 수리할 일이 있을 때마다 수리하도록 하시오."

6 그러나 요아스가 왕이 된 지 이십삼 년째가 되었는데도 제사장들은 성전을 수리하지 않았습니다.

7 요아스 왕은 제사장 여호야다와 다른 제사장들을 불러 이렇게 말했습니다. "어찌하여 성전을 수리하지 않고 있소? 이제부터는 당신들이 섬기는 백성들에게 돈을 받지 말고 그들이 성전을 수리하는 데 직접 바치도록 하시오."

8 제사장들은 백성에게 돈을 받지 않기로 하고, 또 성전 수리도 자신들이 하지 않고 다른 사람들에게 맡기기로 했습니다.

9 제사장 여호야다가 상자 하나를 가져다가 그 위쪽에 구멍을 뚫고 제단 곁에 놓아 두었는데, 그 상자는 성전에 들어가는 백성이 볼 때 오른쪽에 있었습니다. 현관을 지키는 제사장들은 백성이 여호와의 성전으로 가져오는 모든 돈을 그 상자에 넣었습니다.

10 그 안에 돈이 가득 차면, 왕의 신하와 대제사장이 와서 여호와의 성전에 가져온 돈을 계산하고 그 돈을 자루에 담았습니다.

11 돈 계산이 끝난 뒤에는 그 돈을 성전 공사를 맡은 사람들에게 주어 여호와의 성전에서 일하는 목수와 돌 쌓는 사람들의 품삯으로 쓰게 했습니다.

12 그리고 그 돈으로 미장이와 석수들에게 품삯을 주고, 여호와의 성전을 수리하는 데 필요한 나무와 돌을 사들이는 데에도 썼습니다. 그밖에 성전을 수리하는 데 드는 모든 비용에도 그 돈을 사용했습니다.

13 여호와의 성전으로 들어온 돈으로는 은잔을 만들지도 않았고, 부집게와 그릇, 나팔, 금그릇과 은그릇을 만들 때도 쓰지 않았습니다.

14 그들은 그 돈을 일꾼들에게 주어 여호와의 성전을 수리하는 데에만 쓰게 했습니다.

15 그들은 일꾼들이 정직했기 때문에 그 돈을 어디에 썼는지 물어 보지 않았습니다.

16 허물을 벗는 제사인 속건제의 은과 죄를 씻는 제사인 속죄제의 은은 여호와의 성전에 드리지 않고, 제사장에게 주었습니다.

요아스가 예루살렘을 구하다

17 그 무렵, 아람 왕 하사엘이 가드로 쳐들어와 그 땅을 점령한 후, 이어 예루살렘을 치려고 올라왔습니다.

---

incense there.

4 •One day King Joash said to the priests, "Collect all the money brought as a sacred offering to the LORD's Temple, whether it is a regular assessment, a payment of vows, or a 5 voluntary gift. •Let the priests take some of that money to pay for whatever repairs are needed at the Temple."

6 •But by the twenty-third year of Joash's reign, the priests still had not repaired the 7 Temple. •So King Joash called for Jehoiada and the other priests and asked them, "Why haven't you repaired the Temple? Don't use any more money for your own needs. From now on, it must all be spent on Temple 8 repairs." •So the priests agreed not to accept any more money from the people, and they also agreed to let others take responsibility for repairing the Temple.

9 •Then Jehoiada the priest bored a hole in the lid of a large chest and set it on the right-hand side of the altar at the entrance of the Temple of the LORD. The priests guarding the entrance put all of the people's contribu-10 tions into the chest. •Whenever the chest became full, the court secretary and the high priest counted the money that had been brought to the LORD's Temple and put it into 11 bags. •Then they gave the money to the construction supervisors, who used it to pay the people working on the LORD's Temple— 12 the carpenters, the builders, •the masons, and the stonecutters. They also used the money to buy the timber and the finished stone needed for repairing the LORD's Temple, and they paid any other expenses related to the Temple's restoration.

13 •The money brought to the Temple was not used for making silver bowls, lamp snuffers, basins, trumpets, or other articles of 14 gold or silver for the Temple of the LORD. •It was paid to the workmen, who used it for 15 the Temple repairs. •No accounting of this money was required from the construction supervisors, because they were honest and 16 trustworthy men. •However, the money that was contributed for guilt offerings and sin offerings was not brought into the LORD's Temple. It was given to the priests for their own use.

The End of Joash's Reign

17 •About this time King Hazael of Aram went to war against Gath and captured it. Then he

assessment [əsésmənt] *n.* 세액, 할당금
bore [bɔ́ːr] *vt.* (구멍, 터널을) 뚫다
contribution [kɑ̀ntrəbjúːʃən] *n.* 기부금
coronation [kɔ̀ːrənéiʃən] *n.* 대관 (즉위)식
restoration [rèstəréiʃən] *n.* 회복
snuffer [snʌ́fər] *n.* (양초 등의) 심지 자르는 가위

18 그러자 유다 왕 요아스는 그의 조상이자 유다의 왕이었던 여호사밧과 여호람, 아하시야가 하나님께 바쳤던 모든 거룩한 물건인 성물을 아람 왕 하사엘에게 보냈습니다. 또 자기가 하나님께 바친 거룩한 물건인 성물과 성전의 보물 창고에 있는 금과 왕궁에 있는 금을 다 하사엘에게 보냈습니다. 그러자 하사엘이 예루살렘에서 물러갔습니다.

19 요아스가 행한, 다른 모든 일은 유다 왕들의 역사책에 기록되어 있습니다.

20 그의 두 신하가 그를 배신하여 실라로 내려가는 길에 있는 밀로 궁에서 요아스를 죽였습니다.

21 요아스를 죽인 신하들은 시므앗의 아들 요사갈과 소멜의 아들 여호사바드였습니다. 요아스가 죽어 그의 조상들과 함께 다윗 성에 묻혔습니다. 그의 아들 아마샤가 뒤를 이어 왕이 되었습니다.

이스라엘의 여호아하스 왕

13 아하시야의 아들 요아스가 유다의 왕으로 있은 지 이십삼 년째 되던 해에 예후의 아들 여호아하스가 사마리아에서 이스라엘의 왕이 되었습니다. 여호아하스는 십칠 년 동안, 이스라엘을 다스렸습니다.

2 그는 여호와께서 보시기에 악한 일을 저질렀습니다. 그는 이스라엘 백성이 죄를 짓도록 만든 느밧의 아들 여로보암의 죄를 그대로 따라 했습니다. 그는 죄에서 돌이키지 않았습니다.

3 이스라엘에게 화가 나신 여호와께서는 이스라엘을 아람 왕 하사엘과 그 아들 벤하닷에게 넘겨 주어 그들의 지배를 받게 하셨습니다.

4 그러자 여호아하스는 여호와께 간절히 기도드렸습니다. 여호와께서는 그의 기도를 들으시고 이스라엘이 당하고 있는 고통을 보셨습니다. 아람 왕이 이스라엘 백성을 심하게 괴롭히는 것을 보시고

5 이스라엘 백성을 구해 줄 사람을 보내 주셨습니다. 이스라엘 백성은 아람의 손아귀에서 벗어나 예전처럼 자기 집에서 살게 되었습니다.

6 그러나 이스라엘 백성은 여전히 여로보암 집안의 죄에서 돌이키지 않고 계속해서 죄를 지었습니다. 그리고 사마리아에 아세라 우상을 그대로 남겨 두었습니다.

7 여호아하스의 군대에는 기마병 오십 명과 전차 열 대와 보병 만 명밖에 남지 않았습니다. 아람 왕이 그들을 짓밟아 타작 마당의 먼지같이 만들어 버렸기 때문입니다.

8 여호아하스가 행한, 다른 모든 일과 전쟁에서 승리한 일은 이스라엘 왕들의 역사책에 기록되어 있습니다.

9 여호아하스가 죽어서 사마리아에 묻히고 그의 아들

18 turned to attack Jerusalem. •King Joash collected all the sacred objects that Jehoshaphat, Jehoram, and Ahaziah, the previous kings of Judah, had dedicated, along with what he himself had dedicated. He sent them all to Hazael, along with all the gold in the treasuries of the LORD's Temple and the royal palace. So Hazael called off his attack on Jerusalem.

19 •The rest of the events in Joash's reign and everything he did are recorded in *The Book of the History of the Kings of Judah.*

20 •Joash's officers plotted against him and assassinated him at Beth-millo on the road

21 to Silla. •The assassins were Jozacar* son of Shimeath and Jehozabad son of Shomer—both trusted advisers. Joash was buried with his ancestors in the City of David. Then his son Amaziah became the next king.

Jehoahaz Rules in Israel

13 Jehoahaz son of Jehu began to rule over Israel in the twenty-third year of King Joash's reign in Judah. He reigned in

2 Samaria seventeen years. •But he did what was evil in the LORD's sight. He followed the example of Jeroboam son of Nebat, continuing the sins that Jeroboam had led Israel to

3 commit. •So the LORD was very angry with Israel, and he allowed King Hazael of Aram and his son Ben-hadad to defeat them repeatedly.

4 •Then Jehoahaz prayed for the LORD's help, and the LORD heard his prayer, for he could see how severely the king of Aram was

5 oppressing Israel. •So the LORD provided someone to rescue the Israelites from the tyranny of the Arameans. Then Israel lived in safety again as they had in former days.

6 •But they continued to sin, following the evil example of Jeroboam. They also allowed the Asherah pole in Samaria to remain

7 standing. •Finally, Jehoahaz's army was reduced to 50 charioteers, 10 chariots, and 10,000 foot soldiers. The king of Aram had killed the others, trampling them like dust under his feet.

8 •The rest of the events in Jehoahaz's reign—everything he did and the extent of his power—are recorded in *The Book of the*

9 *History of the Kings of Israel.* •When Jehoahaz died, he was buried in Samaria. Then his son Jehoash* became the next king.

oppress [əprés] *vt.* 억압하다
12:18 call off : 취소하다 : 손을 떼다

12:21 As in Greek and Syriac versions; Hebrew reads *Jozabad.* 13:9 Hebrew *Joash,* a variant spelling of Jehoash; also in 13:10, 12, 13, 14, 25.

요아스*가 뒤를 이어 왕이 되었습니다.

이스라엘의 요아스 왕

10 요아스가 유다의 왕으로 있은 지 삼십칠 번째 되던 해에 여호아하스의 아들 요아스가 사마리아에서 이스라엘의 왕이 되었습니다. 요아스는 십육 년 동안, 이스라엘을 다스렸습니다.

11 그는 여호와께서 보시기에 악한 일을 저질렀습니다. 그는 이스라엘로 하여금 죄를 짓게 한, 느밧의 아들 여로보암의 죄를 그대로 따라 했습니다. 그는 죄에서 돌이키지 않았습니다.

12 요아스가 행한, 다른 모든 일과 전쟁에서 승리한 일과 유다 왕 아마샤와 싸운 일은 이스라엘 왕들의 역사책에 기록되어 있습니다.

13 요아스가 죽고 여로보암 2세가 뒤를 이어 왕이 되었습니다. 요아스는 이스라엘의 왕들과 함께 사마리아에 묻혔습니다.

엘리사가 죽다

14 엘리사가 병들어 죽게 되었습니다. 이스라엘 왕 요아스가 엘리사에게 가서 울며 말했습니다. "내 아버지여, 내 아버지여! 이스라엘의 전차와 기마병이여!"

15 엘리사가 요아스에게 말했습니다. "활과 화살을 가져오시오." 그가 활과 화살을 가져왔습니다.

16 엘리사가 말했습니다. "활을 잡으시오." 그가 활을 잡자, 엘리사가 자기 손을 왕의 손 위에 얹었습니다.

17 엘리사가 말했습니다. "동쪽 창문을 여시오." 그가 창문을 열자, 엘리사가 말했습니다. "쏘시오." 요아스가 활을 쏘자, 엘리사가 말했습니다. "아람을 이길 여호와의 승리의 화살이여! 왕은 아벡에서 아람 군대와 싸워 이기고 그들을 멸망시킬 것이오."

18 엘리사가 말했습니다. "활을 잡으시오." 그가 활을 잡자, 엘리사가 말했습니다. "땅을 치시오." 요아스가 세 번 땅을 치고 그만두었습니다.

19 하나님의 사람이 왕에게 화를 내며 말했습니다. "어찌하여 대여섯 번 치지 않았소? 그렇게만 했으면 아람을 완전히 멸망시킬 때까지 크게 이길 수 있었는데, 그러나 이제는 고작 세 번밖에 이기지 못할 것이오."

20 엘리사가 죽어 땅에 묻혔습니다. 해마다 봄이 되면 모압 나라의 도적 떼가 이스라엘 땅에 쳐들어왔는데,

21 이스라엘 백성이 어떤 시체를 묻고 있던 중에 도적 떼가 쳐들어오는 것을 보고 놀란 나머지 그 시체를 엘리사의 무덤에 던졌습니다. 그런데 그 시체가 엘리사의 뼈에 닿자, 다시 살아나 제 발로 일어서게 되었습니다.

아람과 전쟁을 하다

22 여호아하스가 왕으로 있는 동안, 아람 왕 하사엘이 줄곧 이스라엘을 괴롭혔습니다.

Jehoash Rules in Israel

10 •Jehoash son of Jehoahaz began to rule over Israel in the thirty-seventh year of King Joash's reign in Judah. He reigned in
11 Samaria sixteen years. •But he did what was evil in the LORD's sight. He refused to turn from the sins that Jeroboam son of Nebat had led Israel to commit.
12 •The rest of the events in Jehoash's reign and everything he did, including the extent of his power and his war with King Amaziah of Judah, are recorded in *The Book of the History of the Kings of Israel.*
13 •When Jehoash died, he was buried in Samaria with the kings of Israel. Then his son Jeroboam II became the next king.

Elisha's Final Prophecy

14 •When Elisha was in his last illness, King Jehoash of Israel visited him and wept over him. "My father! My father! I see the chariots and charioteers of Israel!" he cried.
15 •Elisha told him, "Get a bow and some arrows." And the king did as he was told.
16 •Elisha told him, "Put your hand on the bow," and Elisha laid his own hands on the king's hands.
17 •Then he commanded, "Open that eastern window," and he opened it. Then he said, "Shoot!" So he shot an arrow. Elisha proclaimed, "This is the LORD's arrow, an arrow of victory over Aram, for you will completely conquer the Arameans at Aphek."
18 •Then he said, "Now pick up the other arrows and strike them against the ground." So the king picked them up and
19 struck the ground three times. •But the man of God was angry with him. "You should have struck the ground five or six times!" he exclaimed. "Then you would have beaten Aram until it was entirely destroyed. Now you will be victorious only three times."
20 •Then Elisha died and was buried.
 Groups of Moabite raiders used to
21 invade the land each spring. •Once when some Israelites were burying a man, they spied a band of these raiders. So they hastily threw the corpse into the tomb of Elisha and fled. But as soon as the body touched Elisha's bones, the dead man revived and jumped to his feet!
22 •King Hazael of Aram had oppressed Israel during the entire reign of King

hastily [héistili] *ad.* 급히, 서둘러서
13:14 be in one's last illness : 죽을 병에 걸리다

13:9 '요아스'는 '여호아스'라고도 불렸다.

23 그러나 여호와께서는 아브라함과 이삭과 야곱과 맺으신 언약 때문에 이스라엘 백성을 도우셨습니다. 여호와께서 이스라엘 백성에게 은혜와 자비를 베푸셔서 그들을 멸망시키거나 저버리지 않으셨습니다.

24 아람 왕 하사엘이 죽고, 아들 벤하닷이 뒤를 이어 왕이 되었습니다.

25 전쟁을 하는 동안, 하사엘이 요아스의 아버지인 여호아하스가 갖고 있는 성 몇 개를 빼앗은 적이 있습니다. 그런데 요아스가 그 성들을 하사엘의 아들 벤하닷으로부터 도로 빼앗아 왔습니다. 요아스는 벤하닷을 세 번 물리쳐 이기고 이스라엘의 성들을 되찾았습니다.

유다의 아마샤 왕

14 여호아하스의 아들 요아스가 이스라엘의 왕으로 있은 지 이 년째 되는 해에 유다 왕 요아스의 아들 아마샤가 왕이 되었습니다.

2 아마샤가 왕이 되었을 때, 나이는 스물다섯 살이었습니다. 그는 예루살렘에서 이십구 년 동안을 다스렸습니다. 그의 어머니는 예루살렘 사람 여호앗단입니다.

3 아마샤는 여호와께서 보시기에 옳은 일을 했습니다. 아마샤는 그의 아버지 요아스가 행한 대로 모두 행하였습니다. 그러나 그의 조상 다윗만큼은 못했습니다.

4 산당을 없애지 않은 까닭에 백성이 여전히 그곳에서 제사를 지내고 향을 피웠습니다.

5 아마샤는 왕권을 굳게 세운 뒤에 자기 아버지를 살해한 신하들을 죽였습니다.

6 그러나 그들의 자녀는 죽이지 않았습니다. 그것은 모세의 율법책에 적혀 있는 말씀을 따른 것입니다. 여호와께서는 "자녀가 잘못했다고 해서 아버지를 죽이면 안 된다. 또한 아버지가 잘못했다고 해서 자녀를 죽여도 안 된다. 각 사람은 자기가 지은 죄에 따라 죽어야 한다"라고 명령하셨습니다.

7 아마샤는 '소금 골짜기'에서 에돔 사람 만 명을 죽였습니다. 그는 전쟁 중에 셀라 성을 점령하고 그 이름을 욕드엘이라고 불렀는데, 그 성은 지금까지도 그렇게 불립니다.

8 아마샤가 예후의 손자요, 여호아하스의 아들인 이스라엘 왕 요아스에게 사신들을 보내어 말했습니다. "자, 한번 만나서 겨루어 보자."

9 이스라엘 왕 요아스가 유다 왕 아마샤에게 대답했습니다. "레바논의 가시나무가 레바논의 백향목에게 사자를 보내어 '그대의 딸을 내 아들과 결혼시키자' 하고 말했다. 그러나 레바논에서 들짐승이 지나가다가 그 가시나무를 짓밟았다.

---

23 Jehoahaz. •But the LORD was gracious and merciful to the people of Israel, and they were not totally destroyed. He pitied them because of his covenant with Abraham, Isaac, and Jacob. And to this day he still has not completely destroyed them or banished them from his presence.

24 •King Hazael of Aram died, and his son
25 Ben-hadad became the next king. •Then Jehoash son of Jehoahaz recaptured from Ben-hadad son of Hazael the towns that had been taken from Jehoash's father, Jehoahaz. Jehoash defeated Ben-hadad on three occasions, and he recovered the Israelite towns.

Amaziah Rules in Judah

14 Amaziah son of Joash began to rule over Judah in the second year of the
2 reign of King Jehoash* of Israel. •Amaziah was twenty-five years old when he became king, and he reigned in Jerusalem twenty-nine years. His mother was Jehoaddin from
3 Jerusalem. •Amaziah did what was pleasing in the LORD's sight, but not like his ancestor David. Instead, he followed the example of
4 his father, Joash. •Amaziah did not destroy the pagan shrines, and the people still offered sacrifices and burned incense there.

5 •When Amaziah was well established as king, he executed the officials who had
6 assassinated his father. •However, he did not kill the children of the assassins, for he obeyed the command of the LORD as written by Moses in the Book of the Law: "Parents must not be put to death for the sins of their children, nor children for the sins of their parents. Those deserving to die must be put to death for their own crimes."*

7 •Amaziah also killed 10,000 Edomites in the Valley of Salt. He also conquered Sela and changed its name to Joktheel, as it is called to this day.

8 •One day Amaziah sent messengers with this challenge to Israel's king Jehoash, the son of Jehoahaz and grandson of Jehu: "Come and meet me in battle!"*

9 •But King Jehoash of Israel replied to King Amaziah of Judah with this story: "Out in the Lebanon mountains, a thistle sent a message to a mighty cedar tree: 'Give your daughter in marriage to my son.' But just

---

assassinate [əsǽsənèit] *vt.* 암살하다
execute [éksikjuːt] *vt.* 처형하다
shrine [ʃráin] *n.* 산당
13:23 be gracious to… : …에게 자비를 베풀다

14:1 Hebrew *Joash*, a variant spelling of *Jehoash*; also in 14:13, 23, 27.   14:6 Deut 24:16.
14:8 Hebrew *Come, let us look one another in the face.*

10 네가 에돔을 물리쳐 이겼다고 해서 교만해졌다. 그 기분으로 집안에 머물러 있어라. 괜히 나에게 싸움을 걸어 스스로 재앙을 부르지 마라. 그랬다가는 너와 유다가 망하고 말 것이다."

11 그래도 아마샤가 듣지 않자, 이스라엘 왕 요아스가 유다를 치러 나섰습니다. 요아스와 유다의 아마샤 왕은 유다 땅 벧세메스에서 마주쳤습니다.

12 싸운 결과 이스라엘이 유다를 물리쳐 이겼습니다. 유다 사람들은 뿔뿔이 흩어져 자기 집으로 도망쳤습니다.

13 벧세메스에서 이스라엘 왕 요아스가 아하시야의 손자요, 요아스의 아들인 유다 왕 아마샤를 사로잡았습니다. 요아스는 예루살렘으로 가서 에브라임 문에서부터 모퉁이 문에 이르기까지 예루살렘 성벽을 부쉈습니다. 부서진 성벽의 길이는 사백 규빗* 가량 되었습니다.

14 그런 다음에 요아스는 여호와의 성전 안에 있는 금과 은과 그밖의 모든 것을 빼앗아 갔습니다. 그리고 왕궁의 보물도 다 가져갔습니다. 그는 사람들을 인질로 잡아 사마리아로 돌아갔습니다.

15 요아스가 행한, 다른 모든 일과 전쟁에서 승리한 일과 유다 왕 아마샤와 싸운 일은 이스라엘 왕들의 역사책에 기록되어 있습니다.

16 요아스가 죽어 이스라엘의 왕들과 함께 사마리아에 묻혔습니다. 그의 아들 여로보암 2세가 뒤를 이어 왕이 되었습니다.

17 유다 왕 요아스의 아들 아마샤는 이스라엘 왕 여호아하스의 아들 요아스 왕이 죽은 뒤에도 십오 년을 더 살았습니다.

18 아마샤가 행한, 다른 모든 일은 유다 왕들의 역사책에 기록되어 있습니다.

19 백성들이 예루살렘에서 아마샤에게 반란을 일으켰습니다. 아마샤는 라기스 성으로 도망쳤습니다. 그러나 백성들은 라기스로 사람들을 보내어 아마샤를 죽였습니다.

20 그들은 아마샤의 시체를 말 위에 실어 와 예루살렘에 있는 그의 조상들과 함께 다윗 성에 묻어 주었습니다.

21 유다의 모든 백성들이 아사랴*를 왕으로 세워 그의 아버지 아마샤의 뒤를 잇게 했습니다. 그때, 아사랴의 나이는 열여섯 살이었습니다.

22 아사랴는 아마샤 왕이 죽은 뒤에 엘랏 마을을 다시 건설하여 유다 땅의 일부를 되돌려 놓았습니다.

이스라엘의 여로보암 2세

23 요아스의 아들 아마샤가 유다의 왕으로 있은 지 십오 년째 되던 해에 이스라엘 왕 요아스의 아들 여로보암 2세가 사마리아에서 이스라엘의 왕이 되었습

then a wild animal of Lebanon came by and stepped on the thistle, crushing it!

10 • "You have indeed defeated Edom, and you are proud of it. But be content with your victory and stay at home! Why stir up trouble that will only bring disaster on you and the people of Judah?"

11 • But Amaziah refused to listen, so King Jehoash of Israel mobilized his army against King Amaziah of Judah. The two armies drew up their battle lines at Beth-shemesh in Judah. 12 • Judah was routed by the army of Israel, and its army scattered and fled for home. 13 • King Jehoash of Israel captured Judah's king, Amaziah son of Joash and grandson of Ahaziah, at Beth-shemesh. Then he marched to Jerusalem, where he demolished 600 feet* of Jerusalem's wall, from the Ephraim Gate to the Corner Gate. 14 • He carried off all the gold and silver and all the articles from the Temple of the LORD. He also seized the treasures from the royal palace, along with hostages, and then returned to Samaria.

15 • The rest of the events in Jehoash's reign and everything he did, including the extent of his power and his war with King Amaziah of Judah, are recorded in *The Book of the History of the Kings of Israel*. 16 • When Jehoash died, he was buried in Samaria with the kings of Israel. And his son Jeroboam II became the next king.

17 • King Amaziah of Judah lived for fifteen years after the death of King Jehoash of Israel. 18 • The rest of the events in Amaziah's reign are recorded in *The Book of the History of the Kings of Judah.*

19 • There was a conspiracy against Amaziah's life in Jerusalem, and he fled to Lachish. But his enemies sent assassins after him, and they killed him there. 20 • They brought his body back to Jerusalem on a horse, and he was buried with his ancestors in the City of David.

21 • All the people of Judah had crowned Amaziah's sixteen-year-old son, Uzziah,* as 22 king in place of his father, Amaziah. • After his father's death, Uzziah rebuilt the town of Elath and restored it to Judah.

Jeroboam II Rules in Israel

23 • Jeroboam II, the son of Jehoash, began to

---

hostage [hɑ́stidʒ] *n.* 인질
rout [ráut] *vt.* 패주시키다(=defeat)

14:13 Hebrew *400 cubits* [180 meters].　　**14:21** Hebrew *Azariah*, a variant spelling of Uzziah.

14:13 400규빗은 약 180m에 해당된다.
14:21 '아사랴'는 '웃시야' 라고도 불렸다.

니다. 여로보암 2세는 사십일 년 동안, 이스라엘을 다스렸습니다.

24 그는 여호와께서 보시기에 악한 일을 저질렀습니다. 그는 이스라엘로 하여금 죄를 짓게 한 느밧의 아들 여로보암의 죄를 그대로 따라 했습니다. 그는 그의 죄에서 돌이키지 않았습니다.

25 여로보암 2세는 하맛에서부터 사해*까지 이르는 이스라엘의 국경을 다시 찾았습니다. 그것은 이스라엘의 하나님 여호와께서 그의 종 요나를 통해 말씀하신 대로였습니다. 아밋대의 아들인 요나는 가드헤벨 사람으로 예언자였습니다.

26 여호와께서는 모든 이스라엘 백성이 큰 고통을 당하는 것을 보셨습니다. 이스라엘에 종이나 자유자나 남아 있는 사람이 없었으며, 도와 줄 사람은 한 명도 남지 않았습니다.

27 그러나 여호와께서는 이스라엘을 완전히 없애 버리겠다고 말씀하신 적이 없었습니다. 여호와께서는 요아스의 아들 여로보암 2세를 통해 이스라엘 백성을 구원하셨습니다.

28 여로보암 2세가 행한, 다른 모든 일과 전쟁에서 승리한 일과 또 유다가 차지하고 있었던 다마스커스와 하맛 땅을 다시 찾은 일들은 이스라엘 왕들의 역사책에 기록되어 있습니다.

29 여로보암 2세가 죽자 그는 그의 조상들, 곧 이스라엘의 왕들과 함께 사마리아에 묻혔습니다. 그의 아들 스가랴가 뒤를 이어 왕이 되었습니다.

유다의 아사랴 왕

15 여로보암 2세가 이스라엘의 왕으로 있은 지 십칠 년째 되던 해에 아마샤의 아들 아사랴가 유다의 왕이 되었습니다.

2 아사랴가 왕이 되었을 때의 나이는 열여섯 살이었습니다. 그는 오십이 년 동안, 예루살렘에서 다스렸습니다. 그의 어머니는 예루살렘 사람 여골리야입니다.

3 아사랴는 그의 아버지 아마샤처럼 여호와께서 보시기에 옳은 일을 하였습니다.

4 그러나 산당을 없애지 않았으므로, 백성들은 여전히 그곳에서 제사를 지내고 향을 피웠습니다.

5 여호와께서 아사랴에게 벌을 내리셔서, 그는 죽을 때까지 문둥병으로 고생했습니다. 그는 특별히 따로 지은 궁전에서 살았고 그의 아들 요담이 왕궁을 관리하며 그 땅의 백성을 다스렸습니다.

6 아사랴가 행한, 다른 모든 일은 유다 왕들의 역사책에 기록되어 있습니다.

7 아사랴가 죽자 그의 조상들과 함께 다윗 성에 묻혔습니다. 그리고 그의 아들 요담이 뒤를 이어 왕이 되었습니다.

---

rule over Israel in the fifteenth year of King Amaziah's reign in Judah. He reigned in
24 Samaria forty-one years. •He did what was evil in the LORD's sight. He refused to turn from the sins that Jeroboam son of Nebat
25 had led Israel to commit. •Jeroboam II recovered the territories of Israel between Lebo-hamath and the Dead Sea,* just as the LORD, the God of Israel, had promised through Jonah son of Amittai, the prophet from Gath-hepher.
26 •For the LORD saw the bitter suffering of everyone in Israel, and that there was no one
27 in Israel, slave or free, to help them. •And because the LORD had not said he would blot out the name of Israel completely, he used Jeroboam II, the son of Jehoash, to save them.
28 •The rest of the events in the reign of Jeroboam II and everything he did—including the extent of his power, his wars, and how he recovered for Israel both Damascus and Hamath, which had belonged to Judah*—are recorded in *The Book of the*
29 *History of the Kings of Israel.* •When Jeroboam II died, he was buried in Samaria* with the kings of Israel. Then his son Zechariah became the next king.

Uzziah Rules in Judah

15 Uzziah* son of Amaziah began to rule over Judah in the twenty-seventh year of the reign of King Jeroboam II of Israel.
2 •He was sixteen years old when he became king, and he reigned in Jerusalem fifty-two years. His mother was Jecoliah from Jerusalem.
3 •He did what was pleasing in the LORD's sight, just as his father, Amaziah, had done.
4 •But he did not destroy the pagan shrines, and the people still offered sacrifices and
5 burned incense there. •The LORD struck the king with leprosy,* which lasted until the day he died. He lived in isolation in a separate house. The king's son Jotham was put in charge of the royal palace, and he governed the people of the land.
6 •The rest of the events in Uzziah's reign and everything he did are recorded in *The Book of*
7 *the History of the Kings of Judah.* •When

14:25 Hebrew *the sea of the Arabah.*　14:28 Or *to Yaudi.* The meaning of the Hebrew is uncertain.　14:29 As in some Greek manuscripts; Hebrew lacks *he was buried in Samaria.*　15:1 Hebrew *Azariah,* a variant spelling of Uzziah; also in 15:6, 7, 8, 17, 23, 27.　15:5 Or *with a contagious skin disease.* The Hebrew word used here and throughout this passage can describe various skin diseases.

14:25 '사해'는 '아라바 바다'라고도 알려졌다.

이스라엘의 스가랴 왕

8 아사랴가 유다의 왕으로 있은 지 삼십팔 번째 되던 해에 여로보암 2세의 아들 스가랴가 사마리아에서 이스라엘의 왕이 되었습니다. 그는 여섯 달 동안, 나라를 다스렸습니다.

9 스가랴는 여호와께서 보시기에 악한 일을 저질렀습니다. 그는 죄에서 돌이키지 않았으며, 이스라엘이 죄를 짓게 만든 느밧의 아들 여로보암의 죄를 그대로 따라 했습니다.

10 야베스의 아들 살룸이 스가랴를 없애기 위해 남이 모르게 나쁜 일을 꾸몄습니다. 그는 스가랴를 그 백성들 앞에서 죽이고, 스가랴의 뒤를 이어 왕이 되었습니다.

11 스가랴가 행한, 다른 모든 일은 이스라엘 왕들의 역사책에 기록되어 있습니다.

12 그리하여 여호와께서 전에 예후에게 "너의 사 대 자손까지는 이스라엘의 왕좌에 앉게 될 것이다"라고 약속하신 말씀이 그대로 이루어졌습니다.

이스라엘의 살룸 왕

13 웃시야*가 유다의 왕으로 있은 지 삼십구 번째 되던 해에 야베스의 아들 살룸이 왕이 되었습니다. 그는 사마리아에서 한 달 동안, 다스렸습니다.

14 가디의 아들 므나헴이 디르사에서 사마리아로 올라와 야베스의 아들 살룸을 공격했습니다. 그리하여 므나헴이 살룸을 죽이고 살룸의 뒤를 이어 왕이 되었습니다.

15 살룸이 행한, 다른 모든 일과 음모를 꾸민 일은 이스라엘 왕들의 역사책에 기록되어 있습니다.

이스라엘의 므나헴 왕

16 그때에 므나헴이 디르사를 떠나 딥사를 공격했습니다. 그는 딥사 성의 사람들이 문을 열어 주지 않은 것을 이유로 그 성과 성의 주변 지역을 파괴하고 임신한 여자들의 배를 갈랐습니다.

17 아사랴가 유다의 왕으로 있은 지 삼십구 번째 되던 해에 가디의 아들 므나헴이 이스라엘의 왕이 되었습니다. 므나헴은 사마리아에서 십 년 동안, 나라를 다스렸습니다.

18 그는 여호와가 보시기에 악한 일을 저질렀습니다. 그는 왕으로 있는 동안, 이스라엘로 하여금 죄를 짓게 한 느밧의 아들 여로보암의 죄를 그대로 따라 했습니다. 그는 죄에서 돌이키지 않았습니다.

19 앗시리아 왕 불*이 와서 그 땅을 공격했습니다. 므나헴은 불의 도움을 받아 왕권을 굳게 세우기 위해 그에게 은 천 달란트* 가량을 주었습니다.

Uzziah died, he was buried with his ancestors in the City of David. And his son Jotham became the next king.

Zechariah Rules in Israel

8 •Zechariah son of Jeroboam II began to rule over Israel in the thirty-eighth year of King Uzziah's reign in Judah. He reigned in Samaria 9 six months. •Zechariah did what was evil in the LORD's sight, as his ancestors had done. He refused to turn from the sins that Jeroboam son 10 of Nebat had led Israel to commit. •Then Shallum son of Jabesh conspired against Zechariah, assassinated him in public,* and became the next king.

11 •The rest of the events in Zechariah's reign 12 are recorded in *The Book of the History of the Kings of Israel.* •So the LORD's message to Jehu came true: "Your descendants will be kings of Israel down to the fourth generation."

Shallum Rules in Israel

13 •Shallum son of Jabesh began to rule over Israel in the thirty-ninth year of King Uzziah's reign in Judah. Shallum reigned in Samaria only one 14 month. •Then Menahem son of Gadi went to Samaria from Tirzah and assassinated him, and he became the next king.

15 •The rest of the events in Shallum's reign, including his conspiracy, are recorded in *The Book of the History of the Kings of Israel.*

Menahem Rules in Israel

16 •At that time Menahem destroyed the town of Tappuah* and all the surrounding countryside as far as Tirzah, because its citizens refused to surrender the town. He killed the entire population and ripped open the pregnant women.

17 •Menahem son of Gadi began to rule over Israel in the thirty-ninth year of King Uzziah's reign in Judah. He reigned in Samaria ten years. 18 •But Menahem did what was evil in the LORD's sight. During his entire reign, he refused to turn from the sins that Jeroboam son of Nebat had led Israel to commit.

19 •Then King Tiglath-pileser* of Assyria invaded the land. But Menahem paid him thirty-seven tons* of silver to gain his support in tight-

rip [ríp] *vt.* 찢다
surrender [səréndər] *vt.* 넘겨주다, 항복하다
14:27 blot out : (완전히) 파괴하다; 섬멸하다
15:10 conspire against : …에 대해 음모를 꾸미다

15:10 Or *at Ibleam.*　　15:16 As in some Greek manuscripts; Hebrew reads *Tiphsah.*　　15:19a Hebrew *Pul,* another name for Tiglath-pileser. 15:19b Hebrew *1,000 talents* [34 metric tons].

15:13 '아사랴' 는 '웃시야' 라고도 불렸다.
15:19 '불' 은 '디글랏빌레셀'의 또 다른 이름이다.
15:19 1,000달란트는 약 34.2t에 해당된다.

20 므나헴은 이스라엘의 모든 부자들에게 세금을 매겨 그 돈을 거두었습니다. 그는 한 사람마다 은 오십 세겔*을 바치게 했습니다. 므나헴이 그렇게 거둔 돈을 앗시리아 왕에게 주자, 앗시리아 왕은 그 땅에 머물지 않고 떠났습니다.

21 므나헴이 행한, 다른 모든 일은 이스라엘 왕들의 역사책에 기록되어 있습니다.

22 므나헴이 죽고, 그의 아들 브가히야가 뒤를 이어 왕이 되었습니다.

이스라엘의 브가히야 왕

23 아사랴가 유다의 왕으로 있은 지 오십 년째 되는 해에 므나헴의 아들 브가히야가 사마리아에서 이스라엘의 왕이 되었습니다. 브가히야는 이 년 동안, 나라를 다스렸습니다.

24 그는 여호와께서 보시기에 악한 일을 저질렀습니다. 그는 이스라엘로 하여금 죄를 짓게 한 느밧의 아들 여로보암의 죄를 그대로 따라 했습니다. 브가히야는 죄에서 돌이키지 않았습니다.

25 브가히야의 장교인 르말랴의 아들 베가가 브가히야를 배신했습니다. 그는 길르앗 사람 오십 명을 이끌고 사마리아 왕궁에서 브가히야와 아르곱과 아리에를 죽였습니다. 그리고 베가가 브가히야의 뒤를 이어 왕이 되었습니다.

26 브가히야가 행한, 다른 모든 일은 이스라엘 왕들의 역사책에 기록되어 있습니다.

이스라엘의 베가 왕

27 아사랴가 유다의 왕으로 있은 지 오십 이 년째 되는 해에 르말랴의 아들 베가가 사마리아에서 이스라엘의 왕이 되었습니다. 베가는 이십 년 동안, 나라를 다스렸습니다.

28 베가는 여호와께서 보시기에 악한 일을 저질렀습니다. 베가는 이스라엘로 하여금 죄를 짓게 한 느밧의 아들 여로보암의 죄를 그대로 따라 했습니다. 베가는 죄에서 돌이키지 않았습니다.

29 베가가 이스라엘의 왕으로 있던 때에 앗시리아 왕 디글랏빌레셀*이 쳐들어와서 이온과 아벨벳마아가와 야노아와 게데스와 하솔과 길르앗과 갈릴리와 납달리 온 땅을 점령했습니다. 그리고 그곳의 백성들을 앗시리아로 잡아갔습니다.

30 엘라의 아들 호세아가 르말랴의 아들 베가를 죽이고 왕이 되었습니다. 그때는 웃시야의 아들 요담이 왕으로 있은 지 이십 년째 되던 해였습니다.

31 베가가 행한, 다른 모든 일은 이스라엘 왕들의 역사책에 기록되어 있습니다.

유다의 요담 왕

32 르말랴의 아들 베가가 이스라엘의 왕으로 있은 지 이 년째 되던 해에 웃시야의 아들 요담이 유다의 왕

---

20 ening his grip on royal power. ●Menahem extorted the money from the rich of Israel, demanding that each of them pay fifty pieces* of silver to the king of Assyria. So the king of Assyria turned from attacking Israel and did not stay in the land.

21 ●The rest of the events in Menahem's reign and everything he did are recorded in *The Book of the History of the Kings of Israel.*

22 ●When Menahem died, his son Pekahiah became the next king.

Pekahiah Rules in Israel

23 ●Pekahiah son of Menahem began to rule over Israel in the fiftieth year of King Uzziah's reign in Judah. He reigned in

24 Samaria two years. ●But Pekahiah did what was evil in the LORD's sight. He refused to turn from the sins that Jeroboam son of Nebat had led Israel to commit.

25 ●Then Pekah son of Remaliah, the commander of Pekahiah's army, conspired against him. With fifty men from Gilead, Pekah assassinated the king, along with Argob and Arieh, in the citadel of the palace at Samaria. And Pekah reigned in his place.

26 ●The rest of the events in Pekahiah's reign and everything he did are recorded in *The Book of the History of the Kings of Israel.*

Pekah Rules in Israel

27 ●Pekah son of Remaliah began to rule over Israel in the fifty-second year of King Uzziah's reign in Judah. He reigned in

28 Samaria twenty years. ●But Pekah did what was evil in the LORD's sight. He refused to turn from the sins that Jeroboam son of Nebat had led Israel to commit.

29 ●During Pekah's reign, King Tiglath-pileser of Assyria attacked Israel again, and he captured the towns of Ijon, Abel-beth-maacah, Janoah, Kedesh, and Hazor. He also conquered the regions of Gilead, Galilee, and all of Naphtali, and he took the people to

30 Assyria as captives. ●Then Hoshea son of Elah conspired against Pekah and assassinated him. He began to rule over Israel in the twentieth year of Jotham son of Uzziah.

31 ●The rest of the events in Pekah's reign and everything he did are recorded in *The Book of the History of the Kings of Israel.*

Jotham Rules in Judah

32 ●Jotham son of Uzziah began to rule over Judah in the second year of King Pekah's

---

15:20 Hebrew *50 shekels* [20 ounces or 570 grams].

15:20 50세겔은 약 570g에 해당된다.

15:29 '디글랏빌레셀'은 '불'의 또 다른 이름이다.

이 되었습니다.

33 요담이 왕이 되었을 때의 나이는 스물다섯 살이었습니다. 그는 예루살렘에서 십육 년 동안, 다스렸습니다. 그의 어머니는 사독의 딸 여루사입니다.

34 요담은 그의 아버지 웃시야처럼 여호와께서 보시기에 옳은 일을 했습니다.

35 그러나 산당을 없애지 않았으므로 백성이 여전히 그곳에서 제사를 지내고 향을 피웠습니다. 요담은 여호와의 성전의 '윗문'을 건축하였습니다.

36 요담이 행한, 다른 모든 일은 유다 왕들의 역사책에 기록되어 있습니다.

37 그때에 여호와께서 아람 왕 르신과 르말랴의 아들 베가를 보내어 유다를 치게 하셨습니다.

38 요담이 죽어 그의 조상들과 함께 그의 조상 다윗성에 묻혔습니다. 뒤를 이어 아하스가 왕이 되었습니다.

유다의 아하스 왕

16 르말랴의 아들 베가가 이스라엘의 왕으로 있은 지 십칠 번째 되던 해에 요담의 아들 아하스가 유다 왕이 되었습니다.

2 아하스가 왕이 되었을 때의 나이는 스무 살이었습니다. 아하스는 예루살렘에서 십육 년 동안, 다스렸습니다. 그는 그의 조상 다윗과 달리 여호와께서 보시기에 악한 일을 하였습니다.

3 아하스는 이스라엘 왕들이 행했던 죄의 길을 따라갔습니다. 그는 심지어 자기 아들까지도 불에 태워 제물로 바쳤습니다.* 그는 여호와께서 이스라엘 백성 앞에서 쫓아내신 다른 나라들처럼 그들이 저질렀던 더러운 죄를 그대로 따라 했습니다.

4 아하스는 산당과 언덕과 모든 푸른 나무 아래에서 제사를 지내고 향을 피웠습니다.

5 아람* 왕 르신과 이스라엘 왕 르말랴의 아들 베가가 예루살렘을 치러 올라왔습니다. 그들은 아하스를 에워쌌으나 정복하지는 못했습니다.

6 그때에 아람 왕 르신이 엘랏 성을 도로 찾으면서 그곳에 살고 있던 유다 백성을 쫓아냈습니다. 그리고 아람 사람들이 엘랏으로 옮겨 왔습니다. 그들은 지금까지도 그곳에서 살고 있습니다.

7 아하스가 앗시리아 왕 디글랏빌레셀에게, 명령을 받고 심부름하는 사람들을 보내어 말했습니다. "나는 왕의 종입니다. 오셔서 나를 아람 왕과 이스라엘 왕에게서 구해 주십시오. 그들이 나를 치고 있습니다."

8 아하스는 여호와의 성전에 있는 은과 금과 왕궁에 있는 보물들을 가져와서 앗시리아 왕에게 선물로 주었습니다.

---

33 reign in Israel. •He was twenty-five years old when he became king, and he reigned in Jerusalem sixteen years. His mother was Jerusha, the daughter of Zadok.

34 •Jotham did what was pleasing in the LORD's sight. He did everything his father,

35 Uzziah, had done. •But he did not destroy the pagan shrines, and the people still offered sacrifices and burned incense there. He rebuilt the upper gate of the Temple of the LORD.

36 •The rest of the events in Jotham's reign and everything he did are recorded in *The*

37 *Book of the History of the Kings of Judah.* •In those days the LORD began to send King Rezin of Aram and King Pekah of Israel to attack

38 Judah. •When Jotham died, he was buried with his ancestors in the City of David. And his son Ahaz became the next king.

Ahaz Rules in Judah

16 Ahaz son of Jotham began to rule over Judah in the seventeenth year of King

2 Pekah's reign in Israel. •Ahaz was twenty years old when he became king, and he reigned in Jerusalem sixteen years. He did not do what was pleasing in the sight of the LORD his God, as his ancestor David had done.

3 •Instead, he followed the example of the kings of Israel, even sacrificing his own son in the fire.* In this way, he followed the detestable practices of the pagan nations the LORD had driven from the land ahead of

4 Israelites. •He offered sacrifices and burned incense at the pagan shrines and on the hills and under every green tree.

5 •Then King Rezin of Aram and King Pekah of Israel came up to attack Jerusalem. They besieged Ahaz but could not conquer him.

6 •At that time the king of Edom* recovered the town of Elath for Edom.* He drove out the people of Judah and sent Edomites* to live there, as they do to this day.

7 • King Ahaz sent messengers to King Tiglath-pileser of Assyria with this message: "I am your servant and your vassal.* Come up and rescue me from the attacking armies of

8 Aram and Israel." •But then Ahaz took the silver

---

besiege [bisíːdʒ] *vt.* 포위 공격하다
detestable [ditéstəbl] *a.* 가증한, 혐오할 만한
vassal [vǽsəl] *n.* 신하

16:3 Or *even making his son pass through the fire.* **16:6a** As in Latin Vulgate; Hebrew reads *Rezin king of Aram.* **16:6b** As in Latin Vulgate; Hebrew reads *Aram.* **16:6c** As in Greek version, Latin Vulgate, and an alternate reading of the Masoretic Text; the other alternate reads *Arameans.* **16:7** Hebrew *your son.*

16:3 개역 성경에는 '자기 아들을 불 가운데로 지나게 하며'라고 표기되어 있다.
16:5 '아람'은 현재의 '시리아' 땅에 해당된다.

9 그리하여 앗시리아 왕이 아하스의 부탁을 받아들여 다마스커스를 쳐서 점령했습니다. 그는 다마스커스의 모든 백성들을 길 성으로 보내고 르신을 죽였습니다.

10 아하스 왕이 앗시리아 왕 디글랏빌레셀을 만나려고 다마스커스로 갔습니다. 아하스가 거기에서 한 제단을 보고 그 제단의 설계도와 모형을 제사장 우리야에게 보냈습니다.

11 우리야는 아하스 왕이 다마스커스에서 보내 준 설계도에 따라 제단을 만들었습니다. 우리야는 아하스 왕이 다마스커스에서 돌아오기 전에 제단을 모두 완성했습니다.

12 아하스 왕이 다마스커스에서 돌아와서, 그 제단을 보고 가까이 나아가 그 위에 제물을 바쳤습니다.

13 그는 태워 드리는 제물인 번제물과 곡식 제물을 바쳤고, 부어 드리는 제물인 전제물도 부었으며 화목 제물의 피를 제단 위에 뿌리기도 했습니다.

14 아하스는 여호와 앞, 곧 성전 앞에 있던 놋제단을 새로 만든 제단과 여호와의 성전 사이에 옮겨 놓았습니다. 아하스는 놋제단을 새로 만든 제단의 북쪽에 두었습니다.

15 아하스 왕이 제사장 우리야에게 명령했습니다. "아침 번제물과 저녁의 곡식 제물과 왕의 번제물과 곡식 제물과 이 땅의 모든 백성의 번제물과 그들의 곡식 제물과 그들의 전제물을 이 큰 제단 위에서 바치도록 하시오. 그리고 모든 번제물의 피와 희생 제물의 피를 이 제단 위에 뿌리시오. 그러나 놋제단은 내가 여호와의 뜻을 여쭈어 볼 때만 쓰겠소."

16 제사장 우리야는 아하스가 명령한 대로 했습니다.

17 그 뒤에 아하스 왕은 물을 운반할 수 있는 놋받침대*에서 옆에 있던 널빤지를 떼어 내고, 위에 있던 놋대야도 뜯어 냈습니다. 그는 놋황소 위에 놓여 있던 바다라고 불리는 커다란 대야를 떼어 내서 돌받침 위에 놓았습니다.

18 또 아하스는 안식일에 사용하는 성전 뜰의 현관과, 왕이 밖에서 여호와의 성전으로 들어가는 현관을 없애 버렸습니다. 그가 이런 일을 한 까닭은 앗시리아 왕에게 잘 보이기 위한 것이었습니다.

19 아하스가 행한, 다른 모든 일은 유다 왕들의 역사책에 기록되어 있습니다.

20 아하스는 죽어서 그의 조상들과 함께 다윗 성에 묻혔습니다. 그의 아들 히스기야가 뒤를 이어 왕이 되었습니다.

이스라엘의 마지막 왕 호세아

17 아하스가 유다의 왕으로 있은 지 십이 년째 되는 해에 엘라의 아들 호세아가 이스라엘의 왕이 되었습니다. 호세아는 사마리아에서 구 년 동안,

and gold from the Temple of the LORD and the palace treasury and sent it as a payment to the Assyrian king. •So the king of Assyria attacked the Aramean capital of Damascus and led its population away as captives, resettling them in Kir. He also killed King Rezin.

10 •King Ahaz then went to Damascus to meet with King Tiglath-pileser of Assyria. While he was there, he took special note of the altar. Then he sent a model of the altar to Uriah the priest, along with its design in full 11 detail. •Uriah followed the king's instructions and built an altar just like it, and it was ready before the king returned from 12 Damascus. •When the king returned, he inspected the altar and made offerings on it.

13 •He presented a burnt offering and a grain offering, he poured out a liquid offering, and he sprinkled the blood of peace offerings on the altar.

14 •Then King Ahaz removed the old bronze altar from its place in front of the LORD's Temple, between the entrance and the new altar, and placed it on the north side 15 of the new altar. •He told Uriah the priest, "Use the new altar* for the morning sacrifices of burnt offering, the evening grain offering, the king's burnt offering and grain offering, and the burnt offerings of all the people, as well as their grain offerings and liquid offerings. Sprinkle the blood from all the burnt offerings and sacrifices on the new altar. The bronze altar will be for my person- 16 al use only." •Uriah the priest did just as King Ahaz commanded him.

17 •Then the king removed the side panels and basins from the portable water carts. He also removed the great bronze basin called the Sea from the backs of the bronze oxen 18 and placed it on the stone pavement. •In deference to the king of Assyria, he also removed the canopy that had been constructed inside the palace for use on the Sabbath day,* as well as the king's outer entrance to the Temple of the LORD.

19 •The rest of the events in Ahaz's reign and everything he did are recorded in *The Book of the History of the Kings of Judah.*

20 •When Ahaz died, he was buried with his ancestors in the City of David. Then his son Hezekiah became the next king.

Hoshea Rules in Israel

17 Hoshea son of Elah began to rule over Israel in the twelfth year of King

---

16:18 in deference to… : …에 대한 존경으로

16:15 Hebrew *the great altar.* **16:18** The meaning of the Hebrew is uncertain.

16:17 개역 성경에는 '물두멍' 이라고 표기되어 있다.

이스라엘을 다스렸습니다.

2 호세아는 여호와께서 보시기에 악한 일을 했지만, 그전의 이스라엘 왕들만큼 악하지는 않았습니다.

3 앗시리아 왕 살만에셀이 호세아를 치러 올라왔습니다. 호세아는 살만에셀의 종이 되어 그가 달라는 대로 예물을 바쳤습니다.

4 그러나 앗시리아 왕 살만에셀은 호세아가 반역을 꾀하고 있다는 것을 알았습니다. 호세아가 이집트 왕 소에게 사신들을 보내는가 하면 해마다 바치던 조공도 바치지 않았던 것입니다. 그래서 살만에셀 왕은 호세아를 감옥에 가두었습니다.

5 그 뒤에 앗시리아의 왕이 이스라엘 온 땅을 공격하고 사마리아로 와서 삼 년 동안, 그곳을 에워쌌습니다.

6 호세아가 왕으로 있은 지 구 년째 되는 해에 앗시리아 왕이 사마리아를 점령했습니다. 그는 이스라엘 백성을 앗시리아로 끌고 가서 할라와 고산 강가의 하볼과 메대의 여러 성에서 살게 했습니다.

이스라엘 백성이 죄값을 치르다

7 이 모든 일이 일어난 것은 이스라엘 백성이 그들의 하나님 여호와께 죄를 지었기 때문입니다. 여호와는 이스라엘 백성을 이집트에서 인도해 내셨고 이집트 왕 파라오의 손에서 벗어나게 해 주셨습니다. 그런데도 이스라엘 백성은 다른 신들을 섬겼습니다.

8 그들은 여호와께서 그들 앞에서 쫓아내신 다른 민족들의 관습을 좇아 악한 왕들이 저지른 죄를 그대로 따라 했습니다.

9 그들은 하나님 여호와께서 보시기에 옳지 않은 일을 몰래 저질렀습니다. 그들은 마을마다 우상을 섬기는 산당을 지었습니다. 망대에서부터 성벽이 있는 굳건한 성에 이르기까지 산당이 없는 곳이 없었습니다.

10 그리고 높은 언덕 위와 푸른 나무 아래마다 돌 기둥과 아세라 우상을 만들어 세웠습니다.

11 그들은 여호와께서 그들 앞에서 쫓아내신 다른 나라들처럼 모든 산당에서 향을 피우고 여호와를 노하게 하는 악한 일들을 했습니다.

12 여호와께서 "너희는 우상을 섬기지 마라" 하고 말씀하셨는데도 그들은 우상을 섬겼습니다.

13 여호와께서는 모든 예언자와 선견자들을 보내셔서 이스라엘과 유다에 경고하셨습니다. "너희는 악한 길에서 돌이켜서 내 명령과 규례를 지켜라. 내가 나의 종 예언자들을 통해 너희 조상에게 준 가르침에 복종하여라."

14 그러나 이스라엘 백성은 들으려 하지 않았습니다. 그들은 여호와 하나님을 믿지 않았던 그들의 조상

Ahaz's reign in Judah. He reigned in

2 Samaria nine years. ●He did what was evil in the LORD's sight, but not to the same extent as the kings of Israel who ruled before him.

3 ●King Shalmaneser of Assyria attacked King Hoshea, so Hoshea was forced to pay heavy tribute to Assyria. ●But Hoshea stopped

4 paying the annual tribute and conspired against the king of Assyria by asking King So of Egypt* to help him shake free of Assyria's power. When the king of Assyria discovered this treachery, he seized Hoshea and put him in prison.

Samaria Falls to Assyria

5 ●Then the king of Assyria invaded the entire land, and for three years he besieged the city

6 of Samaria. ●Finally, in the ninth year of King Hoshea's reign, Samaria fell, and the people of Israel were exiled to Assyria. They were settled in colonies in Halah, along the banks of the Habor River in Gozan, and in the cities of the Medes.

7 ●This disaster came upon the people of Israel because they worshiped other gods. They sinned against the LORD their God, who had brought them safely out of Egypt and had rescued them from the power of

8 Pharaoh, the king of Egypt. ●They had followed the practices of the pagan nations the LORD had driven from the land ahead of them, as well as the practices the kings of

9 Israel had introduced. ●The people of Israel had also secretly done many things that were not pleasing to the LORD their God. They built pagan shrines for themselves in all their towns, from the smallest outpost to the

10 largest walled city. ●They set up sacred pillars and Asherah poles at the top of every hill and

11 under every green tree. ●They offered sacrifices on all the hilltops, just like the nations the LORD had driven from the land ahead of them. So the people of Israel had done many

12 evil things, arousing the LORD's anger. ●Yes, they worshiped idols,* despite the LORD's specific and repeated warnings.

13 ●Again and again the LORD had sent his prophets and seers to warn both Israel and Judah: "Turn from all your evil ways. Obey my commands and decrees—the entire law that I commanded your ancestors to obey, and that I gave you through my servants the prophets."

14 ●But the Israelites would not listen. They were as stubborn as their ancestors who had

17:4 Or *by asking the king of Egypt at Sais.*
17:12 The Hebrew term (literally *round things*) probably alludes to dung.

들처럼 고집을 부렸습니다.

15 그들은 여호와의 율법과 여호와께서 그들의 조상과 맺어 주신 언약을 받아들이지 않았습니다. 그들은 여호와께서 주신 경고를 무시했습니다. 그리고 헛된 우상들을 섬기며 어리석은 길에 빠져 들었습니다. 그들은 여호와께서 하지 말라고 경고하셨음에도 불구하고 주변의 다른 나라들이 하는 것처럼 악한 우상을 섬기며 살았습니다.

16 이스라엘 백성은 여호와 하나님께서 내리신 모든 명령에 복종하지 않았습니다. 그들은 쇠를 녹여 두 개의 송아지 형상을 만들었으며 아세라 우상도 만들었습니다. 그들은 하늘의 모든 별에게 절하고 바알을 섬겼습니다.

17 그들은 자식을 불에 태워 제물로 바치기도 하고 마술이나 요술을 부려 점을 치기도 했습니다. 그들은 언제나 여호와께서 보시기에 악한 일만 골라서 하므로 여호와를 노하시게 만들었습니다.

18 이 때문에 여호와께서 이스라엘 백성에게 크게 노하셨습니다. 그래서 여호와께서는 그들을 자기 앞에서 내쫓으셨으며 오직 유다 지파만을 남겨 두셨습니다.

유다도 죄를 지었다

19 그러나 유다도 그들의 하나님 여호와의 명령에 복종하지 않았습니다. 그들도 이스라엘 백성의 관습을 그대로 따라 했습니다.

20 여호와께서는 이스라엘의 모든 백성을 내버리셨습니다. 그들을 벌하셔서 침략자들에게 넘겨 주시고 이스라엘 땅에서 내쫓으셨습니다.

21 여호와께서 다윗의 집안을 찢어 그들을 두 나라로 갈라 놓으셨습니다. 그때 이스라엘 백성은 느밧의 아들 여로보암을 자기 왕으로 삼았고, 여로보암은 이스라엘 백성을 잘못된 길로 이끌었습니다. 그는 이스라엘 백성으로 하여금 여호와를 떠나 큰 죄를 짓게 했습니다.

22 이스라엘 백성은 여로보암이 지은 죄를 그대로 따라 했습니다. 그들은 죄에서 돌이키지 않았습니다.

23 마침내 여호와께서는 그의 종인 예언자들을 통해 말씀하신 대로 그 백성을 자기 앞에서 내쫓으셨습니다. 그래서 이스라엘 백성은 자기 땅에서 쫓겨나 앗시리아로 끌려간 뒤 지금까지 거기에서 살고 있습니다.

사마리아 사람

24 앗시리아 왕은 바빌론과 구다와 아와와 하맛과 스발와임에서 사람들을 데려다가 이스라엘 백성을 대신해서 사마리아의 여러 성에서 살게 했습니다. 그래서 그들은 사마리아를 차지하고 여러 성에서 살았습니다.

---

refused to believe in the LORD their God.

15 •They rejected his decrees and the covenant he had made with their ancestors, and they despised all his warnings. They worshiped worthless idols, so they became worthless themselves. They followed the example of the nations around them, disobeying the LORD's command not to imitate them.

16 •They rejected all the commands of the LORD their God and made two calves from metal. They set up an Asherah pole and worshiped Baal and all the forces of heaven.

17 •They even sacrificed their own sons and daughters in the fire.* They consulted fortune-tellers and practiced sorcery and sold themselves to evil, arousing the LORD's anger.

18 •Because the LORD was very angry with Israel, he swept them away from his presence. Only the tribe of Judah remained in

19 the land. •But even the people of Judah refused to obey the commands of the LORD their God, for they followed the evil practices

20 that Israel had introduced. •The LORD rejected all the descendants of Israel. He punished them by handing them over to their attackers until he had banished Israel from his presence.

21 •For when the LORD* tore Israel away from the kingdom of David, they chose Jeroboam son of Nebat as their king. But Jeroboam drew Israel away from following the LORD and made them commit a great

22 sin. •And the people of Israel persisted in all the evil ways of Jeroboam. They did not turn

23 from these sins •until the LORD finally swept them away from his presence, just as all his prophets had warned. So Israel was exiled from their land to Assyria, where they remain to this day.

Foreigners Settle in Israel

24 •The king of Assyria transported groups of people from Babylon, Cuthah, Avva, Hamath, and Sepharvaim and resettled them in the towns of Samaria, replacing the

arouse [əráuz] *vt.* 자극하다
banish [bǽniʃ] *vt.* 추방하다, 내쫓다
despise [dispáiz] *vt.* 경멸하다, 멸시하다
exile [éksail] *vt.* 추방하다, 유배에 처하다
imitate [ímiteit] *vt.* 모방하다
persist [pərsíst] *vi.* 고집하다
sorcery [sɔ́ːrsəri] *n.* 마법
transport [trænspɔ́ːrt] *vt.* 옮기다

17:18 sweep… away from~ : …을 ~에서 쓸어버리다
17:20 hand… over~ : …을 ~에게 넘겨주다

17:17 Or *They even made their sons and daughters pass through the fire.* **17:21** Hebrew *he;* compare 1 Kgs 11:31-32.

25 그들은 여호와를 섬기지 않았기 때문에 여호와께서 사나운 사자들을 그들 가운데 보내어 몇 명을 물어 죽게 하셨습니다.

26 앗시리아 왕이 이 소식을 들었습니다. 그가 전해 들은 말은 이러합니다. "왕께서 사마리아의 여러 성에 보낸 외국인들은 그 땅의 하나님에 대한 법을 알지 못합니다. 그래서 그 땅의 하나님이 그들에게 사자들을 보내어 죽게 하셨습니다. 이는 그 땅의 하나님의 법을 알지 못하였기 때문입니다."

27 그러자 앗시리아 왕이 명령을 내렸습니다. "사마리아에서 붙잡아 온 제사장들 가운데서 한 명을 돌려보내어 그 땅에서 살게 하여라. 그리고 그 땅의 하나님에 대한 법을 백성에게 가르쳐 주게 하여라."

28 사마리아에서 붙잡혀 간 제사장들 가운데서 한 명이 돌아와 벧엘에 살면서 여호와를 섬기는 방법을 백성에게 가르쳐 주었습니다.

29 그러나 각 민족은 제각기 자기들의 신을 만들어 성 안에 두었습니다. 그들은 사마리아 사람들이 만든 산당 안에 자기들의 신을 두었습니다.

30 바빌론 사람은 숙곳브놋을 만들고, 구다 사람은 네르갈을 만들고, 하맛 사람은 아시마를 만들었습니다.

31 아와 사람은 닙하스와 다르닥을 만들고, 스발와임 사람은 자기들의 신인 아드람멜렉과 아남멜렉에게 자기 자녀를 불에 태워 바쳤습니다.

32 그들은 여호와도 섬겼습니다. 그들은 자기들 중에 산당에서 일할 제사장을 뽑았습니다. 그렇게 뽑힌 제사장은 그들을 위해 제사를 지냈습니다.

33 백성은 여호와께 예배를 드리면서 자기들의 신도 섬겼습니다. 그들은 잡혀 오기 전에 살던 나라에서 섬기던 방법대로 자기들의 신을 섬겼습니다.

34 그들은 오늘날까지도 옛 관습을 그대로 따르고 있습니다. 그들은 여호와를 섬기지 않고 있으며 여호와께서 이스라엘이라고 명하신 야곱의 자녀들에게 주셨던 여호와의 명령과 규례와 가르침과 계명을 따르지 않습니다.

35 여호와께서 전에 야곱의 자손들과 언약을 맺으시며 명령하셨습니다. "다른 신을 섬기지 마라. 다른 신에게 절하거나 예배하지 마라. 다른 신에게 제물을 바치지도 마라.

36 크신 능력과 힘으로 너희를 이집트 땅에서 인도해 내신 여호와께 예배드려라. 여호와께만 절하고 제물을 바쳐라.

37 언제나 여호와께서 너희에게 써 주신 규례와 명령과 계명과 가르침을 지켜라. 다른 신을 섬기지 마라.

38 내가 너희와 맺은 언약을 잊지 마라. 다른 신을 섬기지 마라.

people of Israel. They took possession of Samaria and lived in its towns. •But since these foreign settlers did not worship the LORD when they first arrived, the LORD sent lions among them, which killed some of them.

26 •So a message was sent to the king of Assyria: "The people you have sent to live in the towns of Samaria do not know the religious customs of the God of the land. He has sent lions among them to destroy them because they have not worshiped him correctly."

27 •The king of Assyria then commanded, "Send one of the exiled priests back to Samaria. Let him live there and teach the new residents the religious customs of the God of the land." •So one of the priests who had been exiled from Samaria returned to Bethel and taught the new residents how to worship the LORD.

29 •But these various groups of foreigners also continued to worship their own gods. In town after town where they lived, they placed their idols at the pagan shrines that the people of Samaria had built. •Those from Babylon worshiped idols of their god Succoth-benoth. Those from Cuthah worshiped their god Nergal. And those from Hamath worshiped Ashima. •The Avvites worshiped their gods Nibhaz and Tartak. And the people from Sepharvaim even burned their own children as sacrifices to their gods Adrammelech and Anammelech.

32 •These new residents worshiped the LORD, but they also appointed from among themselves all sorts of people as priests to offer sacrifices at their places of worship. •And though they worshiped the LORD, they continued to follow their own gods according to the religious customs of the nations from which they came. •And this is still going on today. They continue to follow their former practices instead of truly worshiping the LORD and obeying the decrees, regulations, instructions, and commands he gave the descendants of Jacob, whose name he changed to Israel.

35 •For the LORD had made a covenant with the descendants of Jacob and commanded them: "Do not worship any other gods or bow before them or serve them or offer sacrifices to them. •But worship only the LORD, who brought you out of Egypt with great strength and a powerful arm. Bow down to him alone, and offer sacrifices only to him. •Be careful at all times to obey the decrees, regulations, instructions, and commands that he wrote for you. You must not worship other gods. •Do not forget the covenant I

39 오직 너희 하나님 여호와만을 섬겨라. 그가 너희의 모든 원수에게서 너희를 구원해 주실 것이다."

40 그러나 이스라엘 백성은 들으려 하지 않았습니다. 그들은 옛 관습을 그대로 따랐습니다.

41 이스라엘 땅으로 옮겨 와 살게 된 다른 민족들도 여호와께 예배드리기는 했지만 여전히 자기들이 만든 우상을 같이 섬겼습니다. 그들의 자녀와 자손도 오늘날까지도 조상들이 한 일을 그대로 따라 하고 있습니다.

유다의 히스기야 왕

18 엘라의 아들 호세아가 이스라엘의 왕으로 있은 지 삼 년째 되던 해에 아하스의 아들 히스기야가 유다의 왕이 되었습니다.

2 히스기야가 왕이 되었을 때의 나이는 스물다섯 살이었습니다. 그는 예루살렘에서 이십구 년 동안 다스렸습니다. 그의 어머니는 스가랴의 딸 아비입니다.

3 히스기야는 그의 조상 다윗처럼 여호와께서 보시기에 옳은 일을 했습니다.

4 그는 산당들을 없애고 돌 기둥들을 부수고 아세라 우상을 찍어 버렸습니다. 그는 또 이스라엘 백성들이 그때까지도 모세가 만든 놋뱀에게 향을 피워 섬기는 것을 보고 그 놋뱀도 부숴 버렸습니다. 그 놋뱀은 느후스단이라고 불렸던 것입니다.

5 히스기야는 이스라엘 하나님 여호와를 믿고 의지했습니다. 유다의 모든 왕 가운데서 히스기야 같은 사람은 전에도 없었고 그 뒤에도 없었습니다.

6 히스기야는 여호와께 충성했습니다. 그는 여호와를 떠나지 않고 여호와께서 모세에게 명령하신 계명을 다 지켰습니다.

7 여호와께서 히스기야와 함께하셔서 히스기야는 하는 일마다 성공했습니다. 히스기야는 앗시리아 왕에게 등을 돌리고 섬기는 일을 그만두었습니다.

8 히스기야는 가사와 그 국경까지 블레셋 사람들을 공격했습니다. 그는 블레셋 땅의 망대에서부터 성벽이 있는 굳건한 성에 이르기까지 쳤습니다.

9 히스기야가 왕으로 있은 지 사 년째 되는 해, 곧 엘라의 아들 호세아가 이스라엘 왕으로 있은 지 칠 년째 되던 해에 앗시리아 왕 살만에셀이 사마리아를 에워싸고 공격했습니다.

10 삼 년 뒤에 살만에셀이 사마리아를 점령했습니다. 그때는 히스기야가 왕으로 있은 지 육 번째 되는 해였고, 호세아가 이스라엘의 왕으로 있은 지 구 번째 되는 해였습니다.

11 앗시리아 왕은 이스라엘 백성을 앗시리아로 잡아가서 고산 강가의 할라와 하볼과 메대의 여러 성에서 살게 했습니다.

12 이런 일이 일어난 것은 이스라엘 백성이 그들의 하

---

39 gods. •You must worship only the LORD your God. He is the one who will rescue you from all your enemies."

40 •But the people would not listen and continued to follow their former practices.

41 •So while these new residents worshiped the LORD, they also worshiped their idols. And to this day their descendants do the same.

Hezekiah Rules in Judah

18 Hezekiah son of Ahaz began to rule over Judah in the third year of King Hoshea's reign in Israel.

2 •He was twenty-five years old when he became king, and he reigned in Jerusalem twenty-nine years. His mother was Abijah,* the daughter of Zechariah.

3 •He did what was pleasing in the LORD's sight, just as his ancestor David had done.

4 •He removed the pagan shrines, smashed the sacred pillars, and cut down the Asherah poles. He broke up the bronze serpent that Moses had made, because the people of Israel had been offering sacrifices to it. The bronze serpent was called Nehushtan.*

5 •Hezekiah trusted in the LORD, the God of Israel. There was no one like him among all the kings of Judah, either before or after

6 his time. •He remained faithful to the LORD in everything, and he carefully obeyed all the commands the LORD had given Moses.

7 •So the LORD was with him, and Hezekiah was successful in everything he did. He revolted against the king of Assyria and

8 refused to pay him tribute. •He also conquered the Philistines as far distant as Gaza and its territory, from their smallest outpost to their largest walled city.

9 •During the fourth year of Hezekiah's reign, which was the seventh year of King Hoshea's reign in Israel, King Shalmaneser of Assyria attacked the city of Samaria and

10 began a siege against it. •Three years later, during the sixth year of King Hezekiah's reign and the ninth year of King Hoshea's

11 reign in Israel, Samaria fell. •At that time the king of Assyria exiled the Israelites to Assyria and placed them in colonies in Halah, along the banks of the Habor River in Gozan, and

12 in the cities of the Medes. •For they refused to listen to the LORD their God and obey him. Instead, they violated his covenant—all the laws that Moses the LORD's servant had commanded them to obey.

18:2 As in parallel text at 2 Chr 29:1; Hebrew reads *Abi*, a variant spelling of Abijah.　18:4 *Nehushtan* sounds like the Hebrew terms that mean "snake," "bronze," and "unclean thing."

나님인 여호와께 복종하지 않았기 때문입니다. 그들은 여호와의 언약을 어기고 여호와의 종인 모세가 명령한 모든 것에 복종하지 않았습니다. 그들은 그 명령을 들으려 하지도 않았고 지키지도 않았습니다.

앗시리아가 유다를 공격하다

13 히스기야가 왕으로 있은 지 십사 년째 되던 해에 앗시리아 왕 신헤립이 유다를 공격했습니다. 신헤립은 성벽으로 굳건하게 둘러싸인 유다의 모든 성을 공격하여 점령했습니다.

14 그러자 유다 왕 히스기야가 라기스에 있는 앗시리아 왕에게 사신을 보내어 말했습니다. "내가 잘못했습니다. 이곳에서 떠나 주십시오, 그러면 요구하시는 대로 다 드리겠습니다." 그러자 앗시리아 왕이 히스기야에게 은삼백 달란트* 가량과 금 삼십 달란트* 가량을 요구했습니다.

15 히스기야는 여호와의 성전과 왕궁 보물 창고에 있는 모든 은을 신헤립에게 주었습니다.

16 히스기야는 여호와의 성전 문과 문 기둥에 자기가 입혀 놓은 금을 벗겨 내어 앗시리아 왕에게 모두 주었습니다.

앗시리아가 히스기야를 괴롭히다

17 앗시리아 왕이 군대 장관 다르단과 랍사리스와 랍사게를 큰 군대와 함께 라기스에서 예루살렘에 있는 히스기야 왕에게 보내며 히스기야 왕을 치라고 명령했습니다. 그들은 예루살렘에 도착하여 윗연못에서 흘러 나오는 물길 곁에 멈추어 섰습니다. 윗 연못은 '빨랫집 밭' 으로 가는 길가에 있었습니다.

18 그들이 왕을 부르자, 엘리야김과 셉나와 요아가 그들을 맞으러 나갔습니다. 힐기야의 아들 엘리야김은 왕궁 관리인이었고, 셉나는 왕의 서기관이었고, 아삽의 아들 요아는 역사 기록관이었습니다.

19 랍사게가 그들에게 말했습니다. "히스기야에게 위대하신 앗시리아 왕의 말씀을 전하여라. '너는 누가 너를 도와 줄 것이라고 믿느냐?

20 군사 전략을 짜고 전쟁할 힘을 갖는 것이 입만 가지고 되느냐? 너는 누구를 믿고 나에게 반역하느냐?

21 보아라. 네가 이집트를 믿고 의지하는 모양인데, 이 이집트는 부서진 지팡이에 지나지 않는다. 그것에 의지했다가는 찔려서 다칠 뿐이다. 이집트의 왕을 의지하는 사람은 누구나 다 그렇게 될 것이다.'"

22 랍사게가 계속 말했습니다. "혹시 너희가 '우리는 우리 하나님 여호와를 의지한다' 고 말할지도 모르겠다. 히스기야가 여호와의 제단과 산당을 없애 버리면서 유다와 예루살렘 백성에게 '너희는 이 예루살렘의 제단에서만 예배드려야 한다' 고 말하지 않

Assyria Invades Judah

13 •In the fourteenth year of King Hezekiah's reign,* King Sennacherib of Assyria came to attack the fortified towns of Judah and conquered them. 14 •King Hezekiah sent this message to the king of Assyria at Lachish: "I have done wrong. I will pay whatever tribute money you demand if you will only withdraw." The king of Assyria then demanded a settlement of more than eleven tons of silver and one ton of gold.* 15 •To gather this amount, King Hezekiah used all the silver stored in the Temple of the LORD and in the palace treasury. 16 •Hezekiah even stripped the gold from the doors of the LORD's Temple and from the doorposts he had overlaid with gold, and he gave it all to the Assyrian king.

17 •Nevertheless, the king of Assyria sent his commander in chief, his field commander, and his chief of staff* from Lachish with a huge army to confront King Hezekiah in Jerusalem. The Assyrians took up a position beside the aqueduct that feeds water into the upper pool, near the road leading to the field where cloth is washed.* 18 •They summoned King Hezekiah, but the king sent these officials to meet with them: Eliakim son of Hilkiah, the palace administrator; Shebna the court secretary; and Joah son of Asaph, the royal historian.

Sennacherib Threatens Jerusalem

19 •Then the Assyrian king's chief of staff told them to give this message to Hezekiah:

"This is what the great king of Assyria says: What are you trusting in that makes you 20 so confident? •Do you think that mere words can substitute for military skill and strength? Who are you counting on, that 21 you have rebelled against me? •On Egypt? If you lean on Egypt, it will be like a reed that splinters beneath your weight and pierces your hand. Pharaoh, the king of Egypt, is completely unreliable!

22 •"But perhaps you will say to me, 'We are trusting in the LORD our God!' But isn't he the one who was insulted by Hezekiah? Didn't Hezekiah tear down his shrines and altars and make everyone in Judah and Jerusalem worship only at the

---

18:13 The fourteenth year of Hezekiah's reign was 701 B.C.   18:14 Hebrew *300 talents* [10 metric tons] *of silver and 30 talents* [1 metric ton] *of gold.*   18:17a Or *the rabshakeh;* also in 18:19, 26, 27, 28, 37.   18:17b Or *bleached.*

18:14 300달란트는 약 10.28t에 해당되고, 30달란트는 약 1.03t에 해당된다.

앴느냐?

23 그렇다면 내 주이신 앗시리아 왕과 내기를 해 보자. 네가 말을 탈 사람 이천 명을 구할 수 있다면, 내가 너에게 말 이천 마리를 주겠다.

24 너희가 앗시리아의 가장 약한 병사라도 물리칠 수 있겠느냐? 그러면서도 전차와 기마병의 도움을 받으려고 이집트를 의지하느냐?

25 내가 이곳에 와서 멸망시키는 일도 다 여호와의 허락을 받고 하는 것이다. 여호와께서 나에게 이 땅으로 가서 이 땅을 멸망시키라고 말씀하셨다."

26 힐기야의 아들 엘리야김과 셉나와 요아가 랍사게에게 말했습니다. "우리에게 아람 말로 말씀해 주십시오, 우리가 아람 말을 알아듣습니다. 성벽 위에 있는 백성이 듣고 있으니 히브리 말로 말씀하지 말아 주십시오."

27 그러자 랍사게가 말했습니다. "아니다. 앗시리아 왕이 나를 보내신 것은 이 말을 너희와 너희의 왕에게만 전하라고 보내신 것이 아니다. 이 말을 성벽 위에 앉아 있는 백성에게도 전하라고 보내신 것이다. 그들도 너희처럼 자기 똥을 먹고 자기 오줌을 마시게 될 것이다."

28 사령관이 일어나서 히브리 말로 크게 외쳤습니다. "위대하신 앗시리아 왕의 말씀을 들어라.

29 왕은 너희더러 히스기야에게 속지 말라고 말씀하셨다. 히스기야는 너희를 내 손에서 구할 수 없다.

30 히스기야가 너희에게 '여호와께서 틀림없이 우리를 구하실 것이다. 이 성은 앗시리아의 왕에게 넘어가지 않을 것이다'라고 말하면서 여호와를 의지하게 하여도 믿지 마라."

31 "히스기야의 말을 듣지 마라. 앗시리아 왕이 이렇게 말씀하셨다. '너희는 항복하고 나에게 나오너라. 그러면 누구나 자유롭게 자기의 포도나무와 무화과나무의 열매를 먹을 수 있을 것이다. 누구나 자유롭게 자기의 샘에서 물을 마실 수 있을 것이다.

32 내가 다시 와서 너희를 너희가 전에 살던 곳과 같은 땅으로 데려가 살게 하겠다. 그 땅은 곡식과 새 포도주의 땅이며 빵과 포도나무의 땅이며 올리브 기름과 꿀의 땅이다. 너희는 그 땅에 가서 살 수 있다. 결코 너희를 죽이지 않겠다.' 히스기야의 말을 듣지 마라. '여호와께서 우리를 구하실 것이다'라는 히스기야의 말은 거짓말이다.

33 다른 어떤 나라의 신도 그 백성을 앗시리아 왕의 손에서 구해 내지 못했다.

34 '하맛과 아르밧의 신들은 어디에 있느냐? 스발와임과 헤나와 아와의 신들은 어디에 있느냐? 그들이 사마리아를 내 손에서 구해 냈느냐?

altar here in Jerusalem?

23 • "I'll tell you what! Strike a bargain with my master, the king of Assyria. I will give you 2,000 horses if you can find that many men to ride on them! • With your tiny

24 army, how can you think of challenging even the weakest contingent of my master's troops, even with the help of Egypt's chariots and charioteers? • What's more, do you

25 think we have invaded your land without the LORD's direction? The LORD himself told us, 'Attack this land and destroy it!'"

26 • Then Eliakim son of Hilkiah, Shebna, and Joah said to the Assyrian chief of staff, "Please speak to us in Aramaic, for we understand it well. Don't speak in Hebrew,* for the people on the wall will hear."

27 • But Sennacherib's chief of staff replied, "Do you think my master sent this message only to you and your master? He wants all the people to hear it, for when we put this city under siege, they will suffer along with you. They will be so hungry and thirsty that they will eat their own dung and drink their own urine."

28 • Then the chief of staff stood and shouted in Hebrew to the people on the wall, "Listen to this message from the great king of Assyria!

29 • This is what the king says: Don't let Hezekiah

30 deceive you. He will never be able to rescue you from my power. • Don't let him fool you into trusting in the LORD by saying, 'The LORD will surely rescue us. This city will never fall into the hands of the Assyrian king!'

31 • "Don't listen to Hezekiah! These are the terms the king of Assyria is offering: Make peace with me—open the gates and come out. Then each of you can continue eating from your own grapevine and fig tree and drinking

32 from your own well. • Then I will arrange to take you to another land like this one—a land of grain and new wine, bread and vineyards, olive groves and honey. Choose life instead of death!

"Don't listen to Hezekiah when he tries to mislead you by saying, 'The LORD will rescue

33 us!' • Have the gods of any other nations ever saved their people from the king of Assyria?

34 • What happened to the gods of Hamath and Arpad? And what about the gods of Sepharvaim, Hena, and Ivvah? Did any god rescue

contingent [kəntíndʒənt] *n.* 분견대
deceive [disí:v] *vt.* 속이다
grove [gróuv] *n.* 작은 숲; 과수원
mislead [mislí:d] *vt.* 오도하다, 속이다
18:23 strike a bargain with⋯ : ⋯와 흥정하다
18:27 put under siege : 포위 공격하다

18:26 Hebrew *in the dialect of Judah;* also in 18:28.

35 이 모든 나라의 그 어떤 신도 그 백성을 내 손에서 구해 내지 못했다. 그러니 여호와도 예루살렘을 내 손에서 구해 내지 못할 것이다.'"

36 백성은 잠잠히 있었습니다. 그들은 랍사게의 말에 대답하지 않았습니다. 히스기야 왕이 그에게 대답하지 말라고 명령했기 때문입니다.

37 엘리야김과 셉나와 요아가 기가 막혀 옷을 찢었습니다. 힐기야의 아들 엘리야김은 왕궁 관리인이었고, 셉나는 왕의 서기관이었고, 아삽의 아들 요아는 역사 기록관이었습니다. 세 사람은 히스기야에게 돌아와서 랍사게가 한 말을 전해 주었습니다.

예루살렘은 구원 받을 것이다

19 히스기야 왕도 그 말을 듣고 자기 옷을 찢었습니다. 그는 너무나 슬퍼서 베옷을 입고 여호와의 성전으로 갔습니다.

2 히스기야는 엘리야김과 셉나와 나이 든 제사장들을 아모스의 아들인 예언자 이사야에게 보냈습니다. 엘리야김은 왕궁 관리인이었고, 셉나는 왕의 서기관이었습니다. 그들은 모두 베옷을 입고 이사야에게 갔습니다.

3 그 사람들이 이사야에게 말했습니다. "히스기야 왕께서 이렇게 말씀하셨습니다. '오늘은 슬픔과 심판과 부끄러움의 날이오. 마치 아이를 낳을 때가 되었는데도 아이를 낳을 힘이 없는 여자와도 같소.

4 앗시리아 왕이 랍사게를 보내어 살아 계신 하나님을 조롱했소. 당신의 하나님 여호와께서도 그 말을 들으셨을 것이요. 당신의 하나님 여호와께서도 그를 책망하실 것이요. 그러니 살아남은 이스라엘 백성을 위해 기도드려 주시오.'"

5 이와 같이 히스기야의 신하들이 이사야에게 오자,

6 이사야가 말했습니다. "그대들의 왕께 여호와께서 하신 말씀을 전하시오. '너는 앗시리아 왕의 신하들이 한 말 때문에 두려워하지 마라.

7 내가 앗시리아의 왕에게 한 영을 넣으리니, 그는 자기 나라에서 들려 오는 어떤 소문을 듣고 자기 나라로 돌아가게 될 것이다. 그러면 내가 그를 그곳에서 칼에 맞아 죽게 하겠다.'"

8 그때, 랍사게가 돌아가다가 앗시리아 왕이 라기스에서 떠났다는 말을 듣고 립나로 가서 만났습니다. 왕은 립나 성에서 싸우는 중이었습니다.

9 앗시리아 왕은 에티오피아* 왕 디르하가가 자기를 치려한다는 보고를 듣고 히스기야에게 사람들을 보내어 말했습니다.

10 "네가 의지하는 하나님께 속지 마라. 앗시리아 왕이 예루살렘을 정복하지 못할 것이라는 네 하

35 Samaria from my power? ●What god of any nation has ever been able to save its people from my power? So what makes you think that the LORD can rescue Jerusalem from me?"

36 ●But the people were silent and did not utter a word because Hezekiah had commanded them, "Do not answer him."

37 ●Then Eliakim son of Hilkiah, the palace administrator; Shebna the court secretary; and Joah son of Asaph, the royal historian, went back to Hezekiah. They tore their clothes in despair, and they went in to see the king and told him what the Assyrian chief of staff had said.

Hezekiah Seeks the LORD's Help

19 When King Hezekiah heard their report, he tore his clothes and put on burlap and 2 went into the Temple of the LORD. ●And he sent Eliakim the palace administrator, Shebna the court secretary, and the leading priests, all dressed in burlap, to the prophet Isaiah son of 3 Amoz. ●They told him, "This is what King Hezekiah says: Today is a day of trouble, insults, and disgrace. It is like when a child is ready to be born, but the mother has no 4 strength to deliver the baby. ●But perhaps the LORD your God has heard the Assyrian chief of staff,* sent by the king to defy the living God, and will punish him for his words. Oh, pray for those of us who are left!"

5 ●After King Hezekiah's officials delivered the 6 king's message to Isaiah, ●the prophet replied, "Say to your master, 'This is what the LORD says: Do not be disturbed by this blasphemous speech against me from the Assyrian king's messengers. 7 ●Listen! I myself will move against him,* and the king will receive a message that he is needed at home. So he will return to his land, where I will have him killed with a sword.'"

8 ●Meanwhile, the Assyrian chief of staff left Jerusalem and went to consult the king of Assyria, who had left Lachish and was attacking Libnah.

9 ●Soon afterward King Sennacherib received word that King Tirhakah of Ethiopia* was leading an army to fight against him. Before leaving to meet the attack, he sent messengers back to Hezekiah in Jerusalem with this message:

10 ●"This message is for King Hezekiah of Judah. Don't let your God, in whom you trust, deceive you with promises that

---

blasphemous [blǽsfəməs] *a.* 신성모독적인
disturb [distə́ːrb] *vt.* 혼란시키다, 어지럽히다
utter [ʌ́tər] *vt.* (소리, 말 등) 입 밖에 내다

19:4 Or *the rabshakeh;* also in 19:8.　**19:7** Hebrew *I will put a spirit in him.*　**19:9** Hebrew *of Cush.*

19:9 개역 성경에는 (히) '구스' 라고 표기되어 있다.

나님의 말을 믿지 마라.

11 너는 앗시리아의 왕들이 여러 나라들을 멸망시킨 일을 들어 알고 있을 것이다. 너라고 해서 구원 받을 것이라고 생각하지 마라.

12 나의 조상들은 고산과 하란과 레셉을 멸망시켰고, 들라살에 사는 에덴 백성을 멸망시켰다. 하지만 그 백성들의 신들도 그들을 구원하지는 못했다.

13 하맛과 아르밧의 왕들이 어디에 있느냐? 스발와임 성의 왕이 어디에 있느냐? 헤나와 아와의 왕들이 어디에 있느냐?"

히스기야가 여호와께 기도드리다

14 히스기야는 사신들이 보낸 편지를 받아 읽고는 여호와의 성전으로 올라가 그 편지를 여호와 앞에 펼쳐 놓았습니다.

15 히스기야가 여호와께 기도드렸습니다. "이스라엘의 하나님 여호와여, 주의 보좌는 날개 달린 생물인 그룹들 사이에 있습니다. 오직 주만이 땅 위 온 나라의 하나님이십니다. 주께서는 하늘과 땅을 지으셨습니다.

16 여호와여, 귀를 기울여 들어 주십시오. 여호와여, 눈을 열어 보아 주십시오. 산헤립이 살아 계신 하나님을 조롱한 말을 들어 주십시오.

17 여호와여, 앗시리아의 왕들은 정말로 여러 나라와 그 땅을 멸망시켰습니다.

18 그 왕들은 여러 나라의 신들을 불 속에 던져 넣었습니다. 그러나 그 신들은 사람이 만든 나무요, 돌에 지나지 않습니다. 그래서 그 왕들이 그것을 없앨 수 있었습니다.

19 우리 하나님 여호와시여, 우리를 저 왕의 손에서 구해 주십시오. 그러면 온 땅의 나라들이 주만이 오직 한 분이신 하나님이라는 것을 알게 될 것입니다."

하나님께서 히스기야에게 대답하시다

20 아모스의 아들 이사야가 히스기야에게 사람을 보내어 말했습니다. "이스라엘 하나님 여호와께서 왕이 앗시리아 왕 산헤립에 대해 기도한 것을 들으셨소.

21 그리고 산헤립에 대해 여호와께서 이렇게 말씀하셨소. '시온 백성이 너를 미워하고 조롱할 것이다. 예루살렘 백성이 도망치는 너를 보고 비웃을 것이다.

22 네가 누구를 꾸짖으며 조롱하였느냐? 네가 누구에게 목소리를 높였느냐? 네가 누구에게 눈을 부릅떴느냐? 이스라엘의 거룩하신 분에게냐?

23 너는 사자들을 보내어 여호와를 조롱하며 이렇

---

11 Jerusalem will not be captured by the king of Assyria. • You know perfectly well what the kings of Assyria have done wherever they have gone. They have completely destroyed everyone who stood in their way! Why 12 should you be any different? • Have the gods of other nations rescued them—such nations as Gozan, Haran, Rezeph, and the people of Eden who were in Tel-assar? My predecessors 13 destroyed them all! • What happened to the king of Hamath and the king of Arpad? What happened to the kings of Sepharvaim, Hena, and Ivvah?"

14 • After Hezekiah received the letter from the messengers and read it, he went up to the LORD's Temple and spread it out before the 15 LORD. • And Hezekiah prayed this prayer before the LORD: "O LORD, God of Israel, you are enthroned between the mighty cherubim! You alone are God of all the kingdoms of the earth. You alone created the heavens and the earth. 16 • Bend down, O LORD, and listen! Open your eyes, O LORD, and see! Listen to Sennacherib's words of defiance against the living God.

17 • "It is true, LORD, that the kings of Assyria 18 have destroyed all these nations. • And they have thrown the gods of these nations into the fire and burned them. But of course the Assyrians could destroy them! They were not gods at all—only idols of wood and stone shaped by human 19 hands. • Now, O LORD our God, rescue us from his power; then all the kingdoms of the earth will know that you alone, O LORD, are God."

Isaiah Predicts Judah's Deliverance

20 • Then Isaiah son of Amoz sent this message to Hezekiah: "This is what the LORD, the God of Israel, says: I have heard your prayer about King 21 Sennacherib of Assyria. • And the LORD has spoken this word against him:

"The virgin daughter of Zion
    despises you and laughs at you.
The daughter of Jerusalem
    shakes her head in derision as you flee.

22 • "Whom have you been defying and ridiculing?
    Against whom did you raise your voice?
At whom did you look with such haughty eyes?
    It was the Holy One of Israel!
23 • By your messengers you have defied the Lord.
    You have said, 'With my many chariots
I have conquered the highest mountains—
    yes, the remotest peaks of Lebanon.
I have cut down its tallest cedars
    and its finest cypress trees.
I have reached its farthest corners
    and explored its deepest forests.
24 • I have dug wells in many foreign lands

defiance [difáiəns] *n.* 도전, 반항.

게 비아냥거렸다. 나에게는 전차가 많이 있다. 나는 그 전차를 타고 산꼭대기로 올라갔으며 거기서 레바논의 가장 높은 산으로 올라갔다. 레바논의 키 큰 백향목과 훌륭한 잣나무를 베어 버렸다. 가장 깊숙한 곳까지 들어갔고 가장 울창한 숲까지 들어갔다.

24 또 나는 내가 빼앗은 다른 나라에서 샘을 파서 그 물을 마셨다. 내 발바닥으로 이집트의 모든 강물을 마르게 했다.

25 앗시리아 왕아, 나 여호와가 오래 전에 이 일들을 결정했고 옛날에 이 일들을 계획했다는 것을 네가 틀림없이 들었을 것이다. 네가 성벽이 있는 저 굳건한 성들을 쳐서 잿더미로 만들 수 있게 한 것도 바로 나 여호와이다.

26 그래서 그 성에 사는 백성들이 겁을 내고 두려움에 떨 것이다. 그들은 들의 식물과 같았고 연약한 풀과 같았다. 자라기도 전에 말라 버리는 지붕 위의 풀과 같았다.

27 나는 네가 어디에 살고 있으며, 언제 나가고 들어가는지도 다 알고 있다. 네가 나에게 악한 말을 하고 있는 것과 분을 품고 있는 것도 알고 있다.

28 너는 나에게 반역하였고 네 교만이 내 귀에까지 들렸으므로 네 코에 갈고리를 걸고 네 입에 재갈을 물리겠다. 그리고 네가 왔던 그 길로 다시 돌아가게 하겠다.

29 히스기야야, 내가 너에게 이 증거를 보이겠다. 너는 금년에 들에서 저절로 자란 곡식을 먹겠고, 내년에도 들에서 저절로 자란 곡식을 먹을 것이다. 그러나 삼 년째 되는 해에는 심고 거두며 포도밭을 가꾸어서 그 열매를 먹을 것이다.

30 유다 집안의 남은 백성은 뿌리를 내리고 튼튼하게 자라나서 많은 열매를 맺게 될 것이다.

31 예루살렘에서 살아남은 사람이 나오겠고 시온 산에서 살아남은 사람이 나올 것이다. 나 여호와는 열심으로 그 일을 이룰 것이다.' "

32 "여호와께서 앗시리아 왕에 대하여 이렇게 말씀하셨소. '그는 이 성에 들어오지 못한다. 그는 화살한 발도 쏘지 못하며 방패를 가지고 가까이 오지도 못하고 성을 공격할 흙 언덕도 쌓지 못할 것이다.

33 그는 왔던 길로 다시 자기 나라로 돌아갈 것이다. 그는 이 성에 들어오지 못한다. 이것은

and refreshed myself with their water.
With the sole of my foot
    I stopped up all the rivers of Egypt!'

25 • "But have you not heard?
        I decided this long ago.
    Long ago I planned it,
        and now I am making it happen.
    I planned for you to crush fortified cities
        into heaps of rubble.
26 • That is why their people have so little power
        and are so frightened and confused.
    They are as weak as grass,
        as easily trampled as tender green shoots.
    They are like grass sprouting on a housetop,
        scorched before it can grow lush and tall.

27 • "But I know you well—
        where you stay
    and when you come and go.
    I know the way you have raged against me.
28 • And because of your raging against me
        and your arrogance, which I have heard for
            myself,
    I will put my hook in your nose
        and my bit in your mouth.
    I will make you return
        by the same road on which you came."

29 • Then Isaiah said to Hezekiah, "Here is the proof that what I say is true:

    "This year you will eat only what grows up by itself,
        and next year you will eat what springs up
            from that.
    But in the third year you will plant crops and
            harvest them;
        you will tend vineyards and eat their fruit.
30 • And you who are left in Judah,
        who have escaped the ravages of the siege,
    will put roots down in your own soil
        and will grow up and flourish.
31 • For a remnant of my people will spread out from
            Jerusalem,
        a group of survivors from Mount Zion.
    The passionate commitment of the LORD of
            Heaven's Armies*
        will make this happen!

32 • "And this is what the LORD says about the king of Assyria:

    "His armies will not enter Jerusalem.
        They will not even shoot an arrow at it.
    They will not march outside its gates with their shields
        nor build banks of earth against its walls.
33 • The king will return to his own country
        by the same road on which he came.
    He will not enter this city,
        says the LORD.

19:31 As in Greek and Syriac versions, Latin Vulgate, and an alternate reading of the Masoretic Text (see also Isa 37:32); the other alternate reads *the LORD*.

나 여호와의 말이다.

34 나를 위해, 그리고 내 종 다윗을 위해 이 성을 지켜 구원해 주겠다.' "

35 그날 밤에 여호와의 천사가 앗시리아의 진으로 나아가서 앗시리아군 십팔만 오천 명을 죽였습니다. 백성이 이튿날 아침 일찍 일어나 보니, 그들이 모두 죽어 있었습니다.

36 그리하여 앗시리아 왕 산헤립은 그곳을 떠나 니느웨로 돌아가서 그곳에 머물렀습니다.

37 어느 날, 산헤립이 자기의 신 니스록의 신전에서 예배하고 있을 때에 그의 아들 아드람멜렉과 사레셀이 그를 칼로 죽이고 아라랏 땅으로 도망쳤습니다. 그리하여 산헤립의 아들 에살핫돈이 앗시리아의 왕이 되었습니다.

히스기야의 병

20 그 무렵에 히스기야가 심한 병에 걸려 거의 죽게 되었습니다. 아모스의 아들인 예언자 이사야가 그를 보러 와서 말했습니다. "여호와께서 이렇게 말씀하셨소. '너는 이제 죽을 것이다. 그러니 네 집안 일을 정리하여라. 너는 회복되지 못할 것이다.' "

2 히스기야가 벽쪽을 바라보며 여호와께 기도드렸습니다.

3 "여호와여, 제가 언제나 마음을 다하여 여호와께 복종하고, 여호와께서 보시기에 옳은 일을 한 것을 기억해 주십시오." 기도를 하던 히스기야가 슬프게 울었습니다.

4 이사야가 안뜰을 지날 때에 여호와께서 이사야에게 말씀하셨습니다.

5 "다시 돌아가서 내 백성의 지도자인 히스기야에게 전하여라. '네 조상 다윗의 하나님 여호와께서 이렇게 말씀하셨다. 내가 네 기도를 들었고 네 눈물을 보았다. 그러므로 내가 너를 고쳐 주겠다. 지금부터 삼 일 만에 너는 여호와의 성전으로 올라갈 것이다.

6 내가 네 목숨을 십오 년 더 연장해 주겠다. 그리고 너와 이 성을 앗시리아의 왕에게서 구해 주겠다. 나를 위해, 그리고 내 종 다윗을 위해 이 성을 지켜 주겠다.' "

7 이사야가 신하들에게 말했습니다. "무화과로 만든 연고를 가져오시오." 그들이 연고를 만들어 가져와서 왕의 상처 위에 바르니, 왕의 병이 나았습니다.

8 히스기야가 이사야에게 물었습니다. "여호와께서 나를 고쳐 주시고 내가 삼 일 만에 여호와의 성전에 올라가게 될 것이라 하였는데 그 표적이 무엇이오?'

34 •For my own honor and for the sake of my servant David,
I will defend this city and protect it."

35 •That night the angel of the LORD went out to the Assyrian camp and killed 185,000 Assyrian soldiers. When the surviving Assyrians* woke up the next morning, they

36 found corpses everywhere. •Then King Sennacherib of Assyria broke camp and returned to his own land. He went home to his capital of Nineveh and stayed there.

37 •One day while he was worshiping in the temple of his god Nisroch, his sons* Adrammelech and Sharezer killed him with their swords. They then escaped to the land of Ararat, and another son, Esarhaddon, became the next king of Assyria.

Hezekiah's Sickness and Recovery

20 About that time Hezekiah became deathly ill, and the prophet Isaiah son of Amoz went to visit him. He gave the king this message: "This is what the LORD says: Set your affairs in order, for you are going to die. You will not recover from this illness."

2 •When Hezekiah heard this, he turned his face to the wall and prayed to the LORD,

3 •"Remember, O LORD, how I have always been faithful to you and have served you single-mindedly, always doing what pleases you." Then he broke down and wept bitterly.

4 •But before Isaiah had left the middle courtyard,* this message came to him from

5 the LORD: •"Go back to Hezekiah, the leader of my people. Tell him, 'This is what the LORD, the God of your ancestor David, says: I have heard your prayer and seen your tears. I will heal you, and three days from now you will get out of bed and go to the Temple of the

6 LORD. •I will add fifteen years to your life, and I will rescue you and this city from the king of Assyria. I will defend this city for my own honor and for the sake of my servant David.' "

7 •Then Isaiah said, "Make an ointment from figs." So Hezekiah's servants spread the ointment over the boil, and Hezekiah recovered!

8 •Meanwhile, Hezekiah had said to Isaiah, "What sign will the LORD give to prove that he will heal me and that I will go to the Temple of the LORD three days from now?"

---

boil [bɔil] *n.* 종기, 부스럼
corpse [kɔːrps] *n.* 시체
ointment [ɔintmənt] *n.* 연고
20:6 for the sake of : …를 위하여

19:35 Hebrew *When they.* 19:37 As in Greek version and an alternate reading of the Masoretic Text (see also Isa 37:38); the other alternate reading lacks *his sons.* 20:4 As in Greek version and an alternate reading in the Masoretic Text; the other alternate reads *the middle of the city.*

9 이사야가 말했습니다. "여호와께서 약속하신 것을 그대로 이루신다는 표적이 임할 것이오. 왕은 해 그림자가 해시계 위에서 열 칸 앞으로 나아가게 하는 것이 좋겠소, 아니면 열 칸 뒤로 물러나게 하는 것이 좋겠소?"

10 히스기야가 대답했습니다. "열 칸 앞으로 나아가게 하는 것은 쉬운 일이니 열 칸 뒤로 물러나게 해 주시오."

11 예언자 이사야가 여호와께 부르짖자, 여호와께서는 아하스 왕이 만들어 놓은 해시계의 해 그림자를 열 칸 뒤로 물러나게 해 주셨습니다.

바빌로니아에서 온 사자들

12 그 무렵에 발라단의 아들인 바빌로니아 왕 부로닥발라단이 히스기야가 병들었다가 나았다는 소식을 듣고 그에게 편지와 선물을 보내 왔습니다.

13 히스기야는 부로닥발라단이 보낸 사자들을 보고 매우 기뻐서 그들에게 자기 보물 창고에 있는 것을 다 보여 주었습니다. 은과 금과 향료와 값진 향유를 보여 주고 자기의 칼과 방패들도 보여 주었습니다. 히스기야는 자기가 가진 귀한 것들과 왕궁과 나라 안에 있는 것을 하나도 빠짐없이 보여 주었습니다.

14 예언자 이사야가 왕에게 가서 물었습니다. "이 사람들이 무슨 말을 했소? 이 사람들은 어디에서 온 사람들이오?" 히스기야가 대답했습니다. "이 사람들은 먼 나라, 바빌로니아에서 왔소."

15 이사야가 왕에게 물었습니다. "그들이 왕궁에서 무엇을 보았소?" 히스기야가 대답했습니다. "내 집에 있는 것은 다 보았소. 내 보물 창고에 있는 것은 하나도 빠짐없이 다 보여 주었소."

16 그러자 이사야가 히스기야에게 말했습니다. "여호와의 말씀을 들으시오.

17 '장차 네 왕궁 안에 있는 모든 것을 바빌로니아에 빼앗길 날이 올 것이다. 네 조상들이 이날까지 쌓아 놓은 모든 것을 빼앗겨 아무것도 남지 않을 것이다. 이것은 나 여호와의 말이다.

18 또 네가 낳은 자녀들도 포로로 끌려가서, 바빌로니아 왕궁의 내시가 될 것이다.'"

19 히스기야가 이사야에게 말했습니다. "당신이 전한 여호와의 말씀은 옳은 말씀이오." 그가 이렇게 말한 것은 그가 마음속으로 '내가 왕으로 있는 동안에는 평화와 안정이 있겠지'라고 생각했기 때문입니다.

20 히스기야가 한, 다른 모든 일과 전쟁에서 승리한 일과 연못과 물 길을 만들어 물을 성 안으로 끌어들인 일은 유다 왕들의 역사책에 기록되어 있습니다.

21 히스기야가 죽고, 그의 아들 므낫세가 뒤를 이어

9 • Isaiah replied, "This is the sign from the LORD to prove that he will do as he promised. Would you like the shadow on the sundial to go forward ten steps or backward ten steps?*"

10 • "The shadow always moves forward," Hezekiah replied, "so that would be easy. 11 Make it go ten steps backward instead." • So Isaiah the prophet asked the LORD to do this, and he caused the shadow to move ten steps backward on the sundial* of Ahaz!

Envoys from Babylon

12 • Soon after this, Merodach-baladan* son of Baladan, king of Babylon, sent Hezekiah his best wishes and a gift, for he had heard that 13 Hezekiah had been very sick. • Hezekiah received the Babylonian envoys and showed them everything in his treasure-houses—the silver, the gold, the spices, and the aromatic oils. He also took them to see his armory and showed them everything in his royal treasuries! There was nothing in his palace or kingdom that Hezekiah did not show them.

14 • Then Isaiah the prophet went to King Hezekiah and asked him, "What did those men want? Where were they from?"

Hezekiah replied, "They came from the distant land of Babylon."

15 • "What did they see in your palace?" Isaiah asked.

"They saw everything," Hezekiah replied. "I showed them everything I own—all my royal treasuries."

16 • Then Isaiah said to Hezekiah, "Listen to 17 this message from the LORD: • The time is coming when everything in your palace—all the treasures stored up by your ancestors until now—will be carried off to Babylon. Nothing 18 will be left, says the LORD. • Some of your very own sons will be taken away into exile. They will become eunuchs who will serve in the palace of Babylon's king."

19 • Then Hezekiah said to Isaiah, "This message you have given me from the LORD is good." For the king was thinking, "At least there will be peace and security during my lifetime."

20 • The rest of the events in Hezekiah's reign, including the extent of his power and how he built a pool and dug a tunnel* to bring water into the city, are recorded in The Book of the 21 History of the Kings of Judah. • Hezekiah died, and his son Manasseh became the next king.

20:9 Or The shadow on the sundial has gone forward ten steps; do you want it to go backward ten steps? 20:11 Hebrew the steps. 20:12 As in some Hebrew manuscripts and Greek and Syriac versions (see also Isa 39:1); Masoretic Text reads Berodach-baladan. 20:20 Hebrew watercourse.

왕이 되었습니다.

유다의 므낫세 왕

21 므낫세가 왕이 되었을 때의 나이는 열두 살이었습니다. 그는 오십오 년 동안 예루살렘에서 다스렸습니다. 그의 어머니의 이름은 헵시바입니다.

2 므낫세는 여호와께서 보시기에 악한 일을 저질렀습니다. 그는 여호와께서 이스라엘 백성 앞에서 쫓아낸 다른 나라들이 했던 것처럼 더러운 짓들을 그대로 했습니다.

3 므낫세는 그의 아버지 히스기야가 없앤 산당들을 다시 짓고 바알을 위해 제단들을 쌓았습니다. 그리고 그는 이스라엘의 아합 왕처럼 아세라 우상을 만들었으며 하늘의 온갖 별들을 예배하고 섬겼습니다.

4 므낫세는 여호와께서 "내가 예루살렘에 내 이름을 둘 것이다"라고 하셨던 여호와의 성전에 제단들을 쌓았습니다.

5 그는 여호와의 성전 안에 있는 두 뜰에 하늘의 별들을 섬기는 제단을 쌓았습니다.

6 그는 자기 아들까지도 제물로 바쳤습니다. 그는 요술을 부렸으며 표적과 꿈을 풀어 점을 치기도 했습니다. 그는 무당과 점쟁이를 불러 의논하기도 했습니다. 그는 여호와께서 악하다고 말씀하신 일을 많이 했습니다. 그래서 여호와를 노하시게 만들었습니다.

7 므낫세는 아세라 우상을 새겨서 성전 안에 놓아 두었습니다. 여호와께서는 예전에 그 성전에 대해 다윗과 그의 아들 솔로몬에게 이렇게 말씀하신 적이 있습니다. "내가 이스라엘 모든 지파 중에서 뽑은 이 성전과 예루살렘에 내 이름을 영원히 둘 것이다.

8 이스라엘 백성이 내가 명령한 모든 말에 복종하고 내 종 모세가 명령한 모든 계명대로 살기만 하면 다시는 내가 그들을 이 땅에서 떠나 방황하지 않게 하겠다."

9 그러나 그들은 그 말씀을 듣지 않았습니다. 므낫세는 이스라엘을 잘못된 길로 이끌었을 뿐만 아니라, 여호와께서 이스라엘 백성 앞에서 멸망시키신 다른 나라들보다 더 악한 일을 하게 했습니다.

10 여호와께서 그의 종인 예언자들을 통해 말씀하셨습니다.

11 "유다 왕 므낫세가 이런 악한 일을 저질렀다. 그는 그전의 아모리 사람들보다 더 악한 일을 저질렀다. *그는 또 유다 백성들이 우상 섬기는 죄를 짓도록* 만들었다.

12 그러므로 이스라엘 하나님 여호와가 말한다. 내가 예루살렘과 유다에 큰 재앙을 내리겠다. 누구든지 그 재앙에 대한 이야기를 듣는 사람은 무서워서 벌벌 떨게 될 것이다.

13 내가 사마리아와 아합의 집안에 벌을 내렸던 것처

Manasseh Rules in Judah

21 Manasseh was twelve years old when he became king, and he reigned in Jerusalem fifty-five years. His mother was 2 Hephzibah. •He did what was evil in the LORD's sight, following the detestable practices of the pagan nations that the LORD had 3 driven from the land ahead of the Israelites. •He rebuilt the pagan shrines his father, Hezekiah, had destroyed. He constructed altars for Baal and set up an Asherah pole, just as King Ahab of Israel had done. He also bowed before all the powers of the heavens 4 and worshiped them. •He built pagan altars in the Temple of the LORD, the place where the LORD had said, "My name will remain in Jerusalem 5 forever." •He built these altars for all the powers of the heavens in both courtyards of 6 the LORD's Temple. •Manasseh also sacrificed his own son in the fire.* He practiced sorcery and divination, and he consulted with mediums and psychics. He did much that was evil in the LORD's sight, arousing his anger.

7 •Manasseh even made a carved image of Asherah and set it up in the Temple, the very place where the LORD had told David and his son Solomon: "My name will be honored forever in this Temple and in Jerusalem— the city I have chosen from among all the 8 tribes of Israel. •If the Israelites will be careful to obey my commands—all the laws my servant Moses gave them—I will not send them into exile from this land that I gave 9 their ancestors." •But the people refused to listen, and Manasseh led them to do even more evil than the pagan nations that the LORD had destroyed when the people of Israel entered the land.

10 •Then the LORD said through his servants 11 the prophets: •"King Manasseh of Judah has done many detestable things. He is even more wicked than the Amorites, who lived in this land before Israel. He has caused the 12 people of Judah to sin with his idols.* •So this is what the LORD, the God of Israel, says: I will bring such disaster on Jerusalem and Judah that the ears of those who hear about 13 it will tingle with horror. •I will judge Jerusalem by the same standard I used for Samaria and the same measure* I used for

divination [dívənéiʃən] *n.* 점
medium [mí:diəm] *n.* (pl. ~s) 무당
psychic [sáikik] *n.* 영매

21:6 Or *also made his son pass through the fire.*
21:11 The Hebrew term (literally *round things*) probably alludes to dung; also in 21:21.   21:13 Hebrew *the same plumb line I used for Samaria and the same plumb bob.*

럼 예루살렘에도 벌을 내리겠다. 사람이 접시를 닦아 엎어 놓듯 내가 예루살렘을 말끔히 씻어 버리겠다.

14 또 내가 준 땅에서 살아남은 내 백성을 내쫓아서 원수에게 넘겨 주겠다. 그들은 원수들로부터 모두 빼앗기고 도적질당할 것이다.

15 그들의 조상이 이집트에서 나오던 날부터 오늘까지 내 백성은 내가 보기에 악한 일을 하여 나를 분노하게 했다.”

16 므낫세는 유다 백성들이 죄를 짓게 만들었습니다. 유다 백성은 여호와께서 보시기에 악한 일을 했습니다. 더구나 므낫세는 죄 없는 사람을 많이 죽여 예루살렘을 이쪽 끝에서 저쪽 끝까지 피로 가득 채웠습니다.

17 므낫세가 행한, 다른 모든 일과 저지른 죄는 유다 왕들의 역사책에 기록되어 있습니다.

18 므낫세가 죽어 그의 왕궁 정원, 곧 웃사의 정원에 묻혔습니다. 그리고 므낫세의 아들 아몬이 뒤를 이어 왕이 되었습니다.

유다의 아몬 왕

19 아몬이 왕이 되었을 때의 나이는 스물두 살이었습니다. 그는 예루살렘에서 이 년 동안, 다스렸습니다. 그의 어머니는 므술레멧인데, 욧바 사람인 하루스의 딸입니다.

20 아몬은 그의 아버지 므낫세처럼 여호와께서 보시기에 악한 일을 저질렀습니다.

21 아몬은 그의 아버지 므낫세가 산 것처럼 살았습니다. 그는 그의 아버지와 마찬가지로 우상을 섬겼고 그 앞에서 절을 했습니다.

22 아몬은 그의 조상의 하나님 여호와를 저버리고 여호와의 길을 따르지 않았습니다.

23 아몬의 신하들이 아몬을 배신하여 왕궁에서 그를 죽였습니다.

24 그러자 유다 백성은 아몬 왕을 반역하였던 사람들을 다 죽이고 그의 아들 요시야를 왕으로 세웠습니다.

25 아몬이 행한, 다른 모든 일은 유다 왕들의 역사책에 기록되어 있습니다.

26 아몬이 웃사의 정원에 묻히고, 그의 아들 요시야가 뒤를 이어 왕이 되었습니다.

유다의 요시야 왕

22 요시야가 왕이 되었을 때의 나이는 여덟 살이었습니다. 그는 삼십일 년 동안, 예루살렘에서 다스렸습니다. 그의 어머니는 여디다인데 보스갓 사람 아다야의 딸입니다.

2 요시야는 여호와께서 보시기에 옳은 일을 했습니다. 그는 그의 조상 다윗이 했던 대로 행하였으며 나쁜 일을 하지 않았습니다.

3 요시야가 왕으로 있은 지 십팔 년째 되던 해에 므술

---

the family of Ahab. I will wipe away the people of Jerusalem as one wipes a dish and
14 turns it upside down. •Then I will reject even the remnant of my own people who are left, and I will hand them over as plun-
15 der for their enemies. •For they have done great evil in my sight and have angered me ever since their ancestors came out of Egypt."
16 •Manasseh also murdered many innocent people until Jerusalem was filled from one end to the other with innocent blood. This was in addition to the sin that he caused the people of Judah to commit, leading them to do evil in the LORD's sight.
17 •The rest of the events in Manasseh's reign and everything he did, including the sins he committed, are recorded in *The Book of the History of the Kings of Judah.*
18 •When Manasseh died, he was buried in the palace garden, the garden of Uzza. Then his son Amon became the next king.

Amon Rules in Judah

19 •Amon was twenty-two years old when he became king, and he reigned in Jerusalem
20 two years. His mother was Meshullemeth, the daughter of Haruz from Jotbah. •He did what was evil in the LORD's sight, just as
21 his father, Manasseh, had done. •He followed the example of his father, worshiping the same idols his father had wor-
22 shiped. •He abandoned the LORD, the God of his ancestors, and he refused to follow the LORD's ways.
23 •Then Amon's own officials conspired against him and assassinated him in his
24 palace. •But the people of the land killed all those who had conspired against King Amon, and they made his son Josiah the next king.
25 •The rest of the events in Amon's reign and what he did are recorded in *The Book*
26 *of the History of the Kings of Judah.* •He was buried in his tomb in the garden of Uzza. Then his son Josiah became the next king.

Josiah Rules in Judah

22 Josiah was eight years old when he became king, and he reigned in Jerusalem thirty-one years. His mother was Jedidah, the daughter of Adaiah from
2 Bozkath. •He did what was pleasing in the LORD's sight and followed the example of his ancestor David. He did not turn away from doing what was right.
3 •In the eighteenth year of his reign, King Josiah sent Shaphan son of Azaliah and grandson of Meshullam, the court secretary, to the Temple of the LORD. He told him,

람의 손자요, 아살리야의 아들인 왕의 서기관 사반을 여호와의 성전으로 보냈습니다. 요시야가 말했습니다.

4 "대제사장 힐기야에게 올라가시오. 가서 문지기들이 백성에게서 모은 돈, 곧 백성이 여호와의 성전으로 가져온 돈을 계산하라고 하시오.

5 그리고 그 돈을 성전 수리하는 일을 감독하는 사람들에게 주어 성전에서 부서진 곳을 고치도록 하시오.

6 곧 목수와 돌 쌓는 사람과 미장이에게 주게 하시오. 그리고 그 돈으로 성전을 수리하는 데에 필요한 나무와 돌을 사들이게 하시오.

7 그러나 그 돈을 어디에 썼는지 보고하게 할 필요는 없소. 왜냐하면 그들이 정직하게 일하고 있기 때문이오."

율법책을 발견하다

8 대제사장 힐기야가 왕의 서기관 사반에게 말했습니다. "내가 여호와의 성전에서 율법책을 발견했소." 힐기야가 그 책을 사반에게 주자, 사반이 그 책을 읽었습니다.

9 서기관 사반이 왕에게 가서 보고했습니다. "왕의 신하들이 여호와의 성전에서 꺼낸 돈을 여호와의 성전에서 일하는 감독들에게 주었습니다."

10 그리고 또 왕에게 말했습니다. "제사장 힐기야가 저에게 책 한 권을 주었습니다." 그리고 사반이 소리 내어 그 책을 왕에게 읽어 주었습니다.

11 왕이 율법책의 말씀을 듣더니 너무나 슬퍼서 자기 옷을 찢었습니다.

12 왕이 제사장 힐기야와 사반의 아들 아히감과 미가야의 아들 악볼과 서기관 사반과 왕의 조언자 아사야에게 명령했습니다.

13 "가서 나와 모든 백성과 온 유다를 위하여 지금 발견된 이 책의 말씀에 대해 여호와의 뜻을 여쭈어 보도록 하시오. 우리 조상이 이 책의 말씀에 복종하지 않았기 때문에 우리를 향한 여호와의 분노가 너무나 크오. 우리 조상은 우리가 지켜야 할 것을 적어 주신 이 책의 말씀대로 따라 살지 않았소."

14 그리하여 제사장 힐기야와 아히감과 악볼과 사반과 아사야가 여자 예언자 훌다에게 가서 여호와의 뜻을 여쭈어 보았습니다. 훌다는 할하스의 손자이며 디과의 아들인 왕의 옷을 관리하는 살룸의 아내입니다. 훌다는 예루살렘 성의 새 구역에서 살고 있었습니다.

15 훌다가 그들에게 말했습니다. "이스라엘의 하나님 여호와께서 이렇게 말씀하셨소. 당신들을 나에게 보낸 왕에게 전하시오.

16 '내가 이곳과 여기에 사는 백성에게 재앙을 내리겠

---

4 •Go to Hilkiah the high priest and have him count the money the gatekeepers have collected from the people at the LORD's Temple. 5 •Entrust this money to the men assigned to supervise the restoration of the LORD's Temple. Then they can use it to pay 6 workers to repair the Temple. •They will need to hire carpenters, builders, and masons. Also have them buy the timber and the finished stone needed to repair the 7 Temple. •But don't require the construction supervisors to keep account of the money they receive, for they are honest and trustworthy men."

Hilkiah Discovers God's Law

8 •Hilkiah the high priest said to Shaphan the court secretary, "I have found the Book of the Law in the LORD's Temple!" Then Hilkiah gave the scroll to Shaphan, and he read it.

9 •Shaphan went to the king and reported, "Your officials have turned over the money collected at the Temple of the LORD to the workers and supervisors at the Temple."

10 •Shaphan also told the king, "Hilkiah the priest has given me a scroll." So Shaphan read it to the king.

11 When the king heard what was written in the Book of the Law, he tore his clothes in 12 despair. •Then he gave these orders to Hilkiah the priest, Ahikam son of Shaphan, Acbor son of Micaiah, Shaphan the court secretary, and Asaiah the king's personal 13 adviser: •"Go to the Temple and speak to the LORD for me and for the people and for all Judah. Inquire about the words written in this scroll that has been found. For the LORD's great anger is burning against us because our ancestors have not obeyed the words in this scroll. We have not been doing everything it says we must do."

14 •So Hilkiah the priest, Ahikam, Acbor, Shaphan, and Asaiah went to the New Quarter* of Jerusalem to consult with the prophet Huldah. She was the wife of Shallum son of Tikvah, son of Harhas, the keeper of the Temple wardrobe.

15 •She said to them, "The LORD, the God of Israel, has spoken! Go back and tell the man 16 who sent you, •'This is what the LORD says: I am going to bring disaster on this city* and

---

assign [əsáin] *vt.* 할당하다, 배당하다
inquire [inkwáiər] *vi.* 묻다
scroll [skróul] *n.* 두루마리(책)
22:11 in despair: 절망하여

22:14 Or *the Second Quarter,* a newer section of Jerusalem. Hebrew reads *the Mishneh.*   22:16 Hebrew *this place;* also in 22:19, 20.

다. 유다 왕 요시야가 읽은 책에 따라 내가 재앙을 내리겠다.

17 유다 백성은 나를 저버리고 다른 신들에게 향을 피우며 온갖 우상을 만들어 나를 노하게 했다. 나의 분노가 이곳을 향해 불붙는 듯하다. 아무도 나의 분노를 그치게 하지 못할 것이다.'

18 여호와의 뜻을 여쭤 보라고 당신들을 보낸 유다의 왕에게 전하시오. 이스라엘의 하나님 여호와께서 이렇게 말씀하셨소.

19 '너는 이곳과 여기에 사는 백성에 대한 내 말, 곧 그들이 저주를 받아 멸망할 것이라는 말을 듣고 내 앞에서 뉘우치는 마음과 겸손한 모습을 보였다. 너는 너무나 슬퍼서 네 옷을 찢었으며 내 앞에서 흐느꼈다. 나는 네 기도를 들어 주겠다. 이것은 나 여호와의 말씀이다.

20 그러므로 나는 너를 평안히 죽게 하여 너의 조상들의 묘실에 묻게 하겠다. 너는 내가 이곳에 내릴 온갖 재앙을 네 눈으로 보지 않게 될 것이다.'" 그들은 왕에게 돌아가서 이 말을 전했습니다.

백성이 율법의 말씀을 듣다

23 왕이 유다와 예루살렘의 장로들을 불러 모았습니다.

2 왕이 여호와의 성전으로 올라가자, 유다와 예루살렘에 사는 모든 백성도 그와 함께 올라갔습니다. 제사장과 예언자와 젊은 사람, 늙은 사람 할 것 없이 모든 백성들이 왕과 함께 올라갔습니다. 왕이 그들에게 여호와의 성전에서 발견한 언약의 책에 있는 모든 말씀을 읽어 주었습니다.

3 왕은 성전 기둥 곁에 서서 여호와 앞에서 언약을 맺었습니다. 그는 여호와를 따르고 여호와의 계명과 규례와 율법을 마음과 정성을 다하여 지키기로 약속했습니다. 그는 또 그 책에 적혀 있는 언약의 말씀을 다 지키기로 약속했습니다. 모든 백성도 그 언약을 지키기로 약속했습니다.

요시야가 산당을 헐어 버리다

4 왕이 대제사장 힐기야와 그 아래 제사장들과 문지기들에게 바알과 아세라와 하늘의 모든 별을 위해 만든 것들을 여호와의 성전에서 다 내오라고 명령했습니다. 요시야는 그것들을 예루살렘 바깥 기드론 들에서 태워 버렸습니다. 그리고 그 남은 재는 벧엘로 가져갔습니다.

5 이전에 있던 유다의 왕들은 우상을 섬기는 제사장들을 뽑아 유다의 여러 성과 예루살렘 가까이에 있는 산당에서 향을 피우게 했습니다. 그 제사장들은 바알과 해와 달에게 제사를 지냈고, 하늘의 행성과 모든 별에게도 제사를 지냈습니다. 그러나 요시야는 그런 제사장들을 쫓아냈습니다.

its people. All the words written in the scroll that the king of Judah has read will come true. •For my people have abandoned me and offered sacrifices to pagan gods, and I am very angry with them for everything they have done. My anger will burn against this place, and it will not be quenched.'

18 "But go to the king of Judah who sent you to seek the LORD and tell him: 'This is what the LORD, the God of Israel, says concerning the message you have just heard:

19 •You were sorry and humbled yourself before the LORD when you heard what I said against this city and its people—that this land would be cursed and become desolate. You tore your clothing in despair and wept before me in repentance. And I have indeed

20 heard you, says the LORD. •So I will not send the promised disaster until after you have died and been buried in peace. You will not see the disaster I am going to bring on this city.' "

So they took her message back to the king.

Josiah's Religious Reforms

23 Then the king summoned all the elders of Judah and Jerusalem. •And the king went up to the Temple of the LORD with all the people of Judah and Jerusalem, along with the priests and the prophets—all the people from the least to the greatest. There the king read to them the entire Book of the Covenant that had been found in the

3 LORD's Temple. •The king took his place of authority beside the pillar and renewed the covenant in the LORD's presence. He pledged to obey the LORD by keeping all his commands, laws, and decrees with all his heart and soul. In this way, he confirmed all the terms of the covenant that were written in the scroll, and all the people pledged themselves to the covenant.

4 •Then the king instructed Hilkiah the high priest and the priests of the second rank and the Temple gatekeepers to remove from the LORD's Temple all the articles that were used to worship Baal, Asherah, and all the powers of the heavens. The king had all these things burned outside Jerusalem on the terraces of the Kidron Valley, and he car-

5 ried the ashes away to Bethel. •He did away with the idolatrous priests, who had been appointed by the previous kings of Judah, for they had offered sacrifices at the pagan

desolate [désələt] *a.* 황량한, 황폐한
pledge [plédʒ] *vt.* 맹세하다
quench [kwéntʃ] *vt.* 끄다
repentance [ripéntəns] *n.* 참회, 회개
summon [sʌ́mən] *vt.* 불러모으다

6 요시아는 여호와의 성전에서 아세라 우상을 없애기 위해, 예루살렘 바깥 기드론 들로 가져가서 불에 태워 재로 만든 다음에 그 재를 보통 사람들의 무덤 위에 뿌렸습니다.

7 왕은 또 여호와의 성전에 있던 남자 창기들의 집을 헐어 버렸습니다. 그 집은 여자들이 아세라를 위해 천을 짜던 곳이기도 합니다.

8 그리고 그는 유다의 여러 성에 사는 모든 제사장들을 예루살렘으로 불러들였습니다. 그리고 게바에서 브엘세바에 이르기까지 그들이 제사를 지내던 산당들을 모두 못 쓰게 만들었습니다. '여호수아의 문' 입구, 곧 성문 왼쪽에 있는 산당들도 부쉈습니다. 여호수아는 그 성을 다스리던 사람입니다.

9 산당에 있었던 제사장들은 예루살렘에 있는 여호와의 제단에서 여호와를 섬길 수는 없었으나, 누룩을 넣지 않고 만든 빵인 무교병은 다른 제사장들과 함께 나누어 먹을 수 있었습니다.

10 요시아는 힌놈 골짜기에 있던 도벳을 더럽혀 놓았습니다. 그래서 아무도 그곳에서 자기 아들이나 딸을 몰렉에게 제물로 바칠 수 없게 되었습니다.

11 요시아는 유다의 왕들이 여호와의 성전 입구에 놓아 둔 말들을 없앴습니다. 그 말들은 내시인 나단멜렉의 집 곁에 있었고, 해를 섬기려고 만든 것이었습니다. 요시아는 해를 섬길 때 쓰는 수레들도 다 태워 버렸습니다.

12 요시아는 그전에 유다의 왕들이 아하스의 윗방 지붕 위에 만들어 놓았던 제단들도 헐어 버렸습니다. 그리고 므낫세가 여호와의 성전 안 두 뜰에 만들어 놓은 제단들도 부수고 그 재를 기드론 골짜기에 뿌렸습니다.

13 요시야왕은 예루살렘 맞은편, 곧 '멸망의 산' 오른쪽에 있던 산당들을 더럽혀 놓았습니다. 그 산당들은 솔로몬 왕이 시돈 사람들의 역겨운 여신 아스다롯과 모압의 역겨운 신 그모스와 암몬 사람들의 역겨운 신 밀곰*을 위해 세운 것입니다.

14 요시아는 돌 우상들을 부숴 버리고 아세라 우상을 베어 버렸습니다. 그리고 그곳을 죽은 사람들의 뼈로 덮었습니다.

15 요시아는 느밧의 아들 여로보암이 세운 벧엘의 제단도 헐어 버렸습니다. 여로보암은 이스라엘 백성들이 죄를 짓게 만든 왕이었습니다. 요시아는 그곳을 불태우고 제단의 돌들을 부숴서 가루로 만들었습니다. 그리고 아세라 우상도 불태웠습니다.

shrines throughout Judah and even in the vicinity of Jerusalem. They had also offered sacrifices to Baal, and to the sun, the moon, the constellations, and to all the powers of the heavens.

6 • The king removed the Asherah pole from the LORD's Temple and took it outside Jerusalem to the Kidron Valley, where he burned it. Then he ground the ashes of the pole to dust and threw

7 the dust over the graves of the people. • He also tore down the living quarters of the male and female shrine prostitutes that were inside the Temple of the LORD, where the women wove coverings for the Asherah pole.

8 • Josiah brought to Jerusalem all the priests who were living in other towns of Judah. He also defiled the pagan shrines, where they had offered sacrifices—all the way from Geba to Beersheba. He destroyed the shrines at the entrance to the gate of Joshua, the governor of Jerusalem. This gate was located to the left of the

9 city gate as one enters the city. • The priests who had served at the pagan shrines were not allowed to serve at* the LORD's altar in Jerusalem, but they were allowed to eat unleavened bread with the other priests.

10 • Then the king defiled the altar of Topheth in the valley of Ben-Hinnom, so no one could ever again use it to sacrifice a son or daughter in

11 the fire* as an offering to Molech. • He removed from the entrance of the LORD's Temple the horse statues that the former kings of Judah had dedicated to the sun. They were near the quarters of Nathan-melech the eunuch, an officer of the court.* The king also burned the chariots dedicated to the sun.

12 • Josiah tore down the altars that the kings of Judah had built on the palace roof above the upper room of Ahaz. The king destroyed the altars that Manasseh had built in the two courtyards of the LORD's Temple. He smashed them to bits* and scattered the pieces in the Kidron

13 Valley. • The king also desecrated the pagan shrines east of Jerusalem, to the south of the Mount of Corruption, where King Solomon of Israel had built shrines for Ashtoreth, the detestable goddess of the Sidonians; and for Chemosh, the detestable god of the Moabites; and for Molech,* the vile god of the Ammonites.

14 • He smashed the sacred pillars and cut down the Asherah poles. Then he desecrated these places by scattering human bones over them.

15 • The king also tore down the altar at Bethel—the pagan shrine that Jeroboam son of

23:9 Hebrew *did not come up to.* 23:10 Or *to make a son or daughter pass through the fire.* 23:11 The meaning of the Hebrew is uncertain. 23:12 Or *He quickly removed them.* 23:13 Hebrew *Milcom,* a variant spelling of Molech.

23:13 암몬 족속이 섬기던 중요한 신으로, 때때로 '말감'으로 발음하기도 한다.

16 요시야가 몸을 돌이켜 보니 산 위에 무덤들이 있었습니다. 그는 사람들을 보내어 무덤에서 뼈를 꺼내게 하고 그 뼈를 제단 위에서 태워 제단을 부정하게 만들어 놓았습니다. 이로써 여호와께서 하나님의 사람을 통해서 하신 말씀을 모두 이루었습니다.

17 요시야가 물었습니다. "저기 보이는 저 비석은 무엇이냐?" 그 성의 백성이 대답했습니다. "그것은 유다에서 온, 하나님의 사람이 묻혀 있는 무덤입니다. 그는 왕이 벧엘의 제단에 대해서 하실 일을 예언한 사람입니다."

18 왕이 말했습니다. "그 무덤은 그대로 두어라. 아무도 그 사람의 뼈를 옮기지 못하게 하여라." 그래서 그 뼈와 사마리아에서 온 예언자의 뼈를 그대로 두었습니다.

19 이스라엘의 왕들은 사마리아의 여러 성에 우상을 섬기는 신전들을 세워 여호와를 노하시게 했는데, 요시야는 벧엘에서 한 것처럼 그 신전들을 다 헐어 버렸습니다.

20 요시야는 그런 산당의 제사장들을 제단 위에서 다 죽였습니다. 그리고 그들의 뼈를 제단 위에서 불태우고 예루살렘으로 돌아갔습니다.

유월절을 다시 지키다

21 왕이 모든 백성에게 명령했습니다. "언약의 책에 적혀 있는 대로 여러분의 하나님 여호와를 위해 유월절을 지키시오."

22 사사들이 이스라엘을 다스리던 때부터 이스라엘과 유다의 왕들이 나라를 다스리던 때까지 유월절을 지킨 적은 한 번도 없었습니다.

23 요시야가 왕으로 있은 지 십팔 년째 되던 해에 예루살렘에서 여호와께 유월절을 지켰습니다.

24 요시야는 유다 땅과 예루살렘에 있는 무당과 점쟁이와 집 귀신과 우상들과 온갖 역겨운 신들을 없애 버렸습니다. 이렇게 하여 그는 제사장 힐기야가 여호와의 성전에서 발견한 율법책에 적혀 있는 대로 말씀을 지켰습니다.

25 요시야와 같은 왕은 전에도 없었고 그 뒤에도 없었습니다. 그는 마음과 정성과 힘을 다하여 여호와를 섬겼습니다. 그리고 모세의 가르침을 다 지켰습니다.

26 그러나 여호와께서는 유다를 향한 크고 무서운 진노를 거두지 않으셨습니다. 여호와의 분노는 유다를 향해 불붙었습니다. 그것은 므낫세가 저지른 온갖 죄 때문이었습니다.

27 여호와께서 말씀하셨습니다. "내가 이스라엘

Nebat had made when he caused Israel to sin. He burned down the shrine and ground it to dust,
16 and he burned the Asherah pole. •Then Josiah turned around and noticed several tombs in the side of the hill. He ordered that the bones be brought out, and he burned them on the altar at Bethel to desecrate it. (This happened just as the LORD had promised through the man of God when Jeroboam stood beside the altar at the festival.)

Then Josiah turned and looked up at the tomb of the man of God* who had predicted these
17 things. •"What is that monument over there?" Josiah asked.

And the people of the town told him, "It is the tomb of the man of God who came from Judah and predicted the very things that you have just done to the altar at Bethel!"
18 •"Leave it alone. Don't disturb his bones." So they did not burn his bones or those of the old prophet from Samaria.
19 •Then Josiah demolished all the buildings at the pagan shrines in the towns of Samaria, just as he had done at Bethel. They had been built by the various kings of Israel and had made the LORD*
20 very angry. •He executed the priests of the pagan shrines on their own altars, and he burned human bones on the altars to desecrate them. Finally, he returned to Jerusalem.

Josiah Celebrates Passover

21 •King Josiah then issued this order to all the people: "You must celebrate the Passover to the LORD your God, as required in this Book of the
22 Covenant." •There had not been a Passover celebration like that since the time when the judges ruled in Israel, nor throughout all the years of the
23 kings of Israel and Judah. •But in the eighteenth year of King Josiah's reign, this Passover was celebrated to the LORD in Jerusalem.
24 •Josiah also got rid of the mediums and psychics, the household gods, the idols,* and every other kind of detestable practice, both in Jerusalem and throughout the land of Judah. He did this in obedience to the laws written in the scroll that Hilkiah the priest had found in the LORD's
25 Temple. •Never before had there been a king like Josiah, who turned to the LORD with all his heart and soul and strength, obeying all the laws of Moses. And there has never been a king like him since.
26 •Even so, the LORD was very angry with Judah because of all the wicked things Manasseh had
27 done to provoke him. •For the LORD said, "I will

23:16 As in Greek version; Hebrew lacks *when Jeroboam stood beside the altar at the festival. Then Josiah turned and looked up at the tomb of the man of God.* **23:19** As in Greek and Syriac versions and Latin Vulgate; Hebrew lacks *the LORD.* **23:24** The Hebrew term (literally *round things*) probably alludes to dung.

을 없앴듯이 유다도 내 눈앞에서 없애겠다. 그리고 내가 선택한 이 성 예루살렘과 '내가 그곳에 내 이름을 두겠다' 라고 말했던 이 성전도 내버리고 말겠다."

28 요시야가 행한, 다른 모든 일은 유다 왕들의 역사책에 기록되어 있습니다.

29 요시야가 왕으로 있을 때에 이집트 왕 느고가 앗시리아를 돕기 위해 유프라테스 강으로 올라갔습니다. 요시야왕이 이것을 막으려고 나갔으나, 이집트 왕이 므깃도에서 요시야를 죽이고 말았습니다.

30 요시야의 신하들이 므깃도에서 그의 시체를 전차에 싣고 예루살렘으로 옮겨 와서 묻어 주었습니다. 유다 백성은 요시야의 아들 여호아하스를 뽑아 그에게 기름을 붓고 아버지의 뒤를 이어 왕이 되게 하였습니다.

유다의 여호아하스 왕

31 여호아하스가 왕이 되었을 때의 나이는 스물세 살이었습니다. 그는 예루살렘에서 세 달 동안, 다스렸습니다. 그의 어머니의 이름은 하무달입니다. 하무달은 립나 사람인 예레미야의 딸입니다.

32 여호아하스는 그의 조상들처럼 여호와께서 보시기에 악한 일을 저질렀습니다.

33 이집트 왕 느고가 하맛 땅 리블라에서 여호아하스를 사로잡았습니다. 그래서 여호아하스는 예루살렘에서 다스릴 수 없게 되었습니다. 느고는 유다 백성에게 은 백 달란트* 가량과 금 한 달란트* 가량을 바치게 했습니다.

34 느고 왕은 요시야의 다른 아들인 엘리아김을 왕으로 세우고, 그의 이름을 여호야김으로 고치게 하였습니다. 여호아하스는 이집트로 끌려가 그곳에서 죽었습니다.

35 여호야김은 이집트 왕 느고가 달라는 대로 은과 금을 주었습니다. 여호야김은 느고가 달라는 것을 채우기 위해 백성들의 재산이 많고 적음에 따라 세금을 매겨 은과 금을 거두어들였습니다.

유다의 여호야김 왕

36 여호야김이 왕이 되었을 때의 나이는 스물다섯 살이었습니다. 그는 예루살렘에서 십일 년 동안, 다스렸습니다. 그의 어머니의 이름은 스비다입니다. 스비다는 루마 사람인 브다야의 딸입니다.

37 여호야김은 그의 조상들처럼 여호와께서 보시기에 악한 일을 했습니다.

24 여호야김이 왕으로 있을 때, 바빌로니아 왕 느부갓네살이 유다 땅으로 쳐들어왔습니다. 그래서 여호야김은 삼 년 동안, 느부갓네살의 종이 되었습니다. 그 뒤에 여호야김이 느부갓네살에게 반역하였습니다.

also banish Judah from my presence just as I have banished Israel. And I will reject my chosen city of Jerusalem and the Temple where my name was to be honored."

28 •The rest of the events in Josiah's reign and all his deeds are recorded in *The Book of the History of the Kings of Judah.*

29 •While Josiah was king, Pharaoh Neco, king of Egypt, went to the Euphrates River to help the king of Assyria. King Josiah and his army marched out to fight him,* but King Neco* killed him when they met at Megiddo.

30 •Josiah's officers took his body back in a chariot from Megiddo to Jerusalem and buried him in his own tomb. Then the people of the land anointed Josiah's son Jehoahaz and made him the next king.

Jehoahaz Rules in Judah

31 •Jehoahaz was twenty-three years old when he became king, and he reigned in Jerusalem three months. His mother was Hamutal, the daughter of Jeremiah from Libnah. •He did what was evil in the LORD's

32 sight, just as his ancestors had done.

33 •Pharaoh Neco put Jehoahaz in prison at Riblah in the land of Hamath to prevent him from ruling* in Jerusalem. He also demanded that Judah pay 7,500 pounds of silver and 75 pounds of gold* as tribute.

Jehoiakim Rules in Judah

34 •Pharaoh Neco then installed Eliakim, another of Josiah's sons, to reign in place of his father, and he changed Eliakim's name to Jehoiakim. Jehoahaz was taken to Egypt as a prisoner, where he died.

35 •In order to get the silver and gold demanded as tribute by Pharaoh Neco, Jehoiakim collected a tax from the people of Judah, requiring them to pay in proportion to their wealth.

36 •Jehoiakim was twenty-five years old when he became king, and he reigned in Jerusalem eleven years. His mother was Zebidah, the daughter of Pedaiah from Rumah. •He did what was evil in the LORD's

37 sight, just as his ancestors had done.

24 During Jehoiakim's reign, King Nebuchadnezzar of Babylon invaded the land of Judah. Jehoiakim surrendered and paid him tribute for three years but then

---

23:29a *Or Josiah went out to meet him.* 23:29b Hebrew *he.* 23:33a The meaning of the Hebrew is uncertain. 23:33b Hebrew *100 talents* [3,400 kilograms] *of silver and 1 talent* [34 kilograms] *of gold.*

23:33 100달란트는 약 3.43t에 해당되고, 1달란트는 약 34.27kg에 해당된다.

2 여호와께서 바빌로니아와 아람*과 모압과 암몬의 군대를 유다에 보내셔서 유다를 멸망시키게 하셨습니다. 그래서 여호와께서 그의 종인 예언자들을 통해서 하신 말씀을 이루셨습니다.

3 이 일이 유다 백성에게 일어난 것은 여호와의 명령에 따른 것입니다. 여호와께서는 므낫세가 저지른 모든 죄 때문에 유다 백성을 여호와 앞에서 내쫓으셨습니다.

4 므낫세는 죄 없는 사람을 많이 죽였습니다. 므낫세는 예루살렘을 피로 가득 차게 만들었습니다. 여호와께서는 그런 죄를 용서하려 하지 않으셨습니다.

5 여호야김이 왕으로 있는 동안, 일어난 일과 그가 행한, 다른 모든 일은 유다 왕들의 역사책에 기록되어 있습니다.

6 여호야김이 죽고, 그의 아들 여호야긴이 뒤를 이어 왕이 되었습니다.

7 이집트 왕은 자기 땅 밖으로 다시는 나오지 못했습니다. 그것은 바빌로니아 왕이 이집트 시내에서 유프라테스 강에 이르는 이집트 왕의 땅을 다 점령했기 때문이었습니다.

유다의 여호야긴 왕

8 여호야긴이 왕이 되었을 때의 나이는 열여덟 살이었습니다. 그는 예루살렘에서 세 달 동안, 다스렸습니다. 그의 어머니의 이름은 느후스다입니다. 느후스다는 예루살렘 사람인 엘라단의 딸입니다.

9 여호야긴은 그의 조상들처럼 여호와께서 보시기에 악한 일을 저질렀습니다.

10 그 무렵, 바빌로니아 왕 느부갓네살의 신하들이 예루살렘으로 올라와서 그 성을 에워쌌습니다.

11 느부갓네살 왕도 그의 신하들이 그 성을 에워싸고 있는 사이에 그 성에 왔습니다.

12 유다 왕 여호야긴이 자기 어머니와 신하들과 장교들과 관리들과 함께 느부갓네살 왕에게 항복했습니다. 그러자 바빌로니아 왕이 여호야긴을 사로잡았습니다. 그때는 느부갓네살이 왕으로 있은 지 팔년째 되던 해였습니다.

13 느부갓네살은 여호와의 성전과 왕궁에 있는 보물을 다 빼앗아 갔습니다. 그리고 이스라엘의 왕 솔로몬이 성전에서 쓰려고 만든 금그릇들을 다 깨뜨렸습니다. 이 모든 일이 여호와께서 말씀하신 대로 이루어졌습니다.

14 느부갓네살은 예루살렘에 있는 모든 백성을 사로잡아 갔습니다. 모든 관리와 모든 용사와 모든 기술자와 대장장이들을 데려갔는데, 그가 잡아 간 사람은 모두 만 명에 이릅니다. 그 땅에는 가장 천한 사람만이 남았습니다.

15 느부갓네살은 여호야긴을 바빌론으로 사로잡아 갔

---

2 rebelled. •Then the LORD sent bands of Babylonian,* Aramean, Moabite, and Ammonite raiders against Judah to destroy it, just as the LORD had promised through his prophets. •These disasters happened to 3 Judah because of the LORD's command. He had decided to banish Judah from his presence because of the many sins of Manasseh, 4 •who had filled Jerusalem with innocent blood. The LORD would not forgive this.

5 •The rest of the events in Jehoiakim's reign and all his deeds are recorded in *The Book of the History of the Kings of Judah.*
6 •When Jehoiakim died, his son Jehoiachin became the next king.
7 •The king of Egypt did not venture out of his country after that, for the king of Babylon captured the entire area formerly claimed by Egypt—from the Brook of Egypt to the Euphrates River.

Jehoiachin Rules in Judah

8 •Jehoiachin was eighteen years old when he became king, and he reigned in Jerusalem three months. His mother was Nehushta, the daughter of Elnathan from Jerusalem.
9 •Jehoiachin did what was evil in the LORD's sight, just as his father had done.
10 •During Jehoiachin's reign, the officers of King Nebuchadnezzar of Babylon came up 11 against Jerusalem and besieged it. •Nebuchadnezzar himself arrived at the city during 12 the siege. •Then King Jehoiachin, along with the queen mother, his advisers, his commanders, and his officials, surrendered to the Babylonians.

13 In the eighth year of Nebuchadnezzar's reign, he took Jehoiachin prisoner. •As the LORD had said beforehand, Nebuchadnezzar carried away all the treasures from the LORD's Temple and the royal palace. He stripped away* all the gold objects that King Solomon of Israel had placed in the Temple. 14 •King Nebuchadnezzar took all of Jerusalem captive, including all the commanders and the best of the soldiers, craftsmen, and artisans—10,000 in all. Only the poorest people were left in the land.
15 •Nebuchadnezzar led King Jehoiachin away as a captive to Babylon, along with the queen mother, his wives and officials, and all

---

artisan [ɑ́ːrtəzən] *n.* 장인, 공장
beforehand [bifɔ́ːrhænd] *ad.* 과거에
captive [kǽptiv] *n.* 포로
raider [réidər] *n.* 침략자, 급습자
surrender [səréndər] *vi.* 항복하다

24:2 Or *Chaldean.*　24:13 Or *He cut apart.*

24:2 '아람'은 현재의 '시리아' 땅에 해당된다.

을 뿐만 아니라, 여호야긴 왕의 어머니와 왕의 아내들, 그리고 왕의 관리들과 그 땅의 지도자들도 데려갔습니다.

16 바빌로니아 왕은 군인 칠천 명도 사로잡아 갔습니다. 그들은 모두 강하고 용감한 군인들이었습니다. 그리고 기술자와 대장장이들도 천 명도 사로잡아 갔습니다.

17 바빌로니아 왕은 여호야긴을 대신해서 여호야긴의 삼촌 맛다니야를 왕으로 세우고 이름을 시드기야로 고쳤습니다.

유다의 시드기야 왕

18 시드기야가 왕이 되었을 때의 나이는 스물한 살이었습니다. 그는 예루살렘에서 십일 년 동안 다스렸습니다. 그의 어머니는 하무달로서 립나 사람인 예레미야의 딸입니다.

19 시드기야는 여호야김처럼 여호와께서 보시기에 악한 일을 저질렀습니다.

20 이 모든 일이 예루살렘과 유다에 일어난 까닭은 여호와께서 그들에게 노하셨기 때문입니다. 여호와께서 마침내 그들을 여호와 앞에서 내쫓으셨습니다. 시드기야 왕이 바빌론 왕을 배반했습니다.

예루살렘의 멸망

25 시드기야가 왕으로 있은 지 구 년째 되는 해의 열째 달 십 일*에 바빌로니아 왕 느부갓네살이 모든 군대를 이끌고 예루살렘으로 쳐들어왔습니다. 느부갓네살은 성을 공격하기 위해서 그 주변을 에워싸고 흙 언덕을 성 둘레에 쌓았습니다.

2 성은 시드기야가 왕으로 있은 지 십일 년째 되던 해까지 포위되어 있었습니다.

3 그 해 넷째 달 구 일*이 되자 성 안에 기근이 심해졌습니다. 백성들은 먹을 것을 하나도 구할 수 없었습니다.

4 그리고 때맞춰 성벽도 뚫리고 말았습니다. 모든 군대가 밤중에 도망쳤습니다. 그들은 왕의 정원 곁에 있는 두 성벽 사이에 있는 성문 길로 빠져나갔습니다. 그때까지도 바빌로니아 사람들은 성을 에워싸고 있었습니다. 시드기야와 그의 군대는 아라바 길로 달려갔습니다.

5 그러나 바빌로니아 군대가 시드기야 왕을 여리고 평야에서 붙잡았습니다. 시드기야 왕의 모든 군대는 뿔뿔이 흩어졌습니다.

6 바빌로니아 군대가 시드기야 왕을 사로잡아 리블라에 있는 바빌로니아 왕에게 끌고 갔습니다. 바빌로니아 왕이 시드기야를 심문했습니다.

7 그들은 시드기야가 보는 앞에서 그의 아들들을

16 Jerusalem's elite. ●He also exiled 7,000 of the best troops and 1,000 craftsmen and artisans, all of whom were strong and fit for war. ●Then the 17 king of Babylon installed Mattaniah, Jehoiachin's* uncle, as the next king, and he changed Mattaniah's name to Zedekiah.

Zedekiah Rules in Judah

18 ●Zedekiah was twenty-one years old when he became king, and he reigned in Jerusalem eleven years. His mother was Hamutal, the 19 daughter of Jeremiah from Libnah. ●But Zedekiah did what was evil in the LORD's sight, 20 just as Jehoiakim had done. ●These things happened because of the LORD's anger against the people of Jerusalem and Judah, until he finally banished them from his presence and sent them into exile.

The Fall of Jerusalem

Zedekiah rebelled against the king of Babylon.

25 So on January 15,* during the ninth year of Zedekiah's reign, King Nebuchadnezzar of Babylon led his entire army against Jerusalem. They surrounded the city and built 2 siege ramps against its walls. ●Jerusalem was kept under siege until the eleventh year of King Zedekiah's reign.

3 ●By July 18 in the eleventh year of Zedekiah's reign,* the famine in the city had become very severe, and the last of the food was entirely 4 gone. ●Then a section of the city wall was broken down. Since the city was surrounded by the Babylonians,* the soldiers waited for nightfall and escaped* through the gate between the two walls behind the king's garden. Then they headed toward the Jordan Valley.*

5 ●But the Babylonian* troops chased the king and overtook him on the plains of Jericho, for his 6 men had all deserted him and scattered. ●They captured the king and took him to the king of Babylon at Riblah, where they pronounced 7 judgment upon Zedekiah. ●They made Zedekiah watch as they slaughtered his sons.

24:17 Hebrew *his.*　**25:1** Hebrew *on the tenth day of the tenth month,* of the ancient Hebrew lunar calendar. A number of events in 2 Kings can be cross-checked with dates in surviving Babylonian records and related accurately to our modern calendar. This day was January 15, 588 B.C.　**25:3** Hebrew *By the ninth day of the [fourth] month* [in the eleventh year of Zedekiah's reign] (compare Jer 39:2; 52:6 and the notes there). This day was July 18, 586 B.C.; also see note on 25:1.　**25:4a** Or *the Chaldeans;* also in 25:13, 25, 26.　**25:4b** As in Greek version (see also Jer 39:4; 52:7); Hebrew lacks *escaped.*　**25:4c** Hebrew *the Arabah.*　**25:5** Or *Chaldean;* also in 25:10, 24.

25:1 이날은 B.C. 588년 1월 15일에 해당된다.
25:3 이날은 B.C. 586년 7월 18일에 해당된다.

죽이고, 그의 눈을 뺀 뒤 쇠사슬로 묶어 바빌론으로 끌고 갔습니다.

8 바빌로니아의 느부갓네살이 왕으로 있은 지 십구 년째 되던 해의 다섯째 달 칠 일*에 경호대장인 느부사라단이 예루살렘으로 왔습니다.

9 느부사라단은 여호와의 성전과 왕궁에 불을 지르고 예루살렘의 모든 집을 불태웠습니다. 그래서 중요한 건물은 다 불타고 말았습니다.

10 바빌로니아의 모든 군대가 예루살렘의 성벽을 헐어 버렸습니다. 그 군대는 왕의 경호대장이 지휘했습니다.

11 경호대장인 느부사라단은 예루살렘에 남아 있는 백성과 바빌로니아 왕에게 항복한 백성과 나머지 백성을 사로잡아 갔습니다.

12 그러나 그 땅의 가장 천한 사람들은 남겨 두어 포도밭을 가꾸고 농사를 짓게 했습니다.

13 바빌로니아 군대는 여호와의 성전에 있는 놋기둥과 놋받침대와 바다라고 부르는 커다란 놋대야를 깨뜨려 그 놋쇠를 바빌론으로 가져갔습니다.

14 그들은 또 성전에서 제사드릴 때 쓰는 솥과 부삽과 부집게와 접시와 온갖 놋기구들도 가져갔습니다.

15 왕의 경호대장은 화로와 대야들도 가져갔고 금이나 은으로 만든 것도 다 가져갔습니다.

16 또 놋기둥 두 개와 커다란 놋대야 하나와 솔로몬이 여호와의 성전을 위해 만든 놋받침대도 모두 가져갔습니다. 경호대장이 가져간 놋은 너무 많아서 무게를 달 수 없을 정도였습니다.

17 그 기둥은 각각 높이가 십팔 규빗*이었습니다. 기둥 꼭대기에는 높이가 삼 규빗* 되는 기둥머리가 놓여 있었습니다. 기둥 머리의 둘레는 그물과 놋석류로 장식되어 있었습니다. 다른 기둥에도 그물 장식이 있었는데 첫 번째 기둥과 같은 모양이었습니다.

유다 백성이 포로가 되어 끌려가다

18 경호대장은 대제사장 스라야와 그 아래 제사장 스바냐와 문지기 세 사람을 붙잡았습니다.

19 그리고 성 안에 남아 있던 사람들, 곧 군인들을 지휘하던 장교 한 사람과, 왕에게 도움말을 주던 신하 다섯 사람과, 군대에 갈 사람들을 뽑았던 왕의 시종 한 사람과, 그 밖에 성 안에 있던 다른 백성 육십 명을 붙잡았습니다.

20 경호대장 느부사라단은 그들을 붙잡아서 리블라에 있는 바빌로니아 왕에게 끌고 갔습니다

Then they gouged out Zedekiah's eyes, bound him in bronze chains, and led him away to Babylon.

The Temple Destroyed

8 •On August 14 of that year,* which was the nineteenth year of King Nebuchadnezzar's reign, Nebuzaradan, the captain of the guard and an official of the Babylonian king, arrived in 9 Jerusalem. •He burned down the Temple of the LORD, the royal palace, and all the houses of Jerusalem. He destroyed all the important buildings* in the city. •Then he supervised the entire Babylonian army as they tore down the walls of 11 Jerusalem on every side. •Then Nebuzaradan, the captain of the guard, took as exiles the rest of the people who remained in the city, the defectors who had declared their allegiance to the king of 12 Babylon, and the rest of the population. •But the captain of the guard allowed some of the poorest people to stay behind to care for the vineyards and fields.

13 •The Babylonians broke up the bronze pillars in front of the LORD's Temple, the bronze water carts, and the great bronze basin called the Sea, 14 and they carried all the bronze away to Babylon. •They also took the ash buckets, shovels, lamp snuffers, ladles, and all the other bronze articles 15 used for making sacrifices at the Temple. •The captain of the guard also took the incense burners and basins, and all the other articles made of pure gold or silver.

16 •The weight of the bronze from the two pillars, the Sea, and the water carts was too great to be measured. These things had been made for the 17 LORD's Temple in the days of Solomon. •Each of the pillars was 27 feet* tall. The bronze capital on top of each pillar was 7^1/$_2$ feet* high and was decorated with a network of bronze pomegranates all the way around.

18 •Nebuzaradan, the captain of the guard, took with him as prisoners Seraiah the high priest, Zephaniah the priest of the second rank, and the 19 three chief gatekeepers. •And from among the people still hiding in the city, he took an officer who had been in charge of the Judean army; five of the king's personal advisers; the army commander's chief secretary, who was in charge of 20 recruitment; and sixty other citizens. •Nebuzaradan, the captain of the guard, took them all

---

25:8 Hebrew *On the seventh day of the fifth month,* of the ancient Hebrew lunar calendar. This day was August 14, 586 B.C.; also see note on 25:1. 25:9 Or *destroyed the houses of all the important people.* 25:17a Hebrew *18 cubits* [8.3 meters]. 25:17b As in parallel texts at 1 Kgs 7:16, 2 Chr 3:15, and Jer 52:22, all of which read *5 cubits* [2.3 meters]; Hebrew reads *3 cubits,* which is 4.5 feet or 1.4 meters.

25:8 이날은 B.C. 586년 8월 14일에 해당된다.
25:17 18규빗은 약 8.1m에 해당되고, 3규빗은 약 1.35m에 해당된다.

다.

21 바빌로니아 왕은 하맛 땅 리블라에서 그들을 죽였습니다. 이처럼 유다 백성은 그들의 땅에서 쫓겨나 포로가 되어 끌려갔습니다.

그달리야가 총독이 되다

22 바빌로니아 왕 느부갓네살은 유다 땅에 남아 있는 백성을 다스릴 총독으로 그달리야를 세웠는데, 그는 사반의 손자이며 아히감의 아들이었습니다.

23 바빌로니아 왕이 그달리야를 총독으로 세웠다는 소식을 듣고, 유다 군대의 장교들과 그 부하들이 모두 미스바에 있는 그달리야에게 모여들었습니다. 그곳에 모인 사람은 느다냐의 아들 이스마엘과 가레아의 아들 요하난과 느도바 사람 단후멧의 아들 스라야와 마아가 사람의 아들 야아사냐와 그 부하들이었습니다.

24 그러자 그달리야가 군대 장교들과 그들의 부하들에게 약속했습니다. "바빌로니아의 관리들을 두려워하지 마시오. 이 땅에 살면서 바빌로니아 왕을 섬기시오. 그러면 모든 것이 잘될 것이오."

25 그러나 그 해 칠 월에 이스마엘이 부하 열 사람을 데리고 와서 그달리야를 죽였습니다. 이스마엘은 엘리사마의 손자이며 느다냐의 아들로서 왕족이었습니다. 그들은 또 미스바에 그달리야와 함께 있던 유다 사람과 바빌로니아 사람들도 죽였습니다.

26 그런 다음 젊은 사람이나 늙은 사람 할 것 없이 다 이집트로 도망쳤습니다. 군대 장교들도 이집트로 도망쳤습니다. 이는 바빌로니아 사람들*을 두려워한 까닭입니다.

여호야긴이 풀려나다

27 유다 왕 여호야긴이 사로잡혀 간 지 삼십칠 년째 되던 해, 곧 에윌므로닥이 바빌로니아 왕이 된 해 십이 월 이십칠 일*에 에윌므로닥이 여호야긴을 감옥에서 풀어 주었습니다.

28 에윌므로닥은 여호야긴에게 친절하게 대하면서, 바빌론에 와 있던 다른 왕들의 자리보다 더 높은 자리를 주었습니다.

29 그리하여 여호야긴은 죄수가 입는 옷을 벗었습니다. 그는 죽기 전까지 왕의 상에서 왕과 함께 먹었습니다.

30 왕은 여호야긴이 살아 있는 동안에 날마다 그에게 용돈을 주었습니다.

---

21 to the king of Babylon at Riblah. •And there at Riblah, in the land of Hamath, the king of Babylon had them all put to death. So the people of Judah were sent into exile from their land.

Gedaliah Governs in Judah

22 •Then King Nebuchadnezzar appointed Gedaliah son of Ahikam and grandson of Shaphan as governor over the people he had 23 left in Judah. •When all the army commanders and their men learned that the king of Babylon had appointed Gedaliah as governor, they went to see him at Mizpah. These included Ishmael son of Nethaniah, Johanan son of Kareah, Seraiah son of Tanhumeth the Netophathite, Jezaniah* son of the Maacathite, and all their men.

24 •Gedaliah vowed to them that the Babylonian officials meant them no harm. "Don't be afraid of them. Live in the land and serve the king of Babylon, and all will go well for you," he promised.

25 •But in midautumn of that year,* Ishmael son of Nethaniah and grandson of Elishama, who was a member of the royal family, went to Mizpah with ten men and killed Gedaliah. He also killed all the Judeans and Babylonians who were with him at Mizpah.

26 •Then all the people of Judah, from the least to the greatest, as well as the army commanders, fled in panic to Egypt, for they were afraid of what the Babylonians would do to them.

Hope for Israel's Royal Line

27 •In the thirty-seventh year of the exile of King Jehoiachin of Judah, Evil-merodach ascended to the Babylonian throne. He was kind to* Jehoiachin and released him* from prison on 28 April 2 of that year.* •He spoke kindly to Jehoiachin and gave him a higher place than 29 all the other exiled kings in Babylon. •He supplied Jehoiachin with new clothes to replace his prison garb and allowed him to dine in the 30 king's presence for the rest of his life. •So the king gave him a regular food allowance as long as he lived.

25:23 As in parallel text at Jer 40:8; Hebrew reads *Jaazaniah*, a variant spelling of Jezaniah.　25:25 Hebrew *in the seventh month*, of the ancient Hebrew lunar calendar. This month occurred within the months of October and November 586 B.C. ; also see note on 25:1.　25:27a Hebrew *He raised the head of*.　25:27b As in some Hebrew manuscripts and Greek and Syriac versions (see also Jer 52:31); Masoretic Text lacks *released him*. 25:27c Hebrew *on the twenty-seventh day of the twelfth month*, of the ancient Hebrew lunar calendar. This day was April 2, 561 B.C.; also see note on 25:1.

25:25 이달은 B.C. 586년 10월과 11월에 해당된다. 25:26 '갈대아 사람들'을 가리킨다. 25:27 이날은 B.C. 561년 4월 2일에 해당된다.

역대상

● 서론

✛ 저자 _ 미상('에스라'가 기록했을 가능성이 있음)
✛ 저작 연대 _ B.C. 450~400년 사이로 추정
✛ 기록 장소 _ 알 수 없음(예루살렘에서 기록했을 가능성이 있음)
✛ 기록 대상 _ 바벨론 포로 생활에서 돌아온 유다의 남은 자들
✛ 핵심어 및 내용 _ 핵심어는 '왕가의 계보'와 '헌신'이다. 예수 그리스도의 절대 왕권에 이르게 되는 다윗 왕가의 계보를 자세하게 설명하고 철저히 하나님께 헌신된 다윗의 일생을 묘사한다.

아담에서 아브라함까지

1 아담은 셋의 아버지입니다. 셋은 에노스의 아버지이고, 에노스는 게난의 아버지입니다.

2 게난은 마할랄렐의 아버지이고, 마할랄렐은 야렛의 아버지이고, 야렛은 에녹의 아버지입니다.

3 에녹은 므두셀라의 아버지이고, 므두셀라는 라멕의 아버지이고, 라멕은 노아의 아버지입니다.

4 노아의 아들은 셈과 함과 야벳입니다.

5 야벳의 아들은 고멜과 마곡과 마대와 야완과 두발과 메섹과 디라스입니다.

6 고멜의 아들은 아스그나스와 디밧과 도갈마입니다.

7 야완의 아들은 엘리사와 다시스와 깃딤과 도다님입니다.

8 함의 아들은 구스와 미스라임*과 붓과 가나안입니다.

9 구스의 아들은 스바와 하윌라와 삽다와 라아마와 삽드가입니다. 라아마의 아들은 스바와 드단입니다.

10 구스는 니므롯의 아버지인데, 니므롯은 그 땅에서 뛰어난 용사가 되었습니다.

11 미스라임은 루딤과 아나밈과 르하빔과 납두힘에 사는 백성의 조상이며

12 또 바드루심과 가슬루힘과 갑도림의 조상이기도 합니다. 블레셋 백성은 가슬루힘에서 나왔습니다.

13 가나안의 맏아들은 시돈이고, 또 다른 아들은 헷입니다.

14 가나안은 여부스 사람과 아모리 사람과 기르가스 사람의 조상이며,

15 또 히위 사람과 알가 사람과 신 사람과

16 아르왓 사람과 스말 사람과 하맛 사람의 조상이기도 합니다.

From Adam to Noah's Sons

2-3 The descendants of Adam were Seth, Enosh, • Kenan, Mahalalel, Jared, • Enoch, Methuselah, Lamech, • and Noah.

4 The sons of Noah were* Shem, Ham, and Japheth.

Descendants of Japheth

5 • The descendants of Japheth were Gomer, Magog, Madai, Javan, Tubal, Meshech, and Tiras.

6 • The descendants of Gomer were Ashkenaz, Riphath,* and Togarmah.

7 • The descendants of Javan were Elishah, Tarshish, Kittim, and Rodanim.

Descendants of Ham

8 • The descendants of Ham were Cush, Mizraim,* Put, and Canaan.

9 • The descendants of Cush were Seba, Havilah, Sabtah, Raamah, and Sabteca. The descendants
10 of Raamah were Sheba and Dedan. • Cush was also the ancestor of Nimrod, who was the first heroic warrior on earth.

11 • Mizraim was the ancestor of the Ludites,
12 Anamites, Lehabites, Naphtuhites, • Pathrusites, Casluhites, and the Caphtorites, from whom the Philistines came.*

13 • Canaan's oldest son was Sidon, the ancestor of the Sidonians. Canaan was also the ancestor of
14 the Hittites,* • Jebusites, Amorites, Girgashites,
15-16 • Hivites, Arkites, Sinites, • Arvadites, Zemarites, and Hamathites.

Descendants of Shem

17 • The descendants of Shem were Elam, Asshur,

---

ancestor [ǽnsestər] *n.* 선조, 조상
heroic [hiróuik] *a.* 용맹스러운

1:4 As in Greek version (see also Gen 5:3-32); Hebrew lacks *The sons of Noah were.* 1:6 As in some Hebrew manuscripts and Greek version (see also Gen 10:3); most Hebrew manuscripts read *Diphath.* 1:8 Or *Egypt;* also in 1:11. 1:12 Hebrew *Casluhites, from whom the Philistines came, Caphtorites.* See Jer 47:4; Amos 9:7. 1:13 Hebrew *ancestor of Heth.*
1:8 일반적으로 이집트를 지칭하는 히브리어이며, '애굽'이라고 표기하기도 한다.

17 셈의 아들은 엘람과 앗수르와 아르박삿과 룻과 아람입니다. 아람의 아들은 우스와 훌과 게델과 메섹입니다.

18 아르박삿의 아들은 셀라이고, 셀라의 아들은 에벨입니다.

19 에벨에게는 두 아들이 있었습니다. 한 아들의 이름은 벨렉입니다. 그에게 이런 이름이 붙은 것은 그 시대에 그 땅이 나누어졌기 때문입니다. 벨렉의 동생은 욕단입니다.

20 욕단은 알모닷과 셀렙과 하살마웻과 예라와

21 하도람과 우살과 디글라와

22 에발과 아비마엘과 스바와

23 오빌과 하윌라와 요밥의 아버지입니다.

24 셈에서 아브라함까지의 족보는 셈, 아르박삿, 셀라,

25 에벨, 벨렉, 르우,

26 스룩, 나홀, 데라,

27 아브람, 곧 아브라함의 순서로 되어 있습니다.

아브라함의 자손

28 아브라함의 아들은 이삭과 이스마엘입니다.

29 이삭과 이스마엘의 아들은 이러합니다. 이스마엘의 맏아들은 느바욧입니다. 그 밖에 다른 아들의 이름은 게달과 앗브엘과 밉삼과

30 미스마와 두마와 맛사와 하닷과 데마와

31 여둘과 나비스와 게드마입니다.

32 아브라함의 첩인 그두라는 시므란과 욕산과 므단과 미디안과 이스박과 수아를 낳았습니다. 욕산의 아들은 스바와 드단입니다.

33 미디안의 아들은 에바와 에벨과 하녹과 아비다와 엘다아입니다. 이들은 모두 그두라의 자손입니다.

34 아브라함은 이삭의 아버지입니다. 이삭의 아들은 에서와 이스라엘*입니다.

35 에서의 아들은 엘리바스와 르우엘과 여우스와 얄람과 고라입니다.

36 엘리바스의 아들은 데만과 오말과 스비와 가담과 그나스와 딤나와 아말렉입니다.

37 르우엘의 아들은 나핫과 세라와 삼마와 밋사입니다.

세일의 자손

38 세일의 아들은 로단과 소발과 시브온과 아

Arphaxad, Lud, and Aram.
The descendants of Aram were* Uz, Hul, Gether, and Mash.*

18 •Arphaxad was the father of Shelah.
Shelah was the father of Eber.

19 •Eber had two sons. The first was named Peleg (which means "division"), for during his lifetime the people of the world were divided into different language groups. His brother's name was Joktan.

20 •Joktan was the ancestor of Almodad, Sheleph,

21 Hazarmaveth, Jerah, •Hadoram, Uzal, Diklah,

22-23 •Obal,* Abimael, Sheba, •Ophir, Havilah, and Jobab. All these were descendants of Joktan.

24 •So this is the family line descended from Shem:

25-26 Arphaxad, Shelah,* •Eber, Peleg, Reu, •Serug, Nah-

27 or, Terah, •and Abram, later known as Abraham.

Descendants of Abraham

28 •The sons of Abraham were Isaac and Ishmael.

29 •These are their genealogical records:
The sons of Ishmael were Nebaioth (the oldest),

30 Kedar, Adbeel, Mibsam, •Mishma, Dumah,

31 Massa, Hadad, Tema, •Jetur, Naphish, and Kedemah. These were the sons of Ishmael.

32 •The sons of Keturah, Abraham's concubine, were Zimran, Jokshan, Medan, Midian, Ishbak, and Shuah.
•The sons of Jokshan were Sheba and Dedan.

33 •The sons of Midian were Ephah, Epher, Hanoch, Abida, and Eldaah.
All these were descendants of Abraham through his concubine Keturah.

Descendants of Isaac

34 •Abraham was the father of Isaac. The sons of Isaac were Esau and Israel.*

Descendants of Esau

35 •The sons of Esau were Eliphaz, Reuel, Jeush, Jalam, and Korah.

36 •The descendants of Eliphaz were Teman, Omar, Zepho,* Gatam, Kenaz, and Amalek, who was born to Timna.*

37 •The descendants of Reuel were Nahath, Zerah, Shammah, and Mizzah.

Original Peoples of Edom

38 •The descendants of Seir were Lotan, Shobal, Zibeon, Anah, Dishon, Ezer, and Dishan.

39 •The descendants of Lotan were Hori and Hemam.*

1:17a　As in one Hebrew manuscript and some Greek manuscripts (see also Gen 10:23); most Hebrew manuscripts lack *The descendants of Aram were*. 　1:17b　As in parallel text at Gen 10:23; Hebrew reads *and Meshech*. 　1:22　As in some Hebrew manuscripts and Syriac version (see also Gen 10:28); most Hebrew manuscripts read *Ebal*. 　1:24　Some Greek manuscripts read *Arphaxad, Cainan, Shelah*. See notes on Gen 10:24; 11:12-13. 　1:34 *Israel* is the name that God gave to Jacob. 　1:36a　As in many Hebrew manuscripts and a few Greek manuscripts (see also Gen 36:11); most Hebrew manuscripts read *Zephi*. 　1:36b　As in some Greek manuscripts (see also Gen 36:12); Hebrew reads *Kenaz, Timna, and Amalek*.

1:34 '이스라엘' 은 하나님께서 '야곱' 에게 주신 이름이다.

나와 디손과 에셀과 디산입니다.

39 로단의 아들은 호리와 호맘입니다. 로단에게는 딤나라는 누이가 있습니다.

40 소발의 아들은 알란과 마나핫과 에발과 스비와 오남이며 시브온의 아들은 아야와 아나입니다.

41 아나의 아들은 디손이며 디손의 아들은 하므란과 에스반과 이드란과 그란입니다.

42 에셀의 아들은 빌한과 사아완과 야아간이며 디산의 아들은 우스와 아란입니다.

에돔의 왕들

43 이스라엘에 왕이 있기 전에 에돔에는 그 땅을 다스리던 왕들이 있었습니다. 브올의 아들 벨라는 에돔의 왕이었는데 그가 다스린 성의 이름은 딘하바였습니다.

44 벨라가 죽자, 세라의 아들 보스라 사람 요밥이 왕이 되었습니다.

45 요밥이 죽자, 데만 사람 후삼이 왕이 되었습니다.

46 후삼이 죽자, 브닷의 아들 하닷이 왕이 되었습니다. 하닷은 모압 땅에서 미디안을 무찔렀습니다. 그가 다스린 성의 이름은 아윗입니다.

47 하닷이 죽자, 사믈라가 왕이 되었습니다. 사믈라는 마스레 사람입니다.

48 사믈라가 죽자, 사울이 왕이 되었습니다. 사울은 강가에 위치한 르호봇 사람입니다.

49 사울이 죽자, 악볼의 아들 바알하난이 왕이 되었습니다.

50 바알하난이 죽자, 하닷이 왕이 되었습니다. 그가 다스린 성의 이름은 바이입니다. 하닷의 아내는 므헤다벨입니다. 므헤다벨은 마드렛의 딸이요, 메사합의 손녀입니다.

51 하닷이 죽었습니다. 에돔의 족장은 딤나와 알라와 여뎃과

52 오홀리바마와 엘라와 비논과

53 그나스와 데만과 밉살과

54 막디엘과 이람입니다. 이들이 에돔의 족장입니다.

이스라엘의 자손

2 이스라엘*의 아들들은 다음과 같습니다. 르우벤과 시므온과 레위와 유다와 잇사갈과 스불론과

2 단과 요셉과 베냐민과 납달리와 갓과 아셀입니다.

Lotan's sister was named Timna.

40 •The descendants of Shobal were Alvan,* Manahath, Ebal, Shepho,* and Onam.
The descendants of Zibeon were Aiah and Anah.

41 •The son of Anah was Dishon.
The descendants of Dishon were Hemdan,* Eshban, Ithran, and Keran.

42 •The descendants of Ezer were Bilhan, Zaavan, and Akan.*
The descendants of Dishan* were Uz and Aran.

Rulers of Edom

43 •These are the kings who ruled in the land of Edom before any king ruled over the Israelites*:

Bela son of Beor, who ruled from his city of Dinhabah.

44 •When Bela died, Jobab son of Zerah from Bozrah became king in his place.

45 •When Jobab died, Husham from the land of the Temanites became king in his place.

46 •When Husham died, Hadad son of Bedad became king in his place and ruled from the city of Avith. He was the one who destroyed the Midianite army in the land of Moab.

47 •When Hadad died, Samlah from the city of Masrekah became king in his place.

48 •When Samlah died, Shaul from the city of Rehoboth-on-the-River became king in his place.

49 •When Shaul died, Baal-hanan son of Acbor became king in his place.

50 •When Baal-hanan died, Hadad became king in his place and ruled from the city of Pau.* His wife was Mehetabel, the daughter of Matred and granddaughter of Me-zahab.

51 •Then Hadad died.

The clan leaders of Edom were Timna, Alvah,*
52-53 Jetheth, •Oholibamah, Elah, Pinon, •Kenaz,
54 Teman, Mibzar, •Magdiel, and Iram. These are the clan leaders of Edom.

Descendants of Israel

2 The sons of Israel* were Reuben, Simeon, Levi, Judah, Issachar, Zebulun, •Dan, Joseph,

1:39 As in parallel text at Gen 36:22; Hebrew reads and Homam. 1:40a As in many Hebrew manuscripts and a few Greek manuscripts (see also Gen 36:23); most Hebrew manuscripts read Alian. 1:40b As in some Hebrew manuscripts (see also Gen 36:23); most Hebrew manuscripts read Shephi. 1:41 As in many Hebrew manuscripts and some Greek manuscripts (see also Gen 36:26); most Hebrew manuscripts read Hamran. 1:42a As in many Hebrew and Greek manuscripts (see also Gen 36:27); most Hebrew manuscripts read Jaakan. 1:42b Hebrew Dishon; compare 1:38 and parallel text at Gen 36:28. 1:43 Or before an Israelite king ruled over them. 1:50 As in many Hebrew manuscripts, some Greek manuscripts, Syriac version, and Latin Vulgate (see also Gen 36:39); most Hebrew manuscripts read Pai. 1:51 As in an alternate reading of the Masoretic Text (see also Gen 36:40); the other alternate reads Aliah. 2:1 Israel is the name that God gave to Jacob.

2:1 '이스라엘'은 하나님께서 '야곱'에게 주신 이름이다.

대상

유다의 자손

3 유다의 아들은 에르와 오난과 셀라입니다. 이들의 어머니는 가나안 여자 수아의 딸입니다. 유다의 맏아들 에르는 여호와 앞에서 악한 일을 하였으므로, 여호와께서는 그를 죽이셨습니다.

4 유다의 며느리 다말은 유다에게 베레스와 세라를 낳아 주었습니다. 그래서 그의 아들은 모두 다섯 명이 되었습니다.

5 베레스의 아들은 헤스론과 하물입니다.

6 세라의 아들은 모두 다섯 명인데, 그들의 이름은 시므리와 에단과 헤만과 갈골과 다라입니다.

7 가르미의 아들은 아간*입니다. 아간은 완전히 없애 버려야 할 물건들을 숨겨 놓았다가 이스라엘에 재앙을 불러일으켰습니다.

8 에단의 아들은 아사랴입니다.

9 헤스론의 아들은 여라므엘과 람과 글루배*입니다.

10 람은 암미나답의 아버지이고, 암미나답은 나손의 아버지입니다. 나손은 유다 백성의 지도자입니다.

11 나손은 살마의 아버지이고, 살마는 보아스의 아버지입니다.

12 보아스는 오벳의 아버지이고, 오벳은 이새의 아버지입니다.

13 이새의 맏아들은 엘리압입니다. 둘째 아들은 아비나답이고, 셋째 아들은 시므아입니다.

14 넷째 아들은 느다넬이고, 다섯째 아들은 랏대입니다.

15 여섯째 아들은 오셈이고, 일곱째 아들은 다윗입니다.

16 이들의 누이는 스루야와 아비가일입니다. 스루야의 아들은 세 명이고, 그들의 이름은 아비새와 요압과 아사헬입니다.

17 아비가일은 아마사의 어머니이고, 아마사의 아버지는 이스마엘 사람 예델입니다.

갈렙의 자손

18 헤스론의 아들 갈렙은 그의 두 아내 아수바와 여리옷을 통해 아들을 낳았습니다. 갈렙과 아수바 사이에서 태어난 아들은 예셀과 소밥과 아르돈입니다.

19 아수바가 죽자, 갈렙은 에브랏*과 결혼했습니다. 그들 사이에서 태어난 아들은 훌입니다.

20 훌은 우리의 아버지이고, 우리는 브살렐의 아버지입니다.

21 그 뒤, 헤스론이 육십 세에 길르앗의 아버지 마

Benjamin, Naphtali, Gad, and Asher.

Descendants of Judah

3 • Judah had three sons from Bathshua, a Canaanite woman. Their names were Er, Onan, and Shelah. But the LORD saw that the oldest son, Er, was a wicked man, so he killed him. • Later Judah had twin sons from

4 Tamar, his widowed daughter-in-law. Their names were Perez and Zerah. So Judah had five sons in all.

5 • The sons of Perez were Hezron and Hamul.

6 • The sons of Zerah were Zimri, Ethan, Heman, Calcol, and Darda*—five in all.

7 • The son of Carmi (a descendant of Zimri) was Achan,* who brought disaster on Israel by taking plunder that had been set apart for the LORD.*

8 • The son of Ethan was Azariah.

From Judah's Grandson Hezron to David

9 • The sons of Hezron were Jerahmeel, Ram, and Caleb.

10 • Ram was the father of Amminadab. Amminadab was the father of Nahshon, a leader of Judah.

11 • Nahshon was the father of Salmon.* Salmon was the father of Boaz.

12 • Boaz was the father of Obed. Obed was the father of Jesse.

13 • Jesse's first son was Eliab, his second was Abinadab, his third was Shimea, • his fourth

14 was Nethanel, his fifth was Raddai, • his sixth

15 was Ozem, and his seventh was David.

16 • Their sisters were named Zeruiah and Abigail. Zeruiah had three sons named

17 Abishai, Joab, and Asahel. • Abigail married a man named Jether, an Ishmaelite, and they had a son named Amasa.

Other Descendants of Hezron

18 • Hezron's son Caleb had sons from his wife Azubah and from Jerioth.* Her sons were

19 named Jesher, Shobab, and Ardon. • After Azubah died, Caleb married Ephrathah,* and

---

2:6 As in many Hebrew manuscripts, some Greek manuscripts, and Syriac version (see also 1 Kgs 4:31); Hebrew reads *Dara*.   **2:7a** Hebrew *Achar;* compare Josh 7:1. *Achar* means "disaster."   **2:7b** The Hebrew term used here refers to the complete consecration of things or people to the LORD, either by destroying them or by giving them as an offering.   **2:9** Hebrew *Kelubai,* a variant spelling of Caleb; compare 2:18.   **2:11** As in Greek version (see also Ruth 4:21); Hebrew reads *Salma*.   **2:18** Or *Caleb had a daughter named Jerioth from his wife, Azubah.* The meaning of the Hebrew is uncertain.   **2:19** Hebrew *Ephrath,* a variant spelling of Ephrathah; compare 2:50 and 4:4.

2:7 또는 '아갈'. '아간'은 '재앙'이라는 뜻이다.
2:9 '글루배'는 '갈렙'의 또 다른 이름이다.
2:19 '에브랏'은 '에브라다'의 또 다른 이름이다.

길의 딸과 결혼했습니다. 헤스론이 마길의 딸과 잠자리를 같이하니, 마길의 딸이 스굽을 낳았습니다.

22 스굽은 야일의 아버지입니다. 야일은 길르앗 땅에 있는 성 스물세 개를 다스렸습니다.

23 그러나 그술과 아람이 야일의 마을들을 빼앗았습니다. 그들은 그낫과 그 주변의 작은 마을들도 빼앗았습니다. 그들이 점령한 마을은 모두 육십 개입니다. 이들은 모두 길르앗의 아버지인 마길의 자손들입니다.

24 헤스론이 갈렙 에브라다에서 죽은 뒤에 그의 아내 아비야가 헤스론의 아들을 낳았습니다. 그 아들의 이름은 아스훌입니다. 아스훌은 드고아의 아버지가 되었습니다.

여라므엘의 자손

25 여라므엘은 헤스론의 맏아들입니다. 여라므엘의 아들은 람과 브나와 오렌과 오셈과 아히야입니다.

26 여라므엘에게 다른 아내가 있었는데, 그의 이름은 아다라입니다. 아다라는 오남의 어머니입니다.

27 여라므엘의 맏아들 람의 아들은 마아스와 야민과 에겔입니다.

28 오남의 아들은 삼매와 야다이며 삼매의 아들은 나답과 아비술입니다.

29 아비술의 아내는 아비하일입니다. 아비술과 아비하일 사이에서 태어난 아들은 아반과 몰릿입니다.

30 나답의 아들은 셀렛과 압바임입니다. 셀렛은 자녀를 낳지 못하고 죽었습니다.

31 압바임의 아들은 이시입니다. 이시는 세산의 아버지이며, 세산은 알래의 아버지입니다.

32 야다는 삼매의 동생입니다. 야다의 아들은 예델과 요나단입니다. 예델은 자녀 없이 죽었습니다.

33 요나단의 아들은 벨렛과 사사입니다. 이들은 여라므엘의 자손입니다.

34 세산은 아들이 없고 딸만 있었습니다. 그에게는 야르하라는 이집트 종이 있었습니다.

35 세산은 자기 딸을 야르하와 결혼시켰는데, 세산의 딸이 앗대를 낳았습니다.

36 앗대는 나단의 아버지이고, 나단은 사밧의 아버지입니다.

37 사밧은 에블랄의 아버지이고, 에블랄은 오벳의 아버지입니다.

38 오벳은 예후의 아버지이고, 예후는 아사랴의 아버지입니다.

20 they had a son named Hur. •Hur was the father of Uri. Uri was the father of Bezalel.

21 •When Hezron was sixty years old, he married Gilead's sister, the daughter of Makir. They

22 had a son named Segub. •Segub was the father of Jair, who ruled twenty-three towns

23 in the land of Gilead. •(But Geshur and Aram captured the Towns of Jair* and also took Kenath and its sixty surrounding villages.) All these were descendants of Makir, the father of Gilead.

24 •Soon after Hezron died in the town of Caleb-ephrathah, his wife Abijah gave birth to a son named Ashhur (the father of* Tekoa).

Descendants of Hezron's Son Jerahmeel

25 •The sons of Jerahmeel, the oldest son of Hezron, were Ram (the firstborn), Bunah,

26 Oren, Ozem, and Ahijah. •Jerahmeel had a second wife named Atarah. She was the mother of Onam.

27 •The sons of Ram, the oldest son of Jerahmeel, were Maaz, Jamin, and Eker.

28 •The sons of Onam were Shammai and Jada. The sons of Shammai were Nadab and Abishur.

29 •The sons of Abishur and his wife Abihail were Ahban and Molid.

30 •The sons of Nadab were Seled and Appaim.

31 Seled died without children, •but Appaim had a son named Ishi. The son of Ishi was Sheshan. Sheshan had a descendant named Ahlai.

32 •The sons of Jada, Shammai's brother, were Jether and Jonathan. Jether died without chil-

33 dren, •but Jonathan had two sons named Peleth and Zaza.

These were all descendants of Jerahmeel.

34 •Sheshan had no sons, though he did have daughters. He also had an Egyptian servant

35 named Jarha. •Sheshan gave one of his daughters to be the wife of Jarha, and they had a son named Attai.

36 • Attai was the father of Nathan. Nathan was the father of Zabad.

37 • Zabad was the father of Ephlal. Ephlal was the father of Obed.

38 • Obed was the father of Jehu. Jehu was the father of Azariah.

2:23 Or *captured Havvoth-jair.* **2:24** Or *the founder of;* also in 2:42, 45, 49.

39 아사랴는 헬레스의 아버지이고, 헬레스는 엘
　　르아사의 아버지입니다.

40 엘르아사는 시스매의 아버지이고, 시스매는
　　살룸의 아버지입니다.

41 살룸은 여가먀의 아버지이고, 여가먀는 엘리
　　사마의 아버지입니다.

갈렙의 자손

42 갈렙은 여라므엘의 동생입니다. 갈렙의 맏아
　　들은 메사이고, 메사는 십의 아버지입니다.
　　십의 아들은 마레사이고, 마레사는 헤브론의
　　아버지입니다.

43 헤브론의 아들은 고라와 답부아와 레겜과 세
　　마입니다.

44 세마는 라함의 아버지이고, 라함은 요르그암
　　의 아버지입니다. 레겜은 삼매의 아버지입니
　　다.

45 삼매의 아들은 마온입니다. 마온은 벳술의 아
　　버지입니다.

46 갈렙의 첩 에바는 하란과 모사와 가세스를 낳
　　았습니다. 하란도 가세스라는 아들을 두었습
　　니다.

47 야대의 아들은 레겜과 요단과 게산과 벨렛과
　　에바와 사압입니다.

48 갈렙은 마아가라는 첩을 또 두었습니다. 마아
　　가는 세벨과 디르하나의 어머니입니다.

49 또 마아가는 사압과 스와의 어머니이기도 합
　　니다. 사압은 맛만나의 아버지입니다. 스와
　　는 막베나와 기브아의 아버지입니다. 갈렙의
　　딸은 악사입니다.

50 갈렙의 자손은 이러합니다. 훌은 에브라다의
　　맏아들입니다. 훌의 아들은 소발과 살마와 하
　　렙입니다.

51 소발은 기럇여아림의 아버지이고, 살마는 베
　　들레헴의 아버지이며 하렙은 벧가델의 아버
　　지입니다.

52 기럇여아림의 아버지인 소발은 하로에와 므
　　누홋 사람의 절반을 자손으로 두었습니다.

53 기럇여아림 족속은 이델 족속과 붓 족속과
　　수맛 족속과 미스라 족속의 조상이기도 합니
　　다. 이들 족속에서 소라 족속과 에스다올 족
　　속이 나왔습니다.

54 살마의 자손은 베들레헴과 느도바 족속과 아
　　다롯벳요압과 마니핫 족속 절반과 소라 족속
　　입니다.

55 야베스에 사는 서기관 족속은 디랏 족속과 시
　　므앗 족속과 수갓 족속입니다. 이들은 레갑
　　가문의 조상 함맛에게서 나온 겐 족속입니

---

39 ● Azariah was the father of Helez.
　　Helez was the father of Eleasah.

40 ● Eleasah was the father of Sismai.
　　Sismai was the father of Shallum.

41 ● Shallum was the father of Jekamiah.
　　Jekamiah was the father of Elishama.

Descendants of Hezron's Son Caleb

42 ● The descendants of Caleb, the brother of
　　Jerahmeel, included Mesha (the firstborn), who
　　became the father of Ziph. Caleb's descendants
　　also included the sons of Mareshah, the father
　　of Hebron.*

43 ● The sons of Hebron were Korah, Tappuah,
44 　Rekem, and Shema. ● Shema was the father of
　　Raham. Raham was the father of Jorkeam.
45 　Rekem was the father of Shammai. ● The son
　　of Shammai was Maon. Maon was the father
　　of Beth-zur.

46 ● Caleb's concubine Ephah gave birth to Haran,
　　Moza, and Gazez. Haran was the father of
　　Gazez.

47 ● The sons of Jahdai were Regem, Jotham, Geshan,
　　Pelet, Ephah, and Shaaph.

48 ● Another of Caleb's concubines, Maacah, gave
49 　birth to Sheber and Tirhanah. ● She also gave
　　birth to Shaaph (the father of Madmannah)
　　and Sheva (the father of Macbenah and Gibea).
　　Caleb also had a daughter named Acsah.

50 ● These were all descendants of Caleb.

Descendants of Caleb's Son Hur

　　The sons of Hur, the oldest son of Caleb's wife
　　Ephrathah, were Shobal (the founder of
51 　Kiriath-jearim), ● Salma (the founder of
　　Bethlehem), and Hareph (the founder of Beth-
　　gader).

52 ● The descendants of Shobal (the founder of
53 　Kiriath-jearim) were Haroeh, half the Mana-
　　hathites, ● and the families of Kiriath-jearim—
　　the Ithrites, Puthites, Shumathites, and
　　Mishraites, from whom came the people of
　　Zorah and Eshtaol.

54 ● The descendants of Salma were the people of
　　Bethlehem, the Netophathites, Atroth-beth-
　　joab, the other half of the Manahathites, the
55 　Zorites, ● and the families of scribes living at
　　Jabez—the Tirathites, Shimeathites, and
　　Sucathites. All these were Kenites who descend-
　　ed from Hammath, the father of the family of
　　Recab.*

---

concubine [kάŋkjubàin] *n.* 첩
descend [disénd] *vi.* 계통을 잇다, 자손이다
firstborn [fɔ́ːrstbɔ́ːrn] *n.* 첫아이, 장남
founder [fáundər] *n.* 창설자, 설립자
scribe [skráib] *n.* 필사자, 서기; 서기관

2:42　Or *who founded Hebron*. The meaning of the
Hebrew is uncertain.　**2:55**　Or *the founder of Beth-
recab*.

다윗의 자손

다.

3 헤브론에서 태어난 다윗의 아들은 이러합니다. 그의 맏아들은 암논입니다. 암논의 어머니는 이스르엘 사람 아히노암입니다. 둘째 아들은 다니엘이고, 그의 어머니는 갈멜 사람 아비가일입니다.

2 셋째 아들은 압살롬이고, 그의 어머니는 그술 왕 달매의 딸 마아가입니다. 넷째 아들은 아도니야이고, 그의 어머니는 학깃입니다.

3 다섯째 아들은 스바댜이고, 그의 어머니는 아비달입니다. 여섯째 아들은 이드르암이고, 그의 어머니는 다윗의 아내 에글라입니다.

4 다윗의 여섯 아들은 헤브론에서 태어났습니다. 다윗은 헤브론을 칠 년 육 개월 동안, 다스렸으며, 예루살렘을 삼십삼 년 동안, 다스렸습니다.

5 예루살렘에서 태어난 다윗의 아들은 이러합니다. 다윗과 암미엘의 딸 밧세바* 사이에서 태어난 아들은 시므아와 소밥과 나단과 솔로몬입니다.

6 다윗의 다른 아들은 입할과 엘리사마와 엘리벨렛과

7 노가와 네벡과 야비아와

8 엘리사마와 엘랴다와 엘리벨렛이고, 모두 아홉 명입니다.

9 이들은 모두 다윗의 아들입니다. 그 밖에 첩이 낳은 아들들도 있었습니다. 다윗은 또 다말이라는 딸도 두었습니다.

유다의 왕들

10 솔로몬의 아들은 르호보암이고, 르호보암의 아들은 아비야입니다. 아비야의 아들은 아사이고, 아사의 아들은 여호사밧입니다.

11 여호사밧의 아들은 요람*이고, 요람의 아들은 아하시야이며, 아하시야의 아들은 요아스입니다.

12 요아스의 아들은 아마샤이고, 아마샤의 아들은 아사랴*이며, 아사랴의 아들은 요담입니다.

13 요담의 아들은 아하스이고, 아하스의 아들은 히스기야이며, 히스기야의 아들은 므낫세입니다.

14 므낫세의 아들은 아몬이고, 아몬의 아들은 요시야입니다.

15 요시야의 아들은 이러합니다. 맏아들은 요하난이고, 둘째 아들은 여호야김입니다. 셋째 아들은 시드기야이고, 넷째 아들은 살룸*입니다.

16 여호야김의 뒤를 이은 사람은 여고냐이고, 여

Descendants of David

3 These are the sons of David who were born in Hebron:

The oldest was Amnon, whose mother was Ahinoam from Jezreel.
The second was Daniel, whose mother was Abigail from Carmel.

2 • The third was Absalom, whose mother was Maacah, the daughter of Talmai, king of Geshur.
The fourth was Adonijah, whose mother was Haggith.

3 • The fifth was Shephatiah, whose mother was Abital.
The sixth was Ithream, whose mother was Eglah, David's wife.

4 •These six sons were born to David in Hebron, where he reigned seven and a half years.

Then David reigned another thirty-three years in Jerusalem. 5 •The sons born to David in Jerusalem included Shammua,* Shobab, Nathan, and Solomon. Their mother was Bathsheba,* the 6 daughter of Ammiel. •David also had nine other 7 sons: Ibhar, Elishua,* Elpelet,* • Nogah, Nepheg, 8 Japhia, •Elishama, Eliada, and Eliphelet. 9 •These were the sons of David, not including his sons born to his concubines. Their sister was named Tamar.

Descendants of Solomon

10 • The descendants of Solomon were Rehoboam,
11 Abijah, Asa, Jehoshaphat, • Jehoram,*
12 Ahaziah, Joash, • Amaziah, Uzziah,* Jotham,
13-14 •Ahaz, Hezekiah, Manasseh, • Amon, and Josiah.
15 •The sons of Josiah were Johanan (the oldest), Jehoiakim (the second), Zedekiah (the third), and Jehoahaz* (the fourth).
16 • The successors of Jehoiakim were his son Jehoiachin and his brother Zedekiah.*

parallel [pǽrəlel] *a.* 평행의; 서로 같은
successor [səksésər] *n.* 후임자, 계승자

3:5a As in Syriac version (see also 14:4; 2 Sam 5:14); Hebrew reads *Shimea.* 3:5b Hebrew *Bathshua,* a variant spelling of Bathsheba. 3:6a As in some Hebrew and Greek manuscripts (see also 14:5-7 and 2 Sam 5:15); most Hebrew manuscripts read *Elishama.* 3:6b Hebrew *Eliphelet;* compare parallel text at 14:5-7. 3:11 Hebrew *Joram,* a variant spelling of Jehoram. 3:12 Hebrew *Azariah,* a variant spelling of Uzziah. 3:15 Hebrew *Shallum,* another name for Jehoahaz. 3:16 Hebrew *The sons of Jehoiakim were his son Jeconiah* [a variant spelling of Jehoiachin] *and his son Zedekiah.*

3:5 '밧수아' 라고도 한다.
3:11 '요람' 의 또 다른 이름으로 '여호람' 이 있다.
3:12 '아사랴' 는 '웃시야' 라고도 한다.
3:15 '살룸' 은 '여호아하스' 의 또 다른 이름이다.

고냐의 뒤를 이은 사람은 시드기야입니다.

바빌로니아 포로 시대 후 다윗의 자손

17 여호야긴*은 포로로 끌려갔습니다. 여호야긴의 아들은 스알디엘과

18 말기람과 브다야와 세낫살과 여가먀와 호사마와 느다뱌입니다.

19 브다야의 아들은 스룹바벨과 시므이이고, 스룹바벨의 아들은 므술람과 하나냐입니다. 그들의 누이는 슬로밋입니다.

20 스룹바벨은 다섯 아들을 또 두었는데, 그들은 하수바와 오헬과 베레갸와 하사댜와 유삽헤셋입니다.

21 하나냐의 자손은 블라댜와 여사야입니다. 여사야의 아들은 르바야이고, 르바야의 아들은 아르난입니다. 아르난의 아들은 오바댜이고, 오바댜의 아들은 스가냐입니다.

22 스가냐의 자손은 그의 아들 스마야와 스마야의 아들 핫두스와 이갈과 바리야와 느아랴와 사밧으로 모두 여섯 명입니다.

23 느아랴의 아들은 에료에내와 히스기야와 아스리감으로 모두 세 명입니다.

24 에료에내의 아들은 호다위야와 엘리아십과 블라야와 악굽과 요하난과 들라야와 아나니로 모두 일곱 명입니다.

유다의 다른 가문

4 유다의 자손은 베레스와 헤스론과 갈미와 훌과 소발입니다.

2 소발의 아들 르아야는 야핫의 아버지이고, 야핫은 아후매와 라핫의 아버지입니다. 이들은 소라 가문입니다.

3 에담의 아들은 이스르엘과 이스마와 잇바스이고, 그들의 누이는 하슬렐보니입니다.

4 브누엘은 그돌의 아버지이고, 에셀은 후사의 아버지입니다. 이들은 베들레헴의 아비 에브라다의 맏아들 훌의 후손들입니다.

5 드고아의 아버지는 아스훌입니다. 아스훌은 헬라와 나아라라는 두 아내를 두었습니다.

6 아스훌과 나아라의 아들은 아훗삼과 헤벨과 데므니와 하아하스다리입니다. 이들은 나아라의 자손입니다.

7 헬라의 아들은 세렛과 이소할과 에드난입니다.

8 고스는 아눕과 소베바의 아버지입니다. 고스는 하룸의 아들 아하헬 가문의 조상이기도 합니다.

9 야베스라는 사람이 있었는데, 그는 다른 형제들보다 더 존경을 받았습니다. 야베스의 어머니는 '고통 중에 아들을 낳았다'는 뜻으로 그의 이름을 야베스*라고 지었습니다.

10 야베스가 이스라엘의 하나님께 기도드렸습니다.

Descendants of Jehoiachin

17 • The sons of Jehoiachin,* who was taken prisoner by the Babylonians, were
18 Shealtiel, •Malkiram, Pedaiah, Shenazzar, Jekamiah, Hoshama, and Nedabiah.
19 • The sons of Pedaiah were Zerubbabel and Shimei.

The sons of Zerubbabel were Meshullam and Hananiah. (Their sister was
20 Shelomith.) • His five other sons were Hashubah, Ohel, Berekiah, Hasadiah, and Jushab-hesed.
21 • The sons of Hananiah were Pelatiah and Jeshaiah. Jeshaiah's son was Rephaiah. Rephaiah's son was Arnan. Arnan's son was Obadiah. Obadiah's son was Shecaniah.
22 • The descendants of Shecaniah were Shemaiah and his sons, Hattush, Igal, Bariah, Neariah, and Shaphat—six in all.
23 • The sons of Neariah were Elioenai, Hizkiah, and Azrikam—three in all.
24 • The sons of Elioenai were Hodaviah, Eliashib, Pelaiah, Akkub, Johanan, Delaiah, and Anani—seven in all.

Other Descendants of Judah

4 The descendants of Judah were Perez, Hezron, Carmi, Hur, and Shobal.
2 • Shobal's son Reaiah was the father of Jahath. Jahath was the father of Ahumai and Lahad. These were the families of the Zorathites.
3 • The descendants of* Etam were Jezreel, Ishma, Idbash, their sister Hazzelelponi,
4 • Penuel (the father of* Gedor), and Ezer (the father of Hushah). These were the descendants of Hur (the firstborn of Ephrathah), the ancestor of Bethlehem.
5 • Ashhur (the father of Tekoa) had two wives, named Helah and Naarah.
6 • Naarah gave birth to Ahuzzam, Hepher,
7 Temeni, and Haahashtari. • Helah gave
8 birth to Zereth, Izhar,* Ethnan, • and Koz, who became the ancestor of Anub, Zobebah, and all the families of Aharhel son of Harum.
9 • There was a man named Jabez who was more honorable than any of his brothers. His mother named him Jabez* because
10 his birth had been so painful. • He was

3:17 Hebrew *Jeconiah*, a variant spelling of Jehoiachin. 4:3 As in Greek version; Hebrew reads *father of*. The meaning of the Hebrew is uncertain. 4:4 Or *the founder of*; also in 4:5, 12, 14, 17, 18, and perhaps other instances where the text reads *the father of*. 4:7 As in an alternate reading in the Masoretic Text (see also Latin Vulgate); the other alternate and the Greek version read *Zohar*. 4:9 *Jabez* sounds like a Hebrew word meaning "distress" or "pain."

3:17 '여고냐'의 또 다른 이름으로 '여호야긴'이 있다.
4:9 '야베스'는 '재앙' 혹은 '고통'이라는 뜻이다.

"나에게 복을 주십시오. 나에게 땅을 더 많이 주십시오. 나와 함께 계셔 주시고, 아무도 나를 해치지 못하게 해 주십시오. 내가 누구한테도 고통을 당하지 않게 해 주십시오." 하나님께서는 야베스의 기도를 들어 주셨습니다.

11 수하의 형제 글룹은 므힐의 아버지이고, 므힐은 에스돈의 아버지입니다.

12 에스돈은 베드라바와 바세아와 드힌나의 아버지이고, 드힌나는 이르나하스의 아버지입니다. 이들은 모두 레가의 자손들입니다.

13 그나스의 아들은 옷니엘과 스라야이고, 옷니엘의 아들은 하닷과 므오노대입니다.

14 므오노대는 오브라의 아버지입니다. 스라야는 요압의 아버지이고, 요압은 게하라심에 사는 사람들의 조상입니다. 그곳에는 기술자들이 살았기 때문에 '기술자 골짜기'라는 뜻으로 게하라심이라는 이름이 붙었습니다.

15 갈렙은 여분네의 아들이고, 갈렙의 아들은 이루와 엘라와 나암이며, 엘라의 아들은 그나스입니다.

16 여할렐렐의 아들은 십과 시바와 디리아와 아사렐입니다.

17 에스라의 아들은 예델과 메렛과 에벨과 얄론입니다. 메렛은 파라오의 딸 비디아와 결혼하여 미리암과 삼매와 에스드모아의 아버지가 되는 이스바를 낳았습니다.

18 메렛은 유다 사람인 아내를 또 두었습니다. 그 아내는 예렛과 헤벨과 여구디엘을 낳았습니다. 예렛은 그돌의 아버지가 되었고, 헤벨은 소고의 아버지가 되었습니다. 그리고 여구디엘은 사노아의 아버지가 되었습니다.

19 호디야의 아내는 나함의 누이입니다. 호디야 아내의 아들은 에스드모아와 그일라의 아버지입니다. 그일라는 가미 사람이고, 에스드모아는 마아가 사람입니다.

20 시몬의 아들은 암논과 린나와 벤하난과 딜론이고, 이시의 아들은 소헷과 벤소헷입니다.

21 유다의 아들 셀라의 자손은 셀라의 아들이며 레가의 아버지인 에르와 마레사의 아버지인 라아다와 베를 짜는 집안의 아버지 아스베야이며,

22 모압과 야수비네헴을 다스렸던 요김과 고세바 사람과 요아스와 사랍입니다. 이 가문에 대한 기록은 매우 오래된 것입니다.

23 셀라의 아들들은 옹기장이입니다. 그들은 느다임과 그데라에서 왕을 섬기면서 살았습니다.

---

the one who prayed to the God of Israel, "Oh, that you would bless me and expand my territory! Please be with me in all that I do, and keep me from all trouble and pain!" And God granted him his request.

11 •Kelub (the brother of Shuhah) was the father of Mehir. Mehir was the father of Eshton.

12 •Eshton was the father of Beth-rapha, Paseah, and Tehinnah. Tehinnah was the father of Ir-nahash. These were the descendants of Recah.

13 •The sons of Kenaz were Othniel and Seraiah. Othniel's sons were Hathath and Meonothai.*

14 •Meonothai was the father of Ophrah. Seraiah was the father of Joab, the founder of the Valley of Craftsmen,* so called because they were craftsmen.

15 •The sons of Caleb son of Jephunneh were Iru, Elah, and Naam. The son of Elah was Kenaz.

16 •The sons of Jehallelel were Ziph, Ziphah, Tiria, and Asarel.

17 •The sons of Ezrah were Jether, Mered, Epher, and Jalon. One of Mered's wives became* the mother of Miriam, Shammai, and Ishbah (the father of Eshtemoa). •He married a woman

18 from Judah, who became the mother of Jered (the father of Gedor), Heber (the father of Soco), and Jekuthiel (the father of Zanoah). Mered also married Bithia, a daughter of Pharaoh, and she bore him children.

19 •Hodiah's wife was the sister of Naham. One of her sons was the father of Keilah the Garmite, and another was the father of Eshtemoa the Maacathite.

20 •The sons of Shimon were Amnon, Rinnah, Ben-hanan, and Tilon.

The descendants of Ishi were Zoheth and Ben-zoheth.

Descendants of Judah's Son Shelah

21 •Shelah was one of Judah's sons. The descendants of Shelah were Er (the father of Lecah); Laadah (the father of Mareshah); the families of linen workers at Beth-ashbea; •Jokim; the

22 men of Cozeba; and Joash and Saraph, who ruled over Moab and Jashubi-lehem. These names all come from ancient records. •They

23 were the pottery makers who lived in Netaim and Gederah. They lived there and worked for the king.

---

craftsman [krǽftsmən] *n.* 장인, 기술자
expand [ikspǽnd] *vt.* 넓히다
grant [grænt] *vt.* (탄원, 간청 등을) 승인하다, 들어주다
territory [térətɔːri] *n.* 영토: 세력 범위
4:10 keep… from~ : ~를 …로부터 지키다
4:22 rule over : 통치하다, 다스리다

4:13 As in some Greek manuscripts and Latin Vulgate; Hebrew lacks *and Meonothai.* 4:14 Or *Joab, the father of Ge-harashim.* 4:17 Or *Jether's wife became;* Hebrew reads *She became.*

시므온의 자손

24 시므온의 아들은 느무엘과 야민과 야립과 세라와 사울입니다.

25 사울의 아들은 살룸입니다. 살룸의 아들은 밉삼이고, 밉삼의 아들은 미스마입니다.

26 미스마의 아들은 함무엘이고, 함무엘의 아들은 삭굴입니다. 삭굴의 아들은 시므이입니다.

27 시므이는 아들 열여섯 명과 딸 여섯 명을 두었으나, 그의 형제들은 자녀를 많이 두지 않았습니다. 그래서 그들의 가문은 유다만큼 사람이 많지 않았습니다.

28 시므이의 자녀는 브엘세바와 몰라다와 하살수알과

29 빌하와 에셈과 돌랏과

30 브두엘과 호르마와 시글락과

31 벧말가봇과 하살수심과 벧비리와 사아라임에서 살았습니다. 이 성들은 다윗 왕 때까지 그들이 다스렸습니다.

32 그 성들에서 가까운 다섯 마을은 에담과 아인과 림몬과 도겐과 아산입니다.

33 바알까지 다른 마을들도 있었는데, 그들은 이 마을들에서 살았습니다. 그리고 그들은 자기 가문의 기록을 남겼습니다.

34 또 메소밥과 야믈렉과 아마시야의 아들 요사와

35 요엘과 예후가 있는데 예후는 요시비야의 아들이고, 요시비야는 스라야의 아들이고, 스라야는 아시엘의 아들입니다.

36 그리고 엘료에내와 야아고바와 여소하야와 아사야와 아디엘과 여시미엘과 브나야와

37 시사가 있는데 시사는 시비의 아들이고, 시비는 알론의 아들이고, 알론은 여다야의 아들이고, 여다야는 시므리의 아들이며, 시므리는 스마야의 아들입니다.

38 이들은 각 가문의 어른들이며, 이들의 집안은 크게 불어났습니다.

39 이들은 양을 칠 목장을 찾으려고 그돌 성 입구인 골짜기 동쪽까지 나아갔습니다.

40 이들은 기름지고 좋은 목장을 발견했습니다. 그 땅은 매우 넓고 평화로웠으며, 옛날에 함의 자손이 살던 땅이었습니다.

41 위에 기록된 사람들은 유다 왕 히스기야 때, 그 돌에 왔습니다. 그들은 함 백성의 장막을 쳐서 그들을 멸망시키고, 그 땅을 빼앗았습니다. 그리고 그곳에 살던 모우님 백성도 멸망시켰습니다. 그래서 지금도 그곳에는 모우님 백성이 남아 있지 않습니다. 양을 칠 수 있는 목장이 있었으므로, 그들은 그곳에서 살기 시작했습니다.

42 이시의 아들인 블라댜와 느아랴와 르바야와 웃시

Descendants of Simeon

24 •The sons of Simeon were Jemuel,* Jamin, Jarib, Zohar,* and Shaul.

25 •The descendants of Shaul were Shallum, Mibsam, and Mishma.

26 •The descendants of Mishma were Hammuel, Zaccur, and Shimei.

27 •Shimei had sixteen sons and six daughters, but none of his brothers had large families. So Simeon's tribe never grew as large as the tribe of Judah.

28 •They lived in Beersheba, Moladah, Hazar-

29-30 shual, •Bilhah, Ezem, Tolad, •Bethuel,

31 Hormah, Ziklag, •Beth-marcaboth, Hazar-susim, Beth-biri, and Shaaraim. These towns were under their control until the time of

32 King David. •Their descendants also lived in Etam, Ain, Rimmon, Token, and

33 Ashan—five towns •and their surrounding villages as far away as Baalath.* This was their territory, and these names are listed in their genealogical records.

34 •Other descendants of Simeon included Meshobab, Jamlech, Joshah son of

35 Amaziah, •Joel, Jehu son of Joshibiah, son

36 of Seraiah, son of Asiel, •Elioenai, Jaakobah, Jeshohaiah, Asaiah, Adiel, Jesimiel, Benaiah,

37 •and Ziza son of Shiphi, son of Allon, son of Jedaiah, son of Shimri, son of Shemaiah.

38 •These were the names of some of the leaders of Simeon's wealthy clans. Their families

39 grew, •and they traveled to the region of Gerar,* in the east part of the valley, seeking pastureland

40 for their flocks. •They found lush pastures there, and the land was spacious, quiet, and peaceful. Some of Ham's descendants had been living

41 in that region. •But during the reign of King Hezekiah of Judah, these leaders of Simeon invaded the region and completely destroyed* the homes of the descendants of Ham and of the Meunites. No trace of them remains today. They killed everyone who lived there and took the land for themselves, because they wanted

42 its good pastureland for their flocks. •Five hundred of these invaders from the tribe of Simeon

---

clan [klǽn] n. 씨족, 일족, 부족
genealogical [dʒìːniəlɑ́dʒikəl] a. 족보의, 계보의
lush [lʌʃ] a. 청청한, 푸른풀이 많은

4:24a As in Syriac version (see also Gen 46:10; Exod 6:15); Hebrew reads Nemuel.　4:24b As in parallel texts at Gen 46:10 and Exod 6:15; Hebrew reads Zerah.　4:33 As in some Greek manuscripts (see also Josh 19:8); Hebrew reads Baal.　4:39 As in Greek version; Hebrew reads Gedor.　4:41 The Hebrew term used here refers to the complete consecration of things or people to the LORD, either by destroying them or by giving them as an offering.

엘은 시므온 백성 오백 명을 이끌고 세일 산지에 사는 사람들을 공격했습니다.

43 그들은 그곳에 남아 있던 아말렉 사람들을 죽이고, 지금까지 거기에서 살고 있습니다.

르우벤의 자손

5 르우벤은 이스라엘*의 맏아들입니다. 그는 맏아들로서 특별한 권리를 누릴 수 있었지만, 아버지의 첩과 잠자리를 같이한 까닭에 이스라엘의 아들인 요셉의 아들들에게 그 특권을 넘겨 주어야 했습니다. 심지어 족보에도 르우벤의 이름은 맏아들로 기록되지 못했습니다.

2 유다는 그의 형제들보다 더 강했고, 그의 집안에서 지도자가 나왔으나 맏아들의 권리는 요셉의 집안에게 돌아갔습니다.

3 이스라엘의 맏아들인 르우벤의 아들은 하녹과 발루와 헤스론과 갈미입니다.

4 요엘의 자손은 이러합니다. 스마야는 요엘의 아들이고, 스마야의 아들은 곡이며, 곡의 아들은 시므이입니다.

5 시므이의 아들은 미가이고, 미가의 아들은 르아야이며, 르아야의 아들은 바알입니다.

6 바알의 아들은 브에라이고, 브에라는 르우벤 지파의 지도자입니다. 앗시리아 왕 디글랏빌레셀이 브에라를 사로잡아 갔습니다.

7 요엘의 형제들과 그의 전체 가문은 그들의 족보에 적혀 있는 대로입니다. 여이엘이 족장이고, 그 다음이 스가랴와

8 벨라입니다. 벨라는 아사스의 아들이고, 아사스는 세마의 아들이며, 세마는 요엘의 아들입니다. 그들은 느보 산과 바알므온까지 이르는 아로엘 지역에서 살았습니다.

9 그들은 또한 동쪽에서도 살았습니다. 그들의 땅은 유프라테스 강가의 사막까지 이르렀습니다. 길르앗 땅에서 살기에는 가축이 너무 많았기 때문에 그곳으로 옮겨가 살았습니다.

10 사울이 왕이 되었을 때, 벨라의 자손은 하갈 사람들과 싸워서 그들을 물리치고, 하갈 사람들의 장막에서 살았습니다. 그들은 길르앗 동쪽의 모든 지역에서 살았습니다.

갓의 자손

11 갓 지파 사람들은 르우벤 자손 가까이에서 살았습니다. 갓 자손은 살르가까지 이르는 바산 땅에서 살았습니다.

12 요엘이 족장이고, 그 다음 인물은 사밤입니다. 야내와 사밧도 지도자입니다.

13 갓 자손의 친척은 미가엘과 므술람과 세바와 요래와 야간과 시아와 에벨로서 모두 일곱 명입니다.

---

went to Mount Seir, led by Pelatiah, Neariah, Rephaiah, and Uzziel—all sons of Ishi.

43 •They destroyed the few Amalekites who had survived, and they have lived there ever since.

Descendants of Reuben

5 The oldest son of Israel* was Reuben. But since he dishonored his father by sleeping with one of his father's concubines, his birthright was given to the sons of his brother Joseph. For this reason, Reuben is not listed in the genealogical records as the firstborn son. •The descendants of Judah became the most powerful tribe and provided a ruler for the nation,* but the birthright belonged to Joseph.

3 •The sons of Reuben, the oldest son of Israel, were Hanoch, Pallu, Hezron, and Carmi.

4 •The descendants of Joel were Shemaiah, Gog, Shimei, •Micah, Reaiah, Baal,

6 •and Beerah. Beerah was the leader of the Reubenites when they were taken into captivity by King Tiglath-pileser* of Assyria.

7 •Beerah's* relatives are listed in their genealogical records by their clans: Jeiel (the leader), Zechariah, •and Bela son of Azaz, son of Shema, son of Joel. The Reubenites lived in the area that stretches from Aroer to Nebo and Baal-meon. •And since they had so many livestock in the land of Gilead, they spread east toward the edge of the desert that stretches to the Euphrates River.

10 •During the reign of Saul, the Reubenites defeated the Hagrites in battle. Then they moved into the Hagrite settlements all along the eastern edge of Gilead.

Descendants of Gad

11 •Next to the Reubenites, the descendants of Gad lived in the land of Bashan as far east as Salecah. •Joel was the leader in the land of Bashan, and Shapham was second-in-command, followed by Janai and Shaphat.

13 •Their relatives, the leaders of seven other clans, were Michael, Meshullam, Sheba,

---

birthright [bəːrθráit] *n.* 장자, 상속권

5:1 *Israel* is the name that God gave to Jacob. 5:2 Or *and from Judah came a prince.* 5:6 Hebrew *Tilgath-pilneser*, a variant spelling of Tiglath-pileser; also in 5:26. 5:7 Hebrew *His.*
5:1 '이스라엘' 은 하나님께서 '야곱' 에게 주신 이름이다.

14 이들은 아비하일의 자손입니다. 아비하일은 후리의 아들이고, 후리는 야로아의 아들입니다. 야로아는 길르앗의 아들이고, 길르앗은 미가엘의 아들입니다. 미가엘은 여시새의 아들이고, 여시새는 야도의 아들입니다. 야도는 부스의 아들입니다.

15 아히는 압디엘의 아들이고, 압디엘은 구니의 아들입니다. 아히는 그들 집안의 지도자입니다.

16 갓 자손은 길르앗과 바산과 바산 근처의 작은 마을들에서 살았습니다. 그들은 또한 사론의 모든 목장 끝에까지 퍼져 살았습니다.

17 유다 왕 요담과 이스라엘 왕 여로보암 때에 이들의 이름은 모두 갓 가문의 족보에 올랐습니다.

전쟁 용사들

18 르우벤과 갓과 동쪽 므낫세 반 지파는 사만 사천칠백육십 명의 군인을 두고 있었습니다. 그들은 방패와 칼을 쓸 줄 알고 활도 잘 다루는 용감한 군인들로서 전쟁 용사들입니다.

19 그들은 하갈 사람과 여두르와 나비스와 노답 백성과 전쟁을 했습니다.

20 르우벤과 갓과 동쪽 므낫세 반 지파 군인들은 전쟁을 할 때, 하나님께 도와 달라고 기도드렸습니다. 그들이 하나님을 믿고 의지하니, 하나님께서는 그들이 하갈 사람들을 물리칠 수 있게 도와 주셨습니다. 그리하여 마침내 하갈 사람들과 힘을 합해 싸운 사람들까지 모두 물리쳤습니다.

21 그들은 하갈 사람들이 가지고 있었던 낙타 오만 마리와 양 이십오만 마리와 나귀 이천 마리를 빼앗았으며 십만 명의 사람을 사로잡았습니다.

22 하갈 사람들이 많이 죽었습니다. 하나님께서 르우벤과 갓과 므낫세 자손을 도와 주셨으므로, 그들은 사로잡혀 갈 때까지 그곳에서 살았습니다.

동쪽 므낫세 반 지파

23 동쪽 므낫세 반 지파에는 많은 백성이 있었습니다. 그들은 바산에서부터 바알헤르몬과 스닐과 헤르몬 산까지 이르는 땅 전체에 흩어져 살았습니다.

24 각 가문의 지도자는 에벨과 이시와 엘리엘과 아스리엘과 예레미야와 호다위야와 야디엘입니다. 이들은 모두 용감하고 유명한 사람들로서 각 가문의 지도자입니다.

25 그러나 그들은 그들의 조상이 섬기던 하나님께 죄를 지었습니다. 그들은 그 땅의 백성 곧 하나님께서 멸망시킨 백성의 신들을 섬기기 시작했습니다.

26 이스라엘 하나님께서 디글랏빌레셀이라고도 하는 앗시리아의 불 왕의 마음을 움직이셔서 전쟁을 일으키게 하셨습니다. 불 왕은 르우벤과 갓과 동쪽 므낫세 반 지파의 백성을 사로잡아서 할라와 하볼과 하라와 고산 강가로 끌고 갔습니다. 그래서 그들은 지금까

14 Jorai, Jacan, Zia, and Eber. •These were all descendants of Abihail son of Huri, son of Jaroah, son of Gilead, son of Michael, son of Jeshishai, son of Jahdo, son of Buz. •Ahi son of Abdiel, son of Guni, was the leader of their clans.

16 •The Gadites lived in the land of Gilead, in Bashan and its villages, and throughout all the pasturelands of Sharon. •All of these were listed in the genealogical records during the days of King Jotham of Judah and King Jeroboam of Israel.

The Tribes East of the Jordan

18 •There were 44,760 capable warriors in the armies of Reuben, Gad, and the half-tribe of Manasseh. They were all skilled in combat and armed with shields, swords, and bows. •They waged war against the Hagrites, the Jeturites, the Naphishites, and the Nodabites. •They cried out to God during the battle, and he answered their prayer because they trusted in him. So the Hagrites and all their allies were defeated. •The plunder taken from the Hagrites included 50,000 camels, 250,000 sheep and goats, 2,000 donkeys, and 100,000 captives. •Many of the Hagrites were killed in the battle because God was fighting against them. The people of Reuben, Gad, and Manasseh lived in their land until they were taken into exile.

23 •The half-tribe of Manasseh was very large and spread through the land from Bashan to Baal-hermon, Senir, and Mount Hermon. •These were the leaders of their clans: Epher,* Ishi, Eliel, Azriel, Jeremiah, Hodaviah, and Jahdiel. These men had a great reputation as mighty warriors and leaders of their clans.

25 •But these tribes were unfaithful to the God of their ancestors. They worshiped the gods of the nations that God had destroyed. •So the God of Israel caused King Pul of Assyria (also known as Tiglath-pileser) to invade the land and take away the people of Reuben, Gad, and the half-tribe of Manasseh as captives. The Assyrians exiled them to Halah, Habor, Hara, and the Gozan River, where they remain to this day.

---

ally [əlai] *n.* 동맹국, 연합국
combat [kɑmbǽt] *n.* 전투, 투쟁
exile [égzail] *n. vt.* 유배, 망명(시키다)
pastureland [pǽstʃərlænd] *n.* 목초지, 방목장
reputation [rèpjutéiʃən] *n.* 평판, 명성
5:19 wage war against… : …와 전쟁하다

5:24 As in Greek version and Latin Vulgate; Hebrew reads *and Epher.*

지 거기서 살고 있습니다.

레위의 자손

6 레위의 아들은 게르손과 고핫과 므라리입니다.

2 고핫의 아들은 아므람과 이스할과 헤브론과 웃시엘입니다.

3 아므람의 자녀는 아론과 모세와 미리암입니다. 아론의 아들은 나답과 아비후와 엘르아살과 이다말입니다.

4 엘르아살은 비느하스의 아버지이고, 비느하스는 아비수아의 아버지입니다.

5 아비수아는 북기의 아버지이고, 북기는 웃시의 아버지입니다.

6 웃시는 스라히야의 아버지이고, 스라히야는 므라욧의 아버지입니다.

7 므라욧은 아마랴의 아버지이고, 아마랴는 아히둡의 아버지입니다.

8 아히둡은 사독의 아버지이고, 사독은 아히마아스의 아버지입니다.

9 아히마아스는 아사랴의 아버지이고, 아사랴는 요하난의 아버지입니다.

10 요하난은 아사랴의 아버지입니다. 아사랴는 솔로몬이 예루살렘에 지은 성전에서 제사장으로 하나님을 섬겼습니다.

11 아사랴는 아마랴의 아버지이고, 아마랴는 아히둡의 아버지입니다.

12 아히둡은 사독의 아버지이고, 사독은 살룸의 아버지입니다.

13 살룸은 힐기야의 아버지이고, 힐기야는 아사랴의 아버지입니다.

14 아사랴는 스라야의 아버지이고, 스라야는 여호사닥의 아버지입니다.

15 여호와께서 느부갓네살을 시켜 유다와 예루살렘 백성을 사로잡아 가게 하셨을 때에 여호사닥도 끌려갔습니다.

16 레위의 아들은 게르손*과 고핫과 므라리입니다.

17 게르손의 아들은 립니와 시므이입니다.

18 고핫의 아들은 아므람과 이스할과 헤브론과 웃시엘입니다.

19 므라리의 아들은 마흘리와 무시입니다. 이들은 레위의 각 가문의 조상입니다.

20 게르손의 아들은 립니이고, 립니의 아들은 야핫이며 야핫의 아들은 심마입니다.

21 심마의 아들은 요아이고, 요아의 아들은 잇도입니다. 잇도의 아들은 세라이고, 세라의 아들은 여아드래입니다.

The Priestly Line

6 1 •*The sons of Levi were Gershon, Kohath, and Merari.

2 • The descendants of Kohath included Amram, Izhar, Hebron, and Uzziel.

3 • The children of Amram were Aaron, Moses, and Miriam.
The sons of Aaron were Nadab, Abihu, Eleazar, and Ithamar.

4 • Eleazar was the father of Phinehas.
Phinehas was the father of Abishua.

5 • Abishua was the father of Bukki.
Bukki was the father of Uzzi.

6 • Uzzi was the father of Zerahiah.
Zerahiah was the father of Meraioth.

7 • Meraioth was the father of Amariah.
Amariah was the father of Ahitub.

8 • Ahitub was the father of Zadok.
Zadok was the father of Ahimaaz.

9 • Ahimaaz was the father of Azariah.
Azariah was the father of Johanan.

10 • Johanan was the father of Azariah, the high priest at the Temple* built by Solomon in Jerusalem.

11 • Azariah was the father of Amariah.
Amariah was the father of Ahitub.

12 • Ahitub was the father of Zadok.
Zadok was the father of Shallum.

13 • Shallum was the father of Hilkiah.
Hilkiah was the father of Azariah.

14 • Azariah was the father of Seraiah.

15 Seraiah was the father of Jehozadak, •who went into exile when the LORD sent the people of Judah and Jerusalem into captivity under Nebuchadnezzar.

The Levite Clans

16 •*The sons of Levi were Gershon,* Kohath, and Merari.

17 •The descendants of Gershon included Libni and Shimei.

18 •The descendants of Kohath included Amram, Izhar, Hebron, and Uzziel.

19 •The descendants of Merari included Mahli and Mushi.

The following were the Levite clans, listed according to their ancestral descent:

20 •The descendants of Gershon included
21 Libni, Jahath, Zimmah, •Joah, Iddo, Zerah, and Jeatherai.

6:1 Verses 6:1-15 are numbered 5:27-41 in Hebrew text. 6:10 Hebrew *the house.* 6:16a Verses 6:16-81 are numbered 6:1-66 in Hebrew text. 6:16b Hebrew *Gershom,* a variant spelling of Gershon (see 6:1); also in 6:17, 20, 43, 62, 71.

6:16 '게르손'은 '게르솜'의 또 다른 이름이다.

22 고핫의 아들은 암미나답이고, 암미나답의 아들은 고라이며, 고라의 아들은 앗실입니다.

23 앗실의 아들은 엘가나이고, 엘가나의 아들은 에비아삽이며, 에비아삽의 아들은 앗실입니다.

24 앗실의 아들은 다핫이고, 다핫의 아들은 우리엘입니다. 우리엘의 아들은 웃시야이고, 웃시야의 아들은 사울입니다.

25 엘가나의 아들은 아마새와 아히못입니다.

26 아히못의 아들은 엘가나이고, 엘가나의 아들은 소배이며, 소배의 아들은 나핫입니다.

27 나핫의 아들은 엘리압이고, 엘리압의 아들은 여로함입니다. 여로함의 아들은 엘가나이고, 엘가나의 아들은 사무엘입니다.

28 사무엘은 맏아들 요엘과 둘째 아들 아비야를 두었습니다.

29 므라리의 아들은 마흘리이고, 마흘리의 아들은 립니이며, 립니의 아들은 시므이입니다. 시므이의 아들은 웃사입니다.

30 웃사의 아들은 시므아이고, 시므아의 아들은 학기야이며 학기야의 아들은 아사야입니다.

성전 음악가

31 다윗은 여호와의 집에서 음악을 맡을 사람들을 뽑았습니다. 그들은 여호와의 집에 언약궤가 들어온 후부터 일을 시작했습니다.

32 그들은 솔로몬이 예루살렘에 여호와의 성전을 지을 때까지 회막*에서 찬양을 맡았습니다. 성막은 회막이라고도 부릅니다. 그들은 규칙에 따라 일을 했습니다.

33 음악가들과 그들의 자손의 이름은 이러합니다. 고핫의 집안 중에 노래하는 사람 헤만이 있습니다. 헤만은 요엘의 아들이고, 요엘은 사무엘의 아들입니다.

34 사무엘은 엘가나의 아들이고, 엘가나는 여로함의 아들입니다. 여로함은 엘리엘의 아들이고, 엘리엘은 도아의 아들입니다.

35 도아는 숩의 아들이고, 숩은 엘가나의 아들입니다. 엘가나는 마핫의 아들이고, 마핫은 아마새의 아들입니다.

36 아마새는 엘가나의 아들이고, 엘가나는 요엘의 아들입니다. 요엘은 아사랴의 아들이고, 아사랴는 스바냐의 아들입니다.

37 스바냐는 다핫의 아들이고, 다핫은 앗실의 아들입니다. 앗실은 에비아삽의 아들이고, 에비아삽은 고라의 아들입니다.

38 *고라는 이스할의 아들이고, 이스할은 고핫의 아들입니다. 고핫은 레위의 아들이고, 레위는 이스라엘의 아들입니다.*

39 헤만의 오른쪽에 서서 헤만을 돕는 아삽은 헤만의 형제였습니다. 아삽은 베레갸의 아들이고, 베레갸는 시므아의 아들입니다.

40 시므아는 미가엘의 아들이고, 미가엘은 바아세야의

---

22 •The descendants of Kohath included
23 Amminadab, Korah, Assir, •Elkanah,
24 Abiasaph,* Assir, •Tahath, Uriel, Uzziah, and Shaul.
25 •The descendants of Elkanah included
26 Amasai, Ahimoth, •Elkanah, Zophai,
27 Nahath, •Eliab, Jeroham, Elkanah, and Samuel.*
28 •The sons of Samuel were Joel* (the older) and Abijah (the second).
29 •The descendants of Merari included
30 Mahli, Libni, Shimei, Uzzah, •Shimea, Haggiah, and Asaiah.

The Temple Musicians

31 •David assigned the following men to lead the music at the house of the LORD after the
32 Ark was placed there. •They ministered with music at the Tabernacle* until Solomon built the Temple of the LORD in Jerusalem. They carried out their work, following all the regulations handed down to
33 them. •These are the men who served, along with their sons:

Heman the musician was from the clan of Kohath. His genealogy was traced back
34 through Joel, Samuel, •Elkanah,
35 Jeroham, Eliel, Toah, •Zuph, Elkanah,
36 Mahath, Amasai, •Elkanah, Joel,
37 Azariah, Zephaniah, •Tahath, Assir,
38 Abiasaph, Korah, •Izhar, Kohath, Levi, and Israel.*
39 •Heman's first assistant was Asaph from the clan of Gershon.* Asaph's genealogy was traced back through Berekiah,
40 Shimea, •Michael, Baaseiah, Malkijah,

---

ark [áːrk] *n.* 궤; 방주
assign [əsáin] *vt.* 선정하다, 임명하다
assistant [əsístənt] *n.* 보조자
genealogy [dʒìːniǽlədʒi] *n.* 족보, 가계
regulation [règjuléiʃən] *n.* 규칙, 규정
tabernacle [tǽbərnæ̀kl] *n.* 성막, 장막
6:32 minister with… : …로써 섬기다
6:32 carry out : 수행하다
6:32 hand down : 공표하다
6:33 be traced back : 유래를 더듬어 올라가다

6:23　Hebrew *Ebiasaph*, a variant spelling of Abiasaph (also in 6:37); compare parallel text at Exod 6:24.　6:27　As in some Greek manuscripts (see also 6:33-34); Hebrew lacks *and Samuel*.　6:28　As in some Greek manuscripts and the Syriac version (see also 6:33 and 1 Sam 8:2); Hebrew lacks *Joel*.　6:32 Hebrew *the Tabernacle, the Tent of Meeting*.　6:38　*Israel* is the name that God gave to Jacob.　6:39　Hebrew lacks *from the clan of Gershon*; see 6:43.

6:32 '회막'은 '만남의 장막'이라는 뜻이다.

아들이며, 바아세야는 말기야의 아들입니다.

41 말기야는 에드니의 아들이고, 에드니는 세라의 아들이며, 세라는 아다야의 아들입니다.

42 아다야는 에단의 아들이고, 에단은 심마의 아들이며, 심마는 시므이의 아들입니다.

43 시므이는 야핫의 아들이고, 야핫은 게르손의 아들이며, 게르손은 레위의 아들입니다.

44 헤만의 왼쪽에 서서 헤만을 돕는 또 한 사람은 에단이었는데, 그는 므라리 집안의 대표자입니다. 에단은 기시의 아들이고, 기시는 압디의 아들이며, 압디는 말룩의 아들입니다.

45 말룩은 하사뱌의 아들이고, 하사뱌는 아마시야의 아들이며, 아마시야는 힐기야의 아들입니다.

46 힐기야는 암시의 아들이고, 암시는 바니의 아들이며, 바니는 세멜의 아들입니다.

47 세멜은 마흘리의 아들이고, 마흘리는 무시의 아들입니다. 무시는 므라리의 아들이고, 므라리는 레위의 아들입니다.

48 다른 레위 사람은 하나님의 집인 성막에서 제각기 특별한 일을 맡았습니다.

49 아론과 그의 자손은 번제단 위에서 제물을 바치는 일과 향단 위에서 향을 피우는 일을 했습니다. 그들은 이스라엘을 위하여 죄를 씻는 제물인 속죄 제물을 하나님께 바쳤으며, 지성소에서 해야 할 모든 일들을 맡아 했습니다. 그들은 하나님의 종 모세가 명령한 것을 다 지켰습니다.

50 아론의 아들은 이러합니다. 엘르아살은 아론의 아들이고, 엘르아살의 아들은 비느하스이며, 비느하스의 아들은 아비수아입니다.

51 아비수아의 아들은 북기이고, 북기의 아들은 웃시이며, 웃시의 아들은 스라히야입니다.

52 스라히야의 아들은 므라욧이고, 므라욧의 아들은 아마랴이며, 아마랴의 아들은 아히둡입니다.

53 아히둡의 아들은 사독이고, 사독의 아들은 아히마아스입니다.

레위 사람의 땅

54 아론의 자손이 산 곳은 이러합니다. 아론의 자손 가운데서 고핫 가문이 먼저 제비를 뽑아 레위 사람 몫의 땅을 받았습니다.

55 그들은 유다 땅 헤브론 성과 그 주변의 목초지를 받았습니다.

56 그러나 성 주변의 밭과 마을들은 여분네의 아들 갈렙이 받았습니다.

57 이처럼 아론의 자손은 도피성 가운데 하나인 헤브론을 받았습니다. 아론의 자손은 그 밖에도 립나와 얏딜과 에스드모아와

58 힐렌과 드빌과

41-42 •Ethni, Zerah, Adaiah, •Ethan,
43 Zimmah, Shimei, •Jahath, Gershon, and Levi.
44 •Heman's second assistant was Ethan from the clan of Merari. Ethan's genealogy was traced back through
45 Kishi, Abdi, Malluch, •Hashabiah,
46 Amaziah, Hilkiah, •Amzi, Bani,
47 Shemer, •Mahli, Mushi, Merari, and Levi.

48 •Their fellow Levites were appointed to various other tasks in the Tabernacle, the house of God.

Aaron's Descendants

49 •Only Aaron and his descendants served as priests. They presented the offerings on the altar of burnt offering and the altar of incense, and they performed all the other duties related to the Most Holy Place. They made atonement for Israel by doing everything that Moses, the servant of God, had commanded them.

50 •The descendants of Aaron were Eleazar,
51 Phinehas, Abishua, •Bukki, Uzzi,
52 Zerahiah, •Meraioth, Amariah,
53 Ahitub, •Zadok, and Ahimaaz.

Territory for the Levites

54 •This is a record of the towns and territory assigned by means of sacred lots to the descendants of Aaron, who were from the
55 clan of Kohath. •This territory included Hebron and its surrounding pasturelands
56 in Judah, •but the fields and outlying areas belonging to the city were given to Caleb
57 son of Jephunneh. •So the descendants of Aaron were given the following towns, each with its pasturelands: Hebron (a city of
58 refuge),* Libnah, Jattir, Eshtemoa, •Holon,*

---

altar [ɔ́:ltər] *n.* 제단
command [kəmǽnd] *vt.* 명령하다
incense [ínsens] *n.* 향
lot [lɑt] *n.* 제비; 추첨
outlying [áutlàiiŋ] *a.* 바깥에 있는
refuge [réfjuːdʒ] *n.* 피난, 도피, 은신처
sacred [séikrid] *a.* 신성한
task [tæsk] *n.* 일; 직무
6:49 perform all the other duties : 다른 모든 본분(의무)을 다하다
6:49 make atonement for… : …을 속죄하다
6:54 by means of… : …을 써서, …으로

....

6:57 As in parallel text at Josh 21:13; He-
brew reads *were given the cities of refuge: Hebron, and
the following towns, each with its pasturelands.*
6:58 As in parallel text at Josh 21:15; Masoretic
Text reads *Hilez*; other manuscripts read *Hilen.*

59 아산과 벧세메스를 받았습니다. 그들은 이 성들과 그 주변의 목초지를 받았습니다.

60 그들은 베냐민 지파로부터도 여러 성을 받았습니다. 그들은 게바와 알레멧과 아나돗과 그 목초지를 받았습니다. 이들 고핫 가문은 모두 열세 개의 성을 받았습니다.

61 고핫 가문의 나머지 사람들은 제비를 뽑아 서쪽 므낫세 반 지파로부터 열 개의 성을 받았습니다.

62 게르손 가문은 잇사갈 지파와 아셀 지파와 납달리 지파와 바산에 사는 므낫세 지파로부터 열세 개의 성을 받았습니다.

63 므라리 가문은 제비를 뽑아 르우벤 지파와 갓 지파와 스불론 지파로부터 열두 개의 성을 받았습니다.

64 이스라엘 백성이 레위 사람에게 이 모든 성과 목초지를 주었습니다.

65 유다 지파와 시므온 지파와 베냐민 지파가 갖고 있는 여러 성도 제비뽑기를 통해 레위 사람들에게 나누어 주었습니다.

66 고핫 가문의 일부 집안은 에브라임 지파로부터 성과 목초지를 받았습니다.

67 그들은 에브라임 산지의 세겜을 받았는데, 그곳은 도피성 가운데 하나입니다. 그 밖에 그들이 받은 성은 게셀과

68 욕므암과 벧호론과

69 아얄론과 가드림몬입니다. 그들은 이 성들과 그 주변에 있는 목초지를 받았습니다.

70 고핫 가문의 나머지 집안은 서쪽 므낫세 반 지파로부터 아넬과 그 목초지, 그리고 빌르암과 그 목초지를 받았습니다.

71 게르손 가문은 동쪽 므낫세 반 지파로부터 바산 땅 골란과 그 목초지, 그리고 아스다롯과 그 목초지를 받았습니다.

72 잇사갈 지파로부터는 게데스와 그 목초지, 다브랏과 그 목초지와

73 라못과 그 목초지, 그리고 아넴과 그 목초지를 받았습니다.

74 아셀 지파로부터는 마살과 그 목초지, 압돈과 그 목초지와

75 후곡과 그 목초지, 그리고 르홉과 그 목초지를 받았습니다.

76 납달리 지파로부터는 갈릴리 땅 게데스와 그 목초지, 함몬과 그 목초지, 그리고 기랴다임과 그 목초지를 받았습니다.

77 므라리의 남은 자손은 스불론 지파로부터 림모노와 그 목초지, 그리고 다볼과 그 목초지를 받았습니다.

78 요단 강 동쪽 곧 여리고 건너편에 사는 르우벤 지파에게서 베셀과 그 목초지, 그리고 야사와 그 목초지

59 Debir, •Ain,* Juttah,* and Beth-shemesh.
60 •And from the territory of Benjamin they were given Gibeon,* Geba, Alemeth, and Anathoth, each with its pasturelands. So thirteen towns were given to the descendants of Aaron. •The remaining descendants of Kohath received ten towns from the territory of the half-tribe of Manasseh by means of sacred lots.
62 •The descendants of Gershon received by sacred lots thirteen towns from the territories of Issachar, Asher, Naphtali, and from the Bashan area of Manasseh, east of the Jordan.
63 •The descendants of Merari received by sacred lots twelve towns from the territories of Reuben, Gad, and Zebulun.
64 •So the people of Israel assigned all these
65 towns and pasturelands to the Levites. •The towns in the territories of Judah, Simeon, and Benjamin, mentioned above, were assigned to them by means of sacred lots.
66 •The descendants of Kohath were given the following towns from the territory of Ephraim, each with its pasturelands: •Shechem (a city of refuge in the hill country of
68 Ephraim),* Gezer, •Jokmeam, Beth-horon,
69–70 •Aijalon, and Gath-rimmon. •The remaining descendants of Kohath were assigned the towns of Aner and Bileam from the territory of the half-tribe of Manasseh, each with its pasturelands.
71 •The descendants of Gershon received the towns of Golan (in Bashan) and Ashtaroth from the territory of the half-tribe of Manasseh, each with its pasturelands. •From
72 the territory of Issachar, they were given
73 Kedesh, Daberath, •Ramoth, and Anem,
74 each with its pasturelands. •From the territory of Asher, they received Mashal, Abdon,
75 •Hukok, and Rehob, each with its pasture-
76 lands. •From the territory of Naphtali, they were given Kedesh in Galilee, Hammon, and Kiriathaim, each with its pasturelands.
77 •The remaining descendants of Merari received the towns of Jokneam, Kartah,* Rimmon,* and Tabor from the territory of
78 Zebulun, each with its pasturelands. •From

available [əvéiləbl] *a.* 이용할 수 있는

6:59a As in parallel text at Josh 21:16; Hebrew reads *Ashan.* 6:59b As in Syriac version (see also Josh 21:16); Hebrew lacks *Juttah.* 6:60 As in parallel text at Josh 21:17; Hebrew lacks *Gibeon.* 6:66-67 As in parallel text at Josh 21:21; Hebrew text reads *were given the cities of refuge: Shechem in the hill country of Ephraim, and the following towns, each with its pasturelands.* 6:77a As in Greek version (see also Josh 21:34); Hebrew lacks *Jokneam, Kartah.* 6:77b As in Greek version (see also Josh 19:13); Hebrew reads *Rimmono.*

를 받았으며

79 그데못과 그 목초지, 메바앗과 그 목초지를 받았습니다.

80 갓 지파로부터는 길르앗 땅 라못과 그 목초지, 마하나임과 그 목초지,

81 헤스본과 그 목초지, 그리고 야셀과 그 목초지를 받았습니다.

잇사갈의 자손

7 잇사갈의 아들은 돌라와 부아와 야숩과 시므론으로 모두 네 명입니다.

2 돌라의 아들은 웃시와 르바야와 여리엘과 야매와 입삼과 스므엘입니다. 이들은 각기 자기 집안의 지도자입니다. 다윗 왕 때에 돌라의 족보에 오른 용사의 수는 이만 이천육백 명입니다.

3 웃시의 아들은 이스라히야이고, 이스라히야의 아들은 미가엘과 오바댜와 요엘과 잇시야입니다. 이 다섯 사람은 모두 지도자입니다.

4 그들의 족보에 오른 사람 중 군대에 나갈 만한 용사는 다 합하여 삼만 육천 명입니다. 그렇게 군인이 많은 것은 그들의 아내와 자녀가 많았기 때문입니다.

5 잇사갈의 각 가문의 족보에 나타난 용사는 모두 팔만 칠천 명입니다.

베냐민의 자손

6 베냐민의 아들은 벨라와 베겔과 여디아엘 모두 세 명입니다.

7 벨라의 아들은 에스본과 우시와 웃시엘과 여리못과 이리로 모두 다섯 명입니다. 이들은 각기 자기 집안의 지도자입니다. 그들의 족보에 오른 사람들 중에 군대에 나갈 만한 용사는 모두 이만 이천삼십사 명입니다.

8 베겔의 아들은 스미라와 요아스와 엘리에셀과 엘료에내와 오므리와 여레못과 아비야와 아나돗과 알레멧입니다. 이들은 모두 베겔의 아들입니다.

9 이들의 족보에 올라 있는 용사는 이만 이백 명입니다.

10 여디아엘의 아들은 빌한이고, 빌한의 아들은 여우스와 베냐민과 에훗과 그나아나와 세단과 다시스와 아히사할입니다.

11 이 여디아엘의 아들들은 모두 각 집안의 지도자입니다. 군대에 나갈 만한 용사는 만 칠천이백 명입니다.

12 숩빔과 훕빔은 모두 일의 아들입니다. 후심은 아헬의 아들입니다.

납달리의 자손

13 납달리의 아들은 야시엘과 구니와 예셀과 살룸입니다. 이들은 모두 야곱의 아내 빌하의 손자들입니다.

the territory of Reuben, east of the Jordan River opposite Jericho, they received Bezer (a desert
79 town), Jahaz,* •Kedemoth, and Mephaath, each with its pasturelands. •And from the territory of Gad, they received Ramoth in Gilead,
81 Mahanaim, •Heshbon, and Jazer, each with its pasturelands.

Descendants of Issachar

7 The four sons of Issachar were Tola, Puah, Jashub, and Shimron.
2 •The sons of Tola were Uzzi, Rephaiah, Jeriel, Jahmai, Ibsam, and Shemuel. Each of them was the leader of an ancestral clan. At the time of King David, the total number of mighty warriors listed in the records of these clans was 22,600.
3 •The son of Uzzi was Izrahiah. The sons of Izrahiah were Michael, Obadiah, Joel, and Isshiah. These five became the leaders of
4 clans. •All of them had many wives and many sons, so the total number of men available for military service among their descendants was 36,000.
5 •The total number of mighty warriors from all the clans of the tribe of Issachar was 87,000. All of them were listed in their genealogical records.

Descendants of Benjamin

6 •Three of Benjamin's sons were Bela, Beker, and Jediael.
7 •The five sons of Bela were Ezbon, Uzzi, Uzziel, Jerimoth, and Iri. Each of them was the leader of an ancestral clan. The total number of mighty warriors from these clans was 22,034, as listed in their genealogical records.
8 •The sons of Beker were Zemirah, Joash, Eliezer, Elioenai, Omri, Jeremoth, Abijah,
9 Anathoth, and Alemeth. •Each of them was the leader of an ancestral clan. The total number of mighty warriors and leaders from these clans was 20,200, as listed in their genealogical records.
10 •The son of Jediael was Bilhan. The sons of Bilhan were Jeush, Benjamin, Ehud, Kenaanah, Zethan, Tarshish, and Ahishahar.
11 •Each of them was the leader of an ancestral clan. From these clans the total number of mighty warriors ready for war was 17,200.
12 •The sons of Ir were Shuppim and Huppim. Hushim was the son of Aher.

Descendants of Naphtali

13 •The sons of Naphtali were Jahzeel,* Guni, Jezer, and Shillem.* They were all descen-

---

6:78 Hebrew *Jahzah,* a variant spelling of Jahaz. **7:13a** As in parallel text at Gen 46:24; Hebrew reads *Jahziel,* a variant spelling of Jahzeel. **7:13b** As in some Hebrew and Greek manuscripts (see also Gen 46:24; Num 26:49); most Hebrew manuscripts read *Shallum.*

므낫세의 자손

14 므낫세의 자손은 이러합니다. 므낫세는 아람 여자를 첩으로 두었습니다. 그 첩은 아스리엘과 마길을 낳았습니다. 마길은 길르앗의 아버지입니다.

15 마길은 훕빔과 숩빔의 누이 마아가를 아내로 얻었습니다. 므낫세의 둘째 아들은 슬로브핫입니다. 그는 딸만 두었습니다.

16 마길의 아내 마아가는 아들을 낳고 그 이름을 베레스라고 지었습니다. 베레스의 동생은 세레스이고, 세레스의 아들은 울람과 라겜입니다.

17 울람의 아들은 브단입니다. 이들은 길르앗의 자손입니다. 길르앗은 마길의 아들이고, 마길은 므낫세의 아들입니다.

18 마길의 누이 함몰레겟은 이스홋과 아비에셀과 말라를 낳았습니다.

19 스미다의 아들은 아히안과 세겜과 릭히와 아니암입니다.

에브라임의 자손

20 에브라임의 자손은 이러합니다. 에브라임의 아들은 수델라이고, 수델라의 아들은 베렛이며 베렛의 아들은 다핫입니다. 다핫의 아들은 엘르아다이고, 엘르아다의 아들은 다핫입니다.

21 다핫의 아들은 사밧이고, 사밧의 아들은 수델라입니다. 에브라임이 또 에셀과 엘르앗이라는 아들을 두었는데, 그들이 가드로 가서 그 성 백성의 소와 양을 훔친 적이 있었습니다. 그래서 가드 원주민들이 에셀과 엘르앗을 죽였습니다.

22 이 일 때문에 그들의 아버지 에브라임이 여러 날 동안을 슬퍼하자, 그의 가족이 와서 그를 위로했습니다.

23 그 뒤에 그가 다시 아내와 잠자리를 같이하여 아내가 임신을 하였습니다. 에브라임은 아들을 얻었으나, 자기 집에 재앙이 내렸으므로 그 아들을 브리아라고 불렀습니다.

24 에브라임의 딸은 세에라입니다. 세에라는 아래 벧호론과 위 벧호론과 우센세에라 성을 세웠습니다.

25 브리아의 아들은 레바와 레셉입니다. 레셉의 아들은 델라이고, 델라의 아들은 다한입니다.

26 다한의 아들은 라단이고, 라단의 아들은 암미훗이고, 암미훗의 아들은 엘리사마입니다.

27 엘리사마의 아들은 눈이고, 눈의 아들은 여호수아입니다.

28 에브라임의 자손은 벧엘과 그 주변 마을에 살았으며 동쪽으로는 나아란과 그 주변 마을, 서쪽으로는 게셀과 그 주변 마을, 그리고 세겜과 그 주변 마을에 살았습니다. 그들의 땅은 아사와 그 주변 마을까지 이르렀습니다.

29 므낫세 땅의 경계는 벧스안의 여러 마을과 다아낙

---

dants of Jacob's concubine Bilhah.

Descendants of Manasseh

14 • The descendants of Manasseh through his Aramean concubine included Asriel. She also bore Makir, the father of Gilead.

15 • Makir found wives for* Huppim and Shuppim. Makir had a sister named Maacah. One of his descendants was Zelophehad, who had only daughters.

16 • Makir's wife, Maacah, gave birth to a son whom she named Peresh. His brother's name was Sheresh. The sons of Peresh were Ulam and Rakem. • The son of

17 Ulam was Bedan. All these were considered Gileadites, descendants of Makir son of Manasseh.

18 • Makir's sister Hammoleketh gave birth to Ishhod, Abiezer, and Mahlah.

19 • The sons of Shemida were Ahian, Shechem, Likhi, and Aniam.

Descendants of Ephraim

20 • The descendants of Ephraim were Shuthelah, Bered, Tahath, Eleadah,

21 Tahath, • Zabad, Shuthelah, Ezer, and Elead. These two were killed trying to steal livestock from the local farmers near

22 Gath. • Their father, Ephraim, mourned for them a long time, and his relatives

23 came to comfort him. • Afterward Ephraim slept with his wife, and she became pregnant and gave birth to a son. Ephraim named him Beriah* because of

24 the tragedy his family had suffered. • He had a daughter named Sheerah. She built the towns of Lower and Upper Beth-horon and Uzzen-sheerah.

25 • The descendants of Ephraim included

26 Rephah, Resheph, Telah, Tahan, • Ladan,

27 Ammihud, Elishama, • Nun, and Joshua.

28 • The descendants of Ephraim lived in the territory that included Bethel and its surrounding towns to the south, Naaran to the east, Gezer and its villages to the west, and Shechem and its surrounding villages to the

29 north as far as Ayyah and its towns. • Along the border of Manasseh were the towns of Beth-shan,* Taanach, Megiddo, Dor, and their surrounding villages. The descendants of Joseph son of Israel* lived in these towns.

tragedy [trǽdʒədi] *n.* 비극

7:15 Or *Makir took a wife from.* The meaning of the Hebrew is uncertain. 7:23 *Beriah* sounds like a Hebrew term meaning "tragedy" or "misfortune." 7:29a Hebrew *Beth-shean,* a variant spelling of Beth-shan. 7:29b *Israel* is the name that God gave to Jacob.

과 그 주변 마을, 므깃도와 그 주변 마을과 돌라 그 주변 마을입니다. 이스라엘의 아들인 요셉의 자손이 이 마을들에서 살았습니다.

아셀의 자손

30 아셀의 아들은 임나와 이스와와 이스위와 브리아입니다. 그들의 누이는 세라입니다.

31 브리아의 아들은 헤벨과 말기엘이며 말기엘은 비르사잇의 아버지입니다.

32 헤벨은 야블렛과 소멜과 호담과 그들의 누이 수아를 낳았습니다.

33 야블렛의 아들은 바삭과 빔할과 아스왓이니, 이들이 야블렛의 아들입니다.

34 소멜의 아들은 아히와 로가와 호바와 아람입니다.

35 소멜의 동생 헬렘의 아들은 소바와 임나와 셀레스와 아말입니다.

36 소바의 아들은 수아와 하르네벨과 수알과 베리와 이므라와

37 베셀과 훗과 사마와 실사와 이드란과 브에라입니다.

38 예델의 아들은 여분네와 비스바와 아라입니다.

39 울라의 아들은 아라와 한니엘과 리시아입니다.

40 이들은 모두 아셀의 자손으로서 각 집안의 지도자이며 뛰어나고 훌륭한 용사들입니다. 이들의 족보에는 군대에 나갈 만한 용사 이만 육천 명이 올라 있습니다.

베냐민의 자손

8 베냐민의 맏아들은 벨라입니다. 둘째 아들은 아스벨이고, 셋째 아들은 아하라입니다.

2 베냐민의 넷째 아들은 노하이고, 다섯째 아들은 라바입니다.

3 벨라의 아들은 앗달과 게라와 아비훗과

4 아비수아와 나아만과 아호아와

5 게라와 스부반과 후람입니다.

6 에훗의 자손은 이러합니다. 그들은 게바에 살고 있던 각 가문의 지도자로서, 포로로 사로잡혀 마나핫으로 끌려갔습니다.

7 에훗의 자손은 나아만과 아히야와 게라입니다. 게라는 웃사와 아히훗의 아버지입니다.

8 사하라임은 자기 두 아내 후심과 바아라를 쫓아낸 후에 모압 땅에서 아들을 낳았습니다.

9 사하라임과 새로 얻은 그의 아내 호데스는 요밥과 시비야와 메사와 말감을 낳았고

10 여우스와 사가와 미르마를 낳았습니다. 이 아들들은 각 집안의 지도자가 되었습니다.

11 사하라임은 또 아내 후심을 통해 아비둡과 엘바알을 낳았습니다.

12 엘바알의 아들은 에벨과 미삼과 세멧과 브리아와

Descendants of Asher

30 • The sons of Asher were Imnah, Ishvah, Ishvi, and Beriah. They had a sister named Serah.

31 • The sons of Beriah were Heber and Malkiel (the father of Birzaith).

32 • The sons of Heber were Japhlet, Shomer, and Hotham. They had a sister named Shua.

33 • The sons of Japhlet were Pasach, Bimhal, and Ashvath.

34 • The sons of Shomer were Ahi,* Rohgah, Hubbah, and Aram.

35 • The sons of his brother Helem* were Zophah, Imna, Shelesh, and Amal.

36 • The sons of Zophah were Suah, Harnepher,
37 Shual, Beri, Imrah, • Bezer, Hod, Shamma, Shilshah, Ithran,* and Beera.

38 • The sons of Jether were Jephunneh, Pispah, and Ara.

39 • The sons of Ulla were Arah, Hanniel, and Rizia.

40 • Each of these descendants of Asher was the head of an ancestral clan. They were all select men—mighty warriors and outstanding leaders. The total number of men available for military service was 26,000, as listed in their genealogical records.

Descendants of Benjamin

8 Benjamin's first son was Bela, the second
2 was Ashbel, the third was Aharah, • the fourth was Nohah, and the fifth was Rapha.

3 • The sons of Bela were Addar, Gera,
4 Abihud,* • Abishua, Naaman, Ahoah,
5 • Gera, Shephuphan, and Huram.

6 • The sons of Ehud, leaders of the clans living at Geba, were exiled to Manahath.

7 • Ehud's sons were Naaman, Ahijah, and Gera. Gera, who led them into exile, was the father of Uzza and Ahihud.*

8 • After Shaharaim divorced his wives Hushim and Baara, he had children in
9 the land of Moab. • His wife Hodesh gave birth to Jobab, Zibia, Mesha, Malcam,
10 • Jeuz, Sakia, and Mirmah. These sons all became the leaders of clans.

11 • Shaharaim's wife Hushim had already
12 given birth to Abitub and Elpaal. • The sons of Elpaal were Eber, Misham, Shemed

---

ancestral [ænséstrəl] a. 조상 전래의
outstanding [àutstǽndiŋ] a. 현저한, 걸출한

7:34　Or *The sons of Shomer, his brother, were.*　7:35　Possibly another name for *Hotham;* compare 7:32.　7:37　Possibly another name for *Jether;* compare 7:38.　8:3　Possibly *Gera the father of Ehud;* compare 8:6.　8:7　Or *Gera, that is Heglam, was the father of Uzza and Ahihud.*

세마입니다. 세멧은 오노와 롯과 그 주변 마을들을 세웠습니다.

13 브리아와 세마는 아얄론에 사는 집안들의 지도자입니다. 이들은 가드에 사는 사람들을 쫓아냈습니다.

14 브리아의 아들은 아히요와 사삭과 여레못과
15 스바댜와 아랏과 에델과
16 미가엘과 이스바와 요하입니다.

17 엘바알의 아들은 스바댜와 므술람과 히스기와 헤벨과
18 이스므래와 이슬리아와 요밥입니다.

19 시므이의 아들은 야김과 시그리와 삽디와
20 엘리에내와 실르대와 엘리엘과
21 아다야와 브라야와 시므랏입니다.

22 사삭의 아들은 이스반과 에벨과 엘리엘과
23 압돈과 시그리와 하난과
24 하나냐와 엘람과 안도디야와
25 이브드야와 브누엘입니다.

26 여로함의 아들은 삼스래와 스하랴와 아달랴와
27 야아레시야와 엘리아와 시그리입니다.

28 이들은 족보에 오른 각 집안의 지도자이며 예루살렘에서 살았습니다.

29 여이엘은 기브온에서 살면서 그곳의 지도자로 있었습니다. 그의 아내 이름은 마아가입니다.

30 여이엘의 맏아들은 압돈입니다. 그의 다음 아들은 술과 기스와 바알과 나답과
31 그돌과 아히오와 세겔과
32 미글롯입니다. 미글롯은 시므아의 아버지입니다. 이들도 예루살렘에서 친척들과 함께 살았습니다.

33 넬은 기스의 아버지이고, 기스는 사울의 아버지입니다. 사울은 요나단과 말기수아와 아비나답과 에스바알의 아버지입니다.

34 요나단의 아들은 므립바알이고, 므립바알은 미가의 아버지입니다.

35 미가의 아들은 비돈과 멜렉과 다레아와 아하스입니다.

36 아하스는 여호앗다의 아버지이고, 여호앗다는 알레멧과 아스마웻과 시므리의 아버지입니다. 시므리는 모사의 아버지입니다.

37 모사는 비느아의 아버지입니다. 비느아의 아들은 라바이고, 라바의 아들은 엘르아사이고, 엘르아사의 아들은 아셀입니다.

38 아셀은 여섯 명의 아들을 두었습니다. 그들의 이름은 아스리감과 보그루와 이스마엘과

13 (who built the towns of Ono and Lod and their nearby villages), •Beriah, and Shema. They were the leaders of the clans living in Aijalon, and they drove out the inhabitants of Gath.

14-15 •Ahio, Shashak, Jeremoth, •Zebadiah, Arad, Eder,
16 •Michael, Ishpah, and Joha were the sons of Beriah.

17-18 Zebadiah, Meshullam, Hizki, Heber, •Ishmerai, Izliah, and Jobab were the sons of Elpaal.

19-20 Jakim, Zicri, Zabdi, •Elienai, Zillethai, Eliel,
21 •Adaiah, Beraiah, and Shimrath were the sons of Shimei.

22-23 Ishpan, Eber, Eliel, •Abdon, Zicri, Hanan,
24-25 •Hananiah, Elam, Anthothijah, •Iphdeiah, and Penuel were the sons of Shashak.

26-27 Shamsherai, Shehariah, Athaliah, •Jaareshiah, Elijah, and Zicri were the sons of Jeroham.

28 •These were the leaders of the ancestral clans; they were listed in their genealogical records, and they all lived in Jerusalem.

The Family of Saul

29 Jeiel* (the father of* Gibeon) lived in the town of
30 Gibeon. His wife's name was Maacah, •and his oldest son was named Abdon. Jeiel's other sons
31 were Zur, Kish, Baal, Ner,* Nadab, •Gedor,
32 Ahio, Zechariah,* •and Mikloth, who was the father of Shimeam.* All these families lived near each other in Jerusalem.

33 • Ner was the father of Kish. Kish was the father of Saul. Saul was the father of Jonathan, Malkishua, Abinadab, and Esh-baal.

34 • Jonathan was the father of Merib-baal. Merib-baal was the father of Micah.

35 • Micah was the father of Pithon, Melech, Tahrea,* and Ahaz.

36 • Ahaz was the father of Jadah.* Jadah was the father of Alemeth, Azmaveth, and Zimri. Zimri was the father of Moza.

37 • Moza was the father of Binea. Binea was the father of Rephaiah.* Rephaiah was the father of Eleasah. Eleasah was the father of Azel.

38 •Azel had six sons: Azrikam, Bokeru, Ishmael, Sheariah, Obadiah, and Hanan. These were the sons of Azel.

8:29a As in some Greek manuscripts (see also 9:35); Hebrew lacks *Jeiel*. 8:29b Or *the founder of*. 8:30 As in some Greek manuscripts (see also 9:36); Hebrew lacks *Ner*. 8:31 As in parallel text at 9:37; Hebrew reads *Zeker*, a variant spelling of Zechariah. 8:32 As in parallel text at 9:38; Hebrew reads *Shimeah*, a variant spelling of Shimeam. 8:35 As in parallel text at 9:41; Hebrew reads *Tarea*, a variant spelling of Tahrea. 8:36 As in parallel text at 9:42; Hebrew reads *Jehoaddah*, a variant spelling of Jadah. 8:37 As in parallel text at 9:43; Hebrew reads *Raphah*, a variant spelling of Rephaiah.

스아랴와 오바댜와 하난입니다. 이들은 모두 아셀의 아들입니다.

39 아셀의 동생 에섹의 맏아들은 울람입니다. 둘째 아들은 여우스이고, 셋째 아들은 엘리벨렛입니다.

40 울람의 아들들은 활을 잘 쏘는 용사들입니다. 그들은 모두 백오십 명의 아들과 손자를 두었습니다. 이들은 모두 베냐민의 자손입니다.

9 모든 이스라엘 백성의 이름이 다 족보에 올라 있습니다. 그리고 그 내용은 이스라엘 왕들의 책에 적혀 있습니다.

예루살렘으로 돌아온 백성

유다 백성은 하나님께 충성하지 않았기 때문에 바빌론으로 끌려갔습니다.

2 그중 가장 먼저 자기 땅과 마을로 돌아와서 살게 된 사람들은 이스라엘 제사장들과 레위 사람들과 성전에 있던 종들이었습니다.

3 유다와 베냐민과 에브라임과 므낫세 지파 사람들 가운데 예루살렘에서 산 사람들의 이름은 이러합니다.

4 유다의 아들 베레스 자손 중에 우대는 암미훗의 아들이고, 오므리는 이므리의 아들이고, 이므리는 바니의 아들입니다.

5 실로 사람 중에서는 맏아들 아사야와 그의 아들들입니다.

6 세라 사람 중에서는 여우엘과 세라의 친척들 육백구십 명입니다.

7 베냐민 지파 가운데 살루는 므술람의 아들이고, 므술람은 호다위아의 아들이고, 호다위아는 핫스누아의 아들입니다.

8 여로함의 아들 이브느야와 미그리의 손자인 웃시의 아들 엘라와 스바댜의 아들 므술람입니다. 그의 아버지 스바댜는 르우엘의 아들이고, 르우엘은 이브니야의 아들입니다.

9 베냐민의 족보에 오른 사람 구백오십육 명이 예루살렘으로 돌아와 살았습니다. 이들은 각 집안의 지도자들입니다.

10 제사장 가운데 이스라엘로 돌아온 사람은 여다야와 여호야립과 야긴과

11 하나님의 성전을 책임진 힐기야의 아들 아사랴입니다. 힐기야는 므술람의 아들이고, 므술람은 사독의 아들이고, 사독은 므라욧의 아들이고, 므라욧은 아히둡의 아들입니다.

12 그 밖에는 여로함의 아들 아다야와 아디엘의 아들 마아새가 있습니다. 여로함은 바스훌의 아들이고, 바스훌은 말기야의 아들입니다. 마아새의 아버지 아디엘은 야세라의 아들이고, 야세라는 므술람의 아들이고, 므술람은 므실레밋의 아들이고, 므실레

39 • Azel's brother Eshek had three sons: the first was Ulam, the second was Jeush, and the third was Eliphelet. • Ulam's sons were all mighty warriors and expert archers. They had many sons and grandsons—150 in all.

All these were descendants of Benjamin.

9 So all Israel was listed in the genealogical records in *The Book of the Kings of Israel.*

The Returning Exiles

The people of Judah were exiled to Babylon because they were unfaithful to the LORD.

2 • The first of the exiles to return to their property in their former towns were priests, Levites, Temple servants, and other Israelites.

3 • Some of the people from the tribes of Judah, Benjamin, Ephraim, and Manasseh came and settled in Jerusalem.

4 • One family that returned was that of Uthai son of Ammihud, son of Omri, son of Imri, son of Bani, a descendant of Perez son of Judah.

5 • Others returned from the Shilonite clan, including Asaiah (the oldest) and his sons.

6 • From the Zerahite clan, Jeuel returned with his relatives.

In all, 690 families from the tribe of Judah returned.

7 • From the tribe of Benjamin came Sallu son of Meshullam, son of Hodaviah, son of Hassenuah; • Ibneiah son of Jeroham; Elah son of Uzzi, son of Micri; and Meshullam son of Shephatiah, son of Reuel, son of Ibnijah.

9 • These men were all leaders of clans, and they were listed in their genealogical records. In all, 956 families from the tribe of Benjamin returned.

The Returning Priests

10 • Among the priests who returned were Jedaiah, Jehoiarib, Jakin, • Azariah son of Hilkiah, son of Meshullam, son of Zadok, son of Meraioth, son of Ahitub. Azariah was the chief officer of the house of God.

12 • Other returning priests were Adaiah son of Jeroham, son of Pashhur, son of Malkijah, and Maasai son of Adiel, son of Jahzerah, son of Meshullam, son of Meshillemith, son of Immer.

archer [áːrtʃər] *n.* 궁수
expert [ékspəːrt] *a.* 숙련된, 전문가의
parallel [pǽrəlel] *a.* 평행의, 서로 같은
variant [vέəriənt] *a.* 다른; 가지가지의

맛은 임멜의 아들입니다.

13 예루살렘으로 돌아온 제사장은 모두 천칠백육십 명입니다. 이들은 각 집안의 지도자들이며, 하나님 의 성전에서 하는 모든 일을 맡았습니다.

14 레위 사람 가운데는 므라리 자손 핫숩의 아들 스마 야가 있습니다. 핫숩은 아스리감의 아들이고, 아스 리감은 하사뱌의 아들입니다.

15 그 밖에 박박갈과 헤레스와 갈랄과 미가의 아들 맛 다냐가 있습니다. 미가는 시그리의 아들이고, 시그 리는 아삽의 아들입니다.

16 스마야의 아들 오바댜가 있는데, 그의 아버지 스마 야는 갈랄의 아들이고, 갈랄은 여두둔의 아들입니 다. 그리고 아사의 아들 베레갸가 있습니다. 아사는 엘가나의 아들입니다. 엘가나는 느도바 사람의 마 을에서 살았습니다.

17 문지기 가운데는 살룸과 악굽과 달몬과 아히만과 그 친척들이 있었는데, 살룸이 그들의 지도자입니 다.

18 이 레위 지파 문지기들은 지금도 성 동쪽의 '왕의 문' 곁을 지키고 서 있습니다.

19 살룸은 고레의 아들입니다. 고레는 에비아삽의 아 들이고, 에비아삽은 고라의 아들입니다. 살룸과 그 의 친척 곧 고라 가문은 문지기입니다. 그들은 거룩 한 집인 성소의 입구를 지키는 일을 맡았습니다. 그 들의 조상도 성전 입구를 지키는 사람이었습니다.

20 옛적에 엘르아살의 아들 비느하스가 문지기들의 감독이었습니다. 여호와께서는 항상 비느하스와 함께 계셨습니다.

21 므셀레먀의 아들 스가랴도 회막을 지키는 문지기 였습니다.

22 문지기로 뽑힌 사람은 모두 이백십이 명입니다. 그 들의 이름은 마을에 따라 족보에 올라 있습니다. 다 윗과 선견자 사무엘이 그들을 믿음직스럽게 여겨 그들에게 그 일을 맡겼습니다.

23 이 문지기들과 그들의 자손은 여호와의 집, 곧 성막 을 지키는 일을 맡았습니다.

24 문지기들은 성전의 네 면, 곧 동서남북을 지켰습니 다.

25 마을에 사는 문지기들의 친척들은 번갈아 가며 그 들을 도와야 했습니다. 친척들은 한 번 올 때마다 칠 일 간 문지기들을 도왔습니다.

26 문지기 가운데 네 사람은 믿을 만했으므로 다른 모 든 문지기의 지도자가 되었습니다. 그 네 문지기는 레위 사람입니다. 그들은 성전의 방과 창고들을 맡 았습니다.

27 그들은 밤새도록 하나님의 성전을 지키고, 아침마 다 성전 문을 열었습니다.

---

13 •In all, 1,760 priests returned. They were heads of clans and very able men. They were responsible for ministering at the house of God.

The Returning Levites

14 •The Levites who returned were Shemaiah son of Hasshub, son of Azrikam, son of Hashabiah, a descendant of Merari. 15 •Bakbakkar; Heresh; Galal; Mattaniah son of Mica, son of Zicri, son of Asaph; 16 •Obadiah son of Shemaiah, son of Galal, son of Jeduthun; and Berekiah son of Asa, son of Elkanah, who lived in the area of Netophah.

17 •The gatekeepers who returned were Shallum, Akkub, Talmon, Ahiman, and their relatives. Shallum was the chief 18 gatekeeper. •Prior to this time, they were responsible for the King's Gate on the east side. These men served as gatekeepers for 19 the camps of the Levites. •Shallum was the son of Kore, a descendant of Abiasaph,* from the clan of Korah. He and his relatives, the Korahites, were responsible for guarding the entrance to the sanctuary, just as their ancestors had guarded the Tabernacle in the camp of the LORD.

20 •Phinehas son of Eleazar had been in charge of the gatekeepers in earlier times, 21 and the LORD had been with him. •And later Zechariah son of Meshelemiah was responsible for guarding the entrance to the Tabernacle.*

22 •In all, there were 212 gatekeepers in those days, and they were listed according to the genealogies in their villages. David and Samuel the seer had appointed their ances- 23 tors because they were reliable men. •These gatekeepers and their descendants, by their divisions, were responsible for guarding the entrance to the house of the LORD when that 24 house was a tent. •The gatekeepers were sta- tioned on all four sides—east, west, north, 25 and south. •Their relatives in the villages came regularly to share their duties for seven-day periods.

26 •The four chief gatekeepers, all Levites, were trusted officials, for they were responsi- ble for the rooms and treasuries at the house 27 of God. •They would spend the night around the house of God, since it was their duty to guard it and to open the gates every morning.

exempt [igzémpt] *a.* 면제된(free)
furnishing [fɔ́ːrniʃiŋ] *n.* 가구, 비품

....

9:19　Hebrew *Ebiasaph*, a variant spelling of Abiasaph; compare Exod 6:24.　9:21　Hebrew *Tent of Meeting*.

28 문지기 가운데 몇 사람은 성전에서 쓰는 기구와 그 릇들을 맡았습니다. 그들은 기구와 그릇들을 내가 고 들여올 때마다 그것들을 세는 일을 했습니다.

29 다른 문지기들은 가구들과 성소에 있는 물건들을 맡았습니다. 그들은 고운 가루와 포도주와 기름과 향과 향품도 맡았습니다.

30 그러나 향품을 섞는 일은 제사장들이 했습니다.

31 맛디댜라는 레위 사람이 있었습니다. 그는 믿을 만 한 사람이었으므로 제물로 쓸 빵을 굽는 일을 했습 니다. 그는 고라 가문 사람인 살롬의 맏아들입니다.

32 어떤 문지기들은 특별한 빵을 준비하는 일을 맡았 습니다. 그 빵은 안식일에 쓰이는 상 위에 쌓아 두는 빵인 진설병입니다. 이 일을 맡은 사람은 고핫 가문 사람입니다.

33 어떤 레위 사람은 음악을 맡았습니다. 각 레위 집안 의 지도자인 그들은 성전 안에 있는 방에 머물면서 밤낮으로 그 일만 하고 다른 일은 하지 않았습니다.

34 이들은 레위 자손 각 집안의 지도자들로서 족보에 이름이 올라 있습니다. 이들은 예루살렘에서 살았 습니다.

사울 왕의 족보

35 여이엘은 기브온에서 살면서 그곳의 지도자로 있 었습니다. 그의 아내의 이름은 마아가입니다.

36 여이엘의 맏아들은 압돈이고, 그의 다른 아들은 술 과 기스와 바알과 넬과 나답과

37 그돌과 아히오와 스가랴와 미글롯입니다.

38 미글롯은 시므암의 아버지입니다. 여이엘의 집안 은 예루살렘에서 친척들과 함께 살았습니다.

39 넬은 기스의 아버지이고, 기스는 사울의 아버지이 며 사울은 요나단과 말기수아와 아비나답과 에스바 알의 아버지입니다.

40 요나단의 아들은 므립바알이고, 므립바알은 미가 의 아버지입니다.

41 미가의 아들은 비돈과 멜렉과 다레아와 아하스입니다.

42 아하스는 야라의 아버지이고, 야라는 알레멧과 아 스마웻과 시므리의 아버지입니다. 시므리는 모사 의 아버지입니다.

43 모사는 비느아의 아버지이고, 비느아의 아들은 르 바야입니다. 르바야의 아들은 엘르아사이고, 엘르 아사의 아들은 아셀입니다.

44 아셀은 여섯 명의 아들을 두었습니다. 그들의 이름 은 아스리감과 보그루와 이스마엘과 스아랴와 오바 댜와 하난입니다.

사울 왕의 죽음

10 블레셋 사람들이 이스라엘 백성과 맞서 싸웠 습니다. 이스라엘 백성은 블레셋 사람들 앞에 서 도망쳤습니다. 많은 이스라엘 백성이 길보아 산

28 •Some of the gatekeepers were assigned to care for the various articles used in wor- ship. They checked them in and out to avoid 29 any loss. •Others were responsible for the furnishings, the items in the sanctuary, and the supplies, such as choice flour, wine, olive 30 oil, frankincense, and spices. •But it was the 31 priests who blended the spices. •Mattithiah, a Levite and the oldest son of Shallum the Korahite, was entrusted with baking the 32 bread used in the offerings. •And some members of the clan of Kohath were in charge of preparing the bread to be set on the table each Sabbath day.

33   •The musicians, all prominent Levites, lived at the Temple. They were exempt from other responsibilities since they were on duty 34 at all hours. •All these men lived in Jerusalem. They were the heads of Levite families and were listed as prominent leaders in their genealogical records.

King Saul's Family Tree

35 •Jeiel (the father of* Gibeon) lived in the town of Gibeon. His wife's name was 36 Maacah, •and his oldest son was named Abdon. Jeiel's other sons were Zur, Kish, 37 Baal, Ner, Nadab, •Gedor, Ahio, 38 Zechariah, and Mikloth. •Mikloth was the father of Shimeam. All these families lived near each other in Jerusalem.

39   • Ner was the father of Kish. Kish was the father of Saul. Saul was the father of Jonathan, Malkishua, Abinadab, and Esh-baal.

40   • Jonathan was the father of Merib-baal. Merib-baal was the father of Micah.

41   • The sons of Micah were Pithon, Melech, Tahrea, and Ahaz.*

42   • Ahaz was the father of Jadah.* Jadah was the father of Alemeth, Azmaveth, and Zimri. Zimri was the father of Moza.

43   • Moza was the father of Binea. Binea's son was Rephaiah. Rephaiah's son was Eleasah. Eleasah's son was Azel.

44 •Azel had six sons, whose names were Azrikam, Bokeru, Ishmael, Sheariah, Obadiah, and Hanan. These were the sons of Azel.

The Death of King Saul

10 Now the Philistines attacked Israel, and the men of Israel fled before them.

9:35 Or *the founder of*.   9:41 As in Syriac ver- sion and Latin Vulgate (see also 8:35); Hebrew lacks *and Ahaz*.   9:42 As in some Hebrew manuscripts and Greek version (see also 8:36); Hebrew reads *Jarah*.

에서 죽었습니다.

2 블레셋 사람들은 사울과 그의 아들들을 끝까지 쫓아
와서 사울의 아들 요나단과 아비나답과 말기수아를
죽였습니다.

3 싸움은 사울에게 불리하게 돌아갔습니다. 그는 화살
에 맞아 크게 다쳤습니다.

4 사울이 자기 무기를 들고 다니는 병사에게 말했습니
다. "네 칼을 뽑아서 나를 죽여다오. 저 할례받지 않
은 자들이 나를 조롱하고 죽이기 전에 네가 나를 죽여
다오." 하지만 사울의 병사는 두려워서 그를 죽이지
못했습니다. 그래서 사울은 자기 칼을 뽑아 세우고
그 위에 자기 몸을 던졌습니다.

5 사울의 병사는 그가 죽은 것을 보고 그도 자기 칼 위
에 몸을 던져 죽었습니다.

6 이와 같이 사울과 사울의 세 아들과 그의 온 집안 사
람들이 함께 죽었습니다.

7 골짜기에 살던 이스라엘 백성은 이스라엘 군대가 도
망치는 모습과 사울과 그의 아들들이 죽은 것을 보고
서 자기들이 살던 성읍을 버리고 달아났습니다. 그래
서 블레셋 사람들이 그곳에 와서 살게 되었습니다.

8 이튿날 블레셋 사람들이 죽은 군인들의 옷을 벗기려
고 왔다가 길보아 산 위에 사울과 그의 아들들이 죽어
있는 것을 발견했습니다.

9 그들은 사울의 갑옷을 벗기고 그의 머리를 자르고 갑
옷을 빼앗은 후 사람을 보내어 블레셋 사람들의 모든
땅에 그 소식을 전하게 했습니다. 그들은 자기들의
우상과 백성들이 있는 곳에 그 소식을 전했습니다.

10 블레셋 사람들은 사울의 갑옷을 그들의 신전에 두었
고, 사울의 시체는 다곤 신전에 매달았습니다.

11 블레셋 사람들이 사울에게 한 일을 길르앗의 야베스
에 사는 백성들이 들었습니다.

12 그래서 길르앗 땅 야베스의 용감한 군인들이 사울과
그의 아들들의 시체를 거두어 길르앗의 야베스로 돌
아왔습니다. 그들은 사울과 그의 아들들의 뼈를 야베
스에 있는 상수리나무 밑에 묻었습니다. 그리고 칠
일 동안, 아무것도 먹지 않았습니다.

13 사울이 죽은 것은 그가 여호와께 충성하지 않았기 때
문입니다. 그는 여호와께 복종하지 않았습니다. 심
지어 무당한테까지 찾아가 무당의 도움을 받으려 했
습니다.

14 사울은 여호와께 찾아가 도움을 구하지 않았습니다.
그래서 여호와께서는 사울을 죽이고 그의 나라를 이
새의 아들 다윗에게 주셨습니다.

다윗이 왕이 되다

11 모든 이스라엘 백성이 헤브론에 있는 다윗에게 와
서 말했습니다. "우리는 당신의 백성입니다.

2 사울이 우리 왕이었을 때에도 싸움터에서 이스라엘

Many were slaughtered on the slopes of
2 Mount Gilboa. • The Philistines closed in
on Saul and his sons, and they killed three
of his sons—Jonathan, Abinadab, and
3 Malkishua. • The fighting grew very fierce
around Saul, and the Philistine archers
caught up with him and wounded him.

4 • Saul groaned to his armor bearer, "Take
your sword and kill me before these pagan
Philistines come to taunt and torture me."

But his armor bearer was afraid and
would not do it. So Saul took his own sword
5 and fell on it. • When his armor bearer real-
ized that Saul was dead, he fell on his own
6 sword and died. • So Saul and his three
sons died there together, bringing his
dynasty to an end.

7 • When all the Israelites in the Jezreel
Valley saw that their army had fled and
that Saul and his sons were dead, they
abandoned their towns and fled. So the
Philistines moved in and occupied their
towns.

8 • The next day, when the Philistines
went out to strip the dead, they found the
bodies of Saul and his sons on Mount
9 Gilboa. • So they stripped off Saul's armor
and cut off his head. Then they proclaimed
the good news of Saul's death before their
idols and to the people throughout the
10 land of Philistia. • They placed his armor
in the temple of their gods, and they fas-
tened his head to the temple of Dagon.

11 • But when everyone in Jabesh-gilead
heard about everything the Philistines had
12 done to Saul, •all their mighty warriors
brought the bodies of Saul and his sons
back to Jabesh. Then they buried their
bones beneath the great tree at Jabesh, and
they fasted for seven days.

13 • So Saul died because he was unfaithful
to the LORD. He failed to obey the LORD's
command, and he even consulted a medi-
14 um •instead of asking the LORD for guid-
ance. So the LORD killed him and turned
the kingdom over to David son of Jesse.

David Becomes King of All Israel

11 Then all Israel gathered before David
at Hebron and told him, "We are
2 your own flesh and blood. •In the past,*
even when Saul was king, you were the
one who really led the forces of Israel. And
the LORD your God told you, 'You will be
the shepherd of my people Israel. You will
be the leader of my people Israel.' "

taunt [tɔ:nt] *vt.* 조롱하다, 비아냥거리다
torture [tɔ́:rtʃər] *vt.* 고문하다; 괴롭히다

11:2 *Or For some time.*

을 이끈 사람은 당신입니다. 당신의 하나님 여호와
께서 당신에게 '다윗아, 너는 내 백성 이스라엘의
목자가 될 것이다. 너는 그들의 지도자가 될 것이
다'라고 말씀하셨습니다."

3 이스라엘의 모든 장로들이 헤브론에 있던 다윗 왕
에게 왔습니다. 헤브론에서 다윗은 여호와 앞에서
그들과 언약을 맺었습니다. 장로들은 다윗에게 기
름을 부어 그를 이스라엘의 왕으로 세웠습니다. 여
호와께서 사무엘에게 약속하신 대로 모든 것이 이
루어졌습니다.

다윗이 예루살렘을 정복하다

4 다윗과 모든 이스라엘의 백성이 예루살렘 성으로
갔습니다. 그때는 예루살렘을 여부스라고 불렀으
며 그 성에 사는 원주민도 여부스 사람이라고 불렀
습니다.

5 여부스 사람들이 다윗에게 말했습니다. "너는 우리
성에 들어오지 못한다." 그러나 다윗은 굳건한 성벽
으로 둘러싸인 시온 산성, 곧 다윗 성을 점령했습니
다.

6 다윗이 말했습니다. "여부스 사람들을 무찌르는 데
에 앞장 서는 사람은 온 군대의 사령관이 될 것이
다." 스루야의 아들 요압이 앞장 서서 공격했습니
다. 그래서 그가 군대 사령관이 되었습니다.

7 다윗은 굳건한 성벽으로 둘러싸인 성에서 살게 되
었습니다. 그래서 사람들은 그 성을 다윗 성이라고
불렀습니다.

8 다윗은 성을 다시 쌓았습니다. 그는 밀로에서부터
시작해서 한 바퀴 돌아가며 성을 쌓았습니다. 성의
나머지 부분은 요압이 쌓았습니다.

9 만군의 여호와께서 다윗과 함께 계셨으므로, 다윗
은 점점 강해졌습니다.

다윗의 용사

10 다윗이 거느리는 용사들의 우두머리는 이러합니
다. 이 용사들은 여호와께서 약속하신 대로 모든 이
스라엘과 더불어 다윗을 도와 나라를 강하게 한 뒤,
다윗을 왕으로 세웠습니다.

11 다윗의 용사들은 이러합니다. 첫째는 학몬 사람 야
소브암입니다. 그는 삼십 인 용사의 우두머리입니
다. 그는 삼백 명을 상대로 창을 휘둘러 한꺼번에 그
들 모두를 죽였습니다.

12 그 다음에는 아호아 사람 도도의 아들 엘르아살이
있습니다. 그는 세 용사 중 하나였습니다.

13 엘르아살은 블레셋 사람들이 이스라엘과 싸우러 왔
을 때에 다윗과 더불어 바스담밈에 있던 사람입니
다. 거기에는 보리밭이 있었습니다. 이스라엘 군대
는 블레셋 사람들 앞에서 도망쳤습니다.

14 그러나 엘르아살과 다윗은 도망치지 않고 보리밭

3 •So there at Hebron, David made a co-
venant before the LORD with all the elders of
Israel. And they anointed him king of Israel,
just as the LORD had promised through
Samuel.

David Captures Jerusalem

4 •Then David and all Israel went to Jerusalem
(or Jebus, as it used to be called), where the
Jebusites, the original inhabitants of the
5 land, were living. •The people of Jebus
taunted David, saying, "You'll never get in
here!" But David captured the fortress of
Zion, which is now called the City of David.
6 •David had said to his troops, "Whoever
is first to attack the Jebusites will become the
commander of my armies!" And Joab, the
son of David's sister Zeruiah, was first to
attack, so he became the commander of
David's armies.
7 •David made the fortress his home, and
8 that is why it is called the City of David. •He
extended the city from the supporting ter-
races* to the surrounding area, while Joab
9 rebuilt the rest of Jerusalem. •And David
became more and more powerful, because
the LORD of Heaven's Armies was with him.

David's Mightiest Warriors

10 •These are the leaders of David's mighty
warriors. Together with all Israel, they decid-
ed to make David their king, just as the LORD
had promised concerning Israel.
11 •Here is the record of David's mightiest
warriors: The first was Jashobeam the Hac-
monite, who was leader of the Three—the
mightiest warriors among David's men.* He
once used his spear to kill 300 enemy war-
riors in a single battle.
12 •Next in rank among the Three was Ele-
azar son of Dodai,* a descendant of Ahoah.
13 •He was with David when the Philistines
gathered for battle at Pas-dammim and
attacked the Israelites in a field full of barley.
14 The Israelite army fled. •But Eleazar and
David* held their ground in the middle of
the field and beat back the Philistines. So the
LORD saved them by giving them a great vic-
tory.

---

inhabitant [inhǽbətənt] *n.* 주민, 거주자
11:3 make a covenant with…: …와 언약을 맺다
11:14 beat back…: …을 격퇴하다, 물리치다

11:8 Hebrew *the millo.* The meaning of the
Hebrew is uncertain.   11:11 As in some Greek
manuscripts (see also 2 Sam 23:8); Hebrew
reads *leader of the Thirty,* or *leader of the cap-
tains.*   11:12 As in parallel text at 2 Sam 23:9
(see also 1 Chr 27:4); Hebrew reads *Dodo,* a var-
iant spelling of Dodai.   11:14 Hebrew *they.*

한가운데에서 블레셋 사람들과 싸워 그들을 죽였습니다. 여호와께서 이스라엘이 크게 이기도록 해 주셨습니다.

15 삼십 명의 두목 가운데 세 용사가 다윗에게 왔습니다. 그때, 다윗은 아둘람 동굴에 있었고, 블레셋 군대는 르바임 골짜기에 진을 치고 있었습니다.

16 그때, 다윗은 안전한 요새에 있었으며, 블레셋 군대는 베들레헴에 머물고 있었습니다.

17 다윗은 갑자기 물이 몹시 마시고 싶어졌습니다. 그가 말했습니다. "누가 베들레헴 성문 가까이에 있는 샘에 가서 물을 길어다 주었으면 좋겠다."

18 그 말을 들은 세 용사는 블레셋 군대를 뚫고 나가 베들레헴 성문 가까이에 있는 샘에서 물을 길어 다윗에게 가지고 왔습니다. 하지만 다윗은 그 물을 마시지 않고 여호와께 부어 드렸습니다.

19 다윗이 말했습니다. "하나님이여, 저는 이 물을 마실 수 없습니다. 이 물을 마시는 것은 곧 이 물을 길어 오려고 자기 목숨을 내건 이 사람들의 피를 마시는 것과 같습니다." 결국 다윗은 그 물을 마시지 않았습니다. 세 용사는 이렇게 용감한 일을 했습니다.

20 요압의 동생 아비새가 바로 이 세 용사의 우두머리였습니다. 아비새는 창으로 적 삼백 명을 죽인 일이 있습니다. 이 일로 아비새는 세 용사 중에 유명해졌습니다.

21 아비새는 세 용사의 지휘관이 되었지만 처음 세 용사만큼은 못했습니다.

22 여호야다의 아들 브나야는 갑스엘 사람으로서 용감한 군인이었습니다. 브나야는 용감한 일을 많이 했습니다. 그는 모압의 최고 군인인 아리엘의 두 아들을 죽인 일이 있습니다. 또 눈이 내리는 날, 구덩이에 내려가서 사자를 죽인 일도 있습니다.

23 브나야는 키가 다섯 규빗*이나 되는 이집트의 거인도 죽인 일이 있습니다. 그 이집트 사람은 베틀채 같은 창을 손에 들고 있었는데, 브나야는 작은 막대기 하나만을 들고 있었습니다. 브나야는 이집트 사람의 손에서 창을 빼앗아 그 창으로 거인을 죽였습니다.

24 여호야다의 아들 브나야는 이처럼 용감한 일들을 했습니다. 그는 세 용사만큼이나 유명해졌습니다.

25 브나야는 삼십 명의 용사보다도 더 존경을 받았습니다. 그러나 처음 세 용사만큼은 못했습니다. 다윗은 브나야를 자기 경호대장으로 삼았습니다.

삼십 명의 용사 부대

26 그 밖의 용사들은 이러합니다. 요압의 동생 아사

15 • Once when David was at the rock near the cave of Adullam, the Philistine army was camped in the valley of Rephaim. The Three (who were among the Thirty—an elite group among David's fighting men) went down to 16 meet him there. •David was staying in the stronghold at the time, and a Philistine detachment had occupied the town of Bethlehem.
17 •David remarked longingly to his men, "Oh, how I would love some of that good water from the well by the gate in Bethlehem."
18 •So the Three broke through the Philistine lines, drew some water from the well by the gate in Bethlehem, and brought it back to David. But David refused to drink it. Instead, he poured it out as an offering to the LORD.
19 •"God forbid that I should drink this!" he exclaimed. "This water is as precious as the blood of these men* who risked their lives to bring it to me." So David did not drink it. These are examples of the exploits of the Three.

David's Thirty Mighty Men

20 •Abishai, the brother of Joab, was the leader of the Thirty.* He once used his spear to kill 300 enemy warriors in a single battle. It was by such feats that he became as famous as the 21 Three. •Abishai was the most famous of the Thirty and was their commander, though he was not one of the Three.
22 •There was also Benaiah son of Jehoiada, a valiant warrior from Kabzeel. He did many heroic deeds, which included killing two champions* of Moab. Another time, on a snowy day, he chased a lion down into a pit 23 and killed it. •Once, armed only with a club, he killed an Egyptian warrior who was 7$\frac{1}{2}$ feet* tall and who was armed with a spear as thick as a weaver's beam. Benaiah wrenched the spear from the Egyptian's hand and killed 24 him with it. •Deeds like these made Benaiah 25 as famous as the three mightiest warriors. •He was more honored than the other members of the Thirty, though he was not one of the Three. And David made him captain of his bodyguard.
26 •David's mighty warriors also included:

Asahel, Joab's brother;
Elhanan son of Dodo from Bethlehem;
27 • Shammah from Harod;*

detachment [ditǽt∫mənt] *n.* 파견대
valiant [vǽljənt] *a.* 용맹스런
wrench [rént∫] *vt.* 비틀어 떼다, 억지로 빼앗다

11:19 Hebrew *Shall I drink the lifeblood of these men?* 11:20 As in Syriac version; Hebrew reads *the Three;* also in 11:21. 11:22 Or *two sons of Ariel.* 11:23 Hebrew *5 cubits* [2.3 meters].
11:23 5규빗은 약 2.25m에 해당된다.

헬라 베들레헴 사람 도도의 아들 엘하난과

27 하롤 사람 삼훗과 블론 사람 헬레스와

28 드고아 사람 익게스의 아들 이라와 아나돗
사람 아비에셀과

29 후사 사람 십브개와 아호아 사람 일래와

30 느도바 사람 마하래와 느도바 사람 바아나
의 아들 헬렛과

31 베냐민 땅 기브아 사람 리배의 아들 이대와
비라돈 사람 브나야와

32 가아스 골짜기에 사는 후래와 아르바 사람
아비엘과

33 바하룸 사람 아스마웻과 사알본 사람 엘리
아바와

34 기손 사람 하셈의 아들들과 하랄 사람 사게
의 아들 요나단과

35 하랄 사람 사갈의 아들 아히암과 울의 아들
엘리발과

36 므게랏 사람 헤벨과 블론 사람 아히야와

37 갈멜 사람 헤스로와 에스배의 아들 나아래
와

38 나단의 동생 요엘과 하그리의 아들 밉할과

39 암몬 사람 셀렉과 스루야의 아들 요압의 무
기를 들고 다녔던 베롯 사람 나하래와

40 이델 사람 이라와 이델 사람 가렙과

41 헷 사람 우리아와 알래의 아들 사밧과

42 르우벤 자손 시사의 아들이며, 르우벤 자손
의 지도자로서 군인 삼십 명을 거느린 아디
나와

43 마아가의 아들 하난과 미덴 사람 요사밧과

44 아스드랏 사람 웃시야와 아로엘 사람 호담
의 아들 사마와 여이엘과

45 시므리의 아들 여디아엘과 여디아엘의 동
생 디스 사람 요하와

46 마하위 사람 엘리엘과 엘라암의 아들 여리
배와 요사위야와 모압 사람 이드마와

47 엘리엘과 오벳과 므소바 사람 야아시엘입
니다.

용사들이 다윗을 따르다

12 다음은 다윗이 기스의 아들 사울에게
쫓겨다닐 때에 시글락으로 다윗을 찾
아온 사람들입니다. 그들은 싸움터에서 다
윗을 도운 용사이기도 합니다.

2 그들은 활을 가지고 다녔고, 화살을 쏠 때나
물맷돌을 던질 때에 양손을 다 사용할 줄 알
았습니다. 그들은 베냐민 지파 사람으로서
사울의 친척입니다.

Helez from Pelon;

28 • Ira son of Ikkesh from Tekoa;
Abiezer from Anathoth;

29 • Sibbecai from Hushah;
Zalmon* from Ahoah;

30 • Maharai from Netophah;
Heled son of Baanah from Netophah;

31 • Ithai son of Ribai from Gibeah (in the land of
Benjamin);
Benaiah from Pirathon;

32 • Hurai from near Nahale-gaash*;
Abi-albon* from Arabah;

33 • Azmaveth from Bahurim*;
Eliahba from Shaalbon;

34 • the sons of Jashen* from Gizon;
Jonathan son of Shagee from Harar;

35 • Ahiam son of Sharar* from Harar;
Eliphal son of Ur;

36 • Hepher from Mekerah;
Ahijah from Pelon;

37 • Hezro from Carmel;
Paarai* son of Ezbai;

38 • Joel, the brother of Nathan;
Mibhar son of Hagri;

39 • Zelek from Ammon;
Naharai from Beeroth, the armor bearer of Joab son
of Zeruiah;

40 • Ira from Jattir;
Gareb from Jattir;

41 • Uriah the Hittite;
Zabad son of Ahlai;

42 • Adina son of Shiza, the Reubenite leader
who had thirty men with him;

43 • Hanan son of Maacah;
Joshaphat from Mithna;

44 • Uzzia from Ashtaroth;
Shama and Jeiel, the sons of Hotham, from Aroer;

45 • Jediael son of Shimri;
Joha, his brother, from Tiz;

46 • Eliel from Mahavah;
Jeribai and Joshaviah, the sons of Elnaam;
Ithmah from Moab;

47 • Eliel and Obed;
Jaasiel from Zobah.*

Warriors Join David's Army

12 The following men joined David at Ziklag
while he was hiding from Saul son of Kish.
They were among the warriors who fought beside
2 David in battle. •All of them were expert archers,

11:27 As in parallel text at 2 Sam 23:25; Hebrew reads
Shammoth from Haror.   11:29 As in parallel text at 2
Sam 23:28; Hebrew reads *Ilai*.   11:32a Or *from the
ravines of Gaash*.   11:32b As in parallel text at 2 Sam
23:31; Hebrew reads *Abiel*.   11:33 As in parallel text
at 2 Sam 23:31; Hebrew reads *Baharum*.   11:34 As in
parallel text at 2 Sam 23:32; Hebrew reads *sons of
Hashem*.   11:35 As in parallel text at 2 Sam 23:33;
Hebrew reads *son of Sacar*.   11:37 As in parallel text
at 2 Sam 23:35; Hebrew reads *Naarai*.   11:47 Or *the
Mezobaite*.

3 그들의 지도자는 아히에셀이며 요아스도 그들 가운데 한 사람입니다. 아히에셀과 요아스는 모두 기브아 사람 스마아의 아들입니다. 아스마웻의 아들 여시엘과 벨렛과 브라가와 아나돗 사람 예후도 당시의 용사들입니다.

4 기브온 사람 이스마야도 그때의 용사입니다. 이스마야는 '삼십 명의 용사' 가운데 한 사람일 뿐만 아니라 지도자입니다. 그 밖에 예레미야와 야하시엘과 요하난과 그데라 사람 요사밧과

5 엘루새와 여리못과 브라야와 스마랴와 하룹 사람 스바댜와

6 고라 사람 엘가나와 잇시야와 아사렐과 요에셀과 야소브암과

7 그돌 사람 여로함의 아들 요엘라와 스바댜도 그때의 용사입니다.

8 갓 지파의 사람들 중에 광야의 요새에 있던 다윗을 찾아온 이들이 있었습니다. 그들 역시 전쟁에 익숙한 용사들이었습니다. 따라서 방패와 창을 다룰 뿐만 아니라 사자처럼 사나웠으며 산의 노루처럼 빨리 달렸습니다.

9 그 우두머리는 에셀입니다. 둘째는 오바댜이고, 셋째는 엘리압이며,

10 넷째는 미스만나이고, 다섯째는 예레미야입니다.

11 여섯째는 앗대이고, 일곱째는 엘리엘이며,

12 여덟째는 요하난입니다. 아홉째는 엘사밧이고,

13 열째는 예레미야이며, 제일 마지막은 막반내입니다.

14 이들은 갓 지파 군대의 지휘관들입니다. 이들 가운데 가장 낮은 사람은 백 명을 지휘하고 가장 높은 사람은 천 명을 지휘합니다.

15 그들은 요단 강물이 넘쳐 흐르던 어느 해 첫째 달에 요단 강을 건너가 골짜기에 살던 백성을 쫓아냈습니다. 그들은 동쪽과 서쪽으로 도망쳤습니다.

16 베냐민 지파와 유다 지파 가운데서도 요새에 있던 다윗을 찾아간 사람들이 있었습니다.

17 다윗이 그들을 맞으며 말했습니다. "여러분이 좋은 뜻으로 나를 도우러 왔다면 여러분을 환영하지만, 나에게 아무 잘못이 없는데도 나를 내 원수들에게 넘겨 주러 왔다면 우리 조상의 하나님께서 이 일을 보시고 여러분에게 벌을 내리실 것이오."

18 그때에 '삼십인 용사'의 지도자 아마새에게 성령이 들어갔습니다. 아마새가 말했습니다.

and they could shoot arrows or sling stones with their left hand as well as their right. They were all relatives of Saul from the tribe of Benjamin.

3 •Their leader was Ahiezer son of Shemaah from Gibeah; his brother Joash was second-in-command. These were the other warriors:

Jeziel and Pelet, sons of Azmaveth;
Beracah;
Jehu from Anathoth;

4 •Ishmaiah from Gibeon, a famous warrior and leader among the Thirty;
*Jeremiah, Jahaziel, Johanan, and Jozabad from Gederah;

5 •Eluzai, Jerimoth, Bealiah, Shemariah, and Shephatiah from Haruph;

6 •Elkanah, Isshiah, Azarel, Joezer, and Jashobeam, who were Korahites;

7 •Joelah and Zebadiah, sons of Jeroham from Gedor.

8 •Some brave and experienced warriors from the tribe of Gad also defected to David while he was at the stronghold in the wilderness. They were expert with both shield and spear, as fierce as lions and as swift as deer on the mountains.

9 •Ezer was their leader.
Obadiah was second.
Eliab was third.

10 Mishmannah was fourth.
Jeremiah was fifth.

11 •Attai was sixth.
Eliel was seventh.

12 •Johanan was eighth.
Elzabad was ninth.

13 •Jeremiah was tenth.
Macbannai was eleventh.

14 •These warriors from Gad were army commanders. The weakest among them could take on a hundred regular troops, and the strongest could take on a thousand! 15 •These were the men who crossed the Jordan River during its seasonal flooding at the beginning of the year and drove out all the people living in the lowlands on both the east and west banks.

16 •Others from Benjamin and Judah came to 17 David at the stronghold. •David went out to meet them and said, "If you have come in peace to help me, we are friends. But if you have come to betray me to my enemies when I am innocent, then may the God of our ancestors see it and punish you."

18 •Then the Spirit came upon Amasai, the leader of the Thirty, and he said,

"We are yours, David!

12:4 Verses 12:4b-40 are numbered 12:5-41 in Hebrew text.

"다윗이여, 우리는 당신의 사람입니다. 이새의 아들이여, 우리는 당신과 함께 있습니다. 당신의 하나님께서 당신을 돕고 계시니 평강 위에 평강이 당신에게 있기를 바라며, 또한 당신을 돕는 이들에게 평강이 있기를 바랍니다." 그리하여 다윗은 그 사람들을 환영하고 그들을 자기 군대의 지도자로 삼았습니다.

19 므낫세 지파 가운데서도 다윗을 따른 사람들이 있었습니다. 다윗이 블레셋 사람들에게 가서 그들과 함께 사울을 무찌르고자 할 때에 다윗과 그의 부하들은 블레셋 사람들을 돕지 못했습니다. 왜냐하면 블레셋의 지도자들이 서로 의논한 뒤에 다윗을 돌려보냈기 때문입니다. 그들은 '다윗이 우리를 죽이고 그의 주인 사울에게 항복할지도 모른다' 라고 생각했습니다.

20 다윗이 시글락으로 갈 때에 므낫세 지파 사람들이 다윗의 뒤를 따랐는데, 그들은 아드나와 요사밧과 여디아엘과 미가엘과 요사밧과 엘리후와 실르대입니다. 그들은 므낫세 지파의 군인 천 명씩을 지휘하는 지도자이며

21 모두 용사들입니다. 그들은 다윗을 도와 온 나라를 휘젓고 다니는 도적들과 싸웠으며, 다윗 군대의 사령관이 되었습니다.

22 날마다 더 많은 사람들이 다윗을 따랐습니다. 그래서 그의 군대는 하나님의 군대와 같은 큰 군대가 되었습니다.

헤브론에서 다윗을 따른 사람들

23 다음은 헤브론에서 다윗을 따른 사람들의 숫자입니다. 그들은 여호와의 말씀대로 사울의 나라를 다윗에게 주기 위해 싸울 준비를 하고 다윗에게 왔습니다.

24 유다 자손 중에서는 육천팔백 명이 방패와 창을 들고 왔습니다.

25 시므온 자손 중에서는 칠천백 명이 왔습니다. 그들은 용사들입니다.

26 레위 자손 중에서는 사천육백 명이 왔습니다.

27 이들 중 아론 가문의 지도자인 여호야다가 삼천칠백 명을 거느렸습니다.

28 젊은 용사 사독도 그의 가문의 지휘관 이십 명과 함께 왔습니다.

29 베냐민 자손 중에서는 삼천 명이 왔는데, 그들은 사울의 친척으로서 그때까지 사울의 집안에 충성했던 사람들입니다.

30 에브라임 자손 중에서는 이만 팔백 명이 왔는데, 그들은 각기 자기 가문 중에서 용감한 용사들이었습니다.

31 서쪽 므낫세 반 지파에서는 만 팔천 명이 왔습니다.

We are on your side, son of Jesse.
Peace and prosperity be with you,
and success to all who help you,
for your God is the one who helps you."

So David let them join him, and he made them officers over his troops.

19 •Some men from Manasseh defected from the Israelite army and joined David when he set out with the Philistines to fight against Saul. But as it turned out, the Philistine rulers refused to let David and his men go with them. After much discussion, they sent them back, for they said, "It will cost us our heads if David switches loyalties to Saul and turns against us."

20 •Here is a list of the men from Manasseh who defected to David as he was returning to Ziklag: Adnah, Jozabad, Jediael, Michael, Jozabad, Elihu, and Zillethai. Each commanded 1,000 troops from the tribe of Manasseh. •They helped David chase down 21 bands of raiders, for they were all brave and able warriors who became commanders in his army. •Day after day more men joined 22 David until he had a great army, like the army of God.

23 •These are the numbers of armed warriors who joined David at Hebron. They were all eager to see David become king instead of Saul, just as the LORD had promised.

24 •From the tribe of Judah, there were 6,800 warriors armed with shields and spears.

25 •From the tribe of Simeon, there were 7,100 brave warriors.

26 •From the tribe of Levi, there were 4,600 27 warriors. •This included Jehoiada, leader of the family of Aaron, who had 3,700 28 under his command. •This also included Zadok, a brave young warrior, with 22 members of his family who were all officers.

29 •From the tribe of Benjamin, Saul's relatives, there were 3,000 warriors. Most of the men from Benjamin had remained loyal to Saul until this time.

30 •From the tribe of Ephraim, there were 20,800 brave warriors, each highly respected in his own clan.

31 •From the half-tribe of Manasseh west of the Jordan, 18,000 men were designated by name to help David become king.

designate [dézignèit] *vt.* 지명하다, 선정하다
prosperity [prɑspérəti] *n.* 번영
raider [réidər] *n.* 침략자
switch [switʃ] *vt.* (생각, 장소 등을) 바꾸다
12:19 defect from… : …에서 도망치다(cf. defect to… : …로 망명하다)
12:23 be eager to… : …을 열망하다

이 사람들은 다윗을 왕으로 세우고자 특별히 뽑혀서 온 사람들입니다.

32 잇사갈 자손 중에서는 지도자 이백 명이 왔습니다. 그들은 이스라엘이 해야 할 일을 알고 있었으며, 때를 분간할 줄 아는 사람들이었습니다. 그들의 친척들도 그들의 지휘를 받고 왔습니다.

33 스불론 자손 중에서는 오만 명이 왔습니다. 그들은 훈련을 받은 군인들로서 온갖 전쟁 무기를 다룰 수 있는 기술을 익힌 사람들이었습니다. 그들은 오직 다윗에게만 충성을 바쳤습니다.

34 납달리 자손 중에서는 방패와 창을 든 군인 삼만 칠천 명을 거느리고 지휘관 천 명이 왔습니다.

35 단 자손 중에서는 이만 팔천육백 명이 싸울 준비를 하고 왔습니다.

36 아셀 자손 중에서는 훈련된 군인 사만 명이 싸울 준비를 하고 왔습니다.

37 요단강 동쪽의 르우벤 자손과 갓 자손, 그리고 므낫세 반 지파에서도 십이만 명이 온갖 무기를 가지고 왔습니다.

38 이 모든 군인들은 싸울 준비를 한 뒤, 다윗을 이스라엘 왕으로 세우려는 단 한마음으로 나아왔습니다. 다른 이스라엘 백성도 다윗을 왕으로 세우기를 원했습니다.

39 그들은 거기에서 다윗과 함께 삼 일 동안, 머무르면서 먹고 마셨습니다. 그들이 먹은 음식은 친척들이 준비해 준 것입니다.

40 그리고 그들의 이웃도 음식을 가져왔습니다. 그들은 잇사갈과 스불론과 납달리 땅에서 나귀와 낙타와 노새와 소에 음식을 실어 왔습니다. 또한 곡식 가루와 무화과 과자와 건포도와 포도주와 기름과 소와 양을 많이 가져왔습니다. 이스라엘 백성 가운데 기쁨이 넘쳤습니다.

하나님의 궤를 다시 옮기다

13 다윗이 군인 백 명을 지휘하는 백부장과 군인 천 명을 지휘하는 천부장을 비롯하여 자기 군대의 모든 지도자들과 의논했습니다.

2 그런 다음에 모든 이스라엘 백성에게 말했습니다. "여러분이 좋게 여기고 또한 그것이 우리 하나님 여호와의 뜻이라면, 이스라엘 모든 땅에 남아 있는 우리 형제들과 더불어 마을과 목초지에서 살고 있는 제사장과 레위 사람들에게 편지를 보내어 우리에게 오라고 합시다.

3 그런 후에 우리 하나님의 궤를 옮겨 옵시다. 사울이 왕으로 있을 때에는 우리가 궤 앞에서 하나님의 뜻을 여쭈어 보지 못했습니다."

4 모든 백성이 다윗의 말을 옳게 여겼으므로 그렇게 따르기로 했습니다.

---

32 • From the tribe of Issachar, there were 200 leaders of the tribe with their relatives. All these men understood the signs of the times and knew the best course for Israel to take.

33 • From the tribe of Zebulun, there were 50,000 skilled warriors. They were fully armed and prepared for battle and completely loyal to David.

34 • From the tribe of Naphtali, there were 1,000 officers and 37,000 warriors armed with shields and spears.

35 • From the tribe of Dan, there were 28,600 warriors, all prepared for battle.

36 • From the tribe of Asher, there were 40,000 trained warriors, all prepared for battle.

37 • From the east side of the Jordan River— where the tribes of Reuben and Gad and the half-tribe of Manasseh lived—there were 120,000 troops armed with every kind of weapon.

38 • All these men came in battle array to Hebron with the single purpose of making David the king over all Israel. In fact, everyone in Israel agreed that David should be their king. • They feasted and drank with David for three days, for preparations had been made by their relatives for their arrival.

40 • And people from as far away as Issachar, Zebulun, and Naphtali brought food on donkeys, camels, mules, and oxen. Vast supplies of flour, fig cakes, clusters of raisins, wine, olive oil, cattle, sheep, and goats were brought to the celebration. There was great joy throughout the land of Israel.

David Attempts to Move the Ark

13 David consulted with all his officials, including the generals and captains of his army.* • Then he addressed the entire assembly of Israel as follows: "If you approve and if it is the will of the LORD our God, let us send messages to all the Israelites throughout the land, including the priests and Levites in their towns and pasturelands. 3 Let us invite them to come and join us. • It is time to bring back the Ark of our God, for we neglected it during the reign of Saul."

4 • The whole assembly agreed to this, for the people could see it was the right thing to

---

array [əréi] n. (군대의) 정렬
assembly [əsémbli] n. 집회, 모임
cluster [klʌ́stər] n. 송이
neglect [niglékt] vt. 무시하다
steady [stédi] vt. 안정(고정)시키다
13:11 burst out : (노여움 · 고함 따위가) 일어나다

13:1 Hebrew *the commanders of thousands and of hundreds.*

5 그리하여 다윗은 이집트의 시홀 강에서부터 하맛 어귀에 걸쳐 사는 모든 이스라엘 백성을 불러모았습니다. 그들은 기럇여아림에서 하나님의 궤를 옮겨 와야 했습니다.

6 다윗과 그를 따르는 모든 이스라엘 백성은 여호와 하나님의 궤를 옮겨 오려고 유다 땅 바알라, 곧 기럇여아림으로 갔습니다. 하나님의 궤는 두 그룹* 사이에 모셔져 있었습니다.

7 백성이 아비나답의 집에서 하나님의 궤를 옮겼습니다. 그들이 새 수레에 궤를 싣자 웃사와 아히오가 수레를 몰았습니다.

8 다윗과 모든 이스라엘 백성은 하나님 앞에서 온 힘을 다하여 기뻐했습니다. 그들은 노래하며 수금과 비파를 타고 소고와 제금과 나팔을 불었습니다.

9 그러나 그들이 기돈의 타작 마당에 이르렀을 때, 수레를 끌던 소들이 갑자기 뛰었습니다. 그래서 웃사가 손을 내밀어 궤를 붙잡았습니다.

10 웃사가 궤를 만졌기 때문에 여호와께서 웃사에게 크게 노하셨습니다. 여호와께서 웃사를 치시니, 웃사가 하나님 앞에서 죽었습니다.

11 다윗은 여호와께서 웃사를 죽이셨기 때문에 화가 났습니다. 그래서 지금까지도 '웃사를 벌하심'이란 뜻으로 그곳을 '베레스 웃사'라고 부릅니다.

12 다윗은 그날, 하나님을 무서워했습니다. 다윗은 "어떻게 하나님의 궤를 내가 있는 곳으로 옮길 수 있겠느냐?"라고 말했습니다.

13 그래서 다윗은 하나님의 궤를 예루살렘으로 옮기지 않고 가드 사람 오벧에돔의 집으로 옮겼습니다.

14 하나님의 궤는 오벧에돔의 집에 세 달 동안, 머물러 있었습니다. 여호와께서 오벧에돔과 그의 온 집안에 복을 주셨습니다.

다윗의 나라가 크게 되다

14 두로 왕 히람이 다윗에게 사신들을 보냈습니다. 히람은 백향목을 보내고 목수와 석수들을 보내어 다윗의 왕궁을 짓게 했습니다.

2 그때에 다윗은 여호와께서 자기를 이스라엘 왕으로 세우셨다는 것과 자기 나라를 매우 강한 나라로 만드셨다는 것을 깨달았습니다. 그것은 여호와께서 자기 백성 이스라엘을 사랑하셨기 때문이었습니다.

3 다윗은 예루살렘에서 아내를 더 많이 맞아들여 아들과 딸들을 많이 낳았습니다.

4 다윗이 예루살렘에서 낳은 아들들은 삼무아와 소밥과 나단과 솔로몬과

5 입할과 엘리수아와 엘벨렛과

6 노가와 네벡과 야비아와

7 엘리사마와 브을랴다와 엘리벨렛입니다.

---

5 do. •So David summoned all Israel, from the Shihor Brook of Egypt in the south all the way to the town of Lebo-hamath in the north, to join in bringing the Ark of God from Kiriath-jearim. •Then David and all

6 Israel went to Baalah of Judah (also called Kiriath-jearim) to bring back the Ark of God, which bears the name* of the LORD who is

7 enthroned between the cherubim. •They placed the Ark of God on a new cart and brought it from Abinadab's house. Uzzah and Ahio were guiding the cart. •David and all Israel were celebrating before God with all their might, singing songs and playing all kinds of musical instruments—lyres, harps, tambourines, cymbals, and trumpets.

9 •But when they arrived at the threshing floor of Nacon,* the oxen stumbled, and Uzzah reached out his hand to steady the Ark.

10 •Then the LORD's anger was aroused against Uzzah, and he struck him dead because he had laid his hand on the Ark. So Uzzah died there in the presence of God.

11 •David was angry because the LORD's anger had burst out against Uzzah. He named that place Perez-uzzah (which means "to burst out against Uzzah"), as it is still called today.

12 •David was now afraid of God, and he asked, "How can I ever bring the Ark of God

13 back into my care?" •So David did not move the Ark into the City of David. Instead, he took it to the house of Obed-edom of Gath.

14 •The Ark of God remained there in Obed-edom's house for three months, and the LORD blessed the household of Obed-edom and everything he owned.

David's Palace and Family

14 Then King Hiram of Tyre sent messengers to David, along with cedar timber, and stonemasons and carpenters to

2 build him a palace. •And David realized that the LORD had confirmed him as king over Israel and had greatly blessed his kingdom for the sake of his people Israel.

3 •Then David married more wives in Jerusalem, and they had more sons and daugh-

4 ters. •These are the names of David's sons who were born in Jerusalem: Shammua, Sho-

5 bab, Nathan, Solomon, •Ibhar, Elishua, El-

6-7 pelet, •Nogah, Nepheg, Japhia, •Elishama, Eliada,* and Eliphelet.

13:6 Or *the Ark of God, where the Name is proclaimed—the name.* **13:9** As in parallel text at 2 Sam 6:6; Hebrew reads *Kidon.* **14:7** Hebrew *Beeliada,* a variant spelling of Eliada; compare 3:8 and parallel text at 2 Sam 5:16.

13:6 날개 달린 천상의 존재이다.

다윗이 블레셋을 물리치다

8 다윗이 기름부음을 받아 이스라엘의 왕이 되었다는 이야기를 블레셋 사람들이 듣고 그를 잡으러 왔습니다. 다윗은 그 소식을 듣고 그들과 맞서 싸우러 나갔습니다.

9 블레셋 사람들은 르바임 골짜기를 생각하지 않았던 때에 갑자기 공격했습니다.

10 다윗이 하나님께 여쭈어 보았습니다. "가서 블레셋 사람들을 공격할까요? 제가 그들을 물리칠 수 있게 해 주시겠습니까?" 여호와께서 대답하셨습니다. "가거라! 그들을 물리치도록 해 주겠다."

11 그래서 다윗은 바알브라심으로 올라가 그곳에서 블레셋 사람들을 물리쳤습니다. 다윗이 말했습니다. "하나님께서는 마치 홍수처럼 나의 원수들을 덮치셨다." 다윗은 그곳을 바알브라심이라고 불렀습니다.

12 블레셋 사람들은 바알브라심에 자기들의 우상을 버리고 도망갔습니다. 다윗은 그 우상들을 태워 버리라고 명령했습니다.

13 또다시 블레셋 사람들이 와서 골짜기에 있는 백성들을 공격했습니다.

14 다윗이 하나님께 다시 기도드리자, 하나님께서 말씀하셨습니다. "블레셋 사람들을 앞쪽에서 공격하지 마라. 그들 뒤로 돌아가서 뽕나무 숲 맞은편에서 그들을 공격하여라.

15 뽕나무 밭 위쪽에서 행군하는 소리가 나거든 재빨리 블레셋 사람들을 공격하여라. 내가 너보다 먼저 가서 블레셋 군대를 물리치겠다."

16 다윗은 하나님께서 명령하신 대로 했습니다. 그래서 그는 블레셋 사람들을 물리치고 기브온에서 게셀까지 이르는 모든 길에서 블레셋 사람들을 죽였습니다.

17 다윗의 이름이 모든 나라에 알려졌습니다. 여호와께서는 모든 나라들이 다윗을 두려워하도록 만드셨습니다.

언약궤를 예루살렘으로 옮기다

15 다윗이 예루살렘에 자기 왕궁을 지었습니다. 그런 다음에 하나님의 궤를 모실 곳을 준비하고 거기에 장막을 세웠습니다.

2 다윗이 말했습니다. "레위 사람만이 하나님의 궤를 멜 수 있다. 여호와께서 그들을 뽑아 하나님의 궤를 메게 하셨으며 영원히 하나님을 섬기게 하셨다."

3 다윗이 모든 이스라엘 백성을 예루살렘으로 불러 모았습니다. 다윗은 여호와의 궤를 자기가 준비한 곳에 모시려 했습니다.

4 다윗은 아론의 자손과 레위 사람을 불러모았습니다.

David Conquers the Philistines

8 •When the Philistines heard that David had been anointed king over all Israel, they mobilized all their forces to capture him. But David was told they were coming, so he marched out to meet them. 9 •The Philistines arrived and made a raid in the valley of 10 Rephaim. •So David asked God, "Should I go out to fight the Philistines? Will you hand them over to me?"

The LORD replied, "Yes, go ahead. I will hand them over to you."

11 •So David and his troops went up to Baal-perazim and defeated the Philistines there. "God did it!" David exclaimed. "He used me to burst through my enemies like a raging flood!" So they named that place Baal-perazim (which means "the Lord who bursts 12 through"). •The Philistines had abandoned their gods there, so David gave orders to burn them.

13 •But after a while the Philistines returned 14 and raided the valley again. •And once again David asked God what to do. "Do not attack them straight on," God replied. "Instead, circle around behind and attack them 15 near the poplar* trees. •When you hear a sound like marching feet in the tops of the poplar trees, go out and attack! That will be the signal that God is moving ahead of you 16 to strike down the Philistine army." •So David did what God commanded, and they struck down the Philistine army all the way from Gibeon to Gezer.

17 •So David's fame spread everywhere, and the LORD caused all the nations to fear David.

Preparing to Move the Ark

15 David now built several buildings for himself in the City of David. He also prepared a place for the Ark of God and set 2 up a special tent for it. •Then he commanded, "No one except the Levites may carry the Ark of God. The LORD has chosen them to carry the Ark of the LORD and to serve him forever."

3 •Then David summoned all Israel to Jerusalem to bring the Ark of the LORD to the 4 place he had prepared for it. •This is the number of the descendants of Aaron (the priests) and the Levites who were called together:

mobilize [móubəlàiz] *vt.* 동원하다
raid [réid] *n. vt.* 습격(하다)
14:11 burst through : 밀어 헤치다
15:4 call together : 소집하다

14:14 Or *aspen*, or *balsam*; also in 14:15. The exact identification of this tree is uncertain.

5 고핫 가문에서 백이십 명이 모였고, 우리엘이 지
도자가 되었습니다.
6 므라리 가문에서는 이백이십 명이 모였고, 아사
야가 지도자가 되었습니다.
7 게르솜* 가문에서는 백삼십 명이 모였고, 요엘이
지도자가 되었습니다.
8 엘리사반 가문에서는 이백 명이 모였고, 스마야
가 지도자가 되었습니다.
9 헤브론 가문에서는 팔십 명이 모였고, 엘리엘이
지도자가 되었습니다.
10 웃시엘 가문에서는 백십이 명이 모였고, 암미나
답이 지도자가 되었습니다.
11 다윗이 제사장 사독과 아비아달을 불렀습니다.
그리고 레위 사람 우리엘과 아사야와 요엘과 스
마야와 엘리엘과 암미나답을 불렀습니다.
12 다윗이 그들에게 말했습니다. "여러분은 레위 가
문의 지도자들이오. 여러분을 비롯해서 모든 레
위 사람들은 스스로를 거룩하게 해야 하오. 그런
다음에 이스라엘 하나님 여호와의 궤를 옮겨 오
시오.
13 지난 번에는 여러분이 이 상자를 메지 않고 다른
사람이 겁없이 다루었기 때문에, 하나님께서 벌
을 내리신 것이오."
14 그리하여 제사장과 레위 사람들은 이스라엘 하나
님 여호와의 궤를 메기 위해 스스로를 거룩하게
준비했습니다.
15 레위 사람은 모세가 여호와의 말씀에 따라 명령한
대로 하나님의 궤를 채에 꿰어 어깨에 멨습니다.
16 다윗이 레위 사람의 지도자들에게 명령하여 그들
의 형제를 노래하는 사람으로 세웠습니다. 비파
와 수금을 타고 제금을 울리면서 기쁜 노래를 부
르도록 했습니다.
17 레위 사람들은 헤만과 그의 친척인 아삽과 에단을
세웠습니다. 헤만은 요엘의 아들이고 아삽은 베
레야의 아들입니다. 므라리 가문 사람인 에단은
구사야의 아들입니다.
18 이들을 도와 줄 두 번째 무리도 세웠는데, 그 무리
는 스가랴와 벤과 야아시엘과 스미라못과 여히엘
과 운니와 엘리압과 브나야와 마아세야와 맛디디
야와 엘리블레후와 믹네야와 문지기 오벧에돔과
여이엘입니다.
19 노래하는 사람 헤만과 아삽과 에단은 놋으로 만
든 제금을 연주했습니다.
20 스가랴와 아시엘과 스미라못과 여히엘과 운니와
엘리압과 마아세야와 브나야는 높은 음으로 비파
를 탔습니다.
21 맛디디아와 엘리블레후와 믹네야와 오벧에돔과

5 • From the clan of Kohath, 120, with Uriel as their leader.
6 • From the clan of Merari, 220, with Asaiah as their leader.
7 • From the clan of Gershon,* 130, with Joel as their leader.
8 • From the descendants of Elizaphan, 200, with Shemaiah as their leader.
9 • From the descendants of Hebron, 80, with Eliel as their leader.
10 • From the descendants of Uzziel, 112, with Amminadab as their leader.

11 • Then David summoned the priests, Zadok
and Abiathar, and these Levite leaders: Uriel,
Asaiah, Joel, Shemaiah, Eliel, and Amminadab.
12 • He said to them, "You are the leaders of the
Levite families. You must purify yourselves
and all your fellow Levites, so you can bring
the Ark of the LORD, the God of Israel, to the
13 place I have prepared for it. • Because you
Levites did not carry the Ark the first time, the
anger of the LORD our God burst out against
us. We failed to ask God how to move it prop-
14 erly." • So the priests and the Levites purified
themselves in order to bring the Ark of the
15 LORD, the God of Israel, to Jerusalem. • Then
the Levites carried the Ark of God on their
shoulders with its carrying poles, just as the
LORD had instructed Moses.
16 • David also ordered the Levite leaders to
appoint a choir of Levites who were singers
and musicians to sing joyful songs to the
accompaniment of harps, lyres, and cymbals.
17 • So the Levites appointed Heman son of Joel
along with his fellow Levites: Asaph son of
Berekiah, and Ethan son of Kushaiah from the
18 clan of Merari. • The following men were cho-
sen as their assistants: Zechariah, Jaaziel,*
Shemiramoth, Jehiel, Unni, Eliab, Benaiah,
Maaseiah, Mattithiah, Eliphelehu, Mikneiah,
and the gatekeepers—Obed-edom and Jeiel.
19 • The musicians Heman, Asaph, and Ethan
were chosen to sound the bronze cymbals.
20 • Zechariah, Aziel, Shemiramoth, Jehiel, Unni,
Eliab, Maaseiah, and Benaiah were chosen to
21 play the harps.* • Mattithiah, Eliphelehu,
Mikneiah, Obed-edom, Jeiel, and Azaziah

accompaniment [əkʌ́mpənimənt] *n.* 반주, 연주
choir [kwáiər] *n.* 성가대
instruct [instrʌ́kt] *vt.* 명령하다, 지시하다
summon [sʌ́mən] *vt.* 소집하다

15:7 Hebrew *Gershom*, a variant spelling of Gershon. 15:18 As in several Hebrew manuscripts and Greek version (see also parallel lists in 15:20; 16:5); Masoretic Text reads *Zechariah ben Jaaziel*. 15:20 Hebrew adds *according to Alamoth*, which is probably a musical term. The meaning of the Hebrew is uncertain.

15:7 '게르솜'은 '게르손'의 또 다른 이름이다.

여이엘과 아사시야는 낮은 음으로 수금을 탔습니다.

22 레위 사람 지도자 그나냐는 노래를 아는 사람이었으므로, 찬양하는 사람들을 지휘하였습니다.

23 베레갸와 엘가나는 궤를 지키는 문지기입니다.

24 제사장 스바냐와 요사밧과 느다넬과 아미새와 스가랴와 브나야와 엘리에셀은 하나님의 궤 앞에서 나팔 부는 일을 맡았습니다. 오벧에돔과 여히야도 궤를 지키는 문지기 역할을 했습니다.

25 다윗과 이스라엘의 장로들과 천부장들이 오벧에돔의 집에서 여호와의 언약궤를 메고 기쁜 마음으로 올라왔습니다.

26 하나님께서 여호와의 언약궤를 메는 레위 사람들을 도우셨습니다. 그래서 그들은 소 일곱 마리와 숫양 일곱 마리를 제물로 바쳤습니다.

27 궤를 멘 레위 사람들은 누구나 다 세마포로 된 겉옷을 입고 있었습니다. 찬양대를 지휘하는 그나냐와 노래하는 사람들도 세마포로 된 옷을 입고 있었습니다. 다윗은 세마포로 만든 에봇을 입고 있었습니다.

28 모든 이스라엘 백성들이 여호와의 언약궤를 옮겨 왔습니다. 그들은 소리를 지르며 각과 나팔을 불고 제금을 치며 비파와 수금을 연주했습니다.

29 여호와의 언약궤가 예루살렘으로 들어올 때에 사울의 딸 미갈이 창 밖을 내다보다가 다윗 왕이 춤을 추며 즐거워하는 모습을 보고 마음속으로 그를 업신여겼습니다.

16 그들이 하나님의 궤를 옮겨 와서 장막 안에 놓아 두었습니다. 그 장막은 다윗이 궤를 놓아 두려고 세운 것입니다. 그런 다음에 그들은 태워 드리는 제물인 번제물과 화목 제물을 하나님께 바쳤습니다.

2 태워 드리는 번제물과 화목 제물을 바친 다윗이 여호와의 이름으로 백성에게 복을 빌어 주었습니다.

3 다윗은 모든 이스라엘의 남자와 여자들에게 빵 한 조각과 고기 한 점과 건포도 과자 한 개씩을 나누어 주었습니다.

4 다윗은 레위 사람 몇 명을 뽑아 여호와의 궤를 섬기며 이스라엘 하나님 여호와께 예배드리는 것을 인도하게 했습니다. 그들은 여호와께 감사드리며 찬양하는 일을 했습니다.

5 지도자인 아삽은 제금을 연주했습니다. 그 밑에서 일한 레위 사람은 스가랴와 여이엘과 스미라못과 여히엘과 맛디디아와 엘리압과 브나야와

---

22 were chosen to play the lyres.* •Kenaniah, the head Levite, was chosen as the choir leader because of his skill.

23 •Berekiah and Elkanah were chosen to
24 guard* the Ark. •Shebaniah, Joshaphat, Nethanel, Amasai, Zechariah, Benaiah, and Eliezer—all of whom were priests—were chosen to blow the trumpets as they marched in front of the Ark of God. Obed-edom and Jehiah were chosen to guard the Ark.

Moving the Ark to Jerusalem

25 •Then David and the elders of Israel and the generals of the army* went to the house of Obed-edom to bring the Ark of the LORD's Covenant up to Jerusalem with a great celebration.
26 •And because God was clearly helping the Levites as they carried the Ark of the LORD's Covenant, they sacrificed seven bulls and seven rams.
27 •David was dressed in a robe of fine linen, as were all the Levites who carried the Ark, and also the singers, and Kenaniah the choir leader.
28 David was also wearing a priestly garment.* •So all Israel brought up the Ark of the LORD's Covenant with shouts of joy, the blowing of rams' horns and trumpets, the crashing of cymbals, and loud playing on harps and lyres.
29 •But as the Ark of the LORD's Covenant entered the City of David, Michal, the daughter of Saul, looked down from her window. When she saw King David skipping about and laughing with joy, she was filled with contempt for him.

16 They brought the Ark of God and placed it inside the special tent David had prepared for it. And they presented burnt offerings
2 and peace offerings to God. •When he had finished his sacrifices, David blessed the people in
3 the name of the LORD. •Then he gave to every man and woman in all Israel a loaf of bread, a cake of dates,* and a cake of raisins.
4 •David appointed the following Levites to lead the people in worship before the Ark of the LORD—to invoke his blessings, to give thanks, and to praise the LORD, the God of Israel.
5 •Asaph, the leader of this group, sounded the cymbals. Second to him was Zechariah, followed by Jeiel, Shemiramoth, Jehiel, Mattithiah, Eliab, Benaiah, Obed-edom, and Jeiel. They

---

contempt [kəntémpt] n. 경멸
invoke [invóuk] vt. 기원하다, 염원하다

15:21 Hebrew adds *according to the Sheminith*, which is probably a musical term. The meaning of the Hebrew is uncertain. **15:23** Hebrew *chosen as gatekeepers for*; also in 15:24. **15:25** Hebrew *the commanders of thousands.* **15:27** Hebrew *a linen ephod.* **16:3** Or *a portion of meat.* The meaning of the Hebrew is uncertain.

오벧에돔과 여이엘입니다. 그들은 비파와 수금
을 탔습니다.

6 제사장 브나야와 야하시엘은 하나님의 언약궤
앞에서 정해진 때마다 나팔을 불었습니다.

7 그날, 다윗은 아삽과 그의 친척들을 시켜 여호
와께 감사하게 하고, 찬양하는 일을 처음으로
하게 했습니다.

다윗의 감사 노래

8 "여호와께 감사드리고 그의 이름을 불러라. 그
가 하신 일을 모든 나라에 알려라.

9 그를 노래하여라. 그를 찬양하여라. 그가 하신
모든 놀라운 일을 전하여라.

10 그의 거룩하신 이름을 찬양하여라. 여호와를 찾
는 사람은 기뻐하여라.

11 여호와를 찾고 그의 능력을 찾아라. 언제나 그
의 도움을 구하여라.

12 여호와께서 하신 놀라운 일들을 기억하여라. 그
기적과 그의 판단을 기억하여라.

13 그의 종 이스라엘의 자손아, 그가 선택하신 야곱
의 자녀야.

14 그는 여호와 우리 하나님이시며, 그는 온 세계
를 심판하신다.

15 그는 언약을 영원토록 기억하시며, 명하신 말씀
을 천 대에까지 기억하신다.

16 그는 아브라함과 맺으신 언약을 지키시고, 이삭
에게 하신 맹세를 기억하신다.

17 그는 야곱에게 율례를 세우시고, 이스라엘과 영
원한 언약을 맺으셨다.

18 그는 말씀하셨다. '내가 가나안 땅을 너희에게
주겠다. 이 약속의 땅을 너희의 몫으로 주겠다.'

19 그때에 하나님의 백성은 매우 적었고, 그 땅에
서 나그네로 있었다.

20 그들은 이 나라에서 저 나라로 이 백성 가운데서
저 백성 가운데로 떠돌아다녔다.

21 그러나 그는 아무도 너희를 해치지 못하게 하셨
고, 너희를 억누르지 말라고 왕들에게 경고하셨
다.

22 '내가 기름부어 세운 사람을 건드리지 말고 내
예언자들을 해치지 마라' 하고 말씀하셨다.

23 온 땅아, 여호와께 노래하여라. 날마다 그의 구
원을 전하여라.

24 모든 나라에 주님의 영광을 알리고 백성들에게
그의 놀라운 일을 전하여라.

25 여호와는 위대하시니 그를 찬양하며 다른 어떤
신들보다 그를 두려워해야 한다.

26 모든 나라의 신들은 우상에 불과하나, 여호와께
서는 하늘을 지으신 분이다.

6 played the harps and lyres. •The priests, Benaiah and Jahaziel, played the trumpets regularly before the Ark of God's Covenant.

David's Song of Praise

7 •On that day David gave to Asaph and his fellow Levites this song of thanksgiving to the LORD:

8 • Give thanks to the LORD and proclaim his greatness.
Let the whole world know what he has done.

9 • Sing to him; yes, sing his praises.
Tell everyone about his wonderful deeds.

10 • Exult in his holy name;
rejoice, you who worship the LORD.

11 • Search for the LORD and for his strength;
continually seek him.

12 • Remember the wonders he has performed,
his miracles, and the rulings he has given,

13 • you children of his servant Israel,
you descendants of Jacob, his chosen ones.

14 • He is the LORD our God.
His justice is seen throughout the land.

15 • Remember his covenant forever—
the commitment he made to a thousand generations.

16 • This is the covenant he made with Abraham
and the oath he swore to Isaac.

17 • He confirmed it to Jacob as a decree,
and to the people of Israel as a never-ending covenant:

18 • "I will give you the land of Canaan
as your special possession."

19 • He said this when you were few in number,
a tiny group of strangers in Canaan.

20 • They wandered from nation to nation,
from one kingdom to another.

21 • Yet he did not let anyone oppress them.
He warned kings on their behalf:

22 • "Do not touch my chosen people,
and do not hurt my prophets."

23 • Let the whole earth sing to the LORD!
Each day proclaim the good news that he saves.

24 • Publish his glorious deeds among the nations.
Tell everyone about the amazing things he does.

25 • Great is the LORD! He is most worthy of praise!
He is to be feared above all gods.

26 • The gods of other nations are mere idols,
but the LORD made the heavens!

---

commitment [kəmítmənt] *n.* 약속
confirm [kənfə́:rm] *vt.* 확실하게 하다
exult [igzʌ́lt] *vi.* 크게 기뻐하다, 기뻐 날뛰다

27 그에게는 영광과 위엄이 있고 그의 성전에는 능력과 기쁨이 있다.

28 땅 위의 모든 나라들아, 여호와를 찬양하여라. 여호와의 영광과 능력을 찬양하여라.

29 여호와의 이름에 걸맞는 영광을 그에게 돌리고, 제물을 가지고 그 앞에 나아가 아름답고 거룩한 것으로 여호와께 예배드려라.

30 온 땅이여, 그 앞에서 떨어라! 세계가 굳게 서고, 움직이지 않는도다.

31 하늘아 기뻐하고 땅아 즐거워하여라. 모든 나라들 가운데 '여호와는 왕이시다' 라고 외쳐라.

32 바다와 거기에 가득 찬 모든 것들아, 외쳐라! 들과 그 안에 있는 모든 것들아, 기뻐하여라!

33 주께서 세계를 심판하러 오시니, 숲의 나무들도 여호와 앞에서 즐거이 노래할 것이다.

34 여호와께 감사드려라. 그는 선하시며 그의 사랑은 영원하시다.

35 너희는 외쳐라. '우리 구원의 하나님이시여, 우리를 구해 주십시오, 우리를 모아 주시고 모든 나라들 가운데서 우리를 구해 주십시오. 그러면 주께 감사드리고 기쁘게 찬양하겠습니다.'

36 영원히, 영원히, 여호와 이스라엘의 하나님을 찬양하여라." 그러자 모든 백성이 "아멘!" 을 외치면서 여호와를 찬양했습니다.

37 다윗은 아삽과 다른 레위 사람들을 여호와의 언약궤 앞에 남겨 두고, 거기에서 날마다 규정대로 섬기게 했습니다.

38 다윗은 또 오벧에돔과 다른 레위 사람 육십팔 명에게 그들과 더불어 섬기게 했습니다. 호사와 여두둔의 아들 오벧에돔은 문지기입니다.

39 다윗은 제사장 사독과 다른 제사장들을 기브온의 산당에 있는 여호와의 성막 앞에 남겨 두었습니다.

40 그들은 여호와께서 이스라엘에게 주신 율법책에 적혀 있는 규례를 따라 아침 저녁으로 제단 위에 태워 드리는 제물인 번제물을 바쳤습니다.

41 헤만과 여두둔과 다른 레위 사람들도 함께 일했는데, 그들은 여호와의 영원하신 사랑에 감사하며 그것을 찬양하였습니다.

42 헤만과 여두둔은 나팔을 불며 제금을 치는 일을 했고, 하나님께 노래 부를 때에는 다른 악기들도 연주했습니다. 여두둔의 아들들은 문지기로 일했습니다.

27 • Honor and majesty surround him;
strength and joy fill his dwelling.

28 • O nations of the world, recognize the LORD,
recognize that the LORD is glorious and
strong.

29 • Give to the LORD the glory he deserves!
Bring your offering and come into his
presence.
Worship the LORD in all his holy splendor.

30 • Let all the earth tremble before him.
The world stands firm and cannot be shaken.

31 • Let the heavens be glad, and the earth rejoice!
Tell all the nations, "The LORD reigns!"

32 • Let the sea and everything in it shout his praise!
Let the fields and their crops burst out with
joy!

33 • Let the trees of the forest sing for joy before the
LORD, for he is coming to judge the earth.

34 • Give thanks to the LORD, for he is good!
His faithful love endures forever.

35 • Cry out, "Save us, O God of our salvation!
Gather and rescue us from among the
nations,
so we can thank your holy name
and rejoice and praise you."

36 • Praise the LORD, the God of Israel,
who lives from everlasting to everlasting!

And all the people shouted "Amen!" and praised
the LORD.

Worship at Jerusalem and Gibeon

37 • David arranged for Asaph and his fellow Levites
to serve regularly before the Ark of the LORD's
Covenant, doing whatever needed to be done
each day. • This group included Obed-edom (son

38 of Jeduthun), Hosah, and sixty-eight other Levites
as gatekeepers.

39 • Meanwhile, David stationed Zadok the priest
and his fellow priests at the Tabernacle of the
LORD at the place of worship in Gibeon, where
they continued to minister before the LORD.

40 • They sacrificed the regular burnt offerings to the
LORD each morning and evening on the altar set
aside for that purpose, obeying everything written
in the Law of the LORD, as he had commanded

41 Israel. • David also appointed Heman, Jeduthun,
and the others chosen by name to give thanks to
the LORD, for "his faithful love endures forever."

42 • They used their trumpets, cymbals, and other
instruments to accompany their songs of praise to
God.* And the sons of Jeduthun were appointed as
gatekeepers.

16:42 Or to accompany the sacred music; or to accompany singing to God.

43 그 뒤에 모든 백성들이 자기 집으로 돌아갔습니다. 다윗도 자기 가족에게 복을 빌어 주려고 집으로 돌아갔습니다.

하나님께서 다윗에게 약속하시다

17 다윗이 자기 왕궁으로 옮긴 뒤에 예언자 나단에게 말했습니다. "나는 백향목으로 지은 집에 살고 있는데, 여호와의 언약궤는 장막에 있소."

2 나단이 다윗에게 말했습니다. "하나님께서는 왕과 함께 계시니 무엇이든지 왕의 뜻대로 하십시오."

3 그날 밤에 하나님께서 나단에게 말씀하셨습니다.

4 "가서 내 종 다윗에게 이렇게 전하여라. '너는 내가 살 집을 지을 사람이 아니다.

5 나는 이스라엘 백성을 이집트에서 이끌어 낼 때, 어떤 집에서도 살지 않았다. 나는 지금까지 장막을 내 집으로 여기면서 옮겨다녔다.

6 나는 계속해서 이스라엘의 지파들과 함께 옮겨다녔지만 한 번도 이스라엘의 지도자들에게 백향목 집을 지어 달라고 하지 않았다.'

7 너는 내 종 다윗에게 전하여라. '나는 네가 양 떼를 따라다니며 돌볼 때에 너를 내 백성 이스라엘의 지도자로 세웠다.

8 나는 네가 어디로 가든 너와 함께 있었고, 너를 위해 네 원수들을 물리쳐 주었다. 앞으로 나는 네 이름을 이 땅의 위대한 사람들의 이름처럼 위대하게 해 줄 것이다.

9 그리고 내 백성 이스라엘을 위해 한 곳을 정해 주어 다시는 떠돌아다니지 않고 머물러 살도록 해 주겠다. 그들은 이제 더 이상 괴로움을 당하지 않을 것이며 악한 백성도 전처럼 그들을 괴롭히지 못할 것이다.

10 내가 사사들을 세웠을 때부터 너희를 계속해서 괴롭히던 악한 나라들과 너의 모든 원수들을 물리쳐 주겠다. 이제 내가 선언한다. 네 뒤를 이어 네 자손을 이스라엘 왕으로 세울 것이다.

11 너의 날이 끝나서 네가 조상들에게 돌아갈 때에 너의 아들 중 하나를 새 왕으로 삼겠다.

12 그러면 그가 나를 위해 성전을 지을 것이며 나는 그의 집안이 이 나라를 영원히 다스릴 수 있게 하겠다.

13 나는 그의 아버지가 되고 그는 나의 아들이 될 것이다. 나는 사울에게 베푼 사랑을 거두어 들였으나, 너의 아들은 영원히 사랑해 줄 것이다.

---

43 •Then all the people returned to their homes, and David turned and went home to bless his own family.

The LORD's Covenant Promise to David

17 When David was settled in his palace, he summoned Nathan the prophet. "Look," David said, "I am living in a beautiful cedar palace,* but the Ark of the LORD's Covenant is out there under a tent!"

2 •Nathan replied to David, "Do whatever you have in mind, for God is with you."

3 •But that same night God said to Nathan,

4 •"Go and tell my servant David, 'This is what the LORD has declared: You are not the one to build a house for me to live in. •I have never lived in a house, from the day I brought the Israelites out of Egypt until this very day. My home has always been a tent, moving from one place to another in a Tabernacle. •Yet no matter where I have gone with the Israelites, I have never once complained to Israel's leaders, the shepherds of my people. I have never asked them, "Why haven't you built me a beautiful cedar house?"

7 •"Now go and say to my servant David, 'This is what the LORD of Heaven's Armies has declared: I took you from tending sheep in the pasture and selected you to be the leader of my people Israel. •I have been with you wherever you have gone, and I have destroyed all your enemies before your eyes. Now I will make your name as famous as anyone who has ever lived on the earth! •And I will provide a homeland for my people Israel, planting them in a secure place where they will never be disturbed. Evil nations won't oppress them as they've done in the past, •starting from the time I appointed judges to rule my people Israel. And I will defeat all your enemies.

"Furthermore, I declare that the LORD will build a house for you—a dynasty of kings! •For when you die and join your ancestors, I will raise up one of your descendants, one of your sons, and I will make his kingdom strong. •He is the one who will build a house—a temple—for me. And I will secure his throne forever. •I will be his father, and he will be my son. I will never take my favor from him as I took it from

---

cedar [síːdər] *n.* 삼나무, 백향목
declare [diklέər] *vi.* 선언하다, 단언하다
disturbed [distə́ːrbd] *a.* (마음이) 불안한, 산만한
oppress [əprés] *vt.* 억압하다
pasture [pǽstʃər] *n.* 목장, 목초지
rustle [rʌ́sl] *vi.* (잎·종이 따위가) 바스락거리다
tend [ténd] *vt.* (가축 등을) 지키다

17:1 Hebrew *a house of cedar.*

14 내 집과 나라를 그에게 영원히 맡기겠고, 그의 왕좌를 영원토록 없어지지 않을 것이다.'"

15 나단은 자기에게 들려 주신 하나님의 모든 말씀을 다윗에게 전했습니다.

다윗의 기도

16 그 후에 다윗 왕은 여호와 앞에 들어가 앉았습니다. 다윗이 말했습니다. "여호와 하나님 제가 누구이기에 저를 그토록 위해 주십니까? 제 집안이 무엇이기에 그토록 위해 주십니까?

17 하나님, 주께서는 제 집안에 일어날 일들에 대해서까지 친절하게 말씀해 주셨습니다. 저는 주의 종입니다. 여호와 하나님께서는 저를 존귀한 사람과 같이 높이셨습니다.

18 주께서 주의 종인 저를 귀하게 대해 주시니 주께 무슨 말씀을 더 드리겠습니까? 주께서는 주의 종을 잘 아십니다.

19 여호와께서는 주의 종을 위하여 주의 뜻대로 이처럼 놀라운 일을 해 주셨고, 이 큰 일들을 저에게 모두 알게 하셨습니다.

20 오! 여호와시여, 우리가 귀로 들은 것처럼 주와 같으신 분은 어디에도 없습니다. 주밖에는 다른 참 신이 없습니다.

21 그리고 이스라엘과 같은 주의 백성이 어디에 또 있겠습니까? 이스라엘은 하나님께서 자기 백성으로 삼기 위해 구원하신 유일한 백성입니다. 하나님께서는 그들을 통해 하나님의 이름을 널리 알리셨습니다. 하나님께서는 그 백성에게 위대하고 놀라운 기적을 일으키셨습니다. 그들을 이끄셔서 다른 나라를 그 땅에서 쫓아내셨습니다. 또한 이집트의 노예로 있던 그 백성을 구해 주셨습니다.

22 주께서는 이스라엘 백성을 영원히 주의 백성으로 삼으셨습니다. 그리고 친히 그들의 하나님이 되어 주셨습니다.

23 여호와여 저의 집안과 주의 종인 저에게 하신 약속을 지켜 주십시오. 말씀하신 대로 이루어 주십시오.

24 그렇게 해 주시면 백성이 주를 알고 영원히 섬길 것입니다. 모든 백성이 '만군의 여호와께서 이스라엘을 통치하시니, 이스라엘의 하나님이시다!'라고 말할 것입니다. 그리고 주의 종인 저의 집안도 주앞에서 굳게 설 것입니다.

25 나의 하나님 주께서 제 집안을 크게 해 주시겠다고 말씀하셨으므로, 제가 감히 주께 기도드립니다.

26 여호와여, 오직 주는 하나님이십니다. 주께서 이 좋은 것을 주의 종인 저에게 약속해 주셨습니다.

27 주께서 저의 집안에 복을 주시고 기뻐하셨습니다. 여호와여, 주께서 복을 주셨으니 이 복을 영원히 누리겠습니다."

14 the one who ruled before you. ● I will confirm him as king over my house and my kingdom for all time, and his throne will be secure forever.'"

15 ● So Nathan went back to David and told him everything the LORD had said in this vision.

David's Prayer of Thanks

16 ● Then King David went in and sat before the LORD and prayed,

"Who am I, O LORD God, and what is my family, that you have brought me this far? 17 ● And now, O God, in addition to everything else, you speak of giving your servant a lasting dynasty! You speak as though I were someone very great,* O LORD God!

18 ● "What more can I say to you about the way you have honored me? You know what your servant is really like. 19 ● For the sake of your servant, O LORD, and according to your will, you have done all these great things and have made them known.

20 ● "O LORD, there is no one like you. We have never even heard of another God like you! 21 ● What other nation on earth is like your people Israel? What other nation, O God, have you redeemed from slavery to be your own people? You made a great name for yourself when you redeemed your people from Egypt. You performed awesome miracles and drove out the nations that stood in their way. 22 ● You chose Israel to be your very own people forever, and you, O LORD, became their God.

23 ● "And now, O LORD, I am your servant; do as you have promised concerning me and my family. May it be a promise that will last forever. 24 ● And may your name be established and honored forever so that everyone will say, 'The LORD of Heaven's Armies, the God of Israel, is Israel's God!' And may the house of your servant David continue before you forever.

25 ● "O my God, I have been bold enough to pray to you because you have revealed to your servant that you will build a house for him—a dynasty of kings! 26 ● For you are God, O LORD. And you have promised these good things to your servant. 27 ● And now, it has pleased you to bless the house of your servant, so that it will continue forever before you.

17:17 The meaning of the Hebrew is uncertain.

다윗이 여러 전쟁에서 이기다

18 그 후에 다윗은 블레셋 사람들을 물리쳤습니다. 다윗은 블레셋 사람들의 소유로 있던 가드와 그 주변 마을들을 빼앗았습니다.

2 그는 또 모압을 물리쳤습니다. 모압 백성은 다윗의 종이 되어서 그가 요구하는 대로 조공을 바쳤습니다.

3 소바 왕 하닷에셀이 자기 나라를 넓히려고 유프라테스 강가지 나아가려 하자, 다윗이 그와 싸워 그의 군대를 하맛까지 쫓아냈습니다.

4 다윗은 하닷에셀의 전차 천 대와 기마병 칠천 명과 보병 이만 명을 사로잡았습니다. 그는 전차를 끌던 말 백 마리만을 남겨 두고 나머지 말들은 다리를 못 쓰게 만들었습니다.

5 다마스커스의 아람* 사람들이 소바 왕 하닷에셀을 도우려고 왔으나, 다윗은 그 아람 사람 이만 이천 명을 죽였습니다.

6 다윗은 자기 군대를 아람의 다마스커스에 두었습니다. 아람 사람들은 다윗의 종이 되어 다윗이 요구하는 대로 조공을 바쳤습니다. 여호와께서는 다윗이 가는 곳마다 승리하게 해 주셨습니다.

7 다윗은 하닷에셀의 신하들이 가지고 있던 금방패를 빼앗아 예루살렘으로 가져왔습니다.

8 또 하닷에셀이 다스리던 디브핫*과 군에서 놋쇠로 만든 물건들을 많이 빼앗아 왔습니다. 후에 솔로몬은 그것으로 바다라고도 부르는 커다란 놋대야와 기둥과 놋그릇들을 만들었습니다.

9 하맛 왕 도우가 다윗이 소바 왕 하닷에셀의 모든 군대를 물리쳤다는 이야기를 들었습니다.

10 그래서 도우는 자기 아들 하도람*을 보내어 다윗 왕을 축하해 주도록 했습니다. 하도람은 다윗이 하닷에셀을 물리친 것을 축하해 주었습니다. 하닷에셀은 전에 도우와 맞서 싸운 일이 있습니다. 하도람은 은과 금과 놋쇠로 만든 물건들을 가져왔습니다.

11 다윗 왕은 그 물건들을 받아서 여호와께 바쳤습니다. 또 자기가 물리친 나라, 곧 에돔과 모압과 암몬과 블레셋과 아말렉에서 빼앗은 은과 금도 함께 바쳤습니다.

12 스루야의 아들 아비새가 '소금 골짜기'에서 에돔 사람 만 팔천 명을 죽였습니다.

13 다윗은 에돔 땅에 군대를 두어 머물게 했습니다. 모든 에돔 사람이 다윗의 종이 되었습니다. 여호와께서는 다윗이 가는 곳마다 승리하게 해 주셨습니다.

다윗의 곁에 있는 중요한 신하들

14 다윗은 온 이스라엘을 다스렸습니다. 그는 누구

For when you grant a blessing, O LORD, it is an eternal blessing!"

David's Military Victories

18 After this, David defeated and subdued the Philistines by conquering Gath and 2 its surrounding towns. ●David also conquered the land of Moab, and the Moabites who were spared became David's subjects and paid him tribute money.

3 ●David also destroyed the forces of Hadadezer, king of Zobah, as far as Hamath,* when Hadadezer marched out to strengthen 4 his control along the Euphrates River. ●David captured 1,000 chariots, 7,000 charioteers, and 20,000 foot soldiers. He crippled all the chariot horses except enough for 100 chariots.

5 ●When Arameans from Damascus arrived 6 to help King Hadadezer, David killed 22,000 of them. ●Then he placed several army garrisons* in Damascus, the Aramean capital, and the Arameans became David's subjects and paid him tribute money. So the LORD made David victorious wherever he went.

7 ●David brought the gold shields of Ha-8 dadezer's officers to Jerusalem, ●along with a large amount of bronze from Hadadezer's towns of Tebah* and Cun. Later Solomon melted the bronze and molded it into the great bronze basin called the Sea, the pillars, and the various bronze articles used at the Temple.

9 ●When King Toi* of Hamath heard that 10 David had destroyed the entire army of King Hadadezer of Zobah, ●he sent his son Joram* to congratulate King David for his successful campaign. Hadadezer and Toi had been enemies and were often at war. Joram presented David with many gifts of gold, silver, and bronze.

11 ●King David dedicated all these gifts to the LORD, along with the silver and gold he had taken from the other nations—from Edom, Moab, Ammon, Philistia, and Amalek.

12 ●Abishai son of Zeruiah destroyed 18,000 13 Edomites in the Valley of Salt. ●He placed army garrisons in Edom, and all the Edomites became David's subjects. In fact, the LORD made David victorious wherever he went.

14 ●So David reigned over all Israel and did

18:3 The meaning of the Hebrew is uncertain.
18:6 As in Greek version and Latin Vulgate (see also 2 Sam 8:6); Hebrew lacks *several army garrisons.*   18:8 Hebrew reads *Tibhath,* a variant spelling of Tebah; compare parallel text at 2 Sam 8:8.   18:9 As in parallel text at 2 Sam 8:9; Hebrew reads *Tou;* also in 18:10.   18:10 As in parallel text at 2 Sam 8:10; Hebrew reads *Hadoram,* a variant spelling of Joram.

18:5 '아람'은 현재의 '시리아' 땅에 해당된다.
18:8 '데바'라고도 한다.
18:10 '요람'이라고도 한다.

15 스루야의 아들 요압은 다윗의 군대 사령관이고, 아힐룻의 아들 여호사밧은 역사 기록관입니다.

16 아히둡의 아들 사독과 아비아달의 아들 아히멜렉은 제사장이고, 사위사는 왕의 서기관입니다.

17 여호야다의 아들 브나야는 왕의 경호대인 그렛 사람과 블렛 사람을 지휘했습니다. 그리고 다윗의 아들들은 다윗 왕을 모시는 중요한 자리를 차지하였습니다.

다윗이 암몬과 싸우다

19 얼마 후, 암몬 사람들의 왕 나하스가 죽었습니다. 그의 아들 하눈이 뒤를 이어 왕이 되었습니다.

2 다윗이 말했습니다. "나하스는 나를 사랑했다. 그러니 나도 그의 아들 하눈에게 은혜를 베풀어야겠다." 그래서 다윗은 자기 신하들을 하눈에게 보내어 그의 아버지 나하스 왕의 죽음을 위로하게 했습니다. 다윗의 신하들이 하눈을 위로하러 암몬 땅으로 갔습니다.

3 그러나 암몬 자손의 지도자들은 하눈에게 이렇게 말했습니다. "다윗이 사람들을 보내어 왕을 위로하는 것이 정말로 왕의 아버지를 공경했기 때문인 줄 아십니까? 그렇지 않습니다! 다윗은 이 성을 엿보게 하려고 사람들을 보낸 것입니다. 그들은 이 성을 정복하려 하고 있습니다."

4 그래서 하눈은 다윗의 신하들을 붙잡아 수염을 절반쯤 깎고 엉덩이 부분의 옷을 잘라 내어 그들을 부끄럽게 했습니다. 그런 다음에 하눈은 그들을 다시 돌려보냈습니다.

5 사람들이 이 일을 다윗에게 알리자, 다윗은 사람들을 보내어 자기 신하들을 맞이하게 하였습니다. 이는 모욕을 당한 신하들이 매우 부끄러워했기 때문입니다. 다윗은 "수염이 다 자랄 때까지 여리고에서 기다리시오. 그런 다음에 예루살렘으로 돌아오시오"라고 그들에게 지시하였습니다.

6 그때에 암몬 사람들은 자기들이 다윗의 원수가 되었다는 사실을 깨달았습니다. 그래서 하눈과 암몬 사람들은 아람 나하라임과 아람마아가와 소바에 은 천 달란트*를 보내어 전차와 기마병을 고용했습니다.

7 암몬 사람들은 전차 삼만 이천 대를 빌리고 기마병들을 고용했습니다. 그들은 또 마아가 왕과 그의 군대도 고용했습니다. 그래서 마아가와 그의 군대가 와서 메드바 근처에 진을 쳤습니다. 암몬 사람들도 자기들의 성에서 나와 싸울 준비를 했습니다.

8 이 소식을 들은 다윗은 요압을 비롯한 모든 용사들을 보냈습니다.

9 암몬 사람들도 나와서 싸울 준비를 했습니다. 그들

what was just and right for all his people.

15 •Joab son of Zeruiah was commander of the army. Jehoshaphat son of Ahilud was

16 the royal historian. •Zadok son of Ahitub and Ahimelech* son of Abiathar were the priests. Seraiah* was the court secretary.

17 •Benaiah son of Jehoiada was captain of the king's bodyguard.* And David's sons served as the king's chief assistants.

David Defeats the Ammonites

19 Some time after this, King Nahash of the Ammonites died, and his son

2 Hanun* became king. •David said, "I am going to show loyalty to Hanun because his father, Nahash, was always loyal to me." So David sent messengers to express sympathy to Hanun about his father's death.

But when David's ambassadors arrived in

3 the land of Ammon, •the Ammonite commanders said to Hanun, "Do you really think these men are coming here to honor your father? No! David has sent them to spy out the land so they can come in and con-

4 quer it!" •So Hanun seized David's ambassadors and shaved them, cut off their robes at the buttocks, and sent them back to David in shame.

5 •When David heard what had happened to the men, he sent messengers to tell them, "Stay at Jericho until your beards grow out, and then come back." For they felt deep shame because of their appearance.

6 •When the people of Ammon realized how seriously they had angered David, Hanun and the Ammonites sent 75,000 pounds* of silver to hire chariots and chari-

7 oteers from Aram-naharaim, Aram-maacah, and Zobah. •They also hired 32,000 chariots and secured the support of the king of Maacah and his army. These forces camped at Medeba, where they were joined by the Ammonite troops that Hanun had

8 recruited from his own towns. •When David heard about this, he sent Joab and all

9 his warriors to fight them. •The Ammonite troops came out and drew up their battle lines at the entrance of the city, while the other kings positioned themselves to fight in the open fields.

18:16a As in some Hebrew manuscripts, Syriac version, and Latin Vulgate (see also 2 Sam 8:17); most Hebrew manuscripts read *Abimelech*. 18:16b As in parallel text at 2 Sam 8:17; Hebrew reads *Shavsha*. 18:17 Hebrew *of the Kerethites and Pelethites*. 19:1 As in parallel text at 2 Sam 10:1; Hebrew lacks *Hanun*. 19:6 Hebrew *1,000 talents* [34,000 kilograms].

19:6 1,000달란트는 약 34.27t에 해당된다.

은 성문 곁에 서 있었습니다. 도우러 온 왕들은 암몬 사람들과 따로 떨어져 들에 있었습니다.

10 요압은 자기들의 앞과 뒤에 적이 진을 치고 있는 것을 보고 이스라엘에서 가장 뛰어난 용사들을 뽑아서 아람 사람들과 싸울 준비를 하게 했습니다.

11 그리고 요압은 나머지 군대를 자기 동생 아비새에게 맡겨 암몬 사람들과 맞서 싸우게 했습니다.

12 요압이 아비새에게 말했습니다. "만약 아람 사람들이 너무 강해서 내가 어려워지면 나를 도우러 오너라. 만약 암몬 사람들이 너무 강해서 네가 어려워지면, 내가 도우러 가겠다.

13 용기를 내어라. 우리 백성과 우리 하나님의 성들을 위해 용감히 싸우자. 여호와께서 스스로 보시기에 옳으신 대로 하실 것이다."

14 요압과 그의 군대가 아람 사람들을 공격하자 아람 사람들은 도망쳤습니다.

15 암몬 군대는 아람 사람들이 도망치는 모습을 보고 아비새 앞에서 도망쳐 자기들 성으로 돌아가 버렸습니다. 그래서 요압은 예루살렘으로 돌아갔습니다.

16 아람 사람들은 자기들이 이스라엘에게 진 것을 보고 전령들을 보내어 유프라테스 강 동쪽에 살고 있던 아람 사람들을 불렀습니다. 하닷에셀의 군대 사령관인 소박이 그들을 지휘했습니다.

17 다윗은 이 소식을 듣고 모든 이스라엘 군대를 불러모아 그들을 이끌고 요단 강을 건넜습니다. 다윗이 그곳에서 아람 사람들과 맞섰을 때 아람 사람들이 이스라엘 군대를 공격했습니다.

18 그러나 아람 사람들은 이스라엘 군대에게 쫓겨 도망쳤습니다. 다윗과 그의 군대는 아람의 전차병 칠천 명과 아람의 보병 사만 명을 죽였습니다. 그들은 또 아람 군대의 사령관인 소박도 죽였습니다.

19 하닷에셀의 신하들은 이스라엘이 그들을 물리쳤다는 소식을 듣고 다윗과 평화롭게 지내기로 하고 다윗을 섬겼습니다. 그 뒤로 아람 사람들은 암몬 사람들을 도우려 하지 않았습니다.

요압이 암몬을 멸망시키다

20 봄이 되어 요압이 이스라엘 군대를 이끌고 전쟁터로 나갔습니다. 그때는 왕들이 전쟁에 나갈 때였으나, 다윗은 예루살렘에 머물러 있었습니다. 이스라엘 군대는 암몬 땅을 멸망시키고 랍바 성으로 가 성을 공격하여 멸망시켰습니다.

2 다윗이 그들 왕의 머리에서 금관을 벗겨 냈습니

10 •When Joab saw that he would have to fight on both the front and the rear, he chose some of Israel's elite troops and placed them under his personal command to fight the Arameans in 11 the fields. •He left the rest of the army under the command of his brother Abishai, who was 12 to attack the Ammonites. •"If the Arameans are too strong for me, then come over and help me," Joab told his brother. "And if the Ammonites are too strong for you, I will help you. 13 •Be courageous! Let us fight bravely for our people and the cities of our God. May the LORD's will be done."

14 •When Joab and his troops attacked, the 15 Arameans began to run away. •And when the Ammonites saw the Arameans running, they also ran from Abishai and retreated into the city. Then Joab returned to Jerusalem.

16 •The Arameans now realized that they were no match for Israel, so they sent messengers and summoned additional Aramean troops from the other side of the Euphrates River.* These troops were under the command of Shobach,* the commander of Hadadezer's forces.

17 •When David heard what was happening, he mobilized all Israel, crossed the Jordan River, and positioned his troops in battle formation. Then David engaged the Arameans in battle, 18 and they fought against him. •But again the Arameans fled from the Israelites. This time David's forces killed 7,000 charioteers and 40,000 foot soldiers, including Shobach, the 19 commander of their army. •When Hadadezer's allies saw that they had been defeated by Israel, they surrendered to David and became his subjects. After that, the Arameans were no longer willing to help the Ammonites.

David Captures Rabbah

20 In the spring of the year,* when kings normally go out to war, Joab led the Israelite army in successful attacks against the land of the Ammonites. In the process he laid siege to the city of Rabbah, attacking and destroying it. However, David stayed behind in Jerusalem.

2 •Then David went to Rabbah and removed the crown from the king's head,* and it was placed on his own head. The crown was made of gold and set with gems, and he found that it weighed seventy-five pounds.* David took a

---

19:16a Hebrew *the river.* 19:16b As in parallel text at 2 Sam 10:16; Hebrew reads *Shophach;* also in 19:18. 20:1 Hebrew *At the turn of the year.* The first day of the year in the ancient Hebrew lunar calendar occurred in March or April. 20:2a Or *from the head of Milcom* (as in Greek version and Latin Vulgate). Milcom, also called Molech, was the god of the Ammonites. 20:2b Hebrew *1 talent* [34 kilograms].

다. 한 달란트*나 되는 금관에는 값진 보석들이 박혀 있었습니다. 그 금관은 다윗의 머리에 씌워졌습니다. 다윗은 그 성에서 값진 물건들을 많이 빼앗았습니다.

3 다윗은 랍바 성에 있던 사람들을 끌어 내어 톱질과 곡괭이질과 도끼질을 시켰습니다. 또한 다윗은 암몬 사람들의 모든 성에서도 그와 똑같은 일을 한 뒤, 군대를 거느리고 예루살렘으로 돌아왔습니다.

블레셋의 거인들이 죽다

4 오래지 않아 게셀에서 이스라엘과 블레셋 사이에 전쟁이 일어났습니다. 그때에 후사 사람 십브개가 거인족의 자손 십배를 죽였습니다. 그래서 블레셋 사람들은 항복했습니다.

5 이스라엘과 블레셋 사이에 또다시 전쟁이 일어났습니다. 야일의 아들 엘하난이 가드 사람 골리앗의 동생 라흐미를 죽였습니다. 라흐미의 창은 베틀채처럼 컸습니다.

6 그 뒤에 가드에서 이스라엘과 블레셋 사이에 또다시 전쟁이 일어났습니다. 가드에는 굉장히 큰 사람이 있었습니다. 그는 손가락과 발가락이 여섯 개씩 모두 스물네 개가 있었습니다. 그도 역시 거인족의 자손이었습니다.

7 그가 이스라엘을 조롱하자, 다윗의 형 시므아의 아들 요나단이 그를 죽였습니다.

8 이 블레셋 사람들은 가드에 살던 거인족의 자손입니다. 다윗과 그의 부하들이 그들을 죽였습니다.

다윗이 인구 조사를 하다

21 사탄이 이스라엘을 괴롭히려고 일어났습니다. 사탄이 다윗의 마음속에 이스라엘 백성의 수를 세어 보고 싶은 욕심을 주었습니다.

2 다윗이 요압과 군대 지휘관들에게 말했습니다. "가서 브엘세바에서부터 단에 이르기까지 모든 이스라엘 백성의 수를 세시오. 그래서 그 수가 얼마나 되는지 나에게 알려 주시오."

3 요압이 대답했습니다. "여호와께서는 왕에게 백배나 더 많은 백성을 주시기 원하십니다. 내 주 왕이시여, 모든 이스라엘 백성이 다 왕의 종이 아닙니까? 그런데 어찌하여 이런 일을 하려 하십니까?"

4 그래도 다윗 왕은 요압에게 명령대로 하라고 했습니다. 그래서 요압은 다윗 앞에서 물러나와 온 이스라엘을 다니며 인구 조사를 한 다음, 예루살렘으로 돌아왔습니다.

5 요압이 왕에게 백성의 수를 보고했습니다. 이스라엘에는 칼을 쓸 수 있는 사람이 모두 백십만 명이었고, 유다에는 사십칠만 명이 있었습니다.

---

3 vast amount of plunder from the city. •He also made slaves of the people of Rabbah and forced them to labor with saws, iron picks, and iron axes.* That is how David dealt with the people of all the Ammonite towns. Then David and all the army returned to Jerusalem.

Battles against Philistine Giants

4 •After this, war broke out with the Philistines at Gezer. As they fought, Sibbecai from Hushah killed Saph,* a descendant of the giants,* and so the Philistines were subdued.

5 •During another battle with the Philistines, Elhanan son of Jair killed Lahmi, the brother of Goliath of Gath. The handle of Lahmi's spear was as thick as a weaver's beam!

6 •In another battle with the Philistines at Gath, they encountered a huge man with six fingers on each hand and six toes on each foot, twenty-four in all, who was also a descendant of the giants. •But when he defied and

7 taunted Israel, he was killed by Jonathan, the son of David's brother Shimea.

8 •These Philistines were descendants of the giants of Gath, but David and his warriors killed them.

David Takes a Census

21 Satan rose up against Israel and caused David to take a census of the people of

2 Israel. •So David said to Joab and the commanders of the army, "Take a census of all the people of Israel—from Beersheba in the south to Dan in the north—and bring me a report so I may know how many there are."

3 •But Joab replied, "May the LORD increase the number of his people a hundred times over! But why, my lord the king, do you want to do this? Are they not all your servants? Why must you cause Israel to sin?"

4 •But the king insisted that they take the census, so Joab traveled throughout all Israel to count the people. Then he returned to Jeru-

5 salem •and reported the number of people to David. There were 1,100,000 warriors in all Israel who could handle a sword, and 470,000

---

defy [difái] *vt.* 무시하다, 도전하다
encounter [enkáuntər] *vt.* …와 대립하다
subdue [səbdjú:] *vt.* 정복하다, 진압하다
taunt [tɔ́:nt] *vt.* 조롱하다, 비아냥거리다
weaver [wí:vər] *n.* (천 등을)짜는 사람, 직조공
21:1 take a census : 인구 조사를 하다

20:3　As in parallel text at 2 Sam 12:31; Hebrew reads *and cut them with saws, iron picks, and saws*.　20:4a　As in parallel text at 2 Sam 21:18; Hebrew reads *Sippai*.　20:4b　Hebrew *descendant of the Rephaites; also in 20:6, 8*.

20:2 1달란트는 약 34.27kg에 해당된다.

6 그러나 요압은 다윗 왕의 명령을 못마땅하게 여겨 레위 지파와 베냐민 지파의 수는 계산하지 않았습니다.

7 하나님께서도 이 일을 못마땅하게 생각하셨습니다. 그래서 이스라엘에게 벌을 내리셨습니다.

8 다윗이 하나님께 말했습니다. "제가 큰 죄를 지었습니다. 제발 저의 죄를 용서해 주십시오, 제가 너무나 어리석은 일을 했습니다."

9 여호와께서 다윗의 선견자 갓에게 말씀하셨습니다.

10 "가서 다윗에게 이렇게 전하여라. '내가 너에게 세 가지 벌을 보여 줄 테니 그 중에서 하나를 골라라. 네가 고른 대로 너에게 벌을 내리겠다.'"

11 갓이 다윗에게 가서 말했습니다. "여호와께서 이렇게 말씀하셨습니다. '네가 받을 벌을 골라라.

12 삼 년 동안, 가뭄이 들게 할 것인지, 칼을 들고 쫓아오는 원수를 피해 세 달 동안, 숨어 다닐 것인지, 아니면 삼 일 동안, 여호와께서 내리시는 칼을 받을 것인지 결정하여라. 그 삼 일 동안은 온 나라에 무서운 병이 돌 것이다. 여호와의 천사가 온 이스라엘을 두루 돌아다니며 백성을 칠 것이다.' 이제 저를 보내신 이에게 대답할 말을 정해 주십시오."

13 다윗이 갓에게 말했습니다. "너무나 고통스럽소. 사람들 손에 벌을 받는 것은 싫소. 여호와께서는 매우 자비로우신 분이오. 그러니 여호와께서 주시는 벌을 받는 편이 낫겠소."

14 여호와께서 이스라엘에 무서운 병을 내리사 칠만 명이나 되는 사람이 죽었습니다.

15 하나님께서 천사를 보내시어 예루살렘을 치게 하셨습니다. 천사가 예루살렘을 멸망시키려 사람들을 치자 여호와께서 그 모습을 보시고 마음을 돌이키셨습니다. 여호와께서 벌을 주고 있는 천사에게 말씀하셨습니다. "이젠 되었다. 그만두어라." 그때, 여호와의 천사는 여부스 사람 오르난의 타작 마당 곁에 서 있었습니다.

16 다윗이 눈을 들어 보니, 여호와의 천사가 하늘과 땅 사이에 서서 칼을 빼어 손에 들고 예루살렘을 겨누고 있었습니다. 그 모습을 보고 다윗과 장로들이 얼굴을 땅에 대고 엎드렸습니다. 그들은 슬픔을 나타내는 베옷을 입고 있었습니다.

17 다윗이 하나님께 말했습니다. "백성의 인구를 조사하라고 명령한 사람은 제가 아니었습니까? 제가 죄를 지었습니다. 제가 잘못했습니다. 이 백성들은 양처럼 저를 따르기만 했습니다. 그들이 무슨 잘못을 했습니까? 나의 하나님 여호와여, 저와 제 집안에만 벌을 내려 주십시오. 주의 백성을 죽이고 있는 이 무서운 병을 멈춰 주십시오."

6 in Judah. ●But Joab did not include the tribes of Levi and Benjamin in the census because he was so distressed at what the king had made him do.

Judgment for David's Sin

7 ●God was very displeased with the census, and he punished Israel for it. ●Then David said to God, "I have sinned greatly by taking this census. Please forgive my guilt for doing this foolish thing."

9 ●Then the LORD spoke to Gad, David's seer. This was the message: ●"Go and say to David, 'This is what the LORD says: I will give you three choices. Choose one of these punishments, and I will inflict it on you.'"

11 ●So Gad came to David and said, "These are the choices the LORD has given you. ●You may choose three years of famine, three months of destruction by the sword of your enemies, or three days of severe plague as the angel of the LORD brings devastation throughout the land of Israel. Decide what answer I should give the LORD who sent me."

13 ●"I'm in a desperate situation!" David replied to Gad. "But let me fall into the hands of the LORD, for his mercy is very great. Do not let me fall into human hands."

14 ●So the LORD sent a plague upon Israel, and 70,000 people died as a result. ●And God sent an angel to destroy Jerusalem. But just as the angel was preparing to destroy it, the LORD relented and said to the death angel, "Stop! That is enough!" At that moment the angel of the LORD was standing by the threshing floor of Araunah* the Jebusite.

16 ●David looked up and saw the angel of the LORD standing between heaven and earth with his sword drawn, reaching out over Jerusalem. So David and the leaders of Israel put on burlap to show their deep distress and fell face down on the ground.

17 ●And David said to God, "I am the one who called for the census! I am the one who has sinned and done wrong! But these people are as innocent as sheep—what have they done? O LORD my God, let your anger fall against me and my family, but do not destroy your people."

---

burlap [bə́:rlæp] *n.* 올이 굵은 삼베
desperate [déspərət] *a.* 절망적인
devastation [dèvəstéiʃən] *n.* 황폐
distressed [distrést] *a.* 괴로워하는, 고민하는
inflict [inflíkt] *vt.* (벌을) 주다, 가하다(on)
relent [rilént] *vi.* 마음이 누그러지다

21:15 As in parallel text at 2 Sam 24:16; Hebrew reads *Ornan*, another name for Araunah; also in 21:18-28.

18 그러자 여호와의 천사가 갓을 통해 다윗에게 명령했습니다. "여부스 사람 오르난의 타작 마당에 제단을 쌓아 여호와께 예배를 드려라."

19 갓이 여호와의 이름으로 말씀을 전하자, 다윗은 순종하여 오르난의 타작 마당으로 갔습니다.

20 오르난이 밀을 타작하다 몸을 돌려 보니, 천사가 있었습니다. 그와 함께 있던 그의 네 아들이 몸을 숨겼습니다.

21 다윗이 오르난에게 갔습니다. 오르난은 다윗이 오는 것을 보고 밖으로 나가 얼굴을 땅에 대고 절을 했습니다.

22 다윗이 오르난에게 말했습니다. "여호와께 제단을 쌓으려 하니 이 타작 마당을 나에게 파시오. 그러면 이 무서운 병이 그칠 것이오. 값은 넉넉히 계산해 주겠소."

23 오르난이 다윗에게 말했습니다. "이 타작 마당을 가지십시오, 내 주 왕이시여, 좋으실 대로 하십시오. 태워 드리는 제물인 번제물로 쓸 소와 땔감으로 쓸 타작 판과 곡식 제물로 쓸 밀을 드리겠습니다. 모두 다 왕에게 드리겠습니다."

24 왕이 오르난에게 대답했습니다. "아니오, 제 값을 다 주고 사겠소. 그대의 것을 가져다가 여호와께 드리지는 않겠소, 거저 얻은 것을 태워 드리는 제물인 번제물로 바칠 수는 없소."

25 그리하여 다윗은 금 육백 세겔*을 주고 그 땅을 샀습니다.

26 다윗은 그곳에서 여호와께 제단을 쌓고 태워 드리는 제사인 번제와 화목제를 드렸습니다. 다윗이 여호와의 이름을 부르자 여호와께서는 하늘로부터 번제물을 바치는 제단 위로 불을 내리사 그의 기도에 응답해 주셨습니다.

27 여호와께서 천사에게 칼을 칼집에 꽂으라고 명령하셨습니다.

28 다윗은 여호와께서 오르난의 타작 마당에서 자기에게 대답해 주신 것을 보고 그곳에서 제사를 드렸습니다.

29 그때에 여호와의 성막과 번제단은 기브온 언덕에 있었습니다. 그 성막은 이스라엘 백성이 광야에 있을 때, 모세가 만든 것입니다.

30 그러나 다윗은 여호와의 천사와 그의 칼이 무서워 그 성막으로 들어가 하나님의 뜻을 여쭈어 볼 수 없었습니다.

다윗이 성전 지을 계획을 세우다

22 다윗이 말했습니다. "이곳에 여호와 하나님의 성전을 짓고 번제단을 쌓을 것이다."

2 다윗이 이스라엘에 사는 모든 외국인을 불러모으라고 명령했습니다. 다윗은 그들 가운데서 석수들

David Builds an Altar

18 •Then the angel of the LORD told Gad to instruct David to go up and build an altar to the LORD on the threshing floor of Araunah
19 the Jebusite. •So David went up to do what the LORD had commanded him through
20 Gad. •Araunah, who was busy threshing wheat at the time, turned and saw the angel there. His four sons, who were with him, ran
21 away and hid. •When Araunah saw David approaching, he left his threshing floor and bowed before David with his face to the ground.

22 •David said to Araunah, "Let me buy this threshing floor from you at its full price. Then I will build an altar to the LORD there, so that he will stop the plague."

23 •"Take it, my lord the king, and use it as you wish," Araunah said to David. "I will give the oxen for the burnt offerings, and the threshing boards for wood to build a fire on the altar, and the wheat for the grain offering. I will give it all to you."

24 •But King David replied to Araunah, "No, I insist on buying it for the full price. I will not take what is yours and give it to the LORD. I will not present burnt offerings that
25 have cost me nothing!" •So David gave Araunah 600 pieces of gold* in payment for the threshing floor.

26 •David built an altar there to the LORD and sacrificed burnt offerings and peace offerings. And when David prayed, the LORD answered him by sending fire from heaven
27 to burn up the offering on the altar. •Then the LORD spoke to the angel, who put the sword back into its sheath.

28 •When David saw that the LORD had answered his prayer, he offered sacrifices
29 there at Araunah's threshing floor. •At that time the Tabernacle of the LORD and the altar of burnt offering that Moses had made in the wilderness were located at the place of
30 worship in Gibeon. •But David was not able to go there to inquire of God, because he was terrified by the drawn sword of the angel of the LORD.

22 Then David said, "This will be the location for the Temple of the LORD God and the place of the altar for Israel's burnt offerings!"

Preparations for the Temple

2 •So David gave orders to call together the foreigners living in Israel, and he assigned

---

21:25   Hebrew *600 shekels of gold,* about 15 pounds or 6.8 kilograms in weight.
21:25 600세겔은 약 6.84kg에 해당된다.

을 뽑아 성전을 짓는 데 필요한 돌을 다듬게 했습
니다.

3 다윗은 쇠를 굉장히 많이 준비했습니다. 그 쇠는 문
짝에 쓸 못과 돌쩌귀를 만드는 데에 쓰였습니다. 다
윗은 또 무게를 달 수 없을 만큼 많은 놋쇠를 준비했
습니다.

4 그리고 셀 수 없이 많은 백향목도 준비했습니다. 그
백향목은 시돈과 두로 사람들이 다윗에게 가져온
것입니다.

5 다윗이 말했습니다. "우리가 여호와를 위해 짓는 성
전은 세상에 이름을 떨칠 수 있을 정도로 크고 아름
다워야 한다. 그런데 내 아들은 아직 어리고 배워야
할 것도 많으므로, 내가 성전 지을 준비를 해 놓아야
겠다." 그래서 다윗은 죽기 전에 필요한 것을 많이
준비해 놓았습니다.

6 그런 다음, 다윗은 자기 아들 솔로몬을 불러서 이스
라엘 하나님 여호와를 위해 성전을 지으라고 일러
주었습니다.

7 다윗이 솔로몬에게 말했습니다. "내 아들아, 나는
하나님 여호와께 예배드릴 성전을 짓고 싶지만,

8 여호와께서 나에게 이렇게 말씀하셨다. '네가 전쟁
을 많이 치르는 동안, 사람을 수없이 죽였으므로,
너는 내 이름을 위하여 성전을 지을 수 없다.

9 그러나 너에게 아들을 줄 것인데, 그는 평화의 사람
이 될 것이다. 내가 사방의 모든 원수로부터 그를 지
킬 것이며, 그에게 평화를 주도록 하겠다. 그 이름
은 솔로몬*이라 하리니, 그가 왕으로 있는 동안, 이
스라엘은 평화와 안정을 누릴 것이다.

10 그가 나의 이름을 위하여 성전을 지을 것이다. 그는
나의 아들이 되고, 나는 그의 아버지가 될 것이다.
그의 나라를 강하게 하며 그의 자손 가운데서 이스
라엘 왕을 세우고 그 보좌가 영원히 이어지게 할 것
이다.'"

11 다윗이 또 말했습니다. "내 아들아, 여호와께서 너
와 함께하시기를 바라고, 너를 번영케 하시기를 바
란다. 여호와께서 너를 두고 말씀하신 대로 네 하나
님을 위해 성전을 짓기를 바란다.

12 또한 여호와께서 너를 이스라엘의 왕으로 세워 주
실 텐데, 아무쪼록 여호와께서 너에게 슬기와 깨달
음을 주셔서 너의 하나님 여호와의 율법을 잘 지킬
수 있게 하시기를 바란다.

13 여호와께서 이스라엘을 위해 모세에게 주신 규례
와 율법을 잘 지켜라. 지키기만 하면 성공할 것이
다. 강하고 용감하여라. 두려워하거나 용기를 잃지
마라.

14 솔로몬아, 내가 어려운 가운데서 여호와의 성전을
짓는 데 필요한 금 십만 달란트*와 은 백만 달란트*

them the task of preparing finished stone for
3 building the Temple of God. ●David provid-
ed large amounts of iron for the nails that
would be needed for the doors in the gates
and for the clamps, and he gave more bronze
4 than could be weighed. ●He also provided
innumerable cedar logs, for the men of Tyre
and Sidon had brought vast amounts of
cedar to David.

5 ●David said, "My son Solomon is still
young and inexperienced. And since the
Temple to be built for the LORD must be a
magnificent structure, famous and glorious
throughout the world, I will begin making
preparations for it now." So David collected
vast amounts of building materials before
his death.

6 ●Then David sent for his son Solomon
and instructed him to build a Temple for the
7 LORD, the God of Israel. ●"My son, I wanted
to build a Temple to honor the name of the
8 LORD my God," David told him. ●"But the
LORD said to me, 'You have killed many
men in the battles you have fought. And
since you have shed so much blood in my
sight, you will not be the one to build a
9 Temple to honor my name. ●But you will
have a son who will be a man of peace. I will
give him peace with his enemies in all the
surrounding lands. His name will be
Solomon,* and I will give peace and quiet to
10 Israel during his reign. ●He is the one who
will build a Temple to honor my name. He
will be my son, and I will be his father. And I
will secure the throne of his kingdom over
Israel forever.'

11 ●"Now, my son, may the LORD be with
you and give you success as you follow his
directions in building the Temple of the
12 LORD your God. ●And may the LORD give
you wisdom and understanding, that you
may obey the Law of the LORD your God as
13 you rule over Israel. ●For you will be success-
ful if you carefully obey the decrees and reg-
ulations that the LORD gave to Israel through
Moses. Be strong and courageous; do not be
afraid or lose heart!

14 ●"I have worked hard to provide materi-
als for building the Temple of the LORD—
nearly 4,000 tons of gold, 40,000 tons of sil-
ver,* and so much iron and bronze that it
cannot be weighed. I have also gathered tim-

22:9 *Solomon* sounds like and is probably
derived from the Hebrew word for "peace."
22:14 Hebrew *100,000 talents* [3,400 metric
tons] *of gold, 1,000,000 talents* [34,000 metric
tons] *of silver.*

22:9 '솔로몬'은 히브리어로 '평화' 라는 뜻이다.
22:14 100,000달란트는 약 3,427에 해당되고,
1,000,000달란트는 약 34,270에 해당된다.

와 무게를 달 수도 없을 만큼, 많은 구리와 쇠를 준비해 놓았다. 또한 나무와 돌도 준비해 놓았다. 그러나 네가 보태야 할 것들이 있다.

15 너에게는 일꾼이 많이 있다. 채석공과 석수와 목수가 있고, 온갖 일을 잘하는 기술자들이 있다.

16 그들은 금과 은과 구리와 쇠로 만드는 일을 잘한다. 기술자는 셀 수도 없이 많다. 이제 일을 시작하여라. 여호와께서 너와 함께하실 것이다.”

17 다윗이 이스라엘의 모든 지도자에게 자기 아들 솔로몬을 도우라고 말했습니다.

18 다윗이 말했습니다. “여러분의 하나님 여호와께서 여러분과 함께 계셔 우리에게 평화를 주셨소. 그리고 이 땅 주민을 나에게 넘겨 주어 여호와와 그의 백성 앞에 굴복시키셨소.

19 이제 여러분은 마음과 정성을 다하여 여러분의 하나님 여호와를 찾으시오. 일어나서 여호와와 하나님의 성소를 지으시오. 여호와께 예배드릴 성전을 지으시오. 그리고 여호와의 언약궤를 성전으로 옮기고 하나님의 거룩한 그릇들도 옮기시오.”

레위 사람

23 다윗이 나이가 많이 들어 늙게 되자 자기 아들 솔로몬을 이스라엘의 새 왕으로 세웠습니다.

2 다윗이 이스라엘의 지도자와 제사장과 레위 사람들을 다 불러모았습니다.

3 삼십 세 이상 된 레위 사람의 수를 계산해 보았더니 모두 삼만 팔천 명이었습니다.

4 이들 가운데 이만 사천 명은 여호와의 성전 일을 맡았고, 육천 명은 관리와 재판관의 일을 맡았습니다.

5 사천 명은 문지기가 되었고, 나머지 사천 명은 다윗이 찬양하는 데에 쓰려고 만든 악기로 여호와를 찬양하는 일을 맡았습니다.

6 다윗은 레위 사람을 레위의 아들인 게르손과 고핫과 므라리의 가문에 따라 세 무리로 나누었습니다.

게르손의 자손

7 게르손 자손 가운데는 라단과 시므이가 있습니다.

8 라단의 맏아들은 여히엘이고, 그 아래로 세담과 요엘이 있습니다.

9 시므이의 아들은 슬로밋과 하시엘과 하란이며 이들은 라단 가문의 지도자입니다.

10 시므이의 다른 아들은 야핫과 시나와 여우스와 브리아입니다.

---

ber and stone for the walls, though you may
15 need to add more. •You have a large number of
skilled stonemasons and carpenters and crafts-
16 men of every kind. •You have expert gold-
smiths and silversmiths and workers of bronze
and iron. Now begin the work, and may the
LORD be with you!"

17 •Then David ordered all the leaders of Israel
18 to assist Solomon in this project. • "The LORD
your God is with you," he declared. "He has
given you peace with the surrounding nations.
He has handed them over to me, and they are
19 now subject to the LORD and his people. •Now
seek the LORD your God with all your heart and
soul. Build the sanctuary of the LORD God so
that you can bring the Ark of the LORD's Cov-
enant and the holy vessels of God into the
Temple built to honor the LORD's name."

Duties of the Levites

23 When David was an old man, he appo-
inted his son Solomon to be king over
2 Israel. •David summoned all the leaders of
3 Israel, together with the priests and Levites. •All
the Levites who were thirty years old or older
were counted, and the total came to 38,000.
4 •Then David said, "From all the Levites, 24,000
will supervise the work at the Temple of the
LORD. Another 6,000 will serve as officials and
5 judges. •Another 4,000 will work as gatekeep-
ers, and 4,000 will praise the LORD with the
6 musical instruments I have made." •Then
David divided the Levites into divisions named
after the clans descended from the three sons of
Levi—Gershon, Kohath, and Merari.

The Gershonites

7 •The Gershonite family units were defined by
their lines of descent from Libni* and Shimei,
8 the sons of Gershon. •Three of the descen-
dants of Libni were Jehiel (the family leader),
9 Zetham, and Joel. •These were the leaders of
the family of Libni.

Three of the descendants of Shimei were
10 Shelomoth, Haziel, and Haran. •Four other
descendants of Shimei were Jahath, Ziza,*

---

craftsman [krǽftsmən] *n.* 장인, 기술자
define [difáin] *vt.* 규정짓다
descent [disént] *n.* 가계, 혈통
sanctuary [sǽŋktʃuèri] *n.* 성소
skilled [skíld] *a.* 숙련된, 기술이 좋은
stonemason [stóunmèisn] *n.* 석공
summon [sʌ́mən] *vt.* 소집하다
vessel [vésəl] *n.* 그릇
22:18 be subject to … : …에 복종하다

23:7 Hebrew *Ladan* (also in 23:8, 9), a variant
spelling of Libni; compare 6:17. 23:10 As in
Greek version and Latin Vulgate (see also 23:11);
Hebrew reads *Zina*.

11 야핫은 맏아들이고, 시사가 둘째 아들입니다. 그러나 여우스와 브리아는 자녀가 많지 않으므로, 그들은 한 집안으로 묶어 취급되었습니다.

고핫의 자손

12 고핫의 아들은 아므람과 이스할과 헤브론과 웃시엘로 모두 네 명입니다.

13 아므람의 아들은 아론과 모세입니다. 아론은 그의 자손과 함께 영원히 구별되었습니다. 그들은 여호와를 섬기는 데 필요한 거룩한 물건인 성물들을 준비하고 여호와 앞에 제물을 바치고 제사장으로서 여호와를 섬기며 영원히 그의 이름으로 복을 빌어 주는 일을 위해 뽑혔습니다.

14 하나님의 사람 모세의 아들들은 레위 지파에만 속했습니다.

15 모세의 아들은 게르솜과 엘리에셀입니다.

16 게르솜의 맏아들은 스브엘입니다.

17 엘리에셀의 맏아들은 르하뱌입니다. 엘리에셀은 다른 아들이 없었으나 르하뱌는 아들이 많았습니다.

18 이스할의 맏아들은 슬로밋이고,

19 헤브론의 맏아들은 여리야입니다. 둘째 아들은 아마랴이고, 셋째 아들은 야하시엘이고, 넷째 아들은 여가므암입니다.

20 웃시엘의 맏아들은 미가이고, 둘째 아들은 잇시야입니다.

므라리 자손

21 므라리의 아들은 마흘리와 무시이며 마흘리의 아들은 엘르아살과 기스입니다.

22 엘르아살은 아들 없이 딸들만 두고 죽었습니다. 엘르아살의 딸들은 사촌인 기스의 아들들과 결혼했습니다.

23 무시의 아들은 마흘리와 에델과 여레못으로 모두 세 명입니다.

레위 사람의 할 일

24 이들이 가문별로 적은 레위의 자손이며 각 가문의 지도자입니다. 이십 세 이상의 사람은 모두 이름이 올라 있습니다. 그들은 여호와의 성전에서 섬기는 일을 했습니다.

25 다윗이 말했습니다. "이스라엘 하나님 여호와께서는 그의 백성을 편안하게 쉴 수 있도록 해 주시며, 영원히 예루살렘에 계실 것이다.

26 그러므로 이제는 레위 사람이 주님의 장막인 성막을 옮길 필요가 없고, 여호와를 섬기는 데에 필요한 물건들도 옮길 필요가 없다."

27 다윗의 마지막 지시는 레위 사람의 수를 세라는 것이었습니다. 그래서 이십 세 이상된 사람의 수를 다 세었습니다.

---

11 Jeush, and Beriah. •Jahath was the family leader, and Ziza was next. Jeush and Beriah were counted as a single family because neither had many sons.

The Kohathites

12 •Four of the descendants of Kohath were Amram, Izhar, Hebron, and Uzziel.

13 •The sons of Amram were Aaron and Moses. Aaron and his descendants were set apart to dedicate the most holy things, to offer sacrifices in the LORD's presence, to serve the LORD, and to pronounce blessings in his name forever.

14 •As for Moses, the man of God, his sons were included with the tribe of Levi.

15 •The sons of Moses were Gershom and Eliezer.

16 •The descendants of Gershom included Shebuel, the family leader.

17 •Eliezer had only one son, Rehabiah, the family leader. Rehabiah had numerous descendants.

18 •The descendants of Izhar included Shelomith, the family leader.

19 •The descendants of Hebron included Jeriah (the family leader), Amariah (the second), Jahaziel (the third), and Jekameam (the fourth).

20 •The descendants of Uzziel included Micah (the family leader) and Isshiah (the second).

The Merarites

21 •The descendants of Merari included Mahli and Mushi.
The sons of Mahli were Eleazar and Kish.

22 •Eleazar died with no sons, only daughters. His daughters married their cousins, the sons of Kish.

23 •Three of the descendants of Mushi were Mahli, Eder, and Jerimoth.

24 •These were the descendants of Levi by clans, the leaders of their family groups, registered carefully by name. Each had to be twenty years old or older to qualify for service in the house of the LORD. •For David

25 said, "The LORD, the God of Israel, has given us peace, and he will always live in Jerusalem.

26 •Now the Levites will no longer need to carry the Tabernacle and its furnishings

27 from place to place." •In accordance with David's final instructions, all the Levites twenty years old or older were registered for service.

---

dedicate [dédikeit] *vt.* 바치다, 헌신하다
furnishing [fɔ́ːrniʃiŋ] *n.* 가구, 비품
pronounce [prənáuns] *vt.* 선언하다
qualify [kwάləfai] *vi.* 자격을 얻다
registered [rédʒistərd] *a.* 등록(등기)한
23:27 in accordance with··· : ···에 따라서

28 레위 사람은 아론의 자손을 돕는 일을 맡았습니다. 그들은 여호와의 성전에서 섬기는 일을 도왔습니다. 성전 뜰과 방을 관리하고 모든 거룩한 것을 깨끗이 하고 그 밖에 하나님의 성전에서 섬기는 모든 일을 맡아 했습니다.

29 상 위에 쌓아 두는 빵인 진설병과 곡식 제물로 쓸 고운 가루와 누룩을 넣지 않고 만든 빵인 무교전병을 관리하는 일이 그들의 몫이었습니다. 그 밖에 굽고 반죽하고 온갖 물건의 부피나 크기를 재는 일도 맡아 했습니다.

30 또한 레위 사람들은 날마다 아침 저녁으로 여호와 앞에 서서 감사드리고 찬양하는 일을 했습니다.

31 그리고 안식일과 초하루와 절기마다 여호와께 태워 드리는 제사인 번제를 드렸습니다. 그들은 규례에 정해진 수효에 따라 날마다 여호와 앞에서 섬겼습니다.

32 이처럼 레위 사람은 만남의 장막인 회막과 거룩한 곳인 성소를 관리하고, 그들의 친척 아론의 자손이 여호와의 성전에서 섬기는 일을 도왔습니다.

제사장의 할 일

24 아론의 자손은 다음과 같이 나뉩니다. 아론의 아들은 나답과 아비후와 엘르아살과 이다말입니다.

2 나답과 아비후는 그들의 아버지보다도 먼저 죽었습니다. 그들은 아들이 없었습니다. 그래서 엘르아살과 이다말이 제사장이 되었습니다.

3 다윗은 엘르아살 가문과 이다말 가문을 둘로 나누어서 따로따로 일을 맡겼습니다. 엘르아살의 자손 사독과 이다말의 자손 아히멜렉이 다윗을 도왔습니다.

4 이다말의 가문보다 엘르아살의 가문에 지도자가 더 많았습니다. 엘르아살의 가문에는 지도자가 열여섯 명 있었고, 이다말의 가문에는 여덟 명 있었습니다.

5 제비를 뽑아 엘르아살과 이다말의 가문에서 사람들을 선택했습니다. 각 가문에서 뽑힌 사람 가운데서 어떤 사람은 거룩한 곳인 성소를 맡고, 어떤 사람은 제사장이 되었습니다.

6 레위 사람이며 느다넬의 아들인 서기관 스마야가 다윗 왕과 제사장 사독과 아비아달의 아들 아히멜렉과 제사장과 레위 사람의 각 가문의 지도자들 앞에서 그 자손들의 이름을 적었습니다. 그리고 제비를 뽑아 엘르아살과 이다말 가문이 맡을 일을 나누었습니다. 그래서 뽑힌 사람은 다음과 같습니다.

7 처음으로 뽑힌 사람은 여호야립이고, 둘째는 여다야입니다.

8 셋째는 하림이고, 넷째는 스오림입니다.

28 • The work of the Levites was to assist the priests, the descendants of Aaron, as they served at the house of the LORD. They also took care of the courtyards and side rooms, helped perform the ceremonies of purification, and served in many other ways in the house of God. • They were in charge of the 29 sacred bread that was set out on the table, the choice flour for the grain offerings, the wafers made without yeast, the cakes cooked in olive oil, and the other mixed breads. They were also responsible to check all the weights and measures. • And each morning and evening 30 they stood before the LORD to sing songs of thanks and praise to him. • They assisted with 31 the burnt offerings that were presented to the LORD on Sabbath days, at new moon celebrations, and at all the appointed festivals. The required number of Levites served in the LORD's presence at all times, following all the procedures they had been given.

32 • And so, under the supervision of the priests, the Levites watched over the Tabernacle and the Temple* and faithfully carried out their duties of service at the house of the LORD.

Duties of the Priests

24 This is how Aaron's descendants, the priests, were divided into groups for service. The sons of Aaron were Nadab, Abihu, Elea-zar, and Ithamar. • But Nadab and Abihu died before 2 their father, and they had no sons. So only Eleazar and Ithamar were left to carry on as priests.

3 • With the help of Zadok, who was a descendant of Eleazar, and of Ahimelech, who was a descendant of Ithamar, David divided Aaron's descendants into groups according to their various duties. • Eleazar's descendants were divided into sixteen groups and Ithamar's into eight, for there were more family leaders among the descendants of Eleazar.

5 • All tasks were assigned to the various groups by means of sacred lots so that no preference would be shown, for there were many qualified officials serving God in the sanctuary from among the descendants of both Eleazar and Ithamar. • Shemaiah son of Nethanel, a 6 Levite, acted as secretary and wrote down the names and assignments in the presence of the king, the officials, Zadok the priest, Ahimelech son of Abiathar, and the family leaders of the priests and Levites. The descendants of Eleazar and Ithamar took turns casting lots.

7 • The first lot fell to Jehoiarib. The second lot fell to Jedaiah.
8 • The third lot fell to Harim. The fourth lot fell to Seorim.
9 • The fifth lot fell to Malkijah. The sixth lot fell to Mijamin.

23:32 Hebrew *the Tent of Meeting and sanctuary.*

9 다섯째는 말기야이고, 여섯째는 미야민입니다.

10 일곱째는 학고스이고, 여덟째는 아비야입니다.

11 아홉째는 예수아이고, 열째는 스가냐입니다.

12 열한째는 엘리아십이고, 열두째는 야김입니다.

13 열셋째는 훕바이고, 열넷째는 예세브압입니다.

14 열다섯째는 빌가이고, 열여섯째는 임멜입니다.

15 열일곱째는 헤실이고, 열여덟째는 합비세스입니다.

16 열아홉째는 브다히야이고, 스무째는 여헤스겔입니다.

17 스물한째는 야긴이고, 스물두째는 가물입니다.

18 스물셋째는 들라야이고, 스물넷째는 마아시야입니다.

19 이들은 여호와의 성전에서 섬기도록 뽑힌 사람입니다. 이들은 이스라엘 하나님 여호와께서 명령하신 대로 아론이 세운 규례에 복종했습니다.

다른 레위 사람

20 나머지 레위 자손의 이름은 이러합니다. 수바엘*은 아므람의 자손이며 수바엘의 자손은 예드야입니다.

21 잇시야는 르하뱌의 맏아들입니다.

22 이스할 가문에는 슬로못*이 있고, 슬로못의 자손은 야핫입니다.

23 헤브론의 맏아들은 여리야이며, 둘째는 아마랴이고, 셋째는 야하시엘이고, 넷째는 여가므암입니다.

24 웃시엘의 아들은 미가이며, 미가의 아들은 사밀입니다.

25 미가의 동생은 잇시야이고, 잇시야의 아들은 스가랴입니다.

26 므라리의 자손은 마흘리와 무시입니다. 야아시야의 아들은 브노입니다.

27 야아시야의 또 다른 아들은 소함과 삭굴과 이브리입니다.

28 마흘리의 아들은 엘르아살이고, 엘르아살은 아들이 없었습니다.

29 기스의 아들은 여라므엘입니다.

30 무시의 아들은 마흘리와 에델과 여리못입니다. 이들이 가문별로 적은 레위 사람입니

---

10 • The seventh lot fell to Hakkoz.
The eighth lot fell to Abijah.

11 • The ninth lot fell to Jeshua.
The tenth lot fell to Shecaniah.

12 • The eleventh lot fell to Eliashib.
The twelfth lot fell to Jakim.

13 • The thirteenth lot fell to Huppah.
The fourteenth lot fell to Jeshebeab.

14 • The fifteenth lot fell to Bilgah.
The sixteenth lot fell to Immer.

15 • The seventeenth lot fell to Hezir.
The eighteenth lot fell to Happizzez.

16 • The nineteenth lot fell to Pethahiah.
The twentieth lot fell to Jehezkel.

17 • The twenty-first lot fell to Jakin.
The twenty-second lot fell to Gamul.

18 • The twenty-third lot fell to Delaiah.
The twenty-fourth lot fell to Maaziah.

19 • Each group carried out its appointed duties in the house of the LORD according to the procedures established by their ancestor Aaron in obedience to the commands of the LORD, the God of Israel.

Family Leaders among the Levites

20 • These were the other family leaders descended from Levi:

From the descendants of Amram, the leader was Shebuel.*
From the descendants of Shebuel, the leader was Jehdeiah.

21 • From the descendants of Rehabiah, the leader was Isshiah.

22 • From the descendants of Izhar, the leader was Shelomith.*
From the descendants of Shelomith, the leader was Jahath.

23 • From the descendants of Hebron, Jeriah was the leader,* Amariah was second, Jahaziel was third, and Jekameam was fourth.

24 • From the descendants of Uzziel, the leader was Micah.
From the descendants of Micah, the leader was Shamir,

25 • along with Isshiah, the brother of Micah.
From the descendants of Isshiah, the leader was Zechariah.

26 • From the descendants of Merari, the leaders were Mahli and Mushi.
From the descendants of Jaaziah, the leader was Beno.

27 • From the descendants of Merari through Jaaziah, the leaders were Beno, Shoham, Zaccur, and Ibri.

28 • From the descendants of Mahli, the leader was Eleazar, though he had no sons.

29 • From the descendants of Kish, the leader was Jerahmeel.

24:20　Hebrew *Shubael* (also in 24:20b), a variant spelling of Shebuel; compare 23:16 and 26:24.　24:22 Hebrew *Shelomoth* (also in 24:22b), a variant spelling of Shelomith; compare 23:18.　24:23　Hebrew *From the descendants of Jeriah;* compare 23:19.

24:20 '스브엘'로도 불렀다(23:16,26:24).
24:22 '슬로밋'으로도 불렀다(23:18).

다.

31 그들도 그들의 친척인 아론 자손의 제사장들처럼 다윗 왕과 사독과 아히멜렉과 제사장과 레위 사람의 각 가문의 지도자들 앞에서 일을 맡기 위해 제비를 뽑았습니다. 맏아들의 집안이나 막내아들의 집안이나 똑같이 제비를 뽑았습니다.

음악을 맡은 사람들

25 다윗과 군대 사령관들이 아삽과 헤만과 여두둔의 자손을 뽑아 하나님의 말씀을 전하면서 수금과 비파와 제금을 연주하게 했습니다. 이런 일을 맡은 사람은 다음과 같습니다.

2 아삽의 아들 삭굴과 요셉과 느다냐와 아사렐라입니다. 다윗 왕은 아삽의 아들들을 뽑아 그들 아버지의 지도하에 왕의 명령을 따라 거룩한 노래를 부르게 했습니다.

3 여두둔의 아들 그달리야와 스리와 여사야와 하사뱌와 맛디디야는 여두둔의 지도를 받았습니다. 여두둔은 하나님의 말씀을 전하면서 수금을 가지고 하나님께 감사와 찬양을 드렸습니다.

4 헤만의 아들은 북기야와 맛다냐와 웃시엘과 스브엘과 여리못과 하나냐와 하나니와 엘리아다와 깃달디와 로암디에셀과 요스브가사와 말로디와 호딜과 마하시옷입니다.

5 이들은 모두 다윗의 선견자 헤만의 아들입니다. 하나님께서는 헤만에게 그를 높여 주겠다고 약속하셨습니다. 그리고 헤만에게 아들 열네 명과 딸 세 명을 주셨습니다.

6 헤만은 아들들을 지도하여 여호와 하나님의 성전에서 제금과 비파와 수금을 연주하며 노래를 하게 했습니다. 그들은 그런 방법으로 하나님의 성전에서 섬기는 일을 했습니다. 아삽과 여두둔과 헤만은 다윗 왕의 지도를 받았습니다.

7 이들과 이들의 친척 레위 사람은 모두 이백팔십팔 명이며 여호와께 찬양하는 일에 익숙한 사람들입니다.

8 각 사람이 제비를 뽑아 성전에서 일할 순서를 정했습니다. 젊은이나 늙은이나 선생이나 배우는 사람이나 모두 똑같이 제비를 뽑았습니다.

9 첫째로 아삽 가문의 요셉과 그의 아들과 친척 열두 명이 뽑혔습니다. 둘째는 그달리야와 그의 아들과 친척 열두 명이 뽑혔습니다.

10 셋째는 삭굴과 그의 아들과 친척 열두 명이 뽑혔습니다.

30 • From the descendants of Mushi, the leaders were Mahli, Eder, and Jerimoth.

These were the descendants of Levi in their various families. • Like the descendants of Aaron, they were assigned to their duties by means of sacred lots, without regard to age or rank. Lots were drawn in the presence of King David, Zadok, Ahimelech, and the family leaders of the priests and the Levites.

Duties of the Musicians

25 David and the army commanders then appointed men from the families of Asaph, Heman, and Jeduthun to proclaim God's messages to the accompaniment of lyres, harps, and cymbals. Here is a list of their names and their work:

2 • From the sons of Asaph, there were Zaccur, Joseph, Nethaniah, and Asarelah. They worked under the direction of their father, Asaph, who proclaimed God's messages by the king's orders.

3 • From the sons of Jeduthun, there were Gedaliah, Zeri, Jeshaiah, Shimei,* Hashabiah, and Mattithiah, six in all. They worked under the direction of their father, Jeduthun, who proclaimed God's messages to the accompaniment of the lyre, offering thanks and praise to the LORD.

4 • From the sons of Heman, there were Bukkiah, Mattaniah, Uzziel, Shubael,* Jerimoth, Hananiah, Hanani, Eliathah, Giddalti, Romamti-ezer, Joshbekashah, Mallothi, Hothir, and Mahazioth. • All these were the sons of Heman, the king's seer, for God had honored him with fourteen sons and three daughters.

6 • All these men were under the direction of their fathers as they made music at the house of the LORD. Their responsibilities included the playing of cymbals, harps, and lyres at the house of God. Asaph, Jeduthun, and Heman reported directly to the king. • They and their families were all trained in making music before the LORD, and each of them—288 in all—was an accomplished musician. • The musicians were appointed to their term of service by means of sacred lots, without regard to whether they were young or old, teacher or student.

9 • The first lot fell to Joseph of the Asaph clan and twelve of his sons and relatives.*
The second lot fell to Gedaliah and twelve of his sons and relatives.

10 • The third lot fell to Zaccur and twelve of his

25:3 As in one Hebrew manuscript and some Greek manuscripts (see also 25:17); most Hebrew manuscripts lack *Shimei.* 25:4 Hebrew *Shebuel,* a variant spelling of Shubael; compare 25:20. 25:9 As in Greek version; Hebrew lacks *and twelve of his sons and relatives.*

11 넷째는 이스리와 그의 아들과 친척 열두 명이 뽑혔습니다.

12 다섯째는 느다냐와 그의 아들과 친척 열두 명이 뽑혔습니다.

13 여섯째는 북기야와 그의 아들과 친척 열두 명이 뽑혔습니다.

14 일곱째는 여사렐라와 그의 아들과 친척 열두 명이 뽑혔습니다.

15 여덟째는 여사야와 그의 아들과 친척 열두 명이 뽑혔습니다.

16 아홉째는 맛다냐와 그의 아들과 친척 열두 명이 뽑혔습니다.

17 열째는 시므이와 그의 아들과 친척 열두 명이 뽑혔습니다.

18 열한째는 아사렐과 그의 아들과 친척 열두 명이 뽑혔습니다.

19 열두째는 하사뱌와 그의 아들과 친척 열두 명이 뽑혔습니다.

20 열셋째는 수바엘과 그의 아들과 친척 열두 명이 뽑혔습니다.

21 열넷째는 맛디디야와 그의 아들과 친척 열두 명이 뽑혔습니다.

22 열다섯째는 여레못과 그의 아들과 친척 열두 명이 뽑혔습니다.

23 열여섯째는 하나냐와 그의 아들과 친척 열두 명이 뽑혔습니다.

24 열일곱째는 요스브가사와 그의 아들과 친척 열두 명이 뽑혔습니다.

25 열여덟째는 하나니와 그의 아들과 친척 열두 명이 뽑혔습니다.

26 열아홉째는 말로디와 그의 아들과 친척 열두 명이 뽑혔습니다.

27 스무째는 엘리아다와 그의 아들과 친척 열두 명이 뽑혔습니다.

28 스물한째는 호딜과 그의 아들과 친척 열두 명이 뽑혔습니다.

29 스물두째는 깃달디와 그의 아들과 친척 열두 명이 뽑혔습니다.

30 스물셋째는 마하시옷과 그의 아들과 친척 열두 명이 뽑혔습니다.

31 스물넷째는 로암디에셀과 그의 아들과 친척 열두 명이 뽑혔습니다.

문지기

26

문지기는 다음과 같이 나뉩니다. 고라가 문에서는 므셀레먀와 그의 아들들입니다. 고레의 아들 므셀레먀는 아삽의 자손입니다.

2 므셀레먀는 아들들이 있었습니다. 맏아들은

11 ● The fourth lot fell to Zeri* and twelve of his sons and relatives.

12 ● The fifth lot fell to Nethaniah and twelve of his sons and relatives.

13 ● The sixth lot fell to Bukkiah and twelve of his sons and relatives.

14 ● The seventh lot fell to Asarelah* and twelve of his sons and relatives.

15 ● The eighth lot fell to Jeshaiah and twelve of his sons and relatives.

16 ● The ninth lot fell to Mattaniah and twelve of his sons and relatives.

17 ● The tenth lot fell to Shimei and twelve of his sons and relatives.

18 ● The eleventh lot fell to Uzziel* and twelve of his sons and relatives.

19 ● The twelfth lot fell to Hashabiah and twelve of his sons and relatives.

20 ● The thirteenth lot fell to Shubael and twelve of his sons and relatives.

21 ● The fourteenth lot fell to Mattithiah and twelve of his sons and relatives.

22 ● The fifteenth lot fell to Jerimoth* and twelve of his sons and relatives.

23 ● The sixteenth lot fell to Hananiah and twelve of his sons and relatives.

24 ● The seventeenth lot fell to Joshbekashah* and twelve of his sons and relatives.

25 ● The eighteenth lot fell to Hanani and twelve of his sons and relatives.

26 ● The nineteenth lot fell to Mallothi and twelve of his sons and relatives.

27 ● The twentieth lot fell to Eliathah and twelve of his sons and relatives.

28 ● The twenty-first lot fell to Hothir and twelve of his sons and relatives.

29 ● The twenty-second lot fell to Giddalti and twelve of his sons and relatives.

30 ● The twenty-third lot fell to Mahazioth and twelve of his sons and relatives.

31 ● The twenty-fourth lot fell to Romamti-ezer and twelve of his sons and relatives.

Duties of the Gatekeepers

26

These are the divisions of the gatekeepers:

From the Korahites, there was Meshelemiah son of Kore, of the family of Abiasaph.* ● The sons of

2 Meshelemiah were Zechariah (the oldest), Jediael (the second), Zebadiah (the third), Jathniel (the

25:8 without regard to⋯ : ⋯와 상관없이

25:11 Hebrew *Izri*, a variant spelling of Zeri; compare 25:3. 25:14 Hebrew *Jesarelah*, a variant spelling of Asarelah; compare 25:2. 25:18 Hebrew *Azarel*, a variant spelling of Uzziel; compare 25:4. 25:22 Hebrew *Jeremoth*, a variant spelling of Jerimoth; compare 25:4. 25:24 Hebrew *Joshbekasha*, a variant spelling of Joshbekashah; compare 25:4. 26:1 As in Greek version (see also Exod 6:24); Hebrew reads *Asaph*.

스가랴이고, 둘째는 여디야엘이고, 셋째는 스바다이고, 넷째는 야드니엘입니다.

3 다섯째는 엘람이고, 여섯째는 여호하난이고, 일곱째는 엘여호에내입니다.

4 오벧에돔과 그의 아들들도 있었습니다. 오벧에돔의 맏아들은 스마야입니다. 둘째는 여호사밧이고, 셋째는 요아이고, 넷째는 사갈이고, 다섯째는 느다넬입니다.

5 여섯째는 암미엘이고, 일곱째는 잇사갈이고, 여덟째는 브울래대입니다. 이들은 하나님께서 오벧에돔을 복 주셔서 주신 자녀들입니다.

6 오벧에돔의 아들 스마야도 아들들이 있었습니다. 그들은 능력 있는 사람들이라 각 집안의 지도자가 되었습니다.

7 스마야의 아들은 오드니와 르바엘과 오벳과 엘사밧과 엘리후와 스마갸입니다. 엘리후와 스마갸는 능력 있는 사람입니다.

8 이들은 모두 오벧에돔의 자손입니다. 그들과 그들의 아들과 친척들은 맡은 일을 잘 할 수 있는 능력이 있는 사람들입니다. 오벧에돔의 자손은 모두 육십 명입니다.

9 므셀레먀도 아들과 친척이 있었습니다. 그들도 능력 있는 사람들이며 모두 열여덟 명입니다.

10 므라리의 자손 호사의 아들들 가운데는 시므리가 우두머리입니다. 그는 맏아들은 아니었으나, 그의 아버지가 그를 우두머리로 삼았습니다.

11 그의 둘째 아들은 힐기야입니다. 셋째 아들은 드발리야이고, 넷째는 스가랴입니다. 호사의 아들과 친척은 모두 열세 명입니다.

12 이들이 각 가문별 우두머리로 문지기가 된 자들입니다. 이들은 그 친척과 마찬가지로 여호와의 성전에서 섬기는 일을 맡았습니다.

13 이들은 제비를 뽑아 각 가문이 지킬 문을 정했습니다. 젊은이나 늙은이나 똑같이 제비를 뽑았습니다.

14 셀레먀는 제비를 뽑아 동문을 지키게 되었습니다. 그의 아들 스가랴는 슬기로운 참모인데, 제비를 뽑아 북문을 지키게 되었습니다.

15 오벧에돔은 남문을 지키게 되었고, 그의 아들들은 창고를 지키게 되었습니다.

16 숩빔과 호사는 서문과 함께 길가에 있는 '실래겟 문'도 지키게 되었습니다. 문지기들은 나란히 늘어서서 자기들이 지킬 곳을 지켰습니다.

17 동문은 날마다 레위 사람 여섯 명이 지켰고, 북문은 네 명, 남문도 네 명, 창고에는 각각 두 명씩 서서 날마다 지켰습니다.

18 서쪽 뜰에서 두 명이 지켰고, 뜰로 가는 길에서

---

3 fourth), •Elam (the fifth), Jehohanan (the sixth), and Eliehoenai (the seventh).

•The sons of Obed-edom, also gatekeepers, were Shemaiah (the oldest), Jehozabad (the second), Joah (the third), Sacar (the fourth),

5 Nethanel (the fifth), •Ammiel (the sixth), Issachar (the seventh), and Peullethai (the eighth). God had richly blessed Obed-edom.

6 •Obed-edom's son Shemaiah had sons with great ability who earned positions of

7 great authority in the clan. •Their names were Othni, Rephael, Obed, and Elzabad. Their relatives, Elihu and Semakiah, were also very capable men.

8 •All of these descendants of Obed-edom, including their sons and grandsons—sixty-two of them in all—were very capable men, well qualified for their work.

9 •Meshelemiah's eighteen sons and relatives were also very capable men.

10 •Hosah, of the Merari clan, appointed Shimri as the leader among his sons, though he was

11 not the oldest. •His other sons included Hilkiah (the second), Tebaliah (the third), and Zechariah (the fourth). Hosah's sons and relatives, who served as gatekeepers, numbered thirteen in all.

12 •These divisions of the gatekeepers were named for their family leaders, and like the other Levites, they served at the house of

13 LORD. •They were assigned by families for guard duty at the various gates, without regard to age or training, for it was all decided by means of sacred lots.

14 •The responsibility for the east gate went to Meshelemiah* and his group. The north gate was assigned to his son Zechariah, a man of

15 unusual wisdom. •The south gate went to Obed-edom, and his sons were put in charge of

16 the storehouse. •Shuppim and Hosah were assigned the west gate and the gateway leading up to the Temple.* Guard duties were divided

17 evenly. •Six Levites were assigned each day to the east gate, four to the north gate, four to the

18 south gate, and two pairs at the storehouse. •Six were assigned each day to the west gate, four to the gateway leading up to the Temple, and two

---

administrative [ædmínəstrèitiv] a. 관리의
assign [əsáin] vt. 할당하다
authority [ɔːθɔ́rəti] n. 권위
capable [kéipəbl] a. 능력있는
evenly [íːvənli] ad. 균등히; 공평히
genealogical [dʒìːniəládʒikəl] a. 족보의, 계보의

26:14   Hebrew *Shelemiah*, a variant spelling of Meshelemiah; compare 26:2.   26:16   Or *the gate of Shalleketh on the upper road* (also in 26:18). The meaning of the Hebrew is uncertain.

는 네 명이 지켰습니다.

19 이것이 고라와 므라리 가문의 문지기 업무입니다.

다른 지도자들

20 레위 사람은 하나님의 성전 창고와 거룩한 물건인 성물들을 보관해 두는 곳을 맡았습니다.

21 게르손의 아들 라단은 여러 가문의 조상입니다. 그 가운데 한 가문의 지도자가 여히엘리인데,

22 여히엘리의 아들은 스담과 그의 동생 요엘입니다. 이들은 여호와의 성전 창고를 맡았습니다.

23 아므람과 이스할과 헤브론과 웃시엘 가문에서도 지도자들을 뽑았습니다.

24 모세의 아들 게르손의 자손 스브엘이 성전 창고의 책임자입니다.

25 그의 친척 가운데 엘리에셀의 자손은 이러합니다. 엘리에셀의 아들은 르하뱌이고, 르하뱌의 아들은 여사야이고, 여사야의 아들은 요람이고, 요람의 아들은 시그리이고, 시그리의 아들은 슬로못입니다.

26 슬로못과 그의 친척은 성전에 바친 모든 것, 곧 다윗 왕과 각 가문의 지도자와 군인 천 명을 거느리는 천부장과 군인 백 명을 거느리는 백부장과 지휘관들이 성전에 바친 모든 것을 관리했습니다.

27 그들은 또 전쟁에서 빼앗은 물건도 여호와의 성전을 고치는 데에 쓰라고 바쳤습니다.

28 슬로못과 그의 친척은 거룩한 물건인 성물들을 관리했습니다. 그 가운데 어떤 것은 선견자 사무엘과 기스의 아들 사울과 넬의 아들 아브넬과 스루야의 아들 요압이 바친 것도 있었습니다.

29 이스할 가문 사람 그나냐와 그의 아들들은 성전 밖에서 일했습니다. 그들은 이스라엘의 여러 곳에서 관리와 재판관으로 일했습니다.

30 헤브론 가문 사람 하사뱌와 그의 친척은 요단 강 서쪽 이스라엘에서 여호와의 일과 왕을 섬기는 일을 감독했습니다. 하사뱌의 가문에는 능력 있는 사람 천칠백 명이 있었습니다.

31 헤브론 가문에서는 여리야가 지도자입니다. 다윗이 왕으로 있은 지 사실 년째 되던 해에 족보에 따라 헤브론 가문의 능력 있는 사람들을 길르앗 땅 야셀에서 찾아 냈습니다.

32 여리야의 친척 이천칠백 명은 능력 있는 사람들이며 각 집안의 지도자들입니다. 다윗 왕

to the courtyard.*

19 • These were the divisions of the gatekeepers from the clans of Korah and Merari.

Treasurers and Other Officials

20 • Other Levites, led by Ahijah, were in charge of the treasuries of the house of God and the trea-

21 suries of the gifts dedicated to the LORD. • From the family of Libni* in the clan of Gershon, Jehiel* was

22 the leader. • The sons of Jehiel, Zetham and his brother Joel, were in charge of the treasuries of the house of the LORD.

23 • These are the leaders that descended from Amram, Izhar, Hebron, and Uzziel:

24 • From the clan of Amram, Shebuel was a descendant of Gershom son of Moses. He was the

25 chief officer of the treasuries. • His relatives through Eliezer were Rehabiah, Jeshaiah, Joram, Zicri, and Shelomoth.

26 • Shelomoth and his relatives were in charge of the treasuries containing the gifts that King David, the family leaders, and the generals and captains* and other officers of the army had

27 dedicated to the LORD. • These men dedicated some of the plunder they had gained in battle

28 to maintain the house of the LORD. • Shelomoth* and his relatives also cared for the gifts dedicated to the LORD by Samuel the seer, Saul son of Kish, Abner son of Ner, and Joab son of Zeruiah. All the other dedicated gifts were in their care, too.

29 • From the clan of Izhar came Kenaniah. He and his sons were given administrative responsibilities* over Israel as officials and judges.

30 • From the clan of Hebron came Hashabiah. He and his relatives—1,700 capable men—were put in charge of the Israelite lands west of the Jordan River. They were responsible for all matters related to the things of the LORD and the service of the king in that area.

31 • Also from the clan of Hebron came Jeriah,* who was the leader of the Hebronites according to the genealogical records. (In the fortieth year of David's reign, a search was made in the records, and capable men from the clan of Hebron were found at Jazer in the land of

32 Gilead.) • There were 2,700 capable men among the relatives of Jeriah. King David sent them to the east side of the Jordan River and

---

26:18 Or *the colonnade.* The meaning of the Hebrew is uncertain. 26:21a Hebrew *Ladan,* a variant spelling of Libni; compare 6:17. 26:21b Hebrew *Jehieli* (also in 26:22), a variant spelling of Jehiel; compare 23:8. 26:26 Hebrew *the commanders of thousands and of hundreds.* 26:28 Hebrew *Shelomith,* a variant spelling of Shelomoth. 26:29 Or *were given outside work;* or *were given work away from the Temple area.* 26:31 Hebrew *Jerijah,* a variant spelling of Jeriah; compare 23:19.

은 그들에게 르우벤과 갓과 동쪽 므낫세 반 지파를 관리할 책임을 맡겼습니다. 그래서 그들은 모든 하나님의 일과 왕의 일을 맡아서 했습니다.

군대의 여러 갈래

27 군대에서 일하며 왕을 섬긴 이스라엘 백성의 이름은 이러합니다. 각 부대는 한 해에 한 달씩 당번을 맡았습니다. 각 부대에는 가문의 지도자와 군인 백 명을 거느리는 백부장과 군인 천 명을 거느리는 천부장과 그 밖의 지휘관들을 합하여 모두 이만 사천 명이 속해 있었습니다.

2 첫째 달에 일할 첫째 부대는 삽디엘의 아들 야소브암이 맡았습니다. 이 부대에는 모두 이만 사천 명이 있었습니다.

3 야소브암은 베레스의 자손으로서 첫째 달에 일할 모든 지휘관의 우두머리입니다.

4 둘째 달에 일할 둘째 부대는 아호아 사람 도대가 맡았습니다. 이 부대의 부지휘관은 미글롯입니다. 도대의 부대에는 모두 이만 사천 명이 있었습니다.

5 셋째 달에 일할 셋째 부대는 제사장 여호야다의 아들 브나야가 맡았습니다. 이 부대에는 모두 이만 사천 명이 있었습니다.

6 브나야는 '삼십 명의 용사' 가운데 한 사람으로서 그 삼십 명의 용사를 지휘한 바로 그 브나야입니다. 브나야의 아들 암미사밧이 그의 부대를 지휘했습니다.

7 넷째 달에 일할 넷째 부대는 요압의 동생 아사헬이 맡았습니다. 아사헬의 뒤를 이어 그의 아들 스바댜가 지휘관이 되었습니다. 이 부대에는 모두 이만 사천 명이 있었습니다.

8 다섯째 달에 일할 다섯째 부대는 이스라 가문 사람 삼훗이 맡았습니다. 이 부대에는 모두 이만 사천 명이 있었습니다.

9 여섯째 달에 일할 여섯째 부대는 드고아 사람 익게스의 아들 이라가 맡았습니다. 이 부대에는 모두 이만 사천 명이 있었습니다.

10 일곱째 달에 일할 일곱째 부대는 에브라임 자손인 발론 사람 헬레스가 맡았습니다. 이 부대에는 모두 이만 사천 명이 있었습니다.

11 여덟째 달에 일할 여덟째 부대는 세라 자손인 후사 사람 십브개가 맡았습니다. 이 부대에는 모두 이만 사천 명이 있었습니다.

12 아홉째 달에 일할 아홉째 부대는 베냐민 자손 아나돗 사람 아비에셀이 맡았습니다. 이 부대에는 모두 이만 사천 명이 있었습니다.

put them in charge of the tribes of Reuben and Gad and the half-tribe of Manasseh. They were responsible for all matters related to God and to the king.

Military Commanders and Divisions

27 This is the list of Israelite generals and captains,* and their officers, who served the king by supervising the army divisions that were on duty each month of the year. Each division served for one month and had 24,000 troops.

2 •Jashobeam son of Zabdiel was commander of the first division of 24,000 troops, which was on duty during the first month. 3 •He was a descendant of Perez and was in charge of all the army officers for the first month.

4 •Dodai, a descendant of Ahoah, was commander of the second division of 24,000 troops, which was on duty during the second month. Mikloth was his chief officer.

5 •Benaiah son of Jehoiada the priest was commander of the third division of 24,000 troops, which 6 was on duty during the third month. •This was the Benaiah who commanded David's elite military group known as the Thirty. His son Ammizabad was his chief officer.

7 •Asahel, the brother of Joab, was commander of the fourth division of 24,000 troops, which was on duty during the fourth month. Asahel was succeeded by his son Zebadiah.

8 •Shammah* the Izrahite was commander of the fifth division of 24,000 troops, which was on duty during the fifth month.

9 Ira son of Ikkesh from Tekoa was commander of the sixth division of 24,000 troops, which was on duty during the sixth month.

10 Helez, a descendant of Ephraim from Pelon, was commander of the seventh division of 24,000 troops, which was on duty during the seventh month.

11 Sibbecai, a descendant of Zerah from Hushah, was commander of the eighth division of 24,000 troops, which was on duty during the eighth month.

12 •Abiezer from Anathoth in the territory of Benjamin was commander of the ninth division of 24,000 troops, which was on duty during the ninth month.

division [divíʒən] *n.* 사단, 전대(戰隊)
related [riléitid] *a.* 관련된
succeed [səksíːd] *vt.* 계승하다; …의 후임이 되다
supervise [súːpərvàiz] *vt.* 감독하다
troop [trúːp] *n.* 무리, 군대
27:3 in charge of … : …을 맡고 있는
27:4 on duty : 당번으로

27:1 Hebrew *commanders of thousands and of hundreds.* 27:8 Hebrew *Shamhuth,* a variant spelling of Shammah; compare 11:27 and 2 Sam 23:25.

13 열째 달에 일할 열째 부대는 세라 자손 느도바 사람 마하래가 맡았습니다. 이 부대에는 모두 이만 사천 명이 있었습니다.

14 열한째 달에 일할 열한째 부대는 에브라임 자손 비라돈 사람 브나야가 맡았습니다. 이 부대에는 모두 이만 사천 명이 있었습니다.

15 열두째 달에 일할 열두째 부대는 옷니엘 가문의 느도바 사람 헬대가 맡았습니다. 이 부대에는 모두 이만 사천 명이 있었습니다.

각 지파의 지도자

16 이스라엘 각 지파의 지도자는 이러합니다. 르우벤 지파의 지도자는 시그리의 아들 엘리에셀이고, 시므온 지파의 지도자는 마아가의 아들 스바댜입니다.

17 레위 지파의 지도자는 그무엘의 아들 하사뱌이고, 아론 자손의 지도자는 사독입니다.

18 유다 지파의 지도자는 다윗의 형 엘리후이고, 잇사갈 지파의 지도자는 미가엘의 아들 오므리입니다.

19 스불론 지파의 지도자는 오바댜의 아들 이스마야이고, 납달리 지파의 지도자는 아스리엘의 아들 여레못입니다.

20 에브라임 지파의 지도자는 아사시야의 아들 호세아이고, 서쪽 므낫세 반 지파의 지도자는 브다야의 아들 요엘입니다.

21 길르앗의 므낫세 반 지파의 지도자는 스가랴의 아들 잇도이고, 베냐민 지파의 지도자는 아브넬의 아들 야아시엘입니다.

22 단 지파의 지도자는 여로함의 아들 아사렐입니다. 이들이 이스라엘 각 지파의 지도자입니다.

23 여호와께서는 이스라엘 백성을 하늘의 별처럼 많게 해 주시겠다고 약속하셨습니다. 그래서 다윗은 이십 세 이상의 사람들의 수만 세었습니다.

24 스루야의 아들 요압이 인구 조사를 시작했지만 끝마치지는 못했습니다. 이는 백성의 수를 헤아린 일로 하나님께서 이스라엘에게 노하셨기 때문입니다. 그래서 다윗 왕의 통치를 적은 역사책에는 백성의 숫자가 적혀 있지 않습니다.

왕의 신하

25 아디엘의 아들 아스마웻은 왕의 창고를 맡았습니다. 웃시야의 아들 요나단은 들과 성과 마을과 요새에 있는 창고를 맡았습니다.

26 글룹의 아들 에스리는 밭에서 농사짓는 사람들을 맡았습니다.

27 라마 사람 시므이는 포도밭을 맡았습니다. 스밤 사람 삽디는 포도밭에서 나는 포도주를 저장하

---

13 •Maharai, a descendant of Zerah from Netophah, was commander of the tenth division of 24,000 troops, which was on duty during the tenth month.

14 •Benaiah from Pirathon in Ephraim was commander of the eleventh division of 24,000 troops, which was on duty during the eleventh month.

15 •Heled,* a descendant of Othniel from Netophah, was commander of the twelfth division of 24,000 troops, which was on duty during the twelfth month.

Leaders of the Tribes

16 •The following were the tribes of Israel and their leaders:

Tribe	Leader
Reuben	Eliezer son of Zicri
Simeon	Shephatiah son of Maacah
17 • Levi	Hashabiah son of Kemuel
Aaron (the priests)	Zadok
18 • Judah	Elihu (a brother of David)
Issachar	Omri son of Michael
19 • Zebulun	Ishmaiah son of Obadiah
Naphtali	Jeremoth son of Azriel
20 • Ephraim	Hoshea son of Azaziah
Manasseh (west)	Joel son of Pedaiah
21 • Manasseh in Gilead (east)	Iddo son of Zechariah
Benjamin	Jaasiel son of Abner
22 • Dan	Azarel son of Jeroham

These were the leaders of the tribes of Israel.

23 •When David took his census, he did not count those who were younger than twenty years of age, because the LORD had promised to make the Israelites as numerous as the stars in

24 heaven. •Joab son of Zeruiah began the census but never finished it because* the anger of God fell on Israel. The total number was never recorded in King David's official records.

Officials of David's Kingdom

25 •Azmaveth son of Adiel was in charge of the palace treasuries.
Jonathan son of Uzziah was in charge of the regional treasuries throughout the towns, villages, and fortresses of Israel.

26 •Ezri son of Kelub was in charge of the field workers who farmed the king's lands.

27 •Shimei from Ramah was in charge of the king's vineyards.
Zabdi from Shepham was responsible for the grapes and the supplies of wine.

---

fortress [fɔ́:rtris] *n.* 요새: 요새지
treasury [tréʒəri] *n.* 국고, 보고(寶庫)

27:15 Hebrew *Heldai,* a variant spelling of Heled; compare 11:30 and 2 Sam 23:29. 27:24 Or *never finished it, and yet.*

는 일을 맡았습니다.

28 게델 사람 바알하난은 서쪽 평야의 올리브 나무와 뽕나무를 맡았고, 요아스는 기름 창고를 맡았습니다.

29 사론 사람 시드래는 사론 평야에서 키우는 소 떼를 맡았습니다. 아들래의 아들 사밧은 골짜기의 소 떼를 맡았습니다.

30 이스마엘 사람 오빌은 낙타를 맡았습니다. 메로놋 사람 예드야는 나귀를 맡았습니다.

31 하갈 사람 야시스는 양 떼를 맡았습니다. 이들이 다윗 왕의 재산을 관리한 사람들입니다.

32 다윗의 삼촌 요나단은 다윗의 상담자입니다. 그는 슬기로운 사람이며 율법 선생님입니다. 학모니의 아들 여히엘은 왕자들을 보살폈습니다.

33 아히도벨은 왕의 조언자입니다. 아렉 사람 후새는 왕의 친구입니다.

34 여호야다와 아비아달은 아히도벨의 뒤를 이어 왕의 조언자가 되었습니다. 여호야다는 브나야의 아들입니다. 요압은 왕의 군대 사령관입니다.

다윗이 성전 지을 계획을 세우다

28 다윗이 이스라엘의 모든 지도자를 예루살렘으로 불러모았습니다. 부름을 받은 사람은 다음과 같습니다. 각 지파의 지도자와 왕을 섬기는 각 부대의 지휘관과 군인 천 명을 거느리는 천부장과 군인 백 명을 거느리는 백부장과 왕과 왕자의 재산과 가축을 돌보는 신하, 왕궁 관리들, 강하고 용감한 용사들이 부름받은 사람입니다.

2 다윗 왕이 일어나서 말했습니다. "내 형제들과 내 백성이여, 내 말을 들으시오. 나는 여호와의 언약궤를 놓아 둘 집을 지으려 하오. 그것은 우리 하나님의 발판이 될 것이오. 나는 하나님께 예배드릴 성전을 지으려고 준비해 왔소.

3 그러나 하나님께서는 나에게 '너는 나에게 예배드릴 성전을 지을 수 없다. 너는 군인으로서 너무나 많은 사람을 죽였기 때문에 그 일을 할 수 없다'고 말씀하셨소.

4 이스라엘 하나님 여호와께서는 우리 온 가문 중에서 나를 뽑아 영원히 이스라엘의 왕이 되게 해 주셨소. 여호와께서는 유다 지파를 지도자로 뽑으시고 유다 자손 가운데서 내 아버지의 집안을 뽑으셨소. 특별히 그 집안 가운데서도 나를 이스라엘의 왕으로 세우시기를 기뻐하셨소.

5 여호와께서는 나에게 아들을 많이 주시고, 그

28 • Baal-hanan from Geder was in charge of the king's olive groves and sycamore-fig trees in the foothills of Judah.*
Joash was responsible for the supplies of olive oil.

29 • Shitrai from Sharon was in charge of the cattle on the Sharon Plain.
Shaphat son of Adlai was responsible for the cattle in the valleys.

30 • Obil the Ishmaelite was in charge of the camels.
Jehdeiah from Meronoth was in charge of the donkeys.

31 • Jaziz the Hagrite was in charge of the king's flocks of sheep and goats.
All these officials were overseers of King David's property.

32 • Jonathan, David's uncle, was a wise counselor to the king, a man of great insight, and a scribe. Jehiel the Hacmonite was responsible for teaching the king's sons. • Ahithophel was the royal adviser. Hushai the Arkite was the king's friend. • Ahithophel was succeeded by Jehoiada son of Benaiah and by Abiathar. Joab was commander of the king's army.

David's Instructions to Solomon

28 David summoned all the officials of Israel to Jerusalem—the leaders of the tribes, the commanders of the army divisions, the other generals and captains,* the overseers of the royal property and livestock, the palace officials, the mighty men, and all the other brave warriors in the kingdom. • David rose to his feet and said: "My brothers and my people! It was my desire to build a Temple where the Ark of the LORD's Covenant, God's footstool, could rest permanently. I made the necessary preparations for building it, • but God said to me, 'You must not build a Temple to honor my name, for you are a warrior and have shed much blood.'

4 • "Yet the LORD, the God of Israel, has chosen me from among all my father's family to be king over Israel forever. For he has chosen the tribe of Judah to rule, and from among the families of Judah he chose my father's family. And from among my father's sons the LORD was pleased to make me king over all Israel. • And from among my sons—for the LORD has given me many—he chose Solomon to succeed me on the throne of

---

grove [gróuv] *n.* 과수원
insight [ínsàit] *n.* 통찰력, 식견
overseer [óuvərsì:ər] *n.* 감독관
permanently [pə́:rmənəntli] *ad.* 영구히
scribe [skráib] *n.* 필사자; 서기관
shed [ʃéd] *vt.* (피, 눈물 등을) 흘리다
supply [səplái] *n.* 공급품; 재고품, 비축물자

27:28 Hebrew *the Shephelah.* 28:1 Hebrew *the commanders of thousands and commanders of hundreds.*

아들들 가운데서 솔로몬을 뽑으셨소. 솔로몬은 여호와의 나라인 이스라엘의 왕이 될 것이오.

6 여호와께서 나에게 말씀하셨소. '네 아들 솔로몬이 나의 성전을 짓고 성전 뜰을 만들 것이다. 내가 솔로몬을 뽑아 내 아들로 삼았으니, 내가 그의 아버지가 되어 주겠다.

7 솔로몬이 지금처럼 앞으로도 내 율법과 명령을 잘 지키면, 나는 그의 나라를 영원히 세워줄 것이다.'"

8 다윗이 또 말했습니다. "그러므로 온 이스라엘 앞에서 그리고 하나님 앞에서 여러분의 하나님 여호와의 명령을 잘 지키시오. 그러면 이 좋은 땅을 차지할 수 있을 것이고, 여러분의 자손에게 이 땅을 영원토록 넘겨 줄 수 있을 것이오.

9 나의 아들 솔로몬아, 네 조상의 하나님을 모셔 들이고 마음을 다하여 기쁨으로 하나님을 섬겨라. 여호와께서는 모든 사람의 마음을 다 아시고 사람의 생각도 다 헤아리신다. 하나님께 도움을 구하면 대답을 얻을 수 있을 것이다. 그러나 그에게서 떠나가면 그도 너를 영원히 버리실 것이다.

10 솔로몬아, 여호와께서 성소가 될 성전을 짓게 하시려고 너를 뽑으셨다는 것을 알아야 한다. 힘을 내서 성전 짓는 일을 마쳐라."

11 그런 다음, 다윗은 그의 아들 솔로몬에게 성전의 설계도를 주었습니다. 그것은 성전 둘레의 현관과 성전 건물과 창고, 그리고 윗방과 내실의 설계도였습니다. 그리고 속죄소의 설계도도 주었습니다.

12 또한 성령께서 그에게 가르쳐 준 성전 짓는 일에 관한 모든 것, 즉 여호와의 성전 둘레의 뜰과 성전 안의 모든 방과 성전 창고와 성전에서 쓰는 거룩한 물건인 성물들을 보관할 창고의 설계도를 주었습니다.

13 다윗은 솔로몬에게 제사장과 레위 사람의 업무에 대해서 또 여호와의 성전에서 해야 하는 모든 일에 대해서, 그리고 성전 예배 때에 쓰는 모든 물건에 대해서 설명해 주었습니다.

14 성전에서는 금이나 은으로 만든 물건들을 많이 쓰게 될 텐데 다윗은 그 물건들을 만들 때, 금이나 은이 어느 만큼씩 들어가는지도 설명해 주었습니다.

15 금등잔대와 금등잔 하나에 금이 얼마씩 들어가며, 은등잔대와 은등잔 하나에 은이 얼마씩 들어가는지도 설명해 주었습니다. 등잔대나 등잔은 어디에 쓰느냐에 따라서 무게나 모양이 달랐습니다.

16 다윗은 또 진설병을 놓는 상에는 금이 얼마씩 들

Israel and to rule over the LORD's kingdom.

6 •He said to me, 'Your son Solomon will build my Temple and its courtyards, for I have chosen him as my son, and I will be his father.

7 •And if he continues to obey my commands and regulations as he does now, I will make his kingdom last forever.'

8 •"So now, with God as our witness, and in the sight of all Israel—the LORD's assembly—I give you this charge. Be careful to obey all the commands of the LORD your God, so that you may continue to possess this good land and leave it to your children as a permanent inheritance.

9 •"And Solomon, my son, learn to know the God of your ancestors intimately. Worship and serve him with your whole heart and a willing mind. For the LORD sees every heart and knows every plan and thought. If you seek him, you will find him. But if you forsake

10 him, he will reject you forever. •So take this seriously. The LORD has chosen you to build a Temple as his sanctuary. Be strong, and do the work."

11 •Then David gave Solomon the plans for the Temple and its surroundings, including the entry room, the storerooms, the upstairs rooms, the inner rooms, and the inner sanctuary—which was the place of atonement.

12 •David also gave Solomon all the plans he had in mind* for the courtyards of the LORD's Temple, the outside rooms, the treasuries, and the rooms for the gifts dedicated to the LORD.

13 •The king also gave Solomon the instructions concerning the work of the various divisions of priests and Levites in the Temple of the LORD. And he gave specifications for the items in the Temple that were to be used for worship.

14 •David gave instructions regarding how much gold and silver should be used to make

15 the items needed for service. •He told Solomon the amount of gold needed for the gold lampstands and lamps, and the amount of silver for the silver lampstands and lamps, depend-

16 ing on how each would be used. •He designated the amount of gold for the table on which the Bread of the Presence would be placed and the amount of silver for other tables.

---

assembly [əsémbli] *n.* 집회, 총회, 모임
atonement [ətóunmənt] *n.* 속죄
designate [dézignèit] *vt.* 명시하다, 지시하다
forsake [fərséik] *vt.* (도움 등을) 저버리다
inheritance [inhérətəns] *n.* 상속, 유업
intimately [íntəmətli] *ad.* 친밀히; 충심으로
specification [spèsəfikéiʃən] *n.* 설계서, 설명서

28:12 Or *the plans of the spirit that was with him.*

어가며, 은상에는 은이 얼마씩 들어가는지도 설명해 주었습니다.

17 또 갈고리와 접시와 주전자에는 순금이 얼마씩 들어가며, 금잔에는 금이 얼마씩 들어가며, 은잔에는 은이 얼마씩 들어가는지도 설명해 주었습니다.

18 또 향을 피우는 제단인 향단에 순금이 얼마나 들어가는지도 설명해 주었습니다. 그리고 금수레의 설계도 주었습니다. 그 수레는 날개 달린 생물인 그룹이 여호와의 언약궤 위에서 날개를 펴고 있는 것입니다.

19 다윗이 말했습니다. "이 모든 설계도는 여호와께서 친히 손으로 써서 나에게 알려 주셨다."

20 다윗이 또 그의 아들 솔로몬에게 말했습니다. "강하고 용감한 마음으로 이 일을 하여라. 두려워하거나 용기를 잃지 마라. 나의 하나님 여호와께서 너와 함께 계시니 성전 짓는 모든 일을 마칠 때까지 너를 도우실 것이다. 너를 떠나지 않으실 것이다.

21 제사장과 레위 사람들도 하나님의 성전을 짓는 데 필요한 모든 일을 할 준비가 다 되어 있다. 모든 기술자들이 너를 도울 것이고, 지도자들과 모든 백성이 네 명령에 복종할 것이다."

성전을 짓기 위해 바친 예물

29 다윗이 모여 있는 모든 이스라엘 백성에게 말했습니다. "하나님께서 내 아들 솔로몬을 선택하셨습니다. 솔로몬은 아직 젊고, 배울 것도 다 배우지 못했습니다. 그러나 이 일은 중요합니다. 왜냐하면 이 성전은 인간을 위한 집이 아니라 하나님을 위한 집이기 때문입니다.

2 나는 모든 힘을 다해 하나님의 성전 짓는 일을 준비했습니다. 금으로 만들 물건을 위해 금을 준비했고, 은으로 만들 물건을 위해 은을 준비했습니다. 구리로 만들 물건을 위해 구리를 준비했으며, 쇠로 만들 물건을 위해 쇠를 준비했습니다. 또 나무로 만들 물건을 위해 나무도 준비했습니다. 박아 끼울 마노와 옥도 준비했고, 색깔이 있는 돌과 여러 가지 보석과 대리석도 많이 준비했습니다.

3 나는 이미 이 모든 것을 성전을 위해 바쳤습니다. 뿐만 아니라 오직 하나님의 성전 짓기를 바라는 마음으로 내가 가지고 있던 은과 금도 바쳤습니다.

4 곧 오빌의 금 삼천 달란트*와 순은 칠천 달란트*로, 이것을 가지고 성전의 벽을 입힐 것입니다.

5 또한 온갖 금기구와 은기구도 만들 것입니다.

17 • David also designated the amount of gold for the solid gold meat hooks used to handle the sacrificial meat and for the basins, pitchers, and dishes, as well as the amount of silver for every 18 dish. • He designated the amount of refined gold for the altar of incense. Finally, he gave him a plan for the LORD's "chariot"—the gold cherubim* whose wings were stretched out over 19 the Ark of the LORD's Covenant. • "Every part of this plan," David told Solomon, "was given to me in writing from the hand of the LORD.*"

20 • Then David continued, "Be strong and courageous, and do the work. Don't be afraid or discouraged, for the LORD God, my God, is with you. He will not fail you or forsake you. He will see to it that all the work related to the Temple 21 of the LORD is finished correctly. • The various divisions of priests and Levites will serve in the Temple of God. Others with skills of every kind will volunteer, and the officials and the entire nation are at your command."

Gifts for Building the Temple

29 Then King David turned to the entire assembly and said, "My son Solomon, whom God has clearly chosen as the next king of Israel, is still young and inexperienced. The work ahead of him is enormous, for the Temple he will build is not for mere mortals—it is for 2 the LORD God himself! • Using every resource at my command, I have gathered as much as I could for building the Temple of my God. Now there is enough gold, silver, bronze, iron, and wood, as well as great quantities of onyx, other precious stones, costly jewels, and all kinds of fine stone and marble.

3 • "And now, because of my devotion to the Temple of my God, I am giving all of my own private treasures of gold and silver to help in the construction. This is in addition to the building 4 materials I have already collected for his holy Temple. • I am donating more than 112 tons of gold* from Ophir and 262 tons of refined silver* to be used for overlaying the walls of the build- 5 ings • and for the other gold and silver work to be done by the craftsmen. Now then, who will follow my example and give offerings to the LORD today?"

devotion [divóuʃən] *n.* 헌신
enormous [inɔ́ːrməs] *a.* 막대한, 거대한
mortal [mɔ́ːrtl] *n.* 필멸의 것, 인간
refined [riːfáind] *a.* 정제(정련)된

28:18 Hebrew *for the gold cherub chariot.* 28:19 Or *was written under the direction of the LORD.* 29:4a Hebrew *3,000 talents* [102 metric tons] *of gold.* 29:4b Hebrew *7,000 talents* [238 metric tons] *of silver.*

29:4 3,000달란트는 약 102.81t에 해당되고, 7,000달란트는 약 239.89t에 해당된다.

기술자들이 그 금과 은을 가지고 성전에서 쓸 물건을 만들 것입니다. 오늘 기쁜 마음으로 여호와께 예물을 바칠 사람은 없습니까?"

6 그러자 각 가문의 지도자와 이스라엘 각 지파의 지도자와 천부장과 백부장과 왕의 일을 맡아 하는 지도자들이 값진 것을 바쳤습니다.

7 그들이 하나님의 성전을 위해 바친 것은 금 오천 달란트*와 금 만 다릭*과 은 만 달란트*, 구리 만 팔천 달란트*, 쇠 십만 달란트*입니다.

8 보물이 있는 사람도 여호와의 성전 창고에 바쳤습니다. 게르손 가문의 여히엘이 보물을 관리했습니다.

9 지도자들은 기쁜 마음으로 여호와께 예물을 바쳤습니다. 그들이 한결같이 기쁜 마음으로 여호와께 바쳤으므로, 백성도 기뻐했고, 다윗도 기뻐했습니다.

다윗의 기도

10 다윗이 모여 있는 모든 백성 앞에서 여호와를 찬양했습니다. "여호와여, 여호와를 찬양합니다! 여호와께서는 우리 조상 이스라엘의 하나님이십니다. 여호와를 영원토록 찬양합니다.

11 여호와여, 여호와는 위대하시고 능력이 많으시며, 영광과 승리와 위엄이 주의 손에 있나이다. 하늘과 땅의 모든 것이 주의 것이고, 나라도 주의 것입니다. 여호와여, 주는 모든 것을 다스리시는 분이십니다.

12 부와 명예도 주에게서 나오며, 주는 모든 것을 다스리십니다. 누구든지 위대하고 강하게 할 수 있는 힘과 능력이 주께 있습니다.

13 우리 하나님 감사합니다. 주의 영광스런 이름을 찬양합니다.

14 사실 이 일들은 저와 제 백성에게서 나온 것이 아닙니다. 모든 것이 주께로부터 나왔습니다. 우리는 주께서 주신 것을 돌려드린 것뿐입니다.

15 우리는 주 앞에서 우리 조상들처럼 외국인이나 나그네에 지나지 않습니다. 이 땅에 사는 우리의 시간은 그림자와 같아서 아무런 희망이 없습니다.

16 우리 하나님 여호와여, 우리는 주의 성전을 지으려고 이 모든 것을 모았습니다. 성전을 지어 주께 예배드리려고 합니다. 하지만 모든 것이 주께로부터 나왔으며, 모든 것이 주의 것입니다.

6 •Then the family leaders, the leaders of the tribes of Israel, the generals and captains of the army,* and the king's administrative officers all gave willingly. 7 •For the construction of the Temple of God, they gave about 188 tons of gold,* 10,000 gold coins,* 375 tons of silver,* 675 tons of bronze,* 8 and 3,750 tons of iron.* •They also contributed numerous precious stones, which were deposited in the treasury of the house of the LORD under the care of Jehiel, a descendant of Gershon. 9 •The people rejoiced over the offerings, for they had given freely and wholeheartedly to the LORD, and King David was filled with joy.

David's Prayer of Praise

10 •Then David praised the LORD in the presence of the whole assembly:

11 "O LORD, the God of our ancestor Israel,* may you be praised forever and ever! •Yours, O LORD, is the greatness, the power, the glory, the victory, and the majesty. Everything in the heavens and on earth is yours, O LORD, and this is your kingdom. We adore you as the one who is over all things. 12 •Wealth and honor come from you alone, for you rule over everything. Power and might are in your hand, and at your discretion people are made great and given strength.

13 •"O our God, we thank you and praise your 14 glorious name! •But who am I, and who are my people, that we could give anything to you? Everything we have has come from you, and we give you only what you first gave us! 15 •We are here for only a moment, visitors and strangers in the land as our ancestors were before us. Our days on earth are like a passing shadow, gone so soon without a trace. 16 •"O LORD our God, even this material we have gathered to build a Temple to honor your holy name comes from you! It all belongs to you!

---

administrative [ædmínəstreitiv] *a.* 행정상의
adore [ədɔ́:r] *vt.* 숭배하다, 받들다
contribute [kəntríbjut] *vt.* 기부하다
deposit [dipázit] *vt.* 놓다, 두다
29:12 at one's discretion… : …의 마음대로

29:6 Hebrew *the commanders of thousands and commanders of hundreds.* **29:7a** Hebrew *5,000 talents* [170 metric tons] *of gold.* **29:7b** Hebrew *10,000 darics* [a Persian coin] *of gold,* about 185 pounds or 84 kilograms in weight. **29:7c** Hebrew *10,000 talents* [340 metric tons] *of silver.* **29:7d** Hebrew *18,000 talents* [612 metric tons] *of bronze.* **29:7e** Hebrew *100,000 talents* [3,400 metric tons] *of iron.* **29:10** *Israel* is the name that God gave to Jacob.

29:7 5,000달란트는 약 171.35t에 해당되고, 10,000다릭은 약 8.4g의 금화 10,000개에 해당되고, 10,000달란트는 약 342.7t에 해당되며, 18,000달란트는 약 616.86t에 해당되며, 100,000달란트는 약 3,427t에 해당된다.

17 나의 하나님, 주께서는 사람의 마음을 시험하시며 백성이 옳은 일을 할 때, 기뻐하신다는 것을 나는 압니다. 저는 정직한 마음으로 이 모든 것을 기꺼이 주께 바쳤습니다. 여기에 모인 주의 백성도 기꺼이 주께 바쳤습니다. 그 모습을 보니 저도 기쁩니다.

18 여호와여, 주는 우리 조상의 하나님이십니다. 아브라함과 이삭과 야곱의 하나님이십니다. 주의 백성에게 언제나 주를 섬기는 마음을 주시고 복종하는 마음을 주십시오.

19 내 아들 솔로몬이 마음을 다하여 주를 섬기게 하시고 주의 명령과 율법과 규례에 복종하게 해 주십시오. 내가 준비한 성전을 그가 지을 수 있게 해 주십시오."

20 다윗이 모여 있는 모든 백성에게 말했습니다. "여러분의 하나님 여호와를 찬양하시오." 그러자 모든 백성이 그들의 조상의 하나님 여호와를 찬양하고 여호와께 예배드렸습니다.

솔로몬이 왕이 되다

21 이튿날, 백성들이 여호와께 제사를 드렸습니다. 그들은 태워 드리는 제물인 번제물을 바쳤습니다. 수소 천 마리와 숫양 천 마리와 어린 암양 천 마리를 바치고 부어 드리는 제물인 전제물도 바쳤습니다. 모든 이스라엘 백성을 위해 제물을 많이 바쳤습니다.

22 그날, 백성은 큰 기쁨으로 먹고 마셨습니다. 여호와께서 그들과 함께하셨습니다. 백성들이 다윗의 아들 솔로몬을 다시 왕으로 세웠습니다. 그들은 여호와 앞에서 솔로몬에게 기름을 부어 왕으로 세웠습니다. 그리고 사독에게도 기름을 부어 제사장으로 세웠습니다.

23 솔로몬이 그의 아버지 다윗의 뒤를 이어 여호와께서 주신 보좌에 앉았습니다. 솔로몬은 아주 잘 다스렸습니다. 모든 이스라엘 백성이 솔로몬에게 복종했습니다.

24 모든 지도자와 군인과 다윗 왕의 아들들이 솔로몬을 왕으로 받아들였습니다. 그들은 솔로몬에게 복종하기로 약속했습니다.

25 여호와께서 솔로몬을 모든 이스라엘 백성 앞에서 크게 높여 주셨고, 그 전의 다른 어떤 왕도 누리지 못한 큰 권세를 누리게 해 주셨습니다.

다윗의 죽음

26 이새의 아들 다윗은 온 이스라엘의 왕이었습니다.

27 그는 사십 년 동안, 왕으로 있었습니다. 그는 헤브론에서 칠 년을 다스리고, 예루살렘에서 삼십삼 년을 다스렸습니다.

28 다윗은 오랫동안 살다가 나이가 많이 들어서 죽었습니다. 그는 재산이 많고, 지위가 높았으며, 마음

---

17 •I know, my God, that you examine our hearts and rejoice when you find integrity there. You know I have done all this with good motives, and I have watched your people offer their gifts willingly and joyously.

18 •"O LORD, the God of our ancestors Abraham, Isaac, and Israel, make your people always want to obey you. See to it that their love for you never changes.

19 •Give my son Solomon the whole-hearted desire to obey all your commands, laws, and decrees, and to do everything necessary to build this Temple, for which I have made these preparations."

20 •Then David said to the whole assembly, "Give praise to the LORD your God!" And the entire assembly praised the LORD, the God of their ancestors, and they bowed low and knelt before the LORD and the king.

Solomon Named as King

21 •The next day they brought 1,000 bulls, 1,000 rams, and 1,000 male lambs as burnt offerings to the LORD. They also brought liquid offerings and many other sacrifices on behalf of all Israel. •They feasted and drank in the LORD's presence with great joy that day.

22 And again they crowned David's son Solomon as their new king. They anointed him before the LORD as their leader, and they anointed Zadok as priest. •So Solomon

23 took the throne of the LORD in place of his father, David, and he succeeded in everything, and all Israel obeyed him. •All the officials, the warriors, and the sons of King David pledged their loyalty to King Solomon.

24

25 •And the LORD exalted Solomon in the sight of all Israel, and he gave Solomon greater royal splendor than any king in Israel before him.

Summary of David's Reign

26 •So David son of Jesse reigned over all Israel.

27 •He reigned over Israel for forty years, seven of them in Hebron and thirty-three in Jerusalem.

28 salem. •He died at a ripe old age, having

---

assembly [əsémbli] *n.* 집회, 모임
deed [di:d] *n.* 업적
exalt [igzɔ́:lt] *vt.* (신분, 권위 등) 높이다, 올리다
integrity [intégrəti] *n.* 성실, 정직
kneel [ni:l] *vi.* 무릎을 꿇다
pledge [plédʒ] *vt.* 맹세하다, 서약하다
splendor [spléndər] *n.* 빛남, 훌륭함
29:21 on behalf of … : …을 위하여
29:28 at a ripe age : 고령으로

껏 권력을 누렸습니다. 다윗의 아들 솔로몬이
뒤를 이어 왕이 되었습니다.

29 다윗왕이 한 모든 일은 처음부터 끝까지 선견자
사무엘의 기록과 예언자 나단의 기록과 선견자
갓의 기록에 적혀 있습니다.

30 거기에는 다윗이 이스라엘의 왕으로서 한 일과
다윗의 권세와 다윗에게 일어난 모든 일이 적혀
있고, 이스라엘과 그 주변 나라들에 일어난 일
도 다 적혀 있습니다.

enjoyed long life, wealth, and honor. Then his
son Solomon ruled in his place.

29 •All the events of King David's reign, from
beginning to end, are written in *The Record of
Samuel the Seer*, *The Record of Nathan the
Prophet*, and *The Record of Gad the Seer*.
30 •These
accounts include the mighty deeds of his reign
and everything that happened to him and to
Israel and to all the surrounding kingdoms.

역대하

● 서론

⁜ 저자 _ 미상
⁜ 저작 연대 _ B.C. 450~400년 사이로 추정
⁜ 기록 장소 _ 알 수 없음(유다에서 기록했을 가능성 있음)
⁜ 기록 대상 _ 바벨론 포로 생활에서 돌아온 유다의 남은 자들
⁜ 핵심어 및 내용 _ 핵심어는 '성전'과 '개혁'이다. 힘들게 건축된 성전이 이방인의 침략으로 파괴되었으나 고레스의 칙령에 의하여 성전 재건이 시작되었다. 또한 아사 왕, 여호사밧 왕, 요아스 왕 등은 타락했던 유다 왕국을 개혁하는 운동을 일으켰다.

솔로몬이 지혜를 구하다

1 다윗의 아들 솔로몬은 강력한 왕이 되었습니다. 왜냐하면 그의 하나님 여호와께서 그와 함께 계셨기 때문입니다. 여호와께서 솔로몬을 위대한 왕으로 만드셨습니다.

2 솔로몬이 이스라엘 백성의 지도자들, 즉 천부장, 백부장, 재판관, 이스라엘의 모든 지도자, 각 가문의 지도자들을 불렀습니다.

3 솔로몬은 모든 백성을 거느리고, 기브온에 있는 산당으로 갔습니다. 그곳에는 여호와의 종 모세가 광야에서 만든 하나님의 회막이 있었습니다.

4 다윗은 이미 하나님의 궤를 기럇여아림에서 예루살렘으로 가져왔습니다. 그리고 예루살렘에 궤를 놓아 둘 곳을 마련하기 위해 그곳에 장막을 쳤습니다.

5 홀의 손자이며, 우리의 아들인 브살렐이 놋제단을 만들었는데, 그 제단은 기브온의 여호와의 성막 앞에 있었습니다. 그래서 솔로몬은 회중과 함께 그리로 나갔습니다.

6 솔로몬은 여호와 앞, 곧 회막 앞에 있는 놋제단으로 올라갔습니다. 솔로몬은 천 마리의 짐승을 그 제단에서 번제로 드렸습니다.

7 그날 밤, 하나님께서 솔로몬에게 나타나 말씀하셨습니다. "솔로몬아, 무엇이든지 네가 원하는 것을 구하여라."

8 솔로몬이 하나님께 대답했습니다. "주께서는 내 아버지 다윗에게 큰 은혜를 베풀어 주셨습니다. 그리고 저를 선택하셔서, 제 아버지의 뒤를 이어 왕이 되게 해 주셨습니다.

9 여호와 하나님이시여, 주께서 제 아버지 다윗에게 하신 약속을 이루어 주십시오. 주께서는 저를 매우 큰 나라의 왕으로 삼아 주셨습니다. 이 나라의 백성은 마치 땅의 먼지같이 많습니다.

10 그러므로 저에게 주의 백성을 올바른 길로 이끌 수 있는 지혜와 지식을 주십시오. 주께서 도와 주지 않으시면, 아무도 이 백성을 다스릴 수 없습니다."

11 하나님께서 솔로몬에게 말씀하셨습니다. "너는 나

Solomon Asks for Wisdom

1 Solomon son of David took firm control of his kingdom, for the LORD his God was with him and made him very powerful.
2 •Solomon called together all the leaders of Israel—the generals and captains of the army,* the judges, and all the political and
3 clan leaders. •Then he led the entire assembly to the place of worship in Gibeon, for God's Tabernacle* was located there. (This was the Tabernacle that Moses, the LORD's servant, had made in the wilderness.)
4 •David had already moved the Ark of God from Kiriath-jearim to the tent he had
5 prepared for it in Jerusalem. •But the bronze altar made by Bezalel son of Uri and grandson of Hur was there* at Gibeon in front of the Tabernacle of the LORD. So Solomon and the people gathered in front of it to consult
6 the LORD.* •There in front of the Tabernacle, Solomon went up to the bronze altar in the LORD's presence and sacrificed 1,000 burnt offerings on it.
7 •That night God appeared to Solomon and said, "What do you want? Ask, and I will give it to you!"
8 •Solomon replied to God, "You showed great and faithful love to David, my father, and now you have made me king in his
9 place. •O LORD God, please continue to keep your promise to David my father, for you have made me king over a people as
10 numerous as the dust of the earth! •Give me the wisdom and knowledge to lead them properly,* for who could possibly govern this great people of yours?"
11 •God said to Solomon, "Because your greatest desire is to help your people, and you did not ask for wealth, riches, fame, or

1:2 Hebrew *the commanders of thousands and of hundreds.* 1:3 Hebrew *Tent of Meeting;* also in 1:6, 13. 1:5a As in Greek version and Latin Vulgate, and some Hebrew manuscripts; Masoretic Text reads *he placed.* 1:5b Hebrew *to consult him.* 1:10 Hebrew *to go out and come in before this people.*

에게 바른 것을 구했다. 내가 너를 이 백성의 왕으로 뽑았는데, 너는 부나 명예를 구하지 않았고, 원수들의 죽음도 구하지 않았다. 오래 사는 것도 구하지 않았고, 오직 내 백성을 인도할 지혜와 지식만을 구했다.

12 그러므로 내가 너에게 지혜와 지식을 줄 뿐만 아니라, 어떤 왕도 누리지 못할 부와 명예를 주겠다. 전에도 후에도 너와 같은 이가 없을 것이다."

13 그 뒤에 솔로몬은 기브온의 산당에 있는 회막을 떠나, 예루살렘으로 돌아가서 이스라엘을 다스렸습니다.

솔로몬의 부

14 솔로몬은 전차와 기마병을 모았는데, 전차가 천사백 대였고, 기마병이 만이천 명이었습니다. 솔로몬은 전차와 기마병 가운데, 얼마는 전차들을 두는 성에 두고, 얼마는 예루살렘에 두었습니다.

15 솔로몬은 예루살렘에 은과 금을 많이 모아 두었습니다. 은과 금이 어찌나 많은지 마치 돌처럼 흔했습니다. 그리고 백향목도 많이 모았는데, 백향목은 서쪽 경사지*에서 자라는 돌무화과나무처럼 흔했습니다.

16 솔로몬은 또 이집트와 길리기아*에서 말을 수입했는데, 솔로몬의 무역업자들이 길리기아에서 말을 사서, 이스라엘로 가져왔습니다.

17 이집트에서 들여오는 전차 한 대의 값은 은 육백 세겔*이었습니다. 그리고 말 한 마리의 값은 은 백오십 세겔*이었습니다. 무역업자들은 전차와 말을 헷 사람과 아람 사람의 왕들에게도 팔았습니다.

솔로몬이 성전 지을 준비를 하다

2 솔로몬이 여호와의 이름을 위하여 성전을 건축하고 자기를 위하여 왕궁을 짓기로 결정했습니다.

2 솔로몬은 짐을 운반할 사람 칠만 명과, 산에서 돌을 캐낼 사람 팔만 명, 그리고 그들을 감독할 사람 삼천육백 명을 뽑았습니다.

3 그런 다음에 솔로몬은 두로 성의 왕 히람*에게 사람을 보내어 이렇게 말했습니다. "내 아버지 다윗을 도와 주셨던 것처럼 나도 도와 주십시오. 왕은 내 아버지 다윗에게 백향목을 보내어 왕궁을 지을 수 있게 해 주셨습니다.

4 나는 나의 하나님 여호와께 예배드릴 성전을 지어서 바치려고 합니다. 그리고 주 앞에 향기로운 향을 피우고, 우리가 하나님 앞에 있음을 보여 주는 빵을 놓아 두며, 날마다 밤낮으로 번제를 드리려고 합니다. 우리는 안식일과 초하루마다 예배드릴 것이며, 우리 하나님 여호와께서 지키라고 명령하신 다른 절기에도 예배드릴 것입니다. 이것은 이스라엘이

even the death of your enemies or a long life, but rather you asked for wisdom and knowledge to properly govern my people— 12 I will certainly give you the wisdom and knowledge you requested. But I will also give you wealth, riches, and fame such as no other king has had before you or will ever have in the future!"

13 • Then Solomon returned to Jerusalem from the Tabernacle at the place of worship in Gibeon, and he reigned over Israel.

14 • Solomon built up a huge force of chariots and horses.* He had 1,400 chariots and 12,000 horses. He stationed some of them in the chariot cities and some near him in Jerusalem. 15 • The king made silver and gold as plentiful in Jerusalem as stone. And valuable cedar timber was as common as the sycamore-fig trees that grow in the foothills of Judah.* 16 • Solomon's horses were imported from Egypt* and from Cilicia*; the king's traders acquired them from Cilicia at the standard price. 17 • At that time chariots from Egypt could be purchased for 600 pieces of silver,* and horses for 150 pieces of silver.* They were then exported to the kings of the Hittites and the kings of Aram.

Preparations for Building the Temple

2 • Solomon decided to build a Temple to honor the name of the LORD, and also a royal palace for himself. 2 • He enlisted a force of 70,000 laborers, 80,000 men to quarry stone in the hill country, and 3,600 foremen.

3 • Solomon also sent this message to King Hiram* at Tyre:

"Send me cedar logs as you did for my father, David, when he was building his palace. 4 • I am about to build a Temple to honor the name of the LORD my God. It

---

1:14 Or *charioteers*; also in 1:14b. 1:15 Hebrew *the Shephelah.* 1:16a Possibly *Muzur*, a district near Cilicia; also in 1:17. 1:16b Hebrew *Kue*, probably another name for Cilicia. 1:17a Hebrew *600 [shekels] of silver*, about 15 pounds or 6.8 kilograms in weight. 1:17b Hebrew *150 [shekels]*, about 3.8 pounds or 1.7 kilograms in weight. 2:1 Verse 2:1 is numbered 1:18 in Hebrew text. 2:2 Verses 2:2-18 are numbered 2:1-17 in Hebrew text. 2:3 Hebrew *Huram*, a variant spelling of Hiram; also in 2:11.

1:15 서쪽 경사지는 구체적으로 '세펠라'이며, '세펠라'는 서부 해안 저지대와 고원 지대 사이의 서부 경사지를 말한다.
1:16 '길리기아'는 '구에'라고도 한다.
1:17 600세겔은 약 6.84kg에 해당되고, 150세겔은 약 1.71kg에 해당된다.
2:3 '히람'은 '후람'이라고도 불렸다.

지켜야 할 영원한 규례입니다.

5 나는 성전을 크게 지으려 합니다. 왜냐하면 우리 하나님은 다른 모든 신보다 크시기 때문입니다.

6 그러나 사실 우리 하나님을 모실 집을 지을 수 있는 사람은 아무도 없습니다. 하늘과 하늘의 하늘이라도 하나님을 모실 수 없는데, 하물며 내가 어떻게 하나님을 모실 성전을 지을 수 있겠습니까? 나는 다만 하나님께 제물을 바칠 집을 짓고 싶을 뿐입니다.

7 왕은 저에게 금과 은과 놋과 쇠를 다루는 일에 익숙한 사람과 자주색 실, 빨간색 실, 그리고 파란색 실을 잘 다룰 줄 알며, 조각도 할 줄 아는 사람을 보내 주십시오. 그 사람은 유다와 예루살렘에 있는 기술자들, 곧 내 아버지 다윗이 뽑은 사람들과 함께 일하게 될 것입니다.

8 그리고 레바논에서 백향목과 잣나무와 백단목도 보내 주십시오. 왕의 종들은 레바논의 나무를 베는 데 익숙한 사람들이라는 것을 알고 있습니다. 내 종들을 시켜 그들을 돕게 하겠습니다.

9 내가 크고도 아름다운 성전을 지으려 하니 나무를 많이 보내 주십시오.

10 나무를 베는 왕의 종들에게는 밀 3,640킬로리터와 보리 3,640킬로리터와 포도주 420킬로리터와 기름 420킬로리터를 주겠습니다."

11 그러자 두로의 히람 왕이 솔로몬에게 답장을 보내 왔습니다. "솔로몬이여, 여호와께서 자기 백성을 사랑하셔서, 당신을 그들의 왕으로 세우셨습니다."

12 히람의 편지는 계속 이어졌습니다. "하늘과 땅을 지으신 이스라엘의 하나님 여호와를 찬양합니다. 여호와께서는 다윗 왕에게 지혜로운 아들을 주셨습니다. 솔로몬이여, 당신에게는 지혜와 지식이 있습니다. 여호와께서는 당신이 성전과 왕궁을 지을 수 있게 도와 주실 것입니다.

13 당신에게 후람이라는 지혜로운 기술자를 보내 드리겠습니다.

14 후람의 어머니는 단 사람이고, 그의 아버지는 두로 사람입니다. 후람은 금과 은과 놋과 쇠, 그리고 돌과 나무를 다루는 일에 익숙하고, 자주색 실과 빨간색 실과 파란색 실과 모시를 다룰 줄 알며 조각도 할 줄 압니다. 그는 어떤 모양이라도 부탁받은 대로 만들 줄 아는 사람입니다. 그는 왕의 기술자들과 왕의 아

대하

will be a place set apart to burn fragrant incense before him, to display the special sacrificial bread, and to sacrifice burnt offerings each morning and evening, on the Sabbaths, at new moon celebrations, and at the other appointed festivals of the LORD our God. He has commanded Israel to do these things forever.

5
6　• "This must be a magnificent Temple because our God is greater than all other gods. •But who can really build him a worthy home? Not even the highest heavens can contain him! So who am I to consider building a Temple for him, except as a place to burn sacrifices to him?

7　• "So send me a master craftsman who can work with gold, silver, bronze, and iron, as well as with purple, scarlet, and blue cloth. He must be a skilled engraver who can work with the craftsmen of Judah and Jerusalem who were selected by my father, David.

8　• "Also send me cedar, cypress, and red sandalwood* logs from Lebanon, for I know that your men are without equal at cutting timber in Lebanon. I will send my men to help them.

9　•An immense amount of timber will be needed, for the Temple I am going to build will be

10　very large and magnificent. •In payment for your woodcutters, I will send 100,000 bushels of crushed wheat, 100,000 bushels of barley,* 110,000 gallons of wine, and 110,000 gallons of olive oil.*

11　•King Hiram sent this letter of reply to Solomon:

"It is because the LORD loves his people that he

12　has made you their king! •Praise the LORD, the God of Israel, who made the heavens and the earth! He has given King David a wise son, gifted with skill and understanding, who will build a Temple for the LORD and a royal palace for himself.

13　• "I am sending you a master craftsman named Huram-abi, who is extremely talented.

14　•His mother is from the tribe of Dan in Israel, and his father is from Tyre. He is skillful at making things from gold, silver, bronze, and iron, and he also works with stone and wood. He can work with purple, blue, and scarlet cloth and fine linen. He is also an engraver and can follow any design given to him. He will

---

engraver [ingréivər] n. 조각사
immense [iméns] a. 엄청난
incense [ínsens] n. 향, 향료
magnificent [mægnífəsnt] a. 장대한, 화려한

2:8　Or *juniper;* Hebrew reads *algum,* perhaps a variant spelling of *almug;* compare 9:10-11 and parallel text at 1 Kgs 10:11-12.　2:10a　Hebrew *20,000 cors* [4,400 kiloliters] *of crushed wheat, 20,000 cors of barley.*　2:10b　Hebrew *20,000 baths* [420 kiloliters] *of wine, and 20,000 baths of olive oil.*

버지 다윗의 기술자들을 도와줄 것입니다.

15 약속하신 대로 내 종들에게 밀과 보리, 그리고 기름과 포도주를 보내 주십시오.

16 레바논에서 왕이 필요한 만큼 나무를 베어, 뗏목으로 엮어서 바다에 띄워 욥바까지 보내겠습니다. 욥바에서 예루살렘까지는 왕이 나르십시오."

17 솔로몬은 이스라엘에 사는 이방인의 수를 다시 세어 보았습니다. 이것은 그의 아버지 다윗이 인구 조사를 한 뒤에 한 일이었습니다. 세어 보니 이방인은 모두 십오만 삼천육백 명이었습니다.

18 솔로몬은 그 가운데에서 짐을 운반할 사람 칠만 명과, 산에서 돌을 캐낼 사람 팔만 명, 그리고 그들을 감독할 사람 삼천육백 명을 뽑았습니다.

솔로몬이 성전을 짓다

3 솔로몬이 예루살렘의 모리아 산 위에 여호와의 성전을 짓기 시작했습니다. 그곳은 여호와께서 솔로몬의 아버지 다윗에게 나타나셨던 곳입니다. 솔로몬은 다윗이 준비해 놓은 곳에 성전을 지었습니다. 그곳은 원래 여부스 사람 오르난의 타작 마당이었습니다.

2 솔로몬이 성전을 짓기 시작한 때는, 그가 이스라엘을 다스린 지 사 년째 되던 해의 둘째 달이 일*이었습니다.

3 솔로몬이 지은 하나님의 성전의 규모는 이러합니다. 성전은 길이가 육십 규빗,* 너비가 이십 규빗*이었습니다.

4 성전 앞 현관은 길이가 이십 규빗, 높이가 이십 규빗이었습니다. 솔로몬은 현관 안쪽 벽을 순금으로 입혔습니다.

5 솔로몬은 성전 본당 벽에 잣나무 판자를 대고, 순금으로 입히고, 종려나무와 금사슬 모양을 새겼습니다.

6 그리고 보석으로 성전을 아름답게 꾸몄습니다. 금은 바르와임에서 가져온 것을 썼습니다.

7 솔로몬은 성전의 들보와 문지방과 벽과 방들에 금을 입혔습니다. 그리고 벽에는 그룹들을 새겼습니다.

8 그런 다음에 솔로몬은 지성소를 만들었습니다. 그 방은 길이가 이십 규빗이고, 너비도 성전 너비와 마찬가지로 이십 규빗이었습니다. 솔로몬은 그 벽에 순금 육백 달란트*를 입혔습니다.

---

work with your craftsmen and those appointed by my lord David, your father.

15 • "Send along the wheat, barley, olive oil, and wine that my lord has mentioned. •We

16 will cut whatever timber you need from the Lebanon mountains and will float the logs in rafts down the coast of the Mediterranean Sea* to Joppa. From there you can transport the logs up to Jerusalem."

17 • Solomon took a census of all foreigners in the land of Israel, like the census his father had taken,

18 and he counted 153,600. •He assigned 70,000 of them as common laborers, 80,000 as quarry workers in the hill country, and 3,600 as foremen.

Solomon Builds the Temple

3 So Solomon began to build the Temple of the LORD in Jerusalem on Mount Moriah, where the LORD had appeared to David, his father. The Temple was built on the threshing floor of Araunah* the Jebusite, the site that David had

2 selected. •The construction began in midspring* during the fourth year of Solomon's reign.

3 •These are the dimensions Solomon used for the foundation of the Temple of God (using the old standard of measurement).* It was 90 feet long

4 and 30 feet wide.* •The entry room at the front of the Temple was 30 feet* wide, running across the entire width of the Temple, and 30 feet* high. He overlaid the inside with pure gold.

5 •He paneled the main room of the Temple with cypress wood, overlaid it with fine gold, and decorated it with carvings of palm trees and

6 chains. •He decorated the walls of the Temple with beautiful jewels and with gold from the land

7 of Parvaim. •He overlaid the beams, thresholds, walls, and doors throughout the Temple with gold, and he carved figures of cherubim on the walls.

8 •He made the Most Holy Place 30 feet wide, corresponding to the width of the Temple, and 30 feet deep. He overlaid its interior with 23 tons* of

---

2:16 Hebrew *the sea.*   3:1 Hebrew reads *Ornan,* a variant spelling of Araunah; compare 2 Sam 24:16. 3:2 Hebrew *on the second [day] of the second month.* This day of the ancient Hebrew lunar calendar occurred in April or May.   3:3a The "old standard of measurement" was a cubit equal to 18 inches [46 centimeters]. The new standard was a cubit of approximately 21 inches [53 centimeters].   3:3b Hebrew *60 cubits* [27.6 meters] *long and 20 cubits* [9.2 meters] wide.   3:4a Hebrew *20 cubits* [9.2 meters]; also in 3:8, 11, 13.   3:4b As in some Greek and Syriac manuscripts, which read *20 cubits* [9.2 meters]; Hebrew reads *120 [cubits],* which is 180 feet or 55 meters.   3:8 Hebrew *600 talents* [20.4 metric tons].

3:2 이는 4월에서 5월 초 사이에 해당된다.
3:3 1규빗이 약 45cm이므로, 60규빗은 약 27m에 해당되고, 20규빗은 약 9m에 해당된다.
3:8 600달란트는 약 20.5t에 해당된다.

9 그 방에 쓴 금못의 무게도 오십 세겔*이나 되었습니다. 솔로몬은 다락방들도 금으로 입혔습니다.

10 솔로몬은 지성소 안에 두 그룹 형상을 만들어 금으로 입혔습니다.

11 두 그룹은 날개를 펴고 있었는데, 그 길이를 합하면 이십 규빗이었습니다. 한 그룹의 한쪽 날개가 성전 벽에 닿았는데, 그 길이가 오 규빗*이었고, 다른 쪽 날개는 다른 그룹의 한쪽 날개 끝에 닿았는데, 그 길이도 오 규빗이었습니다.

12 다른 그룹의 한쪽 날개도 성전 벽에 닿았는데, 그 길이가 오 규빗이었고, 첫 번째 그룹의 날개 끝에 나머지 다른 쪽 날개가 닿았는데, 그 길이도 오 규빗이었습니다.

13 그래서 두 그룹의 날개 길이는 모두 이십 규빗이 되었습니다. 두 그룹은 본당 쪽을 바라보고 서 있었습니다.

14 솔로몬은 파란색 실과 자주색 실과 빨간색 실, 그리고 값비싼 모시로 휘장을 만들고, 거기에 그룹 모양을 새겼습니다.

15 솔로몬은 성전 앞에 기둥 둘을 세웠는데, 각 기둥의 높이는 삼십오 규빗이었습니다. 각 기둥 위에는 높이가 오 규빗 되는 기둥 머리가 놓여져 있고,

16 기둥 머리를 장식할 둥근 사슬이 만들어져, 기둥 머리 위에 덮여 있었습니다. 또 석류 모양 백 개를 만들어서 둥근 사슬에 달았습니다.

17 솔로몬은 이 두 기둥을 성전 현관에 세웠습니다. 한 기둥은 남쪽에 세웠고, 다른 기둥은 북쪽에 세웠습니다. 남쪽 기둥의 이름은 '그가 세우다'라는 뜻의 '야긴'이고, 북쪽 기둥의 이름은 '그에게 힘이 있다'라는 뜻의 '보아스'입니다.

성전 안의 여러 가지 물건

4 솔로몬은 놋제단을 만들었습니다. 놋제단은 길이가 이십 규빗, 너비가 이십 규빗, 높이가 십 규빗이었습니다.

2 그리고 나서 솔로몬은 놋을 녹여서, 바다라고 부르는 커다란 그릇을 만들었습니다. 바다는 지름이 십 규빗, 깊이가 오 규빗, 둘레가 삼십 규빗이었습니다.

3 그 가장자리 아래로는, 빙 둘러가며 황소 모양을 새겼습니다. 그것은 놋을 녹여 그릇을 만들 때에 같이 만든 것입니다.

4 이 놋그릇은 놋황소 열두 마리의 등 위에 올려져 있었습니다. 세 마리는 북쪽을 바라보고, 세 마리는 서쪽을 바라보고, 세 마리는 남쪽을

9 fine gold. •The gold nails that were used weighed 20 ounces* each. He also overlaid the walls of the upper rooms with gold.

10 •He made two figures shaped like cherubim, overlaid them with gold, and placed them in the Most Holy Place.

11 •The total wingspan of the two cherubim standing side by side was 30 feet. One wing of the first figure was 7¹/2 feet* long, and it touched the Temple wall. The other wing, also 7¹/2 feet long, touched one of the wings of the second figure.

12 •In the same way, the second figure had one wing 7¹/2 feet long that touched the opposite wall. The other wing, also 7¹/2 feet long,

13 touched the wing of the first figure. •So the wingspan of the two cherubim side by side was 30 feet. They stood on their feet and faced out toward the main room of the Temple.

14 •Across the entrance of the Most Holy Place he hung a curtain made of fine linen, decorated with blue, purple, and scarlet thread and embroidered with figures of cherubim.

15 •For the front of the Temple, he made two pillars that were 27 feet* tall, each topped by a capital extending upward another 7¹/2 feet. He

16 made a network of interwoven chains* and used them to decorate the tops of the pillars. He also made 100 decorative pomegranates and attached

17 them to the chains. •Then he set up the two pillars at the entrance of the Temple, one to the south of the entrance and the other to the north. He named the one on the south Jakin, and the one on the north Boaz.*

Furnishings for the Temple

4 Solomon* also made a bronze altar 30 feet long, 30 feet wide, and 15 feet high.* •Then he cast a great round basin, 15 feet across from rim to rim, called the Sea. It was 7¹/2 feet deep

3 and about 45 feet in circumference.* •It was encircled just below its rim by two rows of figures that resembled oxen. There were about six oxen per foot* all the way around, and they were cast as part of the basin.

4 •The Sea was placed on a base of twelve

3:9 Hebrew *50 shekels* [570 grams]. 3:11 Hebrew *5 cubits* [2.3 meters]; also in 3:11b, 12, 15. 3:15 As in Syriac version (see also 1 Kgs 7:15; 2 Kgs 25:17; Jer 52:21), which reads *18 cubits* [8.3 meters]; Hebrew reads *35 cubits*, which is 52.5 feet or 16.5 meters. 3:16 Hebrew *He made chains in the inner santuary.* The meaning of the Hebrew is uncertain. 3:17 *Jakin* probably means "he establishes"; *Boaz* probably means "in him is strength." 4:1a Or *Huramabi;* Hebrew reads *He.* 4:1b Hebrew *20 cubits* [9.2 meters] *long, 20 cubits wide, and 10 cubits* [4.6 meters] *high.* 4:2 Hebrew *10 cubits* [4.6 meters] *across... 5 cubits* [2.3 meters] *deep and 30 cubits* [13.8 meters] *in circumference.* 4:3 Or *20 oxen per meter;* Hebrew reads *10 per cubit.*

3:9 50세겔은 약 570g에 해당된다.
3:11 5규빗은 약 2.25m에 해당된다.

바라보고, 세 마리는 동쪽을 바라보고 있었습니다.

5 그릇의 두께는 손바닥 너비만 했습니다. 그 가장자리는 잔의 테두리 같기도 하고, 나리꽃 같기도 했습니다. 그 그릇은 물 삼천 바트*를 담을 수 있었습니다.

6 그리고 나서 솔로몬은 씻기 위한 물통 열 개를 만들어, 다섯 개는 성전 남쪽에, 다섯 개는 성전 북쪽에 두었습니다. 그 물통들은 태워 드리는 제물인 번제물을 씻기 위해 사용되는 것들입니다. 제사장들은 바다라고 부르는 커다란 놋그릇에 손을 씻었습니다.

7 솔로몬은 또 하나님이 지시하신 대로 금등대 열 개를 만들어, 다섯 개는 성전 남쪽에, 다섯 개는 성전 북쪽에 두었습니다.

8 상도 열 개를 만들어, 다섯 개는 성전 남쪽에, 다섯 개는 성전 북쪽에 두었습니다. 또한 금대접 백 개도 만들었습니다.

9 솔로몬은 제사장의 뜰과 큰 뜰과 뜰의 문을 만들었습니다. 그리고 그 문을 놋으로 입혔습니다.

10 바다라고 부르는 커다란 놋그릇은 성전 남쪽 남동향에 두었습니다.

11 후람은 솥과 부삽과 작은 그릇들도 만들었습니다. 마침내 후람은 솔로몬 왕이 만들라고 한 것을 다 만들었습니다. 후람이 하나님의 성전을 위해 만든 것들은,

12 두 기둥과 두 기둥 꼭대기에 얹은 그릇 모양의 기둥 머리 둘, 기둥 머리를 덮는 둥근 그물 둘과,

13 둥근 그물을 두 줄로 장식한 놋석류 사백 개와,

14 받침대와 받침대 위에 놓을 대야와,

15 바다와 바다를 받치는 놋소 열두 마리와,

16 솥과 부삽과 고기 갈고리와 작은 그릇과 여호와의 성전에서 쓸 온갖 접시들이었습니다. 후람이 솔로몬 왕을 위해 만든 것은 모두 번쩍이는 놋으로 된 것이었습니다.

17 솔로몬 왕은 이 모든 것을 숙곳과 스레다 사이에 있는 요단 강 가까이에서, 진흙 틀에 부어서 만들게 했습니다.

18 만든 것이 너무 많았기 때문에 솔로몬은 그것들의 무게를 달아 보지 않았습니다. 그래서 놋의 무게가 모두 얼마인지 알 수가 없었습니다.

19 솔로몬은 성전을 위해 금으로도 여러 가지 물건을 만들게 했습니다. 그 물건들은, 금제단

---

bronze oxen, all facing outward. Three faced north, three faced west, three faced south, and three faced east, and the Sea rested on them. •The walls of the Sea were about three inches* thick, and its rim flared out like a cup and resembled a water lily blossom. It could hold about 16,500 gallons* of water.

6 •He also made ten smaller basins for washing the utensils for the burnt offerings. He set five on the south side and five on the north. But the priests washed themselves in the Sea.

7 •He then cast ten gold lampstands according to the specifications that had been given, and he put them in the Temple. Five were placed against the south wall, and five were placed against the north wall.

8 •He also built ten tables and placed them in the Temple, five along the south wall and five along the north wall. Then he molded 100 gold basins.

9 •He then built a courtyard for the priests, and also the large outer courtyard. He made doors for the courtyard entrances and overlaid them with bronze. •The great bronze basin called the Sea was placed near the southeast corner of the Temple.

11 •Huram-abi also made the necessary washbasins, shovels, and bowls.

So at last Huram-abi completed everything King Solomon had assigned him to make for the Temple of God:

12 • the two pillars;
the two bowl-shaped capitals on top of the pillars;
the two networks of interwoven chains that decorated the capitals;

13 • the 400 pomegranates that hung from the chains on the capitals (two rows of pomegranates for each of the chain networks that decorated the capitals on top of the pillars);

14 • the water carts holding the basins;

15 • the Sea and the twelve oxen under it;

16 • the ash buckets, the shovels, the meat hooks, and all the related articles.

Huram-abi made all these things of burnished bronze for the Temple of the LORD, just as King Solomon had directed. •The king had them cast in clay molds in the Jordan Valley between Succoth and Zarethan.* •Solomon used such great quantities of bronze that its weight could not be determined.

19 •Solomon also made all the furnishings for the

---

burnish [bə́rniʃ] *vt.* ···을 광내다. 반들거리게 하다
embroider [imbrɔ́idər] *vt.* 수놓다

4:5a Hebrew *a handbreadth* [8 centimeters].   4:5b Hebrew *3,000 baths* [63 kiloliters].   4:17 As in parallel text at 1 Kgs 7:46; Hebrew reads *Zeredah*.
4:5 1바트가 약 22ℓ 이므로, 3,000바트는 약 66㎘에 해당된다.

과 상 위에 쌓아 두는 빵인 진설병을 차려 놓는 금상과,

20 지성소 앞에서 규례대로 불을 켤 순금 등잔대와 그 등잔,

21 순금으로 만든 꽃장식, 등잔, 부젓가락과,

22 순금 부집게, 순금 잔, 순금 숟가락, 불 옮기는 접시, 그리고 성전의 맨 안쪽 지성소의 문짝과 성전 본당의 문짝이었습니다.

5 이렇게 해서 솔로몬은 여호와의 성전을 짓는 일을 모두 마쳤습니다. 솔로몬은 그의 아버지 다윗이 성전을 위해 바친 모든 것, 곧 금과 은과 모든 기구를 가져와서 성전의 창고에 넣어 두었습니다.

언약궤를 성전으로 옮기다

2 그런 다음에 솔로몬은 이스라엘의 모든 지도자들을 예루살렘으로 불러 모았습니다. 솔로몬은 장로들과 각 지파의 지도자들, 그리고 각 집안의 어른들을 불렀습니다. 솔로몬이 그들을 부른 까닭은 여호와의 언약궤를 다윗성 곧 시온 성에서 옮겨 오기 위해서였습니다.

3 그리하여 이스라엘의 모든 백성이 솔로몬 왕 앞으로 모였습니다. 그때는 칠 월의 초막절 때였습니다.

4 이스라엘의 모든 장로들이 도착하자, 레위 사람들이 궤를 어깨에 메고 옮기기 시작했습니다.

5 제사장과 레위 사람들이 그 궤와 회막과 그 안의 거룩한 물건들을 다 옮겼습니다.

6 솔로몬 왕과 이스라엘의 모든 백성이 그 궤 앞에 모였습니다. 그들은 셀 수도 없을 만큼 많은 수의 양과 소를 제물로 바쳤습니다.

7 그런 다음에 제사장들이 여호와의 언약궤를 제자리, 곧 성전 안의 지성소에 놓아 두었습니다. 언약궤는 곧 그룹의 날개 아래에 두었는데,

8 그 그룹의 날개는 궤를 놓아 둔 곳 위에 펼쳐져, 궤와 그 상자를 메는 채를 덮었습니다.

9 상자를 메는 채는 매우 길어서 지성소의 앞에서는 채의 끝이 보였습니다. 그러나 성소 밖에서는 보이지 않았습니다. 그 채들은 아직까지도 거기에 놓여 있습니다.

10 그 궤 안에는 돌판 두 개만 들어 있었습니다. 그 돌판은 시내 산에서 모세가 넣어 둔 것입니다. 시내 산은 이스라엘 백성이 이집트에서 나온 뒤에 여호와와 언약을 맺은 곳입니다.

11 그런 뒤에 모든 제사장들이 성소를 떠났습니

Temple of God:

the gold altar;
the tables for the Bread of the Presence;

20 the lampstands and their lamps of solid gold, to burn in front of the Most Holy Place as prescribed;

21 the flower decorations, lamps, and tongs—all of the purest gold;

22 the lamp snuffers, bowls, ladles, and incense burners—all of solid gold; the doors for the entrances to the Most Holy Place and the main room of the Temple, overlaid with gold.

5 So Solomon finished all his work on the Temple of the LORD. Then he brought all the gifts his father, David, had dedicated—the silver, the gold, and the various articles—and he stored them in the treasuries of the Temple of God.

The Ark Brought to the Temple

2 Solomon then summoned to Jerusalem the elders of Israel and all the heads of tribes—the leaders of the ancestral families of Israel. They were to bring the Ark of the LORD's Covenant to the Temple from its location in the City of David, also

3 known as Zion. So all the men of Israel assembled before the king at the annual Festival of Shelters, which is held in early autumn.*

4 When all the elders of Israel arrived, the

5 Levites picked up the Ark. The priests and Levites brought up the Ark along with the special tent* and all the sacred items that had been in it.

6 There, before the Ark, King Solomon and the entire community of Israel sacrificed so many sheep, goats, and cattle that no one could keep count!

7 Then the priests carried the Ark of the LORD's Covenant into the inner sanctuary of the Temple—the Most Holy Place—and placed it beneath

8 the wings of the cherubim. The cherubim spread their wings over the Ark, forming a canopy over

9 the Ark and its carrying poles. These poles were so long that their ends could be seen from the Holy Place,* which is in front of the Most Holy Place, but not from the outside. They are still there

10 to this day. Nothing was in the Ark except the two stone tablets that Moses had placed in it at Mount Sinai,* where the LORD made a covenant with the people of Israel when they left Egypt.

11 Then the priests left the Holy Place. All the priests who were present had purified themselves,

5:3 Hebrew at the festival that is in the seventh month. The Festival of Shelters began on the fifteenth day of the seventh month of the ancient Hebrew lunar calendar. This day occurred in late September, October, or early November. 5:5 Hebrew the Tent of Meeting; i.e., the tent mentioned in 2 Sam 6:17 and 1 Chr 16:1. 5:9 As in some Hebrew manuscripts and Greek version (see also 1 Kgs 8:8); Masoretic Text reads from the Ark. 5:10 Hebrew Horeb, another name for Sinai.

다. 그곳에 있던 제사장들은 차례와 상관없이 몸을 깨끗이 한 뒤, 여호와를 섬길 준비를 하고 있었습니다.

12 음악가인 레위 사람들, 곧 아삽과 헤만과 여두둔과 그들의 아들과 형제들은 제단 동쪽에 서 있었습니다. 그들은 하얀 모시옷을 입고, 제금과 비파와 수금을 연주했습니다. 그들과 더불어 제사장 백이십 명이 나팔을 불었습니다.

13 나팔을 부는 사람들과 노래하는 사람들이 한 사람처럼 소리를 냈습니다. 그들은 찬양하며 여호와께 감사드렸습니다. 그들은 나팔과 제금과 그 밖의 악기를 연주하며 노래를 불렀습니다. 그들은 이런 노래로 여호와를 찬양했습니다. "여호와는 선하시다. 그의 사랑은 영원하시다." 그때에 구름이 여호와의 성전을 덮었습니다.

14 제사장들은 그 구름 때문에 일을 계속할 수 없었습니다. 여호와의 영광이 하나님의 성전을 가득 채웠습니다.

6 그때에 솔로몬이 말했습니다. "여호와께서는 캄캄한 구름 속에 계시겠다고 말씀하셨습니다.

2 그러나 저는 주를 위해 훌륭한 성전을 지었습니다. 이 성전은 주께서 영원히 계실 곳입니다."

솔로몬의 연설

3 그리고 나서 솔로몬 왕은 몸을 돌려, 그곳에 서 있는 이스라엘의 모든 백성에게 복을 빌어 주었습니다.

4 솔로몬이 말했습니다. "이스라엘의 하나님이신 여호와를 찬양합시다. 여호와께서는 내 아버지 다윗에게 약속하신 것을 이루어 주셨습니다. 여호와께서는 내 아버지에게 이렇게 말씀하셨습니다.

5 '나는 내 백성 이스라엘을 이집트에서 인도해 냈다. 그러나 나는 나에게 예배할 성전을 어느 곳에다 지을지, 이스라엘의 어느 지파에서도 선택하지 않았다. 그리고 내 백성 이스라엘을 인도할 사람도 선택하지 않았다.

6 그러나 이제 나는 예배받을 곳으로 예루살렘을 선택했고, 다윗을 선택하여 내 백성 이스라엘을 다스리게 하였다.'

7 내 아버지 다윗은 이스라엘의 하나님이신 여호와께 예배드릴 성전을 짓고 싶어했습니다.

8 그러나 여호와께서는 내 아버지 다윗에게 이렇게 말씀하셨습니다. '다윗아, 네가 나에게 예배드릴 성전을 짓고 싶어하는 뜻은 좋다.

9 그러나 너는 성전을 지을 사람이 아니다. 나에게 예배드릴 성전은 네 아들이 짓게 될 것이다.'

10 이제 여호와께서는 약속하신 것을 이루어 주셨습니다. 나는 이제 여호와께서 약속하신 대로 내 아버

whether or not they were on duty that day.

12 •And the Levites who were musicians — Asaph, Heman, Jeduthun, and all their sons and brothers—were dressed in fine linen robes and stood at the east side of the altar playing cymbals, lyres, and harps. They were joined by 120 priests who were playing trumpets. •The trumpeters and singers performed together in unison to praise and give thanks to the LORD. Accompanied by trumpets, cymbals, and other instruments, they raised their voices and praised the LORD with these words:

"He is good!
His faithful love endures forever!"

At that moment a thick cloud filled the
14 Temple of the LORD. •The priests could not continue their service because of the cloud, for the glorious presence of the LORD filled the Temple of God.

Solomon Praises the LORD

6 Then Solomon prayed, "O LORD, you have said that you would live in a thick
2 cloud of darkness. •Now I have built a glorious Temple for you, a place where you can live forever!"

3 •Then the king turned around to the entire community of Israel standing before
4 him and gave this blessing: •"Praise the LORD, the God of Israel, who has kept the promise he made to my father, David. For he told my father, • 'From the day I brought my people out of the land of Egypt, I have never chosen a city among any of the tribes of Israel as the place where a Temple should be built to honor my name. Nor have I cho-
6 sen a king to lead my people Israel. •But now I have chosen Jerusalem as the place for my name to be honored, and I have chosen David to be king over my people Israel.' "

7 •Then Solomon said, "My father, David, wanted to build this Temple to honor the
8 name of the LORD, the God of Israel. •But the LORD told him, 'You wanted to build the Temple to honor my name. Your inten-
9 tion is good, •but you are not the one to do it. One of your own sons will build the Temple to honor me.'

10 •And now the LORD has fulfilled the promise he made, for I have become king in my father's place, and now I sit on the throne of Israel, just as the LORD promised. I have built this Temple to honor the name of

---

accompany [əkʌ́mpəni] *vt.* 반주하다
overlay [ouvərléi] *vt.* ...을 씌우다
tongs [tɔːŋz] *n.* 부젓가락
5:13 in unison : 제창으로, 일제히: 조화하여

지 다윗의 뒤를 이어 왕이 되었습니다. 그리고 나는 이스라엘의 하나님이신 여호와께 예배드릴 성전을 지었습니다.

11 나는 여호와께서 우리 조상과 맺으신 언약이 들어 있는 궤를 성전 안에 놓아 두었습니다."

솔로몬의 기도

12 그런 다음에 솔로몬은 여호와의 제단을 바라보고 섰습니다. 솔로몬은 거기에 모인 모든 백성 앞에서 팔을 치켜들었습니다.

13 솔로몬은 예전에 놋단을 만들어 놓았습니다. 그 단은 길이가 오 규빗*너비가 오 규빗, 높이가 삼 규빗*입니다. 솔로몬은 그 단을 바깥뜰 한가운데에 두었습니다. 솔로몬은 그 단 위에 올라가서, 거기에 모인 모든 이스라엘 백성 앞에서 무릎을 꿇고, 하늘을 향해 팔을 치켜들었습니다.

14 그리고 이렇게 말했습니다. "이스라엘의 하나님 여호와여, 주와 같으신 신은 저 위 하늘에도 없고, 저 아래 땅에도 없습니다. 주께서는 온 마음으로 주를 따르는 사람들에게 사랑의 언약을 지켜 주셨습니다.

15 주께서는 주의 종이요, 제 아버지인 다윗에게 하신 약속을 지켜 주셨습니다. 주의 입으로 말씀하신 그 약속을, 오늘 주의 크신 능력으로 이루어 주셨습니다.

16 이스라엘의 하나님 여호와여! 주의 종이요, 제 아버지인 다윗에게 하신 다른 약속도 지켜 주십시오. 주께서는 '네가 나에게 복종했듯이 네 자손도 조심하여 나에게 복종하면, 이스라엘을 다스릴 사람이 네 집안에서 끊이지 않고 나올 것이다' 라고 말씀하셨습니다.

17 그러므로 이스라엘의 하나님 여호와여! 주의 종이요, 제 아버지인 다윗에게 하신 약속을 이루어 주십시오.

18 그러나 하나님이여, 하나님께서 정말로 땅에서 사시겠습니까? 하늘과 하늘의 하늘이라도 하나님을 모실 수 없을 텐데, 제가 지은 이 집이야 더 말해 무엇 하겠습니까?

19 그러나 제 기도와 소원을 들어 주십시오, 나의 하나님 여호와여! 제가 주께 드리는 이 기도를 들어 주십시오.

20 주께서는 전에, 여기에 주의 이름을 두시겠다고 말씀하셨습니다. 그러니 밤낮으로 이 성전을 지켜봐 주십시오. 이 성전을 향해 기도드릴 때에 그 기도를 들어 주십시오.

21 내 기도와 주의 백성 이스라엘의 기도를 들어 주십시오. 우리가 이곳을 향해 기도할 때에 그 기도를 들어 주십시오. 주께서 계시는 하늘에서 들어 주시고

---

11 the LORD, the God of Israel. ●There I have placed the Ark, which contains the covenant that the LORD made with the people of Israel."

Solomon's Prayer of Dedication

12 ●Then Solomon stood before the altar of the LORD in front of the entire community of Israel, and he lifted his hands in prayer.

13 ●Now Solomon had made a bronze platform 7¹/₂ feet long, 7¹/₂ feet wide, and 4¹/₂ feet high* and had placed it at the center of the Temple's outer courtyard. He stood on the platform, and then he knelt in front of the entire community of Israel and lifted

14 hands toward heaven. ●He prayed,

"O LORD, God of Israel, there is no God like you in all of heaven and earth. You keep your covenant and show unfailing love to all who walk before you in whole-

15 hearted devotion. ●You have kept your promise to your servant David, my father. You made that promise with your own mouth, and with your own hands

16 you have fulfilled it today.
●"And now, O LORD, God of Israel, carry out the additional promise you made to your servant David, my father. For you said to him, 'If your descendants guard their behavior and faithfully follow my Law as you have done, one of them will always sit on the throne of

17 Israel.' ●Now, O LORD, God of Israel, fulfill this promise to your servant David.

18 ●"But will God really live on earth among people? Why, even the highest heavens cannot contain you. How much less

19 this Temple I have built! ●Nevertheless, listen to my prayer and my plea, O LORD my God. Hear the cry and the prayer that

20 your servant is making to you. ●May you watch over this Temple day and night, this place where you have said you would put your name. May you always hear the prayers I make toward this

21 place. ●May you hear the humble and earnest requests from me and your people Israel when we pray toward this place. Yes, hear us from heaven where you live, and when you hear, forgive.

---

covenant [kʌ́vənənt] *n.* 언약
earnest [ə́ːrnist] *a.* 열심인; 진실한
throne [θróun] *n.* 왕좌
unfailing [ʌnféiliŋ] *a.* 끝없는, 변함없는

6:13 Hebrew *5 cubits* [2.3 meters] *long, 5 cubits wide, and 3 cubits* [1.4 meters] *high.*

6:13 5규빗은 약 2.25m에 해당되고, 3규빗은 약 1.35m에 해당된다.

용서해 주십시오.

22 어떤 사람이 이웃에게 죄를 지으면, 이 성전의 제단으로 나아오게 될 것입니다. 그런데 그 사람이 자기에게는 죄가 없다고 맹세하면,

23 하늘에서 그 맹세를 들으시고 판단해 주십시오. 죄 있는 사람에게는 그가 이웃에게 고통을 준 것만큼 고통을 주시고, 올바른 사람에게는 죄가 없음을 밝혀 주십시오.

24 주의 백성 이스라엘이 주께 죄를 지어 싸움에서 졌을 때, 주께 돌아와 주를 찬양하고 이 성전에서 주께 기도드리면,

25 그들의 기도를 하늘에서 들으시고, 주의 백성 이스라엘의 죄를 용서해 주십시오. 주께서 그들의 조상에게 주신 그 땅으로 그들이 다시 돌아오게 해 주십시오.

26 주의 백성 이스라엘이 주께 죄를 지어 그것 때문에 주께서 비를 내려 주지 않으실 때, 그들이 이곳을 향해 기도드리고, 주를 찬양하며 더 이상 죄를 짓지 않으면,

27 하늘에서 그들의 기도를 들으시고, 주의 종, 이스라엘 백성의 죄를 용서해 주십시오. 그들에게 올바르게 사는 법을 가르쳐 주시고, 주께서 주의 백성에게 주신 이 땅에 비를 내려주십시오.

28 이 땅에 가뭄이 들거나, 백성들 사이에 무서운 전염병이 돌거나, 병충해나 메뚜기 떼가 온갖 곡식을 갉아 먹거나, 주의 백성이 적의 공격을 받게 되거나, 그들에게 무슨 병이 생기든지,

29 주의 백성 이스라엘 가운데, 한 사람 또는 모든 백성이 고통과 재앙을 깨닫고, 이 성전을 향해 팔을 벌려 기도드리면,

30 주께서 계시는 하늘에서 그 기도를 들으시고, 백성을 용서하여 주시고, 그들을 도와 주십시오. 주만이 사람의 속마음을 아십니다. 그러니 각 사람을 판단하시고, 그들의 한 일대로 그들에게 갚아 주십시오.

31 그러면 주의 백성이 주께서 주신 이 땅에서 주를 두려워하며, 늘 주를 따를 것입니다.

32 주의 백성 이스라엘에 속하지 않은 이방인이, 주의 크신 능력을 듣고, 먼 땅에서 이 성전으로 기도하러 오면,

33 주께서 계시는 하늘에서 그의 기도를 들으시고, 그가 구하는 대로 해 주십시오. 그러면 주의 백성 이스라엘처럼 모든 땅의 백성이 주를 알고, 두려워할 것입니다. 그리고 제가 지은 이 성전이 주의 이름을 일컫는 곳임을 알게 될 것입니다.

34 주께서 주의 백성에게 적과 싸우라고 명령하셔서, 그들이 이 성과, 주를 예배하려고 지은 이 성전을 향해 주께 기도드리면,

---

22 • "If someone wrongs another person and is required to take an oath of innocence in front of your altar at this

23 Temple, •then hear from heaven and judge between your servants—the accuser and the accused. Pay back the guilty as they deserve. Acquit the innocent because of their innocence.

24 • "If your people Israel are defeated by their enemies because they have sinned against you, and if they turn back and acknowledge your name and pray to

25 you here in this Temple, •then hear from heaven and forgive the sin of your people Israel and return them to this land you gave to them and to their ancestors.

26 • "If the skies are shut up and there is no rain because your people have sinned against you, and if they pray toward this Temple and acknowledge your name and turn from their sins because you

27 have punished them, •then hear from heaven and forgive the sins of your servants, your people Israel. Teach them to follow the right path, and send rain on your land that you have given to your people as their special possession.

28 • "If there is a famine in the land or a plague or crop disease or attacks of locusts or caterpillars, or if your people's enemies are in the land besieging their towns—whatever disaster or disease there is—

29 •and if your people Israel pray about their troubles or sorrow, raising their

30 hands toward this Temple, •then hear from heaven where you live, and forgive. Give your people what their actions deserve, for you alone know each human

31 heart. •Then they will fear you and walk in your ways as long as they live in the land you gave to our ancestors.

32 • "In the future, foreigners who do not belong to your people Israel will hear of you. They will come from distant lands when they hear of your great name and your strong hand and your powerful arm. And when they pray toward this

33 Temple, •then hear from heaven where you live, and grant what they ask of you. In this way, all the people of the earth will come to know and fear you, just as your own people Israel do. They, too, will know that this Temple I have built honors your name.

34 • "If your people go out where you send them to fight their enemies, and if

---

acquit [əkwít] *vt.* …에게 무죄를 선고하다
besiege [bisí:dʒ] *vt.* 포위하다
locust [lóukəst] *n.* 메뚜기
plague [pléig] *n.* 전염병

35 하늘에서 그들의 기도를 들으시고 그들을 도와 주십시오.

36 죄를 짓지 않는 사람은 없으니, 주의 백성도 주께 죄를 지을 것입니다. 그러면 주께서는 노하셔서 그들을 적에게 넘겨 주실 것입니다. 적들은 그들을 사로잡아, 멀든지 가깝든지 자기 나라로 끌고 갈 것입니다.

37 그러면 주의 백성은 다른 나라로 끌려가, 거기에서 정신을 차리고 마음을 돌려, 그 사로잡혀 간 땅에서 주께 기도할지 모릅니다. '우리가 죄를 지었습니다. 우리가 잘못했습니다'라고 말할지 모릅니다.

38 그들이 원수의 땅에서 마음과 정성을 다하여 주께 돌아오고, 주께서 그들의 조상에게 주신 땅과, 주께서 선택하신 이 땅과, 내가 주의 이름을 위하여 지은 이 성전을 향해 주께 기도드리면,

39 주께서 계시는 하늘에서 그들의 기도를 들으시고 그들을 도와 주십시오. 주께 죄를 지은 그들을 용서해 주십시오.

40 나의 하나님이여, 우리를 눈으로 살펴 주시고 이곳에서 드리는 기도를 들어 주십시오.

41 여호와 하나님이여! 이제 일어나셔서 주의 쉬실 곳으로 오십시오. 주의 능력을 보여 주는 궤가 있는 이곳에 오셔서 편히 쉬십시오. 여호와 하나님이여! 주의 제사장들에게 구원을 베풀어 주십시오. 주의 선하심으로 주의 거룩한 백성에게 기쁨을 주십시오.

42 여호와 하나님이여! 주께서 세우신 사람을 버리지 마십시오. 주의 종 다윗에게 베푸신 사랑을 기억해 주십시오."

주께 성전을 바치다

7 솔로몬이 기도를 마치자, 하늘에서 불이 내려와 태워 드리는 제물인 번제물과 제물들을 불태웠습니다. 그리고 여호와의 영광이 성전에 가득 찼습니다.

2 여호와의 영광이 성전에 가득 차서, 제사장들도 여호와의 성전에 들어갈 수 없었습니다.

3 모든 이스라엘 백성도 불이 하늘에서 내려오는 모습과 여호와의 영광이 성전에 가득 찬 모습을 보았습니다. 그래서 그들은 넓은 돌을 깔아 놓은 땅 위에 얼굴을 대고 엎드렸습니다. 그들은 여호와께 예배하고 감사드리며, "여호와는 선하시다. 주의 사랑은 영원하시다"라고 말했습니다.

4 솔로몬 왕과 모든 이스라엘 백성은 여호와 앞에 제물을 바쳤습니다.

5 솔로몬 왕은 소 이만 이천 마리와 양 십이만 마리를 잡아서 제물로 바쳤습니다. 이렇게 왕과 모든

they pray to you by turning toward this city you have chosen and toward this Temple I have built to honor your name,

35 •then hear their prayers from heaven and uphold their cause.

36 •"If they sin against you—and who has never sinned?—you might become angry with them and let their enemies conquer them and take them captive to a foreign

37 land far away or near. •But in that land of exile, they might turn to you in repentance and pray, 'We have sinned, done evil, and

38 acted wickedly.' •If they turn to you with their whole heart and soul in the land of their captivity and pray toward the land you gave to their ancestors—toward this city you have chosen, and toward this Temple I have built to honor your name—

39 •then hear their prayers and their petitions from heaven where you live, and uphold their cause. Forgive your people who have sinned against you.

40 •"O my God, may your eyes be open and your ears attentive to all the prayers made to you in this place.

41 • "And now arise, O LORD God, and
    enter your resting place,
    along with the Ark, the symbol of your power.
    May your priests, O LORD God, be clothed with salvation;
    may your loyal servants rejoice in your goodness.

42 • O LORD God, do not reject the king you have anointed.
    Remember your unfailing love for your servant David."

The Dedication of the Temple

7 When Solomon finished praying, fire flashed down from heaven and burned up the burnt offerings and sacrifices, and the glorious presence of the LORD filled the Temple.

2 •The priests could not enter the Temple of the LORD because the glorious presence of the

3 LORD filled it. •When all the people of Israel saw the fire coming down and the glorious presence of the LORD filling the Temple, they fell face down on the ground and worshiped and praised the LORD, saying,

"He is good!
    His faithful love endures forever!"

4 •Then the king and all the people offered
5 sacrifices to the LORD. •King Solomon offered

captive [kǽptiv] *n.* 포로
petition [pətíʃən] *n.* 기도
repentance [ripéntəns] *n.* 회개

이스라엘 백성은 여호와께 성전을 바치는 예식을 올렸습니다.

6 제사장들은 여호와를 섬길 준비를 하고 서 있었습니다. 레위 사람들도 음악을 연주할 악기를 들고 서 있었습니다. 그 악기들은 다윗 왕이 여호와를 찬양하려고 만든 악기들입니다. 제사장과 레위 사람들은 "여호와의 사랑은 영원하시다"라고 노래했습니다. 레위 사람들 맞은편에 서 있던 제사장들이 나팔을 부는 동안, 모든 이스라엘 백성은 그 자리에서 있었습니다.

7 솔로몬은 여호와의 성전 앞에 있는 뜰 한가운데를 거룩하게 구별했습니다. 솔로몬은 거기에서 번제물과 화목제의 기름을 바쳤습니다. 솔로몬이 만든 놋제단에는 모든 제물, 곧 번제물과 곡식 제물과 기름을 다 놓을 수 없었기 때문에, 뜰 한가운데를 사용한 것입니다.

8 솔로몬과 모든 이스라엘의 백성은 칠 일 동안, 절기*를 지켰습니다. 그때에 북쪽으로는 하맛 입구에서부터 남쪽으로는 이집트 시내까지, 많은 이스라엘 사람들이 모여 있었습니다.

9 그들은 여호와께 성전을 바치는 예식을 올린 후, 칠 일 동안, 절기를 지키고, 팔 일째 되는 날에 모임을 가졌습니다.

10 솔로몬은 일곱째 달 이십삼 일에 백성을 집으로 돌려 보냈습니다. 그들은 여호와께서 다윗과 솔로몬과 그의 백성 이스라엘에게 은혜를 베풀어 주신 것을 기뻐하며 즐거워했습니다.

주께서 솔로몬에게 다시 나타나시다

11 솔로몬이 여호와의 성전과 자기의 왕궁을 다 짓고, 그 성전과 왕궁에 대해 마음속에 계획했던 일을 무사히 다 마쳤습니다.

12 그러자 여호와께서 밤에 솔로몬에게 나타나셔서 말씀하셨습니다. "솔로몬아, 네 기도를 들었다. 나는 네가 지은 이 성전을 선택해서, 거기에서 제사를 받을 것이다.

13 내가 하늘을 닫아서 비를 내리지 않거나, 메뚜기 떼에게 명령하여 땅을 망치게 하거나, 내 백성에게 병을 보낼 때,

14 내 이름으로 일컫는 내 백성이 자기들이 한 일을 뉘우치고, 나에게 기도하고, 내 말을 따르며, 악한 길에서 돌이키면, 내가 하늘에서 그들의 기도를 듣고, 그들의 죄를 용서해 주며, 그들의 땅을 고쳐 줄 것이다.

15 내가 그들을 돌보아 주며, 이곳에서 드리는 기도를 들어 주겠다.

16 내가 이 성전을 선택하여 거룩하게 했으므로 내 이름이 영원히 이곳에 있게 하겠고, 내 눈과 내 마음이

a sacrifice of 22,000 cattle and 120,000 sheep and goats. And so the king and all the people 6 dedicated the Temple of God. •The priests took their assigned positions, and so did the Levites who were singing, "His faithful love endures forever!" They accompanied the singing with music from the instruments King David had made for praising the LORD. Across from the Levites, the priests blew the trumpets, while all Israel stood.

7 •Solomon then consecrated the central area of the courtyard in front of the LORD's Temple. He offered burnt offerings and the fat of peace offerings there, because the bronze altar he had built could not hold all the burnt offerings, grain offerings, and sacrificial fat.

8 •For the next seven days Solomon and all Israel celebrated the Festival of Shelters.* A large congregation had gathered from as far away as Lebo-hamath in the north and the 9 Brook of Egypt in the south. •On the eighth day they had a closing ceremony, for they had celebrated the dedication of the altar for 10 seven days and the Festival of Shelters for seven days. •Then at the end of the celebration,* Solomon sent the people home. They were all joyful and glad because the LORD had been so good to David and to Solomon and to his people Israel.

The LORD's Response to Solomon

11 •So Solomon finished the Temple of the LORD, as well as the royal palace. He completed everything he had planned to do in 12 the construction of the Temple and the palace. •Then one night the LORD appeared to Solomon and said,

"I have heard your prayer and have cho-
13 sen this Temple as the place for making sacrifices. •At times I might shut up the heavens so that no rain falls, or com-
14 mand grasshoppers to devour your crops, or send plagues among you. •Then if my people who are called by my name will humble themselves and pray and seek my face and turn from their wicked ways, I will hear from heaven and will forgive their sins and restore their land.
15 •My eyes will be open and my ears attentive to every prayer made in this place.
16 •For I have chosen this Temple and set it apart to be holy—a place where my

---

7:8 Hebrew *the festival* (also in 7:9); see note on 5:3. 7:10 Hebrew *Then on the twenty-third day of the seventh month.* This day of the ancient Hebrew lunar calendar occurred in October or early November.

7:8 이는 '초막절'을 가리킨다.

17 솔로몬아, 너는 네 아버지 다윗처럼 내 말을 들어라. 나의 모든 명령과 율법과 규례를 지켜라.

18 그렇게만 하면 내가 너의 나라를 강하게 해 주겠다. 이것은 내가 너의 아버지 다윗과 맺은 언약이다. 나는 네 아버지에게 '다윗아, 네 집안에서 이스라엘을 다스릴 왕이 끊임없이 나올 것이다'라고 말하였다.

19 그러나 나를 배반하면 안 된다. 내가 너희에게 준 계명과 율법을 어기면 안 된다. 다른 신들을 섬겨, 예배해도 안 된다.

20 만약 그렇게 하면, 이스라엘 백성을 내 땅, 곧 내가 그들에게 준 땅에서 쫓아내겠다. 그리고 내가 내 이름을 위하여 거룩하게 만든 이 성전을 버리겠다. 그러면 모든 나라들이 이 성전을 비웃으며, 조롱할 것이다.

21 지금은 이 성전이 귀하게 여김을 받지만, 그때에는 이곳을 지나는 사람마다 놀라며 '여호와께서 어찌하여 이 땅과 성전을 이 지경으로 만드셨을까?' 하고 말할 것이다.

22 그때에 사람들은 이렇게 대답할 것이다. '이렇게 된 까닭은 이스라엘 백성이 그들의 조상이 섬겼던 하나님, 곧 그들을 이집트에서 인도해 내신 여호와 하나님을 떠났기 때문이다. 그들은 다른 신들에게 마음이 끌려 그들을 예배하고 섬겼다. 그래서 여호와께서 이런 재앙을 그들에게 내리신 것이다.'"

솔로몬의 다른 활동

8 솔로몬이 여호와의 성전과 왕궁을 다 짓는 데는 이십 년이 걸렸습니다.

2 솔로몬은 히람 왕이 준 마을들도 다시 건설하였습니다. 그리고 솔로몬은 이스라엘 백성을 그 마을들로 보내어 거기에서 살게 했습니다.

3 그 뒤에 솔로몬은 하맛소바로 가서 그 성을 점령했습니다.

4 또 솔로몬은 광야에 다드몰 마을을 건설하였고, 하맛에는 갖가지 물건을 쌓아 두는 마을들도 건설했습니다.

5 그리고 위 벧호론과 아래 벧호론의 여러 마을도 다시 건설했습니다. 그는 그 마을들에 성벽을 쌓고, 성문을 세우고, 성문에 빗장을 질러 요새로 만들었습니다.

6 솔로몬은 또 바알랏을 다시 짓고, 갖가지 물건을 쌓아 둘 성도 만들고, 말과 전차를 둘 성도 만들었습니다. 솔로몬은 예루살렘과 레바논과 그가 다스리는 모든 땅 안에 자기가 건설하고 싶은 것을 건설했습니다.

7 그 땅에는 이스라엘 백성이 아닌 사람, 곧 헷 사람과 아모리 사람과 브리스 사람과 히위 사람과 여부

---

name will be honored forever. I will always watch over it, for it is dear to my heart.

17 • "As for you, if you faithfully follow me as David your father did, obeying all my commands, decrees, and regulations,

18 • then I will establish the throne of your dynasty. For I made this covenant with your father, David, when I said, 'One of your descendants will always rule over Israel.'

19 • "But if you or your descendants abandon me and disobey the decrees and commands I have given you, and if you serve and worship other gods, • then I will

20 uproot the people from this land that I have given them. I will reject this Temple that I have made holy to honor my name. I will make it an object of mockery and ridicule among the nations. • And though this Temple is impressive now, all who

21 pass by will be appalled. They will ask, 'Why did the LORD do such terrible things to this land and to this Temple?'

22 • "And the answer will be, 'Because his people abandoned the LORD, the God of their ancestors, who brought them out of Egypt, and they worshiped other gods instead and bowed down to them. That is why he has brought all these disasters on them.'"

Solomon's Many Achievements

8 It took Solomon twenty years to build the LORD's Temple and his own royal

2 palace. At the end of that time, • Solomon turned his attention to rebuilding the towns that King Hiram* had given him, and he settled Israelites in them.

3 • Solomon also fought against the town of Hamath-zobah and conquered it. • He

4 rebuilt Tadmor in the wilderness and built towns in the region of Hamath as supply

5 centers. • He fortified the towns of Upper Beth-horon and Lower Beth-horon, rebuilding their walls and installing barred gates.

6 • He also rebuilt Baalath and other supply centers and constructed towns where his chariots and horses* could be stationed. He built everything he desired in Jerusalem and Lebanon and throughout his entire realm.

7 • There were still some people living in the land who were not Israelites, including the Hittites, Amorites, Perizzites, Hivites, and

---

appall [əpɔ́ːl] *vt.* 섬뜩하게 하다
decree [dikríː] *n.* 명령; 계율
mockery [mákəri] *n.* 조롱
realm [relm] *n.* 왕국

8:2　Hebrew *Huram,* a variant spelling of Hiram; also in 8:18.　8:6　Or *and charioteers.*

스 사람들이 많이 남아서 살고 있었습니다.

8 그들은 이스라엘 백성이 멸망시키지 않고 남겨 둔 사람들의 자손입니다. 솔로몬은 그들 모두를 노예로 삼았습니다. 그들은 지금까지도 노예로 있습니다.

9 그러나 이스라엘 백성은 절대로 노예로 삼지 않았습니다. 이스라엘 백성은 솔로몬의 군인이 되었고, 솔로몬의 장교와 전차 지휘관과 전차병이 되었습니다.

10 어떤 사람들은 아주 중요한 관리가 되었습니다. 그들의 수는 이백오십 명이며, 그들은 백성을 감독했습니다.

11 솔로몬은 이집트 왕의 딸을, 다윗 성에서 왕궁으로 데려왔습니다. 그 왕궁은 솔로몬이 이집트 왕의 딸을 위해 지어 준 것입니다. 솔로몬이 말했습니다. "내 아내가 이스라엘 왕 다윗의 왕궁에서 살 수는 없다. 그곳은 여호와의 궤가 놓여 있는 거룩한 곳이기 때문이다."

12 솔로몬은 자기가 성전 현관 앞에 쌓은, 여호와의 제단 위에서 태워 드리는 제사인 번제를 드렸습니다.

13 그는 모세가 명령한 대로 날마다 제물을 바쳤습니다. 제물을 바쳐야 할 날은 안식일과 초하루와 해마다 세 차례씩 지키는 절기, 곧 무교절과 칠칠절*과 초막절입니다.

14 솔로몬은 자기 아버지 다윗의 가르침을 따라, 제사장들을 뽑아 지파의 순서대로 일을 나누어 맡기고, 레위 사람을 뽑아 찬양을 인도하게 했습니다. 그리고 제사장들이 날마다 하는 일을 도와주도록 했습니다. 그리고 문지기들을 뽑아 맡은 날에 따라 각 문을 지키게 했습니다. 이 모든 일은 하나님의 사람 다윗이 명령한 일입니다.

15 제사장과 레위 사람들은 솔로몬이 명령한 것을 다 지켰습니다. 그리고 창고에 대해 명령한 것도 그대로 따랐습니다.

16 솔로몬은 모든 일을 마쳤습니다. 여호와의 성전의 기초를 놓을 때부터 시작해서 성전 짓는 일을 다 마칠 때까지 모든 일이 솔로몬의 말대로 이루어졌습니다.

17 그 후, 솔로몬은 에돔 땅 홍해에서 가까운 에시온게벨과 엘롯으로 갔습니다.

18 히람은 자기 신하들이 관리하는 배들과 바다에 대해 잘 알고 있는 신하들을 솔로몬에게 보내 주었습니다. 히람의 신하들은 솔로몬의 신하들과 함께 오빌로 가서 금 사백오십 달란트*를 솔로몬 왕에게 가져왔습니다.

---

8 Jebusites. ●These were descendants of the nations whom the people of Israel had not destroyed. So Solomon conscripted them for his labor force, and they serve as forced laborers to
9 this day. ●But Solomon did not conscript any of the Israelites for his labor force. Instead, he assigned them to serve as fighting men, officers in his army, commanders of his chariots, and
10 charioteers. ●King Solomon appointed 250 of them to supervise the people.
11 ●Solomon moved his wife, Pharaoh's daughter, from the City of David to the new palace he had built for her. He said, "My wife must not live in King David's palace, for the Ark of the LORD has been there, and it is holy ground."
12 ●Then Solomon presented burnt offerings to the LORD on the altar he had built for him in
13 front of the entry room of the Temple. ●He offered the sacrifices for the Sabbaths, the new moon festivals, and the three annual festivals— the Passover celebration, the Festival of Harvest,* and the Festival of Shelters—as Moses had commanded.
14 ●In assigning the priests to their duties, Solomon followed the regulations of his father, David. He also assigned the Levites to lead the people in praise and to assist the priests in their daily duties. And he assigned the gatekeepers to their gates by their divisions, following the commands of David, the man of God. ●Solomon
15 did not deviate in any way from David's commands concerning the priests and Levites and the treasuries.
16 ●So Solomon made sure that all the work related to building the Temple of the LORD was carried out, from the day its foundation was laid to the day of its completion.
17 ●Later Solomon went to Ezion-geber and Elath,* ports along the shore of the Red Sea* in
18 the land of Edom. ●Hiram sent him ships commanded by his own officers and manned by experienced crews of sailors. These ships sailed to Ophir with Solomon's men and brought back to Solomon almost seventeen tons* of gold.

---

commander [kəmǽndər] *n.* 지휘관
conscript [kənskrípt] *vt.* 징용하다
deviate [díːvieit] *vi.* 어기다, 벗어나다
man [mǽn] *vt.* …에 인원(병력)을 배치하다
supervise [súːpərvaiz] *vt.* 관리하다
treasury [tréʒəri] *n.* 국고
8:8 labor force : 노동력, 노동 인구

8:13 Or *Festival of Weeks.*　8:17a As in Greek version (see also 2 Kgs 14:22; 16:6); Hebrew reads *Eloth*, a variant spelling of Elath.　8:17b As in parallel text at 1 Kgs 9:26; Hebrew reads *the sea.*
8:18 Hebrew *450 talents* [15.3 metric tons].

8:13 '칠칠절'은 '맥추절'이라고도 한다.
8:18 450달란트는 약 15.42t에 해당된다.

스바의 여왕이 솔로몬을 찾아오다

9 스바의 여왕이 솔로몬의 명성을 듣고, 그를 시험해 보기 위해 어려운 문제를 가지고 예루살렘으로 왔습니다. 스바의 여왕은 수많은 신하들을 거느리고 왔습니다. 향료와 보석과 금을 가득 실은 낙타도 여러 마리 끌고 왔습니다. 스바의 여왕은 솔로몬에게 와서, 마음속에 있는 모든 생각을 솔로몬과 더불어 이야기했습니다.

2 솔로몬은 여왕의 질문에 빠짐없이 대답해 주었습니다. 설명해 주기 어려운 문제는 하나도 없었습니다.

3 스바의 여왕은 솔로몬이 매우 지혜롭다는 것을 깨달았습니다. 여왕은 솔로몬이 지은 왕궁과,

4 솔로몬의 식탁 위에 놓인 음식, 솔로몬의 신하들과 왕궁 관리들, 그리고 그들이 차려 입은 옷과 식탁에서 시중드는 종들의 모습, 여호와의 성전에 올라가는 계단을 보고 너무나 놀랐습니다.

5 여왕이 솔로몬 왕에게 말했습니다. "내 나라에서 들은 왕의 업적과 지혜에 대한 소문이 사실이군요.

6 거기에서는 믿을 수 없었는데, 여기에 와서 내 눈으로 보니 듣던 것보다도 더 놀랍군요. 왕의 지혜와 부유함은 내가 듣던 것보다 훨씬 대단합니다.

7 언제나 왕을 섬기면서 왕의 지혜를 들을 수 있는 왕의 백성과 신하는 참 행복하겠습니다.

8 왕의 하나님이신 여호와를 찬양합니다. 여호와께서는 당신을 좋아하셔서 당신을 왕으로 삼으셨습니다. 여호와 하나님께서는 왕을 주의 보좌에 앉히셔서, 하나님을 위해 이 땅을 다스리게 하셨습니다. 왕의 하나님께서는 이스라엘을 사랑하시고, 영원히 이스라엘을 도우실 것입니다. 그래서 왕을 보좌에 앉히셔서, 율법과 질서를 지키게 하고, 공평하게 다스리도록 하셨습니다."

9 스바의 여왕은 솔로몬에게 금 백이십 달란트*와 많은 향료와 보석을 주었습니다. 그때부터 지금까지 스바의 여왕처럼 많은 향료를 가져온 사람은 없었습니다.

10 (히람의 신하들과 솔로몬의 신하들은 오빌에서 금을 가져왔고, 그 밖에도 백단목과 보석을 가져왔습니다.

11 솔로몬 왕은 백단목을 여호와의 성전과 왕궁의 계단을 만드는 데 썼습니다. 그리고 음악가들이 쓸수금과 비파를 만드는 데도 썼습니다. 지금까지도 유다에서는 그렇게 좋은 백단목을 본 사람이 없습니다.)

12 솔로몬 왕은 스바의 여왕에게, 여왕이 가지고 싶어하는 것과 달라는 것을 다 주었습니다. 여왕이 가져온 것보다 더 많은 것을 여왕에게 주었습니다. 여왕은 신하들과 함께 자기 나라로 돌아갔습니다.

2 CHRONICLES 9

Visit of the Queen of Sheba

9 When the queen of Sheba heard of Solomon's fame, she came to Jerusalem to test him with hard questions. She arrived with a large group of attendants and a great caravan of camels loaded with spices, large quantities of gold, and precious jewels. When she met with Solomon, she talked with him about everything she had on her mind.

2 •Solomon had answers for all her questions; nothing was too hard for him to explain to her. •When the queen of Sheba realized how

3 wise Solomon was, and when she saw the

4 palace he had built, •she was overwhelmed. She was also amazed at the food on his tables, the organization of his officials and their splendid clothing, the cup-bearers and their robes, and the burnt offerings* Solomon made at the Temple of the LORD.

5 •She exclaimed to the king, "Everything I heard in my country about your achieve-

6 ments* and wisdom is true! •I didn't believe what was said until I arrived here and saw it with my own eyes. In fact, I had not heard the half of your great wisdom! It is far

7 beyond what I was told. •How happy your people must be! What a privilege for your officials to stand here day after day, listening

8 to your wisdom! •Praise the LORD your God, who delights in you and has placed you on the throne as king to rule for him. Because God loves Israel and desires this kingdom to last forever, he has made you king over them so you can rule with justice and righteousness."

9 •Then she gave the king a gift of 9,000 pounds* of gold, great quantities of spices, and precious jewels. Never before had there been spices as fine as those the queen of Sheba gave to King Solomon.

10 •(In addition, the crews of Hiram and Solomon brought gold from Ophir, and they also brought red sandalwood* and pre-

11 cious jewels. •The king used the sandalwood to make steps* for the Temple of the LORD and the royal palace, and to construct lyres and harps for the musicians. Never before had such beautiful things been seen in Judah.)

12 •King Solomon gave the queen of Sheba whatever she asked for—gifts of greater

9:4 As in Greek and Syriac versions(see also 1Kgs 10:5); Hebrew reads *and the ascent.* 9:5 Hebrew *your words.* 9:9 Hebrew *120 talents* [4,000 kilograms]. 9:10 Hebrew *algum wood* (also in 9:11); perhaps a variant spelling of *almug.* Compare parallel text at 1 Kgs 10:11-12. 9:11 Or *gateways.* The meaning of the Hebrew is uncertain.

9:9 120달란트는 약 4.11t에 해당된다.

솔로몬의 부

13 솔로몬은 해마다 금 육백육십육 달란트*를 받았습니다.

14 그것말고도 솔로몬은 무역업자와 상인들에게서 금을 받았고, 아라비아의 왕들과 이스라엘 땅의 장관들에게서도 금과 은을 받았습니다.

15 솔로몬 왕은 금을 두드려서 큰 방패 이백 개를 만들었습니다. 방패 하나에 들어간 금은 육백 세겔*이었습니다.

16 솔로몬은 또 금을 두드려서 작은 방패 삼백 개를 만들었습니다. 그 방패 하나에 들어간 금은 삼백 세겔*이었습니다. 왕은 그 방패들을 '레바논 숲의 궁'에 두었습니다.

17 솔로몬 왕은 커다란 상아 보좌를 만들었습니다. 그리고 거기에 순금을 입혔습니다.

18 보좌로 올라가는 계단은 여섯 개였습니다. 보좌에는 금으로 만든 발받침대도 있었습니다. 보좌의 양쪽에는 팔걸이가 있었고, 팔걸이 양 옆에는 사자상이 있었습니다.

19 여섯 계단 위에는 열두 사자가 있었습니다. 각 계단의 양쪽 끝에 사자가 한 마리씩 있었습니다. 다른 어떤 나라에서도 이런 것은 만들지 못했습니다.

20 솔로몬 왕이 마시는 데에 쓰는 모든 그릇은 금으로 만들었습니다. '레바논 숲의 궁'에서 쓰는 모든 그릇도 다 순금이었습니다. 은으로 만든 것은 하나도 없었습니다. 솔로몬의 시대에는 사람들이 은을 귀하게 여기지도 않았습니다.

21 솔로몬 왕에게는 무역을 하는 배가 많이 있었습니다. 그 배들은 히람의 사람들이 몰고 다시스로 다녔으며, 삼 년에 한 번씩 금과 은, 상아와 원숭이와 공작새들을 싣고 돌아왔습니다.

22 솔로몬 왕은 이 세상의 어떤 왕보다 재산과 지혜가 많았습니다.

23 온 세상의 백성이 솔로몬을 보러 왔습니다. 그들은 하나님께서 솔로몬에게 주신 지혜를 듣고 싶어했습니다.

24 해마다 솔로몬을 만나러 오는 사람들은 누구나 다 선물을 가지고 왔습니다. 그들은 금이나 은으로 만든 물건들과 옷과 무기와 향료와 말과 노새를 가지고 왔습니다.

25 솔로몬은 말과 전차들을 두는 마구간을 사천 개나 가지고 있었고, 말은 만 이천 마리나 가지고 있었습니다. 솔로몬은 그것들을 전차를 두는 특별한 성에 두기도 했고, 자기가 사는 예루살렘에 두기도 했습니다.

26 솔로몬은 유프라테스 강에서부터 블레셋 땅을 지나 이집트까지 모든 왕들의 왕이었습니다.

---

value than the gifts she had given him. Then she and all her attendants returned to their own land.

Solomon's Wealth and Splendor

13 •Each year Solomon received about 25 tons* 14 of gold. •This did not include the additional revenue he received from merchants and traders. All the kings of Arabia and the governors of the provinces also brought gold and silver to Solomon.

15 •King Solomon made 200 large shields of hammered gold, each weighing more than 15 16 pounds.* •He also made 300 smaller shields of hammered gold, each weighing more than 7 1/2 pounds.* The king placed these shields in the Palace of the Forest of Lebanon.

17 •Then the king made a huge throne, decorated with ivory and overlaid with pure gold.

18 •The throne had six steps, with a footstool of gold. There were armrests on both sides of the seat, and the figure of a lion stood on each side 19 of the throne. •There were also twelve other lions, one standing on each end of the six steps. No other throne in all the world could be compared with it!

20 •All of King Solomon's drinking cups were solid gold, as were all the utensils in the Palace of the Forest of Lebanon. They were not made of silver, for silver was considered worthless in Solomon's day!

21 •The king had a fleet of trading ships of Tarshish manned by the sailors sent by Hiram.* Once every three years the ships returned, loaded with gold, silver, ivory, apes, and peacocks.*

22 •So King Solomon became richer and 23 wiser than any other king on earth. •Kings from every nation came to consult him and to 24 hear the wisdom God had given him. •Year after year everyone who visited brought him gifts of silver and gold, clothing, weapons, spices, horses, and mules.

25 •Solomon had 4,000 stalls for his horses and chariots, and he had 12,000 horses.* He stationed some of them in the chariot cities, 26 and some near him in Jerusalem. •He ruled over all the kings from the Euphrates River* in the north to the land of the Philistines and the

revenue [révənju:] n. 세입
splendor [spléndər] n. 영예

9:13 Hebrew *666 talents* [23 metric tons]. 9:15 Hebrew 600 *[shekels] of hammered gold* [6.8 kilograms]. 9:16 Hebrew *300 [shekels] of gold* [3.4 kilograms]. 9:21a Hebrew *Huram,* a variant spelling of Hiram. 9:21b Or *and baboons.* 9:25 Or *12,000 charioteers.* 9:26 Hebrew *the river.*

9:13 666달란트는 약 22.82t에 해당된다.
9:15-16 600세겔은 약 6.84kg에 해당되고, 300세겔은 약 3.42kg에 해당된다.

27 솔로몬이 왕으로 있는 동안, 예루살렘에는 은이 돌처럼 흔했습니다. 백향목은 서쪽 경사지*에서 자라는 돌무화과나무처럼 흔했습니다.

28 솔로몬은 이집트와 다른 모든 나라에서 말을 사들였습니다.

솔로몬이 죽다

29 솔로몬이 한 다른 일은 처음부터 끝까지, 예언자 나단의 기록과 실로 사람 아히야의 예언과 잇도가 받은 계시에 적혀 있습니다. 잇도는 느밧의 아들 여로보암에 대해서 글을 쓴 선견자입니다.

30 솔로몬은 예루살렘에서 온 이스라엘을 사십 년 동안, 다스렸습니다.

31 솔로몬이 죽어 예루살렘, 곧 그의 아버지 다윗 성에 묻혔습니다. 솔로몬의 아들 르호보암이 그의 뒤를 이어 왕이 되었습니다.

르호보암이 어리석은 짓을 하다

10 모든 이스라엘 백성이 르호보암을 왕으로 세우려고 세겜에 모이자, 르호보암도 세겜으로 갔습니다.

2 솔로몬을 피해서 이집트로 도망쳤던 느밧의 아들 여로보암은 아직 이집트에 머물러 있었는데, 이스라엘 백성이 르호보암을 왕으로 세우려 한다는 소식을 듣고, 이집트에서 돌아왔습니다.

3 그러자 백성이 여로보암을 부르러 사람을 보냈습니다. 여로보암이 이스라엘 모든 무리와 함께 르호보암에게 가서 말했습니다.

4 "왕의 아버지는 우리에게 매우 고된 일을 시켰습니다. 우리의 일을 좀 덜어 주십시오. 왕의 아버지처럼 우리에게 고된 일을 시키지 마십시오. 그렇게 해 주시면 왕을 섬기겠습니다."

5 르호보암이 대답했습니다. "삼 일 뒤에 다시 오너라." 그래서 백성이 그 자리를 떠났습니다.

6 르호보암 왕은 솔로몬을 섬겼던 나이 든 지도자들과 의논했습니다. "이 백성에게 어떻게 대답해 주면 좋겠소?"

7 그들이 대답했습니다. "왕은 이 백성에게 너그러워야 합니다. 그들을 기쁘게 해 주시고, 그들에게 친절한 말로 대답해 주십시오. 그러면 백성들은 언제나 왕을 섬길 것입니다."

8 그러나 르호보암은 그들의 충고를 듣지 않고, 자기와 함께 자라나서 지금은 자기를 섬기는 젊은 사람들과 의논을 했습니다.

9 르호보암이 그들에게 말했습니다. "백성은 '왕의 아버지처럼 우리에게 고된 일을 시키지 마십시오' 라고 말하고 있는데, 내가 어떻게 대답하면 좋겠소? 그대들의 생각은 어떻소?"

10 르호보암과 함께 자라난 젊은 사람들이 대답했

27 border of Egypt in the south. •The king made silver as plentiful in Jerusalem as stone. And valuable cedar timber was as common as the sycamore-fig trees that grow in the foothills of Judah.*

28 •Solomon's horses were imported from Egypt* and many other countries.

Summary of Solomon's Reign

29 •The rest of the events of Solomon's reign, from beginning to end, are recorded in *The Record of Nathan the Prophet*, and *The Prophecy of Ahijah from Shiloh*, and also in *The Visions of Iddo the Seer*, concerning Jeroboam son of

30 Nebat. •Solomon ruled in Jerusalem over all

31 Israel for forty years. •When he died, he was buried in the City of David, named for his father. Then his son Rehoboam became the next king.

The Northern Tribes Revolt

10 Rehoboam went to Shechem, where all Israel had gathered to make him king.

2 •When Jeroboam son of Nebat heard of this, he returned from Egypt, for he had fled to Egypt to

3 escape from King Solomon. •The leaders of Israel summoned him, and Jeroboam and all

4 Israel went to speak with Rehoboam. •"Your father was a hard master," they said. "Lighten the harsh labor demands and heavy taxes that your father imposed on us. Then we will be your loyal subjects."

5 •Rehoboam replied, "Come back in three days for my answer." So the people went away.

6 •Then King Rehoboam discussed the matter with the older men who had counseled his father, Solomon. "What is your advice?" he asked. "How should I answer these people?"

7 •The older counselors replied, "If you are good to these people and do your best to please them and give them a favorable answer, they will always be your loyal subjects."

8 •But Rehoboam rejected the advice of the older men and instead asked the opinion of the young men who had grown up with him and

9 were now his advisers. •"What is your advice?" he asked them. "How should I answer these people who want me to lighten the burdens imposed by my father?"

cedar [síːdər] *n.* 삼나무
harsh [haːrʃ] *a.* 가혹한
impose [impóuz] *vi.* 부과하다
lighten [láitn] *vt.* 경감하다
reign [rein] *n.* 통치 기간
revolt [rivóult] *n. vt.* 반란(을 일으키다)
subject [sʌ́bdʒikt] *n.* 백성, 국민; 신하; 피지배자

9:27 Hebrew *the Shephelah.*   9:28 Possibly *Muzur*, a district near Cilicia.

9:27 서쪽 경사지는 구체적으로 '세펠라' 이며, '세펠라' 는 서부 해안 지대와 고원 지대 사이의 서부 경사지를 말한다.

습니다. "이 백성이 왕에게 '왕의 아버지는 우리에게 매우 고된 일을 시켰는데, 왕은 우리의 일을 덜어 주십시오.'라고 말하지만, 왕은 그들에게 이렇게 말하십시오. '내 새끼 손가락은 내 아버지의 허리보다 더 굵다.

11 내 아버지는 너희에게 고된 일을 시켰지만, 나는 너희에게 훨씬 더 고된 일을 시키겠다. 내 아버지는 너희를 가죽 채찍으로 쳤지만, 나는 너희를 전갈의 독침으로 치겠다.'"

12 르호보암이 백성에게 "삼 일 뒤에 다시 오너라"하고 말했으므로, 모든 백성이 삼 일 뒤에 다시 르호보암에게 왔습니다.

13 르호보암 왕은 백성에게 무자비한 말을 했습니다. 르호보암은 나이 든 지도자들의 충고를 듣지 않고,

14 젊은 사람들이 일러 준 대로 말했습니다. "내 아버지는 너희에게 고된 일을 시켰지만, 나는 너희에게 훨씬 더 고된 일을 시키겠다. 내 아버지는 너희를 가죽 채찍으로 쳤지만, 나는 너희를 전갈의 독침으로 다스리겠다."

15 이처럼 르호보암 왕은 백성이 원하는 것을 들어 주지 않았습니다. 이 일은 하나님께서 그렇게 하도록 하신 일입니다. 여호와께서 이 일을 하신 것은, 실로의 예언자 아히야를 시켜 느밧의 아들 여로보암에게 하신 약속을 이루시기 위해서였습니다.

16 이스라엘 모든 백성은 르호보암 왕이 자기들의 말을 들어 주지 않는 것을 보고 왕에게 말했습니다. "다윗에게 우리가 받을 몫이 없다. 우리는 이새의 아들과 상관없다. 이스라엘 백성아, 우리 집으로 돌아가자. 다윗의 아들아, 네 백성이나 다스려라." 그리하여 이스라엘 백성은 자기 집으로 돌아갔습니다.

17 그러나 유다의 여러 마을에 사는 이스라엘 백성은 르호보암을 섬겼습니다.

18 하도람*은 강제로 동원된 일꾼들을 감독하는 사람이었는데, 르호보암 왕이 그 하도람을 이스라엘 백성에게 보내자, 백성은 돌을 던져서 하도람을 죽였습니다. 그러자 르호보암 왕은 서둘러 전차를 타고, 예루살렘으로 도망쳤습니다.

19 그때부터 이스라엘은 다윗의 집안에 반역을 했습니다.

11 르호보암은 예루살렘에 이르러 가장 뛰어난 군인 십팔만 명을 모았습니다. 그들은 유다와 베냐민의 가문에서 모은 백성입니다. 르호보암은 이스라엘 백성과 싸워 자기 나라를 되찾으려 했습니다.

2 그러나 여호와께서 하나님의 사람 스마야에게 말

---

10 •The young men replied, "This is what you should tell those complainers who want a lighter burden: 'My little finger is thicker than

11 my father's waist! •Yes, my father laid heavy burdens on you, but I'm going to make them even heavier! My father beat you with whips, but I will beat you with scorpions!'"

12 •Three days later Jeroboam and all the people returned to hear Rehoboam's decision, just

13 as the king had ordered. •But Rehoboam spoke harshly to them, for he rejected the

14 advice of the older counselors •and followed the counsel of his younger advisers. He told the people, "My father laid* heavy burdens on you, but I'm going to make them even heavier! My father beat you with whips, but I will beat you with scorpions!"

15 •So the king paid no attention to the people. This turn of events was the will of God, for it fulfilled the LORD's message to Jeroboam son of Nebat through the prophet Ahijah from Shiloh.

16 •When all Israel realized* that the king had refused to listen to them, they responded,

"Down with the dynasty of David!
　We have no interest in the son of Jesse.
Back to your homes, O Israel!
　Look out for your own house, O David!"

So all the people of Israel returned home.

17 •But Rehoboam continued to rule over the Israelites who lived in the towns of Judah.

18 •King Rehoboam sent Adoniram,* who was in charge of forced labor, to restore order, but the people of Israel stoned him to death. When this news reached King Rehoboam, he quickly jumped into his chariot and fled to

19 Jerusalem. •And to this day the northern tribes of Israel have refused to be ruled by a descendant of David.

Shemaiah's Prophecy

11 When Rehoboam arrived at Jerusalem, he mobilized the men of Judah and Benjamin—180,000 select troops—to fight against Israel and to restore the kingdom to himself.

2 •But the LORD said to Shemaiah, the man

---

mobilize [móubəlaiz] *vt.* (사람을) 결집하다

10:14 As in Greek version and many Hebrew manuscripts (see also 1 Kgs 12:14); Masoretic Text reads *I will lay*.　10:16 As in Syriac version, Latin Vulgate, and many Hebrew manuscripts (see also 1 Kgs 12:16); Masoretic Text lacks *realized*.　10:18 Hebrew *Hadoram*, a variant spelling of Adoniram; compare 1 Kgs 4:6; 5:14; 12:18.

10:18 '하도람'은 '아도니람'(왕상 4:6), 단축형으로 '아도람'으로도 불렸다.

쏨하셨습니다.

3 "스마야야, 유다 왕 솔로몬의 아들 르호보암에게 전하여라. 그리고 유다와 베냐민에 사는 모든 이스라엘 백성에게 이렇게 전하여라.

4 '너희는 너희 형제인 이스라엘 백성과 싸우지 말고, 모두 집으로 돌아가거라. 이 모든 일은 내가 일으킨 것이다.'" 그러자 르호보암 왕과 그의 군대는 여호와의 명령에 복종했습니다. 그들은 여로보암을 치러 가지 않고 돌아섰습니다.

르호보암이 유다를 강하게 만들다

5 르호보암은 예루살렘에 살면서, 유다의 여러 성을 요새로 만들었습니다.

6 그는 베들레헴과 에담과 드고아와,

7 벳술과 소고와 아둘람과,

8 가드와 마레사와 십과,

9 아도라임과 라기스와 아세가와,

10 소라와 아얄론과 헤브론 성을 새로 쌓았습니다. 이 성들은 르호보암이 유다와 베냐민에 건설한 요새입니다.

11 르호보암은 그 성들을 요새로 만든 다음, 그곳에 지휘관을 두었습니다. 그리고 음식과 기름과 포도주를 쌓아 두었습니다.

12 그리고 르호보암은 모든 성에 방패와 창을 두어, 그 성들을 강하게 만들었습니다. 르호보암은 유다와 베냐민의 모든 성에 사는 백성을 자기 밑에 두고 다스렸습니다.

13 이스라엘 모든 땅의 제사장과 레위 사람들이 르호보암에게로 왔습니다.

14 레위 사람들은 목초지와 밭까지 버리고, 유다와 예루살렘으로 왔습니다. 왜냐하면 그들이 여호와를 섬기는 제사장으로 일하는 것을 여로보암과 그의 아들들이 막았기 때문입니다.

15 여로보암은 자기 마음대로 제사장을 뽑았습니다. 그리고 그들에게 자기가 만든 염소 우상과 소 우상을 섬기게 했습니다.

16 이스라엘 모든 지파에는 이스라엘의 하나님이신 여호와를 섬기려는 사람들이 있었습니다. 그들은 여호와께 제사를 드리러 레위 사람들과 함께 예루살렘으로 가곤 했습니다.

17 이 사람들은 유다 나라를 강하게 해 주었습니다. 그리고 그들은 솔로몬의 아들 르호보암을 삼 년 동안, 도와주었습니다. 그 삼 년 동안, 그들은 다윗과 솔로몬의 본을 받아서 살았습니다.

르호보암의 집안

18 르호보암은 마할랏과 결혼했습니다. 마할랏은 여리못과 아비하일의 딸입니다. 여리못은 다윗의 아들이고, 아비하일은 엘리압의 딸입니다. 엘리압은 이새의 아들입니다.

19 마할랏이 르호보암에게 낳아 준 아들은 여우스와 스마

---

3 of God, • "Say to Rehoboam son of Solomon, king of Judah, and to all the 4 Israelites in Judah and Benjamin: • 'This is what the LORD says: Do not fight against your relatives. Go back home, for what has happened is my doing!'" So they obeyed the message of the LORD and did not fight against Jeroboam.

Rehoboam Fortifies Judah

5 • Rehoboam remained in Jerusalem and fortified various towns for the defense of 6 Judah. • He built up Bethlehem, Etam, 7-8 Tekoa, • Beth-zur, Soco, Adullam, • Gath, 9 Mareshah, Ziph, • Adoraim, Lachish, 10 Azekah, • Zorah, Aijalon, and Hebron. These became the fortified towns of 11 Judah and Benjamin. • Rehoboam strengthened their defenses and stationed commanders in them, and he stored sup- 12 plies of food, olive oil, and wine. • He also put shields and spears in these towns as a further safety measure. So only Judah and Benjamin remained under his control.

13 • But all the priests and Levites living among the northern tribes of Israel sided 14 with Rehoboam. • The Levites even abandoned their pasturelands and property and moved to Judah and Jerusalem, because Jeroboam and his sons would not allow them to serve the LORD as 15 priests. • Jeroboam appointed his own priests to serve at the pagan shrines, where they worshiped the goat and calf 16 idols he had made. • From all the tribes of Israel, those who sincerely wanted to worship the LORD, the God of Israel, followed the Levites to Jerusalem, where they could offer sacrifices to the LORD, the 17 God of their ancestors. • This strengthened the kingdom of Judah, and for three years they supported Rehoboam son of Solomon, for during those years they faithfully followed in the footsteps of David and Solomon.

Rehoboam's Family

18 • Rehoboam married his cousin Mahalath, the daughter of David's son Jerimoth and of Abihail, the daughter of 19 Eliab son of Jesse. • Mahalath had three sons—Jeush, Shemariah, and Zaham.

faithfully [féiθfəli] *ad.* 충실하게
fortify [fɔ́ːrtəfài] *vt.* 요새화하다
measure [méʒər] *n.* 수단, 조치
pagan [péigən] *a.* 이교도의
property [prɑpərti] *n.* 소유지
shrine [ʃráin] *n.* 산당
side [sáid] *vi.* …의 편에 서다

라와 사함입니다.

20 그 뒤에 르호보암은 압살롬의 딸 마아가와 결혼했습니다. 마아가는 르호보암에게 아비야와 앗대와 시사와 슬로밋을 낳아 주었습니다.

21 르호보암은 다른 아내들과 첩들보다 마아가를 더 사랑했습니다. 르호보암에게는 아내 십팔 명과 첩 육십 명이 있었고, 아들 이십팔 명과 딸 육십 명이 있었습니다.

22 르호보암은 아비야를 뽑아 그의 형제들의 우두머리로 삼았습니다. 그것은 아비야를 왕으로 세우려 했기 때문입니다.

23 르호보암은 지혜롭게 행동했습니다. 그는 자기 아들들을 유다와 베냐민의 모든 지역으로 보냈습니다. 그는 모든 요새에 자기 아들들을 보냈습니다. 그리고 그들에게 양식을 넉넉하게 주었고, 아내들도 얻어 주었습니다.

시삭이 예루살렘을 공격하다

12 르호보암은 강한 왕이 되고 나라도 견고하게 세웠습니다. 그러자 온 이스라엘 백성은 여호와의 가르침을 저버리기 시작했습니다.

2 르호보암이 왕으로 있은 지 오 년째 되던 해에 이집트의 왕 시삭이 예루살렘에 쳐들어왔습니다. 그 일이 일어난 까닭은 르호보암과 백성이 여호와를 따르지 않았기 때문입니다.

3 시삭은 전차 천이백 대와 기마병 육만 명을 거느리고 왔습니다. 그는 셀 수도 없이 많은 리비아와 숙과 에티오피아*의 군대를 이끌고 이집트에서 쳐들어왔습니다.

4 시삭은 유다의 요새들을 점령하고, 예루살렘까지 진격했습니다.

5 그때에 예언자 스마야가, 시삭을 두려워해서 예루살렘에 모여 있던 르호보암과 유다의 지도자들에게 왔습니다. 스마야가 그들에게 말했습니다. "여호와께서 이렇게 말씀하셨소. '너희가 나를 저버렸으니 나도 너희를 버려 너희를 시삭에게 넘겨 주겠다.'"

6 그러자 유다의 지도자들과 르호보암 왕이 잘못을 뉘우치고 말했습니다. "여호와께서는 옳은 일만 하십니다."

7 여호와께서는 그들이 자기 잘못을 뉘우치는 모습을 보시고, 스마야에게 말씀하셨습니다. "왕과 지도자들이 잘못을 뉘우치고 있으므로, 그들을 멸망시키지 않고 곧 구해 주겠다. 시삭을 시켜 예루살렘을 멸망시키지는 않겠다.

8 그러나 예루살렘 백성은 시삭의 종이 될 것이다. 그래야 그들은 나를 섬기는 것과 다른 나라의 왕들을 섬기는 것이 어떻게 다른지 알게 될 것이다."

9 이집트의 왕 시삭은 예루살렘을 공격하여 여호와의

---

20 •Later Rehoboam married another cousin, Maacah, the granddaughter of Absalom. Maacah gave birth to Abijah, Attai, 21 Ziza, and Shelomith. •Rehoboam loved Maacah more than any of his other wives and concubines. In all, he had eighteen wives and sixty concubines, and they gave birth to twenty-eight sons and sixty daughters.

22 •Rehoboam appointed Maacah's son Abijah as leader among the princes, making it clear that he would be the next king.

23 •Rehoboam also wisely gave responsibilities to his other sons and stationed some of them in the fortified towns throughout the land of Judah and Benjamin. He provided them with generous provisions, and he found many wives for them.

Egypt Invades Judah

12 But when Rehoboam was firmly established and strong, he abandoned the Law of the LORD, and all Israel 2 followed him in this sin. •Because they were unfaithful to the LORD, King Shishak of Egypt came up and attacked Jerusalem in the fifth year of King Rehoboam's reign. 3 •He came with 1,200 chariots, 60,000 horses,* and a countless army of foot soldiers, including Libyans, Sukkites, and Ethiopians.* 4 •Shishak conquered Judah's fortified towns and then advanced to attack Jerusalem.

5 •The prophet Shemaiah then met with Rehoboam and Judah's leaders, who had all fled to Jerusalem because of Shishak. Shemaiah told them, "This is what the LORD says: You have abandoned me, so I am abandoning you to Shishak."

6 •Then the leaders of Israel and the king humbled themselves and said, "The LORD is right in doing this to us!"

7 •When the LORD saw their change of heart, he gave this message to Shemaiah: "Since the people have humbled themselves, I will not completely destroy them and will soon give them some relief. I will not use Shishak to pour out my anger on 8 Jerusalem. •But they will become his subjects, so they will know the difference between serving me and serving earthly rulers."

9 •So King Shishak of Egypt came up and attacked Jerusalem. He ransacked the treasuries of the LORD's Temple and the royal

---

concubine [kάŋkjubain] *n.* 첩
provision [prəvíʒən] *n.* (pl.) 식량, 양식
ransack [rǽnsæk] *vt.* 뼈앗다, 약탈하다

12:3a Or *charioteers,* or *horsemen.* **12:3b** Hebrew *and Cushites.*
12:3 개역 성경에는 '훔과 숨과 구스'라고 표기되어 있다.

성전과 왕궁에서 보물을 빼앗아 갔습니다. 그는 하나도 남김없이 다 털어 갔습니다. 솔로몬이 만든 금방패까지 다 가져갔습니다.

10 그래서 르호보암 왕은 금방패 대신에 놋방패를 만들어서 왕궁 문을 지키는 사람들에게 주었습니다.

11 왕이 여호와의 성전에 들어갈 때마다 경호원들이 그 방패들을 가지고 갔다가, 일이 끝나면 다시 경호실에 놓아 두었습니다.

12 르호보암이 잘못을 뉘우치자, 여호와께서 분노를 거두셨습니다. 그래서 르호보암을 완전히 멸망시키지는 않으셨습니다. 유다는 그래도 형편이 좋았습니다.

13 르호보암 왕은 예루살렘에서 강한 왕이 되었습니다. 그는 사십일 세에 왕이 되어, 십칠 년 동안, 예루살렘에서 왕으로 지냈습니다. 예루살렘은 여호와께서 예배를 받으시려고, 이스라엘 모든 지파 가운데서 뽑으신 성입니다. 르호보암의 어머니는 암몬 사람 나아마입니다.

14 르호보암은 무슨 일을 할 때든지 여호와의 뜻을 여쭈어 보지 않고 악한 일을 했습니다.

15 르호보암이 한 일은 처음부터 끝까지, 예언자 스마야와 선견자 잇도가 쓴 역사책에 적혀 있습니다. 르호보암과 여로보암 사이에는 늘 전쟁이 있었습니다.

16 르호보암이 죽어 다윗 성에 묻히고, 르호보암의 아들 아비야가 왕이 되었습니다.

유다의 아비야 왕

13 여로보암이 이스라엘의 왕으로 있은 지 십팔 년째 되는 해에 아비야가 유다의 왕이 되었습니다.

2 아비야는 예루살렘에서 삼 년 동안, 다스렸습니다. 그의 어머니는 기브아 사람 우리엘의 딸 미가야*였습니다. 아비야와 여로보암 사이에는 전쟁이 있었습니다.

3 아비야는 뛰어난 군인 사십만 명을 이끌고 전쟁터로 나갔고, 여로보암도 뛰어난 군인 팔십만 명을 이끌고 아비야와 싸울 준비를 했습니다.

4 아비야가 에브라임산지의 스마라임 산 위에 서서 말했습니다. "여로보암과 모든 이스라엘아, 내 말을 들어라.

5 너희는 이것을 알아야 한다. 이스라엘의 하나님 여호와께서 다윗과 그의 아들들을 영원히 이스라엘의 왕이 되게 해 주셨다. 하나님께서 이 권리를 영원한 언약*과 함께 다윗에게 주셨다.

6 그러나 솔로몬의 신하들 가운데 한 사람인 느밧의 아들 여로보암이 자기 주인을 배반했다.

palace; he stole everything, including all the
10 gold shields Solomon had made. ●King Rehoboam later replaced them with bronze shields as substitutes, and he entrusted them to the care of the commanders of the guard who protected the entrance to the royal
11 palace. ●Whenever the king went to the Temple of the LORD, the guards would also take the shields and then return them to the
12 guardroom. ●Because Rehoboam humbled himself, the LORD's anger was turned away, and he did not destroy him completely. There were still some good things in the land of Judah.

Summary of Rehoboam's Reign

13 ●King Rehoboam firmly established himself in Jerusalem and continued to rule. He was forty-one years old when he became king, and he reigned seventeen years in Jerusalem, the city the LORD had chosen from among all the tribes of Israel as the place to honor his name. Rehoboam's mother was Naamah, a woman
14 from Ammon. ●But he was an evil king, for he did not seek the LORD with all his heart.

15 ●The rest of the events of Rehoboam's reign, from beginning to end, are recorded in *The Record of Shemaiah the Prophet* and *The Record of Iddo the Seer*, which are part of the genealogical record. Rehoboam and Jeroboam were continually at war with each other.
16 ●When Rehoboam died, he was buried in the City of David. Then his son Abijah became the next king.

Abijah's War with Jeroboam

13 Abijah began to rule over Judah in the eighteenth year of Jeroboam's reign in
2 Israel. ●He reigned in Jerusalem three years. His mother was Maacah,* the daughter of Uriel from Gibeah.

Then war broke out between Abijah and
3 Jeroboam. ●Judah, led by King Abijah, fielded 400,000 select warriors, while Jeroboam mustered 800,000 select troops from Israel.

4 ●When the army of Judah arrived in the hill country of Ephraim, Abijah stood on Mount Zemaraim and shouted to Jeroboam
5 and all Israel: "Listen to me! ●Don't you realize that the LORD, the God of Israel, made a lasting covenant* with David, giving him and his
6 descendants the throne of Israel forever? ●Yet Jeroboam son of Nebat, a mere servant of David's son Solomon, rebelled against his mas-

---

13:2 As in most Greek manuscripts and Syriac version (see also 2 Chr 11:20-21; 1 Kgs 15:2); Hebrew reads *Micaiah,* a variant spelling of Maacah.   **13:5** Hebrew *a covenant of salt.*

13:2 '마아가' (대하 11:20;왕상 15:2 참조)라고도 한다. **13:5** 개역 성경에는 '소금 언약' 이라고 표기되어 있다.

7 그러자 건달과 불량배들이 여로보암의 친구가 되었다. 그들은 솔로몬의 아들 르호보암에게 반역했다. 르호보암은 어려서 어떻게 해야 할지 몰라 그들을 막지 못했다.

8 너희는 여호와의 나라에 대해 반역을 꾀하고 있다. 여호와의 나라는 다윗의 아들들의 것이다. 너희는 백성의 수도 많고, 여로보암이 너희의 신이라며 만들어 준 금송아지들을 가지고 있다.

9 너희는 아론의 자손인 여호와의 제사장과 레위 사람들을 쫓아내고, 다른 나라 백성들처럼 너희 마음대로 제사장을 뽑았다. 누구든지 수송아지 한 마리와 숫양 일곱 마리만 갖다 바치면 제사장이 되었다. 하나님도 아닌 헛된 신들의 제사장이 되었다.

10 그러나 여호와께서 우리의 하나님이 되시니, 우리가 여호와를 저버리지 않았다. 여호와를 섬기는 제사장은 아론의 자손이다. 그리고 레위 사람들이 제사장을 도와 제사장들과 함께 여호와를 섬긴다.

11 그들은 아침 저녁으로 여호와께 번제를 드리며, 성전 안의 특별한 상 위에 빵을 놓아 두고, 저녁마다 금등잔대에 불을 밝힌다. 우리는 우리 여호와 하나님의 명령에 복종하지만 너희는 그분을 저버렸다.

12 하나님께서 우리와 함께 계신다. 하나님은 우리를 다스리는 분이시며, 하나님의 제사장들이 우리와 함께 있다. 제사장들은 나팔을 불어 우리로 하여금 너희와 싸우게 한다. 이스라엘 사람들아, 여호와와 맞서서 싸우지 마라. 너희는 이기지 못한다. 여호와는 너희 조상의 하나님이시다."

13 그러나 여로보암은 몇몇 부대를 아비야의 군대 뒤로 몰래 보냈습니다. 여로보암이 아비야의 군대 앞에 있는 동안, 여로보암의 군인들은 아비야의 군대 뒤에 있었습니다.

14 아비야의 군인들이 둘러보니, 여로보암의 군대가 앞과 뒤 양쪽에서 공격해 오는 것이 보였습니다. 그래서 그들은 여호와께 부르짖었습니다. 그리고 제사장들은 나팔을 불었습니다.

15 유다의 군인들이 함성을 지르자, 하나님께서 여로보암과 이스라엘 군대를 물리쳐 주셨습니다. 그들은 아비야와 유다 군대를 피해 도망쳤습니다.

16 이스라엘 군인들은 유다 군인들을 피해 도망쳤습니다. 하나님께서 유다 군대에게 승리를 안겨 주셨습니다.

17 아비야의 군대는 이스라엘 군인들을 많이 죽였습니다. 이스라엘의 용사 오십만 명이 죽었습니다.

18 이렇게 이스라엘 백성이 싸움에서 지고 유다 백성이 이겼습니다. 유다 백성이 이긴 것은 그들이 그들의 조상의 하나님이신 여호와를 의지했기 때문입니다.

19 아비야의 군대가 여로보암의 군대를 뒤쫓았습니다. 아비야의 군대는 여로보암에게서 벧엘과 여사나와

---

7 ter. •Then a whole gang of scoundrels joined him, defying Solomon's son Rehoboam when he was young and inexperienced and could not stand up to them.

8 •"Do you really think you can stand against the kingdom of the LORD that is led by the descendants of David? You may have a vast army, and you have those gold calves that Jeroboam made as your gods.

9 •But you have chased away the priests of the LORD (the descendants of Aaron) and the Levites, and you have appointed your own priests, just like the pagan nations. You let anyone become a priest these days! Whoever comes to be dedicated with a young bull and seven rams can become a priest of these so-called gods of yours!

10 •"But as for us, the LORD is our God, and we have not abandoned him. Only the descendants of Aaron serve the LORD as priests, and the Levites alone may help

11 them in their work. •They present burnt offerings and fragrant incense to the LORD every morning and evening. They place the Bread of the Presence on the holy table, and they light the gold lampstand every evening. We are following the instructions of the LORD our God, but you have aban-

12 doned him. •So you see, God is with us. He is our leader. His priests blow their trumpets and lead us into battle against you. O people of Israel, do not fight against the LORD, the God of your ancestors, for you will not succeed!"

13 •Meanwhile, Jeroboam had secretly sent part of his army around behind the

14 men of Judah to ambush them. •When Judah realized that they were being attacked from the front and the rear, they cried out to the LORD for help. Then the

15 priests blew the trumpets, •and the men of Judah began to shout. At the sound of their battle cry, God defeated Jeroboam and all Israel and routed them before Abijah and the army of Judah.

16 •The Israelite army fled from Judah, and God handed them over to Judah in

17 defeat. •Abijah and his army inflicted heavy losses on them; 500,000 of Israel's

18 select troops were killed that day. •So Judah defeated Israel on that occasion because they trusted in the LORD, the God

19 of their ancestors. •Abijah and his army pursued Jeroboam's troops and captured some of his towns, including Bethel, Jeshanah, and Ephron, along with their

---

defy [difái] *vt.* 도전하다, 반항하다
rout [ráut] *vt.* 완패시키다
scoundrel [skáundrəl] *n.* 불량배

에브론 성과 그 주변 마을들을 빼앗았습니다.

20 여로보암은 아비야가 살아 있는 동안에는 다시 더 강해지지 못했습니다. 여호와께서 여로보암을 치시니, 여로보암이 죽었습니다.

21 반면 아비야는 매우 강해졌습니다. 아비야는 십사 명의 여자와 결혼하여 아들 이십이 명과 딸 십육 명을 두었습니다.

22 아비야가 한 다른 모든 일, 곧 그가 한 말과 행동은 선견자 잇도가 쓴 글에 적혀 있습니다.

14 아비야가 죽어 다윗 성에 묻혔습니다. 아비야의 아들 아사가 그의 뒤를 이어 왕이 되었습니다. 아사의 시대에 십 년 동안, 그 땅에 평화가 있었습니다.

유다의 아사 왕

2 아사는 여호와께서 보시기에 올바른 일을 했습니다.

3 아사는 우상을 섬기는 데에 썼던 이방 제단과 산당들을 없애 버렸습니다. 그리고 헛된 신들을 기념하는 돌 기둥들을 부숴 버리고, 아세라 우상들을 찍어 버렸습니다.

4 아사는 유다 백성에게 명령하여, 그들의 조상이 섬기던 하나님께 복종하게 했습니다. 아사는 그들에게 여호와의 가르침과 계명을 지키라고 명령했습니다.

5 아사는 유다의 모든 마을에서 산당과 향 제단을 없애 버렸습니다. 그리하여 아사가 왕으로 있는 동안에는 평화가 있었습니다.

6 아사는 나라가 평화로운 때에 유다에 요새들을 건설했습니다. 여호와께서 아사에게 평화를 주셨기 때문에 아사는 전쟁을 하지 않아도 되었습니다.

7 아사가 유다 백성에게 말했습니다. "이 성들을 짓고 그 둘레에 성벽을 쌓읍시다. 망대와 성문과 성문 빗장도 만듭시다. 우리가 우리 하나님 여호와께 복종했으므로, 이 성은 우리 것이오. 우리가 애써 주께 복종하니, 주께서 온 둘레에 평화를 주셨소." 그리하여 그들은 지으려고 계획했던 것들을 잘 지었습니다.

8 아사에게는 유다 백성으로 이루어진 군대가 삼십만 명이 있었고, 베냐민 백성으로 이루어진 군대가 이십팔만 명이 있었습니다. 유다의 군인들은 큰 방패와 창을 가지고 있었고, 베냐민의 군인들은 작은 방패와 활을 가지고 있었습니다. 이들은 모두 용감한 군인이었습니다.

9 에티오피아 사람 세라가 아사의 군대와 싸우러 왔습니다. 세라에게는 많은 군대와 전차 삼백 대가 있었습니다. 세라의 군대가 마레사 마을까지 왔습니다.

10 아사가 세라와 맞서 싸우려고, 마레사의 스바다 골짜기에서 싸움을 준비했습니다.

11 아사가 그의 하나님 여호와께 부르짖었습니다. "여

20 So Jeroboam of Israel never regained his power during Abijah's lifetime, and finally the LORD struck him down and he died.

21 Meanwhile, Abijah of Judah grew more and more powerful. He married fourteen wives and had twenty-two sons and sixteen daughters.

22 The rest of the events of Abijah's reign, including his words and deeds, are recorded in The Commentary of Iddo the Prophet.

Early Years of Asa's Reign

14 When Abijah died, he was buried in the City of David. Then his son Asa became the next king. There was peace in the land for ten years. 2 Asa did what was pleasing and good in the sight of the LORD his God. 3 He removed the foreign altars and the pagan shrines. He smashed the sacred pillars and cut down the Asherah poles. 4 He commanded the people of Judah to seek the LORD, the God of their ancestors, and to obey his law and his commands. 5 Asa also removed the pagan shrines, as well as the incense altars from every one of Judah's towns. So Asa's kingdom enjoyed a period of peace. 6 During those peaceful years, he was able to build up the fortified towns throughout Judah. No one tried to make war against him at this time, for the LORD was giving him rest from his enemies.

7 Asa told the people of Judah, "Let us build towns and fortify them with walls, towers, gates, and bars. The land is still ours because we sought the LORD our God, and he has given us peace on every side." So they went ahead with these projects and brought them to completion.

8 King Asa had an army of 300,000 warriors from the tribe of Judah, armed with large shields and spears. He also had an army of 280,000 warriors from the tribe of Benjamin, armed with small shields and bows. Both armies were composed of well-trained fighting men.

9 Once an Ethiopian* named Zerah attacked Judah with an army of 1,000,000 men* and 300 chariots. They advanced to 10 the town of Mareshah, so Asa deployed his armies for battle in the valley north of 11 Mareshah.* Then Asa cried out to the LORD

14:1 Verse 14:1 is numbered 13:23 in the Hebrew text. 14:2 Verses 14:2-15 are numbered 14:1-14 in Hebrew text. 14:9a Hebrew *a Cushite*. 14:9b Or *an army of thousands and thousands;* Hebrew reads *an army of a thousand thousands.* 14:10 As in Greek version; Hebrew reads *valley of Zephathah near Mareshah.*

호와여, 악한 백성이 강한 백성과 맞서 싸울 때는, 오직 주께서 도와 주셔야 이길 수 있습니다. 우리의 여호와 하나님이시여, 우리를 도와 주십시오. 우리는 여호와 하나님을 의지합니다. 우리는 주의 이름으로 이 큰 군대와 맞서 싸웁니다. 여호와여, 주는 우리의 하나님이십니다. 아무도 주와 싸워서 이기지 못하도록 해 주십시오."

12 그리고 나서 아사의 유다 군대는 에티오피아 사람들을 공격하였습니다. 그러자 여호와께서 에티오피아 사람들을 물리쳐 주셨습니다. 에티오피아 사람들은 도망쳤습니다.

13 아사의 군대는 그랄 마을까지 그들을 뒤쫓았습니다. 에티오피아 사람들이 너무나 많이 죽어서, 그들의 군대는 다시 싸울 힘을 잃었습니다. 그들은 여호와와 그의 군대에 멸망당했습니다. 아사와 그의 군대는 적군으로부터 귀중한 물건들을 많이 빼앗았습니다.

14 그들은 그랄 주변의 마을들을 다 멸망시켰습니다. 그 마을들에 사는 백성은 여호와를 두려워했습니다. 그 마을들에도 귀중한 물건들이 많이 있었습니다. 아사의 군대는 그 물건들을 빼앗아 갔습니다.

15 아사의 군대는 목자들의 천막도 공격했습니다. 거기에서 양과 낙타를 많이 빼앗았습니다. 그런 다음에 그들은 예루살렘으로 돌아왔습니다.

아사의 개혁

15 하나님의 영이 오뎃의 아들 아사랴에게 들어갔습니다.

2 아사랴가 아사를 만나서 말했습니다. "아사 왕과 온 유다와 베냐민 백성은 내 말을 들으시오. 여러분이 여호와와 함께 있는 한, 여호와도 여러분과 함께 계실 것이오. 여러분이 주를 찾으면 찾을 수 있겠지만, 주를 버리면 주께서도 여러분을 버리실 것이오.

3 이스라엘은 오랫동안, 참된 하나님 없이 살아왔소. 그리고 그들을 가르칠 제사장도 없었고 율법도 없었소.

4 그러나 그들은 어려움을 당하면, 이스라엘의 여호와 하나님께 다시 돌아왔소. 주를 구하여 찾았소. 그러면 주께서 저희들을 만나 주셨소.

5 그때는 아무도 마음놓고 다닐 수 없었소. 온 나라에 재앙이 가득했소.

6 한 나라가 다른 나라를 멸망시키고, 한 성이 다른 성을 멸망시켰소. 그것은 하나님께서 온갖 재앙으로 그들을 괴롭히셨기 때문이오.

7 그러나 여러분은 힘을 내시오. 낙심하지 마시오. 여러분이 한 좋은 일에 대해 상이 있을 것이오."

8 아사는 이 모든 말과 예언자 오뎃의 예언을 듣고 용기를 내어, 온 유다와 베냐민에서 역겨운 우상들을 없애 버렸습니다. 그리고 그가 에브라임 산지에서

his God, "O LORD, no one but you can help the powerless against the mighty! Help us, O LORD our God, for we trust in you alone. It is in your name that we have come against this vast horde. O LORD, you are our God; do not let mere men prevail against you!"

12 •So the LORD defeated the Ethiopians* in the presence of Asa and the army of Judah, and the enemy fled. 13 •Asa and his army pursued them as far as Gerar, and so many Ethiopians fell that they were unable to rally. They were destroyed by the LORD and his army, and the army of Judah carried off a vast amount of plunder. 14 •While they were at Gerar, they attacked all the towns in that area, and terror from the LORD came upon the people there. As a result, a vast amount of plunder was taken from these towns, too. 15 •They also attacked the camps of herdsmen and captured many sheep, goats, and camels before finally returning to Jerusalem.

Asa's Religious Reforms

15 Then the Spirit of God came upon Azariah son of Oded, 2 •and he went out to meet King Asa as he was returning from the battle. "Listen to me, Asa!" he shouted. "Listen, all you people of Judah and Benjamin! The LORD will stay with you as long as you stay with him! Whenever you seek him, you will find him. But if you abandon him, he will abandon you. 3 •For a long time Israel was without the true God, without a priest to teach them, and without the Law to instruct them. 4 •But whenever they were in trouble and turned to the LORD, the God of Israel, and sought him out, they found him.

5 •"During those dark times, it was not safe to travel. Problems troubled the people of 6 every land. •Nation fought against nation, and city against city, for God was troubling 7 them with every kind of problem. •But as for you, be strong and courageous, for your work will be rewarded."

8 •When Asa heard this message from Azariah the prophet,* he took courage and removed all the detestable idols from the land of Judah and Benjamin and in the towns he had captured in the hill country of Ephraim. And he repaired the altar of the

---

horde [hɔ́ːrd] *n.* 약탈자의 무리
plunder [plʌ́ndər] *n.* 약탈물
prevail [privéil] *vi.* 승리하다
rally [rǽli] *vi.* 다시 모이다

14:12 Hebrew *Cushites;* also in 14:13.   15:8
As in Syriac version and Latin Vulgate (see also
15:1); Hebrew reads *from Oded the prophet.*

빼앗은 성에서도 우상들을 없애 버렸습니다. 아사는 성전의 현관 앞에 있는 여호와의 제단을 고쳤습니다.

9 그런 다음에 아사는 유다와 베냐민의 모든 백성을 불러 모았습니다. 그리고 유다에 사는 에브라임과 므낫세와 시므온 지파의 백성도 불러모았습니다. 아사의 하나님 여호와께서 아사와 함께 계시는 것을 보고, 이스라엘에서도 많은 백성이 왔습니다.

10 아사와 모든 백성은 예루살렘에 모였습니다. 그때는 아사가 왕으로 있은 지 십오 년째 되던 해의 셋째 달*이었습니다.

11 그들은 그때에 여호와께 소 칠백 마리와 양 칠천 마리를 바쳤습니다. 그 짐승들은 적에게서 빼앗아온 것입니다.

12 그런 다음에 그들은 언약을 맺었습니다. 그들은 마음을 다해 그들의 조상이 섬기던 여호와 하나님을 따르기로 약속했습니다.

13 누구든지 이스라엘의 하나님이신 여호와를 따르지 않는 사람은 죽이기로 했습니다. 그 사람이 귀한 사람이든지 귀하지 않은 사람이든지, 남자든지 여자든지 가리지 않고 죽이기로 했습니다.

14 아사와 모든 백성은 여호와 앞에서 맹세를 했습니다. 그들은 큰 소리로 함성을 질렀습니다. 그리고 피리와 나팔을 불었습니다.

15 온 유다 백성은 그런 맹세를 한 것이 기뻤습니다. 그들은 마음을 다해서 맹세했습니다. 그들은 하나님을 구하여 찾았습니다. 그래서 여호와께서도 그들을 만나 주시고 사방에 쉼을 주셨습니다.

16 아사 왕은 자기 어머니 마아가를 태후의 자리에서 물러나게 했습니다. 그것은 마아가가 주께서 역겨워하시는 아세라 우상을 만들었기 때문입니다. 아사는 그 우상을 베어서 토막을 낸 다음에 기드론 골짜기에서 불태워 버렸습니다.

17 그러나 헛된 신들을 섬기던 산당들이 유다에서 다 없어진 것은 아니었습니다. 아사는 평생토록 온전한 마음으로 주를 섬겼습니다.

18 아사는 자기와 자기 아버지의 거룩한 예물을 하나님의 성전에 바쳤습니다. 그 예물은 금과 은으로 만들어진 것입니다.

19 아사가 왕으로 있은 지 삼십오 년째 되던 해까지 전쟁이 없었습니다.

아사의 시대에 일어난 다른 일들

16 아사가 왕으로 있은 지 삼십육 년째 되는 해에 이스라엘의 바아사 왕이 유다로 쳐들어왔습니다. 바아사는 라마로 가서 그 성을 굳건하게 쌓고는 자기 나라 백성이 유다로 들어가거나, 유다에서 나오는 것을 막으려 했습니다.

2 아사가 여호와의 성전과 자기 왕궁의 보물 가운데 남아 있는 금과 은을 꺼내어, 사람들을 시켜 아람*의 왕 벤

LORD, which stood in front of the entry room of the LORD's Temple.

9   •Then Asa called together all the people of Judah and Benjamin, along with the people of Ephraim, Manasseh, and Simeon who had settled among them. For many from Israel had moved to Judah during Asa's reign when they saw that the

10 LORD his God was with him. •The people gathered at Jerusalem in late spring,* during the fifteenth year of Asa's reign.

11   •On that day they sacrificed to the LORD 700 cattle and 7,000 sheep and goats from the plunder they had taken in

12 the battle. •Then they entered into a covenant to seek the LORD, the God of their ancestors, with all their heart and

13 soul. •They agreed that anyone who refused to seek the LORD, the God of Israel, would be put to death—whether

14 young or old, man or woman. •They shouted out their oath of loyalty to the LORD with trumpets blaring and rams'

15 horns sounding. •All in Judah were happy about this covenant, for they had entered into it with all their heart. They earnestly sought after God, and they found him. And the LORD gave them rest from their enemies on every side.

16   •King Asa even deposed his grandmother* Maacah from her position as queen mother because she had made an obscene Asherah pole. He cut down her obscene pole, broke it up, and burned it

17 in the Kidron Valley. •Although the pagan shrines were not removed from Israel, Asa's heart remained completely

18 faithful throughout his life. •He brought into the Temple of God the silver and gold and the various items that he and his father had dedicated.

19   •So there was no more war until the thirty-fifth year of Asa's reign.

Final Years of Asa's Reign

16 In the thirty-sixth year of Asa's reign, King Baasha of Israel invaded Judah and fortified Ramah in order to prevent anyone from entering or leaving King Asa's territory in Judah.

2   •Asa responded by removing the silver and gold from the treasuries of the Temple of the LORD and the royal palace. He sent it to King Ben-hadad of Aram,

---

15:10 Hebrew *in the third month*. This month of the ancient Hebrew lunar calendar usually occurs during the months of May and June.   **15:16** Hebrew *his mother*.

15:10 이는 5월 혹은 6월에 해당된다.
16:2 '아람'은 현재의 '시리아' 땅에 해당된다.

하닷에게 보냈습니다. 벤하닷은 다마스커스 성에서 살고 있었습니다. 아사는 벤하닷에게 이렇게 전했습니다.

3 "내 아버지와 그대의 아버지가 평화 조약을 맺었듯이, 그대와 나도 조약을 맺읍시다. 그대에게 금과 은을 보내니, 이스라엘의 왕 바아사와 맺은 조약을 깨뜨리시고, 그가 내 땅에서 자기 군대를 이끌고 떠나게 해 주십시오."

4 벤하닷은 아사 왕의 말에 찬성했습니다. 그래서 그는 자기 군대의 지휘관들을 보내어, 이스라엘 마을들을 공격하게 했습니다. 그의 지휘관들은 이욘과 단과 아벨마임*을 점령했습니다. 그리고 보물을 보관해 두는 납달리의 모든 성들도 점령했습니다.

5 바아사가 그 소식을 듣고, 라마 성을 쌓는 일을 멈추었습니다.

6 아사가 유다의 모든 백성을 불러모았습니다. 그들은 라마로 가서 바아사가 성을 쌓을 때 쓰던 돌과 나무를 날랐습니다. 그들은 그것으로 게바와 미스바를 지었습니다.

7 그때에 선견자 하나니가 유다의 아사 왕에게 와서 말했습니다. "왕은 왕의 하나님 여호와를 의지하지 않고, 아람 왕을 의지했습니다. 그러므로 이제 아람 왕의 군대는 왕의 손에서 벗어났습니다.

8 에티오피아 사람과 리비아 사람들에게는 크고 강한 군대가 있습니다. 그들에게는 전차와 기마병도 많이 있습니다. 그러나 왕이 여호와를 의지했기 때문에 여호와께서 도우셔서 그들을 이길 수 있었습니다.

9 여호와께서는 온 땅에서 온전히 여호와께 몸을 맡기는 사람을 찾고 계십니다. 여호와께서는 그런 사람들을 강하게 해 주기를 원하십니다. 아사 왕이여, 왕은 어리석은 짓을 했습니다. 이제부터 왕은 여러 전쟁에 시달려야 할 것입니다."

10 아사는 선견자 하나니의 말을 듣고 화가 나서 그를 감옥에 가두었습니다. 아사는 그때에 다른 백성들도 압제했습니다.

11 아사가 한 일은 처음부터 끝까지, 유다와 이스라엘 왕들의 역사책에 적혀 있습니다.

12 아사가 왕으로 있은 지 삼십구 년째 되던 해에 그의 발에 병이 났습니다. 그의 병은 아주 심한 병이었습니다. 그러나 아사는 그렇게 아프면서도 여호와를 찾지 않고, 의사들만 찾았습니다.

13 그래서 아사는 왕으로 있은 지 사십일 년째 되던 해에 죽었습니다.

14 백성들은 아사가 다윗 성에 미리 준비해 둔 무덤에 묻어 주었습니다. 백성은 아사를 침대 위에 눕혔습니다. 그 침대는 온갖 향료를 섞어 만든 향으로 가득

who was ruling in Damascus, along with this message:

3 • "Let there be a treaty* between you and me like the one between your father and my father. See, I am sending you silver and gold. Break your treaty with King Baasha of Israel so that he will leave me alone."

4 • Ben-hadad agreed to King Asa's request and sent the commanders of his army to attack the towns of Israel. They conquered the towns of Ijon, Dan, Abel-beth-maacah,* 5 and all the store cities in Naphtali. • As soon as Baasha of Israel heard what was happening, he abandoned his project of fortifying 6 Ramah and stopped all work on it. • Then King Asa called out all the men of Judah to carry away the building stones and timbers that Baasha had been using to fortify Ramah. Asa used these materials to fortify the towns of Geba and Mizpah.

7 • At that time Hanani the seer came to King Asa and told him, "Because you have put your trust in the king of Aram instead of in the LORD your God, you missed your chance to destroy the army of the king of 8 Aram. • Don't you remember what happened to the Ethiopians* and Libyans and their vast army, with all of their chariots and charioteers?* At that time you relied on the LORD, and he handed them over to you. 9 • The eyes of the LORD search the whole earth in order to strengthen those whose hearts are fully committed to him. What a fool you have been! From now on you will be at war."

10 • Asa became so angry with Hanani for saying this that he threw him into prison and put him in stocks. At that time Asa also began to oppress some of his people.

Summary of Asa's Reign

11 • The rest of the events of Asa's reign, from beginning to end, are recorded in The Book 12 of the Kings of Judah and Israel. • In the thirty-ninth year of his reign, Asa developed a serious foot disease. Yet even with the severity of his disease, he did not seek the LORD's 13 help but turned only to his physicians. • So he died in the forty-first year of his reign. 14 • He was buried in the tomb he had carved out for himself in the City of David. He was laid on a bed perfumed with sweet spices

16:3 As in Greek version; Hebrew reads There is a treaty. 16:4 As in parallel text at 1 Kgs 15:20; Hebrew reads Abel-maim, another name for Abel-beth-maacah. 16:8a Hebrew Cushites. 16:8b Or and horsemen? 16:4 '아벨마임'은 '아벨벳마아가'라고도 한다.

한 침대였습니다. 그리고 백성은 아사를 기념하기 위해 큰 불을 밝혔습니다.

유다의 여호사밧 왕

17 아사의 아들 여호사밧이 아사의 뒤를 이어 유다 왕이 되었습니다. 여호사밧은 이스라엘과 맞서 싸우려고, 유다를 강하게 만들었습니다.

2 그는 유다의 모든 요새에 군대를 두고, 그의 아버지 아사가 점령한 에브라임의 여러 마을에도 군대를 두었습니다.

3 여호사밧이 올바른 일을 하였으므로, 여호와께서 그와 함께 계셨습니다. 여호사밧은 처음 왕이 되었을 때에 그 조상 다윗처럼 살았습니다. 여호사밧은 바알 우상들을 찾지 않았습니다.

4 그는 그의 아버지 아사처럼 하나님을 찾으며 하나님의 명령에 복종했습니다. 그는 이스라엘 백성처럼 살지 않았습니다.

5 여호와께서 여호사밧을 유다의 강한 왕으로 만들어 주셨습니다. 유다의 모든 백성이 여호사밧에게 선물을 가져왔습니다. 그래서 여호사밧은 큰 부와 명예를 얻었습니다.

6 여호사밧은 열심으로 여호와를 섬겼습니다. 그는 유다에서 산당과 아세라 우상들을 없앴습니다.

7 여호사밧은 왕이 된 지 삼 년째 되던 해에, 자기 신하들을 유다의 모든 마을에 보내어 백성을 가르치게 했습니다. 여호사밧이 보낸 신하는 벤하일과 오바댜와 스가랴와 느다넬과 미가야입니다.

8 여호사밧은 그들말고도 레위 사람, 곧 스마야와 느다냐와 스바댜와 아사헬과 스미라못과 여호나단과 아도니야와 도비야와 도바도니야도 보냈습니다. 그리고 제사장 엘리사마와 여호람도 보냈습니다.

9 이 지도자와 레위 사람과 제사장들은 유다 백성을 가르쳤습니다. 그들은 율법책을 가지고 유다의 모든 마을을 다니며 백성을 가르쳤습니다.

10 유다 근처의 나라들은 여호와를 두려워했습니다. 그래서 그들은 여호사밧에게 싸움을 걸지 못했습니다.

11 어떤 블레셋 사람들은 여호사밧에게 선물과 은을 조공으로 바쳤습니다. 어떤 아라비아 사람들은 여호사밧에게 짐승들을 바쳤습니다. 그들은 숫양 칠천 칠백 마리와 숫염소 칠천칠백 마리를 가져왔습니다.

12 여호사밧은 점점 더 강해졌습니다. 그는 유다 안에 요새와 국고성들을 지었습니다.

13 그는 유다의 여러 마을에 양식을 많이 저장해 두었습니다. 그리고 훈련된 군인들을 예루살렘에 두었습니다.

14 그 군인들은 집안별로 이름이 올라 있었습니다. 유

and fragrant ointments, and the people built a huge funeral fire in his honor.

Jehoshaphat Rules in Judah

17 Then Jehoshaphat, Asa's son, became the next king. He strengthened Judah to stand against any attack from Israel. •He stationed troops in all the fortified towns of Judah, and he assigned additional garrisons to the land of Judah and to the towns of Ephraim that his father, Asa, had captured.

3 •The LORD was with Jehoshaphat because he followed the example of his father's early years* and did not worship the images of Baal. •He sought his father's God and obeyed his commands instead of following the evil practices of the kingdom of Israel. •So the LORD established Jehoshaphat's control over the kingdom of Judah. All the people of Judah brought gifts to Jehoshaphat, so he became very wealthy and highly esteemed. •He was deeply committed to* the ways of the LORD. He removed the pagan shrines and Asherah poles from Judah.

7 •In the third year of his reign Jehoshaphat sent his officials to teach in all the towns of Judah. These officials included Ben-hail, Obadiah, Zechariah, Nethanel, and Micaiah. •He sent Levites along with them, including Shemaiah, Nethaniah, Zebadiah, Asahel, Shemiramoth, Jehonathan, Adonijah, Tobijah, and Tob-adonijah. He also sent out the priests Elishama and Jehoram. •They took copies of the Book of the Law of the LORD and traveled around through all the towns of Judah, teaching the people.

10 •Then the fear of the LORD fell over all the surrounding kingdoms so that none of them wanted to declare war on Jehoshaphat. •Some of the Philistines brought him gifts and silver as tribute, and the Arabs brought 7,700 rams and 7,700 male goats.

12 •So Jehoshaphat became more and more powerful and built fortresses and storage cities throughout Judah. •He stored numerous supplies in Judah's towns and stationed an army of seasoned troops at Jerusalem. •His army was enrolled according to ancestral clans.

---

esteem [istí:m] *vt.* …을 (높이) 평가하다
funeral [fjú:nərəl] *a.* 장례의
garrison [gǽrəsn] *n.* 수비대
ointment [ɔ́intmənt] *n.* 연고
tribute [tríbju:t] *n.* 조공

17:3 Some Hebrew manuscripts read *the example of his father, David.*　　17:6 Hebrew *His heart was courageous in.*

다 집안 사람으로서 천부장은 이러합니다. 아드나는 군인 삼십만 명을 거느렸고,

15 여호하난은 군인 이십팔만 명을 거느렸습니다.

16 시그리의 아들 아마시야는 이십만 명을 거느렸습니다. 그는 스스로 나서서 여호와를 섬기기로 했습니다.

17 베냐민 집안 사람 가운데서는 엘리아다가 활과 방패를 쓰는 군인 이십만 명을 거느렸고,

18 여호사밧은 무장한 군인 십팔만 명을 거느렸습니다.

19 이 모든 군인들이 여호사밧 왕을 섬겼습니다. 왕은 다른 군인들도 유다 전체의 요새에 두었습니다.

미가야가 아합 왕에게 경고하다

18 여호사밧은 큰 부와 명예를 누렸습니다. 그는 결혼을 통해서 아합 왕과 동맹을 맺었습니다.

2 몇 해 뒤에 여호사밧이 사마리아로 내려가서 아합을 방문했습니다. 아합은 여호사밧과 그와 함께 온 사람들을 대접하려고 양과 소를 많이 잡았습니다. 아합은 여호사밧을 부추겨 길르앗 라못을 치게 했습니다.

3 이스라엘의 아합 왕이 유다의 여호사밧 왕에게 물었습니다. "나와 함께 길르앗 라못을 치러 가시겠습니까?" 여호사밧이 대답했습니다. "왕과 함께 가겠습니다. 내 군인들은 왕의 군인이나 마찬가지입니다. 왕과 함께 싸우러 나가겠습니다."

4 그리고 여호사밧이 또 아합에게 말했습니다. "그러나 싸우러 가기 전에 먼저 여호와께 여쭈어 보는 것이 좋겠습니다."

5 그래서 아합 왕이 예언자들을 불러 모았습니다. 모인 예언자는 사백 명 가량 되었습니다. 아합이 그들에게 물었습니다. "길르앗 라못을 치러 가는 것이 좋겠소, 아니면 가지 않는 것이 좋겠소?" 예언자들이 대답했습니다. "싸우러 가십시오. 하나님께서 그들을 왕의 손에 넘겨 주실 것입니다."

6 그러나 여호사밧이 물었습니다. "여기에 여호와의 뜻을 여쭈어 볼 만한 다른 예언자는 없습니까?"

7 아합 왕이 여호사밧에게 말했습니다. "여호와의 뜻을 여쭈어 볼 다른 예언자가 있기는 합니다만, 나는 그를 미워합니다. 그는 이믈라의 아들 미가야라고 하는데, 그는 한 번도 나에게 좋은 예언을 해준 적이 없습니다. 그는 언제나 나쁜 말만 합니다." 여호사밧이 말했습니다. "아합 왕이여, 그렇게 말씀하시면 안 됩니다."

8 그래서 아합 왕이 신하들 가운데 한 사람을 불러 당장 미가야를 데려오라고 말했습니다.

From Judah there were 300,000 troops organized in units of 1,000, under the command of Adnah. •Next in command was

15 Jehohanan, who commanded 280,000 troops. •Next was Amasiah son of Zicri,

16 who volunteered for the LORD's service, with 200,000 troops under his command.

•From Benjamin there were 200,000 troops equipped with bows and shields. They were under the command of Eliada, a veteran soldier. •Next in command was Jehozabad, who commanded 180,000 armed men.

19 •These were the troops stationed in Jerusalem to serve the king, besides those Jehoshaphat stationed in the fortified towns throughout Judah.

Jehoshaphat and Ahab

18 Jehoshaphat enjoyed great riches and high esteem, and he made an alliance with Ahab of Israel by having his son marry

2 Ahab's daughter. •A few years later he went to Samaria to visit Ahab, who prepared a great banquet for him and his officials. They butchered great numbers of sheep, goats, and cattle for the feast. Then Ahab enticed Jehoshaphat to join forces with him to recover Ramoth-gilead.

3 •"Will you go with me to Ramoth-gilead?" King Ahab of Israel asked King Jehoshaphat of Judah.

Jehoshaphat replied, "Why, of course! You and I are as one, and my troops are your troops. We will certainly join you in battle."

4 •Then Jehoshaphat added, "But first let's find out what the LORD says."

5 •So the king of Israel summoned the prophets, 400 of them, and asked them, "Should we go to war against Ramoth-gilead, or should I hold back?"

They all replied, "Yes, go right ahead! God will give the king victory."

6 •But Jehoshaphat asked, "Is there not also a prophet of the LORD here? We should ask him the same question."

7 •The king of Israel replied to Jehoshaphat, "There is one more man who could consult the LORD for us, but I hate him. He never prophesies anything but trouble for me! His name is Micaiah son of Imlah."

Jehoshaphat replied, "That's not the way a king should talk! Let's hear what he has to say."

8 •So the king of Israel called one of his officials and said, "Quick! Bring Micaiah son of Imlah."

alliance [əláiəns] *n.* 동맹
entice [intáis] *vt.* 유혹하다

9 이스라엘의 아합 왕과 유다의 여호사밧 왕은 왕의 옷을 입고 있었습니다. 그들은 타작 마당에 놓인 보좌 위에 앉아 있었습니다. 그곳은 사마리아 성문 입구에서 가까웠습니다. 예언자들은 두 왕 앞에 서서, 예언을 하고 있었습니다.

10 그 예언자들 가운데 그나아나의 아들 시드기야가 있었는데, 그는 쇠뿔을 만들어 가지고 있었습니다. 그가 아합에게 말했습니다. "여호와께서 이렇게 말씀하셨습니다. '너는 이 뿔들을 가지고 아람 사람과 싸워라. 너는 그들을 멸망시킬 것이다.'"

11 다른 예언자들도 다 똑같은 말을 했습니다. "길르앗 라못을 치십시오. 그러면 이기실 것입니다. 여호와께서 아람 사람을 왕에게 넘겨 주실 것입니다."

12 미가야를 데리러 갔던 사람이 미가야에게 말했습니다. "다른 예언자들은 한결같이 아합 왕이 아람 사람들과 싸워 이길 것이라고 말하고 있소. 당신도 같은 말을 하는 것이 좋을 것이오. 왕에게 좋은 말을 해 주시오."

13 그러나 미가야가 말했습니다. "여호와의 살아 계심을 두고 맹세하지만, 나는 오직 하나님께서 말씀해 주시는 것만을 전할 뿐이오."

14 미가야가 아합 왕에게 이르자, 왕이 미가야에게 물었습니다. "미가야여, 우리가 길르앗 라못을 치는 것이 좋겠소, 치지 않는 것이 좋겠소?" 미가야가 대답했습니다. "치시오. 그러면 이길 것이오. 그들을 물리칠 수 있을 것이오."

15 아합 왕이 미가야에게 말했습니다. "여호와의 이름으로 진실만을 이야기하시오. 몇 번이나 말해 줘야 알아듣겠소?"

16 그러자 미가야가 대답했습니다. "모든 이스라엘 군대가 목자 없는 양처럼 이 산 저 산에 흩어져 있는 것이 보이오. 여호와께서 말씀하셨소. '이들에게는 지도자가 없다. 싸우지 말고 집으로 돌아가게 하여라.'"

17 이스라엘의 아합 왕이 여호사밧에게 말했습니다. "그것 보십시오. 이 예언자는 한 번도 좋은 말을 해 준 적이 없습니다. 언제나 나에 대해 나쁜 말만 합니다."

18 그러나 미가야가 계속해서 말했습니다. "여호와의 말씀을 들으시오. 여호와께서 보좌에 앉아 계시고, 하늘의 만군이 양쪽 옆에 서 있는 것이 보이오.

19 여호와께서 말씀하셨소. '누가 이스라엘의 아합 왕을 속여 길르앗 라못을 치러 가서 죽게 하겠느냐?' 그러자 영마다 서로 다른 의견을 말했소.

20 그때에 한 영이 나아와 여호와 앞에 서면서 '내가 그를 속이겠습니다' 하고 말했소. 여호와께서 그에게 물으셨소. '어떻게 아합을 속이겠느냐?'

21 그 영이 대답했소. '아합의 예언자들에게 가서 거짓

Micaiah Prophesies against Ahab

9 •King Ahab of Israel and King Jehoshaphat of Judah, dressed in their royal robes, were sitting on thrones at the threshing floor near the gate of Samaria. All of Ahab's prophets were prophesying there in front of them.

10 •One of them, Zedekiah son of Kenaanah, made some iron horns and proclaimed, "This is what the LORD says: With these horns you will gore the Arameans to death!"

11 •All the other prophets agreed. "Yes," they said, "go up to Ramoth-gilead and be victorious, for the LORD will give the king victory!"

12 •Meanwhile, the messenger who went to get Micaiah said to him, "Look, all the prophets are promising victory for the king. Be sure that you agree with them and promise success."

13 •But Micaiah replied, "As surely as the LORD lives, I will say only what my God says."

14 •When Micaiah arrived before the king, Ahab asked him, "Micaiah, should we go to war against Ramoth-gilead, or should I hold back?"

Micaiah replied sarcastically, "Yes, go up and be victorious, for you will have victory over them!"

15 •But the king replied sharply, "How many times must I demand that you speak only the truth to me when you speak for the LORD?"

16 •Then Micaiah told him, "In a vision I saw all Israel scattered on the mountains, like sheep without a shepherd. And the LORD said, 'Their master has been killed.* Send them home in peace.'"

17 •"Didn't I tell you?" the king of Israel exclaimed to Jehoshaphat. "He never prophesies anything but trouble for me."

18 •Then Micaiah continued, "Listen to what the LORD says! I saw the LORD sitting on his throne with all the armies of heaven around him, on his right and on his left.

19 •And the LORD said, 'Who can entice King Ahab of Israel to go into battle against Ramoth-gilead so he can be killed?'

"There were many suggestions, •and finally a spirit approached the LORD and said, 'I can do it!'

20 "'How will you do this?' the LORD asked.

21 •"And the spirit replied, 'I will go out and inspire all of Ahab's prophets to speak lies.'

---

gore [gɔːr] vt. (뾰족한 도구로) 찌르다
sarcastically [saːrkǽstikəli] ad. 냉소적으로
scattered [skǽtərd] a. 뿔뿔이 흩어진
18:14 hold back : 참가하지 않다; 취소하다
....
18:16 Hebrew These people have no master.

말을 하게 하겠습니다.' 그러자 여호와께서 말씀하셨소, '너는 그를 속일 수 있을 것이다. 가서 그대로 하여라.'"

22 미가야가 말했습니다. "아합이여, 이 일은 이미 일어났소, 여호와께서는 왕의 예언자들이 왕에게 거짓말을 하게 하셨소, 여호와께서는 큰 재앙을 왕에게 내리셨소."

23 그러자 그나아나의 아들 시드기야가 미가야에게 가더니, 미가야의 뺨을 때리며 말했습니다. "여호와의 영이 언제 나에게서 나가서, 너에게 말씀하셨느냐?"

24 미가야가 대답했습니다. "네가 구석 방으로 들어가서 숨는 날에 그 사실을 알게 될 것이다."

25 아합 왕이 명령했습니다. "미가야를 붙잡아서 이 성의 영주인 아몬과 왕의 아들 요아스에게 데려가거라.

26 미가야를 감옥에 넣으라고 그들에게 일러라. 내가 전쟁터에서 돌아올 때까지 그를 감옥에 가두어 놓고, 빵과 물만 주어라."

27 미가야가 말했습니다. "아합이여, 만약 왕이 전쟁터에서 무사히 돌아온다면, 내가 전한 말은 여호와께서 하신 말씀이 아닙니다. 여기에 있는 모든 백성이여, 내 말을 기억하시오."

아합이 죽다

28 이스라엘의 아합 왕과 유다의 여호사밧 왕은 길르앗 라못으로 갔습니다.

29 아합 왕이 여호사밧에게 말했습니다. "나는 변장을 하고 싸움터에 갈 테니, 왕은 왕의 옷을 입으십시오." 아합은 변장을 하고 싸움터로 갔습니다.

30 아람의 왕이 자기의 전차 지휘관들에게 명령했습니다. "다른 사람은 높은 사람이든지 낮은 사람이든지 상대할 것 없고, 오직 이스라엘의 왕하고만 싸워라."

31 이 지휘관들은 여호사밧을 보고, 그를 이스라엘의 왕으로 생각해서 그에게 달려들었습니다. 그러나 여호사밧이 소리를 지르자, 여호와께서 그를 도와주셨습니다.

32 지휘관들은 그가 아합 왕이 아니라는 것을 알고, 여호사밧을 더 이상 뒤쫓지 않았습니다.

33 어떤 군인이 화살을 쏘았는데, 그 화살이 우연히 이스라엘의 아합 왕에게 맞았습니다. 화살이 갑옷 틈새를 뚫고 아합의 몸에 꽂혔습니다. 아합 왕이 전차를 모는 군인에게 말했습니다. "전차를 돌려서 이 싸움터에서 빠져 나가거라. 내가 다쳤다."

34 싸움은 하루 종일 계속되었습니다. 아합 왕은 전차 안에 겨우 버티고 서서, 저녁 때까지 아람 사람들을 막았으나, 해질 무렵에 숨을 거두었습니다.

"'You will succeed,' said the LORD. 'Go ahead and do it.'

22 • "So you see, the LORD has put a lying spirit in the mouths of your prophets. For the LORD has pronounced your doom."

23 • Then Zedekiah son of Kenaanah walked up to Micaiah and slapped him across the face. "Since when did the Spirit of the LORD leave me to speak to you?" he demanded.

24 • And Micaiah replied, "You will find out soon enough when you are trying to hide in some secret room!"

25 • "Arrest him!" the king of Israel ordered. "Take him back to Amon, the governor of 26 the city, and to my son Joash. • Give them this order from the king: 'Put this man in prison, and feed him nothing but bread and water until I return safely from the battle!'"

27 • But Micaiah replied, "If you return safely, it will mean that the LORD has not spoken through me!" Then he added to those standing around, "Everyone mark my words!"

The Death of Ahab

28 • So King Ahab of Israel and King Jehoshaphat of Judah led their armies against 29 Ramoth-gilead. • The king of Israel said to Jehoshaphat, "As we go into battle, I will disguise myself so no one will recognize me, but you wear your royal robes." So the king of Israel disguised himself, and they went into battle.

30 • Meanwhile, the king of Aram had issued these orders to his chariot commanders: "Attack only the king of Israel! Don't 31 bother with anyone else." • So when the Aramean chariot commanders saw Jehoshaphat in his royal robes, they went after him. "There is the king of Israel!" they shouted. But Jehoshaphat called out, and the LORD saved him. God helped him by turn-32 ing the attackers away from him. • As soon as the chariot commanders realized he was not the king of Israel, they stopped chasing him.

33 • An Aramean soldier, however, randomly shot an arrow at the Israelite troops and hit the king of Israel between the joints of his armor. "Turn the horses* and get me out of here!" Ahab groaned to the driver of the chariot. "I'm badly wounded!"

34 • The battle raged all that day, and the king of Israel propped himself up in his char-

---

doom [du:m] *n.* (나쁜) 운명, 파멸
groan [groun] *vi.* 신음하다
prop [prɑp] *vt.* 버티다; 기대 세우다
18:29 disguise oneself : 변장하다

18:33 Hebrew *Turn your hand.*

19

유다의 여호사밧 왕은 무사히 예루살렘의 자기 왕궁으로 돌아왔습니다.

2 하나니의 아들 예후가 와서 여호사밧 왕에게 말했습니다. 예후는 선견자였습니다. "어찌하여 악한 백성을 도와 주셨습니까? 어찌하여 여호와를 미워하는 사람들을 사랑하십니까? 그 때문에 여호와께서 왕에게 노하셨습니다.

3 그러나 왕은 좋은 일도 하셨습니다. 그것은 왕이 아세라 우상들을 이 땅에서 쫓아 내고, 열심히 하나님을 찾으려고 했던 것입니다."

여호사밧이 재판관들을 뽑다

4 여호사밧은 예루살렘에서 살았습니다. 그는 브엘세바에서 에브라임 산지까지 다니면서 백성의 사는 모습을 살피고, 그들을 그들 조상의 여호와 하나님께로 돌아오게 했습니다.

5 여호사밧은 모든 땅에 재판관들을 세웠습니다. 그는 유다의 요새마다 재판관들을 세웠습니다.

6 여호사밧이 재판관들에게 말했습니다. "여러분은 백성을 위해 재판하는 것이 아니라, 여호와를 위해 재판하는 것이오. 그러니 일을 할 때에 조심해서 하시오. 여러분이 재판을 할 때에 여호와께서 여러분과 함께 계실 것이오.

7 이제 여러분은 여호와를 두려워해야 하오. 우리 여호와 하나님께서는 모든 백성을 공평하게 다루기를 원하시며, 뇌물을 받고 잘못 재판하는 것을 싫어하시오."

8 여호사밧은 예루살렘에서 레위 사람과 제사장과 이스라엘 각 집안의 지도자들을 재판관으로 세웠습니다. 그들은 여호와의 율법에 관한 일들을 결정하는 책임을 맡았습니다. 그리고 예루살렘에 사는 백성들 사이에서 일어나는 문제들을 해결해야 했습니다.

9 여호사밧이 그들에게 명령했습니다. "여러분은 언제나 마음을 다해 여호와를 섬겨야 하오. 여호와를 두려워해야 하오.

10 여러분은 살인이라든지 가르침, 명령, 규례, 그리고 그 밖의 율법에 대해서 다루게 될 것이오. 각 성에 살고 있는 여러분의 백성들이 그것들에 관한 문제를 가지고 올 것이오. 그 모든 문제에 대해서 여러분은 백성에게, 여호와께 죄를 짓지 말라고 경고해야 하오. 그렇게 하지 않으면 여호와께서 여러분과 여러분의 백성에게 노하실 것이오. 그러나 백성에게 경고를 해 주면 여러분의 죄는 없을 것이오.

11 여호와와 관계가 있는 모든 문제에 대해서는 대제사장 아마랴가 여러분의 우두머리가 될 것이오. 왕과 관계가 있는 모든 문제에 대해서는 유다 지파의 지도자 이스마엘의 아들 스바댜가 여러분의 우두머리가 될 것이오. 레위 사람들도 관리가 되어 여러분을 도울 것이오. 용기를 가지시오. 옳은 일을 하는 사람들에게 여

---

iot facing the Arameans. In the evening, just as the sun was setting, he died.

Jehoshaphat Appoints Judges

19

When King Jehoshaphat of Judah arrived safely home in Jerusalem,
2 Jehu son of Hanani the seer went out to meet him. "Why should you help the wicked and love those who hate the LORD?" he asked the king. "Because of what you have done, the LORD is very
3 angry with you. •Even so, there is some good in you, for you have removed the Asherah poles throughout the land, and you have committed yourself to seeking God."

4 •Jehoshaphat lived in Jerusalem, but he went out among the people, traveling from Beersheba to the hill country of Ephraim, encouraging the people to return to the LORD, the God of their ances-
5 tors. •He appointed judges throughout
6 the nation in all the fortified towns, •and he said to them, "Always think carefully before pronouncing judgment. Remember that you do not judge to please people but to please the LORD. He will be with you when you render the verdict in each
7 case. •Fear the LORD and judge with integrity, for the LORD our God does not tolerate perverted justice, partiality, or the taking of bribes."

8 •In Jerusalem, Jehoshaphat appointed some of the Levites and priests and clan leaders in Israel to serve as judges* for cases involving the LORD's regulations and for
9 civil disputes. •These were his instructions to them: "You must always act in the fear of the LORD, with faithfulness and an
10 undivided heart. •Whenever a case comes to you from fellow citizens in an outlying town, whether a murder case or some other violation of God's laws, commands, decrees, or regulations, you must warn them not to sin against the LORD, so that he will not be angry with you and them. Do this and you will not be guilty.

11 •"Amariah the high priest will have final say in all cases involving the LORD. Zebadiah son of Ishmael, a leader from the tribe of Judah, will have final say in all civil cases. The Levites will assist you in

calamity [kəlǽməti] *n.* 재앙
integrity [intégrəti] *n.* 정직, 성실
partiality [pɑːrʃiǽləti] *n.* 불공평
render [réndər] *vt.* 판결을 내리다
tolerate [tɑ́ləreit] *vt.* 허용하다

19:8 As in Greek version; the meaning of the Hebrew is uncertain.

호와께서 함께 계시기를 바라오."

여호사밧이 전쟁을 하다

20 그 뒤에 모압 사람과 암몬 사람이 마온 사람과 함께 와서 여호사밧에게 전쟁을 걸었습니다.

2 어떤 사람들이 여호사밧에게 와서 전했습니다. "큰 군대가 에돔, 곧 사해 건너편에서 왕을 향해 오고 있습니다. 그들은 벌써 하사손다말, 곧 엔게디에 와 있습니다."

3 여호사밧은 두려웠습니다. 그래서 여호사밧은 어찌해야 할지 여호와께 여쭤 보기로 했습니다. 그는 유다 백성에게 하나님께 특별히 기도드리는 기간에는 아무도 음식을 먹지 말라고 명령했습니다.

4 유다 백성이 유다의 모든 마을에 모여, 여호와께 도와 달라는 기도를 드렸습니다.

5 유다와 예루살렘 백성이 여호와의 성전의 새 뜰 앞에 모였습니다. 그러자 여호사밧이 그들 앞에 섰습니다.

6 여호사밧이 말했습니다. "여호와여! 여호와께서는 우리 조상의 하나님이시고, 하늘의 하나님이십니다. 주께서 세계 모든 민족의 나라들을 다스리십니다. 주께는 권세와 능력이 있습니다. 아무도 주 앞에 설 수 없습니다.

7 우리 하나님, 주는 주의 백성이 보는 앞에서, 이 땅에 살던 백성을 쫓아 내셨습니다. 그리고 그 땅을 영원히 주의 벗 아브라함의 자손들에게 주셨습니다.

8 그들은 이 땅에 살면서 주를 섬길 성전을 지어 놓고 이렇게 말했습니다.

9 '우리에게 재앙, 곧 전쟁이나 심판이나 질병이나 가뭄의 때가 찾아오면, 우리는 주의 앞과 이 성전 앞, 곧 주의 이름이 있는 이 성전 앞에 서서 주께 부르짖을 것이다. 그러면 주께서 우리 기도를 들어 주시고, 우리를 구해 주실 것이다.'

10 그런데 지금 암몬 사람과 모압 사람과 세일 산 사람*이 우리를 치러 왔습니다. 이스라엘 백성이 이집트에서 나왔을 때, 주께서는 이스라엘 백성이 그들의 땅에 들어가는 것을 허락하지 않으셨습니다. 그래서 이스라엘 백성은 길을 돌려 그들을 멸망시키지 않았습니다.

11 그런데 그들은 우리가 그들에게 해를 끼치지 않았는데도, 우리에게 앙갚음을 하려 하고 있습니다. 그들은 주께서 우리에게 주신 땅에서 우리를 쫓아내려고 왔습니다.

12 우리 하나님, 저 백성들에게 심판을 내리십시오. 우리를 공격하고 있는 이 큰 군대를 당할 힘이 우리에게는 없습니다. 그래서 주의 도움을 구하는 것입니다."

13 유다의 모든 백성이 여호와 앞에 섰습니다. 그들의 아기와 아내와 아이들도 함께 섰습니다.

making sure that justice is served. Take courage as you fulfill your duties, and may the LORD be with those who do what is right."

War with Surrounding Nations

20 After this, the armies of the Moabites, Ammonites, and some of the Meunites* declared war on Jehoshaphat.

2 •Messengers came and told Jehoshaphat, "A vast army from Edom* is marching against you from beyond the Dead Sea.* They are already at Hazazon-tamar." (This was another name for En-gedi.)

3 •Jehoshaphat was terrified by this news and begged the LORD for guidance. He also ordered everyone in Judah to begin fasting.

4 •So people from all the towns of Judah came to Jerusalem to seek the LORD's help.

5 •Jehoshaphat stood before the community of Judah and Jerusalem in front of the new courtyard at the Temple of the LORD.

6 •He prayed, "O LORD, God of our ancestors, you alone are the God who is in heaven. You are ruler of all the kingdoms of the earth. You are powerful and mighty; no one can stand against you! 7 •O our God, did you not drive out those who lived in this land when your people Israel arrived? And did you not give this land forever to the descendants of your friend Abraham?

8 •Your people settled here and built this 9 Temple to honor your name. •They said, 'Whenever we are faced with any calamity such as war,* plague, or famine, we can come to stand in your presence before this Temple where your name is honored. We can cry out to you to save us, and you will hear us and rescue us.'

10 "And now see what the armies of Ammon, Moab, and Mount Seir are doing. You would not let our ancestors invade those nations when Israel left Egypt, so they went around them and did not destroy 11 them. •Now see how they reward us! For they have come to throw us out of your land, which you gave us as an inheritance. 12 •O our God, won't you stop them? We are powerless against this mighty army that is about to attack us. We do not know what to do, but we are looking to you for help."

13 •As all the men of Judah stood before the LORD with their little ones, wives, and

---

20:1 As in some Greek manuscripts (see also 26:7); Hebrew repeats *Ammonites*. 20:2a As in one Hebrew manuscript; most Hebrew manuscripts and ancient versions read *Aram*. 20:2b Hebrew *the sea*. 20:9 Or *sword of judgment;* or *sword, judgment.*

20:10 여기에서 '세일 산 사람'은 '에돔 사람'을 가리킨다.

14 그때에 여호와의 영이 야하시엘에게 내렸습니다. 야하시엘은 스가랴의 아들입니다. 스가랴는 브나야의 아들이고, 브나야는 여이엘의 아들이고, 여이엘은 맛다냐의 아들입니다. 야하시엘은 레위 사람으로서 아삽의 자손입니다.

15 야하시엘이 말했습니다. "여호사밧 왕이여, 내 말을 들어 보십시오. 유다와 예루살렘에 사는 모든 백성이여, 내 말을 들어 보십시오. 여호와께서 여러분에게 이렇게 말씀하셨습니다. '이 군대가 아무리 크다 해도 겁내거나 두려워하지 마라. 이 전쟁은 너희의 전쟁이 아니라 하나님의 전쟁이다.

16 내일 내려가서 저 백성들과 싸워라. 그들은 시스 고개로 올라올 것이다. 너희는 여루엘 광야로 이어지는 골짜기 끝에서 그들을 만날 것이다.

17 너희는 이 전쟁에서 싸울 필요가 없다. 그저 너희의 장소에서 굳게 서 있기만 하여라. 그러면 여호와께서 너희를 구하시는 것을 보게 될 것이다. 유다와 예루살렘아, 두려워하지 마라. 용기를 잃지 마라. 여호와께서 너희와 함께 계시다. 그러니 내일 저 백성들에게로 나가거라.'"

18 여호사밧이 땅에 엎드려 절했습니다. 유다와 예루살렘의 모든 백성도 여호와 앞에 엎드려 경배드렸습니다.

19 그때에 고핫과 고라의 자손 레위 사람들이 자리에서 일어나 여호와를 찬양했습니다. 그들은 큰 목소리로 이스라엘의 하나님을 찬양했습니다.

20 여호사밧의 군대가 아침 일찍 드고아 광야로 나갔습니다. 그들이 길을 떠나려 할 때에 여호사밧이 서서 말했습니다. "유다와 예루살렘 백성이여, 내 말을 들으시오. 여러분의 하나님, 여호와를 믿으시오. 그러면 굳게 설 수 있을 것이오. 주의 예언자들을 믿으시오. 그러면 성공할 수 있을 것이오."

21 여호사밧은 백성과 의논하여 여호와께 노래할 사람, 곧 거룩하고 놀라우신 여호와를 찬양할 사람들을 뽑았습니다. 그들이 군대 앞에서 행진하며 찬양했습니다. "여호와께 감사드리자. 여호와의 사랑은 영원하시다."

22 그들이 노래를 시작하며 주를 찬양하자, 여호와께서는 유다를 치러 온 암몬과 모압과 세일 산에서 온 사람을 공격할 복병을 숨겨 놓으셨습니다. 그리고 암몬과 모압과 세일 사람을 치게 하셨습니다.

23 그러자 암몬과 모압 사람이 세일 산 사람을 공격하기 시작했습니다. 그들은 세일 산 사람을 죽여 멸망시켰습니다. 그러더니 그들은 또 자기들끼리 서로 죽였습니다.

24 유다 사람들이 광야를 내려다볼 수 있는 곳에 이르러 적의 큰 군대를 살펴보았습니다. 그러나 보이는

---

14 children, •the Spirit of the LORD came upon one of the men standing there. His name was Jahaziel son of Zechariah, son of Benaiah, son of Jeiel, son of Mattaniah, a Levite who was a descendant of Asaph.

15 •He said, "Listen, all you people of Judah and Jerusalem! Listen, King Jehoshaphat! This is what the LORD says: Do not be afraid! Don't be discouraged by this mighty army,

16 for the battle is not yours, but God's. •Tomorrow, march out against them. You will find them coming up through the ascent of Ziz at the end of the valley that opens into

17 the wilderness of Jeruel. •But you will not even need to fight. Take your positions; then stand still and watch the LORD's victory. He is with you, O people of Judah and Jerusalem. Do not be afraid or discouraged. Go out against them tomorrow, for the LORD is with you!"

18 •Then King Jehoshaphat bowed low with his face to the ground. And all the people of Judah and Jerusalem did the same,

19 worshiping the LORD. •Then the Levites from the clans of Kohath and Korah stood to praise the LORD, the God of Israel, with a very loud shout.

20 •Early the next morning the army of Judah went out into the wilderness of Tekoa. On the way Jehoshaphat stopped and said, "Listen to me, all you people of Judah and Jerusalem! Believe in the LORD your God, and you will be able to stand firm. Believe in his prophets, and you will succeed."

21 •After consulting the people, the king appointed singers to walk ahead of the army, singing to the LORD and praising him for his holy splendor. This is what they sang:

"Give thanks to the LORD;
    his faithful love endures forever!"

22 •At the very moment they began to sing and give praise, the LORD caused the armies of Ammon, Moab, and Mount Seir to start

23 fighting among themselves. •The armies of Moab and Ammon turned against their allies from Mount Seir and killed every one of them. After they had destroyed the army

24 of Seir, they began attacking each other. •So when the army of Judah arrived at the lookout point in the wilderness, all they saw were dead bodies lying on the ground as far

---

ally [əlái] *n.* 동맹국
ascent [əsént] *n.* 오르막길
endure [indjúər] *vi.* 지속하다
fleet [fli:t] *n.* 함대, 선단
proceed [prəsí:d] *vi.* 나아가다
splendor [spléndər] *n.* 영광
wilderness [wíldərnis] *n.* 광야

것은 오직 땅 위에 널린 시체들뿐이었습니다. 아무도 도망치지 못했습니다.

25 여호사밧과 그의 군대가 시체들로부터 값 나가는 물건을 빼앗으러 내려가 보니, 양식과 옷가지와 그 밖의 값진 것들이 많았습니다. 너무나 많아서 다 가지고 갈 수 없을 정도였고, 다 거두어들이는 데 삼 일이나 걸렸습니다.

26 사 일째 되는 날에 여호사밧과 그의 군대가 브라가 골짜기에 모여서 여호와를 찬양했습니다. 그곳의 이름을 지금까지 브라가 골짜기라고 부르는 것도 그 까닭입니다.

27 그 뒤에 여호사밧이 유다와 예루살렘의 모든 백성을 거느리고 예루살렘으로 돌아갔습니다. 여호와께서 그들의 적을 물리쳐 주셔서, 그들은 기뻤습니다.

28 그들은 비파와 수금과 나팔을 연주하며, 여호와의 성전으로 나아갔습니다.

29 유다 주변의 모든 나라가 여호와께서 이스라엘의 적들을 물리쳐 주신 이야기를 듣고, 하나님을 두려워했습니다.

30 그리하여 여호사밧의 나라는 평화를 누렸습니다. 여호사밧의 하나님께서 사방으로 그에게 평화를 허락해 주셨습니다.

여호사밧의 다스림이 끝나다

31 여호사밧은 유다 땅을 다스렸습니다. 그가 왕이 되었을 때의 나이는 삼십오 세였습니다. 그는 이십오 년 동안, 예루살렘에서 다스렸습니다. 그의 어머니는 실히의 딸 아수바입니다.

32 여호사밧은 그의 아버지 아사처럼 살면서, 여호와께서 보시기에 올바른 일을 했습니다.

33 그러나 헛된 신들을 섬기는 산당은 없애 버리지 않았습니다. 그리고 백성은 그들의 조상들처럼 하나님을 열심으로 따르지 않았습니다.

34 여호사밧이 한 다른 모든 일은 처음부터 끝까지, 하나니의 아들 예후의 글에 적혀 있습니다. 그 글은 이스라엘 왕들의 역사책에 있습니다.

35 그 뒤에 유다 왕 여호사밧은 이스라엘 왕 아하시야와 조약을 맺었습니다. 아하시야는 매우 악한 왕이었습니다.

36 여호사밧은 아하시야와 함께, 에시온게벨 마을에서 무역을 하기 위한 배들을 만들었습니다.

37 그러자 마레사 사람 도다와후의 아들 엘리에셀이 여호사밧에게 말했습니다. "여호사밧이여, 왕이 아하시야와 손을 잡았으므로, 여호와께서 왕이 만든 것을 부수실 것입니다." 그 말대로 배들은 부서졌습니다. 그래서 여호사밧과 아하시야는 그 배들을 띄우지 못했습니다.

as they could see. Not a single one of the enemy had escaped.

25 •King Jehoshaphat and his men went out to gather the plunder. They found vast amounts of equipment, clothing,* and other valuables—more than they could carry. There was so much plunder that it took them three days just to collect it all! •On the fourth day they gathered in the Valley of Blessing,* which got its name that day because the people praised and thanked the LORD there. It is still called the Valley of Blessing today.

27 •Then all the men returned to Jerusalem, with Jehoshaphat leading them, overjoyed that the LORD had given them victory over their enemies. •They marched into Jerusalem to the music of harps, lyres, and trumpets, and they proceeded to the Temple of the LORD.

29 •When all the surrounding kingdoms heard that the LORD himself had fought against the enemies of Israel, the fear of God came over them. •So Jehoshaphat's kingdom was at peace, for his God had given him rest on every side.

Summary of Jehoshaphat's Reign

31 •So Jehoshaphat ruled over the land of Judah. He was thirty-five years old when he became king, and he reigned in Jerusalem twenty-five years. His mother was Azubah, the daughter of Shilhi.

32 •Jehoshaphat was a good king, following the ways of his father, Asa. He did what was pleasing in the LORD's sight. •During his reign, however, he failed to remove all the pagan shrines, and the people never fully committed themselves to follow the God of their ancestors.

34 •The rest of the events of Jehoshaphat's reign, from beginning to end, are recorded in *The Record of Jehu Son of Hanani,* which is included in *The Book of the Kings of Israel.*

35 •Some time later King Jehoshaphat of Judah made an alliance with King Ahaziah of Israel, who was very wicked.* •Together they built a fleet of trading ships* at the port of Ezion-geber. •Then Eliezer son of Dodavahu from Mareshah prophesied against Jehoshaphat. He said, "Because you have allied yourself with King Ahaziah, the LORD will destroy your work." So the ships met with disaster and never put out to sea.*

20:25 As in some Hebrew manuscripts and Latin Vulgate; most Hebrew manuscripts read *corpses.*   **20:26** Hebrew *valley of Beracah.*   **20:35** Or *who made him do what was wicked.*   **20:36** Hebrew *fleet of ships that could go to Tarshish.*   **20:37** Hebrew *never set sail for Tarshish.*

21

여호사밧이 죽어 그의 조상들과 함께 다윗 성에 묻히고, 그의 아들 여호람이 그의 뒤를 이어 왕이 되었습니다.

2 여호람에게는 동생들이 있었는데, 그들의 이름은 아사랴와 여히엘과 스가랴와 아사랴와 미가엘과 스바댜입니다. 이들은 유다 왕 여호사밧의 아들들입니다.

3 여호사밧은 자기 아들들에게 은과 금과 값진 물건들을 선물로 주었습니다. 그리고 그들에게 유다의 요새들도 주었습니다. 그러나 여호람이 맏아들이기 때문에 나라는 여호람에게 주었습니다.

유다의 여호람 왕

4 여호람은 자기 아버지의 나라를 손아귀에 넣은 뒤에 자기 동생들을 다 칼로 죽였습니다. 그리고 이스라엘의 지도자들도 몇 명 죽였습니다.

5 여호람이 왕이 되었을 때의 나이는 삼십이 세였습니다. 그는 예루살렘에서 팔 년 동안, 다스렸습니다.

6 여호람은 아합의 집안처럼 이스라엘 왕들의 길을 그대로 따랐습니다. 이는 그가 아합의 딸과 결혼했기 때문입니다. 여호람은 여호와께서 보시기에 악한 일을 했습니다.

7 그러나 여호와께서는 다윗의 집안을 멸망시키려 하지는 않으셨습니다. 왜냐하면 여호와께서는 다윗과 언약을 맺으시고, 다윗과 그의 자손이 영원히 왕위를 차지하게 될 것이라고 약속하셨기 때문입니다.

8 여호람이 왕으로 있을 때에 에돔이 유다에게 반역했습니다. 에돔 백성은 자기들의 왕을 따로 세웠습니다.

9 그래서 여호람이 그의 모든 지휘관과 전차를 이끌고 에돔으로 갔습니다. 그런데 에돔 군대가 여호람과 그의 전차 부대를 에워쌌습니다. 그러나 밤에 여호람이 일어나 에돔 군대를 뚫고 나왔습니다.

10 그때부터 에돔 나라는 유다에게 반역을 해서 두 나라는 지금까지 서로 떨어져 있습니다. 그때에 립나 백성도 여호람에게 반역했습니다. 그런 일이 일어난 것은 여호람이 그들의 조상이 섬기던 여호와 하나님을 저버렸기 때문입니다.

11 여호람은 유다의 언덕들 위에 헛된 신들을 섬기는 산당을 지었습니다. 그는 예루살렘 백성으로 하여금 죄를 짓게 했습니다. 그리고 유다 백성을 여호와로부터 멀어지게 했습니다.

12 여호람이 예언자 엘리야로부터 편지를 받았는데, 그 편지에는 이렇게 적혀 있습니다. "왕의 조상 다윗이 섬기던 하나님 여호와께서 이렇게 말씀하셨소. '여호람아, 너는 네 아버지 여호사밧처럼 살지

Jehoram Rules in Judah

21 When Jehoshaphat died, he was buried with his ancestors in the City of David. Then his son Jehoram became the next king.

2 • Jehoram's brothers—the other sons of Jehoshaphat—were Azariah, Jehiel, Zechariah, Azariahu, Michael, and Shephatiah; all these were the sons of Jehoshaphat king of Judah.* 3 • Their father had given each of them valuable gifts of silver, gold, and costly items, and also some of Judah's fortified towns. However, he designated Jehoram as the next king because he was the oldest.

4 • But when Jehoram had become solidly established as king, he killed all his brothers and some of the other leaders of Judah.

5 • Jehoram was thirty-two years old when he became king, and he reigned in Jerusalem eight years. 6 • But Jehoram followed the example of the kings of Israel and was as wicked as King Ahab, for he had married one of Ahab's daughters. So Jehoram did 7 what was evil in the LORD's sight. • But the LORD did not want to destroy David's dynasty, for he had made a covenant with David and promised that his descendants would continue to rule, shining like a lamp forever.

8 • During Jehoram's reign, the Edomites revolted against Judah and crowned their 9 own king. • So Jehoram went out with his full army and all his chariots. The Edomites surrounded him and his chariot commanders, but he went out at night and attacked 10 them* under cover of darkness. • Even so, Edom has been independent from Judah to this day. The town of Libnah also revolted about that same time. All this happened because Jehoram had abandoned the LORD, 11 the God of his ancestors. • He had built pagan shrines in the hill country of Judah and had led the people of Jerusalem and Judah to give themselves to pagan gods and to go astray.

12 • Then Elijah the prophet wrote Jehoram this letter:

"This is what the LORD, the God of your ancestor David, says: You have not fol-

agony [ǽgəni] *n.* 극도의 고통
intestinal [intéstənl] *a.* 창자의

21:2 Masoretic Text reads *of Israel;* also in 21:4. The author of Chronicles sees Judah as representative of the true Israel. (Some Hebrew manuscripts, Greek and Syriac versions, and Latin Vulgate read *of Judah.*)　21:9 Or *he went out and escaped.* The meaning of the Hebrew is uncertain.

않았다. 너는 유다의 아사 왕처럼 살지 않았다.

13 너는 이스라엘의 다른 왕들처럼 살았다. 너는 마치 아합과 그의 집안이 그러했듯이, 유다와 예루살렘의 백성으로 하여금 하나님께 죄를 짓게 만들었다. 너는 너보다 나은 네 형제들을 죽였다.

14 그러므로 이제 여호와께서 네 백성에게 끔찍한 벌을 내리시며, 네 자녀와 아내들과 네 모든 재산에도 벌을 내리실 것이다.

15 네 창자에 심한 병이 걸릴 텐데, 그 병은 날마다 심해질 것이다. 그리하여 마침내 네 창자가 밖으로 빠져 나올 것이다.'"

16 여호와께서 블레셋과 아라비아 사람들의 마음을 움직여, 여호람을 미워하게 하셨습니다. 그들은 에티오피아 사람들 가까이에서 살았습니다.

17 그리하여 블레셋과 아라비아 사람들이 유다를 공격했습니다. 그들은 여호람의 왕궁에 있는 모든 것을 빼앗고, 여호람의 자녀와 아내들도 잡아갔습니다. 여호람의 막내 아들 아하시야*만이 붙잡혀 가지 않았습니다.

18 이 일들이 있은 뒤에 여호와께서 여호람의 창자에 병이 나게 하셨습니다. 그 병은 고칠 수 없는 병이었습니다.

19 여호람은 이 년 동안, 그 병을 앓았는데 결국 그 병 때문에 창자가 빠져 나오게 되었습니다. 그는 몹시 아파하다가 죽었습니다. 백성은 여호람의 조상을 위해서 죽음을 슬퍼하는 향불을 피웠지만, 여호람을 위해서는 향불을 피우지 않았습니다.

20 여호람이 왕이 되었을 때의 나이는 삼십이 세였습니다. 그는 예루살렘에서 팔 년 동안을 왕으로 있었지만, 그가 죽었을 때는 아무도 슬퍼하지 않았습니다. 그는 다윗 성에 묻혔지만, 왕들의 무덤에는 묻히지 못했습니다.

유다의 아하시야 왕

22 예루살렘 백성이 아하시야를 왕으로 뽑아, 여호람의 뒤를 잇게 했습니다. 아하시야는 여호람의 막내 아들이었습니다. 아라비아 사람들과 더불어 여호람의 진에 쳐들어온 도둑들이 여호람의 다른 아들들을 다 죽였기 때문에, 아하시야가 유다를 다스리게 된 것입니다.

2 아하시야가 왕이 되었을 때의 나이는 사십이 세*였습니다. 그는 예루살렘에서 일 년 동안, 다스렸습니다. 그의 어머니는 오므리의 손녀인 아달랴입니다.

3 아하시야도 역시 아합의 집안 사람들처럼 악한 일을 하며 살았습니다. 그의 어머니가 그를 부추겨 악한 일을 하게 했기 때문입니다.

4 아하시야는 아합의 집안처럼 여호와께서 보시기에

---

lowed the good example of your father, Jehoshaphat, or your grandfather King Asa of Judah. [13] Instead, you have been as evil as the kings of Israel. You have led the people of Jerusalem and Judah to worship idols, just as King Ahab did in Israel. And you have even killed your own brothers, men who were better than you. [14] So now the LORD is about to strike you, your people, your children, your wives, and all that is yours with a heavy blow. [15] You yourself will suffer with a severe intestinal disease that will get worse each day until your bowels come out."

16 [16] Then the LORD stirred up the Philistines and the Arabs, who lived near the Ethiopians,* to attack Jehoram. [17] They marched against Judah, broke down its defenses, and carried away everything of value in the royal palace, including the king's sons and his wives. Only his youngest son, Ahaziah,* was spared.

18 [18] After all this, the LORD struck Jehoram
19 with an incurable intestinal disease. [19] The disease grew worse and worse, and at the end of two years it caused his bowels to come out, and he died in agony. His people did not build a great funeral fire to honor him as they had done for his ancestors.

20 [20] Jehoram was thirty-two years old when he became king, and he reigned in Jerusalem eight years. No one was sorry when he died. They buried him in the City of David, but not in the royal cemetery.

Ahaziah Rules in Judah

22 Then the people of Jerusalem made Ahaziah, Jehoram's youngest son, their next king, since the marauding bands who came with the Arabs* had killed all the older sons. So Ahaziah son of Jehoram reigned as king of Judah.

2 [2] Ahaziah was twenty-two* years old when he became king, and he reigned in Jerusalem one year. His mother was Athaliah,
3 a granddaughter of King Omri. [3] Ahaziah also followed the evil example of King Ahab's family, for his mother encouraged him in doing wrong. [4] He did what was evil in the

---

21:16 Hebrew *the Cushites*.　21:17 Hebrew *Jehoahaz*, a variant spelling of Ahaziah; compare 22:1.　22:1 Or *marauding bands of Arabs*. 22:2 As in some Greek manuscripts and Syriac version (see also 2 Kgs 8:26); Hebrew reads *forty-two*.

21:17 개역 성경에는 '여호아하스'로 표기되어 있는데, '아하시야'는 '여호아하스', '아사랴'라고도 불렀다.

22:2 히브리어 원문에는 42세로 되어 있으나, 칠십인역과 시리아 사본은 22세로 되어 있다.

악한 일을 했습니다. 아하시야의 아버지가 죽은 뒤, 아합의 집안 사람들이 아하시야에게 나쁜 충고를 해 주었기 때문에 아하시야도 죽게 되었습니다.

5 아하시야는 그들의 충고를 받아들여 아람 왕 하사엘과 싸우러 나갔습니다. 아합의 아들인 이스라엘 왕 요람*도 그와 함께 싸우러 나갔습니다. 그들은 길르앗 라못에서 하사엘을 만났습니다. 그 싸움에서 아람* 사람들이 요람에게 부상을 입혔습니다.

6 요람은 길르앗에서 아람 왕 하사엘과 싸우다가 입은 상처를 치료하려고 이스르엘로 돌아왔습니다. 유다의 왕 아하시야*가 부상을 당한 아합의 아들 요람을 보려고, 이스르엘로 내려갔습니다.

7 그곳에서 아하시야는 죽게 되었는데, 이는 하나님께서 계획하신 일입니다. 아하시야는 요람에게 갔다가 요람과 함께 임시의 아들 예후를 만나게 되었습니다. 예후는 여호와께서 아합의 집안을 멸망시키기 위해 세운 사람입니다.

8 예후는 아합의 집안을 징벌하다가, 유다의 지도자들과 아하시야를 섬기던 아하시야의 친척들을 보고 그들도 죽였습니다.

9 그런 뒤에 예후는 아하시야를 찾았습니다. 예후의 부하들이 사마리아에 숨어 있던 아하시야를 붙잡아 예후에게 데려왔습니다. 그들은 아하시야를 죽이고 그 시체를 묻어 주며, "아하시야는 여호사밧의 자손이다. 여호사밧은 마음을 다해 여호와를 찾았다"고 말했습니다. 이제 아하시야의 집안에는 유다 나라를 다스릴 만한 사람이 하나도 없게 되었습니다.

유다의 아달랴 여왕

10 아하시야의 어머니 아달랴는 자기 아들이 죽은 것을 보고, 유다에 있는 왕의 집안 사람들을 다 죽이기 시작했습니다.

11 그러나 여호사브앗*은 아하시야의 아들 요아스가 죽임을 당하기 바로 전에 그를 구해 냈습니다. 여호사브앗은 요아스와 그의 유모를 침실에 숨겼습니다. 여호사브앗은 여호람 왕의 딸이자, 아하시야의 누이입니다. 또한 여호사브앗은 제사장 여호야다의 아내이기도 합니다. 여호사브앗이 요아스를 숨겼기 때문에 아달랴는 요아스를 죽일 수 없었습니다.

12 요아스는 그들과 함께 육 년 동안, 하나님의 성전에 숨어 있었습니다. 그동안에 아달랴가 그 땅을 다스렸습니다.

LORD's sight, just as Ahab's family had done. They even became his advisers after the death of his father, and they led him to ruin.

5 •Following their evil advice, Ahaziah joined Joram,* the son of King Ahab of Israel, in his war against King Hazael of Aram at Ramoth-gilead. When the Arameans* wounded Joram in the
6 battle, •he returned to Jezreel to recover from the wounds he had received at Ramoth.* Because Joram was wounded, King Ahaziah* of Judah went to Jezreel to visit him.

7 •But God had decided that this visit would be Ahaziah's downfall. While he was there, Ahaziah went out with Joram to meet Jehu grandson of Nimshi,* whom the LORD had appointed to destroy the dynasty of Ahab.

8 •While Jehu was executing judgment against the family of Ahab, he happened to meet some of Judah's officials and Ahaziah's relatives* who were traveling with Ahaziah. So Jehu killed them
9 all. •Then Jehu's men searched for Ahaziah, and they found him hiding in the city of Samaria. They brought him to Jehu, who killed him. Ahaziah was given a decent burial because the people said, "He was the grandson of Jehoshaphat—a man who sought the LORD with all his heart." But none of the surviving members of Ahaziah's family was capable of ruling the kingdom.

Queen Athaliah Rules in Judah

10 •When Athaliah, the mother of King Ahaziah of Judah, learned that her son was dead, she began
11 to destroy the rest of Judah's royal family. •But Ahaziah's sister Jehosheba,* the daughter of King Jehoram, took Ahaziah's infant son, Joash, and stole him away from among the rest of the king's children, who were about to be killed. She put Joash and his nurse in a bedroom. In this way, Jehosheba, wife of Jehoiada the priest and sister of Ahaziah, hid the child so that Athaliah could
12 not murder him. •Joash remained hidden in the Temple of God for six years while Athaliah

22:5a Hebrew *Jehoram*, a variant spelling of Joram; also in 22:6, 7.   22:5b As in two Hebrew manuscripts and Latin Vulgate (see also 2 Kgs 8:28); Masoretic Text reads *the archers*.   22:6a Hebrew *Ramah*, a variant spelling of Ramoth.   22:6b As in some Hebrew manuscripts, Greek and Syriac versions, and Latin Vulgate (see also 2 Kgs 8:29); most Hebrew manuscripts read *Azariah*.   22:7 Hebrew *descendant of Nimshi*; compare 2 Kgs 9:2, 14.   22:8 As in Greek version (see also 2 Kgs 10:13); Hebrew reads *and sons of the brothers of Ahaziah*.   22:11 As in parallel text at 2 Kgs 11:2; Hebrew lacks *Ahaziah's sister* and reads *Jehoshabeath* [a variant spelling of Jehosheba].

22:5 '요람'은 '여호람'의 또 다른 이름이고, '아람'은 현재의 '시리아' 땅에 해당한다.
22:6 개역 성경에는 '아사랴'라고 표기되어 있는데, '아하시야'와 '여호아하스', '아사랴'로도 불렸다.
22:11 '여호사브앗'은 '여호세바'라고도 불렸다.

23 칠 년째 되던 해에 여호야다가 결정을 내렸습니다. 그는 백부장들과 언약을 맺었습니다. 그와 언약을 맺은 장교들은 여로함의 아들 아사랴와, 여호하난의 아들 이스마엘과, 오벳의 아들 아사랴와, 아다야의 아들 마아세야와, 시그리의 아들 엘리사밧입니다.

2 그들은 유다 모든 마을을 다니면서 레위 사람들을 불러모았습니다. 그들은 또 이스라엘 각 집안의 지도자들도 불러모았습니다. 그런 뒤에 그들은 예루살렘으로 갔습니다.

3 모든 백성이 다 함께 하나님의 성전에 있던 왕자 요아스와 언약을 맺었습니다. 여호야다가 그들에게 말했습니다. "왕의 아들이 나라를 다스려야 하오. 여호와께서도 다윗의 자손에 관해서 그렇게 약속하셨소.

4 여러분이 해야 할 일은 이러하오. 여러분 제사장과 레위 사람들은 안식일 당번을 맡을 텐데, 그 가운데서 삼분의 일은 성전 문을 지키시오.

5 그리고 삼분의 일은 왕궁을 지키고, 나머지 삼분의 일은 '기초문'을 지키시오. 나머지 백성은 여호와의 성전 뜰에 머무르시오.

6 섬기는 일을 맡은 제사장과 레위 사람들 말고는, 아무도 여호와의 성전에 들어오지 못하게 하시오. 제사장과 레위 사람은 여호와를 섬기도록 따로 구별된 사람이므로 성전에 들어갈 수 있소. 그러나 다른 사람은 여호와께서 맡기신 일을 해야 하오.

7 레위 사람들은 왕 곁에 있어야 하오. 그들 모두는 손에 무기를 들고 지켜 서서, 누구든지 성전에 들어오려 하는 사람은 죽이시오. 그리고 왕이 어디를 가든지 잘 지키시오."

8 레위 사람들과 유다의 모든 백성은 제사장 여호야다가 명령한 것을 다 지켰습니다. 여호야다는 당번 일을 마친 사람들까지도 쉬지 못하게 했습니다. 그래서 장교들은 안식일 당번인 사람과 안식일 당번이 아닌 사람을 모두 거느려야 했습니다.

9 여호야다가 백부장들에게 창과 크고 작은 방패를 나누어 주었습니다. 그 창과 방패들은 다윗 왕이 쓰던 것으로, 하나님의 성전 안에 보관되어 있던 것입니다.

10 그 뒤에 여호야다가 사람들에게 서 있어야 할 곳을 일러 주었습니다. 사람들마다 손에 무기를 들고 서 있었습니다. 그들은 제단과 성전 둘레에 서서 왕을 지켰습니다.

11 그때에 여호야다와 그의 아들들이 왕자를 데려와서, 그의 머리에 왕관을 씌우고, 율법책을 그에게 주었습니다. 그들은 왕자를 왕으로 세우고, 그에게 기름을 부었습니다. 그리고 "왕 만세!" 하고 외쳤습니다.

12 백성이 이리저리 달리며 왕을 찬양하자, 그 소리를

---

ruled over the land.

Revolt against Athaliah

23 In the seventh year of Athaliah's reign, Jehoiada the priest decided to act. He summoned his courage and made a pact with five army commanders: Azariah son of Jeroham, Ishmael son of Jehohanan, Azariah son of Obed, Maaseiah son of Adaiah, and 2 Elishaphat son of Zicri. •These men traveled secretly throughout Judah and summoned the Levites and clan leaders in all the towns 3 to come to Jerusalem. •They all gathered at the Temple of God, where they made a solemn pact with Joash, the young king.

Jehoiada said to them, "Here is the king's son! The time has come for him to reign! The LORD has promised that a descendant of 4 David will be our king. •This is what you must do. When you priests and Levites come on duty on the Sabbath, a third of you will 5 serve as gatekeepers. •Another third will go over to the royal palace, and the final third will be at the Foundation Gate. Everyone else should stay in the courtyards of the LORD's 6 Temple. •Remember, only the priests and Levites on duty may enter the Temple of the LORD, for they are set apart as holy. The rest of the people must obey the LORD's instruc-7 tions and stay outside. •You Levites, form a bodyguard around the king and keep your weapons in hand. Kill anyone who tries to enter the Temple. Stay with the king wherever he goes."

8 So the Levites and all the people of Judah did everything as Jehoiada the priest ordered. The commanders took charge of the men reporting for duty that Sabbath, as well as those who were going off duty. Jehoiada the priest did not let anyone go 9 home after their shift ended. •Then Jehoiada supplied the commanders with the spears and the large and small shields that had once belonged to King David and were 10 stored in the Temple of God. •He stationed all the people around the king, with their weapons ready. They formed a line from the south side of the Temple around to the north side and all around the altar.

11 •Then Jehoiada and his sons brought out Joash, the king's son, placed the crown on his head, and presented him with a copy of God's laws.* They anointed him and proclaimed him king, and everyone shouted, "Long live the king!"

The Death of Athaliah

12 •When Athaliah heard the noise of the peo-

23:11 Or *a copy of the covenant.*

들은 아달랴는 백성이 모여 있는 여호와의 성전으로 갔습니다.

13 아달랴가 보니, 왕이 성전 입구의 기둥 곁에 서 있었습니다. 관리들과 나팔 부는 사람들이 왕 곁에 서 있었고, 온 땅의 백성도 기뻐하며 나팔을 불고 있었습니다. 노래하는 자들은 악기를 연주하며, 찬양을 인도하고 있었습니다. 아달랴는 너무나 놀란 나머지 옷을 찢으며, "반역이다! 반역이다!" 하고 소리질렀습니다.

14 제사장 여호야다가 군대를 이끄는 백부장들에게 명령했습니다. "저 여자를 성전 밖으로 끌어 내시오. 그리고 누구든지 저 여자를 따르는 사람은 칼로 죽이시오." 그는 또 "아달랴를 여호와의 성전 안에서는 죽이지 마시오."라고 명령했습니다.

15 그래서 사람들이 왕궁의 '말의 문' 입구로 들어가는 그 여자를 붙잡아, 거기에서 그녀를 죽였습니다.

16 그런 뒤에 여호야다는 백성과 왕과 더불어 언약을 맺었습니다. 그들은 여호와의 백성이 되기로 약속했습니다.

17 모든 백성은 바알의 신전으로 가서 그것을 허물어 버렸습니다. 그리고 제단과 우상들을 부숴 버리고, 바알의 제사장 맛단을 제단 앞에서 죽였습니다.

18 그런 다음에 제사장 여호야다는 여호와의 성전을 맡을 레위 사람 제사장들을 뽑았습니다. 예전에 다윗은 여호와의 성전에서 할 일을 그들에게 맡긴 일이 있었습니다. 그들은 모세의 율법에 적힌 대로 여호와께 번제를 드려야 했습니다. 그들은 다윗이 명령한 대로, 큰 기쁨으로 노래를 부르며 제물을 바쳤습니다.

19 여호야다는 성전의 문마다 호위병들을 세웠습니다. 그래서 누구든지 부정한 사람은 성전에 들어가지 못하게 했습니다.

20 여호야다는 백부장들과 귀한 사람들, 백성의 지도자들, 그리고 그 땅의 모든 백성을 거느리고, 왕을 여호와의 성전에서 모시고 나왔습니다. 그리고 그들은 '윗문'을 통해 왕궁으로 들어가서 왕을 왕좌에 앉혔습니다.

21 유다의 모든 백성은 매우 기뻐했습니다. 아달랴가 칼에 맞아 죽은 이후로 예루살렘에 다시 평화가 찾아왔습니다.

요아스가 성전을 다시 짓다

24 요아스가 왕이 되었을 때의 나이는 칠 세였습니다. 요아스는 예루살렘에서 사십 년 동안, 다스렸습니다. 그의 어머니의 이름은 시비아입니다. 시비아는 브엘세바 사람입니다.

2 요아스는 제사장 여호야다가 살아 있는 동안, 여호와께서 보시기에 옳은 일을 했습니다.

---

ple running and the shouts of praise to the king, she hurried to the LORD's Temple to see

13 what was happening. • When she arrived, she saw the newly crowned king standing in his place of authority by the pillar at the Temple entrance. The commanders and trumpeters were surrounding him, and people from all over the land were rejoicing and blowing trumpets. Singers with musical instruments were leading the people in a great celebration. When Athaliah saw all this, she tore her clothes in despair and shouted, "Treason! Treason!"

14 • Then Jehoiada the priest ordered the commanders who were in charge of the troops, "Take her to the soldiers in front of the Temple,* and kill anyone who tries to rescue her." For the priest had said, "She must not be killed in the Temple of the

15 LORD." • So they seized her and led her out to the entrance of the Horse Gate on the palace grounds, and they killed her there.

Jehoiada's Religious Reforms

16 • Then Jehoiada made a covenant between himself and the king and the people that

17 they would be the LORD's people. • And all the people went over to the temple of Baal and tore it down. They demolished the altars and smashed the idols, and they killed Mattan the priest of Baal in front of the altars.

18 • Jehoiada now put the priests and Levites in charge of the Temple of the LORD, following all the directions given by David. He also commanded them to present burnt offerings to the LORD, as prescribed by the Law of Moses, and to sing and rejoice as David had

19 instructed. • He also stationed gatekeepers at the gates of the LORD's Temple to keep out those who for any reason were ceremonially unclean.

20 • Then the commanders, nobles, rulers, and all the people of the land escorted the king from the Temple of the LORD. They went through the upper gate and into the palace, and they seated the king on the royal

21 throne. • So all the people of the land rejoiced, and the city was peaceful because Athaliah had been killed.

Joash Repairs the Temple

24 Joash was seven years old when he became king, and he reigned in Jerusalem forty years. His mother was Zibiah

2 from Beersheba. • Joash did what was pleasing in the LORD's sight throughout the life-

---

23:14 Or *Bring her out from between the ranks*; or *Take her out of the Temple precincts*. The meaning of the Hebrew is uncertain.

3 여호야다가 요아스에게 두 아내를 얻어 주었습니다. 요아스는 여러 아들과 딸을 낳았습니다.

4 얼마 뒤에 요아스가 여호와의 성전을 고치기로 결정했습니다.

5 요아스가 제사장과 레위 사람들을 불러서 말했습니다. "당신들은 유다의 여러 마을로 가서, 모든 이스라엘 백성이 여호와의 성전에 바치는 돈을 해마다 모으시오. 그것을 가지고 하나님의 성전을 고치시오. 지금 당장 그렇게 하시오." 그러나 레위 사람들은 왕의 말을 듣고도, 그 일을 서둘러 하지 않았습니다.

6 그러자 요아스가 대제사장 여호야다를 불러 말했습니다. "어찌하여 레위 사람들에게 유다와 예루살렘에서 세금을 거두어들이라고 하지 않았소? 여호와의 종 모세와 이스라엘 백성이 그 돈으로 거룩한 장막을 짓지 않았소?"

7 전에 악한 아달랴의 아들들이 하나님의 성전을 부수고 들어가, 그 안에 있는 거룩한 물건들을 가지고 바알 우상들을 섬기는 데에 쓴 일이 있었습니다.

8 그래서 요아스 왕은 헌금을 넣을 상자를 만들어서, 여호와의 성전 문 밖에 놓으라고 명령했습니다.

9 레위 사람들이 유다와 예루살렘에 선포하여 여호와께 세금을 가져오라고 백성에게 말했습니다. 그 세금은 하나님의 종 모세가 광야에서 이스라엘 백성에게 바치라고 한 돈입니다.

10 모든 관리들과 백성은 기쁜 마음으로 돈을 바쳤습니다. 그들은 상자에 돈이 가득 찰 때까지 돈을 넣었습니다.

11 돈이 가득 차면, 레위 사람들이 그 상자를 왕의 관리들에게 가져갔습니다. 그러면 왕의 신하들과 대제사장의 관리들은 상자에 돈이 가득 들어 있나 살펴본 뒤에 돈을 꺼내고 상자는 제자리에 다시 가져다 놓았습니다. 그들은 이 일을 되풀이하여 많은 돈을 모았습니다.

12 요아스 왕과 여호야다는 그 돈을 성전 공사를 맡은 사람들에게 주었습니다. 그러면 그들은 그 돈으로 성전을 고칠 석수와 목수를 고용했습니다. 그리고 쇠와 놋을 다루는 사람들도 고용했습니다.

13 그 사람들은 열심히 일했습니다. 성전을 고치는 일은 잘 되어 갔습니다. 그들은 하나님의 성전을 원래 모습대로 고쳤습니다. 그리고 그 성전을 더욱 굳건하게 만들었습니다.

14 일꾼들은 일을 마치고 나서, 남은 돈을 요아스 왕과 여호야다에게 가져왔습니다. 그들은 그 돈으로 여호와의 성전에서 쓸 물건들을 만들었습니다. 그들은 성전에서 여호와를 섬길 때 쓰는 물건과 번제를 드릴 때 쓰는 물건들을 만들었고, 또 여러 가지 그릇

3 time of Jehoiada the priest. •Jehoiada chose two wives for Joash, and he had sons and daughters.

4 •At one point Joash decided to repair and
5 restore the Temple of the LORD. •He summoned the priests and Levites and gave them these instructions: "Go to all the towns of Judah and collect the required annual offerings, so that we can repair the Temple of your God. Do not delay!" But the Levites did not act immediately.

6 •So the king called for Jehoiada the high priest and asked him, "Why haven't you demanded that the Levites go out and collect the Temple taxes from the towns of Judah and from Jerusalem? Moses, the servant of the LORD, levied this tax on the community of Israel in order to maintain the Tabernacle of the Covenant.*"

7 •Over the years the followers of wicked Athaliah had broken into the Temple of God, and they had used all the dedicated things from the Temple of the LORD to worship the images of Baal.

8 •So now the king ordered a chest to be made and set outside the gate leading to the
9 Temple of the LORD. •Then a proclamation was sent throughout Judah and Jerusalem, telling the people to bring to the LORD the tax that Moses, the servant of God, had required of the Israelites in the wilderness.

10 •This pleased all the leaders and the people, and they gladly brought their money and filled the chest with it.

11 •Whenever the chest became full, the Levites would carry it to the king's officials. Then the court secretary and an officer of the high priest would come and empty the chest and take it back to the Temple again. This went on day after day, and a large amount
12 of money was collected. •The king and Jehoiada gave the money to the construction supervisors, who hired masons and carpenters to restore the Temple of the LORD. They also hired metalworkers, who made articles of iron and bronze for the LORD's Temple.

13 •The men in charge of the renovation worked hard and made steady progress. They restored the Temple of God according to its original design and strengthened it.

14 •When all the repairs were finished, they brought the remaining money to the king and Jehoiada. It was used to make various articles for the Temple of the LORD—articles for worship services and for burnt offerings, including ladles and other articles made of gold and silver. And the burnt offerings were

24:6 Hebrew *Tent of the Testimony.*

과 금그릇, 은그릇도 만들었습니다. 여호야다가 살아 있는 동안에는 날마다 여호와의 성전에서 번제를 드렸습니다.

15 여호야다는 점점 늙어 갔습니다. 그는 백삼십 세까지 살다가 죽었습니다.

16 여호야다는 왕들과 함께 다윗 성에 묻혔습니다. 그가 왕들이 묻히는 곳에 묻힌 것은 그가 하나님과 하나님의 성전을 위해 좋은 일을 많이 했기 때문입니다.

요아스가 악한 일을 하다

17 여호야다가 죽은 뒤에 유다의 관리들이 요아스 왕에게 와서 절을 했습니다. 왕은 그 사람들의 말을 들었습니다.

18 왕과 그 지도자들은 하나님 여호와의 성전에서 예배드리는 일을 그만두었습니다. 왕과 관리들은 아세라 우상들과 그 밖의 우상들을 섬기기 시작했습니다. 그들이 악한 일을 하자, 하나님께서 유다와 예루살렘의 백성에게 노하셨습니다.

19 여호와께서 예언자들을 보내셔서 백성들을 여호와께로 돌아오게 하려 했지만, 백성들은 예언자들의 말을 듣지 않았습니다.

20 그때에 하나님의 영이 제사장 여호야다의 아들 스가랴에게 내렸습니다. 스가랴가 백성 앞에 서서 말했습니다. "하나님께서 이렇게 말씀하셨소, '너희는 어찌하여 나의 명령을 어기느냐? 너희는 잘 살 수 없을 것이다. 너희가 여호와를 저버렸으므로, 여호와께서도 너희를 저버리실 것이다.'"

21 하지만 사람들은 스가랴를 해칠 궁리를 하고, 왕의 명령에 따라 성전 뜰에서 그를 돌로 쳐죽였습니다.

22 요아스 왕은 여호야다가 자기에게 잘 해 준 것을 기억하지 않고, 여호야다의 아들 스가랴를 죽였습니다. 스가랴는 죽기 전에 "여호와께서 왕이 하는 일을 보시고 그대로 되갚아 주소서"라고 말했습니다.

23 그 해가 다 갈 무렵에 아람 군대가 요아스를 치러 왔습니다. 그들은 유다와 예루살렘을 쳐서 백성의 지도자들을 다 죽였습니다. 그리고 그들은 온갖 귀한 물건들을 다마스커스에 있는 자기들의 왕에게 보냈습니다.

24 아람 군대는 사람의 수가 얼마 되지 않았지만, 여호와께서 그들을 도와 유다의 큰 군대를 물리칠 수 있게 해 주셨습니다. 여호와께서 그렇게 하신 것은 유다 백성이 그들의 조상이 섬기던 하나님 여호와를 저버렸기 때문입니다. 이렇게 요아스는 벌을 받았습니다.

25 아람 사람들이 떠난 뒤에 보니, 요아스가 심하게 부상을 당했습니다. 게다가 요아스가 제사장 여호야다의 아들 스가랴를 죽인 일 때문에 요아스의 관리들이 요아스에게 반역할 계획을 세웠습니다. 그리

sacrificed continually in the Temple of the LORD during the lifetime of Jehoiada the priest.

15 •Jehoiada lived to a very old age, finally
16 dying at 130. •He was buried among the kings in the City of David, because he had done so much good in Israel for God and his Temple.

Jehoiada's Reforms Reversed

17 •But after Jehoiada's death, the leaders of Judah came and bowed before King Joash and persuaded him to listen to their advice.
18 •They decided to abandon the Temple of the LORD, the God of their ancestors, and they worshiped Asherah poles and idols instead! Because of this sin, divine anger fell
19 on Judah and Jerusalem. •Yet the LORD sent prophets to bring them back to him. The prophets warned them, but still the people would not listen.

20 •Then the Spirit of God came upon Zechariah son of Jehoiada the priest. He stood before the people and said, "This is what God says: Why do you disobey the LORD's commands and keep yourselves from prospering? You have abandoned the LORD, and now he has abandoned you!"
21 •Then the leaders plotted to kill Zechariah, and King Joash ordered that they stone him to death in the courtyard of the
22 LORD's Temple. •That was how King Joash repaid Jehoiada for his loyalty—by killing his son. Zechariah's last words as he died were, "May the LORD see what they are doing and avenge my death!"

The End of Joash's Reign

23 •In the spring of the year* the Aramean army marched against Joash. They invaded Judah and Jerusalem and killed all the leaders of the nation. Then they sent all the plun-
24 der back to their king in Damascus. •Although the Arameans attacked with only a small army, the LORD helped them conquer the much larger army of Judah. The people of Judah had abandoned the LORD, the God of their ancestors, so judgment was carried out against Joash.

25 •The Arameans withdrew, leaving Joash severely wounded. But his own officials plotted to kill him for murdering the son* of Jehoiada the priest. They assassinated him as

24:23 Hebrew *At the turn of the year*. The first day of the year in the ancient Hebrew lunar calendar occurred in March or April. 24:25 As in Greek version and Latin Vulgate; Hebrew reads *sons*.

하여 그들은 요아스를 그의 침대 위에서 죽였습니다. 요아스는 죽어서 다윗 성에 묻혔지만, 왕들의 무덤에 묻히지는 못했습니다.

26 요아스에게 반역할 계획을 세운 관리는 사밧과 여호사밧입니다. 사밧은 암몬 여자 시므앗의 아들입니다. 그리고 여호사밧은 모압 여자 시므릿의 아들입니다.

27 요아스의 아들들 이야기와 요아스에게 내린 중요한 예언들과 그가 하나님의 성전을 고친 이야기는 왕들의 역사책에 적혀 있습니다. 요아스의 아들 아마샤가 그의 뒤를 이어 왕이 되었습니다.

유다의 아마샤 왕

25 아마샤는 나이 이십오 세에 왕이 되었습니다. 아마샤는 예루살렘에서 이십구 년 동안, 다스렸습니다. 그의 어머니는 예루살렘 사람 여호앗단입니다.

2 아마샤는 여호와께서 보시기에 옳은 일을 했지만, 참마음으로 여호와를 섬기지는 않았습니다.

3 아마샤는 왕의 권위를 굳게 세운 뒤에 왕이었던 자기 아버지를 살해한 신하들을 죽였습니다.

4 그러나 그들의 자녀는 죽이지 않았습니다. 그것은 모세의 율법책에 그렇게 하라고 적혀 있기 때문입니다. 여호와께서는 그 책에서 이렇게 명령하셨습니다. "자녀가 잘못했다고 해서 아버지를 죽이면 안 된다. 또한 아버지가 잘못했다고 해서 자녀를 죽여도 안 된다. 각 사람은 자기가 지은 죄에 따라 죽어야 한다."

5 아마샤는 유다 백성을 불러모은 다음에 유다와 베냐민 백성을 집안에 따라 나누었습니다. 그리고 천부장과 백부장을 세웠습니다. 아마샤가 이십 세 이상 된 남자들의 수를 세어 보니, 싸울 수 있는 군인은 모두 삼십만 명이었습니다. 그들은 창과 방패를 잘 다루는 사람들이었습니다.

6 아마샤는 또 은 백 달란트*를 주고, 이스라엘에서 군인 십만 명을 고용했습니다.

7 그런데 어떤 하나님의 사람이 아마샤에게 와서 말했습니다. "내 왕이여, 이스라엘 군대와 함께 가지 마십시오. 여호와께서 이스라엘과 함께 계시지 않습니다. 여호와께서 에브라임 사람과 함께 계시지 않습니다.

8 왕이 전쟁 준비를 아무리 잘 하더라도 하나님께서 왕을 물리치실 것입니다. 하나님께서는 왕을 이기게 하실 수도 있고, 지게 하실 수도 있습니다."

9 아마샤가 하나님의 사람에게 말했습니다. "하지만 내가 이스라엘 군대에게 준 은 백 달란트는 어떻게 하면 좋겠소?" 하나님의 사람이 대답했습니다. "여호와께서 그보다 더 많은 돈을 왕에게 주실

he lay in bed. Then he was buried in the City of David, but not in the royal cemetery. •The 26 assassins were Jozacar,* the son of an Ammonite woman named Shimeath, and Jehozabad, the son of a Moabite woman named Shomer.*

27 •The account of the sons of Joash, the prophecies about him, and the record of his restoration of the Temple of God are written in *The Commentary on the Book of the Kings*. His son Amaziah became the next king.

Amaziah Rules in Judah

25 Amaziah was twenty-five years old when he became king, and he reigned in Jerusalem twenty-nine years. His mother was Jehoaddin* from Jerusalem. •Amaziah 2 did what was pleasing in the LORD's sight, but not wholeheartedly.

3 •When Amaziah was well established as king, he executed the officials who had assassinated his father. •However, he did not kill the 4 children of the assassins, for he obeyed the command of the LORD as written by Moses in the Book of the Law: "Parents must not be put to death for the sins of their children, nor children for the sins of their parents. Those deserving to die must be put to death for their own crimes."

5 •Then Amaziah organized the army, assigning generals and captains* for all Judah and Benjamin. He took a census and found that he had an army of 300,000 select troops, twenty years old and older, all trained in the use of spear and shield. •He also paid about 6 7,500 pounds* of silver to hire 100,000 experienced fighting men from Israel.

7 •But a man of God came to him and said, "Your Majesty, do not hire troops from Israel, for the LORD is not with Israel. He will not help those people of Ephraim! •If you let 8 them go with your troops into battle, you will be defeated by the enemy no matter how well you fight. God will overthrow you, for he has the power to help you or to trip you up."

9 •Amaziah asked the man of God, "But what about all that silver I paid to hire the

---

assassinate [əsǽsəneit] *vt.* 암살하다
avenge [əvénʤ] *vt.* …의 원수를 갚다

24:26a As in parallel text at 2 Kgs 12:21; Hebrew reads *Zabad*.　24:26b As in parallel text at 2 Kgs 12:21; Hebrew reads *Shimrith*, a variant spelling of Shomer.　25:1 As in parallel text at 2 Kgs 14:2; Hebrew reads *Jehoaddan*, a variant spelling of Jehoaddin.　25:4 Deut 24:16.　25:5 Hebrew *commanders of thousands and commanders of hundreds*.　25:6 Hebrew *100 talents* [3,400 kilograms].

25:6 100달란트는 약 3.4t에 해당된다.

10 그리하여 아마샤는 에브라임에서 온 이스라엘 군대를 돌려 보냈습니다. 그들은 유다 백성에게 크게 화를 내며 자기 나라로 돌아갔습니다.

11 아마샤가 용기를 내어 자기 군대를 이끌고, 에돔 땅에 있는 '소금 골짜기'로 나아갔습니다. 아마샤는 거기에서 세일 사람 만 명을 죽였습니다.

12 그리고 유다 군대는 또 만 명을 사로잡았습니다. 유다 군대는 사로잡은 사람들을 낭떠러지 꼭대기로 끌고 가서 떨어뜨렸습니다. 그래서 그들의 몸이 으스러졌습니다.

13 그 무렵, 아마샤가 전쟁에 데려가지 않고 되돌려 보낸 이스라엘 군대가, 유다의 마을들에서 노략질을 하고 있었습니다. 그들은 사마리아에서 벧호론에 이르기까지 여러 마을에서 노략질을 했습니다. 그들은 사람을 삼천 명이나 죽이고, 값진 물건도 많이 빼앗아 갔습니다.

14 아마샤가 에돔 사람들을 물리친 뒤에 자기 나라로 돌아왔습니다. 그는 돌아오면서 에돔 사람들이 섬기던 우상들을 가져와서 그것들을 섬기기 시작했습니다. 그는 그 우상들에게 절을 하면서 제물도 바쳤습니다.

15 여호와께서 아마샤에게 크게 노하셨습니다. 여호와께서 한 예언자를 보내셨습니다. 그 예언자가 말했습니다. "왕은 어찌하여 그들의 신들에게 도움을 구하고 있습니까? 그 신들은 자기들의 백성조차 왕의 손에서 구해 내지 못한 신들이 아닙니까?"

16 예언자의 말이 끝나기도 전에 아마샤가 말했습니다. "우리가 언제 너에게 충고할 수 있는 권리를 주었느냐? 죽지 않으려거든 입을 닥쳐라." 그러자 예언자는 잠시 그쳤다가 다시 말했습니다. "왕이 내 충고를 귀담아듣지 않는 것을 보니, 하나님께서 왕을 멸망시키기로 작정하신 것 같습니다."

17 유다 왕 아마샤가 신하들과 더불어 의논을 한 뒤에 예후의 손자요, 여호아하스의 아들인 이스라엘 왕 요아스에게 사자를 보내어 말했습니다. "자, 한 번 만나서 겨루어 보자."

18 이스라엘의 요아스 왕이 유다의 아마샤 왕에게 대답했습니다. "레바논의 가시나무가 레바논의 백향목에 사자를 보내어, '그대의 딸을 내 아들과 결혼시키자'고 말했다. 그러나 레바논에서 들짐승이 지나가다가 그 가시나무를 짓밟았다.

19 네가 에돔을 물리쳤다고 해서 교만해진 것 같은데, 허풍을 떨려거든 집에 가만히 앉아서 떨어라. 괜히 나에게 싸움을 걸어 스스로 재앙을 부르지 마라. 그랬다가는 너와 유다가 망하고 말 것이다."

20 그래도 아마샤는 듣지 않았습니다. 이 일은 하나님

army of Israel?"

The man of God replied, "The LORD is able to give you much more than this!" •So
10 Amaziah discharged the hired troops and sent them back to Ephraim. This made them very angry with Judah, and they returned home in a great rage.

11 •Then Amaziah summoned his courage and led his army to the Valley of Salt, where they killed 10,000 Edomite troops from Seir.
12 •They captured another 10,000 and took them to the top of a cliff and threw them off, dashing them to pieces on the rocks below.

13 •Meanwhile, the hired troops that Amaziah had sent home raided several of the towns of Judah between Samaria and Beth-horon. They killed 3,000 people and carried off great quantities of plunder.

14 •When King Amaziah returned from slaughtering the Edomites, he brought with him idols taken from the people of Seir. He set them up as his own gods, bowed down in front of them, and offered sacrifices to
15 them! •This made the LORD very angry, and he sent a prophet to ask, "Why do you turn to gods who could not even save their own people from you?"

16 •But the king interrupted him and said, "Since when have I made you the king's counselor? Be quiet now before I have you killed!"

So the prophet stopped with this warning: "I know that God has determined to destroy you because you have done this and have refused to accept my counsel."

17 •After consulting with his advisers, King Amaziah of Judah sent this challenge to Israel's king Jehoash,* the son of Jehoahaz and grandson of Jehu: "Come and meet me in battle!"*

18 •But King Jehoash of Israel replied to King Amaziah of Judah with this story: "Out in the Lebanon mountains, a thistle sent a message to a mighty cedar tree: 'Give your daughter in marriage to my son.' But just then a wild animal of Lebanon came by and stepped on the thistle, crushing it!

19 • "You are saying, 'I have defeated Edom,' and you are very proud of it. But my advice is to stay at home. Why stir up trouble that will only bring disaster on you and the people of Judah?"

20 •But Amaziah refused to listen, for God was determined to destroy him for turning

25:17a Hebrew *Joash*, a variant spelling of Jehoash; also in 25:18, 21, 23, 25.   25:17b Hebrew *Come, let us look one another in the face.*

께서 일으키신 일입니다. 하나님께서는 이스라엘의 요아스가 유다를 이기게 하려고 작정하셨습니다. 왜냐하면 유다가 에돔의 신들에게 도와 달라고 빌었기 때문입니다.

21 그리하여 이스라엘의 요아스 왕이 유다를 치러 나섰습니다. 요아스와 유다의 아마샤 왕은 유다 땅 벧세메스에서 마주쳤습니다.

22 싸운 결과 이스라엘이 유다를 물리쳤습니다. 유다 사람은 모두 뿔뿔이 흩어져 자기 집으로 도망쳤습니다.

23 벧세메스에서 이스라엘의 요아스 왕은 유다의 아마샤왕을 사로잡아 예루살렘으로 데려갔습니다. 요아스는 '에브라임 문'에서부터 '모퉁이 문'에 이르기까지 예루살렘 성벽을 부셨습니다. 그렇게 해서 부서진 성벽의 길이가 사백 규빗*이나 되었습니다.

24 그런 다음에 요아스는 하나님의 성전 안에 있는 금과 은과 그 밖의 모든 것을 가져갔습니다. 그 모든 것은 오벧에돔이 지키던 것입니다. 그는 왕궁의 보물도 다 가져갔고, 사람들도 인질로 잡아 사마리아로 돌아갔습니다.

25 유다 왕 요아스의 아들 아마샤는 이스라엘 왕 여호아하스의 아들 요아스가 죽은 뒤에도 십오 년을 더 살았습니다.

26 아마샤가 한 다른 일은 처음부터 끝까지 유다와 이스라엘 왕들의 역사책에 적혀 있습니다.

27 아마샤가 마음을 돌이켜 여호와를 섬기는 일을 그만두자, 백성이 예루살렘에서 아마샤에게 반란을 일으켰습니다. 그래서 아마샤는 라기스 마을로 도망쳤습니다. 그러나 백성들은 라기스로 사람을 보내어 아마샤를 붙잡아 죽였습니다.

28 그들은 아마샤의 시체를 말 위에 실어 와서, 그의 조상들과 함께 다윗의 성에 묻어 주었습니다.

유다의 웃시야 왕

26 그 뒤에 유다의 모든 백성이 웃시야를 왕으로 뽑았습니다. 웃시야는 그의 아버지 아마샤의 뒤를 이어 십육 세에 왕이 되었습니다.

2 웃시야는 아마샤가 죽은 뒤, 엘롯 마을을 다시 세워 그 마을을 다시 유다 땅으로 넣었습니다.

3 웃시야는 십육 세의 나이에 왕이 되었습니다. 그는 오십 년 동안, 예루살렘에서 다스렸습니다. 그의 어머니는 예루살렘 사람 여골리아입니다.

4 그는 그의 아버지 아마샤처럼 여호와께서 보시기에 옳은 일을 했습니다.

5 웃시야는 스가랴가 살아 있는 동안, 하나님께 복종했습니다. 스가랴는 웃시야에게 하나님을 두려워하는 법을 가르쳐 주었습니다. 웃시야가 하나님을 섬기는 동안 하나님께서 웃시야의 하는 일을 잘 되게 해 주셨습니다.

21 to the gods of Edom. •So King Jehoash of Israel mobilized his army against King Amaziah of Judah. The two armies drew up their battle lines at Beth-shemesh in Judah. 22 •Judah was routed by the army of Israel, and its army scattered and fled for home. 23 •King Jehoash of Israel captured Judah's king, Amaziah son of Joash and grandson of Ahaziah, at Beth-shemesh. Then he brought him to Jerusalem, where he demolished 600 feet* of Jerusalem's wall, from the Ephraim Gate to the Corner Gate. •He carried off all the gold and silver and all the articles from the Temple of God that had been in the care of Obed-edom. He also seized the treasures of the royal palace, along with hostages, and then returned to Samaria.

25 •King Amaziah of Judah lived for fifteen years after the death of King Jehoash of Israel. 26 •The rest of the events in Amaziah's reign, from beginning to end, are recorded in *The Book of the Kings of Judah and Israel*. 27 •After Amaziah turned away from the LORD, there was a conspiracy against his life in Jerusalem, and he fled to Lachish. But his enemies sent assassins after him, and they killed him there. •They brought his body back on a horse, and he was buried with his ancestors in the City of David.*

Uzziah Rules in Judah

26 All the people of Judah had crowned Amaziah's sixteen-year-old son, 2 Uzziah, as king in place of his father. •After his father's death, Uzziah rebuilt the town of Elath* and restored it to Judah.

3 •Uzziah was sixteen years old when he became king, and he reigned in Jerusalem fifty-two years. His mother was Jecoliah 4 from Jerusalem. •He did what was pleasing in the LORD's sight, just as his father, 5 Amaziah, had done. •Uzziah sought God during the days of Zechariah, who taught him to fear God.* And as long as the king sought guidance from the LORD, God gave

---

discharge [distʃárdʒ] *vt.* 해산시키다
hostage [hástidʒ] *n.* 인질
mobilize [móubəlaiz] *vt.* 동원하다

25:23 Hebrew *400 cubits* [180 meters]. 25:28 As in some Hebrew manuscripts and other ancient versions (see also 2 Kgs 14:20); most Hebrew manuscripts read *the city of Judah*. 26:2 As in Greek version (see also 2 Kgs 14:22; 16:6); Hebrew reads *Eloth*, a variant spelling of Elath. 26:5 As in Syriac and Greek versions; Hebrew reads *who instructed him in divine visions*.

25:23 400규빗은 약 180m에 해당된다.

6 웃시야는 블레셋 백성과 전쟁을 했습니다. 그는 블레셋의 가드와 야브네와 아스돗 성을 헐어 버렸습니다. 그리고 아스돗 주변과 블레셋의 다른 지역에 새 마을들을 건설했습니다.

7 하나님께서 웃시야를 도와 주셔서, 그는 블레셋 사람과 구르바알에 사는 아라비아 사람과 마온 사람을 물리칠 수 있었습니다.

8 암몬 사람은 웃시야가 요구한 대로 조공을 바쳤습니다. 웃시야는 매우 강해졌습니다. 그래서 그의 이름이 이집트 국경에 이르기까지 널리 퍼졌습니다.

9 웃시야는 예루살렘에 망대들을 세워 놓고, 그 망대들을 요새로 만들었습니다. 웃시야는 '모퉁이 문'과 '골짜기 문'과 성벽이 굽어지는 부분에 망대를 세웠습니다.

10 웃시야는 또한 광야에 망대를 세우고, 샘도 많이 팠습니다. 그는 서쪽 경사지*와 평야에 가축을 많이 가지고 있었으며, 자기 밭과 포도밭에 농부들을 보내어 일을 시켰습니다. 그들은 언덕과 비옥한 땅에서 일을 했습니다. 웃시야는 농사를 좋아했습니다.

11 웃시야에게는 훈련된 군인들로 이루어진 군대가 있었는데, 왕의 신하인 여이엘과 관리인 마아세야가 그들의 수를 세어 부대별로 나누었습니다. 왕의 지휘관 가운데 한 사람인 하나냐가 그들을 지휘했습니다.

12 군인들 가운데 장교는 모두 이천육백 명이었습니다.

13 그들은 삼십만 칠천오백 명으로 이루어진 군대를 지휘했습니다. 그 군대는 대단히 강했습니다. 그들은 왕을 도와 적과 맞서 싸웠습니다.

14 웃시야는 자기 군대에게 방패와 창과 투구와 갑옷과 활과 물매를 주었습니다.

15 웃시야는 예루살렘에서 기술자들이 생각해 낸 기구를 만들어서, 망대와 성벽 모퉁이에 두었습니다. 이 기구는 화살과 큰 돌을 쏘아 날리는 데 쓰는 것이었습니다. 그리하여 웃시야의 이름이 멀리까지 퍼졌습니다. 그는 하나님의 많은 도움을 받았기 때문에 강한 왕이 되었습니다.

16 그러나 웃시야는 강해지면서 교만해지기 시작했습니다. 그리고 그 때문에 망하게 되었습니다. 그는 그의 하나님, 여호와를 섬기지 않았습니다. 그는 여호와의 성전에 들어가서, 향을 피우는 제단 위에서 직접 향을 피웠습니다.

17 아사랴를 비롯해서 여호와를 섬기는 용감한 제사장 팔십 명이 웃시야의 뒤를 따라 성전으로 들어갔습니다.

18 그들은 웃시야가 하는 일을 말리면서 그에게 말했습니다. "왕은 여호와께 향을 피울 권리가 없습니다. 아론의 자손으로서 그 일을 위해 특별히 구별된 제사장만이 향을 피울 수 있습니다. 이 거룩한 곳을

him success.

6 • Uzziah declared war on the Philistines and broke down the walls of Gath, Jabneh, and Ashdod. Then he built new towns in the Ashdod area and in other parts of Philistia. 7 • God helped him in his wars against the Philistines, his battles with the Arabs of Gur,* and his wars with the Meunites. 8 • The Meunites* paid annual tribute to him, and his fame spread even to Egypt, for he had become very powerful.

9 • Uzziah built fortified towers in Jerusalem at the Corner Gate, at the Valley Gate, and at the angle in the wall. 10 • He also constructed forts in the wilderness and dug many water cisterns, because he kept great herds of livestock in the foothills of Judah* and on the plains. He was also a man who loved the soil. He had many workers who cared for his farms and vineyards, both on the hillsides and in the fertile valleys.

11 • Uzziah had an army of well-trained warriors, ready to march into battle, unit by unit. This army had been mustered and organized by Jeiel, the secretary of the army, and his assistant, Maaseiah. They were under the direction of Hananiah, one of the 12 king's officials. • These regiments of mighty warriors were commanded by 2,600 clan 13 leaders. • The army consisted of 307,500 men, all elite troops. They were prepared to assist the king against any enemy.

14 • Uzziah provided the entire army with shields, spears, helmets, coats of mail, bows, 15 and sling stones. • And he built structures on the walls of Jerusalem, designed by experts to protect those who shot arrows and hurled large stones* from the towers and the corners of the wall. His fame spread far and wide, for the LORD gave him marvelous help, and he became very powerful.

Uzziah's Sin and Punishment

16 • But when he had become powerful, he also became proud, which led to his downfall. He sinned against the LORD his God by entering the sanctuary of the LORD's Temple and personally burning incense on the 17 incense altar. • Azariah the high priest went in after him with eighty other priests of the 18 LORD, all brave men. • They confronted King Uzziah and said, "It is not for you, Uzziah, to burn incense to the LORD. That is

26:7 As in Greek version; Hebrew reads *Gur-baal.* 26:8 As in Greek version; Hebrew reads *Ammonites.* Compare 26:7. 26:10 Hebrew *the Shephelah.* 26:15 Or *to shoot arrows and hurl large stones.*

26:10 서쪽 경사지는 구체적으로 '세펠라' 이며, '세펠라' 는 서부 해안 지대와 고원 지대 사이의 서부 경사지를 말한다.

떠나십시오. 왕은 여호와의 말씀을 듣지 않았습니다. 그러므로 여호와 하나님께서도 왕을 높여 주지 않으실 것입니다."

19 웃시야는 여호와의 성전 안에 있는 향을 피우는 제단 곁에 서 있었습니다. 손에는 향을 피우는 향로를 들고 있었습니다. 그는 제사장들에게 화를 냈습니다. 그런데 그가 제사장들 앞에 서서 화를 낼 때에 그의 이마에 문둥병*이 생겨났습니다.

20 대제사장 아사랴와 다른 제사장들이 그를 살펴 보니, 그의 이마에 문둥병이 생겨난 것이 보였습니다. 그래서 그들은 서둘러 웃시야를 성전에서 쫓아냈습니다. 여호와께서 웃시야에게 벌을 내리셨으므로, 그는 밖으로 뛰쳐 나갔습니다.

21 그리하여 웃시야 왕은 죽을 때까지 그 병에 걸려 있었습니다. 그는 따로 떨어진 집에서 살아야 했습니다. 그는 여호와의 성전에도 들어갈 수 없었습니다. 왕의 아들 요담이 왕궁을 관리하며 그 땅의 백성을 다스렸습니다.

22 웃시야가 한 다른 일은 예언자 이사야의 글에 적혀 있습니다. 아모스의 아들 이사야는 웃시야가 다스린 것을 처음부터 끝까지 적어 두었습니다.

23 웃시야가 죽어 그의 조상들과 함께 묻혔습니다. 그가 묻힌 곳은 왕들의 무덤에서 조금 떨어진 묘지입니다. 그가 그런 곳에 묻힌 것은 문둥병에 걸렸기 때문입니다. 그의 아들 요담이 그의 뒤를 이어 왕이 되었습니다.

유다의 요담 왕

27 요담이 왕이 되었을 때의 나이는 이십오 세였습니다. 그는 예루살렘에서 십육 년 동안, 다스렸습니다. 그의 어머니는 사독의 딸 여루사였습니다.

2 요담은 그의 아버지 웃시야처럼 여호와께서 보시기에 옳은 일을 했습니다. 그는 그의 아버지 웃시야처럼 향을 피우려고 여호와의 성전에 들어간 일은 없습니다. 하지만 백성은 계속해서 악한 일을 했습니다.

3 요담은 성전의 '윗문'을 다시 세우고, 오벨 성벽도 더 연장하여 쌓았습니다.

4 요담은 또한 유다의 산악 지방에 여러 마을을 건설했으며, 삼림 지대에는 요새와 망대를 세웠습니다.

5 요담은 암몬 백성의 왕과 싸워서 이기기도 했습니다. 그래서 암몬 백성은 삼 년 동안, 해마다 요담에게 은 백 달란트*와 밀 만 고르*와 보리 만 고르를 바쳤습니다.

6 요담은 언제나 여호와 하나님께 복종했기 때문에 점점 강해졌습니다.

the work of the priests alone, the descendants of Aaron who are set apart for this work. Get out of the sanctuary, for you have sinned. The LORD God will not honor you for this!"

19 • Uzziah, who was holding an incense burner, became furious. But as he was standing there raging at the priests before the incense altar in the LORD's Temple, leprosy* suddenly broke out on his forehead. 20 • When Azariah the high priest and all the other priests saw the leprosy, they rushed him out. And the king himself was eager to get out because the LORD had struck him. 21 • So King Uzziah had leprosy until the day he died. He lived in isolation in a separate house, for he was excluded from the Temple of the LORD. His son Jotham was put in charge of the royal palace, and he governed the people of the land.

22 • The rest of the events of Uzziah's reign, from beginning to end, are recorded by the prophet Isaiah son of Amoz. 23 • When Uzziah died, he was buried with his ancestors; his grave was in a nearby burial field belonging to the kings, for the people said, "He had leprosy." And his son Jotham became the next king.

Jotham Rules in Judah

27 Jotham was twenty-five years old when he became king, and he reigned in Jerusalem sixteen years. His mother was Jerusha, the daughter of Zadok.

2 • Jotham did what was pleasing in the LORD's sight. He did everything his father, Uzziah, had done, except that Jotham did not sin by entering the Temple of the LORD. But the people continued in their corrupt ways.

3 • Jotham rebuilt the upper gate of the Temple of the LORD. He also did extensive 4 rebuilding on the wall at the hill of Ophel. • He built towns in the hill country of Judah and constructed fortresses and towers in the wooded areas. 5 • Jotham went to war against the Ammonites and conquered them. Over the next three years he received from them an annual tribute of 7,500 pounds* of silver, 50,000 bushels of wheat, and 50,000 bushels of barley.*

6 • King Jotham became powerful because he

---

isolation [aisəléiʃən] *n.* 격리
leprosy [léprəsi] *n.* 문둥병

26:19 Or *a contagious skin disease.* The Hebrew word used here and throughout this passage can describe various skin diseases. 27:5a Hebrew *100 talents* [3,400 kilograms]. 27:5b Hebrew *10,000 cors* [2,200 kiloliters] *of wheat, and 10,000 cors of barley.*

26:19 전염성 피부병.
27:5 100달란트는 약 3.43t에 해당되며, 10,000고르는 약 2,200kℓ에 해당된다.

7 요담이 한 다른 일은 이스라엘과 유다 왕들의 역사 책에 적혀 있습니다.

8 요담이 왕이 되었을 때의 나이는 이십오 세였습니다. 그는 예루살렘에서 십육 년 동안, 다스렸습니다.

9 요담이 죽어 다윗 성에 묻혔습니다. 요담의 아들 아하스가 그의 뒤를 이어 왕이 되었습니다.

유다의 아하스 왕

28 아하스가 왕이 되었을 때의 나이는 이십 세였습니다. 그는 예루살렘에서 십육 년 동안, 다스렸습니다. 그는 그의 조상 다윗과 달리 여호와께서 보시기에 나쁜 일을 저질렀습니다.

2 아하스는 이스라엘 왕들의 죄의 길을 그대로 따라, 쇠로 우상들을 만들고 바알을 섬겼습니다.

3 그는 '힌놈의 아들 골짜기'에서 향을 피웠고, 자기 아들까지도 불에 태워 제물로 바쳤습니다. 그는 여호와께서 쫓아낸 다른 나라들의 역겨운 죄를 그대로 따라 했습니다.

4 아하스는 산당과 언덕, 모든 푸른 나무 아래에서 제사를 지내고 향을 피웠습니다.

5 그래서 하나님께서 아람 왕으로 하여금 아하스를 치게 하셨습니다. 아람 사람들은 아하스를 치고, 많은 유다 백성을 포로로 붙잡아 다마스커스로 끌고 갔습니다. 여호와께서는 또 이스라엘 왕 베가로 하여금 아하스를 치게 하셨습니다. 베가의 군대가 아하스의 군인들을 많이 죽였습니다.

6 베가는 르말랴의 아들입니다. 베가의 군대는 하루 동안에 용감한 군인들을 십이만 명이나 죽였습니다. 베가가 그들을 칠 수 있었던 것은 그들이 여호와를 저버렸기 때문입니다.

7 시그리는 에브라임의 용사였는데, 그가 아하스 왕의 아들 마아세야를 죽였습니다. 시그리는 또한 왕궁을 관리하던 신하 아스리감과 왕의 다음 가는 신하 엘가나도 죽였습니다.

8 이스라엘 군대는 자기들의 동족 이십만 명을 사로잡았습니다. 그들은 유다에서 여자 아이와 남자 아이, 그리고 부녀자들을 사로잡았으며, 값진 물건들도 많이 빼앗아 사마리아로 가져갔습니다.

9 그때, 오뎃이라는 여호와의 예언자가 있었는데, 그는 사마리아로 돌아오는 이스라엘의 군대에게 말했습니다. "여러분이 유다를 이길 수 있었던 것은, 여러분의 조상이 섬기던 하나님께서 유다 백성에게 노하셨기 때문입니다. 그러나 하나님께서 여러분이 유다 백성을 잔인하게 죽인 것을 보셨습니다.

10 여러분은 지금 유다와 예루살렘 백성을 여러분의 노예로 만들 계획을 세우고 있지만, 여러분도 여호와 하나님께 죄를 지었다는 것을 알아야 합니다.

11 이제 내 말을 들으십시오. 여러분이 사로잡은 여러

was careful to live in obedience to the LORD his God.

7 • The rest of the events of Jotham's reign, including all his wars and other activities, are recorded in *The Book of the Kings of Israel and Judah.* 8 • He was twenty-five years old when he became king, and he reigned in Jerusalem sixteen years. 9 • When Jotham died, he was buried in the City of David. And his son Ahaz became the next king.

Ahaz Rules in Judah

28 Ahaz was twenty years old when he became king, and he reigned in Jerusalem sixteen years. He did not do what was pleasing in the sight of the LORD, as his 2 ancestor David had done. • Instead, he followed the example of the kings of Israel. He cast metal images for the worship of Baal. 3 • He offered sacrifices in the valley of Ben-Hinnom, even sacrificing his own sons in the fire.* In this way, he followed the detestable practices of the pagan nations the LORD had driven from the land ahead of the 4 Israelites. • He offered sacrifices and burned incense at the pagan shrines and on the hills and under every green tree.

5 • Because of all this, the LORD his God allowed the king of Aram to defeat Ahaz and to exile large numbers of his people to Damascus. The armies of the king of Israel also defeated Ahaz and inflicted many casu-6 alties on his army. • In a single day Pekah son of Remaliah, Israel's king, killed 120,000 of Judah's troops, all of them experienced warriors, because they had abandoned the 7 LORD, the God of their ancestors. • Then Zicri, a warrior from Ephraim, killed Maaseiah, the king's son; Azrikam, the king's palace commander; and Elkanah, the king's 8 second-in-command. • The armies of Israel captured 200,000 women and children from Judah and seized tremendous amounts of plunder, which they took back to Samaria.

9 • But a prophet of the LORD named Oded was there in Samaria when the army of Israel returned home. He went out to meet them and said, "The LORD, the God of your ancestors, was angry with Judah and let you defeat them. But you have gone too far, killing them without mercy, and all heaven 10 is disturbed. • And now you are planning to make slaves of these people from Judah and Jerusalem. What about your own sins 11 against the LORD your God? • Listen to me and return these prisoners you have taken, for they are your own relatives. Watch out, because now the LORD's fierce anger has

28:3 Or *even making his sons pass through the fire.*

분의 형제와 자매들을 돌려 보내십시오. 여호와께서 여러분에게 노하셨으므로 그렇게 해야만 합니다."

12 그때에 에브라임의 어떤 지도자들이 전쟁에서 돌아오는 군인들을 만났습니다. 그 지도자들의 이름은 요하난의 아들 아사랴, 무실레못의 아들 베레갸, 살룸의 아들 여히스기야, 하들래의 아들 아마사입니다.

13 그들이 군인들에게 경고를 했습니다. "유다에서 사로잡아 온 포로들을 이리로 데려오지 마시오. 그렇게 했다가는 우리가 죄인이 될 것이오. 그렇지 않아도 우리 죄가 커서 여호와께서 이스라엘에게 노하셨는데, 그렇게 했다가는 우리의 죄와 허물이 더욱 커질 것이오."

14 그래서 군인들은 그곳의 관리와 백성이 보는 앞에서 포로들을 풀어 주고 값진 물건들을 내놓았습니다.

15 앞에서 말한 지도자들이 그 포로들을 넘겨 받았습니다. 그 네 사람은 이스라엘 군대가 빼앗은 옷가지를 헐벗은 사람들에게 입혀 주었습니다. 그들은 포로들에게 옷과 신발과 먹을 것과 마실 것과 약을 주었습니다. 몸이 약한 포로들은 나귀에 태워 주었습니다. 그들은 포로들을 포로들의 친척이 있는 여리고, 곧 종려나무 성으로 데려다 준 다음, 사마리아로 돌아갔습니다.

16 그때에 아하스 왕이 앗시리아 왕에게 사람을 보내어 도움을 요청했습니다.

17 그것은 에돔 사람들이 다시 쳐들어와서 유다를 공격하고, 사람들을 포로로 사로잡아갔기 때문입니다.

18 블레셋 사람들도 서쪽 경사지*와 유다 남쪽의 여러 마을을 노략질했습니다. 그들은 벧세메스와 아얄론과 그데롯과 소고와 딤나와 김소와 그 주변 마을들을 점령하고, 거기에서 살았습니다.

19 여호와께서 유다에게 재앙을 내리신 것은 그들의 왕 아하스 때문입니다. 아하스는 유다 백성으로 하여금 죄를 짓게 했습니다. 그는 여호와께 복종하지 않았습니다.

20 앗시리아의 디글랏빌레셀 왕이 아하스 왕에게 왔지만, 그는 아하스를 도와 주기는커녕 오히려 더 괴롭혔습니다.

21 아하스는 여호와의 성전과 왕궁과 귀족들의 집에서 값진 물건들을 꺼내어 앗시리아 왕에게 주었지만, 아무런 소용이 없었습니다.

22 아하스는 괴로움을 당하면서도 오히려 여호와께 죄를 더 많이 지었습니다.

23 그는 자기를 물리친 다마스커스의 백성이 섬기

been turned against you!"

12 •Then some of the leaders of Israel*—Azariah son of Jehohanan, Berekiah son of Meshillemoth, Jehizkiah son of Shallum, and Amasa son of Hadlai—agreed with this and confronted 13 the men returning from battle. • "You must not bring the prisoners here!" they declared. "We cannot afford to add to our sins and guilt. Our guilt is already great, and the LORD's fierce anger is already turned against Israel."

14 •So the warriors released the prisoners and handed over the plunder in the sight of the 15 leaders and all the people. •Then the four men just mentioned by name came forward and distributed clothes from the plunder to the prisoners who were naked. They provided clothing and sandals to wear, gave them enough food and drink, and dressed their wounds with olive oil. They put those who were weak on donkeys and took all the prisoners back to their own people in Jericho, the city of palms. Then they returned to Samaria.

Ahaz Closes the Temple

16 •At that time King Ahaz of Judah asked the 17 king of Assyria for help. •The armies of Edom had again invaded Judah and taken captives. 18 •And the Philistines had raided towns located in the foothills of Judah* and in the Negev of Judah. They had already captured and occupied Beth-shemesh, Aijalon, Gederoth, Soco with its villages, Timnah with its villages, and Gimzo 19 with its villages. •The LORD was humbling Judah because of King Ahaz of Judah,* for he had encouraged his people to sin and had been utterly unfaithful to the LORD.

20 •So when King Tiglath-pileser* of Assyria arrived, he attacked Ahaz instead of helping 21 him. •Ahaz took valuable items from the LORD's Temple, the royal palace, and from the homes of his officials and gave them to the king of Assyria as tribute. But this did not help him.

22 •Even during this time of trouble, King Ahaz 23 continued to reject the LORD. •He offered sacrifices to the gods of Damascus who had defeated him, for he said, "Since these gods helped the kings of Aram, they will help me, too, if I sacrifice to them." But instead, they led to his ruin and the ruin of all Judah.

tremendous [triméndəs] a. 엄청나게 큰

28:12 Hebrew *Ephraim*, referring to the northern kingdom of Israel.　28:18 Hebrew *the Shephelah*. 28:19 Masoretic Text reads *of Israel*; also in 28:23, 27. The author of Chronicles sees Judah as representative of the true Israel. (Some Hebrew manuscripts and Greek version read *of Judah*.)　28:20 Hebrew *Tilgath-pilneser*, a variant spelling of Tiglath-pileser.

28:18 서쪽 경사지는 구체적으로 '세펠라' 이며, '세펠라' 는 서부 해안 지대와 고원 지대 사이의 서부 경사지를 말한다.

던 신들에게 제물을 바쳤습니다. 그러면서 그는 '아람 왕들이 섬긴 신들이 그들을 도와 주었으니, 내가 그 신들에게 제물을 바치면, 신들이 나도 도와 주겠다'라고 생각했습니다. 그러나 그 일 때문에 아하스와 온 이스라엘은 멸망하고 말았습니다.

24 아하스는 하나님의 성전에서 기구들을 가져다가 부순 다음에, 성전의 문들을 잠가 버렸습니다. 그리고 제단을 만들어서 예루살렘의 거리마다 그것을 놓아 두었습니다.

25 아하스는 유다의 마을마다 다른 신들을 섬기는 산당을 만들었습니다. 아하스는 그의 조상들이 섬기던 여호와 하나님을 크게 노하게 만들었습니다.

26 아하스가 한 다른 일은 처음부터 끝까지 유다와 이스라엘 왕들의 역사책에 적혀 있습니다.

27 아하스가 죽어 예루살렘 성에 묻혔습니다. 그러나 이스라엘 왕들의 무덤에는 묻히지 못했습니다. 아하스의 아들 히스기야가 그의 뒤를 이어 왕이 되었습니다.

히스기야가 성전을 깨끗이 하다

29 히스기야가 왕이 되었을 때의 나이는 이십오 세였습니다. 그는 예루살렘에서 이십구 년 동안, 다스렸습니다. 그의 어머니는 스가랴의 딸 아비야였습니다.

2 히스기야는 그의 조상 다윗처럼 여호와께서 보시기에 옳은 일을 했습니다.

3 히스기야는 왕이 된 첫 해 첫째 달에 성전의 문들을 열고 그 문들을 고쳤습니다.

4 히스기야는 성전 동쪽 뜰로 제사장과 레위 사람들을 불러 모아 그들과 만났습니다.

5 히스기야가 말했습니다. "레위 사람들이여, 내 말을 들으시오. 그대들은 여호와를 섬길 준비를 하시오. 그리고 여호와의 성전을 거룩하게 하시오. 성전을 더럽히는 것들은 성전에서 다 없애시오.

6 우리 조상들은 하나님께 복종하지 않았고, 여호와께서 보시기에 악한 일을 했소. 그들은 여호와를 저버렸소. 그들은 여호와가 계시는 성전에서 예배드리는 일을 멈추고, 여호와를 배반했소.

7 그들은 성전 현관 문들을 닫아 버리고 등불도 꺼버렸소. 그들은 거룩한 곳에서 하나님께 향을 피우지도 않았고, 번제도 드리지 않았소.

8 그래서 여호와께서 유다와 예루살렘의 백성에게 크게 노하시고, 그들에게 벌을 내리신 것이오. 여호와께서 유다와 예루살렘에 하신 일을 보고, 다른 백성들까지 놀라고 두려워했소. 다른 백성들은 유다 백성을 조롱했소. 내 말이 참말이라는 것을 그대들도 알 것이오.

9 우리 조상들이 전쟁에서 죽임을 당한 것도 다 그때

24 •The king took the various articles from the Temple of God and broke them into pieces. He shut the doors of the LORD's Temple so that no one could worship there, and he set up altars to pagan gods in every 25 corner of Jerusalem. •He made pagan shrines in all the towns of Judah for offering sacrifices to other gods. In this way, he aroused the anger of the LORD, the God of his ancestors.

26 •The rest of the events of Ahaz's reign and everything he did, from beginning to end, are recorded in *The Book of the Kings of* 27 *Judah and Israel.* •When Ahaz died, he was buried in Jerusalem but not in the royal cemetery of the kings of Judah. Then his son Hezekiah became the next king.

Hezekiah Rules in Judah

29 Hezekiah was twenty-five years old when he became the king of Judah, and he reigned in Jerusalem twenty-nine 2 years. His mother was Abijah, the daughter of Zechariah. •He did what was pleasing in the LORD's sight, just as his ancestor David had done.

Hezekiah Reopens the Temple

3 •In the very first month of the first year of his reign, Hezekiah reopened the doors of 4 the Temple of the LORD and repaired them. •He summoned the priests and Levites to meet him at the courtyard east of the 5 Temple. •He said to them, "Listen to me, you Levites! Purify yourselves, and purify the Temple of the LORD, the God of your ancestors. Remove all the defiled things from the 6 sanctuary. •Our ancestors were unfaithful and did what was evil in the sight of the LORD our God. They abandoned the LORD and his dwelling place; they turned their 7 backs on him. •They also shut the doors to the Temple's entry room, and they snuffed out the lamps. They stopped burning incense and presenting burnt offerings at the sanctuary of the God of Israel.

8 •"That is why the LORD's anger has fallen upon Judah and Jerusalem. He has made them an object of dread, horror, and 9 ridicule, as you can see with your own eyes. •Because of this, our fathers have been killed in battle, and our sons and daughters

arouse [əráuz] *vt.* (감정을) 자극하다
defile [difáil] *vt.* …을 더럽히다
dread [dréd] *n.* 공포; 걱정, 불안
ridicule [rídikjuːl] *n.* 조롱
sanctuary [sǽŋktʃueri] *n.* 성소
summon [sʌ́mən] *vt.* 모으다
29:6 turn one's back on … : …를 저버리다, 무시하다
29:7 snuff out : (촛불, 등불 등을) 끄다

문이오. 우리의 아들과 딸과 아내가 포로로 사로잡혀 간 것도 다 그 때문이오.

10 이제 나 히스기야는 이스라엘의 하나님, 여호와와 언약을 맺기로 다짐했소. 그러면 여호와께서 더 이상 우리에게 노하시지 않을 것이오.

11 그대들이여, 이제는 시간을 낭비하지 마시오. 여호와께서 그대들을 뽑아 여호와를 섬기게 하셨으니, 그대들은 여호와를 섬기고 여호와께 향을 피워 드려야 하오."

12 일을 시작한 레위 사람들의 이름은 이러합니다. 고핫 집안에서는 아마새의 아들 마핫과 아사랴의 아들 요엘입니다. 므라리 집안에서는 압디의 아들 기스와 여할렐렐의 아들 아사랴입니다. 게르손 집안에서는 심마의 아들 요아와 요아의 아들 에덴입니다.

13 엘리사반의 집안에서는 시므리와 여우엘입니다. 아삽의 집안에서는 스가랴와 맛다냐입니다.

14 헤만의 집안에서는 여후엘과 시므이입니다. 여두둔의 집안에서는 스마야와 웃시엘입니다.

15 이 레위 사람들은 자기 형제들을 불러모은 다음, 성전에서 여호와를 섬기기 위해 자기들의 몸을 거룩하게 했습니다. 그들은 왕의 명령에 복종했습니다. 그들은 여호와의 성전을 깨끗하게 하려고 그곳으로 들어갔습니다.

16 제사장들도 여호와의 성전을 깨끗하게 하려고 그리로 들어갔습니다. 그들은 여호와의 성전에 들어가 부정한 것은 보이는 대로 다 꺼내서 성전 뜰에 두었습니다. 그러면 레위 사람들은 그것을 기드론 골짜기로 가져갔습니다.

17 그들은 첫째 달 초하루*에 여호와의 성전을 깨끗하게 하기 시작했습니다. 그 달 팔 일째 되는 날에 그들은 성전 현관에 이르렀습니다. 그들은 팔 일 동안, 여호와의 성전을 깨끗하게 하는 일을 했습니다. 그리하여 그 달 십육 일째 되던 날에 일을 마쳤습니다.

18 그들이 히스기야 왕에게 가서 말했습니다. "우리가 여호와의 성전 전체를 깨끗이 했습니다. 번제단과 거기에 딸린 기구들도 깨끗이 했고, 거룩한 빵을 놓아 두는 상과 거기에 딸린 기구들도 깨끗하게 했습니다.

19 아하스 왕은 성전 안에 있는 물건들을 없앴지만, 우리는 그것들을 제자리에 가져다 놓고 또 거룩하게 했습니다. 이 모든 것들이 이제 여호와의 제단 앞에 있습니다."

20 이튿날 아침 일찍 히스기야 왕은 그 성의 지도자들을 불러모았습니다. 그들은 여호와의 성전으로 올라갔습니다.

10 and wives have been captured. ●But now I will make a covenant with the LORD, the God of Israel, so that his fierce anger will turn away from us. 11 ●My sons, do not neglect your duties any longer! The LORD has chosen you to stand in his presence, to minister to him, and to lead the people in worship and present offerings to him."

12 ●Then these Levites got right to work:

From the clan of Kohath: Mahath son of Amasai and Joel son of Azariah.
From the clan of Merari: Kish son of Abdi and Azariah son of Jehallelel.
From the clan of Gershon: Joah son of Zimmah and Eden son of Joah.

13 ● From the family of Elizaphan: Shimri and Jeiel. From the family of Asaph: Zechariah and Mattaniah.

14 ● From the family of Heman: Jehiel and Shimei. From the family of Jeduthun: Shemaiah and Uzziel.

15 ●These men called together their fellow Levites, and they all purified themselves. Then they began to cleanse the Temple of the LORD, just as the king had commanded. They were careful to follow all the LORD's instructions in 16 their work. ●The priests went into the sanctuary of the Temple of the LORD to cleanse it, and they took out to the Temple courtyard all the defiled things they found. From there the Levites carted it all out to the Kidron Valley.

17 ●They began the work in early spring, on the first day of the new year,* and in eight days they had reached the entry room of the LORD's Temple. Then they purified the Temple of the LORD itself, which took another eight days. So the entire task was completed in sixteen days.

The Temple Rededication

18 ●Then the Levites went to King Hezekiah and gave him this report: "We have cleansed the entire Temple of the LORD, the altar of burnt offering with all its utensils, and the table of 19 Bread of the Presence with all its utensils. ●We have also recovered all the items discarded by King Ahaz when he was unfaithful and closed the Temple. They are now in front of the altar of the LORD, purified and ready for use."

20 ●Early the next morning King Hezekiah gathered the city officials and went to the Temple of

---

cart [kɑːrt] *vt.* ⋯을 짐수레로 나르다
discard [diskɑ́rd] *vt.* 버리다
minister [mínəstər] *vt.* 섬기다
utensil [juːténsəl] *n.* 기구; 성구

29:17 Hebrew *on the first day of the first month.* This day in the ancient Hebrew lunar calendar occurred in March or early April, 715 B.C.

29:17 이는 3월 혹은 4월 초에 해당된다.

21 그들은 황소 일곱 마리, 숫양 일곱 마리, 어린 양 일곱 마리, 그리고 숫염소 일곱 마리를 가져왔습니다. 그 짐승들은 백성과 유다 나라의 죄를 씻고, 성전을 깨끗하게 하기 위한 제물이었습니다. 히스기야 왕은 아론 집안의 자손인 제사장들에게 명령하여, 그 짐승들을 여호와의 제단 위에 바치게 했습니다.

22 그리하여 제사장들은 황소를 잡은 다음, 그 피를 제단 위에 뿌렸습니다. 숫양도 잡아서 그 피를 제단 위에 뿌렸습니다. 다음에는 어린 양을 잡아서 그 피를 제단 위에 뿌렸습니다.

23 그런 뒤에 제사장들은 숫염소들을 왕과 거기에 모인 백성 앞에 가져왔습니다. 그 숫염소들은 죄를 씻는 제물인 속죄 제물이었습니다. 왕과 백성은 숫염소들 위에 손을 얹었습니다.

24 그러자 제사장들이 숫염소를 잡고, 그 피를 제단 위에 뿌려 속죄제로 삼았습니다. 이렇게 이스라엘의 죄를 씻기 위해 숫염소를 제물로 바쳤습니다. 이 모든 것은 왕의 명령대로 되었습니다.

25 히스기야 왕은 여호와의 성전에 레위 사람들을 두고 제금과 비파와 수금을 연주하게 했습니다. 그 일은 다윗 왕과 선견자 갓과 예언자 나단이 명령한 일이었습니다. 이는 여호와께서 이들을 시켜 내리신 명령이었습니다.

26 그리하여 레위 사람들은 다윗의 악기를 들고 섰습니다. 그리고 제사장들은 나팔을 들고 섰습니다.

27 히스기야가 제단 위에 태워 드리는 제물인 번제물을 바치라고 명령했습니다. 번제물을 바치기 시작하면서 여호와께 노래 부르는 일도 시작되었습니다. 나팔도 불었습니다. 그리고 이스라엘의 왕 다윗의 악기들도 연주되었습니다.

28 모든 백성은 예배를 드렸고, 노래하는 사람들은 노래를 불렀으며, 나팔 부는 사람들은 나팔을 불었습니다. 태워 드리는 제물인 번제물을 다 바칠 때까지 그렇게 했습니다.

29 제물을 모두 다 바치고 나서, 히스기야 왕과 거기에 모인 백성이 다 하나님께 예배드렸습니다.

30 히스기야 왕과 그의 관리들은 레위 사람들에게 명령하여 다윗과 선견자 아삽이 지은 노래로 여호와를 찬양하게 했습니다. 그들은 기쁨에 겨워 하나님을 찬양했습니다. 그리고 하나님께 경배를 드렸습니다.

31 그런 뒤에 히스기야가 말했습니다. "이제 그대들은 유다 백성은 여호와께 바친 몸이 되었소. 여호와의 성전으로 가까이 나아오시오. 제물과 예물을 바쳐 여호와께 감사드리시오." 그리하여 백성들은 여호와께 감사드리며 제물과 예물을 바쳤습니다. 원하는 사람은 누구나 번제물을 바쳤습니다.

32 백성이 번제물로 가져온 것은 수소가 칠십 마리, 숫

the LORD. • They brought seven bulls, seven rams, and seven male lambs as a burnt offering, together with seven male goats as a sin offering for the kingdom, for the Temple, and for Judah. The king commanded the priests, who were descendants of Aaron, to sacrifice the animals on the altar of the LORD.

22 • So they killed the bulls, and the priests took the blood and sprinkled it on the altar. Next they killed the rams and sprinkled their blood on the altar. And finally, they did the same with the male lambs.

23 • The male goats for the sin offering were then brought before the king and the assembly of people, who laid their hands 24 on them. • The priests then killed the goats as a sin offering and sprinkled their blood on the altar to make atonement for the sins of all Israel. The king had specifically commanded that this burnt offering and sin offering should be made for all Israel.

25 • King Hezekiah then stationed the Levites at the Temple of the LORD with cymbals, lyres, and harps. He obeyed all the commands that the LORD had given to King David through Gad, the king's seer, 26 and the prophet Nathan. • The Levites then took their positions around the Temple with the instruments of David, and the priests took their positions with the trumpets.

27 • Then Hezekiah ordered that the burnt offering be placed on the altar. As the burnt offering was presented, songs of praise to the LORD were begun, accompanied by the trumpets and other instruments of David, 28 the former king of Israel. • The entire assembly worshiped the LORD as the singers sang and the trumpets blew, until all the burnt offerings were finished. 29 • Then the king and everyone with him 30 bowed down in worship. • King Hezekiah and the officials ordered the Levites to praise the LORD with the psalms written by David and by Asaph the seer. So they offered joyous praise and bowed down in worship.

31 • Then Hezekiah declared, "Now that you have consecrated yourselves to the LORD, bring your sacrifices and thanksgiving offerings to the Temple of the LORD." So the people brought their sacrifices and thanksgiving offerings, and all whose hearts were willing brought burnt offer-32 ings, too. • The people brought to the LORD

atonement [ətóunmənt] *n.* 속죄
conquest [kánkwest] *n.* 정복
conscientious [kɑnʃiénʃəs] *a.* 양심적인, 성실한
consecrate [kánsəkreit] *vt.* 바치다

양이 백 마리, 어린 양이 이백 마리였습니다. 이 짐승들은 모두 여호와께 태워 드리는 제물인 번제물로 바쳐졌습니다.

33 여호와를 위해 거룩히 구별한 예물은 황소가 육백 마리, 양이 삼천 마리였습니다.

34 번제물로 바칠 짐승들의 가죽을 다 벗기기에는 제사장들의 수가 모자랐습니다. 그래서 제사장들의 친척인 레위 사람들이 그 일을 도왔습니다. 그들은 그 일을 마칠 때까지, 그리고 다른 제사장들이 여호와를 섬기기 위해 자기 몸을 거룩하게 할 때까지 제사장들을 도왔습니다. 오히려 레위 사람들이 제사장들보다 자기 몸을 거룩하게 하는 일에 더 열심이었습니다.

35 제사장들은 많은 번제물 외에도 화목 제물의 기름과 부어 드리는 제사인 전제도 드려야 했습니다. 여호와를 섬기는 일이 여호와의 성전에서 다시 시작되었습니다.

36 하나님께서 백성을 위해 모든 일을 잘 마칠 수 있도록 해 주셨고, 그 때문에 히스기야와 백성은 매우 기뻤습니다.

히스기야가 유월절을 지키다

30 히스기야 왕이 모든 이스라엘과 유다 백성에게 전갈을 보냈습니다. 그는 에브라임과 므낫세 백성에게도 편지를 보냈습니다. 히스기야는 그 모든 백성에게, 예루살렘에 있는 성전으로 와서 이스라엘의 하나님이신 여호와를 위해 유월절을 지키자고 말했습니다.

2 히스기야 왕과 그의 신하들, 그리고 예루살렘의 모든 백성은 둘째 달*에 유월절을 지키기로 했습니다.

3 유월절을 제때에 지키지 못한 것은 여호와를 섬기기 위해 자기 몸을 거룩히 구별한 제사장들이 부족한 데다, 백성도 아직 예루살렘에 모이지 않았기 때문입니다.

4 이 계획은 히스기야 왕과 모든 백성의 마음에 들었습니다.

5 그래서 그들은 브엘세바에서 단까지 모든 이스라엘에 선포하고, 백성들로 하여금 예루살렘으로 나아가 이스라엘의 하나님 여호와의 유월절을 지키게 했습니다. 백성들 대부분은 유월절을 오랫동안 지키지 않고 있었습니다.

6 그리하여 사자들은 왕과 신하들의 편지를 가지고, 온 이스라엘과 유다로 다니며 선포했습니다. 그 편지의 내용은 이러합니다. "이스라엘 백성이여, 아브라함과 이삭과 이스라엘의 하나님이신 여호와께로 돌아오시오. 그러면 하나님께서도 앗시리아 왕들의 손에서 벗어나 아직 살아 있는 그대들에게 돌아오실 것이오.

7 그대들의 조상이나 형제들을 본받지 마시오. 그들은 그들의 조상이 섬기던 여호와를 배반했소. 그래서 그대들도 알듯이 여호와께서 다른 백성을 시켜 그들을

70 bulls, 100 rams, and 200 male lambs for
33 burnt offerings. •They also brought 600 cattle and 3,000 sheep and goats as sacred offerings.

34 •But there were too few priests to prepare all the burnt offerings. So their relatives the Levites helped them until the work was finished and more priests had been purified, for the Levites had been more conscientious about purifying them-
35 selves than the priests had been. •There was an abundance of burnt offerings, along with the usual liquid offerings, and a great deal of fat from the many peace offerings.

So the Temple of the LORD was restored
36 to service. •And Hezekiah and all the people rejoiced because of what God had done for the people, for everything had been accomplished so quickly.

Preparations for Passover

30 King Hezekiah now sent word to all Israel and Judah, and he wrote letters of invitation to the people of Ephraim and Manasseh. He asked everyone to come to the Temple of the LORD at Jerusalem to celebrate the Passover of the LORD, the God
2 of Israel. •The king, his officials, and all the community of Jerusalem decided to celebrate Passover a month later than usual.*
3 •They were unable to celebrate it at the prescribed time because not enough priests could be purified by then, and the people had not yet assembled at Jerusalem.
4 •This plan for keeping the Passover seemed right to the king and all the people.
5 •So they sent a proclamation throughout all Israel, from Beersheba in the south to Dan in the north, inviting everyone to come to Jerusalem to celebrate the Passover of the LORD, the God of Israel. The people had not been celebrating it in great numbers as required in the Law.
6 •At the king's command, runners were sent throughout Israel and Judah. They carried letters that said:

"O people of Israel, return to the LORD, the God of Abraham, Isaac, and Israel,* so that he will return to the few of us who have survived the conquest of the
7 Assyrian kings. •Do not be like your ancestors and relatives who abandoned the LORD, the God of their ancestors,

---

30:2 Hebrew *in the second month*. Passover was normally observed in the first month (of the ancient Hebrew lunar calendar).   30:6 *Israel* is the name that God gave to Jacob.

30:2 이는 4월에서 5월 사이에 해당된다.

멸망하게 하셨소.

8 그대들의 조상처럼 고집을 부리지 마시오. 기꺼이 여호와께 복종하시오. 여호와께서 섬김을 받으시려고 영원히 거룩하게 하신 성전으로 나아오시오. 그대들의 여호와 하나님을 섬기시오. 그러면 여호와께서도 그대들에게 노하지 않으실 것이오.

9 돌아와서 여호와께 복종하시오. 그러면 그대들의 친척과 자녀를 사로잡아 간 백성도 그들에게 자비를 베풀어서, 이 땅으로 돌려 보낼 것이오. 여호와 하나님께서는 자비롭고 은혜로우신 분이오. 그대들이 여호와께 돌아오기만 하면 여호와께서도 그대들을 저버리지 않으실 것이오."

10 왕의 명령을 받은 사람들은 에브라임과 므낫세의 모든 마을을 돌며 스불론까지 갔습니다. 그러나 그곳 백성은 그 사람들을 조롱하고 비웃었습니다.

11 하지만 아셀과 므낫세와 스불론의 백성 가운데 얼마는 자기 잘못을 뉘우치고 예루살렘으로 갔습니다.

12 하나님께서 모든 유다 백성의 마음을 움직이셔서 히스기야 왕과 그의 신하들의 말에 따르게 했습니다. 왕과 신하들이 내린 명령은 여호와께로부터 나온 명령이었습니다.

13 둘째 달에 큰 무리가 유월절을 지키려고 예루살렘에 모여들었습니다.

14 백성은 예루살렘에 있던 제단들과 거짓 신에게 향을 피우던 제단들을 헐어, 기드론 골짜기에 던져 버렸습니다.

15 백성은 둘째 달 십사 일*에 유월절 양을 잡았습니다. 제사장과 레위 사람들은 부끄러웠습니다. 그래서 그들은 여호와를 위해 자기 몸을 거룩하게 구별했습니다. 그들은 여호와의 성전으로 번제물을 가져왔습니다.

16 그들은 하나님의 사람 모세의 율법에 적힌 대로 성전 안에서 자기 자리를 잡고 섰습니다. 레위 사람들은 제사장에게 제물의 피를 주었습니다. 그러자 제사장들은 그 피를 제단 위에 뿌렸습니다.

17 무리 가운데서 아직 많은 백성이 여호와를 위해 자기 몸을 거룩하게 하지 못했습니다. 그 때문에 그들은 유월절 양을 잡을 수 없었습니다. 그래서 레위 사람들이 모든 부정한 사람을 위해 유월절 양을 잡는 책임을 맡았습니다. 레위 사람들은 여호와를 위해 모든 양을 거룩히 구별했습니다.

18 에브라임과 므낫세와 잇사갈과 스불론에서 온 많은 백성이 자기 몸을 깨끗하게 하지 않은 채 유월절 음식을 먹었습니다. 그것은 율법을 어기는 일이었습니다. 그래서 히스기야가 그들을 위해 기도했습니다. "좋으신 하나님, 용서해 주십시오. 여호와께서는 우리 조상이 섬기던 하나님이십니다. 여호와를

and became an object of derision, as you yourselves can see. • Do not be stubborn, as they were, but submit yourselves to the LORD. Come to his Temple, which he has set apart as holy forever. Worship the LORD your God so that his fierce anger will turn away from you.

9 • "For if you return to the LORD, your relatives and your children will be treated mercifully by their captors, and they will be able to return to this land. For the LORD your God is gracious and merciful. If you return to him, he will not continue to turn his face from you."

Celebration of Passover

10 • The runners went from town to town throughout Ephraim and Manasseh and as far as the territory of Zebulun. But most of the people just laughed at the runners and made fun of them. • However, some people from Asher, Manasseh, and Zebulun humbled themselves and went to Jerusalem.

12 • At the same time, God's hand was on the people in the land of Judah, giving them all one heart to obey the orders of the king and his officials, who were following the word of the LORD. • So a huge crowd assembled at Jerusalem in midspring* to celebrate the Festival of Unleavened Bread. • They set to work and removed the pagan altars from Jerusalem. They took away all the incense altars and threw them into the Kidron Valley.

15 • On the fourteenth day of the second month, one month later than usual,* the people slaughtered the Passover lamb. This shamed the priests and Levites, so they purified themselves and brought burnt offerings to the Temple of the LORD. • Then they took their places at the Temple as prescribed in the Law of Moses, the man of God. The Levites brought the sacrificial blood to the priests, who then sprinkled it on the altar.

17 • Since many of the people had not purified themselves, the Levites had to slaughter their Passover lamb for them, to set them apart for the LORD. • Most of those who came from Ephraim, Manasseh, Issachar, and Zebulun had not purified themselves. But King Hezekiah prayed for them, and they were allowed to eat the Passover meal

30:13 Hebrew *in the second month*. The second month of the ancient Hebrew lunar calendar usually occurs within the months of April and May.　30:15 Hebrew *On the fourteenth day of the second month*. Passover normally began on the fourteenth day of the first month (see Lev 23:5).

30:15 이는 4월 말 혹은 5월 초에 해당된다.

섬기려고 애쓴 사람들을 다 용서해 주십시오.

19 비록 그들이 성전 규칙에 따라 자기 몸을 깨끗하게 하지 않았지만 그들을 용서해 주십시오."

20 여호와께서 히스기야의 기도를 들으시고 백성을 벌하지 않으셨습니다.

21 예루살렘의 이스라엘 백성은 무교절을 칠 일 동안, 지켰습니다. 그들은 매우 기뻐했습니다. 레위 사람과 제사장들은 날마다 큰 음악 소리로 여호와를 찬양했습니다.

22 어떤 레위 사람들은 여호와를 섬기는 일을 능숙하게 했습니다. 그래서 히스기야가 그들을 격려해 주었습니다. 백성은 칠 일 동안, 절기 음식을 먹었습니다. 그리고 그들은 화목 제물을 바치고, 그들의 조상이 섬기던 여호와를 찬양했습니다.

23 모든 백성은 칠 일 동안, 더 머물러 있기로 결정했습니다. 그리하여 그들은 기쁜 마음으로 칠 일 동안, 유월절을 더 지켰습니다.

24 유다의 왕 히스기야는 황소 천 마리와 양 칠천 마리를 백성에게 주었습니다. 신하들도 황소 천 마리와 양 만 마리를 백성에게 주었습니다. 제사장들 가운데 여러 사람이 여호와를 위해 자기 몸을 거룩하게 했습니다.

25 모든 유다 백성과 제사장들과 레위 사람들과 이스라엘에서 온 사람들과 이스라엘에서 온 외국인들과 유다에 사는 외국인들이 크게 기뻐했습니다.

26 예루살렘에는 기쁨이 넘쳐 흘렀습니다. 이스라엘의 왕 다윗의 아들 솔로몬의 시대부터 그때까지 그런 일은 한 번도 없었습니다.

27 제사장과 레위 사람들이 일어나 백성에게 복을 빌어 주었습니다. 그들의 기도가 하나님의 거룩한 집인 하늘에 닿아 하나님께서 그 기도를 들으셨습니다.

히스기야의 개혁

31 유월절 행사가 다 끝나고, 예루살렘에 있던 모든 이스라엘 백성은 유다의 여러 마을로 가서, 거짓 신들을 섬길 때 쓰던 돌 기둥들을 부수고 아세라 우상들을 찍어 버렸습니다. 그리고 유다와 베냐민과 에브라임과 므낫세 지역에 있는 제단과 산당들도 헐어 버렸습니다. 그들은 거짓 신들을 섬길 때에 쓰던 것을 하나도 남김없이 다 없애 버렸습니다. 그런 뒤에 모든 이스라엘 백성은 자기 마을과 고향으로 돌아갔습니다.

2 히스기야 왕이 제사장과 레위 사람들의 무리에게 특별한 임무를 맡겼는데, 그들이 할 일은 번제와 화목제를 드리는 것과, 여호와께서 사시는 성전의 여러 문에서 예배를 드리며 감사와 찬양을 드리는 것이었습니다.

3 히스기야는 자기 짐승들 가운데서 얼마를 번제로

---

anyway, even though this was contrary to the requirements of the Law. For Hezekiah said, "May the LORD, who is good, pardon

19 those •who decide to follow the LORD, the God of their ancestors, even though they are not properly cleansed for the ceremony."

20 •And the LORD listened to Hezekiah's prayer and healed the people.

21 •So the people of Israel who were present in Jerusalem joyously celebrated the Festival of Unleavened Bread for seven days. Each day the Levites and priests sang to the LORD,

22 accompanied by loud instruments.* •Hezekiah encouraged all the Levites regarding the skill they displayed as they served the LORD. The celebration continued for seven days. Peace offerings were sacrificed, and the people gave thanks to the LORD, the God of their ancestors.

23 •The entire assembly then decided to continue the festival another seven days, so they celebrated joyfully for another week.

24 •King Hezekiah gave the people 1,000 bulls and 7,000 sheep and goats for offerings, and the officials donated 1,000 bulls and 10,000 sheep and goats. Meanwhile, many more priests purified themselves.

25 •The entire assembly of Judah rejoiced, including the priests, the Levites, all who came from the land of Israel, the foreigners who came to the festival, and all those who

26 lived in Judah. •There was great joy in the city, for Jerusalem had not seen a celebration like this one since the days of Solomon, King

27 David's son. •Then the priests and Levites stood and blessed the people, and God heard their prayer from his holy dwelling in heaven.

Hezekiah's Religious Reforms

31 When the festival ended, the Israelites who attended went to all the towns of Judah, Benjamin, Ephraim, and Manasseh, and they smashed all the sacred pillars, cut down the Asherah poles, and removed the pagan shrines and altars. After this, the Israelites returned to their own towns and homes.

2 •Hezekiah then organized the priests and Levites into divisions to offer the burnt offerings and peace offerings, and to worship and give thanks and praise to the LORD at the

3 gates of the Temple. •The king also made a personal contribution of animals for the

---

captor [képtər] *n.* 포획자
contribution [kɑntrəbjúːʃən] *n.* 기부, 기증품
derision [diríʒən] *n.* 비웃음, 조롱
donate [dóuneit] *vt.* 기부하다, 증여하다

드리게 했습니다. 날마다 아침 저녁으로 번제를 드렸습니다. 그리고 안식일에도 바쳤고, 초하루에도 바쳤고, 여호와의 율법이 명령하고 있는 다른 절기에도 바쳤습니다.

4 히스기야는 예루살렘에 사는 백성에게 제사장과 레위 사람들의 몫을 주게 했습니다. 그래야 제사장과 레위 사람들이 여호와의 율법을 위해 모든 시간을 바칠 수 있기 때문입니다.

5 왕이 이스라엘 백성에게 명령을 내리자마자 백성은 곡식과 포도주와 기름과 꿀과 밭에서 기른 모든 것의 첫 열매를 넘치도록 가져왔습니다. 그리고 모든 것의 십분의 일을 넉넉하게 가져왔습니다.

6 유다에 사는 이스라엘과 유다 사람들도 소와 양의 십분의 일을 가져왔습니다. 그리고 그들의 하나님 여호와께 바칠 거룩한 물건 가운데서도 십분의 일을 가져왔습니다. 그들은 이 모든 것을 차곡차곡 쌓아 두었습니다.

7 백성이 물건들을 가져오기 시작한 때는 셋째 달*이었고, 가져오기를 마친 때는 일곱째 달*이었습니다.

8 히스기야와 그의 신하들이 와서 산더미처럼 쌓인 물건을 보고 여호와와 여호와의 백성 이스라엘을 찬양했습니다.

9 히스기야가 제사장과 레위 사람들에게 그처럼 많은 물건에 대해 물었습니다.

10 사독 집안의 대제사장인 아사랴가 히스기야에게 대답했습니다. "백성이 여호와의 성전에 예물을 가져오기 시작한 뒤로부터 우리에게는 먹을 것이 너무 많아서 이렇게 남았습니다. 여호와께서 그의 백성에게 복을 주셨습니다. 그래서 이만큼이나 남았습니다."

11 히스기야가 제사장들에게 명령하여 여호와의 성전에 창고들을 준비하게 하니 그의 명령대로 되었습니다.

12 제사장들은 백성이 가져온 예물과 십일조와 여호와께 바친 모든 거룩한 것들을 창고 안에 넣어 두었습니다. 레위 사람 고나냐가 그 모든 것을 관리했고, 그의 아우 시므이가 버금가는 자리에 있었습니다.

13 고나냐와 그의 아우 시므이를 돕는 관리인들도 있었습니다. 그들은 여히엘, 아사시야, 나핫, 아사헬, 여리못, 요사밧, 엘리엘, 이스마갸, 마핫, 브나야였습니다. 그들은 히스기야 왕과, 하나님의 성전을 관리하는 아사랴가 뽑은 사람들이었습니다.

14 고레는 백성이 스스로 원해서 하나님께 바치는 예물을 맡았습니다. 그가 해야 할 일은 여호와께 바친 예물과 가장 거룩한 제물을 나누는 일이었습니다. 고레는 레위 사람 임나의 아들이며, '동문'의 문지기였습니다.

15 에덴과 미나민과 예수아와 스마야와 아마랴와 스가냐가 고레를 도와서 함께 일했습니다. 그들은 제사

daily morning and evening burnt offerings, the weekly Sabbath festivals, the monthly new moon festivals, and the annual festivals
4 as prescribed in the Law of the LORD. In addition, he required the people in Jerusalem to bring a portion of their goods to the priests and Levites, so they could devote themselves fully to the Law of the LORD.
5 •When the people of Israel heard these requirements, they responded generously by bringing the first share of their grain, new wine, olive oil, honey, and all the produce of their fields. They brought a large quantity—
6 a tithe of all they produced. •The people who had moved to Judah from Israel, and the people of Judah themselves, brought in the tithes of their cattle, sheep, and goats and a tithe of the things that had been dedicated to the LORD their God, and they piled them
7 up in great heaps. •They began piling them up in late spring, and the heaps continued to
8 grow until early autumn.* •When Hezekiah and his officials came and saw these huge piles, they thanked the LORD and his people Israel!
9 •"Where did all this come from?" Hezekiah asked the priests and Levites.
10 •And Azariah the high priest, from the family of Zadok, replied, "Since the people began bringing their gifts to the LORD's Temple, we have had enough to eat and plenty to spare. The LORD has blessed his people, and all this is left over."
11 •Hezekiah ordered that storerooms be prepared in the Temple of the LORD. When
12 this was done, •the people faithfully brought all the gifts, tithes, and other items dedicated for use in the Temple. Conaniah the Levite was put in charge, assisted by his
13 brother Shimei. •The supervisors under them were Jehiel, Azaziah, Nahath, Asahel, Jerimoth, Jozabad, Eliel, Ismakiah, Mahath, and Benaiah. These appointments were made by King Hezekiah and Azariah, the chief official in the Temple of God.
14 •Kore son of Imnah the Levite, who was the gatekeeper at the East Gate, was put in charge of distributing the voluntary offerings given to God, the gifts, and the things
15 that had been dedicated to the LORD. •His faithful assistants were Eden, Miniamin, Jeshua, Shemaiah, Amariah, and Shecaniah. They distributed the gifts among the families

31:7 Hebrew *in the third month... until the seventh month.* The third month of the ancient Hebrew lunar calendar usually occurs within the months of May and June; the seventh month usually occurs within September and October.

31:7 셋째 달은 5월에서 6월 사이에 해당되고, 일곱째 달은 9월에서 10월 사이에 해당된다.

장들이 사는 마을에서 열심히 일했습니다. 그들은 모아들인 것을 다른 제사장들에게 나누어 주었습니다. 젊은이나 늙은이를 가리지 않고 골고루 나누어 주었습니다.

16 레위 집안의 족보에 적힌 삼 세 이상 된 사내아이에게도 나누어 주었습니다. 그들은 날마다 여호와의 성전에 들어가서 각자 맡은 일을 해야 했습니다.

17 제사장들은 족보에 적힌 대로 집안별로 자기 몫을 받았습니다. 이십 세 이상 된 레위 사람들도 맡은 일에 따라 무리별로 자기 몫을 받았습니다.

18 레위 사람들의 아기와 아내와 아들과 딸들도 족보에 적힌 대로 자기 몫을 받았습니다. 왜냐하면 그들은 성실하게 자신들을 거룩하게 했기 때문입니다.

19 아론의 자손 제사장들 가운데는 마을 근처 밭에서 사는 제사장도 있고, 마을에서 사는 제사장도 있었습니다. 그 제사장들의 집안 가운데서도 모든 남자와 족보에 이름이 적힌 레위 사람은 자기 몫을 받았습니다.

20 히스기야 왕은 모든 유다 땅에서 이 일을 했습니다. 그는 하나님 여호와 앞에서 올바른 일을 했으며 여호와께 복종했습니다.

21 히스기야는 정성을 들여 하나님의 성전에서 하는 모든 일을 했고, 하나님의 가르침과 명령을 지켰습니다. 그는 마음을 다해 하나님을 위해 일했습니다. 그래서 그가 하는 일은 모두 잘 되었습니다.

산헤립이 히스기야를 괴롭히다

32 히스기야가 이 모든 일을 충성스럽게 했습니다. 그때에 앗시리아의 산헤립 왕이 유다에 쳐들어왔습니다. 산헤립과 그의 군대는 성벽이 있고 굳건한 유다의 모든 성을 에워싸고 공격해 왔습니다. 그는 그 성들을 점령하려고 했습니다.

2 히스기야는 산헤립이 예루살렘까지 와서 예루살렘을 공격할 것을 알고

3 신하와 군대 지휘관들을 불러 의논했습니다. 그들은 성 밖에 있는 샘의 물줄기를 막아 버릴 것을 결정했습니다. 신하와 군대 지휘관들이 히스기야를 도왔습니다.

4 백성도 많이 와서 도왔습니다. 그들은 모든 땅으로 흘러 나가는 샘과 시내의 물줄기를 막았습니다. 그러면서 "앗시리아의 왕은 이 때문에 물을 많이 얻지 못할 것이다"라고 말했습니다.

5 그런 뒤에 히스기야는 예루살렘을 더 굳건하게 하고 성벽의 무너진 부분을 다시 지었습니다. 그리고 성벽 위에 망대들도 세웠습니다. 그리고 나서 성벽 밖에 또다시 성벽을 쌓았습니다. 또한 다윗의 성, 밀로를 굳건한 요새로 만들었습니다. 그리고 무기와 방패들도 많이 만들었습니다.

6 히스기야는 군대 지휘관들을 백성 위에 세웠습니다.

of priests in their towns by their divisions, dividing the gifts fairly among old and young alike. •They distributed the gifts to all males three years old or older, regardless of their place in the genealogical records. The distribution went to all who would come to the LORD's Temple to perform their daily duties according to their divisions. 17•They distributed gifts to the priests who were listed by their families in the genealogical records, and to the Levites twenty years old or older who were listed according to their jobs and their divisions. 18•Food allotments were also given to the families of all those listed in the genealogical records, including their little babies, wives, sons, and daughters. For they had all been faithful in purifying themselves.

19 •As for the priests, the descendants of Aaron, who were living in the open villages around the towns, men were appointed by name to distribute portions to every male among the priests and to all the Levites listed in the genealogical records.

20 •In this way, King Hezekiah handled the distribution throughout all Judah, doing what was pleasing and good in the sight of the LORD his God. 21•In all that he did in the service of the Temple of God and in his efforts to follow God's laws and commands, Hezekiah sought his God wholeheartedly. As a result, he was very successful.

Assyria Invades Judah

32 After Hezekiah had faithfully carried out this work, King Sennacherib of Assyria invaded Judah. He laid siege to the fortified towns, giving orders for his army to 2 break through their walls. •When Hezekiah realized that Sennacherib also intended to 3 attack Jerusalem, •he consulted with his officials and military advisers, and they decided to stop the flow of the springs outside the city. 4•They organized a huge work crew to stop the flow of the springs, cutting off the brook that ran through the fields. For they said, "Why should the kings of Assyria come here and find plenty of water?"

5 •Then Hezekiah worked hard at repairing all the broken sections of the wall, erecting towers, and constructing a second wall outside the first. He also reinforced the supporting terraces* in the City of David and manufactured large numbers of weapons 6 and shields. •He appointed military officers over the people and assembled them before

genealogical [dʒi:niəlɑ́dʒikəl] *a.* 족보의
reinforce [ri:infɔ́:rs] *vt.* 보강하다
tithe [taið] *n.* 십분의 일

32:5 Hebrew *the millo.* The meaning of this Hebrew is uncertain.

다. 그리고 히스기야 왕은 성문 가까이에 있는 광장에서 그들을 만나 격려해 주었습니다.

7 "마음을 굳세게 하고 용기를 내시오, 앗시리아 왕이나 그의 큰 군대를 보고 두려워하거나 걱정하지 마시오, 앗시리아 왕과 함께 있는 자보다 더 크신 분이 우리와 함께 계시오,

8 앗시리아 왕에게는 사람밖에 없지만 우리에게는 우리의 하나님 여호와께서 함께 계시오, 주께서 우리를 도우실 것이고 우리를 위해 싸워 주실 것이오." 백성은 유다 왕 히스기야의 말을 듣고 용기를 얻었습니다.

9 앗시리아의 산헤립 왕과 그의 모든 군대가 라기스를 에워싸고 공격했습니다. 그런 뒤에 산헤립이 자기 신하들을 예루살렘에 보내어 유다의 히스기야 왕과 예루살렘에 사는 모든 유다 백성에게 말했습니다.

10 "앗시리아의 산헤립 왕이 이렇게 말씀하셨다. '너희가 의지할 것은 아무것도 없다. 공격을 당하고 있는 예루살렘에 머물러 있어 봐야 아무 소용이 없다.

11 히스기야가 너희에게 하나님 여호와께서 너희를 앗시리아 왕에게서 구해 주실 것이라고 말하고 있지만, 히스기야는 너희를 속이고 있다. 너희가 예루살렘에 머물러 있다가는 배고프고 목말라서 죽고 말 것이다.

12 히스기야도 이미 여호와의 산당과 제단을 없애지 않았느냐? 그리고 유다와 예루살렘에 이르기를, 오직 한 제단에서만 예배를 드리고 그곳에 제물을 바치라고 하지 않았느냐?

13 내 조상과 내가 온 나라의 백성들에게 한 일을 너희도 알 것이다. 그 나라의 신들은 그 백성을 내 손에서 구해 내지 못했다.

14 내 조상들이 그 나라들을 멸망시켰으나, 그들의 신 가운데 그 어느 누구도 그들을 내 손에서 구해 내지 못했다. 그러므로 너희의 신도 너희를 내 손에서 구해 내지 못할 것이다.

15 히스기야에게 속지 말고 그의 꾐에 빠지지 마라. 히스기야를 믿지 마라. 어떤 나라나 어떤 민족의 신들도 그 백성을 나나 내 조상의 손에서 구해 내지 못했다. 하물며 너희의 신이 어떻게 내 손에서 너희를 구해 내겠느냐?'"

16 산헤립의 신하들은 여호와 하나님과 그의 종 히스기야를 더욱 비방했습니다.

17 산헤립 왕도 이스라엘의 하나님이신 여호와를 욕하는 편지를 썼습니다. 그 편지에는 이러한 내용이 적혀 있었습니다. '다른 나라의 신들이 그 백성을 내 손에서 구해 내지 못했듯이, 히스기야의 하나님도 너희를 내 손에서 구해 내지 못할 것이다.'

18 산헤립 왕의 신하들은 히브리 말로 외쳐댔습니다.

him in the square at the city gate. Then
7 Hezekiah encouraged them by saying: • "Be strong and courageous! Don't be afraid or discouraged because of the king of Assyria or his mighty army, for there is a power far
8 greater on our side! • He may have a great army, but they are merely men. We have the LORD our God to help us and to fight our battles for us!" Hezekiah's words greatly encouraged the people.

Sennacherib Threatens Jerusalem

9 • While King Sennacherib of Assyria was still besieging the town of Lachish, he sent his officers to Jerusalem with this message for Hezekiah and all the people in the city:

10 • "This is what King Sennacherib of Assyria says: What are you trusting in that makes you think you can survive my siege of
11 Jerusalem? • Hezekiah has said, 'The LORD our God will rescue us from the king of Assyria.' Surely Hezekiah is misleading you, sentencing you to death by famine
12 and thirst! • Don't you realize that Hezekiah is the very person who destroyed all the LORD's shrines and altars? He commanded Judah and Jerusalem to worship only at the altar at the Temple and to offer sacrifices on it alone.

13 • "Surely you must realize what I and the other kings of Assyria before me have done to all the people of the earth! Were any of the gods of those nations able to res-
14 cue their people from my power? • Which of their gods was able to rescue its people from the destructive power of my predecessors? What makes you think your God can
15 rescue you from me? • Don't let Hezekiah deceive you! Don't let him fool you like this! I say it again—no god of any nation or kingdom has ever yet been able to rescue his people from me or my ancestors. How much less will your God rescue you from my power!"

16 • And Sennacherib's officers further mocked the LORD God and his servant
17 Hezekiah, heaping insult upon insult. • The king also sent letters scorning the LORD, the God of Israel. He wrote, "Just as the gods of all the other nations failed to rescue their people from my power, so the God of
18 Hezekiah will also fail." • The Assyrian officials who brought the letters shouted this in Hebrew* to the people gathered on the walls

predecessor [prédəsesər] *n.* 선조
siege [si:dʒ] *n.* 포위 공격

32:18 Hebrew *in the dialect of Judah.*

그들은 예루살렘 성벽 위에 있는 백성에게 외쳐댔습니다. 그들은 그런 방법으로 백성에게 겁을 주어 예루살렘을 점령하려 했습니다.

19 그들은 세상 백성이 섬기는 신들, 곧 인간이 손으로 지어 만든 신들을 욕하듯이 예루살렘의 하나님을 욕했습니다.

20 히스기야 왕과 아모스의 아들인 예언자 이사야가 이 일 때문에 하늘을 향해 기도드렸습니다.

21 그러자 여호와께서 천사를 앗시리아 왕의 진으로 보내셨습니다. 그 천사는 앗시리아 군대의 군인과 지휘관과 장교들을 다 죽였습니다. 그리하여 앗시리아 왕은 부끄러움을 당한 채 자기 나라로 돌아갔습니다. 그는 자기 신의 신전으로 들어갔는데 그때에 그의 아들들이 그를 칼로 쳐서 죽였습니다.

22 이처럼 여호와께서 히스기야와 예루살렘 백성을 구해 주셨습니다. 여호와께서는 앗시리아의 산헤립 왕과 온 나라 백성의 손에서 그들을 구해 주셨습니다. 여호와께서는 히스기야와 예루살렘 백성을 보호해 주셨습니다.

23 많은 백성이 여호와께 바칠 예물을 예루살렘으로 가지고 왔습니다. 그들은 유다의 히스기야 왕에게도 값진 선물을 가져왔습니다. 그때부터 온 나라가 히스기야를 존경했습니다.

히스기야가 죽다

24 그때에 히스기야가 심한 병에 걸려 죽게 되었습니다. 그는 여호와께 기도드렸습니다. 그랬더니 여호와께서 그에게 응답해 주시고 한 가지 표징을 주셨습니다.

25 그러나 히스기야는 교만해져서 자비를 베풀어 주신 하나님께 감사드리지 않았습니다. 그래서 여호와께서 히스기야와 유다와 예루살렘 백성에게 노하셨습니다.

26 그러자 히스기야와 예루살렘 백성이 자기 잘못을 뉘우치고 겸손해졌습니다. 그 때문에 여호와께서는 히스기야가 살아 있는 동안에는 그들에게 벌을 내리지 않으셨습니다.

27 히스기야는 부귀와 영화를 누렸습니다. 그는 은과 금과 보석과 향료와 방패, 그 밖의 값진 물건들을 보관할 보물창고를 만들었습니다.

28 그리고 곡식과 새 포도주와 기름을 보관할 창고도 지었습니다. 온갖 짐승을 위해 우리를 만들었고 양 떼를 위해서도 우리를 만들었습니다.

29 히스기야는 마을도 더 건설했습니다. 그에게는 양 떼와 소 떼가 많았습니다. 하나님께서 히스기야에게 많은 재산을 주신 것입니다.

30 기혼 샘의 위 연못을 막은 사람도 히스기야입니다. 그는 기혼 샘의 물줄기를 옛 다윗성의 서쪽으로 곧장 흐르게 했습니다. 히스기야는 하는 일마다 다 잘 되었습니다.

31 그런데 한번은 바빌로니아 지도자들이 히스기야에게 사

of the city, trying to terrify them so it would be easier to capture the city. • These officers talked about the God of Jerusalem as though he were one of the pagan gods, made by human hands.

20 • Then King Hezekiah and the prophet Isaiah son of Amoz cried out in prayer to God in heaven. 21 • And the LORD sent an angel who destroyed the Assyrian army with all its commanders and officers. So Sennacherib was forced to return home in disgrace to his own land. And when he entered the temple of his god, some of his own sons killed him there with a sword.

22 • That is how the LORD rescued Hezekiah and the people of Jerusalem from King Sennacherib of Assyria and from all the others who threatened them. So there 23 was peace throughout the land. • From then on King Hezekiah became highly respected among all the surrounding nations, and many gifts for the LORD arrived at Jerusalem, with valuable presents for King Hezekiah, too.

Hezekiah's Sickness and Recovery

24 • About that time Hezekiah became deathly ill. He prayed to the LORD, who healed him and gave him a miraculous 25 sign. • But Hezekiah did not respond appropriately to the kindness shown him, and he became proud. So the LORD's anger came against him and against 26 Judah and Jerusalem. • Then Hezekiah humbled himself and repented of his pride, as did the people of Jerusalem. So the LORD's anger did not fall on them during Hezekiah's lifetime.

27 • Hezekiah was very wealthy and highly honored. He built special treasury buildings for his silver, gold, precious stones, and spices, and for his shields and other 28 valuable items. • He also constructed many storehouses for his grain, new wine, and olive oil; and he made many stalls for his cattle and pens for his flocks of sheep 29 and goats. • He built many towns and acquired vast flocks and herds, for God 30 had given him great wealth. • He blocked up the upper spring of Gihon and brought the water down through a tunnel to the west side of the City of David. And so he succeeded in everything he did.

31 • However, when ambassadors arrived from Babylon to ask about the remark-

appropriately [əpróuprieitli] *ad.* 적절하게
disgrace [disgréis] *n.* 불명예
repent [ripént] *vi.* 회개하다
stall [stɔːl] *n.* 마구간
terrify [térəfai] *vt.* 무섭게 하다

신들을 보내어, 그 땅에서 일어나는 이상한 표징에 대해 물어 보았습니다. 그들이 왔을 때에 하나님께서 히스기야가 어떻게 하나 보시려고 히스기야가 하는 대로 내버려 두셨습니다. 하나님께서 히스기야가 마음속에 어떤 생각을 품고 있는지를 다 알고 싶어하셨습니다.

32 히스기야가 하나님을 사랑한 것과 그가 한 다른 일은 아모스의 아들인 예언자 이사야의 묵시록과 유다와 이스라엘 왕들의 역사책에 적혀 있습니다.

33 히스기야가 죽어 어떤 언덕 위에 묻혔습니다. 그곳은 다윗의 조상들의 무덤이 있는 곳입니다. 히스기야가 죽자, 온 유다와 예루살렘의 백성이 그의 죽음을 슬퍼했습니다. 히스기야의 아들 므낫세가 그의 뒤를 이어 왕이 되었습니다.

유다의 므낫세 왕

33 므낫세가 왕이 되었을 때의 나이는 십이 세였습니다. 그는 예루살렘에서 오십오 년 동안, 왕으로 있었습니다.

2 므낫세는 여호와께서 보시기에 악한 일을 저질렀습니다. 그는 여호와께서 쫓아낸 다른 나라들이 하던 역겨운 일들을 그대로 했습니다.

3 므낫세의 아버지 히스기야는 거짓 신들을 섬기던 산당들을 헐어 버렸지만, 므낫세는 그것들을 다시 쌓았습니다. 그리고 므낫세는 바알 신들과 아세라 우상들을 위해 제단을 쌓았습니다. 그리고 하늘의 별들을 예배하고 섬겼습니다.

4 여호와께서 성전에 대해 "내가 영원히 예루살렘에서 예배를 받겠다"고 말씀하셨지만, 므낫세는 여호와의 성전 안에 거짓 신들을 위한 제단을 쌓았습니다.

5 므낫세는 여호와의 성전의 두 뜰에도 별들을 섬기는 제단을 쌓았습니다.

6 그리고 그는 자기 아들들까지도 '힌놈의 아들 골짜기'에서 제물로 바쳤습니다. 그는 요술과 마술을 부렸으며, 표적과 꿈을 풀어서 점을 치기도 했습니다. 또한 무당과 점쟁이를 불러 의논하기도 했습니다. 그는 여호와께서 악하다고 하신 일을 많이 했습니다. 그래서 여호와를 노하게 만들었습니다.

7 므낫세는 우상을 만들어서 하나님의 성전 안에 두었습니다. 여호와께서 그 성전에 관해 다윗과 솔로몬에게 이렇게 말씀하신 적이 있습니다. "내가 이 성전과 예루살렘에 내 이름을 영원히 두겠다. 예루살렘은 내가 이스라엘 온 지파 가운데서 선택한 곳이다.

8 이스라엘 백성이 내가 명령한 것을 다 지키고, 내가 모세를 통해서 준 가르침과 규례와 계명에 복종하면, 내가 다시는 그들을 그들의 조상에게 준 땅에서 쫓아내지 않겠다."

9 그러나 므낫세는 유다와 예루살렘 백성을 그릇된 길

able events that had taken place in the land, God withdrew from Hezekiah in order to test him and to see what was really in his heart.

Summary of Hezekiah's Reign

32 • The rest of the events in Hezekiah's reign and his acts of devotion are recorded in *The Vision of the Prophet Isaiah Son of Amoz*, which is included in *The Book of the* 33 *Kings of Judah and Israel.* • When Hezekiah died, he was buried in the upper area of the royal cemetery, and all Judah and Jerusalem honored him at his death. And his son Manasseh became the next king.

Manasseh Rules in Judah

33 Manasseh was twelve years old when he became king, and he 2 reigned in Jerusalem fifty-five years. • He did what was evil in the LORD's sight, following the detestable practices of the pagan nations that the LORD had driven 3 from the land ahead of the Israelites. • He rebuilt the pagan shrines his father, Hezekiah, had broken down. He constructed altars for the images of Baal and set up Asherah poles. He also bowed before all the powers of the heavens and worshiped them.

4 • He built pagan altars in the Temple of the LORD, the place where the LORD had said, "My name will remain in Jerusalem 5 forever." • He built these altars for all the powers of the heavens in both courtyards 6 of the LORD's Temple. • Manasseh also sacrificed his own sons in the fire* in the valley of Ben-Hinnom. He practiced sorcery, divination, and witchcraft, and he consulted with mediums and psychics. He did much that was evil in the LORD's sight, arousing his anger.

7 • Manasseh even took a carved idol he had made and set it up in God's Temple, the very place where God had told David and his son Solomon: "My name will be honored forever in this Temple and in Jerusalem—the city I have chosen from 8 among all the tribes of Israel. • If the Israelites will be careful to obey my commands—all the laws, decrees, and regulations given through Moses—I will not send them into exile from this land that I set 9 aside for your ancestors." • But Manasseh led the people of Judah and Jerusalem to do even more evil than the pagan nations that the LORD had destroyed when the

33:6 Or *also made his sons pass through the fire.*

로 이끌었습니다. 그들은 여호와께서 멸망시키신
나라들보다 더 악한 일을 했습니다.

10 여호와께서 므낫세와 그의 백성에게 말을 해도 그들
은 듣지 않았습니다.

11 그래서 여호와께서 앗시리아 왕의 군대를 보내 유다
를 치게 하셨습니다. 그들은 므낫세를 사로잡아 쇠
사슬로 손을 묶어 바빌론으로 끌고 갔습니다.

12 므낫세는 고통을 당하는 가운데 그의 하나님 여호와
께 빌었습니다. 므낫세는 자기가 조상들의 하나님
앞에서 저지른 일들을 뉘우쳤습니다.

13 므낫세가 기도드리니 여호와께서 들으시고 그를 불
쌍히 여기셨습니다. 그래서 여호와께서 그를 예루
살렘으로 돌려 보내 주셨습니다. 그때서야 므낫세
는 여호와께서 참하나님이신 것을 깨달았습니다.

14 그 일이 있은 뒤에 므낫세는 다윗 성의 바깥 성벽을
다시 쌓았습니다. 그 성벽은 기혼 샘의 서쪽 골짜기
에서부터 '물고기 문' 입구를 지나 오벨 언덕 둘레까
지 이어졌습니다. 므낫세는 또 성벽을 높이 쌓아올리
고, 유다의 모든 요새에 지휘관들을 두었습니다.

15 므낫세는 다른 나라의 우상들을 없애 버리고 여호와
의 성전에서도 우상을 없애 버렸습니다. 그는 성전
언덕과 예루살렘에 자기가 쌓아 놓은 제단들을 헐
어 낸 다음, 성 밖으로 던져 버렸습니다.

16 그런 뒤에 그는 여호와의 제단을 쌓았습니다. 그리
고 그 위에 화목 제물과 감사 제물을 여호와께 바쳤
습니다. 므낫세는 유다의 백성에게 명령하여 이스라
엘의 하나님이신 여호와를 섬기라고 명령했습니다.

17 백성이 여전히 산당에서 제물을 바치기는 했지만 그
들은 오직 여호와께만 제물을 바쳤습니다.

18 므낫세가 한 다른 일과 그가 하나님께 드린 기도와
예언자들이 여호와의 이름으로 그에게 한 말은 이스
라엘 왕들의 역사책에 적혀 있습니다.

19 므낫세가 기도드린 것과 하나님께서 그를 불쌍히 여
기신 것과 므낫세가 저지른 모든 죄와 그가 복종하
지 않은 것, 또 그가 거짓 신들과 아세라 우상들을 위
해 지은 산당들도 호새의 책에 다 적혀 있습니다. 그
는 이 모든 일들을 했지만 그 뒤에 자기 잘못을 뉘우
쳤습니다.

20 므낫세가 죽어 그의 왕궁에 묻혔습니다. 므낫세의
아들 아몬이 그의 뒤를 이어 왕이 되었습니다.

유다의 아몬 왕

21 아몬이 왕이 되었을 때의 나이는 이십이 세였습니다.
그는 예루살렘에서 이 년 동안, 왕으로 있었습니다.

22 그는 그의 아버지 므낫세처럼 여호와께서 보시기에
악한 일을 저질렀습니다. 아몬은 므낫세가 만든 온갖
우상들을 섬기고, 그것들에게 제물을 바쳤습니다.

23 아몬은 자기 아버지와는 달리 여호와 앞에서 저지른

people of Israel entered the land.

10 •The LORD spoke to Manasseh and his
people, but they ignored all his warnings.

11 •So the LORD sent the commanders of the
Assyrian armies, and they took Manasseh
prisoner. They put a ring through his nose,
bound him in bronze chains, and led him

12 away to Babylon. •But while in deep dis-
tress, Manasseh sought the LORD his God
and sincerely humbled himself before the

13 God of his ancestors. •And when he
prayed, the LORD listened to him and was
moved by his request. So the LORD brought
Manasseh back to Jerusalem and to his
kingdom. Then Manasseh finally realized
that the LORD alone is God!

14 •After this Manasseh rebuilt the outer
wall of the City of David, from west of the
Gihon Spring in the Kidron Valley to the
Fish Gate, and continuing around the hill of
Ophel. He built the wall very high. And he
stationed his military officers in all of the

15 fortified towns of Judah. •Manasseh also
removed the foreign gods and the idol from
the LORD's Temple. He tore down all the
altars he had built on the hill where the
Temple stood and all the altars that were in
Jerusalem, and he dumped them outside

16 the city. •Then he restored the altar of the
LORD and sacrificed peace offerings and
thanksgiving offerings on it. He also
encouraged the people of Judah to worship

17 the LORD, the God of Israel. •However, the
people still sacrificed at the pagan shrines,
though only to the LORD their God.

18 •The rest of the events of Manasseh's
reign, his prayer to God, and the words the
seers spoke to him in the name of the LORD,
the God of Israel, are recorded in *The Book*

19 *of the Kings of Israel.* •Manasseh's prayer,
the account of the way God answered him,
and an account of all his sins and unfaith-
fulness are recorded in *The Record of the
Seers.** It includes a list of the locations
where he built pagan shrines and set up
Asherah poles and idols before he humbled

20 himself and repented. •When Manasseh
died, he was buried in his palace. Then his
son Amon became the next king.

Amon Rules in Judah

21 •Amon was twenty-two years old when he
became king, and he reigned in Jerusalem

22 two years. •He did what was evil in the
LORD's sight, just as his father, Manasseh,
had done. He worshiped and sacrificed to

23 all the idols his father had made. •But
unlike his father, he did not humble him-

33:19 Or *The Record of Hozai.*

잘못을 뉘우치지 않았습니다. 오히려 아몬은 더 많은 죄를 지었습니다.

24 아몬의 신하들이 반역을 꾀하고 아몬을 왕궁에서 죽였습니다.

25 그러나 유다 백성은 아몬에게 반역한 사람들을 다 죽이고, 그의 아들 요시야를 왕으로 삼았습니다.

34 요시야가 왕이 되었을 때의 나이는 팔 세였습니다. 그는 예루살렘에서 삼십일 년 동안, 다스렸습니다.

2 그는 그의 조상 다윗처럼 여호와께서 보시기에 올바른 일을 했습니다. 요시야는 언제나 옳은 일만 했습니다.

3 요시야는 왕으로 있은 지 팔 년째 되던 해에 그의 조상 다윗이 따르던 하나님을 섬기기 시작했습니다. 그때는 요시야가 아직 어렸을 때였습니다. 요시야는 왕이 된 지 십이 년째 되던 해에 유다와 예루살렘에서 거짓 신들을 몰아내기 시작했습니다. 그는 거짓 신들을 섬기는 산당들을 다 헐어 버리고, 아세라 우상과 나무로 만든 우상과 쇠로 만든 우상들을 없애 버렸습니다.

4 백성도 요시야의 명령을 받아서 바알을 섬기던 제단들을 헐어 버렸습니다. 요시야는 제단 위에 있던 향 제단들도 찍어 버렸습니다. 그는 아세라 우상과 나무로 만든 우상과 쇠로 만든 우상들을 부수어 가루로 만든 다음, 그 가루를 그런 신들에게 제물을 바친 사람들의 무덤 위에 뿌렸습니다.

5 그는 또 우상을 섬기던 제사장들의 뼈도 그 제단 위에서 불태웠습니다. 이처럼 요시야는 유다와 예루살렘에서 우상 섬기던 것을 모두 없애 버렸습니다.

6 요시야는 므낫세와 에브라임과 시므온 땅의 여러 마을과, 멀리 납달리 땅과 그 둘레의 폐허에서도 같은 일을 했습니다.

7 요시야는 제단과 아세라 우상들을 부수어 가루로 만들었습니다. 그는 온 이스라엘에 있는 분향단도 찍어 버렸습니다. 그런 뒤에 그는 예루살렘으로 돌아왔습니다.

8 요시야는 왕으로 있은 지 십팔 년째 되던 해에 그 땅과 성전을 깨끗하게 했습니다. 그는 아살랴의 아들 사반과 성의 지도자 마아세야와 요아하스의 아들인 서기관 요아를 보내어 요시야의 하나님이신 여호와의 성전을 수리하게 했습니다.

9 그들은 대제사장 힐기야에게 가서 백성이 하나님의 성전에 바친 돈을 주었습니다. 그 돈은 레위 사람 문지기들이 므낫세와 에브라임과 살아남은 모든 이스라엘 백성에게서 거둔 돈입니다. 그들은 또한 유다와 베냐민과 예루살렘 백성에게서도 돈을 거두었습니다.

self before the LORD. Instead, Amon sinned even more.

24 • Then Amon's own officials conspired against him and assassinated him in his
25 palace. • But the people of the land killed all those who had conspired against King Amon, and they made his son Josiah the next king.

Josiah Rules in Judah

34 Josiah was eight years old when he became king, and he reigned in
2 Jerusalem thirty-one years. • He did what was pleasing in the LORD's sight and followed the example of his ancestor David. He did not turn away from doing what was right.

3 • During the eighth year of his reign, while he was still young, Josiah began to seek the God of his ancestor David. Then in the twelfth year he began to purify Judah and Jerusalem, destroying all the pagan shrines, the Asherah poles, and the carved
4 idols and cast images. • He ordered that the altars of Baal be demolished and that the incense altars which stood above them be broken down. He also made sure that the Asherah poles, the carved idols, and the cast images were smashed and scattered over the graves of those who had sacrificed to them.
5 • He burned the bones of the pagan priests on their own altars, and so he purified Judah and Jerusalem.

6 • He did the same thing in the towns of Manasseh, Ephraim, and Simeon, and as far as Naphtali, and in the regions* all around
7 them. • He destroyed the pagan altars and the Asherah poles, and he crushed the idols into dust. He cut down all the incense altars throughout the land of Israel. Finally, he returned to Jerusalem.

8 • In the eighteenth year of his reign, after he had purified the land and the Temple, Josiah appointed Shaphan son of Azaliah, Maaseiah the governor of Jerusalem, and Joah son of Joahaz, the royal historian, to repair the Temple of the LORD his God.
9 • They gave Hilkiah the high priest the money that had been collected by the Levites who served as gatekeepers at the Temple of God. The gifts were brought by people from Manasseh, Ephraim, and from all the remnant of Israel, as well as from all Judah, Benjamin, and the people of Jeru-

entrust [intrʌ́st] *vt.* 맡기다
rafter [rǽftər] *n.* 서까래
renovation [renəvéiʃən] *n.* 개혁; 수리

34:6 As in Syriac version. Hebrew reads *in their temples*, or *in their ruins*. The meaning of the Hebrew is uncertain.

10 레위 사람들은 성전 수리를 감독하는 사람들에게 그 돈을 주었습니다. 그 감독관들은 성전을 다시 짓고 수리하는 일꾼들에게 그 돈을 주었습니다.

11 그들은 목수와 돌을 쌓는 사람들에게 돈을 주어 채석한 돌과 나무를 사들이게 했습니다. 나무는 유다의 왕들이 폐허로 만들어 버린 건물들을 다시 짓고 들보를 만드는 데 쓸 것이었습니다.

12 사람들은 그 일을 열심히 했습니다. 그 일을 감독한 사람은 야핫과 오바댜와 스가랴와 무술람입니다. 야핫과 오바댜는 므라리 집안의 레위 사람입니다. 스가랴와 무술람은 고핫 집안 사람입니다. 이 레위 사람들은 모두 뛰어난 음악가였습니다.

13 그들은 물건을 나르는 일꾼들과 그 밖의 일꾼들을 감독했습니다. 어떤 레위 사람들은 서기관과 관리와 문지기로 일했습니다.

율법책을 발견하다

14 레위 사람들이 여호와의 성전에 있던 돈을 꺼내고 있는데, 제사장 힐기야가 여호와의 율법책을 발견했습니다. 그 율법은 하나님께서 모세를 통해서 주신 것입니다.

15 힐기야가 서기관 사반에게 말했습니다. "여호와의 성전에서 율법책을 발견했다." 힐기야가 그 책을 사반에게 주었습니다.

16 사반이 그 책을 요시야 왕에게 가져가서 보고했습니다. "왕이 명령한 대로 신하들이 일을 잘 하고 있습니다.

17 그들은 여호와의 성전에 있는 돈을 감독과 일꾼들에게 주었습니다."

18 그런 뒤에 서기관 사반이 왕에게 말했습니다. "제사장 힐기야가 나에게 책을 주었습니다." 사반이 그 책의 내용을 왕에게 읽어 주었습니다.

19 왕은 율법책의 말씀을 듣더니 너무 슬퍼서 자기 옷을 찢었습니다.

20 그는 힐기야와 사반의 아들 아히감과 미가의 아들 압돈과 서기관 사반과 왕의 종 아사야에게 명령을 내렸습니다.

21 "가서 나와 이스라엘과 유다에 남아 있는 백성을 위하여, 발견된 이 책의 말씀에 대해 여호와의 뜻을 여쭤 보시오. 우리 조상이 이 책의 말씀에 복종하지 않았기 때문에 우리를 향해 불붙는 여호와의 진노가 크오. 우리 조상은 우리가 지켜야 할 이 말씀을 따르지 않았소."

22 그리하여 힐기야를 비롯해서 왕이 보낸 사람들은 여예언자 훌다에게 가서 여호와의 뜻을 여쭤 보았습니다. 훌다는 하스라의 손자이며, 독핫의 아들인 살룸의 아내였습니다. 살룸은 왕의 옷을 관리하는 사람이었습니다. 훌다는 예루살렘 성의 둘째 구역

salem.

10 •He entrusted the money to the men assigned to supervise the restoration of the LORD's Temple. Then they paid the workers who did the repairs and renovation of the

11 Temple. •They hired carpenters and builders, who purchased finished stone for the walls and timber for the rafters and beams. They restored what earlier kings of Judah had allowed to fall into ruin.

12 •The workers served faithfully under the leadership of Jahath and Obadiah, Levites of the Merarite clan, and Zechariah and Meshullam, Levites of the Kohathite clan. Other Levites, all of whom were skilled

13 musicians, •were put in charge of the laborers of the various trades. Still others assisted as secretaries, officials, and gatekeepers.

Hilkiah Discovers God's Law

14 •While they were bringing out the money collected at the LORD's Temple, Hilkiah the priest found the Book of the Law of the

15 LORD that was written by Moses. •Hilkiah said to Shaphan the court secretary, "I have found the Book of the Law in the LORD's Temple!" Then Hilkiah gave the scroll to Shaphan.

16 •Shaphan took the scroll to the king and reported, "Your officials are doing every-

17 thing they were assigned to do. •The money that was collected at the Temple of the LORD has been turned over to the supervisors and

18 workmen." •Shaphan also told the king, "Hilkiah the priest has given me a scroll." So Shaphan read it to the king.

19 •When the king heard what was written in the Law, he tore his clothes in despair.

20 •Then he gave these orders to Hilkiah, Ahikam son of Shaphan, Acbor son of Micaiah,* Shaphan the court secretary, and

21 Asaiah the king's personal adviser: •"Go to the Temple and speak to the LORD for me and for all the remnant of Israel and Judah. Inquire about the words written in the scroll that has been found. For the LORD's great anger has been poured out on us because our ancestors have not obeyed the word of the LORD. We have not been doing everything this scroll says we must do."

22 •So Hilkiah and the other men went to the New Quarter* of Jerusalem to consult with the prophet Huldah. She was the wife of Shallum son of Tikvah, son of Harhas,*

34:20 As in parallel text at 2 Kgs 22:12; Hebrew reads *Abdon son of Micah.* 34:22a Or *the Second Quarter,* a newer section of Jerusalem. Hebrew reads *the Mishneh.* 34:22b As in parallel text at 2 Kgs 22:14; Hebrew reads *son of Tokhath, son of Hasrah.*

에서 살고 있었습니다.

23 훌다가 그들에게 말했습니다. "이스라엘의 하나님이신 여호와께서 이렇게 말씀하셨으니, 당신들을 나에게 보낸 사람에게 전하시오.

24 '내가 이곳과 여기에 사는 백성에게 재앙을 내리겠다. 내가 내릴 재앙은 유다의 왕이 읽은 책의 말씀 속에 있다.

25 유다 백성은 나를 저버리고 다른 신들에게 향을 피우며, 온갖 악한 일을 하여 나를 노하게 했다. 내가 이곳을 향해 내 노를 쏟아 부으리니 아무도 나의 노를 멈추지 못할 것이다.'

26 여호와의 뜻을 여쭤 보라고 당신들을 보낸 유다의 왕에게 전하시오. 이스라엘의 하나님이신 여호와께서 이렇게 말씀하셨소.

27 '너는 이곳과 여기에 사는 백성에 대한 내 말을 듣고, 여호와 앞에서 뉘우치는 마음과 겸손한 모습을 보였다. 너는 너무나 슬퍼서 네 옷을 찢었으며, 내 앞에서 흐느꼈다. 그래서 내가 네 기도를 들어 주겠다. 나 여호와의 말이다.

28 그러므로 네가 죽을 때 평안히 묻히겠고, 너는 내가 이곳에 사는 백성에게 내릴 온갖 재앙을 보지 않을 것이다.'" 그들이 훌다의 말을 받아가지고 왕에게 돌아갔습니다.

29 왕이 유다와 예루살렘의 장로들을 다 불러모았습니다.

30 왕은 여호와의 성전으로 올라갔습니다. 유다와 예루살렘에서 온 백성도 왕을 따라 올라갔습니다. 제사장과 레위 사람과 온 백성, 곧 보잘것없는 사람에서부터 귀한 사람에 이르기까지 모두 다 왕과 함께 올라갔습니다. 왕이 그들에게 여호와의 성전에서 발견한 '언약의 책'에 있는 말씀을 다 읽어 주었습니다.

31 그런 뒤에 왕은 기둥 곁에 섰습니다. 왕은 여호와 앞에서 언약을 맺었습니다. 그는 여호와를 따르고 여호와의 명령과 규례와 율법에 복종하기로 약속했습니다. 그리고 그 책에 적힌 언약의 말씀을 따르기로 약속했습니다.

32 그런 뒤에 요시야는 예루살렘과 베냐민의 모든 백성에게도 언약을 지키게 했습니다. 예루살렘의 백성은 그들의 조상이 섬기던 하나님의 언약에 복종했습니다.

33 요시야는 이스라엘 백성이 차지하고 있던 온 땅에서 역겨운 우상들을 없애 버렸습니다. 요시야는 이스라엘의 모든 사람으로 하여금 그들의 하나님 여호와를 섬기게 했습니다. 요시야가 살아 있는 동안, 백성은 그들의 조상이 섬기던 여호와께 복종했습니다.

the keeper of the Temple wardrobe.

23 •She said to them, "The LORD, the God of Israel, has spoken! Go back and tell the man

24 who sent you, • 'This is what the LORD says: I am going to bring disaster on this city* and its people. All the curses written in the scroll that was read to the king of Judah will come

25 true. •For my people have abandoned me and offered sacrifices to pagan gods, and I am very angry with them for everything they have done. My anger will be poured out on this place, and it will not be quenched.'

26 • "But go to the king of Judah who sent you to seek the LORD and tell him: 'This is what the LORD, the God of Israel, says concerning the message you have just heard:

27 •You were sorry and humbled yourself before God when you heard his words against this city and its people. You humbled yourself and tore your clothing in despair and wept before me in repentance. And I

28 have indeed heard you, says the LORD. •So I will not send the promised disaster until after you have died and been buried in peace. You yourself will not see the disaster I am going to bring on this city and its people.'"

So they took her message back to the king.

Josiah's Religious Reforms

29 •Then the king summoned all the elders of

30 Judah and Jerusalem. •And the king went up to the Temple of the LORD with all the people of Judah and Jerusalem, along with the priests and the Levites—all the people from the greatest to the least. There the king read to them the entire Book of the Covenant that had been found in the LORD's

31 Temple. •The king took his place of authority beside the pillar and renewed the covenant in the LORD's presence. He pledged to obey the LORD by keeping all his commands, laws, and decrees with all his heart and soul. He promised to obey all the terms of the covenant that were written in the

32 scroll. •And he required everyone in Jerusalem and the people of Benjamin to make a similar pledge. The people of Jerusalem did so, renewing their covenant with God, the God of their ancestors.

33 •So Josiah removed all detestable idols from the entire land of Israel and required everyone to worship the LORD their God.

decree [dikrí:] *n.* 명령, 법령
pledge [pledʒ] *n.vt.* 맹세(하다)
quench [kwentʃ] *vt.* 감정을 누그러뜨리다
wardrobe [wɔ́:rdroub] *n.* (궁중의) 의상관리부

요시야가 유월절을 지키다

35 요시야 왕이 예루살렘에서 여호와께 유월절을 지켰습니다. 첫째 달 십사 일*에 사람들이 유월절 양을 잡았습니다.

2 요시야는 제사장들을 뽑아 각자 할 일을 맡겼습니다. 그리고 여호와의 성전에서 일하는 그들을 격려해 주었습니다.

3 레위 사람들은 이스라엘 백성을 가르치며, 여호와를 섬기기 위해 자기 몸을 거룩히 구별했습니다. 요시야가 그들에게 말했습니다. "다윗의 아들 솔로몬이 이스라엘의 왕으로 있으면서 지은 성전에 '거룩한 궤'를 놓아 두시오. 이제부터는 그것을 어깨에 메고 이리저리 옮기지 마시오. 이제는 그대들의 하나님 여호와와 그 백성 이스라엘을 섬기시오.

4 집안별로 여호와를 섬길 준비를 하고, 다윗 왕과 그의 아들 솔로몬이 그대들에게 시킨 일을 하시오.

5 레위 사람들의 무리와 더불어 거룩한 곳에 서시오. 집안별로 준비하여 그들을 도우시오.

6 유월절 양을 잡으시오. 그대들을 여호와께 거룩히 구별하시오. 그리고 그대들의 형제인 이스라엘 백성을 위해 어린 양들을 준비하시오. 여호와께서 모세를 시켜 우리에게 내리신 명령을 그대로 따르시오."

7 요시야는 이스라엘 백성에게 자기가 가지고 있던 짐승들 가운데서 양과 염소 삼만 마리를 주어 유월절 제물로 쓰게 했습니다. 요시야는 또 소 삼천 마리도 주었습니다.

8 요시야의 신하들도 백성과 제사장과 레위 사람들에게 자기가 가지고 있는 것들을 기꺼이 내놓았습니다. 그들은 제사장들에게 어린 양과 염소 이천육백 마리와 소 삼백 마리를 유월절 제물로 주었습니다.

9 고나냐와 그의 동생들인 스마야와 느다넬과 하사뱌와 여이엘과 요사밧도 레위 사람들에게 양 오천 마리와 소 오백 마리를 주어 유월절 제물로 삼게 했습니다. 그들은 레위 사람의 지도자들이었습니다.

10 유월절을 지킬 준비가 다 되자, 제사장과 레위 사람들은 왕이 명령한 대로 각자 맡은 곳으로 갔습니다.

11 유월절 양을 잡은 뒤에 레위 사람들은 짐승의 가죽을 벗기고 그 피는 제사장들에게 주었습니다. 제사장들은 그 피를 제단 위에 뿌렸습니다.

12 그런 뒤에 그들은 번제물로 바칠 짐승들을 집안별로 주어, 모세의 율법이 가르친 대로 여호와께

And throughout the rest of his lifetime, they did not turn away from the LORD, the God of their ancestors.

Josiah Celebrates Passover

35 Then Josiah announced that the Passover of the LORD would be celebrated in Jerusalem, and so the Passover lamb was slaughtered on the fourteenth day of the first month.* 2 Josiah also assigned the priests to their duties and encouraged them in their 3 work at the Temple of the LORD. He issued this order to the Levites, who were to teach all Israel and who had been set apart to serve the LORD: "Put the holy Ark in the Temple that was built by Solomon son of David, the king of Israel. You no longer need to carry it back and forth on your shoulders. Now spend your time serving the LORD your God and his peo-4 ple Israel. Report for duty according to the family divisions of your ancestors, following the directions of King David of Israel and the directions of his son Solomon.

5 "Then stand in the sanctuary at the place appointed for your family division and help the families assigned to you as they bring their 6 offerings to the Temple. Slaughter the Passover lambs, purify yourselves, and prepare to help those who come. Follow all the directions that the LORD gave through Moses."

7 Then Josiah provided 30,000 lambs and young goats for the people's Passover offerings, along with 3,000 cattle, all from the king's 8 own flocks and herds. The king's officials also made willing contributions to the people, priests, and Levites. Hilkiah, Zechariah, and Jehiel, the administrators of God's Temple, gave the priests 2,600 lambs and young goats 9 and 300 cattle as Passover offerings. The Levite leaders—Conaniah and his brothers Shemaiah and Nethanel, as well as Hashabiah, Jeiel, and Jozabad—gave 5,000 lambs and young goats and 500 cattle to the Levites for their Passover offerings.

10 When everything was ready for the Passover celebration, the priests and the Levites took their places, organized by their 11 divisions, as the king had commanded. The Levites then slaughtered the Passover lambs and presented the blood to the priests, who sprinkled the blood on the altar while the 12 Levites prepared the animals. They divided the burnt offerings among the people by their

---

assign [əsáin] *vt.* 할당하다
issue [íʃuː] *vt.* (명령을) 내리다; 공포하다
slaughter [slɔ́ːtər] *vt.* 도살하다

35:1 This day in the ancient Hebrew lunar calendar was April 5, 622 B.C.

35:1 이는 3월 말에서 4월 초 사이에 해당된다.

바칠 수 있게 했습니다. 소를 가지고도 그와 같이 하였습니다.

13 레위 사람들은 명령을 받은 대로 유월절 제물을 불에 구웠습니다. 그리고 거룩한 제물을 솥과 가마와 냄비에 삶아서, 그 고기를 재빨리 백성에게 나누어 주었습니다.

14 모든 일을 마친 뒤에 레위 사람들은 자기들과 아론의 자손인 제사장들을 위해 고기를 준비했습니다. 제사장들은 번제를 드리고 제물의 기름을 태우면서 밤까지 일했습니다.

15 레위 사람 가운데 노래하는 사람은 아삽 집안 사람이었습니다. 그들은 다윗 왕과 아삽과 헤만과 선견자 여두둔이 정해준 곳에 섰습니다. 각 문을 지키는 문지기들은 자기 자리를 떠날 필요가 없었습니다. 그것은 다른 레위 사람들이 유월절을 지킬 준비를 다 해 놓고 있었기 때문입니다.

16 그리하여 그날, 여호와께 예배드릴 준비가 다 되었습니다. 모든 일이 요시야 왕이 명령한 대로 되었습니다. 사람들이 유월절을 지키고 여호와의 제단에 태워 드리는 제물인 번제물을 드렸습니다.

17 그곳에 있던 이스라엘 백성은 유월절을 지키고, 연이어 무교절을 칠 일 동안, 지켰습니다.

18 예언자 사무엘이 살아 있던 때로부터 그때까지 그렇게 유월절을 지킨 적은 한 번도 없었습니다. 이스라엘의 그 어떤 왕도, 요시야가 제사장과 레위 사람과 온 유다와 이스라엘 무리와 예루살렘에 사는 사람들과 함께 지킨 유월절처럼, 유월절 행사를 한 적은 한 번도 없었습니다.

19 이 유월절을 지킨 때는 요시야가 왕으로 있은 지 십팔 년째 되는 해입니다.

요시야가 죽다

20 요시야가 성전을 위해 이 모든 일을 한 후에 이집트의 느고 왕이 갈그미스를 치려고 군대를 이끌고 왔습니다. 갈그미스는 유프라테스 강가에 있는 마을입니다. 요시야는 느고와 맞서 싸우려고 나갔습니다.

21 그러자 느고가 요시야에게 사람들을 보내어 말했습니다. "요시야 왕이여, 그대와 나는 싸울 이유가 없소. 나는 내 원수와 싸우러 온 것이지 그대와 싸우러 온 것이 아니오. 하나님은 나더러 서두르라 하셨소. 하나님은 내 편이오. 그러니 하나님과 싸우려들지 마시오. 그랬다가는 하나님께서 그대를 멸망시키실 것이오."

22 그러나 요시야는 되돌아가지 않았습니다. 요시야는 아무도 알아보지 못하게 변장을 했습니다. 요시야는 느고가 하나님의 명령을 받아 한 말을 듣지 않았습니다. 요시야는 므깃도 골짜기로 싸우러 나갔

family groups, so they could offer them to the LORD as prescribed in the Book of Moses.

13 They did the same with the cattle. •Then they roasted the Passover lambs as prescribed; and they boiled the holy offerings in pots, kettles, and pans, and brought them out quickly so the people could eat them.

14 •Afterward the Levites prepared Passover offerings for themselves and for the priests—the descendants of Aaron—because the priests had been busy from morning till night offering the burnt offerings and the fat portions. The Levites took responsibility for all these preparations.

15 •The musicians, descendants of Asaph, were in their assigned places, following the commands that had been given by David, Asaph, Heman, and Jeduthun, the king's seer. The gatekeepers guarded the gates and did not need to leave their posts of duty, for their Passover offerings were prepared for them by their fellow Levites.

16 •The entire ceremony for the LORD's Passover was completed that day. All the burnt offerings were sacrificed on the altar of the LORD, as King Josiah had commanded.

17 •All the Israelites present in Jerusalem celebrated Passover and the Festival of Unleavened Bread for seven days. •Never since the time of the prophet Samuel had there been such a Passover. None of the kings of Israel had ever kept a Passover as Josiah did, involving all the priests and Levites, all the people of Jerusalem, and people from all over Judah and Israel. •This Passover was celebrated in the eighteenth year of Josiah's reign.

Josiah Dies in Battle

20 •After Josiah had finished restoring the Temple, King Neco of Egypt led his army up from Egypt to do battle at Carchemish on the Euphrates River, and Josiah and his army marched out to fight him.* •But King Neco sent messengers to Josiah with this message:

> "What do you want with me, king of Judah? I have no quarrel with you today! I am on my way to fight another nation, and God has told me to hurry! Do not interfere with God, who is with me, or he will destroy you."

22 •But Josiah refused to listen to Neco, to whom God had indeed spoken, and he would not turn back. Instead, he disguised himself and led his army into battle on the

35:20 Or Josiah went out to meet him.

습니다.

23 싸움을 하다가 요시야 왕은 화살에 맞았습니다. 요시야가 자기 신하들에게 말했습니다. "나를 다른 곳으로 데려가 다오. 내가 심하게 부상당했다."

24 그래서 신하들이 요시야를 들어 전차에서 내린 다음, 요시야가 전쟁터에 가져온 다른 전차에 옮겨 태워서 예루살렘으로 데려갔습니다. 요시야는 예루살렘에서 죽었습니다. 요시야는 그의 조상이 묻힌 무덤에 묻혔습니다. 온 유다와 예루살렘 백성이 요시야의 죽음을 슬퍼했습니다.

25 예레미야가 요시야에 관해 슬픈 노래들을 지었습니다. 오늘날까지도 모든 노래하는 남자와 여자는 그 노래들을 부르며 요시야를 기억하고 기념합니다. 이스라엘에서는 그 노래들을 부르는 것이 관습이 되었습니다. 그 노래들은 애가집에 적혀 있습니다.

26 요시야가 행한 다른 일과 여호와의 율법에 기록된 대로 행한 선한 일들이

27 처음부터 끝까지 모두 이스라엘과 유다 왕들의 역사책에 기록되었습니다.

유다의 여호아하스 왕

36 유다 백성이 요시야의 아들 여호아하스를 뽑아 아버지의 뒤를 이어 예루살렘에서 왕이 되게 했습니다.

2 여호아하스가 왕이 되었을 때의 나이는 이십삼 세였습니다. 그는 예루살렘에서 석 달 동안, 왕으로 있었습니다.

3 이집트의 느고 왕이 여호아하스를 예루살렘의 왕의 자리에서 쫓아냈습니다. 느고는 유다 백성에게 은 백 달란트*와 금 한 달란트*를 바치게 했습니다.

4 그리고 이집트 왕은 여호아하스의 형제 엘리아김을 유다와 예루살렘의 왕으로 세웠습니다. 느고는 엘리아김의 이름을 여호야김으로 바꾸고, 엘리아김의 형제 여호아하스를 이집트로 끌고 갔습니다.

유다의 여호야김 왕

5 여호야김이 왕이 되었을 때의 나이는 이십오 세였습니다. 그는 예루살렘에서 십일 년 동안 왕으로 있었습니다. 여호야김은 여호와께서 보시기에 악한 일을 했습니다.

6 바빌로니아의 느부갓네살 왕이 유다로 쳐들어와서, 여호야김을 붙잡아 쇠사슬로 묶어 바빌론으로 끌고 갔습니다.

7 느부갓네살은 여호와의 성전에 있던 기구들을 빼앗아 바빌론으로 가져간 다음, 자기 왕궁에 놓아 두었습니다.

---

23 plain of Megiddo. • But the enemy archers hit King Josiah with their arrows and wounded him. He cried out to his men, "Take me from the battle, for I am badly wounded!"

24 • So they lifted Josiah out of his chariot and placed him in another chariot. Then they brought him back to Jerusalem, where he died. He was buried there in the royal cemetery. And all Judah and Jerusalem mourned for him. • The prophet Jeremiah composed funeral songs for Josiah, and to this day choirs

25 still sing these sad songs about his death. These songs of sorrow have become a tradition and are recorded in *The Book of Laments*.

26 • The rest of the events of Josiah's reign and his acts of devotion (carried out according to what was written in the Law of the LORD),

27 • from beginning to end—all are recorded in *The Book of the Kings of Israel and Judah*.

Jehoahaz Rules in Judah

36 Then the people of the land took Josiah's son Jehoahaz and made him the next king in Jerusalem.

2 • Jehoahaz* was twenty-three years old when he became king, and he reigned in Jerusalem three months.

3 • Then he was deposed by the king of Egypt, who demanded that Judah pay 7,500 pounds of silver and 75 pounds of gold* as tribute.

Jehoiakim Rules in Judah

4 • The king of Egypt then installed Eliakim, the brother of Jehoahaz, as the next king of Judah and Jerusalem, and he changed Eliakim's name to Jehoiakim. Then Neco took Jehoahaz to Egypt as a prisoner.

5 • Jehoiakim was twenty-five years old when he became king, and he reigned in Jerusalem eleven years. He did what was evil in the sight of the LORD his God.

6 • Then King Nebuchadnezzar of Babylon came to Jerusalem and captured it, and he bound Jehoiakim in bronze chains and led him away to Babylon. • Nebuchadnezzar also

7 took some of the treasures from the Temple of the LORD, and he placed them in his palace*

---

cemetery [séməteri] *n.* 묘지
depose [dipóuz] *vt.* 퇴위시키다
devotion [divóuʃən] *n.* 신앙심
interfere [intərfíər] *vi.* 대립하다
mourn [mɔːrn] *vi.* 슬퍼하다

36:2 Hebrew *Joahaz,* a variant spelling of Jehoahaz; also in 36:4.   **36:3** Hebrew *100 talents* [3,400 kilograms] *of silver and 1 talent* [34 kilograms] *of gold.*   **36:7** Or *temple.*

36:3 100달란트는 약 3.43t에 해당되고, 1달란트는 약 34.27kg에 해당된다.

8 여호야김이 한 다른 일과 그가 한 역겨운 짓과 그
가 저지른 모든 악한 일은 이스라엘과 유다 왕들
의 역사책에 적혀 있습니다. 여호야김의 아들 여
호야긴이 그의 뒤를 이어 왕이 되었습니다.

유다의 여호야긴 왕

9 여호야긴이 유다 왕이 되었을 때의 나이는 십팔
세*였습니다. 그는 예루살렘에서 석 달 열흘을 왕
으로 있었습니다. 그는 여호와께서 보시기에 악
한 일을 저질렀습니다.

10 봄에 느부갓네살 왕이 자기 신하들을 보내어 여호
야긴을 데려오게 했습니다. 그의 신하들은 여호
야긴을 사로잡아 갔을 뿐만 아니라, 여호와의 성
전에 있던 값진 보물들을 바빌론으로 가져갔습니
다. 그런 뒤에 느부갓네살은 여호야긴의 친척 시
드기야를 유다와 예루살렘의 왕으로 세웠습니다.

유다의 시드기야 왕

11 시드기야가 유다의 왕이 되었을 때의 나이는 이십
일 세였습니다. 그는 예루살렘에서 십일 년 동안,
왕으로 있었습니다.

12 시드기야는 그의 하나님 여호와께서 보시기에 악
한 일을 저질렀습니다. 예언자 예레미야가 여호
와의 말씀을 그에게 전했지만, 그는 듣지 않았습
니다.

예루살렘이 더럽혀지다

13 느부갓네살은 시드기야에게 충성을 맹세하게 했
습니다. 시드기야는 하나님의 이름으로 충성을
맹세했습니다. 그러나 시드기야가 완고해져서 느
부갓네살 왕을 배반했습니다. 그는 이스라엘의
하나님이신 여호와의 말씀을 들으려 하지 않았습
니다.

14 뿐만 아니라 지도자인 제사장들과 유다 백성도
점점 악해졌습니다. 그들은 다른 나라들의 악한
것을 본받았습니다. 여호와께서는 예루살렘의 성
전을 거룩하게 하라고 말씀하셨지만, 지도자들
은 성전을 더럽혔습니다.

예루살렘의 멸망

15 그들의 조상의 하나님이신 여호와께서는 자기 백
성과 성전을 불쌍히 여기셔서 계속 예언자들을
보내어 백성에게 경고하셨습니다.

16 그러나 그들은 하나님의 예언자들을 비웃었으며
하나님의 말씀을 미워했습니다. 또한 예언자들
의 말씀을 듣지 않았습니다. 마침내 하나님께서
자기 백성에게 노하셨습니다. 아무도 여호와의
노를 멈추게 할 수 없었습니다.

17 그리하여 하나님께서 바빌로니아* 왕을 보내셔
서 그들을 치게 하셨습니다. 바빌로니아 왕은 젊
은이들을 다 죽였습니다. 심지어 성전에 있는 젊

in Babylon.

8   •The rest of the events in Jehoiakim's reign,
including all the evil things he did and every-
thing found against him, are recorded in *The
Book of the Kings of Israel and Judah.* Then his
son Jehoiachin became the next king.

Jehoiachin Rules in Judah

9   •Jehoiachin was eighteen* years old when he
became king, and he reigned in Jerusalem
three months and ten days. Jehoiachin did
what was evil in the LORD's sight.

10   •In the spring of the year* King Nebuchad-
nezzar took Jehoiachin to Babylon. Many trea-
sures from the Temple of the LORD were also
taken to Babylon at that time. And Nebuchad-
nezzar installed Jehoiachin's uncle,* Zedekiah,
as the next king in Judah and Jerusalem.

Zedekiah Rules in Judah

11   •Zedekiah was twenty-one years old when he
became king, and he reigned in Jerusalem
12 eleven years. •But Zedekiah did what was evil
in the sight of the LORD his God, and he
refused to humble himself when the prophet
Jeremiah spoke to him directly from the
13 LORD. •He also rebelled against King
Nebuchadnezzar, even though he had taken
an oath of loyalty in God's name. Zedekiah
was a hard and stubborn man, refusing to
turn to the LORD, the God of Israel.

14   •Likewise, all the leaders of the priests and
the people became more and more unfaithful.
They followed all the pagan practices of the
surrounding nations, desecrating the Temple
of the LORD that had been consecrated in
Jerusalem.

15   •The LORD, the God of their ancestors,
repeatedly sent his prophets to warn them, for
he had compassion on his people and his
16 Temple. •But the people mocked these mes-
sengers of God and despised their words. They
scoffed at the prophets until the LORD's anger
could no longer be restrained and nothing
could be done.

The Fall of Jerusalem

17   •So the LORD brought the king of Babylon
against them. The Babylonians* killed Judah's

36:9 As in one Hebrew manuscript, some Greek
manuscripts, and Syriac version (see also 2 Kgs
24:8); most Hebrew manuscripts read *eight.*
36:10a Hebrew *At the turn of the year.* The first
day of this year in the ancient Hebrew lunar cal-
endar was April 13, 597 B.C.   36:10b As in paral-
lel text at 2 Kgs 24:17; Hebrew reads *brother,* or
relative.   36:17 Or *Chaldeans.*

36:9 개역 성경에는 '팔 세 로 표기되어 있지만, 대부분의 사
본에는 '십팔 세 로 표기되어 있다(왕하 24:8).
36:17 '갈대아' 라고도 한다.

은이까지도 죽였습니다. 바빌로니아 왕은 무자비했습니다. 그는 남자와 여자를 다 죽였습니다. 늙은 이와 병든 사람까지도 죽였습니다. 느부갓네살이 유다와 예루살렘의 백성에게 벌을 준 이 모든 것은, 하나님께서 허락하신 것입니다.

18 느부갓네살은 하나님의 성전에서 크고 작은 모든 것을 바빌론으로 가져갔습니다. 그는 여호와의 성전에 있던 보물과, 왕과 그의 신하들이 가지고 있던 보물을 다 가져갔습니다.

19 느부갓네살과 그의 군대는 하나님의 성전에 불을 질렀습니다. 그들은 예루살렘 성벽을 무너뜨렸습니다. 그리고 왕궁을 다 불살랐습니다. 그들은 예루살렘에 있는 값진 것은 모두 가져가거나 없애 버렸습니다.

20 느부갓네살은 살아남은 백성을 바빌론으로 사로잡아 가서, 자기와 자기 자손의 노예로 삼았습니다. 그들은 페르시아 왕국이 바빌로니아를 물리칠 때까지도 노예로 있었습니다.

21 그리하여 여호와께서 예언자 예레미야를 통해서 하신 말씀, 곧 그곳이 칠십 년 동안, 황무지가 될 것이라고 하신 말씀이 이루어졌습니다. 그동안, 칠 년마다 한 번씩 땅을 쉬게 하라는 여호와의 말씀이 지켜지지 않았는데, 그런 일이 일어남으로 땅에 안식이 이루어졌습니다.

22 고레스가 페르시아의 왕이 된 첫 해*에 여호와께서 고레스의 마음을 움직이셔서, 예레미야를 시켜서 하신 말씀을 이루셨습니다. 고레스는 온 땅에 사람들을 보내어 글로 적은 칙령을 선포하게 했습니다.

23 페르시아의 고레스 왕이 선포한 칙령의 내용은 이러합니다. "하늘의 하나님이신 여호와께서 이 세상의 온 나라들을 나에게 주셨다. 그리고 나를 세우셔서 유다 땅 예루살렘에 여호와를 위해 성전을 짓게 하셨다. 이제 너희 모든 하나님의 백성은 예루살렘으로 돌아가도 좋다. 너희의 하나님 여호와께서 너희와 함께하시기를 바란다."

young men, even chasing after them into the Temple. They had no pity on the people, killing both young men and young women, the old and the infirm. God handed all of 18 them over to Nebuchadnezzar. •The king took home to Babylon all the articles, large and small, used in the Temple of God, and the treasures from both the LORD's Temple and from the palace of the king and his offi-19 cials. •Then his army burned the Temple of God, tore down the walls of Jerusalem, burned all the palaces, and completely 20 destroyed everything of value.* •The few who survived were taken as exiles to Babylon, and they became servants to the king and his sons until the kingdom of Persia came to power.

21   •So the message of the LORD spoken through Jeremiah was fulfilled. The land finally enjoyed its Sabbath rest, lying desolate until the seventy years were fulfilled, just as the prophet had said.

Cyrus Allows the Exiles to Return

22 •In the first year of King Cyrus of Persia,* the LORD fulfilled the prophecy he had given through Jeremiah.* He stirred the heart of Cyrus to put this proclamation in writing and to send it throughout his kingdom:

23   •"This is what King Cyrus of Persia says:
"The LORD, the God of heaven, has given me all the kingdoms of the earth. He has appointed me to build him a Temple at Jerusalem, which is in Judah. Any of you who are his people may go there for this task. And may the LORD your God be with you!"

---

compassion [kəmpǽʃən] *n.* 측은히 여김, 연민
consecrate [kάnsəkreit] *vt.* …을 신성하게 하다
desecrate [désikreit] *vt.* …의 신성을 더럽히다
infirm [infə́:rm] *a.* (몸이) 약한, 노쇠한
proclamation [prɑkləméiʃən] *n.* 성명, 포고
rebel [ribél] *vi.* 반역하다
restrain [ristréin] *vt.* (감정·욕망) 억제하다
scoff [skɔ́:f] *vi.* 비웃다, 조롱하다

36:19 Or *destroyed all the valuable articles from the Temple.*   **36:22a** The first year of Cyrus's reign over Babylon was 538 B.C.   **36:22b** See Jer 25:11-12; 29:10.

36:22 B.C. 538년에 해당된다.

에스라

● 서론

- ✥ 저자 _ 에스라
- ✥ 저작 연대 _ B.C. 458년 4월–B.C. 444년 여름
- ✥ 기록 장소 _ 예루살렘
- ✥ 기록 대상 _ 이스라엘 백성
- ✥ 핵심어 및 내용 _ 핵심어는 '귀환'과 '재헌신'이다. 포로 생활에서 귀환한 이스라엘 백성들은 잃어버린 신앙을 회복하기 위해 하나님과 그분의 말씀에 대한 신앙을 다시 세우고 스스로 재헌신해야만 했다.

고레스가 포로들이 돌아가는 것을 허락하다

1 고레스가 페르시아의 왕이 된 첫해*의 일입니다. 여호와께서 예레미야를 통하여 하신 말씀을 이루시려고, 고레스의 마음을 움직이셨습니다. 그래서 고레스가 온 땅에 사신을 보내어, 명령을 내렸습니다. 고레스가 명령한 내용은 아래와 같습니다.

2 "페르시아 왕 고레스가 말한다. 하늘의 하나님이신 여호와께서 이 세상 온 나라를 나에게 주셨다. 그리고 나를 세우셔서, 유다 땅 예루살렘에 성전을 짓게 하셨다.

3 이제 너희 모든 하나님의 백성은 예루살렘으로 돌아가거라. 너희 하나님께서 너희와 함께 계시기를 바란다. 너희는 예루살렘에 계신 이스라엘의 하나님을 위해 성전을 지어라.

4 나머지 사람들은 예루살렘으로 돌아가고자 하는 사람들을 도와 주도록 하여라. 그들에게 은과 금과 갖가지 물건과 가축을 주고, 예루살렘에 지을 하나님의 성전을 위해 예물도 주도록 하여라."

5 그리하여 유다와 베냐민 집안의 지도자들이 예루살렘을 향해 길을 떠날 준비를 했습니다. 제사장과 레위 사람들도 준비를 했습니다. 그들은 예루살렘으로 가서 여호와의 성전을 지을 생각이었습니다. 하나님께서 그 모든 사람의 마음을 움직이셔서, 예루살렘을 향해 떠나도록 하셨습니다.

6 모든 이웃이 그들을 도왔습니다. 그들은 은 기구와 금과 갖가지 물건과 가축과 값진 선물을 주었습니다. 그리고 성전에 바칠 예물도 주었습니다.

7 고레스 왕은 원래 여호와의 성전에 있던 그릇들을 꺼내 왔습니다. 그 그릇들은 느부갓네살이 예루살렘에서 빼앗아 와서 자기 신의 신전에 놓아두었던 것들이었습니다.

8 페르시아 왕 고레스가 재무 관리인 미드르닷을 시켜서 그 그릇들을 꺼내 오게 했습니다. 미드르닷은 그것들을 낱낱이 세어서, 유다 총독 세스바살에게 넘겨 주었습니다.

Cyrus Allows the Exiles to Return

1 In the first year of King Cyrus of Persia,* the LORD fulfilled the prophecy he had given through Jeremiah.* He stirred the heart of Cyrus to put this proclamation in writing and to send it throughout his kingdom:

2 • "This is what King Cyrus of Persia says:
"The LORD, the God of heaven, has given me all the kingdoms of the earth. He has appointed me to build him a Temple at Jerusalem, which is in Judah.

3 • Any of you who are his people may go to Jerusalem in Judah to rebuild this Temple of the LORD, the God of Israel, who lives in Jerusalem. And may your God be with you! • Wherever this Jewish remnant

4 is found, let their neighbors contribute toward their expenses by giving them silver and gold, supplies for the journey, and livestock, as well as a voluntary offering for the Temple of God in Jerusalem."

5 • Then God stirred the hearts of the priests and Levites and the leaders of the tribes of Judah and Benjamin to go to Jerusalem to

6 rebuild the Temple of the LORD. • And all their neighbors assisted by giving them articles of silver and gold, supplies for the journey, and livestock. They gave them many valuable gifts in addition to all the voluntary offerings.

7 • King Cyrus himself brought out the articles that King Nebuchadnezzar had taken from the LORD's Temple in Jerusalem and had placed in the temple of his own gods.

8 • Cyrus directed Mithredath, the treasurer of Persia, to count these items and present

deport [dipɔ́ːrt] *vt.* 추방하다, 강제 이송하다
stir [stəːr] *vt.* 자극하다, 선동하다

1:1a The first year of Cyrus's reign over Babylon was 538 B.C.   1:1b See Jer 25:11-12; 29:10.

1:1 이는 B.C. 538년이다.

9 세스바살이 넘겨받은 것은 금그릇 삼십 개와 은그릇 천 개와 칼 이십구 개와

10 금대접 삼십 개와 다른 은대접 사백사십 개와 그 밖의 그릇 천 개입니다.

11 금그릇과 은그릇을 모두 합하면 오천사백 개입니다. 세스바살은 포로들이 바빌론에서 예루살렘으로 갈 때, 그것들을 다 가져갔습니다.

돌아온 포로들

2 포로 생활을 마치고 돌아온 사람은 이러합니다. 그들은 바빌로니아 왕 느부갓네살이 통치할 때, 바빌론으로 사로잡혀 간 사람들이었습니다. 이제 그들은 고향인 예루살렘과 유다로 돌아왔습니다.

2 그들은 그들의 지도자 스룹바벨과 예수아와 느헤미야와 스라야와 르엘라야와 모르드개와 빌산과 미스발과 비그왜와 르훔과 바아나와 함께 돌아왔습니다. 이스라엘 백성의 숫자는 이러합니다.

3 바로스의 자손이 이천백칠십이 명이요,

4 스바댜의 자손이 삼백칠십이 명이요,

5 아라의 자손이 칠백칠십오 명이요,

6 바핫모압의 자손, 곧 예수아와 요압 집안의 자손이 이천팔백십이 명이요,

7 엘람의 자손이 천이백오십사 명이요,

8 삿두의 자손이 구백사십오 명이요,

9 삭개의 자손이 칠백육십 명이요,

10 바니의 자손이 육백사십이 명이요,

11 브배의 자손이 육백이십삼 명이요,

12 아스갓의 자손이 천이백이십이 명이요,

13 아도니감의 자손이 육백육십육 명이요,

14 비그왜의 자손이 이천오십육 명이요,

15 아딘의 자손이 사백오십사 명이요,

16 아델의 자손, 곧 히스기야 집안의 자손이 구십팔 명이요,

17 베새의 자손이 삼백이십삼 명이요,

18 요라의 자손이 백십이 명이요,

19 하숨의 자손이 이백이십삼 명이요,

20 깁발의 자손이 구십오 명입니다.

21 베들레헴 사람이 백이십삼 명이요,

22 느도바 사람이 오십육 명이요,

23 아나돗 사람이 백십팔 명이요,

24 아스마웻 사람이 사십이 명이요,

25 기럇여아림 사람과 그비라 사람과 브에롯 사람이 칠백사십삼 명이요,

26 라마와 게바 사람이 육백이십일 명이요,

27 믹마스 사람이 백이십이 명이요,

---

them to Sheshbazzar, the leader of the exiles
9 returning to Judah.* •This is a list of the items that were returned:

gold basins	30
silver basins	1,000
silver incense burners*	29
10 • gold bowls	30
silver bowls	410
other items	1,000

11 •In all, there were 5,400 articles of gold and silver. Sheshbazzar brought all of these along when the exiles went from Babylon to Jerusalem.

Exiles Who Returned with Zerubbabel

2 Here is the list of the Jewish exiles of the provinces who returned from their captivity. King Nebuchadnezzar had deported them to Babylon, but now they returned to Jerusalem and the other towns in Judah where they originally
2 lived. •Their leaders were Zerubbabel, Jeshua, Nehemiah, Seraiah, Reelaiah, Mordecai, Bilshan, Mispar, Bigvai, Rehum, and Baanah.

This is the number of the men of Israel who returned from exile:

3	• The family of Parosh	2,172
4	• The family of Shephatiah	372
5	• The family of Arah	775
6	• The family of Pahath-moab (descendants of Jeshua and Joab)	2,812
7	• The family of Elam	1,254
8	• The family of Zattu	945
9	• The family of Zaccai	760
10	• The family of Bani	642
11	• The family of Bebai	623
12	• The family of Azgad	1,222
13	• The family of Adonikam	666
14	• The family of Bigvai	2,056
15	• The family of Adin	454
16	• The family of Ater (descendants of Hezekiah)	98
17	• The family of Bezai	323
18	• The family of Jorah	112
19	• The family of Hashum	223
20	• The family of Gibbar	95
21	• The people of Bethlehem	123
22	• The people of Netophah	56
23	• The people of Anathoth	128
24	• The people of Beth-azmaveth*	42
25	• The people of Kiriath-jearim,* Kephirah, and Beeroth	743
26	• The people of Ramah and Geba	621
27	• The people of Micmash	122

1:8 Hebrew *Sheshbazzar, the prince of Judah.* 1:9 The meaning of this Hebrew word is uncertain. 2:24 As in parallel text at Neh 7:28; Hebrew reads *Azmaveth.* 2:25 As in some Hebrew manuscripts and Greek version (see also Neh 7:29); Hebrew reads *Kiriath-arim.*

28 벧엘과 아이 사람이 이백이십삼 명이요,
29 느보 자손이 오십이 명이요,
30 막비스 자손이 백오십육 명이요,
31 다른 엘람의 자손이 천이백오십사 명이요,
32 하림 자손이 삼백이십 명이요,
33 로드와 하딧과 오노 자손이 칠백이십오 명이요,
34 여리고 자손이 삼백사십오 명이요,
35 스나아 자손이 삼천육백삼십 명입니다.
36 제사장 중에서는 예수아 집안의 여다야의 자손이 구백칠십삼 명이요,
37 임멜 자손이 천오십이 명이요,
38 바스훌 자손이 천이백사십칠 명이요,
39 하림 자손이 천십칠 명입니다.
40 레위 사람은 호다위야 자손, 곧 예수아와 갓미엘의 자손이 칠십사 명이요.
41 노래하는 사람 아삽의 자손이 백이십팔 명이요.
42 성전 문지기는 살룸과 아델과 달몬과 악굽과 하디다와 소배 자손이 백삼십구 명입니다.
43 느디님* 사람들은 시하와 하수바와 답바옷과
44 게로스와 시아하와 바돈과
45 르바나와 하가바와 악굽과
46 하갑과 살매*와 하난과
47 깃델과 가할과 르아야와
48 르신과 느고다와 갓삼과
49 웃사와 바세아와 베새와
50 아스나와 므우님과 느부심과
51 박북과 하그바와 할훌과
52 바슬룻과 므히다와 하르사와
53 바르고스와 시스라와 데마와
54 느시야와 하디바의 자손들입니다.
55 솔로몬의 종은 소대와 하소베렛과 브루다와
56 야알라와 다르곤과 깃델과
57 스바댜와 핫딜과 보게렛하스바임과 아미 자손입니다.
58 성전 종인 느디님 사람과 솔로몬이 거느린 종의 자손 중 돌아온 사람은 모두 삼백구십이 명입니다.
59 그 밖에 델멜라와 델하르사와 그룹과 앗단과 임멜에서도 예루살렘으로 돌아온 사람이 있었습니다. 그러나 그들이 이스라엘 가문 사람인지 아닌지는 분명하지 않습니다.
60 그들은 들라야와 도비야와 느고다의 자손

28 • The people of Bethel and Ai　223
29 • The citizens of Nebo　52
30 • The citizens of Magbish　156
31 • The citizens of West Elam*　1,254
32 • The citizens of Harim　320
33 • The citizens of Lod, Hadid, and Ono　725
34 • The citizens of Jericho　345
35 • The citizens of Senaah　3,630
36 • These are the priests who returned from exile:
The family of Jedaiah (through the line of Jeshua)　973
37 • The family of Immer　1,052
38 • The family of Pashhur　1,247
39 • The family of Harim　1,017
40 • These are the Levites who returned from exile:
The families of Jeshua and Kadmiel (descendants of Hodaviah)　74
41 • The singers of the family of Asaph　128
42 • The gatekeepers of the families of Shallum, Ater, Talmon, Akkub, Hatita, and Shobai　139
43 • The descendants of the following Temple servants returned from exile:
Ziha, Hasupha, Tabbaoth,
44 • Keros, Siaha, Padon,
45 • Lebanah, Hagabah, Akkub,
46 • Hagab, Shalmai,* Hanan,
47 • Giddel, Gahar, Reaiah,
48 • Rezin, Nekoda, Gazzam,
49 • Uzza, Paseah, Besai,
50 • Asnah, Meunim, Nephusim,
51 • Bakbuk, Hakupha, Harhur,
52 • Bazluth, Mehida, Harsha,
53 • Barkos, Sisera, Temah,
54 • Neziah, and Hatipha.
55 • The descendants of these servants of King Solomon returned from exile:
Sotai, Hassophereth, Peruda,
56 • Jaalah, Darkon, Giddel,
57 • Shephatiah, Hattil, Pokereth-hazzebaim, and Ami.
58 • In all, the Temple servants and the descendants of Solomon's servants numbered 392.
59 • Another group returned at this time from the towns of Tel-melah, Tel-harsha, Kerub, Addan, and Immer. However, they could not prove that they or their families were descendants of Israel. 60 • This

disqualify [dɪskwáləfai] vt. 자격을 박탈하다
genealogical [dʒìːniəládʒikəl] a. 족보의
specify [spésəfai] vt. 상술하다, 명기하다

2:31 Or of the other Elam. 2:46 As in an alternate reading of the Masoretic Text (see also Neh 7:48); the other alternate reads Shamlai.
2:43 느디님 사람들은 레위인을 도와 성전에서 봉사하던 사람들이다.
2:46 개역 성경에는 (히) '샬매' 라고 표기되어 있다.

에스라 3장 (Korean column)

61 그리고 제사장들 가운데는 하바야와 학고스와 바르실래의 자손이 예루살렘으로 돌아왔는데, 바르실래는 길르앗 사람 바르실래의 딸과 결혼하여 여자 쪽 집안의 이름을 이어받았습니다.

62 이 사람들의 집안 기록을 찾았으나 찾을 수가 없었습니다. 그래서 그들을 부정하게 여겨 제사장 일을 하지 못하게 했습니다.

63 총독은 제사장이 우림과 둠밈을 가지고 그들이 제사장의 자손인지 아닌지 결정을 내릴 때까지, 하나님께 바친 음식을 아무것도 먹지 못하게 했습니다.

64 돌아온 무리의 수는 모두 사만 이천삼백육십 명입니다.

65 그들의 남종과 여종 칠천삼백삼십칠 명은 그 수에 포함되지 않았습니다. 그 밖에 노래하는 남자와 여자도 이백 명이 있었습니다.

66 또 말이 칠백삼십육 마리, 노새가 이백사십오 마리,

67 낙타가 사백삼십오 마리, 나귀가 육천칠백이십 마리입니다.

68 그 모든 무리가 예루살렘에 있는 여호와의 성전에 이르렀습니다. 각 집안의 지도자 몇 사람이 특별 예물을 바쳤습니다. 그 예물은 하나님의 성전을 다시 짓는 데 바쳐진 것입니다. 성전은 전에 있던 곳에 다시 지어질 예정이었습니다.

69 그들은 육만 일천 다릭*의 금과 오천 마네*의 은과 제사장을 위한 옷 백 벌을 바쳤습니다.

70 제사장과 레위 사람과 노래하는 사람과 문지기와 성전 종들은 다른 이스라엘 사람들과 함께 고향에 자리를 잡았습니다.

제단을 다시 쌓음

3 이스라엘 사람들이 자기 고향에 자리를 잡고 살기 시작한 지 일곱째 달이 되었을 때, 그들은 예루살렘에 모였습니다.

2 요사닥의 아들 예수아와 그의 동료 제사장들과 스알디엘의 아들 스룹바벨이 모여서 하나님의 제단을 쌓기 시작했습니다. 그 제단은 모세의 율법에 적혀 있는 대로 태워드리는 제물인 번제물을 바치는 제단입니다.

3 그들은 주변에 사는 다른 나라 백성들을 두려워했지만, 제단을 다시 쌓는 일을 게을리하지 않았습니다. 그리고 아침 저녁으로 그 위에 여호와께 번제물을 바쳤습니다.

4 그런 뒤에 율법에 적혀 있는 대로 초막절을 지켰습니다. 그들은 절기 기간 동안 날마다 정한 수대로 희생 제물을 바쳤는데,

EZRA 3 (English column)

group included the families of Delaiah, Tobiah, and Nekoda—a total of 652 people.

Three families of priests—Hobaiah, Hakkoz, and Barzillai—also returned. (This Barzillai had married a woman who was a descendant of Barzillai of Gilead, and he had taken her family name.) They searched for their names in the genealogical records, but they were not found, so they were disqualified from serving as priests. The governor told them not to eat the priests' share of food from the sacrifices until a priest could consult the LORD about the matter by using the Urim and Thummim—the sacred lots.

So a total of 42,360 people returned to Judah, in addition to 7,337 servants and 200 singers, both men and women. They took with them 736 horses, 245 mules, 435 camels, and 6,720 donkeys.

When they arrived at the Temple of the LORD in Jerusalem, some of the family leaders made voluntary offerings toward the rebuilding of God's Temple on its original site, and each leader gave as much as he could. The total of their gifts came to 61,000 gold coins,* 6,250 pounds* of silver, and 100 robes for the priests.

So the priests, the Levites, the singers, the gatekeepers, the Temple servants, and some of the common people settled in villages near Jerusalem. The rest of the people returned to their own towns throughout Israel.

The Altar Is Rebuilt

3 In early autumn,* when the Israelites had settled in their towns, all the people assembled in Jerusalem with a unified purpose. 2 Then Jeshua son of Jehozadak* joined his fellow priests and Zerubbabel son of Shealtiel with his family in rebuilding the altar of the God of Israel. They wanted to sacrifice burnt offerings on it, as instructed in the Law of Moses, the man of God. 3 Even though the people were afraid of the local residents, they rebuilt the altar at its old site. Then they began to sacrifice burnt offerings on the altar to the LORD each morning and evening.

4 They celebrated the Festival of Shelters as prescribed in the Law, sacrificing the number of burnt offerings specified for each day of the fes-

2:69a Hebrew *61,000 darics of gold*, about 1,100 pounds or 500 kilograms in weight. 2:69b Hebrew *5,000 minas* [3,000 kilograms]. 3:1 Hebrew *in the seventh month*. The year is not specified, so it may have been during Cyrus's first year (538 B.C.) or second year (537 B.C.). The seventh month of the ancient Hebrew lunar calendar occurred within the months of September/October 538 B.C. and October/November 537 B.C. 3:2 Hebrew *Jozadak*, a variant spelling of Jehozadak; also in 3:8.

2:69 61,000다릭은 약 512.4kg에 해당되고, 5,000마네는 약 2.85t에 해당된다.

5 초막절이 끝난 뒤에도 그들은 번제물과 달의 첫날에 드리는 초하루 제물과 여호와께서 명령하신 온갖 절기의 제물을 바쳤습니다. 그리고 여호와께 기쁘게 드리는 예물도 바쳤습니다.

6 일곱째 달 첫날에 그들은 여호와께 번제물을 바쳤습니다. 그러나 아직 성전의 기초는 놓지 않은 상태였습니다.

성전을 다시 짓다

7 그 뒤에 그들은 돌 다듬는 사람과 나무를 다루는 사람에게 돈을 주어 일을 시켰습니다. 시돈과 두로의 여러 성에 음식과 포도주와 기름을 보내 주고, 레바논에서 욥바 항구까지 백향목을 실어 오게 했습니다. 그 일은 페르시아 왕 고레스가 허락하였습니다.

8 그들이 예루살렘에 있는 하나님의 성전에 돌아온 지 이 년째 되는 해의 둘째 달에, 스알디엘의 아들 스룹바벨과 요사닥의 아들 예수아가 일을 시작했습니다. 그들의 동료 제사장과 레위 사람들과 포로 생활을 마치고 예루살렘으로 돌아온 사람들은 모두 일을 시작했습니다. 그들은 이십 세 이상된 레위 사람을 뽑아서 여호와의 성전 짓는 일을 맡겼습니다.

9 하나님의 성전 짓는 일을 맡은 사람은 예수아와 그의 아들들과 형제들, 호다위야의 자손 갓미엘과 그의 아들들, 그리고 헤나닷의 아들들과 손자들과 형제들로, 모두 레위 사람들로 이루어졌습니다.

10 일꾼들이 여호와의 성전의 기초를 놓는 일을 마치자, 제사장들이 제사장 옷을 입고 나팔을 들었습니다. 레위 사람들과 아삽의 아들들도 제금을 들고 모두 자리를 잡았습니다. 그리고 이스라엘의 왕 다윗이 말한 대로 여호와를 찬양했습니다.

11 그들은 찬양하고 감사하며 여호와께 노래했습니다. "여호와는 선하시며, 이스라엘에 대한 사랑은 영원하시다." 그러자 모든 백성도 성전의 기초를 놓은 것을 보고, 여호와를 찬양했습니다.

12 그러나 나이 든 제사장과 레위 사람, 각 집안의 지도자들은 큰 소리로 울었습니다. 왜냐하면 그들은 솔로몬 왕 때에 처음 지었던 아름다운 성전을 기억하고 있었기 때문입니다. 그들은 지금 놓여진 이 성전의 기초를 보고 큰 소리로 울었고, 다른 백성들은 기쁨에 겨워 소리를 질렀습니다.

5 tival. •They also offered the regular burnt offerings and the offerings required for the new moon celebrations and the annual festivals as prescribed by the LORD. The people also gave voluntary offerings 6 to the LORD. •Fifteen days before the Festival of Shelters began,* the priests had begun to sacrifice burnt offerings to the LORD. This was even before they had started to lay the foundation of the LORD's Temple.

The People Begin to Rebuild the Temple

7 •Then the people hired masons and carpenters and bought cedar logs from the people of Tyre and Sidon, paying them with food, wine, and olive oil. The logs were brought down from the Lebanon mountains and floated along the coast of the Mediterranean Sea* to Joppa, for King Cyrus had given permission for this.

8 •The construction of the Temple of God began in midspring,* during the second year after they arrived in Jerusalem. The work force was made up of everyone who had returned from exile, including Zerubbabel son of Shealtiel, Jeshua son of Jehozadak and his fellow priests, and all the Levites. The Levites who were twenty years old or older were put in charge of rebuilding the LORD's 9 Temple. •The workers at the Temple of God were supervised by Jeshua with his sons and relatives, and Kadmiel and his sons, all descendants of Hodaviah.* They were helped in this task by the Levites of the family of Henadad.

10 •When the builders completed the foundation of the LORD's Temple, the priests put on their robes and took their places to blow their trumpets. And the Levites, descendants of Asaph, clashed their cymbals to praise the LORD, just as King David had 11 prescribed. •With praise and thanks, they sang this song to the LORD:

"He is so good!
His faithful love for Israel endures
forever!"

Then all the people gave a great shout, praising the LORD because the foundation of the LORD's Temple had been laid.

12 •But many of the older priests, Levites, and other leaders who had seen the first Temple wept aloud when they saw the new Temple's foundation. The others, however, were shouting for joy.

3:6 Hebrew *On the first day of the seventh month.* This day in the ancient Hebrew lunar calendar occurred in September or October. The Festival of Shelters began on the fifteenth day of the seventh month.　3:7 Hebrew *the sea.*　3:8 Hebrew *in the second month.* This month in the ancient Hebrew lunar calendar occurred in the months of April and May 536 B.C. 3:9 Hebrew *sons of Judah* (i.e., *bene Yehudah*). *Bene* might also be read here as the proper name Binnui; *Yehudah* is probably another name for Hodaviah. Compare 2:40; Neh 7:43; 1 Esdras 5:58.

13 백성이 내는 소리가 너무 시끄러웠으므로, 기쁨에 겨워 지르는 소리와 슬퍼서 우는 소리를 구분할 수 없었습니다. 그 소리는 멀리서도 들렸습니다.

성전 재건을 방해하는 사람들

4 유다와 베냐민의 적들은 돌아온 포로들이 이스라엘의 하나님이신 여호와를 위해 성전을 짓는다는 이야기를 듣고,

2 스룹바벨과 각 집안의 지도자들에게 와서 말했습니다. "성전 짓는 일을 우리도 돕게 해 주시오. 우리도 당신들의 하나님을 섬기고 싶소. 우리는 앗시리아 왕 에살핫돈에 의해 이곳에 온 첫날부터 지금까지 당신들의 하나님께 제물을 바쳐 왔소."

3 그러나 스룹바벨과 예수아와 이스라엘의 지도자들이 대답했습니다. "안 되오. 당신들은 우리 하나님의 성전을 짓는 일에 끼어들 필요가 없소. 성전은 우리가 지을 것이오. 이 성전은 이스라엘의 하나님 여호와를 위한 것이오. 페르시아 왕 고레스가 우리더러 그 성전을 지으라고 명령했소."

4 그러자 그 땅 백성이 유다 백성의 기를 꺾어 놓으려 했습니다. 그들은 유다 백성이 성전 짓는 일을 무서워하게 만들었습니다.

5 그리고 다른 사람들을 시켜 성전 짓는 일이 늦어지도록 방해했습니다. 그들의 방해는 페르시아 왕 고레스의 시대를 지나 페르시아 왕 다리오 시대까지 계속되었습니다.

그 밖의 어려운 문제들

6 아하수에로가 왕이 되자, 그 적들이 유다와 예루살렘 백성을 고발하는 편지를 썼습니다.

7 그 뒤에 아닥사스다가 왕이 되자 비슬람과 미드닷과 다브엘을 비롯한 무리들이 페르시아 왕 아닥사스다에게 편지를 썼습니다. 그 편지는 아람어로 적혀 있습니다.

8 총독 르훔과 서기관 심새도 아닥사스다 왕에게 예루살렘을 고발하는 내용의 편지를 썼습니다.

9 그 편지에는 총독 르훔과 서기관 심새와 다른 보좌관들, 곧 재판관들과 조용한 관리들뿐만 아니라, 디나와 아바삿과 다블래와 아바새와 아렉과 바빌로니아와 수산과 데해와 엘람 사람들의 이름이 적혀 있습니다.

10 그리고 오스납발이 쫓아낸 사람들의 이름도 함께 써어 있습니다. 그들은 오스납발이 사마리아 성과 유프라테스 강 서쪽의 다른 지방에서 살게 한 사람들입니다.

11 그들이 아닥사스다 왕에게 보낸 편지의 내용은 이러합니다. "유프라테스 강 서쪽 지방에 사는 왕의 종들이 아닥사스다 왕에게 드립니다.

---

13 •The joyful shouting and weeping mingled together in a loud noise that could be heard far in the distance.

Enemies Oppose the Rebuilding

4 The enemies of Judah and Benjamin heard that the exiles were rebuilding a 2 Temple to the LORD, the God of Israel. •So they approached Zerubbabel and the other leaders and said, "Let us build with you, for we worship your God just as you do. We have sacrificed to him ever since King Esarhaddon of Assyria brought us here."

3 •But Zerubbabel, Jeshua, and the other leaders of Israel replied, "You may have no part in this work. We alone will build the Temple for the LORD, the God of Israel, just as King Cyrus of Persia commanded us."

4 •Then the local residents tried to discourage and frighten the people of Judah to keep 5 them from their work. •They bribed agents to work against them and to frustrate their plans. This went on during the entire reign of King Cyrus of Persia and lasted until King Darius of Persia took the throne.*

Later Opposition under Xerxes and Artaxerxes

6 •Years later when Xerxes* began his reign, the enemies of Judah wrote a letter of accusation against the people of Judah and Jerusalem.

7 •Even later, during the reign of King Artaxerxes of Persia,* the enemies of Judah, led by Bishlam, Mithredath, and Tabeel, sent a letter to Artaxerxes in the Aramaic language, and it was translated for the king.

8 •*Rehum the governor and Shimshai the court secretary wrote the letter, telling King Artaxerxes about the situation in Jerusalem.

9 •They greeted the king for all their colleagues—the judges and local leaders, the people of Tarpel, the Persians, the Babylonians, and the people of Erech and Susa (that is, Elam).

10 •They also sent greetings from the rest of the people whom the great and noble Ashurbanipal* had deported and relocated in Samaria and throughout the neighboring lands of the

11 province west of the Euphrates River.* •This is a copy of their letter:

"To King Artaxerxes, from your loyal subjects in the province west of the Euphrates River.

4:5 Darius reigned 521–486 B.C.　4:6 Hebrew *Ahasuerus*, another name for Xerxes. He reigned 486–465 B.C.　4:7 Artaxerxes reigned 465–424 B.C.　4:8 The original text of 4:8–6:18 is in Aramaic.　4:10a Aramaic *Osnappar*, another name for Ashurbanipal.　4:10b Aramaic *the province beyond the river;* also in 4:11, 16, 17, 20.

12 왕이시여, 왕께서 저희에게 보낸 유다인들을 기억하실 줄로 압니다. 왕도 아시겠지만, 그들은 예루살렘으로 가서 왕의 명령을 어기고, 저 악한 성을 다시 짓고 있습니다. 그들은 성벽을 다시 쌓고, 기초를 다시 놓고 있습니다.

13 아닥사스다 왕이시여, 장차 무슨 일이 일어날지 왕께서도 아셔야 합니다. 만약 예루살렘이 지어지고, 그 성벽이 고쳐지고 나면, 예루살렘은 아무런 세금도 내지 않을 것입니다. 그렇게 되면 왕께서 거두어들이는 돈도 줄어들 것입니다.

14 우리는 나라에 충성을 다할 것을 맹세했기 때문에, 왕에게 그런 명예롭지 못한 일이 생기는 것을 보고만 있을 수 없습니다. 그래서 왕께 그 사실을 알려 드리려고 이 편지를 쓰는 것입니다.

15 왕이시여, 이전 왕들의 기록을 살펴보십시오. 그러면 예루살렘 성이 반역의 성이라는 것을 발견하게 될 겁니다. 예루살렘은 왕들을 괴롭히던 곳이고, 페르시아가 다스렸던 다른 지역들까지 피해를 입혔던 곳입니다. 오래전부터 그곳은 반역을 일삼았습니다. 그 성이 멸망한 것도 그 때문입니다.

16 아닥사스다 왕이시여, 이 사실을 아셔야 합니다. 이 성을 다시 짓는 일과 성벽 보수 작업이 끝나게 되면, 왕께서는 유프라테스 강 서쪽 지방을 다 잃게 될 것입니다."

17 그러자 아닥사스다 왕이 이런 답장을 보냈습니다. "총독 르훔과 서기관 심새에게, 그리고 그들과 더불어 사마리아에 사는 모든 백성과 유프라테스 강 서쪽 지방에 있는 다른 사람들에게 보낸다. 너희들 모두 평안하기를 바란다.

18 그대들이 보낸 편지는 번역하여 잘 읽어 보았다.

19 내가 옛 기록을 찾아내라고 명령하여 알아본 결과, 예루살렘은 오랫동안 반역을 일삼던 곳임이 드러났다. 예루살렘은 문제를 일으키고, 말썽을 부리던 곳이다.

20 예루살렘에는 강한 왕들이 있었다. 그들은 유프라테스 강 서쪽 지방 전체를 다스리면서 온갖 세금을 거두어들였다.

21 이제 그들에게 명령을 내려 일을 멈추게 하여라. 내가 명령을 내리기 전까지는 예루살렘 성을 다시 짓지 못한다.

22 이 일을 틀림없이 하도록 하여라. 예루살렘 성을 짓는 일이 계속되면 나라가 피해를 입게 된다."

23 르훔과 서기관 심새와 다른 사람들이 이 편지를 읽었습니다. 그리고는 재빨리 예루살렘의 유다 사람들에게 가서 하던 일을 멈추게 했습니다.

24 그리하여 예루살렘에서 하나님의 성전을 짓는

---

12 • "The king should know that the Jews who came here to Jerusalem from Babylon are rebuilding this rebellious and evil city. They have already laid the foundation and 13 will soon finish its walls. • And the king should know that if this city is rebuilt and its walls are completed, it will be much to your disadvantage, for the Jews will then refuse to pay their tribute, customs, and tolls to you.

14 • "Since we are your loyal subjects* and do not want to see the king dishonored in this way, we have sent the king this information. 15 • We suggest that a search be made in your ancestors' records, where you will discover what a rebellious city this has been in the past. In fact, it was destroyed because of its long and troublesome history of revolt against the kings and countries who controlled it. • We declare to the king that if this city is rebuilt and its walls are completed, the province west of the Euphrates River will be lost to you."

17 • Then King Artaxerxes sent this reply:

"To Rehum the governor, Shimshai the court secretary, and their colleagues living in Samaria and throughout the province west of the Euphrates River. Greetings.

18 • "The letter you sent has been translated 19 and read to me. • I ordered a search of the records and have found that Jerusalem has indeed been a hotbed of insurrection against many kings. In fact, rebellion and revolt are 20 normal there! • Powerful kings have ruled over Jerusalem and the entire province west of the Euphrates River, receiving tribute, cus- 21 toms, and tolls. • Therefore, issue orders to have these men stop their work. That city must not be rebuilt except at my express 22 command. • Be diligent, and don't neglect this matter, for we must not permit the situation to harm the king's interests."

23 • When this letter from King Artaxerxes was read to Rehum, Shimshai, and their colleagues, they hurried to Jerusalem. Then, with a show of strength, they forced the Jews to stop building.

The Rebuilding Resumes

24 • So the work on the Temple of God in Jerusalem had stopped, and it remained at a standstill until the second year of the reign of King Darius of Persia.*

hotbed [hátbed] n. 범죄의 온상
insurrection [ìnsərékʃən] n. 폭동; 반역
standstill [stǽndstil] n. 정지 상태

4:14 Aramaic *Since we eat the salt of the palace.*
4:24 The second year of Darius's reign was 520 B.C. The narrative started in 4:1-5 is resumed at verse 24.

일이 페르시아 왕 다리오 이 년까지 중단되었습니다.

다리오에게 보낸 닷드내의 편지

5 학개와 잇도의 아들 스가랴는 예언자입니다. 그들은 유다와 예루살렘에 사는 유다 사람들에게 이스라엘의 하나님의 이름으로 예언을 했습니다.

2 그때, 스알디엘의 아들 스룹바벨과 요사닥의 아들 예수아가 예루살렘에서 하나님의 성전을 다시 짓기 시작했습니다. 하나님의 예언자들이 그들에게 도움을 주었습니다.

3 닷드내가 유프라테스 강 서쪽 지방의 총독으로 있을 때, 닷드내와 스달보스내와 다른 사람들이 유다 사람들에게 가서 물었습니다. "누구의 허락으로 이 성전을 다시 짓고, 성벽을 보수하는 거요?"

4 그들이 또 물었습니다. "이 건물을 다시 짓는 사람들의 이름이 무엇이오?"

5 그러나 하나님께서 유다의 장로들을 돌봐 주셨으므로, 닷드내와 그의 부하들은 다리오 왕에게 보고하여 왕의 답장을 받을 때까지 성전 짓는 일을 막지 못했습니다.

6 다음은 닷드내와 스달보스내와 다른 사람들이 다리오 왕에게 보낸 편지를 베낀 것입니다. 닷드내는 유프라테스 강 서쪽 지방의 총독이었고, 다른 사람들은 그 지방의 중요한 관리들이었습니다.

7 그들이 보고한 내용은 이러합니다. "다리오 왕이시여, 평안하시기를 빕니다.

8 다리오 왕이시여, 왕도 저희가 유다 지방으로 간 것에 대해서 아실 줄로 믿습니다. 그곳에는 위대한 하나님의 성전이 있습니다. 그곳에 사는 백성들은 큰 돌로 그 성전을 짓고 있습니다. 그리고 성벽 안에 목재를 넣고 있습니다. 백성들은 열심히 일하고 있으며, 매우 빠른 속도로 성전을 짓고 있습니다.

9 우리는 그들의 장로들에게 '누구한테 허락을 받고 이 성전과 성벽을 다시 짓고 있소?'라고 물었습니다.

10 그리고 그들의 이름도 물었습니다. 왕께서 아실 수 있도록 우리는 그들의 이름을 적어 두었습니다.

11 그들은 우리에게 이렇게 대답했습니다. '우리는 하늘과 땅을 다스리시는 하나님의 종입니다. 우리는 이스라엘의 한 위대한 왕이 오래 전에 지었던 성전을 다시 짓고 있습니다.

12 예전에 우리 조상들이 하늘의 하나님께 죄를 지어, 하나님께서 바빌로니아 왕 느부갓네살을 시켜 우리 조상들을 치게 하셨습니다. 느부갓네살이 이 성전을 무너뜨리고, 우리 백성을 바빌론으로 사로잡아 갔습니다.

13 그 뒤, 고레스가 바빌로니아 왕이 된 첫해에 특별 명

5 At that time the prophets Haggai and Zechariah son of Iddo prophesied to the Jews in Judah and Jerusalem. They prophesied in the name of the God of Israel who was over them. •Zerubbabel son of Shealtiel and Jeshua son of Jehozadak* responded by starting again to rebuild the Temple of God in Jerusalem. And the prophets of God were with them and helped them.

3 •But Tattenai, governor of the province west of the Euphrates River,* and Shethar-bozenai and their colleagues soon arrived in Jerusalem and asked, "Who gave you permission to rebuild this Temple and restore this structure?" •They also asked for* the names of all the men working on the Temple. •But because their God was watching over them, the leaders of the Jews were not prevented from building until a report was sent to Darius and he returned his decision.

Tattenai's Letter to King Darius

6 •This is a copy of the letter that Tattenai the governor, Shethar-bozenai, and the other officials of the province west of the Euphrates River sent to King Darius:

7 •"To King Darius. Greetings.

8 •"The king should know that we went to the construction site of the Temple of the great God in the province of Judah. It is being rebuilt with specially prepared stones, and timber is being laid in its walls. The work is going forward with great energy and success.

9 •"We asked the leaders, 'Who gave you permission to rebuild this Temple and restore this structure?' •And we demanded their names so that we could tell you who the leaders were.

11 •"This was their answer: 'We are the servants of the God of heaven and earth, and we are rebuilding the Temple that was built here many years ago by a great king of Israel. •But because our ancestors angered the God of heaven, he abandoned them to King Nebuchadnezzar of Babylon,* who destroyed this Temple and exiled the people to Babylonia. •However, King Cyrus of Babylon,* during the first

---

5:2 Aramaic *Jozadak,* a variant spelling of Jehozadak.   5:3 Aramaic *the province beyond the river;* also in 5:6.   5:4 As in one Hebrew manuscript and Greek and Syriac versions; Masoretic Text reads *Then we told them.*   5:12 Aramaic *Nebuchadnezzar the Chaldean.*   5:13 King Cyrus of Persia is here identified as the king of Babylon because Persia had conquered the Babylonian Empire.

령을 내려 이 성전을 다시 짓게 하셨습니다.

14 더구나 그 고레스 왕은 느부갓네살이 예루살렘에 있는 성전에서 빼앗은 금그릇과 은그릇들을 바빌론 신전에서 꺼내어 세스바살에게 주었습니다. 그는 세스바살을 총독으로 임명했습니다.

15 고레스가 세스바살에게 말했습니다. "이 금그릇과 은그릇들을 가져가서 예루살렘에 있는 성전에 다시 놓아두어라. 그리고 그 성전 터에 하나님의 성전을 다시 지어라."

16 그래서 세스바살이 와서, 예루살렘에 성전의 기초를 놓았습니다. 그때부터 지금까지 줄곧 그 일을 해 왔지만 아직 끝내지 못했습니다.'

17 왕이시여, 괜찮으시다면 한번 조사를 해 보십시오. 바빌론의 왕실 기록을 조사해서 고레스 왕이 정말로 예루살렘에 이 성전을 다시 지으라는 명령을 내렸는지를 알아보십시오. 그런 다음에 왕께서 결정하신 것을 저희에게 일러 주십시오."

다리오의 명령

6 그리하여 다리오 왕이 기록을 조사해 보라고 명령했습니다. 그 기록은 바빌론의 창고에 보관되어 있습니다.

2 메대 지방의 수도인 악메다 성에서 한 두루마리가 발견되었습니다. 거기에는 이런 내용이 적혀 있었습니다.

3 "고레스 왕께서 왕이 되신 첫해에 예루살렘에 있는 하나님의 성전에 관해 명령을 내리셨다. 그 명령은 다음과 같다. 성전을 다시 짓도록 하여라. 그 성전은 제물을 바칠 곳이다. 그 기초를 놓도록 하여라. 성전은 높이가 육십 규빗,* 너비도 육십 규빗이 되어야 한다.

4 잘 다듬은 돌 세 층마다 목재 한 층을 쌓아 올려라. 비용은 왕의 창고에서 내어주어라.

5 느부갓네살이 예루살렘에 있는 성전에서 빼앗아 바빌론 신전에 놓아둔 금그릇과 은그릇들을 돌려주어라. 그것들을 예루살렘에 있는 하나님의 성전 안, 원래 있던 자리에 놓아두어라.

6 그래서 다리오 왕은 다음과 같은 답장을 보냈습니다. "이제 나 다리오가 유프라테스 강 서쪽 지방의 총독인 닷드내에게 명령한다. 그리고 스달보스내와 그 지방의 모든 관리들에게 명령한다. 그곳을 가까이하지 마

year of his reign, issued a decree that the Temple of God should be rebuilt. • King Cyrus returned the gold and silver cups that Nebuchadnezzar had taken from the Temple of God in Jerusalem and had placed in the temple of Babylon. These cups were taken from that temple and presented to a man named Sheshbazzar, whom King Cyrus appointed as governor of Judah. • The king instructed him to return the cups to their place in Jerusalem and to rebuild the Temple of God there on its original site. • So this Sheshbazzar came and laid the foundations of the Temple of God in Jerusalem. The people have been working on it ever since, though it is not yet completed.

17 • "Therefore, if it pleases the king, we request that a search be made in the royal archives of Babylon to discover whether King Cyrus ever issued a decree to rebuild God's Temple in Jerusalem. And then let the king send us his decision in this matter."

Darius Approves the Rebuilding

6 So King Darius issued orders that a search be made in the Babylonian archives, which were stored in the treasury. 2 • But it was at the fortress at Ecbatana in the province of Media that a scroll was found. This is what it said:

3 "Memorandum:

• "In the first year of King Cyrus's reign, a decree was sent out concerning the Temple of God at Jerusalem.

"Let the Temple be rebuilt on the site where Jews used to offer their sacrifices, using the original foundations. Its height will be ninety feet, and its width will be ninety feet.* 4 • Every three layers of specially prepared stones will be topped by a layer of timber. All expenses will be paid by the royal treasury. 5 • Furthermore, the gold and silver cups, which were taken to Babylon by Nebuchadnezzar from the Temple of God in Jerusalem, must be returned to Jerusalem and put back where they belong. Let them be taken back to the Temple of God."

6 • So King Darius sent this message:

"Now therefore, Tattenai, governor of the province west of the Euphrates River,* and

---

6:3 Aramaic *Its height will be 60 cubits* [27.6 meters], *and its width will be 60 cubits*. It is commonly held that this verse should be emended to read: *Its height will* be 30 cubits [45 feet or 13.8 meters], its length will be 60 cubits [90 feet or 27.6 meters], and its width will be 20 meters [30 feet or 9.2 meters]"; compare 1 Kgs 6:2. The emendation regarding the width is supported by the Syriac version.　6:6 Aramaic *the province beyond the river*; also in 6:6b, 8, 13.

6:3 60규빗은 약 27m에 해당된다.

라.

7 하나님의 성전 짓는 일을 방해하거나 막지 마라. 유다의 총독과 장로들이 성전이 있던 곳에 그 성전을 다시 짓는 일을 내버려 두도록 하여라.

8 그리고 하나님의 성전을 짓는 유다의 장로들을 위해 그대들이 할 일을 내가 명령하겠다. 건축에 들어가는 비용은 왕의 창고에서 다 내어주어라. 그 돈은 유프라테스 강 서쪽 지방에서 거둔 세금에서 나올 것이다. 그렇게 하여 일이 중단되지 않도록 하여라.

9 그 백성에게 필요한 것을 다 주어라. 수송아지나 숫양이나 어린 양을 주어서 하늘의 하나님께 태워 드리는 번제물로 바칠 수 있게 하여라. 그리고 밀과 소금과 포도주와 올리브 기름도 주어라. 예루살렘의 제사장이 원하는 것은 무엇이든지 주어라. 날마다 빠짐없이 주어라.

10 그렇게 함으로 하늘의 하나님께서 기뻐 받으실 만한 제물을 그들이 바칠 수 있도록 하여라. 그리고 나와 내 아들들의 생명을 위해 기도할 수 있게 하여라.

11 내가 또 명령을 내린다. 누구든지 이 명령을 바꾸면 그 사람의 집에서 들보를 빼내고, 그의 몸을 그 들보에 묶은 다음에 박아 버릴 것이다. 그가 이런 죄를 지었으므로 그의 집을 거름더미로 만들 것이다.

12 하나님께서는 예루살렘을 예배받으실 곳으로 정하셨다. 왕과 백성을 가리지 않고 이 명령을 바꾸려 하거나 성전을 무너뜨리려는 사람은 하나님께서 물리치실 것이다. 나 다리오가 이 명령을 내리니, 즉시 받아들여 빠짐없이 지키도록 하여라."

성전을 다 짓다

13 그리하여 유프라테스 강 서쪽 지방의 총독인 닷드내와 스달보스내와 다른 사람들은 다리오 왕의 명령을 받자마자 빠짐없이 지켰습니다.

14 유다 장로들은 성전 짓기를 계속했습니다. 예언자 학개와 잇도의 아들 스가랴의 말씀 때문에 일이 잘 되어 나갔습니다. 그들은 이스라엘의 하나님이 말씀하신 대로 성전 짓기를 마쳤습니다. 그 일은 페르시아 왕 고레스와 다리오와 아닥사스다의 명령에 따른 것이기도 합니다.

15 성전을 다 지은 때는 다리오가 왕이 된 지 육 년째 되던 해의 아달 월 삼 일*입니다.

16 이스라엘 백성이 기뻐하며 성전을 하나님께 바치는 예배를 드렸습니다. 제사장들이나 레위 사람들이나 포로 생활을 마치고 돌아온 유다 백성들은 누구 할 것 없이 다 즐거워했습니다.

Shethar-bozenai, and your colleagues and other officials west of the Euphrates River—

7 stay away from there! • Do not disturb the construction of the Temple of God. Let it be rebuilt on its original site, and do not hinder the governor of Judah and the elders of the Jews in their work.

8 • "Moreover, I hereby decree that you are to help these elders of the Jews as they rebuild this Temple of God. You must pay the full construction costs, without delay, from my taxes collected in the province west of the Euphrates River so that the work will not be interrupted.

9 • "Give the priests in Jerusalem whatever is needed in the way of young bulls, rams, and male lambs for the burnt offerings presented to the God of heaven. And without fail, provide them with as much wheat, salt, wine,

10 and olive oil as they need each day. • Then they will be able to offer acceptable sacrifices to the God of heaven and pray for the welfare of the king and his sons.

11 • "Those who violate this decree in any way will have a beam pulled from their house. Then they will be lifted up and impaled on it, and their house will be

12 reduced to a pile of rubble.* • May the God who has chosen the city of Jerusalem as the place to honor his name destroy any king or nation that violates this command and destroys this Temple.

"I, Darius, have issued this decree. Let it be obeyed with all diligence."

The Temple's Dedication

13 • Tattenai, governor of the province west of the Euphrates River, and Shethar-bozenai and their colleagues complied at once with the command of King Darius. • So the Jewish elders

14 continued their work, and they were greatly encouraged by the preaching of the prophets Haggai and Zechariah son of Iddo. The Temple was finally finished, as had been commanded by the God of Israel and decreed by Cyrus, Darius, and Artaxerxes, the kings of Persia.

15 • The Temple was completed on March 12,* during the sixth year of King Darius's reign.

16 • The Temple of God was then dedicated with great joy by the people of Israel, the priests, the Levites, and the rest of the people who had

archive [áːrkaiv] *n.* [pl] 고(古)기록; 공문서
comply [kəmplái] *vi.* 응하다, 따르다

6:11 Aramaic *a dunghill.* 6:15 Aramaic *on the third day of the month Adar,* of the ancient Hebrew lunar calendar. A number of events in Ezra can be cross-checked with dates in surviving Persian records and related accurately to our modern calendar. This day was March 12, 515 B.C.

6:15 이날은 B.C. 516년 3월 12일에 해당된다.

17 그들은 성전을 하나님께 바치면서, 수소 백 마리와 숫양 이백 마리와 어린 양 사백 마리를 제물로 바쳤습니다. 그리고 온 이스라엘의 죄를 씻기 위한 제물로 숫염소 열두 마리를 바쳤습니다. 이스라엘의 각 지파대로 한 마리씩을 바친 것입니다.

18 그런 뒤에 그들은 제사장과 레위 사람들을 여러 무리로 나누었습니다. 각 나누어진 무리는 예루살렘 성전에서 정한 시간 동안 하나님을 섬겨야 했습니다. 이 모든 일이 모세의 책에 적힌 대로 되었습니다.

유월절

19 포로 생활을 마치고 돌아온 유다 사람들이 첫째 달 십사 일에 유월절을 지켰습니다.

20 제사장과 레위 사람들은 자기 몸을 깨끗이 했습니다. 레위 사람들은 포로 생활을 마치고 돌아온 모든 유다 사람을 위해 유월절 양을 잡았습니다. 그리고 그들의 친척인 제사장들과 자기들을 위해서도 유월절 양을 잡았습니다.

21 그리하여 포로 생활을 마치고 돌아온 모든 이스라엘 사람이 유월절 양을 먹었습니다. 유다 사람이 아닌 이웃 사람들도 그들의 부정한 생활 방식을 버리고, 유다 사람들과 함께 유월절 양을 먹었습니다. 그들은 이스라엘의 하나님 여호와께 예배를 드렸습니다.

22 그들은 칠 일 동안, 무교절을 매우 즐겁게 지켰습니다. 여호와께서 당시 앗시리아 전역을 다스렸던 페르시아 다리오 왕의 마음을 바꾸셔서, 하나님의 성전 짓는 일을 돕도록 하셨습니다.

에스라가 예루살렘에 오다

7 이런 일이 있은 뒤, 몇 십 년이 지났습니다. 페르시아 왕 아닥사스다가 다스리던 때에 에스라라는 사람이 있었습니다. 에스라는 스라야의 아들이고, 스라야는 아사랴의 아들이며, 아사랴는 힐기야의 아들입니다.

2 힐기야는 살룸의 아들이고, 살룸은 사독의 아들이며, 사독은 아히둡의 아들입니다.

3 아히둡은 아마랴의 아들이고, 아마랴는 아사랴의 아들이며, 아사랴는 므라욧의 아들입니다.

4 므라욧은 스라히야의 아들이고, 스라히야는 웃시엘의 아들이며, 웃시엘은 북기의 아들입니다.

5 북기는 아비수아의 아들이고, 아비수아는 비느하스의 아들이며, 비느하스는 엘르아살의 아들입니다. 엘르아살은 대제사장 아론의 아들입니다.

6 이 에스라가 바빌론에서 예루살렘으로 돌아왔는데, 그는 이스라엘의 하나님 여호와께서 주신 모세의 율법을 연구한 학자입니다. 그의 하나님 여호와께서 그를 도우셨으므로, 그는 원하는 것이 있으면 무엇이든지 왕으로부터 받을 수 있었습니다.

7 아닥사스다 왕 칠 년에 다른 이스라엘 사람들이 또

17 returned from exile. • During the dedication ceremony for the Temple of God, 100 young bulls, 200 rams, and 400 male lambs were sacrificed. And 12 male goats were presented as a sin offering for the twelve tribes of Israel.

18 • Then the priests and Levites were divided into their various divisions to serve at the Temple of God in Jerusalem, as prescribed in the Book of Moses.

Celebration of Passover

19 • On April 21* the returned exiles celebrated Passover.

20 • The priests and Levites had purified themselves and were ceremonially clean. So they slaughtered the Passover lamb for all the returned exiles, for their fellow priests, and for themselves.

21 • The Passover meal was eaten by the people of Israel who had returned from exile and by the others in the land who had turned from their corrupt practices to worship the LORD, the God of Israel.

22 • Then they celebrated the Festival of Unleavened Bread for seven days. There was great joy throughout the land because the LORD had caused the king of Assyria* to be favorable to them, so that he helped them to rebuild the Temple of God, the God of Israel.

Ezra Arrives in Jerusalem

7 Many years later, during the reign of King Artaxerxes of Persia,* there was a man named Ezra. He was the son* of Seraiah, son of Azariah, son of Hilkiah, • son of Shallum, son of Zadok, son of Ahitub,

3 • son of Amariah, son of Azariah, son* of Meraioth,

4 • son of Zerahiah, son of Uzzi, son of Bukki,

5 • son of Abishua, son of Phinehas, son of Eleazar, son of Aaron the high priest.*

6 • This Ezra was a scribe who was well versed in the Law of Moses, which the LORD, the God of Israel, had given to the people of Israel. He came up to Jerusalem from Babylon, and the king gave him everything he asked for, because the gracious hand of the LORD his God was on him.

7 • Some of the people of Israel, as well as some of the priests, Levites, singers, gatekeepers, and Temple servants, traveled up to Jerusalem with him in

scribe [skraib] n. 유대의 율법학자

6:19 Hebrew *On the fourteenth day of the first month,* of the ancient Hebrew lunar calendar. This day was April 21, 515 B.C.; also see note on 6:15. 6:22 King Darius of Persia is here identified as the king of Assyria because Persia had conquered the Babylonian Empire, which included the earlier Assyrian Empire. 7:1a Artaxerxes reigned 465-424 B.C. 7:1b Or *descendant;* see 1 Chr 6:14. 7:3 Or *descendant;* see 1 Chr 6:6-10. 7:5 Or *the first priest.*

예루살렘으로 돌아왔습니다. 그들 가운데는 제사장과 레위 사람과 노래하는 사람과 문지기와 성전 종들이 있었습니다.

8 에스라가 예루살렘에 왔을 때는 아닥사스다 왕 칠 년 되던 해의 다섯째 달이었습니다.

9 에스라는 첫째 달 초하루에 바빌론을 떠나서, 다섯째 달 초하루에 예루살렘에 이르렀습니다. 하나님께서 에스라를 도우셨습니다.

10 에스라는 여호와의 가르침을 알기 위해, 그리고 그것을 지키기 위해 열심히 일했습니다. 에스라는 여호와의 명령과 규례를 이스라엘 사람들에게 가르치기도 했습니다.

아닥사스다가 에스라에게 보낸 편지

11 아닥사스다 왕이 제사장이면서 율법학자인 에스라에게 편지를 보냈습니다. 그 편지의 내용은 이러합니다.

12 "모든 왕의 왕 아닥사스다가 하나님의 율법을 연구하는 학자이며, 제사장인 에스라에게 보낸다.

13 이제 내가 명령을 내린다. 내 나라 안에 있는 이스라엘 사람 가운데 누구든지 원하는 사람은 그대와 함께 예루살렘으로 가도 좋다. 제사장과 레위 사람이라도 괜찮다.

14 나는 나의 참모 일곱 사람과 의논한 후, 하나님의 율법이 유다와 예루살렘에서 잘 지켜지고 있는지 살펴보기 위해 에스라, 당신을 그쪽으로 보내기로 했다.

15 그리고 나와 나의 참모가 기꺼이 내어준 은과 금도 가져가도 좋다. 그것은 예루살렘에 계시는 이스라엘의 하나님을 위해 주는 것이다.

16 또한 바빌론 지방에서 받은 은과 금도 가져가고, 이스라엘 사람과 그 제사장들이 여호와께 바친 제물, 곧 예루살렘에 있는 하나님의 성전을 위해 기꺼이 바친 예물도 가져가라.

17 그 돈으로 수소와 숫양과 어린 양을 사고 곡식 제물과 부어 드리는 제물인 전제물도 사라. 그것들을 예루살렘에 있는 하나님의 성전 제단 위에 바쳐라.

18 나머지 은과 금은 그대와 그대의 동료인 유다 사람들이 마음대로 쓰되, 하나님이 원하시는 대로 써라.

19 그대에게 맡긴 모든 것을 예루살렘의 하나님께 가져가라. 그것은 그대의 하나님의 성전에서 예배드릴 때에 쓸 것이다.

20 그 밖에도 하나님의 성전을 위해 필요한 것이 있다면 무엇이든지 가져가도 좋다. 왕의 창고에서 그것을 받아 가져가도록 하여라.

the seventh year of King Artaxerxes' reign.

8 •Ezra arrived in Jerusalem in August* of that year. •He had arranged to leave Babylon on April 8, the first day of the new year,* and he arrived at Jerusalem on August 4,* for the gracious hand of 10 his God was on him. •This was because Ezra had determined to study and obey the Law of the LORD and to teach those decrees and regulations to the people of Israel.

Artaxerxes' Letter to Ezra

11 •King Artaxerxes had given a copy of the following letter to Ezra, the priest and scribe who studied and taught the commands and decrees of the LORD to Israel:

12 •"From Artaxerxes, the king of kings, to Ezra the priest, the teacher of the law of the God of heaven. Greetings.

13 •"I decree that any of the people of Israel in my kingdom, including the priests and Levites, may volunteer to return to Jerusalem with you. 14 •I and my council of seven hereby instruct you to conduct an inquiry into the situation in Judah and Jerusalem, based on your God's law, which is in your hand. •We also commission 15 you to take with you silver and gold, which we are freely presenting as an offering to the God of Israel who lives in Jerusalem.

16 •"Furthermore, you are to take any silver and gold that you may obtain from the province of Babylon, as well as the voluntary offerings of the people and the priests that are presented for 17 the Temple of their God in Jerusalem. •These donations are to be used specifically for the purchase of bulls, rams, male lambs, and the appropriate grain offerings and liquid offerings, all of which will be offered on the altar of the Temple 18 of your God in Jerusalem. •Any silver and gold that is left over may be used in whatever way you and your colleagues feel is the will of your God.

19 •"But as for the cups we are entrusting to you for the service of the Temple of your God, deliver them all to the God of Jerusalem. •If you 20 need anything else for your God's Temple or for any similar needs, you may take it from the royal treasury.

commission [kəmíʃən] *vt.* …에게 권한을 주다
inquiry [inkwáiəri] *n.* 조사

7:8 Hebrew *in the fifth month.* This month in the ancient Hebrew lunar calendar occurred within the months of August and September 458 B.C.　　7:9a Hebrew *on the first day of the first month,* of the ancient Hebrew lunar calendar. This day was April 8, 458 B.C.; also see note on 6:15.　　7:9b Hebrew *on the first day of the fifth month,* of the ancient Hebrew lunar calendar. This day was August 4, 458 B.C.; also see note on 6:15.　　7:12 The original text of 7:12-26 is in Aramaic.

21 이제 나 아닥사스다가 유프라테스 강 서쪽 지방의 창고를 맡은 모든 사람에게 명령을 내린다. 제사장이자 하나님의 율법학자인 에스라가 달라고 하는 것은 무엇이든지 그대로 내주어라.

22 그에게 은은 백 달란트*까지, 밀은 백 고르*까지, 포도주는 백 바트*까지, 올리브 기름도 백 바트까지 내주어라. 그리고 소금은 달라는 대로 주어라.

23 하늘의 하나님이 원하시는 것이라면, 하늘의 하나님의 성전을 위해 무엇이든지 그대로 하여라. 하나님께서 왕과 그의 자손에게 노하실까 염려된다.

24 그대들은 제사장이나 레위 사람이나 노래하는 사람이나 문지기나 성전 종이나, 그 밖에 하나님의 성전에서 일하는 다른 사람들에게 어떤 세금도 거두지 마라.

25 그리고 그대 에스라는 하나님에게서 받은 지혜를 가지고, 유프라테스 강 서쪽 지방의 유다 사람들을 다스릴 재판관과 법관을 뽑아라. 그들은 하나님의 율법을 잘 아는 사람이어야 한다. 그리고 율법을 잘 모르는 사람에게는 율법을 가르쳐라.

26 그대의 하나님의 율법과 왕의 명령을 지키지 않는 사람에게는 벌을 내릴 것이다. 그런 사람은 죽임을 당하거나 멀리 귀양을 가거나 재산을 빼앗기거나 감옥에 갇히게 될 것이다.

27 에스라가 예루살렘으로 돌아와 이렇게 말했습니다. "우리 조상의 하나님이신 여호와를 찬양하십시오. 여호와께서 왕에게 예루살렘에 있는 여호와의 성전을 높이고자 하는 마음을 주셨습니다.

28 여호와께서 왕과 왕의 참모들과 왕의 관리들 앞에서 나 에스라에게 여호와의 사랑을 보여 주셨습니다. 나의 하나님 여호와께서 나를 도와 주셔서 용기를 얻었습니다. 그래서 내가 이스라엘의 지도자들을 불러 함께 돌아올 수 있었습니다."

에스라와 함께 돌아온 지도자들

8 아닥사스다 왕이 다스릴 때, 나 에스라와 함께 바빌론에서 돌아온 각 집안의 지도자들과 그들의 족보는 이러합니다.

2 비느하스의 자손 중에서는 게르솜입니다. 이다말의 자손 중에서는 다니엘입니다. 다윗의 자손 중에서는 핫두스입니다.

3 바로스는 스가냐의 자손인데 바로스의 자손 중에서는 스가랴입니다. 스가랴는 백오십 명과 함께 왔습니다.

21 • "I, Artaxerxes the king, hereby send this decree to all the treasurers in the province west of the Euphrates River*: 'You are to give Ezra, the priest and teacher of the law of the God of heaven, whatever he requests of you. • You are 22 to give him up to 7,500 pounds* of silver, 500 bushels* of wheat, 550 gallons of wine, 550 gallons of olive oil,* and an unlimited supply 23 of salt. • Be careful to provide whatever the God of heaven demands for his Temple, for why should we risk bringing God's anger against the realm of the king and his sons? • I 24 also decree that no priest, Levite, singer, gate-keeper, Temple servant, or other worker in this Temple of God will be required to pay tribute, customs, or tolls of any kind.'

25 • "And you, Ezra, are to use the wisdom your God has given you to appoint magistrates and judges who know your God's laws to govern all the people in the province west of the Euphrates River. Teach the law to any-26 one who does not know it. • Anyone who refuses to obey the law of your God and the law of the king will be punished immediately, either by death, banishment, confiscation of goods, or imprisonment."

Ezra Praises the LORD

27 • Praise the LORD, the God of our ancestors, who made the king want to beautify the Temple of 28 the LORD in Jerusalem! • And praise him for demonstrating such unfailing love to me by honoring me before the king, his council, and all his mighty nobles! I felt encouraged because the gracious hand of the LORD my God was on me. And I gathered some of the leaders of Israel to return with me to Jerusalem.

Exiles Who Returned with Ezra

8 Here is a list of the family leaders and the genealogies of those who came with me from Babylon during the reign of King Artaxerxes:

2 • From the family of Phinehas: Gershom.
From the family of Ithamar: Daniel.
3 From the family of David: Hattush, • a descendant of Shecaniah.
From the family of Parosh: Zechariah and

---

astute [əstjuːt] *a.* 영리한, 통찰력이 날카로운
confiscation [kɑnfiskéiʃən] *n.* 몰수
magistrate [mǽdʒəstreit] *n.* 행정 장관, 지안 판사

7:21 Aramaic *the province beyond the river;* also in 7:25.   7:22a Aramaic *100 talents* [3,400 kilograms].   7:22b Aramaic *100 cors* [22 kiloliters]. 7:22c Aramaic *100 baths* [2.1 kiloliters] *of wine, 100 baths of olive oil.*

7:22 100달란트는 약 3.42t에 해당되고, 100고르는 약 22kℓ에 해당되며, 100바트는 약 2.2kℓ에 해당된다.

4 바핫모압의 자손 중에서는 스라히야의 아들 엘여호에내와 그와 함께 온 이백 명이 있습니다.

5 스가냐의 자손 중에서는 야하시엘의 아들과 그와 함께 온 삼백 명이 있습니다.

6 아딘의 자손 중에서는 요나단의 아들 에벳과 그와 함께 온 오십 명이 있습니다.

7 엘람의 자손 중에서는 아달리야의 아들 여사야와 그와 함께 온 칠십 명이 있습니다.

8 스바댜의 자손 중에서는 미가엘의 아들 스바댜와 그와 함께 온 팔십 명이 있습니다.

9 요압의 자손 중에서는 여히엘의 아들 오바댜와 그와 함께 온 이백십팔 명이 있습니다.

10 슬로밋의 자손 중에서는 요시뱌의 아들과 그와 함께 온 백육십 명이 있습니다.

11 베배의 자손 중에서는 베배의 아들 스가랴와 그와 함께 온 이십팔 명이 있습니다.

12 아스갓의 자손 중에서는 학가단의 아들 요하난과 그와 함께 온 백십 명이 있습니다.

13 아도니감의 자손 중에서는 마지막에 온 사람들, 곧 엘리벨렛과 여우엘과 스마야와 그들과 함께 온 육십 명이 있습니다.

14 비그왜의 자손 중에서는 우대와 사붓과 그들과 함께 온 칠십 명이 있습니다.

예루살렘으로 돌아오다

15 나 에스라는 그들을 아하와 강가에 불러모아 삼 일 동안, 진을 쳤습니다. 나는 제사장을 비롯한 모든 사람을 살펴보았지만, 레위 사람은 한 사람도 보이지 않았습니다.

16 그래서 나 에스라는 지도자인 엘리에셀과 아리엘과 스마야와 엘라단과 야립과 또 다른 사람 엘라단과 나단과 스가랴와 므술람을 불렀습니다. 그리고 학자인 요야립과 엘라단도 불렀습니다.

17 나는 그들을 가시뱌 지방의 지도자인 잇도에게 보냈습니다. 나는 그들에게 잇도와 그곳에서 성전 종으로 일하고 있는 그의 친척들에게 할 말을 일러 주었습니다. 내가 그들을 보낸 것은 하나님의 성전에서 일할 종들을 데려오기 위해서였습니다.

18 하나님께서 우리를 도우셨습니다. 그래서 잇도의 친척들이 우리에게 세레뱌를 보내 주었습니다. 세레뱌는 말리의 자손으로 지혜로운 사람입니다. 말리는 레위의 아들이고, 레위는 이스라엘의 아들입니다. 그리고 그들은 세레뱌의 아들과 형제들도 데려왔는데, 모두 열여덟 명이었습니다.

19 그들은 또 하사뱌와 므라리 자손 가운데 여사야와 자기 형제들과 조카들을 포함해서 이십 명을 데려왔습니다.

20 그들은 성전 종 이백이십 명도 데려왔습니다. 그 사

150 other men were registered.

4 • From the family of Pahath-moab: Eliehoenai son of Zerahiah and 200 other men.

5 • From the family of Zattu*: Shecaniah son of Jahaziel and 300 other men.

6 • From the family of Adin: Ebed son of Jonathan and 50 other men.

7 • From the family of Elam: Jeshaiah son of Athaliah and 70 other men.

8 • From the family of Shephatiah: Zebadiah son of Michael and 80 other men.

9 • From the family of Joab: Obadiah son of Jehiel and 218 other men.

10 • From the family of Bani*: Shelomith son of Josiphiah and 160 other men.

11 • From the family of Bebai: Zechariah son of Bebai and 28 other men.

12 • From the family of Azgad: Johanan son of Hakkatan and 110 other men.

13 • From the family of Adonikam, who came later*: Eliphelet, Jeuel, Shemaiah, and 60 other men.

14 • From the family of Bigvai: Uthai, Zaccur,* and 70 other men.

Ezra's Journey to Jerusalem

15 •I assembled the exiles at the Ahava Canal, and we camped there for three days while I went over the lists of the people and the priests who had arrived. I found that not one

16 Levite had volunteered to come along. •So I sent for Eliezer, Ariel, Shemaiah, Elnathan, Jarib, Elnathan, Nathan, Zechariah, and Meshullam, who were leaders of the people. I also sent for Joiarib and Elnathan, who

17 were men of discernment. •I sent them to Iddo, the leader of the Levites at Casiphia, to ask him and his relatives and the Temple servants to send us ministers for the Temple of God at Jerusalem.

18 •Since the gracious hand of our God was on us, they sent us a man named Sherebiah, along with eighteen of his sons and brothers. He was a very astute man and a descendant of Mahli, who was a descendant of Levi son

19 of Israel.* •They also sent Hashabiah, together with Jeshaiah from the descendants of Merari, and twenty of his sons and brothers,

20 • and 220 Temple servants. The Temple servants were assistants to the Levites—a group

8:5 As in some Greek manuscripts (see also 1 Esdras 8:32); Hebrew lacks *Zattu*. 8:10 As in some Greek manuscripts (see also 1 Esdras 8:36); Hebrew lacks *Bani*. 8:13 Or *who were the last of his family.* 8:14 As in Greek and Syriac versions and an alternate reading of the Masoretic Text; the other alternate reads *Zabbud.* 8:18 *Israel* is the name that God gave to Jacob.

람들은 다윗과 그의 관리들이 레위 사람들을 돕기 위해 세운 사람들입니다. 이들의 이름은 예루살렘으로 돌아온 사람들의 명단에 있습니다.

21 그곳 아하와 강가에서 우리 모두는 금식을 선언했습니다. 우리는 하나님 앞에서 겸손해지기를 원했습니다. 그리고 우리 자녀와 함께 모든 재산을 가지고 안전하게 여행할 수 있게 되기를 하나님께 간구했습니다.

22 나는 왕에게 군대와 기마병을 보내 달라는 말을 하기가 부끄러웠습니다. 군대를 보내 준다면 길에서 만날지도 모르는 원수들을 물리쳐 이길 수 있겠지만, 우리는 이미 왕에게 "누구든지 하나님께 복종하는 사람은 하나님께서 도와 주시지만, 하나님을 저버리는 사람은 진노를 받게 될 것입니다"라고 말한 적이 있기 때문입니다.

23 우리는 금식을 하면서 여행하는 동안 안전하게 지켜 달라고 하나님께 기도드렸습니다. 그러자 하나님께서는 우리의 기도를 들어 주셨습니다.

24 나는 제사장들 가운데서 지도자 열두 사람을 뽑았습니다. 내가 뽑은 사람은 세레뱌와 하사뱌와 그들의 친척 열 명입니다.

25 나는 그들에게 금과 은과 그릇들을 달아 주었습니다. 그것은 왕과 그의 참모들과 그의 관리들과 거기에 있던 모든 이스라엘 사람이 우리 하나님의 성전을 위해서 바친 것입니다.

26 내가 그들에게 달아 준 것은 은 육백오십 달란트*와 은그릇 백 달란트*와 금 백 달란트입니다.

27 그리고 천 다릭* 가량 되는 금그릇 스무 개와 금만큼 값진, 번쩍이는 좋은 놋그릇도 두 개 주었습니다.

28 그리고 나서, 나는 제사장들에게 말했습니다. "그대들은 여호와께 거룩한 사람이요, 이 물건들도 여호와께 거룩한 물건입니다. 은과 금은 그대들의 조상이 여호와께 바친 예물입니다.

29 이것들을 조심스럽게 지키십시오. 이 물건들은 제사장 대표들과 레위 사람들과 이스라엘의 각 집안의 지도자들이 보는 앞에서 그 무게가 재어질 것입니다."

30 그리하여 제사장과 레위 사람은, 예루살렘에 있는 하나님의 성전으로 옮기기 위해 무게를 달아 놓은 은과 금과 그릇들을 넘겨받았습니다.

31 첫째 달 십이 일에 우리는 아하와 강을 떠나 예

of Temple workers first instituted by King David and his officials. They were all listed by name.

21 • And there by the Ahava Canal, I gave orders for all of us to fast and humble ourselves before our God. We prayed that he would give us a safe journey and protect us, our children, and our goods as we traveled. 22 • For I was ashamed to ask the king for soldiers and horsemen* to accompany us and protect us from enemies along the way. After all, we had told the king, "Our God's hand of protection is on all who worship him, but his fierce anger rages against those who abandon him." 23 • So we fasted and earnestly prayed that our God would take care of us, and he heard our prayer.

24 • I appointed twelve leaders of the priests— Sherebiah, Hashabiah, and ten other priests— 25 • to be in charge of transporting the silver, the gold, the gold bowls, and the other items that the king, his council, his officials, and all the people of Israel had presented for the Temple of 26 God. • I weighed the treasure as I gave it to them and found the totals to be as follows:

24 tons* of silver,
7,500 pounds* of silver articles,
7,500 pounds of gold,
27 • 20 gold bowls, equal in value to 1,000 gold coins,*
2 fine articles of polished bronze, as precious as gold.

28 • And I said to these priests, "You and these treasures have been set apart as holy to the LORD. This silver and gold is a voluntary offering to the 29 LORD, the God of our ancestors. • Guard these treasures well until you present them to the leading priests, the Levites, and the leaders of Israel, who will weigh them at the storerooms of the 30 LORD's Temple in Jerusalem." • So the priests and the Levites accepted the task of transporting these treasures of silver and gold to the Temple of our God in Jerusalem.

31 • We broke camp at the Ahava Canal on April 19* and started off to Jerusalem. And the gracious hand of our God protected us and saved us from

earnestly [ə́:rnistli] *ad.* 진정으로
fierce [fíərs] *a.* 맹렬한
polish [pálij] *vt.* 광을 내다
8:25 in charge of…: …을 맡고 있는

8:22 Or *charioteers*. 8:26a Hebrew *650 talents* [22 metric tons]. 8:26b Hebrew *100 talents* [3,400 kilograms]; also in 8:26c. 8:27 Hebrew *1,000 darics*, about 19 pounds or 8.6 kilograms in weight. 8:31 Hebrew *on the twelfth day of the first month*, of the ancient Hebrew lunar calendar. This day was April 19, 458 B.C.; also see note on 6:15.

8:26 650달란트는 약 22.2t에 해당되고, 100달란트는 약 3.4t에 해당된다,
8:27 1,000다릭은 약 8.4kg에 해당된다.

루살렘으로 출발했습니다. 길을 가는 동안 우리 하
나님께서 원수와 도적들로부터 우리를 지켜 주셨
습니다.

32 마침내 우리는 예루살렘에 이르러 삼 일 동안 쉬었
습니다.

33 사 일째 되던 날, 우리는 하나님의 성전에서 은과 금
과 그릇들을 달아 우리아의 아들 제사장 므레못에
게 넘겨 주었습니다. 비느하스의 아들 엘르아살이
므레못과 함께 있었습니다. 그리고 레위 사람인 예
수아의 아들 요사밧과 빈누이의 아들 노아댜도 그
들과 함께 있었습니다.

34 우리는 숫자와 무게를 모두 살핀 다음에, 그 자리에
서 전체 무게를 적었습니다.

35 포로 생활을 마치고 돌아온 사람들이 이스라엘의
하나님께 태워 드리는 제물인 번제물을 바쳤습니
다. 그들은 온 이스라엘을 위해 수소 열두 마리와 숫
양 아흔여섯 마리와 어린 양 일흔일곱 마리를 바쳤
습니다. 그 모든 짐승을 여호와께 번제물로 바쳤습
니다. 죄를 씻는 제물인 속죄 제물로는 숫염소 열두
마리를 바쳤습니다.

36 그들은 왕의 명령을 왕의 신하들과 유프라테스 강
서쪽 지방의 총독들에게 보냈습니다. 그러자 그 사
람들이 그 백성과 하나님의 성전 짓는 일에 많은 도
움을 주었습니다.

에스라의 기도

9 이 모든 일이 이루어진 뒤에 지도자들이 나 에스
라에게 와서 말했습니다. "이스라엘 백성과 제사
장과 레위 사람들은 아직도 우리 주위에 사는 다른
민족들과 구별된 생활을 하지 못하고 있습니다. 우
리 이스라엘 백성들이 가나안 사람과 헷 사람과 브
리스 사람과 여부스 사람과 암몬 사람과 모압 사람
과 이집트 사람과 아모리 사람처럼 역겨운 일을 하
고 있습니다.

2 이스라엘 사람들은 유다 사람이 아닌 다른 민족들
의 딸을 아내와 며느리로 맞아들여, 이스라엘 백성
의 거룩한 피가 이 땅에 사는 세상 민족들의 피와 섞
이게 되었습니다. 이스라엘의 지도자와 관리라는
사람들이 오히려 이런 일에 앞장을 섰습니다."

3 나는 이 말을 듣고 화가 나서 겉옷과 속옷을 찢고,
머리털과 수염을 쥐어뜯으며 주저앉았습니다.

4 그러자 이스라엘의 하나님의 말씀을 두려워하는
모든 사람들이 내 곁으로 모여들었습니다. 그들은
포로 생활을 마치고 돌아온 사람들의 죄를 보았습
니다. 나는 저녁 희생 제사를 드릴 때까지 그런 모습
으로 주저앉아 있었습니다.

5 그러다가 저녁 희생 제사를 드릴 시간이 되었을 때,
나는 자리에서 일어났습니다. 내 겉옷과 속옷은 찢

---

32 enemies and bandits along the way. •So we
arrived safely in Jerusalem, where we rested
for three days.

33 •On the fourth day after our arrival, the
silver, gold, and other valuables were
weighed at the Temple of our God and
entrusted to Meremoth son of Uriah the
priest and to Eleazar son of Phinehas, along
with Jozabad son of Jeshua and Noadiah son
of Binnui—both of whom were Levites.

34 •Everything was accounted for by number
and weight, and the total weight was offi-
cially recorded.

35 •Then the exiles who had come out of
captivity sacrificed burnt offerings to the
God of Israel. They presented twelve bulls for
all the people of Israel, as well as ninety-six
rams and seventy-seven male lambs. They
also offered twelve male goats as a sin offer-
ing. All this was given as a burnt offering to

36 the LORD. •The king's decrees were delivered
to his highest officers and the governors of
the province west of the Euphrates River,*
who then cooperated by supporting the peo-
ple and the Temple of God.

Ezra's Prayer concerning Intermarriage

9 When these things had been done, the
Jewish leaders came to me and said,
"Many of the people of Israel, and even
some of the priests and Levites, have not
kept themselves separate from the other peo-
ples living in the land. They have taken up
the detestable practices of the Canaanites,
Hittites, Perizzites, Jebusites, Ammonites,

2 Moabites, Egyptians, and Amorites. •For the
men of Israel have married women from
these people and have taken them as wives
for their sons. So the holy race has become
polluted by these mixed marriages. Worse
yet, the leaders and officials have led the way
in this outrage."

3 •When I heard this, I tore my cloak and
my shirt, pulled hair from my head and

4 beard, and sat down utterly shocked. •Then
all who trembled at the words of the God of
Israel came and sat with me because of this
outrage committed by the returned exiles.
And I sat there utterly appalled until the
time of the evening sacrifice.

5 •At the time of the sacrifice, I stood up
from where I had sat in mourning with my
clothes torn. I fell to my knees and lifted my

---

appall [əpɔ́ːl] *vt.* 오싹하게 하다
detestable [ditéstəbl] *a.* 혐오할 만한
intermarriage [intərmǽridʒ] *n.* 다른 종교간의
혼인
outrage [áutreidʒ] *n.* 불법, 무도

8:36 Hebrew *the province beyond the river.*

6 hands to the LORD my God. • I prayed,

"O my God, I am utterly ashamed; I blush to lift up my face to you. For our sins are piled higher than our heads, and our guilt has reached to the heavens. • From

7 the days of our ancestors until now, we have been steeped in sin. That is why we and our kings and our priests have been at the mercy of the pagan kings of the land. We have been killed, captured, robbed, and disgraced, just as we are today.

8 • "But now we have been given a brief moment of grace, for the LORD our God has allowed a few of us to survive as a remnant. He has given us security in this holy place. Our God has brightened our eyes and granted us some relief from our

9 slavery. • For we were slaves, but in his unfailing love our God did not abandon us in our slavery. Instead, he caused the kings of Persia to treat us favorably. He revived us so we could rebuild the Temple of our God and repair its ruins. He has given us a protective wall in Judah and Jerusalem.

10 • "And now, O our God, what can we say after all of this? For once again we have abandoned your commands!

11 • Your servants the prophets warned us when they said, 'The land you are entering to possess is totally defiled by the detestable practices of the people living there. From one end to the other, the

12 land is filled with corruption. • Don't let your daughters marry their sons! Don't take their daughters as wives for your sons. Don't ever promote the peace and prosperity of those nations. If you follow these instructions, you will be strong and will enjoy the good things the land produces, and you will leave this prosperity to your children forever.'

13 • "Now we are being punished because of our wickedness and our great guilt. But we have actually been punished far less than we deserve, for you, our God, have allowed some of us to sur-

14 vive as a remnant. • But even so, we are again breaking your commands and intermarrying with people who do these detestable things. Won't your anger be

---

어져 있었습니다. 나는 무릎을 꿇고 앉아서, 내 하나님 여호와께 두 손을 들고

6 기도를 드렸습니다. "나의 하나님이여, 하나님께 얼굴을 들기가 너무나 부끄러워 몸 둘 바를 모르겠습니다. 우리가 저지른 죄가 너무 많아 우리의 키를 넘어 하늘까지 닿았습니다.

7 우리 조상들의 시대로부터 지금까지 우리는 많은 죄를 지었습니다. 우리 죄 때문에 우리와 왕들과 제사장들은 벌을 받았습니다. 우리는 칼의 위협을 받고, 포로 생활을 함으로 벌을 받았습니다. 다른 나라 왕들이 우리의 물건을 빼앗아 가고, 우리에게 욕을 보였습니다. 그런 일은 지금도 마찬가지로 일어나고 있습니다.

8 하지만 우리 하나님 여호와께서 우리에게 자비를 베풀어 주셨으므로, 우리 가운데 몇몇은 포로 생활을 마치고 이곳으로 돌아오게 되었습니다. 이것은 여호와의 거룩한 곳에서 잠시나마 우리가 안전하게 살 수 있도록 해 주신 것입니다. 우리 하나님께서는 우리에게 소망을 주셨고, 노예 생활로부터 얼마 동안 안식을 얻게 해 주셨습니다.

9 우리가 종살이를 할 때도 하나님께서는 우리를 저버리지 않으셨습니다. 하나님께서 페르시아 왕들의 마음을 움직이셔서 우리를 돕게 하셨습니다. 하나님께서 우리에게 새로운 삶을 주셨습니다. 그래서 우리가 성전을 다시 짓고 허물어진 곳을 고칠 수 있게 하셨습니다. 그리고 유다와 예루살렘에 사는 우리를 보호해 줄 성벽을 쌓도록 하셨습니다.

10 우리 하나님이시여, 이 모든 일을 해 주신 하나님께 우리가 무슨 말씀을 드릴 수 있겠습니까? 우리는 하나님의 명령을 어겼습니다.

11 하나님께서 하나님의 종인 예언자들을 통해서 이렇게 명령하셨습니다. '너희가 들어가는 땅은 더러워진 땅이다. 그 땅에 사는 백성들이 역겨운 일을 하여 그 땅을 더럽혔다. 이쪽 끝에서부터 저쪽 끝까지 그 땅을 더러운 것으로 가득 채웠다.

12 그러므로 너희의 딸을 그들의 아들과 결혼시키지 마라. 그들의 딸도 너희의 아들과 결혼시키지 마라. 그들의 평화나 번영을 빌어 주지 마라. 그러면 너희가 강해지고 그 땅의 좋은 것들을 먹을 수 있을 것이다. 그리고 이 땅을 너희의 자손에게 영원히 남겨 줄 수 있을 것이다.'

13 우리에게 일어난 일은 우리 잘못 때문입니다. 우리는 악한 일을 했습니다. 하지만 하나님께서 우리가 마땅히 받아야 할 벌보다 더 적게 벌을 내리시고, 우리들 가운데 몇몇을 살려 주셨습니다.

14 우리는 이 역겨운 백성들과 결혼하여 또다시 하나님의 명령을 어기는 죄를 지었습니다. 그러므로 하

---

confession [kənféʃən] *n.* 자백, 고백
expel [ikspél] *vt.* 내쫓다
forfeit [fɔ́ːrfit] *vt.* 몰수당하다
pagan [péigən] *a.* 이교도의
9:6 blush to … : …하기가 부끄럽다
9:7 be steeped in : 빠지다, 열중하다
9:7 at the mercy of … : …의 처분(마음)대로

나님의 진노 때문에 우리는 망하고 말 것이며, 우리들 가운데 아무도 살아남지 못하게 될 것입니다.

15 이스라엘의 하나님 여호와시여, 여호와께서 우리를 불쌍히 여기셨기 때문에 우리가 지금처럼 살아남았습니다. 우리는 죄를 지었으므로 우리들 가운데 여호와 앞에 서 있을 수 있는 사람은 아무도 없습니다."

백성이 죄를 고백하다

10 에스라가 죄를 고백하는 기도를 드리며 성전 앞에 엎드려 울었습니다. 그때에 이스라엘의 남자와 여자와 어린아이들의 큰 무리가 에스라 둘레에 모여들었습니다. 그들도 큰 소리로 울었습니다.

2 엘람 사람 여히엘의 아들 스가냐가 에스라에게 말했습니다. "우리가 우리 하나님께 죄를 지었습니다. 우리가 우리 주위에 있는 다른 민족들의 여자와 결혼했습니다. 그러나 이스라엘에게는 희망이 있습니다.

3 이제 우리 하나님 앞에서 언약을 맺읍시다. 당신의 충고와 하나님의 명령을 존중하는 사람들의 가르침대로 우리가 다른 민족의 여자와 그 자녀들을 다 쫓아내겠습니다. 하나님의 율법대로 하겠습니다.

4 에스라여, 일어나십시오, 당신이 이 일을 맡으셔야 합니다. 하지만 우리도 당신을 돕겠습니다. 그러니 용기를 가지고 하십시오."

5 에스라가 자리에서 일어났습니다. 에스라는 제사장과 레위 사람과 이스라엘의 모든 백성에게 약속을 하게 했습니다. 그들은 에스라가 시킨 대로 약속을 했습니다.

6 에스라는 성전 앞을 떠나 엘리아십의 아들 여호하난의 방으로 들어갔습니다. 에스라는 거기에 있으면서 먹지도 않고 마시지도 않았습니다. 에스라는 포로 생활을 마치고 돌아온 사람들의 믿음 없음에 대해 슬퍼했습니다.

7 포로 생활을 마치고 돌아온 모든 사람들에게 예루살렘에 모이라는 명령이 온 유다와 예루살렘에 내려졌습니다.

8 삼 일 안에 예루살렘에 오지 않는 사람은 재산을 빼앗기고, 포로 생활을 마치고 돌아온 사람들의 모임에서도 쫓겨날 것이라고 했습니다. 그것은 지도자와 장로들의 결정이었습니다.

9 그리하여 삼 일 안에 유다와 베냐민 사람들이 다 예루살렘에 모였습니다. 그때는 아홉째 달 이십 일이었습니다. 모든 백성이 성전 앞 광장에 앉아 그 일에 대한 심각성을 깨달으며 빗속에서 떨고 있었습니다.

10 그때 제사장 에스라가 일어나서 그들에게 말했습

enough to destroy us, so that even this little remnant no longer survives? ¹⁵ O LORD, God of Israel, you are just. We come before you in our guilt as nothing but an escaped remnant, though in such a condition none of us can stand in your presence."

The People Confess Their Sin

10 While Ezra prayed and made this confession, weeping and lying face down on the ground in front of the Temple of God, a very large crowd of people from Israel—men, women, and children—gathered and wept bitterly with him. ²Then Shecaniah son of Jehiel, a descendant of Elam, said to Ezra, "We have been unfaithful to our God, for we have married these pagan women of the land. But in spite of this there is hope for Israel. ³Let us now make a covenant with our God to divorce our pagan wives and to send them away with their children. We will follow the advice given by you and by the others who respect the commands of our God. Let it be done according to the Law of God. ⁴Get up, for it is your duty to tell us how to proceed in setting things straight. We are behind you, so be strong and take action."

5 So Ezra stood up and demanded that the leaders of the priests and the Levites and all the people of Israel swear that they would do as Shecaniah had said. And they all swore a solemn oath. ⁶Then Ezra left the front of the Temple of God and went to the room of Jehohanan son of Eliashib. He spent the night* there without eating or drinking anything. He was still in mourning because of the unfaithfulness of the returned exiles.

7 Then a proclamation was made throughout Judah and Jerusalem that all the exiles should come to Jerusalem. ⁸Those who failed to come within three days would, if the leaders and elders so decided, forfeit all their property and be expelled from the assembly of the exiles.

9 Within three days, all the people of Judah and Benjamin had gathered in Jerusalem. This took place on December 19,* and all the people were sitting in the square before the Temple of God. They were trembling both because of the seriousness of the matter and because it was raining. ¹⁰Then Ezra the priest stood and said to them: "You have committed a terrible sin. By marrying pagan women, you have increased Israel's

---

10:6　As in parallel text at 1 Esdras 9:2; Hebrew reads *He went.*　10:9　Hebrew *on the twentieth day of the ninth month,* of the ancient Hebrew lunar calendar. This day was December 19, 458 B.C.; also see note on 6:15.

니다. "여러분은 죄를 지었소. 여러분은 유다 백성이 아닌 여자들과 결혼했소. 그리하여 이스라엘의 죄를 더 크게 만들었소.

11 이제 여러분의 하나님이신 주께 고백하시오, 주님의 뜻을 따르시오, 여러분 둘레에 사는 백성과 헤어지고, 여러분의 이방인 아내와도 헤어지시오."

12 그러자 모든 무리가 큰 목소리로 에스라에게 대답했습니다. "당신 말씀이 옳습니다. 우리는 당신 말씀대로 하겠습니다.

13 하지만 지금은 사람도 많은 데다가 장마철이기 때문에 바깥에 서 있을 수가 없습니다. 그리고 우리의 죄가 너무 크므로 이 문제는 하루 이틀 사이에 풀릴 수 없을 것입니다.

14 지도자들에게 모든 무리의 일을 결정하게 합시다. 그리고 유다 백성이 아닌 여자들과 결혼한 사람들은 모두 각 마을의 장로와 재판관들과 정한 시간에 만나 우리 하나님의 분노를 풀어 드리도록 합시다."

15 이 계획에 반대한 사람은 오로지 아사헬의 아들 요나단과 디과의 아들 야스야였으며, 므술람과 레위 사람 삽브대가 그들을 도왔습니다.

16 이 외에 포로 생활을 마치고 돌아온 사람들은 그 의견을 따랐습니다. 제사장 에스라가 각 가문의 지도자를 뽑았습니다. 에스라는 각 집안에서 한 사람씩 이름을 불렀습니다. 열째 달 초하루에 그들은 자리에 앉아 그 문제를 조사하기 시작했습니다.

17 그 다음 해 첫째 달 초하루에 그 일이 다 끝났습니다. 그들은 다른 민족의 여자와 결혼한 사람들을 다 조사했습니다.

이방 여자와 결혼한 죄를 지은 사람들

18 이방 여자와 결혼한 제사장들의 자손은 이러합니다. 요사닥의 아들 예수아와 그 형제들의 자손 중에서는 마아세야와 엘리에셀과 야립과 그달랴입니다.

19 이들은 모두 아내와 헤어지기로 약속했습니다. 그리고 각 사람은 숫양 한 마리씩을 허물을 씻는 제물인 속건 제물로 바쳤습니다.

20 임멜의 자손 중에서는 하나니와 스바댜입니다.

21 하림의 자손 중에서는 마아세야와 엘리야와 스마야와 여히엘과 웃시야입니다.

22 바스훌의 자손 중에서는 엘료에내와 마아세야와 이스마엘과 느다넬과 요사밧과 엘라사입니다.

23 레위 사람들 중에서는 요사밧과 시므이와 글리다라고도 하는 글라야와 브다히야와 유다와 엘리에셀입니다.

---

11 guilt. •So now confess your sin to the LORD, the God of your ancestors, and do what he demands. Separate yourselves from the people of the land and from these pagan women."

12 •Then the whole assembly raised their voices and answered, "Yes, you are right; we 13 must do as you say!" •Then they added, "This isn't something that can be done in a day or two, for many of us are involved in this extremely sinful affair. And this is the rainy season, so we cannot stay out here much 14 longer. •Let our leaders act on behalf of us all. Let everyone who has a pagan wife come at a scheduled time, accompanied by the leaders and judges of his city, so that the fierce anger of our God concerning this affair may be turned away from us."

15 •Only Jonathan son of Asahel and Jahzeiah son of Tikvah opposed this course of action, and they were supported by Meshullam and Shabbethai the Levite.

16 •So this was the plan they followed. Ezra selected leaders to represent their families, designating each of the representatives by name. On December 29,* the leaders sat down to 17 investigate the matter. •By March 27, the first day of the new year,* they had finished dealing with all the men who had married pagan wives.

Those Guilty of Intermarriage

18 •These are the priests who had married pagan wives:

From the family of Jeshua son of Jehozadak* and his brothers: Maaseiah, Eliezer, Jarib, 19 and Gedaliah. •They vowed to divorce their wives, and they each acknowledged their guilt by offering a ram as a guilt offering.

20 •From the family of Immer: Hanani and Zebadiah.

21 •From the family of Harim: Maaseiah, Elijah, Shemaiah, Jehiel, and Uzziah.

22 •From the family of Pashhur: Elioenai, Maaseiah, Ishmael, Nethanel, Jozabad, and Elasah.

23 •These are the Levites who were guilty: Jozabad, Shimei, Kelaiah (also called

---

designate [dézigneit] vt. 지명(임명)하다
10:14 on behalf of… : …을 대표하여, …을 위하여

10:16 Hebrew *On the first day of the tenth month,* of the ancient Hebrew lunar calendar. This day was December 29, 458 B.C.; also see note on 6:15.   10:17 Hebrew *By the first day of the first month,* of the ancient Hebrew lunar calendar. This day was March 27, 457 B.C.; also see note on 6:15.   10:18 Hebrew *Jozadak,* a variant spelling of Jehozadak.

24 노래하는 사람들 중에서는 엘리아십입니다. 문지 기들 중에서는 살룸과 델렘과 우리입니다.

25 다른 이스라엘 사람들 가운데서 다른 민족의 여자 와 결혼한 사람은 이러합니다. 바로스의 자손 중에 서는 라먀와 잇시야와 말기야와 미야민과 엘르아 살과 말기야와 브나야입니다.

26 엘람의 자손 중에서는 맛다냐와 스가랴와 여히엘과 압디와 여레못과 엘리야입니다.

27 삿두의 자손 중에서는 엘료에내와 엘리아십과 맛다 냐와 여레못과 사밧과 아시사입니다.

28 베배의 자손 중에서는 여호하난과 하나냐와 삽배와 아들래입니다.

29 바니의 자손 중에서는 므술람과 말룩과 아다야와 야숩과 스알과 여레못입니다.

30 바핫모압의 자손 중에서는 앗나와 글랄과 브나야 와 마아세야와 맛다냐와 브살렐과 빈누이와 므낫세 입니다.

31 하림의 자손 중에서는 엘리에셀과 잇시야와 말기야 와 스마야와 시므온과

32 베냐민과 말룩과 스마랴입니다.

33 하숨의 자손 중에서는 맛드내와 맛닷다와 사밧과 엘리벨렛과 여레매와 므낫세와 시므이입니다.

34 바니의 자손 중에서는 마아대와 아므람과 우엘과

35 브나야와 베드야와 글루히와

36 와냐와 므레못과 엘랴십과

37 맛다냐와 맛드내와 야아수와

38 빈누이*와 시므이와

39 셀레먀와 나단과 아다야와

40 막나드배와 사새와 사래와

41 아사렐과 셀레먀와 스마랴와

42 살룸과 아마랴와 요셉입니다.

43 느보의 자손 중에서는 여이엘과 맛디디야와 사밧과 스비내와 잇도와 요엘과 브나야입니다.

44 이 사람들은 다 이방인 여자와 결혼했고, 그들 가운 데 얼마는 그 아내들을 통해 자녀를 낳은 사람들도 있었습니다.

Kelita), Pethahiah, Judah, and Eliezer.

24 •This is the singer who was guilty: Eliashib.

These are the gatekeepers who were guilty: Shallum, Telem, and Uri.

25 •These are the other people of Israel who were guilty:
From the family of Parosh: Ramiah, Izziah, Malkijah, Mijamin, Eleazar, Hashabiah,* and Benaiah.

26 •From the family of Elam: Mattaniah, Zechariah, Jehiel, Abdi, Jeremoth, and Elijah.

27 •From the family of Zattu: Elioenai, Eliashib, Mattaniah, Jeremoth, Zabad, and Aziza.

28 •From the family of Bebai: Jehohanan, Hananiah, Zabbai, and Athlai.

29 •From the family of Bani: Meshullam, Malluch, Adaiah, Jashub, Sheal, and Jeremoth.

30 •From the family of Pahath-moab: Adna, Kelal, Benaiah, Maaseiah, Mattaniah, Bezalel, Binnui, and Manasseh.

31 •From the family of Harim: Eliezer, Ishijah, Malkijah, Shemaiah, Shimeon,

32 •Benjamin, Malluch, and Shemariah.

33 •From the family of Hashum: Mattenai, Mattattah, Zabad, Eliphelet, Jeremai, Manasseh, and Shimei.

34 •From the family of Bani: Maadai, Amram,

35-36 Uel, •Benaiah, Bedeiah, Keluhi, •Vaniah,

37 Meremoth, Eliashib, •Mattaniah, Mattenai, and Jaasu.

38 •From the family of Binnui*: Shimei,

39 •Shelemiah, Nathan, Adaiah,

40-41 •Macnadebai, Shashai, Sharai, •Azarel,

42 Shelemiah, Shemariah, •Shallum, Amariah, and Joseph.

43 •From the family of Nebo: Jeiel, Mattithiah, Zabad, Zebina, Jaddai, Joel, and Benaiah.

44 •Each of these men had a pagan wife, and some even had children by these wives.*

10:25 As in parallel text at 1 Esdras 9:26; Hebrew reads *Malkijah*. 10:37-38 As in Greek version; Hebrew reads *Jaasu*, 38*Bani, Binnui*. 10:44 Or *and they sent them away with their children*. The meaning of the Hebrew is uncertain.

10:38 '바니와 빈누이'.

느헤미야

◆ 서론

- ✛ 저자 _ 느헤미야
- ✛ 저작 연대 _ B.C. 420년경으로 추정
- ✛ 기록 장소 _ 예루살렘
- ✛ 기록 대상 _ 이스라엘 백성
- ✛ 핵심어 및 내용 _ 핵심어는 '목표'와 '재건'이다. 우리 모두는 하나님을 중심으로 인생의 비전을 반영하며 구체적으로 실천할 수 있는 목표를 가지고 있어야 한다. 느헤미야는 이러한 목표를 갖고 있었는데, 그것은 예루살렘 성벽을 재건하는 일이었다. 완전한 성벽 재건이야말로 그에게 있어서 가장 큰 기쁨이었다.

느헤미야의 기도

1 다음은 하가랴의 아들 느헤미야의 말입니다. 나 느헤미야가 아닥사스다 왕 이십 년 기슬르월에 페르시아의 수도인 수산에 있을 때의 일입니다.

2 나의 형제인 하나니가 다른 사람들과 함께 유다에서 왔습니다. 나는 그들에게 포로로 끌려오지 않고 남아 있는 유다 사람들이 잘 있는지, 그리고 예루살렘은 어떠한지 물었습니다.

3 그들이 대답했습니다. "포로로 끌려오지 않고 유다 지방에 남아 있는 사람들은 많은 고생을 하고 있으며 멸시당하고 있습니다. 예루살렘 성벽은 무너졌고 그 성문들은 불타 버렸습니다."

4 나는 그 말을 듣고 자리에 주저앉아 여러 날 동안, 울었습니다. 슬퍼서 음식도 먹지 않았습니다. 그리고 하늘의 하나님께 기도드렸습니다.

5 나는 이렇게 기도했습니다. "하늘의 하나님이신 여호와여, 여호와는 위대하고 두려운 하나님이시며, 주를 사랑하고 주의 계명을 지키는 사람들에게 사랑의 언약을 지키시는 하나님이십니다.

6 주의 종이 이스라엘을 위해 밤낮으로 드리는 기도를 꼭 들어주십시오. 저희 이스라엘 백성이 주께 지은 죄를 제가 고백합니다. 제 아비의 집과 저 역시 주께 죄를 지었습니다.

7 저희가 주께 큰 잘못을 저질렀습니다. 주께서 주의 종 모세에게 주신 계명과 규례와 율법을 저희가 지키지 않았습니다.

8 주의 종 모세에게 말씀하신 것을 기억해 주십시오. 주님께서 이렇게 말씀하셨습니다. '만약 너희가 죄를 짓는다면, 내가 너희를 나라들 가운데 흩어 놓겠다.

9 그러나 나에게 돌아와 내 명령을 따르고 지키면 흩어진 백성이 땅끝에 있더라도, 내가 그들을 모을 것이다. 그리고 그들을 나의 이름을 두려고 택한 곳으로 데려올 것이다.'

---

1 These are the memoirs of Nehemiah son of Hacaliah.

Nehemiah's Concern for Jerusalem

In late autumn, in the month of Kislev, in the twentieth year of King Artaxerxes' reign,* I was at the fortress of Susa. 2 •Hanani, one of my brothers, came to visit me with some other men who had just arrived from Judah. I asked them about the Jews who had returned there from captivity and about how things were going in Jerusalem.

3 •They said to me, "Things are not going well for those who returned to the province of Judah. They are in great trouble and disgrace. The wall of Jerusalem has been torn down, and the gates have been destroyed by fire."

4 •When I heard this, I sat down and wept. In fact, for days I mourned, fasted, and prayed to the God of heaven. 5 •Then I said,

"O LORD, God of heaven, the great and awesome God who keeps his covenant of unfailing love with those who love him and obey his commands, 6 •listen to my prayer! Look down and see me praying night and day for your people Israel. I confess that we have sinned against you. Yes, even my own family and I have sinned! 7 •We have sinned terribly by not obeying the commands, decrees, and regulations that you gave us through your servant Moses.

8 •"Please remember what you told your servant Moses: 'If you are unfaithful to me, I will scatter you among the nations. 9 •But if you return to me and obey my commands

---

1:1 Hebrew *In the month of Kislev of the twentieth year.* A number of dates in the book of Nehemiah can be cross-checked with dates in surviving Persian records and related accurately to our modern calendar. This month of the ancient Hebrew lunar calendar occurred within the months of November and December 446 B.C. The *twentieth year* probably refers to the reign of King Artaxerxes I; compare 2:1; 5:14.

1:1 이달은 B.C. 446년 11월에서 12월 사이에 해당된다.

10 주께서는 그들을 크신 능력과 힘으로 구원하셨습니다.

11 주여, 주의 종인 제 기도를 꼭 들어주십시오. 그리고 주의 이름을 섬기려는 주의 종들이 드리는 기도를 들어주십시오. 이제 주의 종인 제가 하는 일이 잘 되게 해 주십시오. 페르시아의 왕이 저를 돕게 해 주십시오." 그때, 나는 왕에게 술을 따라 올리던 사람이었습니다.

예루살렘으로 가게 되는 느헤미야

2 아닥사스다 왕 이십 년 니산 월*에 일어난 일입니다. 왕이 포도주를 달라고 해서 나는 포도주를 가져다가 왕께 드렸습니다. 전과 달리 슬픔에 가득 찬 나의 모습을 보고,

2 왕이 나에게 말했습니다. "어찌하여 그렇게 슬픈 얼굴을 하고 있소? 아프지는 않은 것 같은데, 무슨 걱정되는 일이라도 있소?" 나는 너무나 놀라서

3 왕에게 말했습니다. "왕이여, 오래오래 사시기를 빕니다. 제가 슬픈 얼굴을 한 까닭은 제 조상이 묻혀 있는 성이 폐허가 되고 그 성문들이 불에 타 버렸기 때문입니다."

4 그러자 왕이 "그대가 원하는 것이 무엇이오?"라고 물었습니다. 나는 하늘의 하나님께 잠깐 기도드리고 나서

5 왕에게 대답했습니다. "괜찮으시다면, 그리고 제가 왕의 마음에 드신다면 제 조상이 묻혀 있는 유다의 그 성으로 저를 보내 주십시오. 제가 그 성을 다시 짓겠습니다."

6 그때에 왕비도 왕의 곁에 앉아 있었습니다. 왕이 나에게 물었습니다. "그대가 여행하는 데 시간이 얼마나 걸리겠소? 언제쯤 돌아올 수 있겠소?" 왕은 나를 기꺼이 보내 주려 했습니다. 그래서 나는 시간이 얼마나 걸릴지 말씀드렸습니다.

7 내가 또 왕에게 말했습니다. "괜찮으시다면 유프라테스 강 서쪽 지방의 총독들에게 보내는 편지를 써 주십시오. 그래서 제가 유다까지 가는 길을 그들이 허락하게 해 주십시오.

8 그리고 왕의 숲을 관리하는 아삽에게도 편지를 써 주십시오. 아삽을 시켜 저에게 목재를 주게 해 주십시오. 성전 곁에 있는 성의 문짝을 만드는 데 목재가 필요하고 성벽과 제가 살 집을 만드는 데도 나무가 필요합니다." 하나님께서 나에게 은혜를 베풀어 주셔서 왕이 내 말을 듣고 편지를 써 주었습니다.

9 그리하여 나는 유프라테스 강 서쪽 지방의 총독들에게 가서 왕이 쓴 편지를 건네 주었습니다.

and live by them, then even if you are exiled to the ends of the earth,* I will bring you back to the place I have chosen for my name to be honored.'

10 • "The people you rescued by your great power and strong hand are your servants.

11 • O Lord, please hear my prayer! Listen to the prayers of those of us who delight in honoring you. Please grant me success today by making the king favorable to me.* Put it into his heart to be kind to me."

In those days I was the king's cup-bearer.

Nehemiah Goes to Jerusalem

2 Early the following spring, in the month of Nisan,* during the twentieth year of King Artaxerxes' reign, I was serving the king his wine. I had never before appeared sad in his presence. 2 • So the king asked me, "Why are you looking so sad? You don't look sick to me. You must be deeply troubled."

3 Then I was terrified, • but I replied, "Long live the king! How can I not be sad? For the city where my ancestors are buried is in ruins, and the gates have been destroyed by fire."

4 • The king asked, "Well, how can I help you?"

5 With a prayer to the God of heaven, • I replied, "If it please the king, and if you are pleased with me, your servant, send me to Judah to rebuild the city where my ancestors are buried."

6 • The king, with the queen sitting beside him, asked, "How long will you be gone? When will you return?" After I told him how long I would be gone, the king agreed to my request.

7 • I also said to the king, "If it please the king, let me have letters addressed to the governors of the province west of the Euphrates River,* instructing them to let me travel safely through their territories on my way to Judah. 8 • And please give me a letter addressed to Asaph, the manager of the king's forest, instructing him to give me timber. I will need it to make beams for the gates of the Temple fortress, for the city walls, and for a house for myself." And the king granted these requests, because the gracious hand of God was on me.

9 • When I came to the governors of the province west of the Euphrates River, I delivered the king's letters to them. The king, I should

---

1:9 Hebrew *of the heavens.* **1:11** Hebrew *today in the sight of this man.* **2:1** Hebrew *In the month of Nisan.* This month of the ancient Hebrew lunar calendar occurred within the months of April and May 445 B.C. **2:7** Hebrew *the province beyond the river;* also in 2:9.

2:1 이달은 B.C. 445년 4월에서 5월 사이에 해당된다.

왕은 장교들과 기병들까지 주어 나와 함께 가게 하였습니다.

10 호론 사람 산발랏과 암몬 사람의 지도자 도비야가 그 말을 들었습니다. 그들은 이스라엘 백성을 도우러 온 사람이 있다는 말을 듣고 기분이 상했습니다.

예루살렘을 조사하는 느헤미야

11 나는 예루살렘에 이르러 삼 일 동안을 머물렀습니다.

12 그러다가 밤에 몇 사람을 데리고 길을 나섰습니다. 하나님께서 예루살렘을 위해 나에게 명하신 것을 아무에게도 말하지 않았습니다. 거기에는 내가 탄 당나귀 외에 다른 짐승은 한 마리도 없었습니다.

13 밤중에 나는 '골짜기 문'을 지나 밖으로 나갔습니다. '용의 샘'을 지나 '거름 문'으로 가면서 예루살렘 성벽을 조사했습니다. 성벽은 무너져 있었고, 문들은 불에 타 있었습니다.

14 나는 계속해서 '샘 문'과 '왕의 연못'으로 갔습니다. 하지만 내가 탄 짐승이 지나갈 길이 없었습니다.

15 그래서 그날 밤에는 골짜기를 따라 올라가면서 성벽을 조사했습니다. 그러다가 몸을 돌려 '골짜기 문'을 지나서 되돌아왔습니다.

16 관리들은 내가 어디를 다녀왔으며 무슨 일을 했는지 알지 못했습니다. 나는 그때까지도 유다 사람들이나 제사장들이나 귀족들이나 관리들이나, 일을 맡아서 할 다른 사람들에게 아무 말도 하지 않았습니다.

17 그러다가 후에 그들에게 말했습니다. "여러분은 우리가 어떤 고통을 겪고 있는지 알 것입니다. 예루살렘은 폐허가 되었고, 그 성문들은 모두 불타 버렸습니다. 자, 이제 예루살렘 성벽을 다시 쌓읍시다. 그래서 더 이상 이런 부끄러움을 당하지 않도록 합시다."

18 나는 그들에게 하나님께서 내게 은혜를 베풀어 주신 것과 왕이 나에게 한 말을 일러 주었습니다. 그러자 그들이 대답했습니다. "성벽 쌓는 일을 시작합시다." 그들은 열심을 내서 일하기 시작했습니다.

19 호론 사람 산발랏과 암몬 사람의 지도자 도비야와 아라비아 사람 게셈은 이 일에 대해 듣자마자 우리를 놀리고 비웃으며 "무슨 일을 하고 있는 거요? 왕에게 반역을 하겠다는 거요?" 하고 말했습니다.

20 그래서 나는 그들에게 대답했습니다. "하늘의 하나님께서 우리가 하는 일이 성공할 수 있도록 도와주실 것이오. 우리는 하나님의 종이오. 우리는 성벽 쌓는 일을 시작할 것이오. 하지만 당신들은 예루살렘과 아무 상관이 없소. 당신들은 예루살렘에서 차지할 몫도 없고, 요구할 권한도 없소."

성벽을 쌓은 사람들

3 대제사장 엘리아십과 그의 동료 제사장들이 일을 하러 나섰습니다. 그들은 '양 문'을 다시 세웠습니다. 그리고 그 문을 거룩히 구별하고 문짝을 제자리

add, had sent along army officers and

10 horsemen* to protect me. ● But when Sanballat the Horonite and Tobiah the Ammonite official heard of my arrival, they were very displeased that someone had come to help the people of Israel.

Nehemiah Inspects Jerusalem's Wall

11 ● So I arrived in Jerusalem. Three days later,

12 ● I slipped out during the night, taking only a few others with me. I had not told anyone about the plans God had put in my heart for Jerusalem. We took no pack animals with us except the donkey I was

13 riding. ● After dark I went out through the Valley Gate, past the Jackal's Well,* and over to the Dung Gate to inspect the bro-

14 ken walls and burned gates. ● Then I went to the Fountain Gate and to the King's Pool, but my donkey couldn't get through

15 the rubble. ● So, though it was still dark, I went up the Kidron Valley* instead, inspecting the wall before I turned back and entered again at the Valley Gate.

16 ● The city officials did not know I had been out there or what I was doing, for I had not yet said anything to anyone about my plans. I had not yet spoken to the Jewish leaders—the priests, the nobles, the officials, or anyone else in the administra-

17 tion. ● But now I said to them, "You know very well what trouble we are in. Jerusalem lies in ruins, and its gates have been destroyed by fire. Let us rebuild the wall of

18 Jerusalem and end this disgrace!" ● Then I told them about how the gracious hand of God had been on me, and about my conversation with the king.

They replied at once, "Yes, let's rebuild the wall." So they began the good work.

19 ● But when Sanballat, Tobiah, and Geshem the Arab heard of our plan, they scoffed contemptuously. "What are you doing? Are you rebelling against the king?" they asked.

20 ● I replied, "The God of heaven will help us succeed. We, his servants, will start rebuilding this wall. But you have no share, legal right, or historic claim in Jerusalem."

Rebuilding the Wall of Jerusalem

3 Then Eliashib the high priest and the other priests started to rebuild at the Sheep Gate. They dedicated it and set up its doors, building the wall as far as the Tower of the Hundred, which they dedicated,

contemptuously [kəntémptʃuəsli] *vi.* 비웃다, 조롱하다

2:9   Or *chariooters.*   2:13   Or *Serpent's Well.*
2:15   Hebrew *the valley.*

에 달았습니다. 그들은 '함메아 망대'와 '하나넬 망대'까지 성벽을 쌓고 거룩하게 구별했습니다.

2 그 다음은 여리고 사람들이 쌓았고, 그 다음은 이므리의 아들 삭굴이 쌓았습니다.

3 하스나아의 아들들은 '물고기 문'을 세웠습니다. 그들은 들보를 얹고 문짝과 자물쇠와 빗장을 달았습니다.

4 그 다음은 우리아의 아들 므레못이 보수했습니다. 우리아는 학고스의 아들입니다. 그 다음은 베레갸의 아들 므술람이 보수했습니다. 베레갸는 므세사벨의 아들입니다. 그 다음은 바아나의 아들 사독이 보수했습니다.

5 그 다음은 드고아 사람들이 보수했습니다. 그러나 드고아의 귀족들은 그 감독들 밑에서 일하지 않았습니다.

6 바세아의 아들 요야다와 브스도야의 아들 므술람이 '옛 문'을 보수했습니다. 그들은 들보를 얹고 문짝과 자물쇠와 빗장을 달았습니다.

7 그 다음은 기브온 사람 믈라댜와 메로놋 사람 야돈이 기브온과 미스바 사람들과 함께 보수했습니다. 이들은 유프라테스 강 서쪽 지방을 다스리는 총독 아래 있던 사람들입니다.

8 그 다음은 금세공업자 할해야의 아들 웃시엘이 보수했습니다. 그 다음은 향품을 만드는 사람인 하나냐가 '넓은 벽'에 이르기까지 예루살렘을 복구했습니다.

9 그 다음은 후르의 아들 르바야가 보수했습니다. 르바야는 예루살렘의 절반을 다스리던 사람입니다.

10 그 다음은 하루맙의 아들 여다야가 보수했습니다. 그는 자기 집 맞은편에서 일했습니다. 그 다음은 하삽느야의 아들 핫두스가 보수했습니다.

11 하림의 아들 말기야와 바핫모압의 아들 핫숩이 성벽의 다른 부분을 보수했습니다. 그리고 그들은 '가마 망대'를 보수했습니다.

12 그 다음은 할로헤스의 아들 살룸이 보수했습니다. 그는 예루살렘의 절반을 다스리던 사람입니다. 그의 딸들이 그를 도와 함께 일했습니다.

13 하눈과 사노아 사람들이 '골짜기 문'을 보수했습니다. 그들은 문을 세우고 문짝과 자물쇠와 빗장을 달았습니다. 그들은 또 '거름 문'까지 성벽 천 규빗*을 보수했습니다.

14 '거름 문'은 레갑의 아들 말기야가 보수했습니다. 그는 벧학게렘 지역을 다스리던 사람입니다. 그는 문을 세우고 문짝과 자물쇠와 빗장을 달았습니다.

15 '샘 문'은 골호세의 아들 살룬이 보수했습니다.

2 and the Tower of Hananel. •People from the town of Jericho worked next to them, and beyond them was Zaccur son of Imri.

3 •The Fish Gate was built by the sons of Hassenaah. They laid the beams, set up its 4 doors, and installed its bolts and bars. •Meremoth son of Uriah and grandson of Hakkoz repaired the next section of wall. Beside him were Meshullam son of Berekiah and grandson of Meshezabel, and then Zadok son of 5 Baana. •Next were the people from Tekoa, though their leaders refused to work with the construction supervisors.

6 •The Old City Gate* was repaired by Joiada son of Paseah and Meshullam son of Besodeiah. They laid the beams, set up its doors, 7 and installed its bolts and bars. •Next to them were Melatiah from Gibeon, Jadon from Meronoth, people from Gibeon, and people from Mizpah, the headquarters of the governor of the province west of the Euphrates 8 River.* •Next was Uzziel son of Harhaiah, a goldsmith by trade, who also worked on the wall. Beyond him was Hananiah, a manufacturer of perfumes. They left out a section of Jerusalem as they built the Broad Wall.*

9 •Rephaiah son of Hur, the leader of half the district of Jerusalem, was next to them on 10 the wall. •Next Jedaiah son of Harumaph repaired the wall across from his own house, and next to him was Hattush son of Hasha-11 bneiah. •Then came Malkijah son of Harim and Hasshub son of Pahath-moab, who repaired another section of the wall and the 12 Tower of the Ovens. •Shallum son of Hallohesh and his daughters repaired the next section. He was the leader of the other half of the district of Jerusalem.

13 •The Valley Gate was repaired by the people from Zanoah, led by Hanun. They set up its doors and installed its bolts and bars. They also repaired the 1,500 feet* of wall to the Dung Gate.

14 •The Dung Gate was repaired by Malkijah son of Recab, the leader of the Beth-hakkerem district. He rebuilt it, set up its doors, and installed its bolts and bars.

15 •The Fountain Gate was repaired by

district [distrikt] *n.* 지역
headquarters [héd̀kwɔːrtərz] *n.* 본부
install [instɔ́:l] *vt.* 장치하다
rubble [rʌ́bl] *n.* 파편; 돌덩이
scoff [skɔ́:f] *vi.* 비웃다, 조롱하다
2:12 pack animal : (소나 말 등) 짐 싣는 동물
2:17 in ruins : 폐허가 되어, 황폐하여

3:6 Or *The Mishneh Gate,* or *The Jeshanah Gate.*
3:7 Hebrew *the province beyond the river.* 3:8
Or *They fortified Jerusalem up to the Broad Wall.*
3:13 Hebrew *1,000 cubits* [460 meters].
3:13 1,000규빗은 약 450m에 해당된다.

그는 미스바 지역을 다스리던 사람입니다. 그는 문을 세우고 그 위에 지붕을 얹었습니다. 그리고 들보를 얹고 문짝과 자물쇠와 빗장을 달았습니다. 그는 또한 '왕의 정원' 곁에 있는 '실로암 연못*'의 성벽도 수리했습니다. 그는 그 성벽을 다윗 성에서 내려오는 계단까지 보수했습니다.

16 그 다음은 아스북의 아들 느헤미야가 보수했습니다. 느헤미야는 벧술 구역의 절반을 다스리던 사람입니다. 그는 다윗의 묘지 맞은편에서부터 사람들이 만든 연못과 '용사의 집'에 이르기까지 보수했습니다.

17 그 다음은 레위 사람들이 보수했습니다. 그들은 바니의 아들 르훔 밑에서 일했습니다. 그 다음은 하사뱌가 자기 구역을 보수했습니다. 하사뱌는 그일라 구역 절반을 다스리던 사람입니다.

18 그 다음은 헤나닷의 아들 바왜가 친척인 레위 사람들과 함께 일했습니다. 바왜는 그일라 구역의 나머지 절반을 다스리던 사람입니다.

19 그 다음은 예수아의 아들 에셀이 일했습니다. 에셀은 미스바를 다스리던 사람입니다. 그는 성벽의 다른 부분을 보수했습니다. 그는 무기 창고로 올라가는 길 맞은편에서부터 성벽이 꺾이는 곳까지 보수했습니다.

20 그 다음은 삽배의 아들 바룩이 열심히 보수했습니다. 그는 성벽이 꺾이는 곳에서부터 대제사장 엘리아십의 집 문까지 보수했습니다.

21 그 다음은 우리야의 아들 므레못이 보수했습니다. 우리야는 학고스의 아들입니다. 그는 성벽의 다른 부분, 곧 엘리아십의 집 문에서부터 그 집 끝까지 보수했습니다.

22 그 다음은 그 주위에 사는 제사장들이 보수했습니다.

23 그 다음은 베냐민과 핫숩이 자기 집 앞에서 일했습니다. 그 다음은 마아세야의 아들 아사랴가 자기 집 옆을 보수했습니다. 마아세야는 아나냐의 아들입니다.

24 그 다음은 헤나닷의 아들 빈누이가 성벽의 다른 부분, 곧 아사랴의 집에서부터 성벽이 꺾이는 곳을 지나 모퉁이까지 보수했습니다.

25 우새의 아들 발랄은 성벽이 꺾이는 곳의 맞은편과 윗 왕궁에서 튀어나온 망대를 보수했습니다. 그 망대는 왕의 경호대 뜰에서 가까운 곳에 있습니다. 그 다음은 바로스의 아들 브다야가 보수했습니다.

26 성전 종들인 느디님 사람들은 오벨 언덕 위에 살았습니다. 그들은 동쪽으로 '물 문' 맞은편까지, 그리고 왕궁에서 튀어나온 망대가 있는 곳까지 보수했습니다.

Shallum* son of Col-hozeh, the leader of the Mizpah district. He rebuilt it, roofed it, set up its doors, and installed its bolts and bars. Then he repaired the wall of the pool of Siloam* near the king's garden, and he rebuilt the wall as far as the stairs that descend from the City of David. •Next to

16 him was Nehemiah son of Azbuk, the leader of half the district of Beth-zur. He rebuilt the wall from a place across from the tombs of David's family as far as the water reservoir and the House of the Warriors.

17 •Next to him, repairs were made by a group of Levites working under the supervision of Rehum son of Bani. Then came Hashabiah, the leader of half the district of Keilah, who supervised the building of the

18 wall on behalf of his own district. •Next down the line were his countrymen led by Binnui* son of Henadad, the leader of the other half of the district of Keilah.

19 •Next to them, Ezer son of Jeshua, the leader of Mizpah, repaired another section of wall across from the ascent to the armory

20 near the angle in the wall. •Next to him was Baruch son of Zabbai, who zealously repaired an additional section from the angle to the door of the house of Eliashib

21 high priest. •Meremoth son of Uriah and grandson of Hakkoz rebuilt another section of the wall extending from the door of Eliashib's house to the end of the house.

22 •The next repairs were made by the

23 priests from the surrounding region. •After them, Benjamin and Hasshub repaired the section across from their house, and Azariah son of Maaseiah and grandson of Ananiah repaired the section across from his house.

24 •Next was Binnui son of Henadad, who rebuilt another section of the wall from Azariah's house to the angle and the corner.

25 •Palal son of Uzai carried on the work from a point opposite the angle and the tower that projects up from the king's upper house beside the court of the guard. Next to him

26 were Pedaiah son of Parosh, •with the Temple servants living on the hill of Ophel, who repaired the wall as far as a point across from the Water Gate to the east and the

---

armory [ɑ́ːrməri] *n.* 병기고
reservoir [rézərvwɑːr] *n.* 저수지
zealously [zéləsli] *ad.* 열심으로

3:15a As in Syriac version; Hebrew reads *Shallun.* 3:15b Hebrew *pool of Shelah,* another name for the pool of Siloam. 3:18 As in a few Hebrew manuscripts, some Greek manuscripts, and Syriac version (see also 3:24; 10:9); most Hebrew manuscripts read *Bavvai.*
3:15 또는 '셀라 못가' 라고도 한다.

27 그 다음은 드고아 사람들이 보수했습니다. 그들은 왕궁에서 튀어나온 큰 망대에서부터 오벨 성벽까지 보수했습니다.

28 제사장들은 '말 문'에서 성벽까지 보수했습니다. 그들은 각기 자기 집 앞 성벽을 보수했습니다.

29 그 다음은 임멜의 아들 사독이 자기 집 맞은편을 보수했습니다. 그 다음은 동문의 문지기인 스가냐의 아들 스마야가 보수했습니다.

30 그 다음은 셀레먀의 아들 하나냐와 살랍의 여섯째 아들 하눈이 다른 쪽 성벽을 보수했습니다. 그 다음은 베레갸의 아들 므술람이 자기 사는 곳 맞은편을 보수했습니다.

31 그 다음은 금세공업자 말기야가 보수했습니다. 말기야는 성전 종들과 상인들의 집, 곧 '점호 문' 맞은편과 성벽 모퉁이 위의 방까지 보수했습니다.

32 성벽 모퉁이 위의 방에서 '양 문'까지는 금세공업자들과 상인들이 보수했습니다.

성벽 쌓는 일을 방해한 사람들

4 산발랏은 우리가 성벽을 보수하고 있다는 것을 듣고 몹시 화를 내며 분을 참지 못했습니다. 그는 유다 사람들을 비웃었습니다.

2 그가 자기 친구들과 사마리아 군대 장교들에게 말했습니다. "이 미약한 유다 사람들이 도대체 무슨 일을 하고 있는 건가? 그들이 성벽을 다시 쌓을 수 있을까? 그들이 제물을 바칠 수 있을까? 그들은 하루 만에 성벽을 다시 쌓을 수 있다고 생각하나 보다. 그러나 쓰레기요, 잿더미에 지나지 않는 돌들을 다시 세울 수는 없을 것이다."

3 암몬 사람 도비야가 산발랏 곁에 있다가 말했습니다. "그들이 쌓고 있는 성벽은 여우 한 마리가 올라가더라도 무너지게 될 것입니다."

4 나 느헤미야가 기도드렸습니다. "우리의 하나님, 우리의 기도를 들어주십시오. 우리는 미움을 받고 있습니다. 산발랏과 도비야가 하는 욕이 그들에게 되돌아가게 해 주십시오. 그들이 다른 나라로 잡혀가게 해 주십시오.

5 그들의 허물을 가리지 마십시오. 그들의 죄를 못 본 체하지 마십시오. 그들은 성벽을 쌓고 있는 사람들 앞에서 하나님을 욕되게 했습니다."

6 우리는 성벽 쌓는 일을 계속하여 절반쯤 쌓았습니다. 백성들은 힘닿는 데까지 열심히 일했습니다.

7 그러나 산발랏과 도비야와 아라비아 사람들과 암몬 사람들과 아스돗 사람들은 예루살렘 성벽을 보수하는 일이 계속되고 성벽의 틈새도 메워지고 있다는 말을 듣자 화를 냈습니다.

---

27 projecting tower. •Then came the people of Tekoa, who repaired another section across from the great projecting tower and over to the wall of Ophel.

28 •Above the Horse Gate, the priests repaired the wall. Each one repaired the section immediately

29 across from his own house. •Next Zadok son of Immer also rebuilt the wall across from his own house, and beyond him was Shemaiah son of Shecaniah, the gatekeep-

30 er of the East Gate. •Next Hananiah son of Shelemiah and Hanun, the sixth son of Zalaph, repaired another section, while Meshullam son of Berekiah rebuilt the wall

31 across from where he lived. •Malkijah, one of the goldsmiths, repaired the wall as far as the housing for the Temple servants and merchants, across from the Inspection Gate. Then he continued as far as the upper room at the

32 corner. •The other goldsmiths and merchants repaired the wall from that corner to the Sheep Gate.

Enemies Oppose the Rebuilding

4 *•*Sanballat was very angry when he learned that we were rebuilding the wall. He flew into a rage and mocked the Jews,

2 •saying in front of his friends and the Samarian army officers, "What does this bunch of poor, feeble Jews think they're doing? Do they think they can build the wall in a single day by just offering a few sacrifices?* Do they actually think they can make something of stones from a rubbish heap—and charred ones at that?"

3 •Tobiah the Ammonite, who was standing beside him, remarked, "That stone wall would collapse if even a fox walked along the top of it!"

4 •Then I prayed, "Hear us, our God, for we are being mocked. May their scoffing fall back on their own heads, and may they themselves

5 become captives in a foreign land! •Do not ignore their guilt. Do not blot out their sins, for they have provoked you to anger here in front of* the builders."

6 •At last the wall was completed to half its height around the entire city, for the people had worked with enthusiasm.

7 *•*But when Sanballat and Tobiah and the Arabs, Ammonites, and Ashdodites heard that

char [tʃɑːr] *vt.* 까맣게 태우다
feeble [fíːbl] *a.* 힘없는, 약한
rubbish [rʌ́biʃ] *n.* 쓰레기
4:5 **blot out** : 지우다

4:1 Verses 4:1-6 are numbered 3:33-38 in Hebrew text. 4:2 The meaning of the Hebrew is uncertain. 4:5 Or *for they have thrown insults in the face of.* 4:7 Verses 4:7-23 are numbered 4:1-17 in Hebrew text.

8 그들은 예루살렘에 해를 끼칠 궁리를 했습니다. 예루살렘에 와서 싸움을 걸고 혼란에 빠뜨릴 계획을 세운 것입니다.

9 그래서 우리는 하나님께 기도드렸습니다. 또한 경비병을 세워 밤낮으로 지키게 했습니다.

10 그때, 유다 백성이 이렇게 말했습니다. "일꾼들이 지쳐 가고 있다. 온통 먼지와 흙더미뿐이다. 우린 이제 성벽 쌓는 일에 지쳤다."

11 더구나 우리의 원수들은 이렇게 말했습니다. "우리는 아무도 모르게 유다 사람들을 죽여 버리고 그들이 하던 일을 그만두게 할 것이다."

12 원수들 가까이에 사는 유다 사람들이 와서 "적들이 우리를 공격하려고 호시탐탐 기회를 노리고 있습니다" 하고 열 번이나 일러 주었습니다.

13 그래서 나는 집안별로 몇 사람을 뽑아 성벽 뒤 가장 낮은 곳의 빈터에 두었습니다. 그들은 칼과 창과 활을 가지고 그 자리를 지켰습니다.

14 그런 뒤에 나는 둘레를 살펴보고 자리에서 일어나 귀족과 관리와 백성들에게 말했습니다. "그들을 두려워하지 마십시오. 주를 기억하십시오. 주는 두렵고 위대하신 분입니다. 여러분의 형제와 자녀와 가정을 위해 싸우십시오."

15 원수들은 자기들의 계획이 탄로났다는 것을 알게 되었습니다. 하나님께서 그들의 계획을 헛되게 하셨습니다. 그래서 우리 모두는 다시 성벽 쌓는 일을 시작했습니다. 사람마다 자기 일터로 돌아갔습니다.

16 그날부터 내 종들 가운데 절반은 성벽 쌓는 일을 하고, 나머지 절반은 창과 방패와 활과 갑옷으로 무장했습니다. 그리고 관리들은 성벽을 쌓는 유다 백성 뒤에 섰습니다.

17 짐을 나르는 사람은 한 손으로 짐을 나르고 다른 한 손으로는 무기를 들었습니다.

18 성벽 쌓는 사람도 허리에 칼을 차고 일했습니다. 나팔 부는 사람은 내 곁에 있었습니다.

19 나는 귀족과 관리와 백성들에게 말했습니다. "이 일은 매우 방대하오. 게다가 우리는 성벽을 따라 넓게 퍼져서 서로 떨어진 채 일하고 있소.

20 그러니 여러분은 어디에서든지 나팔 소리가 나거든 그곳으로 모이시오. 우리의 하나님께서 우리를 위해 싸워 주실 것이오."

21 그렇게 우리는 일을 계속했습니다. 절반은 창을 들고 일했습니다. 우리는 해가 뜰 때부터 별이 보일 때까지 일했습니다.

22 그때, 내가 또 백성에게 말했습니다. "밤에는 누구나 다 자기의 부하와 함께 예루살렘 안으로 들어와 묵으면서 보초를 서고, 낮에는 일을 하시오."

the work was going ahead and that the gaps in the wall of Jerusalem were being repaired,

8 they were furious. •They all made plans to come and fight against Jerusalem and throw

9 us into confusion. •But we prayed to our God and guarded the city day and night to protect ourselves.

10 •Then the people of Judah began to complain, "The workers are getting tired, and there is so much rubble to be moved. We will never be able to build the wall by ourselves."

11 •Meanwhile, our enemies were saying, "Before they know what's happening, we will swoop down on them and kill them and end their work."

12 •The Jews who lived near the enemy came and told us again and again, "They will come from all directions and attack us!"*

13 •So I placed armed guards behind the lowest parts of the wall in the exposed areas. I stationed the people to stand guard by families, armed with swords, spears, and bows.

14 •Then as I looked over the situation, I called together the nobles and the rest of the people and said to them, "Don't be afraid of the enemy! Remember the Lord, who is great and glorious, and fight for your brothers, your sons, your daughters, your wives, and your homes!"

15 •When our enemies heard that we knew of their plans and that God had frustrated them, we all returned to our work on the

16 wall. •But from then on, only half my men worked while the other half stood guard with spears, shields, bows, and coats of mail. The leaders stationed themselves behind

17 the people of Judah •who were building the wall. The laborers carried on their work with one hand supporting their load and one

18 hand holding a weapon. •All the builders had a sword belted to their side. The trumpeter stayed with me to sound the alarm.

19 •Then I explained to the nobles and officials and all the people, "The work is very spread out, and we are widely separated

20 from each other along the wall. •When you hear the blast of the trumpet, rush to wherever it is sounding. Then our God will fight for us!"

21 •We worked early and late, from sunrise to sunset. And half the men were always on

22 guard. •I also told everyone living outside the walls to stay in Jerusalem. That way they

---

mortgage [mɔ́ːrgidʒ] *vt.* 저당잡히다
redeem [ridíːm] *vt.* 되사다, 되찾다
station [stéiʃən] *vt.* 배치하다, 주둔시키다
4:11 swoop down on … : …에 급습하다

4:12 The meaning of the Hebrew is uncertain.

23 나와 형제들과 종들과 나를 따라다니는 경호병들은 그 누구도 자기 옷을 벗지 않았습니다. 물을 길으러 갈 때조차도 무기를 가지고 다녔습니다.

가난한 사람들을 돕는 느헤미야

5 백성 가운데 어떤 사람들이 자기 아내와 더불어 그 형제 유다 사람들에게 큰 소리로 불평했습니다.

2 그 사람들은 이렇게 말했습니다. "우리는 자식들이 많아서 식구가 많다. 살아남으려면 먹을 곡식이 필요하다."

3 어떤 사람들은 이렇게 말했습니다. "먹을 것이 너무 부족하다. 곡식을 얻으려면 밭과 포도원과 집을 저당 잡힐 수밖에 없다."

4 또 어떤 사람들은 이렇게 말했습니다. "왕에게 세금을 바치려면 밭과 포도원을 저당 잡히고 돈을 빌려 쓸 수밖에 없다.

5 우리는 다른 유다 민족과 다를 바가 없으며, 우리의 아이들도 그들의 자녀만큼 귀하다. 그런데도 우리는 아들딸을 노예로 팔아야 한다. 우리의 딸들 중에는 벌써 팔린 아이도 있다. 더구나 우리의 밭과 포도원이 이미 다른 사람들에게 넘어갔는데도 우리가 할 수 있는 일은 아무것도 없다."

6 그들의 불평하는 말을 듣고, 나 역시 너무나 화가 났습니다.

7 나는 그 일에 대해서 생각한 뒤, 귀족들과 관리들을 나무랐습니다. 나는 이렇게 말했습니다. "여러분은 여러분의 형제들에게 빌려 준 돈에 대해서 이자를 너무나 많이 받고 있소." 나는 이 문제를 다루기 위해 집회를 열었습니다.

8 나는 그들에게 이렇게 말했습니다. "우리의 동포 유다 사람들이 다른 나라에 팔려 갔지만, 우리는 힘 닿는 대로 그들의 몸값을 치르고 데려왔소. 그런데 지금 여러분은 여러분의 동포를 팔고 있소. 우리가 우리 동포를 같은 동포에게 몸값을 받고 팔다니, 이게 말이나 되는 일이오?" 관리들은 잠자코 있었습니다. 그들은 아무 말도 할 수 없었습니다.

9 내가 또 말했습니다. "여러분이 하는 일은 옳지 않소. 여러분은 하나님을 두려워하며 살아야 하오. 우리의 이방인 원수들이 우리를 비웃는 일은 없어야 하지 않겠소?

10 나와 내 형제들과 내 종들도 이 백성들에게 돈과 곡식을 빌려 주고 있소. 하지만 이자를 받는 일은 하지 맙시다.

11 그들의 밭과 포도원과 올리브 나무와 집을 당장 돌려주시오. 그리고 돈과 곡식과 새 포도주와 기름을 빌려 주고 받은 이자도 돌려주시오."

12 그들이 말했습니다. "돌려주겠습니다. 그들에게서

and their servants could help with guard duty at night and work during the day. 23 •During this time, none of us—not I, nor my relatives, nor my servants, nor the guards who were with me—ever took off our clothes. We carried our weapons with us at all times, even when we went for water.*

Nehemiah Defends the Oppressed

5 About this time some of the men and their wives raised a cry of protest against their fellow Jews. 2 •They were saying, "We have such large families. We need more food to survive."

3 •Others said, "We have mortgaged our fields, vineyards, and homes to get food during the famine."

4 •And others said, "We have had to borrow money on our fields and vineyards 5 to pay our taxes. •We belong to the same family as those who are wealthy, and our children are just like theirs. Yet we must sell our children into slavery just to get enough money to live. We have already sold some of our daughters, and we are helpless to do anything about it, for our fields and vineyards are already mortgaged to others."

6 •When I heard their complaints, I was 7 very angry. •After thinking it over, I spoke out against these nobles and officials. I told them, "You are hurting your own relatives by charging interest when they borrow money!" Then I called a public meeting to deal with the problem.

8 •At the meeting I said to them, "We are doing all we can to redeem our Jewish relatives who have had to sell themselves to pagan foreigners, but you are selling them back into slavery again. How often must we redeem them?" And they had nothing to say in their defense.

9 •Then I pressed further, "What you are doing is not right! Should you not walk in the fear of our God in order to avoid being 10 mocked by enemy nations? •I myself, as well as my brothers and my workers, have been lending the people money and grain, but now let us stop this business of charging 11 interest. •You must restore their fields, vineyards, olive groves, and homes to them this very day. And repay the interest you charged when you lent them money, grain, new wine, and olive oil."

12 •They replied, "We will give back everything and demand nothing more from the people. We will do as you say." Then I called

....
4:23 Or *Each carried his weapon in his right hand.* Hebrew reads *Each his weapon the water.* The meaning of the Hebrew is uncertain.

아무것도 받지 않겠습니다. 당신이 말한 대로 하겠습니다." 나는 제사장들을 불렀습니다. 그리고 귀족과 관리들에게 그들이 한 말을 지키겠다는 맹세를 하게 했습니다.

13 나는 내 옷의 주머니를 털어 보이며 말했습니다. "누구든지 자기 약속을 지키지 않는 사람은 하나님께서 그 집과 재산을 이렇게 털어 버리실 것이오, 그런 사람은 빈털터리가 되고 말 것이오." 그러자 그곳에 있는 모든 사람이 "아멘"이라고 말했습니다. 그들은 여호와를 찬양했으며 사람들은 약속을 지켰습니다.

14 나는 아닥사스다 왕 이십 년에 유다 땅의 총독으로 임명되었습니다. 나는 아닥사스다 왕 삼십이 년까지 십이 년 동안 총독으로 있었습니다. 그동안, 나와 내 형제는 총독에게 지급되는 음식을 먹지 않았습니다.

15 나보다 먼저 총독으로 있던 사람들은 백성에게 무거운 짐을 지웠습니다. 그들은 각 사람에게서 은 사십 세겔*을 거두었습니다. 그리고 그들은 음식과 포도주도 거두어들였습니다. 심지어 그들의 종들까지도 백성을 부려 먹었습니다. 그러나 나는 하나님을 두려워하기 때문에 그런 일은 하지 않았습니다.

16 나는 성벽 쌓는 일에 힘을 쏟았습니다. 그곳에 모인 내 종들도 그러했습니다. 우리는 밭을 사들이지 않았습니다.

17 게다가 나는 우리 주변의 여러 나라에서 온 사람 말고도 유다 사람과 관리 백오십 명을 먹여 살렸습니다.

18 그들을 먹여 살리기 위해 날마다 황소 한 마리와 기름진 양 여섯 마리와 닭들을 준비했습니다. 그리고 열흘에 한 번씩 각종 포도주도 준비했습니다. 그러나 나는 총독이 되면 당연히 받아야 할 음식을 한 번도 달라고 하지 않았습니다. 그렇게 한 까닭은 백성들의 짐이 너무 크다는 것을 알고 있었기 때문입니다.

19 "나의 하나님, 내가 이 백성을 위해 한 모든 일을 기억하시고 나에게 자비를 베풀어 주십시오."

느헤미야가 풀어야 할 다른 문제들

6 내가 빈틈 하나 남기지 않고 성벽을 다 쌓았다는 말을 산발랏과 도비야와 아라비아 사람 게셈을 포함하여 우리의 원수들이 들었습니다. 하지만 그 때까지도 문짝은 달지 못한 상태였습니다.

2 산발랏과 게셈이 나에게 전갈을 보냈습니다. "느헤미야여, 오노 평야의 한 마을에서 만납시다." 그러나 그들은 나를 해칠 계획을 꾸미고 있었습니다.

3 그래서 나는 사람들을 보내어 이렇게 말했습니다. "지금 중요한 일을 하고 있으므로 내려갈 수 없소. 이

the priests and made the nobles and officials swear to do what they had promised.

13 •I shook out the folds of my robe and said, "If you fail to keep your promise, may God shake you like this from your homes and from your property!"

The whole assembly responded, "Amen," and they praised the LORD. And the people did as they had promised.

14 •For the entire twelve years that I was governor of Judah—from the twentieth year to the thirty-second year of the reign of King Artaxerxes*—neither I nor my officials drew

15 on our official food allowance. •The former governors, in contrast, had laid heavy burdens on the people, demanding a daily ration of food and wine, besides forty pieces* of silver. Even their assistants took advantage of the people. But because I feared God, I did not act that way.

16 •I also devoted myself to working on the wall and refused to acquire any land. And I required all my servants to spend time work-

17 ing on the wall. •I asked for nothing, even though I regularly fed 150 Jewish officials at my table, besides all the visitors from other

18 lands! •The provisions I paid for each day included one ox, six choice sheep or goats, and a large number of poultry. And every ten days we needed a large supply of all kinds of wine. Yet I refused to claim the governor's food allowance because the people already carried a heavy burden.

19 •Remember, O my God, all that I have done for these people, and bless me for it.

Continued Opposition to Rebuilding

6 Sanballat, Tobiah, Geshem the Arab, and the rest of our enemies found out that I had finished rebuilding the wall and that no gaps remained—though we had not yet set

2 up the doors in the gates. •So Sanballat and Geshem sent a message asking me to meet them at one of the villages* in the plain of Ono.

But I realized they were plotting to harm

3 me, •so I replied by sending this message to them: "I am engaged in a great work, so I

---

allowance [əláuəns] *n.* 수당
intimidate [intímədèit] *vt.* 협박하다; 겁주다
poultry [póultri] *n.* 닭·오리 등의 가금류
ration [ræʃən] *n.* 일정한 배급량; 식량
5:14 draw on… : …에 의존하다, 요구하다
5:15 in contrast : 그에 반해서

5:14 That is, 445–433 B.C. **5:15** Hebrew *40 shekels* [1 pound or 456 grams]. **6:2** As in Greek version; Hebrew reads *at Kephirim.*

5:15 40세겔은 약 456g에 해당된다.

일을 끝마치기 전까지는 당신들을 만날 수 없소."

4 산발랏과 게셈은 똑같은 전갈을 네 번이나 보냈습니다. 그때마다 나는 똑같은 대답을 하였습니다.

5 산발랏이 다섯 번째로 자기 종을 시켜 나에게 전갈을 보냈습니다. 그 종의 손에는 봉하지 않은 편지가 들려 있었습니다.

6 그 편지의 내용은 이러합니다. "당신과 유다 사람들이 왕에게 반역할 계획을 세우고 있다는 소문이 온 나라에 퍼지고 있소. 가스무*도 그 소문이 옳다고 말하고 있소. 당신이 성벽을 쌓고 있는 것도 그 때문이라고 하오. 그 소문에 따르면, 당신이 그들의 왕이 되려 하고 있다는 것이오.

7 또한 당신이 예언자들을 내세워 예루살렘에서 '유다에 왕이 있다!'라고 선언하게 한다는 것이오. 왕도 이 말을 듣게 될 것이오. 그러니 이 문제를 가지고 함께 이야기해 봅시다."

8 그래서 내가 그에게 답장을 보냈습니다. "당신이 한 말은 사실이 아니오. 그것은 당신이 마음대로 지어낸 생각일 뿐이오."

9 우리의 원수들은 우리에게 겁을 주려 했습니다. 그들은 그렇게 하면 우리가 힘을 잃고 성벽 쌓는 일도 하지 못할 줄 알았던 것입니다. 그러나 나는 "하나님, 내 손에 힘을 주십시오"라고 기도했습니다.

10 어느 날, 나는 들라야의 아들 스마야의 집으로 갔습니다. 들라야는 므헤다벨의 아들입니다. 스마야는 자기 집 안에서 나오지 못하고 있었습니다. 스마야가 말했습니다. "느헤미야여, 하나님의 성전에서 만납시다. 성전 안으로 들어가 문을 닫고 잠가 버립시다. 밤이 되면, 사람들이 당신을 죽이러 올 것입니다."

11 하지만 나는 이렇게 말했습니다. "나 같은 사람이 왜 도망을 가야 하오? 왜 내가 성전으로 도망가서 목숨을 건져야 하오? 나는 가지 않겠소."

12 나는 스마야의 말을 들으면서 그것이 하나님께 받은 말씀이 아니라는 사실을 깨달았습니다. 도비야와 산발랏이 그에게 돈을 주어 나에게 이런 예언을 하게 한 것입니다.

13 그들이 스마야에게 돈을 준 까닭은 나에게 겁을 주어 죄를 짓게 하려는 것이었습니다. 그렇게 되면 나에 대해 좋지 않은 소문을 퍼뜨려 나를 해칠 수 있기 때문입니다.

14 나는 이렇게 기도했습니다. "나의 하나님, 도비야와 산발랏을 잊지 말아 주십시오. 그들이 한 일을 잊지 말아 주십시오. 그리고 여예언자 노아댜와 나에게 겁을 주려 한 다른 예언자들도 잊지 말아 주십시오."

성벽 쌓는 일을 마치다

15 마침내 예루살렘의 성벽 쌓는 일을 마쳤습니다. 그

can't come. Why should I stop working to come and meet with you?"

4 Four times they sent the same message, 5 and each time I gave the same reply. The fifth time, Sanballat's servant came with an 6 open letter in his hand, and this is what it said:

"There is a rumor among the surrounding nations, and Geshem* tells me it is true, that you and the Jews are planning to rebel and that is why you are building the wall. According to his reports, you 7 plan to be their king. He also reports that you have appointed prophets in Jerusalem to proclaim about you, 'Look! There is a king in Judah!'

"You can be very sure that this report will get back to the king, so I suggest that you come and talk it over with me."

8 I replied, "There is no truth in any part of your story. You are making up the whole thing."

9 They were just trying to intimidate us, imagining that they could discourage us and stop the work. So I continued the work with even greater determination.*

10 Later I went to visit Shemaiah son of Delaiah and grandson of Mehetabel, who was confined to his home. He said, "Let us meet together inside the Temple of God and bolt the doors shut. Your enemies are coming to kill you tonight."

11 But I replied, "Should someone in my position run from danger? Should someone in my position enter the Temple to save his 12 life? No, I won't do it!" I realized that God had not spoken to him, but that he had uttered this prophecy against me because 13 Tobiah and Sanballat had hired him. They were hoping to intimidate me and make me sin. Then they would be able to accuse and discredit me.

14 Remember, O my God, all the evil things that Tobiah and Sanballat have done. And remember Noadiah the prophet and all the prophets like her who have tried to intimidate me.

The Builders Complete the Wall

15 So on October 2* the wall was finished—

6:6 Hebrew *Gashmu*, a variant spelling of Geshem. 6:9 As in Greek version; Hebrew reads *But now to strengthen my hands.* 6:15 Hebrew *on the twenty-fifth day of the month Elul,* of the ancient Hebrew lunar calendar. This day was October 2, 445 B.C.; also see note on 1:1.

6:6 '게셈'이라고도 한다.

때는 엘룰 월 이십오 일*이었습니다. 성벽을 다 쌓는 데 오십이 일이 걸렸습니다.

16 우리의 원수들이 그 소식을 들었고 주변의 모든 나라들이 그 모습을 보았습니다. 그들은 이 일이 하나님의 도우심으로 이루어진 사실을 알고 두려워 떨며 겸손히 있었습니다.

17 그런데 성벽을 쌓을 동안 유다의 귀족들이 도비야와 편지를 여러 번 주고받았습니다.

18 많은 유다 사람들이 도비야에게 충성을 맹세했습니다. 왜냐하면 도비야는 아라의 아들 스가냐의 사위였기 때문입니다. 도비야의 아들 여호하난도 베레가의 아들 므술람의 딸과 결혼했습니다.

19 그 귀족들은 내 앞에서 도비야를 칭찬한 뒤, 내가 하는 말을 도비야에게 일러바쳤습니다. 그래서 도비야는 나에게 겁을 주는 편지를 보냈습니다.

7 성벽을 다 쌓은 뒤에 나는 문들을 제자리에 달고 문지기와 노래하는 사람과 레위 사람들을 뽑아 각각 일을 맡겼습니다.

2 나는 내 동생인 하나니에게 왕궁의 지휘관인 하나냐와 더불어 예루살렘을 맡겼습니다. 하나냐는 정직하며 다른 누구보다도 하나님을 두려워하는 사람이었습니다.

3 내가 그들에게 말했습니다. "해가 떠서 더워지기 전에는 예루살렘의 문을 열지 마시오. 문지기들이 문을 지키고 있을 때에 그들더러 문을 닫아걸고 빗장을 지르라고 하시오. 예루살렘에 사는 사람들을 경비원으로 세우시오. 경비 초소와 자기 집 앞에 사람들을 세워 지키게 하시오."

포로 생활을 마치고 돌아온 사람들

4 성은 크고 넓었지만, 거기에 사는 사람은 얼마 되지 않았습니다. 그리고 아직 집들도 지어지지 않았습니다.

5 그래서 하나님께서 나에게 사람들을 모으게 하셨습니다. 나는 귀족과 지도자와 평민들을 모았습니다. 그런 다음, 집안별로 족보에 등록하도록 하였습니다. 나는 가장 먼저 유다로 돌아온 사람들의 족보를 찾았습니다. 거기에는 다음과 같이 적혀 있었습니다.

6 바빌론의 느부갓네살 왕에게 포로로 잡혀갔다가 예루살렘과 유다의 자기 마을로 돌아온 사람들은 이러합니다.

7 그들을 이끌었던 지도자는 스룹바벨과 예수아와 느헤미야와 아사랴*와 라아먀와 나하마니와 모르드개와 빌산과 미스베렛*과 비그왜와 느훔*과 바아나입니다. 이스라엘 백성의 수는 이러합니

16 just fifty-two days after we had begun. ●When our enemies and the surrounding nations heard about it, they were frightened and humiliated. They realized this work had been done with the help of our God.

17 ●During those fifty-two days, many letters went back and forth between Tobiah and the 18 nobles of Judah. ●For many in Judah had sworn allegiance to him because his father-in-law was Shecaniah son of Arah, and his son Jehohanan was married to the daughter of 19 Meshullam son of Berekiah. ●They kept telling me about Tobiah's good deeds, and then they told him everything I said. And Tobiah kept sending threatening letters to intimidate me.

7 After the wall was finished and I had set up the doors in the gates, the gatekeepers, 2 singers, and Levites were appointed. ●I gave the responsibility of governing Jerusalem to my brother Hanani, along with Hananiah, the commander of the fortress, for he was a faithful man who feared God more than most. ●I 3 said to them, "Do not leave the gates open during the hottest part of the day.* And even while the gatekeepers are on duty, have them shut and bar the doors. Appoint the residents of Jerusalem to act as guards, everyone on a regular watch. Some will serve at sentry posts and some in front of their own homes."

Nehemiah Registers the People

4 ●At that time the city was large and spacious, but the population was small, and none of the 5 houses had been rebuilt. ●So my God gave me the idea to call together all the nobles and leaders of the city, along with the ordinary citizens, for registration. I had found the genealogical record of those who had first returned to Judah. This is what was written there:

6 ●Here is the list of the Jewish exiles of the provinces who returned from their captivity. King Nebuchadnezzar had deported them to Babylon, but now they returned to Jerusalem and the other towns in Judah 7 where they originally lived. ●Their leaders were Zerubbabel, Jeshua, Nehemiah, Seraiah,* Reelaiah,* Nahamani, Mordecai, Bilshan, Mispar,* Bigvai, Rehum,* and

---

7:3 Or *Keep the gates of Jerusalem closed until the sun is hot.* 7:7a As in parallel text at Ezra 2:2; Hebrew reads *Azariah.* 7:7b As in parallel text at Ezra 2:2; Hebrew reads *Raamiah.* 7:7c As in parallel text at Ezra 2:2; Hebrew reads *Mispereth.* 7:7d As in parallel text at Ezra 2:2; Hebrew reads *Nehum.*

6:15 이날은 B.C. 445년 10월 2일에 해당된다.
7:7 (히) '아사랴' 는 '스라야' 와 동일 인물이고(11:11), (히) '미스베렛' 은 '미스발' 과 동일 인물이며(스 2:2), (히) '느훔' 은 '르훔' 과 동일 인물이다(스 2:2).

다.

8 바로스의 자손이 이천백칠십이 명,
9 스바댜의 자손이 삼백칠십이 명,
10 아라의 자손이 육백오십이 명,
11 바핫모압의 자손, 곧 예수아와 요압의 자손이 이천팔백십팔 명,
12 엘람의 자손이 천이백오십사 명,
13 삿두의 자손이 팔백사십오 명,
14 삭개의 자손이 칠백육십 명,
15 빈누이*의 자손이 육백사십팔 명,
16 브배의 자손이 육백이십팔 명,
17 아스갓의 자손이 이천삼백이십이 명,
18 아도니감의 자손이 육백육십칠 명,
19 비그왜의 자손이 이천육십칠 명,
20 아딘의 자손이 육백오십오 명,
21 아델의 자손, 곧 히스기야의 자손이 구십팔 명,
22 하숨의 자손이 삼백이십팔 명,
23 베새의 자손이 삼백이십사 명,
24 하립*의 자손이 백십이 명,
25 기브온*의 자손이 구십오 명입니다.
26 베들레헴과 느도바마을 사람이 백팔십팔 명,
27 아나돗 사람이 백이십팔 명,
28 벧아스마웻 사람이 사십이 명,
29 기럇여아림과 그비라와 브에롯 사람이 칠백사십삼 명,
30 라마와 게바 사람이 육백이십일 명,
31 믹마스 사람이 백이십이 명,
32 벧엘과 아이 사람이 백이십삼 명,
33 다른 느보 사람이 오십이 명,
34 다른 엘람 사람이 천이백오십사 명,
35 하림 사람이 삼백이십 명,
36 여리고 사람이 삼백사십오 명,
37 로드와 하딧과 오노 사람이 칠백이십일 명,
38 스나아 사람이 삼천구백삼십 명입니다.
39 제사장은 이러합니다. 예수아 집안 여다야의 자손이 구백칠십삼 명,
40 임멜의 자손이 천오십이 명,
41 바스훌의 자손이 천이백사십칠 명,
42 하림의 자손이 천십칠 명입니다.
43 레위 사람은 이러합니다. 호다야*의 자손, 곧 예수아와 갓미엘의 자손이 칠십사 명입니다.
44 노래하는 사람은 이러합니다. 아삽의 자손이 백사십팔 명입니다.

Baanah.

This is the number of the men of Israel who returned from exile:

8	• The family of Parosh	2,172
9	• The family of Shephatiah	372
10	• The family of Arah	652
11	• The family of Pahath-moab (descendants of Jeshua and Joab)	2,818
12	• The family of Elam	1,254
13	• The family of Zattu	845
14	• The family of Zaccai	760
15	• The family of Bani*	648
16	• The family of Bebai	628
17	• The family of Azgad	2,322
18	• The family of Adonikam	667
19	• The family of Bigvai	2,067
20	• The family of Adin	655
21	• The family of Ater (descendants of Hezekiah)	98
22	• The family of Hashum	328
23	• The family of Bezai	324
24	• The family of Jorah*	112
25	• The family of Gibbar*	95
26	• The people of Bethlehem and Netophah	188
27	• The people of Anathoth	128
28	• The people of Beth-azmaveth	42
29	• The people of Kiriath-jearim, Kephirah, and Beeroth	743
30	• The people of Ramah and Geba	621
31	• The people of Micmash	122
32	• The people of Bethel and Ai	123
33	• The people of West Nebo*	52
34	• The citizens of West Elam*	1,254
35	• The citizens of Harim	320
36	• The citizens of Jericho	345
37	• The citizens of Lod, Hadid, and Ono	721
38	• The citizens of Senaah	3,930
39	• These are the priests who returned from exile: The family of Jedaiah (through the line of Jeshua)	973
40	• The family of Immer	1,052
41	• The family of Pashhur	1,247
42	• The family of Harim	1,017
43	• These are the Levites who returned from exile: The families of Jeshua and Kadmiel (descendants of Hodaviah*)	74
44	• The singers of the family of Asaph	148

allegiance [əliːdʒəns] n. 충성, 충절

7:15 As in parallel text at Ezra 2:10; Hebrew reads *Binnui*.
7:24 As in parallel text at Ezra 2:18; Hebrew reads *Hariph*.
7:25 As in parallel text at Ezra 2:20; Hebrew reads *Gibeon*.
7:33 Or *of the other Nebo.* 7:34 Or *of the other Elam.*
7:43 As in parallel text at Ezra 2:40; Hebrew reads *Hodevah*.

7:15 (히) '빈누이'는 '바니'와 동일 인물이다(스 2:10).
7:24 (히) '하립'은 '요라'와 동일 인물이다(스 2:18).
7:25 (히) '기브온'은 '깁발'과 동일 인물이다(스 2:20).
7:43 (히) '호다야'는 '호다위야'와 동일 인물이다(스 2:40).

45 문지기는 이러합니다. 살룸과 아델과 달몬과 악굽과 하디다와 소배의 자손이 백삼십팔 명입니다.

46 성전 종들은 이러합니다. 그들은 시하와 하수바와 답바옷과

47 게로스와 시아*와 바돈과

48 르바나와 하가바와 살매와

49 하난과 깃델과 가할과

50 르아야와 르신과 느고다와

51 갓삼과 웃사와 바세아와

52 베새와 므우님과 느비스심*과

53 박북과 하그바와 할훌과

54 바슬릿*과 므히다와 하르사와

55 바르고스와 시스라와 데마와

56 느시야와 하디바의 자손입니다.

57 솔로몬 종들의 자손은 이러합니다. 그들은 소대와 소베렛과 브리다*와

58 야알라와 다르곤과 깃델과

59 스바댜와 핫딜과 보게렛하스바임과 아몬*의 자손입니다.

60 성전 종들과 솔로몬 종들의 자손은 모두 삼백구십이 명입니다.

61 다음은 델멜라와 델하르사와 그룹과 앗돈*과 임멜에서 예루살렘으로 온 사람들입니다. 그러나 그들이 이스라엘 가문의 집안인지는 분명하지 않습니다. 그들의 이름과 수는 이러합니다.

62 들라야와 도비야와 느고다의 자손이 모두 육백사십이 명입니다.

63 제사장 가운데 그 집안이 이스라엘 가문의 집안인지 분명하지 않은 사람은 호바야와 학고스와 바르실래의 자손입니다. 바르실래는 길르앗 사람 바르실래의 딸과 결혼하여 여자쪽 집안의 이름을 이어받았습니다.

64 그들은 족보를 찾아보았으나 찾지 못했습니다. 그래서 그들은 부정한 사람으로 여겨져서 제사장이 되지 못했습니다.

65 유다 총독은 그들에게 하나님께 바친 음식은 아무것도 먹지 말라고 말했습니다. 그들은 제사장이 우림과 둠밈을 가지고 그들이 제사장의 자손인지 아닌지 결정을 내릴 때까지 기다려야 했습니다.

66 돌아온 사람의 수는 모두 사만 이천삼백육십 명입니다.

67 그러나 이 수에는 남종과 여종 칠천삼백삼십칠 명이 포함되어 있지 않습니다. 그

45 • The gatekeepers of the families of Shallum, Ater, Talmon, Akkub, Hatita, and Shobai　138

46 • The descendants of the following Temple servants returned from exile:
Ziha, Hasupha, Tabbaoth,

47 • Keros, Siaha,* Padon,

48 • Lebanah, Hagabah, Shalmai,

49 • Hanan, Giddel, Gahar,

50 • Reaiah, Rezin, Nekoda,

51 • Gazzam, Uzza, Paseah,

52 • Besai, Meunim, Nephusim,*

53 • Bakbuk, Hakupha, Harhur,

54 • Bazluth,* Mehida, Harsha,

55 • Barkos, Sisera, Temah,

56 • Neziah, and Hatipha.

57 • The descendants of these servants of King Solomon returned from exile:
Sotai, Hassophereth, Peruda,*

58 • Jaalah,* Darkon, Giddel,

59 • Shephatiah, Hattil, Pokereth-hazzebaim, and Ami.*

60 • In all, the Temple servants and the descendants of Solomon's servants numbered 392.

61 • Another group returned at this time from the towns of Tel-melah, Tel-harsha, Kerub, Addan,* and Immer. However, they could not prove that they or their families were descendants of Israel.

62 • This group included the families of Delaiah, Tobiah, and Nekoda—a total of 642 people.

63 • Three families of priests—Hobaiah, Hakkoz, and Barzillai—also returned. (This Barzillai had married a woman who was a descendant of Barzillai of Gilead, and he had taken her family name.) • They searched for their names in the genealogical records, but they were not found, so they were disqualified from serving as priests.

64

65 • The governor told them not to eat the priests' share of food from the sacrifices until a priest could consult the LORD about the matter by using the Urim and Thummim—the sacred lots.

66 • So a total of 42,360 people returned to Judah,

67 • in addition to 7,337 servants and 245 singers,

7:47 As in parallel text at Ezra 2:44; Hebrew reads *Sia*. 7:52 As in parallel text at Ezra 2:50; Hebrew reads *Nephushesim*. 7:54 As in parallel text at Ezra 2:52; Hebrew reads *Bazlith*. 7:57 As in parallel text at Ezra 2:55; Hebrew reads *Sotai, Sophereth, Perida*. 7:58 As in parallel text at Ezra 2:56; Hebrew reads *Jaala*. 7:59 As in parallel text at Ezra 2:57; Hebrew reads *Amon*. 7:61 As in parallel text at Ezra 2:59; Hebrew reads *Addon*.

7:47 (히) '시아' 는 '시아하' 와 동일 인물이다(스 2:44).
7:52 (히) '느비스심' 은 '느부심' 과 동일 인물이다(스 2:50).
7:54 (히) '바슬릿' 은 '바슬룻' 과 동일 인물이다(스 2:52).
7:57 (히) '브리다' 는 '브루다' 와 동일 인물이다(스 2:55).
7:59 (히) '아몬' 은 '아미' 와 동일 인물이다(스 2:57).
7:61 (히) '앗돈' 은 '앗단' 과 동일 인물이다(스 2:59).

밖에도 노래하는 남자와 여자가 이백사십오 명 있었습니다.

68 그리고 말이 칠백삼십육 마리, 노새가 이백 사십오 마리,

69 낙타가 사백삼십오 마리, 당나귀가 육천칠백 이십 마리 있었습니다.

70 집안의 지도자들 가운데서 성 쌓는 일을 위해 돈을 낸 사람이 있습니다. 총독은 창고에 금 천 다릭*과 그릇 오십 개와 제사장의 옷 오백 삼십 벌을 내놓았습니다.

71 어떤 지도자들은 성 쌓는 일을 위해 금 이만 다릭*과 은 이천이백 마네*를 창고에 내놓았 습니다.

72 그 밖에 다른 백성이 바친 것을 모두 합하면, 금이 이만 다릭이고, 은이 이천 마네*이고, 제 사장의 옷이 예순일곱 벌입니다.

73 그리하여 제사장과 레위 사람과 문지기와 노 래하는 사람과 성전 종과 다른 모든 이스라엘 백성들이 저마다 자기 마을에 자리잡고 살았 습니다.

에스라가 율법을 읽다

8 일곱째 달이 되자, 이스라엘 백성은 모두 자기 마을에 자리 잡고 살게 되었습니다. 이스라엘의 모든 백성이 '물 문' 앞 광장에 모 였습니다. 그들은 제사장이자 학자인 에스라 에게 여호와께서 이스라엘에게 주신 모세의 율법책을 읽어 줄 것을 요청했습니다.

2 그래서 제사장 에스라가 무리를 위해 율법책 을 가져왔습니다. 그때는 일곱째 달 초하루 였습니다. 남녀노소 누구나 듣고 깨달을 만 한 사람은 다 모여들었습니다.

3 에스라는 '물 문' 앞 광장에서 이른 아침부터 한낮까지 율법책을 소리 내어 읽었습니다. 에스라는 듣고 깨달을 만한 모든 사람에게 율 법책을 읽어 주었고, 그들은 율법책의 말씀 에 귀를 기울였습니다.

4 에스라는 높은 나무 단 위에 섰습니다. 그 나 무 단은 이번 일을 위해 따로 만든 것이었습 니다. 에스라의 오른쪽에는 맛디댜와 스마와 아나야와 우리야와 힐기야와 마아세야가 섰 고, 왼쪽에는 브다야와 미사엘과 말기야와 하숨과 하스밧다나와 스가랴와 므술람이 섰 습니다.

5 에스라가 율법책을 폈습니다. 에스라가 높은 데에 서 있었기 때문에 누구나 다 그를 볼 수 있었습니다. 에스라가 책을 펴자, 모든 백성 이 자리에서 일어섰습니다.

---

68 both men and women. •They took with them 736 horses, 245 mules,* •435 camels, and 6,720 donkeys.

70 •Some of the family leaders gave gifts for the work. The governor gave to the treasury 1,000 gold coins,* 50 gold basins, and 530 robes for the priests. •The other leaders gave to the treasury a total of 20,000 gold coins* and some 2,750 pounds* of silver for the work. •The rest of the people gave 20,000 gold coins, about 2,500 pounds* of silver, and 67 robes for the priests.

73 •So the priests, the Levites, the gatekeepers, the singers, the Temple servants, and some of the common people settled near Jerusalem. The rest of the people returned to their own towns throughout Israel.

Ezra Reads the Law

8 In October,* when the Israelites had settled in their towns, •all the people assembled with a unified purpose at the square just inside the Water Gate. They asked Ezra the scribe to bring out the Book of the Law of Moses, which the LORD had given for Israel to obey.

2 •So on October 8* Ezra the priest brought the Book of the Law before the assembly, which included the men and women and all the children old enough to understand. •He faced the square just inside the Water Gate from early morning until noon and read aloud to everyone who could understand. All the people listened closely to the Book of the Law.

4 •Ezra the scribe stood on a high wooden platform that had been made for the occasion. To his right stood Mattithiah, Shema, Anaiah, Uriah, Hilkiah, and Maaseiah. To his left stood Pedaiah, Mishael, Malkijah, Hashum, Hashbaddanah, Zechariah, and Meshullam. •Ezra stood on the platform in full view of all the people. When they saw him open the book, they all rose to their feet.

---

basin [béisn] *n.* 그릇

7:68 As in some Hebrew manuscripts (see also Ezra 2:66); most Hebrew manuscripts lack this verse. Verses 7:69-73 are numbered 7:68-72 in Hebrew text. 7:70 Hebrew *1,000 darics of gold,* about 19 pounds or 8.6 kilograms in weight. 7:71a Hebrew *20,000 darics of gold,* about 375 pounds or 170 kilograms in weight; also in 7:72. 7:71b Hebrew *2,200 minas* [1,300 kilograms]. 7:72 Hebrew *2,000 minas* [1,200 kilograms]. 7:73 Hebrew *In the seventh month.* This month of the ancient Hebrew lunar calendar occurred within the months of October and November 445 B.C. 8:2 Hebrew *on the first day of the seventh month,* of the ancient Hebrew lunar calendar. This day was October 8, 445 B.C.; also see note on 1:1.

7:70 1,000다릭은 약 8.4kg에 해당된다.
7:71 20,000다릭은 약 168kg에 해당되고, 2,200마네는 약 1.25t 에 해당된다.
7:72 2,000마네는 약 1.14t에 해당된다.

6 에스라가 위대하신 하나님 여호와를 찬양했습니다. 그러자 모든 백성들이 손을 들고 "아멘! 아멘!" 하고 말하면서 엎드려 얼굴을 땅에 대고 여호와께 경배하였습니다.

7 낭독을 듣기 위해 서 있는 백성들에게 레위 사람인 예수아와 바니와 세레뱌와 야민과 악굽과 사브다와 호디야와 마아세야와 그리다와 아사랴와 요사밧과 하난과 블라야가 율법을 가르쳐 주었습니다.

8 그들은 하나님의 율법책을 백성들이 알아듣기 쉽게 읽어 주었습니다. 그리고 그 뜻을 설명해 주었으므로 백성들은 그들이 읽어 주는 말씀을 깨달았습니다.

9 그런 뒤에 총독 느헤미야와 제사장이자 학자인 에스라, 그리고 백성들을 가르치던 레위 사람들이 모든 백성에게 말했습니다. "오늘은 여러분의 하나님 여호와의 거룩한 날이오. 울거나 슬퍼하지 마시오." 그들이 이 말을 한 것은 백성들이 율법의 말씀을 들으면서 울었기 때문입니다.

10 느헤미야가 말했습니다. "가서 기름진 음식을 먹고 좋은 음료수를 드십시오. 그리고 아무것도 먹을 것이 없는 사람에게는 먹을 것을 주십시오. 오늘은 주의 거룩한 날이오. 슬퍼하지 마시오. 여호와를 기뻐하는 것이 곧 여러분에게 힘이 될 것이오."

11 레위 사람들이 백성을 달래며 말했습니다. "조용히 하시오. 오늘은 거룩한 날이니 슬퍼하지 마시오."

12 그러자 모든 백성이 가서 먹고 마셨습니다. 그들은 먹을 것을 다른 사람에게도 주었고, 크게 기뻐하며 즐거워했습니다. 그들이 마침내 들은 말씀을 깨달았기 때문입니다.

13 이튿날, 모든 집안의 지도자들이 학자 에스라를 만나러 왔습니다. 그들은 율법의 말씀을 배우러 모였습니다.

14 그들은 율법을 배우다가 여호와께서 모세를 통해 이스라엘 백성에게 일곱째 달의 절기 동안 초막에서 살아야 한다고 명하셨다는 것을 발견했습니다.

15 그리고 "산으로 올라가거라. 말씀에 적힌 대로 올리브 나무와 들 올리브 나무와 화석류나무와 종려나무와 온갖 잎이 무성한 나무들의 가지를 가져다가 초막을 세워라" 하는 말을 온 마을과 예루살렘에 전해야 한다는 것도 알았습니다.

16 백성은 밖으로 나가 나뭇가지를 꺾어서 지붕 위와 마당에 초막을 세웠습니다. 그리고 성전 뜰과 '물 문' 앞 광장과 '에브라임 문' 앞 광장에도

---

6 • Then Ezra praised the LORD, the great God, and all the people chanted, "Amen! Amen!" as they lifted their hands. Then they bowed down and worshiped the LORD with their faces to the ground.

7 • The Levites—Jeshua, Bani, Sherebiah, Jamin, Akkub, Shabbethai, Hodiah, Maaseiah, Kelita, Azariah, Jozabad, Hanan, and Pelaiah—then instructed the people in the Law while everyone remained in their places. • They read

8 from the Book of the Law of God and clearly explained the meaning of what was being read, helping the people understand each passage.

9 • Then Nehemiah the governor, Ezra the priest and scribe, and the Levites who were interpreting for the people said to them, "Don't mourn or weep on such a day as this! For today is a sacred day before the LORD your God." For the people had all been weeping as they listened to the words of the Law.

10 • And Nehemiah* continued, "Go and celebrate with a feast of rich foods and sweet drinks, and share gifts of food with people who have nothing prepared. This is a sacred day before our Lord. Don't be dejected and sad, for the joy of the LORD is your strength!"

11 • And the Levites, too, quieted the people, telling them, "Hush! Don't weep! For this is a

12 sacred day." • So the people went away to eat and drink at a festive meal, to share gifts of food, and to celebrate with great joy because they had heard God's words and understood them.

The Festival of Shelters

13 • On October 9* the family leaders of all the people, together with the priests and Levites, met with Ezra the scribe to go over the Law in

14 greater detail. • As they studied the Law, they discovered that the LORD had commanded through Moses that the Israelites should live in shelters during the festival to be held that

15 month.* • He had said that a proclamation should be made throughout their towns and in Jerusalem, telling the people to go to the hills to get branches from olive, wild olive,* myrtle, palm, and other leafy trees. They were to use these branches to make shelters in which they would live during the festival, as prescribed in the Law.

16 • So the people went out and cut branches and used them to build shelters on the roofs of their houses, in their courtyards, in the court-

---

8:10 Hebrew *he*.   8:13 Hebrew *On the second day*, of the seventh month of the ancient Hebrew lunar calendar. This day was October 9, 445 B.C.; also see notes on 1:1 and 8:2.   8:14 Hebrew *in the seventh month*. This month of the ancient Hebrew lunar calendar usually occurs within the months of September and October. See Lev 23:39-43.   8:15 Or *pine*; Hebrew reads *oil tree*.

초막을 세웠습니다.

17 포로 생활을 마치고 돌아온 모든 무리가 초막을 세워 놓고 칠 일 동안, 그 안에서 살았는데, 눈의 아들 여호수아 때로부터 이때까지 이스라엘 백성이 이처럼 경축하며 기뻐한 적이 없었습니다. 그들은 매우 기뻐했습니다.

18 에스라는 첫날부터 마지막 날까지 날마다 하나님의 율법책을 읽어 주었습니다. 이스라엘 백성은 칠 일 동안 절기를 지켰습니다. 그러다가 팔 일째 되는 날에 율법대로 다시 모였습니다.

이스라엘이 죄를 털어놓다

9 그 달 이십사 일에 이스라엘 백성이 모두 모였습니다. 그들은 금식했으며 거친 베옷을 입고 머리에 재를 뒤집어썼습니다.

2 이스라엘 사람들은 다른 모든 민족과의 관계를 끊었습니다. 그들은 서서 자기와 자기 조상의 죄를 털어놓았습니다.

3 그들은 세 시간 동안, 제자리에 서서 그들의 여호와 하나님의 율법책을 읽었습니다. 그리고 그 다음 세 시간 동안은 자기들의 죄를 털어놓고 여호와 하나님께 예배드렸습니다.

4 단 위에는 레위 사람인 예수아와 바니와 갓미엘과 스바냐와 분니와 세레뱌와 또 다른 바니와 그나니가 서 있었습니다. 그들은 큰 소리로 여호와 하나님께 부르짖었습니다.

5 또 레위 사람인 예수아와 갓미엘과 바니와 하삽느야와 세레뱌와 호디야와 스바냐와 브다히야가 말했습니다. "일어나 영원하신 여러분의 하나님 여호와를 찬양하시오."

백성의 기도

"주여, 주의 놀라운 이름을 찬양합니다. 어떠한 말이나 행동으로도 주의 위대하심을 표현할 수 없습니다.

6 오직 주만이 우리의 여호와이십니다. 주께서는 하늘과 하늘 위의 하늘과 모든 별들을 지으셨습니다. 땅과 그 위의 모든 것을 지으시고 바다와 그 속의 모든 것도 지으셨습니다. 그리고 모든 것에 생명을 주셨습니다. 모든 하늘의 천사들이 주께 경배드립니다.

7 주는 하나님 여호와이십니다. 주께서 아브람을 선택하셨습니다. 그를 갈대아 우르에서 불러 내시고 그의 이름을 아브라함이라고 부르셨습니다.

8 아브라함의 마음이 주 앞에서 진실됨을 보시고 그와 언약을 맺으셨습니다. 그의 자손에게 가나안과 헷과 아모리와 브리스와 여부스와 기르가스 사람들의 땅을 주겠다고 약속하셨습니다. 주는 그 약속을 지키셨습니다. 주는 의로우십니다.

yards of God's Temple, or in the squares just inside the Water Gate and the Ephraim Gate. •So everyone who had returned from captivity lived in these shelters during the festival, and they were all filled with great joy! The Israelites had not celebrated like this since the days of Joshua* son of Nun.

18 •Ezra read from the Book of the Law of God on each of the seven days of the festival. Then on the eighth day they held a solemn assembly, as was required by law.

The People Confess Their Sins

9 On October 31* the people assembled again, and this time they fasted and dressed in burlap and sprinkled dust on their heads. •Those of Israelite descent separated themselves from all foreigners as they confessed their own sins and the sins of their ancestors. •They remained standing in place for three hours* while the Book of the Law of the LORD their God was read aloud to them. Then for three more hours they confessed their sins and worshiped the LORD their God. •The Levites—Jeshua, Bani, Kadmiel, Shebaniah, Bunni, Sherebiah, Bani, and Kenani—stood on the stairway of the Levites and cried out to the LORD their God with loud voices.

5 •Then the leaders of the Levites—Jeshua, Kadmiel, Bani, Hashabneiah, Sherebiah, Hodiah, Shebaniah, and Pethahiah—called out to the people: "Stand up and praise the LORD your God, for he lives from everlasting to everlasting!" Then they prayed:

"May your glorious name be praised! May it be exalted above all blessing and praise!

6 •You alone are the LORD. You made the skies and the heavens and all the stars. You made the earth and the seas and everything in them. You preserve them all, and the angels of heaven worship you.

7 •You are the LORD God, who chose Abram and brought him from Ur of the Chaldeans and renamed him Abraham.

8 •When he had proved himself faithful, you made a covenant with him to give him and his descendants the land of the Canaanites, Hittites, Amorites, Perizzites, Jebusites, and Girgashites. And you have done what you promised, for you are

---

8:17 Hebrew *Jeshua*, a variant spelling of Joshua. 9:1 Hebrew *On the twenty-fourth day of that same month,* the seventh month of the ancient Hebrew lunar calendar. This day was October 31, 445 B.C.; also see notes on 1:1 and 8:2. 9:3 Hebrew *for a quarter of a day.*

9 주는 우리 조상이 이집트에서 고통당하는 것을 보셨고, 홍해에서 부르짖는 것을 들으셨습니다.

10 주는 파라오와 그의 신하와 모든 이집트 백성 앞에서 기사와 이적을 일으키셨습니다. 주는 그들이 얼마나 교만한지 아시고 모든 이에게 주의 이름을 알게 하셨습니다. 주의 이름은 오늘날까지도 명성을 떨치고 있습니다.

11 주는 우리 조상 앞에서 바다를 가르시고, 우리 조상을 마른 땅 위로 걸어가게 하셨습니다. 그러나 우리를 뒤쫓던 사람들은 깊은 물속에 처넣으셨습니다. 돌이 거친 물살 속으로 빠지듯이 그들은 바다 밑으로 가라앉았습니다.

12 낮에는 구름 기둥으로, 밤에는 불 기둥으로 우리 조상이 가야 할 길을 인도하셨습니다.

13 또 시내 산에 내려오셔서 우리 조상에게 말씀하셨습니다. 주는 그들에게 바른 규례와 참된 율법을 주셨습니다.

14 그들에게 주의 거룩한 안식일을 가르치시고 주의 종 모세를 통해 계명과 규례와 율법을 주셨습니다.

15 그들이 굶주릴 때는 하늘로부터 양식을 주셨고, 목마를 때는 바위에서 물을 내셨습니다. 또 그들에게 주시겠다고 약속하신 땅으로 들어가 그 땅을 차지하라고 말씀하셨습니다.

16 그러나 우리 조상은 교만하여 고집을 피웠습니다. 그들은 주의 명령에 복종하지 않았습니다.

17 그들은 말씀을 듣지 않았고 주께서 그들 가운데 행하신 기적을 잊어버렸습니다. 그들은 고집을 피우며 주께 반역을 꾀했고 우두머리를 뽑아 종살이의 길로 되돌아가려고 했습니다. 그러나 주는 용서하는 하나님이십니다. 주는 은혜로우시고 자비로우시며 쉽게 노하지 않으시고 사랑이 많으신 분이라 그들을 버리지 않으셨습니다.

18 우리 조상은 송아지 우상까지 만들어 '이것이 우리를 이집트에서 인도해 낸 우리의 하나님이다' 라고 말했습니다. 그들은 하나님을 멸시하고 죄를 지었습니다.

19 주는 사랑이 많으셔서 그들을 광야에 버리지 않으셨습니다. 낮에는 구름 기둥으로 길을 인도하셨고, 밤에는 불 기둥으로 인도하셨습니다. 그들이 가는 길을 그 두 기둥이 밝혀 주었습니다.

20 또 주의 선한 영을 보내어 그들을 가르치셨고 하늘에서 만나를 내려 먹게 하셨으며, 목마를 때는 물을 주셨습니다.

21 그들을 광야에서 사십 년 동안 돌봐 주셨습니다. 그들에게는 부족한 것이 없었습니다. 그들

always true to your word.

9 • "You saw the misery of our ancestors in Egypt, and you heard their cries from beside the Red Sea.* • You displayed miraculous signs and wonders against Pharaoh, his officials, and all his people, for you knew how arrogantly they were treating our ancestors. You have a glorious reputation that has never been forgotten. • You divided the sea for your people so they could walk through on dry land! And then you hurled their enemies into the depths of the sea. They sank like stones beneath the mighty waters. • You led our ancestors by a pillar of cloud during the day and a pillar of fire at night so that they could find their way.

13 • "You came down at Mount Sinai and spoke to them from heaven. You gave them regulations and instructions that were just, and decrees and commands that were good. • You instructed them concerning your holy Sabbath. And you commanded them, through Moses your servant, to obey all your commands, decrees, and instructions. • "You gave them bread from heaven when they were hungry and water from the rock when they were thirsty. You commanded them to go and take possession of the land you had sworn to give them.

16 • "But our ancestors were proud and stubborn, and they paid no attention to your commands. • They refused to obey and did not remember the miracles you had done for them. Instead, they became stubborn and appointed a leader to take them back to their slavery in Egypt.* But you are a God of forgiveness, gracious and merciful, slow to become angry, and rich in unfailing love. You did not abandon them, • even when they made an idol shaped like a calf and said, 'This is your god who brought you out of Egypt!' They committed terrible blasphemies.

19 • "But in your great mercy you did not abandon them to die in the wilderness. The pillar of cloud still led them forward by day, and the pillar of fire showed them the way through the night. • You sent your good Spirit to instruct them, and you did not stop giving them manna from heaven or water for their thirst. • For forty years you sustained them in the wilderness, and they lacked nothing. Their clothes did not wear out, and their feet did not

---

arrogantly [ǽrəɡəntli] *ad.* 거만하게
blasphemy [blǽsfəmi] *n.* 신성모독
hurl [hə́ːrl] *vt.* 세게 던지다
stubborn [stʌ́bərn] *a.* 완고한
9:21 wear out : 닳다

9:9 Hebrew *sea of reeds.* 9:17 As in Greek version; Hebrew reads *in their rebellion.*

의 옷은 해어지지 않았고, 그들의 발은 부르트지 않았습니다.

22 주께서 많은 나라와 민족들로 하여금 우리 조상에게 복종하게 하시고 더 많은 땅을 주셨습니다. 그들은 헤스본 왕 시혼의 나라와 바산 왕 옥의 나라를 차지했습니다.

23 주께서 그들에게 하늘의 별처럼 많은 자녀를 주셨습니다. 그들의 조상에게 약속하신 땅으로 그 자녀들을 인도하셨습니다.

24 그래서 그 자녀들이 그 땅을 차지하게 되었습니다. 그곳에는 가나안 사람들이 살고 있었지만 주께서 우리 조상을 위해 그들을 물리치셨습니다. 우리 조상에게 그 땅에 살고 있는 가나안 백성들과 그들의 왕까지 넘겨 주셔서 마음대로 하게 하셨습니다.

25 우리 조상은 성벽이 있는 강한 성들과 기름진 땅을 점령했습니다. 또한 좋은 것들로 가득한 집들과 다른 사람들이 파 놓은 우물과 함께 포도원과 올리브 밭과 온갖 과일나무도 차지했습니다. 배가 부르고 살이 찔 만큼 먹었으며, 주께서 주신 풍성한 복을 마음껏 누렸습니다.

26 그러나 그들은 주께 복종하지 않고 반역하였으며, 주의 가르침을 무시했습니다. 주께 돌아오라고 타이르던 예언자들을 죽이고 주께 욕된 말을 했습니다.

27 그래서 주께서 그들의 원수들을 도와 그들을 무찌르고 억누르게 하셨습니다. 하지만 괴로움에 빠진 우리 조상이 주께 부르짖자, 주께서는 하늘에서 들으시고 큰 자비를 베풀어 주셨습니다. 그들에게 구원자를 보내 주셔서 원수들의 손아귀에서 벗어나게 하셨습니다.

28 그러나 그들은 안식을 누리자마자 또다시 악한 일을 행했습니다. 그래서 주께서 원수들의 손에 넘겨주어 원수들이 그들을 다스리게 하셨습니다. 하지만 그들이 또다시 부르짖으면, 주께서는 하늘에서 들으시고 자비를 베푸셔서 그들을 구해 주셨습니다.

29 죄의 길에서 돌아와 주의 율법을 지키라고 타일렀지만, 그들은 교만해서 주의 계명을 듣지 않았습니다. 주의 율법을 지키면 살 수 있는데도 그들은 주의 율법을 어겼습니다. 그들은 고집을 피우고 교만했습니다. 그들은 말씀을 듣지 않았습니다.

30 그러나 주께서는 여러 해 동안을 참으셨습니다. 주의 예언자들을 보내셔서 주의 영으로 타일렀지만, 그들은 귀를 기울이지 않았습니다. 그래서 주께서 다른 민족들의 손에 그들을 넘기시고, 원수

swell!

22 •"Then you helped our ancestors conquer kingdoms and nations, and you placed your people in every corner of the land.* They took over the land of King Sihon of Heshbon and the land of King Og of Bashan. •You made their descendants as numerous as the stars in the sky and brought them into the land you had promised to their ancestors.

24 •"They went in and took possession of the land. You subdued whole nations before them. Even the Canaanites, who inhabited the land, were powerless! Your people could deal with these nations and their kings as they pleased. •Our ancestors captured fortified cities and fertile land. They took over houses full of good things, with cisterns already dug and vineyards and olive groves and fruit trees in abundance. So they ate until they were full and grew fat and enjoyed themselves in all your blessings.

26 •"But despite all this, they were disobedient and rebelled against you. They turned their backs on your Law, they killed your prophets who warned them to return to you, and they committed terrible blasphemies. •So you handed them over to their enemies, who made them suffer. But in their time of trouble they cried to you, and you heard them from heaven. In your great mercy, you sent them liberators who rescued them from their enemies.

28 •"But as soon as they were at peace, your people again committed evil in your sight, and once more you let their enemies conquer them. Yet whenever your people turned and cried to you again for help, you listened once more from heaven. In your wonderful mercy, you rescued them many times!

29 •"You warned them to return to your Law, but they became proud and obstinate and disobeyed your commands. They did not follow your regulations, by which people will find life if only they obey. They stubbornly turned their backs on you and refused to listen. •In your love, you were patient with them for many years. You sent your Spirit, who warned them through the prophets. But still they wouldn't listen! So once again you allowed the peoples of the

---

cistern [sístərn] n. 저수지, 우물
liberator [líbərèitər] n. 해방자
obstinate [ábstənət] a. 완고한, 고집 센
subdue [səbdjú:] vt. 정복하다
swell [swel] vi. 곪아서 부어오르다
9:22 take over : 인계받다, 접수하다
9:25 in abundance : 풍족하게

9:22 The meaning of the Hebrew is uncertain.

들이 그들을 무찌르게 하셨습니다.

31 그러나 주는 사랑 그 자체이셔서 그들 모두를 죽이지는 않으셨습니다. 그들을 버리지도 않으셨습니다. 주는 은혜가 많으시고 자비로우신 하나님이십니다.

32 우리 하나님, 주는 위대하시고 능력이 많으시고 놀라우신 하나님이십니다. 주께서는 사랑의 언약을 지켜 주십니다. 앗시리아 왕 때로부터 지금까지 당한 이 고통, 곧 우리 왕과 지도자와 제사장과 예언자와 우리 조상들과 주의 모든 백성들이 겪은 이 고난을 작은 일로 여기지 말아 주십시오.

33 우리에게 닥친 모든 일에 주는 공의로우셨습니다. 우리는 죄를 많이 지었으므로 주께서 우리가 마땅히 받아야 할 벌을 받게 하셨습니다.

34 우리의 왕과 지도자와 제사장과 조상들은 주의 율법을 행하지 않았습니다. 그들은 주께서 주신 명령과 경계의 말씀에 순종하지 않았습니다.

35 우리 조상은 자기 나라를 가졌을 때도 주를 섬기지 않았습니다. 그들은 주께서 주신 온갖 복을 누리며 기름지고 넓은 땅에 살았지만 악한 길에서 벗어나지 않았습니다.

36 보십시오. 우리는 지금 주께서 주신 땅에서 노예가 되었습니다. 좋은 것들을 마음껏 누리라고 주신 이 땅에서 우리는 노예가 되고 말았습니다.

37 이 땅에서 나는 많은 것들은 이제 다른 나라 왕들의 것이 되었습니다. 이렇게 된 것은 다 우리가 지은 죄 때문입니다. 그 왕들은 자기 마음대로 우리와 우리 가축을 다스립니다. 우리는 큰 고통 가운데 있습니다."

백성의 약속

38 "이 모든 일을 생각하며 우리는 확고한 약속을 하고 그것을 글로 적었으며, 우리 지도자들과 레위 사람들과 제사장들이 그 위에 자기가 직접 서명하였습니다."

10 약속의 글에 이름을 적은 사람은 다음과 같습니다. 하가랴의 아들 총독 느헤미야와 시드기야와

2 스라야와 아사랴와 예레미야와
3 바스훌라와 아마랴와 말기야와
4 핫두스와 스바냐와 말룩과
5 하림과 므레못과 오바댜와
6 다니엘과 긴느돈과 바룩과
7 므술람과 아비야와 미야민과
8 마아시야와 빌개와 스마야입니다. 이들은 제사장입니다.

9 이름을 적은 레위 사람은 아사냐의 아들 예수아와 헤나닷의 자손인 빈누이와 갓미엘과

31 land to conquer them. • But in your great mercy, you did not destroy them completely or abandon them forever. What a gracious and merciful God you are!

32 • "And now, our God, the great and mighty and awesome God, who keeps his covenant of unfailing love, do not let all the hardships we have suffered seem insignificant to you. Great trouble has come upon us and upon our kings and leaders and priests and prophets and ancestors—all of your people—from the days when the kings of Assyria first triumphed over us until now.

33 • Every time you punished us you were being just. We have sinned greatly, and you

34 gave us only what we deserved. • Our kings, leaders, priests, and ancestors did not obey your Law or listen to the warnings in your

35 commands and laws. • Even while they had their own kingdom, they did not serve you, though you showered your goodness on them. You gave them a large, fertile land, but they refused to turn from their wickedness.

36 • So now today we are slaves in the land of plenty that you gave our ancestors for their enjoyment! We are slaves here in this good

37 land. • The lush produce of this land piles up in the hands of the kings whom you have set over us because of our sins. They have power over us and our livestock. We serve them at their pleasure, and we are in great misery."

The People Agree to Obey

38 •*The people responded, "In view of all this,* we are making a solemn promise and putting it in writing. On this sealed document are the names of our leaders and Levites and priests."

10 *The document was ratified and sealed with the following names:

The governor:
Nehemiah son of Hacaliah, and also Zedekiah.

2 • The following priests:
3 Seraiah, Azariah, Jeremiah, •Pashhur,
4 Amariah, Malkijah, •Hattush, Shebaniah, Malluch, •Harim, Meremoth, Obadi-
5 ah, •Daniel, Ginnethon, Baruch, •Mesh-
6-7 ullam, Abijah, Mijamin, •Maaziah, Bilgai,
8 and Shemaiah. These were the priests.

9 • The following Levites:
Jeshua son of Azaniah, Binnui from the
10 family of Henadad, Kadmiel, • and their

hardship [háːrdʃip] *n.* 고난, 고초
lush [lʌʃ] *a.* 풍부한
ratify [rǽtəfai] *vt.* 비준하다
9:37 have power over⋯ : ⋯을 지배하다

9:38a Verse 9:38 is numbered 10:1 in Hebrew text. 9:38b Or *In spite of all this.* 10:1 Verses 10:1-39 are numbered 10:2-40 in Hebrew text.

10 그들의 동료 스바냐와 호디야와 그리다와 블라야
　 와 하난과
11 미가와 르홉과 하사뱌와
12 삭굴과 세레뱌와 또 다른 스바냐와
13 호디야와 바니와 브니누입니다.
14 백성의 지도자 가운데 이름을 적은 사람은 바로스
　 와 바핫모압과 엘람과 삿두와 바니와
15 분니와 아스갓과 베배와
16 아도니야와 비그왜와 아딘과
17 아델과 히스기야와 앗술과
18 호디야와 하숨과 베새와
19 하립과 아나돗과 노배와
20 막비아스와 므술람과 헤실과
21 므세사벨과 사독과 얏두아와
22 블라댜와 하난과 아나야와
23 호세아와 하나냐와 핫숩과
24 할로헤스와 빌하와 소벡과
25 르훔과 하삽나와 마아세야와
26 아히야와 하난과 아난과
27 말룩과 하림과 바아나입니다.

28 나머지 백성, 곧 제사장과 레위 사람, 문지기, 노래
　 하는 사람, 성전 종들은 맹세를 했습니다. 그리고
　 하나님의 율법을 지키려고 외국인과 관계를 끊은
　 사람들과 깨달을 만한 사람은 모두 다 맹세를 했습
　 니다.

29 그들은 동료 이스라엘 백성 및 지도자들과 더불어
　 맹세를 했습니다. 그 맹세를 어기면 저주를 받게 됩
　 니다. 그들은 하나님께서 종 모세를 통해 주신 하나
　 님의 율법을 지키기로 약속했습니다. 그들은 또 우
　 리 주 여호와의 모든 명령과 규례와 율법을 지키기
　 로 약속했습니다.

30 "우리는 우리 딸과 아들을 외국인과 결혼시키지 않
　 기로 약속합니다.

31 외국인이 안식일에 물건이나 곡식을 팔러 오더라
　 도 안식일이나 그 밖의 거룩한 날에는 물건을 사지
　 않겠습니다. 일곱째 되는 해마다 땅에 아무것도 심
　 지 않겠습니다. 그리고 우리에게 빚진 사람들의 빚
　 을 받지 않겠습니다.

32 우리는 계명을 지키겠습니다. 우리는 우리 하나님
　 의 성전에서 드리는 예배를 위해 돈을 충분히 내겠
　 습니다. 우리는 해마다 각기 삼분의 일 세겔*씩 바
　 치겠습니다.

33 그 돈은 상 위에 쌓아 두는 빵인 진설병을 위해 내는
　 돈이며 늘 바치는 곡식 제물과 태워 드리는 제물인
　 번제물을 위해 드리는 돈입니다. 또한 그 돈은 안식
　 일과 초하루 절기, 특별 절기에 바치는 예물이며 이
　 스라엘의 죄를 씻는 제물인 속죄 제물을 위해 내는

fellow Levites: Shebaniah, Hodiah,
11 Kelita, Pelaiah, Hanan, •Mica, Rehob,
12 Hashabiah, •Zaccur, Sherebiah, Sheb-
13 aniah, •Hodiah, Bani, and Beninu.
14 •The following leaders:
　 Parosh, Pahath-moab, Elam, Zattu, Bani,
15-16 •Bunni, Azgad, Bebai, •Adonijah,
17 Bigvai, Adin, •Ater, Hezekiah, Azzur,
18-19 •Hodiah, Hashum, Bezai, •Hariph,
20 Anathoth, Nebai, •Magpiash, Meshull-
21 am, Hezir, •Meshezabel, Zadok, Jaddua,
22-23 •Pelatiah, Hanan, Anaiah, •Hoshea,
24 Hananiah, Hasshub, •Hallohesh, Pilha,
25 Shobek, •Rehum, Hashabnah,
26 Maaseiah, •Ahiah, Hanan, Anan,
27 •Malluch, Harim, and Baanah.

The Vow of the People

28 •Then the rest of the people—the priests,
Levites, gatekeepers, singers, Temple ser-
vants, and all who had separated themselves
from the pagan people of the land in order
to obey the Law of God, together with their
wives, sons, daughters, and all who were old
29 enough to understand— •joined their lead-
ers and bound themselves with an oath.
They swore a curse on themselves if they
failed to obey the Law of God as issued by
his servant Moses. They solemnly promised
to carefully follow all the commands, regula-
tions, and decrees of the LORD our Lord:

30 •"We promise not to let our daughters
marry the pagan people of the land, and
not to let our sons marry their daughters.
31 •"We also promise that if the people
of the land should bring any merchan-
dise or grain to be sold on the Sabbath
or on any other holy day, we will refuse
to buy it. Every seventh year we will let
our land rest, and we will cancel all
debts owed to us.
32 •"In addition, we promise to obey
the command to pay the annual
Temple tax of one-eighth of an ounce of
silver* for the care of the Temple of our
33 God. •This will provide for the Bread of
the Presence; for the regular grain offer-
ings and burnt offerings; for the offer-
ings on the Sabbaths, the new moon
celebrations, and the annual festivals;
for the holy offerings; and for the sin
offerings to make atonement for Israel.
It will provide for everything necessary

---

atonement [ətóunmənt] n. 속죄, 보상
pagan [péigən] a. 이방인의
solemnly [sáləmli] ad. 엄숙히

10:32 Hebrew tax of 1/3 of a shekel [4 grams].
10:32 1/3세겔은 약 3.8g에 해당된다.

돈입니다. 또 그 돈은 우리 하나님의 성전에서 하는 일을 위해 내는 돈이기도 합니다.

34 우리 백성들과 제사장들과 레위 사람들은 제비를 뽑아 어느 집안이 언제 하나님의 성전에 나무를 가져야 할지 결정했습니다. 그래서 해마다 정한 때에 나무를 가져가기로 했습니다. 그 나무는 우리 하나님 여호와의 제단 위에 올려놓고 태울 나무입니다. 우리는 율법에 적힌 대로 그 일을 하겠습니다.

35 우리는 또한 추수한 첫 곡식을 가져오겠습니다. 그리고 해마다 모든 나무의 첫 열매를 여호와의 성전에 가져오겠습니다.

36 율법에 적힌 대로 우리는 맏아들을 하나님께 바치기 위해 성전 제사장들에게 데려가겠습니다. 또 소 떼와 양 떼의 첫 새끼도 가져가겠습니다. 이것들을 하나님의 성전에서 섬기는 제사장들에게 갖다 주겠습니다.

37 그리고 갖가지 물건을 하나님의 성전 창고를 담당하는 제사장들에게 가져가겠습니다. 땅에서 처음 거둔 밀과 예물과 온갖 나무의 열매와 새 포도주와 기름도 가져가겠습니다. 또 우리가 거둔 것의 십분의 일을 레위 사람들에게 가져가겠습니다. 레위 사람들이 우리가 일하는 모든 마을에서 그것을 거둘 것입니다.

38 레위 사람들이 십분의 일을 받을 때는 아론 집안의 제사장이 함께 있어야 합니다. 레위 사람은 자기가 받은 것 가운데 십분의 일을 또 하나님의 성전에 바치고, 그것을 성전 창고에 넣어 두어야 합니다.

39 이스라엘 백성과 레위 사람은 창고에 예물을 가져와야 합니다. 예물로 가져올 것은 곡식과 새 포도주와 기름입니다. 성전에 바친 물건은 창고에 넣어 두어야 하는데, 그곳은 하나님을 섬기는 제사장과 문지기와 노래하는 사람이 있는 곳입니다. 우리는 하나님의 성전을 돌보지 않은 채 내버려 두지 않겠습니다."

다른 백성이 예루살렘으로 옮겨 오다

11 이스라엘의 지도자들은 예루살렘에 살았습니다. 백성들의 경우는 제비를 뽑아 십분의 일은 거룩한 성 예루살렘에서 살게 하고 나머지는 자기 마을에서 살게 하였습니다.

2 백성들은 예루살렘에서 살겠다고 스스로 나선 사람에게 복을 빌어 주었습니다.

3 이스라엘 사람과 제사장과 레위 사람과 성전 종과 솔로몬이 거느린 종의 자손들은 유다의 여러 성에 있는 자기 마을에서 살았습니다.

4 예루살렘에서 살게 된 사람은 유다와 베냐민 집안의 일부 사람들입니다. 예루살렘으로 옮겨 온 유다 자손은 이러합니다. 웃시야의 아들 아다야가 있습

for the work of the Temple of our God.

34 • "We have cast sacred lots to determine when—at regular times each year—the families of the priests, Levites, and the common people should bring wood to God's Temple to be burned on the altar of the LORD our God, as is written in the Law.

35 • "We promise to bring the first part of every harvest to the LORD's Temple year after year—whether it be a crop from the soil or from our fruit trees. • We agree to
36 give God our oldest sons and the firstborn of all our herds and flocks, as prescribed in the Law. We will present them to the priests who minister in the Temple of our
37 God. • We will store the produce in the storerooms of the Temple of our God. We will bring the best of our flour and other grain offerings, the best of our fruit, and the best of our new wine and olive oil. And we promise to bring to the Levites a tenth of everything our land produces, for it is the Levites who collect the tithes in all our rural towns.

38 • "A priest—a descendant of Aaron—will be with the Levites as they receive these tithes. And a tenth of all that is collected as tithes will be delivered by the Levites to the Temple of our God and placed in the storerooms. • The people
39 and the Levites must bring these offerings of grain, new wine, and olive oil to the storerooms and place them in the sacred containers near the ministering priests, the gatekeepers, and the singers.

"We promise together not to neglect the Temple of our God."

The People Occupy Jerusalem

11 The leaders of the people were living in Jerusalem, the holy city. A tenth of the people from the other towns of Judah and Benjamin were chosen by sacred lots to live there, too, while the rest stayed where
2 they were. • And the people commended everyone who volunteered to resettle in Jerusalem.

3 • Here is a list of the names of the provincial officials who came to live in Jerusalem. (Most of the people, priests, Levites, Temple servants, and descendants of Solomon's servants continued to live in their own homes
4 in the various towns of Judah, • but some of the people from Judah and Benjamin resettled in Jerusalem.)

cast [kǽst] *vt.* (제비를) 뽑다
commend [kəménd] *vt.* 기리다, 칭찬하다
rural [rúərəl] *a.* 농업의, 농사의
tithe [taið] *n.* 십일조

니다. 웃시야는 스가랴의 아들이고, 스가랴는 아마랴의 아들입니다. 아마랴는 스바댜의 아들이고, 스바댜는 마할랄렐의 아들이고, 마할랄렐은 베레스의 자손입니다.

5 바룩의 아들 마아세야도 있습니다. 바룩은 골호세의 아들이고, 골호세는 하사야의 아들입니다. 하사야는 아다야의 아들이고, 아다야는 요야립의 아들입니다. 요야립은 스가랴의 아들이고, 스가랴는 실로 사람의 자손입니다.

6 예루살렘에서 산 베레스의 자손은 모두 사백육십팔 명입니다. 그들은 모두 능력 있는 사람들입니다.

7 예루살렘으로 옮겨온 베냐민 자손은 이러합니다. 므술람의 아들 살루가 있습니다. 므술람은 요엣의 아들이고, 요엣은 브다야의 아들입니다. 브다야는 골라야의 아들이고, 골라야는 마아세야의 아들이며, 마아세야는 이디엘의 아들입니다. 이디엘은 여사야의 아들입니다.

8 살루를 따르는 사람은 갑배와 살래 등 모두 구백이십팔 명입니다.

9 시그리의 아들 요엘이 그들의 우두머리이고, 핫스누아의 아들 유다가 그 다음 가는 자리를 맡았습니다.

10 예루살렘으로 옮겨온 제사장은 이러합니다. 요야립의 아들 여다야와 야긴,

11 힐기야의 아들 스라야가 있는데, 스라야는 하나님의 성전의 감독입니다. 힐기야는 므술람의 아들이고, 므술람은 사독의 아들입니다. 사독은 므라욧의 아들이고, 므라욧은 아히둡의 아들입니다.

12 그들과 더불어 성전을 위해 일한 사람은 모두 팔백이십이 명입니다. 또 여로함의 아들 아다야도 있습니다. 여로함은 블라야의 아들이고, 블라야는 암시의 아들입니다. 암시는 스가랴의 아들이고, 스가랴는 바스훌의 아들이고, 바스훌은 말기야의 아들입니다.

13 아다야와 함께 온 각 집안의 우두머리는 모두 이백사십이 명입니다. 또 아사렐의 아들 아맛새도 있습니다. 아사렐은 아흐새의 아들이고, 아흐새는 므실레못의 아들입니다. 므실레못은 임멜의 아들입니다.

14 아맛새와 함께 있던 용감한 사람은 모두 백십팔 명입니다. 하그돌림의 아들 삽디엘이 그들의 우두머리입니다.

15 예루살렘으로 옮겨온 레위 사람은 이러합니다. 핫숩의 아들 스마야가 있습니다. 핫숩은 아스리감의 아들이고, 아스리감은 하사뱌의 아들입니다. 하사뱌는 분니의 아들입니다.

16 또 레위 사람들의 지도자 삽브대와 요사밧도 있습니다. 이들은 하나님 성전의 바깥 일을 맡았습니다.

17 미가의 아들 맛다냐도 있습니다. 미가는 삽디의 아들이고, 삽디는 아삽의 아들입니다. 맛다냐는 기도와

From the tribe of Judah:
Athaiah son of Uzziah, son of Zechariah, son of Amariah, son of Shephatiah, son of Mahalalel, of the family of Perez.
5 •Also Maaseiah son of Baruch, son of Col-hozeh, son of Hazaiah, son of Adaiah, son of Joiarib, son of Zechariah, of the family of Shelah.* •There were
6 468 descendants of Perez who lived in Jerusalem—all outstanding men.
7 •From the tribe of Benjamin:
Sallu son of Meshullam, son of Joed, son of Pedaiah, son of Kolaiah, son of Maaseiah, son of Ithiel, son of Jeshaiah.
8 •After him were Gabbai and Sallai and
9 a total of 928 relatives. •Their chief officer was Joel son of Zicri, who was assisted by Judah son of Hassenuah, second-in-command over the city.
10 •From the priests:
Jedaiah son of Joiarib; Jakin; •and Seraiah son of Hilkiah, son of Meshullam, son of Zadok, son of Meraioth, son of Ahitub, the supervisor
12 of the Temple of God. •Also 822 of their associates, who worked at the Temple. Also Adaiah son of Jeroham, son of Pelaliah, son of Amzi, son of Zechariah, son of Pashhur, son of
13 Malkijah, •along with 242 of his associates, who were heads of their families. Also Amashsai son of Azarel, son of Ahzai, son of Meshillemoth, son of
14 Immer, •and 128 of his* outstanding associates. Their chief officer was Zabdiel son of Haggedolim.
15 •From the Levites:
Shemaiah son of Hasshub, son of Azrikam, son of Hashabiah, son of
16 Bunni. •Also Shabbethai and Jozabad, who were in charge of the work outside
17 the Temple of God. •Also Mattaniah son of Mica, son of Zabdi, a descendant of Asaph, who led in thanksgiving and prayer. Also Bakbukiah, who was Mattaniah's assistant, and Abda son of Shammua, son of Galal, son of

assistant [əsístənt] n. 보조자
associate [əsóuʃièit] n. 동료
descendant [diséndənt] n. 자손
outstanding [autstǽndiŋ] a. 걸출한, 우수한
prayer [prέər] n. 기도
relative [rélətiv] n. 친척, 인척
second-in-command [sékəndinkəmǽnd] n. 부사령관
supervisor [súːpərvàizər] n. 감독자
11:16 in charge of … : …을 맡고 있는

11:5 Hebrew *son of the Shilonite.* 11:14 As in Greek version; Hebrew reads *their.*

감사의 찬송을 이끄는 지휘자입니다. 그의 동료 레위 사람 가운데서 박부가가 그 다음 가는 자리를 맡았습니다. 삼무아의 아들 압다도 있습니다. 삼무아는 갈랄의 아들이고, 갈랄은 여두둔의 아들입니다.

18 거룩한 성에서 사는 레위 사람은 모두 이백팔십사 명입니다.

19 예루살렘으로 옮겨 온 문지기는 이러합니다. 악굽과 달몬을 비롯해서 모두 백칠십이 명이 있습니다. 그들은 성문을 지켰습니다.

20 그 밖의 이스라엘 백성과 제사장과 레위 사람들은 유다 모든 성에 흩어져 각각 자기 땅에서 살았습니다.

21 성전 종들은 오벨 언덕에서 살았습니다. 시하와 기스바가 그들을 감독했습니다.

22 바니의 아들 웃시가 예루살렘에 사는 레위 사람들을 감독했습니다. 바니는 하사뱌의 아들이고, 하사뱌는 맛다냐의 아들입니다. 맛다냐는 미가의 아들입니다. 웃시는 아삽의 자손인데, 아삽의 자손은 노래하는 사람들로서 하나님의 성전에서 섬기는 일을 맡았습니다.

23 노래하는 사람들은 왕에게서 명령을 받았는데, 왕은 노래하는 사람들이 날마다 해야 할 일을 일러 주었습니다.

24 므세사벨의 아들 브다히야가 왕 곁에서 왕의 모든 일을 도왔습니다. 므세사벨은 유다의 아들 세라의 자손입니다.

25 유다 백성 가운데 일부는 마을과 그 주변의 들판에서 살았습니다. 일부는 기럇 아바와 그 주위에서 살았고, 다른 일부는 디본과 그 주위에 살았습니다. 또 나머지 일부는 여갑스엘과 그 주위에서 살았습니다.

26 어떤 사람들은 예수아와 몰라다와 벧벨렛과

27 하살수알과 브엘세바에서 살았으며 그 주위에서도 살았습니다.

28 어떤 사람들은 시글락과 므고나와 그 주위에서 살았습니다.

29 어떤 사람들은 에느림몬과 소라와 야르뭇과

30 사노아와 아둘람과 그 주변의 마을에서 살았습니다. 어떤 사람들은 라기스와 그 주변의 들판에 살았고, 어떤 사람들은 아세가와 그 주변의 들판에서 살았습니다. 이처럼 그들은 브엘세바에서 힌놈 골짜기에 이르는 곳까지 퍼져 살았습니다.

31 베냐민 자손은 게바에서부터 믹마스와 아야와 벧엘과 그 주변의 마을에서 살았습니다.

32 아나돗과 놉과 아나냐와

33 하솔과 라마와 깃다임과

34 하딧과 스보임과 느발랏과

35 로드와 오노와 '기술자들의 골짜기' 에서도 살았습니다.

36 유다에서 온 레위 사람들 가운데 일부는 베냐민 땅에

18 Jeduthun. •In all, there were 284 Levites in the holy city.

19 •From the gatekeepers:
Akkub, Talmon, and 172 of their associates, who guarded the gates.

20 •The other priests, Levites, and the rest of the Israelites lived wherever their family inheritance was located in any of the

21 towns of Judah. •The Temple servants, however, whose leaders were Ziha and Gishpa, all lived on the hill of Ophel.

22 •The chief officer of the Levites in Jerusalem was Uzzi son of Bani, son of Hashabiah, son of Mattaniah, son of Mica, a descendant of Asaph, whose family

23 served as singers at God's Temple. •Their daily responsibilities were carried out according to the terms of a royal command.

24 •Pethahiah son of Meshezabel, a descendant of Zerah son of Judah, was the royal adviser in all matters of public administration.

25 •As for the surrounding villages with their open fields, some of the people of Judah lived in Kiriath-arba with its settlements, Dibon with its settlements, and

26 Jekabzeel with its villages. •They also lived in Jeshua, Moladah, Beth-pelet,

27 •Hazar-shual, Beersheba with its settlements, •Ziklag, and Meconah with its set-

28 •Hazar-shual, Beersheba with its settlements, •Ziklag, and Meconah with its set-

29 tlements. •They also lived in En-rimmon,

30 Zorah, Jarmuth, •Zanoah, and Adullam with their surrounding villages. They also lived in Lachish with its nearby fields and Azekah with its surrounding villages. So the people of Judah were living all the way from Beersheba in the south to the valley of Hinnom.

31 •Some of the people of Benjamin lived at Geba, Micmash, Aija, and Bethel with

32 its settlements. •They also lived in Anathoth, Nob, Ananiah, •Hazor, Ramah,

33 hoth, Nob, Ananiah, •Hazor, Ramah,

34-35 Gittaim, •Hadid, Zeboim, Neballat, •Lod,

36 Ono, and the Valley of Craftsmen.* •Some of the Levites who lived in Judah were sent to live with the tribe of Benjamin.

administration [ədmìnəstréijən] n. 행정
craftsman [kræftsmən] n. 기술자, 장인
inheritance [inhérətəns] n. 상속 재산, 유산
nearby [níərbài] a. 가까운
opposite [ápəzit] a. 맞은편의
responsibility [rispὰnsəbíləti] n. 책임, 책무
settlement [sétlmənt] n. 거류지
surrounding [səráundiŋ] a. 주변의
11:23 carry out : 수행하다
11:25 as for : ; …에 관해서는

11:35 Or and Ge-harashim.

서 살았습니다.

제사장과 레위 사람

12 스알디엘의 아들 스룹바벨과 예수아와 함께 돌아온 제사장과 레위 사람은 이러합니다. 스라야와 예레미야와 에스라와

2 아마랴와 말룩과 핫두스와

3 스가냐와 르훔*과 므레못과

4 잇도와 긴느도이*와 아비야와

5 미야민과 마아다*와 빌가와

6 스마야와 요야립과 여다야와

7 살루와 아목과 힐기야와 여다야입니다. 이들은 예수아 때의 제사장과 그 동료들의 지도자입니다.

8 레위 사람은 예수아와 빈누이와 갓미엘과 세레뱌와 유다와 맛다냐입니다. 맛다냐와 그의 친척들은 감사의 노래를 지휘했습니다.

9 그들의 친척 박부갸와 운노는 그들 맞은편에 서 있었습니다.

10 예수아는 요야김의 아버지입니다. 요야김은 엘리아십의 아버지입니다. 엘리아십은 요야다의 아버지입니다.

11 요야다는 요나단*의 아버지입니다. 요나단은 얏두아의 아버지입니다.

12 요야김의 시대에 제사장 집안의 지도자로 있던 사람은 이러합니다. 스라야 집안의 지도자는 므라야입니다. 예레미야 집안의 지도자는 하나냐입니다.

13 에스라 집안의 지도자는 므술람입니다. 아마랴 집안의 지도자는 여호하난입니다.

14 말룩기* 집안의 지도자는 요나단입니다. 스바냐* 집안의 지도자는 요셉입니다.

15 하림 집안의 지도자는 아드나입니다. 므라욧* 집안의 지도자는 헬개입니다.

16 잇도 집안의 지도자는 스가랴입니다. 긴느돈 집안의 지도자는 므술람입니다.

17 아비야 집안의 지도자는 시그리입니다. 미나민 집안과 모아댜 집안의 지도자는 빌대입니다.

18 빌가 집안의 지도자는 삼무아입니다. 스마야 집안의 지도자는 여호나단입니다.

A History of the Priests and Levites

12 Here is the list of the priests and Levites who returned with Zerubbabel son of Shealtiel and Jeshua the high priest:

Seraiah, Jeremiah, Ezra,

2 • Amariah, Malluch, Hattush,

3 • Shecaniah, Harim,* Meremoth,

4 • Iddo, Ginnethon,* Abijah,

5 • Miniamin, Moadiah,* Bilgah,

6 • Shemaiah, Joiarib, Jedaiah,

7 • Sallu, Amok, Hilkiah, and Jedaiah.

These were the leaders of the priests and their associates in the days of Jeshua.

8 •The Levites who returned with them were Jeshua, Binnui, Kadmiel, Sherebiah, Judah, and Mattaniah, who with his associates was in charge of the songs of thanksgiving. 9 •Their associates, Bakbukiah and Unni, stood opposite them during the service.

10 • Jeshua the high priest was the father of Joiakim. Joiakim was the father of Eliashib. Eliashib was the father of Joiada.

11 • Joiada was the father of Johanan.* Johanan was the father of Jaddua.

12 •Now when Joiakim was high priest, the family leaders of the priests were as follows:

Meraiah was leader of the family of Seraiah. Hananiah was leader of the family of Jeremiah.

13 • Meshullam was leader of the family of Ezra. Jehohanan was leader of the family of Amariah.

14 • Jonathan was leader of the family of Malluch.* Joseph was leader of the family of Shecaniah.*

15 • Adna was leader of the family of Harim. Helkai was leader of the family of Meremoth.*

16 • Zechariah was leader of the family of Iddo. Meshullam was leader of the family of Ginnethon.

17 • Zicri was leader of the family of Abijah. There was also a* leader of the family of Miniamin. Piltai was leader of the family of Moadiah.

18 • Shammua was leader of the family of Bilgah.

12:3 Hebrew *Rehum;* compare 7:42; 12:15; Ezra 2:39.　12:4 As in some Hebrew manuscripts and Latin Vulgate (see also 12:16); most Hebrew manuscripts read *Ginnethoi.*　12:5 Hebrew *Mijamin, Maadiah;* compare 12:17.　12:11 Hebrew *Jonathan;* compare 12:22.　12:14a As in Greek version (see also 10:4; 12:2); Hebrew reads *Malluchi.*　12:14b As in many Hebrew manuscripts, some Greek manuscripts, and Syriac version (see also 12:3); most Hebrew manuscripts read *Shebaniah.*　12:15 As in some Greek manuscripts (see also 12:3); Hebrew reads *Meraioth.*　12:17 Hebrew lacks the name of this family leader.

12:3 (히) '르훔'은 '하림'과 동일 인물이다. 7:42; 12:15; 스 2:39).
12:4 (히) '긴느도이'는 '긴느돈'과 동일 인물이다(느 12:16).
12:5 (히) '미야민'과 '마아다'는 '미나민', '모아댜'와 동일 인물이다(느 12:17).
12:11 (히) '요나단'은 '요하난'과 동일 인물이다(느 12:22).
12:14 (히) '말루기'는 '말룩'과 동일 인물이며(느 10:4; 12:2), (히) '스바냐'는 '스가냐'와 동일 인물이다(느 12:3).
12:15 (히) '므라욧'은 '므레못'과 동일 인물이다(느 12:3).

19 요야립 집안의 지도자는 맏드내입니다. 여다야 집안의 지도자는 웃시입니다.

20 살래* 집안의 지도자는 갈래입니다. 아목 집안의 지도자는 에벨입니다.

21 힐기야 집안의 지도자는 하사뱌입니다. 여다야 집안의 지도자는 느다넬입니다.

22 레위 사람과 제사장 집안의 지도자들의 이름이 명단에 기록되었습니다. 그들의 이름이 명단에 기록된 때는 엘리아십과 요야다와 요하난과 얏두아의 시대입니다. 그들의 이름은 페르시아 왕 다리오 때에 기록되었습니다.

23 레위 사람들 가운데서도 각 집안 지도자들의 이름이 역사책에 적혀 있습니다. 그들의 이름은 엘리아십의 아들 요하난 때까지 기록되었습니다.

24 레위 사람들의 지도자는 하사뱌와 세레뱌와 갓미엘의 아들 예수아와 그들의 동료들입니다. 동료들은 그들의 맞은편에 섰습니다. 한 무리가 하나님께 찬양과 감사를 드리면, 다른 무리가 그것을 받아서 하나님께 찬양과 감사를 드렸습니다. 그것은 하나님의 사람 다윗이 명령한 것이었습니다.

25 성문 곁의 창고들을 지킨 문지기는 맏다냐와 박부갸와 오바댜와 므술람과 달몬과 악굽입니다.

26 그들은 예수아의 아들 요야김의 시대에 일했습니다. 예수아는 요사닥의 아들입니다. 그들은 총독 느헤미야와 제사장이자 학자인 에스라의 시대에도 일했습니다.

예루살렘 성벽을 하나님께 바치다

27 예루살렘 성벽을 하나님께 바치는 예배를 드리게 되었습니다. 사람들이 레위 사람들을 그 살던 곳에서부터 예루살렘으로 데려왔습니다. 데려온 이유는 성전을 바치게 된 것을 기뻐하며 감사의 노래를 부르고 제금과 비파와 수금을 연주하며 하나님을 찬양하기 위해서였습니다.

28 노래하는 사람들도 예루살렘 주변과 느도바 사람들의 마을에서 왔고

29 벧길갈과 게바와 아스마웻 땅에서도 왔습니다. 노래하는 사람들은 예루살렘 주변에 마을을 지어 놓고 살았습니다.

30 제사장과 레위 사람들은 자기 몸을 깨끗하게 한 후, 백성과 성문과 성벽을 깨끗하게 했습니다.

31 나는 유다의 지도자들을 성벽 꼭대기로 올라가게 했습니다. 그리고 두 팀의 합창단을 세워

Jehonathan was leader of the family of Shemaiah.

19 • Mattenai was leader of the family of Joiarib. Uzzi was leader of the family of Jedaiah.

20 • Kallai was leader of the family of Sallu.* Eber was leader of the family of Amok.

21 • Hashabiah was leader of the family of Hilkiah. Nethanel was leader of the family of Jedaiah.

22 • A record of the Levite families was kept during the years when Eliashib, Joiada, Johanan, and Jaddua served as high priest. Another record of the priests was kept during the reign of Darius

23 the Persian.* • A record of the heads of the Levite families was kept in *The Book of History* down to the days of Johanan, the grandson* of Eliashib.

24 • These were the family leaders of the Levites: Hashabiah, Sherebiah, Jeshua, Binnui,* Kadmiel, and other associates, who stood opposite them during the ceremonies of praise and thanksgiving, one section responding to the other, as com-

25 manded by David, the man of God. • This included Mattaniah, Bakbukiah, and Obadiah.

Meshullam, Talmon, and Akkub were the gatekeepers in charge of the storerooms at the

26 gates. • These all served in the days of Joiakim son of Jeshua, son of Jehozadak,* and in the days of Nehemiah the governor and of Ezra the priest and scribe.

Dedication of Jerusalem's Wall

27 • For the dedication of the new wall of Jerusalem, the Levites throughout the land were asked to come to Jerusalem to assist in the ceremonies. They were to take part in the joyous occasion with their songs of thanksgiving and with the music of cymbals, harps, and lyres.

28 • The singers were brought together from the region around Jerusalem and from the villages of

29 the Netophathites. • They also came from Bethgilgal and the rural areas near Geba and Azmaveth, for the singers had built their own

30 settlements around Jerusalem. • The priests and Levites first purified themselves; then they purified the people, the gates, and the wall.

31 • I led the leaders of Judah to the top of the wall and organized two large choirs to give thanks. One of the choirs proceeded southward* along the top of the wall to the Dung Gate.

12:20 Hebrew *Sallai;* compare 12:7.   **12:22** *Darius the Persian* is probably Darius II, who reigned 423-404 B.C., or possibly Darius III, who reigned 336-331 B.C.   **12:23** Hebrew *descendant;* compare 12:10-11.   **12:24** Hebrew *son of* (i.e., *ben*), which should probably be read here as the proper name Binnui; compare Ezra 3:9 and the note there.   **12:26** Hebrew *Jozadak,* a variant spelling of Jehozadak.   **12:31** Hebrew *to the right.*

12:20 (히) '살래'는 '살루'와 동일 인물이다(느 12:7).

감사의 노래를 부르게 했습니다. 한 합창단은 성벽 오른쪽 꼭대기, 곧 '거름 문' 쪽으로 걸어갔습니다.
32 그 뒤로 호세야를 비롯해서 유다의 지도자들 절반이 걸어갔습니다.
33 아사랴와 에스라와 므술람과
34 유다와 베냐민과 스마야와 예레미야도 그 뒤를 따랐습니다.
35 나팔을 든 일부 제사장들과 요나단의 아들 스가랴도 그 뒤를 따랐습니다. 요나단은 스마야의 아들이고, 스마야는 맛다냐의 아들입니다. 맛다냐는 미가야의 아들이고, 미가야는 삭굴의 아들이고, 삭굴은 아삽의 자손입니다.
36 스가랴의 동료들, 곧 스마야와 아사렐과 밀랄래와 길랄래와 마애와 느다넬과 유다와 하나니가 그 뒤를 따랐습니다. 그들은 하나님의 사람 다윗의 악기를 연주하는 사람들입니다. 학자 에스라가 그들 앞에서 걸었습니다.
37 그들은 '샘 문'에서부터 비탈진 성벽 계단을 타고 다윗의 성 쪽으로 곧장 올라갔습니다. 그들은 다윗의 집을 지나 동쪽의 '물 문'까지 갔습니다.
38 다른 합창단은 왼쪽으로 돌아갔습니다. 나는 백성 절반과 더불어 성벽 위로 그들 뒤를 따랐습니다. 우리는 '가마 망대'에서부터 '넓은 성벽'까지 갔습니다.
39 우리는 '에브라임 문'을 지나 '옛 문'을 거쳐 '물고기 문'으로 갔습니다. 그리고 '하나넬 망대'와 '함메아 망대'를 지나 '양 문'까지 갔다가 '경비대 문'에서 멈추었습니다.
40 두 합창단은 하나님의 성전에서 자리를 잡고 섰습니다. 지도자들 가운데 절반은 나와 함께 자리를 잡았습니다.
41 나팔을 든 제사장은 엘리아김과 마아세야와 미냐민과 미가야와 엘료에내와 스가랴와 하나냐입니다.
42 거기에 마아세야와 스마야와 엘르아살과 웃시와 여호하난과 말기야와 엘람과 에셀도 있었습니다. 합창단은 에스라히야가 이끄는 대로 노래를 불렀습니다.
43 그날, 백성들은 제물을 많이 바쳤습니다. 하나님께서 기쁨을 주셨기 때문에 그들은 즐거워했습니다. 여자와 아이들도 기뻐했습니다. 예루살렘에서 기뻐하는 소리가 멀리까지 퍼졌습니다.
44 그때, 지도자들이 창고를 맡을 사람들을 세웠습니다. 그 창고는 예물과 첫 열매와 백성이 힘써 일해 얻은 것의 십분의 일을 보관하는 곳입니다. 율법에서는 마을 주변의 밭에서 난 것 가운데서도 제사장과 레위 사람들의 몫으로 얼마를 가져와야 한다고

32 •Hoshaiah and half the leaders of Judah followed them, •along with Azariah, Ezra,
34 Meshullam, •Judah, Benjamin, Shemaiah,
35 and Jeremiah. •Then came some priests who played trumpets, including Zechariah son of Jonathan, son of Shemaiah, son of Mattaniah, son of Micaiah, son of Zaccur, a
36 descendant of Asaph. •And Zechariah's colleagues were Shemaiah, Azarel, Milalai, Gilalai, Maai, Nethanel, Judah, and Hanani. They used the musical instruments prescribed by David, the man of God. Ezra the
37 scribe led this procession. •At the Fountain Gate they went straight up the steps on the ascent of the city wall toward the City of David. They passed the house of David and then proceeded to the Water Gate on the east.
38 •The second choir giving thanks went northward* around the other way to meet them. I followed them, together with the other half of the people, along the top of the wall past the Tower of the Ovens to the
39 Broad Wall, •then past the Ephraim Gate to the Old City Gate,* past the Fish Gate and the Tower of Hananel, and on to the Tower of the Hundred. Then we continued on to the Sheep Gate and stopped at the Guard Gate.
40 •The two choirs that were giving thanks then proceeded to the Temple of God, where they took their places. So did I, together with the group of leaders who were with me.
41 •We went together with the trumpet-playing priests—Eliakim, Maaseiah, Miniamin, Micaiah, Elioenai, Zechariah, and Hana-
42 niah— •and the singers—Maaseiah, Shemaiah, Eleazar, Uzzi, Jehohanan, Malkijah, Elam, and Ezer. They played and sang loudly under the direction of Jezrahiah the choir director.
43 •Many sacrifices were offered on that joyous day, for God had given the people cause for great joy. The women and children also participated in the celebration, and the joy of the people of Jerusalem could be heard far away.

Provisions for Temple Worship

44 •On that day men were appointed to be in charge of the storerooms for the offerings, the first part of the harvest, and the tithes. They were responsible to collect from the fields outside the towns the portions required by the Law for the priests and Levites. For all the people of Judah took joy in the priests and Levites and their work.

12:38 Hebrew *to the left.*　12:39 Or *the Mishneh Gate,* or *the Jeshanah Gate.*

가르치고 있습니다. 유다 백성은 제사장과 레위 사람들을 위해 기쁜 마음으로 바쳤습니다.

45 제사장과 레위 사람들은 하나님을 섬기는 일과 부정한 것을 깨끗하게 하는 일을 했습니다. 그리고 노래하는 사람과 문지기들도 다윗과 그의 아들 솔로몬이 명령한 대로 일했습니다.

46 옛날에 다윗과 아삽의 시대에도 노래하는 사람들의 지도자가 있었습니다. 그때도 하나님께 드리는 찬양과 감사의 노래가 있었습니다.

47 스룹바벨과 느헤미야의 시대에도 마찬가지입니다. 모든 이스라엘 백성은 노래하는 사람과 문지기들에게 쓸 것을 주었습니다. 레위 사람들을 위해서도 쓸 것을 따로 남겨 두었습니다. 레위 사람들은 또 아론 자손의 몫을 따로 남겨 두었습니다.

외국인을 내보내다

13 그날에 그들은 모세의 책을 백성에게 읽어 주었습니다. 그러다가 그 책에 암몬 사람이나 모압 사람은 하나님의 회중에 참석할 수 없다고 적힌 것을 알게 되었습니다.

2 암몬 사람과 모압 사람은 이집트에서 탈출하여 온 이스라엘 백성을 음식과 물을 가지고 따뜻하게 맞아들이지 않았습니다. 오히려 그들은 발람을 고용해서 이스라엘을 향해 저주하게 했습니다. 그러나 우리 하나님께서 그 저주를 복으로 바꾸어 주셨습니다.

3 백성은 이 가르침을 듣고 이스라엘 가운데서 모든 외국인을 구분해 놓았습니다.

느헤미야가 예루살렘으로 돌아가다

4 그 일이 있기 전에 제사장 엘리아십은 하나님의 성전 창고를 맡고 있었습니다. 엘리아십은 도비야와 가깝게 지냈습니다.

5 엘리아십은 도비야가 큰 창고 가운데 하나를 쓰도록 허락했습니다. 그 방은 성전에서 쓸 곡식 제물과 향과 그릇과 곡식의 십일조와 포도주와 기름을 보관하던 곳입니다. 그 물건들은 레위 사람과 노래하는 사람과 문지기들의 것이며 제사장에게 주는 예물로 쓰였습니다.

6 그 일이 일어났을 때에 나는 예루살렘에 없었습니다. 나는 바빌론 왕 아닥사스다에게 돌아가 있었습니다. 내가 왕에게 돌아간 때는 그가 왕으로 있은 지 삼십이 년째 되는 해입니다. 얼마 뒤에 나는 왕에게 예루살렘으로 돌아가게 해 달라고 말했습니다.

7 나는 예루살렘으로 돌아왔습니다. 돌아와서야 엘리아십이 저지른 나쁜 짓에 대해 알게 되었습니다. 엘리아십은 도비야에게 성전 뜰에 있는 방 하나를 내어 준 것입니다.

8 나는 너무나 화가 났습니다. 나는 도비야의 물건을

45 • They performed the service of their God and the service of purification, as commanded by David and his son Solomon, and so did the singers and the gatekeepers. • The custom of having choir directors to lead the choirs in hymns of praise and thanksgiving to God began long ago in the days of David and Asaph. • So now, in the days of Zerubbabel and of Nehemiah, all Israel brought a daily supply of food for the singers, the gatekeepers, and the Levites. The Levites, in turn, gave a portion of what they received to the priests, the descendants of Aaron.

Nehemiah's Various Reforms

13 On that same day, as the Book of Moses was being read to the people, the passage was found that said no Ammonite or Moabite should ever be permitted to enter the assembly of God.* • For they had not provided the Israelites with food and water in the wilderness. Instead, they hired Balaam to curse them, though our God turned the curse into a blessing. • When this passage of the Law was read, all those of foreign descent were immediately excluded from the assembly.

4 • Before this had happened, Eliashib the priest, who had been appointed as supervisor of the storerooms of the Temple of our God and who was also a relative of Tobiah, • had converted a large storage room and placed it at Tobiah's disposal. The room had previously been used for storing the grain offerings, the frankincense, various articles for the Temple, and the tithes of grain, new wine, and olive oil (which were prescribed for the Levites, the singers, and the gatekeepers), as well as the offerings for the priests.

6 • I was not in Jerusalem at that time, for I had returned to King Artaxerxes of Babylon in the thirty-second year of his reign,* though I later asked his permission to return. • When I arrived back in Jerusalem, I learned about Eliashib's evil deed in providing Tobiah with a room in the courtyards of the Temple of God. • I became very upset and threw all of Tobiah's belongings out of

---

convert [kánvəːrt] *vt.* 개조하다
descent [disént] *n.* 가계, 혈통, 출신
portion [pɔ́ːrʃən] *n.* 몫
purification [pjùərəfikéiʃən] *n.* 정화
tithe [taið] *n.* 십일조
13:5 at one's disposal : …의 처분대로

13:1 See Deut 23:3-6.　13:6 King Artaxerxes of Persia is here identified as the king of Babylon because Persia had conquered the Babylonian Empire. The thirty-second year of Artaxerxes was 433 B.C.

모두 방 밖으로 내던지고

9　사람들을 시켜 그 방을 깨끗이 하도록 했습니다. 그런 다음에 하나님의 성전에서 쓸 그릇들과 곡식 제물과 향을 다시 들여 놓았습니다.

10　나는 또 백성들이 레위 사람들에게 주어야 할 몫을 주지 않은 것을 알게 되었습니다. 이미 레위 사람들과 노래하는 사람들은 자신이 맡은 일을 그만두고 각기 자기 고향으로 돌아가 버린 상태였습니다.

11　그래서 나는 "어찌하여 하나님의 성전을 돌보지 않았소?" 하고 관리들을 꾸짖었습니다. 나는 레위 사람들과 노래하는 사람들을 다시 불러모아 일을 하게 했습니다.

12　그러자 모든 유다 백성이 곡식과 새 포도주와 올리브 기름의 십분의 일을 가져왔습니다. 그리고 창고에 놓아두었습니다.

13　나는 제사장 셀레먀와 서기관 사독과 레위 사람 브다야에게 창고를 맡겼습니다. 그리고 삭굴의 아들 하난에게 그들을 도우라고 했습니다. 삭굴은 맛다냐의 아들이었습니다. 그들이 정직하다는 것은 누구나 다 알고 있었습니다. 그들은 동료들에게 돌아갈 몫을 나누어 주었습니다.

14　"나의 하나님, 이 일에 관하여 나를 기억해 주십시오. 내가 하나님의 성전을 위해, 그리고 하나님을 섬기는 일을 위해 행한 모든 좋은 일들을 잊지 말아 주십시오."

15　그 무렵에 나는 유다 백성이 안식일에도 술틀을 밟는 것을 보았습니다. 그리고 안식일인데도 곡식을 날라다가 나귀 등에 싣는 것을 보았습니다. 그 밖에 안식일에 포도주와 포도와 무화과를 예루살렘으로 실어 나르는 것을 보았습니다. 나는 안식일에 음식을 팔지 말라고 경고했습니다.

16　그때에 두로 사람들도 예루살렘에서 살고 있었는데, 그들도 물고기를 비롯해 갖가지 물건을 안식일에 유다 백성에게 팔고 있었습니다.

17　그래서 나는 유다의 귀족들을 꾸짖으며 이렇게 말했습니다. "어떻게 이런 악한 짓을 할 수가 있소? 어떻게 안식일을 더럽힐 수가 있소?

18　당신들의 조상이 이런 짓을 해서 우리 하나님께서 우리와 우리 성에 재앙을 내리셨소. 당신들은 안식일을 더럽혀서 하나님을 노하게 만들었소."

19　나는 안식일이 되기 전에 문을 닫게 하고, 안식일이 끝나서야 문을 열게 했습니다. 그리고 내 종들에게 문을 지키게 했습니다. 그래서 안식일에는 잡상인들이 들어오지 못했습니다.

20　상인들과 갖가지 물건을 파는 사람들이 예루살렘 밖에서 잠을 자는 일이 한두 번 있었습니다.

9 the room. ●Then I demanded that the rooms be purified, and I brought back the articles for God's Temple, the grain offerings, and the frankincense.

10 ●I also discovered that the Levites had not been given their prescribed portions of food, so they and the singers who were to conduct the worship services had all returned to work their

11 fields. ●I immediately confronted the leaders and demanded, "Why has the Temple of God been neglected?" Then I called all the Levites back again and restored them to their proper

12 duties. ●And once more all the people of Judah began bringing their tithes of grain, new wine, and olive oil to the Temple storerooms.

13 ●I assigned supervisors for the storerooms: Shelemiah the priest, Zadok the scribe, and Pedaiah, one of the Levites. And I appointed Hanan son of Zaccur and grandson of Mattaniah as their assistant. These men had an excellent reputation, and it was their job to make honest distributions to their fellow Levites.

14 ●Remember this good deed, O my God, and do not forget all that I have faithfully done for the Temple of my God and its services.

15 ●In those days I saw men of Judah treading out their winepresses on the Sabbath. They were also bringing in grain, loading it on donkeys, and bringing their wine, grapes, figs, and all sorts of produce to Jerusalem to sell on the Sabbath. So I rebuked them for selling their

16 produce on that day. ●Some men from Tyre, who lived in Jerusalem, were bringing in fish and all kinds of merchandise. They were selling it on the Sabbath to the people of Judah—and in Jerusalem at that!

17 ●So I confronted the nobles of Judah. "Why are you profaning the Sabbath in this evil

18 way?" I asked. ●"Wasn't it just this sort of thing that your ancestors did that caused our God to bring all this trouble upon us and our city? Now you are bringing even more wrath upon Israel by permitting the Sabbath to be desecrated in this way!"

19 ●Then I commanded that the gates of Jerusalem should be shut as darkness fell every Friday evening,* not to be opened until the Sabbath ended. I sent some of my own servants to guard the gates so that no merchandise could be brought in on the Sabbath day.

20 ●The merchants and tradesmen with a variety of wares camped outside Jerusalem once or

---

profane [prouféin] vt. 신성을 더럽히다
wrath [ræθ] n. 분노, 격노
13:15 tread out : (과일 즙을) 밟아서 짜다

13:19 Hebrew *on the day before the Sabbath.*

21 그래서 나는 그들에게 경고했습니다. "어찌하여 성벽 앞에서 잠을 자는 거요? 한 번만 더 그랬다가는 쫓아내고 말겠소." 그 일이 있은 뒤로 안식일에는 그들이 나타나지 않았습니다.

22 나는 레위 사람들에게 몸을 깨끗이 하라고 명령했습니다. 또한 성문을 지켜 안식일을 거룩하게 지낼 수 있게 하라고 말했습니다. "나의 하나님, 이 일로 인해 나를 기억해 주십시오, 주의 크신 사랑으로 나를 불쌍히 여겨 주소서."

23 그 무렵에 나는 또 유다 남자들이 아스돗과 암몬과 모압의 여자들과 결혼한 것을 알았습니다.

24 그들 자녀의 절반은 아스돗 말이나 다른 나라 말은 하면서도 유다 말은 하지 못했습니다.

25 나는 그런 사람들을 꾸짖으며 저주했습니다. 나는 그들 가운데 몇 사람을 때리고 머리털을 뽑았습니다. 나는 그들에게 하나님의 이름으로 맹세하게 했습니다. 나는 이렇게 말했습니다. "당신들의 딸을 외국인의 아들과 결혼시키지 마시오, 외국인의 딸을 당신이나 당신 아들의 아내로 삼지 마시오.

26 이스라엘의 솔로몬 왕이 죄를 지은 것도 바로 그런 외국인 여자 때문이었소. 그 어떤 나라에도 솔로몬 같은 왕은 없었소. 솔로몬은 하나님의 사랑을 받은 사람이오. 그리고 하나님께서는 솔로몬을 온 이스라엘의 왕으로 삼으셨소. 그런데도 외국인 여자 때문에 솔로몬은 죄를 짓고 말았소.

27 당신들은 이런 악한 짓을 함으로써 하나님께 복종하지 않고 있소. 당신들은 외국인 여자와 결혼함으로써 우리 하나님께 죄를 지었소."

28 대제사장 엘리아십의 아들 요야다의 아들들 가운데 하나가 호론 사람 산발랏의 딸과 결혼했습니다. 그래서 나는 그 요야다의 아들을 내 앞에서 쫓아냈습니다.

29 "나의 하나님, 그들을 잊지 말아 주십시오, 그들은 제사장 자리를 더럽혔습니다. 그들은 제사장과 레위 사람의 약속과 맹세를 어겼습니다."

30 그래서 나는 외국의 모든 부정한 것으로부터 그들을 깨끗이 했습니다. 그리고 제사장과 레위 사람들에게 해야 할 임무를 맡겨서 저마다 자기 할 일을 하게 했습니다.

31 그리고 나는 정한 때에 나무와 첫 열매를 제단에 가져오게 했습니다. "나의 하나님, 나에게 은혜를 베풀어 주소서. 나를 기억하시고, 복을 주소서."

21 twice. ●But I spoke sharply to them and said, "What are you doing out here, camping around the wall? If you do this again, I will arrest you!" And that was the last time

22 they came on the Sabbath. ●Then I commanded the Levites to purify themselves and to guard the gates in order to preserve the holiness of the Sabbath.

Remember this good deed also, O my God! Have compassion on me according to your great and unfailing love.

23 ●About the same time I realized that some of the men of Judah had married women from Ashdod, Ammon, and Moab.

24 ●Furthermore, half their children spoke the language of Ashdod or of some other people and could not speak the language of Judah

25 at all. ●So I confronted them and called down curses on them. I beat some of them and pulled out their hair. I made them swear in the name of God that they would not let their children intermarry with the pagan people of the land.

26 ●"Wasn't this exactly what led King Solomon of Israel into sin?" I demanded. "There was no king from any nation who could compare to him, and God loved him and made him king over all Israel. But even he

27 was led into sin by his foreign wives. ●How could you even think of committing this sinful deed and acting unfaithfully toward God by marrying foreign women?"

28 ●One of the sons of Joiada son of Eliashib the high priest had married a daughter of Sanballat the Horonite, so I banished him from my presence.

29 ●Remember them, O my God, for they have defiled the priesthood and the solemn vows of the priests and Levites.

30 ●So I purged out everything foreign and assigned tasks to the priests and Levites,

31 making certain that each knew his work. ●I also made sure that the supply of wood for the altar and the first portions of the harvest were brought at the proper times.

Remember this in my favor, O my God.

---

banish [bǽniʃ] *vt.* 쫓아내다
intermarry [ìntərmǽri] *vi.* 통혼하다
priesthood [prí:sthud] *n.* 성직
Sabbath [sǽbəθ] *n.* 안식일
13:30 purge out : 깨끗이 하다, 정화하다

에스더

● 서론

✛ 저자 _ 바사에 살았던 유다인
✛ 저작 연대 _ B.C. 485-435년 사이
✛ 기록 장소 _ 알 수 없음
✛ 기록 대상 _ 예루살렘으로 귀환하지 않고 바사에 남아 있는 유다인들
✛ 핵심어 및 내용 _ 핵심어는 '아름다움'과 '섭리'이다. 하나님께서는 에스더에게 아름다운 외모를 주셨다. 그러나 하나님은 아름다운 외모 때문에 그녀를 사용하신 것이 아니라 그녀의 헌신된 마음 때문에 그녀를 통하여 하나님의 역사를 이루셨다.

왕의 명을 거절한 와스디 왕후

1 아하수에로 왕 때에 일어난 일입니다. 아하수에로는 인도에서 에티오피아*까지 백이십칠 지역을 다스린 왕으로,

2 당시에 그는 수도인 수산에서 나라를 다스리고 있었습니다.

3 왕이 된 지 삼 년째 되는 해에 귀족들과 신하들을 위해 잔치를 베풀어, 페르시아와 메대 지방의 군대 지휘관들과 각 지방의 귀족들과 총독들을 모두 초대했습니다.

4 잔치는 백팔십 일이나 계속되었고, 그동안, 아하수에로 왕은 자기 왕국의 부와 위엄과 영광을 마음껏 뽐냈습니다.

5 그 잔치가 끝나자 왕은 신분의 높고 낮음을 따지지 않고, 수산에 있는 모든 백성들을 초대하여 왕궁 정원 뜰에서 칠 일 동안, 잔치를 베풀었습니다.

6 뜰에는 하얀색과 자주색 휘장이 대리석 기둥의 은고리에 자줏빛 끈으로 묶여서 걸려 있었고, 하얀 대리석과 조개와 보석이 깔린 바닥 위에는 금의자와 은의자가 놓여 있었습니다.

7 왕은 갖가지 모양의 금잔에 포도주를 담아 아낌없이 대접하였고,

8 손님들에게 마시고 싶은 만큼 마음껏 마시라고 말했으며 왕궁 관리들에게는 손님이 원하는 대로 포도주를 가져다 주라고 명령했습니다.

9 와스디 왕후도 아하수에로 왕의 왕궁에 있는 여자들을 초대하여 잔치를 베풀었습니다.

10 칠 일째 되는 날이었습니다. 포도주를 마시고 기분이 좋아진 아하수에로 왕은 일곱 명의 내시, 곧 므후만과 비스다와 하르보나와 빅다와 아박다와 세달과 가르가스에게,

11 와스디 왕후에게 왕후의 관을 씌워 자기 앞에 나오게 하라고 명령했습니다. 왕후가 매우 아름다웠기 때문에 왕은 왕후를 백성과 귀족들

The King's Banquet

1 These events happened in the days of King Xerxes,* who reigned over 127 provinces stretching from India to Ethiopia.* ● At that time

2 Xerxes ruled his empire from his royal throne at the fortress of Susa. ● In the third year of his

3 reign, he gave a banquet for all his nobles and officials. He invited all the military officers of Persia and Media as well as the princes and

4 nobles of the provinces. ● The celebration lasted 180 days—a tremendous display of the opulent wealth of his empire and the pomp and splendor of his majesty.

5 ● When it was all over, the king gave a banquet for all the people, from the greatest to the least, who were in the fortress of Susa. It lasted for seven days and was held in the courtyard of the

6 palace garden. ● The courtyard was beautifully decorated with white cotton curtains and blue hangings, which were fastened with white linen cords and purple ribbons to silver rings embedded in marble pillars. Gold and silver couches stood on a mosaic pavement of porphyry, marble, mother-of-pearl, and other costly stones.

7 ● Drinks were served in gold goblets of many designs, and there was an abundance of royal

8 wine, reflecting the king's generosity. ● By edict of the king, no limits were placed on the drinking, for the king had instructed all his palace officials to serve each man as much as he wanted.

9 ● At the same time, Queen Vashti gave a banquet for the women in the royal palace of King Xerxes.

Queen Vashti Deposed

10 ● On the seventh day of the feast, when King Xerxes was in high spirits because of the wine, he told the seven eunuchs who attended him—Mehuman, Biztha, Harbona, Bigtha, Abagtha,

11 Zethar, and Carcas— ● to bring Queen Vashti to him with the royal crown on her head. He want-

---

1:1a Hebrew *Ahasuerus,* another name for Xerxes; also throughout the book of Esther. Xerxes reigned 486-465 B.C. 1:1b Hebrew *to Cush.*

1:1 개역 성경에는 (히) '구스'라고 표기되어 있다.

에게 보여 주고 싶어했습니다.

12 내시들은 와스디 왕후에게 가서 왕의 명령을 전했습니다. 그러나 왕후는 왕에게 나오지 않았습니다. 왕은 몹시 화가 났습니다. 마음속에서 불 같은 분노가 일어났습니다.

13 당시에는 법과 제도를 잘 아는 사람들에게 의견을 묻는 관습이 있었으므로, 아하수에로 왕은 박사들을 불러 의논을 했습니다.

14 왕이 늘 불러서 의논하던 지혜로운 사람은, 가르스나와 세달과 아드마다와 다시스와 메레스와 마르스나와 므무간이었습니다. 이들은 페르시아와 메대의 일곱 귀족으로서 왕을 직접 만날 수 있는 특권을 가지고 있었으며, 나라 안에서 가장 높은 지위를 차지하고 있었습니다.

15 왕이 그들에게 물었습니다. "내시들이 전한 내 명령을 와스디 왕후가 따르지 않았으니, 이를 법대로 하려면 어떻게 해야 하오?"

16 므무간이 왕과 귀족들에게 말했습니다. "와스디 왕후는 왕에게 잘못한 것이 아니라, 이 나라의 모든 귀족과 백성에게도 잘못한 것입니다.

17 왜냐하면 페르시아와 메대의 여자들이 왕후가 한 일을 듣게 되면, '아하수에로 왕이 명령을 내려 와스디 왕후를 데려오게 했는데 왕후가 가지 않았다'고 말하면서 자기 남편을 업신여길 것이기 때문입니다.

18 결국 페르시아와 메대의 귀부인들이 왕후가 했던 것과 똑같이 자기 남편을 대할 것이고, 그렇게 되면 업신여김과 분노가 끝없이 이어지게 될 것입니다.

19 그러므로 왕만 좋으시다면 어명을 내려서 다시는 와스디를 왕 앞에 나오지 못하게 하시고, 그것을 페르시아와 메대의 법으로 정하여 누구도 고치지 못하게 하십시오. 그리고 왕후의 자리는 와스디보다 더 나은 사람에게 주시는 것이 좋을 것 같습니다.

20 그런 다음에 이 어명을 온 나라에 두루 알리신다면, 높은 사람이든 낮은 사람이든, 여자들이 다 자기 남편을 존경할 것입니다."

21 왕과 귀족들은 그의 충고를 옳게 여겼습니다. 아하수에로 왕은 므무간이 말한 대로,

22 각 지방의 백성들에게 그 지방에서 쓰는 말로 편지를 보내어, 각 가정을 남편이 다스리게 하고 남편이 쓰는 언어를 그 가정의 언어로 삼게 했습니다.

에스더가 왕후가 되다

2 그런 일이 있은 지 얼마 뒤에, 아하수에로 왕의 분노가 가라앉으면서 와스디와 와스디가 한 일과 자기가 와스디에 관해 내린 어명이 생각났습니

ed the nobles and all the other men to gaze on her beauty, for she was a very beautiful woman. •But when they conveyed the king's order to Queen Vashti, she refused to come. This made the king furious, and he burned with anger.

13 •He immediately consulted with his wise advisers, who knew all the Persian laws and customs, for he always asked their advice.

14 •The names of these men were Carshena, Shethar, Admatha, Tarshish, Meres, Marsena, and Memucan—seven nobles of Persia and Media. They met with the king regularly and held the highest positions in the empire.

15 •"What must be done to Queen Vashti?" the king demanded. "What penalty does the law provide for a queen who refuses to obey the king's orders, properly sent through his eunuchs?"

16 •Memucan answered the king and his nobles, "Queen Vashti has wronged not only the king but also every noble and citizen

17 throughout your empire. •Women everywhere will begin to despise their husbands when they learn that Queen Vashti has

18 refused to appear before the king. •Before this day is out, the wives of all the king's nobles throughout Persia and Media will hear what the queen did and will start treating their husbands the same way. There will be no end to their contempt and anger.

19 •"So if it please the king, we suggest that you issue a written decree, a law of the Persians and Medes that cannot be revoked. It should order that Queen Vashti be forever banished from the presence of King Xerxes, and that the king should choose another

20 queen more worthy than she. •When this decree is published throughout the king's vast empire, husbands everywhere, whatever their rank, will receive proper respect from their wives!"

21 •The king and his nobles thought this made good sense, so he followed Memucan's

22 counsel. •He sent letters to all parts of the empire, to each province in its own script and language, proclaiming that every man should be the ruler of his own home and should say whatever he pleases.*

Esther Becomes Queen

2 But after Xerxes' anger had subsided, he began thinking about Vashti and what she had done and the decree he had made.

revoke [rivóuk] vt. 취소하다, 폐지하다
subside [səbsáid] vi. 가라앉다, 진정되다
1:11 gaze on : (주로 놀라움, 흥미로) 응시하다

1:22 Or and should speak in the language of his own people.

다.

2 그때, 왕의 신하가 말했습니다. "이제, 우리가 왕을 위해 아리따운 처녀를 찾게 하여 주십시오.

3 전국 각 지방에서 감독을 뽑아, 아리따운 처녀를 수산 왕궁으로 데려오게 하십시오. 그들을 후궁에 보내어 궁녀들을 돌보는 내시 헤개에게 맡기고, 몸을 가꿀 수 있도록 화장품을 보내 주십시오.

4 그런 뒤에 왕의 마음에 드는 여자를 와스디 대신 왕후로 삼으십시오." 왕은 이 말을 기쁘게 여겨서 그의 말대로 했습니다.

5 그 무렵 수산 성에는 모르드개라는 유다 사람이 있었는데, 그는 베냐민 지파 사람으로서 야일의 아들이고 시므이의 손자였으며, 기스의 증손자였습니다.

6 모르드개는 바빌론 왕 느부갓네살이 예루살렘에서 유다의 여고냐* 왕을 사로잡아 끌고 왔을 때 함께 잡혀 온 사람이었습니다.

7 모르드개에게는 하닷사라는 사촌이 한 명 있었는데, 부모가 계시지 않아 모르드개가 자기 딸로 삼았습니다. 하닷사는 에스더라고도 불렸으며, 몸매와 얼굴이 매우 아름다웠습니다.

8 왕의 명령이 내려지자, 많은 여자들이 수산 왕궁으로 뽑혀 와 헤개에게 맡겨졌습니다. 에스더도 뽑혀 왕궁에 들어와 궁녀들을 돌보던 헤개의 보호를 받게 되었습니다.

9 에스더를 마음에 둔 헤개는 에스더에게 화장품과 귀한 음식을 주고, 궁녀 일곱 명을 골라 그녀를 시중들게 했습니다. 헤개는 또 에스더와 그녀의 일곱 궁녀들을 후궁에서 가장 좋은 곳으로 옮기게 했습니다.

10 에스더는 누구에게도 자기의 집안과 민족에 대해 얘기하지 않았습니다. 왜냐하면 모르드개가 이에 대해 아무에게도 말하지 말라고 했기 때문이었습니다.

11 모르드개는 에스더가 잘 있는지, 그리고 에스더에게 무슨 일이 일어났는지 알아보려고 날마다 후궁 근처를 서성거렸습니다.

12 처녀들은 아하수에로 왕 앞에 차례대로 나아가기 전에 열두 달 동안, 몸을 가꿔야 했습니다. 여섯 달 동안은 기름과 몰약으로, 그리고 나머지 여섯 달 동안은 향수와 화장품으로 몸을 치장하였습니다.

13 처녀가 왕에게 나아갈 때는 원하는 것을 다 주었으며, 그것을 후궁에서 왕궁으로 가져갈 수 있게 하였습니다.

14 처녀는 저녁이 되면 왕궁으로 들어갔다가 다음 날 아침이 되면 다른 후궁으로 돌아와서, 궁녀들을 돌보는 사이스가스라는 내시의 보호를 받게 되

2 • So his personal attendants suggested, "Let us search the empire to find beautiful young vir-

3 gins for the king. • Let the king appoint agents in each province to bring these beautiful young women into the royal harem at the fortress of Susa. Hegai, the king's eunuch in charge of the harem, will see that they are all

4 given beauty treatments. • After that, the young woman who most pleases the king will be made queen instead of Vashti." This advice was very appealing to the king, so he put the plan into effect.

5 • At that time there was a Jewish man in the fortress of Susa whose name was Mordecai son of Jair. He was from the tribe of Benjamin and was a descendant of Kish and Shimei.

6 • His family* had been among those who, with King Jehoiachin* of Judah, had been exiled from Jerusalem to Babylon by King

7 Nebuchadnezzar. • This man had a very beautiful and lovely young cousin, Hadassah, who was also called Esther. When her father and mother died, Mordecai adopted her into his family and raised her as his own daughter.

8 • As a result of the king's decree, Esther, along with many other young women, was brought to the king's harem at the fortress of

9 Susa and placed in Hegai's care. • Hegai was very impressed with Esther and treated her kindly. He quickly ordered a special menu for her and provided her with beauty treatments. He also assigned her seven maids specially chosen from the king's palace, and he moved her and her maids into the best place in the harem.

10 • Esther had not told anyone of her nationality and family background, because Mor-

11 decai had directed her not to do so. • Every day Mordecai would take a walk near the courtyard of the harem to find out about Esther and what was happening to her.

12 • Before each young woman was taken to the king's bed, she was given the prescribed twelve months of beauty treatments—six months with oil of myrrh, followed by six months with special perfumes and ointments.

13 • When it was time for her to go to the king's palace, she was given her choice of whatever clothing or jewelry she wanted to take from

14 the harem. • That evening she was taken to the king's private rooms, and the next morning she was brought to the second harem,* where the king's wives lived. There she would be under the care of Shaashgaz, the king's eunuch in charge of the concubines. She

에

2:6a Hebrew *He.* 2:6b Hebrew *Jeconiah,* a variant spelling of Jehoiachin. 2:14 Or *to another part of the harem.*

2:6 '여고냐'는 '여호야긴'이라고도 한다.

어 있었습니다. 그리고 왕의 마음에 들지 않아 다시 이름이 불리지 않는 처녀는 결코 왕에게 나아가지 못했습니다.

15 드디어 아비하일의 딸이며 모르드개의 사촌이면서 모르드개가 자기 딸로 삼은 에스더가 왕에게 나아갈 차례가 되었습니다. 에스더는 궁녀를 돌보는 내시인 헤개가 말한 꼭 필요한 장식 말고는 아무것도 요구하지 않았으나, 누가 보아도 아리땁기 그지없었습니다.

16 에스더가 왕궁으로 들어가 왕 앞에 나아간 때는, 아하수에로가 왕이 된 지 칠 년째 되는 해의 열째 달, 곧 데벳 월이었습니다.

17 왕은 모든 처녀들 가운데서도 에스더를 가장 좋아했습니다. 드디어 아하수에로 왕은 에스더의 머리에 왕관을 씌워 주고, 와스디를 대신해서 에스더를 왕후로 삼았습니다.

18 왕은 에스더를 위해서 큰 잔치를 베풀고, 귀족들과 신하들을 모두 초대했습니다. 그리고 전국에 휴일을 선포하고, 사람들에게 푸짐한 선물을 나누어 주었습니다.

모르드개가 음모를 발견하다

19 처녀들을 두 번째로 불러모았을 때, 모르드개는 왕궁 문에 앉아 있었습니다.

20 그때까지도 에스더는 모르드개의 지시대로 누구에게도 자기의 집안과 민족에 대해 말하지 않았습니다. 그녀는 모르드개 밑에서 자랄 때와 마찬가지로 그의 말을 잘 들었습니다.

21 모르드개가 왕궁 문에 앉아 있을 때, 문을 지키는 왕의 두 신하인 빅단과 데레스가 원한을 품고 아하수에로 왕을 죽일 음모를 꾸미는 것을 듣게 되었습니다.

22 이 음모를 알게 된 모르드개가 에스더 왕후에게 이 사실을 알려 주자, 에스더는 모르드개가 일러 주었다고 하면서 그 사실을 왕에게 말했습니다.

23 사실을 조사한 후에 음모가 밝혀지자, 그들은 나무에 달려 죽임을 당했습니다. 그리고 이 모든 사실은 왕이 보는 앞에서 왕궁 일지에 적혔습니다.

하만이 유다인을 없앨 음모를 꾸미다

3 이 일이 있은 뒤에 아하수에로 왕은 아각 사람 함므다다의 아들 하만을 높여 귀족들 가운데서도 가장 높은 자리에 앉혔습니다.

2 왕의 명령에 따라 왕궁의 모든 신하들은 하만 앞에서 무릎을 꿇고 절을 했습니다. 그러나 모르드개는 절을 하지도 않았으며, 무릎을 꿇지도 않았습니다.

would never go to the king again unless he had especially enjoyed her and requested her by name.

15 •Esther was the daughter of Abihail, who was Mordecai's uncle. (Mordecai had adopted his younger cousin Esther.) When it was Esther's turn to go to the king, she accepted the advice of Hegai, the eunuch in charge of the harem. She asked for nothing except what he suggested, and she was admired by everyone who saw her.

16 •Esther was taken to King Xerxes at the royal palace in early winter* of the seventh year of his
17 reign. •And the king loved Esther more than any of the other young women. He was so delighted with her that he set the royal crown on her head and declared her queen instead of
18 Vashti. •To celebrate the occasion, he gave a great banquet in Esther's honor for all his nobles and officials, declaring a public holiday for the provinces and giving generous gifts to everyone.

19 •Even after all the young women had been transferred to the second harem* and Mordecai
20 had become a palace official,* •Esther continued to keep her family background and nationality a secret. She was still following Mordecai's directions, just as she did when she lived in his home.

Mordecai's Loyalty to the King

21 •One day as Mordecai was on duty at the king's gate, two of the king's eunuchs, Bigthana* and Teresh—who were guards at the door of the king's private quarters—became angry at King Xerxes
22 and plotted to assassinate him. •But Mordecai heard about the plot and gave the information to Queen Esther. She then told the king about it and
23 gave Mordecai credit for the report. •When an investigation was made and Mordecai's story was found to be true, the two men were impaled on a sharpened pole. This was all recorded in The Book of the History of King Xerxes' Reign.

Haman's Plot against the Jews

3 Some time later King Xerxes promoted Haman son of Hammedatha the Agagite over all the other nobles, making him the most
2 powerful official in the empire. •All the king's officials would bow down before Haman to show him respect whenever he passed by, for so the king had commanded. But Mordecai refused to bow down or show him respect.

3 그러자 왕궁 문에 있던 왕의 신하들이 모르드개에게 물었습니다. "어찌하여 당신은 왕의 명령을 따르지 않는 거요?"

4 날마다 모르드개에게 충고를 해도 듣지 않자, 그들은 그 사실을 하만에게 알렸습니다. 모르드개가 스스로 유다인이라고 했으므로, 그들은 하만이 모르드개의 행동을 그대로 내버려 둘지 지켜볼 생각이었습니다.

5 하만은 모르드개가 자기에게 절하지도 않고, 무릎을 꿇지도 않는 것을 보고 크게 화가 났습니다.

6 그는 모르드개가 유다인인 것을 알고는 모르드개만 죽이는 것으로는 충분치 않다고 생각하여, 아하수에로 왕국에 있는 모든 유다인, 곧 모르드개의 민족을 다 죽여 없앨 방법을 찾았습니다.

7 그때는 아하수에로가 왕이 된 지 십이 년째 되는 해의 첫째 달, 곧 니산 월이었습니다. 사람들은 유다인들을 죽일 날과 달을 정하기 위해, 하만 앞에서 부르라고 불리는 제비를 뽑았습니다. 그리고 그날을 열두째 달인 아달 월로 정했습니다.

8 하만이 아하수에로 왕에게 말했습니다. "왕이 다스리시는 나라의 모든 지방에 걸쳐 다른 민족들 사이에 흩어져 사는 한 민족이 있는데, 그들은 자기들끼리만 모여 삽니다. 그들은 어느 민족과도 다른 풍습을 갖고 있으며, 왕의 법도 지키지 않고 있습니다. 그러므로 그들을 왕의 나라에서 그대로 살게 내버려 두는 것은 옳지 않다고 봅니다.

9 왕께서 좋으시다면, 그 백성을 완전히 없애라는 명령을 내려 주십시오. 그러면 저는 왕의 재정을 맡은 관리에게 은만 달란트*를 주어, 왕의 금고에 넣도록 하겠습니다."

10 왕은 손에서 인장 반지를 빼어, 유다인의 원수인 아각 사람 함므다다의 아들 하만에게 주었습니다.

11 왕이 하만에게 말했습니다. "그 돈과 백성은 그대의 것이니, 그대가 좋을 대로 하시오."

12 첫째 달 십삼 일에 왕의 서기관들이 부름을 받고 모였습니다. 그들은 하만이 시키는 대로 각 지방의 총독들과 군대 지휘관들과 각 민족의 귀족들에게 각 지방과 민족의 언어로 조서를 썼습니다. 그들은 조서를 아하수에로 왕의 이름으로 적어서 왕의 인장 반지로 봉인한 뒤,

13 사신들을 시켜 전국에 조서를 보냈습니다.

3 •Then the palace officials at the king's gate asked Mordecai, "Why are you disobeying the king's command?" •They spoke to him day after day, but still he refused to comply with the order. So they spoke to Haman about this to see if he would tolerate Mordecai's conduct, since Mordecai had told them he was a Jew.

5 •When Haman saw that Mordecai would not bow down or show him respect, he was filled with rage. •He had learned of Mordecai's nationality, so he decided it was not enough to lay hands on Mordecai alone. Instead, he looked for a way to destroy all the Jews throughout the entire empire of Xerxes.

7 •So in the month of April,* during the twelfth year of King Xerxes' reign, lots were cast in Haman's presence (the lots were called purim) to determine the best day and month to take action. And the day selected was March 7, nearly a year later.*

8 •Then Haman approached King Xerxes and said, "There is a certain race of people scattered through all the provinces of your empire who keep themselves separate from everyone else. Their laws are different from those of any other people, and they refuse to obey the laws of the king. So it is not in the king's interest to let them live. •If it please the king, issue a decree that they be destroyed, and I will give 10,000 large sacks* of silver to the government administrators to be deposited in the royal treasury."

10 •The king agreed, confirming his decision by removing his signet ring from his finger and giving it to Haman son of Hammedatha the Agagite, the enemy of the Jews. •The king said, "The money and the people are both yours to do with as you see fit."

12 •So on April 17* the king's secretaries were summoned, and a decree was written exactly as Haman dictated. It was sent to the king's highest officers, the governors of the respective provinces, and the nobles of each province in their own scripts and languages. The decree was written in the name of King Xerxes and sealed with the king's signet ring.

13 •Dispatches were sent by swift messengers into all the provinces of the empire, giving the order that all Jews—young and old, including women and children—must be killed, slaughtered, and annihilated

3:7a Hebrew in the first month, the month of Nisan. This month of the ancient Hebrew lunar calendar occurred in the months of April and May 474 B.C.; also see note on 2:16.　3:7b As in 3:13, which reads the thirteenth day of the twelfth month, the month of Adar; Hebrew reads in the twelfth month, of the ancient Hebrew lunar calendar. The date selected was March 7, 473 B.C.; also see note on 2:16.　3:9 Hebrew 10,000 talents, about 375 tons or 340 metric tons in weight.　3:12 Hebrew On the thirteenth day of the first month, of the ancient Hebrew lunar calendar. This day was April 17, 474 B.C.; also see note on 2:16.

3:9 10,000달란트는 약 342.7t에 해당된다.

에

조서의 내용은 열두째 달인 아달 월 십삼 일에 유다인을 젊은이, 늙은이, 여자, 어린이 할 것 없이 다 죽여 없애 버리고, 그들의 재산을 다 빼앗으라는 것이었습니다.

14 각 지방에서는 이 조서를 베껴 법률로 선포하고, 모든 백성에게 알려 그날을 준비하게 했습니다.

15 왕의 명령이 내려지자, 사신들은 서둘러 길을 떠나고, 수산 성에서도 조서가 선포되었습니다. 왕과 하만이 자리에 앉아 술을 마실 동안, 수산 성은 어지러움과 혼란에 빠져 있었습니다.

모르드개가 에스더에게 도움을 청하다

4 이 모든 일을 알게 된 모르드개는 옷을 찢고 거친 베옷을 입은 다음, 재를 뒤집어쓴 채 성안으로 들어가 큰 소리로 슬피 울었습니다.

2 그러나 거친 베옷을 입은 채 왕궁 문안으로 들어갈 수가 없기 때문에 모르드개는 왕궁 문 앞에서 멈춰 섰습니다.

3 왕의 명령이 각 지방에 이르자, 유다인들은 크게 슬퍼하고 금식하며 통곡했습니다. 그들 대부분은 거친 베옷을 입고 재 위에 누웠습니다.

4 에스더의 여종들과 내시들이 에스더에게 가서 모르드개에게 일어난 일을 일러 주자, 그녀는 깊은 근심에 빠졌습니다. 에스더는 모르드개에게 옷을 보내어 거친 베옷을 벗고 다른 옷으로 갈아입기를 권했으나 모르드개는 에스더가 보낸 옷을 입지 않았습니다.

5 에스더는 왕이 자기를 돌보라고 보낸 내시 가운데 한 사람인 하닥을 불러, 모르드개에게 무슨 일이 어떻게 일어났는지 알아보게 했습니다.

6 하닥은 왕궁 문 앞, 도성 광장에 있는 모르드개에게 갔습니다.

7 모르드개는 자기에게 일어난 일을 빠짐없이 하닥에게 일러 주었습니다. 그리고 하만이 유다인을 죽이기 위해, 왕의 금고에 들여 놓겠다고 약속한 돈이 얼마인지도 알려 주었습니다.

8 모르드개는 수산 성에 내려진 왕의 명령, 곧 유다인을 다 죽이라는 내용이 적힌 조서의 사본을 하닥에게 주었습니다. 모르드개는 하닥이 그것을 에스더에게 보이고, 그 내용을 설명해 줄 것을 요청했습니다. 그리고 에스더가 왕 앞에 직접 나아가, 자기 백성을 위해 왕에게 간절히 빌 것을 하닥에게 부탁했습니다.

9 하닥은 돌아가서 에스더에게 모르드개가 한 말을 그대로 전했습니다.

10 그러자 에스더는 모르드개에게 이렇게 전하라고 말했습니다.

11 "남자든지 여자든지 왕이 부르시지 않으면 안뜰로 들어갈 수 없습니다. 이를 어기는 사람은 죽게 되어

on a single day. This was scheduled to happen on March 7 of the next year.* The property of the Jews would be given to those who killed them.

14 • A copy of this decree was to be issued as law in every province and proclaimed to all peoples, so that they would be ready to do their duty on the appointed day. • At the king's command, the decree went out by swift messengers, and it was also proclaimed in the fortress of Susa. Then the king and Haman sat down to drink, but the city of Susa fell into confusion.

Mordecai Requests Esther's Help

4 When Mordecai learned about all that had been done, he tore his clothes, put on burlap and ashes, and went out into the city, crying with a loud and bitter wail. • He went as far as the gate of the palace, for no one was allowed to enter the palace gate while wearing clothes of mourning. • And as news of the king's decree reached all the provinces, there was great mourning among the Jews. They fasted, wept, and wailed, and many people lay in burlap and ashes.

4 • When Queen Esther's maids and eunuchs came and told her about Mordecai, she was deeply distressed. She sent clothing to him to replace the burlap, but he refused

5 it. • Then Esther sent for Hathach, one of the king's eunuchs who had been appointed as her attendant. She ordered him to go to Mordecai and find out what was troubling him and why he was in mourning.

6 • So Hathach went out to Mordecai in the square in front of the palace gate.

7 • Mordecai told him the whole story, including the exact amount of money Haman had promised to pay into the royal treasury for the destruction of the Jews.

8 • Mordecai gave Hathach a copy of the decree issued in Susa that called for the death of all Jews. He asked Hathach to show it to Esther and explain the situation to her. He also asked Hathach to direct her to go to the king to beg for mercy and plead

9 for her people. • So Hathach returned to Esther with Mordecai's message.

10 • Then Esther told Hathach to go back

11 and relay this message to Mordecai: • "All the king's officials and even the people in the provinces know that anyone who

wail [wéil] *n.* 울부짖음. 통곡

3:13 Hebrew *on the thirteenth day of the twelfth month, the month of Ador,* of the ancient Hebrew lunar calendar. The date selected was March 7, 473 B.C.: also see note on 2:16.

있습니다. 이것은 왕의 신하들과 왕이 다스리는 각 지방의 백성들이 다 아는 사실입니다. 다만 왕이 금홀을 내밀 때만 그 사람은 살 수 있습니다. 그런데 왕이 나를 부르지 않으신 지 벌써 삼십 일이나 되었습니다."

12 에스더의 말이 모르드개에게 전해졌습니다.

13 그러자 모르드개가 다시 사람을 시켜 에스더에게 다음과 같은 말을 전했습니다. "지금 왕비께서 왕궁에 살고 계신다고 하여, 다른 유다인이 다 당할 일을 왕비께서만 피하실 수 있다고 생각하지 마십시오.

14 지금 왕비가 잠잠히 있다 해도 다른 사람의 도움으로 유다인은 해방과 구원을 얻을 것입니다. 그러나 왕비와 왕비의 집안은 멸망을 당할 것입니다. 왕비가 지금 왕비의 자리에 오른 것도, 바로 이런 때를 위한 것이지 누가 압니까?"

15 그러자 에스더가 다시 그들을 시켜 모르드개에게 전했습니다.

16 "가서 수산 성에 있는 유다인들을 다 모으고 나를 위해 금식하게 하십시오. 밤낮으로 삼 일 동안 먹지 말고, 마시지도 말게 하십시오. 나와 내 여종들도 금식하겠습니다. 그런 뒤에 법을 어기고서라도 왕에게 나아가겠습니다. 그러다가 죽게 되면 죽겠습니다."

17 모르드개는 나가서 에스더가 일러 준 대로 했습니다.

에스더가 왕에게 말하다

5 금식한 지 삼 일째 되는 날, 에스더는 왕비의 옷을 입고 왕의 방이 마주 보이는 왕궁 안뜰에 섰습니다. 그때, 왕은 방 안 보좌에 앉아 현관 쪽을 바라보고 있었습니다.

2 왕은 에스더 왕비가 뜰에 서 있는 모습을 보고 그녀를 어여삐 여겨 손에 들고 있던 금홀을 내밀었습니다. 그러자 에스더가 가까이 다가가 금홀 끝에 손을 대었습니다.

3 왕이 물었습니다. "에스더 왕후여, 무슨 일이오? 내게 무슨 부탁이라도 있소? 당신이 원한다면 내 나라의 절반이라도 주겠소."

4 에스더가 대답했습니다. "제가 오늘 왕을 위해 잔치를 준비했으니, 좋으시다면 하만과 함께 와 주십시오."

5 그러자 왕이 말했습니다. "곧 하만을 들라 하여라. 에스더의 소원을 들어주겠다." 왕과 하만은 에스더가 준비한 잔치에 갔습니다.

6 포도주를 마시던 왕이 에스더에게 말했습니다. "당신이 바라는 것이 무엇이오? 내가 들어주겠소. 당신이 요청하는 것이 대체 무엇이오? 내 나라의 절반이라도 주겠소."

7 에스더가 대답했습니다. "제가 바라고 요청하는 것

appears before the king in his inner court without being invited is doomed to die unless the king holds out his gold scepter. And the king has not called for me to come 12 to him for thirty days. •So Hathach* gave Esther's message to Mordecai.

13 •Mordecai sent this reply to Esther: "Don't think for a moment that because you're in the palace you will escape when 14 all other Jews are killed. •If you keep quiet at a time like this, deliverance and relief for the Jews will arise from some other place, but you and your relatives will die. Who knows if perhaps you were made queen for just such a time as this?"

15 •Then Esther sent this reply to Mordecai: 16 •"Go and gather together all the Jews of Susa and fast for me. Do not eat or drink for three days, night or day. My maids and I will do the same. And then, though it is against the law, I will go in to see the king. If 17 I must die, I must die." •So Mordecai went away and did everything as Esther had ordered him.

Esther's Request to the King

5 On the third day of the fast, Esther put on her royal robes and entered the inner court of the palace, just across from the king's hall. The king was sitting on his royal 2 throne, facing the entrance. •When he saw Queen Esther standing there in the inner court, he welcomed her and held out the gold scepter to her. So Esther approached 3 and touched the end of the scepter. •Then the king asked her, "What do you want, Queen Esther? What is your request? I will give it to you, even if it is half the king-4 dom!" •And Esther replied, "If it please the king, let the king and Haman come today to a banquet I have prepared for the king."

5 •The king turned to his attendants and said, "Tell Haman to come quickly to a banquet, as Esther has requested." So the king and Haman went to Esther's banquet.

6 •And while they were drinking wine, the king said to Esther, "Now tell me what you really want. What is your request? I will give it to you, even if it is half the king-7 dom!" •Esther replied, "This is my request and

---

banquet [bǽŋkwit] *n.* 연회
deliverance [dilívərəns] *n.* 구출, 구원
relief [rilíːf] *n.* (고통·걱정 등의) 제거, 경감; 구조
scepter [séptər] *n.* (제왕의 상징으로서의) 홀
4:11 be doomed to die : 사형 선고를 받다
5:2 hold out : (손 등을) 내밀다

4:12 As in Greek version; Hebrew reads *they.*

은 이렇습니다.

8 왕이 저를 어여삐 보시고 제 소원과 요청을 들어주실 마음이 있으시다면, 내일도 잔치를 열겠으니 하만과 함께 와 주십시오. 그때에 제 소원을 왕께 말씀드리겠습니다."

하만의 음모

9 그날, 하만은 즐거운 마음으로 왕궁 문을 나오던 중 모르드개를 만났습니다. 모르드개는 여전히 일어나지도 않고, 자기를 두려워하지도 않았습니다. 이를 본 하만은 너무도 화가 났습니다.

10 하지만 그는 화를 참고 집으로 돌아가서 친구들과 자기 아내 세레스를 불렀습니다.

11 그는 그들에게 자기의 재산과, 아들이 많은 것과, 왕이 그에게 명예를 주어 다른 귀족이나 신하들보다 높여 주신 것을 자랑했습니다.

12 하만이 덧붙여서 말했습니다. "그뿐만이 아니라네. 에스더 왕후께서 잔치를 베풀어 놓고 초대한 사람은 왕을 제외하고 나밖에 없었다네. 그리고 왕후께서는 내일도 나더러 왕과 함께 와 달라고 하셨네.

13 하지만 유다인 모르드개가 왕궁 문에 앉아 있는 것을 보면, 기쁜 마음이 싹 가신다네."

14 하만의 아내 세레스와 모든 친구들이 말했습니다. "오십 규빗* 되는 장대를 세우고, 내일 아침 왕에게 모르드개를 거기에 매달아 달라고 부탁하세요. 그리고 나서 왕과 함께 기쁜 마음으로 잔치에 가세요." 하만은 그 말을 좋게 여기고, 곧 장대를 세우라고 명령했습니다.

왕이 모르드개를 높이다

6 그날 밤, 왕은 잠이 오지 않아 신하를 시켜 왕궁 일지를 가져오게 하여, 자기 앞에서 읽으라고 명령했습니다.

2 그 일지에는 왕궁 문을 지키던 왕의 두 내시인 빅다나와 데레스가 왕을 죽이려 한 음모를 모르드개가 일러 주었다는 내용이 적혀 있었습니다.

3 왕이 물었습니다. "이 일을 한 모르드개에게 어떤 영광과 상을 주었느냐?" 신하들이 대답했습니다. "아무것도 주지 않았습니다."

4 왕이 다시 물었습니다. "누가 뜰에 있느냐?" 마침 그때, 하만이 자기가 세운 장대에 모르드개를 매달기 위해서, 왕에게 부탁하고자 왕궁 바깥 뜰에 와 있었습니다.

5 왕을 모시는 신하들이 말했습니다. "하만이 뜰에 서 있습니다." 그러자 왕이 말했습니다. "들라 하여라."

6 하만이 들어오자 왕이 그에게 물었습니다. "내가 크게 높여 주고 싶은 사람이 있는데, 그 사람에게 어떻게 해 주면 좋겠소?" 하만은 속으로, '왕이 높여 주

deepest wish. • If I have found favor with the king, and if it pleases the king to grant my request and do what I ask, please come with Haman tomorrow to the banquet I will prepare for you. Then I will explain what this is all about."

Haman's Plan to Kill Mordecai

9 • Haman was a happy man as he left the banquet! But when he saw Mordecai sitting at the palace gate, not standing up or trembling nervously before him, Haman became 10 furious. • However, he restrained himself and went on home.

Then Haman gathered together his friends 11 and Zeresh, his wife, • and boasted to them about his great wealth and his many children. He bragged about the honors the king had given him and how he had been promoted over all the other nobles and officials. 12 • Then Haman added, "And that's not all! Queen Esther invited only me and the king himself to the banquet she prepared for us. And she has invited me to dine with her and 13 the king again tomorrow!" • Then he added, "But this is all worth nothing as long as I see Mordecai the Jew just sitting there at the palace gate."

14 • So Haman's wife, Zeresh, and all his friends suggested, "Set up a sharpened pole that stands seventy-five feet* tall, and in the morning ask the king to impale Mordecai on it. When this is done, you can go on your merry way to the banquet with the king." This pleased Haman, and he ordered the pole set up.

The King Honors Mordecai

6 That night the king had trouble sleeping, so he ordered an attendant to bring the book of the history of his reign so it could be 2 read to him. • In those records he discovered an account of how Mordecai had exposed the plot of Bigthana and Teresh, two of the eunuchs who guarded the door to the king's private quarters. They had plotted to assassinate King Xerxes.

3 • "What reward or recognition did we ever give Mordecai for this?" the king asked.

His attendants replied, "Nothing has been done for him."

4 • "Who is that in the outer court?" the king inquired. As it happened, Haman had just arrived in the outer court of the palace to ask the king to impale Mordecai on the pole he had prepared.

5 • So the attendants replied to the king, "Haman is out in the court."

5:14 Hebrew *50 cubits* [23 meters].
5:14 50규빗은 약 22.5m에 해당된다.

고 싶은 사람이 나 말고 또 누가 있을까' 라고 생각
하여

7 이렇게 대답했습니다. "왕께서 크게 높여 주고 싶
은 사람이 있으시다면,

8 먼저 종들을 시켜, 왕께서 입으시는 옷과 왕께서 타
시는 말을 내오게 하시고, 그 말의 머리는 관으로 꾸
미게 하십시오.

9 그런 다음에 그 옷과 말을 왕께서 높여 주고 싶은 사
람에게 주십시오. 그리고 왕의 신하 가운데 가장 높
은 사람을 시켜, 그 사람에게 왕의 옷을 입히게 하
고, 말에 태운 사람을 성 안 거리로 다니게 하면서
'왕은 높여 주고 싶은 사람에게 이렇게 해 주신다'
하며 외치게 하십시오."

10 왕이 하만에게 명령했습니다. "어서 가서 왕궁 문에
앉아 있는 유다인 모르드개를 위해 그대가 말한 대
로 옷과 말을 내어오시오. 그대가 말한 것에서 하나
도 빠뜨리지 말고 그대로 하시오."

11 하만은 왕의 명령대로 옷과 말을 내어 와서 모르드
개에게 옷을 입히고, 그를 말에 태워 '왕은 높여 주
고 싶은 사람에게 이렇게 해 주신다' 하고 성 안 거
리를 외치고 다녔습니다.

12 그런 뒤에 모르드개는 다시 왕궁 문으로 돌아갔습
니다. 하만은 당황하고 부끄러워 얼굴을 가린 채 서
둘러 집으로 갔습니다.

13 하만은 아내 세레스와 모든 친구들에게 자기에게
일어난 일을 빠짐없이 이야기했습니다. 하만의 아
내와 그의 친구들이 말했습니다. "당신은 유다인인
모르드개 앞에서 무릎을 꿇었으니, 이제 그에게 맞
서 이길 수 없소. 계속 맞서려 한다면 당신은 틀림없
이 망할 것이오."

14 그들의 말이 끝나기도 전에 왕의 내시들이 하만의
집에 와서, 에스더가 차린 잔치에 하만을 서둘러 데
려갔습니다.

하만의 죽음

7 왕과 하만은 에스더가 차린 잔치에 갔습니다.
2 둘째 날에도 왕은 하만과 더불어 술을 마시다
가 에스더에게 물었습니다. "당신이 바라는 것이
무엇이오? 내가 들어주겠소. 당신이 요청하는 것이
무엇이오? 내 나라의 절반이라도 주겠소."

3 그러자 에스더 왕후가 대답했습니다. "왕이 저를
어여삐 보신다면, 그리고 제 요청을 들어주실 마음
이 있으시다면, 제 목숨을 살려 주십시오. 이것이
제 소원입니다. 그리고 제 민족도 살려 주십시오.
이것이 제 요청입니다.

4 제 민족이나 저나 이제는 다 죽고 망하여, 완전히 없
어지게 되었습니다. 우리가 남종이나 여종으로 팔
려 가기만 해도 제가 잠자코 있었을 것입니다. 그만

6 "Bring him in," the king ordered. ●So
Haman came in, and the king said, "What
should I do to honor a man who truly pleas-
es me?"

Haman thought to himself, "Whom
would the king wish to honor more than
7 me?" ●So he replied, "If the king wishes to
8 honor someone, ●he should bring out one
of the king's own royal robes, as well as a
horse that the king himself has ridden—one
9 with a royal emblem on its head. ●Let the
robes and the horse be handed over to one
of the king's most noble officials. And let
him see that the man whom the king wishes
to honor is dressed in the king's robes and
led through the city square on the king's
horse. Have the official shout as they go,
'This is what the king does for someone he
wishes to honor!' "

10 ●"Excellent!" the king said to Haman.
"Quick! Take the robes and my horse, and
do just as you have said for Mordecai the
Jew, who sits at the gate of the palace. Leave
out nothing you have suggested!"

11 ●So Haman took the robes and put them
on Mordecai, placed him on the king's own
horse, and led him through the city square,
shouting, "This is what the king does for
12 someone he wishes to honor!" ●Afterward
Mordecai returned to the palace gate, but
Haman hurried home dejected and com-
pletely humiliated.

13 ●When Haman told his wife, Zeresh, and
all his friends what had happened, his wise
advisers and his wife said, "Since Mordecai—
this man who has humiliated you—is of
Jewish birth, you will never succeed in your
plans against him. It will be fatal to continue
opposing him."

14 ●While they were still talking, the king's
eunuchs arrived and quickly took Haman to
the banquet Esther had prepared.

The King Executes Haman

7 So the king and Haman went to Queen
Esther's banquet. ●On this second occa-
2 sion, while they were drinking wine, the
king again said to Esther, "Tell me what you
want, Queen Esther. What is your request? I
will give it to you, even if it is half the king-
dom!"

3 ●Queen Esther replied, "If I have found
favor with the king, and if it pleases the king
to grant my request, I ask that my life and
4 the lives of my people will be spared. ●For
my people and I have been sold to those
who would kill, slaughter, and annihilate us.

annihilate [ənáiəlèit] vt. 전멸시키다
dejected [didʒéktid] a. 낙심한
humilate [hju:mílieit] vt. 창피를 주다

한 일을 가지고 왕을 번거롭게 해 드리지 않았을 것입니다."

5 아하수에로 왕이 에스더 왕후에게 물었습니다. "그가 누구요? 그가 어디에 있소? 누가 그런 짓을 하려 하오?"

6 에스더가 말했습니다. "우리의 적, 우리의 원수는 바로 이 악한 하만입니다." 그 말이 끝나자, 하만은 왕과 왕후 앞에서 두려움에 사로잡혔습니다.

7 화가 머리 끝까지 난 왕은 자리에서 일어나 왕궁 뜰로 나갔습니다. 하만은 왕이 이미 자기를 죽이기로 결심한 것을 알고, 자리에 남아 에스더에게 목숨만 살려 달라고 빌었습니다.

8 왕이 왕궁 뜰에서 잔칫방으로 돌아와 보니, 하만이 에스더가 기대는 침상에 엎드려 있었습니다. 그 모습을 보고 왕이 말했습니다. "내가 왕궁에 있는데도 이 놈이 왕후를 덮치려 하는구나!" 왕의 그 말이 떨어지기가 무섭게 종들이 달려들어 하만의 얼굴을 가렸습니다.

9 그때, 왕을 모시던 내시 가운데 하르보나가 말했습니다. "하만이 자기 집에 높이가 오십 규빗 되는 장대를 세워 놓았습니다. 그것은 왕을 해치려는 음모를 알려 준 모르드개를 매달려고 준비해 놓은 것입니다." 왕이 말했습니다. "하만을 거기에 매달아라!"

10 그러자 사람들이 모르드개를 달려고 하만이 세워 놓은 바로 그 장대에 하만을 매달았습니다. 그런 뒤에야 왕의 분노가 가라앉았습니다.

왕이 유다 민족을 돕다

8 바로 그날, 아하수에로 왕은 유다인의 원수 하만의 모든 재산을 에스더 왕후에게 주었습니다. 에스더가 자기와 모르드개의 관계를 밝혔기 때문에 모르드개는 왕에게 나아가게 되었습니다.

2 왕은 하만에게서 되찾은 자기의 인장 반지를 빼서 모르드개에게 주었습니다. 에스더는 하만이 남긴 모든 재산을 모르드개에게 맡겼습니다.

3 에스더가 다시 왕에게 나아가, 그의 발 앞에 꿇어 엎드려 울면서 하만의 악한 음모를 막아 달라고 간청했습니다.

4 왕이 금홀을 내밀자, 에스더가 자리에서 일어나 왕에게 말했습니다.

5 "왕이여, 저를 어여삐 보시고, 이 일을 좋게 여기시며 이렇게 하는 것이 옳은 일이라 생각하신다면, 하만이 쓴 조서를 취소해 주십시오.

6 제 민족에게 그런 끔찍한 일이 일어나는 것을 제가 어찌 볼 수 있으며, 가족이 죽임당하는 것을

If we had merely been sold as slaves, I could remain quiet, for that would be too trivial a matter to warrant disturbing the king."

5 • "Who would do such a thing?" King Xerxes demanded. "Who would be so presumptuous as to touch you?"

6 • Esther replied, "This wicked Haman is our adversary and our enemy." Haman grew pale with fright before the king and queen. 7 • Then the king jumped to his feet in a rage and went out into the palace garden.

Haman, however, stayed behind to plead for his life with Queen Esther, for he knew that the 8 king intended to kill him. • In despair he fell on the couch where Queen Esther was reclining, just as the king was returning from the palace garden.

The king exclaimed, "Will he even assault the queen right here in the palace, before my very eyes?" And as soon as the king spoke, his attendants covered Haman's face, signaling his doom.

9 • Then Harbona, one of the king's eunuchs, said, "Haman has set up a sharpened pole that stands seventy-five feet* tall in his own courtyard. He intended to use it to impale Mordecai, the man who saved the king from assassination."

"Then impale Haman on it!" the king ordered.

10 • So they impaled Haman on the pole he had set up for Mordecai, and the king's anger subsided.

A Decree to Help the Jews

8 On that same day King Xerxes gave the property of Haman, the enemy of the Jews, to Queen Esther. Then Mordecai was brought before the king, for Esther had told the king 2 how they were related. • The king took off his signet ring—which he had taken back from Haman—and gave it to Mordecai. And Esther appointed Mordecai to be in charge of Haman's property.

3 • Then Esther went again before the king, falling down at his feet and begging him with tears to stop the evil plot devised by Haman the 4 Agagite against the Jews. • Again the king held out the gold scepter to Esther. So she rose and stood before him.

5 • Esther said, "If it please the king, and if I have found favor with him, and if he thinks it is right, and if I am pleasing to him, let there be a decree that reverses the orders of Haman son of Hammedatha the Agagite, who ordered that Jews throughout all the king's provinces should 6 be destroyed. • For how can I endure to see my

---

adversary [ǽdvərsèri] *n.* 적, 반대자
presumptuous [prizʌ́mptʃuəs] *a.* 주제넘은

7:9 Hebrew *50 cubits* [23 meters].

어찌 볼 수 있겠습니까?"

7 아하수에로 왕이 에스더 왕후와 유다인 모르드 개에게 대답했습니다. "하만이 유다인을 죽이 려 했기 때문에 내가 그의 재산을 에스더에게 주었고 군인들을 시켜 그를 매달았소.

8 이제 나의 이름으로 다른 조서를 쓰시오. 그대 들 보기에 좋은 대로 쓰고, 나의 인장 반지로 봉 인하시오. 나의 이름으로 쓰여지고, 나의 인장 반지로 봉인된 조서는 아무도 취소할 수 없소."

9 셋째 달, 곧 시완 월 이십삼 일*에 왕의 서기관 들이 불려 왔습니다. 그들은 모르드개가 시키 는 대로 조서를 썼습니다. 그리고 인도에서부 터 에티오피아*에 이르기까지 백이십칠 지역 에 있는 유다인들과 총독들과 군대 지휘관들과 귀족들에게 조서를 보냈습니다. 그것은 유다 를 포함한 각 지방과 민족의 언어로 기록되었 습니다.

10 모르드개는 아하수에로 왕의 이름으로 조서를 쓰고 왕의 인장 반지로 봉인을 한 다음에 왕궁 에서 쓰려고 특별히 기른 빠른 말들에 사신들 을 태워 보내서 그 조서를 전했습니다.

11 왕의 조서 내용은, 각 성에 사는 유다인들이 함 께 모여서 목숨을 지킬 수 있도록 한 것이었습 니다. 어느 지방의 민족이든 군대를 일으켜 유 다인을 치려 하면, 그들은 물론 그들의 아내와 자식들까지 다 죽이고 멸망시켜 완전히 없애 버릴 수 있을 뿐만 아니라, 그들의 재산까지도 빼앗을 수 있게 하였습니다.

12 그러나 아하수에로 왕이 다스리는 모든 지방에 서 유다인이 그렇게 할 수 있는 날은, 열두째 달 인 아달 월 십삼 일* 하루 동안으로 정했습니 다.

13 왕은 조서의 사본을 각 지방으로 보내어 법으 로 삼게 했습니다. 그리고 그것을 왕이 다스리 는 지방의 모든 민족에게 알려, 유다인들이 원 수에게 보복할 날을 미리 준비할 수 있게 했습 니다.

14 사신들은 왕의 명령을 받고, 서둘러 왕궁 말을 타고 나갔습니다. 수산 성에도 왕의 조서가 선 포되었습니다.

15 모르드개가 푸른색과 흰색으로 된 왕궁 옷을 입고, 머리에는 큰 금관을 쓰고, 고운 모시로 만 든 자줏빛 겉옷을 걸치고, 왕 앞에서 물러 나왔 습니다. 그러자 수산 성 사람들이 환호하며 기 뻐했습니다.

16 그날은 유다인에게 기쁘고 즐겁고 영광스런 날 이었습니다.

people and my family slaughtered and destroyed?"

7 •Then King Xerxes said to Queen Esther and Mordecai the Jew, "I have given Esther the property of Haman, and he has been impaled on a

8 pole because he tried to destroy the Jews. •Now go ahead and send a message to the Jews in the king's name, telling them whatever you want, and seal it with the king's signet ring. But remember that whatever has already been written in the king's name and sealed with his signet ring can never be revoked."

9 •So on June 25* the king's secretaries were summoned, and a decree was written exactly as Mordecai dictated. It was sent to the Jews and to the highest officers, the governors, and the nobles of all the 127 provinces stretching from India to Ethiopia.* The decree was written in the scripts and languages of all the peoples of the

10 empire, including that of the Jews. •The decree was written in the name of King Xerxes and sealed with the king's signet ring. Mordecai sent the dispatches by swift messengers, who rode fast horses especially bred for the king's service.

11 •The king's decree gave the Jews in every city authority to unite to defend their lives. They were allowed to kill, slaughter, and annihilate anyone of any nationality or province who might attack them or their children and wives,

12 and to take the property of their enemies. •The day chosen for this event throughout all the provinces of King Xerxes was March 7 of the next year.*

13 •A copy of this decree was to be issued as law in every province and proclaimed to all peoples, so that the Jews would be ready to take revenge

14 on their enemies on the appointed day. •So urged on by the king's command, the messengers rode out swiftly on fast horses bred for the king's service. The same decree was also proclaimed in the fortress of Susa.

15 •Then Mordecai left the king's presence, wearing the royal robe of blue and white, the great crown of gold, and an outer cloak of fine linen and purple. And the people of Susa cele-

16 brated the new decree. •The Jews were filled

---

dictate [díkteit] *vt.* 구술하다
impale [impéil] *vt.* 말뚝으로 찌르는 형벌에 처하다
dispatch [dispǽtʃ] *n.* 급송 공문서; 전보

8:9a *Hebrew on the twenty-third day of the third month, the month of Sivan,* of the ancient Hebrew lunar calendar. This day was June 25, 474 B.C.; also see note on 2:16.　　8:9b *Hebrew to Cush.*　　8:12 *Hebrew the thirteenth day of the twelfth month, the month of Adar,* of the ancient Hebrew lunar calendar. The date selected was March 7, 473 B.C.; also see note on 2:16.

8:9 이날은 B.C. 474년 6월 25일로 추정되며, '에티오피아' 는 개 역 성경에 (히) '구스' 라고 표기되어 있다.
8:12 이날은 B.C. 473년 3월 7일로 추정된다.

17 왕의 조서가 전달된 지방과 성마다, 그곳 유다인들이 기뻐하고 즐거워했습니다. 그들은 잔치를 베풀고, 그날을 축제일로 삼았습니다. 그리고 그 땅에 사는 많은 사람이 유다인을 두려워하여 스스로 유다인이 되었습니다.

유다 민족의 승리

9 드디어 열두째 달인 아달 월 십삼 일이 되어, 왕이 내린 명령을 지켜야 하는 날이 되었습니다. 그날은 유다인의 원수들이 유다인을 없애려고 한 날이었으나, 이제는 유다인이 그 원수들을 물리칠 수 있는 날로 바뀌었습니다.

2 유다인들은 아하수에로 왕이 다스리는 모든 지방의 각 성에 모여, 자기들을 해치려 하던 사람들을 공격했습니다. 나라 안의 모든 사람이 유다인을 두려워했으므로 아무도 그들을 막지 못했습니다.

3 게다가 각 지방의 귀족들과 총독들과 군대 지휘관들과 왕의 신하들도 모르드개를 두려워했기 때문에 유다인을 도왔습니다.

4 모르드개는 왕궁에서 높은 자리를 차지하고 있었으며, 그의 세력 또한 점점 커져서 나라 전체에 그의 이름을 모르는 사람이 없게 되었습니다.

5 유다인들은 모든 원수를 칼로 쳐죽여 없앴습니다. 그리고 그들을 미워하던 민족에게 하고 싶은 대로 다 했습니다.

6 유다인들은 수산 성에서만 오백 명을 죽여 없앴습니다.

7 그들은 또한 함므다다의 아들이자 유다인의 원수인 하만의 열 아들, 곧 바산다다와 달본과 아스바다와

8 보라다와 아달리야와 아리다다와

9 바마스다와 아리새와 아리대와 왜사다를 죽였습니다.

10 그러나 유다인은 그들의 재산에는 손을 대지 않았습니다.

11 그날, 수산 성에서 죽은 사람의 수가 왕에게 보고되었습니다.

12 왕이 에스더 왕후에게 말했습니다. "유다인들이 수산 성에서만 오백 명을 죽여 없앴고, 하만의 열 아들도 죽였소. 그러니 다른 지방에서는 어떠했을지 더 말할 나위도 없소. 이제 당신의 남은 소원을 말해 보시오. 내가 들어주겠소. 무엇을 더 바라시오? 당신이 바라는 대로 해 주겠소."

13 에스더가 대답했습니다. "왕만 좋으시다면, 수산 성에 있는 유다인들이 내일도 오늘처럼 할 수 있게 해 주십시오. 그리고 하만의 열 아들의 주검을 장대에 매달아 주십시오."

14 왕이 에스더의 청을 허락하고, 명령을 내렸습니다.

---

17 with joy and gladness and were honored everywhere. •In every province and city, wherever the king's decree arrived, the Jews rejoiced and had a great celebration and declared a public festival and holiday. And many of the people of the land became Jews themselves, for they feared what the Jews might do to them.

The Victory of the Jews

9 So on March 7* the two decrees of the king were put into effect. On that day, the enemies of the Jews had hoped to overpower them, but quite the opposite happened. It was the Jews who overpowered 2 their enemies. •The Jews gathered in their cities throughout all the king's provinces to attack anyone who tried to harm them. But no one could make a stand against them, 3 for everyone was afraid of them. •And all the nobles of the provinces, the highest officers, the governors, and the royal officials 4 helped the Jews for fear of Mordecai. •For Mordecai had been promoted in the king's palace, and his fame spread throughout all the provinces as he became more and more powerful.

5 •So the Jews went ahead on the appointed day and struck down their enemies with the sword. They killed and annihilated their enemies and did as they pleased with those 6 who hated them. •In the fortress of Susa 7 itself, the Jews killed 500 men. •They also 8 killed Parshandatha, Dalphon, Aspatha, •Poratha, Adalia, Aridatha, •Parmashta, Arisai, 10 Aridai, and Vaizatha— •the ten sons of Haman son of Hammedatha, the enemy of the Jews. But they did not take any plunder.

11 •That very day, when the king was informed of the number of people killed in 12 the fortress of Susa, •he called for Queen Esther. He said, "The Jews have killed 500 men in the fortress of Susa alone, as well as Haman's ten sons. If they have done that here, what has happened in the rest of the provinces? But now, what more do you want? It will be granted to you; tell me and I will do it."

13 •Esther responded, "If it please the king, give the Jews in Susa permission to do again tomorrow as they have done today, and let the bodies of Haman's ten sons be impaled on a pole."

14 •So the king agreed, and the decree was

---

inaugurate [in5:gjurèit] *vt.* 정식으로 발족시키다

9:1 Hebrew *on the thirteenth day of the twelfth month, the month of Adar,* of the ancient Hebrew lunar calendar. This day was March 7, 473 B.C.; also see note on 2:16.

수산 성에 조서가 내려졌고, 하만의 열 아들의 주검이 장대에 매달렸습니다.

15 수산 성의 유다인들은 아달 월 십사 일에 모여서, 수산성에서 삼백 명을 죽였습니다. 그러나 그 재산에는 손을 대지 않았습니다.

16 다른 지방의 유다인들도 모여서 자기 생명을 지키고, 원수들을 물리쳤습니다. 그들은 자기들을 미워하던 사람 칠만 오천 명을 죽였습니다. 그러나 재산에는 손을 대지 않았습니다.

17 이 일이 일어난 날은 아달 월 십삼 일이었습니다. 십사 일에는 쉬면서 즐거운 잔치를 열었습니다.

부림절

18 그러나 수산 성의 유다인들은 아달 월 십삼 일과 십사 일에 모였으므로, 십오 일에 쉬면서 그날을 즐거운 잔칫날로 삼았습니다.

19 시골과 작은 마을에 사는 유다인들이 아달 월 십사 일에 잔치를 베풀면서 서로 선물을 나누는 것은 바로 이러한 이유 때문입니다.

20 모르드개는 이 모든 일을 다 적어 두었습니다. 그리고 먼 곳이든지 가까운 곳이든지, 아하수에로 왕이 다스리는 나라의 모든 유다인에게 편지를 보내어

21 해마다 아달 월 십사 일과 십오 일을 명절로 지키게 했습니다.

22 그날은 유다인이 원수들을 물리친 날이고, 슬픔이 기쁨으로 바뀐 날이며, 통곡할 날이 즐거운 날로 바뀐 날입니다. 따라서 모르드개는 그날을 즐거운 명절로 정하고 서로 음식을 나누며, 가난한 사람들에게 선물을 주는 날로 정하게 하였습니다.

23 유다인들은 모르드개의 말에 따라, 해마다 그날을 명절로 지켰습니다.

24 모든 유다인의 원수였던 함므다다의 아들 아각 사람 하만은 유다인들을 없앨 음모를 꾸미고 부르, 곧 제비를 던져 유다인을 멸망시킬 날을 정했으나

25 왕이 그 음모를 알고 조서를 내려, 유다인을 해치려고 꾸민 음모가 오히려 그에게 돌아가게 하였고, 하만뿐만 아니라 그의 열 아들까지도 장대에 매달게 했습니다.

26 그래서 제비를 뜻하는 부르라는 말을 따라, 이 두 날을 부림이라 부르게 된 것입니다.

27 유다인들은 이 일을 관습으로 삼아, 다른 민족에서 유다인이 된 사람들에 이르기까지 자손 대대로 이 두 날을 지키게 했으며, 모르드개가 편지에 명령한 대로, 해마다 거르는 일이 없이

announced in Susa. And they impaled the bod-
15 ies of Haman's ten sons. ●Then the Jews at Susa
gathered together on March 8* and killed 300
more men, and again they took no plunder.

16 ●Meanwhile, the other Jews throughout the
king's provinces had gathered together to defend
their lives. They gained relief from all their ene-
mies, killing 75,000 of those who hated them.
17 But they did not take any plunder. ●This was
done throughout the provinces on March 7, and
on March 8 they rested,* celebrating their victory
18 with a day of feasting and gladness. ●(The Jews
at Susa killed their enemies on March 7 and
again on March 8, then rested on March 9,*
19 making that their day of feasting and gladness.)
●So to this day, rural Jews living in remote vil-
lages celebrate an annual festival and holiday on
the appointed day in late winter,* when they
rejoice and send gifts of food to each other.

The Festival of Purim

20 ●Mordecai recorded these events and sent letters
to the Jews near and far, throughout all the
21 provinces of King Xerxes, ●calling on them to
celebrate an annual festival on these two days.*
22 ●He told them to celebrate these days with feast-
ing and gladness and by giving gifts of food to
each other and presents to the poor. This would
commemorate a time when the Jews gained
relief from their enemies, when their sorrow was
turned into gladness and their mourning into joy.

23 ●So the Jews accepted Mordecai's proposal
24 and adopted this annual custom. ●Haman son
of Hammedatha the Agagite, the enemy of the
Jews, had plotted to crush and destroy them on
the date determined by casting lots (the lots were
25 called purim). ●But when Esther came before the
king, he issued a decree causing Haman's evil
plot to backfire, and Haman and his sons were
26 impaled on a sharpened pole. ●That is why this
celebration is called Purim, because it is the
ancient word for casting lots.

27 So because of Mordecai's letter and because of
what they had experienced, ●the Jews through-
out the realm agreed to inaugurate this tradition
and to pass it on to their descendants and to all
who became Jews. They declared they would

9:15 Hebrew *the fourteenth day of the month of
Adar*, of the ancient Hebrew lunar calendar. This
day was March 8, 473 B.C.; also see note on 2:16.
9:17 Hebrew *on the thirteenth day of the month of
Adar, and on the fourteenth day they rested*. These
days were March 7 and 8, 473 B.C.; also see note on
2:16. 9:18 Hebrew *killed their enemies on the thir-
teenth day and the fourteenth day, and then rested
on the fifteenth day*, of the Hebrew month of Adar.
9:19 Hebrew *on the fourteenth day of the month of
Adar*. This day of the ancient Hebrew lunar calen-
dar occurs in February or March. 9:21 Hebrew *on
the fourteenth and fifteenth days of Adar*, of the
ancient Hebrew lunar calendar.

그 두 날을 지키게 했습니다.

28 어느 지방, 어느 성에 살든지 유다인이라면 누구나 이 두 날을 기억하고 지켜야 했습니다. 부림절은 유다인들에게는 거를 수 없는 명절이 되었고, 자손들에게도 잊어서는 안되는 날이 되었습니다.

29 아비하일의 딸 에스더 왕후는 유다인 모르드개와 함께 부림절에 관한 두 번째 편지를 써서, 자기들의 권력으로 부림절을 확정했습니다.

30 모르드개는 아하수에로 왕이 다스리는 나라의 백이십칠 지역에 사는 모든 유다인에게 평화와 안녕을 비는 편지를 보냈습니다.

31 그는 그 편지에서 정한 날에 부림절을 지킬 것을 명령하고, 자신과 에스더 왕후를 비롯한 모든 유다인이 이 두 날에 금식을 하고 슬피 울며 지킬 것을 말하였습니다.

32 부림절 관습은 에스더의 편지로 확실히 정해졌고, 이 모든 일이 글로 적혔습니다.

높아진 모르드개

10 아하수에로 왕은 본토뿐만 아니라 바닷가의 성들도 조공을 바치게 했습니다.

2 아하수에로 왕이 큰 권세와 능력으로 이룬 모든 업적과, 그가 모르드개를 높여 영화롭게 한 일은 메대와 페르시아의 왕들의 역사책에 적혀 있습니다.

3 유다인 모르드개는 아하수에로 왕 다음으로 높은 사람이었습니다. 그는 유다인 가운데서 가장 세력이 컸는데, 자기 민족의 이익과 안전을 위해서 일했기 때문에 모든 유다인의 존경을 받았습니다.

---

never fail to celebrate these two prescribed days at the appointed time each year.

28 •These days would be remembered and kept from generation to generation and celebrated by every family throughout the provinces and cities of the empire. This Festival of Purim would never cease to be celebrated among the Jews, nor would the memory of what happened ever die out among their descendants.

29 •Then Queen Esther, the daughter of Abihail, along with Mordecai the Jew, wrote another letter putting the queen's full authority behind Mordecai's letter to establish the Festival of Purim. •Letters wishing

30 peace and security were sent to the Jews throughout the 127 provinces of the empire

31 of Xerxes. •These letters established the Festival of Purim—an annual celebration of these days at the appointed time, decreed by both Mordecai the Jew and Queen Esther. (The people decided to observe this festival, just as they had decided for themselves and their descendants to establish the times of

32 fasting and mourning.) •So the command of Esther confirmed the practices of Purim, and it was all written down in the records.

The Greatness of Xerxes and Mordecai

10 King Xerxes imposed a tribute throughout his empire, even to the distant

2 coastlands. •His great achievements and the full account of the greatness of Mordecai, whom the king had promoted, are recorded in *The Book of the History of the Kings of*

3 *Media and Persia.* •Mordecai the Jew became the prime minister, with authority next to that of King Xerxes himself. He was very great among the Jews, who held him in high esteem, because he continued to work for the good of his people and to speak up for the welfare of all their descendants.

---

decree [dikrí:] *vt.* (법령으로) 포고하다
impose [impóuz] *vt.* 부과하다
prescribed [priskráibd] *a.* 규정된
tribute [tríbju:t] *n.* 공물, 세(稅)
10:3 hold in high esteem … : …을 매우 존경하다

욥 기

● 서 론

+ **저자** _ 미상(대화의 목격자로 추정)
+ **저작 연대** _ 아브라함 때부터 바빌론 포로기까지 중 어느 한 시기
+ **기록 장소** _ 팔레스타인 지역의 어느 한 곳
+ **기록 대상** _ 모든 사람
+ **핵심어 및 내용** _ 핵심어는 '인내'와 '고통', '하나님의 절대 주권' 등이다. 견디기 어려운 고통과 시련에도 불구하고 욥은 끝까지 하나님에 대한 신앙을 버리지 않고 지켰다.

의로운 사람 욥

1 우스 땅에 욥이라는 사람이 살고 있었습니다. 그 사람은 흠 없고 정직했으며, 하나님을 경외하고 악을 미워했습니다.

2 그에게는 일곱 명의 아들과 세 명의 딸이 있었습니다.

3 그는 양 칠천 마리, 낙타 삼천 마리, 겨릿소 오백 쌍, 암나귀 오백 마리를 가졌고, 수많은 종들을 거느렸습니다. 그는 동방에서 으뜸가는 부자였습니다.

4 욥의 아들들은 자신의 생일이 돌아오면 형제와 누이들을 초대하여 잔치를 베풀어 함께 먹고 마셨습니다.

5 이렇게 잔치가 끝날 때마다, 욥은 자녀들을 불러 몸과 마음을 깨끗하게 하고 아침 일찍 일어나 자녀 수대로 태워 드리는 제사인 번제를 함께 드렸습니다. 이는 '혹시 내 자녀들이 마음으로 죄를 짓거나 하나님을 저주했을지 모른다'고 생각했기 때문입니다. 이와 같이 욥은 항상 신앙적으로 행동하였습니다.

사탄이 여호와 앞에 서다

6 어느 날, 천사들*과 사탄이 여호와 앞에 섰습니다.

7 여호와께서 사탄에게 "어디에서 왔느냐?"라고 물으셨습니다. 사탄이 여호와께 "세상 여기저기 두루 돌아다니다 왔습니다"라고 대답했습니다.

8 여호와께서는 사탄에게 "네가 내 종 욥을 주의하여 보았느냐? 욥처럼 흠 없고 정직하며, 하나님을 경외하고 악을 미워하는 자는 세상 어디에도 없다"라고 말씀하셨습니다.

9 그러자 사탄이 말했습니다. "욥이 아무런 이유 없이 하나님을 경외하는 줄 아십니까?

10 주께서 욥과 그 가정과 재산을 늘 지켜 주지 않으셨습니까? 주께서 그가 하는 일마다 복을 주셔서 부유해진 것입니다.

11 그러나 이제 주께서 손을 내미셔서 그가 가진 모

Prologue

1 There once was a man named Job who lived in the land of Uz. He was blameless— a man of complete integrity. He feared God

2 and stayed away from evil. ● He had seven sons and three daughters. ● He owned 7,000

3 sheep, 3,000 camels, 500 teams of oxen, and 500 female donkeys. He also had many servants. He was, in fact, the richest person in that entire area.

4 ● Job's sons would take turns preparing feasts in their homes, and they would also invite their three sisters to celebrate with them.

5 ● When these celebrations ended—sometimes after several days—Job would purify his children. He would get up early in the morning and offer a burnt offering for each of them. For Job said to himself, "Perhaps my children have sinned and have cursed God in their hearts." This was Job's regular practice.

Job's First Test

6 ● One day the members of the heavenly court* came to present themselves before the LORD, and the Accuser, Satan,* came with

7 them. ● "Where have you come from?" the LORD asked Satan.

Satan answered the LORD, "I have been patrolling the earth, watching everything that's going on."

8 ● Then the LORD asked Satan, "Have you noticed my servant Job? He is the finest man in all the earth. He is blameless—a man of complete integrity. He fears God and stays away from evil."

9 ● Satan replied to the LORD, "Yes, but Job

10 has good reason to fear God. ● You have always put a wall of protection around him and his home and his property. You have made him prosper in everything he does.

11 Look how rich he is! ● But reach out and take away everything he has, and he will surely

---

1:6a Hebrew *the sons of God.*   1:6b Hebrew *and the satan;* similarly throughout this chapter.

1:6 개역 성경에는 '하나님의 아들들'이라고 표기되어 있다.

든 것을 빼앗아 보십시오, 그러면 그가 주님을 똑바로 쳐다보며 저주할 것입니다."

12 여호와께서 사탄에게 말씀하셨습니다. "좋다. 그가 가진 모든 것에 대해 네 마음대로 시험해 보아라. 그러나 그의 몸에는 손대지 마라!" 그러자 사탄은 곧 여호와 앞에서 떠나갔습니다.

13 하루는 욥의 자녀들이 맏형 집에 모여 음식을 먹으며 포도주를 마시고 있었습니다.

14 그때, 한 심부름꾼이 욥에게 와서 이렇게 말했습니다. "소들은 쟁기질을 하고, 암나귀들은 그 곁에서 풀을 뜯고 있었습니다.

15 그런데 스바 사람들이 들이닥쳐 소들과 암나귀들을 빼앗고 종들을 칼로 쳐서 죽였습니다. 오직 저 혼자만 도망쳐 나와 이렇게 주인께 보고 드리는 것입니다."

16 그의 말이 끝나기도 전에 다른 사람이 와서 말했습니다. "하늘에서 하나님의 불이 떨어져 양 떼와 종들을 태워 버렸습니다. 오직 저만 간신히 도망쳐 주인께 보고 드리는 것입니다."

17 아직 이 사람의 말이 끝나기도 전에 또 다른 사람이 와서 말했습니다. "갈대아 강도가 세 무리나 들이닥쳐 낙타들을 빼앗고 종들을 칼로 쳐서 죽였습니다. 오직 저만 도망쳐 나와서 주인께 보고 드리는 것입니다."

18 아직 이 사람의 말이 끝나기도 전에 또 다른 사람이 와서 말했습니다. "주인님의 자녀들이 큰아들 집에 모여서 음식을 먹으며 포도주를 마시고 있었습니다.

19 그런데 갑자기 사막에서 강풍이 불어와 집의 네 모퉁이를 덮쳐 자녀분들이 깔려 죽고, 오직 저만 홀로 피해 나와서 보고드리는 것입니다."

20 그러자 욥은 일어나 자기 옷을 찢으며 머리를 삭발하고 땅에 엎드려 하나님께 경배를 드리며

21 이렇게 말했습니다. "내 어머니 태에서 벌거벗은 채로 나왔으니, 벌거벗은 채로 그곳으로 돌아갈 것입니다. 주신 분도 여호와시요, 가져가신 분도 여호와시니 여호와의 이름이 찬양을 받으시기 바랍니다!"

22 이 모든 일을 겪고도 욥은 죄를 짓거나 어리석게 하나님을 원망하지 않았습니다.

사탄이 또다시 여호와 앞에 서다

2 어느 날, 천사들과 사탄이 또 여호와 앞에 섰습니다.

2 여호와께서 사탄에게 "네가 어디에서 왔느냐?" 하고 물으시자, 사탄이 "세상을 두루 돌아다녔습니다"라고 대답했습니다.

3 여호와께서 사탄에게 말씀하셨습니다. "네가 내 종

---

curse you to your face!"

12 • "All right, you may test him," the LORD said to Satan. "Do whatever you want with everything he possesses, but don't harm him physically." So Satan left the LORD's presence.

13 • One day when Job's sons and daughters were feasting at the oldest brother's house,

14 • a messenger arrived at Job's home with this

15 news: "Your oxen were plowing, with the donkeys feeding beside them, • when the Sabeans raided us. They stole all the animals and killed all the farmhands. I am the only one who escaped to tell you."

16 • While he was still speaking, another messenger arrived with this news: "The fire of God has fallen from heaven and burned up your sheep and all the shepherds. I am the only one who escaped to tell you."

17 • While he was still speaking, a third messenger arrived with this news: "Three bands of Chaldean raiders have stolen your camels and killed your servants. I am the only one who escaped to tell you."

18 • While he was still speaking, another messenger arrived with this news: "Your

19 sons and daughters were feasting in their oldest brother's home. • Suddenly, a powerful wind swept in from the wilderness and hit the house on all sides. The house collapsed, and all your children are dead. I am the only one who escaped to tell you."

20 • Job stood up and tore his robe in grief. Then he shaved his head and fell to the

21 ground to worship. • He said,

"I came naked from my mother's womb,
    and I will be naked when I leave.
The LORD gave me what I had,
    and the LORD has taken it away.
Praise the name of the LORD!"

22 • In all of this, Job did not sin by blaming God.

Job's Second Test

2 One day the members of the heavenly court* came again to present themselves before the LORD, and the Accuser, Satan,*

2 came with them. • "Where have you come from?" the LORD asked Satan.

Satan answered the LORD, "I have been patrolling the earth, watching everything that's going on."

3 • Then the LORD asked Satan, "Have you noticed my servant Job? He is the finest man in all the earth. He is blameless—a man of

2:1a Hebrew *the sons of God.*   2:1b Hebrew *and the satan;* similarly throughout this chapter.

욥을 주의하여 보았느냐? 욥처럼 흠 없고 정직하며, 하나님을 경외하고 죄를 미워하는 자는 세상 어디에도 없다. 네가 아무런 이유 없이 나를 자극하여 그를 해치고자 했으나, 그가 오히려 신앙을 튼튼히 붙들고 있지 않느냐?"

4 그러자 사탄이 여호와께 대답하였습니다. "가죽은 가죽으로 바꿉니다. 사람은 자기의 목숨을 구하는 일이라면 무엇이든 내놓게 됩니다.

5 이제 주께서 그의 뼈와 몸을 병들게 해 보십시오. 그러면 그가 주님을 똑바로 쳐다보며 저주할 것입니다."

6 여호와께서 사탄에게 대답하셨습니다. "좋다. 그를 네 맘대로 해도 좋다. 그러나 그의 생명만은 건드리지 마라."

7 사탄이 여호와 앞에서 물러나 욥을 쳐서, 그의 발끝에서 머리끝까지 온몸에 종기가 나게 했습니다.

8 그는 잿더미에 앉아 기와 조각을 주워서 온몸을 긁었습니다.

9 그때, 욥의 아내가 그에게 말했습니다. "그래도 당신은 신앙을 지킬 것입니까? 차라리 하나님을 저주하고 죽어 버려요!"

10 욥이 그녀에게 대답했습니다. "당신은 어리석은 여자들처럼 말하는군요. 우리가 하나님께 복을 받았는데, 재앙인들 못 받겠소?" 이 모든 일에도 욥은 입술로 범죄하지 않았습니다.

욥의 세 친구

11 욥의 세 친구인 데만 사람 엘리바스, 수아 사람 빌닷, 나아마 사람 소발은 욥이 당한 모든 재앙들을 듣고, 집을 떠나 함께 모여 욥을 위로하기로 했습니다.

12 그들은 멀리서 욥을 바라보았지만 알아볼 수가 없었습니다. 욥의 친구들은 크게 울부짖으며, 각자 자기의 겉옷을 찢고 티끌을 머리 위에 뿌렸습니다.

13 그들은 칠 일 밤낮을 욥과 함께 땅에 앉아 있었지만, 그의 고통이 너무나 커 보여 그에게 한마디도 하지 못했습니다.

욥이 자기의 생일을 저주하다

3 그 후, 욥은 입을 열어 자기의 생일을 저주하며
2 이렇게 말했습니다.

3 "내가 태어났던 그날이 없었더라면, '아들을 가졌다'고 말하던 그 밤이 없었더라면!

4 그날이 어둠에 가려 하나님께서 그날을 찾지 않으시고, 빛도 그날에 광채를 발하지 않았더라면.

5 어둠과 그늘이 그날을 삼켜 버리고, 구름이 그날을 덮어 버리고, 흑암이 그날을 덮쳤더라면.

6 그날 밤이 칠흑같이 캄캄하며, 일년 중 그날이 없었더라면, 어느 달에도 그날이 없었더라면.

---

complete integrity. He fears God and stays away from evil. And he has maintained his integrity, even though you urged me to harm him without cause."

4 •Satan replied to the LORD, "Skin for skin! A man will give up everything he has to save

5 his life. •But reach out and take away his health, and he will surely curse you to your face!"

6 •"All right, do with him as you please," the LORD said to Satan. "But spare his life."

7 •So Satan left the LORD's presence, and he struck Job with terrible boils from head to foot.

8 •Job scraped his skin with a piece of bro-

9 ken pottery as he sat among the ashes. •His wife said to him, "Are you still trying to maintain your integrity? Curse God and die."

10 •But Job replied, "You talk like a foolish woman. Should we accept only good things from the hand of God and never anything bad?" So in all this, Job said nothing wrong.

Job's Three Friends Share His Anguish

11 •When three of Job's friends heard of the tragedy he had suffered, they got together and traveled from their homes to comfort and console him. Their names were Eliphaz the Temanite, Bildad the Shuhite, and

12 Zophar the Naamathite. •When they saw Job from a distance, they scarcely recognized him. Wailing loudly, they tore their robes and threw dust into the air over their heads

13 to show their grief. •Then they sat on the ground with him for seven days and nights. No one said a word to Job, for they saw that his suffering was too great for words.

Job's First Speech

3 At last Job spoke, and he cursed the day
2 of his birth. •He said:

3 • "Let the day of my birth be erased, and the night I was conceived.

4 • Let that day be turned to darkness. Let it be lost even to God on high, and let no light shine on it.

5 • Let the darkness and utter gloom claim that day for its own. Let a black cloud overshadow it, and let the darkness terrify it.

6 • Let that night be blotted off the calendar, never again to be counted among the days of the year, never again to appear among the months.

---

conceive [kənsíːv] vt. 임신하다
integrity [intégrəti] n. 고결, 성실, 정직
patrol [pətróul] vt. 순회하다, 순찰하다

7 아, 그 밤에 아무도 아이를 가질 수 없었더라면,
그 밤에 기쁜 외침이 없었더라면.

8 바다 괴물*을 깨우기에 익숙한 사람들이 그날
을 저주했더라면.

9 그 밤의 새벽 별들이 빛나지 않았더라면, 바라
던 빛도 없고, 새벽 햇살도 보이지 않았더라면.

10 나를 낳던 어머니의 자궁 문이 열리지 않았더라
면, 내 눈이 슬픔을 보지 않았을 것을.

11 내가 어머니의 배에서 죽어 나왔더라면, 나오자
마자 죽었더라면,

12 어찌하여 어머니의 두 무릎이 나를 받았던가?
어찌하여 어머니의 가슴이 나에게 젖을 먹였던
가?

13 그렇지 않았다면 나는 편히 누워 있을 텐데. 그
렇지 않았다면 나는 잠자며 쉬고 있을 텐데.

14 폐허 위에 성을 건축한 왕과 장관과 함께,

15 금과 은으로 집을 채웠던 귀족들과 함께 누워 쉴
텐데.

16 어찌하여 나는 죽은 채 태어나, 빛을 보지 못한
아기처럼 묻히지 못했던가?

17 그곳에서는 악인이 날뛰지 못하고, 피곤한 자들
이 휴식을 얻나니,

18 포로들도 마음을 푹 놓고, 더 이상 혹사시키는
주인들의 고함 소리도 들리지 않는구나.

19 그곳에서는 보통 사람이나 위대한 사람이나 다
똑같으며, 종이 자기 주인으로부터 자유로운
데.

20 어찌하여 비참한 사람에게 빛이 주어졌는가?
어찌하여 마음이 괴로운 자들에게 생명이 주어
졌는가?

21 저들은 숨겨진 보물을 찾는 것보다 죽기를 더욱
바라나 헛될 뿐이니,

22 저들이 무덤에 이를 때 얼마나 기뻐할까? 그 얼
마나 즐거워할까?

23 아무 미래가 없이 비탄에 빠져 일생을 살아갈 자
에게 왜 생명을 주셨는가?

24 한숨 때문에 먹지 못하며, 탄식이 물처럼 쏟아
져 나오는구나!

25 내가 가장 두려워하던 것이 임하였고, 무서워하
던 모든 것이 닥쳤구나.

26 나에게는 평안도, 쉼도, 안식도 없이 고통만이
찾아오는구나!"

엘리바스가 말하다

4 그러자 데만 사람 엘리바스가 이렇게 대답했
습니다.

2 "누군가 자네에게 충고 한마디 하려고 한다면,
자네는 귀찮아하겠지? 그렇지만 이제 더 이상

---

7 • Let that night be childless.
Let it have no joy.

8 • Let those who are experts at cursing—
whose cursing could rouse Leviathan*—
curse that day.

9 • Let its morning stars remain dark.
Let it hope for light, but in vain;
may it never see the morning light.

10 • Curse that day for failing to shut my
mother's womb,
for letting me be born to see all this trouble.

11 • "Why wasn't I born dead?
Why didn't I die as I came from the
womb?

12 • Why was I laid on my mother's lap?
Why did she nurse me at her breasts?

13 • Had I died at birth, I would now be at peace.
I would be asleep and at rest.

14 • I would rest with the world's kings and
prime ministers,
whose great buildings now lie in ruins.

15 • I would rest with princes, rich in gold,
whose palaces were filled with silver.

16 • Why wasn't I buried like a stillborn child,
like a baby who never lives to see the light?

17 • For in death the wicked cause no trouble,
and the weary are at rest.

18 • Even captives are at ease in death,
with no guards to curse them.

19 • Rich and poor are both there,
and the slave is free from his master.

20 • "Oh, why give light to those in misery,
and life to those who are bitter?

21 • They long for death, and it won't come.
They search for death more eagerly than
for hidden treasure.

22 • They're filled with joy when they finally die,
and rejoice when they find the grave.

23 • Why is life given to those with no future,
those God has surrounded with difficulties?

24 • I cannot eat for sighing;
my groans pour out like water.

25 • What I always feared has happened to me.
What I dreaded has come true.

26 • I have no peace, no quietness.
I have no rest; only trouble comes."

Eliphaz's First Response to Job

4 Then Eliphaz the Temanite replied to Job:

2 • "Will you be patient and let me say a word?
For who could keep from speaking out?

---

stillborn [stílbɔːrn] *a.* 사산(死産)의, 유산의

3:8 The identification of Leviathan is disputed,
ranging from an earthly creature to a mythical sea
monster in ancient literature.

3:8 개역 성경에는 '큰 악어'라고 표기되어 있다.

참을 수가 없네.

3 자네는 전에 많은 사람에게 신앙을 가르치고, 약한 자들을 도와 주었네.

4 또한 믿음이 약해져 넘어지는 자들을 격려하고, 연약한 무릎을 굳세게 했었지.

5 그런데 이제 자네에게 이런 일이 닥치니 감당하지 못하고, 자신이 이런 일을 당하니 좌절하는군.

6 하나님을 경외하는 것이 자네에게 힘을 주지 않았는가? 자네의 소망은 흠 없는 삶이 아니었나?

7 생각해 보게. 죄 없이 망한 자가 있던가? 정직한 사람이 갑자기 죽던가?

8 내가 본 바로는, 악의 밭을 갈고 죄를 심는 자들은 뿌린 대로 거두며,

9 하나님의 숨결에 망하고, 하나님의 진노에 끝장이 난다네.

10 난폭한 사자의 부르짖음도 그치고, 젊은 사자의 이빨도 부러지며,

11 강한 사자라도 먹이가 없어 죽고, 암사자의 새끼들이 흩어지지 않는가?

12 어떤 소리가 나지막이 내게 속삭이는 것을 들었다네.

13 밤의 환상으로 머리가 뒤숭숭할 때

14 두려움과 떨림으로 인해 내 모든 뼈들이 흔들렸지.

15 그때, 한 영이 내 앞을 지나갔는데 온몸의 털이 쭈뼛 섰다네.

16 그 영이 멈춰 서 있었지. 그 형상을 볼 수는 없으나, 그것이 내 앞에 있다는 것을 알 수 있었다네. 조용한 가운데 이런 소리가 들렸어.

17 '사람이 어떻게 하나님 앞에서 의로울 수 있으며, 인간이 어떻게 창조주 앞에서 깨끗할 수 있겠느냐?'

18 그분은 자기 종들도 믿지 아니하시며, 그의 천사들 중에서도 허물을 찾으신다네.

19 하물며 진흙 집에서 사는 자들, 먼지로 돌아갈 자들, 나방보다 쉽게 죽는 자들이야 오죽하겠는가?

20 하루 사이에 인생이 끝나고, 죽어도 안타까워하는 이가 없네.

21 그들의 장막이 무너지니, 미련하게 죽어 가지 않는가?"

5 "불러 보게나, 자네에게 대답할 자가 있겠는가? 천사*에게 도움을 요청하겠나?

2 분노는 미련한 자를 파괴하고, 시기는 어리석은 자를 죽이네.

3 하나님을 떠난 어리석은 사람이 잠시 성공하다

2 "In the past you have encouraged many people; you have strengthened those who were weak.

4 Your words have supported those who were falling; you encouraged those with shaky knees.

5 But now when trouble strikes, you lose heart. You are terrified when it touches you.

6 Doesn't your reverence for God give you confidence? Doesn't your life of integrity give you hope?

7 "Stop and think! Do the innocent die? When have the upright been destroyed?

8 My experience shows that those who plant trouble and cultivate evil will harvest the same.

9 A breath from God destroys them. They vanish in a blast of his anger.

10 The lion roars and the wildcat snarls, but the teeth of strong lions will be broken.

11 The fierce lion will starve for lack of prey, and the cubs of the lioness will be scattered.

12 "This truth was given to me in secret, as though whispered in my ear.

13 It came to me in a disturbing vision at night, when people are in a deep sleep.

14 Fear gripped me, and my bones trembled.

15 A spirit* swept past my face, and my hair stood on end.*

16 The spirit stopped, but I couldn't see its shape. There was a form before my eyes. In the silence I heard a voice say,

17 'Can a mortal be innocent before God? Can anyone be pure before the Creator?'

18 "If God does not trust his own angels and has charged his messengers with foolishness,

19 how much less will he trust people made of clay! They are made of dust, crushed as easily as a moth.

20 They are alive in the morning but dead by evening, gone forever without a trace.

21 Their tent-cords are pulled and the tent collapses, and they die in ignorance.

Eliphaz's Response Continues

5 "Cry for help, but will anyone answer you? Which of the angels* will help you?

2 Surely resentment destroys the fool, and jealousy kills the simple.

3 I have seen that fools may be successful for the moment,

4:15a Or *wind; also in 4:16.*　　4:15b Or *its wind sent shivers up my spine.*　　5:1 Hebrew *the holy ones.*

5:1 개역 성경에는 '거룩한 자'라고 표기되어 있다.

가, 갑작스런 재앙으로 망하는 것을 보았네.

4 그 자녀들이 안전하지 못하니, 성문에서 매를 맞아도 구해 줄 사람이 없다네.

5 그가 추수한 것은 굶주린 자들이 먹어 치우고, 가시덤불에서조차 양식을 구하네. 목마른 자들이 저들의 재산을 탐낸다네.

6 악은 흙에서 생겨나는 것이 아니고, 불행은 땅에서 싹트는 것이 아니라네.

7 그런데도 인생은 문제를 갖고 태어나네. 그것은 마치 불꽃들이 위로 솟는 것과 같지.

8 내가 자네라면 하나님을 찾고, 내 문제를 하나님께 맡기겠네.

9 그분은 우리가 알 수 없는 위대하고 놀라운 일들을 셀 수 없이 행하시기 때문이지.

10 그분은 땅에 비를 내리시고, 들판에 물을 보내신다네.

11 그분은 겸손한 자를 높이시고, 애통하는 자들을 안전한 곳으로 이끄시네.

12 그분은 꾀 부리는 자들을 좌절시키시고, 그들의 일을 성공할 수 없게 하시네.

13 자기 지식을 믿는 자들을 스스로 넘어지게 하시고, 사악한 자들의 계획을 뒤엎으시네.

14 그들은 대낮에도 어둠을 만나고, 한낮에도 밤인 것처럼 더듬거리지.

15 그러나 그분은 그런 자들의 입의 칼에서, 흉악한 자의 손에서, 경건한 자들을 건지시네.

16 그러니 경건한 사람에게는 소망이 있고, 불의는 설 자리가 없지.

17 하나님께서 잘못을 꾸짖는 자에게는 복이 있으니, 전능자의 징계를 거절하지 말게나.

18 그분은 상처를 입히셨다가도 싸매 주시고, 치신 후에는 치료해 주시기 때문이지.

19 그분은 자네를 여섯 번의 곤경에서도 건지시고, 일곱 번째 곤경이 자네를 해치지 못하게 하실 것이네.

20 그분이 자네를 굶주림의 죽음에서 건지시고, 전쟁의 칼에서도 구하시네.

21 비방을 받아도 안전할 것이며, 파멸이 올지라도 두렵지 않을 것이네.

22 파멸과 굶주림이 올 때에 안심할 수 있고, 땅의 들짐승들을 두려워하지 않을 것이네.

23 자네가 들판의 돌들과 조약을 맺고, 들짐승들도 자네와 평화롭게 지낼 것이기 때문이지.

24 자네의 집이 안전하고, 양 우리를 살펴보아도 도둑맞은 것이 없을 것이네.

25 자네의 후손들이 많아져 땅의 풀처럼 될 것이네.

but then comes sudden disaster.

4 • Their children are abandoned far from help;
  they are crushed in court with no one to defend them.

5 • The hungry devour their harvest,
  even when it is guarded by brambles.*
  The thirsty pant after their wealth.*

6 • But evil does not spring from the soil,
  and trouble does not sprout from the earth.

7 • People are born for trouble
  as readily as sparks fly up from a fire.

8 • "If I were you, I would go to God
  and present my case to him.

9 • He does great things too marvelous to understand.
  He performs countless miracles.

10 • He gives rain for the earth
  and water for the fields.

11 • He gives prosperity to the poor
  and protects those who suffer.

12 • He frustrates the plans of schemers
  so the work of their hands will not succeed.

13 • He traps the wise in their own cleverness
  so their cunning schemes are thwarted.

14 • They find it is dark in the daytime,
  and they grope at noon as if it were night.

15 • He rescues the poor from the cutting words of the strong,
  and rescues them from the clutches of the powerful.

16 • And so at last the poor have hope,
  and the snapping jaws of the wicked are shut.

17 • "But consider the joy of those corrected by God!
  Do not despise the discipline of the Almighty when you sin.

18 • For though he wounds, he also bandages.
  He strikes, but his hands also heal.

19 • From six disasters he will rescue you;
  even in the seventh, he will keep you from evil.

20 • He will save you from death in time of famine,
  from the power of the sword in time of war.

21 • You will be safe from slander
  and have no fear when destruction comes.

22 • You will laugh at destruction and famine;
  wild animals will not terrify you.

23 • You will be at peace with the stones of the field,
  and its wild animals will be at peace with you.

24 • You will know that your home is safe.
  When you survey your possessions, nothing will be missing.

25 • You will have many children;
  your descendants will be as plentiful as grass!

5:5a The meaning of the Hebrew for this phrase is uncertain.　5:5b As in Greek and Syriac versions; Hebrew reads *A snare snatches their wealth.*

26 자네는 장수한 후에 무덤에 이를 것이니, 이
는 마치 곡식단이 추수 때에 타작 마당에 도
착하는 것과 같지.

27 보게나, 우리의 경험으로는 이것이 사실이라
고 확신하네. 이제 자네는 내 말을 듣고 스스
로 깨닫게나."

욥이 엘리바스에게 대답하다

6 욥이 이렇게 대답하였습니다.

2 "오! 내 분노와 내 모든 재앙을 저울에 한
번 올려 봤으면.

3 그것은 바다의 모래보다 무거울 텐데. 내 말
이 성급했던 것은 이 때문이라네.

4 전능자의 화살이 내 안에 박혀 내 영이 그 독
을 마시고, 하나님의 공포가 나를 엄습하고
있네.

5 들나귀가 풀밭에서 울부짖는가? 황소가 꼴
앞에서 '음매!' 하고 우는가?

6 맛 없는 것을 소금 없이 먹을 수 있는가? 소금
없이 달걀흰자가 무슨 맛이 있겠는가?

7 그런 것은 내 입맛에 맞지도 않고 보기도 싫
은 음식이네.

8 나는 간청하고 싶구나. 하나님께서 내 소원
을 들어 주시면 얼마나 좋을까?

9 내 소원은 하나님께서 나를 치셔서 그 손으로
나를 죽이시는 것이네.

10 그렇게 해 주시면 얼마나 좋을까? 난 거룩하
신 분의 말씀을 한 번도 거스른 적이 없다는
사실, 그것이 이 고통 중에서도 내게 기쁨이
되고 위로가 되네.

11 나에게는 이제 더 이상 견딜 힘이 없어. 견딘
다고 무슨 소망이 있겠는가?

12 내가 바위같이 강한가? 내 몸이 무슨 놋쇠인
가?

13 나는 이제 의지할 것이 하나도 없네. 살아날
방법이 전혀 없어.

14 고통당하는 친구를 동정하지 않는 것은 하나
님을 무시하는 일이야.

15 나는 친구들을 믿을 수가 없구나. 자네들은
마치 말랐다 불어났다 하는 시냇물 같아.

16 그런 시냇물은 얼음으로 검게 되고, 눈이 녹
으면 불어났다가도

17 가뭄 때는 물이 줄어들다가 아주 말라 버리
고,

18 이리저리 굽불거리다 나중에는 흔적조차 없
어진다네.

19 데마의 상인들이나 스바의 여행객들도 시냇
물을 찾으려 하지만,

---

26 • You will go to the grave at a ripe old age,
    like a sheaf of grain harvested at the proper
    time!

27 • "We have studied life and found all this to be true.
    Listen to my counsel, and apply it to yourself."

Job's Second Speech: A Response to Eliphaz

6 Then Job spoke again:

2 • "If my misery could be weighed
    and my troubles be put on the scales,

3 • they would outweigh all the sands of the sea.
    That is why I spoke impulsively.

4 • For the Almighty has struck me down with his
    arrows.
    Their poison infects my spirit.
    God's terrors are lined up against me.

5 • Don't I have a right to complain?
    Don't wild donkeys bray when they find no
    grass,
    and oxen bellow when they have no food?

6 • Don't people complain about unsalted food?
    Does anyone want the tasteless white of
    an egg?*

7 • My appetite disappears when I look at it;
    I gag at the thought of eating it!

8 • "Oh, that I might have my request,
    that God would grant my desire.

9 • I wish he would crush me.
    I wish he would reach out his hand and
    kill me.

10 • At least I can take comfort in this:
    Despite the pain,
    I have not denied the words of the Holy One.

11 • But I don't have the strength to endure.
    I have nothing to live for.

12 • Do I have the strength of a stone?
    Is my body made of bronze?

13 • No, I am utterly helpless,
    without any chance of success.

14 • "One should be kind to a fainting friend,
    but you accuse me without any fear of the
    Almighty.*

15 • My brothers, you have proved as unreliable as a
    seasonal brook

16 • that overflows its banks in the spring
    when it is swollen with ice and melting snow.

17 • But when the hot weather arrives, the water
    disappears.
    The brook vanishes in the heat.

18 • The caravans turn aside to be refreshed,
    but there is nothing to drink, so they die.

19 • The caravans from Tema search for this water;
    the travelers from Sheba hope to find it.

6:6 Or *the tasteless juice of the mallow plant?*   6:14
Or *friend, / or he might lose his fear of the Almighty.*

20 너무 자신했기에 좌절하네. 도착해 보면 결국 실망만 더하게 되지.

21 나는 정말 시냇물을 찾듯이 자네들을 찾았네. 그렇지만 자네들은 내 몰골을 보고 기겁을 했어.

22 내가 자네들한테 무엇을 달라고 하던가? 돈을 달라고 하던가?

23 내가 언제 나를 원수들에게서, 포악한 자들에게서, 구해 달라고 부탁하던가?

24 내게 무슨 잘못이라도 있는지 가르쳐 주게. 난 아무 말도 하지 않겠네.

25 격려 한 마디가 힘이 될 텐데, 자네들은 날 나무라기만 하니,

26 자네들은 내 말을 탓하려는 것인가? 낙담한 사람의 말은 바람같이 허무할 뿐인데.

27 자네들은 고아를 팔아 넘기고, 친구를 돈과 바꿀 사람들일세.

28 제발 나를 좀 보게나. 내가 자네들한테 거짓말을 한 적이 있나?

29 부디 고약한 일을 하지 말게. 난 정말이지 잘못한 게 없네.

30 내 입술에 무슨 잘못이 있던가? 내 혀가 잘못을 분간하지 못할 것 같은가?"

7 "세상살이가 정말이지 쉽지 않아. 날마다 힘든 일을 해야 하지 않는가.

2 인생이란 하루 해가 지길 바라는 종 같고, 일당 받기를 기대하는 품꾼과도 같지.

3 내가 사는 것이 그렇다네. 밤마다 견디기 어려워.

4 자리에 누울 때면 '언제 일어나야 하지?' 하고 생각하네. 밤은 왜 그리 긴지. 난 새벽녘까지 이리저리 뒤척거리네.

5 내 살갗은 곪아서 터졌다 아물고, 구더기가 가득하네.

6 내 생명이 베틀의 북처럼 지나가고 있구나. 살아날 소망도 없구나.

7 주님 나를 기억해 주십시오. 내 생명이 너무 무함니다.* 내 눈은 이제 더 이상 기쁜 순간을 보지 못하겠지요?

8 나를 아는 사람이 이제 더 이상 날 보지 못하고, 주께서 나를 찾으시더라도 나는 이미 죽어 있을 것입니다.

9 구름이 사라지듯, 무덤에 내려가는 사람이 어찌 다시 살아나겠습니까?

10 그가 어떻게 다시 자기 집에 갈 수 있겠습니까? 집도 그를 다시는 알아보지 못할 것입니다.

11 그러니 내가 어찌 잠잠할 수 있겠습니까? 내 영

---

20 • They count on it but are disappointed.
   When they arrive, their hopes are dashed.

21 • You, too, have given no help.
   You have seen my calamity, and you are afraid.

22 • But why? Have I ever asked you for a gift?
   Have I begged for anything of yours for myself?

23 • Have I asked you to rescue me from my enemies,
   or to save me from ruthless people?

24 • Teach me, and I will keep quiet.
   Show me what I have done wrong.

25 • Honest words can be painful,
   but what do your criticisms amount to?

26 • Do you think your words are convincing
   when you disregard my cry of desperation?

27 • You would even send an orphan into slavery*
   or sell a friend.

28 • Look at me!
   Would I lie to your face?

29 • Stop assuming my guilt,
   for I have done no wrong.

30 • Do you think I am lying?
   Don't I know the difference between right and wrong?

7 • "Is not all human life a struggle?
   Our lives are like that of a hired hand,

2 • like a worker who longs for the shade,
   like a servant waiting to be paid.

3 • I, too, have been assigned months of futility,
   long and weary nights of misery.

4 • Lying in bed, I think, 'When will it be morning?'
   But the night drags on, and I toss till dawn.

5 • My body is covered with maggots and scabs.
   My skin breaks open, oozing with pus.

6 • "My days fly faster than a weaver's shuttle.
   They end without hope.

7 • O God, remember that my life is but a breath,
   and I will never again feel happiness.

8 • You see me now, but not for long.
   You will look for me, but I will be gone.

9 • Just as a cloud dissipates and vanishes,
   those who die* will not come back.

10 • They are gone forever from their home—
   never to be seen again.

11 • "I cannot keep from speaking.
   I must express my anguish.
   My bitter soul must complain.

12 • Am I a sea monster or a dragon

---

ooze [úːz] *vi.* 줄줄 흘러나오다

6:27 Hebrew *even gamble over an orphan.* 7:9
Hebrew *who go down to Sheol.*

7:7 내 생명이 한 숨 호흡임을 기억해 주십시오.

이 상하고, 마음이 괴로워 견딜 수가 없습니다.

12 내가 무슨 바다 괴물입니까? 왜 나를 이렇게 괴롭히고 감시하십니까?

13 침대에 누우면 좀 편할까, 잠이라도 자면 고통을 잊을까 하지만 아무 소용이 없습니다.

14 주님은 꿈으로 나를 놀라게 하시고, 환상들을 통해서 두려워 떨게 하십니다.

15 이 몰골보다 차라리 숨통이라도 막혀 죽었으면 싶습니다.

16 사는 것도 싫고, 나는 영원히 살지도 아니할 것입니다. 내 날들은 한 숨 호흡이오니 내버려 두소서.

17 사람이 뭐 대단하다고 그렇게 소중히 여기십니까?

18 아침마다 살피시고, 순간마다 시험하시는 이유가 무엇입니까?

19 왜 내게서 눈을 떼지 않으시고, 침 삼킬 틈도 주지 않으십니까?

20 사람을 감시하시는 주님! 내가 무엇을 잘못했습니까? 왜 나를 표적으로 삼으십니까? 내가 당신께 무슨 짐이라도 되는 것입니까?

21 주님, 내 죄를 용서하시고 내 잘못을 없애 주십시오, 이제 내가 흙 속에서 잠들 것인데 그때에는 주님께서 나를 찾으셔도 나는 없을 것입니다."

빌닷이 욥에게 말하다

8 그러자 수아 사람 빌닷이 욥에게 이렇게 말했습니다.

2 "자네는 언제까지 이런 말을 계속할 작정인가? 자네의 말은 마치 태풍 같군.

3 하나님께서 잘못 판단하실 것 같은가? 전능자께서 실수라도 하실 것 같은가?

4 자네 자녀들이 죄를 지은 것이 분명하네. 그래서 그 죄값을 받은 걸세.

5 그러니 지금이라도 하나님을 찾고, 전능자에게 자비를 구하게나.

6 만일 자네가 깨끗하고 정직하다면, 그분이 자네를 도와 주실 걸세.*

7 그러면 지금은 보잘것없이 시작하겠지만, 나중에는 위대하게 될 걸세.

8 제발 조상들의 일을 기억하고 선조들에게서 배우게나.

9 어제 태어난 우리가 안다면 얼마나 많이 알겠나? 땅에 사는 우리는 그림자 같은 존재가 아닌가?

10 선조들은 우리에게 지혜로운 이야기를 들려 줄 걸세.

11 늪지 아닌 곳에서 왕골이 어떻게 자라겠으며, 골풀이 물 없이 어떻게 자랄 수 있겠는가?

13 • I think, 'My bed will comfort me,
　and sleep will ease my misery,'

14 • but then you shatter me with dreams
　and terrify me with visions.

15 • I would rather be strangled—
　rather die than suffer like this.

16 • I hate my life and don't want to go on living.
　Oh, leave me alone for my few remaining
　days.

17 • "What are people, that you should make so
　much of us,
　that you should think of us so often?

18 • For you examine us every morning
　and test us every moment.

19 • Why won't you leave me alone,
　at least long enough for me to swallow!

20 • If I have sinned, what have I done to you,
　O watcher of all humanity?
　Why make me your target?
　Am I a burden to you?*

21 • Why not just forgive my sin
　and take away my guilt?
　For soon I will lie down in the dust and die.
　When you look for me, I will be gone."

Bildad's First Response to Job

8 Then Bildad the Shuhite replied to Job:

2 • "How long will you go on like this?
　You sound like a blustering wind.

3 • Does God twist justice?
　Does the Almighty twist what is right?

4 • Your children must have sinned against him,
　so their punishment was well deserved.

5 • But if you pray to God
　and seek the favor of the Almighty,

6 • and if you are pure and live with integrity,
　he will surely rise up and restore your
　happy home.

7 • And though you started with little,
　you will end with much.

8 • "Just ask the previous generation.
　Pay attention to the experience of our
　ancestors.

9 • For we were born but yesterday and know
　nothing.
　Our days on earth are as fleeting as a shadow.

10 • But those who came before us will teach you.
　They will teach you the wisdom of old.

11 • "Can papyrus reeds grow tall without a
　marsh?
　Can marsh grass flourish without water?

7:20 As in Greek version; Hebrew reads *target, so
that I am a burden to myself!*
8:6 정녕코 일어나 자네의 의로운 가정을 회복시켜 주실 걸세.

12 이런 식물은 푸르름을 더하다가 곧장 시들어 없어지지.

13 하나님을 배반하는 자들의 운명이 이렇다네. 악인들의 소망도 이렇게 망해 버리지.

14 그들이 믿는 것은 정말 허무해서 마치 거미줄을 의지하는 것과 같아.

15 혹시 그들이 집을 믿을 수도 있겠지만 집도 의지할 것은 못돼. 단단히 붙잡으려고 하겠지만, 도움이 안되지.

16 악인은 마치 식물 같아. 식물이 태양을 받아 싱싱하게 피어 올라, 동산에 무성한 가지들을 내고,

17 그 뿌리들이 돌부리를 휘감고 돌아서 살아 남는다 해도,

18 그곳에서 뿌리가 뽑히게 되면, 동산도 그 식물을 '본 적이 없어' 라며 모른다고 한다네.

19 그러면 뽑힌 식물은 시들어 없어지고, 대신 다른 식물이 그곳에서 자라나겠지.

20 정말이지, 하나님은 정직한 사람을 버리지 않으시고, 악인들을 돕지 않으신다네.

21 그분은 자네 입에 기쁨을 담아 주시고, 입술에 즐거움을 채워 주실 걸세.

22 자네를 미워하는 자들은 망신을 당하고, 악인의 집은 망하고 말 걸세."

욥이 빌닷에게 대답하다

9 그러자 욥이 이렇게 대답했습니다.

2 "나도 자네 말이 옳다는 것을 알지만, 하나님 앞에서 죄 없다고 할 사람이 어디 있을까?

3 하나님과 논쟁한다면, 누가 하나님의 천 번 말씀의 한 번이라도 대답할 수 있을까?

4 지혜로우시고, 강하신 그분 앞에서 누가 과연 그를 대적하여 이길 수 있을까?

5 진노하신 하나님께서 산들을 옮기고 없애 버리시는데, 사람이 그것을 알 수 있겠나?

6 그분은 땅을 흔드시고, 땅을 떠받치는 기둥들도 흔들어 버리시지.

7 그분은 해를 뜨지 못하게 하시고, 별을 움직이지 못하게 하실 수도 있다네.

8 홀로 창공을 우주에 펼치시고, 바다의 파도 위를 걸으시는 분,

9 그분은 북두칠성과 삼성, 묘성과 남방의 별자리를 만드신 분,

10 측량할 수 없는 위대한 일들과 수없는 기적을 행하시는 분이네.

11 그분이 내 앞을 지나가셔도 나는 그를 보지 못하고, 그분이 나를 스쳐 가셔도 알지 못하지.

12 • While they are still flowering, not ready to be cut,
　they begin to wither more quickly than grass.

13 • The same happens to all who forget God.
　The hopes of the godless evaporate.

14 • Their confidence hangs by a thread.
　They are leaning on a spider's web.

15 • They cling to their home for security, but it won't last.
　They try to hold it tight, but it will not endure.

16 • The godless seem like a lush plant growing in the sunshine,
　its branches spreading across the garden.

17 • Its roots grow down through a pile of stones;
　it takes hold on a bed of rocks.

18 • But when it is uprooted,
　it's as though it never existed!

19 • That's the end of its life,
　and others spring up from the earth to replace it.

20 • "But look, God will not reject a person of integrity,
　nor will he lend a hand to the wicked.

21 • He will once again fill your mouth with laughter
　and your lips with shouts of joy.

22 • Those who hate you will be clothed with shame,
　and the home of the wicked will be destroyed."

Job's Third Speech: A Response to Bildad

9 Then Job spoke again:

2 • "Yes, I know all this is true in principle.
　But how can a person be declared innocent in God's sight?

3 • If someone wanted to take God to court,*
　would it be possible to answer him even once in a thousand times?

4 • For God is so wise and so mighty.
　Who has ever challenged him successfully?

5 • "Without warning, he moves the mountains,
　overturning them in his anger.

6 • He shakes the earth from its place,
　and its foundations tremble.

7 • If he commands it, the sun won't rise
　and the stars won't shine.

8 • He alone has spread out the heavens
　and marches on the waves of the sea.

9 • He made all the stars—the Bear and Orion,
　the Pleiades and the constellations of the southern sky.

10 • He does great things too marvelous to understand.
　He performs countless miracles.

11 • "Yet when he comes near, I cannot see him.
　When he moves by, I do not see him go.

---

constellation [kɑ̀nstəléiʃən] *a.* 별자리
filthy [fílθi] *a.* 불결한, 더러운
8:14 hang by a thread : 위기에 처해 있다

9:3 Or *If God wanted to take someone to court.*

12 그분이 가져가시면 누가 도로 찾을 수 있으며,
누가 감히 그에게 '당신은 무엇을 하십니까?'
라고 말할 수 있을까?

13 하나님께서 진노를 풀지 아니하시면 라합*을
돕는 자들이 겁내고 움츠리는데,

14 하물며 내가 무슨 대꾸를 하고, 할 말을 생각
할 수 있겠는가?

15 내가 의롭다 해도, 대답은커녕 그저 긍휼을 빌
수 있을 뿐인 것을.

16 설사 내가 그를 불러서 그가 대답하셨다 해도,
그가 내 주장을 들으셨다고 믿을 수 없네.

17 그분이 태풍으로 나를 치시고, 까닭 없이 나에
게 상처를 입히시네.

18 숨쉴 틈도 주시지 않고, 그저 나에게 괴로움만
더하시네.

19 힘으로 말하자면, 그분같이 강한 분이 누가 있
으며, 의로움으로 말한다 해도, 누가 그를 재
판한다고 할 수 있을까?

20 비록 나에게 죄가 없다 해도, 내 입이 나를 정
죄할 것이며, 비록 내가 흠 없다 해도, 그것이
나를 죄인이라 선언할 걸세.

21 나는 죄가 없지만, 그런 것에 관심을 기울일
힘도 없이 그저 내 삶을 경멸할 뿐일세.

22 그는 죄 없는 자나 악한 자나 모두 죽이시는 분
이니 내가 무슨 말을 하겠나?

23 재앙이 내려와 죄 없는 자를 망하게 해도, 그
분은 낙담하는 그를 비웃으시네.

24 악이 세상을 지배하고 재판관도 눈이 멀었으
니, 하나님이 아니시고는 누가 이렇게 하겠는
가?

25 이제 내 삶이 달리기 선수보다 빨리 지나가니,
아무 소망이 없구나.

26 내 삶이 빠른 배처럼, 먹이를 낚아채려고 빠르
게 내려오는 독수리처럼 날아가는구나.

27 이제 내가 원망을 그치고, 얼굴빛을 바꿔 웃어
보려고 해도,

28 내 모든 고통이 두렵습니다. 당신은 나를 죄가
없다고 인정하지 않으시겠지요?

29 내가 죄인 취급을 받을 텐데, 공연히 수고할
이유가 무엇입니까?

30 내가 깨끗한 물로 씻고 비누로 손을 닦는다 해
도,

31 당신은 나를 구덩이에 밀어 넣으셔서 내 옷조
차도 나를 싫어하게 하실 것입니다.

32 하나님은 나처럼 사람이 아니시니 내가 그에
게 대답할 수도 없고, 재판정에서 변호할 수도
없으니 안타깝구나.

12 • If he snatches someone in death, who can
stop him?
Who dares to ask, 'What are you doing?'
13 • And God does not restrain his anger.
Even the monsters of the sea* are crushed
beneath his feet.
14 • "So who am I, that I should try to answer God
or even reason with him?
15 • Even if I were right, I would have no defense.
I could only plead for mercy.
16 • And even if I summoned him and he responded,
I'm not sure he would listen to me.
17 • For he attacks me with a storm
and repeatedly wounds me without cause.
18 • He will not let me catch my breath,
but fills me instead with bitter sorrows.
19 • If it's a question of strength, he's the strong one.
If it's a matter of justice, who dares to sum-
mon him* to court?
20 • Though I am innocent, my own mouth
would pronounce me guilty.
Though I am blameless, it* would prove me
wicked.
21 • "I am innocent,
but it makes no difference to me—
I despise my life.
22 • Innocent or wicked, it is all the same to God.
That's why I say, 'He destroys both the
blameless and the wicked.'
23 • When a plague* sweeps through,
he laughs at the death of the innocent.
24 • The whole earth is in the hands of the wicked,
and God blinds the eyes of the judges.
If he's not the one who does it, who is?
25 • "My life passes more swiftly than a runner.
It flees away without a glimpse of happiness.
26 • It disappears like a swift papyrus boat,
like an eagle swooping down on its prey.
27 • If I decided to forget my complaints,
to put away my sad face and be cheerful,
28 • I would still dread all the pain,
for I know you will not find me innocent,
O God.
29 • Whatever happens, I will be found guilty.
So what's the use of trying?
30 • Even if I were to wash myself with soap
and clean my hands with lye,
31 • you would plunge me into a muddy ditch,
and my own filthy clothing would hate me.
32 • "God is not a mortal like me,
so I cannot argue with him or take him to
trial.

9:13 Hebrew *the helpers of Rahab*, the name of a
mythical sea monster that represents chaos in
ancient literature.   9:19 As in Greek version;
Hebrew reads *me*.   9:20 Or *he*.   9:23 Or *disaster*.
9:13 고대 근동 지방의 신화에 나오는 바다 괴물로, 혼돈 세력을 의
미한다.

33 우리 둘 위에 손을 얹고 둘 사이를 판단해 줄 판결자도 없으니 참 답답하구나.

34 제발 그분이 치시는 막대기를 거두시고, 나를 놀라게 하지 않으신다면 좋겠네.

35 그렇다면 내가 담대하게 말할 수 있을 텐데, 그럴 수 없구나."

10 "나는 내 생명을 미워하고 원망할 수밖에 없어. 내 마음이 너무 아프기 때문이지.

2 나는 하나님께 말할 것이라네. 제발 하나님, 나를 죄인 취급하지 말아 주십시오. 제발 당신이 왜 나를 치시는지 이유라도 알려 주십시오.

3 당신이 손수 만드신 나를 학대하고, 멸시하면서 악인들의 꾀는 왜 좋게 보십니까?

4 당신의 눈이 사람의 눈과 같단 말입니까? 왜 사람이 보는 것처럼 판단하십니까?

5 당신의 날이 사람들의 날과 같지 않고 길며, 당신의 햇수가 사람의 햇수와 같지 않은데,

6 어찌 내 죄를 찾으시고, 내 허물에 주목하십니까?

7 당신은 나에게 죄가 없다는 것을 잘 아시고, 아무도 당신의 손에서 나를 건져 낼 수 없다는 것도 잘 아십니다.

8 당신의 손으로 나를 빚어 만드시고 이제 나를 아예 없애려고 하십니까?

9 주님, 기억해 주십시오. 진흙으로 나를 만드시더니, 이제는 다시 흙으로 되돌려 보내시렵니까?

10 당신께서 나를 우유같이 쏟아 버리시고, 치즈처럼 엉기게 하셨습니다.

11 피부와 살로써 내게 옷 입히고 뼈들과 힘줄로써 나를 온전케 하셨으며

12 내게 생명과 은혜를 주셨고, 내 영을 돌보아 주셨습니다.

13 그렇게 하시고 다른 뜻이 있으셨습니까? 분명 다른 뜻이 있으셨겠지요?

14 만약 내가 죄를 짓는다면, 당신은 나를 주목하시고 내 죄를 용서하지 않을 것입니다.

15 만약 내가 악인이라면 벌을 받아 마땅합니다. 설사 내가 의롭다 해도 머리를 들지 못할 것입니다. 나는 수치를 당하고 괴로움으로 가득 찼기 때문입니다.

16 만약 내가 머리를 치켜 세운다면 당신은 사자처럼 달려들어 당신의 힘으로 다시 나를 짓눌러 버리시겠지요?

17 당신이 나를 치는 새로운 증거들을 들이대며, 내게 화풀이를 계속하시니, 괴로움이 계속됩니다.

---

33 If only there were a mediator between us, someone who could bring us together.

34 The mediator could make God stop beating me, and I would no longer live in terror of his punishment.

35 Then I could speak to him without fear, but I cannot do that in my own strength.

Job Frames His Plea to God

10 "I am disgusted with my life.
Let me complain freely.
My bitter soul must complain.

2 I will say to God, 'Don't simply condemn me—
tell me the charge you are bringing against me.

3 What do you gain by oppressing me?
Why do you reject me, the work of your own hands,
while smiling on the schemes of the wicked?

4 Are your eyes like those of a human?
Do you see things only as people see them?

5 Is your lifetime only as long as ours?
Is your life so short

6 that you must quickly probe for my guilt
and search for my sin?

7 Although you know I am not guilty,
no one can rescue me from your hands.

8 " 'You formed me with your hands; you made me,
yet now you completely destroy me.

9 Remember that you made me from dust—
will you turn me back to dust so soon?

10 You guided my conception
and formed me in the womb.*

11 You clothed me with skin and flesh,
and you knit my bones and sinews together.

12 You gave me life and showed me your unfailing love.
My life was preserved by your care.

13 " 'Yet your real motive—
your true intent—

14 was to watch me, and if I sinned,
you would not forgive my guilt.

15 If I am guilty, too bad for me;
and even if I'm innocent, I can't hold my head high,
because I am filled with shame and misery.

16 And if I hold my head high, you hunt me like a lion
and display your awesome power against me.

17 Again and again you witness against me.
You pour out your growing anger on me
and bring fresh armies against me.

10:10 Hebrew *You poured me out like milk / curdled me like cheese.*

18 어찌하여 당신은 나를 태어나게 하셨습니까? 내가 그때 죽어 버려서 아무도 나를 보지 못했더라면 좋았을 텐데.

19 나는 없었어야 했습니다. 태에서 무덤으로 바로 옮겨졌어야 했습니다.

20 이제 죽을 때가 다 되었으니, 제발 이 순간이라도 편하게 해 주십시오.

21 내가 돌아오지 못할 땅, 어둡고 그늘진 그곳에 가기 전에 제발 그렇게 해 주십시오.

22 그 캄캄하고 혼란스러우며, 빛조차도 흑암과 같은 그곳에 이르기 전에 제발 그렇게 해 주십시오.' "

소발이 욥에게 말하다

11 그러자 나아마 사람 소발이 이렇게 말했습니다.

2 "말이 너무 많으니 대답을 안 할 수 없네. 그렇게 말이 많아서야 변호를 받을 수 있겠는가?

3 사람을 그런 말로 설득시킬 수 있다고 생각하는가? 자네의 말을 들은 우리가 어찌 자네를 꾸짖지 않을 수 있겠는가?

4 자네는 '내 교훈은 바르고, 나는 하나님 눈 앞에 온전하다'라고 말했지?

5 정말이지, 하나님께서 입을 여시어 자네에게 말씀해 주시고,

6 지혜의 비밀들을 보여 주신다면 얼마나 좋겠나? 참된 지혜를 인간이 이해하기는 힘들지. 오히려 하나님께서는 자네의 죄를 얼마쯤 제하시고 벌을 내리신 것 같아.

7 자네가 하나님의 신비하심을 깨달을 수 있는가? 전능자에게서 어떤 한계를 찾을 수 있겠는가?

8 그것들은 하늘보다 높고 무덤보다 깊으니, 자네가 어떻게 알겠는가?

9 또한 그것들은 땅보다 길고, 바다보다도 더 넓다네.

10 그가 오셔서 자네를 잡아 가두고 재판을 하신다면, 누가 감히 그에게 반론하겠는가?

11 그분은 거짓된 사람을 잘 아시기 때문에, 그들의 죄를 모두 찾아 내신다네.

12 미련한 자가 지혜 얻기를 바라는 것보다 들나귀가 사람 낳기를 바라는 것이 더 나을 걸세.

13 이제 마음을 새롭게 다짐하고, 그를 향하여 두 손을 들고 부르짖게나.

14 자네 손에 있는 죄를 멀리 던져 버리고, 악이 집에 머물지 않도록 하게.

15 그러면 자네도 떳떳하게 고개를 들고, 두려

18 " 'Why, then, did you deliver me from my mother's womb? Why didn't you let me die at birth?

19 It would be as though I had never existed, going directly from the womb to the grave.

20 I have only a few days left, so leave me alone, that I may have a moment of comfort

21 before I leave—never to return— for the land of darkness and utter gloom.

22 It is a land as dark as midnight, a land of gloom and confusion, where even the light is dark as midnight.' "

Zophar's First Response to Job

11 Then Zophar the Naamathite replied to Job:

2 "Shouldn't someone answer this torrent of words? Is a person proved innocent just by a lot of talking?

3 Should I remain silent while you babble on? When you mock God, shouldn't someone make you ashamed?

4 You claim, 'My beliefs are pure,' and 'I am clean in the sight of God.'

5 If only God would speak; if only he would tell you what he thinks!

6 If only he would tell you the secrets of wisdom, for true wisdom is not a simple matter. Listen! God is doubtless punishing you far less than you deserve!

7 "Can you solve the mysteries of God? Can you discover everything about the Almighty?

8 Such knowledge is higher than the heavens— and who are you? It is deeper than the underworld*— what do you know?

9 It is broader than the earth and wider than the sea.

10 If God comes and puts a person in prison or calls the court to order, who can stop him?

11 For he knows those who are false, and he takes note of all their sins.

12 An empty-headed person won't become wise any more than a wild donkey can bear a human child.*

13 "If only you would prepare your heart and lift up your hands to him in prayer!

14 Get rid of your sins, and leave all iniquity behind you.

15 Then your face will brighten with innocence.

babble [bǽbl] *vi.* 지껄이다
iniquity [iníkwəti] *n.* 죄악
probe [proub] *vi.* 엄밀히 조사하다
sinew [sínju:] *n.* 힘줄

11:8 Hebrew *than Sheol.*　11:12 *Or than a wild male donkey can bear a tame colt.*

16 자네의 괴로움을 흘러가는 물과 같이 잊게 되고,

17 자네의 삶은 대낮보다 더 밝아지며, 흑암도 아침같이 될 걸세.

18 그러면 자네는 소망을 갖고 확신한 것에 흔들림이 없을 것이네. 사방을 둘러보아도 두려움이 없게 될 것일세.

19 자네가 잠자리에 들어도 놀라게 할 사람이 없고, 사람들은 자네의 도움을 바랄 걸세.

20 그렇지만 악인의 눈은 흐려져 도망갈 수가 없게 되고 결국 그들은 죽기만을 바라게 되지."

욥이 소발에게 대답하다

12 그러자 욥이 다시 대답했습니다.

2 "참으로 자네들은 모든 것을 다 알고 있는가? 자네들이 죽으면 지혜도 없어지겠군.

3 하지만 나에게도 자네들만큼의 생각은 있다네. 내가 자네들보다 못한 게 무엇이 있나? 그 정도도 모르는 사람이 세상에 어디 있나?

4 내가 내 친구들의 조롱거리가 되었구나. 하나님과 긴밀하게 교제했던 내가 이제는 웃음거리가 되었구나.

5 편안하게 사는 사람은 재앙을 경멸하지. 그러나 그 발이 견고치 못한 사람에게는 재앙이 덮치지.

6 강도들의 집은 형통하고, 하나님을 분노케 하는 자들은 평안하기 때문에 저들은 하나님을 자기 멋대로 주무른다고 생각하지.

7 이제 들짐승들에게 물어 보게. 그것들이 자네들에게 가르쳐 줄 테니. 공중의 새들에게 물어 보게. 그것들이 자네들에게 말해 줄 걸세.

8 땅에게 물으면 땅이 가르쳐 주고 바다의 고기들도 일러 줄 것이네.

9 이것들 중에 그 어떤 것이 보이는 모든 것을 여호와께서 만드신 줄 알지 못하겠나?

10 모든 숨쉬는 생물의 생명과 인생의 호흡이 그분의 손에 달려 있지 않은가?

11 귀가 들리는 말을 판단하고, 혀가 음식 맛을 분별하지 않던가?

12 나이 든 사람에게 지혜가 있고, 노인에게 총명이 있네.

13 그러나 참된 지혜와 권능은 하나님께 있고, 모략과 총명도 그분께 있지.

14 보게나, 그분이 헐면 다시 세울 수 없고, 그분이 사람을 잡아 가두면 풀어 줄 자가 없다네.

15 만약 그분이 비를 내려 주시지 않으면, 땅이

You will be strong and free of fear.

16 • You will forget your misery;
it will be like water flowing away.

17 • Your life will be brighter than the noonday.
Even darkness will be as bright as morning.

18 • Having hope will give you courage.
You will be protected and will rest in safety.

19 • You will lie down unafraid,
and many will look to you for help.

20 • But the wicked will be blinded.
They will have no escape.
Their only hope is death."

Job's Fourth Speech: A Response to Zophar

12 Then Job spoke again:

2 • "You people really know everything, don't you?
And when you die, wisdom will die with you!

3 • Well, I know a few things myself—
and you're no better than I am.
Who doesn't know these things you've been saying?

4 • Yet my friends laugh at me,
for I call on God and expect an answer.
I am a just and blameless man,
yet they laugh at me.

5 • People who are at ease mock those in trouble.
They give a push to people who are stumbling.

6 • But robbers are left in peace,
and those who provoke God live in safety—
though God keeps them in his power.*

7 • "Just ask the animals, and they will teach you.
Ask the birds of the sky, and they will tell you.

8 • Speak to the earth, and it will instruct you.
Let the fish in the sea speak to you.

9 • For they all know
that my disaster* has come from the hand of the LORD.

10 • For the life of every living thing is in his hand,
and the breath of every human being.

11 • The ear tests the words it hears
just as the mouth distinguishes between foods.

12 • Wisdom belongs to the aged,
and understanding to the old.

13 • "But true wisdom and power are found in God;
counsel and understanding are his.

14 • What he destroys cannot be rebuilt.
When he puts someone in prison, there is no escape.

15 • If he holds back the rain, the earth becomes a desert.

12:6 Or *safety–those who try to manipulate God*. The meaning of the Hebrew is uncertain.
12:9 Hebrew *that this*.

마르고 말걸세. 그러나 큰비를 일으키면 세상에 홍수가 나게 되지.

16 힘과 슬기가 그분에게 있고, 속는 자나 속이는 자나 모두 그분의 능력 아래 있네.

17 그분은 모략가를 맨발로 걷게 하시고, 판사들을 바보로 만드시기도 한다네.

18 왕들이 묶은 것을 풀어 버리고,* 왕들의 허리를 끈으로 묶으시며,

19 제사장들을 맨발로 걷게 하시고, 힘 있는 자들도 단번에 넘어뜨리시네.

20 그분은 신실한 자들의 입을 막아 버리기도 하시고, 노인의 총명을 빼앗아 버리기도 하시네.

21 귀족들을 멸시하고, 장군의 무기도 풀어 버리시며,

22 어둠에 숨은 깊은 비밀을 드러내시고, 흑암까지도 밝게 드러내신다네.

23 그분은 나라들을 흥하게도 하시고, 쇠하게도 하시며 민족들을 넓히기도 하시고, 흩어 버리기도 하시네.

24 그분은 이 세상 지도자들의 총명을 빼앗고, 길도 없는 광야에서 방황하게도 하신다네.

25 그분은 저들을 한줄기 빛도 없는 흑암에서 헤매며 술 취한 자처럼 비틀거리게 만드신다네.”

13 "보게나, 이런 것들을 내 눈으로 보고, 내 귀는 들어서 깨달았다네.

2 자네들이 아는 것은 나도 알고 있으니, 내가 자네들보다 못하지도 않다네.

3 그러니 나는 오직 전능자에게만 말씀드리고 나의 처지에 대해 하나님과 의논하고 싶다네.

4 자네들은 거짓말쟁이들이며 돌팔이 의사와 같군.

5 자네들, 입 좀 다물 수 없나? 그렇게 하는 것이 현명할 걸세.

6 내 주장에 귀를 좀 기울여 주게. 내 간청을 이해해 주게나.

7 자네들은 하나님을 위한다면서 그런 허튼 소리와 거짓말을 하는가?

8 그분께 아첨을 하자는 것인가? 하나님을 위하여 변호를 한다는 것인가?

9 그분이 자네들 속마음을 다 아시겠지. 자네들은 사람을 속이듯 그분을 속일 수 있다고 믿나?

10 자네들이 계속 불공평하게 행하면, 분명히 그분이 자네들을 꾸짖으실 걸세.

11 그분이 그의 위엄으로 자네들을 놀라게 하시고, 공포에 떨게 하실 거야.

12 자네들의 교훈은 어떤 쓰레기 더미에서 가져

16 • Yes, strength and wisdom are his;
　　deceivers and deceived are both in his power.

17 • He leads counselors away, stripped of good
　　judgment;
　　wise judges become fools.

18 • He removes the royal robe of kings.
　　They are led away with ropes around their
　　waist.

19 • He leads priests away, stripped of status;
　　he overthrows those with long years in power.

20 • He silences the trusted adviser
　　and removes the insight of the elders.

21 • He pours disgrace upon princes
　　and disarms the strong.

22 • "He uncovers mysteries hidden in darkness;
　　he brings light to the deepest gloom.

23 • He builds up nations, and he destroys them.
　　He expands nations, and he abandons them.

24 • He strips kings of understanding
　　and leaves them wandering in a pathless
　　wasteland.

25 • They grope in the darkness without a light.
　　He makes them stagger like drunkards.

Job Wants to Argue His Case with God

13 "Look, I have seen all this with my own eyes
　　and heard it with my own ears, and
　　now I understand.

2 • I know as much as you do.
　　You are no better than I am.

3 • As for me, I would speak directly to the
　　Almighty.
　　I want to argue my case with God himself.

4 • As for you, you smear me with lies.
　　As physicians, you are worthless quacks.

5 • If only you could be silent!
　　That's the wisest thing you could do.

6 • Listen to my charge;
　　pay attention to my arguments.

7 • "Are you defending God with lies?
　　Do you make your dishonest arguments for
　　his sake?

8 • Will you slant your testimony in his favor?
　　Will you argue God's case for him?

9 • What will happen when he finds out what you
　　are doing?
　　Can you fool him as easily as you fool people?

10 • No, you will be in trouble with him
　　if you secretly slant your testimony in his
　　favor.

11 • Doesn't his majesty terrify you?
　　Doesn't your fear of him overwhelm you?

12 • Your platitudes are as valuable as ashes.
　　Your defense is as fragile as a clay pot.

---

platitude [plǽtətjuːd] *n.* 진부한 말

12:18 그분은 왕들의 권세를 빼앗기도 하시고

왔나? 자네들 주장은 어디 흙더미에서 가져왔나?

13 제발 입 다물고 내 말 좀 들어 보게나. 무슨 일이 일어나더라도 내가 당할 것 아닌가?

14 왜 내가 내 자신을 위험에 밀어 넣고, 내 생명을 위험에 노출시킬 것인가?

15 비록 그분이 날 죽이실지라도, 나는 그분을 믿고 내 주장을 굽히지 않을 걸세.

16 오직 그것만이 내가 사는 길이라 믿네. 악인은 그분 앞에 감히 나아갈 수도 없기 때문이지.

17 내 말 좀 들어 주게나. 제발 내 말에 귀를 기울여 주게나.

18 난 내 주장을 이야기했고, 마침내 옳다고 인정받을 거라 확신하네.

19 누가 내 주장을 꺾을 수 있나? 만약 그럴 자가 있다면 난 입을 다물고 죽겠네.

20 하나님, 제발 두 가지 소원을 들어 주십시오. 그러면 주를 피하지 않겠습니다.

21 제게서 당신의 손을 치워 주시고 공포에 사로잡혀 떨지 않게 해 주십시오.

22 제게 말씀하시면 대답하겠습니다. 아니면 제가 묻는 말씀에 대답해 주십시오.

23 저의 허물과 죄가 얼마나 많습니까? 제가 반역한 일과 죄를 보여 주십시오.

24 왜 당신은 저를 피하시고 원수 취급하십니까?

25 바람에 날리는 낙엽과 같은 저를 왜 괴롭히십니까? 마른 풀과 같은 저를 왜 쫓아오시나요?

26 당신은 저의 죄를 모두 기록하시고, 어렸을 때의 잘못을 갚으십니다.

27 당신께서 제 발을 차꼬에 채우시고, 걸음마다 지켜 보시고 내 발자국까지 추적하시니,

28 내가 썩는 물건처럼 썩어져 가고, 좀먹은 옷처럼 생명이 약해져 갑니다."

14 "여인에게서 난 사람의 수명은 짧고, 괴로움으로 가득함이며,

2 그는 피었다 지는 꽃 같고, 미끄러져 가는 그림자와 같아서 곧 사라집니다.

3 그런데도 당신은 그런 사람을 눈으로 살피시고, 심판을 하시겠다고 하십니다.

4 누가 더러운 것에서 깨끗한 것을 만들어 낼 수 있겠습니까? 아무도 없습니다.

5 당신이 사람의 날 수와 달을 정하셨기 때문에 사람은 정해 주신 그 선을 넘어가지 못합니다.

6 제발 사람을 내버려 두셔서 품꾼처럼 하루를 마칠 수 있게 해 주십시오.

7 적어도 나무는 소망이 있습니다. 그것은 찍히더라도 다시 움이 돋고 그 연한 가지들이 계속 나

---

13 • "Be silent now and leave me alone.
Let me speak, and I will face the consequences.

14 • Why should I put myself in mortal danger*
and take my life in my own hands?

15 • God might kill me, but I have no other hope.*
I am going to argue my case with him.

16 • But this is what will save me—I am not godless.
If I were, I could not stand before him.

17 • "Listen closely to what I am about to say.
Hear me out.

18 • I have prepared my case;
I will be proved innocent.

19 • Who can argue with me over this?
And if you prove me wrong, I will remain
silent and die.

Job Asks How He Has Sinned

20 • "O God, grant me these two things,
and then I will be able to face you.

21 • Remove your heavy hand from me,
and don't terrify me with your awesome
presence.

22 • Now summon me, and I will answer!
Or let me speak to you, and you reply.

23 • Tell me, what have I done wrong?
Show me my rebellion and my sin.

24 • Why do you turn away from me?
Why do you treat me as your enemy?

25 • Would you terrify a leaf blown by the wind?
Would you chase dry straw?

26 • "You write bitter accusations against me
and bring up all the sins of my youth.

27 • You put my feet in stocks.
You examine all my paths.
You trace all my footprints.

28 • I waste away like rotting wood,
like a moth-eaten coat.

14 • "How frail is humanity!
How short is life, how full of trouble!

2 • We blossom like a flower and then wither.
Like a passing shadow, we quickly disappear.

3 • Must you keep an eye on such a frail creature
and demand an accounting from me?

4 • Who can bring purity out of an impure person?
No one!

5 • You have decided the length of our lives.
You know how many months we will live,
and we are not given a minute longer.

6 • So leave us alone and let us rest!
We are like hired hands, so let us finish
our work in peace.

7 • "Even a tree has more hope!
If it is cut down, it will sprout again

13:14 Hebrew *why should I take my flesh in my teeth.*
13:15 An alternate reading in the Masoretic Text reads
God might kill me, but I hope in him.

기 때문입니다.

8 비록 그 뿌리가 땅 속에서 늙고 그 그루터기가 땅에서 죽는다 해도,

9 물 기운만 있으면 새 나무처럼 다시 싹을 냅니다.

10 그렇지만 사람은 마지막 호흡이 끊어지면 시체로 드러눕지요.

11 바닷물이 증발하여 사라지듯, 강물이 말라 없어지듯,

12 사람이 드러누우면 다시 일어나지 못하고 하늘이 없어질 때까지 깨어나지도 못하고, 잠에서 일어나지도 못합니다.

13 제발 주님, 당신의 진노가 지나갈 때까지 나를 무덤에 숨겨 주시고, 때를 정해 두셨다가 그때가 되면 저를 기억해 주십시오.

14 사람이 죽더라도 다시 살아날 수 있습니까? 만약 그렇다면 다시 살아날 때까지 아무리 어려워도 기다리겠습니다.

15 당신이 저를 부르신다면 제가 대답하겠습니다. 당신께서는 당신의 손으로 만드신 저를 보시고 불쌍히 여기실 것입니다.

16 당신은 저의 걸음걸이를 세셔도, 저의 죄를 뒤좇지 않으시고

17 저의 허물을 주머니에 넣고 묶어서 제 잘못을 덮어 주십니다.

18 산사태가 나서 무너져 내리고, 바위가 옮겨지듯,

19 물이 돌을 닳게 하여 없애고, 물살이 흙을 씻어 내리듯, 당신은 사람의 소망을 꺾어 버리십니다.

20 당신이 사람을 덮어 누르시니, 사람이 떠나가고 맙니다. 당신은 사람의 얼굴빛을 변하게 하시고 멀리 보내 버립니다.

21 그의 자손이 잘 되어도 알 길이 없고 혹시 잘못 되더라도 그는 이것을 알 수 없습니다.

22 다만 자기 몸의 고통만을 알고, 자기 자신을 위해서 탄식할 뿐입니다."

엘리바스가 욥에게 대답하다

15 그러자 데만 사람 엘리바스가 이렇게 대답했습니다.

2 "지혜로운 사람이 어찌하여 쓸데없는 소리나 늘어놓고, 자기 배를 허풍으로 채우는가?

3 어째서 그런 소용 없는 이야기, 유익하지 못한 말만 늘어놓는가?

4 이제 하나님이 두렵지 않고, 그분을 경외하는 마음도 없어졌는가?

5 자네 죄가 말할 것을 입에게 일러 주어 간사한

and grow new branches.

8 • Though its roots have grown old in the earth and its stump decays,

9 • at the scent of water it will bud and sprout again like a new seedling.

10 • "But when people die, their strength is gone. They breathe their last, and then where are they?

11 • As water evaporates from a lake and a river disappears in drought,

12 • people are laid to rest and do not rise again. Until the heavens are no more, they will not wake up nor be roused from their sleep.

13 • "I wish you would hide me in the grave* and forget me there until your anger has passed. But mark your calendar to think of me again!

14 • Can the dead live again? If so, this would give me hope through all my years of struggle, and I would eagerly await the release of death.

15 • You would call and I would answer, and you would yearn for me, your handiwork.

16 • For then you would guard my steps, instead of watching for my sins.

17 • My sins would be sealed in a pouch, and you would cover my guilt.

18 • "But instead, as mountains fall and crumble and as rocks fall from a cliff,

19 • as water wears away the stones and floods wash away the soil, so you destroy people's hope.

20 • You always overpower them, and they pass from the scene. You disfigure them in death and send them away.

21 • They never know if their children grow up in honor or sink to insignificance.

22 • They suffer painfully; their life is full of trouble."

Eliphaz's Second Response to Job

15 Then Eliphaz the Temanite replied:

2 • "A wise man wouldn't answer with such empty talk! You are nothing but a windbag.

3 • The wise don't engage in empty chatter. What good are such words?

4 • Have you no fear of God, no reverence for him?

5 • Your sins are telling your mouth what to say.

14:13 Hebrew *in Sheol.*

말만 하게 하는군.

6 자네를 죄인이라 말하는 것은 내가 아니라 자네 입술이네. 자네 입이 그렇게 말하는군.

7 자네가 맨 처음 세상에 태어났는가? 자네가 산보다 먼저 있었다는 말은 아니겠지?

8 자네는 하나님의 회의에 참석해 본 일이 있나? 자네만 지혜롭다고 생각하나?

9 우리는 모르고 자네만 아는 것이 무엇인가? 우리가 알지 못하는 사실을 자네는 깨닫기라도 했단 말인가?

10 우리 중에는 머리가 희끗희끗한 자도 있고 자네 아버지보다 나이가 많은 자도 있다네.

11 하나님의 위로도 자네한테는 의미가 없을 테고 조용히 타일러도 소용이 없겠지.

12 진정하게나. 자네 눈은 분노로 가득하네.

13 하나님께 화까지 내니, 그런 말을 해서야 되겠는가?

14 사람이 도대체 무엇이길래 깨끗할 수 있으며 여자에게서 난 사람이 어떻게 의로울 수 있겠는가?

15 보게나. 하나님께서는 자신의 천사들도 신뢰하지 않으시며, 그분이 보시기에는 하늘도 더럽다네.

16 하물며 가증하고 타락한 사람, 악한 행동을 물 마시듯 하는 사람은 어떠하겠는가?

17 내가 겪은 바를 말할 테니 들어 보게나.

18 조상들이 지혜로운 자들에게 전해 준 그 지혜를 말하겠네.

19 그때는 이 땅에 우리 조상들만 살았지. 외국인들은 함께 살지 못했네.

20 조상들은 이렇게 말했네. 악인은 항상 괴로움을 당하고, 포악자들의 수명은 아주 한정된다.

21 그 귀에는 두려움의 소리가 그치지 않고, 모든 일이 잘 되는 듯해도, 강도 떼의 습격을 당한다.

22 그는 흑암에서 풀려날 소망을 갖지 못하고 오직 칼을 기다릴 뿐이며,

23 '먹을 것이 어디 있나?' 하고 물으면서 이리저리 헤매고, 어둠 속에서 방황할 뿐이다.

24 환난과 고통이 그를 놀라게 하고, 공격 준비를 마친 왕의 군대처럼 그를 치고야 만다.

25 이는 그가 손을 들어 하나님께 대항하고, 교만하게 굴었기 때문이다.

26 고개를 치켜세우고 큰 방패를 들어 감히 하나님께 대항하다니,

27 비록 그들이 배부르고 부유할지라도

28 그런 자는 아무도 살지 않는 황폐한 성에, 무

Your words are based on clever deception.

6 • Your own mouth condemns you, not I.
Your own lips testify against you.

7 • "Were you the first person ever born?
Were you born before the hills were made?

8 • Were you listening at God's secret council?
Do you have a monopoly on wisdom?

9 • What do you know that we don't?
What do you understand that we do not?

10 • On our side are aged, gray-haired men
much older than your father!

11 • "Is God's comfort too little for you?
Is his gentle word not enough?

12 • What has taken away your reason?
What has weakened your vision,*

13 • that you turn against God
and say all these evil things?

14 • Can any mortal be pure?
Can anyone born of a woman be just?

15 • Look, God does not even trust the angels.*
Even the heavens are not absolutely pure in
his sight.

16 • How much less pure is a corrupt and sinful person
with a thirst for wickedness!

17 • "If you will listen, I will show you.
I will answer you from my own experience.

18 • And it is confirmed by the reports of wise men
who have heard the same thing from their
fathers—

19 • from those to whom the land was given
long before any foreigners arrived.

20 • "The wicked writhe in pain throughout their lives.
Years of trouble are stored up for the ruthless.

21 • The sound of terror rings in their ears,
and even on good days they fear the attack
of the destroyer.

22 • They dare not go out into the darkness
for fear they will be murdered.

23 • They wander around, saying, 'Where can I
find bread?' *
They know their day of destruction is near.

24 • That dark day terrifies them.
They live in distress and anguish,
like a king preparing for battle.

25 • For they shake their fists at God,
defying the Almighty.

26 • Holding their strong shields,
they defiantly charge against him.

27 • "These wicked people are heavy and prosperous;
their waists bulge with fat.

28 • But their cities will be ruined.
They will live in abandoned houses

15:12 Or *Why do your eyes flash with anger;* Hebrew reads *Why do your eyes blink.* 　15:15 Hebrew *the holy ones.* 　15:23 Greek version reads *He is appointed to be food for a vulture.*

너질 집에 살게 될 것이며,

29 그런 자는 더 이상 부유해지지 못할 것이며 혹시 재물이 있다 해도 오래 가지 못하고 사라질 것이다.

30 그들은 흑암에서 벗어나지 못하고, 불꽃이 그들을 태우며, 그분의 숨결이 그가 가진 모든 것을 없애 버린다.

31 가치가 없는 것을 믿는 자들아, 스스로 속이지 마라. 아무것도 얻지 못할 것이다.

32 그는 인생의 절정기가 오기도 전에 끝이 나고, 가지가 피기도 전에 멸망하리라.

33 그는 마치 포도가 익기 전에 떨어지듯, 올리브 나무 꽃이 덧없이 떨어지듯 그렇게 되리라.

34 악한 자는 자손을 얻지 못하고, 뇌물을 좋아하는 사람의 집은 불에 타 버릴 것이다.

35 그런 자들은 남에게 해를 끼칠 생각만 하고 거짓만 만들어 낸다."

욥이 엘리바스에게 대답하다

16 그러자 욥이 대답했습니다.

2 "그런 말은 너무 많이 들었다네. 자네들은 위로는커녕 괴로움만 더해 주는군.

3 그런 헛소리 이제 그만 하지 못하겠나? 그렇게 대답하다니 무엇이 그렇게 화나게 하는가?

4 내가 자네들 처지라면, 나도 그렇게 말할 수 있네. 자네들을 괴롭히는 말들을 하면서 고개를 설레설레 흔들 수도 있지.

5 하지만 나는 자네들을 격려하고, 안심시키는 말을 하겠네.

6 내가 어떤 말을 한들 내 고통이 사라질까? 내가 아무 말도 하지 않더라도, 역시 고통은 사라지지 않겠지.

7 주님, 주께서 저를 기진맥진하게 하시고 가족을 망하게 하셨습니다.

8 당신께서 나를 여위게 하셔서 뼈와 가죽만 남아 있으니 이것이 나의 죄를 증거하고 있습니다.

9 하나님께서 나를 공격하시고, 내 살을 찢으시며 이를 갈며 노여움에 가득 찬 눈길로 바라보시네.

10 사람들도 입을 벌려 조롱하고 내 뺨을 치며, 모두 하나같이 달려들어 나를 대적하는구나.

11 하나님께서, 나를 악당들에게 넘기시고, 악인의 손에 던지셨구나.

12 그분이 평안히 살던 나를 박살내시고, 멱살을 잡아 혼내시며, 표적으로 세우셨구나.

---

that are ready to tumble down.

29 • Their riches will not last,
and their wealth will not endure.
Their possessions will no longer spread across the horizon.

30 • "They will not escape the darkness.
The burning sun will wither their shoots,
and the breath of God will destroy them.

31 • Let them no longer fool themselves by trusting in empty riches,
for emptiness will be their only reward.

32 • They will be cut down in the prime of life;
their branches will never again be green.

33 • They will be like a vine whose grapes are harvested too early,
like an olive tree that loses its blossoms before the fruit can form.

34 • For the godless are barren.
Their homes, enriched through bribery, will burn.

35 • They conceive trouble and give birth to evil.
Their womb produces deceit."

Job's Fifth Speech: A Response to Eliphaz

16 Then Job spoke again:

2 • "I have heard all this before.
What miserable comforters you are!

3 • Won't you ever stop blowing hot air?
What makes you keep on talking?

4 • I could say the same things if you were in my place.
I could spout off criticism and shake my head at you.

5 • But if it were me, I would encourage you.
I would try to take away your grief.

6 • Instead, I suffer if I defend myself,
and I suffer no less if I refuse to speak.

7 • "O God, you have ground me down
and devastated my family.

8 • As if to prove I have sinned, you've reduced me to skin and bones.
My gaunt flesh testifies against me.

9 • God hates me and angrily tears me apart.
He snaps his teeth at me
and pierces me with his eyes.

10 • People jeer and laugh at me.
They slap my cheek in contempt.
A mob gathers against me.

11 • God has handed me over to sinners.
He has tossed me into the hands of the wicked.

12 • "I was living quietly until he shattered me.
He took me by the neck and broke me in pieces.
Then he set me up as his target,

---

devastate [dévəstèit] 황폐시키다

13 그분의 화살들이 사방을 두르고, 인정사정없
이 내 심장을 쪼개니, 내 쓸개가 땅바닥에 쏟
아지는구나.

14 그분이 나를 계속해서 치시고, 내게 용사처
럼 달려드시는구나.

15 삼베로 내 피부를 싸매었다. 내 체면은 땅바
닥에 떨어졌다.

16 내 얼굴은 울어서 퉁퉁 부었고, 내 두 눈에는
죽음의 그늘이 서렸구나.

17 그렇지만 난 내 손으로 폭력을 행한 일이 없
고, 내 기도는 항상 진실하다.

18 오 땅이여, 내 피를 제발 숨기지 말아 다오. 나
를 위한 부르짖음을 그치지 말아 다오.

19 아, 내 증인은 하늘에 계시고, 내 대변인은 높
은 곳에 계시네.

20 내 친구들이 나를 조롱하니, 나는 하나님께
눈물을 쏟아 내네.

21 사람이 자기 친구를 위해 간구하듯, 누가 나
를 위해 하나님께 간청해 준다면!

22 얼마 지나지 않아 난 영영 돌아오지 못할 그
길을 가겠지."

17 내 호흡이 거칠어지고, 죽음이 가까웠
으니, 무덤만이 나를 기다리고 있구나.

2 아, 나를 조롱하는 사람들만 내 곁에 있으니
내 눈은 날 조롱하는 저들을 보아야 하는구
나.

3 오 주님, 당신이 친히 나를 보증해 주십시오.
누가 나에게 죄가 없다고 증거해 줄 수 있겠
습니까?

4 당신께서 저들의 총명을 없애시어, 제 앞에
서 잘난 체하지 않게 해 주십시오.

5 대가를 바라고 친구를 팔아 넘기는 자들, 그
런 자들의 자식은 눈이 멀 것입니다.

6 그분께서 나를 사람들의 웃음거리로 만드시
니, 사람들이 내 얼굴에 침을 뱉네.

7 내 눈은 슬픔으로 침침해지고, 내 몸은 이제
그림자처럼 가볍구나.

8 정직한 사람은 이것을 보고 놀라며 죄 없는
사람은 악인을 미워하겠지.

9 그럼에도 의인은 자기의 길을 계속 가고, 손
이 깨끗한 자들은 점점 강해지리라.

10 자, 자네들이 다시 와서 해 보게. 자네들 중에
제 지혜를 터득한 자가 있을까?

11 내 날들이 지났고, 내 계획도 사라졌으며, 내
소원도 날아가 버렸구나.

12 이 사람들은 밤을 낮이라 하고, 낮을 밤이라
하는구나.

13 and now his archers surround me.
His arrows pierce me without mercy.
The ground is wet with my blood.*

14 • Again and again he smashes against me,
charging at me like a warrior.

15 • I wear burlap to show my grief.
My pride lies in the dust.

16 • My eyes are red with weeping;
dark shadows circle my eyes.

17 • Yet I have done no wrong,
and my prayer is pure.

18 • "O earth, do not conceal my blood.
Let it cry out on my behalf.

19 • Even now my witness is in heaven.
My advocate is there on high.

20 • My friends scorn me,
but I pour out my tears to God.

21 • I need someone to mediate between God and me,
as a person mediates between friends.

22 • For soon I must go down that road
from which I will never return.

Job Continues to Defend His Innocence

17 • "My spirit is crushed,
and my life is nearly snuffed out.
The grave is ready to receive me.

2 • I am surrounded by mockers.
I watch how bitterly they taunt me.

3 • "You must defend my innocence, O God,
since no one else will stand up for me.

4 • You have closed their minds to understanding,
but do not let them triumph.

5 • They betray their friends for their own advantage,
so let their children faint with hunger.

6 • "God has made a mockery of me among the
people;
they spit in my face.

7 • My eyes are swollen with weeping,
and I am but a shadow of my former self.

8 • The virtuous are horrified when they see me.
The innocent rise up against the ungodly.

9 • The righteous keep moving forward,
and those with clean hands become stronger
and stronger.

10 • "As for all of you, come back with a better argu-
ment,
though I still won't find a wise man among
you.

11 • My days are over.
My hopes have disappeared.
My heart's desires are broken.

12 • These men say that night is day;
they claim that the darkness is light.

16:21 mediate between : 화해시키다

16:13 Hebrew *my gall.*

13 이제 무덤을 내 집으로 삼고, 어둠 속에 침상을 놓아야 할 때가 왔구나.

14 이제 무덤에게는 '내 아버지'라, 벌레에게는 '내 어머니, 내 자매'라고 불러야 하는구나.

15 과연, 내 희망이 어디 있겠나? 누가 내 안에서 희망을 찾을 수 있겠는가?

16 희망이 나와 함께 무덤에 가 줄까? 희망아, 나와 흙 속으로 함께 가겠니?"

빌닷이 욥에게 대답하다

18 그러자 수아 사람 빌닷이 이렇게 대답했습니다.

2 "자네들, 언제까지 말장난만 할 텐가? 생각을 하고 말하게.

3 어째서 우리를 짐승 취급하고, 어리석게 보는 건가?

4 화가 나서 제 몸을 찢는다고 땅이 황무지가 되며 바위가 낭떠러지로 떨어지겠는가?

5 악인의 빛은 사라지고, 그 불꽃은 사그라든다네.

6 그 집안의 빛은 어두워지고, 그의 등불도 꺼져 가고 말지.

7 그 활기차던 걸음이 약해지고, 자기 꾀에 스스로 넘어가고 말지.

8 자기 발로 그물에 들어가고, 올무에 빠지고 만다네.

9 그 발꿈치가 덫에 걸려, 순식간에 올가미에 빠지고 말지.

10 땅에는 함정이 숨겨져 있고, 길에는 덫이 놓여 있다네.

11 공포가 그를 덮치니, 걸을 때마다 더 놀라게 된다네.

12 그 기운이 점점 약해지고, 사방에는 재앙이 몰려와 있으며

13 질병이 그의 피부에 달려들어, 죽음의 사자가 그의 손발을 삼킬 것이네.

14 안전하던 자기 집에서 쫓겨나 공포의 왕 앞으로 내몰리니,

15 악인의 거처에는 유황이 뿌려져 타게 되고 결국에는 타인이 살게 되지.

16 그의 뿌리가 마르고, 가지가 잘려져 나갈 것이네.

17 그를 기억할 자가 아무도 없고, 그의 이름은 기억에서 사라지게 되지.

18 그는 빛에서 어둠으로 쫓겨나고, 사람이 사는 세상에서 추방을 당할 것이며,

19 자기 민족 중에는 그의 후손이 없고, 그가 살던 곳에는 생존자가 없을 것이네.

13 ● What if I go to the grave*
and make my bed in darkness?

14 ● What if I call the grave my father,
and the maggot my mother or my sister?

15 ● Where then is my hope?
Can anyone find it?

16 ● No, my hope will go down with me to the grave.
We will rest together in the dust!"

Bildad's Second Response to Job

18 Then Bildad the Shuhite replied:

2 ● "How long before you stop talking?
Speak sense if you want us to answer!

3 ● Do you think we are mere animals?
Do you think we are stupid?

4 ● You may tear out your hair in anger,
but will that destroy the earth?
Will it make the rocks tremble?

5 ● "Surely the light of the wicked will be snuffed out.
The sparks of their fire will not glow.

6 ● The light in their tent will grow dark.
The lamp hanging above them will be
quenched.

7 ● The confident stride of the wicked will be
shortened.
Their own schemes will be their downfall.

8 ● The wicked walk into a net.
They fall into a pit.

9 ● A trap grabs them by the heel.
A snare holds them tight.

10 ● A noose lies hidden on the ground.
A rope is stretched across their path.

11 ● "Terrors surround the wicked
and trouble them at every step.

12 ● Hunger depletes their strength,
and calamity waits for them to stumble.

13 ● Disease eats their skin;
death devours their limbs.

14 ● They are torn from the security of their homes
and are brought down to the king of terrors.

15 ● The homes of the wicked will burn down;
burning sulfur rains on their houses.

16 ● Their roots will dry up,
and their branches will wither.

17 ● All memory of their existence will fade from
the earth,
No one will remember their names.

18 ● They will be thrust from light into darkness,
driven from the world.

19 ● They will have neither children nor grandchildren,
nor any survivor in the place where they
lived.

calamity [kəlǽməti] *n.* 재앙
snare [snɛər] *n.* 올가미, 덫
sulfur [sʌ́lfər] *n.* 유황

17:13 Hebrew *to Sheol;* also in 17:16.

20 오는 세대 사람들이 이를 보고 놀라며, 이전 사람들이 공포에 사로잡히네.

21 악인의 집이 처한 운명이 이러하고, 하나님을 무시하는 자의 처소가 이렇다네."

욥이 빌닷에 대답하다

19 그러자 욥이 이렇게 대답했습니다.

2 "언제까지 나를 괴롭히고, 말로 나를 박살내려는가?

3 자네들은 열 번이나 나를 모욕하고도, 잘못한 일을 부끄러워하지 않는군.

4 설령 내 잘못이라 해도 그것이 자네들과 무슨 상관이란 말인가?

5 자네들이 나를 누르고, 스스로 뽐내며, 나를 수치스럽게 만든다 해도,

6 나를 이렇게 만들고 그물로 덮어씌우신 분은 하나님이시네.

7 내가 '폭력이야!' 하고 외치지만 아무런 대답이 없고, 부르짖어 도움을 구하지만, 그곳에 정의는 없구나.

8 그분이 내 길을 막고 지나가지 못하게 하시며, 내 길을 어둠으로 가리셨구나.

9 나에게서 영광을 가져가시고, 내 머리의 면류관을 벗기셨구나.

10 그가 사방에서 나를 치시니 내가 죽게 되었고 나무를 뽑듯 내 희망을 뽑아 버리시는구나.

11 내게 화를 내시고, 나를 마치 원수 대하듯 하시며,

12 그의 군대를 내게 보내시니 그들이 내 집 주변을 둘러쌌구나.

13 그분이 내 형제들을 내게서 멀리 떠나게 하시니 내가 아는 사람들이 모두 낯설게 되었구나.

14 내 친척들이 나를 외면하고, 내 친구들 역시 나를 잊어 버렸구나.

15 내 집에 사는 사람들이나 여종들도 나를 모른 체하고, 낯선 사람처럼 대하는구나.

16 내 종을 불러도 대꾸조차 하지 않으니 내가 사정을 해도 소용 없구나.

17 아내마저도 내 숨기운을 싫어하고, 내 형제들도 내 옆에 오기를 싫어하며,

18 심지어 어린이들까지 나를 멸시하고, 내가 일어서면 *나를 놀리는구나.*

19 내 모든 친구들이 나를 거부하고, 내가 사랑하는 자들도 등을 돌리는구나.

20 뼈와 가죽만 남은 채 잇몸으로 겨우 살아가는 내 신세야.

21 나의 친구들이여, 제발, 제발, 나를 불쌍히 여겨 다오, 하나님의 손이 나를 치셨다는 것을 알아

20 • People in the west are appalled at their fate;
 people in the east are horrified.
21 • They will say, 'This was the home of a wicked person,
 the place of one who rejected God.'"

Job's Sixth Speech: A Response to Bildad

19 Then Job spoke again:

2 • "How long will you torture me?
 How long will you try to crush me with your words?
3 • You have already insulted me ten times.
 You should be ashamed of treating me so badly.
4 • Even if I have sinned,
 that is my concern, not yours.
5 • You think you're better than I am,
 using my humiliation as evidence of my sin.
6 • But it is God who has wronged me,
 capturing me in his net.*

7 • "I cry out, 'Help!' but no one answers me.
 I protest, but there is no justice.
8 • God has blocked my way so I cannot move.
 He has plunged my path into darkness.
9 • He has stripped me of my honor
 and removed the crown from my head.
10 • He has demolished me on every side, and I am finished.
 He has uprooted my hope like a fallen tree.
11 • His fury burns against me;
 he counts me as an enemy.
12 • His troops advance.
 They build up roads to attack me.
 They camp all around my tent.

13 • "My relatives stay far away,
 and my friends have turned against me.
14 • My family is gone,
 and my close friends have forgotten me.
15 • My servants and maids consider me a stranger.
 I am like a foreigner to them.
16 • When I call my servant, he doesn't come;
 I have to plead with him!
17 • My breath is repulsive to my wife.
 I am rejected by my own family.
18 • Even young children despise me.
 When I stand to speak, they turn their backs on me.
19 • My close friends detest me.
 Those I loved have turned against me.
20 • I have been reduced to skin and bones
 and have escaped death by the skin of my teeth.

21 • "Have mercy on me, my friends, have mercy,
 for the hand of God has struck me.

19:6 Or *for I am like a city under siege.*

주게나.

22 왜 자네들마저도 하나님처럼 나를 괴롭게 하는가? 내 살을 먹고도 만족하지 못하는가?

23 아, 내 말들이 모두 기록된다면, 그것들이 책에 기록된다면,

24 철필이나 납으로 기록하고 바위에 새겨 영원히 남겨진다면, 얼마나 좋겠는가?

25 내 구세주께서 살아 계신다는 것을 내가 이미 알고 있으니, 결국 그가 땅에 서실 것이네.

26 내 가죽이 썩은 후에라도, 이 몸이 썩은 후에라도 내가 하나님을 뵐 것이네.

27 내가 그분을 내 두 눈으로 바라볼 걸세. 내 심장이 기대감으로 두근거리네.

28 자네들은 '문제가 그에게 있으니 어떻게 그를 괴롭힐까?' 하고 이야기하겠지만,

29 칼을 조심하게나. 진노는 칼로 나타나게 되지. 그러면 자네들은 심판이 있다는 것을 알게 될 거야."

소발이 대답하다

20 그러자 나아마 사람 소발이 대답했습니다.

2 "내 마음이 불만스럽다고, 어서 자네 말에 답변하라고 이야기하네.

3 나를 모욕하는 말을 들으니, 내 총명이 답을 하라고 말하는군.

4 자네도 알겠지만 이 일은 세상의 처음부터 알려진 것일세.

5 악인의 형통은 잠시뿐이라는 것, 경건하지 못한 사람의 기쁨은 아주 잠시뿐이라는 것,

6 비록 그들의 교만이 하늘에 올라 그 머리가 구름에 닿을지라도 말일세.

7 악인은 자기 배설물같이 망하네. 그를 알던 사람은 '그가 지금 어디 있나?' 하고 묻지.

8 하지만 악인도 꿈처럼 지나가고, 사람들은 그를 찾을 수가 없네. 밤중의 환상처럼 허무하게 사라지지.

9 악인을 보았던 사람은 다시 그를 볼 수가 없네. 그 악인이 있던 처소도 그 악인을 다시 알지 못하지.

10 악인의 후손은 가난한 자에게 은혜를 구해야 하고, 그들은 빼앗은 부를 다시 돌려주어야 하네.

11 악인이 한때 젊었을지라도 결국 먼지 구덩이에 누워야 한다네.

12 그가 악이 달콤해서 자기 혀 밑에 감추고,

---

22 • Must you also persecute me, like God does?
　　Haven't you chewed me up enough?

23 • "Oh, that my words could be recorded.
　　Oh, that they could be inscribed on a monument,

24 • carved with an iron chisel and filled with lead,
　　engraved forever in the rock.

25 • "But as for me, I know that my Redeemer lives,
　　and he will stand upon the earth at last.

26 • And after my body has decayed,
　　yet in my body I will see God!*

27 • I will see him for myself.
　　Yes, I will see him with my own eyes.
　　I am overwhelmed at the thought!

28 • "How dare you go on persecuting me,
　　saying, 'It's his own fault'?

29 • You should fear punishment yourselves,
　　for your attitude deserves punishment.
　　Then you will know that there is indeed a judgment."

Zophar's Second Response to Job

20 Then Zophar the Naamathite replied:

2 • "I must reply
　　because I am greatly disturbed.

3 • I've had to endure your insults,
　　but now my spirit prompts me to reply.

4 • "Don't you realize that from the beginning of time,
　　ever since people were first placed on the earth,

5 • the triumph of the wicked has been short lived
　　and the joy of the godless has been only temporary?

6 • Though the pride of the godless reaches to the heavens
　　and their heads touch the clouds,

7 • yet they will vanish forever,
　　thrown away like their own dung.
　　Those who knew them will ask,
　　'Where are they?'

8 • They will fade like a dream and not be found.
　　They will vanish like a vision in the night.

9 • Those who once saw them will see them no more.
　　Their families will never see them again.

10 • Their children will beg from the poor,
　　for they must give back their stolen riches.

11 • Though they are young,
　　their bones will lie in the dust.

12 • "They enjoyed the sweet taste of wickedness,

---

repulsive [ripʌ́lsiv] *a.* 불쾌한, 혐오감을 일으키는

19:26 Or *without my body I will see God!* The meaning of the Hebrew is uncertain.

13 악을 원하여 없애기 싫어하고 자기 입 속에 숨긴다면,

14 그의 음식이 위 속에서 뱀의 독으로 변할 것이네.

15 악인은 입으로 재산을 삼키겠지만, 하나님께서 그 재물을 토하게 하신다네.

16 악인이 독사의 독을 삼키니, 그는 뱀이 문 것처럼 그 독 때문에 죽게 되지.

17 악인은 젖과 꿀이 흐르는 강을 볼 수 없네.

18 얻은 것을 삼키지 못하고 돌려주어야 하고, 장사로 얻은 이익도 누리지 못하네.

19 그것은 악인이 가난한 사람을 못살게 굴고 모른 척했기 때문이지. 그는 자기가 짓지도 않은 집을 강제로 빼앗았지.

20 악인은 항상 만족할 줄 모르고, 욕심이 가득해서 아무것도 놓지 않으려 하네.

21 악인은 무엇이든지 되는 대로 집어삼키지. 그래서 재산이 남아 있지 못한다네.

22 그러니 풍족함 속에서도 재앙을 당하고 불행하게 되는 것이네.

23 배를 채우려고 하지만, 하나님께서 진노하셔서 그를 치신다네.

24 악인이 철로 된 무기를 피하면, 놋화살이 그를 찌를 것일세.

25 그가 자기 등에서 그 화살을 빼내고 간에서 번쩍이는 촉을 꺼내니, 공포가 그를 사로잡네.

26 캄캄함이 악인의 보물을 덮고, 풀무질도 하지 않은 불꽃이 입을 벌려 그를 삼키고, 그 집에 남은 모든 것을 태울 것일세.

27 하늘이 악인의 죄악을 드러내고, 땅이 그를 고발할 것일세.

28 악인의 집은 홍수에 휩쓸려 가고, 하나님의 진노의 날에 그 재물은 급류가 쓸어 버린다네.

29 이것이 바로 하나님께서 정하신 악인의 운명이요, 악인의 기업일세."

욥이 소발에게 대답하다

21

그러자 욥이 이렇게 대답하였습니다.

2 "내 말을 잘 들어 보게나. 나를 좀 위로해 주면 안 되겠나?

3 내가 말할 동안만이라도 참아 주게나. 내가 말을 다한 후에는 조롱해도 좋네.

4 나는 사람이 아닌 하나님께 불평하고 있는 것일세. 왜 나라고 마음이 급하지 않겠는가?

5 나를 보면 깜짝 놀라 손으로 입을 막게 될 걸세.

6 다시 생각하기만 해도 떨리고 공포에 사로잡히는구나.

---

letting it melt under their tongue.

13 • They savored it,
　　holding it long in their mouths.

14 • But suddenly the food in their bellies turns sour,
　　a poisonous venom in their stomach.

15 • They will vomit the wealth they swallowed.
　　God won't let them keep it down.

16 • They will suck the poison of cobras.
　　The viper will kill them.

17 • They will never again enjoy streams of olive oil
　　or rivers of milk and honey.

18 • They will give back everything they worked for.
　　Their wealth will bring them no joy.

19 • For they oppressed the poor and left them destitute.
　　They foreclosed on their homes.

20 • They were always greedy and never satisfied.
　　Nothing remains of all the things they
　　dreamed about.

21 • Nothing is left after they finish gorging themselves.
　　Therefore, their prosperity will not endure.

22 • "In the midst of plenty, they will run into trouble
　　and be overcome by misery.

23 • May God give them a bellyful of trouble.
　　May God rain down his anger upon them.

24 • When they try to escape an iron weapon,
　　a bronze-tipped arrow will pierce them.

25 • The arrow is pulled from their back,
　　and the arrowhead glistens with blood.*
　　The terrors of death are upon them.

26 • Their treasures will be thrown into deepest darkness.
　　A wildfire will devour their goods,
　　consuming all they have left.

27 • The heavens will reveal their guilt,
　　and the earth will testify against them.

28 • A flood will sweep away their house.
　　God's anger will descend on them in torrents.

29 • This is the reward that God gives the wicked.
　　It is the inheritance decreed by God."

Job's Seventh Speech: A Response to Zophar

21

Then Job spoke again:

2 • "Listen closely to what I am saying.
　　That's one consolation you can give me.

3 • Bear with me, and let me speak.
　　After I have spoken, you may resume mocking me.

4 • "My complaint is with God, not with people.
　　I have good reason to be so impatient.

5 • Look at me and be stunned.
　　Put your hand over your mouth in shock.

6 • When I think about what I am saying, I shudder.
　　My body trembles.

20:25 Hebrew *with gall.*

7 어떻게 악인이 잘 살고, 오래 살며 권세를 누리는가?

8 그들의 자녀도 번창하고, 손주들까지 잘 자라는 것을 보며 살고 있네.

9 악인의 집에는 공포도 없고, 하나님의 꾸중하시는 채찍도 없는 듯하네.

10 악인의 황소는 어김없이 새끼를 치고, 암소도 새끼를 잘 낳지.

11 그들의 자녀들이 양 떼처럼 춤추며 뛰어놀고,

12 소고와 수금 연주에 맞춰 노래하며 피리 소리에 즐거워하는구나.

13 저들은 행복하게 지내다가 평안히 무덤으로 내려가지.

14 그런데도 저들은 하나님께 '우리를 내버려 두세요. 우리는 당신의 진리를 알고 싶은 마음이 없어요.

15 전능자가 누구이기에 우리가 그를 섬기고 그에게 기도해야 하나요?' 라고 말하네.

16 보게나, 저들의 행복은 저들의 손에 있는 것이 아니므로 나는 악인의 꾀를 멀리한다네.

17 악인의 등불이 얼마나 자주 꺼지는지, 재난이 얼마나 자주 오는지, 하나님은 저들에게 화를 내시며 파멸을 주신다네.

18 저들은 바람에 날려 가는 지푸라기와 같고, 폭풍에 날려 가는 겨와 같네.

19 그들은 '하나님께서 악인에 대한 처벌을 후손에게 내리시려고 쌓아 두신다' 라고 이야기하지만 그분은 그들의 자녀가 아닌, 죄를 지은 바로 그 사람들에게 벌을 내리신다네.

20 자기 눈으로 자기의 멸망을 보게 하시고, 전능자의 진노를 알게 하시는 것이지.

21 그들이 죽을 때가 되면 자기 후손이 어떻게 되든 무슨 상관이나 하겠나?

22 높은 자들까지 심판하시는 하나님을 누가 가르칠 수 있겠나?

23 어떤 사람은 평안하고 만족하게 살다가도, 한창 힘이 넘칠 때 끊어진다네.

24 그 사람은 정말로 잘 먹고 잘 지내서 뼈에도 윤기가 흐르지만,

25 또 다른 사람은 쓰라린 가슴으로 죽어 가네. 그는 평생에 좋은 것을 맛보지도 못했지.

26 그렇지만 이 두 사람 모두 먼지 구덩이에 눕게 되고, 벌레가 저들을 덮을 것일세.

27 보게나, 나는 자네들 생각을 다 아네. 자네들이 나를 해치려 한다는 것을 안다네.

28 자네들은 부자들이 살던 집이 어디이며, 악

---

7 • "Why do the wicked prosper,
  growing old and powerful?

8 • They live to see their children grow up and settle down,
  and they enjoy their grandchildren.

9 • Their homes are safe from every fear,
  and God does not punish them.

10 • Their bulls never fail to breed.
  Their cows bear calves and never miscarry.

11 • They let their children frisk about like lambs.
  Their little ones skip and dance.

12 • They sing with tambourine and harp.
  They celebrate to the sound of the flute.

13 • They spend their days in prosperity,
  then go down to the grave* in peace.

14 • And yet they say to God, 'Go away.
  We want no part of you and your ways.

15 • Who is the Almighty, and why should we obey him?
  What good will it do us to pray?'

16 • (They think their prosperity is of their own doing,
  but I will have nothing to do with that kind of thinking.)

17 • "Yet the light of the wicked never seems to be extinguished.
  Do they ever have trouble?
  Does God distribute sorrows to them in anger?

18 • Are they driven before the wind like straw?
  Are they carried away by the storm like chaff?
  Not at all!

19 • "'Well,' you say, 'at least God will punish their children!'
  But I say he should punish the ones who sin,
  so that they understand his judgment.

20 • Let them see their destruction with their own eyes.
  Let them drink deeply of the anger of the Almighty.

21 • For they will not care what happens to their family
  after they are dead.

22 • "But who can teach a lesson to God,
  since he judges even the most powerful?

23 • One person dies in prosperity,
  completely comfortable and secure,

24 • the picture of good health,
  vigorous and fit.

25 • Another person dies in bitter poverty,
  never having tasted the good life.

26 • But both are buried in the same dust,
  both eaten by the same maggots.

27 • "Look, I know what you're thinking.
  I know the schemes you plot against me.

28 • You will tell me of rich and wicked people

---

shudder [ʃʌdər] vi. 떨다; 몸서리치다

21:13 Hebrew *to Sheol.*

인이 거하던 처소가 어디인지 묻겠지.

29 자녀들이 길을 지나가는 사람들에게 묻지 않
았나? 저들이 하는 소리를 듣지 못하였나?

30 악인이 재앙의 날을 면하고, 진노를 발하시
는 날에 건짐을 받을 거라고 말하네.

31 누가 악인을 꾸짖으며, 그가 행한 것을 다 갚
을 수 있겠나?

32 악인이 무덤으로 옮겨져도 무덤지기가 그의
무덤을 지키고,

33 많은 조객들이 그의 뒤를 따르며, 언덕의 흙
도 그를 부드럽게 덮어 줄 것이네.

34 그러니 어떻게 자녀들이 헛되이 나를 위로할
수 있겠나? 자녀들 대답은 하나같이 거짓말
이네."

엘리바스가 대답하다

22 데만 사람 엘리바스가 대답하였습니
다.

2 "사람이 하나님께 무슨 유익이 된다는 말인
가? 지혜로운 사람이라면 그분께 도움이 된
다는 것인가?

3 자네의 의로움이 전능자에게 무슨 기쁨이 될
까? 자네의 행실이 올바르다 한들 그분께 유
익할까?

4 자네가 경건하기 때문에 그분이 책망하시며,
자네를 심판하시겠는가?

5 자네의 악이 얼마나 크고, 자네 죄가 얼마나
많은지 아는가?

6 형제의 물건을 까닭 없이 저당잡고, 사람들
의 옷을 빼앗아 벌거벗게 하지 않았나?

7 목마른 자에게 물을 주었나? 배고픈 자에게
음식을 주었나?

8 그러면서 권세나 부리려 하고, 귀한 체하며
살지 않았나?

9 과부를 빈손으로 쫓아 보내고, 고아들을 멸
시하지 않았는가?

10 그러니 자네가 덫에 빠지고 공포에 휩싸이지.

11 어둠에 둘러싸여 캄캄해지고, 홍수에 덮인
이유가 무엇이겠나?

12 하나님께서 높은 하늘에 계시지 않는가? 저
하늘의 별들이 얼마나 높은지 아는가?

13 *자네는 말하길, '하나님께서 무엇을 아실까?
어둠이 덮였는데 그분이 판단하실 수 있을까?*

14 구름이 그분을 가리우기 때문에 그가 보실 수
없고, 그저 궁창을 지나다니실 뿐이지' 라고
하는구나.

15 자네도 악인들이 걷던 그 옛길을 걷고자 하는
가?

whose houses have vanished because of their
sins.

29 • But ask those who have been around,
and they will tell you the truth.

30 • Evil people are spared in times of calamity
and are allowed to escape disaster.

31 • No one criticizes them openly
or pays them back for what they have done.

32 • When they are carried to the grave,
an honor guard keeps watch at their tomb.

33 • A great funeral procession goes to the cemetery.
Many pay their respects as the body is laid to
rest,
and the earth gives sweet repose.

34 • "How can your empty clichés comfort me?
All your explanations are lies!"

Eliphaz's Third Response to Job

22 Then Eliphaz the Temanite replied:

2 • "Can a person do anything to help God?
Can even a wise person be helpful to him?

3 • Is it any advantage to the Almighty if you are
righteous?
Would it be any gain to him if you were
perfect?

4 • Is it because you're so pious that he accuses you
and brings judgment against you?

5 • No, it's because of your wickedness!
There's no limit to your sins.

6 • "For example, you must have lent money to
your friend
and demanded clothing as security.
Yes, you stripped him to the bone.

7 • You must have refused water for the thirsty
and food for the hungry.

8 • You probably think the land belongs to the
powerful
and only the privileged have a right to it!

9 • You must have sent widows away empty-handed
and crushed the hopes of orphans.

10 • That is why you are surrounded by traps
and tremble from sudden fears.

11 • That is why you cannot see in the darkness,
and waves of water cover you.

12 • "God is so great—higher than the heavens,
higher than the farthest stars.

13 • But you reply, 'That's why God can't see what I
am doing!
How can he judge through the thick darkness?

14 • For thick clouds swirl about him, and he can-
not see us.
He is way up there, walking on the vault of
heaven.'

15 • "Will you continue on the old paths
where evil people have walked?

16 그들은 때가 되기 전에 망했고, 강물이 그 기초 까지 씻어 버리지 않았던가?

17 그 악인들은 하나님께 '우리를 내버려 두시오, 전능자가 우리에게 무엇을 할 수 있겠소?' 라고 했다네.

18 하나님은 저들의 집에 보물을 채우셨건만, 저들의 생각은 하나님과 상관이 없었지.

19 의인은 악인의 멸망을 보며 기뻐하고 죄 없는 자들은 악인을 조롱하며 말하네.

20 '정말로 우리의 원수가 망했군. 악인들의 재물이 불타고 말았군.'

21 이제 하나님께 굴복하고 화해하게나. 그러면 좋은 일이 기다릴 걸세.

22 그분의 교훈을 듣고, 자네 마음에 새겨 두길 바라네.

23 자네가 전능자에게 돌아가면 살 것이네. 자네의 집에서 불의를 없애게나.

24 자네의 보물을 던져 버리고, 정금을 냇가 바위에 던져 버리게나.

25 그러면 전능자께서 자네의 금과 은이 되실 것일세.

26 그래야 자네가 전능자로 말미암아 즐거워할 수 있으며, 자네 얼굴을 그분께 들 수 있을 걸세.

27 그래야 그분께서 자네의 기도에 응답하시고 자네가 그분 앞에 약속한 것을 지킬 수 있지 않겠나.

28 그러면 자네가 무슨 일을 하든지 형통하고, 자네가 가는 길에 빛이 환히 비칠 걸세.

29 자네가 낮아진 때에, 믿음으로 '높아지어다!' 라고 말한다면, 그분께서 낮아진 자를 구원하실 것이네.

30 자네의 깨끗한 손으로 말미암아 죄인까지도 구원을 받을 것일세."

욥이 대답하다

23 그러자 욥이 대답했습니다.

2 "오늘도 내 원망이 심한 것은 신음 소리가 나는데도 그분의 손이 나를 누르시기 때문이네.

3 어디에 가면 그분을 만날까? 그분이 계신 곳 가까이 갈 수만 있다면!

4 그분 앞에 내 주장을 당당히 펼치고, 나의 무죄를 호소할 텐데.

5 그분의 대답을 듣고 그가 나에게 말씀하신 바를 깨달을 수 있을 텐데.

6 그분의 위엄으로 나를 물리치실까? 아니야, 그분은 내 주장을 들어 주실 거야!

7 거기서는 의인이라면 그분과 변론할 수 있으

16 • They were snatched away in the prime of life, the foundations of their lives washed away.

17 • For they said to God, 'Leave us alone! What can the Almighty do to us?'

18 • Yet he was the one who filled their homes with good things, so I will have nothing to do with that kind of thinking.

19 • "The righteous will be happy to see the wicked destroyed, and the innocent will laugh in contempt.

20 • They will say, 'See how our enemies have been destroyed. The last of them have been consumed in the fire.'

21 • "Submit to God, and you will have peace; then things will go well for you.

22 • Listen to his instructions, and store them in your heart.

23 • If you return to the Almighty, you will be restored— so clean up your life.

24 • If you give up your lust for money and throw your precious gold into the river,

25 • the Almighty himself will be your treasure. He will be your precious silver!

26 • "Then you will take delight in the Almighty and look up to God.

27 • You will pray to him, and he will hear you, and you will fulfill your vows to him.

28 • You will succeed in whatever you choose to do, and light will shine on the road ahead of you.

29 • If people are in trouble and you say, 'Help them,' God will save them.

30 • Even sinners will be rescued; they will be rescued because your hands are pure."

Job's Eighth Speech: A Response to Eliphaz

23 Then Job spoke again:

2 • "My complaint today is still a bitter one, and I try hard not to groan aloud.

3 • If only I knew where to find God, I would go to his court.

4 • I would lay out my case and present my arguments.

5 • Then I would listen to his reply and understand what he says to me.

6 • Would he use his great power to argue with me? No, he would give me a fair hearing.

7 • Honest people can reason with him,

---

pious [páiəs] *a.* 경건한; 신앙심이 깊은

repose [ripóuz] *n.* 휴식, 수면

니 나는 영원히 심판에서 구원 받을 것이네.

8 내가 동쪽으로 가도 그분은 아니 계시고, 서쪽을 돌아보아도 찾을 수 없구나.

9 그가 북쪽에서 일하실 텐데도, 뵐 수가 없고 그가 남쪽으로 돌이키시나, 그를 뵐 수 없구나.

10 그러나 그분은 내가 가는 길을 아시지. 그분이 나를 시험하신 후에는 내가 정금같이 되겠지.

11 내 발이 그분의 길에 붙어서, 그 길을 따라가며 떠나지 않았지.

12 내가 그분의 명령을 떠나지 않았고, 그분의 말씀을 내가 매일 먹는 음식보다 귀하게 여겼어.

13 그렇지만 그분은 절대 주권자이시니 누가 그를 돌이킬 수 있을까? 그분은 자기 원하시는 일을 모두 하시질 않나?

14 그분은 날 위해 계획하신 것을 행하시며, 아직도 많은 계획들을 갖고 계실 거야.

15 그러니 내가 그분 앞에서 놀라고, 생각만으로도 그분을 두려워하는 것은 당연하지.

16 하나님께서 나를 낙심하게 하시고, 전능자께서 나를 좌절하게 만드시니

17 앞을 내다볼 수 없는 어둠이 나를 감싸고 있구나."

24 "어찌하여 전능자께서 심판의 날을 정하지 않으셨을까? 그분을 아는 자들이 어찌 그날을 헛되이 기다리는가?

2 어떤 사람들은 땅을 훔치려고 땅의 경계표를 옮기고, 남의 양 떼를 억지로 빼앗으며,

3 고아들의 나귀를 잡아 가고, 가난한 과부가 빚진 것을 갚을 때까지 소를 잡아 두며,

4 가난한 자를 길에서 밀쳐 버리니 그 가난한 자들은 숨기에 바쁘구나.

5 그들은 들나귀처럼 먹을 것을 찾아 헤매며 자녀에게 먹일 음식을 광야에서 찾고 있네.

6 가난한 자들이 남의 밭에서 곡식을 줍고, 악인의 포도원에서 떨어진 것을 주우며,

7 입고 덮을 것이 없어 밤새도록 추위에 떠는구나.

8 산에서 쏟아져 내리는 소나기에 흠뻑 젖으며 바위 밑으로 피하는구나.

9 또 악한 자들이 과부의 자식을 그 어머니의 품에서 빼앗고, 가난한 자의 자식을 빚 때문에 담보물로 잡는구나.

10 가난한 자들은 옷이 없어 벗은 몸으로 다니고, 굶주린 배를 쥐고 이삭을 나른다.

so I would be forever acquitted by my judge.

8 • I go east, but he is not there.
I go west, but I cannot find him.

9 • I do not see him in the north, for he is hidden.
I look to the south, but he is concealed.

10 • "But he knows where I am going.
And when he tests me, I will come out as pure as gold.

11 • For I have stayed on God's paths;
I have followed his ways and not turned aside.

12 • I have not departed from his commands,
but have treasured his words more than daily food.

13 • But once he has made his decision, who can change his mind?
Whatever he wants to do, he does.

14 • So he will do to me whatever he has planned.
He controls my destiny.

15 • No wonder I am so terrified in his presence.
When I think of it, terror grips me.

16 • God has made me sick at heart;
the Almighty has terrified me.

17 • Darkness is all around me;
thick, impenetrable darkness is everywhere.

Job Asks Why the Wicked Are Not Punished

24 • "Why doesn't the Almighty bring the wicked to judgment?
Why must the godly wait for him in vain?

2 • Evil people steal land by moving the boundary markers.
They steal livestock and put them in their own pastures.

3 • They take the orphan's donkey
and demand the widow's ox as security for a loan.

4 • The poor are pushed off the path;
the needy must hide together for safety.

5 • Like wild donkeys in the wilderness,
the poor must spend all their time looking for food,
searching even in the desert for food for their children.

6 • They harvest a field they do not own,
and they glean in the vineyards of the wicked.

7 • All night they lie naked in the cold,
without clothing or covering.

8 • They are soaked by mountain showers,
and they huddle against the rocks for want of a home.

9 • "The wicked snatch a widow's child from her breast,
taking the baby as security for a loan.

10 • The poor must go about naked, without any clothing.
They harvest food for others while they themselves are starving.

11 성 안에서 기름을 짜지만 가난한 자들은 맛 보지 못하며, 포도주틀을 밟지만 목이 마르는구나.

12 성에서 사람들이 신음하고 병자가 부르짖지만, 하나님은 그들의 신음에 대답하지 않으시는구나.

13 또 어떤 이들은 빛을 거스려 행하는구나. 그 길을 알지도 못하고, 그 길에 머물지도 않는구나.

14 살인자가 이른 새벽에 일어나서 가난한 자를 죽이고, 저녁에는 도둑 노릇을 하며,

15 간통자는 해가 지기만을 기다리고 '아무도 날 보지 않아' 하며, 자기 얼굴을 가리는구나.

16 밤에는 남의 집을 침입하고 낮에는 자기 집 문을 잠그니, 빛을 알지 못하여

17 아침과 어둠이 같기 때문에 칠흑 같은 어둠에도 익숙하구나.

18 그렇지만 이런 자들은 물 위의 거품처럼 세상에서 사라지고, 자기들 땅에서 저주를 받아서 아무도 자신들의 포도원에 들어갈 수 없네.

19 가뭄과 더위가 눈을 녹이듯, 죽음이 죄인들을 삼켜 버릴 것이네.

20 아무도 그런 자를 기억하지 못하고 구더기가 그를 파먹게 될 것이네. 악인을 누가 기억이나 하겠나? 그런 자는 나무같이 꺾이고 말지.

21 그런 악인들은 자식이 없는 여인을 괴롭히고, 과부도 불쌍히 여길 줄 모른다네.

22 그렇지만 하나님은 이런 포악자도 끌어내리시고, 그들이 아무리 높은 위치에 있다 해도 그 생명을 보장하지 않으시지.

23 하나님께서 잠시 저들에게 평안을 허락하시고 도우시는 것처럼 보인다네. 그러나 저들의 길을 주목해 보시지.

24 저들이 잠시 높아진 것 같으나 금방 사라지니, 저들은 낮아져서 곡식 이삭처럼 잘린다네.

25 그렇지 않은가? 내 말이 거짓말인가? 내가 헛말을 하는가?"

빌닷이 대답하다

25 그러자 수아 사람 빌닷이 대답했습니다.

2 "권세와 위엄은 하나님께 있다네. 그분은 하늘 높은 곳에서 질서를 세우시지.

3 그분의 군대가 얼마나 많은 줄 아는가? 그분

---

11 • They press out olive oil without being allowed to taste it,
and they tread in the winepress as they suffer from thirst.

12 • The groans of the dying rise from the city,
and the wounded cry for help,
yet God ignores their moaning.

13 • "Wicked people rebel against the light.
They refuse to acknowledge its ways
or stay in its paths.

14 • The murderer rises in the early dawn
to kill the poor and needy;
at night he is a thief.

15 • The adulterer waits for the twilight,
saying, 'No one will see me then.'
He hides his face so no one will know him.

16 • Thieves break into houses at night
and sleep in the daytime.
They are not acquainted with the light.

17 • The black night is their morning.
They ally themselves with the terrors of the darkness.

18 • "But they disappear like foam down a river.
Everything they own is cursed,
and they are afraid to enter their own vineyards.

19 • The grave* consumes sinners
just as drought and heat consume snow.

20 • Their own mothers will forget them.
Maggots will find them sweet to eat.
No one will remember them.
Wicked people are broken like a tree in the storm.

21 • They cheat the woman who has no son to help her.
They refuse to help the needy widow.

22 • "God, in his power, drags away the rich.
They may rise high, but they have no assurance of life.

23 • They may be allowed to live in security,
but God is always watching them.

24 • And though they are great now,
in a moment they will be gone like all others,
cut off like heads of grain.

25 • Can anyone claim otherwise?
Who can prove me wrong?"

Bildad's Third Response to Job

25 Then Bildad the Shuhite replied:

2 • "God is powerful and dreadful.
He enforces peace in the heavens.

3 • Who is able to count his heavenly army?
Doesn't his light shine on all the earth?

23:17 impenetrable darkness : 칠흑 같은 어둠

24:19 Hebrew *Sheol.*

의 빛을 받지 않는 자가 세상에 어디 있는가?

4 감히 어떻게 사람이 하나님 앞에서 정당하다 말하고, 여자의 몸에서 난 사람이 깨끗하다 할 수 있는가?

5 하나님께서 보시기에는 달도 깨끗하지 못하고 별도 순수하지 못한데,

6 하물며 구더기 같은 인생, 벌레 같은 사람이야 더 말할 것이 있겠는가?"

욥이 빌닷에게 대답하다

26

욥이 이렇게 대답했습니다.

2 "자네는, 힘 없는 사람을 잘 도와 주고 힘 없는 팔을 잘도 세워 주는군.

3 지혜 없는 자를 잘도 상담해 주며 통찰력을 제공해 주는군.

4 자네는 누구한테 그런 말을 들었나? 어떤 영이 자네를 통해 말하고 있는가?

5 죽은 자들은 성난 파도 앞에서처럼 그 거처에서 두려워 떨지.

6 하나님 앞에서는 죽음도 드러나며 멸망도 숨길 수 없어.

7 그분은 북쪽 하늘을 허공에 펼쳐 놓으시고, 지구를 공중에 매달아 놓으셨네.

8 그는 물을 구름 속에 넣으시고 무게 때문에 구름이 터지지 않도록 하시며,

9 구름으로 보름달을 가려서 희미하게 만드시는 분이지.

10 빛과 어둠을 구분하도록 수면에 경계선을 그어 두셨네.

11 그가 꾸짖으시니 하늘 기둥들이 흔들리고 두려워 떠네.

12 그의 권능으로 바다를 잠잠케 하시고, 지혜로써 괴물*을 산산조각 내셨지.

13 그의 호흡으로 하늘이 맑게 개이고, 그의 손으로 날쌔게 움직이는 뱀을 찌르셨네.

14 보게나, 이런 것들은 그분이 하시는 일들의 시작일 뿐이야. 우리가 그분의 말씀을 얼마나 희미하게 듣는지, 그분의 힘 있는 천둥 소리를 누가 감히 이해할 수 있겠는가?"

욥이 계속 이야기하다

27

욥이 계속해서 이렇게 말했습니다.

2 "내 권리를 빼앗아 가신 하나님, 내 영혼을 괴롭게 하신 전능자의 살아 계심을 가리켜 맹세하네.

3 내게 생명이 있고 내 코에 하나님의 숨기운이 있는 동안에는,

4 내 두 입술이 결코 악을 말하지 아니하고, 내 혀도 거짓을 말하지 않을 것이네.

---

4 • How can a mortal be innocent before God?
　Can anyone born of a woman be pure?

5 • God is more glorious than the moon;
　he shines brighter than the stars.

6 • In comparison, people are maggots;
　we mortals are mere worms."

Job's Ninth Speech: A Response to Bildad

26

Then Job spoke again:

2 • "How you have helped the powerless!
　How you have saved the weak!

3 • How you have enlightened my stupidity!
　What wise advice you have offered!

4 • Where have you gotten all these wise sayings?
　Whose spirit speaks through you?

5 • "The dead tremble—
　those who live beneath the waters.

6 • The underworld* is naked in God's presence.
　The place of destruction* is uncovered.

7 • God stretches the northern sky over empty space
　and hangs the earth on nothing.

8 • He wraps the rain in his thick clouds,
　and the clouds don't burst with the weight.

9 • He covers the face of the moon,*
　shrouding it with his clouds.

10 • He created the horizon when he separated the waters;
　he set the boundary between day and night.

11 • The foundations of heaven tremble;
　they shudder at his rebuke.

12 • By his power the sea grew calm.
　By his skill he crushed the great sea monster.*

13 • His Spirit made the heavens beautiful,
　and his power pierced the gliding serpent.

14 • These are just the beginning of all that he does,
　merely a whisper of his power.
　Who, then, can comprehend the thunder of his power?"

Job's Final Speech

27

Job continued speaking:

2 • "I vow by the living God, who has taken away my rights,
　by the Almighty who has embittered my soul—

3 • As long as I live,
　while I have breath from God,

4 • my lips will speak no evil,
　and my tongue will speak no lies.

26:6a Hebrew *Sheol*.　26:6b Hebrew *Abaddon*.
26:9 Or *covers his throne*.　26:12 Hebrew *Rahab*,
the name of a mythical sea monster that represents
chaos in ancient literature.

26:12 개역 성경에는 (히) '라합' 이라고 표기되어 있다.

5 나는 결코 자네들이 옳다고 인정할 수 없네.
　내가 죽더라도 내가 바르다는 생각을 굽히지
　않겠네.

6 내가 나의 진실함을 굳게 붙들고 놓지 않을 것
　이며, 내 양심에 걸리는 것이 없을 것일세.

7 내 원수는 악인같이, 나를 미워하는 자는 죄인
　같이 망하게 되기를 원하네.

8 하나님께서 경건하지 못한 자의 생명을 가져
　가실 때, 그에게 무슨 소망이 있을까?

9 그에게 재앙이 임할 때, 하나님께서 그의 부르
　짖음을 들으실까?

10 그는 전능하신 분에게서 기쁨을 찾지도 않았
　고 하나님께 기도하지도 않았다네.

11 내가 하나님의 권능을 자네들에게 가르치겠
　네. 전능자의 하시는 일을 숨기지 않겠네.

12 자네들이 모두 보았으면서 어찌 이렇게 쓸데
　없는 말만 하는가?

13 악인이 하나님께 받는 벌이 무엇인가? 난폭한
　자가 전능자께 받는 것이 무엇이겠나?

14 그 자손이 많다 해도, 모두 칼에 죽고 굶주릴
　것일세.

15 남는 자가 있다 해도, 저들은 염병에 죽어 묻
　히고, 그들의 아내조차도 그들의 죽음을 슬퍼
　하지 않을 것이네.

16 비록 악인이 은을 태산같이, 의복을 산더미같
　이 쌓는다 해도

17 의인들이 그 옷을 입고, 죄 없는 사람들이 그
　은을 나눠 가질 것이네.

18 악인이 짓는 집은 거미줄같이 망가지기 쉽고,
　초막같이 보잘것없다네.

19 악인이 부자인 채 잠을 잔다 해도, 눈을 뜨면
　온 재산이 모두 날아가 버렸을 것일세.

20 공포가 홍수처럼 그를 덮치고, 밤중에 폭풍이
　그를 날려 버리지.

21 동풍이 악인을 휩쓸어 가고, 그의 집에서 흔적
　도 없이 쓸어 갈 것일세.

22 악인이 제아무리 몸부림쳐도 태풍이 그를 덮
　치니,

23 사람들이 그를 보고 박수치고 조롱하며, 악인
　을 집에서 쫓아내 버릴 것이네."

28 "은을 캐내는 광맥이 있고, 금을 다듬
　는 제련소가 있지 않나?

2 철은 땅 속에서 캐내고 구리는 광석을 녹여 얻
　으며,

3 사람들은 어둠을 헤쳐 캄캄한 곳에서 광석을
　찾지.

4 사람이 살지 않는 먼 곳에 깊이 갱도를 파고 그

5 ● I will never concede that you are right;
　I will defend my integrity until I die.

6 ● I will maintain my innocence without wavering.
　My conscience is clear for as long as I live.

7 ● "May my enemy be punished like the wicked,
　my adversary like those who do evil.

8 ● For what hope do the godless have when God
　　cuts them off
　and takes away their life?

9 ● Will God listen to their cry
　when trouble comes upon them?

10 ● Can they take delight in the Almighty?
　Can they call to God at any time?

11 ● I will teach you about God's power.
　I will not conceal anything concerning the
　　Almighty.

12 ● But you have seen all this,
　yet you say all these useless things to me.

13 ● "This is what the wicked will receive from God;
　this is their inheritance from the Almighty.

14 ● They may have many children,
　but the children will die in war or starve to
　　death.

15 ● Those who survive will die of a plague,
　and not even their widows will mourn them.

16 ● "Evil people may have piles of money
　and may store away mounds of clothing.

17 ● But the righteous will wear that clothing,
　and the innocent will divide that money.

18 ● The wicked build houses as fragile as a spider's
　　web,*
　as flimsy as a shelter made of branches.

19 ● The wicked go to bed rich
　but wake to find that all their wealth is gone.

20 ● Terror overwhelms them like a flood,
　and they are blown away in the storms of
　　the night.

21 ● The east wind carries them away, and they are
　　gone.
　It sweeps them away.

22 ● It whirls down on them without mercy.
　They struggle to flee from its power.

23 ● But everyone jeers at them
　and mocks them.

Job Speaks of Wisdom and Understanding

28 1 ● "People know where to mine silver
　and how to refine gold.

2 ● They know where to dig iron from the earth
　and how to smelt copper from rock.

3 ● They know how to shine light in the darkness
　and explore the farthest regions of the earth
　as they search in the dark for ore.

4 ● They sink a mine shaft into the earth
　far from where anyone lives.

27:18 As in Greek and Syriac versions (see also 8:14);
Hebrew reads *a moth*.

속에서 혼자 줄에 매달려 이리저리 흔들리며 일을 한다네.

5 먹을 것은 땅에서 나오지만 그 아래에서는 불이 땅을 녹여 버리지.

6 사람들은 광석에서 사파이어와 금을 얻을 수 있네.

7 그 지하의 길은 독수리도 알지 못하고, 매도 본 적이 없어.

8 위엄 있는 짐승도 가 본 적이 없고, 사자도 어슬렁거린 적이 없지.

9 사람들은 돌산을 깨고 산의 뿌리까지 파헤치며

10 바위에 틈을 내고 그 사이에서 보물을 찾지 않나.

11 사람은 댐을 만들어 물을 막고, 땅에 숨겨진 보화를 찾아내지.

12 그렇지만 지혜를 어디에서 찾을까? 총명은 어디에 있을까?

13 사람은 그 가치를 알 길이 없네. 사람들이 사는 곳에서는 찾을 수가 없다네.

14 대양이 말하길, '여기에 없어.' 바다가 말하길, '여기에도 없어.'

15 지혜를 금으로 살 수 있나? 총명을 은으로 살 수 있겠나?

16 지혜는 오빌의 금으로도 살 수 없네. 루비나 사파이어로도 살 수 없지.

17 금이나 수정도 지혜와 비길 수 없네. 어떤 보석과도 바꿀 수가 없다네.

18 산호나 수정으로 사겠다고? 지혜를 홍보석 값으로 계산할 수 있겠나?

19 에티오피아*에서 나는 황옥도 지혜보다 못하고, 순금 역시 그러하지.

20 그런데 그런 지혜는 어디에서 나오나? 총명이 있는 곳은 어딜까?

21 어떤 생물도 볼 수 없고, 공중의 새조차 볼 수 없으니.

22 멸망과 사망도 '우리 귀로 지혜에 관한 소문을 들은 적은 있지'라고만 말하네.

23 오직 하나님만이 지혜의 길을 아시고, 총명이 어디 있는지 아신다네.

24 그분은 땅끝까지 보시고, 하늘 아래 모든 것을 살피시기 때문이지.

25 하나님은 바람의 무게도 재시고 물도 측량하신다네.

26 그분은 비에게 명령하시고 천둥에게 갈 길을 지시하시네.

27 그때에 그분은 지혜를 보고, 그것을 계산하셨

They descend on ropes, swinging back and forth.

5 • Food is grown on the earth above,
but down below, the earth is melted as by fire.

6 • Here the rocks contain precious lapis lazuli,
and the dust contains gold.

7 • These are treasures no bird of prey can see,
no falcon's eye observe.

8 • No wild animal has walked upon these treasures;
no lion has ever set his paw there.

9 • People know how to tear apart flinty rocks
and overturn the roots of mountains.

10 • They cut tunnels in the rocks
and uncover precious stones.

11 • They dam up the trickling streams
and bring to light the hidden treasures.

12 • "But do people know where to find wisdom?
Where can they find understanding?

13 • No one knows where to find it,*
for it is not found among the living.

14 • 'It is not here,' says the ocean.
'Nor is it here,' says the sea.

15 • It cannot be bought with gold.
It cannot be purchased with silver.

16 • It's worth more than all the gold of Ophir,
greater than precious onyx or lapis lazuli.

17 • Wisdom is more valuable than gold and crystal.
It cannot be purchased with jewels mounted in fine gold.

18 • Coral and jasper are worthless in trying to get it.
The price of wisdom is far above rubies.

19 • Precious peridot from Ethiopia* cannot be exchanged for it.
It's worth more than the purest gold.

20 • "But do people know where to find wisdom?
Where can they find understanding?

21 • It is hidden from the eyes of all humanity.
Even the sharp-eyed birds in the sky cannot discover it.

22 • Destruction* and Death say,
'We've heard only rumors of where wisdom can be found.'

23 • "God alone understands the way to wisdom;
he knows where it can be found,

24 • for he looks throughout the whole earth
and sees everything under the heavens.

25 • He decided how hard the winds should blow
and how much rain should fall.

26 • He made the laws for the rain
and laid out a path for the lightning.

27 • Then he saw wisdom and evaluated it.

....

28:13 As in Greek version; Hebrew reads *knows its value.* 28:19 Hebrew *from Cush.* 28:22 Hebrew *Abaddon.*

28:19 개역 성경에는 (히) '구스'라고 표기되어 있다.

네. 지혜를 세우시고, 시험하셨지.

28 하나님께서 사람에게 이르시길, '주님을 경외함이 지혜며 악을 떠나는 것이 총명이니라'고 하셨다네."

욥이 이야기하다

29 욥이 자기 말을 이어 이렇게 말했습니다.

2 "아, 지나간 날들이여, 하나님께서 나를 지켜 주시던 그 옛날이 그립구나.

3 그때에 그분의 등불이 내 머리를 비추어서, 그분의 빛으로 어둠 속에서 안전하게 걸었는데.

4 내가 한창 힘이 넘칠 때, 하나님과 집에서 달콤한 교제를 나누던 날들,

5 전능자께서 나와 함께하시던 날들, 내 자녀들이 나와 함께 있던 그날들.

6 우유로 발을 씻으며, 반석에서 기름이 시내처럼 흘러내렸던 그 시절.

7 성문에 나가서 성문 앞 광장의 높은 자리에 앉았던 그 시절,

8 젊은이들은 나를 보고 길 옆으로 비켜서고, 노인들은 일어나서 경의를 표하며,

9 백성의 지도자들도 하던 말을 멈추고 손으로 입을 가렸지.

10 귀족들도 소리를 낮추고, 혀가 입천장에 바짝 붙은 것처럼 말소리를 줄였지.

11 내 말을 들은 자는 나를 복되다 했고 나를 본 자는 모두 나를 칭찬했지.

12 도움을 바라는 가난한 자들을 돌보고, 도울 자 없던 고아들을 살폈기 때문이지.

13 희망을 거의 잃은 자들도 나를 축복해 주었고, 과부들도 기뻐서 나에 대해 노래했지.

14 그때, 나는 의로움의 옷을 입고, 정직함을 관처럼 머리에 썼지.

15 나는 보지 못하는 사람의 두 눈이 되었고, 다리를 저는 사람들에게는 두 발이 되어 주었어.

16 가난한 사람에게는 아버지가 되어 주고, 낯선 사람도 돌보아 주었지.

17 악인의 턱을 부수고 그 이 사이에 물린 희생자들을 건져 주었지.

18 그러면서 '난 오래 살다가 내 보금자리에서 죽겠지'라고 생각했는데.

19 내 뿌리는 물로 뻗어 나가고, 가지는 밤새 내린 이슬에 젖었지.

20 나는 언제나 영광스러운 존재였고, 내 힘은 늘 커져 갔지.

21 사람들은 내 말에 귀를 기울여 내가 말할 때

He set it in place and examined it thoroughly.

28 • And this is what he says to all humanity:
'The fear of the Lord is true wisdom;
to forsake evil is real understanding.'"

Job Speaks of His Former Blessings

29 Job continued speaking:

2 • "I long for the years gone by
when God took care of me,

3 • when he lit up the way before me
and I walked safely through the darkness.

4 • When I was in my prime,
God's friendship was felt in my home.

5 • The Almighty was still with me,
and my children were around me.

6 • My steps were awash in cream,
and the rocks gushed olive oil for me.

7 • "Those were the days when I went to the city gate
and took my place among the honored leaders.

8 • The young stepped aside when they saw me,
and even the aged rose in respect at my coming.

9 • The princes stood in silence
and put their hands over their mouths.

10 • The highest officials of the city stood quietly,
holding their tongues in respect.

11 • "All who heard me praised me.
All who saw me spoke well of me.

12 • For I assisted the poor in their need
and the orphans who required help.

13 • I helped those without hope, and they blessed me.
And I caused the widows' hearts to sing for joy.

14 • Everything I did was honest.
Righteousness covered me like a robe,
and I wore justice like a turban.

15 • I served as eyes for the blind
and feet for the lame.

16 • I was a father to the poor
and assisted strangers who needed help.

17 • I broke the jaws of godless oppressors
and plucked their victims from their teeth.

18 • "I thought, 'Surely I will die surrounded by my family
after a long, good life.*

19 • For I am like a tree whose roots reach the water,
whose branches are refreshed with the dew.

20 • New honors are constantly bestowed on me,
and my strength is continually renewed.'

21 • "Everyone listened to my advice.
They were silent as they waited for me to

---

forsake [fərséik] *vt.* (습관, 관념 등을) 버리다
pluck [plʌk] *vt.* 낚아채다

29:18 Hebrew *after I have counted my days like sand.*

면 조용히 기다렸고,

22 내 말이 끝나도 말을 삼가니, 오직 내 말만이 저들의 귀에 잔잔히 내렸지.

23 저들은 비 기다리듯 나를 기다리고, 봄비 기다리듯 내 입술을 주목했지.

24 저들이 용기를 잃었을 때, 내가 그들을 향해 웃어 주면, 저들은 내 얼굴의 광채를 귀하게 여겼지.

25 나는 그들이 해야 할 일을 지도하며 군대를 거느린 왕과 같이 그들을 대했고, 애통해 하는 자들을 위로하여 주곤 했는데."

30

"이제는 나보다 어린 사람이 나를 조롱하는구나. 나는 그 아버지를 내 양 떼를 지키는 개보다 못한 자로 여겼는데.

2 그 나이 든 자들이 무슨 힘으로 내게 도움을 줄 수 있었겠나?

3 그들은 배고픔과 가난에 수척해져 밤중에 먹을거리를 찾아 광야를 배회하지 않았던가?

4 덤불 속에서 나물을 캐 먹고, 싸리나무 뿌리로 배를 채우던 저들이 아니었나?

5 도둑 취급을 받고 마을에서 쫓겨나,

6 음침한 산골짜기와 동굴과 바위 틈에서 살았지.

7 가시덤불 속에서 짐승처럼 부르짖고, 가시나무에 모였지.

8 그들은 이름도 없는 미련한 자들로, 고향에서도 쫓겨났지.

9 그런데 저들이 나를 조롱하고 있다니. 내가 저들의 말거리가 되다니.

10 저들은 나를 싫어하여 멀리하고, 내 얼굴에 마구 침을 뱉고 있구나.

11 하나님께서 내 활시위를 풀고 나를 괴롭게 하시니, 저들이 나를 향해 덤비고 있구나.

12 오른편에서 그 천한 자들이 일어나 내 두 발을 걷어차고, 나를 둘러싸며 죽이려 하는구나.

13 저들이 내 길을 허물고 나를 죽이려 해도, 나를 도울 사람이 없구나.

14 저들이 무너진 성벽을 통해 공격하듯 밀고 들어와 나를 치니,

15 나는 공포에 질리고 내 체면은 바람 앞에 날리듯 없어졌으며, 내 생명은 구름이 사라지듯 위태롭네.

16 이제 내 영혼이 허물어지고 고난의 날들만이 나를 기다리는구나.

17 밤마다 내 뼈가 쑤시고, 그 고통 때문에 쉴 틈이 없구나.

18 하나님의 강한 손이 내 옷을 움켜잡으시고 옷

speak.

22 And after I spoke, they had nothing to add,
   for my counsel satisfied them.

23 They longed for me to speak as people long for
   rain.
   They drank my words like a refreshing
   spring rain.

24 When they were discouraged, I smiled at them.
   My look of approval was precious to them.

25 Like a chief, I told them what to do.
   I lived like a king among his troops
   and comforted those who mourned.

Job Speaks of His Anguish

1 **30** "But now I am mocked by people
   younger than I,
   by young men whose fathers are not worthy
   to run with my sheepdogs.

2 A lot of good they are to me—
   those worn-out wretches!

3 They are gaunt from poverty and hunger.
   They claw the dry ground in desolate waste-
   lands.

4 They pluck wild greens from among the bushes
   and eat from the roots of broom trees.

5 They are driven from human society,
   and people shout at them as if they were
   thieves.

6 So now they live in frightening ravines,
   in caves and among the rocks.

7 They sound like animals howling among the
   bushes,
   huddled together beneath the nettles.

8 They are nameless fools,
   outcasts from society.

9 "And now they mock me with vulgar songs!
   They taunt me!

10 They despise me and won't come near me,
   except to spit in my face.

11 For God has cut my bowstring.
   He has humbled me,
   so they have thrown off all restraint.

12 These outcasts oppose me to my face.
   They send me sprawling
   and lay traps in my path.

13 They block my road
   and do everything they can to destroy me.
   They know I have no one to help me.

14 They come at me from all directions.
   They jump on me when I am down.

15 I live in terror now.
   My honor has blown away in the wind,
   and my prosperity has vanished like a cloud.

16 "And now my life seeps away.
   Depression haunts my days.

17 At night my bones are filled with pain,
   which gnaws at me relentlessly.

18 With a strong hand, God grabs my shirt.*

깃을 조이시는구나.

19 그분이 나를 진흙탕에 던지시니 먼지와 재처럼 되었구나.

20 주님! 내가 주님께 부르짖으나 응답하지 않으시고, 주 앞에 섰으나 주께선 바라보기만 하십니다.

21 주께서 나를 잔인하게 다루시고, 그 강하신 손으로 나를 치십니다.

22 주님이 나를 들어 바람 위에 두시고 태풍 가운데서 빙빙 돌리시니,

23 주님께서는 나를 죽이려 하십니까? 나를 저 무덤으로 보내려 하십니까?

24 절망 중에 도와달라고 부르짖으나 나를 도울 자가 아무도 없구나.

25 내가 고생하는 사람을 보며 울지 않았던가? 가난한 자를 보고 불쌍히 여기지 않았던가?

26 행복을 기대했는데 재앙이 닥쳤고, 빛을 바랐는데 흑암이 덮치는구나.

27 마음이 뒤틀리니 쉴 수가 없고 고난의 날들만이 나를 반기는구나.

28 태양도 외면하는데 검은 상복을 입고 배회하며, 회중 가운데 서서 도와달라고 외치네.

29 난 이리 떼의 친구, 타조의 벗이로구나.

30 내 가죽이 검게 변하여 벗겨지고, 내 뼈는 열기로 펄펄 끓어오르는구나.

31 내 수금은 장례식 노래를 연주하고 내 피리는 슬픈 노래를 부르는구나."

31

"내가 내 눈과 약속했는데 어찌 처녀를 주목하겠나?

2 그렇게 한다면 하늘의 하나님께서 내게 무엇을 주시며, 위에 계신 전능자께서 내게 어떤 유산을 주시겠나?

3 사악한 자에게 재앙이 떨어지고 악을 행하는 자에게 불행이 닥치지 않는가?

4 그분이 내 길을 살피시고 내 걸음을 헤아리시지 않는가?

5 내가 거짓말을 하거나 남을 속였던 적이 있던가?

6 나를 정확한 저울에 달아 보면 하나님께서는 내가 정직한 사람임을 아실 것이네.

7 언제 내가 바른 길에서 떠났던가? 내 마음이 언제 눈의 유혹에 넘어갔던가? 내 손에 죄를 지은 흔적이 남아 있던가?

8 만약 내가 나쁜 사람이라면, 내가 뿌린 씨를 남이 추수해 가고 내 농작물이 다 쓸모없게 되어도 어쩔 수 없을 것이네.

9 내가 언제 예쁜 여인에게 유혹되어 이웃집 문 밖에서 기웃거렸던가?

10 그랬다면 내 아내가 남의 집 하녀가 되고, 다른

He grips me by the collar of my coat.

19 • He has thrown me into the mud.
I'm nothing more than dust and ashes.

20 • "I cry to you, O God, but you don't answer.
I stand before you, but you don't even look.

21 • You have become cruel toward me.
You use your power to persecute me.

22 • You throw me into the whirlwind
and destroy me in the storm.

23 • And I know you are sending me to my death—
the destination of all who live.

24 • "Surely no one would turn against the needy
when they cry for help in their trouble.

25 • Did I not weep for those in trouble?
Was I not deeply grieved for the needy?

26 • So I looked for good, but evil came instead.
I waited for the light, but darkness fell.

27 • My heart is troubled and restless.
Days of suffering torment me.

28 • I walk in gloom, without sunlight.
I stand in the public square and cry for help.

29 • Instead, I am considered a brother to jackals
and a companion to owls.

30 • My skin has turned dark,
and my bones burn with fever.

31 • My harp plays sad music,
and my flute accompanies those who weep.

Job's Final Protest of Innocence

31

1 • "I made a covenant with my eyes
not to look with lust at a young woman.

2 • For what has God above chosen for us?
What is our inheritance from the Almighty on high?

3 • Isn't it calamity for the wicked
and misfortune for those who do evil?

4 • Doesn't he see everything I do
and every step I take?

5 • "Have I lied to anyone
or deceived anyone?

6 • Let God weigh me on the scales of justice,
for he knows my integrity.

7 • If I have strayed from his pathway,
or if my heart has lusted for what my eyes have seen,
or if I am guilty of any other sin,

8 • then let someone else eat the crops I have planted.
Let all that I have planted be uprooted.

9 • "If my heart has been seduced by a woman,
or if I have lusted for my neighbor's wife,

10 • then let my wife serve* another man;

30:18 As in Greek version; Hebrew reads *hand, my garment is disfigured.* 31:10 Hebrew *grind for.*

남자들이 그녀를 끌어안아도 할 말이 없다네.

11 그런 짓은 부끄러운 범죄 행위니 어찌 심판을 피하겠는가?

12 그것은 모든 것을 집어삼키는 불과도 같이, 내 농작물을 몽땅 태워 버릴 것이네.

13 내 집 안에 있는 종들이 내게 불만을 터뜨린다고 저들을 괴롭힌 적이 있던가?

14 그랬다면 하나님께서 심판하시고 내게 따지실 텐데 무슨 말을 할 수 있겠나?

15 나를 어머니 태에서 만드신 그분께서 그 종들도 만드시지 않았나? 하나님께서 우리 모두를 만드시지 않았나?

16 내가 언제 가난한 사람의 기대를 저버리고 과부의 소망을 무시했던가?

17 나 혼자 맛있게 먹으면서 고아들을 못 본 체했던가?

18 그렇지 않네. 사실은 내가 젊었을 때부터 저들을 돌보았고, 과부들에게 도움을 주었다네.

19 내가 입을 옷이 없는 사람을 못 본 체하고 덮을 이불이 없는 가난한 사람을 무시했던가?

20 그들에게 양털 옷을 입혀 따뜻하게 해 주었더니 그들이 나를 축복하였다네.

21 내가 언제 지위를 이용하여 고아들을 무시하는 짓을 했던가?

22 만약 그랬다면 내 어깨가 떨어져 나가고 내 팔이 부러져도 좋네.

23 나는 하나님께서 보내시는 재앙을 두려워하네. 그 위엄 앞에 내가 어떻게 서겠는가?

24 내가 언제 금에 소망을 두고 정금을 우상처럼 소중히 여겼던가?

25 내가 언제 재산이 많다고 자랑하며, 내 손에 돈이 굴러 들어온다고 우쭐대던가?

26 태양이 빛을 발하는 것을 보고 청명한 달을 보며,

27 내 마음이 유혹을 받아 손을 모아 경배하던가?

28 이것 역시 심판받아 마땅한 죄악이네. 그랬더라면 위에 계신 하나님을 배반한 것이지.

29 내가 언제 원수가 망했다고 즐거워하고 재앙을 당했다고 기뻐했던가?

30 절대 그렇지 않다네. 나는 내 입술을 함부로 움직여 원수를 저주한 적이 없네.

31 내 집에서 일했던 사람들이 '그분의 고기로 배불리 먹지 않은 사람이 없다'고 말하지 않았던가?

32 나는 나그네를 거리에서 자도록 내버려 둔 적이 없고, 지나는 여행자에게도 문을 열어 대접

---

let other men sleep with her.

11 • For lust is a shameful sin,
　　a crime that should be punished.

12 • It is a fire that burns all the way to hell.*
　　It would wipe out everything I own.

13 • "If I had been unfair to my male or female servants
　　when they brought their complaints to me,

14 • how could I face God?
　　What could I say when he questioned me?

15 For God created both me and my servants.
　　He created us both in the womb.

16 • "Have I refused to help the poor,
　　or crushed the hopes of widows?

17 • Have I been stingy with my food
　　and refused to share it with orphans?

18 • No, from childhood I have cared for orphans like a father,
　　and all my life I have cared for widows.

19 • Whenever I saw the homeless without clothes
　　and the needy with nothing to wear,

20 • did they not praise me
　　for providing wool clothing to keep them warm?

21 • "If I raised my hand against an orphan,
　　knowing the judges would take my side,

22 • then let my shoulder be wrenched out of place!
　　Let my arm be torn from its socket!

23 That would be better than facing God's judgment.
　　For if the majesty of God opposes me, what hope is there?

24 • "Have I put my trust in money
　　or felt secure because of my gold?

25 Have I gloated about my wealth
　　and all that I own?

26 • "Have I looked at the sun shining in the skies,
　　or the moon walking down its silver pathway,

27 • and been secretly enticed in my heart
　　to throw kisses at them in worship?

28 • If so, I should be punished by the judges,
　　for it would mean I had denied the God of heaven.

29 • "Have I ever rejoiced when disaster struck my enemies,
　　or become excited when harm came their way?

30 • No, I have never sinned by cursing anyone
　　or by asking for revenge.

31 • "My servants have never said,
　　'He let others go hungry.'

32 I have never turned away a stranger

31:12 Hebrew *to Abaddon.*

했다네.

33 내가 아담처럼 내 범죄 행위를 숨기고, 가슴에 묻어 둔 적이 있던가?

34 사람들이 모욕하는 것이 두려워서, 내 죄를 고백하지 않거나 밖으로 나가지 못한 적이 없네.

35 아, 누군가 내 말을 들을 사람이 있다면! 전능자께서 내 말을 판단해 주신다면. 아, 내 원수가 나를 기소한 기소장이 있어, 그분이 판단하실 수 있다면.

36 그렇다면 내가 그것을 내 어깨에 메고, 머리에 면류관처럼 쓰고 보일 텐데.

37 내가 행한 일들을 그분께 고하고, 왕자처럼 당당히 그분 앞에 나갈 수 있을 텐데.

38 내 토지가 학대를 당했다고 나를 고소했던가? 밭이랑들이 울부짖은 적이 있던가?

39 값도 지불하지 않고 남의 농작물을 먹었던가? 그 농사 지은 자들의 기운을 꺾어 놓은 적이 있던가?

40 그랬더라면 밀 대신 가시덤불이 자라고, 보리 대신에 엉겅퀴가 자라게 될 것이네." 이렇게 해서 욥의 말이 끝났습니다.

엘리후가 이야기하다

32 욥이 계속해서 자신은 떳떳하다고 주장하자, 세 친구들은 욥에게 대꾸하기를 중단했습니다.

2 그러자 람 족속의 부스 사람 바라겔의 아들 엘리후가 화를 냈습니다. 왜냐하면 욥이 하나님보다 자기가 의롭다고 주장했기 때문입니다.

3 그리고 그는 욥의 세 친구들에게도 화를 냈습니다. 그것은 그들이 '욥이 분명히 잘못했다'고 말하면서도, 욥의 말에 제대로 답변을 못했다고 여겼기 때문입니다.

4 엘리후는 세 친구들보다 나이가 어렸기 때문에 이제껏 참고 있었습니다.

5 이 세 사람들이 더 이상 대답하지 못하자, 엘리후는 화가 났습니다.

6 부스 사람 바라겔의 아들 엘리후가 이렇게 말했습니다. "나는 어리고, 당신들은 나이가 많기 때문에 내 생각을 말하지 못하고 머뭇거리고 있었습니다.

7 '나이가 많은 어른이라면 지혜로운 말을 할 수 있다'고 생각하였습니다.

8 그렇지만 사람에게 총명을 주는 것은 사람 안에 있는 영과 전능자의 호흡이더군요.

9 나이가 많다고 해서 지혜로운 것이 아니고, 바른 것을 아는 것도 아니더군요.

10 그러니 내 말을 들어 보십시오. 나도 의견을 말

---

but have opened my doors to everyone.

33 "Have I tried to hide my sins like other people do,
   concealing my guilt in my heart?

34 Have I feared the crowd
   or the contempt of the masses,
   so that I kept quiet and stayed indoors?

35 "If only someone would listen to me!
   Look, I will sign my name to my defense.
   Let the Almighty answer me.
   Let my accuser write out the charges against me.

36 I would face the accusation proudly.
   I would wear it like a crown.

37 For I would tell him exactly what I have done.
   I would come before him like a prince.

38 "If my land accuses me
   and all its furrows cry out together,

39 or if I have stolen its crops
   or murdered its owners,

40 then let thistles grow on that land instead of wheat,
   and weeds instead of barley."

Job's words are ended.

Elihu Responds to Job's Friends

32 Job's three friends refused to reply further to him because he kept insisting on his innocence.

2 •Then Elihu son of Barakel the Buzite, of the clan of Ram, became angry. He was angry because Job refused to admit that he had sinned

3 and that God was right in punishing him. •He was also angry with Job's three friends, for they made God* appear to be wrong by their inability to answer Job's arguments. •Elihu had wait-

4 ed for the others to speak to Job because they

5 were older than he. •But when he saw that they had no further reply, he spoke out angrily.

6 •Elihu son of Barakel the Buzite said,

"I am young and you are old,
   so I held back from telling you what I think.

7 I thought, 'Those who are older should speak,
   for wisdom comes with age.'

8 But there is a spirit* within people,
   the breath of the Almighty within them,
   that makes them intelligent.

9 Sometimes the elders are not wise.
   Sometimes the aged do not understand justice.

10 So listen to me,

32:3 As in ancient Hebrew scribal tradition; the Masoretic Text reads *Job.*   **32:8** Or *Spirit;* also in 32:18.

하겠습니다.

11 당신들이 답할 말을 생각할 동안 나는 그 말을 기다렸고, 당신들의 의견에 귀를 기울였습니다.

12 나는 열심히 들었습니다만, 당신들 중에 그 누구도 욥의 주장을 반박하지 못하고, 그의 말에 제대로 답하지 못하더군요.

13 '우리가 지혜를 찾았다. 욥을 반박할 수 있는 분은 오직 하나님뿐이시다' 라고 말씀하지 마십시오.

14 만일 욥과 내가 논쟁을 했다면 나는 당신들과 같은 논리로 욥에게 답하지 않았을 것입니다.

15 당신들은 어리둥절하여 할 말을 못하고 있습니다.

16 당신들이 조용하니, 나도 조용히 기다려야 할까요?

17 아니지요, 나도 할 말이 있습니다. 나도 아는 바를 말하겠습니다.

18 내 속에 할 말이 가득합니다. 내 속에 있는 영이 내게 말하라고 하는군요.

19 지금 내 속은 술이 부글부글 끓는 것 같고, 포도주 가죽 부대가 터지는 것과 같습니다.

20 말하지 않으면 속이 터질 것 같군요. 그러니 내가 입술을 열지 않을 수 없습니다.

21 나는 누구의 눈치도 보지 않고, 어떤 사람에게도 아첨하지 않을 것입니다.

22 만일 내가 그렇게 한다면 하나님께서 나를 곧장 치실 겁니다."

33

"이제 욥 어르신, 내가 하는 말에 귀를 기울여 주십시오.

2 내가 입을 여니, 혀가 움직이는군요.

3 나는 양심대로 말하며, 내 혀는 항상 진실만을 말합니다.

4 하나님의 영께서 나를 만드셨고, 전능자의 호흡이 나에게 생명을 주셨지요.

5 할 수 있거든, 당신도 내 말을 듣고 반박하십시오.

6 나나 당신이나 흙으로 만들어진 하나님의 피조물 아닙니까?

7 그러니 내가 당신을 두렵게 할 수도 없고, 내 손으로 당신을 누를 수도 없지요.

8 나는 당신이 하신 말씀을 잘 들었습니다.

9 당신은 주장했지요? '나는 깨끗하고 죄가 없다. 나는 순결하고 아무런 잘못이 없다.

10 그런데도 하나님은 나에게서 허물을 찾으시고, 나를 마치 원수 대하듯 하신다' 고 말입니다.

11 또 '하나님께서 나를 차꼬에 채우시고, 내 모든 길을 살피신다' 고 말입니다.

12 그렇지만 들어 보십시오. 당신의 주장은 옳지 않습니다. 왜냐하면 하나님은 사람과 비교할 수 없

and let me tell you what I think.

11 • "I have waited all this time,
    listening very carefully to your arguments,
    listening to you grope for words.

12 • I have listened,
    but not one of you has refuted Job
    or answered his arguments.

13 • And don't tell me, 'He is too wise for us.
    Only God can convince him.'

14 • If Job had been arguing with me,
    I would not answer with your kind of
    logic!

15 • You sit there baffled,
    with nothing more to say.

16 • Should I continue to wait, now that you
    are silent?
    Must I also remain silent?

17 • No, I will say my piece.
    I will speak my mind.

18 • For I am full of pent-up words,
    and the spirit within me urges me on.

19 • I am like a cask of wine without a vent,
    like a new wineskin ready to burst!

20 • I must speak to find relief,
    so let me give my answers.

21 • I won't play favorites
    or try to flatter anyone.

22 • For if I tried flattery,
    my Creator would soon destroy me.

Elihu Presents His Case against Job

33

1 • "Listen to my words, Job;
    pay attention to what I have to say.

2 • Now that I have begun to speak,
    let me continue.

3 • I speak with all sincerity;
    I speak the truth.

4 • For the Spirit of God has made me,
    and the breath of the Almighty gives me
    life.

5 • Answer me, if you can;
    make your case and take your stand.

6 • Look, you and I both belong to God.
    I, too, was formed from clay.

7 • So you don't need to be afraid of me.
    I won't come down hard on you.

8 • "You have spoken in my hearing,
    and I have heard your very words.

9 • You said, 'I am pure; I am without sin;
    I am innocent; I have no guilt.

10 • God is picking a quarrel with me,
    and he considers me his enemy.

11 • He puts my feet in the stocks
    and watches my every move.'

12 • "But you are wrong, and I will show you why.
    For God is greater than any human being.

pent-up [pent-áp] *a.* 억눌려 있는, 억압된

이 위대하시기 때문이지요.

13 어찌하여 당신은 하나님께서 답변을 하지 않으신다고 불만을 터뜨리십니까?

14 하나님께서는 여러 번 말씀하시지만 사람은 깨닫지 못합니다.

15 그분은 사람이 곤히 잠들었을 때, 밤중의 꿈이나 환상으로 말씀하시지요.

16 사람들의 귀를 살짝 여시고 말씀하셔서,

17 사람들이 그들의 마음을 돌이켜 교만하지 않도록 해 주십니다.

18 그분은 사람이 무덤에 빠지지 않도록 지키시고, 칼에 죽지 않도록 보호하십니다.

19 그분은 사람이 깨닫게 하시려고 뼈마디가 쑤시는 아픔과 고통을 주시기도 합니다.

20 그럴 땐 밥맛도 없고 진수성찬도 귀찮아지며,

21 몸은 수척해지고 숨어 있던 뼈마디가 울퉁불퉁 튀어나오지요.

22 그럼 결국 무덤에 떨어지고 사망으로 달려가게 됩니다.

23 그때, 그 사람에게 일천 명의 천사 중 하나가 도우러 와서 무엇이 옳은지 말할 것입니다.

24 그러면 하나님께서는 '그 사람이 무덤에 내려가지 않도록 살려 주어라. 내가 그 몸값을 벌써 받았다' 라고 하실 것입니다.

25 그러면 그 병든 사람의 살이 아기처럼 다시 고와지고, 어렸을 때처럼 회복되지요.

26 그 사람이 하나님께 기도하면 하나님께서는 그 기도를 기쁘게 들으십니다. 그 사람의 마음은 정말로 하나님께 대한 감사로 가득 차게 되겠지요. 하나님께서 그 사람을 의롭게 회복시켜 주실 것입니다.

27 그러면 그 사람은 사람들 앞에서 찬양하면서, '나는 죄를 지었소. 부정한 짓을 저질렀지요. 그러나 내가 받아야할 벌을 받지 않았습니다.

28 하나님은 나를 무덤에서 건져 주셨습니다. 그래서 저는 이제 이렇게 환한 세상을 봅니다' 라고 말할 것입니다.

29 하나님께서는 자주 사람들을 이렇게 다루시지요.

30 무덤에 내려가던 사람을 다시 살리셔서, 생명이 약동하게 하십니다.

31 욥 어르신, 내 말에 귀 기울이십시오. 계속 조용히 내 말을 들어 주십시오.

32 말하실 것이 있으면 대답해 보십시오. 그러면 내가 분명히 대답해 드리겠습니다.

33 그렇지 않다면, 내 말을 계속 들어 주십시오. 내가 지혜를 가르쳐 드리겠습니다."

13 • So why are you bringing a charge against him?
Why say he does not respond to people's complaints?

14 • For God speaks again and again,
though people do not recognize it.

15 • He speaks in dreams, in visions of the night,
when deep sleep falls on people
as they lie in their beds.

16 • He whispers in their ears
and terrifies them with warnings.

17 • He makes them turn from doing wrong;
he keeps them from pride.

18 • He protects them from the grave,
from crossing over the river of death.

19 • "Or God disciplines people with pain on their sickbeds,
with ceaseless aching in their bones.

20 • They lose their appetite
for even the most delicious food.

21 • Their flesh wastes away,
and their bones stick out.

22 • They are at death's door;
the angels of death wait for them.

23 • "But if an angel from heaven appears—
a special messenger to intercede for a person
and declare that he is upright—

24 • he will be gracious and say,
'Rescue him from the grave,
for I have found a ransom for his life.'

25 • Then his body will become as healthy as a child's,
firm and youthful again.

26 • When he prays to God,
he will be accepted.
And God will receive him with joy
and restore him to good standing.

27 • He will declare to his friends,
'I sinned and twisted the truth,
but it was not worth it.*

28 • God rescued me from the grave,
and now my life is filled with light.'

29 • "Yes, God does these things
again and again for people.

30 • He rescues them from the grave
so they may enjoy the light of life.

31 • Mark this well, Job. Listen to me,
for I have more to say.

32 • But if you have anything to say, go ahead.
Speak, for I am anxious to see you justified.

33 • But if not, then listen to me.
Keep silent and I will teach you wisdom!"

33:27 Greek version reads *but he* [God] *did not punish me as my sin deserved.*

34

엘리후가 계속 말했습니다.

2 "현명한 어르신들이여, 내 말을 들으십시오. 총명한 여러분이시여, 내 이야기에 귀 기울여 주십시오.

3 귀가 말을 알아듣듯, 혀는 음식 맛을 느끼지요.

4 무엇이 옳고, 무엇이 선한 것인지 찾아보도록 합시다.

5 욥은 '나는 의롭지만 하나님께서는 나를 옳지 않게 여기신다'고 주장했습니다.

6 '나는 정직한데 거짓말쟁이 취급을 당한다. 죄도 없는데 그분이 나를 쳐서 죽이려 하신다.'

7 세상에 이렇게 옳지 못한 말을 물 마시듯 하는 사람이 또 어디 있습니까?

8 그가 바로 악인들의 친구요, 불의한 사람들의 친구가 아니고 무엇이겠습니까?

9 욥은 겨우 '하나님을 기쁘시게 해도 별수가 없다!'라는 소리를 합니다.

10 그러니 현명하신 어른들이여, 내 말을 들어 보십시오. 하나님은 절대 악을 행하지 않으십니다. 전능자는 절대 잘못 행하지 않습니다.

11 그것은 그분이 사람이 행한 대로 갚아 주시고, 그들의 길을 보고 다루시기 때문입니다.

12 진실로 하나님은 악하게 행하실 수 없으며 전능자는 공의를 무너뜨리지 않습니다.

13 누가 하나님을 땅의 왕으로 세우셨습니까? 누가 하나님께 세상을 다스리도록 하셨습니까?

14 만일 그분이 자기만 생각하셔서 영과 숨기운을 거두어 가신다면, 어떻게 될까요?

15 모든 사람이 다 망하고, 다시 흙으로 돌아가고 말 것입니다.

16 총명한 욥 어르신, 내 말 뜻을 아시겠지요. 내 말을 귀담아 들으십시오.

17 공의를 미워하시는 분이라면 그가 어떻게 다스릴 수 있을까요? 당신이 의로우신 전능자가 잘못됐다고 말할 수 있습니까?

18 그분은 왕들에게도 '너희들은 쓸모없다' 하시고, 귀족들에게도 '너희들은 의롭지 못하다'고 말씀하십니다.

19 귀한 사람이라고 더 돌보시거나, 부자라고 해서 가난한 사람보다 낫다고 여기지 않으십니다. 저들은 모두 그분이 만드신 피조물이니까요.

20 사람들은 밤중에 순식간에 죽을 수 있습니다. 부자라도 그분이 치시면 넘어져 죽고, 강한 자라도 하나님께서 손쉽게 없애 버릴 수 있습니다.

21 그분은 사람들의 행위를 늘 살피시고, 사람들의 모든 걸음걸이를 보시지요.

22 그렇기 때문에 악인들이 숨을 수 있는 곳은 아무

Elihu Accuses Job of Arrogance

34

Then Elihu said:

2 • "Listen to me, you wise men.
   Pay attention, you who have knowledge.

3 • Job said, 'The ear tests the words it hears
   just as the mouth distinguishes between foods.'

4 • So let us discern for ourselves what is right;
   let us learn together what is good.

5 • For Job also said, 'I am innocent,
   but God has taken away my rights.

6 • I am innocent, but they call me a liar.
   My suffering is incurable, though I have not sinned.'

7 • "Tell me, has there ever been a man like Job,
   with his thirst for irreverent talk?

8 • He chooses evil people as companions.
   He spends his time with wicked men.

9 • He has even said, 'Why waste time
   trying to please God?'

10 • "Listen to me, you who have understanding.
   Everyone knows that God doesn't sin!
   The Almighty can do no wrong.

11 • He repays people according to their deeds.
   He treats people as they deserve.

12 • Truly, God will not do wrong.
   The Almighty will not twist justice.

13 • Did someone else put the world in his care?
   Who set the whole world in place?

14 • If God were to take back his spirit
   and withdraw his breath,

15 • all life would cease,
   and humanity would turn again to dust.

16 • "Now listen to me if you are wise.
   Pay attention to what I say.

17 • Could God govern if he hated justice?
   Are you going to condemn the almighty judge?

18 • For he says to kings, 'You are wicked,'
   and to nobles, 'You are unjust.'

19 • He doesn't care how great a person may be,
   and he pays no more attention to the rich than to the poor.
   He made them all.

20 • In a moment they die.
   In the middle of the night they pass away;
   the mighty are removed without human hand.

21 • "For God watches how people live;
   he sees everything they do.

22 • No darkness is thick enough

---

discern [disə́rn] *vt.* 분별하다
irreverent [irévərənt] *a.* 무례한
tailor [téilər] *vt.* …을 특별한 요구에 맞추다

데도 없습니다. 캄캄한 데나 그늘진 곳에 숨을 수 있다고 생각하십니까?

23 하나님은 사람을 심판하시기 위해, 조사하실 필요도 없습니다.

24 그분은 물어 볼 필요도 없이 강한 사람이라도 금방 내리치시고, 그 자리에 다른 사람을 세우십니다.

25 이렇게 하나님은 사람들의 모든 행위를 다 아시기 때문에 밤중에 저들을 치셔서 망하게 하시지요.

26 하나님께서 사람들 앞에서 악인들을 처벌하여 치시는 것은,

27 저들이 하나님을 떠나, 하나님의 말씀과 상관없이 제멋대로 살기 때문입니다.

28 악인들이 가난한 사람들을 울리면 하나님께서는 그 울부짖음을 들으십니다.

29 하나님께서 잠잠하셔도 누가 그에게 뭐라 할 수 있습니까? 만약 그분이 자기 얼굴을 사람들에게서 숨기신다면 누가 그분을 볼 수 있습니까?

30 그렇게 하시는 이유는 경건하지 못한 자가 왕이 되지 못하게 하고, 백성을 괴롭히는 자들이 통치하지 못하게 하기 위해서입니다.

31 누가 하나님께 '제가 처벌을 받았으니, 이제 더 이상 죄를 짓지 않겠습니다.

32 제가 못 본 것을 보게 해 주십시오. 제가 잘못했다면, 다시는 그리하지 않겠습니다' 라고 말하겠습니까?

33 당신이 죄를 인정하지 않기 때문에 하나님께서 당신 뜻대로 움직이실 거라 생각하십니까? 이것은 당신이 결정할 일입니다. 그러니 답할 말이 있다면 해 보십시오.

34 총명한 자가 말하며, 내 말을 듣는 자가 말합니다.

35 '욥의 말은 무식하고 지혜가 부족하지.'

36 나는 당신이 자기의 죄를 인정할 때까지 벌을 받아야 한다고 생각합니다.

37 당신은 죄를 인정하기는커녕 여전히 하나님을 모독하고, 조롱하듯 손뼉을 쳐 대며 하나님께 대항하기 때문입니다."

35

엘리후가 계속 말을 이었습니다.

2 "욥 어르신, 당신은 계속 자신이 옳다고 말할 생각입니까? 하나님보다 의롭다는 주장을 계속하시겠습니까?

3 당신이 말했지요? '죄를 짓지 않는다고 무슨 유익이 되며, 내가 얻는 것이 무엇이냐'고.

4 나는 당신과 친구분들께 말씀드리고 싶습니다.

5 하늘을 보십시오, 당신 위에 높이 떠 있는 저 구름을 바라보십시오.

6 당신이 죄를 지은 것이 하나님께 무슨 영향이 있

to hide the wicked from his eyes.

23 • We don't set the time
when we will come before God in judgment.

24 • He brings the mighty to ruin without asking anyone,
and he sets up others in their place.

25 • He knows what they do,
and in the night he overturns and destroys them.

26 • He strikes them down because they are wicked,
doing it openly for all to see.

27 • For they turned away from following him.
They have no respect for any of his ways.

28 • They cause the poor to cry out, catching God's attention.
He hears the cries of the needy.

29 • But if he chooses to remain quiet,
who can criticize him?
When he hides his face, no one can find him,
whether an individual or a nation.

30 • He prevents the godless from ruling
so they cannot be a snare to the people.

31 • "Why don't people say to God, 'I have sinned,
but I will sin no more'?

32 • Or 'I don't know what evil I have done—tell me.
If I have done wrong, I will stop at once'?

33 • "Must God tailor his justice to your demands?
But you have rejected him!
The choice is yours, not mine.
Go ahead, share your wisdom with us.

34 • After all, bright people will tell me,
and wise people will hear me say,

35 • 'Job speaks out of ignorance;
his words lack insight.'

36 • Job, you deserve the maximum penalty
for the wicked way you have talked.

37 • For you have added rebellion to your sin;
you show no respect,
and you speak many angry words against God."

Elihu Reminds Job of God's Justice

35

Then Elihu said:

2 • "Do you think it is right for you to claim,
'I am righteous before God'?

3 • For you also ask, 'What's in it for me?
What's the use of living a righteous life?'

4 • "I will answer you
and all your friends, too.

5 • Look up into the sky,
and see the clouds high above you.

6 • If you sin, how does that affect God?
Even if you sin again and again,
what effect will it have on him?

습니까? 당신의 죄가 많다고 해서, 그분께 무슨 해가 있을까요?

7 당신이 의롭다 하더라도, 그것이 그분께 무슨 유익이 되나요? 그분이 당신 손에서 무엇을 받으나 하십니까?

8 당신의 죄는 당신 같은 사람에게나 영향을 주고, 당신의 의로운 삶도 사람에게나 유익한 것이겠지요.

9 사람들은 학대를 받으면 부르짖으며 벗어나려고 애원합니다.

10 그렇지만 이렇게 말하는 사람은 드물지요. '나를 만드신 하나님은 어디 계십니까? 밤중에 노래를 부르게 하시는 그분은 어디 계십니까?

11 그분은 우리가 짐승보다 낫도록 가르치고, 공중의 새보다 지혜롭게 만드시는 하나님이십니다.'

12 저들의 부르짖음에 하나님께서 대답하지 아니하시는 것은 악인들의 교만한 자세 때문입니다.

13 하나님은 사람들이 헛된 말로 부르짖는 것을 듣지 않으시며, 전능자는 그런 기도를 들은 체도 하지 않으십니다.

14 당신은 그분을 볼 수 없다고 말하지만, 이미 당신의 사정이 그분께 알려졌으니 그분을 기다리십시오.

15 당신은 그분이 처벌하시지도 않고, 악한 일에도 전혀 관심이 없으시다고 했지요?

16 어르신은 정말 헛된 말을 하고, 어리석은 사람처럼 말을 하시는군요."

엘리후가 계속 이야기하다

36 엘리후가 계속해서 말했습니다.
2 "내 말을 좀더 들어 주십시오. 하나님 편에서 할 말이 더 있습니다.

3 나는 먼 곳에서 내 지식을 얻었습니다. 나는 내 창조주의 의로우심을 말하겠습니다.

4 나는 지혜로 가득 차 있기 때문에 진실만을 말할 것입니다.

5 하나님은 전능하시지만 아무도 무시하지 않으십니다. 그분의 힘과 지혜는 무궁무진하지요.

6 악인을 살려 두지 않으시고, 경건한 자들에게 복을 주십니다.

7 그분은 의인들에게서 눈을 떼지 않으시고, 그들을 왕처럼 대하셔서 영원히 높여 주십니다.

8 때로는 사람들을 사슬로 묶으시고, 고난도 당하게 하십니다.

9 그렇게 해서 저들이 한 일을 보이시는데, 곧

---

7 • If you are good, is this some great gift to him?
What could you possibly give him?

8 • No, your sins affect only people like yourself,
and your good deeds also affect only
humans.

9 • "People cry out when they are oppressed.
They groan beneath the power of the
mighty.

10 • Yet they don't ask, 'Where is God my Creator,
the one who gives songs in the night?

11 • Where is the one who makes us smarter than
the animals
and wiser than the birds of the sky?'

12 • And when they cry out, God does not answer
because of their pride.

13 • But it is wrong to say God doesn't listen,
to say the Almighty isn't concerned.

14 • You say you can't see him,
but he will bring justice if you will only
wait.*

15 • You say he does not respond to sinners with
anger
and is not greatly concerned about
wickedness.*

16 • But you are talking nonsense, Job.
You have spoken like a fool."

36 Elihu continued speaking:

2 • "Let me go on, and I will show you the truth.
For I have not finished defending God!

3 • I will present profound arguments
for the righteousness of my Creator.

4 • I am telling you nothing but the truth,
for I am a man of great knowledge.

5 • "God is mighty, but he does not despise any-
one!
He is mighty in both power and
understanding.

6 • He does not let the wicked live
but gives justice to the afflicted.

7 • He never takes his eyes off the innocent,
but he sets them on thrones with kings
and exalts them forever.

8 • If they are bound in chains
and caught up in a web of trouble,

9 • he shows them the reason.
He shows them their sins of pride.

---

adversity [ædvə́ːrsəti] *n.* 역경, 불행
distill [distíl] *vt.* 방울져 떨어지게 하다
profound [prəfáund] *a.* 학식이 깊은, 완전한

35:13-14　These verses can also be translated as follows: ¹³*Indeed, God doesn't listen to their empty plea; / the Almighty is not concerned. / ¹⁴How much less will he listen when you say you don't see him, / and that your case is before him and you're waiting for justice.*
35:15　As in Greek and Latin versions; the meaning of this Hebrew word is uncertain.

자기들이 잘난 체하며 지은 죄를 알게 하시지요.

10 그리고 그분은 사람의 귀를 열어서 훈계하시고, 악한 일들을 회개하라고 경고하십니다.

11 만약 사람들이 마음을 돌려 순종하면, 저들은 결국 행복하게 되고, 평안을 누립니다.

12 그렇지만 순종하지 않으면, 칼을 보내어 치시고 망하게 하시지요.

13 경건하지 못한 자들은 마음에 원망을 품고 그분이 벌을 내리실 때에도, '도와 주세요!'라고 기도하지 않습니다.

14 그런 자들은 부도덕하게 살다가 일찍 죽고 맙니다.

15 그러나 경건한 자들이 고난당할 때, 그분께서 구해 주시고, 고통당할 때에 귀를 여시지요.

16 그분은 당신을 위험에서 끌어 내어 평안의 자리로 인도해 주셨고, 기름진 음식으로 늘 채워 주셨습니다.

17 그렇지만 이제 당신은 악인이 받아야 할 그 심판을 받고 있지 않습니까? 당신은 공의로운 심판을 받고 있는 중입니다.

18 당신이 화난다고 조소할까 두렵군요. 많은 뇌물 때문에 곁길로 가지 마십시오.

19 당신의 재물을 다 허비하더라도, 그 고난에서 벗어날 길이 없을 것입니다.

20 당신은 사람들이 자기 집에서 죽어 가는 그 밤을 기다리지 마십시오.

21 더 이상 죄를 짓지 마십시오. 괴롭다고 하나님을 대적하다니요?

22 보십시오, 하나님은 정말 높고 존귀하십니다. 누가 그분과 같은 스승이 될 수 있겠습니까?

23 누가 그분의 길을 정하셨습니까? 누가 감히 그분에게 '당신은 이것을 잘못했습니다'라고 말할 수 있겠습니까?

24 하나님의 하신 일을 두고 모두들 찬송합니다. 그러니 당신도 그분께서 하신 일을 찬송하세요.

25 그 일을 보지 못한 사람은 없습니다. 멀리 사는 자도 다 압니다.

26 하나님은 너무 위대하셔서 우리가 다 알기 어렵습니다. 그분의 연수를 감히 인간이 어떻게 알겠습니까?

27 하나님은 물방울을 끌어올리시고, 그것이 비가 되어 시냇물에 떨어지게 하시는 분입니다.

28 구름 속에 비를 싸 두셨다가, 사람들에게 풍성하게 쏟아 붓습니다.

29 구름이 어떻게 널려 있는지, 그분이 천둥을 어떻게 보내시는지 모두 알 수 있는 사람이 어디

10 • He gets their attention
and commands that they turn from evil.

11 • "If they listen and obey God,
they will be blessed with prosperity
throughout their lives.
All their years will be pleasant.

12 • But if they refuse to listen to him,
they will cross over the river of death,
dying from lack of understanding.

13 • For the godless are full of resentment.
Even when he punishes them,
they refuse to cry out to him for help.

14 • They die when they are young,
after wasting their lives in immoral living.

15 • But by means of their suffering, he rescues
those who suffer.
For he gets their attention through adversity.

16 • "God is leading you away from danger, Job,
to a place free from distress.
He is setting your table with the best food.

17 • But you are obsessed with whether the god-
less will be judged.
Don't worry, judgment and justice will be
upheld.

18 • But watch out, or you may be seduced by
wealth.*
Don't let yourself be bribed into sin.

19 • Could all your wealth*
or all your mighty efforts
keep you from distress?

20 • Do not long for the cover of night,
for that is when people will be destroyed.*

21 • Be on guard! Turn back from evil,
for God sent this suffering
to keep you from a life of evil.

Elihu Reminds Job of God's Power

22 • "Look, God is all-powerful.
Who is a teacher like him?

23 • No one can tell him what to do,
or say to him, 'You have done wrong.'

24 • Instead, glorify his mighty works,
singing songs of praise.

25 • Everyone has seen these things,
though only from a distance.

26 • "Look, God is greater than we can understand.
His years cannot be counted.

27 • He draws up the water vapor
and then distills it into rain.

28 • The rain pours down from the clouds,
and everyone benefits.

29 • Who can understand the spreading of the clouds
and the thunder that rolls forth from

36:18 Or *But don't let your anger lead you to mock-ery.* 　36:19 Or *Could all your cries for help.* 　36:16-20 The meaning of the Hebrew in this passage is uncertain.

있습니까?

30 그분은 번개로 자신을 두르시고, 깊은 바다를 덮으시는 분입니다.

31 이렇게 하나님은 세상 나라들을 다스리시고, 음식을 풍성히 공급하시는 분입니다.

32 그는 번갯불을 손으로 쥐고, 표적을 향해 정확히 던지시지요.

33 천둥 소리는 폭풍이 오는 것을 알립니다. 심지어 가축까지도 그것이 오는 것을 알지요.”

37 “그 소리를 들으면, 내 심장도 두근거립니다.

2 그분 입에서 나오는 천둥 소리를 잘 들어 보세요.

3 온 천지에 번개를 보내어, 땅끝까지 환하게 하시고,

4 그 후에 천둥 소리는 우르릉거리고, 그분의 위엄 있는 목소리가 우렁차게 울려 퍼집니다. 그분의 음성은 사그라들지 않습니다.

5 하나님의 천둥 소리는 정말 놀랍습니다. 사람이 이해 못 할 엄청난 일들을 하십니다.

6 하나님은 눈에게 ‘땅에 내려라’ 하고 명령하시고 쏟아지는 폭우에게 ‘세차게 퍼부어라’ 하고 말씀하십니다.

7 이처럼 사람들을 꼼짝 못 하게 하시는 것은, 하나님의 일에 대해 그들이 알게 하기 위해서입니다.

8 그때에는 들짐승도 숨을 곳을 찾고, 자기 있는 곳에서 나오질 않습니다.

9 남쪽에서는 폭풍이 불어오고 북쪽에서는 차가운 바람이 몰아치며,

10 하나님께서 내뿜으시는 입 기운에 얼음이 생기고, 넓은 호숫물조차 꽁꽁 얼어붙습니다.

11 그분은 구름에 습기를 가득 채우시고, 구름 사이로 번갯불을 번쩍거리시지요.

12 그것들은 하나님의 명령대로 이리저리 움직이며, 온 세상에서 그분의 명령을 수행합니다.

13 그분은 사람을 벌하실 때나 땅에 비를 내리실 때, 징계하실 때나 사람들에게 사랑을 보이실 때, 구름을 사용하십니다.

14 욥 어르신, 가만히 하나님의 기이한 일들을 한번 생각해 보십시오.

15 당신은 하나님께서 어떻게 구름을 만드시고, 어떻게 번개를 번쩍이게 하시는지 아십니까?

16 구름이 균형을 잃지 않고 떠다니는 것과, 지혜가 온전하신 분이 행하시는 이적을 이해할 수 있나요?

17 남풍이 불어 땅이 조용할 때, 따뜻해지는 까닭을 아십니까?

heaven?

30 • See how he spreads the lightning around him
and how it lights up the depths of the sea.

31 • By these mighty acts he nourishes* the people,
giving them food in abundance.

32 • He fills his hands with lightning bolts
and hurls each at its target.

33 • The thunder announces his presence;
the storm announces his indignant anger.*

37 1 • “My heart pounds as I think of this.
It trembles within me.

2 • Listen carefully to the thunder of God's voice
as it rolls from his mouth.

3 • It rolls across the heavens,
and his lightning flashes in every direction.

4 • Then comes the roaring of the thunder—
the tremendous voice of his majesty.
He does not restrain it when he speaks.

5 • God's voice is glorious in the thunder.
We can't even imagine the greatness of his
power.

6 • “He directs the snow to fall on the earth
and tells the rain to pour down.

7 • Then everyone stops working
so they can watch his power.

8 • The wild animals take cover
and stay inside their dens.

9 • The stormy wind comes from its chamber,
and the driving winds bring the cold.

10 • God's breath sends the ice,
freezing wide expanses of water.

11 • He loads the clouds with moisture,
and they flash with his lightning.

12 • The clouds churn about at his direction.
They do whatever he commands
throughout the earth.

13 • He makes these things happen either to
punish people
or to show his unfailing love.

14 • “Pay attention to this, Job.
Stop and consider the wonderful miracles
of God!

15 • Do you know how God controls the storm
and causes the lightning to flash from his
clouds?

16 • Do you understand how he moves the clouds
with wonderful perfection and skill?

17 • When you are sweltering in your clothes
and the south wind dies down and every-
thing is still,

---

indignant [indígnənt] *a.* 분노한
restrain [ristréin] *vt.* 억누르다
swelter [swéltər] *vi.* 더위에 지치다

36:31 Or *he governs.*   36:33 Or *even the cattle
know when a storm is coming.* The meaning of the
Hebrew is uncertain.

18 당신은 하나님께서 청동 구리를 부어 만든 거울처럼 단단한 하늘을 펼 수 있습니까?

19 우리가 그분에게 할 말을 가르쳐 주십시오, 우리는 어둠에 싸여 있어 그분에게 무슨 말을 해야 할지 모르겠군요.

20 내가 하고 싶은 말을 하나님께 다 할 수는 없습니다. 내가 왜 하나님께 나를 삼키실 기회를 드리겠습니까?

21 바람이 하늘을 깨끗이 휩쓸고 간 후, 그 빛 때문에 태양을 똑바로 쳐다볼 수 있는 사람은 없을 것입니다.

22 그분은 영광의 빛에 휩싸여 북쪽에서 오시고, 위엄 가운데 임하시지요.

23 우리는 전능자의 권능을 상상조차 할 수 없습니다. 그분의 권능은 끝이 없으시고, 공의와 의가 많으신 분인데 어떻게 그런 분이 사람을 괴롭힐 수 있겠습니까?

24 그러니 사람들이 그분을 경외하지 않을 수 없지요. 스스로 지혜롭다고 생각하는 자를 그분은 무시하십니다."

여호와께서 욥에게 물으시다

38 그때 여호와께서 폭풍 가운데서 욥에게 말씀하셨습니다.

2 "무식한 말로 나의 뜻을 어둡게 하는 자가 누구냐?

3 너는 허리띠를 동여매고 대장부처럼 일어나서 묻는 말에 대답하라.

4 내가 땅의 기초를 세울 때 너는 도대체 어디에 있었느냐? 네가 그렇게 많이 알거든 대답하라.

5 누가 그 수치들을 재고 줄자를 대어 보았느냐?

6 땅의 기초를 무엇으로 단단히 고정시켰는지, 그 모퉁잇돌을 누가 놓았는지 아느냐?

7 그때에 새벽 별들이 노래하였고, 모든 천사들*이 흥에 겨워 소리를 질렀다.

8 바닷물이 태를 열고 나오는 아기처럼 넘쳐흐를 때, 바다가 넘치지 못하도록 한계를 정해 놓은 자가 누구냐?

9 그때 나는 구름으로 바다를 덮고 짙은 어둠으로 그것을 둘러쌌으며,

10 바다에 경계를 지었고 그것에 문빗장과 문을 달았다.

11 그때 나는 바다를 향하여, '너는 여기까지만 오고, 더 이상 넘치지 마라! 너 교만한 파도야, 멈추어라!' 하고 명령했다.

12 네가 태어난 이후부터 한 번이라도 아침에게

---

18 he makes the skies reflect the heat like a
　　bronze mirror.
　　Can you do that?

19 "So teach the rest of us what to say to God.
　　We are too ignorant to make our own
　　arguments.

20 Should God be notified that I want to speak?
　　Can people even speak when they are
　　confused?*

21 We cannot look at the sun,
　　for it shines brightly in the sky
　　when the wind clears away the clouds.

22 So also, golden splendor comes from the
　　mountain of God.*
　　He is clothed in dazzling splendor.

23 We cannot imagine the power of the Almighty;
　　but even though he is just and righteous,
　　he does not destroy us.

24 No wonder people everywhere fear him.
　　All who are wise show him reverence.*"

The LORD Challenges Job

38 Then the LORD answered Job from the
whirlwind:

2 "Who is this that questions my wisdom
　　with such ignorant words?

3 Brace yourself like a man,
　　because I have some questions for you,
　　and you must answer them.

4 "Where were you when I laid the foundations
　　of the earth?
　　Tell me, if you know so much.

5 Who determined its dimensions
　　and stretched out the surveying line?

6 What supports its foundations,
　　and who laid its cornerstone

7 as the morning stars sang together
　　and all the angels* shouted for joy?

8 "Who kept the sea inside its boundaries
　　as it burst from the womb,

9 and as I clothed it with clouds
　　and wrapped it in thick darkness?

10 For I locked it behind barred gates,
　　limiting its shores.

11 I said, 'This far and no farther will you come.
　　Here your proud waves must stop!'

12 "Have you ever commanded the morning to
　　appear
　　and caused the dawn to rise in the east?

37:20 Or *speak without being swallowed up?*　37:22
Or *from the north;* or *from the abode.*　37:24 As in
Greek version; Hebrew reads *He is not impressed by
the wise.*　38:7 Hebrew *the sons of God.*

38:7 개역 성경에는 '하나님의 아들들'이라고 표기되어 있다.

명령하여, 동을 트게 한 적이 있었느냐?

13 그래서 새벽이 땅의 끝까지 빛을 비추어 악을 행하는 자를 멈추게 한 적이 있느냐?

14 해가 비춰진 땅이 도장 찍힌 진흙처럼 생겨나고, 그 모양이 주름진 옷과 같이 되었다.

15 악인들에게 빛을 주지 않고, 그 치켜든 팔을 꺾을 수 있느냐?

16 너는 바다의 샘에 가 본 적이 있느냐? 깊은 바다 계곡을 걸어다녀 본 적이 있느냐?

17 죽음의 문이 네게 나타난 적이 있느냐? 죽음의 그림자가 있는 문들을 본 적이 있느냐?

18 너는 지구의 구석구석을 다 알고 있느냐? 알거든 대답하여라.

19 빛이 어디에서 오고, 어둠이 어디로 가는지 아느냐?

20 그것들을 그들의 집으로 데리고 갈 수 있느냐? 그것들이 사는 곳을 아느냐?

21 너는 그때 태어나서 그것을 아는 사람인가? 나이가 많아서 그런 것들을 아느냐?

22 너는 눈 창고에 들어가 본 적이 있느냐? 우박 창고에도 가 보았느냐?

23 그것들을 어려운 때, 전쟁이나 싸움에 사용하기 위해 내가 보관하고 있다.

24 너는 번개가 흩어지는 곳이나, 동풍이 땅에서 흩어지는 곳을 알고 있느냐?

25 누가 폭우의 길들을 내었느냐? 천둥의 길을 누가 마련했는지 너는 아느냐?

26 사람의 흔적이 없는 곳, 아무도 없는 사막에 비를 내리고,

27 더없이 메마른 땅에 물을 대고, 그곳에 싹을 돋게 하는 이가 누구인가?

28 비를 낳은 아버지가 있느냐? 이슬 방울은 누가 낳았느냐?

29 얼음은 누구에게서 나왔으며 하늘의 서리는 어디에서 태어났느냐?

30 물을 돌처럼 단단하게 얼리고, 물의 표면을 꽁꽁 얼게 하는 이가 누구인지 아느냐?

31 너는 묘성을 한데 묶고, 오리온 별자리의 고리를 풀 수 있느냐?

32 네가 별 무리를 계절에 따라 이끌어 내고, 큰곰자리, 작은곰자리 별 무리를 인도할 수 있느냐?

33 네가 천체의 운행 법칙을 아느냐? 네가 땅의 자연 법칙을 세웠느냐?

34 구름에게 소리를 질러, 물이 네게 홍수처럼 덮이게 할 수 있느냐?

35 네가 번개에게 '번쩍거리며 나가라!'고 명하

13 • Have you made daylight spread to the ends of
    the earth,
    to bring an end to the night's wickedness?

14 • As the light approaches,
    the earth takes shape like clay pressed
    beneath a seal;
    it is robed in brilliant colors.*

15 • The light disturbs the wicked
    and stops the arm that is raised in violence.

16 • "Have you explored the springs from which
    the seas come?
    Have you explored their depths?

17 • Do you know where the gates of death are located?
    Have you seen the gates of utter gloom?

18 • Do you realize the extent of the earth?
    Tell me about it if you know!

19 • "Where does light come from,
    and where does darkness go?

20 • Can you take each to its home?
    Do you know how to get there?

21 • But of course you know all this!
    For you were born before it was all created,
    and you are so very experienced!

22 • "Have you visited the storehouses of the snow
    or seen the storehouses of hail?

23 • (I have reserved them as weapons for the time
    of trouble,
    for the day of battle and war.)

24 • Where is the path to the source of light?
    Where is the home of the east wind?

25 • "Who created a channel for the torrents of rain?
    Who laid out the path for the lightning?

26 • Who makes the rain fall on barren land,
    in a desert where no one lives?

27 • Who sends rain to satisfy the parched ground
    and make the tender grass spring up?

28 • "Does the rain have a father?
    Who gives birth to the dew?

29 • Who is the mother of the ice?
    Who gives birth to the frost from the heavens?

30 • For the water turns to ice as hard as rock,
    and the surface of the water freezes.

31 • "Can you direct the movement of the stars—
    binding the cluster of the Pleiades
    or loosening the cords of Orion?

32 • Can you direct the constellations through the
    seasons or guide the Bear with her cubs across
    the heavens?

33 • Do you know the laws of the universe?
    Can you use them to regulate the earth?

34 • "Can you shout to the clouds
    and make it rain?

35 • Can you make lightning appear

38:14 Or *its features stand out like folds in a robe.*

면, 그것이 '예, 그대로 하겠습니다'라고 답하느냐?

36 누가 가슴에 지혜를 주고, 마음에 총명을 주었더냐?

37 누가 지혜가 뛰어나 구름의 수를 헤아리겠느냐? 누가 하늘의 물병들을 기울여

38 먼지를 덩어리가 되게 하고, 흙을 흙덩이가 되게 할 수 있느냐?

39 네가 사자의 먹이를 잡을 수 있느냐? 사자들의 굶주림을 채울 수 있느냐?

40 사자들이 굴 속에 웅크려 있고 은신처에 숨어서 기다릴 때,

41 까마귀 새끼가 먹이가 없어 이리저리 날며 나를 향해 까악까악 울부짖을 때, 누가 까마귀들에게 먹이를 주는가?"

39

"너는 산에 사는 염소가 언제 태어나는지 아느냐? 사슴이 새끼 낳는 것을 본 적이 있느냐?

2 그것들이 몇 달이나 배 속에 새끼들을 데리고 다니는지, 언제 새끼 낳는지 아느냐?

3 그것들이 웅크리고 새끼를 낳게 되면, 해산하는 고통에서 벗어나는 것을 아느냐?

4 그 새끼들이 들판에서 자라서 강하게 되면, 어미를 떠나 다시는 돌아오지 않는다.

5 누가 들나귀를 풀어 주었던가? 누가 재빠른 들나귀의 끈을 놓아 주었던가?

6 내가 그들에게 광야를 집으로 주고, 소금기 있는 땅을 그들의 살 곳으로 정해 주었다.

7 들나귀는 도시의 소음을 싫어하고, 소리치며 모는 사람을 알지 못하며

8 푸른 초장을 찾아 온 산을 헤매며, 푸른 풀을 찾아다닌다.

9 들소가 네게 온유하게 굴며 네 우리에서 하룻밤을 잘 것 같으냐?

10 너는 들소에게 굴레를 씌워 쟁기질을 시킬 수 있느냐? 들소가 네 뒤를 따라 밭을 갈겠느냐?

11 그것이 힘이 세다고 믿고 일을 시킬 수 있느냐?

12 네 곡식을 날라 오고 모아서 타작 마당에 옮기리라고 믿느냐?

13 타조가 화려하게 날갯짓을 한다 해도 황새의 날개만 하겠느냐?

14 타조는 땅에 알을 낳고 모래로 그것을 따뜻하게 덮지만,

15 곧 잊어 버리고 발로 밟아 깨뜨리거나 야수들이 밟도록 그냥 내버려 둔다.

16 타조는 새끼를 마치 자기 새끼가 아닌 것처럼 거칠게 다루고 그 새끼들이 죽는다 하더라도 신경

and cause it to strike as you direct?

36 • Who gives intuition to the heart
and instinct to the mind?

37 • Who is wise enough to count all the clouds?
Who can tilt the water jars of heaven

38 • when the parched ground is dry
and the soil has hardened into clods?

39 • "Can you stalk prey for a lioness
and satisfy the young lions' appetites

40 • as they lie in their dens
or crouch in the thicket?

41 • Who provides food for the ravens
when their young cry out to God
and wander about in hunger?

The LORD's Challenge Continues

1 **39** • "Do you know when the wild goats
give birth?
Have you watched as deer are born in the
wild?

2 • Do you know how many months they carry
their young?
Are you aware of the time of their delivery?

3 • They crouch down to give birth to their young
and deliver their offspring.

4 • Their young grow up in the open fields,
then leave home and never return.

5 • "Who gives the wild donkey its freedom?
Who untied its ropes?

6 • I have placed it in the wilderness;
its home is the wasteland.

7 • It hates the noise of the city
and has no driver to shout at it.

8 • The mountains are its pastureland,
where it searches for every blade of grass.

9 • "Will the wild ox consent to being tamed?
Will it spend the night in your stall?

10 • Can you hitch a wild ox to a plow?
Will it plow a field for you?

11 • Given its strength, can you trust it?
Can you leave and trust the ox to do your
work?

12 • Can you rely on it to bring home your grain
and deliver it to your threshing floor?

13 • "The ostrich flaps her wings grandly,
but they are no match for the feathers of
the stork.

14 • She lays her eggs on top of the earth,
letting them be warmed in the dust.

15 • She doesn't worry that a foot might crush
them
or a wild animal might destroy them.

16 • She is harsh toward her young,
as if they were not her own.

crouch [krautʃ] *vi.* 웅크리다, 쭈그리다

17 쓰지 않는다.

17 그것은 내가 타조에게 지혜를 주지 않고, 총명도 베풀지 않았기 때문이다.

18 그렇지만 타조가 날개를 펼치고 달릴 때는 말과 기수보다 빠르다.

19 네가 말에게 힘을 주고 말의 목을 갈기로 옷 입혔느냐?

20 네가 말에게 메뚜기같이 뛰도록 하였느냐? 그 당당한 콧소리는 두려움을 느끼게 한다.

21 말은 앞발로 힘차게 땅을 박차고 용사들을 향해 전진하면서,

22 두려움을 모르고 칼을 피할 생각도 하지 않는다.

23 화살통은 그 등에서 철커덕거리고, 창과 단창은 번쩍인다.

24 땅을 종횡무진으로 날뛰고, 나팔이 울려 퍼져도 멈출 줄 모른다.

25 나팔 소리 가운데서도 힝힝 콧소리를 치며, 멀리서도 전쟁 냄새를 맡고 장군들의 고함 소리와 아우성치는 소리를 듣는다.

26 매가 두 날개를 남쪽으로 펴고, 날 것을 네가 명령했느냐?

27 독수리가 높이 치솟아 자기 둥지를 만드는 것도 네 명령에 따른 것이냐?

28 매는 아찔한 낭떠러지에 살며, 사람이 접근할 수 없이 까마득한 바위 틈에 산다.

29 독수리는 그곳에서 먹이를 찾아 멀리까지 내다본다.

30 시체가 있는 곳에 독수리가 있고, 그 새끼들도 그곳에서 피를 빨아 먹는다."

40

여호와께서 욥에게 말씀하셨습니다.

2 "너는 아직도 전능자와 논쟁하려 하느냐? 나, 하나님을 비난하는 사람은 대답하여라."

3 그러자 욥이 여호와께 대답했습니다.

4 "저는 정말, 무가치한 사람입니다. 제가 무슨 대답을 하겠습니까? 단지 입을 가릴 뿐입니다.

5 나는 한 번 말을 했고 대답지 않았습니다. 두 번 말했고, 더 이상 않겠습니다."

6 그때 여호와께서 폭풍 가운데서 욥에게 대답하셨습니다.

7 "너는 대장부처럼 허리를 동여매고, 묻는 말에 대답하여라.

8 네가 내 판단을 무시하여 자신을 옳게 여기고 나를 비난하느냐?

9 네가 하나님처럼 강하단 말이냐? 네 목소리

She doesn't care if they die.

17 For God has deprived her of wisdom.
He has given her no understanding.

18 But whenever she jumps up to run,
she passes the swiftest horse with its rider.

19 "Have you given the horse its strength
or clothed its neck with a flowing mane?

20 Did you give it the ability to leap like a locust?
Its majestic snorting is terrifying!

21 It paws the earth and rejoices in its strength
when it charges out to battle.

22 It laughs at fear and is unafraid.
It does not run from the sword.

23 The arrows rattle against it,
and the spear and javelin flash.

24 It paws the ground fiercely
and rushes forward into battle when the
ram's horn blows.

25 It snorts at the sound of the horn.
It senses the battle in the distance.
It quivers at the captain's commands and the
noise of battle.

26 "Is it your wisdom that makes the hawk soar
and spread its wings toward the south?

27 Is it at your command that the eagle rises
to the heights to make its nest?

28 It lives on the cliffs,
making its home on a distant, rocky crag.

29 From there it hunts its prey,
keeping watch with piercing eyes.

30 Its young gulp down blood.
Where there's a carcass, there you'll find it."

40

Then the LORD said to Job,

2 "Do you still want to argue with the
Almighty?
You are God's critic, but do you have the
answers?"

Job Responds to the LORD

3 Then Job replied to the LORD,

4 "I am nothing—how could I ever find the
answers?
I will cover my mouth with my hand.

5 I have said too much already.
I have nothing more to say."

The LORD Challenges Job Again

6 Then the LORD answered Job from the whirlwind:

7 "Brace yourself like a man,
because I have some questions for you,
and you must answer them.

8 "Will you discredit my justice
and condemn me just to prove you are right?

9 Are you as strong as God?

가 천둥 같단 말이냐?

10 그렇다면 너는 이제 위엄과 탁월함으로 단장하고 영광과 위엄으로 옷을 입어라.

11 그리고 네 분노를 터뜨려 보아라. 거만한 자들을 모조리 낮추어 보아라.

12 교만한 자들을 찾아서 겸손하게 굴복시키고 악인들을 그 자리에서 짓밟아 보아라.

13 그들을 모두 흙 속에 묻어, 저들의 얼굴을 무덤에 묻어라.

14 그렇게 하면, 나도 네 힘이 너를 구원할 수 있다고 인정하겠다.

15 저 하마를 한번 살펴보아라. 내가 너를 만들 때, 함께 만든 것이다. 그것은 황소처럼 풀을 먹는다.

16 그의 허리 힘이 얼마나 센지 보아라. 그 뱃가죽에 뻗치는 힘살을 주목해 보아라.

17 백향목처럼 꼬리를 치는 저 모습과 힘줄이 얽힌 저 허벅지 근육을 보아라.

18 그 뼈들은 청동관같이 단단하고, 갈비뼈는 무쇠 막대기 같구나.

19 그것은 내가 창조한 작품 중 최고의 작품이다. 그것을 만든 나도 칼을 가져야 그것에게 접근할 수 있다.

20 산들은 그것을 위해 식물을 만들어 내고, 모든 들짐승이 그 곁에서 뛰어논다.

21 그것이 연꽃 아래 누워 늪 속의 갈대 가운데 자기를 숨기면,

22 연꽃잎이 그것 위에 그늘을 드리우고, 강가 버드나무도 그를 둘러싼다.

23 강물이 차고 넘쳐도, 요단 강물이 넘쳐 흘러 자신을 삼키려 해도, 그것은 꿈쩍도 하지 않는다.

24 누가 감히 그것을 잡겠으며, 끌고 가서 그 코를 꿸 수 있겠느냐?"

41

네가 낚시 고리로 악어를 끌어 낼 수 있겠느냐? 끈으로 그의 혀를 맬 수 있겠느냐?

2 그의 코에 끈을 꿰고 갈고리로 그의 턱을 낚아챌 수 있겠느냐?

3 그것이 네게, '살려 주세요!' 하며 애원하겠느냐? 부드러운 말로 간청하겠느냐?

4 그것이 너와 약속을 하여 평생 너의 노예가 될 것 같으냐?

5 네가 그것을 새와 놀 수 있는 것처럼 만들어 네 어린 소녀들에게 쥐어 줄 수 있겠느냐?

6 어부들이 그것을 가지고 상인들에게 팔 수 있겠느냐? 상인들은 그것을 가게에 가지고 나와 팔 수 있겠느냐?

7 네가 그것의 가죽에 창을, 그 머리에 작살을 꽂

Can you thunder with a voice like his?

10 • All right, put on your glory and splendor,
     your honor and majesty.

11 • Give vent to your anger.
     Let it overflow against the proud.

12 • Humiliate the proud with a glance;
     walk on the wicked where they stand.

13 • Bury them in the dust.
     Imprison them in the world of the dead.

14 • Then even I would praise you,
     for your own strength would save you.

15 • "Take a look at Behemoth,*
     which I made, just as I made you.
     It eats grass like an ox.

16 • See its powerful loins
     and the muscles of its belly.

17 • Its tail is as strong as a cedar.
     The sinews of its thighs are knit tightly
       together.

18 • Its bones are tubes of bronze.
     Its limbs are bars of iron.

19 • It is a prime example of God's handiwork,
     and only its Creator can threaten it.

20 • The mountains offer it their best food,
     where all the wild animals play.

21 • It lies under the lotus plants,*
     hidden by the reeds in the marsh.

22 • The lotus plants give it shade
     among the willows beside the stream.

23 • It is not disturbed by the raging river,
     not concerned when the swelling Jordan
       rushes around it.

24 • No one can catch it off guard
     or put a ring in its nose and lead it away.

The Lord's Challenge Continues

41

1 •* "Can you catch Leviathan* with a
     hook
     or put a noose around its jaw?

2 • Can you tie it with a rope through the nose
     or pierce its jaw with a spike?

3 • Will it beg you for mercy
     or implore you for pity?

4 • Will it agree to work for you,
     to be your slave for life?

5 • Can you make it a pet like a bird,
     or give it to your little girls to play with?

6 • Will merchants try to buy it
     to sell it in their shops?

7 • Will its hide be hurt by spears
     or its head by a harpoon?

40:15 The identification of Behemoth is disputed, ranging from an earthly creature to a mythical sea monster in ancient literature.   40:21 Or *bramble bushes;* also in 40:22.   41:1a Verses 41:1-8 are numbered 40:25-32 in Hebrew text.   41:1b The identification of Leviathan is disputed, ranging from an earthly creature to a mythical sea monster in ancient literature.

을 수 있겠느냐?

8 그것에게 네 손을 대어 보아라. 그것이 날뛰면 네가 다시 그런 일을 할 생각이나 하겠느냐?

9 그것을 굴복시킬 수 있다는 생각은 헛된 것이 아니겠느냐? 보기만 해도 기가 꺾이지 않느냐?

10 아무리 용감한 자라 해도 그것조차 깨우지 못하는데, 누가 감히 내게 맞설 수 있겠느냐?

11 누가 내게 주고 나서 갚기를 바랄 수 있느냐? 세상의 모든 것이 내게 속하지 않았느냐?

12 그 악어의 다리와 그 힘과 위엄찬 모습을 어찌 말하지 않을 수 있겠느냐?

13 누가 그의 갑옷을 벗기고 감히 재갈을 가지고 그에게 다가설 수 있겠느냐?

14 누가 감히 그 끔찍한 이빨들이 늘어선 턱을 벌릴 수 있겠느냐?

15 그 등은 방패들이 서로 단단히 연결되어 늘어선 모습과 같고

16 비늘과 비늘은 서로 이어져 있어서 바람조차 통할 수 없다.

17 이처럼 비늘들은 서로 이어져서 함께 붙어 나눌 수 없다.

18 재채기와 함께 번갯불이 번쩍이고, 그 두 눈은 동틀 때의 쏟아지는 햇살 같구나.

19 입에서는 타는 횃불이 나오고 불똥이 튀어 나온다.

20 그 두 콧구멍에서 연기가 뿜어 나오니, 마치 끓는 솥에서 나오는 것 같구나.

21 입김이 숯불을 일으킬 것 같으니, 그 입에서는 불꽃이 쏟아진다.

22 그 목덜미에 힘이 있어, 그 앞에서는 절망도 달아난다.

23 근육들은 서로 단단히 엉켜 있고, 견고하여 떼어 낼 수 없구나.

24 그 심장은 돌같이 단단하고, 맷돌 아래짝처럼 강하구나.

25 그놈이 한 번 일어나면, 강한 자도 그 위세 앞에 겁을 먹고 뒷걸음질친다.

26 칼로 찔러도 소용이 없고, 창이나 표창, 단창도 아무 소용 없구나.

27 악어는 철을 지푸라기처럼, 구리를 썩은 나무처럼 생각하니,

28 화살을 쏘아도 꿈쩍하지 않고, 물맷돌도 그것에게는 날리는 겨와 같다.

29 몽둥이를 지푸라기처럼 여기고, 표창을 날려도 코웃음만 칠 뿐이다.

30 그것의 밑바닥은 날카로운 질그릇 같아서 진

8 • If you lay a hand on it,
    you will certainly remember the battle that
    follows.
    You won't try that again!

9 •* No, it is useless to try to capture it.
    The hunter who attempts it will be knocked
    down.

10 • And since no one dares to disturb it,
    who then can stand up to me?

11 • Who has given me anything that I need to pay
    back?
    Everything under heaven is mine.

12 • "I want to emphasize Leviathan's limbs
    and its enormous strength and graceful form.

13 • Who can strip off its hide,
    and who can penetrate its double layer of
    armor?*

14 • Who could pry open its jaws?
    For its teeth are terrible!

15 • The scales on its back are like* rows of shields
    tightly sealed together.

16 • They are so close together
    that no air can get between them.

17 • Each scale sticks tight to the next.
    They interlock and cannot be penetrated.

18 • "When it sneezes, it flashes light!
    Its eyes are like the red of dawn.

19 • Lightning leaps from its mouth;
    flames of fire flash out.

20 • Smoke streams from its nostrils
    like steam from a pot heated over burning
    rushes.

21 • Its breath would kindle coals,
    for flames shoot from its mouth.

22 • "The tremendous strength in Leviathan's neck
    strikes terror wherever it goes.

23 • Its flesh is hard and firm
    and cannot be penetrated.

24 • Its heart is hard as rock,
    hard as a millstone.

25 • When it rises, the mighty are afraid,
    gripped by terror.

26 • No sword can stop it,
    no spear, dart, or javelin.

27 • Iron is nothing but straw to that creature,
    and bronze is like rotten wood.

28 • Arrows cannot make it flee.
    Stones shot from a sling are like bits of grass.

29 • Clubs are like a blade of grass,
    and it laughs at the swish of javelins.

30 • Its belly is covered with scales as sharp as glass.
    It plows up the ground as it drags through
    the mud.

41:9 Verses 41:9-34 are numbered 41:1-26 in Hebrew
text.　41:13 As in Greek version; Hebrew reads *its
bridle?*　41:15 As in some Greek manuscripts and
Latin Vulgate; Hebrew reads *Its pride is in its*.

흙에서 쟁기질한 것 같은 자국을 만든다.

31 깊은 물을 마치 끓는 가마솥같이 만들고, 바다를 기름 가마처럼 만든다.

32 지나가며 번쩍이는 물보라를 날리니, 흰머리를 날리는 것처럼 보인다.

33 지구상에 그것과 같이 두려움을 모르는 것이 없다.

34 그것이 교만한 자들을 모두 낮추어 보니, 모든 자랑하는 자들의 왕이로다."

욥이 여호와께 대답하다

42 그러자 욥이 여호와께 대답했습니다.

2 "주께서는 무슨 일이든지 하실 수 있기 때문에 아무도 주님의 뜻을 방해할 수 없는 줄 압니다.

3 '무식한 말로 내 뜻을 가리는 자가 누구냐?' 라고 물으셨지요? 정말 저는 알지도 못하면서 말하였고, 깨닫지 못하는 일들을 아는 체 하였습니다.

4 주님께서, '들어라, 내가 말하겠다. 내가 묻겠으니 너는 대답하여라' 고 하셨지요?

5 주님에 대하여 귀로 듣기만 했는데, 이제 저는 주를 눈으로 직접 보았습니다.

6 이제 제 자신을 경멸합니다. 그리고 티끌과 재 가운데서 회개합니다."

7 여호와께서 욥에게 말씀을 하신 후에 데만 사람 엘리바스에게 말씀하셨습니다. "너와 네 두 친구는 정말 나를 화나게 하였다. 너희들은 내게 욥처럼 옳게 말하지 않았다.

8 그러므로 이제 너희는 수송아지 일곱 마리와 숫양 일곱 마리를 잡아 내 종 욥에게 가서, 너희의 죄를 위해 번제로 바쳐라. 그러면 내 종 욥이 너희를 위해 기도해 줄 것이다. 나는 그의 기도를 듣고, 너희들을 너희 어리석음대로 다루지 않겠다. 너희는 욥과 달리 나에 대해 옳게 말하지 않았다."

9 그러자 데만 사람 엘리바스와 수아 사람 빌닷, 나아마 사람 소발은 여호와께서 자기들에게 명령하신 대로 하였고, 여호와께서는 욥의 기도를 들으셨습니다.

10 욥이 자기 친구들을 위해 기도한 이후에 여호와께서는 그를 다시 번성케 하셔서, 그에게 전보다 두 배나 많은 복을 주셨습니다.

11 그러자 그의 모든 형제 자매와 전에 그를 알았던 모든 자가 와서 그와 함께 식사를 하였습니다. 그들은 여호와께서 욥에게 내리셨던 모든 재앙을 생각하며 그를 위로하고 슬퍼해 주었고, 각각 돈과 금고리를 욥에게 선물로 주었습니다.

31 • "Leviathan makes the water boil with its commotion.
It stirs the depths like a pot of ointment.

32 • The water glistens in its wake,
making the sea look white.

33 • Nothing on earth is its equal,
no other creature so fearless.

34 • Of all the creatures, it is the proudest.
It is the king of beasts."

Job Responds to the LORD

42 Then Job replied to the LORD:

2 • "I know that you can do anything,
and no one can stop you.

3 • You asked, 'Who is this that questions my wisdom with such ignorance?'
It is I—and I was talking about things I knew nothing about,
things far too wonderful for me.

4 • You said, 'Listen and I will speak!
I have some questions for you,
and you must answer them.'

5 • I had only heard about you before,
but now I have seen you with my own eyes.

6 • I take back everything I said,
and I sit in dust and ashes to show my repentance."

Conclusion: The LORD Blesses Job

7 • After the LORD had finished speaking to Job, he said to Eliphaz the Temanite: "I am angry with you and your two friends, for you have not spoken accurately about me, as my servant Job has. • So take seven bulls and seven rams and go to my servant Job and offer a burnt offering for yourselves. My servant Job will pray for you, and I will accept his prayer on your behalf. I will not treat you as you deserve, for you have not spoken accurately about me, as my servant Job has." • So Eliphaz the Temanite, Bildad the Shuhite, and Zophar the Naamathite did as the LORD commanded them, and the LORD accepted Job's prayer.

10 • When Job prayed for his friends, the LORD restored his fortunes. In fact, the LORD gave him twice as much as before! • Then all his brothers, sisters, and former friends came and feasted with him in his home. And they consoled him and comforted him because of all the trials the LORD had brought against him. And each of them brought him a gift of money* and a gold ring.

---

commotion [kəmóuʃən] *n.* 동요, 소동, 소요
interlock [ìntərlák] *vi.* 서로 맞물리다; 서로 겹치다
kindle [kíndl] *vt.* 불을 붙이다, 태우다
penetrate [pénətreit] *vt.* 관통하다; 침입하다

42:11 Hebrew *a kesitah;* the value or weight of the kesitah is no longer known.

12 여호와께서 욥의 말년에 처음보다 더 큰 복을 주셔서, 그는 만 사천 마리의 양과 육천 마리의 낙타와 황소 천 겨리와 당나귀 천 마리를 소유하게 되었습니다.

13 그리고 욥은 일곱 명의 아들과 세 명의 딸을 낳았습니다.

14 그의 첫째 딸을 여미마라 하고, 둘째 딸을 굿시아, 셋째 딸을 게렌합북이라 불렀는데

15 온 땅에 욥의 딸같이 아름다운 사람이 없었고, 욥은 그들에게도 아들과 같이 재산을 나누어 주었습니다.

16 그 후, 욥은 백사십 년을 더 살면서, 자손을 사 대까지 보았고

17 오래 살다가 세상을 떠났습니다.

12 •So the LORD blessed Job in the second half of his life even more than in the beginning. For now he had 14,000 sheep, 6,000 camels, 1,000 teams of oxen, and 1,000 female donkeys. •He also gave Job seven more sons and three more daughters. •He named his first daughter Jemimah, the second Keziah, and the third Keren-happuch. •In all the land no women were as lovely as the daughters of Job. And their father put them into his will along with their brothers.

16 •Job lived 140 years after that, living to see four generations of his children and grandchildren. •Then he died, an old man who had lived a long, full life.

시편

● 서론

> ✛ 저자 _ 다윗, 모세, 솔로몬, 아삽, 에단, 헤만, 고라 자손 등
> ✛ 저작 연대 _ 모세로부터 바빌론 귀환까지, 대부분은 B.C. 1000년경 기록되었음
> ✛ 기록 장소 _ 저자가 여러 명이기 때문에 기록 장소도 여러 곳이다.
> ✛ 기록 대상 _ 이스라엘 백성
> ✛ 핵심어 및 내용 _ 핵심어는 '찬양'과 '신뢰'이다. 하나님의 위대한 성품, 그분이 행하신 일들과 앞으로 행하실 일들에 대한 찬양이 주를 이루고 있다. 시편 기자들은 자기 백성을 보호하시고 사랑하시며 구원하시는 하나님을 온전히 신뢰할 것을 계속해서 명령하고 있다.

제 1 권
두 가지 삶의 길

1 행복한 사람은 나쁜 사람들의 꾀임에 따라가지 않는 사람입니다. 행복한 사람은 죄인들이 가는 길에 함께 서지 않으며, 빈정대는 사람들과 함께 자리에 앉지 않는 사람입니다.

2 그는 여호와의 가르침을 즐거워하고, 밤낮으로 그 가르침을 깊이 생각합니다.

3 그는 마치 시냇가에 옮겨 심은 나무와 같습니다. 계절을 따라 열매를 맺고 그 잎새가 시들지 않는 나무와 같습니다. 그러므로 그가 하는 일마다 다 잘 될 것입니다.

4 나쁜 사람들은 그렇지가 않습니다. 그들은 마치 바람에 쉽게 날아가는 겨와 같습니다.

5 그러므로 나쁜 사람들은 하나님께서 내리시는 벌을 견뎌 낼 수가 없을 것입니다. 죄인들은 착한 사람들과 함께 있을 수 없습니다.

6 착한 사람들이 가는 길은 여호와께서 보살펴 주시지만, 악한 사람들이 가는 길은 결국 망할 것입니다.

하나님께서 택하신 왕

2 어째서 나라들이 남몰래 나쁜 일을 꾸미며, 민족들이 왜 그토록 헛된 일들을 계획하고 있는 것일까?

2 세상 왕들이 여호와께 대항하여 싸울 준비를 하고, 세상의 통치자들이 여호와께서 세우신 왕과 싸우려고 모여드는구나.

3 그들은 "우리를 묶은 쇠사슬을 끊어 버리자. 우리를 동여 맨 밧줄을 던져 버리자"라고 말합니다.

4 그러나 하늘 보좌에 앉아 계신 분께서 웃으시며 그들을 향해 비웃으십니다.

5 주께서 분노하시면서 그들을 꾸짖고, 그들이 두려워 벌벌 떠는 가운데 말씀하시기를

6 "내가 나의 왕을 내 거룩한 산, 시온산 위에 세웠다!"라고 하십니다.

7 내가 이제 주님의 명령을 널리 선포합니다. 여호

BOOK ONE (Psalms 1–41)

1 ● Oh, the joys of those who do not
　follow the advice of the wicked,
　or stand around with sinners,
　or join in with mockers.

2 ● But they delight in the law of the LORD,
　meditating on it day and night.

3 ● They are like trees planted along the
　　　riverbank,
　bearing fruit each season.
　Their leaves never wither,
　and they prosper in all they do.

4 ● But not the wicked!
　They are like worthless chaff, scattered
　　　by the wind.

5 ● They will be condemned at the time of
　　　judgment.
　Sinners will have no place among the
　　　godly.

6 ● For the LORD watches over the path
　　　of the godly,
　but the path of the wicked leads to
　　　destruction.

2 ● Why are the nations so angry?
　Why do they waste their time with
　　　futile plans?

2 ● The kings of the earth prepare for battle;
　the rulers plot together
　against the LORD
　　and against his anointed one.

3 ● "Let us break their chains," they cry,
　"and free ourselves from slavery to God."

4 ● But the one who rules in heaven laughs.
　The Lord scoffs at them.

5 ● Then in anger he rebukes them,
　terrifying them with his fierce fury.

6 ● For the Lord declares, "I have placed my
　　　chosen king on the throne
　in Jerusalem,* on my holy mountain."

7 ● The king proclaims the LORD's decree:

2:6 Hebrew *on Zion.*

와께서 내게 말씀하시기를 "너는 내 아들이다. 오늘 내가 너의 아버지가 되었다.

8 나에게 구하여라. 그러면 내가 모든 나라들을 네게 유산으로 주겠다. 그리고 지구상의 모든 민족들이 다 네 소유가 될 것이다.

9 너는 철로 된 지팡이로 그들을 질그릇같이 부술 것이다" 라고 하셨습니다.

10 그러므로 세상 왕들아! 지혜롭게 행동하여라. 세상의 통치자들아! 조심하여라.

11 두려운 마음으로 여호와를 섬기고, 떨리는 마음으로 그분을 찬양하여라.

12 그의 아들을 정중하게 섬겨라. 그렇지 않으면 너희가 가는 길에서 망하게 된다. 왜냐하면 주님의 분노가 순식간에 불붙듯이 타오를 것이기 때문이다. 여호와를 의지하는 사람은 복을 받을 것이다.

아침 기도

다윗이 아들 압살롬을 피해 도망갈 때 부른 노래

3 여호와여, 나의 원수들이 얼마나 많은지요! 나에게 대항하는 사람들이 너무도 많습니다!

2 많은 사람들이 나에 관해 말하기를, "하나님께서 그를 구해 주시지 않을 거야"라고 합니다. (셀라)

3 그러나 여호와여, 주는 나의 방패시며, 나의 영광이시고, 내 머리를 드시는 분이십니다.

4 내가 여호와께 큰 소리로 부르짖을 때, 그분은 그 거룩한 산에서 내게 응답하십니다. (셀라)

5 내가 저녁에 누워 잠을 자고, 아침에 다시 깨어나는 것은 여호와께서 나를 지켜 주시기 때문입니다.

6 수천 수만 명의 적들이 사방으로 나를 둘러싸더라도 나는 두려워하지 않을 것입니다.

7 여호와여, 일어나소서! 오 나의 하나님이시여, 나를 구해 주소서. 내 원수들의 턱뼈를 부수뜨리고, 악한 사람들의 이를 부러뜨려 주소서.

8 구원은 여호와께 있으니 주의 복을 주의 백성에게 내려 주소서. (셀라)

저녁 기도

다윗의 시. 지휘자를 따라 현악기에 맞춰 부른 노래

4 내가 당신께 부르짖을 때에 응답해 주소서. 나의 의로우신 하나님! 내 근심을 덜어 주시고, 나에게 은혜를 베풀어 주시고, 나의 기도를 들어 주소서.

2 사람들이여! 언제까지 나를 부끄럽게 하려는가? 언제까지 잘못된 일을 좋아하고, 거짓된 신들을 따르려는가? (셀라)

"The LORD said to me, `You are my son.*
　　Today I have become your Father.*
8 ● Only ask, and I will give you the nations
　　　　as your inheritance,
　　the whole earth as your possession.
9 ● You will break* them with an iron rod
　　and smash them like clay pots.´ "
10 ● Now then, you kings, act wisely!
　　Be warned, you rulers of the earth!
11 ● Serve the LORD with reverent fear,
　　and rejoice with trembling.
12 ● Submit to God's royal son,* or he will become angry,
　　and you will be destroyed in the midst
　　　　of all your activities—
　　for his anger flares up in an instant.
　　But what joy for all who take refuge in him!

3 A psalm of David, regarding the time David
fled from his son Absalom.

1 ● O LORD, I have so many enemies;
　　so many are against me.
2 ● So many are saying,
　　"God will never rescue him!"　　Interlude*

3 ● But you, O LORD, are a shield around me;
　　you are my glory, the one who holds
　　　　my head high.
4 ● I cried out to the LORD,
　　and he answered me from his holy
　　　　mountain.　　Interlude

5 ● I lay down and slept,
　　yet I woke up in safety,
　　for the LORD was watching over me.
6 ● I am not afraid of ten thousand enemies
　　who surround me on every side.

7 ● Arise, O LORD!
　　Rescue me, my God!
　　Slap all my enemies in the face!
　　Shatter the teeth of the wicked!
8 ● Victory comes from you, O LORD.
　　May you bless your people.　　Interlude

4 For the choir director: A psalm of David, to be
accompanied by stringed instruments.

1 ● Answer me when I call to you,
　　O God who declares me innocent.
　　Free me from my troubles.
　　Have mercy on me and hear my prayer.

2 ● How long will you people ruin my reputation?

2:7a Or Son; also in 2:12.　　2:7b Or Today I reveal
you as my son.　　2:9 Greek version reads rule. Compare Rev 2:27.　　2:12 The meaning of the Hebrew is
uncertain.　　3:2 Hebrew Selah. The meaning of this
word is uncertain, though it is probably a musical
or literary term. It is rendered Interlude throughout
the Psalms.

3 여호와께서 경건한 사람들을 선택하셨다는 사실을 너희들은 알아야 한다. 내가 기도할 때에 여호와께서 듣고 계신다는 사실을 알아야 한다.

4 화가 난다고 죄를 짓지 마라. 너희는 잠들기 전에 조용히 생각하며 자기 마음을 살펴보아라. (셀라)

5 주께 올바른 제사를 드리고, 여호와를 믿고 의지하여라.

6 많은 사람들이 "누가 우리에게 선한 것을 보여 주겠는가?"라고 물으니 여호와여, 주님의 얼굴을 우리에게 비추어 주소서.

7 주께서 나의 마음에 큰 기쁨을 채워 주시니 이 기쁨은 곡식과 새 포도주가 가득할 때의 기쁨보다 더 큽니다.

8 내가 평안히 누워 잠을 자니 나를 이렇게 안전하게 돌보아 주시는 분은 오직 여호와뿐이십니다.

보호해 달라는 아침 기도
다윗의 시, 지휘자를 따라 관악기에 맞춰 부른 노래

5 여호와여, 내 말에 귀 기울여 주소서. 나의 한 숨 소리를 들어 주소서.

2 도와 달라고 외치는 나의 부르짖음을 들어 주소서. 나의 왕, 나의 하나님이시여, 내가 주께 기도 드립니다.

3 여호와여, 아침마다 주께서 내 소리를 들으시니, 매일 아침 나의 소원들을 주께 아뢰고 주님의 응답을 조용히 기다립니다.

4 주님은 악한 것을 좋아하시는 분이 아니시니 악한 사람들이 주님과 함께할 수 없습니다.

5 거만한 자들이 주 앞에 설 수가 없습니다. 주님은 옳지 못한 일을 하는 사람을 미워하십니다.

6 여호와께서는 거짓말하는 자들을 멸망시키시고, 다른 사람의 피를 흘리고 속이는 자들을 몹시 미워하십니다.

7 나는 오직 주님의 크신 사랑에 힘입어 주님의 집 안으로 들어갈 것입니다. 존경하는 마음으로 주님의 거룩한 전을 향하여 엎드리겠습니다.

8 여호와여, 내 주위에 적들이 많으니 주의 의로운 길로 나를 인도하여 주시고 주의 곧은 길을 보여 주소서.

9 원수들의 말은 한 마디도 믿을 수가 없고, 그들의 마음은 사람을 파멸시키려는 계획들로 가득 차 있습니다. 그들의 목구멍은 열린 무덤과도 같고, 그들의 혀는 거짓말하는 데 능숙합니다.

10 하나님이시여, 그들을 죄인이라 부르소서! 자기들의 꾀에 스스로가 빠져들게 하십시오. 죄값을 치르게 하여 그들을 쫓아 내십시오. 그들이 주님을 배반했기 때문입니다.

How long will you make groundless accusations?
How long will you continue your lies?
Interlude

3 • You can be sure of this:
The LORD set apart the godly for himself.
The LORD will answer when I call to him.

4 • Don't sin by letting anger control you.
Think about it overnight and remain silent.
Interlude

5 • Offer sacrifices in the right spirit,
and trust the LORD.

6 • Many people say, "Who will show us better times?"
Let your face smile on us, LORD.

7 • You have given me greater joy
than those who have abundant harvests of grain and new wine.

8 • In peace I will lie down and sleep,
for you alone, O LORD, will keep me safe.

5 *For the choir director: A psalm of David, to be accompanied by the flute.*

1 • O LORD, hear me as I pray;
pay attention to my groaning.

2 • Listen to my cry for help, my King and my God,
for I pray to no one but you.

3 • Listen to my voice in the morning, LORD.
Each morning I bring my requests to you and wait expectantly.

4 • O God, you take no pleasure in wickedness;
you cannot tolerate the sins of the wicked.

5 • Therefore, the proud may not stand in your presence,
for you hate all who do evil.

6 • You will destroy those who tell lies.
The LORD detests murderers and deceivers.

7 • Because of your unfailing love, I can enter your house;
I will worship at your Temple with deepest awe.

8 • Lead me in the right path, O LORD,
or my enemies will conquer me.
Make your way plain for me to follow.

9 • My enemies cannot speak a truthful word.
Their deepest desire is to destroy others.
Their talk is foul, like the stench from an open grave.
Their tongues are filled with flattery.*

10 • O God, declare them guilty.
Let them be caught in their own traps.
Drive them away because of their many sins,

5:9 Greek version reads *with lies*. Compare Rom 3:12.

11 그러나 주님을 피난처로 삼는 사람들은 누구나 즐겁게 해 주소서. 언제까지나 기쁨의 노래를 부르게 해 주소서. 주님, 그들을 지켜 보호해 주십시오, 주님의 이름을 사랑하는 사람들이 주님 때문에 기뻐할 것입니다.

12 여호와여, 정말로 주님은 의로운 사람에게 복을 주십니다. 주님의 방패 같은 사랑으로 그들을 지켜 주소서.

어려운 때에 자비를 구하는 기도
다윗의 시. 지휘자를 따라
현악기에 맞추어 낮은 음으로 부른 노래

6 여호와여, 주님의 노여움으로 나를 꾸짖지 마시고, 주님의 불 같은 분노로 나를 벌하지 마소서.

2 여호와여, 나는 힘이 없으니 불쌍히 여겨 주소서. 여호와여, 나를 고쳐 주소서. 뼈마디가 고통스럽습니다.

3 내 마음이 찢어질 듯이 아픕니다. 여호와여, 언제까지 기다려야 합니까?

4 여호와여, 돌아오셔서 나를 구해 주시고, 주의 변함없는 사랑으로 나를 살려 주소서.

5 죽으면 아무도 주를 생각할 수 없습니다. 무덤 속에서 누가 주를 찬양할 수 있단 말입니까?

6 나는 신음하다가 지쳐 버렸습니다. 밤을 지새며 눈물로 침대를 적셨으며 울음으로 이불이 흠뻑 젖었습니다.

7 너무 많이 울어 눈앞이 잘 보이지 않습니다. 원수들 때문에 흘린 눈물로 시력이 약해졌습니다.

8 내게서 떠나가거라! 악한 일을 저지르는 모든 자들아! 여호와께서 내 울부짖음을 들으셨다.

9 여호와께서 자비를 간절히 구하는 내 외침을 들으셨으니 내 기도를 받으실 것이다.

10 내 모든 원수들이 두려워하기를 바라고 창피를 당한 후 물러가기를 바랍니다.

사람이 한 일에 따라 심판하실 것에 대한 기도
베냐민 사람 구시가 한 말을 듣고
여호와께 부른 다윗의 식가온*

7 여호와 나의 하나님이시여, 내가 주께 피하니 나를 뒤쫓는 사람들에게서 나를 보호하시고 구해 주소서.

2 그렇지 않으면 그들이 사자처럼 달려들어 나를 갈기갈기 찢어 놓을 것입니다. 나를 구해 줄 사람은 아무도 없습니다.

3 여호와 나의 하나님이시여, 내가 어떻게 살았습니까? 내가 무슨 잘못을 저지른 적이 있습니까?

4 내가 다른 사람에게 악을 행한 일이 있습니까? 아무런 이유 없이 나의 원수의 물건을 빼앗은 적이 있었습니까?

---

for they have rebelled against you.

11 • But let all who take refuge in you rejoice;
    let them sing joyful praises forever.
    Spread your protection over them,
      that all who love your name may be
      filled with joy.

12 • For you bless the godly, O LORD;
    you surround them with your shield
      of love.

6 *For the choir director: A psalm of David, to be accompanied by an eight-stringed instrument.**

1 • O LORD, don't rebuke me in your anger
    or discipline me in your rage.

2 • Have compassion on me, LORD, for I am
      weak.
    Heal me, LORD, for my bones are in
      agony.

3 • I am sick at heart.
    How long, O LORD, until you restore me?

4 • Return, O LORD, and rescue me.
    Save me because of your unfailing love.

5 • For the dead do not remember you.
    Who can praise you from the grave?*

6 • I am worn out from sobbing.
    All night I flood my bed with weeping,
      drenching it with my tears.

7 • My vision is blurred by grief;
    my eyes are worn out because of all
      my enemies.

8 • Go away, all you who do evil,
    for the LORD has heard my weeping.

9 • The LORD has heard my plea;
    the LORD will answer my prayer.

10 • May all my enemies be disgraced and terrified.
    May they suddenly turn back in shame.

7 *A psalm* of David, which he sang to the LORD concerning Cush of the tribe of Benjamin.*

1 • I come to you for protection, O LORD my God.
    Save me from my persecutors—rescue me!

2 • If you don't, they will maul me like a lion,
    tearing me to pieces with no one to
      rescue me.

3 • O LORD my God, if I have done wrong
    or am guilty of injustice,

4 • if I have betrayed a friend
    or plundered my enemy without cause,

6:TITLE Hebrew *with stringed instruments; according to the sheminith.*   6:5 Hebrew *from Sheol?*   7:TITLE Hebrew *A shiggaion,* probably indicating a musical setting for the psalm.

7편 '식가온'은 문학 또는 음악 용어이다.

5 만약 내가 그랬다면, 원수가 나를 쫓아와 붙잡도록 내버려 두십시오. 그가 나를 땅에 짓밟고, 나를 땅에 묻게 하소서. (셀라)

6 여호와여! 분노하시면서 일어나소서. 나의 성난 원수들을 대항하여 일어나 싸워 주소서. 나의 하나님이시여, 일어나소서! 정의를 선포하여 주소서.

7 모든 나라들을 불러 모아 주를 둘러싸게 하시고, 하늘에서 그들을 다스려 주소서.

8 주께서 민족들을 심판해 주소서. 여호와께서 내가 의롭게 행동했는지 판단해 주소서. 가장 높으신 분이시여, 내가 순수하게 행동하였는지 말씀해 주소서.

9 사람의 마음과 생각을 알고 계시는 의로우신 하나님, 악한 사람들의 악을 막아 주시고, 의로운 사람들을 안전하게 보호하여 주소서.

10 가장 높으신 분, 하나님께서는 나의 방패이십니다. 그분은 마음이 바른 사람들을 구원하여 주십니다.

11 하나님께서는 공평하신 재판장이십니다. 그분은 악인을 향해 날마다 분노하시는 하나님이십니다.

12 만일 그들이 마음을 고쳐 바르게 하지 않으면, 하나님께서는 칼을 가시며 활을 당겨 그들을 겨누실 것입니다.

13 하나님께서는 생명을 앗아갈 수 있는 무기로 불화살을 마련해 두셨습니다.

14 악한 생각을 가슴에 품고, 다른 사람에게 고통을 주는 악인은 자기가 만든 속임수에 빠질 것입니다.

15 다른 사람들을 빠뜨리기 위해 구덩이를 깊이 파는 사람들은 스스로 그 구덩이에 빠질 것입니다.

16 그들은 자신들이 일으킨 어려움에 스스로 빠지게 되고, 그들이 일으킨 폭력이 그들 머리 위로 돌아갈 것입니다.

17 의로우신 여호와여, 내가 감사드립니다. 가장 높으신 분, 주님의 이름을 찬송합니다.

하나님의 위대하심과 사람의 가치

다윗의 시. 지휘자를 따라 기쁜 곡조로 부른 노래

8 여호와, 우리의 주님이시여! 주님의 이름이 온 땅에 어찌 그리 장엄한지요? 주님께서 하늘 위에 주님의 찬란한 영광을 두셨습니다.

2 주님께서는 어린이들과 젖 먹는 아기들이 주님께 찬양을 올리도록 하셨습니다. 주님께 대항하는 원수들과 적들과 보복하려는 자들을 침묵시키기 위해서입니다.

3 주님의 하늘을 바라봅니다. 주님의 손가락으로

---

5 • then let my enemies capture me.
     Let them trample me into the ground
     and drag my honor in the dust. *Interlude*

6 • Arise, O LORD, in anger!
     Stand up against the fury of my enemies!
     Wake up, my God, and bring justice!

7 • Gather the nations before you.
     Rule over them from on high.

8 •   The LORD judges the nations.
     Declare me righteous, O LORD,
     for I am innocent, O Most High!

9 • End the evil of those who are wicked,
     and defend the righteous.
     For you look deep within the mind and heart,
     O righteous God.

10 • God is my shield,
     saving those whose hearts are true and right.

11 • God is an honest judge.
     He is angry with the wicked every day.

12 • If a person does not repent,
     God* will sharpen his sword;
     he will bend and string his bow.

13 • He will prepare his deadly weapons
     and shoot his flaming arrows.

14 • The wicked conceive evil;
     they are pregnant with trouble
     and give birth to lies.

15 • They dig a deep pit to trap others,
     then fall into it themselves.

16 • The trouble they make for others backfires on them.
     The violence they plan falls on their own heads.

17 • I will thank the LORD because he is just;
     I will sing praise to the name of the LORD Most High.

8 *For the choir director: A psalm of David, to be accompanied by a stringed instrument.**

1 • O LORD, our Lord, your majestic name fills the earth!
     Your glory is higher than the heavens.

2 • You have taught children and infants
     to tell of your strength,*
     silencing your enemies
     and all who oppose you.

3 • When I look at the night sky and see the work of your fingers—

7:12 Hebrew *he.*   8: Hebrew *according to the gittith.*   8:2 Greek version reads *to give you praise.* Compare Matt 21:16.

시

지으신 하늘을 생각해 봅니다. 주님께서 하늘에
자리를 정해 준 달과 별들을 생각해 봅니다.

4 사람이 무엇이기에 주님께서는 그를 기억하시
고, 인간이 무엇이기에 주님께서는 그를 돌보아
주시는지요?

5 주님께서는 사람을 천사보다 조금 못하게 지으
시고, 그 머리에 영광과 존엄의 왕관을 씌우셨
습니다.

6 주님께서 만드신 모든 것을 사람이 다스리게 하
시고, 모든 것들을 사람에게 맡기셨습니다.

7 모든 양 떼들과 소 떼들, 그리고 들판의 짐승들,

8 하늘을 나는 온갖 새들과 바닷속에 사는 모든 것
들을 다스리게 하셨습니다.

9 여호와, 우리 주여! 주의 이름이 온 땅에 어찌 그
리 장엄한지요?

승리에 대한 감사 기도
다윗의 시. 지휘자를 따라
"아들의 죽음"이라는 곡조에 맞춰 부른 노래

9 오 주님, 내가 온 마음을 다해 여호와를 찬양
하며, 주께서 행하신 놀라운 일들을 모두 노
래하겠습니다.

2 내가 주를 기뻐하고 즐거워할 것입니다. 가장
높으신 분, 주님의 이름을 찬송하겠습니다.

3 나의 원수들이 도망치다가 넘어지며, 주님 앞에
서 멸망합니다.

4 주께서 나의 억울한 사정을 들으시고 보좌에 앉
으셔서 공평하게 재판하셨습니다.

5 주께서 모든 나라들을 꾸짖으시고, 악한 사람들
을 망하게 하시며, 그들의 이름을 영영 지워 버
리셨습니다.

6 원수들이 끝없이 파멸하였습니다. 주님께서 그
들이 살던 성을 뿌리 뽑으셨기 때문에 이제 아무
도 그 성을 기억하지 못합니다.

7 여호와께서는 영원히 다스리십니다. 여호와께
서 재판하시기 위해 보좌에 앉아 계십니다.

8 여호와께서는 세상을 정의롭게 판단하실 것이
며, 모든 민족들을 공의롭게 다스리실 것입니
다.

9 여호와는 억압받는 사람들의 피난처가 되시며,
그들이 어려움 가운데 있을 때에 보호자가 되십
니다.

10 여호와여, 주의 이름을 아는 사람들은 모두 주
님을 믿고 의지할 것입니다. 왜냐하면 주님은
주님께 오는 자들을 저버리지 않으시기 때문입
니다.

11 시온의 왕이신 여호와를 찬양하여라. 여호와께
서 행하신 일을 모든 나라들에게 알려라.

the moon and the stars you set in place—
4 • what are mere mortals that you should
think about them,
human beings that you should care
for them?*
5 • Yet you made them only a little lower than
God*
and crowned them* with glory and
honor.
6 • You gave them charge of everything you
made,
putting all things under their authority—
7 • the flocks and the herds
and all the wild animals,
8 • the birds in the sky, the fish in the sea,
and everything that swims the ocean
currents.
9 • O LORD, our Lord, your majestic name fills
the earth!

9 For the choir director: A psalm of David, to be
sung to the tune "Death of the Son."

1 • I will praise you, LORD, with all my heart;
I will tell of all the marvelous things
you have done.
2 • I will be filled with joy because of you.
I will sing praises to your name,
O Most High.

3 • My enemies retreated;
they staggered and died when you appeared.
4 • For you have judged in my favor;
from your throne you have judged with
fairness.
5 • You have rebuked the nations and
destroyed the wicked;
you have erased their names forever.
6 • The enemy is finished, in endless ruins;
the cities you uprooted are now forgotten.

7 • But the LORD reigns forever,
executing judgment from his throne.
8 • He will judge the world with justice
and rule the nations with fairness.
9 • The LORD is a shelter for the oppressed,
a refuge in times of trouble.
10 • Those who know your name trust in you,
for you, O LORD, do not abandon those
who search for you.

11 • Sing praises to the LORD who reigns in
Jerusalem.*

8:4 Hebrew what is man that you should think of
him, / the son of man that you should care for him?
8:5a Or Yet you made them only a little lower than
the angels; Hebrew reads Yet you made him [i.e.,
man] a little lower than Elohim. 8:5b Hebrew
him [i.e., man]; similarly in 8:6. 9:11 Hebrew
Zion; also in 9:14.

12 살인자에게 복수하시는 이가 고통당한 자를 기억하십니다. 여호와는 고통받는 사람들의 외침을 잊지 않으십니다.

13 오 여호와여, 보소서. 얼마나 많은 적들이 나를 대적하는지요! 나를 불쌍히 보시고 내가 죽음의 문을 지날 때에 나를 구해 주소서.

14 그러면 내가 시온 성문들에서 주를 높이 찬양하며, 주님의 구원을 찬송하고 즐거워할 것입니다.

15 모든 나라들은 자기들이 판 구덩이에 빠졌습니다. 자기들이 숨겨 놓은 그물에 스스로 걸려들었습니다.

16 여호와께서는 정의로우신 분으로 잘 알려져 있습니다. 악한 자들은 자신들이 놓아 둔 덫에 걸려들게 됩니다. (힉가온,* 셀라)

17 악한 자들은 무덤으로 갈 것입니다. 하나님을 잊어버린 모든 나라들도 그곳으로 갈 것입니다.

18 그러나 가난한 자들이 항상 잊혀지는 것은 아닙니다. 고통당하는 자들의 희망이 사라지는 것도 아닙니다.

19 여호와여, 일어나소서! 사람들이 우쭐대지 못하게 하여 주소서. 거만한 나라들이 주님 앞에서 심판받게 하여 주소서.

20 여호와여, 저들을 내리치사 자신들은 한낱 사람에 불과하다는 것을 저들이 알게 하여 주소서. (셀라)

악한 사람들에 대한 불평

10 여호와여, 어찌하여 그토록 멀리 계십니까? 어찌하여 내가 어려움에 처했을 때에 숨어 계십니까?

2 거만하고 악한 자들이 연약한 자들을 몹시 괴롭게 합니다. 악한 자들을 그들이 만든 함정에 빠지게 하소서.

3 악한 자들은 자기가 바라는 것을 자랑하며, 지나치게 욕심이 많은 자들은 여호와를 배신하며 멸시합니다.

4 악하고 교만한 자들은 하나님을 찾지 않습니다. 그들의 머릿속에는 도무지 하나님이 계시지 않습니다.

5 그런데 그들은 항상 번영하는 삶을 누리며 주님의 가르침과는 거리가 먼 삶을 살고 있습니다.

6 그들은 속으로, "내게 나쁜 일은 하나도 일어나지 않을 거야. 나는 절대로 실패하지 않을 거야"라고 말합니다.

Tell the world about his unforgettable deeds.

12 • For he who avenges murder cares for the helpless.
He does not ignore the cries of those who suffer.

13 • LORD, have mercy on me.
See how my enemies torment me.
Snatch me back from the jaws of death.

14 • Save me so I can praise you publicly at Jerusalem's gates,
so I can rejoice that you have rescued me.

15 • The nations have fallen into the pit they dug for others.
Their own feet have been caught in the trap they set.

16 • The LORD is known for his justice.
The wicked are trapped by their own deeds.
Quiet Interlude*

17 • The wicked will go down to the grave.*
This is the fate of all the nations who ignore God.

18 • But the needy will not be ignored forever;
the hopes of the poor will not always be crushed.

19 • Arise, O LORD!
Do not let mere mortals defy you!
Judge the nations!

20 • Make them tremble in fear, O LORD.
Let the nations know they are merely human. *Interlude*

10 • O LORD, why do you stand so far away?
Why do you hide when I am in trouble?

2 • The wicked arrogantly hunt down the poor.
Let them be caught in the evil they plan for others.

3 • For they brag about their evil desires;
they praise the greedy and curse the LORD.

4 • The wicked are too proud to seek God.
They seem to think that God is dead.

5 • Yet they succeed in everything they do.
They do not see your punishment awaiting them.
They sneer at all their enemies.

6 • They think, "Nothing bad will ever happen to us!
We will be free of trouble forever!"

9:16 Hebrew *Higgaion Selah.* The meaning of this phrase is uncertain.   **9:17** Hebrew *to Sheol.*

9:16 '힉가온' 은 다른 말로는 '명상' 이라 할 수 있으며, 음악적 용어를 가리키는 듯하다.

7 그들의 입은 욕지거리와 거짓말, 협박하는 말들이 가득하고 온갖 저주와 악한 말들을 내뱉습니다.

8 그들은 마을 근처에 몰래 숨어서 기다립니다. 숲에 숨어서 기다리다가 무고한 사람들을 죽입니다.

9 그들은 사자처럼 숨어서 기다립니다. 힘없는 사람들을 잡아 죽이려고 숨어서 기다립니다. 힘없는 사람들을 그물로 잡아 질질 끌고 갑니다.

10 잡힌 자들은 짓밟히고 쓰러집니다. 그들은 힘없이 쓰러질 뿐입니다.

11 그들은 속으로 말하기를, "하나님께서 우리를 잊어 버리셨어. 무슨 일이 일어나고 있는지 보고 계시지 않아"라고 합니다.

12 여호와여, 일어나소서. 오 하나님이여, 주님의 손을 들어 주소서. 힘없는 사람들을 잊지 마소서.

13 어찌하여 악한 사람들이 하나님을 업신여긴단 말입니까? 어찌하여 그들은 속으로 "하나님은 우리에게 책임을 묻지 않을 거야"라고 한단 말입니까?

14 그러나 주께서는 고통당하는 자들의 고통과 슬픔을 보고 계실 것입니다. 주께서는 그들의 고통과 슬픔을 속속들이 잘 아실 것입니다. 고통당하는 자들이 주께 도움을 구합니다. 주는 고아들을 돕는 자가 아니십니까!

15 악한 자들과 못된 자들의 팔을 꺾어 주소서. 그들의 악행을 철저하게 찾아 내어 무거운 책임을 물으시고 벌을 내려 주소서.

16 여호와께서는 영원한 왕이십니다. 주님께 대항하는 나라들은 주님의 땅에서 사라질 것입니다.

17 여호와여, 고통당하는 자들의 소원을 들어 보십시오, 그들을 격려해 주소서. 그들의 부르짖음에 귀 기울여 주소서.

18 고아들과 핍박받는 자들을 변호해 주소서. 그러면 땅의 사람들이 그들을 더 이상 공포에 몰아넣지 못할 것입니다.

여호와를 신뢰함
다윗의 시. 지휘자를 따라 부른 노래

11 내가 여호와께 피신합니다. 그런데 어찌하여 너희들은 나에게 이런 소리를 하는가? "새처럼 산으로 도망쳐라.

2 보라, 악한 자들이 사냥꾼처럼 활을 당기고, 화살을 쏘려고 한다. 어두운 곳에서 정직한 사람들을 향해 활을 쏘고 있다.

3 터가 무너져 내리는데 의로운 사람들이 할 수 있는 일이 무엇이겠는가?"

---

7 • Their mouths are full of cursing, lies, and threats.*
Trouble and evil are on the tips of their tongues.

8 • They lurk in ambush in the villages, waiting to murder innocent people. They are always searching for helpless victims.

9 • Like lions crouched in hiding, they wait to pounce on the helpless. Like hunters they capture the helpless and drag them away in nets.

10 • Their helpless victims are crushed; they fall beneath the strength of the wicked.

11 • The wicked think, "God isn't watching us! He has closed his eyes and won't even see what we do!"

12 • Arise, O LORD! Punish the wicked, O God! Do not ignore the helpless!

13 • Why do the wicked get away with despising God? They think, "God will never call us to account."

14 • But you see the trouble and grief they cause. You take note of it and punish them. The helpless put their trust in you. You defend the orphans.

15 • Break the arms of these wicked, evil people! Go after them until the last one is destroyed.

16 • The LORD is king forever and ever! The godless nations will vanish from the land.

17 • LORD, you know the hopes of the helpless. Surely you will hear their cries and comfort them.

18 • You will bring justice to the orphans and the oppressed, so mere people can no longer terrify them.

11 *For the choir director: A psalm of David.*

1 • I trust in the LORD for protection. So why do you say to me, "Fly like a bird to the mountains for safety!

2 • The wicked are stringing their bows and fitting their arrows on the bowstrings. They shoot from the shadows at those whose hearts are right.

3 • The foundations of law and order have collapsed. What can the righteous do?"

---

lurk [lə́ːrk] *vi.* 숨어 기다리다
pounce [pauns] *vi.* (…에) 갑자기 달려들다
12:8 strut about : 어깨를 으쓱거리며 걷다

10:7 Greek version reads *cursing and bitterness.*
Compare Rom 3:14.

4 여호와께서 성전에 계시며, 여호와의 보좌는 하늘 높이 있습니다. 그리고 사람들을 눈여겨 보십니다. 눈길을 떼시지 않고 사람들을 자세히 살피십니다.

5 여호와는 의로운 사람들은 사랑하시지만 악한 자들과 다른 사람을 해치려는 사람들은 미워하십니다.

6 여호와는 악한 자들 위에 숯불과 유황불을 비오듯 쏟아 부을 것입니다. 태워 버리는 불바람이 그들의 운명이 될 것입니다.

7 여호와는 의로우시며, 정의를 사랑하십니다. 정직한 사람들이 그분의 얼굴을 보게 될 것입니다.

거짓말쟁이들에 대한 기도

다윗의 시. 지휘자를 따라 낮은 음에 맞춰 부른 노래

12 여호와여! 도와 주소서. 진실한 사람들이 없습니다. 충성스런 사람들을 이 땅에서 찾아볼 수가 없습니다.

2 사람들은 저마다 이웃들에게 거짓말을 합니다. 그들은 간사한 입술로 다른 사람을 속입니다.

3 여호와께서 교활한 입술을 멈추게 해 주소서. 자랑하는 이들의 혀를 끊어 주소서.

4 그들은 "우리 입으로 우리가 말하는데, 우리 혀로 우리가 말하는데, 누가 우리를 막는단 말인가?"라고 말합니다.

5 그렇지만 여호와께서 이렇게 말씀하십니다. "연약한 사람들이 핍박을 받고 가난한 자들이 신음하고 있으니 이제 내가 일어날 것이다. 그들을 고통스럽게 하는 자들로부터 보호할 것이다."

6 여호와의 말씀은 참됩니다. 도가니에서 일곱 번 걸러 낸 은과 같습니다.

7 여호와여! 저희를 안전하게 지켜 주소서. 그런 악한 자들로부터 끝까지 보살펴 주소서.

8 이 땅 어디에서나 더러운 일들이 판을 치고, 악한 자들이 거침없이 활개치고 다닙니다.

하나님께 가까이 와 달라는 기도

다윗의 시. 지휘자를 따라 부른 노래

13 여호와여! 언제까지 나를 잊고 계실 것입니까? 언제까지 숨어 계실 것입니까?

2 언제까지 내가 걱정해야 합니까? 언제까지 내가 날마다 슬퍼해야 됩니까? 언제까지 원수가 나를 보고 우쫄대어야 한단 말입니까?

3 오 주님, 나의 하나님이시여, 나를 보시고 내게 대답해 주소서. 내 눈을 밝혀 주소서. 그렇지 않으면 나는 죽음의 잠을 잘 것입니다.

4 나의 원수들이 "내가 이겼다!"라고 말하지 못하

4 ● But the LORD is in his holy Temple;
the LORD still rules from heaven.
He watches everyone closely,
examining every person on earth.

5 ● The LORD examines both the righteous
and the wicked.
He hates those who love violence.

6 ● He will rain down blazing coals and
burning sulfur on the wicked,
punishing them with scorching winds.

7 ● For the righteous LORD loves justice.
The virtuous will see his face.

12 *For the choir director: A psalm of David, to be accompanied by an eight-stringed instrument.**

1 ● Help, O LORD, for the godly are fast
disappearing!
The faithful have vanished from the earth!

2 ● Neighbors lie to each other,
speaking with flattering lips and
deceitful hearts.

3 ● May the LORD cut off their flattering lips
and silence their boastful tongues.

4 ● They say, "We will lie to our hearts' content.
Our lips are our own—who can
stop us?"

5 ● The LORD replies, "I have seen violence
done to the helpless,
and I have heard the groans of the poor.
Now I will rise up to rescue them,
as they have longed for me to do."

6 ● The LORD's promises are pure,
like silver refined in a furnace,
purified seven times over.

7 ● Therefore, LORD, we know you will protect
the oppressed,
preserving them forever from this
lying generation,

8 ● even though the wicked strut about,
and evil is praised throughout the land.

13 *For the choir director: A psalm of David.*

1 ● O LORD, how long will you forget me? Forever?
How long will you look the other way?

2 ● How long must I struggle with anguish
in my soul,
with sorrow in my heart every day?
How long will my enemy have the upper
hand?

3 ● Turn and answer me, O LORD my God!
Restore the sparkle to my eyes, or
I will die.

4 ● Don't let my enemies gloat, saying, "We have

12:TITLE Hebrew *according to the sheminith.*

게 해 주소서. 내가 쓰러질 때, 나의 원수들이 기뻐할 것입니다.

5 나는 주의 변함없는 사랑을 믿습니다. 내 마음이 주님의 구원을 기뻐합니다.

6 내가 여호와를 노래할 것입니다. 왜냐하면 여호와께서 내게 은혜를 베푸셨기 때문입니다.

실질적 무신론자들
다윗의 시. 지휘자를 따라 부른 노래

14 어리석은 자는 마음속으로 말하기를, "하나님은 없다"라고 합니다. 그들의 행위는 더럽고 썩었으며, 선한 일을 행하는 사람이 아무도 없습니다.

2 여호와께서 하늘에서 땅의 사람들을 굽어보시니, 지혜로운 사람이 있는지 하나님을 찾는 사람이 있는지 살펴보고자 하심입니다.

3 그러나 모든 사람들이 뒤돌아서서 잘못된 길로 갔습니다. 그들 모두가 썩은 것입니다. 선한 일을 하는 사람이 하나도 없습니다.

4 악한 자들이 언제쯤 깨닫겠습니까? 그들은 내 백성을 빵 먹어 치우듯이 먹어 버리고, 여호와를 부르지 않습니다.

5 그러나 악한 자들은 두려워 떨 것입니다. 왜냐하면 하나님께서 의롭게 사는 사람들과 함께하시기 때문입니다.

6 저희 악한 자들은 가난한 사람들의 계획들을 방해하려 하지만 여호와께서는 가난한 사람들의 피난처가 되십니다.

7 이스라엘을 위한 구원이 시온으로부터 올 것입니다! 여호와께서 그의 백성의 운명을 회복시키실 때에 야곱은 즐거워할 것이고, 이스라엘은 기뻐할 것입니다.

하나님께서 명령하시는 것
다윗의 시

15 여호와여, 주님의 거룩한 장막에 살 자가 누구입니까? 주님의 거룩한 산에 살 자가 누구입니까?

2 깨끗하게 살고, 옳은 일을 행하며, 마음으로부터 진실만을 말하고,

3 입으로 다른 사람을 모함하지 않는 사람입니다. 이웃에게 해를 끼치지 않고, 이웃을 모욕하지 않는 사람입니다.

4 악한 자들을 경멸하되 여호와를 두려워하는 이들을 높이는 사람입니다. 손해가 나더라도 맹세를 지키는 사람입니다.

5 많은 이자를 받고 돈을 꾸어 주거나 죄 없는 사람을 뇌물을 받고 억울하게 하는 사람이 아닙니다. 이렇게 사는 사람은 영원히 흔들리지 않을 것입니다.

---

defeated him!"
Don't let them rejoice at my downfall.

5 • But I trust in your unfailing love.
I will rejoice because you have rescued me.
6 • I will sing to the LORD
because he is good to me.

14 *For the choir director: A psalm of David.*

1 • Only fools say in their hearts,
"There is no God."
They are corrupt, and their actions are evil;
not one of them does good!

2 • The LORD looks down from heaven
on the entire human race;
he looks to see if anyone is truly wise,
if anyone seeks God.
3 • But no, all have turned away;
all have become corrupt.*
No one does good,
not a single one!

4 • Will those who do evil never learn?
They eat up my people like bread
and wouldn't think of praying to the LORD.
5 • Terror will grip them,
for God is with those who obey him.
6 • The wicked frustrate the plans of the
oppressed,
but the LORD will protect his people.

7 • Who will come from Mount Zion to rescue
Israel?
When the LORD restores his people,
Jacob will shout with joy, and Israel
will rejoice.

15 *A psalm of David.*

1 • Who may worship in your sanctuary, LORD?
Who may enter your presence on your
holy hill?
2 • Those who lead blameless lives and do
what is right,
speaking the truth from sincere hearts.
3 • Those who refuse to gossip
or harm their neighbors
or speak evil of their friends.
4 • Those who despise flagrant sinners,
and honor the faithful followers of the LORD,
and keep their promises even when it hurts.
5 • Those who lend money without charging
interest,
and who cannot be bribed to lie about
the innocent.

14:3 Greek version reads *have become useless.*
Compare Rom 3:12.

주께서 자기 백성을 돌보십니다
다윗의 믹담*

16 하나님이시여, 나를 보호해 주소서. 내가 주께로 피합니다.

2 내가 여호와께 말합니다. "당신은 나의 주님이시니 주님을 떠나서는 어디에도, 나의 행복이 없습니다."

3 이 세상에 있는 성도들은 영광스런 사람들입니다. 나는 그 사람들을 자랑스럽게 생각합니다.

4 그러나 다른 신들을 따라가는 사람들은 커다란 쓰라림을 맛볼 것입니다. 나는 그런 우상들에게 피의 잔을 바치지 않겠으며, 그 이름조차 부르지 않겠습니다.

5 여호와는 내가 받을 재산과 마실 잔을 정해 주셨습니다. 여호와는 내가 받을 몫을 안전하게 보호해 주십니다.

6 주께서 주신 땅은 매우 좋은 곳입니다. 정말로 나는 아름다운 몫을 받았습니다.

7 여호와께서 내 갈 길을 보이시니 내가 여호와를 찬양합니다. 밤에도 주께서 이끄심을 마음으로 느낍니다.

8 나는 늘 내 앞에 여호와를 모셔 두었습니다. 주님께서 늘 내 오른편에 계시므로 내가 결코 흔들리지 않을 것입니다.

9 그러므로 내 마음이 기쁘고, 내 목소리를 높여 주님을 노래합니다. 내 몸이 편안히 쉴 수 있습니다.

10 그것은 주님께서 나를 무덤에 내버려 두지 않으시고, 주님께서 주님의 거룩한 자를 썩지 않게 하실 것이기 때문입니다.

11 주님께서 내게 생명의 길을 보여 주셨으니, 주님의 앞에서는 나의 기쁨이 항상 넘치고, 주님의 오른편에 있으면 언제까지나 기쁨을 맛볼 것입니다.

보호를 바라는 기도
다윗의 시

17 여호와여, 나의 의로운 간청을 들어 보소서. 나의 부르짖음에 귀 기울여 들어 보소서. 내 기도에 귀를 기울여 주소서. 내 기도는 결코 거짓되지 않습니다.

2 주께서 내가 옳다고 판단하실 것입니다. 주의 눈은 결백한 사람을 알아보실 수 있을 것입니다.

3 주께서 내 마음을 살펴보시고, 밤에도 나를 조사하셨습니다. 잘못을 찾으려 하셨으나 아무 잘못도 발견하지 못하셨습니다. 나는 입으로 죄를 짓지 않겠다고 결심했습니다.

4 다른 사람들이 어떻게 행동하든지 상관없이 나는 주님의 말씀을 따랐습니다. 나는 악한 자들

Such people will stand firm forever.

16 *A psalm* of David.

1 • Keep me safe, O God,
   for I have come to you for refuge.

2 • I said to the LORD, "You are my Master!
   Every good thing I have comes from you."

3 • The godly people in the land
   are my true heroes!
   I take pleasure in them!

4 • Troubles multiply for those who chase
   after other gods.
   I will not take part in their sacrifices of blood
   or even speak the names of their gods.

5 • LORD, you alone are my inheritance, my
   cup of blessing.
   You guard all that is mine.

6 • The land you have given me is a pleasant land.
   What a wonderful inheritance!

7 • I will bless the LORD who guides me;
   even at night my heart instructs me.

8 • I know the LORD is always with me.
   I will not be shaken, for he is right
   beside me.

9 • No wonder my heart is glad, and I rejoice.*
   My body rests in safety.

10 • For you will not leave my soul among
   the dead*
   or allow your holy one* to rot in the grave.

11 • You will show me the way of life,
   granting me the joy of your presence
   and the pleasures of living with you forever.*

17 *A prayer of David.*

1 • O LORD, hear my plea for justice.
   Listen to my cry for help.
   Pay attention to my prayer,
   for it comes from honest lips.

2 • Declare me innocent,
   for you see those who do right.

3 • You have tested my thoughts and examined
   my heart in the night.
   You have scrutinized me and found
   nothing wrong.
   I am determined not to sin in what I say.

4 • I have followed your commands,

16:TITLE Hebrew *miktam.* This may be a literary or musical term.　16:9 Greek version reads *and my tongue shouts his praises.* Compare Acts 2:26. 16:10a Hebrew *in Sheol.*　16:10b Or *your Holy One.*　16:11 Greek version reads *You have shown me the way of life, / and you will fill me with the joy of your presence.* Compare Acts 2:28.

16편 '믹담'은 문학 또는 음악 용어이다.

의 길을 따르지 않고 내 자신을 보살폈습니다.

5 나는 주께서 가라고 하신 길로만 갔고, 곁길로 간 적이 없습니다.

6 오 하나님, 내가 지금 주님을 부르니 나의 부르 짖음에 대답해 주소서. 내게 귀를 기울이시고 나의 기도에 응답해 주소서.

7 주님의 놀라운 큰 사랑을 내게 베풀어 주소서. 원수들을 피해 주께 오는 자들에게 주님은 능력 의 오른손으로 구원을 베푸시는 분이십니다.

8 주님의 눈동자처럼 나를 지켜 주소서. 어미새가 날개 아래로 새끼들을 숨기듯이 나를 보호해 주 소서.

9 나를 공격하는 악한 자들로부터 지켜 주소서. 나를 둘러싸고 있는 무서운 원수들로부터 보호 해 주소서.

10 그들의 마음은 기름기로 굳어졌고 거만하게 말 합니다.

11 나를 쫓아와서 이제는 나를 둘러싸고 있습니다. 나를 땅에 메어치려고 노려보고 있습니다.

12 그들은 먹이에 굶주린 사자 같기도 하고, 숨어 서 노려보는 무서운 사자와도 같습니다.

13 여호와여, 일어나시어 적과 맞서십시오. 그들 을 때려눕히십시오. 주님의 칼로 악한 자들을 치시고 나를 건져 주십시오.

14 여호와여, 주님의 능력의 손으로 그들에게서 나 를 구원하여 주소서. 이 세상에서 받을 몫을 다 받고 사는 그들에게서 나를 구원하여 주소서. 주님은 주님이 기뻐하시는 자들의 배고픔을 채 워 주실 것입니다. 그들의 자녀들은 풍족할 것 입니다. 그들은 자손들을 위해 많은 재산을 쌓 을 것입니다.

15 그리고 나는 떳떳하게 주님의 얼굴을 바라볼 것 입니다. 이 밤이 지나 깨어날 때에 나는 주님의 모습을 보는 것으로 만족할 것입니다.

승리의 노래

지휘자를 따라 부른 노래. 여호와의 종 다윗의 시.
여호와께서 사울과 다른 적들로부터
자신을 구해 주셨을 때

18 나의 힘이 되신 여호와여! 내가 주님을 사 랑합니다.

2 여호와는 나의 반석, 나의 요새, 나의 구원자이 십니다. 나의 하나님은 피할 바위이십니다. 주 님은 나의 방패, 구원하시는 뿔, 나의 산성이십 니다.

3 내가 찬양받기에 합당하신 여호와께 부르짖으 니 그가 나를 수많은 원수들로부터 구하실 것을 확신합니다.

---

         which keep me from following cruel
         and evil people.

5 • My steps have stayed on your path;
      I have not wavered from following you.

6 • I am praying to you because I know you
           will answer, O God.
      Bend down and listen as I pray.

7 • Show me your unfailing love in wonderful
           ways.
      By your mighty power you rescue
         those who seek refuge from their enemies.

8 • Guard me as you would guard your own eyes.*
      Hide me in the shadow of your wings.

9 • Protect me from wicked people who attack me,
      from murderous enemies who surround me.

10 • They are without pity.
      Listen to their boasting!

11 • They track me down and surround me,
      watching for the chance to throw me
         to the ground.

12 • They are like hungry lions, eager to tear
         me apart—
      like young lions hiding in ambush.

13 • Arise, O LORD!
      Stand against them, and bring them
         to their knees!
      Rescue me from the wicked with your
         sword!

14 • By the power of your hand, O LORD,
      destroy those who look to this world
         for their reward.
      But satisfy the hunger of your treasured ones.
      May their children have plenty,
      leaving an inheritance for their descendants.

15 • Because I am righteous, I will see you.
      When I awake, I will see you face to
         face and be satisfied.

18 For the choir director: A psalm of David, the
servant of the LORD. He sang this song to
the LORD on the day the LORD rescued him from
all his enemies and from Saul. He sang:

1 • I love you, LORD;
      you are my strength.

2 • The LORD is my rock, my fortress, and my
         savior;
      my God is my rock, in whom I find
         protection.
      He is my shield, the power that saves me,
      and my place of safety.

3 • I called on the LORD, who is worthy of praise,
      and he saved me from my enemies.

---

refuge [réfju:dʒ] n. 피난처
waver [wéivər] vi. 동요하다; 망설이다
17:12 hide in ambush : 잠복하다

17:8 Hebrew as the pupil of your eye.

4 죽음의 줄이 나를 묶고, 멸망의 물살이 나를 덮쳤습니다.

5 무덤의 줄이 나를 묶고, 죽음의 덫이 나를 덮었습니다.

6 고통 중에 내가 여호와를 불렀고, 나의 하나님께 도와 달라고 부르짖었습니다. 저가 성전에서 내 목소리를 들으셨으며, 울부짖는 내 외침이 그의 귀에 들렸습니다.

7 땅이 떨리고 뒤흔들리며, 산들의 뿌리가 흔들리기 시작했습니다. 이는 주님께서 노하셨기 때문입니다.

8 코에서는 연기를 뿜어 내시고, 입으로는 타오르는 불길을 토해 내셨습니다. 불타는 숯불이 주님의 입으로부터 터져 나왔습니다.

9 저가 하늘을 가르고 내려오셔서 검은 구름을 발로 밟고 계셨습니다.

10 날개 달린 생물인 그룹을 타고 날아오셨습니다. 바람 날개를 타고 내려오셨습니다.

11 어두움으로 몸을 덮으셔서 천막을 만드셨으며 어두운 비가 하늘을 덮었습니다.

12 그 앞에 빛난 빛으로부터 짙은 구름이 나왔으며 우박이 내리고 번개가 쳤습니다.

13 여호와께서 하늘로부터 천둥 소리를 내셨습니다. 가장 높으신 하나님의 목소리가 울리기 시작했습니다.

14 주님께서 활을 쏘시어 원수들을 흩어 쫓으셨습니다. 번개를 내리치시니 원수들이 놀라서 도망쳤습니다.

15 여호와께서 꾸짖으시고 콧김을 세차게 불자 바닷속 골짜기들이 드러나고 땅의 밑바닥이 훤히 드러나 보였습니다.

16 주님께서 높은 곳에서 손을 뻗으시어 나를 잡으시고, 깊은 물 속에서 건져 내셨습니다.

17 주님께서 힘센 원수들로부터 나를 구해 주셨습니다. 내가 감당하기에 그들은 너무나 힘센 자들이었습니다.

18 내가 재난 가운데 있을 때, 그들이 내게 달려들었지만 여호와는 나를 붙잡아 주셨습니다.

19 여호와께서 나를 안전한 곳으로 데리고 가시고, 나를 기뻐하심으로 구원해 주셨습니다.

20 내가 옳은 일을 하므로 여호와께서 내게 상을 내리셨으며, 깨끗하게 살았다고 여호와께서 내게 복을 주셨습니다.

21 나는 여호와의 길을 따랐습니다. 나의 하나님을 떠나 나쁜 짓을 하지 않았습니다.

22 나는 항상 주님의 법을 앞에 두고 살았고, 그분의 법을 저버린 적이 없습니다.

4 • The ropes of death entangled me;
  floods of destruction swept over me.

5 • The grave* wrapped its ropes around me;
  death laid a trap in my path.

6 • But in my distress I cried out to the LORD;
  yes, I prayed to my God for help.
  He heard me from his sanctuary;
  my cry to him reached his ears.

7 • Then the earth quaked and trembled.
  The foundations of the mountains shook;
  they quaked because of his anger.

8 • Smoke poured from his nostrils;
  fierce flames leaped from his mouth.
  Glowing coals blazed forth from him.

9 • He opened the heavens and came down;
  dark storm clouds were beneath his feet.

10 • Mounted on a mighty angelic being,*
  he flew,
  soaring on the wings of the wind.

11 • He shrouded himself in darkness,
  veiling his approach with dark rain clouds.

12 • Thick clouds shielded the brightness
  around him
  and rained down hail and burning coals.*

13 • The LORD thundered from heaven;
  the voice of the Most High resounded
  amid the hail and burning coals.

14 • He shot his arrows and scattered his enemies;
  great bolts of lightning flashed, and they
  were confused.

15 • Then at your command, O LORD,
  at the blast of your breath,
  the bottom of the sea could be seen,
  and the foundations of the earth were
  laid bare.

16 • He reached down from heaven and rescued
  me;
  he drew me out of deep waters.

17 • He rescued me from my powerful enemies,
  from those who hated me and were too
  strong for me.

18 • They attacked me at a moment when I
  was in distress,
  but the LORD supported me.

19 • He led me to a place of safety;
  he rescued me because he delights in me.

20 • The LORD rewarded me for doing right;
  he restored me because of my innocence.

21 • For I have kept the ways of the LORD;
  I have not turned from my God to follow
  evil.

22 • I have followed all his regulations;

---

entangle [intǽŋgl] vt. 얽어 감다
sanctuary [sǽŋktʃuèri] n. 성소
soar [sɔ́ːr] vi. 하늘을 날다

18:5 Hebrew *Sheol.*   18:10 Hebrew *a cherub.*
18:12 Or *and lightning bolts;* also in 18:13.

23 나는 하나님 앞에서 나무랄 데 없이 살았고, 죄에 빠지지 않도록 조심하였습니다.

24 내가 옳은 일을 하니 여호와께서 내게 상을 내리셨으며, 깨끗하게 살았다고 여호와께서 내게 복을 주셨습니다.

25 신실한 사람들에게는 주의 신실하심을 보여 주시고, 흠 없는 사람들에게는 주의 흠 없음을 보여 주십니다.

26 마음이 깨끗한 사람들에게는 주의 깨끗하심을 보여 주십니다. 그러나 주님은 못된 사람들에게는 못되게 갚아 주시는 분이십니다.

27 주는 겸손한 사람들을 구원하시지만, 거만한 눈을 가진 사람들은 초라하게 만드십니다.

28 여호와께서 내 등잔에 불을 붙여 주셨습니다. 나의 하나님께서 나를 둘러싼 어두움을 빛으로 바꾸셨습니다.

29 주님의 도우심으로 나는 군대와 같은 원수들을 칠 수 있습니다. 나의 하나님과 함께 나는 어떤 담이라도 뛰어넘을 수 있습니다.

30 하나님의 길은 완전합니다. 여호와의 말씀은 티가 없습니다. 저가 자기에게 피하는 모든 자들에게 방패가 되십니다.

31 여호와 외에 누가 하나님이란 말입니까? 우리 하나님 외에 든든한 바위와 같은 자가 누구란 말입니까?

32 나에게 힘을 주시고, 나의 가는 길을 완전케 하시는 분은 하나님이십니다.

33 주님은 나의 발을 암사슴 발같이 하여, 가파른 산등성이 위에 굳게 서도록 하십니다.

34 내가 싸우도록 주님은 내 손에 힘을 길러 주셔서 내 팔은 놋활도 당길 수 있습니다.

35 주님께서 승리의 방패를 내게 들려 주셨고, 주님의 오른손이 나를 받쳐 주십니다. 주의 온유함이 나를 크게 하셨습니다.

36 주님께서 나의 가는 길을 넓히시어 내 발이 미끄러지지 않게 하십니다.

37 내가 내 원수들을 쫓아가 잡았으며 원수들이 패하여 망하기 전까지는 물러서지 않았습니다.

38 원수들이 다시 일어나지 못하도록 때려눕히니 그들이 내 발 밑에 쓰러졌습니다.

39 주님은 싸움터에서 내게 힘을 주셨습니다. 원수들을 내 앞에 엎드리게 하셨습니다.

40 주님 앞에서 원수들이 도망쳤습니다. 나는 내 원수들을 남김없이 물리쳤습니다.

41 원수들이 도와 달라고 소리쳤지만, 아무도 그들을 도우러 오지 않았습니다. 여호와께 부르짖었지만, 들은 체도 하지 않으셨습니다.

42 내가 원수들을 바람에 나는 먼지처럼 부수어 날려

I have never abandoned his decrees.

23 • I am blameless before God;
I have kept myself from sin.

24 • The LORD rewarded me for doing right.
He has seen my innocence.

25 • To the faithful you show yourself faithful;
to those with integrity you show
integrity.

26 • To the pure you show yourself pure,
but to the crooked you show yourself
shrewd.

27 • You rescue the humble,
but you humiliate the proud.

28 • You light a lamp for me.
The LORD, my God, lights up my darkness.

29 • In your strength I can crush an army;
with my God I can scale any wall.

30 • God's way is perfect.
All the LORD's promises prove true.
He is a shield for all who look to him
for protection.

31 • For who is God except the LORD?
Who but our God is a solid rock?

32 • God arms me with strength,
and he makes my way perfect.

33 • He makes me as surefooted as a deer,
enabling me to stand on mountain
heights.

34 • He trains my hands for battle;
he strengthens my arm to draw a
bronze bow.

35 • You have given me your shield of victory.
Your right hand supports me;
your help* has made me great.

36 • You have made a wide path for my feet
to keep them from slipping.

37 • I chased my enemies and caught them;
I did not stop until they were conquered.

38 • I struck them down so they could not get up;
they fell beneath my feet.

39 • You have armed me with strength for the
battle;
you have subdued my enemies under
my feet.

40 • You placed my foot on their necks.
I have destroyed all who hated me.

41 • They called for help, but no one came to
their rescue.
They even cried to the LORD, but he
refused to answer.

42 • I ground them as fine as dust in the wind.
I swept them into the gutter like dirt.

---

subdue [səbdjúː] *vt.* 정복하다
surefooted [ʃúərfútid] *a.* 발디딤이 든든한; 확실한

18:35 Hebrew *your humility;* compare 2 Sam
22:36

보내고, 길바닥의 진흙처럼 쏟아 버렸습니다.

43 주님은 백성들이 나를 공격할 때 나를 건져 주셨고, 뭇나라들의 으뜸으로 삼으셨습니다. 내가 알지도 못하는 민족들마저도 나를 섬기게 되었습니다.

44 내 소문을 듣고는 그들이 당장 내게 엎드립니다. 다른 나라 사람들이 내게 무릎을 꿇습니다.

45 모두가 두려워하여 벌벌 떨면서 그들의 요새로부터 기어 나옵니다.

46 여호와께 영광을 돌립니다! 나의 바위에게 찬양을 드립니다. 나의 구원자 하나님을 높이 찬송합니다!

47 그분은 나의 원한을 갚아 주시는 하나님이시며, 사람들을 내 발 앞에 엎드리게 하는 분이시며,

48 나를 원수들에게서 구하시는 분이십니다. 주는 내 원수들 위에 나를 높이시고, 사나운 사람들에게서 나를 건지셨습니다.

49 그러므로 주님, 내가 뭇 나라 가운데서 주께 감사하며, 주님을 찬양할 것입니다. 오 주님이시여, 내가 주님의 이름을 높이며 노래할 것입니다.

50 여호와께서는 자기 왕에게 위대한 승리를 안겨 주십니다. 주께서 기름 부어 세운 다윗과, 그 자손들에게 자비와 은총을 언제까지나 베풀어 주십니다.

하나님의 솜씨와 말씀
다윗의 시. 지휘자를 따라 부른 노래

19 하늘이 하나님의 영광을 선포하고 창공은 주님의 솜씨를 알립니다.

2 낮은 낮에게 말하고, 밤은 밤에게 아는 것을 알려 줍니다.

3 언어가 없고 말하는 소리도 없고 들리는 소리도 없지만,

4 그 소리들은 온 땅에 두루 퍼지고 땅끝까지 퍼져 나갑니다. 하나님이 해를 위하여 하늘에 장막을 치셨습니다.

5 해는 마치 신방에서 나오는 신랑 같고, 씩씩하게 달리는 용사와도 같습니다.

6 해가 하늘 이 끝에서 나와 저 끝으로 돌아갑니다. 그 뜨거운 열기로부터 숨을 자가 없습니다.

7 여호와의 가르침은 완전하여, 사람에게 새 힘을 줍니다. 여호와의 법은 믿을 만하여, 어리석은 사람을 지혜롭게 합니다.

8 여호와의 율법은 올바르며, 사람들의 마음에

43 • You gave me victory over my accusers.
You appointed me ruler over nations;
people I don't even know now serve me.
44 • As soon as they hear of me, they submit;
foreign nations cringe before me.
45 • They all lose their courage
and come trembling from their
strongholds.

46 • The LORD lives! Praise to my Rock!
May the God of my salvation be exalted!
47 • He is the God who pays back those who
harm me;
he subdues the nations under me
48 • and rescues me from my enemies.
You hold me safe beyond the reach of my
enemies;
you save me from violent opponents.
49 • For this, O LORD, I will praise you among
the nations;
I will sing praises to your name.
50 • You give great victories to your king;
you show unfailing love to your anointed,
to David and all his descendants forever.

19 *For the choir director: A psalm of David.*

1 • The heavens proclaim the glory of God.
The skies display his craftsmanship.
2 • Day after day they continue to speak;
night after night they make him known.
3 • They speak without a sound or word;
their voice is never heard.*
4 • Yet their message has gone throughout
the earth,
and their words to all the world.

God has made a home in the heavens
for the sun.
5 • It bursts forth like a radiant bridegroom
after his wedding.
It rejoices like a great athlete eager to
run the race.
6 • The sun rises at one end of the heavens
and follows its course to the other end.
Nothing can hide from its heat.

7 • The instructions of the LORD are perfect,
reviving the soul.
The decrees of the LORD are trustworthy,
making wise the simple.
8 • The commandments of the LORD are right,
bringing joy to the heart.
The commands of the LORD are clear,
giving insight for living.

---

cringe [krindʒ] *vi.* 굽실거리다
opponent [əpóunənt] *n.* 적수, 반대자

19:3 Or *There is no speech or language where their voice is not heard.*

기쁨을 줍니다. 여호와의 명령은 맑고 깨끗하여, 사람의 눈을 밝혀 줍니다.

9 여호와를 높이는 일은 순수한 일이며, 그 마음은 언제까지나 계속될 것입니다. 여호와의 법령은 참되고 언제나 바릅니다.

10 이러한 것들은 금보다 귀하고, 순금보다 값진 것입니다. 꿀보다 달고, 송이 꿀보다 더 답니다.

11 주의 종들이 그것으로 훈계를 받고, 그것을 지킴으로 후한 상을 받습니다.

12 누가 자신의 잘못을 낱낱이 깨달을 수 있겠습니까? 모르고 지은 나의 죄를 용서하여 주소서.

13 알면서 죄를 짓지 않게 막아 주시고, 그 죄들이 나를 휘어잡지 않게 하여 주소서. 그러면 큰 죄에서 벗어나 내가 깨끗해질 것입니다.

14 나의 바위요, 나의 구원자이신 여호와여! 내 입의 말과 내 마음의 생각이 주님께서 보시기에 흡족하기를 소원합니다.

왕을 위한 기도
다윗의 시. 지휘자를 따라 부른 노래

20 우리 왕이 어려울 때에 기도하면 여호와께서 왕에게 대답하여 주시고, 야곱의 하나님의 이름이 왕을 보호해 주시기를 바랍니다.

2 여호와께서 주님의 성전에서 왕에게 도움의 손길을 보내 주시고, 시온 산에서 왕을 붙들어 주시기 바랍니다.

3 왕이 바친 모든 예물을 주님께서 기억하여 주시고, 왕이 드린 태워 드리는 제사인 번제를 다 받으시기 바랍니다. (셀라)

4 왕이 마음에 바라고 있는 것을 주님께서 베푸시고, 왕이 뜻하는 모든 일이 잘 되시기를 바랍니다.

5 왕이 승리하면 우리가 기뻐 소리칠 것이며, 우리 하나님의 이름으로 깃발을 높이 쳐들 것입니다. 여호와께서 왕이 구하는 모든 것들을 다 이루어 주시기를 바랍니다.

6 이제 내가 여호와께서 기름 부어 택하신 왕을 도우시는 것을 압니다. 주님은 거룩한 하늘에서 왕께 대답하십니다. 굳센 오른손으로 왕을 구하여 주십니다.

7 병거를 믿는 사람이 있는가 하면, 기마를 믿는 사람도 있습니다. 그러나 우리는 여호와 하나님의 이름을 믿습니다.

8 그들은 넘어지고 고꾸라지지만 우리는 일어나 꿋꿋이 설 것입니다.

9 여호와여, 우리 왕을 보살펴 주소서. 우리가 부를 때에 대답해 주소서.

---

9 • Reverence for the LORD is pure,
　　lasting forever.
　　The laws of the LORD are true;
　　　each one is fair.

10 • They are more desirable than gold,
　　even the finest gold.
　　They are sweeter than honey,
　　　even honey dripping from the comb.

11 • They are a warning to your servant,
　　a great reward for those who obey them.

12 • How can I know all the sins lurking in my
　　　heart?
　　Cleanse me from these hidden faults.

13 • Keep your servant from deliberate sins!
　　Don't let them control me.
　　Then I will be free of guilt
　　and innocent of great sin.

14 • May the words of my mouth
　　and the meditation of my heart
　　be pleasing to you,
　　O LORD, my rock and my redeemer.

20 *For the choir director: A psalm of David.*

1 • In times of trouble, may the LORD answer
　　your cry.
　　May the name of the God of Jacob
　　　keep you safe from all harm.

2 • May he send you help from his sanctuary
　　and strengthen you from Jerusalem.*

3 • May he remember all your gifts
　　and look favorably on your burnt offerings.
　　　　　　　　　　　　Interlude

4 • May he grant your heart's desires
　　and make all your plans succeed.

5 • May we shout for joy when we hear
　　of your victory
　　and raise a victory banner in the name
　　　of our God.
　　May the LORD answer all your prayers.

6 • Now I know that the LORD rescues his
　　　anointed king.
　　He will answer him from his holy heaven
　　and rescue him by his great power.

7 • Some nations boast of their chariots and
　　　horses,
　　but we boast in the name of the LORD our
　　　God.

8 • Those nations will fall down and collapse,
　　but we will rise up and stand firm.

9 • Give victory to our king, O LORD!
　　Answer our cry for help.

---

lurk [lə́:rk] *vi.* 숨다; 잠복하다

20:2 Hebrew *Zion.*

왕에게 승리를 주심에 감사
다윗의 시. 지휘자를 따라 부른 노래

21 여호와여, 주님의 크신 힘 때문에 왕이 기뻐합니다. 주님께서 주신 승리 때문에 그가 매우 즐거워합니다.

2 주님께서는 그가 간절히 바라는 것을 허락해 주시고, 그가 요청한 것을 들어 주셨습니다. (셀라)

3 주님께서 그에게 풍성한 복을 주셨으며 그의 머리에 순금으로 만든 왕관을 씌우셨습니다.

4 그가 목숨을 건져 달라고 하자 주님은 그를 살려 주셨고, 오래오래 살게 하셨습니다.

5 주님 덕분에 그가 수많은 승리를 얻었으며, 커다란 영광을 누리게 되었습니다. 주님께서 그에게 찬란한 위엄을 더해 주셨습니다.

6 정말로 주님은 한없는 복을 그에게 주셨습니다. 주님께서 그와 함께하심으로 그가 큰 기쁨을 누리게 하셨습니다.

7 왕이 참으로 여호와를 굳게 의지합니다. 가장 높으신 하나님께서 변함없이 그를 사랑하시니, 그가 결코 흔들리지 않을 것입니다.

8 주님의 손으로 모든 원수와 맞서 싸우시고, 오른손으로 주님의 적들을 덮치소서.

9 여호와께서 나타나실 때에 불구덩이에 타는 장작처럼 그들을 태우소서. 여호와께서 분노의 불길로 그들을 삼켜 버리시며, 주님의 불길로 그들을 태우소서.

10 이 땅에서 그들의 씨를 말리시고, 이 세상에서 그들의 후손들을 끊어 버리소서.

11 그들이 주님께 맞서 음모를 꾸미고, 악한 생각을 계획하지만 성공하지 못할 것입니다.

12 주님께서 그들의 얼굴을 향해 활을 겨누실 때에 그들이 허겁지겁 도망칠 것입니다.

13 여호와여, 주의 능력을 드러내시고 높임을 받으소서. 우리가 주님의 힘을 노래하고 찬양할 것입니다.

고통을 겪는 사람의 기도
다윗의 시. 지휘자를 따라 "새벽의 암사슴"이란 곡조에 맞춰 부른 노래

22 나의 하나님, 나의 하나님, 어찌하여 나를 버리십니까? 어찌하여 구원해 주시지 않고, 멀리 떨어져 계십니까? 너무 멀리 계셔서 나의 울부짖는 소리를 듣지 못하십니까?

2 오 나의 하나님이시여, 내가 온종일 불러도 대답이 없으십니다. 내가 밤에도 소리 높여 외쳐 보지만, 아무런 대답이 없으십니다.

3 주님은 거룩한 분이시며, 보좌에 앉아 계십니다. 주님은 이스라엘이 드리는 찬양을 받으시는 분

21 *For the choir director: A psalm of David.*

1 • How the king rejoices in your strength,
    O LORD!
    He shouts with joy because you give him
    victory.

2 • For you have given him his heart's desire;
    you have withheld nothing he requested.
               Interlude

3 • You welcomed him back with success and
    prosperity.
    You placed a crown of finest gold
    on his head.

4 • He asked you to preserve his life,
    and you granted his request.
    The days of his life stretch on forever.

5 • Your victory brings him great honor,
    and you have clothed him with splendor
    and majesty.

6 • You have endowed him with eternal blessings
    and given him the joy of your presence.

7 • For the king trusts in the LORD.
    The unfailing love of the Most High
    will keep him from stumbling.

8 • You will capture all your enemies.
    Your strong right hand will seize all who
    hate you.

9 • You will throw them in a flaming furnace
    when you appear.
    The LORD will consume them in his anger;
    fire will devour them.

10 • You will wipe their children from the face
    of the earth;
    they will never have descendants.

11 • Although they plot against you,
    their evil schemes will never succeed.

12 • For they will turn and run
    when they see your arrows aimed at them.

13 • Rise up, O LORD, in all your power.
    With music and singing we celebrate
    your mighty acts.

22 *For the choir director: A psalm of David, to be sung to the tune "Doe of the Dawn."*

1 • My God, my God, why have you abandoned
    me?
    Why are you so far away when I groan
    for help?

2 • Every day I call to you, my God, but you do
    not answer.
    Every night I lift my voice, but I find
    no relief.

3 • Yet you are holy,
    enthroned on the praises of Israel.

4 • Our ancestors trusted in you,
    and you rescued them.

이십니다.

4 우리 조상들이 주를 굳게 믿었습니다. 그들이 주님을 믿고 의지하니 주께서 그들을 구하셨습니다.

5 그들이 주님께 도와 달라고 부르짖자 그들을 구해 주셨습니다. 주님을 굳게 믿었던 그들을 주님은 실망시키지 않으셨습니다.

6 나는 벌레요, 사람이 아닙니다. 사람들이 멸시하고 조롱합니다.

7 나를 쳐다보는 사람마다 깔보고 머리를 흔들며 빈정댑니다.

8 "여호와를 의지하니 그가 구원해 줄 거야. 도와 달라고 부탁해 보지. 그가 너를 사랑하시니 아마 너를 구출해 줄 거야."

9 주님은 내 어머니를 통해 나를 낳게 하셨을 때부터, 내가 젖 먹는 어린 아기였을 때부터, 주님을 의지하게 하셨습니다.

10 태어나던 날부터 나는 주님의 것이었으며, 주님은 내 어머니가 나를 낳으신 때부터 나의 하나님이셨습니다.

11 그러니 내게서 멀리 떠나지 마소서. 어려움이 닥쳐오는데, 도와 줄 사람이 하나도 없습니다.

12 수많은 황소들이 나를 에워쌉니다. 바산의 힘센 들소들이 나를 둘러싸고 있습니다.

13 먹이를 찢으며 으르렁대는 사자처럼 나를 향해 입을 크게 벌리고 달려듭니다.

14 쏟아진 물처럼 맥이 다 빠졌으며, 뼈마디가 모두 어그러졌습니다. 내 마음이 촛물이 되어 속에서 녹아 내렸습니다.

15 내 힘이 다 말라 버려 깨어진 질그릇 조각같이 되었으며, 내 혓바닥은 입천장에 붙어 버렸습니다. 주님께서 나를 죽음의 땅에 두셨습니다.

16 개들이 나를 에워쌌습니다. 악한 자들이 무리를 지어 나를 둘러쌌습니다. 그들이 내 손과 다리를 마구 찔렀습니다.

17 뼈마디가 드러나 셀 수 있게 되었습니다. 사람들이 따갑게 쳐다보며 빈정댑니다.

18 그들이 둘러서서 내 겉옷을 나누고, 내 속옷을 놓고서는 제비를 뽑습니다.

19 여호와여, 제발 멀리 떠나가지 마소서. 오 나의 힘이여, 어서 오셔서 나를 도와주소서.

20 칼에 맞아 죽지 않게 나를 구해 주시고, 사나운 개들의 입으로부터 내 목숨을 건져 주소서.

21 사자의 입에서 나를 구출해 주시고, 들소의 뿔에 받혀 죽지 않게 나를 보호해 주소서.

22 내가 나의 형제들에게 주님의 이름을 알리겠

5 ● They cried out to you and were saved.
They trusted in you and were never disgraced.

6 ● But I am a worm and not a man.
I am scorned and despised by all!

7 ● Everyone who sees me mocks me.
They sneer and shake their heads, saying,

8 "Is this the one who relies on the LORD?
Then let the LORD save him!
If the LORD loves him so much,
let the LORD rescue him!"

9 ● Yet you brought me safely from my mother's womb
and led me to trust you at my mother's breast.

10 ● I was thrust into your arms at my birth.
You have been my God from the moment I was born.

11 ● Do not stay so far from me,
for trouble is near,
and no one else can help me.

12 ● My enemies surround me like a herd of bulls;
fierce bulls of Bashan have hemmed me in!

13 ● Like lions they open their jaws against me,
roaring and tearing into their prey.

14 ● My life is poured out like water,
and all my bones are out of joint.
My heart is like wax,
melting within me.

15 ● My strength has dried up like sunbaked clay.
My tongue sticks to the roof of my mouth.
You have laid me in the dust and left me for dead.

16 ● My enemies surround me like a pack of dogs;
an evil gang closes in on me.
They have pierced* my hands and feet.

17 ● I can count all my bones.
My enemies stare at me and gloat.

18 ● They divide my garments among themselves
and throw dice* for my clothing.

19 ● O LORD, do not stay far away!
You are my strength; come quickly to my aid!

20 ● Save me from the sword;
spare my precious life from these dogs.

21 ● Snatch me from the lion's jaws
and from the horns of these wild oxen.

22 ● I will proclaim your name to my brothers and sisters.*

22:16 As in some Hebrew manuscripts and Greek and Syriac versions; most Hebrew manuscripts read *They are like a lion at.*   22:18 Hebrew *cast lots.*   22:22 Hebrew *my brothers.*

습니다. 예배드리기 위해 모인 백성들 가운데서 주님을 찬양할 것입니다.

23 여호와를 공경하고 두려워하는 자들이여, 주님을 찬양하십시오. 야곱의 모든 자손들이여, 주님을 높이십시오. 이스라엘 모든 후손들이여, 주님께 경배하십시오.

24 그는 고통당하는 사람의 괴로움을 지나치거나 모른 체하지 않으십니다. 그는 고통당하는 자를 외면하지 않으시고, 그의 부르짖음에 귀 기울이시고 응답하여 주십니다.

25 나는 큰 회중 가운데서 주님을 찬양할 것입니다. 주님을 높이는 사람들 앞에서 내가 약속드린 것을 지킬 것입니다.

26 가난한 사람들이 먹고 배부를 것입니다. 여호와를 찾는 사람들이 주님을 찬양할 것입니다. 그들의 마음이 영원히 살기를 바랍니다!

27 온 세상 사람들이 여호와를 기억하고 주님께 돌아올 것입니다. 모든 민족들이 주님께 엎드려 예배드릴 것입니다.

28 왜냐하면 여호와께서 모든 나라들을 다스리시기 때문입니다.

29 세상의 모든 부유한 사람들이 배부르게 먹고 예배드릴 것이며, 멸망의 땅에 누워 있는 자들도 주님께 엎드려 절할 것이며, 죽음에 이른 자들도 그리할 것입니다.

30 모든 후손이 주님을 섬길 것이며, 모든 후손이 주님에 대한 말씀을 들을 것입니다.

31 그들은 주님의 의로우심을 선포할 것입니다. 아직 태어나지 않은 세대도 하나님께서 하신 일을 듣게 될 것입니다.

양을 치시는 주님
다윗의 시

23 여호와는 나의 목자시니 내게 부족함이 없습니다.

2 그가 나를 푸른 풀밭에서 쉬게 하십니다. 여호와는 나를 잔잔한 물가로 이끌어 쉬게 하시며

3 나에게 새 힘을 주십니다. 자신의 이름을 위하여, 주님은 나를 의로운 길로 인도하십니다.

4 내가 음산한 죽음의 골짜기를 지나가게 된다 하더라도, 나는 겁나지 않습니다. 그것은 주님께서 나와 함께 계시기 때문입니다. 주님의 막대기와 지팡이가 나를 든든하게 보호해 줍니다.

5 주님께서 원수들이 보는 앞에서 내게 식탁을 차려 주십니다. 그리고 주님께서 내 머리 위에 향기로운 기름을 바르시며 내 잔이 넘치도록 가득 채워 주십니다.

6 여호와의 선하심과 사랑하심이 내가 죽는 날까지

I will praise you among your assembled people.

23 •Praise the LORD, all you who fear him!
Honor him, all you descendants of Jacob!
Show him reverence, all you descendants of Israel!

24 •For he has not ignored or belittled the suffering of the needy.
He has not turned his back on them, but has listened to their cries for help.

25 •I will praise you in the great assembly.
I will fulfill my vows in the presence of those who worship you.

26 •The poor will eat and be satisfied.
All who seek the LORD will praise him.
Their hearts will rejoice with everlasting joy.

27 •The whole earth will acknowledge the LORD and return to him.
All the families of the nations will bow down before him.

28 •For royal power belongs to the LORD.
He rules all the nations.

29 •Let the rich of the earth feast and worship.
Bow before him, all who are mortal, all whose lives will end as dust.

30 •Our children will also serve him.
Future generations will hear about the wonders of the Lord.

31 •His righteous acts will be told to those not yet born.
They will hear about everything he has done.

23 *A psalm of David.*

1 •The LORD is my shepherd;
I have all that I need.

2 •He lets me rest in green meadows;
he leads me beside peaceful streams.

3 • He renews my strength.
He guides me along right paths, bringing honor to his name.

4 •Even when I walk
through the darkest valley,*
I will not be afraid,
for you are close beside me.
Your rod and your staff
protect and comfort me.

5 •You prepare a feast for me
in the presence of my enemies.
You honor me by anointing my head with oil.
My cup overflows with blessings.

6 •Surely your goodness and unfailing love will pursue me

23:4 Or *the dark valley of death.*

나와 함께하실 것이 틀림없습니다. 이제 나는 여호와의 집에서 영원히 살 것입니다.

성전에 들어오시는 하나님을 기뻐 맞이함
다윗의 시

24 땅과 그 안에 있는 모든 것이 여호와의 것입니다. 세상과 그 안에 사는 모든 것이 여호와의 것입니다.

2 왜냐하면 여호와께서 바다 위에 땅을 세우셨고, 물들 위에 그 터를 마련하셨기 때문입니다.

3 누가 여호와의 산에 오를 수 있습니까? 누가 그 거룩한 곳에 설 수 있습니까?

4 깨끗한 손과 때묻지 않은 마음을 가진 사람들, 헛된 것에 마음을 쏟지 않는 사람들, 거짓으로 맹세하지 않는 사람들입니다.

5 그들은 여호와께 복을 받게 될 사람들이며 그들의 구원자이신 하나님께 옳다고 인정받은 사람들입니다.

6 오 야곱의 하나님이시여, 그들은 하나님을 따르고 하나님의 얼굴을 찾는 사람들입니다. (셀라)

7 오 너희 문들아, 머리를 들어라. 오 너희 영원한 문들아, 활짝 열려라. 영광의 왕께서 들어가시려 한다.

8 누가 영광의 왕이신가? 힘세고 용맹스런 여호와이시다. 전쟁에 능한 여호와이시다.

9 오 너희 문들아, 머리를 들어라. 오 너희 영원한 문들아, 활짝 열려라. 영광의 왕께서 들어가시려 한다.

10 누가 영광의 왕이신가? 하늘 군대를 다스리시는 여호와 그분이 영광의 왕이시다. (셀라)

하나님께서 인도하여 달라는 기도
다윗의 시

25 여호와여, 내 영혼이 주를 바라봅니다.

2 오 나의 하나님, 내가 주를 굳게 믿습니다. 내가 부끄러움을 당하지 않게 하시고, 원수들이 내게 으스대지 못하게 해 주소서.

3 주님께 희망을 두고 사는 사람은 누구도 부끄러움을 당하지 않을 것입니다. 그러나 까닭없이 함부로 배신하는 자들은 부끄러움을 당할 것입니다.

4 여호와여, 주의 길을 보여 주시고, 내가 가야 할 길을 가르쳐 주소서.

5 주의 진리를 따라 나를 인도하시고 가르쳐 주소서. 왜냐하면 주님은 나를 구원하시는 하나님이시기 때문입니다. 내가 종일토록 주님을 믿고 바라봅니다.

6 여호와여, 예로부터 한결같으신 주의 크신 자비와 사랑을 잊지 마소서.

---

all the days of my life,
and I will live in the house of the LORD
forever.

24 *A psalm of David.*

1 • The earth is the LORD's, and everything
in it.
The world and all its people belong
to him.

2 • For he laid the earth's foundation
on the seas
and built it on the ocean depths.

3 • Who may climb the mountain of the LORD?
Who may stand in his holy place?

4 • Only those whose hands and hearts are pure,
who do not worship idols
and never tell lies.

5 • They will receive the LORD's blessing
and have a right relationship with
God their savior.

6 • Such people may seek you
and worship in your presence, O God
of Jacob.*　　　　　*Interlude*

7 • Open up, ancient gates!
Open up, ancient doors,
and let the King of glory enter.

8 • Who is the King of glory?
The LORD, strong and mighty;
the LORD, invincible in battle.

9 • Open up, ancient gates!
Open up, ancient doors,
and let the King of glory enter.

10 • Who is the King of glory?
The LORD of Heaven's Armies—
he is the King of glory.　　*Interlude*

25 *A psalm of David.*

1 • O LORD, I give my life to you.

2 • I trust in you, my God!
Do not let me be disgraced,
or let my enemies rejoice in my defeat.

3 • No one who trusts in you will ever be
disgraced,
but disgrace comes to those who try to
deceive others.

4 • Show me the right path, O LORD;
point out the road for me to follow.

5 • Lead me by your truth and teach me,
for you are the God who saves me.
All day long I put my hope in you.

24:6 As in two Hebrew manuscripts and Greek
and Syriac versions; most Hebrew manuscripts
read *O Jacob*. 25 This psalm is a Hebrew acrostic
poem; each verse begins with a successive letter of
the Hebrew alphabet.

7 내가 어렸을 때 지었던 죄들과 주님께 반항했던 잘 못들을 기억하지 마시고 주님의 사랑으로 나를 기억해 주시기 원합니다. 오 주님, 주님은 좋으신 분이십니다.

8 여호와는 좋으시고 올바른 분이시기에 죄인들에게 바른 길을 일러 주십니다.

9 겸손한 자들을 올바른 길로 이끄시고, 그들에게 주님의 길을 가르쳐 주십니다.

10 여호와의 언약과 그 말씀을 지키는 사람을 신실함과 자비로움으로 인도하십니다.

11 여호와여, 주님의 이름을 위해서라도 내가 지은 수많은 죄악을 용서하여 주소서.

12 여호와를 섬기며 따르는 사람이 누구입니까? 주님께서 그에게 가장 좋은 길을 가르쳐 주실 것입니다.

13 여호와는 그 사람이 번성하고, 그의 자손들이 땅을 물려받도록 하실 것입니다.

14 여호와는 자기를 공경하고 두려운 마음으로 섬기는 사람들에게 자신의 생각을 알려 주시고, 자신의 언약을 가르쳐 주십니다.

15 내가 언제나 여호와를 바라봅니다. 왜냐하면 내가 덫에 걸리지 않도록 막아 주실 분이 주님밖에 없기 때문입니다.

16 나를 돌아보시고 불쌍히 여겨 주소서. 내가 외롭고 괴롭습니다.

17 마음의 고통이 말할 수 없이 크오니 나를 이 괴로움에서 벗어나게 하여 주소서.

18 내 고통과 괴로움을 보소서. 내 모든 죄를 용서해 주소서.

19 보십시오! 내 원수가 참으로 많습니다. 그들이 나를 얼마나 미워하는지 보십시오.

20 내 생명을 지키시고 구원해 주소서. 부끄러움을 당하지 않게 해 주소서. 내가 주님께 피합니다.

21 순수하고 올바르게 살겠습니다. 나를 보호하여 주소서. 나의 소망이 오직 주님께 있습니다.

22 오 하나님, 이스라엘을 모든 고통과 괴로움에서 건져 주소서!

정직한 사람의 기도
다윗의 시

26 여호와여, 나에게 죄가 없음을 밝혀 주소서. 나는 깨끗하게 살아왔습니다. 내가 여호와를 굳게 믿었으며, 한 번도 두 마음을 품은 적이 없습니다.

2 여호와여, 나를 이리저리 시험해 보시고, 내 마음과 생각을 깊이 살펴보소서.

3 주의 사랑이 항상 나를 감싸고 있기에 내가 변함없이 주의 진리를 따라 살아갑니다.

4 나는 거짓말쟁이들과 자리를 같이하지 않고, 겉으

6 • Remember, O LORD, your compassion and unfailing love,
   which you have shown from long ages past.

7 • Do not remember the rebellious sins of my youth.
   Remember me in the light of your unfailing love,
   for you are merciful, O LORD.

8 • The LORD is good and does what is right;
   he shows the proper path to those who go astray.

9 • He leads the humble in doing right,
   teaching them his way.

10 • The LORD leads with unfailing love and faithfulness
   all who keep his covenant and obey his demands.

11 • For the honor of your name, O LORD,
   forgive my many, many sins.

12 • Who are those who fear the LORD?
   He will show them the path they should choose.

13 • They will live in prosperity,
   and their children will inherit the land.

14 • The LORD is a friend to those who fear him.
   He teaches them his covenant.

15 • My eyes are always on the LORD,
   for he rescues me from the traps of my enemies.

16 • Turn to me and have mercy,
   for I am alone and in deep distress.

17 • My problems go from bad to worse.
   Oh, save me from them all!

18 • Feel my pain and see my trouble.
   Forgive all my sins.

19 • See how many enemies I have
   and how viciously they hate me!

20 • Protect me! Rescue my life from them!
   Do not let me be disgraced, for in you I take refuge.

21 • May integrity and honesty protect me,
   for I put my hope in you.

22 • O God, ransom Israel
   from all its troubles.

26 *A psalm of David.*

1 • Declare me innocent, O LORD,
   for I have acted with integrity;
   I have trusted in the LORD without wavering.

2 • Put me on trial, LORD, and cross-examine me.
   Test my motives and my heart.

3 • For I am always aware of your unfailing love,

로만 착한 체하는 사람들과 어울리지도 않습니다.

5 악인들의 모임에 나가 어울리는 것을 싫어하고, 나쁜 사람들과는 함께 앉지 않습니다.

6 여호와여, 결백한 마음으로 손을 씻고 주님의 제단에 나아갑니다.

7 소리 높여 주님을 찬양하며, 주님께서 행하신 놀라운 일을 모두 전파합니다.

8 여호와여, 주님의 영광이 머물러 있는 곳, 주님이 계시는 집을 사랑합니다.

9 죄 있는 자들과 함께 내 목숨을 거두어 가지 마소서. 살인자들과 함께 내 생명을 거두어 가지 마소서.

10 그들은 악한 음모를 꾸미며, 그들의 오른손에는 뇌물이 가득합니다.

11 그러나 나는 깨끗하게 살고 있습니다. 그러니 나를 구원하시고 불쌍히 여겨 주소서.

12 내가 안전한 곳에 서 있습니다. 예배드리는 자리에서 내가 여호와를 높이 찬양하겠습니다.

하나님을 굳게 믿는다는 노래
다윗의 시

27 여호와는 나의 빛이시며, 나의 구원자시니, 내가 누구를 두려워하겠습니까? 여호와는 내 인생의 요새가 되시니 내가 누구를 무서워하겠습니까?

2 악한 사람들이 나를 잡아 죽이려고 무섭게 달려들고, 원수들과 적들이 나를 공격하지만 휘청거리다가 모두 쓰러질 것입니다.

3 군대가 몰려와 나를 포위하여도 내 마음이 두려워 떨지 않을 것입니다. 나를 죽이려고 큰 군대가 전쟁을 일으켜도 내 마음은 더욱 든든할 것입니다.

4 내가 여호와께 간절히 구하는 오직 한 가지는 이것입니다. 내 평생에 늘 여호와의 집에 살면서 여호와의 아름다우심을 보고 성전에서 주님을 뵙는 것입니다.

5 어려운 일을 당할 때에 주님은 주님의 날개 아래 나를 안전하게 지켜 주시고, 나를 여호와의 성막에 안전하게 숨겨 주실 것이며, 높은 산 위에 나를 안전하게 두실 것입니다.

6 그때, 나를 둘러싼 수많은 원수들을 향해 내가 떳떳하게 고개를 들 것이며, 여호와의 성전에서 기쁨의 노래를 부르며 제물을 드릴 것입니다.

7 여호와여, 부르짖는 내 목소리를 들으시고, 불쌍히 여기셔서 내게 대답해 주소서.

8 "여호와의 얼굴을 바라보아야지!" 하며 스스로

and I have lived according to your truth.

4 • I do not spend time with liars
  or go along with hypocrites.

5 • I hate the gatherings of those who do evil,
  and I refuse to join in with the wicked.

6 • I wash my hands to declare my innocence.
  I come to your altar, O LORD,

7 • singing a song of thanksgiving
  and telling of all your wonders.

8 • I love your sanctuary, LORD,
  the place where your glorious presence
  dwells.

9 • Don't let me suffer the fate of sinners.
  Don't condemn me along with murderers.

10 • Their hands are dirty with evil schemes,
  and they constantly take bribes.

11 • But I am not like that; I live with integrity.
  So redeem me and show me mercy.

12 • Now I stand on solid ground,
  and I will publicly praise the LORD.

27 *A psalm of David.*

1 • The LORD is my light and my salvation—
  so why should I be afraid?
  The LORD is my fortress, protecting me from
  danger,
  so why should I tremble?

2 • When evil people come to devour me,
  when my enemies and foes attack me,
  they will stumble and fall.

3 • Though a mighty army surrounds me,
  my heart will not be afraid.
  Even if I am attacked,
  I will remain confident.

4 • The one thing I ask of the LORD—
  the thing I seek most—
  is to live in the house of the LORD all the days
  of my life,
  delighting in the LORD's perfections
  and meditating in his Temple.

5 • For he will conceal me there when troubles
  come;
  he will hide me in his sanctuary.
  He will place me out of reach on a high rock.

6 • Then I will hold my head high
  above my enemies who surround me.
  At his sanctuary I will offer sacrifices with
  shouts of joy,
  singing and praising the LORD with music.

7 • Hear me as I pray, O LORD.
  Be merciful and answer me!

8 • My heart has heard you say, "Come and
  talk with me."
  And my heart responds, "LORD, I am
  coming."

condemn [kəndém] *vt.* 책망하다

다짐합니다. 그렇습니다. 여호와여, 내가 주님의 얼굴을 바라봅니다.

9 주의 얼굴을 숨기지 마소서. 주님의 종을 버리지 마소서. 주님은 나를 돕는 분이십니다. 오 하나님 나의 구원자시여, 제발 나를 내버려 두지 마소서.

10 내 아버지와 어머니가 나를 버린다 할지라도 여호와는 나를 받아 주실 것입니다.

11 여호와여, 주의 길을 가르쳐 주시고, 곧은 길로 나를 인도하여 주소서. 그것은 원수들이 숨어서 기다리기 때문입니다.

12 원수들이 나를 쓰러뜨리도록 내버려 두지 마소서. 그들이 나에 대해 독기를 품고 거짓 증언하기 위해 일어납니다.

13 내가 참으로 굳게 믿는 것은 살아 생전에 여호와의 선하심을 맛보리라는 것입니다.

14 여호와를 기다리십시오. 마음을 강하게 하고 용기를 갖고 여호와를 기다리십시오.

어려울 때의 기도
다윗의 시

28 여호와여, 나의 바위시여, 내가 주님께 부르짖습니다. 제발 못 들은 체 마소서. 주님께서 외면하시면, 나는 무덤에 있는 사람과 같게 될 것입니다.

2 손을 들고 도와 달라고 부르짖는 나의 소리를 들어 주소서. 주님의 가장 거룩한 곳을 향해 내 손을 높이 드니 대답해 주소서.

3 악한 자들과 함께 나를 끌어 내지 마소서. 그들은 이웃에게 겉으로는 상냥하게 말하지만 속으로는 악한 생각을 품고 있습니다.

4 그들이 저지른 잘못대로, 그들이 행한 악한 행동대로 갚아 주소서. 그들의 손이 저지른 대로 갚으시고 마땅히 받아야 할 벌을 내려 주소서.

5 그들은 여호와께서 손수 하신 일이나 이루신 일들을 하찮게 여기는 자들입니다. 여호와께서 그들을 쳐부수시고 다시는 일어나지 못하게 하십시오.

6 여호와를 찬양합니다. 여호와는 불쌍히 여겨 달라는 내 기도를 들으셨습니다.

7 여호와는 나의 힘이시며 방패이십니다. 내가 마음을 다해 주님을 믿으니 주님께서 나를 도와 주십니다. 내 마음이 기뻐 찬양하며 주님께 감사의 노래를 부릅니다.

8 여호와는 백성에게 큰 힘이시며, 주님께서 택하신 자에게 승리를 주는 요새이십니다.

9 주의 백성을 구원하시고, 주께 속한 백성들

9 • Do not turn your back on me.
　Do not reject your servant in anger.
　You have always been my helper.
　Don't leave me now; don't abandon me,
　O God of my salvation!

10 • Even if my father and mother abandon me,
　the LORD will hold me close.

11 • Teach me how to live, O LORD.
　Lead me along the right path,
　for my enemies are waiting for me.

12 • Do not let me fall into their hands.
　For they accuse me of things I've never done;
　with every breath they threaten me
　　with violence.

13 • Yet I am confident I will see the LORD's
　　goodness
　while I am here in the land of the living.

14 • Wait patiently for the LORD.
　Be brave and courageous.
　Yes, wait patiently for the LORD.

28 *A psalm of David.*

1 • I pray to you, O LORD, my rock.
　Do not turn a deaf ear to me.
　For if you are silent,
　　I might as well give up and die.

2 • Listen to my prayer for mercy
　as I cry out to you for help,
　as I lift my hands toward your holy sanctuary.

3 • Do not drag me away with the wicked—
　with those who do evil—
　those who speak friendly words to their
　　neighbors
　while planning evil in their hearts.

4 • Give them the punishment they so richly
　　deserve!
　Measure it out in proportion to their
　　wickedness.
　Pay them back for all their evil deeds!
　Give them a taste of what they have
　　done to others.

5 • They care nothing for what the LORD has done
　or for what his hands have made.
　So he will tear them down,
　　and they will never be rebuilt!

6 • Praise the LORD!
　For he has heard my cry for mercy.

7 • The LORD is my strength and shield.
　I trust him with all my heart.
　He helps me, and my heart is filled with joy.
　I burst out in songs of thanksgiving.

8 • The LORD gives his people strength.
　He is a safe fortress for his anointed king.

9 • Save your people!

을 축복하여 주소서. 언제까지나 그들의 목자가 되시고, 그들을 보살펴 주소서.

천둥 속의 하나님
다윗의 시

29 너희 하늘의 천사들이여, 여호와의 영광을 찬양하고, 여호와의 권능을 찬송하십시오.

2 그 이름에 맞는 영광을 여호와께 돌리십시오. 거룩한 빛 가운데 계신 여호와께 경배하십시오.

3 여호와의 목소리가 바다 위에 울려 퍼집니다. 영광의 하나님께서 천둥처럼 소리를 내십니다. 여호와께서 출렁거리는 바다 위에 계십니다.

4 여호와의 목소리는 힘이 있고 위엄이 넘쳐 흐릅니다.

5 여호와의 목소리는 높이 솟은 백향목을 부러뜨리고 레바논의 백향목을 산산조각 냅니다.

6 레바논 산을 뒤흔들어 황소처럼 뛰게 하시고 헤르몬 산*을 들송아지처럼 펄쩍펄쩍 날뛰게 하십니다.

7 여호와의 목소리는 불꽃 튀기듯 하며 번개 치듯 내리꽂힙니다.

8 여호와의 목소리는 황야를 흔들어 놓고, 가데스 광야를 뒤흔듭니다.

9 여호와의 목소리가 울려 퍼지니 참나무 숲이 흔들리고 울창한 숲이 벌거숭이가 됩니다. 여호와의 성전에 있는 사람들마다 "주께 영광!"이라고 외칩니다.

10 여호와께서는 거센 물결 위에 보좌를 정하시고, 우리 왕이 되시어 영원히 다스리실 것입니다.

11 여호와께서 자기 백성에게 힘을 주시고, 자기 백성에게 평화의 복을 주십니다.

죽음을 피하게 하심에 감사드림
다윗의 시. 주께 성전을 바칠 때에 부른 노래

30 여호와여, 내가 주님을 높이 찬양하겠습니다. 왜냐하면 주께서 나를 깊은 구덩이에서 건지셨으며, 원수들이 나를 비웃지 못하게 하셨기 때문입니다.

2 여호와 나의 하나님이시여, 내가 도와 달라고 주를 찾았더니 주님께서 나를 고쳐 주셨습니다.

3 여호와여, 주님께서 나를 무덤에서 들어 올리셨으며, 내가 구덩이 속으로 내려가지 않게 하셨습니다.

4 주님께 속한 모든 성도들이여, 여호와를 찬양하며, 그의 거룩하신 이름을 찬양하십시오.

5 그분의 분노는 잠깐이지만 그분의 사랑은 영원합니다. 긴 밤을 울면서 보내야 하지만 아침에는 반드시 기쁨이 찾아옵니다.

Bless Israel, your special possession.*
Lead them like a shepherd,
and carry them in your arms forever.

29 *A psalm of David.*

1 • Honor the LORD, you heavenly beings*;
honor the LORD for his glory and strength.
2 • Honor the LORD for the glory of his name.
Worship the LORD in the splendor of
his holiness.

3 • The voice of the LORD echoes above
the sea.
The God of glory thunders.
The LORD thunders over the mighty sea.
4 • The voice of the LORD is powerful;
the voice of the LORD is majestic.
5 • The voice of the LORD splits the mighty cedars;
the LORD shatters the cedars of Lebanon.
6 • He makes Lebanon's mountains skip
like a calf;
he makes Mount Hermon* leap like a
young wild ox.
7 • The voice of the LORD strikes
with bolts of lightning.
8 • The voice of the LORD makes the barren
wilderness quake;
the LORD shakes the wilderness of Kadesh.
9 • The voice of the LORD twists mighty oaks*
and strips the forests bare.
In his Temple everyone shouts, "Glory!"

10 • The LORD rules over the floodwaters.
The LORD reigns as king forever.
11 • The LORD gives his people strength.
The LORD blesses them with peace.

30 *A psalm of David. A song for the dedication of the Temple.*

1 • I will exalt you, LORD, for you rescued me.
You refused to let my enemies triumph
over me.
2 • O LORD my God, I cried to you for help,
and you restored my health.
3 • You brought me up from the grave,* O LORD.
You kept me from falling into the
pit of death.

4 • Sing to the LORD, all you godly ones!
Praise his holy name.
5 • For his anger lasts only a moment,
but his favor lasts a lifetime!

28:9 Hebrew *Bless your inheritance.* 29:1 Hebrew *you sons of God.* 29:6 Hebrew *Sirion,* another name for Mount Hermon. 29:9 Or *causes the deer to writhe in labor.* 30:3 Hebrew *from Sheol.*

29:6 '헤르몬 산'의 또 다른 이름으로 개역 성경에는 (히)'시론'이라고 표기되어 있다.

6 안전하다는 생각이 들 때, 나는 "난 결코 흔들리지 않을 거야"라고 말했습니다.

7 여호와께서 나에게 은혜를 베푸셨을 때, 주는 산처럼 굳게 세우시고 나를 흔들리지 않게 지키셨습니다. 그러나 주님께서 나를 돌아보지 않으셨을 때, 나는 무서워 어쩔 줄 몰랐습니다.

8 여호와여, 내가 주님께 부르짖었습니다. 나를 불쌍히 여겨 달라고 간절히 구하였습니다.

9 "죽는다면 나는 끝장입니다. 무덤에 들어간다면 주님께 무슨 소용이 있겠습니까? 흙먼지가 주님을 찬양할 수 있겠습니까? 시체가 주님의 성실하심을 널리 외칠 수 있겠습니까?

10 여호와여, 나의 간절한 소원을 들으시고, 나를 불쌍히 여겨 주소서. 여호와여, 나를 도와 주소서."

11 주님께서 내 슬픔을 바꾸시어 춤이 되게 하셨습니다. 주님께서 내 슬픔의 옷을 벗기시고, 기쁨의 옷을 입혀 주셨습니다.

12 이제 내가 가만히 있지 않고, 주님을 노래하겠습니다. 여호와 나의 하나님이여, 내가 주님을 언제까지나 찬양하겠습니다.

어려울 때에 하는 믿음의 기도
다윗의 시. 지휘자를 따라 부른 노래

31 여호와여, 내가 주님께 피하오니 부끄러움을 당하지 않게 해 주소서. 주님의 의로우심으로 나를 구원하여 주소서.

2 나의 애원하는 소리에 귀 기울여 주시고, 빨리 오셔서 나를 건져 주소서. 주님은 내가 피할 바위가 되시고, 튼튼한 요새가 되시어 나를 구해 주소서.

3 주님은 나의 바위이시며 내가 피할 요새이십니다. 이는 주님의 이름을 위해서 나를 인도하시고, 이끌어 주시기 때문입니다.

4 내 앞에 놓여 있는 덫에 걸리지 않게 해 주소서. 주님은 내가 피할 곳입니다.

5 주님의 손에 내 목숨을 맡기오니 오 주님, 진리의 하나님이시여, 나를 구해 주소서.

6 나는 쓸모없는 우상들에 매달리는 자들을 경멸하고, 오직 여호와를 굳게 믿습니다.

7 나는 주님의 사랑을 받으면서 기뻐하고 즐거워할 것입니다. 주께서 나의 고통을 보셨고, 나의 영혼이 괴로워하는 것을 아십니다.

8 주는 나를 내 원수들에게 넘겨 주지 않으시고, 오히려 나를 안전한 곳에 두셨습니다.

9 여호와여, 나를 불쌍히 여겨 주소서. 너무나 괴롭습니다. 너무 슬퍼 울어서 눈이 잘 보이지 않고, 몸과 마음이 슬픔으로 지쳐 있습니다.

Weeping may last through the night,
　but joy comes with the morning.

6 •When I was prosperous, I said,
　"Nothing can stop me now!"
7 •Your favor, O LORD, made me as secure as
　　a mountain.
　Then you turned away from me, and I
　　was shattered.

8 •I cried out to you, O LORD.
　I begged the Lord for mercy, saying,
9 •"What will you gain if I die,
　if I sink into the grave?
　Can my dust praise you?
　Can it tell of your faithfulness?
10 •Hear me, LORD, and have mercy on me.
　Help me, O LORD."

11 •You have turned my mourning into joyful
　　dancing.
　You have taken away my clothes of
　　mourning and clothed me with joy,
12 •that I might sing praises to you and not be
　　silent.
　O LORD my God, I will give you thanks
　　forever!

31 *For the choir director: A psalm of David.*

1 •O LORD, I have come to you for protection;
　don't let me be disgraced.
　Save me, for you do what is right.
2 •Turn your ear to listen to me;
　rescue me quickly.
　Be my rock of protection,
　a fortress where I will be safe.
3 •You are my rock and my fortress.
　For the honor of your name, lead me
　　out of this danger.
4 •Pull me from the trap my enemies set for me,
　for I find protection in you alone.
5 •I entrust my spirit into your hand.
　Rescue me, LORD, for you are a faithful
　　God.

6 •I hate those who worship worthless idols.
　I trust in the LORD.
7 •I will be glad and rejoice in your unfailing love,
　for you have seen my troubles,
　and you care about the anguish of my soul.
8 •You have not handed me over to my enemies
　but have set me in a safe place.

9 •Have mercy on me, LORD, for I am in distress.
　Tears blur my eyes.
　My body and soul are withering away.

---

blur [blə:r] *vt.* 눈을 흐리게 하다
31:5 entrust … into ~ : ~을 ~에게 위임하다

10 번민으로 신음하면서 세월을 보냅니다. 근심
　으로 기운을 잃었으며, 슬픔과 탄식으로 내 뼈
　가 점점 약해져 가고 있습니다.
11 내 원수들 때문에 내 이웃들에게도 철저하게
　무시를 당하고 있습니다. 나의 창백한 모습을
　보고 내 친구들이 놀라고, 거리에서 만나는 사
　람들마다 내 모습을 보고 무서워 도망칩니다.
12 마치 내가 죽기라도 한 듯이 나를 기억하지도
　못합니다. 나는 깨어진 질그릇과도 같습니다.
13 나를 업신여기고 비방하는 말들을 들었습니
　다. 사방에서 무시무시한 소리가 내게 들려 옵
　니다. 저들이 악한 계획을 세우고, 나를 죽이려
　고 합니다.
14 그러나 여호와여, 내가 주님만을 굳게 믿습니
　다. "주님은 나의 하나님이십니다."
15 내 목숨이 주님의 손에 달려 있으니 나를 원수
　의 손아귀에서 건져 주시고, 나를 뒤쫓아오는
　자들에게서 구하여 주소서.
16 주님의 얼굴을 주님의 종인 내게 비춰 주시고,
　주님의 변함없는 사랑으로 나를 구해 주소서.
17 오 여호와여, 내가 주님께 부르짖으니 부끄러
　움을 당하지 않게 해 주소서. 그 대신 악한 자들
　이 부끄러움을 당하게 해 주시고, 그들이 무덤
　속에서 조용히 누워 있게 해 주소서.
18 거짓말하는 악인들이 벙어리가 되게 해 주소
　서. 그들은 거만한 언어와 경멸하는 말투로 의
　로운 사람들의 마음을 아프게 합니다.
19 주님은 참으로 인자하신 분이십니다. 주님을
　찾는 사람들을 위해 주님의 은총을 마련해 두
　셨습니다. 특별히 주님은 많은 사람들 앞에서
　그들에게 은총을 주십니다.
20 주님의 피난처에 그들을 숨겨 주시고, 사람들
　이 그들을 해치려고 할 때에 보호해 주십니다.
　그들을 안전하게 보살펴 주시고, 그들을 비난
　하는 말로부터 보호해 주십니다.
21 여호와를 찬양합니다. 내가 포위된 마을 안에
　갇혀 있었을 때, 그분이 내게 놀라운 사랑을 보
　여 주셨습니다.
22 근심 중에 있었을 때, 나는 "하나님은 나를 보
　실 수 없어!"라고 말했습니다. 그러나 주님은
　나의 부르짖음에 귀를 기울이시고, 나를 불쌍
　히 여기시고 도와 주셨습니다.
23 주의 모든 성도들이여, 여호와를 사랑하십시
　오. 여호와께서는 신실한 사람들을 보호하십
　니다. 그러나 거만한 사람들은 반드시 벌하실
　것입니다.
24 여호와께 소망을 두는 여러분들이여, 마음을

10 •I am dying from grief;
　　my years are shortened by sadness.
　　Sin has drained my strength;
　　I am wasting away from within.
11 •I am scorned by all my enemies
　　and despised by my neighbors—
　　even my friends are afraid to come near me.
　　When they see me on the street,
　　they run the other way.
12 •I am ignored as if I were dead,
　　as if I were a broken pot.
13 •I have heard the many rumors about me,
　　and I am surrounded by terror.
　　My enemies conspire against me,
　　plotting to take my life.
14 •But I am trusting you, O LORD,
　　saying, "You are my God!"
15 •My future is in your hands.
　　Rescue me from those who hunt me down
　　relentlessly.
16 •Let your favor shine on your servant.
　　In your unfailing love, rescue me.
17 •Don't let me be disgraced, O LORD,
　　for I call out to you for help.
　　Let the wicked be disgraced;
　　let them lie silent in the grave.*
18 •Silence their lying lips—
　　those proud and arrogant lips that
　　accuse the godly.
19 •How great is the goodness
　　you have stored up for those who fear you.
　　You lavish it on those who come to you
　　for protection,
　　blessing them before the watching
　　world.
20 •You hide them in the shelter of your presence,
　　safe from those who conspire against them.
　　You shelter them in your presence,
　　far from accusing tongues.
21 •Praise the LORD,
　　for he has shown me the wonders of
　　his unfailing love.
　　He kept me safe when my city was under
　　attack.
22 •In panic I cried out,
　　"I am cut off from the LORD!"
　　But you heard my cry for mercy
　　and answered my call for help.
23 •Love the LORD, all you godly ones!
　　For the LORD protects those who are
　　loyal to him,
　　but he harshly punishes the arrogant.
24 •So be strong and courageous,

drain [dréin] *vt.* 고갈시키다

31:17 Hebrew *in Sheol.*

굳게 하고 힘을 내십시오.

죄의 고백과 용서
다윗의 마스길*

32 죄를 용서받고 잘못을 용서받은 사람은 행복한 사람입니다.

2 여호와께서 더 이상 죄를 묻지 않는 사람과 그 마음에 거짓이 없는 사람은 행복한 사람입니다.

3 내가 죄를 고백하지 않고 입을 다물고 있을 때, 뼛속 깊이 사무치는 아픔을 느끼고 온종일 괴로워 신음하였습니다.

4 낮이고 밤이고 주께서 손으로 나를 짓누르시니 무더운 여름날 과일의 진액이 빠지듯 탈진하게 되었습니다. (셀라)

5 그래서 나는 내 죄를 덮어 두지 않고 주님께 숨김없이 털어 놓았습니다. 지은 죄를 숨기지 않았습니다. "내 죄를 주께 고백하고 내 잘못을 여호와께 아뢰리라" 하고 다짐했습니다. 그러자 주님은 내 죄와 내 잘못을 용서해 주셨습니다. (셀라)

6 그러므로 경건한 사람들은 주가 찾으실 때에 그분께 기도드려야 할 것입니다. 그러면 고난이 홍수처럼 밀려올지라도 그들을 덮치지 못할 것입니다.

7 주님은 내가 숨을 곳입니다. 주께서 어려움으로부터 나를 지켜 주시니 내 마음이 구원의 노래로 주님을 찬양합니다. (셀라)

8 주님께서 말씀하십니다. "내가 너희를 가르치고, 너희들이 가야 할 길을 보여 줄 것이다. 내가 너를 이끌어 주며, 어디로 가든지 지켜 줄 것이다.

9 그러니 말이나 당나귀처럼 어리석게 굴지 마라. 그것들은 재갈과 굴레로 다루지 않으면 너희 곁에 오지 않을 것이다.

10 악한 자들에게는 많은 불행들이 닥치지만 주님을 의지하는 자에게는 주님의 한결같은 사랑이 넘칠 것이다."

11 의롭게 사는 사람들이여, 여호와를 즐거워하고 감사하십시오. 마음이 정직한 사람들이여, 기뻐하며 노래하십시오.

모든 것을 지으시고 구원하신
하나님을 찬양함

33 의롭게 사는 사람들이여, 즐겁게 여호와를 노래하십시오. 정직한 사람들은 마땅히 그를 찬양해야 합니다.

2 수금을 울리며 여호와께 찬양하십시오. 열 줄 비파로 주님을 위해 찬양하십시오.

3 새 노래로 주님께 찬송하고, 멋있게 악기를 연주하고, 기쁘게 노래하십시오.

all you who put your hope in the LORD!

32 *A psalm* of David.*

1 •Oh, what joy for those
　　whose disobedience is forgiven,
　　whose sin is put out of sight!
2 •Yes, what joy for those
　　whose record the LORD has cleared of guilt,*
　　whose lives are lived in complete
　　　honesty!
3 •When I refused to confess my sin,
　　my body wasted away,
　　and I groaned all day long.
4 •Day and night your hand of discipline was
　　　heavy on me.
　　My strength evaporated like water in
　　　the summer heat. 　　*Interlude*
5 •Finally, I confessed all my sins to you
　　and stopped trying to hide my guilt.
　　I said to myself, "I will confess my rebellion
　　　to the LORD."
　　And you forgave me! All my guilt is gone.
　　　　　　　　　　　　　　　Interlude
6 •Therefore, let all the godly pray to you
　　　while there is still time,
　　that they may not drown in the
　　　floodwaters of judgment.
7 •For you are my hiding place;
　　you protect me from trouble.
　　You surround me with songs of victory.
　　　　　　　　　　　　　　　Interlude
8 •The LORD says, "I will guide you along the
　　　best pathway for your life.
　　I will advise you and watch over you.
9 •Do not be like a senseless horse or mule
　　that needs a bit and bridle to keep it
　　　under control."
10 •Many sorrows come to the wicked,
　　but unfailing love surrounds those who
　　　trust the LORD.
11 •So rejoice in the LORD and be glad, all you
　　who obey him!
　　Shout for joy, all you whose hearts are pure!

33 •Let the godly sing for joy to the LORD;
　　it is fitting for the pure to praise him.
2 •Praise the LORD with melodies on the lyre;
　　make music for him on the ten-stringed
　　　harp.
3 •Sing a new song of praise to him;
　　play skillfully on the harp, and sing

32:TITLE Hebrew *maskil.* This may be a literary or musical term.　　**32:2** Greek version reads *of sin.* Compare Rom 4:7.

32편 '마스길'은 문학 또는 음악 용어이다.

4 여호와의 말씀은 올바르고 참됩니다. 그분이 하시는 일은 모두 진실합니다.
5 주님은 정의롭고 공평한 것을 좋아하십니다. 주님의 한결같은 사랑이 온 땅에 가득합니다.
6 여호와는 말씀으로 하늘을 지으시고, 입김으로 하늘의 별들을 만드셨습니다.
7 주님은 바닷물을 모아 항아리에 담으시고, 깊은 바닷물을 창고에 넣으십니다.
8 온 땅이여, 여호와를 높이고 세상의 모든 사람들이여, 그분을 존경합시다.
9 주님께서 말씀하시니, 세상이 생겨났고, 주님께서 명령하시니, 세상이 나타났습니다.
10 여호와께서 뭇 나라의 계획을 무너뜨리시고, 민족들의 뜻을 꺾으십니다.
11 여호와의 계획은 언제까지나 한결같고, 그분의 뜻은 영원히 변하지 않을 것입니다.
12 여호와를 자기 하나님으로 모신 나라는 행복한 나라입니다. 하나님께서 자기 백성으로 삼으신 민족은 행복한 민족입니다.
13 여호와께서 하늘에서 세상을 내려다보시고, 사람들 한 사람 한 사람을 보고 계십니다.
14 하늘에 계신 주님은 땅 위의 사람들 모두를 지켜보십니다.
15 그분은 모든 사람들의 마음을 만드셨기 때문에 사람들이 하는 일을 모두 알고 계십니다.
16 군대가 많다고 왕이 승리하는 것이 아니고, 힘이 세다고 용사가 이기는 것은 아닙니다.
17 힘센 말을 타고 도망쳐도 피할 수 없으며, 모든 힘을 다해도 그들은 살아남을 수 없습니다.
18 그러나 여호와는 주를 높이는 사람을 돌아보시고 주님의 사랑에 소망을 두는 사람을 지키십니다.
19 주님은 죽음에서 그들을 건지시고, 기근 때에 살아남게 하실 것입니다.
20 그러므로 우리가 여호와를 바라보면서 기다립니다. 주님은 우리의 도움이시며 방패이십니다.
21 주님 때문에 우리가 기뻐하고 즐거워합니다. 그것은 주의 거룩한 이름을 굳게 믿기 때문입니다.
22 여호와여, 우리가 주께 우리의 소망을 둡니다. 주님의 변함없는 사랑을 우리에게 베풀어 주소서.

벌주시며 구원하시는 하나님
다윗이 아비멜렉 앞에서 미친 체하다가 쫓겨나서 지은 시

34 나는 언제나 여호와를 찬양하겠습니다. 내 입술에서 주님을 찬양하는 소리가 끊

with joy.
4 For the word of the LORD holds true, and we can trust everything he does.
5 He loves whatever is just and good; the unfailing love of the LORD fills the earth.
6 The LORD merely spoke, and the heavens were created. He breathed the word, and all the stars were born.
7 He assigned the sea its boundaries and locked the oceans in vast reservoirs.
8 Let the whole world fear the LORD, and let everyone stand in awe of him.
9 For when he spoke, the world began! It appeared at his command.
10 The LORD frustrates the plans of the nations and thwarts all their schemes.
11 But the LORD's plans stand firm forever; his intentions can never be shaken.
12 What joy for the nation whose God is the LORD, whose people he has chosen as his inheritance.
13 The LORD looks down from heaven and sees the whole human race.
14 From his throne he observes all who live on the earth.
15 He made their hearts, so he understands everything they do.
16 The best-equipped army cannot save a king, nor is great strength enough to save a warrior.
17 Don't count on your warhorse to give you victory— for all its strength, it cannot save you.
18 But the LORD watches over those who fear him, those who rely on his unfailing love.
19 He rescues them from death and keeps them alive in times of famine.
20 We put our hope in the LORD. He is our help and our shield.
21 In him our hearts rejoice, for we trust in his holy name.
22 Let your unfailing love surround us, LORD, for our hope is in you alone.

34 *A psalm of David, regarding the time he pretended to be insane in front of Abimelech, who sent him away.*

1 I will praise the LORD at all times. I will constantly speak his praises.

34 This psalm is a Hebrew acrostic poem; each verse begins with a successive letter of the Hebrew alphabet.

이지 않을 것입니다.

2 내 몸과 마음으로 여호와를 자랑할 것입니다. 가난한 사람들이여, 듣고 기뻐하십시오.

3 나와 함께 여호와의 영광을 노래합시다. 그의 이름을 함께 찬양합시다.

4 내가 여호와를 찾아 도움을 청했더니 내게 대답하시고, 내가 두려워하던 모든 것에서 나를 건지셨습니다.

5 주님을 바라보는 자의 얼굴은 빛이 나고, 어떤 일이 있어도 부끄러움을 당하지 않을 것입니다.

6 이 불쌍한 사람이 여호와께 부르짖었더니 여호와께서 들으시고, 모든 어려움에서 건져 주셨습니다.

7 여호와의 천사들은 주님을 높이는 사람들 둘레에 진을 치고, 그들을 구원하십니다.

8 여호와께서 얼마나 좋으신 분인지 살피고 맛보십시오. 그분께 피하는 사람은 복 있는 사람입니다.

9 너희 성도들이여, 여호와를 높이며 두려워하십시오. 저를 높이며 두려워하는 사람들은 부족함이 없을 것입니다.

10 젊은 사자도 힘이 없고 배가 고플 때가 있지만, 여호와를 찾는 자들은 갖가지 좋은 것들을 모두 얻게 됩니다.

11 젊은이들이여, 이리 와서 내 말을 들어 보십시오. 여호와를 높이고 두려워하는 방법을 가르쳐 주겠습니다.

12 즐거운 날을 보내고 행복하게 오래 살고 싶으면 이 말을 잘 들어야 할 것입니다.

13 먼저 여러분은 나쁜 말을 하지 말고, 거짓말을 하지 말아야 합니다.

14 나쁜 길에서 돌아서서 착하게 살고 평화를 사랑하고 이웃과 사이좋게 지내야 합니다.

15 여호와는 의로운 사람들을 보고 계시며, 그들이 부르짖는 소리에 귀를 기울이십니다.

16 그러나 여호와는 악한 짓을 하는 사람들을 불쾌하게 여기시고 사람들의 기억에서 그들의 이름을 지워 버립니다.

17 의로운 사람들이 부르짖을 때에 여호와께서 들으시고, 모든 어려움으로부터 그들을 건지십니다.

18 여호와는 마음이 상한 사람 곁에 계시고, 낙심한 사람들을 붙들어 주십니다.

19 의로운 사람에게도 어려움이 많을 수 있습니다. 그러나 여호와께서 모든 어려움에서 구해 주실 것입니다.

20 여호와께서 그들의 뼈마디 하나도 꺾이지 않게 완전하게 지켜 주실 것입니다.

2 •I will boast only in the LORD;
   let all who are helpless take heart.

3 •Come, let us tell of the LORD's greatness;
   let us exalt his name together.

4 •I prayed to the LORD, and he answered me.
   He freed me from all my fears.

5 •Those who look to him for help will be
   radiant with joy;
   no shadow of shame will darken their faces.

6 •In my desperation I prayed, and the LORD
   listened;
   he saved me from all my troubles.

7 •For the angel of the LORD is a guard;
   he surrounds and defends all who
   fear him.

8 •Taste and see that the LORD is good.
   Oh, the joys of those who take refuge
   in him!

9 •Fear the LORD, you his godly people,
   for those who fear him will have all
   they need.

10 •Even strong young lions sometimes go hungry,
   but those who trust in the LORD will
   lack no good thing.

11 •Come, my children, and listen to me,
   and I will teach you to fear the LORD.

12 •Does anyone want to live a life
   that is long and prosperous?

13 •Then keep your tongue from speaking evil
   and your lips from telling lies!

14 •Turn away from evil and do good.
   Search for peace, and work to maintain it.

15 •The eyes of the LORD watch over those
   who do right;
   his ears are open to their cries for help.

16 •But the LORD turns his face against those
   who do evil;
   he will erase their memory from
   the earth.

17 •The LORD hears his people when they call to
   him for help.
   He rescues them from all their troubles.

18 •The LORD is close to the brokenhearted;
   he rescues those whose spirits are crushed.

19 •The righteous person faces many troubles,
   but the LORD comes to the rescue each time.

20 •For the LORD protects the bones of the
   righteous;
   not one of them is broken!

---

desperation [dèspəréiʃən] n. 절망
exalt [igzɔ́ːlt] vt. 높이다
radiant [réidiənt] a. 빛나는
reservoir [rézərvwɑːr] n. 저장소, 저수지
thwart [θwɔ́ːrt] vt. 방해하다, 좌절시키다

21 악한 자들은 자기들이 저지른 악 때문에 죽을 것이고, 의로운 사람을 미워하는 자들은 반드시 벌을 받게 될 것입니다.

22 그러나 여호와는 자기 종들의 목숨을 구해 주시니 주께 피하는 사람은 누구든 형벌을 받지 않을 것입니다.

도와 달라는 기도
다윗의 시

35 여호와여, 나와 다투는 자와 다투어 주시고, 나와 싸우는 자와 싸워 주소서.

2 방패와 갑옷을 잡어 드시고 일어나 나를 도와주소서.

3 나를 추격하는 자들을 향해 칼과 창을 모두 드시고 내게 "너를 구해 주겠다"라고 말씀해 주소서.

4 내 목숨을 노리는 사람들이 부끄러움을 당하게 해 주시고, 나를 해치려는 사람들이 창피해서 달아나게 해 주소서.

5 여호와의 천사가 그들을 쫓아 버릴 때에 바람에 날아가는 겨와 같게 하소서.

6 여호와의 천사가 그들을 뒤쫓을 때에 그들이 가는 길을 캄캄하고 미끄럽게 해 주소서.

7 그들은 아무 까닭 없이 나를 잡으려고 몰래 그물을 쳐 놓고 아무 이유 없이 나를 죽이려고 웅덩이를 파 놓았습니다.

8 오 주님, 그들을 망하게 해 주시고, 자기들이 쳐 놓은 그물에 걸리게 하시고, 자기들이 파 놓은 웅덩이에 빠지게 하여 주소서.

9 그리하시면 내가 여호와 안에서 즐거워하며, 여호와께서 베푸신 구원을 인하여 기뻐할 것입니다.

10 내가 온몸으로 외칠 것입니다. "여호와여, 주님 같은 분이 없습니다. 여호와는 힘센 사람들에게서 연약한 사람들을 건져 내시며, 힘있고 가난한 사람들을 강도들에게서 구하시는 분이십니다."

11 거짓을 말하는 증인들이 법정에 서서 내가 알지도 못하는 것을 캐묻습니다.

12 그들은 내게 선을 악으로 갚고, 내 목숨마저 노렸습니다.

13 그렇지만 그들이 병들었을 때, 나는 굵은 베옷을 걸치고 금식하며 기도했습니다. 그들을 위한 내 기도에 응답이 없을 때,

14 내 친구나 형제들을 위해 슬퍼하듯 나는 그들을 위해 슬퍼하며 울었습니다. 마치 어머니가 돌아가셨을 때에 내가 우는 것처럼 고개를 떨구고 슬퍼하였습니다.

15 그렇지만 내가 넘어지자 그들은 모여들어 나를 비웃었고, 느닷없이 나를 치고 때렸습니다. 그

21 ● Calamity will surely destroy the wicked,
　　and those who hate the righteous will
　　　be punished.
22 ● But the LORD will redeem those who serve him.
　　No one who takes refuge in him will
　　　be condemned.

35 *A psalm of David.*

1 ● O LORD, oppose those who oppose me.
　　Fight those who fight against me.
2 ● Put on your armor, and take up your shield.
　　Prepare for battle, and come to my aid.
3 ● Lift up your spear and javelin
　　against those who pursue me.
　　Let me hear you say,
　　　"I will give you victory!"
4 ● Bring shame and disgrace on those trying
　　　to kill me;
　　turn them back and humiliate those
　　　who want to harm me.
5 ● Blow them away like chaff in the wind—
　　a wind sent by the angel of the LORD.
6 ● Make their path dark and slippery,
　　with the angel of the LORD pursuing
　　　them.
7 ● I did them no wrong, but they laid a trap
　　　for me.
　　I did them no wrong, but they dug a
　　　pit to catch me.
8 ● So let sudden ruin come upon them!
　　Let them be caught in the trap they set
　　　for me!
　　Let them be destroyed in the pit they
　　　dug for me.

9 ● Then I will rejoice in the LORD.
　　I will be glad because he rescues me.
10 ● With every bone in my body I will
　　　praise him:
　　　"LORD, who can compare with you?
　　Who else rescues the helpless from the strong?
　　Who else protects the helpless and poor
　　　from those who rob them?"

11 ● Malicious witnesses testify against me.
　　They accuse me of crimes I know nothing
　　　about.
12 ● They repay me evil for good.
　　I am sick with despair.
13 ● Yet when they were ill, I grieved for them.
　　I denied myself by fasting for them,
　　but my prayers returned unanswered.
14 ● I was sad, as though they were my friends
　　　or family,
　　as if I were grieving for my own mother.
15 ● But they are glad now that I am in trouble;
　　they gleefully join together against me.
　　I am attacked by people I don't even know;
　　they slander me constantly.

들은 그치지 않고 욕을 합니다.

16 하나님을 두려워하지 않는 자들처럼 그들은 나를 잔인하게 비웃었고 나를 보며 이를 갈았습니다.

17 주여, 언제까지 이러한 일들을 보고만 계시렵니까? 잔인하게 짓밟히는 내 목숨을 건져 주소서. 이 사자 같은 자들에게서 나를 구해 주소서.

18 내가 예배 모임 가운데서 주님께 감사할 것이며, 많은 사람들 가운데서 주님을 찬양할 것입니다.

19 아무 이유 없이 내게 달려든 원수들이 더 이상 나를 비웃지 못하게 하소서. 아무 까닭 없이 나를 미워하는 자들이 더 이상 음흉한 미소를 짓지 않게 해 주소서.

20 그들은 따뜻하게 말하지 않습니다. 조용히 지내는 착한 사람들에 대해 온갖 거짓말을 꾸며댑니다.

21 나를 향해 입을 크게 벌리면서, "하하! 저것 봐라, 네 꼴이 참 좋구나" 하며 빈정댑니다.

22 여호와여, 주님께서 다 보셨습니다. 더 이상 가만히 계시지 마소서. 오 주님이시여, 나를 홀로 내버려 두지 마소서.

23 나의 하나님, 나의 주여, 떨치고 일어나 나를 변호해 주소서. 나의 하나님이시여, 나를 위해 답변해 주소서.

24 여호와 나의 하나님, 주님의 올바른 법을 따라 옳고 그름을 가려 주시고, 그들이 나를 비웃지 못하게 해 주소서.

25 그들이 "하하! 우리 뜻대로 되었다!"라고 생각하지 못하게 하시고 "하하! 우리가 이겼어"라고 말하지 못하게 해 주소서.

26 내 불행을 좋아하는 사람들 모두 부끄러움을 당하게 하시고 혼란스러워하게 해 주소서. 나에게 우쭐거리는 사람들 모두 수치와 창피로 덮으소서.

27 내 결백함을 즐거워하는 사람들이 웃고 소리지르며 즐거워하게 해 주소서. "여호와는 높임을 받으실 분이시며 그의 종이 뜻하는 모든 일이 잘 되어 가는 것을 좋아하시는 분이다"라고 말하게 해 주소서.

28 내 혀로 주님의 의로우심을 찬양하며, 온종일 주님을 찬송할 것입니다.

못된 사람과 좋으신 하나님

여호와의 종 다윗의 시. 지휘자를 따라 부른 노래

36 악한 자들의 죄에 관하여 주님께서 내게 알려 주셨습니다. 악한 자들은 하나님을 조금도 두려워하지 않습니다.

2 그들은 자신을 대단하게 생각합니다. 그래서 자기 죄를 깨닫지도 못하고, 그 죄를 미워하지도 않습니다.

3 그들은 항상 악하고 거짓된 말을 내뱉습니다. 더 이

---

16 • They mock me and call me names;
　　they snarl at me.

17 • How long, O Lord, will you look on and
　　　do nothing?
　　Rescue me from their fierce attacks.
　　Protect my life from these lions!

18 • Then I will thank you in front of the great
　　　assembly.
　　I will praise you before all the people.

19 • Don't let my treacherous enemies rejoice
　　　over my defeat.
　　Don't let those who hate me without
　　　cause gloat over my sorrow.

20 • They don't talk of peace;
　　they plot against innocent people
　　　who mind their own business.

21 • They shout, "Aha! Aha!
　　With our own eyes we saw him do it!"

22 • O LORD, you know all about this.
　　Do not stay silent.
　　Do not abandon me now, O Lord.

23 • Wake up! Rise to my defense!
　　Take up my case, my God and
　　　my Lord.

24 • Declare me not guilty, O LORD my God,
　　　for you are just.
　　Don't let my enemies laugh about me
　　　in my troubles.

25 • Don't let them say, "Look, we got what
　　　we wanted!
　　Now we will eat him alive!"

26 • May those who rejoice at my troubles
　　　be humiliated and disgraced.
　　May those who triumph over me
　　　be covered with shame and dishonor.

27 • But give great joy to those who came to
　　　my defense.
　　Let them continually say, "Great is the
　　　LORD,
　　who delights in blessing his servant
　　　with peace!"

28 • Then I will proclaim your justice,
　　and I will praise you all day long.

36 *For the choir director: A psalm of David,
the servant of the LORD.*

1 • Sin whispers to the wicked, deep within
　　　their hearts.*
　　They have no fear of God at all.

2 • In their blind conceit,
　　they cannot see how wicked they really are.

3 • Everything they say is crooked and deceitful.
　　They refuse to act wisely or do good.

36:1 As in some Hebrew manuscripts and Syri-
ac version, which read *in his heart.* Masoretic
Text reads *in my heart.*

상 지혜롭거나 착한 일을 하지 않습니다.

4 심지어 침대에 누워서도 악한 일을 꾸미며, 나쁜 길로 가려고 마음을 단단히 먹고 나쁜 일들을 마다하지 않는 사람입니다.

5 여호와여, 주님의 사랑이 하늘에 닿고, 주님의 성실하심이 하늘 끝까지 이릅니다.

6 주님의 의로우심이 우람한 산처럼 높고, 주님의 공평하심이 깊은 바다와 같습니다. 여호와여, 주는 사람과 짐승을 모두 돌보십니다.

7 하나님이여, 주의 변함없는 사랑이 얼마나 값진 것인지요! 높은 사람이나 낮은 사람이나 모두가 주님의 날개 그늘 밑을 그들의 피난처로 삼습니다.

8 주님의 집에서 그들이 마음껏 먹습니다. 주님은 기쁨의 강에서 물을 길어 사람들에게 마시게 하십니다.

9 주님께 생명의 샘이 있습니다. 주님의 빛을 통하여 우리가 빛을 볼 수 있습니다.

10 주님을 사랑하는 사람들을 끊임없이 사랑해 주시고, 마음이 올바른 사람들에게 주의 의를 베푸소서.

11 거만한 자가 내게 발길질하지 못하게 하시며, 악한 자가 손으로 나를 밀어내지 못하게 하소서.

12 악한 자들이 쓰러져 다시는 일어나지 못할 것입니다.

하나님께서는 바르게 갚아 주십니다
다윗의 시

37 악한 사람들 때문에 속상해하지 말고, 나쁜 일하는 사람들을 부러워하지 마십시오.

2 왜냐하면 그들은 풀처럼 곧 말라 버릴 것이며, 채소처럼 시들 것이기 때문입니다.

3 이 땅에 사는 동안, 여호와를 굳게 믿고 착한 일을 하면서 주님의 모습을 닮아 가십시오.

4 여호와를 생각하면서 즐거워하십시오. 그러면 주님께서 여러분의 소원을 들어 주실 것입니다.

5 여호와께 여러분의 길을 맡기고 그분을 굳게 믿으십시오. 그리하면 주님께서 다 이루어 주실 것입니다.

6 또 여러분이 하는 의로운 일과 정의로운 행동들을 한낮의 햇빛처럼 빛나게 해 주실 것입니다.

7 잠잠히 인내하면서 여호와를 기다리십시오. 악한 자들이 잘 산다고 해서 속상해하거나 그들의 악한 계획들이 이루어진다고 해서 좌절하지 마십시오.

8 노여워하거나 화를 터뜨리지 마십시오, 속상해

---

4 • They lie awake at night, hatching sinful plots.
    Their actions are never good.
    They make no attempt to turn from evil.

5 • Your unfailing love, O LORD, is as vast
    as the heavens;
    your faithfulness reaches beyond the
    clouds.

6 • Your righteousness is like the mighty
    mountains,
    your justice like the ocean depths.
    You care for people and animals alike,
    O LORD.

7 • How precious is your unfailing love, O God!
    All humanity finds shelter
    in the shadow of your wings.

8 • You feed them from the abundance of your
    own house,
    letting them drink from your river
    of delights.

9 • For you are the fountain of life,
    the light by which we see.

10 • Pour out your unfailing love on those
    who love you;
    give justice to those with honest hearts.

11 • Don't let the proud trample me
    or the wicked push me around.

12 • Look! Those who do evil have fallen!
    They are thrown down, never to rise again.

37 *A psalm of David.*

1 • Don't worry about the wicked
    or envy those who do wrong.

2 • For like grass, they soon fade away.
    Like spring flowers, they soon wither.

3 • Trust in the LORD and do good.
    Then you will live safely in the land and
    prosper.

4 • Take delight in the LORD,
    and he will give you your heart's desires.

5 • Commit everything you do to the LORD.
    Trust him, and he will help you.

6 • He will make your innocence radiate like the
    dawn,
    and the justice of your cause will shine
    like the noonday sun.

7 • Be still in the presence of the LORD,
    and wait patiently for him to act.
    Don't worry about evil people who prosper
    or fret about their wicked schemes.

8 • Stop being angry!

37 This psalm is a Hebrew acrostic poem; each stanza begins with a successive letter of the Hebrew alphabet.

하지 마십시오. 자신에게 해로울 뿐입니다.

9 악한 사람들은 반드시 쫓겨날 것입니다. 그러나 주님께 소망을 두는 사람은 땅을 영원한 유산으로 받을 것입니다.

10 악한 사람들은 곧 이 땅에서 없어질 것입니다. 아무리 찾아보아도 그들은 없을 것입니다.

11 겸손한 사람들은 땅을 영원한 유산으로 얻을 것이고, 완전한 평화를 누리게 될 것입니다.

12 악한 자들은 의로운 사람들을 모함하고, 그들을 향해 이를 갑니다.

13 주님은 악한 자들을 보시고 그들을 비웃으십니다. 그것은 그들이 멸망하는 날이 가까워 오고 있음을 아시기 때문입니다.

14 악한 자들이 칼을 뽑고 활을 당겨 가난하고 불쌍한 사람들을 거꾸러뜨리고 정직한 사람들을 죽이려 합니다.

15 그러나 그들의 칼은 자기들의 가슴을 꿰뚫을 것이며, 그들의 활은 부러질 것입니다.

16 적은 재물을 가지고 의롭게 사는 것이 많은 재물을 가지고 악하게 사는 것보다 낫습니다.

17 악한 자들의 세력은 꺾일 것이고, 여호와께서는 의로운 사람들을 붙들어 주실 것입니다.

18 주님은 정직한 사람들의 삶을 지켜 보십니다. 그들이 받은 유산들은 대대로 번창할 것입니다.

19 그들은 재난이 닥쳐와도 어려움을 당하지 않을 것이며, 굶주림의 때에도 풍성히 먹을 것입니다.

20 그렇지만 악한 자들은 멸망할 것입니다. 여호와의 원수들은 들의 꽃처럼 될 것이고, 연기처럼 사라져 버릴 것입니다.

21 악한 자들은 꾸어 가지만 다시 갚지 않습니다. 그러나 의로운 사람들은 넉넉하게 베풀고 삽니다.

22 하나님께서 복 주시는 사람은 땅을 유산으로 받을 것이지만 하나님께서 저주하는 사람은 죽을 것입니다.

23 여호와께서 어떤 사람의 가는 길을 기뻐하신다면 그 사람의 발걸음을 굳게 붙잡아 주실 것입니다.

24 비틀거릴지라도 넘어지지 않을 것입니다. 왜냐하면 여호와께서 그의 손을 붙잡고 계시기 때문입니다.

25 내가 어려서부터 늙기까지 이제껏 살아오면서 여호와께서 의로운 사람을 내버려 두시는 것과 그들의 자녀들이 구걸하는 것을 보지 못했습니다.

26 의로운 사람은 언제나 넉넉하여 다른 사람에게 나눠 주기를 좋아합니다. 그래서 그들의 자손들이 복을 받습니다.

Turn from your rage!
Do not lose your temper—
it only leads to harm.
9 • For the wicked will be destroyed,
but those who trust in the LORD will
possess the land.

10 • Soon the wicked will disappear.
Though you look for them, they will
be gone.
11 • The lowly will possess the land
and will live in peace and prosperity.

12 • The wicked plot against the godly;
they snarl at them in defiance.
13 • But the Lord just laughs,
for he sees their day of judgment coming.

14 • The wicked draw their swords
and string their bows
to kill the poor and the oppressed,
to slaughter those who do right.
15 • But their swords will stab their own hearts,
and their bows will be broken.

16 • It is better to be godly and have little
than to be evil and rich.
17 • For the strength of the wicked will be
shattered,
but the LORD takes care of the godly.

18 • Day by day the LORD takes care of the
innocent,
and they will receive an inheritance that
lasts forever.
19 • They will not be disgraced in hard times;
even in famine they will have more than
enough.

20 • But the wicked will die.
The LORD's enemies are like flowers
in a field—
they will disappear like smoke.

21 • The wicked borrow and never repay,
but the godly are generous givers.
22 • Those the LORD blesses will possess the land,
but those he curses will die.

23 • The LORD directs the steps of the godly.
He delights in every detail of their lives.
24 • Though they stumble, they will never fall,
for the LORD holds them by the hand.

25 • Once I was young, and now I am old.
Yet I have never seen the godly abandoned
or their children begging for bread.
26 • The godly always give generous loans

defiance [difáiəns] *n*. 도전, 반항

27 악한 일을 멈추고 착한 일을 하십시오. 그러면 여러 분은 땅에서 영원히 살게 됩니다.

28 왜냐하면 여호와께서는 올바른 사람을 사랑하시고, 신실한 사람들을 떠나지 않으시기 때문입니다. 여호와께서 언제나 그들을 지키실 것입니다. 그러나 악한 자들의 자손들은 죽게 될 것입니다.

29 의로운 사람들은 땅을 유산으로 받게 될 것이며 영원히 그 땅에서 살 것입니다.

30 의로운 사람들은 지혜를 말하며, 바른 것만을 이야기합니다.

31 하나님의 교훈을 그 마음속에 두고 살기 때문에 결코 넘어지지 않습니다.

32 악한 자들은 의로운 사람을 잡아 죽이려고 숨어서 노려봅니다.

33 그렇지만 여호와는 의로운 사람들을 악한 자의 손에 두지 않으십니다. 그들이 법정에 서게 되더라도 벌을 받지 않게 하실 것입니다.

34 여호와를 기다리십시오. 그분의 길을 따라 사십시오. 여호와께서 여러분을 높여 주시고 땅을 주실 것입니다. 악한 자들이 쫓겨나는 것을 여러분은 보게 될 것입니다.

35 나는 악하고 무자비한 사람을 보았습니다. 기름진 땅에 선 푸른 나무처럼 번성한 듯 보였습니다.

36 그러나 그 사람은 곧 죽어 없어져 버렸습니다. 아무리 찾으려 해도 그를 찾을 수 없었습니다.

37 깨끗한 사람을 생각하십시오. 정직한 사람을 잘 보십시오. 평화의 사람에게는 미래가 열려 있습니다.

38 그러나 악한 자들은 망할 것입니다. 악한 자들의 미래는 닫혀질 것입니다.

39 의로운 자들의 구원은 여호와께 있습니다. 어려울 때에 여호와는 그들이 피할 요새가 되어 주십니다.

40 여호와께서 그들을 도우시며 구원해 주십니다. 악한 자로부터 구해 내시고 보호해 주십니다. 왜냐하면 그들이 여호와를 의지하고, 여호와께 피하기 때문입니다.

아플 때의 기도

다윗의 시. 애원의 시

38 여호와여, 주의 분노로 나를 꾸짖지 마시고, 노여움으로 나를 징계하지 마소서.

2 주님이 쏜화살이 내 몸에 꽂혔으며, 주님의 손이 나를 내리치셨습니다.

3 주님께서 내게 분노하시니 내 몸이 온통 멍들었으며, 내 지은 죄 때문에 내 뼈가 성한 곳이 없습니다.

4 나의 죄들이 무거운 짐처럼 나를 짓누르니 내 마음이 괴로워 견디기 힘듭니다.

5 내 몸의 상처가 점점 더 곪아 냄새나는 것은 내가 저지른 어리석은 죄들 때문입니다.

---

to others,
and their children are a blessing.

27 • Turn from evil and do good,
and you will live in the land forever.

28 • For the LORD loves justice,
and he will never abandon the godly.

He will keep them safe forever,
but the children of the wicked will die.

29 • The godly will possess the land
and will live there forever.

30 • The godly offer good counsel;
they teach right from wrong.

31 • They have made God's law their own,
so they will never slip from his path.

32 • The wicked wait in ambush for the godly,
looking for an excuse to kill them.

33 • But the LORD will not let the wicked succeed
or let the godly be condemned when
they are put on trial.

34 • Put your hope in the LORD.
Travel steadily along his path.
He will honor you by giving you the land.
You will see the wicked destroyed.

35 • I have seen wicked and ruthless people
flourishing like a tree in its native soil.

36 • But when I looked again, they were gone!
Though I searched for them, I could
not find them!

37 • Look at those who are honest and good,
for a wonderful future awaits those
who love peace.

38 • But the rebellious will be destroyed;
they have no future.

39 • The LORD rescues the godly;
he is their fortress in times of trouble.

40 • The LORD helps them,
rescuing them from the wicked.
He saves them,
and they find shelter in him.

38 *A psalm of David, asking God to remember him.*

1 • O LORD, don't rebuke me in your anger
or discipline me in your rage!

2 • Your arrows have struck deep,
and your blows are crushing me.

3 • Because of your anger, my whole body is sick;
my health is broken because of my sins.

4 • My guilt overwhelms me—
it is a burden too heavy to bear.

5 • My wounds fester and stink

6 내 허리가 구부러져 땅에 닿을 정도가 되었으니 온 종일 슬퍼합니다.

7 허리의 심한 통증으로 온몸이 욱신거리니, 내 몸에 성한 곳이 한 군데도 없습니다.

8 온몸이 떨리고 쓰러질 듯하니, 내가 실망하여 신음합니다.

9 주님, 내가 얼마나 주님을 바라는지 아십니다. 내 모든 한숨 소리를 주님은 모두 들으십니다.

10 내 가슴은 뛰며, 힘도 다 빠졌고 내 눈은 볼 수 없습니다.

11 내 상처 때문에 친구들과 이웃들이 나를 피하고, 친척들도 나를 멀리합니다.

12 나를 죽이려는 자들이 몰래 덫을 놓습니다. 나를 해치려 하는 자들이 나의 불행에 대해 말하고 다닙니다. 온종일 그들은 거짓말을 생각해 냅니다.

13 나는 듣지 못하는 사람처럼 들을 수 없게 되었고, 말 못하는 사람처럼 말할 수 없게 되었습니다.

14 나는 듣지 못하는 사람처럼 되었고, 대답할 줄 모르는 사람처럼 되었습니다.

15 여호와여, 내가 주를 간절히 기다립니다. 오 주님, 나의 하나님이여, 내게 대답해 주소서.

16 내가 이렇게 부르짖습니다. "악인들이 나를 비웃지 못하게 해 주소서. 내가 넘어질 때에 조롱하지 못하도록 해 주소서."

17 내가 당장 쓰러질 것만 같습니다. 고통이 계속되어 견딜 수가 없습니다.

18 주님, 잘못을 고백합니다. 내가 저지른 죄를 생각하니 괴롭습니다.

19 내게 덤벼드는 원수들은 강하고 많습니다. 아무 이유 없이 나를 미워하는 사람들이 수없이 많습니다.

20 내가 착한 일을 베풀었어도 악으로 갚는 사람들이 많습니다. 내가 선한 일을 하려 할 때에 그들은 늘 비방하고 다닙니다.

21 여호와여, 나를 버리지 마소서. 오 나의 하나님이여, 나를 멀리하지 마소서.

22 오 주 나의 구원자여, 빨리 오셔서 나를 구원하여 주소서.

인생은 짧습니다

다윗의 시. 지휘자 여두둔을 따라 부른 노래

39 내가 이렇게 말했습니다. "나는 행동을 조심하고 내 혀로 죄를 짓지 않겠다. 못된 사람들이 내 주위에 있는 한 나는 입을 열지 않을 것이다."

2 그래서 나는 침묵하고 지냈습니다. 심지어 좋은 말이라도 입 밖에 내지 않았습니다. 그러나 내 마음은 점점 괴로워졌습니다.

3 점점 속에서 열이 끓어 오르기 시작했습니다. 생각하면 할수록 화가 치밀어 올랐습니다. 나는 견디다

---

because of my foolish sins.

6 • I am bent over and racked with pain.
  All day long I walk around filled with grief.

7 • A raging fever burns within me,
  and my health is broken.

8 • I am exhausted and completely crushed.
  My groans come from an anguished heart.

9 • You know what I long for, Lord;
  you hear my every sigh.

10 • My heart beats wildly, my strength fails,
  and I am going blind.

11 • My loved ones and friends stay away,
  fearing my disease.
  Even my own family stands at a distance.

12 • Meanwhile, my enemies lay traps to kill me.
  Those who wish me harm make plans
  to ruin me.
  All day long they plan their treachery.

13 • But I am deaf to all their threats.
  I am silent before them as one who
  cannot speak.

14 • I choose to hear nothing,
  and I make no reply.

15 • For I am waiting for you, O LORD.
  You must answer for me, O Lord my God.

16 • I prayed, "Don't let my enemies gloat over me
  or rejoice at my downfall."

17 • I am on the verge of collapse,
  facing constant pain.

18 • But I confess my sins;
  I am deeply sorry for what I have done.

19 • I have many aggressive enemies;
  they hate me without reason.

20 • They repay me evil for good
  and oppose me for pursuing good.

21 • Do not abandon me, O LORD.
  Do not stand at a distance, my God.

22 • Come quickly to help me,
  O Lord my savior.

39 *For Jeduthun, the choir director: A psalm of David.*

1 • I said to myself, "I will watch what I do
  and not sin in what I say.
  I will hold my tongue
  when the ungodly are around me."

2 • But as I stood there in silence—
  not even speaking of good things—
  the turmoil within me grew worse.

3 • The more I thought about it,
  the hotter I got,

fester [féstər] *vi.* 곪다
stink [stiŋk] *vi.* 악취를 풍기다
treachery [trétʃəri] *n.* 반역, 배반
turmoil [tɔ́ːrmɔil] *n.* 혼란
38:17 on the verge of… : …하기 직전에

못해 말했습니다.

4 "여호와여, 내 인생의 마지막이 언제이며, 어느 때에 내 삶의 끝이 오는지 알려 주소서. 나의 삶이 날아가는 화살 같다는 것을 알았습니다.

5 주님께서 내게 고작 한 뼘밖에 안 되는 짧은 인생을 주셨습니다. 내 일생이 주님 앞에서는 아무것도 아닙니다. 사람들의 일생은 한 순간의 입김일 뿐입니다." (셀라)

6 사람의 분주한 인생은 마치 신기루와 같습니다. 이리저리 돌아다녀 보지만 결국 모두 헛것입니다. 재물을 모아 쌓아 두지만 누가 그것을 가져가는지 알지 못합니다.

7 "주님, 내가 무엇을 추구해야 한단 말입니까? 주님만이 나의 소망이십니다.

8 주님께서 내가 지은 모든 죄에서 나를 건져 주소서. 어리석은 자들이 나를 비웃지 못하게 하소서.

9 나는 침묵했습니다. 내가 입을 열지 않았습니다. 이는 주님께서 내 입을 닫으셨기 때문입니다.

10 주님, 이제 나를 그만 벌하소서. 주님께서 손으로 내려치시니 내가 죽을 것 같습니다.

11 주님은 죄지은 사람들을 꾸짖고 벌주십니다. 좀먹듯이 그들의 재산을 먹어 버리십니다. 그렇습니다. 사람의 일생은 한 순간의 입김에 불과합니다." (셀라)

12 여호와여, 내 기도를 들어 주소서. 도움을 청하는 나의 부르짖음에 귀를 기울여 주소서. 나의 울음 소리를 못 들은 체하지 말아 주소서. 나그네와 같은 내가 주님과 함께 있습니다. 우리 조상들처럼 내가 이 방인으로 여기에 살고 있습니다.

13 내게서 눈길을 돌려 주소서. 그러면 내가 다시 즐겁게 살다 갈 수 있을 것입니다.

도와주심에 대한 감사와 기도
다윗의 시, 지휘자를 따라 부른 노래

40 내가 여호와를 기다리고 또 기다렸습니다. 주님께서 나를 돌아보시고, 나의 부르짖음을 들으셨습니다.

2 주님께서 나를 질퍽거리는 구렁텅이에서 끄집어 내시고 진흙 수렁에서 꺼내 주셨습니다. 주님께서 나를 바위 위에 세우시고 굳건한 곳에 설 수 있도록 인도하셨습니다.

3 주님께서 내게 새 노래를 부르게 하셨습니다. 우리 하나님을 찬양하는 노래입니다. 많은 사람들이 이 것을 보고 두려워 떨 것입니다. 그리고 여호와를 믿게 될 것입니다.

4 여호와를 굳게 믿는 사람은 행복한 사람입니다. 그들은 거만한 사람들을 쳐다보지도 않으며, 거짓 신들을 따라가는 자들을 경멸합니다.

5 여호와 나의 하나님이시여, 주님께서는 위대한 일

4 • "LORD, remind me how brief my time on
　　earth will be.
　Remind me that my days are
　　numbered—
　how fleeting my life is.

5 • You have made my life no longer than
　　the width of my hand.
　My entire lifetime is just a moment to you;
　at best, each of us is but a breath."
　　　　　　　　　　　　　　　Interlude

6 • We are merely moving shadows,
　　and all our busy rushing ends in nothing.
　We heap up wealth,
　　not knowing who will spend it.

7 • And so, Lord, where do I put my hope?
　　My only hope is in you.

8 • Rescue me from my rebellion.
　　Do not let fools mock me.

9 • I am silent before you; I won't say a word,
　　for my punishment is from you.

10 • But please stop striking me!
　　I am exhausted by the blows from
　　　your hand.

11 • When you discipline us for our sins,
　　you consume like a moth what is
　　　precious to us.
　Each of us is but a breath.
　　　　　　　　　　　　　　　Interlude

12 • Hear my prayer, O LORD!
　　Listen to my cries for help!
　Don't ignore my tears.
　For I am your guest—
　　a traveler passing through,
　　as my ancestors were before me.

13 • Leave me alone so I can smile again
　　before I am gone and exist no more.

40 *For the choir director: A psalm of
David.*

1 • I waited patiently for the LORD to help me,
　　and he turned to me and heard my cry.

2 • He lifted me out of the pit of despair,
　　out of the mud and the mire.
　He set my feet on solid ground
　　and steadied me as I walked along.

3 • He has given me a new song to sing,
　　a hymn of praise to our God.
　Many will see what he has done and be
　　amazed.
　　They will put their trust in the LORD.

4 • Oh, the joys of those who trust the LORD,
　　who have no confidence in the proud
　　or in those who worship idols.

5 • O LORD my God, you have performed
　　many wonders for us.
　Your plans for us are too numerous
　　to list.

들을 많이 하셨습니다. 주님께서 우리를 위해 계획하신 일들이 많기 때문에 사람들에게 다 말해 줄 수 없습니다.

6 주님은 제사와 제물을 바라지 않으십니다. 주님은 태워드리는 제사인 번제나 죄를 씻는 제사인 속죄제를 바라지 않으십니다. 내가 주님의 말씀을 바랐더니 주께서 내 귀를 열어 주셨습니다.

7 그래서 내가 말했습니다. "보소서, 내가 왔습니다. 율법책에 나에 관한 기록이 있습니다.

8 오 나의 하나님이여, 내가 주님께서 바라시는 것을 기쁘게 행하려 합니다. 주님의 가르침이 항상 내 마음에 있습니다."

9 내가 많은 사람들이 모일 때에 주님의 의로우심을 알리겠습니다. 내가 잠자코 있지 않으리라는 것을 여호와께서는 아십니다.

10 나는 주님의 의로우심을 내 마음속에 감춰 두지 않습니다. 주님의 성실하심과 구원에 관하여 말합니다. 나는 많은 사람들이 모일 때에 주님의 사랑과 진리를 숨기지 않습니다.

11 여호와여, 주님의 자비를 나에게서 멈추지 마소서. 주님의 사랑과 진리가 나를 언제나 지켜 주시기 바랍니다.

12 수많은 어려운 문제들이 나를 둘러싸고 있습니다. 내 죄가 나를 붙잡으니 내가 앞을 볼 수 없습니다. 내가 지은 죄들이 내 머리카락 수보다 더 많아 실망하게 되었습니다.

13 여호와여, 제발 나를 구해 주소서. 여호와여, 어서 빨리 오셔서 나를 도와 주소서.

14 나를 죽이려고 달려드는 모든 자들이 수치를 당하게 하시고 혼란스러움을 겪게 하소서. 내가 망하는 것을 바라는 사람들 모두가 창피를 당하여 도망가게 해 주소서.

15 나를 향해 "그럴 줄 알았지, 잘 되었군!" 하고 비웃는 사람들이 부끄러워 당황하게 해 주소서.

16 그러나 주님을 찾는 사람들은 주님으로 말미암아 기쁘고 즐거워하게 하소서. 주님의 구원을 감사하는 사람들은 항상 "여호와를 찬양하세!" 하고 외치게 하소서.

17 나는 가난하고 힘이 없습니다. 주님, 나를 기억하여 주소서. 주님은 나를 돕는 분이시며, 나를 구원하는 분이십니다. 나의 하나님이시여, 지체하지 마시고 빨리 오소서.

아플 때의 기도
다윗의 시. 지휘자를 따라 부른 노래

41 연약한 사람들을 돌보는 사람은 행복한 사람입니다. 어려움이 닥칠 때에 여호와께서 그 사람을 건져 주십니다.

You have no equal.
If I tried to recite all your wonderful deeds,
I would never come to the end of them.

6 • You take no delight in sacrifices or offerings.
Now that you have made me listen, I finally understand*—
you don't require burnt offerings or sin offerings.

7 • Then I said, "Look, I have come.
As is written about me in the Scriptures:

8 • I take joy in doing your will, my God,
for your instructions are written on my heart."

9 • I have told all your people about your justice.
I have not been afraid to speak out,
as you, O LORD, well know.

10 • I have not kept the good news of your justice hidden in my heart;
I have talked about your faithfulness and saving power.
I have told everyone in the great assembly
of your unfailing love and faithfulness.

11 • LORD, don't hold back your tender mercies from me.
Let your unfailing love and faithfulness always protect me.

12 • For troubles surround me—
too many to count!
My sins pile up so high
I can't see my way out.
They outnumber the hairs on my head.
I have lost all courage.

13 • Please, LORD, rescue me!
Come quickly, LORD, and help me.

14 • May those who try to destroy me
be humiliated and put to shame.
May those who take delight in my trouble
be turned back in disgrace.

15 • Let them be horrified by their shame,
for they said, "Aha! We've got him now!"

16 • But may all who search for you
be filled with joy and gladness in you.
May those who love your salvation
repeatedly shout, "The LORD is great!"

17 • As for me, since I am poor and needy,
let the Lord keep me in his thoughts.
You are my helper and my savior.
O my God, do not delay.

41 For the choir director: A psalm of David.

1 • Oh, the joys of those who are kind to the poor!

40:6 Greek version reads *You have given me a body.* Compare Heb 10:5.

2 여호와께서 그를 지키실 것이며, 그의 생명을 보호하실 것입니다. 주님께서 이 땅에서 그에게 복 주실 것이며, 원수들에게 먹히지 않도록 그를 붙잡아 주실 것입니다.

3 그가 아플 때에 여호와께서 붙들어 주실 것이며, 병상에서 그를 일으켜 다시 건강하게 해 주실 것입니다.

4 내가 "여호와여, 나를 불쌍히 여겨 주소서. 내 병을 고쳐 주소서. 내가 주님께 죄를 지었습니다"라고 말했습니다.

5 원수들이 나를 보고 나쁜 말들을 하고 다닙니다. "저 자가 언제 죽어 없어져 그 이름을 잊어버리게 될까?"

6 사람들이 나를 보러 올 때마다, 그들은 거짓말만 합니다. 속으로는 험담을 생각해 내고, 좋지 않은 소문을 퍼뜨리고 다닙니다.

7 나의 원수들 모두가 나에 대해서 수군거리고 다닙니다. 마음속으로 내게 가장 불행한 일이 생기기를 바라는 자들입니다.

8 그들은 "그 자가 지독한 병에 걸렸다네. 다시는 자리에서 일어나지 못할 거야"라고 말합니다.

9 나에게는 가장 친하고 믿을 만한 친구가 있었습니다. 그는 나와 함께 밥을 먹는 가까운 친구였지만, 이제는 그 친구마저 나에게 등을 돌렸습니다.

10 그러나 주 여호와여, 나를 불쌍히 여겨 주소서. 내게 힘을 주셔서 그들에게 이를 갚을 수 있게 하소서.

11 원수들이 내 앞에서 큰소리 치지 않으므로 주께서 나를 기쁘게 여기시는 줄 압니다.

12 내가 순전할 때에 주께서 나를 붙들어 주시는 줄 압니다. 나를 언제까지나 주와 함께 있게 해 주소서.

13 이스라엘의 하나님 여호와를 찬양합시다. 영원부터 영원까지 그분을 찬양합시다. 아멘! 아멘!

제 2 권
가까이에서 힘이 되시는 하나님
고라 자손의 마스길.* 지휘자를 따라 부른 노래

42 목마른 사슴이 시냇물을 찾아 헤매이듯이 오 하나님이시여, 내 영혼이 주를 찾아 헤맵니다.

2 내가 살아 계신 하나님을 애타게 그리워합니다. 언제 내가 하나님을 만나러 갈 수 있겠습니까?

3 낮이면 낮마다, 밤이면 밤마다 내 눈물이 양식이 되었습니다. 사람들은 언제나 내게 말하니

The LORD rescues them when they are in trouble.

2 • The LORD protects them and keeps them alive. He gives them prosperity in the land and rescues them from their enemies.

3 • The LORD nurses them when they are sick and restores them to health.

4 • "O LORD," I prayed, "have mercy on me. Heal me, for I have sinned against you."

5 • But my enemies say nothing but evil about me. "How soon will he die and be forgotten?" they ask.

6 • They visit me as if they were my friends, but all the while they gather gossip, and when they leave, they spread it everywhere.

7 • All who hate me whisper about me, imagining the worst.

8 • "He has some fatal disease," they say. "He will never get out of that bed!"

9 • Even my best friend, the one I trusted completely, the one who shared my food, has turned against me.

10 • LORD, have mercy on me. Make me well again, so I can pay them back!

11 • I know you are pleased with me, for you have not let my enemies triumph over me.

12 • You have preserved my life because I am innocent; you have brought me into your presence forever.

13 • Praise the LORD, the God of Israel, who lives from everlasting to everlasting. Amen and amen!

BOOK TWO (Psalms 42–72)

42 *For the choir director: A psalm* of the descendants of Korah.*

1 • As the deer longs for streams of water, so I long for you, O God.

2 • I thirst for God, the living God. When can I go and stand before him?

3 • Day and night I have only tears for food, while my enemies continually taunt me, saying, "Where is this God of yours?"

---

tumult [tjúːməlt] *n.* 소란; 소요

42:TITLE Hebrew *maskil.* This may be a literary or musical term.

42편 '마스길'은 문학 또는 음악 용어이다.

다. "너의 하나님이 어디 있지?"

4 지난 일들을 생각하면 할수록 내 가슴이 찢어집니다. 나는 사람들을 이끌고, 하나님의 성전을 향해 들어가곤 했습니다. 기뻐 소리를 지르고 감사의 찬송을 부르며, 그 행복한 사람들과 어울리곤 했습니다.

5 오 내 영혼아, 어찌하여 슬퍼하는가? 왜 그렇게 속상해하는가? 하나님께 희망을 가져야 할 것이다. 나를 구원하신 분이시며 나의 하나님이신 그분을 마땅히 찬양해야 할 것이 아닌가?

6 내가 몹시 슬프지만 주를 기억하겠습니다. 요단 강이 시작되는 땅에서, 헤르몬 산에서, 미살 산에서, 내가 주를 기억할 것입니다.

7 주의 폭포수가 큰 소리를 내며 떨어지듯이 어렵고 괴로운 일들이 계속 나에게 찾아옵니다. 주의 파도와 물을 부수며 파괴하는 소리가 나를 둘러 덮고 있습니다.

8 낮에는 여호와께서 사랑을 보여 주시고 밤이면 내가 주를 노래하며 나의 생명이신 하나님께 기도합니다.

9 나는 나의 바위가 되시는 하나님께 외칩니다. "왜 나를 잊어 버리셨습니까? 왜 내가 슬피 울면서 돌아다녀야 합니까? 왜 원수들 때문에 괴로워해야 합니까?"

10 내 원수들의 비웃는 말을 들으면 내 뼈가 부서지는 듯 괴롭습니다. 원수들은 늘 이렇게 말합니다. "네 하나님이 어디 있지?"

11 오 내 영혼아, 어찌하여 슬퍼하는가? 왜 그렇게 속상해하는가? 하나님께 희망을 가져야 할 것이다. 나를 구원하신 분이시며 나의 하나님이신 그분을 마땅히 찬양해야 할 것이 아닌가?

보호해 달라는 기도

43 오 하나님, 나의 결백을 변호해 주소서. 경건하지 않은 자들을 향해 내 사정을 변호해 주소서. 거짓말하는 사람들, 악한 사람들로부터 나를 건져 주소서.

2 주는 나의 안전한 피난처가 되시는 하나님이십니다. 그런데 왜 나를 버리셨습니까? 왜 내가 울면서 다녀야 한단 말입니까? 왜 내가 원수들의 박해를 받아야 한단 말입니까?

3 주의 빛과 진리를 보내 주소서. 그것들로 나를 인도해 주소서. 그것들이 나를 주의 거룩한 산과 주님께서 사시는 곳으로 인도하게 하소서.

4 그러면 내가 하나님의 제단 앞에, 내 기쁨이며 즐거움이신 하나님 앞에 가겠습니다. 하나님, 나의 하나님이시여, 내가 수금으로 주를 찬양하겠습니다.

5 오 내 영혼아, 너는 어찌하여 그렇게 슬퍼하는가? 왜 그렇게 속상해하는가? 너는 하나님께 소망을 두

---

4 • My heart is breaking
as I remember how it used to be:
I walked among the crowds of worshipers,
leading a great procession to the house
of God,
singing for joy and giving thanks
amid the sound of a great celebration!

5 • Why am I discouraged?
Why is my heart so sad?
I will put my hope in God!
I will praise him again—
6 my Savior and • my God!

Now I am deeply discouraged,
but I will remember you—
even from distant Mount Hermon, the
source of the Jordan,
from the land of Mount Mizar.

7 • I hear the tumult of the raging seas
as your waves and surging tides sweep
over me.
8 • But each day the LORD pours his unfailing
love upon me,
and through each night I sing his songs,
praying to God who gives me life.

9 • "O God my rock," I cry,
"Why have you forgotten me?
Why must I wander around in grief,
oppressed by my enemies?"
10 • Their taunts break my bones.
They scoff, "Where is this God of yours?"

11 • Why am I discouraged?
Why is my heart so sad?
I will put my hope in God!
I will praise him again—
my Savior and my God!

43 1 • Declare me innocent, O God!
Defend me against these ungodly
people.
Rescue me from these unjust liars.
2 • For you are God, my only safe haven.
Why have you tossed me aside?
Why must I wander around in grief,
oppressed by my enemies?
3 • Send out your light and your truth;
let them guide me.
Let them lead me to your holy mountain,
to the place where you live.
4 • There I will go to the altar of God,
to God—the source of all my joy.
I will praise you with my harp,
O God, my God!

5 • Why am I discouraged?
Why is my heart so sad?
I will put my hope in God!
I will praise him again—
my Savior and my God!

어라. 내가 나의 구원자시며 나의 하나님이신 그분을 찬양할 것이다.

도와 달라는 기도

고라 자손의 마스길. 지휘자를 따라 부른 노래

44 오 하나님, 우리는 우리 조상들이 우리에게 들려 준 이야기를 귀담아들었습니다. 옛날 우리 조상들이 살던 때에 주께서 하신 일들에 대해서 말입니다.

2 주의 손으로 뭇 나라를 몰아 내시고, 우리 조상들을 이 땅에 살게 하셨습니다. 주는 다른 민족들을 깨뜨려 부수시고, 우리 조상들은 더욱 번창하게 하셨습니다.

3 땅을 차지하게 된 것은 그들이 가진 칼 때문이 아니었으며, 승리하게 된 것도 그들의 힘 때문이 아니었습니다. 주의 오른손과 팔과 주의 얼굴빛 때문에 그들이 땅을 차지하고 승리를 얻었습니다. 이는 주께서 그들을 사랑하셨기 때문입니다.

4 주는 나의 왕, 나의 하나님이십니다. 야곱 백성들에게 승리를 주셨습니다.

5 주님 덕분에 우리가 적들을 물리쳤으며 주의 이름으로 우리가 우리의 적군들을 짓밟았습니다.

6 나는 내가 가지고 있는 활을 의지하지 않습니다. 내가 가진 칼이 나에게 승리를 주지 않습니다.

7 오직 주만이 우리의 적군들을 이기게 하시며, 주만이 우리 원수들을 부끄럽게 만드십니다.

8 우리가 온종일 하나님을 자랑합니다. 하나님의 이름을 영원히 찬양하겠습니다. (셀라)

9 그러나 지금은 주께서 우리를 버리시고 부끄러움을 당하게 하셨습니다. 주께서는 더 이상 우리 군사들과 함께 전쟁에 나가지 않습니다.

10 주께서 우리를 원수들에게 쫓기게 하시니 원수들이 우리의 모든 것을 빼앗았습니다.

11 주께서 우리를 잡아 먹히는 양처럼 내버려 두시고, 여러 나라 가운데 우리를 흩어 놓으셨습니다.

12 주는 주의 백성을 헐값에 파셨습니다. 아무런 이익도 없이 내다 파셨습니다.

13 주께서 우리를 이웃 나라들에게 조롱거리가 되게 하시니 그들이 우리를 깔보고 비웃습니다.

14 주께서 우리를 다른 나라들의 농담거리가 되게 하시니 그들이 우리를 향해 고개를 젓습니다.

15 내가 온종일 부끄럼을 당하고 싶습니다. 창피해서 얼굴을 들 수가 없습니다.

16 왜냐하면 나를 비웃고 업신여기며 내게 복수하려는 원수들 때문입니다.

---

44 *For the choir director: A psalm* of the descendants of Korah.*

1 • O God, we have heard it with our own ears—
our ancestors have told us
of all you did in their day,
in days long ago:

2 • You drove out the pagan nations by your
power
and gave all the land to our ancestors.
You crushed their enemies
and set our ancestors free.

3 • They did not conquer the land with their
swords;
it was not their own strong arm that
gave them victory.
It was your right hand and strong arm
and the blinding light from your face
that helped them,
for you loved them.

4 • You are my King and my God.
You command victories for Israel.*

5 • Only by your power can we push back our
enemies;
only in your name can we trample our foes.

6 I do not trust in my bow;
I do not count on my sword to save me.

7 You are the one who gives us victory over our
enemies;
you disgrace those who hate us.

8 • O God, we give glory to you all day long
and constantly praise your name. *Interlude*

9 • But now you have tossed us aside in dishonor.
You no longer lead our armies to battle.

10 • You make us retreat from our enemies
and allow those who hate us to plunder
our land.

11 • You have butchered us like sheep
and scattered us among the nations.

12 • You sold your precious people for a pittance,
making nothing on the sale.

13 • You let our neighbors mock us.
We are an object of scorn and derision
to those around us.

14 • You have made us the butt of their jokes;
they shake their heads at us in scorn.

15 • We can't escape the constant humiliation;
shame is written across our faces.

16 • All we hear are the taunts of our mockers.
All we see are our vengeful enemies.

44:TITLE Hebrew *maskil*. This may be a literary or musical term.   44:4 Hebrew *for Jacob*. The names "Jacob" and "Israel" are often interchanged throughout the Old Testament, referring sometimes to the individual patriarch and sometimes to the nation.

17 이러한 모든 일들이 우리에게 일어났지만 우리는 주를 잊지 않았으며 주의 언약을 저버리지 않았습니다.

18 우리 마음이 주께로부터 돌아서지 않았으며, 주의 길에서부터 벗어나지 않았습니다.

19 그러나 주께서 우리를 부수시고 들개들의 사냥감이 되게 하셨으며 깜깜한 어두움으로 우리를 덮으셨습니다.

20 만일 우리가 하나님의 이름을 잊었다거나 다른 신들에게 우리의 손을 들어 기도했더라면

21 하나님께서는 그것을 다 아시지 않습니까? 주께서는 사람 마음속의 비밀들을 모두 알고 계시지 않습니까?

22 우리는 언제나 죽을 지경에 있습니다. 사람들은 우리를 잡아먹을 양처럼 생각합니다.

23 오 주여, 일어나십시오, 어찌하여 주무시고 계십니까? 자리에서 일어나십시오! 제발 우리를 버리지 마십시오.

24 왜 주의 얼굴을 우리에게서 숨기십니까? 왜 우리의 비참함과 괴로움을 잊으십니까?

25 우리가 진흙 속에 처박혀졌으며 우리의 몸이 흙 속에 던져졌습니다.

26 일어나셔서 우리를 도우십시오, 주의 변함없는 사랑으로 우리를 구원해 주십시오,

왕의 결혼을 위한 노래

고라 자손의 마스길. 사랑의 노래.
백합화 곡조에 맞춰 지휘자를 따라 부른 노래

45 왕을 위해 시를 지으려니 내 마음속에 좋은 생각들이 넘쳐납니다. 내 혀는 솜씨 좋은 작가의 붓과 같습니다.

2 왕은 세상 누구보다도 훌륭하시며 왕의 입술은 우아한 말로 은혜가 넘치니, 이는 하나님께서 영원히 왕에게 복 주신 까닭입니다.

3 힘 있는 용사여, 허리에 칼을 차고 찬란한 위엄으로 옷을 입으십시오.

4 진리와 겸손과 의로움을 위하여 왕은 위엄 있게 승리하십시오. 왕의 오른손으로 장엄한 일들을 나타내십시오.

5 왕의 날카로운 화살이 원수의 심장을 꿰뚫을 것이며, 모든 나라들이 왕 앞에 쓰러질 것입니다.

6 오 하나님, 주의 보좌는 영원히 있을 것입니다. 주께서 정의의 지휘봉으로 주의 왕국을 다스리실 것입니다.

7 왕은 옳은 것을 사랑하시고, 못된 행위들을 미워하십니다. 그래서 하나님은 왕의 모든 친구들보다 왕을 더 높이 세우시고 기쁨의 향유를 부으셨습니다.

---

17 • All this has happened though we have not forgotten you.
　　We have not violated your covenant.

18 • Our hearts have not deserted you.
　　We have not strayed from your path.

19 • Yet you have crushed us in the jackal's desert home.
　　You have covered us with darkness and death.

20 • If we had forgotten the name of our God or spread our hands in prayer to foreign gods,

21 • God would surely have known it,
　　for he knows the secrets of every heart.

22 • But for your sake we are killed every day;
　　we are being slaughtered like sheep.

23 • Wake up, O Lord! Why do you sleep?
　　Get up! Do not reject us forever.

24 • Why do you look the other way?
　　Why do you ignore our suffering and oppression?

25 • We collapse in the dust,
　　lying face down in the dirt.

26 • Rise up! Help us!
　　Ransom us because of your unfailing love.

45 *For the choir director: A love song to be sung to the tune "Lilies." A psalm* of the descendants of Korah.*

1 • Beautiful words stir my heart.
　　I will recite a lovely poem about the king,
　　for my tongue is like the pen of a skillful poet.

2 • You are the most handsome of all.
　　Gracious words stream from your lips.
　　God himself has blessed you forever.

3 • Put on your sword, O mighty warrior!
　　You are so glorious, so majestic!

4 • In your majesty, ride out to victory,
　　defending truth, humility, and justice.
　　Go forth to perform awe-inspiring deeds!

5 • Your arrows are sharp, piercing your enemies' hearts.
　　The nations fall beneath your feet.

6 • Your throne, O God,* endures forever and ever.
　　You rule with a scepter of justice.

7 • You love justice and hate evil.
　　Therefore God, your God, has anointed you,
　　pouring out the oil of joy on you more than on anyone else.

---

pittance [pítns] *n.* 약간의 수당; 소량
vengeful [véndʒfəl] *a.* 앙심을 품은

45:TITLE Hebrew *maskil.* This may be a literary or musical term.　45:6 Or *Your divine throne.*

8 왕이 입은 옷은 몰약과 침향과 계피 냄새로 향 기롭습니다. 상아로 장식한 궁궐에서 현악기 의 음악이 흘러 나와 왕의 마음을 흐뭇하게 합니다.

9 왕이 사랑하는 여자들 가운데는 여러 나라의 공주들이 있습니다. 왕의 오른쪽에는 오빌의 순금으로 꾸민 왕의 신부가 있습니다.

10 따님이여, 내 말에 귀를 기울여 보시오. 당신의 민족과 당신의 아버지 집은 다 잊어 버리시오.

11 왕께서 당신의 아름다움에 흐뭇해하시니 그분을 공경하시오. 왜냐하면 그분은 당신의 주인이시기 때문이오.

12 두로 사람들이 선물을 가지고 올 것입니다. 부자들이 당신의 호의를 요구할 것입니다.

13 왕궁에 있는 공주가 더할 나위 없이 아름답습니다. 그녀의 겉옷은 금실로 짠 것입니다.

14 수놓은 옷을 입은 공주가 왕께 나아갈 것입니다. 그녀의 친구들도 왕께 나아갈 것입니다.

15 즐거움과 기쁨으로 그들이 왕궁으로 들어갈 것입니다.

16 왕은 아들들을 낳아 왕의 자리를 잇게 할 것입니다. 왕은 그 자손들에게 온 땅을 다스리게 할 것입니다.

17 내가 이제부터 왕에 대한 기억을 대대로 전하겠습니다. 그리하여 온 나라가 언제나 왕을 찬양하게 될 것입니다.

택한 사람을 보호하시는 하나님
고라 자손의 시. 알라못*에 맞춰
지휘자를 따라 부른 노래

46 하나님은 우리의 피난처시며 힘이십니다. 어려울 때에 언제나 우리를 돕는 분이십니다.

2 그래서 우리는 땅이 흔들려도, 산들이 바닷속으로 무너져 내려도

3 바닷물이 넘실거리고, 파도가 치고, 사나운 바다에 산들이 흔들려도 두려워하지 않을 것입니다. (셀라)

4 가장 높으신 분이 사시는 성소, 하나님의 성에 기쁨을 가져다 주는 시내가 하나 있습니다.

5 하나님이 그 성 안에 계시므로, 그 성이 흔들리지 않을 것입니다. 하나님께서 새벽부터 그 성을 도우실 것입니다.

6 나라들이 떨며 왕국들마다 흔들거립니다. 그가 목소리를 높이시자, 땅이 녹아 내립니다.

7 만군의 여호와가 우리와 함께 계십니다. 야곱의 하나님은 우리의 피난처이십니다. (셀라)

8 • Myrrh, aloes, and cassia perfume your robes.
In ivory palaces the music of strings entertains you.

9 • Kings' daughters are among your noble women.
At your right side stands the queen, wearing jewelry of finest gold from Ophir!

10 • Listen to me, O royal daughter; take to heart what I say.
Forget your people and your family far away.

11 • For your royal husband delights in your beauty; honor him, for he is your lord.

12 • The princess of Tyre* will shower you with gifts.
The wealthy will beg your favor.

13 • The bride, a princess, looks glorious in her golden gown.

14 • In her beautiful robes, she is led to the king, accompanied by her bridesmaids.

15 • What a joyful and enthusiastic procession as they enter the king's palace!

16 • Your sons will become kings like their father.
You will make them rulers over many lands.

17 • I will bring honor to your name in every generation.
Therefore, the nations will praise you forever and ever.

46 *For the choir director: A song of the descendants of Korah, to be sung by soprano voices.**

1 • God is our refuge and strength, always ready to help in times of trouble.

2 • So we will not fear when earthquakes come and the mountains crumble into the sea.

3 • Let the oceans roar and foam.
Let the mountains tremble as the waters surge! *Interlude*

4 • A river brings joy to the city of our God, the sacred home of the Most High.

5 • God dwells in that city; it cannot be destroyed.
From the very break of day, God will protect it.

6 • The nations are in chaos, and their kingdoms crumble!
God's voice thunders, and the earth melts!

7 • The LORD of Heaven's Armies is here among us;
the God of Israel* is our fortress. *Interlude*

---

crumble [krʌ́mbl] *vi.* 무너지다

45:12 Hebrew *The daughter of Tyre.* 46:TITLE Hebrew *according to alamoth.* 46:7 Hebrew *of Jacob;* also in 46:11. See note on 44:4.

46편 '알라못'은 음악 용어이다.

8 와서 여호와께서 하신 일을 보십시오. 주께서
이 땅을 폐허가 되게 하셨습니다.

9 주는 온 땅에서 전쟁을 그치시고 활을 꺾으시
고 창을 부러뜨리시며 방패를 불로 사르십니
다.

10 "조용히 하여라. 내가 하나님인 것을 알라. 나
는 모든 나라들 위에 높임을 받을 것이며, 온 지
구상에서 가장 높은 자가 될 것이다."

11 만군의 여호와가 우리와 함께 계십니다. 야곱
의 하나님은 우리의 피난처이십니다. (셀라)

세계의 왕이신 하나님
고라 자손의 시. 지휘자를 따라 부른 노래

47 너희 모든 나라들아, 손뼉을 쳐라. 기뻐
하며 하나님께 외쳐라.

2 온 땅을 다스리시는 위대한 왕, 가장 높으신 여
호와는 얼마나 장엄하신 분인가!

3 그분은 나라들을 우리 발 아래 엎드리게 하셨
으며, 우리 발 밑에 굴복하게 하셨습니다.

4 그분은 우리가 물려받을 땅을 정하셨습니다.
우리는 하나님께서 사랑하셨던 야곱의 자랑거
리입니다. (셀라)

5 기뻐 외치는 소리 가운데 하나님께서 올라가
셨으며 나팔 소리가 울릴 때에 여호와께서 올
라가셨습니다.

6 하나님께 찬양의 노래를 드리십시오. 그를 찬
송하십시오. 우리의 왕께 찬양의 노래를 드리
십시오. 그를 찬송하십시오.

7 하나님은 온 땅의 왕이십니다. 그분께 찬송의
시로 노래하십시오.

8 하나님은 모든 나라들을 다스리십니다. 하나
님은 자신의 거룩한 보좌에 앉아 계십니다.

9 모든 나라들의 귀족들이 아브라함의 하나님의
백성이 되어 함께 모입니다. 그것은 땅 위의 왕
들이 하나님께 속하였기 때문입니다. 그분은
가장 위대하게 높임을 받으십니다.

하나님의 마을, 예루살렘
고라 자손의 시, 곧 노래

48 여호와는 위대하십니다. 우리 하나님의
성, 그분의 거룩한 산 위에서 찬양을 받
으실 분이십니다.

2 그 성은 터가 높고 아름다우며 온 세상에 기쁨
이 됩니다. 시온 산은 북방의 가장 높은 산과
같습니다. 그곳은 위대한 왕이 계신 성입니
다.

3 하나님께서 그 성 안 궁궐에 계십니다. 하나
님께서 스스로 피난처가 되어 주셨습니다.

4 수많은 왕들이 모여 그 성을 치러 왔습니다.

---

8 • Come, see the glorious works of the LORD:
See how he brings destruction upon
the world.

9 • He causes wars to end throughout the earth.
He breaks the bow and snaps the spear;
he burns the shields with fire.

10 • "Be still, and know that I am God!
I will be honored by every nation.
I will be honored throughout the world."

11 • The LORD of Heaven's Armies is here
among us;
the God of Israel is our fortress.   *Interlude*

47 For the choir director: A psalm of the
descendants of Korah.

1 • Come, everyone, clap your hands!
Shout to God with joyful praise!

2 • For the LORD Most High is awesome.
He is the great King of all the earth.

3 • He subdues the nations before us,
putting our enemies beneath our feet.

4 • He chose the Promised Land as our
inheritance,
the proud possession of Jacob's
descendants, whom he loves.   *Interlude*

5 • God has ascended with a mighty shout.
The LORD has ascended with trumpets
blaring.

6 • Sing praises to God, sing praises;
sing praises to our King, sing praises!

7 • For God is the King over all the earth.
Praise him with a psalm.*

8 • God reigns above the nations,
sitting on his holy throne.

9 • The rulers of the world have gathered together
with the people of the God of Abraham.
For all the kings of the earth belong to God.
He is highly honored everywhere.

48 A song. A psalm of the descendants of
Korah.

1 • How great is the LORD,
how deserving of praise,
in the city of our God,
which sits on his holy mountain!

2 • It is high and magnificent;
the whole earth rejoices to see it!
Mount Zion, the holy mountain,*
is the city of the great King!

3 • God himself is in Jerusalem's towers,
revealing himself as its defender.

4 • The kings of the earth joined forces
and advanced against the city.

47:7 Hebrew *maskil*. This may be a literary or musi-
cal term.   48:2 Or *Mount Zion, in the far north;*
Hebrew reads *Mount Zion, the heights of Zaphon.*

5 그러나 그 성을 보고 그들은 깜짝 놀라서 무서워하며 달아났습니다.

6 두려움이 덮치자, 아이를 낳는 여자처럼 그들이 고통하였습니다.

7 동풍에 부서지는 다시스의 배들처럼 주께서 그들을 깨뜨리셨습니다.

8 전능하신 여호와의 성 안에서 우리가 귀로 들었습니다. 우리 하나님의 성 안에서 우리가 눈으로 보았습니다. 하나님께서는 항상 그 성을 안전하게 하신다는 것을 우리가 듣고 보았습니다. (셀라)

9 오 하나님, 주의 성전 안에서 주의 한결같은 사랑을 우리가 생각합니다.

10 오 하나님, 주의 이름이 온 땅에 알려진 것처럼 주를 향한 찬양이 온 땅에 퍼집니다. 주의 오른손은 의로움으로 가득합니다.

11 주의 판단은 항상 바르기 때문에 시온 산이 즐거워하며 유다의 온 동네가 기뻐합니다.

12 너희는 시온을 둘러보고, 그 주위를 걸어 보아라. 그리고 그 망대들을 세어 보아라.

13 그 성벽들을 자세히 보고 그 성 안의 궁궐들을 살펴보아라. 그리고 자손들에게 그것들에 관해 말해 주어라.

14 이 하나님은 영원히, 영원히 우리의 하나님이시다. 이분께서 앞으로 끝까지 우리를 인도하실 것이다.

돈을 믿는 어리석음
고라 자손의 시. 지휘자를 따라 부른 노래

49 사람들이여, 이 말을 잘 들으십시오. 귀를 기울이십시오. 이 땅에 사는 모든 사람들이여,

2 높은 사람이나 낮은 사람이나 부자나 가난한 사람이나 다 들어 보십시오.

3 나의 입은 지혜를 말하겠고, 내 마음은 명철에 관한 것을 말하겠습니다.

4 내가 지혜로운 말에 귀를 기울이고 수금을 타면서 나의 수수께끼를 풀 것입니다.

5 불행할 때에 내가 어찌 두려워하겠습니까? 간사하게 속이는 자들이 나를 둘러칠 때에 어찌 내가 무서워하겠습니까?

6 그들은 자기들의 돈을 믿고 사는 사람들이며, 자기들의 재물을 자랑하는 사람들입니다.

7 사람은 자신의 목숨을 돈 주고 살 수 없으며, 하나님께 목숨을 사겠다고 돈을 낼 수도 없습니다.

8 사람의 생명 값은 너무도 비싸며, 아무리 많이 내어도 살 수 없습니다.

---

5 • But when they saw it, they were stunned;
   they were terrified and ran away.

6 • They were gripped with terror
   and writhed in pain like a woman
      in labor.

7 • You destroyed them like the mighty ships
      of Tarshish
   shattered by a powerful east wind.

8 • We had heard of the city's glory,
   but now we have seen it ourselves—
      the city of the LORD of Heaven's Armies.
   It is the city of our God;
      he will make it safe forever.   *Interlude*

9 • O God, we meditate on your unfailing love
   as we worship in your Temple.

10 • As your name deserves, O God,
    you will be praised to the ends of the earth.
    Your strong right hand is filled with victory.

11 • Let the people on Mount Zion rejoice.
    Let all the towns of Judah be glad
       because of your justice.

12 • Go, inspect the city of Jerusalem.*
    Walk around and count the many towers.

13 • Take note of the fortified walls,
       and tour all the citadels,
    that you may describe them
       to future generations.

14 • For this is what God is like.
    He is our God forever and ever,
       and he will guide us until we die.

49 *For the choir director: A psalm of the
descendants of Korah.*

1 • Listen to this, all you people!
    Pay attention, everyone in the world!

2 • High and low,
    rich and poor—listen!

3 • For my words are wise,
    and my thoughts are filled with insight.

4 • I listen carefully to many proverbs
    and solve riddles with inspiration from
       a harp.

5 • Why should I fear when trouble comes,
    when enemies surround me?

6 • They trust in their wealth
    and boast of great riches.

7 • Yet they cannot redeem themselves from
       death*
    by paying a ransom to God.

8 • Redemption does not come so easily,

---

stunned [stʌnd] *a.* 놀란, 아연실색한
writhe [raɪð] *vi.* 몸부림치다

48:12 Hebrew *Zion*.   49:7 Some Hebrew manuscripts read *no one can redeem the life of another*.

9 돈을 많이 낸다고 사람이 영원히 살고, 돈이 많다고 죽지 않는 것은 아닙니다.

10 보십시오. 지혜 있는 사람도 죽고, 어리석은 사람도, 멍청한 사람도 모두 죽습니다.

11 무덤이 영원히 그들의 집이 될 것이며, 묘지가 대대로 그들이 사는 집이 될 것입니다. 그들의 이름으로 땅을 사지만 결국 다른 사람들이 그 땅을 차지하게 될 것입니다.

12 사람이 아무리 돈이 있어도 영원히 살지는 못합니다. 동물들처럼 그들도 죽을 것입니다.

13 이것이 자신을 굳게 믿는 사람들에게 일어나는 일이며, 그들의 말을 따르는 사람들이 치르는 대가입니다. (셀라)

14 그들은 양같이 죽음 앞에 엎드릴 것이며, 사망이 그들을 치며 다스릴 것입니다. 아침이 되면 정직한 사람들이 그들을 다스릴 것입니다. 그들의 육체는 무덤에 묻혀 썩어질 것입니다. 무덤이 그들에게 호화스런 저택이 될 것입니다.

15 그러나 하나님은 내 영혼을 무덤에서 건지실 것입니다. 이는 그분이 나를 붙드시기 때문입니다. (셀라)

16 어떤 사람이 부자가 된다고 하여, 두려워하지 마십시오. 어떤 집이 번성한다고 하여 못마땅하게 생각하지 마십시오.

17 그것은 사람은 죽을 때에 자기 소유를 가져가지 못하고, 그가 쌓은 영광이 그 사람을 따라가지 못하기 때문입니다.

18 그는 살아 있을 때만 자기가 복받은 사람이라 생각하고, 사람들은 모든 일들이 잘 될 때에 그를 칭찬할 것입니다.

19 그러나 그는 반드시 그 조상들이 있는 곳으로 돌아갈 것입니다. 그는 더 이상 빛을 보지 못할 것입니다.

20 사람이 아무리 돈이 있어도 깨닫지 못하면 멸망하는 동물들과 같습니다.

하나님이 원하시는 진정한 예배
아삽의 시

50 전능하신 하나님, 여호와께서 해뜨는 데부터 해지는 곳을 향해 말씀하시고 온 세상을 향해 부르십니다.

2 더할 나위 없이 아름다운 시온으로부터 하나님께서 빛을 비추십니다.

3 우리 하나님이 오실 때에 가만히 계시지 않을 것입니다. 불길이 하나님 앞에서 타오르고 사나운 바람이 하나님을 둘러쌀 것입니다.

4 하나님께서 자기 백성을 심판하시는 것을 보이시려 하늘과 땅을 부르십니다.

---

for no one can ever pay enough

9 • to live forever
   and never see the grave.

10 • Those who are wise must finally die,
   just like the foolish and senseless,
   leaving all their wealth behind.

11 • The grave* is their eternal home,
   where they will stay forever.
   They may name their estates after themselves,

12 •   but their fame will not last.
   They will die, just like animals.

13 • This is the fate of fools,
   though they are remembered as being
   wise.*   *Interlude*

14 • Like sheep, they are led to the grave,*
   where death will be their shepherd.
   In the morning the godly will rule over them.
   Their bodies will rot in the grave,
   far from their grand estates.

15 • But as for me, God will redeem my life.
   He will snatch me from the power of
   the grave.   *Interlude*

16 • So don't be dismayed when the wicked
   grow rich
   and their homes become ever more
   splendid.

17 • For when they die, they take nothing
   with them.
   Their wealth will not follow them into
   the grave.

18 • In this life they consider themselves fortunate
   and are applauded for their success.

19 • But they will die like all before them
   and never again see the light of day.

20 • People who boast of their wealth don't
   understand;
   they will die, just like animals.

50 *A psalm of Asaph.*

1 • The LORD, the Mighty One, is God,
   and he has spoken;
   he has summoned all humanity
   from where the sun rises to where it sets.

2 • From Mount Zion, the perfection of beauty,
   God shines in glorious radiance.

3 • Our God approaches,
   and he is not silent.
   Fire devours everything in his way,
   and a great storm rages around him.

4 • He calls on the heavens above and earth
   below

49:11 As in Greek and Syriac versions; Hebrew
reads *Their inward[thought]*.
49:13 The meaning of the Hebrew is uncertain.
49:14 Hebrew *Sheol*; also in 49:14b, 15.

5 "희생 제사를 통해 나와 언약을 맺은 자들아, 내게 바쳐진 자들아, 다 함께 내게 모여라."

6 그러자 하늘들이 하나님의 의로우심을 선포합니다. 그것은 하나님 자신이 재판관이시기 때문입니다. (셀라)

7 "내 백성아, 들어라. 내가 말하련다. 이스라엘이여, 내가 네 잘못에 대해, 증언할 것이다. 나는 하나님, 곧 너의 하나님이다.

8 나는 네가 드리는 제사를 탓하지 않는다. 네가 언제나 내게 태워 바치는 번제를 꾸짖지 않는다.

9 나는 네 외양간의 소나 네 우리 속에 있는 염소를 바라지 않는다.

10 그것은 숲에 있는 온갖 동물이 다 나의 것이며, 언덕 위에 있는 수많은 소가 다 나의 것이기 때문이다.

11 나는 산 위에 있는 모든 새들을 알고 있다. 들판에 살아 있는 것들이 다 나의 것이다.

12 내가 배고프다 할지라도, 너희에게 말하지 않을 것이다. 땅과 그 위에 있는 모든 것이 다 나의 것이기 때문이다.

13 내가 소의 고기를 먹느냐? 내가 염소의 피를 마시더냐?

14 하나님께 감사하는 제사를 드려라. 가장 높으신 분께 네가 서약한 것을 갚아라.

15 그리고 어려울 때에 내게 부르짖어라. 내가 너를 건지겠고, 그러면 네가 나를 높일 것이다."

16 그러나 하나님께서 못된 사람들에게는 이렇게 말씀하십니다. "너희가 무슨 권리로 나의 율법을 읽느냐? 너희가 무슨 권리로 내 언약에 대해 말하느냐?

17 너희는 나의 가르침을 미워하고, 내가 하는 말에 등을 돌린다.

18 도둑을 보면 그와 함께 어울리고, 간음하는 자들 편에 선다.

19 입으로 나쁜 말을 하며 너희 혀는 거짓말을 꾸며 댄다.

20 너희 형제에 대해서는 계속해서 헐뜯고 다니고, 너희와 한 핏줄인 사람에 대해서도 비난하고 다닌다.

21 너희가 이러한 일을 할 때에도 나는 잠잠히 있었다. 아마 너희는 나를 너희와 똑같이 생각했을 것이다. 그러나 이제 내가 너희를 꾸짖으며 너희의 죄를 하나하나 드러낼 것이다."

22 "하나님을 잊어버린 너희들아, 이것을 기억하여라. 그렇지 않으면 내가 너희 몸을 찢을 것이니, 아무도 너를 구원할 수 없을 것이다.

23 감사의 제사를 드리는 사람이 나를 높이고 길을 예비하는 자이니 내가 그들에게 하나님의 구원을 보여 줄 것이다."

---

to witness the judgment of his people.

5 • "Bring my faithful people to me—
those who made a covenant with me
by giving sacrifices."

6 • Then let the heavens proclaim his justice,
for God himself will be the judge.
Interlude

7 • "O my people, listen as I speak.
Here are my charges against you, O Israel:
I am God, your God!

8 • I have no complaint about your sacrifices
or the burnt offerings you constantly offer.

9 • But I do not need the bulls from your barns
or the goats from your pens.

10 • For all the animals of the forest are mine,
and I own the cattle on a thousand hills.

11 • I know every bird on the mountains,
and all the animals of the field are mine.

12 • If I were hungry, I would not tell you,
for all the world is mine and everything
in it.

13 • Do I eat the meat of bulls?
Do I drink the blood of goats?

14 • Make thankfulness your sacrifice to God,
and keep the vows you made to the
Most High.

15 • Then call on me when you are in trouble,
and I will rescue you,
and you will give me glory."

16 • But God says to the wicked:
"Why bother reciting my decrees
and pretending to obey my covenant?

17 • For you refuse my discipline
and treat my words like trash.

18 • When you see thieves, you approve of them,
and you spend your time with
adulterers.

19 • Your mouth is filled with wickedness,
and your tongue is full of lies.

20 • You sit around and slander your brother—
your own mother's son.

21 • While you did all this, I remained silent,
and you thought I didn't care.
But now I will rebuke you,
listing all my charges against you.

22 • Repent, all of you who forget me,
or I will tear you apart,
and no one will help you.

23 • But giving thanks is a sacrifice that truly
honors me.
If you keep to my path,
I will reveal to you the salvation
of God."

adulterer [ədʌ́ltərər] *n.* 간통한 남자
decree [dikríː] *n.* 법령
haunt [hɔ́ːnt] *vt.* 떠나지 않다; 출몰하다
slander [slǽndər] *vt.* 중상하다
stain [stein] *n.* 얼룩; 흠, 오점

용서해 달라는 기도

지휘자를 따라 부른 노래. 다윗의 시. 다윗이 밧세바와
동침한 후 예언자 나단이 그에게 왔을 때

51 오 하나님, 주의 한결같은 사랑으로 내게 자비
를 베풀어 주소서. 나를 불쌍히 여겨 주셔서 내
모든 잘못을 없애 주소서.

2 내 모든 죄악들을 다 씻으시고 내 모든 죄들을 깨끗
하게 해 주소서.

3 내가 저지른 잘못들을 알고 있으니, 내 죄가 항상 내
앞에 있습니다.

4 내가 주께 죄를 지어 주께서 보시기에 악한 짓을 했
습니다. 그러므로 주께서 내게 뭐라고 하셔도 주의
말씀이 옳으며 주께서 내리신 판단이 바릅니다.

5 그렇습니다! 나는 태어날 때부터 죄투성이었습니
다. 어머니가 나를 임신했을 때부터 나는 죄인이었
습니다.

6 주는 정말로 내 속에 진실이 있기를 바라십니다. 주
는 내 마음속에 지혜를 가르치십니다.

7 우슬초로 나를 씻겨 주소서. 그러면 내가 깨끗해질
것입니다. 나를 씻어 주소서. 그러면 내가 눈보다
더 하얗게 될 것입니다.

8 내 귀에 기쁨과 즐거움의 소리가 들리게 해 주소서.
주께서 꺾으셨던 내 뼈들이 즐거워하게 해 주소서.

9 내 죄에서 주의 얼굴을 돌리시고 내 모든 죄를 없애
주소서.

10 오 하나님, 내 속에 깨끗한 마음을 만들어 주시고 내
안에 올바른 마음을 새롭게 해 주소서.

11 나를 주 앞에서 쫓아내지 마시고, 주의 성령을 내게
서 거두어 가지 마소서.

12 주의 구원에 대한 기쁨을 내게 다시 주셔서 내가 주
께 순종하게 하소서.

13 그러면 내가 나쁜 일을 하는 사람들에게 주의 길을
가르치겠습니다. 그렇게 되면 죄인들이 주께로 돌
아올 것입니다.

14 오 하나님, 사람을 죽인 죄에서 나를 건져 주소서.
하나님, 주는 나를 구원하시는 분이시니 내 입이 주
의 의로우심을 노래할 것입니다.

15 오 주여, 주께서 제 입술을 열어 주셔서 제가 주를
찬양하게 하소서.

16 주는 제사를 기뻐하시지 않습니다. 제사를 좋아하
신다면 제가 드릴 것이지만, 주는 태워 드리는 제사
인 번제를 좋아하지 않으십니다.

17 하나님께서 바라시는 제사는 깨어진 마음입니다.
오 하나님, 상처난 가슴과 죄를 뉘우쳐 주님께 고백
하는 마음을 주는 경멸하지 않으실 것입니다.

18 주의 은혜로 시온을 번성케 해 주시고 예루살렘 성
벽들을 쌓아 주소서.

---

51 *For the choir director: A psalm of David,
regarding the time Nathan the prophet
came to him after David had committed
adultery with Bathsheba.*

1 • Have mercy on me, O God,
   because of your unfailing love.
  Because of your great compassion,
   blot out the stain of my sins.

2 • Wash me clean from my guilt.
   Purify me from my sin.

3 • For I recognize my rebellion;
   it haunts me day and night.

4 • Against you, and you alone, have I sinned;
   I have done what is evil in your sight.
  You will be proved right in what you say,
   and your judgment against me
   is just.*

5 • For I was born a sinner—
   yes, from the moment my mother
   conceived me.

6 • But you desire honesty from the womb,*
   teaching me wisdom even there.

7 • Purify me from my sins,* and I will be clean;
   wash me, and I will be whiter than snow.

8 • Oh, give me back my joy again;
   you have broken me—
   now let me rejoice.

9 • Don't keep looking at my sins.
   Remove the stain of my guilt.

10 • Create in me a clean heart, O God.
   Renew a loyal spirit within me.

11 • Do not banish me from your presence,
   and don't take your Holy Spirit* from me.

12 • Restore to me the joy of your salvation,
   and make me willing to obey you.

13 • Then I will teach your ways to rebels,
   and they will return to you.

14 • Forgive me for shedding blood, O God who
   saves;
   then I will joyfully sing of your forgiveness.

15 • Unseal my lips, O Lord,
   that my mouth may praise you.

16 • You do not desire a sacrifice, or I would
   offer one.
   You do not want a burnt offering.

17 • The sacrifice you desire is a broken spirit.
   You will not reject a broken and repentant
   heart, O God.

18 • Look with favor on Zion and help her;
   rebuild the walls of Jerusalem.

51:4 Greek version reads *and you will win your
case in court.* Compare Rom 3:4. **51:6** Or *from
the heart;* Hebrew reads *in the inward parts.*
51:7 Hebrew *Purify me with the hyssop branch.*
51:11 Or *your spirit of holiness.*

19 그러면 주께서 의로운 제사와 깨끗한 번제를 받
   으시고 기뻐하실 것이며 수소도 주의 제단 위에
   바쳐질 것입니다.

거만함을 벌하시는 하나님
지휘자를 따라 부른 노래. 다윗의 마스길.
에돔 사람 도엑이 사울에게 와서
'다윗이 아히멜렉의 집에 있다'고 말하던 때

52 힘센 자여, 왜 당신은 악한 계획을 자랑합
     니까? 왜 당신은 하루 종일 으스대고 다
닙니까? 당신은 하나님의 눈 밖에 난 사람입니
다.

2 당신의 혀는 파멸을 만들어 냅니다. 거짓된 일
   을 하는 자여! 당신의 혀는 날카로운 면도날 같
습니다.

3 당신은 착한 일보다 악한 일을 더 좋아하고, 진실
   을 말하기보다는 거짓을 더 좋아합니다. (셀라)

4 당신은 온갖 해로운 말을 즐기며 거짓말하는 혀
   를 좋아합니다.

5 하나님께서 반드시 당신을 영원히 망하게 하실
   것입니다. 그분이 당신을 낚아채어 집 바깥으로
내어 쫓으실 겁니다. 그분이 살아 있는 사람들
의 땅에서 당신을 뿌리째 뽑아 버릴 것입니다.
(셀라)

6 의로운 사람들이 이것을 보고 하나님을 두려워
   할 것입니다. 그들이 당신을 비웃고 이렇게 말
할 것입니다.

7 "하나님을 자신의 피난처로 삼지 않았던 사람
   에게 어떠한 일이 일어났는지 보십시오! 하나님
대신에 자신의 많은 재산을 믿고 다른 사람을 파
멸시키면서 점점 힘을 키워 간 사람을 보십시
오!"

8 나는 하나님의 집에서 자라는 올리브 나무 같습
   니다. 나는 하나님의 한결같은 사랑을 언제까지
나 굳게 믿습니다.

9 주께서 하신 일에 대해 내가 언제까지나 주를 찬
   송하겠습니다. 내가 주의 이름에 소망을 두는
것은 주가 선하시기 때문입니다. 주의 성도들과
함께 주를 찬송하겠습니다.

믿지 않는 어리석음
다윗의 마스길. 마할랏*에 맞춰
지휘자를 따라 부른 노래

53 어리석은 자는 마음속으로 "하나님은 없
     다"라고 말합니다. 그들은 썩었으며 그
들의 행위는 더럽습니다. 착한 일을 하는 사람
이 하나도 없습니다.

2 하나님께서는 하늘에서 땅의 사람들을 굽어보
   십니다. 이는 깨달음이 있는 사람이 있는지

---

19 • Then you will be pleased with sacrifices
       offered in the right spirit—
      with burnt offerings and whole burnt
        offerings.
      Then bulls will again be sacrificed on
        your altar.

52 *For the choir director: A psalm* of David,
regarding the time Doeg the Edomite said
to Saul, "David has gone to see Ahimelech."*

1 • Why do you boast about your crimes, great
     warrior?
    Don't you realize God's justice continues
     forever?

2 • All day long you plot destruction.
   Your tongue cuts like a sharp razor;
   you're an expert at telling lies.

3 • You love evil more than good
   and lies more than truth.   *Interlude*

4 • You love to destroy others with your words,
   you liar!

5 • But God will strike you down once and for all.
   He will pull you from your home
   and uproot you from the land of the living.
              Interlude

6 • The righteous will see it and be amazed.
   They will laugh and say,

7 • "Look what happens to mighty warriors
   who do not trust in God.
   They trust their wealth instead
   and grow more and more bold in their
     wickedness."

8 • But I am like an olive tree, thriving in the
     house of God.
   I will always trust in God's unfailing love.

9 • I will praise you forever, O God,
   for what you have done.
   I will trust in your good name
   in the presence of your faithful people.

53 *For the choir director: A meditation; a
psalm* of David.*

1 • Only fools say in their hearts,
   "There is no God."
   They are corrupt, and their actions are evil;
   not one of them does good!

2 • God looks down from heaven
   on the entire human race;
   he looks to see if anyone is truly wise,
   if anyone seeks God.

52:TITLE Hebrew *maskil. This* may be a literary or
musical term.   **53**:TITLE Hebrew *According to maha-
lath; a maskil.* These may be literary or musical terms.
53편 '마할랏'은 음악 용어이다.

하나님을 찾는 사람이 있는지 살펴보고자 하심입
니다.

3 그러나 모든 사람들이 뒤돌아 서서 잘못된 길로
갔습니다. 그들 모두는 썩었으며, 착한 일을 하는
사람이 하나도 없습니다.

4 악한 자들이 언제쯤 깨닫겠는가? 내 백성을 빵 먹
듯이 먹어 버리고 내 이름을 부르지 않는데, 어떻
게 깨달을 수 있겠는가?

5 아무것도 두려워할 것이 없는데, 악한 자들은 두
려워 떨 것입니다. 하나님께서 여러분을 공격하
는 원수들의 뼈를 부술 것입니다. 하나님께서 그
들을 버리셨으므로, 여러분은 그들을 쓰러뜨릴
수 있습니다.

6 이스라엘을 위한 구원이 시온으로부터 올 것입니
다! 하나님께서 그의 백성의 운명을 회복시키실
때에 야곱은 즐거워할 것이고, 이스라엘은 기뻐
할 것입니다.

도와 달라는 기도
현악에 맞춰 지휘자를 따라 부른 노래.
다윗의 마스길. 십 사람이 사울에게 가서
'다윗이 우리 중에 숨어 있다'라고 말하던 때

54 오 하나님, 주의 이름으로 나를 구원해 주
소서. 주의 힘으로 나를 변호해 주소서.

2 오 하나님, 나의 기도를 들으시고 내 말에 귀 기울
여 주소서.

3 낯선 사람들이 나를 공격합니다. 무자비한 사람
들이 내 생명을 찾습니다. 그들은 하나님을 무시
하는 자들입니다. (셀라)

4 하나님은 나를 돕는 분이시며, 지켜 주시는 분이
십니다.

5 나를 중상모략하는 자들에게 불행이 닥치게 해
주소서. 주는 성실한 분이시니 그들을 망하게 해
주소서.

6 내가 주께 기쁜 마음으로 감사의 예물을 바치겠
습니다. 여호와여, 내가 주의 이름을 찬송하겠습
니다. 왜냐하면 주는 좋으신 분이기 때문입니다.

7 주께서 나를 모든 어려움에서 건지셨고, 내가 내
원수들이 넘어지는 것을 보았기 때문입니다.

잘못된 친구에 관한 기도
다윗의 마스길. 현악에 맞춰 지휘자를 따라 부른 노래

55 오 하나님, 내 기도를 들어 주시고, 내 간절
한 소원을 모른 체하지 마소서.

2 내 소리를 들으시고 대답해 주소서. 내 마음이 괴
롭고 혼란스럽습니다.

3 그것은 원수들이 밀하는 소리와 악한 자들의 눈
초리 때문입니다. 그들은 나에게 고통을 줍니다.
화를 내면서 나에게 욕설을 퍼붓습니다.

3 • But no, all have turned away;
　　all have become corrupt.*
　No one does good,
　　not a single one!

4 • Will those who do evil never learn?
　　They eat up my people like bread
　　and wouldn't think of praying to God.

5 • Terror will grip them,
　　terror like they have never known before.
　God will scatter the bones of your enemies.
　　You will put them to shame, for God has
　　rejected them.

6 • Who will come from Mount Zion to rescue
　　Israel?
　　When God restores his people,
　　Jacob will shout with joy, and Israel will
　　rejoice.

54 *For the choir director: A psalm* of David,
regarding the time the Ziphites came and
said to Saul, "We know where David is hiding."
To be accompanied by stringed instruments.*

1 • Come with great power, O God, and
　　rescue me!
　Defend me with your might.

2 • Listen to my prayer, O God.
　　Pay attention to my plea.

3 • For strangers are attacking me;
　　violent people are trying to kill me.
　　They care nothing for God.　　　*Interlude*

4 • But God is my helper.
　　The Lord keeps me alive!

5 • May the evil plans of my enemies be
　　turned against them.
　　Do as you promised and put an end to them.

6 • I will sacrifice a voluntary offering to you;
　　I will praise your name, O LORD,
　　for it is good.

7 • For you have rescued me from my troubles
　　and helped me to triumph over my enemies.

55 *For the choir director: A psalm* of David,
to be accompanied by stringed instru-
ments.*

1 • Listen to my prayer, O God.
　　Do not ignore my cry for help!

2 • Please listen and answer me,
　　for I am overwhelmed by my troubles.

3 • My enemies shout at me,

53:3 Greek version reads *have become useless.*
Compare Rom 3:12. 　54:TITLE Hebrew *maskil.*
This may be a literary or musical term. 　55:TITL
E Hebrew *maskil.* This may be a literary or musi-
cal term.

4 내 마음이 몹시 괴롭습니다. 그것은 죽음에 대한 두려움이 나를 덮치기 때문입니다.

5 무척 두렵고 온몸이 떨립니다. 두려움이 나를 덮쳤습니다.

6 나는 중얼거렸습니다. "비둘기처럼 날개가 있다면 얼마나 좋을까? 멀리 날아가서 쉴 수 있으련만.

7 멀리멀리 날아가 광야에 머문다면 얼마나 좋을까? (셀라)

8 바람과 폭풍으로부터 멀리 떨어진 곳으로, 몸을 숨길 수 있는 곳으로 달아날 수 있다면 얼마나 좋을까?"

9 주여, 악한 자들을 갈팡질팡하게 하시고, 그들의 말을 혼란스럽게 하소서. 왜냐하면 제가 마을에 폭력과 싸움이 있는 것을 보았기 때문입니다.

10 밤낮 그들은 마을의 담을 어슬렁거리며 돌아다닙니다. 마을 안에는 학대와 악한 일들이 일어나고 있습니다.

11 마을 곳곳에서 치고 때리고 부수는 일들이 허다합니다. 거리에는 위협과 거짓이 그치지 않습니다.

12 만일 나를 모욕하는 자가 원수였다면 아마 나는 견딜 수 있었을 것입니다. 원수가 내게 대들었다면 나는 그 사람으로부터 숨을 수 있었을 것입니다.

13 그러나 나와 같이 다니던 당신들이 그들이었습니다. 당신들은 나의 가장 친한 친구들이었습니다.

14 한때, 우리는 친하게 지내며 함께 하나님의 집에도 다니곤 했습니다.

15 내 원수들이 갑작스럽게 죽었으면 좋겠습니다. 그들이 산 채로 무덤에 내려갔으면 좋겠습니다. 그것은 그들이 죄와 함께 살기 때문입니다.

16 나는 하나님께 부르짖습니다. 그러면 여호와께서 나를 건져 주실 것입니다.

17 저녁에도, 아침에도, 대낮에도 나는 탄식하며 부르짖습니다. 그러면 여호와께서는 내 목소리를 들으실 것입니다.

18 비록 많은 사람들이 나를 대적하지만 나를 죽이려는 전쟁터에서 주는 내 생명을 값을 주고 사시어 안전하게 하십니다.

19 영원히 보좌에 앉아 계시는 하나님은 내 기도를 들으시고 그들에게 벌을 내리실 것입니다. (셀라) 그들은 태도를 바꾸지 않는 자들이며, 하나님을 두려워하지 않는 자들입니다.

20 내 친구였던 사람도 그의 친구들을 칩니다. 그는 자기가 한 언약을 깨뜨립니다.

21 그의 말은 버터처럼 매끄러우나 그 마음속에는 전쟁이 일어나고 있습니다. 그의 말은 기름보다 더 부드럽지만 칼집에서 뺀 칼과 같습니다.

---

making loud and wicked threats.
They bring trouble on me
    and angrily hunt me down.

4 • My heart pounds in my chest.
    The terror of death assaults me.

5 • Fear and trembling overwhelm me,
    and I can't stop shaking.

6 • Oh, that I had wings like a dove;
    then I would fly away and rest!

7 I would fly far away
    to the quiet of the wilderness.   *Interlude*

8 • How quickly I would escape—
    far from this wild storm of hatred.

9 • Confuse them, Lord, and frustrate
        their plans,
    for I see violence and conflict in the city.

10 • Its walls are patrolled day and night against
        invaders,
    but the real danger is wickedness within
        the city.

11 • Everything is falling apart;
    threats and cheating are rampant
        in the streets.

12 • It is not an enemy who taunts me—
    I could bear that.
  It is not my foes who so arrogantly
        insult me—
    I could have hidden from them.

13 • Instead, it is you—my equal,
    my companion and close friend.

14 • What good fellowship we once enjoyed
    as we walked together to the house
        of God.

15 • Let death stalk my enemies;
    let the grave* swallow them alive,
    for evil makes its home within them.

16 • But I will call on God,
    and the LORD will rescue me.

17 • Morning, noon, and night
    I cry out in my distress,
    and the LORD hears my voice.

18 • He ransoms me and keeps me safe
    from the battle waged against me,
    though many still oppose me.

19 • God, who has ruled forever,
    will hear me and humble them.   *Interlude*
  For my enemies refuse to change their ways;
    they do not fear God.

20 • As for my companion, he betrayed
        his friends;
    he broke his promises.

21 • His words are as smooth as butter,
    but in his heart is war.
  His words are as soothing as lotion,

55:15 Hebrew *let Sheol.*

22 여러분의 짐을 여호와께 맡기십시오. 그러면 그분이 여러분을 돌보실 것입니다. 그분은 절대로 의로운 사람을 넘어지게 하지 않을 것입니다.

23 하나님, 주는 악한 자들을 끌어 내시어 썩는 구덩이 속으로 집어 넣을 것입니다. 살인하는 자와 사기치는 자들은 자기 사는 날의 반밖에 살지 못할 것입니다. 그러나 나는 주를 굳게 믿습니다.

하나님의 도우심을 믿음

'먼 떡갈나무 위의 비둘기'에 맞춰 지휘자를 따라 부른 노래. 다윗의 믹담*시. 다윗이 가드에서 블레셋 사람에게 잡힌 때

56 오 하나님, 사람들이 나를 추격해 오니 나를 불쌍히 여겨 주소서. 하루 종일 그들은 나를 끊임없이 공격해 옵니다.

2 원수들이 종일토록 나를 뒤쫓습니다. 많은 사람들이 으스대면서 나를 공격합니다.

3 두렵고 떨릴 때에 나는 주를 굳게 믿습니다.

4 하나님의 말씀을 찬송하며 하나님을 굳게 믿고 두려워하지 않을 것입니다. 사람이 내게 어떻게 할 수 있겠습니까?

5 온종일 그들은 내 말을 왜곡시킵니다. 항상 그들은 내게 해를 끼치려고 악한 일을 꾸밉니다.

6 그들은 오래 숨어서 기다리고 내 발걸음을 살피며 나를 죽이려고 합니다.

7 어떤 경우에도 그들이 달아나지 못하게 해 주소서. 오 하나님, 분노하시고 그들을 납작하게 낮추소서.

8 나의 탄식과 고통을 적어 두소서. 내 눈물을 주의 책에 기록해 두소서. 그것들이 주의 책에 없습니까?

9 내가 도와 달라고 부르짖는 날에 내 원수들이 도망칠 것입니다. 그렇게 되면 나는 하나님이 내 편에 서 계신 줄 알 것입니다.

10 내가 하나님 안에서 하나님의 말씀을 찬양합니다. 내가 여호와 안에서 여호와의 말씀을 찬양합니다.

11 하나님을 굳게 믿습니다. 두려워하지 않을 것입니다. 사람이 나를 어떻게 하겠습니까?

12 오 하나님, 주께 한 서약을 기억합니다. 내가 주께 감사의 제물을 드리겠습니다.

13 왜냐하면 주께서 나를 죽음에서 건지셨고 넘어지지 않도록 나를 붙드셨기 때문입니다. 이제 나는 빛 가운데서, 하나님이 보는 앞에서 걸어가겠습니다.

---

but underneath are daggers!

22 •Give your burdens to the LORD,
 and he will take care of you.
 He will not permit the godly to slip
 and fall.

23 •But you, O God, will send the wicked
 down to the pit of destruction.
 Murderers and liars will die young,
 but I am trusting you to save me.

56 For the choir director: A psalm* of David,
regarding the time the Philistines seized him
in Gath. To be sung to the tune "Dove on Distant
Oaks."

1 •O God, have mercy on me,
 for people are hounding me.
 My foes attack me all day long.

2 •I am constantly hounded by those who
 slander me,
 and many are boldly attacking me.

3 •But when I am afraid,
 I will put my trust in you.

4 •I praise God for what he has promised.
 I trust in God, so why should I be afraid?
 What can mere mortals do to me?

5 •They are always twisting what I say;
 they spend their days plotting to harm me.

6 •They come together to spy on me—
 watching my every step, eager to kill me.

7 •Don't let them get away with their wickedness;
 in your anger, O God, bring them down.

8 •You keep track of all my sorrows.*
 You have collected all my tears in your
 bottle.
 You have recorded each one in your book.

9 •My enemies will retreat when I call to you
 for help.
 This I know: God is on my side!

10 •I praise God for what he has promised;
 Yes, I praise the LORD for what he has
 promised.

11 •I trust in God, so why should I be afraid?
 What can mere mortals do to me?

12 •I will fulfill my vows to you, O God,
 and will offer a sacrifice of thanks for
 your help.

13 •For you have rescued me from death;
 you have kept my feet from slipping.
 So now I can walk in your presence, O God,
 in your life-giving light.

56:TITLE Hebrew *miktam*. This may be a literary or
musical term.　56:8 Or *my wanderings*.

56편 '믹담'은 문학 또는 음악 용어이다.

어려울 때의 기도

알다셋*에 맞춰 지휘자를 따라 부른 노래.
다윗의 믹담 시. 다윗이 사울을 피하여 굴에 있을 때

57 오 하나님, 나를 불쌍히 여겨 주소서. 나를 불쌍히 여겨 주소서. 내가 주께 피하려 왔습니다. 나는 어려움이 다 지나갈 때까지 주의 날개 그늘 아래서 피하겠습니다.

2 가장 높으신 하나님께 내가 부르짖습니다. 나를 위한 주의 목적을 이루시는 하나님께 외칩니다.

3 주께서 하늘에서부터 도움의 손길을 뻗어 나를 건지십니다. 주는 나를 뒤쫓는 자들을 벌하십니다. (셀라) 하나님이 그 사랑과 신실하심을 내게 내려주십니다.

4 내가 사자들 가운데 서 있습니다. 내가 무시무시한 들짐승들 가운데 누워 있습니다. 창과 화살이 그들의 이빨입니다. 날카로운 칼이 그들의 혀입니다.

5 오 하나님, 하늘 위에 높임을 받으소서. 주의 영광이 온 땅에 두루 나타납니다.

6 원수들이 나를 잡으려고 덫을 놓습니다. 그래서 내가 근심 중에 엎드렸습니다. 그들은 내가 가는 길에 구덩이를 파 놓았지만 그들 스스로 구덩이에 빠졌습니다. (셀라)

7 오 하나님, 내 마음은 변함이 없습니다. 내가 주를 노래하고 찬양할 것입니다.

8 내 영혼아, 일어나라. 비파야, 수금아, 잠에서 깨어라! 내가 새벽을 깨우겠다.

9 주여, 내가 모든 나라들 가운데서 주를 찬양하겠습니다. 내가 민족들 가운데서 주를 찬송하겠습니다.

10 주의 사랑은 너무나 크셔서 하늘까지 닿고, 주의 신실하심은 창공에 이릅니다.

11 하나님이여, 하늘 위에 높임을 받으소서. 주의 영광이 온 땅에 두루 나타납니다.

불공정한 재판관

다윗의 믹담 시, 알다셋 곡조에 맞춰
지휘자를 따라 부른 노래

58 통치자들이여, 당신들은 참으로 옳은 것을 말합니까? 재판장들이여, 당신들은 사람을 공정하게 심판합니까?

2 아닙니다. 당신들은 마음속으로는 불의를 꾸밉니다. 당신들은 이 땅에서 폭력을 휘두릅니다.

3 못된 사람들은 태어날 때부터 잘못된 길로 갑니다. 그들은 태어나자마자 그릇된 길로 가면서 거짓말을 합니다.

57 *For the choir director: A psalm* of David, regarding the time he fled from Saul and went into the cave. To be sung to the tune "Do Not Destroy!"*

• Have mercy on me, O God, have mercy!
  I look to you for protection.
I will hide beneath the shadow of your wings
  until the danger passes by.

2 • I cry out to God Most High,*
  to God who will fulfill his purpose for me.

3 • He will send help from heaven to rescue me,
  disgracing those who hound me. *Interlude*
My God will send forth his unfailing love
  and faithfulness.

4 • I am surrounded by fierce lions
  who greedily devour human prey—
whose teeth pierce like spears and arrows,
  and whose tongues cut like swords.

5 • Be exalted, O God, above the highest heavens!
  May your glory shine over all the earth.

6 • My enemies have set a trap for me.
  I am weary from distress.
They have dug a deep pit in my path,
  but they themselves have fallen into it. *Interlude*

7 • My heart is confident in you, O God;
  my heart is confident.
No wonder I can sing your praises!

8 • Wake up, my heart!
  Wake up, O lyre and harp!
I will wake the dawn with my song.

9 • I will thank you, Lord, among all the people.
  I will sing your praises among the nations.

10 • For your unfailing love is as high as the
  heavens.
Your faithfulness reaches to the clouds.

11 • Be exalted, O God, above the highest heavens.
  May your glory shine over all the earth.

58 *For the choir director: A psalm* of David, to be sung to the tune "Do Not Destroy!"*

1 • Justice—do you rulers* know the meaning
  of the word?
Do you judge the people fairly?

2 • No! You plot injustice in your hearts.
  You spread violence throughout the land.

3 • These wicked people are born sinners;
  even from birth they have lied and

57:TITLE Hebrew *miktam*. This may be a literary or musical term. 57:2 Hebrew *Elohim-Elyon*. 58:TITLE Hebrew *miktam*. This may be a literary or musical term. 58:1 Or *you gods*.

57편 '알다셋' 은 '파괴하지 않는다' 라는 뜻이다.

4 그들이 내뿜는 독은 뱀의 독과 같으며, 듣지 못하는 코브라의 독과 같습니다.

5 그들은 피리 부는 사람의 가락에 귀를 기울이지 않으며, 아무리 아름답게 연주를 해도 귀를 기울이지 않습니다.

6 오 하나님, 그들 입 속의 이를 부러뜨려 주소서. 오 여호와여, 저 사자들의 어금니를 뽑아 버리십시오!

7 흘러가 버리는 물처럼 그들을 사라지게 하소서. 부러진 화살처럼 꺾어 주소서.

8 그들이 움직일 때, 몸이 녹아 없어지는 달팽이 같게 해 주시고, 해를 한 번도 보지 못하고 죽는 갓난아기 같게 하소서.

9 악한 자들이 푸르거나 말랐거나 상관없이 그들을 없애 버리실 것입니다. 타는 가시나무가 가마를 덥히기도 전에 없애 버리실 것입니다.

10 의로운 사람들은 악한 사람들이 되갚음당하는 것을 볼 때에 기뻐할 것이며, 악한 사람들의 피로 그들의 발을 씻을 때에 즐거워할 것입니다.

11 사람들은 입을 모아 다음과 같이 말할 것입니다. "의로운 사람은 반드시 보상이 있을 것입니다. 세상을 심판하시는 하나님이 정말로 계십니다."

보호의 기도

알다스헷에 맞추어 지휘자를 따라 부른 노래. 다윗의 믹담 시. 사울이 사람을 보내어 다윗을 죽이려고 그 집을 지킬 때

59 오 하나님, 원수들에게서 나를 견져 주시고, 나를 치러 오는 자들로부터 지켜 주소서.

2 악한 짓을 하는 사람들에게서 나를 구출해 주시고, 피에 굶주린 사람들로부터 견져 주소서.

3 보십시오, 그들이 나를 치려고 숨어 엎드려 있습니다. 사나운 사람들이 나를 치려 듭니다. 여호와여, 나는 죄를 짓거나 나쁜 짓을 한 일이 없습니다.

4 아무런 잘못도 하지 않았는데, 그들이 나를 죽이려고 달려듭니다. 일어나 나를 도와 주시고 나의 불행을 살펴 주소서.

5 오 만군의 여호와 하나님, 이스라엘의 하나님이여, 오셔서 모든 나라들에게 벌을 내려 주소서. 주께 대항하는 악한 자들을 불쌍히 여기지 마소서. (셀라)

6 밤이면 그들은 다시 돌아옵니다. 마치 들개처럼 으르렁대며 마을을 어슬렁거리며 돌아다닙니다.

7 그들의 입에서 내뱉는 것이 무엇인지 살펴보십

---

gone their own way.

4 • They spit venom like deadly snakes;
     they are like cobras that refuse to listen,

5 • ignoring the tunes of the snake charmers,
     no matter how skillfully they play.

6 • Break off their fangs, O God!
     Smash the jaws of these lions, O LORD!

7 • May they disappear like water into thirsty
     ground.
     Make their weapons useless in their hands.*

8 • May they be like snails that dissolve into slime,
     like a stillborn child who will never see
     the sun.

9 • God will sweep them away, both young
     and old,
     faster than a pot heats over burning thorns.

10 • The godly will rejoice when they see injustice
     avenged.
     They will wash their feet in the blood
     of the wicked.

11 • Then at last everyone will say,
     "There truly is a reward for those who live
     for God;
     surely there is a God who judges justly here
     on earth."

59 For the choir director: A psalm* of David,
regarding the time Saul sent soldiers to
watch David's house in order to kill him. To be
sung to the tune "Do Not Destroy!"

1 • Rescue me from my enemies, O God.
     Protect me from those who have come to
     destroy me.

2 • Rescue me from these criminals;
     save me from these murderers.

3 • They have set an ambush for me.
     Fierce enemies are out there waiting, LORD,
     though I have not sinned or offended them.

4 • I have done nothing wrong,
     yet they prepare to attack me.
     Wake up! See what is happening and
     help me!

5 • O LORD God of Heaven's Armies, the God
     of Israel,
     wake up and punish those hostile nations.
     Show no mercy to wicked traitors.
              Interlude

6 • They come out at night,
     snarling like vicious dogs
     as they prowl the streets.

7 • Listen to the filth that comes from their
     mouths;
     their words cut like swords.

58:7 Or *Let them be trodden down and wither like
grass.* The meaning of the Hebrew is uncertain.
59:TITLE Hebrew *miktam.* This may be a literary or
musical term.

시오, 그들의 입에서 칼과 같은 말들이 나옵니다. 그들은 "듣는 사람이 어디 있어?"라고 말합니다.

8 오 여호와여, 주께서는 그들을 비웃으십니다. 주는 모든 나라를 우습게 여기십니다.

9 오 나의 힘이시여, 내가 주를 기다립니다. 오 하나님, 주는 나의 성벽이시며,

10 나를 사랑하는 하나님이십니다. 하나님께서 내 앞에 가실 것이며 나를 비방하는 자들이 망하는 것을 보여 주시고 나를 만족시켜 주실 것입니다.

11 나의 방패시여, 그들을 죽이지는 마소서. 그렇게 하시면 우리 백성이 잊어 버릴지도 모릅니다. 주의 힘으로 그들을 흩어지게 하시고 넘어뜨려 주소서.

12 그들은 입으로 죄를 짓습니다. 그들은 말로 죄를 짓습니다. 그들이 으스대다가 스스로 잡히게 해 주소서. 그들은 저주와 거짓말을 내뱉습니다.

13 주의 분노로 그들을 태우십시오. 그들을 아주 없애 버리십시오! 그러면 하나님께서 야곱 민족을 다스린다는 사실이 세상 끝까지 알려지게 될 것입니다. (셀라)

14 밤이면 그들은 다시 돌아옵니다. 마치 들개처럼 으르렁대며 마을을 어슬렁거리며 돌아다닙니다.

15 그들은 먹을 것을 찾아 헤매다가 먹이를 찾지 못하면 울부짖습니다.

16 나는 주의 힘을 노래할 것입니다. 아침에 내가 주의 사랑을 노래할 것입니다. 주는 나의 성벽이시며 어려울 때에 찾아갈 나의 피난처이십니다.

17 오 나의 힘이시여, 내가 주를 찬양합니다. 오 하나님, 주는 나의 성벽이시며, 나를 사랑하는 하나님이십니다.

도우심을 간구하는 기도
수산에듯*에 맞춰 지휘자를 따라 부른 노래.
교육을 위한 다윗의 믹담 시.
다윗이 아람 나하라임*과 아람 소바*와
싸우는 중에 요압이 돌아와 에돔을
소금 골짜기에서 쳐서 만 이천 명을 죽인 때

60 오 하나님, 주는 우리를 버리시고 흩어지게 하셨습니다. 주는 우리에게 분노를 퍼부으셨습니다. 그러나 이제 우리에게 다시 마음을 돌리소서.

2 주께서 땅을 흔들고 갈라지게 하셨습니다. 땅이 흔들리고 있으니 그 틈을 메워 주소서.

3 주께서 주의 백성들에게 고통의 시간을 주셨습니다. 주께서 우리를 술 취한 사람처럼 비틀거리게 하셨습니다.

4 그러나 주를 두려워하는 사람들을 위해 깃발을 높이 올리셨습니다. 깃발은 적군의 화살에 아랑

"After all, who can hear us?" they sneer.

8 • But LORD, you laugh at them.
　You scoff at all the hostile nations.

9 • You are my strength; I wait for you to rescue me,
　for you, O God, are my fortress.

10 • In his unfailing love, my God will stand with me.
　He will let me look down in triumph on all my enemies.

11 • Don't kill them, for my people soon forget such lessons;
　stagger them with your power, and bring them to their knees,
　O Lord our shield.

12 • Because of the sinful things they say,
　because of the evil that is on their lips,
　let them be captured by their pride,
　their curses, and their lies.

13 • Destroy them in your anger!
　Wipe them out completely!
　Then the whole world will know
　that God reigns in Israel.*　　*Interlude*

14 • My enemies come out at night,
　snarling like vicious dogs
　as they prowl the streets.

15 • They scavenge for food
　but go to sleep unsatisfied.*

16 • But as for me, I will sing about your power.
　Each morning I will sing with joy about your unfailing love.
　For you have been my refuge,
　a place of safety when I am in distress.

17 • O my Strength, to you I sing praises,
　for you, O God, are my refuge,
　the God who shows me unfailing love.

60 *For the choir director: A psalm* of David useful for teaching, regarding the time David fought Aram-naharaim and Aram-zobah, and Joab returned and killed 12,000 Edomites in the Valley of Salt. To be sung to the tune "Lily of the Testimony."*

1 • You have rejected us, O God, and broken our defenses.
　You have been angry with us; now restore us to your favor.

2 • You have shaken our land and split it open.
　Seal the cracks, for the land trembles.

3 • You have been very hard on us,
　making us drink wine that sent us reeling.

4 • But you have raised a banner for those who

59:13 Hebrew *in Jacob*. See note on 44:4.　59:15 Or *and growl if they don't get enough.*　60:TITLE Hebrew *miktam*. This may be a literary or musical term.

60편 '수산에듯'은 '언약의 백합화'란 뜻이며, '아람 나하라임'은 메소포타미아 서북 지방의 아람 사람들을 가리키고, '아람 소바'는 시리아 중부 지방의 아람 사람들을 가리킨다.

곳하지 않고 펄럭입니다. (셀라)

5 주의 오른손으로 우리를 건져 주시고 도와 주소서. 주께서 사랑하시는 백성들이 구출될 것입니다.

6 하나님께서 자신의 성전에서 말씀하셨습니다. "내가 승리하면, 세겜 땅을 나누고 숙곳 골짜기를 재어볼 것이다.

7 길르앗과 므낫세가 다 나의 것이다. 에브라임은 내가 쓰는 투구며 유다는 나의 지휘봉이다.

8 모압은 나의 목욕통이다. 에돔 땅 위에 내가 신발을 던질 것이며, 블레셋에 대해 내가 큰 소리로 승리를 외친다."

9 누가 나를 굳건한 성벽이 있는 성으로 데리고 가겠습니까? 누가 나를 에돔으로 인도할 것입니까?

10 하나님이여, 우리를 버리신 주가 아니십니까? 더 이상 우리 군대와 함께 나아가지 않는 주가 아니십니까?

11 우리가 적과 싸울 때에 도와 주소서. 사람의 도움은 아무 소용이 없습니다.

12 하나님의 도우심으로 우리가 이길 수 있습니다. 하나님께서 우리의 원수들을 짓밟을 것입니다.

보호의 기도

다윗의 시. 현악에 맞춰 지휘자를 따라 부른 노래

61 하나님이여, 나의 부르짖는 소리를 들어 주소서. 내가 드리는 기도에 귀 기울여 주소서.

2 내가 먼지 구덩이에서 주를 부릅니다. 내 심장이 떨려 힘이 없을 때에 내가 주를 부릅니다. 나를 높은 바위 위에 옮겨다 주소서.

3 주는 나의 피난처이시며 원수들을 막기 위해 세운 굳건한 망대이십니다.

4 나는 주의 성막에 영원히 살며, 주의 날개 아래로 피하겠습니다. (셀라)

5 오 하나님, 주는 제가 드린 서약을 들으셨습니다. 주는 주의 이름을 높이는 사람들을 위해 마련해 두신 복을 제게 주셨습니다.

6 왕의 수명을 더해 주셔서 오래오래 살게 해 주소서.

7 왕이 영원히 하나님 앞에 살게 하시고 주의 사랑과 신실하심으로 왕을 지켜 주소서.

8 그리하시면 내가 주의 이름을 언제까지나 찬양하며 내가 약속한 것을 날마다 지키겠습니다.

하나님 안에는 오직 믿음뿐

다윗의 시. 여두둔에 맞춰 지휘자를 따라 부른 노래

62 내가 하나님 안에서만 참된 안식을 누립니다. 나를 구원하실 분은 오직 하나님이십니다.

2 그분만이 나의 바위이시며, 나를 구원하시는 분입니다. 그분은 나의 성벽이시니, 내가 흔들리지 않을 것입니다.

---

       fear you—
    a rallying point in the face of attack.
                Interlude

5 • Now rescue your beloved people.
    Answer and save us by your power.

6 • God has promised this by his holiness*:
    "I will divide up Shechem with joy.
    I will measure out the valley of Succoth.

7 • Gilead is mine,
    and Manasseh, too.
    Ephraim, my helmet, will produce my warriors,
    and Judah, my scepter, will produce my
       kings.

8 • But Moab, my washbasin, will become my
       servant,
    and I will wipe my feet on Edom
    and shout in triumph over Philistia."

9 • Who will bring me into the fortified city?
    Who will bring me victory over Edom?

10 • Have you rejected us, O God?
    Will you no longer march with our armies?

11 • Oh, please help us against our enemies,
    for all human help is useless.

12 • With God's help we will do mighty things,
    for he will trample down our foes.

61 *For the choir director: A psalm of David, to be accompanied by stringed instruments.*

1 • O God, listen to my cry!
    Hear my prayer!

2 • From the ends of the earth,
    I cry to you for help
    when my heart is overwhelmed.
    Lead me to the towering rock of safety,

3 •   for you are my safe refuge,
    a fortress where my enemies cannot
       reach me.

4 • Let me live forever in your sanctuary,
    safe beneath the shelter of your wings!
                Interlude

5 • For you have heard my vows, O God.
    You have given me an inheritance reserved
       for those who fear your name.

6 • Add many years to the life of the king!
    May his years span the generations!

7 • May he reign under God's protection forever.
    May your unfailing love and faithfulness
       watch over him.

8 • Then I will sing praises to your name forever
    as I fulfill my vows each day.

62 *For Jeduthun, the choir director: A psalm of David.*

1 • I wait quietly before God,
    for my victory comes from him.

2 • He alone is my rock and my salvation,
    my fortress where I will never be shaken.

60:6 Or *in his sanctuary.*

3 당신들이 언제까지 나를 공격할 것입니까? 언제까지 당신들 모두가 힘을 합하여 나를 쓰러뜨리려고 하십니까? 나는 쓰러지는 벽, 허물어지려는 담과 같습니다.

4 저희가 높은 곳에 앉아 있는 나를 끌어내리려고 합니다. 저들은 나에 대해 거짓말하기를 즐깁니다. 저희가 입으로는 나를 축복합니다만 마음속으로는 나를 저주합니다. (셀라)

5 내가 하나님 안에서만 편안히 쉽렵니다. 나에게 희망을 주실 분은 오직 하나님이십니다.

6 그분만이 나의 바위이시며 나를 구원하시는 분이십니다. 그분은 나의 성벽이시니, 내가 흔들리지 않을 것입니다.

7 나의 구원과 명예는 오직 하나님께 달려 있습니다. 그분은 나의 단단한 바위시며 피난처가 되십니다.

8 사람들이여, 항상 하나님을 굳게 믿으십시오. 그분께 여러분의 마음을 다 털어놓으십시오. 왜냐하면 하나님은 우리의 피난처이시기 때문입니다. (셀라)

9 천한 사람들도 한낱 한숨에 지나지 않으며 아무리 뛰어난 사람들도 헛될 뿐입니다. 저울에 달아 보면 아무것도 아닙니다. 그들 모두 달아 봐도 한낱 한숨에 지나지 않습니다.

10 힘이 있다고 힘을 믿지 마십시오, 훔친 물건에 대해 자랑하지도 마십시오. 재산이 늘어난다 하더라도 그곳에 마음을 두지 마십시오.

11 하나님께서 말씀하실 때에 내가 귀담아들었습니다. 하나님께서 또다시 말씀하실 때에 내가 들었습니다. 주만이 힘 있는 분이십니다.

12 주는 사랑을 베푸는 분이십니다. 사람들이 행한 대로 주는 반드시 갚으실 것입니다.

가까이에서 힘이 되어 주시는 하나님
다윗의 시, 유다 광야에 있을 때

63 오 하나님, 주는 나의 하나님이십니다. 내가 주를 간절하게 찾습니다. 물이라곤 찾아볼 수 없는 곳, 메마르고 거친 땅에서 내 영혼이 주를 목마르게 찾습니다. 온몸으로 주를 애타게 찾아헤맵니다.

2 내가 주를 성소에서 뵈었습니다. 그곳에서 주의 능력과 영광을 보았습니다.

3 주의 사랑이 내 목숨보다도 좋기에 내가 주를 찬양할 것입니다.

4 내가 살아 있는 동안, 주를 찬양할 것입니다. 내가 손을 들고 기도하며 주의 이름을 찬송하겠습니다.

5 가장 좋은 음식을 먹은 것처럼 내가 만족할 것입니

3 • So many enemies against one man—
all of them trying to kill me.
To them I'm just a broken-down wall
or a tottering fence.
4 • They plan to topple me from my high position.
They delight in telling lies about me.
They praise me to my face
but curse me in their hearts. *Interlude*
5 • Let all that I am wait quietly before God,
for my hope is in him.
6 • He alone is my rock and my salvation,
my fortress where I will not be shaken.
7 • My victory and honor come from God alone.
He is my refuge, a rock where no enemy
can reach me.
8 • O my people, trust in him at all times.
Pour out your heart to him,
for God is our refuge. *Interlude*
9 • Common people are as worthless as a puff
of wind,
and the powerful are not what they
appear to be.
If you weigh them on the scales,
together they are lighter than a breath of
air.
10 • Don't make your living by extortion
or put your hope in stealing.
And if your wealth increases,
don't make it the center of your life.
11 • God has spoken plainly,
and I have heard it many times:
Power, O God, belongs to you;
12 • unfailing love, O Lord, is yours.
Surely you repay all people
according to what they have done.

63 A psalm of David, regarding a time when David was in the wilderness of Judah.

1 • O God, you are my God;
I earnestly search for you.
My soul thirsts for you;
my whole body longs for you
in this parched and weary land
where there is no water.
2 • I have seen you in your sanctuary
and gazed upon your power and glory.
3 • Your unfailing love is better than life itself;
how I praise you!
4 • I will praise you as long as I live,
lifting up my hands to you in prayer.
5 • You satisfy me more than the richest feast.
I will praise you with songs of joy.

parched [pärʧt] a. (땅 등이) 바짝 마른
topple [tápl] vt. 쓰러뜨리다; 끌어내리다
totter [tátər] vi. (건물 등이) 흔들거리다

다. 크게 기뻐하며 내가 주를 찬송하겠습니다.

6 내가 침대에 누워서 주를 떠올립니다. 긴 밤이 지나도록 주를 생각합니다.

7 주는 나를 도우시는 분이시기에 내가 주의 날개 그늘 아래서 노래합니다.

8 내가 주께 가까이 다가가니, 주께서 오른손으로 나를 붙들어 주십니다.

9 나를 죽이려고 하는 사람들은 무덤으로 내려갈 것입니다.

10 그들은 칼에 죽을 것이고, 그들의 시체는 들개들의 밥이 될 것입니다.

11 왕은 하나님 안에서 기뻐할 것이니 하나님의 이름으로 맹세하는 사람들은 모두 하나님을 찬양할 것입니다. 그러나 거짓말하는 사람들은 입을 닫아야 할 것입니다.

적에게 대항하는 기도

다윗의 시. 지휘자를 따라 부른 노래

64 오 하나님, 내 억울한 소리를 들어 보소서. 원수들이 위협합니다. 내 목숨을 보호해 주소서.

2 악한 일을 일삼는 저 못된 사람들로부터 나를 숨겨 주시고, 나쁜 짓을 일삼는 저 패거리로부터 나를 보호해 주소서.

3 그들의 혀는 날카로운 칼과 같고, 그들의 말은 치명적인 화살과 같습니다.

4 그들은 숨어서 죄 없는 사람들을 향해 화살을 쏘아댑니다. 죄 없는 사람을 쏘고서도 두려워하지 않습니다.

5 그들은 서로 나쁜 짓을 하라고 부추깁니다. 그들은 숨겨 놓은 덫에 대해 말합니다. 그리고 "누가 이것을 알 수 있겠어?"라고 말합니다.

6 그들은 못된 짓을 꾸며 놓고 이렇게 말합니다. "이것은 기막힌 생각이야!" 사람의 마음과 생각은 정말로 알기가 힘듭니다.

7 그러나 하나님께서 그들을 향해 화살을 쏘시므로 그들이 갑작스레 맞아 고꾸라질 것입니다.

8 자기들이 내뱉은 말이 자기들에게 돌아갈 것입니다. 자신들이 던진 말에 스스로가 맞아 쓰러질 것입니다. 쓰러진 그들을 보는 사람들마다 모두 고개를 절레절레 흔들 것입니다.

9 그때는 사람들마다 하나님을 두려워할 것입니다. 하나님께서 하신 일을 널리 알리고, 깊이 생각하게 될 것입니다.

10 의로운 사람들은 여호와 때문에 즐거워할 것입니다. 그들은 주께로 피할 것입니다. 마음이 올바른 사람들은 모두 주를 찬양하기 바랍니다.

6 • I lie awake thinking of you,
    meditating on you through the night.

7 • Because you are my helper,
    I sing for joy in the shadow of your wings.

8 • I cling to you;
    your strong right hand holds me securely.

9 • But those plotting to destroy me will come
      to ruin.
    They will go down into the depths of
      the earth.

10 • They will die by the sword
    and become the food of jackals.

11 • But the king will rejoice in God.
    All who swear to tell the truth will praise him,
    while liars will be silenced.

64 *For the choir director: A psalm of David.*

1 • O God, listen to my complaint.
    Protect my life from my enemies' threats.

2 • Hide me from the plots of this evil mob,
    from this gang of wrongdoers.

3 • They sharpen their tongues like swords
    and aim their bitter words like arrows.

4 • They shoot from ambush at the innocent,
    attacking suddenly and fearlessly.

5 • They encourage each other to do evil
    and plan how to set their traps in secret.
    "Who will ever notice?" they ask.

6 • As they plot their crimes, they say,
    "We have devised the perfect plan!"
    Yes, the human heart and mind are cunning.

7 • But God himself will shoot them with his
      arrows,
    suddenly striking them down.

8 • Their own tongues will ruin them,
    and all who see them will shake their heads
      in scorn.

9 • Then everyone will be afraid;
    they will proclaim the mighty acts of God
    and realize all the amazing things he does.

10 • The godly will rejoice in the LORD
    and find shelter in him.
    And those who do what is right
    will praise him.

---

aim [éim] *vt.* 겨누다: (욕설 따위를) 퍼붓다
ambush [ǽmbuʃ] *n.* 매복(공격), 잠복
cling [klíŋ] *vi.* 매달리다
cunning [kʌ́niŋ] *a.* 교활한, 간사한
devise [diváiz] *vt.* 궁리하다
meditate [médəteit] *vi.* 묵상하다
mob [mɔb] *n.* 폭도
plot [plát] *n, vt.* 음모(를 꾸미다)
ruin [rú:in] *n. vt.* 파멸; 멸망(시키다)
scorn [skɔ́:rn] *n.* 경멸, 멸시
wrongdoer [rɔ́:ŋdù:ər] *n.* 범죄자, 가해자
64:7 strike down : 때려눕히다; 죽이다

하나님께 감사 찬양
다윗의 시. 지휘자를 따라 부른 노래

65 오 하나님, 시온에서 우리가 주를 찬양할 것입니다. 전에 우리가 주께 드린 맹세를 지키겠습니다.

2 우리의 기도를 들으시는 주여, 모든 민족들이 주께 나아올 것입니다.

3 우리가 죄 가운데 빠져 헤매일 때에 주는 우리 죄를 모두 용서하셨습니다.

4 주께서 특별히 정하시고 주의 왕궁 안에 머물게 하신 사람들은 복이 있습니다. 우리가 주의 집 곧 주의 성전에 있는 좋은 것들을 마음껏 누립니다.

5 우리의 구원자이신 하나님이시여, 주는 의로운 행동으로 우리에게 대답하십니다. 주는 땅끝 모든 사람들의 희망이시며, 먼 바다 끝에 사는 사람들의 소망이십니다.

6 주는 주의 능력으로 산들을 만드시고 힘센 팔로 산들을 꾸미셨습니다.

7 주는 으르렁대는 바다와 그 파도 소리를 잠재우시고 세상 나라들의 소동을 그치게 하셨습니다.

8 땅끝에 사는 사람들도 주가 이루신 놀라운 일들에 두려움을 느낍니다. 새벽이 시작됩니다. 그리고 다시금 저녁이 됩니다. 하루 종일 찬양의 노래로 주를 찬양합니다.

9 주께서는 땅을 가꾸시며 물을 주십니다. 그리고 땅을 기름지게 하십니다. 하나님의 강은 물이 넘쳐 곡식이 잘 자랍니다. 이처럼 주께서는 사람들을 풍족하게 채우십니다.

10 주께서 밭고랑마다 흡족한 물로 채워 주시고, 밭이랑마다 촉촉하게 적셔 주십니다. 비를 내려 주시어 밭을 부드럽게 하시고, 곡식들을 잘 여물게 하십니다.

11 한 해에 넉넉한 추수를 하게 하시고, 넘치는 곡식을 마차에 실어 주십니다.

12 거친 들판이 푸른 초장으로 옷을 갈아입었으며, 언덕들마다 기쁨의 소리가 울려 퍼집니다.

13 들판에는 양 떼가 가득하며 골짜기마다 곡식으로 덮여 있습니다. 기쁨의 노래가 온 하늘에 메아리칩니다.

기도에 응답하시는 하나님을 찬양
찬양의 시. 지휘자를 따라 부른 노래

66 땅 위에 있는 모든 것들이여, 하나님께 기쁨의 소리를 외치십시오.

2 하나님의 찬란한 이름을 노래하십시오. 그분에게 영광스런 찬송을 드리십시오.

3 하나님께 말하십시오. "주께서 하신 일이 놀랍습니다! 주의 능력은 대단하셔서 주의 원수들이 주

---

65 *For the choir director: A song. A psalm of David.*

1 • What mighty praise, O God,
  belongs to you in Zion.
  We will fulfill our vows to you,

2 • for you answer our prayers.
  All of us must come to you.

3 • Though we are overwhelmed by our sins,
  you forgive them all.

4 • What joy for those you choose to bring near,
  those who live in your holy courts.
  What festivities await us
  inside your holy Temple.

5 • You faithfully answer our prayers with
  awesome deeds,
  O God our savior.
  You are the hope of everyone on earth,
  even those who sail on distant seas.

6 • You formed the mountains by your power
  and armed yourself with mighty strength.

7 • You quieted the raging oceans
  with their pounding waves
  and silenced the shouting of the nations.

8 • Those who live at the ends of the earth
  stand in awe of your wonders.
  From where the sun rises to where it sets,
  you inspire shouts of joy.

9 • You take care of the earth and water it,
  making it rich and fertile.
  The river of God has plenty of water;
  it provides a bountiful harvest of grain,
  for you have ordered it so.

10 • You drench the plowed ground with rain,
  melting the clods and leveling the ridges.
  You soften the earth with showers
  and bless its abundant crops.

11 • You crown the year with a bountiful harvest;
  even the hard pathways overflow with
  abundance.

12 • The grasslands of the wilderness become a
  lush pasture,
  and the hillsides blossom with joy.

13 • The meadows are clothed with flocks
  of sheep,
  and the valleys are carpeted with grain.
  They all shout and sing for joy!

66 *For the choir director: A song. A psalm.*

1 • Shout joyful praises to God, all the earth!

2 • Sing about the glory of his name!
  Tell the world how glorious he is.

3 • Say to God, "How awesome are your deeds!

---

clod [klád] *n.* (흙 등의) 덩어리
drench [dréntʃ] *vt.* 흠뻑 물에 적시다
ridge [rídʒ] *n.* 산등성이, 산마루; 이랑, 두둑

앞에 고꾸라집니다.

4 온 땅이 주께 머리를 숙입니다. 그들이 주를 찬양하며 주의 이름을 찬송합니다." (셀라)

5 와서 하나님께서 이루신 일을 보십시오. 하나님께서 사람들을 위해 하신 놀라운 일들을 보십시오.

6 주께서 바다를 마른 땅으로 바꾸셨습니다. 그러자 사람들이 걸어서 바다를 건넜습니다. 자, 다 함께 와서 하나님을 찬양합시다.

7 하나님께서 그 능력으로 영원히 다스리십니다. 하나님의 눈은 모든 나라들을 지켜 보십니다. 그러므로 배반하는 자들이여, 그분께 대항해서는 안 될 것입니다. (셀라)

8 모든 백성들이여, 우리 하나님을 찬양하십시오. 모든 사람들이 들을 수 있게 큰 소리로 그분을 찬양하십시오.

9 하나님께서 우리의 목숨을 살려 두시고 우리가 미끄러져 넘어지지 않게 하셨습니다.

10 오 하나님, 주는 우리를 시험하셨습니다. 주는 은처럼 우리를 불 속에다 달구셨습니다.

11 주께서 우리를 감옥에 집어 넣으시고, 우리 등 위에 무거운 짐을 지어 주셨습니다.

12 주께서 원수들로 우리 머리를 밟고 지나가게 하셨습니다. 우리는 불과 물 속을 지나가게 되었습니다. 그러나 주는 끝내 우리를 풍부한 곳으로 데려다 주셨습니다.

13 내가 태워 드리는 제물인 번제물을 주의 성전에 가지고 가서 주께 맹세한 것을 갚겠습니다.

14 이 맹세들은 내가 어려움을 겪고 있을 때에 주께 약속하고 말씀드렸던 것입니다.

15 나는 주께 살진 것으로 제사를 드리며, 숫양과 소와 염소를 제물로 드리겠습니다. (셀라)

16 하나님을 두려워하는 모든 사람들이여, 와서 잘 들으십시오. 그분이 내게 하신 일을 모두 여러분에게 말씀드리겠습니다.

17 나는 하나님께 간절히 부르짖었습니다. 내가 열심히 하나님을 찬양했습니다.

18 만일 내 마음속에 죄를 품고 있었다면, 주는 내 소리를 듣지 않으셨을 것입니다.

19 그러나 하나님은 들으셨습니다. 하나님께서 내 기도를 들으신 것입니다.

20 하나님을 찬양하십시오. 그분은 내 기도를 거절하지 않으셨습니다. 그분은 나를 향한 사랑을 멈추지 않으셨습니다.

모두 하나님을 찬양해야 함

시 곧 노래. 현악에 맞춰 지휘자를 따라 부른 찬양의 노래

67 하나님, 우리를 불쌍히 여기시고 복을 내려 주소서. 주의 자비로우신 얼굴을 우리에게

Your enemies cringe before your
   mighty power.
4 •Everything on earth will worship you;
   they will sing your praises,
   shouting your name in glorious songs."
               Interlude

5 •Come and see what our God has done,
   what awesome miracles he performs
     for people!
6 •He made a dry path through the Red Sea,*
   and his people went across on foot.
   There we rejoiced in him.
7 •For by his great power he rules forever.
   He watches every movement of the nations;
   let no rebel rise in defiance.
               Interlude

8 •Let the whole world bless our God
   and loudly sing his praises.
9 •Our lives are in his hands,
   and he keeps our feet from stumbling.
10 •You have tested us, O God;
   you have purified us like silver.
11 •You captured us in your net
   and laid the burden of slavery on our
     backs.
12 •Then you put a leader over us.*
   We went through fire and flood,
   but you brought us to a place of great
     abundance.

13 •Now I come to your Temple with burnt
     offerings
   to fulfill the vows I made to you—
14 •yes, the sacred vows that I made
   when I was in deep trouble.
15 •That is why I am sacrificing burnt offerings
   to you—
   the best of my rams as a pleasing aroma,
   and a sacrifice of bulls and male goats.
               Interlude

16 •Come and listen, all you who fear God,
   and I will tell you what he did for me.
17 •For I cried out to him for help,
   praising him as I spoke.
18 •If I had not confessed the sin in my heart,
   the Lord would not have listened.
19 •But God did listen!
   He paid attention to my prayer.
20 •Praise God, who did not ignore my prayer
   or withdraw his unfailing love from me.

67 *For the choir director: A song. A psalm, to be accompanied by stringed instruments.*

1 •May God be merciful and bless us.

66:6 Hebrew *the sea.*   66:12 Or *You made people ride over our heads.*

비춰 주소서. (셀라)

2 그러시면 주의 길이 세상에 널리 알려지게 되고 주의 구원이 모든 나라들에게 전파될 것입니다.

3 오 하나님, 모든 민족들이 주께 찬양드리기를 바랍니다. 모든 백성들이 주를 찬송하기를 바랍니다.

4 모든 나라들이 주를 기뻐하며 즐겁게 노래하기를 바랍니다. 그것은 주께서 민족들을 공평하게 다스리시고 땅 위의 모든 나라들을 인도하시기 때문입니다. (셀라)

5 오 하나님, 모든 민족들이 주께 찬양드리기를 바랍니다. 모든 백성들이 주를 찬송하기를 바랍니다.

6 땅에 곡식과 채소가 풍성하게 된 것은 하나님께서 우리를 복 주셨기 때문입니다.

7 하나님께서 우리에게 복을 주실 것이니 땅끝에 이르기까지 사람들이 주를 높일 것입니다.

나라를 구하신 하나님을 찬양

다윗의 시. 지휘자를 따라 부른 노래

68 하나님이시여, 오셔서 하나님의 원수들을 흩으소서. 하나님의 대적자들을 쫓아 버리소서.

2 연기가 바람에 날아가듯이 그들을 날려 버리십시오, 불 앞에 양초가 녹아 내리듯 저 못된 자들을 하나님 앞에서 망하게 해 주소서.

3 그러나 올바른 사람은 하나님 앞에서 기뻐하고 즐거워하게 하소서. 그러면 그들은 행복해하고 기뻐할 것입니다.

4 하나님께 노래하며, 그분의 이름을 찬양하십시오, 구름을 타고 다니시는 그분을 높이십시오, 그분의 이름은 여호와이십니다. 그분 앞에서 기뻐하고, 즐거워하십시오.

5 성전에 계시는 하나님은 고아들의 아버지이시며 과부들의 보호자이십니다.

6 하나님은 외로운 사람들에게 보금자리를 주시며, 갇힌 사람을 감옥에서 데리고 나오시는 분입니다. 그들이 기뻐 노래하며 주를 따릅니다. 그러나 못된 자들은 태양이 내리쬐는 거친 땅에서 살게 될 것입니다.

7 오 하나님, 주께서 주의 백성 앞에서 앞서 나아가시며 거친 들판을 힘차게 나아가실 때, (셀라)

8 시내산의 하나님 앞에서, 이스라엘의 하나님 앞에서, 땅은 무섭게 흔들렸고, 하늘은 억수같이 비를 쏟아 부었습니다.

9 오 하나님, 주께서 비를 듬뿍 내려 주셨습니다. 주께서 지친 땅 위에 생기를 불어 주셨습니다.

10 오 하나님, 주의 백성들이 그곳에 자리잡았습니

May his face smile with favor on us.
Interlude

2 •May your ways be known throughout
the earth,
your saving power among people
everywhere.

3 •May the nations praise you, O God.
Yes, may all the nations praise you.

4 •Let the whole world sing for joy,
because you govern the nations with justice
and guide the people of the whole world.
Interlude

5 •May the nations praise you, O God.
Yes, may all the nations praise you.

6 •Then the earth will yield its harvests,
and God, our God, will richly bless us.

7 •Yes, God will bless us,
and people all over the world will fear him.

68 *For the choir director: A song. A psalm of David.*

1 •Rise up, O God, and scatter your enemies.
Let those who hate God run for their lives.

2 •Blow them away like smoke.
Melt them like wax in a fire.
Let the wicked perish in the presence
of God.

3 •But let the godly rejoice.
Let them be glad in God's presence.
Let them be filled with joy.

4 •Sing praises to God and to his name!
Sing loud praises to him who rides
the clouds.*
His name is the LORD—
rejoice in his presence!

5 •Father to the fatherless, defender of widows—
this is God, whose dwelling is holy.

6 •God places the lonely in families;
he sets the prisoners free and gives
them joy.
But he makes the rebellious live in a sun-
scorched land.

7 •O God, when you led your people out
from Egypt,
when you marched through the dry
wasteland,
Interlude

8 •the earth trembled, and the heavens
poured down rain
before you, the God of Sinai,
before God, the God of Israel.

9 •You sent abundant rain, O God,
to refresh the weary land.

10 •There your people finally settled,
and with a bountiful harvest, O God,

68:4 Or *rides through the deserts.*

다. 주는 풍성한 음식으로 가난한 사람들을 먹
이셨습니다.

11 주께서 말씀을 주셨습니다. 그러자 큰 무리가
그 소식을 알렸습니다.

12 "치러 왔던 왕들과 군사들이 허겁지겁 달아납
니다. 그들이 놓고 간 물건들을 사람들이 나눠
가집니다.

13 천막에서 잠자던 자들도 부자가 될 것이며, 은
과 금으로 깃과 날개를 단 비둘기 같을 것입니
다."

14 전능하신 하나님께서 그 땅의 왕들을 흩으시는
모습이 마치 살몬 산에 흩날리는 눈 같습니다.

15 바산의 산들은 아주 웅장하며 산봉우리도 많이
있습니다.

16 바산의 산들이여, 왜 너희들은 하나님께서 보금
자리로 삼으신 시온 산을 깔보느냐? 왜 너희들
은 여호와께서 영원히 사실 시온 산을 질투하느
냐?

17 주의 전차는 수천 수만입니다. 주께서 수많은
전차를 거느리시고 시내 산에서 성전으로 행차
하십니다.

18 주께서 높은 곳으로 오르실 때에 수많은 포로들
을 이끄셨습니다. 하나님께서는 사람들에게 예
물을 받으셨으며, 하나님께 대항하는 사람들에
게서도 예물을 받으셨습니다. 오 여호와 하나님
이시여, 주는 저희와 함께 사실 것입니다.

19 날마다 우리의 무거운 짐들을 지시는 우리의 구
원자 하나님께 찬양을 드리십시오, (셀라)

20 우리의 하나님은 구원하시는 하나님이십니다.
전능하신 여호와만이 우리를 죽음에서 건지십
니다.

21 하나님께서 반드시 원수들의 머리를 깨어 부수
뜨릴 것이며, 끊임없이 죄짓는 사람들의 머리를
깨뜨릴 것입니다.

22 주께서 말씀하셨습니다. "내가 바산에서 그들
을 다시 데리고 오겠다. 내가 그들을 깊은 바닷
속에서 다시 데려오겠다.

23 그러면 너희가 너희 발을 그들의 피에 담글 것이
며, 너희 개들도 그들의 피를 핥을 것이다."

24 오 하나님, 사람들이 주의 장엄한 행진을 보았
습니다. 나의 왕이신 하나님께서 성전으로 나가
시는 모습을 그들이 보았습니다.

25 성가대원들의 뒤를 따라 악대들이 행진하고, 소
고를 치는 소녀들이 그들의 뒤를 따릅니다.

26 큰 회중 안에 계신 하나님을 찬양하십시오, 이
스라엘의 모임 가운데 계신 주를 찬양하십시
오.

you provided for your needy people.

11 •The Lord gives the word,
and a great army* brings the good news.

12 •Enemy kings and their armies flee,
while the women of Israel divide the
plunder.

13 •Even those who lived among the sheepfolds
found treasures—
doves with wings of silver
and feathers of gold.

14 •The Almighty scattered the enemy kings
like a blowing snowstorm on Mount
Zalmon.

15 •The mountains of Bashan are majestic,
with many peaks stretching high into
the sky.

16 •Why do you look with envy, O rugged
mountains,
at Mount Zion, where God has chosen
to live,
where the LORD himself will live forever?

17 •Surrounded by unnumbered thousands
of chariots,
the Lord came from Mount Sinai into his
sanctuary.

18 •When you ascended to the heights,
you led a crowd of captives.
You received gifts from the people,
even from those who rebelled against you.
Now the LORD God will live among us there.

19 •Praise the Lord; praise God our savior!
For each day he carries us in his arms.
Interlude

20 •Our God is a God who saves!
The Sovereign LORD rescues us from death.

21 •But God will smash the heads of his enemies,
crushing the skulls of those who love
their guilty ways.

22 •The Lord says, "I will bring my enemies
down from Bashan;
I will bring them up from the depths
of the sea.

23 •You, my people, will wash* your feet in their
blood,
and even your dogs will get their share!"

24 •Your procession has come into view, O God—
the procession of my God and King as
he goes into the sanctuary.

25 •Singers are in front, musicians behind;
between them are young women playing
tambourines.

26 •Praise God, all you people of Israel;

68:11 Or *a host of women.*   68:23 As in Greek and
Syriac versions; Hebrew reads *shatter.*

27 가장 작은 베냐민 지파가 앞서서 이스라엘을 이끕니다. 그 무리들과 함께 유다 지파의 지도자들이 있습니다. 또한 스불론과 납달리의 지도자들도 있습니다.

28 오 하나님, 주의 능력을 나타내 보여 주소서. 전에 우리를 위해 나타내셨던 그 큰 힘을 보여 주소서.

29 주께서 예루살렘의 성전에 계시기 때문에 왕들이 주께 예물을 가지고 올 것입니다.

30 갈대 숲에 있는 짐승과 같은 이집트를 꾸짖어 주소서. 암소 가운데 있는 수소들과 같은 온 세계 민족을 혼내 주소서. 그러면 그들은 수많은 은을 가지고 올 것입니다. 전쟁을 좋아하는 나라들을 흩어 주소서.

31 사절단들이 이집트에서 올 것이며 에티오피아* 사람들이 하나님께 엎드려 절할 것입니다.

32 이 땅의 모든 나라들이여, 하나님께 노래하십시오, 주를 찬양하십시오. (셀라)

33 그분은 옛부터 있는 하늘을 타고 다니시며 천둥 같은 목소리로 말씀하시는 분이십니다.

34 하나님의 능력을 온 세상에 널리 알리십시오. 그분의 위엄이 이스라엘 위에 있으며 그분의 능력이 하늘에 있습니다.

35 오 하나님, 성전에 계시는 주는 장엄하십니다. 이스라엘의 하나님은 자기 백성에게 힘과 능력을 주시는 분입니다. 하나님을 찬양하십시오!

도와 달라는 울부짖음
다윗의 시. 소산님*에 맞춰 지휘자를 따라 부른 노래

69 오 하나님, 나를 건져 주소서. 물이 내 목까지 찼습니다.

2 내가 밑이 뚫려 있는 수렁 속으로 한없이 빠져 들어가고 있습니다. 내가 깊은 물 속에 빠져 있습니다. 엄청난 파도가 나를 덮칩니다.

3 내가 도와 달라고 부르짖다가 지쳤습니다. 이제는 목이 잠겨 아픕니다. 하나님을 간절히 기다리느라 내 눈도 침침해졌습니다.

4 아무런 이유 없이 나를 미워하는 사람들이 내 머리카락보다 더 많습니다. 아무런 까닭 없이 나를 쓰러뜨리려는 사람들과 나를 죽이려는 원수들이 너무나 많습니다. 내가 훔치지도 않은 것을 물어 내라고 원수들이 나에게 강요합니다.

5 하나님이여, 주는 나의 어리석음을 아시오니 내 죄를 주께 숨길 수가 없습니다.

6 만군의 주 여호와시여, 주께 소망을 둔 사람들이 나 때문에 창피를 당하지 않게 해 주소서. 오, 이스라엘의 하나님이시여, 주를 찾는 사람들이 나 때문에 부끄러움을 당하지 않도록 해 주소서.

---

praise the LORD, the source of Israel's life.

27 • Look, the little tribe of Benjamin leads
        the way.
    Then comes a great throng of rulers
        from Judah
    and all the rulers of Zebulun and Naphtali.

28 • Summon your might, O God.*
    Display your power, O God, as you have
        in the past.

29 • The kings of the earth are bringing tribute
        to your Temple in Jerusalem.

30 • Rebuke these enemy nations—
    these wild animals lurking in the reeds,
    this herd of bulls among the weaker calves.
    Make them bring bars of silver in humble
        tribute.
    Scatter the nations that delight in war.

31 • Let Egypt come with gifts of precious metals*;
    let Ethiopia* bring tribute to God.

32 • Sing to God, you kingdoms of the earth.
    Sing praises to the Lord.　　　*Interlude*

33 • Sing to the one who rides across the ancient
        heavens,
    his mighty voice thundering from the sky.

34 • Tell everyone about God's power.
    His majesty shines down on Israel;
    his strength is mighty in the heavens.

35 • God is awesome in his sanctuary.
    The God of Israel gives power and strength
        to his people.

    Praise be to God!

69 *For the choir director: A psalm of David,
to be sung to the tune "Lilies."*

1 • Save me, O God,
    for the floodwaters are up to my neck.

2 • Deeper and deeper I sink into the mire;
    I can't find a foothold.
    I am in deep water,
    and the floods overwhelm me.

3 • I am exhausted from crying for help;
    my throat is parched.
    My eyes are swollen with weeping,
    waiting for my God to help me.

4 • Those who hate me without cause
    outnumber the hairs on my head.
    Many enemies try to destroy me with lies,
    demanding that I give back what I didn't
        steal.

5 • O God, you know how foolish I am;
    my sins cannot be hidden from you.

68:28 As in some Hebrew manuscripts and Greek
and Syriac versions; most Hebrew manuscripts
read *Your God has commanded your strength.*
68:31a Or *of rich cloth.*　68:31b Hebrew *Cush.*
68:31 개역 성경에는 (히) '구스' 라고 표기되어 있다.
69편 '소산님'은 '백합화' 라는 뜻이다.

7 내가 부끄러워 얼굴을 들 수 없습니다. 그러나 나는 주를 위해 이 부끄러움을 견딥니다.

8 나는 내 형제들에게 낯선 사람이 되었습니다. 한 피를 나눈 형제들에게도 외국인 취급을 받습니다.

9 이는 주의 집을 사랑하는 열정이 온통 나를 태우기 때문이며, 주를 향한 모욕이 내게도 쏟아지기 때문입니다.

10 내가 금식하며 슬퍼하였더니 오히려 사람들이 비웃습니다.

11 내가 넝마와 같은 거친 옷을 입고 슬퍼하면 사람들은 나를 웃음거리로 삼습니다.

12 심지어 동네 어른들도 나에게 빈정대며, 길거리의 술 주정꾼들도 나를 빗대어 노래 부릅니다.

13 오 여호와여, 나는 주의 호의를 기다리면서 주께 기도합니다. 오 하나님이여, 내 기도를 들어 주시고, 주의 크고도 크신 사랑으로 구원을 베풀어 주소서.

14 나를 수렁에 빠지게 마시고 수렁에서 건져 주소서. 나를 미워하는 사람들에게서 보호해 주시고, 깊은 물 속에서 나를 건져 주소서.

15 큰 물결이 나를 휩쓸지 못하게 하시고, 깊은 물이 나를 삼키지 못하게 하시고, 무덤이 나를 덮치지 못하게 하소서.

16 오 여호와여, 주의 순결한 사랑으로 내게 대답하여 주소서. 주의 크신 사랑으로 나를 돌보아 주소서.

17 나는 주의 종입니다. 주의 얼굴을 내게서 돌리지 마소서. 어서 빨리 내게 대답해 주소서. 내가 어려움 가운데 있습니다.

18 내게로 가까이 오셔서 나를 건져 주소서. 나를 내 원수들로부터 구해 주소서.

19 주는 내가 당하는 부끄러움과 창피를 아십니다. 보십시오, 내 모든 원수들이 주 앞에 있습니다.

20 그들이 나를 업신여기므로, 내 마음이 몹시 아픕니다. 나는 아무런 힘도 없는 자가 되었습니다. 내가 주위를 둘러보았지만 아무도 나를 불쌍히 여기는 자가 없었습니다. 나를 위로해 줄 사람을 찾았지만 아무도 없었습니다.

21 그들은 내 음식에 쓴 것을 넣었으며 내가 목마를 때에 식초를 주었습니다.

22 그들의 잔치가 올무가 되게 하시고, 그들의 식탁이 그들에게 덫이 되어 그들이 죄값을

6 • Don't let those who trust in you be
    ashamed because of me,
    O Sovereign LORD of Heaven's Armies.
    Don't let me cause them to be humiliated,
    O God of Israel.

7 • For I endure insults for your sake;
    humiliation is written all over my face.

8 • Even my own brothers pretend they don't
       know me;
    they treat me like a stranger.

9 • Passion for your house has consumed me,
    and the insults of those who insult you have
       fallen on me.

10 • When I weep and fast,
    they scoff at me.

11 • When I dress in burlap to show sorrow,
    they make fun of me.

12 • I am the favorite topic of town gossip,
    and all the drunks sing about me.

13 • But I keep praying to you, LORD,
    hoping this time you will show me favor.
    In your unfailing love, O God,
    answer my prayer with your sure salvation.

14 • Rescue me from the mud;
    don't let me sink any deeper!
    Save me from those who hate me,
    and pull me from these deep waters.

15 • Don't let the floods overwhelm me,
    or the deep waters swallow me,
    or the pit of death devour me.

16 • Answer my prayers, O LORD,
    for your unfailing love is wonderful.
    Take care of me,
    for your mercy is so plentiful.

17 • Don't hide from your servant;
    answer me quickly, for I am in deep trouble!

18 • Come and redeem me;
    free me from my enemies.

19 • You know of my shame, scorn, and disgrace.
    You see all that my enemies are doing.

20 • Their insults have broken my heart,
    and I am in despair.
    If only one person would show some pity;
    if only one would turn and comfort me.

21 • But instead, they give me poison* for food;
    they offer me sour wine for my thirst.

22 • Let the bountiful table set before them
       become a snare
    and their prosperity become a trap.*

....

69:21 Or *gall.*   69:22 Greek version reads *Let their bountiful table set before them become a snare, / a trap that makes them think all is well. / Let their blessings cause them to stumble, / and let them get what they deserve.* Compare Rom 11:9.

받게 하십시오.

23 그들의 눈이 감겨서 보지 못하게 하시고, 그들의 허리가 영원히 굽게 하소서.

24 주의 화를 그들에게 쏟아 부으시고, 주의 불타는 분노로 그들을 태우소서.

25 그들이 사는 곳이 폐허가 되게 하시고, 그들의 집이 버려진 집이 되게 하소서.

26 그들은 주께서 책망하는 사람들을 박해하며, 주께서 때리신 사람들의 상처를 입으로 쑤셔 댑니다.

27 그들이 저지른 죄들을 낱낱이 기억하여 갚아 주시고, 주가 베푸시는 구원을 그들이 얻지 못하게 하소서.

28 그들의 이름을 생명책에서 지우소서. 의로운 사람들의 명단에서 그들의 이름을 빼소서.

29 내가 괴롭고 마음이 몹시 아픕니다. 오 하나님, 나를 구원하시고 지켜 주소서.

30 내가 노래로 하나님의 이름을 찬양하겠습니다. 감사를 드리며 하나님을 높여 드리겠습니다.

31 그것이 수소 제물을 바치는 것보다 여호와를 더욱 기쁘시게 하는 일이며 뿔과 굽이 있는 황소를 바치는 것보다 여호와를 더욱 흐뭇하게 해 드리는 일일 것입니다.

32 겸손한 자가 이러한 일을 보고 기뻐할 것입니다. 하나님을 섬기는 사람들이여, 용기를 가지십시오.

33 여호와는 가난한 사람들의 부르짖는 소리에 귀를 기울이시며, 포로된 주의 백성을 업신여기지 않습니다.

34 하늘과 땅이여, 하나님을 찬양하여라. 바다와 그 속에 있는 모든 것들아, 하나님을 찬양하여라.

35 하나님께서 시온을 구원하시고 유다의 마을들을 다시 세우실 것입니다. 그때에는 사람들이 거기에 살면서 땅을 갖게 될 것입니다.

36 하나님의 종들의 자녀들이 그 땅을 물려받을 것입니다.

속히 도와 달라고 하나님께 울부짖음

다윗의 시. 간청하는 시. 지휘자를 따라 부른 노래

70 오 하나님, 빨리 오셔서 나를 구출해 주소서. 오 여호와여, 어서 나를 도와 주소서.

2 나를 죽이려는 사람들이 있습니다. 그들을 부끄럽게 하시며 창피를 당하게 하소서. 나를 해치고자 하는 사람들이 있습니다. 그들이 부끄러워 달아나게 하소서.

3 나를 보고, "아하, 안됐구나!" 하고 비웃는 사람들이 있습니다. 그들이 부끄러워 도망가게 하소서.

4 그러나 주를 찾는 사람들이 있습니다. 그들 모두

23 • Let their eyes go blind so they cannot see, and make their bodies shake continually.*

24 • Pour out your fury on them; consume them with your burning anger.

25 • Let their homes become desolate and their tents be deserted.

26 • To the one you have punished, they add insult to injury; they add to the pain of those you have hurt.

27 • Pile their sins up high, and don't let them go free.

28 • Erase their names from the Book of Life; don't let them be counted among the righteous.

29 • I am suffering and in pain. Rescue me, O God, by your saving power.

30 • Then I will praise God's name with singing, and I will honor him with thanksgiving.

31 • For this will please the LORD more than sacrificing cattle, more than presenting a bull with its horns and hooves.

32 • The humble will see their God at work and be glad. Let all who seek God's help be encouraged.

33 • For the LORD hears the cries of the needy; he does not despise his imprisoned people.

34 • Praise him, O heaven and earth, the seas and all that move in them.

35 • For God will save Jerusalem* and rebuild the towns of Judah. His people will live there and settle in their own land.

36 • The descendants of those who obey him will inherit the land, and those who love him will live there in safety.

70 *For the choir director: A psalm of David, asking God to remember him.*

1 • Please, God, rescue me! Come quickly, LORD, and help me.

2 • May those who try to kill me be humiliated and put to shame. May those who take delight in my trouble be turned back in disgrace.

3 • Let them be horrified by their shame, for they said, "Aha! We've got him now!"

4 • But may all who search for you be filled with joy and gladness in you.

---

humiliate [hju:mílièit] *vt.* 굴욕감을 느끼게 하다

69:23 Greek version reads *and let their backs be bent forever*. Compare Rom 11:10.   69:35 Hebrew *Zion*.

가 주 안에서 기뻐하고 즐거워하게 해 주소서. 주의 구원을 감사하는 사람들이 있습니다. 그들이 언제나 "하나님은 위대하시다"라고 말하게 해 주소서.

5 그러나 나는 연약하고 불쌍한 사람이오니 오 하나님, 어서 빨리 내게 오소서. 주는 나를 돕는 분이시며 나를 구원하는 분이십니다. 오 여호와여, 지체하지 마소서.

한 노인의 기도

71 오 여호와여, 내가 주께 피하였습니다. 내가 다시는 부끄러움을 겪지 않게 해 주소서.

2 주의 의로우심으로 나를 건져 주시고 구출해 주소서. 내 말에 귀 기울이시고 나를 구원해 주소서.

3 내가 언제든지 가서 피할 수 있는 안전한 나의 반석이 되어 주소서. 나를 구원하신다는 명령을 내리소서. 주는 나의 바위이시며 굳건한 성벽이십니다.

4 오 나의 하나님, 못된 사람들의 손에서 나를 건져 주시고 악하고 잔인한 사람들의 손아귀에서 나를 구출해 주소서.

5 주 여호와여, 주는 나의 소망이십니다. 주는 내가 어렸을 때부터 굳게 믿어 온 분이십니다.

6 내가 태어날 때부터 주께 기대어 왔습니다. 주는 내 어머니의 배 속에서부터 나를 붙들어 주셨습니다. 내가 늘 주를 찬양하겠습니다.

7 나는 많은 사람들이 이상하게 쳐다보는 사람이 되었습니다. 그러나 주는 든든한 나의 피난처이십니다.

8 내 마음이 주를 향한 찬송으로 가득 차 있습니다. 내가 종일토록 주의 위대하심을 찬송합니다.

9 내가 늙어 힘이 없을 때에도 나를 버리지 마시고, 나를 떠나지 마소서.

10 내 원수들이 나에 대해 나쁜 말을 합니다. 그들은 나를 죽이려고 남이 모르게 나쁜 일을 꾸밉니다.

11 그들은 말합니다. "하나님께서 그를 버렸다. 그를 쫓아가 잡자. 아무도 그를 구해 주지 않을 거야."

12 오 하나님, 너무 멀리 떨어져 계시지 마소서. 오 나의 하나님, 어서 오셔서 나를 도와 주소서.

13 나를 비난하는 사람들이 부끄러움 가운데 망하기를 바랍니다. 나를 해치려는 사람들이 부끄러움과 창피를 뒤집어썼으면 좋겠습니다.

14 그러나 나는 언제나 소망을 가지고 더욱더 주를 찬양할 것입니다.

May those who love your salvation repeatedly shout, "God is great!"
5 But as for me, I am poor and needy; please hurry to my aid, O God. You are my helper and my savior; O LORD, do not delay.

71 O LORD, I have come to you for protection; don't let me be disgraced.
2 Save me and rescue me, for you do what is right. Turn your ear to listen to me, and set me free.
3 Be my rock of safety where I can always hide. Give the order to save me, for you are my rock and my fortress.
4 My God, rescue me from the power of the wicked, from the clutches of cruel oppressors.
5 O Lord, you alone are my hope. I've trusted you, O LORD, from childhood.
6 Yes, you have been with me from birth; from my mother's womb you have cared for me. No wonder I am always praising you!
7 My life is an example to many, because you have been my strength and protection.
8 That is why I can never stop praising you; I declare your glory all day long.
9 And now, in my old age, don't set me aside. Don't abandon me when my strength is failing.
10 For my enemies are whispering against me. They are plotting together to kill me.
11 They say, "God has abandoned him. Let's go and get him, for no one will help him now."
12 O God, don't stay away. My God, please hurry to help me.
13 Bring disgrace and destruction on my accusers. Humiliate and shame those who want to harm me.
14 But I will keep on hoping for your help; I will praise you more and more.

accuser [əkjúːzər] n. 고발자, 고소인
aid [éid] n. 도움; 구원
clutch [klʌ́tʃ] n. 손아귀, 수중(手中)
disgraced [disgréist] a. 망신을 당한
fortress [fɔ́ːrtris] n. 요새; 견고(안전)한 장소
needy [níːdi] a. (매우) 가난한
oppressor [əprésər] n. 압제자, 박해자
salvation [sælvéiʃən] n. 구원
71:2 set free : 해방(석방)하다
71:9 set aside : 무시하다; 버리다

15 주께서 베푸신 구원과 의로우신 행동을 제가 어떻게 다 알 수 있겠습니까! 그러나 나는 주의 의로우심과 주의 구원을 온종일 사람들에게 전파하겠습니다.

16 오 주 여호와여, 내가 와서 주의 위대한 행동들을 널리 전파하겠습니다. 내가 주의 의로우심만을 널리 알리겠습니다.

17 오 하나님, 주님은 내가 어렸을 때부터 나를 가르치셨습니다. 그래서 지금까지도 나는 주께서 하신 놀라운 일들을 이야기합니다.

18 오 하나님, 내가 늙고 머리가 희어졌다고 나를 버리지 마소서. 내가 늙어 죽을 때까지 내 후손들에게 주의 크신 능력을 전하겠습니다.

19 오 하나님, 주의 의로우심은 하늘 끝까지 이릅니다. 주께서는 위대한 일들을 하셨습니다. 오 하나님, 어느 누가 주와 같겠습니까?

20 비록 주께서 많은 어려움과 힘든 시간들을 나에게 주셨지만 주님은 나를 다시 살게 하실 것입니다. 땅속 깊은 곳에 빠져 있는 나를 주님은 다시 불러 올리실 것입니다.

21 주께서 나의 명예를 높여 주실 것이며 나를 다시 위로해 주실 것입니다.

22 내가 비파로 주를 찬양하겠습니다. 오 나의 하나님, 내가 주의 신실하심을 찬양하겠습니다. 이스라엘의 거룩하신 분이시여, 내가 수금으로 주를 노래하겠습니다.

23 내가 주를 찬양할 때에 큰 목소리로 기뻐 소리지를 것입니다. 이는 주께서 나를 구원하셨기 때문입니다.

24 내가 주의 의로우신 행동들을 온종일 사람들에게 전하겠습니다. 그러면 나를 해치고 싶어하는 사람들이 부끄러움을 당하고 혼란스러워질 것입니다.

왕을 위한 기도
솔로몬의 시

72 하나님이여, 주의 판단력을 왕에게 주시고, 주의 공평하심을 왕의 아들에게 주소서.

2 그러면 왕이 주의 백성을 정의롭게 재판할 것이며, 가난한 자를 공평하게 다스릴 것입니다.

3 산들에는 번영과 평화가 언덕들에는 정의의 열매들이 넘칠 것입니다.

4 왕이 가난한 자를 변호할 것이며 궁핍한 자의 자녀들을 돕고 그들을 괴롭히는 자들을 벌할 것입니다.

5 해가 있는 한, 왕이 오래 살게 해 주시고, 달이 있는 동안, 대대로 그가 다스리게 해 주소서.

---

15 • I will tell everyone about your righteousness.
All day long I will proclaim your saving power,
though I am not skilled with words.*

16 • I will praise your mighty deeds,
O Sovereign LORD.
I will tell everyone that you alone are just.

17 • O God, you have taught me from my earliest childhood,
and I constantly tell others about the wonderful things you do.

18 • Now that I am old and gray,
do not abandon me, O God.
Let me proclaim your power to this new generation,
your mighty miracles to all who come after me.

19 • Your righteousness, O God, reaches to the highest heavens.
You have done such wonderful things.
Who can compare with you, O God?

20 • You have allowed me to suffer much hardship,
but you will restore me to life again
and lift me up from the depths of the earth.

21 • You will restore me to even greater honor
and comfort me once again.

22 • Then I will praise you with music on the harp,
because you are faithful to your promises,
O my God.
I will sing praises to you with a lyre,
O Holy One of Israel.

23 • I will shout for joy and sing your praises,
for you have ransomed me.

24 • I will tell about your righteous deeds
all day long,
for everyone who tried to hurt me
has been shamed and humiliated.

72 *A psalm of Solomon.*

1 • Give your love of justice to the king, O God,
and righteousness to the king's son.

2 • Help him judge your people in the right way;
let the poor always be treated fairly.

3 • May the mountains yield prosperity for all,
and may the hills be fruitful.

4 • Help him to defend the poor,
to rescue the children of the needy,
and to crush their oppressors.

5 • May they fear you* as long as the sun shines,
as long as the *moon remains* in the sky.
Yes, forever!

---

sovereign [sávərən] *a.* 주권자의, 최고의
thrive [θraiv] *vi.* 번영하다

71:15 Or *though I cannot count it.*   **72:5** Greek version reads *May they endure.*

6 그가 풀을 벤 들판 위에 내리는 비와 같고, 대지 위에 내리는 소낙비 같기를 바랍니다.

7 왕이 살아 있는 동안, 그 땅에 정의가 싹트게 하시고, 달이 뜨기를 그칠 때까지 풍성한 번영이 있게 하십시오.

8 왕의 나라가 바다 이 끝에서 저 끝까지 이르게 하시고, 유프라테스 강에서 땅끝까지 이르게 하십시오.

9 왕의 원수들이 그 앞에 엎드리고 그의 대적자들이 바닥의 먼지를 핥게 하십시오.

10 다시스와 멀리 떨어진 섬나라 왕들이 왕에게 선물을 바치게 해 주소서. 스바와 시바 왕들이 왕께 예물을 드리게 해 주소서.

11 모든 나라 왕들이 왕 앞에 엎드려 절하며, 모든 민족들이 왕을 섬기게 하소서.

12 왕은 도와 달라고 부르짖는 불쌍한 사람들을 구출할 것이며, 왕은 아무도 도와 주지 않는 가난한 사람들을 구원해 줄 것입니다.

13 그는 힘이 없고 가난한 사람들을 불쌍히 여기시며, 죽게 된 사람들의 생명을 구해 주실 것입니다.

14 왕은 악한 자들로부터 그들을 구원하실 것입니다. 왜냐하면 왕의 눈에는 그들의 목숨이 소중하기 때문입니다.

15 왕이여, 오래오래 사십시오. 왕이 스바로부터 금을 넉넉히 받기를 바라고, 사람들이 왕을 위해 끊임없이 기도하기를 바라며, 종일토록 그를 축복하기를 바랍니다.

16 들판마다 곡물이 넘치기를 바라고, 언덕들 위로 과일들이 넘쳐 흐르기를 바라며, 그 과일들이 레바논의 나무 열매들처럼 탐스럽고, 들판의 풀처럼 풍요롭기를 바랍니다.

17 왕의 이름이 널리 알려지기를 바라고, 태양이 있는 한, 그의 이름이 오래도록 기억되기를 바라며, 모든 나라들이 왕을 통해 복 받기를 바랍니다. 모든 나라들이 그를 가리켜 행복한 분이라고 말하기를 바랍니다.

18 여호와 하나님, 이스라엘의 하나님을 찬양합니다. 그는 홀로 놀라운 일들을 하신 분이십니다.

19 그의 크고 높으신 이름을 영원히 찬양합니다. 온 땅이 그의 영광으로 가득 차기를 바랍니다. 아멘! 아멘!

20 이것으로 이새의 아들 다윗의 기도가 끝납니다.*

제 3 권

사악한 사람이 부자가 될 때

아삽의 시

73 참으로 하나님은 이스라엘을 선하게 대하시며, 마음이 깨끗한 자들에게는 더욱

---

6 •May the king's rule be refreshing like spring
rain on freshly cut grass,
like the showers that water the earth.

7 •May all the godly flourish during his reign.
May there be abundant prosperity until the
moon is no more.

8 •May he reign from sea to sea,
and from the Euphrates River* to the
ends of the earth.

9 •Desert nomads will bow before him;
his enemies will fall before him in the dust.

10 •The western kings of Tarshish and other
distant lands
will bring him tribute.
The eastern kings of Sheba and Seba
will bring him gifts.

11 •All kings will bow before him,
and all nations will serve him.

12 •He will rescue the poor when they cry to him;
he will help the oppressed, who have no
one to defend them.

13 •He feels pity for the weak and the needy,
and he will rescue them.

14 •He will redeem them from oppression and
violence,
for their lives are precious to him.

15 •Long live the king!
May the gold of Sheba be given to him.
May the people always pray for him
and bless him all day long.

16 •May there be abundant grain throughout the
land,
flourishing even on the hilltops.
May the fruit trees flourish like the trees of
Lebanon,
and may the people thrive like grass
in a field.

17 •May the king's name endure forever;
may it continue as long as the sun shines.
May all nations be blessed through him
and bring him praise.

18 •Praise the LORD God, the God of Israel,
who alone does such wonderful things.

19 •Praise his glorious name forever!
Let the whole earth be filled with his glory.
Amen and amen!

20 •(This ends the prayers of David son of Jesse.)

BOOK THREE (Psalms 73–89)

73 *A psalm of Asaph.*

1 •Truly God is good to Israel,

72:8 Hebrew *the river.*

72:20 개역 성경에는 19절에 포함되어 있으나 대부분의 사본에는 20절이 따로 분리되어 있다.

그리 하십니다.

2 그러나 이제 나는 그 사실을 믿을 수 없게 되었습니다. 내 믿음을 다 잃어버린 것 같습니다.

3 왜냐하면 악한 사람들이 잘 사는 것을 보고 나는 그런 교만한 사람들에게 질투를 느꼈기 때문입니다.

4 그들은 마음에 갈등도 없고, 몸은 건강하고 강합니다.

5 그들에게는 우리가 겪는 어려움들이 없고, 다른 사람들처럼 불행한 일들도 일어나지 않습니다.

6 그러므로 그들은 교만을 목걸이로 삼고 폭력을 옷으로 입고 있습니다.

7 그들의 굳어진 가슴에는 악한 생각이 들어 있으며, 교만한 생각은 끝이 없습니다.

8 그들은 다른 사람들을 헐뜯고 악한 말을 하며, 거만한 태도로 남을 위협하기도 합니다.

9 입으로는 하늘을 대적하고 혀로는 땅을 두루 다니며 악한 말을 내뱉습니다.

10 하나님의 백성들도 그들을 따르는 무리와 한편이 되어 물을 들이키면서,

11 "하나님이 어떻게 알겠는가? 지극히 높은 하나님이 뭘 알고 계신가?"라고 말합니다.

12 이것이 악한 자들이 사는 방식입니다. 언제나 편안하게 살면서 재산은 점점 더 늘어만 갑니다.

13 내가 무엇 때문에 마음을 깨끗이 하였단 말입니까? 내가 죄를 짓지 않고 성실하게 살려는 것이 무슨 소용이 있단 말입니까?

14 나는 하루 종일 고통을 당하였으며 매일 아침마다 벌을 받고 있습니다.

15 만일 내가 이 일에 대해 말하기로 결심했다면 나는 주의 백성들을 속였을지도 모릅니다.

16 나는 이 모든 일들을 이해해 보려고 무척이나 애썼지만 그것은 너무나 힘든 일이었습니다.

17 그러나 하나님의 성전으로 나아가서야, 비로소 그들에게 무슨 일이 일어날지 깨닫게 되었습니다.

18 참으로 주께서는 그들을 미끄러지는 곳에 내버려 두시고 그들이 망하도록 하실 것입니다.

19 순식간에 그들이 망하게 되며 공포 가운데 그들이 모두 죽어 없어질 것입니다.

20 잠에서 깨면 꿈인 것을 알듯이 오 주여, 주께서 오시면, 주는 그들을 한낱 꿈처럼 무시하실 것입니다.

21 내 마음이 슬프고 가슴이 찢어질 듯 아파도

22 내가 어리석은 탓에 깨닫지 못하고 있었습니

to those whose hearts are pure.

2 • But as for me, I almost lost my footing.
My feet were slipping, and I was almost gone.

3 • For I envied the proud
when I saw them prosper despite their
wickedness.

4 • They seem to live such painless lives;
their bodies are so healthy and strong.

5 • They don't have troubles like other people;
they're not plagued with problems like
everyone else.

6 • They wear pride like a jeweled necklace
and clothe themselves with cruelty.

7 • These fat cats have everything
their hearts could ever wish for!

8 • They scoff and speak only evil;
in their pride they seek to crush others.

9 • They boast against the very heavens,
and their words strut throughout the earth.

10 • And so the people are dismayed and confused,
drinking in all their words.

11 • "What does God know?" they ask.
"Does the Most High even know what's
happening?"

12 • Look at these wicked people—
enjoying a life of ease while their riches
multiply.

13 • Did I keep my heart pure for nothing?
Did I keep myself innocent for no reason?

14 • I get nothing but trouble all day long;
every morning brings me pain.

15 • If I had really spoken this way to others,
I would have been a traitor to your people.

16 • So I tried to understand why the wicked
prosper.
But what a difficult task it is!

17 • Then I went into your sanctuary, O God,
and I finally understood the destiny
of the wicked.

18 • Truly, you put them on a slippery path
and send them sliding over the cliff
to destruction.

19 • In an instant they are destroyed,
completely swept away by terrors.

20 • When you arise, O Lord,
you will laugh at their silly ideas
as a person laughs at dreams in the morning.

21 • Then I realized that my heart was bitter,
and I was all torn up inside.

22 • I was so foolish and ignorant—
I must have seemed like a senseless animal
to you.

dismayed [disméid] a. 낭패한; 깜짝 놀란
scoff [skáf] vi. 조롱하다
strut [strʌ́t] vi. 점잔빼며(거들먹거리며) 걷다
traitor [tréitər] n. 반역자; 배신자
73:5 be plagued with…: …로 괴로움을 당하다

다. 나는 주 앞에서 마치 짐승과 같았습니다.

23 그러나 나는 이제 주와 항상 함께 있습니다. 주께서 주의 오른손으로 나를 꼭 붙들어 주십니다.

24 주의 가르침으로 나를 인도해 주시고 후에는 나를 영광 가운데 영접해 주실 것입니다.

25 하늘에서 주 외에 누가 내게 있겠습니까? 이 땅에서도 주밖에는 내가 사모할 분이 없습니다.

26 내 몸과 마음이 점점 약해집니다. 그러나 하나님은 내 마음의 힘이시며 영원한 나의 전부이십니다.

27 주를 멀리하는 자는 망할 것입니다. 주께 신실하지 못한 자들은 주께서 멸하실 것입니다.

28 나의 복은 하나님을 가까이하는 것입니다. 주 여호와는 나의 피난처이십니다. 주께서 하신 모든 일을 내가 전파하겠습니다.

근심 속에 간절히 기도하는 백성

아삽의 마스길*

74 오 하나님, 왜 이렇게 오랫동안 우리를 버려 두십니까? 왜 당신이 기르시는 양 같은 우리에게 화를 쏟으십니까?

2 오래 전에 주께서 값을 지불하시고 백성을 사신 것을 기억하소서. 주께서 구원하신 종족을 기억하소서. 주가 살고 계신 시온 산을 기억하십시오.

3 완전히 폐허가 된 곳으로 주의 발걸음을 옮기소서. 원수들이 성소에 있는 모든 것을 파괴해 버렸습니다.

4 주의 원수들이 주의 성소에서 승리하고 승리의 표시로 그곳에 깃발을 꽂았습니다.

5 그들은 마치 숲의 나무를 베는 사람처럼 도끼를 들고 나타났습니다.

6 그리고는 도끼와 낫으로 성소의 조각품들을 다 부숴 버렸습니다.

7 그들이 주의 성소를 완전히 불사르며, 주의 이름이 계시는 곳을 더럽혔습니다.

8 그들은 마음속으로 "우리가 이것들을 다 없애 버릴 것이다"라고 말하며, 이 땅에서 하나님께 예배드리는 곳들을 모두 불태워 버렸습니다.

9 이제는 기적과 같은 징조들은 하나도 볼 수 없고, 예언자도 찾아볼 수 없게 되었습니다. 이런 일이 얼마나 오래 계속될지 아는 사람이 아무도 없었습니다.

10 오 하나님, 주를 조롱하는 원수들을 언제까지 그대로 두시렵니까? 그들이 주의 이름을 영원

---

23 • Yet I still belong to you;
    you hold my right hand.

24 • You guide me with your counsel,
    leading me to a glorious destiny.

25 • Whom have I in heaven but you?
    I desire you more than anything on earth.

26 • My health may fail, and my spirit may
       grow weak,
    but God remains the strength of my heart;
    he is mine forever.

27 • Those who desert him will perish,
    for you destroy those who abandon you.

28 • But as for me, how good it is to be near God!
    I have made the Sovereign LORD my shelter,
    and I will tell everyone about the wonderful
       things you do.

74 *A psalm* of Asaph.

1 • O God, why have you rejected us so long?
    Why is your anger so intense against the
       sheep of your own pasture?

2 • Remember that we are the people you chose
       long ago,
    the tribe you redeemed as your own special
       possession!
    And remember Jerusalem,* your home here
       on earth.

3 • Walk through the awful ruins of the city;
    see how the enemy has destroyed your
       sanctuary.

4 • There your enemies shouted their victorious
       battle cries;
    there they set up their battle standards.

5 • They swung their axes
    like woodcutters in a forest.

6 • With axes and picks,
    they smashed the carved paneling.

7 • They burned your sanctuary to the ground.
    They defiled the place that bears your name.

8 • Then they thought, "Let's destroy everything!"
    So they burned down all the places where
       God was worshiped.

9 • We no longer see your miraculous signs.
    All the prophets are gone,
    and no one can tell us when it will end.

10 • How long, O God, will you allow our enemies
       to insult you?
    Will you let them dishonor your name

---

intense [inténs] *a.* 강렬한, 격렬한
paneling [pǽnəliŋ] *n.* 벽판, 패널화(판자에 그린 그림)
redeem [ridíːm] *vt.* 속량하다, 값을 치르고 되사다

74:TITLE Hebrew *maskil*. This may be a literary or musical term.   74:2 Hebrew *Mount Zion*.

74편 '마스길'은 문학 또는 음악 용어이다.

히 모욕하도록 내버려 두실 것입니까?

11 왜 주의 힘 있는 오른손을 거두십니까? 손을 드시고 그들을 쳐서 멸하소서.

12 오 하나님, 주는 옛적부터 나의 왕이십니다. 주는 이 땅 위에 구원을 베푸십니다.

13 크신 능력으로 바다를 가르시고, 바다 괴물의 머리를 내리치신 분이 주님이셨습니다.

14 리워야단*의 머리를 부수고, 그것을 사막의 짐승들에게 먹이로 주신 분이 주님이셨습니다.

15 또한 샘물을 솟게 하고, 시냇물을 흐르게 하고, 흐르던 강물을 마르게도 하신 분도 주님이셨습니다.

16 낮도 주의 것이며, 밤도 주의 것입니다. 주는 해와 달도 만드셨습니다.

17 이 땅의 모든 경계선들을 정하시고 여름과 겨울을 창조하신 분도 주님이셨습니다.

18 여호와여, 원수들이 얼마나 주를 모욕했는지 생각하시고, 어리석은 사람들이 어떻게 주의 이름을 경멸했는지 기억하십시오.

19 주의 산비둘기의 생명을 들짐승에게 주지 마시고, 주의 불쌍한 백성들을 영원히 잊지 마소서.

20 폭력과 싸움이 곳곳에서 벌어져 이 땅을 어둡게 하니 우리와 맺은 주의 언약을 기억하십시오.

21 고통받는 주의 백성들이 부끄러움을 당하지 않게 해 주소서. 가난하고 불쌍한 백성들이 주의 이름을 찬양하게 해 주소서.

22 오 하나님, 일어나소서. 우리를 위해 변호해 주소서. 어리석은 자들이 어떻게 온종일 주를 조롱하는지 기억하십시오.

23 주께 맞서 대항하는 자들이 떠들어대는 말을 모른 체하지 마시고, 주의 원수들이 질러대는 소리를 기억하십시오.

재판관이신 하나님

아삽의 시, 알다스헷*에 맞춰 지휘자를 따라 부른 노래

75 오 하나님, 주께 마음을 다해 감사를 드립니다. 주의 이름이 늘 우리와 함께 계시니 감사합니다. 주께서 하신 놀라운 일들을 우리가 외칠 것입니다.

2 주께서 말씀하셨습니다. "재판할 날을 잡아 놓았으니 내가 공정하게 재판할 것이다.

3 이 땅과 세상 모든 사람들이 흔들릴지라도 나는 이 땅의 기둥들을 굳게 잡고 있다. (셀라)

4 거만한 자들에게 내가 말한다. '잘난 체하지 마라.' 악한 자들에게 내가 말한다. '네 뿔을

---

forever?

11 • Why do you hold back your strong right hand?
　Unleash your powerful fist and destroy them.

12 • You, O God, are my king from ages past,
　bringing salvation to the earth.

13 • You split the sea by your strength
　and smashed the heads of the sea monsters.

14 • You crushed the heads of Leviathan*
　and let the desert animals eat him.

15 • You caused the springs and streams to gush
　forth,
　and you dried up rivers that never run dry.

16 • Both day and night belong to you;
　you made the starlight* and the sun.

17 • You set the boundaries of the earth,
　and you made both summer and winter.

18 • See how these enemies insult you, LORD.
　A foolish nation has dishonored your name.

19 • Don't let these wild beasts destroy your
　turtledoves.
　Don't forget your suffering people forever.

20 • Remember your covenant promises,
　for the land is full of darkness and violence!

21 • Don't let the downtrodden be humiliated again.
　Instead, let the poor and needy praise
　your name.

22 • Arise, O God, and defend your cause.
　Remember how these fools insult you all
　day long.

23 • Don't overlook what your enemies have said
　or their growing uproar.

75 For the choir director: A psalm of Asaph. A
song to be sung to the tune "Do Not Destroy!"

1 • We thank you, O God!
　We give thanks because you are near.
　People everywhere tell of your wonderful
　deeds.

2 • God says, "At the time I have planned,
　I will bring justice against the wicked.

3 • When the earth quakes and its people live in
　turmoil,
　I am the one who keeps its foundations
　firm.　　　　　　　　　*Interlude*

4 • "I warned the proud, 'Stop your boasting!'

turmoil [tə́:rmɔil] *n.* 혼란
unleash [ʌnlíːʃ] *vt.* …의 속박을 풀다, 자유롭게 하다

74:14 The identification of Leviathan is disputed,
ranging from an earthly creature to a mythical sea
monster in ancient literature.　74:16 Or *moon*;
Hebrew reads *light*.

74:14 개역 성경에는 '악어'라고 표기되어 있다.
75편 '알다스헷'은 '파괴하지 않는다'라는 뜻이다.

뽐내지 말고,

5 하늘을 향해 네 뿔을 들지 마라. 목을 뻣뻣하게 세우고 거만하게 말하지 마라.'"

6 동쪽이나 서쪽이나, 아니면 사막에서 온 사람이라도 그 누구도 다른 사람을 높이지 못합니다.

7 오직 재판관이신 하나님만이 사람을 낮추시고 높이십니다.

8 여호와의 손 안에 분노의 잔이 있습니다. 쓰디쓴 독주의 거품이 일어나는 술잔입니다. 주께서 이 땅 위에 술잔을 쏟아 부으실 것입니다. 세상의 모든 악인들은 그 찌꺼기까지 다 마셔야 할 것입니다.

9 나는 이 사실을 영원히 전하겠습니다. 그리고 야곱의 하나님을 찬양할 것입니다.

10 악한 자들의 거만한 뿔은 모두 꺾여질 것입니다. 그러나 의로운 자들의 뿔은 높이 들릴 것입니다.

항상 승리하시는 하나님

아삽의 시. 현악에 맞춰 지휘자를 따라 부른 노래

76
하나님은 유다 땅에 잘 알려져 있고, 하나님의 이름은 이스라엘 땅에서 위대합니다.

2 그분의 장막은 살렘*에 있으며 그분이 사시는 곳은 시온에 있습니다.

3 거기서 하나님은 전쟁의 불화살들과 방패들과 칼들과 무기들을 부서뜨리셨습니다. (셀라)

4 주는 찬란하게 빛나십니다. 주는 들짐승들로 가득한 저 큰 산들보다도 장엄하십니다.

5 용감한 병사들이 쓰러져 마지막 숨을 쉬고 있습니다. 어떤 전사라도 죽음을 막을 자가 없습니다.

6 오, 야곱의 하나님, 주께서 큰 소리로 꾸짖으시자, 말들과 병거들이 다 엎드러졌습니다.

7 주만이 두려워할 분이십니다. 주께서 노하시면, 누가 감히 주 앞에 설 수 있겠습니까?

8 주께서 하늘에서 심판을 선언하시니, 땅이 두려워 떨며 잠잠합니다.

9 오 하나님, 주께서 이 땅의 고통하는 자들을 구원하시기 위해 심판하시려고 일어나실 것입니다. (셀라)

10 주께서 악에 대해 분노하시니, 사람들이 주를 찬양합니다. 주의 분노에서 살아남은 자들은 더 이상 악을 행하지 않을 것입니다.

I told the wicked, 'Don't raise your fists!

5 •Don't raise your fists in defiance at the heavens
　　or speak with such arrogance.'"

6 •For no one on earth—from east or west,
　　or even from the wilderness—
　　should raise a defiant fist.*

7 •It is God alone who judges;
　　he decides who will rise and who will fall.

8 •For the LORD holds a cup in his hand
　　that is full of foaming wine mixed with spices.
　He pours out the wine in judgment,
　　and all the wicked must drink it,
　　draining it to the dregs.

9 •But as for me, I will always proclaim what
　　God has done;
　　I will sing praises to the God of Jacob.

10 •For God says, "I will break the strength of the
　　wicked,
　　but I will increase the power of the godly."

76
For the choir director: A psalm of Asaph. A
song to be accompanied by stringed instruments.

1 •God is honored in Judah;
　　his name is great in Israel.

2 •Jerusalem* is where he lives;
　　Mount Zion is his home.

3 •There he has broken the fiery arrows
　　of the enemy,
　　the shields and swords and weapons of war.
　　　　　　　　　　　　　　　　Interlude

4 •You are glorious and more majestic
　　than the everlasting mountains.*

5 •Our boldest enemies have been plundered.
　　They lie before us in the sleep of death.
　　No warrior could lift a hand against us.

6 •At the blast of your breath, O God of Jacob,
　　their horses and chariots lay still.

7 •No wonder you are greatly feared!
　　Who can stand before you when your
　　anger explodes?

8 •From heaven you sentenced your enemies;
　　the earth trembled and stood silent before you.

9 •You stand up to judge those who do evil, O God,
　　and to rescue the oppressed of the earth.
　　　　　　　　　　　　　　　　Interlude

10 •Human defiance only enhances your glory,
　　for you use it as a weapon.*

75:8 drain to the dregs : 한 방울도 남기지 않고 몽땅 마시다; (쾌락·고통 따위를) 다 맛보다

75:6 Hebrew *should lift.* 76:2 Hebrew *Salem,* another name for Jerusalem. 76:4 As in Greek version; Hebrew reads *than mountains filled with beasts of prey.* 76:10 The meaning of the Hebrew is uncertain.

76:2 '살렘'은 '예루살렘'의 또 다른 이름이다.

11 여러분은 여호와 하나님께 서약하고 그것을 지키십시오. 이웃에 있는 모든 나라들이여, 마땅히 두려워해야 할 그분에게 선물을 드리십시오.

12 하나님께서 세상의 거만한 통치자들을 물리치십니다. 땅의 왕들이 그분을 두려워할 것입니다.

하나님의 도우심을 기억함

아삽의 시. 여두둔에 맞춰 지휘자를 따라 부른 노래

77 내가 하나님을 향하여 부르짖었습니다. 내 목소리를 들으시라고 하나님을 향하여 외쳤습니다.

2 나는 슬픔 가운데서 주를 찾았습니다. 밤새도록 지칠 줄 모르고 손을 내리지 않았지만, 나의 영혼은 위로를 받지 못했습니다.

3 오 하나님, 내가 주를 기억할 때에 신음하였으며, 내가 추억에 잠겼을 때에 내 영혼이 쇠약해져 갔습니다. (셀라)

4 주께서 나를 잠 못 이루게 하셨으니 내가 너무도 괴로워 아무 말도 할 수 없게 되었습니다.

5 나는 지나간 날들을 회상해 보았습니다. 옛날 옛적의 지나간 세월들을 기억해 보았습니다.

6 밤이면 나는 마음속으로 생각했습니다. 생각에 잠기게 되자 나는 스스로에게 물었습니다.

7 "주께서 우리를 영원히 버리실 것인가? 다시는 우리에게 은혜를 베풀지 않으실 것인가?

8 주의 변함없는 사랑이 영원히 사라졌단 말인가? 주의 약속은 영영 헛되단 말인가?

9 하나님께서 자비로우심을 잊으셨단 말인가? 주의 노여움으로 우리를 불쌍히 여기지 않으신단 말인가?" (셀라)

10 그때, 나는 중얼거렸습니다. "하나님의 약속과 사랑을 믿는 나의 믿음이 약해진 거야."

11 그래서 나는 여호와가 행하신 일들을 회상하기로 했습니다. 정말로 나는 옛적의 주의 기적들을 기억할 것입니다.

12 내가 주의 행하신 일들을 묵상하며 주가 행하신 위대한 일들을 생각할 것입니다.

13 오 하나님, 주의 길들은 거룩합니다. 그 어느 신이 우리의 하나님처럼 위대하단 말입니까?

14 주는 기적들을 행하시는 하나님이십니다. 주는 세상 나라들 가운데서 주의 능력을 드러내십니다.

15 주의 백성 곧 야곱과 요셉의 자손들을 주의 능력의 팔로 구속하셨습니다. (셀라)

16 오 하나님, 바다가 주를 보았습니다. 바다가 주를 보고, 뒤로 물러갔습니다. 바다 깊은 곳까지 흔들렸습니다.

11 •Make vows to the Lord your God, and keep them.
Let everyone bring tribute to the Awesome One.

12 •For he breaks the pride of princes,
and the kings of the earth fear him.

77 *For Jeduthun, the choir director: A psalm of Asaph.*

1 •I cry out to God; yes, I shout.
Oh, that God would listen to me!

2 •When I was in deep trouble,
I searched for the Lord.
All night long I prayed, with hands lifted toward heaven,
but my soul was not comforted.

3 •I think of God, and I moan,
overwhelmed with longing for his help.
interlude

4 •You don't let me sleep.
I am too distressed even to pray!

5 •I think of the good old days,
long since ended,

6 •when my nights were filled with joyful songs.
I search my soul and ponder the difference now.

7 •Has the Lord rejected me forever?
Will he never again be kind to me?

8 •Is his unfailing love gone forever?
Have his promises permanently failed?

9 •Has God forgotten to be gracious?
Has he slammed the door on his compassion?
Interlude

10 •And I said, "This is my fate;
the Most High has turned his hand against me."

11 •But then I recall all you have done, O Lord;
I remember your wonderful deeds of long ago.

12 •They are constantly in my thoughts.
I cannot stop thinking about your mighty works.

13 •O God, your ways are holy.
Is there any god as mighty as you?

14 •You are the God of great wonders!
You demonstrate your awesome power among the nations.

15 •By your strong arm, you redeemed your people,
the descendants of Jacob and Joseph.
Interlude

16 •When the Red Sea* saw you, O God,
its waters looked and trembled!

77:16 Hebrew *the waters.*

17 구름들이 비를 쏟아 부었습니다. 하늘들이 천둥 소리를 내었습니다. 주의 번개 화살들이 사방에서 번쩍이며 날아갔습니다.

18 주의 천둥 소리가 폭풍 가운데서 들렸습니다. 주의 번개가 세상을 밝혔습니다. 땅이 진동하며 흔들렸습니다.

19 주는 바다를 가로질러 큰 길을 내셨습니다. 주께서 바다 한가운데로 작은 길들을 내셨습니다. 물론 주의 발자국은 보이지 않았습니다.

20 주는 주의 백성을 양 떼처럼 인도하셨습니다. 모세와 아론의 손을 통하여 주의 백성을 인도하셨습니다.

이집트로부터 이스라엘을 구하신 하나님
아삽의 마스길

78 내 백성들이여, 내 가르침에 귀를 기울이십시오. 내가 하는 말에 귀 기울이십시오.

2 내가 비유로 말하겠습니다. 옛적 일들, 비밀스러운 일들을 이야기해 드리겠습니다.

3 우리는 이 이야기들을 들어서 이미 알고 있습니다. 그것은 우리 조상들이 우리에게 전해 주었기 때문입니다.

4 우리도 우리 자녀들에게 이것을 말해 줄 것입니다. 여호와의 찬양받으실 만한 행동들과 그가 행하신 능력과 기적들을 우리의 자손들에게 알릴 것입니다.

5 여호와는 야곱을 위해 증거를 세우시고 이스라엘 안에 법규를 만드셨습니다. 그리고 우리 조상들에게 그것을 자녀들에게 가르치라고 명령하셨습니다.

6 이렇게 하신 것은 그 자녀들이 그것을 배우고 다시 그들의 자손들에게 가르쳐 대대로 전하기 위해서였습니다.

7 그러면 그들은 모두 하나님을 믿고 의지할 것이고, 하나님께서 하신 일들을 잊지 않을 것이며, 그분의 명령을 지킬 것입니다.

8 그들은 그 명령을 지킴으로써 고집스럽고 불순종하던 조상들처럼 되지 않을 것입니다. 그들의 조상들은 하나님께 충성하지 않았고, 그분만을 섬기지 않았습니다.

9 에브라임 사람들은 활로 무장하고 있었으나, 전쟁이 일어나자 달아나고 말았습니다.

10 그들은 하나님의 언약을 지키지 않았으며 그분의 법에 따라 살지도 않았습니다.

11 그들은 주께서 행하신 놀라운 일들을 잊어 버렸고, 그들에게 보여 주신 기적들도 다 잊어 버렸습니다.

12 하나님께서는 이집트 땅, 소안 들판에서 그들의 조상들이 보는 앞에서 기적을 보여 주셨습니다.

The sea quaked to its very depths.

17 • The clouds poured down rain;
  the thunder rumbled in the sky.
  Your arrows of lightning flashed.

18 • Your thunder roared from the whirlwind;
  the lightning lit up the world!
  The earth trembled and shook.

19 • Your road led through the sea,
  your pathway through the mighty
    waters—
  a pathway no one knew was there!

20 • You led your people along that road like a
    flock of sheep,
  with Moses and Aaron as their
    shepherds.

78 *A psalm* of Asaph.*

1 • O my people, listen to my instructions.
  Open your ears to what I am saying,

2 •   for I will speak to you in a parable.
  I will teach you hidden lessons from our past—

3 •   stories we have heard and known,
  stories our ancestors handed down to us.

4 • We will not hide these truths from our
    children;
  we will tell the next generation
  about the glorious deeds of the LORD,
  about his power and his mighty wonders.

5 • For he issued his laws to Jacob;
  he gave his instructions to Israel.
  He commanded our ancestors
  to teach them to their children,

6 • so the next generation might know them—
  even the children not yet born—
  and they in turn will teach their own
    children.

7 • So each generation should set its hope anew
    on God,
  not forgetting his glorious miracles
  and obeying his commands.

8 • Then they will not be like their ancestors—
  stubborn, rebellious, and unfaithful,
  refusing to give their hearts to God.

9 • The warriors of Ephraim, though armed
    with bows,
  turned their backs and fled on the day
    of battle.

10 • They did not keep God's covenant
  and refused to live by his instructions.

11 • They forgot what he had done—
  the great wonders he had shown them,

12 • the miracles he did for their ancestors
  on the plain of Zoan in the land of

---

ponder [pándər] *vt.* 숙고하다, 깊이 생각하다
rumble [rʌ́mbl] *vi.* (천둥, 지진 등) 우르르 울리다

78:TITLE Hebrew *maskil*. This may be a literary
or musical term.

13 바다를 가르시고 그들을 그 가운데로 인도하셨습니다. 바닷물을 벽처럼 우뚝 세우셨습니다.

14 낮에는 구름으로 그들을 인도하시고, 밤에는 불빛으로 그들을 인도하셨습니다.

15 사막에서 바위를 쪼개어 바닷물처럼 풍족하게 마실 물을 주셨습니다.

16 바위 틈에서 생수가 나게 하시고, 강물처럼 풍성히 흐르게 하셨습니다.

17 그러나 그들은 계속해서 하나님께 죄를 지었습니다. 그들은 광야를 지나는 동안, 가장 높으신 분께 대들었던 것입니다.

18 그들은 그들의 욕심대로 음식을 구하여 마음속으로 하나님을 시험하였습니다.

19 그들은 하나님을 향해 빈정대면서 말했습니다. "하나님이 우리를 위해 광야에서 식탁을 차려 줄 수 있을까?

20 바위를 쳐서 물이 나오게 하셨고 물이 흘러 나와 시내처럼 풍성하게 적셔 주셨지만, 하나님께서 우리에게 먹을 밥을 주실 수 있을까? 하나님께서 우리에게 씹을 고기까지 주실 수 있을까?"

21 여호와께서 이 말을 듣고 무척 노하셨습니다. 여호와께서는 야곱의 자손을 향해서 불같이 화를 내셨고, 이스라엘 자손을 향한 여호와의 분노는 점점 커져 갔습니다.

22 이는 그들이 하나님을 믿지 않았고 하나님께서 베푸시는 구원도 믿지 않았기 때문이었습니다.

23 그러나 하나님께서는 하늘에 명령을 내리시고, 하늘의 문들을 여셨습니다.

24 하늘에서 만나를 비같이 풍성하게 내려 그들을 먹이시고, 하늘의 양식을 내려 주셨으니

25 사람들이 천사의 음식을 먹은 것입니다. 하나님께서 그들에게 풍족한 양식을 보내 주신 것입니다.

26 또한 하나님은 하늘로부터 동풍을 불게 하시고, 크신 힘으로 남풍을 일으키셨습니다.

27 하나님은 그들 위에 고기를 먼지처럼 많이 부어 주셨습니다. 하늘을 나는 새들이 바닷가의 모래처럼 많았습니다.

28 하나님께서는 그 새들을 천막 가까이로 데려와 모두 그 주변에 떨어지게 하셨습니다.

29 사람들은 배가 부르도록 먹었습니다. 그들이 바라던 것을 하나님께서는 넉넉히 주셨습니다.

30 그러나 그들이 욕심을 버리지 못하고 아직 그 음식이 입안에 있을 때,

31 하나님께서 그들에게 분노하셨습니다. 하나님은 그들 가운데서 건강한 자들을 죽이셨고, 이스라엘의 청년들을 치셨습니다.

Egypt.

13 •For he divided the sea and led them through, making the water stand up like walls!

14 •In the daytime he led them by a cloud, and all night by a pillar of fire.

15 •He split open the rocks in the wilderness to give them water, as from a gushing spring.

16 •He made streams pour from the rock, making the waters flow down like a river!

17 •Yet they kept on sinning against him, rebelling against the Most High in the desert.

18 •They stubbornly tested God in their hearts, demanding the foods they craved.

19 •They even spoke against God himself, saying, "God can't give us food in the wilderness.

20 •Yes, he can strike a rock so water gushes out, but he can't give his people bread and meat."

21 •When the LORD heard them, he was furious. The fire of his wrath burned against Jacob. Yes, his anger rose against Israel,

22 •for they did not believe God or trust him to care for them.

23 •But he commanded the skies to open; he opened the doors of heaven.

24 •He rained down manna for them to eat; he gave them bread from heaven.

25 •They ate the food of angels! God gave them all they could hold.

26 •He released the east wind in the heavens and guided the south wind by his mighty power.

27 •He rained down meat as thick as dust— birds as plentiful as the sand on the seashore!

28 •He caused the birds to fall within their camp and all around their tents.

29 •The people ate their fill. He gave them what they craved.

30 •But before they satisfied their craving, while the meat was yet in their mouths,

31 •the anger of God rose against them, and he killed their strongest men. He struck down the finest of Israel's young men.

---

crave [kréiv] *vt.* 열망하다
furious [fjúəriəs] *a.* 격노한
gush [ɡʌʃ] *vi.* 세차게 흘러나오다
pillar [pílər] *n.* 기둥, 기둥 모양의 것
plentiful [pléntifəl] *a.* 풍부한
rebel [ribél] *vi.* 반역하다, 반항하다
release [rilíːs] *vt.* 풀어놓다
split [split] *vt.* 쪼개다
stubbornly [stʌ́bərnli] *ad.* 완고하게
wrath [ræθ] *n.* 격노, 분노
78:19 speak against : …을 욕을 하다
78:29 eat one's fill : 잔뜩(원하는 만큼) 먹다

32 하지만 그들은 계속해서 죄를 지었습니다. 기적을 보면서도 그것을 믿지 않았습니다.

33 그래서 하나님께서는 그들의 삶을 무가치하게 만드셨고, 두려움으로 인생을 마치게 하셨습니다.

34 하나님께서 그들을 죽이실 때마다 그들은 하나님을 찾았습니다. 하나님께로 다시 돌아왔던 것입니다.

35 그들은 하나님이 그들의 반석이셨으며 지극히 높으신 분이 그들의 구원자라는 것을 기억했습니다.

36 그러나 얼마 있지 않아, 그들은 하나님께 아첨하며 거짓말을 하곤 했습니다.

37 그들의 마음은 하나님께 진실하지 않았습니다. 그들은 하나님의 언약을 충실히 지키지 않았습니다.

38 그러나 하나님은 여전히 자비로우셨습니다. 하나님은 그들의 죄를 용서하시고 그들을 멸하지 않으셨습니다. 몇 번이고 하나님은 화를 누그러뜨리시고 그 분노를 쏟지 않으셨습니다.

39 하나님께서는 그들이 보잘것없는 인간임을 기억하셨습니다. 한번 가면 다시 못 오는 바람 같은 존재라는 것을 말입니다.

40 광야에서 그들은 얼마나 자주 하나님을 거역하였던가! 그곳에서 그들은 얼마나 많이 하나님을 슬프게 하였던가!

41 거듭해서 그들은 하나님을 시험하였고, 이스라엘의 거룩하신 분의 마음을 아프게 했습니다.

42 그들은 하나님의 능력을 기억하지 못했습니다. 그들은 자신들을 학대하던 자들로부터 구원받았던 날을 잊어버렸습니다.

43 하나님께서 기적과 같은 징조들을 이집트에서 보여 주셨던 날과 놀라운 기적들을, 소안 들판에서 보여 주셨던 날을 모두 잊어 버린 것입니다.

44 하나님께서는 이집트 사람들의 강물을 피로 바꾸어서 아무도 그 물을 마시지 못하게 하셨습니다.

45 파리 떼를 보내어 사람들을 괴롭게 하고, 개구리 떼를 보내어 엄청난 피해를 주었습니다.

46 메뚜기 떼에게 그들의 농작물을 주시고, 그들이 수고하여 추수한 곡식을 다 먹어 치우게 하셨습니다.

47 또 우박을 내려 포도나무를 죽이고, 서리를 내려 무화과나무를 못 쓰게 만드셨습니다.

48 우박으로 그들의 가축을 내리쳤으며, 양 떼는 번개에 맞아서 죽었습니다.

49 하나님께서는 노여움과 분노, 의분과 분통을 그들에게 보이셨습니다. 벌을 내리는 천사들을 보내어 그들을 멸하도록 하셨습니다.

50 하나님은 분노를 억제하지 않으셨습니다. 그들

32 • But in spite of this, the people kept sinning.
   Despite his wonders, they refused to
   trust him.

33 • So he ended their lives in failure,
   their years in terror.

34 • When God began killing them,
   they finally sought him.
   They repented and took God seriously.

35 • Then they remembered that God was
   their rock,
   that God Most High* was their
   redeemer.

36 • But all they gave him was lip service;
   they lied to him with their tongues.

37 • Their hearts were not loyal to him.
   They did not keep his covenant.

38 • Yet he was merciful and forgave their sins
   and did not destroy them all.
   Many times he held back his anger
   and did not unleash his fury!

39 • For he remembered that they were merely
   mortal,
   gone like a breath of wind that never
   returns.

40 • Oh, how often they rebelled against him
   in the wilderness
   and grieved his heart in that dry wasteland.

41 • Again and again they tested God's patience
   and provoked the Holy One of Israel.

42 • They did not remember his power
   and how he rescued them from their
   enemies.

43 • They did not remember his miraculous signs
   in Egypt,
   his wonders on the plain of Zoan.

44 • For he turned their rivers into blood,
   so no one could drink from the streams.

45 • He sent vast swarms of flies to consume them
   and hordes of frogs to ruin them.

46 • He gave their crops to caterpillars;
   their harvest was consumed by locusts.

47 • He destroyed their grapevines with hail
   and shattered their sycamore-figs
   with sleet.

48 • He abandoned their cattle to the hail,
   their livestock to bolts of lightning.

49 • He loosed on them his fierce anger—
   all his fury, rage, and hostility.
   He dispatched against them
   a band of destroying angels.

50 • He turned his anger against them;
   he did not spare the Egyptians' lives
   but ravaged them with the plague.

---

dispatch [dispǽtʃ] *vt.* 급파하다
hostility [hastíləti] *n.* 적의, 적개심
provoke [prəvóuk] *vt.* 화나게 하다

78:35 Hebrew *El-Elyon*.

을 살려 두지 않으시고 끔찍한 염병에 걸리게 하셨습니다.

51 하나님께서 이집트의 처음 난 아들들을 다 죽이셨으니 함 자손의 모든 장자들이 죽음을 면치 못했습니다.

52 그러나 하나님께서는 자기 백성들을 마치 양 떼처럼 다 인도해 내셨으며 광야를 가로질러 그들을 이끄셨습니다.

53 하나님께서 그들을 안전하게 인도하셨으므로 그들은 무서워하지 않았습니다. 그러나 그들의 원수들은 모두 물에 빠져 죽고 말았습니다.

54 하나님은 그들을 거룩한 땅으로 인도하셨습니다. 주의 크신 능력으로 마련해 두신 산지였습니다.

55 그리고 하나님은 이스라엘이 보는 앞에서 다른 민족들을 쫓아내시고, 이스라엘 지파에게 그들의 땅을 나누어 주셨으며, 이스라엘 백성들에게 그들의 집을 거처로 주셨습니다.

56 그러나 그들은 다시 하나님을 시험하고, 지극히 높으신 분께 반역하며, 그분의 계명을 지키지 않았습니다.

57 그들은 옛 조상들처럼 불순종하였고 믿음이 없었습니다. 굽은 화살처럼 믿을 수 없는 자들이었습니다.

58 그들은 산당을 만들어 하나님을 화나게 했고, 우상을 섬겨서 하나님을 질투나게 하였습니다.

59 하나님께서 그들을 보시며 분노하셨습니다. 그리고는 이스라엘 백성을 완전히 버리셨습니다.

60 하나님께서 실로의 성막, 즉 사람들 가운데 만들어 놓으신 성막을 떠나셨습니다.

61 주의 능력을 나타내는 법궤마저도 빼앗기게 하시어 자신의 영광을 원수의 손아귀에 넘기셨습니다.

62 하나님은 자신의 백성들을 원수들의 칼에 죽게 하셨으며, 자신의 백성에게 주신 기업에 대해서도 화를 내셨습니다.

63 젊은이들은 불에 타 죽고, 젊은 처녀들은 결혼할 사람을 잃게 되었습니다.

64 그들의 제사장들은 칼에 맞아 죽었으며, 남편을 잃은 여인들은 울 힘조차 없었습니다.

65 그때, 주께서 잠에서 깨어난 듯 일어나셨습니다. 마치 포도주 기운에서 깨어난 사람처럼 일어나셨습니다.

66 하나님은 원수들을 물리치시고 그들을 영원히 부끄럽게 만드셨습니다.

51 ● He killed the oldest son in each Egyptian family,
the flower of youth throughout the land of Egypt.*

52 ● But he led his own people like a flock of sheep,
guiding them safely through the wilderness.

53 ● He kept them safe so they were not afraid;
but the sea covered their enemies.

54 ● He brought them to the border of his holy land,
to this land of hills he had won for them.

55 ● He drove out the nations before them;
he gave them their inheritance by lot.
He settled the tribes of Israel into their homes.

56 ● But they kept testing and rebelling against God Most High.
They did not obey his laws.

57 ● They turned back and were as faithless as their parents.
They were as undependable as a crooked bow.

58 ● They angered God by building shrines to other gods;
they made him jealous with their idols.

59 ● When God heard them, he was very angry,
and he completely rejected Israel.

60 ● Then he abandoned his dwelling at Shiloh,
the Tabernacle where he had lived among the people.

61 ● He allowed the Ark of his might to be captured;
he surrendered his glory into enemy hands.

62 ● He gave his people over to be butchered by the sword,
because he was so angry with his own people—his special possession.

63 ● Their young men were killed by fire;
their young women died before singing their wedding songs.

64 ● Their priests were slaughtered,
and their widows could not mourn their deaths.

65 ● Then the Lord rose up as though waking from sleep,
like a warrior aroused from a drunken stupor.

66 ● He routed his enemies
and sent them to eternal shame.

crooked [krúkid] *a.* 구부러진
slaughter [slɔ́:tər] *vt.* 살육하다
stupor [stjú:pər] *n.* 무감각, 인사불성
surrender [səréndər] *vt.* 넘겨 주다
undependable [ʌ̀ndipéndəbl] *a.* 믿을 수 없는
78:55 drive out … : …을 쫓아내다, 몰아내다
78:55 by lot : 제비뽑기하여

78:51 Hebrew *in the tents of Ham.*

67 그때, 하나님께서는 요셉의 집안을 버리시고 에브라임 지파를 택하지 않으셨습니다.

68 그 대신 유다 지파와 그가 사랑하셨던 시온 산을 택하셨습니다.

69 하나님은 그의 성소를 산처럼 높이 세우시고, 그가 옛적에 세우신 땅처럼 견고히 세우셨습니다.

70 하나님은 다윗을 양 우리에서 불러 내시고, 그의 종으로 택하셨습니다.

71 하나님은 다윗을 양을 지키는 중에서 불러 내어 자기의 백성인 야곱의 목자로, 자기의 기업인 이스라엘의 목자로 삼으셨습니다.

72 그러자 다윗은 순전한 마음으로 그들을 잘 길렀고, 능숙한 솜씨로 그들을 잘 인도하였습니다.

예루살렘을 위해 백성들이 울부짖음
아삽의 시

79 오 하나님, 이방 나라들이 주의 기업에 침입하여 주의 성전을 더럽히고 예루살렘을 폐허로 만들었습니다.

2 그들이 주의 종들의 시체를 공중의 새들에게 밥으로 던지고, 주의 거룩한 무리들의 시체를 들짐승에게 주었습니다.

3 그들은 온 예루살렘 주위를 피로 물들였습니다. 그러나 죽은 자를 묻어 줄 사람이 하나도 없었습니다.

4 우리는 이웃에게 농담거리가 되고, 주위 사람들에게 조롱과 비방거리가 되었습니다.

5 여호와여, 언제까지입니까? 주는 영원히 화를 풀지 않으실 것입니까? 언제까지 주의 질투가 불붙듯 할 것입니까?

6 주를 인정하지 않는 나라들 위에 주의 분노를 쏟아 부으소서. 주의 이름을 부르지 않는 나라들 위에 주의 분노를 쏟아 부으소서.

7 그들이 야곱의 자손들을 삼켰으며 야곱의 조국을 멸망시켰습니다.

8 우리 조상들의 죄 때문에 우리에게 책임을 묻지 마소서. 우리에게 속히 주의 자비를 보여 주소서. 우리가 절망 가운데에 있습니다.

9 우리 구원자 하나님이시여, 주의 영광스런 명예를 위해서 우리를 도와주소서. 주의 이름을 위해서 우리를 구원하시고 우리 죄를 용서하여 주소서.

10 "너희 하나님이 어디 있느냐?"라고 이방 민족들이 빈정거리며 말합니다. 우리 눈앞에서 주의 종들이 흘린 피를 꼭 갚아 주소서. 주는 보복하시는 분이라는 것을 모든 나라들이 알게

67 • But he rejected Joseph's descendants;
he did not choose the tribe of Ephraim.

68 • He chose instead the tribe of Judah,
and Mount Zion, which he loved.

69 • There he built his sanctuary as high as the
heavens,
as solid and enduring as the earth.

70 • He chose his servant David,
calling him from the sheep pens.

71 • He took David from tending the ewes
and lambs
and made him the shepherd of Jacob's
descendants—
God's own people, Israel.

72 • He cared for them with a true heart
and led them with skillful hands.

79 *A psalm of Asaph.*

1 • O God, pagan nations have conquered
your land,
your special possession.
They have defiled your holy Temple
and made Jerusalem a heap of ruins.

2 • They have left the bodies of your servants
as food for the birds of heaven.
The flesh of your godly ones
has become food for the wild animals.

3 • Blood has flowed like water all around
Jerusalem;
no one is left to bury the dead.

4 • We are mocked by our neighbors,
an object of scorn and derision to those
around us.

5 • O LORD, how long will you be angry with us?
Forever?
How long will your jealousy burn like fire?

6 • Pour out your wrath on the nations that refuse
to acknowledge you—
on kingdoms that do not call upon your
name.

7 • For they have devoured your people Israel,*
making the land a desolate wilderness.

8 • Do not hold us guilty for the sins of our
ancestors!
Let your compassion quickly meet our needs,
for we are on the brink of despair.

9 • Help us, O God of our salvation!
Help us for the glory of your name.
Save us and forgive our sins
for the honor of your name.

10 • Why should pagan nations be allowed to scoff,
asking, "Where is their God?"
Show us your vengeance against the nations,

derision [dɪríʒən] *n.* 조롱
vengeance [vénʤəns] *n.* 복수

79:7 Hebrew *devoured Jacob.* See note on 44:4.

하소서.

11 감옥에 갇힌 자들의 신음 소리를 들어 주시고 죽음에 처한 자들을 주의 능력의 팔로 구해 주소서.

12 주여, 주를 모욕한 우리의 이웃들에게 일곱 배로 갚아 주소서.

13 우리는 주의 백성이며 주께서 기르시는 양 떼들입니다. 우리가 영원히 주께 감사하겠습니다. 영원히 우리가 주의 영광을 찬양하겠습니다.

이스라엘을 회복시켜 주실 것을 기도

아삽의 시. 소산님에듯*에 맞춰 지휘자를 따라 부른 노래

80 이스라엘의 목자 되신 주여, 우리에게 귀를 기울여 주소서. 주는 요셉의 자손들을 양 떼같이 인도하는 분이십니다. 주는 날개 달린 생물인 그룹들 사이의 보좌에 앉아 계신 분이십니다.

2 주는 에브라임과 베냐민, 므낫세 지파 앞에서 빛나는 분이십니다. 주의 힘과 능력으로, 빨리 오셔서 우리를 구원해 주소서.

3 오 하나님, 우리를 회복시키시고, 주의 얼굴을 우리에게 비춰 주시고, 우리를 구원해 주소서.

4 만군의 하나님 여호와여, 언제까지 화를 내시렵니까? 언제까지 주의 백성들의 기도를 저버리시렵니까?

5 그들은 날마다 눈물로 밥을 먹으며, 사발 가득한 눈물이 그들의 마실 물이 되었습니다.

6 우리는 이웃들의 다툼거리가 되었으며, 원수들의 조롱거리가 되었습니다.

7 전능하신 하나님이여, 우리를 회복시키시고, 주의 얼굴을 우리에게 비춰 주셔서 우리로 구원을 얻게 하소서.

8 주께서 포도나무 한 그루를 이집트에서 가져다가 다른 민족들을 쫓으신 후, 그 땅에 그것을 심으셨습니다.

9 주는 그 포도나무를 위해 미리 밭을 갈아 놓으셨습니다. 그래서 포도나무는 뿌리를 깊이 내리고 온 땅에 퍼져 가득 찼습니다.

10 포도나무 잎새가 큰 산들을 덮고 그 가지가 백향목처럼 뻗었습니다.

11 그 뻗은 가지는 지중해에 이르고, 그 넝쿨은 유프라테스 강까지 이르렀습니다.

12 그런데 주는 어찌하여 담을 허무셨습니까? 지나가는 사람마다 모두 포도 열매를 따 먹습니다.

13 산돼지가 포도 덩굴을 짓밟고 들짐승들이 그 열매를 다 먹어 치우고 있습니다.

for they have spilled the blood of your
    servants.

11 • Listen to the moaning of the prisoners.
    Demonstrate your great power by saving
      those condemned to die.

12 • O Lord, pay back our neighbors seven times
    for the scorn they have hurled at you.

13 • Then we your people, the sheep of your
      pasture,
    will thank you forever and ever,
    praising your greatness from generation
      to generation.

80 *For the choir director: A psalm of Asaph, to be sung to the tune "Lilies of the Covenant."*

1 • Please listen, O Shepherd of Israel,
    you who lead Joseph's descendants like
      a flock.
  O God, enthroned above the cherubim,
    display your radiant glory

2 •   to Ephraim, Benjamin, and Manasseh.
  Show us your mighty power.
    Come to rescue us!

3 • Turn us again to yourself, O God.
    Make your face shine down upon us.
    Only then will we be saved.

4 • O LORD God of Heaven's Armies,
    how long will you be angry with our
      prayers?

5 • You have fed us with sorrow
    and made us drink tears by the bucketful.

6 • You have made us the scorn* of neighboring
      nations.
  Our enemies treat us as a joke.

7 • Turn us again to yourself, O God of Heaven's
      Armies.
    Make your face shine down upon us.
    Only then will we be saved.

8 • You brought us from Egypt like a grapevine;
    you drove away the pagan nations
      and transplanted us into your land.

9 • You cleared the ground for us,
    and we took root and filled the land.

10 • Our shade covered the mountains;
    our branches covered the mighty cedars.

11 • We spread our branches west to the
      Mediterranean Sea;
  our shoots spread east to the
      Euphrates River.*

12 • But now, why have you broken down our walls
    so that all who pass by may steal our fruit?

13 • The wild boar from the forest devours it,

80:6 As in Syriac version; Hebrew reads *the strife.*
80:11 Hebrew *west to the sea,… east to the river.*
80편 '소산님에듯'이란 '언약의 백합화'란 뜻이다.

14 만군의 하나님이여, 어서 우리에게로 돌아오
십시오. 하늘에서 내려다보소서! 이 포도나무
를 살펴보소서.

15 주의 능력의 손으로 심으신 뿌리입니다. 주께
서 주를 위해 세우신 자손입니다.

16 이제 주의 포도나무가 잘리고, 불에 타 없어지
고 있습니다. 주께서 꾸짖자, 주의 백성이 망
하게 되었습니다.

17 주의 오른편에 있는 자에게 힘을 주시고, 주께
서 주를 위해 힘있게 세우신 사람을 지켜 주소
서.

18 다시는 우리가 주를 떠나지 않겠습니다. 우리
를 새롭게 해 주소서. 그러면 우리가 주의 이
름을 부를 것입니다.

19 만군의 하나님 여호와여, 우리를 회복시키시
고, 주의 얼굴을 우리에게 비춰 주시고, 우리
를 구원해 주소서.

축제일의 노래

아삽의 시. 깃딧*에 맞춰 지휘자를 따라 부른 노래

81 우리의 힘이신 하나님께 기쁜 마음으로
노래하십시오. 야곱의 하나님께 큰 목소
리로 외치십시오.

2 소고를 치고 수금을 타며 비파에 맞춰 음악을
연주하십시오.

3 초승달이 뜰 때에 보름달이 뜰 때에 우리들의
축제일에 숫양의 뿔로 나팔을 부십시오.

4 이것은 이스라엘이 지켜야 할 법이며 야곱 자
손의 하나님께서 정하신 규례입니다.

5 우리가 알아듣지 못하는 언어를 사용하던 이
집트를 하나님께서 치실 때에 하나님께서 이
법을 요셉의 자손들에게 주신 것입니다.

6 하나님께서 말씀하십니다. "내가 너희 어깨에
서 짐을 벗기고, 너희 힘든 일손을 쉬게 하였
다.

7 너희가 괴로울 때에 내게 부르짖으므로 내가
너희를 구원하였다. 내가 천둥 소리 가운데서
너희에게 응답했고, 므리바 물가에서 너희를
시험하였다. (셀라)

8 내 백성들아, 들어라. 이스라엘아, 내 말에 귀
를 기울여라. 내가 너희에게 경고한다.

9 너희 가운데 다른 신들을 두어서는 안 된다.
어떤 다른 신에게 절해서도 안 된다.

10 나는 너희를 이집트에서 인도해 낸 여호와 너
희의 하나님이다. 네 입을 크게 벌려라. 그러
면 내가 채울 것이다.

11 그러나 내 백성은 내 말에 귀 기울이지 않았으
며, 이스라엘은 내게 복종하지 않았다.

---

and the wild animals feed on it.

14 •Come back, we beg you, O God of Heaven's
Armies.
Look down from heaven and see our plight.
Take care of this grapevine
15 • that you yourself have planted,
this son you have raised for yourself.
16 •For we are chopped up and burned by our
enemies.
May they perish at the sight of your frown.
17 •Strengthen the man you love,
the son of your choice.
18 •Then we will never abandon you again.
Revive us so we can call on your name
once more.

19 •Turn us again to yourself, O LORD God of
Heaven's Armies.
Make your face shine down upon us.
Only then will we be saved.

81 *For the choir director: A psalm of Asaph, to
be accompanied by a stringed instrument.**

1 •Sing praises to God, our strength.
Sing to the God of Jacob.
2 •Sing! Beat the tambourine.
Play the sweet lyre and the harp.
3 •Blow the ram's horn at new moon,
and again at full moon to call a festival!
4 •For this is required by the decrees of Israel;
it is a regulation of the God of Jacob.
5 •He made it a law for Israel*
when he attacked Egypt to set us free.

I heard an unknown voice say,

6 •"Now I will take the load from your shoulders;
I will free your hands from their heavy tasks.
7 •You cried to me in trouble, and I saved you;
I answered out of the thundercloud
and tested your faith when there was no
water at Meribah.   *interlude*

8 •"Listen to me, O my people, while I give
you stern warnings.
O Israel, if you would only listen to me!
9 •You must never have a foreign god;
you must not bow down before a false god.
10 •For it was I, the LORD your God,
who rescued you from the land of Egypt.
Open your mouth wide, and I will fill
it with good things.

11 •"But no, my people wouldn't listen.
Israel did not want me around.

81:TITLE Hebrew *according to the gittith.*   81:5
Hebrew *for Joseph.*

81편 '깃딧'은 음악 용어이다.

12 그래서 내가 그들을 그들의 고집대로 내버려 두었더니 자기들 마음대로 행하고 있구나.

13 내 백성들아, 내 말에 귀를 기울여 보아라. 이스라엘 자손들아, 내 뜻에 따라 살아 보아라.

14 그러면 내가 너희 원수들을 쳐부수고, 내 손으로 너희 적들을 칠 것이다.

15 여호와를 미워하는 자들이 모두 그 앞에서 고개를 숙일 것이다. 그들은 영원히 형벌을 받게 될 것이다.

16 그러나 너희는 내가 가장 좋은 밀가루로 먹일 것이고 바위에서 딴 꿀로 배부르게 할 것이다."

최고의 재판관이신 하나님
아삽의 시

82 하나님께서 하늘의 모임에서 회의를 진행하십니다. 하나님께서 재판관들에게 말씀하십니다.

2 "너희가 언제까지 악한 자를 변호해 주고, 못된 자들의 편을 들려느냐? (셀라)

3 약한 자와 고아를 보살펴 주고, 가난한 자와 고통받는 자의 권리를 찾아 주어라.

4 약한 자들과 어려운 자들을 구해 주고, 악한 자들의 손에서 그들을 구해 주어라.

5 너희는 무지하며 분별력도 없이 어둠 속을 헤매고 다니는구나. 그러니 세상이 온통 흔들릴 수밖에 없지.

6 내 말을 들어라. '너희는 신들이며, 지극히 높은 분의 아들들이다'라고 하였으나,

7 너희는 보통 사람들처럼 똑같이 죽을 것이다. 여느 지도자와 다를 바 없이 죽게 될 것이다."

8 오 하나님, 일어나셔서 이 땅을 심판하소서. 이는 모든 나라가 다 주의 것이기 때문입니다.

적에 대한 기도
아삽의 시 곧 노래

83 오 하나님, 더 이상 침묵하지 마소서. 오 하나님, 더 이상 잠잠히 있거나 가만히 있지 마소서.

2 보십시오, 주의 원수들이 소리 높여 떠들고, 주의 적들이 머리를 치켜들고 있습니다.

3 그들이 주의 백성들을 죽이려고 계획하고 있습니다. 주께서 사랑하시는 사람들을 해치려고 음모를 꾸미고 있습니다.

4 그들은 이렇게 말합니다. "자, 저 나라를 완전히 처부수자. 이스라엘이란 이름마저 기억하지 못하도록 만들자."

5 그들이 마음을 합하여 음모를 꾸미고, 주를 치

12 • So I let them follow their own stubborn desires,
living according to their own ideas.

13 • Oh, that my people would listen to me!
Oh, that Israel would follow me, walking in my paths!

14 • How quickly I would then subdue their enemies!
How soon my hands would be upon their foes!

15 • Those who hate the LORD would cringe before him;
they would be doomed forever.

16 • But I would feed you with the finest wheat.
I would satisfy you with wild honey from the rock."

82 *A psalm of Asaph.*

1 • God presides over heaven's court;
he pronounces judgment on the heavenly beings:

2 • "How long will you hand down unjust decisions
by favoring the wicked?   *Interlude*

3 • "Give justice to the poor and the orphan;
uphold the rights of the oppressed and the destitute.

4 • Rescue the poor and helpless;
deliver them from the grasp of evil people.

5 • But these oppressors know nothing;
they are so ignorant!
They wander about in darkness,
while the whole world is shaken to the core.

6 • I say, 'You are gods;
you are all children of the Most High.

7 • But you will die like mere mortals
and fall like every other ruler.' "

8 • Rise up, O God, and judge the earth,
for all the nations belong to you.

83 *A song. A psalm of Asaph.*

1 • O God, do not be silent!
Do not be deaf.
Do not be quiet, O God.

2 • Don't you hear the uproar of your enemies?
Don't you see that your arrogant enemies are rising up?

3 • They devise crafty schemes against your people;
they conspire against your precious ones.

4 • "Come," they say, "let us wipe out Israel as a nation.
We will destroy the very memory of its existence."

5 • Yes, this was their unanimous decision.
They signed a treaty as allies against you—

려고 서로 손을 잡았습니다.

6 그들은 에돔 사람들과 이스마엘 사람들이며, 모압 사람들과 하갈 사람들입니다.

7 그발 사람들과 암몬 사람들과 아말렉 사람들, 그리고 블레셋 사람들과 두로 사람들이 그들입니다.

8 심지어 앗시리아 사람들도 합세하여 롯의 후손을 도왔습니다. (셀라)

9 주께서 미디안 사람들에게 하신 것같이 그들을 치십시오. 기손 강가에서 시스라와 야빈에게 하신 것같이 그들을 멸하십시오.

10 그들은 엔돌에서 전멸하였고 그들의 시체는 그 땅의 거름이 되었습니다.

11 오렙과 스엡에게 하신 것같이 그들의 장군들에게 해 주시고 세바와 살문나에게 하신 것같이 그들의 왕자들에게 해 주소서.

12 그들은 이렇게 건방지게 말하던 자들이었습니다. "하나님의 목장들을 빼앗아 우리의 것으로 만들자."

13 오 나의 하나님, 그들을 바람에 날아가는 잡초같게 하시고 지푸라기 같게 하소서.

14 숲을 사르는 무서운 불길같이 산 위로 번져 가는 불꽃같이

15 주의 폭풍으로 그들을 좇아내시고, 주의 돌풍으로 그들을 두렵게 하소서.

16 여호와여, 그들이 심한 수치를 당하게 하소서. 그러면 그들이 주의 이름을 부를 것입니다.

17 그들이 겁에 질려 두려워하게 하소서. 수모를 당하고 멸망하게 하소서.

18 주의 이름이 여호와이신 줄을 그들이 알게 하여 주시고, 주만이 온 세상에서 가장 높으신 분임을 알게 하소서.

성전 안에 머물기를 소원함

고라 자손의 시. 깃딧에 맞춰 지휘자를 따라 부른 노래

84 만군의 여호와여, 주가 계시는 곳이 얼마나 아름다운지요!

2 내가 여호와의 성전 뜰을 애타게 그리워하다가 쓰러질 지경이 되었습니다. 나의 온몸과 온 마음으로 살아 계신 주께 부르짖습니다.

3 만군의 여호와여, 나의 왕이시며 나의 하나님이시여, 주의 제단 곁에는 참새도 깃들 곳이 있고, 제비도 새끼를 품을 보금자리가 있습니다.

4 주의 집에 사는 사람들은 행복합니다. 그들이 주를 영원히 찬송할 것입니다. (셀라)

5 주께로부터 힘을 얻는 사람은 행복합니다. 시온을 향하여 가는 것을 사모하는 사람은 행복합니다.

---

6 •these Edomites and Ishmaelites;
  Moabites and Hagrites;
7 •Gebalites, Ammonites, and Amalekites;
  and people from Philistia and Tyre.
8 •Assyria has joined them, too,
  and is allied with the descendants of Lot.
  Interlude

9 •Do to them as you did to the Midianites
  and as you did to Sisera and Jabin at the
  Kishon River.
10 •They were destroyed at Endor,
  and their decaying corpses fertilized the soil.
11 •Let their mighty nobles die as Oreb and
  Zeeb did.
  Let all their princes die like Zebah and
  Zalmunna,
12 •for they said, "Let us seize for our own use
  these pasturelands of God!"
13 •O my God, scatter them like tumbleweed,
  like chaff before the wind!
14 •As a fire burns a forest
  and as a flame sets mountains ablaze,
15 •chase them with your fierce storm;
  terrify them with your tempest.
16 •Utterly disgrace them
  until they submit to your name, O LORD.
17 •Let them be ashamed and terrified forever.
  Let them die in disgrace.
18 •Then they will learn that you alone are called
  the LORD,
  that you alone are the Most High,
  supreme over all the earth.

84 *For the choir director: A psalm of the descendants of Korah, to be accompanied by a stringed instrument.**

1 •How lovely is your dwelling place,
  O LORD of Heaven's Armies.
2 •I long, yes, I faint with longing
  to enter the courts of the LORD.
  With my whole being, body and soul,
  I will shout joyfully to the living God.
3 •Even the sparrow finds a home,
  and the swallow builds her nest and
  raises her young
  at a place near your altar,
  O LORD of Heaven's Armies, my King
  and my God!
4 •What joy for those who can live in your house,
  always singing your praises.
  Interlude

5 •What joy for those whose strength comes
  from the LORD,
  who have set their minds on a pilgrimage
  to Jerusalem.

84:TITLE Hebrew *according to the gittith.*

6 그들이 눈물의 골짜기를 지나갈 때에 그곳을 샘이 되게 하며, 가을비가 우물을 가득 채워 줍니다.

7 예루살렘을 향해 걸어갈수록 점점 더 힘을 얻습니다. 모두들 시온에서 하나님을 만나게 될 것입니다.

8 만군의 여호와 하나님이여, 내 기도를 들어 주소서. 야곱의 하나님이여, 내 말에 귀를 기울여 주소서. (셀라)

9 오 하나님, 우리의 방패를 살펴 주소서. 주께서 기름 부으신 왕에게 은혜를 베풀어 주소서.

10 주의 성전 뜰에서 보내는 하루가 다른 곳에서 지내는 천 날보다 더 행복합니다. 내가 악한 자들의 집에서 사느니 차라리 내 하나님의 집에 문지기로 있겠습니다.

11 여호와 하나님은 우리의 태양이며 방패이십니다. 여호와는 우리에게 은혜와 명예를 주십니다. 주는 정직하게 사는 사람에게 가장 좋은 것을 아끼지 아니하시고 주십니다.

12 만군의 여호와여, 주를 의지하는 사람은 행복합니다.

백성들을 위한 기도

고라 자손의 시, 지휘자를 따라 부른 노래

85 여호와여, 주께서 이 땅에 은혜를 베푸시고, 야곱의 자손들을 다시 번영케 하셨습니다.

2 주의 백성들의 죄를 용서해 주시고 잘못을 다 덮어 주셨습니다. (셀라)

3 주께서 분노를 거두시고, 노여움을 푸셨습니다.

4 우리의 구원자, 하나님이여, 이제 우리를 다시 회복시켜 주소서. 우리를 향한 주의 노여움을 거두어 주소서.

5 언제까지 우리에게 화를 내시렵니까? 언제까지 우리 자손에게 노여움을 거두지 않으시렵니까?

6 다시 한 번 우리를 살려 주소서. 그러면 우리가 주께 감사하며 주를 기뻐할 것입니다.

7 여호와여, 우리를 극진히 사랑해 주시고, 우리에게 구원을 베풀어 주소서.

8 여호와 하나님의 말씀에 내가 순종하겠습니다. 주는 주의 백성, 거룩한 무리들에게 행복을 약속하셨습니다. 그들이 다시는 어리석게 살지 않도록 지켜 주소서.

9 하나님을 높이고 존경하는 자들을 하나님은 반드시 구원하실 것입니다. 그러면 이 땅에 하나님의 영광이 가득할 것입니다.

6 • When they walk through the Valley of Weeping,*
　it will become a place of refreshing springs.
　The autumn rains will clothe it with blessings.

7 • They will continue to grow stronger,
　and each of them will appear before God in Jerusalem.*

8 • O LORD God of Heaven's Armies, hear my prayer.
　Listen, O God of Jacob.　　　*Interlude*

9 • O God, look with favor upon the king, our shield!
　Show favor to the one you have anointed.

10 • A single day in your courts
　is better than a thousand anywhere else!
　I would rather be a gatekeeper in the house of my God
　than live the good life in the homes of the wicked.

11 • For the LORD God is our sun and our shield.
　He gives us grace and glory.
　The LORD will withhold no good thing from those who do what is right.

12 • O LORD of Heaven's Armies,
　what joy for those who trust in you.

85 *For the choir director: A psalm of the descendants of Korah.*

1 • LORD, you poured out blessings on your land!
　You restored the fortunes of Israel.*

2 • You forgave the guilt of your people—
　yes, you covered all their sins.　　*Interlude*

3 • You held back your fury.
　You kept back your blazing anger.

4 • Now restore us again, O God of our salvation.
　Put aside your anger against us once more.

5 • Will you be angry with us always?
　Will you prolong your wrath to all generations?

6 • Won't you revive us again,
　so your people can rejoice in you?

7 • Show us your unfailing love, O LORD,
　and grant us your salvation.

8 • I listen carefully to what God the LORD is saying,
　for he speaks peace to his faithful people.
　But let them not return to their foolish ways.

9 • Surely his salvation is near to those who fear him,

84:6 Or *Valley of Poplars;* Hebrew reads *valley of Baca.* 84:7 Hebrew *Zion.* 85:1 Hebrew *of Jacob.* See note on 44:4.

10 사랑과 진리가 서로 만나고, 의로움과 평화
   가 포옹할 것입니다.

11 신실함이 땅에 가득하고, 의로움이 하늘에
   서 내려옵니다.

12 여호와께서 참 좋은 것을 주시니 이 땅에서
   풍성한 곡식을 거두게 될 것입니다.

13 주의 의로움이 앞서 행하며 주께서 가시는
   길을 준비합니다.

도와 달라고 울부짖음
다윗의 기도

86 여호와여, 내 소리에 귀를 기울이시
    고 대답해 주소서. 나는 불쌍하고 힘
이 없는 사람입니다.

2 내가 주께 헌신하오니, 나를 지켜 주소서. 주
   는 나의 하나님이십니다. 주를 의지하는 나
   를 구해 주소서.

3 주여, 나를 불쌍히 여겨 주소서. 내가 하루
   종일 주를 찾습니다.

4 주의 종에게 기쁨을 내려 주소서. 주여, 몸과
   마음을 다하여 주를 바라봅니다.

5 주는 선하시고 죄를 용서해 주시는 분입니
   다. 주를 찾는 모든 이들에게 크신 사랑을 베
   푸시는 분입니다.

6 여호와여, 내 기도를 들어 주시고, 자비를 베
   풀어 달라는 부르짖음에 귀를 기울여 주소서.

7 주께서 내게 분명히 대답해 주실 것을 믿으
   므로 어려운 시절에 주를 찾을 것입니다.

8 주여, 세상에 주와 같으신 신이 어디 있습니
   까? 아무도 주께서 하신 일을 행하지 못합니
   다.

9 주여, 주께서 만드신 모든 나라가 주를 경배
   할 것입니다. 그들이 주의 이름을 찬양할 것
   입니다.

10 주는 놀라운 일들을 하시는 위대한 분이십
   니다. 오직 주만이 참하나님이십니다.

11 여호와여, 주의 길을 나에게 가르쳐 주소서.
   내가 주의 진리를 따라 걷겠습니다. 나에게
   변함없는 마음을 주소서. 내가 주의 이름을
   높이고 존경하겠습니다.

12 주 나의 하나님이여, 온 맘으로 주를 찬양합
   니다. 영원히 주의 이름을 찬양하겠습니다.

13 내게 보이신 주의 사랑이 너무도 크고 깊습니
   다. 주께서 나를 죽음에서 건져 내셨습니다.

14 오 하나님, 교만한 자들이 나를 공격합니다.
   잔인한 무리들이 나를 죽이려 듭니다. 그들
   은 나를 멸시하고 무시합니다.

15 주는 불쌍히 여기시며, 은혜를 베푸시는 하

---

so our land will be filled with his glory.

10 •Unfailing love and truth have met together.
     Righteousness and peace have kissed!

11 •Truth springs up from the earth,
     and righteousness smiles down from heaven.

12 •Yes, the LORD pours down his blessings.
     Our land will yield its bountiful harvest.

13 •Righteousness goes as a herald before him,
     preparing the way for his steps.

86 *A prayer of David.*

1 •Bend down, O LORD, and hear my prayer;
     answer me, for I need your help.

2 •Protect me, for I am devoted to you.
     Save me, for I serve you and trust you.
     You are my God.

3 •Be merciful to me, O Lord,
     for I am calling on you constantly.

4 •Give me happiness, O Lord,
     for I give myself to you.

5 •O Lord, you are so good, so ready to forgive,
     so full of unfailing love for all who ask
       for your help.

6 •Listen closely to my prayer, O LORD;
     hear my urgent cry.

7 •I will call to you whenever I'm in trouble,
     and you will answer me.

8 •No pagan god is like you, O Lord.
     None can do what you do!

9 •All the nations you made
     will come and bow before you, Lord;
     they will praise your holy name.

10 •For you are great and perform wonderful deeds.
     You alone are God.

11 •Teach me your ways, O LORD,
     that I may live according to your truth!
     Grant me purity of heart,
       so that I may honor you.

12 •With all my heart I will praise you, O Lord
       my God.
     I will give glory to your name forever,

13 •for your love for me is very great.
     You have rescued me from the depths
       of death.*

14 •O God, insolent people rise up against me;
     a violent gang is trying to kill me.
     You mean nothing to them.

15 •But you, O Lord,
     are a God of compassion and mercy,
     slow to get angry
     and filled with unfailing love and faithfulness.

insolent [ínsələnt] *a.* 건방진, 오만한
prolong [prɔlɔ́ːŋ] *vt.* (기간을) 연장하다

86:13 Hebrew *of Sheol.*

님이십니다. 쉽게 화를 내지 않으시고, 사
랑과 진실하심이 풍성하신 분이십니다.

16 나를 돌아보시어 자비를 베풀어 주소서. 주
의 종에게 힘을 더하여 주소서. 주의 종의 아
들을 구하여 주소서.

17 주의 선하신 증거를 내게 보여 주셔서 내 원
수들이 그것을 보고 부끄러워하게 해 주소
서. 오 여호와여, 주는 나를 도와 주시고 위
로하시는 분이십니다.

예루살렘을 사랑하시는 하나님
고라 자손의 시 곧 노래

87 주께서 거룩한 산 위에 성의 기초를
놓으셨습니다.

2 여호와는 야곱의 자손들이 사는 어느 곳보
다 시온의 문들을 좋아하십니다.

3 오 하나님의 성이여, 너에 대한 칭찬이 자자
하다. (셀라)

4 하나님께서 말씀하십니다. "내가 이집트*와
바빌로니아의 이름을 기록해 놓았다. 왜냐
하면 그들은 나를 인정하는 자들이기 때문
이다. 블레셋과 두로, 에티오피아*사람들도
마찬가지다. 그들 모두가 시온 출신이라고
할 것이다."

5 그렇습니다. 사람들이 시온에 대해 다음과
같이 말할 것입니다. "이 사람도 저 사람도
시온 출신이야. 지극히 높으신 분께서 시온
을 굳게 세우셨어."

6 여호와께서 민족들을 등록하실 때에 "이 사
람도 시온에서 났구나" 하실 것입니다. (셀
라)

7 사람들은 음악을 연주하면서 노래할 것입니
다. "나의 모든 근원이 시온에 있다"라고 말
할 것입니다.

불평하며 슬퍼함
고라 자손의 찬송시, 곧 에스라 사람 헤만의 마스길.
마할랏르안놋*에 맞춰 지휘자를 따라 부른 노래

88 여호와여, 나를 구원하시는 하나님
이여, 내가 밤낮으로 주께 부르짖습
니다.

2 내 기도가 주 앞에 이르기를 바랍니다. 내 부
르짖음에 귀를 기울여 주소서.

3 내 영혼이 괴로움으로 심히 지쳐 내가 거의
죽을 지경에 이르렀습니다.

4 사람들도 내가 곧 죽게 되었다고 생각합니
다. 나는 아무 힘이 없는 사람같이 되었습니
다.

16 • Look down and have mercy on me.
Give your strength to your servant;
save me, the son of your servant.

17 • Send me a sign of your favor.
Then those who hate me will be put to shame,
for you, O LORD, help and comfort me.

87 *A song. A psalm of the descendants of Korah.*

1 • On the holy mountain
stands the city founded by the LORD.

2 • He loves the city of Jerusalem
more than any other city in Israel.*

3 • O city of God,
what glorious things are said of you!

Interlude

4 • I will count Egypt* and Babylon among those
who know me—
also Philistia and Tyre, and even distant
Ethiopia.*
They have all become citizens of Jerusalem!

5 • Regarding Jerusalem* it will be said,
"Everyone enjoys the rights of citizenship
there."
And the Most High will personally bless
this city.

6 • When the LORD registers the nations, he will say,
"They have all become citizens of Jerusalem."

Interlude

7 • The people will play flutes* and sing,
"The source of my life springs from Jerusalem!"

88 *For the choir director: A psalm of the descendants
of Korah. A song to be sung to the tune "The
Suffering of Affliction." A psalm* of Heman the
Ezrahite.*

1 • O LORD, God of my salvation,
I cry out to you by day.
I come to you at night.

2 • Now hear my prayer;
listen to my cry.

3 • For my life is full of troubles,
and death* draws near.

4 • I am as good as dead,

---

affliction [əflíkʃən] *n.* 고통, 괴로움
88:3 draw near : 다가오다

87:2 Hebrew *He loves the gates of Zion more than all
the dwellings of Jacob.* See note on 44:4.　　87:4a
Hebrew *Rahab,* the name of a mythical sea monster
that represents chaos in ancient literature. The name
is used here as a poetic name for Egypt.　　87:4b
Hebrew *Cush.*　　87:5 Hebrew *Zion.*　　87:7 Or *will
dance.*　　88:TITLE Hebrew *maskil.* This may be a liter-
ary or musical term.　　88:3 Hebrew *Sheol.*

87:4 '이집트'를 가리키는 시적 표현으로 개역 성경에는 (히) '라합'이라고
표기되어 있고, '에티오피아'는 개역 성경에 (히) '구스'라고 표기되어 있다.
88편 '마할랏르안놋'은 '역경의 고통'이라는 뜻이다.

5 사람들은 나를 죽은 사람처럼 취급합니다. 무덤에 묻힌 사람처럼 쳐다봅니다. 주께서 더 이상 기억하지도 않는 자가 되었습니다. 더 이상 주의 보호를 받지 못하는 자가 되었습니다.

6 주께서 나를 깊은 구렁 속에 처넣었습니다. 가장 어둡고 음침한 곳에 던져 넣었습니다.

7 주의 분노가 나를 짓누르며, 주의 파도가 나를 덮쳐 괴롭게 합니다. (셀라)

8 주께서 내 친구들을 내게서 떼어 놓으시니 그들이 나를 싫어합니다. 내가 덫에 걸려 갇힌 몸이 되었습니다.

9 내 눈이 눈물에 젖어 흐려졌습니다. 오 여호와여, 내가 매일같이 주께 부르짖습니다. 내가 주를 향해 손을 들고 간구합니다.

10 죽은 자에게 주의 기적을 보이시겠습니까? 죽은 자들이 일어나 주를 찬송할 수 있겠습니까?(셀라)

11 무덤 속에서 주의 사랑을 어떻게 외치겠습니까? 죽은 자가 주의 신실하심을 어떻게 알리겠습니까?

12 주의 기적이 무덤 속에서 알려지겠습니까? 주의 신실하심이 잊혀진 땅에서 드러나겠습니까?

13 여호와여, 내가 주께 부르짖으며 도움을 청합니다. 아침마다 주께 기도를 드립니다.

14 여호와여, 어찌하여 나를 버리십니까? 어찌하여 내게서 숨으십니까?

15 어려서부터 나는 약하여 여러 번 죽을 뻔하였습니다. 주가 무서워 앞이 캄캄합니다.

16 주의 분노가 나를 휩쓸고, 주의 두려움에 내가 죽을 것 같습니다.

17 매일같이 주의 분노가 홍수처럼 내게 밀어닥쳐 나를 덮쳤습니다.

18 주께서 나의 사랑하는 사람들과 친구들을 다 앗아가시니 어둠만이 나의 가까운 친구가 되었습니다.

성실하신 하나님을 찬양
에스라 사람 에단의 마스길

89 내가 여호와의 크신 사랑을 영원히 노래하겠습니다. 내가 주의 신실하심을 대대로 전하겠습니다.

2 "주의 사랑은 영원하며, 주의 성실하심은 하늘처럼 흔들리지 않습니다."

3 주께서 말씀하셨습니다. "내가 나의 택한 자와 언약을 맺었고, 내 종 다윗에게 이렇게

---

like a strong man with no strength left.

5 • They have left me among the dead,
   and I lie like a corpse in a grave.
   I am forgotten,
   cut off from your care.

6 • You have thrown me into the lowest pit,
   into the darkest depths.

7 • Your anger weighs me down;
   with wave after wave you have engulfed me.
                                              Interlude

8 • You have driven my friends away
   by making me repulsive to them.
   I am in a trap with no way of escape.

9 •   My eyes are blinded by my tears.
   Each day I beg for your help, O LORD;
   I lift my hands to you for mercy.

10 • Are your wonderful deeds of any use to the dead?
   Do the dead rise up and praise you?
                                              Interlude

11 • Can those in the grave declare your unfailing love?
   Can they proclaim your faithfulness in the
   place of destruction?*

12 • Can the darkness speak of your wonderful deeds?
   Can anyone in the land of forgetfulness talk
   about your righteousness?

13 • O LORD, I cry out to you.
   I will keep on pleading day by day.

14 • O LORD, why do you reject me?
   Why do you turn your face from me?

15 • I have been sick and close to death since my youth.
   I stand helpless and desperate before your
   terrors.

16 • Your fierce anger has overwhelmed me.
   Your terrors have paralyzed me.

17 • They swirl around me like floodwaters all day long.
   They have engulfed me completely.

18 • You have taken away my companions and
   loved ones.
   Darkness is my closest friend.

89 *A psalm* of Ethan the Ezrahite.*

1 • I will sing of the LORD's unfailing love forever!
   Young and old will hear of your faithfulness.

2 • Your unfailing love will last forever.
   Your faithfulness is as enduring as the heavens.

3 • The LORD said, "I have made a covenant
   with David, my chosen servant.
   I have sworn this oath to him:

---

corpse [kɔ́ːrps] *n.* 시체, 송장
engulf [ingʌ́lf] *vt.* 삼키다; 완전히 뒤덮다
paralyze [pǽrəlàiz] *vt.* 마비시키다; 무력하게 만들다
repulsive [ripʌ́lsiv] *a.* 불쾌한, 혐오감을 일으키는

88:11 Hebrew *in Abaddon?* 89:TITLE Hebrew *maskil.*
This may be a literary or musical term.

맹세하였다.

4 '내가 너를 왕위에 앉히고, 네 자손이 대대로 왕 노릇 하게 할 것이다.'"(셀라)

5 여호와여, 하늘이 주의 기적들을 찬양하며, 거룩한 무리가 주의 성실하심을 찬송합니다.

6 하늘에서 여호와와 비교할 만한 이가 누구입니까? 어느 천사가 감히 여호와와 비교될 수 있습니까?

7 하늘의 천사들 가운데서 오직 두려워할 분은 하나님 한 분이십니다. 주는 그들 가운데서 가장 위엄이 있는 분이십니다.

8 여호와 만군의 하나님이여, 주와 같은 이가 누구입니까? 오 여호와여, 주는 힘이 세고 신실한 분이십니다.

9 주는 거친 바다를 다스리시고, 파도치는 물결을 잠잠하게 하십니다.

10 주께서 라합을 찔러죽이시고, 주의 힘센 팔로 적들을 흩으셨습니다.

11 하늘도 땅도 모두 다 주의 것입니다. 주께서 세상과 그 안의 모든 것을 만드셨습니다.

12 주는 남과 북을 만드셨습니다. 다볼 산과 헤르몬산이 즐겁게 주의 이름을 찬양합니다.

13 주의 팔은 힘이 있고, 주의 손은 억세며, 주의 오른팔은 강합니다.

14 주가 세우신 왕국의 기초는 의와 공평입니다. 사랑과 신실하심이 주와 함께 있습니다.

15 오 여호와여, 주를 찬양하며 사는 사람은 행복합니다. 그들은 항상 주의 빛 가운데에 사는 사람들입니다.

16 그들은 온종일 주의 이름을 부르고 즐거워하며, 주의 의로우심을 생각하고 기뻐합니다.

17 주는 그들의 영광이며 힘이십니다. 주께서 힘과 은혜를 주시고 우리를 높이셨습니다.

18 그렇습니다! 우리의 방패는 여호와이십니다. 우리 왕은 이스라엘의 거룩한 분에게 속하였습니다.

19 한번은 주께서 환상 가운데 말씀하셨습니다. 주의 충성스런 자들에게 말씀하신 것입니다. "내가 한 젊은 용사에게 힘을 주었고, 내 백성 가운데서 한 청년을 택하여 왕을 세웠다.

4 • 'I will establish your descendants as kings forever;
    they will sit on your throne from now
       until eternity.' "   *Interlude*

5 • All heaven will praise your great wonders, LORD;
    myriads of angels will praise you for your
       faithfulness.

6 • For who in all of heaven can compare
       with the LORD?
    What mightiest angel is anything like the LORD?

7 • The highest angelic powers stand in awe of God.
    He is far more awesome than all who
       surround his throne.

8 • O LORD God of Heaven's Armies!
    Where is there anyone as mighty as you,
       O LORD?
    You are entirely faithful.

9 • You rule the oceans.
      You subdue their storm-tossed waves.

10 • You crushed the great sea monster.*
    You scattered your enemies with your
       mighty arm.

11 • The heavens are yours, and the earth is yours;
    everything in the world is yours—you
       created it all.

12 • You created north and south.
    Mount Tabor and Mount Hermon praise
       your name.

13 • Powerful is your arm!
    Strong is your hand!
    Your right hand is lifted high in glorious
       strength.

14 • Righteousness and justice are the foundation
       of your throne.
    Unfailing love and truth walk before you as
       attendants.

15 • Happy are those who hear the joyful call to
       worship,
    for they will walk in the light of your
       presence, LORD.

16 • They rejoice all day long in your wonderful
       reputation.
    They exult in your righteousness.

17 • You are their glorious strength.
    It pleases you to make us strong.

18 • Yes, our protection comes from the LORD,
    and he, the Holy One of Israel, has given us
       our king.

19 • Long ago you spoke in a vision to your
       faithful people.
    You said, "I have raised up a warrior.
    I have selected him from the common
       people to be king.

---

exult [igzʌ́lt] *vi.* 크게 기뻐하다, 기뻐 날뛰다
89:5 myriads of : 무수한

89:10 Hebrew *Rahab*, the name of a mythical sea monster that represents chaos in ancient literature.

20 내 종 다윗을 찾아 그에게 거룩한 기름을 부어 왕으로 삼았다.

21 내가 손으로 그를 굳게 잡고, 팔로 그를 강하게 할 것이다.

22 원수가 그를 굴복시키지 못할 것이며, 악한 자들이 그를 괴롭히지 못할 것이다.

23 내가 그의 눈앞에서 그의 원수들을 멸하고 그의 적들을 쳐부술 것이다.

24 내가 변함없이 그를 사랑할 것이며 그가 내 이름으로 강하게 될 것이다.

25 내가 그의 손을 바다 위에 뻗치게 할 것이며, 그의 오른손을 강까지 뻗치게 할 것이다.

26 그가 큰 소리로 나에게 말하기를, '주는 나의 아버지이시며 나의 하나님, 나의 구원자, 나의 바위이십니다' 라고 할 것이다.

27 내가 그를 나의 맏아들로 삼고, 이 땅에서 가장 위대한 왕으로 만들 것이다.

28 그에 대한 나의 사랑을 영원히 간직할 것이니 그와 맺은 나의 언약은 영원할 것이다.

29 내가 그의 후손을 길이길이 이어 줄 것이니, 그의 왕조는 하늘이 있는 동안 영원할 것이다.

30 그러나 그의 자손들이 나의 법을 저버리고 나의 법규들을 따르지 않거나

31 내 규례들을 어기고 내 명령을 지키지 않으면

32 내가 막대기로 그들의 죄를 다스리고 채찍으로 그들의 잘못을 칠 것이다.

33 그러나 내 사랑만은 거두지 않을 것이며, 나의 성실함만은 지킬 것이다.

34 나는 내 언약을 깨뜨리지 않을 것이며, 내 입으로 말한 것을 바꾸지 않을 것이다.

35 나의 거룩함을 걸고 맹세하였기 때문에 다윗을 절대 속이지 않을 것이다.

36 그의 왕조는 계속 이어질 것이며, 그의 왕위는 내 앞에서 해처럼 영원할 것이다.

37 하늘의 진실한 증인인 달처럼 영원히 이어질 것이다."(셀라)

38 그러나 주는 이제 주께서 기름 부으신 자를 버리시고, 그를 물리치시며, 분노를 쏟으셨습니다.

39 주는 주의 종과 맺은 언약을 깨뜨리시고, 그의 왕관을 땅에 내팽개치셨습니다.

40 주는 그의 성벽들을 모두 허무시고, 철벽 같은 성을 돌무더기로 만드셨습니다.

41 지나가는 사람들이 그의 물건을 마구 빼앗아 가고, 이웃들이 그를 비웃었습니다.

42 주께서 오히려 그의 원수들의 오른손을 들어 주셨습니다. 그러자 그들이 좋아서 기뻐하게 되었습니다.

20 • I have found my servant David.
I have anointed him with my holy oil.

21 • I will steady him with my hand;
with my powerful arm I will make him strong.

22 • His enemies will not defeat him,
nor will the wicked overpower him.

23 • I will beat down his adversaries before him
and destroy those who hate him.

24 • My faithfulness and unfailing love will be with him,
and by my authority he will grow in power.

25 • I will extend his rule over the sea,
his dominion over the rivers.

26 • And he will call out to me, `You are my Father,
my God, and the Rock of my salvation.`

27 • I will make him my firstborn son,
the mightiest king on earth.

28 • I will love him and be kind to him forever;
my covenant with him will never end.

29 • I will preserve an heir for him;
his throne will be as endless as the days of heaven.

30 • But if his descendants forsake my instructions
and fail to obey my regulations,

31 • if they do not obey my decrees
and fail to keep my commands,

32 • then I will punish their sin with the rod,
and their disobedience with beating.

33 • But I will never stop loving him
nor fail to keep my promise to him.

34 • No, I will not break my covenant;
I will not take back a single word I said.

35 • I have sworn an oath to David,
and in my holiness I cannot lie:

36 • His dynasty will go on forever;
his kingdom will endure as the sun.

37 • It will be as eternal as the moon,
my faithful witness in the sky!"   *Interlude*

38 • But now you have rejected him and cast him off.
You are angry with your anointed king.

39 • You have renounced your covenant with him;
you have thrown his crown in the dust.

40 • You have broken down the walls protecting him
and ruined every fort defending him.

41 • Everyone who comes along has robbed him,
and he has become a joke to his neighbors.

42 • You have strengthened his enemies
and made them all rejoice.

---

adversary [ǽdvərseri] *n.* 적
disobedience [dìsəbíːdiəns] *n.* 불순종
dominion [dəmínjən] *n.* 지배(통치)권
heir [έər] *n.* 상속자, 후계자
renounce [rináuns] *vt.* 포기(폐기)하다
89:23 beat down… : …을 때려 눕히다, 타도하다
89:34 take back : 철회하다, 취소하다

43 주는 그의 칼을 무디게 하셨으며, 전쟁에서 그를 돕지도 않으셨습니다.

44 주는 그의 찬란한 영광을 빼앗으시고 그의 왕좌를 땅에 던져 버리셨습니다.

45 주는 그의 젊은 시절을 빨리 지나가게 하셨으며 그를 부끄러움으로 덮으셨습니다. (셀라)

46 여호와여, 언제까지 숨어 계실 것입니까? 언제까지 불 같은 화를 쏟으시려 하십니까?

47 내 인생이 짧다는 사실을 기억해 주소서. 주께서 지으신 모든 삶이 너무도 허무합니다!

48 이 세상에서 죽지 않고 영원히 살 사람이 어디 있습니까? 무덤의 세력을 피할 사람이 누가 있습니까? (셀라)

49 주여, 지난 날 보여 주신 주의 크신 사랑은 다 어디에 있습니까? 진실하신 주께서 전에 다윗에게 맹세하지 않으셨습니까?

50 주여, 주의 종이 얼마나 모욕을 당하였는지 기억해 주소서. 내 가슴에 사무친 다른 나라들의 조롱을 기억해 주소서.

51 여호와여, 주의 원수들이 한 모욕들을 기억하소서. 주의 기름부음 받은 자를 따라다니면서 모욕한 것을 기억하소서.

52 여호와를 영원히 찬송합니다! 아멘, 아멘.

제 4 권

하나님은 영원하시나 우리는 그렇지 않습니다
하나님의 사람, 모세의 기도

90 주여, 주는 대대로 우리의 안식처와 피난처가 되셨습니다.

2 산들이 생겨나기 전, 주께서 이 땅과 세상을 만드시기 전, 옛날부터 영원히 주는 우리의 하나님이십니다.

3 주께서 사람들을 흙으로 되돌아가게 하시면서 말씀하십니다. "사람아, 흙으로 돌아가거라."

4 주가 보시기에는 천 년도 지나간 어제와 같고, 긴 세월도 밤중의 한 시간과 같습니다.

5 주께서 죽음의 잠으로 휩쓸어 가시면 사람은 아침에 돋아나는 풀과 같습니다.

6 아침에는 싱싱하게 피었다가도 저녁이 되면 시들어 마르는 풀입니다.

7 주의 분노가 우리를 다 태워 버립니다. 주가 화내시면 우리는 두려워 떱니다.

8 우리가 저지른 악한 행위들이 다 주 앞에 있고, 우리가 숨어서 지은 죄들도 다 주가 보고 계십니다.

9 우리 인생이 주의 분노 아래 있으니 우리는 일생을 한숨 지으면서 보냅니다.

10 우리의 수명은 칠십 년, 힘이 있으면 팔십 년이

---

43 • You have made his sword useless
   and refused to help him in battle.

44 • You have ended his splendor
   and overturned his throne.

45 • You have made him old before his time
   and publicly disgraced him.　　*Interlude*

46 • O LORD, how long will this go on?
   Will you hide yourself forever?
   How long will your anger burn like fire?

47 • Remember how short my life is,
   how empty and futile this human existence!

48 • No one can live forever; all will die.
   No one can escape the power of the grave.*
　　　　　　　　　　　　　　Interlude

49 • Lord, where is your unfailing love?
   You promised it to David with a faithful
   pledge.

50 • Consider, Lord, how your servants are
   disgraced!
   I carry in my heart the insults of so many
   people.

51 • Your enemies have mocked me, O LORD;
   they mock your anointed king wherever
   he goes.

52 • Praise the LORD forever!
   Amen and amen!

BOOK FOUR (Psalms 90-106)

90 *A prayer of Moses, the man of God.*

1 • Lord, through all the generations
   you have been our home!

2 • Before the mountains were born,
   before you gave birth to the earth and
   the world,
   from beginning to end, you are God.

3 • You turn people back to dust, saying,
   "Return to dust, you mortals!"

4 • For you, a thousand years are as a passing day,
   as brief as a few night hours.

5 • You sweep people away like dreams that
   disappear.
   They are like grass that springs up
   in the morning.

6 • In the morning it blooms and flourishes,
   but by evening it is dry and withered.

7 • We wither beneath your anger;
   we are overwhelmed by your fury.

8 • You spread out our sins before you—
   our secret sins—and you see them all.

9 • We live our lives beneath your wrath,
   ending our years with a groan.

10 • Seventy years are given to us!

89:48 Hebrew *of Sheol.*

지만, 인생은 고생과 슬픔으로 가득 차 있습니다. 날아가듯 인생은 빨리 지나갑니다.

11 주의 분노가 무섭다는 것을 누가 알겠습니까? 주의 분노의 힘이 크다는 것을 누가 알겠습니까?

12 우리의 인생이 얼마나 짧은지 깨닫게 해 주소서. 그러면 우리의 마음이 지혜로워질 것입니다.

13 여호와여, 돌아오십시오. 언제까지 멀리 계실 것입니까? 주의 종들을 불쌍히 여겨 주소서.

14 아침마다 주의 변함없는 사랑으로 우리를 배부르게 해 주소서. 그러면 우리가 평생토록 기뻐하며 즐겁게 노래하겠습니다.

15 주께서 우리에게 괴로움을 주신 날만큼 이제 우리에게 기쁨의 날들을 되돌려 주소서. 우리가 괴로워한 그날만큼 우리가 즐거운 인생을 보내게 하소서.

16 주의 놀라운 일들을 주의 종들에게 보여 주시고, 주의 위대하심을 우리의 자녀들에게 나타내 주소서.

17 주 우리 하나님의 은혜가 우리와 함께하셔서 우리가 하는 일이 잘 되게 해 주소서. 우리가 하는 일이 잘 되게 해 주소서.

주와 함께 있으면 안전합니다

91 가장 높으신 분의 피난처에 사는 사람은 전능하신 하나님의 그늘 밑에서 편안히 쉬게 될 것입니다.

2 내가 여호와께 말합니다. "주는 나의 피난처이시며 성벽이십니다. 나의 하나님, 내가 주를 굳게 믿습니다."

3 주는 반드시 여러분을 사냥꾼의 덫에서 구하시고, 무서운 병에서 건져 주실 것입니다.

4 주는 주의 깃털로 여러분을 감싸 주시고, 주의 날개 아래 여러분을 보호해 주실 것입니다. 주의 신실하심이 여러분의 갑옷과 방패가 되어 주실 것입니다.

5 밤의 적막함이 여러분을 두렵게 하지 못할 것입니다. 낮에 날아다니는 화살이 여러분을 해하지 못할 것입니다.

6 밤중에 퍼지는 전염병도 여러분을 두렵게 하지 못하고, 대낮에 닥치는 재앙도 여러분을 해하지 못할 것입니다.

7 천 명이 여러분의 옆에서 죽어 엎드러지고, 만 명이 여러분의 오른편에서 쓰러질지라도 여러분은 조금도 다치지 않을 것입니다.

8 오직 여러분은 가만히 서서 악인들이 벌받는 것을 쳐다보게 될 것입니다.

9 가장 높으신 분을 여러분의 피난처로 삼고 나의 피난처이신 여호와를 여러분의 보호자로 모셨으

Some even live to eighty.
But even the best years are filled w
and trouble;
soon they disappear, and we fly a

11 •Who can comprehend the power of
anger?
Your wrath is as awesome as the fear
you deserve.

12 •Teach us to realize the brevity of life,
so that we may grow in wisdom.

13 •O LORD, come back to us!
How long will you delay?
Take pity on your servants!

14 •Satisfy us each morning with your unfailing
love,
so we may sing for joy to the end of
our lives.

15 •Give us gladness in proportion to our former
misery!
Replace the evil years with good.

16 •Let us, your servants, see you work again;
let our children see your glory.

17 •And may the Lord our God show us his
approval
and make our efforts successful.
Yes, make our efforts successful!

91 •Those who live in the shelter of the
Most High
will find rest in the shadow of the
Almighty.

2 •This I declare about the LORD:
He alone is my refuge, my place of safety;
he is my God, and I trust him.

3 •For he will rescue you from every trap
and protect you from deadly disease.

4 •He will cover you with his feathers.
He will shelter you with his wings.
His faithful promises are your armor and
protection.

5 •Do not be afraid of the terrors of the night,
nor the arrow that flies in the day.

6 •Do not dread the disease that stalks in
darkness,
nor the disaster that strikes at midday.

7 •Though a thousand fall at your side,
though ten thousand are dying around you,
these evils will not touch you.

8 •Just open your eyes,
and see how the wicked are punished.

9 •If you make the LORD your refuge,

awesome [ɔ́ːsəm] *a.* 두려운, 무시무시한
brevity [brévəti] *n.* (시간, 기간의) 짧음
comprehend [kàmprihénd] *vt.* 이해하다
futile [fjúːtl] *a.* 헛된, 무익한
mortal [mɔ́ːrtl] *n.* 죽게 마련인 것, 인간
stalk [stɔ́ːk] *vi.* (병, 재해 등이) 만연하다, 퍼지다
90:15 in proportion to … : …에 비례하여

시편

...그 불행도 여러분을 덮치지 않을 것이며, 아무런 ...난도 여러분 집에 가까이하지 못할 것입니다. 주께서 천사들을 시켜 여러분을 지키게 하실 것입니다. 여러분이 어디로 가든지 저들이 여러분을 보호해 줄 것입니다.

12 천사들이 손으로 여러분을 붙들어 주시고, 발이 돌부리에 부딪히지 않도록 해 주실 것입니다.

13 여러분은 사자와 독사 위를 짓밟고 지나가고 힘센 사자와 뱀을 짓누를 것입니다.

14 하나님께서 말씀하십니다. "나를 사랑하는 자를 구원할 것이다. 내 이름을 높이는 자를 내가 보호해 줄 것이다.

15 그가 나를 부르면 내가 그에게 대답할 것이다. 그가 어려울 때, 내가 그와 함께 있을 것이다. 내가 그를 구원하고 그를 높여 줄 것이다.

16 그를 오래 살게 해 줄 것이며, 나의 구원을 그에게 보일 것이다."

하나님의 선하심을 감사함
안식일의 노래

92 가장 높으신 분이여, 여호와를 찬양하는 것은 즐거운 일입니다. 주의 이름을 노래하는 것은 행복한 일입니다.

2 이른 아침에 주의 사랑을 선포하고, 밤에는 주의 신실하심을 노래합니다.

3 십현금과 비파와 수금의 가락에 맞추어 주를 찬양합니다.

4 여호와여, 주가 하신 일들을 듣고 기뻐합니다. 주께서 하신 일들을 보며 내가 기뻐 노래합니다.

5 여호와여, 주가 하신 일은 참으로 위대합니다. 주의 생각은 너무나 깊습니다.

6 미련한 자들이 그것을 알지 못하고, 어리석은 자들이 이해하지 못합니다.

7 악한 자들이 풀처럼 쑥쑥 자라고 악을 행하는 자들이 잘 되는 것처럼 보이지만 그들은 영원히 망하고 말 것입니다.

8 여호와여, 주는 영원히 높임을 받으실 분이십니다.

9 여호와여, 주의 원수들은 반드시 망할 것입니다. 악을 행하는 자들도 모두 다 흩어지게 될 것입니다.

10 그러나 주는 나의 뿔을 들소처럼 강하게 하셨으며, 내게 신선한 기름을 부어 주셨습니다.

11 내가 두 눈으로 적들이 전쟁에 패하는 것을 보고, 두 귀로 악한 원수들이 도망치는 소리를 들었습니다.

12 의로운 자들은 종려나무처럼 무성하며 레바논의 백향목처럼 울창할 것입니다.

13 그들은 마치 여호와의 성전 뜰에 심기운 나무처럼 우리 하나님의 정원에서 우거지게 될 것입니다.

---

if you make the Most High your shelter,

10 • no evil will conquer you;
   no plague will come near your home.

11 • For he will order his angels
   to protect you wherever you go.

12 • They will hold you up with their hands
   so you won't even hurt your foot on
   a stone.

13 • You will trample upon lions and cobras;
   you will crush fierce lions and serpents
   under your feet!

14 • The LORD says, "I will rescue those who
   love me.
   I will protect those who trust in my name.

15 • When they call on me, I will answer;
   I will be with them in trouble.
   I will rescue and honor them.

16 • I will reward them with a long life
   and give them my salvation."

92 A psalm. A song to be sung on the Sabbath Day.

1 • It is good to give thanks to the LORD,
   to sing praises to the Most High.

2 • It is good to proclaim your unfailing love
   in the morning,
   your faithfulness in the evening,

3 • accompanied by a ten-stringed instrument,
   a harp,
   and the melody of a lyre.

4 • You thrill me, LORD, with all you have done
   for me!
   I sing for joy because of what you have
   done.

5 • O LORD, what great works you do!
   And how deep are your thoughts.

6 • Only a simpleton would not know,
   and only a fool would not understand
   this:

7 • Though the wicked sprout like weeds
   and evildoers flourish,
   they will be destroyed forever.

8 • But you, O LORD, will be exalted forever.

9 • Your enemies, LORD, will surely perish;
   all evildoers will be scattered.

10 • But you have made me as strong as a wild ox.
   You have anointed me with the finest oil.

11 • My eyes have seen the downfall of my
   enemies;
   my ears have heard the defeat of my
   wicked opponents.

12 • But the godly will flourish like palm trees
   and grow strong like the cedars of
   Lebanon.

13 • For they are transplanted to the LORD's own
   house.

14 그들은 늙어서도 열매를 맺으며 항상 싱싱하고 푸를 것입니다.

15 그들은 "여호와는 올바르시다. 주는 나의 바위이시며 그분께는 굽은 데가 없다"라고 말할 것입니다.

하나님의 위엄

93 여호와께서 위엄으로 옷 입으시고 세상을 다스리십니다. 여호와께서 위엄으로 옷 입으시고 능력의 띠를 두르셨습니다. 세상이 굳게 서고 흔들림이 없습니다.

2 주의 보좌가 옛적부터 굳게 서 있습니다. 주는 영원부터 계신 분이십니다.

3 여호와여, 바다가 뜁놉니다. 바다가 출렁이며 소리를 높이고 철썩거리며 큰 물결을 일으킵니다.

4 높은 곳에 계신 여호와의 능력은 더욱 강하십니다. 큰 물결이 치는 소리보다 세시고 파도가 깨어지는 소리보다 더 강하십니다.

5 여호와여, 주의 법도는 굳게 서 있습니다. 주의 집은 영원히 거룩함으로 가득 차 있습니다.

하나님께서 원수들을 심판하심

94 여호와여, 사람들이 행한 대로 갚으시는 하나님이시여, 보복하시는 하나님이시여, 빛을 비추소서.

2 이 땅을 심판하시는 재판장이시여, 일어나십시오. 교만한 자들이 마땅히 받아야 할 벌을 주소서.

3 여호와여, 악인들이 언제까지 흥에 겨워 날뛰도록 내버려 두실 것입니까?

4 그들은 교만한 말을 함부로 내뱉고 다니며, 악한 일을 하는 자들은 떠벌리고 다닙니다.

5 여호와여, 그들이 주의 백성을 짓누르고, 주의 민족을 괴롭힙니다.

6 과부와 나그네를 살해하고, 고아들도 죽입니다.

7 그들은 말합니다. "여호와는 이런 일을 보지 않으신다. 야곱의 하나님은 이런 일에 관심도 없다."

8 미련한 사람들아, 조심하라. 멍청한 사람들아, 언제나 깨닫겠느냐?

9 귀를 만드신 분이 듣지 못하시겠느냐? 눈을 지으신 분이 보지 못하시겠느냐?

10 세상 나라를 교훈하시는 분이 너희를 벌하지 못하시겠느냐? 사람을 가르치시는 분이 모든 것을 알지 못하시겠느냐?

11 여호와는 사람의 생각을 아십니다. 사람의 생각들이 바람결 같다는 것을 아십니다.

They flourish in the courts of our God.

14 • Even in old age they will still produce fruit;
they will remain vital and green.

15 • They will declare, "The LORD is just!
He is my rock!
There is no evil in him!"

93 • The LORD is king! He is robed in majesty.
Indeed, the LORD is robed in majesty
and armed with strength.
The world stands firm
and cannot be shaken.

2 • Your throne, O LORD, has stood from time
immemorial.
You yourself are from the everlasting past.

3 • The floods have risen up, O LORD.
The floods have roared like thunder;
the floods have lifted their pounding
waves.

4 • But mightier than the violent raging
of the seas,
mightier than the breakers on the shore—
the LORD above is mightier than these!

5 • Your royal laws cannot be changed.
Your reign, O LORD, is holy forever
and ever.

94 • O LORD, the God of vengeance,
O God of vengeance, let your glorious
justice shine forth!

2 • Arise, O Judge of the earth.
Give the proud what they deserve.

3 • How long, O LORD?
How long will the wicked be allowed to
gloat?

4 • How long will they speak with arrogance?
How long will these evil people boast?

5 • They crush your people, LORD,
hurting those you claim as your own.

6 • They kill widows and foreigners
and murder orphans.

7 • "The LORD isn't looking," they say,
"and besides, the God of Israel* doesn't
care."

8 • Think again, you fools!
When will you finally catch on?

9 • Is he deaf—the one who made your ears?
Is he blind—the one who formed your eyes?

10 • He punishes the nations—won't he also
punish you?
He knows everything—doesn't he also
know what you are doing?

11 • The LORD knows people's thoughts;
he knows they are worthless!

---

gloat [glóut] *vi.* (남의 불행을) 고소한 듯 바라보다
simpleton [símpltən] *n.* 바보, 얼간이

12 여호와여, 주의 교훈을 받는 자는 행복한 사람입니다. 주의 법으로 가르침을 받는 자는 행복한 사람입니다.

13 고난의 날에 주는 그들을 보호하실 것이나 악인은 무덤에 내려갈 것입니다.

14 여호와는 자기 백성을 버리지 않을 것입니다. 결코 자기 민족을 포기하지 않을 것입니다.

15 판단이 의로 돌아가 공정한 재판이 있게 될 것입니다. 정직한 자들은 다 만족할 것입니다.

16 누가 나를 도와서 악인을 치러 일어날 것입니까? 누가 내 편이 되어 악인과 싸울 것입니까?

17 여호와께서 나를 돕지 않으셨다면 나는 벌써 적막한 무덤에 있었을 것입니다.

18 여호와여, 내가 "쓰러질 것 같아!"라고 외칠 때에 주의 사랑이 나를 붙들어 주셨습니다.

19 내 마음에 큰 두려움과 걱정이 있었을 때에 주의 위로가 나에게 커다란 기쁨을 주었습니다.

20 부패한 왕권이 하나님의 친구가 될 수 없습니다. 그들이 만든 법은 백성들을 불행하게 만듭니다.

21 그들이 모여서 의로운 사람을 해치려고 하고, 죄 없는 사람들에게 형벌을 선고합니다.

22 그러나 여호와는 나의 성벽이 되셨습니다. 나의 하나님은 내가 피할 바위이십니다.

23 주는 악한 자들이 지은 죄대로 갚으실 것입니다. 우리 하나님 여호와께서 그들을 멸망시킬 것입니다.

찬송과 순종을 바라심

95 다 와서 여호와께 기쁜 노래를 부릅시다. 우리 구원의 반석이 되시는 주님께 큰 소리로 외칩시다.

2 감사의 노래를 부르면서 주 앞에 나아갑시다. 음악과 노래로 주를 높입시다.

3 여호와는 위대한 하나님이십니다. 그분은 모든 신들 위에 뛰어난, 위대한 왕이십니다.

4 땅의 가장 깊은 곳도 그분의 것이며, 가장 높은 산들도 그분의 것입니다.

5 바다도 그분의 것입니다. 이는 주가 만드셨기 때문입니다. 그분은 손으로 마른 땅도 지으셨습니다.

6 다 와서 엎드려 주를 경배합시다. 우리를 지으신 여호와 앞에 무릎을 꿇읍시다.

7 그분은 우리의 하나님이십니다. 우리는 그분 목장의 백성이며 그분이 기르는 양 떼들입니다. 오늘날 여러분에게 하시는 여호와의 말씀을 들으십시오.

8 "너희 조상들이 므리바에서 그랬던 것처럼, 광야의 맛사에서 그랬던 것처럼 고집부리지 마라.

---

12 • Joyful are those you discipline, LORD,
     those you teach with your instructions.

13 • You give them relief from troubled times
     until a pit is dug to capture the wicked.

14 • The LORD will not reject his people;
     he will not abandon his special possession.

15 • Judgment will again be founded on justice,
     and those with virtuous hearts will pursue it.

16 • Who will protect me from the wicked?
     Who will stand up for me against evildoers?

17 • Unless the LORD had helped me,
     I would soon have settled in the silence
     of the grave.

18 • I cried out, "I am slipping!"
     but your unfailing love, O LORD, supported
     me.

19 • When doubts filled my mind,
     your comfort gave me renewed hope and
     cheer.

20 • Can unjust leaders claim that God is on their
     side—
     leaders whose decrees permit injustice?

21 • They gang up against the righteous
     and condemn the innocent to death.

22 • But the LORD is my fortress;
     my God is the mighty rock where I hide.

23 • God will turn the sins of evil people back
     on them.
     He will destroy them for their sins.
     The LORD our God will destroy them.

95 1 • Come, let us sing to the LORD!
     Let us shout joyfully to the Rock of
     our salvation.

2 • Let us come to him with thanksgiving.
     Let us sing psalms of praise to him.

3 • For the LORD is a great God,
     a great King above all gods.

4 • He holds in his hands the depths of the earth
     and the mightiest mountains.

5 • The sea belongs to him, for he made it.
     His hands formed the dry land, too.

6 • Come, let us worship and bow down.
     Let us kneel before the LORD our maker,

7 • for he is our God.
     We are the people he watches over,
     the flock under his care.

     If only you would listen to his voice today!

8 • The LORD says, "Don't harden your hearts
     as Israel did at Meribah,
     as they did at Massah in the wilderness.

---

condemn [kəndém] vt. 정죄하다
rustle [rʌsl] vi. 살랑살랑 소리내다
virtuous [vəːrtʃuəs] a. 덕이 높은, 고결한
94:21 gang up against… : …을 집단적으로 공격
(대항)하다

9 그곳에서 그들은 나를 시험하였다. 내가 행한 일을 두 눈으로 보고서도 나를 시험한 것이다.

10 나는 사십 년 동안, 그들에게 분노하였다. 그리고 이렇게 말했다. '그들은 마음을 다른 곳에 두고 있다. 나의 길을 도무지 알지 못하는 백성이다.'

11 나는 화가 나서 맹세하였다. '그들은 결코 내 안식에 들어오지 못할 것이다.'"

하나님의 영광을 노래하여라

96 새 노래로 여호와께 노래하십시오, 온 땅이여, 여호와께 노래하십시오.

2 여호와께 노래하고 그분의 이름을 찬양하십시오. 날마다 그분의 구원을 선포하십시오.

3 세상 모든 나라들에게 그분의 영광을 선언하고, 모든 민족들에게 그가 행하신 놀라운 일들을 전하십시오.

4 여호와는 위대하시며 찬양받으실 분입니다. 그분은 모든 신들보다 더 높임 받으실 분입니다.

5 세상 모든 나라의 신들은 다 헛된 우상들입니다. 그러나 여호와는 하늘을 만드신 분이십니다.

6 주께는 찬란한 위엄이 있고 그분의 성소에는 능력과 아름다움이 있습니다.

7 온 땅의 나라들이여, 여호와께 영광과 능력을 돌리십시오. 여호와께 영광과 능력을 돌리십시오.

8 여호와의 이름에 알맞은 영광을 그에게 돌리며 예물을 들고 그분의 성전에 들어가십시오.

9 거룩한 광채로 옷 입으신 여호와를 경배하십시오. 온 땅이여, 주님을 경외하십시오.

10 온 세상에 전하십시오, "여호와는 왕이십니다." 이 세상이 굳게 서고 흔들리지 않을 것입니다. 주께서 모든 민족을 공평하게 심판하실 것입니다.

11 하늘이여, 기뻐하고 땅이여, 즐거워하여라. 바다와 그 안에 있는 모든 것들아, 높이 외쳐라.

12 밭과 그 안에 있는 모든 것들아, 기뻐 소리쳐라. 숲의 모든 나무들아, 즐거이 노래하여라.

13 여호와께서 오실 때, 그분이 이 세상을 심판하러 오실 때, 그들이 여호와 앞에서 노래할 것입니다. 주는 이 세상을 공평하게 심판하시고 진리로 민족들을 판단하실 것입니다.

하나님의 능력을 친송함

97 여호와께서 다스리시니 온 땅이 기뻐하며 땅끝에 있는 섬들도 즐거워합니다.

2 짙은 안개와 구름이 그분을 두르고, 정의와 공평 위에 그 나라가 세워졌습니다.

3 불길이 그 앞에서 나와 사방에 있는 주의 원수들

---

9 •For there your ancestors tested and tried my patience,
  even though they saw everything I did.

10 •For forty years I was angry with them, and I said,
  'They are a people whose hearts turn away from me.
  They refuse to do what I tell them.'

11 •So in my anger I took an oath:
  'They will never enter my place of rest.'"

96 Sing a new song to the LORD!
  Let the whole earth sing to the LORD!

2 •Sing to the LORD; praise his name.
  Each day proclaim the good news that he saves.

3 •Publish his glorious deeds among the nations.
  Tell everyone about the amazing things he does.

4 •Great is the LORD! He is most worthy of praise!
  He is to be feared above all gods.

5 •The gods of other nations are mere idols,
  but the LORD made the heavens!

6 •Honor and majesty surround him;
  strength and beauty fill his sanctuary.

7 •O nations of the world, recognize the LORD;
  recognize that the LORD is glorious and strong.

8 •Give to the LORD the glory he deserves!
  Bring your offering and come into his courts.

9 •Worship the LORD in all his holy splendor.
  Let all the earth tremble before him.

10 •Tell all the nations, "The LORD reigns!"
  The world stands firm and cannot be shaken.
  He will judge all peoples fairly.

11 •Let the heavens be glad, and the earth rejoice!
  Let the sea and everything in it shout his praise!

12 •Let the fields and their crops burst out with joy!
  Let the trees of the forest sing for joy

13 •before the LORD, for he is coming!
  He is coming to judge the earth.
  He will judge the world with justice,
  and the nations with his truth.

97 The LORD is king!
  Let the earth rejoice!
  Let the farthest coastlands be glad.

2 •Dark clouds surround him.
  Righteousness and justice are the foundation of his throne.

3 •Fire spreads ahead of him
  and burns up all his foes.

을 태웁니다.

4 그 번개가 번쩍이며 세상을 비추고 사람들이 그
것을 보고 두려워 벌벌 떱니다.

5 산들이 여호와 앞에서 양초처럼 녹습니다. 큰 산
들이 온 땅의 주 앞에서 녹습니다.

6 하늘들이 그 공평하심을 노래하고, 모든 민족들
이 그 영광을 바라봅니다.

7 우상을 섬기는 자들은 부끄러움을 당할 것입니
다. 그들은 허수아비들을 자랑하고 있습니다. 모
든 신들아, 여호와께 엎드려 경배하여라!

8 여호와여, 주의 공평한 심판 때문에 시온이 듣고
기뻐하며 유다 마을들이 즐거워합니다.

9 여호와여, 주는 온 땅 위에 가장 높으신 분이십니
다. 주는 모든 신들 위에 가장 뛰어나신 분이십니
다.

10 여호와를 사랑하는 자들은 악을 미워합니다. 주
는 신실하게 주님을 따르는 자의 생명을 보호하
시며, 악한 자의 손에서 그들을 구원하십니다.

11 바르게 사는 사람들에게 빛을 비추시며, 마음이
정직한 사람들에게 넘치는 기쁨을 주십니다.

12 바르게 사는 여러분, 여호와 안에서 기뻐하십시
오, 그분의 거룩한 이름을 찬양하십시오.

능력과 정의의 하나님

98 새 노래로 여호와께 찬양하십시오. 그분이
놀라운 일들을 행하시고 능력의 오른손과
거룩한 팔로 우리에게 승리와 구원을 주셨습니
다.

2 여호와는 온 세상에 그의 구원을 알리시고, 온 세
계에 그의 의로우심을 알리셨습니다.

3 주는 이스라엘 백성을 향한 그의 사랑을 기억하셨
습니다. 이스라엘 집을 향한 주의 성실하심을 기
억하셨습니다. 세상 끝에 있는 사람들까지도 우
리 하나님의 구원을 바라보게 되었습니다.

4 온 땅이여, 기쁨으로 여호와께 즐거이 외치며, 악
기에 맞추어 기쁨의 노래를 부르십시오.

5 수금으로 아름다운 음악을 여호와께 드리십시
오. 수금과 노랫소리로 주를 찬양하십시오.

6 나팔과 호각을 불면서 왕이신 여호와 앞에서 즐
거이 외치십시오.

7 바다와 그 안에 있는 모든 것들아, 높이 외쳐라. 온
세계와 그 안에 있는 모든 것들아, 다 노래하여라.

8 강들아, 손뼉을 치고 산들아, 함께 즐거워하며 노
래하여라.

9 여호와 앞에서 노래하십시오. 그것은 그가 세상
을 심판하러 오시기 때문입니다. 그가 이 세상을
바르게 심판하시고 민족들을 공정하게 판단하실
것입니다.

4 • His lightning flashes out across the world.
    The earth sees and trembles.
5 • The mountains melt like wax before
      the LORD,
    before the Lord of all the earth.
6 • The heavens proclaim his righteousness;
    every nation sees his glory.
7 • Those who worship idols are disgraced—
    all who brag about their worthless gods—
    for every god must bow to him.
8 • Jerusalem* has heard and rejoiced,
    and all the towns of Judah are glad
    because of your justice, O LORD!
9 • For you, O LORD, are supreme over all
      the earth;
    you are exalted far above all gods.

10 • You who love the LORD, hate evil!
     He protects the lives of his godly people
     and rescues them from the power
       of the wicked.
11 • Light shines on the godly,
     and joy on those whose hearts are right.
12 • May all who are godly rejoice in the LORD
     and praise his holy name!

98 *A psalm.*

1 • Sing a new song to the LORD,
    for he has done wonderful deeds.
    His right hand has won a mighty victory;
    his holy arm has shown his saving power!
2 • The LORD has announced his victory
    and has revealed his righteousness
      to every nation!
3 • He has remembered his promise to love
    and be faithful to Israel.
    The ends of the earth have seen the victory
      of our God.

4 • Shout to the LORD, all the earth;
    break out in praise and sing for joy!
5 • Sing your praise to the LORD with the harp,
    with the harp and melodious song,
6 • with trumpets and the sound of the ram's
      horn.
    Make a joyful symphony before the LORD,
      the King!

7 • Let the sea and everything in it shout his
      praise!
    Let the earth and all living things join in.
8 • Let the rivers clap their hands in glee!
    Let the hills sing out their songs of joy
9 • before the LORD,
    for he is coming to judge the earth.
    He will judge the world with justice,
      and the nations with fairness.

97:8 Hebrew *Zion.*

거룩한 왕이시며 공평하신 하나님

99 여호와께서 다스리시니 모든 나라들이 두려워 떱니다. 여호와께서 날개 달린 생물인 그룹들 사이에 앉아 계시니 땅이 흔들립니다.

2 여호와는 시온에서 위대한 분이십니다. 주는 모든 나라들 위에 가장 높은 분이십니다.

3 모든 나라들이 주의 위대하고 높으신 이름을 찬송할 것입니다. 그는 거룩하십니다.

4 우리의 왕은 능력이 크시고 정의를 사랑하십니다. 주는 공평의 법을 세우셨습니다. 주는 야곱의 집안에 정의와 공평을 세우셨습니다.

5 여호와 우리 하나님을 높이십시오. 그분 발 아래 엎드리십시오. 그는 거룩하십니다.

6 모세와 아론은 그분의 제사장들이었습니다. 사무엘도 주의 이름을 부르던 사람이었습니다. 그들이 여호와를 부를 때에 주께서 그들에게 대답하셨습니다.

7 여호와께서 구름 기둥에서 그들에게 말씀하셨고, 그들은 주가 주신 법규와 명령들을 지켰습니다.

8 여호와 우리 하나님이여, 주는 그들에게 응답하셨습니다. 때때로 그들의 잘못을 벌하셨지만 주는 그들을 용서하시는 하나님이셨습니다.

9 여호와 우리 하나님을 높이십시오. 그의 거룩한 산에서 그분에게 경배하십시오. 여호와 우리 하나님은 거룩하신 분입니다.

하나님을 찬양하는 소리
감사의 노래

100 온 땅이여, 여호와께 즐겁게 외치십시오.

2 즐거움으로 여호와를 섬기십시오. 기쁨의 노래를 부르면서 그분 앞으로 나아오십시오.

3 여호와께서 우리의 하나님이심을 아십시오. 그분이 우리를 지으셨으니, 우리는 그분의 것입니다. 우리는 그분의 백성이며 그분이 돌보는 양 떼들입니다.

4 감사의 노래를 부르면서 그분의 성문으로 들어가십시오. 찬양을 드리면서 그분의 뜰 안으로 들어가십시오. 그분에게 감사하고 그분의 이름을 찬양하십시오.

5 여호와는 선하시며, 그분의 사랑은 영원합니다. 그분의 성실하심은 대대로 이어질 것입니다.

다스림의 약속
다윗의 노래

101 여호와여, 내가 주의 사랑과 정의를 노래합니다. 내가 주께 찬양을 드리겠습니다.

2 내가 흠 없는 삶을 살도록 하겠습니다. 주님은 언

99 　•The LORD is king!
　　　Let the nations tremble!
　　He sits on his throne between the cherubim.
　　　Let the whole earth quake!

2 　•The LORD sits in majesty in Jerusalem,*
　　exalted above all the nations.

3 　•Let them praise your great and awesome
　　　name.
　　　Your name is holy!

4 　•Mighty King, lover of justice,
　　you have established fairness.
　　You have acted with justice
　　and righteousness throughout Israel.*

5 　•Exalt the LORD our God!
　　Bow low before his feet, for he is holy!

6 　•Moses and Aaron were among his priests;
　　Samuel also called on his name.
　　They cried to the LORD for help,
　　and he answered them.

7 　•He spoke to Israel from the pillar of cloud,
　　and they followed the laws and
　　decrees he gave them.

8 　•O LORD our God, you answered them.
　　You were a forgiving God to them,
　　but you punished them when they
　　went wrong.

9 　•Exalt the LORD our God,
　　and worship at his holy mountain in
　　Jerusalem,
　　for the LORD our God is holy!

100 *A psalm of thanksgiving.*

1 　•Shout with joy to the LORD, all the earth!
2 　　Worship the LORD with gladness.
　　Come before him, singing with joy.
3 　•Acknowledge that the LORD is God!
　　He made us, and we are his.*
　　We are his people, the sheep of his pasture.
4 　•Enter his gates with thanksgiving;
　　go into his courts with praise.
　　Give thanks to him and praise his name.
5 　•For the LORD is good.
　　His unfailing love continues forever,
　　and his faithfulness continues to each
　　generation.

101 *A psalm of David.*

1 　•I will sing of your love and justice, LORD.
　　I will praise you with songs.
2 　•I will be careful to live a blameless life—
　　when will you come to help me?
　　I will lead a life of integrity
　　in my own home.

99:2 Hebrew *Zion.*　99:4 Hebrew *Jacob.* See note on 44:4.　100:3 As in an alternate reading in the Masoretic Text; the other alternate and some ancient versions read *and not we ourselves.*

제쯤 내게 오시렵니까? 내가 티없이 깨끗한 마음으로 내 집 안에서 살겠습니다.

3 악한 것은 그 무엇이라도 거들떠보지 않겠습니다. 주를 따르지 않는 자들을 싫어하며 그런 사람들과는 어울리지 않을 것입니다.

4 삐뚤어진 마음을 내게서 버리겠습니다. 악한 일과는 아무런 상관없이 살겠습니다.

5 자기 이웃을 몰래 헐뜯는 자들을 내가 잠잠케 하겠습니다. 거만한 눈과 교만한 마음을 가진 자들을 내가 가만두지 않을 것입니다.

6 이 땅에서 신실한 사람을 찾아 나와 함께 살게 할 것입니다. 깨끗한 길로 걸어가는 사람이 나를 받들게 할 것입니다.

7 속이는 사람들은 그 누구도 내 집에서 살지 못할 것입니다. 거짓말하는 사람들도 내 앞에 서지 못할 것입니다.

8 매일 아침마다 이 땅에 사는 악한 자들의 입을 다물게 만들 것이며, 악한 일을 행하는 사람들을 여호와의 성에서 없애 버릴 것입니다.

도움을 구하는 부르짖음
고통당하는 자가 마음이 상하여
여호와께 그의 근심을 털어 놓는 기도

102 여호와여, 나의 기도를 들어 주소서. 도와 달라는 나의 부르짖음이 주께 이르게 해 주소서.

2 내가 고통스러워하고 있을 때에 주의 얼굴을 내게서 숨기지 마소서. 내게 귀를 기울여 주소서. 내가 부르짖을 때에 어서 빨리 내게 대답해 주소서.

3 나의 세월은 연기처럼 사라져 가고, 내 뼈는 숯불처럼 타들어 갑니다.

4 내 마음은 풀처럼 말라 시들었으며, 음식 먹는 것조차 잊어 버렸습니다.

5 신음하다 지쳐 버려 이제는 뼈와 가죽만 남았습니다.

6 나는 사막의 올빼미와 같습니다. 폐허가 된 집터의 부엉이와 같습니다.

7 지붕 위의 외로운 한 마리 새처럼 뜬눈으로 밤을 지새우고 있습니다.

8 온종일 원수들이 나를 빈정대며 모욕합니다. 나를 조롱하는 자들이 내 이름을 들먹이며 저주합니다.

9 내가 재를 음식같이 먹고, 눈물을 물처럼 마십니다.

10 주께서 크게 분노하시고 나를 들어 내던지셨습니다.

11 나의 인생은 석양의 그림자와 같고 마치 풀처럼

3 • I will refuse to look at
　anything vile and vulgar.
　I hate all who deal crookedly;
　I will have nothing to do with them.
4 • I will reject perverse ideas
　and stay away from every evil.
5 • I will not tolerate people who slander their
　　neighbors.
　I will not endure conceit and pride.

6 • I will search for faithful people
　to be my companions.
　Only those who are above reproach
　will be allowed to serve me.
7 • I will not allow deceivers to serve in my
　　house,
　and liars will not stay in my presence.
8 • My daily task will be to ferret out the wicked
　and free the city of the LORD from
　　their grip.

102 *A prayer of one overwhelmed with trouble, pouring out problems before the* LORD.

1 • LORD, hear my prayer!
　Listen to my plea!
2 • Don't turn away from me
　in my time of distress.
　Bend down to listen,
　and answer me quickly when I call to you.
3 • For my days disappear like smoke,
　and my bones burn like red-hot coals.
4 • My heart is sick, withered like grass,
　and I have lost my appetite.
5 • Because of my groaning,
　I am reduced to skin and bones.
6 • I am like an owl in the desert,
　like a little owl in a far-off wilderness.
7 • I lie awake,
　lonely as a solitary bird on the roof.
8 • My enemies taunt me day after day.
　They mock and curse me.
9 • I eat ashes for food.
　My tears run down into my drink
10 • because of your anger and wrath.
　For you have picked me up and thrown
　　me out.
11 • My life passes as swiftly as the evening
　　shadows.
　I am withering away like grass.

---

conceit [kənsíːt] *n.* 자만
destitute [déstətjùːt] *a.* 빈곤한: [the-] 가난한 사람들
discard [diskάːrd] *vt.* 버리다, 포기하다
slander [slǽndər] *vt.* 중상하다, …의 명예를 훼손하다
taunt [tɔ́ːnt] *vt.* 비웃다
thrive [θráiv] *vi.* 번영하다, 잘되다
vulgar [vʌ́lgər] *a.* 저속한
101:6 above reproach : 나무랄 데 없는, 훌륭한
101:8 ferret out : (비밀, 범인 등을) 색출하다

시들어 갑니다.

12 여호와여, 주는 영원히 왕좌에 앉아 계십니다. 주의 명성은 대대로 영원할 것입니다.

13 주께서 오셔서 시온에게 자비를 베풀어 주소서. 이제는 시온을 불쌍히 여겨 주실 때입니다.

14 주의 종들은 폐허가 된 시온의 돌들을 아낍니다. 그 먼지 하나에도 그들은 눈물을 짓습니다.

15 세상의 모든 나라들이 여호와의 이름을 두려워할 것입니다. 이 땅의 모든 왕들이 주의 영광을 높일 것입니다.

16 여호와는 시온을 다시 세우시고, 영광 중에 그곳에 나타나실 것입니다.

17 여호와께서 가난한 자들의 기도에 응답하시며 그들의 기도를 물리치지 아니할 것입니다.

18 미래의 세대들을 위해 이 일들을 기록해 놓아 새로운 백성들이 여호와를 찬양하게 합시다.

19 여호와께서 저 높은 성소에서 굽어보시며, 하늘에서 이 땅을 살펴보셨습니다.

20 갇힌 자들의 신음 소리를 들으셨고, 사형 선고 받은 자들을 풀어 주셨습니다.

21 그러므로 여호와의 이름이 시온에 선포되며, 그를 찬양하는 소리가 예루살렘에 가득 퍼지는 가운데서

22 나라들과 민족들이 함께 모여 여호와를 경배할 것입니다.

23 내가 사는 동안에 주는 나의 힘을 꺾으시고, 내가 살 날을 단축시키셨습니다.

24 내가 이렇게 주께 아뢰었습니다. "나의 하나님, 내 삶의 중간에 나를 데려가지 마소서. 주의 세월은 끝이 없습니다.

25 태초에 주는 땅의 기초를 놓았습니다. 하늘도 주의 손으로 만드신 것입니다.

26 하늘과 땅은 사라질지라도 주는 영원하십니다. 그것들은 옷과 같이 낡아집니다. 주는 그것들을 의복처럼 바꿀 수 있으며, 언제라도 버리실 수 있습니다.

27 그러나 주는 언제나 한결같으시니 주의 세월은 결코 끝이 없을 것입니다.

28 주의 종들의 자녀들이 주 앞에서 살 것이고, 그들의 자손들도 주와 함께 영원히 있을 것입니다."

사랑의 하나님께 찬양

다윗의 노래

103

내 영혼아, 여호와를 찬양하여라. 마음을 다해 그분의 거룩한 이름을 찬송하여라.

2 내 영혼아, 여호와를 찬양하며, 그분의 모든 은혜를 잊지 마라.

---

12 •But you, O LORD, will sit on your throne
forever.
Your fame will endure to every generation.

13 •You will arise and have mercy on
Jerusalem*—
and now is the time to pity her,
now is the time you promised to help.

14 •For your people love every stone in her walls
and cherish even the dust in her streets.

15 •Then the nations will tremble before
the LORD.
The kings of the earth will tremble
before his glory.

16 •For the LORD will rebuild Jerusalem.
He will appear in his glory.

17 •He will listen to the prayers of the destitute.
He will not reject their pleas.

18 •Let this be recorded for future generations,
so that a people not yet born will praise
the LORD.

19 •Tell them the LORD looked down
from his heavenly sanctuary.
He looked down to earth from heaven

20 •to hear the groans of the prisoners,
to release those condemned to die.

21 •And so the LORD's fame will be celebrated
in Zion,
his praises in Jerusalem,

22 •when multitudes gather together
and kingdoms come to worship the LORD.

23 •He broke my strength in midlife,
cutting short my days.

24 •But I cried to him, "O my God, who lives
forever,
don't take my life while I am so young!

25 •Long ago you laid the foundation of the earth
and made the heavens with your hands.

26 •They will perish, but you remain forever;
they will wear out like old clothing.
You will change them like a garment
and discard them.

27 •But you are always the same;
you will live forever.

28 •The children of your people
will live in security.
Their children's children
will thrive in your presence."

103 *A psalm of David.*

1 •Let all that I am praise the LORD;
with my whole heart, I will praise his
holy name.

2 •Let all that I am praise the LORD;
may I never forget the good things
he does for me.

102:13 Hebrew *Zion*; also in 102:16.

3 주는 나의 모든 죄들을 용서하시며, 나의 모든
질병을 고쳐 주십니다.
4 무덤에서 내 생명을 구원하시고, 사랑과 자비를
베푸십니다.
5 주는 좋은 것으로 나의 소원을 만족시켜 주시니
내가 독수리처럼 새롭고 힘이 넘칩니다.
6 여호와는 억눌린 자를 위해 정의롭고 공평한 일
을 행하십니다.
7 그분은 그의 뜻을 모세에게 보이시고 그의 행동
들을 이스라엘 백성에게 보이셨습니다.
8 여호와는 자비롭고 은혜로우시며 화를 참으시
고 사랑이 넘치는 분이십니다.
9 그분은 항상 꾸짖거나 따지지 않으시며, 화를
오랫동안 품고 계시지 않습니다.
10 그분은 우리의 죄값을 그대로 갚지 않으시며,
우리가 저지른 잘못에 따라 처벌하지도 않으십
니다.
11 하나님을 두려워하는 자에게 베푸시는 그분의
사랑은 땅에서 하늘이 높음같이 높고 위대합니
다.
12 동이 서에서 먼 것처럼 그분은 우리로부터 죄를
멀리 치우셨습니다.
13 마치 아버지가 그의 자녀들을 깊이 사랑하듯이
주는 그를 존경하는 자들을 깊이 사랑하십니
다.
14 주는 우리가 어떻게 만들어졌는지를 아시며, 우
리가 한낱 먼지임을 기억하고 계십니다.
15 인생은 풀과 같습니다. 들판에 핀 꽃처럼 자랍
니다.
16 바람이 불면 그 꽃은 떨어지고 그 있던 자리는
흔적조차 남지 않습니다.
17 그러나 주를 높이고 두려워하는 자에게 여호와
의 사랑이 영원히 함께할 것입니다. 여호와의
정의는 그들의 자손들과
18 그분의 언약을 지키는 자들과 그분의 법규들을
기억하고 따르는 자들에게 이를 것입니다.
19 여호와께서 하늘에 왕좌를 놓으시고 온 세상을
다스리십니다.
20 그분의 뜻을 행하고 그 말씀을 순종하는 자여,
여호와를 찬양하십시오. 그분의 천사들이여,
여호와를 찬양하십시오.
21 하늘에 있는 군대들이여, 여호와를 찬양하십시
오. 그분의 뜻을 행하는 그분의 종들이여, 여호
와를 찬양하십시오.
22 여호와의 지으심을 받은 만물들이여, 그분이 다
스리는 모든 곳에서 여호와를 찬양하십시오, 내
영혼아, 여호와를 찬양하여라.

3 • He forgives all my sins
and heals all my diseases.
4 • He redeems me from death
and crowns me with love and tender
mercies.
5 • He fills my life with good things.
My youth is renewed like the eagle's!
6 • The LORD gives righteousness
and justice to all who are treated unfairly.
7 • He revealed his character to Moses
and his deeds to the people of Israel.
8 • The LORD is compassionate and merciful,
slow to get angry and filled with unfailing
love.
9 • He will not constantly accuse us,
nor remain angry forever.
10 • He does not punish us for all our sins;
he does not deal harshly with us, as we
deserve.
11 • For his unfailing love toward those who fear
him
is as great as the height of the heavens
above the earth.
12 • He has removed our sins as far from us
as the east is from the west.
13 • The LORD is like a father to his children,
tender and compassionate to those
who fear him.
14 • For he knows how weak we are;
he remembers we are only dust.
15 • Our days on earth are like grass;
like wildflowers, we bloom and die.
16 • The wind blows, and we are gone—
as though we had never been here.
17 • But the love of the LORD remains forever
with those who fear him.
His salvation extends to the children's
children
18 • of those who are faithful to his covenant,
of those who obey his commandments!
19 • The LORD has made the heavens his throne;
from there he rules over everything.
20 • Praise the LORD, you angels,
you mighty ones who carry out his plans,
listening for each of his commands.
21 • Yes, praise the LORD, you armies of angels
who serve him and do his will!
22 • Praise the LORD, everything he has created,
everything in all his kingdom.

Let all that I am praise the LORD.

compassionate [kəmpǽʃənət] a. 인정 많은
reveal [riví:l] vt. 드러내다, 계시하다
103:19 rule over : 다스리다, 통치하다
103:20 carry out… : …을 수행하다

세상을 만드신 하나님을 찬양

104 내 영혼아, 여호와를 찬양하여라. 여호와 나의 하나님, 주는 참으로 위대하십니다. 찬란한 위엄의 옷을 입으셨습니다.

2 빛을 겉옷 삼아 두르시고 하늘을 천막처럼 펼치시고

3 물 위에 궁궐을 지으시며 구름들을 주의 병거로 삼으시고 바람 날개를 타고 다니십니다.

4 바람을 심부름꾼으로 삼으시고 불꽃을 주의 종으로 사용하십니다.

5 주께서 굳건한 기초 위에 땅을 세우셨으므로 결코 흔들리지 않을 것입니다.

6 옷을 입히듯이 깊은 물로 땅을 입히시니 물이 산들을 덮었습니다.

7 그러나 주께서 꾸짖으시니 물들이 물러갔습니다. 주의 천둥 소리 같은 목소리에 물들이 도망쳤습니다.

8 물들이 산들을 넘어 물러가 계곡으로 내려갔습니다. 주께서 정해 주신 곳으로 되돌아간 것입니다.

9 주께서 바닷물의 경계선을 정하사 물이 넘치지 못하게 하시고 다시는 땅을 덮지 못하게 하셨습니다.

10 주께서 샘물을 터뜨리시어 계곡으로 흐르게 하시니 산과 산 사이로 흘러내립니다.

11 들짐승들이 샘에 와서 물을 마시며 들나귀들도 목을 축입니다.

12 하늘의 새들이 물가에 깃들고 나뭇가지에 앉아 노래합니다.

13 주께서 하늘의 궁궐에서 산들 위에 물을 주시니 온 땅이 주가 주신 열매로 가득합니다.

14 가축을 위해 풀을 자라게 하시고 사람이 농사를 지어 먹을 수 있도록 땅에서 곡식이 자라게 하셨습니다.

15 사람의 마음을 즐겁게 하는 포도주와 얼굴에 윤기를 내는 기름과 힘을 돋워 주는 양식을 주셨습니다.

16 여호와의 나무들과 주가 심으신 레바논의 백향목들이 물을 흡족히 마십니다.

17 새들이 그곳에 둥지를 틀고, 황새가 전나무에 집을 지었습니다.

18 높은 산에는 산양들이 살고, 바위 틈에는 오소리들이 숨어 삽니다.

19 달은 계절을 알려 주고, 해는 그 지는 시각을 알려 줍니다.

---

104 • Let all that I am praise the LORD.

O LORD my God, how great you are!
    You are robed with honor and majesty.

2 •   You are dressed in a robe of light.
You stretch out the starry curtain of the heavens;

3 •   you lay out the rafters of your home in the
        rain clouds.
You make the clouds your chariot;
    you ride upon the wings of the wind.

4 • The winds are your messengers;
    flames of fire are your servants.*

5 • You placed the world on its foundation
    so it would never be moved.

6 • You clothed the earth with floods of water,
    water that covered even the mountains.

7 • At your command, the water fled;
    at the sound of your thunder, it hurried away.

8 • Mountains rose and valleys sank
    to the levels you decreed.

9 • Then you set a firm boundary for the seas,
    so they would never again cover the earth.

10 • You make springs pour water into the ravines,
    so streams gush down from the mountains.

11 • They provide water for all the animals,
    and the wild donkeys quench their thirst.

12 • The birds nest beside the streams
    and sing among the branches of the trees.

13 • You send rain on the mountains from your
        heavenly home,
    and you fill the earth with the fruit
        of your labor.

14 • You cause grass to grow for the livestock
    and plants for people to use.
You allow them to produce food from the earth—

15 •   wine to make them glad,
    olive oil to soothe their skin,
    and bread to give them strength.

16 • The trees of the LORD are well cared for—
    the cedars of Lebanon that he planted.

17 • There the birds make their nests,
    and the storks make their homes in the
        cypresses.

18 • High in the mountains live the wild goats,
    and the rocks form a refuge for the hyraxes.*

19 • You made the moon to mark the seasons,
    and the sun knows when to set.

---

quench [kwéntʃ] vt. (갈증을) 해소하다
ravine [rəvíːn] n. 좁은 골짜기, 계곡
refuge [réfjuːdʒ] n. 피난, 도피처
soothe [súːð] vt. 진정시키다
starry [stáːri] a. 별이 총총한

104:4 Greek version reads *He sends his angels like the winds, / his servants like flames of fire.* Compare Heb 1:7. 104:18 Or *coneys,* or *rock badgers.*

20 주께서 어둠을 드리워 밤이 되게 하셨으니 들짐승들이 어슬렁거리기 시작합니다.

21 사자들은 먹이를 찾아 으르렁거리고 하나님께 먹이를 달라고 부르짖습니다.

22 그러다가 해가 뜨면 슬그머니 물러나 동굴로 돌아가 잠자리에 눕습니다.

23 한편 사람들은 그때, 일어나 일하러 갑니다. 그리고 저물도록 수고합니다.

24 여호와여, 주께서 하신 일이 얼마나 많은지요! 주는 지혜로 이 모든 것들을 만드셨습니다. 이 땅에 주가 지으신 것들로 가득 차 있습니다.

25 바다를 보니 얼마나 크고 넓은지요! 그 속에 크고 작은 생물들이 셀 수 없이 많습니다.

26 바다 위로 배들이 이리저리 오갑니다. 주가 만드신 악어가 그 속에서 놉니다.

27 이 모든 것들이 주께서 때를 따라 먹이를 주시기를 기다립니다.

28 주께서 먹이를 주실 때에 그들이 모두 모여듭니다. 주께서 손을 벌리시고 좋은 것을 주시면 그들이 풍족하게 먹고 배부르게 됩니다.

29 그러나 주께서 얼굴을 돌리시면, 그들은 두려워 떱니다. 주께서 그들의 호흡을 끊으시면, 그들은 죽어 흙으로 돌아갑니다.

30 그러나 주께서 입김을 불어넣으시면, 그들은 다시 창조됩니다. 주는 이 땅을 새롭게 만드십니다.

31 여호와의 영광이 영원하소서. 여호와께서 지으신 것들로 즐거워하소서.

32 주가 땅을 보시자, 땅이 흔들립니다. 산들을 만지시자, 산들이 연기를 뿜어 냅니다.

33 내가 평생토록 여호와를 찬송하며, 사는 동안 나의 하나님을 찬양할 것입니다.

34 주를 생각하는 나의 마음을 주께서 어여삐 보소서. 내가 여호와 때문에 즐거워합니다.

35 그러나 이 땅에서 죄인들이 사라지고 악한 자들이 더 이상 없기를 바랍니다. 내 영혼아, 여호와를 찬양하여라. 여호와를 찬양하여라.*

이스라엘을 향한 하나님의 사랑

105 여호와께 감사하며, 그분의 이름을 부르십시오. 그분이 행하신 일들을 모든 나라에게 알리십시오.

2 주께 노래하고, 그분께 찬양을 드리십시오. 그가 행하신 놀라운 일들을 전하십시오.

---

20 •You send the darkness, and it becomes night, when all the forest animals prowl about.

21 •Then the young lions roar for their prey, stalking the food provided by God.

22 •At dawn they slink back into their dens to rest.

23 •Then people go off to their work, where they labor until evening.

24 •O LORD, what a variety of things you have made! In wisdom you have made them all. The earth is full of your creatures.

25 •Here is the ocean, vast and wide, teeming with life of every kind, both large and small.

26 •See the ships sailing along, and Leviathan,* which you made to play in the sea.

27 •They all depend on you to give them food as they need it.

28 •When you supply it, they gather it. You open your hand to feed them, and they are richly satisfied.

29 •But if you turn away from them, they panic. When you take away their breath, they die and turn again to dust.

30 •When you give them your breath,* life is created, and you renew the face of the earth.

31 •May the glory of the LORD continue forever! The LORD takes pleasure in all he has made!

32 •The earth trembles at his glance; the mountains smoke at his touch.

33 •I will sing to the LORD as long as I live. I will praise my God to my last breath!

34 •May all my thoughts be pleasing to him, for I rejoice in the LORD.

35 •Let all sinners vanish from the face of the earth; let the wicked disappear forever.

Let all that I am praise the LORD.

Praise the LORD!

105 •Give thanks to the LORD and proclaim his greatness. Let the whole world know what he has done.

2 •Sing to him; yes, sing his praises. Tell everyone about his wonderful deeds.

---

glance [glǽns] *n.* 흘긋 봄, 일견(一見)
prowl [prául] *vi.* 찾아 헤매다, 배회하다
slink [slíŋk] *vi.* 가만가만 다니다
teeming [tíːmiŋ] *a.* 풍부한, 우글우글한

104:26 The identification of Leviathan is disputed, ranging from an earthly creature to a mythical sea monster in ancient literature.   104:30 Or *When you send your Spirit.*

104:35 개역 성경에는 '할렐루야' 라고 표기되어 있다. 이는 '여호와를 찬양하라' 는 의미이다.

3 그분의 거룩한 이름은 영광스럽습니다. 여호와를 찾는 자들은 마음이 기쁠 것입니다.

4 여호와를 찾고 그분의 능력을 간절히 구하십시오. 그분 곁을 떠나지 마십시오.

5 그분이 행하신 놀라운 일들을 기억하고, 그분의 기적과 그분이 선언한 심판들을 생각하십시오.

6 그 종 아브라함의 후손들이여, 곧 택하신 백성, 야곱의 자손이여,

7 그분은 여호와 우리 하나님이십니다. 그분은 정의롭게 온 세상을 다스리십니다.

8 그분은 자기의 언약을 영원히 기억하십니다. 그가 하신 말씀을 대대로 지키실 것입니다.

9 그분은 아브라함과 언약을 맺으셨습니다. 그분은 이삭에게 맹세하셨습니다.

10 그분은 그 언약을 야곱의 백성에게 법으로 주셨습니다. 이스라엘에게 영원한 언약으로 주신 것입니다.

11 "내가 가나안 땅을 너희에게 주어, 그 땅을 너희의 소유가 되게 할 것이다."

12 처음에 그들의 숫자는 너무도 적었습니다. 그들은 그 땅에서 나그네들이었습니다.

13 그들은 이 나라 저 나라로, 이 민족 저 민족에게로 떠돌아다녔습니다.

14 그러나 주는 누구도 그들을 억누르지 못하게 하셨고, 그들을 위해 다른 나라 왕들을 꾸짖으셨습니다.

15 "내가 기름 부은 자들을 건드리지 마라. 나의 예언자들을 해치지 마라."

16 주께서 그 땅에 기근을 내리시고 모든 식량 공급을 막으셨습니다.

17 그리고 먼저 한 사람을 보내셨는데 그가 종으로 팔렸던 요셉이었습니다.

18 사람들이 그 발에 족쇄를 채우고, 목에는 쇠사슬을 매었습니다.

19 그러나 마침내 그가 예언한 것이 이루어지게 되었습니다. 여호와의 말씀이 요셉의 진실을 보여 준 것입니다.

20 왕이 사람을 보내어 그를 풀어 주었습니다. 민족의 통치자가 그를 풀어 준 것입니다.

21 그리고 그가 요셉에게 그 나라 일을 맡겼습니다. 요셉은 왕의 모든 소유를 맡아 관리하게 된 것입니다.

22 왕자들을 마음대로 가르치고 장로들에게 지혜를 가르치게 되었습니다.

23 그때, 이스라엘이 이집트로 들어가게 되었습니다. 야곱은 함의 땅에서 외국인처럼 살게 된 것입니다.

3 • Exult in his holy name;
     rejoice, you who worship the LORD.
4 • Search for the LORD and for his strength;
     continually seek him.
5 • Remember the wonders he has performed,
     his miracles, and the rulings he has given,
6 • you children of his servant Abraham,
     you descendants of Jacob, his chosen ones.

7 • He is the LORD our God.
     His justice is seen throughout the land.
8 • He always stands by his covenant—
     the commitment he made to a thousand
     generations.
9 • This is the covenant he made with Abraham
     and the oath he swore to Isaac.
10 • He confirmed it to Jacob as a decree,
     and to the people of Israel as a never-ending
     covenant:
11 • "I will give you the land of Canaan
     as your special possession."

12 • He said this when they were few in number,
     a tiny group of strangers in Canaan.
13 • They wandered from nation to nation,
     from one kingdom to another.
14 • Yet he did not let anyone oppress them.
     He warned kings on their behalf:
15 • "Do not touch my chosen people,
     and do not hurt my prophets."

16 • He called for a famine on the land of Canaan,
     cutting off its food supply.
17 • Then he sent someone to Egypt ahead of
     them—
     Joseph, who was sold as a slave.
18 • They bruised his feet with fetters
     and placed his neck in an iron collar.
19 • Until the time came to fulfill his dreams,*
     the LORD tested Joseph's character.
20 • Then Pharaoh sent for him and set him free;
     the ruler of the nation opened his prison
     door.
21 • Joseph was put in charge of all the king's
     household;
     he became ruler over all the king's
     possessions.
22 • He could instruct* the king's aides as he pleased
     and teach the king's advisers.

23 • Then Israel arrived in Egypt;
     Jacob lived as a foreigner in the land
     of Ham.

aide [éid] *n.* 조수, 조력자; 측근자
bruise [bruːz] *vt.* 상처를 주다. A·에게 타박상을 주다
105:8 stand by : (약속 등을) 지키다

105:19 Hebrew *his word.*   105:22 As in Greek
and Syriac versions; Hebrew reads *bind or
imprison.*

24 여호와께서 자기 백성을 크게 번성하게 하
  셨습니다. 그들의 적보다 더 많고 강하게 하
  신 것입니다.
25 주께서 이집트 사람들이 그 백성을 미워하
  도록 만드셨습니다. 주의 종들을 괴롭게
  하셨습니다.
26 그때, 주는 그의 종 모세와 그가 택한 아론을
  보내셨습니다.
27 그들은 이집트 사람들에게 주의 표적들을
  나타냈습니다. 함의 나라에서 기적들을 나
  타낸 것입니다.
28 여호와는 흑암을 보내어 그 땅을 어둡게 하
  셨습니다. 그러나 이집트 사람들은 그분의
  말씀을 거역하였습니다.
29 주는 그 땅의 모든 물을 피로 변하게 하셨습
  니다. 그러자 고기 떼들이 다 죽었습니다.
30 또 개구리들을 보내어 온 땅을 덮치게 하자
  그 개구리들이 왕의 침실까지 기어올라갔습
  니다.
31 여호와께서 말씀하시자, 엄청난 파리 떼들
  이 덮쳤습니다. 그리고 온 나라 안에 이가 생
  겼습니다.
32 주께서 비를 우박으로 바꾸시고 온 나라에
  벼락을 보내어
33 포도나무와 무화과나무를 치시고 온 나라의
  나무들을 모두 꺾으셨습니다.
34 여호와께서 말씀하시자, 셀 수 없이 많은 메
  뚜기 떼가 몰려와서
35 그 땅의 모든 풀들을 갉아먹고 땅에서 나는
  온갖 곡식들을 다 먹어 치웠습니다.
36 여호와께서 그 땅의 모든 맏아들, 곧 각 집안
  의 가장 큰아들을 죽이셨습니다.
37 주는 자기 백성으로 은과 금을 가지고 그 땅
  을 나오게 하셨습니다. 그들 중 어느 한 사람
  도 낙오되는 자가 없었습니다.
38 그들이 떠나자, 이집트 사람들이 기뻐했습
  니다. 왜냐하면 이집트 사람들이 이스라엘
  을 너무도 두려워했기 때문입니다.
39 여호와는 낮에 구름을 펼쳐 그들을 덮어 주
  시고 밤에는 불로 비추어 주셨습니다.
40 그들이 먹을 것을 요구하자, 메추라기를 보
  내 주시고 하늘에서 양식을 내리시어 그들
  을 배불리 먹이셨습니다.
41 바위를 열어 샘물이 솟게 하셨으니 마치 사
  막 가운데 흐르는 강물 같았습니다.
42 주는 자기의 종 아브라함에게 주셨던 주의
  거룩한 약속을 기억하셨기 때문이었습니

24 • And the LORD multiplied the people of Israel
  until they became too mighty for their
  enemies.
25 • Then he turned the Egyptians against the
  Israelites,
  and they plotted against the LORD's servants.

26 • But the LORD sent his servant Moses,
  along with Aaron, whom he had chosen.
27 • They performed miraculous signs among
  the Egyptians,
  and wonders in the land of Ham.
28 • The LORD blanketed Egypt in darkness,
  for they had defied* his commands to let his
  people go.
29 • He turned their water into blood,
  poisoning all the fish.
30 • Then frogs overran the land
  and even invaded the king's bedrooms.
31 • When the LORD spoke, flies descended
  on the Egyptians,
  and gnats swarmed across Egypt.
32 • He sent them hail instead of rain,
  and lightning flashed over the land.
33 • He ruined their grapevines and fig trees
  and shattered all the trees.
34 • He spoke, and hordes of locusts came—
  young locusts beyond number.
35 • They ate up everything green in the land,
  destroying all the crops in their fields.
36 • Then he killed the oldest son in each Egyptian
  home,
  the pride and joy of each family.

37 • The LORD brought his people out of Egypt,
  loaded with silver and gold;
  and not one among the tribes of Israel
  even stumbled.
38 • Egypt was glad when they were gone,
  for they feared them greatly.
39 • The LORD spread a cloud above them
  as a covering
  and gave them a great fire to light the darkness.
40 • They asked for meat, and he sent them quail;
  he satisfied their hunger with manna—
  bread from heaven.
41 • He split open a rock, and water gushed out
  to form a river through the dry wasteland.
42 • For he remembered his sacred promise
  to his servant Abraham.

---

blanket [blǽŋkit] vt. 전면을 덮어버리다
foe [fóu] n. 적, 원수
gnat [næt] n. 각다귀; 〈영〉 모기
overrun [òuvərʌ́n] vt. (해충, 짐승 등이) 들끓다
quail [kwéil] n. 메추라기
105:31 descend on… : …에 습격하다
106:14 run wild : 제멋대로 굴다

105:28 As in Greek and Syriac versions; Hebrew reads
had not defied.

다.

43 주는 자기 백성이 즐거운 마음으로 나오게 하시
고, 자기의 택한 자들이 기뻐 외치며 나오게 하
셨습니다.

44 그리고 다른 민족들의 땅들을 빼앗아 그들에게
주셨으며, 다른 백성들이 땀 흘려 수고한 것들
을 그들에게 물려주셨습니다.

45 이렇게 하신 것은 그들에게 주의 법을 따르게 하
고, 주의 명령에 순종하게 하기 위함이었습니
다. 여호와를 찬양하십시오.

하나님을 믿지 못한 이스라엘의 실패

106 여호와를 찬양하십시오. 여호와께 감
사하십시오. 그분은 좋으신 분입니다.
그분의 사랑은 영원합니다.

2 누가 여호와의 놀라우신 행동들을 선포할 수 있
으며, 누가 그분의 업적을 다 찬양할 수 있겠습
니까?

3 항상 바르게 살고 옳은 일을 하는 사람은 행복한
사람입니다.

4 여호와여, 주의 백성에게 은혜를 베푸실 때에
나를 기억하십시오. 그들을 구원하실 때에 나를
도와 주십시오.

5 주의 택한 자들이 잘 되는 것을 보며 함께 기뻐
하고, 주의 백성들과 함께 즐거움을 나누며, 주
의 백성들과 함께 찬양하겠습니다.

6 우리 조상들처럼 우리가 죄를 지었습니다. 못된
짓을 하고 악한 일을 저질렀습니다.

7 우리 조상들이 이집트에 있었을 때에 그들은 주
의 기적들을 깨닫지 못했습니다. 그들은 주의
친절함을 기억하지도 못하고 오히려 홍해에서
주를 거역했습니다.

8 그러나 여호와께서 자기 이름을 위하여 그들을
구원하시고 주의 큰 능력을 세상에 알리셨습니
다.

9 홍해를 꾸짖자, 바다는 말라 버렸습니다. 그들
을 인도하여 마른땅을 지나듯이 깊은 바다 가운
데로 건너게 하셨습니다.

10 주는 원수들의 손에서 그들을 구원하시고, 적들
의 손에서 그들을 건져 내셨습니다.

11 그리고 바닷물로 적군들을 덮으셨습니다. 그들
중 아무도 살아남은 자가 없었습니다.

12 그제야 그들은 주의 약속을 믿었습니다. 그리고
그분께 찬송하였습니다.

13 그러나 그들은 어느새 주가 하신 일들을 잊었습
니다. 그분의 지시를 기다리지 못했습니다.

14 그들은 광야에서 불평하기 시작했으며 그곳에
서 하나님을 시험했습니다.

43 • So he brought his people out of Egypt with joy,
    his chosen ones with rejoicing.
44 • He gave his people the lands of pagan nations,
    and they harvested crops that others had
    planted.
45 • All this happened so they would follow his
    decrees
    and obey his instructions.

Praise the LORD!

106 • Praise the LORD!

Give thanks to the LORD, for he is good!
    His faithful love endures forever.
2 • Who can list the glorious miracles of the LORD?
    Who can ever praise him enough?
3 • There is joy for those who deal justly
    with others
    and always do what is right.

4 • Remember me, LORD, when you show favor
    to your people;
    come near and rescue me.

5 • Let me share in the prosperity of your
    chosen ones.
    Let me rejoice in the joy of your people;
    let me praise you with those who are your
    heritage.

6 • Like our ancestors, we have sinned.
    We have done wrong! We have acted
    wickedly!
7 • Our ancestors in Egypt
    were not impressed by the LORD's
    miraculous deeds.
    They soon forgot his many acts of kindness
    to them.
    Instead, they rebelled against him at the
    Red Sea.*
8 • Even so, he saved them—
    to defend the honor of his name
    and to demonstrate his mighty power.
9 • He commanded the Red Sea* to dry up.
    He led Israel across the sea as if it were a desert.
10 • So he rescued them from their enemies
    and redeemed them from their foes.
11 • Then the water returned and covered their
    enemies;
    not one of them survived.
12 • Then his people believed his promises.
    Then they sang his praise.
13 • Yet how quickly they forgot what he had done!
    They wouldn't wait for his counsel!
14 • In the wilderness their desires ran wild,
    testing God's patience in that dry wasteland.

106:7 Hebrew at the sea, the sea of reeds.   106:9
Hebrew sea of reeds; also in 106:22.

15 그러자 주는 그들이 요구한 것을 내주시면서 무서운 전염병을 함께 보내셨습니다.
16 광야에 진을 치고 있을 때에 그들은 모세를 시기하고 여호와의 거룩한 제사장 아론을 질투하였습니다.
17 그러자 땅이 갈라져 다단을 삼키고 아비람 일당들을 묻어 버렸습니다.
18 불길이 나와 그들을 따르는 사람들을 태웠고 불꽃이 악한 무리를 살랐습니다.
19 호렙에서 그들은 황소 상을 만들었습니다. 금으로 부어 만든 우상을 숭배한 것입니다.
20 그들의 영광이신 하나님을 풀 먹는 황소의 형상으로 바꾸어 버린 것입니다.
21 자기들을 구원하신 하나님을 잊은 것입니다. 이집트에서 위대한 일을 하신 분을 잊은 것입니다.
22 함의 땅에서 기적을 일으키고 홍해에서 놀라운 일을 행하신 분을 잊은 것입니다.
23 여호와께서 그들을 없애겠다고 말씀하셨을 때에 주가 택하신 모세가 가운데 서서 백성을 향한 하나님의 분노를 멈추게 하였습니다.
24 그들은 아름다운 땅을 싫어하고, 주의 약속을 믿지 않았습니다.
25 장막에 들어앉아 불평만 하고, 여호와께 순종하지 않았습니다.
26 그러자 주께서 손을 들고 그들에게 맹세하셨습니다. 그들이 광야에서 죽을 것이라고 하셨고,
27 그들의 자녀들도 다른 민족에게 죽임을 당하고 사방에 흩어지게 될 것이라고 말씀하셨습니다.
28 그들이 브올 지방의 바알에게 제사드리고 생명도 없는 신들에게 바쳐진 음식을 먹었습니다.
29 이런 악한 일들이 여호와를 노엽게 하였습니다. 이 일로 무서운 전염병이 퍼지기 시작했습니다.
30 비느하스가 나서서 처형하자 전염병이 멈추게 되었습니다.
31 주께서 비느하스의 행동을 의롭다고 하셨으니, 이런 일은 두고두고 기억될 것입니다.
32 므리바 샘터에서 그들이 여호와를 분노하게 만들었습니다. 그들 때문에 모세가 어려움에 빠지게 되었습니다.
33 그들이 하나님의 성령을 거역하자 모세가 함부로 말하였던 것입니다.
34 여호와께서 명령하신 대로 그들은 다른 민족

15 •So he gave them what they asked for,
　but he sent a plague along with it.
16 •The people in the camp were jealous of Moses
　and envious of Aaron, the LORD's holy priest.
17 •Because of this, the earth opened up;
　it swallowed Dathan
　and buried Abiram and the other rebels.
18 •Fire fell upon their followers;
　a flame consumed the wicked.
19 •The people made a calf at Mount Sinai*;
　they bowed before an image made of gold.
20 •They traded their glorious God
　for a statue of a grass-eating bull.
21 •They forgot God, their savior,
　who had done such great things in Egypt—
22 •such wonderful things in the land of Ham,
　such awesome deeds at the Red Sea.
23 •So he declared he would destroy them.
　But Moses, his chosen one, stepped between
　the LORD and the people.
　He begged him to turn from his anger and
　not destroy them.
24 •The people refused to enter the pleasant land,
　for they wouldn't believe his promise to care
　for them.
25 •Instead, they grumbled in their tents
　and refused to obey the LORD.
26 •Therefore, he solemnly swore
　that he would kill them in the wilderness,
27 •that he would scatter their descendants* among
　the nations,
　exiling them to distant lands.
28 •Then our ancestors joined in the worship
　of Baal at Peor;
　they even ate sacrifices offered to the dead!
29 •They angered the LORD with all these things,
　so a plague broke out among them.
30 •But Phinehas had the courage to intervene,
　and the plague was stopped.
31 •So he has been regarded as a righteous man
　ever since that time.
32 •At Meribah, too, they angered the LORD,
　causing Moses serious trouble.
33 •They made Moses angry,*
　and he spoke foolishly.
34 •Israel failed to destroy the nations in the land,
　as the LORD had commanded them.

exile [égzail] vt. 추방하다, 유배에 처하다
106:29 break out : (전쟁, 질병 등이) 발발하다

106:19 Hebrew at Horeb, another name for Sinai.
106:27 As in Syriac version; Hebrew reads he would
cause their descendants to fall.　106:33 Hebrew They
embittered his spirit.

35 오히려 다른 민족과 어울려 살며 그들의 풍습을 배웠습니다.

36 그들의 우상들을 섬겼고 그것이 결국 그들에게 덫이 되었습니다.

37 심지어 자기의 아들딸들을 귀신들에게 제물로 바쳤습니다.

38 그들은 죄 없는 사람들을 죽였습니다. 가나안의 우상들에게 제물로 바치기 위해 무죄한 사람의 아들과 딸들을 죽였습니다. 그 땅이 그들의 피로 더럽혀졌습니다.

39 그들의 이런 행동으로 그들 스스로가 더러워졌습니다. 그들은 우상을 섬김으로 자신의 몸을 더럽힌 것입니다.

40 그러므로 여호와께서 자기 백성에게 분노하셨으며, 자신의 자녀인 그들을 미워하게 되셨습니다.

41 주는 그들을 다른 나라들에게 넘기셨습니다. 그들의 적국들이 그들을 지배하게 되었습니다.

42 원수들이 그들을 괴롭히고 힘으로 그들을 억눌렀습니다.

43 여호와께서 여러 번 그들을 구원하셨지만, 그들은 또다시 반역하며 점점 더 죄에 빠져들었습니다.

44 그러나 그들이 신음하며 부르짖을 때, 주는 그들의 고통을 돌아보셨습니다.

45 그들을 위해 주는 자기의 언약을 기억하시고, 크신 사랑으로 그들을 불쌍히 여기셨습니다.

46 그들을 포로로 잡아간 자들이 그들에게 동정을 베풀게 하셨습니다.

47 여호와 우리 하나님, 우리를 구원해 주소서. 세상 나라들에 흩어진 우리를 불러모으소서. 우리가 주의 거룩한 이름을 높이며 감사드립니다. 주를 찬양하며 영광을 드립니다.

48 여호와 이스라엘의 하나님을 영원부터 영원까지 찬양합시다. 모든 백성들이여, "아멘!" 하십시오. 여호와를 찬양하십시오.

제 5 권
많은 위험으로부터 구하시는 하나님

107 여호와께 감사하십시오. 그분은 선하시며, 그분의 사랑은 영원하십니다.

2 여호와께 구원 받은 사람들이여, 이렇게 말하십시오, 여러분은 여호와께서 원수의 손으로부터 구원하시고,

3 모든 나라들 중에 부르시고, 동서남북으로부터 모은 사람들입니다.

4 어떤 사람들은 버려진 광야에서 헤매고 정착할

---

35 • Instead, they mingled among the pagans and adopted their evil customs.
36 • They worshiped their idols, which led to their downfall.
37 • They even sacrificed their sons and their daughters to the demons.
38 • They shed innocent blood, the blood of their sons and daughters. By sacrificing them to the idols of Canaan, they polluted the land with murder.
39 • They defiled themselves by their evil deeds, and their love of idols was adultery in the LORD's sight.
40 • That is why the LORD's anger burned against his people, and he abhorred his own special possession.
41 • He handed them over to pagan nations, and they were ruled by those who hated them.
42 • Their enemies crushed them and brought them under their cruel power.
43 • Again and again he rescued them, but they chose to rebel against him, and they were finally destroyed by their sin.
44 • Even so, he pitied them in their distress and listened to their cries.
45 • He remembered his covenant with them and relented because of his unfailing love.
46 • He even caused their captors to treat them with kindness.
47 • Save us, O LORD our God! Gather us back from among the nations, so we can thank your holy name and rejoice and praise you.
48 • Praise the LORD, the God of Israel, who lives from everlasting to everlasting! Let all the people say, "Amen!"

Praise the LORD!

BOOK FIVE (Psalms 107–150)

107 1 • Give thanks to the LORD, for he is good! His faithful love endures forever.
2 • Has the LORD redeemed you? Then speak out! Tell others he has redeemed you from your enemies.
3 • For he has gathered the exiles from many lands, from east and west, from north and south.*
4 • Some wandered in the wilderness,

abhor [æbhɔ́ːr] vt. 몹시 싫어하다, 혐오하다

107:3 Hebrew and sea.

만한 마을을 찾지 못했습니다.

5 배고프고 목말랐으며 기운을 잃고 점점 약해졌습니다.

6 그때에 그들이 고통 가운데서 여호와께 부르짖었습니다. 그러자 그분은 그들을 구해 주셨습니다.

7 여호와는 그들을 바른 길로 인도하셨고, 그들이 정착하여 살 만한 곳으로 인도하셨습니다.

8 여호와의 변함없는 사랑에 대해 감사하십시오. 사람들을 위해 행하신 그분의 놀라운 일들에 대해 감사하십시오.

9 여호와는 목마른 자를 만족게 하시고 배고픈 자를 좋은 것들로 채우시는 분이십니다.

10 어떤 사람들은 어두움과 사망의 그늘 속에 앉아 있습니다. 쇠사슬에 매여 고통 중에 있는 죄수들과 같았습니다.

11 이는 그들이 하나님의 말씀을 거역하고 가장 높으신 분의 가르침을 무시하였기 때문입니다.

12 여호와는 그들을 쓰라린 괴로움 속에 처넣으셨습니다. 그들이 넘어져도 돕는 사람이 아무도 없었습니다.

13 그때에 그들이 고통 중에 여호와께 부르짖었습니다. 그러자 여호와께서 그들을 고난 가운데서 구원하셨습니다.

14 여호와는 끝없는 어둠 속에서 그들을 이끌어 내시고, 그들의 쇠사슬을 끊으셨습니다.

15 여호와의 변함 없는 사랑에 대해 감사하십시오. 사람들을 위해 행하신 그분의 놀라운 일들에 대해 감사하십시오.

16 그분이 놋문을 부수고, 쇠빗장을 깨뜨리셨습니다.

17 어떤 사람들은 반항하다가 어리석은 자가 되었으며, 죄를 짓다가 어려움을 겪게 되었습니다.

18 그들은 모든 음식을 싫어하게 되었으며, 결국 죽음의 문턱 가까이에 가게 되었습니다.

19 그때에 그들이 괴로움 가운데에서 여호와께 부르짖었습니다. 그러자 그분은 그들의 괴로움으로부터 그들을 구해 내셨습니다.

20 여호와께서 말씀을 보내어 그들을 치료하시고, 무덤에서 그들을 건지셨습니다.

21 여호와의 변함없는 사랑에 대해 감사하십시오. 사람들을 위해 행하신 그분의 놀라운 일들에 대해 감사하십시오.

22 감사의 예물을 드리고 기쁨의 노래로 여호와께서 행하신 일들을 모든 사람들에게 전하십시오.

23 또 어떤 사람들은 배를 타고 바다로 나갔습니다.

---

lost and homeless.

5 •Hungry and thirsty,
    they nearly died.

6 "LORD, help!" they cried in their trouble,
    and he rescued them from their distress.

7 •He led them straight to safety,
    to a city where they could live.

8 •Let them praise the LORD for his great love
    and for the wonderful things he has done
    for them.

9 •For he satisfies the thirsty
    and fills the hungry with good things.

10 •Some sat in darkness and deepest gloom,
    imprisoned in iron chains of misery.

11 •They rebelled against the words of God,
    scorning the counsel of the Most High.

12 •That is why he broke them with hard labor;
    they fell, and no one was there to help them.

13 •"LORD, help!" they cried in their trouble,
    and he saved them from their distress.

14 •He led them from the darkness and deepest
    gloom;
    he snapped their chains.

15 •Let them praise the LORD for his great love
    and for the wonderful things he has done
    for them.

16 •For he broke down their prison gates
    of bronze;
    he cut apart their bars of iron.

17 •Some were fools; they rebelled
    and suffered for their sins.

18 •They couldn't stand the thought of food,
    and they were knocking on death's door.

19 •"LORD, help!" they cried in their trouble,
    and he saved them from their distress.

20 •He sent out his word and healed them,
    snatching them from the door of death.

21 •Let them praise the LORD for his great love
    and for the wonderful things he has done
    for them.

22 •Let them offer sacrifices of thanksgiving
    and sing joyfully about his glorious acts.

23 •Some went off to sea in ships,
    plying the trade routes of the world.

---

counsel [káunsəl] n. 조언; 권고
distress [distrés] n. 고통
gloom [glú:m] n. 어둠
imprison [imprízn] vt. 교도소(감옥)에 넣다
labor [léibər] n. (육체적, 정신적) 수고, 애씀
misery [mízəri] n. 비참함, 비탄
ply [plái] vt. (일 등에) 열성을 내다
scorn [skɔ́:rn] vt. 경멸하다
snap [snǽp] vt. 툭하고 끊다
snatch [snǽtʃ] vt. 잡아채다, 구해내다
107:11 **rebel against**… : …에게 반역하다
107:16 **break down**… : …을 파괴하다, 때려 부수다

다. 그들은 큰 바다 위에서 장사하는 상인들이었습니다.

24 그들은 여호와께서 행하신 일들을 보았으며, 깊은 바다에서 행하신 주의 놀라운 일들을 보았습니다.

25 여호와께서 명령하시자, 폭풍우가 몰아쳤습니다. 높은 파도를 일으키는 폭풍우였습니다.

26 그들의 배가 높이 올랐다가 깊은 바닷속으로 내려갔습니다. 그들은 두려움으로 인하여 간담이 녹아내렸습니다.

27 그들은 술 취한 사람처럼 비틀거리고 흔들거렸으며, 어찌할 바를 몰라 하였습니다.

28 그때에 그들이 고통 중에 여호와께 부르짖었습니다. 이때도 주께서 그들을 구해 내셨습니다.

29 여호와께서 폭풍우에게 속삭이시고 풍랑을 잠재우셨습니다. 바다의 파도가 잠잠해진 것입니다.

30 바다가 잔잔해지자 그들이 즐거워했으며, 여호와께서 그들이 바라던 항구로 그들을 인도하셨습니다.

31 여호와의 변함 없는 사랑에 대해 감사하십시오, 사람들을 위해 행하신 그분의 놀라운 일들에 대해 감사하십시오.

32 백성들의 모임 중에서 주를 높이며, 장로들의 모임 중에서 그분을 찬양하십시오.

33 여호와께서는 강을 광야가 되게 하셨으며 넘치는 샘을 마른 땅이 되게 하셨습니다.

34 과일 맺는 땅을 소금밭이 되게 하신 것은, 거기에 사는 사람들이 악하기 때문이었습니다.

35 여호와께서는 광야를 연못이 되게 하셨고, 마른 땅을 샘으로 바꾸셨습니다.

36 여호와는 배고픈 자들을 인도하여 그곳에 살게 하시며, 그들이 살 만한 마을을 만드셨습니다.

37 그들은 들에 씨를 뿌리고, 포도원을 가꾸었습니다. 그리고 풍성한 포도 열매를 거둬들였습니다.

38 여호와께서는 그들을 축복하셨고, 그들의 자손을 많게 하셨으며, 그들의 가축이 줄지 않게 하셨습니다.

39 그러나 다시 압박과 재난과 고난으로 그들의 수효가 줄어들었습니다. 여호와께서 그들을 낮아지게 하셨습니다.

40 높은 자들을 부끄럽게 하신 여호와께서, 그들을 길 없는 광야에서 방황하게 하셨습니다.

41 그러나 여호와는 가난한 자들을 그들의 고통 가운데서 건지셨고, 그들의 가족을 양 떼처럼 많게 하셨습니다.

42 정직한 사람들은 이것을 보고 기뻐하지만, 악한 사람들은 불만스럽게 입을 다물고 있습니다.

43 지혜 있는 사람들아, 이러한 일들에 귀를 기울이며, 여호와의 크신 사랑을 생각하십시오.

---

24 • They, too, observed the LORD's power
      in action,
      his impressive works on the deepest seas.
25 • He spoke, and the winds rose,
      stirring up the waves.
26 • Their ships were tossed to the heavens
      and plunged again to the depths;
      the sailors cringed in terror.
27 • They reeled and staggered like drunkards
      and were at their wits' end.
28 • "LORD, help!" they cried in their trouble,
      and he saved them from their distress.
29 • He calmed the storm to a whisper
      and stilled the waves.
30 • What a blessing was that stillness
      as he brought them safely into harbor!
31 • Let them praise the LORD for his great love
      and for the wonderful things he has
      done for them.
32 • Let them exalt him publicly before the
      congregation
      and before the leaders of the nation.

33 • He changes rivers into deserts,
      and springs of water into dry, thirsty
      land.
34 • He turns the fruitful land into salty
      wastelands,
      because of the wickedness of those
      who live there.
35 • But he also turns deserts into pools of water,
      the dry land into springs of water.
36 • He brings the hungry to settle there
      and to build their cities.
37 • They sow their fields, plant their vineyards,
      and harvest their bumper crops.
38 • How he blesses them!
      They raise large families there,
      and their herds of livestock increase.

39 • When they decrease in number and
      become impoverished
      through oppression, trouble, and sorrow,
40 • the LORD pours contempt on their princes,
      causing them to wander in trackless
      wastelands.
41 • But he rescues the poor from trouble
      and increases their families like flocks
      of sheep.
42 • The godly will see these things and be glad,
      while the wicked are struck silent.
43 • Those who are wise will take all this to heart;
      they will see in our history the faithful
      love of the LORD.

---

bumper [bʌ́mpər] *a.* 풍작의
cringe [kríndʒ] *vi.* (겁이 나서) 움찔하다
impoverished [impʌ́vəriʃt] *a.* 약해진
plunge [plʌ́ndʒ] *vi.* 떨어지다, 잠기다
reel [ríːl] *vi.* 비틀거리다; 현기증을 일으키다

승리의 기도
다윗의 찬송사

108 오 하나님, 나의 마음은 흔들리지 않습니다. 내가 마음을 다해 노래하며 찬양합니다.

2 비파야, 수금아, 일어나라! 내가 새벽을 깨울 것이다.

3 여호와여, 모든 나라 가운데서 내가 주께 감사드리며, 모든 백성들 가운데서 주를 찬양하겠습니다.

4 왜냐하면 주의 크신 사랑은 하늘보다 더 높으며 주의 신실하심은 하늘에 이르기 때문입니다.

5 오 하나님, 하늘 위에 높이 들리시고, 주의 영광이 온 땅 위에 가득하게 하십시오.

6 주의 오른손으로 우리를 구원하시고, 우리를 도와 주소서. 주가 사랑하는 자들을 구원하소서.

7 하나님이 그의 성소에서 말씀하셨습니다. "전쟁에서 승리하였으니, 내가 세겜 땅을 분배하고 숙곳 골짜기를 나누어 줄 것이다.

8 길르앗이 나의 것이요, 므낫세도 나의 것이다. 에브라임은 나의 투구요, 유다는 나의 다스리는 지팡이다.

9 모압은 나의 목욕통이요, 에돔 위에 나의 신발을 던지며, 블레셋에게 내가 승리를 외친다."

10 누가 나를 견고한 성벽으로 둘러싸인 성으로 데려갈 것입니까? 누가 나를 에돔으로 인도할 것입니까?

11 오 하나님, 나를 내치신 분이 주가 아니십니까? 이제 주는 더 이상 우리 군대와 함께 계시지 않습니다.

12 원수로부터 우리를 도와 주소서. 사람의 도움은 아무 소용이 없습니다.

13 하나님이 우리와 함께하시면, 우리는 승리할 것입니다. 주께서 우리의 적들을 물리치실 것입니다.

적에게 대항하는 기도
다윗의 시. 지휘자를 따라 부른 노래

109 내가 찬양하는 하나님이여, 잠잠치 마소서.

2 악하고 거짓말하는 자들이 그들의 입을 열어 거짓된 혀로 나에 대해 나쁘게 말하고 있습니다.

3 그들은 증오의 말들로 나를 에워싸고 아무 이유 없이 나를 공격합니다.

4 그들은 우정에 대한 보답으로 나를 비난하고 있습니다. 그러나 나는 기도의 사람입니다.

5 그들은 나에게 선을 악으로 갚으며, 나의 우정을 증오로 갚습니다.

---

108 *A song. A psalm of David.*

1 • My heart is confident in you, O God;
no wonder I can sing your praises with all
my heart!

2 • Wake up, lyre and harp!
I will wake the dawn with my song.

3 • I will thank you, LORD, among all the people.
I will sing your praises among the nations.

4 • For your unfailing love is higher than the
heavens.
Your faithfulness reaches to the clouds.

5 • Be exalted, O God, above the highest heavens.
May your glory shine over all the earth.

6 • Now rescue your beloved people.
Answer and save us by your power.

7 • God has promised this by his holiness*:
"I will divide up Shechem with joy.
I will measure out the valley of Succoth.

8 • Gilead is mine,
and Manasseh, too.
Ephraim, my helmet, will produce my war
riors,
and Judah, my scepter, will produce my
kings.

9 • But Moab, my washbasin, will become my
servant,
and I will wipe my feet on Edom
and shout in triumph over Philistia."

10 • Who will bring me into the fortified city?
Who will bring me victory over Edom?

11 • Have you rejected us, O God?
Will you no longer march with our armies?

12 • Oh, please help us against our enemies,
for all human help is useless.

13 • With God's help we will do mighty things,
for he will trample down our foes.

109 *For the choir director: A psalm of David.*

1 • O God, whom I praise,
don't stand silent and aloof.

2 • while the wicked slander me
and tell lies about me.

3 • They surround me with hateful words
and fight against me for no reason.

4 • I love them, but they try to destroy me with
accusations
even as I am praying for them!

5 • They repay evil for good,
and hatred for my love.

---

exalt [igzɔ́:lt] *vt.* (지위·명예 등을) 높이다
slander [slǽndər] *vt.* 중상하다
trample [trǽmpl] *vt.* 짓밟다
109:1 stand aloof : 떨어져 있다; 초연하다

108:7 Or *in his sanctuary.*

6 악한 자가 일어나 그를 대항하게 하소서. 고소자가 그의 오른편에 서게 하소서.

7 그가 재판받을 때에 죄가 있음이 드러나게 하시고, 그의 기도도 죄가 되게 하소서.

8 그의 수명이 짧아지게 하시고, 지도자로서의 그의 할 일을 다른 사람이 대신하게 하소서.

9 그의 자녀들이 고아가 되게 하시며, 그의 아내는 과부가 되게 하소서.

10 그의 자녀들은 음식을 구걸하는 거지들이 되게 하시고, 폐허가 된 그들의 집에서 쫓겨나게 하소서.

11 빚쟁이가 그의 가진 모든 것을 빼앗게 하시고, 낯선 자들이 그의 수고의 열매들을 약탈하게 하소서.

12 그에게 동정을 베푸는 자가 한 사람도 없게 하시고, 고아가 된 그의 자녀들을 불쌍히 여기는 자도 없게 하소서.

13 그의 자손들이 끊어지게 하시고, 다음 세대에 그들의 이름을 완전히 지워 주소서.

14 그의 조상들의 죄악이 여호와 앞에서 기억되게 하시며, 그의 어머니의 죄가 결코 지워지지 않게 하소서.

15 그들의 죄가 항상 여호와 앞에 머물러 있게 하시고, 세상에서 그 누구도 그들을 기억하지 못하게 하소서.

16 그는 남에게 친절을 베푼 적이 없으며, 가난하고 불쌍하고 슬퍼하는 자들을 못살게 굴었습니다.

17 그가 저주하기를 좋아하였으니 그 저주를 그에게 내려 주소서. 그는 축복하는 즐거움을 모르는 사람이오니 그에게 그런 즐거움이 없게 하소서.

18 그는 저주하는 일을 자신의 옷 입듯 하였습니다. 저주하는 일이 물처럼 그의 몸 속에 들어가며 기름처럼 그의 뼛속으로 들어가게 하소서.

19 그 저주가 그를 둘러싼 옷처럼 되게 하시고, 그의 허리에 영원히 채워져 있는 혁대같이 되게 하소서.

20 이것이 나를 비난하는 자들에 대한 여호와의 보상이 되게 하시며, 나를 저주하는 자들에 대한 여호와의 보상이 되게 하소서.

21 주 여호와여, 주의 이름을 위하여 나를 도와 주시고, 주의 선하신 사랑으로 나를 구원하소서.

22 나는 가난하고 힘이 없으며, 나의 마음의 상처는 깊습니다.

---

6 • They say,* "Get an evil person to turn against him.
Send an accuser to bring him to trial.

7 • When his case comes up for judgment, let him be pronounced guilty.
Count his prayers as sins.

8 • Let his years be few; let someone else take his position.

9 • May his children become fatherless, and his wife a widow.

10 • May his children wander as beggars and be driven from* their ruined homes.

11 • May creditors seize his entire estate, and strangers take all he has earned.

12 • Let no one be kind to him; let no one pity his fatherless children.

13 • May all his offspring die.
May his family name be blotted out in the next generation.

14 • May the LORD never forget the sins of his fathers;
may his mother's sins never be erased from the record.

15 • May the LORD always remember these sins, and may his name disappear from human memory.

16 • For he refused all kindness to others; he persecuted the poor and needy, and he hounded the brokenhearted to death.

17 • He loved to curse others; now you curse him.
He never blessed others; now don't you bless him.

18 • Cursing is as natural to him as his clothing, or the water he drinks, or the rich food he eats.

19 • Now may his curses return and cling to him like clothing;
may they be tied around him like a belt."

20 • May those curses become the LORD's punishment
for my accusers who speak evil of me.

21 • But deal well with me, O Sovereign LORD, for the sake of your own reputation!
Rescue me
because you are so faithful and good.

22 • For I am poor and needy, and my heart is full of pain.

---

hound [háund] *vt.* 몰아세우다 : 집요하게 괴롭히다
persecute [pə́:rsikjù:t] *vt.* 박해하다
seize [sí:z] *vt.* (강권으로) 압류하다, 몰수하다
109:13 blot out : (문자, 행, 글 등을) 지우다
109:19 cling to… : …에 달라붙다
109:21 for the sake of… : …을 위하여

109:6 Hebrew lacks *They say.*   109:10 As in Greek version; Hebrew reads *and seek.*

23 나는 저녁 그림자처럼 사라지고 있으며, 메뚜기처럼 날려가고 있습니다.

24 금식으로 내 무릎은 약해졌으며 내 몸은 야위었습니다.

25 나는 나를 조롱하는 자들에게 비웃음의 대상이 되었고, 그들은 나를 보면서 머리를 설레설레 흔듭니다.

26 여호와 나의 하나님이여, 나를 도와 주소서. 주의 사랑으로 나를 구원하여 주소서.

27 주님이 나를 구원하시는 분이심을 나의 원수들이 알게 해 주소서. 여호와여, 주님의 손이 나를 구원하셨음을 알게 해 주소서.

28 그들은 저주할지라도 주는 나에게 복을 주소서. 그들이 공격할 때, 그들은 부끄러움을 당하고 주의 종은 기뻐할 것입니다.

29 나를 비방하는 자들은 욕을 옷 입듯 할 것이며, 수치를 겉옷처럼 몸에 두를 것입니다.

30 내 입으로 내가 크게 주를 찬송하며, 큰 무리 중에서 내가 주를 찬양할 것입니다.

31 왜냐하면 주는 연약한 자의 오른편에 서서, 그가 죄 있다고 하는 자들로부터 그의 생명을 구원하시기 때문입니다.

왕을 임명하시는 주님

다윗의 시

110 여호와께서 나의 주께 말씀하십니다. "내가 너의 원수들을 너의 발판이 되게 하기까지 너는 내 오른편에 앉아 있어라."

2 여호와께서 권능의 지팡이를 시온에서부터 널리 보내시니, 주께서 주의 원수들을 다스리실 것입니다.

3 주의 백성이 스스로 원하여, 주의 권능의 날에 참여할 것입니다. 거룩하고 위엄 있게 단장한 새벽에 맺히는 이슬처럼 신선한 청년들이 주님께 나올 것입니다.

4 여호와는 맹세하시고 자기 마음을 바꾸지 않으실 것입니다. "너는 영원한 제사장이다. 멜기세덱의 계통에 속하는 제사장이다."

5 주는 여호와의 오른편에 계시며, 주께서 노하시는 날에 모든 왕들을 쳐부술 것입니다.

6 주는 세상 나라들을 심판하시고, 죽은 자의 시체를 높이 쌓으시며, 온 땅의 지배자들을 쳐부술 것입니다.

7 주는 길 옆에 있는 시냇물을 마실 것이며, 머리를 높이 드시고 계속 승리하실 것입니다.

하나님의 선하심을 찬양

111 여호와를 찬양하십시오. 내가 마음을 다하여 여호와를 높입니다. 정직한 자들의 모임

23 • I am fading like a shadow at dusk;
     I am brushed off like a locust.
24 • My knees are weak from fasting,
     and I am skin and bones.
25 • I am a joke to people everywhere;
     when they see me, they shake their heads
         in scorn.
26 • Help me, O LORD my God!
     Save me because of your unfailing love.
27 • Let them see that this is your doing,
     that you yourself have done it, LORD.
28 • Then let them curse me if they like,
     but you will bless me!
     When they attack me, they will be disgraced!
     But I, your servant, will go right on rejoicing!
29 • May my accusers be clothed with disgrace;
     may their humiliation cover them
         like a cloak.
30 • But I will give repeated thanks to the LORD,
     praising him to everyone.
31 • For he stands beside the needy,
     ready to save them from those who
         condemn them.

110 *A psalm of David.*

1 • The LORD said to my Lord,*
     "Sit in the place of honor at my right hand
     until I humble your enemies,
         making them a footstool under your feet."

2 • The LORD will extend your powerful kingdom
         from Jerusalem*;
     you will rule over your enemies.

3 • When you go to war,
     your people will serve you willingly.
     You are arrayed in holy garments,
         and your strength will be renewed each day
         like the morning dew.

4 • The LORD has taken an oath and will not break
         his vow:
     "You are a priest forever in the order
         of Melchizedek."

5 • The Lord stands at your right hand to
         protect you.
     He will strike down many kings when his
         anger erupts.

6 • He will punish the nations
     and fill their lands with corpses;
     he will shatter heads over the whole earth.

7 • But he himself will be refreshed from brooks
         along the way.
     He will be victorious.

1 **111*** • Praise the LORD!

110:1 Or *my lord.*   110:2 Hebrew *Zion.*   111
This psalm is a Hebrew acrostic poem; after the
introductory note of praise, each line begins
with a successive letter of the Hebrew alphabet.

에서 여호와를 높이 찬양하겠습니다.

2 여호와께서 행하신 일들은 위대합니다. 그것들을 생각할수록 기쁩니다.

3 주의 일들은 영광스럽고 위엄이 있습니다. 그분의 의로우심은 영원합니다.

4 사람들이 주께서 행하신 기적들을 기억합니다. 여호와는 은혜롭고 자비로우십니다.

5 여호와께서는 주를 두려워하는 자들에게 양식을 주시며, 그 언약을 영원히 기억하십니다.

6 여호와께서 행하신 일들의 능력을 자기 백성에게 보이셨으며, 다른 나라들의 땅을 그들에게 주셨습니다.

7 그 손으로 행하신 일들은 신실하고 정의로우며, 그 모든 교훈들은 믿을 수 있습니다.

8 여호와의 일들은 영원토록 흔들리지 않으며, 신실함과 올바름 가운데서 행해지고 있습니다.

9 여호와께서 그 백성에게 구원을 베푸시고, 주는 주의 언약을 영원히 세우셨습니다. 주의 이름은 거룩하고 위엄이 있습니다.

10 여호와를 높이고 두려워하는 것이 지혜의 시작이며, 그분의 교훈을 따르는 자마다 좋은 분별력을 갖게 됩니다. 영원히 여호와를 찬양합니다.

정직한 사람들은 복이 있네

112 여호와를 찬양하십시오. 여호와를 두려워하는 사람은 행복한 사람입니다. 그분의 명령에서 큰 기쁨을 얻는 사람이 행복한 사람입니다.

2 그의 자녀들은 땅에서 강한 자가 될 것이며, 정직한 자들의 후손은 복을 받을 것입니다.

3 부와 재물이 그의 집에 있으며, 그의 의로움은 영원히 지속됩니다.

4 정직한 자에게는 어둠 가운데서도 빛이 떠오르며, 은혜와 자비가 임합니다. 의로운 자에게 빛이 떠오릅니다.

5 관대하며, 거저 빌려 주는 자에게 복이 찾아옵니다. 자기 일을 정의롭게 행하는 자에게 복이 찾아옵니다.

6 이런 사람은 결코 흔들리지 않을 것입니다. 의로운 사람은 영원히 기억될 것입니다.

7 그는 나쁜 소식을 두려워하지 않으며, 그의 마음은 흔들리지 않고, 여호와를 의지합니다.

8 그의 마음은 안정되어 있고, 아무런 두려움이 없으며, 결국 그는 승리 가운데서 자신의 적들을 바라보게 됩니다.

9 그는 자신의 선물들을 가난한 자들에게 널리

I will thank the LORD with all my heart
as I meet with his godly people.

2 • How amazing are the deeds of the LORD!
All who delight in him should ponder them.

3 • Everything he does reveals his glory and majesty.
His righteousness never fails.

4 • He causes us to remember his wonderful works.
How gracious and merciful is our LORD!

5 • He gives food to those who fear him;
he always remembers his covenant.

6 • He has shown his great power to his people
by giving them the lands of other nations.

7 • All he does is just and good,
and all his commandments are trustworthy.

8 • They are forever true,
to be obeyed faithfully and with integrity.

9 • He has paid a full ransom for his people.
He has guaranteed his covenant with them forever.
What a holy, awe-inspiring name he has!

10 • Fear of the LORD is the foundation of true wisdom.
All who obey his commandments will grow in wisdom.

Praise him forever!

112 * • Praise the LORD!

How joyful are those who fear the LORD
and delight in obeying his commands.

2 • Their children will be successful everywhere;
an entire generation of godly people will be blessed.

3 • They themselves will be wealthy,
and their good deeds will last forever.

4 • Light shines in the darkness for the godly.
They are generous, compassionate, and righteous.

5 • Good comes to those who lend money generously
and conduct their business fairly.

6 • Such people will not be overcome by evil.
Those who are righteous will be long remembered.

7 • They do not fear bad news;
they confidently trust the LORD to care for them.

8 • They are confident and fearless
and can face their foes triumphantly.

9 • They share freely and give generously to those in need.

humiliation [hjuːmìliéiʃən] *n.* 굴욕
integrity [intégrəti] *n.* 정직, 성실
ponder [pándər] *vt.* 깊이 생각하다

112 This psalm is a Hebrew acrostic poem; after the introductory note of praise, each line begins with a successive letter of the Hebrew alphabet.

나눠 주고, 그의 의로움은 영원히 지속됩니다. 그의 뿔이 영화롭게 높이 들릴 것입니다.

10 악한 사람이 보고 분히 여길 것이며, 이를 갈며 야위어 갈 것입니다. 악한 자들이 바라는 것들은 물거품이 될 것입니다.

하나님의 선하심을 찬양

113 여호와를 찬양하십시오. 여호와의 종들아, 찬양하십시오. 여호와의 이름을 찬양하십시오.

2 지금부터 영원히 여호와의 이름을 높이 찬송하십시오.

3 해뜨는 데부터 해지는 데까지, 여호와의 이름은 마땅히 찬양을 받아야 합니다.

4 여호와는 모든 나라 위에 높이 계시며, 그분의 영광은 하늘 위에 높이 계십니다.

5 누가 여호와 우리 하나님과 같으며, 높은 보좌 위에 앉으신 그분과 같겠습니까?

6 누가 몸을 굽혀 하늘과 땅을 내려다 보시는 그분과 같습니까?

7 여호와는 가난한 자들을 흙더미 가운데서 들어올리시고 궁핍한 자들을 잿더미에서 끌어 내십니다.

8 여호와는 이런 자들을 높은 사람들 옆에 함께 앉히시며, 백성들의 귀족들과 함께 앉히십니다.

9 여호와는 임신하지 못하는 여자에게 자녀를 주셔서 행복한 엄마가 되게 해 주십니다. 여호와를 찬양하십시오.

이집트로부터 이스라엘을 건져 내신 하나님

114 이스라엘이 이집트에서 나왔을 때, 야곱의 집이 다른 언어를 쓰는 백성들로부터 나왔을 때,

2 유다는 하나님의 성전이 되었고, 이스라엘은 그의 영토가 되었습니다.

3 바다가 보고 도망갔으며, 요단강이 뒤로 물러섰습니다.

4 산들이 숫양같이 뛰었고, 언덕들은 어린 양처럼 뛰었습니다.

5 바다야, 왜 네가 도망갔으며, 요단 강아, 왜 네가 물러섰느냐?

6 너희 산들아, 왜 네가 숫양처럼 뛰었으며, 너희 언덕들아, 왜 어린 양처럼 뛰었느냐?

7 땅이여, 주 앞에서 떨지어다. 야곱의 하나님 앞에서 떨지어다.

8 그분은 바위를 연못이 되게 하신 분이요, 단단한 바위를 샘이 되게 하신 분이시다.

Their good deeds will be remembered forever.
They will have influence and honor.
10 ● The wicked will see this and be infuriated.
They will grind their teeth in anger;
they will slink away, their hopes thwarted.

1 **113** ● Praise the LORD!
Yes, give praise, O servants of the LORD.
Praise the name of the LORD!
2 ● Blessed be the name of the LORD
now and forever.
3 ● Everywhere—from east to west—
praise the name of the LORD.
4 ● For the LORD is high above the nations;
his glory is higher than the heavens.

5 ● Who can be compared with the LORD our God,
who is enthroned on high?
6 ● He stoops to look down
on heaven and on earth.
7 ● He lifts the poor from the dust
and the needy from the garbage dump.
8 ● He sets them among princes,
even the princes of his own people!
9 ● He gives the childless woman a family,
making her a happy mother.

Praise the LORD!

1 **114** ● When the Israelites escaped from Egypt—
when the family of Jacob left that foreign land—
2 ● the land of Judah became God's sanctuary,
and Israel became his kingdom.

3 ● The Red Sea* saw them coming and hurried
out of their way!
The water of the Jordan River turned away.
4 ● The mountains skipped like rams,
the hills like lambs!
5 ● What's wrong, Red Sea, that made you hurry
out of their way?
What happened, Jordan River, that you
turned away?
6 ● Why, mountains, did you skip like rams?
Why, hills, like lambs?

7 ● Tremble, O earth, at the presence of the Lord,
at the presence of the God of Jacob.
8 ● He turned the rock into a pool of water;
yes, a spring of water flowed from solid rock.

grind [gráind] *vt.* (이를) 갈다
infuriate [infjú(:)ərièit] *vt.* 격노케 하다
stoop [stu:p] *vi.* 구부리다, 허리를 굽히다
thwart [θwɔ́:rt] *vt.* 훼방놓다, 좌절시키다
112:10 slink away : 살금살금 걷다(도망가다)

114:3 Hebrew *the sea;* also in 114:5.

단 한 분, 진실하신 하나님

115 여호와여, 우리에게 영광을 돌리지 마십시오, 오직 주의 이름만 영화롭게 하십시오. 주는 사랑이 많으시고 신실하신 분이십니다.

2 어찌하여 나라들이 "그들의 하나님은 어디에 있느냐?" 라고 말합니까?

3 우리 하나님은 하늘에 계십니다. 자기를 즐겁게 하는 것은 무엇이든지 하시는 분입니다.

4 그러나 그들이 섬기는 우상들은 은과 금이요, 사람의 손으로 만들어진 은과 금입니다.

5 우상들은 입이 있으나 말을 할 수 없고, 눈이 있으나 볼 수 없습니다.

6 그것들은 귀가 있으나 듣지 못하며, 코가 있으나 냄새를 맡지 못합니다.

7 그것들은 손이 있으나 만지지 못하며, 발이 있으나 걷지 못합니다. 그것들은 목구멍으로 아무런 소리를 낼 수 없습니다.

8 그런 우상들을 만드는 자들은 우상들과 같을 것이며, 그것들을 의지하는 자들도 그러할 것입니다.

9 오 이스라엘의 집이여, 여호와를 의지하십시오. 그분은 여러분을 돕는 분이요, 방패가 되십니다.

10 오 아론의 집이여, 여호와를 의지하십시오. 그분은 여러분을 돕는 분이요, 방패가 되십니다.

11 여호와를 두려워하는 여러분이여, 여호와를 의지하십시오. 그분은 여러분을 돕는 분이요, 방패가 되십니다.

12 여호와는 우리를 기억하시며 우리에게 복을 주실 것입니다. 그분은 이스라엘의 집에 복을 주실 것이며, 아론의 집에 복을 주실 것입니다.

13 그분은 여호와를 두려워하는 자들에게 복을 주실 것입니다. 작은 자들이나 큰 자들에게나 똑같이 복을 주실 것입니다.

14 여호와께서 여러분을 번성케 하시기를 바랍니다. 여러분과 여러분의 자녀 모두를 번창하게 하시기를 바랍니다.

15 여호와께서 여러분에게 복 주시기를 바랍니다. 하늘과 땅을 지으신 그분이 복 주시기를 바랍니다.

16 가장 높은 하늘이 여호와의 것입니다. 그러나 그분은 땅을 사람에게 주셨습니다.

17 여호와를 찬양하는 자는 죽은 자들이 아닙니다. 적막한 곳으로 내려가는 자들이 아닙니다.

18 여호와를 찬송하는 자는 우리입니다. 우리는 지금부터 영원히 찬송할 것입니다. 여호와를 찬양하십시오.

죽음에서 살리심을 감사

116 나는 여호와를 사랑합니다. 이는 주께서 내 목소리를 들으셨기 때문입니다. 주께서 도

---

115 1 • Not to us, O LORD, not to us,
but to your name goes all the glory
for your unfailing love and faithfulness.

2 • Why let the nations say,
"Where is their God?"

3 • Our God is in the heavens,
and he does as he wishes.

4 • Their idols are merely things of silver
and gold,
shaped by human hands.

5 • They have mouths but cannot speak,
and eyes but cannot see.

6 • They have ears but cannot hear,
and noses but cannot smell.

7 • They have hands but cannot feel,
and feet but cannot walk,
and throats but cannot make a sound.

8 • And those who make idols are just like them,
as are all who trust in them.

9 • O Israel, trust the LORD!
He is your helper and your shield.

10 • O priests, descendants of Aaron, trust
the LORD!
He is your helper and your shield.

11 • All you who fear the LORD, trust the LORD!
He is your helper and your shield.

12 • The LORD remembers us and will bless us.
He will bless the people of Israel
and bless the priests, the descendants
of Aaron.

13 • He will bless those who fear the LORD,
both great and lowly.

14 • May the LORD richly bless
both you and your children.

15 • May you be blessed by the LORD,
who made heaven and earth.

16 • The heavens belong to the LORD,
but he has given the earth to all
humanity.

17 • The dead cannot sing praises to the LORD,
for they have gone into the silence
of the grave.

18 • But we can praise the LORD
both now and forever!

Praise the LORD!

116 1 • I love the LORD because he hears
my voice
and my prayer for mercy.

---

humanity [hjuːmǽnəti] *n.* [집합적] 인류, 인간
lowly [lóuli] *a.* 지위가 낮은, 천한
mercy [mə́ːrsi] *n.* 자비, 인정
prayer [préər] *n.* 기도
shield [ʃiːld] *n.* 방패
throat [θrout] *n.* 목구멍

와 달라는 나의 울부짖음을 들으셨습니다.

2 주께서 내게 귀를 기울이셨으므로 나는 내가 살아 있는 동안 주를 부를 것입니다.

3 죽음의 밧줄이 나를 옭아맸으며, 무덤의 고통이 나를 덮쳤습니다. 나는 괴로움과 슬픔으로 억눌려 있었습니다.

4 그때에 내가 여호와의 이름을 불렀습니다. "여호와여, 나를 구원해 주소서."

5 여호와는 은혜로우시고, 올바른 분이십니다. 우리 하나님은 불쌍히 여기시는 분입니다.

6 여호와는 순진한 자들을 보호하시며 내가 큰 위험에 빠졌을 때, 나를 구원하셨습니다.

7 오 나의 영혼아, 이제 편히 쉬어라. 이는 여호와께서 지금까지 나에게 선을 베푸셨기 때문이다.

8 주는 내 영혼을 죽음에서 구해 내셨고, 나의 눈에서 눈물을 씻어 주셨으며, 나의 발이 걸려 넘어지지 않게 해 주셨습니다.

9 이제 내가 여호와 앞에서 걸을 수 있고, 살아 있는 자들의 땅에서 살 수 있게 되었습니다.

10 나는 굳게 믿고 말했습니다. "나는 큰 고통 가운데 있습니다!"

11 또 나는 실망 가운데서 여호와께 말했습니다. "모든 사람은 거짓말쟁이다!"

12 여호와께서 나에게 모든 좋은 것으로 베풀어 주셨습니다. 내가 어떻게 여호와께 보답할 수 있겠습니까?

13 나는 구원의 잔을 들고, 여호와의 이름을 부를 것입니다.

14 나는 여호와께 드린 나의 맹세를 지킬 것입니다. 여호와의 모든 백성 앞에서 나의 약속을 이룰 것입니다.

15 주의 거룩한 자들이 죽는 것을 여호와는 귀중하게 보십니다.

16 여호와여, 정말로 나는 주의 종입니다. 나는 주의 종이요, 주의 여종의 아들입니다. 주는 나를 쇠사슬에서 풀어 주셨습니다.

17 내가 주께 감사의 찬양을 드리고, 여호와의 이름을 부를 것입니다.

18 나는 여호와께 드린 나의 서원들을 지킬 것입니다. 주의 모든 백성 앞에서 그리할 것입니다.

19 여호와의 집 뜰에서 나의 서원들을 지킬 것입니다. 오 예루살렘이여, 네 가운데서 내가 서원들을 이룰 것이다. 여호와를 찬양하십시오!

찬양 중에 찬양

117 모든 나라들이여, 여호와를 찬양하십시오, 모든 백성들이여, 주를 높이 찬송하십시오.

2 이는 여러분을 향한 여호와의 사랑이 너무 크고, 여호와의 신실하심이 영원히 지속되기 때문입니다.

---

2 • Because he bends down to listen,
I will pray as long as I have breath!

3 • Death wrapped its ropes around me;
the terrors of the grave* overtook me.
I saw only trouble and sorrow.

4 • Then I called on the name of the LORD:
"Please, LORD, save me!"

5 • How kind the LORD is! How good he is!
So merciful, this God of ours!

6 • The LORD protects those of childlike faith;
I was facing death, and he saved me.

7 • Let my soul be at rest again,
for the LORD has been good to me.

8 • He has saved me from death,
my eyes from tears,
my feet from stumbling.

9 • And so I walk in the LORD's presence
as I live here on earth!

10 • I believed in you, so I said,
"I am deeply troubled, LORD."

11 • In my anxiety I cried out to you,
"These people are all liars!"

12 • What can I offer the LORD
for all he has done for me?

13 • I will lift up the cup of salvation
and praise the LORD's name for
saving me.

14 • I will keep my promises to the LORD
in the presence of all his people.

15 • The LORD cares deeply
when his loved ones die.

16 • O LORD, I am your servant;
yes, I am your servant, born into your
household;
you have freed me from my chains.

17 • I will offer you a sacrifice of thanksgiving
and call on the name of the LORD.

18 • I will fulfill my vows to the LORD
in the presence of all his people—

19 • in the house of the LORD
in the heart of Jerusalem.

Praise the LORD!

117 • Praise the LORD, all you nations.
Praise him, all you people
of the earth.

2 • For his unfailing love for us is powerful;
the LORD's faithfulness endures forever.

Praise the LORD!

---

anxiety [æŋzáiəti] *n.* 걱정
fulfill [fulfil] *vt.* (약속 따위를) 이행하다
overtake [òuvərtéik] *vt.* (불행 등이) 갑자기 덮치다
salvation [sælvéiʃən] *n.* 구원
stumble [stámbl] *vi.* 발부리가 걸리다
116:14 in the presence of… : …의 면전에서

116:3 Hebrew *of Sheol*.

여호와를 찬양하십시오!
승리 주심을 감사

118 여호와께 감사하십시오. 그는 선하시며, 그분의 사랑은 영원히 계속될 것입니다.

2 이스라엘이 말할 것입니다. "주의 사랑은 영원합니다."

3 아론의 집이 말할 것입니다. "주의 사랑은 영원합니다."

4 여호와를 두려워하는 자들이 말할 것입니다. "주의 사랑은 영원합니다."

5 내가 고통 가운데 있을 때, 여호와께 울부짖었습니다. 그러자 여호와께서 대답하시고 나를 풀어 주셨습니다.

6 여호와께서 나와 함께 계시니 내가 무서워하지 않습니다. 사람들이 내게 무슨 일을 할 수 있겠습니까?

7 여호와가 나와 함께 계십니다. 그분은 나를 돕는 분이십니다. 나는 승리 가운데서 나의 적들을 바라볼 것입니다.

8 사람을 의지하는 것보다 여호와께 피하는 것이 더 좋습니다.

9 왕자들을 의지하는 것보다 여호와께 피하는 것이 더 좋습니다.

10 모든 나라들이 나를 둘러쌌습니다. 그러나 여호와의 이름으로 내가 그들을 물리쳤습니다.

11 그들이 사방에서 나를 둘러쌌습니다. 그러나 여호와의 이름으로 내가 그들을 물리쳤습니다.

12 그들은 벌 떼처럼 내 주위에 몰려들었습니다. 그러나 불타는 가시덤불처럼 빠르게 죽어갔습니다. 여호와의 이름으로 내가 그들을 물리쳤습니다.

13 나는 뒤로 밀려나 넘어질 뻔했습니다. 그러나 여호와께서 나를 도우셨습니다.

14 여호와는 나의 힘이요, 나의 노래이십니다. 그분은 나의 구원이 되셨습니다.

15 기쁨과 승리의 외침들이 의로운 자들의 동네에 울려 퍼집니다. "여호와의 오른손이 위대한 일들을 행하셨습니다.

16 여호와께서 오른손을 높이 드셨습니다. 여호와의 오른손이 위대한 일들을 행하셨습니다!"

17 나는 죽지 않고 살 것입니다. 그리고 여호와께서 하신 일을 선포할 것입니다.

18 여호와께서 나를 엄하게 벌하셨으나 죽음에 이르게 하지는 않으셨습니다.

19 나를 위해 의로운 문들을 열어 놓으십시오. 내가 들어가 여호와께 감사할 것입니다.

---

1 **118** •Give thanks to the LORD, for he is good! His faithful love endures forever.

2 •Let all Israel repeat: "His faithful love endures forever."

3 •Let Aaron's descendants, the priests, repeat: "His faithful love endures forever."

4 •Let all who fear the LORD repeat: "His faithful love endures forever."

5 •In my distress I prayed to the LORD, and the LORD answered me and set me free.

6 •The LORD is for me, so I will have no fear. What can mere people do to me?

7 •Yes, the LORD is for me; he will help me. I will look in triumph at those who hate me.

8 •It is better to take refuge in the LORD than to trust in people.

9 •It is better to take refuge in the LORD than to trust in princes.

10 •Though hostile nations surrounded me, I destroyed them all with the authority of the LORD.

11 •Yes, they surrounded and attacked me, but I destroyed them all with the authority of the LORD.

12 •They swarmed around me like bees; they blazed against me like a crackling fire. But I destroyed them all with the authority of the LORD.

13 •My enemies did their best to kill me, but the LORD rescued me.

14 •The LORD is my strength and my song; he has given me victory.

15 •Songs of joy and victory are sung in the camp of the godly. The strong right arm of the LORD has done glorious things!

16 •The strong right arm of the LORD is raised in triumph. The strong right arm of the LORD has done glorious things!

17 •I will not die; instead, I will live to tell what the LORD has done.

18 •The LORD has punished me severely, but he did not let me die.

19 •Open for me the gates where the righteous enter, and I will go in and thank the LORD.

---

crackle [krǽkl] *vi.* 딱딱 소리 내다
hostile [hάstl] *a.* 적대적인
punish [pʌ́niʃ] *vt.* 벌하다
swarm [swɔ́ːrm] *vi.* (…에) 들끓다, 많이 모여들다
118:6 be for… : …의 편이다
118:7 in triumph : 의기양양하여
118:12 blaze against… : …을 향하여 격노하다

20 이것이 여호와의 문입니다. 의로운 자가 이 문을 통해 들어갈 것입니다.

21 내가 주께 감사드릴 것입니다. 주께서 내게 대답하셨고 주는 나의 구원이 되셨습니다.

22 건축자들이 버린 돌이 머릿돌이 되었습니다.

23 여호와께서 행하신 일들이 우리 눈에는 놀라울 뿐입니다.

24 이날은 여호와께서 만드신 날입니다. 이날에 우리가 기뻐하고 즐거워합시다.

25 여호와여, 우리를 구원하십시오. 여호와여, 우리에게 성공을 허락하소서.

26 여호와의 이름으로 오는 자는 복 있는 사람입니다. 여호와의 집에서 우리가 그들을 축복합니다.

27 여호와는 하나님이십니다. 그분은 자신의 빛을 우리 위에 환히 비추셨습니다. 손에 큰 가지를 들고, 축제의 행렬에 참여하십시오. 제단의 뿔에 이르기까지 행렬에 참여하십시오.

28 주는 나의 하나님이십니다. 내가 주께 감사를 드릴 것입니다. 주는 나의 하나님이시니, 내가 주를 높일 것입니다.

29 여호와께 감사하십시오, 주는 선하시며 그분의 사랑은 영원합니다.

하나님의 세계

119 흠잡을 데 없는 올바른 길로 가는 사람들은 복 있는 사람입니다. 여호와의 법에 따라 걷는 자들은 복 있는 사람입니다.

2 여호와의 법규들을 지키는 자들은 복 있는 사람입니다. 마음을 다해 여호와를 찾는 자들은 복 있는 사람입니다.

3 그들은 결코 잘못된 일들을 하지 않으며, 그들은 주의 길을 따라 걷습니다.

4 주는 교훈들을 정해 주셨습니다. 이 교훈들은 반드시 잘 지켜야 할 것들입니다.

5 나의 길이 변하지 않기를 바랍니다. 내가 주의 법령에 변함없이 순종하기를 바랍니다.

6 그때에 나는 부끄러움을 당하지 않을 것입니다. 내가 주의 모든 명령들을 잘 지키면 부끄러움을 당하지 않을 것입니다.

7 내가 정직한 마음으로 주를 찬양하겠습니다. 내가 주의 의로운 법들을 배우면서 주를 찬양할 것입니다.

8 내가 주의 법령들을 지키겠습니다. 나를 완전히 버리지 마소서.

9 젊은이가 어떻게 그의 길을 깨끗하게 유지할 수 있겠습니까? 주의 말씀에 따라 살면 깨끗하게 유지할 수 있습니다.

10 내가 마음을 다해 주를 따르렵니다. 주의 말씀

20 • These gates lead to the presence of the LORD,
   and the godly enter there.

21 • I thank you for answering my prayer
   and giving me victory!

22 • The stone that the builders rejected
   has now become the cornerstone.

23 • This is the LORD's doing,
   and it is wonderful to see.

24 • This is the day the LORD has made.
   We will rejoice and be glad in it.

25 • Please, LORD, please save us.
   Please, LORD, please give us success.

26 • Bless the one who comes in the name of
   the LORD.
   We bless you from the house of the
   LORD.

27 • The LORD is God, shining upon us.
   Take the sacrifice and bind it with cords
   on the altar.

28 • You are my God, and I will praise you!
   You are my God, and I will exalt you!

29 • Give thanks to the LORD, for he is good!
   His faithful love endures forever.

119
*Aleph**

1 • Joyful are people of integrity,
   who follow the instructions of the LORD.

2 • Joyful are those who obey his laws
   and search for him with all their hearts.

3 • They do not compromise with evil,
   and they walk only in his paths.

4 • You have charged us
   to keep your commandments carefully.

5 • Oh, that my actions would consistently
   reflect your decrees!

6 • Then I will not be ashamed
   when I compare my life with your
   commands.

7 • As I learn your righteous regulations,
   I will thank you by living as I should!

8 • I will obey your decrees.
   Please don't give up on me!

Beth

9 • How can a young person stay pure?
   By obeying your word.

10 • I have tried hard to find you—
   don't let me wander from your
   commands.

stanza [stǽnzə] *n.* [운율] 절(節), 연

119:3 compromise with… : …와 타협하다

---

119 This psalm is a Hebrew acrostic poem; there are twenty-two stanzas, one for each successive letter of the Hebrew alphabet. Each of the eight verses within each stanza begins with the Hebrew letter named in its heading.

에서 떠나지 않게 하소서.

11 내가 주의 말씀을 내 마음속에 두었습니다. 내가 주께 죄를 짓지 않기 위해서입니다.

12 여호와여, 주께 찬양을 드립니다. 나에게 주의 법령들을 가르쳐 주소서.

13 주의 입에서 나오는 모든 규례들을 내가 큰 소리로 선포합니다.

14 나는 주의 법규에 따르는 것을 기뻐합니다. 재산을 많이 가지는 것보다 더 좋아합니다.

15 나는 주의 교훈들을 읊조리며, 주의 길들을 깊이 생각합니다.

16 나는 주의 법령들을 기뻐합니다. 나는 주의 말씀을 가볍게 여기지 않을 것입니다.

17 주의 종에게 은혜 내려 주소서. 그리하면 내가 잘 살 수 있을 것입니다. 나는 주의 말씀에 순종할 것입니다.

18 나의 눈을 열어 주셔서 내가 볼 수 있게 하소서. 주의 법 안에 있는 놀라운 진리를 깨닫게 해 주소서.

19 나는 이 땅에서 나그네입니다. 주의 계명들을 내게서 숨기지 마소서.

20 나의 영혼이 간절히 바라고 있습니다. 언제나 주의 규례에 대한 갈망으로 불타고 있습니다.

21 주는 거만한 자들을 꾸짖습니다. 그들은 저주받은 자들입니다. 주는 교만한 자를 책망하십니다. 그들은 주의 명령을 멀리하는 자들입니다.

22 더 이상 내가 조롱과 비웃음을 당하지 않게 해 주소서. 이는 내가 주의 법규들을 지키고 있기 때문입니다.

23 비록 세상의 권력자들이 모여 앉아 나에 대해 험담을 할지라도, 주의 종은 주의 법령들을 깊이 생각할 것입니다.

24 주의 법규들은 나의 기쁨입니다. 그것들은 나의 조언자들입니다.

25 내가 먼지를 뒤집어쓰고 앉아 있습니다. 주의 말씀으로 나의 영혼을 새롭게 하소서.

26 내가 나의 행위를 고백했더니 주는 내게 대답하셨습니다. 내게 주의 법령들을 가르쳐 주소서.

27 나로 주의 교훈들과 가르침을 이해하게 해 주소서. 그러면 내가 주의 기적들을 깊이 생각할 것입니다.

28 나의 영혼이 슬픔으로 지쳐 있습니다. 주의 말씀으로 나에게 힘을 주소서.

29 악한 길에 빠지지 않도록 나를 보살펴 주소서. 주의 법을 가르치시고 내게 은혜를 베풀어 주소서.

30 내가 진리의 길을 선택했습니다. 나의 마음을 주의 법도들에 맞추어 놓았습니다.

31 여호와여, 나는 주의 법규들을 단단히 붙들고 있습

---

11 •I have hidden your word in my heart,
   that I might not sin against you.
12 •I praise you, O LORD;
   teach me your decrees.
13 •I have recited aloud
   all the regulations you have given us.
14 •I have rejoiced in your laws
   as much as in riches.
15 •I will study your commandments
   and reflect on your ways.
16 •I will delight in your decrees
   and not forget your word.

Gimel

17 •Be good to your servant,
   that I may live and obey your word.
18 •Open my eyes to see
   the wonderful truths in your instructions.
19 •I am only a foreigner in the land.
   Don't hide your commands from me!
20 •I am always overwhelmed
   with a desire for your regulations.
21 •You rebuke the arrogant;
   those who wander from your
      commands are cursed.
22 •Don't let them scorn and insult me,
   for I have obeyed your laws.
23 •Even princes sit and speak against me,
   but I will meditate on your decrees.
24 •Your laws please me;
   they give me wise advice.

Daleth

25 •I lie in the dust;
   revive me by your word.
26 •I told you my plans, and you answered.
   Now teach me your decrees.
27 •Help me understand the meaning of
      your commandments,
   and I will meditate on your
      wonderful deeds.
28 •I weep with sorrow;
   encourage me by your word.
29 •Keep me from lying to myself;
   give me the privilege of knowing your
      instructions.
30 •I have chosen to be faithful;
   I have determined to live by your
      regulations.
31 •I cling to your laws.
   LORD, don't let me be put to shame!

---

meditate [médəteit] *vi.* 묵상하다
privilege [prívəlidʒ] *n.* 특권
rebuke [ribjúːk] *vt.* 꾸짖다, 징계하다
recite [risáit] *vt.* 읊다, (청중 앞에서) 낭독하다
119:15 reflect on … : …을 숙고하다
119:20 be overwhelmed with … : …로 압도당하다
119:21 wander from … : …에서 옆길로 벗어나다
119:31 cling to … : …에 달라붙다

니다. 내가 부끄러움을 당하지 않게 해 주소서.

32 내가 주께서 명령하신 길로 가고 있는 것은 주께서 나의 마음을 편안하게 하셨기 때문입니다.

33 여호와여, 나를 가르치시고 주의 법령들을 따르게 해 주소서. 그러면 내가 끝까지 그것들을 지킬 것입니다.

34 나에게 깨달음을 주소서. 내가 주의 법을 지킬 것입니다. 내가 마음을 다하여 주의 법에 순종할 것입니다.

35 내가 주께서 명령하신 길로 가기를 원합니다. 이는 내가 그 길에서 기쁨을 발견하기 때문입니다.

36 나의 마음이 주의 법규들로 향하게 하시고, 이기적인 이익들로 향하지 않게 해 주소서.

37 내가 무가치한 것들에게서 눈을 떼게 해 주시고, 주의 말씀으로 나를 보호해 주소서.

38 주의 종에게 주의 약속을 이루어 주소서. 내가 주를 존경하겠습니다.

39 나는 수치를 두려워하오니 내게서 수치를 제거해 주소서. 주의 법은 선하고 완전합니다.

40 나는 주의 교훈들을 너무도 갈망합니다! 주의 의로움으로 나의 영혼을 새롭게 하소서.

41 여호와여, 주의 변치 않는 사랑을 내게 주소서. 주의 말씀대로 주의 구원이 내게 임하게 하소서.

42 그러면 내가 나를 비웃는 자들에게 대답할 것입니다. 내가 주의 말씀을 믿습니다.

43 진리의 말씀을 나의 입에서 빼앗아 가지 마소서. 내가 나의 소망을 주의 규례에 두었습니다.

44 나는 언제나 주의 법을 지킬 것입니다. 영원토록 순종할 것입니다.

45 내가 자유롭게 걸어다닐 것입니다. 이는 내가 주의 교훈들을 따랐기 때문입니다.

46 내가 왕들 앞에서 주의 법규들에 대해 말할 것입니다. 내가 그곳에서 부끄러움을 당하지 않을 것입니다.

47 이는 내가 주의 명령들을 기뻐하고, 내가 그것들을 사랑하기 때문입니다.

48 나의 손을 들어 내가 사랑하는 주의 명령들을 찬양합니다. 내가 주의 법령들을 깊이 생각합니다.

49 주의 종에 대해 하신 주의 말씀을 기억하십시오. 주께서 내게 소망을 주셨습니다.

50 주의 약속이 나의 생명을 보존합니다. 이것이 내가 고통 가운데 있을 때에 내게 위로가 됩니다.

51 교만한 자들이 한없이 나를 조롱합니다. 그러나 나는 주의 법으로부터 돌아서지 않습니다.

52 여호와여, 내가 주의 옛 법도들을 기억합니다. 그리고 그 안에서 위로를 얻습니다.

53 악한 자들 때문에 몹시 화가 납니다. 그들은 주의

---

32 • I will pursue your commands,
    for you expand my understanding.

He

33 • Teach me your decrees, O LORD;
    I will keep them to the end.

34 • Give me understanding and I will obey your
    instructions;
    I will put them into practice with all
    my heart.

35 • Make me walk along the path of your
    commands,
    for that is where my happiness is found.

36 • Give me an eagerness for your laws
    rather than a love for money!

37 • Turn my eyes from worthless things,
    and give me life through your word.*

38 • Reassure me of your promise,
    made to those who fear you.

39 • Help me abandon my shameful ways;
    for your regulations are good.

40 • I long to obey your commandments!
    Renew my life with your goodness.

Waw

41 • LORD, give me your unfailing love,
    the salvation that you promised me.

42 • Then I can answer those who taunt me,
    for I trust in your word.

43 • Do not snatch your word of truth from me,
    for your regulations are my only hope.

44 • I will keep on obeying your instructions
    forever and ever.

45 • I will walk in freedom,
    for I have devoted myself to your
    commandments.

46 • I will speak to kings about your laws,
    and I will not be ashamed.

47 • How I delight in your commands!
    How I love them!

48 • I honor and love your commands.
    I meditate on your decrees.

Zayin

49 • Remember your promise to me;
    it is my only hope.

50 • Your promise revives me;
    it comforts me in all my troubles.

51 • The proud hold me in utter contempt,
    but I do not turn away from your
    instructions.

52 • I meditate on your age-old regulations,
    O LORD, they comfort me.

53 • I become furious with the wicked,
    because they reject your instructions.

---

reassure [riːəʃúər] *vt.* 재보증(재확인) 하다
taunt [tɔːnt] *vt.* 조롱하다

119:37 Some manuscripts read *in your ways.*

법을 버린 자들입니다.

54 주의 법령들은 내 노래의 주제입니다. 내가 사는 곳 어디에서나 내 노래의 주제입니다.

55 여호와여, 밤에 내가 주의 이름을 기억하며, 내가 주의 법을 지킬 것입니다.

56 주의 교훈에 순종하는 것이 나에게 축복이 됩니다.

57 여호와여, 주는 나의 몫입니다. 내가 주의 말씀에 순종하기로 약속하였습니다.

58 내가 나의 마음을 다해 주의 얼굴을 바라보았습니다. 주의 약속에 따라 내게 은혜를 베풀어 주소서.

59 내가 나의 길을 깊이 생각해 봤습니다. 그리고 나의 발걸음을 주의 법규들을 향해 돌렸습니다.

60 나는 지체하지 않고 서둘러 주의 명령들을 지킬 것입니다.

61 비록 악한 자들이 나를 줄로 묶을지라도, 나는 주의 법을 잊지 않을 것입니다.

62 한밤중에 내가 일어나 주께 감사드립니다. 주의 의로운 규례들에 대해 감사드립니다.

63 나는 주를 두려워하는 모든 사람들의 친구입니다. 주의 교훈들을 따르는 모든 사람들의 친구입니다.

64 여호와여, 땅이 주의 사랑으로 가득 차 있습니다. 내게 주의 법령들을 가르쳐 주소서.

65 주의 종에게 선을 베풀어 주소서. 여호와여, 주의 말씀에 따라 선을 베풀어 주소서.

66 내게 지식과 선한 판단에 대해 가르쳐 주소서. 이는 내가 주의 명령들을 믿기 때문입니다.

67 고난받기 전에는 내가 잘못된 길로 갔으나, 이제는 주의 말씀에 순종합니다.

68 주는 선하시고, 주가 하는 일도 선하십니다. 저에게 주의 법령들을 가르쳐 주소서.

69 비록 교만한 자들이 거짓말로 나를 더럽혔어도, 나는 마음을 다해 주의 교훈들을 지킵니다.

70 그들의 마음은 차디차고 아무런 느낌이 없습니다. 그러나 나는 주의 법을 기뻐합니다.

71 고난당하는 것이 내게는 좋았습니다. 그 때문에 나는 주의 법령들을 배우게 되었습니다.

72 주의 입으로부터 나오는 법은 내게 더욱 귀중합니다. 수천 개의 은과 금보다 더욱 귀중합니다.

73 주의 손이 나를 만들었고 나를 지으셨습니다. 내게 깨달음을 주시고 주의 명령들을 배우게 해 주소서.

74 주를 두려워하는 자들이 나를 볼 때에 기뻐하게 해 주소서. 이는 내가 나의 소망을 주의 말씀에 두었기 때문입니다.

54 ● Your decrees have been the theme of my songs
　　wherever I have lived.
55 ● I reflect at night on who you are, O LORD;
　　therefore, I obey your instructions.
56 ● This is how I spend my life:
　　obeying your commandments.

Heth

57 ● LORD, you are mine!
　　I promise to obey your words!
58 ● With all my heart I want your blessings.
　　Be merciful as you promised.
59 ● I pondered the direction of my life,
　　and I turned to follow your laws.
60 ● I will hurry, without delay,
　　to obey your commands.
61 ● Evil people try to drag me into sin,
　　but I am firmly anchored to your
　　instructions.
62 ● I rise at midnight to thank you
　　for your just regulations.
63 ● I am a friend to anyone who fears you—
　　anyone who obeys your commandments.
64 ● O LORD, your unfailing love fills the earth;
　　teach me your decrees.

Teth

65 ● You have done many good things for me, LORD,
　　just as you promised.
66 ● I believe in your commands;
　　now teach me good judgment and
　　knowledge.
67 ● I used to wander off until you disciplined me;
　　but now I closely follow your word.
68 ● You are good and do only good;
　　teach me your decrees.
69 ● Arrogant people smear me with lies,
　　but in truth I obey your commandments
　　with all my heart.
70 ● Their hearts are dull and stupid,
　　but I delight in your instructions.
71 ● My suffering was good for me,
　　for it taught me to pay attention to your
　　decrees.
72 ● Your instructions are more valuable to me
　　than millions in gold and silver.

Yodh

73 ● You made me; you created me.
　　Now give me the sense to follow your
　　commands.
74 ● May all who fear you find in me a cause
　　for joy,
　　for I have put my hope in your word.

---

anchor [ǽŋkər] *vt.* 고정시키다
arrogant [ǽrəgənt] *a.* 거만한
discipline [dísəplin] *vt.* 징계하다
smear [smíər] *vt.* …을 더럽히다
119:67 wander off : 방황하다

75 여호와여, 나는 주의 법도가 의롭다는 것을 알고 있습니다. 신실하심을 따라 내게 어려움 주신 것을 압니다.

76 주의 변함없는 사랑이 나의 위로가 되게 해 주소서. 주의 종에게 약속하신 대로 위로하여 주소서.

77 주께서 나를 불쌍히 여겨 주시면 내가 살 수 있습니다. 이는 주의 법이 나의 기쁨이기 때문입니다.

78 교만한 자들이 까닭 없이 나를 못살게 굽니다. 그들을 부끄럽게 해 주소서. 나는 주의 교훈들을 깊이 생각할 것입니다.

79 주를 두려워하는 자들을 내게로 돌아오게 하시며, 주의 법규들을 이해하는 자들이 내게로 돌아오게 해 주소서.

80 나의 마음이 주의 법령들을 향해 순결하게 하시고, 내가 부끄러움을 당하지 않게 해 주소서.

81 내가 주의 구원을 기다리다 지쳤습니다. 그러나 나는 주의 말씀에 희망을 두고 있습니다.

82 나의 눈은 주의 약속을 기다리다가 약해졌습니다. 내가 묻습니다. "주는 언제쯤 나를 위로하실 것입니까?"

83 비록 내가 연기 속에 있는 포도주 가죽 부대 같을지라도, 나는 주의 법령들을 잊지 않습니다.

84 주의 종이 얼마나 더 기다려야만 합니까? 주는 나를 박해하는 자들을 언제 벌하실 것입니까?

85 교만한 자들이 나를 잡으려 함정을 파고 있습니다. 주의 법을 어기며 함정을 파고 있습니다.

86 주의 모든 계명들을 신뢰할 수 있습니다. 나를 도와 주소서. 사람들이 이유 없이 나를 박해합니다.

87 그들이 나를 이 땅에서 쫓아내었지만, 나는 주의 교훈들을 버리지 않았습니다.

88 주의 사랑으로 나의 생명을 보살펴 주소서. 그러면 내가 주의 법규에 순종할 것입니다.

89 여호와여, 주의 말씀은 영원합니다. 주의 말씀은 하늘에서 굳건히 서 있습니다.

90 주의 신실하심은 대대에 이릅니다. 주는 땅을 세우셨고, 이 땅은 지금도 계속되고 있습니다.

91 주의 법도는 이날까지도 지속되고 있습니다. 이는 모든 것들이 주를 섬기고 있기 때문입니다.

92 만일 주의 법이 지금까지 나의 기쁨이 아니었다면, 아마 나는 고통 가운데서 죽어 갔을 것입니다.

93 나는 주의 교훈들을 결코 잊지 않을 것입니다. 이는 이것들을 통해, 주가 나의 생명을 보존하셨기 때문입니다.

94 나는 주의 것이오니 구원해 주소서. 내가 주의 교훈들을 따르고자 열심히 노력했습니다.

95 악한 자들이 나를 무너뜨리려고 기다리고 있습니다. 그러나 나는 주의 법규들을 깊이 생각할 것입

75 • I know, O LORD, that your regulations are fair;
    you disciplined me because I needed it.
76 • Now let your unfailing love comfort me,
    just as you promised me, your servant.
77 • Surround me with your tender mercies so I may live,
    for your instructions are my delight.
78 • Bring disgrace upon the arrogant people who lied about me;
    meanwhile, I will concentrate on your commandments.
79 • Let me be united with all who fear you,
    with those who know your laws.
80 • May I be blameless in keeping your decrees;
    then I will never be ashamed.

Kaph

81 • I am worn out waiting for your rescue,
    but I have put my hope in your word.
82 • My eyes are straining to see your promises come true.
    When will you comfort me?
83 • I am shriveled like a wineskin in the smoke,
    but I have not forgotten to obey your decrees.
84 • How long must I wait?
    When will you punish those who persecute me?
85 • These arrogant people who hate your instructions
    have dug deep pits to trap me.
86 • All your commands are trustworthy.
    Protect me from those who hunt me down without cause.
87 • They almost finished me off,
    but I refused to abandon your commandments.
88 • In your unfailing love, spare my life;
    then I can continue to obey your laws.

Lamedh

89 • Your eternal word, O LORD,
    stands firm in heaven.
90 • Your faithfulness extends to every generation,
    as enduring as the earth you created.
91 • Your regulations remain true to this day,
    for everything serves your plans.
92 • If your instructions hadn't sustained me with joy,
    I would have died in my misery.
93 • I will never forget your commandments,
    for by them you give me life.
94 • I am yours; rescue me!
    For I have worked hard at obeying your commandments.
95 • Though the wicked hide along the way to kill me,

---

shrivel [ʃrívəl] *vi.* 움츠러들다, 못쓰게 되다
sustain [səstéin] *vt.* 지탱하다; 유지하다
119:78 concentrate on… : …에 전력을 기울이다

니다.

96 완전하게 보이는 어떠한 것들도 다 한계가 있습니다. 그러나 주의 명령들은 우주보다 넓습니다.

97 얼마나 내가 주의 법을 사랑하는지, 나는 하루 종일 그것만을 깊이 생각합니다.

98 주의 명령들은 나의 적들보다 나를 더 지혜롭게 만듭니다. 이는 그것들이 나와 항상 함께 있기 때문입니다.

99 나는 나의 스승들보다 더 많은 통찰력이 있습니다. 이는 내가 주의 법규들을 깊이 생각하고 있기 때문입니다.

100 나는 노인들보다 더 많은 깨달음을 가지고 있습니다. 이는 내가 주의 교훈들에 순종하기 때문입니다.

101 나는 지금까지 악한 길로 가지 않았습니다. 내가 주의 말씀에 순종하기 위함이었습니다.

102 나는 지금까지 주의 법도로부터 떠나지 않았습니다. 이는 주께서 친히 나를 가르치셨기 때문입니다.

103 주의 말씀이 나의 입에 얼마나 단지요, 나의 입에 꿀보다 더 답니다.

104 나는 주의 교훈들로부터 깨달음을 얻고 있습니다. 그러므로 나는 모든 악한 길을 미워합니다.

105 주의 말씀은 내 발의 등불이며, 내 길의 빛입니다.

106 나는 맹세했습니다. 다시금 확인도 했습니다. 내가 주의 의로운 규례들을 따를 것입니다.

107 나는 많은 고통을 당했습니다. 여호와여, 주의 말씀에 따라 나를 보호해 주소서.

108 여호와여, 자발적으로 드리는 내 입술의 찬양을 받으시고, 내게 주의 법도를 가르쳐 주소서.

109 내가 계속적으로 죽음의 위험을 무릅쓰고 있지만, 나는 주의 법을 잊지 아니할 것입니다.

110 악한 자들이 나를 잡으려고 덫을 놓았습니다. 그러나 나는 주의 교훈들로부터 떠나지 않았습니다.

111 주의 법규들은 영원히 내가 가질 상속물입니다. 그것들은 내 마음의 기쁨입니다.

112 내가 주의 명령들을 지키기로 마음을 확실히 정합니다. 바로 마지막 순간까지 주의를 기울여 지키려 합니다.

113 나는 마음이 간사한 사람들을 싫어합니다. 나는 주의 법을 사랑합니다.

114 주는 나의 피난처이시며 방패이십니다. 나는 나의 소망을 주의 말씀에 두었습니다.

115 악을 행하는 자들이여, 내게서 떠나십시오, 내가 나의 하나님의 명령들을 지키려 합니다.

I will quietly keep my mind on your laws.

96 •Even perfection has its limits,
    but your commands have no limit.

Mem

97 •Oh, how I love your instructions!
    I think about them all day long.

98 •Your commands make me wiser than
        my enemies,
    for they are my constant guide.

99 •Yes, I have more insight than my teachers,
    for I am always thinking of your laws.

100 •I am even wiser than my elders,
     for I have kept your commandments.

101 •I have refused to walk on any evil path,
     so that I may remain obedient to your
         word.

102 •I haven't turned away from your regulations,
     for you have taught me well.

103 •How sweet your words taste to me;
     they are sweeter than honey.

104 •Your commandments give me understanding;
     no wonder I hate every false way of life.

Nun

105 •Your word is a lamp to guide my feet
     and a light for my path.

106 •I've promised it once, and I'll promise it again:
     I will obey your righteous regulations.

107 •I have suffered much, O LORD;
     restore my life again as you promised.

108 •LORD, accept my offering of praise,
     and teach me your regulations.

109 •My life constantly hangs in the balance,
     but I will not stop obeying your
         instructions.

110 •The wicked have set their traps for me,
     but I will not turn from your
         commandments.

111 •Your laws are my treasure;
     they are my heart's delight.

112 •I am determined to keep your decrees
     to the very end.

Samekh

113 •I hate those with divided loyalties,
     but I love your instructions.

114 •You are my refuge and my shield;
     your word is my source of hope.

115 •Get out of my life, you evil-minded people,
     for I intend to obey the commands of my
         God.

---

constant [kɑ́nstənt] *a.* 변함없는, 영원한
obedient [oubí:diənt] *a.* 순종하는
regulation [rèɡjuléiʃən] *n.* 규정, 법도
restore [ristɔ́:r] *vt.* 회복하다
119:109 hang in the balance : 불안정한 상태에 있다. (생사 · 승패 따위가) 어떻게 될지 모르다
119:110 set one's trap for… : …를 빠뜨릴 함정을 마련하다, …에게 올가미를 씌우다

116 여호와의 약속에 따라 나를 살려 주시면 내가 살 수 있을 것입니다. 나의 소망들이 깨어지지 않게 해 주소서.

117 나를 붙들어 올려 주시면 내가 구출될 것입니다. 내가 항상 주의 법령들을 존중할 것입니다.

118 주는 주의 법령들로부터 떠나 있는 모든 자들을 거절하십니다. 이는 그들의 거짓됨이 헛되기 때문입니다.

119 주는 땅의 모든 악한 자들을 쓰레기같이 버리십니다. 그러므로 내가 주의 법규들을 사랑합니다.

120 내가 주를 두려워하여 떨고 있습니다. 그러므로 나는 주의 법도를 공경하고 두려워합니다.

121 나는 지금까지 의롭고 정의로운 일을 해 왔습니다. 나를 나의 압제자들에게 넘기지 마소서.

122 주의 종의 행복을 보장해 주소서. 교만한 자들이 나를 괴롭히지 않게 해 주소서.

123 나의 눈이 주의 구원을 찾다가 쇠약해졌습니다. 주의 의로운 약속을 찾다가 흐리게 되었습니다.

124 주의 변함없는 사랑으로 주의 종을 다루어 주소서. 내게 주의 법령들을 가르쳐 주소서.

125 나는 주의 종입니다. 내게 분별력을 주소서. 그러면 내가 주의 법규들을 이해할 수 있을 것입니다.

126 여호와여, 주께서 일하실 때입니다. 주의 법이 깨어지고 있습니다.

127 내가 주의 명령들을 사랑합니다. 순금보다 더 사랑합니다.

128 내가 주의 모든 교훈을 옳다고 생각합니다. 나는 잘못된 모든 길들을 미워합니다.

129 주의 법규들은 놀랍습니다. 나는 그것들에 순종합니다.

130 주의 말씀들을 드러내니 빛이 비춰집니다. 주의 말씀들을 드러내니 순진한 자가 깨달음을 얻게 됩니다.

131 내가 나의 입을 열어 헐떡거리며, 주의 명령들을 갈망합니다.

132 주의 이름을 사랑하는 자들에게 항상 하시듯이 제게도 자비를 베풀어 주소서.

133 주의 말씀에 따라 나의 발걸음을 인도해 주소서. 어떤 죄도 나를 지배하지 못하게 해 주시고,

134 사람들의 압박에서 나를 구원해 주소서. 내가 주의 교훈에 순종할 것입니다.

135 주께서 주의 종을 향해 얼굴을 비춰 주시고 내게 주의 법령을 가르쳐 주소서.

136 내 눈에서 눈물이 홍수같이 쏟아져 내립니다. 이는 주의 법이 지켜지지 않고 있기 때문입니다.

137 여호와여, 주는 의로우십니다. 주의 법도는 옳습니다.

116 • LORD, sustain me as you promised, that I may live!
   Do not let my hope be crushed.

117 • Sustain me, and I will be rescued;
   then I will meditate continually on your decrees.

118 • But you have rejected all who stray from your decrees.
   They are only fooling themselves.

119 • You skim off the wicked of the earth like scum;
   no wonder I love to obey your laws!

120 • I tremble in fear of you;
   I stand in awe of your regulations.

Ayin

121 • Don't leave me to the mercy of my enemies,
   for I have done what is just and right.

122 • Please guarantee a blessing for me.
   Don't let the arrogant oppress me!

123 • My eyes strain to see your rescue,
   to see the truth of your promise fulfilled.

124 • I am your servant; deal with me in unfailing love,
   and teach me your decrees.

125 • Give discernment to me, your servant;
   then I will understand your laws.

126 • LORD, it is time for you to act,
   for these evil people have violated your instructions.

127 • Truly, I love your commands
   more than gold, even the finest gold.

128 • Each of your commandments is right.
   That is why I hate every false way.

Pe

129 • Your laws are wonderful.
   No wonder I obey them!

130 • The teaching of your word gives light,
   so even the simple can understand.

131 • I pant with expectation,
   longing for your commands.

132 • Come and show me your mercy,
   as you do for all who love your name.

133 • Guide my steps by your word,
   so I will not be overcome by evil.

134 • Ransom me from the oppression of evil people,
   then I can obey your commandments.

135 • Look upon me with love;
   teach me your decrees.

136 • Rivers of tears gush from my eyes
   because people disobey your instructions.

Tsadhe

137 • O LORD, you are righteous,
   and your regulations are fair.

pant [pǽnt] *vi.* 헐떡거리다, 숨차다
scum [skʌm] *n.* 찌꺼기, 부스러기
119:119 skim off : 뜬 찌꺼기를 걷어내다

138 주께서 만드신 법규들은 의롭습니다. 그것들은 모두 믿을 수 있습니다.

139 내가 열정에 지쳤습니다. 이는 나의 적들이 주의 말씀을 무시하고 있기 때문입니다.

140 주의 약속은 확실하므로 주의 종이 그것을 사랑합니다.

141 비록 내가 보잘것없고 무시를 당하고 있지만, 나는 주의 교훈들을 잊지 않고 있습니다.

142 주의 의로움은 영원하며, 주의 법은 진리입니다.

143 어려움과 걱정이 내게 있지만, 주의 명령들이 나의 기쁨이 됩니다.

144 주의 법규들은 영원히 옳습니다. 내게 깨달음을 주셔서 살게 하소서.

145 여호와여, 내가 마음을 다해 주를 부릅니다. 내게 대답하여 주소서. 그리하면 내가 주의 법령들에 복종할 것입니다.

146 내가 주께 부르짖습니다. 나를 구원해 주소서. 그리하면 내가 주의 법규들에 복종할 것입니다.

147 내가 새벽 이전에 일어나 도움을 요청하며 울부짖습니다. 나는 나의 소망을 주의 말씀에 두었습니다.

148 내가 밤새도록 깨어 있습니다. 내가 주의 약속들을 깊이 생각하고 있습니다.

149 주의 사랑에 따라 나의 소리를 들어 주소서. 여호와여, 주의 법도에 따라 나의 생명을 보존하소서.

150 악한 일들을 생각하는 자들이 가까이 있습니다. 그들은 주의 법으로부터 멀리 떨어져 있습니다.

151 여호와여, 주는 가까이 계십니다. 주의 모든 명령들은 진리입니다.

152 오래 전부터 나는 주의 법규들을 배웠습니다. 주의 법규들은 주께서 영원토록 지속되게 하신 것들입니다.

153 나의 고통을 보시고 나를 구원해 주소서. 내가 주의 법을 잊지 않았습니다.

154 내가 주장하는 것을 변호해 주시고, 나를 구원해 주소서. 주의 약속에 따라 나의 생명을 보존해 주소서.

155 구원은 악한 자들로부터 멀리 있습니다. 그들은 주의 법령들을 따르지 않았습니다.

156 여호와여, 주는 불쌍히 여기시는 분이십니다. 주의 법도에 따라 나의 생명을 보존해 주소서.

157 나를 박해하는 적들이 많습니다. 그러나 나는 주의 법규들에서 떠나지 않았습니다.

158 나는 신실하지 않은 자들을 보고 분노합니다. 이는 그들이 주의 말씀에 순종하지 않기 때문입니다.

138 • Your laws are perfect
    and completely trustworthy.

139 • I am overwhelmed with indignation,
    for my enemies have disregarded your
    words.

140 • Your promises have been thoroughly tested;
    that is why I love them so much.

141 • I am insignificant and despised,
    but I don't forget your commandments.

142 • Your justice is eternal,
    and your instructions are perfectly true.

143 • As pressure and stress bear down on me,
    I find joy in your commands.

144 • Your laws are always right;
    help me to understand them so I may live.

Qoph

145 • I pray with all my heart; answer me, LORD!
    I will obey your decrees.

146 • I cry out to you; rescue me,
    that I may obey your laws.

147 • I rise early, before the sun is up;
    I cry out for help and put my hope
    in your words.

148 • I stay awake through the night,
    thinking about your promise.

149 • In your faithful love, O LORD, hear my cry;
    let me be revived by following your
    regulations.

150 • Lawless people are coming to attack me;
    they live far from your instructions.

151 • But you are near, O LORD,
    and all your commands are true.

152 • I have known from my earliest days
    that your laws will last forever.

Resh

153 • Look upon my suffering and rescue me,
    for I have not forgotten your instructions.

154 • Argue my case; take my side!
    Protect my life as you promised.

155 • The wicked are far from rescue,
    for they do not bother with your decrees.

156 • LORD, how great is your mercy;
    let me be revived by following your
    regulations.

157 • Many persecute and trouble me,
    yet I have not swerved from your laws.

158 • Seeing these traitors makes me sick at heart,
    because they care nothing for your word.

---

despise [dispáiz] vt. 경멸하다
disregard [disrigá:rd] vt. 무시하다
indignation [indignéiʃən] n. 분개, 의분
insignificant [insignífikənt] a. 보잘것없는
tested [téstid] a. 시험을 거친; 검사필의
traitor [tréitər] n. 반역자, 배신자
119:143 bear down on… : …을 억누르다
119:154 take one's side : …의 편을 들다
119:157 swerve from… : …에서 벗어나다

159 내가 주의 교훈을 얼마나 사랑하는지 보소서. 여호와여, 주의 사랑에 따라 나의 생명을 보존해 주소서.

160 주의 모든 말씀은 진리입니다. 주의 의로운 법도는 모두 영원합니다.

161 권력자들이 까닭 없이 나를 박해합니다. 그러나 나의 마음은 주의 말씀만 두려워합니다.

162 나는 주의 약속을 기뻐합니다. 많은 전리품을 얻은 자처럼 기뻐합니다.

163 나는 거짓을 미워하고 싫어합니다. 나는 오직 주의 법을 사랑합니다.

164 하루 일곱 번씩 나는 주의 의로운 법도로 인해 찬양합니다.

165 주의 법을 사랑하는 자들은 마음이 평안하여 아무도 그들을 넘어뜨릴 수 없습니다.

166 여호와여, 내가 주의 구원을 기다리며 주의 명령들을 따릅니다.

167 내가 주의 법규들을 지킵니다. 이는 내가 그 법규를 많이 사랑하기 때문입니다.

168 내가 주의 교훈들과 법규들을 지키는 것은 주께서 내가 가는 모든 길을 알고 계시기 때문입니다.

169 여호와여, 나의 울부짖음이 주 앞에 이르기를 바랍니다. 주의 말씀에 따라 내게 깨달음을 주소서.

170 나의 간구가 주 앞에 이르기를 바랍니다. 주의 약속에 따라 나를 구원해 주소서.

171 나의 입술이 찬양으로 넘치기를 바라는 것은 주께서 내게 주의 법령들을 가르치시기 때문입니다.

172 내가 주의 말씀에 대해 노래하는 것은 주의 모든 명령들은 의롭기 때문입니다.

173 주의 손이 나를 도와 주시기 바랍니다. 이는 내가 주의 교훈들을 선택했기 때문입니다.

174 여호와여, 내가 주의 구원을 갈망합니다. 주의 법은 나의 기쁨입니다.

175 나를 살려 주소서. 내가 주를 찬양하겠습니다. 주의 법도는 나를 살립니다.

176 나는 길 잃은 양처럼 길을 잃었습니다. 주의 종을 찾아 주소서. 내가 주의 명령들을 잊지 않고 있니다.

집으로부터 멀리 떨어져 있는 누군가의 기도
예배드리러 올라가는 자의 노래

120

내가 고통 가운데 여호와께 부르짖었더니 그분께서 내게 대답하셨습니다.

2 여호와여, 거짓말하는 자로부터 나를 구원해 주소서. 거짓된 혀들로부터 나를 구해 주소서.

3 하나님이 너에게 무엇을 행하실 것 같으냐, 그 밖의 무엇을 더하실 것 같으냐? 오 거짓된 혀여!

---

159 • See how I love your commandments, LORD.
Give back my life because of your
unfailing love.

160 • The very essence of your words is truth;
all your just regulations will stand forever.

Shin

161 • Powerful people harass me without cause,
but my heart trembles only at your word.

162 • I rejoice in your word
like one who discovers a great treasure.

163 • I hate and abhor all falsehood,
but I love your instructions.

164 • I will praise you seven times a day
because all your regulations are just.

165 • Those who love your instructions have
great peace
and do not stumble.

166 • I long for your rescue, LORD,
so I have obeyed your commands.

167 • I have obeyed your laws,
for I love them very much.

168 • Yes, I obey your commandments and laws
because you know everything I do.

Taw

169 • O LORD, listen to my cry;
give me the discerning mind you promised.

170 • Listen to my prayer;
rescue me as you promised.

171 • Let praise flow from my lips,
for you have taught me your decrees.

172 • Let my tongue sing about your word,
for all your commands are right.

173 • Give me a helping hand,
for I have chosen to follow your
commandments.

174 • O LORD, I have longed for your rescue,
and your instructions are my delight.

175 • Let me live so I can praise you,
and may your regulations help me.

176 • I have wandered away like a lost sheep;
come and find me,
for I have not forgotten your commands.

120
A song for pilgrims ascending to Jerusalem.

1 • I took my troubles to the LORD;
I cried out to him, and he answered my
prayer.

2 • Rescue me, O LORD, from liars
and from all deceitful people.

3 • O deceptive tongue, what will God do to you?
How will he increase your punishment?

---

abhor [əbhɔ́ːr] *vt.* 소름끼칠 정도로 싫어하다
deceptive [diséptiv] *a.* 속이는, 현혹시키는
discern [disə́ːrn] *vt.* 식별하다; (뚜렷이) 보다
harass [hərǽs] *vt.* 괴롭히다

4 주가 너를 무사의 날카로운 화살로 벌하실 것이
요, 말라깽이 나무로 만든 불타는 숯불로 벌하실
것이다.

5 내가 메섹에 살고 있고, 게달 사람들의 동네에 살
고 있으니 불행합니다.

6 너무 오랫동안 살았습니다. 내가 평화를 싫어하
는 사람들과 너무 오랫동안 살았습니다.

7 나는 평화를 원하지만, 내가 말할 때에 그들은 싸
우려 합니다.

그의 사람들을 지키시는 주님

에배드리러 올라가는 자의 노래

121 내가 눈을 들어 산들을 바라봅니다. 나의
도움이 어디에서 옵니까?

2 나의 도움은 여호와로부터 옵니다. 하늘과 땅을
만드신 그분으로부터 옵니다.

3 여호와께서 여러분의 발이 미끄러지지 않게 하실
것입니다. 여러분을 지켜 주시는 그분은 졸지 않
으십니다.

4 정말로 이스라엘을 지켜 주시는 그분은 졸지도 주
무시지도 않습니다.

5 여호와는 여러분을 지켜 주십니다. 여호와는 여
러분의 오른편에 있는 그늘이십니다.

6 낮에 태양이 여러분을 해하지 못하며, 밤에 달이
여러분을 해하지 못할 것입니다.

7 여호와는 여러분을 모든 재앙으로부터 지켜 주십
니다. 그분은 여러분의 생명을 보호하십니다.

8 여호와는 여러분의 들고 나는 것을 지금부터 영
원토록 지키십니다.

예루살렘의 행복한 사람들

다윗의 시. 에배드리러 올라가는 자의 노래

122 사람들이 내게 "우리 함께 여호와의 집에
가자"라고 말할 때, 나는 기뻐하였습니
다.

2 오 예루살렘이여, 우리의 발이 네 문 안에 서 있습
니다.

3 예루살렘은 건물이 단단하게 연결된 도시처럼 건
설되었습니다.

4 그곳은 각 지파들, 곧 여호와의 지파들이 여호와
의 이름을 찬양하기 위해 올라가는 곳입니다. 이
스라엘에게 주어진 법규에 따라 찬양하러 가는
곳입니다.

5 재판하기 위해 다윗의 집의 왕좌들이 거기에 모
였습니다.

6 예루살렘의 평화를 위해 기도하십시오. "예루살
렘을 사랑하는 자들이여, 안전하기 바랍니다.

7 예루살렘의 성벽 안에 평화가 있고, 예루살렘 성
안에 안정이 있기 바랍니다."

4 • You will be pierced with sharp arrows
and burned with glowing coals.

5 • How I suffer in far-off Meshech.
It pains me to live in distant Kedar.

6 • I am tired of living
among people who hate peace.

7 • I search for peace;
but when I speak of peace, they want war!

121 *A song for pilgrims ascending to
Jerusalem.*

1 • I look up to the mountains—
does my help come from there?

2 • My help comes from the LORD,
who made heaven and earth!

3 • He will not let you stumble;
the one who watches over you will not
slumber.

4 • Indeed, he who watches over Israel
never slumbers or sleeps.

5 • The LORD himself watches over you!
The LORD stands beside you as your
protective shade.

6 • The sun will not harm you by day,
nor the moon at night.

7 • The LORD keeps you from all harm
and watches over your life.

8 • The LORD keeps watch over you as you come
and go,
both now and forever.

122 *A song for pilgrims ascending to
Jerusalem. A psalm of David.*

1 • I was glad when they said to me,
"Let us go to the house of the LORD."

2 • And now here we are,
standing inside your gates, O Jerusalem.

3 • Jerusalem is a well-built city;
its seamless walls cannot be breached.

4 • All the tribes of Israel—the LORD's people—
make their pilgrimage here.
They come to give thanks to the name
of the LORD,
as the law requires of Israel.

5 • Here stand the thrones where judgment
is given,
the thrones of the dynasty of David.

6 • Pray for peace in Jerusalem.
May all who love this city prosper.

7 • O Jerusalem, may there be peace within your
walls
and prosperity in your palaces.

8 나의 형제들과 친구들을 위해, "너희 안에 평화가 있을 것이다"라고 내가 말할 것입니다.

9 여호와 우리 하나님의 집을 위해, 내가 그 집이 번영하기를 기도할 것입니다.

자비를 구하는 기도
예배드리러 올라가는 자의 노래

123 내가 눈을 들어 주를 바라봅니다. 하늘에 계신 주를 바라봅니다.

2 종들의 눈이 그들의 주인의 손을 바라보듯이, 여종의 눈이 여주인의 손을 바라보듯이, 그렇게 우리의 눈이 여호와 우리 하나님을 바라봅니다. 주께서 우리에게 자비를 베푸실 때까지 여호와를 바라봅니다.

3 우리를 불쌍히 여겨 주소서. 여호와여, 우리를 불쌍히 여겨 주소서. 우리가 수많은 멸시를 견뎌 냈습니다.

4 우리가 거만한 자들로부터 받은 수많은 조롱을 참아 냈으며, 교만한 자들로부터 받은 수많은 멸시를 견뎌 냈습니다.

주님은 그의 사람들을 구하십니다
다윗의 시. 예배드리러 올라가는 자의 노래

124 이스라엘아, 말해 보아라. 만일 여호와께서 우리편이 아니셨다면, 어떻게 되었을까?

2 만약 여호와께서 우리편이 아니셨다면, 원수들이 우리를 공격했을 때,

3 그들의 분노가 우리를 향해 불타올랐을 때, 그들은 우리를 산 채로 삼켰을 것입니다.

4 홍수가 우리를 삼켰을 것입니다. 급류가 우리를 뒤덮었을 것입니다.

5 넘치는 물들이 우리를 휩쓸어 버렸을 것입니다.

6 여호와를 찬양하십시오, 그분은 우리의 울타리가 그들의 이에 찢어지지 않게 해 주셨습니다.

7 우리는 새처럼 사냥꾼의 그물에서 벗어났습니다. 그물은 끊어졌고, 우리는 벗어났습니다.

8 우리의 도움은 여호와의 이름 안에 있습니다. 하늘과 땅을 지으신 그분의 이름 안에 있습니다.

진실한 자를 하나님은 보호하십니다
예배드리러 올라가는 자의 노래

125 여호와를 의지하는 자들은 흔들리지 않고 영원히 서 있는 시온 산과 같습니다.

2 산들이 예루살렘을 둘러싸고 있듯이, 여호와께서 주의 백성들을 둘러싸고 계십니다. 지금부터 영원토록 보호하십니다.

3 악한 자가 의로운 자를 다스리게 하지 못할 것입니다. 의로운 자들의 땅 위에 악한 자의 권세가 남아 있지 않을 것입니다. 이는 의로운 자들이 악을

---

8 • For the sake of my family and friends,
　I will say,
　"May you have peace."
9 • For the sake of the house of the LORD our God,
　I will seek what is best for you,
　O Jerusalem.

123 *A song for pilgrims ascending to Jerusalem.*

1 • I lift my eyes to you,
　O God, enthroned in heaven.
2 • We keep looking to the LORD our God
　for his mercy,
　just as servants keep their eyes on their master,
　as a slave girl watches her mistress for the slightest signal.
3 • Have mercy on us, LORD, have mercy,
　for we have had our fill of contempt.
4 • We have had more than our fill of the scoffing of the proud
　and the contempt of the arrogant.

124 *A song for pilgrims ascending to Jerusalem. A psalm of David.*

1 • What if the LORD had not been on our side?
　Let all Israel repeat:
2 • What if the LORD had not been on our side
　when people attacked us?
3 • They would have swallowed us alive
　in their burning anger.
4 • The waters would have engulfed us;
　a torrent would have overwhelmed us.
5 • Yes, the raging waters of their fury
　would have overwhelmed our very lives.

6 • Praise the LORD,
　who did not let their teeth tear us apart!
7 • We escaped like a bird from a hunter's trap.
　The trap is broken, and we are free!
8 • Our help is from the LORD,
　who made heaven and earth.

125 *A song for pilgrims ascending to Jerusalem.*

1 • Those who trust in the LORD are as secure as Mount Zion;
　they will not be defeated but will endure forever.
2 • Just as the mountains surround Jerusalem,
　so the LORD surrounds his people, both now and forever.
3 • The wicked will not rule the land of the godly,
　for then the godly might be tempted to do wrong.

123:2 keep one's eyes on… : …에 유의하다

행하기 위해 그들의 손을 사용할지도 모르기 때문입니다.

4 여호와여, 선한 자들에게 선하게 대해 주소서. 마음이 곧은 자들에게도 선하게 대해 주소서.

5 그러나 비뚤어진 길로 향하는 자들은 악을 행하는 자들과 함께 내쫓아 주소서. 이스라엘에게 평화가 있기를 바랍니다.

주님은 우리에게 부요를 다시 주십니다
예배드리러 올라가는 자의 노래

126 여호와께서 포로들을 시온에 돌아오게 하셨을 때, 우리는 꿈을 꾸는 것 같았습니다.

2 우리의 입은 웃음으로 가득 찼고, 우리의 혀는 기쁨의 노래로 가득 찼습니다. 그때에 세상 나라들이 "여호와께서 그들을 위해 위대한 일들을 하셨다" 라고 말하였습니다.

3 여호와는 우리를 위하여 위대한 일을 행하셨습니다. 우리는 너무나 기쁩니다.

4 여호와여, 포로된 우리를 자유롭게 해 주소서. 네게브 사막을 흐르는 시내처럼 자유롭게 해 주소서.

5 눈물을 흘리며 씨를 뿌리는 사람은 기쁨의 노래를 부르며 추수할 것입니다.

6 울며 씨를 뿌리러 나가는 사람은 기뻐 노래하며 추수단을 들고 돌아올 것입니다.

모든 좋은 것은 하나님으로부터 옵니다
솔로몬의 시. 예배드리러 올라가는 자의 노래

127 여호와께서 집을 짓지 않으시면, 집 짓는 자들의 수고가 헛됩니다. 여호와께서 성을 지키지 않으시면, 경비병들의 보초가 헛됩니다.

2 헛되이 일찍 일어나고, 늦게까지 일할 뿐입니다. 먹을 음식을 위해 수고할 뿐입니다. 그러므로 여호와께서는 그의 사랑하는 자들이 편하게 잠을 잘 수 있도록 하십니다.

3 아들들은 여호와께로부터 온 상속이며, 자녀들은 여호와께서 주신 상급입니다.

4 젊어서 낳은 아들은 무사의 손에 있는 화살과 같습니다.

5 화살통에 화살이 가득 차 있는 사람은 복 있는 사람입니다. 그들이 성문에서 원수들과 다툴 때에 부끄러움을 당하지 않을 것입니다.

행복한 집
예배드리러 올라가는 자의 노래

128 여호와를 공경하고 두려워하는 자는 복 있는 사람입니다. 그분의 말씀대로 사는 자는 복 있는 사람입니다.

---

4 • O LORD, do good to those who are good,
　　whose hearts are in tune with you.
5 • But banish those who turn to crooked ways,
　　O LORD.
　　Take them away with those who do evil.

　　May Israel have peace!

126 *A song for pilgrims ascending to Jerusalem.*

1 • When the LORD brought back his exiles to
　　　　Jerusalem,*
　　it was like a dream!
2 • We were filled with laughter,
　　and we sang for joy.
　　And the other nations said,
　　　　"What amazing things the LORD has
　　　　　　done for them."
3 • Yes, the LORD has done amazing things for us!
　　What joy!

4 • Restore our fortunes, LORD,
　　as streams renew the desert.
5 • Those who plant in tears
　　will harvest with shouts of joy.
6 • They weep as they go to plant their seed,
　　but they sing as they return with the harvest.

127 *A song for pilgrims ascending to Jerusalem. A psalm of Solomon.*

1 • Unless the LORD builds a house,
　　the work of the builders is wasted.
　　Unless the LORD protects a city,
　　guarding it with sentries will do no good.
2 • It is useless for you to work so hard
　　from early morning until late at night,
　　anxiously working for food to eat;
　　for God gives rest to his loved ones.

3 • Children are a gift from the LORD;
　　they are a reward from him.
4 • Children born to a young man
　　are like arrows in a warrior's hands.
5 • How joyful is the man whose quiver is full of
　　　　them!
　　He will not be put to shame when he
　　　　confronts his accusers at the city gates.

128 *A song for pilgrims ascending to Jerusalem.*

1 • How joyful are those who fear the LORD—
　　all who follow his ways!

---

sentry [séntri] *n.* 보초, 파수병
125:4 in tune with…: …와 장단이 맞아서, 조화되어

126:1 Hebrew Zion.

2 그는 수고의 열매를 먹게 될 것입니다. 복과 번영이 그의 것이 될 것입니다.

3 그의 아내는 열매 맺는 포도나무와 같을 것입니다. 그의 집안에 있는 포도나무와 같을 것입니다. 그의 식탁에 둘러앉은 그의 아들들은 올리브 나무의 새싹들과 같을 것입니다.

4 여호와를 공경하고 두려워하는 자들은 이처럼 복 있는 사람입니다.

5 여호와께서 시온에서 그에게 복 주시기 바랍니다. 평생토록 복 주시기를 바랍니다. 그가 예루살렘의 번영을 볼 것입니다.

6 그가 살아서 그의 자손들을 보기 바랍니다. 이스라엘에게 평화가 있기를 바랍니다.

적에게 대항하는 기도
예배드리러 올라가는 자의 노래

129 그들은 내가 어렸을 때부터 나를 무척이나 괴롭혔습니다. 이스라엘은 이 사실을 알 것입니다.

2 그들은 내가 어렸을 때부터 나를 무척이나 괴롭혔습니다. 그러나 그들은 나를 이기지 못했습니다.

3 밭을 가는 사람들이 나의 등을 갈아서 밭고랑을 길게 만들었습니다.

4 그러나 여호와는 의로우십니다. 그분은 악한 자의 사슬을 끊으시고, 나를 자유롭게 하셨습니다.

5 시온을 미워하는 모든 자들이 수치를 당하고 물러가기를 바랍니다.

6 그들이 지붕 위에 있는 풀과 같이 되기를 바랍니다. 자랄 수 있기 전에 말라 버리는 풀처럼 되기를 바랍니다.

7 추수꾼은 곡식으로 그의 손을 가득 채울 수 없으며, 모아들이는 자가 곡물로 그의 품을 가득 채울 수는 없습니다.

8 지나가는 사람들이 다음과 같이 말하지 못하게 해 주소서. "여호와의 복이 너희들 위에 임하기를 바라노라. 우리가 여호와의 이름으로 너희를 축복하노라" 하고 말하지 못하게 해 주소서.

자비를 구하는 기도
예배드리러 올라가는 자의 노래

130 여호와여, 깊은 절망 속에서 내가 주께 부르짖습니다.

2 주여, 내 목소리를 들으소서. 주의 귀를 내게 기울이시고, 자비를 구하는 나의 울부짖음을 들어 보소서.

3 여호와여, 만약 주께서 죄를 기록하셨다면, 주여, 누가 견뎌 낼 수 있겠습니까?

4 그러나 용서하심이 주께 있으니 사람들이 주를

2 •You will enjoy the fruit of your labor. How joyful and prosperous you will be!

3 •Your wife will be like a fruitful grapevine, flourishing within your home. Your children will be like vigorous young olive trees as they sit around your table.

4 •That is the LORD's blessing for those who fear him.

5 •May the LORD continually bless you from Zion. May you see Jerusalem prosper as long as you live.

6 •May you live to enjoy your grandchildren. May Israel have peace!

129 *A song for pilgrims ascending to Jerusalem.*

1 •From my earliest youth my enemies have persecuted me. Let all Israel repeat this:

2 •From my earliest youth my enemies have persecuted me, but they have never defeated me.

3 •My back is covered with cuts, as if a farmer had plowed long furrows.

4 •But the LORD is good; he has cut me free from the ropes of the ungodly.

5 •May all who hate Jerusalem* be turned back in shameful defeat.

6 •May they be as useless as grass on a rooftop, turning yellow when only half grown,

7 •ignored by the harvester, despised by the binder.

8 •And may those who pass by refuse to give them this blessing: "The LORD bless you; we bless you in the LORD's name."

130 *A song for pilgrims ascending to Jerusalem.*

1 •From the depths of despair, O LORD, I call for your help.

2 •Hear my cry, O Lord. Pay attention to my prayer.

3 •LORD, if you kept a record of our sins, who, O Lord, could ever survive?

4 •But you offer forgiveness, that we might learn to fear you.

flourishing [flə́ːriʃiŋ] *a.* 무성한
furrow [fə́ːrou] *n.* 밭고랑
vigorous [vígərəs] *a.* 원기 왕성한

129:5 Hebrew *Zion.*

두려워하며 높입니다.

5 내가 여호와를 기다리고, 또 기다립니다. 나는 주의 말씀에 나의 소망을 두고 있습니다.

6 나의 영혼이 주를 기다리니 파수꾼이 아침을 기다리는 것보다 더 간절히 기다리며, 참으로 파수꾼이 아침을 기다리는 것보다 더 사모합니다.

7 오 이스라엘이여, 여러분의 소망을 여호와께 두십시오. 변함없는 사랑이 여호와께 있으며 충만한 구원이 그분께 있습니다.

8 주가 친히 이스라엘을 구속하실 것입니다. 그들의 모든 죄로부터 이스라엘을 구속하실 것입니다.

하나님 안에서 어린아이같이 진실함
다윗의 시, 예배드리러 올라가는 자의 노래

131 여호와여, 내 마음은 허황되지 않으며, 나의 눈은 교만하지 않습니다. 나는 커다란 일들에 관심을 두지 않으며, 너무 놀라운 일들에도 관심을 두지 않습니다.

2 그 대신 나는 잠잠하고 조용히 있습니다. 내 영혼이 어머니와 함께 있는 젖뗀 아이와 같습니다.

3 오 이스라엘이여, 여러분의 소망을 여호와께 두십시오. 지금부터 영원토록 소망을 여호와께 두십시오.

성전을 위한 찬양
예배드리러 올라가는 자의 노래

132 여호와여, 다윗을 기억하십시오. 그가 견뎌 냈던 모든 어려움들을 기억해 주십시오.

2 그는 여호와께 맹세했습니다. 야곱의 전능하신 그분께 서원했습니다.

3 "나는 집에 들어가지 않겠습니다. 침실에도 들어가지 않겠습니다.

4 잠을 자지 않겠습니다. 졸지도 않겠습니다.

5 내가 여호와를 위한 한 장소를 찾을 때까지, 야곱의 전능하신 하나님의 집을 찾을 때까지 잠을 자지 않겠습니다."

6 우리는 에브라다에 그런 장소가 있다는 것을 들었습니다. 야르의 들판*에 있는 그곳을 발견했습니다.

7 "우리 함께 여호와의 거처로 갑시다. 그분의 발 밑에서 예배합시다.

8 여호와여, 일어나셔서 주께서 쉴 만한 그곳으로 가소서. 주의 능력의 언약궤와 함께 그곳으로 가소서.

9 주의 제사장들을 의로움으로 옷 입혀 주시고, 주의 성도들이 기뻐 노래하게 하소서."

5 • I am counting on the LORD;
    yes, I am counting on him.
    I have put my hope in his word.

6 • I long for the Lord
    more than sentries long for the dawn,
    yes, more than sentries long for the dawn.

7 • O Israel, hope in the LORD;
    for with the LORD there is unfailing love.
    His redemption overflows.

8 • He himself will redeem Israel
    from every kind of sin.

131 *A song for pilgrims ascending to Jerusalem. A psalm of David.*

1 • LORD, my heart is not proud;
    my eyes are not haughty.
    I don't concern myself with matters too great
    or too awesome for me to grasp.

2 • Instead, I have calmed and quieted myself,
    like a weaned child who no longer cries
        for its mother's milk.
    Yes, like a weaned child is my soul
        within me.

3 • O Israel, put your hope in the LORD—
    now and always.

132 *A song for pilgrims ascending to Jerusalem.*

1 • LORD, remember David
    and all that he suffered.

2 • He made a solemn promise to the LORD.
    He vowed to the Mighty One of Israel,*

3 • "I will not go home;
    I will not let myself rest.

4 • I will not let my eyes sleep
    nor close my eyelids in slumber

5 • until I find a place to build a house
        for the LORD,
    a sanctuary for the Mighty One of Israel."

6 • We heard that the Ark was in Ephrathah;
    then we found it in the distant countryside
        of Jaar.

7 • Let us go to the sanctuary of the LORD;
    let us worship at the footstool of his throne.

8 • Arise, O LORD, and enter your resting place,
    along with the Ark, the symbol of your
        power.

9 • May your priests be clothed in godliness;
    may your loyal servants sing for joy.

slumber [slʌ́mbər] *n.* 선잠
130:5 count on…:…를 의지하다, 기다리다

132:2 Hebrew *of Jacob;* also in 132:5. See note on 44:4.
132:6 개역 성경에는 '나무 밭'이라고 표기되어 있다.

10 주의 종 다윗을 위하여, 주의 기름 부은 자를 물리치지 마소서.

11 여호와는 다윗에게 맹세하셨습니다. 취소하지 않으실 확실한 맹세를 하신 것입니다. "네 자손들 중 하나를 내가 너의 왕좌에 앉힐 것이다.

12 만약 네 아들들이 나의 언약을 지킨다면, 내가 그들에게 가르치는 법규들을 지킨다면, 그들의 자손들이 왕좌에 앉을 것이다. 너의 왕좌 위에 영원토록 앉을 것이다."

13 여호와께서 시온을 선택하셨고, 그분은 시온이 자신의 거처가 되기를 원하셨습니다.

14 "이곳이 영원토록 내가 쉴 만한 곳이다. 여기에서 내가 보좌에 앉을 것이니, 내가 바라던 일이다.

15 내가 풍성한 양식들로 이곳에 복을 줄 것이다. 이곳의 가난한 사람들에게 내가 음식을 가득 채워 줄 것이다.

16 내가 이곳의 제사장들을 구원으로 옷 입힐 것이며, 이곳의 성도들은 기뻐 영원히 노래할 것이다.

17 이곳에 내가 다윗을 위해 뿔 하나를 자라게 할 것이며, 나의 기름 부음 받은 자를 위해 등불 하나를 세울 것이다.

18 내가 다윗의 적들을 부끄러움으로 옷 입힐 것이나, 그의 머리에는 왕관을 씌워 눈부시게 빛나게 하리라."

하나님의 사람들을 사랑하심
다윗의 시. 에배드리러 올라가는 자의 노래

133 형제들이 함께 다정하게 살고 있을 때, 그것이 얼마나 좋고 즐거운 일입니까!

2 그것은 머리 위에 부어 수염으로 흘러내리되 아론의 수염으로 흘러내려 아론의 예복의 깃으로 흘러내리는 향유와 같습니다.

3 그것은 마치 헤르몬 산의 이슬이 시온 산 위로 떨어지는 것과 같습니다. 이는 그곳에 여호와께서 주의 복을 주시기 때문입니다. 그리고 생명을 영원토록 주시기 때문입니다.

성전을 지키시는 하나님을 찬양
에배드리러 올라가는 자의 노래

134 여호와의 모든 종들이여, 주를 찬양하십시오. 밤에 여호와의 집에서 봉사하는 종들이여, 주를 찬양하십시오.

2 성소에서 여러분의 손을 높이 들고, 여호와를 찬양하십시오.

3 하늘과 땅을 만드신 여호와께서 시온에서 여

10 • For the sake of your servant David,
   do not reject the king you have anointed.
11 • The LORD swore an oath to David
   with a promise he will never take back:
   "I will place one of your descendants
   on your throne.
12 • If your descendants obey the terms of my
   covenant
   and the laws that I teach them,
   then your royal line
   will continue forever and ever."
13 • For the LORD has chosen Jerusalem*;
   he has desired it for his home.
14 • "This is my resting place forever," he said.
   "I will live here, for this is the home
   I desired.
15 • I will bless this city and make it prosperous;
   I will satisfy its poor with food.
16 • I will clothe its priests with godliness;
   its faithful servants will sing for joy.
17 • Here I will increase the power of David;
   my anointed one will be a light for my
   people.
18 • I will clothe his enemies with shame,
   but he will be a glorious king."

133 *A song for pilgrims ascending to Jerusalem. A psalm of David.*

1 • How wonderful and pleasant it is
   when brothers live together in harmony!
2 • For harmony is as precious as the anointing oil
   that was poured over Aaron's head,
   that ran down his beard
   and onto the border of his robe.
3 • Harmony is as refreshing as the dew from
   Mount Hermon
   that falls on the mountains of Zion.
   And there the LORD has pronounced his
   blessing,
   even life everlasting.

134 *A song for pilgrims ascending to Jerusalem.*

1 • Oh, praise the LORD, all you servants of the
   LORD,
   you who serve at night in the house of the
   LORD.
2 • Lift your hands toward the sanctuary,
   and praise the LORD.
3 • May the LORD, who made heaven and earth,
   bless you from Jerusalem.*

anoint [ənóint] *vt.* 기름을 부어 신성하게 하다
throne [θróun] *n.* 왕좌
132:11 swear an oath : 맹세하다, 선서하다

132:13 Hebrew *Zion.*   134:3 Hebrew *Zion.*

러분에게 복 주시기를 바랍니다.

우상을 섬기지 않는 자를 구하심

135 여호와를 찬양하십시오. 여호와의 이름을 찬양하십시오. 너희 여호와의 종들이여, 주를 찬양하십시오.

2 여호와의 집에서 봉사하는 사람들이여, 우리 하나님의 성전 뜰에서 섬기는 너희 종들이여, 여호와를 찬양하십시오.

3 여호와를 찬양하십시오. 여호와는 선하신 분입니다. 아름다운 여호와의 이름을 찬양하십시오.

4 여호와께서 야곱을 선택하시고 자기 것이 되게 하셨습니다. 그분이 이스라엘을 택하시고 귀중한 소유가 되게 하셨습니다.

5 나는 여호와의 위대하심을 알고 있습니다. 우리 주가 모든 신들보다 뛰어나심을 알고 있습니다.

6 여호와께서는 자신을 기쁘게 하는 모든 일들을 하늘과 땅에서, 바다와 바닷속에서 하십니다.

7 그분은 땅끝에서 구름을 올라오게 하십니다. 비와 함께 번개를 보내시며 창고에서 바람을 내보내십니다.

8 여호와는 이집트의 맨 처음 태어난 모든 것들을 내리치셨습니다. 사람과 동물들의 첫 번째 태어난 모든 것들을 치신 것입니다.

9 오 이집트여, 여호와께서 너희 중에 징조와 이적들을 보내셨습니다. 파라오와 그의 모든 신하들을 향해 보내신 것입니다.

10 그분은 수많은 나라를 내리치셨으며, 강력한 왕들을 죽이셨습니다.

11 아모리 사람들의 왕 시혼과 바산 왕 옥과 가나안의 모든 왕들을 죽이셨습니다.

12 그리고 주는 그들의 땅을 상속으로 주셨습니다. 주의 백성 이스라엘에게 상속으로 주신 것입니다.

13 여호와여, 주의 이름은 영원할 것입니다. 여호와여, 주의 명성이 대대로 지속될 것입니다.

14 여호와께서 자기의 백성을 대신 변호하시고, 주의 종들에게 자비를 베푸실 것입니다.

15 모든 나라의 우상들은 은이요, 금이며, 사람들의 손으로 만들어진 은과 금입니다.

16 우상들은 입을 갖고 있지만, 말을 할 수 없으며, 눈을 갖고 있어도 볼 수 없습니다.

17 그들은 귀가 있어도 들을 수 없으며, 그들의 입에는 숨도 없습니다.

18 우상을 만드는 자들은 우상과 같습니다. 우상들을 의지하는 모든 자들도 그와 같을 것입니다.

19 오 이스라엘의 집이여, 여호와를 찬양하십시오. 오 아론의 집이여, 여호와를 찬양하십시오.

---

1 **135** • Praise the LORD!

Praise the name of the LORD!
Praise him, you who serve the LORD,
2 • you who serve in the house of the LORD,
in the courts of the house of our God.

3 • Praise the LORD, for the LORD is good;
celebrate his lovely name with music.
4 • For the LORD has chosen Jacob for himself,
Israel for his own special treasure.

5 • I know the greatness of the LORD—
that our Lord is greater than any
other god.
6 • The LORD does whatever pleases him
throughout all heaven and earth,
and on the seas and in their depths.
7 • He causes the clouds to rise over the whole
earth.
He sends the lightning with the rain
and releases the wind from his storehouses.

8 • He destroyed the firstborn in each Egyptian
home,
both people and animals.
9 • He performed miraculous signs and wonders
in Egypt
against Pharaoh and all his people.
10 • He struck down great nations
and slaughtered mighty kings—
11 • Sihon king of the Amorites,
Og king of Bashan,
and all the kings of Canaan.
12 • He gave their land as an inheritance,
a special possession to his people Israel.

13 • Your name, O LORD, endures forever;
your fame, O LORD, is known to every
generation.
14 • For the LORD will give justice to his people
and have compassion on his servants.

15 • The idols of the nations are merely things
of silver and gold,
shaped by human hands.
16 • They have mouths but cannot speak,
and eyes but cannot see.
17 • They have ears but cannot hear,
and mouths but cannot breathe.
18 • And those who make idols are just like them,
as are all who trust in them.

19 • O Israel, praise the LORD!
O priests—descendants of Aaron—
praise the LORD!

---

endure [indjúər] *vi.* 지속하다
slaughter [slɔ́ːtər] *vt.* 처부수다, (전쟁에서) 죽이다
135:10 strike down … : …을 때려 눕히다

20 오 레위의 집이여, 여호와를 찬양하십시오. 여호와를 공경하고 두려워하는 자들이여, 여호와를 찬양하십시오.

21 시온으로부터 여호와께 찬양이 있기를 바랍니다. 예루살렘에 거하시는 그분에게 찬양이 있기를 바랍니다. 여호와를 찬양하십시오.

하나님의 사랑은 변치 않고 영원합니다

136 여호와께 감사하십시오. 주는 선하시고, 그분의 사랑은 영원합니다.

2 모든 신 위에 뛰어나신 하나님께 감사하십시오. 그분의 사랑은 영원합니다.

3 모든 주들의 주께 감사하십시오. 그분의 사랑은 영원합니다.

4 홀로 위대한 기적들을 행하시는 그분께 감사하십시오. 그분의 사랑은 영원합니다.

5 지혜로 하늘을 만드신 그분께 감사하십시오. 그분의 사랑은 영원합니다.

6 물 가운데 땅을 펼치신 그분께 감사하십시오. 그분의 사랑은 영원합니다.

7 커다란 빛들을 만드신 그분께 감사하십시오. 그분의 사랑은 영원합니다.

8 낮을 다스리도록 해를 만드신 그분께 감사하십시오. 그분의 사랑은 영원합니다.

9 밤을 다스리도록 달과 별들을 만드신 그분께 감사하십시오. 그분의 사랑은 영원합니다.

10 이집트의 처음 난 모든 것을 치셨던 그분께 감사하십시오. 그분의 사랑은 영원합니다.

11 이스라엘을 이집트에서 인도하신 그분께 감사하십시오. 그분의 사랑은 영원합니다.

12 강한 손과 펴신 팔로 이스라엘을 이끄신 그분께 감사하십시오. 그분의 사랑은 영원합니다.

13 홍해를 둘로 나누셨던 그분께 감사하십시오. 그분의 사랑은 영원합니다.

14 이스라엘을 홍해에서 이끄신 그분께 감사하십시오. 그분의 사랑은 영원합니다.

15 파라오와 그의 군대를 홍해에 빠뜨리신 그분께 감사하십시오. 그분의 사랑은 영원합니다.

16 자기 백성을 인도하여 광야를 지나가게 하신 그분께 감사하십시오. 그분의 사랑은 영원합니다.

17 큰 왕들을 내리치셨던 그분께 감사하십시오. 그분의 사랑은 영원합니다.

18 힘센 왕들을 죽이신 그분의 사랑은 영원합니다.

19 아모리 사람들의 왕 시혼을 죽이신 그분의 사랑은 영원합니다.

---

20 • O Levites, praise the LORD!
All you who fear the LORD, praise the LORD!

21 • The LORD be praised from Zion,
for he lives here in Jerusalem.

Praise the LORD!

136 • Give thanks to the LORD, for he is good!
His faithful love endures forever.

2 • Give thanks to the God of gods.
His faithful love endures forever.

3 • Give thanks to the Lord of lords.
His faithful love endures forever.

4 • Give thanks to him who alone does mighty miracles.
His faithful love endures forever.

5 • Give thanks to him who made the heavens so skillfully.
His faithful love endures forever.

6 • Give thanks to him who placed the earth among the waters.
His faithful love endures forever.

7 • Give thanks to him who made the heavenly lights—
His faithful love endures forever.

8 • the sun to rule the day,
His faithful love endures forever.

9 • and the moon and stars to rule the night.
His faithful love endures forever.

10 • Give thanks to him who killed the firstborn of Egypt.
His faithful love endures forever.

11 • He brought Israel out of Egypt.
His faithful love endures forever.

12 • He acted with a strong hand and powerful arm.
His faithful love endures forever.

13 • Give thanks to him who parted the Red Sea.*
His faithful love endures forever.

14 • He led Israel safely through,
His faithful love endures forever.

15 • but he hurled Pharaoh and his army into the Red Sea.
His faithful love endures forever.

16 • Give thanks to him who led his people through the wilderness.
His faithful love endures forever.

17 • Give thanks to him who struck down mighty kings.
His faithful love endures forever.

18 • He killed powerful kings—
His faithful love endures forever.

19 • Sihon king of the Amorites,
His faithful love endures forever.

---

hurl [hə́ːrl] *vt.* 세게 내던지다

136:13 Hebrew *sea of reeds;* also in 136:15.

20 바산 왕 옥을 죽이신 그분의 사랑은 영원합니다.

21 그들의 땅을 상속으로 주신 그분께 감사하십시오. 그분의 사랑은 영원합니다.

22 주의 종 이스라엘에게 그 땅을 상속으로 주신 그분의 사랑은 영원합니다.

23 우리가 비천한 가운데 있을 때에 우리를 기억하셨던 그분께 감사하십시오. 그분의 사랑은 영원합니다.

24 적들로부터 우리를 자유롭게 하셨던 그분의 사랑은 영원합니다.

25 모든 피조물에게 음식을 주시는 그분께 감사하십시오. 그분의 사랑은 영원합니다.

26 하늘의 하나님께 감사하십시오. 그분의 사랑은 영원합니다.

포로가 된 이스라엘 백성

137 바빌론의 강가에 앉아 우리는 울었습니다. 우리가 시온을 기억하면서 울었습니다.

2 우리는 버드나무 위에다 수금을 걸어 놓았습니다.

3 이는 우리를 잡아 온 자들이 우리에게 노래하라고 시켰기 때문입니다. 그리고 우리를 괴롭히는 자들이 기쁨의 노래를 부르라고 했기 때문입니다. 그들은 말했습니다. "시온의 노래 중 한 곡을 불러 보아라!"

4 어떻게 우리가 여호와의 노래를 부를 수 있겠습니까? 낯선 땅에서 어떻게 주의 노래를 부를 수 있겠습니까?

5 오 예루살렘아, 내가 너를 잊는다면, 내 오른손이 그 재주를 잃게 될 것이다.

6 내가 너를 기억하지 못한다면, 내가 예루살렘을 생각하지 않는다면, 나의 최고의 기쁨인 예루살렘을 생각하지 않는다면, 나의 혀가 나의 입천장에 붙어 버릴 것이다.

7 여호와여, 에돔 사람들이 한 일을 기억하십시오. 예루살렘이 멸망하던 날 한 일을 기억하십시오. "예루살렘을 헐어 버려라" 하고 그들은 소리 질렀습니다. "그 기초까지도 완전히 헐어 버려라!" 하고 외쳤습니다.

8 오 멸망당할 딸 바빌론이여, 네게 되갚는 자는 복 있는 사람이다. 네가 우리에게 한 것에 대해 되갚는 자는 복 있는 사람이다.

9 너의 어린아이들을 붙잡아 그들을 바위에 내리치는 자는 복 있는 사람이다.

감사의 찬양
다윗의 시

138 여호와여, 내가 마음을 다해 주를 찬양할 것입니다. 신들 앞에서 내가 주를 위해

---

20 • and Og king of Bashan.
    His faithful love endures forever.

21 • God gave the land of these kings as an inheritance—
    His faithful love endures forever.

22 • a special possession to his servant Israel.
    His faithful love endures forever.

23 • He remembered us in our weakness.
    His faithful love endures forever.

24 • He saved us from our enemies.
    His faithful love endures forever.

25 • He gives food to every living thing.
    His faithful love endures forever.

26 • Give thanks to the God of heaven.
    His faithful love endures forever.

137
1 • Beside the rivers of Babylon, we sat and wept
as we thought of Jerusalem.*

2 • We put away our harps,
hanging them on the branches of poplar trees.

3 • For our captors demanded a song from us.
Our tormentors insisted on a joyful hymn:
"Sing us one of those songs of Jerusalem!"

4 • But how can we sing the songs of the LORD
while in a pagan land?

5 • If I forget you, O Jerusalem,
let my right hand forget how to play the harp.

6 • May my tongue stick to the roof of my mouth
if I fail to remember you,
if I don't make Jerusalem my greatest joy.

7 • O LORD, remember what the Edomites did
on the day the armies of Babylon captured Jerusalem.
"Destroy it!" they yelled.
"Level it to the ground!"

8 • O Babylon, you will be destroyed.
Happy is the one who pays you back
for what you have done to us.

9 • Happy is the one who takes your babies
and smashes them against the rocks!

138 *A psalm of David.*

1 • I give you thanks, O LORD, with all my heart;
I will sing your praises before the gods.

---

captor [kǽptər] *n.* 포획자
level [lévəl] *vt.* 평평하게 하다; 고르다
tormentor [tɔːrméntər] *n.* 괴롭히는 사람
137:2 put away : 제쳐 놓다, 치우다
137:7 to the ground : 완전히, 아주

137:1 Hebrew *Zion;* also in 137:3.

찬양할 것입니다.

2 내가 주의 성전을 향해 엎드려 주의 이름을 찬양할 것입니다. 주의 사랑과 신실하심에 대해 찬양할 것입니다. 주는 세상의 모든 것들 위에 주의 이름과 말씀을 높이셨습니다.

3 내가 불렀을 때, 주는 내게 대답하셨습니다. 주는 내게 힘을 주셔서 담대하게 하셨습니다.

4 여호와여, 이 땅의 모든 왕들이 주를 찬양하게 하십시오. 그들이 주의 말씀을 들을 때에 찬송하게 하십시오.

5 그들이 여호와의 행하신 일들을 노래하게 하십시오. 이는 여호와의 영광이 크시기 때문입니다.

6 여호와는 높이 계셔도 낮은 자들을 내려다보십니다. 멀리서도 주는 거만한 자들을 알고 계십니다.

7 내가 어려움 중에 있어도 주는 나의 생명을 보호하십니다. 주는 손을 내미시고 나의 원수들의 분노로부터 나를 구해 내시며, 주의 오른손으로 나를 구원하십니다.

8 여호와는 나를 위해 주의 목적을 이루실 것입니다. 여호와여, 주의 사랑은 영원합니다. 주의 손으로 지으신 것을 버리지 마소서.

모든 것을 아시는 하나님

다윗의 시. 지휘자를 따라 부른 노래

139 여호와여, 주께서 지금까지 나를 살피셨으니 주는 나를 알고 계십니다.

2 주는 내가 언제 앉고, 언제 일어서는지를 알고 계십니다. 주는 멀리서도 나의 생각들을 아십니다.

3 주는 내가 나가고 눕는 것을 아십니다. 주는 나의 모든 길에 대해 잘 알고 계십니다.

4 내가 무슨 말을 하려는지, 여호와여, 주는 그것을 다 알고 계십니다.

5 주는 앞뒤로 나를 둘러싸고 계십니다. 주는 주의 손으로 나를 붙잡고 계십니다.

6 이것을 안다는 것은 내게 너무도 엄청난 일입니다. 그런 지식은 내가 알기에는 너무도 깊고 오묘합니다.

7 내가 주의 영을 떠나 어디로 갈 수 있겠습니까? 내가 주가 계신 곳을 떠나 어디로 도망갈 수 있겠습니까?

8 만일 내가 하늘 위로 올라간다 해도, 주는 거기 계십니다. 내가 깊은 곳에 눕는다 해도, 주는 거기 계십니다.

9 만일 내가 새벽의 날개 위에 오른다 해도, 내가 바다의 저 끝 쪽에 자리를 잡는다 해도,

2 • I bow before your holy Temple as I worship.
   I praise your name for your unfailing
      love and faithfulness;
   for your promises are backed
      by all the honor of your name.

3 • As soon as I pray, you answer me;
   you encourage me by giving me strength.

4 • Every king in all the earth will thank you,
   LORD,
      for all of them will hear your words.

5 • Yes, they will sing about the LORD's ways,
      for the glory of the LORD is very great.

6 • Though the LORD is great, he cares for the
      humble,
   but he keeps his distance from the proud.

7 • Though I am surrounded by troubles,
   you will protect me from the anger of
      my enemies.
   You reach out your hand,
      and the power of your right hand saves me.

8 • The LORD will work out his plans for my life—
   for your faithful love, O LORD, endures
      forever.
   Don't abandon me, for you made me.

139 *For the choir director: A psalm of David.*

1 • O LORD, you have examined my heart
      and know everything about me.

2 • You know when I sit down or stand up.
   You know my thoughts even when
      I'm far away.

3 • You see me when I travel
      and when I rest at home.
   You know everything I do.

4 • You know what I am going to say
      even before I say it, LORD.

5 • You go before me and follow me.
   You place your hand of blessing
      on my head.

6 • Such knowledge is too wonderful for me,
      too great for me to understand!

7 • I can never escape from your Spirit!
   I can never get away from your presence!

8 • If I go up to heaven, you are there;
   if I go down to the grave,* you are there.

9 • If I ride the wings of the morning,
   if I dwell by the farthest oceans,

---

blaspheme [blǽsfíːm] *vt.* 신성 모독하다
delicate [délikət] *a.* 정밀한
drip [dríp] *vi.* (액체가) 뚝뚝 떨어지다
marvelous [máːrvələs] *a.* 놀라운
seclusion [siklúːʒən] *n.* 격리, 은둔
venom [vénəm] *n.* (독사 따위의) 독액, 독
138:8 work out… : …을 애써서 성취하다

10 주의 손이 거기서 나를 인도하실 것이요, 주의 오른손이 나를 굳게 잡으실 것입니다.

11 만일 내가 "어두움이 확실하게 나를 숨겨 줄 것이다" 라고 말한다 해도, "빛이 내 주위에서는 밤이 된다" 라고 말한다 해도,

12 어둠이 주께는 어둡지 않을 것입니다. 밤이 낮처럼 빛날 것입니다. 이는 어둠이 주께는 빛과 같기 때문입니다.

13 주께서 나의 가장 깊은 곳을 지으셨으며, 나의 어머니의 배 속에서 나를 만드셨습니다.

14 내가 주를 찬양합니다. 이는 내가 신기하고 놀랍게 만들어졌기 때문입니다. 주께서 하신 일들은 놀랍습니다. 나는 그것을 아주 잘 알고 있습니다.

15 내 몸은 주께로부터 피하여 숨을 수 없습니다. 이는 내가 은밀한 곳에서 만들어질 때에 그러했습니다. 내가 땅의 깊은 곳에서 만들어졌을 때,

16 주의 눈이 아직 형태를 갖추지 않은 내 몸을 보셨습니다. 내게 정해진 모든 날들이 주의 책 속에 기록되었습니다. 이날들의 하루가 시작되기 전에 이미 기록되었습니다.

17 오 하나님, 주의 생각들이 내게 얼마나 소중한지요! 그것들이 얼마나 크고 많은지요!

18 만일 내가 그것들을 셀 수 있다면, 아마 모래알의 숫자보다 더 많을 것입니다. 내가 잠에서 깰 때도, 나는 여전히 주와 함께 있습니다.

19 오 하나님, 주님은 반드시 악한 자들을 죽이실 것입니다. 피에 굶주린 사람들이여, 내게서 떠나십시오!

20 그들은 악한 의도로 주에 대해 말합니다. 주의 원수들이 주의 이름을 욕합니다.

21 여호와여, 주를 미워하는 자들을 내가 어찌 미워하지 않으며, 주께 대항하는 자들을 내가 어찌 싫어하지 않을 수 있겠습니까?

22 내게는 그들에 대한 미움만이 있을 뿐입니다. 나는 그들을 나의 원수로 생각하고 있습니다.

23 오 하나님, 나를 살피시고 나의 마음을 알아 주소서. 나를 시험하시고 나의 뜻을 살펴 주소서.

24 혹시 내 안에 무슨 악한 길이 있는지를 살피시고, 나를 영원한 길로 인도해 주소서.

보호해 달라는 기도
다윗의 시. 지휘자를 따라 부른 노래

140

여호와여, 나를 악한 자들로부터 구출해 주소서. 폭력을 행하는 자들로부터 나를 보호해 주소서.

2 그들은 마음속에 악한 계획들을 세우며, 매일 싸움을 일으키는 자들입니다.

3 그들의 혀는 뱀의 혀처럼 날카롭습니다. 독사의

---

10 • even there your hand will guide me,
  and your strength will support me.
11 • I could ask the darkness to hide me
  and the light around me to become night—
12 • but even in darkness I cannot hide
  from you.
  To you the night shines as bright as day.
  Darkness and light are the same to you.

13 • You made all the delicate, inner parts
  of my body
  and knit me together in my mother's womb.
14 • Thank you for making me so wonderfully
  complex!
  Your workmanship is marvelous—how
  well I know it.
15 • You watched me as I was being formed
  in utter seclusion,
  as I was woven together in the dark
  of the womb.
16 • You saw me before I was born.
  Every day of my life was recorded in
  your book.
  Every moment was laid out
  before a single day had passed.

17 • How precious are your thoughts about me,*
  O God.
  They cannot be numbered!
18 • I can't even count them;
  they outnumber the grains of sand!
  And when I wake up,
  you are still with me!

19 • O God, if only you would destroy the wicked!
  Get out of my life, you murderers!
20 • They blaspheme you;
  your enemies misuse your name.
21 • O LORD, shouldn't I hate those who hate you?
  Shouldn't I despise those who oppose you?
22 • Yes, I hate them with total hatred,
  for your enemies are my enemies.

23 • Search me, O God, and know my heart;
  test me and know my anxious thoughts.
24 • Point out anything in me that offends you,
  and lead me along the path of everlasting
  life.

140

For the choir director: A psalm of David.

1 • O LORD, rescue me from evil people.
  Protect me from those who are violent,
2 • those who plot evil in their hearts
  and stir up trouble all day long.
3 • Their tongues sting like a snake;
  the venom of a viper drips from their lips.
  Interlude

139:17 Or *How precious to me are your thoughts.*

독이 그들의 입술에 있습니다. (셀라)

4 여호와여, 나를 악한 자들의 손에서 지켜 주소서. 나를 폭력을 저지르는 자들로부터 보호해 주소서. 그들은 내가 넘어지도록 남이 모르게 나쁜 일을 꾸미는 사람들입니다.

5 교만한 자들이 나를 잡으려 덫을 놓았습니다. 그들은 그물 망을 펼쳐 놓았고, 나를 잡으려고 길가에 함정을 만들어 놓았습니다. (셀라)

6 여호와여, 내가 주께 말씀드립니다. "주는 나의 하나님이십니다." 여호와여, 나를 불쌍히 여겨 주시고, 내 기도를 들어 주소서.

7 오 전능하신 여호와여, 나의 힘이 되신 구원자시여, 주는 전쟁의 날에 나의 머리를 보호하시는 분이십니다.

8 악한 자들에게 그들이 바라는 것들을 주지 마소서. 여호와여! 그들의 계획들이 성공하지 못하게 하십시오, 그렇지 않으면 그들이 교만하게 될 것입니다. (셀라)

9 나를 둘러싸고 있는 자들의 우두머리들이 그들이 내뱉은 말로 인해 어려움을 당하게 해 주소서.

10 타오르는 숯불이 그들 위에 떨어지게 해 주시고, 그들을 불 속에 던지시고, 더러운 구덩이를 빠져 나오지 못하게 해 주소서.

11 남을 욕하는 자들이 이 땅에 자리잡지 못하도록 해 주소서. 폭력을 행하는 자들이 재앙에 빠지게 해 주소서.

12 나는 여호와께서 가난한 자들을 위해 정의를 세우시고, 어려움 당하는 자들의 간청을 들어 주시는 것을 알고 있습니다.

13 의로운 자들이 주의 이름을 찬양할 것이고, 정의로운 자들이 주 앞에서 살아갈 것입니다.

죄를 짓지 않게 해 달라는 기도

다윗의 시

141 여호와여, 내가 주께 부르짖습니다. 속히 내게 오소서. 내가 주께 부르짖을 때에 나의 목소리를 들어 주소서.

2 나의 기도가 향처럼 주 앞에 놓여지기를 바랍니다. 나의 손을 높이 드는 것이 저녁의 제사 같기를 바랍니다.

3 여호와여, 내 입에 파수꾼을 세워 주시고, 나의 입술을 지켜 주소서.

4 나의 마음이 악한 것에 이끌려, 악을 행하는 자들과 함께 악한 일들에 참여하지 않게 해 주소서. 내가 그들과 함께 앉아 음식을 먹지 않겠습니다.

5 의로운 자가 나를 때리는 것은 은혜로운 일입니다. 그가 나를 꾸짖게 해 주소서. 그것은 내 머리 위에 붓는 향유입니다. 내가 그것을 싫어하지 않

---

4 • O LORD, keep me out of the hands
    of the wicked.
  Protect me from those who are violent,
    for they are plotting against me.

5 • The proud have set a trap to catch me;
    they have stretched out a net;
    they have placed traps all along the way.
               Interlude

6 • I said to the LORD, "You are my God!"
    Listen, O LORD, to my cries for mercy!

7 • O Sovereign LORD, the strong one who
    rescued me,
    you protected me on the day of battle.

8 • LORD, do not let evil people have their way.
    Do not let their evil schemes succeed,
    or they will become proud.   *Interlude*

9 • Let my enemies be destroyed
    by the very evil they have planned for me.

10 • Let burning coals fall down on their heads.
    Let them be thrown into the fire
    or into watery pits from which they can't
    escape.

11 • Don't let liars prosper here in our land.
    Cause great disasters to fall on the violent.

12 • But I know the LORD will help those they
    persecute;
    he will give justice to the poor.

13 • Surely righteous people are praising
    your name;
    the godly will live in your presence.

141   *A psalm of David.*

1 • O LORD, I am calling to you. Please hurry!
    Listen when I cry to you for help!

2 • Accept my prayer as incense offered to you,
    and my upraised hands as an evening
    offering.

3 • Take control of what I say, O LORD,
    and guard my lips.

4 • Don't let me drift toward evil
    or take part in acts of wickedness.
  Don't let me share in the delicacies
    of those who do wrong.

5 • Let the godly strike me!
    It will be a kindness!
  If they correct me, it is soothing medicine.
    Don't let me refuse it.

  But I pray constantly
    against the wicked and their deeds.

---

delicacy [délikəsi] *n.* 진미, 맛있는 것
drift [drift] *vi.* 표류하다, 떠돌다
scheme [ski:m] *n.* 계획, 책략

을 것입니다. 나는 악을 행하는 자들을 위해 항상 기도하겠습니다.

6 그들을 다스리는 자들은 낭떠러지 밑으로 던져질 것입니다. 악한 자들은 내가 옳은 말을 했음을 알게 될 것입니다.

7 그들은 말할 것입니다. "사람이 밭을 갈고 땅을 파 일구는 것처럼, 우리의 뼈가 무덤의 입구에 흩어졌다."

8 주 여호와여, 내가 주만 바라봅니다. 내가 주께로 피합니다. 나를 죽음에 넘겨 주지 마소서.

9 악한 자들이 내 앞에 쳐 놓은 덫에서 나를 구해 주시고, 악한 자들이 만든 함정에서 나를 구해 주소서.

10 그들이 쳐 놓은 그물에 악한 자들을 빠지게 하소서. 내가 안전히 지나간 후에 그들이 빠지게 하소서.

안전을 위한 기도
다윗의 마스길. 그가 굴에 있을 때에 드린 기도

142 내가 여호와께 크게 부르짖습니다. 내가 불쌍히 여겨 달라고 여호와께 나의 목소리를 드높입니다.

2 내가 주 앞에 나의 불만을 쏟아 놓습니다. 주 앞에 나의 어려움을 호소합니다.

3 나의 영혼이 점점 약해져 갈 때, 나의 길을 아시는 분은 주님이십니다. 내가 걸어가는 길에 사람들이 나를 잡으려 덫을 숨겨 놓았습니다.

4 나를 쳐다보십시오. 아무도 나에 대해 관심을 가지는 사람이 없습니다. 내가 피할 곳이 없습니다. 아무도 나의 생명을 돌보는 자가 없습니다.

5 여호와여, 내가 주께 부르짖습니다. 내가 말합니다. "주는 나의 피난처이십니다. 주는 살아 있는 자의 땅에 있는 나의 몫입니다."

6 나의 울부짖음을 들으십시오. 내가 어려움 가운데 있습니다. 나를 뒤쫓는 자들로부터 나를 구해 주소서. 이는 그들이 나보다 강하기 때문입니다.

7 나를 나의 감옥에서 풀어 주소서. 내가 주의 이름을 찬양하겠습니다. 의로운 자들이 내 주위에 모일 것입니다. 이는 주께서 나를 선하게 대해 주셨기 때문입니다.

죽이지 않을 것을 기도
다윗의 시

143 여호와여, 나의 기도를 들어 주소서. 나를 불쌍히 여겨 주소서. 주의 신실하심과 의로우심으로 나를 찾아오시고 구원하여 주소서.

---

6 • When their leaders are thrown down from a cliff,
    the wicked will listen to my words and find them true.

7 • Like rocks brought up by a plow,
    the bones of the wicked will lie scattered without burial.*

8 • I look to you for help, O Sovereign LORD.
    You are my refuge; don't let them kill me.

9 • Keep me from the traps they have set for me,
    from the snares of those who do wrong.

10 • Let the wicked fall into their own nets,
    but let me escape.

142 A psalm* of David, regarding his experience in the cave. A prayer.

1 • I cry out to the LORD;
    I plead for the LORD's mercy.

2 • I pour out my complaints before him
    and tell him all my troubles.

3 • When I am overwhelmed,
    you alone know the way I should turn.
    Wherever I go,
    my enemies have set traps for me.

4 • I look for someone to come and help me,
    but no one gives me a passing thought!
    No one will help me;
    no one cares a bit what happens to me.

5 • Then I pray to you, O LORD.
    I say, "You are my place of refuge.
    You are all I really want in life.

6 • Hear my cry,
    for I am very low.
    Rescue me from my persecutors,
    for they are too strong for me.

7 • Bring me out of prison
    so I can thank you.
    The godly will crowd around me,
    for you are good to me."

143 A psalm of David.

1 • Hear my prayer, O LORD;
    listen to my plea!
    Answer me because you are faithful and righteous.

---

burial [bériəl] *n.* 매장
overwhelm [òuvərhwélm] *vt.* 압도하다, 제압하다
persecutor [pə́:rsikju:tər] *n.* 박해자
plead [pli:d] *vi.* 간청하다
scatter [skǽtər] *vt.* 흩어 버리다
snare [snέər] *n.* 덫
sovereign [sávərən] *a.* 주권을 갖는, 최고의
141:9 set traps for … : …을 빠뜨릴 함정을 마련하다

141:7 Hebrew *our bones will be scattered at the mouth of Sheol.*   **42:TITLE** Hebrew *maskil.* This may be a literary or musical term.

2 주의 종을 심판에 이르지 않게 도와 주소서. 이는 살아 있는 자는 그 누구도 주 앞에서 의롭지 않기 때문입니다.

3 원수가 나를 쫓고 있습니다. 그는 나를 땅바닥에다 내동댕이치고 짓밟습니다. 그는 나를 어둠 속에 집어 넣었습니다. 오래 전에 죽은 자처럼 어둠 속에 살게 합니다.

4 그래서 내 영혼이 점점 약해집니다. 내가 불안에 떨며 당황해 합니다.

5 나는 오래 전의 날들을 기억합니다. 나는 주께서 하신 일들을 깊이 생각하며, 주의 손이 하신 것을 생각합니다.

6 내 손을 주께 높이 듭니다. 내 영혼이 바싹 마른 땅과 같이 주를 갈망합니다. (셀라)

7 여호와여, 내게 속히 대답해 주소서. 나의 영혼이 한없이 약해져 있습니다. 주의 얼굴을 내게 숨기지 마소서. 내가 무덤으로 내려가는 자들과 같습니다.

8 아침에 주의 변함없는 사랑의 말씀을 주소서. 내가 주를 믿고 의지합니다. 내가 가야 할 길을 보여 주소서. 내가 주께 내 영혼을 드립니다.

9 여호와여, 나를 원수들로부터 구원해 주소서. 내가 주께 숨었습니다.

10 나를 가르치시고 주의 뜻을 알게 해 주소서. 주는 나의 하나님이십니다. 주의 선하신 성령으로 나를 바른 길로 인도하여 주소서.

11 여호와여, 주의 이름을 위하여, 나의 생명을 보호해 주소서. 주의 의로움으로 나를 어려움 속에서 이끌어 내 주소서.

12 주의 변치 않는 사랑으로 나의 적들을 잠잠하게 하소서. 나의 모든 적들을 쳐부수소서. 왜냐하면 나는 주의 종이기 때문입니다.

승리의 기도
다윗의 시

144 나의 바위이신 여호와께 찬양을 드립니다. 그분은 전쟁을 위해 나의 팔을 훈련시키시고, 전투를 위해 나의 손을 훈련시키시는 분이십니다.

2 주는 나의 사랑하는 여호와시며, 나의 요새이십니다. 주는 나의 산성이시요, 나의 구원자시며, 나의 방패시요, 나의 피난처시며, 내 백성들을 복종케 하시는 분이십니다.

3 여호와여, 사람이 무엇인데 주께서 그를 돌보시며, 인간이 무엇인데 주께서 그를 생각하십니까?

4 사람은 숨결과 같습니다. 그의 인생은 지는 그림자 같습니다.

2 • Don't put your servant on trial,
   for no one is innocent before you.

3 • My enemy has chased me.
   He has knocked me to the ground
     and forces me to live in darkness like those
      in the grave.

4 • I am losing all hope;
   I am paralyzed with fear.

5 • I remember the days of old.
   I ponder all your great works
   and think about what you have done.

6 • I lift my hands to you in prayer.
   I thirst for you as parched land thirsts
     for rain.   *Interlude*

7 • Come quickly, LORD, and answer me,
   for my depression deepens.
   Don't turn away from me,
     or I will die.

8 • Let me hear of your unfailing love each
     morning,
   for I am trusting you.
   Show me where to walk,
     for I give myself to you.

9 • Rescue me from my enemies, LORD;
   I run to you to hide me.

10 • Teach me to do your will,
   for you are my God.
   May your gracious Spirit lead me forward
     on a firm footing.

11 • For the glory of your name, O LORD, preserve
     my life.
   Because of your faithfulness, bring me out
     of this distress.

12 • In your unfailing love, silence all my enemies
   and destroy all my foes,
   for I am your servant.

144 *A psalm of David.*

1 • Praise the LORD, who is my rock.
   He trains my hands for war
   and gives my fingers skill for battle.

2 • He is my loving ally and my fortress,
   my tower of safety, my rescuer.
   He is my shield, and I take refuge in him.
   He makes the nations* submit to me.

3 • O LORD, what are human beings that you
     should notice them,
   mere mortals that you should think
     about them?

4 • For they are like a breath of air;
   their days are like a passing shadow.

---

billow [bílou] *vt.* 소용돌이 치게 하다; 부풀게 하다
depression [dipréʃən] *n.* 의기소침
parched [pá:rtʃit] *a.* (땅 등이) 바싹 마른

144:2 Some manuscripts read *my people*.

5 여호와여, 하늘을 여시고, 내려오소서. 산들을 만지시면 그곳에서 연기가 납니다.

6 번개를 보내어 적들을 흩으시고, 주의 화살을 쏘아 적들을 물리치소서.

7 높은 곳에서 아래로 주의 손을 내미시어 나를 구원하시고 나를 구출해 주소서. 강력한 물들로부터 나를 구출하시고, 낯선 자들의 손으로부터 나를 구원해 주소서.

8 그들의 입은 거짓말로 가득 찼으며, 그들의 오른손은 거짓을 행합니다.

9 오 하나님, 내가 주께 새 노래를 부르겠습니다. 열 줄로 된 비파로 내가 주께 연주할 것입니다.

10 그분은 왕들에게 승리를 주시는 분이시며, 주의 종 다윗을 무서운 칼날에서 구하시는 분이십니다.

11 나를 구원하시고 나를 구출해 주소서. 낯선 자들의 손으로부터 나를 구해 주소서. 그들의 입은 거짓말로 가득 찼으며, 그들의 오른손은 거짓을 행합니다.

12 그러면 우리의 젊은 아들들이 잘 자란 나무와 같이 될 것입니다. 우리의 딸들은 궁궐을 장식하기 위해 깎아 만든 기둥들과 같이 될 것입니다.

13 우리 창고는 온갖 곡식으로 가득 찰 것입니다. 우리 양 떼는 수천 마리로 늘어날 것이며, 들판의 양무리는 수만 마리가 될 것입니다.

14 우리의 소 떼는 무거운 짐들을 끌 것입니다. 성벽이 무너지는 일이 없을 것이며, 포로로 끌려가는 일도 없을 것입니다. 거리에는 더 이상 고통스런 울부짖음이 없을 것입니다.

15 이러한 자들은 복 있는 사람입니다. 여호와를 자기 하나님으로 삼는 자들은 복 있는 사람입니다.

왕이신 하나님을 찬양
다윗의 찬송시

145 왕이신 나의 하나님, 내가 주를 높입니다. 내가 주의 이름을 영원히 찬송할 것입니다.

2 내가 매일 주를 찬양하며, 영원히 주의 이름을 찬송할 것입니다.

3 여호와는 위대하시며, 높이 찬양을 받으실 만한 분이십니다. 아무도 주의 위대하심을 헤아릴 수 없습니다.

4 대대로 주가 하신 일들을 매우 칭찬할 것입니다. 그들은 주의 위대하신 일들에 대해 이야기할 것입니다.

5 그들은 주의 위엄 있고 영광스러운 찬란함에 대해 말할 것입니다. 나는 주의 놀라운 일들을 깊

5 •Open the heavens, LORD, and come down. Touch the mountains so they billow smoke.

6 •Hurl your lightning bolts and scatter your enemies! Shoot your arrows and confuse them!

7 •Reach down from heaven and rescue me; rescue me from deep waters, from the power of my enemies.

8 •Their mouths are full of lies; they swear to tell the truth, but they lie instead.

9 •I will sing a new song to you, O God! I will sing your praises with a ten-stringed harp.

10 •For you grant victory to kings! You rescued your servant David from the fatal sword.

11 •Save me! Rescue me from the power of my enemies. Their mouths are full of lies; they swear to tell the truth, but they lie instead.

12 •May our sons flourish in their youth like well-nurtured plants. May our daughters be like graceful pillars, carved to beautify a palace.

13 •May our barns be filled with crops of every kind. May the flocks in our fields multiply by the thousands, even tens of thousands,

14 • and may our oxen be loaded down with produce. May there be no enemy breaking through our walls, no going into captivity, no cries of alarm in our town squares.

15 •Yes, joyful are those who live like this! Joyful indeed are those whose God is the LORD.

145 *A psalm of praise of David.

1 •I will exalt you, my God and King, and praise your name forever and ever.

2 •I will praise you every day; yes, I will praise you forever.

3 •Great is the LORD! He is most worthy of praise! No one can measure his greatness.

4 •Let each generation tell its children of your mighty acts; let them proclaim your power.

5 •I will meditate on your majestic, glorious splendor

145 This psalm is a Hebrew acrostic poem; each verse (including 13b) begins with a successive letter of the Hebrew alphabet.

이 생각할 것입니다.

6 그들은 주의 놀랍고 신기한 일들에 대해 말할 것입니다. 나는 주의 크신 일들을 선포할 것입니다.

7 그들은 주의 풍성한 은혜를 기념하여 축하할 것입니다. 기쁨으로 주의 의로우심에 대해 노래할 것입니다.

8 여호와는 은혜로우시며 자비하시고, 노하기를 천천히 하시며 사랑이 풍성하십니다.

9 여호와는 모든 사람들에게 좋으신 분입니다. 주는 그가 만드신 모든 것들을 불쌍히 여기십니다.

10 여호와여, 주가 만드신 모든 것들이 주를 찬양할 것입니다. 주의 성도들이 주를 찬송할 것입니다.

11 그들이 주의 나라의 영광에 대해 이야기할 것입니다. 주의 능력에 대해 이야기할 것입니다.

12 그래서 모든 사람들이 주가 하신 위대한 일들을 알게 될 것입니다. 주의 나라의 찬란한 영광을 알게 될 것입니다.

13 주의 나라는 영원한 나라입니다. 주의 다스림은 대대로 계속됩니다. 여호와는 주가 하신 모든 약속들에 대해 믿음성 있고, 진실하시며 주가 만드신 모든 것들에 대해 사랑을 베푸십니다.

14 여호와는 넘어지는 모든 자들을 붙잡으시며, 낮아진 모든 자들을 들어올리십니다.

15 모든 자들이 주를 바라봅니다. 주는 때를 따라 그들에게 음식을 주십니다.

16 주는 주의 손을 열어 살아 있는 모든 것들의 소원을 채워 주십니다.

17 여호와는 모든 일에 있어서 의로우시며, 그분이 만드신 모든 것들에 대해 사랑을 베푸십니다.

18 여호와는 주를 부르는 모든 자들에게 가까이 계시며, 진실로 주를 부르는 자들에게 가까이 계십니다.

19 그분은 자기를 두려워하는 자들이 바라는 것들을 이루어 주십니다. 그들이 부르짖는 것을 들으시고 그들을 구원하십니다.

20 여호와는 자기를 사랑하는 모든 자들을 지켜 주십니다. 모든 악한 자들을 주는 멸망시키실 것입니다.

21 내가 큰 목소리로 여호와를 찬양할 것입니다. 모든 피조물이 주의 거룩한 이름을 찬양할 것입니다. 영원히 그분을 찬양할 것입니다.

악한 자를 도우시는 하나님을 찬양

146 여호와를 찬양하십시오, 오 내 영혼아, 여호와를 찬양하여라.

2 나는 내 평생 여호와를 찬양할 것입니다. 살아 있는 동안, 나의 하나님께 찬양을 드릴 것입니다.

3 높은 사람들에게 의지하지 마십시오. 죽을 운명

and your wonderful miracles.

6 • Your awe-inspiring deeds will be on every tongue;
  I will proclaim your greatness.

7 • Everyone will share the story of your wonderful goodness;
  they will sing with joy about your righteousness.

8 • The LORD is merciful and compassionate,
  slow to get angry and filled with unfailing love.

9 • The LORD is good to everyone.
  He showers compassion on all his creation.

10 • All of your works will thank you, LORD,
  and your faithful followers will praise you.

11 • They will speak of the glory of your kingdom;
  they will give examples of your power.

12 • They will tell about your mighty deeds
  and about the majesty and glory of your reign.

13 • For your kingdom is an everlasting kingdom.
  You rule throughout all generations.

The LORD always keeps his promises;
  he is gracious in all he does.*

14 • The LORD helps the fallen
  and lifts those bent beneath their loads.

15 • The eyes of all look to you in hope;
  you give them their food as they need it.

16 • When you open your hand,
  you satisfy the hunger and thirst of every living thing.

17 • The LORD is righteous in everything he does;
  he is filled with kindness.

18 • The LORD is close to all who call on him,
  yes, to all who call on him in truth.

19 • He grants the desires of those who fear him;
  he hears their cries for help and rescues them.

20 • The LORD protects all those who love him,
  but he destroys the wicked.

21 • I will praise the LORD,
  and may everyone on earth bless his holy name
  forever and ever.

146 • Praise the LORD!

Let all that I am praise the LORD.

2 • I will praise the LORD as long as I live.
  I will sing praises to my God with my dying breath.

3 • Don't put your confidence in powerful people;
  there is no help for you there.

145:13 As in Dead Sea Scrolls and Greek and Syriac versions; the Masoretic Text lacks the final two lines of this verse.

의 사람들을 의지하지 마십시오. 그들은 사람을 구원할 수 없습니다.

4 영혼이 떠날 때, 그들은 흙으로 돌아갑니다. 바로 그날에 그들이 세웠던 계획들은 쓸모없게 됩니다.

5 야곱의 하나님을 자기의 도움으로 삼는 자는 복 있는 사람입니다. 여호와 자기 하나님께 소망을 두는 자는 복 있는 사람입니다.

6 그분은 하늘과 땅을 만드셨습니다. 바다와 그 안에 있는 모든 것들을 만드신 분입니다. 여호와는 영원히 신실하신 분이십니다.

7 그분은 박해당하는 자들이 부르짖는 내용을 아십니다. 그리고 배고픈 자들에게 음식을 주십니다. 여호와는 갇힌 자들을 풀어 주시며,

8 여호와는 보지 못하는 사람에게 시력을 주십니다. 낮아진 자들을 들어올리시며, 의로운 자들을 사랑하시는 분입니다.

9 여호와는 나그네를 지켜 보호하시며, 고아와 과부들을 돌보시지만 악한 자들의 길은 좌절시키십니다.

10 여호와는 영원히 다스리십니다. 오 시온아, 여호와 너의 하나님이 대대로 다스리실 것입니다. 여호와를 찬양하십시오!

택한 자를 도우시는 하나님을 찬양

147 여호와를 찬양하십시오! 우리 하나님께 찬양을 드리는 것이 얼마나 좋은지요! 그분께 찬양하는 것이 얼마나 즐겁고 기쁜지요!

2 여호와는 예루살렘을 세우십니다. 그분은 포로로 끌려갔던 이스라엘 백성을 다시 모으십니다.

3 그분은 마음이 상한 자들을 고치시며, 그들의 상처를 싸매십니다.

4 그분은 별들의 수효를 결정하시며, 별들 하나하나에 이름을 주셨습니다.

5 우리 주는 위대하시며 능력이 크십니다. 그분의 분별력은 끝이 없습니다.

6 여호와는 겸손한 자를 살게 하시지만 악한 자는 땅에 내던지십니다.

7 감사함으로 여호와께 노래하십시오. 수금으로 하나님께 연주하십시오.

8 그분은 구름으로 하늘을 덮으십니다. 땅에 비를 내리시고 언덕 위에 풀들이 자라게 하십니다.

9 그분은 가축들에게 음식을 주시며 어린 까마귀들이 울 때에 그들에게 먹이를 주십니다.

10 그분의 즐거움은 말의 힘에 있지 않으며, 그분의 기쁨은 사람의 다리에 있지 않습니다.

11 여호와는 주를 두려워하는 사람들을 기뻐하시며, 주님의 변치 않는 사랑에 소망을 두는 사람들

4 • When they breathe their last, they return
to the earth,
and all their plans die with them.

5 • But joyful are those who have the God of
Israel* as their helper,
whose hope is in the LORD their God.

6 • He made heaven and earth,
the sea, and everything in them.
He keeps every promise forever.

7 • He gives justice to the oppressed
and food to the hungry.
The LORD frees the prisoners.

8 • The LORD opens the eyes of the blind.
The LORD lifts up those who are weighed
down.
The LORD loves the godly.

9 • The LORD protects the foreigners among us.
He cares for the orphans and widows,
but he frustrates the plans of the wicked.

10 • The LORD will reign forever.
He will be your God, O Jerusalem,*
throughout the generations.

Praise the LORD!

147 • Praise the LORD!

How good to sing praises to our God!
How delightful and how fitting!

2 • The LORD is rebuilding Jerusalem
and bringing the exiles back to Israel.

3 • He heals the brokenhearted
and bandages their wounds.

4 • He counts the stars
and calls them all by name.

5 • How great is our Lord! His power is absolute!
His understanding is beyond
comprehension!

6 • The LORD supports the humble,
but he brings the wicked down
into the dust.

7 • Sing out your thanks to the LORD;
sing praises to our God with a harp.

8 • He covers the heavens with clouds,
provides rain for the earth,
and makes the grass grow in mountain
pastures.

9 • He gives food to the wild animals
and feeds the young ravens when
they cry.

10 • He takes no pleasure in the strength of a horse
or in human might.

11 • No, the LORD's delight is in those who fear him,
those who put their hope in his unfailing
love.

12 • Glorify the LORD, O Jerusalem!

146:5 Hebrew *of Jacob*. See note on 44:4.　146:10
Hebrew *Zion*.

을 기뻐하십니다.

12 오 예루살렘아, 여호와를 찬송하십시오, 오 시온아,
여러분의 하나님을 찬양하십시오.

13 그분은 네 문들의 빗장을 단단하게 하시며, 네 안에
거하는 백성들에게 복을 주는 분이십니다.

14 그분은 네 국경에 평화를 주시며, 가장 좋은 곡식으
로 배불리 먹이는 분이십니다.

15 그분은 온 땅에 명령을 내리십니다. 그분의 말씀은
신속하게 이루어집니다.

16 그분은 눈을 양털같이 펼치시며, 서리를 재처럼 흩
으십니다.

17 그분은 우박을 조약돌같이 집어던지십니다. 누가
그분의 차디찬 돌풍을 견딜 수 있겠습니까?

18 그분은 말씀을 보내어 그들을 녹이십니다. 그분은
바람을 불게 하여 물이 흘러가게 합니다.

19 그분은 말씀을 야곱에게 전하셨고, 법도와 법령들
을 이스라엘에게 알리셨습니다.

20 그분은 다른 나라에게 이렇게 행하신 적이 없습니
다. 다른 나라들은 그분의 법도를 알지 못합니다.
여호와를 찬양하십시오!

세계를 지으신 하나님을 찬양

148 여호와를 찬양하십시오, 하늘에서 여호와
를 찬양하며, 위의 높은 곳에서 그분을 찬
양하십시오.

2 주의 모든 천사들이여, 주를 찬양하며 하늘의 모든
군대들이여, 주를 찬양하십시오.

3 해와 달아, 주를 찬양하여라. 빛나는 너희 모든 별
들아, 주를 찬양하여라.

4 가장 높은 너희 하늘아, 주를 찬양하며 하늘 위에 있
는 너희 물들아, 주를 찬양하여라.

5 너희 만물들이여, 여호와의 이름을 찬양하여라. 주
의 명령으로 그들이 창조되었다.

6 주께서 이 모든 것들을 영원히 제자리에 두셨습니
다. 주는 결코 사라지지 않을 법령을 주셨습니다.

7 땅에서도 여호와를 찬양하여라. 너희 큰 바다 동물
들과 해양들아, 주를 찬양하여라.

8 번개와 우박과 눈과 구름들아, 주의 명령을 따르는
폭풍들아, 주를 찬양하여라.

9 너희 산들과 모든 언덕들아, 과일나무들과 모든 백
향목들아, 주를 찬양하여라.

10 들짐승들과 모든 가축들아, 작은 생물들과 날아다
니는 새들아, 주를 찬양하여라.

11 땅의 왕들과 모든 나라들아, 땅에 있는 너희 귀족들
과 통치자들아, 주를 찬양하여라.

12 청년들과 처녀들아, 노인들과 어린이들아, 주를 찬
양하여라.

13 이 모든 것들아, 여호와의 이름을 찬양하여라. 그분

Praise your God, O Zion!

13 • For he has strengthened the bars of your gates
and blessed your children within your walls.

14 • He sends peace across your nation
and satisfies your hunger with the finest
wheat.

15 • He sends his orders to the world—
how swiftly his word flies!

16 • He sends the snow like white wool;
he scatters frost upon the ground like ashes.

17 • He hurls the hail like stones.*
Who can stand against his freezing cold?

18 • Then, at his command, it all melts.
He sends his winds, and the ice thaws.

19 • He has revealed his words to Jacob,
his decrees and regulations to Israel.

20 • He has not done this for any other nation;
they do not know his regulations.

Praise the LORD!

148 • Praise the LORD!

Praise the LORD from the heavens!
Praise him from the skies!

2 • Praise him, all his angels!
Praise him, all the armies of heaven!

3 • Praise him, sun and moon!
Praise him, all you twinkling stars!

4 • Praise him, skies above!
Praise him, vapors high above the clouds!

5 • Let every created thing give praise
to the LORD,
for he issued his command,
and they came into being.

6 • He set them in place forever and ever.
His decree will never be revoked.

7 • Praise the LORD from the earth,
you creatures of the ocean depths,

8 • fire and hail, snow and clouds,*
wind and weather that obey him,

9 • mountains and all hills,
fruit trees and all cedars,

10 • wild animals and all livestock,
small scurrying animals and birds,

11 • kings of the earth and all people,
rulers and judges of the earth,

12 • young men and young women,
old men and children.

13 • Let them all praise the name of the LORD.
For his name is very great;
his glory towers over the earth and
heaven!

14 • He has made his people strong,

revoke [rivóuk] *vt.* (약속을) 취소하다, 폐지하다

의 이름만이 위대하며, 그분의 영광이 땅과 하늘 위에 빛납니다.

14 그분은 주의 백성을 강하게 하셨습니다. 그분은 모든 성도들의 찬양이요, 이스라엘의 찬양이며, 주를 가까이하는 백성들의 찬양입니다. 여호와를 찬양하십시오!

이스라엘의 하나님을 찬양

149 여호와를 찬양하십시오. 여호와께 새 노래로 노래하며, 성도들의 모임 중에 그분을 찬양하십시오.

2 이스라엘이 그들을 지으신 분을 기뻐할 것입니다. 시온의 백성들이 그들의 왕으로 인해 즐거워할 것입니다.

3 그들이 춤추며 주의 이름을 찬양합니다. 소고와 수금으로 주께 음악을 연주할 것입니다.

4 여호와는 주의 백성을 기뻐하십니다. 그분은 겸손한 자들에게 구원으로 왕관을 씌우십니다.

5 성도들이 이러한 명예를 기뻐할 것입니다. 그들의 침대 위에서 기쁨으로 노래할 것입니다.

6 성도들이 입으로 하나님에 대한 찬양을 드리게 하십시오. 양날을 가진 칼이 그들의 손에 있게 하십시오.

7 이방 나라들에게 원수를 갚게 하시며, 이방 백성들에게 징벌을 가하게 해 주소서.

8 그들의 왕들을 쇠사슬로 묶게 하시고, 그들의 귀족들을 쇠고랑으로 묶게 해 주소서.

9 그들을 향해 기록된 판결대로 집행되게 해 주소서. 이것이 주의 모든 성도들의 영광입니다. 여호와를 찬양하십시오!

노래하며 주님을 찬양

150 여호와를 찬양하십시오. 주의 성전에서 하나님을 찬양하십시오. 주의 크신 하늘에서 그분을 찬양하십시오.

2 주께서 하신 능력 있는 일들에 대해서 주를 찬양하십시오. 주의 뛰어난 위대하심에 대해서 주를 찬양하십시오.

3 나팔 소리로 주를 찬양하며, 비파와 수금으로 주를 찬양하십시오.

4 소고 치고 춤추어 주를 찬양하며, 현악기들과 통소로 주를 찬양하십시오.

5 제금을 치며 주를 찬양하며, 울려 퍼지는 제금으로 주를 찬양하십시오.

6 숨을 쉬는 모든 것들이여, 여호와를 찬양하십시오. 여호와를 찬양하십시오!

---

honoring his faithful ones—
the people of Israel who are close to him.

Praise the LORD!

149 •Praise the LORD!

Sing to the LORD a new song.
Sing his praises in the assembly of the
faithful.

2 •O Israel, rejoice in your Maker.
O people of Jerusalem,* exult in your King.
3 •Praise his name with dancing,
accompanied by tambourine and harp.
4 •For the LORD delights in his people;
he crowns the humble with victory.
5 •Let the faithful rejoice that he honors them.
Let them sing for joy as they lie
on their beds.

6 •Let the praises of God be in their mouths,
and a sharp sword in their hands—
7 •to execute vengeance on the nations
and punishment on the peoples,
8 •to bind their kings with shackles
and their leaders with iron chains,
9 •to execute the judgment written against
them.
This is the glorious privilege of his
faithful ones.

Praise the LORD!

150 •Praise the LORD!

Praise God in his sanctuary;
praise him in his mighty heaven!
2 •Praise him for his mighty works;
praise him for his unequaled greatness!
3 •Praise him with a blast of the ram's horn;
praise him with the lyre and harp!
4 •Praise him with the tambourine and dancing;
praise him with strings and flutes!
5 •Praise him with a clash of cymbals;
praise him with loud clanging cymbals.
6 •Let everything that breathes sing praises
to the LORD!

Praise the LORD!

---

clash [klǽʃ] *n.* 맹맹 울리는 소리
execute [éksəkjùːt] *vt.* 실행하다
exult [igzʌ́lt] *vi.* 크게 기뻐하다
lyre [láiər] *n.* 수금
sanctuary [sǽŋktʃuèri] *n.* 성소
vengeance [véndʒəns] *n.* 복수

149:2 Hebrew *Zion.*

잠 언 *Proverbs*

⊹ 서론

⊹ **저자** _ 솔로몬, 아굴, 르무엘 왕 혹은 르무엘 왕의 어머니
⊹ **저작 연대** _ B.C. 1000년에서 B.C. 700년 사이(대부분 B.C. 931년경 솔로몬이 기록)
⊹ **기록 대상** _ 젊은이들과 '장로들의 학생들'
⊹ **기록 장소** _ 유다로 추정
⊹ **핵심어 및 내용** _ 핵심어는 '지혜'와 '진리'이다. 본서는 일상에서 어떻게 의로운 삶을 살 수 있는지에 관하여 자세히 설명하고 있다. 지혜는 우리가 선과 악, 진리와 거짓, 하나님의 뜻과 인간의 생각을 분별할 수 있게 해 주며, 진리는 우리에게 인생의 올바른 길 곧 하나님의 말씀대로 사는 길을 제시해 준다.

잠언의 중요성

1 이스라엘의 왕, 다윗의 아들, 솔로몬의 잠언입니다.

2 이 글을 쓰는 것은 지혜와 교훈을 얻게 하고, 슬기로운 가르침을 깨닫게 하고,

3 훈련과 지혜로운 생활을 얻게 하고, 의롭고, 올바르고, 정직한 삶을 살며,

4 어리석은 자들에게는 사리 분별력을 주고, 젊은이에게는 체험적인 지식과 옳은 것을 깨닫는 능력을 주기 위함이다.

5 지혜로운 사람은 듣고 학식을 더할 것이며, 지각 있는 자는 모략을 얻을 것이다.

6 이로써 잠언과 비유, 지혜자의 가르침, 그리고 오묘한 일들을 깨닫게 될 것이다.

7 여호와를 경외하는 것이 지식의 시작이지만, 어리석은 자들은 지혜와 교훈을 멸시한다.

악에 대한 경고

8 내 아들아, 네 아버지의 교훈을 듣고, 네 어머니의 가르침을 배척하지 마라.

9 그것은 네 머리에 쓸 아름다운 화관이요, 네 목에 걸 목걸이다.

10 내 아들아, 죄인들이 너를 유혹하더라도 따르지 마라.

11 저들이 이렇게 말할 것이다. "같이 가서, 숨어 있다가 사람을 잡자. 무조건 숨어서 죄 없는 사람을 기다리자.

12 우리가 저들을 무덤처럼 산 채로 삼켜 버리자! 지옥에 떨어지는 자처럼 통째로 삼켜 버리자.

13 온갖 종류의 보물들을 취하여, 우리 집을 약탈물로 채우자.

14 너도 이 가운데서 제비를 뽑아라. 우리 모두 한 부대씩 나눠 가지자."

15 내 아들아, 저들과 같이 길을 다니지 말고 저들이 있는 곳에 발도 내딛지 마라.

The Purpose of Proverbs

1 These are the proverbs of Solomon, David's son, king of Israel.

2 • Their purpose is to teach people wisdom and discipline,
to help them understand the insights of the wise.

3 • Their purpose is to teach people to live disciplined and successful lives,
to help them do what is right, just, and fair.

4 • These proverbs will give insight to the simple, knowledge and discernment to the young.

5 • Let the wise listen to these proverbs and become even wiser.
Let those with understanding receive guidance

6 • by exploring the meaning in these proverbs and parables,
the words of the wise and their riddles.

7 • Fear of the LORD is the foundation of true knowledge,
but fools despise wisdom and discipline.

A Father's Exhortation: Acquire Wisdom

8 • My child,* listen when your father corrects you.
Don't neglect your mother's instruction.

9 • What you learn from them will crown you with grace
and be a chain of honor around your neck.

10 • My child, if sinners entice you,
turn your back on them!

11 • They may say, "Come and join us.
Let's hide and kill someone!
Just for fun, let's ambush the innocent!

12 • Let's swallow them alive, like the grave*;
let's swallow them whole, like those who go down to the pit of death.

13 • Think of the great things we'll get!
We'll fill our houses with all the stuff we take.

14 • Come, throw in your lot with us;
we'll all share the loot."

15 • My child, don't go along with them!

1:8 Hebrew *My son*; also in 1:10, 15.　1:12 Hebrew *like Sheol*.

16 왜냐하면 저들의 발은 범죄하러 내달리고, 저들은 사람 죽이기에 재빠르기 때문이다.

17 새가 보는 앞에서 그물을 펼치는 것은 헛수고가 아니냐?

18 이 사람들은 결국 자기 피를 흘리려고 숨어서 기다리며, 자기 생명을 해치려고 기다릴 뿐이다.

19 옳지 않은 방법으로 이득을 노리는 자의 결과는 다 이러하니, 결국 자기 생명만 해칠 뿐이다.

지혜의 말

20 지혜가 길거리에서 소리치고, 광장에서 외친다.

21 지혜가 성벽 위에서 소리치고, 성문 어귀에서 외친다.

22 미련한 자들아, 언제까지 미련하게 행동할 것이냐? 비웃는 자들아, 언제까지 비웃음을 즐기겠느냐? 어리석은 자들아, 언제까지 지식을 미워하겠느냐?

23 내 책망을 듣고 너희가 회개하면, 내가 내 영을 너희에게 부어 주고, 내 말들을 너희에게 깨닫게 해 줄 것이다.

24 내가 부를 때에 너희는 나를 배척했고, 내가 손을 펼쳤을 때에 너희는 들은 척도 하지 않았다.

25 너희는 내 조언을 무시하고, 내 책망을 받아들이지 않았다.

26 그러므로 나도 네가 재앙을 만날 때에 비웃고, 두려운 일이 너를 덮칠 때에 조롱할 것이다.

27 재앙이 폭풍같이 너를 덮치고, 재난이 태풍같이 너에게 내리치며 좌절과 근심이 너에게 닥쳐올 때,

28 그제서야 너희는 나를 부르겠지만, 나는 대답하지 않을 것이다. 저들이 나를 찾겠지만, 나를 찾지 못할 것이다.

29 그것은 너희가 지식을 미워하고, 여호와를 경외하는 것을 택하지 않았기 때문이다.

30 그것은 너희가 내 교훈을 받아들이지 않고, 내 책망을 업신여겼기 때문이다.

31 그러므로 저들은 자기가 뿌린 씨의 열매를 먹고, 자기 꾀의 결과로 배부를 것이다.

32 미련한 자들은 제멋대로 행동하다 죽고, 어리석은 자들은 태만히 행하다가 망할 것이다.

33 그러나 내 말을 순종하는 사람들은 안전하게 살고, 해를 걱정하지 않고 평안할 것이다.

지혜가 주는 상

2 내 아들아, 네가 내 말을 듣고, 내 명령을 마음에 깊이 간직한다면,

16 • They rush to commit evil deeds.
   They hurry to commit murder.

17 • If a bird sees a trap being set,
   it knows to stay away.

18 • But these people set an ambush for themselves;
   they are trying to get themselves killed.

19 • Such is the fate of all who are greedy for money;
   it robs them of life.

Wisdom Shouts in the Streets

20 • Wisdom shouts in the streets.
   She cries out in the public square.

21 • She calls to the crowds along the main street,
   to those gathered in front of the city gate:

22 • "How long, you simpletons,
   will you insist on being simpleminded?
   How long will you mockers relish your mocking?
   How long will you fools hate knowledge?

23 • Come and listen to my counsel.
   I'll share my heart with you
   and make you wise.

24 • "I called you so often, but you wouldn't come.
   I reached out to you, but you paid no attention.

25 • You ignored my advice
   and rejected the correction I offered.

26 • So I will laugh when you are in trouble!
   I will mock you when disaster overtakes you—

27 • when calamity overtakes you like a storm,
   when disaster engulfs you like a cyclone,
   and anguish and distress overwhelm you.

28 • "When they cry for help, I will not answer.
   Though they anxiously search for me, they will not find me.

29 • For they hated knowledge
   and chose not to fear the LORD.

30 • They rejected my advice
   and paid no attention when I corrected them.

31 • Therefore, they must eat the bitter fruit of living their own way,
   choking on their own schemes.

32 • For simpletons turn away from me—to death.
   Fools are destroyed by their own complacency.

33 • But all who listen to me will live in peace,
   untroubled by fear of harm."

The Benefits of Wisdom

2 My child,* listen to what I say,
   and treasure my commands.

2:1 Hebrew *My son.*

2 네 귀를 지혜에 기울이고, 네 마음을 총명에 둔다면,

3 네가 명철을 찾아 부르짖고, 총명을 찾아 외친다면,

4 은을 찾듯 네가 그것을 찾고 숨은 보화를 찾듯 한다면,

5 너는 여호와를 경외하는 법을 깨닫고, 하나님을 아는 지식을 찾을 것이다.

6 왜냐하면 여호와께서 지식을 주시고, 그분으로부터 지식과 총명이 나오기 때문이다.

7 그분은 정직한 사람들을 위해 성공을 예비하시고, 흠 없는 사람을 보호해 주시니,

8 그것은 그분이 의로운 사람의 길을 지키시고, 주께 충성하는 사람들의 길을 보호하시기 때문이다.

9 그러면 너는 무엇이 바르고, 의롭고, 공평한 것인지, 곧 모든 좋은 길을 깨닫게 될 것이다.

10 지혜가 네 마음에 들어가고, 지식이 네 영혼을 달콤하게 만들 것이다.

11 너의 분별력이 너를 지키며, 총명이 너를 보호할 것이다.

12 지혜가 악한 자의 길에서 너를 지키며, 악한 말을 내뱉는 자들로부터 너를 지킬 것이다.

13 그들은 바른 길을 버리고, 어두컴컴한 길을 택하는 자들이며,

14 범죄를 즐기고, 악한 일을 좋아할 것이다.

15 저들의 길은 구불구불하고, 그들은 잘못된 길로 걷는다.

16 또한 지혜는 창녀로부터 너를 지켜 주고, 유혹하는 말로부터 너를 지켜 줄 것이다.

17 창녀는 젊은 시절의 남편을 떠나, 하나님 앞에서 한 서약을 깨뜨린 자이다.

18 그녀의 집은 죽음에 이르는 길이며, 그녀의 길은 죽은 자들의 영이 있는 곳으로 향한다.

19 누구든지 그녀에게 가는 사람은 돌이킬 수도, 생명의 길에 이를 수도 없다.

20 그러므로 너는 선한 사람들의 길을 걸으며, 의로운 사람의 길에 굳게 서라.

21 정직한 사람은 땅에서 잘 되고, 흠 없는 사람은 성공한다.

22 그러나 악한 사람은 땅에서 끊어지고, 사기꾼은 땅에서 뿌리째 뽑힐 것이다.

자녀에게 교훈하다

3 내 아들아, 내 가르침을 잊지 말고, 내 명령들을 네 마음에 소중히 간직하여라.

2 그렇게 하면, 너는 오래 살고, 성공하게 될 것이다.

---

2 • Tune your ears to wisdom,
and concentrate on understanding.

3 • Cry out for insight,
and ask for understanding.

4 • Search for them as you would for silver;
seek them like hidden treasures.

5 • Then you will understand what it means to
fear the LORD,
and you will gain knowledge of God.

6 • For the LORD grants wisdom!
From his mouth come knowledge and
understanding.

7 • He grants a treasure of common sense to the
honest.
He is a shield to those who walk with
integrity.

8 • He guards the paths of the just
and protects those who are faithful to him.

9 • Then you will understand what is right, just,
and fair,
and you will find the right way to go.

10 • For wisdom will enter your heart,
and knowledge will fill you with joy.

11 • Wise choices will watch over you.
Understanding will keep you safe.

12 • Wisdom will save you from evil people,
from those whose words are twisted.

13 • These men turn from the right way
to walk down dark paths.

14 • They take pleasure in doing wrong,
and they enjoy the twisted ways of evil.

15 • Their actions are crooked,
and their ways are wrong.

16 • Wisdom will save you from the immoral
woman,
from the seductive words of the
promiscuous woman.

17 • She has abandoned her husband
and ignores the covenant she made
before God.

18 • Entering her house leads to death;
it is the road to the grave.*

19 • The man who visits her is doomed.
He will never reach the paths of life.

20 • So follow the steps of the good,
and stay on the paths of the righteous.

21 • For only the godly will live in the land,
and those with integrity will remain in it.

22 • But the wicked will be removed from the land,
and the treacherous will be uprooted.

Trusting in the LORD

3 • My child,* never forget the things I have
taught you.
Store my commands in your heart.

2 • If you do this, you will live many years,

2:18 Hebrew *to the spirits of the dead.*   3:1 Hebrew
My son; also in 3:11, 21.

3 너는 성실과 사랑을 절대 버리지 말고, 그것을 네 목에 걸고, 네 마음판에 잘 새겨라.

4 그리하면 네가 하나님과 사람 앞에서 은총과 칭찬을 받을 것이다.

5 네 마음을 다하여 여호와를 신뢰하고, 절대로 네 슬기를 의지하지 마라.

6 너는 네 모든 길에서 그분을 인정하여라. 그러면 그분이 너의 길을 형통하게 만들어 주실 것이다.

7 스스로 지혜로운 체하지 말고, 여호와를 경외하고 악한 일은 피하여라.

8 그것이 네 몸을 치료하고, 네 뼈들을 윤택하게 해 줄 것이다.

9 네 재물과 네 수확물의 첫 열매를 드려 여호와를 공경하여라.

10 그러면 네 창고들이 차고 넘치게 될 것이며, 네 포도주통들이 포도주로 가득 찰 것이다.

11 내 아들아, 여호와의 징계를 멸시하지 말고, 그의 책망을 언짢게 여기지 마라.

12 여호와께서는 자신이 사랑하는 자들을 징계하시되, 아버지가 사랑하는 아들에게 하는 것과 같이 하신다.

13 지혜를 발견하고, 총명을 얻는 자는 복이 있다.

14 지혜는 은보다 더 소득이 많고, 금보다 더 많은 이익을 준다.

15 지혜는 보석보다 값지니, 네가 탐하는 그 어떤 것과도 비길 수 없다.

16 지혜의 오른손에는 장수가 있고, 그 왼손에는 부와 명예가 있다.

17 지혜의 길은 즐거움의 길이며, 그 모든 길은 평안이다.

18 지혜는 그것을 붙잡는 자에게 생명나무가 되어 주며, 그것을 잡는 자에게 복을 준다.

19 여호와는 지혜로 땅의 기초를 세우셨고, 총명으로 하늘을 그 자리에 만드셨다.

20 그분의 지식으로 깊은 바다가 갈라지고, 구름에서 이슬이 내린다.

21 내 아들아, 바로 판단하고 분별하여, 그것을 한시도 잊지 마라.

22 그것을 너의 생명이자, 네 목에 걸 목걸이로 삼아라.

23 그러면 너는 네 길에서 안전할 것이며, 발이 걸려 넘어지지 않을 것이다.

24 네가 누울 때, 너는 두려워하지 않고, 네가 누울 때, 네 잠이 달 것이다.

25 너는 악인에게 갑작스럽게 닥치는 재난이나 파멸을 조금도 두려워하지 마라.

and your life will be satisfying.

3 • Never let loyalty and kindness leave you!
  Tie them around your neck as a reminder.
  Write them deep within your heart.

4 • Then you will find favor with both God
    and people,
  and you will earn a good reputation.

5 • Trust in the LORD with all your heart;
  do not depend on your own understanding.

6 • Seek his will in all you do,
  and he will show you which path to take.

7 • Don't be impressed with your own wisdom.
  Instead, fear the LORD and turn away
    from evil.

8 • Then you will have healing for your body
  and strength for your bones.

9 • Honor the LORD with your wealth
  and with the best part of everything you
    produce.

10 • Then he will fill your barns with grain,
  and your vats will overflow with good wine.

11 • My child, don't reject the LORD's discipline,
  and don't be upset when he corrects you.

12 • For the LORD corrects those he loves,
  just as a father corrects a child in whom
    he delights.*

13 • Joyful is the person who finds wisdom,
  the one who gains understanding.

14 • For wisdom is more profitable than silver,
  and her wages are better than gold.

15 • Wisdom is more precious than rubies;
  nothing you desire can compare with her.

16 • She offers you long life in her right hand,
  and riches and honor in her left.

17 • She will guide you down delightful paths;
  all her ways are satisfying.

18 • Wisdom is a tree of life to those who embrace her;
  happy are those who hold her tightly.

19 • By wisdom the LORD founded the earth;
  by understanding he created the heavens.

20 • By his knowledge the deep fountains of
    the earth burst forth,
  and the dew settles beneath the night sky.

21 • My child, don't lose sight of common sense
    and discernment.
  Hang on to them,

22 • for they will refresh your soul.
  They are like jewels on a necklace.

23 • They keep you safe on your way,
  and your feet will not stumble.

24 • You can go to bed without fear;
  you will lie down and sleep soundly.

25 • You need not be afraid of sudden disaster
  or the destruction that comes upon

3:12 Greek version reads loves, /and he punishes those he accepts as his children. Compare Heb 12:6.

26 여호와는 너의 의지가 되시고, 네 발이 올무에 걸려 넘어지지 않도록 지키실 것이다.

27 네게 행할 능력이 있거든, 도움이 필요한 사람에게 기꺼이 도움을 주어라.

28 네게 지금 물건이 있다면, 네 이웃에게 "갔다가 다시 오게나, 내일 주겠네"라고 말하지 마라.

29 네 이웃이 평안히 네 곁에서 살거든, 네 이웃을 해칠 음모를 꾸미지 마라.

30 너에게 해를 끼치지 않은 사람을 아무 까닭 없이 비난하지 마라.

31 난폭하게 구는 사람을 부러워하거나 그의 행위를 본받지 마라.

32 여호와께서는 비뚤어진 사람을 가증히 여기시고, 정직한 사람을 신뢰하신다.

33 여호와께서는 악인의 집은 저주하시지만, 의인의 집에는 복을 주신다.

34 그분은 교만한 자를 비웃으시고, 겸손한 자에게 은혜를 주신다.

35 지혜로운 사람은 영광을 얻지만, 어리석은 사람은 수치를 당할 것이다.

지혜의 중요성

4 아들들아, 너희는 아버지의 교훈을 듣고, 순종하여 총명을 얻어라.

2 내가 너희에게 선한 가르침을 주리니, 내 가르침을 잊지 마라.

3 내가 어려서 내 아버지에게 아들이었고, 어머니의 온순한 사랑을 받는 자였을 때,

4 아버지는 내게 이렇게 가르쳐 주셨다. "너는 내 가르침을 마음에 굳게 새겨, 내 명령들을 지켜라. 그러면 살 것이다.

5 지혜를 얻고, 총명을 사거라. 내 가르침을 잊지 말고, 그것에서 떠나지 마라.

6 지혜를 잊지 마라. 그러면 지혜가 너를 보호할 것이다. 지혜를 사랑하면 그것이 너를 지켜 줄 것이다.

7 지혜가 최고이니, 지혜를 사거라. 네 모든 소유를 가지고 총명을 사거라.

8 지혜를 존중하여라. 그러면 지혜가 너를 높여 줄 것이다. 지혜를 취하여라. 그러면 너를 영예롭게 해 줄 것이다.

9 지혜가 네 머리에 아름다운 화관을 씌워 주며, 영화로운 면류관을 줄 것이다."

10 내 아들아, 내가 하는 말을 귀담아들어라. 그러면 너의 생명이 길 것이다.

11 나는 너를 지혜의 길로 인도하고, 곧은 길로 이끌 것이다.

12 네가 걸을 때, 네 걸음이 방해받지 않고, 네가

---

the wicked,

26 • for the LORD is your security.
　　He will keep your foot from being caught
　　in a trap.

27 • Do not withhold good from those who deserve it
　　when it's in your power to help them.

28 • If you can help your neighbor now, don't say,
　　"Come back tomorrow, and then I'll help
　　you."

29 • Don't plot harm against your neighbor,
　　for those who live nearby trust you.

30 • Don't pick a fight without reason,
　　when no one has done you harm.

31 • Don't envy violent people
　　or copy their ways.

32 • Such wicked people are detestable to the LORD,
　　but he offers his friendship to the godly.

33 • The LORD curses the house of the wicked,
　　but he blesses the home of the upright.

34 • The LORD mocks the mockers
　　but is gracious to the humble.*

35 • The wise inherit honor,
　　but fools are put to shame!

A Father's Wise Advice

1 • My children,* listen when your father
　　corrects you.
　　Pay attention and learn good judgment,

2 • for I am giving you good guidance.
　　Don't turn away from my instructions.

3 • For I, too, was once my father's son,
　　tenderly loved as my mother's only child.

4 • My father taught me,
　　"Take my words to heart.
　　Follow my commands, and you will live.

5 • Get wisdom; develop good judgment.
　　Don't forget my words or turn away
　　from them.

6 • Don't turn your back on wisdom, for she will
　　protect you.
　　Love her, and she will guard you.

7 • Getting wisdom is the wisest thing you can do!
　　And whatever else you do, develop good
　　judgment.

8 • If you prize wisdom, she will make you great.
　　Embrace her, and she will honor you.

9 • She will place a lovely wreath on your head;
　　she will present you with a beautiful crown."

10 • My child,* listen to me and do as I say,
　　and you will have a long, good life.

11 • I will teach you wisdom's ways
　　and lead you in straight paths.

3:34 Greek version reads *The LORD opposes the
proud / but gives grace to the humble.* Compare Jas
4:6; 1 Pet 5:5.　　4:1 Hebrew *My sons.*　　4:10
Hebrew *My son;* also in 4:20

잠

달릴 때, 넘어지지 않을 것이다.

13 교훈을 굳게 붙들고, 놓지 마라. 교훈을 잘 지켜라. 그것이 네 생명이다.

14 악한 사람들의 길에 발도 들여놓지 말고, 악인들의 길로 다니지 마라.

15 그 길을 피하고 그 길에 서지 마라. 그 길에서 돌이켜 지나가라.

16 저들은 죄를 짓지 않으면 자지 못하며, 남을 쓰러뜨리지 않으면 잠도 오지 않는 사람들이다.

17 저들은 부정하게 얻은 음식을 먹고, 폭력으로 얻은 술을 마신다.

18 의인의 길은 동틀 때의 첫 햇살 같아서, 점점 환해져 정오의 해같이 될 것이다.

19 악인들의 길은 짙은 어둠 같아서, 무엇에 걸려 넘어졌는지도 모른다.

20 내 아들아, 내가 하는 말에 귀를 기울여라. 내 말들을 귀담아들어라.

21 내 말을 잊지 말고 네 마음속 깊이 간직하여라.

22 내 말은 깨닫는 자에게 생명이 되고 온몸을 건강하게 해 준다.

23 무엇보다 네 마음을 지켜라. 이는 생명의 근원이 마음에서부터 흘러나오기 때문이다.

24 더러운 말을 피하고 거짓말을 하지 마라.

25 앞만 바라보고 네 앞에 놓여져 있는 것에 시선을 두어라.

26 너의 발걸음을 곧게 하고 네 모든 길을 곧게 하여 안전하게 행하라.

27 곁길로 벗어나지 말고, 네 발을 악으로부터 멀리하여라.

간음에 대한 경고

5 내 아들아, 내 지혜에 주목하고, 내 명철에 네 귀를 기울여라.

2 그러면 네가 늘 분별력을 갖게 되어 네 입은 지혜로운 말만 할 것이다.

3 간음녀의 입술은 꿀과 같이 달콤하고, 기름보다 더 매끄럽지만,

4 결국에는 독처럼 쓰고, 양쪽에 날이 선 칼같이 날카롭게 된다.

5 그녀의 두 발은 죽음을 향하고, 그녀의 걸음은 곧장 무덤*으로 향한다.

6 그녀는 생명의 길에는 관심이 없고, 굽은 길을 걸으면서도 그 길이 굽었는지 깨닫지 못한다.

7 그런즉, 내 아들아, 내 말을 듣고, 내가 말하는 것에서 벗어나지 마라.

8 그런 여자를 멀리하고 그녀의 집 근처에는 얼씬거리지도 마라.

12 • When you walk, you won't be held back;
when you run, you won't stumble.

13 • Take hold of my instructions; don't let them go.
Guard them, for they are the key to life.

14 • Don't do as the wicked do,
and don't follow the path of evildoers.

15 • Don't even think about it; don't go that way.
Turn away and keep moving.

16 • For evil people can't sleep until they've done
their evil deed for the day.
They can't rest until they've caused
someone to stumble.

17 • They eat the food of wickedness
and drink the wine of violence!

18 • The way of the righteous is like the first gleam
of dawn,
which shines ever brighter until the full
light of day.

19 • But the way of the wicked is like total darkness.
They have no idea what they are
stumbling over.

20 • My child, pay attention to what I say.
Listen carefully to my words.

21 • Don't lose sight of them.
Let them penetrate deep into your heart,

22 • for they bring life to those who find them,
and healing to their whole body.

23 • Guard your heart above all else,
for it determines the course of your life.

24 • Avoid all perverse talk;
stay away from corrupt speech.

25 • Look straight ahead,
and fix your eyes on what lies before you.

26 • Mark out a straight path for your feet;
stay on the safe path.

27 • Don't get sidetracked;
keep your feet from following evil.

Avoid Immoral Women

5 • My son, pay attention to my wisdom;
listen carefully to my wise counsel.

2 • Then you will show discernment,
and your lips will express what you've learned.

3 • For the lips of an immoral woman are as
sweet as honey,
and her mouth is smoother than oil.

4 • But in the end she is as bitter as poison,
as dangerous as a double-edged sword.

5 • Her feet go down to death;
her steps lead straight to the grave.*

6 • For she cares nothing about the path to life.
She staggers down a crooked trail and
doesn't realize it.

7 • So now, my sons, listen to me.

5:5 Hebrew *to Sheol*.

5:5 개역 성경에는 '음부'라고 표기되어 있다. 이는 (히) '스올'을 의미한다.

9 네 명예를 다른 사람들에게 빼앗기고, 네 목숨을 잔인한 자에게 빼앗길까 두렵다.

10 다른 사람들이 네 재산을 탕진하고, 네 수고가 다른 사람의 재산만 불어나게 할까 두렵다.

11 마지막에 네 몸이 병든 뒤, 너는 탄식할 것이다.

12 그때, 너는 말할 것이다. "어째서 내가 교훈을 싫어하고, 꾸지람을 업신여겼을까?

13 어째서 선생님의 말씀을 듣지 않고, 스승들의 말도 귀담아듣지 않았을까?

14 모든 사람들 가운데서 나만 멸망에 빠지게 되었구나!"

15 너는 네 우물에서 물을 마시며 네 샘에서 흐르는 물만 마셔라.

16 어찌 네 샘물이 길에 흘러넘치게 하며 네 물이 광장에 넘치게 하겠느냐?

17 그 물은 너 혼자 마시고, 다른 사람들과 함께 마시지 마라.

18 네 샘을 복되게 하고, 네가 젊어서 얻은 아내를 즐거워하여라.

19 그녀는 사랑스러운 암사슴이고, 아름다운 암노루이다. 너는 그녀의 젖가슴을 항상 만족하게 여기고 항상 그녀의 사랑에 만족하여라.

20 내 아들아, 네가 어찌 창녀에게 매혹당하여 남의 아내를 품에 안겠느냐?

21 여호와는 사람의 모든 길을 다 보고 검사하신다.

22 악인은 자기의 악한 행실로 인해 함정에 빠지고, 그 죄는 자신을 붙들어 매는 밧줄이 되고 만다.

23 악인은 교훈을 받지 않는 까닭에 죽게 되고, 자신의 큰 어리석음 때문에 망하고 말 것이다.

어리석은 자들을 조심하여라

6 내 아들아, 만약 네가 네 이웃에 빚 보증을 서고, 다른 사람을 위해 증인이 되었다면,

2 너는 네 말 때문에 덫에 걸린 것이다.

3 내 아들아, 너는 네 이웃의 손아귀에 사로잡혔으니, 가서 이렇게 하여라. 겸손하게 엎드려서 네 이웃에게 간절히 부탁하여 거기서 빠져나오도록 하여라.

4 네 눈이 잠들지 않게 하고, 네 눈꺼풀도 감기지 않게 하여라.

5 노루가 사냥꾼의 손에서 벗어나듯, 새가 그물치는 자의 손에서 벗어나듯 빠져 나와라.

Never stray from what I am about to say:

8 • Stay away from her!
  Don't go near the door of her house!

9 • If you do, you will lose your honor
  and will lose to merciless people all you
  have achieved.

10 • Strangers will consume your wealth,
  and someone else will enjoy the fruit
  of your labor.

11 • In the end you will groan in anguish
  when disease consumes your body.

12 • You will say, "How I hated discipline!
  If only I had not ignored all the warnings!

13 • Oh, why didn't I listen to my teachers?
  Why didn't I pay attention to my
  instructors?

14 • I have come to the brink of utter ruin,
  and now I must face public disgrace."

15 • Drink water from your own well—
  share your love only with your wife.*

16 • Why spill the water of your springs in the streets,
  having sex with just anyone?*

17 • You should reserve it for yourselves.
  Never share it with strangers.

18 • Let your wife be a fountain of blessing for you.
  Rejoice in the wife of your youth.

19 • She is a loving deer, a graceful doe.
  Let her breasts satisfy you always.
  May you always be captivated by her love.

20 • Why be captivated, my son, by an immoral
  woman,
  or fondle the breasts of a promiscuous
  woman?

21 • For the LORD sees clearly what a man does,
  examining every path he takes.

22 • An evil man is held captive by his own sins;
  they are ropes that catch and hold him.

23 • He will die for lack of self-control;
  he will be lost because of his great foolishness.

Lessons for Daily Life

6 • My child,* if you have put up security
  for a friend's debt
  or agreed to guarantee the debt of a stranger—

2 • if you have trapped yourself by your agreement
  and are caught by what you said—

3 • follow my advice and save yourself,
  for you have placed yourself at your friend's
  mercy.
  Now swallow your pride;
  go and beg to have your name erased.

4 • Don't put it off; do it now!
  Don't rest until you do.

5 • Save yourself like a gazelle escaping from a
  hunter,

5:15 Hebrew *Drink water from your own cistern, / flowing water from your own well.* 5:16 Hebrew *Why spill your springs in the streets, / your streams in the city squares?* 6:1 Hebrew *My son.*

6 게으른 자여, 개미가 하는 것을 잘 보고 지혜
　를 얻어라.

7 개미는 지도자도, 장교도, 통치자도 없지만,

8 여름에는 먹이를 준비하고, 추수 때에는 그
　음식을 모은다.

9 게으른 자여, 네가 언제까지 누워 뒹굴겠느
　냐? 네가 언제쯤 잠에서 깨겠느냐?

10 "좀더 자자, 조금만 더 눈을 붙이자. 일손을
　멈추고 조금만 더 쉬자" 하면

11 네게 가난이 강도 떼처럼, 궁핍이 군대처럼
　들이닥칠 것이다.

12 불량하고 악한 사람은 남을 헐뜯고 돌아다닌
　다.

13 그는 눈짓, 발짓, 손짓으로 남을 속인다.

14 그는 비뚤어진 마음으로 죄를 저지르고 자나
　깨나 싸움을 벌인다.

15 그러므로 갑자기 그에게 재앙이 임하고, 순
　식간에 망하고 말 것이다.

16 여호와께서 미워하시는 것, 곧 싫어하시는
　것 예닐곱 가지가 있다.*

17 그것은 교만한 눈, 거짓말하는 혀, 죄 없는 사
　람을 죽이는 손,

18 악한 일을 꾸미는 마음, 범죄하려 급히 달려
　가는 발,

19 거짓말하는 거짓 증인, 형제 사이를 이간질
　하는 사람이다.

20 내 아들아, 네 아버지의 명령을 지키고, 네 어
　머니의 가르침을 잊지 마라.

21 그것을 네 마음에 영원히 간직하고 네 목에
　영원히 매달아라.

22 네가 걸을 때, 그것이 너를 인도하겠고, 네가
　잘 때, 그것이 너를 지켜 주며, 네가 깰 때, 그
　것이 네게 말할 것이다.

23 이 명령은 등불이요, 이 가르침은 빛이요, 이
　교훈은 생명의 길이다.

24 이것들이 너를 부도덕한 여인에게서, 바람난
　여인의 매끄러운 혀에서 지켜 줄 것이다.

25 너는 그런 여자의 아름다움을 탐내지 말고,
　그 눈길에 매혹당하지 마라.

26 왜냐하면 너는 창녀 때문에 빵 한 조각을 구
　걸하게 되고, 너의 목숨까지 위협당할 것이
　기 때문이다.

27 사람이 불을 가슴에 품고, 자기 옷을 태우지
　않을 수 있겠느냐?

28 사람이 데지 않고, 타는 숯불 위를 걸을 수 있
　겠느냐?

29 남의 아내와 함께 잠자는 사람도 이와 같으

like a bird fleeing from a net.

6 • Take a lesson from the ants, you lazybones.
　　Learn from their ways and become wise!

7 • Though they have no prince
　　or governor or ruler to make them work,

8 • they labor hard all summer,
　　gathering food for the winter.

9 • But you, lazybones, how long will you sleep?
　　When will you wake up?

10 • A little extra sleep, a little more slumber,
　　a little folding of the hands to rest—

11 • then poverty will pounce on you like a bandit;
　　scarcity will attack you like an armed robber.

12 • What are worthless and wicked people like?
　　They are constant liars,

13 • signaling their deceit with a wink of the eye,
　　a nudge of the foot, or the wiggle of fingers.

14 • Their perverted hearts plot evil,
　　and they constantly stir up trouble.

15 • But they will be destroyed suddenly,
　　broken in an instant beyond all hope
　　　of healing.

16 • There are six things the LORD hates—
　　no, seven things he detests:

17 • haughty eyes,
　　a lying tongue,
　　hands that kill the innocent,

18 • a heart that plots evil,
　　feet that race to do wrong,

19 • a false witness who pours out lies,
　　a person who sows discord in a family.

20 • My son, obey your father's commands,
　　and don't neglect your mother's instruction.

21 • Keep their words always in your heart.
　　Tie them around your neck.

22 • When you walk, their counsel will lead you.
　　When you sleep, they will protect you.
　　When you wake up, they will advise you.

23 • For their command is a lamp
　　and their instruction a light;
　　their corrective discipline
　　　is the way to life.

24 • It will keep you from the immoral woman,
　　from the smooth tongue of a promiscuous
　　　woman.

25 • Don't lust for her beauty.
　　Don't let her coy glances seduce you.

26 • For a prostitute will bring you to poverty,*
　　but sleeping with another man's wife will
　　　cost you your life.

27 • Can a man scoop a flame into his lap
　　and not have his clothes catch on fire?

28 • Can he walk on hot coals
　　and not blister his feet?

29 • So it is with the man who sleeps with another

6:26 Hebrew *to a loaf of bread.*

6:16 원문을 직역하면 '여호와께서 미워하시는 것은 여섯 가지, 곧
싫어하시는 것 일곱 가지가 있다' 이다.

니, 남의 여자를 건드리는 사람은 벌을 받을 것이다.

30 허기진 배를 채우기 위해 도둑질하면 용서를 받을 수는 있으나,

31 훔치다 잡히면 일곱 배를 갚아야 하고, 돈이 없으면 자기 집의 좋은 것들을 모두 주어야 할 것이다.

32 그러나 간음하는 자는 정신이 나간 사람으로, 자기 영혼을 망치는 사람이다.

33 그런 일을 하다가 잡히는 사람은 매를 맞고 수치를 당하여, 그 부끄러움이 영원히 지워지지 않을 것이다.

34 그 남편이 질투심에 불타 보복할 때, 눈에 무엇이 보이겠는가?

35 아무리 많은 보상이나 온갖 선물을 준다 해도 그 분노가 풀리지 않을 것이다.

간음하는 여인

7 내 아들아, 내 말을 따르고, 내 명령들을 네 마음속에 깊이 간직하여라.

2 내 명령을 지키면 너는 살 것이다. 내 가르침을 네 눈동자같이 지켜라.

3 그것을 네 손가락에 매어, 네 마음판에 새겨라.

4 지혜를 너의 누이라 하고, 총명을 너의 친척이라 칭하여라.

5 그것들이 너를 창녀의 유혹에서 지켜 줄 것이다.

6 내가 우리 집 창문에서 밖을 내다보다가,

7 미련한 젊은이들 가운데서, 한 정신 나간 젊은이를 보았다.

8 그는 길모퉁이를 지나, 창녀의 집 쪽으로 걷고 있었다.

9 날이 저무는 황혼녘에, 어둠이 찾아들 때쯤,

10 한 여인이 창녀처럼 꾸미고, 그 남자를 유혹하기 위해 그에게로 다가왔다.

11 그 여자는 집에 붙어 있지 않고 멋대로 돌아다니며,

12 때로는 거리에서, 때로는 광장에서, 때로는 길모퉁이에서, 유혹할 사람을 기다린다.

13 그 여인이 그를 붙잡고 입맞추며, 부끄러움도 없이 말한다.

14 "화목제 고기가 집에 있어요. 난 서약한 제사를 드렸거든요.

15 그래서 당신을 찾으러 나왔다가 이렇게 만났답니다.

16 내 침대에는 이집트에서 만든 화려한 이불들이 깔려 있고

---

man's wife.
He who embraces her will not go unpunished.

30 ● Excuses might be found for a thief
who steals because he is starving.

31 ● But if he is caught, he must pay back seven
times what he stole,
even if he has to sell everything in his house.

32 ● But the man who commits adultery is an
utter fool,
for he destroys himself.

33 ● He will be wounded and disgraced.
His shame will never be erased.

34 ● For the woman's jealous husband will be furious,
and he will show no mercy when he takes
revenge.

35 ● He will accept no compensation,
nor be satisfied with a payoff of any size.

Another Warning about
Immoral Women

7 1 ● Follow my advice, my son;
always treasure my commands.

2 ● Obey my commands and live!
Guard my instructions as you guard your
own eyes.*

3 ● Tie them on your fingers as a reminder.
Write them deep within your heart.

4 ● Love wisdom like a sister;
make insight a beloved member
of your family.

5 ● Let them protect you from an affair with an
immoral woman,
from listening to the flattery of a
promiscuous woman.

6 ● While I was at the window of my house,
looking through the curtain,

7 ● I saw some naive young men,
and one in particular who lacked
common sense.

8 ● He was crossing the street near the house
of an immoral woman,
strolling down the path by her house.

9 ● It was at twilight, in the evening,
as deep darkness fell.

10 ● The woman approached him,
seductively dressed and sly of heart.

11 ● She was the brash, rebellious type,
never content to stay at home.

12 ● She is often in the streets and markets,
soliciting at every corner.

13 ● She threw her arms around him and kissed him,
and with a brazen look she said,

14 ● "I've just made my peace offerings
and fulfilled my vows.

15 ● You're the one I was looking for!
I came out to find you, and here you are!

16 ● My bed is spread with beautiful blankets,

7:2 Hebrew *as the pupil of your eye.*

17 그 위에 몰약, 침향, 계피향을 뿌려 놓았어요.

18 들어가요. 아침까지 마음껏 사랑하며 즐겨요.

19 남편은 먼 여행을 떠나고 집에 없답니다.

20 지갑에 잔뜩 돈을 채워서 떠났으니 보름이나 되어야 돌아올 거예요."

21 그녀는 달콤한 말로 이 젊은이를 유혹하여 그를 넘어가게 했다.

22 그 젊은이가 그녀를 선뜻 따라가니, 도살장으로 끌려가는 황소와 같고, 졸지에 올무에 걸려든 수사슴 같구나.

23 결국 화살이 그 심장에 꽂힐 것이다. 그것은 그물을 향해 날아드는 새가 자기 생명의 위험을 알지 못하는 것과 같구나.

24 아들들아, 이제 내 말을 듣고 내 입의 가르침에 귀를 기울여라.

25 너희 마음을 창녀의 길로 향하게 하지 말고 그녀가 있는 길에서 서성이지 마라.

26 그 여자는 많은 사람을 희생시켰고, 그녀가 죽인 자는 셀 수도 없다.

27 그녀의 집은 무덤에 내려가는 길이며, 사망의 방으로 이르게 한다.

지혜에 귀 기울여라

8 지혜가 부르지 않느냐? 명철이 소리치지 않느냐?

2 길가 높은 곳에서, 사거리에서 지혜가 서서 외치지 않느냐?

3 성문들 곁에서, 여러 출입문 밖에서 지혜가 소리친다.

4 "사람들아, 내 말을 들어라. 인생들아, 내 목소리를 들어라.

5 어리석은 자들아, 명철을 얻어라. 미련한 자들아, 지식을 깨달아라.

6 너희는 내 말에 귀를 기울여라. 내가 말해 줄 값진 것이 있다. 내가 하는 모든 말이 옳은 것이다.

7 내 입은 진실을 말하고, 나는 악을 미워한다.

8 내가 하는 말은 모두 의로우며 그 가운데 잘못되거나 왜곡된 것이 없다.

9 나의 말은 분별력이 있는 사람에게 쉬우며 지식을 배우려고 하는 자들에게는 명확하다.

10 은 대신에 내 교훈을, 금 대신에 지식을 택하여라.

11 지혜는 보석보다 값지니, 네가 탐내는 그 어떤 것도 지혜와 비길 수 없다.

12 나 지혜는 명철과 함께 살며, 지식과 분별력도 갖고 있다.

13 여호와를 경외하는 것은 악을 미워하는 것이

---

with colored sheets of Egyptian linen.

17 • I've perfumed my bed
with myrrh, aloes, and cinnamon.

18 • Come, let's drink our fill of love until morning.
Let's enjoy each other's caresses,

19 • for my husband is not home.
He's away on a long trip.

20 • He has taken a wallet full of money with him
and won't return until later this month.*"

21 • So she seduced him with her pretty speech
and enticed him with her flattery.

22 • He followed her at once,
like an ox going to the slaughter.
He was like a stag caught in a trap,*

23 • awaiting the arrow that would pierce its
heart.
He was like a bird flying into a snare,
little knowing it would cost him his life.

24 • So listen to me, my sons,
and pay attention to my words.

25 • Don't let your hearts stray away toward her.
Don't wander down her wayward path.

26 • For she has been the ruin of many;
many men have been her victims.

27 • Her house is the road to the grave.*
Her bedroom is the den of death.

Wisdom Calls for a Hearing

8 1 • Listen as Wisdom calls out!
Hear as understanding raises her voice!

2 • On the hilltop along the road,
she takes her stand at the crossroads.

3 • By the gates at the entrance to the town,
on the road leading in, she cries aloud,

4 • "I call to you, to all of you!
I raise my voice to all people.

5 • You simple people, use good judgment.
You foolish people, show some
understanding.

6 • Listen to me! For I have important things
to tell you.
Everything I say is right,

7 • for I speak the truth
and detest every kind of deception.

8 • My advice is wholesome.
There is nothing devious or crooked in it.

9 • My words are plain to anyone with
understanding,
clear to those with knowledge.

10 • Choose my instruction rather than silver,
and knowledge rather than pure gold.

11 • For wisdom is far more valuable than rubies.
Nothing you desire can compare with it.

12 • "I, Wisdom, live together with good judgment.
I know where to discover knowledge and
discernment.

7:20 Hebrew *until the moon is full.* 7:22 As in Greek
and Syriac versions; Hebrew reads *slaughter, as shackles
are for the discipline of a fool.* 7:27 Hebrew *to Sheol.*

다. 나는 교만과 거만, 악한 행실과 거짓된 말을 미워한다.

14 내게는 모략과 바른 판단이 있으며, 명철과 능력도 있다.

15 왕들이 나를 통해 나라를 다스리며, 통치자들이 나를 통해 바른 법령을 제정한다.

16 나를 통해 고관들, 즉 지도자들이 세상을 다스린다.

17 나는 나를 사랑하는 자들을 사랑하며, 나를 찾는 자들이 나를 발견할 것이다.

18 부귀와 영예, 수많은 재물과 형통함도 내게 있다.

19 내 열매는 정금보다 나으며, 나의 유익은 순은보다 더 크다.

20 나는 의로운 길과 공의의 길을 걸으며,

21 나를 사랑하는 자들에게 엄청난 재물을 주어 그들의 금고를 가득 채워 준다.

22 여호와께서 모든 것을 창조하시기에 앞서 태초에 나를 가지고 계셨다.

23 영원 전, 맨 처음에, 세상이 시작되기 전에 나는 세워졌다.

24 아직 대양들이 있기 전, 샘들이 있기 전, 내가 태어났다.

25 산들이 제자리에 세워지기 전, 언덕들이 만들어지기 전, 내가 생겨났으니,

26 하나님이 세상과 들판을 만드시기 전, 세상의 먼지를 만드시기 전이다.

27 그분이 하늘을 제자리에 두실 때, 깊은 바다 둘레에 테를 두르실 때, 내가 그곳에 있었다.

28 그분이 구름을 위에 두고, 바다의 샘을 확실히 정하실 때,

29 그분이 바다의 한계를 명하셔서 물이 그 경계를 넘지 못하게 하실 때, 그분이 세상의 토대를 세우실 때,

30 나는 그분 곁에서 건축사가 되어 매일 기쁨으로 충만하였고, 항상 그분 앞에서 춤추며,

31 그분이 만드신 온 땅에서 춤추며, 사람들에게서 기쁨을 얻었다.

32 이제 아들들아, 내 말을 들어라. 내 길을 지키는 자들은 복이 있다.

33 교훈을 듣고 지혜를 얻어라. 그것을 소홀히 하지 마라.

34 내 말을 순종하는 자는 행복하다. 날마다 문간에서 기다리며, 내 문에서 기다리는 자는 복이 있다.

35 나를 찾는 자는 생명을 얻고, 여호와께 은총을 받을 것이다.

---

13 • All who fear the LORD will hate evil.
　Therefore, I hate pride and arrogance,
　corruption and perverse speech.

14 • Common sense and success belong to me.
　Insight and strength are mine.

15 • Because of me, kings reign,
　and rulers make just decrees.

16 • Rulers lead with my help,
　and nobles make righteous judgments.*

17 "I love all who love me.
　Those who search will surely find me.

18 • I have riches and honor,
　as well as enduring wealth and justice.

19 My gifts are better than gold, even the
　purest gold,
　my wages better than sterling silver!

20 • I walk in righteousness,
　in paths of justice.

21 Those who love me inherit wealth.
　I will fill their treasuries.

22 • "The LORD formed me from the beginning,
　before he created anything else.

23 I was appointed in ages past,
　at the very first, before the earth began.

24 • I was born before the oceans were created,
　before the springs bubbled forth their
　waters.

25 Before the mountains were formed,
　before the hills, I was born—

26 • before he had made the earth and fields
　and the first handfuls of soil.

27 I was there when he established the heavens,
　when he drew the horizon on the oceans.

28 • I was there when he set the clouds above,
　when he established springs deep
　in the earth.

29 I was there when he set the limits of the seas,
　so they would not spread beyond their
　boundaries.
　And when he marked off the earth's
　foundations,

30 • I was the architect at his side.
　I was his constant delight,
　rejoicing always in his presence.

31 And how happy I was with the world he
　created;
　how I rejoiced with the human family!

32 • "And so, my children,* listen to me,
　for all who follow my ways are joyful.

33 Listen to my instruction and be wise.
　Don't ignore it.

34 • Joyful are those who listen to me,
　watching for me daily at my gates,
　waiting for me outside my home!

35 For whoever finds me finds life
　and receives favor from the LORD.

8:16 Some Hebrew manuscripts and Greek version read *and nobles are judges over the earth.*　8:32 Hebrew *my sons.*

36 그러나 나를 찾지 못하는 자는 자신을 해치는 자이고, 나를 미워하는 자는 사망을 사랑하는 자이다."

어리석은 자와 지혜로운 자

9 지혜가 일곱 기둥을 깎아서, 자기 집을 건축하였다.

2 지혜가 짐승을 잡고, 혼합한 포도주로 상을 차리고,

3 자기 여종을 보내어, 마을 높은 곳에서 소리쳐 사람들을 초대하게 하였다.

4 "어리석은 자는 누구나 이리로 오시오." 지혜 없는 사람들에게 지혜가 말했다.

5 "와서, 준비한 음식을 먹고 포도주를 마셔요.

6 어리석음을 버리고 거기에서 멀리 떠나세요. 그러면 살 것입니다. 명철의 길을 걸으세요."

7 비웃는 자를 꾸짖는 사람은 오히려 모욕을 받게 될 것이고, 악한 사람을 책망하는 사람은 해를 입을 것이다.

8 비웃는 자를 꾸짖지 마라. 오히려 미움만 산다. 지혜로운 사람을 꾸짖어라. 그는 네 꾸지람을 고맙게 생각할 것이다.

9 지혜로운 사람을 훈계하여라. 그는 더 지혜롭게 될 것이다. 의로운 사람을 가르쳐라. 그는 더 많이 배울 것이다.

10 여호와를 경외함이 지혜의 근본이요, 거룩한 분을 아는 것이 명철의 시작이다.

11 나 지혜를 통해서 네가 오래 살고, 네 생명이 길어질 것이다.

12 네가 만일 지혜롭다면, 지혜가 네게 유익하지만, 만약 네가 거만하다면, 너만 손해를 볼 것이다.

13 미련한 여인은 시끄럽고, 제멋대로 하면서 부끄러움을 깨닫지 못한다.

14 그 여인은 집의 대문이나 마을 높은 곳에 앉아서,

15 자기 길을 똑바로 지나가는 사람들을 불러,

16 "어리석은 자는 누구나 이리로 오세요"라고 말한다. 또 지혜 없는 사람들에게 이렇게 말한다.

17 "훔친 물이 더 달고, 몰래 먹는 음식이 더 맛있어요!"

18 그러나 어리석은 자들은 그녀의 손님들이 무덤 깊이 있다는 것을 알지 못한다.

솔로몬의 잠언

10 솔로몬의 잠언입니다. 지혜로운 아들은 자기 아버지를 기쁘게 하지만, 어리석은 아들은 자기 어머니의 근심이다.

---

36 • But those who miss me injure themselves.
　　All who hate me love death."

9 • Wisdom has built her house;
　　she has carved its seven columns.

2 • She has prepared a great banquet,
　　mixed the wines, and set the table.

3 • She has sent her servants to invite everyone
　　to come.
　　She calls out from the heights overlooking
　　the city.

4 • "Come in with me," she urges the simple.
　　To those who lack good judgment, she says,

5 • "Come, eat my food,
　　and drink the wine I have mixed.

6 • Leave your simple ways behind, and begin
　　to live;
　　learn to use good judgment."

7 • Anyone who rebukes a mocker will get an
　　insult in return.
　　Anyone who corrects the wicked will
　　get hurt.

8 • So don't bother correcting mockers;
　　they will only hate you.
　　But correct the wise,
　　and they will love you.

9 • Instruct the wise,
　　and they will be even wiser.
　　Teach the righteous,
　　and they will learn even more.

10 • Fear of the LORD is the foundation of wisdom.
　　Knowledge of the Holy One results in
　　good judgment.

11 • Wisdom will multiply your days
　　and add years to your life.

12 • If you become wise, you will be the one
　　to benefit.
　　If you scorn wisdom, you will be the
　　one to suffer.

Folly Calls for a Hearing

13 • The woman named Folly is brash.
　　She is ignorant and doesn't know it.

14 • She sits in her doorway
　　on the heights overlooking the city.

15 • She calls out to men going by
　　who are minding their own business.

16 • "Come in with me," she urges the simple.
　　To those who lack good judgment, she says,

17 • "Stolen water is refreshing;
　　food eaten in secret tastes the best!"

18 • But little do they know that the dead are there.
　　Her guests are in the depths of the grave.*

The Proverbs of Solomon

10 The proverbs of Solomon:

9:18 Hebrew *in Sheol.*　10:1 Hebrew *son;* also in 10:1b.

2 부정하게 얻은 소득은 무가치하지만, 의롭게 살면 생명을 구한다.

3 여호와께서 의로운 사람은 굶주리지 않게 하시지만, 악인의 탐욕은 물리치신다.

4 게으른 손은 가난하게 만들고, 부지런한 손은 부유하게 만든다.

5 여름에 일하는 사람은 지혜롭지만, 추수 때에 잠자는 사람은 부끄러움을 당한다.

6 의인의 머리에는 복이 임하지만, 악인의 입에는 난폭한 말이 숨어 있다.

7 의인을 기억하는 것은 복된 일이지만, 악한 사람의 이름은 곧 기억에서 사라진다.

8 마음이 지혜로운 자는 명령에 순종하지만, 미련한 수다쟁이는 망할 뿐이다.

9 똑바로 걷는 자는 안전하게 걷지만, 굽은 길을 걷는 자는 악행이 모두 드러난다.

10 눈짓하는 사람은 문제를 만들고, 미련한 수다쟁이는 망할 것이다.

11 의인의 입은 생명샘이지만, 악인의 입에는 난폭한 말이 숨어 있다.

12 미움은 다툼을 일으키나, 사랑은 모든 허물을 덮는다.

13 명철한 사람의 입술에는 지혜가 있지만, 지혜 없는 자의 등은 채찍으로 때려야 한다.

14 지혜로운 사람은 지식을 담고 있지만, 미련한 자의 입은 파멸을 가져온다.

15 부자의 재물은 그에게 안전한 성과 같지만, 가난한 자의 빈궁은 그에게 파멸을 가져다 준다.

16 의인의 품삯은 생명이지만, 악인은 죄값만 받게 될 것이다.

17 책망을 듣는 자는 생명길로 가지만, 책망을 무시하는 자는 길을 잃고 방황한다.

18 미움을 감추는 자는 거짓 입술을 가진 사람이요, 남을 헐뜯는 자는 바보이다.

19 말이 많으면 죄가 생기지만, 자기 혀를 잘 조절하는 자는 지혜롭다.

20 의인의 혀는 최고의 은이지만, 악인의 마음은 무가치하다.

21 의인의 입술은 많은 사람을 가르치지만, 미련한 자는 지식이 없어 죽고 만다.

22 여호와의 복으로 부자가 되면 그 재물에는 근심이 따르지 않는다.

23 미련한 자는 악한 행동에서 쾌락을 찾지만, 슬기로운 자는 지혜에서 즐거움을 얻는다.

A wise child* brings joy to a father;
　a foolish child brings grief to a mother.

2 • Tainted wealth has no lasting value,
　but right living can save your life.

3 • The LORD will not let the godly go hungry,
　but he refuses to satisfy the craving
　　of the wicked.

4 • Lazy people are soon poor;
　hard workers get rich.

5 • A wise youth harvests in the summer,
　but one who sleeps during harvest is a disgrace.

6 • The godly are showered with blessings;
　the words of the wicked conceal violent
　　intentions.

7 • We have happy memories of the godly,
　but the name of a wicked person rots away.

8 • The wise are glad to be instructed,
　but babbling fools fall flat on their faces.

9 • People with integrity walk safely,
　but those who follow crooked paths
　　will be exposed.

10 • People who wink at wrong cause trouble,
　but a bold reproof promotes peace.*

11 • The words of the godly are a life-giving fountain;
　the words of the wicked conceal violent
　　intentions.

12 • Hatred stirs up quarrels,
　but love makes up for all offenses.

13 • Wise words come from the lips of people with
　　understanding,
　but those lacking sense will be beaten with a rod.

14 • Wise people treasure knowledge,
　but the babbling of a fool invites disaster.

15 • The wealth of the rich is their fortress;
　the poverty of the poor is their destruction.

16 • The earnings of the godly enhance their lives,
　but evil people squander their money on sin.

17 • People who accept discipline are on the pathway
　　to life,
　but those who ignore correction will go astray.

18 • Hiding hatred makes you a liar;
　slandering others makes you a fool.

19 • Too much talk leads to sin.
　Be sensible and keep your mouth shut.

20 • The words of the godly are like sterling silver;
　the heart of a fool is worthless.

21 • The words of the godly encourage many,

10:10 As in Greek version; Hebrew reads *but babbling fools fall flat on their faces.*

24 악인은 두려워하는 것을 당하게 되고, 의인은 그 바라는 것을 얻게 된다.

25 폭풍이 지나갈 때, 악인은 같이 휩쓸려 사라지나, 의인은 영원히 견고하다.

26 게으른 종은 그 주인에게 고통이 된다. 그들은 눈에 매운 연기 같고, 상한 이빨에 신 포도주 같다.

27 여호와를 경외하면 오래 살지만, 악인은 오래 살지 못한다.

28 의인의 소망은 이루어져 즐거움을 주나, 악인의 소망은 끊어진다.

29 여호와의 가르침은 의인의 피난처가 되지만, 악을 행하는 사람에게는 파멸의 원인이 된다.

30 의인은 결코 뿌리가 뽑히지 않으나, 악인은 땅에서 오래 살지 못한다.

31 의인의 입은 지혜를 말하지만, 사악한 혀는 잘릴 것이다.

32 의인의 입술은 적절한 말을 하지만, 악인의 입은 사악한 것만 말한다.

11 여호와께서는 속이는 저울은 미워하시나, 정확한 저울추는 기뻐하신다.

2 교만한 자는 수치를 당하나, 겸손한 자는 지혜롭다.

3 정직한 사람은 성실하여 형통하나, 사기꾼은 자기 꾀로 말미암아 스스로 망한다.

4 재물이 많아도 하나님이 노하시면 아무 쓸모가 없지만, 의로운 삶은 죽을 자리에서도 목숨을 건진다.

5 흠 없는 사람의 의로운 삶은 그의 앞길을 환하게 만들지만, 악인은 자기 악행으로 망하고 만다.

6 정직한 사람의 의로운 행실은 그를 구원하지만, 사기꾼은 자기의 악한 생각에 스스로 걸려 넘어진다.

7 악인은 죽을 때에 그의 소망도 함께 사라지고, 하나님을 저버린 자가 거는 모든 기대는 허무하다.

8 의인은 재난에서 구원 받고, 오히려 그 재난은 악인에게 돌아간다.

9 하나님을 저버린 자는 그 입으로 자기 이웃을 해치지만, 의인은 지혜롭게 피한다.

10 의인이 잘 되면 마을이 기뻐하고, 악인이 망하면 사람들이 즐거워 소리친다.

11 정직한 자의 축복을 통해 마을 전체가 자랑스럽게 되지만, 악인의 입은 그 마을을 망하게 한다.

but fools are destroyed by their lack of common sense.

22 • The blessing of the LORD makes a person rich, and he adds no sorrow with it.

23 • Doing wrong is fun for a fool, but living wisely brings pleasure to the sensible.

24 • The fears of the wicked will be fulfilled; the hopes of the godly will be granted.

25 • When the storms of life come, the wicked are whirled away, but the godly have a lasting foundation.

26 • Lazy people irritate their employers, like vinegar to the teeth or smoke in the eyes.

27 • Fear of the LORD lengthens one's life, but the years of the wicked are cut short.

28 • The hopes of the godly result in happiness, but the expectations of the wicked come to nothing.

29 • The way of the LORD is a stronghold to those with integrity, but it destroys the wicked.

30 • The godly will never be disturbed, but the wicked will be removed from the land.

31 • The mouth of the godly person gives wise advice, but the tongue that deceives will be cut off.

32 • The lips of the godly speak helpful words, but the mouth of the wicked speaks perverse words.

11 1 • The LORD detests the use of dishonest scales, but he delights in accurate weights.

2 • Pride leads to disgrace, but with humility comes wisdom.

3 • Honesty guides good people; dishonesty destroys treacherous people.

4 • Riches won't help on the day of judgment, but right living can save you from death.

5 • The godly are directed by honesty; the wicked fall beneath their load of sin.

6 • The godliness of good people rescues them; the ambition of treacherous people traps them.

7 • When the wicked die, their hopes die with them, for they rely on their own feeble strength.

8 • The godly are rescued from trouble, and it falls on the wicked instead.

9 • With their words, the godless destroy their friends, but knowledge will rescue the righteous.

10 • The whole city celebrates when the godly succeed; they shout for joy when the wicked die.

11 • Upright citizens are good for a city and

12 지혜 없는 사람은 자기 이웃을 비웃지만, 슬기로운 자는 자기 혀에 재갈을 물린다.

13 할 일 없이 남을 헐뜯는 사람은 남의 비밀을 드러내지만, 진실한 사람은 비밀을 지킨다.

14 지혜로운 지도자가 없으면 나라가 망하여도, 조언자들이 많으면 그 나라가 평화롭다.

15 남을 위해 보증 서는 사람은 손해를 보지만, 그것을 거절하는 사람은 안전하다.

16 덕이 있는 여인은 존경을 받고, 무자비한 남자들*은 재물을 얻는다.

17 남에게 인자하게 대하면 자기도 잘 되지만, 잔인한 사람은 재앙을 불러들인다.

18 악인이 얻는 소득은 허무하나, 의를 행하는 사람은 확실한 보상을 받는다.

19 늘 의롭게 살면 생명을 얻지만, 악을 행하는 사람은 죽고 만다.

20 여호와께서는 마음이 비뚤어진 사람을 미워하시나, 바른 길을 행하는 사람을 보면 기뻐하신다.

21 악인은 반드시 처벌을 받지만, 의로운 사람은 구원을 받을 것이다.

22 외모가 아름다운 여인이 제멋대로 행동하는 것은 돼지코의 금고리와 같다.

23 의인의 소원은 성취되지만, 악인의 소망은 하나님의 진노만 가져온다.

24 후하게 베푸는 사람은 더 많이 얻지만, 인색하게 구는 사람은 가난해질 뿐이다.

25 후한 사람은 잘 되고, 남을 기분 좋게 하는 자는 자기의 기분도 좋아진다.

26 어려움이 있을 때에 곡식을 혼자 차지하는 자는 사람들의 저주를 받지만, 기꺼이 나누는 사람은 축복을 받는다.

27 선을 간절히 구하는 사람은 은총을 입지만, 악을 찾는 자에게는 재앙이 임한다.

28 자기 재물을 의지하는 사람은 넘어지나, 의인은 푸른 잎사귀처럼 번성할 것이다.

29 자기 가족을 괴롭히는 자는 바람을 상속받고, 바보는 지혜로운 사람의 종이 되고 말 것이다.

30 의인의 열매는 생명나무이며, 지혜로운 자는 사람을 얻는다.

31 의인들도 세상에서 죄값을 받는데, 하나님을 저버린 죄인들이야 무엇을 더 말하겠는가!

12 징계를 달게 받는 사람은 슬기롭지만, 책망을 싫어하는 자는 어리석다.

make it prosper,
　but the talk of the wicked tears it apart.

12 ● It is foolish to belittle one's neighbor;
　a sensible person keeps quiet.

13 ● A gossip goes around telling secrets,
　but those who are trustworthy can keep a confidence.

14 ● Without wise leadership, a nation falls;
　there is safety in having many advisers.

15 ● There's danger in putting up security for a
　stranger's debt;
　it's safer not to guarantee another person's debt.

16 ● A gracious woman gains respect,
　but ruthless men gain only wealth.

17 ● Your kindness will reward you,
　but your cruelty will destroy you.

18 ● Evil people get rich for the moment,
　but the reward of the godly will last.

19 ● Godly people find life; evil people find death.

20 ● The LORD detests people with crooked hearts,
　but he delights in those with integrity.

21 ● Evil people will surely be punished,
　but the children of the godly will go free.

22 ● A beautiful woman who lacks discretion
　is like a gold ring in a pig's snout.

23 ● The godly can look forward to a reward,
　while the wicked can expect only judgment.

24 ● Give freely and become more wealthy;
　be stingy and lose everything.

25 ● The generous will prosper;
　those who refresh others will themselves
　be refreshed.

26 ● People curse those who hoard their grain,
　but they bless the one who sells in time of need.

27 ● If you search for good, you will find favor;
　but if you search for evil, it will find you!

28 ● Trust in your money and down you go!
　But the godly flourish like leaves in spring.

29 ● Those who bring trouble on their families
　inherit the wind.
　The fool will be a servant to the wise.

30 ● The seeds of good deeds become a tree of life;
　a wise person wins friends.*

31 ● If the righteous are rewarded here on earth,
　what will happen to wicked sinners?

stingy [stíndʒi] a. 인색한, 너무 아끼는

11:30 Or *and those who win souls are wise.*　　11:31
Greek version reads *If the righteous are barely saved, /
what will happen to godless sinners?* Compare 1 Pet 4:18.
11:16 칠십인역과 개역성경에는 '근면한 남자들'로 되어 있다.

2 선한 사람은 여호와께 은총을 얻지만, 악을 행하는 사람은 여호와께서 심판하신다.

3 죄를 짓는 사람은 견고하지 못하나, 의인의 뿌리는 결코 뽑히지 않는다.

4 덕이 있는 아내는 그 남편에게 영광스런 면류관과 같으나, 부덕한 여인은 남편의 뼈를 썩게 하는 것과 같다.

5 의인의 생각은 의롭지만, 악인은 남을 해칠 생각만 한다.

6 악인은 숨어서 사람을 죽이려고 하지만, 의인은 사람을 살리려고 한다.

7 악인은 넘어지면 다시 일어서지 못하지만, 의인의 집은 흔들림이 없다.

8 사람은 그 지혜대로 칭찬을 받겠지만, 마음이 비뚤어진 사람은 멸시를 받는다.

9 부자이면서 아무것도 없는 듯 행동하는 것이 가난뱅이가 무엇인가 가진 듯 행동하는 것보다 낫다.

10 의인은 자기 짐승의 생명까지도 중하게 여기지만, 악인은 고작 생각한다는 것이 사람을 잔인하게 괴롭히는 일뿐이다.

11 자기 토지를 경작하는 사람은 먹을 양식이 넉넉하겠지만, 허영을 좇는 자는 정신이 없는 자이다.

12 악인은 부정한 이익을 탐하여도, 의인은 형통한다.

13 악인은 자기의 더러운 말 때문에 올무에 걸리지만, 의인은 재앙을 피한다.

14 입술을 잘 열면 좋은 것으로 배부르고, 반드시 자기 손이 행하는 대로 보상을 받는다.

15 미련한 자는 자기 행동이 바르다고 여기지만, 지혜로운 자는 남의 조언을 귀담아듣는다.

16 미련한 자는 참지 못하고 발칵 성을 내지만, 슬기로운 사람은 수치를 당해도 참는다.

17 진실한 증인은 정직하게 증언하지만, 거짓 증인은 거짓말을 내뱉는다.

18 되는 대로 하는 말은 비수처럼 찌르지만, 지혜로운 자의 혀는 상한 마음을 고쳐 준다.

19 진실한 입술은 영원히 남지만, 거짓된 혀는 곧 사라지고 만다.

20 악을 꾀하는 자의 마음에는 거짓이 있지만, 평안을 추구하는 자의 마음에는 즐거움이 있다.

21 의인은 해를 당하지 않으나, 악인에게는 많은 재앙이 있다.

22 여호와께서는 거짓된 입술을 미워하시지

12 1 To learn, you must love discipline; it is stupid to hate correction.

2 • The LORD approves of those who are good, but he condemns those who plan wickedness.

3 • Wickedness never brings stability, but the godly have deep roots.

4 • A worthy wife is a crown for her husband, but a disgraceful woman is like cancer in his bones.

5 • The plans of the godly are just; the advice of the wicked is treacherous.

6 • The words of the wicked are like a murderous ambush, but the words of the godly save lives.

7 • The wicked die and disappear, but the family of the godly stands firm.

8 • A sensible person wins admiration, but a warped mind is despised.

9 • Better to be an ordinary person with a servant than to be self-important but have no food.

10 • The godly care for their animals, but the wicked are always cruel.

11 • A hard worker has plenty of food, but a person who chases fantasies has no sense.

12 • Thieves are jealous of each other's loot, but the godly are well rooted and bear their own fruit.

13 • The wicked are trapped by their own words, but the godly escape such trouble.

14 • Wise words bring many benefits, and hard work brings rewards.

15 • Fools think their own way is right, but the wise listen to others.

16 • A fool is quick-tempered, but a wise person stays calm when insulted.

17 • An honest witness tells the truth; a false witness tells lies.

18 • Some people make cutting remarks, but the words of the wise bring healing.

19 • Truthful words stand the test of time, but lies are soon exposed.

20 • Deceit fills hearts that are plotting evil; joy fills hearts that are planning peace!

21 • No harm comes to the godly, but the wicked have their fill of trouble.

22 • The LORD detests lying lips, but he delights in those who tell the truth.

hoard [hɔ́:rd] *vt.* 몰래 저장하다
snout [snáut] *n.* (돼지) 코

만, 진실한 사람은 기뻐하신다.

23 슬기로운 사람은 자기 지식을 잘 드러내지 않
지만, 미련한 자는 자기 미련을 드러낸다.

24 부지런한 사람은 남을 다스리겠지만, 게으름
뱅이는 남의 종노릇이나 할 것이다.

25 마음에 근심이 있으면 절망에 빠지지만, 격려
의 말은 그를 다시 일으켜 준다.

26 의인은 이웃을 바른 길로 인도하지만, 악인
은 자기 스스로 불행한 길로 나아간다.

27 게으른 사람은 자기가 잡은 사냥감도 요리하
기 싫어하지만, 부지런한 사람은 보화를 캔
다.

28 의로운 길에는 생명이 있고, 그 길에는 사망이
없다.

13 지혜로운 아들은 자기 아버지의 교훈에
순종하지만, 거만한 아들은 책망을 듣지
않는다.

2 입술을 잘 열면 좋은 것을 먹지만, 사기꾼은
늘 폭력을 휘두를 생각만 한다.

3 자기 입을 잘 지키는 사람은 생명을 보존하지
만, 입술을 함부로 여는 사람은 망한다.

4 게으른 사람은 원하는 것을 얻지 못하지만,
부지런한 사람은 원하는 대로 얻는다.

5 의인은 거짓을 미워하지만, 악인은 수치와 모
욕을 당한다.

6 행위가 온전한 사람은 의가 보호하지만, 악인
은 죄 때문에 망한다.

7 부자인 체하나 아무것도 없는 사람이 있는
가 하면, 가난한 체하여도, 부자인 사람이 있
다.

8 부자는 자기 재물로 생명을 구할지도 모르나,
가난한 사람은 위협받을 일이 없다.

9 의인의 빛은 환하게 빛나지만, 악인의 등불은
꺼진다.

10 교만은 다툼을 초래하나, 충고를 잘 듣는 사람
에게는 지혜가 있다.

11 부정하게 쌓은 재물은 점점 줄어드나, 힘들여
모은 돈은 점점 증가한다.

12 소망이 좌절되면 마음에 병이 들지만, 소망이
이루어지면 그 안에 생명이 있고 기쁨이 넘치
게 된다.

13 말씀을 멸시하는 자는 파멸에 이르지만, 명령
을 존중하는 자는 보상을 받는다.

14 지혜자의 가르침은 생명샘 같아서, 사람을 사
망의 올무에서 건져 준다.

15 슬기로운 마음은 은총을 입지만, 사기꾼의 앞
길은 험난하기만 하다.

23 ● The wise don't make a show of their knowledge,
　　but fools broadcast their foolishness.

24 ● Work hard and become a leader;
　　be lazy and become a slave.

25 ● Worry weighs a person down;
　　an encouraging word cheers a person up.

26 ● The godly give good advice to their friends;*
　　the wicked lead them astray.

27 ● Lazy people don't even cook the game
　　　they catch,
　　but the diligent make use of everything
　　　they find.

28 ● The way of the godly leads to life;
　　that path does not lead to death.

1 **13** ● A wise child accepts a parent's discipline;*
　　a mocker refuses to listen to correction.

2 ● Wise words will win you a good meal,
　　but treacherous people have an appetite
　　　for violence.

3 ● Those who control their tongue will have a
　　　long life;
　　opening your mouth can ruin everything.

4 ● Lazy people want much but get little,
　　but those who work hard will prosper.

5 ● The godly hate lies;
　　the wicked cause shame and disgrace.

6 ● Godliness guards the path of the blameless,
　　but the evil are misled by sin.

7 ● Some who are poor pretend to be rich;
　　others who are rich pretend to be poor.

8 ● The rich can pay a ransom for their lives,
　　but the poor won't even get threatened.

9 ● The life of the godly is full of light and joy,
　　but the light of the wicked will be snuffed out.

10 ● Pride leads to conflict;
　　those who take advice are wise.

11 ● Wealth from get-rich-quick schemes quickly
　　　disappears;
　　wealth from hard work grows over time.

12 ● Hope deferred makes the heart sick,
　　but a dream fulfilled is a tree of life.

13 ● People who despise advice are asking for trouble;
　　those who respect a command will succeed.

14 ● The instruction of the wise is like a life-giving
　　　fountain;
　　those who accept it avoid the snares of death.

15 ● A person with good sense is respected;

12:26 Or *The godly are cautious in friendship;* or *The godly are freed from evil.* The meaning of the Hebrew is uncertain. 13:1 Hebrew *A wise son accepts his father's discipline.*

16 슬기로운 사람은 매사에 신중하나, 어리석
은 사람은 자기 미련을 드러낸다.

17 못된 심부름꾼은 재앙을 가져오나, 신실한
심부름꾼은 평안을 가져다 준다.

18 징계를 무시하는 자는 가난과 수치를 당하
지만, 책망을 달게 받는 자는 존귀하게 된다.

19 소원을 성취하면 마음이 즐거우나, 어리석
은 자들은 악에서 떠나기를 싫어한다.

20 지혜로운 자들과 함께 걸으면 지혜롭게 되
지만, 어리석은 자들과 친구가 되면 해만 당
한다.

21 재앙은 죄인을 찾아다니고, 선한 보상은 의
인을 따라다닌다.

22 선한 사람은 자기 재산을 후손 만대에 물려
주지만, 죄인의 재산은 의인에게 돌아간
다.

23 가난한 사람은 열심히 노력하여 양식이 많
아지지만, 불의한 사람은 재산을 모두 잃게
된다.

24 회초리를 들지 못하는 사람은 자기 자식을
미워하는 자니, 자기 자식을 사랑하는 부모
는 부지런히 자식을 훈련시킨다.

25 의인은 배불리 먹으나, 악인은 항상 배고프
다.

14 지혜로운 여인은 자기 집을 번영하게
하지만, 미련한 여인은 자기 손으로 집
을 망친다.

2 정직하게 행하는 사람은 여호와를 경외하지
만, 행위가 악한 사람은 그분을 멸시한다.

3 미련한 사람은 말 때문에 자기 등에 회초리
를 맞으나, 지혜로운 자의 입술은 자신을 보
호한다.

4 소가 없으면 외양간이 깨끗하겠지만, 소의
힘으로 얻는 것이 많다.

5 진실한 증인은 거짓말을 하지 않지만, 거짓
증인은 거짓말을 밥 먹듯 내뱉는다.

6 거만한 자는 지혜를 찾아도 발견하지 못하
나, 명철한 사람은 쉽게 지식을 얻는다.

7 어리석은 자에게서 속히 떠나라. 그의 입술
에서 무슨 배울 것이 있겠는가?

8 슬기로운 사람의 지혜는 그의 길을 밝혀 주
지만, 어리석은 자의 미련은 속이는 것뿐이
다.

9 미련한 사람은 죄 용서받는 일을 비웃지만,
정직한 사람들은 은총을 입는다.

10 마음의 고통은 남이 모르고, 기쁜 마음도 역
시 모른다.

a treacherous person is headed for destruction.*

16 • Wise people think before they act;
   fools don't—and even brag about their
      foolishness.

17 • An unreliable messenger stumbles into trouble,
   but a reliable messenger brings healing.

18 • If you ignore criticism, you will end in poverty
      and disgrace;
   if you accept correction, you will be honored.

19 • It is pleasant to see dreams come true,
   but fools refuse to turn from evil to attain them.

20 • Walk with the wise and become wise;
   associate with fools and get in trouble.

21 • Trouble chases sinners,
   while blessings reward the righteous.

22 • Good people leave an inheritance to their
      grandchildren,
   but the sinner's wealth passes to the godly.

23 • A poor person's farm may produce much food,
   but injustice sweeps it all away.

24 • Those who spare the rod of discipline hate
      their children.
   Those who love their children care enough
      to discipline them.

25 • The godly eat to their hearts' content,
   but the belly of the wicked goes hungry.

14 • A wise woman builds her home,
   but a foolish woman tears it down with
      her own hands.

2 • Those who follow the right path fear the LORD;
   those who take the wrong path despise him.

3 • A fool's proud talk becomes a rod that beats him,
   but the words of the wise keep them safe.

4 • Without oxen a stable stays clean,
   but you need a strong ox for a large harvest.

5 • An honest witness does not lie;
   a false witness breathes lies.

6 • A mocker seeks wisdom and never finds it,
   but knowledge comes easily to those with
      understanding.

7 • Stay away from fools,
   for you won't find knowledge on their lips.

8 • The prudent understand where they are going,
   but fools deceive themselves.

9 • Fools make fun of guilt,
   but the godly acknowledge it and seek
      reconciliation.

10 • Each heart knows its own bitterness,

13:15 As in Greek version; Hebrew reads *the way of
the treacherous is lasting.*

11 악인의 집은 망하지만, 정직한 자의 살림은 번창한다.

12 어떤 길은 사람이 보기에 좋아 보여도, 결국은 죽음의 길이다.

13 웃을 때도 고통이 숨어 있고, 기쁨의 끝에도 슬픔이 있다.

14 마음이 비뚤어진 사람은 행한 대로 보응을 받겠고, 선한 사람도 자기 행실로 보상을 받는다.

15 미련한 자는 남의 말을 곧이곧대로 듣지만, 슬기로운 사람은 신중하게 행동한다.

16 지혜로운 사람은 여호와를 경외하고 악한 일을 멀리하나, 어리석은 자는 제멋대로 행동한다.

17 성미가 조급한 사람은 미련한 짓을 하고, 음모를 꾸미는 자는 미움을 받는다.

18 미련한 사람은 미련을 상속받지만, 슬기로운 사람은 지식의 왕관을 쓴다.

19 사악한 자들은 선인들 앞에서 고개를 숙여야 하고, 악인들은 의인의 문 앞에 엎드린다.

20 가난한 사람은 이웃도 피하지만, 부자는 친구가 많다.

21 자기 이웃을 업신여기는 사람은 죄를 짓는 것이지만, 가난한 자를 돕는 사람은 복이 있다.

22 음모를 꾸미는 자는 길을 잃고 방황할 것이지만, 선한 것을 생각하는 사람은 사랑과 신실함을 보장받는다.

23 모든 수고는 이득을 가져오나, 말로만 하면 가난해질 뿐이다.

24 지혜로운 자가 쓸 면류관은 자기의 지혜이지만, 미련한 사람이 쓸 화관은 자기의 미련이다.

25 진실한 증인은 죄 없는 사람들을 구하지만, 거짓 증인은 사람을 해친다.

26 여호와를 경외하는 사람은 견고한 요새를 가진 자이며, 그 후손도 그로 인해 피난처를 얻는다.

27 여호와를 경외하는 것이 생명의 샘이니, 사람을 사망의 올무에서 건진다.

28 백성이 많은 것은 왕의 영광이지만, 백성이 없는 왕은 망한다.

29 화를 참는 자는 지혜로우나, 성미가 조급한 사람은 미련을 드러낸다.

30 마음이 편하면 신체도 건강하나, 질투심은 뼈를 썩게 만든다.

31 가난한 사람을 학대하는 자는 저들을 만드신 주를 멸시하는 것이며, 궁핍한 자에게 베푸는

and no one else can fully share its joy.

11 • The house of the wicked will be destroyed,
but the tent of the godly will flourish.

12 • There is a path before each person that
seems right,
but it ends in death.

13 • Laughter can conceal a heavy heart,
but when the laughter ends, the grief
remains.

14 • Backsliders get what they deserve;
good people receive their reward.

15 • Only simpletons believe everything
they're told!
The prudent carefully consider their steps.

16 • The wise are cautious* and avoid danger;
fools plunge ahead with reckless confidence.

17 • Short-tempered people do foolish things,
and schemers are hated.

18 • Simpletons are clothed with foolishness,*
but the prudent are crowned with knowledge.

19 • Evil people will bow before good people;
the wicked will bow at the gates of the godly.

20 • The poor are despised even by their neighbors,
while the rich have many "friends."

21 • It is a sin to belittle one's neighbor;
blessed are those who help the poor.

22 • If you plan to do evil, you will be lost;
if you plan to do good, you will receive
unfailing love and faithfulness.

23 • Work brings profit,
but mere talk leads to poverty!

24 • Wealth is a crown for the wise;
the effort of fools yields only foolishness.

25 • A truthful witness saves lives,
but a false witness is a traitor.

26 • Those who fear the LORD are secure;
he will be a refuge for their children.

27 • Fear of the LORD is a life-giving fountain;
it offers escape from the snares of death.

28 • A growing population is a king's glory;
a prince without subjects has nothing.

29 • People with understanding control their anger;
a hot temper shows great foolishness.

30 • A peaceful heart leads to a healthy body;
jealousy is like cancer in the bones.

31 • Those who oppress the poor insult their Maker,
but helping the poor honors him.

14:16 Hebrew *The wise fear.*   14:18 Or *inherit foolishness.*

자는 하나님을 경외하는 것이다.

32 재앙이 오면 악인은 망하지만, 의인은 죽을 자리에서도 피난처를 얻는다.

33 지혜는 슬기로운 사람의 마음에는 간직되지만, 심지어 어리석은 사람 중에서도 알려진다.

34 의로운 사람들은 자기 나라를 번창하게 하지만, 죄는 백성을 부끄럽게 만든다.

35 왕은 지혜로운 신하를 기뻐하나, 해를 끼치는 신하에게는 진노를 발한다.

15 부드러운 대답은 화를 가라앉히지만, 과격한 말은 노를 일으킨다.

2 지혜 있는 자의 혀는 지식을 전달하지만, 어리석은 자의 입은 미련을 토해 낸다.

3 여호와의 눈은 미치지 않는 곳이 없어, 악인이나 선인 모두를 보고 계신다.

4 온화한 말은 생명나무와 같지만, 잔인한 말은 마음을 상하게 한다.

5 미련한 사람은 자기 아버지의 징계를 업신여기나, 책망을 듣는 자는 슬기롭다.

6 의인의 집에는 많은 재물이 있지만, 악인의 소득은 오히려 괴로울 뿐이다.

7 지혜로운 자의 입술은 지식을 전파하나, 어리석은 자의 마음은 그렇지 않다.

8 악인의 제사는 여호와께서 미워하시지만, 정직한 자의 기도는 기뻐하신다.

9 악인의 길은 여호와께서 미워하시나, 의를 따라가는 자는 기뻐하신다.

10 바른 길에서 떠나는 자는 엄중한 처벌을 받고, 책망을 싫어하는 자는 죽는다.

11 무덤과 사망*도 여호와 앞에는 환히 드러난다. 하물며 여호와께서 사람의 마음을 어찌 모르시겠는가?

12 거만한 사람은 책망을 싫어하여, 지혜로운 사람에게 가지 않는다.

13 마음이 즐거우면 얼굴이 환하지만, 마음의 근심은 영혼을 상하게 한다.

14 슬기로운 마음은 지식을 추구하나, 어리석은 자들의 입은 미련을 먹고 산다.

15 고통당하는 자의 나날은 비참하나, 마음이 즐거운 자는 늘 축제를 연다.

16 재물이 없어도 여호와를 모신 삶이, 많은 재산을 갖고 있으면서 문제가 많은 것보다 낫다.

17 채소만 먹어도 서로 사랑하는 것이, 쇠고기로 잔치하면서 싸우는 것보다 낫다.

18 성미가 급한 사람은 다툼을 일으키나, 참는 사람은 싸움을 그치게 한다.

---

32 ● The wicked are crushed by disaster,
　　but the godly have a refuge when they die.

33 ● Wisdom is enshrined in an understanding heart;
　　wisdom is not* found among fools.

34 ● Godliness makes a nation great,
　　but sin is a disgrace to any people.

35 ● A king rejoices in wise servants
　　but is angry with those who disgrace him.

1 **15** ● A gentle answer deflects anger,
　　but harsh words make tempers flare.

2 ● The tongue of the wise makes knowledge appealing,
　　but the mouth of a fool belches out foolishness.

3 ● The LORD is watching everywhere,
　　keeping his eye on both the evil and the good.

4 ● Gentle words are a tree of life;
　　a deceitful tongue crushes the spirit.

5 ● Only a fool despises a parent's* discipline;
　　whoever learns from correction is wise.

6 ● There is treasure in the house of the godly,
　　but the earnings of the wicked bring trouble.

7 ● The lips of the wise give good advice;
　　the heart of a fool has none to give.

8 ● The LORD detests the sacrifice of the wicked,
　　but he delights in the prayers of the upright.

9 ● The LORD detests the way of the wicked,
　　but he loves those who pursue godliness.

10 ● Whoever abandons the right path will be severely disciplined;
　　whoever hates correction will die.

11 ● Even Death and Destruction* hold no secrets from the LORD.
　　How much more does he know the human heart!

12 ● Mockers hate to be corrected,
　　so they stay away from the wise.

13 ● A glad heart makes a happy face;
　　a broken heart crushes the spirit.

14 ● A wise person is hungry for knowledge,
　　while the fool feeds on trash.

15 ● For the despondent, every day brings trouble;
　　for the happy heart, life is a continual feast.

16 ● Better to have little, with fear for the LORD,
　　than to have great treasure and inner turmoil.

17 ● A bowl of vegetables with someone you love

14:33 As in Greek and Syriac versions; Hebrew lacks
not.　15:5 Hebrew *father's.*　15:11 Hebrew *Sheol and Abaddon.*

15:11 개역 성경에는 '음부와 유명'이라고 표기되어 있다. 이는 (히) '스올'과 '아바돈'을 의미한다.

19 게으른 사람의 길은 가시밭이나, 정직한 사람의 길은 넓고 평탄한 길이다.

20 지혜로운 아들은 아버지를 기쁘게 하나, 어리석은 사람은 자기 어머니를 멸시한다.

21 지혜롭지 못한 사람은 미련을 즐기지만, 명철한 사람은 바른 길을 걷는다.

22 의논이 없으면 계획이 실패하고, 조언자들이 많으면 성공한다.

23 사람은 대답하는 말을 듣고 기쁨을 얻나니, 적절하게 맞는 말을 하는 것이 얼마나 값진 일인가?

24 지혜로운 자의 길은 위로 생명 길과 연결되어, 아래 무덤으로 떨어지는 것을 막아 준다.

25 여호와께서는 교만한 사람의 집은 허시지만, 과부의 밭을 지켜 주신다.

26 악인의 생각은 여호와께서 미워하시나, 선한 자의 생각은 기뻐하신다.

27 탐욕을 부리는 자는 자기 가족에게 재앙을 가져오나, 뇌물을 미워하는 자는 형통할 것이다.

28 의인은 신중히 대답하나, 악인의 입은 악을 마구 토해 낸다.

29 여호와께서는 악인을 멀리하시나, 의인의 기도는 들으신다.

30 마음의 기쁨은 눈을 통해 빛나고, 좋은 소식은 뼈를 건강하게 만들어 준다.

31 생명을 주는 책망에 귀 기울이는 자는 지혜로운 자들 가운데 살 것이다.

32 훈계를 무시하는 사람은 자기를 멸시하는 자이지만, 책망을 듣는 자는 총명을 얻는다.

33 여호와를 경외하는 것은 사람에게 지혜를 준다. 겸손하면 영예가 뒤따른다.

16 마음의 계획은 사람이 세우지만, 그 일을 이루시는 분은 여호와이시다.

2 사람의 행위가 자기 보기에는 모두 깨끗하여도, 여호와께서는 마음을 살피신다.

3 너의 일을 여호와께 맡겨라. 그러면 너의 계획이 성공할 것이다.

4 여호와께서 모든 것을 자기 목적대로 지으셨나니, 악인은 재앙의 날을 위해 만드셨다.

5 마음이 교만한 자는 여호와께서 미워하시며, 반드시 그들을 처벌하신다.

6 사랑과 신실함으로 죄를 용서받고, 여호와를 경외함으로 악을 멀리하게 된다.

---

is better than steak with someone you hate.

18 • A hot-tempered person starts fights;
a cool-tempered person stops them.

19 • A lazy person's way is blocked with briers,
but the path of the upright is an open highway.

20 • Sensible children bring joy to their father;
foolish children despise their mother.

21 • Foolishness brings joy to those with no sense;
a sensible person stays on the right path.

22 • Plans go wrong for lack of advice;
many advisers bring success.

23 • Everyone enjoys a fitting reply;
it is wonderful to say the right thing at
the right time!

24 • The path of life leads upward for the wise;
they leave the grave* behind.

25 • The LORD tears down the house of the proud,
but he protects the property of widows.

26 • The LORD detests evil plans,
but he delights in pure words.

27 • Greed brings grief to the whole family,
but those who hate bribes will live.

28 • The heart of the godly thinks carefully
before speaking;
the mouth of the wicked overflows
with evil words.

29 • The LORD is far from the wicked,
but he hears the prayers of the righteous.

30 • A cheerful look brings joy to the heart;
good news makes for good health.

31 • If you listen to constructive criticism,
you will be at home among the wise.

32 • If you reject discipline, you only harm yourself;
but if you listen to correction, you grow
in understanding.

33 • Fear of the LORD teaches wisdom;
humility precedes honor.

16 1 • We can make our own plans,
but the LORD gives the right answer.

2 • People may be pure in their own eyes,
but the LORD examines their motives.

3 • Commit your actions to the LORD,
and your plans will succeed.

4 • The LORD has made everything for his
own purposes,
even the wicked for a day of disaster.

5 • The LORD detests the proud;
they will surely be punished.

6 • Unfailing love and faithfulness make

7 사람의 행위가 여호와를 기쁘시게 하면, 그 사람의 원수까지도 화목하게 하신다.

8 적은 재물로 의롭게 사는 것이, 부정하게 얻은 재물을 쌓아 놓고 사는 것보다 낫다.

9 사람은 자기 마음에 앞날을 계획하지만, 그 걸음을 정하시는 이는 여호와이시다.

10 왕의 입술은 지혜를 말하고, 그의 입은 바른 것에서 떠나지 말아야 한다.

11 정확한 저울과 천칭은 여호와께서 정하신 것이요, 모든 저울추 역시 그분이 정하신다.

12 왕은 악한 일을 미워해야 한다. 공의로만 왕위가 튼튼히 세워지기 때문이다.

13 왕은 정직한 입술을 기뻐하고, 진리를 말하는 사람을 귀하게 여겨야 한다.

14 왕이 노하면 사람을 죽일 수 있으나, 지혜로운 자는 그 진노를 풀게 한다.

15 왕의 얼굴빛이 환하면 살 수 있으니, 그의 은총은 봄비를 담은 구름과 같다.

16 지혜를 얻는 것이 금을 얻는 것보다 낫고, 명철을 얻는 것이 은을 얻는 것보다 낫다.

17 악을 피하면 정직한 자의 길이 뚫리나니, 그 길을 걷는 사람은 자기 생명을 지킨다.

18 교만은 파멸의 선봉장이고, 거만한 마음은 넘어짐의 앞잡이다.

19 겸손한 자들과 함께 사는 것이, 교만한 자들과 빼앗은 물건을 나누는 것보다 낫다.

20 가르침에 순종하는 사람은 잘 되며, 여호와를 신뢰하는 자는 복이 있다.

21 마음이 지혜로운 자는 슬기롭다 하고, 사람들은 부드러운 말을 잘 듣는다.

22 명철한 사람은 생명샘을 가진 자이나, 미련한 사람은 그 미련함 때문에 벌을 받는다.

23 지혜로운 자의 마음은 그의 입을 다스리고, 그의 입술을 잘 가르친다.

24 부드러운 말은 송이꿀과 같아서, 영혼에 달며 뼈를 치료한다.

25 어떤 길은 바르게 보일지 모르나 결국은 죽음으로 인도한다.

26 사람은 배가 고파야 일을 하고, 허기져야 일거리를 찾는다.

27 불량배는 범죄를 꾀하고, 그의 말은 모조리 태워 버리는 불과 같다.

28 비뚤어진 사람은 다툼을 일으키고, 남의 말을 좋아하는 사람은 친구 사이를 갈라놓는다.

29 사악한 사람은 자기 이웃을 꾀어서 멸망의 길로 인도한다.

atonement for sin.
By fearing the LORD, people avoid evil.

7 • When people's lives please the LORD,
even their enemies are at peace with them.

8 • Better to have little, with godliness,
than to be rich and dishonest.

9 • We can make our plans,
but the LORD determines our steps.

10 • The king speaks with divine wisdom;
he must never judge unfairly.

11 • The LORD demands accurate scales and balances;
he sets the standards for fairness.

12 • A king detests wrongdoing,
for his rule is built on justice.

13 • The king is pleased with words from righteous lips;
he loves those who speak honestly.

14 • The anger of the king is a deadly threat;
the wise will try to appease it.

15 • When the king smiles, there is life;
his favor refreshes like a spring rain.

16 • How much better to get wisdom than gold,
and good judgment than silver!

17 • The path of the virtuous leads away from evil;
whoever follows that path is safe.

18 • Pride goes before destruction,
and haughtiness before a fall.

19 • Better to live humbly with the poor
than to share plunder with the proud.

20 • Those who listen to instruction will prosper;
those who trust the LORD will be joyful.

21 • The wise are known for their understanding,
and pleasant words are persuasive.

22 • Discretion is a life-giving fountain to those
who possess it,
but discipline is wasted on fools.

23 • From a wise mind comes wise speech;
the words of the wise are persuasive.

24 • Kind words are like honey—
sweet to the soul and healthy for the body.

25 • There is a path before each person that seems right,
but it ends in death.

26 • It is good for workers to have an appetite;
an empty stomach drives them on.

27 • Scoundrels create trouble;
their words are a destructive blaze.

28 • A troublemaker plants seeds of strife;
gossip separates the best of friends.

29 • Violent people mislead their companions,
leading them down a harmful path.

30 눈짓하는 사람은 음모를 꾸미는 자이며, 입술을 심술궂게 다문 사람은 죄를 저지른다.

31 백발은 영예로운 면류관이니, 의로운 삶을 통해 얻는다.

32 노하기를 더디 하는 사람은 용사보다 낫고, 자기를 다스릴 줄 아는 자는 성을 정복하는 자보다 낫다.

33 사람이 제비를 뽑지만, 그 결정은 여호와께서 하신다.

17 1 마른 빵 한 조각만 있어도 화목한 것이, 먹을 것을 많이 차려 놓고 싸우는 집안보다 낫다.

2 지혜로운 종은 주인의 부끄러운 아들을 다스리고, 그 아들이 받을 재산을 함께 받을 것이다.

3 도가니가 은을, 풀무가 금을 녹이듯, 여호와는 사람의 마음을 시험하신다.

4 악을 행하는 사람은 악한 말을 따르고, 거짓말하는 사람은 험담에 귀를 기울인다.

5 가난한 자를 비웃는 사람은 그를 만드신 분을 멸시하는 것이며, 남이 망하는 것을 기뻐하는 사람은 절대 벌을 면치 못할 것이다.

6 손자는 노인의 면류관이고, 부모는 자식들의 자랑이다.

7 미련한 자가 거만하게 말하는 것이 어울리지 않는 것처럼 통치자가 거짓말하는 것도 합당하지 않다.

8 뇌물은 그것을 주는 자가 생각하기에 요술과 같아서, 옳지 않은 일을 마음대로 하게 한다.

9 모욕을 갚지 않는 것은 사랑을 구하는 것이지만, 지난 일을 자꾸 끄집어 내면 친구도 원수가 된다.

10 슬기로운 자는 한마디 책망에 깨우치나, 어리석은 자는 매를 백 대 맞아도 알지 못한다.

11 악인은 늘 대들려고 하니, 그런 자에게는 무자비한 처벌이 있을 것이다.

12 새끼들을 빼앗긴 암곰을 만나는 것보다도, 미련하고 어리석은 자를 만나는 것이 더 두렵다.

13 배은망덕하면, 재앙이 그의 집에서 늘 떠나지 않을 것이다.

14 다툼의 시작은 댐의 작은 구멍과 같으니, 싸움이 일어나기 전에 따지기를 그만두어라.

15 범죄자를 무죄 석방시키고, 무고한 자를 죄인으로 만드는 일은 여호와께서 모두 미워하신다.

16 어리석은 자가 가진 돈은 가치가 없다. 왜냐하면 그는 지혜를 살 생각을 못하기 때문이다.

---

30 • With narrowed eyes, people plot evil;
　　with a smirk, they plan their mischief.

31 • Gray hair is a crown of glory;
　　it is gained by living a godly life.

32 • Better to be patient than powerful;
　　better to have self-control than to
　　conquer a city.

33 • We may throw the dice,*
　　but the LORD determines how they fall.

17 1 • Better a dry crust eaten in peace
　　than a house filled with feasting—and
　　conflict.

2 • A wise servant will rule over the master's
　　disgraceful son
　　and will share the inheritance of the
　　master's children.

3 • Fire tests the purity of silver and gold,
　　but the LORD tests the heart.

4 • Wrongdoers eagerly listen to gossip;
　　liars pay close attention to slander.

5 • Those who mock the poor insult their Maker;
　　those who rejoice at the misfortune of
　　others will be punished.

6 • Grandchildren are the crowning glory of the
　　aged;
　　parents* are the pride of their children.

7 • Eloquent words are not fitting for a fool;
　　even less are lies fitting for a ruler.

8 • A bribe is like a lucky charm;
　　whoever gives one will prosper!

9 • Love prospers when a fault is forgiven,
　　but dwelling on it separates close friends.

10 • A single rebuke does more for a person of
　　understanding
　　than a hundred lashes on the back of a fool.

11 • Evil people are eager for rebellion,
　　but they will be severely punished.

12 • It is safer to meet a bear robbed of her cubs
　　than to confront a fool caught in foolishness.

13 • If you repay good with evil,
　　evil will never leave your house.

14 • Starting a quarrel is like opening a floodgate,
　　so stop before a dispute breaks out.

15 • Acquitting the guilty and condemning
　　the innocent—
　　both are detestable to the LORD.

16 • It is senseless to pay to educate a fool,
　　since he has no heart for learning.

16:33 Hebrew *We may cast lots.*　　17:6 Hebrew
fathers.

17 친구는 변함없이 사랑하고, 형제는 어려울 때에 돕는다.

18 지혜롭지 못한 사람은 남의 보증을 서 주고, 자기 이웃의 보증인이 된다.

19 다툼을 좋아하는 자는 죄를 사랑하는 자이며, 높은 문을 만드는 자는 파괴를 구하는 자이다.

20 마음이 비뚤어진 사람은 형통하지 못하고, 그 혀로 남을 해치는 말을 하는 자는 재앙에 빠진다.

21 어리석은 자를 자식으로 둔 자는 근심하고, 바보 자식을 둔 아버지에게는 도대체 즐거움이 없다.

22 마음이 즐거우면 신체가 건강하나, 영이 상하면 뼈가 마른다.

23 악인은 은밀히 뇌물을 받고 재판을 잘못되게 한다.

24 명철한 자는 늘 지혜를 바라보나, 어리석은 자의 두 눈은 땅끝을 헤맨다.

25 어리석은 자식은 그의 아버지에게 근심을 주고 어머니에게 고통을 안겨 준다.

26 죄가 없는 자를 처벌하는 것이나, 존귀한 사람을 정직하다고 해서 때리는 것은 옳지 않다.

27 지식이 있는 사람은 말을 신중히 사용하고, 명철한 사람은 감정을 잘 조절한다.

28 바보라도 침묵하면 지혜롭게 보이고, 입술을 다물면 지성인으로 여겨진다.

18 이기적인 자는 자기만 생각하고, 남의 도움을 무시한다.

2 어리석은 자는 명철에 도무지 관심이 없고, 자기 생각만 떠벌린다.

3 죄를 지으면 멸시를 당하고, 수치와 불명예까지 따라온다.

4 사람의 말은 깊은 물과 같고, 지혜의 샘은 쉬지 않고 흐르는 시내와 같다.

5 범죄자 편을 들어서, 무고한 사람을 죄 있다고 재판하는 것은 옳지 않다.

6 어리석은 자의 입술은 분쟁을 일으키고, 그의 입은 매를 자초한다.

7 어리석은 자의 입은 그를 파멸로 이끌고, 그의 입술은 자기에게 올무가 된다.

8 고자질은 맛있는 음식 같아서 마음 깊이 남는다.

9 자기 일을 게을리하는 자는 멸망하는 자의 형제이다.

10 여호와의 이름은 강력한 망대 같아서 그리로 피하는 의인은 안전하다.

---

17 ● A friend is always loyal,
     and a brother is born to help in time of need.

18 ● It's poor judgment to guarantee another
     person's debt
     or put up security for a friend.

19 ● Anyone who loves to quarrel loves sin;
     anyone who trusts in high walls
     invites disaster.

20 ● The crooked heart will not prosper;
     the lying tongue tumbles into trouble.

21 ● It is painful to be the parent of a fool;
     there is no joy for the father of a rebel.

22 ● A cheerful heart is good medicine,
     but a broken spirit saps a person's strength.

23 ● The wicked take secret bribes
     to pervert the course of justice.

24 ● Sensible people keep their eyes glued on wisdom,
     but a fool's eyes wander to the ends
     of the earth.

25 ● Foolish children* bring grief to their father
     and bitterness to the one who gave them birth.

26 ● It is wrong to punish the godly for being good
     or to flog leaders for being honest.

27 ● A truly wise person uses few words;
     a person with understanding is even-tempered.

28 ● Even fools are thought wise when they keep silent;
     with their mouths shut, they seem intelligent.

18 ● Unfriendly people care only about
     themselves;
     they lash out at common sense.

2 ● Fools have no interest in understanding;
     they only want to air their own opinions.

3 ● Doing wrong leads to disgrace,
     and scandalous behavior brings contempt.

4 ● Wise words are like deep waters;
     wisdom flows from the wise like a bubbling
     brook.

5 ● It is not right to acquit the guilty
     or deny justice to the innocent.

6 ● Fools' words get them into constant quarrels;
     they are asking for a beating.

7 ● The mouths of fools are their ruin;
     they trap themselves with their lips.

8 ● Rumors are dainty morsels
     that sink deep into one's heart.

9 ● A lazy person is as bad as
     someone who destroys things.

10 ● The name of the LORD is a strong fortress;

17:25 Hebrew *A foolish son.*

11 부자들의 재물은 자기들에게 요새와 같다. 저들은 재물이 자기들을 보호해 줄 거라고 믿는다.

12 마음의 교만은 멸망의 선봉장이요, 겸손은 존귀의 앞잡이다.

13 듣기 전에 대답하는 자는 미련하여 수치를 당한다.

14 사람의 영이 병을 이기게 하는데, 영이 상하면 어떻게 할 수 있을까?

15 명철한 자의 마음은 지식을 얻고, 지혜자의 귀는 지식을 찾는다.

16 선물을 주는 자는 그 앞길이 열려서, 중요한 사람 앞으로 나아가게 될 것이다.

17 재판에서 원고의 말이 옳은 듯해도, 피고가 오면 사정이 달라진다.

18 제비를 뽑아 분쟁을 해결하고, 서로 싸우는 둘 사이를 판결할 수 있다.

19 모욕을 당한 형제의 마음은 요새보다 정복하기 어렵고, 다툼은 요새의 빗장같이 마음을 닫게 한다.

20 말은 음식이 배를 채워 주는 것처럼 그 영혼을 만족시킨다. 곧 입술의 바른 말이 사람을 만족시킨다.

21 혀는 살리기도, 죽이기도 하는 힘을 가졌으니, 혀를 놀리기 좋아하는 자는 그 대가를 받을 것이다.

22 아내를 찾은 자는 행복을 찾은 자요, 여호와께 은총을 입은 자이다.

23 가난한 자는 긍휼을 구하나, 부자는 거만하게 말할 뿐이다.

24 친구인 척하는 자도 많지만, 어떤 친구는 형제보다 낫다.

19 흠 없이 행하는 가난한 사람을 입술이 사악하고 어리석은 사람에게 비길 것인가?

2 지식 없는 열심은 위험하고, 조급히 일을 처리하면 그르친다.

3 자기의 미련 때문에 망하고서도 마음으로 여호와를 원망한다.

4 부유하면 친구가 많지만, 가난한 사람의 친구는 그를 버린다.

5 거짓 증인은 처벌을 면치 못하고, 거짓말을 내뱉는 자 역시 벌을 피하기 어렵다.

6 너그러운 사람에게는 은혜를 구하는 자가 많고, 선물을 주는 자에게는 누구나 가까이 가려 한다.

7 가난하면 친척들도 멀리하니 친구들이야 말

---

the godly run to him and are safe.

11 • The rich think of their wealth as a strong defense;
  they imagine it to be a high wall of safety.

12 • Haughtiness goes before destruction;
  humility precedes honor.

13 • Spouting off before listening to the facts
  is both shameful and foolish.

14 • The human spirit can endure a sick body,
  but who can bear a crushed spirit?

15 • Intelligent people are always ready to learn.
  Their ears are open for knowledge.

16 • Giving a gift can open doors;
  it gives access to important people!

17 • The first to speak in court sounds right—
  until the cross-examination begins.

18 • Flipping a coin* can end arguments;
  it settles disputes between powerful opponents.

19 • An offended friend is harder to win back
  than a fortified city.
  Arguments separate friends like a gate
  locked with bars.

20 • Wise words satisfy like a good meal;
  the right words bring satisfaction.

21 • The tongue can bring death or life;
  those who love to talk will reap the
  consequences.

22 • The man who finds a wife finds a treasure,
  and he receives favor from the LORD.

23 • The poor plead for mercy;
  the rich answer with insults.

24 • There are "friends" who destroy each other,
  but a real friend sticks closer than a brother.

1 **19** • Better to be poor and honest
  than to be dishonest and a fool.

2 • Enthusiasm without knowledge is no good;
  haste makes mistakes.

3 • People ruin their lives by their own foolishness
  and then are angry at the LORD.

4 • Wealth makes many "friends";
  poverty drives them all away.

5 • A false witness will not go unpunished,
  nor will a liar escape.

6 • Many seek favors from a ruler;
  everyone is the friend of a person who gives
  gifts!

7 • The relatives of the poor despise them;
  how much more will their friends avoid them!
  Though the poor plead with them,

18:18 Hebrew *Casting lots.*

할 것도 없다. 사정해도 친구들은 달아날 뿐
이다.

8 지혜를 얻는 자는 자기를 사랑하는 자이며,
명철을 귀히 여기는 자는 형통할 것이다.

9 거짓 증인은 처벌을 면치 못하고, 거짓말을
내뱉는 자도 망할 것이다.

10 어리석은 자의 사치가 옳지 못하듯, 종이 주
인을 다스리는 것도 옳지 못하다.

11 슬기로운 사람은 쉽게 화내지 않으며, 허물
을 덮어 주어 자신의 영광으로 삼는다.

12 왕의 노함은 사자의 부르짖음 같고, 그의 은
총은 풀에 내리는 이슬 같다.

13 어리석은 아들은 그 부친을 망하게 하고, 다
투는 아내는 계속 떨어지는 빗방울과 같다.

14 집과 재물은 부모에게서 상속받지만, 슬기
로운 아내는 여호와께서 주신다.

15 게으름은 사람을 깊은 잠에 빠지게 하고, 게
으른 사람은 굶주린다.

16 교훈에 순종하는 사람은 자기 생명을 지키
나, 말씀대로 살지 않는 사람은 죽을 것이
다.

17 가난한 자에게 베푸는 일은 여호와께 빌려
드리는 것이니, 그분이 후하게 보상하신다.

18 아직 희망이 있을 때에 자식을 징계하여라.
그가 망할 때까지 내버려 두지 마라.

19 성미가 조급한 사람은 화를 자초하여, 건져
주어도 또 같은 잘못을 저지른다.

20 조언을 듣고 교훈에 순종하여라. 그러면 마
침내 지혜롭게 될 것이다.

21 사람의 마음에는 많은 계획이 있지만, 결국
여호와의 뜻대로 성취된다.

22 사람이 바라는 것은 변함없는 사랑이다. 거
짓말을 하는 것보다는 가난함이 낫다.

23 여호와를 경외하면 형통하고, 만족감을 얻
으며, 재난을 피한다.

24 게으른 사람은 손을 밥그릇에 얹고도, 자기
입에 집어넣기를 귀찮아한다.

25 거만한 자를 매질하여라. 그러면 미련한 자
가 깨닫게 될 것이다. 명철한 자를 책망하여
라. 그러면 그가 지식을 얻을 것이다.

26 자기 아버지를 구박하고 자기 어머니를 쫓
아내는 자식은, 수치와 부끄러움의 자식이
다.

27 내 아들아, 교훈을 듣지 않으면, 결국 너는
지식의 말씀에서 벗어날 것이다.

28 악한 증인은 법을 비웃고, 악인의 입은 죄를
물 마시듯 한다.

their friends are gone.

8 • To acquire wisdom is to love yourself;
people who cherish understanding will prosper.

9 • A false witness will not go unpunished,
and a liar will be destroyed.

10 • It isn't right for a fool to live in luxury
or for a slave to rule over princes!

11 • Sensible people control their temper;
they earn respect by overlooking wrongs.

12 • The king's anger is like a lion's roar,
but his favor is like dew on the grass.

13 • A foolish child* is a calamity to a father;
a quarrelsome wife is as annoying as
constant dripping.

14 • Fathers can give their sons an inheritance
of houses and wealth,
but only the LORD can give an under-
standing wife.

15 • Lazy people sleep soundly,
but idleness leaves them hungry.

16 • Keep the commandments and keep your life;
despising them leads to death.

17 • If you help the poor, you are lending to the LORD—
and he will repay you!

18 • Discipline your children while there is hope.
Otherwise you will ruin their lives.

19 • Hot-tempered people must pay the penalty.
If you rescue them once, you will have
to do it again.

20 • Get all the advice and instruction you can,
so you will be wise the rest of your life.

21 • You can make many plans,
but the LORD's purpose will prevail.

22 • Loyalty makes a person attractive.
It is better to be poor than dishonest.

23 • Fear of the LORD leads to life,
bringing security and protection from harm.

24 • Lazy people take food in their hand
but don't even lift it to their mouth.

25 • If you punish a mocker, the simpleminded
will learn a lesson;
if you correct the wise, they will be all the wiser.

26 • Children who mistreat their father or
chase away their mother
are an embarrassment and a public disgrace.

27 • If you stop listening to instruction, my child,
you will turn your back on knowledge.

28 • A corrupt witness makes a mockery of justice;

19:13 Hebrew *son;* also in 19:27.

29 징계는 거만한 자들을 위한 것이요, 매는 어리석은 자들에게 필요한 것이다.

20 포도주를 마시면 우쭐해지고, 독주를 마시면 싸움질을 한다. 이것들에 빠진 자는 지혜가 없다.

2 왕의 진노는 사자의 부르짖음과 같고, 왕을 화나게 하면 생명을 잃는다.

3 다툼을 피하는 것은 영예로운 일이나, 미련한 자는 조급히 싸우려 든다.

4 게으른 사람은 농사철에 쟁기질을 안 하니, 추수 때에 거두려고 해도 거둘 것이 없다.

5 사람의 마음에 세운 계획들은 깊은 물과 같지만, 명철한 사람은 그것도 알아챈다.

6 사람들은 저마다 자기가 신실하다고 하지만, 누가 신실한 사람을 찾을 수 있을까?

7 의인은 흠 없는 삶을 살고, 그의 후손들은 복되다.

8 판사 자리에 앉은 왕은 죄인을 한눈에 알아본다.

9 "나는 마음이 깨끗하다, 나는 정결하여 죄가 없다"고 주장할 사람이 있겠는가?

10 정확하지 않은 저울추나 되들은 여호와께서 미워하신다.

11 아이일지라도 그 행동으로 자신들의 깨끗함과 옳음을 나타낸다.

12 듣는 귀와 보는 눈은 모두 여호와께서 만드셨다.

13 잠자기를 좋아하면 가난해진다. 깨어 있어라. 그러면 쌓아 둘 양식이 생길 것이다.

14 물건을 살 때는 "이것도 별로군요, 저것도 별로군요"라고 하지만, 산 다음에는 자기가 산 물건을 자랑한다.

15 세상에는 금과 귀한 보석들이 많지만, 지식을 말하는 입이 가장 귀한 보물이다.

16 타인을 위해 보증 서는 사람의 의복을 취하여라. 다른 지방 사람을 위해 보증 섰다면 꼭 그 사람을 잡아 두어라.

17 속여서 얻은 음식은 정말 맛있는 것 같지만, 나중에는 입 안에 자갈이 가득할 것이다.

18 조언을 듣고 계획을 세워라. 전쟁을 하려면 지혜로운 조언을 들어라.

19 수다쟁이는 비밀을 누설하니 피하여라.

---

the mouth of the wicked gulps down evil.

29 • Punishment is made for mockers,
     and the backs of fools are made to be beaten.

20 • Wine produces mockers; alcohol leads
     to brawls.
     Those led astray by drink cannot be wise.

2 • The king's fury is like a lion's roar;
     to rouse his anger is to risk your life.

3 • Avoiding a fight is a mark of honor;
     only fools insist on quarreling.

4 • Those too lazy to plow in the right season
     will have no food at the harvest.

5 • Though good advice lies deep within the heart,
     a person with understanding will draw it out.

6 • Many will say they are loyal friends,
     but who can find one who is truly reliable?

7 • The godly walk with integrity;
     blessed are their children who follow them.

8 • When a king sits in judgment, he weighs
     all the evidence,
     distinguishing the bad from the good.

9 • Who can say, "I have cleansed my heart;
     I am pure and free from sin"?

10 • False weights and unequal measures*—
     the LORD detests double standards of every kind.

11 • Even children are known by the way they act,
     whether their conduct is pure, and
     whether it is right.

12 • Ears to hear and eyes to see—
     both are gifts from the LORD.

13 • If you love sleep, you will end in poverty.
     Keep your eyes open, and there will be
     plenty to eat!

14 • The buyer haggles over the price, saying,
     "It's worthless,"
     then brags about getting a bargain!

15 • Wise words are more valuable
     than much gold and many rubies.

16 • Get security from someone who guarantees
     a stranger's debt.
     Get a deposit if he does it for foreigners.*

17 • Stolen bread tastes sweet,
     but it turns to gravel in the mouth.

18 • Plans succeed through good counsel;
     don't go to war without wise advice.

19 • A gossip goes around telling secrets,

20:10 Hebrew *A stone and a stone, an ephah and an ephah.*   20:16 An alternate reading in the Masoretic Text is *for a promiscuous woman.*

20 자기 부모를 저주하는 자의 등불은 캄캄함 중에 꺼질 것이다.

21 일확천금은 결과적으로 복이 되지 아니한다.

22 "내가 이 모욕을 갚으리라"고 말하지 말고, 여호와를 기다려라. 그러면 그분이 너를 구원해 주실 것이다.

23 속이는 저울추는 여호와께서 미워하신다. 부정확한 저울들도 좋아하지 않으신다.

24 사람의 가는 길을 여호와께서 인도하시니, 사람이 어찌 자기 앞길을 알랴!

25 조급하게 "이것을 주님께 바치리라"고 서원하면, 나중에 후회할 수 있다.

26 지혜로운 왕은 죄인을 분별해 내니, 탈곡기에 그들을 돌리는 것과 같다.

27 여호와의 등불이 사람의 영을 비추니, 그것이 사람의 마음속을 드러낸다.

28 왕은 변하지 않는 사랑과 신실함으로 강대해지고, 사랑을 통해 왕위가 견고해진다.

29 젊은이의 영광은 그 힘이지만, 노인의 영광은 백발이다.

30 상처를 입히도록 때려야 죄를 저지를 생각을 안하고, 매질은 마음속까지 청소한다.

21 왕의 마음이 여호와의 손 안에 있다. 그분은 자기 원하시는 대로 물길처럼 그 마음을 바꾸신다.

2 사람의 모든 행위가 자기에게 옳게 여겨져도, 여호와께서는 마음을 살피신다.

3 의로운 생활이 형식적인 제사보다 여호와를 기쁘시게 한다.

4 거만한 두 눈과 교만한 마음, 악의의 형통한 것 등은 모두 하나님의 뜻에 어긋난다.

5 부지런한 자의 계획은 부유하게 만들지만, 조급한 행동은 궁핍함만 가져온다.

6 거짓된 혀로 모은 재산은 흩어지는 수증기 같고, 죽음을 불러오는 함정이다.

7 악인은 난폭하게 굴다 다친다. 왜냐하면 저들은 올바르게 살려 하지 않기 때문이다.

8 범죄자의 길은 비뚤지만, 죄 없는 자의 행동은 곧다.

9 옥상 한 구석에 사는 것이, 다투는 여인과 함께 집에 사는 것보다 낫다.

---

20 • If you insult your father or mother,
your light will be snuffed out in total darkness.

21 • An inheritance obtained too early in life
is not a blessing in the end.

22 • Don't say, "I will get even for this wrong."
Wait for the LORD to handle the matter.

23 • The LORD detests double standards;
he is not pleased by dishonest scales.

24 • The LORD directs our steps,
so why try to understand everything along the way?

25 • Don't trap yourself by making a rash promise to God
and only later counting the cost.

26 • A wise king scatters the wicked like wheat,
then runs his threshing wheel over them.

27 • The LORD's light penetrates the human spirit,*
exposing every hidden motive.

28 • Unfailing love and faithfulness protect the king;
his throne is made secure through love.

29 • The glory of the young is their strength;
the gray hair of experience is the splendor of the old.

30 • Physical punishment cleanses away evil;*
such discipline purifies the heart.

21 • The king's heart is like a stream of water
directed by the LORD;
he guides it wherever he pleases.

2 • People may be right in their own eyes,
but the LORD examines their heart.

3 • The LORD is more pleased when we do what is
right and just
than when we offer him sacrifices.

4 • Haughty eyes, a proud heart,
and evil actions are all sin.

5 • Good planning and hard work lead to prosperity,
but hasty shortcuts lead to poverty.

6 • Wealth created by a lying tongue
is a vanishing mist and a deadly trap.*

7 • The violence of the wicked sweeps them away,
because they refuse to do what is just.

8 • The guilty walk a crooked path;
the innocent travel a straight road.

9 • It's better to live alone in the corner of an attic
than with a quarrelsome wife in a lovely home.

haggle [hǽgl] vi. 값을 깎으려고 조르다
penetrate [pénətrèit] vt. 꿰뚫어보다, 통찰하다

20:27 Or *The human spirit is the LORD's light.* 20:30 The meaning of the Hebrew is uncertain. 21:6 As in Greek version; Hebrew reads *mist for those who seek death.*

10 악인은 늘 범죄할 궁리를 하니, 그 이웃까지 무자비하게 희생시킨다.

11 거만한 자가 처벌을 당하면 미련한 자가 지혜를 얻고, 지혜자가 교훈을 받으면 지식을 얻는다.

12 의로우신 분은 악인의 집을 주목하시고, 악인을 멸망시키신다.

13 가난한 자의 부르짖음에 귀를 막으면, 자기가 부르짖을 때에 응답을 받지 못할 것이다.

14 은밀하게 건네 준 선물은 노를 풀게 하고, 옷에 숨겨 전달된 뇌물은 화를 그치게 한다.

15 법을 올바로 시행하면, 의인은 기뻐하고 악한 자는 두려워한다.

16 명철한 자의 길에서 떠난 자는 죽은 자들 가운데 이를 것이다.

17 쾌락을 좋아하는 자는 궁핍해지고, 술과 기름을 탐하는 자는 결코 부자가 되지 못한다.

18 악인은 의인을 구하기 위해 주어지고, 사기꾼은 정직한 자를 구하기 위해 사용될 것이다.

19 따지고 바가지 긁는 아내와 함께 사는 것보다, 사막에 홀로 사는 것이 낫다.

20 지혜 있는 자의 집에는 귀한 보배와 기름이 있으나, 어리석은 자는 가진 모든 것을 삼켜 버린다.

21 의롭고 신실하게 사는 사람은 형통하고, 번창하고, 영예를 얻는다.

22 지혜로운 사람은 용사가 지키는 성을 공격하여 저들이 의지하는 요새를 허물어 버린다.

23 자기 입과 혀를 지키는 사람은 재난에서 자신을 지킨다.

24 교만하고 거만한 사람을 비웃는 자라고 부르니, 이는 그가 아주 거만하게 행동하기 때문이다.

25 게으름뱅이는 손으로 일할 생각은 안 하고 꿈만 꾸다 죽고 만다.

26 어떤 사람은 하루 종일 욕심만 부리지만, 의인은 아낌없이 베푼다.

27 악인의 제물은 가증한데, 악한 동기로 바치는 경우라면 더욱 그렇다.

28 *거짓 증인은 망하고, 그의 말을 듣는 자도 영원히 망할 것이다.*

29 악인은 뻔뻔스럽게 행동하지만, 정직한 사람은 신중히 행동한다.

30 여호와를 거스르는 것은 그 어떤 지혜, 통찰력, 계획으로도 성공하지 못한다.

10 • Evil people desire evil;
their neighbors get no mercy from them.

11 • If you punish a mocker, the simpleminded become wise;
if you instruct the wise, they will be all the wiser.

12 • The Righteous One* knows what is going on in the homes of the wicked;
he will bring disaster on them.

13 • Those who shut their ears to the cries of the poor will be ignored in their own time of need.

14 • A secret gift calms anger;
a bribe under the table pacifies fury.

15 • Justice is a joy to the godly,
but it terrifies evildoers.

16 • The person who strays from common sense will end up in the company of the dead.

17 • Those who love pleasure become poor;
those who love wine and luxury will never be rich.

18 • The wicked are punished in place of the godly,
and traitors in place of the honest.

19 • It's better to live alone in the desert than with a quarrelsome, complaining wife.

20 • The wise have wealth and luxury,
but fools spend whatever they get.

21 • Whoever pursues righteousness and unfailing love will find life, righteousness, and honor.

22 • The wise conquer the city of the strong and level the fortress in which they trust.

23 • Watch your tongue and keep your mouth shut,
and you will stay out of trouble.

24 • Mockers are proud and haughty;
they act with boundless arrogance.

25 • Despite their desires, the lazy will come to ruin,
for their hands refuse to work.

26 • Some people are always greedy for more,
but the godly love to give!

27 • The sacrifice of an evil person is detestable,
especially when it is offered with wrong motives.

28 • A false witness will be cut off,
but a credible witness will be allowed to speak.

29 • The wicked bluff their way through,
but the virtuous think before they act.

30 • No human wisdom or understanding or plan can stand against the LORD.

31 • The horse is prepared for the day of battle,
but the victory belongs to the LORD.

21:12 Or *The righteous man.*

31 전쟁을 대비하여 말을 준비해도, 승리는 여호와께 달려 있다.

22 명예가 많은 재물보다 귀하고, 좋은 평판이 금이나 보화보다 훨씬 낫다.

2 부자와 가난한 자가 섞여 사니, 여호와께서 그들 모두를 만드셨다.

3 슬기로운 사람은 위험을 보면 피하나, 미련한 자는 제 발로 들어가 화를 당한다.

4 사람이 겸손히 여호와를 경외하면 재물과 영예와 생명을 얻는다.

5 사악한 사람의 길에는 도처에 가시와 함정이 있지만, 자기를 지키는 자는 그런 것들을 피한다.

6 아이에게 올바른 길을 가르쳐라. 그러면 늙어서도 그 길을 떠나지 않을 것이다.

7 부자는 가난한 자를 다스리고, 빚진 자는 꾸어 준 자의 종이다.

8 악을 행하는 자는 재난을 거두고, 그런 자의 분노는 쇠약해진다.

9 남을 동정하는 사람은 축복을 받으리니, 가난한 자와 자기 음식을 나누기 때문이다.

10 거만한 자를 쫓아내어라. 그러면 분쟁과 다툼과 모욕이 그칠 것이다.

11 정결한 마음을 사랑하는 자, 그 말이 은혜로운 자는 왕의 친구가 될 것이다.

12 여호와의 눈은 지식 있는 자를 지키시나, 사기꾼의 말은 패하게 하신다.

13 게으른 사람은 "사자가 밖에 있으니, 길거리에 나가면 죽을 것이다"라고 말한다.

14 창녀의 입은 깊은 구덩이와 같으니, 여호와의 진노를 받는 자는 그곳에 떨어질 것이다.

15 어린이의 마음에는 미련이 담겨 있다. 징계의 채찍으로 때리면 없앨 수 있다.

16 자기 재산을 늘리려고 가난한 자를 학대하는 자와 부자에게 뇌물을 바치는 자는 모두 가난에 떨어질 것이다.

들어야 될 지혜 있는 자의 말

17 귀를 기울여 지혜자의 말을 들어라. 나의 교훈을 네 마음에 두어라.

18 그것들을 네 마음속에 간직하여, 언제든지 입술로 말할 수 있다면 얼마나 좋을까?

19 여호와를 의지하도록 하기 위해 나는 오늘 너에게 특별히 권한다.

20 내가 너에게 모략과 지식의 말씀 서른 가지를 기록해 주었다.

21 바르고 신뢰할 수 있는 말씀으로 너를 가르쳐, 너를 보낸 자에게 올바르게 대답할 수 있

22 • Choose a good reputation over great riches;
being held in high esteem is better than silver or gold.

2 • The rich and poor have this in common:
The LORD made them both.

3 • A prudent person foresees danger and takes precautions.
The simpleton goes blindly on and suffers the consequences.

4 • True humility and fear of the LORD
lead to riches, honor, and long life.

5 • Corrupt people walk a thorny, treacherous road;
whoever values life will avoid it.

6 • Direct your children onto the right path,
and when they are older, they will not leave it.

7 • Just as the rich rule the poor,
so the borrower is servant to the lender.

8 • Those who plant injustice will harvest disaster,
and their reign of terror will come to an end.*

9 • Blessed are those who are generous,
because they feed the poor.

10 • Throw out the mocker, and fighting goes, too.
Quarrels and insults will disappear.

11 • Whoever loves a pure heart and gracious speech
will have the king as a friend.

12 • The LORD preserves those with knowledge,
but he ruins the plans of the treacherous.

13 • The lazy person claims, "There's a lion out there!
If I go outside, I might be killed!"

14 • The mouth of an immoral woman is a dangerous trap;
those who make the LORD angry will fall into it.

15 • A youngster's heart is filled with foolishness,
but physical discipline will drive it far away.

16 • A person who gets ahead by oppressing the poor
or by showering gifts on the rich will end in poverty.

Sayings of the Wise

17 • Listen to the words of the wise;
apply your heart to my instruction.

18 • For it is good to keep these sayings in your heart
and always ready on your lips.

19 • I am teaching you today—yes, you—
so you will trust in the LORD.

20 • I have written thirty sayings* for you,
filled with advice and knowledge.

21 • In this way, you may know the truth

22:8 The Greek version includes an additional proverb:
God blesses a man who gives cheerfully, / but his worthless deeds will come to an end. Compare 2 Cor 9:7.　22:20
Or *excellent sayings;* the meaning of the Hebrew is uncertain.

게 하였다.

22 가난한 자를 힘없다고 이용하지 말고, 약한 자를 성문*에서 압제하지 마라.

23 여호와께서는 그들의 사정을 듣고, 그들을 학대한 자들을 벌하실 것이다.

24 화풀이 잘하는 사람과 사귀지 말고, 성 잘내는 사람과 사귀지 마라.

25 네가 그의 행위를 본받아 올무에 빠질까 두렵다.

26 너는 타인의 보증을 서지 말고, 타인의 빚 보증인이 되지 마라.

27 네가 갚을 돈이 없으면, 네가 누운 침대마저 차압당할 것이다.

28 네 조상이 세운 밭 울타리를 함부로 옮기지 마라.

29 자기 일에 충실한 사람을 봤느냐? 그런 사람은 하찮은 사람을 섬길 인물이 아니니, 왕을 섬길 것이다.

23 네가 높은 관리와 함께 식사를 할 때, 네 앞에 무엇이 있는지 잘 보아라.

2 식욕이 일어나거든, 네 목에 칼을 들이대라.

3 그의 진미를 탐하지 마라. 그것은 사람을 속인다.

4 부자가 되려다 건강을 해친다. 분수에 맞게 사는 지혜를 배워라.

5 아무리 재물에 눈독을 들여도, 재물은 날개가 달린 독수리처럼 창공으로 훨훨 날아가 버릴 것이다.

6 구두쇠의 음식은 먹지 말고, 그의 진수성찬을 탐하지 마라.

7 그런 사람은 속으로 '저것이 얼마인데!' 하고 계산한다. "먹고 마시라"고 말은 하겠지만, 마음으로는 아까워한다.

8 네가 조금 먹은 것도 토하겠고, 네가 말한 칭찬도 소용 없게 될 것이다.

9 어리석은 자가 듣는 데서 말하지 마라. 그가 네 지혜를 비웃을 것이다.

10 조상들이 세운 밭 울타리를 옮기지 말고, 고아의 밭이라고 야금야금 취하지 마라.

11 그들의 보호자는 힘이 있으니, 그 보호자가 그들의 사정을 듣고 너를 벌할 것이다.

12 훈계를 명심하고, 지식의 말씀에 귀를 기울여라.

13 아이에게 회초리를 아끼지 마라. 매질한다고 죽지는 않는다.

14 따끔하게 처벌해서 바로잡아야 아이가 올바

and take an accurate report to those
who sent you.

22 • Don't rob the poor just because you can,
or exploit the needy in court.

23 • For the LORD is their defender.
He will ruin anyone who ruins them.

24 • Don't befriend angry people
or associate with hot-tempered people,

25 • or you will learn to be like them
and endanger your soul.

26 • Don't agree to guarantee another person's debt
or put up security for someone else.

27 • If you can't pay it,
even your bed will be snatched from under you.

28 • Don't cheat your neighbor by moving the
ancient boundary markers
set up by previous generations.

29 • Do you see any truly competent workers?
They will serve kings
rather than working for ordinary people.

23 While dining with a ruler,
pay attention to what is put before you.

2 • If you are a big eater,
put a knife to your throat;

3 • don't desire all the delicacies,
for he might be trying to trick you.

4 • Don't wear yourself out trying to get rich.
Be wise enough to know when to quit.

5 • In the blink of an eye wealth disappears,
for it will sprout wings
and fly away like an eagle.

6 • Don't eat with people who are stingy;
don't desire their delicacies.

7 • They are always thinking about how much it costs.*
"Eat and drink," they say, but they don't
mean it.

8 • You will throw up what little you've eaten,
and your compliments will be wasted.

9 • Don't waste your breath on fools,
for they will despise the wisest advice.

10 • Don't cheat your neighbor by moving the
ancient boundary markers;
don't take the land of defenseless orphans.

11 • For their Redeemer* is strong;
he himself will bring their charges against you.

12 • Commit yourself to instruction;
listen carefully to words of knowledge.

13 • Don't fail to discipline your children.
The rod of punishment won't kill them.

14 • Physical discipline

23:7 The meaning of the Hebrew is uncertain.   23:11 Or redeemer.
22:22 법정을 의미한다.

르게 될 것이다.

15 내 아들아, 네 마음이 지혜를 깨우친다면, 내가 얼마나 기쁘겠냐?

16 네 입술이 올바른 것을 말한다면, 내 심장이 얼마나 기뻐하겠느냐?

17 네 마음으로 죄인들을 부러워하지 말고, 언제나 여호와를 경외하여라.

18 그러면 네 앞길이 환하게 열릴 것이고, 네 소망이 끊어지지 않을 것이다.

19 내 아들아, 내 말을 듣고 지혜를 얻어라. 네 마음을 바른 길에 두어라.

20 술이나 고기를 탐하는 자와 어울리지 마라.

21 술에 취하고 먹는 것만 밝히는 사람은 가난에 떨어지고, 게으른 사람은 누더기를 걸칠 것이다.

22 너를 낳은 아버지에게 순종하고, 네 어머니가 나이 들어도 무시하지 마라.

23 진리를 사고, 팔지는 마라. 지혜와 훈계, 명철을 사라.

24 의인의 아버지는 크게 기뻐하리라. 지혜로운 아들을 낳은 자는 그 아들 때문에 기쁨을 얻을 것이다.

25 네 부모를 즐겁게 해 드려라. 너를 낳아 주신 분을 기쁘게 해 드려라.

26 내 아들아, 네 마음을 내게 주고, 네 눈으로 내가 사는 모습을 보고 즐거워하여라.

27 창녀는 깊은 구덩이며, 바람난 여인은 좁은 웅덩이다.

28 그녀는 강도처럼 숨어서 기다리다가 수많은 남자들을 망친다.

29 재앙이 누구에게 있는가? 슬픔이 누구에게 있는가? 분쟁이 누구에게 있는가? 불평이 누구에게 있는가? 누가 불필요한 상처와 충혈된 눈을 가지고 있는가?

30 술독에 빠진 자에게 있고, 독한 술을 들이키는 자에게 있다.

31 술잔에 따라진 포도주가 붉고, 번쩍이며, 목으로 술술 넘어가도 너는 거들떠보지 마라.

32 마침내 그것이 뱀같이 물 것이요, 독사같이 쏠 것이다.

33 너의 눈은 이상한 것들을 보고, 입은 허튼 소리를 지껄이게 될 것이다.

34 너는 망망대해 가운데서, 돛대 꼭대기에 누워 잠자는 자 같을 것이다.

35 "아무리 때려 봐라. 하나도 아프지 않다. 아무리 때려 봐라. 아무 느낌도 없다. 술이 언제 깰 것인가? 깨면 또 마셔야지!"라고 말할 것이다.

15 ● My child,* if your heart is wise, my own heart will rejoice!

16 ● Everything in me will celebrate when you speak what is right.

17 ● Don't envy sinners, but always continue to fear the LORD.

18 ● You will be rewarded for this; your hope will not be disappointed.

19 ● My child, listen and be wise: Keep your heart on the right course.

20 ● Do not carouse with drunkards or feast with gluttons,

21 ● for they are on their way to poverty, and too much sleep clothes them in rags.

22 ● Listen to your father, who gave you life, and don't despise your mother when she is old.

23 ● Get the truth and never sell it; also get wisdom, discipline, and good judgment.

24 ● The father of godly children has cause for joy. What a pleasure to have children who are wise.*

25 ● So give your father and mother joy! May she who gave you birth be happy.

26 ● O my son, give me your heart. May your eyes take delight in following my ways.

27 ● A prostitute is a dangerous trap; a promiscuous woman is as dangerous as falling into a narrow well.

28 ● She hides and waits like a robber, eager to make more men unfaithful.

29 ● Who has anguish? Who has sorrow? Who is always fighting? Who is always complaining? Who has unnecessary bruises? Who has bloodshot eyes?

30 ● It is the one who spends long hours in the taverns, trying out new drinks.

31 ● Don't gaze at the wine, seeing how red it is, how it sparkles in the cup, how smoothly it goes down.

32 ● For in the end it bites like a poisonous snake; it stings like a viper.

33 ● You will see hallucinations, and you will say crazy things.

34 ● You will stagger like a sailor tossed at sea, clinging to a swaying mast.

35 ● And you will say, "They hit me, but I didn't feel it. I didn't even know it when they beat me up. When will I wake up so I can look for another drink?"

23:14 Hebrew *from Sheol.* 23:15 Hebrew *My son;* also in 23:19. 23:24 Hebrew *to have a wise son.*

24

악인들을 부러워하지 마라. 그들의 친구가 될 생각을 하지 마라.

2 악인들은 늘 범죄만 생각하고, 그 입술은 문제 일으킬 궁리만 한다.

3 지혜로 인해 집이 세워지고, 슬기를 통해 집이 견고해진다.

4 지식을 통하여 그 방에는 온갖 귀하고 아름다운 보물들이 채워진다.

5 지혜로운 사람이 힘센 자보다 낫고, 지식 있는 사람이 무사보다 낫다.

6 전략을 세우고 전쟁하라. 전략가들이 많아야 승리를 얻는다.

7 지혜는 미련한 자에게는 너무 높이 있어서, 성문 앞 광장에서 할 말이 없다.

8 남을 해할 음모를 꾸미는 자는 음모자라 불린다.

9 미련한 자는 범죄할 생각만 하고, 거만한 자는 사람들에게 혐오의 대상이 된다.

10 어려움을 당하여 낙담하는 것은 너의 연약함을 드러내는 것이다.

11 억울하게 사형장으로 끌려가는 자를 건져 주고 처형장으로 잡혀가는 자를 구해 주어라.

12 네가 아무것도 알지 못했다 할지라도 마음을 재는 분이 그것을 알지 못하시랴! 네 인생을 인도하시는 분이 알지 못하시랴! 그분께서 각 사람이 행한 대로 갚으실 것이다.

13 내 아들아, 꿀은 몸에 좋으니 꿀을 먹어라. 꿀은 네 입에 달 것이다.

14 그리고 지혜가 네 영혼에 달다는 것도 알아라. 지혜를 찾으면, 네 앞길이 열리고, 네 소망이 꺾이지 않을 것이다.

15 악인처럼 의인의 집을 숨어서 엿보지 말고, 그의 집을 망가뜨리지 마라.

16 의인은 일곱 번 넘어져도 다시 일어나지만, 악인은 재앙이 닥치면 망하고 만다.

17 네 원수가 넘어질 때, 고소하게 여기지 마라. 그가 비틀거려도 기뻐하지 마라.

18 여호와께서 그것을 보시고 불쾌히 여기시어, 그에게서 진노를 거두실까 두렵다.

19 악인 때문에 불평하지 마라. 악인을 부러워하지 마라.

20 악인은 장래에 소망이 없다. 악인의 등불은 곧 꺼질 것이다.

21 내 아들아, 여호와를 경외하고 왕을 두려워하여라. 반역자들과 어울리지 마라.

22 하나님과 왕을 반역하는 자들에게 갑자기

24

1 • Don't envy evil people
  or desire their company.

2 • For their hearts plot violence,
  and their words always stir up trouble.

3 • A house is built by wisdom
  and becomes strong through good sense.

4 • Through knowledge its rooms are filled
  with all sorts of precious riches and valuables.

5 • The wise are mightier than the strong,*
  and those with knowledge grow stronger
  and stronger.

6 • So don't go to war without wise guidance;
  victory depends on having many advisers.

7 • Wisdom is too lofty for fools.
  Among leaders at the city gate, they have
  nothing to say.

8 • A person who plans evil
  will get a reputation as a troublemaker.

9 • The schemes of a fool are sinful;
  everyone detests a mocker.

10 • If you fail under pressure,
  your strength is too small.

11 • Rescue those who are unjustly sentenced to die;
  save them as they stagger to their death.

12 • Don't excuse yourself by saying, "Look,
  we didn't know."
  For God understands all hearts, and he
  sees you.
  He who guards your soul knows you knew.
  He will repay all people as their actions deserve.

13 • My child,* eat honey, for it is good,
  and the honeycomb is sweet to the taste.

14 • In the same way, wisdom is sweet to your soul.
  If you find it, you will have a bright future,
  and your hopes will not be cut short.

15 • Don't wait in ambush at the home of the godly,
  and don't raid the house where the godly live.

16 • The godly may trip seven times, but they
  will get up again.
  But one disaster is enough to over-
  throw the wicked.

17 • Don't rejoice when your enemies fall;
  don't be happy when they stumble.

18 • For the LORD will be displeased with you
  and will turn his anger away from them.

19 • Don't fret because of evildoers;
  don't envy the wicked.

20 • For evil people have no future;
  the light of the wicked will be snuffed out.

21 • My child, fear the LORD and the king.
  Don't associate with rebels,

22 • for disaster will hit them suddenly.

24:5 As in Greek version; Hebrew reads *A wise man is strength*.　24:13 Hebrew *My son*; also in 24:21.

재앙이 내리리니, 그들에게 임할 재앙을 누가 막겠는가?

지혜 있는 자의 거듭된 말

23 이것도 지혜자의 말씀이다. 재판할 때 편드는 것은 옳지 않다.

24 죄인에게 "너는 죄가 없다"고 선고하는 자는 백성의 저주를 받고, 여러 사람의 비난을 면치 못할 것이다.

25 죄인을 바로 재판하는 자는 형통할 것이며, 축복이 그들에게 풍성히 임할 것이다.

26 적절하게 대답하는 자는 입술에 입맞춤하는 것과 같다.

27 바깥일을 잘 처리하고, 밭일도 잘한 후에, 네 집을 세워라.

28 근거 없이 네 이웃에게 불리한 증언을 하지 말고, 네 혀를 놀려 남을 속이지 마라.

29 "그가 나에게 행한 대로 나도 행하고, 그가 행한 대로 나도 갚을 것이다" 하고 말하지 마라.

30 내가 게으른 자의 밭과 미련한 자의 포도원을 지나가다 보니,

31 가시덤불이 사방을 덮고, 잡초가 무성하였으며, 돌담은 여기저기 무너져 있었다.

32 내가 유심히 관찰하고 생각을 많이 하여 깨우친 것이 많았다.

33 좀더 자자. 좀더 졸자. 좀더 쉬자.

34 그러면, 가난이 강도 떼처럼, 궁핍이 군사들처럼 너를 덮칠 것이다.

또 다른 솔로몬의 잠언

25 이것들도 솔로몬의 잠언으로서 유다 왕 히스기야의 신하들이 모은 것입니다.

2 일을 숨기는 것은 하나님의 영광이요, 일을 잘 살피는 것은 왕의 영광이다.

3 하늘은 높고 땅은 깊듯이, 왕의 마음은 헤아리기 어렵다.

4 은에서 찌꺼기를 없애라. 그래야 금속 세공업자가 쓸 만한 은그릇을 만들 수 있다.

5 왕 앞에서 악한 자를 없애라. 그러면 의를 통하여 왕위가 굳게 세워진다.

6 왕 앞에서 잘난 체하지 말고, 높은 관리들 자리에 끼어들지 마라.

7 말석에서 상석으로 올라오라고 초대받는 것이 대중 앞에서 말석으로 쫓겨 내려가는 것보다 훨씬 낫지 않겠는가?

8 네가 눈으로 본 것을 조급하게 법정에 알리지 마라. 나중에 네 이웃이 너를 망신시키면,

Who knows what punishment will come from the LORD and the king?

More Sayings of the Wise

23 • Here are some further sayings of the wise:

It is wrong to show favoritism when passing judgment.

24 • A judge who says to the wicked, "You are innocent,"
will be cursed by many people and denounced by the nations.

25 • But it will go well for those who convict the guilty;
rich blessings will be showered on them.

26 • An honest answer
is like a kiss of friendship.

27 • Do your planning and prepare your fields
before building your house.

28 • Don't testify against your neighbors without cause;
don't lie about them.

29 • And don't say, "Now I can pay them back for what they've done to me!
I'll get even with them!"

30 • I walked by the field of a lazy person,
the vineyard of one with no common sense.

31 • I saw that it was overgrown with nettles.
It was covered with weeds,
and its walls were broken down.

32 • Then, as I looked and thought about it,
I learned this lesson:

33 • A little extra sleep, a little more slumber,
a little folding of the hands to rest—

34 • then poverty will pounce on you like a bandit;
scarcity will attack you like an armed robber.

More Proverbs of Solomon

25 These are more proverbs of Solomon, collected by the advisers of King Hezekiah of Judah.

2 • It is God's privilege to conceal things
and the king's privilege to discover them.

3 • No one can comprehend the height of heaven, the depth of the earth,
or all that goes on in the king's mind!

4 • Remove the impurities from silver,
and the sterling will be ready for the silversmith.

5 • Remove the wicked from the king's court,
and his reign will be made secure by justice.

6 • Don't demand an audience with the king
or push for a place among the great.

7 • It's better to wait for an invitation to the head table
than to be sent away in public disgrace.

Just because you've seen something,
8 • don't be in a hurry to go to court.
For what will you do in the end
if your neighbor deals you a shameful defeat?

어떻게 할 것이냐?

9 너는 이웃과 다툴 때, 남의 비밀을 말하지 마라.

10 그것을 듣는 자가 너를 망신시킬 것이요, 나쁜 평판이 너를 계속 따라다닐 것이다.

11 경우에 합당한 말은 은쟁반에 놓여진 금사과와 같다.

12 지혜자의 책망은 들을 줄 아는 귀에 금귀고리와 순금목걸이 같다.

13 믿을 만한 심부름꾼은 그를 보낸 주인에게 추수하며 땀 흘릴 때에 마시는 얼음물 같아서, 그 주인의 마음을 시원하게 한다.

14 선물한다고 말만 하는 사람은 비 없는 구름과 바람 같다.

15 끈기 있게 설득하면 통치자의 마음도 움직이고, 부드러운 혀는 뼈도 녹인다.

16 꿀을 찾았거든, 먹을 만큼만 먹어라. 너무 많이 먹으면 토할 것이다.

17 이웃집에 너무 들락거리지 마라. 그가 싫증내고, 미워할까 두렵다.

18 자기 이웃을 해치고자 거짓 증언하는 사람은 몽둥이나 칼, 날카로운 화살과 같다.

19 어려울 때, 신용이 없는 사람을 의지하는 것은 썩은 이나 다친 발을 의지하는 것과 같다.

20 마음이 무거운 자 앞에서 노래하는 것은 추운 날 남을 발가벗기는 것과 같고, 터진 상처에 식초를 붓는 것과 같다.

21 네 원수가 굶주리거든 그에게 먹을 것을 주어라. 목말라 하거든 마실 물을 주어라.

22 그리하면 그는 머리에 숯불을 둔 것같이 부끄러워하고, 여호와께서는 네게 상을 주실 것이다.

23 북풍이 비를 몰고 오듯, 험담하는 혀는 분노를 초래한다.

24 옥상 한 구석에서 사는 것이 다투는 아내와 같이 사는 것보다 낫다.

25 먼 나라에서 보내온 좋은 소식은 목마른 영혼에 냉수와 같다.

26 의인이 악인에게 굴복하는 것은 우물이 흐려지고, 샘이 썩는 것과 같다.

27 *꿀을 너무 많이 먹으면 몸에 해롭고, 자기 영광을 구하는 것도 명예롭지 못하다.*

28 자기를 다스리지 못하는 자는 성벽이 무너진 성과 같다.

26 여름에 오는 눈이나 추수 때의 비처럼, 어리석은 자에게 영예는 적

---

9 • When arguing with your neighbor,
don't betray another person's secret.

10 • Others may accuse you of gossip,
and you will never regain your good reputation.

11 • Timely advice is lovely,
like golden apples in a silver basket.

12 • To one who listens, valid criticism
is like a gold earring or other gold jewelry.

13 • Trustworthy messengers refresh like snow in summer.
They revive the spirit of their employer.

14 • A person who promises a gift but doesn't give it
is like clouds and wind that bring no rain.

15 • Patience can persuade a prince,
and soft speech can break bones.

16 • Do you like honey?
Don't eat too much, or it will make you sick!

17 • Don't visit your neighbors too often,
or you will wear out your welcome.

18 • Telling lies about others
is as harmful as hitting them with an ax,
wounding them with a sword,
or shooting them with a sharp arrow.

19 • Putting confidence in an unreliable person in
times of trouble
is like chewing with a broken tooth or
walking on a lame foot.

20 • Singing cheerful songs to a person with a heavy heart
is like taking someone's coat in cold weather
or pouring vinegar in a wound.*

21 • If your enemies are hungry, give them food to eat.
If they are thirsty, give them water to drink.

22 • You will heap burning coals of shame on their heads,
and the LORD will reward you.

23 • As surely as a north wind brings rain,
so a gossiping tongue causes anger!

24 • It's better to live alone in the corner of an attic
than with a quarrelsome wife in a lovely home.

25 • Good news from far away
is like cold water to the thirsty.

26 • If the godly give in to the wicked,
it's like polluting a fountain or muddying a
spring.

27 • It's not good to eat too much honey,
and it's not good to seek honors for yourself.

28 • A person without self-control
is like a city with broken-down walls.

26 1 • Honor is no more associated with fools
than snow with summer or rain with

25:20 As in Greek version; Hebrew reads *pouring vinegar on soda.*

절하지 않다.

2 근거 없는 저주는 참새가 퍼덕거리고, 제비가 쏜살같이 날아가는 것처럼 상대방에게 미치지 못한다.

3 말에게는 채찍을, 나귀에게는 재갈을, 어리석은 자의 등에는 몽둥이를 휘둘러야 한다.

4 어리석은 자의 어리석음을 따라 대답하지 마라. 그렇지 않으면 너도 그와 같이 될 것이다.

5 어리석은 자에게는 그의 어리석음에 따라 대답하여라. 스스로 지혜로운 체할까 두렵다.

6 어리석은 자를 시켜 편지를 전하는 것은 자기 발을 자르고, 극약을 마시는 것과 같다.

7 어리석은 자들이 잠언을 말하는 것은 다리 저는 사람의 다리와 같다.

8 어리석은 자에게 영예를 주는 것은 마치 물매에 돌을 매다는 것과 같다.

9 어리석은 자들이 잠언을 말하는 것은 술 취한 자가 가시나무를 휘두르는 격이다.

10 미련한 자나 지나가는 자를 품꾼으로 부리는 자는 활을 마구 쏘는 궁수와 같다.

11 개가 그 토한 것을 다시 먹듯, 어리석은 자는 자기 미련을 되풀이한다.

12 스스로 지혜로운 체하는 사람을 보았는가? 차라리 그보다는 미련한 자에게 희망이 있다.

13 게으른 자는 "사나운 사자가 길에 있으니, 가지 않겠다"고 말한다.

14 문짝이 돌쩌귀를 따라 돌듯, 게으름뱅이는 침대에서만 뒹군다.

15 게으른 자는 자기 손을 밥그릇에 갖다 대고도, 입에 넣을 생각을 안 한다.

16 게으른 자는 '나는 슬기롭게 대답을 전하는 일곱 명보다 낫다'라고 스스로 생각한다.

17 자기와 상관도 없는 다툼에 참견하는 행인은 개의 귀를 잡아당기는 사람과 같다.

18 횃불을 던지고, 독이 묻은 화살을 쏘아 대는 미친 사람과 같이

19 지혜 없는 사람은 자기 이웃을 속이고도 "그저 장난삼아 했을 뿐이야!"라고 말한다.

20 나무가 없으면 불이 꺼지듯, 험담꾼이 없으면 다툼도 그친다.

21 숯불에 숯을 더하고 불에 나무를 더하듯, 싸움꾼은 싸움에 부채질만 한다.

22 고자질은 맛난 음식과 같아서, 배 속 깊이 내려간다.

---

harvest.

2 • Like a fluttering sparrow or a darting swallow,
an undeserved curse will not land on
its intended victim.

3 • Guide a horse with a whip, a donkey with a bridle,
and a fool with a rod to his back!

4 • Don't answer the foolish arguments of fools,
or you will become as foolish as they are.

5 • Be sure to answer the foolish arguments of fools,
or they will become wise in their own
estimation.

6 • Trusting a fool to convey a message
is like cutting off one's feet or drinking poison!

7 • A proverb in the mouth of a fool
is as useless as a paralyzed leg.

8 • Honoring a fool
is as foolish as tying a stone to a slingshot.

9 • A proverb in the mouth of a fool
is like a thorny branch brandished by a drunk.

10 • An employer who hires a fool or a bystander
is like an archer who shoots at random.

11 • As a dog returns to its vomit,
so a fool repeats his foolishness.

12 • There is more hope for fools
than for people who think they are wise.

13 • The lazy person claims, "There's a lion on the
road!
Yes, I'm sure there's a lion out there!"

14 • As a door swings back and forth on its hinges,
so the lazy person turns over in bed.

15 • Lazy people take food in their hand
but don't even lift it to their mouth.

16 • Lazy people consider themselves smarter
than seven wise counselors.

17 • Interfering in someone else's argument
is as foolish as yanking a dog's ears.

18 • Just as damaging
as a madman shooting a deadly weapon

19 • is someone who lies to a friend
and then says, "I was only joking."

20 • Fire goes out without wood,
and quarrels disappear when gossip stops.

21 • A quarrelsome person starts fights
as easily as hot embers light charcoal
or fire lights wood.

22 • Rumors are dainty morsels
that sink deep into one's heart.

brandish [brǽndiʃ] *vt.* 휘두르다
bystander [báistændər] *n.* 방관자, 구경꾼
yank [jǽŋk] *vt.* 확 잡아당기다

23 마음은 악하면서 입술만 부드러운 사람은
　　유약을 바른 토기와 같다.

24 악의를 품은 사람은 입술로는 그럴싸하게
　　말하지만, 마음에는 독을 품고 있다.

25 그런 자가 듣기 좋은 말을 할지라도 믿지
　　마라. 일곱 가지 혐오스런 것들이 그 마음
　　에 들어 있다.

26 그의 악의가 교묘하게 숨겨져 있다 해도,
　　그의 악한 생각이 회중 앞에서 드러날 것
　　이다.

27 함정을 파는 자는 자신이 그곳에 빠질 것
　　이요, 돌을 굴리는 자는 그 돌에 치일 것이
　　다.

28 거짓말하는 혀는 상대를 미워하고, 아첨
　　하는 입은 상대를 파멸로 이끈다.

27 내일을 자랑하지 마라. 오늘 무슨
　　일이 일어날지 누가 알 것인가?

2 타인이 너를 칭찬하게는 해도, 네 입으로
　　는 하지 마라.

3 돌도 무겁고 모래도 무겁지만, 바보가 주
　　는 모욕은 이것보다 더 무겁다.

4 분노는 잔인하고 화는 사람을 삼키지만,
　　질투처럼 파괴적이지는 않다.

5 면전에서 책망하는 것이 숨겨진 사랑보다
　　낫다.

6 친구가 주는 상처들은 믿음에서 난 것이지
　　만, 원수는 입맞추고 배반한다.

7 배부른 사람은 꿀도 싫지만, 배고픈 자에
　　게는 쓴 것도 달다.

8 자기 고향을 떠난 사람은 둥지를 떠나 떠
　　도는 새와 같다.

9 향유나 향이 마음을 기쁘게 하듯이, 친구
　　의 충심 어린 조언이 마음을 포근하게 해
　　준다.

10 너의 친구든지, 아버지의 친구든지, 아무
　　도 버리지 말며, 위급할 때, 형제의 집에 가
　　지 마라. 가까운 이웃이 멀리 있는 형제보
　　다 낫다.

11 내 아들아, 부디 지혜를 깨우쳐서 내 마음
　　을 기쁘게 해 다오. 그리하면 나를 경멸하
　　는 자에게 내가 할 말이 있을 것이다.

12 슬기로운 자는 위험을 보면 피하지만, 미
　　련한 자는 제 발로 들어가 화를 자초한
　　다.

13 타인을 위해 보증하는 사람의 의복을 취하
　　여라. 다른 지방 사람을 위해 보증 섰다면
　　꼭 그 사람을 잡아 두어라.

23 • Smooth* words may hide a wicked heart,
　　just as a pretty glaze covers a clay pot.

24 • People may cover their hatred with pleasant words,
　　but they're deceiving you.

25 • They pretend to be kind, but don't believe them.
　　Their hearts are full of many evils.*

26 • While their hatred may be concealed by trickery,
　　their wrongdoing will be exposed in public.

27 • If you set a trap for others,
　　you will get caught in it yourself.
　　If you roll a boulder down on others,
　　it will crush you instead.

28 • A lying tongue hates its victims,
　　and flattering words cause ruin.

27 1 • Don't brag about tomorrow,
　　since you don't know what the day
　　will bring.

2 • Let someone else praise you, not your own mouth—
　　a stranger, not your own lips.

3 • A stone is heavy and sand is weighty,
　　but the resentment caused by a fool is even
　　heavier.

4 • Anger is cruel, and wrath is like a flood,
　　but jealousy is even more dangerous.

5 • An open rebuke
　　is better than hidden love!

6 • Wounds from a sincere friend
　　are better than many kisses from an enemy.

7 • A person who is full refuses honey,
　　but even bitter food tastes sweet to the hungry.

8 • A person who strays from home
　　is like a bird that strays from its nest.

9 • The heartfelt counsel of a friend
　　is as sweet as perfume and incense.

10 • Never abandon a friend—
　　either yours or your father's.
　　When disaster strikes, you won't have to ask
　　your brother for assistance.
　　It's better to go to a neighbor than to a
　　brother who lives far away.

11 • Be wise, my child,* and make my heart glad.
　　Then I will be able to answer my critics.

12 • A prudent person foresees danger and
　　takes precautions.
　　The simpleton goes blindly on and suffers
　　the consequences.

13 • Get security from someone who guarantees
　　a stranger's debt.

26:23 As in Greek version; Hebrew reads *Burning*.　26:25
Hebrew *seven evils*.　27:11 Hebrew *my son*.

14 이른 아침에 큰 소리로 이웃에게 인사하는 것은 저주하는 말처럼 들린다.

15 비오는 날에 연달아 떨어지는 물방울이나 다툼 잘하는 여인은 마찬가지이다.

16 그런 여자를 다스리는 것은 손바닥으로 태풍을 막으려는 것과 같고, 손으로 기름을 움켜잡으려는 것과 같다.

17 쇠는 쇠에 갈아야 날카롭게 되듯이 사람은 사람에게 부딪혀야 다듬어진다.

18 무화과나무를 재배하는 자는 그 열매를 먹고, 자기 주인을 잘 섬기는 자는 영예를 얻는다.

19 얼굴이 물에 비치듯, 사람의 마음도 다른 사람에게 비친다.

20 무덤과 죽음이 만족하는 법이 없듯이 사람의 눈도 만족할 줄을 모른다.

21 도가니로 은을, 풀무로 금을 연단하듯, 사람은 칭찬을 통해서 시험을 받는다.

22 미련한 사람을 절구에 넣고, 공이로 곡식 찧듯 찧어도, 그의 미련은 벗겨지지 않는다.

23 네 양 떼의 형편을 잘 살피고 네 소 떼도 잘 돌보라.

24 재물은 오래가지 않고, 면류관은 대대로 물려지지 않는다.

25 풀을 베면 다시 싹이 나니, 언덕 여기저기에서 꼴을 얻을 수 있다.

26 양 떼는 옷 지을 털을 주고, 염소 떼는 밭을 살 만한 돈을 준다.

27 염소 젖은 넉넉하여 너와 네 가족, 너의 여종들이 모두 먹고도 남을 것이다.

28 악인은 쫓는 자가 없어도 도망치나, 의인은 사자처럼 담대하다.

2 나라가 부패하면 지도자가 자주 바뀌지만, 슬기롭고 지혜로운 지도자는 나라를 안정시킨다.

3 가난한 자를 압제하는 권력자는 곡식을 낟알 하나 남김없이 쓸어 가는 폭우와 같다.

4 법을 무시하는 자는 악인을 칭찬하나, 법을 지키는 자는 악인들과 싸운다.

5 악한 사람들은 법을 무시하나, 여호와를 찾는 자들은 온전히 법을 지킨다.

6 흠 없이 행동하는 가난뱅이가 행실이 비뚤어진 부자보다 낫다.

7 법을 지키는 자는 분별이 있는 사람이지만, 불량배의 친구는 아버지를 망신시킨다.

Get a deposit if he does it for foreigners.*

14 • A loud and cheerful greeting early in the morning
will be taken as a curse!

15 • A quarrelsome wife is as annoying
as constant dripping on a rainy day.

16 • Stopping her complaints is like trying to stop the
wind
or trying to hold something with greased hands.

17 • As iron sharpens iron,
so a friend sharpens a friend.

18 • As workers who tend a fig tree are allowed to eat the fruit,
so workers who protect their employer's
interests will be rewarded.

19 • As a face is reflected in water,
so the heart reflects the real person.

20 • Just as Death and Destruction* are never satisfied,
so human desire is never satisfied.

21 • Fire tests the purity of silver and gold,
but a person is tested by being praised.*

22 • You cannot separate fools from their foolishness,
even though you grind them like grain
with mortar and pestle.

23 • Know the state of your flocks,
and put your heart into caring for your herds,

24 • for riches don't last forever,
and the crown might not be passed to the
next generation.

25 • After the hay is harvested and the new crop appears
and the mountain grasses are gathered in,

26 • your sheep will provide wool for clothing,
and your goats will provide the price of a field.

27 • And you will have enough goats' milk for yourself,
your family, and your servant girls.

28 • The wicked run away when no one is
chasing them,
but the godly are as bold as lions.

2 • When there is moral rot within a nation,
its government topples easily.
But wise and knowledgeable leaders bring stability.

3 • A poor person who oppresses the poor
is like a pounding rain that destroys the crops.

4 • To reject the law is to praise the wicked;
to obey the law is to fight them.

5 • Evil people don't understand justice,
but those who follow the LORD understand
completely.

6 • Better to be poor and honest
than to be dishonest and rich.

7 • Young people who obey the law are wise;

27:13 As in Greek and Latin versions (see also 20:16);
Hebrew reads *for a promiscuous woman.*   27:20 Hebrew
Sheol and Abaddon.   27:21 Or *by flattery.*

8 고리대금으로 재산을 늘리는 자는 가난한 자에게 후히 베푸는 사람을 위해 재산을 늘릴 뿐이다.

9 법을 지키지 않는 자의 기도는 거짓된 기도이다.

10 정직한 자를 미혹하는 자는 자신의 함정에 빠질 것이나, 흠 없는 사람은 복을 받는다.

11 부자는 스스로 지혜롭다고 여기지만, 명철을 지닌 가난한 사람은 자신을 살핀다.

12 의인이 권력을 잡으면 나라가 잘 되지만, 악인이 권력을 잡으면 백성들이 모조리 피해 도망간다.

13 자기 죄를 숨기는 자는 형통하지 못할 것이나, 죄를 자백하고 버리는 자는 긍휼을 얻을 것이다.

14 항상 여호와를 경외하는 사람은 복되지만, 고집쟁이는 재난에 떨어진다.

15 힘없는 백성을 압제하는 악한 권력자는 으르렁거리는 사자요, 굶주린 곰과 같다.

16 무식한 통치자는 압제만 일삼지만, 부정한 소득을 미워하는 자는 장수할 것이다.

17 살인자는 죽을 때까지 피해 다녀야 한다. 아무도 그를 돕지 않을 것이다.

18 흠 없이 행동하는 사람은 위험에서 보호받으나, 그 행실이 비뚤어진 자는 졸지에 망한다.

19 자기 논을 경작하는 자는 먹을 양식이 많겠지만, 공상만 하는 자는 가난하게 될 것이다.

20 성실한 사람은 크게 복을 받지만, 일확천금을 노리는 자는 처벌을 면치 못할 것이다.

21 편애하는 것은 좋지 못하다. 사람은 빵 한 조각 때문에 범죄할 수 있다.

22 구두쇠는 부자 되기에 정신이 없어서, 가난이 자기를 찾아올 줄 예상하지 못한다.

23 책망하는 사람이 아첨하는 사람보다 나중에 더욱 귀히 여김을 받을 것이다.

24 부모의 물건을 훔치고도 죄가 아니라고 하는 자는 강도나 마찬가지이다.

25 탐심이 가득한 사람은 분쟁을 일으키지만, 여호와를 의지하는 자는 형통할 것이다.

those with wild friends bring shame to their
　　parents.*

8 • Income from charging high interest rates
　　will end up in the pocket of someone
　　who is kind to the poor.

9 • God detests the prayers
　　of a person who ignores the law.

10 • Those who lead good people along an evil path
　　will fall into their own trap,
　　but the honest will inherit good things.

11 • Rich people may think they are wise,
　　but a poor person with discernment can see
　　　right through them.

12 • When the godly succeed, everyone is glad.
　　When the wicked take charge, people go
　　　into hiding.

13 • People who conceal their sins will not prosper,
　　but if they confess and turn from
　　　them, they will receive mercy.

14 • Blessed are those who fear to do wrong,*
　　but the stubborn are headed for serious trouble.

15 • A wicked ruler is as dangerous to the poor
　　as a roaring lion or an attacking bear.

16 • A ruler with no understanding will oppress his people,
　　but one who hates corruption will have a long life.

17 • A murderer's tormented conscience will
　　　drive him into the grave.
　　Don't protect him!

18 • The blameless will be rescued from harm,
　　but the crooked will be suddenly destroyed.

19 • A hard worker has plenty of food,
　　but a person who chases fantasies ends up
　　　in poverty.

20 • The trustworthy person will get a rich reward,
　　but a person who wants quick riches will get
　　　into trouble.

21 • Showing partiality is never good,
　　yet some will do wrong for a mere piece of bread.

22 • Greedy people try to get rich quick
　　but don't realize they're headed for poverty.

23 • In the end, people appreciate honest criticism
　　far more than flattery.

24 • Anyone who steals from his father and mother
　　and says, "What's wrong with that?"
　　is no better than a murderer.

25 • Greed causes fighting;

agitate [ǽdʒiteit] *vt.* 민심을 동요하다, 선동하다
rant [rænt] *vi.* 폭언하다

28:7 Hebrew *their father.*　　28:14 Or *those who fear the*
LORD; Hebrew reads *those who fear.*

26 자기를 믿는 자는 어리석지만, 지혜를 따르는 사람은 구원을 얻을 것이다.

27 가난한 자에게 베푸는 사람은 부족함이 없겠고 가난한 자들을 못 본 체하는 자는 저주를 배로 받을 것이다.

28 악인이 권력을 잡으면 백성들이 숨지만, 악인이 망하면 의인은 번창한다.

29

1 자주 책망을 받으면서도 계속 고집을 부리는 사람은 졸지에 망할 것이다. 아무런 구제책이 없다.

2 의인이 권력을 잡으면 백성이 기뻐하나, 악인이 권력을 휘두르면 백성이 신음한다.

3 지혜를 사랑하는 자는 자기 아버지에게 기쁨을 주지만, 창녀와 사귀는 아들은 아버지의 재산을 탕진한다.

4 공의로운 왕은 나라를 견고히 하나, 뇌물을 좋아하는 왕은 나라를 망친다.

5 이웃에게 아첨하는 자는 그의 발 밑에 함정을 파는 자이다.

6 악인의 죄는 스스로 올무에 걸리게 하지만, 의인은 노래하며 기뻐한다.

7 의인은 가난한 사람의 인격을 존중하나, 악인은 인정사정이 없다.

8 거만한 자는 도시에 폭동을 일으키나, 지혜로운 자는 화를 가라앉힌다.

9 지혜로운 사람과 미련한 사람이 재판을 하면, 미련한 자는 길길이 날뛰며 비웃고 잠잠하지 않는다.

10 피에 굶주린 자는 정직한 자를 미워하여 그의 생명을 노린다.

11 어리석은 자는 자기 분노를 드러내지만, 지혜로운 자는 절제한다.

12 통치자가 거짓말에 귀를 기울이면 그의 신하들이 모두 타락한다.

13 가난한 자와 압제자가 함께 살지만, 여호와께서는 모두의 눈에 빛을 비추신다.

14 왕이 가난한 자를 공평하게 재판하면, 그의 왕위가 영원히 견고할 것이다.

15 행실을 고치라고 후려치는 매는 지혜를 주나, 멋대로 내버려 둔 아들은 어머니를 망신시킨다.

16 악인이 권력을 잡으면 죄가 기승을 부리지만, 의인은 반드시 그들이 망하는 것을 볼 것이다.

17 네 아들을 징계하여라. 그러면 그가 네게 평안을 줄 것이다. 그가 네 영혼에 기쁨을

trusting the LORD leads to prosperity.

26 ● Those who trust their own insight are foolish,
　　　but anyone who walks in wisdom is safe.

27 ● Whoever gives to the poor will lack nothing,
　　　but those who close their eyes to
　　　poverty will be cursed.

28 ● When the wicked take charge, people go into hiding.
　　　When the wicked meet disaster, the godly flourish.

29

1 ● Whoever stubbornly refuses to accept
　　　criticism
　　will suddenly be destroyed beyond recovery.

2 ● When the godly are in authority, the people rejoice.
　　　But when the wicked are in power, they groan.

3 ● The man who loves wisdom brings joy to his father,
　　　but if he hangs around with prostitutes,
　　　his wealth is wasted.

4 ● A just king gives stability to his nation,
　　　but one who demands bribes destroys it.

5 ● To flatter friends
　　　is to lay a trap for their feet.

6 ● Evil people are trapped by sin,
　　　but the righteous escape, shouting for joy.

7 ● The godly care about the rights of the poor;
　　　the wicked don't care at all.

8 ● Mockers can get a whole town agitated,
　　　but the wise will calm anger.

9 ● If a wise person takes a fool to court,
　　　there will be ranting and ridicule but no
　　　satisfaction.

10 ● The bloodthirsty hate blameless people,
　　　but the upright seek to help them.*

11 ● Fools vent their anger,
　　　but the wise quietly hold it back.

12 ● If a ruler pays attention to liars,
　　　all his advisers will be wicked.

13 ● The poor and the oppressor have this in common—
　　　the LORD gives sight to the eyes of both.

14 ● If a king judges the poor fairly,
　　　his throne will last forever.

15 ● To discipline a child produces wisdom,
　　　but a mother is disgraced by an
　　　undisciplined child.

16 ● When the wicked are in authority, sin flourishes,
　　　but the godly will live to see their downfall.

17 ● Discipline your children, and they will
　　　give you peace of mind

29:10 Or *The bloodthirsty hate blameless people, / and
they seek to kill the upright;* Hebrew reads *The blood-
thirsty hate blameless people; / as for the upright, they
seek their life.*

안겨 줄 것이다.

18 계시가 없으면 백성이 제멋대로 날뛰지만, 율법을 지키는 자는 복이 있다.

19 말로만 하면 종은 절대로 행동을 고치지 않는다. 알면서도 행실을 고치지 않는다.

20 조급하게 말하는 사람을 보았는가? 미련한 자가 그보다 더 희망이 있다.

21 종이 어리다고 곱게 다루면, 나중에는 자식인 양 행동할 것이다.

22 노하는 자는 다툼을 일으키고, 성미가 조급한 사람은 많은 죄를 짓게 된다.

23 사람이 교만하면 낮아지고, 마음이 겸손하면 영예를 얻을 것이다.

24 만약 네가 도둑을 돕는다면, 스스로 자신을 해치는 꼴이 될 것이며 법정에서 선서를 하여도 증언할 말이 없을 것이다.

25 사람을 두려워하면 올무에 걸리지만, 여호와를 신뢰하는 자는 안전할 것이다.

26 많은 사람이 통치자를 만나 아첨하고자 하나, 공정한 판결은 여호와께로부터 나온다.

27 의로운 자들은 부정직한 사람을 미워하나, 악인은 행실이 바른 자를 미워한다.

아굴이 쓴 지혜의 말

30 야게의 아들, 아굴의 교훈입니다. 아굴이 이디엘과, 우갈에게 이 가르침을 선포하였습니다.

2 나는 정말 짐승같이 무지한 사람이다. 나는 사람에게 있어야 할 총명을 갖지 못했다.

3 나는 지혜를 배우지 못했고, 거룩하신 분을 아는 지식도 갖지 못했다.

4 누가 하늘에 올라갔다 내려왔던가? 누가 자기 손바닥에 바람을 모았던가? 누가 자기 옷에 물을 댔던가? 누가 땅끝을 만들었던가? 그의 이름이 무엇이며, 그의 아들의 이름은 무엇인가? 네가 알면 말해 다오.

5 모든 하나님의 말씀은 믿을 만하다. 그분은 자기를 피난처로 삼는 자에게 방패가 되신다.

6 그분의 말씀에 다른 것을 더하지 마라. 그분이 너를 책망하고 거짓말쟁이로 생각하실까 두렵다.

7 내가 두 가지를 여호와께 구하였사오니,

---

and will make your heart glad.

18 ● When people do not accept divine guidance,
  they run wild.
  But whoever obeys the law is joyful.

19 ● Words alone will not discipline a servant;
  the words may be understood, but they are
  not heeded.

20 ● There is more hope for a fool
  than for someone who speaks without thinking.

21 ● A servant pampered from childhood
  will become a rebel.

22 ● An angry person starts fights;
  a hot-tempered person commits all kinds of sin.

23 ● Pride ends in humiliation,
  while humility brings honor.

24 ● If you assist a thief, you only hurt yourself.
  You are sworn to tell the truth, but you dare
  not testify.

25 ● Fearing people is a dangerous trap,
  but trusting the LORD means safety.

26 ● Many seek the ruler's favor,
  but justice comes from the LORD.

27 ● The righteous despise the unjust;
  the wicked despise the godly.

The Sayings of Agur

30 The sayings of Agur son of Jakeh contain this message.*

  I am weary, O God;
  I am weary and worn out, O God.*

2 ● I am too stupid to be human,
  and I lack common sense.

3 ● I have not mastered human wisdom,
  nor do I know the Holy One.

4 ● Who but God goes up to heaven and comes
  back down?
  Who holds the wind in his fists?
  Who wraps up the oceans in his cloak?
  Who has created the whole wide world?
  What is his name—and his son's name?
  Tell me if you know!

5 ● Every word of God proves true.
  He is a shield to all who come to him for
  protection.

6 ● Do not add to his words,
  or he may rebuke you and expose you as a liar.

7 ● O God, I beg two favors from you;
  let me have them before I die.

---

pamper [pǽmpar] *vt.* 애지중지하다; 응석 받아주다

30:1a Or *son of Jakeh from Massa*; or *son of Jakeh, an oracle.* 30:1b The Hebrew can also be translated *The man declares this to Ithiel, / to Ithiel and to Ucal.*

내가 죽기 전에 이루어 주소서.

8 곧 허망한 거짓말을 내게서 멀리하여 주
시고, 가난도 부함도 허락하지 마시고,
오직 일용할 양식만 주소서.

9 그렇지 않으면, 내가 배불러서 "여호와
께서 누구인가?" 하고 당신을 부인할까
두렵습니다. 아니면 내가 가난하여져서
도둑질하고 내 하나님의 이름을 모욕할
까 두렵습니다.

10 너는 종을 주인에게 고자질하지 마라. 그
가 너를 저주하면, 네가 처벌을 받을까
두렵다.

11 자기 아버지를 저주하고 자기 어머니를
축복하지 않는 불효자식들이 있다.

12 자기 스스로 깨끗하다 여기고 자기 더러
움을 씻지 않는 자들도 있다.

13 아주 거만하여 그 눈꺼풀들이 치켜 올려
있는 자들이 있다.

14 앞니는 긴 칼 같고 어금니는 군인이 허리
에 찬 칼 같아서, 가난한 자를 땅에서 집
어삼켜 없애고, 궁핍한 자를 무시하는 자
들이 있다.

15 거머리에게는 두 딸이 있어, "주세요, 주
세요"라고 한다. 결코 만족을 모르는 서
너 가지가 있으니,*

16 곧 무덤과 아이 배지 못한 태와 메마른
땅과 이글거리는 불이다.

17 아버지를 비웃고 어머니를 경멸하여 불
순종하는 자의 눈은, 골짜기의 까마귀에
게 쪼이고 독수리에게 먹힐 것이다.

18 내가 이해하지 못할 기이한 것 서너 가지
가 있으니,*

19 곧 공중에서 독수리가 날아다니는 길과
바위에서 뱀이 기어다니는 길과 대해에
서 항해하는 배의 항로와 젊은 여자와 동
침하며 지나간 남자의 길이다.

20 간음한 여자의 길도 이와 같으니 그녀는
죄를 짓고도 잘못한 것이 없다고 말한
다.

21 세상을 뒤흔드는 서너 가지가 있으니,*

22 왕이 된 종과 배부른 바보와

23 사랑받지 못한 여인이 시집간 일과 여주
인을 대신한 여종이다.

24 아주 작지만 아주 지혜로운 것 네 가지가
세상에 있으니,

25 곧 힘이 없지만, 여름에 음식을 장만하는
개미와

8 First, help me never to tell a lie.
   Second, give me neither poverty nor riches!
   Give me just enough to satisfy my needs.
9 For if I grow rich, I may deny you and say,
   "Who is the LORD?"
   And if I am too poor, I may steal and
   thus insult God's holy name.
10 Never slander a worker to the employer,
   or the person will curse you, and you will pay for it.
11 Some people curse their father
   and do not thank their mother.
12 They are pure in their own eyes,
   but they are filthy and unwashed.
13 They look proudly around,
   casting disdainful glances.
14 They have teeth like swords
   and fangs like knives.
   They devour the poor from the earth
   and the needy from among humanity.
15 The leech has two suckers
   that cry out, "More, more!" *

   There are three things that are never satisfied—
   no, four that never say, "Enough!":
16 the grave,*
   the barren womb,
   the thirsty desert,
   the blazing fire.
17 The eye that mocks a father
   and despises a mother's instructions
   will be plucked out by ravens of the valley
   and eaten by vultures.
18 There are three things that amaze me—
   no, four things that I don't understand:
19 how an eagle glides through the sky,
   how a snake slithers on a rock,
   how a ship navigates the ocean,
   how a man loves a woman.
20 An adulterous woman consumes a man,
   then wipes her mouth and says, "What's
   wrong with that?"
21 There are three things that make the earth tremble—
   no, four it cannot endure:
22 a slave who becomes a king,
   an overbearing fool who prospers,
23 a bitter woman who finally gets a husband,
   a servant girl who supplants her mistress.
24 There are four things on earth that are small
   but unusually wise:
25 Ants—they aren't strong,

30:15 Hebrew *two daughters who cry out, "Give, give!"*
30:16 Hebrew *Sheol.*
30:15 세 가지가 있고, '충분하다'고 절대로 말하지 않는 네 가지가 있으니
30:18 내게 너무 기이한 것 세 가지가 있고, 내가 이해하지 못하는 네 가
지가 있으니
30:21 세 가지가 있고, 세상이 견딜 수 없는 네 가지가 있으니

26 힘이 없지만, 돌 틈에 집을 짓는 오소
　　리*와
27 왕이 없지만, 줄을 지어 행진하는 메뚜
　　기들과
28 손에 잡힐 것 같으면서도, 왕궁에 드나
　　드는 도마뱀이다.
29 위풍당당하게 걷는 것 서너 가지가 있
　　으니,*
30 동물의 왕으로서 어떤 것 앞에서도 물
　　러서지 않는 사자와
31 꼬리를 치켜세우는 수탉과 숫염소와
　　군대를 거느린 왕이다.
32 만일 네가 미련하여 스스로 높은 체하
　　거나, 악한 생각을 품었다면, 손으로 네
　　입을 막아라.
33 우유를 저으면 버터가 되고, 코를 비틀
　　면 코피가 나오듯, 화를 돋우면 싸움이
　　생긴다.

르무엘 왕이 쓴 지혜의 말

31 르무엘 왕*의 어머니가 그를 가르
　　쳤던 말씀입니다.
2 오, 내 아들아, 오, 내 태에서 나온 내 아
　　들아, 오, 내가 서원해서 얻은 내 아들
　　아!
3 네 힘을 여자들에게 쏟지 마라. 왕을 멸
　　망시킨 여자들에게 네 기력을 탕진하
　　지 마라.
4 오, 르무엘아, 포도주를 마시는 것은 왕
　　에게 합당하지 않다. 독주를 탐하는 것
　　은 통치자에게 합당하지 않다.
5 술을 마시고 법을 망각하고 압제당하
　　는 자들을 무자비하게 다룰까 두렵다.
6 독주는 죽게 된 자에게나 주고, 포도주
　　는 근심하는 자나 마시게 하여라.
7 그것으로 잠시나마 그들의 고통을 잊
　　게 하여라.
8 너는 스스로 자기 사정을 알리지 못하
　　는 자들을 살펴 주고, 힘없는 자들을 대
　　변하여라.
9 공평하게 재판하여라. 가난한 자와 궁
　　핍한 자의 권리를 변호해 주어라.

현숙한 여인

10 누가 현숙한 아내를 얻겠는가? 그녀는
　　비싼 진주에 비길 수 없이 귀하다.
11 그녀의 남편은 아내를 신뢰하여 아무
　　런 부족함이 없을 것이다.
12 그녀는 평생 남편을 잘 되게 하고 결코

---

but they store up food all summer.
26 • Hyraxes*—they aren't powerful,
　　but they make their homes among the rocks.
27 • Locusts—they have no king,
　　but they march in formation.
28 • Lizards—they are easy to catch,
　　but they are found even in kings' palaces.
29 • There are three things that walk with stately stride—
　　no, four that strut about:
30 • the lion, king of animals, who won't turn aside
　　for anything,
31 • 　the strutting rooster,
　　the male goat,
　　a king as he leads his army.
32 • If you have been a fool by being proud or plotting evil,
　　cover your mouth in shame.
33 • As the beating of cream yields butter
　　and striking the nose causes bleeding,
　　so stirring up anger causes quarrels.

The Sayings of King Lemuel

31 The sayings of King Lemuel contain this mes-
sage,* which his mother taught him.

2 • O my son, O son of my womb,
　　O son of my vows,
3 • do not waste your strength on women,
　　on those who ruin kings.
4 • It is not for kings, O Lemuel, to guzzle wine.
　　Rulers should not crave alcohol.
5 • For if they drink, they may forget the law
　　and not give justice to the oppressed.
6 • Alcohol is for the dying,
　　and wine for those in bitter distress.
7 • Let them drink to forget their poverty
　　and remember their troubles no more.
8 • Speak up for those who cannot speak for
　　themselves;
　　ensure justice for those being crushed.
9 • Yes, speak up for the poor and helpless,
　　and see that they get justice.

A Wife of Noble Character

10 •* Who can find a virtuous and capable wife?
　　She is more precious than rubies.
11 • Her husband can trust her,
　　and she will greatly enrich his life.
12 • She brings him good, not harm,
　　all the days of her life.

guzzle [gʌ́zl] *vt.* (술을) 폭음하다

30:26 Or *Coneys*, or *Rock badgers*.　31:1 Or *of Lemuel, king
of Massa*; or *of King Lemuel, an oracle.*　31:10 Verses 10-31
comprise a Hebrew acrostic poem; each verse begins with a
successive letter of the Hebrew alphabet.

30:26 '토끼', '바위너구리'라고도 한다.
30:29 세 가지가 있고, 아주 당당하게 움직이는 네 가지가 있으니
31:1 '맛사의 왕 르무엘'이라고도 한다.

해를 끼치지 않는다.

13 그녀는 양털과 삼을 구하여 손을 부지런히 놀려 일하고

14 상선처럼 멀리서 양식을 구해 온다.

15 그녀는 이른 새벽에 일어나 가족의 밥상을 차려 주고 여종들에게 일감을 할당해 준다.

16 그녀는 밭을 잘 골라 사고, 손수 포도원을 가꾼다.

17 힘 있게 허리띠를 묶고, 자기 할 일을 당차게 처리한다.

18 자기의 일이 유익한 것을 알고, 저녁에도 등불을 끄지 않는다.

19 손을 놀려 물레질을 하고, 베를 짜며,

20 팔을 벌려 가난한 자들을 돌보고 궁핍한 자에게 후히 베푼다.

21 온 식구는 눈이 와도 겁내지 않는다. 왜냐하면 가족 모두 따뜻한 옷*을 입었기 때문이다.

22 그녀는 침대를 위한 이불을 만들고, 세마포와 자색옷을 입는다.

23 그녀의 남편은 유명 인사가 되고, 고위 관리들과 함께 한다.

24 삼베옷을 만들어 팔고, 띠를 만들어 상인들에게 판다.

25 그녀는 힘 있고 기품이 있다. 그녀는 미래를 계획하며 웃는다.

26 입을 열어 지혜를 가르치니, 그녀의 혀에는 진실한 가르침이 있다.

27 집안일을 자상히 보살피고, 태만하게 밥을 먹는 일이 없다.

28 그녀의 아들들은 그녀를 축복하고 남편 역시 그녀를 칭찬한다.

29 "뛰어난 여자들이 많지만 당신이 최고요."

30 매력도 헛되고, 아름다움도 허무하나, 여호와를 경외하는 자는 칭송을 받을 것이다.

31 그녀가 행한 일이 보상을 받고, 모든 사람들이 그녀를 칭송할 것이다.

---

13 • She finds wool and flax
    and busily spins it.

14 • She is like a merchant's ship,
    bringing her food from afar.

15 • She gets up before dawn to prepare breakfast
      for her household
    and plan the day's work for her servant girls.

16 • She goes to inspect a field and buys it;
    with her earnings she plants a vineyard.

17 • She is energetic and strong,
    a hard worker.

18 • She makes sure her dealings are profitable;
    her lamp burns late into the night.

19 • Her hands are busy spinning thread,
    her fingers twisting fiber.

20 • She extends a helping hand to the poor
    and opens her arms to the needy.

21 • She has no fear of winter for her household,
    for everyone has warm* clothes.

22 • She makes her own bedspreads.
    She dresses in fine linen and purple gowns.

23 • Her husband is well known at the city gates,
    where he sits with the other civic leaders.

24 • She makes belted linen garments
    and sashes to sell to the merchants.

25 • She is clothed with strength and dignity,
    and she laughs without fear of the future.

26 • When she speaks, her words are wise,
    and she gives instructions with kindness.

27 • She carefully watches everything in her
      household
    and suffers nothing from laziness.

28 • Her children stand and bless her.
    Her husband praises her:

29 • "There are many virtuous and capable women
      in the world,
    but you surpass them all!"

30 • Charm is deceptive, and beauty does not last;
    but a woman who fears the LORD will
      be greatly praised.

31 • Reward her for all she has done.
    Let her deeds publicly declare her praise.

---

deceptive [diséptiv] *a.* 속이는, 믿을 수 없는
flax [flæks] *n.* 아마 섬유
sash [sæ] *n.* 장식띠
spin [spín] *vt.* 실을 잣다, 방적하다
virtuous [vɔ́ːrtʃuəs] *a.* 덕이 높은
31:14 from afar : 멀리서

31:21 As in Greek and Latin versions; Hebrew reads *scarlet.*

31:21 개역 성경에는 '홍색옷'이라고 표기되어 있다.

전 도 서

● 서론

✥ 저자 _ 솔로몬
✥ 저작 연대 _ B.C. 935년경
✥ 기록 장소 _ 예루살렘
✥ 기록 대상 _ 젊은이들과 '장로들의 학생들'
✥ 핵심어 및 내용 _ 핵심어는 '헛되다'와 '야망'이다. 하나님께서 함께 하시지 않는다면 우리들이 하는
   모든 일들은 아무런 의미 없이 헛되고 공허하며 소망이 없다. 우리가 만약 이 세상에서 만족을 누리는
   것을 인생의 목표로 삼는다면 우리는 계속해서 좌절하고 낙망할 수밖에 없을 것이다.

이 세상 모든 것은 헛되다

1 다윗의 아들로 예루살렘에서 이스라엘의 왕으로 있었던 설교자*가 한 말입니다.

2 설교자가 말합니다. 인생은 정말 허무하고 허무하다. 세상만사가 너무 허무하다!

3 사람이 해 아래서 일하는 모든 수고가 무슨 유익이 있는가?

4 한 세대가 가고, 다른 세대가 오지만, 땅은 영원히 변하지 않는다.

5 해는 떴다가 지고, 다시 떠오르기 위해 그 떴던 곳으로 급히 돌아가는구나.

6 바람은 남쪽으로 분다 싶더니, 다시 북쪽으로 향하고, 다시 이리저리 돌아 제자리로 돌아간다.

7 강들은 모두 바다로 흘러들지만, 바다는 결코 넘치는 법이 없다. 강물도 다시 돌고 돌아 제자리로 돌아간다.

8 세상만사 말로 다 할 수 없이 피곤하니, 눈은 보고 또 보아도 만족하지 않고, 귀는 듣고 또 들어도 채워지지 않는다.

9 이미 있던 것들이 다시 생기고, 사람들은 전에 했던 일들을 다시 한다. 해 아래 새로운 것이 없다.

10 누가 "보라, 여기 새것이 있다"라고 말할 수 있겠는가? 그것은 이미 오래전에 있었던 것이며, 우리가 나기 전에 이미 존재하던 것일 뿐이다.

11 이전 사람들이 기억에서 사라지는 것처럼, 이제 태어날 사람들 역시 기억에서 사라질 것이다.

지혜도 헛되다

12 나 설교자는 예루살렘에서 이스라엘의 왕이었다.

13 나는 하늘 아래서 일어나는 모든 일들을 지혜로써 연구하고 깊이 생각하기로 작정했다. 하나님께서 사람들에게 얼마나 무거운 짐을 지워 주셨는지 알게 되니 괴로웠다.

14 내가 해 아래서 되어지는 모든 일들을 살펴보니, 그 모두가 마치 바람을 잡으려고 하는 것처럼 허무하였다.

15 구부러진 것을 곧게 할 수 없고, 부족한 것은 너무

1 These are the words of the Teacher,* King David's son, who ruled in Jerusalem.

Everything Is Meaningless

2 • "Everything is meaningless," says the Teacher, "completely meaningless!"

3 • What do people get for all their hard
4 work under the sun? • Generations come and generations go, but the earth never changes.
5 • The sun rises and the sun sets, then hurries
6 around to rise again. • The wind blows south, and then turns north. Around and around it
7 goes, blowing in circles. • Rivers run into the sea, but the sea is never full. Then the water returns again to the rivers and flows out again
8 to the sea. • Everything is wearisome beyond description. No matter how much we see, we are never satisfied. No matter how much we hear, we are not content.

9 • History merely repeats itself. It has all
10 been done before. Nothing under the sun is truly new. • Sometimes people say, "Here is something new!" But actually it is old; noth-
11 ing is ever truly new. • We don't remember what happened in the past, and in future generations, no one will remember what we are doing now.

The Teacher Speaks:
The Futility of Wisdom

12 • I, the Teacher, was king of Israel, and I lived
13 in Jerusalem. • I devoted myself to search for understanding and to explore by wisdom everything being done under heaven. I soon discovered that God has dealt a tragic exis-
14 tence to the human race. • I observed everything going on under the sun, and really, it is all meaningless—like chasing the wind.

15 • What is wrong cannot be made right.
   What is missing cannot be recovered.

1:1 Hebrew *Qoheleth;* this term is rendered "the Teacher" throughout this book.

1:1 이는 (히) '코헬렛'으로, 개역 성경에는 '전도자'라고 표기되어 있다.

많아서 헤아릴 수가 없다.

16 나는 스스로 말하였다. "예루살렘에서 왕 노릇 한 사람치고 나보다 지혜와 지식을 크게 깨친 자는 없을 것이다."

17 나는 지혜가 무엇이며, 미친 짓과 어리석음이 무엇인지를 알고자 생각해 보았으나 이것 역시 바람을 잡는 일과 같다는 결론을 내렸다.

18 지혜가 많으면 괴로움도 많고, 지식을 쌓으면 그만큼 고통도 늘어난다.

쾌락도 헛되다

2 나는 스스로 말하였다. "이제 내가 시험적으로 마음껏 즐기리니 쾌락이 무엇인지 알아보자." 그러나 그것 역시 허무한 일일 뿐이었다.

2 내가 웃음을 생각해 보니 그것도 미친 짓이었다. 즐기는 것에서 무슨 보람을 얻을 수 있겠는가?

3 이번에는, 내 마음으로는 여전히 지혜를 찾으면서 술을 잔뜩 마셔 보기로 했다. 나는 사람이 하늘 아래서 잠시 사는 동안 무엇이 정말 보람된 일인지를 알아보기 원했던 것이다.

모든 수고도 헛되다

4 나는 큰 사업들을 이루었다. 대궐들을 건축하고, 포도원도 만들었다.

5 나를 위해 동산과 공원을 만들고, 그 안에 온갖 과일나무를 심었으며,

6 심은 나무들이 푸른 숲을 이루도록 연못을 파서 물을 대었다.

7 남종과 여종을 샀고, 집에서 태어난 종들도 있었다. 소 떼와 양 떼도 예루살렘에 살았던 그 누구보다도 많았다.

8 금이나 보화, 왕의 보물들, 그리고 여러 지방의 진귀한 물건들을 대량으로 모아들였다. 남녀 가수들은 물론 남자들이 좋아하는 첩도 많이 두었다.

9 나는 전에 있던 예루살렘의 그 누구보다도 위대하게 되었고 지혜도 늘 나와 함께 있었다.

10 나는 내 눈이 원하는 것이라면 무엇이든 거절하지 않았다. 그 어떤 쾌락도 사양하지 않았다. 나는 이 모든 일들로 인하여 기쁨을 누렸고, 이것은 내 모든 수고의 보상이었다.

11 그런데 내 손이 한 일과 노력한 수고를 돌이켜 보니, 모든 것이 바람을 잡는 것처럼 허무했다. 해 아래서 도대체 무슨 보람을 얻겠는가?

모든 인간의 운명이 헛되다

12 나는 다시 지혜와 미친 짓, 우둔함이 무엇인지 깨치려고 작정했으나, 왕위를 계승하는 자는 이미 되어진 일 외에는 달리 어떤 일도 하지 않는다는 것을 알았다.

13 빛이 어둠보다 나은 것과 같이 지혜가 우둔함보다

16 •I said to myself, "Look, I am wiser than any of the kings who ruled in Jerusalem before me. I have greater wisdom and 17 knowledge than any of them." •So I set out to learn everything from wisdom to madness and folly. But I learned firsthand that pursuing all this is like chasing the wind.

18 • The greater my wisdom, the greater my grief. To increase knowledge only increases sorrow.

The Futility of Pleasure

2 I said to myself, "Come on, let's try pleasure. Let's look for the 'good things' in life." But I found that this, too, was meaning-2 less. •So I said, "Laughter is silly. What good 3 does it do to seek pleasure?" •After much thought, I decided to cheer myself with wine. And while still seeking wisdom, I clutched at foolishness. In this way, I tried to experience the only happiness most people find during their brief life in this world.

4 •I also tried to find meaning by building huge homes for myself and by planting 5 beautiful vineyards. •I made gardens and parks, filling them with all kinds of fruit 6 trees. •I built reservoirs to collect the water to irrigate my many flourishing groves. •I bought slaves, both men and women, and others were born into my household. I also owned large herds and flocks, more than any of the kings who had lived in Jerusalem 8 before me. •I collected great sums of silver and gold, the treasure of many kings and provinces. I hired wonderful singers, both men and women, and had many beautiful concubines. I had everything a man could desire!

9 •So I became greater than all who had lived in Jerusalem before me, and my wis-10 dom never failed me. •Anything I wanted, I would take. I denied myself no pleasure. I even found great pleasure in hard work, a 11 reward for all my labors. •But as I looked at everything I had worked so hard to accomplish, it was all so meaningless—like chasing the wind. There was nothing really worthwhile anywhere.

The Wise and the Foolish

12 •So I decided to compare wisdom with foolishness and madness (for who can do this 13 better than I, the king?*). •I thought,

concubine [kάŋkjuːbain] *n.* 첩
futility [fjuːtíləti] *n.* 헛됨, 무력
irrigate [írəgeit] *vt.* 물을 대다
wearisome [wíərisəm] *a.* 피곤하게 하는

2:12 The meaning of the Hebrew is uncertain.

전

낮다.

14 현명한 사람은 자기 앞을 보고 어리석은 사람은 어둠 가운데서 살지만 내가 깨닫고 보니, 둘 다 결국은 같은 운명이었다.

15 그래서 나는 스스로 말하였다. "어리석은 자의 운명을 나도 당할 것인데, 내가 지혜롭게 살아도 아무 소용 없으니 이것 역시 허무하다."

16 지혜로운 자도 어리석은 자처럼 오래 기억되지 못하고, 조만간 둘 다 잊혀지고 말 것이다. 어리석은 사람처럼 지혜로운 사람도 역시 죽어야 할 운명일 뿐이다.

인생의 진정한 행복은 어디에 있는가?

17 그래서 나는 산다는 것이 싫어졌다. 왜냐하면 해 아래서 되어지는 일이 내게 슬픔만 주고 모든 것이 바람을 잡으려는 듯 허무하기 때문이다.

18 정말, 해 아래서 내가 수고했던 모든 일들을 내 후대에게 물려주어야 한다고 생각하니 이 모든 일이 싫어졌다.

19 그 사람이 지혜로울지, 어리석을지 누가 알까? 나의 후계자도 내가 수고하고 노력했던 모든 일을 자기 마음대로 할 것이니 이것도 허무하다.

20 그래서 나는 내가 했던 모든 수고에 실망했다.

21 사람이 지혜와 지식과 재주를 가지고 자기 일을 하지만, 결국 그 모든 것을 수고하지 않은 다른 사람에게 물려주어야 하니, 이것 역시 허무하고 크게 잘못되었다.

22 사람의 모든 수고와 마음의 염려로 얻는 것이 무엇인가?

23 날이면 날마다 일하는 수고는 괴로움뿐이며, 밤이라고 마음 편히 쉴 수도 없으니 이것도 허무한 일이다.

24 사람에게 먹고, 마시고, 자기 일에 만족하는 것 이상으로 좋은 일은 다시 없다. 내가 보니, 이것 역시 하나님의 손이 정하신 대로다.

25 누가 나보다 먹고 즐기는 일에 나은 자가 있을까?*

26 하나님께서 보시기에 좋은 사람에게는 지혜와 지식과 행복을 주시지만, 죄인에게는 수고를 주신다. 그리고 하나님을 기쁘시게 하는 사람에게 죄인이 쌓은 부를 주도록 하신다. 이것 역시 바람을 잡는 것처럼 허무하다.

모든 일에는 때가 있다

3 하늘 아래 모든 일에는 정한 때가 있고, 시기가 있는 법이다.

2 날 때가 있고, 죽을 때가 있고, 심을 때가 있고, 심은 것을 뽑을 때가 있다.

3 죽일 때가 있고, 고칠 때가 있고, 허물 때가 있고, 건축할 때가 있다.

"Wisdom is better than foolishness, just as
14 light is better than darkness. ● For the wise can see where they are going, but fools walk in the dark." Yet I saw that the wise and the
15 foolish share the same fate. ● Both will die. So I said to myself, "Since I will end up the same as the fool, what's the value of all my wis-
16 dom? This is all so meaningless!" ● For the wise and the foolish both die. The wise will not be remembered any longer than the fool. In the days to come, both will be forgotten.
17 ● So I came to hate life because everything done here under the sun is so troubling. Everything is meaningless—like chasing the wind.

The Futility of Work

18 ● I came to hate all my hard work here on earth, for I must leave to others everything I
19 have earned. ● And who can tell whether my successors will be wise or foolish? Yet they will control everything I have gained by my skill and hard work under the sun.
20 How meaningless! ● So I gave up in despair, questioning the value of all my hard work in this world.
21 ● Some people work wisely with knowledge and skill, then must leave the fruit of their efforts to someone who hasn't worked for it. This, too, is meaningless, a great
22 tragedy. ● So what do people get in this
23 life for all their hard work and anxiety? ● Their days of labor are filled with pain and grief; even at night their minds cannot rest. It is all meaningless.
24 ● So I decided there is nothing better than to enjoy food and drink and to find satisfaction in work. Then I realized that these plea-
25 sures are from the hand of God. ● For who can eat or enjoy anything apart from him?*
26 ● God gives wisdom, knowledge, and joy to those who please him. But if a sinner becomes wealthy, God takes the wealth away and gives it to those who please him. This, too, is meaningless—like chasing the wind.

A Time for Everything

3 ● For everything there is a season,
　 a time for every activity under heaven.
2 ● A time to be born and a time to die.
　 A time to plant and a time to harvest.
3 ● A time to kill and a time to heal.
　 A time to tear down and a time to
　 build up.

2:20 in despair : 절망하여

2:25 As in Greek and Syriac versions; Hebrew reads *apart from me?*

2:25 70인역에는 다음과 같다. "누가 그분을 떠나 먹고 즐기는 일을 할 수 있을까?"

4 울 때와 웃을 때가 있고, 슬퍼할 때와 춤출 때가 있다.

5 돌을 던져 버릴 때가 있고, 돌들을 모을 때가 있고, 껴안을 때가 있고, 그것을 멀리할 때가 있다.

6 찾을 때가 있고, 포기할 때가 있고, 간직할 때가 있고, 버릴 때가 있다.

7 찢어 버릴 때가 있고, 수선할 때가 있고, 침묵해야 할 때가 있고, 말해야 할 때가 있다.

8 사랑할 때가 있고, 미워할 때가 있고, 전쟁할 때가 있고, 화평할 때가 있다.

하나님께서 모든 세상을 다스리신다

9 일한 사람이 자기의 수고로 얻는 것이 무엇인가?

10 나는 하나님께서 사람들에게 지워 주신 짐을 보았다.

11 하나님은 모든 것을 제때에 아름답게 지으셨고 사람의 마음에 영원의 감각을 주셨지만, 하나님께서 처음부터 마지막까지 행하실 일은 다 깨달을 수가 없다.

12 내가 알기에, 살아생전에 행복하고 선을 행하는 일보다 더 좋은 일은 없다.

13 이처럼 하나님의 선물은 사람마다 먹고, 마시고, 자기의 수고에서 만족을 느끼는 것이다.

14 하나님께서 무엇을 하시든지 그것은 영원하다. 그것에 아무것도 더하거나 뺄 수가 없으니 하나님께서 그렇게 하신 것은 사람들이 그분을 경외하도록 하기 위함이다.

15 지금 있는 것은 이전에도 있었고, 장차 있게 될 것도 이미 있었던 것이다. 하나님은 지난 것을 다시 찾으신다.

사악이 만연한 세상

16 다시 해 아래서 살펴보니, 공의가 있어야 할 자리에 불의가 있고, 정의가 있어야 할 자리에 악이 있었다.

17 나는 혼자 이런 생각을 하였다. '하나님은 의인과 악인 모두를 심판하실 것이다. 왜냐하면 모든 일과 모든 활동에 때가 있기 때문이다.'

18 나는 사람에 관하여 스스로 말하였다. "사람이 짐승과 마찬가지라는 사실을 깨닫도록 하나님은 사람을 시험하신다.

19 사람의 운명과 짐승의 운명은 비슷하다. 사람이 죽는 것처럼 짐승도 죽으므로, 사람이나 짐승이나 호흡은 동일하다. 이렇게 모든 것이 헛되니 사람이 짐승보다 나은 것이 무엇인가?

20 모두가 흙에서 와서 흙으로 돌아가듯, 다 같은 곳으로 돌아간다.

21 사람의 영은 위로 올라가고, 짐승의 영은 땅으로 내려가는 것을 누가 알겠는가?"

4 • A time to cry and a time to laugh.
　A time to grieve and a time to dance.

5 • A time to scatter stones and a time to gather stones.
　A time to embrace and a time to turn away.

6 • A time to search and a time to quit searching.
　A time to keep and a time to throw away.

7 • A time to tear and a time to mend.
　A time to be quiet and a time to speak.

8 • A time to love and a time to hate.
　A time for war and a time for peace.

9 •What do people really get for all their 10 hard work? •I have seen the burden God 11 has placed on us all. •Yet God has made everything beautiful for its own time. He has planted eternity in the human heart, but even so, people cannot see the whole scope 12 of God's work from beginning to end. •So I concluded there is nothing better than to be happy and enjoy ourselves as long as we can. 13 •And people should eat and drink and enjoy the fruits of their labor, for these are gifts from God.

14 •And I know that whatever God does is final. Nothing can be added to it or taken from it. God's purpose is that people should 15 fear him. •What is happening now has happened before, and what will happen in the future has happened before, because God makes the same things happen over and over again.

The Injustices of Life

16 •I also noticed that under the sun there is evil in the courtroom. Yes, even the courts of 17 law are corrupt! •I said to myself, "In due season God will judge everyone, both good and bad, for all their deeds."

18 •I also thought about the human condition—how God proves to people that they 19 are like animals. •For people and animals share the same fate—both breathe* and both must die. So people have no real advantage 20 over the animals. How meaningless! •Both go to the same place—they came from dust 21 and they return to dust. •For who can prove that the human spirit goes up and the spirit

---

corrupt [kərʌ́pt] a. 타락한, 부도덕한
embrace [imbréis] vi. 서로 껴안다
mend [mend] vt. 고치다, 수선하다
scatter [skǽtər] vt. 흩어버리다
scope [skóup] n. 영역, 범위
3:5 turn away : 얼굴을 돌리다
3:17 in due seaon : 때가 오면; 적절한 때에

3:19 Or both have the same spirit.

전

22 내가 살펴보니, 사람이 자기 일을 즐기는 것보다 나은 것이 없다. 그것은 그의 몫이기 때문이며, 그에게 죽은 다음에 일어날 일을 보여 줄 사람이 없기 때문이다.

학대

4 내가 다시 살펴보니, 해 아래서 온갖 학대가 자행되고 있었다. 학대하는 자들에게 권세가 있으니 학대당하는 자들의 눈물을 위로하는 사람이 없구나.

2 그래서 나는 말했다. "죽은 자가 살아 있는 사람보다 행복하다!"

3 그러나 아예 세상에 나지 아니하여, 해 아래서 행해지는 악을 보지 않은 자가 둘보다 더 낫다.

헛된 수고

4 또 살펴보니, 모든 수고와 성취는 이웃에 대한 시기심에서 발생하였다. 이것 역시 바람을 잡으려는 것처럼 허무한 일이다.

5 어리석은 자는 팔짱 끼고 지내다 굶어 죽는다고 하지만,

6 바람을 잡고자 두 손 벌려 수고하는 것보다는 한 줌으로 만족함이 더 낫다.

7 내가 살펴보니, 해 아래 허무한 것이 또 있었다.

8 어떤 사람은 아들이나 형제도 없는 외톨이지만, 끝없이 수고하며, 자기 재산에 만족할 줄을 모른다. 그는 말한다. "내가 누굴 위해 이렇게 수고를 하지? 왜 나는 즐기지 못하는 걸까?" 이것 역시 허무한 일이다.

친구의 가치

9 왜냐하면 두 사람이 한 사람보다 나은 것은 두 사람이 힘을 합치면 더 큰 일을 할 수 있기 때문이다.

10 한 사람이 넘어지면 다른 사람이 일으켜 준다. 그렇지만 넘어져도 일으켜 줄 사람이 없는 사람은 불쌍하다.

11 둘이 함께 누우면 따뜻해진다. 하지만 혼자라면 어떻게 따뜻해질 수 있을까?

12 혼자서는 원수에게 패하더라도, 둘이라면 능히 방어할 수 있다. 세 겹으로 꼰 줄은 쉽게 끊어지지 않는 법이다.

출세와 권력도 헛되다

13 충고를 싫어하는 나이 많고 어리석은 왕보다는, 가난하지만 지혜로운 소년이 더 낫다.

14 나는 그런 젊은이가 왕이 되는 것을 보았다. 그는 가난한 집에서 태어났고, 감옥에도 간 적이 있었지만,

15 모든 사람들이 왕이 된 그를 따랐다.

16 그러나 그가 다스리는 무리가 수도 없이 많았지만 이후의 세대는 아무도 그를 좋아하지 않았다. 이것 역시 허무한 일이요, 바람을 잡는 것이다.

22 of animals goes down into the earth? •So I saw that there is nothing better for people than to be happy in their work. That is our lot in life. And no one can bring us back to see what happens after we die.

4 Again, I observed all the oppression that takes place under the sun. I saw the tears of the oppressed, with no one to comfort them. The oppressors have great power, and

2 their victims are helpless. •So I concluded that the dead are better off than the living.

3 •But most fortunate of all are those who are not yet born. For they have not seen all the evil that is done under the sun.

4 •Then I observed that most people are motivated to success because they envy their neighbors. But this, too, is meaningless—like chasing the wind.

5 • "Fools fold their idle hands,
     leading them to ruin."

6 •And yet,

     "Better to have one handful with quietness
     than two handfuls with hard work
     and chasing the wind."

The Advantages of Companionship

7 •I observed yet another example of some-

8 thing meaningless under the sun. •This is the case of a man who is all alone, without a child or a brother, yet who works hard to gain as much wealth as he can. But then he asks himself, "Who am I working for? Why am I giving up so much pleasure now?" It is all so meaningless and depressing.

9 •Two people are better off than one, for

10 they can help each other succeed. •If one person falls, the other can reach out and help. But someone who falls alone is in real

11 trouble. •Likewise, two people lying close together can keep each other warm. But

12 how can one be warm alone? •A person standing alone can be attacked and defeated, but two can stand back-to-back and conquer. Three are even better, for a triple-braided cord is not easily broken.

The Futility of Political Power

13 •It is better to be a poor but wise youth than an old and foolish king who refuses all

14 advice. •Such a youth could rise from poverty and succeed. He might even become king, though he has been in prison. •But then

15 everyone rushes to the side of yet another

16 youth* who replaces him. •Endless crowds

4:15 Hebrew *the second youth.*

약속을 신중히 하여라

5 하나님의 집에 예배하러 들어갈 때에 발걸음을 조심하여라. 형식적으로 예배드리는 어리석은 자보다 말씀을 듣기 위해 조용히 나아가는 자가 더 낫다. 어리석은 자들은 악을 행하면서도 알지 못한다.

2 하나님 앞에서 함부로 입을 놀리지 마라. 조급한 생각으로 무엇을 말하지 마라. 하나님은 하늘에 계시고 너는 땅에 있으니, 너는 말을 적게 하여라.

3 걱정이 많으면 꿈자리가 사납고, 말이 많으면 어리석은 소리를 한다.

4 하나님께 약속했거든, 신속히 이행하여라. 하나님은 어리석은 자들을 기뻐하지 않으시니, 너는 약속을 지켜라.

5 약속을 하고 지키지 않는 것보다는 약속을 하지 않는 것이 낫다.

6 네 입술로 죄짓지 마라. 하나님의 사자에게 "내 약속은 실수였습니다"라고 말하지 마라. 하나님께서 화내실 만한 말을 하여, 그분이 네 손의 수고를 망치게 할 이유가 무엇이냐?

7 꿈이 많고 말이 많은 것도 허무하니 하나님을 경외하여라.

관리가 감독한다

8 만일 가난한 자가 학대를 당하고, 정의와 인권이 무시되는 것을 보거든, 그런 일들에 대해 놀라지 마라. 왜냐하면 그것을 처리할 관리가 있고, 이들 위에는 더 높은 고위 관리가 있기 때문이다.

9 땅의 산물은 모두를 위한 것이다. 왕도 들판에서 나는 곡식을 먹는다.

부자도 행복을 사지 못한다

10 돈을 사랑하는 사람치고 돈에 만족하는 이가 없고, 재물을 사랑하는 사람치고 자기 수입에 만족하는 이가 없다. 이것 역시 허무한 일이다.

11 재산이 불어나면, 식솔도 많아지는 법이거늘, 주인이 재산을 바라보며 즐기는 일 외에 그가 얻는 유익은 무엇인가?

12 노동자는 적게 먹든지 많이 먹든지 잠이 달콤하지만, 부자는 재물이 많으므로 걱정 때문에 잠을 이루지 못한다.

13 내가 살펴보니, 해 아래 큰 재앙이 있는데, 그것은 재물이 그것을 축적한 자에게 해를 끼친다는 것이다.

14 투자를 잘못하여 재산을 날려 버리니, 그 아들에게는 한 푼도 돌아가지 않는다.

15 우리는 태에서 알몸으로 나올 때처럼, 알몸으로 돌아간다. 손으로 수고한 그 어떤 것도 지니고 가지 않는다.

stand around him,* but then another generation grows up and rejects him, too. So it is all meaningless—like chasing the wind.

Approaching God with Care

5 *As you enter the house of God, keep your ears open and your mouth shut. It is evil to make mindless offerings to God. 2 *Don't make rash promises, and don't be hasty in bringing matters before God. After all, God is in heaven, and you are here on earth. So let your words be few.

3 *Too much activity gives you restless dreams; too many words make you a fool.

4 *When you make a promise to God, don't delay in following through, for God takes no pleasure in fools. Keep all the 5 promises you make to him. *It is better to say nothing than to make a promise and not 6 keep it. *Don't let your mouth make you sin. And don't defend yourself by telling the Temple messenger that the promise you made was a mistake. That would make God angry, and he might wipe out everything you have achieved.

7 *Talk is cheap, like daydreams and other useless activities. Fear God instead.

The Futility of Wealth

8 *Don't be surprised if you see a poor person being oppressed by the powerful and if justice is being miscarried throughout the land. For every official is under orders from higher up, and matters of justice get lost in red tape 9 and bureaucracy. *Even the king milks the land for his own profit!*

10 *Those who love money will never have enough. How meaningless to think that 11 wealth brings true happiness! *The more you have, the more people come to help you spend it. So what good is wealth—except perhaps to watch it slip through your fingers!

12 *People who work hard sleep well, whether they eat little or much. But the rich seldom get a good night's sleep.

13 *There is another serious problem I have seen under the sun. Hoarding riches harms 14 the saver. *Money is put into risky investments that turn sour, and everything is lost. In the end, there is nothing left to pass on to 15 one's children. *We all come to the end of our lives as naked and empty-handed as on the day we were born. We can't take our riches with us.

전

16 이것 역시 큰 재앙이다. 사람은 세상에 태어난 모습 그대로 돌아간다. 그렇다면, 바람을 위해 수고한 것이 아닌가? 도대체 무슨 유익이 있는가?

17 사람은 평생 근심 중에 식사를 하고, 크게 좌절하고, 병들고, 분노한다.

자기 일을 즐겨라

18 내가 관찰해 보니, 하나님께서 주신 자신의 생애 동안 먹고, 마시며, 자신이 하는 일에서 보람을 느끼는 것이 행복이요, 적절한 일이다. 그것이 인생의 몫이기 때문이다.

19 하나님께서 재산과 부를 주시고, 또 그것들을 누리게 해 주실 때, 자기 몫을 받아서 자기 하는 일에 즐거워하는 것이 바로 하나님의 선물이다.

20 사람은 자기 삶을 심각하게 생각할 겨를이 없다. 왜냐하면 하나님께서 그의 인생이 즐거움에 빠지도록 만드시기 때문이다.

6 나는 사람들 가운데 흔히 일어나는 또 다른 악을 보았다.

2 하나님께서 어떤 사람에게는 부와 재산, 영예를 모두 주셔서 더 바랄 것이 없게 하셨지만, 동시에 그가 이 모든 것을 누리지 못하도록 하시며, 타인이 대신 누리게 하신다는 것이다. 이것 역시 허무한 일, 큰 재앙이 아닌가?

3 사람이 자녀를 백 명이나 낳고 장수한다고 하자. 제아무리 그가 오래 산다 하여도 그 마음이 행복을 찾지 못하고, 죽어서 매장되지 못한다면, 나는 "차라리 낙태된 아기가 그 사람보다 낫다"라고 말하겠다.

4 사산아는 허무하게 왔다가 어둠 속으로 사라지고, 그 이름조차 어둠 속에 묻히고 만다.

5 사산아가 비록 햇빛도 보지 못하고, 아무것도 알지 못한다 하더라도 그 사람보다 더 많은 안식을 누린다.

6 설령 그 사람이 천 년의 두 배를 산다 할지라도, 행복을 맛보지 못한다면 둘 다 같은 곳으로 가는 것이 아닌가?

7 사람의 모든 수고가 다 먹기 위함이지만 그 식욕은 만족할 줄을 모른다.

8 지혜자가 어리석은 자보다 나은 것이 무엇인가? 가난한 사람이 타인 앞에서 예절 바르게 행동한다고 하자. 그렇다고 해서, 그가 얻을 유익이 무엇인가?

9 두 눈으로 보는 것이 마음의 공상보다 낫다. 그렇지만 이것 역시 허무하여 바람을 잡는 것과 같다.

누가 하나님의 계획을 알 수 있을까?

10 지금 존재하고 있는 것은 이미 오래전부터 이름을 가지고 있다. 사람이 무엇인지도 알려져 있다. 그러나 사람은 자기보다 강한 자와 다투는 일을 할 수 없

16 ●And this, too, is a very serious problem. People leave this world no better off than when they came. All their hard work is for nothing—like working for the wind.

17 ●Throughout their lives, they live under a cloud—frustrated, discouraged, and angry.

18 ●Even so, I have noticed one thing, at least, that is good. It is good for people to eat, drink, and enjoy their work under the sun during the short life God has given them,

19 and to accept their lot in life. ●And it is a good thing to receive wealth from God and the good health to enjoy it. To enjoy your work and accept your lot in life—this is

20 indeed a gift from God. ●God keeps such people so busy enjoying life that they take no time to brood over the past.

6 There is another serious tragedy I have seen under the sun, and it weighs heavily on humanity.

2 ●God gives some people great wealth and honor and everything they could ever want, but then he doesn't give them the chance to enjoy these things. They die, and someone else, even a stranger, ends up enjoying their wealth! This is meaningless—a sickening tragedy.

3 ●A man might have a hundred children and live to be very old. But if he finds no satisfaction in life and doesn't even get a decent burial, it would have been better for

4 him to be born dead. ●His birth would have been meaningless, and he would have ended in darkness. He wouldn't even have

5 had a name, ●and he would never have seen the sun or known of its existence. Yet he would have had more peace than in

6 growing up to be an unhappy man. ●He might live a thousand years twice over but still not find contentment. And since he must die like everyone else—well, what's the use?

7 ●All people spend their lives scratching for food, but they never seem to have

8 enough. ●So are wise people really better off than fools? Do poor people gain anything by being wise and knowing how to act in front of others?

9 ●Enjoy what you have rather than desiring what you don't have. Just dreaming about nice things is meaningless—like chasing the wind.

The Future—Determined and Unknown

10 ●Everything has already been decided. It was known long ago what each person

brood [brú:d] vi. 골똘히 생각하다 (over)
decent [díːsnt] a. 적당한, 그럴듯한
lot [lat] n. 몫 (share)

전

다.

11 말을 많이 할수록 허무함도 더해진다면, 말을 많이 하는 것이 사람에게 무슨 유익이 있겠는가?

12 그림자와 같이 허무한 며칠을 사는 인생 중 삶의 최선이 무엇인지 아는 자가 누구일까? 사람이 죽은 후, 해 아래서 무엇이 일어날지 누가 그에게 말해 줄 수 있을까?

지혜

7 좋은 이름이 값진 향수보다 낫고, 죽는 날이 태어나는 날보다 낫다.

2 초상집에 가는 것이 잔칫집에 가는 것보다 낫다. 이는 모든 사람이 죽을 것이기 때문이다. 살아 있는 사람은 이것을 명심해야 한다.

3 또한 슬픔이 웃음보다 낫다. 왜냐하면 슬픈 안색이 마음에는 약이기 때문이다.

4 지혜자의 마음은 죽을 때를 생각하지만, 어리석은 자들은 즐길 생각만 한다.

5 지혜자의 꾸지람을 듣는 것이 어리석은 자들의 칭송을 받는 것보다 낫다.

6 어리석은 자들의 웃음소리는 가마솥을 달구는 가시나무 타는 소리와 같다. 이것 역시 허무하다.

7 탐욕이 지혜로운 자를 어리석게 만들고 뇌물이 그 마음을 어둡게 한다.

8 일의 끝이 시작보다 낫고, 인내가 마음의 교만보다 낫다.

9 네 급한 마음으로 화내지 마라. 왜냐하면 화는 어리석은 자의 품속에 머물기 때문이다.

10 "옛날이 지금보다 훨씬 좋은 것은 웬일이죠?"라고 말하지 마라. 그런 질문은 어리석다.

11 지혜는 재산처럼 좋은 것이고, 해 아래 사는 사람에게 혜택을 준다.

12 지혜도 사람을 보호하고 돈도 사람을 보호해 주지만, 지혜가 돈보다 나은 것은 생명을 주기 때문이다.

13 하나님께서 하시는 일을 살펴보아라. 그가 굽게 하신 것을 누가 바르게 할 수 있을까?

14 형통한 날에는 기뻐하고, 재앙의 날에는 살펴보아라. 이 모든 날들은 하나님께서 만드신 것이다. 그래서 사람들은 자기 미래를 알지 못한다.

진정으로 선하기는 어렵다

15 나는 내 허무한 인생을 살면서 이런저런 일을 다 보았다. 의로운 생활을 하면서도 망하는 의인이 있는가 하면, 죄악된 생활을 하면서도 오래 사는 악인이 있다.

16 지나치게 의로운 체하지 말고, 지나치게 지혜로운 체하지 마라. 그러다가 망할 필요는 없지 않은가?

would be. So there's no use arguing with God about your destiny.

11 •The more words you speak, the less they mean. So what good are they?

12 •In the few days of our meaningless lives, who knows how our days can best be spent? Our lives are like a shadow. Who can tell what will happen on this earth after we are gone?

Wisdom for Life

7 • A good reputation is more valuable than costly perfume.
And the day you die is better than the day you are born.

2 • Better to spend your time at funerals than at parties.
After all, everyone dies—
so the living should take this to heart.

3 • Sorrow is better than laughter,
for sadness has a refining influence on us.

4 • A wise person thinks a lot about death,
while a fool thinks only about having a good time.

5 • Better to be criticized by a wise person
than to be praised by a fool.

6 • A fool's laughter is quickly gone,
like thorns crackling in a fire.
This also is meaningless.

7 • Extortion turns wise people into fools,
and bribes corrupt the heart.

8 • Finishing is better than starting.
Patience is better than pride.

9 • Control your temper,
for anger labels you a fool.

10 • Don't long for "the good old days."
This is not wise.

11 • Wisdom is even better when you have money.
Both are a benefit as you go through life.

12 • Wisdom and money can get you almost anything,
but only wisdom can save your life.

13 • Accept the way God does things,
for who can straighten what he has made crooked?

14 • Enjoy prosperity while you can,
but when hard times strike, realize that both come from God.
Remember that nothing is certain in this life.

The Limits of Human Wisdom

15 •I have seen everything in this meaningless life, including the death of good young people

16 and the long life of wicked people. •So don't

extortion [ikstɔ́ːrʃən] *n.* (금전 따위의) 강요, 갈취

17 지나치게 악하게 굴지 마라. 어리석은 자처럼 굴지도 마라. 어찌하여 제 수명을 다 채우지도 못하고 죽으려 하는가?

18 이것도 잡고, 저것도 놓지 않는 것이 좋다. 하나님을 경외하는 자는 이 모든 극단을 피할 것이다.

19 지혜가 주는 힘은 한 성을 지키는 열 장군의 힘보다 강하다.

20 제아무리 의롭다 해도, 죄짓지 않는 사람은 세상에 없다.

21 누가 뭐라 하건, 모두 알려고 하지 마라. 그러다가 네 종이 너를 저주하는 말까지 들을까 두렵다.

22 너도 알다시피, 때로는 너도 남을 저주하지 않았느냐?

23 이 모든 것을 알고자 나는 지혜를 써서 시험하였다. '정말 지혜롭게 행동해야지'라고 했지만, 그렇게 하기는 어려웠다.

24 세상 일을 알기란 너무나 어렵고, 이해하는 것 역시 곤란하다. 누가 과연 이를 다 알 수 있으랴?

25 나는 거듭 마음에 작정하고 지혜와 세상 이치를 깨닫고자 공부하고, 탐구하고, 연구하였다. 그리고 악하게 사는 일이 어리석고, 어리석음이 미친 짓임을 알았다.

26 내가 깨우친 것은, 마음이 함정과 그물 같고, 그 손이 사슬과 같은 여인은 죽음보다 무섭다는 것이다. 하나님을 기쁘시게 하는 사람은 그 여인을 피하나, 죄인은 그녀의 함정에 걸리고 만다.

27 설교자가 말한다. "자, 이것이 내가 깨우친 것이다. 이것저것을 살펴 전부를 깨치고자 하였다.

28 지금도 찾고 있지만 아직까지 완전히 깨치지는 못하였다. 천 명의 남자들 중에서 의로운 사람 한 명을 찾았으나, 여인들 중에서는 한 명도 찾지 못하였다.

29 내가 깨우친 한 가지는 하나님께서 사람을 정직하게 만드셨지만, 사람들이 많은 꾀를 찾았다는 것이다."

왕에게 복종하여라

8 누가 지혜로운 사람인가? 누가 사물의 이치를 깨우쳤는가? 지혜는 사람의 안색을 밝게 하여 찡그린 얼굴을 바꾸어 준다.

2 하나님 앞에서 맹세했다면, 왕의 명령에 순종하여라.

3 왕은 자기 마음대로 하는 자이니, 왕 앞에서 경솔하게 물러나지 말고 무례한 일을 주장하지 마라.

4 왕의 말은 절대적이니, 누가 감히 그에게 "당신이 무엇을 합니까?"라고 하겠는가?

5 그의 명령을 지키는 자는 해를 입지 않을 것이다. 지혜로운 마음은 적절한 때와 절차를 알고 처신

be too good or too wise! Why destroy yourself?

17 ●On the other hand, don't be too wicked either. Don't be a fool! Why die before your

18 time? ●Pay attention to these instructions, for anyone who fears God will avoid both extremes.*

19 ●One wise person is stronger than ten leading citizens of a town!

20 ●Not a single person on earth is always good and never sins.

21 ●Don't eavesdrop on others—you may

22 hear your servant curse you. ●For you know how often you yourself have cursed others.

23 ●I have always tried my best to let wisdom guide my thoughts and actions. I said to myself, "I am determined to be wise." But it

24 didn't work. ●Wisdom is always distant and

25 difficult to find. ●I searched everywhere, determined to find wisdom and to understand the reason for things. I was determined to prove to myself that wickedness is stupid and that foolishness is madness.

26 ●I discovered that a seductive woman* is a trap more bitter than death. Her passion is a snare, and her soft hands are chains. Those who are pleasing to God will escape her, but sinners will be caught in her snare.

27 ●"This is my conclusion," says the Teacher. "I discovered this after looking at the matter

28 from every possible angle. ●Though I have searched repeatedly, I have not found what I was looking for. Only one out of a thousand

29 men is virtuous, but not one woman! ●But I did find this: God created people to be virtuous, but they have each turned to follow their own downward path."

8 ● How wonderful to be wise,
　　to analyze and interpret things.
　Wisdom lights up a person's face,
　softening its harshness.

Obedience to the King

2 ●Obey the king since you vowed to God that

3 you would. ●Don't try to avoid doing your duty, and don't stand with those who plot evil, for the king can do whatever he wants.

4 ●His command is backed by great power. No

5 one can resist or question it. ●Those who obey him will not be punished. Those who are wise will find a time and a way to do what is right,

---

eavesdrop [íːvzdrɑp] *vi.* 엿듣다
plot [plɑt] *vt.* 음모를 꾸미다
seductive [sidΛktiv] *a.* 유혹하는, 매혹적인
snare [snέər] *n.* 덫, 올무
virtuous [vɜ́ːrtʃuəs] *a.* 공정한, 강직한
8:3 stand with : 찬성하다

한다.

6 비록 재앙이 덮쳐 무겁게 누른다 하더라도, 세상만사에는 적절한 때와 절차가 있는 법이다.

7 사람이 미래를 알지 못하니, 장차 될 일을 누가 사람에게 말할 것인가?

8 바람을 붙잡아 둘 사람이 아무도 없듯이, 자기 죽을 날을 마음대로 정할 수 있는 사람은 없다. 누구도 전쟁에서 자유로울 수 없듯이 악을 행하는 사람은 처벌을 피할 수 없다.

정의, 보상, 처벌

9 해 아래 되어지는 이 모든 일들에 내 마음을 쏟아, 이 모든 것들을 살펴보았다. 사람들은 타인을 조종하려고 하다가, 스스로 화를 자초하는 때가 있다.

10 그런데 나는 악인들이 묻히는 것을 보았다. 그들은 한때 성소에 드나들었던 자들이다. 그들은 성읍에서 악행을 하곤 했으나 사람들은 그들을 칭송하였다. 이것 역시 허무한 일이다.

11 악한 일을 해도 당장 처벌을 받지 않기 때문에, 사람들은 죄를 짓고자 하는 마음을 갖게 된다.

12 악인은 백 번이나 죄를 짓고도 장수할 수 있다. 그러나 내가 알기에, 하나님을 경외하고 하나님 앞에서 그분을 섬기는 사람들이 잘될 것이다.

13 왜냐하면 악인은 하나님을 섬기지 않기 때문에, 형통할 수 없고, 그들의 날은 그림자처럼 오래갈 수 없을 것이다.

14 세상에서 일어나는 일 중에 또 다른 허무한 일이 있다. 그것은 악인이 받아야 할 처벌을 의인이 받고, 의인이 받아야 마땅한 보상을 악인이 받는 것이다. 이것 역시, 내가 보기에 허무한 일이다.

15 이러므로 나는 삶을 즐기라고 권하고 싶다. 왜냐하면 해 아래서 먹고, 마시고, 만족하는 것보다 더 나은 것이 없기 때문이며, 하나님께서 그에게 주신 전 생애 동안 기쁨이 있을 것이기 때문이다.

사람은 세상 일을 다 깨닫지 못한다

16 내가 지혜를 얻고, 사람들의 수고를 알고자 작정했을 때, 나는 밤낮 잠을 이루지 못하였다.

17 나는 하나님께서 하시는 모든 일을 살펴보았다. 그러나 그 누구도 해 아래서 되어지는 것을 다 깨달을 수는 없다. 사람이 제아무리 깨우치려고 노력해도, 그 의미를 발견하는 것은 어렵다. 혹 지혜로운 사람이 안다고 말할지 모르지만, 사실 안다고 할 수 없다.

같은 운명에 처해 있는 인간

9 내가 이 모든 것을 마음으로 탐구해 본 결과, 의인이나 지혜로운 사람이나, 그들이 하는 일은 모두 하나님의 손안에 있다는 것을 알았다. 그러나 아무도 자기를 기다리는 것이 사랑인지, 미움인지 알지 못한다.

6 • for there is a time and a way for everything, even when a person is in trouble.

7 • Indeed, how can people avoid what 8 they don't know is going to happen? • None of us can hold back our spirit from departing. None of us has the power to prevent the day of our death. There is no escaping that obligation, that dark battle. And in the face of death, wickedness will certainly not rescue the wicked.

The Wicked and the Righteous

9 • I have thought deeply about all that goes 10 on here under the sun, where people have the power to hurt each other. • I have seen wicked people buried with honor. Yet they were the very ones who frequented the Temple and are now praised* in the same 11 city where they committed their crimes! This, too, is meaningless. • When a crime is not punished quickly, people feel it is safe to 12 do wrong. • But even though a person sins a hundred times and still lives a long time, I know that those who fear God will be better 13 off. • The wicked will not prosper, for they do not fear God. Their days will never grow long like the evening shadows.

14 • And this is not all that is meaningless in our world. In this life, good people are often treated as though they were wicked, and wicked people are often treated as though they were good. This is so meaningless!

15 • So I recommend having fun, because there is nothing better for people in this world than to eat, drink, and enjoy life. That way they will experience some happiness along with all the hard work God gives them under the sun.

16 • In my search for wisdom and in my observation of people's burdens here on earth, I discovered that there is ceaseless 17 activity, day and night. • I realized that no one can discover everything God is doing under the sun. Not even the wisest people discover everything, no matter what they claim.

Death Comes to All

9 This, too, I carefully explored: Even though the actions of godly and wise people are in God's hands, no one knows

---

ceaseless [síːslis] *a.* 끊임없는
explore [iksplɔ́ːr] *vt.* 탐구하다
frequent [fríːkwənt] *vt.* 자주 가다
obligation [ὰbləɡéiʃən] *n.* 의무, 책임
prosper [prάspər] *vi.* 번영하다, 성공하다

8:10 As in some Hebrew manuscripts and Greek version; many Hebrew manuscripts read *and are forgotten.*

2 모든 사람은 공통의 운명을 갖는다. 의인이나 악인이나, 선인이나 강도나, 깨끗한 자나 더러운 자나, 예배를 드리는 자나 드리지 않는 자나 모두 마찬가지이다. 선인에게 임하는 일이나 죄인에게 임하는 일이나, 맹세하는 자나 두려워 맹세하지 못하는 자나 일반이다.

3 모든 사람이 다 같은 운명에 떨어진다는 것은 악한 일이다. 이로 인해 사람의 마음은 악으로 가득하고, 사는 동안 미친 짓을 생각하다, 결국은 죽고 만다.

4 그러나 "살아 있는 개가 죽은 사자보다 낫다"라는 말처럼 살아 있는 사람에게는 소망이 있다.

5 왜냐하면 산 사람은 자신들이 죽을 것을 알지만, 죽은 사람은 아무것도 모르며, 아무런 보상도 없고, 그들에 대한 기억도 잊혀지고 말기 때문이다.

6 죽은 사람은 사랑과 미움, 시기하는 일을 오래전에 그치고, 해 아래서 일어나는 어떤 일에도 다시는 참여할 수 없다.

살아 있는 동안 생을 즐겨라

7 그러니 너는 가서 즐겁게 먹고, 기쁜 마음으로 네 포도주를 마셔라. 왜냐하면 이미 하나님께서 네가 하는 일을 인정하셨기 때문이다.

8 언제나 흰 옷을 말끔하게 차려입고, 머리에는 기름을 발라라.

9 하나님께서 주신 이 허무한 생애 동안, 네가 사랑하는 네 아내와 생을 즐겨라. 이것이 네 삶의 몫이요, 네 수고의 보상이다.

10 네 손이 발견하는 것이 무엇이든, 힘을 다해 일하라. 왜냐하면 네가 장차 들어갈 무덤에서는 일하는 것도, 계획하는 것도, 지식도, 지혜도 없기 때문이다.

때와 기회

11 내가 세상을 살펴보니, 발이 빠른 자라고 해서 경주에서 이기는 것이 아니며, 강한 자라고 해서 전쟁에서 이기는 것도 아니다. 지혜자라고 해서 음식이 생기는 것도 아니고, 슬기롭다고 해서 재물이 더해지는 것도 아니며, 재주가 있다고 해서 은총을 얻는 것도 아니다. 이는 모든 이에게 때와 기회가 동일하게 찾아오기 때문이다.

12 아무도 자기 때를 알지 못한다. 물고기가 무자비한 그물에 걸리고 새가 덫에 걸리듯, 사람 역시 자기에게 닥치는 예기치 못한 불운의 덫에 걸릴 때가 있다.

때로 지혜가 무시되기도 한다

13 또 내가 세상을 살펴보다가, 인상 깊게 받은 지혜가 있는데, 이는 다음과 같다.

14 어떤 작은 성에 적은 수의 사람들이 살고 있었다. 그런데 한번은 어떤 강한 왕이 공격하여, 그 도성을 포

2 whether God will show them favor. •The same destiny ultimately awaits everyone, whether righteous or wicked, good or bad,* ceremonially clean or unclean, religious or irreligious. Good people receive the same treatment as sinners, and people who make promises to God are treated like people who don't.

3 •It seems so wrong that everyone under the sun suffers the same fate. Already twisted by evil, people choose their own mad course, for they have no hope. There is nothing

4 ahead but death anyway. •There is hope only for the living. As they say, "It's better to be a live dog than a dead lion!"

5 •The living at least know they will die, but the dead know nothing. They have no further reward, nor are they remembered.

6 •Whatever they did in their lifetime—loving, hating, envying—is all long gone. They no longer play a part in anything here on

7 earth. •So go ahead. Eat your food with joy, and drink your wine with a happy heart, for

8 God approves of this! •Wear fine clothes, with a splash of cologne!

9 •Live happily with the woman you love through all the meaningless days of life that God has given you under the sun. The wife God gives you is your reward for all your

10 earthly toil. •Whatever you do, do well. For when you go to the grave,* there will be no work or planning or knowledge or wisdom.

11 •I have observed something else under the sun. The fastest runner doesn't always win the race, and the strongest warrior doesn't always win the battle. The wise sometimes go hungry, and the skillful are not necessarily wealthy. And those who are educated don't always lead successful lives. It is all decided by chance, by being in the right place at the right time.

12 •People can never predict when hard times might come. Like fish in a net or birds in a trap, people are caught by sudden tragedy.

Thoughts on Wisdom and Folly

13 •Here is another bit of wisdom that has impressed me as I have watched the way our

14 world works. •There was a small town with only a few people, and a great king came

15 with his army and besieged it. •A poor, wise man knew how to save the town, and so it was rescued. But afterward no one thought to

16 thank him. •So even though wisdom is bet-

---

assumption [əsʌ́mpʃən] *n.* 억측, 가정

9:2 As in Greek and Syriac versions and Latin Vulgate; Hebrew lacks *or bad.*　9:10 Hebrew *to Sheol.*

위하고 거대한 공격용 탑을 설치하였다.

15 그때에 그 도성에는 가난하지만 지혜로운 사람이 살고 있었는데, 바로 그 사람이 그의 지혜로 그 도성을 구원하였다. 그런데도 이 가난한 사람을 기억해 주는 사람은 없었다.

16 "지혜가 무력보다 강하다"고 내가 늘 말했지만, 그 가난한 사람의 지혜는 무시되었고, 더 이상 이것을 들으려 하지 않았다.

17 조용히 들리는 지혜자의 가르침이 어리석은 통치자들의 외침보다 훨씬 낫다.

18 지혜는 무기보다 낫지만, 한 사람의 죄인이 다수의 행복을 파괴하고 만다.

10

1 죽은 파리들이 향수에서 악취가 나게 하듯, 조그만 어리석음이 지혜와 영예를 더럽히고 만다.

2 지혜자의 마음은 옳은 곳으로 향하지만, 어리석은 자의 마음은 그릇된 곳으로 향한다.

3 어리석은 자는 길을 걸을 때에도, 지혜가 모자라 자신의 우둔함을 모두에게 드러낸다.

4 통치자가 네게 화를 낸다 해도, 네 자리를 떠나지 마라. 왜냐하면 침착하기만 하면 큰 실수를 막을 수 있기 때문이다.

5 내가 또한 살펴보니 통치자와 연관된 폐단이 있었다.

6 어리석은 자들이 높은 자리에 앉고, 부한 자들이 낮은 자리에 앉았다.

7 또 살펴보니, 노예들은 말을 타고, 귀족들은 노예처럼 걸어갔다.

8 함정을 파는 자는 자신이 그곳에 빠질 수 있고, 벽을 허는 자는 독사에 물릴 수 있다.

9 돌을 떠내는 자는 돌 때문에 상할 수 있고, 장작을 패는 자는 장작 때문에 죽을 수 있다.

10 무딘 도끼 날을 갈지 않으면 힘이 많이 들지만, 지혜를 쓰면 성공한다.

11 뱀에게 마술을 걸기 전에 물린다면 그의 마술이 무슨 소용이 있겠는가?

12 지혜자의 말은 은혜롭지만, 어리석은 자는 자기 두 입술로 신세를 망친다.

13 어리석은 자는 미련하게 말하기 시작하다가 나중에는 미치광이처럼 말을 하고 만다.

14 이렇듯 어리석은 자는 말을 많이 한다. 일 분 앞도 알지 못하는 사람들이, 죽은 다음에 일어날 일을 어떻게 말할 수 있겠는가?

15 어리석은 자는 자기 일에 지쳐서, 자기 동네 가는 길도 찾지 못해 허둥댄다.

일의 가치

16 왕이 노예 출신이고, 대신들이 아침부터 잔치에

---

ter than strength, those who are wise will be despised if they are poor. What they say will not be appreciated for long.

17 • Better to hear the quiet words of a wise person than the shouts of a foolish king.

18 • Better to have wisdom than weapons of war, but one sinner can destroy much that is good.

10

1 • As dead flies cause even a bottle of perfume to stink,
so a little foolishness spoils great wisdom and honor.

2 • A wise person chooses the right road;
a fool takes the wrong one.

3 • You can identify fools
just by the way they walk down the street!

4 • If your boss is angry at you, don't quit!
A quiet spirit can overcome even great mistakes.

The Ironies of Life

5 • There is another evil I have seen under the sun. Kings and rulers make a grave mistake

6 • when they give great authority to foolish people and low positions to people of proven worth.

7 • I have even seen servants riding horseback like princes—and princes walking like servants!

8 • When you dig a well,
you might fall in.
When you demolish an old wall,
you could be bitten by a snake.

9 • When you work in a quarry,
stones might fall and crush you.
When you chop wood,
there is danger with each stroke of your ax.

10 • Using a dull ax requires great strength,
so sharpen the blade.
That's the value of wisdom;
it helps you succeed.

11 • If a snake bites before you charm it,
what's the use of being a snake charmer?

12 • Wise words bring approval,
but fools are destroyed by their own words.

13 • Fools base their thoughts on foolish assumptions,
so their conclusions will be wicked madness;
14 • they chatter on and on.

No one really knows what is going to happen;
no one can predict the future.

15 • Fools are so exhausted by a little work
that they can't even find their way home.

16 • What sorrow for the land ruled by a servant,*

10:16 Or *a child*.

빠져 있는 나라여, 화가 있을 것이다.

17 반면, 왕이 귀한 집안 출신이고, 대신들이 즐기기 위함이 아니라, 건강을 위해 먹는 나라여, 복되도다.

18 게으르면 서까래가 내려앉고, 태만히 손을 놀리면 집이 샌다.

19 잔치는 즐거움을 위한 것이고, 포도주는 인생을 즐겁게 해 주는 것이며, 돈은 모든 것을 해결해 준다.

20 마음으로도 왕을 저주하지 말고, 잠자리에서라도 부자를 저주하지 마라. 왜냐하면 공중의 새가 네 말을 전하고, 날짐승이 네 말을 전파할 것이기 때문이다.

슬기롭게 인생에 대처하여라

11 씨앗을 물 위에 던져라. 수일 후에 그것을 거두게 될 것이기 때문이다.

2 재산을 일곱 군데, 아니 여덟 군데에 투자하여라. 이 세상에 어떤 불운이 닥칠지 모르지 않는가?

3 구름에 물이 가득 차면, 조만간 땅 위로 쏟아진다. 나무가 남쪽으로든 북쪽으로든 쓰러지면, 그것이 쓰러진 자리에 그냥 놓일 것이다.

4 바람만 살피는 자는 씨 뿌리지 못하고, 구름만 살피는 자는 추수하지 못한다.

5 네가 바람이 다니는 길을 알지 못하고, 태아의 뼈가 어머니 배 속에서 어떻게 형성되는지 알지 못하는 것처럼 모든 것을 행하시는 하나님의 일을 어찌 알 수 있겠는가?

6 아침에 씨를 뿌리고, 저녁에 네 손을 태만히 놀리지 마라. 이것이 잘 될지, 저것이 잘 될지 혹은 둘 다 잘 될지 누가 알겠는가?

젊었을 때에 하나님을 잘 섬겨라

7 환한 세상이 좋으니, 태양을 바라보는 눈이 얼마나 행복한가?

8 사람이 오래 살 때, 매일의 삶을 즐겨라. 그렇지만 어두운 날들도 기억하여라. 이는 그런 날들도 많을 것이기 때문이다. 장래 일은 허무하다.

9 청년이여, 네 젊은 시절을 즐거워하여라. 네 젊은 날에 마음을 기쁘게 하여라. 네 마음이 원하는 것과 네 눈이 보는 것을 따라 즐겨라. 그렇지만, 이 모든 일들에 하나님의 심판이 있다는 것도 기억하여라.

10 그러므로 네 마음에서 불안을 없애고, 나쁜 일을 없애라. 너의 젊은 때는 빨리 지나가 버린다.

---

the land whose leaders feast in the morning.

17 • Happy is the land whose king is a noble leader and whose leaders feast at the proper time to gain strength for their work, not to get drunk.

18 • Laziness leads to a sagging roof; idleness leads to a leaky house.

19 • A party gives laughter, wine gives happiness, and money gives everything!

20 • Never make light of the king, even in your thoughts. And don't make fun of the powerful, even in your own bedroom. For a little bird might deliver your message and tell them what you said.

The Uncertainties of Life

11 1 • Send your grain across the seas, and in time, profits will flow back to you.*

2 • But divide your investments among many places,* for you do not know what risks might lie ahead.

3 • When clouds are heavy, the rains come down. Whether a tree falls north or south, it stays where it falls.

4 • Farmers who wait for perfect weather never plant. If they watch every cloud, they never harvest.

5 •Just as you cannot understand the path of the wind or the mystery of a tiny baby growing in its mother's womb,* so you cannot understand the activity of God, who does all things.

6 •Plant your seed in the morning and keep busy all afternoon, for you don't know if profit will come from one activity or another—or maybe both.

Advice for Young and Old

7 •Light is sweet; how pleasant to see a new day dawning.

8 •When people live to be very old, let them rejoice in every day of life. But let them also remember there will be many dark days. Everything still to come is meaningless.

9 •Young people,* it's wonderful to be young! Enjoy every minute of it. Do everything you want to do; take it all in. But remember that you must give an account to God for everything you do.

10 •So refuse to worry, and keep your body

11:1 Or Give generously, / for your gifts will return to you later. Hebrew reads Throw your bread on the waters, / for after many days you will find it again. 11:2 Hebrew among seven or even eight. 11:5 Some manuscripts read Just as you cannot understand how breath comes to a tiny baby in its mother's womb. 11:9 Hebrew Young man.

늙었을 때에 생기는 문제들

12 그러므로 너는 네 젊음의 날에, 곧 네 괴로운 날들이 닥치기 전에, "이제는 사는 것이 낙이 없구나!"라고 말할 때가 닥치기 전에 창조주를 기억하여라.

2 해와 달과 별이 어두워지기 전, 비바람이 휩쓸고 지나간 후, 다시 구름이 몰려오기 전에 그분을 기억하여라.

3 그날이 오면, 너를 보호하던 팔도 힘을 잃을 것이며, 강한 다리도 약해지고 구부러질 것이며, 너의 치아가 다 빠져 씹지 못하게 될 것이며, 너의 눈도 희미해질 것이다.

4 귀도 어두워져 거리에서 나는 소리도 잘 들리지 않을 것이며, 노랫소리도 거의 듣지 못할 것이며, 맷돌 소리도 희미해질 것이다. 새가 첫 노래를 부를 때에 네가 깰 것이다.

5 그때, 너는 언덕 오르기를 무서워하고, 거리에 나서는 것조차 두려워할 것이다. 살구나무에 꽃이 피고,* 메뚜기도 다리를 질질 끌 것이며,* 식욕도 나지 않을 것이다. 네가 영원한 네 집으로 돌아가면, 조문객들이 분주히 길거리를 오갈 것이다.

6 은줄이 풀리고, 금그릇이 깨어지기 전에, 물 항아리가 샘 곁에서 깨어지고, 두레박 끈이 우물에서 끊어지기 전에 너는 창조주를 기억하여라.

7 그때에 흙으로 만들어진 인간은 흙으로 돌아가고, 그 영은 그것을 주신 하나님께로 돌아간다.

8 설교자가 외친다. "인생은 정말 허무하다. 세상만사가 너무 허무하다."

결론

9 설교자는 지혜롭게 사람들에게 지식을 전달하였다. 또 그는 탐구하고, 연구하여, 많은 경구들을 만들었다.

10 설교자는 격려를 주는 말을 탐구하여 찾았다. 그래서 그가 기록한 교훈은 정직하며, 진실하다.

11 지혜자의 교훈은 채찍 같고, 그가 수집한 말씀은 잘 박힌 못과 같으니, 이는 모두 한 목자의 말씀이다.

12 내 아들아, 이런 말씀에 더하여 다른 가르침을 주의하라. 책을 쓰는 일은 끝이 없고, 공부는 하면 할수록 사람을 피곤하게 만든다.

13 세상 만사의 결론을 들었으니, 하나님을 경외하고, 그분의 명령을 지켜라. 이것이 사람이 해야 할 본분이다.

14 하나님은 선악간의 모든 행위와 남몰래 한 모든 일을 심판하실 것이다.

---

healthy. But remember that youth, with a whole life before you, is meaningless.

12 Don't let the excitement of youth cause you to forget your Creator. Honor him in your youth before you grow old and say, "Life is not pleasant anymore." 2 • Remember him before the light of the sun, moon, and stars is dim to your old eyes, and rain clouds continually darken your sky. 3 • Remember him before your legs—the guards of your house—start to tremble; and before your shoulders—the strong men—stoop. Remember him before your teeth—your few remaining servants—stop grinding; and before your eyes—the women looking through the windows—see dimly.

4 • Remember him before the door to life's opportunities is closed and the sound of work fades. Now you rise at the first chirping of the birds, but then all their sounds will grow faint.

5 • Remember him before you become fearful of falling and worry about danger in the streets; before your hair turns white like an almond tree in bloom, and you drag along without energy like a dying grasshopper, and the caperberry no longer inspires sexual desire. Remember him before you near the grave, your everlasting home, when the mourners will weep at your funeral.

6 • Yes, remember your Creator now while you are young, before the silver cord of life snaps and the golden bowl is broken. Don't wait until the water jar is smashed at the spring and the pulley 7 is broken at the well. • For then the dust will return to the earth, and the spirit will return to God who gave it.

Concluding Thoughts about the Teacher

8 • "Everything is meaningless," says the Teacher, "completely meaningless."

9 • Keep this in mind: The Teacher was considered wise, and he taught the people everything he knew. He listened carefully to many proverbs, 10 studying and classifying them. • The Teacher sought to find just the right words to express truths clearly.*

11 • The words of the wise are like cattle prods—painful but helpful. Their collected sayings are like a nail-studded stick with which a shepherd* drives the sheep.

12 • But, my child,* let me give you some further advice: Be careful, for writing books is endless, and much study wears you out.

13 • That's the whole story. Here now is my final conclusion: Fear God and obey his commands, 14 for this is everyone's duty. • God will judge us for everything we do, including every secret thing, whether good or bad.

12:10 Or *sought to write what was upright and true.*
12:11 Or *one shepherd.*　**12:12** Hebrew *my son.*
12:5 이는 '머리털이 희어질 것이라'란 뜻이다.
12:5 이는 '젊은 시절처럼 활발하게 움직이지 못하며'란 뜻이다.

아가

서론

- ❖ 저자 _ 솔로몬
- ❖ 저작 연대 _ B.C. 10세기경
- ❖ 기록 장소 _ 예루살렘
- ❖ 기록 대상 _ 솔로몬의 신부
- ❖ 핵심어 및 내용 _ 핵심어는 '사랑'과 '결혼'이다. 본서는 순수한 사랑의 특성들은 어떤 것이고 행복한 결혼 생활에 필요한 요소들은 무엇인지 아름답게 묘사하고 있다.

1 솔로몬이 지은 최고의 노래입니다.

2 (여자) 감미로운 당신과의 입맞춤을 원해요. 그것은 당신의 사랑이 포도주보다 달콤하기 때문입니다.

3 당신의 향긋한 그 내음. 당신의 이름은 부어 놓은 향수 같아요. 아가씨들이 당신을 사랑하는 것도 이상한 일이 아니지요.

4 나를 빨리 데려가 주세요. 나를 당신의 침실로 데려가 주세요. 오, 왕이시여. (합창) 우리는 당신을 즐거워하고 기뻐합니다. 우리는 포도주보다 달콤한 당신의 사랑을 노래합니다. (여자) 아가씨들이 당신을 사랑하는 것은 당연하지요.

5 예루살렘 딸들이여, 내가 비록 게달의 장막처럼 검지만, 솔로몬의 휘장들처럼 아름답습니다.

6 내가 햇볕에 타서 검을지라도 나를 업신여기지 마세요. 오빠들 성화에 못 이겨 포도원을 지키느라 내 포도원은 소홀히 하였습니다.

7 사랑하는 당신이여, 어디서 양 떼를 치시는지, 대낮에는 어디서 양 떼를 쉬게 하시는지 말해 주세요. 내가 왜 얼굴을 가린 여인같이 당신 친구들의 양 떼들 사이에서 당신을 찾아 헤매야 합니까?

8 (합창) 가장 아름다운 아가씨! 그대가 알지 못하겠거든, 양 떼가 걷는 길들을 따라가세요. 그리고 목동들의 천막들 곁에서 그대의 어린 염소들을 놓아기르세요.

9 (남자) 내 사랑, 그대는 파라오가 끄는 병거의 준마 같소.

10 땋은 머리채에 살짝 가려진 그대의 두 볼과 보석을 드리운 그대의 목이 아름답소.

---

1 This is Solomon's song of songs, more wonderful than any other.

Young Woman*

2 • Kiss me and kiss me again,
for your love is sweeter than wine.

3 • How pleasing is your fragrance;
your name is like the spreading fragrance of scented oils.
No wonder all the young women love you!

4 • Take me with you; come, let's run!
The king has brought me into his bedroom.

Young Women of Jerusalem

How happy we are for you, O king.
We praise your love even more than wine.

Young Woman

How right they are to adore you.

5 • I am dark but beautiful,
O women of Jerusalem—
dark as the tents of Kedar,
dark as the curtains of Solomon's tents.

6 • Don't stare at me because I am dark—
the sun has darkened my skin.
My brothers were angry with me;
they forced me to care for their vineyards,
so I couldn't care for myself—my own vineyard.

7 • Tell me, my love, where are you leading
your flock today?
Where will you rest your sheep at noon?
For why should I wander like a prostitute*
among your friends and their flocks?

Young Man

8 • If you don't know, O most beautiful woman,
follow the trail of my flock,
and graze your young goats by the shepherds' tents.

9 • You are as exciting, my darling,
as a mare among Pharaoh's stallions.

10 • How lovely are your cheeks;
your earrings set them afire!
How lovely is your neck,

1:1 The headings identifying the speakers are not in the original text, though the Hebrew usually gives clues by means of the gender of the person speaking.   1:7 Hebrew *like a veiled woman.*

11 (합창) 우리가 그대에게 은을 박은 금 목걸이를 만들어 주겠습니다.

12 (여자) 왕이 자기 침상에 누울 때, 나의 향유가 향내를 풍기네.

13 내 사랑은 품에 안은 몰약 주머니 같네.

14 나의 사랑은 엔게디 포도원에서 취한 고벨화 꽃송이들 같네.

15 (남자) 아, 내 사랑, 그대는 아름다워. 아, 얼마나 아름다운지! 그대 두 눈은 비둘기 같소.

16 (여자) 아, 나의 애인, 당신은 멋져. 오, 당신은 정말 멋져. 우리의 침대는 푸른 풀밭이라네.

17 우리 집 들보는 백향목, 우리 집 서까래는 전나무라네!

2 (여자) 나는 샤론의 꽃, 골짜기의 백합화.

2 (남자) 아가씨들 중에 내 사랑은 가시나무들 중의 한 송이 백합화.

3 (여자) 남자들 중에 나의 사랑은 삼림 속의 한 그루 사과나무. 나 그대 그늘에 앉아 즐기네. 그대 열매는 내 입에 달구나.

4 그가 나를 연회장으로 데리고 가네. 내 위에 펄럭이는 깃발 같은 그대 사랑.

5 사랑 때문에 병든 이 몸, 건포도로 기운을 북돋워 주세요. 사과로 새 힘을 주세요.

6 그대 왼팔에 나를 눕혀 오른팔로 나를 안아 주네.

7 예루살렘 아가씨들이여, 내가 노루와 들사슴으로 당신들에게 부탁합니다. 제발 내 사랑이 원할 때까지 깨우지 마세요. 제발 내 사랑을 깨우지 마세요.

8 (여자) 아, 내 애인의 목소리. 산을 뛰어올라, 언덕을 넘어 그가 오시네.

9 나의 애인은 노루와도 같고 어린 수사슴과도 같네. 아, 저기 우리 벽 뒤에 서서, 창문을 통해 들여다보시네. 창살들을 통해 엿보시네.

10 나의 애인이 내게 말씀하시네. "나 사랑이여, 일어나시오. 내 어여쁜 자여, 이리 오시오.

11 자, 이제 겨울도 지났고 비도 오지 않

---

enhanced by a string of jewels.

11 • We will make for you earrings of gold
and beads of silver.

Young Woman

12 • The king is lying on his couch,
enchanted by the fragrance of my perfume.

13 • My lover is like a sachet of myrrh
lying between my breasts.

14 • He is like a bouquet of sweet henna blossoms
from the vineyards of En-gedi.

Young Man

15 • How beautiful you are, my darling,
how beautiful!
Your eyes are like doves.

Young Woman

16 • You are so handsome, my love,
pleasing beyond words!
The soft grass is our bed;

17 • fragrant cedar branches are the beams of our house,
and pleasant smelling firs are the rafters.

Young Woman

2 1 • I am the spring crocus blooming on the Sharon Plain,*
the lily of the valley.

Young Man

2 • Like a lily among thistles
is my darling among young women.

Young Woman

3 • Like the finest apple tree in the orchard
is my lover among other young men.
I sit in his delightful shade
and taste his delicious fruit.

4 • He escorts me to the banquet hall;
it's obvious how much he loves me.

5 • Strengthen me with raisin cakes,
refresh me with apples,
for I am weak with love.

6 • His left arm is under my head,
and his right arm embraces me.

7 • Promise me, O women of Jerusalem,
by the gazelles and wild deer,
not to awaken love until the time is right.*

8 • Ah, I hear my lover coming!
He is leaping over the mountains,
bounding over the hills.

9 • My lover is like a swift gazelle
or a young stag.
Look, there he is behind the wall,
looking through the window,
peering into the room.

10 • My lover said to me,
"Rise up, my darling!
Come away with me, my fair one!

2:1 Traditionally rendered *I am the rose of Sharon.* Sharon Plain is a region in the coastal plain of Palestine.　**2:7** Or *not to awaken love until it is ready.*

소.

12 땅 위에는 꽃들이 피어나고, 새들이 지
저귀는 시절이 왔소. 땅에서 비둘기 짝
찾는 소리가 들리지 않소?

13 무화과나무에는 열매가 달리기 시작
했고, 이제 막 새싹이 돋는 포도나무들
은 그 향긋한 냄새를 풍긴다오. 내 사랑
이여, 일어나시오. 내 어여쁜 자여, 내
게로 오시오."

14 (남자) 바위 틈에 숨은 나의 비둘기, 벼
랑에 숨은 나의 비둘기여, 그대 얼굴을
보여 주오. 그대 목소리를 들려 주오.
그대 목소리는 달콤하고 그대 얼굴은
아름다워.

15 (여자) 우리를 위해 여우 떼를 잡으세
요. 포도원을 망치는 여우 새끼들을. 왜
냐하면 우리 포도원 나무들이 이제 막,
싹을 내기 시작했기 때문입니다.

16 내 애인은 나의 것, 나는 그대의 것. 그
가 자기 양 떼를 백합화 꽃밭에서 먹이
시네.

17 산들바람이 불고, 땅거미가 지기 전,
나의 애인이여, 돌아오세요. 저 거친
언덕에서 뛰노는 노루와 어린 수사슴
같이.

3

1 (여자) 밤이면 밤마다 침상에서 내
마음에 사모하는 자를 찾네. 찾고 찾
았으나 찾지 못하였네. 불렀으나 대답
이 없네.

2 이제 일어나 도성의 거리와 광장으로
나가서 내 사랑을 찾으리라. 내가 그를
찾았으나 찾지 못하였네.

3 순찰 다니는 야경꾼들이 나를 발견했
네. "당신들, 내 사랑을 보셨나요?"

4 그들을 지나치자마자 내가 사랑하는
사람을 찾았네. 내가 그를 붙잡아서, 내
어머니의 집으로 데리고 왔네. 나를 임
신한 바로 그 방으로 데리고 왔네.

5 예루살렘 아가씨들이여, 내가 노루와
들사슴으로 당신들에게 부탁합니다.
제발 내 사랑이 원할 때까지 깨우지 마
세요, 제발 내 사랑을 깨우지 마세요.

6 (합창) 마치 연기 기둥같이, 유향과 향
료 냄새를 풍기며, 광야에서부터 올라
오는 것은 무엇입니까?

7 보세요, 그것은 솔로몬이 타고 오는 가
마랍니다. 이스라엘 용사 육십 명이 호

---

11 • Look, the winter is past,
and the rains are over and gone.
12 • The flowers are springing up,
the season of singing birds* has come,
and the cooing of turtledoves fills the air.
13 • The fig trees are forming young fruit,
and the fragrant grapevines are blossoming.
Rise up, my darling!
Come away with me, my fair one!"

Young Man
14 • My dove is hiding behind the rocks,
behind an outcrop on the cliff.
Let me see your face;
let me hear your voice.
For your voice is pleasant,
and your face is lovely.

Young Women of Jerusalem
15 • Catch all the foxes,
those little foxes,
before they ruin the vineyard of love,
for the grapevines are blossoming!

Young Woman
16 • My lover is mine, and I am his.
He browses among the lilies.
17 • Before the dawn breezes blow
and the night shadows flee,
return to me, my love, like a gazelle
or a young stag on the rugged mountains.*

Young Woman
1 • One night as I lay in bed, I yearned for my lover.
I yearned for him, but he did not come.
2 • So I said to myself, "I will get up and roam the city,
searching in all its streets and squares.
I will search for the one I love."
So I searched everywhere but did not find him.
3 • The watchmen stopped me as they made their rounds,
and I asked, "Have you seen the one I love?"
4 • Then scarcely had I left them
when I found my love!
I caught and held him tightly,
then I brought him to my mother's house,
into my mother's bed, where I had been conceived.

5 • Promise me, O women of Jerusalem,
by the gazelles and wild deer,
not to awaken love until the time is right.*

Young Women of Jerusalem
6 • Who is this sweeping in from the wilderness
like a cloud of smoke?
Who is it, fragrant with myrrh and frankincense
and every kind of spice?
7 • Look, it is Solomon's carriage,
surrounded by sixty heroic men,
the best of Israel's soldiers.

2:12   Or *the season of pruning vines.*   2:17   Or *on the hills
of Bether.*   3:5   Or *not to awaken love until it is ready.*

위하네요.

8 다 칼을 잡은, 전쟁에 능숙한 용사들, 각자 옆구리에 칼을 차고 밤중의 어떤 폭동이라도 막을 준비를 하였네요.

9 솔로몬 왕은 레바논의 목재로 자기가 탈 가마를 만들었습니다.

10 그 기둥들은 은으로, 바닥은 금으로 만들었습니다. 그 의자에는 자줏빛 천을 깔고, 내부는 예루살렘 아가씨들이 예쁘게 수놓았습니다.

11 시온의 아가씨들이여, 나와서 면류관을 쓴 솔로몬 왕을 보세요. 그의 결혼식 날, 그의 마음이 설레던 날, 그의 모친이 그의 머리에 씌워 준 면류관이 그 머리에 있네요.

4 (남자) 아, 그대는 아름다워, 정말 아름다워! 가리개 너머 그대의 두 눈은 비둘기 같고, 그대 머리는 길르앗 산에서 내려오는 염소 떼 같아.

2 그대 이는 털을 깎고 목욕시킨 흰 양떼들 같아. 각기 짝을 이뤄, 하나도 홀로 된 것이 없네.

3 그대 입술은 홍색실 같아. 그대 입은 아름다워라. 가리개 너머로 보이는 그대 두 뺨은 쪼개 놓은 석류 반쪽 같아.

4 그대 목은 빼어나게 아름다워서 용사들의 방패 천 개를 두려고 건축한 다윗 성 망대 같아.

5 그대의 두 젖가슴은 새끼 사슴 한 쌍 같아. 백합화 꽃밭에서 풀을 뜯는 쌍둥이 노루 같아.

6 산들바람이 불고, 땅거미가 지기 전, 나는 몰약 산으로, 유향 언덕으로 가리라.

7 나의 사랑이여, 그대는 정말 아름다워. 그대에게는 흠 하나 없네.

8 나의 신부여, 레바논에서 나와 같이 갑시다. 아마나 산 꼭대기에서, 스닐 산 정상에서, 헤르몬 산 꼭대기에서 내려오시오. 사자 굴에서, 표범들이 들끓는 산에서 내려오시오.

9 나의 누이, 나의 신부여, 그대가 내 마음을 훔쳤소. 그대 눈짓 한 번에, 그대 보석 목걸이에 그만 반했소.

10 나의 누이, 나의 신부여, 그대 사랑이 얼마나 달콤한지, 그대 사랑은 포도주보다 달콤하고 그대 향기는 어떤 향수보다 향기롭소.

---

8 • They are all skilled swordsmen,
  experienced warriors.
  Each wears a sword on his thigh,
  ready to defend the king against an attack
    in the night.
9 • King Solomon's carriage is built
  of wood imported from Lebanon.
10 • Its posts are silver,
  its canopy gold;
  its cushions are purple.
  It was decorated with love
    by the young women of Jerusalem.

Young Woman

11 • Come out to see King Solomon,
  young women of Jerusalem.*
  He wears the crown his mother gave him
    on his wedding day,
    his most joyous day.

Young Man

4 1 • You are beautiful, my darling,
    beautiful beyond words.
  Your eyes are like doves
    behind your veil.
  Your hair falls in waves,
    like a flock of goats winding down the
      slopes of Gilead.
2 • Your teeth are as white as sheep,
    recently shorn and freshly washed.
  Your smile is flawless,
    each tooth matched with its twin.*
3 • Your lips are like scarlet ribbon;
    your mouth is inviting.
  Your cheeks are like rosy pomegranates
    behind your veil.
4 • Your neck is as beautiful as the tower of David,
    jeweled with the shields of a thousand heroes.
5 • Your breasts are like two fawns,
    twin fawns of a gazelle grazing among the lilies.
6 • Before the dawn breezes blow
    and the night shadows flee,
  I will hurry to the mountain of myrrh
    and to the hill of frankincense.
7 • You are altogether beautiful, my darling,
    beautiful in every way.
8 • Come with me from Lebanon, my bride,
    come with me from Lebanon.
  Come down* from Mount Amana,
    from the peaks of Senir and Hermon,
  where the lions have their dens
    and leopards live among the hills.
9 • You have captured my heart,
    my treasure,* my bride.
  You hold it hostage with one glance of your eyes,
    with a single jewel of your necklace.

3:11 Hebrew *of Zion.* 4:2 Hebrew *Not one is missing; each has a twin.* 4:8 Or *Look down.* 4:9 Hebrew *my sister;* also in 4:10, 12.

아

11 나의 신부여, 그대 입술에서는 송이 꿀 같은 달콤함이 흘러나오고, 그대 혓바닥 아래에는 젖과 꿀이 있소. 그대 옷에서 풍기는 향기는 레바논의 향기 같아.

12 나의 누이, 나의 신부여, 그대는 비밀의 동산이오. 그대는 덮어 놓은 우물, 울타리를 두른 샘이오.

13 그대 식물은 석류들과 최상급 과실들과

14 나도화와 번홍화와 창포와 계수나무와 향나무들과 몰약과 침향과 가장 귀한 향료들이오.

15 그대는 동산의 샘, 생수가 솟는 우물, 레바논에서 흐르는 시내.

16 (여자) 깨어라, 북풍아! 오라, 남풍아! 내 동산에 불어 다오. 그래서 그 향기가 널리 퍼지게 해 다오. 그러면 나의 애인이 그 동산에 들어가 그 최상급 과실들을 맛보지 않겠니?

5 (남자) 나의 누이, 나의 신부여, 내가 내 동산에 들어와서, 내 향품과 몰약을 모으고, 내 꿀송이와 내 꿀을 따 먹고, 포도주와 우유도 마셨소. 오, 친구들아, 먹게나. 사랑하는 자들아, 맘껏 마시게나.

2 (여자) 나는 잘지라도 마음은 깨었네. 나의 애인이 문 두드리는 소리. "나의 누이, 내 사랑, 내 비둘기, 내 완전한 자여, 그대 문 좀 열어 주오, 내 머리가 이슬에 젖었고, 내 머리털도 밤 이슬에 촉촉하오."

3 "난 옷을 벗었어요. 다시 입어야 하나요? 난 발을 씻었어요. 다시 흙을 묻혀야 하나요?"

4 나의 사랑하는 자가 문틈으로 자기 손을 들이미시네. 내 심장이 그분 때문에 두근거리네.

5 일어나 나의 사랑하는 자를 위해 문을 열었네. 내 두 손에서 몰약이 뚝뚝 떨어지네. 몰약의 즙이 떨어지는 손으로 문고리를 잡았네.

6 내 사랑하는 자를 위하여 문을 열었으나, 내 사랑하는 이는 떠나고 없네. 그가 가시다니, 내 마음이 무너지네. 내가 그를 찾았으나 찾지 못했네. 그를 불렀으나 대답이 없네.

---

10 • Your love delights me,
    my treasure, my bride.
  Your love is better than wine,
    your perfume more fragrant than spices.
11 • Your lips are as sweet as nectar, my bride.
    Honey and milk are under your tongue.
  Your clothes are scented
    like the cedars of Lebanon.
12 • You are my private garden, my treasure, my bride,
    a secluded spring, a hidden fountain.
13 • Your thighs shelter a paradise of pomegranates
    with rare spices—
    henna with nard,
14 • nard and saffron,
    fragrant calamus and cinnamon,
  with all the trees of frankincense, myrrh, and aloes,
    and every other lovely spice.
15 • You are a garden fountain,
    a well of fresh water
  streaming down from Lebanon's mountains.

Young Woman

16 • Awake, north wind!
    Rise up, south wind!
  Blow on my garden
    and spread its fragrance all around.
  Come into your garden, my love;
    taste its finest fruits.

Young Man

5 • I have entered my garden, my treasure,* my bride!
    I gather myrrh with my spices
  and eat honeycomb with my honey.
  I drink wine with my milk.

Young Women of Jerusalem

  Oh, lover and beloved, eat and drink!
  Yes, drink deeply of your love!

Young Woman

2 • I slept, but my heart was awake,
    when I heard my lover knocking and calling:
  "Open to me, my treasure, my darling,
    my dove, my perfect one.
  My head is drenched with dew,
    my hair with the dampness of the night."

3 • But I responded,
    "I have taken off my robe.
    Should I get dressed again?
  I have washed my feet.
    Should I get them soiled?"

4 • My lover tried to unlatch the door,
    and my heart thrilled within me.

5 • I jumped up to open the door for my love,
    and my hands dripped with perfume.
  My fingers dripped with lovely myrrh
    as I pulled back the bolt.

6 • I opened to my lover,
    but he was gone!

5:1 Hebrew *my sister;* also in 5:2.

7 야경꾼들이 야간 순찰을 할 때, 나를 발견했네. 그들이 나를 때리고, 다치게 했네. 성벽을 지키던 순찰꾼들이 내 겉옷을 빼앗아 가 버렸네.

8 예루살렘 아가씨들이여, 내가 부탁합니다. 혹시 내 사랑하는 님을 만나거든 내가 사랑 때문에 병이 났다고 전해 주세요.

9 (합창) 여자들 중에서 가장 아름다운 아가씨, 그대 애인이 다른 남성들보다 나은 것이 무엇이죠? 그대 애인이 무엇이 남달라 우리에게 그렇게 부탁하죠?

10 (여자) 나의 애인은 건강하고 불그스름하여 다른 이들보다 뛰어나답니다.

11 그의 머리는 정금 같고, 그의 머리털은 곱슬곱슬하고 검기가 까마귀 같아요.

12 그의 두 눈은 우유로 목욕한 물가의 비둘기 같고, 보석처럼 박혔어요.

13 그의 두 볼은 향기를 토하는 향료밭 같고, 그의 입술은 몰약을 떨어뜨리는 백합화 같습니다.

14 그의 두 팔은 황옥이 박힌 황금방망이 같고, 그의 몸은 청옥으로 장식한 빛나는 상아 같아요.

15 그의 두 다리는 정금 받침에 세운 대리석 기둥 같고, 그의 모습은 레바논 같고, 백향목처럼 멋지답니다.

16 그의 입은 달콤하기 그지없어요. 그의 모습은 정말 멋져요. 이분이 저의 애인이랍니다. 예루살렘 아가씨들이여, 이분이 저의 친구랍니다.

6 (합창) 여인들 중에 가장 아름다운 아가씨여, 그대 애인은 어디로 갔나요? 어디로 가셨는지, 우리가 그대와 함께 그를 찾을 것입니다.

2 (여자) 나의 애인은 자기 동산, 향기로운 꽃밭으로 내려갔을 거예요. 동산에서 양 떼를 먹이고, 백합화를 모으러 갔을 테지요.

3 나는 내 애인의 것, 나의 애인은 나의 것. 그가 백합화 가운데서 양 떼를 먹이네.

4 (남자) 나의 사랑, 그대는 디르사같이 아름답고, 예루살렘같이 사랑스러우

My heart sank.
I searched for him
but could not find him anywhere.
I called to him,
but there was no reply.

7 • The night watchmen found me
as they made their rounds.
They beat and bruised me
and stripped off my veil,
those watchmen on the walls.

8 • Make this promise, O women of Jerusalem—
If you find my lover,
tell him I am weak with love.

Young Women of Jerusalem

9 • Why is your lover better than all others,
O woman of rare beauty?
What makes your lover so special
that we must promise this?

Young Woman

10 • My lover is dark and dazzling,
better than ten thousand others!

11 • His head is finest gold,
his wavy hair is black as a raven.

12 • His eyes sparkle like doves
beside springs of water;
they are set like jewels
washed in milk.

13 • His cheeks are like gardens of spices
giving off fragrance.
His lips are like lilies,
perfumed with myrrh.

14 • His arms are like rounded bars of gold,
set with beryl.
His body is like bright ivory,
glowing with lapis lazuli.

15 • His legs are like marble pillars
set in sockets of finest gold.
His posture is stately,
like the noble cedars of Lebanon.

16 • His mouth is sweetness itself;
he is desirable in every way.
Such, O women of Jerusalem,
is my lover, my friend.

Young Women of Jerusalem

6 1 • Where has your lover gone,
O woman of rare beauty?
Which way did he turn
so we can help you find him?

Young Woman

2 • My lover has gone down to his garden,
to his spice beds,
to browse in the gardens
and gather the lilies.

3 • I am my lover's, and my lover is mine.
He browses among the lilies.

Young Man

4 • You are beautiful, my darling,

며 깃발들을 날리는 군대처럼 당당하
오.

5 그대 두 눈을 내게서 떼시오, 그대의
눈이 나를 삼킬 듯하오. 그대 머리털
은 길르앗에서 내려오는 염소 떼 같
소.

6 그대 이는 새로 목욕한 양 떼 같소. 모
두 짝이 있고, 하나도 홀로 있지 않
소.

7 가리개 너머 그대의 두 뺨은 조개 놓
은 석류 반쪽 같소.

8 왕후가 육십 명, 후궁이 팔십 명, 궁녀
들은 셀 수도 없이 많지만,

9 나의 비둘기, 나의 완전한 자는 오직
하나뿐. 그 모친의 외동딸이자, 그녀
를 낳은 자의 총애하는 자. 아가씨들
은 그녀를 보고 복되다 하고, 왕후나
후궁들도 모두 그녀만 칭찬하네.

10 새벽빛같이 솟아오르고, 달처럼 아
름답고, 해같이 빛나며, 기를 높이 든
군대같이 당당한 이 사람은 누구인
가?

11 (여자) 호두나무 숲에 내려가, 골짜기
에 새 움이 텄는지, 포도나무에 싹이
돋았는지, 석류꽃이 피었는지 보고
자 했더니,

12 나도 몰래, 그가 어느새 내 백성의 귀
한 병거에 나를 태우네.

13 (합창) 술람미 아가씨여, 제발 돌아오
세요. 당신이 보고 싶으니, 제발 돌아
오세요. (남자) 어찌하여 그대들은 두
줄로 늘어선 무희들을 보듯 술람미
아가씨를 바라보고자 하오?*

7 (남자) 오, 귀한 분의 딸이여, 신발
을 신은 그대 두 발이 어찌나 아름
다운지. 그대의 멋진 두 다리는 보
석 세공인이 공들여 만든 보석 같
소.

2 그대 배꼽은 혼합 포도주를 가득 채
운 둥근 잔이며, 그대 허리는 백합화
로 둘러싸인 밀짚단 같소.

3 그대 두 젖가슴은 두 새끼 사슴, 노루
한 쌍 같소.

4 그대 목은 상아 망대 같고, 그대 두 눈
은 헤스본, 바드랍빔 문 곁의 연못 같
구려. 그대 코는 다마스커스를 향한
레바논 망대 같소.

like the lovely city of Tirzah.
Yes, as beautiful as Jerusalem,
as majestic as an army with billowing banners.
5 • Turn your eyes away,
for they overpower me.
Your hair falls in waves,
like a flock of goats winding down the slopes of Gilead.
6 • Your teeth are as white as sheep
that are freshly washed.
Your smile is flawless,
each tooth matched with its twin.*
7 • Your cheeks are like rosy pomegranates
behind your veil.
8 • Even among sixty queens
and eighty concubines
and countless young women,
9 • I would still choose my dove, my perfect one—
the favorite of her mother,
dearly loved by the one who bore her.
The young women see her and praise her;
even queens and royal concubines sing her praises:
10 • "Who is this, arising like the dawn,
as fair as the moon,
as bright as the sun,
as majestic as an army with billowing banners?"

Young Woman

11 • I went down to the grove of walnut trees
and out to the valley to see the new spring growth,
to see whether the grapevines had budded
or the pomegranates were in bloom.
12 • Before I realized it,
my strong desires had taken me to the chariot of
a noble man.*

Young Women of Jerusalem

13 •*Return, return to us, O maid of Shulam.
Come back, come back, that we may see you again.

Young Man

Why do you stare at this young woman of Shulam,
as she moves so gracefully between
two lines of dancers?*

7 1 •* How beautiful are your sandaled feet,
O queenly maiden.
Your rounded thighs are like jewels,
the work of a skilled craftsman.
2 • Your navel is perfectly formed
like a goblet filled with mixed wine.
Between your thighs lies a mound of wheat
bordered with lilies.
3 • Your breasts are like two fawns,
twin fawns of a gazelle,

6:6 Hebrew *Not one is missing; each has a twin.* 6:12 Or *to the royal chariots of my people,* or *to the chariots of Amminadab.* The meaning of the Hebrew is uncertain. 6:13a Verse 6:13 is numbered 7:1 in Hebrew text. 6:13b Or *as you would at the movements of two armies?* or *as you would at the dance of Mahanaim?* The meaning of the Hebrew is uncertain. 7:1 Verses 7:1-13 are numbered 7:2-14 in Hebrew text.
6:13 개역 성경에는 14절로 표기되어 있지만 대부분의 사본에는 13절로 되어 있다.

5 그대 머리는 갈멜 산 같고, 그대의 치렁거리는 머리채는 자줏빛 벽걸이 융단 같소. 왕은 그대의 치렁거리는 머리채에 마음이 빼앗겼다오.

6 오 내 사랑, 그대는 정말 아름답고, 그대는 정말 매혹적이오.

7 그대 키는 종려나무같이 장대하고, 그대 젖가슴은 포도송이들 같구려.

8 난 종려나무에 올라, 그 열매를 잡으리라고 혼자 말했소. 그대 젖가슴이 포도송이들 같다면, 그대 숨결의 향기는 사과와 같다오.

9 그대 입은 최상급 포도주 같고, 그 포도주는 술술 흘러 입술과 이 사이로 흘러가오.

10 (여자) 나는 내 애인 것, 그가 나를 사모하네.

11 나의 사랑이여, 우리 시골에 가서, 마을에서 한밤을 지내요.

12 우리 일찍 포도원 들로 나가, 포도나무에 싹이 돋았는지, 꽃잎이 피었는지, 석류꽃이 피었는지 살펴봐요. 거기서 그대에게 내 사랑을 드리겠어요.

13 합환채가 그 향기를 발하고, 우리 문 앞에는 온갖 먹음직한 것들이 있어요. 그것들은 모두 내가 당신을 위해 준비한 것들, 햇것이나 묵은 것만큼 많아요.

8 (여자) 그대가 내 어머니의 젖을 먹고 자란 형제라면 밖에서 내가 그대를 만나 입맞추어도, 아무도 날 멸시하지 않을 것을.

2 나는 그대를 모셔서, 내 어머니의 집으로 인도하고 싶어요. 어머니는 나를 가르치셨지요. 나는 그대에게 향기로운 포도주, 곧 내 석류즙을 마시게 하고 싶어요.

3 그대 왼손에 나를 눕혀, 그대 오른손으로 나를 안네.

4 예루살렘 아가씨들이여, 제발 부탁하니 우리가 바라기까지 깨우지 말고, 흔들지 말아 주세요.

5 (합창) 자기 애인에게 기대어 광야에서 올라오는 저 사람은 누구입니까? (여자) 사과나무 아래서 내가 그대를 깨웠지. 그곳에서 그대의 어머니가

---

4 ● Your neck is as beautiful as an ivory tower.
Your eyes are like the sparkling pools in Heshbon
  by the gate of Bath-rabbim.
Your nose is as fine as the tower of Lebanon
  overlooking Damascus.

5 ● Your head is as majestic as Mount Carmel,
and the sheen of your hair radiates royalty.
The king is held captive by its tresses.

6 ● Oh, how beautiful you are!
How pleasing, my love, how full of delights!

7 ● You are slender like a palm tree,
and your breasts are like its clusters of fruit.

8 ● I said, "I will climb the palm tree
and take hold of its fruit."
May your breasts be like grape clusters,
and the fragrance of your breath like apples.

9 ● May your kisses be as exciting as the best wine—

Young Woman

Yes, wine that goes down smoothly for my lover,
  flowing gently over lips and teeth.*

10 ● I am my lover's,
and he claims me as his own.

11 ● Come, my love, let us go out to the fields
and spend the night among the wild flowers.*

12 ● Let us get up early and go to the vineyards
  to see if the grapevines have budded,
if the blossoms have opened,
  and if the pomegranates have bloomed.
There I will give you my love.

13 ● There the mandrakes give off their fragrance,
and the finest fruits are at our door,
new delights as well as old,
  which I have saved for you, my lover.

Young Woman

8 ● Oh, I wish you were my brother,
  who nursed at my mother's breasts.
Then I could kiss you no matter who was watching,
  and no one would criticize me.

2 ● I would bring you to my childhood home,
and there you would teach me.*
I would give you spiced wine to drink,
  my sweet pomegranate wine.

3 ● Your left arm would be under my head,
and your right arm would embrace me.

4 ● Promise me, O women of Jerusalem,
not to awaken love until the time is right.*

Young Women of Jerusalem

5 ● Who is this sweeping in from the desert,
leaning on her lover?

Young Woman

I aroused you under the apple tree,
where your mother gave you birth,

7:9 As in Greek and Syriac versions and Latin Vulgate; Hebrew reads *over lips of sleepers.*   7:11 Or *in the villages.*   8:2 Or *there she will teach teach me.*   8:4 Or *not to awaken love until it is ready.*

그대를 잉태하였고, 거기서 그대를 낳은
분이 해산의 진통을 가졌었지.

6 나를 옥새같이 그대 마음에 두세요. 나를
도장같이 그대 팔에 새기세요. 사랑은 죽
음같이 강하고, 그 질투는 무덤같이 끈질
기니, 그 사랑은 불꽃처럼, 강력한 불길처
럼 타오르네.

7 사랑은 바닷물로 끌 수 없고, 강물로도 어
림없네. 자기 재산을 전부 드려 사랑을 구
한들, 멸시만 잔뜩 받을 것 아닌가.

8 (합창) 우리에겐 아직 젖가슴이 없는 어린
누이가 있어요. 누군가 청혼하면 우리는
무엇을 해야 할까요?

9 누이가 성벽이라면, 우린 그녀 위에 은으
로 망대를 세울 것입니다. 그녀가 문이라
면, 백향목 널판으로 그녀를 두를 것입니
다.

10 (여자) 나는 성벽, 내 젖가슴은 망대랍니
다. 그래서 나는 그대 보시기에 만족을 줄
거예요.

11 솔로몬에겐 바알하몬에 포도원 하나가 있
었네. 그는 자기 포도원을 빌려 농사짓는
농부들에게, 열매를 갖는 대신, 각기 은 천
세겔*씩 바치게 했네.

12 내 포도원은 내 마음대로 할 수 있답니다.
오, 솔로몬이시여, 천 세겔은 당신 것, 이백
세겔*은 농부들 몫.

13 (남자) 동산에 있는 그대여, 내 친구들이
그대 목소리를 들으니, 나 또한 듣게 하오.

14 (여자) 나의 사랑하는 이시여, 빨리 오세
요, 향나무 우거진 산들을 달리는 노루나
젊은 수사슴처럼 달려오세요.

---

where in great pain she delivered you.

6 • Place me like a seal over your heart,
like a seal on your arm.
For love is as strong as death,
its jealousy* as enduring as the grave.*
Love flashes like fire,
the brightest kind of flame.

7 • Many waters cannot quench love,
nor can rivers drown it.
If a man tried to buy love
with all his wealth,
his offer would be utterly scorned.

The Young Woman's Brothers

8 • We have a little sister
too young to have breasts.
What will we do for our sister
if someone asks to marry her?

9 • If she is a virgin, like a wall,
we will protect her with a silver tower.
But if she is promiscuous, like a swinging door,
we will block her door with a cedar bar.

Young Woman

10 • I was a virgin, like a wall;
now my breasts are like towers.
When my lover looks at me,
he is delighted with what he sees.

11 • Solomon has a vineyard at Baal-hamon,
which he leases out to tenant farmers.
Each of them pays a thousand pieces of silver
for harvesting its fruit.

12 • But my vineyard is mine to give,
and Solomon need not pay a thousand
pieces of silver.
But I will give two hundred pieces
to those who care for its vines.

Young Man

13 • O my darling, lingering in the gardens,
your companions are fortunate to hear
your voice.
Let me hear it, too!

Young Woman

14 • Come away, my love! Be like a gazelle
or a young stag on the mountains of spices.

---

linger [líŋgər] vi. (아쉬운 듯이) 남아 있다
promiscuous [prəmískjuəs] a. 성적으로 문란한
quench [kwentʃ] vt. 감정을 누그러뜨리다
scorn [skɔːrn] vt. 멸시하다
stag [stæg] n. 수사슴
utterly [ʌ́tərli] ad. 철저히, 완전히

8:6a Or *its passion.* 8:6b Hebrew *as Sheol.*
8:11 1,000세겔은 약 11.4kg에 해당된다.
8:12 200세겔은 약 2.28kg에 해당된다.

이사야

● 서론

⚜ 저자 _ 이사야
⚜ 저작 연대 _ B.C. 745~680년 사이
⚜ 기록 장소 _ 예루살렘으로 추정
⚜ 기록 대상 _ 유다 민족 및 그 밖의 주변 민족들
⚜ 핵심어 및 내용 _ 핵심어는 '심판'과 '구원'이다. 전반부 1~39장은 회개하고 하나님께 다시 돌아오기를 거부한 이스라엘 민족에 대한 하나님의 심판을 강조하는 내용으로 구약 39권의 내용과 유사하며, 후반부 40~66장은 우리를 구원하실 메시아에 초점이 모아진 신약 27권과 비슷한 내용을 다루고 있다.

하나님께서 이사야에게 환상을 보여 주시다

1 이것은 아모스의 아들 이사야가 유다 왕 웃시야와 요담과 아하스와 히스기야 시대에 본 환상입니다. 하나님께서 이사야에게 유다와 예루살렘에 일어날 일을 보여 주셨습니다.

하나님께서 백성을 꾸짖으시다

2 하늘이여, 들어라! 땅이여, 귀를 기울여라! 여호와께서 말씀하신다. "내가 내 자녀를 키우고 길렀으나, 그들이 나를 배반했다.

3 소도 제 주인을 알고, 나귀도 제 주인의 여물통을 알지만, 이스라엘은 알지 못하고, 내 백성은 깨닫지 못하는구나."

4 죄를 지은 민족, 이스라엘에게 재앙이 닥친다. 이 백성은 허물이 가득하다. 그들은 몹쓸 짓을 하는 자녀요, 악으로 가득한 자식들이다. 그들은 여호와를 저버리고, 이스라엘의 거룩하신 분, 하나님을 무시하고 등을 돌렸다.

5 어찌하여 너희가 맞을 짓만 하느냐? 어찌하여 자꾸 하나님을 배반하느냐? 너희 머리는 상했고, 마음도 병들었구나.

6 머리부터 발끝까지 성한 곳 한 군데도 없이, 온몸이 다치고 멍들고 상처투성이구나. 그런데도 치료하지 못하고, 싸매지도 못하고, 기름을 바르지도 못하는구나.

7 너희 땅이 황폐해졌고, 너희 성들이 불타 버렸다. 너희가 보는 앞에서 원수들이 너희 땅을 약탈했고, 이방인에 의하여 멸망당한 것처럼 너희 땅이 폐허가 되어 버렸다.

8 딸 시온이 마치 포도밭의 텅 빈 초막처럼 홀로 남았다. 수박밭의 원두막같이, 원수들에게 포위된 성같이 되어 버렸다.

9 만군의 여호와께서 우리 백성 가운데 얼마를 남겨 두지 않으셨다면, 우리는 소돔과 고모라 성처럼 완전히 망했을 것이다.

---

1 These are the visions that Isaiah son of Amoz saw concerning Judah and Jerusalem. He saw these visions during the years when Uzziah, Jotham, Ahaz, and Hezekiah were kings of Judah.*

A Message for Rebellious Judah

2 • Listen, O heavens! Pay attention, earth!
    This is what the LORD says:
    "The children I raised and cared for
        have rebelled against me.

3 • Even an ox knows its owner,
        and a donkey recognizes its master's care—
    but Israel doesn't know its master.
        My people don't recognize my care for them."

4 • Oh, what a sinful nation they are—
        loaded down with a burden of guilt.
    They are evil people,
        corrupt children who have rejected the LORD.
    They have despised the Holy One of Israel
        and turned their backs on him.

5 • Why do you continue to invite punishment?
        Must you rebel forever?
    Your head is injured,
        and your heart is sick.

6 • You are battered from head to foot—
        covered with bruises, welts, and infected
            wounds—
    without any soothing ointments or bandages.

7 • Your country lies in ruins,
        and your towns are burned.
    Foreigners plunder your fields before your eyes
        and destroy everything they see.

8 • Beautiful Jerusalem* stands abandoned
        like a watchman's shelter in a vineyard,
    like a lean-to in a cucumber field after the harvest,
        like a helpless city under siege.

9 • If the LORD of Heaven's Armies
        had not spared a few of us,*

---

bruise [brúːz] *n.* 타박상, 멍; 상처
welt [wélt] *n.* 채찍 자국

1:1 These kings reigned from 792 to 686 B.C.   **1:8** Hebrew *The daughter of Zion.*   **1:9** Greek version reads *a few of our children.* Compare Rom 9:29.

10 소돔의 통치자들과 같은 너희 예루살렘 통치자들아, 여호와의 말씀을 들어라. 고모라 백성과 같은 너희 백성들아, 우리 하나님의 가르침에 귀 기울여라.

11 여호와께서 말씀하신다. "나는 너희가 바친 이 모든 제물을 바라지 않는다. 이제는 너희의 숫양 번제물과 살진 짐승의 기름이 지겹다. 수송아지와 양과 염소의 피도 반갑지 않다.

12 너희는 나를 만나러 오지만, 누가 너희더러 이렇게 들락날락하며 내 마당만 밟으라고 했느냐?

13 다시는 헛된 제물을 가져오지 마라. 너희가 태우는 향이 역겹다. 너희가 초하루 축제일과 안식일과 특별 절기에 모이는 것도 참을 수 없고, 거룩한 모임에 모여서 악한 짓을 하는 것도 견딜 수 없다.

14 정말로 나는 너희의 초하루 축제일과 특별 절기들이 역겹다. 그것들은 오히려 내게 무거운 짐이 될 뿐이다. 나는 그것들을 짊어지기에는, 너무 지쳤다.

15 너희가 팔을 벌려 내게 기도해도 나는 눈을 감고 너희를 쳐다보지 않겠다. 아무리 기도를 많이 해도 들어 주지 않겠다. 왜냐하면 너희 손이 피로 가득하기 때문이다.

16 너희는 몸을 씻어 깨끗이 하여라. 내가 보는 앞에서 하던 악한 짓을 멈추어라. 못된 짓을 그만두어라.

17 옳은 일을 배우고 정의를 찾아라. 억눌림 받는 사람을 구해 주고, 재판에서 고아들을 지켜 주며, 과부들의 억울한 사정을 들어 주어라."

18 여호와의 말씀이다. "오너라, 우리 서로 이야기해 보자. 너희 죄가 심하게 얼룩졌을지라도 눈처럼 깨끗해질 것이며, 너희 죄가 진홍색처럼 붉을지라도 양털처럼 희어질 것이다.

19 너희가 기꺼이 내게 복종하면, 땅에서 나는 좋은 작물을 먹을 것이다.

20 그러나 나를 따르지 않고 등을 돌리면, 너희 원수의 칼에 망할 것이다." 이것은 여호와께서 친히 하신 말씀이다.

하나님께 충성하지 않은 예루살렘

21 하나님을 잘 따르던 예루살렘 성이 어찌하여 창녀처럼 되었는가! 한때는 정의가 가득하고, 하나님께서 원하시던 대로 살던 곳이었는데, 이제는 살인자들의 성이 되

we would have been wiped out like Sodom,
destroyed like Gomorrah.

10 • Listen to the LORD, you leaders of "Sodom."
Listen to the law of our God, people of
"Gomorrah."

11 • "What makes you think I want all your sacrifices?"
says the LORD.
"I am sick of your burnt offerings of rams
and the fat of fattened cattle.
I get no pleasure from the blood
of bulls and lambs and goats.

12 • When you come to worship me,
who asked you to parade through my
courts with all your ceremony?

13 • Stop bringing me your meaningless gifts;
the incense of your offerings disgusts me!
As for your celebrations of the new moon
and the Sabbath
and your special days for fasting—
they are all sinful and false.
I want no more of your pious meetings.

14 • I hate your new moon celebrations and your
annual festivals.
They are a burden to me. I cannot stand
them!

15 • When you lift up your hands in prayer, I will
not look.
Though you offer many prayers, I will
not listen,
for your hands are covered with the blood
of innocent victims.

16 • Wash yourselves and be clean!
Get your sins out of my sight.
Give up your evil ways.

17 • Learn to do good.
Seek justice.
Help the oppressed.
Defend the cause of orphans.
Fight for the rights of widows.

18 • "Come now, let's settle this,"
says the LORD.
"Though your sins are like scarlet,
I will make them as white as snow.
Though they are red like crimson,
I will make them as white as wool.

19 • If you will only obey me,
you will have plenty to eat.

20 • But if you turn away and refuse to listen,
you will be devoured by the sword of your
enemies.
I, the LORD, have spoken!"

Unfaithful Jerusalem

21 • See how Jerusalem, once so faithful,
has become a prostitute.
Once the home of justice and righteousness,

---

pious [páiəs] a. 경건한
1:25 skim off : 뜬 찌꺼기를 걸어내다

어 버렸다.

22 예루살렘아, 너는 은을 제련하다 남은 찌꺼기같이 되었고, 물을 섞은 포도주같이 되었구나.

23 네 지도자들은 반역자들이요, 도둑의 친구들이다. 모두들 뇌물을 좋아하고, 선물 받기를 바란다. 재판에서 고아들을 지키려 하지 않고, 과부들의 억울한 사정도 들어 주려 하지 않는다.

24 그러므로 주님, 곧 만군의 여호와, 이스라엘의 전능하신 분이 말씀하신다. "오호라, 내가 내 원수들에게 진노를 쏟아 붓고, 보복하겠다.

25 내가 너희를 치겠다. 잿물로 씻어 내듯 너희의 허물을 씻어 내겠다. 너희의 찌꺼기를 모두 없애 버리겠다.

26 옛날처럼 재판관들을 다시 세우고, 처음에 한 것처럼 참모들을 다시 세우겠다. 그런 다음에야 너를 '의로운 성', '충성스런 성'이라 부를 것이다."

27 시온은 공평으로 구원을 얻을 것이다. 그리고 시온으로 돌아오는 백성은 의로 구원을 얻을 것이다.

28 그러나 하나님을 배반하는 죄인은 망하고, 여호와를 떠난 사람은 죽을 것이다.

29 너희가 상수리나무 아래에서 헛된 신을 섬겼으므로 부끄러움을 당할 것이며, 너희 동산에서 우상을 섬겼으므로 망신을 당할 것이다.

30 너희는 그 잎사귀가 시들어 가는 상수리나무같이 될 것이며, 물이 없는 동산처럼 될 것이다.

31 강한 백성이 가는 나무토막처럼 되며, 그하는 일은 불티와 같이 될 것이다. 백성이나 그들이 하는 일이 다 같이 불타 버릴 것이며, 아무도 그 불을 끄지 못할 것이다.

예루살렘에 관한 말씀

2 이것은 아모스의 아들 이사야가 유다와 예루살렘에 관해 본 것입니다.

2 마지막 날에 여호와의 성전이 서 있는 산이 모든 산들 꼭대기에 우뚝 서게 될 것이며, 모든 언덕보다 높이 솟을 것이다. 그리고 모든 민족이 그리로 모여들 것이다.

3 많은 백성들이 가면서 이르기를, "자, 여호와의 산으로 올라가자. 야곱의 하나님의 성전으로 가자. 주가 그의 길을 우리에게 가르치시리니, 우리는 그의 길로 행하자"

she is now filled with murderers.

22 ● Once like pure silver,
　　you have become like worthless slag.
　　Once so pure,
　　you are now like watered-down wine.

23 ● Your leaders are rebels,
　　the companions of thieves.
　　All of them love bribes
　　and demand payoffs,
　　but they refuse to defend the cause of orphans
　　or fight for the rights of widows.

24 ● Therefore, the Lord, the LORD of Heaven's Armies,
　　the Mighty One of Israel, says,
　　"I will take revenge on my enemies
　　and pay back my foes!

25 ● I will raise my fist against you.
　　I will melt you down and skim off your slag.
　　I will remove all your impurities.

26 ● Then I will give you good judges again
　　and wise counselors like you used to have.
　　Then Jerusalem will again be called the Home
　　of Justice
　　and the Faithful City."

27 ● Zion will be restored by justice;
　　those who repent will be revived by
　　righteousness.

28 ● But rebels and sinners will be completely
　　destroyed,
　　and those who desert the LORD will
　　be consumed.

29 ● You will be ashamed of your idol worship
　　in groves of sacred oaks.
　　You will blush because you worshiped
　　in gardens dedicated to idols.

30 ● You will be like a great tree with withered leaves,
　　like a garden without water.

31 ● The strongest among you will disappear like
　　straw;
　　their evil deeds will be the spark that sets it
　　on fire.
　　They and their evil works will burn up together,
　　and no one will be able to put out the fire.

The LORD's Future Reign

2 This is a vision that Isaiah son of Amoz saw concerning Judah and Jerusalem:

2 ● In the last days, the mountain of the
　　LORD's house
　　will be the highest of all—
　　the most important place on earth.
　　It will be raised above the other hills,
　　and people from all over the world
　　will stream there to worship.

3 ● People from many nations will come and say,
　　"Come, let us go up to the mountain of the LORD,
　　to the house of Jacob's God.
　　There he will teach us his ways,

라고 할 것이다. 여호와의 가르침이 시온에서 나오며, 주의 말씀이 예루살렘에서 나온다.

4 주께서 나라들 사이를 재판하시고, 많은 백성들을 꾸짖으신다. 나라마다 칼을 부러뜨려서 쟁기로 만들고 창을 낫으로 만들 것이다. 다시는 나라들이 서로 칼을 들지 않으며, 다시는 군사 훈련도 하지 않을 것이다.

5 야곱 집안아, 자, 여호와의 빛 안에서 행하자.

재앙의 날이 온다

6 주께서 주의 백성, 곧 야곱 집안을 버리신 것은 그들이 동쪽 나라의 못된 풍습을 따르고, 블레셋 사람들처럼 점을 치고, 이방인의 풍습을 그대로 받아들였기 때문이다.

7 그들의 땅에는 은과 금이 가득하고, 보물이 셀 수 없이 많다. 그들의 땅에는 말이 가득하고, 전차도 셀 수 없이 많다.

8 그들의 땅에는 우상이 가득하고, 백성은 자기 손으로 만든 우상에게 절하며 그것을 섬기고 있다.

9 사람마다 모두 천하고 낮아졌으니, 주님, 그들을 용서하지 마십시오.

10 너희는 절벽에 난 동굴로 들어가고, 땅 속에 숨어서, 여호와의 진노와 그분의 영광스런 위엄을 피하여라.

11 사람의 교만한 눈은 낮아질 것이요, 거만한 사람은 꺾일 것이다. 그날이 되면, 여호와께서 홀로 높임을 받으실 것이다.

12 만군의 여호와께서 그날을 계획하셨다. 그날이 오면 주께서 모든 거만한 사람과 거드름 피우는 사람을 심판하실 것이다. 그리하여 모든 교만한 사람들을 꺾어 놓으실 것이다.

13 레바논의 높이 솟은 백향목들과 바산의 거대한 상수리나무들을 꺾으실 것이다.

14 모든 높은 산과 높이 솟은 언덕을 낮추실 것이다.

15 모든 높은 망대와 요새화된 성벽을 허무실 것이다.

16 모든 무역하는 배*와 아름다운 선박을 가라앉히실 것이다.

17 교만한 사람은 낮아질 것이요, 거만한 사람은 꺾일 것이다. 그날이 되면, 여호와께서 홀로 높여질 것이다.

and we will walk in his paths."
For the LORD's teaching will go out from Zion;
　　his word will go out from Jerusalem.
4 • The LORD will mediate between nations
　　and will settle international disputes.
They will hammer their swords into plowshares
　　and their spears into pruning hooks.
Nation will no longer fight against nation,
　　nor train for war anymore.

A Warning of Judgment

5 • Come, descendants of Jacob,
　　let us walk in the light of the LORD!
6 • For the LORD has rejected his people,
　　the descendants of Jacob,
because they have filled their land with
　　　　practices from the East
　　and with sorcerers, as the Philistines do.
They have made alliances with pagans.
7 • Israel is full of silver and gold;
　　there is no end to its treasures.
Their land is full of warhorses;
　　there is no end to its chariots.
8 • Their land is full of idols;
　　the people worship things they have made
　　with their own hands.
9 • So now they will be humbled,
　　and all will be brought low—
　　do not forgive them.
10 • Crawl into caves in the rocks.
　　Hide in the dust
from the terror of the LORD
　　and the glory of his majesty.
11 • Human pride will be brought down,
　　and human arrogance will be humbled.
Only the LORD will be exalted
　　on that day of judgment.

12 • For the LORD of Heaven's Armies
　　has a day of reckoning.
He will punish the proud and mighty
　　and bring down everything that is exalted.
13 • He will cut down the tall cedars of Lebanon
　　and all the mighty oaks of Bashan.
14 • He will level all the high mountains
　　and all the lofty hills.
15 • He will break down every high tower
　　and every fortified wall.
16 • He will destroy all the great trading ships*
　　and every magnificent vessel.
17 • Human pride will be humbled,
　　and human arrogance will be brought down.
Only the LORD will be exalted
　　on that day of judgment.

---

exalt [igzɔ́:lt] vt. 높이다
reckoning [rékəniŋ] n. 응보, 벌

2:16 Hebrew *every ship of Tarshish.*
2:16 개역 성경에는 '다시스의 모든 배'라고 표기되어 있다.

사

18 모든 우상은 완전히 사라질 것이다.

19 여호와께서 일어나 땅을 뒤흔드실 때에, 백성이 절벽에 난 동굴로 들어갈 것이며, 땅 속에 구멍을 파고 숨을 것이다. 주의 진노와 영광스런 위엄을 피하여 숨을 것이다.

20 그때가 되면, 사람들이 금과 은으로 만든 우상을 던져 버릴 것이다. 자기들이 섬기려고 만든 그 우상들을 박쥐와 두더지에게 던질 것이다.

21 여호와께서 일어나 땅을 뒤흔드실 때에, 사람들이 바위 틈 구멍과 절벽에 난 동굴로 들어갈 것이다. 주의 진노와 크신 위엄을 피하여 숨을 것이다.

22 너희는 사람을 의지하지 마라. 그들은 곧 꺼질 숨을 내쉴 따름이니, 능력이 얼마나 있겠는가?

하나님께서 유다와 예루살렘을 심판하시다

3 보아라! 주님, 곧 만군의 여호와께서 예루살렘과 유다에 필요한 모든 것을 없애 버리실 것이다. 주께서 모든 음식과 물을 없애 버리실 것이다.

2 모든 영웅과 용사들, 재판관과 예언자들, 점쟁이와 장로들을 없애 버리실 것이다.

3 오십부장과 고관들, 모사와 재주 좋은 기술자와 능란한 마술사들을 없애 버리실 것이다.

4 주께서 말씀하신다. "내가 아이들을 그들의 지도자로 세우고, 어리석은 아이들이 그들을 다스리도록 하겠다.

5 사람마다 서로서로 짓누르고, 젊은이는 노인 앞에서 건방지게 굴고, 천한 사람은 귀한 사람을 존경하지 않을 것이다.

6 그때가 되면, 사람이 자기 집안의 형제 가운데 하나를 붙잡고 '너는 겉옷을 가졌으니, 우리의 지도자가 되어 다오. 그리고 이 멸망을 네 손으로 해결해 다오' 하고 말할 것이다.

7 그러나 그때에 그가 일어나 말하기를, '나는 너희를 싸매 주는 사람이 될 수 없다. 내 집에는 음식도 없고 옷도 없으니 나를 백성의 지도자로 세우지 마라' 고 할 것이다."

8 드디어 예루살렘이 넘어졌고 유다가 쓰러졌다. 왜냐하면 그들이 말과 행동으로 여호와를 거스르며, 드러내 놓고 주의 영광을 무시하였기 때문이다.

9 그들의 얼굴이, 그들이 죄인이라는 것을 드러낸다. 그들이 소돔 백성처럼 자기들의 죄를 드러내 놓고 말하며, 감추지 아니한다. 오호라, 그들의 목숨이 위태로울 것이다. 그들이 스스

18 • Idols will completely disappear.

19 • When the LORD rises to shake the earth,
     his enemies will crawl into holes in the ground.
    They will hide in caves in the rocks
     from the terror of the LORD
     and the glory of his majesty.

20 • On that day of judgment they will abandon the gold and silver idols
     they made for themselves to worship.
    They will leave their gods to the rodents and bats,

21 • while they crawl away into caverns
     and hide among the jagged rocks in the cliffs.
    They will try to escape the terror of the LORD
     and the glory of his majesty
     as he rises to shake the earth.

22 • Don't put your trust in mere humans.
     They are as frail as breath.
     What good are they?

Judgment against Judah

3 • The Lord, the LORD of Heaven's Armies,
     will take away from Jerusalem and Judah
    everything they depend on:
     every bit of bread
     and every drop of water,

2 • all their heroes and soldiers,
     judges and prophets,
     fortune-tellers and elders,

3 • army officers and high officials,
     advisers, skilled sorcerers, and astrologers.

4 • I will make boys their leaders,
     and toddlers their rulers.

5 • People will oppress each other—
     man against man,
     neighbor against neighbor.
    Young people will insult their elders,
     and vulgar people will sneer at the honorable.

6 • In those days a man will say to his brother,
     "Since you have a coat, you be our leader!
     Take charge of this heap of ruins!"

7 • But he will reply,
     "No! I can't help.
    I don't have any extra food or clothes.
     Don't put me in charge!"

8 • For Jerusalem will stumble,
     and Judah will fall,
    because they speak out against the LORD
     and refuse to obey him.
    They provoke him to his face.

9 • The very look on their faces gives them away.
     They display their sin like the people of Sodom

vulgar [vʌ́lgər] *a.* 천박한, 상스러운.

사

로 재앙을 불러들였다.

10 의로운 사람에게 일러 주어라. 그들에게 좋은 일이 일어날 것이다. 그들이 자기 행실에 대해 그 상을 받을 것이다.

11 오호라, 악한 사람에게는 재앙이 닥칠 것이다. 그들은 자기 손으로 저지른 모든 일에 대해 벌을 받을 것이다.

12 아이들이 내 백성을 억누르며, 여자들이 내 백성을 다스린다. 내 백성이여, 너희 지도자들이 도리어 너희를 잘못 인도하고, 그들이 너의 갈 길을 무너뜨린다.

13 여호와께서 법정에 자리를 잡으셨다. 백성들을 심판하시려고 일어나셨다.

14 여호와께서 자기 백성의 장로들과 그 지도자들을 심문하신다. "너희가 포도원을 먹어 치웠다. 가난한 사람들로부터 빼앗은 것이 너희 집에 있다.

15 어찌하여 너희가 내 백성을 짓밟느냐? 어찌하여 가난한 사람들을 못살게 구느냐?' 주, 곧 만군의 여호와의 말씀이다.

예루살렘 여자들에게 경고하시다

16 여호와께서 말씀하신다. "시온의 여자들은 교만하다. 그들은 목을 꼿꼿이 세우고 다니며, 홀리는 눈으로 쳐다본다. 점잔 빼며 걷기도 하고, 발목에서 소리를 내며 다니기도 한다."

17 그러므로 주께서 시온 여자들의 정수리에 딱지가 생기게 하시며, 여호와께서 그들의 하체를 들춰 내신다.

18 그때가 되면, 주께서 그들의 모든 장식품, 곧 발목 장식과 머리띠와 달 모양 목걸이와

19 귀고리와 팔찌와 면사포와

20 머리 덮개와 발찌와 허리띠와 향수병과 부적과

21 반지와 코걸이와

22 고운 옷과 겉옷과 목도리와 지갑과

23 손거울과 모시옷과 머릿수건과 어깨 걸치개를 다 없애 버리실 것이다.

24 그들은 향수 냄새 대신 썩은 냄새를 풍길 것이며, 허리띠 대신 밧줄에 묶일 것이다. 곱게 장식한 머리카락은 대머리가 되고, 화려한 옷 대신 거친 상복을 입게 될 것이다. 고운 얼굴에는 불에 탄 흔적이 가득할 것이다.

25 너희 장정들은 칼에 맞아 죽을 것이며, 너희 용사들은 전쟁으로 죽을 것이다.

and don't even try to hide it.
They are doomed!
They have brought destruction upon themselves.

10 ● Tell the godly that all will be well for them.
They will enjoy the rich reward they
have earned!

11 ● But the wicked are doomed,
for they will get exactly what they deserve.

12 ● Childish leaders oppress my people,
and women rule over them.
O my people, your leaders mislead you;
they send you down the wrong road.

13 ● The LORD takes his place in court
and presents his case against his people.*

14 ● The LORD comes forward to pronounce judgment
on the elders and rulers of his people:
"You have ruined Israel, my vineyard.
Your houses are filled with things
stolen from the poor.

15 ● How dare you crush my people,
grinding the faces of the poor into the dust?"
demands the Lord, the LORD of Heaven's
Armies.

A Warning to Jerusalem

16 ● The LORD says, "Beautiful Zion* is haughty:
craning her elegant neck,
flirting with her eyes,
walking with dainty steps,
tinkling her ankle bracelets.

17 ● So the Lord will send scabs on her head;
the LORD will make beautiful Zion bald."

18 ● On that day of judgment
the Lord will strip away everything that
makes her beautiful:
ornaments, headbands, crescent necklaces,

19 ● earrings, bracelets, and veils;

20 ● scarves, ankle bracelets, sashes,
perfumes, and charms;

21 ● rings, jewels,

22 ● party clothes, gowns, capes, and purses;

23 ● mirrors, fine linen garments,
head ornaments, and shawls.

24 ● Instead of smelling of sweet perfume, she will
stink.
She will wear a rope for a sash,
and her elegant hair will fall out.
She will wear rough burlap instead of rich robes.
Shame will replace her beauty.*

3:13 As in Greek and Syriac versions; Hebrew reads *against the peoples.* 3:16 Or *The women of Zion* (with corresponding changes to plural forms through verse 24); Hebrew reads *The daughters of Zion;* also in 3:17. 3:24 As in Dead Sea Scrolls; Masoretic Text reads *robes / because instead of beauty.*

26 그 성 전체가 슬피 울 것이며, 시온은 폐허
가 되어 땅에 주저앉을 것이다.

4 그때가 되면, 일곱 여자가 한 남자를 붙
잡고 말하기를 "먹을 것도 우리가 대고
입을 것도 우리가 댈 테니, 그저 우리의 남
편이 되어 주세요. 제발 우리의 부끄러움
을 거두어 주세요"라고 할 것이다.

여호와의 가지

2 그때가 되면, 여호와의 가지가 매우 아름
답고 영광스럽게 될 것이다. 그리고 그 땅
에서 나는 열매가 이스라엘의 남은 백성에
게 자랑과 영광이 될 것이다.

3 시온에서 살아남은 사람들의 명단에 이름
이 적힌 사람은 거룩한 백성이라고 불릴
것이다.

4 주께서 시온의 여자들에게 있는 더러운 것
을 씻어 내시고, 심판의 영과 소멸의 영으
로 예루살렘의 핏자국을 깨끗하게 하실 것
이다.

5 여호와께서 시온 산 위와 그곳의 모든 모
임 위에, 낮에는 구름과 연기를, 밤에는 밝
게 타는 불꽃을 만드실 것이다. 그 모든 영
광스러운 곳을 장막처럼 덮어 지켜 주실
것이다.

6 그것이 한낮의 뜨거운 햇볕으로부터 사람
들을 보호해 줄 것이며, 홍수와 비를 피하
여 숨을 수 있는 피난처가 되어 줄 것이다.

하나님의 포도밭 이스라엘

5 내가 사랑하는 사람에게 노래를 불러
주겠다. 이는 그의 포도원에 관해 노래
한 것이다. 나의 사랑하는 친구가 기름진
언덕 위에 포도밭을 가꾸고 있었네.

2 그가 땅을 일구고 돌을 골라내어 가장 좋
은 포도나무를 심었다네. 그 한가운데에
망대를 세우고, 그 안에 포도주틀도 만들
었다네. 그는 거기에 좋은 포도가 열리기
를 바랐지만 나쁜 포도가 열렸다네.

3 "자, 예루살렘에 사는 백성아, 유다 사람들
아, 나와 내 포도밭 사이에서 판단해 보아
라.

4 내가 내 포도밭을 위해 무슨 일을 더 할 수
있겠느냐? 내가 할 수 있는 일은 다 했다.
좋은 포도가 열리기를 바랐지만 어찌하여
나쁜 포도가 열렸을까?

5 이제 내가 내 포도밭을 어떻게 할지 너희
에게 일러 주겠다. 울타리와 담을 무너뜨
려 짐승들에게 짓밟히도록 하겠다.

---

25 • The men of the city will be killed with the sword,
and her warriors will die in battle.

26 • The gates of Zion will weep and mourn.
The city will be like a ravaged woman,
huddled on the ground.

4 In that day so few men will be left that seven
women will fight for each man, saying, "Let us all
marry you! We will provide our own food and cloth-
ing. Only let us take your name so we won't be
mocked as old maids."

A Promise of Restoration

2 • But in that day, the branch* of the LORD
will be beautiful and glorious;
the fruit of the land will be the pride and glory
of all who survive in Israel.

3 • All who remain in Zion
will be a holy people—
those who survive the destruction of Jerusalem
and are recorded among the living.

4 • The Lord will wash the filth from beautiful Zion*
and cleanse Jerusalem of its bloodstains
with the hot breath of fiery judgment.

5 • Then the LORD will provide shade for Mount Zion
and all who assemble there.
He will provide a canopy of cloud during the day
and smoke and flaming fire at night,
covering the glorious land.

6 • It will be a shelter from daytime heat
and a hiding place from storms and rain.

A Song about the LORD's Vineyard

5 Now I will sing for the one I love
a song about his vineyard:
My beloved had a vineyard
on a rich and fertile hill.

2 • He plowed the land, cleared its stones,
and planted it with the best vines.
In the middle he built a watchtower
and carved a winepress in the nearby rocks.
Then he waited for a harvest of sweet grapes,
but the grapes that grew were bitter.

3 • Now, you people of Jerusalem and Judah,
you judge between me and my vineyard.

4 • What more could I have done for my vineyard
that I have not already done?
When I expected sweet grapes,
why did my vineyard give me bitter grapes?

5 • Now let me tell you
what I will do to my vineyard:
I will tear down its hedges
and let it be destroyed.
I will break down its walls

---

ravaged [rǽvidʒd] *a.* 유린당한

4:2 Or *the Branch.*　　4:4 Or *from the women of Zion;*
Hebrew reads *from the daughters of Zion.*

6 내가 그 밭을 황무지로 만들겠다. 거기서 더 이상 김매기나 손질도 못하게 하겠다. 그 밭에서는 잡초와 가시가 자랄 것이다. 내가 또 구름에게 명령하여 그 위에 비를 내리지 못하게 하겠다."

7 만군의 여호와의 포도밭은 이스라엘 민족이요, 주께서 아끼고 사랑하는 나무는 유다 백성이다. 주께서 정의를 바라셨으나 압제뿐이었고, 의로운 삶을 바라셨으나 고통의 부르짖음뿐이었다.

8 오호라, 다른 사람들이 집과 밭을 차지할 수 없도록 집에 집을 더하고 밭에 밭을 더하여, 이 땅 가운데 홀로 살려 한 너희에게 재앙이 닥칠 것이다.

9 만군의 여호와께서 내 귀에 대고 이렇게 말씀하셨다. "많은 집들이 버려져서, 제아무리 크고 아름다운 집이라 하더라도 사는 사람이 없을 것이다.

10 그때가 되면, 열흘갈이 포도밭에서 포도주가 한 바트*밖에 나오지 않을 것이며, 씨앗 한 호멜*지기에서 곡식은 한 에바*밖에 나오지 않을 것이다."

11 오호라, 아침에 일찍 일어나 독한 술을 찾는 사람과 밤늦도록 포도주에 취한 사람에게 재앙이 닥친다.

12 그들은 잔치를 베풀어 수금과 비파와 소고와 피리를 연주하며 포도주를 마시지만, 여호와께서 이루시는 일에는 관심이 없고, 주께서 하시는 일도 거들떠보지 않는다.

13 그러므로 내 백성이 나를 알지 못하고 사로잡힌 채 끌려갈 것이며, 귀족들은 굶주림으로 죽어 가고, 백성들은 목이 말라 죽어 갈 것이다.

14 그러므로 죽음의 세계*가 자리를 넓게 차지하고, 그 입을 한없이 크게 벌릴 것이다. 예루살렘의 귀족들과 일반 백성들이 그리로 내려가며, 떠들썩한 소리와 흥겹게 외치는 소리도 그리로 내려갈 것이다.

15 그러므로 일반 백성이나 귀족들이 다 낮아지고, 교만한 사람들의 눈도 낮아질 것이다.

16 만군의 여호와께서 공정한 재판으로 영광을 받으시고, 거룩한 하나님께서 의로운 일로 거룩함을 나타내실 것이

and let the animals trample it.

6 • I will make it a wild place
　　where the vines are not pruned and
　　　　the ground is not hoed,
　　a place overgrown with briers and thorns.
　I will command the clouds
　　to drop no rain on it.

7 • The nation of Israel is the vineyard of the LORD of
　　Heaven's Armies.
　　The people of Judah are his pleasant garden.
　He expected a crop of justice,
　　but instead he found oppression.
　He expected to find righteousness,
　　but instead he heard cries of violence.

Judah's Guilt and Judgment

8 • What sorrow for you who buy up house
　　after house and field after field,
　　until everyone is evicted and you live
　　　　alone in the land.

9 • But I have heard the LORD of Heaven's Armies
　　swear a solemn oath:
　　"Many houses will stand deserted;
　　　even beautiful mansions will be empty.

10 • Ten acres* of vineyard will not produce
　　　even six gallons* of wine.
　　Ten baskets of seed will yield only one
　　　basket* of grain."

11 • What sorrow for those who get up early in the
　　　morning
　　looking for a drink of alcohol
　and spend long evenings drinking wine
　　to make themselves flaming drunk.

12 • They furnish wine and lovely music at
　　　their grand parties—
　　lyre and harp, tambourine and flute—
　but they never think about the LORD
　　or notice what he is doing.

13 • So my people will go into exile far away
　　because they do not know me.
　　Those who are great and honored will starve,
　　　and the common people will die of thirst.

14 • The grave* is licking its lips in anticipation,
　　opening its mouth wide.
　　The great and the lowly
　　and all the drunken mob will be swallowed up.

15 • Humanity will be destroyed, and people brought down;
　　even the arrogant will lower their eyes in
　　　humiliation.

16 • But the LORD of Heaven's Armies will be

5:10a Hebrew *A ten yoke*, that is, the area of land plowed by ten teams of oxen in one day.　5:10b Hebrew *a bath* [21 liters].　5:10c Hebrew *A homer* [5 bushels or 220 liters] *of seed will yield only an ephah* [20 quarts or 22 liters].　5:14 Hebrew *Sheol.*

5:10 1바트는 약 22ℓ에 해당되고, 1호멜은 약 220ℓ에 해당되며, 1에바는 약 22ℓ에 해당된다.
5:14 개역 성경에는 '음부' 라고 표기되어 있다. 이는 (히) '스올' 이다.

다.

17 그때에 어린 양들은 무너진 곳이 마치 자기들의 초원인 양 마음껏 다닐 것이며, 어린 양들과 나그네가 그곳에서 먹을 것이다.

18 오호라, 거짓의 줄로 죄악을 끌어당기며, 수레 줄을 끌듯이 죄를 잡아당기는 사람에게 재앙이 닥칠 것이다.

19 그들은 이스라엘의 거룩하신 분을 비웃기까지 한다. "빨리 아무 일이라도 행하세요! 당신께서 하실 수 있는 일을 어서 우리에게 나타내 보이세요. 우리는 당신의 계획을 보기 원해요."

20 오호라, 악한 것을 선하다고 하고, 선한 것을 악하다고 하는 사람에게 재앙이 닥친다. 어둠을 빛이라 하고 빛을 어둠이라 하는 사람, 쓴 것을 달다고 하고 단 것을 쓰다고 하는 사람에게 재앙이 닥친다.

21 오호라, 스스로 지혜롭다고 하고, 스스로 똑똑하다고 하는 사람에게 재앙이 닥친다.

22 포도주를 마시는 데 익숙하며, 온갖 술을 섞어 마시는 데 능한 사람에게 재앙이 닥친다.

23 그들은 뇌물을 받고 악인을 의롭다 하며, 의로운 사람을 공평하게 재판하지 않는다.

24 그러므로 불꽃이 지푸라기를 삼키고, 마른 풀이 불에 타 오그라들듯이, 그들의 뿌리는 썩고, 꽃은 말라 죽어 티끌처럼 흩날려 올라갈 것이다. 그들은 만군의 여호와의 가르침을 따르지 않았고, 이스라엘의 거룩하신 하나님의 말씀을 멸시하였다.

25 그러므로 여호와께서 자기 백성에게 크게 노하셔서 손을 들어 그들을 치시니, 산들마저 흔들리고 사람의 시체가 쓰레기처럼 거리에 나뒹군다. 그런데도 하나님의 분노가 꺼지지 않고, 그의 손은 여전히 뻗쳐 있다.

26 하나님께서 깃발을 드셔서 먼 곳의 나라들을 부르시고, 신호를 보내어 땅끝에서부터 백성을 부르신다. 보아라, 그들이 빠른 속도로 달려오고 있다.

27 그들 가운데 지치거나 쓰러지는 사람이 없고, 졸거나 잠자는 사람도 없다. 허리띠가 풀린 사람도 없고, 신발끈이 풀어진 사람도 없다.

---

exalted by his justice.
The holiness of God will be displayed
  by his righteousness.

17 • In that day lambs will find good pastures,
  and fattened sheep and young goats*
    will feed among the ruins.

18 • What sorrow for those who drag their sins
    behind them
  with ropes made of lies,
who drag wickedness behind them like a cart!

19 • They even mock God and say,
  "Hurry up and do something!
  We want to see what you can do.
Let the Holy One of Israel carry out his plan,
  for we want to know what it is."

20 • What sorrow for those who say
    that evil is good and good is evil,
that dark is light and light is dark,
  that bitter is sweet and sweet is bitter.

21 • What sorrow for those who are wise in
    their own eyes
  and think themselves so clever.

22 • What sorrow for those who are heroes at
    drinking wine
  and boast about all the alcohol they can hold.

23 • They take bribes to let the wicked go free,
  and they punish the innocent.

24 • Therefore, just as fire licks up stubble
  and dry grass shrivels in the flame,
so their roots will rot
  and their flowers wither.
For they have rejected the law of the LORD
  of Heaven's Armies;
they have despised the word of the Holy
    One of Israel.

25 • That is why the LORD's anger burns against his
    people,
and why he has raised his fist to crush them.
The mountains tremble,
  and the corpses of his people litter the
    streets like garbage.
But even then the LORD's anger is not satisfied.
  His fist is still poised to strike!

26 • He will send a signal to distant nations far away
  and whistle to those at the ends of the earth.
  They will come racing toward Jerusalem.

27 • They will not get tired or stumble.
  They will not stop for rest or sleep.
  Not a belt will be loose,

---

corpse [kɔ́ːrps] *n.* 시체, 송장
evict [ivíkt] *vt.* 축출하다; 퇴거시키다
humiliation [hjuːmìliéiʃən] *n.* 굴욕, 모욕
shrivel [ʃrívəl] *vi.* 오그라들다

....

5:17 As in Greek version; Hebrew reads *and strangers.*

28 그들의 화살은 날카로우며, 활을 쏠 모든 준비가 되어 있다. 말들의 발굽은 바위처럼 단단하고, 전차 바퀴는 회오리바람처럼 돌아간다.

29 그들의 함성은 사자가 울부짖는 소리 같고, 어린 사자의 으르렁거리는 소리 같다. 그들이 함성을 지르며 사냥감을 움켜쥐지만 아무도 그들을 막지 못한다.

30 그날에 그들이 바다의 파도처럼 함성을 지를 것이다. 사람들이 땅을 바라보면 오직 어둠과 고통만 보일 것이다. 빛 또한 구름에 가려져 어두워질 것이다.

이사야가 예언자가 되다

6 웃시야 왕이 죽던 해에, 내가 보니 주께서 높이 들린 보좌 위에 앉아 계셨다. 그리고 주의 옷자락이 성전을 가득 채우고 있었다.

2 주님의 위쪽에는 스랍이라고 하는 천사들이 서 있었는데, 스랍마다 각각 날개가 여섯 개씩 달려 있었다. 두 날개로는 얼굴을 가렸고, 두 날개로는 발을 가렸으며, 두 날개로는 날아다녔다.

3 천사가 서로를 부르며 말했다. "거룩하시다, 거룩하시다, 거룩하시다, 만군의 여호와시여! 여호와의 영광이 온 땅에 가득합니다."

4 스랍들이 내는 소리 때문에 문지방이 흔들리고 성전에 연기가 가득 찼다.

5 내가 말했다. "재앙이 내게 닥쳤구나. 나는 망하게 되었구나. 나는 입술이 더러운 사람이요, 또 입술이 더러운 백성 가운데서 사는데, 이런 내가 왕이신 만군의 여호와를 내 눈으로 직접 뵈었구나."

6 스랍들 가운데 하나가 부집게로 제단에서 뜨거운 숯을 꺼내 손에 들고 내게 날아와서

7 그것을 내 입에 대며 말했다. "보아라, 이 숯이 네 입술에 닿았으니 네 허물은 사라지고 네 죄도 용서받았다."

8 그때에 내가 주님의 목소리를 들었다. 주께서 말씀하셨다. "내가 누구를 보낼까? 누가 우리를 위해 갈까?" 내가 말했다. "제가 여기에 있습니다. 저를 보내십시오."

9 그러자 주께서 말씀하셨다. "가서 이 백성에게 전하여라. '너희가 듣기는 들어도 알아듣지 못하고, 보기는 보아도 알아보지 못할 것이다.'

10 너는 이 백성을 고집 센 백성으로 만들어라. 그들의 귀를 닫고 그들의 눈을 어둡게 하여, 듣고 보아도 깨닫지 못하게 하여라. 혹시 그들이 눈으로 보고 귀로 들어서 마음에 깨달음이

not a sandal strap broken.

28 • Their arrows will be sharp
and their bows ready for battle.
Sparks will fly from their horses' hooves,
and the wheels of their chariots will
spin like a whirlwind.

29 • They will roar like lions,
like the strongest of lions.
Growling, they will pounce on their victims
and carry them off,
and no one will be there to rescue them.

30 • They will roar over their victims on that
day of destruction
like the roaring of the sea.
If someone looks across the land,
only darkness and distress will be seen;
even the light will be darkened by clouds.

Isaiah's Cleansing and Call

6 It was in the year King Uzziah died* that I saw
the Lord. He was sitting on a lofty throne, and
2 the train of his robe filled the Temple. • Attending
him were mighty seraphim, each having six
wings. With two wings they covered their faces,
with two they covered their feet, and with two
3 they flew. • They were calling out to each other,

"Holy, holy, holy is the LORD of
Heaven's Armies!
The whole earth is filled with his glory!"

4 • Their voices shook the Temple to its founda-
tions, and the entire building was filled with
smoke.

5 • Then I said, "It's all over! I am doomed, for I
am a sinful man. I have filthy lips, and I live
among a people with filthy lips. Yet I have seen
the King, the LORD of Heaven's Armies."

6 • Then one of the seraphim flew to me with a
burning coal he had taken from the altar with a
7 pair of tongs. • He touched my lips with it and
said, "See, this coal has touched your lips. Now
your guilt is removed, and your sins are forgiven."

8 • Then I heard the Lord asking, "Whom sho-
uld I send as a messenger to this people? Who will
go for us?"
I said, "Here I am. Send me."

9 • And he said, "Yes, go, and say to this people,

'Listen carefully, but do not understand.
Watch closely, but learn nothing.'

10 • Harden the hearts of these people.
Plug their ears and shut their eyes.
That way, they will not see with their eyes,
nor hear with their ears,
nor understand with their hearts

---

pounce [páuns] *vi.* 갑자기 달려들다
remnant [rémnənt] *n.* 나머지; 생존자

6:1 King Uzziah died in 740 B.C.

생겨, 내게 돌아와 고침을 받을까 걱정된다."

11 그때에 내가 여쭈었다. "주님, 언제까지 이런 일을 계속하시겠습니까?" 주께서 대답하셨다. "성들이 멸망하고 사람들이 사라질 때까지, 집마다 살아 남은 사람이 없고, 땅이 멸망하여 황폐해질 때까지 그렇게 할 것이다.

12 나는 사람들을 쫓아 버릴 것이며, 그 땅을 황무지로 만들 것이다.

13 이 땅 백성의 십분의 일이 남는다고 해도 그 땅은 다시 황무지가 될 것이다. 그러나 밤나무,* 상수리나무가 잘리더라도 그루터기는 남는 것같이, 거룩한 자손들이 그루터기가 되어 거기에서 다시 싹이 틀 것이다."

유다와 아람의 싸움

7 웃시야의 손자이며, 요담의 아들인 아하스가 유다 왕으로 있을 때에, 아람* 왕 르신과 르말리야의 아들인 이스라엘 왕 베가가 예루살렘을 치러 올라왔습니다. 그러나 그들은 예루살렘을 무너뜨리지 못했습니다.

2 아람과 에브라임* 군대가 서로 힘을 합쳤다는 소식이 유다 왕 아하스에게 전해지자, 아하스와 모든 백성이 크게 놀라며 두려워했습니다. 그들은 너무나 무서워서 바람에 흔들리는 수풀처럼 떨었습니다.

3 그러자 여호와께서 이사야에게 말씀하셨습니다. "너와 네 아들 스알야숩*은 '세탁자의 들판'으로 가는 길에 위치한, 윗못으로 흐르는 물길 끝으로 가서 아하스를 만나라.

4 그리고 그를 만나 '조심하고 침착하게 행동하라' 고 일러 주어라. '두려워 마라, 타다 만, 연기 나는 부지깽이와 같은 르신과 르말리야의 아들 베가 때문에 겁먹지 마라' 고 일러 주어라. 그들이 화를 낸다 해서 두려워할 필요는 없다."

5 아람과 에브라임과 르말리야의 아들이 모여서 악한 음모를 꾸몄습니다. 그들이 유다를 공격하며 말하기를,

6 "우리가 유다로 올라가서 그것을 정복하자. 그리고 그 땅을 갈라서 우리끼리 나누어 가지고 그 나라에는 다브엘의 아들을 새 왕으로 세우자" 고 합니다.

7 하지만 주 여호와께서는 이처럼 말씀하십니다. "그들의 계획은 성공하지 못한다. 그들 뜻대로는 되지 않는다.

8 아람의 가장 강하다고 하는 도시가 수도 다마스커스인데, 그곳을 다스리는 왕은 연약한 르신 왕이기 때문이다. 에브라임은 육십오 년 안에 망하여 다시 나라를 이루지 못할 것이다.

---

and turn to me for healing." *

11 • Then I said, "Lord, how long will this go on?" And he replied,

"Until their towns are empty,
   their houses are deserted,
   and the whole country is a wasteland;
12 • until the LORD has sent everyone away,
   and the entire land of Israel lies deserted.
13 • If even a tenth—a remnant—survive,
   it will be invaded again and burned.
But as a terebinth or oak tree leaves a
   stump when it is cut down,
so Israel's stump will be a holy seed."

A Message for Ahaz

7 When Ahaz, son of Jotham and grandson of Uzziah, was king of Judah, King Rezin of Syria* and Pekah son of Remaliah, the king of Israel, set out to attack Jerusalem. However, they were unable to carry out their plan.

2 • The news had come to the royal court of Judah: "Syria is allied with Israel* against us!" So the hearts of the king and his people trembled with fear, like trees shaking in a storm.

3 • Then the LORD said to Isaiah, "Take your son Shear-jashub* and go out to meet King Ahaz. You will find him at the end of the aqueduct that feeds water into the upper pool, near the road leading to the field where cloth is washed.* • Tell him to stop worrying. Tell him he doesn't need to fear the fierce anger of those two burned-out embers, King Rezin of Syria and Pekah son of Remaliah. • Yes, the kings of Syria and Israel are plotting against him, saying, 6 • 'We will attack Judah and capture it for ourselves. Then we will install the son of Tabeel as 7 Judah's king.' • But this is what the Sovereign LORD says:

"This invasion will never happen;
   it will never take place;
8 • for Syria is no stronger than its capital,
   Damascus,
   and Damascus is no stronger than its

6:9-10 Greek version reads *And he said, "Go and say to this people, / 'When you hear what I say, you will not understand. / When you see what I do, you will not comprehend.' / For the hearts of these people are hardened, / and their ears cannot hear, and they have closed their eyes— / so their eyes cannot see, / and their ears cannot hear, / and their hearts cannot understand, / and they cannot turn to me and let me heal them."* Compare Matt 13:14-15; Mark 4:12; Luke 8:10; Acts 28:26-27. **7:1** Hebrew *Aram;* also in 7:2, 4, 5, 8. **7:2** Hebrew *Ephraim,* referring to the northern kingdom of Israel; also in 7:5, 8, 9, 17. **7:3a** *Shear-jashub* means "A remnant will return." **7:3b** Or *bleached.*

6:13 테레빈스(terebinth) 나무에 가깝다.
7:1 '아람'은 현재의 '시리아' 땅에 해당된다.
7:2 여기에서는 '북이스라엘'을 가리킨다.
7:3 '스알야숩'은 '남은 사람이 돌아올 것이다' 라는 뜻이다.

9 이스라엘의 중심 도시는 수도 사마리아인데, 사마리아는 연약한 르말리야의 아들이 왕이 되어 다스린다. 너희의 믿음이 굳세지 못하면 너희는 결코 바로 서지 못한다."

임마누엘 – 하나님이 우리와 함께 계시다

10 여호와께서 또 아하스에게 말씀하셨습니다.

11 "네 하나님 여호와께 이 모든 일이 일어날 표적을 구하여라. 저 깊은 죽음의 세계에서 저 높은 하늘에 이르기까지 무엇이든 구하여라."

12 아하스가 대답했습니다. "나는 표적을 구하지 않겠습니다. 여호와를 시험하지 않겠습니다."

13 이사야가 말했습니다. "다윗의 자손, 아하스여, 잘 들으십시오. 왕은 백성의 참을성을 시험하는 것으로도 부족해서 이제는 하나님의 인내심까지 시험하십니까?

14 그러므로 주님께서 당신들에게 몸소 표적을 주실 것입니다. 보시오! 처녀가 잉태하여 아들을 낳을 것이며, 그 이름을 하나님께서 우리와 함께 계시다는 뜻인 임마누엘이라고 부를 것입니다.

15 그 아이가 옳지 않은 것을 거절하고 올바른 것을 선택할 줄 알 때면, 그 아이는 버터와 꿀을 먹을 것입니다.

16 왕은 지금 에브라임과 아람 왕들을 두려워하고 있습니다. 그러나 그 아이가 옳고 그른 것을 판단할 줄 알기 전에 에브라임 땅과 아람 땅은 황무지가 될 것입니다.

17 여호와께서 왕과 왕의 집안과 왕의 백성에게 저주를 내리실 것입니다. 그러한 일들은 에브라임이 유다로부터 갈라져 나간 이후로 겪어 보지 못한 일들일 것입니다. 주께서 앗시리아 왕을 보내셔서 왕을 치게 하실 것입니다.

18 그날에 여호와께서 신호를 보내시어 이집트 강 끝에 있는 파리 떼를 부르시고, 또 앗시리아 땅의 벌 떼를 부르실 것입니다.

19 그들이 와서 골짜기와 바위 틈과 가시나무 덤불과 샘물 곁에 진을 칠 것입니다.

20 그날에 여호와께서 면도칼과 같은 앗시리아 왕을 이용해 유다를 심판하시고, 유다의 머리털과 다리털을 밀고, 수염까지 밀어 버리실 것입니다.

21 그날에 비록 한 사람이 어린 암소 한 마리와 양 두 마리밖에 키우지 못해도

22 그것들이 내는 젖은 넉넉하여 버터를 만들어 먹을 수 있을 것입니다. 그 땅에 남아 있는 모든 사람들은 버터와 꿀을 먹을 것입니다.

23 은 천 세겔*의 가치가 있는 포도나무 천 그루가 들어설 수 있는 모든 장소도 그날이 되면, 찔레와 가시나무로 뒤덮일 것입니다.

king, Rezin.
As for Israel, within sixty-five years
it will be crushed and completely
destroyed.

9 • Israel is no stronger than its capital, Samaria,
and Samaria is no stronger than its
king, Pekah son of Remaliah.
Unless your faith is firm,
I cannot make you stand firm."

The Sign of Immanuel

10 • Later, the LORD sent this message to King
11 Ahaz: • "Ask the LORD your God for a sign of
confirmation, Ahaz. Make it as difficult as you
want—as high as heaven or as deep as the
place of the dead.*"

12 • But the king refused. "No," he said, "I will
not test the LORD like that."

13 • Then Isaiah said, "Listen well, you royal
family of David! Isn't it enough to exhaust
human patience? Must you exhaust the
14 patience of my God as well? • All right then,
the Lord himself will give you the sign. Look!
The virgin* will conceive a child! She will give
birth to a son and will call him Immanuel
15 (which means 'God is with us'). • By the time
this child is old enough to choose what is right
and reject what is wrong, he will be eating
16 yogurt* and honey. • For before the child is
that old, the lands of the two kings you fear so
much will both be deserted.

17 • "Then the LORD will bring things on you,
your nation, and your family unlike anything
since Israel broke away from Judah. He will
bring the king of Assyria upon you!"

18 • In that day the LORD will whistle for the
army of southern Egypt and for the army of
19 Assyria. They will swarm around you like flies
and bees. • They will come in vast hordes and
settle in the fertile areas and also in the deso-
20 late valleys, caves, and thorny places. • In that
day the Lord will hire a "razor" from beyond
the Euphrates River*—the king of Assyria—
and use it to shave off everything: your land,
your crops, and your people.*

21 • In that day a farmer will be fortunate to
have a cow and two sheep or goats left.
22 • Nevertheless, there will be enough milk for
everyone because so few people will be left in
the land. They will eat their fill of yogurt and
23 honey. • In that day the lush vineyards, now
worth 1,000 pieces of silver,* will become

7:11 Hebrew *as deep as Sheol.*　7:14 Or *young
woman.*　7:15 Or *curds;* also in 7:22.　7:20a
Hebrew *the river.*　7:20b Hebrew *shave off the
head, the hair of the legs, and the beard.*　7:23
Hebrew *1,000 [shekels] of silver,* about 25 pounds
or 11.4 kilograms in weight.

7:23 1,000세겔은 11.4kg에 해당된다.

24 그 땅이 모두 찔레와 가시나무 밭이 되어 야생동물이 들끓는 사냥터가 될 것입니다.

25 그러나 사람들이 괭이로 땅을 갈아야 하는 산지에서는 잡초와 가시나무에 대한 두려움이 없을 것입니다. 그런 곳에서는 다만 사람들이 소 떼를 풀어 놓고, 양 떼들이 밟고 다닐 것입니다."

앗시리아가 곧 온다

8 여호와께서 내게 말씀하셨다. "너는 큰 두루마리를 가져와서 보통 사용하는 글씨체로 '마헬살랄하스바스'*라고 써라.

2 내가 믿을 만한 증인인 제사장 우리아와 여베레기야의 아들 스가랴를 세워 증언하게 하겠다."

3 그 후, 내가 아내를 가까이했더니, 그녀가 임신하여 아들을 낳았다. 그때에 여호와께서 내게 말씀하셨다. "그 아이의 이름을 마헬살랄하스바스라고 하여라.

4 그 아이가 커서 '아빠, 엄마'라고 부를 줄 알기 전에, 앗시리아 왕이 다마스커스와 사마리아의 모든 재물을 빼앗아 갈 것이다."

5 여호와께서 다시 내게 말씀하셨다.

6 "이 백성이 천천히 흐르는 실로아 연못물을 버리고 르신과 르말리야의 아들인 베가를 좋아하는구나.

7 그러므로 보아라, 내가 힘있고 거대한 유프라테스 강물, 곧 앗시리아 왕과 그 군대를 보내 그들을 덮치도록 하겠다. 앗시리아 사람들이 물처럼 강둑 위로 솟아올라 그 땅에 흘러 넘칠 것이다.

8 그 물이 유다로 흘러 들어와 휘감아 돌면서, 유다의 목까지 차오를 것이다." 이 군대가 새처럼 그 날개를 펴서 너희 온 나라를 뒤덮을 것이다. 임마누엘, 하나님께서 우리와 함께하신다!

9 너희 모든 민족들아, 힘을 합쳐 보아라. 그러나 너희는 망하고 말 것이다. 너희 멀리 떨어진 나라들아, 잘 듣고, 싸울 준비를 하여라. 너희는 망할 것이다! 싸울 준비를 한다 해도 너희는 망할 것이다!

10 너희는 전략을 세워 보아라. 그러나 실패할 것이다. 계획을 말해 보아라. 그러나 이루어지지 않을 것이다. 왜냐하면 하나님께서 우리와 함께 계시기 때문이다.

이사야에게 주신 경고

11 여호와께서 내 손을 굳게 잡으시고 이렇게 말씀하셨다. "너희는 이 백성의 길을 따라가지 마라.

12 너희는 이 백성이 말하는 '반역'에 끼어들지 마라. 그들이 두려워하는 것을 두려워하지 말고, 무서워하지도 마라."

13 너희는 오직 만군의 여호와, 주님만을 거룩하다

24 patches of briers and thorns. •The entire land will become a vast expanse of briers and thorns,

25 a hunting ground overrun by wildlife. •No one will go to the fertile hillsides where the gardens once grew, for briers and thorns will cover them. Cattle, sheep, and goats will graze there.

The Coming Assyrian Invasion

8 Then the LORD said to me, "Make a large signboard and clearly write this name on it:

2 Maher-shalal-hash-baz.*" •I asked Uriah the priest and Zechariah son of Jeberekiah, both known as honest men, to witness my doing this.

3 •Then I slept with my wife, and she became pregnant and gave birth to a son. And the LORD

4 said, "Call him Maher-shalal-hash-baz. •For before this child is old enough to say 'Papa' or 'Mama,' the king of Assyria will carry away both the abundance of Damascus and the riches of Samaria."

5 •Then the LORD spoke to me again and said,

6 "My care for the people of Judah is like the gently flowing waters of Shiloah, but they have rejected it. They are rejoicing over what will happen to* King Rezin and King Pekah.*

7 Therefore, the Lord will overwhelm them with a mighty flood from the Euphrates River*—the king of Assyria and all his glory.

8 This flood will overflow all its channels •and sweep into Judah until it is chin deep. It will spread its wings, submerging your land from one end to the other, O Immanuel.

9 "Huddle together, you nations, and be terrified.
Listen, all you distant lands.
Prepare for battle, but you will be crushed!
Yes, prepare for battle, but you will be crushed!

10 • Call your councils of war, but they will be worthless.
Develop your strategies, but they will not succeed.
For God is with us!*"

A Call to Trust the LORD

11 •The LORD has given me a strong warning not to think like everyone else does. He said,

12 "Don't call everything a conspiracy, like they do,
and don't live in dread of what frightens them.

13 • Make the LORD of Heaven's Armies holy in your life.

8:1 *Maher-shalal-hash-baz* means "Swift to plunder and quick to carry away." 8:6a Or *They are rejoicing because of.* 8:6b Hebrew *and the son of Remaliah.* 8:7 Hebrew *the river.* 8:10 Hebrew *Immanuel!*

8:1 '마헬살랄하스바스'는 '빨리 빼앗긴다'라는 뜻이다.

고 하여라. 주님만이 너희가 두려워하며 떨어야 할 분이시다.

14 여호와께서는 너희의 피난처가 되지만, 이스라엘과 유다에게는 거치는 돌과 걸려 넘어질 바위가 되시며 예루살렘 백성에게는 함정과 올가미가 되신다.

15 많은 사람이 이 바위에 걸려 넘어져 다시는 일어나지 못할 것이며, 덫에 걸린 채로 사로잡힐 것이다.

16 나는 이 모든 것을 적어서 여호와께서 하실 일의 증거로 삼을 것이다. 나는 이 증거의 말씀을 다음 세대에 전해 줄 내 제자들에게 맡길 것이다.

17 여호와께서 야곱 집안을 부끄럽게 여기시지만, 나는 주를 의지하며 기다릴 것이다.

18 보아라, 내가 여기에 있고, 여호와께서 내게 주신 아이들도 여기에 있다. 우리는 이스라엘 백성을 위한 표적이며 증거이다. 만군의 여호와께서 우리를 보내셨다.

19 사람들이 너희에게 말하기를 "소곤대고 중얼거리며 죽은 사람을 불러내 점을 치는 무당과 점쟁이들에게 물어 보라"고 한다. 그러나 마땅히 자기 하나님께 물어 보아야 하지 않겠느냐? 어찌하여 산 사람이 죽은 것에게 묻느냐?

20 너희는 여호와의 가르침을 따르고, 그가 주시는 증거의 말씀을 지켜야 한다. 만일 그들이 이 말씀대로 따르지 않는다면, 동트는 것도 보지 못할 것이다.

21 그런 사람은 괴로움과 굶주림 속에서 이 땅을 헤맬 것이다. 그들은 굶주림을 이기지 못해 화를 내고 위를 쳐다보며 자기들의 왕과 하나님을 저주할 것이다.

22 그들이 땅을 둘러볼지라도, 오직 고통과 어둠과 무서운 그늘만 보일 것이다. 그들은 어둠 속으로 내몰릴 것이다.

새 날이 온다

9 고통의 땅에 그늘이 걷힐 것이다. 옛날에는 여호와께서 스불론 땅과 납달리 땅으로 하여금 부끄러움을 당하게 하셨다. 하지만 앞으로는 지중해로 나가는 길과 요단 강 건너편, 그리고 북쪽으로는 이스라엘 백성이 아닌 외국인이 살고 있는 갈릴리까지, 이 모든 지역을 영광스럽게 하실 것이다.

2 어둠 속에 살던 백성이 큰 빛을 보고, 짙은 그늘의 땅에 살던 백성에게 환한 빛이 비칠 것이다.

3 "하나님, 주께서 그 민족을 크게 하시고, 그 백

He is the one you should fear.
He is the one who should make you tremble.
14 He will keep you safe.
But to Israel and Judah
he will be a stone that makes people stumble,
a rock that makes them fall.
And for the people of Jerusalem
he will be a trap and a snare.
15 • Many will stumble and fall,
never to rise again.
They will be snared and captured."

16 • Preserve the teaching of God;
entrust his instructions to those who
follow me.
17 • I will wait for the LORD,
who has turned away from the
descendants of Jacob.
I will put my hope in him.

18 •I and the children the LORD has given me serve as signs and warnings to Israel from the LORD of Heaven's Armies who dwells in his Temple on Mount Zion.

19 •Someone may say to you, "Let's ask the mediums and those who consult the spirits of the dead. With their whisperings and mutterings, they will tell us what to do." But shouldn't people ask God for guidance? Should the living seek guidance from the dead?

20 •Look to God's instructions and teachings! People who contradict his word are completely in
21 the dark. •They will go from one place to another, weary and hungry. And because they are hungry, they will rage and curse their king and their
22 God. They will look up to heaven •and down at the earth, but wherever they look, there will be trouble and anguish and dark despair. They will be thrown out into the darkness.

Hope in the Messiah

9 •*Nevertheless, that time of darkness and despair will not go on forever. The land of Zebulun and Naphtali will be humbled, but there will be a time in the future when Galilee of the Gentiles, which lies along the road that runs between the Jordan and the sea, will be filled with glory.

2 •*The people who walk in darkness
will see a great light.
For those who live in a land of deep darkness,*
a light will shine.
3 • You will enlarge the nation of Israel,
and its people will rejoice.
They will rejoice before you

9:1　Verse 9:1 is numbered 8:23 in Hebrew text.
9:2a　Verses 9:2-21 are numbered 9:1-20 in Hebrew text.　9:2b　Greek version reads *a land where death casts its shadow.* Compare Matt 4:16.

성을 행복하게 하십니다. 추수할 때에 사람들이 기뻐하듯이, 그들이 주님 앞에서 즐거워합니다. 전쟁에서 빼앗은 물건을 나누는 백성처럼 기뻐합니다."

4 주께서 미디안을 물리치시던 때처럼 그들이 진 무거운 멍에를 내려 주시고, 그들의 어깨를 짓누르던 무거운 막대기를 벗겨 주시며, 주의 백성을 치던 몽둥이를 없애 주실 것이다.

5 군인들이 요란스런 소리를 내며 신고 다니던 군화와 피로 얼룩진 군복이 모두 땔감이 되어 불에 사라질 것이다.

6 왜냐하면 우리에게 한 아기가 태어날 것이기 때문이다. 하나님께서 우리에게 아들을 주실 것이다. 그의 어깨 위에 왕권이 주어질 것이다. 그의 이름은 기묘자, 모사, 전능하신 하나님, 영원히 살아 계신 아버지, 평화의 왕이시다.

7 그의 왕권은 점점 커지겠고, 평화가 그의 나라에서 영원히 이어진다. 그가 다윗의 보좌와 다윗의 나라에서 다스릴 것이다. 그가 정의와 공평으로, 이제부터 영원토록 그 나라를 견고하게 세울 것이다. 만군의 여호와께서 이 일을 이루실 것이다. 왜냐하면 주께서 자기 백성을 뜨겁게 사랑하시기 때문이다.

하나님이 이스라엘을 심판하신다

8 주께서 야곱 백성에게 말씀하시니, 그것이 이스라엘 위에 그대로 이루어졌다.

9 에브라임의 모든 백성과 사마리아의 주민들까지도 주께서 그들을 심판하신다는 것을 알 수 있을 것이다. 그런데도 교만하고 잘난 체하는 그들은 말하기를,

10 "벽돌이 무너지면 다듬은 돌로 다시 쌓고, 무화과나무*가 찍히면 그 자리에 백향목*으로 심겠다"고 한다.

11 이 때문에 여호와께서 그들을 치시려고 르신의 원수를 강하게 하셨고, 그들을 칠 원수를 움직이셨다.

12 아람 사람들은 동쪽에서 오고, 블레셋 사람들은 서쪽에서 와서 입을 크게 벌려 이스라엘을 삼켰다. 그런데도 여호와께서는 진노를 풀지 않으시고, 여전히 손을 들어 백성을 치려 하신다.

13 그런데도 이 백성은 그들을 치신 분에게 돌아오지 않고, 만군의 여호와를 찾지 않는다.

as people rejoice at the harvest
and like warriors dividing the plunder.
4 • For you will break the yoke of their slavery
and lift the heavy burden from their
shoulders.
You will break the oppressor's rod,
just as you did when you destroyed the
army of Midian.
5 • The boots of the warrior
and the uniforms bloodstained by war
will all be burned.
They will be fuel for the fire.
6 • For a child is born to us,
a son is given to us.
The government will rest on his shoulders.
And he will be called:
Wonderful Counselor,* Mighty God,
Everlasting Father, Prince of Peace.
7 • His government and its peace
will never end.
He will rule with fairness and justice from
the throne of his ancestor David
for all eternity.
The passionate commitment of the LORD
of Heaven's Armies
will make this happen!

The LORD's Anger against Israel

8 • The Lord has spoken out against Jacob;
his judgment has fallen upon Israel.
9 • And the people of Israel* and Samaria,
who spoke with such pride and arrogance,
will soon know it.
10 • They said, "We will replace the broken bricks
of our ruins with finished stone,
and replant the felled sycamore-fig trees
with cedars."
11 • But the LORD will bring Rezin's enemies
against Israel
and stir up all their foes.
12 • The Syrians* from the east and the Philistines
from the west
will bare their fangs and devour Israel.
But even then the LORD's anger will not
be satisfied.
His fist is still poised to strike.
13 • For after all this punishment, the people
will still not repent.
They will not seek the LORD of

9:6 Or Wonderful, Counselor. 9:9 Hebrew of Ephraim,
referring to the northern kingdom of Israel. 9:12
Hebrew Arameans.

9:10 여기서 '무화과나무'는 보통의 무화과나무가 아니라, 히브리어로
'쉬크마'라고 불리는 나무로서, 잎이 뽕나무 잎과 비슷한 커다란 돌(야
생) 무화과나무이고, 무화과나무나 삼나무나 건축 재료로서의 목재를 가
리킨다.
9:10 '백향목'은 '개잎갈나무'라고도 한다.

14 그러므로 여호와께서 이스라엘의 머리와 꼬리를 자르시고, 종려 가지와 갈대를 한 날에 찍어 버리실 것이다.

15 장로와 귀족들이 곧 머리이고, 거짓말을 하는 예언자들이 곧 꼬리이다.

16 이 백성을 인도하는 사람들이 도리어 잘못된 길로 가니, 그들을 따르는 백성은 망하게 된다.

17 그러므로 주께서 그들의 젊은이들을 기뻐하지 않으시며, 그들 가운데 고아와 과부도 불쌍히 여기지 않으신다. 왜냐하면 그들 모두가 하나님을 떠나 악한 짓을 하고 어리석은 말을 하기 때문이다. 이 모든 일이 일어난 후에도 여호와께서 진노를 풀지 않으시고, 여전히 손을 들어 백성을 치려 하신다.

18 악은 불과 같이 타오른다. 그 불은, 처음에는 잡초와 가시를 태우다가, 끝내는 숲의 나무들을 태운다. 그것들이 연기 기둥이 되어 하늘로 올라간다.

19 만군의 여호와께서 진노하셨으니, 땅이 불에 타 버릴 것이다. 모든 백성은 마치 그 불에 타는 땔감과 같이 될 것이며, 아무도 자기 형제를 가련하게 여기지 않을 것이다.

20 오른손으로 움켜쥐어도 굶주릴 것이고, 왼손으로 먹어도 배부르지 않을 것이며, 마침내 그들이 자기 자식까지도 잡아먹을 것이다.

21 므낫세는 에브라임을 공격하고, 에브라임은 므낫세를 공격하며, 또 그들 둘이 힘을 합하여 유다를 칠 것이다. 이 모든 일이 일어난 후에도 여호와께서 진노를 풀지 않으시고, 여전히 손을 들어 백성을 치려 하신다.

10

악한 법을 만들어 내는 사람, 백성을 괴롭히는 법을 만들어 내는 사람에게 재앙이 닥친다.

2 그들은 재판할 때에 가난한 사람에게 공평하지 않았고, 내 백성 가운데 불쌍한 사람들의 권리를 빼앗았다. 과부들의 물건을 훔치고, 고아들에게 돌아갈 것을 빼앗았다.

3 형벌의 날에 너희가 저지른 짓들을 어떻게 변명할 테냐? 멀리서 너희의 멸망이 다가올 때 너희는 어떻게 할 테냐? 누구에게로 도망하여 도움을 요청할 것이며, 너희의 재산을 어디에 숨길 것이냐?

4 오직 너희는 포로들 아래에 엎어지거나, 죽은 사람들 아래에 쓰러질 것이다. 이 모든 일이 일어난 후에도 여호와께서 진노를 풀지 않

Heaven's Armies.

14 • Therefore, in a single day the LORD will
destroy both the head and the tail,
the noble palm branch and the lowly reed.

15 • The leaders of Israel are the head,
and the lying prophets are the tail.

16 • For the leaders of the people have misled them.
They have led them down the path of
destruction.

17 • That is why the Lord takes no pleasure in
the young men
and shows no mercy even to the widows
and orphans.
For they are all wicked hypocrites,
and they all speak foolishness.
But even then the LORD's anger will not
be satisfied.
His fist is still poised to strike.

18 • This wickedness is like a brushfire.
It burns not only briers and thorns
but also sets the forests ablaze.
Its burning sends up clouds of smoke.

19 • The land will be blackened
by the fury of the LORD of Heaven's Armies.
The people will be fuel for the fire,
and no one will spare even his own brother.

20 • They will attack their neighbor on the right
but will still be hungry.
They will devour their neighbor on the left
but will not be satisfied.
In the end they will even eat their own children.*

21 • Manasseh will feed on Ephraim,
Ephraim will feed on Manasseh,
and both will devour Judah.
But even then the LORD's anger will not
be satisfied.
His fist is still poised to strike.

10

1 • What sorrow awaits the unjust judges
and those who issue unfair laws.

2 • They deprive the poor of justice
and deny the rights of the needy
among my people.
They prey on widows
and take advantage of orphans.

3 • What will you do when I punish you,
when I send disaster upon you from a
distant land?
To whom will you turn for help?
Where will your treasures be safe?

4 • You will stumble along as prisoners
or lie among the dead.
But even then the LORD's anger will not

deprive [dipráiv] *vt.* 빼앗다, 강탈하다
hypocrite [hípəkrit] *n.* 위선자
poise [poiz] *vt.* …의 준비를 하다

9:20 Or *eat their own arms.*

으시고, 여전히 손을 들어 백성을 치려 하신다.

하나님께서 앗시리아를 심판하신다

5 "앗시리아에게 재앙이 닥친다. 내가 그를 내 진노의 몽둥이로 이용했고, 내 분노를 쏟기 위한 막대기로 삼았다.

6 내가 그를, 나에게 등을 돌린 민족에게 보냈다. 나를 노하게 한 백성에게 보내어 치게 하며, 앗시리아가 그들을 약탈하고 탈취하며, 유다를 거리의 진흙같이 짓밟도록 하였다.

7 그러나 앗시리아 왕은 내가 그를 도구로 삼아 이용하고 있다는 것을 알지 못하고, 그런 생각을 전혀 하지 못한다. 그는 다만 마음속으로 세계를 정복할 계획의 일부로써 내 백성을 공격할 생각을 하고 있다.

8 앗시리아 왕이 이렇게 말했다. '내 지휘관들은 모두 왕이나 마찬가지다.

9 갈로는 갈그미스처럼 우리에게 멸망당할 것이고, 하맛은 아르밧처럼 우리 발 아래 떨어질 것이며, 사마리아는 다마스커스처럼 우리에게 멸망당할 것이다.

10 우상을 섬기는 나라들을 내가 멸망시켰다. 예루살렘과 사마리아의 우상보다 더 많은 우상을 섬기는 나라들을 멸망시켰다.

11 내가 사마리아와 그 우상들을 멸망시켰으므로, 예루살렘과 그 우상들도 멸망시키지 못할 까닭이 없다.'"

12 주께서 시온 산과 예루살렘에서 하실 일을 다 이루신 뒤에 저 마음이 교만하고 잘난 척하는 앗시리아 왕을 심판하실 것이다.

13 앗시리아 왕이 이렇게 말했다. "내가 내 힘으로 이런 일들을 했다. 내 지혜와 모략으로 많은 나라를 무찔렀다. 그들의 재산을 빼앗았고, 엄청난 숫자의 사람들을 포로로 사로잡았다.

14 새의 둥지에 손을 대듯, 내가 민족들의 재물을 빼앗았다. 어미새가 버린 알들을 모아들이듯, 내가 온 땅을 차지했다. 아무도 손을 들어 내게 대들지 못했고, 입을 열어 나를 비난하지 못했다."

15 도끼가 도끼를 휘두르는 사람 앞에서 자랑할 수 없으며, 톱이 톱을 켜는 사람 앞에서 자랑할 수 없는 법이다. 막대기가 어찌 막대기 든 사람을 잡을 수 있겠으며, 몽둥이가 어찌 몽둥이 든 사람을 들어 올릴 수 있겠느냐?

16 그러므로 주, 만군의 여호와께서 앗시리아의 군인들에게 무서운 질병을 보내실 것이다. 앗시리아의 힘이 다 빠지게 되고, 모든 것이 없어질 때까지 타 버릴 것이다.

17 이스라엘의 빛이신 하나님은 불과 같으시고, 이

---

be satisfied.
His fist is still poised to strike.

Judgment against Assyria

5 • "What sorrow awaits Assyria, the rod of
my anger.
I use it as a club to express my anger.

6 • I am sending Assyria against a godless nation,
against a people with whom I am angry.
Assyria will plunder them,
trampling them like dirt beneath its feet.

7 • But the king of Assyria will not understand
that he is my tool;
his mind does not work that way.
His plan is simply to destroy,
to cut down nation after nation.

8 • He will say,
'Each of my princes will soon be a king.

9 • We destroyed Calno just as we did
Carchemish.
Hamath fell before us as Arpad did.
And we destroyed Samaria just as we did
Damascus.

10 • Yes, we have finished off many a kingdom
whose gods were greater than those in
Jerusalem and Samaria.

11 • So we will defeat Jerusalem and her gods,
just as we destroyed Samaria with hers.' "

12 • After the Lord has used the king of Assyria
to accomplish his purposes on Mount Zion and
in Jerusalem, he will turn against the king of
Assyria and punish him—for he is proud and

13 arrogant. • He boasts,

"By my own powerful arm I have done this.
With my own shrewd wisdom I planned it.
I have broken down the defenses of nations
and carried off their treasures.
I have knocked down their kings like a bull.

14 • I have robbed their nests of riches
and gathered up kingdoms as a farmer
gathers eggs.
No one can even flap a wing against me
or utter a peep of protest."

15 • But can the ax boast greater power than
the person who uses it?
Is the saw greater than the person who
saws?
Can a rod strike unless a hand moves it?
Can a wooden cane walk by itself?

16 • Therefore, the Lord, the LORD of Heaven's
Armies,
will send a plague among Assyria's
proud troops,
and a flaming fire will consume its glory.

17 • The LORD, the Light of Israel, will be a fire;

---

shrewd [ʃrúːd] *a.* 통찰력이 있는; 날카로운

스라엘의 거룩하신 분은 불꽃과 같으시다. 그런 하나님께서 하루 사이에 찔레와 가시와 같은 앗시리아 군인을 태워 없애실 것이다.

18 앗시리아의 큰 군대는 울창한 숲 같으나 곧 멸망당할 것이다. 여호와께서 앗시리아 용사를 완전히 무찌르셔서, 그들이 전염병에 걸린 사람처럼 야위고 쇠약해질 것이다.

19 그 큰 군대에서 단지 몇 사람만이 살아남아 어린아이라도 그 수를 셀 수 있을 정도가 될 것이다.

20 그날이 오면, 이스라엘과 야곱의 살아남은 사람들이 다시는 자기들을 친 앗시리아를 의지하지 않고, 다만 여호와, 곧 이스라엘의 거룩하신 분을 진실한 마음으로 의지할 것이다.

21 야곱 자손의 남은 사람들이 전능하신 하나님께로 돌아올 것이다.

22 이스라엘아, 네 백성이 바다의 모래처럼 많더라도, 그들 중에서 오직 소수의 사람들만 돌아올 것이다. 공의로우신 여호와께서 이미 그의 백성들을 치실 것을 결정하셨다.

23 이미 파멸이 작정되었다. 주, 곧 만군의 여호와께서 온 땅에 이 일을 이루실 것이다.

24 그러므로 주, 곧 만군의 여호와께서 이렇게 말씀하셨다. "시온에 사는 내 백성아, 앗시리아를 두려워하지 마라. 그가 몽둥이로 너를 때리고 이집트가 했던 것처럼 막대기로 너를 치더라도, 두려워하지 마라.

25 조금만 지나면 네게 내린 진노를 그치겠고, 내 분노를 옮겨 그들에게 쏟아 붓겠다."

26 만군의 여호와께서 오렙 바위에서 미디안을 치셨듯이, 채찍으로 앗시리아를 치실 것이다. 이집트에서처럼 막대기를 바다 위로 들어 올리실 것이다.

27 그날이 되면, 앗시리아가 너에게 주었던 무거운 짐이 어깨에서 내려질 것이며, 앗시리아의 멍에가 네 목에서 벗겨질 것이다.

앗시리아가 이스라엘을 공격하다

28 앗시리아 군대가 아얏 근처로 들어와, 미그론을 지나 믹마스에 그의 군수품을 쌓아 두었다.

29 그리고 샛길을 가로질러 게바에서 하룻밤

the Holy One will be a flame.
He will devour the thorns and briers with fire,
    burning up the enemy in a single night.
18 • The LORD will consume Assyria's glory
    like a fire consumes a forest in a fruitful land;
    it will waste away like sick people in a plague.
19 • Of all that glorious forest, only a few trees
      will survive—
    so few that a child could count them!

Hope for the LORD's People

20 • In that day the remnant left in Israel,
    the survivors in the house of Jacob,
    will no longer depend on allies
    who seek to destroy them.
    But they will faithfully trust the LORD,
    the Holy One of Israel.
21 • A remnant will return;*
    yes, the remnant of Jacob will return to
      the Mighty God.
22 • But though the people of Israel are as numerous
    as the sand of the seashore,
    only a remnant of them will return.
    The LORD has rightly decided to destroy
    his people.
23 • Yes, the Lord, the LORD of Heaven's Armies,
    has already decided to destroy the entire land.*

24   •So this is what the Lord, the LORD of Heaven's
    Armies, says: "O my people in Zion, do not be afraid
    of the Assyrians when they oppress you with rod and
25 club as the Egyptians did long ago. •In a little while
    my anger against you will end, and then my anger
26 will rise up to destroy them." •The LORD of Heaven's
    Armies will lash them with his whip, as he did when
    Gideon triumphed over the Midianites at the rock of
    Oreb, or when the LORD's staff was raised to drown
    the Egyptian army in the sea.

27 • In that day the LORD will end the bondage
    of his people.
    He will break the yoke of slavery
    and lift it from their shoulders.*

28 • Look, the Assyrians are now at Aiath.
    They are passing through Migron
    and are storing their equipment at Micmash.
29 • They are crossing the pass
    and are camping at Geba.
    Fear strikes the town of Ramah.
    All the people of Gibeah, the hometown
      of Saul,
    are running for their lives.

10:21 Hebrew *Shear-jashub;* see 7:3; 8:18.   10:22-23 Greek version reads *only a remnant of them will be saved. / For he will carry out his sentence quickly and with finality and righteousness; / for God will carry out his sentence upon all the world with finality.* Compare Rom 9:27-28.   10:27 As in Greek version; Hebrew reads *The yoke will be broken, / for you have grown so fat.*

을 묵겠다고 하니, 이를 알고 라마 사람들이
두려워하였고, 사울의 고향 기브아 사람들
이 달아났다.

30 갈림 사람들아, 크게 외쳐라. 라이사야, 귀
를 기울여라. 불쌍한 아나돗아! 대답하여
라.

31 맛메나 사람들은 도망하며, 게빔에 사는 사
람들은 몸을 피하였다.

32 바로 이날에 적군이 놉에 이르고, 예루살렘
에 있는 시온 산을 향하여 주먹을 휘두른
다.

33 그러나 보아라! 주, 곧 만군의 여호와께서
도끼를 가지고 나뭇가지를 치듯 그들을 찍
어 낼 것이다. 큰 앗시리아 군대가 베임을
당하고, 귀족들이 땅에 쓰러질 것이다.

34 도끼로 레바논의 우람한 나무들을 찍듯이,
여호와께서 그들을 찍으실 것이다.

평화의 왕이 오신다

11 이새의 그루터기에서 한 싹이 나며, 그
의 뿌리에서 한 가지가 나와 열매를 맺을
것이다.

2 여호와의 영이 그에게 내릴 것이고, 주의 영
이 그에게 지혜와 총명과 분별력과 능력을
주시며, 주를 알고 경외하게 하실 것이다.

3 그는 여호와를 경외하는 것을 즐거움으로
여길 것이고, 겉모습만 보고 판단하지 않으
며, 사람들이 하는 말만 듣고 판결을 내리지
않을 것이다.

4 그는 가난한 사람들을 정직하게 재판하며,
이 땅의 힘 없는 사람들에게 공평한 판결을
내릴 것이다. 그는 사악한 사람들 위에서 통
치하며, 자기의 입김으로 그들을 멸할 것이
다.

5 그는 정의와 성실을 허리띠처럼 두를 것이
다.

6 그때에 이리와 어린 양이 평화롭게 살며, 표
범이 새끼 염소와 함께 누우며, 송아지와 새
끼 사자와 어린 황소가 함께 다니고, 어린
이가 그것들을 이끌고 다닐 것이다.

7 암소와 곰이 사이좋게 풀을 뜯을 것이며, 그
것들의 새끼들이 함께 누우며, 사자가 소처
럼 풀을 먹을 것이다.

8 젖먹이가 독사의 구멍 앞에서 장난치고, 어
린아이가 살모사의 굴에 손을 넣을 것이다.

9 하나님의 거룩한 산 어디에도 그들을 해치
는 것이나 다치게 하는 것이 없을 것이다.
물이 바다를 덮듯이, 그 땅에는 여호와를 아

30 ● Scream in terror,
　　you people of Gallim!
　Shout out a warning to Laishah.
　　Oh, poor Anathoth!

31 ● There go the people of Madmenah, all fleeing.
　　The citizens of Gebim are trying to hide.

32 ● The enemy stops at Nob for the rest of that day.
　He shakes his fist at beautiful Mount Zion,
　　the mountain of Jerusalem.

33 ● But look! The Lord, the LORD of Heaven's Armies,
　　will chop down the mighty tree of Assyria
　　　with great power!
　He will cut down the proud.
　　That lofty tree will be brought down.

34 ● He will cut down the forest trees with an ax.
　　Lebanon will fall to the Mighty One.*

A Branch from David's Line

11 1 ● Out of the stump of David's family* will
　　　grow a shoot—
　　yes, a new Branch bearing fruit from the old root.

2 ● And the Spirit of the LORD will rest on him—
　　the Spirit of wisdom and understanding,
　the Spirit of counsel and might,
　　the Spirit of knowledge and the fear of the LORD.

3 ● He will delight in obeying the LORD.
　He will not judge by appearance
　　nor make a decision based on hearsay.

4 ● He will give justice to the poor
　　and make fair decisions for the exploited.
　The earth will shake at the force of his word,
　　and one breath from his mouth will
　　　destroy the wicked.

5 ● He will wear righteousness like a belt
　　and truth like an undergarment.

6 ● In that day the wolf and the lamb will
　　　live together;
　　the leopard will lie down with the
　　　baby goat.
　The calf and the yearling will be safe with
　　the lion,
　　and a little child will lead them all.

7 ● The cow will graze near the bear.
　　The cub and the calf will lie down together.
　　The lion will eat hay like a cow.

8 ● The baby will play safely near the hole of a cobra.
　　Yes, a little child will put its hand in a
　　　nest of deadly snakes without harm.

9 ● Nothing will hurt or destroy in all my
　　　holy mountain,
　　for as the waters fill the sea,
　　so the earth will be filled with people who

---

hearsay [híərsèi] *n.* 소문
yearling [jíərliŋ] *n. a.* 만 한 살 배기(동물의)

10:34 Or *with an ax / as even the mighty trees of Le-
banon fall.*　11:1 Hebrew *the stump of the line of Jesse.*
Jesse was King David's father.

는 지식이 가득 찰 것이다.

10 그날이 오면, 이새의 뿌리가 온 백성의 구원의 깃발로 세워질 것이며, 민족들이 그를 찾아올 것이다. 그리하여 그가 있는 곳은 영광으로 가득 찰 것이다.

11 그날이 오면, 주님께서 다시 손을 펴셔서 앗시리아와 이집트와 바드로스와 에티오피아*와 엘람과 시날과 하맛과 바다 건너 모든 해변의 땅에서 살아남은 백성을 돌아오게 하실 것이다.

12 주께서 모든 백성이 볼 수 있도록 깃발을 세워 표시로 삼고, 온 땅에 사방으로 흩어진 유다 백성을 다시 모으실 것이다.

13 그때에 에브라임의 질투심이 사라질 것이며, 유다의 적개심도 끊어질 것이다. 그 둘은 더 이상 다투지 않을 것이다.

14 에브라임과 유다가 서쪽으로는 블레셋의 후방을 공격하고, 그들이 함께 동방 사람들을 약탈하며, 에돔과 모압을 정복하고, 암몬 사람을 다스릴 것이다.

15 여호와께서 이집트 홍해에 마른 길을 내실 것이다. 유프라테스 강 위로 손을 휘저어 뜨거운 바람을 일으켜 강물을 마르게 하실 것이다. 여호와께서 그 강을 나누셔서 일곱 개울로 만드시니 누구나 신을 신고 강을 건널 수 있을 것이다.

16 그리하여 살아남은 하나님의 백성이 앗시리아를 떠나 돌아올 길이 생길 것이니, 이는 이스라엘 백성이 이집트 땅에서 올라오던 때와 같을 것이다.

찬양의 노래

12 그날에 네가 노래할 것이다. "여호와여, 내가 주님을 찬양합니다. 주께서 전에는 내게 진노하셨으나, 이제는 진노를 거두시고 나를 위로해 주셨습니다.

2 하나님은 나의 구원이십니다. 하나님을 믿으니 내게 두려움이 없습니다. 여호와는 나의 힘이시며, 나의 노래이시며 나의 구원이십니다."

3 너희가 기쁨으로 구원의 우물에서 물을 길을 것이다.

4 그날에 너희가 말할 것이다. "여호와를 찬양하고 주께 예배하여라. 주께서 하

know the LORD.

10 • In that day the heir to David's throne*
    will be a banner of salvation to all the world.
   The nations will rally to him,
       and the land where he lives will be a
         glorious place.*

11 • In that day the Lord will reach out his hand
       a second time
     to bring back the remnant of his people—
   those who remain in Assyria and northern Egypt;
       in southern Egypt, Ethiopia,* and Elam;
   in Babylonia,* Hamath, and all the distant
       coastlands.

12 • He will raise a flag among the nations
       and assemble the exiles of Israel.
   He will gather the scattered people of Judah
       from the ends of the earth.

13 • Then at last the jealousy between Israel*
       and Judah will end.
   They will not be rivals anymore.

14 • They will join forces to swoop down on Philistia
       to the west.
   Together they will attack and plunder
       the nations to the east.
   They will occupy the lands of Edom and Moab,
       and Ammon will obey them.

15 • The LORD will make a dry path through the gulf
       of the Red Sea.*
   He will wave his hand over the
       Euphrates River,*
   sending a mighty wind to divide it into seven streams
       so it can easily be crossed on foot.

16 • He will make a highway for the remnant of his people,
       the remnant coming from Assyria,
   just as he did for Israel long ago
       when they returned from Egypt.

Songs of Praise for Salvation

12 • In that day you will sing:
     "I will praise you, O LORD!
   You were angry with me, but not any more.
       Now you comfort me.

2 • See, God has come to save me.
     I will trust in him and not be afraid.
   The LORD GOD is my strength and my song;
       he has given me victory."

3 • With joy you will drink deeply
       from the fountain of salvation!

11:10a Hebrew *the root of Jesse.*   11:10b Greek version reads *In that day the heir to David's throne* [literally *the root of Jesse*] *will come, / and he will rule over the Gentiles. / They will place their hopes in him.* Compare Rom 15:12.   11:11a Hebrew *in Pathros, Cush.*   11:11b Hebrew *in Shinar.* 11:13 Hebrew *Ephraim,* referring to the northern kingdom of Israel.   11:15a Hebrew *will destroy the tongue of the sea of Egypt.*   11:15b Hebrew *the river.* 11:11 개역 성경에는 (히) '구스' 라고 표기되어 있다.

신 놀라운 일들을 민족들 가운데 전하여라. 그의 위대하신 이름을 알려라.

5 여호와께서 위대한 일을 하셨으니, 그를 찬양하여라. 주께서 하신 일을 온 세계에 전하여라.

6 시온에 사는 사람들아, 기쁨으로 외치고 노래하여라. 이스라엘의 거룩하신 분이 너희 가운데 위대한 일을 하셨다.”

바빌론을 향한 심판의 말씀

13 이것은 아모스의 아들 이사야가 바빌론에 관해 받은 경고의 말씀입니다.

2 “산 위에 깃발을 세우고, 소리를 높여 군사를 불러라. 손을 흔들어 바빌론 왕국을 공격할 것이라는 신호를 보내어라.

3 내가 거룩히 구별한 나의 용사들에게 명령을 내려, 나의 진노를 쏟으라고 하였다. 그들은 내 뜻을 따르는 것을 기뻐하고 즐거워하였다.”

4 산에서 나는 큰 소리를 들어 보아라. 많은 나라의 민족들이 모여서 떠드는 소리이다. 만군의 여호와께서 많은 나라의 군사들을 불러 전투 준비를 하게 하신다.

5 이 군대는 먼 땅, 지평선 저 너머에서 온다. 여호와께서 자신의 진노를 무기로 삼아, 온 땅을 멸망시키실 것이다.

6 울어라! 여호와의 심판의 날이 가까이 왔다. 전능하신 하나님께서 뜻밖의 재앙을 일으키신다.

7 그러므로 사람들의 손은 두려움에 떨고, 모든 인간의 마음은 겁에 질릴 것이다.

8 사람마다 겁에 질려 고통과 괴로움에 사로잡힐 것이다. 그들이 아기를 낳는 여자처럼 고통을 당할 것이며, 겁에 질려 얼굴이 붉어진 채, 놀라서 서로 쳐다볼 것이다.

9 보아라. 여호와께서 심판하실 날이 다가온다. 그날은 무시무시한 날이며, 하나님께서 진노하시는 날이다. 하나님께서 땅을 황무지로 만드시고, 땅 위에 있는 죄인들을 멸망시키신다.

10 하늘의 별들이 그 빛을 발하지 못하고, 해가 떠도 어둡고, 달이 떠도 밝지 않을 것이다.

11 “내가 세상의 악을 심판하고, 악한 사람의 죄를 심판하겠다. 거만한 사람의 교만을 꺾고, 폭력을 일삼는 사람의 거만을

---

4 • In that wonderful day you will sing:
"Thank the LORD! Praise his name!
Tell the nations what he has done.
Let them know how mighty he is!

5 • Sing to the LORD, for he has done wonderful things.
Make known his praise around the world.

6 • Let all the people of Jerusalem* shout his praise with joy!
For great is the Holy One of Israel who lives among you."

A Message about Babylon

13 Isaiah son of Amoz received this message concerning the destruction of Babylon:

2 "Raise a signal flag on a bare hilltop.
Call up an army against Babylon.
Wave your hand to encourage them
as they march into the palaces of the high and mighty.

3 • I, the LORD, have dedicated these soldiers for this task.
Yes, I have called mighty warriors to express my anger,
and they will rejoice when I am exalted."

4 • Hear the noise on the mountains!
Listen, as the vast armies march!
It is the noise and shouting of many nations.
The LORD of Heaven's Armies has called this army together.

5 • They come from distant countries,
from beyond the farthest horizons.
They are the LORD's weapons to carry out his anger.
With them he will destroy the whole land.

6 • Scream in terror, for the day of the LORD has arrived—
the time for the Almighty to destroy.

7 • Every arm is paralyzed with fear.
Every heart melts,

8 • and people are terrified.
Pangs of anguish grip them,
like those of a woman in labor.
They look helplessly at one another,
their faces aflame with fear.

9 • For see, the day of the LORD is coming—
the terrible day of his fury and fierce anger.
The land will be made desolate,
and all the sinners destroyed with it.

10 • The heavens will be black above them;
the stars will give no light.
The sun will be dark when it rises,
and the moon will provide no light.

11 • "I, the LORD, will punish the world for its evil
and the wicked for their sin.

---

swoop [swúːp] *vi.* 급습하다; 덤벼들다

12:6 Hebrew *Zion.*

낮추겠다.

12 사람을 찾기가 순금을 찾기보다 어려울 것이며, 오빌의 좋은 금보다 사람의 수가 더 적을 것이다.

13 내가 하늘을 진동시키고, 땅을 흔들어 놓겠다." 만군의 여호와께서 크게 노하시고, 그 진노가 불타는 날에 이 일이 이루어질 것이다.

14 사람들이 쫓기는 사슴처럼 도망칠 것이며, 모는 사람이 없는 양 떼같이 달아날 것이다. 각자 자기 백성에게로 돌아가며, 각자 자기 땅으로 도망칠 것이다.

15 그러나 눈에 띄는 사람마다 모두 창에 찔릴 것이요, 붙잡힌 사람마다 칼에 죽을 것이다.

16 어린아이들은 부모가 보는 앞에서 메어쳐져 갈기갈기 찢겨지고, 집에 있는 것은 모두 빼앗기고, 아내들은 겁탈을 당할 것이다.

17 "보아라. 내가 메대 군대를 일으켜 그들을 치게 하겠다. 그들은 은에도 관심이 없고, 금도 좋아하지 않는다.

18 그들은 젊은이들을 활로 쏘아 죽이고, 갓난아기들을 가엾게 여기지 않고, 아이들을 불쌍히 여기지 않는다."

19 바빌론이 전에는 가장 아름다운 나라여서 갈대아* 사람들의 자랑거리였으나, 하나님께서 소돔과 고모라처럼 바빌론을 멸망시키실 것이다.

20 그곳에는 영원히 사람이 살지 못하며, 다시는 사람이 머무르지 못할 것이다. 아라비아 사람도 거기에는 천막을 치지 않으며, 목자들도 거기에서는 양을 치지 않을 것이다.

21 오직 들짐승들만 거기에 살며, 사람이 살던 집에는 부엉이들이 가득할 것이다. 타조들이 거기에 살고, 들염소들이 거기서 뛰놀 것이다.

22 그 성 안에서는 승냥이들이 울부짖고 화려했던 궁전 안에서는 늑대들이 짖어댈 것이다. 바빌론의 끝이 가까워 온다. 이제 바빌론의 때가 다 끝났다.

이스라엘이 고향으로 돌아간다

14 여호와께서 야곱 백성을 불쌍히 여기시고, 이스라엘을 다시 선택하셔서 그들을 고향에서 살게 하실 것이다. 그때에 외국 백성도 이스라엘 사람들에게 와서 야곱 백성과 하나가 될 것이다.

I will crush the arrogance of the proud
and humble the pride of the mighty.

12 • I will make people scarcer than gold—
more rare than the fine gold of Ophir.

13 • For I will shake the heavens.
The earth will move from its place
when the LORD of Heaven's Armies displays his wrath
in the day of his fierce anger."

14 • Everyone in Babylon will run about like a hunted gazelle,
like sheep without a shepherd.
They will try to find their own people
and flee to their own land.

15 • Anyone who is captured will be cut down—
run through with a sword.

16 • Their little children will be dashed to death
before their eyes.
Their homes will be sacked, and their wives will be raped.

17 • "Look, I will stir up the Medes against Babylon.
They cannot be tempted by silver
or bribed with gold.

18 • The attacking armies will shoot down the young men with arrows.
They will have no mercy on helpless babies
and will show no compassion for children."

19 • Babylon, the most glorious of kingdoms,
the flower of Chaldean pride,
will be devastated like Sodom and Gomorrah
when God destroyed them.

20 • Babylon will never be inhabited again.
It will remain empty for generation after generation.
Nomads will refuse to camp there,
and shepherds will not bed down their sheep.

21 • Desert animals will move into the ruined city,
and the houses will be haunted by howling creatures.
Owls will live among the ruins,
and wild goats will go there to dance.

22 • Hyenas will howl in its fortresses,
and jackals will make dens in its luxurious palaces.
Babylon's days are numbered;
its time of destruction will soon arrive.

A Taunt for Babylon's King

14 But the LORD will have mercy on the descendants of Jacob. He will choose Israel as his special people once again. He will bring them back to settle once again in their own land. And people from many different nations will come and join them

---

insolence [ínsələns] *n.* 오만
preside [prizáid] *vi.* 지배하다

13:19 '갈대아'는 '바빌로니아'를 가리킨다.

2 여러 민족이 이스라엘 사람을 고향으로 데려다 줄 것이며, 이스라엘 백성은 여호와의 땅에서 그들을 남종과 여종으로 삼을 것이다. 옛날에는 이스라엘 사람이 그들에게 사로잡혀 갔으나 이제는 그들을 사로잡고, 자기들을 압제하던 자들을 다스릴 것이다.

바빌로니아 왕은 쓰러진다

3 여호와께서 힘든 일로 슬퍼하고 고생하는 이스라엘 사람을 쉬게 하실 것이다. 그들이 다시는 종으로 일하게 되지 않을 것이다.

4 그날이 오면, 이스라엘은 바빌로니아 왕을 가리켜 이렇게 노래할 것이다. "우리를 억누르던 무자비한 왕이 죽어 버렸네. 다시는 다스리지 못하게 되었네.

5 여호와께서 악한 통치자들의 홀을 꺾으시고, 압제자들의 권력을 빼앗아 가셨네.

6 바빌로니아 왕이 노하여 민족들을 쳐부수고, 끊임없이 백성들을 치고, 나라들에게 화를 내며 몹쓸 짓을 하더니,

7 이제 온 땅이 편히 쉬며 평화를 누리게 되었네. 모든 백성이 기뻐하며 노래를 시작하네.

8 바빌로니아 왕의 일로 소나무들도 기뻐하고, 레바논의 백향목들도 즐거워하네. 나무들이 말하기를 '드디어 바빌로니아 왕이 쓰러졌다. 이제는 아무도 우리를 찍지 못한다' 라고 했다네."

9 네가 온다 하니 지하 죽음의 세계가 너를 맞으려고 들떠 있다. 땅 위의 지도자들이었던 죽은 영혼들마저 너를 맞으려고 깨어난다. 민족의 통치자들이었던 죽은 왕들이 보좌에서 일어나 너를 맞이한다.

10 이 모든 지도자들이 너를 비웃으며 "너도 우리처럼 힘을 잃었구나. 우리와 똑같이 되었구나" 라고 말한다.

11 네 영광이 죽음의 세계로 떨어지고, 네 비파 소리도 함께 떨어진다. 구더기들이 네 밑에 침대처럼 깔리고 지렁이들이 네 몸을 이불처럼 덮는다.

12 아침의 아들, 오 새벽 별이여, 네가 하늘에서 떨어졌구나. 옛날에는 세계 모든 민족이 네 앞에서 엎드려 절하더니, 이제는 네가 땅바닥에 나뒹굴고 말았구나.

13 너는 마음속으로 '내가 하늘로 올라가 내 보좌를 하나님의 별들보다 더 높은 곳에 두겠다. 또 내가 신들의 거룩한 산 위에* 자리를 잡고 앉겠다.

14 구름 꼭대기까지 올라가 가장 높으신 하나님과 같아지겠다' 라고 하더니,

---

2 there and unite with the people of Israel.* • The nations of the world will help the people of Israel to return, and those who come to live in the LORD's land will serve them. Those who captured Israel will themselves be captured, and Israel will rule over its enemies.

3 • In that wonderful day when the LORD gives his people rest from sorrow and fear, from slav-

4 ery and chains, •you will taunt the king of Babylon. You will say,

"The mighty man has been destroyed.
     Yes, your insolence* is ended.

5 • For the LORD has crushed your wicked power
     and broken your evil rule.

6 • You struck the people with endless blows
     of rage
     and held the nations in your angry grip
     with unrelenting tyranny.

7 • But finally the earth is at rest and quiet.
     Now it can sing again!

8 • Even the trees of the forest—
     the cypress trees and the cedars of
       Lebanon—
     sing out this joyous song:
'Since you have been cut down,
     no one will come now to cut us down!'

9 "In the place of the dead* there is excitement
     over your arrival.
The spirits of world leaders and mighty
       kings long dead
     stand up to see you.

10 • With one voice they all cry out,
     'Now you are as weak as we are!

11 • Your might and power were buried with you.*
     The sound of the harp in your palace has
       ceased.
Now maggots are your sheet,
     and worms your blanket."

12 • "How you are fallen from heaven,
     O shining star, son of the morning!
You have been thrown down to the earth,
     you who destroyed the nations of the world.

13 • For you said to yourself,
     'I will ascend to heaven and set my
       throne above God's stars.
I will preside on the mountain of the gods
     far away in the north.*

14 • I will climb to the highest heavens

14:1 Hebrew *the house of Jacob.* The names "Jacob" and "Israel" are often interchanged throughout the Old Testament, referring sometimes to the individual patriarch and sometimes to the nation.   14:4 As in Dead Sea Scrolls; the meaning of the Masoretic Text is uncertain.   14:9 Hebrew *Sheol;* also in 14:15.   14:11 Hebrew *were brought down to Sheol.*   14:13 Or *on the heights of Zaphon.*

14:13 만남의 산 위에

15 이제 너는 무덤 속으로, 죽음의 세계 밑바닥으로 떨어졌구나.

16 너를 보는 사람마다 너를 자세히 살피며, 생각에 잠길 것이다. 그들이 말하기를 "이 사람이 온 땅에 두려움을 몰고 왔던 그 사람인가? 나라들을 뒤흔들던 그 사람인가?

17 세계를 황무지로 바꾸어 놓고, 성들을 멸망시키며, 사람들을 포로로 사로잡아 고향으로 돌려보내지 않았던 바로 그 사람인가?" 할 것이다.

18 모든 민족들의 왕들이 전부 영광스럽게 묻혔고, 왕마다 모두 제 무덤에 묻혔지만,

19 너는 네 무덤에서 내어 쫓길 것이다. 더러운 오물처럼 너는 내던져지고 말 것이다. 칼에 찔려 죽은 사람들의 시체가 네 몸을 뒤덮고, 사람들이 구덩이 밑바닥으로 너를 내던지니, 너의 시체를 사람들이 짓밟을 것이다.

20 네가 네 나라를 폐허로 만들었고, 네 백성을 죽였으므로, 너는 다른 사람들처럼 묻히지 못할 것이다. 너는 악인의 후손이기 때문에, 다시는 아무도 네 이름을 부르지 않을 것이다.

21 그의 자손을 죽일 준비를 하여라. 그들의 조상이 죄를 지었으므로, 그들도 죽여라. 그들이 다시는 땅을 차지하지 못할 것이며, 다시는 땅 위에 성을 쌓지 못할 것이다.

22 만군의 여호와께서 이렇게 말씀하셨다. "내가 그 백성을 치겠다. 바빌론의 이름과 그 남은 자들을 지워 버리고, 그들의 자손까지도 멸망시키겠다." 여호와의 말씀이다.

23 "내가 바빌론을 고슴도치의 소굴이 되게 하고, 물웅덩이로 만들며, 멸망의 빗자루로 깨끗이 쓸어 버리겠다." 만군의 여호와의 말씀이다.

하나님이 앗시리아를 심판하신다

24 만군의 여호와께서 이렇게 맹세하셨다. "이 모든 일을 내가 계획한 그대로 실행하며, 내가 작정한 그대로 이루겠다.

25 내가 앗시리아를 내 땅에서 멸망시키고, 내 산에서 짓밟겠다. 그가 내 백성에게 무거운 짐을 지웠으나, 내가 그 땅에를 어깨에서 벗겨 버리겠다."

26 이것이 여호와께서 온 땅에 대해 세우신 계획이다. 주께서 손을 들어 모든 민족을 치겠다고 하셨다.

27 만군의 여호와께서 계획을 세우시면, 아무도 막을 수 없다. 주께서 손을 들어 백성을 심

and be like the Most High.'

15 ● Instead, you will be brought down to the place
  of the dead,
  down to its lowest depths.

16 ● Everyone there will stare at you and ask,
  'Can this be the one who shook the earth
  and made the kingdoms of the world tremble?

17 ● Is this the one who destroyed the world
  and made it into a wasteland?
  Is this the king who demolished the
  world's greatest cities
  and had no mercy on his prisoners?'

18 ● "The kings of the nations lie in stately glory,
  each in his own tomb,

19 ● but you will be thrown out of your grave
  like a worthless branch.
  Like a corpse trampled underfoot,
  you will be dumped into a mass grave
  with those killed in battle.
  You will descend to the pit.

20 ● You will not be given a proper burial,
  for you have destroyed your nation
  and slaughtered your people.
  The descendants of such an evil person
  will never again receive honor.

21 ● Kill this man's children!
  Let them die because of their father's sins!
  They must not rise and conquer the earth,
  filling the world with their cities."

22 ● This is what the LORD of Heaven's Armies says:
  "I, myself, have risen against Babylon!
  I will destroy its children and its children's
  children,"
  says the LORD.

23 ● "I will make Babylon a desolate place of owls,
  filled with swamps and marshes.
  I will sweep the land with the broom of
  destruction.
  I, the LORD of Heaven's Armies, have spoken!"

A Message about Assyria

24 ● The LORD of Heaven's Armies has sworn this
  oath:

  "It will all happen as I have planned.
  It will be as I have decided.

25 ● I will break the Assyrians when they are
  in Israel;
  I will trample them on my mountains.
  My people will no longer be their slaves
  nor bow down under their heavy loads.

26 ● I have a plan for the whole earth,
  a hand of judgment upon all the nations.

27 ● The LORD of Heaven's Armies has spoken—
  who can change his plans?

---

swamp [swámp] *n.* 습지
trample [trǽmpl] *vt.* 짓밟다

판하시면, 아무도 그것을 돌이킬 수 없다.

블레셋에 관한 하나님의 말씀

28 이것은 아하스 왕이 죽던 해에 여호와께서 하신 말씀입니다.

29 "블레셋아, 너를 치던 막대기가 부러졌다고 그렇게 기뻐하지 마라. 뱀이 더 위험한 새끼를 낳을 수도 있는 법이다. 그 새끼가 일어나 날쌔고 무서운 뱀처럼 너를 물 것이다.

30 내 백성 가운데는 가장 가난한 사람도 배불리 먹고, 생활이 어려운 사람도 평안히 누울 것이다. 그러나 네 집안은 내가 굶주려 죽게 하고, 살아남은 네 모든 백성도 죽게 할 것이다."

31 성문 안에 사는 사람들아, 슬퍼 울어라! 블레셋 전체가 다 없어지게 되었구나. 북쪽에서 먼지 구름이 몰려온다. 전투 준비를 끝낸 군대가 몰려온다.

32 블레셋의 사신들에게 무엇이라고 전할까? 여호와께서 시온을 굳게 세우셨으니, 굶주린 백성이 그리로 피한다고 전하여라.

모압에 관한 하나님의 말씀

15 이것은 모압에 관한 경고의 말씀입니다. "하룻밤에 모압 땅 알과 길이 무너지고, 그 밤에 모압이 망했다.

2 디본 사람들이 산당에 올라가 울고, 모압 사람들이 느보와 메드바를 생각하며 슬퍼한다. 사람마다 슬픔을 이기지 못하여, 머리를 밀고 수염을 깎았다.

3 모압 거리에는 상복을 입은 사람들이 가득하고, 지붕 위와 광장에서는 모두가 큰 소리로 울부짖으면서 하염없이 눈물을 흘린다.

4 헤스본과 엘르알레 사람들이 부르짖는 소리가 저 멀리 야하스까지 들린다. 그러므로 모압의 용사들마저 겁에 질려 두려움에 떨며 넋을 잃고 있다.

5 내 마음이 모압을 생각하며 부르짖는다. 모압 사람들이 소알로 피하고, 에글랏 슬리시야로 도망한다. 그들이 울며 루힛으로 가는 산길을 올라가, 호로나임으로 가는 길에서 처참하게 부르짖는다.

6 니므림 물은 말라 버렸고, 풀도 시들었고, 나무들도 다 죽었고, 푸른 것이라고는 하나도 남지 않았다.

7 그러므로 그들이, 모아 두었던 것을 거두

When his hand is raised,
 who can stop him?"

A Message about Philistia

28 •This message came to me the year King Ahaz died:*

29 • Do not rejoice, you Philistines,
  that the rod that struck you is broken—
  that the king who attacked you is dead.
 For from that snake a more poisonous snake
  will be born,
  a fiery serpent to destroy you!

30 • I will feed the poor in my pasture;
  the needy will lie down in peace.
 But as for you, I will wipe you out with famine
  and destroy the few who remain.

31 • Wail at the gates! Weep in the cities!
  Melt with fear, you Philistines!
 A powerful army comes like smoke from the north.
  Each soldier rushes forward eager to fight.

32 •What should we tell the Philistine messengers?
Tell them,

"The LORD has built Jerusalem*;
 its walls will give refuge to his
  oppressed people."

A Message about Moab

15 This message came to me concerning Moab:

In one night the town of Ar will be leveled,
 and the city of Kir will be destroyed.

2 • Your people will go to their temple in Dibon
  to mourn.
 They will go to their sacred shrines to weep.
 They will wail for the fate of Nebo and Medeba,
  shaving their heads in sorrow and cutting
   off their beards.

3 • They will wear burlap as they wander the streets.
  From every home and public square
   will come the sound of wailing.

4 • The people of Heshbon and Elealeh will cry out;
  their voices will be heard as far away as Jahaz!
 The bravest warriors of Moab will cry out
  in utter terror.
  They will be helpless with fear.

5 • My heart weeps for Moab.
  Its people flee to Zoar and Eglath-shelishiyah.
 Weeping, they climb the road to Luhith.
  Their cries of distress can be heard all
   along the road to Horonaim.

6 • Even the waters of Nimrim are dried up!
  The grassy banks are scorched.
 The tender plants are gone;
  nothing green remains.

7 • The people grab their possessions

14:28 King Ahaz died in 715 B.C.　14:32 Hebrew *Zion*.

어 가지고, 그것들을 버드나무 골짜기로 가져 간다.

8 울부짖는 소리가 모압 온 땅에 퍼져, 에글라임과 브엘엘림에까지 들린다.

9 디몬 물에는 피가 가득하게 되었다. 내가 디몬에 재앙을 더 내릴 것이다. 모압에 얼마 남지 않은 사람들과 적군을 피한 사람들을, 내가 사신을 보내어 죽이겠다."

16 "너희는 그 땅 왕에게 양을 보내라. 셀라에서 광야를 지나 시온 산으로 조공을 보내라.

2 아르논 강 나루터의 모압 여자들이 마치 둥지에서 떨어진 작은 새들과 같다.

3 그들이 말한다. '우리가 어찌하면 좋습니까? 무슨 일을 해야 할지 말해 주십시오. 뜨거운 한낮에도 밤처럼 그늘을 드리워 주십시오. 우리가 피할 테니 숨겨 주십시오, 우리를 적군 손에 넘기지 마십시오.

4 모압에서 쫓겨난 우리를 당신들 땅에서 살게 해 주십시오, 우리를 해치려고 하는 사람들로부터 우리를 보호해 주십시오.' 폭력이 사라질 것이며, 약탈이 그칠 것이고, 남을 짓밟던 사람들이 땅에서 사라질 것이다.

5 그때에 자비로운 왕좌가 세워질 것이다. 다윗 집안에서 진실한 왕이 나와 그 위에 앉을 것이다. 그는 공평하게 재판하며 정의로운 일만 할 것이다.

6 모압 백성이 교만하고 매우 거만하다는 말을 들었다. 그들은 교만할 뿐 아니라 화를 잘 낸다. 그러나 그들은 허풍만 칠 뿐이다.

7 그러므로 모압이 통곡할 것이다. 모압에 있는 모든 사람들이 통곡할 것이다. 길하레셋에서 먹던 건포도 떡을 생각하며, 몹시 슬퍼하고 괴로워할 것이다.

8 이제는 헤스본의 과수원들과 십마의 포도나무가 말라 비틀어졌다. 전에는 그 포도나무가지들이 야셀까지 닿고 광야까지 이르렀으며, 그 싹이 자라나 바다까지 뻗쳤다.

9 그러므로 내가 야셀을 위하여 애통하며, 십마의 포도나무를 위하여 운다. 헤스본아, 엘르알레야, 너희를 위한 내 눈물이 멈추지 않는다. *익은 과일을 따거나 곡식을 거둬들이는 일이* 없으므로, 다시는 즐거움으로 외치는 소리도 없을 것이다.

10 비옥한 땅에서도 기뻐하는 소리와 즐거워하는 소리가 사라질 것이고, 포도밭에서도 다시는 노랫소리와 기뻐 떠드는 소리가 들리지 않

---

and carry them across the Ravine of Willows.

8 • A cry of distress echoes through the land of Moab from one end to the other— from Eglaim to Beer-elim.

9 • The stream near Dibon* runs red with blood, but I am still not finished with Dibon! Lions will hunt down the survivors— both those who try to escape and those who remain behind.

16 • Send lambs from Sela as tribute to the ruler of the land. Send them through the desert to the mountain of beautiful Zion.

2 • The women of Moab are left like homeless birds at the shallow crossings of the Arnon River.

3 • "Help us," they cry. "Defend us against our enemies. Protect us from their relentless attack. Do not betray us now that we have escaped.

4 • Let our refugees stay among you. Hide them from our enemies until the terror is past."

When oppression and destruction have ended and enemy raiders have disappeared,

5 • then God will establish one of David's descendants as king. He will rule with mercy and truth. He will always do what is just and be eager to do what is right.

6 • We have heard about proud Moab— about its pride and arrogance and rage. But all that boasting has disappeared.

7 • The entire land of Moab weeps. Yes, everyone in Moab mourns for the cakes of raisins from Kir-hareseth. They are all gone now.

8 • The farms of Heshbon are abandoned; the vineyards at Sibmah are deserted. The rulers of the nations have broken down Moab— that beautiful grapevine. Its tendrils spread north as far as the town of Jazer and trailed eastward into the wilderness. Its shoots reached so far west that they crossed over the Dead Sea.*

9 • So now I weep for Jazer and the vineyards of Sibmah; my tears will flow for Heshbon and Elealeh. There are no more shouts of joy over your summer fruits and harvest.

10 • Gone now is the gladness,

15:9 As in Dead Sea Scrolls, some Greek manuscripts, and Latin Vulgate; Masoretic Text reads *Dimon;* also in 15:9b.　16:8 Hebrew *the sea.*

을 것이며, 포도주틀에서 포도를 밟아 즙
을 내는 일도 없을 것이다. 내가 그들에
게서 추수의 기쁨을 빼앗아 갈 것이다.

11 그러므로 마치 수금처럼, 내 마음이 모압
을 생각하며 통곡한다. 내 속에서부터 길
하레셋을 생각하며 슬피 운다.

12 모압 사람이 산당에 올라가 제사를 지내
지만 헛된 수고만 한다는 사실을 깨닫고,
자기들의 신전으로 찾아가서 기도를 하
지만 아무 소용이 없을 것이다."

13 이것이 전에 여호와께서 모압에 관해 하
신 말씀이다.

14 이제 여호와께서 다시 말씀하신다. "삼
년이 못 되어 모압이 자랑하던 것들과 그
모든 백성의 무리가 다 모욕을 당할 것이
다. 이 삼 년은 품꾼이 정해 놓고 일하는
햇수와도 같다. 살아남는 자가 별로 없
을 것이며, 그들조차도 쇠약해질 것이
다."

아람에 관한 하나님의 말씀

17 이것은 다마스커스에 관한 경고의
말씀입니다. "보아라, 다마스커스는
망하여 황폐해질 것이다.

2 사람들이 아로엘의 성들을 버리고 떠나,
양떼의 차지가 되어, 그것들이 마음대로
누워도 건드릴 사람이 없을 것이다.

3 에브라임의 요새들이 무너지고, 다마스
커스의 권세도 힘을 잃을 것이다. 아람의
살아남은 사람들이 이스라엘 자손의 영
광처럼 될 것이다." 만군의 여호와의 말
씀이다.

4 "그날이 오면, 야곱의 영광이 빛을 잃을
것이고, 건강하던 사람이 야윌 것이다.

5 야곱은 추수가 끝난 르바임 골짜기의 곡
식 들판처럼 버려질 것이다.

6 또 그들은 열매를 따고 난 올리브 나무처
럼 될 것이다. 올리브 나무를 흔들어 그
열매를 떨어뜨릴 때에, 가장 높은 가지나
무성한 가지 끝에 남게 되는 네다섯 개의
열매처럼 소수의 사람들만 살아남게 될
것이다." 여호와, 곧 이스라엘의 하나님
께서 말씀하셨다.

7 그날이 오면, 사람이 자기를 지으신 분을
바라보고, 눈길을 이스라엘의 거룩하신
분에게 돌릴 것이다.

8 자기들의 손으로 만든 우상에게 더 이상
도움을 요청하거나 경배하지 않고, 아세

gone the joy of harvest.
There will be no singing in the vineyards,
  no more happy shouts,
no treading of grapes in the winepresses.
  I have ended all their harvest joys.

11 • My heart's cry for Moab is like a lament on a harp.
  I am filled with anguish for Kir-haresheth.*

12 • The people of Moab will worship at their
    pagan shrines,
  but it will do them no good.
They will cry to the gods in their temples,
  but no one will be able to save them.

13 •The LORD has already said these things about
14 Moab in the past. •But now the LORD says, "Within
three years, counting each day,* the glory of Moab will
be ended. From its great population, only a feeble few
will be left alive."

A Message about Damascus and Israel

17 This message came to me concerning Damascus:

"Look, the city of Damascus will disappear!
  It will become a heap of ruins.

2 • The towns of Aroer will be deserted.
  Flocks will graze in the streets and lie
    down undisturbed,
  with no one to chase them away.

3 • The fortified towns of Israel* will also be destroyed,
    and the royal power of Damascus will end.
  All that remains of Syria*
    will share the fate of Israel's departed glory,"
    declares the LORD of Heaven's Armies.

4 • "In that day Israel's* glory will grow dim;
    its robust body will waste away.

5 • The whole land will look like a grainfield
    after the harvesters have gathered the grain.
  It will be desolate,
    like the fields in the valley of Rephaim
      after the harvest.

6 • Only a few of its people will be left,
    like stray olives left on a tree after the harvest.
  Only two or three remain in the highest branches,
    four or five scattered here and there on the limbs,"
    declares the LORD, the God of Israel.

7 • Then at last the people will look to their Creator
    and turn their eyes to the Holy One of Israel.

8 • They will no longer look to their idols for help
    or worship what their own hands have made.
  They will never again bow down to their
    Asherah poles
    or worship at the pagan shrines they have built.

---

robust [roubʌst] *a.* 튼튼한, 강건한

16:11 Hebrew *Kir-heres,* a variant spelling of Kir-haresheth.
16:14 Hebrew *Within three years, as a servant bound by
contract would count them.* 17:3a Hebrew *of Ephraim,*
referring to the northern kingdom of Israel. 17:3b
Hebrew *Aram.* 17:4 Hebrew *Jacob's.* See note on 14:1.

라 우상에게 절하지 않으며, 그들이 지은 제단에 향을 피우지도 않을 것이다.

9 그날이 오면, 굳건한 성들이 텅 비어 버릴 것이며, 이스라엘 백성이 쳐들어올 때 히위 사람들과 아모리 사람들이 버리고 떠난 성들처럼 황폐해질 것이다.

10 이는 네가 구원의 하나님이시며, 피난처가 되시는 하나님을 저버렸기 때문이다. 그러므로 네가 가장 좋다는 포도나무들을 심고,

11 심자마자 그것이 자라서 그 이튿날 아침에 꽃이 피었다 하더라도, 너는 결코 그것들에게서 열매를 얻지 못할 것이다. 그것들은 오히려 너에게 크나큰 슬픔과 고통만 안겨 줄 것이다.

12 보아라! 군사들이 마치 요란하게 철썩대는 파도처럼 함성을 지르며 돌진한다.

13 그들이 파도 소리처럼 요란한 소리를 내더라도, 하나님이 꾸짖으시면 잠잠하게 될 것이다. 언덕 위에서 바람에 날리는 겨와 같을 것이며, 폭풍에 흩날리는 티끌 같을 것이다.

14 밤에 두려워하며 떨던 이스라엘 백성들이, 아침이 오기 전에 적들이 모두 죽어 있는 것을 발견하게 될 것이다. 이것이 하나님의 백성을 약탈하고 멸망시키려는 사람들에 대한 하나님의 징계이다.

에티오피아에 관한 하나님의 말씀

18 에티오피아*의 강 건너편 땅, 벌레들이 날개를 퍼드덕거리는 소리가 가득한 땅에 재앙이 닥칠 것이다.

2 그곳 사람들이 사신들을 배에 태워, 나일 강 하류로 보낸다. 너희 날쌘 사신들아, 키가 크고 피부가 매끄러운 백성에게로 가거라. 그 땅이 강들에 의해 나뉘었고, 멀리 있는 다른 민족들까지 정복하여 두려움을 주는 나라의 백성에게로 가거라.

3 이 땅에 사는 사람들아, 다 보아라. 산 위에 깃발을 올리는 것을 보아라. 나팔 소리가 울려 퍼지는 것을 들어라.

4 여호와께서 이처럼 내게 말씀하셨다. "내가 나의 처소에서 뜨거운 더위 속에 내리쬐는 햇볕같이, 가을 추수 때에 맺히는 이슬과도 같이, 잠잠히 바라볼 것이다.

5 꽃은 피었으나 아직 추수하기 전, 새 포도가 맺혀 익어 갈 때에, 칼로 나무를 베어 버리고 가지를 찍어 버리듯이, 적군에게 이

---

9 • Their largest cities will be like a deserted forest,
    like the land the Hivites and Amorites
      abandoned*
when the Israelites came here so long ago.
    It will be utterly desolate.

10 • Why? Because you have turned from the God
    who can save you.
    You have forgotten the Rock who can hide you.
So you may plant the finest grapevines
    and import the most expensive seedlings.

11 • They may sprout on the day you set them out;
    yes, they may blossom on the very
      morning you plant them,
but you will never pick any grapes from them.
    Your only harvest will be a load of
      grief and unrelieved pain.

12 • Listen! The armies of many nations
    roar like the roaring of the sea.
Hear the thunder of the mighty forces
    as they rush forward like thundering waves.

13 • But though they thunder like breakers on a beach,
    God will silence them, and they will run away.
They will flee like chaff scattered by the wind,
    like a tumbleweed whirling before a storm.

14 • In the evening Israel waits in terror,
    but by dawn its enemies are dead.
This is the just reward of those who plunder us,
    a fitting end for those who destroy us.

A Message about Ethiopia

18 Listen, Ethiopia*—land of fluttering sails*
    that lies at the headwaters of the Nile,

2 • that sends ambassadors
    in swift boats down the river.

Go, swift messengers!
Take a message to a tall, smooth-skinned people,
    who are feared far and wide
for their conquests and destruction,
    and whose land is divided by rivers.

3 • All you people of the world,
    everyone who lives on the earth—
when I raise my battle flag on the mountain, look!
    When I blow the ram's horn, listen!

4 • For the LORD has told me this:
    "I will watch quietly from my dwelling place—
as quietly as the heat rises on a summer day,
    or as the morning dew forms during
      the harvest."

5 • Even before you begin your attack,
    while your plans are ripening like grapes,
the LORD will cut off your new growth
    with pruning shears.
He will snip off and discard your

17:9 As in Greek version; Hebrew reads *like places of the wood and the highest bough.*   18:1a Hebrew *Cush.* 18:1b Or *land of many locusts;* Hebrew reads *land of whirring wings.*

18:1 개역 성경에는 (히) '구스' 라고 표기되어 있다.

같이 할 것이다.

6 죽은 너희 군사들은 산새들과 들짐승의 먹이가 될 것이다. 새들이 그것으로 여름을 나고, 땅의 모든 짐승들이 그것으로 겨울을 날 것이다."

7 그때에 키가 크고 피부가 매끄러운 사람들, 어디에서나 남에게 두려움을 주는 백성, 다른 민족을 정복하는 강한 백성, 그 땅이 강들로 나뉜 나라의 백성이 예물을 가지고 만군의 여호와의 이름만이 높임을 받는 시온산으로 올 것이다.

이집트에 관한 하나님의 말씀

19 이것은 이집트에 관한 경고의 말씀입니다. 보아라, 여호와께서 빠른 구름을 타고 오셔서 이집트로 들어가실 것이니, 이집트의 우상들이 그 앞에서 떨며, 이집트는 모든 용기를 잃어버릴 것이다.

2 "내가 이집트 사람들을 부추겨 자기들끼리 싸우게 하겠다. 형제와 형제가 싸우고 이웃과 이웃이 싸우며, 도시와 도시가 싸우고 나라와 나라가 서로 싸우게 하겠다.

3 이집트 사람들이 겁에 질릴 것이다. 내가 그들의 계획을 꺾어 놓겠다. 그들이 우상과 죽은 사람의 영과 무당과 점쟁이에게 물을 것이다.

4 내가 이집트를 잔인한 주인에게 넘기겠다. 그렇게 되면 사나운 왕이 그들을 다스릴 것이다." 주, 곧 만군의 여호와께서 말씀하셨다.

5 바닷물이 줄어들 것이며, 나일 강은 물이 말라 땅이 갈라질 것이다.

6 운하에서는 썩은 냄새가 나며, 이집트의 시내는 물이 빠져 나가 마를 것이다. 갈대와 골풀도 다 썩어 버릴 것이다.

7 나일 강가에서 자라는 나무도 다 죽고, 밭에 심은 것도 다 말라 죽을 것이다.

8 어부들이 통곡할 것이다. 나일 강에서 낚싯줄을 던지는 모든 사람들이 슬퍼할 것이며, 그물을 던지는 사람들이 낙심할 것이다.

9 베를 짜는 사람들이 슬퍼하며, 모시를 짜는 사람들이 희망을 잃을 것이다.

10 천을 짜는 사람들이 실망하고, 모든 품꾼마다 슬픔에 빠질 것이다.

11 소안의 지도자들은 어리석다. 파라오에게 모사 노릇을 하는, 지혜 있다고 하는 사람들도 잘못된 모략을 주었다. 그들이 어떻

---

spreading branches.

6 ● Your mighty army will be left dead in the fields
　　for the mountain vultures and wild animals.
　The vultures will tear at the corpses all summer.
　　The wild animals will gnaw at the bones
　　　all winter.

7 ● At that time the LORD of Heaven's Armies
　　will receive gifts
　　from this land divided by rivers,
　from this tall, smooth-skinned people,
　　who are feared far and wide for their
　　　conquests and destruction.
　They will bring the gifts to Jerusalem,*
　　where the LORD of Heaven's Armies dwells.

A Message about Egypt

19 This message came to me concerning Egypt:

Look! The LORD is advancing against Egypt,
　　riding on a swift cloud.
　The idols of Egypt tremble.
　　The hearts of the Egyptians melt with fear.

2 ● "I will make Egyptian fight against Egyptian—
　　brother against brother,
　neighbor against neighbor,
　　city against city,
　　province against province.

3 ● The Egyptians will lose heart,
　　and I will confuse their plans.
　They will plead with their idols for wisdom
　　and call on spirits, mediums, and those
　　　who consult the spirits of the dead.

4 ● I will hand Egypt over
　　to a hard, cruel master.
　A fierce king will rule them,"
　　says the Lord, the LORD of Heaven's Armies.

5 ● The waters of the Nile will fail to rise and
　　　flood the fields.
　　The riverbed will be parched and dry.

6 ● The canals of the Nile will dry up,
　　and the streams of Egypt will stink
　　with rotting reeds and rushes.

7 ● All the greenery along the riverbank
　　and all the crops along the river
　　will dry up and blow away.

8 ● The fishermen will lament for lack of work.
　　Those who cast hooks into the Nile will groan,
　　and those who use nets will lose heart.

9 ● There will be no flax for the harvesters,
　　no thread for the weavers.

10 ● They will be in despair,
　　and all the workers will be sick at heart.

11 ● What fools are the officials of Zoan!
　　Their best counsel to the king of Egypt is

18:7 Hebrew *to Mount Zion.*

게 자기들이 지혜 있는 사람이라고 왕에게 말할 수 있겠느냐? 그들이 어떻게 옛 왕들의 자손이라고 말할 수 있겠느냐?

12 이집트야, 도대체 네 지혜의 사람들은 어디에 있느냐? 만일 그들이 지혜롭다면, 만군의 여호와께서 이집트에 대하여 무슨 계획을 가지고 계신지, 말해 보라고 하여라.

13 소안의 지도자들은 어리석었고, 놉의 지도자들은 헛된 것에 속았다. 이집트의 지도자들이 그 땅을 그릇된 길로 이끌었다.

14 여호와께서 그들을 혼란스럽게 만드셨으므로, 그들이 헤매며 이집트를 잘못된 길로 이끌었다. 그들은 마치 술에 취하여 비틀거리는 자와 같았다.

15 이집트가 할 수 있는 일은 아무것도 없으며, 아무도 이집트에게 도움을 줄 수 없다.

16 그날이 오면, 이집트 사람은 겁에 질린 여자처럼 되어, 만군의 여호와를 두려워 할 것이다. 왜냐하면 주께서 손을 들어 그들을 치실 것이기 때문이다.

17 그들은 유다라는 이름만 듣고도 모두 무서워할 것이다. 왜냐하면 만군의 여호와께서 이집트를 치려는 계획을 세우셨기 때문이다.

18 그날이 오면, 이집트 땅의 다섯 성에서 사람들이 가나안 말, 곧 히브리 말을 하며, 만군의 여호와께 충성을 맹세할 것이다. 그 다섯 성 가운데 한 성은 '태양의 성' 이라는 이름으로 불리게 될 것이다.

19 그날이 오면, 이집트 땅 한가운데에 여호와를 섬기는 제단이 세워지고, 이집트 국경에는 여호와를 기리는 기념비가 세워질 것이다.

20 이것이 이집트 땅에서 만군의 여호와를 나타내는 표적과 증거가 될 것이다. 그들이 억눌림을 당하여 여호와께 부르짖으면, 주께서 그들을 구원해 줄 사람을 보내어, 억누르는 사람들의 손에서 그들을 구하게 하실 것이다.

21 이처럼 여호와께서 자신을 이집트 사람들에게 알리실 것이다. 그날에 이집트 사람들이 여호와를 알고, 여호와께 제물과 예물을 바치면서 예배할 것이요, 여호와께 서원을 하고, 또 그 서원한 것을 갚을 것이다.

22 여호와께서 이집트 사람들을 심판하신 후에는 그들을 고쳐 주실 것이다. 이집트 사람들이 여호와께로 돌아올 것이며, 여호와께서 그들의 기도를 들어 주시고 치료해 주실 것이다.

23 그날이 오면, 이집트에서 앗시리아로 이어지는 큰 길이 놓일 것이다. 그래서 앗시리아 사람과 이

stupid and wrong.
Will they still boast to Pharaoh of their
   wisdom?
   Will they dare brag about all their wise
     ancestors?

12 • Where are your wise counselors, Pharaoh?
   Let them tell you what God plans,
    what the LORD of Heaven's Armies is
     going to do to Egypt.

13 • The officials of Zoan are fools,
   and the officials of Memphis* are deluded.
   The leaders of the people
    have led Egypt astray.

14 • The LORD has sent a spirit of foolishness
    on them,
   so all their suggestions are wrong.
   They cause Egypt to stagger
    like a drunk in his vomit.

15 • There is nothing Egypt can do.
   All are helpless—
   the head and the tail,
    the noble palm branch and the lowly reed.

16 • In that day the Egyptians will be as weak as women. They will cower in fear beneath the upraised fist of the LORD of Heaven's Armies.
17 • Just to speak the name of Israel will terrorize them, for the LORD of Heaven's Armies has laid out his plans against them.

18 • In that day five of Egypt's cities will follow the LORD of Heaven's Armies. They will even begin to speak Hebrew, the language of Canaan. One of these cities will be Heliopolis, the City of the Sun.*

19 • In that day there will be an altar to the LORD in the heart of Egypt, and there will be a monument to the LORD at its border. 20 • It will be a sign and a witness that the LORD of Heaven's Armies is worshiped in the land of Egypt. When the people cry to the LORD for help against those who oppress them, he will send them a savior who will rescue them. 21 • The LORD will make himself known to the Egyptians. Yes, they will know the LORD and will give their sacrifices and offerings to him. They will make a vow to the LORD and will keep it. 22 • The LORD will strike Egypt, and then he will bring healing. For the Egyptians will turn to the LORD, and he will listen to their pleas and heal them.

23 • In that day Egypt and Assyria will be connected by a highway. The Egyptians and Assyrians will move freely between their lands,

---

cower [káuər] *vi.* (추위, 공포 등으로) 움츠리다
delude [dilúːd] *vt.* 현혹하다
pang [pæŋ] *n.* 비통: (발작적인) 격통
reel [ríːl] *vi.* 비틀거리다: 동요하기 시작하다

19:13 Hebrew *Noph.*   **19:18** Or *will be the City of Destruction.*

집트 사람이 서로 오가며, 그들이 함께 여호와를 섬길 것이다.

24 그날이 오면, 이스라엘과 앗시리아와 이집트가 삼국 동맹을 맺을 것이니, 이것이 온 세계에 복이 될 것이다.

25 만군의 여호와께서 그 나라들에게 복을 주시며 말씀하시기를, "이집트야, 너는 나의 백성이다. 앗시리아야, 내가 너를 지었다. 이스라엘아, 너는 내 것이다. 너희 모두 복을 받아라" 하실 것이다.

앗시리아가 이집트와 에티오피아를 친다

20 앗시리아 왕 사르곤이 보낸 군대 장관 다르단이 아스돗에 도착한 해의 일입니다. 다르단은 아스돗을 공격하여 그 성을 점령했습니다.

2 그때에 여호와께서 아모스의 아들 이사야에게 말씀하셨습니다. "네 몸에 걸친 베옷을 벗고 네 발에서 신을 벗어라." 이사야가 여호와의 말씀대로 벗은 몸과 맨발로 다녔습니다.

3 그때에 여호와께서 말씀하셨습니다. "내 종 이사야가 삼 년 동안 벗은 몸과 맨발로 다녔다. 이것이 이집트와 에티오피아에게 보여 준 표적이요, 징조이다.

4 앗시리아 왕이 이집트와 에티오피아를 쳐서 이긴 후에, 젊은이와 늙은이의 옷과 신발을 모두 벗겨 포로로 사로잡아 갈 것이다. 이집트 사람들이 엉덩이까지 드러낸 채로 끌려갈 것이다.

5 에티오피아를 의지하던 백성이 두려워할 것이며, 이집트의 영광을 보고 놀라던 백성이 부끄러움을 당할 것이다.

6 그날이 오면, 블레셋 바닷가 근처에 사는 백성이 이렇게 말할 것이다. '보아라, 우리가 의지하던 나라, 우리가 달려가 앗시리아 왕의 손에서 구해 달라고 청했던 나라가 이렇게 되었으니, 이제 우리는 어디로 피해야 할까?'"

바빌론에 관한 하나님의 말씀

21 이것은 바빌로니아에 관한 경고의 말씀입니다. 광야에서부터 재앙이 불어 닥친다. 네게브에서 불어오는 바람처럼 무서운 땅에서 올라오고 있다.

2 내가 끔찍한 계시를 받았다. 반역자들이 반역하고, 약탈하는 사람이 약탈한다. 엘람아, 공격하여라. 메대야, 성을 에워싸라. 저 성 안의 모든 신음 소리를 내가 그치게 하겠다.

3 그 무서운 계시로 인해, 산모가 아기를 낳을 때 겪는 고통처럼 온몸이 견딜 수 없이 아팠다. 내가 들은 것 때문에 무서웠고, 내가 본 것 때문에 두려움에 떨었다.

4 나의 마음은 갈피를 잡지 못하고 겁에 질렸다. 기분

24 and they will both worship God. •In that day Israel will be the third, along with Egypt and Assyria, a blessing in the midst of the earth. 25 •For the LORD of Heaven's Armies will say, "Blessed be Egypt, my people. Blessed be Assyria, the land I have made. Blessed be Israel, my special possession!"

A Message about Egypt and Ethiopia

20 In the year when King Sargon of Assyria sent his commander in chief to capture the Philistine city of Ashdod,* 2 •the LORD told Isaiah son of Amoz, "Take off the burlap you have been wearing, and remove your sandals." Isaiah did as he was told and walked around naked and barefoot.

3 •Then the LORD said, "My servant Isaiah has been walking around naked and barefoot for the last three years. This is a sign—a symbol of the terrible troubles I will bring upon Egypt and Ethiopia.* 4 •For the king of Assyria will take away the Egyptians and Ethiopians* as prisoners. He will make them walk naked and barefoot, both young and old, their buttocks bared, to the shame of Egypt. 5 •Then the Philistines will be thrown into panic, for they counted on the power of Ethiopia and boasted of their allies in Egypt! 6 •They will say, 'If this can happen to Egypt, what chance do we have? We were counting on Egypt to protect us from the king of Assyria.'"

A Message about Babylon

21 This message came to me concerning Babylo—the desert by the sea*:

Disaster is roaring down on you from the desert,
    like a whirlwind sweeping in from the Negev.
2 • I see a terrifying vision:
    I see the betrayer betraying,
    the destroyer destroying.
Go ahead, you Elamites and Medes,
    attack and lay siege.
I will make an end
    to all the groaning Babylon caused.
3 • My stomach aches and burns with pain.
    Sharp pangs of anguish are upon me,
    like those of a woman in labor.
I grow faint when I hear what God is planning;
    I am too afraid to look.
4 • My mind reels and my heart races.

20:1 Ashdod was captured by Assyria in 711 B.C.   20:3 Hebrew *Cush*; also in 20:5.   20:4 Hebrew *Cushites*.   21:1 Hebrew *concerning the desert by the sea*.

좋은 저녁이 공포의 밤으로 변했다.

5 상을 차려 놓아라. 자리를 깔고, 먹고 마셔라. 지도자들아, 일어나라. 방패에 기름을 발라라.

6 주께서 내게 이처럼 말씀하셨다. "너는 가서 파수꾼을 세워 그에게 본 대로 보고하라고 하여라.

7 전차나 기마병을 보거나, 나귀 탄 자나 낙타 탄자를 보거든, 주의 깊게 살피라고 하여라."

8 파수꾼이 사신과 같이 외쳤다. "주여, 저는 날마다 밤낮으로 망대 위로 올라가 지키고 있습니다.

9 보십시오, 저기 사람이 전차를 타고 기마병과 함께 옵니다." 파수꾼이 다시 외쳤다. "바빌론 성이 포위당했다! 무너졌다! 바빌론의 우상들이 모두 땅에 떨어져 깨져 버렸다."

10 내 백성이 타작 마당의 곡식처럼 으깨졌다. 내 백성아, 나는 만군의 여호와, 이스라엘의 하나님께 들은 것을 그대로 너희에게 전한다.

에돔에 관한 하나님의 말씀

11 이것은 두마에 관한 경고의 말씀입니다. 누가 나를 세일에서 부른다. "파수꾼아, 아침이 오려면 얼마나 더 있어야 하느냐? 파수꾼아, 밤이 지나가려면 얼마나 더 있어야 하느냐?"

12 파수꾼이 대답한다. "아침이 오지만, 다시 밤이 될 것이다. 물어 볼 것이 있거든 다시 와서 물어 보아라."

아라비아에 관한 하나님의 말씀

13 이것은 아라비아에 관한 경고의 말씀입니다. 드단에서 온 상인들이 아라비아의 사막에서 밤을 지샜다.

14 데마 사람들아, 여행하느라 지친 사람들에게 먹을 것과 마실 것을 주어라.

15 그들은 칼을 피해 도망하는 사람들이었다. 칼이 그들을 치려 하고, 활이 그들을 쏘아 맞추려 한다. 그들은 전쟁이 치열해져서 도망다니는 신세가 되었다.

16 주께서 내게 이처럼 말씀하셨다. "일 년이 지나지 않아서 게달의 모든 영광이 사라질 것이다. 이 일 년은 품꾼이 정해 놓고 일하는 햇수와 같다.

I longed for evening to come,
    but now I am terrified of the dark.

5 • Look! They are preparing a great feast.
    They are spreading rugs for people to sit on.
    Everyone is eating and drinking.
But quick! Grab your shields and prepare for battle.
    You are being attacked!

6 • Meanwhile, the Lord said to me,
    "Put a watchman on the city wall.
    Let him shout out what he sees.

7 • He should look for chariots
    drawn by pairs of horses,
and for riders on donkeys and camels.
    Let the watchman be fully alert."

8 • Then the watchman* called out,
    "Day after day I have stood on the watchtower, my lord.
    Night after night I have remained at my post.

9 • Now at last—look!
Here comes a man in a chariot
    with a pair of horses!"
Then the watchman said,
    "Babylon is fallen, fallen!
All the idols of Babylon
    lie broken on the ground!"

10 • O my people, threshed and winnowed,
    I have told you everything the LORD of Heaven's
      Armies has said,
    everything the God of Israel has told me.

A Message about Edom

11 • This message came to me concerning Edom*:

Someone from Edom* keeps calling to me,
    "Watchman, how much longer until morning?
    When will the night be over?"

12 • The watchman replies,
    "Morning is coming, but night will soon return.
    If you wish to ask again, then come back and ask."

A Message about Arabia

13 • This message came to me concerning Arabia:

O caravans from Dedan,
    hide in the deserts of Arabia.

14 • O people of Tema,
    bring water to these thirsty people,
    food to these weary refugees.

15 • They have fled from the sword,
    from the drawn sword,
from the bent bow
    and the terrors of battle.

16 • The Lord said to me, "Within a year, counting each

21:8 As in Dead Sea Scrolls and Syriac version; Masoretic Text reads *a lion.*   21:11a Hebrew *Dumah,* which means "silence" or "stillness." It is a wordplay on the word *Edom.* 21:11b Hebrew *Seir,* another name for Edom.

17 그때에 활을 쏘는 사람이 얼마 남지 않을 것이며, 게달의 용사 가운데 남는 사람이 매우 적을 것이다." 여호와, 곧 이스라엘의 하나님께서 말씀하셨다.

예루살렘에 관한 하나님의 말씀

22 이것은 '이상 골짜기'에 관한 경고의 말씀입니다. 너희 백성에게 무슨 일이 있기에 모두 지붕에 올라가 있느냐?

2 이 성은 소란스러웠던 성, 떠들썩하고 요란했던 성이다. 너희 백성은 칼에 죽은 것도 아니고 전쟁으로 죽은 것도 아니다.

3 너희 지도자들은 다 달아났고, 모두 멀리 도망쳤으나, 활 한번 쏘아보지 못하고 모두 사로잡혔다. 너희 가운데 남아 있는 자들도 결국 모두 사로잡히고 말았다.

4 그러므로 내가 말한다. "모두 물러나라. 혼자 울게 나를 내버려 두어라. 나의 가련한 백성이 멸망했다고 나를 위로하려 들지 마라."

5 주, 곧 만군의 여호와께서 특별한 날을 정하셨다. 그때에 소동과 혼란이 일어나고, 사람들이 '이상 골짜기'에서 서로를 짓밟을 것이다. 성벽은 무너지고 백성의 울부짖는 소리가 산까지 퍼질 것이다.

6 엘람 군대는 화살통을 메고 전차와 기병대가 함께 공격할 것이다. 기르 군대는 방패를 준비할 것이다.

7 너의 아름다운 골짜기에는 전차들로 가득 차고 성문에는 기병대가 진을 칠 것이며,

8 유다를 지키는 방어선이 무너질 것이다. 그날이 오면, 예루살렘 백성은 '무기 창고'에 보관되어 있는 무기에 의존할 것이다.

9 너희가 다윗 성에 갈라진 틈들을 조사하였고, 아래 저수지에 물을 모았다.

10 예루살렘에 있는 집을 조사하여, 낡은 집들을 헐어서 그 돌로 성벽을 수리했다.

11 또 옛 연못에서 흘러 나오는 물을 담아 두려고 두 성벽 사이에 저수지를 만들었다. 그러나 너희는 이 모든 일을 하신 하나님을 바라보지 않았다. 오래 전부터 그 일을 계획하신 분을 쳐다보지도 않았다.

12 그날에 주, 곧 만군의 여호와께서 백성에게 슬피 울고 머리를 밀고 거친 베옷을 입으라고 말씀하셨다.

---

17 day,* all the glory of Kedar will come to an end. ●Only a few of its courageous archers will survive. I, the LORD, the God of Israel, have spoken!"

A Message about Jerusalem

22 This message came to me concerning Jerusalem—the Valley of Vision*:

What is happening?
　　Why is everyone running to the rooftops?
2 ● The whole city is in a terrible uproar.
　　What do I see in this reveling city?
Bodies are lying everywhere,
　　killed not in battle but by famine and disease.
3 ● All your leaders have fled.
　　They surrendered without resistance.
The people tried to slip away,
　　but they were captured, too.
4 ● That's why I said, "Leave me alone to weep;
　　do not try to comfort me.
Let me cry for my people
　　as I watch them being destroyed."

5 ● Oh, what a day of crushing defeat!
　　What a day of confusion and terror
brought by the Lord, the LORD of Heaven's Armies,
　　upon the Valley of Vision!
The walls of Jerusalem have been broken,
　　and cries of death echo from the
　　　mountainsides.
6 ● Elamites are the archers,
　　with their chariots and charioteers.
The men of Kir hold up the shields.
7 ● Chariots fill your beautiful valleys,
　　and charioteers storm your gates.
8 ● Judah's defenses have been stripped away.
　　You run to the armory* for your weapons.
9 ● You inspect the breaks in the walls of Jerusalem.*
　　You store up water in the lower pool.
10 ● You survey the houses and tear some down
　　for stone to strengthen the walls.
11 ● Between the city walls, you build a reservoir
　　for water from the old pool.
But you never ask for help from the One who
　　did all this.
You never considered the One who planned
　　this long ago.

12 ● At that time the Lord, the LORD of Heaven's Armies,
　　called you to weep and mourn.
He told you to shave your heads in sorrow
　　for your sins
and to wear clothes of burlap to show
　　your remorse.

21:16 Hebrew *Within a year, as a servant bound by contract would count it.* Some ancient manuscripts read *Within three years,* as in 16:14.　**22:1** Hebrew *concerning the Valley of Vision.*　**22:8** Hebrew *to the House of the Forest;* see 1 Kgs 7:2-5.　**22:9** Hebrew *the city of David.*

13 그러나 보아라. 오히려 백성은 기뻐하고
즐거워하였다. 소와 양을 잡고, 고기와 술
을 마셨다. 그러면서 말하기를 "내일이면
죽을 테니 먹고 마시자"라고 하였다.

14 만군의 여호와께서 내게 말씀하셨다.
"이 죄는 너희가 죽기까지 용서받지 못
한다." 주, 곧 만군의 여호와께서 말씀하
셨다.

셉나에 관한 하나님의 말씀

15 주, 곧 만군의 여호와께서 이렇게 말씀하
셨다. "너는 왕궁 관리인 셉나에게 가라.

16 가서 그에게 전하여라. '여기에서 무엇을
하고 있느냐? 누가 여기에 네 무덤을 파라
고 하더냐? 어찌하여 네가 높은 곳에 너의
무덤을 만드느냐? 어찌하여 네 자신을 위
하여 바위에 누울 장소를 파느냐?

17 권력을 잡은 사람아, 보아라. 나 여호와가
너를 단단히 묶어서 던져 버릴 것이다.

18 너를 머릿수건처럼 둘둘 말아서 넓은 땅으
로 던져 버릴 것이다. 네가 거기에서 죽을
것이고, 네가 자랑하던 전차도 거기에 있
을 것이며, 너는 네 주인의 집에서 부끄러
운 사람이 될 것이다.

19 내가 너를 이 높은 자리에서 쫓아내고, 네
자리에서 너를 몰아내겠다.

20 그날이 오면, 내가 힐기야의 아들인 내 종
엘리아김을 부르겠다.

21 내가 네 옷을 빼앗아 그에게 입혀 주고 네
허리띠를 그에게 둘러 주겠다. 그리고 네
가 차지하고 있는 높은 자리까지 그에게
주고, 그를 예루살렘 백성과 유다 집안의
아버지가 되게 하겠다.

22 내가 또 다윗 집의 열쇠를 그의 어깨에 걸
어 주겠다. 그가 문을 열면 아무도 닫지 못
하며, 그가 문을 닫으면 아무도 열지 못할
것이다.

23 그가 단단한 판에 굳게 박힌 못처럼 견고
해질 것이다. 그가 자기 집안을 영예롭게
할 것이다.

24 그의 집안의 모든 영광이 그에게 달릴 것
이며, 어른이나 어린아이나 다 그에게 의
지할 것이다. 그들이 마치 그에게 매달린
접시와 항아리들 같을 것이다.'"

25 만군의 여호와의 말씀이다. "그날이 오면,
단단한 판에 박힌 못이 삭아서 부러져 떨
어질 것이고 거기에 매달린 것도 다 깨져
버릴 것이다." 여호와의 말씀이다.

---

13 ● But instead, you dance and play;
　you slaughter cattle and kill sheep.
　You feast on meat and drink wine.
　You say, "Let's feast and drink,
　　for tomorrow we die!"

14 ● The LORD of Heaven's Armies has revealed this to
me: "Till the day you die, you will never be forgiven
for this sin." That is the judgment of the Lord, the
LORD of Heaven's Armies.

A Message for Shebna

15 ● This is what the Lord, the LORD of Heaven's Armies,
said to me: "Confront Shebna, the palace administra-
tor, and give him this message:

16 "Who do you think you are,
　and what are you doing here,
　building a beautiful tomb for yourself—
　a monument high up in the rock?

17 ● For the LORD is about to hurl you away,
　　mighty man.
　He is going to grab you,

18 ● crumple you into a ball,
　and toss you away into a distant, barren land.
　There you will die,
　and your glorious chariots will be broken
　　and useless.
　You are a disgrace to your master!

19 ● "Yes, I will drive you out of office," says the LORD.

20 "I will pull you down from your high position. ● And
then I will call my servant Eliakim son of Hilkiah to

21 replace you. I will dress him in your royal robes and
will give him your title and your authority. And he
will be a father to the people of Jerusalem and Judah.

22 I will give him the key to the house of David—the
highest position in the royal court. When he opens
doors, no one will be able to close them; when he

23 closes doors, no one will be able to open them. ● He
will bring honor to his family name, for I will drive

24 him firmly in place like a nail in the wall. ● They will
give him great responsibility, and he will bring
honor to even the lowliest members of his family.*"

25 ● But the LORD of Heaven's Armies also says: "The
time will come when I will pull out the nail that
seemed so firm. It will come out and fall to the
ground. Everything it supports will fall with it. I, the
LORD, have spoken!"

---

colonist [kálənist] *n.* 식민지, 이주자
crumple [krʌ́mpl] *vt.* 찌부러뜨리다
hurl [həːrl] *vt.* 세게 던지다
monument [mánjumənt] *n.* 기념비, 기념 건조물
offshoot [ɔ́ːfʃuːt] *n.* (씨족의) 분파, 분가
sorrow [sárou] *n.* 슬픔, 비탄
vessel [vésəl] *n.* 용기, 그릇

22:24 Hebrew *They will hang on him all the glory of his
father's house: its offspring and offshoots, all its lesser
vessels, from the bowls to all the jars.*

두로에 관한 하나님의 말씀

23 이것은 두로에 관한 경고의 말씀입니다. 다시스의 배들아, 통곡하여라. 두로의 집들과 항구가 파괴되었다. 키프로스 땅에서 떠도는 이야기가 모두 사실이다.

2 바닷가에 사는 사람들아, 잠잠하여라. 시돈의 상인들아, 입을 다물어라. 무역하는 사람들이 너희를 부자로 만들었다.

3 무역 상인들이 시홀의 곡식, 즉 나일의 추수한 곡식을 바다 위로 실어 날라, 두로의 수입을 올리고 두로를 세계의 시장으로 만들었다.

4 시돈아, 바다의 요새야, 부끄러운 줄 알아라. 바다의 피난처인 두로가 말했다. "나는 진통을 겪어 본 일이 없고, 아기를 낳지도 않았으며, 남자 아이나 여자 아이를 길러 본 적도 없다."

5 이집트가 두로에 관한 소식을 듣자마자 큰 슬픔이 뒤따를 것이다.

6 다시스로 도망가거라. 바닷가에 사는 사람들아, 슬피 울어라.

7 이것이 너희가 뽐내던 성이냐? 아주 오래 전부터 내려온 옛 성이냐? 주민들이 먼 곳까지 옮겨 가서 살던 바로 그 성이냐?

8 왕관을 쓰고 있는 두로, 상인들이 왕처럼 대접받던 성, 무역상들에게 크게 존경받던 성인 두로에 대하여 누가 이런 계획을 세웠느냐?

9 만군의 여호와께서 이 일을 계획하셨다. 주께서 이 교만한 사람들을 낮추시고, 땅에서 존경받던 사람들을 부끄럽게 만들기로 결정하셨다.

10 다시스야, 나일 강이 이집트를 가로지르며 흐르듯 네 땅을 다녀 보아라. 이제는 네가 머무를 항구가 없다.

11 여호와께서 바다 위로 손을 뻗쳐 나라들로 두려움에 떨게 만드신 후, 가나안의 요새들을 허물라고 명령하셨다.

12 여호와께서 말씀하셨다. "시돈아, 네가 다시는 기쁨을 누리지 못할 것이다. 처녀 딸 시돈아, 너는 멸망할 것이다. 네가 바다를 건너 키프로스*로 가더라도 쉴 곳을 찾지 못할 것이다."

13 바빌로니아* 사람의 땅을 보아라. 바빌로니아는 이제 더 이상 나라가 아니다. 앗시리아가 바빌론에 배들을 위하여 기초를 쌓았다. 그들이 망대와 흙 언덕을 쌓아 공격하여, 바

A Message about Tyre

23 This message came to me concerning Tyre:

Wail, you trading ships of Tarshish,
    for the harbor and houses of Tyre are gone!
The rumors you heard in Cyprus*
    are all true.

2 • Mourn in silence, you people of the coast
    and you merchants of Sidon.
Your traders crossed the sea,*
3   sailing over deep waters.
They brought you grain from Egypt*
    and harvests from along the Nile.
You were the marketplace of the world.

4 • But now you are put to shame, city of Sidon,
    for Tyre, the fortress of the sea, says,*
"Now I am childless;
    I have no sons or daughters."
5 • When Egypt hears the news about Tyre,
    there will be great sorrow.
6 • Send word now to Tarshish!
    Wail, you people who live in distant lands!
7 Is this silent ruin all that is left of your
    once joyous city?
What a long history was yours!
Think of all the colonists you sent to
    distant places.

8 • Who has brought this disaster on Tyre,
    that great creator of kingdoms?
Her traders were all princes,
    her merchants were nobles.
9 • The LORD of Heaven's Armies has done it
    to destroy your pride
    and bring low all earth's nobility.
10 • Come, people of Tarshish,
    sweep over the land like the flooding Nile,
    for Tyre is defenseless.*
11 The LORD held out his hand over the sea
    and shook the kingdoms of the earth.
He has spoken out against Phoenicia,*
    ordering that her fortresses be destroyed.
12 He says, "Never again will you rejoice,
    O daughter of Sidon, for you have
    been crushed.
Even if you flee to Cyprus,
    you will find no rest."

13 • Look at the land of Babylonia*—
    the people of that land are gone!

23:1 Hebrew *Kittim;* also in 23:12.   23:2 As in Dead Sea Scrolls and Greek version; Masoretic Text reads *Those who have gone over the sea have filled you.* 23:3 Hebrew *from Shihor,* a branch of the Nile River. 23:4 Or *for the god of the sea says;* Hebrew reads *for the sea, the fortress of the sea, says.* 23:10 The meaning of the Hebrew in this verse is uncertain. 23:11 Hebrew *Canaan.*   23:13 Or *Chaldea.*

23:12 히브리어로 '깃딤'
23:13 갈대아

빌론을 폐허로 만들었다.

14 그러므로 너희 다시스의 배들아, 슬피 울어라. 너희의 요새가 무너져 버렸다.

15 그날이 오면, 두로는 한 왕이 사는 햇수만큼, 곧 칠십 년 동안, 잊혀질 것이다. 칠십 년이 지난 후에는 다음과 같은 노래에 나오는 창녀처럼 될 것이다.

16 "너 잊혀진 창녀야, 네 수금을 들고 성을 돌아다녀라. 아름답게 수금을 타고 노래를 많이 불러서, 사람들이 다시 너를 기억하게 하여라."

17 칠십 년이 지나면, 여호와께서 두로를 돌아보시어 옛날처럼 다시 무역을 할 수 있게 하실 것이다. 그때에 두로는 다시 땅 위에 있는 세계 모든 나라에 제 몸을 팔아 돈을 벌 것이다.

18 그러나 두로가 벌어서 남긴 것은 여호와의 몫이 될 것이며, 두로는 제 몫을 가지지 못할 것이다. 여호와를 섬기며 사는 백성이 두로가 벌어들인 것으로 양식과 좋은 옷을 살 것이다.

하나님이 세상을 심판하신다

24 보아라! 여호와께서 온 땅을 멸망시키시고 폐허로 만드신다. 땅을 뒤엎으시고 그 백성을 흩으신다.

2 그때에 이 일이 누구에게나 일어난다. 보통 사람과 제사장에게, 종과 주인에게, 여종과 여주인에게, 사는 사람과 파는 사람에게, 빌리는 사람과 빌려 주는 사람에게, 빚진 사람과 빚을 준 사람에게 똑같이 일어난다.

3 땅이 완전히 황무지로 변하고, 재산은 약탈당할 것이다. 여호와께서 이같이 말씀하셨다.

4 땅이 메마르고 시든다. 세상이 힘을 잃고 만다. 이 땅의 위대한 지도자들도 힘을 잃는다.

5 사람들 때문에 땅이 더럽혀졌다. 그들이 하나님의 가르침을 어기고 하나님의 율법을 범하였으며, 영원한 언약을 깨뜨렸기 때문이다.

6 그러므로 저주가 땅을 삼킬 것이다. 죄를 지은 사람들은 불에 의해 멸망당하여, 오직 적은 수의 사람만이 살아남을 것이다.

7 새 포도주가 상하며 포도나무가 시들 것이다. 행복했던 사람이 모두 탄식할 것이다.

8 소고를 치며 기뻐하던 소리도 그칠 것이고, 즐거운 잔치 소리도 그칠 것이며, 아름다운 수금 소리도 그칠 것이다.

The Assyrians have handed Babylon over
　　to the wild animals of the desert.
They have built siege ramps against its walls,
　　torn down its palaces,
　　and turned it to a heap of rubble.

14 • Wail, you ships of Tarshish,
　　for your harbor is destroyed!

15 • For seventy years, the length of a king's life,
Tyre will be forgotten. But then the city will come
back to life as in the song about the prostitute:

16 • Take a harp and walk the streets,
　　you forgotten harlot.
　Make sweet melody and sing your songs
　　so you will be remembered again.

17 • Yes, after seventy years the LORD will revive
Tyre. But she will be no different than she was
before. She will again be a prostitute to all king-
18 doms around the world. • But in the end her profits
will be given to the LORD. Her wealth will not be
hoarded but will provide good food and fine cloth-
ing for the LORD's priests.

Destruction of the Earth

1 **24** • Look! The LORD is about to destroy
　　the earth
　　and make it a vast wasteland.
He devastates the surface of the earth
　　and scatters the people.

2 • Priests and laypeople,
　　servants and masters,
　　maids and mistresses,
　　buyers and sellers,
　　lenders and borrowers,
　　bankers and debtors—none will be spared.

3 • The earth will be completely emptied and looted.
　　The LORD has spoken!

4 • The earth mourns and dries up,
　　and the land wastes away and withers.
　Even the greatest people on earth
　　waste away.

5 • The earth suffers for the sins of its people,
　　for they have twisted God's instructions,
　　violated his laws,
　　and broken his everlasting covenant.

6 • Therefore, a curse consumes the earth.
　　Its people must pay the price for their sin.
　They are destroyed by fire,
　　and only a few are left alive.

7 • The grapevines waste away,
　　and there is no new wine.
　All the merrymakers sigh and mourn.

8 • The cheerful sound of tambourines is stilled;
　　the happy cries of celebration are
　　heard no more.

rubble [rʌ́bl] *n.* (돌, 벽돌 등의) 파편, 조각

9 사람들이 다시는 노래 부르며 포도주를 마시지 않을 것이다. 독한 술을 마시는 사람은 입 안에서 쓴맛으로 변했음을 느낄 것이다.

10 마을이 혼란에 빠지고, 사람들이 약탈당하지 않기 위해 문을 걸어 잠근다.

11 거리에서는 포도주를 달라고 아우성치고, 모든 기쁨이 슬픔으로 바뀌며, 땅의 행복은 사라진다.

12 성은 폐허가 되어 버려지고 성문은 부서져 조각난다.

13 온 땅과 온 민족에게 이런 일이 일어난다. 그리하여 마치 다 떨어져 열매가 몇 개 남지 않은 올리브 나무와 포도나무 같을 것이다.

14 살아남은 사람들이 소리를 높여 기쁜 노래를 부를 것이고, 서쪽에서는 사람들이 여호와의 위대하심을 찬양할 것이다.

15 그러므로 동쪽에서도 사람들이 여호와를 찬양하며, 바닷가 땅에서도 여호와, 곧 이스라엘 하나님의 이름을 찬양할 것이다.

16 땅끝에서부터 노랫소리가 우리에게 들려온다. "의로우신 분에게 영광을!" 그러나 나의 마음은 슬픔으로 무겁다. 악이 여전히 행해지고, 곳곳에서 배신 행위를 일삼기 때문이다.

17 땅에 사는 사람들아, 너희들에게 두려움과 함정과 올가미가 놓여 있다.

18 두려움으로부터 도망가다가 함정에 빠지고, 함정 밖으로 빠져 나온 사람도 올가미에 걸린다. 하늘에서 홍수의 문이 열리고, 너희가 밟고 있는 세상이 흔들릴 것이다.

19 땅이 부서지고, 쩍쩍 갈라지며, 심하게 흔들린다.

20 땅이 술취한 사람처럼 심하게 비틀거리며, 폭풍 속의 오두막처럼 이리저리 흔들린다. 세상의 죄가 무거운 짐처럼 세상을 짓누르니, 세상이 넘어져 다시는 일어나지 못할 것이다.

21 그날이 오면, 여호와께서 높은 곳에서는 하늘의 군대를 벌하시고 땅 위에서는 땅의 왕들을 심판하실 것이다.

22 여호와께서 그들을 모아, 죄수처럼 구덩이에 던져 넣으실 것이다. 그들은 갇혀 있다가 여러 날 후에 벌을 받을 것이다.

23 달이 당황해하고, 해가 부끄러워할 것이다. 왜냐하면 만군의 여호와께서 왕이 되

The melodious chords of the harp are silent.

9 • Gone are the joys of wine and song;
　　alcoholic drink turns bitter in the mouth.

10 • The city writhes in chaos;
　　every home is locked to keep out intruders.

11 • Mobs gather in the streets, crying out for wine.
　　Joy has turned to gloom.
　　Gladness has been banished from the land.

12 • The city is left in ruins,
　　its gates battered down.

13 • Throughout the earth the story is the same—
　　only a remnant is left,
　　like the stray olives left on the tree
　　or the few grapes left on the vine after harvest.

14 But all who are left shout and sing for joy.
　　Those in the west praise the LORD's majesty.

15 • In eastern lands, give glory to the LORD.
　　In the lands beyond the sea, praise the
　　　name of the LORD, the God of Israel.

16 • We hear songs of praise from the ends
　　　of the earth,
　　songs that give glory to the Righteous One!

But my heart is heavy with grief.
　　Weep for me, for I wither away.
Deceit still prevails,
　　and treachery is everywhere.

17 • Terror and traps and snares will be your lot,
　　you people of the earth.

18 • Those who flee in terror will fall into a trap,
　　and those who escape the trap will be
　　　caught in a snare.

Destruction falls like rain from the heavens;
　　the foundations of the earth shake.

19 • The earth has broken up.
　　It has utterly collapsed;
　　it is violently shaken.

20 • The earth staggers like a drunk.
　　It trembles like a tent in a storm.
　　It falls and will not rise again,
　　for the guilt of its rebellion is very heavy.

21 • In that day the LORD will punish the gods
　　　in the heavens
　　and the proud rulers of the nations on earth.

22 • They will be rounded up and put in prison.
　　They will be shut up in prison
　　and will finally be punished.

23 • Then the glory of the moon will wane,
　　and the brightness of the sun will fade,
　　for the LORD of Heaven's Armies will rule
　　　on Mount Zion.
　　He will rule in great glory in Jerusalem,
　　in the sight of all the leaders of his people.

banish [bǽniʃ] *vt.* 내쫓다
treachery [trétʃəri] *n.* 반역; 배신
writhe [ráiθ] *vi.* 몸부림치다

시어 시온 산에서 다스리실 것이며, 예루살렘
의 지도자들이 여호와의 영광을 볼 것이기 때
문이다.

하나님께 드리는 찬양

25 여호와여, 주님은 나의 하나님이시니,
내가 주님을 존귀히 여기며 주님의 이
름을 찬양합니다. 주께서 놀라운 일을 보이셨
고, 언제나 말씀대로 이루셨으며, 오래 전에 계
획하신 일 그대로 행하셨습니다.

2 주께서 성을 폐하 더미로 만드시고, 성벽으로
둘린 마을을 무너뜨리셨습니다. 적들이 굳건
하게 지은 성이 사라지니, 그들이 결코 다시 짓
지 못할 것입니다.

3 그러므로 강한 나라 백성이 주님을 섬길 것이
며, 잔인한 나라들이 주님을 두려워할 것입니
다.

4 주님은 가난한 사람들과 위험에 처한 사람들
의 구원자가 되십니다. 주님은 폭풍을 피할 피
난처가 되시며, 뜨거운 햇볕을 가릴 그늘이 되
십니다. 잔인한 사람들이 폭풍처럼 성벽을 몰
아치고,

5 이방인들의 분노가 사막의 열처럼 뜨겁게 달
구어질 때, 주께서 차가운 구름으로 그 열기를
식히시며, 무자비한 그들의 노랫소리를 그치
게 하십니다.

하나님께서 종들을 위해 잔치를 베푸시다

6 만군의 여호와께서 시온 산에서 온 백성을 위
해 잔치를 베푸실 것이다. 가장 좋은 음식과 잘
익은 포도주와 맛있는 고기로 잔치를 베푸실
것이다.

7 하나님께서 이 산에서 모든 민족을 덮은 덮개
를 벗겨 내실 것이다.

8 하나님께서 영원히 죽음을 치워 버리실 것이
다. 주 여호와께서 모든 사람의 얼굴에서 눈물
을 닦아 주시고, 자기 백성의 부끄러움을 온 땅
위에서 없애 주실 것이다. 여호와께서 이같이
말씀하셨다.

9 그날이 오면, 사람들이 "보라, 이분이 우리 하
나님이시다. 우리가 하나님을 믿고 따르니, 하
나님께서 우리를 구원해 주셨다. 이분이 우리
가 믿는 여호와이시다. 여호와께서 우리를 구
원해 주셨으니 *기뻐하고 즐거워하자*" 라고 말
할 것이다.

10 여호와의 손이 이 산 위에 내려올 것이다. 모압
은 짓밟힌 지푸라기처럼 으깨진 채 썩고 말 것
이다.

11 주께서 모압 사람들을 수영 선수가 물을 밀어

Praise for Judgment and Salvation

25 1 • O LORD, I will honor and praise your
name,
for you are my God.
You do such wonderful things!
You planned them long ago,
and now you have accomplished them.

2 • You turn mighty cities into heaps of ruins.
Cities with strong walls are turned to
rubble.
Beautiful palaces in distant lands disappear
and will never be rebuilt.

3 • Therefore, strong nations will declare
your glory;
ruthless nations will fear you.

4 • But you are a tower of refuge to the poor,
O LORD,
a tower of refuge to the needy in distress.
You are a refuge from the storm
and a shelter from the heat.
For the oppressive acts of ruthless people
are like a storm beating against a wall,
or like the relentless heat of the desert.

5 • But you silence the roar of foreign nations.
As the shade of a cloud cools relentless heat,
so the boastful songs of ruthless people
are stilled.

6 • In Jerusalem,* the LORD of Heaven's Armies
will spread a wonderful feast
for all the people of the world.
It will be a delicious banquet
with clear, well-aged wine and choice meat.

7 • There he will remove the cloud of gloom,
the shadow of death that hangs over
the earth.

8 • He will swallow up death forever!
The Sovereign LORD will wipe away all tears.
He will remove forever all insults and mockery
against his land and people.
The LORD has spoken!

9 • In that day the people will proclaim,
"This is our God!
We trusted in him, and he saved us!
This is the LORD, in whom we trusted.
Let us rejoice in the salvation he brings!"

10 • For the LORD's hand of blessing will rest on
Jerusalem.
But Moab will be crushed.
It will be like straw trampled down and
left to rot.

11 • God will push down Moab's people
as a swimmer pushes down water
with his hands.
He will end their pride
and all their evil works.

accomplish [əkámpliʃ] *vt.* 이루다

25:6 Hebrew *On this mountain;* also in 25:10.

내듯 밀어 내시며 그들의 자랑과 악한 행동을
끝내실 것이다.

12 모압의 높고 굳건한 성벽을 주께서 무너뜨려
땅바닥의 먼지로 만드실 것이다.

찬양의 노래

26 그날에 유다 땅에서 이런 노래를 부를
것이다. 우리의 성은 굳건하다. 우리는
하나님의 구원의 성벽에 둘러싸여 있다.

2 성문들을 열어라. 의로운 백성, 하나님을 믿고
따르는 백성이 들어가게 하여라.

3 주께서 주를 믿고 따르는 사람에게 참된 평화
를 주신다.

4 그러므로 영원토록 여호와를 의지하여라. 여
호와는 우리의 영원한 반석이시다.

5 주께서 교만한 사람들을 낮추시고, 높이 솟은
성을 무너뜨리신다. 주께서 그 성을 땅바닥에
으깨셔서, 먼지로 만드신다.

6 가난한 사람과 억눌린 사람들이 발로 그 성을
짓밟을 것이다.

7 공평하신 하나님이시여, 주께서 의로운 사람
의 길을 곧게 하심으로 그 길이 순탄합니다.

8 여호와여, 우리가 주님의 의의 길을 따르기를
기뻐하며, 주님의 이름을 영화롭게 하기를 원
합니다.

9 내 영이 밤새도록 주님을 찾는 이유는, 주께서
세상을 심판하실 때, 악을 물리치시고 이 땅에
정의를 가져오실 것이기 때문입니다.

10 주께서 악한 사람에게 선하게 대하셔도 그들
은 의롭게 살려고 노력하지 않습니다. 정직한
땅에 살면서도 여전히 악한 일만 하며, 여호와
의 위대하심을 보려 하지 않습니다.

11 여호와여, 주께서 그들을 심판하려 하시지만,
그들은 그것을 보지 못합니다. 주께서 주의 백
성을 얼마나 사랑하는지 그들에게 보여 주십
시오. 그러면 악한 백성이 부끄러움을 당할 것
입니다. 주께서 준비하신 불로 주의 원수들을
태우십시오.

12 여호와여, 우리에게 평화를 주십시오. 주께서
는 또한 우리의 모든 일을 우리를 위하여 이루
어 주십니다.

13 여호와 우리 하나님이여, 다른 주인들이 우리
를 지배하였으나, 우리는 오직 주님의 이름만
기억합니다.

14 그들은 죽어 없어졌으니, 결코 다시 돌아오지
못합니다. 진실로 주께서 그들을 쳐서 멸망시
키시고, 그들의 모든 기억을 지워 버리셨습니
다.

12 • The high walls of Moab will be demolished.
They will be brought down to the ground,
down into the dust.

A Song of Praise to the LORD

26 In that day, everyone in the land of Judah
will sing this song:

Our city is strong!
We are surrounded by the walls of God's
salvation.

2 • Open the gates to all who are righteous;
allow the faithful to enter.

3 • You will keep in perfect peace
all who trust in you,
all whose thoughts are fixed on you!

4 • Trust in the LORD always,
for the LORD GOD is the eternal Rock.

5 • He humbles the proud
and brings down the arrogant city.
He brings it down to the dust.

6 • The poor and oppressed trample it under foot,
and the needy walk all over it.

7 • But for those who are righteous,
the way is not steep and rough.
You are a God who does what is right,
and you smooth out the path ahead of them.

8 • LORD, we show our trust in you by obeying
your laws;
our heart's desire is to glorify your name.

9 • In the night I search for you;
in the morning* I earnestly seek you.
For only when you come to judge the earth
will people learn what is right.

10 • Your kindness to the wicked
does not make them do good.
Although others do right, the wicked
keep doing wrong
and take no notice of the LORD's majesty.

11 • O LORD, they pay no attention to your
upraised fist.
Show them your eagerness to defend your
people.
Then they will be ashamed.
Let your fire consume your enemies.

12 • LORD, you will grant us peace;
all we have accomplished is really from you.

13 • O LORD our God, others have ruled us,
but you alone are the one we worship.

14 • Those we served before are dead and gone.
Their departed spirits will never return!
You attacked them and destroyed them,
and they are long forgotten.

---

relentless [rilĕntlis] *a.* 가차없는, 냉혹한
steep [stiːp] *a.* 가파른
26:7 smooth out : 평탄하게 하다, 고르다

26:9 Hebrew *within me.*

15 여호와여, 우리는 주님을 찬양합니다. 주께서 이 나라를 크게 이루시고 이 땅의 경계를 사방으로 넓히셨습니다.

16 여호와여, 주께서 주의 백성들을 책망하실 때, 그들이 괴로워하며 주께 엎드려 기도하였습니다.

17 우리는 마치 임신한 여자가 이제 막 아기를 낳으려는 때처럼 너무나 고통스러워 울부짖었습니다. 여호와여, 우리가 주님 앞에서

18 임신한 여자가 아기를 낳는 듯한 고통을 겪었으나, 우리가 낳은 것이라곤 아무것도 없습니다. 우리는 세상을 구원할 아무런 일도 하지 못했고, 이 세상에 사람을 내보내지도 못했습니다.

19 주의 백성이 죽었으나 다시 살아날 것입니다. 그 시체들이 다시 일어날 것입니다. 먼지 가운데 누워 있는 사람들아, 일어나라, 그리고 기뻐하라. 이는 하나님의 생명의 빛이 무덤 속에서 잠자는 사람들에게 이슬같이 떨어질 것이기 때문이다.

심판

20 내 백성아, 네 방으로 들어가서 문을 닫아라. 하나님의 진노가 풀릴 때까지 잠시 숨어 있어라.

21 보아라, 여호와께서 그 계신 곳에서 나오셔서 이 세상 사람들의 죄를 심판하실 것이다. 땅이 더 이상 죽임당한 사람들을 숨기지 않고, 모든 사람이 보도록 세상에 내놓을 것이다.

27 그날이 오면, 여호와께서 그 단단하고 날카로운 큰 칼로 행동이 재빠르고 구불구불한 모양의 뱀 리워야단을 벌하시고, 바다에 있는 용을 죽이실 것이다.

2 그날이 오면, 사람들이 아름다운 포도밭을 두고 노래할 것이다.

3 "나 여호와가 그 포도밭을 지키겠다. 때를 맞추어 그것에 물을 주고, 아무도 해치지 못하게 밤낮으로 포도밭을 돌보겠다.

4 포도밭에 대한 나의 진노는 사라졌다. 누구든지 가시와 엉겅퀴를 내어 내게 맞선다면, 내가 달려들어 그것들을 몽땅 태워 버리겠다.

5 그러나 누구든지 피난처를 찾아 내게로 오면 나와 평화롭게 지낼 것이다. 내게로 와서 나와 평화롭게 지낼 것이다."

6 앞으로 야곱 백성이 뿌리를 내리고, 이스라엘이 싹을 내며 꽃을 피울 것이니, 세계가 그들

---

15 • O LORD, you have made our nation great;
　yes, you have made us great.
　You have extended our borders,
　　and we give you the glory!

16 • LORD, in distress we searched for you.
　We prayed beneath the burden of
　　your discipline.

17 • Just as a pregnant woman
　writhes and cries out in pain
　　as she gives birth,
　so were we in your presence, LORD.

18 • We, too, writhe in agony,
　but nothing comes of our suffering.
　We have not given salvation to the earth,
　　nor brought life into the world.

19 • But those who die in the LORD will live;
　their bodies will rise again!
　Those who sleep in the earth
　　will rise up and sing for joy!
　For your life-giving light will fall like dew
　　on your people in the place of the dead!

Restoration for Israel

20 • Go home, my people,
　and lock your doors!
　Hide yourselves for a little while
　　until the LORD's anger has passed.

21 • Look! The LORD is coming from heaven
　to punish the people of the earth for their sins.
　The earth will no longer hide those who
　　have been killed.
　They will be brought out for all to see.

27 In that day the LORD will take his terrible, swift sword and punish Leviathan,* the swiftly moving serpent, the coiling, writhing serpent. He will kill the dragon of the sea.

2 • "In that day,
　sing about the fruitful vineyard.

3 • I, the LORD, will watch over it,
　watering it carefully.
　Day and night I will watch so no one can harm it.

4 • My anger will be gone.
　If I find briers and thorns growing,
　　I will attack them;
　I will burn them up—

5 • unless they turn to me for help.
　Let them make peace with me;
　　yes, let them make peace with me."

6 • The time is coming when Jacob's descendants
　will take root.
　Israel will bud and blossom

---

purge [pə:rdʒ] *vt.* 깨끗이 하다
writhe [ráið] *vi.* 몸부림치다
27:8 call … to account : …의 책임을 추궁하다; 책망하다

27:1 The identification of Leviathan is disputed, ranging from an earthly creature to a mythical sea monster in ancient literature.

의 자녀로 가득 찰 것이다.

하나님께서 이스라엘과 이혼하시다

7 주께서 이스라엘의 원수들을 치듯이 자기 백성을 치지는 않으셨으며, 주의 백성을 죽인 원수들을 죽이듯이 자기 백성을 죽이지도 않으셨다.

8 주께서 이스라엘을 멀리 쫓아내심으로, 그것을 이스라엘에 대한 벌로 삼으셨다. 주께서 동쪽에서 불어 온 뜨거운 바람에 날려 보내듯 이스라엘을 쫓아내셨을 뿐이다.

9 이렇게 해서 이스라엘의 죄가 용서받을 것이다. 이것이 바로 야곱의 허물을 씻기 위하여 치러야 할 모든 대가이다. 이스라엘은 모든 제단의 돌들을 마치 부서진 석회석처럼 다 깨뜨려 버려야 하며, 아세라 우상도 태양 신상도 다시는 세우지 말아야 할 것이다.

10 그때가 되면 요새 성들이 폐허로 변하고, 사람들이 살던 곳은 사막처럼 버려질 것이다. 송아지들이 거기에서 풀을 뜯고 누우며, 나무의 잎사귀를 다 먹어 치울 것이다.

11 나뭇가지가 마르면 여자들이 꺾어서 땔감으로 가져갈 것이다. 이 백성이 이렇듯 깨닫지 못하고 있으니, 그들을 지으신 분이 그들을 불쌍히 여기지 않으시고, 그들에게 은혜를 베풀지 않으실 것이다.

12 그날이 오면, 여호와께서 자기 백성을 유프라테스 강에서 이집트의 시내에 이르기까지 겨에서 알곡을 골라내듯 모으실 것이다. 이스라엘 자손들아, 여호와께서 너희들을 찾아 모으실 것이다.

13 그날이 오면, 큰 나팔 소리가 울려 퍼지고 앗시리아 땅으로 끌려갔던 사람들과 이집트 땅으로 도망간 사람들이 돌아와 예루살렘의 거룩한 산에서 여호와께 엎드려 절할 것이다.

북이스라엘에 대한 경고

28 에브라임의 술 취한 사람들에게 자랑이자 기쁨인 사마리아 성에 재앙이 닥칠 것이다. 술 취한 사람들이 사는 기름진 골짜기 언덕에 아름다운 화관처럼 놓여 있는 네가 시들어 죽을 것이다.

2 보아라, 주님께서 강하고 힘있는 사람을 보내신다. 그 사람이 우박처럼, 폭풍처럼, 극심한 홍수처럼 들이닥쳐서 사마리아를 뒤엎어 버릴 것이다.

3 술 취한 에브라임 백성에게 자랑스러운 면류관이던 그 성이 사람들의 발에 짓밟힐 것이다.

and fill the whole earth with fruit!

7 • Has the LORD struck Israel
as he struck her enemies?
Has he punished her
as he punished them?
8 • No, but he exiled Israel to call her to account.
She was exiled from her land
as though blown away in a storm
from the east.
9 • The LORD did this to purge Israel's*
wickedness,
to take away all her sin.
As a result, all the pagan altars will be
crushed to dust.
No Asherah pole or pagan shrine will
be left standing.
10 • The fortified towns will be silent and empty,
the houses abandoned, the streets over-
grown with weeds.
Calves will graze there,
chewing on twigs and branches.
11 • The people are like the dead branches of a tree,
broken off and used for kindling
beneath the cooking pots.
Israel is a foolish and stupid nation,
for its people have turned away from God.
Therefore, the one who made them
will show them no pity or mercy.

12 • Yet the time will come when the LORD will
gather them together like handpicked grain. One
by one he will gather them—from the Euphrates
River* in the east to the Brook of Egypt in the west.
13 • In that day the great trumpet will sound. Many
who were dying in exile in Assyria and Egypt will
return to Jerusalem to worship the LORD on his
holy mountain.

A Message about Samaria

28 • What sorrow awaits the proud city of
Samaria—
the glorious crown of the drunks of Israel.*
It sits at the head of a fertile valley,
but its glorious beauty will fade like a flower.
It is the pride of a people
brought down by wine.
2 • For the Lord will send a mighty army against it.
Like a mighty hailstorm and a torrential rain,
they will burst upon it like a surging flood
and smash it to the ground.
3 • The proud city of Samaria—
the glorious crown of the drunks of Israel*—
will be trampled beneath its enemies' feet.

27:9 Hebrew *Jacob's*. See note on 14:1.   27:12 He-
brew *the river*.   28:1 Hebrew *What sorrow awaits the
crowning glory of the drunks of Ephraim*, referring to
Samaria, capital of the northern kingdom of Israel.
28:3 Hebrew *The crowning glory of the drunks of
Ephraim*; see note on 28:1.

4 술 취한 사람들이 사는 기름진 골짜기에 아름다운 화관처럼 놓여 있는 네가 시들어 죽을 것이다. 그 성은 잘 익은 무화과 같아서, 사람들이 그것을 보면 따서 삼키는 것처럼 그 성의 찬란함도 삼킴을 당할 것이다.

5 그날이 오면, 만군의 여호와께서 아름다운 왕관이 되시며, 주의 살아남은 백성에게 화려한 화관이 되실 것이다.

6 그때에 여호와께서 자기 백성을 다스리는 재판관에게는 재판의 영을 내려 주시며, 성문에 서 있는 병사들에게는 용기의 영을 주실 것이다.

7 그러나 그 지도자들이 포도주와 독한 술에 취하여 비틀거린다. 제사장과 예언자들이 술에 취해 비틀거리니, 예언자들은 환상을 제대로 보지 못하며, 제사장들은 재판을 제대로 하지 못한다.

8 상마다 토한 것과 오물이 가득하여, 깨끗한 곳이 한 군데도 없다.

9 그들은 비꼬며 말한다. "도대체 이 자가 누구를 가르치고, 누구한테 설교를 하려 드는 거야? 이제 막 젖을 뗀 아이들이나, 엄마 품에서 떨어진 애들한테 한다는 건가?"

10 또 그들은 여호와의 예언자를 비웃으며 '단순한 말을 똑같은 방법으로 되풀이하는 사람들'이라고 말한다.

11 그러므로 주께서 낯선 말과 다른 나라 말로 이 백성에게 말씀하실 것이다.

12 주께서 그들에게 말씀하신다. "여기에 쉴 곳이 있으니, 지친 사람은 와서 쉬어라. 이곳은 평화로운 곳이다." 그러나 그들은 들으려 하지 않는다.

13 그래서 여호와께서 그들에게 단순한 말을 똑같은 방법으로 되풀이하여 말씀하신다. 그들이 물러가다가 뒤로 넘어질 것이며, 올가미에 걸려 붙잡힐 것이다.

14 그러므로 너희 뽐내기를 좋아하는 사람들아, 여호와의 말씀을 들어라. 예루살렘에서 이 백성을 다스리는 지도자들아, 귀를 기울여라.

15 너희가 말하기를 "우리는 죽음과 언약을 맺었고, 무덤의 세계와 계약을 맺었다. 큰 홍수가 닥쳐와도 우리를 해치지 못한다. 우리는 거짓말로 몸을 피할 수 있으며, 속임수를 써서 숨을 수 있다"라고 하였다.

---

4 • It sits at the head of a fertile valley,
but its glorious beauty will fade like a flower.
Whoever sees it will snatch it up,
as an early fig is quickly picked and eaten.

5 • Then at last the LORD of Heaven's Armies
will himself be Israel's glorious crown.
He will be the pride and joy
of the remnant of his people.

6 • He will give a longing for justice
to their judges.
He will give great courage
to their warriors who stand at the gates.

7 • Now, however, Israel is led by drunks
who reel with wine and stagger with alcohol.
The priests and prophets stagger with alcohol
and lose themselves in wine.
They reel when they see visions
and stagger as they render decisions.

8 • Their tables are covered with vomit;
filth is everywhere.

9 • "Who does the LORD think we are?" they ask.
"Why does he speak to us like this?
Are we little children,
just recently weaned?

10 • He tells us everything over and over—
one line at a time,
one line at a time,
a little here,
and a little there!"

11 • So now God will have to speak to his people
through foreign oppressors who speak
a strange language!

12 • God has told his people,
"Here is a place of rest;
let the weary rest here.
This is a place of quiet rest."
But they would not listen.

13 • So the LORD will spell out his message for
them again,
one line at a time,
one line at a time,
a little here,
and a little there,
so that they will stumble and fall.
They will be injured, trapped, and captured.

14 • Therefore, listen to this message from the LORD,
you scoffing rulers in Jerusalem.

15 • *You* boast, "We have struck a bargain to cheat
death
and have made a deal to dodge the grave.*
The coming destruction can never touch us,
for we have built a strong refuge made
of lies and deception."

---

dodge [dάdʒ] *vt.* (곤란, 책임, 의무 등을) 피하다

28:15 Hebrew *Sheol*; also in 28:18.

16 그러므로 주 여호와께서 이렇게 말씀하셨다. "보아라. 내가 시온에 주춧돌을 놓았다. 그 돌은 얼마나 견고한지 시험해 본 모퉁잇돌이다. 이 돌은 귀하고 단단한 돌이니, 누구든지 그것을 의지하는 사람은 절대로 실망하지 않을 것이다.

17 내가 정의로 자를 삼고, 의로 저울을 삼겠다. 거짓말로 몸을 숨긴 사람은 우박에 크게 다치고 홍수에 휩쓸려 갈 것이다.

18 너희가 죽음과 맺은 언약은 깨어지고, 저승 세계와 맺은 계약도 아무런 도움이 되지 않을 것이다. 큰 홍수가 닥쳐올 때에 휩쓸리고 말 것이다.

19 홍수가 닥쳐올 때마다 너희는 그대로 당할 것이다. 재앙이 아침마다 찾아오고 밤낮으로 너희를 칠 것이다. 이 심판의 말씀을 깨닫는 사람은 두려움에 사로잡힐 것이다."

20 너희는 마치 짧은 침대 위에서 힘들게 자는 사람 같을 것이고, 이불이 작아서 제대로 덮지 못하는 사람 같을 것이다.

21 여호와께서 브라심 산에서 싸우셨듯이 싸우실 것이며, 기브온 골짜기에서 노하셨듯이 노하실 것이다. 그리하여 주께서 그의 신비한 일을 이루실 것이고, 그 놀라운 일을 마치실 것이다.

22 그러므로 너희는 내 말을 비웃지 마라. 그렇게 하다가는 네 몸의 밧줄이 더 조여질 것이다. 만군의 주 여호와께서 온 세상을 멸망시키겠다고 내게 말씀하셨다.

여호와의 심판은 공평하다

23 내 말에 귀를 기울여라. 내가 하는 말을 잘 들어라.

24 농부가 씨를 뿌리려고 늘 밭만 가는 것도 아니고, 언제나 써레질만 하는 것도 아니다.

25 땅 표면을 고르고 나면, 소회향 씨를 뿌리거나 대회향 씨를 심지 않겠느냐? 밀을 줄줄이 심고 보리를 정한 자리에 심으며, 귀리를 알맞은 곳에 심는다.

26 하나님께서 그에게 가르쳐 주셨고, 올바른 방법을 일러 주셨다.

27 소회향을 도리깨로 떨지 않으며, 대회향을 수레바퀴로 떨지 않는다. 작은 막대기로 소회향을 떨고 막대기로 대회향을 떤다.

28 곡식을 떨어서 빵을 만들지만, 낟알을 완

16 Therefore, this is what the Sovereign LORD says: "Look! I am placing a foundation stone in Jerusalem,*
   a firm and tested stone.
It is a precious cornerstone that is safe to build on.
   Whoever believes need never be shaken.*

17 I will test you with the measuring line of justice
   and the plumb line of righteousness.
Since your refuge is made of lies,
   a hailstorm will knock it down.
Since it is made of deception,
   a flood will sweep it away.

18 I will cancel the bargain you made to cheat death,
   and I will overturn your deal to dodge the grave.
When the terrible enemy sweeps through,
   you will be trampled into the ground.

19 Again and again that flood will come,
   morning after morning,
   day and night,
   until you are carried away."

This message will bring terror to your people.

20 The bed you have made is too short to lie on.
   The blankets are too narrow to cover you.

21 The LORD will come as he did against the Philistines at Mount Perazim
   and against the Amorites at Gibeon.
He will come to do a strange thing;
   he will come to do an unusual deed:

22 For the Lord, the LORD of Heaven's Armies,
   has plainly said that he is determined
   to crush the whole land.
So scoff no more,
   or your punishment will be even greater.

23 Listen to me;
   listen, and pay close attention.

24 Does a farmer always plow and never sow?
   Is he forever cultivating the soil and never planting?

25 Does he not finally plant his seeds—
   black cumin, cumin, wheat, barley,
   and emmer wheat—
each in its proper way,
   and each in its proper place?

26 The farmer knows just what to do,
   for God has given him understanding.

27 A heavy sledge is never used to thresh black cumin,
   rather, it is beaten with a light stick.
A threshing wheel is never rolled on cumin;
   instead, it is beaten lightly with a flail.

28 Grain for bread is easily crushed,
   so he doesn't keep on pounding it.
He threshes it under the wheels of a cart,

28:16a Hebrew *in Zion.*　28:16b Greek version reads *Look! I am placing a stone in the foundation of Jerusalem* [literally *Zion*], / *a precious cornerstone for its foundation, chosen for great honor. / Anyone who trusts in him will never be disgraced.* Compare Rom 9:33; 1 Pet 2:6.

전히 으깨지는 않는다. 수레를 굴려 알곡을 떨기는 하지만, 완전히 가루로 만들지는 않는다.

29 이것 역시 만군의 여호와께서 가르치신 것이다. 여호와께서 주시는 교훈은 놀라우며, 그분의 지혜는 뛰어나시다.

예루살렘에 대한 경고

29 "오호라, 아리엘이여, 아리엘이여! 다윗이 진을 쳤던 성인 너에게 재앙이 닥친다. 해마다 절기들이 돌아오지만

2 내가 아리엘을 치겠다. 그러면 그 성에 슬픔과 통곡이 가득할 것이고, 그 성이 내게 제단처럼 될 것이다.

3 예루살렘아, 내가 군대로 너를 에워싸고 탑을 쌓아 너를 포위하고 흙 언덕을 쌓아 너를 공격하겠다.

4 네 목소리는 네가 죽어서 묻힐 땅에서부터 들려 오는 유령의 소리처럼 희미한 속삭임 같을 것이다.

5 그러나 너의 많은 원수는 가는 흙먼지처럼 날아가며, 그 잔인한 무리는 바람 앞의 겨처럼 흩날릴 것이다. 이 모든 일이 순식간에 일어날 것이다."

6 만군의 여호와께서 오실 것이다. 천둥과 지진과 함께 큰 소리를 내며 오시고, 폭풍과 강한 바람과 멸망의 불을 이끌고 오실 것이다.

7 그때에 아리엘을 에워싸고 공격하는 민족들이 한밤의 환상처럼 사라져 버릴 것이다.

8 배고픈 사람이 꿈 속에서 무엇을 먹어도 깨어나면 여전히 배가 고프고, 목마른 사람이 꿈 속에서 무엇을 마셔도 깨어나면 여전히 피곤하고 목마르듯이, 시온 산을 치는 모든 민족들의 무리가 그러할 것이다.

9 너희는 놀라고 기절하며, 네 눈은 멀어서 앞 못 보는 사람이 될 것이다. 그들은 포도주를 마시지 않았는데 취할 것이며, 독한 술을 마시지 않았는데 비틀거릴 것이다.

10 여호와께서 너희를 깊은 잠에 빠지게 하셨다. *너희 눈인 예언자들을 감기셨고, 너희 머리인 선견자들을 덮으셨다.*

11 그러므로 이 모든 계시는 봉인한 책에 적힌 말씀과 같다. 너희가 글을 읽을 줄 아는 사람에게 이 책을 가져가서 읽어 달라고 해도 그 사람은 "이 책은 봉인되어 있어서

---

but he doesn't pulverize it.

29 ● The LORD of Heaven's Armies is a wonderful teacher, and he gives the farmer great wisdom.

A Message about Jerusalem

29 ● "What sorrow awaits Ariel,* the City of David.
Year after year you celebrate your feasts.

2 ● Yet I will bring disaster upon you,
and there will be much weeping and sorrow.
For Jerusalem will become what her name
Ariel means—
an altar covered with blood.

3 ● I will be your enemy,
surrounding Jerusalem and attacking its walls.
I will build siege towers
and destroy it.

4 ● Then deep from the earth you will speak;
from low in the dust your words will come.
Your voice will whisper from the ground
like a ghost conjured up from the grave.

5 ● "But suddenly, your ruthless enemies will be crushed
like the finest of dust.
Your many attackers will be driven away
like chaff before the wind.
Suddenly, in an instant,

6 ● I, the LORD of Heaven's Armies, will act for you
with thunder and earthquake and great noise,
with whirlwind and storm and consuming fire.

7 ● All the nations fighting against Jerusalem*
will vanish like a dream!
Those who are attacking her walls
will vanish like a vision in the night.

8 ● A hungry person dreams of eating
but wakes up still hungry.
A thirsty person dreams of drinking
but is still faint from thirst when morning
comes.
So it will be with your enemies,
with those who attack Mount Zion."

9 ● Are you amazed and incredulous?
Don't you believe it?
Then go ahead and be blind.
You are stupid, but not from wine!
You stagger, but not from liquor!

10 ● For the LORD has poured out on you a spirit of
deep sleep.
He has closed the eyes of your prophets and
visionaries.

11 ● All the future events in this vision are like a sealed book to them. When you give it to those who

---

conjure [kándʒər] *vt.* (악마·영혼 따위를) 불러내다
pervert [pərvə́ːrt] *vt.* 그르치다
pulverize [pʌ́lvəràiz] *vt.* 가루로 만들다

29:1 *Ariel* sounds like a Hebrew term that means "hearth" or "altar." 29:7 Hebrew *Ariel*.

읽을 수 없다"라고 말할 것이다.

12 또 너희가 글을 읽을 줄 모르는 사람에게 이 책을 가져가서 읽어 달라고 해도, 그 사람은 "나는 글을 읽을 줄 몰라서 못 읽겠다"라고 말할 것이다.

13 주께서 말씀하셨다. "이 백성이 그 입으로는 나를 존경한다고 말하지만, 그 마음은 내게서 멀리 떨어져 있다. 그들이 나를 경배한다고 하지만, 그것은 사람들이 해 오던 대로 형식적으로 하는 것일 뿐이다.

14 그러므로 보아라, 내가 놀랍고 신기한 일로 이 백성을 다시 놀라게 하겠다. 지혜로운 사람들은 지혜를 잃고 똑똑한 사람들은 총명함을 잃을 것이다."

다른 민족들에 대한 경고

15 오호라, 여호와 몰래 무슨 일을 하려는 사람에게 재앙이 닥친다. 어둠 속에서 일을 꾸미는 사람에게 재앙이 닥친다. 그들은 "누가 우리를 보겠는가? 누가 우리의 하는 일을 알겠는가?"라고 말한다.

16 너희들은 얼마나 비뚤어진 자들인가? 진흙과 토기장이가 어찌 같을 수 있느냐? 만들어진 물건이 자기를 만든 사람을 향해 "그가 나를 만들지 않았다"라고 말할 수 있겠느냐? 그릇이 그릇을 만든 사람에게 "그는 아무것도 모른다"라고 말할 수 있겠느냐?

좋은 날이 온다

17 이제 곧 있으면 레바논이 기름진 땅으로 변할 것이며, 그 기름진 땅이 푸른 숲이 될 것이다.

18 그날이 오면, 듣지 못하는 사람이 책 읽는 소리를 듣고, 어둠과 짙은 그늘 속에 있는 눈이 안 보이는 사람이 앞을 보게 될 것이다.

19 겸손한 사람들이 여호와로 인해 행복할 것이요, 가난한 사람들이 이스라엘의 거룩하신 분 안에서 기뻐할 것이다.

20 그때에 무자비한 사람은 사라지며, 하나님을 두려워하지 않는 사람도 없어지고, 악한 일을 즐겨하는 사람도 사라질 것이다.

21 법정에서 거짓말을 하여 사람에게 죄를 뒤집어씌우고, 재판정에서 속임수를 쓰는 사람들은 다 사라질 것이다.

22 그러므로 아브라함을 구원하신 여호와께서 야곱 집안을 두고 이렇게 말씀하셨다. "이제 다시는 야곱이 부끄러움을 당하지 않을 것이며, 다시는 그의 얼굴빛이 붉어지는 일이 없을 것이다.

12 can read, they will say, "We can't read it because it is sealed." ●When you give it to those who cannot read, they will say, "We don't know how to read."

13 ● And so the Lord says,
　　"These people say they are mine.
　They honor me with their lips,
　　but their hearts are far from me.
　And their worship of me
　　is nothing but man-made rules
　　　learned by rote.*

14 ● Because of this, I will once again astound
　　　these hypocrites
　　with amazing wonders.
　The wisdom of the wise will pass away,
　　and the intelligence of the intelligent
　　　will disappear."

15 ● What sorrow awaits those who try to hide
　　　their plans from the LORD,
　　who do their evil deeds in the dark!
　"The LORD can't see us," they say.
　　"He doesn't know what's going on!"

16 ● How foolish can you be?
　　He is the Potter, and he is certainly
　　　greater than you, the clay!
　Should the created thing say of the one
　　　who made it,
　　"He didn't make me"?
　Does a jar ever say,
　　"The potter who made me is stupid"?

17 ● Soon—and it will not be very long—
　　the forests of Lebanon will become a fertile field,
　　and the fertile field will yield bountiful crops.

18 ● In that day the deaf will hear words read
　　　from a book,
　　and the blind will see through the
　　　gloom and darkness.

19 ● The humble will be filled with fresh joy from
　　　the LORD.
　The poor will rejoice in the Holy One of Israel.

20 ● The scoffer will be gone,
　　the arrogant will disappear,
　　and those who plot evil will be killed.

21 ● Those who convict the innocent
　　by their false testimony will disappear.
　A similar fate awaits those who use trickery to
　　　pervert justice
　　and who tell lies to destroy the innocent.

22 ●That is why the LORD, who redeemed Abraham,
　says to the people of Israel,*

　　"My people will no longer be ashamed
　　or turn pale with fear.

29:13 Greek version reads *Their worship is a farce, / for they teach man-made ideas as commands from God.* Compare Mark 7:7. 29:22 Hebrew *of Jacob.* See note on 14:1.

23 그들은 내 손으로 지은 그들의 모든 자녀를 보고, 내 이름을 거룩하게 여길 것이다. 이스라엘의 거룩하신 분을 두려움으로 섬길 것이다.

24 잘못을 저지른 사람이 뉘우치고 돌아오며, 불평하던 사람이 가르침을 받아들일 것이다."

이집트를 의지하는 유다

30 여호와께서 말씀하셨다. "이 반역하는 자녀에게 재앙이 닥친다. 그들은 계획을 세울 때, 내 뜻대로 세우지 않으며, 다른 민족과 조약을 맺을 때에도 내 영에게 묻지 않는다. 그들은 죄에 죄를 더할 뿐이다.

2 그들이 먼저 내 뜻을 묻지 않고, 이집트로 내려가 도움을 요청한다. 파라오의 도움을 받으려 하며, 이집트가 그들을 지켜 주기를 바란다.

3 그러나 너희가 파라오에게 피하는 것은 부끄럽게 될 뿐이며, 이집트의 보호 아래 있는 것은 실망만을 안겨 줄 뿐이다.

4 너희 관리들이 소안으로 가고, 너희 사신들이 하네스로 가지만,

5 이집트는 쓸모가 없는 민족이기 때문에 모두가 부끄러움만 당할 뿐이다. 도움도 유익도 주지 못하고 부끄러움과 망신만 당할 뿐이다."

네게브에 관한 하나님의 말씀

6 이것은 남쪽 네게브의 짐승들에 관한 경고의 말씀입니다. 남쪽 네게브는 위험하고 거친 곳이다. 그곳은 수사자와 암사자가 가득하고, 독사와 날아다니는 뱀이 가득한 땅이다. 이런 땅을 사신들이 당나귀 등에 물건을 싣고 다니며, 낙타 등에 보물을 싣고 다닌다. 아무런 도움도 주지 못할 나라로 그것들을 싣고 간다.

7 이집트는 헛것이요, 돕는다고 해 봐야 아무런 쓸모도 없다. 그러므로 내가 그 나라를 '가만히 앉은 라합'이라고 불렀다.

8 이제 이것을 백성을 위해 판에 쓰고 책에 적어라. 장차 올 날을 위해 적어서 영원한 증거로 삼아라.

9 이들은 반역하는 백성이요, 거짓말을 하는 자녀이므로, 여호와의 가르침을 들으려 하지 않는다.

10 그들은 선견자에게 "다시는 환상을 보지 마라" 하고, 예언자에게 이르기를 "우리를 위하여 진리를 말하지 마라. 듣기에 좋은 말만

23 For when they see their many children
and all the blessings I have given them,
they will recognize the holiness of the Holy
One of Jacob.
They will stand in awe of the God of Israel.

24 Then the wayward will gain understanding,
and complainers will accept instruction.

Judah's Worthless Treaty with Egypt

30 "What sorrow awaits my rebellious
children,"
says the LORD.
"You make plans that are contrary to mine.
You make alliances not directed by
my Spirit,
thus piling up your sins.

2 For without consulting me,
you have gone down to Egypt for help.
You have put your trust in Pharaoh's protection.
You have tried to hide in his shade.

3 But by trusting Pharaoh, you will be humiliated,
and by depending on him, you will be
disgraced.

4 For though his power extends to Zoan
and his officials have arrived in Hanes,

5 all who trust in him will be ashamed.
He will not help you.
Instead, he will disgrace you."

6 This message came to me concerning the animals
in the Negev:

The caravan moves slowly
across the terrible desert to Egypt—
donkeys weighed down with riches
and camels loaded with treasure—
all to pay for Egypt's protection.
They travel through the wilderness,
a place of lionesses and lions,
a place where vipers and poisonous snakes live.
All this, and Egypt will give you nothing in return.

7 Egypt's promises are worthless!
Therefore, I call her Rahab—
the Harmless Dragon.*

A Warning for Rebellious Judah

8 Now go and write down these words.
Write them in a book.
They will stand until the end of time
as a witness

9 that these people are stubborn rebels
who refuse to pay attention to the LORD's
instructions.

10 They tell the seers,
"Stop seeing visions!"
They tell the prophets,
"Don't tell us what is right.

30:7 Hebrew *Rahab who sits still*. Rahab is the name of a mythical sea monster that represents chaos in ancient literature. The name is used here as a poetic name for Egypt.

하고 달콤한 말만 하여라.

11 우리의 길을 막지 말고 길을 비켜 주어라. 우리 앞에서 더 이상 이스라엘의 거룩하신 분에 관한 이야기를 하지 마라"고 한다.

12 그러므로 이스라엘의 거룩하신 분이 이렇게 말씀하셨다. "너희가 이 말씀을 업신여기고 폭력과 거짓말만 일삼았다.

13 그러므로 너희는 이 죄값을 면치 못할 것이다. 너희가 높은 성벽에 금이 가는 것처럼 될 것이고, 갑자기 무너져 산산조각이 날 것이다.

14 항아리가 깨져 산산조각이 나듯 너희도 그렇게 깨질 것이다. 아궁이에서 숯을 담아 내지 못하고, 물웅덩이에서 물을 담아 내지 못할 정도로 그렇게 완전히 깨질 것이다."

15 주 여호와, 곧 이스라엘의 거룩하신 분께서 이렇게 말씀하셨다. "너희가 내게 돌아와 나를 의지하면 구원을 받을 것이다. 잠잠하고 나를 믿으면 힘을 얻을 것이다. 그러나 너희는 그렇게 하려 하지 않았다."

16 오히려 너희는 말하기를 "아닙니다. 우리는 말을 타고 도망치겠습니다"라고 하였다. 그러므로 너희가 그렇게 도망칠 것이다. 또 너희가 말하기를 "우리는 빠른 말을 타고 달아나겠습니다"라고 하였다. 그러므로 너희 뒤에 오는 사람도 빨리 뒤쫓아 올 것이다.

17 적군 한 명이 위협을 해도 너희가 천 명이나 도망치니, 적군 다섯 명이 위협하면 너희 모두가 도망칠 것이다. 너희가 산꼭대기의 깃대처럼, 언덕 위의 깃발처럼 홀로 남을 것이다.

18 그러나 여호와께서 너희에게 은혜 베풀기를 원하시며, 너희를 위로하기를 원하신다. 주는 정의의 하나님이시므로, 누구든지 주의 도우심을 기다리는 사람은 행복하다.

하나님께서 자기 백성을 도우신다

19 시온산에 사는 백성아, 너희는 다시 울지 않게 될 것이다. 여호와께서 너희의 부르짖는 소리를 들으시고 너희를 위로하시며 도와 주실 것이다.

20 비록 주께서 너희에게 슬픔의 빵과 고통의 물을 주셨으나, 여호와께서 여전히 너희와 함께 계시며 너희를 가르치실 것이다. 너희가 직접 너희를 가르치시는 분을 뵙게 될 것이다.

21 너희가 오른쪽이든 왼쪽이든 잘못된 길로 가려 하면 뒤에서 "이 길이 옳은 길이니 이 길로 가거라" 하는 소리가 너희 귀에 들릴 것이다.

22 너희에게 은이나 금을 입힌 우상들이 있지만

Tell us nice things.
Tell us lies.

11 • Forget all this gloom.
  Get off your narrow path.
  Stop telling us about your
    'Holy One of Israel.'"

12 • This is the reply of the Holy One of Israel:

  "Because you despise what I tell you
    and trust instead in oppression and lies,
13 • calamity will come upon you suddenly—
    like a bulging wall that bursts and falls,
  In an instant it will collapse
    and come crashing down.
14 • You will be smashed like a piece of pottery—
    shattered so completely that
  there won't be a piece big enough
    to carry coals from a fireplace
    or a little water from the well."

15 • This is what the Sovereign LORD,
    the Holy One of Israel, says:
  "Only in returning to me
    and resting in me will you be saved.
  In quietness and confidence is your strength.
    But you would have none of it.
16 • You said, 'No, we will get our help from Egypt.
    They will give us swift horses for riding
      into battle.'
  But the only swiftness you are going to see
    is the swiftness of your enemies chasing you!
17 • One of them will chase a thousand of you.
    Five of them will make all of you flee.
  You will be left like a lonely flagpole on a hill
    or a tattered banner on a distant
      mountaintop."

Blessings for the LORD's People

18 • So the LORD must wait for you to come to him
    so he can show you his love and compassion.
  For the LORD is a faithful God.
    Blessed are those who wait for his help.

19 • O people of Zion, who live in Jerusalem,
    you will weep no more.
  He will be gracious if you ask for help.
    He will surely respond to the sound of
      your cries.
20 • Though the Lord gave you adversity for food
    and suffering for drink,
  he will still be with you to teach you.
    You will see your teacher with your
      own eyes.
21 • Your own ears will hear him.
    Right behind you a voice will say,
  "This is the way you should go,"
    whether to the right or to the left.
22 • Then you will destroy all your silver idols
    and your precious gold images.
  You will throw them out like filthy rags,

너희가 그것들을 부정하게 여기고, 더러운 쓰레기를 버리듯 그것들을 내어 던지며 "빨리 사라져 버려라!" 하고 말할 것이다.

23 그때가 오면, 여호와께서 너희에게 비를 내려 주셔서, 땅에 씨를 심으면 그 땅에서 많은 작물을 거두게 될 것이다. 그날이 오면, 가축에게 먹일 것도 많을 것이며, 양 떼가 풀을 뜯을 목장도 넓어질 것이다.

24 밭가는 소와 나귀도 삽과 갈퀴로 까부른 사료를 마음껏 먹을 것이다.

25 수많은 적들이 죽임을 당하고 망대들이 무너지는 날에, 모든 높이 솟은 산과 언덕 아래로 시냇물이 흐를 것이다.

26 여호와께서 자기 백성의 상처를 싸매어 주시고, 주께서 백성들을 치셔서 생긴 상처를 고치시는 날에, 달빛은 햇빛처럼 밝아질 것이다. 그리고 햇빛은 지금보다 일곱 배나 밝아져서 마치 일곱 개의 태양을 한데 모은 것만큼 밝아질 것이다.

27 보아라! 여호와께서 친히 먼 곳에서부터 가까이 오신다. 여호와의 진노가 불처럼 타오르며, 짙은 연기 기둥처럼 치솟는다. 여호와의 입술은 진노로 가득하고, 그의 혀는 삼키는 불과 같다.

28 여호와의 숨은 넘쳐 흐르는 강물 같아서 목까지 차 오른다. 주께서 멸망의 체로 민족들을 체질하여 멸망의 길로 이끄는 재갈을 그들의 입에 물리실 것이다.

29 너희는 명절의 전날 밤처럼 기쁜 노래를 부를 것이다. 여호와께서 이스라엘의 반석이 되시므로, 피리 소리를 들으며 여호와의 산으로 올라가는 사람처럼 행복할 것이다.

30 여호와께서 분노에 차셔서, 모든 것을 불태워 버리는 큰 불 같은 진노로, 엄청난 비와 우박을 내리는 큰 폭풍으로 적들을 내려치실 것이다.

31 앗시리아가 여호와의 목소리를 듣고 두려워할 것이다. 주께서 앗시리아를 몽둥이로 치실 것이다.

32 여호와께서 채찍으로 앗시리아를 치실 때, 소고와 수금 소리에 맞추어 치실 것이다. 주께서 친히 그들과 싸우실 것이다.

33 이미 오래 전에 불태우는 곳인 도벳이 준비되었다. 앗시리아 왕을 심판하려고 만들어진 도벳은 넓고도 깊으며, 장작과 불도 넉넉하다. 여호와께서 숨을 내쉬시면, 화산에서 불이 나오듯이 그것을 태워 버릴 것이다.

saying to them, "Good riddance!"

23 •Then the LORD will bless you with rain at planting time. There will be wonderful harvests and plenty of pastureland for your livestock.
24 •The oxen and donkeys that till the ground will eat good grain, its chaff blown away by the wind.
25 •In that day, when your enemies are slaughtered and the towers fall, there will be streams of water
26 flowing down every mountain and hill. •The moon will be as bright as the sun, and the sun will be seven times brighter—like the light of seven days in one! So it will be when the LORD begins to heal his people and cure the wounds he gave them.

27 • Look! The LORD is coming from far away,
 burning with anger,
 surrounded by thick, rising smoke.
 His lips are filled with fury;
 his words consume like fire.
28 • His hot breath pours out like a flood
 up to the neck of his enemies.
 He will sift out the proud nations for
 destruction.
 He will bridle them and lead them
 away to ruin.
29 • But the people of God will sing a song of joy,
 like the songs at the holy festivals.
 You will be filled with joy,
 as when a flutist leads a group of pilgrims
 to Jerusalem, the mountain of the LORD—
 to the Rock of Israel.
30 • And the LORD will make his majestic voice
 heard.
 He will display the strength of his
 mighty arm,
 It will descend with devouring flames,
 with cloudbursts, thunderstorms, and
 huge hailstones.
31 • At the LORD's command, the Assyrians will
 be shattered.
 He will strike them down with his
 royal scepter.
32 • And as the LORD strikes them with his rod
 of punishment,*
 his people will celebrate with tambourines
 and harps.
 Lifting his mighty arm, he will fight
 the Assyrians.
33 • Topheth—the place of burning—
 has long been ready for the Assyrian king;
 the pyre is piled high with wood.
 The breath of the LORD, like fire from a
 volcano,
 will set it ablaze.

30:32 As in some Hebrew manuscripts and Syriac version; Masoretic Text reads with the founded rod.

이집트를 의지하지 마라

31 이집트로 내려가 도움을 요청하는 사람에게 재앙이 닥칠 것이다. 그들은 말을 의지하고 수많은 전차와 강한 기병대를 믿으면서도 이스라엘의 거룩하신 분은 의지하지 않고 여호와께 도움을 요청하지도 않는다.

2 그러나 여호와께서는 지혜로우셔서 그들에게 재앙을 내리실 것이다. 여호와께서는 이미 하신 말씀을 거두지 않으신다. 주께서 일어나셔서 악한 백성과 싸우시며, 악을 행하는 자들을 돕는 백성과 싸우신다.

3 이집트 사람은 사람이지 하나님이 아니며, 그들의 말도 한낱 짐승에 불과할 뿐 영은 아니다. 여호와께서 진노의 팔을 펴시면, 돕는 사람이나 도움받는 사람이나 모두 넘어지고 쓰러져 망하고 만다.

4 여호와께서 내게 이렇게 말씀하셨다. "사자나 새끼 사자가 먹이를 잡고 으르렁거릴 때에, 수많은 목자들이 무리를 지어 몰려오더라도 사자는 그들이 외치는 소리에 꿈쩍도 하지 않는다. 그들이 소리를 질러도 놀라지 않는다." 이와 같이 만군의 여호와께서도 내려오셔서 시온 산 위에서 싸우실 것이다.

5 새가 날개를 치며 둥지를 지키듯이 만군의 여호와께서 예루살렘을 지키실 것이다. 예루살렘을 보호하시고 구원하실 것이다. 예루살렘을 넘어와서 구하실 것이다.

6 너희 이스라엘의 자손아, 너희가 반역했던 하나님께 돌아오너라.

7 그날이 오면, 너희가 직접 손으로 만든 금 우상과 은 형상들을 다시는 섬기지 말아야 한다. 우상을 만든 것은 분명히 너희의 죄다.

8 "앗시리아가 망하겠으나, 사람의 칼로 망하지 않는다. 내 칼을 피해 앗시리아 사람들이 도망하며, 앗시리아의 젊은이들은 사로잡혀 노예가 될 것이다.

9 지휘관들도 내 전투 깃발을 보면 겁에 질려서 도망칠 것이다." 예루살렘의 타오르는 불꽃이 되시는 여호와 하나님의 말씀이다.

정의의 나라

32 보라, 한 왕이 일어나 정의로 다스리며, 통치자들이 공평하게 재판할 것이다.

2 통치자마다 바람을 피하는 곳 같겠고, 폭풍우 속의 피난처 같을 것이다. 그는 또한 메마른 땅의 시냇물 같을 것이며, 사막의 큰 바위 그늘 같을 것이다.

The Futility of Relying on Egypt

31 • What sorrow awaits those who look
to Egypt for help,
trusting their horses, chariots, and
charioteers
and depending on the strength of human armies
instead of looking to the LORD,
the Holy One of Israel.

2 • In his wisdom, the LORD will send great disaster;
he will not change his mind.
He will rise against the wicked
and against their helpers.

3 • For these Egyptians are mere humans, not God!
Their horses are puny flesh, not
mighty spirits!
When the LORD raises his fist against them,
those who help will stumble,
and those being helped will fall.
They will all fall down and die together.

4 • But this is what the LORD has told me:

"When a strong young lion
stands growling over a sheep it has killed,
it is not frightened by the shouts and noise
of a whole crowd of shepherds.
In the same way, the LORD of Heaven's Armies
will come down and fight on Mount Zion.

5 • The LORD of Heaven's Armies will hover
over Jerusalem
and protect it like a bird protecting its nest.
He will defend and save the city;
he will pass over it and rescue it."

6 • Though you are such wicked rebels, my peo-
7 ple, come and return to the LORD. •I know the
glorious day will come when each of you will
throw away the gold idols and silver images your
sinful hands have made.

8 • "The Assyrians will be destroyed,
but not by the swords of men.
The sword of God will strike them,
and they will panic and flee.
The strong young Assyrians
will be taken away as captives.

9 • Even the strongest will quake with terror,
and princes will flee when they see
your battle flags,"
says the LORD, whose fire burns in Zion,
whose flame blazes from Jerusalem.

Israel's Ultimate Deliverance

32 • Look, a righteous king is coming!
And honest princes will rule under him.

2 • Each one will be like a shelter from the wind
and a refuge from the storm,
like streams of water in the desert
and the shadow of a great rock in a
parched land.

3 보는 자들의 눈이 흐려지지 아니하고, 듣는 자들은 귀 기울여 들을 것이다.

4 성질이 급한 사람도 깨달음을 얻고, 말을 더듬는 사람도 또렷하고 빠르게 말할 수 있을 것이다.

5 더 이상 어리석은 사람을 훌륭한 사람이라고 부르는 일도 없고, 악한 사람을 존경하는 일도 없을 것이다.

6 어리석은 사람은 어리석은 말을 하며, 마음으로는 악한 일을 꾸민다. 잘못된 일을 하려 하고, 여호와 앞에서 말을 함부로 한다. 굶주린 사람에게 먹을 것을 주지 않고, 목마른 사람에게 물을 주지 않는다.

7 악한 사람은 악을 도구처럼 이용한다. 그는 가난한 사람들의 물건을 빼앗을 궁리를 하고, 그들에게 거짓말을 하여 망하게 한다.

8 그러나 의로운 지도자는 선한 일을 계획하고, 그 선한 일을 행함으로 굳게 선다.

심판

9 평안히 사는 여자들아, 일어나 내 말을 들어라. 평화를 누리는 여자들아, 내 말에 귀를 기울여라.

10 일 년 하고도 조금 더 지나면 너희에게 두려운 일이 닥칠 것이다. 포도를 거두는 일도 없고, 여름 과일을 수확하는 일도 없을 것이다.

11 평안히 사는 여자들아, 너희가 두려움에 떨게 될 것이다. 평화를 누리는 여자들아, 너희에게 두려운 일이 닥칠 것이다. 고운 옷을 다 벗어 버리고, 슬픔을 상징하는 거친 베옷을 입어라.

12 마음을 즐겁게 해 주던 밭이 황무지로 변했으니 너희 가슴을 쳐라. 포도가 풍성하게 열리던 나무에서 포도가 열리지 않으니 통곡하여라.

13 내 백성의 땅에서 가시와 엉겅퀴만 자랄 것이니 슬피 울어라. 행복했던 집, 기쁨이 가득했던 마을을 생각하며 슬피 울어라.

14 왕궁은 텅 비고, 백성들은 붐비던 성에서 떠나갈 것이다. 요새와 망대가 영원히 폐허로 변하여, 들나귀가 뛰어놀고 양 떼가 풀을 뜯는 곳이 될 것이다.

회복

15 이러한 심판은 하나님이 높은 곳에서 우리에게 영을 부어 주실 때까지 계속될 것이다. 그때에 사막이 기름진 밭으로 변하고, 기름진 밭은 푸른 숲으로 변할 것이다.

16 사막에서도 정의를 찾을 수 있고, 기름진 땅에서도 공평을 찾을 수 있을 것이다.

17 공평히 행함으로 평화가 찾아 오고, 그 결과 영

---

3 • Then everyone who has eyes will be able
　　to see the truth,
　　and everyone who has ears will be able
　　to hear it.

4 • Even the hotheads will be full of sense
　　and understanding.
　　Those who stammer will speak out plainly.

5 • In that day ungodly fools will not be heroes.
　　Scoundrels will not be respected.

6 • For fools speak foolishness
　　and make evil plans.
　　They practice ungodliness
　　and spread false teachings about the LORD.
　　They deprive the hungry of food
　　and give no water to the thirsty.

7 • The smooth tricks of scoundrels are evil.
　　They plot crooked schemes.
　　They lie to convict the poor,
　　even when the cause of the poor is just.

8 • But generous people plan to do what is
　　generous,
　　and they stand firm in their generosity.

9 • Listen, you women who lie around in ease.
　　Listen to me, you who are so smug.

10 • In a short time—just a little more than a year—
　　you careless ones will suddenly begin to care.
　　For your fruit crops will fail,
　　and the harvest will never take place.

11 • Tremble, you women of ease;
　　throw off your complacency.
　　Strip off your pretty clothes,
　　and put on burlap to show your grief.

12 • Beat your breasts in sorrow for your bounti-
　　ful farms
　　and your fruitful grapevines.

13 • For your land will be overgrown with thorns
　　and briers.
　　Your joyful homes and happy towns
　　will be gone.

14 • The palace and the city will be deserted,
　　and busy towns will be empty.
　　Wild donkeys will frolic and flocks will graze
　　in the empty forts* and watchtowers

15 • until at last the Spirit is poured out
　　on us from heaven.
　　Then the wilderness will become a fertile field,
　　and the fertile field will yield bountiful crops.

16 • Justice will rule in the wilderness
　　and righteousness in the fertile field.

17 • And this righteousness will bring peace.
　　Yes, it will bring quietness and confidence
　　forever.

---

smug [smʌ́g] a. 독선적인, 잘난체하는
stammer [stǽmər] vi. 말을 더듬다
wilt [wilt] vi. 시들다; 약해지다

32:14 Hebrew *the Ophel*.

원히 평안하고 안전할 것이다.

18 내 백성이 평화로운 장소에서 살고, 안전한 집에서 살며, 평안히 쉴 수 있는 곳에서 살 것이다.

19 우박이 내려 숲이 망가지고 성이 완전히 무너져도,

20 물가에 씨를 뿌리고, 소와 나귀를 풀어서 먹이는 너희에게는 복이 있을 것이다.

경고와 약속

33 남을 망하게 하고도 아직 망하지 않은 사람에게 재앙이 닥칠 것이다. 반역을 하고도 아직 배반 당하지 않은 사람에게 재앙이 닥칠 것이다. 남을 망하게 하던 일을 그치면 남들이 너를 망하게 할 것이고, 남을 반역하던 일을 그치면 남들이 너를 배반할 것이다.

2 여호와여, 우리에게 은혜를 베풀어 주소서. 우리가 주의 도움을 기다립니다. 아침마다 우리에게 힘을 주시고, 어려운 일을 당할 때에 구원해 주소서.

3 주의 힘찬 소리를 듣고 사람들이 두려움에 빠져 달아나며, 크신 여호와를 보고 민족들이 흩어집니다.

4 황충 떼가 모이는 것처럼 너희들의 전리품이 모일 것이며, 메뚜기 떼가 달려들듯이 너희들의 재산을 빼앗아 가져갈 것이다.

5 여호와는 위대하시다. 여호와는 높은 곳에 계시며, 시온을 정의와 공평으로 채우신다.

6 여호와는 너의 피난처이시다. 주께는 구원과 지혜와 지식이 가득하다. 주를 경외하는 것이 가장 큰 보물이다.

7 보아라, 용사들이 거리에서 울부짖고, 평화의 사자들이 쓰라리게 통곡한다.

8 길마다 황량하게 변하고, 거리를 다니는 사람이 하나도 없다. 사람들이 맺은 언약을 깨뜨리고, 도시들은 모두 버려졌다. 아무도 다른 사람을 존중하지 않는다.

9 이 땅이 아파서 죽어 간다. 레바논이 부끄러움을 당하며 죽어 간다. 샤론 평야는 사막처럼 메말랐고, 바산과 갈멜의 나무들도 죽어 간다.

10 여호와께서 말씀하신다. "이제는 내가 일어나 스스로 높아지겠다. 이제 내 영광을 사람들에게 나타내겠다.

11 너희가 헛된 일을 한다. 겨와 지푸라기같

---

18 • My people will live in safety, quietly at home.
    They will be at rest.

19 • Even if the forest should be destroyed
    and the city torn down,

20 • the LORD will greatly bless his people.
    Wherever they plant seed, bountiful crops
      will spring up.
    Their cattle and donkeys will graze freely.

A Message about Assyria

1 **33** • What sorrow awaits you Assyrians,
    who have destroyed others*
    but have never been destroyed yourselves.
    You betray others,
    but you have never been betrayed.
    When you are done destroying,
    you will be destroyed.
    When you are done betraying,
    you will be betrayed.

2 • But LORD, be merciful to us,
    for we have waited for you.
    Be our strong arm each day
    and our salvation in times of trouble.

3 • The enemy runs at the sound of your voice.
    When you stand up, the nations flee!

4 • Just as caterpillars and locusts strip the fields
    and vines,
    so the fallen army of Assyria will be stripped!

5 • Though the LORD is very great and lives in heaven,
    he will make Jerusalem* his home of
    justice and righteousness.

6 • In that day he will be your sure foundation,
    providing a rich store of salvation, wisdom,
     and knowledge.
    The fear of the LORD will be your treasure.

7 • But now your brave warriors weep in public.
    Your ambassadors of peace cry in bitter
     disappointment.

8 • Your roads are deserted;
    no one travels them anymore.
    The Assyrians have broken their peace treaty
     and care nothing for the promises they
      made before witnesses.*
    They have no respect for anyone.

9 • The land of Israel wilts in mourning.
    Lebanon withers with shame.
    The plain of Sharon is now a wilderness.
    Bashan and Carmel have been plundered.

10 • But the LORD says: "Now I will stand up.
    Now I will show my power and might.

11 • You Assyrians produce nothing but dry
    grass and stubble.

33:1 Hebrew *What sorrow awaits you, O destroyer.* The Hebrew text does not specifically name Assyria as the object of the prophecy in this chapter.   33:5 Hebrew *Zion;* also in 33:14.   33:8 As in Dead Sea Scrolls; Masoretic Text reads *care nothing for the cities.*

이 아무 쓸모 없는 것을 생산할 뿐이다. 너희 호흡이 불처럼 너희를 태워 버릴 것이다.

12 백성들이 불에 타서 석회가 되고, 마른 가시덤불처럼 불에 쉽게 타 버릴 것이다.

13 먼 곳에 있는 백성아, 내가 한 일을 들어라. 가까운 곳에 있는 백성아, 나의 능력을 깨달아라.”

14 시온의 죄인들이 두려움에 떨고 하나님을 떠난 사람들이 겁에 질려 있다. 그들이 말하기를, “우리 가운데 누가 이 멸망의 불에서 살아남을 수 있을까? 우리 가운데 누가 이 영원히 꺼지지 않는 불을 견뎌 낼 수 있을까?”라고 한다.

15 의로운 일을 하고 정직하게 말하는 사람, 부정한 돈은 받지 않고 뇌물을 거절하는 사람, 살인자의 나쁜 계획에 귀를 막고, 악한 일은 보는 것조차 하지 않으려고 눈을 감는 사람,

16 이런 사람은 안전한 곳에 거할 것이다. 높고 굳건한 바위 요새가 그들의 피난처가 되며, 빵이 부족하지 않고 물이 떨어지지 않게 될 것이다.

17 너희 눈이 영광의 왕을 볼 것이며, 끝없이 펼쳐진 땅을 볼 것이다.

18 네가 옛적 두려웠던 일을 생각하며 “셈을 하던 자가 어디론가 가고 없고, 무게를 재던 자도 이제는 없고, 망대들을 세던 사람도 없어졌구나”라고 할 것이다.

19 네가 저 교만한 외국인들을 다시는 보지 않게 될 것이다. 알아듣지도 못할 그들의 말을 다시는 듣지 않게 될 것이다.

하나님께서 예루살렘을 지켜 주신다

20 우리의 절기를 지키는 성, 시온을 보아라. 너의 눈은 아름다운 안식처인 예루살렘을 볼 것이다. 예루살렘은 영원히 움직이지 않을 장막이다. 그 모든 말뚝이 절대로 뽑히지 않을 것이며, 그 모든 밧줄이 절대로 끊기지 않을 것이다.

21 거기에서 여호와께서 우리의 전능하신 분이 되시니, 마치 그 땅은 시내와 넓은 강이 흐르는 곳과 같다. 그 강으로는 적군의 배가 다니지 못하고 적군의 큰 배가 뜨지 못한다.

22 왜냐하면 여호와께서는 우리의 재판관이시자, 입법자이시며, 우리의 왕이시기 때문이다. 그분이 우리를 돌보며 구원해 주실 것이다.

23 너희 적국의 뱃사람들아, 들어라. 너희 배의 밧줄이 느슨하여 돛대를 바로 세우지 못하고 돛을 넓게 펴지 못할 것이다. 여호와께서 너희가 가진 재산을 우리에게 나누어 주실 것이다. 심지어 다리를 저는 사람들까지 자기 몫이 있을 것이다.

24 예루살렘에 사는 사람은 아무도 “내가 병들었

Your own breath will turn to fire and
   consume you.

12 • Your people will be burned up completely,
   like thornbushes cut down and tossed
   in a fire.

13 • Listen to what I have done, you nations
   far away!
   And you that are near, acknowledge
   my might!"

14 • The sinners in Jerusalem shake with fear.
   Terror seizes the godless.
   "Who can live with this devouring fire?"
   they cry.
   "Who can survive this all-consuming fire?"

15 • Those who are honest and fair,
   who refuse to profit by fraud,
   who stay far away from bribes,
   who refuse to listen to those who plot murder,
   who shut their eyes to all enticement
   to do wrong—

16 • these are the ones who will dwell on high.
   The rocks of the mountains will be their
   fortress.
   Food will be supplied to them,
   and they will have water in abundance.

17 • Your eyes will see the king in all his splendor,
   and you will see a land that stretches
   into the distance.

18 • You will think back to this time of terror,
   asking,
   "Where are the Assyrian officers
   who counted our towers?
   Where are the bookkeepers
   who recorded the plunder taken from
   our fallen city?"

19 • You will no longer see these fierce, violent
   people
   with their strange, unknown language.

20 • Instead, you will see Zion as a place of
   holy festivals.
   You will see Jerusalem, a city quiet and
   secure.
   It will be like a tent whose ropes are taut
   and whose stakes are firmly fixed.

21 • The LORD will be our Mighty One.
   He will be like a wide river of protection
   that no enemy can cross,
   that no enemy ship can sail upon.

22 • For the LORD is our judge,
   our lawgiver, and our king.
   He will care for us and save us.

23 • The enemies' sails hang loose
   on broken masts with useless tackle.
   Their treasure will be divided by the people
   of God.
   Even the lame will take their share!

24 • The people of Israel will no longer say,

다"라고 말하지 않을 것이니, 여호와께서 그들의 죄를 용서해 주실 것이기 때문이다.

하나님께서 원수들을 벌하신다

34 온 땅의 민족들아, 가까이 와서 들어라. 세계와 그 안에 있는 모든 것들아, 귀를 기울여라.

2 여호와께서 모든 민족에게 진노하시고, 그들의 모든 군대에 대해 노하셨다. 주께서 그들을 완전히 멸망시켜 없애 버리실 것이다.

3 그들의 시체가 밖으로 내던져지고, 그 시체에서 악취가 올라오며 피가 산 아래로 흘러내릴 것이다.

4 하늘에 있는 모든 것이 녹아 없어지고, 하늘이 두루마리처럼 말릴 것이다. 포도나무 잎과 무화과나무 열매가 시들어 떨어지듯이, 하늘에 있는 모든 것이 떨어질 것이다.

5 하늘에서 여호와의 칼이 피로 물들었으니, 보아라, 이제 그 칼이 에돔 위에 내려올 것이다. 이 백성은 여호와의 심판으로 멸망하게 될 것이다.

6 여호와의 칼이 피에 젖고, 기름으로 뒤덮일 것이다. 어린 양과 염소의 피에 젖고, 숫양의 콩팥 기름으로 뒤덮일 것이다. 왜냐하면 여호와께서 보스라에서 희생 제물을 잡으셨고, 에돔 땅에서 큰 살육을 행하셨기 때문이다.

7 스스로 강하다고 믿는 사람들도 소가 쓰러져 죽는 것처럼 죽을 것이다. 땅이 피로 물들고 흙이 기름으로 덮일 것이다.

8 여호와께서 심판의 날, 곧 시온을 괴롭힌 사람들의 죄값을 치르는 해를 정하셨다.

9 에돔의 강들이 유황으로 변하고, 그 땅이 불타는 역청으로 변할 것이다.

10 불이 밤낮으로 타오르고, 연기가 끊임없이 치솟을 것이다. 대대로 에돔이 황무지로 변하여, 더 이상 그 땅으로 지나는 사람이 없을 것이다.

11 그 땅이 부엉이와 올빼미의 소굴로 변하고, 까마귀의 집으로 변할 것이다. 하나님이 그 땅을 황무지로 만드셔서 그 땅에 아무것도 남지 않을 것이다.

12 다스릴 사람을 찾아도 다스릴 사람이 없겠고, 지도자도 모두 사라지고 없을 것이다.

13 요새가 있던 자리에 가시나무가 자라고,

"We are sick and helpless,"
for the LORD will forgive their sins.

A Message for the Nations

34 • Come here and listen, O nations of the earth.
Let the world and everything in it hear my words.

2 • For the LORD is enraged against the nations.
His fury is against all their armies.
He will completely destroy* them,
dooming them to slaughter.

3 • Their dead will be left unburied,
and the stench of rotting bodies will fill the land.
The mountains will flow with their blood.

4 • The heavens above will melt away
and disappear like a rolled-up scroll.
The stars will fall from the sky
like withered leaves from a grapevine,
or shriveled figs from a fig tree.

5 • And when my sword has finished its work in the heavens,
it will fall upon Edom,
the nation I have marked for destruction.

6 • The sword of the LORD is drenched with blood
and covered with fat—
with the blood of lambs and goats,
with the fat of rams prepared for sacrifice.
Yes, the LORD will offer a sacrifice in the city of Bozrah.
He will make a mighty slaughter in Edom.

7 • Even men as strong as wild oxen will die—
the young men alongside the veterans.
The land will be soaked with blood
and the soil enriched with fat.

8 • For it is the day of the LORD's revenge,
the year when Edom will be paid back
for all it did to Israel.*

9 • The streams of Edom will be filled with burning pitch,
and the ground will be covered with fire.

10 • This judgment on Edom will never end;
the smoke of its burning will rise forever.
The land will lie deserted from generation to generation.
No one will live there anymore.

11 • It will be haunted by the desert owl and the screech owl,
the great owl and the raven.*
For God will measure that land carefully;
he will measure it for chaos and destruction.

12 • It will be called the Land of Nothing,
and all its nobles will soon be gone.*

34:2 The Hebrew term used here refers to the complete consecration of things or people to the LORD, either by destroying them or by giving them as an offering; similarly in 34:5.　34:8 Hebrew *to Zion*.　34:11 The identification of some of these birds is uncertain.　34:12 The meaning of the Hebrew is uncertain.

틈틈한 성이 있던 자리에 야생 덤불이 자랄 것이다. 이리가 그곳을 자기 굴로 삼고 타조가 그곳에서 살 것이다.

14 살쾡이들이 하이에나와 만나고, 들염소들이 서로를 부를 것이다. 밤에 활동하는 짐승들이 쉴 자리를 찾을 것이다.

15 부엉이가 집을 지어 알을 낳고, 알이 깨면 자기 그늘로 덮어 줄 것이다. 또한 솔개들도 자기 짝과 함께 모일 것이다.

16 여호와의 책을 찾아서 읽어 보아라. 이 짐승들 가운데 하나도 빠진 것이 없겠고, 그 짝이 없는 짐승도 없을 것이다. 하나님께서 그것들을 모으겠다고 친히 말씀하셨고 하나님의 영이 그것들을 모으셨다.

17 하나님께서 그 짐승들에게 땅을 나누어 주시고, 짐승들이 그 땅을 차지하게 경계를 정해 주셨다. 그 짐승들이 그 땅을 영원히 차지할 것이며, 대대로 그 땅에서 살 것이다.

위로하시는 하나님

35 광야와 메마른 땅이 기뻐하며, 사막이 꽃을 피울 것이다.

2 사막이 풍성한 꽃들과 함께 기뻐 외치며 즐거워할 것이다. 레바논의 숲처럼, 갈멜의 산과 사론의 평야처럼 아름다울 것이다. 모든 사람이 여호와의 영광을 보며 우리 하나님의 광채를 볼 것이다.

3 약한 손을 강하게 하고, 떨리는 무릎을 굳세게 하여라.

4 마음에 근심하는 사람에게 일러 주어라. "굳세어라. 두려워하지 마라. 보아라. 너희 하나님이 오신다. 하나님이 너희의 원수를 심판하실 것이며, 그들이 행한 대로 갚아 주실 것이다. 오셔서 너희를 구해 주실 것이다."

5 그때에 보지 못하는 사람이 다시 보고, 듣지 못하는 사람이 다시 들을 것이다.

6 다리를 저는 사람이 사슴처럼 뛰고, 말을 못하던 사람이 기쁨으로 노래할 것이다. 광야에 샘물이 흐르고, 메마른 땅에 시냇물이 흐를 것이다.

7 불타는 사막이 연못으로 변하고, 마른 땅이 물을 뿜어내는 샘으로 변하며, 이리가 살던 곳에 풀과 갈대와 왕골이 자랄 것이다.

8 사막이었던 땅에 큰길이 날 것이며, 그 길은 '거룩한 길'이라 불릴 것이다. 악한 백

13 • Thorns will overrun its palaces;
    nettles and thistles will grow in its forts.
  The ruins will become a haunt for jackals
    and a home for owls.

14 • Desert animals will mingle there with hyenas,
    their howls filling the night.
  Wild goats will bleat at one another
    among the ruins,
    and night creatures* will come there to rest.

15 • There the owl will make her nest and lay her eggs.
    She will hatch her young and cover them
    with her wings.
  And the buzzards will come,
    each one with its mate.

16 • Search the book of the LORD,
    and see what he will do.
  Not one of these birds and animals will be missing,
    and none will lack a mate,
  for the LORD has promised this.
    His Spirit will make it all come true.

17 • He has surveyed and divided the land
    and deeded it over to those creatures.
  They will possess it forever,
    from generation to generation.

Hope for Restoration

35 • Even the wilderness and desert will be glad
    in those days.
  The wasteland will rejoice and blossom
    with spring crocuses.

2 • Yes, there will be an abundance of flowers
    and singing and joy!
  The deserts will become as green as the mountains
    of Lebanon,
    as lovely as Mount Carmel or the plain of Sharon.
  There the LORD will display his glory,
    the splendor of our God.

3 • With this news, strengthen those who have
    tired hands,
    and encourage those who have weak knees.

4 • Say to those with fearful hearts,
    "Be strong, and do not fear,
  for your God is coming to destroy your enemies.
    He is coming to save you."

5 • And when he comes, he will open the eyes
    of the blind
    and unplug the ears of the deaf.

6 • The lame will leap like a deer,
    and those who cannot speak will sing for joy!
  Springs will gush forth in the wilderness,
    and streams will water the wasteland.

7 • The parched ground will become a pool,
    and springs of water will satisfy the thirsty land.
  Marsh grass and reeds and rushes will flourish
    where desert jackals once lived.

8 • And a great road will go through that once

34:14 Hebrew *Lilith,* possibly a reference to a mythical demon of the night.

성은 그 길로 다니지 못하고, 오직 의로운 백
성만 다닐 수 있을 것이다. 어리석은 사람도
그 길을 밟지 못할 것이다.

9 거기에는 사자가 없고, 사나운 짐승이 다니
지 못할 것이다. 그 길에서 그런 짐승은 찾아
보지 못할 것이다. 그 길로는 오직 하나님이
구원하신 백성만 다닐 것이다.

10 여호와께서 자유를 주신 백성이 시온에 돌
아와 영원한 기쁨의 노래를 부를 것이다. 슬
픔과 고통은 멀리 사라지고, 즐거움과 행복
이 넘칠 것이다.

앗시리아가 유다를 공격하다

36 히스기야 왕으로 있은 지 십사 년
이 되는 해에 앗시리아의 산헤립 왕
이 유다를 공격했습니다. 산헤립은 유다의
모든 요새들을 공격하여 점령했습니다.

2 앗시리아의 왕은 자기의 야전 사령관 랍사
게를 큰 군대와 함께 라기스에서 예루살렘에
있는 히스기야 왕에게 보냈습니다. 그들은
윗못에서 흘러나오는 물길 곁에 이르러 멈
춰 섰습니다. 윗못은 '빨래하는 자의 들판'
으로 가는 길가에 있습니다.

3 엘리아김과 셉나와 요아가 그들을 맞으러 나
갔습니다. 힐기야의 아들 엘리아김*은 왕궁
관리인이었고, 셉나는 서기관이었고, 아삽
의 아들 요아는 기록관이었습니다.

4 랍사게가 그들에게 말했습니다. "히스기야
에게 전하여라. 위대한 왕이신 앗시리아의
왕이 이렇게 말씀하셨다. '너는 누가 너를
도와 줄 것이라고 믿느냐?

5 군사 전략을 짜고 전쟁할 힘을 갖는 것이 입
만 가지고 되느냐? 너는 누구를 믿고 내게
반역하느냐?

6 보아라. 네가 이집트를 믿고 의지하나, 이집
트는 부러진 갈대 지팡이에 지나지 않는다.
그것에 의지했다가는 찔려서 다칠 뿐이다.
이집트의 왕 파라오를 의지하는 사람은 누
구나 다 그렇게 될 것이다.

7 혹시나 너희가 여호와 너희 하나님을 의지
한다고 내게 말할지도 모른다. 하지만 히스
기야가 여호와의 산당들과 제단들을 없애
버리면서 유다와 예루살렘에 사는 백성에게
예루살렘의 제단에서만 예배드려야 한다고
말하지 않았느냐?'

8 그러니 내 주인이신 앗시리아의 왕과 내기
를 해 보아라. 내가 너에게 말 이천 마리를 준
다 하더라도 그 말을 탈 사람을 네가 구할 수

deserted land.
It will be named the Highway of Holiness.
Evil-minded people will never travel on it.
It will be only for those who walk
    in God's ways;
fools will never walk there.
9 • Lions will not lurk along its course,
    nor any other ferocious beasts.
There will be no other dangers.
    Only the redeemed will walk on it.
10 • Those who have been ransomed by the LORD
    will return.
They will enter Jerusalem* singing,
    crowned with everlasting joy.
Sorrow and mourning will disappear,
    and they will be filled with joy and gladness.

Assyria Invades Judah

36 In the fourteenth year of King Hezekiah's
reign,* King Sennacherib of Assyria came to
attack the fortified towns of Judah and conquered
them. • Then the king of Assyria sent his chief of
staff* from Lachish with a huge army to confront
King Hezekiah in Jerusalem. The Assyrians took up
a position beside the aqueduct that feeds water into
the upper pool, near the road leading to the field
where cloth is washed.*

3 • These are the officials who went out to meet
with them: Eliakim son of Hilkiah, the palace
administrator; Shebna the court secretary; and Joah
son of Asaph, the royal historian.

Sennacherib Threatens Jerusalem

4 • Then the Assyrian king's chief of staff told them
to give this message to Hezekiah:

"This is what the great king of Assyria says:
What are you trusting in that makes you so con-
fident? • Do you think* that mere words can
substitute for military skill and strength? Who
are you counting on, that you have rebelled
against me? • On Egypt? If you lean on Egypt, it
will be like a reed that splinters beneath your
weight and pierces your hand. Pharaoh, the
king of Egypt, is completely unreliable!

7 "But perhaps you will say to me, 'We are
trusting in the LORD our God!' But isn't he the
one who was insulted by Hezekiah? Didn't
Hezekiah tear down his shrines and altars and
make everyone in Judah and Jerusalem worship
only at the altar here in Jerusalem!

8 • "I'll tell you what! Strike a bargain with my
master, the king of Assyria. I will give you 2,000

35:10 Hebrew *Zion.*   36:1 The fourteenth year of He-
zekiah's reign was 701 B.C.   36:2a Or *the rabshakeh;*
also in 36:4, 11, 12, 22.   36:2b Or *bleached.*   36:5 As
in Dead Sea Scrolls (see also 2 Kgs 18:20); Masoretic
Text reads *Do I think.*

36:3 '엘리아김'은 '엘리아김'과 동일 인물이다.

있겠느냐?

9 너는 내 주 왕의 가장 약한 신하라도 물리칠 수 없다. 그런데도 전차와 기마병의 도움을 받으려고 이집트에 의지하느냐?

10 내가 이 땅으로 올라와서 이곳을 멸망시키는 일도 다 여호와의 허락을 받고 하는 것이다. 여호와께서 내게 가서 이 땅을 멸망시키라고 말씀하셨다."

11 엘리아김과 셉나와 요아가 랍사게에게 말했습니다. "우리에게 아람 말로 말씀해 주십시오. 우리가 아람 말을 들을 줄 압니다. 성벽 위에 있는 백성이 듣고 있으니 히브리 말로 말씀하지 말아 주십시오."

12 그러자 랍사게가 말했습니다. "아니다. 내 주인이 나를 보내신 것은 이 말들을 너희의 왕과 너희에게만 전하라고 보내신 것이 아니다. 이 말들을 성벽 위에 앉아 있는 백성에게도 전하라고 보내신 것이다. 그들도 너희처럼 자기 똥을 먹고 자기 오줌을 마시게 될 것이다."

13 랍사게가 일어나서 히브리 말로 크게 외쳤습니다. "위대하신 앗시리아 왕의 말씀을 들어라.

14 왕은 너희에게 '히스기야에게 속지 마라. 히스기야는 너희를 내 손에서 구할 수 없다'라고 말씀하셨다.

15 히스기야가 너희에게 '여호와께서 틀림없이 우리를 구하실 것이다. 이 성은 앗시리아의 왕에게 넘어가지 않을 것이다'라고 말하면서 여호와를 의지하게 하여도 믿지 마라.

16 히스기야의 말을 듣지 마라. 앗시리아의 왕이 이렇게 말씀하셨다. '나와 화친하고 내게 나아오너라. 그러면 누구나 자유롭게 자기의 포도나무와 무화과나무의 열매를 먹을 수 있을 것이며, 누구나 자유롭게 자기의 샘에서 물을 마실 수 있을 것이다.

17 내가 다시 와서 너희를 너희의 땅과 같은 땅으로 데려가겠다. 그 땅은 곡식과 포도주의 땅이며 빵과 포도나무가 가득한 땅이다.

18 너희는 히스기야의 말을 듣지 마라. 여호와께서 너희를 구하실 것이라는 히스기야의 말은 거짓말이다. 다른 어떤 나라의 신도 그 백성을 나 앗시리아 왕의 손에서 구해 내지 못했다.

19 하맛과 아르밧의 신들은 어디에 있느냐? 스발와임의 신들은 어디에 있느냐? 그들이 사마리아를 내 손에서 구해 냈느냐?

20 이 나라의 그 어떤 신도 그들의 백성을 내 손에서 구해 내지 못했다. 그러니 여호와도 예루살렘을 내 손에서 구해 내지 못할 것이다.'"

21 백성은 잠잠했습니다. 그들은 랍사게의 말에 한

9 horses if you can find that many men to ride on them! •With your tiny army, how can you think of challenging even the weakest contingent of my master's troops, even with the help of Egypt's chariots and charioteers?

10 •What's more, do you think we have invaded your land without the LORD's direction? The LORD himself told us, 'Attack this land and destroy it!' "

11 •Then Eliakim, Shebna, and Joah said to the Assyrian chief of staff, "Please speak to us in Aramaic, for we understand it well. Don't speak in Hebrew,* for the people on the wall will hear."

12 •But Sennacherib's chief of staff replied, "Do you think my master sent this message only to you and your master? He wants all the people to hear it, for when we put this city under siege, they will suffer along with you. They will be so hungry and thirsty that they will eat their own dung and drink their own urine."

13 •Then the chief of staff stood and shouted in Hebrew to the people on the wall, "Listen to this message from the great king of Assyria!

14 •This is what the king says: Don't let Hezekiah deceive you. He will never be able to rescue

15 you. •Don't let him fool you into trusting in the LORD by saying, 'The LORD will surely rescue us. This city will never fall into the hands of the Assyrian king!'

16 •"Don't listen to Hezekiah! These are the terms the king of Assyria is offering: Make peace with me—open the gates and come out. Then each of you can continue eating from your own grapevine and fig tree and drinking

17 from your own well. •Then I will arrange to take you to another land like this one—a land of grain and new wine, bread and vineyards.

18 •"Don't let Hezekiah mislead you by saying, 'The LORD will rescue us!' Have the gods of any other nations ever saved their people

19 from the king of Assyria? •What happened to the gods of Hamath and Arpad? And what about the gods of Sepharvaim? Did any god

20 rescue Samaria from my power? •What god of any nation has ever been able to save its people from my power? So what makes you think that the LORD can rescue Jerusalem from me?"

21 •But the people were silent and did not utter a word because Hezekiah had commanded them, "Do not answer him."

---

contingent [kəntíndʒənt] *n.* 파견단, 대표단
siege [si:dʒ] *n.* 포위 공격
urine [júərin] *n.* 소변
utter [ʌ́tər] *vt.* 입밖에 내다, 발언하다

36:11 Hebrew *in the dialect of Judah;* also in 36:13.

마도 대답하지 않았습니다. 히스기야 왕이 그들에게 대답하지 말라고 명령했기 때문입니다.

22 엘리아김과 셉나와 요아는 돌아와서 낙심이 되어 옷을 찢었습니다. 힐기야의 아들 엘리아김은 왕궁 관리인이었고, 셉나는 서기관이었고, 아삽의 아들 요아는 기록관이었습니다. 세 사람은 히스기야 왕에게 가서 랍사게가 한 말을 전해 주었습니다.

히스기야가 하나님께 도움을 요청하다

37 히스기야 왕도 그 말을 듣고 자기 옷을 찢었습니다. 그는 너무나 슬퍼서 베옷을 입고 여호와의 성전으로 갔습니다.

2 히스기야는 왕궁 관리인 엘리아김과 서기관 셉나와 나이 든 제사장들을 이사야에게 보냈습니다. 그들은 모두 베옷을 입고 이사야에게 갔습니다. 이사야는 아모스의 아들로서 예언자였습니다.

3 그 사람들이 이사야에게 말했습니다. "히스기야 왕께서 이렇게 말씀하셨습니다. '오늘은 슬픔과 심판과 부끄러움의 날이오, 마치 아이를 낳을 때가 되었는데도 아이를 낳을 힘이 없는 임신한 여인과도 같소.

4 앗시리아의 왕이 랍사게를 보내어 살아 계신 하나님을 조롱했소. 당신의 하나님 여호와께서도 그 말을 들으셨을 것이오. 당신의 하나님 여호와께서 그들으신 말에 대하여 심판을 내리시기를 원하오. 그러니 살아남은 이스라엘 백성을 위해 기도드려 주시오.'"

5 히스기야 왕의 신하들이 이사야에게 오자

6 이사야가 그들에게 말했습니다. "그대들의 주인에게 이렇게 전하시오. 여호와께서 이렇게 말씀하셨소. '네가 들은 말 때문에 두려워하지 마라. 앗시리아 왕의 신하들이 나를 모독한 말 때문에 놀라지 마라.

7 보아라, 내가 앗시리아의 왕에게 한 영을 넣겠다. 그는 어떤 소문을 듣고 자기 나라로 돌아가게 될 것이다. 내가 그를 그의 땅에서 칼에 맞아 죽게 하겠다.'"

8 그때, 랍사게는 앗시리아의 왕이 라기스를 떠났다는 말을 듣고 후퇴하였습니다. 그리고 립나 성을 공격하고 있는 앗시리아 왕에게 갔습니다.

9 앗시리아의 왕은 에티오피아의 디르하가 왕이 자기를 치기 위해 오고 있다는 보고를 듣고 히스기야에게 사자들을 보내어 말했습니다.

10 "유다의 히스기야 왕에게 이렇게 전하여라. 네가 의지하는 하나님께 속지 마라. 앗시리아 왕이 예루살렘을 정복하지 못할 것이라는 네 하나님의 말을 믿지 마라.

11 보아라, 너는 앗시리아의 왕들이 지금까지 한 일을

22 •Then Eliakim son of Hilkiah, the palace administrator; Shebna the court secretary; and Joah son of Asaph, the royal historian, went back to Hezekiah. They tore their clothes in despair, and they went in to see the king and told him what the Assyrian chief of staff had said.

Hezekiah Seeks the LORD's Help

37 When King Hezekiah heard their report, he tore his clothes and put on burlap and went into the Temple of the LORD. 2 •And he sent Eliakim the palace administrator, Shebna the court secretary, and the leading priests, all dressed in burlap, 3 to the prophet Isaiah son of Amoz. •They told him, "This is what King Hezekiah says: Today is a day of trouble, insults, and disgrace. It is like when a child is ready to be born, but the mother has no strength to deliver the baby. 4 •But perhaps the LORD your God has heard the Assyrian chief of staff,* sent by the king to defy the living God, and will punish him for his words. Oh, pray for those of us who are left!"

5 After King Hezekiah's officials delivered 6 the king's message to Isaiah, •the prophet replied, "Say to your master, 'This is what the LORD says: Do not be disturbed by this blasphemous speech against me from the 7 Assyrian king's messengers. •Listen! I myself will move against him,* and the king will receive a message that he is needed at home. So he will return to his land, where I will have him killed with a sword.'"

8 •Meanwhile, the Assyrian chief of staff left Jerusalem and went to consult the king of Assyria, who had left Lachish and was attacking Libnah.

9 •Soon afterward King Sennacherib received word that King Tirhakah of Ethiopia* was leading an army to fight against him. Before leaving to meet the attack, he sent messengers back to Hezekiah in Jerusalem with this message:

10 • "This message is for King Hezekiah of Judah. Don't let your God, in whom you trust, deceive you with promises that Jerusalem will not be captured by the king of Assyria. 11 •You know perfectly well what the kings of Assyria have done wherever they have gone. They have completely destroyed everyone who

---

blasphemous [blǽsfəməs] *a.* 불경한
burlap [bə́ːrlæp] *n.* 올이 굵은 삼베

37:4 Or *the rabshakeh;* also in 37:8.   37:7 Hebrew *I will put a spirit in him.*   37:9 Hebrew *of Cush.*

들어 알고 있을 것이다. 앗시리아의 왕들은 모든 나라를 완전히 멸망시켰다. 너만은 구원 받을 것이라고 생각하지 마라.

12 그 백성들의 신들도 그들을 구원하지 못했다. 내 조상들이 그들을 멸망시켰다. 내 조상들은 고산과 하란과 레셉을 멸망시켰고, 들라살에 사는 에덴 백성을 멸망시켰다.

13 하맛과 아르밧의 왕들이 어디에 있느냐? 스발와 임 성의 왕이 어디에 있느냐? 헤나와 이와의 왕들이 어디에 있느냐?"

히스기야가 여호와께 기도드리다

14 히스기야는 사자들이 보낸 편지를 받아 읽고 여호와의 성전으로 올라가 그 편지를 여호와 앞에 펼쳐 놓았습니다.

15 히스기야가 여호와께 기도드렸습니다.

16 "만군의 여호와여, 주는 이스라엘의 하나님이십니다. 주의 보좌는 날개 달린 생물인 그룹들 사이에 있습니다. 오직 주만이 땅 위 모든 나라의 하나님이십니다. 주께서 하늘과 땅을 지으셨습니다.

17 여호와여, 귀를 기울여 들어 주십시오. 여호와여, 눈을 열어 보아 주십시오. 산헤립이 사람을 보내어 살아 계신 하나님을 조롱한 모든 말을 들어 주십시오.

18 여호와여, 앗시리아의 왕들은 정말로 여러 나라와 그 땅들을 멸망시켰습니다.

19 그 왕들은 그 나라의 신들을 불 속에 던져 넣었습니다. 그러나 그 신들은 사람이 손으로 만든 나무와 돌에 지나지 않습니다. 그래서 그 왕들이 그것을 없앨 수 있었습니다.

20 우리 하나님 여호와여, 이제 우리를 저 왕의 손에서 구해 주십시오. 그러면 땅 위의 모든 나라들이 오직 여호와 한 분만이 하나님이라는 것을 알게 될 것입니다."

하나님께서 히스기야에게 대답하시다

21 아모스의 아들 이사야가 히스기야에게 사람을 보내어 말했습니다. "이스라엘의 하나님 여호와께서는 왕이 앗시리아의 왕 산헤립에 대해 드린 기도를 들으셨다고 말씀하셨습니다.

22 그리고 산헤립에 대해 이렇게 말씀하셨습니다. '시온 백성이 너를 비웃고 조롱할 것이다. 그들이 도망하는 너를 보고 머리를 흔들며 비웃을 것이다.

23 누구 앞이라고 네가 감히 나를 욕하고 모독하며, 목소리를 높였느냐? 누구 앞이라고 감히 이스라엘의 거룩하신 분께 눈을 부릅떴느냐?

24 너는 너의 신들을 보내어 나 여호와를 욕했다.

12 stood in their way! Why should you be any different? •Have the gods of other nations rescued them—such nations as Gozan, Haran, Rezeph, and the people of Eden who were in Tel-assar? My predecessors 13 destroyed them all! •What happened to the king of Hamath and the king of Arpad? What happened to the kings of Sepharvaim, Hena, and Ivvah?"

14 •After Hezekiah received the letter from the messengers and read it, he went up to the LORD's Temple and spread it out before the 15 LORD. •And Hezekiah prayed this prayer 16 before the LORD: •"O LORD of Heaven's Armies, God of Israel, you are enthroned between the mighty cherubim! You alone are God of all the kingdoms of the earth. You alone created the heavens and the earth. •Bend down, O LORD, and listen! Open your eyes, O LORD, and see! Listen to Sennacherib's words of defiance against the living God.

18 •"It is true, LORD, that the kings of Assyria 19 have destroyed all these nations. •And they have thrown the gods of these nations into the fire and burned them. But of course the Assyrians could destroy them! They were not gods at all—only idols of wood and stone 20 shaped by human hands. •Now, O LORD our God, rescue us from his power; then all the kingdoms of the earth will know that you alone, O LORD, are God.*"

Isaiah Predicts Judah's Deliverance

21 •Then Isaiah son of Amoz sent this message to Hezekiah: "This is what the LORD, the God of Israel, says: Because you prayed about King 22 Sennacherib of Assyria, •the LORD has spoken this word against him:

> "The virgin daughter of Zion
>   despises you and laughs at you.
> The daughter of Jerusalem
>   shakes her head in derision as you flee.

23 • "Whom have you been defying and ridiculing?
>   Against whom did you raise your voice?
> At whom did you look with such
>   haughty eyes?
> It was the Holy One of Israel!

24 • By your messengers you have defied the Lord.
>   You have said, 'With my many chariots
> I have conquered the highest mountains—
>   yes, the remotest peaks of Lebanon.
> I have cut down its tallest cedars
>   and its finest cypress trees.
> I have reached its farthest heights

37:20 As in Dead Sea Scrolls (see also 2 Kgs 19 :19); Masoretic Text reads *you alone are the LORD.*

너는 이렇게 말했다. "내게는 전차가 많이 있다. 나는 그 전차를 타고 산꼭대기로 올라갔으며, 레바논의 가장 높은 산으로 올라갔다. 레바논의 키 큰 백향목과 훌륭한 잣나무를 베어 버렸다. 가장 깊숙한 곳까지 들어갔고, 가장 울창한 숲까지 탐험하였다.

25 나는 다른 나라에서 샘을 파서 그 물을 마셨으며, 내 발바닥으로 이집트의 모든 강물을 마르게 했다."

26 앗시리아의 왕아, 네가 틀림없이 들었을 것이다. 나 여호와가 오래전에 이 일들을 결정했고, 지금 일어나고 있는 일들도 예전에 이미 계획한 일들이다. 그래서 이제 네가 성벽이 있는 저 굳건한 성들을 잿더미로 만들 수 있게 된 것이다.

27 그래서 그 성에 사는 백성들이 겁을 내고 두려움에 떤 것이다. 그들은 연약한 들풀 같았다. 자라기도 전에 말라 버리는 지붕 위의 풀과도 같았다.

28 나는 네가 언제 머물고, 언제 가고, 언제 오는지 알고 있다. 네가 내게 악한 말을 하고 있다는 것도 알고 있다.

29 네가 내게 악한 말을 하였고, 너의 떠들썩함이 내 귀에까지 들렸으므로, 네 코에 갈고리를 걸고 네 입에 재갈을 물리겠다. 그리고 네가 왔던 그 길로 다시 돌아가게 하겠다.'

30 여호와께서 히스기야 왕에게 이렇게 말씀하셨습니다. '히스기야야, 내가 너에게 이 표적을 주겠다. 너는 올해에 들에서 저절로 자란 곡식을 먹겠고, 새해에도 역시 그러할 것이다. 그러나 삼 년째 되는 해에는 심고 거두어라. 포도밭을 가꾸어서 그 열매를 먹어라.

31 유다 집안의 남은 백성이 구원을 받을 것이다. 마치 아래로 뿌리를 내리고, 위로는 튼튼하게 자라서 열매를 주렁주렁 맺는 식물처럼 많은 자녀를 가지게 될 것이다.

32 예루살렘과 시온 산에서 살아남은 사람들이 나올 것이다. 만군의 여호와께서 열심으로 그 일을 이룰 것이다.'

33 또한 여호와께서 앗시리아의 왕에 대하여 이렇게 말씀하셨습니다. '그는 이 성에 들어오지 못하며, 이곳에 화살 한 발도 쏘지 못할 것이다. 방패를 가지고 가까이 오지도 못하며, 흙으로 성을 공격할 언덕도 쌓지 못할 것이다.

and explored its deepest forests.

25 • I have dug wells in many foreign lands*
    and refreshed myself with their water.
  With the sole of my foot,
    I stopped up all the rivers of Egypt!'

26 • "But have you not heard?
    I decided this long ago.
  Long ago I planned it,
    and now I am making it happen.
  I planned for you to crush fortified cities
    into heaps of rubble.

27 • That is why their people have so little power
    and are so frightened and confused.
  They are as weak as grass,
    as easily trampled as tender green shoots.
  They are like grass sprouting on a housetop,
    scorched* before it can grow lush and tall.

28 • "But I know you well—
    where you stay
  and when you come and go.
    I know the way you have raged against me.

29 • And because of your raging against me
    and your arrogance, which I have heard for myself,
  I will put my hook in your nose
    and my bit in your mouth.
  I will make you return
    by the same road on which you came."

30 • Then Isaiah said to Hezekiah, "Here is the proof that what I say is true:

  "This year you will eat only what grows up by itself,
    and next year you will eat what springs up
      from that.
  But in the third year you will plant crops and
      harvest them;
  you will tend vineyards and eat their fruit.

31 • And you who are left in Judah,
    who have escaped the ravages of the siege,
  will put roots down in your own soil
    and grow up and flourish.

32 • For a remnant of my people will spread out
    from Jerusalem,
    a group of survivors from Mount Zion.
  The passionate commitment of the LORD of
    Heaven's Armies
    will make this happen!

33 • "And this is what the LORD says about the king of Assyria:

  "'His armies will not enter Jerusalem.

derision [dɪríʒən] *n.* 비웃음, 조롱

37:25 As in Dead Sea Scrolls (see also 2 Kgs 19:24); Masoretic Text lacks *in many foreign lands.*   37:27 As in Dead Sea Scrolls and some Greek manuscripts (see also 2 Kgs 19:26); most Hebrew manuscripts read *like a terraced field.*

34 그는 왔던 길로 해서 자기 나라로 돌아갈 것이고, 이 성에는 들어오지 못할 것이다.' 여호와의 말씀입니다.

35 '나를 위해, 그리고 내 종 다윗을 위해 이 성을 지켜 구원해 주겠다.'"

36 그날 밤에 여호와의 천사들이 내려와 앗시리아의 진에서 십팔만 오천 명을 죽였습니다. 백성이 이튿날 아침에 일찍 일어나 보니, 그들이 모두 죽어 시체들로 가득하였습니다.

37 앗시리아의 왕 산헤립은 그곳을 떠나 니느웨로 돌아갔습니다.

38 어느 날 산헤립이 자기의 신 니스록의 신전에서 예배하고 있을 때에, 그의 아들들인 아드람멜렉과 사레셀이 그를 칼로 죽이고 아라랏 땅으로 도망쳤습니다. 그리하여 산헤립의 아들 에살핫돈이 그를 이어서 앗시리아의 왕이 되었습니다.

히스기야의 병

38 그무렵에 히스기야가 심한 병에 걸려서 거의 죽게 되었습니다. 아모스의 아들인 예언자 이사야가 그를 보러 와서 말했습니다. "여호와께서 이렇게 말씀하셨습니다. '너는 이제 죽을 것이다. 그러니 네 집안 일을 정리하여라. 너는 다시 회복되지 못할 것이다.'"

2 히스기야가 얼굴을 벽쪽으로 향하여 여호와께 기도드렸습니다.

3 "오, 여호와여, 내가 언제나 진실하고 순전한 마음으로 주께 복종하고, 주께서 보시기에 옳은 일을 한 것을 기억해 주십시오." 이렇게 기도하고 나서 히스기야는 크게 통곡하였습니다.

4 그때에 여호와께서 이사야에게 말씀하셨습니다.

5 "다시 돌아가서 히스기야에게 전하여라. '네 조상 다윗의 하나님이신 여호와께서 이렇게 말씀하셨다. 내가 네 기도를 들었고, 네 눈물을 보았다. 그러므로 보아라. 내가 네 목숨을 십오 년 더 늘려 주겠다.

6 그리고 너와 이 성을 앗시리아의 왕에게서 구해 주겠다. 내가 이 성을 지켜 주겠다.'"

7 이사야가 말했습니다. "여호와 하나님은 약속하신 것을 그대로 이루십니다. 여호와께서 그 증거를 왕에게 보여 주실 것입니다.

8 보십시오, 왕의 해시계에 비친 해 그림자를 열 칸 뒤로 물러나게 하시겠다고 말씀하셨습니다." 그 말대로 해 그림자가 아하스의 해시계에서 열 칸 뒤로 물러났습니다.

9 유다 왕 히스기야는 병이 나은 뒤에 이 노래를 지었습니다.

They will not even shoot an arrow at it.
They will not march outside its gates with
　　their shields
　　nor build banks of earth against its walls.
34 ● The king will return to his own country
　　by the same road on which he came.
He will not enter this city,'
　　says the LORD.
35 ● 'For my own honor and for the sake of
　　　my servant David,
　　I will defend this city and protect it.'"

36 ●That night the angel of the LORD went out to the Assyrian camp and killed 185,000 Assyrian soldiers. When the surviving Assyrians* woke up the next morning, they found corpses
37 everywhere. ●Then King Sennacherib of Assyria broke camp and returned to his own land. He went home to his capital of Nineveh and stayed there.

38 ●One day while he was worshiping in the temple of his god Nisroch, his sons Adrammelech and Sharezer killed him with their swords. They then escaped to the land of Ararat, and another son, Esarhaddon, became the next king of Assyria.

Hezekiah's Sickness and Recovery

38 About that time Hezekiah became deathly ill, and the prophet Isaiah son of Amoz went to visit him. He gave the king this message: "This is what the LORD says: 'Set your affairs in order, for you are going to die. You will not recover from this illness.'"

2 ●When Hezekiah heard this, he turned his
3 face to the wall and prayed to the LORD, ● "Remember, O LORD, how I have always been faithful to you and have served you single-mindedly, always doing what pleases you." Then he broke down and wept bitterly.

4 ●Then this message came to Isaiah from the
5 LORD: ● "Go back to Hezekiah and tell him, 'This is what the LORD, the God of your ancestor David, says: I have heard your prayer and seen your tears. I will add fifteen years to your
6 life, ●and I will rescue you and this city from the king of Assyria. Yes, I will defend this city.
7 ● 'And this is the sign from the LORD to
8 prove that he will do as he promised: ●I will cause the sun's shadow to move ten steps backward on the sundial* of Ahaz!'" So the shadow on the sundial moved backward ten steps.

Hezekiah's Poem of Praise

9 ●When King Hezekiah was well again, he wrote this poem:

corpse [kɔ́ːrps] *n.* 시체

37:36 Hebrew *When they.*　38:8 Hebrew *the steps.*

10 "나는 아직 한창 나이인데 죽음의 문으로 들어가야 하나? 나의 남은 생명을 빼앗겨야 하나?

11 내가 사람 사는 땅에서는 여호와를 뵙지 못하겠구나. 이 땅에 사는 사람들을 다시 보지 못하겠구나.

12 목자의 장막처럼 내 집도 뽑혀서 옮겨질 것이며, 베 짜는 사람이 베를 말아 베틀에서 베어 내듯이 내 생명도 끝날 것이다. 얼마 안가서 여호와께서 내 생명을 거두어 가실 것이다.

13 나는 밤새도록 울부짖었다. 여호와께서 사자같이 내 모든 뼈를 꺾으셨다. 얼마 안 가서 주께서 내 생명을 거두어 가실 것이다.

14 나는 제비처럼, 학처럼 울었고, 비둘기처럼 신음하며, 내 눈이 아프도록 하늘을 쳐다보았다. 여호와여, 괴롭습니다. 나를 구해 주십시오.

15 여호와께서 내게 하신 말씀을 그대로 이루셨는데, 내가 무슨 말을 할 수 있을까? 내 영혼이 이러한 고통을 당하니 내 잠마저 모두 달아났다.

16 여호와여, 이 모든 일이 일어났지만 내 생명은 살아날 것입니다. 나의 영혼이 이 모든 일을 극복하고 살아날 것입니다. 주께서 나를 낫게 해 주시고 살려 주셨습니다.

17 내가 이런 고통을 겪은 것이 내게는 유익이었습니다. 여호와께서 나를 사랑하시므로 나를 죽음의 구덩이에서 건지시고, 내 죄를 주께서 멀리 던져 버리셨습니다.

18 죽은 사람은 주께 찬양의 노래를 부르지 못합니다. 죽은 사람은 주를 의지하지 못합니다.

19 살아 있는 사람만이 내가 지금 주를 찬양하듯 주를 찬양할 수 있습니다. 아버지들은 자녀에게 여호와께서 미쁘신 분임을 가르칩니다.

20 여호와께서 나를 구하셨습니다. 내 평생 악기 연주에 맞추어 여호와의 성전에서 여호와를 찬양하겠습니다."

21 그런 뒤에 이사야가 말했습니다. "무화과나무로 만든 연고를 가져오시오." 신하들이 연고를 만들어 가져와서 왕의 상처 위에 바르니, 왕의 병이 나았습니다.

22 히스기야가 이사야에게 물었습니다. "여호와께서 나를 고쳐 주실 표적이 무엇이오? 내가 여호와의 성전에 올라가게 될 표적이 무

10 • I said, "In the prime of my life,
    must I now enter the place of the dead?*
    Am I to be robbed of the rest of my years?"

11 • I said, "Never again will I see the LORD GOD
    while still in the land of the living.
    Never again will I see my friends
    or be with those who live in this world.

12 • My life has been blown away
    like a shepherd's tent in a storm.
    It has been cut short,
    as when a weaver cuts cloth from a loom.
    Suddenly, my life was over.

13 • I waited patiently all night,
    but I was torn apart as though by lions.
    Suddenly, my life was over.

14 • Delirious, I chattered like a swallow or a crane,
    and then I moaned like a mourning dove.
    My eyes grew tired of looking to heaven for help.
    I am in trouble, Lord. Help me!"

15 • But what could I say?
    For he himself sent this sickness.
    Now I will walk humbly throughout my years
    because of this anguish I have felt.

16 • Lord, your discipline is good,
    for it leads to life and health.
    You restore my health
    and allow me to live!

17 • Yes, this anguish was good for me,
    for you have rescued me from death
    and forgiven all my sins.

18 • For the dead* cannot praise you;
    they cannot raise their voices in praise.
    Those who go down to the grave
    can no longer hope in your faithfulness.

19 • Only the living can praise you as I do today.
    Each generation tells of your faithfulness
    to the next.

20 • Think of it—the LORD is ready to heal me!
    I will sing his praises with instruments
    every day of my life
    in the Temple of the LORD.

21 •Isaiah had said to Hezekiah's servants, "Make an ointment from figs and spread it over the boil, and Hezekiah will recover."

22 •And Hezekiah had asked, "What sign will prove that I will go to the Temple of the LORD?"

---

boil [bóil] *n.* 종기, 부스럼
chatter [tʃǽtər] *vi.* 지저귀다
crane [krein] *n.* 학
delirious [dilíəriəs] *a.* 헛소리를 하는, 제정신이 아닌
discipline [dísəplin] *n.* 징계; 징벌
loom [lu:m] *n.* 베틀
moan [móun] *vi.* 신음하다
ointment [ɔ́intmənt] *n.* 연고
38:13 tear apart : 허물다, 갈기갈기 찢다

38:10 Hebrew *enter the gates of Sheol?*　　38:18 Hebrew *Sheol.*

엇이오?"

바빌로니아에서 온 사자들

39 그 무렵에 발라단의 아들인 바빌로니아의 므로닥빌라단 왕이 히스기야가 병들었다가 나았다는 소식을 듣고 그에게 편지와 선물을 보내왔습니다.

2 히스기야는 므로닥빌라단이 보낸 사신들을 보고 매우 기뻤습니다. 그래서 그는 그들에게 자기 보물 창고에 있는 것을 다 보여 주었습니다. 은과 금과 향료와 값진 향유를 보여 주고 무기고에 있는 칼과 방패들도 보여 주었습니다. 히스기야는 자기가 가진 귀한 것들을 다 보여 주었습니다. 왕궁과 나라 안에 있는 것을 하나도 빠짐없이 보여 주었습니다.

3 예언자 이사야가 히스기야 왕에게 가서 물었습니다. "이 사람들이 무슨 말을 했습니까? 이 사람들은 어디서 온 사람들입니까?" 히스기야가 대답했습니다. "이 사람들은 멀리 떨어진 바빌로니아에서 나를 찾아왔소."

4 이사야가 왕에게 물었습니다. "그들이 왕궁에서 무엇을 보았습니까?" 히스기야가 대답했습니다. "내 집에 있는 것은 다 보았소, 내 보물 창고에 있는 것은 하나도 빠짐없이 다 보여 주었소."

5 그러자 이사야가 히스기야에게 말했습니다. "군대들의 주이신 여호와의 말씀을 들으십시오.

6 '보아라, 장차 네 왕궁 안에 있는 모든 것을 바빌로니아에 빼앗길 날이 올 것이다. 네 조상들이 이 날까지 모아 놓은 모든 것을 빼앗길 날이 올 것이다. 아무것도 남지 않을 것이다.' 여호와께서 또 말씀하셨습니다.

7 '네가 낳은 네 자녀들도 사로잡혀 갈 것이다. 그들은 바빌로니아 왕의 왕궁에서 내시가 될 것이다.'"

8 히스기야가 이사야에게 말했습니다. "당신이 전한 여호와의 말씀은 옳소." 그는 속으로 '내가 왕으로 있는 동안에는 평화와 안정이 있겠지'라고 생각했기 때문에 이렇게 말하였습니다.

심판이 끝난다

40 너희 하나님이 말씀하신다. "위로하여라, 내 백성을 위로하여라.

2 예루살렘 백성에게 친절하게 말하여라. 그들의 복역 기간이 끝났고, 그들의 죄값으로 이미 지은 죄의 두 배에 해당하는 여호와의 심판을 받았다고 일러 주어라."

3 어떤 사람이 외친다. "광야에서 여호와의 길을 준비하여라. 메마른 땅에서 우리 하나님의 길을 곧게 하여라.

Envoys from Babylon

39 Soon after this, Merodach-baladan son of Baladan, king of Babylon, sent Hezekiah his best wishes and a gift. He had heard that Hezekiah had been very sick and 2 that he had recovered. • Hezekiah was delighted with the Babylonian envoys and showed them everything in his treasure-houses—the silver, the gold, the spices, and the aromatic oils. He also took them to see his armory and showed them everything in his royal treasuries! There was nothing in his palace or kingdom that Hezekiah did not show them.

3 • Then Isaiah the prophet went to King Hezekiah and asked him, "What did those men want? Where were they from?"

Hezekiah replied, "They came from the distant land of Babylon."

4 • "What did they see in your palace?" asked Isaiah.

"They saw everything," Hezekiah replied. "I showed them everything I own—all my royal treasuries."

5 • Then Isaiah said to Hezekiah, "Listen to this message from the LORD of Heaven's 6 Armies: • 'The time is coming when everything in your palace—all the treasures stored up by your ancestors until now—will be carried off to Babylon. Nothing will be left,' says 7 the LORD. • 'Some of your very own sons will be taken away into exile. They will become eunuchs who will serve in the palace of Babylon's king.'"

8 • Then Hezekiah said to Isaiah, "This message you have given me from the LORD is good." For the king was thinking, "At least there will be peace and security during my lifetime."

Comfort for God's People

40 1 • "Comfort, comfort my people," says your God.

2 • "Speak tenderly to Jerusalem.
Tell her that her sad days are gone
and her sins are pardoned.
Yes, the LORD has punished her twice over
for all her sins."

3 • Listen! It's the voice of someone shouting,
"Clear the way through the wilderness
for the LORD!
Make a straight highway through the
wasteland
for our God!

4 • Fill in the valleys,
and level the mountains and hills.
Straighten the curves,
and smooth out the rough places.

5 • Then the glory of the LORD will be revealed,

envoy [énvoi] *n.* 사절(使節)
eunuch [jú:nək] *n.* 환관, 내시

4 모든 골짜기가 높아지고, 모든 산이 낮아진다. 거친 땅이 평탄하게 되고 험한 땅이 평야가 된다.

5 그때에 여호와의 영광이 나타나, 모든 사람이 하나같이 그것을 보게 된다. 여호와께서 몸소 말씀하셨다."

6 어떤 사람이 외친다. "외쳐라!" 그래서 내가 물었다. "무엇이라고 외쳐야 합니까?" "모든 사람은 풀과 같고, 그들의 모든 아름다움은 들의 꽃과 같다.

7 여호와께서 그 위에 숨을 내쉬면, 풀은 마르고 꽃은 시든다. 정말로 이 백성은 풀에 지나지 않는다.

8 풀은 마르고 꽃은 시들지만, 우리 하나님의 말씀은 언제나 이루어진다."

9 좋은 소식을 전하는 시온아, 높은 산으로 올라가라. 좋은 소식을 전하는 예루살렘아, 두려워 말고 힘껏 외쳐라. 유다의 마을들을 향해 "보아라, 너희의 하나님이시다"라고 말하여라.

10 보아라, 주 여호와께서 능력의 하나님으로 오신다. 주께서 그 능력으로 모든 백성을 다스리실 것이다. 보아라, 주께서 백성에게 주실 상을 가지고 오시며 그들이 행한 대로 갚아 주실 것이다.

11 여호와께서 목자처럼 자기 백성을 돌보시고, 팔에 양을 안으시듯 가슴에 품으시고 어미와 그 새끼를 친절하게 이끄신다.

가장 높으신 하나님

12 누가 손으로 바닷물의 무게를 달아 보았으며, 뼘으로 하늘을 재어 보았느냐? 누가 온 땅의 티끌을 그릇에 담아 보았으며, 저울로 산과 언덕을 달아 보았느냐?

13 누가 여호와의 마음을 알겠으며, 누가 주께 충고의 말을 해 줄 수 있겠느냐?

14 여호와께서 누구에게 도움을 청하겠으며, 누구에게 공평의 길을 배우시겠느냐? 누가 주께 지식을 가르치겠으며, 깨닫는 길을 일러 주겠느냐?

15 여호와께는 많은 나라들도 통에 있는 한 방울의 물일 뿐이며, 저울 위의 티끌에 지나지 않는다. 주께는 바닷가 땅들도 먼지로 보일 뿐이다.

16 레바논의 모든 나무도 제단 장작으로 충분하지 않고, 레바논의 모든 짐승도

and all people will see it together.
The LORD has spoken!"*

6 • A voice said, "Shout!"
I asked, "What should I shout?"

"Shout that people are like the grass.
Their beauty fades as quickly
as the flowers in a field.

7 • The grass withers and the flowers fade
beneath the breath of the LORD.
And so it is with people.

8 • The grass withers and the flowers fade,
but the word of our God stands forever."

9 • O Zion, messenger of good news,
shout from the mountaintops!
Shout it louder, O Jerusalem.*
Shout, and do not be afraid.
Tell the towns of Judah,
"Your God is coming!"

10 Yes, the Sovereign LORD is coming in power.
He will rule with a powerful arm.
See, he brings his reward with him as he comes.

11 He will feed his flock like a shepherd.
He will carry the lambs in his arms,
holding them close to his heart.
He will gently lead the mother sheep with their young.

The LORD Has No Equal

12 • Who else has held the oceans in his hand?
Who has measured off the heavens with his fingers?
Who else knows the weight of the earth
or has weighed the mountains and hills on a scale?

13 • Who is able to advise the Spirit of the LORD?*
Who knows enough to give him advice or teach him?

14 • Has the LORD ever needed anyone's advice?
Does he need instruction about what is good?
Did someone teach him what is right
or show him the path of justice?

15 • No, for all the nations of the world
are but a drop in the bucket.
They are nothing more
than dust on the scales.
He picks up the whole earth
as though it were a grain of sand.

16 • All the wood in Lebanon's forests
and all Lebanon's animals would not be enough
to make a burnt offering worthy of our God.

40:3-5 Greek version reads *He is a voice shouting in the wilderness, / "Prepare the way for the LORD' s coming! / Clear a road for our God! / Fill in the valleys, / and level the mountains and hills. / And then the glory of the LORD will be revealed, / and all people will see the salvation sent from God. / The LORD has spoken!"* Compare Matt 3:3; Mark 1:3; Luke 3:4-6.　40:9　Or *O messenger of good news, shout to Zion from the mountaintops! Shout it louder to Jerusalem.*　40:13 Greek version reads *Who can know the LORD's thoughts?* Compare Rom 11:34; 1 Cor 2:16.

태워 드리는 제물인 번제물로 충분하지 않다.

17 여호와 앞에서는 모든 민족이 아무것도 아니며, 주께서 보시기에 민족들은 없는 것이나 마찬가지다.

18 너희가 하나님을 누구와 같다 하겠으며, 하나님을 어떤 형상에 비교하겠느냐?

19 우상은 목공이 그 형상을 만든 다음에 금속세공 기술자가 그 위에 금을 입히고, 은 사슬을 걸친 것에 불과하다.

20 가난하여 형편이 넉넉하지 못한 사람은 잘 썩지 않을 나무를 골라서, 넘어지지 않는 우상을 만들려고 재주가 좋은 기술자를 찾는다.

21 너희가 알지 못하였느냐? 너희가 듣지 못하였느냐? 너희가 처음부터 들은 것이 아니냐? 땅의 기초가 어떻게 지어졌는지 너희가 알지 못하였느냐?

22 하나님께서 땅 위의 하늘 보좌에 앉아 계신다. 하나님 보시기에 땅 위에 사는 사람들은 메뚜기 떼와 같다. 하나님께서 하늘을 휘장처럼 펼치셔서, 사람이 사는 장막처럼 만드셨다.

23 하나님께서는 통치자들을 초라하게 만드시며, 이 세상의 재판관들을 쓸모없게 만드신다.

24 그들은 식물처럼 심겨지기가 무섭게, 씨가 뿌려지기가 무섭게, 그리고 그 가지가 흙 속에 미처 뿌리를 내리기도 전에, 바람에 날리는 겨처럼 하나님의 입김에 의해 날아가 버린다.

25 거룩하신 분, 곧 하나님께서 말씀하신다. "너희가 나를 누구에게 비기겠느냐? 누구를 나와 견줄 수 있겠느냐?"

26 눈을 들어 하늘을 바라보아라. 누가 이것들을 창조하였느냐? 그분께서 모든 별들을 하나씩 이끌어 내시며 각각 그 이름대로 부르신다. 그분은 매우 강하시고 능력이 많으셔서 그 이름을 하나도 빠뜨리지 않으신다.

27 야곱 백성아, 너희가 어찌하여 불평하느냐? 이스라엘 백성아, 어찌하여 말하기를, "여호와께서는 나의 어려움을 모르고 계신다. 내 하나님께서는 나의 간절한 부르짖음을 무시하신다"라고 하느냐?

28 너희가 알지 못하였느냐? 너희가 듣지 못하였느냐? 여호와께서는 영원하신 하나님이시며, 온 세계를 창조하신 분이다. 주께서는 지치지도 않으시고 피곤해하지도 않으신다. 아무도 주의 크신 지혜를 알지 못한다.

29 여호와께서 지친 사람에게 힘을 주시며, 약한 사람에게 능력을 넘치도록 주신다.

30 아이라도 지치고 피곤해하며 젊은이라도 넘어

17 ● The nations of the world are worth nothing
　　to him.
　　In his eyes they count for less than nothing—
　　mere emptiness and froth.

18 ● To whom can you compare God?
　　What image can you find to resemble him?

19 ● Can he be compared to an idol formed
　　in a mold,
　　overlaid with gold, and decorated with
　　silver chains?

20 ● Or if people are too poor for that,
　　they might at least choose wood that
　　won't decay
　　and a skilled craftsman
　　to carve an image that won't fall down!

21 ● Haven't you heard? Don't you understand?
　　Are you deaf to the words of God—
　　the words he gave before the world began?
　　Are you so ignorant?

22 ● God sits above the circle of the earth.
　　The people below seem like grasshoppers
　　to him!
　　He spreads out the heavens like a curtain
　　and makes his tent from them.

23 ● He judges the great people of the world
　　and brings them all to nothing.

24 ● They hardly get started, barely taking root,
　　when he blows on them and they wither.
　　The wind carries them off like chaff.

25 ● "To whom will you compare me?
　　Who is my equal?" asks the Holy One.

26 ● Look up into the heavens.
　　Who created all the stars?
　　He brings them out like an army, one
　　after another,
　　calling each by its name.
　　Because of his great power and incomparable
　　strength,
　　not a single one is missing.

27 ● O Jacob, how can you say the LORD does not
　　see your troubles?
　　O Israel, how can you say God ignores
　　your rights?

28 ● Have you never heard?
　　Have you never understood?
　　The LORD is the everlasting God,
　　the Creator of all the earth.
　　He never grows weak or weary.
　　No one can measure the depths of his
　　understanding.

29 ● He gives power to the weak
　　and strength to the powerless.

30 ● Even youths will become weak and tired,
　　and young men will fall in exhaustion.

anvil [ǽnvil] *n.* 모루; 두들기는 대
mold [móuld] *n.* 주형; 주물

지고 쓰러지지만,

31 여호와를 의지하는 사람은 새 힘을 얻으며, 독수리가 하늘 높이 솟아오르듯 올라갈 수 있다. 그러한 사람은 뛰어도 지치지 않으며, 걸어도 피곤하지 않을 것이다.

여호와께서 이스라엘을 도우신다

41 ¹ "바다 건너 나라들아, 내 앞에 조용히 있어라. 민족들아, 힘을 새롭게 하여라. 가까이 와서 말해 보아라. 함께 모여서 누가 옳은지 가려 보자.

2 누가 동쪽에서 한 정복자를 일으켰느냐? 누가 그를 불러 하나님의 발밑에 두었느냐? 그를 일으키신 분이 민족들을 그에게 넘기셨고, 그가 왕들을 물리치게 해 주셨다. 그가 칼을 휘두르니 왕들이 티끌처럼 되었고, 그가 활을 쏘니 그들이 바람 앞의 겨처럼 흩날렸다.

3 그는 아무런 방해도 받지 않고 그들을 뒤쫓아가며, 그 무엇도 그의 발길을 가로막지 못한다.

4 누가 이런 일을 일어나게 하였느냐? 누가 처음부터 역사를 결정하였느냐? 나 여호와가 바로 그이다. 나는 처음부터 있었고, 마지막 때에도 있을 것이다."

5 바다 건너에 있는 나라들이 보고 두려워하며, 땅끝에 사는 사람들이 두려움에 떤다. 그들이 가까이 모여서

6 서로 도우며, "힘을 내라"고 말한다.

7 나무를 다듬는 사람은 금을 다루는 사람을 격려하고, 망치로 쇠를 고르게 하는 사람은 모루를 치는 사람을 격려하면서, "잘하였다"라고 말한다. 각 분야의 사람들이 서로 협력하며, 우상을 고정시켜서 넘어지지 않게 만든다.

여호와만이 우리를 구하실 수 있다

8 "이스라엘 백성아, 너희는 내 종이다. 야곱 백성아, 내가 너희를 선택했다. 너희는 내 친구 아브라함의 자손이다.

9 내가 너희를 땅끝에서 데려왔고, 너희를 먼 나라에서 불러냈다. 그리고 너희에게 말하기를 '너희는 내 종이다'라고 하였다. 내가 너희를 선택했고, 너희를 저버리지 않았다.

10 내가 너희와 함께 있으니 걱정하지 마라. 내가 너희의 하나님이니 두려워하지 마라. 내가 너희를 강하게 하고 너희를 돕겠다. 내 승리의 오른팔로 너희를 붙들겠다.

11 너희에게 화를 내는 모든 백성이 부끄러움을 당하며 모욕을 당할 것이다. 너희와 맞서는 사람들이 모두 죽을 것이다.

12 너희의 원수를 찾아보아도 찾지 못할 것이다.

---

31 • But those who trust in the LORD will find
　　　new strength.
　　They will soar high on wings like eagles.
　　They will run and not grow weary.
　　They will walk and not faint.

God's Help for Israel

41 ¹ "Listen in silence before me, you lands
　　　beyond the sea.
　　Bring your strongest arguments.
Come now and speak.
　　The court is ready for your case.

2 • "Who has stirred up this king from the east,
　　　rightly calling him to God's service?
　　Who gives this man victory over many nations
　　　and permits him to trample their kings
　　　underfoot?
　　With his sword, he reduces armies to dust.
　　　With his bow, he scatters them like chaff
　　　before the wind.

3 • He chases them away and goes on safely,
　　　though he is walking over unfamiliar
　　　ground.

4 • Who has done such mighty deeds,
　　　summoning each new generation
　　　from the beginning of time?
　　It is I, the LORD, the First and the Last.
　　　I alone am he."

5 • The lands beyond the sea watch in fear.
　　　Remote lands tremble and mobilize for war.

6 • The idol makers encourage one another,
　　　saying to each other, "Be strong!"

7 • The carver encourages the goldsmith,
　　　and the molder helps at the anvil.
　　　"Good," they say. "It's coming along fine."
　　Carefully they join the parts together,
　　　then fasten the thing in place so it
　　　won't fall over.

8 • "But as for you, Israel my servant,
　　　Jacob my chosen one,
　　　descended from Abraham my friend,

9 • I have called you back from the ends of
　　　the earth,
　　　saying, 'You are my servant.'
　　For I have chosen you
　　　and will not throw you away.

10 • Don't be afraid, for I am with you.
　　　Don't be discouraged, for I am your God.
　　I will strengthen you and help you.
　　　I will hold you up with my victorious
　　　right hand.

11 • "See, all your angry enemies lie there,
　　　confused and humiliated.
　　Anyone who opposes you will die
　　　and come to nothing.

12 • You will look in vain

너희와 싸우던 사람들이 완전히 사라질 것이다.

13 나는 너희의 여호와 하나님이다. 내가 너희의 오른팔을 붙잡고 있다. 내가 너희에게 말한다. '두려워하지 마라. 내가 너희를 돕겠다.'

14 지렁이 같은 야곱아, 얼마 남지 않은 너희 이스라엘 백성아, 두려워하지 마라. 내가 너희를 돕겠다. 이는 나 여호와의 말이다. 나 이스라엘의 거룩한 하나님이 너희를 구원하겠다.

15 보아라. 내가 너희를 타작판처럼 만들었다. 너희는 날이 날카로운 새 타작판이다. 너희가 산들을 타작하여 부술 것이며, 언덕들을 겨처럼 만들 것이다.

16 너희가 그것들을 까부르면, 바람이 날려 버리고 폭풍이 흩어 버릴 것이다. 그때에 너희는 나 여호와 안에서 즐거워할 것이며, 나 이스라엘의 거룩한 하나님을 자랑할 것이다.

17 가난하고 불쌍한 사람들이 물을 찾으나 얻지 못하여 목마름으로 혀가 마를 때에, 나 여호와가 그들의 기도에 응답하겠다. 나 이스라엘의 하나님이 그들을 내버려 두지 않겠다.

18 내가 메마른 언덕에 강이 흐르게 하겠고, 골짜기에 샘물이 솟게 하겠다. 광야를 호수로 바꾸어 놓고, 메마른 땅을 물이 솟는 곳으로 바꾸어 놓겠다.

19 내가 광야에서 백향목과 조각목*과 화석류와 올리브 나무가 자라게 하겠고, 사막에서 소나무와 회양목과 느릅나무가 다 같이 자라게 하겠다.

20 사람들이 이것을 보고 나의 능력으로 이 일을 이루었음을 깨달을 것이다. 나 이스라엘의 거룩한 하나님이 이 모든 일을 창조하였음을 알게 될 것이다."

여호와께서 거짓 신들을 꾸짖으시다

21 "너희 입장을 말해 보아라." 여호와의 말씀이다. "너희 주장을 펼쳐 보아라." 야곱의 왕이신 여호와의 말씀이다.

22 "너희 우상을 가져와 장차 일어날 일을 말해 보아라. 옛날에 무슨 일이 일어났는지 말해 보아라. 그러면 우리가 그 일을 살펴서 그 결과가 어떠한지 알아보겠다. 아니면 앞으로 일어날 일을 우리에게 말해 보아라.

23 다음에 일어날 징조들을 말해 보아라. 그러면 너희가 신이라는 것을 믿겠다. 좋은 일이든지, 나쁜 일이든지 우리를 놀라게 할 만한 기적을 행하여 보아라. 그러면 우리가 너희를 두려워하겠다.

---

for those who tried to conquer you.
Those who attack you
  will come to nothing.

13 • For I hold you by your right hand—
  I, the LORD your God.
And I say to you,
  'Don't be afraid. I am here to help you.

14 • Though you are a lowly worm, O Jacob,
  don't be afraid, people of Israel, for I
    will help you.
I am the LORD, your Redeemer.
  I am the Holy One of Israel.'

15 • You will be a new threshing instrument
  with many sharp teeth.
You will tear your enemies apart,
  making chaff of mountains.

16 • You will toss them into the air,
  and the wind will blow them all away;
  a whirlwind will scatter them.
Then you will rejoice in the LORD.
  You will glory in the Holy One of Israel.

17 • "When the poor and needy search for
    water and there is none,
  and their tongues are parched from thirst,
then I, the LORD, will answer them.
  I, the God of Israel, will never abandon them.

18 • I will open up rivers for them on the high
    plateaus.
  I will give them fountains of water in
    the valleys.
I will fill the desert with pools of water.
  Rivers fed by springs will flow across
    the parched ground.

19 • I will plant trees in the barren desert—
  cedar, acacia, myrtle, olive, cypress, fir,
    and pine.

20 • I am doing this so all who see this miracle
  will understand what it means—
  that it is the LORD who has done this,
    the Holy One of Israel who created it.

21 • "Present the case for your idols,"
  says the LORD.
"Let them show what they can do,"
  says the King of Israel.*

22 • "Let them try to tell us what happened long ago
  so that we may consider the evidence.
Or let them tell us what the future holds,
  so we can know what's going to happen.

23 • Yes, tell us what will occur in the days ahead.
  Then we will know you are gods.
In fact, do anything—good or bad!
  Do something that will amaze and

---

flicker [flíkər] *vi.* 깜빡이다; 차츰 꺼져가다
parched [pɑːrtʃt] *a.* 바짝 마른

41:21 Hebrew *the King of Jacob*. See note on 14:1.
41:19 '조각목'은 일종의 '아카시아 나무'이다.

24 너희 거짓 신들은 아무것도 아니며, 너희가 하는 일도 아무것도 아니다. 너희를 섬기는 사람들은 너희만큼이나 역겨운 사람들이다.

25 내가 북쪽과 동쪽에서 한 지도자를 일으켜 세웠다. 그가 와서, 토기장이가 진흙을 밟 듯이 왕들을 짓밟을 것이다.

26 이 일이 있기 전에 누가 이 일을 우리에게 알려 주었느냐? 누가 이 일을 미리 알려 주어 우리가 '그가 옳다'라고 말할 수 있게 했느냐? 아무도 말해 주지 않았고, 아무도 미리 일러 주지 않았다. 너희 가운데 그 일에 관해 말하는 것을 들은 사람은 아무도 없다.

27 내가 처음으로 시온에 그 일을 일러 주었다. 보아라, 그 일이 이르렀다. 내가 예루살렘에 기쁜 소식을 전하는 사신을 보내었다.

28 내가 우상들을 둘러보았으나, 이 일에 관해 말해 주는 우상은 없었으며, 아무도 내 물음에 한 마디도 대답하지 못했다.

29 보아라. 이 모든 우상은 헛된 신들이다. 그들은 아무것도 할 수 없으며, 그들의 형상도 아무 쓸모도 없다."

여호와의 종

42 "내가 붙드는 나의 종을 보아라. 그는 내가 선택한 사람이며, 내가 기뻐하는 사람이다. 내가 내 영을 그에게 주었으니, 그가 모든 민족에게 정의를 베풀 것이다.

2 그는 외치거나 소리를 높이지 않으며, 거리에서 큰 소리로 말하지 않는다.

3 그는 상한 갈대를 꺾지 않으며, 꺼져 가는 등불을 끄지 않는다. 그는 정의를 베풀며 진리를 구한다.

4 그는 세계에 정의를 베풀 때까지 희망을 잃지 않으며 포기하지 않는다. 바다 건너 먼 나라 백성들도 그의 가르침을 믿고 의지한다."

5 여호와 하나님께서 이렇게 말씀하셨다. 그분은 하늘을 만들어 펼치신 분이며, 땅과 그 안에 있는 모든 것을 지으신 분이다. 그분은 땅 위의 모든 사람에게 호흡과 생명을 주시는 분이다.

6 여호와의 말씀이다. "나 여호와가 의로운 일을 하려고 너를 불렀다. 내가 네 손을 붙들고 너를 지켜 주겠다. 너는 내가 백성과 맺은 언약의 표적이 되고, 민족들을 비추는 빛이 될 것이다.

7 내가 보지 못하는 사람의 눈을 뜨게 할 것이

frighten us.

24 • But no! You are less than nothing and can do nothing at all. Those who choose you pollute themselves.

25 "But I have stirred up a leader who will approach from the north. From the east he will call on my name. I will give him victory over kings and princes. He will trample them as a potter treads on clay.

26 • "Who told you from the beginning that this would happen? Who predicted this, making you admit that he was right? No one said a word!

27 I was the first to tell Zion, 'Look! Help is on the way!' * I will send Jerusalem a messenger with good news.

28 • Not one of your idols told you this. Not one gave any answer when I asked.

29 • See, they are all foolish, worthless things. All your idols are as empty as the wind.

The LORD's Chosen Servant

42 • "Look at my servant, whom I strengthen. He is my chosen one, who pleases me. I have put my Spirit upon him. He will bring justice to the nations.

2 • He will not shout or raise his voice in public.

3 • He will not crush the weakest reed or put out a flickering candle. He will bring justice to all who have been wronged.

4 • He will not falter or lose heart until justice prevails throughout the earth. Even distant lands beyond the sea will wait for his instruction.*'

5 • God, the LORD, created the heavens and stretched them out. He created the earth and everything in it. He gives breath to everyone, life to everyone who walks the earth. And it is he who says,

6 • "I, the LORD, have called you to demonstrate my righteousness. I will take you by the hand and guard you, and I will give you to my people, Israel, as a symbol of my covenant with them. And you will be a light to guide the nations.

7 • You will open the eyes of the blind. You will free the captives from prison, releasing those who sit in dark dungeons.

41:27 Or 'Look! They are coming home.' 42:4 Greek version reads And his name will be the hope of all the world. Compare Matt 12:21.

며, 갇힌 사람을 갇힌 데서 풀어 주고, 어둠 속에 사는 사람을 감옥에서 이끌어 낼 것이다.

8 나는 여호와다. 이것이 내 이름이다. 나는 내 영광을 다른 것에게 주지 않겠고, 내가 받을 찬양을 우상들이 받게 하지 않겠다.

9 내가 전에 말한 일들이 다 이루어졌다. 이제 내가 너희에게 새로운 일들을 말한다. 그 일들이 일어나기 전에 내가 너희에게 일러 준다.”

찬양의 노래

10 여호와께 새 노래를 불러 드려라. 땅 위 모든 곳에서 주를 찬양하여라. 바다에서 항해하는 사람과 바다 속에 사는 모든 짐승아, 주를 찬양하여라. 바다 건너 먼 땅에 사는 백성들아, 주를 찬양하여라.

11 광야의 마을들아, 여호와를 찬양하여라. 게달의 주민들아, 주를 찬양하여라. 셀라에 사는 사람들아, 기쁘게 노래하여라. 산꼭대기에서 주를 찬양하여라.

12 여호와께 영광을 돌려라. 바다 건너 먼 땅에서도 주를 찬양하게 하여라.

13 여호와께서 용사처럼 전진하신다. 싸우러 나가는 군인처럼 분노에 차서 나가신다. 주께서 천둥 같은 고함소리와 함께 적군을 물리치신다.

14 “내가 오랫동안 아무 말도 하지 않고 조용히 참았으나, 이제는 분노하겠다. 아기를 낳는 여자처럼 부르짖겠다.

15 내가 산과 언덕들을 황폐하게 하고, 그 안의 식물들을 메마르게 하겠다. 강들을 메마른 땅으로 만들고 호수들을 마르게 하겠다.

16 내가 앞 못 보는 사람들을 그들이 알지 못하는 길로 이끌겠다. 그들을 새로운 길로 인도하겠다. 그들 앞에서 어둠을 빛으로 바꾸며, 거친 땅을 평탄하게 하겠다. 내가 내 말을 지키겠고, 그들을 저버리지 않겠다.

17 그러나 우상을 의지하고 우상을 향해 ‘당신은 우리의 신입니다’ 라고 말하는 사람은 버림을 받고 부끄러움을 당하게 될 것이다.”

하나님의 말씀을 듣지 않은 이스라엘

18 “듣지 못하는 사람들아, 들어라. 보지 못하는 사람들아, 잘 보아라.

19 내 종 이스라엘보다 더 보지 못하는 사람은 없다. 내가 보낸 심부름꾼보다 더 듣지 못하는 사람도 없다. 내가 택한 사람보다 더 눈먼 사람이 없고, 나의 종보다 더 눈먼 사람이 없다.

20 이스라엘아, 너희가 많은 것을 보았으나 복종하지 않았다. 너희가 귀는 열어 두었으나 듣지 않았다.”

---

8 ● “I am the LORD; that is my name!
　I will not give my glory to anyone else,
　　nor share my praise with carved idols.
9 ● Everything I prophesied has come true,
　and now I will prophesy again.
　　I will tell you the future before it happens.”

A Song of Praise to the LORD

10 ● Sing a new song to the LORD!
　Sing his praises from the ends of the earth!
　Sing, all you who sail the seas,
　　all you who live in distant coastlands.
11 ● Join in the chorus, you desert towns;
　let the villages of Kedar rejoice!
　Let the people of Sela sing for joy;
　　shout praises from the mountaintops!
12 ● Let the whole world glorify the LORD;
　let it sing his praise.
13 ● The LORD will march forth like a mighty hero;
　he will come out like a warrior, full of fury.
　He will shout his battle cry
　　and crush all his enemies.
14 ● He will say, “I have long been silent;
　yes, I have restrained myself.
　But now, like a woman in labor,
　　I will cry and groan and pant.
15 ● I will level the mountains and hills
　and blight all their greenery.
　I will turn the rivers into dry land
　　and will dry up all the pools.
16 ● I will lead blind Israel down a new path,
　guiding them along an unfamiliar way.
　I will brighten the darkness before them
　and smooth out the road ahead of them.
　Yes, I will indeed do these things;
　　I will not forsake them.
17 ● But those who trust in idols,
　who say, ‘You are our gods,’
　will be turned away in shame.

Israel's Failure to Listen and See

18 ● “Listen, you who are deaf!
　Look and see, you blind!
19 ● Who is as blind as my own people, my servant?
　Who is as deaf as my messenger?
　Who is as blind as my chosen people,
　　the servant of the LORD?
20 ● You see and recognize what is right
　but refuse to act on it.
　You hear with your ears,
　　but you don't really listen.”

---

blight [bláit] *vt.* 마르게 하다; 파괴시키다
carve [kɑːrv] *vt.* 새기다, 조각하다
forsake [fərséik] *vt.* 버리다, 저버리다
greenery [gríːnəri] *n.* 푸른잎, 나무들
groan [gróun] *vi.* 신음하다, 번민하다
pant [pǽnt] *vi.* 헐떡거리다
restrain [ristréin] *vt.* 억제하다

21 여호와께서는 정의를 기뻐하시는 분이며, 훌륭하고 놀라운 가르침을 베푸시는 분이다.

22 그러나 이 백성이 빼앗기고 약탈당했다. 그들이 모두 덫에 걸렸고 감옥에 갇혔다. 적군이 도둑처럼 그들을 사로잡아 갔으나, 그들을 구해 줄 사람이 없다. 적군이 그들을 끌고 갔으나, "그들을 돌려 주어라"고 말하는 사람이 없다.

23 너희 가운데 누가 이 일에 귀를 기울이겠느냐? 누가 앞으로 일어날 일을 귀담아듣겠느냐?

24 야곱 백성이 끌려가게 내버려 둔 분이 누구냐? 도둑들이 이스라엘을 약탈하게 내버려 둔 분이 누구냐? 우리가 여호와께 죄를 지었기 때문에 주께서 그런 일이 일어나게 하셨다. 우리가 주께서 가라하신 길로 가지 않고 주의 가르침을 따르지 않았다.

25 그러므로 여호와께서 우리에게 크게 노하셨고, 우리를 향해 무서운 전쟁을 일으키셨다. 마치 사방에서 불이 일어나 이스라엘을 덮치는 듯했다. 그런데도 그들은 무슨 일이 일어나는지 몰랐고, 불이 그들을 태웠는데도 관심을 두지 않았다.

언제나 함께하시는 하나님

43 이제 여호와께서 이렇게 말씀하셨다. "야곱 백성아, 내가 너희를 창조하였다. 이스라엘 백성아, 내가 너희를 만들었다. 내가 너희를 구원하였으니 두려워하지 마라. 내가 너희 이름을 불렀으니 너희는 내 것이다.

2 너희가 물 가운데로 지날 때에 내가 너희와 함께 하겠다. 너희가 강을 건널 때에 물이 너희를 덮치지 못할 것이며, 불 사이로 지날 때에도 타지 않을 것이고, 불꽃이 너희를 해치지 못할 것이다.

3 왜냐하면 나 여호와가 너희의 하나님, 곧 이스라엘의 거룩한 자이며 너희를 구원할 구원자이기 때문이다. 내가 이집트를 속량물로 삼아 너희를 구했고, 에티오피아와 스바를 몸값으로 넘겨 주어 너희를 내 것으로 삼았다.

4 너희가 내게는 소중하므로, 다른 사람들의 목숨과 너희를 바꾸어 그들로 너희 대신 죽게 하겠다. 내가 너희를 사랑하므로, 너희가 또한 영화롭게 될 것이다.

5 내가 너희와 함께 있으니 두려워하지 마라. 내가 동쪽에서 너희 자녀를 데려오겠고, 서쪽에서 너희를 모으겠다.

6 내가 북쪽을 향해 말하기를 '내 백성을 내어놓아라' 하겠고 남쪽을 향해 말하기를 '내 백성을 가두지 마라' 하겠다. 내 아들들을 먼 곳에서 데려오너라. 내 딸들을 땅끝에서 데려오너라.

7 내 이름으로 불리는 모든 백성을 내게로 인도하여라. 내가 내 영광을 위해 그들을 지었다. 내가

21 • Because he is righteous,
the LORD has exalted his glorious law.

22 • But his own people have been robbed
and plundered,
enslaved, imprisoned, and trapped.
They are fair game for anyone
and have no one to protect them,
no one to take them back home.

23 • Who will hear these lessons from the past
and see the ruin that awaits you in the
future?

24 • Who allowed Israel to be robbed and hurt?
It was the LORD, against whom we sinned,
for the people would not walk in his path,
nor would they obey his law.

25 • Therefore, he poured out his fury on them
and destroyed them in battle.
They were enveloped in flames,
but they still refused to understand.
They were consumed by fire,
but they did not learn their lesson.

The Savior of Israel

43 1 • But now, O Jacob, listen to the LORD
who created you.
O Israel, the one who formed you says,
"Do not be afraid, for I have ransomed you.
I have called you by name; you are mine.

2 • When you go through deep waters,
I will be with you.
When you go through rivers of difficulty,
you will not drown.
When you walk through the fire of
oppression,
you will not be burned up;
the flames will not consume you.

3 • For I am the LORD, your God,
the Holy One of Israel, your Savior.
I gave Egypt as a ransom for your freedom;
I gave Ethiopia* and Seba in your place.

4 • Others were given in exchange for you.
I traded their lives for yours
because you are precious to me.
You are honored, and I love you.

5 • "Do not be afraid, for I am with you.
I will gather you and your children
from east and west.

6 • I will say to the north and south,
'Bring my sons and daughters back to
Israel
from the distant corners of the earth.

7 • Bring all who claim me as their God,
for I have made them for my glory.
It was I who created them.' "

ransom [rǽnsəm] vt. 되찾다, 석방하다

43:3 Hebrew *Cush*.

그들을 창조하였다."

유다는 하나님의 증인이다

8 눈이 있으나 보지 못하는 백성, 귀가 있으나 듣지 못하는 백성을 데려오너라.

9 모든 민족들아, 다 모여라. 그들의 신 가운데 누가 이 일이 일어날 것을 말하였느냐? 어떤 신이 옛날에 무슨 일이 일어났는지 우리에게 말할 수 있었느냐? 그 신들은 증인을 데려다가 자기들이 옳음을 증명해야 한다. 다른 사람들이 듣고 '그 말이 옳다' 라고 말하게 해야 한다.

10 여호와께서 말씀하신다. "이스라엘아, 너희는 내 증인이며 내가 선택한 종이다. 내가 너희를 선택한 것은 나를 알고 믿게 하려는 것이며, 내가 참 하나님임을 깨닫게 하려는 것이다. 내 앞에 다른 하나님이 없었고, 내 뒤에도 다른 하나님이 없을 것이다.

11 내가 바로 여호와이다. 나 말고는 구원자가 없다.

12 바로 내가 너희에게 말하였고, 너희를 구원하였고, 이 일을 너희에게 일러 주었다. 너희 가운데 있는 어떤 이방신이 그렇게 한 것이 아니다. 너희는 내 증인이다. 내가 하나님이다." 여호와의 말씀이다.

13 "처음부터 내가 하나님이다. 내 능력의 손에서 벗어날 사람은 아무도 없다. 내가 하는 일을 누가 막을 수 있겠느냐?"

14 그러므로 여호와, 곧 너희를 구하신 이스라엘의 거룩하신 분께서 이렇게 말씀하셨다. "내가 너희를 위해 바빌론에 군대를 보내어 바빌론의 성문 빗장을 다 부수게 하겠다. 바빌로니아 사람들의 노랫소리가 변하여 애통하는 소리가 될 것이다.

15 나는 여호와, 곧 너희의 거룩한 하나님이다. 이스라엘을 지은 하나님이며, 너희의 왕이다."

하나님이 다시 자기 백성을 구하신다

16 여호와께서 이렇게 말씀하셨다. "내가 백성을 위해 바다에 길을 내고 거센 물결 사이에 길을 만들었다.

17 내가 전차와 말들을 물리치고 용맹스런 군대를 모두 쳐서 이겼다. 그들이 쓰러져 다시는 일어나지 못하고, 꺼져 가는 불꽃처럼 스러지고 말았다.

18 너희는 전에 일어난 일을 기억하지 마라. 과거의 일을 생각하지 마라.

19 보아라. 내가 이제 새 일을 시작하겠다. 그 일이 이미 나타나고 있는데 너희는 알지 못하겠느냐? 내가 사막에 길을 내겠고, 메마른 땅에 강

---

8 • Bring out the people who have eyes but are blind,
   who have ears but are deaf.

9 • Gather the nations together!
   Assemble the peoples of the world!
   Which of their idols has ever foretold
      such things?
   Which can predict what will happen
      tomorrow?
   Where are the witnesses of such predictions?
   Who can verify that they spoke the truth?

10 • "But you are my witnesses, O Israel!" says
      the LORD.
   "You are my servant.
   You have been chosen to know me,
      believe in me,
      and understand that I alone am God.
   There is no other God—
      there never has been, and there never will be.

11 • I, yes I, am the LORD,
      and there is no other Savior.

12 • First I predicted your rescue,
      then I saved you and proclaimed it to
      the world.
   No foreign god has ever done this.
   You are witnesses that I am the only God,"
      says the LORD.

13 • "From eternity to eternity I am God.
   No one can snatch anyone out of my hand.
   No one can undo what I have done."

The LORD's Promise of Victory

14 • This is what the LORD says—your Redeemer, the
   Holy One of Israel:

   "For your sakes I will send an army
      against Babylon,
   forcing the Babylonians* to flee in those
      ships they are so proud of.

15 • I am the LORD, your Holy One,
   Israel's Creator and King.

16 • I am the LORD, who opened a way
   through the waters,
      making a dry path through the sea.

17 • I called forth the mighty army of Egypt
      with all its chariots and horses.
   I drew them beneath the waves, and they
      drowned,
      their lives snuffed out like a smoldering
      candlewick.

18 • "But forget all that—
      it is nothing compared to what I am going
      to do.

19 • For I am about to do something new.
      See, I have already begun! Do you not see it?
   I will make a pathway through the wilderness.
   I will create rivers in the dry wasteland.

43:14 Or *Chaldeans.*

을 내겠다.

20 들짐승들도 내게 감사할 것이며, 이리와 타조도 그리할 것이다. 왜냐하면 내가 메마른 땅에 강을 내고, 내가 선택한 내 백성에게 물을 줄 것이기 때문이다.

21 이들은 내가 나를 위하여 지은 백성이다. 그들이 나를 찬양할 것이다.

22 그러나 야곱 백성아, 너희가 나를 부르지 않았다. 이스라엘 백성아, 너희가 내게 싫증을 내었다.

23 너희가 내게 번제 양을 가져오지 않았고, 제물을 바쳐 나를 섬기지도 않았다. 내가 너희에게 제물을 가져오게 하지도 않았고, 지치도록 향을 피우라고 하지도 않았다.

24 그래서 너희가 나를 위해 돈을 주고 향을 사지도 않았고, 제물의 기름을 내게 가져오지도 않았다. 오히려 너희는 수많은 죄로 내게 짐을 지웠으며, 온갖 허물로 나를 지치게 만들었다.

25 내가 바로 너희의 모든 죄를 용서하는 하나님이다. 너희 죄를 용서하는 것은 나를 위한 것이니, 너희의 죄를 기억하지 않겠다.

26 그러나 너희는 나를 기억해야 한다. 만나서 누가 옳은지 가려 보자. 너희가 옳다는 것을 증명해 보아라.

27 너희의 첫 조상 때부터 이미 죄를 지었으며, 너희 지도자들은 내게서 등을 돌렸다.

28 그래서 내가 너희의 거룩한 지도자들을 더럽혔고, 야곱 백성에게 재앙을 내렸으며, 이스라엘이 모욕을 당하도록 내버려 두었다."

여호와만이 하나님이시다

44 "내 종 야곱 백성아, 내가 선택한 이스라엘 백성아, 귀를 기울여라."

2 너희를 만드신 분, 너희를 어머니 배 속에서 지으셨고 너희를 도우시는 여호와께서 이렇게 말씀하셨다. "내 종 야곱 백성아, 두려워하지 마라. 여수룬*아, 내가 너를 선택했다.

3 내가 메마른 땅에 물을 붓고, 시내가 흐르게 하겠다. 너희의 자손에게 내 영을 부어 주고, 너희 집안에 내 복을 시냇물처럼 흐르게 하겠다.

4 너희 자녀가 풀밭의 나무처럼, 시냇가의 버드나무처럼 자랄 것이다.

5 '나는 여호와의 것이다'라고 말하는 사람도 있겠고, '나는 야곱의 자손이다'라고 말

---

20 ● The wild animals in the fields will thank me, the jackals and owls, too, for giving them water in the desert. Yes, I will make rivers in the dry wasteland so my chosen people can be refreshed.

21 ● I have made Israel for myself, and they will someday honor me before the whole world.

22 ● "But, dear family of Jacob, you refuse to ask for my help. You have grown tired of me, O Israel!

23 ● You have not brought me sheep or goats for burnt offerings. You have not honored me with sacrifices, though I have not burdened and wearied you with requests for grain offerings and frankincense.

24 ● You have not brought me fragrant calamus or pleased me with the fat from sacrifices. Instead, you have burdened me with your sins and wearied me with your faults.

25 ● "I—yes, I alone—will blot out your sins for my own sake and will never think of them again.

26 ● Let us review the situation together, and you can present your case to prove your innocence.

27 ● From the very beginning, your first ancestor sinned against me; all your leaders broke my laws.

28 ● That is why I have disgraced your priests; I have decreed complete destruction* for Jacob and shame for Israel.

44 ● "But now, listen to me, Jacob my servant, Israel my chosen one.

2 ● The LORD who made you and helps you says: Do not be afraid, O Jacob, my servant, O dear Israel,* my chosen one.

3 ● For I will pour out water to quench your thirst and to irrigate your parched fields. And I will pour out my Spirit on your descendants, and my blessing on your children.

4 ● They will thrive like watered grass, like willows on a riverbank.

5 ● Some will proudly claim, 'I belong to the LORD.' Others will say, 'I am a descendant of Jacob.' Some will write the LORD's name on their hands

---

irrigate [írəgeit] *vt.* 물을 대다, 관개하다
quench [kwéntʃ] *vt.* (갈증을) 가시게 하다
thrive [θráiv] *vi.* 잘되다, 번영하다

....

43:28 The Hebrew term used here refers to the complete consecration of things or people to the LORD, either by destroying them or by giving them as an offering.　　**44:2** Hebrew *Jeshurun*, a term of endearment for Israel.

44:2 '여수룬'은 '이스라엘'을 부르는 애칭이다.

하는 사람도 있을 것이다. 자기의 팔에 '나는 여호와의 것'이라고 적는 사람도 있겠고, 자신의 이름을 이스라엘이라고 부르는 사람도 있을 것이다."

6 이스라엘의 왕이신 여호와, 이스라엘을 구원하시는 만군의 여호와께서 이렇게 말씀하셨다. "나는 처음이요, 끝이다. 나밖에는 다른 신이 없다.

7 누가 나처럼 선포하며 미리 말하겠는가? 만약 있다면 나와서 나와 견주어 보라고 하여라. 내가 옛날 사람들에게 미래 일을 미리 밝혀 주었듯이, 만약 있다면 그들로 하여금 장차 일어날 사건들을 말해 보게 하여라.

8 두려워하지 마라. 걱정하지 마라. 내가 옛날부터 너희에게 장차 일어날 일을 일러 주지 않았느냐? 내가 미리 말하였다. 너희는 내 증인이다. 나밖에 다른 하나님이 또 있느냐? 나만이 유일한 반석이며, 다른 반석은 없다."

우상은 쓸데없다

9 우상을 만드는 사람들이 있으나, 그들은 모두 헛되다. 우상을 좋아하는 사람이 있으나, 다 쓸데없다. 그런 사람은 우상의 증인이지만, 그들은 보지도 못하고 알지도 못한다. 그러므로 그들은 부끄러움을 당한다.

10 누가 이런 우상을 만들었느냐? 누가 이런 쓸모없는 신들을 만들었느냐?

11 보아라, 그런 무리들은 모두 부끄러움을 당할 것이다. 그들은 단순히 대장장이들일 뿐이요, 사람에 불과하다. 그들로 하여금 모두 모여 서도록 하여라. 그들은 다 같이 두려움에 떨게 되며, 부끄러움을 당하게 될 것이다.

12 쇠를 다루는 대장장이는 연장을 가지고 뜨거운 숯불에 쇠를 달구고, 망치질하여 우상의 모양을 만든다. 그의 힘을 다하여 그 작업을 한다. 배가 고프면 힘을 잃고 물을 마시지 않으면 지친다.

13 나무를 다루는 목공은 줄을 늘여 치수를 재고, 석필로 그 모양을 뜨고, 대패로 밀며 양각기로 재어서, 사람 모양의 우상을 만들어 집에 들여 놓는다.

14 다른 사람이 백향목을 베어 오기도 하고, 삼나무나 상수리나무를 가져오기도 하는데, 그런 나무들은 숲에서 저절로 자란 것들이다. 그가 소나무를 심으면, 비가 내려 나무를 자라게 한다.

15 이런 나무들은 땔감으로 쓰이기도 한다. 그것으로 불을 피워 몸을 따뜻하게 하기도 하고,

and will take the name of Israel as their own."

The Foolishness of Idols

6 • This is what the LORD says—Israel's King and Redeemer, the LORD of Heaven's Armies:

"I am the First and the Last;
there is no other God.

7 • Who is like me?
Let him step forward and prove to you
his power.
Let him do as I have done since ancient times
when I established a people and
explained its future.

8 • Do not tremble; do not be afraid.
Did I not proclaim my purposes for you
long ago?
You are my witnesses—is there any other God?
No! There is no other Rock—not one!"

9 • How foolish are those who manufacture idols.
These prized objects are really worthless.
The people who worship idols don't know this,
so they are all put to shame.

10 • Who but a fool would make his own god—
an idol that cannot help him one bit?

11 • All who worship idols will be disgraced
along with all these craftsmen—mere
humans—
who claim they can make a god.
They may all stand together,
but they will stand in terror and shame.

12 • The blacksmith stands at his forge to make
a sharp tool,
pounding and shaping it with all his might.
His work makes him hungry and weak.
It makes him thirsty and faint.

13 • Then the wood-carver measures a block of wood
and draws a pattern on it.
He works with chisel and plane
and carves it into a human figure.
He gives it human beauty
and puts it in a little shrine.

14 • He cuts down cedars;
he selects the cypress and the oak;
he plants the pine in the forest
to be nourished by the rain.

15 • Then he uses part of the wood to make a fire.
With it he warms himself and bakes his
bread.
Then—yes, it's true—he takes the rest of it
and makes himself a god to worship!
He makes an idol

chisel [tʃízəl] *n.* 끌, 조각칼
forge [fɔːrdʒ] *n.* 대장간
nourish [nə́ːriʃ] *vt.* 기르다
pound [paund] *vt.* 두드리다
shrine [ʃráin] *n.* 사당

빵을 굽는 데 쓰기도 한다. 그리고 바로 그 나무로 신상을 만들어 절하고, 우상을 만들어 엎드려 경배한다.

16 나무의 일부로는 불을 피우고, 고기를 구워서 먹는다. 고기를 잘 구워서 배부르게 먹고 그 나무를 태워 몸을 따뜻하게 하면서 "아, 따뜻하다. 불을 보니 좋구나" 라고 말한다.

17 그러나 나머지 나무로는 우상을 만들어 그것을 자기 신이라 부르며, 엎드려 절하고 섬긴다. 그것을 향해 기도하기를, "나의 신이시여, 나를 구해 주십시오"라고 한다.

18 그들은 알지도 못하고 깨닫지도 못한다. 그들은 눈이 가려져 보지 못하고, 마음이 어두워져 깨닫지 못한다.

19 그들에게는 생각도 없고, 지식도 없고, 깨달음도 없다. 그래서 그들은 '나무의 절반은 불태우는 장작으로 썼고, 그 뜨거운 불로 빵을 구워 먹기도 했으며, 고기를 요리해 먹기도 했다. 그런데 그 남은 나무로 이 가증스런 우상을 만들어야 하는가? 이런 나무 토막을 섬겨야 하는가?' 라는 생각을 한 번도 하지 않는다.

20 그는 마치 잿댓물을 먹은 사람처럼, 정신이 흐려져 그릇된 길로 나아간다. 그는 자기를 구하지 못한다. "내가 붙들고 있는 이 우상은 헛된 신이다"라고 말하지 못한다.

여호와는 참하나님이시다

21 "야곱 백성아, 이 일들을 기억하여라. 이스라엘 백성아, 너희가 내 종이라는 것을 잊지 마라. 내가 너희를 지었다. 너희는 내 종이다. 그러므로 이스라엘아, 너희는 결코 나를 잊지 마라.

22 내가 짙은 구름과 같은 너희 죄악을 지워 버렸고, 안개와 같은 너희 죄를 사라지게 하였다. 내가 너희를 구했으니 내게로 돌아오너라."

23 하늘아, 여호와께서 이 큰 일을 하셨으니 기쁘게 노래하여라. 땅아, 네 깊은 곳까지 기쁨으로 외쳐라. 산들아, 숲과 그 안의 모든 나무들아, 주님께 노래하여라. 주께서 야곱 백성을 구하셨고, 이스라엘을 구원하심으로 큰 영광을 나타내셨다.

24 너희를 구원하신 여호와, 너희가 아직 어머니 배 속에 있을 때에 너희를 지으신 주께서 말씀하셨다. "나 여호와가 땅과 그 안에 있는 모든 것을 지었다. 내가 홀로 저 하늘을 펼쳤다.

25 내가 거짓말하는 예언자들의 표적을 헛것이 되게 하였고, 마술하는 사람들을 바보로 만들었으며, 지혜로운 사람들을 헷갈리게 하여, 그들의 지식을 어리석은 것으로 만들었다.

and bows down in front of it!

16 • He burns part of the tree to roast his meat
　and to keep himself warm.
　He says, "Ah, that fire feels good."

17 • Then he takes what's left
　and makes his god: a carved idol!
　He falls down in front of it,
　worshiping and praying to it.
　"Rescue me!" he says.
　　"You are my god!"

18 • Such stupidity and ignorance!
　Their eyes are closed, and they cannot see.
　Their minds are shut, and they cannot think.

19 • The person who made the idol never
　　stops to reflect,
　　"Why, it's just a block of wood!
　I burned half of it for heat
　　and used it to bake my bread and roast
　　　my meat.
　How can the rest of it be a god?
　　Should I bow down to worship a piece
　　　of wood?"

20 • The poor, deluded fool feeds on ashes.
　He trusts something that can't help
　　him at all.
　Yet he cannot bring himself to ask,
　　"Is this idol that I'm holding in my
　　　hand a lie?"

Restoration for Jerusalem

21 • "Pay attention, O Jacob,
　for you are my servant, O Israel.
　I, the LORD, made you,
　　and I will not forget you.

22 • I have swept away your sins like a cloud.
　I have scattered your offenses like the
　　morning mist.
　Oh, return to me,
　　for I have paid the price to set you free."

23 • Sing, O heavens, for the LORD has done this
　　wondrous thing.
　Shout for joy, O depths of the earth!
　Break into song,
　　O mountains and forests and every tree!
　For the LORD has redeemed Jacob
　　and is glorified in Israel.

24 • This is what the LORD says—
　　your Redeemer and Creator:
　"I am the LORD, who made all things.
　　I alone stretched out the heavens.
　Who was with me
　　when I made the earth?

25 • I expose the false prophets as liars

---

delude [dilúːd] *vt.* 현혹하게 하다, 속이다
redeem [ridíːm] *vt.* 구속하다
wondrous [wʌ́ndrəs] *a.* 놀랄 만한, 굉장한

26 그러나 나 여호와가 내 예언자들의 예언이 이루어지게 했다. 예루살렘을 가리켜 '사람들이 다시 여기에 살 것이다' 라고 하였고, 유다의 성들을 가리켜 '이 성들이 다시 세워질 것이다' 라고 하였다. 폐허가 된 예루살렘을 내가 다시 일으켜 세우겠다.

27 내가 강을 향해 마르라고 말하면, 강이 마를 것이다.

28 나는 고레스를 가리켜 '그는 내 목자다. 그가 나의 모든 뜻을 이룰 것이다' 라고 하였다. 또 나는 예루살렘을 가리켜 '너는 다시 세워질 것이다' 라고 하였고, 성전을 가리켜 '너의 기초가 다시 놓일 것이다' 라고 하였다."

하나님께서 고레스를 세우시다

45 여호와께서 기름 부어 세우신 고레스에게 이렇게 말씀하셨다. "내가 네 오른손을 붙들어 민족들을 물리치게 하고, 왕들을 네 앞에서 무릎 꿇게 하겠다. 네가 가는 곳마다 문빗장을 열어 주어 성문이 네 앞길을 막지 못하게 하겠다.

2 내가 너보다 앞서 가며 꾸불꾸불한 곳들을 평탄하게 만들겠다. 놋쇠 성문을 부수고 쇠빗장을 깨뜨리겠다.

3 감추어진 보물을 너에게 주며, 숨겨진 재물을 너에게 주겠다. 그리하여 너로 하여금 내가 여호와라는 것과 나, 곧 이스라엘의 하나님이 네 이름으로 너를 불렀다는 것을 알게 하겠다.

4 내가 이렇게 하는 것은 내 종, 야곱 백성을 위함이요, 내가 선택한 백성, 이스라엘을 위함이다. 나는 네 이름으로 너를 불렀다. 네가 아직 나를 몰랐을 때, 나는 네 이름으로 너를 불렀다.

5 나는 여호와다. 나 외에 다른 하나님은 없다. 네가 나를 알지 못하나, 내가 너를 강하게 해 주겠다.

6 그렇게 하여 나밖에 다른 하나님이 없다는 것을 모든 사람이 알게 하겠다. 해 뜨는 동쪽에서부터 해지는 서쪽에 이르기까지 나만이 여호와요, 다른 신은 없다는 것을 모든 사람이 알게 하겠다.

7 내가 빛을 만들고 어둠을 창조하였다. 나는 평화를 가져오기도 하고 재앙을 일으키기도 한다. 나 여호와가 이 모든 것을 한다.

8 높은 하늘아, 구름아, 승리를 비처럼 쏟아 부어라. 땅아, 너는 넓게 열려서 구원과 정의가 자라게 하여라. 나 여호와가 그것을 창조하였다."

and make fools of fortune-tellers.
I cause the wise to give bad advice,
　thus proving them to be fools.
26 • But I carry out the predictions of my prophets!
　By them I say to Jerusalem, 'People will live
　　here again,'
　and to the towns of Judah, 'You will be rebuilt;
　　I will restore all your ruins!'
27 • When I speak to the rivers and say, 'Dry up!'
　they will be dry.
28 • When I say of Cyrus, 'He is my shepherd,'
　he will certainly do as I say.
　He will command, 'Rebuild Jerusalem' ;
　he will say, 'Restore the Temple.' "

Cyrus, the LORD's Chosen One

45 • This is what the LORD says to Cyrus, his
　anointed one,
　whose right hand he will empower.
Before him, mighty kings will be paralyzed
　with fear.
　Their fortress gates will be opened,
　never to shut again.
2 • This is what the LORD says:

"I will go before you, Cyrus,
　and level the mountains.*
I will smash down gates of bronze
　and cut through bars of iron.
3 • And I will give you treasures hidden in the
　darkness—
　secret riches.
I will do this so you may know that I am
　the LORD,
　the God of Israel, the one who calls
　you by name.

4 • "And why have I called you for this work?
　Why did I call you by name when you
　　did not know me?
It is for the sake of Jacob my servant,
　Israel my chosen one.
5 • I am the LORD;
　there is no other God.
I have equipped you for battle,
　though you don't even know me,
6 • so all the world from east to west
　will know there is no other God.
I am the LORD, and there is no other.
7 • I create the light and make the darkness.
I send good times and bad times.
　I, the LORD, am the one who does
　　these things.

8 • "Open up, O heavens,
　and pour out your righteousness.
Let the earth open wide
　so salvation and righteousness can
　　sprout up together.

45:2 As in Dead Sea Scrolls and Greek version;
Masoretic Text reads *the swellings.*

9 자기를 지으신 하나님과 다투는 사람에게 재앙이 닥친다. 그들은 깨진 질그릇 조각에 지나지 않는다. 진흙이 토기장이에게 "너는 무엇을 만드느냐?"고 할 수 있느냐? 지음을 받은 것이 지은 사람에게 "너에게는 손이 없다"고 할 수 있느냐?

10 아버지에게 "왜 나를 태어나게 하셨습니까?" 하는 자녀에게 재앙이 닥친다. 여자에게 "무엇을 낳았습니까?" 하는 자에게 재앙이 닥친다.

11 여호와, 곧 이스라엘의 거룩하신 분, 이스라엘을 지으신 분께서 이처럼 말씀하셨다. "장차 일어날 일을 내게 물어라. 내 자녀에 관해 묻고, 내가 지은 것에 관해 내게 부탁하여라.

12 내가 땅을 만들었고, 그 위에 사는 모든 사람을 지었다. 내가 내 손으로 하늘을 펼쳤고, 하늘의 모든 군대에게 명령하였다.

13 내가 고레스를 보내어 의로운 일을 하게 할 것이고 그의 일을 쉽게 해 주겠다. 고레스가 내 성을 다시 쌓을 것이며, 포로로 잡혀 간 내 백성을 아무런 대가 없이 풀어 줄 것이다." 만군의 여호와께서 하신 말씀이다.

14 여호와께서 이처럼 말씀하셨다. "이집트와 에티오피아가 수고하여 얻은 물품이 네 것이 되며, 스바의 키 큰 사람들이 너에게로 와서 네 소유가 될 것이다. 그들이 너를 따를 것이며, 사슬에 묶여 와서 네 앞에 엎드려 절할 것이다. 너에게 기도하며 이르기를 '하나님이 당신과 함께 계십니다. 그 밖에 다른 하나님은 없습니다' 라고 할 것이다."

15 정말로 주께서는 사람들이 볼 수 없는 하나님이시며, 이스라엘의 하나님이시며 구원자이시다.

16 우상을 만드는 사람은 다 부끄러움을 당하며, 한결같이 모욕을 당하며 물러날 것이다.

17 그러나 이스라엘은 여호와의 손에 구원을 받을 것이다. 그 구원은 영원할 것이며, 다시는 이스라엘이 부끄러움을 당하지 않을 것이다.

18 여호와께서 하늘을 창조하셨다. 그분은 땅을 만드신 하나님이시다. 그러나 주께서 헛되이 창조하신 것이 아니라, 땅 위에 사람이 살 수 있도록 만드셨다. 주께서 이

I, the LORD, created them.

9 ● "What sorrow awaits those who argue with their Creator.
Does a clay pot argue with its maker?
Does the clay dispute with the one who shapes it, saying,
'Stop, you're doing it wrong!'
Does the pot exclaim,
'How clumsy can you be?'

10 ● How terrible it would be if a newborn baby said to its father,
'Why was I born?'
or if it said to its mother,
'Why did you make me this way?'"

11 ● This is what the LORD says—
the Holy One of Israel and your Creator:
"Do you question what I do for my children?
Do you give me orders about the work of my hands?

12 ● I am the one who made the earth and created people to live on it.
With my hands I stretched out the heavens.
All the stars are at my command.

13 ● I will raise up Cyrus to fulfill my righteous purpose,
and I will guide his actions.
He will restore my city and free my captive people—
without seeking a reward!
I, the LORD of Heaven's Armies, have spoken!"

Future Conversion of Gentiles

14 ● This is what the LORD says:

"You will rule the Egyptians,
the Ethiopians,* and the Sabeans.
They will come to you with all their merchandise,
and it will all be yours.
They will follow you as prisoners in chains.
They will fall to their knees in front of you and say,
'God is with you, and he is the only God.
There is no other.'"

15 ● Truly, O God of Israel, our Savior,
you work in mysterious ways.

16 ● All craftsmen who make idols will be humiliated.
They will all be disgraced together.

17 ● But the LORD will save the people of Israel
with eternal salvation.
Throughout everlasting ages,
they will never again be humiliated and disgraced.

18 ● For the LORD is God,
and he created the heavens and earth
and put everything in place.
He made the world to be lived in,
not to be a place of empty chaos.

45:14 Hebrew *Cushites.*

렇게 말씀하셨다. "나는 여호와다. 나 외에는 다른 하나님이 없다.

19 나는 은밀하게 말하지 않는다. 어두운 곳에서 내 말을 감추지 않았고, 야곱 자손에게 헛되이 나를 찾으라고 하지 않았다. 나 여호와는 진리를 말하고 옳은 것을 말한다.

20 다른 나라에서 피해 온 사람들아, 다 함께 모여 오너라. 나무 우상을 들고 다니는 사람들은 자기가 무슨 일을 하고 있는지 모른다. 그들은 구원하지도 못하는 신에게 기도한다.

21 너희는 모여서 함께 의논해 보아라. 누가 오래 전에 이 일을 일러 주었느냐? 누가 옛날에 이 일을 말했느냐? 나 여호와가 아니냐? 나 외에 다른 하나님은 없다. 나만이 의로운 하나님이며 구원자다. 나 외에 다른 하나님은 없다.

22 온 땅의 모든 사람들아, 내게 돌아와 구원을 받아라. 내가 하나님이다. 다른 하나님은 없다.

23 내가 내 이름으로 맹세한다. 내 맹세는 참되며 내가 한 말은 바뀌지 않는다. 내 맹세는 이러하다. 곧 모든 사람이 내게 무릎을 꿇을 것이며, 나를 따르기로 약속할 것이다."

24 사람들이 말하기를 '정의와 능력은 오직 여호와께만 있다'고 할 것이다. 여호와께 화를 냈던 사람이 다 주께 돌아와 부끄러움을 당하게 될 것이다.

25 그러나 여호와의 도우심으로 이스라엘의 모든 후손은 의롭다는 인정을 받고 주를 찬양할 것이다.

우상은 헛되다

46 바빌론의 우상인 벨과 느보를 짐승들이 싣고 간다. 그 우상들은 실어 날라야 할 무거운 짐이며, 짐승들을 지치게 하는 것일 뿐이다.

2 이 헛된 신들이 모두 고꾸라졌다. 그들은 자기를 구하지 못하고, 모두가 포로처럼 끌려간다.

3 "야곱의 자손아, 내 말을 들어라. 살아남은 이스라엘 백성아, 귀를 기울여라. 너희가 태어날 때부터 내가 너희를 안고 다녔고, 어머니 배 속에서 나올 때부터 너희를 돌보았다.

4 너희가 늙을 때까지 내가 너희를 돌보겠

"I am the LORD," he says,
  "and there is no other.
19 • I publicly proclaim bold promises.
  I do not whisper obscurities in some dark corner.
  I would not have told the people of Israel*
    to seek me
    if I could not be found.
  I, the LORD, speak only what is true
    and declare only what is right.

20 • "Gather together and come,
    you fugitives from surrounding nations.
  What fools they are who carry around their
      wooden idols
    and pray to gods that cannot save!
21 • Consult together, argue your case.
  Get together and decide what to say.
  Who made these things known so long ago?
    What idol ever told you they would happen?
  Was it not I, the LORD?
    For there is no other God but me,
  a righteous God and Savior.
    There is none but me.
22 • Let all the world look to me for salvation!
    For I am God; there is no other.
23 • I have sworn by my own name;
    I have spoken the truth,
    and I will never go back on my word:
  Every knee will bend to me,
    and every tongue will declare allegiance to me.*"
24 • The people will declare,
    "The LORD is the source of all my righteousness
      and strength."
  And all who were angry with him
    will come to him and be ashamed.
25 • In the LORD all the generations of Israel will
      be justified,
    and in him they will boast.

Babylon's False Gods

46 • Bel and Nebo, the gods of Babylon,
    bow as they are lowered to the ground.
  They are being hauled away on ox carts.
    The poor beasts stagger under the weight.
2 • Both the idols and their owners are bowed down.
    The gods cannot protect the people,
  and the people cannot protect the gods.
    They go off into captivity together.

3 • "Listen to me, descendants of Jacob,
    all you who remain in Israel.
  I have cared for you since you were born.
    Yes, I carried you before you were born.
4 • I will be your God throughout your lifetime—
    until your hair is white with age.
  I made you, and I will care for you.
    I will carry you along and save you.

45:19 Hebrew *of Jacob*. See note on 14:1.　45:23 Hebrew *will confess*; Greek version reads *will declare allegiance to God*. Compare Rom 14:11.

고, 너희 머리가 희어질 때까지 내가 너희를 품어 주겠다. 내가 너희를 지었으니 너희를 돌보겠다. 너희를 인도하며 구원해 주겠다.

5 너희가 나를 누구에게 비기겠느냐? 누구를 나와 견줄 수 있겠느냐?

6 금을 많이 가진 사람, 은을 저울에 다는 사람이 금세공인을 고용하여 그 금과 은으로 우상을 만들게 하고, 그 우상에게 엎드려 절한다.

7 그들이 우상을 어깨에 메어다가 우상을 둘 곳에 내려놓으면, 우상은 거기에 서서 움직이지 못한다. 사람들이 그것에게 제아무리 외쳐도 대답하지 못하고 고통당하는 사람도 구하지 못한다.

8 이것을 기억하고 잊지 마라. 하나님을 배반한 사람들아, 이 일을 생각하여라.

9 옛날에 일어난 일을 기억하여라. 나는 하나님이며, 나 외에 다른 하나님은 없다. 나는 하나님이며, 나와 같은 이는 없다.

10 옛적부터 내가 장차 일어날 일을 일러 주었다. 내가 계획한 일은 반드시 이루어지며, 내가 하고자 하는 일은 반드시 한다.

11 내가 내 뜻을 이룰 사람을 동쪽에서 불렀다. 그가 먼 나라에서 독수리처럼 올 것이다. 내가 한 말을 이루겠고, 내가 계획한 그대로 행하겠다.

12 너희 고집 센 백성아, 의로운 길에서 멀리 떨어진 백성아, 내 말을 들어라.

13 내가 멀지 않은 날에 의로운 일을 하겠다. 나의 구원 계획이 곧 이루어질 것이다. 내가 시온을 구하고 이스라엘을 영화롭게 하겠다.”

하나님께서 바빌론을 멸망시키신다

47 “바빌론 성아, 내려와 티끌에 앉아라. 바빌로니아 백성아, 땅 위에 앉아라. 바빌로니아 사람들아, 이제 너희는 통치자가 아니다. 너희가 다시는 곱거나 아름답다는 말을 듣지 못할 것이다.

2 맷돌을 가져와 곡식을 갈아라. 너희 너울을 걷어올리고 멋진 치마를 벗어라. 다리를 드러내고 강을 건너라.

3 너희의 벗은 몸이 드러날 것이요, 너희의 부끄러운 모습이 들춰질 것이다. 내가 원수를 갚겠다. 어느 누구도 나를 방해하지 못한다.”

4 우리의 구원자는 그 이름이 만군의 여호와

5 • “To whom will you compare me?
    Who is my equal?
6 • Some people pour out their silver and gold
    and hire a craftsman to make a god from it.
    Then they bow down and worship it!
7 • They carry it around on their shoulders,
    and when they set it down, it stays there.
    It can't even move!
    And when someone prays to it, there is no answer.
    It can't rescue anyone from trouble.

8 • "Do not forget this! Keep it in mind!
    Remember this, you guilty ones.
9 • Remember the things I have done in the past.
    For I alone am God!
    I am God, and there is none like me.
10 • Only I can tell you the future
    before it even happens.
    Everything I plan will come to pass,
    for I do whatever I wish.
11 • I will call a swift bird of prey from the east—
    a leader from a distant land to come and
      do my bidding.
    I have said what I would do,
    and I will do it.

12 • "Listen to me, you stubborn people
    who are so far from doing right.
13 • For I am ready to set things right,
    not in the distant future, but right now!
    I am ready to save Jerusalem*
    and show my glory to Israel.

Prediction of Babylon's Fall

47 • "Come down, virgin daughter of
    Babylon, and sit in the dust.
    For your days of sitting on a throne have ended.
    O daughter of Babylonia,* never again will you be
    the lovely princess, tender and delicate.
2 • Take heavy millstones and grind flour.
    Remove your veil, and strip off your robe.
    Expose yourself to public view.*
3 • You will be naked and burdened with shame.
    I will take vengeance against you without pity."

4 • Our Redeemer, whose name is the LORD of
    Heaven's Armies,
    is the Holy One of Israel.

---

allegiance [əlíːdʒəns] *n.* 충성, 헌신
bidding [bídiŋ] *n.* 명령
bold [bould] *a.* 강력한, 확실한
delicate [délikət] *a.* 고운, 섬세한, 우아한
fugitive [fjúːdʒətiv] *n.* 도망자
millstone [mílstoun] *n.* 맷돌
obscurity [əbskjúərəti] *n.* 불분명; 흐릿함, 모호
stagger [stǽgər] *vi.* 비틀거리다
46:1 haul away … : …을 나르다, 운송하다

....

46:13 Hebrew *Zion.*   47:1 Or *Chaldea;* also in 47:5.
47:2 Hebrew *Bare your legs; pass through the rivers.*

이시며, 이스라엘의 거룩하신 분이다.

5 "바빌로니아 사람들아, 어둠 속에 앉아 잠잠히 있어라. 네가 다시는 민족들의 여왕이라는 이름을 듣지 못할 것이다.

6 내가 내 백성에게 노하여 내게 속한 백성들을 저버리고, 그들을 너에게 넘겨 주었다. 그런데 너는 내 백성을 무자비하게 다루고, 노인들에게까지 고된 일을 시켰다.

7 네가 말하기를 '나는 영원히 여왕으로 있을 것이다' 라고 한다. 네가 이런 일들을 생각하지 않았고 장차 일어날 일들을 마음에 두지 않았다.

8 쾌락을 사랑하는 사람아, 너는 이제 들어 보아라. 너는 스스로 안전하다고 생각하고 마음에 이르기를 '이 세상에는 오직 나뿐이다. 나 말고는 아무도 없다. 나는 과부가 되지도 않을 것이고, 자녀를 잃지도 않을 것이다' 라고 한다.

9 그러나 그 두 가지 일이 한날에 갑자기 닥칠 것이니, 네가 자녀와 남편을 잃을 것이다. 이 일이 반드시 너에게 일어날 것이며, 너의 온갖 마술과 속임수도 너를 구원하지 못한다.

10 네가 악한 일을 하고도 스스로 안전하다고 생각하며 말하기를 '내가 하는 일을 보는 사람이 없다' 라고 한다. 네 지혜와 지식이 너를 속였다. 너는 마음속으로 '이 세상에는 오직 나뿐이다. 나 말고는 아무도 없다' 라고 말한다.

11 그러나 재앙이 너에게 닥칠 것이며, 그것을 막을 길이 없을 것이다. 고통이 너를 덮치겠으나, 네가 피할 길이 없을 것이다. 너는 순식간에, 너무나 빨리 깨닫지도 못하는 사이에 망할 것이다.

12 네가 젊어서부터 해오던 속임수와 마술을 부려 보아라. 혹시 그것이 너에게 도움이 될지도 모른다. 그것으로 네가 다른 사람에게 겁을 줄 수 있을지도 모른다.

13 그러나 너는 많은 조언들 때문에 지쳐 버렸다. 하늘을 연구하는 사람, 별을 보며 미래를 알려 주는 사람을 불러 보아라. 너에게 닥칠 일을 알아내어 너를 구해 보아라.

14 보아라, 그들은 지푸라기처럼 불에 쉽게 타 버린다. 그 불은 몸을 따뜻하게 해 주는 숯불도 아니고, 곁에 앉아 쬘 수 있는 불도 아니어서 그 불꽃의 힘으로부터 스스로를 구할 수 없을 것이다.

15 너와 함께 일해 온 사람들, 네가 젊었을 때부

5 ● "O beautiful Babylon, sit now in darkness
　　　and silence.
　　Never again will you be known as the
　　　queen of kingdoms.

6 ● For I was angry with my chosen people
　　　and punished them by letting them
　　　　fall into your hands.
　　But you, Babylon, showed them no mercy.
　　　You oppressed even the elderly.

7 ● You said, 'I will reign forever as queen of
　　　the world!'
　　You did not reflect on your actions
　　　or think about their consequences.

8 ● "Listen to this, you pleasure-loving kingdom,
　　　living at ease and feeling secure.
　　You say, 'I am the only one, and there is
　　　no other.
　　I will never be a widow or lose my children.'

9 ● Well, both these things will come upon
　　　you in a moment:
　　　widowhood and the loss of your children.
　　Yes, these calamities will come upon you,
　　　despite all your witchcraft and magic.

10 ● "You felt secure in your wickedness.
　　　'No one sees me,' you said.
　　But your 'wisdom' and 'knowledge'
　　　have led you astray,
　　　and you said, 'I am the only one, and
　　　　there is no other.'

11 ● So disaster will overtake you,
　　　and you won't be able to charm it away.
　　Calamity will fall upon you,
　　　and you won't be able to buy your way out.
　　A catastrophe will strike you suddenly,
　　　one for which you are not prepared.

12 ● "Now use your magical charms!
　　　Use the spells you have worked at all
　　　　these years!
　　Maybe they will do you some good.
　　　Maybe they can make someone afraid of you.

13 ● All the advice you receive has made you tired.
　　　Where are all your astrologers,
　　those stargazers who make predictions
　　　each month?
　　Let them stand up and save you from
　　　what the future holds.

14 ● But they are like straw burning in a fire;
　　　they cannot save themselves from the flame.
　　You will get no help from them at all;
　　　their hearth is no place to sit for warmth.

15 ● And all your friends,
　　　those with whom you've done business
　　　　since childhood,

astrologer [əstrάlədʒər] *n.* 점성가, 점성술사
catastrophe [kətǽstrəfi] *n.* 대참사, 큰재앙
widowhood [wídouhud] *n.* 과부 신세, 과부 살이

터 너와 함께 있던 상인들도 너를 구하지 못한다. 모두가 제 갈 길로 가 버리고 너를 구할 사람이 남지 않을 것이다."

하나님께서 미래를 다스리신다

48 "야곱의 자손아, 내 말을 들어라. 이스라엘이라고 불리는 유다 자손아, 귀를 기울여라. 너희가 여호와의 이름으로 맹세하기도 하고, 이스라엘의 하나님을 찬양하기도 하지만, 너희는 정직하지도 않고 진실하지도 않다.

2 스스로 거룩한 성의 백성이라 부르고, 만군의 여호와, 곧 이스라엘의 하나님을 의지한다고 하는 자들아,

3 옛적부터 내가 장차 일어날 일을 일러 주었다. 이 일들에 관해 말해 주고 알려 주었다. 그리고 갑작스레 행함으로, 내가 한 말을 그대로 이루었다.

4 그렇게 한 것은 너희가 고집이 세다는 것을 내가 알기 때문이다. 너희 목 힘줄은 쇠 같고 너희 이마는 놋쇠 같다.

5 그래서 내가 옛적부터 이 일들을 일러 주었고, 그 일들이 일어나기 전에 미리 알려 주었던 것이다. 너희가 '내 우상들이 이 일을 했다. 내 나무 우상과 쇠 우상이 이 모든 일을 일으켰다'라고 말하지 못하게 하기 위함이었다.

6 일어난 모든 일을 너희가 듣고 보았다. 그러니 이 소식을 남들에게 알려 주어라. 이제 내가 너희에게 새 일을 일러 주겠다. 너희가 아직 알지 못하는 비밀을 가르쳐 주겠다.

7 그 일들은 이제 막 창조된 것이요, 옛적 일이 아니다. 그것은 오늘까지 너희가 들어 본 적이 없는 일이므로, '우리는 이미 알고 있었다'라고 말할 수 없다.

8 그러나 너희는 듣지 않았고, 깨닫지도 못했다. 옛적부터 너희는 내 말을 듣지 않았다. 나는 너희가 틀림없이 나를 배반하리라는 것을 알았다. 너희는 태어날 때부터 반역을 일삼았다.

9 그러나 내 이름을 위해 내가 참았고, 내 영광을 위해 너희를 멸망시키지 않았다.

10 내가 너희를 단련시켰으나, 은을 정련하듯 하지 않고 오히려 너희를 고난의 용광로에서 단련시켰다.

11 그것은 나를 위해, 내 이름을 위해 한 것이다. 나는 사람들이 내 이름을 더럽히지 못하게 하겠다. 헛된 신이 내 영광을 가져가지 못하게 하겠다."

약속받은 구원

12 "야곱 백성아, 내 말을 들어라. 내가 불러낸 이스

will go their own ways,
　turning a deaf ear to your cries.

God's Stubborn People

48 "Listen to me, O family of Jacob,
　you who are called by the name of Israel
　and born into the family of Judah.
Listen, you who take oaths in the name of the LORD
　and call on the God of Israel.
You don't keep your promises,
　even though you call yourself the holy city
and talk about depending on the God of Israel,
　whose name is the LORD of Heaven's Armies.

3 Long ago I told you what was going to happen.
　Then suddenly I took action,
　and all my predictions came true.

4 For I know how stubborn and obstinate you are.
　Your necks are as unbending as iron.
　Your heads are as hard as bronze.

5 That is why I told you what would happen;
　I told you beforehand what I was going to do.
Then you could never say, 'My idols did it.
　My wooden image and metal god commanded it to happen!'

6 You have heard my predictions and seen them fulfilled,
　but you refuse to admit it.
Now I will tell you new things,
　secrets you have not yet heard.

7 They are brand new, not things from the past.
　So you cannot say, 'We knew that all the time!'

8 "Yes, I will tell you of things that are entirely new,
　things you never heard of before.
For I know so well what traitors you are.
　You have been rebels from birth.

9 Yet for my own sake and for the honor of my name,
　I will hold back my anger and not wipe you out.

10 I have refined you, but not as silver is refined.
　Rather, I have refined you in the furnace of suffering.

11 I will rescue you for my sake—
　yes, for my own sake!
I will not let my reputation be tarnished,
　and I will not share my glory with idols!

Freedom from Babylon

12 "Listen to me, O family of Jacob,
　Israel my chosen one!
I alone am God,

furnace [fɜːrnis] *n.* 용광로
obstinate [ábstənət] *a.* 완고한, 고집센
tarnish [táːrniʃ] *vt.* 명예를 손상시키다
unbending [ʌnbéndiŋ] *a.* 단단한, 단호한

라엘 백성아, 귀를 기울여라. 나는 유일한 하나님이다. 내가 곧 처음이요, 끝이다.

13 내가 내 손으로 땅을 지었고, 내 오른손으로 하늘을 펼쳤다. 내가 땅과 하늘을 부르면, 그들이 내 앞에 와서 선다.

14 너희는 모두 와서 귀를 기울여라. 우상들 가운데서 이런 일들을 미리 일러 준 우상이 있느냐? 내가 선택한 사람이 내가 바라는 일을 바빌론에게 행할 것이다. 그가 바빌로니아 사람들을 공격하여 내 뜻을 이룰 것이다.

15 내가 말했고, 그를 불렀으며, 데려왔으니, 그가 하는 일마다 잘 되게 해 주겠다.

16 내게 다가와서 이 말을 들어라. 나는 처음부터 은밀하게 말하지 않았다. 이 일이 시작될 때부터 나는 거기에 있었다." 이제 주 여호와께서 나를 보내시며 그의 영을 함께 보내셨다.

17 너희 구원자이시며, 이스라엘의 거룩하신 분인 여호와께서 이렇게 말씀하셨다. "나는 여호와 너희 하나님이다. 나는 너희에게 유익한 일을 가르치며 마땅히 가야 할 길로 너희를 이끈다.

18 너희가 내 명령에 복종했으면, 평화가 강같이 흘렀을 것이며, 좋은 일이 파도처럼 몰려왔을 것이다.

19 너희의 자손이 해변의 모래처럼 늘어났을 것이다. 그 이름이 내 앞에서 끊기지도 않고 영원히 멸망하지도 않았을 것이다."

20 내 백성아, 바빌론을 떠나라. 갈대아 사람들에게서 도망쳐라. "여호와께서 자기 종 야곱을 구하셨다"라고 말하여라. 이 소식을 백성에게 즐겁게 외치고 온 땅에 퍼뜨려라.

21 여호와께서 그들을 사막으로 인도하실 때에도 그들이 목마르지 않았다. 여호와께서 그들을 위해 바위를 쪼개셔서 물이 솟아나게 하셨다.

22 "악한 사람들에게는 평화가 없다." 여호와의 말씀이다.

여호와의 종

49 바닷가 땅에 사는 백성들아, 내 말에 귀를 기울여라. 멀리 떨어진 곳의 민족들아, 내 말을 들어라. 내가 태어나기도 전에 여호와께서 나를 부르셨고, 내가 아직 어머니 배 속에 있을 때에 여호와께서 내 이름을 부르셨다.

---

the First and the Last.

13 • It was my hand that laid the foundations
    of the earth,
    my right hand that spread out the
    heavens above.
    When I call out the stars,
    they all appear in order."

14 • Have any of your idols ever told you this?
    Come, all of you, and listen:
    The LORD has chosen Cyrus as his ally.
    He will use him to put an end to the
    empire of Babylon
    and to destroy the Babylonian* armies.

15 • "I have said it: I am calling Cyrus!
    I will send him on this errand and will help
    him succeed.

16 • Come closer, and listen to this.
    From the beginning I have told you
    plainly what would happen."

    And now the Sovereign LORD and his Spirit
    have sent me with this message.

17 • This is what the LORD says—
    your Redeemer, the Holy One of Israel:
    "I am the LORD your God,
    who teaches you what is good for you
    and leads you along the paths you
    should follow.

18 • Oh, that you had listened to my commands!
    Then you would have had peace flowing
    like a gentle river
    and righteousness rolling over you like
    waves in the sea.

19 • Your descendants would have been like the
    sands along the seashore—
    too many to count!
    There would have been no need for your destruction,
    or for cutting off your family name."

20 • Yet even now, be free from your captivity!
    Leave Babylon and the Babylonians.*
    Sing out this message!
    Shout it to the ends of the earth!
    The LORD has redeemed his servants,
    the people of Israel.*

21 • They were not thirsty
    when he led them through the desert.
    He divided the rock,
    and water gushed out for them to drink.

22 • "But there is no peace for the wicked,"
    says the LORD.

The LORD's Servant Commissioned

49 Listen to me, all you in distant lands!
    Pay attention, you who are far away!

48:14 Or *Chaldean*.　48:20a Or *the Chaldeans*.　48:20b Hebrew *his servant, Jacob*. See note on 14:1.

2 주께서 내 혀를 날카로운 칼처럼 만드셨고, 나를 주의 손 그늘에 숨기셨다. 주께서 나를 날카로운 화살처럼 만드셔서 주의 화살통 속에 감추셨다.

3 주께서 내게 말씀하셨다. "이스라엘아, 너는 내 종이다. 내가 너를 통해 내 영광을 나타내겠다."

4 그러나 나는 말하였다. "저는 헛되이 수고했습니다. 온 힘을 다했으나 쓸모가 없었습니다. 그러나 여호와께서 내 일을 판단해 주실 것이며, 내 하나님께서 내가 받을 보상을 결정하실 것입니다."

5 여호와께서 나를 어머니 배 속에서 지으시고 나를 종으로 삼으셨다. 나로 하여금 야곱 백성을 여호와께 인도하게 하시고, 이스라엘을 다시 불러 모으게 하셨다. 여호와께서 나를 높이셨고, 내게 힘을 주셨다. 이제 그 여호와께서 내게 말씀하셨다.

6 주께서 말씀하시기를, "네가 내 종이 되어, 야곱 지파들과 살아남은 이스라엘 백성을 돌아오게 할 일은 작은 일이다. 더욱이 내가 너를 온 민족의 빛으로 삼아, 세상 끝까지 나의 구원이 이르게 할 것이다"라고 하셨다.

7 이스라엘의 구원자이시며 이스라엘의 거룩하신 분께서 사람들에게 멸시를 받고 민족들에게 미움을 받는 사람, 통치자들의 종에게 이렇게 말씀하셨다. "왕들이 너를 보고 일어나서 너에게 절할 것이다. 위대한 지도자들이 네 앞에서 엎드릴 것이다. 그것은 너를 선택한 이스라엘의 거룩한 하나님, 신실한 나 여호와 때문이다."

구원의 날

8 여호와께서 이렇게 말씀하셨다. "때가 되면, 내가 너의 기도를 들어 주겠다. 구원의 날에 내가 너를 돕고 너를 지켜 주겠다. 너는 내가 백성과 맺은 언약의 표적이 될 것이다. 너는 백성을 그들의 땅으로 돌려보내어 폐허가 된 땅을 그 주인들에게 돌려줄 것이다.

9 네가 죄수들에게 '감옥에서 나오너라'고 할 것이며, 어둠 속에 있는 사람에게는 '밝은 곳으로 나오너라'고 할 것이다. 그들이 길가에서도 음식을 먹으며, 헐벗은 산에서도 먹을 것을 찾게 될 것이다.

10 그들이 굶주리지도 않고, 목마르지도 않을 것이다. 뜨거운 바람이나 햇볕도 그들을 해치지 못할 것이다. 왜냐하면 그들을 위로하시는 하나님께서 그들을 샘가로 인도하실 것이기 때

The LORD called me before my birth;
from within the womb he called me by name.
2 • He made my words of judgment as sharp as a sword.
He has hidden me in the shadow of his hand.
I am like a sharp arrow in his quiver.

3 • He said to me, "You are my servant, Israel, and you will bring me glory."

4 • I replied, "But my work seems so useless!
I have spent my strength for nothing and to no purpose.
Yet I leave it all in the LORD's hand;
I will trust God for my reward."

5 • And now the LORD speaks—
the one who formed me in my mother's womb to be his servant,
who commissioned me to bring Israel back to him.
The LORD has honored me,
and my God has given me strength.
6 • He says, "You will do more than restore the people of Israel to me.
I will make you a light to the Gentiles,
and you will bring my salvation to the ends of the earth."

7 • The LORD, the Redeemer and Holy One of Israel,
says to the one who is despised and rejected by the nations,
to the one who is the servant of rulers:
"Kings will stand at attention when you pass by.
Princes will also bow low
because of the LORD, the faithful one,
the Holy One of Israel, who has chosen you."

Promises of Israel's Restoration

8 • This is what the LORD says:

"At just the right time, I will respond to you.*
On the day of salvation I will help you.
I will protect you and give you to the people as my covenant with them.
Through you I will reestablish the land of Israel and assign it to its own people again.
9 • I will say to the prisoners, 'Come out in freedom,'
and to those in darkness, 'Come into the light.'
They will be my sheep, grazing in green pastures
and on hills that were previously bare.
10 • They will neither hunger nor thirst.
The searing sun will not reach them

49:8 Greek version reads *I heard you*. Compare 2 Cor 6:2.

문이다.

11 내가 내 모든 산들을 내 백성을 위해 길로 만들 겠고, 모든 길을 닦아 놓겠다.

12 보아라. 내 백성이 먼 곳에서부터 온다. 북쪽 에서도 오고 서쪽에서도 온다. 이집트 남쪽의 시님*에서도 온다.”

13 하늘아, 기뻐하여라. 땅아, 즐거워하여라. 산 들아, 소리를 높여라. 여호와께서 그의 백성을 위로하신다. 여호와께서 고통당하는 사람들 을 불쌍히 여기신다.

예루살렘과 그 자녀

14 그러나 시온이 말하기를 “여호와께서 나를 버 리셨다. 주께서 나를 잊으셨다”고 한다.

15 여호와께서 대답하신다. “여자가 자기의 젖 먹는 아이를 잊겠느냐? 자기가 낳은 아이를 불쌍히 여기지 않겠느냐? 혹시 어머니가 자기 아이를 잊는다 하더라도 나는 너를 잊지 않겠 다.

16 보아라. 내가 네 이름을 내 손바닥에 적었다. 예루살렘아, 내가 언제나 네 성벽을 내 마음에 두고 있다.

17 네 자녀가 곧 너에게로 돌아올 것이다. 너를 무너뜨리고 멸망시킨 사람들은 너에게서 떠 날 것이다.

18 네 눈을 들어 사방을 둘러보아라. 네 모든 자 녀가 너에게로 모여들고 있다. 내가 살아 있는 한, 네 자녀는 보석과 같을 것이다. 신부가 자 기 보석을 자랑하듯 네가 네 자녀를 자랑할 것 이다.

19 너는 파괴되었고 망하였다. 네 땅이 쓸모없게 되었다. 그러나 이제는 백성이 너무 많아서 땅 이 비좁다. 너를 멸망시킨 백성은 멀리 떠날 것이다.

20 네가 잃었다고 생각한 네 자녀들이 너에게 와 서 말하기를, ‘이곳은 너무 비좁으니 우리가 살 수 있게 더 넓은 곳을 주십시오’라고 할 것 이다.

21 그때에 네가 스스로 말하기를, ‘누가 나에게 이 모든 자녀를 낳아 주었는가? 많은 자녀들 이 죽고 살아남은 자들은 포로로 끌려가나 홀 *로 남겨졌다. 그런데 이 아이들이 다 어디에서 왔는가? 누가 이 아이들을 길렀는가?*’ 라고 할 것이다.”

22 주 여호와께서 이렇게 말씀하셨다. “보아라. 내가 민족들에게 손짓을 하겠고, 깃발을 들어 뭇 백성들에게 신호를 보내겠다. 그러면 그들 이 네 아들들을 품에 안고 돌아오며, 네 딸들

anymore.
　For the LORD in his mercy will lead them;
　　he will lead them beside cool waters.

11 • And I will make my mountains into level
　　　paths for them.
　The highways will be raised above the valleys.”

12 • See, my people will return from far away,
　　from lands to the north and west,
　　and from as far south as Egypt.*”

13 • Sing for joy, O heavens!
　　Rejoice, O earth!
　Burst into song, O mountains!
　For the LORD has comforted his people
　　and will have compassion on them in
　　　their suffering.

14 • Yet Jerusalem* says, “The LORD has deserted us;
　　the Lord has forgotten us.”

15 • “Never! Can a mother forget her nursing child?
　　Can she feel no love for the child she has borne?
　But even if that were possible,
　　I would not forget you!

16 • See, I have written your name on the palms of
　　　my hands.
　　Always in my mind is a picture of
　　　Jerusalem's walls in ruins.

17 • Soon your descendants will come back,
　　and all who are trying to destroy you
　　　will go away.

18 • Look around you and see,
　　for all your children will come back to you.
　As surely as I live,” says the LORD,
　　“they will be like jewels or bridal ornaments
　　for you to display.

19 • “Even the most desolate parts of your
　　　abandoned land
　　will soon be crowded with your people.
　Your enemies who enslaved you
　　will be far away.

20 • The generations born in exile will return and say,
　　‘We need more room! It's crowded here!’

21 • Then you will think to yourself,
　　‘Who has given me all these descendants?
　For most of my children were killed,
　　and the rest were carried away into exile.
　I was left here all alone.
　　Where did all these people come from?
　Who bore these children?
　　Who raised them for me?’ ”

22 • This is what the Sovereign LORD says:
　　“See, I will give a signal to the godless nations.
　　They will carry your little sons back to

49:12 As in Dead Sea Scrolls, which read *from the region of Aswan*, which is in southern Egypt. Masoretic Text reads *from the region of Sinim*.　49:14 Hebrew *Zion*.

49:12 현재의 ‘아스완’에 해당된다.

을 업고 돌아올 것이다.

23 왕들이 네 자녀를 보살펴 줄 것이며, 왕비들이 네 자녀를 돌볼 것이다. 그들이 네 앞에서 엎드릴 것이며, 네 발의 먼지에 입맞출 것이다. 그때에 너는 내가 여호와라는 것을 알게 될 것이다. 나를 의지하는 사람은 부끄러움을 당하지 않을 것이다."

24 전쟁 때 용사의 손에 빼앗긴 물건을 다시 가져올 수 있느냐? 폭군에게 사로잡힌 포로를 빼내 올 수 있느냐?

25 그러나 여호와께서 이렇게 말씀하셨다. "내가 용사에게 사로잡힌 포로를 빼내 오겠다. 폭군이 빼앗은 물건을 다시 가져오겠다. 내가 네 적과 맞서 싸워 네 자녀를 구해 내겠다.

26 너에게 고통을 안겨 준 사람들로 하여금 제 살을 먹게 만들고, 포도주를 마신 것처럼 그들 자신의 피를 먹고 취하게 할 것이다. 그때에 나 여호와가 너의 구원자이자 구속자며, 야곱의 전능한 하나님이라는 것을 모든 사람이 알게 될 것이다."

이스라엘이 죄값을 받는다

50 여호와께서 이렇게 말씀하셨다. "이스라엘 백성아, 너희는 내가 너희 어머니를 쫓아냈다고 말하는데 그 이혼서가 어디 있느냐? 내가 어느 누구에게 빚을 갚으려고 너희들을 판 줄로 아느냐? 아니다. 너희 죄 때문에 너희가 스스로 팔렸으며, 너희 어머니가 쫓겨난 것은 너희 허물로 인해서이다.

2 내가 왔을 때에 아무도 없었고, 내가 불렀을 때에 아무도 대답하지 않았다. 내가 너희를 구하기에 내 손이 짧다고 생각하느냐? 내게 너희를 구할 힘이 없느냐? 보아라. 내가 꾸짖기만 해도 바다가 마르며, 강이 사막이 된다. 물고기들은 물이 없어서 죽고, 썩어서 악취를 낼 것이다.

3 나는 하늘을 어둡게 만들 수 있으며 거친 베처럼 만들 수도 있다."

여호와의 종

4 주 여호와께서 내게 가르칠 능력을 주셨다. 약한 사람을 강하게 할 수 있는 말을 내게 일러 주셨다. 아침마다 나를 깨우쳐 주시고, 학생처럼 배우게 하셨다.

5 주 여호와께서 내 귀를 열어 주셨다. 나는 여호와께 반역하지 않았고, 등을 돌리지도 않았다.

6 나는 나를 때리는 사람들에게 등을 대 주었고, 내 수염을 뽑는 사람들에게 뺨을 대 주었다.

you in their arms;
　they will bring your daughters on their
　　shoulders.
23 • Kings and queens will serve you
　　and care for all your needs.
　They will bow to the earth before you
　　and lick the dust from your feet.
　Then you will know that I am the LORD.
　　Those who trust in me will never be
　　　put to shame."

24 • Who can snatch the plunder of war from
　　　the hands of a warrior?
　　Who can demand that a tyrant* let his
　　　captives go?
25 • But the LORD says,
　"The captives of warriors will be released,
　　and the plunder of tyrants will be retrieved.
　For I will fight those who fight you,
　　and I will save your children.
26 • I will feed your enemies with their own flesh.
　　They will be drunk with rivers of their
　　　own blood.
　All the world will know that I, the LORD,
　　am your Savior and your Redeemer,
　　the Mighty One of Israel.*"

50 This is what the LORD says:

"Was your mother sent away because I
　　divorced her?
　Did I sell you as slaves to my creditors?
　No, you were sold because of your sins.
　　And your mother, too, was taken
　　　because of your sins.
2 • Why was no one there when I came?
　　Why didn't anyone answer when I called?
　Is it because I have no power to rescue?
　　No, that is not the reason!
　For I can speak to the sea and make it dry up!
　　I can turn rivers into deserts covered
　　　with dying fish.
3 • I dress the skies in darkness,
　　covering them with clothes of mourning."

The LORD's Obedient Servant

4 • The Sovereign LORD has given me his words
　　　of wisdom,
　　so that I know how to comfort the weary.
　Morning by morning he wakens me
　　and opens my understanding to his will.
5 • The Sovereign LORD has spoken to me,
　　and I have listened.
　I have not rebelled or turned away.
6 • I offered my back to those who beat me
　　and my cheeks to those who pulled

49:24 As in Dead Sea Scrolls, Syriac version, and Latin Vulgate (also see 49:25); Masoretic Text reads *a righteous person.*　49:26 Hebrew *of Jacob.* See note on 14:1.

그들이 나를 조롱하고 내게 침을 뱉을 때에 내 얼굴을 가리지 않았다.

7 주 여호와께서 나를 도우시니, 내가 수치를 당하지 않았다. 그러므로 마음을 굳게 먹고 부끄러움을 당하지 않을 것이다.

8 나를 의롭다 하신 여호와께서 가까이 계시니, 누가 나와 다툴 수 있겠느냐? 있다면 함께 법정으로 가자. 나를 고발할 사람이 있으면 내게 가까이 와라.

9 보아라. 주 여호와께서 나를 도우시니 누가 나에게 죄가 있다고 하겠느냐? 그들이 모두 헌 옷처럼 닳아 없어지고, 좀에게 먹히게 될 것이다.

10 너희 가운데 누가 여호와를 두려워하며, 누가 여호와의 종에게 복종하느냐? 어둠 속을 걷는 사람, 빛이 없는 길을 가는 사람이라도 여호와의 이름을 의지하고 하나님을 믿어라.

11 그러나 지켜 보아라. 너희가 자신의 빛으로 살고, 자신의 불로 몸을 데우나, 내게서 받을 것은 이러하니 너희가 큰 고통 속에 눕게 될 것이다.

예루살렘은 구원을 받는다

51 "의로운 길을 가려는 사람, 나 여호와를 따르려는 사람아, 내 말을 들어라. 너희가 떨어져 나온 바위를 파낸 채석장을 곰곰이 생각해 보아라.

2 너희 조상 아브라함과 사라를 바라보아라. 내가 아브라함을 불렀을 때, 오직 그 사람 하나뿐이었다. 그러나 내가 그에게 복을 베풀어 수많은 자녀를 주었다.

3 나 여호와가 시온을 위로한다. 그 폐허 속에 사는 사람들에게 자비를 베푼다. 그 광야를 에덴 동산처럼 만들고, 그 황무지를 나 여호와의 동산처럼 만든다. 거기에 기쁨과 즐거움이 가득할 것이며, 감사와 노랫소리가 가득할 것이다.

4 내 백성아, 내 말을 들어라. 이스라엘아, 내 말에 귀를 기울여라. 내게서 가르침이 나오며, 내 정의가 온 백성의 빛이 될 것이다.

5 내가 곧 나의 의로움을 드러내겠고, 곧 너희를 구원하겠다. 내가 능력으로 모든 민족을 심판하겠다. 섬에 사는 민족들이 다 나를 기다리며, 내 능력으로 그들을 구하기를 바라고 있다.

6 너희 눈을 들어 하늘을 바라보아라. 그리고 아래로 땅을 둘러보아라. 하늘이 연기처럼

---

out my beard.
I did not hide my face
from mockery and spitting.

7 • Because the Sovereign LORD helps me,
I will not be disgraced.
Therefore, I have set my face like a stone,
determined to do his will.
And I know that I will not be put to shame.

8 • He who gives me justice is near.
Who will dare to bring charges against me now?
Where are my accusers?
Let them appear!

9 • See, the Sovereign LORD is on my side!
Who will declare me guilty?
All my enemies will be destroyed
like old clothes that have been eaten by moths!

10 • Who among you fears the LORD
and obeys his servant?
If you are walking in darkness,
without a ray of light,
trust in the LORD
and rely on your God.

11 • But watch out, you who live in your own light
and warm yourselves by your own fires.
This is the reward you will receive from me:
You will soon fall down in great torment.

A Call to Trust the LORD

51 1 • "Listen to me, all who hope for deliverance—
all who seek the LORD!
Consider the rock from which you were cut,
the quarry from which you were mined.

2 • Yes, think about Abraham, your ancestor,
and Sarah, who gave birth to your nation.
Abraham was only one man when I called him.
But when I blessed him, he became a great
nation."

3 • The LORD will comfort Israel* again
and have pity on her ruins.
Her desert will blossom like Eden,
her barren wilderness like the garden
of the LORD.
Joy and gladness will be found there.
Songs of thanksgiving will fill the air.

4 • "Listen to me, my people.
Hear me, Israel,
for my law will be proclaimed,
and my justice will become a light to the
nations.

5 • My mercy and justice are coming soon.
My salvation is on the way.
My strong arm will bring justice to the nations.
All distant lands will look to me
and wait in hope for my powerful arm.

6 • Look up to the skies above,

51:3 Hebrew *Zion*; also in 51:16.

사라지고 땅이 헌 옷처럼 닳아 없어질 것이며, 거기 사는 사람들은 파리처럼 죽을 것이다. 그러나 내 구원은 영원하며, 내 의는 끝없이 이어질 것이다.

7 정의를 아는 백성아, 내 말을 들어라. 내 가르침을 따르는 사람들아, 내 말에 귀를 기울여라. 사람들의 멸시와 그들의 헐뜯는 말을 두려워하지 마라.

8 좀이 옷을 망치듯이 그들을 망칠 것이며, 벌레가 양털을 먹듯이 그들을 먹을 것이다. 그러나 내 의는 영원하며, 내 구원은 끝없이 이어질 것이다.”

9 깨어나십시오, 여호와여! 능력으로 옷 입으십시오. 오래전에 나일 강의 용과 같은 이집트를 토막내셨던 것처럼 깨어나십시오.

10 주께서 바닷물을 말리시고, 바다의 깊은 곳에 길을 내셔서, 구원받은 주의 백성이 건너가게 하셨습니다.

11 여호와께서 자유를 주신 백성이 돌아올 것입니다. 그들이 기뻐하며 시온으로 올 것입니다. 그들의 행복이 영원할 것이며, 기쁨과 즐거움이 넘치고 슬픔과 고통은 사라질 것입니다.

12 “내가 바로 너희를 위로하는 하나님이다. 죽을 수밖에 없는 인간을 어찌하여 너희는 두려워하느냐? 풀처럼 쓰러져 갈 인간들을 왜 무서워하느냐?

13 나 여호와가 너희를 지었다는 것을 잊었느냐? 나 여호와가 하늘을 펼쳤고 땅을 지었다. 너희가 어찌하여 너희를 괴롭히는 성난 백성을 늘 두려워하느냐? 남을 멸망시키려고 하는 그 원수들이 지금 어디에 있느냐?

14 갇혀 있는 포로들이 곧 풀려날 것이다. 그들은 감옥에서 죽지 않을 것이고, 음식이 부족하게 되는 일도 없을 것이다.

15 왜냐하면 내가 여호와 너희의 하나님이기 때문이다. 내가 바다를 휘저어 거친 파도를 일으켰다. 내 이름은 만군의 여호와다.

16 내가 내 말을 너희에게 전해 주고 내 손으로 너희를 감싸 보호해 주었다. 내가 하늘과 땅을 지었고, 시온을 향해 ‘너는 내 백성이다’라고 하였다.”

and gaze down on the earth below.
For the skies will disappear like smoke,
    and the earth will wear out like a piece of clothing.
The people of the earth will die like flies,
    but my salvation lasts forever.
    My righteous rule will never end!

7 • “Listen to me, you who know right from wrong
    you who cherish my law in your hearts.
Do not be afraid of people's scorn,
    nor fear their insults.

8 • For the moth will devour them as it devours clothing.
    The worm will eat at them as it eats wool.
But my righteousness will last forever.
    My salvation will continue from generation
        to generation.”

9 • Wake up, wake up, O LORD! Clothe yourself
        with strength!
    Flex your mighty right arm!
Rouse yourself as in the days of old
    when you slew Egypt, the dragon of he Nile.*

10 • Are you not the same today,
    the one who dried up the sea,
making a path of escape through the depths
    so that your people could cross over?

11 • Those who have been ransomed by the
        LORD will return.
    They will enter Jerusalem* singing,
    crowned with everlasting joy.
Sorrow and mourning will disappear,
    and they will be filled with joy and gladness.

12 • “I, yes I, am the one who comforts you.
    So why are you afraid of mere humans,
    who wither like the grass and disappear?

13 • Yet you have forgotten the LORD, your Creator,
    the one who stretched out the sky like a canopy
    and laid the foundations of the earth.
Will you remain in constant dread of
        human oppressors?
    Will you continue to fear the anger of
        your enemies?
Where is their fury and anger now?
    It is gone!

14 • Soon all you captives will be released!
    Imprisonment, starvation, and death
    will not be your fate!

15 • For I am the LORD your God,
    who stirs up the sea, causing its waves to roar.
    My name is the LORD of Heaven's Armies.

16 • And I have put my words in your mouth
    and hidden you safely in my hand.
I stretched out* the sky like a canopy

quarry [kwɔ́:ri] *n.* 채석장

51:9 Hebrew *You slew Rahab; you pierced the dragon.* Rahab is the name of a mythical sea monster that represents chaos in ancient literature. The name is used here as a poetic name for Egypt.   51:11 Hebrew *Zion.*

하나님께서 이스라엘을 치셨다

17 깨어라, 깨어라, 예루살렘아! 네가 여호와의 손에서 그분의 진노의 잔을 받아 마셨다. 여호와께서 진노의 잔을 너에게 주셔서, 네가 비틀거리도록 마시게 하셨다.

18 예루살렘에 사람이 많으나, 이끌 사람은 하나도 없고, 예루살렘에서 자라난 자녀 가운데 인도할 사람이 없다.

19 두 가지 재앙이 너에게 닥쳤으니, 곧 황폐와 멸망이고 굶주림과 싸움이다. 그러나 아무도 너를 불쌍히 여기지 않으며, 아무도 너를 위로해 주지 않는다.

20 네 백성이 약해졌다. 마치 그물에 걸린 영양처럼 쓰러져 거리 모퉁이마다 누워 있다. 그들이 여호와의 무서운 진노를 받았고, 하나님의 노한 목소리를 들었다.

21 포도주를 마시지 않으면서도 취해 있는 불쌍한 예루살렘아, 그러므로 내 말을 들어라.

22 너의 주 여호와, 곧 자기 백성을 위해 싸우시는 네 주 하나님께서 이렇게 말씀하셨다. "보아라. 내가 너에게 준 진노의 잔, 네가 마시고 비틀거렸던 그 잔을 이제는 거두어들이겠다. 다시는 네가 그 잔을 마시지 않을 것이다.

23 내가 이제 그 고난의 잔을 너에게 고통을 준 사람들에게 마시게 하겠다. 너희에게 '엎드려라. 우리가 너희를 딛고 가겠다'라고 한 사람들에게 주겠다. 그들이 흙을 밟듯 너희 등을 짓밟았으며, 거리를 다니듯 너희 등을 밟고 다녔다."

예루살렘이 구원을 받는다

52 깨어라, 깨어라, 시온아! 힘을 내어라. 거룩한 성 예루살렘아, 다시 아름다운 옷을 입어라. 할례받지 않은 자와 부정한 사람이 다시는 네게로 들어가지 못할 것이다.

2 한때 포로였던 예루살렘아, 이제는 티끌을 떨어버리고 일어서라. 한때 포로였던 딸 시온아, 이제는 네 목의 사슬을 풀어 버려라.

3 여호와께서 이렇게 말씀하셨다. "너희가 값없이 포로로 팔려 갔으니, 값없이 구원받을 것이다."

4 주 여호와께서 이렇게 말씀하셨다. "처음에 내 백성이 이집트로 살려고 내려갔다. 그리고 앗시리아가 아무 이유 없이 그들을 압제하였다.

5 여호와의 말씀이다. "여기 내게 무슨 유익이 있는가? 보아라, 다른 민족이 내 백성을 까닭 없이 붙잡아 갔다. 그 다스리는 사람들이 나를 비웃는다." 여호와의 말씀이다. "그들이 하루 종일 내 이름을 욕되게 한다.

---

and laid the foundations of the earth.
I am the one who says to Israel,
　'You are my people!' "

17 • Wake up, wake up, O Jerusalem!
　　You have drunk the cup of the LORD's fury.
　　You have drunk the cup of terror,
　　tipping out its last drops.

18 • Not one of your children is left alive
　　to take your hand and guide you.

19 • These two calamities have fallen on you:
　　desolation and destruction, famine and war.
　　And who is left to sympathize with you?
　　Who is left to comfort you?*

20 • For your children have fainted and lie in the streets,
　　helpless as antelopes caught in a net.
　　The LORD has poured out his fury;
　　God has rebuked them.

21 • But now listen to this, you afflicted ones
　　who sit in a drunken stupor,
　　though not from drinking wine.

22 • This is what the Sovereign LORD,
　　your God and Defender, says:
　　"See, I have taken the terrible cup from your hands.
　　You will drink no more of my fury.

23 • Instead, I will hand that cup to your tormentors,
　　those who said, 'We will trample you into the dust
　　and walk on your backs.' "

Deliverance for Jerusalem

52 • Wake up, wake up, O Zion!
　　Clothe yourself with strength.
　　Put on your beautiful clothes, O holy city of Jerusalem,
　　for unclean and godless people will enter your gates no longer.

2 • Rise from the dust, O Jerusalem.
　　Sit in a place of honor.
　　Remove the chains of slavery from your neck,
　　O captive daughter of Zion.

3 • For this is what the LORD says:
　　"When I sold you into exile,
　　I received no payment.
　　Now I can redeem you
　　without having to pay for you."

4 　•This is what the Sovereign LORD says: "Long ago my people chose to live in Egypt. Now they

5 are oppressed by Assyria. •What is this?" asks the LORD. "Why are my people enslaved again? Those who rule them shout in exultation.* My

---

51:16 As in Syriac version (see also 51:13); Hebrew reads *planted*.　**51:19** As in Dead Sea Scrolls and Greek, Latin, and Syriac versions; Masoretic Text reads *How can I comfort you?*　**52:5a** As in Dead Sea Scrolls; Masoretic Text reads *Those who rule them wail*.

6 그러나 그날에 내 백성에게 내 이름을 드러낼 것이며, 내 능력을 알게 할 것이다. 그들은 내가 그들에게 말한 하나님이었다는 것을 알게 될 것이다."

7 아름다워라. 기쁜 소식을 가지고 산을 넘어오는 사람이여. 아름다워라. 평화를 선포하며, 좋은 소식을 가져오고, 구원을 선포하는 사람이여. 아름다워라. 시온에 "네 하나님은 왕이시다"라고 전하러 다니는 사람의 발이여.

8 들어 보아라! 파수꾼들이 외치고 있다. 그들이 모두 기쁨을 못 이겨 외치고 있다. 여호와께서 시온으로 돌아오실 때, 그 모습을 그들이 눈으로 직접 볼 것이다.

9 폐허로 변한 예루살렘아, 이제는 소리를 높여 다 함께 기뻐하여라. 여호와께서 자기 백성을 위로하시고, 예루살렘을 구하셨으니 즐거워하여라.

10 여호와께서 모든 민족에게 거룩하신 능력을 나타내신다. 그때에 이 땅의 모든 사람이 우리 하나님의 구원을 볼 것이다.

11 너희 백성아, 떠나라. 바빌론에서 나오너라. 부정한 것을 만지지 마라. 여호와를 예배드릴 때 쓰는 물건들을 나르던 사람들아, 그곳을 떠나 네 몸을 깨끗하게 하여라.

12 너희가 바빌론에서 나올 때 황급히 빠져나오지 않아도 된다. 도망치듯 나오지 않아도 된다. 여호와께서 너희 앞에서 가실 것이다. 이스라엘의 하나님께서 뒤에서 너희를 지켜 주실 것이다.

고난받는 종

13 여호와께서 말씀하셨다. "보아라, 내 종이 지혜롭게 행동하여, 사람들에게서 존경과 칭찬을 받을 것이다. 그가 높이 들릴 것이다.

14 그를 보고 여러 사람이 놀랐다. 매 맞고, 피 흘림으로, 그의 얼굴과 모습이 너무 상하여 사람처럼 보이지 않았다.

15 이제는 그가 여러 백성을 놀라게 할 것이며, 왕들은 놀라 입을 다물 것이다. 그는 아무도 일러 주지 않은 것을 볼 것이며, 아무도 듣지 못한 것을 깨달을 것이다."

53 우리가 들은 것을 누가 믿었느냐? 여호와의 팔이 누구에게 나타났느냐?

2 그는 여호와 앞에서 부드러운 새싹처럼, 메마른 땅에서 자라는 나무움기처럼 자라났다. 그에게는 아름다움도 없었고, 우리의 눈길을 끌 만한 위엄도 없었다.

---

6 name is blasphemed all day long.* • But I will reveal my name to my people, and they will come to know its power. Then at last they will recognize that I am the one who speaks to them."

7 • How beautiful on the mountains
   are the feet of the messenger who
     brings good news,
the good news of peace and salvation,
   the news that the God of Israel* reigns!

8 • The watchmen shout and sing with joy,
   for before their very eyes
     they see the LORD returning to Jerusalem.*

9 • Let the ruins of Jerusalem break into joyful song,
   for the LORD has comforted his people.
   He has redeemed Jerusalem.

10 • The LORD has demonstrated his holy power
   before the eyes of all the nations.
All the ends of the earth will see
   the victory of our God.

11 • Get out! Get out and leave your captivity,
   where everything you touch is unclean.
Get out of there and purify yourselves,
   you who carry home the sacred objects
     of the LORD.

12 • You will not leave in a hurry,
   running for your lives.
For the LORD will go ahead of you;
   yes, the God of Israel will protect you
     from behind.

The LORD's Suffering Servant

13 • See, my servant will prosper;
   he will be highly exalted.

14 • But many were amazed when they saw him.*
   His face was so disfigured he seemed
     hardly human,
   and from his appearance, one would
     scarcely know he was a man.

15 • And he will startle* many nations.
   Kings will stand speechless in his presence.
For they will see what they had not been told;
   they will understand what they had
     not heard about.*

1 # 53 • Who has believed our message?
   To whom has the LORD revealed
     his powerful arm?

2 • My servant grew up in the LORD's presence
   like a tender green shoot,
   like a root in dry ground.

52:5b Greek version reads *The Gentiles continually blaspheme my name because of you.* Compare Rom 2:24.   52:7 Hebrew *of Zion.*   52:8 Hebrew *to Zion.*   52:14 As in Syriac version; Hebrew reads *you.*   52:15a Or *cleanse.*   52:15b Greek version reads *Those who have never been told about him will see, / and those who have never heard of him will understand.* Compare Rom 15:21.

3 그는 사람들에게 미움과 멸시를 받았으며, 아픔과 고통을 많이 겪었다. 사람들은 그를 바라보려 하지도 않았다. 그는 미움을 받았고, 우리 가운데 아무도 그를 귀하게 여기지 않았다.

4 정말로 그는 우리의 질병을 짊어지고, 우리의 아픔을 대신 겪었다. 그러나 우리는 그가 하나님께 벌을 받아서 고통을 당한다고 생각했다.

5 그러나 그가 상처 입은 것은 우리의 허물 때문이고, 그가 짓밟힌 것은 우리의 죄 때문이다. 그가 맞음으로 우리가 평화를 얻었고, 그가 상처를 입음으로 우리가 고침을 받았다.

6 우리는 모두 양처럼 흩어져 제 갈 길로 갔으나, 여호와께서 우리의 모든 죄짐을 그에게 지게 하셨다.

7 그는 매를 맞고 고난을 당했으나, 마치 도살장으로 끌려가는 어린 양과 같이 아무 말도 하지 않았다. 털을 깎이는 양과 같이 잠잠하고 입을 열지 않았다.

8 사람들이 정의를 짓밟고 그를 거칠게 끌고 갔다. 그가 살아 있는 사람들의 땅에서 끊어졌으니, 그 세대 사람들 가운데서 어느 누가 자기들의 죄 때문에 그가 죽임을 당했다고 생각하겠는가?

9 그는 악한 일을 한 적이 없으며, 거짓말을 한 적이 없는데도 악한 사람들과 함께 묻혔으며, 그의 무덤이 부자들 사이에 있었다.

10 그러나 그에게 상처를 입히고 고통을 준 것은 여호와의 뜻이었다. 여호와께서 그의 목숨을 죄를 씻는 제물인 속죄 제물로 삼으셨다. 그는 자기 자손을 볼 것이며, 오래오래 살 것이다. 여호와께서 바라시는 뜻을 그가 이룰 것이다.

11 "많은 고통을 겪은 뒤에 그는 고난의 결과를 보고 만족할 것이다. 내 의로운 종이 많은 사람을 의롭게 할 것이며, 그들의 죄를 짊어질 것이다.

12 그러므로 내가 그를 위대한 사람으로 높여 주며, 강한 사람들과 함께 재물을 나누어 가지게 하겠다. 그는 기꺼이 자기 목숨을 죽음에 내놓았으며 죄인 취급을 받았다. 그는 많은 사람의 죄를 짊어졌고, 죄지은 사람들을 대신해서 용서를 빌었다."

　　　There was nothing beautiful or majestic
　　　　　about his appearance,
　　　nothing to attract us to him.
3 • He was despised and rejected—
　　　　a man of sorrows, acquainted with deepest grief.
　　　We turned our backs on him and looked
　　　　　the other way.
　　　He was despised, and we did not care.

4 • Yet it was our weaknesses he carried;
　　　　it was our sorrows* that weighed him down.
　　　And we thought his troubles were a punishment
　　　　　from God,
　　　a punishment for his own sins!

5 • But he was pierced for our rebellion,
　　　　crushed for our sins.
　　　He was beaten so we could be whole.
　　　He was whipped so we could be healed.

6 • All of us, like sheep, have strayed away.
　　　We have left God's paths to follow our own.
　　　Yet the LORD laid on him
　　　　the sins of us all.

7 • He was oppressed and treated harshly,
　　　　yet he never said a word.
　　　He was led like a lamb to the slaughter.
　　　And as a sheep is silent before the shearers,
　　　he did not open his mouth.

8 • Unjustly condemned,
　　　　he was led away.*
　　　No one cared that he died without descendants,
　　　　that his life was cut short in midstream.*
　　　But he was struck down
　　　　for the rebellion of my people.

9 • He had done no wrong
　　　　and had never deceived anyone.
　　　But he was buried like a criminal;
　　　he was put in a rich man's grave.

10 • But it was the LORD's good plan to crush him
　　　　and cause him grief.
　　　Yet when his life is made an offering for sin,
　　　　he will have many descendants.
　　　He will enjoy a long life,
　　　　and the LORD's good plan will prosper in his
　　　　　hands.

11 • When he sees all that is accomplished by his anguish,
　　　　he will be satisfied.
　　　And because of his experience,
　　　　my righteous servant will make it possible
　　　for many to be counted righteous,
　　　　for he will bear all their sins.

12 • I will give him the honors of a victorious soldier,
　　　　because he exposed himself to death.

53:4 Or *Yet it was our sicknesses he carried; / it was our diseases.*　　**53:8a** Greek version reads *He was humiliated and received no justice.* Compare Acts 8:33.　　**53:8b** Or *As for his contemporaries, / who cared that his life was cut short in midstream?* Greek version reads *Who can speak of his descendants? / For his life was taken from the earth.* Compare Acts 8:33.

백성이 예루살렘으로 돌아온다

54 "아기를 낳지 못하는 여자와 같은 예루살렘아, 노래하여라. 노래를 부르고 큰 소리로 기뻐하여라. 네가 한 번도 아기를 낳는 아픔을 겪지 못했으나, 남편을 둔 여자보다 더 많은 자녀를 가질 것이다." 여호와의 말씀이다.

2 네 장막을 넓혀라. 네가 사는 천막을 마음껏 펼치고 넓혀라. 밧줄을 길게 늘이고 말뚝을 단단히 박아라.

3 네가 오른쪽과 왼쪽으로 넓게 펴져 나갈 것이며, 네 자녀가 다른 나라들을 차지할 것이다. 그들이 폐허로 변한 성에서 다시 살 것이다.

4 두려워하거나 당황하지 마라. 네가 부끄러움을 당하지 않을 것이다. 네가 젊었을 때의 부끄러움과 네 남편을 잃었을 때의 부끄러움을 다시는 기억하지 않을 것이다.

5 너를 지으신 분이 네 남편이 되실 것이다. 그분의 이름은 만군의 여호와이시다. 너를 구하신 분은 이스라엘의 거룩하신 분이다. 그분은 온 땅의 하나님이라고 불리시는 분이다.

6 남편에게서 버림받고 큰 슬픔에 빠져 있던 너, 젊어서 결혼했다가 버림받은 너를 여호와께서 부르셨다. 네 하나님의 말씀이다.

7 "내가 잠시 너를 버렸으나, 큰 은혜로 너를 다시 데려오겠다.

8 내가 크게 노하여 잠시 너에게서 피했으나, 영원한 사랑으로 너에게 은혜를 베풀겠다." 너의 구원자이신 여호와의 말씀이다.

9 "지금은 노아 때와 비슷하다. 그때, 내가 다시는 세계를 홍수로 멸망시키지 않겠다고 약속했다. 이제 또 내가 약속한다. 내가 다시는 너에게 노하거나 너를 심판하지 않겠다.

10 산들이 사라지고 언덕들이 옮겨진다 하더라도, 너에 대한 나의 사랑은 절대로 변하지 않는다. 내 평화의 약속은 없어지지 않는다." 너에게 자비를 베푸는 여호와의 말씀이다.

11 "너 불쌍한 성아, 폭풍에 시달려도 위로받지 못한 성아, 보아라. 내가 옥으로 너를 다시 쌓으며 청옥으로 네 기초를 다시 놓겠

He was counted among the rebels.
He bore the sins of many and
interceded for rebels.

Future Glory for Jerusalem

54 "Sing, O childless woman,
you who have never given birth!
Break into loud and joyful song, O Jerusalem,
you who have never been in labor.
For the desolate woman now has more children
than the woman who lives with her husband,"
says the LORD.

2 "Enlarge your house; build an addition.
Spread out your home, and spare no expense!

3 For you will soon be bursting at the seams.
Your descendants will occupy other nations
and resettle the ruined cities.

4 "Fear not; you will no longer live in shame.
Don't be afraid; there is no more disgrace
for you.
You will no longer remember the shame
of your youth
and the sorrows of widowhood.

5 For your Creator will be your husband;
the LORD of Heaven's Armies is his name!
He is your Redeemer, the Holy One of Israel,
the God of all the earth.

6 For the LORD has called you back from your grief—
as though you were a young wife
abandoned by her husband,"
says your God.

7 "For a brief moment I abandoned you,
but with great compassion I will take you back.

8 In a burst of anger I turned my face away
for a little while.
But with everlasting love I will have
compassion on you,"
says the LORD, your Redeemer.

9 "Just as I swore in the time of Noah
that I would never again let a flood
cover the earth,
so now I swear
that I will never again be angry and
punish you.

10 For the mountains may move
and the hills disappear,
but even then my faithful love for you will remain.
My covenant of blessing will never be broken,"
says the LORD, who has mercy on you.

11 "O storm-battered city,
troubled and desolate!
I will rebuild you with precious jewels
and make your foundations from lapis lazuli.

desolate [désələt] *a.* 쓸쓸한, 외로운
intercede [intərsíːd] *vi.* 중재하다
shearer [ʃíərər] *n.* 양털을 깎는 사람

다.

12 홍옥으로 네 성벽을 쌓고, 반짝이는 보석으로 네 성문을 만들고, 귀한 보석으로 바깥 벽을 쌓겠다.

13 네 모든 자녀를 나 여호와가 가르치겠고, 네 자녀가 평화를 누리게 될 것이다.

14 너는 정의롭고 공평한 통치 아래서 살게 될 것이다. 아무도 너를 해치지 못할 것이니, 너에게 두려움이 사라질 것이다. 아무것도 너를 무섭게 하지 못할 것이다.

15 보아라, 나는 너를 공격할 사람을 보내지 않겠다. 누구든 너를 공격하는 사람은 네 앞에서 넘어질 것이다.

16 보아라, 내가 대장장이를 만들었다. 그가 숯불을 달구어 원하는 연장을 만든다. 같은 방법으로 나는 파괴하는 무기들도 만들었다.

17 그러므로 어떤 무기도 너를 해치지 못할 것이다. 너를 재판에 거는 사람을 네가 물리칠 것이다. 이것이 나 여호와의 종들이 받을 몫이다. 그들의 승리는 내게서 나온다." 여호와의 말씀이다.

좋은 것을 주시는 하나님

55 "너희 목마른 사람아, 다 와서 마셔라. 돈이 없는 사람도 와서 마셔라. 포도주와 우유를 마시되 돈 없이, 값없이 와서 마셔라.

2 어찌하여 너희는 진정한 음식이 못 되는 것을 위해 돈을 쓰느냐? 어찌하여 만족시켜 주지도 못할 것을 위해 애쓰느냐? 내 말을 잘 들어라. 그러면 너희가 영혼을 살찌우는 음식을 먹게 될 것이다.

3 내게 와서 귀를 기울여라. 내 말을 잘 들어라. 그러면 너희가 살 것이다. 내가 너희와 영원한 언약을 맺으며, 다윗에게 약속한 복을 너희에게 주겠다.

4 보아라, 내가 다윗을 온 민족 앞에서 내 증인으로 삼았고, 많은 나라의 통치자와 지휘관으로 세웠다.

5 많은 나라들이 너희에게 복종하기 위해 달려올 것이다." 이것은 여호와 너희 하나님 때문이다. 이스라엘의 거룩하신 분께서 너희를 높이셨다.

6 너희는 찾을 만한 때에 여호와를 찾아라. 가까이 계실 때에 여호와를 불러라.

7 악한 사람은 그 길에서 돌이키고, 죄인은 자기의 악한 생각을 버려라. 여호와께 돌아오너라. 그러면 여호와께서 자비를 베푸실 것이다. 우

12 • I will make your towers of sparkling rubies, your gates of shining gems, and your walls of precious stones.

13 • I will teach all your children, and they will enjoy great peace.

14 • You will be secure under a government that is just and fair. Your enemies will stay far away. You will live in peace, and terror will not come near.

15 • If any nation comes to fight you, it is not because I sent them. Whoever attacks you will go down in defeat.

16 • "I have created the blacksmith who fans the coals beneath the forge and makes the weapons of destruction. And I have created the armies that destroy.

17 • But in that coming day no weapon turned against you will succeed. You will silence every voice raised up to accuse you. These benefits are enjoyed by the servants of the LORD; their vindication will come from me. I, the LORD, have spoken!

Invitation to the LORD's Salvation

55 "Is anyone thirsty? Come and drink— even if you have no money! Come, take your choice of wine or milk— it's all free!

2 • Why spend your money on food that does not give you strength? Why pay for food that does you no good? Listen to me, and you will eat what is good. You will enjoy the finest food.

3 • "Come to me with your ears wide open. Listen, and you will find life. I will make an everlasting covenant with you. I will give you all the unfailing love I promised to David.

4 • See how I used him to display my power among the peoples. I made him a leader among the nations.

5 • You also will command nations you do not know, and peoples unknown to you will come running to obey, because I, the LORD your God, the Holy One of Israel, have made you glorious."

6 • Seek the LORD while you can find him. Call on him now while he is near.

7 • Let the wicked change their ways and banish the very thought of doing wrong. Let them turn to the LORD that he may

리 하나님께 돌아오너라. 그러면 여호와
께서 너그럽게 용서하실 것이다.

8 "내 생각은 너희 생각과 다르며 내 길은 너
희 길과 다르다." 여호와의 말씀이다.

9 "하늘이 땅보다 높음같이, 내 길은 너희 길
보다 높으며, 내 생각은 너희 생각보다 높
다.

10 비와 눈이 하늘에서 내리면, 그리로 다시
돌아가지 않는다. 오직 그 물이 땅을 적셔,
그것으로 식물이 싹이 터 사람들의 먹을
양식으로 자라난다.

11 내 입에서 나오는 말도 그러하다. 내 말은
헛되이 내게로 돌아오지 않는다. 내 뜻을
이룬 뒤에야, 내가 하라고 보낸 일을 다한
뒤에야 내게로 돌아온다."

12 그러므로 너희는 기쁨과 평화를 누리며 살
것이다. 산과 언덕이 너희 앞에서 큰 소리
로 노래하며, 숲의 모든 나무가 손뼉을 칠
것이다.

13 가시나무가 자라던 곳에 잣나무가 자랄 것
이고, 잡초가 자라던 곳에 화석류가 자랄
것이다. 이것이 여호와의 약속의 기념이
되어 없어지지 않고 영원히 남을 것이다.

모든 민족이 여호와께 복종할 것이다

56 여호와께서 이렇게 말씀하셨다.
"너희는 정의를 지키고 올바른 일
만 하여라. 내 구원이 곧 이를 것이며, 나의
의가 곧 나타날 것이다."

2 이 일을 굳게 지키고 행하는 사람은 복을
받을 것이며, 안식일을 더럽히지 않고 지
키는 사람은 복을 받을 것이다. 자기 손을
삼가서 악한 일을 하지 않는 사람은 복을
받을 것이다.

3 외국 사람 가운데 여호와께 온 사람이 "여
호와께서 나를 여호와의 백성으로 받아 주
지 않으실 것이다"라고 말하지 못하게 하
여라. 고자가 "보아라, 나는 마치 마른 나
뭇가지와 같아서, 자녀를 낳지 못한다"라
고 말하지 못하게 하여라.

4 여호와께서 이렇게 말씀하셨다. "나의 안
식일을 지키고, 내가 기뻐하는 일을 행하
고, 내 언약을 굳게 지키는 고자들에 대하
여는,

5 내가 내 성전과 성벽 안에서 그들의 이름
과 명성이 기억되도록 하겠다. 그것이 그
들에게는 자녀를 두는 것보다 더 나을 것
이다. 내가 그들에게 영원한 이름을 주어

have mercy on them.
Yes, turn to our God, for he will forgive
generously.

8 • "My thoughts are nothing like your
thoughts," says the LORD.
"And my ways are far beyond anything
you could imagine.

9 • For just as the heavens are higher than the earth,
so my ways are higher than your ways
and my thoughts higher than your thoughts.

10 • "The rain and snow come down from the heavens
and stay on the ground to water the earth.
They cause the grain to grow,
producing seed for the farmer
and bread for the hungry.

11 • It is the same with my word.
I send it out, and it always produces fruit.
It will accomplish all I want it to,
and it will prosper everywhere I send it.

12 • You will live in joy and peace.
The mountains and hills will burst into song,
and the trees of the field will clap their hands!

13 • Where once there were thorns, cypress trees
will grow.
Where nettles grew, myrtles will sprout up.
These events will bring great honor to the
LORD's name;
they will be an everlasting sign of his
power and love."

Blessings for All Nations

56 This is what the LORD says:

"Be just and fair to all.
Do what is right and good,
for I am coming soon to rescue you
and to display my righteousness among you.

2 • Blessed are all those
who are careful to do this.
Blessed are those who honor my Sabbath days of rest
and keep themselves from doing wrong.

3 • "Don't let foreigners who commit themselves
to the LORD say,
'The LORD will never let me be part of his
people.'
And don't let the eunuchs say,
'I'm a dried-up tree with no children
and no future.'

4 • For this is what the LORD says:
I will bless those eunuchs
who keep my Sabbath days holy
and who choose to do what pleases me
and commit their lives to me.

5 • I will give them—within the walls of my house—
a memorial and a name
far greater than sons and daughters could give.
For the name I give them is an everlasting one.

영원토록 잊혀지지 않도록 하겠다.

6 나에게 나아와 나 여호와를 섬기며, 나의 이름을 사랑하며, 기꺼이 나 여호와의 종이 되며, 안식일을 더럽히지 않고 지키며, 나와 맺은 언약을 굳게 지키는 외국인에 대하여는,

7 내가 그들을 내 거룩한 산으로 인도하고, 내기도하는 집에서 기쁨을 누리게 하겠다. 그들이 내 제단 위에 바치는 태워 드리는 제물인 번제물과 희생 제물을 내가 받을 것이다. 내 집은 온 백성이 모여 기도하는 집이라 불릴 것이기 때문이다.”

8 쫓겨 간 이스라엘 백성을 모으시는 여호와께서 이렇게 말씀하셨다. “내가 이미 모인 사람들 외에 다른 사람들을 더 모아 들이겠다.”

이스라엘의 지도자들은 악하다

9 오너라, 들짐승과 숲 속의 짐승들아! 다 와서 내 백성들을 먹어 치워라.

10 백성을 지켜야 할 파수꾼들이 눈이 멀었다. 그들 모두가 자기들이 하는 일이 무엇인지도 모르고, 모두 짖을 줄 모르는 개 같아서, 그저 누워서 늘어지게 잠자는 것이나 좋아한다.

11 그들은 굶주린 개 같아서 만족할 줄을 모르고, 목자이면서도 자기가 하는 일이 무엇인지도 모른다. 모두 제 갈 길로만 가고 자기 이익만 찾으려고 한다.

12 그들이 말하기를 “오너라, 포도주를 마시자. 마음껏 독한 술을 마시자. 내일도 오늘처럼 마시자. 아니, 내일은 오늘보다 더 신날지도 모르겠다”고 한다.

이스라엘은 하나님을 따르지 않는다

57 하나님을 따르는 의로운 사람이 죽어도 아무도 마음에 두지 않는다. 경건한 사람이 이 세상을 떠나도 아무도 의문을 갖지 않는다. 아무도 하나님께서 악으로부터 의인들을 보호하신다는 것을 깨닫지 못한다.

2 그러나 그는 평화를 얻을 것이다. 의로운 길을 가는 사람은 죽을 때에도 안식을 누릴 것이다.

3 “그러나 너희 마술사들아, 오너라. 음란한 자의 자녀와 음탕한 짓을 하는 사람들아, 오너라.

4 너희가 누구를 조롱하고 있느냐? 너희가 입을 벌려 누구를 욕하고 있느냐? 누구를 향해 혀를 내미느냐? 너희는 악인의 자식이요, 거짓말쟁이의 종자들이다.

5 너희는 모든 울창한 나무 아래에서 음란하게 우상들을 섬겼고, 골짜기에서 자식들을 죽여 바위 틈에서 제물로 바쳤다.

It will never disappear!

6 ● "I will also bless the foreigners who commit
　　themselves to the LORD,
　　who serve him and love his name,
　who worship him and do not desecrate
　　the Sabbath day of rest,
　　and who hold fast to my covenant.

7 ● I will bring them to my holy mountain of
　　Jerusalem
　　and will fill them with joy in my house
　　of prayer.
　I will accept their burnt offerings and sacrifices,
　　because my Temple will be called
　　a house of prayer for all nations.

8 ● For the Sovereign LORD,
　　who brings back the outcasts of Israel, says:
　I will bring others, too,
　　besides my people Israel."

Sinful Leaders Condemned

9 ● Come, wild animals of the field!
　　Come, wild animals of the forest!
　　Come and devour my people!

10 ● For the leaders of my people—
　　the LORD's watchmen, his shepherds—
　　are blind and ignorant.
　They are like silent watchdogs
　　that give no warning when danger comes.
　They love to lie around, sleeping and dreaming.

11 ● Like greedy dogs, they are never satisfied.
　They are ignorant shepherds,
　　all following their own path
　　and intent on personal gain.

12 ● "Come," they say, "let's get some wine and
　　have a party.
　Let's all get drunk.
　Then tomorrow we'll do it again
　　and have an even bigger party!"

57 ● Good people pass away;
　　the godly often die before their time.
　But no one seems to care or wonder why.
　No one seems to understand
　　that God is protecting them from
　　the evil to come.

2 ● For those who follow godly paths
　　will rest in peace when they die.

Idolatrous Worship Condemned

3 ● "But you—come here, you witches' children,
　　you offspring of adulterers and prostitutes!

4 ● Whom do you mock,
　　making faces and sticking out your tongues?
　You children of sinners and liars!

5 ● You worship your idols with great passion
　　beneath the oaks and under every green tree.

---

outcast [áutkæst] *n.* 부랑자, 버림받은 사람
57:4 stick out : (밖으로) 내밀다, 불쑥 나오다

6 너희가 받을 몫은 그것들 가운데 있다. 바로 그것들이 너희가 받을 몫이다. 너희가 그것들에게 부어 드리는 제물인 전제물을 바쳤고, 곡식 제물도 바쳤으니, 어찌 내가 너희를 용서할 수 있겠느냐?

7 너희는 높이 솟은 산에 잠자리를 마련해 놓고, 그리로 올라가서 우상에게 희생 제물을 바쳤다.

8 너희 집과 문설주 뒤에는 너희 우상을 숨겨 놓고, 나를 버리고 너희 벌거벗은 몸을 드러냈다. 우상들과 사랑에 빠졌으며, 그것들에게 경배하였다. 너희가 음란한 마음을 먹은 사람들과 더불어 언약을 맺고, 그들과 자는 것을 좋아하였다. 너희는 음탕한 길을 택하였다.

9 그리고 기름과 많은 향수를 가지고 왕에게로 떠났다. 또 섬길 신들을 찾기 위해 사신들을 먼 나라로 보냈으며, 죽음의 세계에까지 내려 보냈다.

10 너희는 힘들여 이런 일을 하면서도 한 번도 포기하지 않았고, 오히려 새 힘을 얻어서 지치지도 않고 같은 일을 반복하였다.

11 너희는 그처럼 두려워하는 신이 누구이기에 나를 속이기까지 하느냐? 나를 잊고 생각조차 하지 않으면서 그 신을 무서워하느냐? 내가 오랫동안 잠잠히 있어서 너희가 나를 두려워하지 않는 것이냐?

12 내가 너희의 이른바 '의' 와 너희가 행한 '옳은 행실' 을 일러 주겠다. 그러나 그것들이 너희에게 아무런 도움이 되지 못하며, 너희를 구해 내지도 못한다.

13 너희가 모아 놓은 우상들에게 도와 달라고 부르짖어 보아라. 그것들은 너무나 힘이 없어서 바람이 한번 휙 불기만 해도 쓰러져 버릴 것이다. 그러나 나를 의지하는 사람은 이 땅을 차지하고 내 거룩한 산을 물려받게 될 것이다."

여호와께서 자기 백성을 구원하신다

14 여호와의 말씀이다. "길을 다시 닦아라. 내 백성이 사로잡혀 갔던 곳에서 돌아올 수 있게 길에 놓여 있는 바위와 돌들을 치워 놓아라."

15 높고 크신 하나님, 영원히 사시며 그 이름이 거룩하신 분께서 말씀하셨다. "나는 높고 거룩한 곳에 산다. 그러나 나는 또한 마음이 슬프고 겸손한 사람들과 함께 산다. 내가 그들에게 새 생명을 줄 것이다.

16 나는 너희와 영원히 싸우지는 않을 것이며, 항상 노하기만 하지도 않을 것이다. 내가 계속해서 노하면 사람의 목숨이 약해져서, 결국 내가

You sacrifice your children down in the valleys,
among the jagged rocks in the cliffs.

6 • Your gods are the smooth stones in the valleys.
You worship them with liquid offerings
and grain offerings.
They, not I, are your inheritance.
Do you think all this makes me happy?

7 • You have committed adultery on every
high mountain.
There you have worshiped idols
and have been unfaithful to me.

8 • You have put pagan symbols
on your doorposts and behind your doors.
You have left me
and climbed into bed with these
detestable gods.
You have committed yourselves to them.
You love to look at their naked bodies.

9 • You have gone to Molech*
with olive oil and many perfumes,
sending your agents far and wide,
even to the world of the dead.*

10 • You grew weary in your search,
but you never gave up.
Desire gave you renewed strength,
and you did not grow weary.

11 • "Are you afraid of these idols?
Do they terrify you?
Is that why you have lied to me
and forgotten me and my words?
Is it because of my long silence
that you no longer fear me?

12 • Now I will expose your so-called good deeds.
None of them will help you.

13 • Let's see if your idols can save you
when you cry to them for help.
Why, a puff of wind can knock them down!
If you just breathe on them, they fall over!
But whoever trusts in me will inherit the land
and possess my holy mountain."

God Forgives the Repentant

14 • God says, "Rebuild the road!
Clear away the rocks and stones
so my people can return from captivity."

15 • The high and lofty one who lives in eternity,
the Holy One, says this:
"I live in the high and holy place
with those whose spirits are contrite
and humble.
I restore the crushed spirit of the humble
and revive the courage of those with
repentant hearts.

16 • For I will not fight against you forever;
I will not always be angry.
If I were, all people would pass away—

adultery [ədʌ́ltəri] n. 간통

57:9a Or *to the king.*　　57:9b Hebrew *to Sheol.*

지은 사람이 죽게 될 것이기 때문이다.

17 사람들이 돈 때문에 정직하지 않음으로 내가 노하였다. 그들을 심판하였고, 진노 가운데 그들에게서 돌아섰다. 그런데도 그들은 악한 짓을 버리지 않았다.

18 나는 그들이 한 행동들을 지켜보았다. 그러나 나는 그들을 고쳐 줄 것이다. 나는 그들을 인도하고 슬퍼하는 사람들을 위로해 줄 것이다.

19 내가 먼 곳과 가까운 곳에 사는 사람에게 진정한 평화를 주겠다. 내가 그들 모두를 고쳐 주겠다." 여호와의 말씀이다.

20 그러나 악한 사람은 성난 바다처럼 안식을 누리지 못한다. 그 파도가 쓰레기와 진흙을 쉼 없이 쳐올릴 뿐이다.

21 "악한 사람에게는 평화가 없다." 내 하나님의 말씀이다.

하나님을 섬기는 법

58

"크게 외쳐라. 목소리를 아끼지 마라. 나팔처럼 네 목소리를 높여라. 야곱 자손들에게 그 죄를 알려 주어라.

2 그들이 날마다 나를 찾으며, 내 길을 배우기를 좋아하는 것처럼 보이는구나. 그들이 의로운 일을 즐겨 행하고, 자기 하나님의 계명을 떠나지 않는 백성처럼, 나에게 공평한 재판을 요청하고, 내게 가까이 나아오기를 기뻐하는구나."

3 그들이 말하기를 "우리가 금식을 했는데도 주께서 보지 않으셨습니다. 우리가 스스로를 괴롭히며 기도하였는데도 주께서 알아 주지 않으셨습니다"라고 한다. 그러나 여호와께서 말씀하신다. "너희가 금식하는 날에 너희는 마음에 드는 일만 했고, 너희 일꾼들을 억눌렀다.

4 보아라. 금식하는 날에 다투고 싸우면서 못된 주먹이나 휘둘렀다. 그런 식으로 금식을 하면서 내가 너희 기도를 들어 줄 거라고 생각하지 마라.

5 그런 금식은 내가 바라는 금식이 아니다. 사람이 그런 식으로 스스로 자기 몸을 괴롭히는 것을 나는 좋아하지 않는다. 바람 앞의 풀잎처럼 머리를 숙이고 거친 베옷을 입으며, 재 위에 앉는다고 해서 내가 기뻐하는 것이 아니다. 그렇게 한다고 해서 내가 바라는 금식이 되겠느냐?

6 내가 바라는 금식은 너희가 부당하게 가두어 놓은 사람을 풀어 주고, 그들의 사슬을

all the souls I have made.

17 I was angry,
so I punished these greedy people.
I withdrew from them,
but they kept going on their own stubborn way.

18 I have seen what they do,
but I will heal them anyway!
I will lead them.
I will comfort those who mourn,

19 bringing words of praise to their lips.
May they have abundant peace, both near and far,"
says the LORD, who heals them.

20 "But those who still reject me are like the restless sea,
which is never still
but continually churns up mud and dirt.

21 There is no peace for the wicked,"
says my God.

True and False Worship

58

"Shout with the voice of a trumpet blast.
Shout aloud! Don't be timid.
Tell my people Israel* of their sins!

2 Yet they act so pious!
They come to the Temple every day
and seem delighted to learn all about me.
They act like a righteous nation
that would never abandon the laws of its God.
They ask me to take action on their behalf,
pretending they want to be near me.

3 'We have fasted before you!' they say.
'Why aren't you impressed?
We have been very hard on ourselves,
and you don't even notice it!'

"I will tell you why!" I respond.
"It's because you are fasting to please
yourselves.
Even while you fast,
you keep oppressing your workers.

4 What good is fasting
when you keep on fighting and quarreling?
This kind of fasting
will never get you anywhere with me.

5 You humble yourselves
by going through the motions of penance,
bowing your heads
like reeds bending in the wind.
You dress in burlap
and cover yourselves with ashes.
Is this what you call fasting?
Do you really think this will please the LORD?

6 "No, this is the kind of fasting I want:
Free those who are wrongly imprisoned;
lighten the burden of those who work for you.
Let the oppressed go free,

---

penance [pénəns] *n.* 참회, 회개

58:1 Hebrew *Jacob.* See note on 14:1.

끊어 주며, 억눌림 당하는 사람들을 풀어 주고, 그들이 하는 고된 일을 쉽게 해 주는 것이다.

7 너희 음식을 굶주린 사람에게 나누어 주고, 가난하고 집 없는 사람을 너희 집에 들이며, 헐 벗은 사람을 보면 그에게 너희 옷을 주고, 기꺼이 너희 친척을 돕는 것이 내가 바라는 것이다."

8 그러면 너희 빛이 새벽 햇살처럼 빛날 것이며, 너희 상처가 쉽게 나을 것이다. 너를 의롭다 하시는 분이 네 앞에 가시며, 여호와의 영광이 뒤에서 너희를 지켜 줄 것이다.

9 그때에 너희가 여호와를 부르면 여호와께서 대답하실 것이다. 너희가 부르짖으면 여호와께서 "내가 여기에 있다"고 말씀하실 것이다. 남을 고통스럽게 하지 말고, 남을 향해 거친 말과 손가락질을 하지 마라.

10 굶주린 사람에게 먹을 것을 주고, 고통 가운데 있는 사람을 도와 주어라. 그러면 너희 빛이 어둠 가운데서 빛나며, 대낮같이 밝을 것이다.

11 그리고 여호와께서 늘 너희를 인도하실 것이다. 메마른 땅에서 너희를 만족시키고, 너희 뼈에 힘을 주실 것이다. 너희는 마치 물이 넉넉한 동산처럼 되고, 마르지 않는 샘처럼 될 것이다.

12 너희가 폐허로 변한 옛 성을 다시 건설하며, 오래된 성의 기초를 다시 놓을 것이다. 너희는 무너진 곳을 고친 사람, 길과 집을 다시 지은 사람으로 알려질 것이다.

13 "너희는 안식일에 관한 나의 가르침을 지켜야 한다. 그 거룩한 날에 너희 사업을 멈추고, 안식일을 기쁜 날이라 부르고, 나 여호와의 거룩한 날을 귀하게 여겨야 한다. 그날에는 너희 마음에 드는 일만 하지 말고, 너희 멋대로 말하지 말아야 한다.

14 그러면 너희가 내 안에서 기쁨을 누릴 것이다. 나 여호와가 땅 위의 높은 곳으로 너희를 이끌고, 너희 조상 야곱이 물려준 땅의 작물로 너희를 먹이겠다." 여호와께서 하신 말씀이다.

백성의 죄

59
보아라! 여호와의 능력이 부족하여 너희를 구원하지 못하는 것이 아니다. 여호와께서 귀가 어두워서 너희 기도를 듣지 못하시는 것이 아니다.

2 다만 너희의 죄악이 너희와 너희 하나님을 갈라놓은 것이며, 너희 죄 때문에 주께서 너희에게 등을 돌리셨고, 너희 말을 들어 주지 않으

and remove the chains that bind people.
7 • Share your food with the hungry,
   and give shelter to the homeless.
   Give clothes to those who need them,
   and do not hide from relatives who
     need your help.

8 • "Then your salvation will come like the dawn,
   and your wounds will quickly heal.
   Your godliness will lead you forward,
   and the glory of the LORD will protect
     you from behind.
9 • Then when you call, the LORD will answer.
   'Yes, I am here,' he will quickly reply.

"Remove the heavy yoke of oppression.
   Stop pointing your finger and spreading
     vicious rumors!
10 • Feed the hungry,
   and help those in trouble.
   Then your light will shine out from
     the darkness,
   and the darkness around you will be
     as bright as noon.
11 • The LORD will guide you continually,
   giving you water when you are dry
   and restoring your strength.
   You will be like a well-watered garden,
   like an ever-flowing spring.
12 • Some of you will rebuild the deserted
     ruins of your cities.
   Then you will be known as a rebuilder
     of walls
   and a restorer of homes.

13 • "Keep the Sabbath day holy.
   Don't pursue your own interests on that day,
   but enjoy the Sabbath
   and speak of it with delight as the
     LORD's holy day.
   Honor the Sabbath in everything you do
     on that day,
   and don't follow your own desires or
     talk idly.
14 • Then the LORD will be your delight.
   I will give you great honor
   and satisfy you with the inheritance I
     promised to your ancestor Jacob.
   I, the LORD, have spoken!"

Warnings against Sin

59
• Listen! The LORD's arm is not too
   weak to save you,
   nor is his ear too deaf to hear you call.
2 • It's your sins that have cut you off from God.
   Because of your sins, he has turned away
   and will not listen anymore.

---

vicious [ví∫əs] *a.* 악의 있는
yoke [jouk] *n.* 멍에

신 것이다.

3 너희 손은 살인한 피로 더럽혀져 있으며, 손가락은 죄악으로 가득하고, 입술은 거짓말을 하였고, 혀는 악한 말을 하였다.

4 사람들이 서로를 부당하게 고발하고, 재판을 할 때에도 정직하게 말하지 않는다. 거짓으로 서로 고소하고 거짓말을 한다. 재앙을 일으키고 악에 악을 더한다.

5 그들은 독사가 알을 품듯이 악한 것을 계획하고, 거미줄을 짜듯이 거짓말을 짜낸다. 그 알은 먹으면 죽는 알이며, 그 알을 깨뜨리면 독사가 나와 다른 사람들을 죽게 만든다.

6 그들이 짠 것으로는 옷을 만들 수도 없고 몸을 덮지도 못한다. 그들의 손은 남을 해치는 손이며, 그들이 하는 모든 일은 악하다.

7 그들의 발은 악한 일을 하려고 달려가고, 사람을 죽이려고 재빠르게 뛰어간다. 그들의 생각은 악으로 가득하고, 그들이 가는 길에는 파괴와 멸망이 있을 뿐이다.

8 그들은 평화롭게 사는 법을 모른다. 그들의 삶에 정의란 없으며, 정직이란 단어조차 없다. 그들을 따르는 사람에게도 결코 평화는 없다.

이스라엘의 죄 때문에 재앙이 닥쳤다

9 그러므로 정의가 우리에게서 멀리 사라졌고, 공평을 찾을 길이 없다. 우리가 빛을 바랐으나 어둠뿐이며, 캄캄한 어둠 속에서 걷고 있다.

10 우리가 앞을 못 보는 사람처럼 벽을 따라 더듬으며 나아간다. 밝은 낮에도 밤길을 다니듯 넘어지니, 우리는 건강한 사람들 사이에서 죽은 사람과도 같다.

11 우리 모두가 곰처럼 울부짖으며, 비둘기처럼 슬피 운다. 정의를 바라지만 정의는 없고, 구원 받기를 바라지만 그 구원이 우리에게서 멀다.

12 우리가 우리 하나님께 많은 죄를 지었다. 우리의 죄가 우리의 악함을 드러낸다. 우리가 하나님께 배반한 것을 숨길 수 없고, 우리가 저지른 악한 짓을 숨길 수 없다.

13 우리가 여호와께 죄를 짓고 여호와를 배반했다. 우리가 우리 하나님께 등을 돌렸다. 우리가 남을 해칠 궁리나 하며 하나님께 복종하지 않았고, 거짓말을 계획하여 그대로 행했다.

14 정의를 멀리 몰아내고 공평을 쫓아냈다. 거리에서 진리가 사라졌으며, 성 안에서 정직이 없어졌다.

15 어디에서도 진리를 찾을 수 없게 되었고, 오히려 악한 짓을 그만두려는 사람이 공격을 당한

3 ● Your hands are the hands of murderers,
　　and your fingers are filthy with sin.
Your lips are full of lies,
　　and your mouth spews corruption.

4 ● No one cares about being fair and honest.
　　The people's lawsuits are based on lies.
They conceive evil deeds
　　and then give birth to sin.

5 ● They hatch deadly snakes
　　and weave spiders' webs.
Whoever eats their eggs will die;
　　whoever cracks them will hatch a viper.

6 ● Their webs can't be made into clothing,
　　and nothing they do is productive.
All their activity is filled with sin,
　　and violence is their trademark.

7 ● Their feet run to do evil,
　　and they rush to commit murder.
They think only about sinning.
　　Misery and destruction always follow them.

8 ● They don't know where to find peace
　　or what it means to be just and good.
They have mapped out crooked roads,
　　and no one who follows them knows
　　　　a moment's peace.

9 ● So there is no justice among us,
　　and we know nothing about right living.
We look for light but find only darkness.
　　We look for bright skies but walk in gloom.

10 ● We grope like the blind along a wall,
　　feeling our way like people without eyes.
Even at brightest noontime,
　　we stumble as though it were dark.
Among the living,
　　we are like the dead.

11 ● We growl like hungry bears;
　　we moan like mournful doves.
We look for justice, but it never comes.
　　We look for rescue, but it is far away from us.

12 ● For our sins are piled up before God
　　and testify against us.
Yes, we know what sinners we are.

13 ● We know we have rebelled and have
　　　　denied the LORD.
We have turned our backs on our God.
We know how unfair and oppressive we
　　　　have been,
　　carefully planning our deceitful lies.

14 ● Our courts oppose the righteous,
　　and justice is nowhere to be found.
Truth stumbles in the streets,
　　and honesty has been outlawed.

15 ● Yes, truth is gone,
　　and anyone who renounces evil is attacked.

The LORD looked and was displeased
　　to find there was no justice.

16 ● He was amazed to see that no one intervened

다. 여호와께서 정의가 없는 것을 보시고 진노하셨다.

16 아무도 남을 도우려 하지 않는 것을 보시고 놀라셨다. 그래서 여호와께서 몸소 사람들을 구원하셨다. 여호와의 의로움으로 능력을 나타내셨다.

17 여호와께서 정의를 갑옷으로 입으시고, 구원의 투구를 쓰셨다. 심판의 옷을 입으시고, 뜨거운 사랑의 겉옷을 입으셨다.

18 여호와께서 원수들에게 그들이 한 일대로 갚으시며, 적에게 보복하신다. 바닷가 땅의 백성을 심판하시며, 그들이 행한 대로 벌을 주신다.

19 서쪽 사람들이 여호와의 이름을 두려워하며, 해뜨는 동쪽 사람들이 여호와의 영광을 두려워한다. 여호와께서 여호와의 입김 때문에 세차게 흐르는 홍수처럼 오실 것이다.

20 여호와께서 너희를 구할 구원자로서 시온에 오신다. 죄를 지었으나, 하나님께 돌아온 야곱 백성들에게 오신다. 여호와의 말씀이다.

21 "내가 이 백성과 언약을 맺겠다. 내가 너희에게 주는 내 영과 너희 입에 두는 내 말이 너희와 너희 자손의 입에서 영원토록 떠나지 않을 것이다. 지금부터 영원까지 그리할 것이다." 여호와의 말씀이다.

예루살렘의 영광

60 예루살렘아, 일어나 빛을 비추어라. 네 빛이 이르렀다. 여호와의 영광이 네 위에 떠올랐다.

2 밤처럼 짙은 어둠이 온 땅의 백성들을 덮을 것이나, 오직 여호와께서 네 위에 떠오르시며, 주의 영광이 네 위에 나타날 것이다.

3 민족들이 네 빛을 향해 나아오고, 왕들이 떠오르는 밝은 해와 같은 너를 보고 찾아올 것이다.

4 네 눈을 들어 주위를 둘러보아라. 사람들이 모여 너에게로 오고 있다. 멀리서부터 네 아들과 딸들이 함께 올 것이다.

5 그들을 보는 네 얼굴이 기쁨으로 빛날 것이며, 흥분한 네 마음이 즐거움으로 가득 찰 것이다. 바다 건너편 나라들의 재물이 너에게로 오며, 민족들의 재물이 너에게로 올 것이다.

6 낙타 떼가 네 땅을 덮을 것이며, 어린 낙타

---

to help the oppressed.
So he himself stepped in to save them
　　with his strong arm,
　　and his justice sustained him.

17 • He put on righteousness as his body armor
　　and placed the helmet of salvation on his head.
He clothed himself with a robe of vengeance
　　and wrapped himself in a cloak of divine passion.

18 • He will repay his enemies for their evil deeds.
His fury will fall on his foes.
He will pay them back even to the ends
　　of the earth.

19 • In the west, people will respect the name of the LORD;
　　in the east, they will glorify him.
For he will come like a raging flood tide
　　driven by the breath of the LORD.*

20 • "The Redeemer will come to Jerusalem
　　to buy back those in Israel
who have turned from their sins,"*
　　says the LORD.

21 　• "And this is my covenant with them," says the
LORD. "My Spirit will not leave them, and neither will
these words I have given you. They will be on your
lips and on the lips of your children and your chil-
dren's children forever. I, the LORD, have spoken!

Future Glory for Jerusalem

60 • "Arise, Jerusalem! Let your light shine
　　for all to see.
For the glory of the LORD rises to shine on you.

2 • Darkness as black as night covers all the nations
　　of the earth,
but the glory of the LORD rises and appears
　　over you.

3 • All nations will come to your light;
　　mighty kings will come to see your radiance.

4 • "Look and see, for everyone is coming home!
Your sons are coming from distant lands;
your little daughters will be carried home.

5 • Your eyes will shine,
　　and your heart will thrill with joy,
for merchants from around the world will
　　come to you.
They will bring you the wealth of many lands.

6 • Vast caravans of camels will converge on you,
　　the camels of Midian and Ephah.
The people of Sheba will bring gold and
　　frankincense
and will come worshiping the LORD.

redeem [ridí:m] *vt.* 되사다; 도로 찾다

59:19 Or *When the enemy comes like a raging flood tide, / the Spirit of the LORD will drive him back.* **59:20** Hebrew *The Redeemer will come to Zion / to buy back those in Jacob / who have turned from their sins.* Greek version reads *The one who rescues will come on behalf of Zion, / and he will turn Jacob away from ungodliness.* Compare Rom 11:26.

들이 미디안과 에바에서 올 것이다. 사람들이 스바에서 금과 향을 가져오고 여호와께 찬양의 노래를 부를 것이다.

7 게달의 모든 양 떼가 다 네 것이 되며, 느바욧의 숫양들이 너에게로 올 것이다. "그것들이 내 제단 위에 받을 만한 제물이 될 것이다. 내가 내 아름다운 성전을 더 아름답게 할 것이다."

8 구름 떼처럼 너에게로 몰려드는 이 사람들이 누구인가? 자기 보금자리를 찾아 날아오는 비둘기처럼 몰려오는 이들이 누구인가?

9 바닷가에 사는 사람들이 나를 기다린다. 다시스의 배들이 먼 곳에서 네 자녀들을 데리고 가장 먼저 은과 금을 싣고 온다. 이스라엘의 거룩하신 분이며 너를 위해 놀라운 일을 하신 여호와 너의 하나님을 섬기려고 온다.

10 "예루살렘아, 외국 사람들이 네 성벽을 쌓으며, 그들의 왕이 너를 섬길 것이다. 내가 노하여 너를 쳤으나, 이제는 너에게 자비를 베풀고 너를 위로해 주겠다.

11 네 성문이 언제나 열려 있어서 밤낮으로 닫히지 않을 것이다. 그리하여 나라들이 그 재물을 너에게로 가져오며, 그 왕들이 그것들을 가지고 네게로 나아올 것이다.

12 너를 섬기지 않는 민족과 나라는 망할 것이다. 그런 나라는 완전히 폐허가 될 것이다.

13 레바논의 큰 나무들, 곧 소나무와 전나무와 회양목이 너에게로 올 것이다. 네가 이 나무들로 내 성전을 아름답게 만들 것이다. 내가 내 발둘 곳을 영화롭게 하겠다.

14 너를 해치던 사람들이 너에게 와서 절할 것이며, 너를 미워하던 사람들이 네 발 앞에 엎드릴 것이다. 그들이 너를 이스라엘의 거룩하신 분의 성, 시온이라 부를 것이다.

15 네가 전에는 버림을 받고 미움을 받아 지나니는 사람마저 없었으나, 이제부터 내가 너를 영화롭게 하겠다. 영원히 행복한 곳이 되게 하겠다.

16 아기가 어머니 젖을 빨듯이 네가 민족들에게서 필요한 것을 얻어 낼 것이다. 네가 왕들의 젖을 빨며 자랄 것이다. 그때에 네가, 나 여호와가 너를 구원하고 야곱의 전능한 하나님이 너를 지킨다는 것을 알게 될 것이다.

17 내가 놋쇠 대신 너에게 금을 가져오며, 쇠 대신 은을 가져오겠다. 나무 대신 놋쇠를 가져오고, 돌 대신 쇠를 가져오겠다. 너에 대한 심판을 평화로 바꾸겠다. 너는 정의로운 다스림을

---

7 • The flocks of Kedar will be given to you,
 and the rams of Nebaioth will be brought
 for my altars.
 I will accept their offerings,
 and I will make my Temple glorious.

8 • "And what do I see flying like clouds to Israel,
 like doves to their nests?

9 • They are ships from the ends of the earth,
 from lands that trust in me,
 led by the great ships of Tarshish.
 They are bringing the people of Israel
 home from far away,
 carrying their silver and gold.
 They will honor the LORD your God,
 the Holy One of Israel,
 for he has filled you with splendor.

10 • "Foreigners will come to rebuild your towns,
 and their kings will serve you.
 For though I have destroyed you in my anger,
 I will now have mercy on you through
 my grace.

11 • Your gates will stay open day and night
 to receive the wealth of many lands.
 The kings of the world will be led as captives
 in a victory procession.

12 • For the nations that refuse to serve you
 will be destroyed.

13 • "The glory of Lebanon will be yours—
 the forests of cypress, fir, and pine—
 to beautify my sanctuary.
 My Temple will be glorious!

14 • The descendants of your tormentors
 will come and bow before you.
 Those who despised you
 will kiss your feet.
 They will call you the City of the LORD,
 and Zion of the Holy One of Israel.

15 • "Though you were once despised and hated,
 with no one traveling through you,
 I will make you beautiful forever,
 a joy to all generations.

16 • Powerful kings and mighty nations
 will satisfy your every need,
 as though you were a child
 nursing at the breast of a queen.
 You will know at last that I, the LORD,
 am your Savior and your Redeemer,
 the Mighty One of Israel.*

17 • I will exchange your bronze for gold,
 your iron for silver,
 your wood for bronze,

---

altar [ɔ́ːltər] n. 제단
splendor [spléndər] n. 훌륭함, 광채
tormentor [tɔːrméntər] n. 괴롭히는 사람

60:16 Hebrew *of Jacob.* See note on 14:1.

받을 것이다.

18 네 땅에 다시는 폭력이 없을 것이며, 네 땅이 파괴되거나 망하지도 않을 것이다. 구원이 성벽처럼 너를 둘러쌀 것이며, 그 문으로 들어가는 사람들의 입술에는 찬양이 흘러넘칠 것이다.

19 더 이상 해가 낮을 밝히는 빛이 되지 않을 것이며, 더 이상 달이 밤을 밝히는 빛이 되지 않을 것이다. 나 여호와가 영원토록 네 빛이 될 것이며, 네 영광이 될 것이다.

20 나 여호와가 영원히 네 빛이 되고 네 슬퍼하는 날이 끝날 것이므로 네 해가 다시는 지지 않고, 네 달이 다시는 어두워지지 않을 것이다.

21 네 모든 백성이 의로운 백성이 되고, 영원히 땅을 차지할 것이다. 그들은 내가 심은 나무다. 내가 내 영광을 나타내려고 내 손으로 그들을 지었다.

22 가장 작은 집안이 큰 족속을 이루고, 너희 가운데 가장 보잘것없는 사람이 큰 나라를 이룰 것이다. 나는 여호와다. 때가 되면, 내가 서둘러 이 모든 일을 이루겠다.”

여호와의 구원

61 주 여호와께서 내게 영을 주셨다. 여호와께서 내게 기름을 부으셔서 가난한 사람들에게 기쁜 소식을 전하게 하셨다. 주께서 나를 보내셔서 마음이 상한 사람을 위로하고, 포로에게 자유를 선포하고, 갇힌 사람에게 해방을 선포하게 하셨다.*

2 또 여호와께서 자비를 베푸실 때와 악한 백성을 심판하실 날을 선포하여 슬퍼하는 모든 사람을 위로하게 하셨다.

3 여호와께서는 시온에서 슬퍼하는 사람들에게 재를 뿌리는 대신 왕관을 씌워 주며, 슬픔 대신 기쁨의 기름을 발라 주며, 절망 대신 찬양의 옷을 입혀 주실 것이다. 이제 그들은 의의 나무라 불릴 것이며, 여호와께서 자신의 영광을 나타내시려고 심으신 나무라 불릴 것이다.

4 그들은 옛 폐허 위에 다시 건설하며, 오래 전에 망했던 곳을 다시 세울 것이다. 폐허가 된 성들, 오랫동안 황무지로 남아 있던 곳을 다시 쌓을 것이다.

5 내 백성아, 낯선 사람들이 와서 너희 양 떼를 칠 것이며, 다른 나라 사람들이 네 밭과 과수원을 가꿀 것이다.

and your stones for iron.
I will make peace your leader
and righteousness your ruler.
18 • Violence will disappear from your land;
the desolation and destruction of war will end.
Salvation will surround you like city walls,
and praise will be on the lips of all who enter there.

19 "No longer will you need the sun to shine by day,
nor the moon to give its light by night,
for the LORD your God will be your everlasting light,
and your God will be your glory.
20 • Your sun will never set;
your moon will not go down.
For the LORD will be your everlasting light.
Your days of mourning will come to an end.
21 • All your people will be righteous.
They will possess their land forever,
for I will plant them there with my own hands
in order to bring myself glory.
22 • The smallest family will become a thousand people,
and the tiniest group will become a mighty nation.
At the right time, I, the LORD, will make it happen.

Good News for the Oppressed

61 • The Spirit of the Sovereign LORD is upon me,
for the LORD has anointed me
to bring good news to the poor.
He has sent me to comfort the brokenhearted
and to proclaim that captives will be released
and prisoners will be freed.*
2 • He has sent me to tell those who mourn
that the time of the LORD's favor has come,*
and with it, the day of God's anger
against their enemies.
3 • To all who mourn in Israel,*
he will give a crown of beauty for ashes,
a joyous blessing instead of mourning,
festive praise instead of despair.
In their righteousness, they will be like great oaks
that the LORD has planted for his own glory.
4 • They will rebuild the ancient ruins,
repairing cities destroyed long ago.
They will revive them,
though they have been deserted for many generations.
5 • Foreigners will be your servants.
They will feed your flocks
and plow your fields
and tend your vineyards.

61:1 Greek version reads *and the blind will see.* Compare Luke 4:18.　**61:2** Or *to proclaim the acceptable year of the LORD.*　**61:3** Hebrew *in Zion.*

61:1 어떤 역본에는 '눈먼 사람의 눈을 뜨게 하셨다'라고 기록되어 있다.

6 너희는 여호와의 제사장이라 불릴 것이며, 우리 하나님의 종이라는 이름을 얻을 것이다. 세계 모든 나라들의 재물이 너희 것이 되어 너희가 그것을 자랑할 수 있을 것이다.

7 너희가 이제까지 당한 부끄러움과 불명예 대신에, 갑절의 부와 더불어 영원한 기쁨을 누릴 것이다.

8 "나 여호와는 정의를 사랑하며, 도둑질과 모든 악한 짓을 미워한다. 그동안 내 백성이 받은 고통에 대하여 성실히 보상하겠다. 그리고 그들과 영원한 언약을 맺겠다."

9 모든 민족들이 내 백성의 자녀를 알게 될 것이며, 그들의 자녀가 세계 모든 나라에 알려질 것이다. 그들을 보는 사람마다 여호와께서 그들에게 복 주셨다는 사실을 알게 될 것이다.

10 여호와께서 나를 매우 기쁘게 해 주셨다. 내가 온 마음으로 내 하나님 안에서 즐거워한다. 여호와께서 나에게 구원의 옷을 입혀 주셨고, 의의 겉옷을 입혀 주셨다. 나는 결혼식을 위해 단장한 신랑 같고, 보석으로 치장한 신부 같다.

11 땅이 식물을 자라게 하며 동산이 그곳에 뿌려진 씨를 자라게 하듯이, 주 여호와께서 의와 찬송을 모든 나라 앞에서 솟아나게 하실 것이다.

새 예루살렘

62 내가 시온을 위하여 잠잠히 있지 않겠다. 예루살렘을 위해 쉬지 않겠다. 시온의 의가 밝은 빛처럼 비출 때까지, 예루살렘의 구원이 횃불처럼 타오를 때까지 내가 조용히 있지 않겠다.

2 예루살렘아, 나라들이 네 의를 볼 것이며, 모든 왕이 네 영광을 볼 것이다. 그때에 네가 여호와께서 주실 새 이름으로 불릴 것이다.

3 너는 여호와의 손에 들려 있는 아름다운 왕관이 될 것이다.

4 사람들이 다시는 너를 '버림받은 백성'이라 부르지 않을 것이며, 다시는 네 땅을 '황폐한 땅'이라 부르지 않을 것이다. 너는 '헵시바'라는 이름을 얻을 것이며, 네 땅은 '쁄라'라는 이름을 얻을 것이다. 이는 여호와께서 너를 사랑하시기 때문이며, 신랑이 신부를 기쁘게 맞이하듯 하

6 • You will be called priests of the LORD,
  ministers of our God.
 You will feed on the treasures of the nations
  and boast in their riches.

7 • Instead of shame and dishonor,
  you will enjoy a double share of honor.
 You will possess a double portion of prosperity
   in your land,
  and everlasting joy will be yours.

8 • "For I, the LORD, love justice.
  I hate robbery and wrongdoing.
 I will faithfully reward my people for their suffering
  and make an everlasting covenant with them.

9 • Their descendants will be recognized
  and honored among the nations.
 Everyone will realize that they are a people
  the LORD has blessed."

10 • I am overwhelmed with joy in the LORD my God!
  For he has dressed me with the clothing
   of salvation
  and draped me in a robe of righteousness.
 I am like a bridegroom dressed for his wedding
  or a bride with her jewels.

11 • The Sovereign LORD will show his justice
  to the nations of the world.
 Everyone will praise him!
 His righteousness will be like a garden in early spring,
  with plants springing up everywhere.

Isaiah's Prayer for Jerusalem

62 • Because I love Zion,
  I will not keep still.
 Because my heart yearns for Jerusalem,
  I cannot remain silent.
 I will not stop praying for her
  until her righteousness shines like the dawn,
  and her salvation blazes like a burning torch.

2 • The nations will see your righteousness.
  World leaders will be blinded by your glory.
 And you will be given a new name
  by the LORD's own mouth.

3 • The LORD will hold you in his hand for all to see—
  a splendid crown in the hand of God.

4 • Never again will you be called "The Forsaken City"*
  or "The Desolate Land."*
 Your new name will be "The City of God's Delight"*
  and "The Bride of God."*

boulder [bóuldər] *n.* 큰 바위
drape [dreip] *vt.* (옷 따위를) 몸에 걸치다
yearn [jə:rn] *vi.* 사모하다, 불쌍히 여기다

62:4a Hebrew *Azubah,* which means "forsaken." 62:4b
Hebrew *Shemamah,* which means "desolate." 62:4c
Hebrew *Hephzibah,* which means "my delight is in her."
62:4d Hebrew *Beulah,* which means "married."

62:4 (히) '헵시바'는 '하나님께서 사랑하시는 백성'이라는 뜻이며, (히) '쁄라'는 '하나님의 신부'라는 뜻이다.

나님께서 네 땅을 기뻐하실 것이기 때문이다.

5 젊은 남자가 젊은 여자와 결혼하듯이, 네 아들들이 네 땅과 결혼할 것이다. 신랑이 신부를 보고 기뻐하듯이, 네 하나님이 너를 보고 기뻐하실 것이다.

6 예루살렘아, 내가 네 성벽 위에 파수꾼을 세웠다. 그들은 밤이나 낮이나 쉬지 않을 것이다. 여호와께 자신의 약속을 기억나게 해 드려야 할 너희는 결코 잠잠히 있어서는 안 된다.

7 여호와께서 예루살렘을 세우실 때까지 너희는 쉬지 말고 기도해야 한다. 여호와께서 예루살렘을 온 백성이 찬양할 성으로 만드실 때까지 너희는 쉬지 말아야 한다.

8 여호와께서 그의 능력을 걸고 맹세하셨다. 여호와께서 말씀하셨다. "내가 다시는 네 곡식을 네 원수들의 식량으로 주지 않겠다. 네가 애써 만든 포도주를 외국 사람들이 마시지 못하게 하겠다.

9 곡식을 거둔 그 사람이 그것을 먹고 여호와를 찬양할 것이다. 포도를 거둔 그 사람이 내 성전 뜰에서 포도주를 마실 것이다."

10 나가거라, 성문으로 나가거라! 백성을 위해 길을 만들어 놓아라. 길을 닦아라, 길을 닦아라! 돌을 다 치우고, 백성이 볼수 있도록 깃발을 세워라.

11 여호와께서 멀리 떨어진 땅에 이르기까지 말씀하신다. "시온 백성에게 일러라. '보아라, 네 구원자가 오신다. 그가 네 상을 가져오신다.'"

12 사람들이 그의 백성을 '거룩한 백성'이라 부르고, '여호와께 구원받은 백성'이라 부를 것이다. 또 예루살렘을 가리켜 '하나님께서 찾으신 성'이라 부르고, '하나님께서 버리지 않은 성'이라 부를 것이다.

여호와께서 백성을 심판하신다

63 에돔에서 오시는 분, 붉은 옷을 입고 보스라에서 오시는 이분이 누구신가? 화려한 옷을 입고 당당하게 걸어오시는 이분이 누구신가? "그는 나다. 나 주는 의를 말하는 자요, 구원의 능력을 가진 자다."

2 어찌하여 네 옷이 붉으냐? 어찌하여 네 옷이 포도를 밟아 즙을 만드는 사람의 옷 같으냐?

3 여호와께서 말씀하셨다. "나 홀로 포도주틀을 밟을 때, 아무도 나를 돕지 않았다. 내가 진노하여 포도를 밟듯이 나의 적들을 발로 짓밟

---

for the LORD delights in you
　　and will claim you as his bride.
5 • Your children will commit themselves to you,
　　　O Jerusalem,
　　just as a young man commits himself
　　　to his bride.
Then God will rejoice over you
　　as a bridegroom rejoices over his bride.

6 • O Jerusalem, I have posted watchmen on
　　　your walls;
　　they will pray day and night, continually.
　　Take no rest, all you who pray to the LORD.
7 • Give the LORD no rest until he completes
　　　his work,
　　until he makes Jerusalem the pride of
　　　the earth.
8 • The LORD has sworn to Jerusalem by his
　　　own strength:
　　"I will never again hand you over to
　　　your enemies.
　　Never again will foreign warriors come
　　　and take away your grain and new wine.
9 • You raised the grain, and you will eat it,
　　　praising the LORD.
　　Within the courtyards of the Temple,
　　　you yourselves will drink the wine you
　　　have pressed."

10 • Go out through the gates!
　　　Prepare the highway for my people to return!
　　Smooth out the road; pull out the boulders;
　　　raise a flag for all the nations to see.
11 • The LORD has sent this message to every land:
　　　"Tell the people of Israel,*
　　'Look, your Savior is coming.
　　　See, he brings his reward with him as
　　　he comes.'"
12 • They will be called "The Holy People"
　　　and "The People Redeemed by the LORD."
　　And Jerusalem will be known as "The
　　　Desirable Place"
　　　and "The City No Longer Forsaken."

Judgment against the LORD's Enemies

63 1 • Who is this who comes from Edom,
　　　from the city of Bozrah,
　　with his clothing stained red?
Who is this in royal robes,
　　marching in his great strength?

"It is I, the LORD, announcing your salvation!
　　It is I, the LORD, who has the power to save!"

2 • Why are your clothes so red,
　　as if you have been treading out grapes?

3 • "I have been treading the winepress alone;
　　no one was there to help me.

62:11 Hebrew *Tell the daughter of Zion.*

아서, 내 옷이 피로 얼룩졌다.

4 내 백성의 원수를 갚고, 그들로부터 내 백성을 구해 낼 때가 이르렀다.

5 주위를 둘러보아도 나를 도울 사람이 없었다. 아무도 나를 거들어 줄 사람이 없어서 놀랐다. 그래서 내 능력으로 내 백성을 구했고, 나의 진노가 나를 거들어 주었다.

6 내가 노하여 민족들을 짓밟았다. 내가 노하여 그들을 심판했으며, 그들의 피를 땅에 쏟았다."

여호와께서 자기 백성에게 자비를 베푸신다

7 내가 여호와의 사랑을 이야기하리라. 여호와께서 하신 일로 여호와를 찬양하리라. 여호와께서 우리에게 많은 복을 주셨고, 이스라엘 백성에게 너그러움을 보이셨다. 여호와께서 우리에게 자비와 은혜를 베푸셨다.

8 여호와께서 말씀하시기를 "이들은 내 백성이다. 내 자녀는 나를 속이지 않는다"고 하셨다. 그리고 여호와께서 그들의 구원자가 되셨다.

9 그들이 고통당할 때, 여호와께서도 고통당하셨다. 여호와께서 천사들을 보내셔서 그들을 구하셨고, 사랑과 은혜로 그들을 구하셨다. 오래 전부터 그들을 들어 올리시고 안아 주셨다.

10 그러나 그들은 여호와께 등을 돌리고, 여호와의 거룩한 영을 슬프게 했다. 그리하여 여호와께서 그들의 원수가 되시고 그들과 맞서 싸우셨다.

11 그때에 백성이 옛적 일을 기억했다. 그리고 모세를 기억했다. 백성을 바다 사이로 인도하신 분이 어디에 계신가? 그들을 백성의 지도자들과 함께 데려오신 분이 어디에 계신가? 그의 거룩한 영을 그들에게 주신 분이 어디에 계신가?

12 여호와께서 오른손으로 모세를 이끄셨고, 놀라운 능력으로 그를 인도하셨다. 여호와께서 그들 앞에서 바다를 가르셨으며, 이 일로 여호와의 이름을 영원히 기억하게 하셨다.

13 주께서 백성을 깊은 물 사이로 인도하셨다. 말이 광야를 달리듯 그들은 넘어지지 않고 힘차게 나아갔다.

14 골짜기로 내려가는 가축 떼처럼 여호와의 영이 그들을 쉴 곳으로 인도하셨다. 주님께서는 이렇게 주님의 백성을 인도하셔서, 주님의 이름을 영화롭게 하셨습니다.

도움을 구하는 기도

15 주여, 주님의 거룩하고 영화로운 하늘 집에서 굽어 살펴 주소서. 여호와의 뜨거운 사랑과 능

In my anger I have trampled my enemies
　　as if they were grapes.
In my fury I have trampled my foes.
　　Their blood has stained my clothes.
4 • For the time has come for me to avenge my people,
　　to ransom them from their oppressors.
5 • I was amazed to see that no one intervened
　　to help the oppressed.
So I myself stepped in to save them with
　　my strong arm,
　　and my wrath sustained me.
6 • I crushed the nations in my anger
　　and made them stagger and fall to the ground,
　　spilling their blood upon the earth."

Praise for Deliverance

7 • I will tell of the LORD's unfailing love.
　　I will praise the LORD for all he has done.
I will rejoice in his great goodness to Israel,
　　which he has granted according to his
　　mercy and love.
8 • He said, "They are my very own people.
　　Surely they will not betray me again."
　　And he became their Savior.
9 • In all their suffering he also suffered,
　　and he personally* rescued them.
In his love and mercy he redeemed them.
　　He lifted them up and carried them
　　through all the years.
10 • But they rebelled against him
　　and grieved his Holy Spirit.
So he became their enemy
　　and fought against them.

11 • Then they remembered those days of old
　　when Moses led his people out of Egypt.
They cried out, "Where is the one who
　　brought Israel through the sea,
　　with Moses as their shepherd?
Where is the one who sent his Holy Spirit
　　to be among his people?
12 • Where is the one whose power was displayed
　　when Moses lifted up his hand—
the one who divided the sea before them,
　　making himself famous forever?
13 • Where is the one who led them through
　　the bottom of the sea?
They were like fine stallions
　　racing through the desert, never stumbling.
14 • As with cattle going down into a peaceful valley,
　　the Spirit of the LORD gave them rest.
You led your people, LORD,
　　and gained a magnificent reputation."

Prayer for Mercy and Pardon

15 • LORD, look down from heaven;
　　look from your holy, glorious home,
　　and see us.

63:9 Hebrew *and the angel of his presence.*

력이 어디에 있습니까? 어찌하여 여호와의 사랑과 자비를 우리에게서 감추십니까?

16 주님은 우리의 아버지이십니다. 아브라함은 우리를 모르고, 이스라엘도 우리를 알지 못하지만, 여호와여, 주님은 우리의 아버지가 되십니다. 주님의 이름은 '언제나 우리를 구하시는 분'이십니다.

17 여호와여, 어찌하여 우리를 주님의 길에서 벗어나게 하십니까? 왜 우리의 마음을 굳어지게 하셔서 주님을 섬기지 않게 하십니까? 우리들을 보시고 우리에게 돌아와 주소서. 우리는 주님의 종이며, 주님의 것입니다.

18 주님의 거룩한 백성이 잠시 주님의 성전을 차지했으나, 이제는 우리의 원수들이 주님의 거룩한 곳을 짓밟습니다.

19 이제 우리는 주님께서 다스리시지 않는 백성, 주님의 이름으로 불리지 않는 백성처럼 되었습니다.

64

주께서 하늘을 가르시고 땅으로 내려오시면, 산들이 여호와 앞에서 떨 것입니다.

2 불이 나무를 태우고 물을 끓게 함같이, 모든 민족이 주님의 오심을 두려워 떨게 만드소서. 그리하여 주님의 원수들에게 주님이 어떤 분인가를 알리소서.

3 주님은 우리가 생각지도 못한 놀라운 일을 하셨습니다. 주께서 내려오셨을 때에 산들이 주님 앞에서 떨었습니다.

4 옛적부터 이런 일을 들어 본 사람은 아무도 없습니다. 주님 아닌 다른 하나님을 본 사람도 없습니다. 주님은 주를 의지하는 사람을 도우십니다.

5 주님은 즐거운 마음으로 의로운 일을 하는 사람과 주께서 바라시는 길을 기억하는 사람을 도우십니다. 그러나 우리가 죄를 지었기 때문에 주께서 노하셨습니다. 우리가 오랫동안 주님께 복종하지 않았으니, 어떻게 구원받을 수 있겠습니까?

6 우리는 모두 죄로 더러워졌습니다. 우리의 모든 의로운 행동도 더러운 옷과 같고, 죽은 잎사귀 같습니다. 우리의 죄가 바람처럼 우리를 몰아갑니다.

7 아무도 주님을 섬기지 않고, 주님께 도움을 요청하지 않습니다. 그래서 주님은 우리에게서 등을 돌리셨고, 우리 죄 때문에 우리를 망하게 하셨습니다.

Where is the passion and the might
　you used to show on our behalf?
　Where are your mercy and compassion now?
16 • Surely you are still our Father!
　Even if Abraham and Jacob* would disown us,
　LORD, you would still be our Father.
　You are our Redeemer from ages past.
17 • LORD, why have you allowed us to turn
　from your path?
　Why have you given us stubborn hearts
　so we no longer fear you?
　Return and help us, for we are your servants,
　The tribes that are your special possession.
18 • How briefly your holy people possessed
　your holy place,
　and now our enemies have destroyed it.
19 • Sometimes it seems as though we never
　belonged to you,
　as though we had never been known
　as your people.

64

1 •* Oh, that you would burst from the
　heavens and come down!
　How the mountains would quake in your
　presence!
2 •* As fire causes wood to burn
　and water to boil,
　your coming would make the nations tremble.
　Then your enemies would learn the reason
　for your fame!
3 • When you came down long ago,
　you did awesome deeds beyond our
　highest expectations.
　And oh, how the mountains quaked!
4 • For since the world began,
　no ear has heard
　and no eye has seen a God like you,
　who works for those who wait for him!
5 • You welcome those who gladly do good,
　who follow godly ways.
　But you have been very angry with us,
　for we are not godly.
　We are constant sinners;
　how can people like us be saved?
6 • We are all infected and impure with sin.
　When we display our righteous deeds,
　they are nothing but filthy rags.
　Like autumn leaves, we wither and fall,
　and our sins sweep us away like the wind.
7 • Yet no one calls on your name
　or pleads with you for mercy.
　Therefore, you have turned away from us
　and turned us over* to our sins.

filthy [fílθi] *a.* 더럽혀진
quake [kweik] *vi.* 공포로 떨다

63:16 Hebrew *Israel.* See note on 14:1.　64:1 In the Hebrew text this verse is included in 63:19.　64:2 Verses 64:2-12 are numbered 64:1-11 in Hebrew text.　64:7 As in Greek, Syriac, and Aramaic versions; Hebrew reads *melted us.*

8 하지만 여호와여, 주님은 우리의 아버지이십니다. 우리는 진흙이요, 주님은 토기장이이십니다. 우리 모두는 주께서 손으로 빚어 만드신 것입니다.

9 여호와여, 진노를 거두어 주십시오. 우리 죄를 영원히 기억하지 마십시오. 우리를 보십시오. 우리는 모두 주님의 백성입니다.

10 주님의 거룩한 성들이 파괴되고, 시온이 광야가 되었습니다. 예루살렘조차 황무지가 되었습니다.

11 우리 조상이 여호와를 찬양하던 거룩하고 아름다운 성전이 이제는 불에 타 버렸습니다. 우리의 소중한 것들도 다 사라져 버렸습니다.

12 여호와여, 이 모든 것을 보시고도 우리를 돕지 않으시겠습니까? 우리는 견딜 수 없는데, 어째서 여호와께서는 잠잠히 계시기만 하십니까? 어찌하여 우리로 하여금 무거운 벌을 받게 하십니까?

모든 백성이 하나님을 알게 된다

65 "나는 나를 찾지 않는 백성에게 나를 알려 주었다. 내게 도움을 요청하지 않는 그들에게 나를 밝히 드러냈다. 내 이름을 부르지도 않던 나라에게 '내가 여기 있다'라고 말하였다.

2 내게 등을 돌린 백성을 맞이하려고 하루 종일 팔을 벌리고 있었다. 그러나 그들은 의로운 길을 가지 않았으며 제멋대로 살았다.

3 그들은 바로 내 앞에서 항상 나를 진노하게 하는 일들만 했다. 그들의 동산에서 우상에게 제물을 바쳤고, 벽돌 제단 위에 향을 피웠다.

4 그들은 무덤 속에 앉았고 은밀한 장소에서 밤을 새웠다. 그들은 돼지고기를 먹었고, 그들의 냄비에는 부정한 고깃국물이 가득했다.

5 그러면서도 그들은 다른 사람들에게 말하기를, '물러서라. 가까이 오지 마라. 나는 거룩한 몸이다'라고 하였다. 이런 사람들은 내 코의 콧김 같고, 하루 종일 타는 불같아서 나를 끊임없이 진노하게 만든다.

6 보아라. 그들에 대한 심판이 내 앞에 적혀 있으니, 내가 잠잠히 있지 않고, 반드시 갚아 주겠다. 너희가 한 그대로 너희를 심판하겠다.

7 너희 죄와 너희 조상의 죄를 함께 심판하겠다. 그들이 산 위에서 우상에게 향을 피웠으

---

8 ● And yet, O LORD, you are our Father.
　　We are the clay, and you are the potter.
　　We all are formed by your hand.
9 ● Don't be so angry with us, LORD.
　　Please don't remember our sins forever.
　Look at us, we pray,
　　and see that we are all your people.
10 ● Your holy cities are destroyed.
　　Zion is a wilderness;
　　yes, Jerusalem is a desolate ruin.
11 ● The holy and beautiful Temple
　　where our ancestors praised you
　has been burned down,
　　and all the things of beauty are destroyed.
12 ● After all this, LORD, must you still refuse to help us?
　　Will you continue to be silent and punish us?

Judgment and Final Salvation

65 The LORD says,

"I was ready to respond, but no one
　　asked for help.
　I was ready to be found, but no one was
　　looking for me.
I said, 'Here I am, here I am!'
　to a nation that did not call on my name.*

2 ● All day long I opened my arms to a rebellious
　　people.*
　But they follow their own evil paths
　　and their own crooked schemes.

3 ● All day long they insult me to my face
　　by worshiping idols in their sacred gardens.
　They burn incense on pagan altars.

4 ● At night they go out among the graves,
　　worshiping the dead.
　They eat the flesh of pigs
　　and make stews with other forbidden foods.

5 ● Yet they say to each other,
　　'Don't come too close or you will defile me!
　I am holier than you!'
　These people are a stench in my nostrils,
　　an acrid smell that never goes away.

6 ● "Look, my decree is written out* in front of me:
　　I will not stand silent;
　I will repay them in full!
　　Yes, I will repay them—

7 ● both for their own sins
　　and for those of their ancestors,"
　says the LORD.
　"For they also burned incense on the mountains
　　and insulted me on the hills.
　I will pay them back in full!

65:1 Or *to a nation that did not bear my name.* 65:1-2 Greek version reads *I was found by people who were not looking for me. / I showed myself to those who were not asking for me. / All day long I opened my arms to them, / but they were disobedient and rebellious.* Compare Rom 10:20-21. 65:6 Or *their sins are written out;* Hebrew reads *it stands written.*

며, 언덕 위에서 나를 욕되게 했다. 그러므로 그들이 한 일에 따라 내가 그들을 심판하겠다."

8 여호와께서 이렇게 말씀하셨다. "포도에 즙이 남아있으면 사람들이 포도를 없애지 않는다. 왜냐하면 그 안에 좋은 것이 남아 있음을 알기 때문이다. 나도 내 종들에게 그렇게 하겠다. 그들을 완전히 멸망시키지는 않겠다.

9 내가 야곱의 자녀 가운데 얼마를 씨앗으로 남겨 두겠다. 유다 백성 가운데 얼마는 내 산을 물려받을 것이다. 내가 뽑은 사람이 그 산을 차지할 것이며, 내 종들이 거기에서 살 것이다.

10 사론 평야는 양 떼를 칠 목초지가 되고, 아골 골짜기는 소 떼가 쉴 곳이 될 것이다. 나를 따르는 백성이 그곳을 차지할 것이다.

11 그러나 여호와를 떠난 사람, 내 거룩한 산을 잊은 사람, 상을 차려 놓고 '행운'이라는 우상을 섬기는 사람, '운명'이라는 우상을 위해 잔치를 베푸는 사람은 심판을 받는다.

12 너희의 운명은 내가 정한다. 내가 내 칼로 너희 모두를 심판하겠다. 왜냐하면 내가 너희를 불러도 너희가 대답하지 않았고, 말해도 듣지 않았기 때문이다. 너희는 내가 악하다고 말하는 일과 내가 좋아하지 않는 일만을 골라 했다."

13 그러므로, 주 여호와께서 이렇게 말씀하셨다. "내 종들은 먹겠으나, 너희 악한 백성은 굶주릴 것이다. 내 종들은 마시겠으나, 너희 악한 백성은 목마를 것이다. 내 종들은 기뻐하겠으나, 너희 악한 백성은 부끄러움을 당할 것이다.

14 보아라. 내 종들은 기쁜 마음으로 노래를 부르겠지만, 너희 악한 백성은 마음이 상하여 통곡할 것이다.

15 너희의 이름이 내 종들 사이에서 저주의 말이 될 것이다." 이는 주 여호와께서 너희를 죽이시고, 다른 이름으로 주의 참된 종들을 부르실 것이기 때문이다.

16 이 땅에서 복을 비는 사람은 미쁘신 하나님께 빌며, 맹세를 하는 사람은 미쁘신 하나님의 이름으로 맹세할 것이다. 옛날의 고통은 잊혀질 것이며, 여호와께서 옛날의 고통을 사라지게 하실 것이다.

새 시대가 온다

17 "보아라. 내가 새 하늘과 새 땅을 창조할 것이다. 옛날 일은 더 이상 생각하지 않을 것이다.

---

8 ● "But I will not destroy them all,"
　　says the LORD.
"For just as good grapes are found among
　　a cluster of bad ones
　　(and someone will say, 'Don't throw
　　them all away—
　　some of those grapes are good!'),
so I will not destroy all Israel.
　　For I still have true servants there.

9 ● I will preserve a remnant of the people of Israel*
　　and of Judah to possess my land.
Those I choose will inherit it,
　　and my servants will live there.

10 ● The plain of Sharon will again be filled
　　with flocks
　　for my people who have searched for me,
　　and the valley of Achor will be a place
　　to pasture herds.

11 ● "But because the rest of you have forsaken the
　　LORD
　　and have forgotten his Temple,
and because you have prepared feasts to honor
　　the god of Fate
　　and have offered mixed wine to the god
　　of Destiny,

12 ● now I will 'destine' you for the sword.
　　All of you will bow down before the
　　executioner.
For when I called, you did not answer.
　　When I spoke, you did not listen.
You deliberately sinned—before my very eyes—
　　and chose to do what you know I despise."

13 ● Therefore, this is what the Sovereign LORD says:
"My servants will eat,
　　but you will starve.
My servants will drink,
　　but you will be thirsty.
My servants will rejoice,
　　but you will be sad and ashamed.

14 ● My servants will sing for joy,
　　but you will cry in sorrow and despair.

15 ● Your name will be a curse word among
　　my people,
　　for the Sovereign LORD will destroy you
　　and will call his true servants by another name.

16 ● All who invoke a blessing or take an oath
　　will do so by the God of truth.
For I will put aside my anger
　　and forget the evil of earlier days.

17 ● "Look! I am creating new heavens and
　　a new earth,
　　and no one will even think about the
　　old ones anymore.

---

destine [déstin] *vt.* 미리 정해두다
invoke [invóuk] *vt.* 빌다, 기원하다

65:9 Hebrew *remnant of Jacob.* See note on 14:1.

18 내 백성이 내가 창조하는 것 때문에 영원히 즐거워하고 기뻐할 것이다. 내가 예루살렘을 기쁨이 가득한 성으로 만들고, 그 백성을 즐거움이 가득한 백성으로 만들겠다.

19 내가 예루살렘을 기쁨으로 여기고, 내 백성을 즐거움으로 여기겠다. 그 성에서 다시는 우는 소리와 부르짖는 소리가 들리지 않을 것이다.

20 다시는 그 성에 며칠 살지 못하고 죽는 아이가 없을 것이며, 수명을 다하지 못하고 죽는 노인도 없을 것이다. 백 살에 죽는 사람을 젊은이라 부를 것이며, 백 살이 되기 전에 죽는 사람을 저주받은 사람으로 여길 것이다.

21 집을 지은 사람이 자기가 지은 집에서 살 것이며, 포도밭을 가꾼 사람이 자기가 기른 포도 열매를 먹을 것이다.

22 집을 지은 사람이 따로 있는데 다른 사람이 그 집에서 사는 일도 없고, 심은 사람이 따로 있는데 다른 사람이 그 열매를 먹는 일도 없을 것이다. 내 백성이 나무처럼 오래오래 살겠고, 자신들이 애써서 얻은 것을 마음껏 누릴 것이다.

23 사람들이 헛되이 수고하는 일이 없을 것이며, 낳은 자녀가 죽는 일이 없을 것이다. 내 백성과 그들의 자녀가 모두 나 여호와가 주는 복을 받을 것이다.

24 그들이 부르기도 전에 내가 대답하겠고, 그들이 미처 말을 마치기도 전에 내가 들어 주겠다.

25 이리와 어린 양이 평화롭게 함께 먹으며, 사자들이 소처럼 마른 풀을 먹을 것이다. 뱀이 흙을 먹고 살며 아무도 해치지 않을 것이다. 내 거룩한 산에서는 서로 해치는 일도 없고, 상하게 하는 일도 없을 것이다." 여호와의 말씀이다.

하나님께서 모든 민족을 심판하신다

66 여호와께서 이렇게 말씀하셨다. "하늘은 내 보좌요, 땅은 내 발판이다. 그러니 누가 내 집을 지을 수 있겠으며, 내가 쉴 곳이 어디 있겠느냐?

2 내 손이 이 모든 것을 지었다. 이 모든 것은 다 내 것이다." 여호와의 말씀이다. "겸손하고 자기 죄를 뉘우치는 사람, 나를 두려워하고 내 말을 따르는 사람, 이런 사람이 내가 좋아하는 사람이다.

3 소를 죽여 내게 제물로 바치는 것은 살인하는 것과 다름이 없고 양을 죽여 내게 제물로 바치는 것은 개의 목을 부러뜨리는 것과 다름이 없다. 제사드리는 예물이 돼지의 피와 같고, 향을 피우는 것이 우상을 섬기는 것과 다를 바 없다. 이런 사람은 자기 멋대로 하며 내 뜻을 따르지 않는 사람들이다. 그들은 그런 역겨운 짓하는 것

---

18 • Be glad; rejoice forever in my creation!
  And look! I will create Jerusalem as a place
    of happiness.
  Her people will be a source of joy.

19 • I will rejoice over Jerusalem
    and delight in my people.
  And the sound of weeping and crying
    will be heard in it no more.

20 • "No longer will babies die when only
    a few days old.
  No longer will adults die before they
    have lived a full life.
  No longer will people be considered old at
    one hundred!
  Only the cursed will die that young!

21 • In those days people will live in the houses
    they build
  and eat the fruit of their own vineyards.

22 • Unlike the past, invaders will not take
    their houses
    and confiscate their vineyards.
  For my people will live as long as trees,
    and my chosen ones will have time to
    enjoy their hard-won gains.

23 • They will not work in vain,
    and their children will not be doomed
    to misfortune.
  For they are people blessed by the LORD,
    and their children, too, will be blessed.

24 • I will answer them before they even call to me.
    While they are still talking about their
    needs,
    I will go ahead and answer their prayers!

25 • The wolf and the lamb will feed together.
    The lion will eat hay like a cow.
  But the snakes will eat dust.
  In those days no one will be hurt or
    destroyed on my holy mountain.
    I, the LORD, have spoken!"

66 This is what the LORD says:

"Heaven is my throne,
  and the earth is my footstool.
Could you build me a temple as good as that?
  Could you build me such a resting place?

2 • My hands have made both heaven and earth;
    they and everything in them are mine.*
    I, the LORD, have spoken!

"I will bless those who have humble and
    contrite hearts,
    who tremble at my word.

3 • But those who choose their own ways—
    delighting in their detestable sins—
    will not have their offerings accepted.

66:2 As in Greek, Latin, and Syriac versions; Hebrew reads *these things are.*

을 좋아한다.

4 그러므로 내가 그들을 심판하겠다. 그들이 가장 무서워하는 것으로 그들을 심판하겠다. 그들은 내가 불러도 대답하지 않았고, 내가 말해도 귀담아듣지 않았다. 그들은 내가 악하다고 말한 일을 행했으며, 내가 좋아하지 않는 일만을 골라 했다."

5 여호와의 말씀을 두려움으로 따르는 사람들아, 여호와께서 하시는 말씀을 들어라. "너희가 나를 따르므로, 네 형제들이 너를 미워하고 너희에게 등을 돌렸다. 너희 형제들이 이르기를 '여호와께서 영화롭게 되면 우리도 돌아와 너희와 함께 기뻐하겠다'고 한다. 그러나 그들은 부끄러움을 당할 것이다.

6 성에서 나는 큰 소리를 들어 보아라, 성전에서 나는 소리를 들어 보아라. 여호와께서 원수들을 심판하시며, 그들이 행한 대로 벌하시는 소리다.

7 "한 여자가 진통을 겪기도 전에 아기를 낳았다. 해산의 고통을 당하기도 전에 아들을 낳았다.

8 누가 이런 일을 들었느냐? 누가 이런 일을 보았느냐? 나라가 어떻게 하루 만에 생길 수 있겠느냐? 민족이 어떻게 한순간에 생길 수 있겠느냐? 그러나 시온은 해산의 고통을 느끼자마자 자녀를 낳았다.

9 이처럼 어떤 고통이 있을 때, 내가 반드시 새 생명을 낳게 하겠다." 여호와의 말씀이다. "생명을 주는 이가 어찌 태를 닫겠는가?" 너희 하나님의 말씀이다.

10 "예루살렘을 사랑하는 사람들아, 예루살렘과 함께 즐거워하여라. 예루살렘을 생각하며 슬퍼하던 사람은 예루살렘과 함께 기쁨의 노래를 불러라.

11 아기가 어머니 젖을 빨며 만족해하듯, 너희가 예루살렘의 좋은 것을 배불리 먹으며, 예루살렘의 귀한 것을 차지하고 기쁨을 누릴 것이다."

12 여호와께서 이렇게 말씀하셨다. "내가 예루살렘에 평화가 강물처럼 흐르게 하겠다. 민족들의 재물이 예루살렘으로 흘러 들어오게 하겠다. 너희는 아기처럼 젖을 빨며 내 품에 안길 것이고, 내 무릎 위에서 귀여움을 받을 것이다.

13 어머니가 자식을 위로하듯 내가 너희를 위로하겠다. 너희가 예루살렘에서 위로를 받을 것이다."

When such people sacrifice a bull,
  it is no more acceptable than a human
    sacrifice.
When they sacrifice a lamb,
  it's as though they had sacrificed a dog!
When they bring an offering of grain,
  they might as well offer the blood of a pig.
When they burn frankincense,
  it's as if they had blessed an idol.

4 • I will send them great trouble—
    all the things they feared.
  For when I called, they did not answer.
    When I spoke, they did not listen.
  They deliberately sinned before my very eyes
    and chose to do what they know I despise."

5 • Hear this message from the LORD,
    all you who tremble at his words:
  "Your own people hate you
    and throw you out for being loyal to my name.
  'Let the LORD be honored!' they scoff.
  'Be joyful in him!'
    But they will be put to shame.

6 • What is all the commotion in the city?
    What is that terrible noise from the Temple?
  It is the voice of the LORD
    taking vengeance against his enemies.

7 • "Before the birth pains even begin,
    Jerusalem gives birth to a son.

8 • Who has ever seen anything as strange as this?
    Who ever heard of such a thing?
  Has a nation ever been born in a single day?
    Has a country ever come forth in a mere
      moment?
  But by the time Jerusalem's* birth pains begin,
    her children will be born.

9 • Would I ever bring this nation to the point of birth
    and then not deliver it?" asks the LORD.
  "No! I would never keep this nation from
      being born,"
    says your God.

10 • "Rejoice with Jerusalem!
    Be glad with her, all you who love her
    and all you who mourn for her.

11 • Drink deeply of her glory
    even as an infant drinks at its mother's
      comforting breasts."

12 • This is what the LORD says:
  "I will give Jerusalem a river of peace and prosperity.
    The wealth of the nations will flow to her.
  Her children will be nursed at her breasts,
    carried in her arms, and held on her lap.

13 • I will comfort you there in Jerusalem

---

commotion [kəmóuʃən] *n.* 동요, 소동

14 너희가 이것을 보고 기뻐할 것이며, 너희의 몸과 마음이 건강해질 것이다. 여호와의 종들은 여호와의 능력을 보겠으나, 여호와의 원수는 여호와의 진노를 볼 것이다.

15 보아라. 여호와께서 불에 싸여 오신다. 여호와의 군대가 먼지 구름을 일으키며 온다. 여호와께서 진노와 징계의 불꽃으로 그들을 심판하러 오실 것이다.

16 여호와께서 불과 칼로써 세상을 심판하실 것이니, 많은 사람이 여호와께 죽임을 당할 것이다.

17 "이 백성이 자기 몸을 '거룩' 하게 하고 동산에 들어가 헛된 신을 섬겼다. 무리를 지어 동산에 들어가 돼지고기와 쥐와 갖가지 역겨운 것을 먹었다. 그들은 모두 멸망할 것이다." 여호와의 말씀이다.

18 "내가 그들의 악한 행실과 생각을 안다. 그러므로 내가 그들을 심판하러 오겠다. 모든 민족과 백성을 모을 때가 올 것이니, 그들이 와서 내 영광을 볼 것이다.

19 내가 백성 가운데 몇 사람에게 표시를 해 주겠다. 내가 그들 중에서 구원받은 사람들을 다시스와 리비아*와 활쏘는 사람들의 나라인 리디아*와 두발과 그리스*와 내 이름을 들은 적도 없고 내 영광을 본 적도 없는 먼 나라들로 보내겠다. 그들이 내 영광을 이 민족들에게 알려 줄 것이다.

20 그들이 너희의 형제가 되는 온 이스라엘 사람을 모든 민족들에게서 데려와 나 여호와에게 예물로 바칠 것이다. 너희의 형제 이스라엘 사람은 말과 전차와 수레와 나귀와 낙타를 타고 예루살렘에 있는 나의 거룩한 산으로 올 것이다. 그들은 마치 이스라엘 사람들이 깨끗한 그릇에 담아 나 여호와의 성전으로 가져오는 예물과 같을 것이다.

21 내가 그 사람들 가운데 몇 사람을 골라 제사장과 레위 사람으로 삼겠다." 여호와의 말씀이다.

22 "내가 내 앞에 영원히 있을 새 하늘과 새 땅을 만들겠다. 이와 같이 너희 이름과 너희 자손도 언제나 나와 함께 있을 것이다." 여호와의 말씀이다.

23 "안식일과 초하루 축제일마다 모든 사람이 내게 예배하러 올 것이다." 여호와의 말씀이다.

24 "그들이 나가서 내게 죄를 지은 사람들의 시체를 볼 것이다. 그들을 먹는 벌레가 죽지 않으며, 그들을 태우는 불이 꺼지지 않을 것이다. 모든 사람이 그들을 보고 역겨워할 것이다."

---

as a mother comforts her child."

14 • When you see these things, your heart will rejoice.
    You will flourish like the grass!
    Everyone will see the LORD's hand of blessing on his servants—
    and his anger against his enemies.

15 • See, the LORD is coming with fire,
    and his swift chariots roar like a whirlwind.
    He will bring punishment with the fury of his anger
    and the flaming fire of his hot rebuke.

16 • The LORD will punish the world by fire
    and by his sword.
    He will judge the earth,
    and many will be killed by him.

17 • "Those who 'consecrate' and 'purify' themselves in a sacred garden with its idol in the center—feasting on pork and rats and other detestable meats—will come to a terrible end," says the LORD.

18 • "I can see what they are doing, and I know what they are thinking. So I will gather all nations and peoples together, and they will see my glory.

19 • I will perform a sign among them. And I will send those who survive to be messengers to the nations—to Tarshish, to the Libyans* and Lydians* (who are famous as archers), to Tubal and Greece,* and to all the lands beyond the sea that have not heard of my fame or seen my glory. There they will declare my glory to the nations. • They will bring the remnant of your people back from every nation. They will bring them to my holy mountain in Jerusalem as an offering to the LORD. They will ride on horses, in chariots and wagons, and

21 on mules and camels," says the LORD. • "And I will appoint some of them to be my priests and Levites. I, the LORD, have spoken!

22 • "As surely as my new heavens and earth will remain,
    so will you always be my people,
    with a name that will never disappear,"
    says the LORD.

23 • "All humanity will come to worship me
    from week to week
    and from month to month.

24 • And as they go out, they will see
    the dead bodies of those who have rebelled against me.
    For the worms that devour them will never die,
    and the fire that burns them will never go out.
    All who pass by
    will view them with utter horror."

66:19a　As in some Greek manuscripts, which read *Put* [that is, *Libya*]; Hebrew reads *Pul.*　66:19b Hebrew *Lud.*　66:19c Hebrew *Javan.*

66:19 (히) '뿔' 의 또 다른 이름은 '리비아' 이고, (히) '룻' 의 또 다른 이름은 '리디아' 이며, (히) '야완' 의 또 다른 이름은 '그리스' 이다.

예레미야

● 서론

✛ 저자 _ 예레미야가 친구이자 서기관인 바룩의 대필로 기록
✛ 저작 연대 _ B.C. 627~580년 사이
✛ 기록 장소 _ 예루살렘으로 추정
✛ 기록 대상 _ 유다 민족 및 그 밖의 주변 민족들
✛ 핵심어 및 내용 _ 핵심어는 '죄'와 '비탄'이다. 유다 민족의 범죄함이 극에 달하자 하나님은 그들을 심판하기로 작정하셨다. 예레미야는 이 임박한 심판을 선포하도록 부름받았다. 이로 인해 동족들에게 핍박 받으면서도 그는 그들이 당하는 괴로움으로 인해 비통해한다.

여호와의 말씀이 예레미야에게 내리다

1 이것은 베냐민 땅 아나돗에 살던 제사장 가문의 힐기야의 아들 예레미야가 한 말입니다.

2 아몬의 아들 요시야가 유다의 왕이 되어 십삼 년째 다스리고 있을 때*에 여호와께서 예레미야에게 말씀하셨습니다.

3 요시야의 아들 여호야김이 유다 왕이 되어 다스리던 때에도 여호와께서 그에게 말씀하셨고, 그 후, 요시야의 아들 시드기야가 유다 왕이 되어 십일 년 동안 다스리고 있을 때에도 여호와께서 그에게 말씀하셨습니다. 그 해 다섯째 달*에 예루살렘 사람들이 포로로 잡혀 갔습니다.

4 여호와께서 나에게 말씀하셨다.

5 "나는 너를 네 어미 배 속에서 만들기 전부터 알았고, 네가 태어나기도 전에 너를 거룩하게 구별하여 여러 나라에 보낼 예언자로 세웠다."

6 내가 대답하였다. "주 여호와여, 보십시오. 저는 너무 어려서 말할 줄을 모릅니다."

7 그러나 여호와께서 나에게 말씀하셨다. "너는 '아이 같다'고 말하지 마라. 내가 너를 누구에게 보내든지 너는 가고, 네게 무슨 말을 명하든지 그대로 전하여라.

8 그들을 두려워하지 마라. 내가 너와 함께하여 너를 구해 주겠다."

9 그런 뒤에 여호와께서는 손을 뻗쳐 내 입에 대시고 말씀하셨다. "보아라. 이제 내 말을 네 입에 두겠다.

10 내가 오늘 너를 온 나라와 민족들 위에 세워 네가 그들을 뽑으며, 허물며, 멸망시키며, 무너뜨리며, 세우며, 심게 하겠다."

11 여호와께서 나에게 말씀하셨다. "예레미야야, 무엇이 보이느냐?" 내가 대답하였

1 These are the words of Jeremiah son of Hilkiah, one of the priests from the town of Anathoth in the land of Benjamin. 2 The LORD first gave messages to Jeremiah during the thirteenth year of the reign of 3 Josiah son of Amon, king of Judah.* • The LORD's messages continued throughout the reign of King Jehoiakim, Josiah's son, until the eleventh year of the reign of King Zedekiah, another of Josiah's sons. In August* of that eleventh year the people of Jerusalem were taken away as captives.

Jeremiah's Call and First Visions

4 • The LORD gave me this message:

5 • "I knew you before I formed you in your
    mother's womb.
   Before you were born I set you apart
    and appointed you as my prophet to the
    nations."

6 • "O Sovereign LORD," I said, "I can't speak for
7 you! I'm too young!" • The LORD replied, "Don't say, 'I'm too young,' for you must go wherever I send you and say what-
8 ever I tell you. • And don't be afraid of the people, for I will be with you and will protect you. I, the LORD,
9 have spoken!" • Then the LORD reached out and touched my mouth and said,

   "Look, I have put my words in your mouth!
10 • Today I appoint you to stand up
    against nations and kingdoms.
   Some you must uproot and tear down,
    destroy and overthrow.
   Others you must build up and plant."

11 • Then the LORD said to me, "Look, Jeremiah! What do you see?"

1:2 The thirteenth year of Josiah's reign was 627 B.C.
1:3 Hebrew In the fifth month, of the ancient Hebrew lunar calendar. A number of events in Jeremiah can be cross-checked with dates in surviving Babylonian records and related accurately to our modern calendar. The fifth month in the eleventh year of Zedekiah's reign occurred within the months of August and September 586 B.C. Also see 52:12 and the note there.

1:2 B.C. 627년에 해당된다.
1:3 이달은 B.C. 586년의 8월과 9월에 해당된다.

다. "아몬드 나뭇가지가 보입니다."

12 여호와께서 나에게 말씀하셨다. "잘 보았다. 이것은 내 말이 그대로 이루어지는지 내가 지켜보고 있다는 것을 뜻한다."

13 여호와께서 두 번째로 나에게 말씀하셨다. "무엇이 보이느냐?" 내가 대답하였다. "물이 끓고 있는 가마솥이 보이는데 북에서부터 기울어졌습니다."

14 그러자 여호와께서 나에게 말씀하셨다. "북쪽에서부터 재앙이 넘쳐 흘러 이 땅의 모든 백성에게 닥칠 것이다.

15 내가 북쪽에 있는 모든 나라 백성들을 불러들이겠다. 그들이 와서 예루살렘 성문 입구에 각각 자기의 보좌를 두고, 사방으로부터 예루살렘의 온 성벽과 유다의 모든 성을 칠 것이다.

16 유다 사람들이 나를 저버리고 다른 신들에게 분향하며 자기 손으로 지은 우상을 섬기는 악한 짓을 했으므로 내가 그들을 심판하겠다.

17 그러므로 너는 허리띠를 조이고 일어나, 내가 네게 명하는 모든 말을 그들에게 전하여라. 그들을 두려워하지 마라. 그들을 두려워하면 내가 너를 그들 앞에서 무서워 떨게 하겠다.

18 보아라. 오늘 내가 너를 굳건한 요새와 같은 성으로, 쇠기둥으로, 놋성벽으로 만들겠다. 너는 유다의 왕들과 장관들과 제사장들과 이 땅의 백성들과 이 땅에 있는 그 누구와도 맞설 수 있을 것이다.

19 그들이 너와 맞서 싸우더라도 너를 이기지 못할 것이다. 이는 내가 너와 함께하여 너를 구할 것이기 때문이다. 나 여호와의 말이다."

이스라엘이 하나님을 배반하다

2 여호와께서 나에게 말씀하셨다.

2 "가서 예루살렘을 향하여 외쳐라. 주 여호와의 말이다. '네가 젊었을 때에 너는 내게 충성하였고, 신부처럼 나를 사랑하였다. 아무것도 심은 적이 없는 메마른 광야에서 나를 따랐다.

3 이스라엘 백성은 거룩하여 내 소산 중의 첫 열매 같았다. 이스라엘을 해치려 하는 사람은 벌을 받아, 재앙이 그들에게 닥쳤다. 나 여호와의 말이다.'"

4 야곱의 집과 이스라엘 집의 모든 백성아, 여호와의 말씀을 들어라.

5 여호와께서 이렇게 말씀하셨다. "내가 너희

And I replied, "I see a branch from an almond tree."

12 •And the LORD said, "That's right, and it means that I am watching,* and I will certainly carry out all my plans."

13 •Then the LORD spoke to me again and asked, "What do you see now?"

And I replied, "I see a pot of boiling water, spilling from the north."

14 •"Yes," the LORD said, "for terror from the north 15 will boil out on the people of this land. •Listen! I am calling the armies of the kingdoms of the north to come to Jerusalem. I, the LORD, have spoken!

"They will set their thrones
    at the gates of the city.
They will attack its walls
    and all the other towns of Judah.
16 • I will pronounce judgment
    on my people for all their evil—
for deserting me and burning incense to other gods.
    Yes, they worship idols made with
      their own hands!

17 • "Get up and prepare for action.
    Go out and tell them everything I tell you
    to say.
Do not be afraid of them,
    or I will make you look foolish in front of them.
18 • For see, today I have made you strong
    like a fortified city that cannot be captured,
    like an iron pillar or a bronze wall.
You will stand against the whole land—
    the kings, officials, priests, and people of Judah.
19 • They will fight you, but they will fail.
For I am with you, and I will take care of you.
    I, the LORD, have spoken!"

The LORD's Case against His People

The LORD gave me another message. He said,
2 •"Go and shout this message to Jerusalem. This is what the LORD says:

"I remember how eager you were to please me
    as a young bride long ago,
how you loved me and followed me
    even through the barren wilderness.
3 • In those days Israel was holy to the LORD,
    the first of his children.*
All who harmed his people were declared guilty,
    and disaster fell on them.
    I, the LORD, have spoken!"

4 • Listen to the word of the LORD, people of 5 Jacob—all you families of Israel! •This is what the LORD says:

1:12 The Hebrew word for "watching" (shoqed) sounds like the word for "almond tree" (shaqed).   2:3 Hebrew the firstfruits of his harvest.

조상에게 무엇을 잘못했기에 나에게서 멀리 떠났느냐? 그들은 헛된 우상을 섬김으로 스스로 헛된 사람이 되었다.

6 너희 조상은 '우리를 이집트에서 이끌어 내신 여호와, 광야 가운데서, 메마르고 험한 땅에서, 어둡고 위험한 땅에서, 아무도 다니지 않고 아무도 살지 않는 땅에서, 우리를 인도해 내신 여호와께서 지금은 어디에 계시는가?' 하고 묻지도 않는다.

7 나는 너희를 기름진 좋은 땅으로 인도하여 그 열매와 곡식을 먹게 했다. 그런데 너희는 내 땅으로 들어와서 그 땅을 더럽히고 그곳을 역겨운 곳으로 만들었다.

8 제사장들은 '여호와께서 어디에 계시는가?' 하고 묻지도 않고, 율법을 다루는 사람들은 나를 알지도 못한다. 지도자들은 나를 배반하고, 예언자들은 바알의 이름으로 예언한다. 그들은 아무런 유익이 되지 않는 우상을 섬긴다."

9 "그러므로 내가 다시 한 번 너희를 책망하고, 너희 자손을 책망할 것이다. 나 여호와의 말이다.

10 너희는 바다를 건너 깃딤* 섬에 가 보아라. 게달 땅에 사람을 보내어 이런 일이 일어난 적이 있는지 자세히 알아보아라.

11 어느 나라가 자신들의 신을 다른 신으로 바꿨느냐? 물론 그들의 신은 진짜 신이 아닌데도 말이다. 내 백성은 영광의 하나님을 아무 쓸데없는 우상으로 바꾸어 버렸다.

12 하늘아, 이 일을 보고 놀라라. 큰 두려움으로 떨어라. 나 여호와의 말이다."

13 "내 백성이 두 가지 죄를 지었다. 그들은 생명수 샘인 나에게서 멀리 떠났고, 스스로를 위하여 우물을 팠다. 그러나 그것은 물을 담지 못하는 터진 우물이다.

14 이스라엘 백성이 노예가 되었느냐? 어찌하여 그들이 노예로 태어난 사람과 같이 되었느냐? 왜 그들은 원수들에게 모든 것을 빼앗겼느냐?

15 원수들이 사자처럼 이스라엘을 향해 으르렁거리고 울부짖는다. 원수들이 이스라엘 땅을 망쳐 놓았다. 이스라엘의 성들은 불탔고 모든 백성은 그 성을 떠났다.

16 놉*과 다바네스 같은 이집트의 성에서 온 사람들도 네 머리를 밀어 너희를 욕보였다.

17 이런 일은 네 스스로 불러들인 것이니 이는 네 하나님 여호와가 네 길을 인도하는데도

"What did your ancestors find wrong with me
　that led them to stray so far from me?
They worshiped worthless idols,
　only to become worthless themselves.

6 • They did not ask, 'Where is the LORD
　who brought us safely out of Egypt
and led us through the barren wilderness—
　a land of deserts and pits,
a land of drought and death,
　where no one lives or even travels?'

7 "And when I brought you into a fruitful land
　to enjoy its bounty and goodness,
you defiled my land and
　corrupted the possession I had promised you.

8 • The priests did not ask,
　'Where is the LORD?'
Those who taught my word ignored me,
　the rulers turned against me,
and the prophets spoke in the name of Baal,
　wasting their time on worthless idols.

9 • Therefore, I will bring my case against you,"
　says the LORD.
"I will even bring charges against your
　children's children
　in the years to come.

10 • "Go west and look in the land of Cyprus*;
　go east and search through the land of Kedar.
Has anyone ever heard of anything
　as strange as this?

11 • Has any nation ever traded its gods for new ones,
　even though they are not gods at all?
Yet my people have exchanged their glorious God*
　for worthless idols!

12 • The heavens are shocked at such a thing
　and shrink back in horror and dismay,"
　says the LORD.

13 "For my people have done two evil things:
They have abandoned me—
　the fountain of living water.
And they have dug for themselves cracked cisterns
　that can hold no water at all!

The Results of Israel's Sin

14 "Why has Israel become a slave?
　Why has he been carried away as plunder?

15 • Strong lions have roared against him,
　and the land has been destroyed.
The towns are now in ruins,
　and no one lives in them anymore.

16 • Egyptians, marching from their cities of
　Memphis* and Tahpanhes,
　have destroyed Israel's glory and power.

17 And you have brought this upon yourselves
　by rebelling against the LORD your God,

2:10 Hebrew *Kittim*.　2:11 Hebrew *their glory*.　2:16 Hebrew *Noph*.

2:10 '깃딤'은 '키프로스'라고도 한다.
2:16 '놉'은 '멤피스'라고도 한다.

나를 버리고 떠났기 때문이다.

18 이제 네가 이집트로 가서 시홀 강물을 마셔 보아야 아무 소용이 없다. 앗시리아로 가서 유프라테스 강물을 마셔 보아도 아무 소용이 없다.

19 네가 저지른 악이 너를 벌하고, 네가 저지른 잘못이 너를 꾸짖을 것이다. 네 하나님 여호와를 떠나는 것은 참으로 무서운 죄이며 네가 나를 두려워하지 않는 것은 큰 잘못이니 생각해 보고 깨달음을 얻도록 하여라. 주 만군의 여호와의 말이다.

20 "소가 그 멍에를 부러뜨리듯이 옛적부터 너는 내게 순종하지 않았고, 너를 묶은 밧줄을 끊으며 '나는 주를 섬기지 않겠다' 고 말했다. 높은 언덕 위에 있을 때마다 푸른 나무 아래에 있을 때마다 너는 창녀처럼 몸을 눕혔다.

21 나는 가장 좋은 씨를 골라 너를 특별한 포도나무로 심었는데 어찌하여 너는 나쁜 열매를 맺는 들포도나무가 되었느냐?

22 잿물로 몸을 닦고 비누로 아무리 몸을 씻어도 네 죄의 흔적은 여전히 내 앞에 남아 있다. 주 여호와의 말이다.

23 네가 어찌 '나는 죄가 없다. 나는 바알 신들을 섬기지 않았다' 고 말할 수 있느냐? 네가 그 골짜기에서 한 짓들을 생각해 보아라. 네가 한 일들을 생각해 보아라. 너는 마치 짝짓기 철을 맞아 이리저리 날뛰는 암낙타와 같고,

24 너는 마치 광야에 사는 들나귀와 같다. 짝짓기 철이 돌아와 암컷이 헐떡거리며 다닐 때는, 아무도 그것을 막을 수 없다. 짝짓기 철이 돌아오면 아무 수컷과 짝짓기를 한다.

25 맨발로 돌아다니지 마라. 목이 타도록 돌아다니지 마라. 하지만 너는 '소용 없습니다. 나는 다른 신들이 좋습니다. 그들을 따라가겠습니다' 하고 말했다."

26 "도둑이 도둑질하다 붙잡히면 부끄러움을 당하듯 이스라엘 백성도 부끄러움을 당할 것이니 왕과 신하들, 제사장과 예언자들이 부끄러움을 당하게 될 것이다.

27 그들은 나무로 만든 것을 보고 '당신은 나의 아버지' 라고 말하며, 돌로 만든 우상을 보고 '당신이 나를 낳았다' 고 말한다. 그들은 나를 바라보려 하지 않고 내게서 등을 돌렸다. 그러나 재앙을 당할 때 말하기

even though he was leading you on the way!

18 • "What have you gained by your alliances with Egypt
   and your covenants with Assyria?
   What good to you are the streams of the Nile*
   or the waters of the Euphrates River?*

19 • Your wickedness will bring its own punishment.
   Your turning from me will shame you.
   You will see what an evil, bitter thing it is
      to abandon the LORD your God and not to
         fear him.
   I, the Lord, the LORD of Heaven's Armies,
      have spoken!

20 • "Long ago I broke the yoke that oppressed you
      and tore away the chains of your slavery,
   but still you said,
      'I will not serve you.'
   On every hill and under every green tree,
      you have prostituted yourselves by
         bowing down to idols.

21 • But I was the one who planted you,
      choosing a vine of the purest stock—the very best.
   How did you grow into this corrupt wild vine?

22 • No amount of soap or lye can make you clean.
   I still see the stain of your guilt.
   I, the Sovereign LORD, have spoken!

Israel, an Unfaithful Wife

23 • "You say, 'That's not true!
      I haven't worshiped the images of Baal!'
   But how can you say that?
      Go and look in any valley in the land!
   Face the awful sins you have done.
      You are like a restless female camel
         desperately searching for a mate.

24 • You are like a wild donkey,
      sniffing the wind at mating time.
   Who can restrain her lust?
      Those who desire her don't need to search,
         for she goes running to them!

25 • When will you stop running?
      When will you stop panting after other gods?
   But you say, 'Save your breath.
      I'm in love with these foreign gods,
         and I can't stop loving them now!

26 • "Israel is like a thief
      who feels shame only when he gets caught.
   They, their kings, officials, priests, and prophets—
      all are alike in this.

27 • To an image carved from a piece of wood they say,
      'You are my father.'
   To an idol chiseled from a block of stone they say,
      'You are my mother.'
   They turn their backs on me,
      but in times of trouble they cry out to me,
         'Come and save us!'

2:18a Hebrew *of Shihor*, a branch of the Nile River.
2:18b Hebrew *the river?*

를, '일어나 우리를 구해 주소서'라고 한
다.

28 네가 만든 우상들은 어디 있느냐? 네가 재
앙을 만나거든 그 우상들에게 너를 구해
달라고 해라. 유다 백성아, 네가 사는 성만
큼 네 우상도 많구나!

29 너희가 어찌하여 나와 다투려 하느냐? 너
희 모두는 나를 배반했다. 나 여호와의 말
이다."

30 "내가 너희 자녀들을 벌했으나 소용이 없
었다. 그들은 벌을 받고도 돌아오지 않았
다. 너희는 예언자들을 사나운 사자와 같
이 칼로 죽였다.

31 이 세대 사람들아, 너희는 여호와의 말씀
에 귀 기울여라. 내가 이스라엘 백성에게
광야와 같았던 적이 있었느냐? 어둡고 위
험한 땅 같았던 적이 있었느냐? 어찌하여
내 백성이 '우리가 자유롭게 다닐 수 있게
되었으니 이제는 더 이상 여호와께 돌아가
지 않겠다'고 말하느냐?

32 젊은 여자가 어찌 자기 보물을 잊겠으며,
신부가 어찌 그 고운 옷을 잊겠느냐? 그런
데 내 백성은 셀 수 없이 많은 날 동안 나를
잊었다.

33 너는 연애하는 일에 익숙하다. 경험 많은
창녀도 오히려 너에게 배워야 하겠다.

34 네 옷자락에 가난한 사람과 죄 없는 사람
들의 피가 묻었다. 그들이 집을 털려고 들
어오다 붙잡힌 도둑도 아닌데 너는 그들을
죽였다. 이 모든 짓을 저질러 놓고도

35 '나는 죄가 없다. 하나님은 나에게 분노하
시지 않을 것이다'라고 말한다. 그러나 네
가 '나는 죄를 짓지 않았다'라고 말하므로
내가 너를 심판할 것이다.

36 너는 네 멋대로 마구 마음을 바꾸는구나.
앗시리아가 너를 부끄럽게 했듯이 이집트
도 너를 부끄럽게 할 것이다.

37 그러면 너는 마침내 그곳에서도 쫓겨날 것
이다. 포로처럼 두 손을 머리 위에 얹은 채
나오게 될 것이다. 네가 그 주위의 강한 나
라들을 믿었지만 그들에게서 도움을 받을
수 없을 것이다. 이는 나 여호와가 그들을
버렸기 때문이다."

진실하지 못한 유다

3 "어떤 사람이 자기 아내와 이혼했다 하
자. 그 여자가 남편을 떠나 다른 남자와
결혼하면 첫 번째 남편이 그 여자에게 다

28 ● But why not call on these gods you have made?
　　When trouble comes, let them save you
　　　　if they can!
　　For you have as many gods
　　　　as there are towns in Judah.

29 ● Why do you accuse me of doing wrong?
　　You are the ones who have rebelled,"
　　　　says the LORD.

30 ● "I have punished your children,
　　but they did not respond to my discipline.
　　You yourselves have killed your prophets
　　　　as a lion kills its prey.

31 ● "O my people, listen to the words of the LORD!
　　Have I been like a desert to Israel?
　　Have I been to them a land of darkness?
　　Why then do my people say, 'At last we
　　　　are free from God!
　　We don't need him anymore!'

32 ● Does a young woman forget her jewelry,
　　or a bride her wedding dress?
　　Yet for years on end
　　　　my people have forgotten me.

33 ● "How you plot and scheme to win your lovers.
　　Even an experienced prostitute could learn
　　　　from you!

34 ● Your clothing is stained with the blood of the
　　　　innocent and the poor,
　　though you didn't catch them breaking into
　　　　your houses!

35 ● And yet you say,
　　'I have done nothing wrong.
　　Surely God isn't angry with me!'
　　But now I will punish you severely
　　　　because you claim you have not sinned.

36 ● First here, then there—
　　you flit from one ally to another asking for help.
　　But your new friends in Egypt will let you down,
　　　　just as Assyria did before.

37 ● In despair, you will be led into exile
　　with your hands on your heads,
　　for the LORD has rejected the nations you trust.
　　　　They will not help you at all.

3 ● "If a man divorces a woman
　　and she goes and marries someone else,
　　he will not take her back again,
　　for that would surely corrupt the land.
　　But you have prostituted yourself with many lovers,
　　so why are you trying to come back to me?"
　　　　says the LORD.

---

carved [ká:rvd] *a.* 새겨진
chiseled [tʃízəld] *a.* 조각된
corrupt [kərʌ́pt] *vt.* …을 더럽히다
flit [flít] *vi.* 날아다니다, 가볍게 지나가다
sniff [sníf] *vt.* …의 냄새를 맡다
2:34 be stained with… : …으로 얼룩져 있다
3:1 prostitute oneself with… : …와 간음하다

렘

시 돌아오겠느냐? 만약 다시 돌아온다면 그 땅이 몹시 더러워지지 않겠느냐? 네가 많은 남자들과 더불어 창녀처럼 살고서도 다시 내게로 돌아오려느냐? 나 여호와의 말이다.

2 "유다야, 눈을 들어 저 벌거숭이 언덕들을 바라보아라. 네가 창녀처럼 행동하지 않은 곳이 어디 있느냐? 길가에 앉아 남자들을 기다리기를 마치 유목민이 광야에 앉아 있듯 했다. 너는 창녀처럼 살며 악한 짓을 하여 이 땅을 더럽혔다.

3 그래서 단비가 그쳤고, 늦은 비도 그치고 말았다. 그런데도 너는 창녀의 얼굴을 하고 부끄러워할 줄 모른다.

4 그러던 네가 지금 나를 부르고 있다. '내 아버지여, 아버지는 내가 어렸을 적부터 내 친구였습니다.

5 언제까지 나에게 분노하시겠습니까? 영원토록 노를 거두지 않으시렵니까?' 라고 말하고 있다. 유다야, 보아라. 네가 입으로는 그런 말을 하면서도 네가 하고 싶은 대로 온갖 악을 다 저질렀다."

유다와 이스라엘은 자매와 같다

6 요시야 왕 때에 여호와께서 내게 말씀하셨다. "예레미야야, 너는 진실하지 못한 저 이스라엘이 한 짓을 보았느냐? 이스라엘은 간음죄를 지었다. 이스라엘은 높은 산과 모든 푸른 나무 아래마다 우상을 두었다.

7 나는 속으로 '이스라엘이 이런 악한 짓을 한 뒤에 내게로 돌아오겠지' 라고 생각했다. 그러나 이스라엘은 내게 돌아오지 않았다. 이스라엘의 악한 누이 유다도 이스라엘이 한 짓을 보았다.

8 진실하지 못한 이스라엘이 간음하므로 내가 그 혼 증서를 주고, 그를 내어 쫓았다. 그러나 그의 악한 누이 유다 역시 그것을 보고 두려워하지 않고 계속 간음하는 것을 내가 보았다.

9 유다는 창녀처럼 살면서 온 나라를 더럽혔다. 유다는 돌과 나무로 만든 우상을 섬김으로써 간음죄를 지었다.

10 이스라엘의 악한 누이 유다는 이 모든 일을 행하고도 진심으로 내게 돌아오지 않았다. 유다는 거짓으로 돌아오는 척만 했다. 나 여호와의 말이다."

11 여호와께서 내게 말씀하셨다. "이스라엘은 진실하지 않지만 그래도 악한 유다보다는 나은 데가 있다.

12 너는 가서, 북쪽을 향해 이 모든 말을 다 전하여

---

2 • "Look at the shrines on every hilltop.
　　Is there any place you have not been defiled
　　　by your adultery with other gods?
　　You sit like a prostitute beside the road wait-
　　　ing for a customer.
　　You sit alone like a nomad in the desert.
　　You have polluted the land with your
　　　prostitution
　　　and your wickedness.

3 • That's why even the spring rains have failed.
　　For you are a brazen prostitute and
　　　completely shameless.

4 • Yet you say to me,
　　'Father, you have been my guide since my
　　　youth.

5 • Surely you won't be angry forever!
　　Surely you can forget about it!'
　　So you talk,
　　but you keep on doing all the evil you can."

Judah Follows Israel's Example

6 • During the reign of King Josiah, the LORD said to me, "Have you seen what fickle Israel has done? Like a wife who commits adultery, Israel has worshiped other gods on every hill and under every green tree. •I thought, 'After she

7 has done all this, she will return to me.' But she did not return, and her faithless sister Judah saw

8 this. •She saw* that I divorced faithless Israel because of her adultery. But that treacherous sister Judah had no fear, and now she, too, has left me and given herself to prostitution. •Israel

9 treated it all so lightly—she thought nothing of committing adultery by worshiping idols made of wood and stone. So now the land has been

10 polluted. •But despite all this, her faithless sister Judah has never sincerely returned to me. She has only pretended to be sorry. I, the LORD, have spoken!"

Hope for Wayward Israel

11 • Then the LORD said to me, "Even faithless Israel is less guilty than treacherous Judah!

12 • Therefore, go and give this message to Israel.* This is what the LORD says:

　"O Israel, my faithless people,
　　come home to me again,
　for I am merciful.
　　I will not be angry with you forever.

---

brazen [bréizn] *a.* 뻔뻔스러운
defile [difáil] *vt.* 더럽히다
fickle [fíkl] *a.* 변덕스러운
treacherous [trétʃərəs] *a.* 배반하는
wayward [wéiwərd] *a.* 고집 센, 말을 안 듣는
3:6 commit adultery : 간음하다

3:8 As in Dead Sea Scrolls, one Greek manuscript, and Syriac version; Masoretic Text reads *I saw.*
3:12 Hebrew *toward the north.*

라. '돌아와라, 진실하지 못한 이스라엘 백성 아.' 여호와의 말이다. '너를 향한 나의 노여움을 거두겠다. 나는 매우 자비로운 하나님이다.' 여호와의 말이다. '내가 영원히 노여움을 품지 않겠다.

13 너는 오직 네 죄를 인정하기만 하면 된다. 너는 네 하나님 여호와를 배반했고, 다른 나라의 헛된 신들을 섬겼다. 너는 산당이 있는 모든 푸른 나무 아래에서 그 신들을 섬기며, 내게 순종하지 않았다.' 나 여호와의 말이다."

14 "너희 진실하지 못한 백성들아, 내게로 돌아오너라. 나 여호와의 말이다. 나는 너희의 남편이다. 내가 너희를 모든 성에서 한 명씩, 모든 집안에서 두 명씩 택하여 시온으로 데려오겠다.

15 내가 다시 또 진실한 마음으로 나를 따르는 지도자들을 너희에게 줄 것이니 그들이 지식과 깨달음으로 너희를 인도할 것이다.

16 그날에 너희의 수가 이 땅에 많아지고 번창할 것이다. 그때에는 사람들이 여호와의 언약궤에 대해 다시는 말하지 않을 것이며 생각하지도 않을 것이다. 그것을 기억하지도 않고, 찾지도 않고, 다시 만들지도 않을 것이다.

17 그때에는 예루살렘을 '여호와의 보좌'라고 부르게 될 것이며, 모든 나라들이 여호와의 이름으로 예루살렘에 모일 것이다. 그들이 다시는 자기들의 악한 마음에서 나오는 고집대로 행하지 않을 것이다.

18 그날에는 유다 집안과 이스라엘 집안이 합쳐질 것이니 그들은 북쪽 땅에서 함께 나와서 내가 그들의 조상에게 준 땅에 이를 것이다."

19 "나 주 여호와가 말한다. 나는 너희를 입양하여 내 자녀로 삼고, 너희에게 좋은 땅을 주었다. 내가 준 땅은 다른 어떤 나라의 땅보다 아름다운 땅이다. 나는 너희가 나를 '나의 아버지'라고 부르며, 배반하지 않을 것이라고 생각했다.

20 그런데 이스라엘 백성아, 너희는 마치 남편에게 진실하지 못한 여자처럼 나에게 진실하지 않았다. 나 여호와의 말이다."

21 벌거숭이 언덕 위에서 소리가 들리니 이는 이스라엘 백성이 자비를 구하며 부르짖는 소리다. 그들은 너무나 악해지고 그들의 하나님 여호와를 잊었다.

22 "돌아오너라, 진실하지 못한 자식들아, 내가 진실하지 못한 너희를 용서해 줄 것이다." "보십시오, 이제 우리가 여호와께 돌아갑니다. 주님은 여호와 우리 하나님이십니다.

13 • Only acknowledge your guilt.
　Admit that you rebelled against the LORD
　　your God
and committed adultery against him
　by worshiping idols under every green tree.
Confess that you refused to listen to my voice.
　I, the LORD, have spoken!

14 "Return home, you wayward children,"
　　says the LORD,
　"for I am your master.
I will bring you back to the land of Israel*—
　one from this town and two from that
　　family—
　from wherever you are scattered.

15 And I will give you shepherds after my own
　　heart,
　who will guide you with knowledge
　　and understanding.

16 • "And when your land is once more filled with people," says the LORD, "you will no longer wish for 'the good old days' when you possessed the Ark of the LORD's Covenant. You will not miss those days or even remember them,

17 and there will be no need to rebuild the Ark. • In that day Jerusalem will be known as 'The Throne of the LORD.' All nations will come there to honor the LORD. They will no longer stubbornly follow their own evil desires.

18 • In those days the people of Judah and Israel will return together from exile in the north. They will return to the land I gave your ancestors as an inheritance forever.

19 • "I thought to myself,
　'I would love to treat you as my own
　　children!'
I wanted nothing more than to give you
　　this beautiful land—
　the finest possession in the world.
I looked forward to your calling me 'Father,'
　and I wanted you never to turn from me.

20 But you have been unfaithful to me, you
　　people of Israel!
　You have been like a faithless wife
　　who leaves her husband.
I, the LORD, have spoken."

21 • Voices are heard high on the windswept
　　mountains,
　the weeping and pleading of Israel's people.
For they have chosen crooked paths
　and have forgotten the LORD their God.

22 "My wayward children," says the LORD,
　"come back to me, and I will heal your
　　wayward hearts."

3:14 Hebrew *to Zion.*

23 언덕 위에서 우상을 섬기는 것은 참으로 어리석은 짓이었습니다. 산 위에서 떠들어댄 온갖 소리는 거짓이었습니다. 참으로 이스라엘의 구원은 우리 하나님 여호와께만 있습니다.

24 우리가 어렸을 때부터 우리 조상이 애써 일해 얻은 모든 것을 저 부끄러운 우상들이 삼켜 버렸습니다. 우리 조상의 양 떼와 소 떼를 삼켜 버렸고, 아들과 딸들을 삼켜 버렸습니다.

25 우리는 이제 우리의 부끄러움을 요로 삼고, 망신거리를 이불로 삼겠습니다. 왜냐하면 우리가 우리 하나님 여호와께 죄를 지었기 때문입니다. 또한 우리와 우리 조상 모두가 죄를 지었고, 어릴 때부터 지금까지 우리 하나님 여호와께 순종하지 않았기 때문입니다."

4 "이스라엘아, 네가 돌아오려거든 내게로 돌아오너라. 나 여호와의 말이다. 내가 미워하는 네 우상들을 버리고, 마음이 흔들리지 않도록 하여라.

2 너는 진실과 정직과 정의로 여호와의 살아 계심을 두고 맹세하여라. 그러면 모든 나라들이 여호와의 복을 받고, 여호와를 찬양할 것이다."

3 여호와께서 유다와 예루살렘 사람들에게 이렇게 말씀하셨다. "묵은 땅을 갈아라. 가시덤불 속에 씨를 뿌리지 마라.

4 유다 사람들과 예루살렘 백성아, 너희의 생각과 마음을 깨끗이 하여라. 그렇지 않으면 너희의 악한 행실 때문에 나의 분노가 너희 사이에 불같이 퍼질 것이니, 아무도 그것을 막을 수 없을 것이다."

북쪽에서 오는 재앙

5 "유다에게 선포하고 예루살렘에 전하여라. 온 땅에 나팔을 불라고 크게 외쳐라. '모두 모여 굳건한 요새 성으로 들어가자!' 고 하여라.

6 시온을 향해 깃발을 올려라! 지체하지 말고 대피하여라! 내가 북쪽으로부터 재앙을 몰고 올 것이니, 그것은 끔찍한 멸망이 될 것이다.

7 사자가 사자굴에서 나온 것처럼 세계를 파괴할 자가 제자리에서 나와 행진을 시작했다. 그가 네 땅을 황폐하게 하려고 자기 집을 떠나왔으니 네 성들이 황폐하게 될 것이다. 그 성들에서 아무도 살지 못할 것이다.

"Yes, we're coming," the people reply,
"for you are the LORD our God.

23 • Our worship of idols on the hills
and our religious orgies on the mountains
are a delusion.
Only in the LORD our God
will Israel ever find salvation.

24 • From childhood we have watched
as everything our ancestors worked for—
their flocks and herds, their sons and daughters—
was squandered on a delusion.

25 • Let us now lie down in shame
and cover ourselves with dishonor,
for we and our ancestors have sinned
against the LORD our God.
From our childhood to this day
we have never obeyed him."

4 • "O Israel," says the LORD,
"if you wanted to return to me, you could.
You could throw away your detestable idols
and stray away no more.

2 • Then when you swear by my name, saying,
'As surely as the LORD lives,'
you could do so
with truth, justice, and righteousness.
Then you would be a blessing to the nations
of the world,
and all people would come and praise my
name."

Coming Judgment against Judah

3 • This is what the LORD says to the people of Judah
and Jerusalem:

'Plow up the hard ground of your hearts!
Do not waste your good seed among thorns.

4 • O people of Judah and Jerusalem,
surrender your pride and power.
Change your hearts before the LORD,*
or my anger will burn like an
unquenchable fire
because of all your sins.

5 • "Shout to Judah, and broadcast to Jerusalem!
Tell them to sound the alarm throughout
the land:
'Run for your lives!
Flee to the fortified cities!'

6 • Raise a signal flag as a warning for Jerusalem*:
'Flee now! Do not delay!
For I am bringing terrible destruction upon you
from the north.'

7 • A lion stalks from its den,
a destroyer of nations.
It has left its lair and is headed your way.

4:4 Hebrew *Circumcise yourselves to the LORD, and take
away the foreskins of your heart.*　　4:6 Hebrew *Zion.*

8 그러니 거친 베옷을 입고, 네 슬픔을 드러내어 크게 부르짖어라. 여호와의 무서운 진노가 우리에게서 떠나가지 않았다.

9 그날에는 왕과 신하들도 용기를 잃을 것이다. 제사장들은 놀랄 것이며, 예언자들도 깜짝 놀랄 것이다."

10 나 예레미야가 말했다. "주 여호와여, 주께서 이 백성과 예루살렘 백성을 속이셨습니다. 주님은 '너희에게 평화가 있으리라'고 말씀하셨으나, 칼이 우리 목숨을 겨누고 있습니다.

11 그때에 이 백성과 예루살렘에 이 말씀이 들릴 것이다. "뜨거운 바람이 광야의 벌거숭이 산에서 여호와의 백성에게로 불어 온다. 그 바람은 농부들이 쭉정이를 가려 내리고 키질할 때 이용하는 부드러운 바람이 아니다.

12 그것보다 더 강한 바람이니 그것은 여호와께서 명하신 바람이다. 이제 여호와께서 유다 백성에게 심판을 선포하실 것이다."

13 보아라! 원수가 구름처럼 몰려오고, 그 전차들이 회오리바람같이 밀려온다. 그 말들은 독수리보다 빠르다. 재앙이 곧 닥칠 것이니 이제 우리는 망했다.

14 예루살렘아, 네 마음의 악을 깨끗이 씻어라. 그러면 구원을 얻을 것이다. 어느 때까지 네 가운데 악한 생각을 품겠느냐?

15 단과 에브라임 산에서 나쁜 소식이 들려 온다.

16 "이것을 모든 나라에 알려라. 이 소식을 예루살렘에 퍼뜨려라. 원수들이 먼 나라에서 와서 유다 성들을 향해 전쟁의 함성을 지른다.

17 사람들이 밭을 지키듯이 원수가 예루살렘을 에워쌌다. 이는 유다가 나를 배반했기 때문이다. 나 여호와의 말이다.

18 너희의 악한 행위가 이런 재앙을 불렀다. 이것이 네가 받을 심판이다. 얼마나 끔찍한가! 그 고통이 네 마음까지 찌른다!"

예레미야의 외침

19 아이고, 아파라! 아이고, 아파라! 제가 고통 때문에 몸부림칩니다. 저의 가슴

It's going to devastate your land!
Your towns will lie in ruins,
with no one living in them anymore.

8 ● So put on clothes of mourning
and weep with broken hearts,
for the fierce anger of the LORD
is still upon us.

9 ● "In that day," says the LORD,
"the king and the officials will tremble in fear.
The priests will be struck with horror,
and the prophets will be appalled."

10 ● Then I said, "O Sovereign LORD,
the people have been deceived by what you said,
for you promised peace for Jerusalem.
But the sword is held at their throats!"

11 ● The time is coming when the LORD will say
to the people of Jerusalem,
"My dear people, a burning wind is blowing
in from the desert,
and it's not a gentle breeze useful for
winnowing grain.

12 ● It is a roaring blast sent by me!
Now I will pronounce your destruction!"

13 ● Our enemy rushes down on us like storm clouds!
His chariots are like whirlwinds.
His horses are swifter than eagles.
How terrible it will be, for we are doomed!

14 ● O Jerusalem, cleanse your heart
that you may be saved.
How long will you harbor
your evil thoughts?

15 ● Your destruction has been announced
from Dan and the hill country of Ephraim.

16 ● "Warn the surrounding nations
and announce this to Jerusalem:
The enemy is coming from a distant land,
raising a battle cry against the towns of Judah.

17 ● They surround Jerusalem like watchmen
around a field,
for my people have rebelled against me,"
says the LORD.

18 ● "Your own actions have brought this upon you.
This punishment is bitter, piercing you to
the heart!"

Jeremiah Weeps for His People

19 ● My heart, my heart—I writhe in pain!
My heart pounds within me! I cannot be still.
For I have heard the blast of enemy trumpets
and the roar of their battle cries.

---

appall [əpɔ́ːl] vt. 오싹하게 하다, 질겁하게 하다
delusion [dilúːʒən] n. 현혹, 미혹, 잘못된 생각
harbor [háːrbər] vt. (계획·생각 등을) 품다
squander [skwándər] vt. 탕진하다

이 너무 아픕니다. 심장이 몹시 두근거려서 잠자코 있을 수 없습니다. 이는 제가 직접 나팔 소리와 전쟁을 알리는 소리를 들었기 때문입니다.

20 재앙이 꼬리를 물고 일어나고 온 나라가 파괴되었습니다. 저희의 장막이 갑자기 무너졌고, 휘장이 순식간에 찢어졌습니다.

21 언제까지 저 전쟁 깃발을 보며, 언제까지 전쟁 나팔 소리를 들어야 합니까?

22 여호와께서 말씀하셨다. "내 백성은 어리석다. 그들은 나를 알지 못하는 미련한 자식들이라서 깨닫지도 못한다. 그들은 악한 일을 하는 데는 뛰어나지만 좋은 일은 할 줄 모른다."

재앙이 오고 있다

23 내가 땅을 바라보니 텅 비고 아무런 형태도 없었다. 하늘을 바라보니 빛도 보이지 않았다.

24 산들을 바라보니 그것들은 흔들리고 있었고, 모든 언덕들도 떨고 있었다.

25 둘러보니 아무 사람도 없었고, 하늘의 새도 모두 날아가고 없었다.

26 둘러보니 기름진 땅은 황무지가 되었고, 땅의 모든 성들은 파괴되었다. 여호와 앞에서, 여호와의 크신 분노 앞에서 그렇게 되고 말았다.

27 여호와께서 이렇게 말씀하셨다. "온 땅이 황폐하게 될 것이다. 그러나 완전히 멸망시키지는 않겠다.

28 그 일 때문에 땅이 크게 부르짖을 것이며, 하늘이 어두워질 것이다. 내가 말하였으니 마음을 바꾸지 않겠고, 내가 계획했으니 뜻을 돌이키지 않겠다.

29 기병들과 활 쏘는 군인들의 함성을 듣고 모든 성의 백성들이 도망칠 것이다. 덤불 속에 숨는 사람도 있고, 바위 틈에 숨는 사람도 있을 것이다. 유다의 모든 성이 텅 비어 그 성에 아무도 살지 않을 것이다.

30 유다야, 너는 망한 나라인데 지금 무슨 짓을 하고 있느냐? 어찌하여 화려한 옷을 입고 금장식으로 몸을 꾸미며 눈 화장을 하느냐? 네가 화장을 하지만 모두 다 쓸데없다. 네 연인들이 너를 미워하며 너를 죽이려 들 것이다.

31 나는 아기 낳는 여자가 내는 신음 소리 비슷한 것을 들었다. 그것은 마치 첫 아이를 낳는 여자가 내지르는 소리와 같았다. 그것은 숨이 막혀 헐떡거리는 시온의 소리다. 시온이 손을 들어 기도하며 말한다. '아, 나는 이제 망했구나. 나를 죽이려 하는 사람들 때문에 내가 지쳤다!'"

---

20 • Waves of destruction roll over the land,
　　until it lies in complete desolation.
Suddenly my tents are destroyed;
　　in a moment my shelters are crushed.

21 • How long must I see the battle flags
　　and hear the trumpets of war?

22 • "My people are foolish
　　and do not know me," says the LORD.
"They are stupid children
　　who have no understanding.
They are clever enough at doing wrong,
　　but they have no idea how to do right!"

Jeremiah's Vision of Coming Disaster

23 • I looked at the earth, and it was empty and
　　formless.
I looked at the heavens, and there was
　　no light.

24 • I looked at the mountains and hills,
　　and they trembled and shook.

25 • I looked, and all the people were gone.
All the birds of the sky had flown away.

26 • I looked, and the fertile fields had become
　　a wilderness.
The towns lay in ruins,
　　crushed by the LORD's fierce anger.

27 • This is what the LORD says:
"The whole land will be ruined,
　　but I will not destroy it completely.

28 • The earth will mourn
　　and the heavens will be draped in black
because of my decree against my people.
I have made up my mind and will not
　　change it."

29 • At the noise of charioteers and archers,
　　the people flee in terror.
They hide in the bushes
　　and run for the mountains.
All the towns have been abandoned—
　　not a person remains!

30 • What are you doing,
　　you who have been plundered?
Why do you dress up in beautiful clothing
　　and put on gold jewelry?
Why do you brighten your eyes with mascara?
　　Your primping will do you no good!
The allies who were your lovers
　　despise you and seek to kill you.

31 • I hear a cry, like that of a woman in labor,
　　the groans of a woman giving birth to
　　　her first child.
It is beautiful Jerusalem*
　　gasping for breath and crying out,
　　"Help! I'm being murdered!"

....

4:31 Hebrew *the daughter of Zion.*

올바른 사람이 아무도 없다

5 여호와께서 말씀하셨다. "너희는 예루살렘 거리를 이리저리 다니며, 두루 살피고, 생각해 보아라. 성의 광장을 모두 뒤져, 정직한 일을 하는 사람이 한 명이라도 있는지 찾아보아라. 진리를 구하는 사람이 한 명이라도 있는지 찾아보아라. 너희가 찾을 수 있다면 내가 이 성을 용서해 주겠다.

2 사람들은 '여호와의 살아 계심을 두고 맹세한다' 고 말하지만 그들의 맹세는 거짓일 뿐이다."

3 여호와여, 주께서는 사람들 가운데서 진실을 찾고 계시지 않습니까? 주께서 유다 백성을 치셨어도 그들은 아파하지 않습니다. 주께서 그들을 멸망시키셨어도 그들은 교훈을 얻으려 하지 않고 얼굴을 바위보다 더 굳게 하여 하나님께 돌아오기를 거절합니다.

4 그래서 나는 생각했습니다. "이들은 가난하고 어리석은 백성일 뿐이다. 그들은 여호와의 길을 알지 못한다. 그들은 자기 하나님께서 바라시는 공평이 무엇인지도 모른다.

5 그러니 내가 유다의 지도자들에게 가 보겠다. 가서 그들에게 말해 보겠다. 틀림없이 그들은 여호와의 길과 하나님께서 바라시는 공평이 무엇인지 알고 있을 것이다." 그러나 그 지도자들도 주님을 배반하고 떠나가기는 마찬가지였습니다. 그들은 주님과 이어진 끈을 끊어 버렸습니다.

6 그러므로 사자가 숲 속에서 나와 그들을 칠 것이며, 늑대가 사막에서 나와 그들을 죽일 것입니다. 표범이 그들의 성 가까이에 숨어 기다리고 있다가 성에서 나오는 사람은 누구든지 찢어 죽일 것입니다. 이런 일이 일어나는 것은 유다 백성이 큰 죄를 지었고 여러 번 주님을 배반했기 때문입니다.

7 여호와께서 말씀하셨다. "내가 너희를 어떻게 용서하겠느냐? 네 자녀들이 나를 버리고 떠나서 신이 아닌 것들에게 맹세를 했다. 내가 그들에게 필요한 것을 다 주었지만, 그들은 나에게 부정한 아내같이 하며 창녀들의 집에 드나들었다.

8 그들은 살지고 정욕이 가득한 수말같이 이웃의 아내를 탐냈다.

9 이런 짓을 한 유다 백성을 내가 어찌 벌하

The Sins of Judah

5 "Run up and down every street in
Jerusalem," says the LORD.
"Look high and low; search throughout
the city!
If you can find even one just and honest person,
I will not destroy the city.

2 • But even when they are under oath,
saying, 'As surely as the LORD lives,'
they are still telling lies!"

3 • LORD, you are searching for honesty.
You struck your people,
but they paid no attention.
You crushed them,
but they refused to be corrected.
They are determined, with faces set like stone;
they have refused to repent.

4 • Then I said, "But what can we expect from the
poor?
They are ignorant.
They don't know the ways of the LORD.
They don't understand God's laws.

5 • So I will go and speak to their leaders.
Surely they know the ways of the LORD
and understand God's laws."
But the leaders, too, as one man,
had thrown off God's yoke
and broken his chains.

6 • So now a lion from the forest will attack them;
a wolf from the desert will pounce on them.
A leopard will lurk near their towns,
tearing apart any who dare to venture out.
For their rebellion is great,
and their sins are many.

7 • "How can I pardon you?
For even your children have turned from me.
They have sworn by gods that are not gods at all!
I fed my people until they were full.
But they thanked me by committing adultery
and lining up at the brothels.

8 • They are well-fed, lusty stallions,
each neighing for his neighbor's wife.

9 • Should I not punish them for this?" says
the LORD.
"Should I not avenge myself against such
a nation?

---

brothel [brάθəl] *n.* 매음굴
desolation [dèsəléiʃən] *n.* 황폐
gasp [gǽsp] *vi.* 헐떡거리다: (놀람 등으로) 숨이 막히다
lurk [lə́ːrk] *vi.* 숨다; 숨어 기다리다
neigh [néi] *vi.* (말이) 울다
pounce [páuns] *vi.* 갑자기 덤벼들다
primp [primp] *vi.* 치장하다, 맵시내다
stallion [stǽljən] *n.* 종마(種馬)
4:26 lie in ruins : 파괴되다
5:9 avenge oneself against… : …에게 복수하다

지 않겠느냐? 이런 백성은 벌을 받아야 마땅하다. 나 여호와의 말이다."

10 "가서 유다의 포도밭을 망쳐 놓아라. 그러나 완전히 망쳐 놓지는 마라. 그 백성이 여호와를 버리고 떠나갔으니 가지를 치듯 그들을 잘라 내어라.

11 이스라엘과 유다 백성들이 나 여호와를 완전히 배반했다. 나 여호와의 말이다."

12 그 백성들이 여호와를 부인하며 이렇게 거짓말을 했다. "여호와는 우리에게 아무런 일도 하지 않으실 것이다. 어떤 나쁜 일도 우리에게 일어나지 않을 것이며, 우리는 전쟁이나 굶주림을 겪지 않을 것이다.

13 예언자들은 헛된 바람에 지나지 않는다. 그들에게는 하나님의 말씀이 없으므로 예언자들이 말하는 나쁜 일은 그들에게만 일어날 것이다."

14 그러므로 만군의 하나님 여호와께서 이렇게 말씀하셨다. "백성이 이런 말을 하였으므로 내가 네 입에 주는 말은 불이 되게 하고, 이 백성들은 장작이 되게 할 것이니, 그 불이 그들을 삼킬 것이다.

15 보아라. 이스라엘 백성아, 이제 곧 내가 먼 곳에서 한 나라를 데려와 너를 칠 것이다. 그 나라는 옛적부터 있던 오래된 나라이다. 그 나라 백성이 네가 알지 못하는 말을 하니, 그들이 말을 하여도 너는 깨닫지 못할 것이다.

16 그들의 화살은 죽음을 불러 오는 열린 무덤이요, 그 나라 사람들은 모두 강한 용사이다.

17 그들은 네가 거둔 곡식과 양식을 먹을 것이며, 네 아들과 딸들을 삼켜 버릴 것이다. 그들이 네 양떼와 소떼도 먹고, 네 포도와 무화과도 먹을 것이다. 네가 믿고 의지하는 굳건한 성들도 그들이 칼로 무너뜨릴 것이다."

18 "그러나 그때에도 내가 너희를 완전히 멸망시키지는 않겠다. 여호와의 말이다.

19 유다 백성이 '어찌하여 우리 하나님 여호와께서 이 모든 일들을 우리에게 행하셨는가?' 하고 묻거든 너는 그들에게 '너희가 여호와를 저버리고 너희의 땅에서 이방 신들을 섬겼으므로 이제는 남의 땅에서 이방인들에게 종노릇하며 그들을 섬겨야 할 것이다' 라고 대답하여라."

20 "야곱 집에 이 말을 전하고, 유다 백성에게 이 말을 들려 주어라.

21 '미련하고 어리석은 백성아, 이 말을 들어라. 눈이 있어도 보지 못하고, 귀가 있어도 듣지 못하는 백성아.

22 너희는 내가 두렵지 않느냐?' 나 여호와의 말

10 • "Go down the rows of the vineyards and
　　destroy the grapevines,
　　leaving a scattered few alive.
　　Strip the branches from the vines,
　　for these people do not belong to the LORD.

11 • The people of Israel and Judah
　　are full of treachery against me,"
　　says the LORD.

12 • "They have lied about the LORD
　　and said, 'He won't bother us!
　　No disasters will come upon us.
　　There will be no war or famine.

13 • God's prophets are all windbags
　　who don't really speak for him.
　　Let their predictions of disaster fall on
　　themselves!' "

14 • Therefore, this is what the LORD God of Heaven's
Armies says:

　　"Because the people are talking like this,
　　my messages will flame out of your mouth
　　and burn the people like kindling wood.

15 • O Israel, I will bring a distant nation against
　　you,"
　　says the LORD.
　　"It is a mighty nation,
　　an ancient nation,
　　a people whose language you do not know,
　　whose speech you cannot understand.

16 • Their weapons are deadly;
　　their warriors are mighty.

17 • They will devour the food of your harvest;
　　they will devour your sons and daughters.
　　They will devour your flocks and herds;
　　they will devour your grapes and figs.
　　And they will destroy your fortified towns,
　　which you think are so safe.

18 • "Yet even in those days I will not blot you
19 out completely," says the LORD. • "And when
your people ask, 'Why did the LORD our God do
all this to us?' you must reply, 'You rejected him
and gave yourselves to foreign gods in your own
land. Now you will serve foreigners in a land that
is not your own.'

A Warning for God's People

20 • "Make this announcement to Israel,*
　　and say this to Judah:

21 • Listen, you foolish and senseless people,
　　with eyes that do not see
　　and ears that do not hear.

22 • Have you no respect for me?
　　Why don't you tremble in my presence?
　　I, the LORD, define the ocean's sandy shoreline

5:20 Hebrew *to the house of Jacob.* The names
"Jacob" and "Israel" are often interchanged through-
out the Old Testament, referring sometimes to the
individual patriarch and sometimes to the nation.

이다. 너희는 왜 내 앞에서 떨지 않느냐? 내가 모래로 바다에 경계를 지었으니 바닷물은 영원히 그 모래를 넘지 못한다. 파도가 아무리 높고 세차게 쳐도 모래를 넘지 못한다.

23 그러나 유다 백성은 고집이 세어 나를 배반했다. 그들은 나를 저버리고 멀리 떠났다.

24 그들은 마음속으로 '우리는 우리 하나님 여호와를 두려워해야 한다. 하나님은 철을 따라 이른 비와 늦은비를 주시고, 정해진 기간이 되면 추수를 할 수 있게 해 주신다' 라고 말하지도 않는다.

25 그러므로 너희의 악한 것이 비와 추수를 가로막고 너희의 죄가 너희의 복을 앗아 갔다.

26 내 백성 가운데 악한 사람들이 있다. 그들은 새를 잡으려고 엎드려 기다리는 사람처럼 그물을 쳐 놓고 사람을 잡는다.

27 새들로 가득한 새장처럼 그들의 집에는 속임수가 가득하다. 그렇게 해서 그들은 부자가 되고 힘센 사람이 되었다.

28 살도 찌고 피부에는 윤기가 흐른다. 그들은 악한 짓을 끝도 없이 하면서 고아의 억울한 사정을 들어 주지 않고 가난한 사람들을 공정하게 재판하지 않는다.

29 이런 짓을 하는 유다 백성을 내가 어찌 벌하지 않을 수 있겠느냐? 이런 백성은 벌을 받아야 마땅하다. 나 여호와의 말이다."

30 "놀랍고도 끔찍한 일이 유다 땅에서 일어나고 있다.

31 예언자들은 거짓을 말하고, 제사장들은 제멋대로 권력을 휘두르고, 내 백성은 그런 제사장들을 좋게 여기니 마지막 때가 오면 너희가 어떻게 하려느냐?"

예루살렘이 포위되다

6 "베냐민 자손들아, 목숨을 건지려면 예루살렘에서 도망쳐 피하여라! 드고아 마을에서 전쟁 나팔을 불고, 벧학게렘 마을 위에서 경고의 깃발을 올려라! 재앙이 북쪽에서부터 몰려오고 있다. 끔찍한 멸망이 다가오고 있다.

2 사랑스럽고 부드러운 딸 시온아, 내가 너를 멸망시키겠다.

3 목자들이 양 떼를 거느리고 예루살렘으로 와서 사방에 장막을 치며 자기 가축 떼를 돌볼 것이다.

4 그들이 말하기를 '예루살렘을 칠 준비를 하여라! 일어나라! 정오에 공격할 것이다. 오호라, 벌써 날이 기울어 저녁 그림자가 길어지고 있다.

---

as an everlasting boundary that the waters
    cannot cross.
The waves may toss and roar,
    but they can never pass the boundaries I set.
23 • But my people have stubborn and rebellious
    hearts.
    They have turned away and abandoned me.
24 • They do not say from the heart,
    'Let us live in awe of the LORD our God,
for he gives us rain each spring and fall,
    assuring us of a harvest when the time
    is right.'
25 • Your wickedness has deprived you of
    these wonderful blessings.
    Your sin has robbed you of all these good
    things.

26 • "Among my people are wicked men
    who lie in wait for victims like a hunter
    hiding in a blind.
They continually set traps
    to catch people.
27 • Like a cage filled with birds,
    their homes are filled with evil plots.
    And now they are great and rich.
28 • They are fat and sleek,
    and there is no limit to their wicked deeds.
They refuse to provide justice to orphans
    and deny the rights of the poor.
29 • Should I not punish them for this?" says the
    LORD.
    "Should I not avenge myself against
    such a nation?
30 • A horrible and shocking thing
    has happened in this land—
31 • the prophets give false prophecies,
    and the priests rule with an iron hand.
Worse yet, my people like it that way!
    But what will you do when the end comes?

Jerusalem's Last Warning

6 "Run for your lives, you people of
Benjamin! Get out of Jerusalem!
Sound the alarm in Tekoa!
    Send up a signal at Beth-hakkerem!
A powerful army is coming from the north,
    coming with disaster and destruction.
2 • O Jerusalem,* you are my beautiful and
    delicate daughter—
    but I will destroy you!
3 • Enemies will surround you, like shepherds
    camped around the city.
    Each chooses a place for his troops to devour.
4 • They shout, 'Prepare for battle!
    Attack at noon!'

---

kindle [kindl] *vt.* 태우다, …에 불을 붙이다
5:25 deprive… **of ~ :** …에게서 ~를 빼앗다

6:2 Hebrew *Daughter of Zion.*

5 그러니 일어나라! 밤에 공격하여 저 굳건한 예루살렘 성을 무너뜨리자' 라고 한다."

6 만군의 여호와께서 이렇게 말씀하셨다. "예루살렘 주변의 나무들을 베어라. 예루살렘 성을 공격할 수 있는 흙언덕을 쌓아라. 이 성은 반드시 벌을 받아야 한다. 이 성 안에는 사악한 일이 가득하다.

7 우물이 물을 솟구쳐 내듯이 예루살렘은 악을 솟구쳐 낸다. 성 안에서 들리는 것은 폭력과 파괴의 소리니 내 앞에 보이는 것은 병들고 다친 사람들뿐이다.

8 예루살렘아, 이 책망의 말씀을 들어라. 그렇지 않으면 내가 너를 버리고 네 땅을 황무지로 만들어 그 땅에 아무도 살지 못하게 할 것이다."

9 만군의 여호와께서 이렇게 말씀하셨다. "너희의 원수들이 포도나무에서 마지막 포도를 거둬들이듯 살아남은 이스라엘 백성을 찾아 낼 것이다. 그러니 너는 아직 시간이 있을 때에, 포도를 거둬들이는 사람처럼 가지마다 다시 한 번 잘 살펴보아라."

10 내가 누구에게 말하겠습니까? 누구를 향해 경고하겠습니까? 누가 내 말에 귀 기울이겠습니까? 이스라엘 백성은 귀를 막고 있어서 내 경고를 듣지 못합니다. 그들은 여호와의 말씀을 비웃으면서, 그 말씀에 귀 기울이기를 싫어합니다.

11 내게 여호와의 분노가 가득하니 더 이상 품고 있을 수만은 없습니다. "그러면 나의 분노를 길거리에서 놀고 있는 아이들과 모여 있는 젊은이들에게 쏟아라. 남편과 그 아내가 나의 분노 가운데 사로잡힐 것이며 장로들과 늙은이들도 사로잡힐 것이다.

12 그들의 집은 남들에게 넘어갈 것이며, 그들의 밭과 아내도 함께 넘어갈 것이다. 내가 손을 들어 이 땅에 사는 사람들에게 벌을 내릴 것이다. 나 여호와의 말이다."

13 "작은 사람에서부터 큰 사람에 이르기까지 누구나 돈에 욕심내고 있다. 예언자와 제사장들까지 모두 거짓말을 하고 있다.

14 내 백성이 큰 상처를 입었는데도 그들은 아무렇지도 않게 여긴다. 평화가 없는데도 '평화, 평화' 하고 말한다.

15 그들은 역겨운 짓을 하고도 부끄러워할 줄 모른다. 수치를 알지도 못하고, 얼굴을 붉힐 줄도 모른다. 그러므로 그들은 쓰러질 것이다. 내가 그들에게 벌을 내릴 때에 그들은 멸망할 것이다. 나 여호와의 말이다."

'No, it's too late; the day is fading,
　and the evening shadows are falling.'
5 • 'Well then, let's attack at night
　and destroy her palaces!'"

6 • This is what the LORD of Heaven's Armies says:
　"Cut down the trees for battering rams.
　　Build siege ramps against the walls of
　　　Jerusalem.
　This is the city to be punished,
　　for she is wicked through and through.

7 • She spouts evil like a fountain.
　　Her streets echo with the sounds of violence
　　　and destruction.
　I always see her sickness and sores.

8 • Listen to this warning, Jerusalem,
　　or I will turn from you in disgust.
　Listen, or I will turn you into a heap of ruins,
　　a land where no one lives."

9 • This is what the LORD of Heaven's Armies says:
　"Even the few who remain in Israel
　　will be picked over again,
　as when a harvester checks each vine a second
　　time
　　to pick the grapes that were missed."

Judah's Constant Rebellion

10 • To whom can I give warning?
　　Who will listen when I speak?
　Their ears are closed,
　　and they cannot hear.
　They scorn the word of the LORD.
　　They don't want to listen at all.

11 • So now I am filled with the LORD's fury.
　　Yes, I am tired of holding it in!

　"I will pour out my fury on children playing
　　in the streets
　　and on gatherings of young men,
　on husbands and wives
　　and on those who are old and gray.

12 • Their homes will be turned over to their enemies,
　　as will their fields and their wives.
　For I will raise my powerful fist
　　against the people of this land,"
　　says the LORD.

13 • "From the least to the greatest,
　　their lives are ruled by greed.
　From prophets to priests,
　　they are all frauds.

14 • They offer superficial treatments
　　for my people's mortal wound.
　They give assurances of peace
　　when there is no peace.

15 • Are they ashamed of their disgusting actions?
　　Not at all—they don't even know how to blush!
　Therefore, they will lie among the slaughtered.
　　They will be brought down when I punish
　　　them,"
　　says the LORD.

16 여호와께서 이렇게 말씀하셨다. "갈림길에 서서 살펴보아라. 너희 조상들이 걷던 선한 옛길이 어디인지 물어 보고 그 길로 가거라. 너희가 쉴 곳을 찾을 것이다. 그러나 너희는 '우리는 그 길로 가지 않겠다'고 말했다.

17 내가 너희를 지키려고 파수꾼을 세우고 '전쟁 나팔 소리에 귀 기울여라' 하고 말했다. 그러나 너희는 '귀 기울여 듣지 않겠다'고 말했다.

18 너희 모든 나라들아, 들어라. 무리들아, 내가 유다 백성에게 할 일을 눈여겨 보아라.

19 땅이여, 들어라. 내가 유다 백성에게 재앙을 보내겠다. 그들이 악한 일을 꾸몄으므로 재앙을 당할 것이다. 그들은 내 말을 귀담아 듣지 않았고, 내 가르침을 저버렸다.

20 너희가 어찌하여 시바 땅에서 향을 들여와 내게 제물로 바치려 하느냐? 어찌하여 먼 나라에서 좋은 향료를 들여와 내게 가져오느냐? 너희가 태워 드리는 제물인 번제물을 받지 않겠다. 너희가 바치는 화목제물도 내게 기쁨이 되지 못한다."

21 그러므로 여호와께서 이렇게 말씀하셨다. "보아라. 내가 이 백성 앞에 걸림돌을 놓겠다. 아버지와 아들이 다 같이 그 위에 넘어지고, 이웃과 친구들이 죽을 것이다."

22 여호와께서 이렇게 말씀하셨다. "보아라. 군대가 북쪽 땅에서 오고 있다. 크고 힘센 나라가 땅끝에서부터 일어나고 있다.

23 그 군인들은 활과 창을 잡고 있으며 잔인하고 무자비하다. 말을 타고 달리는 소리가 성난 바다와 같다. 그 군대가 전열을 갖추고 딸 같은 너 시온을 치러 오고 있다."

24 우리가 그 군대에 대한 소식을 듣고 두려워 떨며 어쩔 줄을 몰라합니다. 우리는 재앙의 덫에 빠진 듯합니다. 아기를 낳는 여자처럼 고통을 당하고 있습니다.

25 너희는 들로 나가지 마라. 거리에서 돌아다니지 마라. 적이 칼을 가지고 있으며 곳곳마다 두려움에 휩싸여 있다.

26 딸 같은 내 백성아, 거친 베옷을 입고 잿더미에서 뒹굴어라. 외아들을 잃은 사람처럼 슬피 울부짖어라. 파괴자가 갑자기 네게 닥칠 것이다.

27 "예레미야야, 내가 너를 내 백성을 감독하는 사람으로 삼았다. 너는 내 백성 가운데 요새와 같이 살피는 자가 될 것이다. 너는

Judah Rejects the Lord's Way

16 • This is what the Lord says:
"Stop at the crossroads and look around.
Ask for the old, godly way, and walk in it.
Travel its path, and you will find rest for your souls.
But you reply, 'No, that's not the road we want!'

17 • I posted watchmen over you who said,
'Listen for the sound of the alarm.'
But you replied,
'No! We won't pay attention!'

18 • "Therefore, listen to this, all you nations.
Take note of my people's situation.

19 • Listen, all the earth!
I will bring disaster on my people.
It is the fruit of their own schemes,
because they refuse to listen to me.
They have rejected my word.

20 • There's no use offering me sweet frankincense
from Sheba.
Keep your fragrant calamus imported
from distant lands!
I will not accept your burnt offerings.
Your sacrifices have no pleasing aroma for me."

21 • Therefore, this is what the Lord says:
"I will put obstacles in my people's path.
Fathers and sons will both fall over them.
Neighbors and friends will die together."

An Invasion from the North

22 • This is what the Lord says:
"Look! A great army coming from the north!
A great nation is rising against you from
far-off lands.

23 • They are armed with bows and spears.
They are cruel and show no mercy.
They sound like a roaring sea
as they ride forward on horses.
They are coming in battle formation,
planning to destroy you, beautiful Jerusalem.*"

24 • We have heard reports about the enemy,
and we wring our hands in fright.
Pangs of anguish have gripped us,
like those of a woman in labor.

25 • Don't go out to the fields!
Don't travel on the roads!
The enemy's sword is everywhere
and terrorizes us at every turn!

26 • Oh, my people, dress yourselves in burlap
and sit among the ashes.
Mourn and weep bitterly, as for the loss of an
only son.
For suddenly the destroying armies will be
upon you!

27 • "Jeremiah, I have made you a tester of metals,*

내 백성의 행동과 생활을 살피고 쇠붙이를 검사하듯 그들을 자세히 조사해야 한다.

28 내 백성이 모두 나를 배반했다. 그들은 모두 고집불통이며, 다른 사람들에 대해 거짓말을 하고 다닌다. 그들은 모두 녹슨 구리와 쇠처럼 썩은 자들이다.

29 풀무질을 세게 하면 그 불에 납이 녹아 내리게 되는데 너희는 아무리 제련을 하여도 헛될 뿐이구나. 악한 것이 내 백성에게서 없어지지 않는다.

30 내 백성은 '버림받은 은' 이라 불릴 것이다. 이는 나 여호와가 그들을 버렸기 때문이다."

예레미야의 성전 설교

7 이것은 여호와께서 예레미야에게 하신 말씀입니다.

2 "너는 여호와의 성전 문 앞에 서서, 이 말을 외쳐 말하여라. 유다 나라의 모든 백성아, 여호와의 말씀을 들어라. 여호와를 경배하러 이 문으로 들어가는 사람들아, 이 말씀을 들어라.

3 만군의 여호와, 이스라엘의 하나님께서 이렇게 말씀하셨다. 너희의 길과 행실을 바꾸어 올바른 일을 하여라. 그러면 내가 너희를 이곳에 살게 하겠다.'

4 '이것이 여호와의 성전이다, 이것이 여호와의 성전이다, 이것이 여호와의 성전이다' 하는 사람들의 거짓말을 믿지 마라.

5 너희는 너희의 길과 행실을 바꾸어 올바른 일을 해야 한다. 이웃끼리 정직하게 살아야 한다.

6 나그네와 고아와 과부를 억누르지 마라. 이곳에서 죄 없는 사람을 죽이지 마라. 다른 신들을 섬기지 마라. 거짓으로 말하는 그들은 너희의 삶을 망칠 뿐이다.

7 그렇게 하기만 하면 내가 너희를 이 땅, 곧 내가 너희 조상에게 영원토록 준 이 땅에서 살게 하겠다.

8 그러나 보아라. 너희가 거짓말을 믿고 있으니 그것은 쓸데없는 짓이다.

9 너희는 훔치고, 죽이고, 간음하고, 거짓으로 맹세하고, 헛된 신 바알에게 제물을 바치고, 너희가 알지도 못하는 신들을 찾아가서 섬긴다.

10 그러고도 너희가 내 앞으로 나와 설 수 있다고 생각하느냐? 내 거룩한 이름으로 불리는 이 성전에 너희가 설 수 있겠느냐? 그런 역겨운 짓들을 해 놓고도 '우리는 안전하다' 고 말할 수 있겠느냐?

11 이곳은 내가 예배를 받으려고 정한 곳이다. 그런 이곳이 너희에게는 도둑들이 숨는 곳으로만 보일 뿐이냐? 나는 너희를 쭉 지켜 보았다. 나 여호와의 말이다.

12 너희 유다 백성아, 내가 예배를 받으려고 제일 처

that you may determine the quality of my people.

28 • They are the worst kind of rebel, full of slander.
They are as hard as bronze and iron, and they lead others into corruption.

29 • The bellows fiercely fan the flames to burn out the corruption.
But it does not purify them, for the wickedness remains.

30 • I will label them 'Rejected Silver,' for I, the LORD, am discarding them."

Jeremiah Speaks at the Temple

7 The LORD gave another message to Jeremiah. He said, • "Go to the entrance of the LORD's Temple, and give this message to the people: 'O Judah, listen to this message from the LORD! Listen to it, all of you who worship here! • This is what the LORD of Heaven's Armies, the God of Israel, says:

" 'Even now, if you quit your evil ways, I will let you stay in your own land. • But don't be fooled by those who promise you safety simply because the LORD's Temple is here. They chant, "The LORD's Temple is here! The LORD's Temple is here!" • But I will be merciful only if you stop your evil thoughts and deeds and start treating each other with justice;

6 • only if you stop exploiting foreigners, orphans, and widows; only if you stop your murdering; and only if you stop harming yourselves by worshiping idols. • Then I will let you stay in this land that I gave to your ancestors to keep forever.

8 • " 'Don't be fooled into thinking that you will never suffer because the Temple is here. It's a lie! • Do you really think you can steal, murder, commit adultery, lie, and burn incense to Baal and all those other new gods of yours, • and then come here and stand before me in my Temple and chant, "We are safe!"—only to go right back to all those evils again? • Don't you yourselves admit that this Temple, which bears my name, has become a den of thieves? Surely I see all the evil going on there. I, the LORD, have spoken!

12 • " 'Go now to the place at Shiloh where I once put the Tabernacle that bore my name. See what I did there because of all the wicked-

---

bellows [bélouz] *n.* 풀무
chant [tʃǽnt] *vt.* 외치다, 되풀이하여 말하다
corruption [kərʌ́pʃən] *n.* 타락, 부패
den [dén] *n.* (도둑 등의) 소굴
discard [diskάːrd] *vt.* 버리다
exploit [iksplɔ́it] *vt.* 착취하다
harm [hάːrm] *vt.* 해치다, 손상하다
slander [slǽndər] *n.* 비방
tabernacle [tǽbərnǽkl] *n.* 장막

음에 택한 실로 마을에 가 보아라. 내 백성 이스라엘이 저지른 악한 짓 때문에 내가 그 마을을 어떻게 했는지 보아라.

13 나 여호와가 말한다. 너희 이스라엘 백성은 온갖 악한 짓을 저질렀다. 내가 부지런히 너희에게 말하고 또 말했지만, 너희는 듣지 않았다. 내가 너희를 불렀지만, 너희는 대답하지 않았다.

14 그러므로 내가 예배를 받기 위해 예루살렘에 정한 성전을 멸망시키겠다. 너희는 내가 너희와 너희 조상에게 준 그 성전을 의지했지만, 내가 실로를 멸망시켰듯이 그곳도 멸망시키겠다.

15 내가 너희의 형제인 에브라임* 자손을 모두 쫓아냈듯이 너희도 내 앞에서 쫓아내고 말겠다.'"

16 "예레미야야, 너는 이 백성을 위해 기도하지 마라. 그들을 위해 부르짖지도 말고 무엇이든 구하지도 마라. 그들을 구해 달라고 빌지도 마라. 네 기도를 들어 주지 않겠다.

17 그들이 유다의 여러 마을에서 하는 짓을 너는 보지 못하느냐? 그들이 예루살렘의 여러 거리에서 하는 짓을 너는 보지 못하느냐?

18 자식들은 장작을 모으고 아비들은 그 장작으로 불을 피우며 여자들은 이방 신인 하늘 여신에게 바칠 빵을 만든다. 또 그들은 다른 신에게 부어 드리는 제사인 전제를 바치고 절함으로 나를 분노하게 만든다.

19 그러나 유다 백성이 참으로 해치고 있는 것은 내가 아니다. 그들이 해치고 있는 것은 바로 그들 자신이다. 그들 스스로가 수치를 불러들이고 있는 것이다. 나 여호와의 말이다."

20 그러므로 주 여호와께서 이렇게 말씀하셨다. "보아라. 나의 노여움과 진노를 이곳에 쏟아 붓고 사람과 짐승에게, 그리고 들의 나무들과 땅의 곡식들 위에도 쏟아 붓겠다. 내 분노는 뜨거운 불과 같을 것이니 아무도 그것을 끄지 못할 것이다."

순종이 제사보다 낫다

21 만군의 여호와, 이스라엘의 하나님께서 이렇게 말씀하셨다. "너희는 가서 마음껏 번제물과 화목 제물을 바쳐 보아라. 그리고 바친 제물의 고기를 너희가 먹어라.

22 내가 너희 조상들을 이집트 땅에서 이끌어 내던 날에, 번제물이나 화목 제물에 대해서는 그들에게 말하지도 않았고, 명령하지도 않았다.

23 오직 내가 명령한 것은 '나에게 순종하여라. 그러면 나는 너희의 하나님이 되고, 너희는 내 백성이 될 것이다. 내가 명령하는 길로만 행하라. 그러면 너희에게 좋은 일이 생길 것이다' 하는 것뿐이었다.

24 그러나 너희 조상은 내 말에 순종하지 않았고, 귀

---

13 ness of my people, the Israelites. ●While you were doing these wicked things, says the LORD, I spoke to you about it repeatedly, but you would not listen. I called out to you, but 14 you refused to answer. ●So just as I destroyed Shiloh, I will now destroy this Temple that bears my name, this Temple that you trust in for help, this place that I gave to you and 15 your ancestors. ●And I will send you out of my sight into exile, just as I did your relatives, the people of Israel.*

Judah's Persistent Idolatry

16 ●"Pray no more for these people, Jeremiah. Do not weep or pray for them, and don't beg me to help them, for I will not listen to you. 17 ●Don't you see what they are doing throughout the towns of Judah and in the streets of 18 Jerusalem? ●No wonder I am so angry! Watch how the children gather wood and the fathers build sacrificial fires. See how the women knead dough and make cakes to offer to the Queen of Heaven. And they pour out liquid offerings to their other idol gods! 19 ●Am I the one they are hurting?" asks the LORD. "Most of all, they hurt themselves, to their own shame."

20 ●So this is what the Sovereign LORD says: "I will pour out my terrible fury on this place. Its people, animals, trees, and crops will be consumed by the unquenchable fire of my anger."

21 ●This is what the LORD of Heaven's Armies, the God of Israel, says: "Take your burnt offerings and your other sacrifices and 22 eat them yourselves! ●When I led your ancestors out of Egypt, it was not burnt offerings and sacrifices I wanted from them. 23 ●This is what I told them: 'Obey me, and I will be your God, and you will be my people. Do everything as I say, and all will be well!'

24 ●"But my people would not listen to me. They kept doing whatever they wanted, following the stubborn desires of their evil hearts. They went backward instead of for-

---

consume [kənsúːm] *vt.* 태워버리다
exile [égzail] *n.* 국외 추방, 유배
fury [fjúəri] *n.* 분노, 격노
knead [níːd] *vt.* 반죽하다
persistent [pərsístənt] *a.* 고집 센; 끊임없는
sacrificial [sækrəfíʃəl] *a.* 제물의
sovereign [sávərən] *n.* 주권자
stubborn [stʌ́bərn] *a.* 완고한, 고집 센
unquenchable [ʌnkwéntʃəbl] *a.* 끌 수 없는

7:15 Hebrew *of Ephraim*, referring to the northern kingdom of Israel.

7:15 '에브라임'은 '북이스라엘'을 가리킨다.

기울이지도 않았다. 그들은 자기 꾀만을 따르며 자기들의 악한 마음대로 살았다. 그들은 앞으로 나아가지 않고 오히려 뒷걸음질쳤다.

25 너희 조상이 이집트 땅을 떠난 날부터 오늘에 이르기까지 나는 내 종 예언자들을 너희에게 보냈다. 그들을 끊임없이 너희에게 보내고 또 보냈다.

26 그러나 너희 조상은 내 말에 순종하지도 않았고, 귀 기울이지도 않았다. 그들은 매우 고집이 셌다. 그들은 그 조상들보다도 더 악한 짓을 했다."

27 "예레미야야, 네가 이 모든 말을 유다 백성에게 전하더라도 그들은 네 말에 귀 기울이지 않을 것이다. 네가 그들을 불러도 그들은 대답하지 않을 것이다.

28 너는 그들에게 이렇게 말하여라. '너희는 하나님이신 여호와께 순종하지 않는 나라이다. 너희의 하나님 여호와께서 꾸짖었을 때도 너희는 들은 척도 하지 않았다. 너희가 진리를 말하지 않았으니 진리가 너희의 입에서 사라져 버렸다.

29 예루살렘아, 네 머리털을 잘라 던져 버려라. 벌거숭이 언덕에 올라가 슬프게 울어라. 왜냐하면 여호와께서 너희에게서 등을 돌리시고 너희를 버렸기 때문이다.'"

살인 골짜기

30 주 여호와께서 이렇게 말씀하셨다. "유다 백성은 내가 보는 앞에서 악한 짓을 했다. 그들은 내가 예배를 받으려고 정한 성전에 역겨운 우상들을 세워 놓고 그 성전을 더럽혔다.

31 유다 백성은 힌놈의 아들 골짜기에 도벳 산당을 지어 놓고 자기 자식들을 불살라 제물로 바쳤다. 그것은 내가 명령한 것이 아니며 그런 일은 생각해 보지도 않았다.

32 그러므로 보아라, 내가 너희에게 경고한다. 사람들이 이곳을 도벳이나 힌놈 골짜기라고 부르지 않고, '살인 골짜기'라고 부를 날이 올 것이다. 나 여호와의 말이다. 그날이 오면, 더 이상 묻을 곳이 없을 정도로 그곳에 시체가 가득 차게 될 것이다.

33 이 백성의 시체가 맨땅 위에 놓여서 하늘의 새와 들짐승들의 먹이가 되어도 그 새나 들짐승들을 쫓아 줄 사람이 아무도 없을 것이다.

34 내가 유다 마을들과 예루살렘 거리에서 기뻐하는 소리와 즐거움의 소리가 끊어지게 하겠다. 신랑의 소리와 신부의 소리도 사라지게 할 것이니 온 땅이 황무지로 변할 것이다."

파헤쳐지는 무덤

8 여호와께서 말씀하셨다. "그때에 사람들이 무덤에서 유다 왕들의 뼈와 그 신하들의 뼈와 제사장들의 뼈와 예언자들의 뼈와 예루살렘 백성들의 뼈를 꺼내어

2 그들이 좋아하고 섬기고 쫓아다니며 찾아 경배하던

25 ward. • From the day your ancestors left Egypt until now, I have continued to send my servants, the prophets—day in and day out. 26 But my people have not listened to me or even tried to hear. They have been stubborn and sinful—even worse than their ancestors.

27 • "Tell them all this, but do not expect them to listen. Shout out your warnings, 28 but do not expect them to respond. • Say to them, 'This is the nation whose people will not obey the LORD their God and who refuse to be taught. Truth has vanished from among them; it is no longer heard on 29 their lips. • Shave your head in mourning, and weep alone on the mountains. For the LORD has rejected and forsaken this generation that has provoked his fury.'

The Valley of Slaughter

30 • "The people of Judah have sinned before my very eyes," says the LORD. "They have set up their abominable idols right in the Temple that bears my name, defiling it. 31 • They have built pagan shrines at Topheth, the garbage dump in the valley of Ben-Hinnom, and there they burn their sons and daughters in the fire. I have never commanded such a horrible deed; it never 32 even crossed my mind to command such a thing! • So beware, for the time is coming," says the LORD, "when that garbage dump will no longer be called Topheth or the valley of Ben-Hinnom, but the Valley of Slaughter. They will bury the bodies in Topheth until there is no more room for 33 them. • The bodies of my people will be food for the vultures and wild animals, and 34 no one will be left to scare them away. • I will put an end to the happy singing and laughter in the streets of Jerusalem. The joyful voices of bridegrooms and brides will no longer be heard in the towns of Judah. The land will lie in complete desolation.

8 "In that day," says the LORD, "the enemy will break open the graves of the kings and officials of Judah, and the graves of the priests, prophets, and com-2 mon people of Jerusalem. • They will spread out their bones on the ground before the sun, moon, and stars—the gods my people have loved, served, and worshiped. Their bones will not be gathered up again or buried but will be scattered on the ground

---

abominable [əbámənəbl] *a.* 혐오스러운
provoke [prəvóuk] *vt.* 불러 일으키다, 유발하다
vanish [vǽniʃ] *vi.* (갑자기) 사라지다
7:25 day in and day out : 날마다, 언제나

해와 달과 하늘의 모든 별들 아래에 펼쳐 놓을
것이다. 그 뼈들을 모아 묻어 줄 사람이 아무
도 없으므로, 그 뼈들은 땅에 버려진 거름과
같이 될 것이다.

3 내가 유다 백성을 그 집과 땅에서 쫓아내겠다.
이 악한 백성 중에 남아 있는 사람들은 자기들
이 쫓겨난 곳에서 사는 것보다 차라리 죽는 게
낫다고 생각할 것이다. 만군의 여호와의 말이
다.”

죄와 벌

4 “너는 유다 백성에게 말하여라. 나 여호와가
이렇게 말한다. 사람이 넘어지면 다시 일어나
지 않겠느냐? 그릇된 길로 가면 다시 돌아오
지 않겠느냐?

5 그런데 어찌하여 이 백성은 그릇된 길로 가며
다시 돌아오지 않느냐? 그들이 거짓에 사로잡
혀서 돌아오기를 거부한다.

6 내가 귀를 기울여 들어 보았지만, 그들은 정직
한 말을 하지 않았다. 그들은 악한 짓을 하고
도 뉘우칠 줄 몰랐다. 도리어 ‘내가 무슨 잘못
을 했는가’ 라고 한다. 전쟁터로 달려가는 말
처럼 그들은 모두 각기 제 갈 길로 갔다.

7 하늘의 황새도 제 때를 알고 비둘기와 제비와
두루미도 돌아올 때를 지키는데 내 백성은 여
호와가 바라는 공평을 알지도 못한다.

8 너희가 어찌하여 ‘우리는 지혜롭고 우리에게
는 여호와의 율법이 있다’ 고 말하느냐? 실은
서기관들은 여호와의 율법을 거짓말로 기록
하였다.

9 지혜롭다 하는 사람들이 부끄러움을 당할 것
이며, 두려움 속에 사로잡힐 것이다. 보아라.
그들이 여호와의 말씀을 거절하였으니, 그들
은 참으로 지혜로운 사람이 아니다.

10 그러므로 내가 그들의 아내를 다른 사람에게
주겠고, 그들의 밭을 새 주인에게 주겠다. 작
은 사람에서부터 큰 사람에 이르기까지 누구
나 돈을 욕심내고 있다. 예언자와 제사장들까
지 모두 거짓을 행하고 있다.

11 내 백성이 큰 상처를 입었는데도, 그들은 아무
렇지도 않게 여긴다. 평화가 없는데도 ‘평화,
평화’ 하고 말한다.

12 그들은 역겨운 짓을 하고도 부끄러워할 줄 모
른다. 수치를 알지도 못하고 얼굴을 붉힐 줄도
모른다. 그들은 쓰러질 것이며 내가 그들에게
벌을 내릴 때에 그들은 멸망할 것이다. 여호와
의 말이다.

13 내가 그들을 완전히 망하게 하겠다. 나 여호와

3 like manure. •And the people of this evil nation
who survive will wish to die rather than live
where I will send them. I, the LORD of Heaven's
Armies, have spoken!

Deception by False Prophets

4 "Jeremiah, say to the people, 'This is what the
LORD says:

" 'When people fall down, don't they get
　　up again?
　When they discover they're on the
　　wrong road, don't they turn back?

5 • Then why do these people stay on their
　　self-destructive path?
　Why do the people of Jerusalem refuse
　　to turn back?
　They cling tightly to their lies
　　and will not turn around.

6 • I listen to their conversations
　　and don't hear a word of truth.
　Is anyone sorry for doing wrong?
　Does anyone say, "What a terrible
　　thing I have done"?
　No! All are running down the path of sin
　　as swiftly as a horse galloping into battle!

7 • Even the stork that flies across the sky
　　knows the time of her migration,
　as do the turtledove, the swallow, and the crane.*
　　They all return at the proper time each year.
　But not my people!
　　They do not know the LORD's laws.

8 • " 'How can you say, "We are wise because
　　we have the word of the LORD,"
　when your teachers have twisted it by
　　writing lies?

9 • These wise teachers will fall
　　into the trap of their own foolishness,
　for they have rejected the word of the LORD.
　　Are they so wise after all?

10 I will give their wives to others
　　and their farms to strangers.
　From the least to the greatest,
　　their lives are ruled by greed.
　Yes, even my prophets and priests are like that.
　　They are all frauds.

11 • They offer superficial treatments
　　for my people's mortal wound.
　They give assurances of peace
　　when there is no peace.

12 • Are they ashamed of these disgusting actions?
　　Not at all—they don't even know how to blush!
　Therefore, they will lie among the slaughtered.
　They will be brought down when I
　　punish them,
　　says the LORD.

13 • I will surely consume them.

8:7 The identification of some of these birds is un-
certain.

의 말이다. 포도밭에는 포도가 없을 것이
며, 무화과나무에는 무화과가 없을 것이며,
잎사귀도 말라 죽을 것이다. 내가 그들에게
준 것을 빼앗아 갈 것이다.

14 그때, 백성들은 이렇게 말할 것이다. '어찌
하여 우리가 이렇게 앉아만 있느냐? 우리
모두 모여 굳건한 요새 성으로 가자. 거기에
서 우리의 죽음을 맞이하자. 우리 하나님 여
호와께서 우리를 죽이기로 작정하시고 독
이 든 물을 주어 마시게 하셨다. 그것은 우
리가 여호와께 죄를 지었기 때문이다.

15 우리가 평화를 바랐으나 좋은 것은 하나도
오지 않았다. 우리를 고쳐 주실 때를 기다렸
으나, 보아라. 찾아온 것은 재앙뿐이었다.

16 적군의 말들이 내는 콧소리가 단에서부터
들려 오고, 그 큰 말들이 울부짖는 소리가
온 땅을 흔들어 놓는다. 그들이 쳐들어와서
이 땅과 그 안의 모든 것을 삼키고, 이 성과
그 안에 사는 모든 백성을 삼킨다.'

17 보아라! 내가 독뱀을 너희에게 보내겠다.
길들여 부릴 수 없는 그 뱀이 너희를 물 것
이다. 나 여호와의 말이다.”

예레미야의 슬픔

18 내가 근심 중에 위로받기를 원할 때, 내 마
음 안에 병이 깊었습니다.

19 보십시오. 저 백성의 외치는 소리에 귀 기울
여 주십시오. 그들이 먼 땅에서 도와달라고
부르짖고 있습니다. “여호와께서 시온에
계시지 않은가? 시온의 왕이 그 안에 계시
지 않은가?라고 말하고 있습니다. 그러나
하나님께서는 “어찌하여 백성들이 헛된 다
른 나라의 우상들을 예배하여 나를 분노하
게 하였느냐?라고 말씀하십니다.

20 백성은 “추수 때가 지나고 여름도 끝났지
만, 우리는 아직 구원받지 못했다”고 말합
니다.

21 제 백성이 아파하므로 저도 아픕니다. 제가
슬퍼하고 그들 때문에 놀랍니다.

22 길르앗 땅에 유향이 있지 않습니까? 그곳에
의사가 있지 않습니까? 그런데 제 백성의
상처가 어찌하여 낫지 않는 것입니까?

9 내 머리가 물이었으면, 내 눈이 눈물의
샘이었으면, 죽임을 당한 내 백성을 위
해 밤낮으로 울 수 있을 텐데.

2 누군가 나를 광야에 두어 나그네들이 묵는
집에 있게 하였으면, 내 백성을 떠나 멀리
갈 수 있을 텐데. 그들은 모두 하나님께 충

There will be no more harvests of figs and grapes.
Their fruit trees will all die.
    Whatever I gave them will soon be gone.
    I, the LORD, have spoken!'

14 • "Then the people will say,
    'Why should we wait here to die?
Come, let's go to the fortified towns and die there.
    For the LORD our God has decreed our
        destruction
and has given us a cup of poison to drink
because we sinned against the LORD.

15 • We hoped for peace, but no peace came.
    We hoped for a time of healing, but found
        only terror.'

16 • "The snorting of the enemies' warhorses can
      be heard
    all the way from the land of Dan in the north!
The neighing of their stallions makes the
      whole land tremble.
    They are coming to devour the land and
      everything in it—
    cities and people alike.

17 • I will send these enemy troops among you
    like poisonous snakes you cannot charm.
    They will bite you, and you will die.
    I, the Lord, have spoken!"

Jeremiah Weeps for Sinful Judah

18 • My grief is beyond healing;
    my heart is broken.

19 • Listen to the weeping of my people;
    it can be heard all across the land.
    "Has the LORD abandoned Jerusalem?*"
      the people ask.
      "Is her King no longer there?"

    "Oh, why have they provoked my anger with
      their carved idols
    and their worthless foreign gods?" says the LORD.

20 • "The harvest is finished,
    and the summer is gone," the people cry,
    "yet we are not saved!"

21 • I hurt with the hurt of my people.
    I mourn and am overcome with grief.

22 • Is there no medicine in Gilead?
    Is there no physician there?
    Why is there no healing
      for the wounds of my people?

9 1 •* If only my head were a pool of water
      and my eyes a fountain of tears,
    I would weep day and night
    for all my people who have been slaughtered.

2 •* Oh, that I could go away and forget my people

8:19 Hebrew *Zion?*   **9:1** Verse 9:1 is numbered 8:23 in
Hebrew text.   **9:2** Verses 9:2-26 are numbered 9:1-25
in Hebrew text.

성하지 않고 하나님을 배신한 사람들이다.

유다의 죄악

3 주 여호와께서 말씀하셨다. "그들이 활처럼 혀를 놀리며 화살처럼 입으로 거짓을 쏘아대니, 그 땅에는 진실이 아니라 거짓이 커 가고 있다. 그들은 더욱더 악한 짓을 찾아이리저리 돌아다니며, 내가 누구인지도 모르고 있다.

4 너희 각 사람은 너희 친구들을 조심하고, 형제일지라도 믿지 마라. 형제마다 속임수를 쓰고, 친구마다 거짓말을 하고 있다.

5 모두 다 자기 친구에게 거짓말을 하고, 사람마다 진실을 말하지 않는다. 유다 백성은 그 혀에게 거짓말하기를 가르치고 지치는 법도 없이 죄를 짓는다.

6 예레미야야, 너는 속임수한가운데에 살고 있다. 그들은 속임수 가운데 살면서 나를 알려 하지 않는다."

7 그러므로 만군의 여호와께서 이렇게 말씀하셨다. "보아라. 사람들이 쇠를 불에 시험해 보듯이 내가 유다 백성을 시험하겠다. 내 백성이 죄를 지었으니 다른 길은 없다.

8 그들의 혀는 날카로운 화살과 같다. 그들은 거짓을 말하고 입으로는 이웃에게 좋은 말을 하지만 속으로는 그를 해칠 생각을 하고 있다.

9 이런 짓을 하는 백성에게 내가 어찌 벌을 내리지 않겠느냐? 내가 어찌 이런 민족에게 보복하지 않겠느냐?"

10 저 예레미야는 산들을 위하여 크게 부르짖고, 광야에 있는 목장을 위하여 슬픈 노래를 부르겠습니다. 산과 들이 황무지가 되었으므로, 아무도 지나다니지 않습니다. 소 떼의 소리도 들리지 않습니다. 공중의 새들도 날아가 버리고, 짐승들도 사라졌습니다.

11 "나 여호와가 말한다. 내가 예루살렘 성을 폐허 더미로 만들고 늑대들의 소굴로 만들겠다. 유다 땅의 성들을 무너뜨려서 아무도 살지 못하게 하겠다."

12 이 일들을 깨달을 만한 지혜가 있는 사람이 누구입니까? 여호와의 가르침을 받아서 이 일들을 설명할 수 있는 사람이 있습니까? 왜 이 땅이 폐허가 되었습니까? 왜 이 땅이 아무도 다니지 않는 황무지같이 되었습니까?

and live in a travelers' shack in the desert.
For they are all adulterers—
a pack of treacherous liars.

Judgment for Disobedience

3 • "My people bend their tongues like bows
to shoot out lies.
They refuse to stand up for the truth.
They only go from bad to worse.
They do not know me,"
says the LORD.

4 • "Beware of your neighbor!
Don't even trust your brother!
For brother takes advantage of brother,
and friend slanders friend.

5 • They all fool and defraud each other;
no one tells the truth.
With practiced tongues they tell lies;
they wear themselves out with all their sinning.

6 • They pile lie upon lie
and utterly refuse to acknowledge me,"
says the LORD.

7 • Therefore, this is what the LORD of
Heaven's Armies says:
"See, I will melt them down in a crucible
and test them like metal.
What else can I do with my people?*

8 • For their tongues shoot lies like poisoned
arrows.
They speak friendly words to their neighbors
while scheming in their heart to kill them.

9 • Should I not punish them for this?" says the LORD.
"Should I not avenge myself against such
a nation?"

10 • I will weep for the mountains
and wail for the wilderness pastures.
For they are desolate and empty of life;
the lowing of cattle is heard no more;
the birds and wild animals have all fled.

11 • "I will make Jerusalem into a heap of
ruins," says the LORD.
"It will be a place haunted by jackals.
The towns of Judah will be ghost towns,
with no one living in them."

12 •Who is wise enough to understand all this? Who has been instructed by the LORD and can explain it to others? Why has the land been so ruined that no one dares to travel through it?

---

crucible [krú:səbl] *n.* (용광로의) 쇳물 괴는 곳
snort [snɔ́ːrt] *vi.* (말이) 콧김을 내뿜다
9:5 defraud each other : 서로 속이다

....

9:7 Hebrew *with the daughter of my people?* Greek version reads *with the evil daughter of my people?*

13 여호와께서 대답하셨다. "그것은 그들이 내가 그들 앞에 베푼 가르침을 저버렸기 때문이다. 그들은 내게 순종하지 않았고, 내가 하라고 명령한 일을 하지 않았다.

14 그들은 마음대로 고집을 부리며 살고 그들의 조상이 가르쳐 준 대로 거짓 신 바알을 따랐다."

15 그러므로 만군의 여호와, 이스라엘의 하나님께서 이렇게 말씀하셨다. "보아라. 내가 곧 이 백성에게 쓴 음식을 먹이고 독이 든 물을 마시게 하겠다.

16 내가 그들을 그들과 그 조상들이 모르는 낯선 나라들 가운데 흩어 놓겠다. 그들을 전멸시킬 때까지 나의 칼은 그들을 뒤쫓을 것이다."

17 만군의 여호와께서 이렇게 말씀하셨다. "너희는 잘 생각해 보고 초상집에서 곡하는 여자들을 불러 오너라. 사람을 보내어 그런 일에 익숙한 여자들을 불러 오너라.

18 그들에게 빨리 와서 우리를 위해 큰 소리로 울라고 하여라. 그래서 우리 눈에 눈물이 줄줄 흘러내리게 하여라.

19 시온에서 크게 울부짖는 소리가 들린다. '우리는 완전히 망했다. 정말로 부끄러움을 당하게 되었다. 우리는 이 땅을 떠나야 한다. 우리가 살던 집을 버려야 한다.'"

20 유다의 여인들아, 여호와의 말씀을 들어라. 귀를 기울여 그 입에서 나오는 말씀을 들어 보아라. 너희 딸들에게 슬피 우는 법을 가르치고 너희들도 소리내어 우는 법을 배우도록 하여라.

21 죽음이 우리의 창문을 넘어 들어오고 우리의 굳건한 성으로 들어와서 거리에서 놀던 우리의 아이들을 앗아 갔고 광장에 모여 있는 젊은 이들을 데려갔다.

22 "너는 이렇게 말하여라. '여호와께서 이렇게 말씀하셨다. 사람의 시체가 거름처럼 빈 들판에 널릴 것이며, 농부가 베어 놓고 거둬들이지 않은 곡식처럼 널릴 것이다.'"

23 여호와께서 이렇게 말씀하셨다. "지혜로운 사람은 자기의 지혜를 자랑하지 말고, 힘있는 사람은 자기의 힘을 자랑하지 말며, 부유한 사람은 자기의 부유함을 자랑하지 마라.

24 오직 자랑하고 싶은 사람은 나를 깨닫고 아는 것을 자랑하고, 나 여호와가 자비롭고 공평하다는 것을 자랑하고 내가 땅 위에서 올바른 일만 한다는 것을 자랑하여라. 이런 자랑이 나를 기쁘게 한다. 나 여호와의 말이다."

---

13 • The LORD replies, "This has happened because my people have abandoned my instructions;
14 they have refused to obey what I said. • Instead, they have stubbornly followed their own desires and worshiped the images of Baal, as their ancestors taught them. • So now, this is what the LORD
15 of Heaven's Armies, the God of Israel, says: Look! I will feed them with bitterness and give them poi-
16 son to drink. • I will scatter them around the world, in places they and their ancestors never heard of, and even there I will chase them with the sword until I have destroyed them completely."

Weeping in Jerusalem

17 • This is what the LORD of Heaven's Armies says:
"Consider all this, and call for the mourners.
Send for the women who mourn at funerals.
18 • Quick! Begin your weeping!
Let the tears flow from your eyes.
19 • Hear the people of Jerusalem* crying in despair,
'We are ruined! We are completely humiliated!
We must leave our land,
because our homes have been torn down.'"

20 • Listen, you women, to the words of the LORD;
open your ears to what he has to say.
Teach your daughters to wail;
teach one another how to lament.
21 • For death has crept in through our windows
and has entered our mansions.
It has killed off the flower of our youth:
Children no longer play in the streets,
and young men no longer gather in the squares.

22 • This is what the LORD says:
"Bodies will be scattered across the fields
like clumps of manure,
like bundles of grain after the harvest.
No one will be left to bury them."

23 • This is what the LORD says:
"Don't let the wise boast in their wisdom,
or the powerful boast in their power,
or the rich boast in their riches.
24 • But those who wish to boast
should boast in this alone:
that they truly know me and understand
that I am the LORD
who demonstrates unfailing love
and who brings justice and righteousness
to the earth,
and that I delight in these things.
I, the LORD, have spoken!

---

futile [fjúːtl] *a.* 헛된, 효과없는

9:19 Hebrew *Zion.*

25 여호와께서 말씀하셨다. "보아라, 때가 되면 몸에만 할례를 받은 사람을 내가 벌하겠다.

26 곧 이집트와 유다와 에돔과 암몬과 모압 백성을 벌하고, 머리를 짧게 깎는 광야 백성도 벌하겠다. 모든 이방인들은 몸에 할례를 받지 않았고, 모든 이스라엘 백성은 마음에 할례를 받지 않았다."

여호와와 우상들

10 이스라엘 집아, 여호와께서 너희에게 하시는 말씀을 들어라.

2 여호와께서 이렇게 말씀하셨다. "이방 사람들의 풍습을 본받지 마라. 이방 사람들이 하늘의 이상한 현상을 보고 두려워하더라도 너희는 그런 것을 두려워하지 마라.

3 이방 사람들의 풍습은 헛된 것이다. 그들의 우상은 숲의 나무를 잘라 기술자가 도끼를 가지고 만든 것에 지나지 않는다.

4 그들은 그 우상을 은과 금으로 장식하고 망치와 못으로 고정시켜서 움직이지 않게 해 놓는다.

5 그 우상들은 원두밭의 허수아비 같아서 말도 못하고 걷지도 못하여 사람들이 메고 다녀야 한다. 너희는 그런 것들을 두려워하지 마라. 그것들은 너희를 해치지도 못하고 너희에게 복을 내리지도 못한다."

6 여호와여, 주님과 같으신 분은 없습니다. 주님은 위대하시고, 주님의 이름은 크고 놀랍습니다.

7 온 나라의 왕이시여, 누가 주님을 두려워하지 않겠습니까? 주님은 존경을 받으시기에 마땅한 분이십니다. 세계 모든 민족 중에는 지혜로운 사람도 많고 나라마다 왕도 많지만 주와 같은 분은 아무도 없습니다.

8 그들은 모두 미련하고 어리석으며 그들의 교훈은 아무 쓸데도 없는 나무 조각에 불과할 뿐입니다.

9 편편하게 만든 그들의 은은 다시스에서 가져온 것이고 금은 우바스에서 수입해 온 것입니다. 그들의 우상은 기술자와 대장장이의 손으로 만든 것입니다. 그들은 노련한 숙련공들이 만든 파란색 옷과 자주색 옷을 우상에게 입힙니다.

10 그러나 오직 여호와만이 참하나님이시며, 살아 계신 하나님, 영원한 왕이십니다. 주께서 분노하시면 땅이 흔들리고 세계 모든 나라가 주님의 분노를 견디지 못합니다.

11 너희는 이처럼 그들에게 전하여라. '하늘과 땅을 만들지 않은 이 거짓 신들은 땅과 하늘아

---

25 •"A time is coming," says the LORD, "when I will punish all those who are circumcised in body but not in spirit— •the Egyptians, Edomites, Ammonites, Moabites, the people who live in the desert in remote places,* and yes, even the people of Judah. And like all these pagan nations, the people of Israel also have uncircumcised hearts."

Idolatry Brings Destruction

10 Hear the word that the LORD speaks to you, O Israel! •This is what the LORD says:

2

> "Do not act like the other nations,
>   who try to read their future in the stars.
> Do not be afraid of their predictions,
>   even though other nations are terrified by
>   them.

3 • Their ways are futile and foolish.
>   They cut down a tree, and a craftsman
>   carves an idol.

4 • They decorate it with gold and silver
>   and then fasten it securely with hammer
>   and nails
> so it won't fall over.

5 • Their gods are like
>   helpless scarecrows in a cucumber field!
> They cannot speak,
>   and they need to be carried because
>   they cannot walk.
> Do not be afraid of such gods,
>   for they can neither harm you nor do
>   you any good."

6 • LORD, there is no one like you!
>   For you are great, and your name is full
>   of power.

7 • Who would not fear you, O King of nations?
>   That title belongs to you alone!
> Among all the wise people of the earth
>   and in all the kingdoms of the world,
>   there is no one like you.

8 • People who worship idols are stupid and
>   foolish.
> The things they worship are made of wood!

9 • They bring beaten sheets of silver from Tarshish
>   and gold from Uphaz,
> and they give these materials to skillful craftsmen
>   who make their idols.
> Then they dress these gods in royal blue
>   and purple robes
> made by expert tailors.

10 • But the LORD is the only true God.
>   He is the living God and the everlasting King!
> The whole earth trembles at his anger.
>   The nations cannot stand up to his wrath.

11 •Say this to those who worship other gods:

9:26 Or *in the desert and clip the corners of their hair.*

래에서 없어져 버릴 것이다.'

12 여호와께서 능력으로 땅을 만드셨습니다. 주님은 그 지혜로 세계를 세우셨고, 그 명철로 하늘을 펴셨습니다.

13 주님이 소리를 내시면 하늘에서 물이 출렁입니다. 주님은 땅끝에서 수증기를 끌어 올리시고, 비를 내리는 번개를 일으키시며, 창고에서 바람을 내보내십니다.

14 모든 사람은 어리석고 아는 것이 적습니다. 모든 대장장이는 자기가 만든 우상 때문에 부끄러움을 당합니다. 그것은 그들이 부어 만든 우상은 헛된 신에 지나지 않고, 그 안에는 생명이 없기 때문입니다.

15 그것들은 헛된 것일 뿐입니다. 사람들의 노리개에 지나지 않습니다. 여호와께서 심판하실 때에 망하고 말 것입니다.

16 '야곱의 몫'이신 하나님은 그런 우상들과는 다릅니다. 하나님은 모든 것을 만드셨고, 이스라엘을 특별한 백성으로 삼아 주셨습니다. 그분의 이름은 만군의 여호와이십니다.

멸망의 때가 온다

17 땅에 있는 너희 짐을 다 꾸리고 떠날 준비를 하여라. 너희 유다 백성은 적군에 둘러싸여 있다.

18 여호와께서 이렇게 말씀하셨다. "보아라. 이번에는 이 땅에 사는 사람들을 쫓아 버리고, 그들에게 고통과 재앙을 안겨 주어 아픔을 느끼도록 하겠다."

19 오호라. 내가 상처를 입었으니 큰일났구나. 내 상처가 너무 심하구나. 하지만 나는 속으로 '이것은 내 병이니 내가 견뎌야 한다'고 말했다.

20 내 장막이 부서졌고, 내 장막의 줄은 다 끊어졌다. 내 자녀들은 모두 나를 떠나고 남아 있지 않으니 장막을 다시 세워 주고 휘장을 달아 줄 사람이 없다.

21 목자들은 어리석어서 여호와의 뜻을 묻지 않는다. 그리하여 그들이 하는 일마다 이루어지지 않고, 그들의 양 떼가 뿔뿔이 흩어지고 말았다.

22 들어라! 소식이 들려 오고 있다. 북쪽 땅에서부터 요란한 소리가 들려 온다. 그 소리와 함께 유다의 성들은 폐허가 되고, 늑대들의 소굴이 될 것이다.

예레미야의 기도

23 여호와여, 사람의 인생이 자기의 것이 아

"Your so-called gods, who did not make the heavens and earth, will vanish from the earth and from under the heavens."*

12 • But the LORD made the earth by his power,
and he preserves it by his wisdom.
With his own understanding
he stretched out the heavens.

13 • When he speaks in the thunder,
the heavens roar with rain.
He causes the clouds to rise over the earth.
He sends the lightning with the rain
and releases the wind from his storehouses.

14 • The whole human race is foolish and has no knowledge!
The craftsmen are disgraced by the idols they make,
for their carefully shaped works are a fraud.
These idols have no breath or power.

15 • Idols are worthless; they are ridiculous lies!
On the day of reckoning they will all be destroyed.

16 • But the God of Israel* is no idol!
He is the Creator of everything that exists,
including Israel, his own special possession.
The LORD of Heaven's Armies is his name!

The Coming Destruction

17 • Pack your bags and prepare to leave;
the siege is about to begin.

18 • For this is what the LORD says:
"Suddenly, I will fling out
all you who live in this land.
I will pour great troubles upon you,
and at last you will feel my anger."

19 • My wound is severe,
and my grief is great.
My sickness is incurable,
but I must bear it.

20 • My home is gone,
and no one is left to help me rebuild it.
My children have been taken away,
and I will never see them again.

21 • The shepherds of my people have lost their senses.
They no longer seek wisdom from the LORD.
Therefore, they fail completely,
and their flocks are scattered.

22 • Listen! Hear the terrifying roar of great armies
as they roll down from the north.
The towns of Judah will be destroyed
and become a haunt for jackals.

Jeremiah's Prayer

23 • I know, LORD, that our lives are not our own.

fraud [frɔ́ːd] *n.* 사기, 기만
reckoning [rékənin] *n.* 결산, 응보

10:11 The original text of this verse is in Aramaic.
10:16 Hebrew *the Portion of Jacob.* See note on 5:20.

니라는 것을 깨달았습니다. 아무도 자신의 인생 행로를 결정할 수 없습니다.

24 여호와여, 나를 꾸짖으시되 공평하게 해 주십시오. 노여움 가운데서 저를 벌하지 마십시오, 저의 존재가 사라질까 두렵습니다.

25 주님의 노여움을 주님을 알지 못하는 다른 나라들에게 쏟으십시오, 주님의 이름을 부르지 않는 족속들에게 쏟으십시오, 그들은 야곱의 집안을 멸망시켜 삼키고 그들이 살던 땅까지도 폐허로 만들어 버렸습니다.

깨지고 만 언약

11 여호와께서 예레미야에게 말씀하셨다.

2 "이 언약의 말을 들어라. 그리고 유다 백성과 예루살렘에 사는 사람들에게 전하여라.

3 너는 그들에게 이스라엘의 하나님이신 여호와께서 이렇게 말씀하셨다고 전하여라. '누구든지 이 언약의 말에 순종하지 않는 사람에게는 재앙이 올 것이다.

4 이 언약은 내가 너희 조상을 쇠를 녹이는 용광로와 같았던 이집트 땅에서 인도해 낼 때에 그들에게 명령한 것이다.' 나는 그들에게 이렇게 말했다. '나에게 순종하고 내가 너희에게 명령하는 모든 것을 그대로 지켜라. 그러면 너희는 내 백성이 되고, 나는 너희의 하나님이 될 것이다.

5 나는 너희 조상들에게 젖과 꿀이 흐르는 땅을 주겠노라고 맹세한 것을 지키겠다. 그 약속이 오늘날 이루어졌다.'" 나 예레미야는 "아멘, 여호와여."라고 대답했다.

6 여호와께서 나에게 또 말씀하셨다. "유다의 여러 성과 예루살렘 거리에서 이 모든 말을 선포하여라. '이 언약의 말을 듣고 순종하여라.

7 나는 너희 조상들을 이집트 땅에서 인도해 낼 때부터 오늘에 이르기까지 내게 순종하라고 거듭해서 경고했다.

8 그러나 너희 조상은 내 말을 듣지 않았다. 내 말에 귀 기울이지 않고, 사람마다 제각기 고집을 부리며 악한 마음으로 살았다. 그 언약을 지키지 않으면 저주를 내릴 것이라고 말했는데도 그들은 지키지 않았다. 그래서 내가 그 모든 저주를 그들에게 내렸다.'"

9 여호와께서 또 나에게 말씀하셨다. "유다 백성과 예루살렘 사람들이 음모를 꾸미고 있다는 것을 내가 안다.

10 그들은 옛날 조상들이 저지른 것과 똑같은 죄를 짓고 있다. 그들의 조상은 내 말을 들으려 하지 않고, 다른 신들을 따르며 섬겼다. 이스라엘 집과 유다 집은 내가 그들의 조상과 맺은 언약을

We are not able to plan our own course.

24 • So correct me, LORD, but please be gentle.
Do not correct me in anger, for I would die.
25 • Pour out your wrath on the nations that
refuse to acknowledge you—
on the peoples that do not call upon
your name.
For they have devoured your people Israel*;
they have devoured and consumed them,
making the land a desolate wilderness.

Judah's Broken Covenant

11 The LORD gave another message to Jeremiah. He said, • "Remind the people 2 of Judah and Jerusalem about the terms of my 3 covenant with them. • Say to them, 'This is what the LORD, the God of Israel, says: Cursed is anyone who does not obey the terms of my 4 covenant! • For I said to your ancestors when I brought them out of the iron-smelting furnace of Egypt, "If you obey me and do whatever I command you, then you will be my people, 5 and I will be your God." • I said this so I could keep my promise to your ancestors to give you a land flowing with milk and honey—the land you live in today.'"

Then I replied, "Amen, LORD! May it be so."

6 • Then the LORD said, "Broadcast this message in the streets of Jerusalem. Go from town to town throughout the land and say, 'Remember the ancient covenant, and do everything it 7 requires. • For I solemnly warned your ancestors when I brought them out of Egypt, "Obey me!" I have repeated this warning over and over to 8 this day. • but your ancestors did not listen or even pay attention. Instead, they stubbornly followed their own evil desires. And because they refused to obey, I brought upon them all the curses described in this covenant.'"

9 • Again the LORD spoke to me and said, "I have discovered a conspiracy against me among the people of Judah and Jerusalem. 10 • They have returned to the sins of their ancestors. They have refused to listen to me and are worshiping other gods. Israel and Judah have both broken the covenant I made with their

---

acknowledge [əknálidʒ] *vt.* 인정하다
conspiracy [kənspírəsi] *n.* 음모
covenant [kʌ́vənənt] *n.* 언약
desolate [désələt] *a.* 황량한
devour [diváuər] *vt.* 삼키다
furnace [fə́ːrnis] *n.* 용광로
smelt [smélt] *vi.* 용해하다, 녹이다
solemnly [sáləmli] *ad.* 엄숙하게
stubbornly [stʌ́bərnli] *ad.* 완고(완강)하게
wrath [ræθ] *n.* 분노
11:7 over and over : 반복해서

깨뜨렸다.

11 그러므로 나 여호와가 이렇게 말한다. '보아라. 내가 곧 유다 백성에게 피할 수 없는 재앙을 내릴 것이다. 그들이 나에게 도와 달라고 부르짖어도 듣지 않겠다.

12 유다의 여러 성과 예루살렘에 사는 백성이 우상들을 찾아가 도와 달라고 부르짖고, 향을 피우며 제사를 지내겠지만, 재앙의 날이 이를 때, 그 우상들은 그들을 구원하지 못할 것이다.

13 유다 백성에게는 우상들이 유다의 여러 성들만큼이나 많다. 그들은 저 부끄러운 신 바알을 섬기려고 수많은 제단을 쌓았다. 그런 제단이 예루살렘의 거리들만큼이나 많다.'

14 예레미야야, 너는 이 백성을 위해 기도하지 마라. 그들을 위해 부르짖거나 구하지 마라. 그들에게 닥치는 재앙 때문에 그들이 나를 부를 때에도 내가 듣지 않을 것이다.

15 나의 사랑 유다가 악한 계획을 수없이 세우더니 나의 성전에서 무엇을 하고 있느냐? 짐승을 잡아 제사를 드리면 벌을 피할 수 있다고 생각하느냐? 너는 악한 짓을 하고 기뻐하는구나.

16 한때는 내가 너를 '아름다운 열매가 달린, 잎이 무성한 올리브 나무'라고 불렀지만 내가 이제 요란한 폭풍 소리와 함께 그 나무를 불사르고, 그 가지를 잘라 버릴 것이다.

17 만군의 여호와인 내가 너를 심었지만 또한 너에게 재앙을 내릴 것을 선언한다. 왜냐하면 이스라엘 집과 유다 집이 악한 짓을 하였기 때문이다. 그들은 바알에게 제물을 바침으로 나 여호와를 진노케 했다."

예레미야에 대한 음모

18 여호와께서 나에게 알려 주셔서 제가 비로소 깨달았습니다. 주께서 그때 그들이 하고 있는 악한 일을 나에게 보여 주셨습니다.

19 저는 도살장으로 끌려가는 순한 어린 양 같아서 그들이 나에 대해 음모를 꾸미고 있다는 것을 몰랐습니다. 그들은 이렇게 말했습니다. "저 나무를 그 열매와 함께 없애 버리자. 산 자들의 땅에서 그를 죽여 버리자. 그러면 사람들이 더 이상 그의 이름을 말하지 않을 것이다."

20 하지만 만군의 여호와여, 주님은 공정한 재판관이십니다. 주님은 사람들의 생각과 마음을 살피십니다. 저로 하여금 주께서 그들에게 원수 갚으시는 것을 보게 해 주십시오. 오직 주께만 제 사정을 말씀드립니다.

21 그러자 여호와께서 예레미야를 죽일 계획을 세운 아나돗 사람들에 대해 이렇게 말씀하셨다. "그들은 '너는 여호와의 이름으로 예언하지 마라. 그렇지 않으면 너는 우리 손에 죽을 것이다'라고 말했다."

11 ancestors. • Therefore, this is what the LORD says: I am going to bring calamity upon them, and they will not escape. Though they beg for mercy, I will not listen to their 12 cries. • Then the people of Judah and Jerusalem will pray to their idols and burn incense before them. But the idols will not 13 save them when disaster strikes! • Look now, people of Judah; you have as many gods as you have towns. You have as many altars of shame—altars for burning incense to your god Baal—as there are streets in Jerusalem.

14 • "Pray no more for these people, Jeremiah. Do not weep or pray for them, for I will not listen to them when they cry out to me in distress.

15 • "What right do my beloved people have to come to my Temple, when they have done so many immoral things? Can their vows and sacrifices prevent their destruction? They actually rejoice in doing evil!

16 • I, the LORD, once called them a thriving olive tree, beautiful to see and full of good fruit. But now I have sent the fury of their enemies to burn them with fire, leaving them charred and broken.

17 • "I, the LORD of Heaven's Armies, who planted this olive tree, have ordered it destroyed. For the people of Israel and Judah have done evil, arousing my anger by burning incense to Baal."

A Plot against Jeremiah

18 • Then the LORD told me about the plots 19 my enemies were making against me. • I was like a lamb being led to the slaughter. I had no idea that they were planning to kill me! "Let's destroy this man and all his words," they said. "Let's cut him down, so his name will be forgotten forever."

20 • O LORD of Heaven's Armies, you make righteous judgments, and you examine the deepest thoughts and secrets. Let me see your vengeance against them, for I have committed my cause to you.

21 • This is what the LORD says about the men of Anathoth who wanted me dead.

calamity [kəlǽməti] *n.* 큰 재난, 참사
vengeance [véndʒəns] *n.* 복수

22 그러므로 만군의 여호와께서 이렇게 말씀하셨다. "보아라. 내가 곧 아나돗 사람들을 벌하겠다. 그 젊은이들은 칼에 죽을 것이며 그 아들과 딸들은 굶주려 죽을 것이다.

23 내가 아나돗 사람에게 재앙을 내릴 것이니 곧 그들을 벌할 때가 왔다. 아나돗 사람은 하나도 살아 남지 못할 것이다."

예레미야의 첫 번째 불평

12 여호와여, 제가 주께 불평할 때마다 언제나 주님이 옳으셨습니다. 그래도 정의의 문제에 대하여 주께 드릴 말씀이 있습니다. 어찌하여 악한 사람은 모든 일이 뜻대로 잘 되어 나갑니까? 어찌하여 속이며 배반하는 사람이 그렇게 편안하게 삽니까?

2 주께서 악한 사람들을 이곳에 심으셨기 때문에 그들이 뿌리를 내리고, 잘 자라서 열매를 맺습니다. 그들은 입으로는 주님을 가까이 모신다고 말하지만 마음은 주님으로부터 멀리 떨어져 있습니다.

3 여호와여, 주님은 저를 아십니다. 저를 보시고 제 마음을 시험하시어 제 마음이 주께 있음을 아십니다. 잡을 양을 끌고 가듯이 악한 사람들을 끌어가십시오. 죽일 날을 정하시고 그들을 따로 떼어 놓으십시오.

4 이 땅이 언제까지 신음하고 있어야 합니까? 온 들판의 풀이 언제까지 메말라 있어야 합니까? 들짐승과 공중의 새들이 죽어 버렸습니다. 그것은 땅에 사는 사람들이 악하기 때문입니다. 그런데도 그들은 "하나님은 우리의 일을 내려다보시지 않는다"라고 말합니다.

하나님의 대답

5 "네가 사람들과 더불어 달릴 때 지친다면 어떻게 말들과 경주할 수 있겠느냐? 네가 안전한 땅에서 걸려 넘어졌다면 요단 강가의 짙은 덤불 속에서는 어떻게 되겠느냐?

6 심지어는 네 형제들과 네 친척까지도 너를 속이고 너를 향해 소리를 질렀다. 그들이 네게 좋은 말을 하더라도 너는 그들을 믿지 마라.

7 나는 나의 성전을 버렸고, 내 소유인 나의 백성을 버렸다. 내가 사랑하는 백성을 그 원수들에게 넘겨 주었다.

8 내 소유인 나의 백성이 숲의 사자처럼 변하여 나를 향해 으르렁거린다. 그래서 내가 그들을 미워한다.

9 내 소유인 나의 백성이 얼룩무늬 매처럼 변하였고, 다른 매들은 그것을 에워싸며 공격하려 한다. 모든 들짐승들을 모아서 그 새를 뜯어먹게 하여

They had said, "We will kill you if you do not
22 stop prophesying in the LORD's name." •So
this is what the LORD of Heaven's Armies says
about them: "I will punish them! Their young
men will die in battle, and their boys and girls
23 will starve to death. •Not one of these plotters
from Anathoth will survive, for I will bring
disaster upon them when their time of pun-
ishment comes."

Jeremiah Questions the LORD's Justice

1 12 • LORD, you always give me justice
when I bring a case before you.
So let me bring you this complaint:
Why are the wicked so prosperous?
Why are evil people so happy?

2 • You have planted them,
and they have taken root and prospered.
Your name is on their lips,
but you are far from their hearts.

3 • But as for me, LORD, you know my heart.
You see me and test my thoughts.
Drag these people away like sheep to be
butchered!
Set them aside to be slaughtered!

4 • How long must this land mourn?
Even the grass in the fields has withered.
The wild animals and birds have
disappeared
because of the evil in the land.
For the people have said,
"The LORD doesn't see what's ahead
for us!"

The LORD's Reply to Jeremiah

5 • "If racing against mere men makes you tired,
how will you race against horses?
If you stumble and fall on open ground,
what will you do in the thickets near
the Jordan?

6 • Even your brothers, members of your
own family,
have turned against you.
They plot and raise complaints against you.
Do not trust them,
no matter how pleasantly they speak.

7 • "I have abandoned my people, my special
possession.
I have surrendered my dearest ones to
their enemies.

8 • My chosen people have roared at me like
a lion of the forest,
so I have treated them with contempt.

9 • My chosen people act like speckled vultures,*
but they themselves are surrounded by
vultures.

12:9 Or *speckled hyenas.*

라.

10 많은 목자들이 내 포도밭을 망쳐 놓았다. 내 땅에 심은 모든 것을 짓밟고, 내 아름다운 땅을 황무지 사막으로 만들어 버렸다.

11 그들이 내 땅을 폐허로 만들어 온 땅이 황무지로 변하여 슬픔을 토해 내건만 그 누구도 마음에 두는 사람이 없다.

12 약탈하는 자들이 저 황폐해진 광야 언덕 위를 행군할 것이다. 나 여호와의 칼이 그 땅과 함께 그들을 삼킬 것이니 땅 이 끝에서 저 끝까지 누구나 벌을 받을 것이다. 안전한 사람은 아무도 없을 것이다.

13 백성이 밀을 심어도 가시를 거둘 것이며, 지치도록 수고하여도 아무런 유익이 없고, 거둔 것이 너무 적어 부끄러움을 당할 것이다. 이 모든 것은 나 여호와의 분노 때문에 일어났다."

14 여호와께서 나에게 이렇게 말씀하셨다. "내가 내 백성 이스라엘에게 준 땅을 망쳐 버린 저 악한 이웃들에게 이렇게 하겠다. 보라. 내가 그들을 그 땅에서 뽑아 버리고 그들 가운데서 유다 백성을 뽑아 버리겠다.

15 그러나 내가 그들을 뽑아 낸 후에는 돌이켜 그들을 불쌍히 여겨, 각 사람을 그의 재산이 있는 땅으로 돌려보내겠다.

16 나는 그들이 내 백성의 도를 부지런히 배우기를 바란다. 그들이 옛적에 내 백성인 이스라엘에게 바알의 이름으로 맹세하라고 가르쳤으나, 이제부터 '여호와의 살아 계심을 두고' 맹세하면, 그들도 내 백성 이스라엘과 함께 살도록 해 주겠다.

17 그러나 그들이 내 말을 듣지 않으면 내가 그 나라를 완전히 뽑아 멸망시키겠다. 나 여호와의 말이다."

예레미야의 허리띠

13 여호와께서 나에게 이렇게 말씀하셨다. "너는 가서 베띠를 사서 허리에 띠고 그 베띠가 물에 젖지 않게 하여라."

2 나는 여호와께서 말씀하신 대로 베띠를 사서 허리에 둘렀다.

3 여호와께서 또다시 나에게 말씀하셨다.

4 "네가 사서 허리에 띤 띠를 가지고 브랏*으로 가서 바위 틈에 그 띠를 감추어 두어라."

5 나는 여호와께서 내게 명하신 대로 브랏에 가서 그 띠를 감추어 두었다.

6 여러 날이 지난 뒤에 여호와께서 내게 말씀하셨다. "이제 브랏으로 가서 내가 네게 감추어 두라고 명령한 띠를 그곳에서 가져오너라."

Bring on the wild animals to pick their
    corpses clean!

10 • "Many rulers have ravaged my vineyard,
    trampling down the vines
    and turning all its beauty into a barren
      wilderness.

11 They have made it an empty wasteland;
    I hear its mournful cry.
    The whole land is desolate,
    and no one even cares.

12 On all the bare hilltops,
    destroying armies can be seen.
    The sword of the LORD devours people
    from one end of the nation to the other.
    No one will escape!

13 • My people have planted wheat
    but are harvesting thorns.
    They have worn themselves out,
    but it has done them no good.
    They will harvest a crop of shame
    because of the fierce anger of the LORD."

A Message for Israel's Neighbors

14 • Now this is what the LORD says: "I will uproot from their land all the evil nations reaching out for the possession I gave my people Israel. And I will uproot Judah from among them. • But afterward I will return and have compassion on all of them. I will bring them home to their own lands again, each nation to its own possession. • And if these nations truly learn the ways of my people, and if they learn to swear by my name, saying, 'As surely as the LORD lives' (just as they taught my people to swear by the name of Baal), then they will be given a place among my people. • But any nation who refuses to obey me will be uprooted and destroyed. I, the LORD, have spoken!"

Jeremiah's Linen Loincloth

13 This is what the LORD said to me: "Go and buy a linen loincloth and put it on, but do not wash it." • So I bought the loincloth as the LORD directed me, and I put it on.

3 • Then the LORD gave me another message:
4 • "Take the linen loincloth you are wearing, and go to the Euphrates River.* Hide it there in a hole in the rocks." • So I went and hid it by the Euphrates as the LORD had instructed me.

6 • A long time afterward the LORD said to me, "Go back to the Euphrates and get the loincloth

---

corpse [kɔ́:rps] *n.* 시체
loincloth [lɔ́inklɔ:θ] *n.* 허리에 두르는 것, 간단한 옷
ravage [rǽvidʒ] *vt.* 파괴하다
trample [trǽmpl] *vt.* 내리밟다

13:4 Hebrew *Perath;* also in 13:5, 6, 7.
13:4 히브리어 '페라트(perath)'를 '브랏'으로 음역하였다. '브랏'은 유프라테스와 같은 곳으로 본다.

7 나는 브랏으로 가서 내가 띠를 감추어 두었던 곳에서 그 띠를 파냈다. 그러나 그 띠는 썩어서 아무 쓸모가 없게 되어 있었다.

8 그때에 여호와께서 나에게 말씀하셨다.

9 "나 여호와가 이렇게 말한다. 내가 이와 같이 유다 백성의 교만과 예루살렘 백성의 큰 교만을 썩게 하겠다.

10 이 악한 백성들은 내 말 듣기를 거부하고 자기 고집대로만 살았다. 그들은 다른 신들을 따라가서 섬기고 경배하였으므로 아무 쓸모 없는 이 베띠처럼 될 것이다."

11 "나 여호와가 말한다. 띠가 사람의 허리를 동여매듯이 내가 이스라엘 온 백성과 유다 온 백성을 내게 동여매고 그들을 내 백성으로 삼아, 내게 명예와 찬양과 영광을 돌리게 하였으나 내 백성은 내 말을 들으려 하지 않았다."

포도주 부대에 빗대어 한 경고

12 "너는 그들에게 이 말을 전하여라. '이스라엘의 하나님이신 여호와께서 이렇게 말씀하셨다. 모든 가죽 부대는 포도주로 가득 차야한다.' 그러면 백성들이 네게 '우리도 모든 가죽 부대가 포도주로 가득 차야한다는 것을 압니다' 라고 말할 것이다.

13 너는 그들에게 말하여라. '여호와께서 이렇게 말씀하셨다. 보아라. 내가 이 땅에 사는 모든 사람을 취하게 만들겠다. 다윗의 보좌 위에 앉은 왕이나 제사장이나 예언자나 예루살렘에 사는 모든 백성을 다 취하게 만들겠다.

14 내가 그들로 서로 부딪혀 넘어지게 할 것이니, 아버지와 아들도 서로 부딪혀 넘어지게 될 것이다. 여호와의 말씀이다. 그들을 불쌍히 여기지도 않고 가엾게 여기지도 않겠다. 자비를 베풀지도 않고 그들을 멸망시키겠다.'"

노예가 될 위험

15 귀 기울여 잘 들어라. 너무 교만하지 마라. 여호와께서 너희에게 말씀하신다.

16 여호와 너희 하나님을 존경하여라. 그분이 어둠을 몰고 오시기 전에 하나님께 영광을 돌려라. 너희가 어두운 산에서 쓰러지기 전에 하나님을 찬양하여라. 너희가 빛을 원해도 주께서는 빛을 어둠으로 바꾸시고, 짙은 그늘로 바꾸실 것이다.

17 너희가 여호와의 말씀을 듣지 않으면 나는 몰래 울 것이다. 너희의 교만 때문에 눈물을 흘리며 통곡하고 내 눈에 눈물이 마르지 않을 것이다. 그것은 여호와의 백성이 사로잡혔기 때문이다.

18 왕과 왕후에게 이렇게 전하여라. "보좌에서 내려와 낮은 곳에 앉으시오. 왕과 왕후의 아름다운 왕

---

7 I told you to hide there." ●So I went to the Euphrates and dug it out of the hole where I had hidden it. But now it was rotting and falling apart. The loincloth was good for nothing.

8 ●Then I received this message from the
9 LORD: ●"This is what the LORD says: This shows how I will not away the pride of Judah
10 and Jerusalem. ●These wicked people refuse to listen to me. They stubbornly follow their own desires and worship other gods. Therefore, they will become like this loincloth—good for
11 nothing! ●As a loincloth clings to a man's waist, so I created Judah and Israel to cling to me, says the LORD. They were to be my people, my pride, my glory—an honor to my name. But they would not listen to me.

12 ●"So tell them, 'This is what the LORD, the God of Israel, says: May all your jars be filled with wine.' And they will reply, 'Of course! Jars are made to be filled with wine!'

13 ●Then tell them, 'No, this is what the LORD means: I will fill everyone in this land with drunkenness—from the king sitting on David's throne to the priests and the prophets, right down to the common people of Jeru-
14 salem. ●I will smash them against each other, even parents against children, says the LORD. I will not let my pity or mercy or compassion keep me from destroying them.'"

A Warning against Pride

15 ● Listen and pay attention!
Do not be arrogant, for the LORD has spoken.
16 ● Give glory to the LORD your God
before it is too late.
Acknowledge him before he brings darkness upon you,
causing you to stumble and fall on the darkening mountains.
For then, when you look for light,
you will find only terrible darkness and gloom.
17 ● And if you still refuse to listen,
I will weep alone because of your pride.
My eyes will overflow with tears,
because the LORD's flock will be led away into exile.
18 ● Say to the king and his mother,
"Come down from your thrones
and sit in the dust,
for your glorious crowns
will soon be snatched from your heads."

arrogant [ǽrəgənt] a. 거만한, 교만한
pity [píti] n. 불쌍히 여김, 동정
rot [rát] vi. 썩다, 부패하다
stumble [stʌ́mbl] vi. 발부리가 걸리다

관이 머리에서 떨어졌소."

19 유다 남쪽 네게브의 성들이 닫혔으나 열 수 있는 사람이 아무도 없으니 온 유다가 낯선 땅으로 사로잡혀 갈 것이다. 한 사람도 남김없이 사로잡혀 갈 것이다.

20 예루살렘아, 눈을 들어 북쪽에서부터 오는 사람들을 보아라. 하나님이 네게 주신 양 떼, 네가 자랑하던 양 떼는 어디에 있느냐?

21 네가 가르쳤던 사람들을 네 위에 통치자로 세운다면 너는 무슨 말을 하겠느냐? 네게 큰 고통이 있지 않겠느냐? 너의 고통이 아기를 낳는 여자의 고통과 같을 것이다.

22 너는 "어찌하여 이런 일이 내게 일어났을까?" 하고 스스로 물을 것이다. 이 모든 것은 네가 저지른 많은 죄 때문이다. 네 죄 때문에 네 치마가 들춰졌고 네 사지가 드러난 것이다.

23 에티오피아* 사람이 피부 색깔을 바꿀 수 있겠느냐? 표범이 그 얼룩을 바꿀 수 있겠느냐? 만약 바꿀 수 있다면 언제나 악한 일만 하는 너희도 착한 일을 할 수 있을 것이다.

24 여호와께서 말씀하셨다. "예루살렘아, 사막에서 불어오는 바람에 날리는 겨처럼 내가 너희를 흩어 놓을 것이다.

25 이것이 너희가 받을 몫이다. 내가 세워 놓은 계획 가운데 너희가 받을 몫이다. 이는 네가 나를 잊어 버리고, 거짓된 우상을 의지하였기 때문이다.

26 내가 너의 치마를 네 얼굴까지 걷어올려서 너의 부끄러운 모습을 드러낼 것이다.

27 네가 저지른 끔찍한 일들을 내가 보았다. 네가 간음을 한 것과 음란한 소리를 낸 것과 창녀처럼 사는 것을 내가 보았다. 네가 언덕과 들판에서 행한 역겨운 짓을 다 보았다. 예루살렘아, 너에게 재앙이 이를 것이다. 네가 언제까지 그렇게 더럽게 지내려느냐?"

가뭄

14 여호와께서 가뭄에 대하여 예레미야에게 하신 말씀이다.

2 "유다가 울고 있다. 유다의 성들이 다 죽어 가고 있다. 땅 위에 쓰러져 통곡하니 예루살렘에서 슬피 우는 소리가 하늘로 울려 퍼진다.

3 귀족들이 물을 길어 오라고 종들을 보내지만 우물가에 가도 물이 없어 빈 항아리만 가지고 돌아온다. 종들은 부끄럽고 당황하여 얼굴을 가린다.

4 땅 위에 비가 내리지 않아 땅이 갈라지니 농부들도 낙심하여 얼굴을 가린다.

19 • The towns of the Negev will close their gates,
and no one will be able to open them.
The people of Judah will be taken away as
captives.
All will be carried into exile.

20 • Open up your eyes and see
the armies marching down from the north!
Where is your flock—
your beautiful flock—
that he gave you to care for?

21 • What will you say when the LORD takes the
allies you have cultivated
and appoints them as your rulers?
Pangs of anguish will grip you,
like those of a woman in labor!

22 • You may ask yourself,
"Why is all this happening to me?"
It is because of your many sins!
That is why you have been stripped
and raped by invading armies.

23 • Can an Ethiopian* change the color of his skin?
Can a leopard take away its spots?
Neither can you start doing good,
for you have always done evil.

24 • "I will scatter you like chaff
that is blown away by the desert winds.

25 • This is your allotment,
the portion I have assigned to you,"
says the LORD,
"for you have forgotten me,
putting your trust in false gods.

26 • I myself will strip you
and expose you to shame.

27 • I have seen your adultery and lust,
and your disgusting idol worship out
in the fields and on the hills.
What sorrow awaits you, Jerusalem!
How long before you are pure?"

Judah's Terrible Drought

14 This message came to Jeremiah from the
LORD, explaining why he was holding
back the rain:

2 • "Judah wilts;
commerce at the city gates grinds to a halt.
All the people sit on the ground in mourning,
and a great cry rises from Jerusalem.

3 • The nobles send servants to get water,
but all the wells are dry.
The servants return with empty pitchers,
confused and desperate,
covering their heads in grief.

4 • The ground is parched
and cracked for lack of rain.

13:23 Hebrew *a Cushite*.
13:23 개역 성경에는 (히) '구스'라고 표기되어 있다.

5 들판의 어미 사슴도 풀이 없어서 자기의 갓 태어
　난 새끼를 내버린다.

6 들나귀도 벌거숭이 언덕 위에 서서 늑대처럼 헐
　떡이고, 풀이 없으므로 눈이 흐려진다."

7 "비록 우리의 죄 때문에 우리가 고통을 받기는
　하지만 여호와여, 주님의 이름을 위해서라도 우
　리를 도와 주십시오. 우리는 여러 번 주님을 저
　버렸고, 주께 죄를 지었습니다.

8 주님은 이스라엘의 희망이십니다. 주님은 이스
　라엘을 재앙의 때에 구하셨습니다. 하지만 어찌
　하여 지금은 이 땅에 사는 이방인처럼 계신 것입
　니까? 하룻밤을 묵어 가는 나그네처럼 행동하
　십니까?

9 여호와는 놀라서 어쩔 줄을 몰라하는 사람처럼
　보입니다. 아무도 구해 줄 힘이 없는 용사처럼
　보입니다. 하지만 여호와여, 주님은 우리들 가
　운데 계십니다. 우리는 주님의 이름으로 불리는
　백성입니다. 그러니 우리를 버리지 마십시오."

10 여호와께서 이 백성에 대하여 이렇게 말씀하셨
　다. "그들은 나를 저버리고 이리저리 돌아다니
　기를 좋아하고, 한 곳에 붙어 있지를 못한다. 그
　러므로 나 여호와는 그들을 받아들이지 않겠다.
　이제 그들이 저지른 악한 짓을 기억하고, 그들
　의 죄를 벌하겠다."

11 그때에 여호와께서 내게 말씀하셨다. "너는 이
　백성이 잘 되게 해 달라고 기도하지 마라.

12 그들이 금식을 하여도 그들의 부르짖는 소리를
　들어 주지 않겠다. 그들이 태워 드리는 제물인
　번제물과 곡식 제물을 바쳐도 받지 않고 그들을
　전쟁과 굶주림과 무서운 병으로 멸망시키겠
　다."

13 그래서 내가 여호와께 말씀드렸다. "아! 주 여호
　와여, 보십시오. 거짓 예언자들이 이 백성에게
　이상한 말을 하고 있습니다. 그들은 '너희는 적
　의 칼에 시달리지 않을 것이다. 굶주리는 고통
　도 당하지 않을 것이다. 주께서 이곳에 진정한
　평화를 주실 것이다' 라고 말하고 있습니다."

14 그때, 여호와께서 나에게 말씀하셨다. "그 예언
　자들은 내 이름으로 거짓을 예언하고 있다. 나
　는 그들을 보내지 않았다. 그들을 예언자로 세
　우지도 않았고, 그들에게 말하지도 않았다. 그
　들이 예언하는 것은 거짓 환상과 가짜 점과 헛된
　마술이다. 그들은 자기 마음대로 거짓 예언을
　하고 있다.

15 그러므로 내 이름으로 예언하고 있는 그 예언자
　들에 대하여 나 여호와가 이처럼 말한다. 내가
　그들을 보내지 않았는데도 그들은 '이 땅에는

The farmers are deeply troubled;
　　they, too, cover their heads.

5 • Even the doe abandons her newborn fawn
　　because there is no grass in the field.

6 • The wild donkeys stand on the bare hills
　　panting like thirsty jackals.
　They strain their eyes looking for grass,
　　but there is none to be found."

7 • The people say, "Our wickedness has
　　　caught up with us, LORD,
　　but help us for the sake of your own
　　　reputation.
　We have turned away from you
　　and sinned against you again and again.

8 • O Hope of Israel, our Savior in times of
　　　trouble,
　　why are you like a stranger to us?
　Why are you like a traveler passing
　　　through the land,
　　stopping only for the night?

9 • Are you also confused?
　Is our champion helpless to save us?
　You are right here among us, LORD.
　We are known as your people.
　Please don't abandon us now!"

10 • So this is what the LORD says to his people:
　　"You love to wander far from me
　　and do not restrain yourselves.
　Therefore, I will no longer accept you as my
　　　people.
　Now I will remember all your wickedness
　　and will punish you for your sins."

The LORD Forbids Jeremiah to Intercede

11 • Then the LORD said to me, "Do not pray for
12 these people anymore. • When they fast, I will
　pay no attention. When they present their
　burnt offerings and grain offerings to me, I will
　not accept them. Instead, I will devour them
　with war, famine, and disease."

13 　• Then I said, "O Sovereign LORD, their
　prophets are telling them, 'All is well—no war
　or famine will come. The LORD will surely send
　you peace.'"

14 　• Then the LORD said, "These prophets are
　telling lies in my name. I did not send them or
　tell them to speak. I did not give them any mes-
　sages. They prophesy of visions and revelations
　they have never seen or heard. They speak fool-
　ishness made up in their own lying hearts.

15 • Therefore, this is what the LORD says: I will
　punish these lying prophets, for they have spo-
　ken in my name even though I never sent
　them. They say that no war or famine will

---

pant [pænt] *vi.* 헐떡거리다
restrain [ristréin] *vt.* (감정, 행위 등을) 억누르다
strain [stréin] *vt.* (눈을) 크게 뜨다

한다. 그런 말을 하는 예언자들을 굶겨 죽일 것이며, 적군의 칼로 그들을 쳐죽일 것이다.

16 그 예언자들의 말을 들은 백성들도 예루살렘 거리로 내쫓길 것이다. 그들은 굶주림과 적군의 칼에 죽을 것이다. 그들을 묻어 줄 사람이 아무도 없을 것이다. 그들의 아내와 아들과 딸을 묻어 줄 사람도 없을 것이다. 그것은 내가 그들이 저지른 죄악에 대한 대가를 그들 위에 쏟아 부을 것이기 때문이다."

17 "너는 이 말을 유다 백성에게 전하여라. '내 눈에 눈물이 가득할 것이다. 밤낮으로 눈물을 흘리며 멈추지 않고 눈물을 쏟을 것이다. 왜냐하면 처녀 같은 내 백성이 무서운 재앙을 만나 크게 다쳤기 때문이다.

18 들판에 나가 보면 칼에 맞아 죽은 사람들이 보이고, 성으로 들어가 보면 굶주려 병든 사람들이 보인다. 제사장들과 예언자들은 어쩔 줄을 모르고 온 땅을 헤맨다.'"

19 주님, 주께서는 유다를 완전히 버리셨습니까? 주께서는 시온을 미워하십니까? 어찌하여 나을 수도 없을 정도로 우리를 이렇게 심하게 치셨습니까? 우리는 평화를 원했으나 좋은 일이 생기지 않았습니다. 치료받기를 기다렸으나 오히려 재앙이 찾아왔습니다.

20 여호와여, 우리는 우리의 사악함과 우리 조상의 죄를 인정합니다. 우리가 주께 죄를 지었습니다.

21 주님의 이름을 위해서라도 우리를 미워하지 마십시오. 주님의 영광스런 보좌를 욕되게 하지 마십시오. 주께서 우리와 맺으신 언약을 기억하시고 그 언약을 깨지 말아 주십시오.

22 이방의 우상들이 비를 내릴 수 있겠습니까? 하늘이 스스로 소나기를 내릴 수 있겠습니까? 아닙니다. 그리할 수 있는 분은 오직 주님, 곧 우리 하나님 여호와뿐이십니다. 주님만이 우리의 희망이십니다. 이 모든 것을 지으신 분은 주님이십니다.

네 가지 벌로 백성을 침

15 여호와께서 내게 말씀하셨다. "모세와 사무엘이 내 앞에 서서 부탁한다 하더라도 나는 이 백성을 불쌍히 여기지 않겠다. 내 앞에서 이 백성을 쫓아낼 것이다.

2 그들이 너에게 '우리가 어디로 나가야 합니까?' 하고 묻거든 그들에게 대답하여라. '여호와께서 이렇게 말씀하셨다. 죽을 사람은 죽음으로 나아가고, 칼에 죽을 사람은 칼에 죽고, 굶주

come, but they themselves will die by war and
16 famine! •As for the people to whom they prophesy—their bodies will be thrown out into the streets of Jerusalem, victims of famine and war. There will be no one left to bury them. Husbands, wives, sons, and daughters—all will be gone. For I will pour out their own wicked-
17 ness on them. •Now, Jeremiah, say this to them:

"Night and day my eyes overflow with tears.
　I cannot stop weeping,
for my virgin daughter—my precious people—
　has been struck down
　and lies mortally wounded.
18 • If I go out into the fields,
　I see the bodies of people slaughtered
　　by the enemy.
If I walk the city streets,
　I see people who have died of starvation.
The prophets and priests continue with
　their work,
　but they don't know what they're doing."

A Prayer for Healing

19 • LORD, have you completely rejected Judah?
　Do you really hate Jerusalem?*
Why have you wounded us past all hope of
　healing?
　We hoped for peace, but no peace came.
We hoped for a time of healing, but
　found only terror.
20 • LORD, we confess our wickedness
　and that of our ancestors, too.
　We all have sinned against you.
21 • For the sake of your reputation, LORD, do not
　abandon us.
　Do not disgrace your own glorious
　　throne.
Please remember us,
　and do not break your covenant with us.

22 • Can any of the worthless foreign gods
　send us rain?
　Does it fall from the sky by itself?
No, you are the one, O LORD our God!
　Only you can do such things.
　So we will wait for you to help us.

Judah's Inevitable Doom

15 Then the LORD said to me, "Even if Moses and Samuel stood before me pleading for these people, I wouldn't help them. Away with
2 them! Get them out of my sight! •And if they say to you, 'But where can we go?' tell them, 'This is what the LORD says:

" 'Those who are destined for death, to death;

inevitable [inévətəbl] *a.* 피할 수 없는, 필연적인

려 죽을 사람은 굶주려 죽고, 포로로 끌려갈 사람은 포로로 끌려갈 것이다.'

3 내가 그들에게 네 가지 벌을 내리겠다. 곧 칼을 보내어 그들을 죽이겠고, 개들을 보내어 그들을 찢게 하겠고, 하늘의 새들과 땅 위의 짐승들을 보내어 그들의 시체를 먹어치워 멸망하게 하겠다.

4 유다 왕 히스기야의 아들 므낫세가 예루살렘에서 한 일 때문에 땅 위의 모든 나라들이 유다 백성을 미워하게 될 것이다."

5 "예루살렘아, 누가 너를 불쌍히 여기겠느냐? 너를 위해 슬피 울 사람이 누구이며, 네 안부를 물으러 찾아올 사람이 어디에 있겠느냐?

6 예루살렘아, 너는 나를 저버렸다. 나 여호와의 말이다. 너는 점점 더 멀리 가 버렸다. 그러므로 내가 네 위에 손을 뻗어서 너를 멸망시키겠다. 나도 내 노여움을 거두어들이기에 지쳤다.

7 내가 유다 백성을 갈퀴로 갈라 놓겠다. 이 땅의 모든 성문에서 그들을 흩어 놓겠다. 내 백성이 그 길을 돌이키지 않았으므로 그들의 자녀를 빼앗아 버리겠다. 내가 그들을 멸망시키겠다.

8 수많은 여자들이 남편을 잃어버려 바다의 모래보다 많은 과부가 생길 것이다. 내가 대낮에 침략자를 끌어들여 젊은이들과 그들의 어머니들을 함께 칠 것이고 유다 백성에게 고통과 두려움이 찾아오게 하겠다.

9 자녀를 일곱이나 둔 여자라도 자녀를 모두 잃고 힘이 빠져 기절할 것이다. 밝은 대낮이 슬픈 어둠으로 변하여 그 여자는 절망에 빠지고 수치스럽게 될 것이다. 유다의 살아남은 사람들은 적군의 칼날에 죽게 될 것이다. 나 여호와의 말이다."

예레미야의 두 번째 불평

10 아, 어머니! 어찌하여 날 낳으셨습니까? 나는 온 세계와 더불어 다투고 싸워야 할 사람입니다. 나는 아무것도 빌려 주지 않았고, 빌리지도 않았는데 사람마다 다 나를 저주합니다.

11 여호와께서 말씀하셨다. "내가 진실로 너를 강하게 하고 복을 누리게 하겠다. 네 원수들로부터 재앙과 고통이 찾아올 때에 네 기도를 들어 주겠다.

12 쇠가 북쪽에서 오는 쇠와 놋쇠를 부술 수 있겠느냐?

those who are destined for war, to war;
those who are destined for famine, to famine;
those who are destined for captivity, to captivity.'

3 •"I will send four kinds of destroyers against them," says the LORD. "I will send the sword to kill, the dogs to drag away, the vultures to devour, and 4 the wild animals to finish up what is left. •Because of the wicked things Manasseh son of Hezekiah, king of Judah, did in Jerusalem, I will make my people an object of horror to all the kingdoms of the earth.

5 • "Who will feel sorry for you, Jerusalem?
Who will weep for you?
Who will even bother to ask how you are?
6 • You have abandoned me
and turned your back on me,"
says the LORD.
"Therefore, I will raise my fist to destroy you.
I am tired of always giving you another chance.
7 • I will winnow you like grain at the gates of your cities
and take away the children you hold dear.
I will destroy my own people,
because they refuse to change their evil ways.
8 • There will be more widows
than the grains of sand on the seashore.
At noontime I will bring a destroyer
against the mothers of young men.
I will cause anguish and terror
to come upon them suddenly.
9 • The mother of seven grows faint and gasps for breath;
her sun has gone down while it is still day.
She sits childless now,
disgraced and humiliated.
And I will hand over those who are left
to be killed by the enemy.
I, the LORD, have spoken!"

Jeremiah's Complaint

10 •Then I said,

"What sorrow is mine, my mother.
Oh, that I had died at birth!
I am hated everywhere I go.
I am neither a lender who threatens to foreclose
nor a borrower who refuses to pay—
yet they all curse me."

11 •The LORD replied,

"I will take care of you, Jeremiah.
Your enemies will ask you to plead on their behalf
in times of trouble and distress.
12 • Can a man break a bar of iron from the north,

13 유다 백성들이 온 나라 곳곳에서 죄를 지었기 때문에 그들의 재산과 보물을 원수들에게 값없이 주겠다.

14 내가 너희를 너희 원수에게 넘겨 주면 너희는 너희가 알지도 못하는 땅으로 잡혀 갈 것이다. 내 노여움이 불처럼 타올라 너희를 태워 없앨 것이다."

15 여호와여, 주님은 아십니다. 저를 기억하시고 돌보아 주시며 저를 해치는 사람들에게 벌을 내려주십시오. 저들의 악한 것을 참고 보시는 가운데 제가 멸망하는 일은 없게 해 주십시오. 제가 주님 때문에 모욕당하는 것을 생각해 주십시오.

16 주님의 말씀이 내게 이르렀을 때에 저는 그 말씀을 삼켰습니다. 주님의 말씀을 듣고 저는 행복했습니다. 저는 주님의 이름으로 불리게 되었습니다. 주님의 이름은 만군의 하나님 여호와이십니다.

17 저는 웃으며 즐거워하는 무리와 함께 앉은 적이 없습니다. 주님의 손에 이끌려 홀로 앉아 있었던 것은 주께서 저를 분노로 가득 채우셨기 때문입니다.

18 어찌하여 제 고통이 끝나지 않는 것입니까? 제 상처는 어찌하여 고칠 수 없고, 낫지 않는 것입니까? 주는 제게 물이 넘쳤다가 말랐다가 하는 믿을 수 없는 시내와도 같습니다.

19 여호와께서 이렇게 말씀하셨다. "네가 마음을 돌이켜 내게 돌아오면 너를 다시 맞아들여 나를 섬기게 하겠다. 너는 헛된 말을 하지 말고 값진 말을 해야 한다. 그러면 나를 대신해서 말하는 나의 입이 될 수 있다. 유다 백성이 네게로 돌아와야지, 네가 변하여 유다 백성처럼 되면 안 된다.

20 내가 너를 이 백성 앞에서 굳건한 성벽처럼 만들 것이니 너는 놋쇠 성벽처럼 굳건할 것이다. 그들이 너와 맞서 싸워도 너를 이기지 못할 것이다. 내가 너와 함께하여 너를 돕고 구원해 주겠다. 나 여호와의 말이다.

21 내가 너를 이 악한 백성에게서 구해 내겠다. 이 잔인한 사람들에게서 건져 내겠다."

재앙의 날

16 여호와께서 내게 말씀하셨다.
2 "너는 결혼하지 말아야 한다. 이곳에서 아들이나 딸을 낳지 말아야 한다."

3 여호와께서 이곳에서 태어난 아들과 딸들에 대하여 이렇게 말씀하셨다. 그리고 이 땅에서 자녀들을 낳은 어머니와 아버지들에 대해

---

or a bar of bronze?

13 • At no cost to them,
  I will hand over your wealth and treasures
  as plunder to your enemies,
  for sin runs rampant in your land.

14 • I will tell your enemies to take you
  as captives to a foreign land.
  For my anger blazes like a fire
  that will burn forever.*

15 •Then I said,

  "LORD, you know what's happening to me.
  Please step in and help me. Punish my
  persecutors!
  Please give me time; don't let me die young.
  It's for your sake that I am suffering.

16 • When I discovered your words, I devoured them.
  They are my joy and my heart's delight,
  for I bear your name,
  O LORD God of Heaven's Armies.

17 • I never joined the people in their merry feasts.
  I sat alone because your hand was on me.
  I was filled with indignation at their sins.

18 • Why then does my suffering continue?
  Why is my wound so incurable?
  Your help seems as uncertain as a seasonal
  brook,
  like a spring that has gone dry."

19 •This is how the LORD responds:

  "If you return to me, I will restore you
  so you can continue to serve me.
  If you speak good words rather than worthless
  ones,
  you will be my spokesman.
  You must influence them;
  do not let them influence you!

20 • They will fight against you like an attacking
  army,
  but I will make you as secure as a fortified
  wall of bronze.
  They will not conquer you,
  for I am with you to protect and rescue you.
  I, the LORD, have spoken!

21 • Yes, I will certainly keep you safe from
  these wicked men.
  I will rescue you from their cruel hands."

Jeremiah Forbidden to Marry

16 The LORD gave me another message. He
  said, • "Do not get married or have children
3 in this place. • For this is what the LORD says about
the children born here in this city and about their

---

indignation [indignéiʃən] *n.* 분노
rampant [ræmpənt] *a.* 만연하는

15:14 As in some Hebrew manuscripts (see also 17:4); most Hebrew manuscripts read *will burn against you.*

서도 말씀하셨다.

4 "그들은 무서운 병으로 죽을 것이다. 그들을 위해 울어 줄 사람도 없고 묻어 줄 사람도 없을 것이니 그들의 시체가 거름처럼 땅바닥에 버려질 것이다. 그들은 전쟁에서 죽거나 굶주려 죽을 것이다. 그들의 시체는 공중의 새들과 들짐승들의 먹이가 될 것이다."

5 여호와께서 이렇게 말씀하셨다. "예레미야야, 너는 초상집에 들어가지 마라. 가서 죽은 사람을 위해 울지도 말고, 슬퍼하지도 마라. 왜냐하면 내가 이 백성에게서 내 평화와 사랑과 자비를 거두어 들였기 때문이다.

6 유다 땅에서 높은 사람이나 낮은 사람이나 다 죽을 것이다. 그들을 묻어 줄 사람도 없고, 그들을 위하여 울어 줄 사람도 없을 것이다. 슬프다고 자기 몸을 베거나 자기 머리를 밀 사람도 없을 것이다.

7 죽은 사람 때문에 슬피 우는 사람을 위해 음식을 가져올 사람도 없을 것이다. 어머니나 아버지를 잃은 사람을 위로해 줄 사람도 없고, 그들에게 위로의 잔을 건네 줄 사람도 없을 것이다.

8 너는 잔칫집에도 들어가지 마라. 거기에 앉아서 먹고 마시지 마라."

9 만군의 여호와, 이스라엘의 하나님께서 이렇게 말씀하셨다. "보아라. 내가 곧 유다 땅에서 기뻐하는 소리와 즐거워하는 소리를 그치게 하겠다. 신랑의 소리와 신부의 소리도 그치게 하겠다. 이 일은 너희가 살아 있는 날 동안, 너희 앞에서 일어날 것이다.

10 내가 유다 백성에게 이 모든 말을 전하면 그들이 네게 이렇게 물을 것이다. '어찌하여 여호와께서 이런 무서운 일을 우리에게 말씀하시는가? 우리가 무슨 잘못을 했는가? 여호와 우리 하나님께 우리가 무슨 죄를 지었는가?'

11 그러면 너는 그들에게 이렇게 말하여라. '여호와께서 말씀하시되, 그것은 너희 조상이 나를 저버렸기 때문이다. 그들은 다른 신들을 따르고 섬기며 경배하였다. 너희 조상은 나를 버렸고, 내 법을 지키지 않았다.

12 그런데 너희는 너희 조상보다도 더 악한 짓을 했다. 너희 각 사람은 매우 고집이 세서 자기 악한 마음대로 살며 내 말을 듣지 않았다.

13 그러므로 내가 너희를 너희와 너희 조상이 알지 못하는 땅으로 쫓아낼 것이다. 너희는 그곳에서 다른 신들을 밤낮으로 섬기게 될 것이다. 나는 너희를 돕지도 않을 것이며 자비를 베풀지도 않을 것이다.'

4 mothers and fathers: •They will die from terrible diseases. No one will mourn for them or bury them, and they will lie scattered on the ground like manure. They will die from war and famine, and their bodies will be food for the vultures and wild animals."

Judah's Coming Punishment

5 •This is what the LORD says: "Do not go to funerals to mourn and show sympathy for these people, for I have removed my protection and peace from them. I have taken away 6 my unfailing love and my mercy. •Both the great and the lowly will die in this land. No one will bury them or mourn for them. Their friends will not cut themselves in sorrow or 7 shave their heads in sadness. •No one will offer a meal to comfort those who mourn for the dead—not even at the death of a mother or father. No one will send a cup of wine to console them.

8 •"And do not go to their feasts and parties. 9 Do not eat and drink with them at all. •For this is what the LORD of Heaven's Armies, the God of Israel, says: In your own lifetime, before your very eyes, I will put an end to the happy singing and laughter in this land. The joyful voices of bridegrooms and brides will no longer be heard.

10 •"When you tell the people all these things, they will ask, 'Why has the LORD decreed such terrible things against us? What have we done to deserve such treatment? What is our sin against the LORD our God?'

11 •"Then you will give them the LORD's reply: 'It is because your ancestors were unfaithful to me. They worshiped other gods and served them. They abandoned me and did 12 not obey my word. •And you are even worse than your ancestors! You stubbornly follow your own evil desires and refuse to listen to 13 me. •So I will throw you out of this land and send you into a foreign land where you and your ancestors have never been. There you can worship idols day and night—and I will grant you no favors!

---

abandon [əbǽndən] *vt.* 버리다
comfort [kʌ́mfərt] *vt.* 위로하다
console [kənsóul] *vt.* 위로하다
decree [dikríː] *vt.* ⟨미⟩ 판결하다; (신이) …을 정하다
deserve [dizə́ːrv] *vt.* …을 받을 만하다
funeral [fjúːnərəl] *n.* 장례식
manure [mənjúər] *n.* 비료, 거름, 퇴비
mourn [mɔ́ːrn] *vi.* 슬퍼하다, 애도하다
sorrow [sárou] *n.* 슬픔, 애도
treatment [tríːtmənt] *n.* 대우
vulture [vʌ́ltʃər] *n.* 독수리
16:4 lie scattered : 흩어지다
16:9 put an end to… : …을 그치게 하다

14 그러므로 보아라. 사람들이 '이스라엘 백성을 이집트에서 인도해 내신 여호와의 살아 계심을 두고 맹세한다'라고 말하지만 때가 되면 다시는 그런 맹세를 하지 않게 될 것이다.

15 그때에는 '북쪽 땅과 그들이 쫓겨났던 모든 땅에서 이스라엘 백성을 인도해 내신 여호와의 살아 계심을 두고 맹세한다'고 말하게 될 것이다. 내가 그들을 그들의 조상에게 주었던 땅으로 다시 인도할 것이다."

16 "보아라. 내가 많은 어부들을 이 땅에 보내어 그들이 유다 백성을 잡게 할 것이다. 나 여호와의 말이다. 그런 다음에는 많은 사냥꾼들을 이 땅에 보내어 모든 산과 언덕에서, 그리고 바위틈에서 유다 백성을 사냥하게 할 것이다.

17 나는 그들이 하는 일을 다 보고 있으니, 그들은 내 앞에서 그 어떤 것도 감추지 못한다. 그들의 죄를 내 눈앞에서 감출 수 없다.

18 나는 우선 유다 백성이 저지른 악한 짓에 대해 갚겠다. 그들의 모든 죄를 두 배로 갚겠다. 왜냐하면 그들이 더러운 시체들과 역겨운 우상들로 내 땅을 가득 채워 더럽혔기 때문이다."

19 여호와여, 주님은 저의 힘, 저의 요새이십니다. 재앙의 때에 제가 피할 피난처이십니다. 온 세계의 모든 나라들이 주께 와서 말할 것입니다. "우리 조상은 헛된 신들만을 우리에게 물려 주었습니다. 그들은 아무런 도움도 주지 못하는 헛된 우상들을 섬겼습니다.

20 사람들이 자기 힘으로 신을 만들 수 있겠습니까? 그런 신은 신이 아닙니다."

21 여호와께서 말씀하셨다. "그러므로 보아라. 내가 이번에는 우상을 만드는 사람들이 깨닫도록 하겠다. 곧 내 힘과 내 능력에 대하여 그들에게 가르치겠다. 그러면 그들도 내 이름이 여호와라는 것을 알게 될 것이다."

유다의 죄

17 "유다 백성의 죄는 쇠로 만든 연필로 적혀 있다. 그들의 죄가 그들의 마음판에 뾰족한 쇠끝으로 새겨져 있고, 그들의 제단 모퉁이에도 새겨져 있다.

2 그들의 자녀도 푸른 나무 아래와 높은 언덕 위에 있는 *그들의 제단과 아세라 우상*을 기억한다.

3 내 산 위에 있는 제단과 들판에 있는 제단을 기억한다. 네가 온 땅에서 저지른 죄값으로 내가 네 재산과 보물을 다른 백성에게 주겠다. 그들은 또한 네 땅의 산당들을 무너뜨릴 것이다.

4 네 잘못 때문에 너는 내가 준 땅을 빼앗길 것이다. 너는 알지도 못하는 땅에서 네 원수들을 섬기게 될

Hope despite the Disaster

14 "But the time is coming," says the LORD, "when people who are taking an oath will no longer say, 'As surely as the LORD lives, who rescued the people of Israel from the land of Egypt.' ● Instead, they will say, 'As 15 surely as the LORD lives, who brought the people of Israel back to their own land from the land of the north and from all the countries to which he had exiled them.' For I will bring them back to this land that I gave their ancestors.

16 ● "But now I am sending for many fishermen who will catch them," says the LORD. "I am sending for hunters who will hunt them 17 down in the mountains, hills, and caves. ● I am watching them closely, and I see every 18 sin. They cannot hope to hide from me. ● I will double their punishment for all their sins, because they have defiled my land with lifeless images of their detestable gods and have filled my territory with their evil deeds."

Jeremiah's Prayer of Confidence

19 ● LORD, you are my strength and fortress, my refuge in the day of trouble!
Nations from around the world
will come to you and say,
"Our ancestors left us a foolish heritage,
for they worshiped worthless idols.
20 ● Can people make their own gods?
These are not real gods at all!"

21 ● The LORD says,
"Now I will show them my power;
now I will show them my might.
At last they will know and understand
that I am the LORD.

Judah's Sin and Punishment

17 ● "The sin of Judah
is inscribed with an iron chisel—
engraved with a diamond point on their
stony hearts
and on the corners of their altars.
2 ● Even their children go to worship
at their pagan altars and Asherah poles,
beneath every green tree
and on every high hill.
3 ● So I will hand over my holy mountain—
along with all your wealth and treasures
and your pagan shrines—
as plunder to your enemies,
for sin runs rampant in your land.
4 ● The wonderful possession I have reserved
for you
will slip from your hands.
I will tell your enemies to take you
as captives to a foreign land.

것이다. 너희가 내 분노를 불처럼 타오르게 했으니 그 불이 영원히 꺼지지 않을 것이다."

사람이냐, 하나님이냐?

5 여호와께서 이렇게 말씀하셨다. "사람을 의지하며 육체를 자기 힘으로 삼고 여호와에게서 마음을 돌린 사람은 저주를 받을 것이다.

6 그들은 사막의 키 작은 나무 같아서 좋은 일이 찾아와도 보지 못한다. 그들은 아무도 살지 않는 소금 땅, 황무지에서 살게 될 것이다.

7 그러나 여호와를 믿고 여호와만을 의지하는 사람은 복을 받을 것이다.

8 그는 물가에 심은 나무 같아서 든든한 뿌리가 물가로 뻗어 있으니 날이 뜨거워도 두려울 것이 없고 그 잎사귀가 늘 푸르다. 비가 오지 않아도 걱정할 것이 없으며 언제나 열매를 맺는다.

9 그 어느 것보다도 비뚤어진 것은 사람의 마음이다. 사람의 마음은 심히 악하기 때문에 아무도 그 속을 알 수 없다.

10 그러나 나 여호와는 사람의 속을 살필 수 있고, 사람의 마음을 시험해 볼 수 있다. 그러므로 나는 각 사람이 일하고 행동한 대로 갚을 수 있다."

11 남을 속여서 부자가 된 사람은 자기가 낳지 않은 알을 품고 있는 자고새와 같아서 인생의 중반에 이르면 그 재산을 잃어버릴 것이요, 늙으면 그의 어리석음이 밝히 드러날 것이다.

12 예레미야가 여호와께 찬양드렸다. 오, 옛적부터 높이 들림받은 영광의 보좌시여, 하나님의 거룩한 성전이여!

13 여호와여, 주님은 이스라엘의 희망이십니다. 주님을 버리는 사람은 부끄러움을 당할 것입니다. 여호와를 따르지 않고 떠나간 사람은 흙 위에 쓴 이름과 같습니다. 이는 생명수의 근원이신 여호와를 버렸기 때문입니다.

예레미야의 세 번째 불평

14 여호와여, 저를 고쳐 주십시오. 그러면 제가 나을 것입니다. 저를 구해 주십시오. 그러면 제가 구원 받을 것입니다. 주님은 제가 찬양할 분이십니다.

15 유다 백성이 저에게 하는 말을 들어 보십시오. "여호와의 말씀이 어디에 있느냐? 그 말씀이 그대로 이루어지는지 어디 한번 보자."

16 주님, 저는 주님을 따르는 목자의 직분을 저버리지 아니하였고, 재앙의 날을 바라지도 않았습니다. 주님은 제 입에서 나오는 말들을 다 알고 계십니다. 그 말들은 항상 주님 앞에 있

For my anger blazes like a fire
  that will burn forever."

Wisdom from the LORD

5 • This is what the LORD says:
  "Cursed are those who put their trust
    in mere humans,
    who rely on human strength
    and turn their hearts away from the LORD.
6 • They are like stunted shrubs in the desert,
    with no hope for the future.
  They will live in the barren wilderness,
    in an uninhabited salty land.

7 • "But blessed are those who trust in the LORD
    and have made the LORD their hope
    and confidence.
8 • They are like trees planted along a riverbank,
    with roots that reach deep into the water.
  Such trees are not bothered by the heat
    or worried by long months of drought.
  Their leaves stay green,
    and they never stop producing fruit.

9 • "The human heart is the most deceitful of
    all things,
    and desperately wicked.
  Who really knows how bad it is?
10 • But I, the LORD, search all hearts
    and examine secret motives.
  I give all people their due rewards,
    according to what their actions deserve."

Jeremiah's Trust in the LORD

11 • Like a partridge that hatches eggs she has not
    laid,
  so are those who get their wealth by unjust
    means.
  At midlife they will lose their riches;
    in the end, they will become poor old fools.
12 • But we worship at your throne—
    eternal, high, and glorious!
13 • O LORD, the hope of Israel,
    all who turn away from you will be
    disgraced.
  They will be buried in the dust of the earth,
    for they have abandoned the LORD,
    the fountain of living water.

14 • O LORD, if you heal me, I will be truly healed;
    if you save me, I will be truly saved.
    My praises are for you alone!
15 • People scoff at me and say,
  "What is this 'message from the LORD' you
    talk about?
  Why don't your predictions come true?"

16 • LORD, I have not abandoned my job
    as a shepherd for your people.

17:15 scoff at … : …를 조롱하다

습니다.

17 주님, 저를 무겁게 하지 마십시오. 재앙의 날에 주님은 제 피난처가 되십니다.

18 저를 해치는 사람들이 부끄러움을 당하게 하시고, 저는 부끄러움을 당하지 않게 해 주십시오. 그들을 무섭게 하시고, 저는 무섭게 하지 말아 주십시오. 제 원수들에게 재앙의 날이 닥치게 하시고, 그들을 멸망시켜 주십시오. 두 배로 벌을 내려 그들을 멸망시켜 주십시오.

안식일을 거룩히 지켜라

19 여호와께서 내게 이렇게 말씀하셨다. "너는 가서 유다의 왕들이 드나드는 '백성의 문'과 예루살렘의 다른 모든 문에 서라.

20 그리고 그들에게 이렇게 전하여라. '여호와의 말씀을 들어라. 유다의 왕들아, 들어라. 유다의 모든 백성과 이 성문으로 들어오는 예루살렘의 모든 주민들아, 들어라.

21 여호와께서 이렇게 말씀하셨다. 너희 자신을 위하여 스스로 삼가고, 안식일에는 짐을 옮기지 마라. 안식일에는 예루살렘 성문 안으로 짐을 나르지 마라.

22 그리고 안식일에는 너희 집 밖으로 짐을 내가지도 말고, 아무 일도 하지 마라. 내가 너희 조상에게 명령한 대로 안식일을 거룩히 지켜라.

23 그러나 너희 조상은 내 말을 듣지 않았다. 그들은 내 말에 귀 기울이지 않았다. 그들은 고집을 피우며 순종하지 않았다. 내가 벌을 내려도 소용이 없었다.

24 그러나 너희는 내 말을 잘 지켜야 한다. 여호와의 말이다. 안식일에는 예루살렘 성문 안으로 짐을 나르지 말고, 안식일을 거룩히 지켜야 한다. 그날에는 어떠한 일도 하지 말아야 한다.

25 너희가 이 명령에 순종하면 다윗의 보좌에 앉는 왕들이 신하들을 이끌고 예루살렘 성문으로 들어올 것이다. 그들은 마차와 말을 타고 올 것이다. 왕들과 신하들뿐만 아니라 유다 백성과 예루살렘 주민들도 함께 올 것이다. 예루살렘 성에서는 영원히 사람이 살 것이다.

26 유다의 여러 성들과 예루살렘 주변의 여러 마을에서 백성들이 올 것이다. 베냐민 땅에서도 오고, 서쪽 구릉 지대와 산악 지대에서도 오고, 남쪽 네게브에서도 올 것이다. 그들은 모두 태워 드리는 제물인 번제물과 화목 제물과 곡식 제물과 유향과 하나님께 드리는 감사 제물을 여호와의 성전으로 가져올 것이다.

27 너희는 안식일을 거룩히 지키고, 안식일에는 예루살렘 성문으로 짐을 나르지 말아야 한다. 만일

I have not urged you to send disaster. You have heard everything I've said.

17 • LORD, don't terrorize me! You alone are my hope in the day of disaster.

18 • Bring shame and dismay on all who persecute me, but don't let me experience shame and dismay. Bring a day of terror on them. Yes, bring double destruction upon them!

Observing the Sabbath

19 • This is what the LORD said to me: "Go and stand in the gates of Jerusalem, first in the gate where the king goes in and out, and then in 20 each of the other gates. • Say to all the people, 'Listen to this message from the LORD, you kings of Judah and all you people of Judah 21 and everyone living in Jerusalem. • This is what the LORD says: Listen to my warning! Stop carrying on your trade at Jerusalem's 22 gates on the Sabbath day. • Do not do your work on the Sabbath, but make it a holy day. I 23 gave this command to your ancestors, • but they did not listen or obey. They stubbornly refused to pay attention or accept my discipline.

24 • " But if you obey me, says the LORD, and do not carry on your trade at the gates or work on the Sabbath day, and if you keep it holy, 25 • then kings and their officials will go in and out of these gates forever. There will always be a descendant of David sitting on the throne here in Jerusalem. Kings and their officials will always ride in and out among the people of Judah in chariots and on horses, and this city 26 will remain forever. • And from all around Jerusalem, from the towns of Judah and Benjamin, from the western foothills* and the hill country and the Negev, the people will come with their burnt offerings and sacrifices. They will bring their grain offerings, frankincense, and thanksgiving offerings to the LORD's Temple.

27 • " But if you do not listen to me and refuse to keep the Sabbath holy, and if on the Sabbath day you bring loads of merchandise through the gates of Jerusalem just as on other days, then I will set fire to these gates. The fire will spread to the palaces, and no one will be able to put out the roaring flames.' "

chariot [tʃǽriət] *n.* 전차
discipline [dísəplin] *n.* 교훈, 징계
dismay [disméi] *n.* 당황, 두려움, 낙담
17:22 make it : 제대로 수행하다; 회복하다
17:24 carry on one's trade : 장사하다, (사업을) 경영하다

17:26 Hebrew *the Shephelah.*

너희가 내 말을 듣지 않고 그렇게 행하지 않으면 내가 아무도 끌 수 없는 불을 예루살렘 성문에서부터 일으켜 요새까지 태울 것이다.'"

토기장이와 진흙

18 이것은 여호와께서 예레미야에게 하신 말씀이다.

2 "너는 일어나 토기장이의 집으로 내려가라. 내가 거기에서 내 말을 네게 주겠다."

3 그래서 내가 토기장이의 집으로 내려갔더니, 토기장이가 질그릇을 만드는 데 쓰는 물레를 돌리며 일을 하고 있었다.

4 토기장이는 진흙으로 그릇을 빚고 있었는데 그릇이 잘 만들어지지 않으면 그 진흙으로 다른 그릇을 빚었다. 그렇게 그 토기장이는 자기 마음에 드는 그릇을 빚었다.

5 그때에 여호와께서 내게 말씀하셨다.

6 "이스라엘 집아, 내가 이 토기장이가 하는 것처럼 너희에게 하지 못하겠느냐? 보아라. 진흙이 토기장이의 손에 달린 것처럼 너희 이스라엘 집은 내 손에 달려 있다.

7 때가 되면, 내가 어떤 나라나 민족을 뿌리째 뽑아 버리거나 완전히 멸망시키겠다고 말할 것이다.

8 그러나 만약 그 나라 백성이 내가 하는 말을 듣고 자기들이 저지른 죄를 뉘우치면 내 마음을 바꾸어 그 나라를 멸망시키지 않을 것이다.

9 또 내가 어떤 나라나 민족에 대해서 그 나라를 세우고 심겠다고 말할 것이다.

10 그러나 만약 그 나라가 내 명령을 따르지 않고 내가 보기에 악한 짓을 하면 내 마음을 바꾸어 그 나라를 위해 좋은 일을 하려던 계획을 거둬들일 것이다.

11 그러므로 유다 백성과 예루살렘 사람들에게 이 말을 전하여라. '여호와께서 이렇게 말씀하셨다. 보아라. 내가 곧 너희에게 내릴 재앙을 준비하고 있으며 너희를 칠 계획도 세우고 있다. 그러므로 각 사람은 지금 하고 있는 악한 짓을 멈추어라. 너희 길과 행실을 바르게 고쳐라.'

12 그러나 유다 백성은 '아무 소용 없는 일이다. 우리는 우리 식대로 살아가겠다. 각자 우리 고집대로, 우리의 악한 마음대로 살아가겠다' 라고 대답할 것이다."

13 여호와께서 이렇게 말씀하셨다. "이런 일을 들어 본 적이 있는지 다른 나라 백성들에게 물어 보아라. 이스라엘 백성은 끔찍한 짓을 저질렀다.

14 레바논 산의 바위 틈에 있는 눈은 녹는 법이 없고, 그 산에서 흘러내리는 차가운 시냇물은 마르는 법이 없다.

15 그러나 내 백성은 나를 잊어버렸다. 그들은 헛된 우

The Potter and the Clay

18 The LORD gave another message to Jeremiah. He said, • "Go down to the
2 potter's shop, and I will speak to you there."
3 • So I did as he told me and found the potter
4 working at his wheel. •But the jar he was making did not turn out as he had hoped, so he crushed it into a lump of clay again and started over.

5 •Then the LORD gave me this message:
6 • "O Israel, can I not do to you as this potter has done to his clay? As the clay is in the potter's hand, so are you in my hand. •If I
7 announce that a certain nation or kingdom is to be uprooted, torn down, and destroyed,
8 •but then that nation renounces its evil ways, I will not destroy it as I had planned.
9 •And if I announce that I will plant and
10 build up a certain nation or kingdom, •but then that nation turns to evil and refuses to obey me, I will not bless it as I said I would.

11 • "Therefore, Jeremiah, go and warn all Judah and Jerusalem. Say to them, 'This is what the LORD says: I am planning disaster for you instead of good. So turn from your evil ways, each of you, and do what is right.'"
12 •But the people replied, "Don't waste your breath. We will continue to live as we want to, stubbornly following our own evil desires."

13 •So this is what the LORD says:

"Has anyone ever heard of such a thing,
　　even among the pagan nations?
My virgin daughter Israel
　　has done something terrible!
14 • Does the snow ever disappear from the
　　mountaintops of Lebanon?
　　Do the cold streams flowing from those
　　　　distant mountains ever run dry?
15 • But my people are not so reliable, for they
　　have deserted me;
　　they burn incense to worthless idols.
They have stumbled off the ancient
　　highways and walk in muddy paths.

---

crush [krʌʃ] *vt.* 눌러 부수다, 뭉개다
desert [dizə́ːrt] *vt.* 저버리다
incense [ínsens] *n.* 향
lump [lʌmp] *n.* 덩어리
muddy [mʌ́di] *a.* 진흙 투성이의
pagan [péigən] *a.* 이방의
potter [pátər] *n.* 토기장이
reliable [riláiəbl] *a.* 의지할 수 있는, 믿을 수 있는
renounce [rináuns] *vt.* (습관 등을) 그만두다
stream [striːm] *n.* 시내
stumble [stʌ́mbl] *vi.* 넘어질 듯 비틀거리다
18:4 turn out : 제대로 나오다
18:4 start over : 처음부터 다시 시작하다
18:7 be uprooted : 진멸되다

상에게 분향하고, 조상들이 걸어온 옛 길에서 벗어나 비틀거렸다. 넓고 좋은 길을 버리고, 샛길로 들어섰다.

16 그러므로 그들의 땅은 황무지가 될 것이고, 영원히 사람들의 비웃음거리가 될 것이다. 지나가는 사람마다 그 나라가 망한 것을 보고 놀라며 머리를 흔들 것이다.

17 강한 동풍이 모든 것을 날려 버리듯이 내가 그들을 원수 앞에서 흩어 놓을 것이다. 그들이 무서운 재난을 당할 때에 나는 그들에게서 등을 돌리고, 그들을 돕지 않을 것이다."

예레미야의 네 번째 불평

18 그때에 백성이 말했다. "자, 예레미야를 칠 계획을 세우자. 제사장에게서는 율법이, 지혜로운 사람에게서는 지혜가, 예언자에게서는 예언의 말씀이 우리에게 그치지 않을 테니, 예레미야에게 말로 공격하자, 그가 하는 무슨 말에도 귀를 기울이지 말자."

19 여호와여, 제 말을 들어 주십시오, 저를 비난하는 사람들이 하는 말을 들어 보십시오.

20 선을 악으로 갚아도 됩니까? 그들은 저를 죽이려고 함정을 팠습니다. 주님, 제가 주님 앞에 서서 저 백성을 위해 복을 빈 일을 기억해 주십시오, 주님께서 그들을 향해 분노하셨을 때, 주님의 분노를 거두어 달라고 기도한 것을 기억해 주십시오.

21 그러므로 그들의 자녀는 굶어 죽게 하시고, 그들의 원수가 그들을 칼로 치게 하시고, 그들의 아내들은 자식과 남편을 잃게 하시고, 그들 가운데 남자들은 죽임을 당하게 하시고, 젊은이들은 전쟁에서 칼에 맞아 죽게 하십시오.

22 그들이 자기 집에서 울부짖게 하십시오, 갑자기 군대를 보내어 그들을 치게 하십시오, 그들이 저를 잡으려고 함정을 팠고 덫을 숨겨 놓았으니 그런 벌을 내리십시오.

23 여호와여, 주님은 저를 죽이려는 그들의 모든 계획을 아십니다. 그들의 악한 짓을 용서하지 마십시오, 그들의 죄를 지워 버리지 마십시오. 그들이 주님 앞에서 걸려 넘어지게 하십시오, 주께서 분노하셨을 때에 그들을 벌하십시오.

깨진 항아리

19 여호와께서 내게 이처럼 말씀하셨다. "가서 토기장이에게서 항아리를 하나 사라. 그런 다음에 백성과 제사장들 가운데 몇 사람을 데리고

2 질그릇 조각 성문 입구에 있는 힌놈의 아들 골짜기로 나가서 내가 네게 이르는 말을 선포하여라.

3 너는 이렇게 말하여라. '유다의 왕들과 예루살렘에 사는 사람들아, 여호와께서 하시는 말씀을 들어라. 만군의 여호와, 이스라엘의 하나님께서 이렇게 말

---

16 • Therefore, their land will become desolate,
　a monument to their stupidity.
All who pass by will be astonished
　and will shake their heads in amazement.

17 • I will scatter my people before their enemies
　as the east wind scatters dust.
And in all their trouble I will turn my
　back on them
　and refuse to notice their distress."

A Plot against Jeremiah

18 • Then the people said, "Come on, let's plot a way to stop Jeremiah. We have plenty of priests and wise men and prophets. We don't need him to teach the word and give us advice and prophecies. Let's spread rumors about him and ignore what he says."

19 • LORD, hear me and help me!
　Listen to what my enemies are saying.

20 • Should they repay evil for good?
　They have dug a pit to kill me,
though I pleaded for them
　and tried to protect them from
　　your anger.

21 • So let their children starve!
　Let them die by the sword!
Let their wives become childless widows.
　Let their old men die in a plague,
　and let their young men be killed in
　　battle!

22 • Let screaming be heard from their homes
　as warriors come suddenly upon them.
For they have dug a pit for me
　and have hidden traps along my path.

23 • LORD, you know all about their murderous plots against me.
　Don't forgive their crimes and blot out
　　their sins.
Let them die before you.
　Deal with them in your anger.

Jeremiah's Shattered Jar

19 This is what the LORD said to me: "Go and buy a clay jar. Then ask some of the leaders of the people and of the priests to

2 follow you. • Go out through the Gate of Broken Pots to the garbage dump in the valley of Ben-Hinnom, and give them this message. • Say to them, 'Listen to this message

3 from the LORD, you kings of Judah and citizens of Jerusalem! This is what the LORD of Heaven's Armies, the God of Israel, says: I will bring a terrible disaster on this place, and the ears of those who hear about it will ring!

---

plague [pléig] *n.* 전염병: 저주
scatter [skǽtər] *vt.* 흩뜨리다
18:16 be astonished : 놀라다
18:23 blot out… : …을 지우다

씀하셨다. 보아라. 내가 곧 이곳에 재앙을 보낼 것이다. 누구든지 그 소식을 듣는 사람은 놀라고 두려움에 가득 차게 될 것이다.'

4 내가 이렇게 하는 것은 유다 백성이 나를 저버렸기 때문이다. 그들은 이곳을 내게 낯선 곳으로 만들어 놓았다. 그들은 여기서 그들뿐 아니라 그들의 조상도 알지 못하는 이방 신들에게 제물을 바쳤다. 유다 왕들은 이곳을 죄 없는 사람들의 피로 가득 채웠다.

5 그들은 바알의 산당들을 세워 놓고 자기 자식들을 불살라 바알에게 번제물로 바쳤다. 나는 그런 일을 말하지도 않았고, 명령하지도 않았으며, 그런 일은 생각조차 해 보지 않았다.

6 지금 백성들은 이곳을 힌놈의 아들 골짜기나 도벳이라고 부른다. 그러나 보아라. 그날이 오면, 사람들이 이곳을 '살인 골짜기'라고 부를 것이다. 나 여호와의 말이다.

7 내가 이곳에서 유다와 예루살렘 백성의 계획을 꺾어 놓겠다. 그들을 적군의 칼에 찔려 죽게 하고, 그들의 시체는 공중의 새와 들짐승들의 먹이가 되게 하겠다.

8 이 성을 완전히 멸망시켜 사람들이 이 성을 보고 비웃으며 조롱하게 할 것이다. 예루살렘을 지나다니는 사람마다 그 망한 모습을 보고 놀라며 조롱할 것이다.

9 적군이 성을 포위하여 아무도 음식을 얻으러 성 밖으로 빠져 나가지 못할 것이다. 사람들이 너무나 굶주려 자기 자식들까지 잡아먹을 것이며 이웃끼리도 잡아먹기 시작할 것이다."

10 여호와께서 말씀하셨다. "너는 이 말을 한 다음에 너와 함께 내려간 사람들이 보는 앞에서 그 항아리를 깨뜨려라.

11 그리고 그들에게 이렇게 말하여라. '만군의 여호와께서 이렇게 말씀하셨다. 항아리는 한 번 깨지면 합칠 수 없다. 나도 이 백성과 이 성을 항아리를 깨뜨리듯이 깨뜨려 버리겠다. 더 이상 묻을 곳이 없을 정도로 수많은 사람들이 이곳 도벳에 묻힐 것이다.

12 나 여호와가 말한다. 이곳과 여기 사는 사람들에게 이와 같이 하겠다. 예루살렘 성을 도벳처럼 만들겠다.

13 예루살렘의 집들과 유다 왕들의 궁궐들도 이곳 도벳처럼 더럽혀질 것이다. 그것은 백성들이 자기 집 지붕 위에서 헛된 신들을 섬겼기 때문이다. 그들은 별들도 섬기며 별들에게 향을 피워 올렸다. 그리고 다른 신들에게 부어 드리는 제물인 전제물을 바쳤다.'"

14 예레미야는 여호와께서 예언하라고 보내신 도벳에서 돌아와 여호와의 성전 뜰에 서서 모든 백성에게

4 • " For Israel has forsaken me and turned this valley into a place of wickedness. The people burn incense to foreign gods—idols never before acknowledged by this generation, by their ancestors, or by the kings of Judah. And they have filled this place with 5 the blood of innocent children. • They have built pagan shrines to Baal, and there they burn their sons as sacrifices to Baal. I have never commanded such a horrible deed; it 6 never even crossed my mind to command such a thing! • So beware, for the time is coming, says the LORD, when this garbage dump will no longer be called Topheth or the valley of Ben-Hinnom, but the Valley of Slaughter.

7 • " For I will upset the careful plans of Judah and Jerusalem. I will allow the people to be slaughtered by invading armies, and I will leave their dead bodies as food for the 8 vultures and wild animals. • I will reduce Jerusalem to ruins, making it a monument to their stupidity. All who pass by will be astonished and will gasp at the destruction 9 they see there. • I will see to it that your enemies lay siege to the city until all the food is gone. Then those trapped inside will eat their own sons and daughters and friends. They will be driven to utter despair.'

10 • "As these men watch you, Jeremiah, 11 smash the jar you brought. • Then say to them, 'This is what the LORD of Heaven's Armies says: As this jar lies shattered, so I will shatter the people of Judah and Jerusalem beyond all hope of repair. They will bury the bodies here in Topheth, the garbage dump, 12 until there is no more room for them. • This is what I will do to this place and its people, says the LORD. I will cause this city to beco- 13 me defiled like Topheth. • Yes, the houses in Jerusalem, including the palace of Judah's kings, will become like Topheth—all the houses where you burned incense on the rooftops to your star gods, and where liquid offerings were poured out to your idols.' "

14 • Then Jeremiah returned from Topheth, the garbage dump where he had delivered this message, and he stopped in front of the Temple of the LORD. He said to the people

---

beware [biwéər] *vi.* 조심하다
bury [béri] *vt.* 매장하다
despair [dispéər] *n.* 절망, 자포자기
forsake [fərséik] *vt.* …을 저버리다
monument [mánjumənt] *n.* 기념물
shatter [ʃǽtər] *vt.* 산산이 부수다
shrine [ʃráin] *n.* 산당
slaughter [slɔ́:tər] *n.* 잔인한 살인. (대)학살
utter [ʌ́tər] *a.* 전적인, 완전한, 철저한
19:9 lay siege to … : …을 포위(공격)하다

말했다.

15 "만군의 여호와, 이스라엘의 하나님께서 이렇게 말씀하셨다. '보아라. 이 백성들이 고집을 피우고 내 말을 듣지 않았으므로 내가 이미 선포한 재앙을 이제 곧 내리겠다.'"

예레미야와 바스훌

20 임멜의 아들 바스훌은 제사장이었습니다. 그는 여호와의 성전에서 가장 높은 자리에 있었습니다. 그는 예레미야가 성전 뜰에서 하는 예언을 들었습니다.

2 바스훌은 예언자 예레미야를 때리고, 여호와의 성전의 '베냐민 윗문'에 있던 형틀·차꼬에 예레미야를 채웠습니다.

3 이튿날, 바스훌은 예레미야를 차꼬에서 풀어 주었습니다. 그러자 예레미야가 그에게 말했습니다. "여호와께서 이제는 당신의 이름을 바스훌이라 하지 않으시고 마골밋사빕*이라 하실 것이오.

4 여호와께서 이렇게 말씀하셨소. '보아라. 내가 이제 곧 너와 네 모든 친구들을 두려움에 넘겨 주겠다. 너는 네 친구들이 원수의 칼에 찔려 죽는 것을 네 눈으로 보게 될 것이다. 내가 모든 유다 백성을 바빌로니아 왕에게 넘겨 주겠다. 바빌로니아 왕이 유다 백성을 바빌론으로 사로잡아 갈 것이고 바빌로니아의 군대가 유다 백성을 칼로 죽일 것이다.

5 또 내가 이 성의 모든 재산을 그 원수들에게 주겠다. 그들이 수고하여 얻은 여러 가지 물건과 값진 것들, 그리고 유다 왕들의 보물을 그 원수들에게 주겠다. 그들이 그 모든 것을 빼앗아 바빌론으로 가져갈 것이다.

6 바스훌아, 너와 네 집안의 모든 사람이 사로잡혀 바빌론으로 끌려갈 것이다. 너는 거기에서 죽어서 묻힐 것이다. 너뿐만 아니라 네 거짓 예언을 들은 네 친구들도 바빌론에서 죽어 그곳에 묻힐 것이다.'"

예레미야의 다섯 번째 불평

7 여호와여, 주께서 저를 속이셨고, 저는 속았습니다. 주께서 저보다 강하시므로 저를 이기셨습니다. 저는 하루 종일 노리개가 되었습니다. 만나는 사람마다 저를 비웃습니다.

8 저는 말할 때마다 폭력과 멸망을 외쳤습니다. 여호와의 말씀을 백성들에게 전했지만 그 때문에 저는 모욕만 당했습니다. 백성은 하루 종일 저를 비웃습니다.

9 때로는 '여호와를 잊어 버리겠다. 다시는 여호와의 이름으로 말하지 않겠다'고 다짐해 보지만 여호와의 말씀이 내 안에서 타오르는 불길 같아서 그 말씀이 내 뼛속 깊은 곳까지 태우는 듯합니다. 여호와의 말씀을 제 안에 담느라고 지쳤습니다. 저는 더 이상

15 there, • "This is what the LORD of Heaven's Armies, the God of Israel, says: 'I will bring disaster upon this city and its surrounding towns as I promised, because you have stubbornly refused to listen to me.'"

Jeremiah and Pashhur

20 Now Pashhur son of Immer, the priest in charge of the Temple of the LORD,
2 heard what Jeremiah was prophesying. •So he arrested Jeremiah the prophet and had him whipped and put in stocks at the Benjamin Gate of the LORD's Temple.
3 •The next day, when Pashhur finally released him, Jeremiah said, "Pashhur, the LORD has changed your name. From now on you are to be called 'The Man Who Lives
4 in Terror.' * •For this is what the LORD says: 'I will send terror upon you and all your friends, and you will watch as they are slaughtered by the swords of the enemy. I will hand the people of Judah over to the king of Babylon. He will take them captive to Babylon or run them through with the
5 sword. •And I will let your enemies plunder Jerusalem. All the famed treasures of the city—the precious jewels and gold and silver of your kings—will be carried off to Babylon.
6 •As for you, Pashhur, you and all your household will go as captives to Babylon. There you will die and be buried, you and all your friends to whom you prophesied that everything would be all right.'"

Jeremiah's Complaint

7 • O LORD, you misled me,
　　and I allowed myself to be misled.
　You are stronger than I am,
　　and you overpowered me.
　Now I am mocked every day;
　　everyone laughs at me.
8 • When I speak, the words burst out.
　　"Violence and destruction!" I shout.
　So these messages from the LORD
　　have made me a household joke.
9 • But if I say I'll never mention the LORD
　　or speak in his name,
　his word burns in my heart like a fire.
　　It's like a fire in my bones!
　I am worn out trying to hold it in!
　　I can't do it!

mislead [mísli:d] *vt.* 속이다, 오해하게 하다
mock [mák] *vt.* 조롱하다
20:4 take captive : 사로잡다
20:4 run… through with the sword : …를 칼로 찌르다

20:3 Hebrew *Magor-missabib*, which means "surrounded by terror"; also in 20:10.
20:3 '마골밋사빕'은 '사방의 두려움'이란 뜻이다.

견딜 수가 없습니다.

10 수많은 사람들이 저에 관해 수군거리는 소리를 들었습니다. 사방에 두려움뿐입니다. "예레미야를 고발하자! 예레미야를 고발하자!" 제 친구들도 모두 제가 실수하기만을 기다립니다. "어쩌면 우리가 예레미야를 꾈 수 있을 것이다. 그러면 그를 쳐서 우리 원수를 갚자"고 말합니다.

11 하지만 여호와는 힘센 용사처럼 저와 함께 계십니다. 그러므로 저를 치려고 뒤쫓는 사람은 넘어지고 쓰러집니다. 저를 이길 수 없습니다. 그들은 크게 실망하고 부끄러움을 당하여 모든 일을 이룰 수가 없습니다. 그들은 영원히 잊지 못할 부끄러움을 당합니다.

12 만군의 여호와여, 주님은 의로운 사람을 시험하여 사람의 마음과 생각의 깊은 곳을 살피십니다. 제 사정을 여호와께 말씀드렸으니 그들이 마땅히 받아야 할 벌을 주셔서 그 모습을 제가 볼 수 있게 해 주십시오.

13 여호와께 노래하여라! 여호와를 찬양하여라! 여호와께서 가난한 사람의 생명을 구하신다. 악한 사람들의 손에서 건져 주신다.

예레미야의 여섯 번째 불평

14 내가 태어난 날이 저주받기를! 내 어머니가 나를 낳으신 날에 복이 없기를!

15 내 아버지에게 "당신에게 아들이 태어났습니다!"라는 소식을 전해서 아버지를 기쁘게 한 사람에게 저주가 있기를!

16 그 사람이 여호와께서 사정없이 멸망시켜 버린 성들처럼 되어야 할 텐데. 아침에는 크게 울부짖는 소리를 듣고 한낮에는 전쟁의 함성을 들어야 할 텐데.

17 내가 어머니 배 속에 있을 때에 죽었더라면, 그러면 내 어머니가 내 무덤이 되었을 텐데. 나는 영원히 태어나지 않았을 텐데.

18 어찌하여 내가 어머니 배 속에서 나왔는가? 내가 겪은 것은 오직 재앙과 슬픔뿐. 내 세월이 부끄러움 속에서 끝나가는구나.

하나님이 시드기야 왕의 소원을 물리치시다

21 이것은 시드기야 왕이 말기야의 아들 바스훌과 제사장 마아세야의 아들 스바냐를 예레미야에게 보냈을 때에 여호와께서 예레미야에게 하신 말씀입니다.

2 그때에 그들은 이렇게 말했습니다. "우리를 위해서 여호와께 기도해 주십시오. 바빌로니아 왕 느부갓네살이 우리를 공격하려 합니다. 혹시 여호와께서 우리를 위해 기적을 일으켜 주시면 느부갓네살이 우리에게서 물러날 것입니다."

3 예레미야가 그들에게 대답했습니다. "시드기야 왕

10 • I have heard the many rumors about me.
They call me "The Man Who Lives in Terror."
They threaten, "If you say anything, we will report it."
Even my old friends are watching me, waiting for a fatal slip.
"He will trap himself," they say, "and then we will get our revenge on him."

11 • But the LORD stands beside me like a great warrior.
Before him my persecutors will stumble.
They cannot defeat me.
They will fail and be thoroughly humiliated.
Their dishonor will never be forgotten.

12 O LORD of Heaven's Armies,
you test those who are righteous,
and you examine the deepest thoughts and secrets.
Let me see your vengeance against them,
for I have committed my cause to you.

13 • Sing to the LORD!
Praise the LORD!
For though I was poor and needy,
he rescued me from my oppressors.

14 • Yet I curse the day I was born!
May no one celebrate the day of my birth.

15 • I curse the messenger who told my father,
"Good news—you have a son!"

16 • Let him be destroyed like the cities of old
that the LORD overthrew without mercy.
Terrify him all day long with battle shouts,

17 • because he did not kill me at birth.
Oh, that I had died in my mother's womb,
that her body had been my grave!

18 • Why was I ever born?
My entire life has been filled with trouble, sorrow, and shame.

No Deliverance from Babylon

21 The LORD spoke through Jeremiah when King Zedekiah sent Pashhur son of Malkijah and Zephaniah son of Maaseiah, the priest, to speak with him.

2 They begged Jeremiah, • "Please speak to the LORD for us and ask him to help us. King Nebuchadnezzar* of Babylon is attacking Judah. Perhaps the LORD will be gracious and do a mighty miracle as he has done in the past. Perhaps he will force Nebuchadnezzar to withdraw his armies."

3 • Jeremiah replied, "Go back to King

deliverance [dilívərəns] *n.* 구원
21:2 withdraw one's armies: 군대를 철수하다

21:2 Hebrew *Nebuchadrezzar*, a variant spelling of Nebuchadnezzar; also in 21:7.

에게 이와 같이 전하시오.

4 '이스라엘의 하나님 여호와께서 이렇게 말씀하셨다. 너희 손에는 전쟁 무기가 들려 있다. 너희는 그 무기로 바빌로니아 왕과 바빌로니아 군대를 막는 데 쓰고 있다. 그러나 내가 그 무기들을 쓸모없게만 들겠다. 바빌로니아 군대가 성벽 밖에서 너희를 에워싸고 있는데 내가 곧 그 군대를 이 성 한가운데로 모으겠다.

5 나는 너희 때문에 크게 노했다. 나의 이 엄청난 분노를 참을 수가 없어서 내가 직접 손을 뻗어 힘센 팔로 너희와 싸우겠다.

6 사람이든 짐승이든 이 성에 사는 것은 다 치겠다. 그들은 무서운 병에 걸려 죽을 것이다.

7 여호와께서 또 말씀하셨다. 유다 왕 시드기야와 그의 신하들과 무서운 병과, 칼과, 굶주림에도 죽지 않고 이 성에 살아남은 사람들을 바빌로니아 왕 느부갓네살에게 넘겨 주겠다. 모든 백성이 자기들의 목숨을 해하고자 하는 원수들의 손에 넘어갈 것이다. 그러면 느부갓네살은 그들을 칼날로 쳐죽일 것이다. 느부갓네살은 그들을 불쌍히 여기거나 가엾게 여기지도 않으며 자비를 베풀지도 않을 것이다.'

8 너는 예루살렘 백성에게 이와 같이 전하여라. '여호와께서 이렇게 말씀하셨다. 내가 생명의 길과 죽음의 길을 너희 앞에 두겠다.

9 누구든지 예루살렘 성 안에 머무르는 사람은 칼이나 굶주림이나 무서운 병 때문에 죽을 것이다. 그러나 예루살렘 성 밖으로 나아가 너희를 에워싸고 있는 바빌로니아 군대에게 항복하는 사람은 살 것이다. 누구든지 성을 빠져 나가는 사람은 자기 목숨을 건질 것이다.

10 나는 이 성에 복을 내리지 않고, 재앙을 내리기로 결정했다. 여호와의 말씀이다. 이 성을 바빌로니아 왕에게 주겠다. 그러면 그는 이 성을 불로 태워 버릴 것이다.'

11 유다의 왕실에도 이 말을 전하여라. '여호와의 말씀을 들어라.

12 다윗의 집아, 여호와께서 이렇게 말씀하셨다. 날마다 공정한 재판을 해야 한다. 강도당한 사람을 압제자들로부터 지켜 주어야 한다. 그렇게 하지 않으면 내가 크게 노할 것이다. 너희가 악한 짓을 하였으므로 내 분노가 불처럼 타오를 것이며 아무도 그것을 끌 수 없을 것이다.'

13 나 여호와가 말한다. 예루살렘아, 네가 산 한가운데 바위 평평한 곳에 앉아 있으면서 그리고 이 골짜기 위에 앉아 있으면서 아무도 우리를 칠 수 없고, 아무도 우리의 굳건한 성으로 들어올 수 없다고 말하고

4 Zedekiah and tell him, • 'This is what the LORD, the God of Israel, says: I will make your weapons useless against the king of Babylon and the Babylonians* who are outside your walls attacking you. In fact, I will bring your enemies right into the heart of this city. 5 •I myself will fight against you with a strong hand and a powerful arm, for I am very angry. You have made me furious! 6 •I will send a terrible plague upon this city, 7 and both people and animals will die. •And after all that, says the LORD, I will hand over King Zedekiah, his staff, and everyone else in the city who survives the disease, war, and famine. I will hand them over to King Nebuchadnezzar of Babylon and to their other enemies. He will slaughter them and show them no mercy, pity, or compassion.'

8 • "Tell all the people, 'This is what the LORD says: Take your choice of life or death! 9 •Everyone who stays in Jerusalem will die from war, famine, or disease, but those who go out and surrender to the Babylonians will 10 live. Their reward will be life! •For I have decided to bring disaster and not good upon this city, says the LORD. It will be handed over to the king of Babylon, and he will reduce it to ashes.'

Judgment on Judah's Kings

11 • "Say to the royal family of Judah, 'Listen 12 to this message from the LORD! •This is what the LORD says to the dynasty of David:

" 'Give justice each morning to the people
　you judge!
　Help those who have been robbed;
　rescue them from their oppressors.
　Otherwise, my anger will burn like an
　　unquenchable fire
　because of all your sins.
13 • I will personally fight against the people
　　in Jerusalem,
　　that mighty fortress—
　the people who boast, "No one can touch
　　us here.
　　No one can break in here."

---

compassion [kəmpǽʃən] *n.* 동정
disaster [dizǽstər] *n.* 재난, 재앙
dismantle [dismǽntl] *vt.* 무장을 해제시키다
mistreat [mistríːt] *vt.* 학대하다
rubble [rʌ́bl] *n.* 파편, 조각
unquenchable [ʌnkwéntʃəbl] *a.* 끌 수 없는
wrecker [rékər] *n.* 파괴자
21:9 surrender to… : …에게 항복하다
21:10 reduce A to B : A를 B로 만들다
22:10 lead away : 끌고 가다

21:4 Or *Chaldeans;* also in 21:9.

있다. 14 내가 네 행위대로 벌할 것이며 네 숲에 불을 질러 네 주변의 모든 것을 태워 버릴 것이다. 나 여호와의 말이다.'"

악한 왕들을 심판함

22 여호와께서 이렇게 말씀하셨다. "유다 왕의 왕궁으로 내려가서 이 말을 전하여라.

2 너는 이처럼 말하여라. '다윗의 보좌에 앉은 유다의 왕이여, 여호와의 말씀을 들어라. 너와 네 신하들은 잘 들어라. 이 문으로 들어오는 모든 백성들도 들어라.

3 여호와께서 이렇게 말씀하셨다. 올바르고 의로운 일을 하여라. 도둑들로부터 도둑맞은 사람을 지켜 주어라. 너희와 함께 사는 외국인과 고아와 과부에게 악한 짓을 하지 말고 그들을 해치지 마라. 이곳에서 죄 없는 사람들을 죽이지 마라.

4 너희가 이 명령에 순종하면 다윗의 보좌에 앉는 왕들이 신하들과 백성을 이끌고 이 왕궁의 문안으로 들어올 것이다. 그들은 모두 마차와 말을 타고 올 것이다.

5 그러나 너희가 이 명령에 순종하지 않으면, 내 이름으로 맹세하지만 이 왕궁은 폐허가 될 것이다. 여호와의 말씀이다.'"

6 여호와께서 유다 왕이 사는 왕궁을 가리켜 이렇게 말씀하셨다. "이 왕궁은 길르앗의 수풀처럼 장엄하고 레바논의 산봉우리처럼 높다. 그러나 내가 너를 아무도 살지 않는 사막으로 만들겠다.

7 내가 사람들을 보내어 이 왕궁을 멸망시키겠다. 그들은 각기 무기를 들고 너의 단단하고 아름다운 백향목* 기둥을 찍어서 불에 던져 넣을 것이다.

8 여러 나라에서 온 백성들이 이 성을 지나가다가 서로 묻기를 '여호와께서 이 큰 성 예루살렘을 이렇게 만들어 놓으신 까닭이 무엇인가?' 할 것이다.

9 그러면 그들이 서로 대답하기를 '유다 백성이 그들의 여호와 하나님과 맺은 언약을 어기고 다른 신들을 섬기며 예배했기 때문이다' 라고 할 것이다."

살룸을 심판함

10 죽은 사람을 위해 울지 마라. 그를 위해 슬퍼하지 마라. 오히려 사로잡혀 간 사람을 위해 슬피 울어라. 왜냐하면 그는 다시는 자기의 고향땅을 보지 못할 것이기 때문이다.

11 유다 왕 요시야의 아들, 곧 그의 아버지 요시야가 죽은 뒤에 유다 왕이 되었다가 이집트로 잡혀 간 살룸*을 가리켜 여호와께서 이렇게 말씀하셨다. "그는 절대로 고국으로 돌아오지 못할 것이다.

---

14 • And I myself will punish you for your
sinfulness,
　　　says the LORD.
I will light a fire in your forests
　　　that will burn up everything around you.'"

A Message for Judah's Kings

22 This is what the LORD said to me: "Go over and speak directly to the king of
2 Judah. Say to him, • 'Listen to this message from the LORD, you king of Judah, sitting on David's throne. Let your attendants and your
3 people listen, too. •This is what the LORD says: Be fair-minded and just. Do what is right! Help those who have been robbed; rescue them from their oppressors. Quit your evil deeds! Do not mistreat foreigners, orphans, and widows. Stop murdering the innocent!
4 •If you obey me, there will always be a descendant of David sitting on the throne here in Jerusalem. The king will ride through the palace gates in chariots and on horses, with his
5 parade of attendants and subjects. •But if you refuse to pay attention to this warning, I swear by my own name, says the LORD, that this palace will become a pile of rubble.'"

A Message about the Palace

6 •Now this is what the LORD says concerning Judah's royal palace:

"I love you as much as fruitful Gilead
　　and the green forests of Lebanon.
But I will turn you into a desert,
　　with no one living within your walls.
7 • I will call for wreckers,
　　who will bring out their tools to dismantle you.
They will tear out all your fine cedar beams
　　and throw them on the fire.

8 • "People from many nations will pass by the ruins of this city and say to one another, 'Why did the LORD destroy such a great city?'
9 •And the answer will be, 'Because they violated their covenant with the LORD their God by worshiping other gods.'"

A Message about Jehoahaz

10 • Do not weep for the dead king or mourn
his loss.
Instead, weep for the captive king
　　being led away!
For he will never return to see his native
　　land again.

11 •For this is what the LORD says about Jehoa-

22:7 '백향목'은 '개잎갈나무'를 가리킨다.
22:11 '살룸'은 '여호아하스'의 또 다른 이름이다.

12 그는 잡혀 간 땅에서 죽을 것이며 이 땅을 다시는 보지 못할 것이다."

여호야김을 심판함

13 "악한 짓을 통해 왕궁을 짓고 속임수로 다락방을 올리며 자기 이웃에게 일을 시키고도 그 품삯을 주지 않는 사람은 저주를 받을 것이다.

14 그는 '내가 살 왕궁을 크게 짓고 다락방들도 넓게 만들어야지' 하며 왕궁을 지어 큰 창문들을 내고 벽에는 백향목을 입히고 붉은색을 칠한다.

15 네 집에 백향목이 많다고 해서 네가 위대한 왕이 되겠느냐? 네 아버지는 먹고 마시는 것으로 만족했다. 그는 옳고 바르게 살았기 때문에 하는 일마다 잘 되었다.

16 그는 가난하고 어려운 사람의 사정을 들어 주었다. 그래서 하는 일마다 잘 되었다. 하나님을 안다는 것은 바로 그렇게 하는 것이다. 나 여호와의 말이다.

17 그러나 네 눈과 마음은 정직하지 않은 것을 바라고 얻는 데만 쏠려 있어서 죄 없는 사람을 죽이고 백성들을 억누르고 그들의 것을 훔치고 있다."

18 그러므로 여호와께서 유다 왕 요시야의 아들 여호야김에게 이렇게 말씀하셨다. "여호야김이 죽어도 유다 백성은 슬피 울지 않을 것이다. '슬프다, 내 형제여' 하지도 않고 '슬프다, 내 자매여' 하지도 않을 것이다. 유다 백성은 '아, 내 주, 내 왕이여' 하며 슬퍼하지 않을 것이다.

19 예루살렘 백성들은 그를 나귀 묻듯이 파묻어 버릴 것이다. 또한 그를 끌고 가서 예루살렘 성문 밖으로 던져 버릴 것이다.

20 유다야, 레바논으로 올라가 슬피 울어라. 바산에서 소리를 높이고 아바림에서 통곡하여라. 네 친구들이 다 멸망했다.

21 유다야, 네가 잘 될 때에 내가 경고했으나 너는 듣지 않았다. 너는 어렸을 때부터 내 말에 순종하지 않았다.

22 내가 네 목자들을 다 날려 버리겠다. 네 친구들은 포로로 끌려갈 것이며, 너는 참으로 부끄러움을 당할 것이다. 네가 저지른 모든 악한 짓 때문에 멸시를 받을 것이다.

23 왕아, 네가 지금은 레바논 왕궁에 살고 백향목 방안에서 평안하게 있지만, 네가 벌을 받을 때에는 신음하며 아기를 낳는 여자처럼 아파할 것이다."

haz,* who succeeded his father, King Josiah, and was taken away as a captive: "He will never return.
12 • He will die in a distant land and will never again see his own country."

A Message about Jehoiakim

13 • And the LORD says, "What sorrow awaits Jehoiakim,*
who builds his palace with forced labor.*
He builds injustice into its walls,
for he makes his neighbors work for nothing.
He does not pay them for their labor.

14 • He says, 'I will build a magnificent palace with huge rooms and many windows.
I will panel it throughout with fragrant cedar and paint it a lovely red.'

15 • But a beautiful cedar palace does not make a great king!
Your father, Josiah, also had plenty to eat and drink.
But he was just and right in all his dealings.
That is why God blessed him.

16 • He gave justice and help to the poor and needy, and everything went well for him.
Isn't that what it means to know me?" says the LORD.

17 • "But you! You have eyes only for greed and dishonesty!
You murder the innocent,
oppress the poor, and reign ruthlessly."

18 • Therefore, this is what the LORD says about Jehoiakim, son of King Josiah:

"The people will not mourn for him, crying to one another,
'Alas, my brother! Alas, my sister!'
His subjects will not mourn for him, crying,
'Alas, our master is dead! Alas, his splendor is gone!'

19 • He will be buried like a dead donkey—
dragged out of Jerusalem and dumped outside the gates!

20 • Weep for your allies in Lebanon.
Shout for them in Bashan.
Search for them in the regions east of the river.*
See, they are all destroyed.
Not one is left to help you.

21 • I warned you when you were prosperous,
but you replied, 'Don't bother me.'
You have been that way since childhood—
you simply will not obey me!

22 • And now the wind will blow away your allies.
All your friends will be taken away as captives.
Surely then you will see your wickedness and be ashamed.

23 • It may be nice to live in a beautiful palace

22:11 Hebrew *Shallum*, another name for Jehoahaz.
22:13a The brother and successor of the exiled Jehoahaz. See 22:18.　22:13b Hebrew *by unrighteousness*.
22:20 Or *in Abarim*.

여호야긴을 심판함

24 "나의 삶을 두고 맹세하지만, 유다 왕 여호야김의 아들 고니야야, 네가 내 오른손의 도장가락지라 하더라도 내가 너를 뽑아 버리고 말겠다. 나 여호와의 말이다.

25 네 목숨을 노려, 네가 두려워하는 바빌로니아 왕 느부갓네살과 바빌로니아 사람들에게 내가 너를 넘겨 주겠다.

26 내가 너와 네 어미를 고향의 땅에서 다른 나라로 쫓아내겠다. 너희는 그곳에서 죽게 될 것이다.

27 너희는 고향으로 간절히 돌아오고 싶겠지만, 절대로 돌아오지 못할 것이다."

28 고니야는 누군가 던져 버린 깨진 항아리처럼 아무도 거들떠보지 않는다. 어찌하여 고니야와 그의 자녀가 쫓겨나 그들이 알지 못하는 낯선 땅으로 들어갔는가?

29 땅이여, 땅이여, 땅이여, 여호와의 말씀을 들어 보아라.

30 여호와께서 이렇게 말씀하셨다. "고니야에 관하여 이렇게 기록하여라. 그는 자녀를 가지지 못할 사람이며, 평생토록 성공하지 못할 사람이다. 그의 자손 중에 어느 누구도 성공하지 못할 것이며, 아무도 다윗의 보좌에 앉아 유다를 다스리지 못할 것이다."

악한 지도자들

23 "목자들, 곧 유다의 지도자들에게 재앙이 있을 것이다. 그들은 양 떼와 같은 내 백성을 망쳐 놓으며 뿔뿔이 흩어 놓고 있다. 나 여호와의 말이다."

2 그러므로 이스라엘의 하나님이신 여호와께서 백성의 목자가 되는 그들에게 이렇게 말씀하셨다. "너희는 양 떼와 같은 내 백성을 뿔뿔이 흩어 놓고 내쫓아 버렸다. 너희는 그들을 돌보지 않았다. 보아라. 너희가 저지른 악한 짓 때문에 내가 너희를 벌하겠다. 나 여호와의 말이다.

3 내가 내 백성을 여러 나라로 쫓아 버렸으나 살아남은 내 백성을 다시 그들의 땅으로 모아들이겠다. 그들은 자기 땅으로 돌아와 자녀를 낳고 번성할 것이다.

4 내가 내 백성 위에 새 지도자들을 세워 내 백성을 돌보게 할 것이다. 그들이 다시는 두려워하거나 무서워하지 않을 것이며 하나라도 잃어버리는 사람이 없을 것이다. 나 여호와의 말이다."

의로운 자손

5 "보아라. 그날이 오고 있다. 나 여호와의 말이

paneled with wood from the cedars of
Lebanon,
but soon you will groan with pangs of anguish—
anguish like that of a woman in labor.

A Message for Jehoiachin

24 • "As surely as I live," says the LORD, "I will abandon you, Jehoiachin* son of Jehoiakim, king of Judah. Even if you were the signet ring on my 25 right hand, I would pull you off. •I will hand you over to those who seek to kill you, those you so desperately fear—to King Nebuchadnezzar* of 26 Babylon and the mighty Babylonian* army. •I will expel you and your mother from this land, and you will die in a foreign country, not in your 27 native land. •You will never again return to the land you yearn for.

28 • "Why is this man Jehoiachin like a discarded, broken jar?
Why are he and his children to be exiled to a foreign land?
29 • O earth, earth, earth!
Listen to this message from the LORD!
30 • This is what the LORD says:
'Let the record show that this man Jehoiachin was childless.
He is a failure,
for none of his children will succeed him on the throne of David
to rule over Judah.'

The Righteous Descendant

23 "What sorrow awaits the leaders of my people—the shepherds of my sheep—for they have destroyed and scattered the very ones they were expected to care for," says the LORD.
2 •Therefore, this is what the LORD, the God of Israel, says to these shepherds: "Instead of caring for my flock and leading them to safety, you have deserted them and driven them to destruction. Now I will pour out judgment on you for 3 the evil you have done to them. •But I will gather together the remnant of my flock from the countries where I have driven them. I will bring them back to their own sheepfold, and they will 4 be fruitful and increase in number. •Then I will appoint responsible shepherds who will care for them, and they will never be afraid again. Not a single one will be lost or missing. I, the LORD have spoken!

5 • "For the time is coming,"
says the LORD,

22:24 Hebrew *Coniah*, a variant spelling of Jehoiachin; also in 22:28.　　**22:25a** Hebrew *Nebuchadrezzar*, a variant spelling of Nebuchadnezzar.　　**22:25b** Or *Chaldean*.

22:24 '고니야'는 '여호야긴'의 또 다른 이름이다. '여호야긴'은 '고니야' 외에도 '여고냐'로도 불렸다(렘 24:1).

다. 그날이 오면 내가 다윗의 집에서 의로운 가지를 일으킬 것이다. 그는 왕이 되어 지혜롭게 다스릴 것이며, 이 땅에서 옳고 바른 일을 할 것이다.

6 그때가 되면 유다는 구원을 받고, 이스라엘은 평안히 살 수 있을 것이다. 그의 이름은 '여호와는 우리의 의' 라고 불릴 것이다.

7 그러므로 보아라. 나 여호와의 말이다. 지금은 사람들이 '이스라엘 백성을 이집트에서 인도해 내신 여호와' 의 살아 계심을 두고 맹세하지만,

8 그때에는 '이스라엘 백성을 북쪽 땅과 쫓아내신 모든 땅에서 고국으로 돌아오게 하신 여호와' 의 살아 계심을 두고 맹세할 것이며, 이스라엘 백성은 자기들의 땅에서 살게 될 것이다."

거짓 예언자들

9 예언자들을 두고 말한다. 내 속에서 내 심장이 터졌고, 내 온 뼈마디가 흔들린다. 나는 술 취한 사람처럼 되었고, 포도주에 취한 사람처럼 되었다. 이것은 여호와 때문이요, 여호와의 거룩하신 말씀 때문이다.

10 유다 땅에는 음란한 사람들이 가득하므로 여호와께서 그 땅을 저주하셨다. 그래서 그 땅이 메말랐고, 광야의 목초지가 메말라 버렸다. 그 땅의 백성은 악하고 그들이 쓰는 힘도 옳지 못하다.

11 "예언자와 제사장들이 모두 악하다. 심지어 내 성전 안에서도 악한 짓 하는 것을 내가 보았다. 나 여호와의 말이다.

12 그러므로 그들이 위험한 길에 빠질 것이다. 어둠 속으로 미끄러질 것이며, 떠밀려 쓰러질 것이다. 내가 그들에게 재앙을 내리리니 그때에 내가 악한 예언자와 제사장들을 벌할 것이다. 나 여호와의 말이다.

13 사마리아의 예언자들이 못된 짓을 하는 것을 내가 보았다. 그들은 거짓 신 바알의 이름으로 예언하고, 내 백성 이스라엘을 그릇된 길로 이끌었다.

14 예루살렘의 예언자들이 끔찍한 짓을 하는 것을 내가 보았다. 그들은 음란한 짓을 하며 거짓말을 하고 악한 백성을 부추겨 악한 짓을 계속하게 한다. 백성이 죄짓기를 그치지 않으니 모든 백성이 소돔 성같이 되었다. 예루살렘 백성이 내게는 고모라 성같이 되었다."

15 그러므로 만군의 여호와께서 예언자들에게

"when I will raise up a righteous descendant*
　from King David's line.
He will be a King who rules with wisdom.
　He will do what is just and right
　throughout the land.

6 • And this will be his name:
　'The LORD Is Our Righteousness.' *
In that day Judah will be saved,
　and Israel will live in safety.

7 • "In that day," says the LORD, "when people are taking an oath, they will no longer say, 'As surely as the LORD lives, who rescued the people of Israel 8 from the land of Egypt.' • Instead, they will say, 'As surely as the LORD lives, who brought the people of Israel back to their own land from the land of the north and from all the countries to which he had exiled them.' Then they will live in their own land."

Judgment on False Prophets

9 • My heart is broken because of the false prophets,
　and my bones tremble.
I stagger like a drunkard,
　like someone overcome by wine,
because of the holy words
　the LORD has spoken against them.

10 • For the land is full of adultery,
　and it lies under a curse.
The land itself is in mourning—
　its wilderness pastures are dried up.
For they all do evil
　and abuse what power they have.

11 • "Even the priests and prophets
　are ungodly, wicked men.
I have seen their despicable acts
　right here in my own Temple,"
　says the LORD.

12 • "Therefore, the paths they take
　will become slippery.
They will be chased through the dark,
　and there they will fall.
For I will bring disaster upon them
　at the time fixed for their punishment.
I, the LORD, have spoken!

13 • "I saw that the prophets of Samaria were
　terribly evil,
for they prophesied in the name of Baal
　and led my people of Israel into sin.

14 • But now I see that the prophets of
　Jerusalem are even worse!
They commit adultery and love dishonesty.
They encourage those who are doing evil
　so that no one turns away from their sins.
These prophets are as wicked
　as the people of Sodom and Gomorrah once
　were."

23:5 Hebrew *a righteous branch*.　23:6 Hebrew *Yahweh Tsidqenu*.

이렇게 말씀하셨다. "보아라. 내가 그들에게 쓴 음식을 먹게 하며 독이 든 물을 마시게 하겠다. 이는 예루살렘 예언자들이 온 나라에 죄악을 퍼뜨렸기 때문이다."

16 만군의 여호와께서 이렇게 말씀하셨다. "너희는 그 예언자들이 하는 말에 귀 기울이지 마라. 그들은 너희를 속이고 있다. 그들은 나 여호와에게서 받은 환상을 말하지 않고 자기 마음대로 환상을 말한다.

17 그들은 나를 멸시하는 사람들에게 '너희가 평안할 것이다. 여호와의 말씀이다'라고 말하며, 고집을 피우고 자기 멋대로 사는 모든 사람들에게도 '너희에게 아무런 재앙도 일어나지 않을 것이다'라고 말한다.

18 그러나 이 예언자들은 여호와의 회의에 참석하지 않았다. 내 말을 듣거나 보지 못했고, 내 말에 귀 기울이지도 않았다.

19 보아라, 나의 분노가 폭풍과 태풍처럼 몰아쳐 악한 사람의 머리를 칠 것이다.

20 나 여호와의 분노는 내 마음속에 계획한 것을 모두 이룰 때까지 멈추지 않을 것이다. 마지막 날에 너희가 이것을 분명히 깨달을 것이다.

21 나는 그 예언자들을 보낸 적이 없는데도 그들은 달려나가 자기 마음대로 말한다. 나는 그들에게 말한 적이 없는데도 그들은 자기 마음대로 예언한다.

22 그들이 나 여호와의 회의에 참석했다면, 내 말을 내 백성에게 전하여 그들을 악한 길과 악한 짓에서 돌아서게 했을 것이다.

23 내가 가까운 곳에 계신 하나님이고 먼 곳에 계신 하나님은 아니더냐? 나 여호와의 말이다.

24 사람이 아무리 숨어도 나를 피할 수는 없다. 나는 하늘과 땅, 그 어느 곳에나 있다. 나 여호와의 말이다."

25 "나는 예언자들이 내 이름으로 거짓을 말하는 것을 들었다. 그들은 '내가 꿈을 꾸었다! 내가 꿈을 꾸었다!'고 말한다.

26 이 거짓말하는 예언자들이 언제까지 그런 마음을 품겠느냐? 그들은 자기 마음대로 예언을 한다.

27 그들은 서로 그런 꿈 이야기를 하여, 그들의 조상이 나를 잊고 바알을 섬겼듯이

15 • Therefore, this is what the LORD of Heaven's Armies says concerning the prophets:

"I will feed them with bitterness
and give them poison to drink.
For it is because of Jerusalem's prophets
that wickedness has filled this land."

16 • This is what the LORD of Heaven's Armies says to his people:

"Do not listen to these prophets when
they prophesy to you,
filling you with futile hopes.
They are making up everything they say.
They do not speak for the LORD!

17 • They keep saying to those who despise my word,
'Don't worry! The LORD says you will
have peace!'
And to those who stubbornly follow their own desires,
they say, 'No harm will come your way!'

18 • "Have any of these prophets been in the LORD's presence
to hear what he is really saying?
Has even one of them cared enough to listen?

19 • Look! The LORD's anger bursts out like a storm,
a whirlwind that swirls down on the heads
of the wicked.

20 • The anger of the LORD will not diminish
until it has finished all he has planned.
In the days to come
you will understand all this very clearly.

21 • "I have not sent these prophets,
yet they run around claiming to speak for me.
I have given them no message,
yet they go on prophesying.

22 • If they had stood before me and listened to me,
they would have spoken my words,
and they would have turned my people
from their evil ways and deeds.

23 • Am I a God who is only close at hand?" says the LORD.
"No, I am far away at the same time.

24 • Can anyone hide from me in a secret place?
Am I not everywhere in all the heavens
and earth?"
says the LORD.

25 • "I have heard these prophets say, 'Listen to the dream I had from God last night.' And then they pro-
26 ceed to tell lies in my name. • How long will this go on? If they are prophets, they are prophets of deceit, inventing everything they say. • By telling these false
27 dreams, they are trying to get my people to forget me, just as their ancestors did by worshiping the idols of Baal.

despicable [déspikəbl] a. 치사한, 비열한

내 백성도 나를 잊게 하려 한다.

28 꿈을 꾼 예언자가 그 꿈 이야기를 할 수 있으나, 내 말을 받은 사람은 그 말을 진실하게 전해야 한다. 겨와 밀은 결코 같을 수 없다. 나 여호와의 말이다.

29 내 말은 불과 같고 바위를 부수는 망치와 같다.

30 그러므로 보아라. 내가 거짓 예언자들을 치겠다. 그들은 서로 내 말을 도적질하고 있다.

31 보아라. '이 예언은 여호와에게서 받은 것이다' 라고 혀를 놀리는 이 거짓 예언자들을 내가 치겠다.

32 보아라. 내가 거짓 꿈을 예언하는 예언자들을 치겠다. 그들은 거짓말과 헛된 가르침으로 내 백성을 그릇된 길로 이끌고 있다. 나는 그들을 보낸 적도 없고, 세운 적도 없다. 그러므로 그들은 내 백성에게 아무런 도움도 줄 수 없다. 나 여호와의 말이다."

여호와께서 주신 슬픈 말씀

33 "이 백성이나 예언자나 제사장이 너에게 '예레미야여, 여호와의 말씀이 무엇이냐?'고 묻거든, 너는 그들에게 '너희가 여호와께 무거운 짐이 되므로, 여호와께서 너희를 던져 버릴 것이다. 여호와의 말씀이다' 라고 대답하여라.

34 어떤 예언자나 제사장이나 백성 가운데 한 사람이 '이것이 여호와의 말씀이다' 라고 말한다면 그 사람은 거짓말을 한 것이다. 내가 그와 그의 온 집에 벌을 내리겠다.

35 너희는 서로 이웃과 형제에게 단지 '여호와께서 무엇이라고 대답하셨느냐?', '여호와께서 무슨 말씀을 하셨느냐?'라고 묻고

36 절대로 '여호와의 말씀' 이라는 말은 하지 마라. 왜냐하면 너희가 하는 그 말이 짐이 되기 때문이다. 네가 그런 말을 하면 그것은 살아 계신 하나님, 만군의 여호와 우리 하나님의 말씀을 그르치는 것이다.

37 너는 예언자에게 '여호와께서 네게 무엇이라고 대답하셨느냐? 여호와께서 무슨 말씀을 하셨느냐?' 하고 물어 보아라.

38 내가 그들에게 사람을 보내어 '여호와의 말씀' 이라는 말은 하지 말라고 명령하였으나 그들은 '여호와의 말씀' 이라고 말하였다.

39 내가 너희를 들어올려 내 앞에서 내쳐 버리겠다. 내가 너희를 던져 버리고 너희 조상과 너희에게 준 이 성, 곧 예루살렘도 던져 버리겠다.

40 그리고 너희를 영원한 웃음거리로 만들겠다.

---

28 "Let these false prophets tell their dreams, but let my true messengers faithfully proclaim my every word. There is a difference between straw and grain!

29 Does not my word burn like fire?" says the LORD. "Is it not like a mighty hammer that smashes a rock to pieces?

30 "Therefore," says the LORD, "I am against these prophets who steal messages from each other and claim they are from me. •I am against these smooth-tongued prophets who say, 'This prophecy is from the LORD!' •I am against these false prophets. Their imaginary dreams are flagrant lies that lead my people into sin. I did not send or appoint them, and they have no message at all for my people. I, the LORD have spoken!

False Prophecies and False Prophets

33 •"Suppose one of the people or one of the prophets or priests asks you, 'What prophecy has the LORD burdened you with now?' You must reply, 'You are the burden!* The LORD says he will abandon you!'

34 •"If any prophet, priest, or anyone else says, 'I have a prophecy from the LORD,' I will punish that person along with his entire family. •You should keep asking each other, 'What is the LORD's answer?' or 'What is the LORD saying?' •But stop using this phrase, 'prophecy from the LORD.' For people are using it to give authority to their own ideas, turning upside down the words of our God, the living God, the LORD of Heaven's Armies.

37 •"This is what you should say to the prophets: 'What is the LORD's answer?' or 'What is the LORD saying?' •But suppose they respond, 'This is a prophecy from the LORD!' Then you should say, 'This is what the LORD says: Because you have used this phrase, "prophecy from the LORD," even though I warned you not to use it, •I will forget you completely.* I will expel you from my presence, along with this city that I gave to you and your ancestors. •And I will make you an object of ridicule, and your name will be infamous throughout the ages.'"

---

craftsman [krǽftsmən] n. 숙련공, 장인
expel [ikspél] vt. 내쫓다
flagrant [fléigrənt] a. (거짓말・실수 등이) 명백한
infamous [ínfəməs] a. 수치스러운
ridicule [rídikjuːl] n. 조롱, 웃음거리
taunt [tɔ́ːnt] vt. 비웃다, 조롱하다
vanish [vǽniʃ] vt. 사라지다, 소멸하다

23:33 As in Greek version and Latin Vulgate; Hebrew reads *What burden?*   23:39 Some Hebrew manuscripts and Greek version read *I will surely lift you up.*

너희는 영원토록 잊혀지지 않는 부끄러움을 당할 것이다."

좋은 무화과, 나쁜 무화과

24 바빌로니아 왕 느부갓네살이 유다 왕 여호야김의 아들 여고냐*와 유다의 신하들과 기술자들과 대장장이들을 예루살렘에서 바빌론으로 잡아 간 뒤에 여호와께서 여호와의 성전 앞에 놓여 있는 무화과 광주리 두 개를 나에게 보여 주셨다.

2 광주리 하나에는 처음 열려 잘 익은 좋은 무화과들이 들어 있었다. 그러나 다른 광주리에는 썩어서 먹을 수 없는 나쁜 무화과들이 들어 있었다.

3 여호와께서 나에게 말씀하셨다. "예레미야야, 무엇이 보이느냐?" 나는 이렇게 대답했다. "무화과가 보입니다. 좋은 무화과는 아주 좋은데, 나쁜 무화과는 너무 썩어서 먹을 수가 없습니다."

4 그러자 여호와께서 나에게 말씀하셨다.

5 이스라엘의 하나님 여호와께서 이렇게 말씀하셨다. "내가 이 땅에서 바빌로니아 땅으로 쫓아낸 유다 백성을 그 좋은 무화과처럼 좋게 여기겠다.

6 내가 그들을 잘 돌보아 주겠고, 그들을 다시 유다 땅으로 데려오겠다. 내가 그들을 헐지 않고 세우겠으며, 뽑지 않고 심어서 자라게 하겠다.

7 또한 그들에게 내가 여호와라는 것을 알 수 있는 마음을 주겠다. 나는 그들의 여호와가 되고, 그들은 나의 백성이 될 것이다. 왜냐하면 그들이 온전한 마음으로 나에게 돌아올 것이기 때문이다.

8 나 여호와가 이와 같이 말한다. 유다 왕 시드기야와 그의 신하들과 이 땅에 살아남은 모든 예루살렘 백성과 이집트 땅에 살고 있는 백성들은 너무 썩어서 먹을 수가 없는 나쁜 무화과와 같다.

9 내가 이 땅의 모든 나라들로 하여금 그 백성을 악한 백성으로 여기며 미워하게 하겠다. 모든 나라 백성들이 유다 백성을 비웃고 조롱하며 손가락질을 할 것이다. 그들은 어디든 내가 흩어 놓은 곳에서 저주를 받을 것이다.

10 내가 전쟁과 굶주림과 전염병을 그들에게 보내어 그들이 모두 죽임을 당할 때까지 칠 것이다. 그들은 내가 그들과 그 조상들에게 준 땅에서 다시는 살지 못할 것이다."

예레미야의 가르침을 정리함

25 이것은 요시야의 아들 여호야김이 유다 왕으로 있은 지 사 년째 되는 해, 곧 느부갓네살이 바빌로니아 왕이 된 첫 해*에 예레미야가 모든 유다 백성에 관해 받은 말씀입니다.

2 예언자 예레미야가 모든 유다 백성과 예루살렘에 사는 모든 사람들에게 전한 말씀은 이러합니다.

3 여호와께서 지난 이십삼 년 동안, 나에게 계속해서

Good and Bad Figs

24 After King Nebuchadnezzar* of Babylon exiled Jehoiachin* son of Jehoiakim, king of Judah, to Babylon along with the officials of Judah and all the craftsmen and artisans, the LORD gave me this vision. I saw two baskets of figs placed in front of the LORD's Temple in Jerusalem.

2 • One basket was filled with fresh, ripe figs, while the other was filled with bad figs that were too rotten to eat.

3 • Then the LORD said to me, "What do you see, Jeremiah?"
I replied, "Figs, some very good and some very bad, too rotten to eat."

4 • Then the LORD gave me this message:

5 • This is what the LORD, the God of Israel, says: The good figs represent the exiles I sent from Judah to the land of the Babylonians.*

6 • I will watch over and care for them, and I will bring them back here again. I will build them up and not tear them down. I will plant them and not uproot them. • I will give

7 them hearts that recognize me as the LORD. They will be my people, and I will be their God, for they will return to me wholeheartedly.

8 • "But the bad figs," the LORD said, "represent King Zedekiah of Judah, his officials, all the people left in Jerusalem, and those who live in Egypt. I will treat them like bad figs,

9 too rotten to eat. • I will make them an object of horror and a symbol of evil to every nation on earth. They will be disgraced and mocked, taunted and cursed, wherever I

10 scatter them. • And I will send war, famine, and disease until they have vanished from the land of Israel, which I gave to them and their ancestors."

Seventy Years of Captivity

25 This message for all the people of Judah came to Jeremiah from the LORD during the fourth year of Jehoiakim's reign over Judah.* This was the year when King Nebuchadnezzar* of Babylon began his reign.

2 • Jeremiah the prophet said to all the peo-

3 ple in Judah and Jerusalem, • "For the past

24:1a Hebrew *Nebuchadrezzar*, a variant spelling of Nebuchadnezzar.   24:1b Hebrew *Jeconiah*, a variant spelling of Jehoiachin.   24:5 Or *Chaldeans*.   25:1a The fourth year of Jehoiakim's reign and the accession year of Nebuchadnezzar's reign was 605 B.C.   25:1b Hebrew *Nebuchadrezzar*, a variant spelling of Nebuchadnezzar; also in 25:9.

24:1 '여고냐'는 '여호야긴'의 또 다른 이름이다. '여호야긴'은 '여고냐' 외에도 '고니야'라고도 불렸다(렘 22:24).   25:1 이 해는 B.C. 605년에 해당된다.

말씀하셨다. 나는 유다 왕 아몬의 아들 요시야가 왕으로 있은 지 십삼 년째 되는 해*부터 지금까지 여호와께서 주신 말씀을 너희에게 거듭해서 전하였다. 그러나 너희는 그 말씀을 듣지 않았다.

4 여호와께서 그의 모든 종 예언자들을 너희에게 거듭해서 보내셨으나 너희는 그들의 말을 듣지도 않았고, 귀를 기울이지도 않았다.

5 그들은 이렇게 말했다. "너희 각 사람은 악한 길에서 돌이켜라. 나쁜 짓을 그만두어라. 그래야 너희가 이 땅에서 살아갈 수 있다. 이 땅은 옛적에 여호와께서 너희와 너희 조상들에게 주셔서 영원토록 살게 해 주신 땅이다.

6 다른 신들에게 이끌려 섬기거나 예배하지 마라. 손으로 만든 우상을 섬기지 마라. 그런 일을 하면 여호와께서 분노하셔서 너희에게 벌을 내리실 것이다."

7 "그러나 너희는 내 말을 듣지 않았다. 너희는 너희의 손으로 만든 우상을 섬김으로 나를 분노하게 만들었다. 그래서 내가 너희에게 벌을 내렸다. 나 여호와의 말이다."

8 만군의 여호와께서 이렇게 말씀하셨다. "너희는 내 말에 귀 기울이지 않았다.

9 그러므로 보아라. 내가 북쪽의 모든 민족들과 내 종 바빌로니아 왕 느부갓네살을 불러 오겠다. 그들을 데려와 유다 땅을 비롯하여 그곳에 사는 사람들과 그 주변의 다른 모든 나라들까지 치게 하겠다. 내가 그 나라들을 완전히 멸망시켜서 영원히 폐허로 남게 하겠다. 그리하여 백성들이 폐허가 된 그 모습을 보고 놀라게 할 것이다.

10 내가 그들 가운데서 기뻐하는 소리와 즐거워하는 소리와 신랑과 신부의 기뻐하는 소리를 그치게 하겠다. 사람들이 맷돌질하는 소리도 그치게 하겠으며, 등불 빛도 없애 버리겠다.

11 이 땅 전체가 메마른 황무지가 될 것이며, 이 나라들은 칠십 년 동안, 바빌로니아 왕을 섬기게 될 것이다.

12 그러나 칠십 년이 다 차면, 내가 바빌로니아 왕과 그의 나라를 벌하겠다. 내가 악한 일을 한 바빌로니아 사람들을 심판하고, 그 땅을 영원히 황무지로 만들어 버리겠다.

13 내가 그 땅에 선포한 무서운 일들이 그대로 일어날 것이다. 그것은 예레미야가 모든 나라들에 대하여 예언한 것으로, 모두 이 책에 기록되어 있다.

14 바빌로니아 사람들도 결국에는 여러 나라와 많은 큰 왕들을 섬겨야 할 것이다. 나는 그들이 내 백성에게 행한 것만큼 그들에게 벌할 것이다."

나라들을 심판함

15 이스라엘의 하나님 여호와께서 내게 말씀하셨다.

twenty-three years—from the thirteenth year of the reign of Josiah son of Amon,* king of Judah, until now—the LORD has been giving me his messages. I have faithfully passed them on to you, but you have not listened.

4 •"Again and again the LORD has sent you his servants, the prophets, but you have not listened or even paid attention. •Each time 5 the message was this: Turn from the evil road you are traveling and from the evil things you are doing. Only then will I let you live in this land that the LORD gave to you 6 and your ancestors forever. •Do not provoke my anger by worshiping idols you made with your own hands. Then I will not harm you.

7 •"But you would not listen to me," says the LORD. "You made me furious by worshiping idols you made with your own hands, bringing on yourselves all the disas- 8 ters you now suffer. •And now the LORD of Heaven's Armies says: Because you have not listened to me, •I will gather together all the armies of the north under King Nebuchadnezzar of Babylon, whom I have appointed as my deputy. I will bring them all against this land and its people and against the surrounding nations. I will completely destroy* you and make you an object of horror and 10 contempt and a ruin forever. •I will take away your happy singing and laughter. The joyful voices of bridegrooms and brides will no longer be heard. Your millstones will fall silent, and the lights in your homes will go 11 out. •This entire land will become a desolate wasteland. Israel and her neighboring lands will serve the king of Babylon for seventy years.

12 •"Then, after the seventy years of captivity are over, I will punish the king of Babylon and his people for their sins," says the LORD. "I will make the country of the Babylonians* 13 a wasteland forever. •I will bring upon them all the terrors I have promised in this book—all the penalties announced by Jere- 14 miah against the nations. •Many nations and great kings will enslave the Babylonians, just as they enslaved my people. I will punish them in proportion to the suffering they cause my people."

The Cup of the LORD's Anger

15 •This is what the LORD, the God of Israel,

25:3 The thirteenth year of Josiah's reign was 627 B.C.　25:9 The Hebrew term used here refers to the complete consecration of things or people to the LORD, either by destroying them or by giving them as an offering.　25:12 Or Chaldeans.

25:3 이 해는 B.C. 627년에 해당된다.

"너는 내 손에 있는 이 진노의 포도주 잔을 받아라. 내가 너를 온 나라에 보내니 이 진노의 포도주 잔을 마시게 하여라.

16 그들은 이것을 마신 뒤에 똑바로 걷지도 못하고 미친 사람처럼 될 것이다. 그것은 내가 그들 가운데에 전쟁을 일으킬 것이기 때문이다."

17 그래서 나는 여호와의 손에서 그 잔을 받아 여호와께서 나를 보내신 모든 나라에 가서 그 잔을 마시게 했다.

18 나는 그 예루살렘과 유다 온 마을들에게 그 포도주를 마시게 했다. 또 유다의 왕과 신하들에게도 마시게 했다. 그러자 그 땅은 폐허가 되었고, 사람들은 그 모습을 보고 놀랐으며 비웃고 저주했다. 오늘날 보는 모습 그대로 된 것이다.

19 나는 이집트 왕 파라오와 그의 신하들과 모든 백성들도 진노의 잔을 마시게 했다.

20 이집트에 사는 모든 외국인들과 우스 땅의 모든 왕들과 블레셋 땅의 모든 왕들, 곧 아스글론과 가사와 에그론의 왕들, 그리고 아스돗에 남아 있는 백성들과

21 에돔과 모압과 암몬 백성과

22 두로의 모든 왕들과 시돈의 모든 왕들, 바다 건너 멀리 떨어진 섬의 모든 왕들,

23 드단과 데마와 부스와 머리카락을 짧게 깎은 모든 백성,

24 아라비아의 모든 왕들, 광야에 서로 섞여 사는 모든 족속의 왕들,

25 시므리의 모든 왕들과 엘람의 모든 왕들과 메대의 모든 왕들,

26 그리고 북쪽에서 멀리 떨어져 있거나 가까이 위치해 있는 땅의 모든 왕들도 그 잔을 마시게 했다. 땅 위에 있는 세계의 모든 나라에 여호와의 진노의 잔을 주었으며 바빌로니아 왕은 마지막으로 그 잔을 마시게 될 것이다.

27 "너는 그들에게 이렇게 전하여라. '만군의 여호와, 이스라엘의 하나님께서 이렇게 말씀하셨다. 이 진노의 잔을 마셔라. 너희는 취하고 토하여라. 쓰러져서 일어나지 마라. 왜냐하면 내가 전쟁을 일으켜 너희를 죽일 것이기 때문이다.'

28 그들이 네 손에서 잔을 받아 마시려 하지 않으면 너는 이렇게 말하여라. '만군의 여호와께서 이렇게 말씀하셨다. 너희는 반드시 이 잔을 마셔야 한다.

29 보아라. 내가 내 이름으로 부르는 성, 예루살렘에 이미 재앙을 내리기 시작했는데 너희가 심판을 받지 않을 거라고 생각하느냐? 너희는 반드시 심판을 받을 것이다. 내가 세계의 모든 백성들에게 전쟁을 일으킬 것이다. 만군의 여호와의 말씀이다.'

30 너는 그들을 향해 이렇게 예언하여라. 그들에게 이

said to me: "Take from my hand this cup filled to the brim with my anger, and make all the nations to whom I send you drink from it. •When they drink from it, they will stagger, crazed by the warfare I will send against them."

17 •So I took the cup of anger from the LORD and made all the nations drink from it—every nation to which the LORD sent me.

18 •I went to Jerusalem and the other towns of Judah, and their kings and officials drank from the cup. From that day until this, they have been a desolate ruin, an object of horror, contempt, and cursing. •I gave the cup to Pharaoh, king of Egypt, his attendants, his officials, and all his people, •along with all the foreigners living in that land. I also gave it to all the kings of the land of Uz and the kings of the Philistine cities of Ashkelon, Gaza, Ekron, and what remains of Ashdod.

21 •Then I gave the cup to the nations of Edom, Moab, and Ammon, •and the kings of Tyre and Sidon, and the kings of regions across the sea. •I gave it to Dedan, Tema, and Buz, and to the people who live in distant places.* •I gave it to the kings of Arabia, the kings of the nomadic tribes of the desert, •and to the kings of Zimri, Elam, and Media. •And I gave it to the kings of the northern countries, far and near, one after the other—all the kingdoms of the world. And finally, the king of Babylon* himself drank from the cup of the LORD's anger.

27 •Then the LORD said to me, "Now tell them, 'This is what the LORD of Heaven's Armies, the God of Israel, says: Drink from this cup of my anger. Get drunk and vomit; fall to rise no more, for I am sending terrible wars against you.' •And if they refuse to accept the cup, tell them, 'The LORD of Heaven's Armies says: You have no choice but to drink from it. •I have begun to punish Jerusalem, the city that bears my name. Now should I let you go unpunished? No, you will not escape disaster. I will call for war against all the nations of the earth. I, the LORD of Heaven's Armies, have spoken!'

30 •"Now prophesy all these things, and say to them,

" 'The LORD will roar against his own land from his holy dwelling in heaven. He will shout like those who tread grapes;

---

brim [brím] *n.* 가장자리: 테두리
stagger [stǽgər] *vi.* 비틀거리다
25:14 in proportion to··· : ···에 비례하여

25:23 Or *who clip the corners of their hair*.
25:26 Hebrew *of Sheshach*, a code name for Babylon.

렇게 말하여라. '여호와께서 하늘에서 외치시고 거룩한 성전에서 소리를 내신다. 그의 땅을 향해 외치시니 포도주를 만들려고 포도를 밟는 사람처럼 세상에 사는 모든 사람들을 향해 소리를 내신다.

31 이는 그 소리가 온 땅에 퍼질 것이니 여호와께서 온 나라를 심판하시기 때문이다. 여호와께서 모든 사람을 심판하시고 악한 사람을 칼로 죽이신다. 여호와의 말씀이다.'"

32 만군의 여호와께서 이렇게 말씀하셨다. "보아라. 곧 이 나라에서 저 나라로 재앙이 퍼질 것이니 마치 세찬 폭풍처럼 땅끝까지 퍼져 나갈 것이다."

33 그때에는 땅이 끝에서 저 끝까지 여호와의 심판을 받은 시체들이 널려 있을 것이다. 그들의 죽음을 슬퍼해 줄 사람도 없을 것이며, 시체들을 거두어 묻어 줄 사람도 없이 그들은 거름덩이처럼 땅 위에 뒹굴게 될 것이다.

34 너희 지도자들아, 울어라. 크게 울부짖어라. 백성의 지도자들아, 재 속에서 뒹굴어라. 너희가 죽임을 당할 때가 되었다. 너희가 한때는 귀중한 것이었으나 이제는 깨진 항아리 조각처럼 곳곳에 흩어지게 될 것이다.

35 지도자들은 숨을 곳도 없을 것이다. 이 백성의 신들은 아무 데도 피하지 못할 것이다.

36 지도자들의 울부짖는 소리가 들린다. 백성의 지도자들이 외치는 소리가 들린다. 그것은 여호와께서 그들의 땅을 멸망시켰기 때문이다.

37 그 평화롭던 목장이 황무지처럼 될 것이다. 그것은 여호와께서 크게 분노하셨기 때문이다.

38 여호와께서 사자처럼 그 우리에서 나오셨다. 여호와의 무서운 진노 때문에, 여호와의 맹렬한 분노 때문에, 그들의 땅이 황무지가 되었다.

예레미야의 성전 설교

26 이것은 요시야의 아들 여호야김이 유다 왕이 된 첫해*에 여호와께서 주신 말씀입니다.

2 여호와께서 이렇게 말씀하셨다. "예레미야야, 여호와의 성전 뜰에 서서 그곳으로 경배하러 오는 유다의 모든 백성들에게 내가 너를 명하여 전하라고 한 모든 말을 하나도 빠짐없이 전하여라.

3 혹시 그들이 그 말을 듣고 자기의 악한 길에서 돌이킬지도 모른다. 만약 그들이 돌이킨다면 그들의 악한 짓 때문에 재앙을 내리려 한 나의 생각을 바꾸겠다.

4 너는 그들에게 이렇게 전하여라. '여호와께서

he will shout against everyone on earth.

31 • His cry of judgment will reach the ends of the earth,
     for the LORD will bring his case against all the nations.
He will judge all the people of the earth, slaughtering the wicked with the sword.
I, the LORD, have spoken!' "

32 • This is what the LORD of Heaven's Armies says:
     "Look! Disaster will fall upon nation after nation!
A great whirlwind of fury is rising
     from the most distant corners of the earth!"

33   • In that day those the LORD has slaughtered will fill the earth from one end to the other. No one will mourn for them or gather up their bodies to bury them. They will be scattered on the ground like manure.

34 • Weep and moan, you evil shepherds!
     Roll in the dust, you leaders of the flock!
The time of your slaughter has arrived;
     you will fall and shatter like a fragile vase.

35 • You will find no place to hide;
     there will be no way to escape.

36 • Listen to the frantic cries of the shepherds.
     The leaders of the flock are wailing in despair,
for the LORD is ruining their pastures.

37 • Peaceful meadows will be turned into a wasteland
     by the LORD's fierce anger.

38 • He has left his den like a strong lion seeking its prey,
     and their land will be made desolate
by the sword* of the enemy
     and the LORD's fierce anger.

Jeremiah's Escape from Death

26 This message came to Jeremiah from the LORD early in the reign of Jehoiakim son of Josiah,* king of Judah. • 2 "This is what the LORD says: Stand in the courtyard in front of the Temple of the LORD, and make an announcement to the people who have come there to worship from all over Judah. Give them my entire message; include every word. • 3 Perhaps they will listen and turn from their evil ways. Then I will change my mind about the disaster I am ready to pour out on them because of their sins.

4 "Say to them, 'This is what the LORD says: If you will not listen to me and obey my word I

25:38 As in some Hebrew manuscripts and Greek version; Masoretic Text reads *by the anger.*   26:1 The first year of Jehoiakim's reign was 608 B.C.

26:1 이 해는 B.C. 608년에 해당된다.

이렇게 말씀하셨다. 내가 너희에게 준 가르침을 너희는 지키고 그대로 따라야 한다.

5 너희는 내가 거듭해서 보낸 내 종 예언자들의 말에 귀 기울여야 한다. 그러나 너희는 그들의 말을 듣지 않았다.

6 너희가 내 말에 순종하지 않으면, 내가 이 성전을 실로에 있던 성막처럼 무너뜨리겠다. 예루살렘을 세계 모든 백성의 저주 거리가 되게 하겠다.'"

7 제사장들과 예언자들과 모든 백성들은 예레미야가 여호와의 성전에서 전한 이 말을 다 들었습니다.

8 여호와께서 모든 백성에게 전하라고 명하신 모든 말씀을 예레미야가 전하자, 제사장들과 예언자들과 모든 백성이 예레미야를 붙잡고 "너를 죽이고 말겠다!

9 네가 어찌 감히 여호와의 이름으로 그런 예언을 하느냐? 어찌 감히 이 성전이 실로의 성막처럼 무너질 것이라고 말하느냐? 어찌 감히 예루살렘이 아무도 살지 못할 황무지가 될 것이라고 말하느냐?" 하고 외치면서 예레미야에게 몰려들었습니다.

10 유다의 지도자들이 그 소식을 듣고 왕궁에서 나와 여호와의 성전으로 올라갔습니다. 그들은 '여호와의 새 문' 입구에 자리를 잡고 앉았습니다.

11 제사장들과 예언자들이 유다의 지도자들과 모든 백성들을 향해 말했습니다. "예레미야는 죽어야 합니다. 여러분도 여러분의 귀로 직접 들었듯이 예레미야는 예루살렘에 대해 좋지 않은 예언을 하였습니다."

12 그러자 예레미야가 유다의 모든 지도자들과 모든 백성들을 향해 말했습니다. "여호와께서 나를 보내셔서 이 성전과 이 성에 대해 이 말을 예언하라고 하셨소. 여러분이 들은 것은 다 여호와께서 주신 말씀이오.

13 이제 여러분의 생활을 바꿔 올바른 일을 하도록 하시오. 여러분의 하나님 여호와께 순종해야 하오. 그러면 여호와께서도 마음을 바꾸셔서 여러분에게 내리려 하셨던 재앙을 거둬들이실 것이오.

14 보시오, 나는 여러분 손 안에 있으니 여러분 마음대로 하시오.

15 그러나 나를 죽이더라도 이것만은 분명히 알아 두시오. 나를 죽이면 여러분은 죄 없는 사람을 죽이는 것이 되오. 여러분뿐만 아니라 이 성과 이 성에 사는 모든 사람들도 그 죄에서 벗어날 수 없소. 그것은 나를 여러분에게 보내신 분은 정말로 여호와이시고, 여러분이 들은 이 말씀도 여호와께서 주신 말씀이기 때문이오."

16 유다의 지도자들과 모든 백성이 제사장들과 예언자들에게 말했습니다. "예레미야를 죽여서는 안 됩

5 have given you, •and if you will not listen to my servants, the prophets—for I sent them again and again to warn you, but you would 6 not listen to them— •then I will destroy this Temple as I destroyed Shiloh, the place where the Tabernacle was located. And I will make Jerusalem an object of cursing in every nation on earth.'"

7 •The priests, the prophets, and all the people listened to Jeremiah as he spoke in 8 front of the LORD's Temple. •But when Jeremiah had finished his message, saying everything the LORD had told him to say, the priests and prophets and all the people at the Temple mobbed him. "Kill him!" they 9 shouted. • "What right do you have to prophesy in the LORD's name that this Temple will be destroyed like Shiloh? What do you mean, saying that Jerusalem will be destroyed and left with no inhabitants?" And all the people threatened him as he stood in front of the Temple.

10 •When the officials of Judah heard what was happening, they rushed over from the palace and sat down at the New Gate of the 11 Temple to hold court. •The priests and prophets presented their accusations to the officials and the people. "This man should die!" they said. "You have heard with your own ears what a traitor he is, for he has prophesied against this city."

12 •Then Jeremiah spoke to the officials and the people in his own defense. "The LORD sent me to prophesy against this Temple and this city," he said. "The LORD gave me every 13 word that I have spoken. •But if you stop your sinning and begin to obey the LORD your God, he will change his mind about this disaster that he has announced against 14 you. •As for me, I am in your hands—do 15 with me as you think best. •But if you kill me, rest assured that you will be killing an innocent man! The responsibility for such a deed will lie on you, on this city, and on every person living in it. For it is absolutely true that the LORD sent me to speak every word you have heard."

16 •Then the officials and the people said to the priests and prophets, "This man does not deserve the death sentence, for he has spoken to us in the name of the LORD our God."

---

deserve [dizə́ːrv] *vi.* …을 받을 만 하다
frantic [frǽntik] *a.* 광란의, 극도로 흥분한
manure [mənjúər] *n.* 거름, 퇴비
moan [móun] *vi.* 신음하다, 끙끙대다
mob [máb] *vt.* (적의를 품고) 떼 지어 둘러싸다
traitor [tréitər] *n.* 반역자
whirlwind [hwə́ːrlwìnd] *n.* 광풍
25:36 **wail in despair** : 절망으로 울부짖다

니다. 예레미야가 우리에게 한 말은 우리 하나님 여호와께서 주신 말씀입니다."

17 그러자 그 땅의 장로들 가운데서 몇 사람이 일어나 거기 모인 모든 백성에게 말했습니다.

18 "히스기야가 유다 왕으로 있을 때에 모레셋 사람 예언자 미가가 모든 유다 백성을 향해 이렇게 말한 적이 있습니다. '만군의 여호와께서 이렇게 말씀하셨다. 시온은 밭을 갈듯 뒤집힐 것이며, 예루살렘은 폐허더미로 바뀔 것이다. 성전 언덕은 수풀만 무성하게 될 것이다.'

19 유다 왕 히스기야는 미가를 죽이지 않았습니다. 유다의 그 어떤 백성도 미가를 죽이지 않았습니다. 도리어 히스기야는 여호와를 두려워하며 그분을 기쁘게 해 드렸습니다. 그래서 여호와께서도 생각을 바꾸시고 유다에 내리려 하셨던 재앙을 내리지 않으셨습니다. 만약 우리가 예레미야를 해치는 무서운 악을 행한다면 우리 스스로 무서운 재앙을 불러들이는 것이 됩니다."

20 그 무렵에 여호와의 이름으로 예언한 사람이 또한 명 있었습니다. 그는 기럇여아림 사람, 스마야의 아들 우리야였습니다. 그는 이 성과 땅을 향해 예레미야와 똑같은 말씀을 전했습니다.

21 우리야의 말을 들은 여호야김 왕과 그의 모든 군대 장교들과 유다의 모든 신하들은 우리야를 죽이려 했습니다. 우리야는 그 소식을 듣고 무서워서 이집트로 도망갔습니다.

22 그러나 여호야김 왕은 악볼의 아들 엘라단을 비롯해 몇 사람을 이집트로 보냈습니다.

23 그들은 이집트에서 우리야를 붙잡아 여호야김 왕에게 데려왔습니다. 여호야김은 우리야를 칼로 쳐죽이라고 명령했습니다. 그들은 우리야를 죽여 그 시체를 보통 사람들의 무덤에 내던졌습니다.

24 사반의 아들 아히감이 예레미야를 도와 주었습니다. 아히감은 사람들이 예레미야를 죽이려는 것을 막아 주었습니다.

느부갓네살의 멍에를 지우다

27 유다 왕 요시야의 아들 여호야김이 나라를 다스리기 시작할 무렵에 여호와께로부터 예레미야에게 다음과 같은 말씀이 임하였습니다.

2 여호와께서 나에게 이렇게 말씀하셨다. "줄과 막대기로 멍에를 만들어 네 목에 메어라.

3 유다 왕 시드기야를 만나려고 예루살렘으로 온 사신들을 시켜 에돔 왕과 모압 왕과 암몬 자손의 왕과 두로 왕과 시돈 왕에게 말을 전하여라.

4 그들에게 이 말을 그 주인들에게 전하라고 하여라. '만군의 여호와, 이스라엘의 하나님께서 이렇게 말씀하셨다. 너희 주인들에게 전하여라.

---

17 • Then some of the wise old men stood and spoke to all the people assembled there. 18 They said, "Remember when Micah of Moresheth prophesied during the reign of King Hezekiah of Judah? He told the people of Judah,

'This is what the LORD of Heaven's Armies says:
Mount Zion will be plowed like an open field;
Jerusalem will be reduced to ruins!
A thicket will grow on the heights where the Temple now stands.' *

19 • But did King Hezekiah and the people kill him for saying this? No, they turned from their sins and worshiped the LORD. They begged him for mercy. Then the LORD changed his mind about the terrible disaster he had pronounced against them. So we are about to do ourselves great harm."

20 • At this time Uriah son of Shemaiah from Kiriath-jearim was also prophesying for the LORD. And he predicted the same terrible disaster against the city and nation as Jeremiah did. 21 • When King Jehoiakim and the army officers and officials heard what he was saying, the king sent someone to kill him. But Uriah heard about the plan and escaped in fear to Egypt. 22 • Then King Jehoiakim sent Elnathan son of Acbor to Egypt along with several other men to capture Uriah. 23 • They took him prisoner and brought him back to King Jehoiakim. The king then killed Uriah with a sword and had him buried in an unmarked grave.

24 • Nevertheless, Ahikam son of Shaphan stood up for Jeremiah and persuaded the court not to turn him over to the mob to be killed.

Jeremiah Wears an Ox Yoke

27 This message came to Jeremiah from the LORD early in the reign of Zedekiah* son of Josiah, king of Judah.

2 • This is what the LORD said to me: "Make a yoke, and fasten it on your neck with leather straps. 3 • Then send messages to the kings of Edom, Moab, Ammon, Tyre, and Sidon through their ambassadors who have come to see King Zedekiah in Jerusalem. 4 • Give them this message for their masters: 'This is what the LORD of Heaven's Armies,

thong [θɔːŋ] *n.* 가죽끈, 끈
26:18 reduce to ruins : 몰락시키다

26:18 Mic 3:12.　27:1 As in some Hebrew manuscripts and Syriac version (see also 27:3, 12); most Hebrew manuscripts read *Jehoiakim.*

5 나는 큰 힘과 강한 팔로 땅과 땅 위의 모든 사람과 짐승을 만들었다. 그러므로 그 땅을 내 마음에 드는 사람에게 주겠다.

6 이제 나는 이 모든 땅을 나의 종인 바빌로니아 왕 느부갓네살에게 주겠고, 들짐승들조차 그에게 순종하게 하겠다.

7 모든 나라가 느부갓네살과 그의 아들과 손자를 섬기게 될 것이다. 그런 뒤에 바빌로니아가 망할 날이 올 것이다. 그때가 되면 여러 나라들과 위대한 왕들이 바빌로니아 사람들을 종으로 삼을 것이다.

8 그러나 바빌로니아 왕 느부갓네살을 섬기려 하지 않거나 바빌로니아 왕의 지배를 받지 않으려 하는 민족이나 나라가 있으면, 내가 그 민족을 전쟁과 굶주림과 무서운 병으로 심판하여 멸망시키겠다. 느부갓네살과 맞서 싸우는 민족은 망할 것이다. 나 여호와의 말이다.

9 그러므로 너희는 너희가 바빌로니아 왕의 노예가 되지 않을 것이라고 말하는 거짓 예언자나 점쟁이나 꿈의 뜻을 풀어 주는 사람이나 무당이나 마술사의 말에 귀 기울이지 마라.

10 그들은 너희에게 거짓을 예언하며 너희를 고향 땅에서 멀리 쫓겨나게 할 뿐이다. 만약 너희가 그들의 말을 들으면 내가 너희를 고향에서 쫓아낼 것이고, 그러면 너희는 다른 나라 땅에서 죽을 것이다.

11 그러나 스스로 바빌로니아 왕의 지배를 받고 그를 섬기는 민족은 내가 그 고향 땅에서 농사를 지으며 그대로 살게 할 것이다. 나 여호와의 말이다.'"

12 나는 또 유다 왕 시드기야에게도 이 모든 말을 그대로 전하였다. "너희는 바빌로니아 왕의 지배를 받으며 그를 섬겨야 한다. 그와 그의 백성을 섬기면 너희는 살 것이다.

13 여호와께서 바빌로니아 왕을 섬기지 않는 백성은 전쟁과 굶주림과 전염병으로 죽을 것이라고 말씀하셨는데 너와 너의 백성은 어찌하여 그런 백성들처럼 죽으려 하느냐?

14 거짓 예언자들은 너희가 절대로 바빌로니아 왕의 노예가 되지 않을 것이라고 말한다. 그러나 그들은 너희에게 거짓 예언을 하고 있으므로 그 말에 귀 기울이지 마라.

15 여호와께서 이렇게 말씀하셨다. '나는 그들을 보내지 않았다. 그럼에도 불구하고 내 이름으로 거짓 예언을 하는 너희를 내가 이 땅에서 쫓아 버리겠다. 너희와 너희에게 예언하는 예언자들은 죽을 것이다.'"

16 내가 또 제사장들과 모든 백성들에게 말하였다. "여호와께서 이렇게 말씀하셨다. '여호와의 성전에 있던 물건들을 바빌론에서 곧 되찾아 올 수 있을 것이라고 예언하는 소리를 듣지 마라. 그들은 거짓

5 the God of Israel, says: •With my great strength and powerful arm I made the earth and all its people and every animal. I can give these things of mine to anyone I choose.

6 •Now I will give your countries to King Nebuchadnezzar of Babylon, who is my servant. I have put everything, even the wild

7 animals, under his control. •All the nations will serve him, his son, and his grandson until his time is up. Then many nations and great kings will conquer and rule over

8 Babylon. •So you must submit to Babylon's king and serve him; put your neck under Babylon's yoke! I will punish any nation that refuses to be his slave, says the LORD. I will send war, famine, and disease upon that nation until Babylon has conquered it.

9 •"Do not listen to your false prophets, fortune-tellers, interpreters of dreams, mediums, and sorcerers who say, 'The king of

10 Babylon will not conquer you.' •They are all liars, and their lies will lead to your being driven out of your land. I will drive you out

11 and send you far away to die. •But the people of any nation that submits to the king of Babylon will be allowed to stay in their own country to farm the land as usual. I, the LORD, have spoken!'"

12 •Then I repeated this same message to King Zedekiah of Judah. "If you want to live, submit to the yoke of the king of Babylon

13 and his people. •Why do you insist on dying—you and your people? Why should you choose war, famine, and disease, which the LORD will bring against every nation that

14 refuses to submit to Babylon's king? •Do not listen to the false prophets who keep telling you, 'The king of Babylon will not conquer

15 you.' They are liars. •This is what the LORD says: 'I have not sent these prophets! They are telling you lies in my name, so I will drive you from this land. You will all die—you and all these prophets, too.'"

16 •Then I spoke to the priests and the people and said, "This is what the LORD says: 'Do not listen to your prophets who claim that soon the gold articles taken from my Temple will be returned from Babylon. It is

---

claim [kléim] *vt.* 주장하다
conquer [kάŋkər] *vt.* 정복하다
famine [fǽmin] *n.* 기근
interpreter [intə́:rpritər] *n.* 해석자
medium [mí:diəm] *n.* 무당
sorcerer [sɔ́:rsərər] *n.* 마법사, 마술사
yoke [jóuk] *n.* 멍에

27:7 **rule over**… : …을 다스리다
27:8 **submit to**… : …에 항복하다
27:10 **drive out** : 쫓아내다
27:13 **insist on** …ing : …할 것을 고집하다

을 예언하고 있다.

17 너희는 그 예언자들의 말을 듣지 마라. 바빌로니아 왕을 섬겨라. 그러면 살 수 있다. 예루살렘이 폐허가 되어야 하겠느냐?

18 그들이 정말 예언자라면, 그들이 정말 여호와의 말씀을 받았다면 그들은 만군의 여호와께 기도해야 할 것이다. 그들은 여호와의 성전 안에 남아 있는 물건들과 유다의 왕궁과 예루살렘에 남아 있는 것들을 바빌로니아 사람들이 빼앗아 가지 못하도록 기도해야 한다.'"

19 만군의 여호와께서 성전 안에 있는 기둥들과 바다라고 부르는 커다란 놋대야와 받침대와 그 밖의 남아 있는 물건들에 관해 이렇게 말씀하셨다.

20 "이것은 바빌로니아 왕 느부갓네살이 유다 왕 여호야김의 아들 여호야긴*을 비롯하여 유다와 예루살렘의 귀족들을 사로잡아 갈 때 남겨 놓고 간 것이다."

21 만군의 여호와, 이스라엘의 하나님께서 여호와의 성전과 유다의 왕궁과 예루살렘에 남아 있는 물건들에 관해 이렇게 말씀하셨다.

22 "이 모든 것도 바빌론으로 실려 갈 것이다. 내가 가서 다시 찾아올 때까지 그곳에 있게 될 것이다. 그 후에 내가 그것들을 이곳에 다시 옮겨 놓을 것이다. 나 여호와의 말이다."

거짓 예언자 하나냐

28 유다 왕 시드기야가 나라를 다스리기 시작하여 사 년째 되는 해 다섯째 달에 일어난 일입니다. 앗술의 아들이며 기브온 사람인 예언자 하나냐가 여호와의 성전에서 제사장들과 모든 백성들이 보는 앞에서 나 예레미야에게 말했습니다.

2 "만군의 여호와, 이스라엘의 하나님께서 이렇게 말씀하셨다. 바빌로니아 왕이 유다에게 메게 한 멍에를 내가 꺾어 버리겠다.

3 이 년 안에 바빌로니아 왕 느부갓네살이 이곳 여호와의 성전에서 바빌론으로 가져간 물건들을 내가 다시 이곳으로 가져오겠다.

4 유다 왕 여호야김의 아들 여호야긴과 포로가 되어 바빌론으로 끌려갔던 유다 백성들도 내가 다시 이곳으로 데려오겠다. 내가 바빌로니아 왕이 유다에게 메게 한 멍에를 꺾어 버리겠다. 여호와의 말씀이다."

5 그러자 예언자 예레미야가 여호와의 성전에 서 있는 제사장들과 모든 백성들이 보는 앞에서 예언자 하나냐에게 대답했습니다.

6 예언자 예레미야가 말하였다. "아멘! 여호와께서 그렇게 해 주시기만 하면 얼마나 좋겠소. 당신이 예언한 말을 여호와께서 이루어 주시면 정말 좋겠소. 여호와께서 여호와의 성전 안에 있던 모든 물건들을

17 all a lie! • Do not listen to them. Surrender to the king of Babylon, and you will live. Why 18 should this whole city be destroyed? • If they really are prophets and speak the LORD's messages, let them pray to the LORD of Heaven's Armies. Let them pray that the articles remaining in the LORD's Temple and in the king's palace and in the palaces of Jerusalem will not be carried away to Babylon!

19 • "For the LORD of Heaven's Armies has spoken about the pillars in front of the Temple, the great bronze basin called the Sea, the water carts, and all the other cere-20 monial articles. • King Nebuchadnezzar of Babylon left them here when he exiled Jehoiachin* son of Jehoiakim, king of Judah, to Babylon, along with all the other nobles 21 of Judah and Jerusalem. • Yes, this is what the LORD of Heaven's Armies, the God of Israel, says about the precious things still in the Temple, in the palace of Judah's king, 22 and in Jerusalem: • They will all be carried away to Babylon and will stay there until I send for them,' says the LORD. 'Then I will bring them back to Jerusalem again.'"

Jeremiah Condemns Hananiah

28 One day in late summer* of that same year—the fourth year of the reign of Zedekiah, king of Judah—Hananiah son of Azzur, a prophet from Gibeon, addressed me publicly in the Temple while all the priests 2 and people listened. He said, • "This is what the LORD of Heaven's Armies, the God of Israel, says: 'I will remove the yoke of the 3 king of Babylon from your necks. • Within two years I will bring back all the Temple treasures that King Nebuchadnezzar carried 4 off to Babylon. • And I will bring back Jehoiachin* son of Jehoiakim, king of Judah, and all the other captives that were taken to Babylon. I will surely break the yoke that the king of Babylon has put on your necks. I, the LORD, have spoken!'"

5 • Jeremiah responded to Hananiah as they stood in front of all the priests and peo-6 ple at the Temple. • He said, "Amen! May your prophecies come true! I hope the LORD does everything you say. I hope he does

---

27:20 Hebrew *Jeconiah*, a variant spelling of Jehoiachin.　28:1 Hebrew *In the fifth month*, of the ancient Hebrew lunar calendar. The fifth month in the fourth year of Zedekiah's reign occurred within the months of August and September 593 B.C. Also see note on 1:3.　28:4 Hebrew *Jeconiah*, a variant spelling of Jehoiachin.

27:20 개역 성경에는 '여고니야'로 표기되어 있는데 이는 '여호야긴'을 가리킨다.

바빌론에서 이곳으로 가져오시고 포로로 잡혀 갔
던 사람들도 다시 이곳으로 데려오시면 좋겠소.

7 그러나 내가 당신과 모든 백성들에게 하는 이 말을
들으시오.

8 하나냐여, 오래전부터 나나 당신보다 먼저 예언한
예언자들이 있었소. 그들은 여러 나라와 큰 왕국들
에게 전쟁과 굶주림과 무서운 병이 닥칠 것을 예언
했소.

9 평화를 예언하는 예언자는 그의 예언이 이루어진
뒤에야 그가 여호와께서 보내신 참예언자라는 것
을 인정받을 수 있을 것이오."

10 그러자 예언자 하나냐가 예언자 예레미야의 목에
서 멍에를 빼앗아 그것을 꺾어 버렸습니다.

11 그리고 하나냐는 모든 백성들이 보는 앞에서 이렇
게 말했습니다. "여호와께서 이렇게 말씀하셨소.
'내가 이처럼 바빌로니아 왕 느부갓네살이 세계 온
나라의 목에 건 멍에를 이 년 안에 꺾어 버리겠다.'"
하나냐의 말이 끝나자 예언자 예레미야는 그 자리
를 떠났습니다.

12 예언자 하나냐가 예레미야의 목에서 멍에를 꺾은
지 얼마 지나지 않은 때에 여호와께서 예레미야에
게 말씀하셨습니다.

13 "하나냐에게 가서 이렇게 전하여라. '여호와께서
말씀하셨다. 네가 나무 멍에를 꺾었으나 그 대신에
쇠 멍에를 만들어야 할 것이다.

14 만군의 여호와, 나 이스라엘의 하나님이 말한다. 내
가 이 모든 나라의 목에 쇠 멍에를 씌울 것이다. 그
리하여 그들이 바빌로니아 왕 느부갓네살을 섬기고
그의 종이 되게 할 것이다. 내가 들짐승들조차 그를
순종하게 할 것이다.'"

15 예언자 예레미야가 예언자 하나냐에게 말했습니
다. "하나냐여, 들으시오. 여호와께서는 당신을 보
내지 않으셨소. 그런데도 당신은 이 백성들이 거짓
말을 믿게 만들었소.

16 그러므로 여호와께서 이렇게 말씀하셨소. '보아
라. 내가 곧 너를 이 땅에서 없애 버리겠다. 너는 올
해에 죽을 것이다. 네가 여호와를 배반하도록 백성
들에게 가르쳤기 때문이다.'"

17 예언자 하나냐는 그 해 일곱째 달에 죽었습니다.

바빌론 포로에게 보낸 편지

29 예언자 예레미야가 느부갓네살이 바빌론으
로 잡아간 장로들과 제사장들, 그리고 예언
자들과 모든 백성들에게 예루살렘에서 편지를 보
냈습니다.

2 그때는 여호야긴 왕과 그의 어머니, 내시들, 유다와
예루살렘의 신하들, 그리고 기술자들과 대장장이
들이 예루살렘에서 포로로 끌려간 후였습니다.

---

bring back from Babylon the treasures of
7 this Temple and all the captives. •But listen
now to the solemn words I speak to you in
8 the presence of all these people. •The
ancient prophets who preceded you and me
spoke against many nations, always warn-
9 ing of war, disaster, and disease. •So a
prophet who predicts peace must show he is
right. Only when his predictions come true
can we know that he is really from the
LORD."

10 •Then Hananiah the prophet took the
yoke off Jeremiah's neck and broke it in
11 pieces. •And Hananiah said again to the
crowd that had gathered, "This is what the
LORD says: 'Just as this yoke has been bro-
ken, within two years I will break the yoke
of oppression from all the nations now sub-
ject to King Nebuchadnezzar of Babylon.'"
With that, Jeremiah left the Temple area.

12 •Soon after this confrontation with
13 Hananiah, the LORD gave this message to
Jeremiah: •"Go and tell Hananiah, 'This is
what the LORD says: You have broken a
wooden yoke, but you have replaced it with
14 a yoke of iron. •The LORD of Heaven's
Armies, the God of Israel, says: I have put a
yoke of iron on the necks of all these
nations, forcing them into slavery under
King Nebuchadnezzar of Babylon. I have
put everything, even the wild animals,
under his control.'"

15 •Then Jeremiah the prophet said to
Hananiah, "Listen, Hananiah! The LORD has
16 not sent you, but the people believe your lies.
•Therefore, this is what the LORD says: 'You
must die. Your life will end this very year
because you have rebelled against the
LORD.'"

17 •Two months later* the prophet Hana-
niah died.

A Letter to the Exiles

29 Jeremiah wrote a letter from Jeru-
salem to the elders, priests, prophets,
and all the people who had been exiled to
2 Babylon by King Nebuchadnezzar. •This
was after King Jehoiachin,* the queen moth-
er, the court officials, the other officials of
Judah, and all the craftsmen and artisans

---

artisan [άːrtəzən] *n.* 장인, 숙련공
captive [kǽptiv] *n.* 포로
confrontation [kὰnfrəntéiʃən] *n.* 대립, 대결
exile [égzail] *vt.* 추방하다
rebel [ribél] *vi.* 반역하다
surrender [səréndər] *vi.* 항복하다

28:17 Hebrew *In the seventh month of that same
year.* See 28:1 and the note there.　**29:2** Hebrew
Jeconiah, a variant spelling of Jehoiachin.

3 유다 왕 시드기야가 사반의 아들 엘라사와 힐기야의 아들 그마랴를 바빌로니아 왕 느부갓네살에게 보냈습니다. 그래서 예레미야는 그 편지를 그들에게 주어 바빌론으로 보냈습니다. 편지의 내용은 이러합니다.

4 만군의 여호와, 이스라엘의 하나님께서 예루살렘에서 바빌론으로 쫓아 버린 모든 백성에게 이렇게 말씀하셨다.

5 "너희는 집을 짓고 그 땅에 머물러 살아라. 과수원도 짓고 거기에서 자라는 열매를 먹어라.

6 결혼하여 아들딸을 낳고 너희 아들들도 장가가게 하고 너희 딸들도 시집가게 해서 그곳에서 아들딸을 낳게 하여라. 너희는 그곳에서 자녀를 많이 낳아 너희 수가 줄어들지 않게 하여라.

7 그리고 내가 너희를 쫓아 보낸 그 성에 평안이 임하도록 기도하고 너희가 살고 있는 성을 위해 여호와께 기도하여라. 그 성이 평안해야 너희도 평안할 것이다."

8 만군의 여호와, 이스라엘의 하나님께서 이렇게 말씀하셨다. "너희 가운데 있는 예언자들과 점쟁이들에게 속지 마라. 그들의 꿈 이야기에도 귀 기울이지 마라.

9 나는 그들을 보내지 않았는데 그들은 내 이름으로 너희에게 거짓 예언을 하고 있다. 나 여호와의 말이다."

10 여호와께서 이렇게 말씀하셨다. "칠십 년 동안은 바빌로니아가 강한 나라가 될 것이다. 그 기간이 지난 뒤에 내가 너희를 찾아가 예루살렘으로 데려오겠다고 한 내 약속을 지키겠다.

11 너희를 위해 세운 나의 계획을 내가 알고 있으니 내가 너희에게 재앙이 아닌 희망이 넘치는 미래를 주려 한다.

12 너희가 내 이름을 부르고 내게 와서 기도하면 내가 너희의 기도를 들어 주겠다.

13 너희가 온전한 마음으로 나를 찾고, 찾으면 나를 만날 것이다.

14 내가 너희를 만나 주겠다. 나 여호와의 말이다. 그리고 내가 너희를 포로 상태에서 풀어 주겠다. 너희를 쫓아 보낸 세상의 모든 나라에서 너희를 모아 다시 이곳으로 데려오겠다. 나 여호와의 말이다."

15 너희는 '여호와께서 바빌론에서도 우리에게 예언자들을 주셨다'고 말한다.

16 그러나 지금 다윗의 보좌에 앉아 있는 왕과 아직 예루살렘 성에 살고 있는 모든 백성, 곧 바빌론으로 끌려가지 않은 너희의 형제들에 관해 여호와께서 이렇게 말씀하셨다.

17 만군의 여호와께서 이렇게 말씀하셨다. "보아라.

3 had been deported from Jerusalem. • He sent the letter with Elasah son of Shaphan and Gemariah son of Hilkiah when they went to Babylon as King Zedekiah's ambassadors to Nebuchadnezzar. This is what Jeremiah's letter said:

4 • This is what the LORD of Heaven's Armies, the God of Israel, says to all the captives he has exiled to Babylon from Jerusalem: • "Build homes, and plan to stay. Plant gardens, and eat the food they produce. • Marry and have children. Then find spouses for them so that you may have many grandchildren.

7 Multiply! Do not dwindle away! • And work for the peace and prosperity of the city where I sent you into exile. Pray to the LORD for it, for its welfare will determine your welfare."

8 • This is what the LORD of Heaven's Armies, the God of Israel, says: "Do not let your prophets and fortune-tellers who are with you in the land of Babylon trick you. Do not listen to their dreams,

9 • because they are telling you lies in my name. I have not sent them," says the LORD.

10 • This is what the LORD says: "You will be in Babylon for seventy years. But then I will come and do for you all the good things I have promised, and I will bring you home again. • For I know the plans I have for you," says the LORD. "They are plans for good and not for disaster, to give you a future and a hope. • In those days when you pray, I will listen. • If you look for me wholeheartedly, you will find me. • I will be found by you," says the LORD. "I will end your captivity and restore your fortunes. I will gather you out of the nations where I sent you and will bring you home again to your own land.

15 • You claim that the LORD has raised up prophets for you in Babylon. • But this is what the LORD says about the king who sits on David's throne and all those still living here in Jerusalem—your relatives who were not exiled to Babylon:

17 • This is what the LORD of Heaven's Armies says: "I will send war, famine, and disease upon them and make them like

---

adultery [ədʌ́ltəri] *n.* 간통, 간음
damnation [dæmnéiʃən] *n.* 저주
deport [dipɔ́ːrt] *vt.* 국외로 추방하다, 이송하다
dwindle [dwíndl] *vi.* 점차 감소하다
mockery [mákəri] *n.* 조롱
stock [sták] *n.* [역사] 차꼬

내가 아직 예루살렘에 살고 있는 백성들에게 전쟁과 굶주림과 무서운 병을 보내어 그들을 썩어서 먹을 수 없는 나쁜 무화과처럼 만들겠다.

18 내가 전쟁과 굶주림과 무서운 병을 보내어 그들을 세계 온 나라 중에 역겨운 백성으로 만들겠다. 그들은 백성들의 저주와 놀림과 웃음거리와 부끄러움이 될 것이다. 그들은 내가 쫓아낸 온 땅에서 비웃음을 당할 것이다.

19 이는 내 종 예언자들을 거듭 보내어 내 말을 전하게 했으나 그들이 내 말을 듣지 않았기 때문이다. 나 여호와의 말이다.

20 그러므로 내가 예루살렘에서 바빌론으로 쫓아낸 너희 포로들아, 너희는 나 여호와의 말을 들어라."

21 만군의 여호와, 이스라엘의 하나님께서 골라야의 아들 아합과 마아세야의 아들 시드기야에 관해 이렇게 말씀하셨다. "이 두 사람은 내 이름으로 너희들에게 거짓 예언을 했다. 보아라. 내가 그들을 바빌로니아 왕 느부갓네살에게 넘겨주겠다. 느부갓네살이 너희 앞에서 그들을 죽일 것이다.

22 그들의 일 때문에 바빌론으로 사로잡혀 온 모든 유다 포로들이 남을 저주할 때 '너도 여호와께서 내리시는 벌을 받아 바빌로니아 왕이 불로 태워 죽인 시드기야와 아합처럼 되어라' 하고 말할 것이다.

23 그들은 이스라엘 백성 가운데서 악한 짓을 했다. 그들은 자기 이웃의 아내들과 간음하였고, 나 여호와의 이름을 팔아 시키지도 않은 거짓말을 했다. 나는 그들이 한 짓을 안다. 내가 바로 증인이다. 나 여호와의 말이다."

24 "너는 느헬람 사람 스마야에게도 전하여라."

25 만군의 여호와, 이스라엘의 하나님께서 이렇게 말씀하셨다. "스마야야, 너는 예루살렘에 사는 모든 백성과 마아세야의 아들 제사장 스바냐와 다른 모든 제사장에게 편지를 보냈다.

26 '여호와께서 제사장 여호야다를 대신하여 당신을 제사장으로 삼으셔서 당신은 여호와의 성전을 책임지는 사람이 되었습니다. 그러니 당신은 스스로 예언자 행세를 하는 미친 사람들을 혼내 주어야 합니다. 그런 사람을 붙잡아 손과 발에 차꼬를 채우고 목에는 칼을 씌워야 합니다.

27 그런데 지금 아나돗 사람 예레미야가 당신들에게 스스로 예언자 행세를 하고 있는데도 그를 혼내 주지 않는 것입니까?

28 그는 바빌론에 있는 우리에게 편지를 보내어 우리가 이곳에 오랫동안 살게 될 것이라고 말하면서 이곳에 집을 지어 머물러 살고 과수원을 지어 거기에서 자라는 열매를 먹으라고 합니다.'"

29 제사장 스바냐가 그 편지를 예언자 예레미야가 듣

---

18 bad figs, too rotten to eat. • Yes, I will pursue them with war, famine, and disease, and I will scatter them around the world. In every nation where I send them, I will make them an object of damnation, horror, contempt, and mockery. • For they 19 refuse to listen to me, though I have spoken to them repeatedly through the prophets I sent. And you who are in exile have not listened either," says the LORD.

20 • Therefore, listen to this message from the LORD, all you captives there in Babylon. • This is what the LORD of 21 Heaven's Armies, the God of Israel, says about your prophets—Ahab son of Kolaiah and Zedekiah son of Maaseiah—who are telling you lies in my name: "I will turn them over to Nebuchadnezzar* 22 for execution before your eyes. • Their terrible fate will become proverbial, so that the Judean exiles will curse someone by saying, 'May the LORD make you like Zedekiah and Ahab, whom the king of 23 Babylon burned alive!' • For these men have done terrible things among my people. They have committed adultery with their neighbors' wives and have lied in my name, saying things I did not command. I am a witness to this. I, the LORD, have spoken."

A Message for Shemaiah

24 • The LORD sent this message to Shemaiah 25 the Nehelamite in Babylon: • "This is what the LORD of Heaven's Armies, the God of Israel, says: You wrote a letter on your own authority to Zephaniah son of Maaseiah, the priest, and you sent copies to the other priests and people in Jerusalem. You wrote to Zephaniah,

26 • "The LORD has appointed you to replace Jehoiada as the priest in charge of the house of the LORD. You are responsible to put into stocks and neck irons any crazy 27 man who claims to be a prophet. • So why have you done nothing to stop Jeremiah from Anathoth, who pretends to be a prophet among you? • Jeremiah 28 sent a letter here to Babylon, predicting that our captivity will be a long one. He said, 'Build homes, and plan to stay. Plant gardens, and eat the food they produce.'"

29 • But when Zephaniah the priest received Shemaiah's letter, he took it to Jeremiah and

---

29:21 Hebrew *Nebuchadrezzar*, a variant spelling of Nebuchadnezzar.

는 데서 읽어 주었습니다.

30 그때에 여호와께서 예레미야에게 말씀하셨습니다.

31 "바빌론에 사는 모든 포로에게 이 말을 전하여라. '여호와께서 느헬람 사람 스마야에 관해 이렇게 말씀하셨다. 스마야가 너희에게 예언하고 있으나 나는 그를 보내지 않았다. 그는 너희에게 거짓말을 믿게 하고 있다.

32 그러므로 여호와께서 이렇게 말씀하셨다. 보아라. 내가 곧 느헬람 사람 스마야와 그의 자손을 벌하겠다. 그의 집안 사람은 아무도 이 백성 가운데 살아남지 못할 것이다. 그는 내가 내 백성을 다시 고향으로 돌아가게 하는 좋은 일을 보지 못할 것이다. 왜냐하면 그가 백성에게 나 여호와를 배반하도록 가르쳤기 때문이다. 여호와의 말씀이다.'"

희망의 약속

30 이것은 여호와께서 예레미야에게 하신 말씀입니다.

2 "이스라엘의 하나님 여호와가 말한다. 예레미야야, 내가 너에게 한 모든 말을 책에 기록하여라.

3 보아라. 때가 되면 내가 내 백성 이스라엘과 유다를 포로 생활에서 해방시키겠다. 내가 그들을 그들의 조상에게 준 땅으로 돌아오게 할 것이니 내 백성이 그 땅을 다시 차지할 것이다. 나 여호와의 말이다."

4 이것은 여호와께서 이스라엘과 유다 백성에 관해 하신 말씀입니다.

5 여호와께서 이렇게 말씀하셨다. "백성들이 무서워하며 울부짖는 소리가 들린다. 두려움만 가득할 뿐 평화가 없다.

6 물어 보아라. 그리고 생각해 보아라. 남자가 아기를 잉태할 수 있느냐? 그런데 어찌하여 남자들마다 모두 아기를 낳는 여자처럼 손으로 자기 허리를 움켜잡고 있느냐? 어찌하여 사람들마다 죽은 사람처럼 창백해지느냐?

7 아야! 무시무시한 날이다. 이런 날이 다시는 없을 것이다. 야곱의 백성에게 큰 재앙의 날이다. 그러나 그들은 그 재앙으로부터 구원을 받을 것이다."

8 만군의 여호와께서 이렇게 말씀하셨다. "그날이 오면 내가 그들의 목에서 멍에를 꺾어 버리고, 그들을 묶은 사슬을 끊어 버리겠다. 앞으로는 다른 나라 백성이 내 백성을 노예로 만들지 못할 것이다.

9 그들은 그들의 하나님 나 여호와를 섬기고, 내가 그들에게 보내 줄 그들의 왕 다윗을 섬길 것이다.

10 그러므로 내 종 야곱아, 너는 두려워하지 마라. 이스라엘아, 무서워하지 마라. 나 여호와의 말이다. 보아라. 저 멀리 떨어진 곳에서 내가 너희를 구해 내겠고, 너희가 포로로 끌려간 그 땅에서 너희 자손을 구

---

30 read it to him. •Then the LORD gave this
31 message to Jeremiah: • "Send an open letter to all the exiles in Babylon. Tell them, 'This is what the LORD says concerning Shemaiah the Nehelamite: Since he has prophesied to
32 you when I did not send him and has tricked you into believing his lies, •I will punish him and his family. None of his descendants will see the good things I will do for my people, for he has incited you to rebel against me. I, the LORD, have spoken!'"

Promises of Deliverance

30 The LORD gave another message to
2 Jeremiah. He said, • "This is what the LORD, the God of Israel, says: Write down for the record everything I have said to you,
3 Jeremiah. •For the time is coming when I will restore the fortunes of my people of Israel and Judah. I will bring them home to this land that I gave to their ancestors, and they will possess it again. I, the LORD, have spoken!"

4 •This is the message the LORD gave con-
5 cerning Israel and Judah. •This is what the LORD says:

"I hear cries of fear;
　there is terror and no peace.
6 • Now let me ask you a question:
　Do men give birth to babies?
　Then why do they stand there, ashen-faced,
　hands pressed against their sides
　like a woman in labor?
7 • In all history there has never been such a
　time of terror.
　It will be a time of trouble for my people
　Israel.*
　Yet in the end they will be saved!
8 • For in that day,"
　says the LORD of Heaven's Armies,
　"I will break the yoke from their necks
　and snap their chains.
　Foreigners will no longer be their masters.
9 • 　For my people will serve the LORD their God
　and their king descended from David—
　the king I will raise up for them.

10 • "So do not be afraid, Jacob, my servant;
　do not be dismayed, Israel,"
　says the LORD.
　"For I will bring you home again from
　distant lands,
　and your children will return from
　their exile.
　Israel will return to a life of peace and quiet,

snap [snæp] *vt.* 부러뜨리다. 끊어버리다

30:7 Hebrew *Jacob;* also in 30:10b, 18. See note on 5:20.

원하겠다. 야곱 백성은 다시 평화와 안정을 누릴 것이며, 아무도 그들을 위협하지 못할 것이다.

11 나 여호와가 말한다. 내가 너와 함께하며 너를 구원하겠다. 내가 너를 여러 나라로 흩어 버렸지만 이제 그 나라들을 완전히 멸망시키겠다. 그러나 너만은 내가 멸망시키지 않겠다. 내가 너를 공정하게 심판하겠으며, 너는 심판을 피하지 못할 것이다."

12 여호와께서 이렇게 말씀하셨다. "너희 백성은 치료할 수 없는 상처를 입었다. 네가 당한 부상은 고칠 수 없다.

13 네 아픈 사정을 들어 주고 도와 줄 사람이 아무도 없고, 네 종기를 치료할 약도 없으니 너는 나을 수 없다.

14 네 친구였던 나라들이 모두 너를 잊었고, 다시는 너를 찾지 않는다. 내가 너를 원수처럼 쳤고, 무서운 벌을 주었다. 이는 네 죄가 너무 크고 허물이 너무 많기 때문이다.

15 네가 어찌하여 상처를 입었다고 울부짖느냐? 네 아픔은 고칠 수 없다. 네 죄가 너무 크고 허물이 너무 많아 나 여호와가 이런 벌을 네게 내린 것이다.

16 그러나 이제는 너를 멸망시킨 나라들이 다 멸망할 것이다. 너의 모든 원수들이 포로로 끌려갈 것이다. 너의 것을 도적질한 사람은 도적질당할 것이고, 너의 것을 빼앗은 사람은 빼앗길 것이다.

17 그들이 너를 가리켜 '버려진 자'라고 하며, '아무도 시온을 찾지 않는다'고 말하지만 내가 너를 다시 건강하게 만들고 네 상처를 고쳐 주겠다. 나 여호와의 말이다."

18 여호와께서 이렇게 말씀하셨다. "보아라. 내가 야곱 백성의 장막을 회복시키고, 이스라엘 집을 불쌍히 여기겠다. 폐허의 언덕 위에 성이 다시 세워지겠고, 왕궁이 제자리에 다시 설 것이다.

19 너희 백성이 감사의 노래를 부르고 그들에게서 웃음소리가 터져 나올 것이다. 내가 너희에게 많은 자녀를 주어 너희의 수가 적지 않게 될 것이다. 내가 너희를 존귀하게 하여 아무도 너희를 얕보지 못하게 하겠다.

20 너희 자손이 옛날과 같이 될 것이다. 그 회중은 내 앞에 굳게 설 것이며 너희를 해친 모든 나라에 내가 벌을 내릴 것이다.

21 너희의 지도자는 너희 중에서 나오고, 너희를 다스리는 자가 그 백성 가운데서 나올 것이다. 내가 부를 때에 그가 가까이 나아올 것이다. 누

and no one will terrorize them.

11 • For I am with you and will save you,"
　　says the LORD.
　"I will completely destroy the nations
　　　where I have scattered you,
　　but I will not completely destroy you.
　I will discipline you, but with justice;
　　I cannot let you go unpunished."

12 • This is what the LORD says:
　"Your injury is incurable—
　　a terrible wound.
13 • There is no one to help you
　　or to bind up your injury.
　No medicine can heal you.
14 • All your lovers—your allies—have left you
　　and do not care about you anymore.
　I have wounded you cruelly,
　　as though I were your enemy.
　For your sins are many,
　　and your guilt is great.
15 • Why do you protest your punishment—
　　this wound that has no cure?
　I have had to punish you
　　because your sins are many
　　and your guilt is great.

16 • "But all who devour you will be devoured,
　　and all your enemies will be sent into exile.
　All who plunder you will be plundered,
　　and all who attack you will be attacked.
17 • I will give you back your health
　　and heal your wounds," says the LORD.
　"For you are called an outcast—
　　'Jerusalem* for whom no one cares.' "

18 • This is what the LORD says:
　"When I bring Israel home again from
　　captivity
　　and restore their fortunes,
　Jerusalem will be rebuilt on its ruins,
　　and the palace reconstructed as before.
19 • There will be joy and songs of thanksgiving,
　　and I will multiply my people, not
　　　diminish them;
　I will honor them, not despise them.
20 • Their children will prosper as they did
　　　long ago.
　I will establish them as a nation before me,
　　and I will punish anyone who hurts them.
21 • They will have their own ruler again,
　　and he will come from their own people.
　I will invite him to approach me," says the
　　　LORD,
　　"for who would dare to come unless invited?

---

devour [diváuər] vt. 망치다, 삼켜버리다
incurable [inkjúərəbl] a. 치료할 수 없는

30:17 Hebrew *Zion*.

가 감히 부르지도 않았는데 나에게 나아올 수
있겠느냐? 나 여호와의 말이다."

22 "그러므로 너희는 나의 백성이 되고, 나는 너
희의 하나님이 될 것이다."

23 보아라, 여호와께서 크게 분노하셨다. 심판이
폭풍과 태풍처럼 와서 악한 백성의 머리를 쳤
다.

24 백성들을 다 벌하시기까지 여호와의 분노가
그치지 않는다. 계획하신 심판이 끝나기까지
진노를 거두시지 않는다. 마지막 날이 오면,
너희가 이것을 깨달을 것이다.

새 이스라엘

31 "나 여호와가 말한다. 그날이 오면 내가
모든 이스라엘 가족의 하나님이 되고, 그
들은 내 백성이 될 것이다."

2 여호와께서 이렇게 말씀하셨다. "원수의 칼에
죽지 않고 살아남은 백성이 광야에서 은혜를
입을 것이다. 내가 이스라엘을 편안히 쉬게 하
겠다.

3 옛날에 여호와께서 이스라엘 백성에게 나타
나 말씀하셨다. '내가 영원한 사랑으로 너를
사랑하였고, 내 한결같은 사랑을 너에게 베풀
었다.

4 처녀 이스라엘아, 내가 너를 다시 세우리니 너
는 다시 설 것이다. 네가 다시 소고를 들고 기
뻐하는 사람들과 함께 춤출 것이다.

5 네가 다시 사마리아 산에서 포도밭을 가꿀 수
있을 것이며, 포도밭을 만든 농부들이 그 열매
를 맛볼 수 있을 것이다.

6 파수꾼들이 에브라임 산에서 '자, 일어나라.
우리 하나님 여호와께서 계신 시온으로 올라
가자' 하고 외칠 날이 올 것이다."

7 여호와께서 이렇게 말씀하셨다. "너희는 이스
라엘 백성을 위하여 기뻐 노래하여라. 온 나라
들이 만나는 곳에서 소리 높여 찬양하기를,
'여호와여, 주의 백성 이스라엘의 남은 사람
을 구원해 주십시오'라고 하여라.

8 보아라! 내가 이스라엘을 북쪽 나라에서 데려
오겠다. 그들을 땅끝에서부터 모아 오겠다. 그
들 가운데는 눈멀고 절뚝거리는 사람도 있을
것이며, 아기를 밴 여자와 곧 아기를 낳을 여
자도 있을 것이다. 큰 무리가 함께 이곳으로
돌아올 것이다.

9 그들은 눈물을 흘리며 돌아올 것이며, 나는 가
엾게 여기는 마음으로 그들을 데려올 것이다.
내가 그들을 시냇가로 인도하며 걸려 넘어지
지 않도록 평탄한 길로 인도할 것이다. 이는

---

22 • You will be my people,
　　and I will be your God."

23 • Look! The LORD's anger bursts out like a storm,
　　a driving wind that swirls down on
　　　the heads of the wicked.

24 • The fierce anger of the LORD will not diminish
　　until it has finished all he has planned.
　In the days to come
　　you will understand all this.

Hope for Restoration

31 "In that day," says the LORD, "I will be the
God of all the families of Israel, and they
2 will be my people. • This is what the LORD says:

　　"Those who survive the coming destruction
　　　will find blessings even in the barren land,
　　for I will give rest to the people of Israel."

3 • Long ago the LORD said to Israel:
　　"I have loved you, my people, with an
　　　everlasting love.
　　With unfailing love I have drawn you to
　　　myself.
4 • I will rebuild you, my virgin Israel.
　　You will again be happy
　　and dance merrily with your tambourines.
5 • Again you will plant your vineyards on
　　　the mountains of Samaria
　　and eat from your own gardens there.
6 • The day will come when watchmen will shout
　　from the hill country of Ephraim,
　'Come, let us go up to Jerusalem*
　　to worship the LORD our God.'"

7 • Now this is what the LORD says:
　　"Sing with joy for Israel.*
　　Shout for the greatest of nations!
　　Shout out with praise and joy:
　'Save your people, O LORD,
　　the remnant of Israel!'
8 • For I will bring them from the north
　　and from the distant corners of the earth.
　　I will not forget the blind and lame,
　　the expectant mothers and women
　　　in labor.
　　A great company will return!
9 • Tears of joy will stream down their faces,
　　and I will lead them home with great care.
　　They will walk beside quiet streams
　　and on smooth paths where they will
　　　not stumble.
　　For I am Israel's father,
　　and Ephraim is my oldest child.

---

redeem [ridíːm] *vt.* 구원하다
swirl [swəːrl] *vi.* 소용돌이치다

내가 이스라엘의 아버지이며, 에브라임은 내 맏아들이기 때문이다.

10 나라들아, 너희는 나의 말을 듣고 저 먼 바닷가 땅에 이 말을 전하여라. 너희는 이처럼 말하여라. '이스라엘 백성을 흩으신 분이 그들을 다시 모으시고, 목자처럼 양 떼와 같은 그들을 돌보신다.'

11 여호와가 야곱 백성을 구원하고, 그들보다 강한 백성에게서 그들을 구할 것이다.

12 이스라엘 백성이 돌아와 시온의 높은 곳에서 기뻐 외칠 것이다. 여호와가 베풀어 준 온갖 좋은 것, 곧 곡식과 새 포도주와 기름과 양 새끼와 송아지들을 보고 그들의 얼굴이 환해질 것이다. 이스라엘 백성의 마음은 물 댄 동산 같아서 다시는 괴로운 일을 만나지 않을 것이다.

13 그때에 젊은 여자들이 기뻐하며 춤을 추고, 젊은이와 늙은이가 함께 즐거워할 것이다. 내가 그들의 슬픔을 기쁨으로 바꾸어 놓고 고통 대신 기쁨과 위로를 주겠다.

14 제사장들은 살진 제물을 넉넉히 얻을 것이며 내 백성은 내가 주는 좋은 것으로 배부를 것이다. 나 여호와의 말이다."

15 여호와께서 이렇게 말씀하셨다. "라마에서 한 소리가 들리니 그것은 괴로움과 슬픔으로 울부짖는 소리이다. 라헬이 자기 자녀를 위해 운다. 그 자녀가 죽었으므로 위로받기를 거절한다."

16 그러나 여호와께서 이렇게 말씀하셨다. "네 우는 소리를 그치고, 네 눈에서 눈물을 거두어라. 네가 한 일에 상이 있을 것이며, 백성이 원수의 나라에서 돌아올 것이다.

17 너의 장래에는 희망이 있으니 네 자녀가 고향땅으로 돌아올 것이다. 나 여호와의 말이다.

18 내가 에브라임*의 슬피 우는 소리를 분명히 들었다. '여호와여, 주께서 나를 벌하셨으므로 내가 교훈을 얻었습니다. 나는 길들여지지 않은 송아지와 같았습니다. 주는 나의 하나님 여호와시니 나를 돌이켜 주십시오. 내가 돌아가겠습니다.

19 나는 주님을 떠나 헤맸지만 이제는 뉘우치고 있습니다. 내 잘못을 깨달은 후에는 가슴을 치며 슬퍼했습니다. 내가 젊었을 때, 저지른 어리석은 짓 때문에 부끄럽고 수치스럽습니다.'

20 에브라임은 나의 가장 귀한 아들이요, 귀여워하는 아들이다. 내가 가끔 이스라엘을 꾸짖었지만 나는 여전히 이스라엘을 기억한다. 내 마음이 이스라엘을 무척 사랑하니 내가 다시 그를 가엾게 여길 것이다. 나 여호와의 말이다.

10 • "Listen to this message from the LORD,
　　you nations of the world;
　　proclaim it in distant coastlands:
　The LORD, who scattered his people,
　　will gather them and watch over them
　　as a shepherd does his flock.

11 • For the LORD has redeemed Israel
　　from those too strong for them.

12 • They will come home and sing songs of
　　　joy on the heights of Jerusalem.
　　They will be radiant because of the LORD's
　　　good gifts—
　　the abundant crops of grain, new wine,
　　　and olive oil,
　　and the healthy flocks and herds.
　Their life will be like a watered garden,
　　and all their sorrows will be gone.

13 • The young women will dance for joy,
　　　and the men—old and young—will join
　　　in the celebration.
　I will turn their mourning into joy.
　　I will comfort them and exchange their
　　　sorrow for rejoicing.

14 • The priests will enjoy abundance,
　　and my people will feast on my good gifts.
　　I, the LORD, have spoken!"

Rachel's Sadness Turns to Joy

15 • This is what the LORD says:

"A cry is heard in Ramah—
　deep anguish and bitter weeping.
Rachel weeps for her children,
　refusing to be comforted—
　for her children are gone."

16 • But now this is what the LORD says:
　"Do not weep any longer,
　　for I will reward you," says the LORD.
　"Your children will come back to you
　　from the distant land of the enemy.

17 • There is hope for your future," says the LORD.
　　"Your children will come again to
　　　their own land.

18 • I have heard Israel* saying,
　'You disciplined me severely,
　　like a calf that needs training for the yoke.
　Turn me again to you and restore me,
　　for you alone are the LORD my God.

19 • I turned away from God,
　　but then I was sorry.
　I kicked myself for my stupidity!
　I was thoroughly ashamed of all I did
　　in my younger days.'

20 • "Is not Israel still my son,

31:18 Hebrew *Ephraim*, referring to the northern kingdom of Israel; also in 31:20.

31:18 '에브라임'은 '북이스라엘'을 가리킨다.

21 처녀 이스라엘아, 푯말을 세우고 길 표지판을 만들어라. 길을 잘 살펴보아라. 네가 걸었던 길을 주의하여 보아라. 처녀 이스라엘아, 돌아오너라. 네 고향 마을로 돌아오너라.

22 방탕한 딸아, 네가 언제까지 헤매겠느냐? 여호와가 이 땅에 새 일을 일으킬 것이니 여자가 남자를 안을 것이다."

23 만군의 여호와, 이스라엘의 하나님께서 이렇게 말씀하셨다. "내가 유다 백성을 옛날처럼 다시 회복시킬 때에 유다 땅과 그 온 마을에 사는 백성이 이러한 말을 다시 할 것이다. '너 정의의 보금자리, 거룩한 산이여, 여호와께서 네게 복을 베푸실 것이다.'

24 그때에 유다와 그 모든 마을의 백성이 평화롭게 모여 살 것이며, 농부들과 양 떼를 몰고 다니는 목자들이 평화롭게 모여 살 것이다.

25 내가 목말라 지친 자에게는 물을 주고, 배고파 힘 없는 자에게는 배불리 먹을 것을 주겠다."

26 나 예레미야는 그 말을 듣고 단잠에서 깨어나 눈을 떴다.

27 여호와의 말씀이다. "보아라. 날이 이를 것이다. 내가 이스라엘과 유다에 사람과 가축의 수를 헤아릴 수 없을 만큼 많게 할 것이다.

28 옛적에는 내가 이스라엘과 유다를 감시하며 그들을 뽑고 허물고 멸망시키고 재앙에 빠뜨렸으나 이제는 세우고 심는 일을 철저히 하겠다. 나 여호와의 말이다."

29 "그날이 오면 백성이 다시는 '아버지가 신 포도를 먹었으므로 자녀의 이가 시게 되었다'라는 말을 하지 않을 것이다.

30 오직 각 사람이 자기의 죄 때문에 죽을 것이다. 신 포도를 먹은 그 사람의 이만 시게 될 것이다."

새 언약

31 "보아라. 날이 이를 것이다. 나 여호와의 말이다. 그날이 오면 내가 이스라엘 백성과 유다 백성에게 새 언약을 세울 것이다.

32 그 언약은 내가 그들의 조상의 손을 붙잡고 이집트 땅에서 끌어낸 때에 세운 언약과 다른 것이다. 나는 그들의 남편이 되었으나 그들은 그 언약을 깨뜨렸다. 나 여호와의 말이다.

33 그러나 내가 그날 이후에 이스라엘 집과 언약을 맺을 것이니 나의 법을 그들의 마음속에 두고 그들의 가슴에 새겨 두어 나는 그들의 하나님이 되고 그들은 내 백성이 될 것이

my darling child?" says the LORD.
"I often have to punish him,
  but I still love him.
That's why I long for him
  and surely will have mercy on him.

21 • Set up road signs;
    put up guideposts.
  Mark well the path
    by which you came.
  Come back again, my virgin Israel;
    return to your towns here.

22 • How long will you wander,
    my wayward daughter?
  For the LORD will cause something new
      to happen—
    Israel will embrace her God.*

23 •This is what the LORD of Heaven's Armies, the God of Israel, says: "When I bring them back from captivity, the people of Judah and its towns will again say, 'The LORD bless you, O righteous home, O holy mountain!' • Townspeople and farmers and shepherds alike will live together in peace and happiness. • For I have given rest to the weary and joy to the sorrowing.

26 • At this, I woke up and looked around. My sleep had been very sweet.

27 • "The day is coming," says the LORD, "when I will greatly increase the human population and the number of animals here in Israel and Judah. 28 •In the past I deliberately uprooted and tore down this nation. I overthrew it, destroyed it, and brought disaster upon it. But in the future I will just as deliberately plant it and build it up. I, the LORD, have spoken!

29 • "The people will no longer quote this proverb:

'The parents have eaten sour grapes,
  but their children's mouths pucker at
    the taste.'

30 •All people will die for their own sins—those who eat the sour grapes will be the ones whose mouths will pucker.

31 • "The day is coming," says the LORD, "when I will make a new covenant with the people of Israel 32 and Judah. • This covenant will not be like the one I made with their ancestors when I took them by the hand and brought them out of the land of Egypt. They broke that covenant, though I loved them as a husband loves his wife," says the LORD.

33 • "But this is the new covenant I will make with the people of Israel after those days," says the LORD. "I will put my instructions deep within them, and I

abolish [əbáliʃ] *vt.* 폐지하다
pucker [pʌ́kər] *vi.* 오므라들다
wayward [wéiwərd] *a.* 제멋대로인, 비뚤어진

31:22 Hebrew *a woman will surround a man.*

다.

34 그날이 오면 각 사람이 자기의 이웃이나 형제에게 여호와를 알도록 가르칠 필요가 없다. 이는 모든 백성이 나를 알게 될 것이기 때문이다. 내가 그들의 허물을 용서하고 그들의 죄를 다시는 기억하지 않겠다.”

여호와께서는 절대로 이스라엘을 저버리시지 않는다

35 여호와께서 이렇게 말씀하셨다. “나 여호와가 낮에는 해를 주어 빛을 비추게 하고 밤에는 달과 별들을 지정하여 빛을 비추게 하였다. 또 바다를 뒤흔들어 파도 소리가 나게 하였다. 내 이름은 만군의 여호와이다.

36 나 여호와 앞에서 이 법칙이 어긋나지 않는 한 이스라엘의 자손도 내 앞에서 항상 나라로서 존재할 것이다.”

37 여호와께서 이렇게 말씀하셨다. “만약 사람이 위로 하늘을 잴 수 있고 아래로 땅의 기초를 잴 수 있다면 몰라도 그런 일이 있기 전에는 내가 이스라엘의 모든 자손이 한 일로 그들을 저버리지 않을 것이다. 나 여호와의 말이다.”

새 예루살렘

38 여호와의 말씀이다. “보아라. 때가 이를 것이다. 그날이 오면 나 여호와를 위해 예루살렘이 다시 세워질 것이다. 하나넬 망대에서부터 ‘모퉁이 문’에 이르기까지 모든 것이 다시 세워질 것이다.

39 측량하는 줄이 가렙 언덕까지 곧게 이어지다가 고아 쪽으로 꺾어질 것이다.

40 시체와 잿더미로 가득 찬 골짜기와 기드론 시내에서 동쪽의 ‘말 문’ 모퉁이까지 이르는 모든 밭이 여호와의 거룩한 땅이 되고, 다시는 무너지거나 허물어지지 않을 것이다.”

예레미야가 밭을 사다

32 이것은 시드기야가 유다 왕으로 있은 지 십 년째 되는 해에 여호와께서 예레미야에게 하신 말씀입니다. 그 해는 느부갓네살 왕이 나라를 다스린 지 십팔 년 되는 해*입니다.

2 그때에 바빌로니아 군대가 예루살렘을 에워싸고 있었습니다. 그리고 예언자 예레미야는 유다 왕궁의 경호대 뜰에 갇혀 있었습니다.

3 예레미야를 그곳에 가둔 사람은 유다 왕 시드기야입니다. 시드기야가 물었습니다. “그대는 어찌하여 그런 예언을 하였소?” 예레미야가 한 예언은 이러합니다. “여호와께서 이렇게 말씀하셨다. ‘보아라. 내가 예루살렘 성을 바빌로니아 왕에게 넘겨 주겠다. 느부갓네살이 이 성을 점령할 것이다.

4 유다 왕 시드기야는 바빌로니아 군대에게서 벗어나

---

will write them on their hearts. I will be their 34 God, and they will be my people. •And they will not need to teach their neighbors, nor will they need to teach their relatives, saying, ‘You should know the LORD.’ For everyone, from the least to the greatest, will know me already,” says the LORD. “And I will forgive their wickedness, and I will never again remember their sins.”

35 • It is the LORD who provides the sun
    to light the day
        and the moon and stars to light the night,
    and who stirs the sea into roaring waves.
    His name is the LORD of Heaven’s Armies,
        and this is what he says:
36 • “I am as likely to reject my people Israel
        as I am to abolish the laws of nature!”
37 • This is what the LORD says:
    “Just as the heavens cannot be measured
        and the foundations of the earth can
            not be explored,
    so I will not consider casting them away
        for the evil they have done.
            I, the LORD, have spoken!

38 • “The day is coming,” says the LORD, “when all Jerusalem will be rebuilt for me, from the Tower of Hananel to the Corner 39 Gate. •A measuring line will be stretched out over the hill of Gareb and across to 40 Goah. •And the entire area—including the graveyard and ash dump in the valley, and all the fields out to the Kidron Valley on the east as far as the Horse Gate—will be holy to the LORD. The city will never again be captured or destroyed.”

Jeremiah’s Land Purchase

32 The following message came to Jeremiah from the LORD in the tenth year of the reign of Zedekiah,* king of Judah. This was also the eighteenth year of the reign 2 of King Nebuchadnezzar.* •Jerusalem was then under siege from the Babylonian army, and Jeremiah was imprisoned in the court- 3 yard of the guard in the royal palace. •King Zedekiah had put him there, asking why he kept giving this prophecy: “This is what the LORD says: I am about to hand this city over to the king of Babylon, and he will take it. 4 •King Zedekiah will be captured by the Babylonians* and taken to meet the king of

32:1a The tenth year of Zedekiah’s reign and the eighteenth year of Nebuchadnezzar’s reign was 587 B.C. **32:1b** Hebrew *Nebuchadrezzar*, a variant spelling of Nebuchadnezzar; also in 32:28. **32:4** Or *Chaldeans*; also in 32:5, 24, 25, 28, 29, 43.

32:1 이 해는 B.C. 587년에 해당된다.

지 못하고 꼼짝없이 바빌로니아 왕에게 넘겨져 바빌로니아 왕과 얼굴을 맞대고 직접 이야기하게 될 것이다.

5 바빌로니아 왕이 시드기야를 바빌론으로 데려갈 것이니 시드기야는 내가 내리는 벌이 끝날 때까지 그곳에 머물러 있을 것이다. 나 여호와의 말이다. 너희가 바빌로니아 군대와 싸워도 이기지 못할 것이다.'"

6 예레미야가 말했습니다. "여호와께서 내게 말씀하셨소.

7 예레미야야, 네 숙부 살룸의 아들 하나멜이 네게 와서 이렇게 말할 것이다. '당신은 나의 가장 가까운 친척이니 아나돗에 있는 내 밭을 사십시오. 그 밭을 사는 것이 당신의 권리이자 책임입니다.'

8 얼마 후에 여호와께서 말씀하신 대로 내 숙부의 아들 하나멜이 경호대 뜰로 나를 찾아와 말했소. '베냐민 땅 아나돗에 있는 내 밭을 사십시오. 그 땅을 사는 것이 당신의 권리이자 의무입니다. 그 땅을 사서 당신의 것으로 삼으십시오.' 그래서 나는 이것이 여호와의 말씀임을 깨달았소.

9 나는 내 숙부의 아들 하나멜에게서 아나돗에 있는 그 밭을 샀소. 그리고 그 값으로 은 열일곱 세겔*을 달아 주었소.

10 나는 땅문서에 내 이름을 써 넣고 그 문서에 도장을 찍어 증인들을 세운 뒤에 은을 저울에 달아 주었소.

11 나는 법률과 관습에 따라 도장 찍은 거래 문서와 도장 찍지 않은 거래 문서를 모두 받아 두었소.

12 그리고 그 거래 문서를 내 숙부의 아들 하나멜과 증인들이 보는 앞에서 마세야의 손자요, 네리야의 아들인 바룩에게 넘겨주었소. 그 증인들도 그 거래 문서에 자기의 이름을 썼소. 경호대 뜰에는 다른 유다 사람들도 많이 앉아 있었는데 그들도 내가 거래 문서를 바룩에게 넘겨주는 것을 보았소.

13 나는 모든 사람들이 지켜보는 가운데 바룩에게 지시했소.

14 '만군의 여호와, 이스라엘의 하나님께서 이렇게 말씀하셨다. 이 문서들, 곧 도장을 찍은 거래 문서와 도장을 찍지 않은 거래 문서를 가져다가 항아리에 넣어 두고 오랫동안 보관하여라.

15 만군의 여호와, 이스라엘의 하나님인 내가 이렇게 말한다. 사람들이 이 땅에서 다시 집과 밭과 포도밭을 살 것이다.'

16 나는 거래 문서를 네리야의 아들 바룩에게 넘겨주고 여호와께 이렇게 기도했소.

17 '아! 주 여호와여, 보십시오. 주께서 주님의 크신 능력과 펴신 팔로 하늘과 땅을 만드셨으니, 주께서는 무엇이든지 못하시는 일이 없습니다.

18 주께서는 수천 대에 이르기까지 자비를 베푸시지

5 Babylon face to face. ●He will take Zedekiah to Babylon, and I will deal with him there,' says the LORD. 'If you fight against the Babylonians, you will never succeed.'"

6 ●At that time the LORD sent me a mes-
7 sage. He said, ●"Your cousin Hanamel son of Shallum will come and say to you, 'Buy my field at Anathoth. By law you have the right to buy it before it is offered to anyone else.'"

8 ●Then, just as the LORD had said he would, my cousin Hanamel came and visited me in the prison. He said, "Please buy my field at Anathoth in the land of Benjamin. By law you have the right to buy it before it is offered to anyone else, so buy it for yourself." Then I knew that the message I had heard was from the LORD.

9 ●So I bought the field at Anathoth, pay-
ing Hanamel seventeen pieces* of silver for
10 it. ●I signed and sealed the deed of purchase before witnesses, weighed out the silver, and
11 paid him. ●Then I took the sealed deed and an unsealed copy of the deed, which con-
tained the terms and conditions of the pur-
12 chase, ●and I handed them to Baruch son of Neriah and grandson of Mahseiah. I did all this in the presence of my cousin Hanamel, the witnesses who had signed the deed, and all the men of Judah who were there in the courtyard of the guardhouse.

13 ●Then I said to Baruch as they all listened,
14 ●"This is what the LORD of Heaven's Armies, the God of Israel, says: 'Take both this sealed deed and the unsealed copy, and put them into a pottery jar to preserve them for a long
15 time.' ●For this is what the LORD of Heaven's Armies, the God of Israel, says: 'Someday people will again own property here in this land and will buy and sell houses and vine-
yards and fields.'"

Jeremiah's Prayer

16 ●Then after I had given the papers to Baruch, I prayed to the LORD:

17 ●"O Sovereign LORD! You made the heav-
ens and earth by your strong hand and powerful arm. Nothing is too hard for you!
18 ●You show unfailing love to thousands, but you also bring the consequences of one generation's sin upon the next. You are the great and powerful God, the LORD of

preserve [prizɔ́:rv] vt. 보존하다
property [prápərti] n. 소유권
sovereign [sávərən] n. 주권자

32:9 Hebrew *17 shekels*, about 7 ounces or 194 grams in weight.

32:9 17세겔은 약 193.8g이다.

만 부모의 죄에 대해서는 그 자손에게까지 그 죄값을 치르게 하십니다. 위대하시고 전능하신 하나님, 하나님의 이름은 만군의 여호와이십니다.

19 주께서는 큰 일을 계획하시고 이루십니다. 주께서는 모든 인간이 행하는 길을 다 지켜보고 계시며 각 사람의 살아가는 모습과 하는 일에 따라 갚아 주십니다.

20 주께서는 이집트 땅에서 기적과 놀라운 일들을 나타내셨고 오늘날까지도 이스라엘과 모든 사람에게 기적을 나타내 보이십니다. 그리하여 오늘날 우리가 보듯이 주님의 이름을 널리 떨치셨습니다.

21 주께서는 표징과 기적으로, 그리고 크신 능력과 펴신 팔로 주님의 백성 이스라엘을 이집트 땅에서 인도해 내시고 적들을 무서워 떨게 하셨습니다.

22 주께서 이스라엘 백성에게 주신 이 땅은 그 조상들에게 주시겠다고 약속하신 땅이요, 젖과 꿀이 흐르는 땅입니다.

23 이스라엘 백성은 이 땅에 와서 이곳을 차지했습니다. 그러나 그들은 주님께 순종하지 않았고 주님의 가르침을 따르지 않았습니다. 주께서 그들에게 명하신 모든 말씀을 행하지 않았습니다. 그래서 주께서는 이 모든 재앙이 그들에게 일어나게 하셨습니다.

24 보십시오. 마침내 적군이 이 성을 점령하러 와서 성벽 꼭대기에 이르는 흙길을 쌓고 있습니다. 이 성은 바빌로니아 사람들의 손에 넘어갈 것입니다. 바빌로니아 군대가 이 성을 공격하고 있습니다. 이제 곧 전쟁과 굶주림과 무서운 병이 닥칠 것입니다. 주께서도 지금 보고 계시듯이 주께서 말씀하신 일이 그대로 이루어지고 있습니다.

25 하지만 주 여호와여, 주께서는 바빌로니아 군대가 곧 이 성을 점령할 텐데도 저에게 밭을 사고 증인을 세우라고 말씀하셨습니다.'"

26 그러자 여호와께서 예레미야에게 말씀하셨습니다.

27 "보아라. 나는 여호와이며 모든 사람의 하나님이다. 나에게는 할 수 없는 일이 없다.

28 그러므로 나 여호와가 이렇게 말한다. 보아라. 내가 곧 이 예루살렘 성을 바빌로니아 군대와 바빌로니아 왕 느부갓네살의 손에 넘겨주겠다. 그러면 그 군대가 이 성을 점령할 것이다.

29 바빌로니아 군대는 이미 예루살렘 성을 공격하고 있다. 그들은 곧 이 성에 들어와 불을 질러 성을 태워 버릴 것이다. 예루살렘 백성은 그들의 집 지붕 위에서 바알에게 제사를 지내고 다른 우상들에게 부어 드리는 제물인 전제물을 바쳐서 나를 분노케 했다. 그러므로 내가 그 집들도 태워 버릴 것이다.

30 이스라엘 자손과 유다 백성은 젊었을 때부터 내가

---

19 Heaven's Armies. •You have all wisdom and do great and mighty miracles. You see the conduct of all people, and you give
20 them what they deserve. •You performed miraculous signs and wonders in the land of Egypt—things still remembered to this day! And you have continued to do great miracles in Israel and all around the world. You have made your name famous to this day.
21 •"You brought Israel out of Egypt with mighty signs and wonders, with a strong hand and powerful arm, and with over-
22 whelming terror. •You gave the people of Israel this land that you had promised their ancestors long before—a land flowing with
23 milk and honey. •Our ancestors came and conquered it and lived in it, but they refused to obey you or follow your word. They have not done anything you commanded. That is why you have sent this terrible disaster upon them.
24 •"See how the siege ramps have been built against the city walls! Through war, famine, and disease, the city will be handed over to the Babylonians, who will conquer it. Everything has happened just as
25 you said. •And yet, O Sovereign LORD, you have told me to buy the field—paying good money for it before these witnesses—even though the city will soon be handed over to the Babylonians."

A Prediction of Jerusalem's Fall

26 •Then this message came to Jeremiah from
27 the LORD: •"I am the LORD, the God of all the peoples of the world. Is anything too
28 hard for me? •Therefore, this is what the LORD says: I will hand this city over to the Babylonians and to Nebuchadnezzar, king
29 of Babylon, and he will capture it. •The Babylonians outside the walls will come in and set fire to the city. They will burn down all these houses where the people provoked my anger by burning incense to Baal on the rooftops and by pouring out liquid offerings
30 to other gods. •Israel and Judah have done nothing but wrong since their earliest days. They have infuriated me with all their evil

---

capture [kǽptʃər] vt. 점령하다
conquer [kɑ́ŋkər] vt. 정복하다
disaster [dizǽstər] n. 재앙
famine [fǽmin] n. 기근, 굶주림
incense [ínsens] n. 향
infuriate [infjúərièit] vt. 격분시키다
overwhelming [ouvərhwélmiŋ] a. 극도의
provoke [prəvóuk] vt. 불러 일으키다
ramp [rǽmp] n. 진입로, 경사로
siege [si:dʒ] n. 포위공격

보기에 악한 짓만 일삼았다. 이스라엘자손은 자기 손으로 만든 우상들을 섬겨서 나를 분노케 했다. 나 여호와의 말이다.

31 예루살렘 성은 세워진 때부터 지금까지 나를 분노하게 만들었으므로 내가 이 성을 내 앞에서 없애 버리겠다.

32 이스라엘 자손과 유다 백성이 저지른 악한 짓 때문에 내가 이 성을 멸망시키겠다. 그 백성과 그들의 왕들과 그들의 신하들이 나를 분노케 했다. 그리고 그들의 제사장과 예언자들, 유다의 모든 사람과 예루살렘에 사는 모든 사람들이 나를 분노케 했다.

33 그들은 나를 바라보지 않고 도리어 내게서 등을 돌렸다. 내가 쉬지 않고 그들을 가르치려 했으나 그들은 내 말을 들으려 하지 않았다. 그들을 바른 길로 이끌려 했으나 소용이 없었다.

34 그들은 내 이름으로 불리는 성전 안에 역겨운 우상들을 놓아 두어 그곳을 더럽혔다.

35 그 백성은 자기 자식들을 몰렉에게 태워 바치려고 힌놈의 아들 골짜기에 바알 산당을 세워 놓았다. 나는 이렇게 유다를 죄에 빠뜨리는 역겨운 일을 하라고 명령한 적이 없다. 그런 것은 생각해 본 적도 없다.

36 너희가 말하기를 '이 성은 바빌로니아 왕의 손에 넘겨질 것이다. 그리하여 전쟁과 굶주림과 무서운 병이 닥칠 것이다' 라고 한다. 그러므로 이제 이스라엘의 하나님 나 여호와가 이 성에 대하여 이렇게 말한다.

37 '나는 너무나 분하고 노여워 이스라엘과 유다 백성을 그 땅에서 쫓아냈다. 그러나 보아라. 이제는 내가 쫓아낸 모든 땅에서 그들을 불러모아 이곳으로 데려오겠다. 그들은 평화와 안정 속에서 살아갈 것이다.

38 그들은 내 백성이 되고 나는 그들의 하나님이 될 것이다.

39 내가 그들에게 한 마음과 한 길을 주어 그들이 언제나 참마음으로 나만을 경외하여 자기들뿐 아니라 그 자손들까지도 복을 받게 만들겠다.

40 내가 그들과 영원한 언약을 맺고 절대로 그들에게서 떠나지 않겠다. 언제나 그들에게 좋은 일을 해 주겠다. 그들에게 나를 존경하는 마음을 주어서 절대로 나를 떠나지 않게 하겠다.

41 내가 기쁜 마음으로 그들에게 좋은 일을 하며 내 온 마음을 다하여 그들을 이 땅에 심고 잘 자라나게 하겠다.'

42 나 여호와가 이렇게 말한다. 내가 이 백성에게 큰 재앙을 내렸으나 이제는 재앙을 내린 만큼 내가 약속한 모든 좋은 일들을 이루겠다.

43 너희가 말하기를 '이 땅은 사람도 없고 짐승도 살지 않는 황무지이다. 이 땅은 바빌로니아 군대에게 넘어가 버렸다' 라고 한다. 그러나 장차 사람들이 이 땅에

31 deeds," says the LORD. • "From the time this city was built until now, it has done nothing but anger me, so I am determined to get rid of it.

32 • "The sins of Israel and Judah—the sins of the people of Jerusalem, the kings, the officials, the priests, and the prophets—

33 have stirred up my anger. •My people have turned their backs on me and have refused to return. Even though I diligently taught them, they would not receive

34 instruction or obey. •They have set up their abominable idols right in my own

35 Temple, defiling it. •They have built pagan shrines to Baal in the valley of Ben-Hinnom, and there they sacrifice their sons and daughters to Molech. I have never commanded such a horrible deed; it never even crossed my mind to command such a thing. What an incredible evil, causing Judah to sin so greatly!

A Promise of Restoration

36 • "Now I want to say something more about this city. You have been saying, 'It will fall to the king of Babylon through war, famine, and disease.' But this is what

37 the LORD, the God of Israel, says: •I will certainly bring my people back again from all the countries where I will scatter them in my fury. I will bring them back to this very city and let them live in peace and

38 safety. •They will be my people, and I will

39 be their God. •And I will give them one heart and one purpose: to worship me forever, for their own good and for the good

40 of all their descendants. •And I will make an everlasting covenant with them: I will never stop doing good for them. I will put a desire in their hearts to worship me, and

41 they will never leave me. •I will find joy doing good for them and will faithfully and wholeheartedly replant them in this land.

42 • "This is what the LORD says: Just as I have brought all these calamities on them, so I will do all the good I have promised

43 them. •Fields will again be bought and sold in this land about which you now say, 'It has been ravaged by the Babylonians, a desolate land where people and animals

---

abominable [əbámənəbl] a. 혐오스러운
calamity [kəlǽməti] n. 재난, 재앙
defile [difáil] vt. 더럽히다
desolate [désələt] a. 황폐한
pagan [péigən] a. 이방의
ravage [rǽvidʒ] vt. 파괴하다
shrine [ʃrain] n. 산당
32:31 get rid of… : …을 제거하다
32:32 stir up… : …을 일으키다, 선동하다

서 다시 밭을 사들일 것이다.

44 돈을 주고 밭을 사며 문서에 자기 이름을 쓰고 도장을 찍고 증인들도 세울 것이다. 베냐민 땅뿐만 아니라 예루살렘 부근 지역과 유다의 여러 마을과 산지 마을들과 서쪽 구릉 지대의 마을들과 유다 남쪽 네게브의 마을들에서도 살 것이다. 왜냐하면 내가 모든 것을 옛날처럼 회복시킬 것이기 때문이다. 나 여호와의 말이다."

하나님의 약속

33 예레미야가 아직 경호대 뜰에 갇혀 있을 때에 여호와께서 두 번째로 그에게 말씀하셨습니다.

2 "일을 계획하시는 여호와, 일을 이루시고 성취하시는 여호와, 그 이름을 여호와라 하는 분이 이렇게 말씀하셨다.

3 '너는 나에게 부르짖어라. 그러면 내가 네게 응답하겠고 네가 전에 알지 못하던 놀라운 일들과 비밀들을 일러 주겠다.'

4 이스라엘의 하나님 여호와께서 바빌로니아 군대의 공격을 막으려고 무너진 예루살렘 성의 집들과 유다 왕궁들에 관해 이렇게 말씀하셨다.

5 '그들이 와서 바빌로니아 군대와 싸웠으나, 나의 분노와 진노 때문에 이 성은 죽은 사람들의 시체로 가득 찼다. 나는 그들의 온갖 악한 짓 때문에 이 성을 저버렸다.

6 그러나 보아라. 내가 이 성 백성을 치료하여 낫게 해 주고 평화와 번영을 누릴 수 있게 해 주겠다.

7 이스라엘과 유다를 옛날처럼 회복시켜 주겠고 다시 세워 주겠다.

8 그들이 나에게 죄를 지었으나 그 죄를 씻어 주겠다. 악한 짓을 하고 내게서 등을 돌렸으나 용서해 주겠다.

9 그러면 예루살렘은 나로 말미암아 다시 세상에 널리 이름을 떨치게 되겠고, 그곳에 사는 백성은 행복해질 것이다. 모든 나라 백성이 예루살렘을 찬양하고 공경할 것이다. 이는 내가 나의 백성에게 베풀 좋은 일들을 그들도 들을 것이기 때문이다. 내가 예루살렘에 가져다 줄 복과 평화를 보고 모든 나라들이 놀라며 떨 것이다.'

10 나 여호와가 이렇게 말한다. 너희가 말하기를 '이 땅은 사람도 살지 않고 짐승도 살지 않는 황무지가 되었다'라고 한다. 지금은 예루살렘 거리와 유다 마을들이 조용하다. 사는 사람도 없고 짐승도 살지 않는다. 그러나 그곳에 다시 사람 사는 소리가 들릴 것이다.

11 기뻐하고 즐거워하는 소리와 신랑 신부의 기뻐하는 소리도 들릴 것이다. 백성들이 감사의 표시로 여호와의 성전에 제물을 가져와 바치는 소리도 들릴 것이

---

44 have all disappeared.' • Yes, fields will once again be bought and sold—deeds signed and sealed and witnessed—in the land of Benjamin and here in Jerusalem, in the towns of Judah and in the hill country, in the foothills of Judah* and in the Negev, too. For someday I will restore prosperity to them. I, the LORD, have spoken!"

Promises of Peace and Prosperity

33 While Jeremiah was still confined in the courtyard of the guard, the LORD gave him this second message: • "This is 2 what the LORD says—the LORD who made the earth, who formed and established it, whose name is the LORD: • Ask me and I 3 will tell you remarkable secrets you do not know about things to come. • For this is 4 what the LORD, the God of Israel, says: You have torn down the houses of this city and even the king's palace to get materials to strengthen the walls against the siege ramps and swords of the enemy. • You 5 expect to fight the Babylonians,* but the men of this city are already as good as dead, for I have determined to destroy them in my terrible anger. I have abandoned them because of all their wickedness.

6 • "Nevertheless, the time will come when I will heal Jerusalem's wounds and give it prosperity and true peace. • I will 7 restore the fortunes of Judah and Israel and rebuild their towns. • I will cleanse them of 8 their sins against me and forgive all their sins of rebellion. • Then this city will bring 9 me joy, glory, and honor before all the nations of the earth! The people of the world will see all the good I do for my people, and they will tremble with awe at the peace and prosperity I provide for them.

10 • "This is what the LORD says: You have said, 'This is a desolate land where people and animals have all disappeared.' Yet in the empty streets of Jerusalem and Judah's other towns, there will be heard once more 11 • the sounds of joy and laughter. The joyful voices of bridegrooms and brides will be heard again, along with the joyous songs of people bringing thanksgiving offerings to the LORD. They will sing,

---

abandon [əbǽndən] vt. 저버리다
awe [ɔ:] n. 두려움, 경외
confine [kənfáin] vt. 가두다, 감금하다
rebellion [ribéljən] n. 저항, 반역
remarkable [rimá:rkəbl] a. 놀랄 만한

32:44 Hebrew *the Shephelah.* 33:5 Or *Chaldeans.*

다. 그들이 말하기를, '만군의 여호와를 찬양하여라. 여호와는 좋으시다. 여호와의 사랑은 영원하다'라고 할 것이다. 내가 옛날처럼 이 땅을 회복시킬 것이기 때문이다. 나 여호와의 말이다.

12 나 만군의 여호와가 이렇게 말한다. '지금 이곳은 황폐하다. 그 모든 마을에 사람도 살지 않고, 짐승도 살지 않는다. 그러나 목자들이 양 떼를 쉬게 할 목초지가 생길 것이다.

13 산지 마을들과 구릉 지대의 마을들에서, 유다 남쪽 네게브의 마을들과 베냐민 땅에서, 그리고 예루살렘 주변과 유다의 다른 마을들에서 목자들이 자기 양 떼의 수를 셀 것이다.' 나 여호와의 말이다."

좋은 가지

14 "나 여호와가 말한다. 내가 이스라엘 집과 유다 집에 약속한 선한 일을 이룰 날이 오고 있다.

15 그날이 오고 그때가 되면 내가 다윗의 집안에서 의로운 가지가 나게 하겠다. 그는 이 땅에서 옳고 의로운 일을 할 것이다.

16 그날에 유다는 구원받을 것이며, 예루살렘은 안전하게 살 것이다. 그 가지는 '우리의 의가 되시는 여호와'라는 이름을 얻을 것이다.

17 나 여호와가 이렇게 말한다. '보좌에 앉아 이스라엘을 다스릴 사람이 다윗의 집안에서 끊어지지 않고 나올 것이다.

18 레위 집안에서는 제사장이 끊어지지 않고 그 제사장들은 내 앞에 서서 평생 동안 태워 드리는 제물인 번제물과 곡식 제물과 화평 제물인 화목 제물을 바칠 것이다.'"

19 여호와께서 예레미야에게 말씀하셨습니다.

20 "나 여호와가 말한다. 내가 낮과 밤과 더불어 언약을 맺어 언제나 낮과 밤이 정한 시간에 오게 하였다. 너희가 만약 그 언약을 바꿀 수 있다면,

21 내가 내 종 다윗과 레위 사람들과 맺은 언약도 바꿀 수 있을 것이다. 그러면 내 종 다윗의 자손이 보좌에 앉아 왕이 되는 일도 없을 것이며 레위 집안이 제사장이 되는 일도 없을 것이다.

22 그러나 하늘의 별이 너무 많아 셀 수 없고, 바닷가의 모래를 측량할 수 없는 것처럼, 내가 내 종 다윗과 나를 섬기는 레위 집안에게 많은 자손을 주겠다."

23 여호와께서 예레미야에게 말씀하셨습니다.

24 "예레미야야, 이 백성들이 하는 말을 들어 보았느냐? 그들은 '여호와께서 택하신 이스라엘과 유다 두 족속을 버리셨다'고 말한다. 이처럼 그들은 내 백성을 욕하고, 이스라엘은 더 이상 나라가 될 수 없다고 생각한다.

25 나 여호와가 이렇게 말한다. 내가 만약 낮과 밤과 더불어 언약을 맺지 않았거나 하늘과 땅에 법칙을 세

'Give thanks to the LORD of Heaven's Armies,
for the LORD is good.
His faithful love endures forever!'

For I will restore the prosperity of this land to what it was in the past, says the LORD.

12 "This is what the LORD of Heaven's Armies says: This land—though it is now desolate and has no people and animals—will once more have pastures where shepherds can lead their flocks. 13 Once again shepherds will count their flocks in the towns of the hill country, the foothills of Judah,* the Negev, the land of Benjamin, the vicinity of Jerusalem, and all the towns of Judah. I, the LORD, have spoken!

14 "The day will come, says the LORD, when I will do for Israel and Judah all the good things I have promised them.

15 "In those days and at that time
I will raise up a righteous descendant*
from King David's line.
He will do what is just and right
throughout the land.
16 In that day Judah will be saved,
and Jerusalem will live in safety.
And this will be its name:
'The LORD Is Our Righteousness.'*

17 For this is what the LORD says: David will have a descendant sitting on the throne of Israel forever. 18 And there will always be Levitical priests to offer burnt offerings and grain offerings and sacrifices to me."

19 Then this message came to Jeremiah from the LORD: 20 "This is what the LORD says: If you can break my covenant with the day and the night so that one does not follow the other, 21 only then will my covenant with my servant David be broken. Only then will he no longer have a descendant to reign on his throne. The same is true for my covenant with the Levitical priests who minister before me. 22 And as the stars of the sky cannot be counted and the sand on the seashore cannot be measured, so I will multiply the descendants of my servant David and the Levites who minister before me."

23 The LORD gave another message to Jeremiah. He said, 24 "Have you noticed what people are saying?—'The LORD chose Judah and Israel and then abandoned them!' They are sneering and saying that Israel is not worthy to be counted as a nation. 25 But this is what the LORD says: I would no more

33:13 Hebrew *the Shephelah.*   33:15 Hebrew *a righteous branch.*   33:16 Hebrew *Yahweh Tsidqenu.*

워 주지 않았다면

26 야곱의 자손도 내가 저버리겠고 내 종 다윗의 자손이 아브라함과 이삭과 야곱의 자손을 다스리는 일도 없게 하겠다. 내가 그 백성에게 자비를 베풀겠고 그들을 옛날처럼 회복시켜 주겠다."

시드기야에게 경고하다

34 바빌로니아 왕 느부갓네살이 자기의 모든 군대와 자기가 다스리고 있던 모든 나라의 군대와 백성을 이끌고 예루살렘과 그 주변 성읍들을 공격하고 있던 때에 여호와께서 예레미야에게 말씀하셨습니다.

2 "이스라엘의 하나님 나 여호와가 말하노라. 예레미야야, 유다 왕 시드기야에게 가서 여호와께서 이렇게 말씀하셨다고 하여라. 보아라. 내가 곧 이 예루살렘 성을 바빌로니아 왕의 손에 넘겨주겠다. 그러면 그가 이 성을 불로 태워 버릴 것이다.

3 너는 바빌로니아 왕의 손에서 벗어나지 못하고 꼼짝없이 붙잡혀 그에게 넘겨질 것이다. 그리하여 바빌로니아 왕과 얼굴을 맞대고 마주 보며 직접 이야기하게 될 것이며 너는 바빌론으로 끌려갈 것이다.

4 그러나 유다 왕 시드기야야, 나 여호와의 약속을 들어라. 나 여호와가 너에 관해 이같이 말한다. 너는 칼에 맞아 죽지 않을 것이다.

5 너는 평화롭게 죽을 것이며, 사람들은 너희 조상 왕들을 위해 향불을 피웠던 것처럼 너를 위해서도 향불을 피우며 슬퍼할 것이다. 그러면서 '슬프다, 주여'라고 말할 것이다. 이것은 내가 하는 약속이다. 나 여호와의 말이다."

6 그래서 예언자 예레미야가 이 모든 말씀을 예루살렘에 있던 유다 왕 시드기야에게 전했습니다.

7 그때는 바빌로니아 군대가 예루살렘과 아직 점령되지 않은 유다의 성들, 곧 라기스와 아세가를 공격하던 때입니다. 유다 땅에 점령되지 않고 남아 있던 요새는 그 둘뿐이었습니다.

종들을 풀어 주다

8 시드기야 왕은 히브리 종들을 다 풀어 주기로 예루살렘에 살던 모든 백성과 언약을 맺었습니다. 그 일이 있은 뒤에 여호와께서 예레미야에게 말씀하셨습니다.

9 그 언약에 따르면 남자나 여자를 가리지 말고 히브리 종을 다 풀어 주어야 했습니다. 누구도 같은 민족인 유다 사람을 종으로 삼을 수 없었습니다.

10 이 언약을 받아들이기로 한 모든 신하들과 백성들은 각기 남종과 여종을 자유롭게 풀어 주고 다시는 그들을 종으로 삼지 않기로 했습니다. 그리하여 모든 종들이 풀려났습니다.

11 그러나 그 뒤에 그들은 마음이 바뀌어 풀어 주었던

reject my people than I would change my laws that govern night and day, earth and 26 sky. • I will never abandon the descendants of Jacob or David, my servant, or change the plan that David's descendants will rule the descendants of Abraham, Isaac, and Jacob. Instead, I will restore them to their land and have mercy on them."

A Warning for Zedekiah

34 King Nebuchadnezzar* of Babylon came with all the armies from the kingdoms he ruled, and he fought against Jerusalem and the towns of Judah. At that time this message came to Jeremiah from 2 the LORD: • "Go to King Zedekiah of Judah, and tell him, 'This is what the LORD, the God of Israel, says: I am about to hand this city over to the king of Babylon, and he will 3 burn it down. • You will not escape his grasp but will be captured and taken to meet the king of Babylon face to face. Then you will be exiled to Babylon.

4 • "'But listen to this promise from the LORD, O Zedekiah, king of Judah. This is 5 what the LORD says: You will not be killed in war • but will die peacefully. People will burn incense in your memory, just as they did for your ancestors, the kings who preceded you. They will mourn for you, crying, "Alas, our master is dead!" This I have decreed, says the LORD.'"

6 • So Jeremiah the prophet delivered the 7 message to King Zedekiah of Judah. • At this time the Babylonian army was besieging Jerusalem, Lachish, and Azekah—the only fortified cities of Judah not yet captured.

Freedom for Hebrew Slaves

8 • This message came to Jeremiah from the LORD after King Zedekiah made a covenant with the people, proclaiming freedom for 9 the slaves. • He had ordered all the people to free their Hebrew slaves—both men and women. No one was to keep a fellow Judean 10 in bondage. • The officials and all the people 11 had obeyed the king's command, • but later they changed their minds. They took back the men and women they had freed, forcing them to be slaves again.

---

besiege [bisíːdʒ] *vt.* 포위 공격하다
decree [dikríː] *vi.* 명하다; 포고하다
grasp [ɡrǽsp] *n.* 지배, 통제
minister [mínəstər] *vi.* 성직자로서 임무를 다하다
sneer [sníər] *vi.* 비웃다
vicinity [visínəti] *n.* 주변, 부근
34:9 keep⋯ in bondage : ⋯를 종으로 삼다

34:1 Hebrew *Nebuchadrezzar*, a variant spelling of Nebuchadnezzar.

남종들과 여종들을 다시 데려다가 종으로 삼았습니다.

12 그때에 여호와께서 예레미야에게 말씀하셨습니다.

13 "이스라엘의 하나님 나 여호와가 말한다. 내가 너희 조상을 종살이하던 이집트 땅에서 인도해 낼 때 그들과 언약을 맺었다.

14 그들에게 '칠 년째 되는 해마다 너희 각 사람은 너희 히브리 종을 풀어 주어야 한다. 너희에게 팔려 와 육 년 동안 일한 종이 있거든 그를 자유롭게 풀어 주어야 한다'고 말했다. 그러나 너희 조상은 내 말을 듣지도 않았고 귀를 기울이지도 않았다.

15 그러다가 얼마 전에 너희가 비로소 잘못을 뉘우치고 내가 보기에 올바른 일을 했다. 같은 민족인 히브리 사람을 종으로 삼았던 사람들마다 종에게 자유를 선포하였고 내 이름으로 불리는 성전에 나아와 내 앞에서 언약을 맺기까지 했다.

16 그런데 이제 와서 너희가 마음을 바꾸어, 풀어 주었던 남종과 여종을 다시 데려와 종으로 삼아서 내 이름을 더럽혔다.

17 그러므로 나 여호와가 이렇게 말한다. 너희는 내 말을 따르지 않고 히브리 사람에게 자유를 주지 않았다. 보아라, 너희가 언약을 지키지 않았으므로 내가 너희에게 자유를 선포한다. 이 자유는 전쟁과 굶주림과 무서운 병으로 죽는 자유이다. 나 여호와의 말이다. 세상의 모든 나라가 너희의 모습을 보고 두려워 떨 것이다.

18 송아지를 둘로 쪼개어 놓고 그 사이로 지나감으로써 사람들과 내가 언약을 맺었으나 내 언약을 어긴 사람들은 그 송아지처럼 둘로 쪼개질 것이다.

19 내 앞에서 언약을 맺은 유다와 예루살렘의 신하들과 왕궁 관리들과 제사장들과 이 땅의 모든 백성들을

20 그 원수들과 그들의 목숨을 노리는 사람들에게 넘겨 주겠다. 그들의 시체는 공중의 새와 땅의 들짐승의 먹이가 될 것이다.

21 내가 유다 왕 시드기야와 그 신하들을 그 원수들과 그들의 목숨을 노리는 사람들에게 넘겨주고, 예루살렘에서 물러난 바빌로니아 왕의 군대에게 넘겨주겠다.

22 보아라, 내가 명령을 내려 바빌로니아 군대를 다시 이 예루살렘 성으로 불러오겠다. 그들은 예루살렘을 공격하여 점령하고 불을 놓아 태워 버릴 것이다. 내가 유다 땅의 여러 마을들을 멸망시킬 것이니 그 마을들은 아무도 살지 않는 황무지처럼 될 것이다."

레갑 사람

35 유다 왕 요시야의 아들 여호야김 때에 여호와께서 예레미야에게 말씀하셨습니다.

2 "예레미야야, 레갑 사람들의 집으로 가거라. 그들을 여호와의 성전으로 초대하여 어느 한 방으로 데려다가 포도주를 주어 마시게 하여라."

3 그래서 나는 하바시냐의 손자요, 예레미야의 아들인

---

12 •So the LORD gave them this message 13 through Jeremiah: •"This is what the LORD, the God of Israel, says: I made a covenant with your ancestors long ago when I rescued them from their slavery 14 in Egypt. •I told them that every Hebrew slave must be freed after serving six years. But your ancestors paid no attention to 15 me. •Recently you repented and did what was right, following my command. You freed your slaves and made a solemn covenant with me in the Temple that 16 bears my name. •But now you have shrugged off your oath and defiled my name by taking back the men and women you had freed, forcing them to be slaves once again.

17 •"Therefore, this is what the LORD says: Since you have not obeyed me by setting your countrymen free, I will set you free to be destroyed by war, disease, and famine. You will be an object of hor-18 ror to all the nations of the earth. •Because you have broken the terms of our covenant, I will cut you apart just as you cut apart the calf when you walked between its halves to solemnize your 19 vows. •Yes, I will cut you apart, whether you are officials of Judah or Jerusalem, court officials, priests, or common peo-20 ple—for you have broken your oath. •I will give you to your enemies, and they will kill you. Your bodies will be food for the vultures and wild animals.

21 •"I will hand over King Zedekiah of Judah and his officials to the army of the king of Babylon. And although they 22 have left Jerusalem for a while, •I will call the Babylonian armies back again. They will fight against this city and will capture it and burn it down. I will see to it that all the towns of Judah are destroyed, with no one living there."

The Faithful Recabites

35 This is the message the LORD gave Jeremiah when Jehoiakim son of 2 Josiah was king of Judah: •"Go to the settlement where the families of the Recabites live, and invite them to the LORD's Temple. Take them into one of the inner rooms, and offer them some wine."

3 •So I went to see Jaazaniah son of Jeremiah and grandson of Habazziniah

---

repent [ripént] *vi.* 회개하다
solemnize [sáləmnaiz] *vt.* 엄숙하게 하다
vulture [vʌ́ltʃər] *n.* 독수리
34:16 shrug off : 무시해 버리다

야아사냐와 그의 형제들과 그의 모든 아들들과 모든 레갑 사람을 불러 모았다.

4 그리고 그들을 여호와의 성전으로 데려갔다. 우리는 익다랴의 아들이며 하나님의 사람 하난의 아들들의 방으로 들어갔다. 그 방은 신하들의 방과 붙어 있었고 살룸의 아들이며 성전 문지기인 마아세야의 방 위에 있었다.

5 나는 포도주를 가득 따른 사발들과 잔들을 레갑 사람들 앞에 내어 놓으며 "포도주를 드시지요" 하고 말했다.

6 그러자 레갑 사람들이 대답했다. "우리는 포도주를 마시지 않습니다. 우리의 조상 레갑의 아들 요나답이 우리에게 이렇게 명령했습니다. '너희와 너희 자손은 절대로 포도주를 마시지 마라.

7 또한 너희는 집도 짓지 말고 씨를 심거나 포도밭을 가꾸지도 마라. 너희는 그런 것들을 소유하지도 마라. 너희는 평생 동안 장막에서만 살아야 한다. 그래야 너희가 나그네로 사는 땅에서 오래오래 살 수 있을 것이다.'

8 그래서 우리 레갑 사람들은 우리 조상 레갑의 아들 요나답이 우리에게 명령한 모든 것을 다 지켰습니다. 우리는 일평생 포도주를 마신 적이 없습니다. 우리뿐만 아니라 우리의 아내들과 아들딸들도 포도주를 마신 적이 없습니다.

9 우리는 우리가 살 집을 짓지도 않았고, 포도밭이나 밭도 가지지 않았고, 곡식도 심은 적이 없습니다.

10 우리는 장막에서 살면서 우리 조상 요나답이 우리에게 명령한 모든 것을 그대로 따랐습니다.

11 그런데 바빌로니아 왕 느부갓네살이 유다 땅에 쳐들어왔을 때 우리는 '바빌로니아* 군대와 시리아* 군대를 피해 예루살렘으로 들어가자'라고 말했습니다. 그래서 우리가 지금 예루살렘에 머물고 있는 것입니다."

12 그때에 여호와께서 예레미야에게 말씀하셨습니다.

13 "만군의 여호와, 이스라엘의 하나님이 말하노라. 예레미야야, 유다 사람들과 예루살렘 백성에게 전하여라. '너희는 나의 교훈을 받아 내 말에 순종하여야 한다.' 나 여호와의 말이다.

14 레갑의 아들 요나답*은 자기 아들들에게 포도주를 마시지 말라고 명령했고, 그 명령은 지켜졌다. 오늘까지도 요나답의 자손은 조상의 명령에 순종하여 포도주를 마시지 않는다. 그러나 나 여호와가 너희에게 거듭해서 명령했으나 너희는 내 말을 듣지 않았다.

15 너희에게 내 종 예언자들을 거듭해서 보냈고 그들은 '너희 각 사람은 악한 짓을 멈추고 돌이켜 새 사

and all his brothers and sons—representing
4 all the Recabite families. • I took them to the Temple, and we went into the room assigned to the sons of Hanan son of Igdaliah, a man of God. This room was located next to the one used by the Temple officials, directly above the room of Maaseiah son of Shallum, the Temple gatekeeper.

5 • I set cups and jugs of wine before them and invited them to have a drink, • but they refused. "No," they said, "we don't drink wine, because our ancestor Jehonadab* son of Recab gave us this command: 'You and your descendants must never drink wine.

7 • And do not build houses or plant crops or vineyards, but always live in tents. If you follow these commands, you will live long, good lives in the land.' • So we have obeyed him in all these things. We have never had a drink of wine to this day, nor have our
9 wives, our sons, or our daughters. • We haven't built houses or owned vineyards or
10 farms or planted crops. • We have lived in tents and have fully obeyed all the com-
11 mands of Jehonadab, our ancestor. • But when King Nebuchadnezzar* of Babylon attacked this country, we were afraid of the Babylonian and Syrian* armies. So we decided to move to Jerusalem. That is why we are here."

12 • Then the LORD gave this message to
13 Jeremiah: • "This is what the LORD of Heaven's Armies, the God of Israel, says: Go and say to the people in Judah and Jerusalem, 'Come and learn a lesson about
14 how to obey me. • The Recabites do not drink wine to this day because their ancestor Jehonadab told them not to. But I have spoken to you again and again, and you refuse
15 to obey me. • Time after time I sent you prophets, who told you, "Turn from your wicked ways, and start doing things right. Stop worshiping other gods so that you might live in peace here in the land I have given to you and your ancestors." But you

assign [əsáin] *vt.* 할당하다
variant [véəriənt] *a.* 다른, 상이한
wicked [wíkid] *a.* 사악한
35:15 time after time : 몇 번이나, 여러 번

35:6 Hebrew *Jonadab*, a variant spelling of Jehonadab; also in 35:10, 19. See 2 Kgs 10:15. 35:11a Hebrew *Nebuchadrezzar*, a variant spelling of Nebuchadnezzar. 35:11b Or *Chaldean and Aramean.*

35:11 '바빌로니아'는 '갈대아'라고도 한다. '시리아'는 개역 성경에 '수리아'로 표기되어 있는데 이는 현재 '시리아'를 말한다.
35:14 '요나답'은 '여호나답'이라고도 불렸다(왕하 10:15).

람이 되어야 한다. 다른 신들을 따르거나 섬기지 마라. 그러면 너희와 너희 조상에게 준 땅에서 너희가 살 수 있을 것이다'라고 말했다. 그러나 너희는 내 말을 듣지도 않고, 귀 기울이지도 않았다.

16 레갑의 아들 요나답의 자손은 그들 조상이 명령한 대로 따랐으나 유다 백성은 내게 순종하지 않았다.

17 그러므로 나 만군의 여호와, 이스라엘의 하나님이 말하노라. 보아라. 내가 유다와 예루살렘 주민에게 선포한 모든 재앙을 이제 그들에게 내리겠다. 이는 내가 말하여도 그들이 듣지 않았고, 그들을 불러도 대답하지 않았기 때문이다."

18 그런 뒤에 예레미야가 레갑 사람들에게 말했습니다. "만군의 여호와, 이스라엘의 하나님께서 말씀하셨다. 너희는 너희 조상 요나답의 명령에 순종했고, 그의 모든 가르침을 따르며, 그가 너희에게 명령한 것을 다 지켰다.

19 그러므로 만군의 여호와, 이스라엘의 하나님께서 이렇게 말씀하셨다. 나를 섬길 레갑의 아들 요나답의 자손이 언제까지나 끊어지지 않을 것이다."

여호야김이 예레미야의 두루마리를 불태우다

36 유다 왕 요시야의 아들 여호야김 사 년에 여호와께서 예레미야에게 말씀하셨습니다.

2 "예레미야야, 두루마리 책을 가져다가 요시야가 왕이었을 때부터 지금까지 내가 이스라엘과 유다와 온 나라에 대해 네게 한 모든 말을 기록하여라.

3 혹시 유다 집안이 내가 그들에게 내리려고 하는 모든 재앙을 들으면 악한 짓을 멈추고 돌아올지도 모르겠다. 그러면 내가 그들의 모든 허물과 죄를 용서해 주겠다."

4 그래서 예레미야는 네리야의 아들 바룩을 불렀습니다. 예레미야는 여호와께서 주신 모든 말씀을 불러 주었고 바룩은 그 말씀을 두루마리 책에 받아 적었습니다.

5 그런 뒤에 예레미야가 바룩에게 말했습니다. "나는 갇혀 지내는 형편이라서 여호와의 성전으로 갈 수가 없다.

6 그러니 네가 여호와의 성전으로 가라. 백성이 금식하는 날에 성전으로 가서, 유다 여러 마을에서 예루살렘을 찾아온 백성들에게 두루마리에 기록한 여호와의 말씀을 읽어 주어라.

7 그러면 그들이 여호와께 기도하고 악한 짓을 멈추지도 모른다. 이는 여호와께서 이 백성을 향해 말씀하신 진노가 매우 크기 때문이다."

8 그리하여 네리야의 아들 바룩은 예언자 예레미야가 명령한 대로 여호와의 성전에서 책에 적힌 여호와의 말씀을 읽었습니다.

9 요시야의 아들 여호야김이 왕이 된 지 오 년째 되는

16 would not listen to me or obey me. •The descendants of Jehonadab son of Recab have obeyed their ancestor completely, but you have refused to listen to me.'

17 •"Therefore, this is what the LORD God of Heaven's Armies, the God of Israel, says: 'Because you refuse to listen or answer when I call, I will send upon Judah and Jerusalem all the disasters I have threatened.'"

18 •Then Jeremiah turned to the Recabites and said, "This is what the LORD of Heaven's Armies, the God of Israel, says: 'You have obeyed your ancestor Jehonadab in every respect, following all his instructions.

19 •Therefore, this is what the LORD of Heaven's Armies, the God of Israel, says: 'Jehonadab son of Recab will always have descendants who serve me.'"

Baruch Reads the LORD's Messages

36 During the fourth year that Jehoiakim son of Josiah was king in Judah,* the LORD gave this message to Jeremiah: •Get a scroll, and write down all my messages against Israel, Judah, and the other nations. Begin with the first message back in the days of Josiah, and write down every message, right up to the present time. •Perhaps the people of Judah will repent when they hear again all the terrible things I have planned for them. Then I will be able to forgive their sins and wrongdoings."

4 •So Jeremiah sent for Baruch son of Neriah, and as Jeremiah dictated all the prophecies that the LORD had given him, Baruch wrote them on a scroll. •Then Jeremiah said to Baruch, "I am a prisoner here and unable to go to the Temple. •So you go to the Temple on the next day of fasting, and read the messages from the LORD that I have had you write on this scroll. Read them so the people who are there from all over Judah will hear them. •Perhaps even yet they will turn from their evil ways and ask the LORD's forgiveness before it is too late. For the LORD has threatened them with his terrible anger."

8 •Baruch did as Jeremiah told him and read these messages from the LORD to the people at the Temple. •He did this on a day of sacred fasting held in late autumn,* during the fifth year of the reign of Jehoiakim son of Josiah. People from all over Judah had

---

36:1 The fourth year of Jehoiakim's reign was 605 B.C.　36:9 Hebrew *in the ninth month,* of the ancient Hebrew lunar calendar (also in 36:22). The ninth month in the fifth year of Jehoiakim's reign occurred within the months of November and December 604 B.C. Also see note on 1:3.

해의 아홉째 달에 금식이 선포되었습니다. 모든 예루살렘 주민과 유다 여러 마을에서 예루살렘을 찾아온 모든 백성은 여호와를 섬기는 표시로 음식을 먹지 말아야 했습니다.

10 그때에 바룩이 여호와의 성전에 모인 모든 사람들을 향해 예레미야의 말을 적은 책을 읽었습니다. 그가 책을 읽은 방은 사반의 아들이며 왕의 서기관인 그마랴의 방이었습니다. 그 방은 성전 '여호와의 새 문' 입구의 위뜰에 있었습니다.

11 사반의 손자요, 그마랴의 아들인 미가야가 책에 적힌 여호와의 말씀을 들었습니다.

12 미가야는 왕궁에 있는 서기관의 방에 들어갔습니다. 거기에는 모든 신하들이 모여 있었습니다. 곧 서기관 엘리사마와 스마야의 아들 들라야와 악볼의 아들 엘라단과 사반의 아들 그마랴와 하나냐의 아들 시드기야를 비롯해서 모든 신하들이 앉아 있었습니다.

13 미가야는 거기에 모여 있던 신하들에게 바룩이 백성을 향해 읽었던 책의 내용을 모두 전해 주었습니다.

14 그러자 모든 신하들이 구시의 증손이요, 셀레먀의 손자이며, 느다냐의 아들 여후디를 바룩에게 보내어 "당신이 백성들이 듣는 앞에서 읽었던 두루마리를 가지고 이리 오시오"라고 전했습니다. 그러자 네리야의 아들 바룩이 두루마리를 가지고 그들에게로 갔습니다.

15 신하들이 바룩에게 말했습니다. "앉으시오, 그리고 우리가 듣는 데서 그 두루마리를 읽어 보시오." 그래서 바룩은 그들이 듣는 데서 그 두루마리를 읽어 주었습니다.

16 두루마리에 적힌 말을 다 듣고 난 신하들이 놀라 서로 쳐다보며 바룩에게 말했습니다. "이 모든 말씀을 왕에게 꼭 전해야 되겠소."

17 그들이 바룩에게 물었습니다. "말해 보시오, 이 모든 말씀을 누구에게서 받아 적었소? 예레미야가 불러 준 대로 적은 것이오?"

18 바룩이 대답했습니다. "그렇습니다. 예레미야가 불러 준 모든 말씀을 나는 먹으로 이 두루마리에 받아 적었습니다."

19 그러자 신하들이 바룩에게 말했습니다. "당신은 예레미야와 숨어 있으시오. 아무에게도 당신들이 숨어 있는 곳을 일러 주지 마시오."

20 신하들은 그 두루마리를 서기관 엘리사마의 방에 맡겨 두고 궁정으로 가 왕이 듣는 데서 그 모든 말씀을 낱낱이 보고했습니다.

21 여호야김 왕은 여후디를 보내어 두루마리를 가져오게 했습니다. 여후디는 서기관 엘리사마의 방에서 두루마리를 가져와 왕과 왕의 곁에 있는 모든 신하들 앞에서 그것을 읽어 주었습니다.

22 그때는 아홉째 달이어서 여호야김 왕은 겨울 별궁에

come to Jerusalem to attend the services at
10 the Temple on that day. •Baruch read
Jeremiah's words on the scroll to all the
people. He stood in front of the Temple
room of Gemariah, son of Shaphan the
secretary. This room was just off the upper
courtyard of the Temple, near the New
Gate entrance.
11   •When Micaiah son of Gemariah and
grandson of Shaphan heard the messages
12 from the LORD, •he went down to the sec-
retary's room in the palace where the
administrative officials were meeting.
Elishama the secretary was there, along
with Delaiah son of Shemaiah, Elnathan
son of Acbor, Gemariah son of Shaphan,
Zedekiah son of Hananiah, and all the
13 other officials. •When Micaiah told them
about the messages Baruch was reading to
14 the people, •the officials sent Jehudi son of
Nethaniah, grandson of Shelemiah and
great-grandson of Cushi, to ask Baruch to
come and read the messages to them, too.
15 So Baruch took the scroll and went to
them. •"Sit down and read the scroll to
us," the officials said, and Baruch did as
they requested.
16   •When they heard all the messages,
they looked at one another in alarm. "We
must tell the king what we have heard,"
17 they said to Baruch. •"But first, tell us how
you got these messages. Did they come
directly from Jeremiah?"
18   •So Baruch explained, "Jeremiah dictat-
ed them, and I wrote them down in ink,
word for word, on this scroll."
19   •"You and Jeremiah should both hide,"
the officials told Baruch. "Don't tell anyone
20 where you are!" •Then the officials left the
scroll for safekeeping in the room of
Elishama the secretary and went to tell the
king what had happened.

King Jehoiakim Burns the Scroll

21 •The king sent Jehudi to get the scroll.
Jehudi brought it from Elishama's room
and read it to the king as all his officials
22 stood by. •It was late autumn, and the
king was in a winterized part of the palace,
sitting in front of a fire to keep warm.

administrative [ædmínəstreitiv] a. 행정상의
dictate [díkteit] vt. 구술하다
fasting [fǽstiŋ] n. 금식
safekeeping [séifkì:piŋ] n. 보호, 보관
scroll [skroul] n. 두루마리
threaten [θrétn] vt. 위협하다
winterize [wíntəraiz] vt. 방한 설비를 하다, 월동 준비를 하다
wrongdoing [rɔ́:ŋdu:iŋ] n. 범죄
36:16 in alarm : 놀라서, 걱정하여

거주하고 있었고 왕 앞에는 불 피운 난로가 놓여 있었습니다.

23 여후디가 서너 단씩 읽을 때마다 왕은 서기관의 칼로 두루마리를 베어 내더니 난롯불에 던져 넣었습니다. 그런 식으로 왕은 두루마리 전체를 난롯불에 넣어 태워 버렸습니다.

24 여호야김 왕과 그의 신하들은 두루마리에 적힌 모든 말씀을 듣고도 놀라지 않았고 슬퍼하는 표시로 자기들의 옷을 찢지도 않았습니다.

25 엘라단과 들라야와 그마랴가 여호야김 왕에게 두루마리를 태우지 말아 달라고 간청했으나 왕은 그들의 말을 듣지 않았습니다.

26 오히려 왕은 왕자 여라므엘과 아스리엘의 아들 스라야와 압디엘의 아들 셀레먀를 보내어 서기관 바룩과 예언자 예레미야를 붙잡아 들이라고 명령했습니다. 그러나 여호와께서 바룩과 예레미야를 숨겨 주셨습니다.

27 여호야김 왕이 예레미야가 불러 주고 바룩이 받아 적은 두루마리를 불태운 뒤에 여호와께서 예레미야에게 말씀하셨습니다.

28 "예레미야야, 다른 두루마리를 가져다가 유다 왕 여호야김이 불태운 첫 번째 두루마리에 적혀 있던 그 말들을 거기에 모두 옮겨 적어라.

29 그리고 유다 왕 여호야김에게 전하여라. 여호와께서 말씀하셨다. 너는 이 두루마리를 태우고 '어찌하여 예레미야는 바빌로니아 왕이 이 땅에 쳐들어와 이 땅을 멸망시킬 것이라고 적었느냐? 그리고 예레미야는 어찌하여 바빌로니아 왕이 이 땅의 사람과 짐승을 모두 없애 버릴 것이라고 말하였느냐?' 라고 말했다.

30 그러므로 나 여호와가 유다 왕 여호야김에 관해 말하노라. 여호야김의 자손은 다윗의 보좌에 앉지 못할 것이다. 여호야김이 죽으면 그의 시체는 땅에 버려져 낮의 뜨거운 햇볕과 밤의 차가운 서리를 그대로 맞을 것이다.

31 나, 여호와가 여호야김과 그의 자녀에게 벌을 내리겠고 그의 종들에게도 벌을 내리겠다. 그들이 악한 짓을 했기 때문이다. 내가 경고한 대로 그들과 예루살렘 주민과 유다 백성에게 모든 재앙을 내리겠다. 그것은 그들이 내 말을 듣지 않았기 때문이다."

32 그리하여 예레미야는 다른 두루마리를 가져다가 네리야의 아들 서기관 바룩에게 주었습니다. 예레미야가 불러 주면 바룩이 두루마리에 받아 적었습니다. 유다 왕 여호야김이 불태워 버린 책에 적혀 있던 말씀을 그대로 적었고 그와 비슷한 많은 말씀도 더 적어 넣었습니다.

감옥에 갇힌 예레미야

37 바빌로니아 왕 느부갓네살이 요시야의 아들 시드기야를 유다 왕으로 세웠습니다. 시드기야는 여호야김의 아들 여호야긴*을 대신해 왕이 되었습니다.

2 그러나 시드기야와 그의 종들과 유다 백성은 여호와께

---

23 • Each time Jehudi finished reading three or four columns, the king took a knife and cut off that section of the scroll. He then threw it into the fire, section by section, until the whole scroll was burned up. 24 • Neither the king nor his attendants showed any signs of fear or repentance at 25 what they heard. • Even when Elnathan, Delaiah, and Gemariah begged the king not to burn the scroll, he wouldn't listen. 26 • Then the king commanded his son Jerahmeel, Seraiah son of Azriel, and Shelemiah son of Abdeel to arrest Baruch and Jeremiah. But the LORD had hidden them.

Jeremiah Rewrites the Scroll

27 • After the king had burned the scroll on which Baruch had written Jeremiah's words, the LORD gave Jeremiah another 28 message. He said, • "Get another scroll, and write everything again just as you did on the scroll King Jehoiakim burned. 29 • Then say to the king, 'This is what the LORD says: You burned the scroll because it said the king of Babylon would destroy this land and empty it of people and ani- 30 mals. • Now this is what the LORD says about King Jehoiakim of Judah: He will have no heirs to sit on the throne of David. His dead body will be thrown out to lie unburied—exposed to the heat of 31 the day and the frost of the night. • I will punish him and his family and his attendants for their sins. I will pour out on them and on all the people of Jerusalem and Judah all the disasters I promised, for they would not listen to my warnings.'"

32 • So Jeremiah took another scroll and dictated again to his secretary, Baruch. He wrote everything that had been on the scroll King Jehoiakim had burned in the fire. Only this time he added much more!

Zedekiah Calls for Jeremiah

37 Zedekiah son of Josiah succeeded Jehoiachin* son of Jehoiakim as the king of Judah. He was appointed by 2 King Nebuchadnezzar* of Babylon. • But neither King Zedekiah nor his attendants nor the people who were left in the land listened to what the LORD said through

heir [éər] n. 상속인
repentance [ripéntəns] n. 회개
succeed [səksí:d] vt. 뒤를 잇다, 계승하다

37:1a Hebrew *Coniah*, a variant spelling of Jehoiachin. **37:1b** Hebrew *Nebuchadrezzar*, a variant spelling of Nebuchadnezzar.

37:1 '여호야긴' 은 '고니야', '여고냐' 로도 불렸다.

서 예언자 예레미야를 통해 전하신 말씀을 듣지 않았습니다.

3 시드기야 왕은 셀레먀의 아들 여후갈과 마아세야의 아들 제사장 스바냐를 예언자 예레미야에게 보내어 "예레미야여, 우리를 위해 우리 하나님 여호와께 기도해 주시오"라고 말했습니다.

4 그때는 예레미야가 아직 감옥에 갇혀 있지 않던 때라 백성 가운데 자유롭게 다니고 있었습니다.

5 한편 이집트 왕 파라오의 군대가 이집트를 떠나 유다 쪽으로 행진해 오고 있었습니다. 예루살렘을 에워싸고 있던 바빌로니아 군대는 그 소식을 듣고 예루살렘에서 철수했습니다.

6 여호와께서 예언자 예레미야에게 말씀하셨습니다.

7 "이스라엘의 하나님 나 여호와가 이같이 말하노라. 여후갈과 스바냐야, 너희를 보내어 나에게 물어 보도록 한 유다 왕 시드기야에게 전하여라. '보아라. 너희를 도와 바빌로니아 군대를 치려고 온 파라오의 군대는 이집트 땅으로 되돌아갈 것이다.

8 그리고 바빌로니아 군대가 다시 와서 예루살렘을 공격하고 점령하여 불태워 버릴 것이다.'

9 여호와께서 이같이 말씀하셨다. '예루살렘 백성아, 너희 스스로를 속이지 마라. 바빌로니아 군대가 너희에게서 떠나가 버릴 것이라고 생각하지 마라. 그들은 절대로 철수하지 않는다.

10 혹시 너희가 바빌로니아 군대를 다 물리치고 바빌로니아 군대의 장막에 부상당한 사람들만 남아 있다 하더라도 그 사람들이 각각 자기 장막에서 나와 이 예루살렘 성을 불로 태워 버릴 것이다.'"

11 파라오의 군대가 가까이 오므로 바빌로니아 군대가 예루살렘에서 철수하였습니다.

12 그때에 예레미야는 자신의 재산 일부를 상속받기 위해 예루살렘을 떠나 베냐민 땅에 있는 자기 고향으로 가려 했습니다.

13 예언자 예레미야가 예루살렘의 '베냐민 문'을 나서자 문지기들 가운데 우두머리 되는 사람이 그를 체포했습니다. 그의 이름은 하나냐의 손자이며 셀레먀의 아들인 이리야였습니다. 이리야는 예언자 예레미야를 체포하면서 "당신은 우리를 배신하고 바빌로니아에 항복하러 가고 있소"라고 말했습니다.

14 예레미야가 이리야에게 말했습니다. "그렇지 않소. 나는 바빌로니아에 항복하러 가는 길이 아니오." 그러나 이리야는 예레미야의 말을 듣지 않고 그를 체포하여 왕의 신하들에게 데려갔습니다.

15 신하들은 예레미야에게 화를 내며 때린 다음에 서기관 요나단의 집에 그를 가뒀습니다. 그때 요나단의 집은 감옥으로 쓰였습니다.

Jeremiah.

3 • Nevertheless, King Zedekiah sent Jehucal son of Shelemiah, and Zephaniah the priest, son of Maaseiah, to ask Jeremiah, "Please pray to the LORD our God for us."

4 • Jeremiah had not yet been imprisoned, so he could come and go among the people as he pleased.

5 • At this time the army of Pharaoh Hophra* of Egypt appeared at the southern border of Judah. When the Babylonian* army heard about it, they withdrew from their siege of Jerusalem.

6 • Then the LORD gave this message to Jeremiah: • "This is what the LORD, the God of Israel, says: The king of Judah sent you to ask me what is going to happen. Tell him, 'Pharaoh's army is about to return to Egypt,

8 though he came here to help you. • Then the Babylonians* will come back and capture this city and burn it to the ground.'

9 • "This is what the LORD says: Do not fool yourselves into thinking that the Babylonians are gone for good. They aren't! • Even if

10 you were to destroy the entire Babylonian army, leaving only a handful of wounded survivors, they would still stagger from their tents and burn this city to the ground!"

Jeremiah Is Imprisoned

11 • When the Babylonian army left Jerusalem because of Pharaoh's approaching army,

12 • Jeremiah started to leave the city on his way to the territory of Benjamin, to claim his share of the property among his relatives there.* • But as he was walking through the

13 Benjamin Gate, a sentry arrested him and said, "You are defecting to the Babylonians!" The sentry making the arrest was Irijah son of Shelemiah, grandson of Hananiah.

14 • "That's not true!" Jeremiah protested. "I had no intention of doing any such thing." But Irijah wouldn't listen, and he took

15 Jeremiah before the officials. • They were furious with Jeremiah and had him flogged and imprisoned in the house of Jonathan the secretary. Jonathan's house had been

---

defect [díːfekt] *vi.* 도망하다
flog [flɑg] *vt.* 세게 치다, 매질하다
imprison [imprízn] *vt.* 수감하다, 감금하다
protest [próutest] *vi.* 이의를 제기하다, 주장하다
sentry [séntri] *n.* 보초, 파수병
siege [siːdʒ] *n.* 포위 공격
stagger [stǽgər] *vi.* 비틀거리다
withdraw [wiðdrɔ́ː] *vi.* 철수하다

37:5a Hebrew *army of Pharaoh;* see 44:30.
37:5b Or *Chaldean;* also in 37:10, 11.   37:8 Or *Chaldeans;* also in 37:9, 13.   37:12 Hebrew *to separate from there in the midst of the people.*

16 그리하여 예레미야는 지하 감옥에 끌려가 여러 날 동안 갇혀 있었습니다.

17 그 후에 시드기야 왕이 사람을 보내어 예레미야를 왕궁으로 불러들이더니 몰래 그에게 물었습니다. "혹시 여호와께서 무슨 말씀을 하신 것이 없소?" 예레미야가 대답했습니다. "있습니다. 시드기야 왕이여, 왕은 바빌로니아 왕의 손에 넘겨질 것입니다."

18 예레미야가 또 시드기야 왕에게 말했습니다. "내가 왕에게 무슨 죄를 지었습니까? 내가 왕의 신하들이나 이 백성들에게 무슨 죄를 지었습니까? 어찌하여 나를 감옥에 가두는 것입니까?

19 바빌로니아 왕이 왕과 유다 땅을 치러 오지 않을 것이라고 예언한 그 예언자들은 어디에 있습니까?

20 내 주, 유다 왕이여, 이제 내 말을 들으십시오. 제발 내 말대로 하십시오. 나를 서기관 요나단의 집으로 돌려 보내지 마십시오. 그곳에 가면 나는 죽습니다."

21 그러자 시드기야 왕이 명령을 내려 예레미야를 경호대 뜰에 두어 지키게 했습니다. 그리고 성안에 빵이 떨어질 때까지 날마다 빵 만드는 사람들의 거리에서 빵을 가져다가 예레미야에게 주도록 시켰습니다. 그리하여 예레미야는 경호대의 뜰에 갇혀 지내게 되었습니다.

예레미야가 진흙 웅덩이에 갇히다

38 맛단의 아들 스바댜와 바스훌의 아들 그다랴와 셀레먀의 아들 유갈*과 말기야의 아들 바스훌이 예레미야가 모든 백성에게 다음과 같이 예언하는 것을 들었습니다.

2 "여호와께서 이같이 말씀하셨다. '누구든지 예루살렘에 머물러 있는 사람은 전쟁이나 굶주림이나 무서운 병으로 죽을 것이다. 그러나 바빌로니아 군대에 항복하는 사람은 누구든지 살 것이다. 적어도 목숨은 건져서 살아남을 수 있을 것이다.'

3 여호와께서 이같이 말씀하셨다. '이 예루살렘 성은 틀림없이 바빌로니아 왕의 군대에게 넘어갈 것이다. 그가 이 성을 점령할 것이다.'"

4 그러자 신하들이 왕에게 말했습니다. "예레미야를 반드시 죽여야 합니다. 왜냐하면 그가 이런 말을 하며 아직 성 안에 남아 있는 군인들과 모든 백성들의 사기를 떨어뜨리고 있기 때문입니다. 그는 이 백성의 평안을 바라지 않고 예루살렘 백성이 망하기를 바라고 있습니다."

5 시드기야 왕이 그들에게 말했습니다. "보시오, 예레미야를 그대들 뜻대로 처리하시오. 나는 그대들이 하는 대로 내버려 두겠소."

6 그러자 신하들은 예레미야를 붙잡아 왕자 말기야의 웅덩이에 그를 집어넣었습니다. 그 웅덩이는 경호대 뜰 안에 있었는데 그들은 밧줄을 이용해 예레

16 converted into a prison. •Jeremiah was put into a dungeon cell, where he remained for many days.

17 •Later King Zedekiah secretly requested that Jeremiah come to the palace, where the king asked him, "Do you have any messages from the LORD?"

"Yes, I do!" said Jeremiah. "You will be defeated by the king of Babylon."

18 •Then Jeremiah asked the king, "What crime have I committed? What have I done against you, your attendants, or the people that I should be imprisoned like this?

19 •Where are your prophets now who told you the king of Babylon would not attack

20 you or this land? •Listen, my lord the king, I beg you. Don't send me back to the dungeon in the house of Jonathan the secretary, for I will die there."

21 •So King Zedekiah commanded that Jeremiah not be returned to the dungeon. Instead, he was imprisoned in the courtyard of the guard in the royal palace. The king also commanded that Jeremiah be given a loaf of fresh bread every day as long as there was any left in the city. So Jeremiah was put in the palace prison.

Jeremiah in a Cistern

38 Now Shephatiah son of Mattan, Gedaliah son of Pashhur, Jehucal* son of Shelemiah, and Pashhur son of Malkijah heard what Jeremiah had been telling the people. He had been saying, •"This is what the LORD says: 'Everyone who stays in Jerusalem will die from war, famine, or disease, but those who surrender to the Babylonians* will live. Their reward will be life. They will live!' •The LORD also says: 'The city of Jerusalem will certainly be handed over to the army of the king of Babylon, who will capture it.'"

4 •So these officials went to the king and said, "Sir, this man must die! That kind of talk will undermine the morale of the few fighting men we have left, as well as that of all the people. This man is a traitor!"

5 •King Zedekiah agreed. "All right," he said. "Do as you like. I can't stop you."

6 •So the officials took Jeremiah from his cell and lowered him by ropes into an empty cistern in the prison yard. It belonged to Malkijah, a member of the royal family. There was no water in the cistern, but there was a thick layer of mud at the bottom, and

---

38:1 Hebrew *Jucal*, a variant spelling of Jehucal; see 37:3.   38:2 Or *Chaldeans*; also in 38:18, 19, 23.

38:1 '유갈'은 '여후갈'의 또 다른 이름이다.

미야를 웅덩이에 내려놓았습니다. 그 웅덩이에는 물은 없고 진흙만 있었습니다. 그래서 예레미야는 진흙 속에 빠졌습니다.

7 왕궁 내시이며 에티오피아 사람인 에벳멜렉은 사람들이 예레미야를 웅덩이에 집어넣었다는 소식을 들었습니다. 그때 시드기야 왕은 '베냐민 문'에 앉아 있었습니다.

8 에벳멜렉이 왕궁에서 나와 왕에게 가서 말했습니다.

9 "내 주 왕이여, 이 사람들이 한 모든 일은 악한 일입니다. 그들은 예언자 예레미야에게 못할 짓을 했습니다. 예레미야를 웅덩이에 집어넣고 거기서 죽게 내버려 두었습니다. 성 안에는 이제 먹을 것이 없으니 그는 굶어 죽고 말 것입니다."

10 그러자 시드기야 왕이 에티오피아 사람 에벳멜렉에게 명령했습니다. "왕궁에서 사람 삼십 명을 데리고 가서 예언자 예레미야가 죽기 전에 그를 웅덩이 속에서 끌어올려라."

11 에벳멜렉이 사람들을 데리고 왕궁 창고로 가서 누더기와 해어진 옷을 가져다가 밧줄에 묶어 웅덩이 안에 있는 예레미야에게 내려 주었습니다.

12 에티오피아 사람 에벳멜렉이 예레미야에게 말했습니다. "누더기와 해어진 옷을 겨드랑이 밑에 대고 밧줄을 그 위에 대고 매달리십시오." 예레미야는 그대로 했습니다.

13 사람들이 밧줄을 잡아당겨 예레미야를 웅덩이 밖으로 끌어올렸습니다. 그래서 예레미야는 경호대 뜰에 머물게 되었습니다.

시드기야가 예레미야를 불러 묻다

14 시드기야 왕이 사람을 보내어 예언자 예레미야를 여호와의 성전 셋째 문으로 데려왔습니다. 왕이 예레미야에게 말했습니다. "물어볼 것이 있으니 아무것도 감추지 말고 정직하게 말해 주시오."

15 예레미야가 시드기야에게 말했습니다. "내가 대답을 하면 왕은 나를 죽일 것입니다. 그리고 내가 충고를 하더라도 왕은 내 말을 듣지 않을 것입니다."

16 그러자 시드기야 왕이 예레미야에게 비밀리에 맹세를 했습니다. "우리에게 생명을 주신 여호와의 살아 계심을 두고 맹세하지만 결코 그대를 죽이지 않겠소. 그대의 목숨을 노리는 이 사람들에게 그대를 넘겨주지도 않겠소."

17 그 말을 듣고 예레미야가 시드기야에게 말했습니다. "만군의 하나님이신 이스라엘의 하나님 여호와께서 이렇게 말씀하셨습니다. 너는 바빌로니아 왕의 신하들에게 항복해야 한다. 그러면 네 목숨을 건질 수 있겠고 예루살렘은 불에 타지 않을 것이며 너와 네 집이 살아남을 것이다.

18 그러나 네가 바빌로니아 왕의 신하들에게 항복하

Jeremiah sank down into it.

7 ●But Ebed-melech the Ethiopian,* an important court official, heard that Jeremiah was in the cistern. At that time the king was 8 holding court at the Benjamin Gate, ●so Ebed-melech rushed from the palace to 9 speak with him. ●"My lord the king," he said, "these men have done a very evil thing in putting Jeremiah the prophet into the cistern. He will soon die of hunger, for almost all the bread in the city is gone."

10 ●So the king told Ebed-melech, "Take thirty of my men with you, and pull Jeremiah out of the cistern before he dies."

11 ●So Ebed-melech took the men with him and went to a room in the palace beneath the treasury, where he found some old rags and discarded clothing. He carried these to the cistern and lowered them to Jeremiah on 12 a rope. ●Ebed-melech called down to Jeremiah, "Put these rags under your armpits to protect you from the ropes." Then when 13 Jeremiah was ready, ●they pulled him out. So Jeremiah was returned to the courtyard of the guard—the palace prison—where he remained.

Zedekiah Questions Jeremiah

14 ●One day King Zedekiah sent for Jeremiah and had him brought to the third entrance of the LORD's Temple. "I want to ask you something," the king said. "And don't try to hide the truth."

15 ●Jeremiah said, "If I tell you the truth, you will kill me. And if I give you advice, you won't listen to me anyway."

16 ●So King Zedekiah secretly promised him, "As surely as the LORD our Creator lives, I will not kill you or hand you over to the men who want you dead."

17 ●Then Jeremiah said to Zedekiah, "This is what the LORD God of Heaven's Armies, the God of Israel, says: 'If you surrender to the Babylonian officers, you and your family will live, and the city will not be burned 18 down. ●But if you refuse to surrender, you will not escape! This city will be handed over to the Babylonians, and they will burn it to the ground.'"

19 ●"But I am afraid to surrender," the king said, "for the Babylonians may hand me over to the Judeans who have defected to them. And who knows what they will do to me!"

---

cistern [sístərn] n. 웅덩이
dungeon [dʌ́ndʒən] n. 지하 감옥
morale [mərǽl] n. 사기, 의욕
rag [ræg] n. 누더기

38:7 Hebrew *the Cushite.*

지 않으면 이 성은 바빌로니아 군대의 손에 넘어갈 것이고 그들은 이 성을 불태워 버릴 것이다. 그리고 너도 그들의 손아귀에서 빠져 나갈 수 없을 것이다.'"

19 시드기야 왕이 예레미야에게 말했습니다. "나는 바빌로니아 군대에게 항복한 유다 사람들이 두렵소. 바빌로니아 사람들이 나를 그들에게 넘겨 주면 그들이 나를 학대할 것이오."

20 예레미야가 대답했습니다. "바빌로니아 사람들은 왕을 유다 사람들에게 넘겨 주지 않을 것입니다. 내가 왕께 전해 드린 여호와의 말씀에 순종하십시오. 그러면 모든 일이 잘 풀리고 왕의 목숨도 구할 수 있을 것입니다.

21 그러나 왕께서 바빌로니아 군대에게 항복하지 않으면 여호와께서 나에게 보여 주신 대로 이와 같은 일들이 일어날 것입니다.

22 보십시오. 유다 왕궁에 남아 있던 여자들이 다 바빌로니아 왕의 신하들에게 끌려가며 이렇게 말할 것입니다. '너와 친하게 지내던 친구들이 너를 꾀어 속였다. 이제 네 발이 진창에 빠지니 친구들이 너를 버리고 떠났다.'

23 왕의 모든 아내들과 자녀들도 바빌로니아 군대에게 끌려갈 것이고 왕도 그들의 손아귀에서 벗어나지 못할 것입니다. 왕은 바빌로니아 왕에게 붙잡힐 것이고 예루살렘은 불타 버릴 것입니다."

24 시드기야가 예레미야에게 말했습니다. "내가 그대와 나눈 말을 아무도 모르게 하시오. 그렇지 않으면 당신은 죽을 것이오.

25 내가 그대와 만나 이야기한 사실을 신하들이 알면 그대에게 와서 '시드기야 왕에게 무슨 말을 했소? 그리고 시드기야 왕은 당신에게 무슨 말을 했소? 우리에게 아무것도 감추지 말고 이야기하시오. 그러면 당신을 죽이지 않겠소' 라고 물어 볼 것이오.

26 그러면 그대는 그들에게 이렇게만 대답하시오. '나를 요나단의 집으로 보내면 나는 거기서 죽게 될 테니 나를 그곳으로 돌려 보내지 말아 달라고 왕에게 빌었소.'"

27 과연 모든 신하들이 예레미야에게 와서 물어 보았습니다. 예레미야는 왕이 명령한 대로 그들에게 그렇게 대답했습니다. 그러자 신하들은 예레미야에게 더 이상 묻지 않았습니다. 이는 예레미야와 왕이 나눈 말을 엿들어 알고 있는 사람이 아무도 없었기 때문입니다.

28 그리하여 예레미야는 예루살렘이 함락되는 날까지 경호대 뜰에 머물러 있었습니다.

예루살렘의 함락

39 시드기야가 유다 왕으로 있은 지 구 년째 되는 해 열 번째 달에 바빌로니아 왕 느부갓네살이 모든 군대를 이끌고 예루살렘으로 쳐들어와서 성을 에워

20 ●Jeremiah replied, "You won't be handed over to them if you choose to obey the LORD. Your life will be spared, 21 and all will go well for you. ●But if you refuse to surrender, this is what the LORD 22 has revealed to me: ●All the women left in your palace will be brought out and given to the officers of the Babylonian army. Then the women will taunt you, saying,

'What fine friends you have!
    They have betrayed and misled you.
When your feet sank in the mud,
    they left you to your fate!'

23 ●All your wives and children will be led out to the Babylonians, and you will not escape. You will be seized by the king of Babylon, and this city will be burned down."

24 ●Then Zedekiah said to Jeremiah, "Don't tell anyone about this, or 25 you will die! ●My officials may hear that I spoke to you, and they may say, 'Tell us what you and the king were talking about. If you don't tell us, we will kill 26 you.' ●If this happens, just tell them you begged me not to send you back to Jonathan's dungeon, for fear you would die there."

27 ●Sure enough, it wasn't long before the king's officials came to Jeremiah and asked him why the king had called for him. But Jeremiah followed the king's instructions, and they left without finding out the truth. No one had overheard the conversation between Jeremiah and 28 the king. ●And Jeremiah remained a prisoner in the courtyard of the guard until the day Jerusalem was captured.

The Fall of Jerusalem

39 In January* of the ninth year of King Zedekiah's reign, King Nebuchadnezzar* of Babylon came with his 2 entire army to besiege Jerusalem. ●Two and a half years later, on July 18* in the eleventh year of Zedekiah's reign, a section 3 of the city wall was broken down. ●All the officers of the Babylonian army came in

---

39:1a Hebrew *In the tenth month,* of the ancient Hebrew lunar calendar. A number of events in Jeremiah can be cross-checked with dates in surviving Babylonian records and related accurately to our modern calendar. This event occurred on January 15, 588 B.C.; see 52:4a and the note there. 39:1b Hebrew *Nebuchadrezzar,* a variant spelling of Nebuchadnezzar; also in 39:5, 11.

싸고 공격했습니다.

2 시드기야가 왕으로 있은 지 십일 년째 되는 해, 넷째 달 구 일에 마침내 성벽이 뚫렸습니다.

3 바빌로니아 왕의 신하들이 모두 예루살렘 성 안으로 들어와서 '중앙 문'에 앉았습니다. 그곳에는 네르갈사레셀과 삼갈르보와 지휘관인 살스김과 참모장인 네르갈사레셀과 나머지 바빌로니아 왕의 모든 신하들이 모여 앉았습니다.

4 유다 왕 시드기야와 그의 모든 군인들은 그들을 보고 달아났습니다. 시드기야와 그의 군인들은 밤에 예루살렘 성을 빠져나와 왕의 정원 길을 지나서 두 성벽 사이의 문을 통해 아라바*로 나갔습니다.

5 그러나 바빌로니아 군대가 그들을 뒤쫓아 와서 여리고 평야에서 시드기야 왕을 붙잡아 하맛 땅 리블라에 있는 바빌로니아 왕 느부갓네살에게 끌고 갔습니다. 바빌로니아 왕은 시드기야를 심문했습니다.

6 리블라에서 바빌로니아 왕은 시드기야가 보는 앞에서 그의 아들들을 죽였습니다. 그리고 유다의 귀족들도 다 죽였습니다.

7 그런 다음에 시드기야의 눈을 빼고 그를 쇠사슬로 묶어 바빌론으로 끌고 갔습니다.

8 바빌로니아 군대가 왕궁에 불을 지르고 예루살렘 백성들의 집에도 불을 질렀습니다. 그리고 예루살렘 성벽을 헐어 버렸습니다.

9 경호대 대장인 느부사라단은 예루살렘에 남아 있는 백성과 바빌로니아 왕에게 항복한 백성과 나머지 백성을 바빌론으로 사로잡아 갔습니다.

10 그러나 경호대장 느부사라단은 아무것도 없는 가난한 백성들을 유다 땅에 남겨 두고 그들에게 포도밭과 땅을 주었습니다.

11 바빌로니아 왕 느부갓네살이 경호대장 느부사라단을 시켜 예레미야에 관해 명령했습니다.

12 "예레미야를 데려다가 그를 잘 돌봐 주어라. 그를 절대로 해치지 말고 무엇이든 그가 원하는 대로 해 주어라."

13 그리하여 경호대장 느부사라단과 높은 관리 느부사스반과 귀족 네르갈사레셀을 비롯하여 바빌로니아 왕의 모든 신하들이 사람을 보내어

14 경호대 뜰에 있던 예레미야를 데려다가 사반의 손자이며 아히감의 아들인 그다랴에게 맡겨서 집으로 돌려보내게 했습니다. 그래서 예레미야는 자기 백성들과 더불어 살았습니다.

15 예레미야가 아직 경호대 뜰에 갇혀 있을 때에 여호와께서 그에게 말씀하셨습니다.

16 "가서 에티오피아 사람 에벳멜렉에게 전하여

and sat in triumph at the Middle Gate: Nergal-sharezer of Samgar, and Nebo-sarsekim,* a chief officer, and Nergal-sharezer, the king's adviser, and all the other officers of the king of Babylon.

4 •When King Zedekiah of Judah and all the soldiers saw that the Babylonians had broken into the city, they fled. They waited for nightfall and then slipped through the gate between the two walls behind the king's garden and headed toward the Jordan Valley.*

5 •But the Babylonian* troops chased them and overtook Zedekiah on the plains of Jericho. They captured him and took him to King Nebuchadnezzar of Babylon, who was at Riblah in the land of Hamath. There the king of Babylon pronounced judgment upon Zedekiah.

6 •The king of Babylon made Zedekiah watch as he slaughtered his sons at Riblah. The king of Babylon also slaughtered all the nobles of Judah.

7 •Then he gouged out Zedekiah's eyes and bound him in bronze chains to lead him away to Babylon.

8 •Meanwhile, the Babylonians burned Jerusalem, including the royal palace and the houses of the people, and they tore down the walls of the city. •Then Nebuzaradan, the captain of the guard, took as exiles to Babylon the rest of the people who remained in the city, those who had defected to him, and everyone else who remained.

10 •But Nebuzaradan allowed some of the poorest people to stay behind in the land of Judah, and he assigned them to care for the vineyards and fields.

Jeremiah Remains in Judah

11 •King Nebuchadnezzar had told Nebuzaradan,

12 the captain of the guard, to find Jeremiah. •"See that he isn't hurt," he said. "Look after him well,

13 and give him anything he wants." •So Nebuzaradan, the captain of the guard; Nebushazban, a chief officer; Nergal-sharezer, the king's adviser; and the other officers of

14 Babylon's king •sent messengers to bring Jeremiah out of the prison. They put him under the care of Gedaliah son of Ahikam and grandson of Shaphan, who took him back to his home. So Jeremiah stayed in Judah among his own people.

15 •The LORD had given the following message

16 to Jeremiah while he was still in prison: •"Say to Ebed-melech the Ethiopian,* This is what the LORD of Heaven's Armies, the God of Israel,

39:2 Hebrew *On the ninth day of the fourth month.* This day was July 18, 586 B.C.; also see note on 39:1a.　39:3 Or *Nergal-sharezer, Samgar-nebo, Sarsekim.*　39:4 Hebrew *the Arabah.*　39:5 Or *Chaldean;* similarly in 39:8.　39:16 Hebrew *the Cushite.*

39:4 '아라바'는 '요단 계곡'을 가리킨다.

라. 만군의 여호와, 이스라엘의 하나님께서 이렇게 말씀하셨다. '보아라. 이제 곧 내가 예루살렘에 관해 한 말을 그대로 이루겠다. 내 말은 평화가 아니라 재앙으로 나타날 것이다. 그날에 그 모든 일이 이루어지는 것을 네 눈으로 직접 보게 될 것이다.

17 나 여호와가 말한다. 그날에 내가 너 에벳멜렉을 구해 주겠다. 너는 네가 두려워하는 사람들의 손에 넘겨지지 않을 것이다.

18 내가 너를 꼭 구해 주겠다. 너는 칼에 죽지 않을 것이다. 네가 나 여호와를 의지했으므로 내가 너를 살려 주겠다. 나 여호와의 말이다.'"

예레미야가 풀려나다

40 경호대장 느부사라단이 라마 성에서 예레미야를 풀어 준 뒤에 여호와께서 예레미야에게 말씀하셨습니다. 그때에 예레미야는 다시 사로잡혀 바빌론으로 끌려가는 예루살렘과 유다의 모든 포로들과 함께 쇠사슬에 매여 있었습니다.

2 경호대장 느부사라단이 예레미야를 찾아내어 말했습니다. "당신의 하나님 여호와께서 이곳에 이런 재앙을 내리시겠다고 말씀하셨소.

3 그리고 이제 여호와께서 그 모든 일을 그대로 이루셨소. 이런 재앙이 일어난 것은 당신들이 여호와께 죄를 짓고 여호와의 말씀에 순종하지 않았기 때문이오.

4 그러나 보시오, 오늘 내가 당신을 풀어 주겠소. 당신 손목에서 쇠사슬을 풀어 주겠소. 당신 생각에 나와 함께 바빌론으로 가는 것이 좋다면 함께 갑시다. 내가 당신을 잘 돌봐 주겠소. 그러나 바빌론으로 같이 갈 생각이 없다면 가지 않아도 좋소. 보시오. 온 땅이 당신 앞에 있으니 당신 가고 싶은 곳으로 가시오."

5 예레미야가 몸을 돌려 떠나기 전에 느부사라단이 말했습니다. "아니면 사반의 손자요, 아히감의 아들인 그다랴에게 돌아가시오. 바빌로니아 왕이 그다랴를 유다 성읍들의 총독으로 세우셨소. 가서 그다랴와 함께 백성들 가운데서 사시오. 그것도 싫으면 당신 마음대로 가고 싶은 곳으로 가시오." 경호대장 느부사라단은 예레미야에게 먹을 것과 선물을 주어 보냈습니다.

6 예레미야는 미스바에 있는 아히감의 아들 그다랴에게 가서 유다에 남아 있던 백성들과 함께 살았습니다.

그다랴 총독

7 유다 군대의 장교들과 그 부하들은 들판에 있으면서, 바빌로니아 왕이 아히감의 아들 그다랴를 유다 땅의 총독으로 세웠다는 소식을 들었습니다. 바빌로니아 왕은 그다랴에게 남자와 여자와 어린아이들, 곧 바빌론으로 끌려가지 않은 그 땅의 가난한 사람들을 맡겼습니다.

8 그 군인들은 미스바에 있는 그다랴에게 왔습니다. 그

says: I will do to this city everything I have threatened. I will send disaster, not prosperity. You will see its destruction, •but I will rescue you from those you fear so much.

18 •Because you trusted me, I will give you your life as a reward. I will rescue you and keep you safe. I, the LORD, have spoken!'"

40 The LORD gave a message to Jeremiah after Nebuzaradan, the captain of the guard, had released him at Ramah. He had found Jeremiah bound in chains among all the other captives of Jerusalem and Judah who were being sent to exile in Babylon.

2 •The captain of the guard called for Jeremiah and said, "The LORD your God has brought this disaster on this land, •just as he said he would. For these people have sinned against the LORD and disobeyed him. That is why it happened. •But I am going to take off your chains and let you go. If you want to come with me to Babylon, you are welcome. I will see that you are well cared for. But if you don't want to come, you may stay here. The whole land is before you—go wherever you like. •If you decide to stay, then return to Gedaliah son of Ahikam and grandson of Shaphan. He has been appointed governor of Judah by the king of Babylon. Stay there with the people he rules. But it's up to you; go wherever you like."

Then Nebuzaradan, the captain of the guard, gave Jeremiah some food and money and let him go. •So Jeremiah returned to Gedaliah son of Ahikam at Mizpah, and he lived in Judah with the few who were still left in the land.

Gedaliah Governs in Judah

7 •The leaders of the Judean military groups in the countryside heard that the king of Babylon had appointed Gedaliah son of Ahikam as governor over the poor people who were left behind in Judah—the men, women, and children who hadn't been exiled to Babylon. •So they went to see Gedaliah at Mizpah. These included: Ishmael son of Nethaniah, Johanan and Jonathan sons of Kareah, Seraiah son of Tanhumeth, the sons of Ephai the Netophathite, Jezaniah son of the Maacathite, and all their men.

appoint [əpɔ́int] *vt.* 임명하다
bound [baund] *a.* 묶인
destruction [distrʌ́kʃən] *n.* 파멸, 멸망
disobey [dìsəbéi] *vt.* 불순종하다
guerrilla [gərílə] *n.* 비 정규병, 별동대
release [rilíːs] *vt.* 풀어 주다

들은 느다냐의 아들 이스마엘과 가레아의 아들 요하난과 요나단, 단후멧의 아들 스라야, 느도바 사람 에배의 아들들, 그리고 마아가 사람의 아들 여사냐와 그 부하들입니다.

9 사반의 손자요, 아히감의 아들인 그다랴가 그들에게 약속했습니다. "바빌로니아 사람을 섬기는 것에 대해 두려워하지 마시오. 이 땅에 살면서 바빌로니아 왕을 섬기면 모든 일이 잘 될 것이오.

10 보시오. 나는 미스바에서 살면서 당신들을 대표해서 이곳으로 오는 바빌로니아 사람들을 만나겠소. 당신들은 포도주와 여름 과일과 기름을 모아 항아리에 저장해 놓고 당신들이 차지한 마을에서 살도록 하시오."

11 모압과 암몬과 에돔과 그 밖에 여러 나라에 흩어져 살던 유다 사람들도 바빌로니아 왕이 유다 땅에 사람들을 남겨 두었으며 사반의 손자요, 아히감의 아들인 그다랴를 총독으로 세웠다는 소식을 들었습니다.

12 그 소식을 듣고 여러 곳에 흩어져 살던 유다 사람들이 다시 유다로 돌아와 미스바에 있는 그다랴를 찾아갔습니다. 그리고 그들은 포도주와 여름 과일을 많이 모아 들였습니다.

13 가레아의 아들 요하난을 비롯하여 아직 들판에 있던 유다 군대의 장교들이 미스바로 그다랴를 찾아왔습니다.

14 그들은 그다랴에게 말했습니다. "암몬 사람의 왕 바알리스가 총독을 죽이려 한다는 사실을 알고 있습니까? 그가 총독을 죽이려고 느다냐의 아들 이스마엘을 보냈습니다." 그러나 아히감의 아들 그다랴는 그들의 말을 믿지 않았습니다.

15 그러자 가레아의 아들 요하난이 미스바에 있던 그다랴에게 몰래 말했습니다. "내가 가서 느다냐의 아들 이스마엘을 아무도 모르게 죽이겠습니다. 그래야 이스마엘이 총독을 죽이지 못할 것입니다. 만약 총독이 죽으면 지금 총독에게 모여 있는 모든 유다 사람들이 다시 흩어지고 유다의 얼마 남지 않은 사람들마저 없어지고 말 것입니다."

16 그러나 아히감의 아들 그다랴는 가레아의 아들 요하난에게 "이스마엘을 죽이지 마시오. 그대가 이스마엘에 관해 한 말은 사실이 아니오"라고 말했습니다.

41 그 해 일곱째 달*에 엘리사마의 손자요 느다냐의 아들인 이스마엘이 아히감의 아들 그다랴에게 왔습니다. 이스마엘은 부하 열 명을 데리고 미스바로 왔습니다. 그는 왕족이었으며 높은 자리에 있던 왕의 신하이기도 했습니다. 이스마엘과 그의 부하들은 미스바에서 그다랴와 함께 밥을 먹었습

9 •Gedaliah vowed to them that the Babylonians* meant them no harm. "Don't be afraid to serve them. Live in the land and serve the king of Babylon, and all will go well for you," he promised. •"As for me, I will stay at Mizpah to represent you before the Babylonians who come to meet with us. Settle in the towns you have taken, and live off the land. Harvest the grapes and summer fruits and olives, and store them away."

11 •When the Judeans in Moab, Ammon, Edom, and the other nearby countries heard that the king of Babylon had left a few people in Judah and that Gedaliah was the governor, •they began to return to Judah from the places to which they had fled. They stopped at Mizpah to meet with Gedaliah and then went into the Judean countryside to gather a great harvest of grapes and other crops.

A Plot against Gedaliah

13 •Soon after this, Johanan son of Kareah and the other military leaders came to Gedaliah at Mizpah. •They said to him, "Did you know that Baalis, king of Ammon, has sent Ishmael son of Nethaniah to assassinate you?" But Gedaliah refused to believe them.

15 •Later Johanan had a private conference with Gedaliah and volunteered to kill Ishmael secretly. "Why should we let him come and murder you?" Johanan asked. "What will happen then to the Judeans who have returned? Why should the few of us who are still left be scattered and lost?"

16 •But Gedaliah said to Johanan, "I forbid you to do any such thing, for you are lying about Ishmael."

The Murder of Gedaliah

41 But in midautumn of that year,* Ishmael son of Nethaniah and grandson of Elishama, who was a member of the royal family and had been one of the king's high officials, went to Mizpah with ten men

---

assassinate [əsǽsəneit] vt. 암살하다
forbid [fərbíd] vt. 금하다
murder [mə́:rdər] vt. 살해하다
plot [plát] n. 음모
represent [rèprizént] vt. 대표하다
volunteer [vɑləntíər] vi. 자발적으로 나서다
vow [vau] vt. 맹세하다, 서약하다

40:9 Or *Chaldeans*; also in 40:10. 41:1 Hebrew *in the seventh month*, of the ancient Hebrew lunar calendar. This month occurred within the months of October and November 586 B.C.; also see note on 39:1a.

41:1 이달은 B.C. 586년 10월과 11월에 해당된다.

니다.

2 밥을 먹던 중에 이스마엘이 부하 열 명과 함께 자리에서 일어나더니 사반의 손자요, 아히감의 아들인 그다랴를 칼로 쳐죽였습니다. 그다랴는 바빌로니아 왕이 유다 총독으로 세운 사람이었습니다.

3 이스마엘은 그다랴와 함께 있던 모든 유다 사람들과 그곳에 있던 바빌로니아 사람들과 군인들도 죽였습니다.

4 그다랴가 죽임을 당한 이튿날, 아직 아무도 그 사실을 알지 못할 때였습니다.

5 수염을 깎고 옷을 찢고 자기 몸에 상처를 낸 사람 팔십 명이 세겜과 실로와 사마리아에서 와서 여호와의 성전에 곡식 제물과 향을 바치러 했습니다.

6 느다냐의 아들 이스마엘이 그들을 맞으려고 미스바에서 나왔습니다. 이스마엘은 그들을 맞으러 가는 동안, 줄곧 울다가 그들을 만나자 이렇게 말했습니다. "나와 함께 아히감의 아들 그다랴를 만나러 갑시다."

7 그리하여 그들은 미스바 성 안으로 들어가게 되었습니다. 그들이 성 안으로 들어갔을 때에 느다냐의 아들 이스마엘과 그의 부하들이 그들을 죽이고 그 시체를 깊은 웅덩이에 던져 넣었습니다.

8 그러나 그들 가운데 살아남은 사람 열 명이 이스마엘에게 말했습니다. "살려 주십시오, 우리에게 밀과 보리와 기름과 꿀이 있는데 그것을 밭에 감추어 두었습니다." 그래서 이스마엘은 그들을 죽이지 않고 살려 두었습니다.

9 이스마엘이 그 사람들을 죽이고 그 시체를 던져 넣은 웅덩이는 유다 왕 아사가 이스라엘 왕 바아사의 공격을 막으려고 만들었던 것입니다. 그러나 느다냐의 아들 이스마엘은 그 웅덩이를 자기가 죽인 사람들의 시체로 가득 채웠습니다.

10 그런 뒤에 이스마엘은 미스바에 남아 있던 사람들을 다 사로잡았습니다. 그는 경호대장 느부사라단이 아히감의 아들 그다랴에게 맡긴, 유다 왕의 공주들과 남은 백성들을 모두 붙잡아 들였습니다. 느다냐의 아들 이스마엘은 그들을 포로로 잡아서 암몬 사람들의 나라로 넘어가려 했습니다.

11 가레아의 아들 요하난을 비롯하여 그와 함께 있던 모든 군대 장교들은 느다냐의 아들 이스마엘이 저지른 악한 짓에 관한 소문을 들었습니다.

12 그리하여 요하난과 장교들은 부하들을 거느리고 느다냐의 아들 이스마엘과 싸우려고 그를 뒤쫓았습니다. 그러다가 기브온에 있는 큰 연못 근처에서 이스마엘을 만났습니다.

13 이스마엘에게 끌려가던 포로들은 요하난과 장교들을 보고 매우 기뻐했습니다.

14 이스마엘의 포로가 되어 미스바로부터 끌려가던

---

to meet Gedaliah. While they were eating together, • Ishmael and his ten men suddenly jumped up, drew their swords, and killed Gedaliah, whom the king of Babylon had appointed governor. • Ishmael also

3 killed all the Judeans and the Babylonian* soldiers who were with Gedaliah at Mizpah.

4 • The next day, before anyone had heard

5 about Gedaliah's murder, • eighty men arrived from Shechem, Shiloh, and Samaria to worship at the Temple of the LORD. They had shaved off their beards, torn their clothes, and cut themselves, and had brought along grain offerings and frankin-

6 cense. • Ishmael left Mizpah to meet them, weeping as he went. When he reached them, he said, "Oh, come and see what has happened to Gedaliah!"

7 • But as soon as they were all inside the town, Ishmael and his men killed all but ten of them and threw their bodies into a cis-

8 tern. • The other ten had talked Ishmael into letting them go by promising to bring him their stores of wheat, barley, olive oil, and

9 honey that they had hidden away. • The cistern where Ishmael dumped the bodies of the men he murdered was the large one* dug by King Asa when he fortified Mizpah to protect himself against King Baasha of Israel. Ishmael son of Nethaniah filled it with corpses.

10 • Then Ishmael made captives of the king's daughters and the other people who had been left under Gedaliah's care in Mizpah by Nebuzaradan, the captain of the guard. Taking them with him, he started back toward the land of Ammon.

11 • But when Johanan son of Kareah and the other military leaders heard about

12 Ishmael's crimes, • they took all their men and set out to stop him. They caught up with him at the large pool near Gibeon.

13 • The people Ishmael had captured shouted for joy when they saw Johanan and the

14 other military leaders. • And all the captives from Mizpah escaped and began to help

---

barley [báːrli] *n.* 보리
cistern [sístərn] *n.* 웅덩이
corpse [kɔ́ːrps] *n.* 시체, 송장
dump [dʌ́mp] *vt.* 내버리다
fortify [fɔ́ːrtəfai] *vt.* 요새화하다
frankincense [frǽŋkinsèns] *n.* 유향
41:2 draw the sword : 싸움을 시작하다; 칼을 빼다
41:5 cut oneself : 몸을 상하게 하다
41:12 set out : 출발하다; 길을 떠나다
41:12 catch up with : 따라잡다

41:3 Or *Chaldean.*   41:9 As in Greek version; Hebrew reads *murdered because of Gedaliah was one.*

사람들은 몸을 돌려 가레아의 아들 요하난에게 달려갔습니다.

15 그러나 느다냐의 아들 이스마엘은 부하 여덟 명과 함께 요하난을 피하여 암몬 사람들에게로 도망갔습니다.

16 이처럼 느다냐의 아들 이스마엘이 아히감의 아들 그다랴를 죽인 뒤에 미스바에 있던 사람들을 사로잡아 끌고 갔지만 가레아의 아들 요하난을 비롯한 모든 군대 장교들이 그 포로들을 구해 냈습니다. 살아남은 사람 가운데는 군인들과 여자들과 어린아이들과 왕궁 관리들도 있었습니다. 요하난은 그들을 기브온에서 데려왔습니다.

이집트로 도망가다

17 그들은 이집트로 가는 길에 베들레헴에서 가까운 게룻김함에 머물러 있었습니다.

18 요하난을 비롯한 군대 장교들은 바빌로니아 군대가 두려워서 이집트로 도망가기로 했습니다. 왜냐하면 바빌로니아 왕이 유다의 총독으로 세운 아히감의 아들 그다랴를 느다냐의 아들인 이스마엘이 죽였기 때문입니다.

42 그때에 가레아의 아들 요하난과 호사야의 아들 여사냐와 모든 군대 장교들과 가장 낮은 사람으로부터 가장 높은 사람에 이르기까지 모든 백성들이 예레미야에게 모여들었습니다.

2 그들이 예레미야에게 말했습니다. "우리의 부탁을 들어 주십시오. 우리를 위하여 당신의 하나님 여호와께 기도해 주십시오. 유다 집의 남아 있는 모든 백성을 위해 기도해 주십시오. 우리 백성이 전에는 많이 있었으나 보시는 것처럼 지금은 조금밖에 남지 않았습니다.

3 그러니 우리가 어디로 가야 할지, 그리고 어떻게 해야 할지 알려 달라고 당신의 하나님 여호와께 기도해 주십시오."

4 예언자 예레미야가 그들에게 대답했습니다. "여러분의 뜻을 잘 알았소. 여러분이 부탁한 대로 여러분의 하나님 여호와께 기도하겠소. 그래서 여호와께서 여러분에게 하시는 말씀을 조금도 숨기지 않고 그대로 전해 주겠소."

5 그러자 백성이 다시 예레미야에게 말했습니다. "당신의 하나님 여호와께서 당신을 통해 우리에게 하시는 말씀이라면 무엇이든 그대로 따르겠습니다. 이 일에 여호와께서 우리의 참되고 진실하신 증인이 되십니다.

6 그 말씀이 좋든 나쁘든, 우리는 우리 하나님 여호와의 말씀에 순종하겠습니다. 우리는 여호와의 말씀을 받기 위해 당신을 여호와께 보냅니다. 우리의 하나님 여호와께서 하시는 말씀에 순종하면 모든 일이 잘 될 것입니다."

7 십 일 뒤에 여호와께서 예레미야에게 말씀하셨습니다.

8 그래서 예레미야는 가레아의 아들 요하난을 비롯하여 그와 함께한 모든 군대 장교들과 가장 낮은 사람으로부터 가장 높은 사람에 이르기까지 모든 백성을 불러 모았습니다.

15 Johanan. •Meanwhile, Ishmael and eight of his men escaped from Johanan into the land of Ammon.

16 •Then Johanan son of Kareah and the other military leaders took all the people they had rescued in Gibeon—the soldiers, women, children, and court officials* whom Ishmael had captured after he 17 killed Gedaliah. •They took them all to the village of Geruth-kimham near Bethlehem, where they prepared to leave 18 for Egypt. •They were afraid of what the Babylonians* would do when they heard that Ishmael had killed Gedaliah, the governor appointed by the Babylonian king.

Warning to Stay in Judah

42 Then all the military leaders, including Johanan son of Kareah and Jezaniah* son of Hoshaiah, and all the people, from the least to the greatest, 2 approached •Jeremiah the prophet. They said, "Please pray to the LORD your God for us. As you can see, we are only a 3 tiny remnant compared to what we were before. •Pray that the LORD your God will show us what to do and where to go."

4 •"All right," Jeremiah replied. "I will pray to the LORD your God, as you have asked, and I will tell you everything he says. I will hide nothing from you."

5 •Then they said to Jeremiah, "May the LORD your God be a faithful witness against us if we refuse to obey whatever 6 he tells us to do! •Whether we like it or not, we will obey the LORD our God to whom we are sending you with our plea. For if we obey him, everything will turn out well for us."

7 •Ten days later the LORD gave his 8 reply to Jeremiah. •So he called for Johanan son of Kareah and the other military leaders, and for all the people,

approach [əpróutʃ] *vt.* 다가가다
eunuch [júːnək] *vt.* 환관, 내시
governor [gávərnər] *n.* 총독
plea [pliː] *n.* 간청
pray [prei] *vi.* 기도하다
prepare [pripɛ́ər] *vt.* 준비하다
remnant [rémnənt] *n.* 남은 자
tiny [táini] *a.* 아주 작은
witness [wítnis] *n.* 증인
42:2 compared to … : …와 비교해서
42:6 turn out well for … : …에게 잘되다

41:16 Or *eunuchs.*　41:18 Or *Chaldeans.*
42:1 Greek version reads *Azariah;* compare 43:2.

9 그리고 그들에게 말했습니다. "여러분이 나를 보내어 물어보게 한 이스라엘의 하나님 여호와께서 이렇게 말씀하셨소.

10 '너희가 이 유다 땅에 남아 있으면 내가 너희를 허물지 않고 세우겠으며 뽑지 않고 심을 것이다. 그것은 내가 너희에게 재앙을 내렸으나 이제는 그 일을 슬퍼하고 있기 때문이다.

11 너희가 바빌로니아 왕을 두려워하고 있으나 그를 두려워하지 마라. 나 여호와의 말이다. 내가 너희와 함께하여 너희를 구해 주고 그의 손에서 건져 주겠다.

12 내가 너희에게 자비를 베풀고 이제는 바빌로니아 왕도 너희에게 자비를 베풀어 너희를 너희 땅으로 돌려보낼 것이다.'

13 그러나 당신들이 '우리는 이 유다 땅에 남아 있지 않겠다'고 말하며 하나님 여호와의 말씀에 순종하지 않고

14 또 '아닙니다. 우리는 이집트 땅에 가서 살겠습니다. 이집트로 가면 전쟁에 시달리지도 않고 전쟁 나팔 소리를 듣지 않아도 되고 밥이 없어 굶주리는 일도 없을 것입니다'라고 말한다면 잘못될 것이오.

15 유다에 남아 있는 백성들은 여호와의 말씀을 들으시오. 만군의 여호와, 이스라엘의 하나님께서 이렇게 말씀하셨소. '너희가 이집트로 가서 거기서 살기로 마음을 먹는다면

16 너희가 두려워하는 전쟁이 이집트 땅까지 쫓아가 너희를 덮칠 것이며, 너희가 염려하는 굶주림이 이집트에 있는 너희에게 찾아올 것이다. 그리하여 너희는 이집트에서 죽을 것이다.

17 누구든 이집트 땅에 가서 살려고 하는 사람은 전쟁과 굶주림과 무서운 병으로 죽게 될 것이다. 이집트로 가는 사람은 아무도 살아남지 못하리니, 내가 내릴 재앙을 아무도 피하지 못할 것이다.'

18 만군의 여호와, 이스라엘의 하나님께서 이렇게 말씀하셨소. '나의 분노와 진노를 예루살렘 백성에게 쏟아부었듯이 너희가 이집트로 가면 너희에게도 그와 똑같은 진노를 쏟아 붓겠다. 다른 나라들이 너희를 역겨워할 것이며 너희 모습을 보고 놀라며 저주하고 욕할 것이다. 너희가 다시는 이 땅을 보지 못할 것이다.'

19 유다에 남아 있는 여러분이여, 여호와께서 여러분에게 이집트로 가지 말라고 말씀하셨소. 내가 오늘 여러분에게 경고한 말을 새겨 두시오.

20 여러분은 죽음을 부를지도 모르는 실수를 저질렀소. 여러분은 나를 여러분의 하나님 여호와께 보내며 이렇게 말했소. '우리를 위해 우리 하나님 여호와께 기도해 주십시오. 우리 하나님 여호와께서 하시는 말씀을 빠짐없이 우리에게 전해 주십시오. 그러면 우리가 그대로 하겠습니다.'

21 그래서 내가 오늘 여러분에게 여호와께서 하신 말씀

9 from the least to the greatest. ● He said to them, "You sent me to the LORD, the God of Israel, with your request, and this is his

10 reply: ● 'Stay here in this land. If you do, I will build you up and not tear you down; I will plant you and not uproot you. For I am sorry about all the punishment I have

11 had to bring upon you. ● Do not fear the king of Babylon anymore,' says the LORD. 'For I am with you and will save you and

12 rescue you from his power. ● I will be merciful to you by making him kind, so he will let you stay here in your land.'

13 ● "But if you refuse to obey the LORD your God, and if you say, 'We will not stay

14 here; instead, we will go to Egypt where we will be free from war, the call to arms,

15 and hunger,' ● then hear the LORD's message to the remnant of Judah. This is what the LORD of Heaven's Armies, the God of Israel, says: 'If you are determined to go to

16 Egypt and live there, ● the very war and famine you fear will catch up to you, and

17 you will die there. ● That is the fate awaiting every one of you who insists on going to live in Egypt. Yes, you will die from war, famine, and disease. None of you will escape the disaster I will bring upon you there.'

18 ● "This is what the LORD of Heaven's Armies, the God of Israel, says: 'Just as my anger and fury have been poured out on the people of Jerusalem, so they will be poured out on you when you enter Egypt. You will be an object of damnation, horror, cursing, and mockery. And you will never see your homeland again.'

19 ● "Listen, you remnant of Judah. The LORD has told you: 'Do not go to Egypt!' Don't forget this warning I have given you

20 today. ● For you were not being honest when you sent me to pray to the LORD your God for you. You said, 'Just tell us what the LORD our God says, and we will

21 do it!' ● And today I have told you exactly what he said, but you will not obey the LORD your God any better now than you

---

canopy [kǽnəpi] *n.* 장막
convince [kənvíns] *vt.* 설득하다
damnation [dæmnéiʃən] *n.* 저주
destined [déstind] *a.* 예정된
forbid [fərbíd] *vt.* 금지하다, 막다
fury [fjúəri] *n.* 분노, 격분
mockery [mákəri] *n.* 조롱
pavement [péivmənt] *n.* 포장 도로
plunder [plʌ́ndər] *n.* 약탈물
uproot [ʌprúːt] *vt.* 뿌리째 뽑아 내다
42:17 insist on …ing : …할 것을 고집하다
43:3 carry off : (포로 따위를) 끌고 가다

을 전해 주었소. 그러나 여러분은 여호와 하나님의 말씀을 듣지 않았소. 여호와께서 나를 보내어 여러분에게 이르게 하신 말씀을 따르지 않았소.

22 그러므로 이것을 분명히 알아두시오. 여러분은 이집트로 가서 살기를 원하지만 여러분이 원하는 바로 그 땅에서 여러분은 전쟁과 굶주림과 무서운 병으로 죽을 것이오."

43 예레미야가 모든 백성에게 하나님 여호와의 말씀, 곧 하나님 여호와께서 예레미야를 통해 그들에게 전하게 하신 말씀을 다 전했습니다.

2 호사야의 아들 아사랴와 가레아의 아들 요하난과 다른 교만한 사람들이 예레미야에게 말했습니다. "당신은 거짓말을 하고 있소! 우리 하나님 여호와께서 당신을 보내셔서 '너희는 이집트로 가서 살면 안 된다'라고 전하게 하셨을 리가 없소.

3 네리야의 아들 바룩이 당신을 꾀어서 이렇게 된 것이 분명하오. 그는 우리를 바빌로니아 사람들에게 넘겨주어 우리를 그들의 손에 죽게 하거나 그들에게 사로잡혀 바빌론으로 끌려가게 하려고 있소."

4 이처럼 가레아의 아들 요하난과 군대 장교들과 모든 백성들은 유다 땅에 머물러 살라는 여호와의 명령에 따르지 않았습니다.

5 가레아의 아들 요하난과 모든 군대 장교들은 유다에 남아 있던 사람들을 이끌고 이집트로 갔습니다. 그들은 바빌로니아 사람들에게 쫓겨나서 모든 나라 중에 흩어져 있다가 다시 유다 땅으로 돌아온 사람들입니다.

6 요하난과 군대 장교들은 남자와 여자와 어린아이들을 비롯하여 공주들까지 이집트로 데려갔습니다. 이들은 경호대장 느부사라단이 사반의 손자요, 아히감의 아들인 그다랴에게 맡겼던 사람들입니다. 요하난은 예언자 예레미야와 네리야의 아들 바룩도 데려갔습니다.

7 그들은 여호와의 말씀을 듣지 않고 이집트 땅으로 가서 다바네스 마을에 이르렀습니다.

8 여호와께서 다바네스에서 예레미야에게 말씀하셨습니다.

9 "커다란 돌을 몇 개 가져다가 유다 사람들이 보는 앞에서 다바네스에 위치한 이집트 왕 파라오의 왕궁 입구에 있는 포장된 길 밑에 묻어 두어라.

10 그리고 그 유다 사람들에게 전하여라. 만군의 여호와, 이스라엘의 하나님께서 이렇게 말씀하셨다. 보아라. 내가 사람을 보내어 내 종 바빌로니아 왕 느부갓네살을 데려오겠다. 그리고 내가 묻어 둔 이 돌들 위에 그의 보좌를 놓겠다. 그가 이 돌들 위에 화려한 장막을 칠 것이다.

11 그가 이집트 땅을 칠 것이다. 그리하여 죽일 사람을 죽이고, 포로로 데려갈 사람을 포로로 잡아가고, 칼에 맞아 죽을 사람을 칼로 죽일 것이다.

12 그리고 그가 이집트의 신전들에 불을 놓아 태워 버릴 것이며 그곳의 우상들을 가져가 버릴 것이다. 목자가 자기

---

22 have in the past. •So you can be sure that you will die from war, famine, and disease in Egypt, where you insist on going."

Jeremiah Taken to Egypt

43 When Jeremiah had finished giving this message from the LORD their God to all the people, •Aza-2 riah son of Hoshaiah and Johanan son of Kareah and all the other proud men said to Jeremiah, "You lie! The LORD our God hasn't forbidden us to go to Egypt! •Baruch son of Neriah has con-3 vinced you to say this, because he wants us to stay here and be killed by the Babylonians* or be carried off into exile."

4 •So Johanan and the other military leaders and all the people refused to obey the LORD's command to stay in Judah. •Johanan and the other leaders 5 took with them all the people who had returned from the nearby countries to which they had fled. •In the crowd 6 were men, women, and children, the king's daughters, and all those whom Nebuzaradan, the captain of the guard, had left with Gedaliah. The prophet Jeremiah and Baruch were also included. •The people refused to obey the 7 voice of the LORD and went to Egypt, going as far as the city of Tahpanhes.

8 •Then at Tahpanhes, the LORD gave another message to Jeremiah. He said, 9 • "While the people of Judah are watching, take some large rocks and bury them under the pavement stones at the entrance of Pharaoh's palace here in Tahpanhes. •Then say to the people of 10 Judah, 'This is what the LORD of Heaven's Armies, the God of Israel, says: I will certainly bring my servant Nebuchadnezzar,* king of Babylon, here to Egypt. I will set his throne over these stones that I have hidden. He will spread his royal canopy over them. 11 •And when he comes, he will destroy the land of Egypt. He will bring death to those destined for death, captivity to those destined for captivity, and war to 12 those destined for war. •He will set fire to the temples of Egypt's gods; he will burn the temples and carry the idols away as plunder. He will pick clean the land of Egypt as a shepherd picks fleas

---

43:3 Or *Chaldeans.*　43:10 Hebrew *Nebuchadrezzar,* a variant spelling of Nebuchadnezzar.

몸에 옷을 둘러 입듯이 느부갓네살이 이집트를 둘러 입을 것이다. 그리고 안전하게 이집트를 떠날 것이다.

13 그가 이집트 땅의 벧세메스*에 있는 돌기둥들을 무너뜨릴 것이며 이집트의 신전들을 불태워 버릴 것이다.'"

이집트에 내릴 재앙

44 예레미야가 여호와의 말씀을 받았습니다. 그 말씀은 이집트 땅의 믹돌과 다바네스와 놉과 바드로스*에 사는 유다 사람들에게 하신 말씀입니다.

2 "만군의 여호와, 이스라엘의 하나님께서 이렇게 말씀하셨다. '너희는 내가 예루살렘과 유다 여러 마을에 내린 재앙을 보아라. 그 마을들은 오늘날 아무도 살지 않는 폐허가 되었다.

3 이는 그곳에 살던 백성이 악한 짓을 했기 때문이다. 그들은 너희도 알지 못하고 너희 조상들도 알지 못했던 다른 신들에게 향을 피우며 제사하여 나를 분노하게 했다.

4 내가 내 종인 예언자들을 거듭 그들에게 보내어 그런 역겨운 짓을 하지 말며 다른 신을 섬기는 것을 내가 싫어한다고 전하게 했다.

5 그러나 그들은 예언자들의 말을 듣지도 않았고 귀 기울이지도 않았다. 그들은 악한 짓에서 돌아서지 않고 다른 신들에게 향을 피우며 제사하는 일도 멈추지 않았다.

6 그래서 내가 내 큰 진노를 유다 여러 마을과 예루살렘 거리에 쏟아 부은 것이다. 그리하여 예루살렘과 유다의 여러 마을은 황무지가 되었고 지금까지도 폐허로, 돌무더기로 남아 있다.'

7 그러므로 만군의 하나님, 이스라엘의 하나님 여호와께서 이렇게 말씀하셨다. '어찌하여 너희는 큰 죄악을 저질러 너희 스스로를 해치고 있느냐? 어찌하여 너희는 남자와 여자와 어린이들과 아기들을 유다 집에서 끊어 놓아 아무도 살지 못하게 하려느냐?

8 어찌하여 너희는 너희 손으로 만든 우상으로 나를 분노하게 하며, 너희가 살고 있는 이집트 땅의 신들에게 향을 피우며 제사를 지내느냐? 그것은 너희 스스로를 망치는 짓이다. 너희는 세계 온 나라의 저주와 비웃음거리가 될 것이다.

9 너희는 너희 조상이 저지른 죄를 잊었느냐? 유다의 왕과 왕비들, 그리고 너희와 너희 아내들이 유다 땅과 예루살렘 거리에서 저지른 죄를 잊었느냐?

10 유다 백성은 오늘날까지도 너무 교만하다. 나를 존경할 줄 모르고 내 가르침을 따르지 않는다. 내가 너희와 너희 조상에게 가르쳐 준 율법에 순종하지 않

from his cloak. And he himself will leave
13 unharmed. • He will break down the sacred pillars standing in the temple of the sun* in Egypt, and he will burn down the temples of Egypt's gods.'"

Judgment for Idolatry

44 This is the message Jeremiah received concerning the Judeans living in northern Egypt in the cities of Migdol, Tahpanhes, and Memphis,* and in southern
2 Egypt* as well: • "This is what the LORD of Heaven's Armies, the God of Israel, says: You saw the calamity I brought on Jerusalem and all the towns of Judah. They now lie
3 deserted and in ruins. • They provoked my anger with all their wickedness. They burned incense and worshiped other gods— gods that neither they nor you nor any of your ancestors had ever even known.

4 • "Again and again I sent my servants, the prophets, to plead with them, 'Don't do these horrible things that I hate so much.'
5 • But my people would not listen or turn back from their wicked ways. They kept on
6 burning incense to these gods. • And so my fury boiled over and fell like fire on the towns of Judah and into the streets of Jerusalem, and they are still a desolate ruin today.

7 • "And now the LORD God of Heaven's Armies, the God of Israel, asks you: Why are you destroying yourselves? For not one of you will survive—not a man, woman, or child among you who have come here from
8 Judah, not even the babies in your arms. • Why provoke my anger by burning incense to the idols you have made here in Egypt? You will only destroy yourselves and make yourselves an object of cursing and
9 mockery for all the nations of the earth. • Have you forgotten the sins of your ancestors, the sins of the kings and queens of Judah, and the sins you and your wives
10 committed in Judah and Jerusalem? • To this very hour you have shown no remorse or reverence. No one has chosen to follow my word and the decrees I gave to you and your ancestors before you.

cloak [klouk] *n.* 소매 없는 외투
decree [dikríː] *n.* 법령, 명령
idolatry [aidάlətri] *n.* 우상 숭배
plead [pliːd] *vi.* 간청하다
provoke [prəvóuk] *vt.* 불러 일으키다
remorse [rimɔ́ːrs] *n.* 후회, 죄책감
reverence [révərəns] *n.* 경외

43:13 Or *in Heliopolis.* 44:1a Hebrew *Noph.*
44:1b Hebrew *in Pathros.*

43:13 '벧세메스'는 태양신 신전을 가리킨다.
44:1 '바드로스'는 이집트 남쪽을 가리킨다.

는다.'

11 그러므로 만군의 여호와, 이스라엘의 하나님께서 이렇게 말씀하셨다. '보아라. 내가 너희에게 재앙을 내리기로 작정했다. 내가 온 유다 집을 멸망시키겠다.

12 유다의 남은 사람들이 이집트로 가서 머물러 살 생각을 하고 있으나 그들은 이집트에서 전쟁과 굶주림으로 다 죽을 것이다. 가장 낮은 사람으로부터 가장 높은 사람에 이르기까지 그들은 이집트에서 전쟁과 굶주림으로 죽을 것이다. 다른 나라들이 너희를 역겨워할 것이며 너희 모습을 보고 놀랄 것이다. 너희를 보고 저주하고 욕할 것이다.

13 내가 예루살렘을 심판했듯이 이집트 땅에 사는 사람들도 전쟁과 굶주림과 무서운 병으로 심판하겠다.

14 유다 백성 가운데 살아서 이집트로 간 사람은 아무도 나의 심판을 피할 수 없을 것이다. 그들이 유다로 다시 돌아가 살고 싶어하더라도 아무도 돌아가지 못할 것이다. 도망친 사람 몇 명을 빼고는 아무도 돌아가지 못할 것이다.'"

15 바드로스에 사는 유다 사람들의 큰 무리가 와서 예레미야에게 말했습니다. 그들은 자기 아내들이 다른 신에게 제사를 지낸다는 것을 알고 있었습니다. 이집트에 살면서 다른 신에게 제사를 지내고 있는 여자들도 그 자리에 있었습니다.

16 "당신이 여호와의 이름으로 우리에게 말하는 것을 듣지 않겠소.

17 우리는 우리 입으로 맹세한 것을 빠짐없이 지켜서 '하늘 여신'에게 향을 피워 올리고 부어 드리는 제물인 전제물을 바쳐 여신을 섬기겠소. 옛적에 우리와 우리의 조상과 우리의 왕들과 신하들이 유다의 여러 마을과 예루살렘 거리에서 한 대로 여신을 섬기겠소. 그때에 우리는 먹을 것이 풍족하였고 모든 일이 잘되었고 재앙도 없었소.

18 그러나 하늘 여신에게 희생 제물과 전제물을 바치기를 그친 뒤부터 우리에게 어려움이 닥쳐왔소. 우리가 전쟁이나 굶주림으로 죽게 되었소."

19 여자들도 말했습니다. "우리가 하고 있는 일을 우리 남편들도 알고 있습니다. 우리는 남편들의 허락을 받아서 하늘 여신에게 향을 피우고 전제물을 바쳤습니다. 우리가 하늘 여신의 모습을 새긴 과자를 만든 것과 여신에게 전제물을 바친 것을 남편들도 알고 있습니다."

20 그러자 예레미야가 모든 백성, 곧 남자 여자 할 것 없이 그렇게 대답하는 모든 사람들에게 말했습니다.

21 "여러분이 향을 피운 일은 여호와께서도 기억하고 계시오. 여러분과 여러분의 조상, 그리고 여러분의 왕들과 신하들과 유다 땅의 백성들이 유다 여러 마을과 예루살렘 거리에서 향을 피운 일은 여호와께서도

---

11 •Therefore, this is what the LORD of Heaven's Armies, the God of Israel, says: I am determined to destroy every one of

12 you! •I will take this remnant of Judah—those who were determined to come here and live in Egypt—and I will consume them. They will fall here in Egypt, killed by war and famine. All will die, from the least to the greatest. They will be an object of damnation, horror, cursing, and mockery.

13 •I will punish them in Egypt just as I punished them in Jerusalem, by war, famine,

14 and disease. •Of that remnant who fled to Egypt, hoping someday to return to Judah, there will be no survivors. Even though they long to return home, only a handful will do so."

15 •Then all the women present and all the men who knew that their wives had burned incense to idols—a great crowd of all the Judeans living in northern Egypt* and southern Egypt*—answered Jeremiah,

16 "We will not listen to your messages from

17 the LORD! •We will do whatever we want. We will burn incense and pour out liquid offerings to the Queen of Heaven just as much as we like—just as we, and our ancestors, and our kings and officials have always done in the towns of Judah and in the streets of Jerusalem. For in those days we had plenty to eat, and we were well off

18 and had no troubles! •But ever since we quit burning incense to the Queen of Heaven and stopped worshiping her with liquid offerings, we have been in great trouble and have been dying from war and famine."

19 •"Besides," the women added, "do you suppose that we were burning incense and pouring out liquid offerings to the Queen of Heaven, and making cakes marked with her image, without our husbands knowing it and helping us? Of course not!"

20 •Then Jeremiah said to all of them, men and women alike, who had given

21 him that answer, •"Do you think the LORD did not know that you and your ancestors, your kings and officials, and all the people were burning incense to idols in the towns of Judah and in the streets of

---

consume [kənsúːm] *vt.* 소멸시키다, 파괴하다
handful [hǽndful] *n.* 한 움큼; 소수
long [lɔːŋ] *vt.* 열망하다, 동경하다
remnant [rémnənt] *n.* 남은 자
suppose [səpóuz] *vt.* 생각하다; 추측하다
survivor [sərváivər] *n.* 살아남은 사람
44:17 be well off : 살기가 좋다

알고 계시며 마음에 기억하고 계시오.

22 여호와께서는 여러분이 악한 짓을 저지르는 것에 대해 더 이상 참지 못하시고 여러분이 저지른 역겨운 죄를 견디지 못하셨소. 그래서 여러분의 나라를 황무지로 만드셨고 오늘날 그 땅은 사람들의 비웃음거리와 저주거리가 되어 그곳에 아무도 살지 않게 되었소.

23 이 모든 일이 일어난 까닭은 여러분이 다른 신들에게 향을 피워 올리고 여호와께 죄를 지었기 때문이오. 여러분은 여호와께 순종하지 않았고 여호와께서 주신 가르침과 율법을 따르지 않았소. 그리고 언약의 말씀을 지키지 않았소. 그래서 오늘날과 같은 이런 재앙이 여러분에게 내린 것이오."

24 예레미야가 모든 백성에게, 그리고 여자들에게 말했습니다. "이집트에 살고 있는 모든 유다 백성은 여호와의 말씀을 들으시오.

25 만군의 여호와, 이스라엘의 하나님께서 이렇게 말씀하셨소. '너희와 너희 여자들이 하늘 여신에게 희생제물과 전제물을 바치기로 서원했으며 그 서원을 그대로 지키겠다고 했다. 또 실제로 너희 손으로 직접 지켰다. 좋다. 너희가 서원한 대로 해 보아라.'

26 그러나 여호와의 말씀을 들어 보시오. 이집트에 살고 있는 모든 유다 사람들은 들으시오. 여호와께서 이렇게 말씀하셨소. '보아라. 내가 나의 큰 이름을 두고 맹세한다. 지금 이집트 온 땅에 살고 있는 유다 백성들은 다시는 내 이름으로 맹세하지 못할 것이다. 그들은 절대로 '주 여호와의 살아 계심을 두고'라는 맹세를 하지 못하게 될 것이다.

27 보아라. 내가 그들을 지켜보겠다. 돌보려고 지켜보는 것이 아니라 해치려고 지켜보는 것이다. 이집트에서 살고 있는 유다 사람들은 칼이나 굶주림으로 죽어 모두 멸망할 것이다.

28 칼에 죽지 않고 살아서 이집트 땅에서 유다 땅으로 돌아오는 사람은 매우 적을 것이다. 유다 백성 중 살아서 이집트 땅에 내려가서 사는 모든 사람들은 내 말이 옳은지, 그들의 말이 옳은지 알게 될 것이다.

29 내가 이곳에서 너희를 심판하겠다는 표징을 하나 주겠다. 나 여호와의 말이다. 그 표징을 주어, 너희를 반드시 심판하겠다는 내 말이 이루어진다는 것을 너희가 알게 하겠다.'

30 여호와께서 이렇게 말씀하셨소. '보아라. 내가 유다 왕 시드기야를 그의 목숨을 노리던 바빌로니아 왕 느부갓네살에게 넘겨주었던 것처럼 이집트 왕 파라오 호브라를 그의 목숨을 노리는 원수들에게 넘겨주겠다.'"

바룩에게 주신 말씀

45 요시야의 아들 여호야김이 유다 왕이 된 지 사년째 되는 해에 예언자 예레미야가 이 말씀을

• It was because the LORD could no longer bear all the disgusting things you were doing that he made your land an object of cursing—a desolate ruin without 23 inhabitants—as it is today. • All these terrible things happened to you because you have burned incense to idols and sinned against the LORD. You have refused to obey him and have not followed his instructions, his decrees, and his laws."

24 • Then Jeremiah said to them all, including the women, "Listen to this message from the LORD, all you citizens of Judah 25 who live in Egypt. • This is what the LORD of Heaven's Armies, the God of Israel, says: 'You and your wives have said, "We will keep our promises to burn incense and pour out liquid offerings to the Queen of Heaven," and you have proved by your actions that you meant it. So go ahead and carry out your promises and vows to her!

26 • 'But listen to this message from the LORD, all you Judeans now living in Egypt: 'I have sworn by my great name,' says the LORD, 'that my name will no longer be spoken by any of the Judeans in the land of Egypt. None of you may invoke my name or use this oath: "As surely as the 27 Sovereign LORD lives." • For I will watch over you to bring you disaster and not good. Everyone from Judah who is now living in Egypt will suffer war and famine 28 until all of you are dead. • Only a small number will escape death and return to Judah from Egypt. Then all those who came to Egypt will find out whose words are true—mine or theirs!

29 • "'And this is the proof I give you,' says the LORD, 'that all I have threatened will happen to you and that I will punish you 30 here.' • This is what the LORD says: 'I will turn Pharaoh Hophra, king of Egypt, over to his enemies who want to kill him, just as I turned King Zedekiah of Judah over to King Nebuchadnezzar* of Babylon.'"

A Message for Baruch

45 The prophet Jeremiah gave a message to Baruch son of Neriah in the fourth year of the reign of Jehoiakim son of Josiah,* after Baruch had written down everything Jeremiah had dictated to him.

---

disgusting [disgʌ́stiŋ] *a.* 역겨운
inhabitant [inhǽbətənt] *n.* 주민, 거주자
invoke [invóuk] *vt.* 신의 이름을 부르다
oath [ouθ] *n.* 맹세, 서약

44:30 Hebrew *Nebuchadrezzar*, a variant spelling of Nebuchadnezzar. 45:1 The fourth year of Jehoiakim's reign was 605 B.C.

네리야의 아들 바룩에게 불러 주어 책에 받아 적게 했습니다. 예레미야가 바룩에게 전한 말은 이러합니다.

2 "이스라엘의 하나님 여호와께서 너 바룩에게 이렇게 말씀하셨다.

3 언젠가 그가 '아, 슬프다. 여호와께서 내 고통에 슬픔을 더하셨다. 나는 괴로움으로 지쳤다. 나에게는 평안이 없다' 라고 말한 것을 들으시고

4 여호와께서 나에게 이 말을 그대에게 전하라고 하셨다. 여호와께서 이렇게 말씀하셨다. '보아라. 내가 세운 것을 허물겠고 내가 심은 것을 뽑겠다. 유다 땅 어느 곳에서든지 그리하겠다.

5 바룩아, 네가 너 자신을 위하여 큰 일을 찾고 있느냐? 그만두어라. 보아라. 내가 모든 사람에게 재앙을 내릴 것이다. 그러나 네가 어디로 가든지 네 목숨만은 내가 건져 주겠다. 나 여호와의 말이다.'"

이집트에 대한 말씀

46 이것은 다른 나라들에 대해 여호와께서 예언자 예레미야에게 하신 말씀입니다.

2 이는 이집트에 대한 말씀으로 이집트 왕 파라오 느고의 군대에 관한 말씀입니다. 그의 군대는 요시야의 아들 여호야김이 유다 왕이 된 지 사 년째 되는 해에 유프라테스 강가의 갈그미스에서 바빌로니아 왕 느부갓네살에게 졌습니다.

3 "크고 작은 방패를 준비하여 싸움터로 나아가거라!

4 말에 마구를 채워라. 군인들아, 말 위에 올라타라. 투구를 쓰고 전열을 가다듬어라. 창을 갈고 갑옷을 입어라.

5 내가 보고 있는 것이 무엇이냐? 저 군대가 겁에 질려 도망치고 있다. 그 용사들마저 쓰러져 도망가기에 바쁘다. 온통 겁에 질려 뒤도 돌아보지 않고 도망간다." 나 여호와의 말이다.

6 "발이 빠른 사람도 달아나지 못하고 용사들도 도망가지 못한다. 북쪽, 유프라테스 강가에서 걸려 넘어지고 쓰러진다.

7 나일 강처럼 넘쳐흐르는 저것이 무엇이냐? 강들처럼 물을 솟구쳐 내는 저것이 무엇이냐?

8 이집트가 나일 강처럼 넘쳐흐르고 있다. 강들처럼 물을 솟구쳐 내고 있다. 이집트가 '내가 넘쳐흘러 땅을 덮어 버리겠다. 성과 그 안의

---

2 He said, • "This is what the LORD, the God of
3 Israel, says to you, Baruch: •You have said, 'I am
overwhelmed with trouble! Haven't I had
enough pain already? And now the LORD has
added more! I am worn out from sighing and can
find no rest.'

4 • "Baruch, this is what the LORD says: 'I will
destroy this nation that I built. I will uproot what
5 I planted. •Are you seeking great things for your-
self? Don't do it! I will bring great disaster upon all
these people; but I will give you your life as a
reward wherever you go. I, the LORD, have spo-
ken!'"

Messages for the Nations

46 The following messages were given to
Jeremiah the prophet from the LORD con-
cerning foreign nations.

Messages about Egypt

2 •This message concerning Egypt was given in the
fourth year of the reign of Jehoiakim son of
Josiah, the king of Judah, on the occasion of the
battle of Carchemish* when Pharaoh Neco, king
of Egypt, and his army were defeated beside the
Euphrates River by King Nebuchadnezzar* of
Babylon.

3 • "Prepare your shields,
   and advance into battle!
4 • Harness the horses,
   and mount the stallions.
Take your positions.
   Put on your helmets.
Sharpen your spears,
   and prepare your armor.
5 • But what do I see?
   The Egyptian army flees in terror.
The bravest of its fighting men run
   without a backward glance.
They are terrorized at every turn,"
   says the LORD.
6 • "The swiftest runners cannot flee;
   the mightiest warriors cannot escape.
By the Euphrates River to the north,
   they stumble and fall.

7 • "Who is this, rising like the Nile at floodtime,
   overflowing all the land?
8 • It is the Egyptian army,
   overflowing all the land,
boasting that it will cover the earth like a flood,
   destroying cities and their people.

---

harness [háːrnis] *vt.* 마구를 달다

46:2a This event occurred in 605 B.C., during the
fourth year of Jehoiakim's reign (according to the
calendar system in which the new year begins in the
spring).   **46:2b** Hebrew *Nebuchadrezzar*, a variant
spelling of Nebuchadnezzar; also in 46:13, 26.

주민들을 멸망시키겠다'고 말한다.

9 말들아, 싸움터로 달려나가거라. 전차들아, 돌격하여라. 용사들아, 전진하여라. 방패를 든 에티오피아 군대와 리비아* 군대도 전진하고 활을 든 리디아* 군대도 전진하여라.

10 그러나 그날은 주 만군의 여호와의 날이다. 주께서 그의 원수들을 심판하시는 날이다. 칼을 휘두르되 칼이 만족할 때까지 휘두를 것이며 마른 목을 피로 채울 때까지 칼로 죽일 것이다. 그것은 주 만군의 여호와께서 희생 제물을 잡으시기 때문이다. 그 일은 북쪽 땅, 유프라테스 강가에서 이루어진다.

11 처녀 딸 이집트야, 길르앗으로 올라가서 향유를 가져오너라. 약을 아무리 많이 써 보아도 너는 낫지 못한다.

12 네 부끄러움을 모든 나라들이 들었고 네 울부짖음이 온 땅에 가득하다. 용사들끼리 서로 뒤얽혀 넘어지고 모두 함께 쓰러져 버렸다.

13 이것은 여호와께서 예언자 예레미야에게 이집트를 공격하러 올 바빌로니아 왕 느부갓네살에 관해 하신 말씀입니다.

14 "이 말씀을 이집트에 알리고 믹돌과 놉과 다바네스에서 선포하여라. '사방에 전쟁이 일어났으니 굳게 서서 전쟁 준비를 하라'고 말하여라.

15 이집트야, 어찌하여 너의 용사들이 거꾸러졌느냐? 여호와께서 그들을 밀쳐 버리셨으므로, 그들은 설 수 없었다.

16 많은 군인들이 넘어지고 쓰러져서 서로 뒤엉켜 버렸다. 그리고 서로 말하기를 '일어나 돌아가자. 우리를 짓누르는 이 무서운 전쟁을 피해서 우리 민족이 있는 곳으로, 우리 고향 땅으로 돌아가자'고 한다.

17 그들은 고향 땅에서 '이집트 왕 파라오는 허풍선이에 지나지 않는다. 이제 그의 때는 지나갔다'고 말한다.

18 만군의 여호와께서 말씀하신다. 나의 삶을 두고 맹세한다. 산들 가운데 우뚝 솟은 다볼 산같이, 바닷가에 높이 솟은 갈멜 산같이 강한 군대가 올 것이다.

19 이집트 백성아, 짐을 꾸려 포로가 될 준비를 하여라. 놉은 황무지가 되어 아무도 살지 않는 폐허로 변할 것이다.

20 이집트는 예쁜 암송아지 같지만 북쪽에서 쇠파리가 와서 달라붙는다.

9 • Charge, you horses and chariots;
    attack, you mighty warriors of Egypt!
  Come, all you allies from Ethiopia, Libya,
    and Lydia*
    who are skilled with the shield and bow!

10 For this is the day of the Lord, the LORD of
    Heaven's Armies,
    a day of vengeance on his enemies.
  The sword will devour until it is satisfied,
    yes, until it is drunk with your blood!
  The Lord, the LORD of Heaven's Armies, will
    receive a sacrifice today
    in the north country beside the Euphrates
    River.

11 • "Go up to Gilead to get medicine,
    O virgin daughter of Egypt!
  But your many treatments
    will bring you no healing.

12 • The nations have heard of your shame.
    The earth is filled with your cries of despair.
  Your mightiest warriors will run into each other
    and fall down together."

13   • Then the LORD gave the prophet Jeremiah this
message about King Nebuchadnezzar's plans to
attack Egypt.

14 • "Shout it out in Egypt!
    Publish it in the cities of Migdol, Memphis,*
      and Tahpanhes!
  Mobilize for battle,
    for the sword will devour everyone
      around you.

15 • Why have your warriors fallen?
    They cannot stand, for the LORD has
      knocked them down.

16 • They stumble and fall over each other
    and say among themselves,
  'Come, let's go back to our people,
    to the land of our birth.
  Let's get away from the sword of the enemy!'

17 • There they will say,
    'Pharaoh, the king of Egypt, is a loudmouth
      who missed his opportunity!'

18 • "As surely as I live," says the King,
    whose name is the LORD of Heaven's Armies,
  "one is coming against Egypt
    who is as tall as Mount Tabor,
    or as Mount Carmel by the sea!

19 • Pack up! Get ready to leave for exile,
    you citizens of Egypt!
  The city of Memphis will be destroyed,
    without a single inhabitant.

20 • Egypt is as sleek as a beautiful heifer,

46:9 Hebrew *from Cush, Put, and Lud.*   46:14 Hebrew *Noph;* also in 46:19.

46:9 개역 성경에는 '리비아'가 (히) '붓'이라고 표기되어 있으며, '리디아'는 (히) '루딤'이라고 표기되어 있다.

21 이집트가 돈으로 산 군인들은 살진 송아지 같
아서 몸을 돌려 도망가니 그들에게는 적의 공
격을 막아 낼 힘이 없다. 그들이 멸망할 때가
다가오고 있다. 그들은 곧 심판받을 것이다.

22 이집트는 소리를 내며 도망가는 뱀과 같다. 적
군이 점점 가까이 다가온다. 마치 나무를 베는
사람들처럼 도끼를 들고 이집트를 치러 온다.

23 이집트 군대가 아무리 측량할 수 없는 큰 숲과
같다 하더라도 그들이 모두 베어 버릴 것이다.
나 여호와의 말이다. 적군은 메뚜기 떼보다 많
아서 셀 수조차 없다.

24 이집트 백성은 부끄러움을 당하고 북쪽에서
오는 적군의 손에 넘어갈 것이다."

25 만군의 여호와, 이스라엘의 하나님께서 이렇
게 말씀하셨다. "보아라, 내가 노*의 신 아몬에
게 벌을 내리겠다. 그리고 파라오와 이집트와
그 신들과 그 왕들에게도 벌을 내리고, 파라오
뿐만 아니라 그를 의지하는 사람들에게도 벌
을 내리겠다.

26 내가 그들의 목숨을 노리는 사람, 곧 바빌로니
아 왕 느부갓네살과 그의 부하들에게 그들을
넘기겠다. 그러나 그런 다음에는 이집트에서
옛날처럼 사람들이 평화롭게 살게 될 것이다.
나 여호와의 말이다."

이스라엘에 대한 말씀

27 "내 종, 야곱 백성아, 너는 두려워하지 마라.
이스라엘아, 무서워하지 마라. 보아라, 내가
저 먼 곳에서부터 너를 구원하고, 너희 후손을
포로로 잡아간 땅에서 구해 내겠다. 야곱 백성
은 돌아와서 다시 평화와 안정을 누릴 것이며
아무도 그들을 위협하지 못할 것이다.

28 내 종, 야곱 백성아, 너는 두려워하지 마라. 나
여호와의 말이다. 내가 너와 함께하겠다. 내가
너를 쫓아 여러 나라로 흩어 버렸지만 이제 그
모든 나라들을 완전히 멸망시키겠다. 그러나
너만은 멸망시키지 않겠다. 내가 너를 공정하
게 심판하겠다. 그러나 심판을 피하지는 못한
다."

블레셋에 대한 말씀

47 이것은 이집트 군대가 가사 성을 치기
전에 여호와께서 블레셋 백성에 대해
예언자 예레미야에게 하신 말씀입니다.

2 여호와께서 이렇게 말씀하셨다. "보아라, 불
어 오른 물처럼 북쪽에서부터 적군이 몰려온
다. 넘쳐흐르는 시내처럼 밀려든다. 홍수처럼
땅과 땅 위에 있는 모든 것을 뒤덮을 것이며 마
을과 그 주민을 덮칠 것이다. 사람들이 도와

but a horsefly from the north is on its way!
21 • Egypt's mercenaries have become like fattened
    calves.
   They, too, will turn and run,
for it is a day of great disaster for Egypt,
   a time of great punishment.
22 • Egypt flees, silent as a serpent gliding away.
   The invading army marches in;
   they come against her with axes like
    woodsmen.
23 • They will cut down her people like trees,"
   says the LORD,
   "for they are more numerous than locusts.
24 • Egypt will be humiliated;
   she will be handed over to people
    from the north."

25   • The LORD of Heaven's Armies, the God of
Israel, says: "I will punish Amon, the god of
Thebes,* and all the other gods of Egypt. I will
punish its rulers and Pharaoh, too, and all who
26 trust in him. • I will hand them over to those
who want them killed—to King Nebuchadnezzar
of Babylon and his army. But afterward the
land will recover from the ravages of war. I, the LORD,
have spoken!

27 • "But do not be afraid, Jacob, my servant;
   do not be dismayed, Israel.
For I will bring you home again from distant
   lands,
   and your children will return from their
    exile.
Israel* will return to a life of peace and quiet,
   and no one will terrorize them.
28 • Do not be afraid, Jacob, my servant,
   for I am with you," says the LORD.
   "I will completely destroy the nations to
    which I have exiled you,
   but I will not completely destroy you.
I will discipline you, but with justice;
   I cannot let you go unpunished."

A Message about Philistia

47 This is the LORD's message to the prophet
Jeremiah concerning the Philistines of Gaza,
2 before it was captured by the Egyptian army. • This
is what the LORD says:

   "A flood is coming from the north
    to overflow the land.
It will destroy the land and everything in it—
    cities and people alike.
People will scream in terror,
   and everyone in the land will wail.

mercenary [mə́ːrsənèri] *n.* 용병, 고용된 사람

46:25 Hebrew *of No.*   46:27 Hebrew *Jacob.* See note
on 5:20.

46:25 남부 이집트의 주요 도시 '테베'를 말한다.

달라고 소리치고 그 땅의 모든 주민이 울부짖을 것이다.

3 요란한 말발굽 소리가 들려 온다. 전차들이 내는 요란한 소리, 바퀴가 덜컹거리는 소리가 들려온다. 아버지들은 맥이 빠져서 자녀들을 돌볼 힘도 없다.

4 블레셋 사람들을 멸망시킬 날이 왔다. 두로와 시돈에서 지원하러 오는 모든 군대를 멸망시킬 날이 왔다. 여호와께서 곧 블레셋 사람들과 갑돌* 섬에 남아 있는 사람들을 멸망시키실 것이다.

5 가사 사람은 슬퍼하며 머리를 삭발하고 아스글론 사람은 잠잠해질 것이다. 골짜기에 있는 살아남은 사람들아, 너희가 언제까지 너희 몸에 상처를 내려느냐?

6 너희가 외치기를 '오호라! 여호와의 칼아, 언제 잠잠해지려느냐? 네 칼집으로 돌아가라. 잠잠하여라. 가만히 있어라' 한다.

7 그러나 여호와께서 명령하셨으니 어떻게 여호와의 칼이 잠잠할 수 있겠느냐? 여호와께서 그 칼에게 명령하여 아스글론과 바닷가를 치게 하셨다."

모압에 대한 말씀

48 이것은 모압에 대한 말씀입니다. 만군의 여호와, 이스라엘의 하나님께서 이렇게 말씀하셨다. "슬프다, 느보여. 폐허가 되었구나. 기랴다임 마을이 부끄러움을 당하고 정복되었으며 그 요새가 부끄러움을 당하고 허물어졌다.

2 모압의 영광이 이제는 사라져 버렸다. 헤스본에서 사람들이 모압을 멸망시킬 계획을 세우고 '자, 이제 그 나라를 없애 버리자' 하고 말한다. 맛멘 마을아, 너도 잠잠하게 될 것이며 칼이 너를 뒤쫓을 것이다.

3 호로나임 마을에서 울부짖는 소리가 들려 온다. '망하였다. 완전히 멸망하였다' 라고 외친다.

4 젊은 사람들이 '모압이 망했다' 고 울부짖는다.

5 모압 사람들이 큰 소리로 울면서 루힛 언덕으로 올라간다. 호로나임으로 내려가는 길에서는 고통의 울부짖는 소리가 들려 온다.

6 달아나라! 목숨을 건져라! 광야의 떨기나무가 바람에 날리듯 그렇게 가라.

---

3 • Hear the clatter of stallions' hooves
   and the rumble of wheels as the chariots
      rush by.
   Terrified fathers run madly,
      without a backward glance at their helpless
         children.

4 • "The time has come for the Philistines to be
         destroyed,
      along with their allies from Tyre and Sidon.
   Yes, the LORD is destroying the remnant
      of the Philistines,
   those colonists from the island of Crete.*

5 • Gaza will be humiliated, its head shaved bald;
      Ashkelon will lie silent.
   You remnant from the Mediterranean coast,*
      how long will you cut yourselves in mourning?

6 • "Now, O sword of the LORD,
      when will you be at rest again?
   Go back into your sheath;
      rest and be still.

7 • "But how can it be still
      when the LORD has sent it on a mission?
   For the city of Ashkelon
      and the people living along the sea
         must be destroyed."

A Message about Moab

48 This message was given concerning Moab.
This is what the LORD of Heaven's Armies, the God of Israel, says:

   "What sorrow awaits the city of Nebo;
      it will soon lie in ruins.
   The city of Kiriathaim will be humiliated and
         captured;
      the fortress will be humiliated and broken down.

2 • No one will ever brag about Moab again,
      for in Heshbon there is a plot to destroy her.
   'Come,' they say, 'we will cut her off from
         being a nation.'
   The town of Madmen,* too, will be silenced;
      the sword will follow you there.

3 • Listen to the cries from Horonaim,
      cries of devastation and great destruction.

4 • All Moab is destroyed.
      Her little ones will cry out.*

5 • Her refugees weep bitterly,
      climbing the slope to Luhith.
   They cry out in terror,
      descending the slope to Horonaim.

6 • Flee for your lives!

47:4 Hebrew *from Caphtor.*   47:5 Hebrew *the plain.*
48:2 *Madmen* sounds like the Hebrew word for "silence";
it should not be confused with the English word *madmen.*
48:4 Greek version reads *Her cries are heard as far away as Zoar*

47:4 '크레타' 를 말한다.

7 네가 네 사업과 네 재산을 의지했으므로 너도 정복당할 것이다. 그모스 신도 그 제사장들과 관리들과 함께 포로로 끌려갈 것이다.

8 멸망시키는 자가 성마다 쳐들어오리니 어떤 성도 피하지 못할 것이다. 골짜기는 폐허가 되고 평야는 황무지가 되어 여호와의 말대로 될 것이다.

9 모압의 밭에 소금을 뿌려라. 그곳은 황무지가 될 것이다. 모압의 마을들은 아무도 살지 않는 폐허가 될 것이다.

10 여호와의 일을 속임수로 행하는 사람은 저주를 받을 것이며 칼을 거둬들이고 죽이지 않는 사람도 저주를 받을 것이다.

11 모압 백성은 젊었을 때부터 평안하게 살았으며 포로로 끌려간 적이 없다. 이 병에서 저 병으로 옮겨 부은 적이 없어 찌끼가 가라앉은 포도주와 같이 평온하였다. 그래서 그 맛이 예전과 같고 그 향기가 변함이 없다.

12 하지만 보아라. 내가 사람을 보내어 너희를 병에서 쏟아 버릴 날이 곧 올 것이다. 나 여호와의 말이다. 그들은 모압의 병을 비워 버릴 것이며 잔들을 깨뜨려 버릴 것이다.

13 이스라엘 백성이 벧엘 신을 의지하다가 부끄러움을 당했듯이 모압도 그모스 신 때문에 부끄러움을 당할 것이다.

14 너희가 어찌하여 '우리는 용사다! 용감한 군인이다!' 라고 말하느냐?

15 적군이 와서 모압과 그 성들을 쳐, 모압의 가장 뛰어난 젊은이들이 죽을 것이니 이는 왕의 말씀이요, 그의 이름은 만군의 여호와이시다.

16 모압의 마지막 날이 가까워 왔으므로 그들이 곧 멸망할 것이다.

17 모압의 모든 이웃아, 모압을 위해 울어라. 모압의 이름을 아는 모든 자들아, 그를 위해 울어라. '그 강력했던 권세가 무너졌고 그 권력과 영광이 사라졌다' 고 말하여라.

18 너희 디본에 사는 백성아, 그 영광의 자리에서 내려와 메마른 땅에 앉아라. 모압을 멸망시킨 자가 너희를 치러 와서 너희의 요새를 무너뜨렸다.

19 너희 아로엘에 사는 백성아, 길가에 서서 살펴보아라. 남자들이 달아나고 여자들이 도망치는 것을 보고 무슨 일이 일어났는지

Hide* in the wilderness!

7 Because you have trusted in your wealth and skill, you will be taken captive.
Your god Chemosh, with his priests and officials, will be hauled off to distant lands!

8 "All the towns will be destroyed, and no one will escape—
either on the plateaus or in the valleys, for the LORD has spoken.

9 Oh, that Moab had wings so she could fly away,*
for her towns will be left empty, with no one living in them.

10 Cursed are those who refuse to do the LORD's work, who hold back their swords from shedding blood!

11 "From his earliest history, Moab has lived in peace, never going into exile.
He is like wine that has been allowed to settle.
He has not been poured from flask to flask, and he is now fragrant and smooth.

12 But the time is coming soon," says the LORD, "when I will send men to pour him from his jar.
They will pour him out, then shatter the jar!

13 At last Moab will be ashamed of his idol Chemosh, as the people of Israel were ashamed of their gold calf at Bethel.*

14 "You used to boast, 'We are heroes, mighty men of war.'

15 But now Moab and his towns will be destroyed.
His most promising youth are doomed to slaughter,"
says the King, whose name is the LORD of Heaven's Armies.

16 "Destruction is coming fast for Moab; calamity threatens ominously.

17 You friends of Moab, weep for him and cry!
See how the strong scepter is broken, how the beautiful staff is shattered!

18 "Come down from your glory and sit in the dust, you people of Dibon,
for those who destroy Moab will shatter Dibon, too.
They will tear down all your towers.

19 You people of Aroer, stand beside the road and watch.
Shout to those who flee from Moab, 'What has happened there?'

48:6 Or *Hide like a wild donkey;* or *Hide like a juniper shrub;* or *Be like* [the town of] *Aroer. The meaning of the Hebrew is uncertain.* 48:9 Or *Put salt on Moab, / for she will be laid waste.* 48:13 Hebrew *ashamed when they trusted in Bethel.*

그들에게 물어 보아라.

20 모압이 망하여 사방에 부끄러움뿐이다. 울어라, 모압아. 소리쳐 울어라. 모압이 망했다고 아르논 강에서 외쳐라.

21 평야에 사는 사람들과 홀론과 야사와 메바앗에 심판이 내렸다.

22 디본과 느보와 벧디블라다임과

23 기라다임과 벧가물과 벧므온과

24 그리옷과 보스라와 모압 땅의 멀고 가까운 모든 성에 심판이 내렸다.

25 이제 모압의 뿔이 잘리고 팔이 부러졌다. 여호와의 말이다.

26 모압 백성이 나 여호와를 거슬러 자만하였으니 모압을 쳐서 술 취한 상태로 만들어라. 그들이 토한 것 위에 쓰러지고 뒹굴게 하여라. 모압은 사람들의 조롱거리가 될 것이다.

27 모압아, 너는 이스라엘을 비웃었다. 마치 이스라엘이 도둑질하다가 붙잡힌 것처럼 말하고 머리를 흔들며 이스라엘을 조롱했다.

28 모압에 사는 백성아, 너희 마을을 비우고 떠나 바위 틈에 가서 살아라. 동굴 어귀에 둥지를 트는 비둘기처럼 되어라.

29 우리는 모압 백성이 교만하고 으스댄다는 소문을 들었다. 그들이 뽐내고 우쭐대니 마음에 거만함이 가득하다.

30 나 여호와가 말한다. 나는 모압의 거만함을 안다. 하지만 그의 자랑도 헛것이요, 그의 우쭐댐도 헛것이다.

31 그러므로 내가 모압을 위해 울고 모압의 모든 백성을 위해 통곡하며 길헤레스 사람들을 위해 슬피 운다.

32 내가 야셀 백성보다 십마의 포도나무를 위해 더 운다. 옛적에는 너의 덩굴이 바다를 넘어 야셀 바다까지 뻗쳤으나, 멸망시키는 자가 네 열매와 포도를 빼앗아 갔다.

33 모압 땅의 기름진 들판에서 기쁨과 행복이 사라져 버렸다. 내가 포도주틀에 포도주가 흐르지 않도록 했다. 기뻐하며 포도를 밟는 사람이 아무도 없고 외치는 소리는 있으나 그것은 기뻐 외치는 소리가 아니다.

34 그들의 울부짖는 소리가 헤스본에서 엘르알레를 지나 야하스까지 들린다. 그리고 소알에서 호로나임과 에글랏셀리시야까지 들리니 이는 니므림 물까지 말라 버렸기 때문이다.

20 ● "And the reply comes back,
　'Moab lies in ruins, disgraced;
　　weep and wail!
Tell it by the banks of the Arnon River:
　Moab has been destroyed!'

21 ● Judgment has been poured out on the towns of
　　the plateau—
　on Holon and Jahaz* and Mephaath,

22 ● on Dibon and Nebo and Beth-diblathaim,

23 ● on Kiriathaim and Beth-gamul and Beth-
　meon,

24 ● on Kerioth and Bozrah—
　all the towns of Moab, far and near.

25 ● "The strength of Moab has ended.
　His arm has been broken," says the LORD.

26 ● "Let him stagger and fall like a drunkard,
　for he has rebelled against the LORD.
Moab will wallow in his own vomit,
　ridiculed by all.

27 ● Did you not ridicule the people of Israel?
　Were they caught in the company of thieves
　that you should despise them as you do?

28 ● "You people of Moab,
　flee from your towns and live in the caves.
Hide like doves that nest
　in the clefts of the rocks.

29 ● We have all heard of the pride of Moab,
　for his pride is very great.
We know of his lofty pride,
　his arrogance, and his haughty heart.

30 ● I know about his insolence,"
　says the LORD,
"but his boasts are empty—
　as empty as his deeds.

31 ● So now I wail for Moab;
　yes, I will mourn for Moab.
My heart is broken for the men of
　Kir-haresheth.*

32 ● "You people of Sibmah, rich in vineyards,
　I will weep for you even more than I did
　for Jazer.
Your spreading vines once reached as far as
　the Dead Sea,*
　but the destroyer has stripped you bare!
He has harvested your grapes and summer
　fruits.

33 ● Joy and gladness are gone from fruitful Moab.
　The presses yield no wine.
No one treads the grapes with shouts of joy.
　There is shouting, yes, but not of joy.

34 ● "Instead, their awful cries of terror can be heard
from Heshbon clear across to Elealeh and Jahaz;
from Zoar all the way to Horonaim and Eglath-shel-

48:21 Hebrew Jahzah, a variant spelling of Jahaz.
48:31 Hebrew Kir-heres, a variant spelling of Kir-
haresheth; also in 48:36. 48:32 Hebrew the sea of Jazer.

35 산당에서 제물을 바치고 그들의 신에게 제사 지내는 일을 모압에서 완전히 없애겠다. 나 여호와의 말이다.

36 내 마음이 모압을 위한 슬픈 플루트 소리처럼 탄식하며 길헤레스 사람을 위해 탄식한다. 이는 그들이 모은 재산이 모두 없어졌기 때문이다.

37 모든 사람들이 머리를 밀고 수염을 깎으며 손에 상처를 내고 허리에 베옷을 걸쳤다.

38 모압의 모든 집 지붕 위에서, 모든 광장에서, 슬피 우는 소리가 들린다. 아무도 가지려 하지 않는 항아리처럼 모압을 깨뜨렸더니 사방에 슬픔뿐이다. 나 여호와의 말이다.

39 모압이 산산조각 났으므로, 그들이 통곡한다. 모압은 부끄러워 등을 돌린다. 사방의 모든 나라가 모압에게 닥친 일을 보고 놀라며 비웃는다.

40 나 여호와가 이렇게 말한다. 보아라, 하늘에서 독수리가 날아와 그 날개를 모압 위로 펼칠 것이니

41 크리옷은 점령되고 요새들은 정복될 것이다. 그때에 모압의 용사들은 두려움에 겁낼 것이며 아기를 낳는 여자처럼 고통을 느낄 것이다.

42 모압은 망하여 더 이상 나라를 이루지 못할 것이다. 이는 그들이 교만하여, 자기들이 여호와보다 크다고 생각했기 때문이다.

43 나 여호와가 말한다. 모압 백성아, 두려움과 깊은 함정과 덫이 너를 기다리고 있다.

44 사람들이 두려워 달아나겠으나 함정에 빠지고 함정에서 나오는 사람은 덫에 걸릴 것이다. 내가 모압에 심판의 때가 오게 하겠다. 나 여호와의 말이다.

45 백성들이 강한 적군을 피해 도망쳤다. 안전을 위해 헤스본으로 달아났으나 헤스본에서 불이 타오르기 시작하고 시혼의 마을에서 불꽃이 터져 나와 모압의 지도자들을 태우고 교만한 백성의 정수리를 삼킨다.

46 모압아, 너에게 재앙이 닥쳤다. 그모스 신을 믿는 백성은 망하니, 네 아들딸들이 포로로 사로잡혀 간다.

47 그러나 마지막 때에 내가 모압을 회복시켜 주겠다. 여호와의 말이다." 이것으로 모압을 심판하는 말씀이 끝났다.

암몬에 대한 말씀

49 이것은 암몬에 대한 말씀입니다. 여호와께서 이렇게 말씀하셨다. "너희

ishiyah. Even the waters of Nimrim are dried up now.

35 •"I will put an end to Moab," says the LORD, "for the people offer sacrifices at the pagan shrines and burn incense to their false gods. 36 •My heart moans like a flute for Moab and Kir-haresheth, for all their wealth has disappeared. 37 •The people shave their heads and beards in mourning. They slash their hands and put on clothes made of burlap. 38 •There is crying and sorrow in every Moabite home and on every street. For I have smashed Moab like an old, unwanted jar. 39 •How it is shattered! Hear the wailing! See the shame of Moab! It has become an object of ridicule, an example of ruin to all its neighbors."

40 •This is what the LORD says:

"Look! The enemy swoops down like an eagle,
    spreading his wings over Moab.
41 • Its cities will fall,
    and its strongholds will be seized.
Even the mightiest warriors will be in anguish
    like a woman in labor.
42 • Moab will no longer be a nation,
    for it has boasted against the LORD.
43 • "Terror and traps and snares will be your lot,
    O Moab," says the LORD.
44 • "Those who flee in terror will fall into a trap,
    and those who escape the trap will step into
    a snare.
I will see to it that you do not get away,
    for the time of your judgment has come,"
    says the LORD.
45 • "The people flee as far as Heshbon
    but are unable to go on.
For a fire comes from Heshbon,
    King Sihon's ancient home,
to devour the entire land
    with all its rebellious people.
46 • "What sorrow awaits you, O people of Moab!
    The people of the god Chemosh are destroyed!
Your sons and your daughters
    have been taken away as captives.
47 • But I will restore the fortunes of Moab
    in days to come.
I, the LORD, have spoken!"

This is the end of Jeremiah's prophecy concerning Moab.

A Message about Ammon

49 This message was given concerning the Ammonites. This is what the LORD says:

"Are there no descendants of Israel
    to inherit the land of Gad?
Why are you, who worship Molech,*

49:1 Hebrew *Malcam*, a variant spelling of Molech; also in 49:3.

는 이스라엘에 아들이 없다고 생각하느냐? 부모의 땅을 물려받을 사람이 없다고 생각하느냐? 어찌하여 밀곰 신이 갓의 땅을 빼앗고 그의 백성이 갓의 마을을 차지하고 사느냐?

2 그러므로 나 여호와가 말하노라. 보아라. 내가 암몬의 수도 랍바에서 전쟁의 큰 아우성이 들리게 하겠다. 그곳은 폐허 더미로 변할 것이며 그 주변 마을들은 불타 버릴 것이다. 그 백성이 이스라엘을 그 땅에서 쫓아냈으나 이제는 이스라엘 백성이 그들을 쫓아낼 것이다. 나 여호와의 말이다.

3 헤스본 백성아, 아이 성이 멸망했으니 슬피 울어라. 랍바에 사는 백성아, 통곡하여라. 거친 베옷을 입고 크게 울어라. 울타리 안에서 이리 뛰고 저리 뛰며 몸을 피하여라. 적군이 몰렉 신을 사로잡아 갈 것이며 그 제사장과 관리들도 잡아갈 것이다.

4 너희가 너희 골짜기를 자랑하는구나. 너희 골짜기의 열매들을 뽐내는구나. 너희는 제멋대로 행동하는 자녀와 같다. 너희는 너희 재산을 의지하며 '누가 나를 칠 것인가?' 하고 생각한다.

5 주 만군의 여호와가 말한다. 보아라. 내가 사방에서 너에게 두려움을 내리겠다. 너희는 모두 쫓겨날 것이며 아무도 너희를 불러 모으지 못할 것이다.

6 그러나 그런 뒤에는 내가 암몬 자손을 회복시켜 주겠다. 여호와의 말이다."

에돔에 대한 말씀

7 이것은 에돔에 대한 말씀입니다. 만군의 여호와께서 이렇게 말씀하셨다. "이제 데만에는 지혜가 없느냐? 에돔의 현자들에게 지혜로운 생각이 끊어져 버렸느냐? 그들의 지혜가 이제는 사라져 버렸느냐?

8 너희 드단에 사는 백성아, 어서 도망쳐 깊숙한 곳에 피하여라. 내가 에서에게 내린 재앙을 그에게 내릴 것이다.

9 포도 거두는 일꾼들이 와서 포도를 거둘 때에도 약간의 포도를 남겨 두고 밤에 도둑이 들어오더라도 자기가 원하는 것만 가져가지 않겠느냐?

10 그러나 내가 에서를 발가벗기고 그들이 숨어 있는 곳을 다 찾아내었으니 그들이 숨을 곳이 없다. 자녀와 친척과 이웃이 다 멸망할 것이다.

11 고아들은 남겨 두어라. 내가 길러 주겠다. 너희 과부들도 나를 의지할 수 있을 것이다."

---

living in its towns?

2 • In the days to come," says the LORD,
　　"I will sound the battle cry against your city
　　　　of Rabbah.
　　It will become a desolate heap of ruins,
　　　　and the neighboring towns will be burned.
　　Then Israel will take back the land
　　　　you took from her," says the LORD.

3 • "Cry out, O Heshbon,
　　　　for the town of Ai is destroyed.
　　Weep, O people of Rabbah!
　　　　Put on your clothes of mourning.
　　Weep and wail, hiding in the hedges,
　　　　for your god Molech, with his priests and
　　　　　　officials,
　　　　will be hauled off to distant lands.

4 • You are proud of your fertile valleys,
　　　　but they will soon be ruined.
　　You trusted in your wealth,
　　　　you rebellious daughter,
　　　　and thought no one could ever harm you.

5 • But look! I will bring terror upon you,"
　　　　says the Lord, the LORD of Heaven's Armies.
　　"Your neighbors will chase you from your land,
　　　　and no one will help your exiles as they flee.

6 • But I will restore the fortunes of the
　　　　　　Ammonites
　　　　in days to come.
　　　　I, the LORD, have spoken."

Messages about Edom

7 • This message was given concerning Edom. This
is what the LORD of Heaven's Armies says:

　　"Is there no wisdom in Teman?
　　　　Is no one left to give wise counsel?

8 • Turn and flee!
　　　　Hide in deep caves, you people of Dedan!
　　For when I bring disaster on Edom,*
　　　　I will punish you, too!

9 • Those who harvest grapes
　　　　always leave a few for the poor.
　　If thieves came at night,
　　　　they would not take everything.

10 • But I will strip bare the land of Edom,
　　　　and there will be no place left to hide.
　　Its children, its brothers, and its neighbors
　　　　will all be destroyed,
　　　　and Edom itself will be no more.

11 • But I will protect the orphans who remain
　　　　　　among you.
　　Your widows, too, can depend on me
　　　　for help."

---

appall [əpɔ́ːl] *vt.* 오싹하게 하다
coalition [kòuəlíʃən] *n.* 연합
gasp [ɡǽsp] *vi.* (공포, 놀람 따위로) 숨이 막히다
swoop [swúːp] *vi.* 급습하다

49:8 Hebrew *Esau;* also in 49:10.

12 여호와께서 이렇게 말씀하셨다. "보아라. 심판을 받지 않아도 될 사람들도 고통의 잔을 마셔야 했는데 하물며 너희 에돔 백성이 허물이 없다며 고통의 잔을 피할 수 있겠느냐?

13 나 여호와가 말하노라. 내가 내 이름으로 맹세한다. 보스라가 폐허 더미가 되어, 그곳에서 일어난 일을 본 사람들이 놀랄 것이다. 사람들이 그 성을 보고 욕하며 조롱할 것이다. 보스라 주변의 모든 마을도 영원히 폐허가 될 것이다."

14 여호와께서 하시는 말씀을 내가 들었다. 여호와께서 온 나라에 사자를 보내며 말씀하셨다. "너희 군대들은 모여라. 와서 에돔을 쳐라. 일어나 싸울 준비를 하여라.

15 보아라. 내가 곧 너를 나라들 가운데서 가장 하찮은 나라로 만들어 사람들의 멸시거리가 되게 하겠다.

16 에돔아, 너의 잔인함과 네 마음의 교만이 너를 속였다. 너는 절벽의 바위 틈과 높은 산지에 살고 있다. 네가 독수리 둥지처럼 높은 곳에 집을 지어도 내가 너를 그곳에서 끌어내리겠다. 나 여호와의 말이다.

17 에돔이 망한 것을 보고 지나가는 사람들이 놀랄 것이며 그곳에 내린 재앙을 보고 비웃을 것이다.

18 나 여호와가 말하노라. 소돔과 고모라 성과 그 주변 성들이 망한 것처럼 아무도 그곳에 살지 않을 것이며 에돔에 아무도 머물지 않을 것이다.

19 보아라. 사자가 요단 강가의 깊은 숲에서 뛰쳐나와 평온한 목장을 덮치듯이 나도 에돔을 갑자기 그 땅에서 몰아내고 내가 선택한 사람을 그 위에 세우겠다. 누가 나와 같겠느냐? 내게 때를 정해 줄 사람이 누구이며, 나와 맞설 지도자가 누구냐?"

20 그러므로 여호와께서 에돔을 향해 세우신 계획을 들어 보아라. 데만에 사는 백성을 향해 결심하신 생각을 들어 보아라. 양 떼 중에서 어린 것들까지도 끌려갈 것이며 그들의 목초지는 황무지로 변할 것이다.

21 에돔이 쓰러지는 소리에 땅이 흔들리고 그들의 울부짖는 소리는 홍해에서도 들릴 것이다.

22 보아라. 그가 독수리처럼 날아올라 그 날개를 보스라 성 위에 펼치실 것이니 그때에 에돔의 군인들이 무서워 떨며 아기를 낳는 여자처럼 두려워 울부짖을 것이다.

---

12 • And this is what the LORD says: "If the innocent must suffer, how much more must you! You will not go unpunished! You must drink this cup 13 of judgment! • For I have sworn by my own name," says the LORD, "that Bozrah will become an object of horror and a heap of ruins; it will be mocked and cursed. All its towns and villages will be desolate forever."

14 • I have heard a message from the LORD
　　that an ambassador was sent to the nations
　　　to say,
　"Form a coalition against Edom,
　　and prepare for battle!"

15 • The LORD says to Edom,
　"I will cut you down to size among the nations.
　　You will be despised by all.
16 • You have been deceived
　　by the fear you inspire in others
　　and by your own pride.
　You live in a rock fortress
　　and control the mountain heights.
　But even if you make your nest among the
　　　peaks with the eagles,
　　I will bring you crashing down,"
　　says the LORD.

17 • "Edom will be an object of horror.
　　All who pass by will be appalled
　　and will gasp at the destruction they
　　　see there.
18 • It will be like the destruction of Sodom and
　　　Gomorrah
　　and their neighboring towns," says the LORD.
　"No one will live there;
　　no one will inhabit it.
19 • I will come like a lion from the thickets of the
　　　Jordan,
　　leaping on the sheep in the pasture.
　I will chase Edom from its land,
　　and I will appoint the leader of my choice.
　For who is like me, and who can challenge me?
　　What ruler can oppose my will?"

20 • Listen to the LORD's plans against Edom
　　and the people of Teman.
　Even the little children will be dragged off like
　　　sheep,
　　and their homes will be destroyed.
21 • The earth will shake with the noise of Edom's
　　　fall,
　　and its cry of despair will be heard all the
　　　way to the Red Sea.*
22 • Look! The enemy swoops down like an eagle,
　　spreading his wings over Bozrah.
　Even the mightiest warriors will be in anguish
　　like a woman in labor.

49:21 Hebrew *sea of reeds*.

다마스커스에 대한 말씀

23 이것은 다마스커스에 대한 말씀입니다. "하맛과 아르밧이 부끄러움을 당했으며 나쁜 소식을 듣고 두려워한다. 그들이 용기를 잃었고 파도치는 바다처럼 그 마음이 흔들렸다.

24 다마스커스 성이 약해져 그 백성이 달아나려 한다. 그들이 겁에 질려 아기를 낳는 여자처럼 고통과 슬픔에 사로잡혀 있다.

25 저 유명한 성, 내 기쁨의 성이었던 다마스커스가 이렇게 버림을 받는구나.

26 그러므로 그 성의 젊은이들이 성 광장에서 죽고 군인들도 그날에 다 죽을 것이다. 나 만군의 여호와의 말이다.

27 내가 다마스커스의 성벽에 불을 질러 벤하닷의 요새들을 완전히 태워 버리겠다."

게달과 하솔에 대한 말씀

28 이것은 바빌로니아 왕 느부갓네살이 멸망시킨 게달과 하솔 왕국에 대한 말씀입니다. 여호와께서 이렇게 말씀하셨다. "일어나 게달을 향하여 진군하여라. 동쪽 백성을 멸망시켜라.

29 그들의 장막과 양 떼를 빼앗고 휘장과 재산도 모두 빼앗아라. 그들의 낙타를 끌고 가며 사람들을 향해 '너희 사방에 재앙이 가득하다! 고 외쳐라.

30 나 여호와가 말한다. 재빨리 달아나라. 하솔 백성아, 깊숙한 곳에 숨어라. 바빌로니아 왕 느부갓네살이 너희를 칠 계획을 세웠고 공격할 마음을 정했다.

31 나 여호와가 말한다. 일어나 평안한 나라로 진군하여라. 안전하게 사는 나라를 쳐라. 그 나라는 나라를 지켜 줄 문과 빗장이 없이 홀로 살고 있다.

32 적군이 그들의 낙타 떼를 훔칠 것이며 그들의 무수한 가축 떼를 빼앗을 것이다. 옆 머리를 깎아 낸 사람들을 내가 땅끝까지 흩어 놓겠으며 사방에서 그들에게 재앙을 내리겠다. 나 여호와의 말이다.

33 하솔은 들개들이 사는 땅으로 변할 것이며 영원히 황무지가 될 것이다. 아무도 그곳에서 살지 않으며 아무도 그곳에 머물지 않을 것이다."

엘람에 대한 말씀

34 시드기야가 유다 왕이 되어 얼마 지나지 않았을 때에 여호와께서 예언자 예레미야에게 말씀하셨습니다. 이것은 엘람에 대한

A Message about Damascus

23 •This message was given concerning Damascus. This is what the LORD says:

"The towns of Hamath and Arpad are struck
    with fear,
  for they have heard the news of their destruction.
Their hearts are troubled
    like a wild sea in a raging storm.
24 • Damascus has become feeble,
    and all her people turn to flee.
Fear, anguish, and pain have gripped her
    as they grip a woman in labor.
25 • That famous city, a city of joy,
    will be forsaken!
26 • Her young men will fall in the streets and die.
  Her soldiers will all be killed,"
    says the LORD of Heaven's Armies.
27 • "And I will set fire to the walls of Damascus
    that will burn up the palaces of Ben-hadad."

A Message about Kedar and Hazor

28 •This message was given concerning Kedar and the kingdoms of Hazor, which were attacked by King Nebuchadnezzar* of Babylon. This is what the LORD says:

"Advance against Kedar!
    Destroy the warriors from the East!
29 • Their flocks and tents will be captured,
    and their household goods and camels will
    be taken away.
Everywhere shouts of panic will be heard:
    'We are terrorized at every turn!'
30 • Run for your lives," says the LORD.
  "Hide yourselves in deep caves, you people
    of Hazor,
for King Nebuchadnezzar of Babylon has
    plotted against you
    and is preparing to destroy you.
31 • "Go up and attack that complacent nation,"
    says the LORD.
  "Its people live alone in the desert
    without walls or gates.
32 • Their camels and other livestock will all be yours.
    I will scatter to the winds these people
    who live in remote places.*
I will bring calamity upon them
    from every direction," says the LORD.
33 • "Hazor will be inhabited by jackals,
    and it will be desolate forever.
No one will live there;
    no one will inhabit it."

A Message about Elam

34 •This message concerning Elam came to the prophet

49:28 Hebrew *Nebuchadrezzar*, a variant spelling of Nebuchadnezzar; also in 49:30.　49:32 Or *who clip the corners of their hair*.

말씀입니다.

35 만군의 여호와께서 이렇게 말씀하셨다. "보아라. 내가 엘람의 활을 꺾으며 그 힘의 원천을 꺾어 놓겠다.

36 내가 하늘의 네 모퉁이에서 바람을 일으켜 엘람에게 보내고 그 백성을 사방으로 흩어 놓겠다. 그러면 그 포로들이 여러 나라로 끌려갈 것이다.

37 내가 엘람을, 그 목숨을 노리는 원수들 앞에서 꺾어 놓겠다. 내가 엘람에 재앙을 내리겠으며 불붙는 듯한 진노를 그들에게 보여 주겠다. 나 여호와의 말이다. 내가 칼을 보내어 그들을 뒤쫓으며 하나도 빠짐없이 죽이겠다.

38 내가 내 보좌를 엘람에 두고 그곳의 왕과 신하들을 멸망시키겠다. 나 여호와의 말이다.

39 그러나 마지막 날에는 내가 엘람을 회복시켜 주겠다. 나 여호와의 말이다."

바빌로니아에 대한 말씀

50 이것은 바빌론과 바빌로니아 사람의 땅에 대해 여호와께서 예언자 예레미야를 시켜 하신 말씀입니다.

2 "세계 여러 나라에 이것을 선포하여라. 기를 높이 들어 숨기지 말고 말하여라. '바빌론이 정복당했다. 벨 신이 부끄러움을 당했고 마르둑* 신이 두려움에 빠져 있다. 바빌론의 우상들이 부끄러움을 당했고 공포에 질려 있다.'

3 북쪽에서 한 나라가 일어나 바빌로니아를 칠 것이다. 그 나라가 바빌로니아 땅을 황무지로 만들 것이니 아무도 그곳에 살지 않고 사람과 짐승이 모두 달아날 것이다.

4 그날 그때에 이스라엘과 유다 백성이 함께 돌아올 것이다. 나 여호와의 말이다. 그들이 울며 와서 하나님 여호와를 찾을 것이다.

5 그들이 시온으로 가는 길을 물으며 그곳으로 향할 것이다. 그들이 영원토록 잊지 않을 언약을 가지고 나 여호와와 연합할 것이다.

6 내 백성은 길 잃은 양과 같았다. 그 목자들이 그릇된 길로 이끌어 그들이 산과 언덕에서 헤매고 쉴 곳마저 잊어 버렸다.

Jeremiah from the LORD at the beginning of the reign of King Zedekiah of Judah. • This is what the LORD of Heaven's Armies says:

> "I will destroy the archers of Elam—
> the best of their forces.

36 • I will bring enemies from all directions,
> and I will scatter the people of Elam to the
> four winds.
> They will be exiled to countries around the world.

37 • I myself will go with Elam's enemies to shatter it.
> In my fierce anger, I will bring great disaster
> upon the people of Elam," says the LORD.
> "Their enemies will chase them with the sword
> until I have destroyed them completely.

38 • I will set my throne in Elam," says the LORD,
> "and I will destroy its king and officials.

39 • But I will restore the fortunes of Elam
> in days to come.
> I, the LORD, have spoken!"

A Message about Babylon

50 The LORD gave Jeremiah the prophet this message concerning Babylon and the land of the 2 Babylonians.* • This is what the LORD says:

> "Tell the whole world,
> and keep nothing back.
> Raise a signal flag
> to tell everyone that Babylon will fall!
> Her images and idols* will be shattered.
> Her gods Bel and Marduk will be utterly disgraced.

3 • For a nation will attack her from the north
> and bring such destruction that no one will
> live there again.
> Everything will be gone;
> both people and animals will flee.

Hope for Israel and Judah

4 • "In those coming days,"
> says the LORD,
> "the people of Israel will return home
> together with the people of Judah.
> They will come weeping
> and seeking the LORD their God.

5 • They will ask the way to Jerusalem*
> and will start back home again.
> They will bind themselves to the LORD
> with an eternal covenant that will never
> be forgotten.

6 • "My people have been lost sheep.
> Their shepherds have led them astray
> and turned them loose in the mountains.
> They have lost their way
> and can't remember how to get back

50:1 Or *Chaldeans*; also in 50:8, 25, 35, 45.　50:2 The Hebrew term (literally *round things*) probably alludes to dung.　50:5 Hebrew *Zion*; also in 50:28.
50:2 개역 성경에는 '므로닥'이라고 표기되어 있다.

7 내 백성을 보는 사람마다 그들을 해치며 원수들이 말하길, '우리는 나쁜 짓을 하지 않았다. 저 백성이 그들의 참된 쉴 곳이신 여호와, 그 조상들이 의지하던 여호와께 죄를 지었다' 고 했다.

8 너희는 바빌로니아에서 도망가거라. 바빌로니아 사람들의 땅에서 떠나라. 양 떼를 이끄는 숫염소처럼 앞장서서 걸어라.

9 보아라. 내가 북쪽 땅의 여러 나라들을 일으켜 바빌로니아를 치게 하겠다. 그 나라들이 바빌로니아에 맞서 진을 칠 것이며 마침내 바빌로니아를 정복할 것이다. 그들의 화살은 싸움터에서 빈손으로 돌아오지 않는 노련한 용사와 같을 것이다.

10 적군이 바빌로니아의 재물을 빼앗고 마음에 드는 것을 모두 가져갈 것이다. 나 여호와의 말이다.

11 나의 땅을 빼앗은 자야, 네가 기뻐하고 즐거워하는구나. 네가 곡식을 타작하는 송아지처럼 뛰어놀고 수말처럼 소리를 내는구나.

12 하지만 네 어머니인 너희 나라가 크게 부끄러움을 당하고 너를 낳은 여자가 수치와 모욕을 당할 것이다. 보아라. 바빌로니아는 모든 나라들 가운데서 가장 보잘것없는 나라가 되며 황폐하고 메마른 사막이 될 것이다.

13 나 여호와의 분노 때문에 바빌론은 아무도 살지 않는 황무지로 변할 것이다. 바빌론을 지나는 사람마다 놀라며 그 망한 모습을 보고 머리를 흔들 것이다.

14 활을 가진 모든 군인들아, 바빌론을 향해 사방에 진을 치며 화살을 아끼지 말고 활을 쏘아라. 그것은 바빌론이 나 여호와에게 죄를 지었기 때문이다.

15 바빌론을 에워싼 군인들아, 함성을 질러라. 바빌론이 항복했고 바빌론의 요새가 무너졌으며 성벽이 허물어졌다. 여호와가 너희들이 받아야 할 심판을 내렸으니 너희 나라들도 바빌론에게 복수하여라. 바빌론이 너희에게 한 대로 갚아 주어라.

16 바빌론에 씨를 뿌리거나 추수 때에 낫을 드는 사람이 없게 하여라. 바빌로니아 군인들이 그 포로들을 잔인하게 다루었으니 모두 다 자기 집으로 돌아가거라. 모두 자기 나라로 달아나라.

17 이스라엘 백성은 사자에게 쫓겨서 흩어진

---

to the sheepfold.

7 • All who found them devoured them.
    Their enemies said,
    'We did nothing wrong in attacking them,
      for they sinned against the LORD,
  their true place of rest,
    and the hope of their ancestors.'

8 • "But now, flee from Babylon!
    Leave the land of the Babylonians.
  Like male goats at the head of the flock,
    lead my people home again.

9 • For I am raising up an army
    of great nations from the north.
  They will join forces to attack Babylon,
    and she will be captured.
  The enemies' arrows will go straight to the mark;
    they will not miss!

10 • Babylonia* will be looted
    until the attackers are glutted with loot.
  I, the LORD, have spoken!

Babylon's Sure Fall

11 • "You rejoice and are glad,
    you who plundered my chosen people.
  You frisk about like a calf in a meadow
    and neigh like a stallion.

12 • But your homeland* will be overwhelmed
    with shame and disgrace.
  You will become the least of nations—
    a wilderness, a dry and desolate land.

13 • Because of the LORD's anger,
    Babylon will become a deserted wasteland.
  All who pass by will be horrified
    and will gasp at the destruction they see there.

14 • "Yes, prepare to attack Babylon,
    all you surrounding nations.
  Let your archers shoot at her; spare no arrows.
    For she has sinned against the LORD.

15 • Shout war cries against her from every side.
    Look! She surrenders!
    Her walls have fallen.
  It is the LORD's vengeance,
    so take vengeance on her.
  Do to her as she has done to others!

16 • Take from Babylon all those who plant crops;
    send all the harvesters away.
  Because of the sword of the enemy,
    everyone will run away and rush back to
      their own lands.

Hope for God's People

17 • "The Israelites are like sheep
    that have been scattered by lions.
  First the king of Assyria ate them up.
    Then King Nebuchadnezzar* of Babylon

50:10 Or *Chaldea.*   50:12 Hebrew *your mother.*   50:17 Hebrew *Nebuchadrezzar,* a variant spelling of Nebuchadnezzar.

양 떼와 같다. 처음에는 앗시리아 왕이 그들을 삼켰고 그 다음에는 바빌로니아 왕 느부갓네살이 그들의 뼈를 부수었다.

18 그러므로 만군의 여호와, 이스라엘의 하나님이 이렇게 말한다. 보아라. 내가 앗시리아 왕을 심판했듯이 바빌로니아 왕과 그의 나라를 심판하겠다.

19 그러나 이스라엘 백성은 그들의 목초지로 다시 데려다 놓겠다. 그들이 갈멜 산과 바산에서 풀을 뜯고 에브라임 산지와 길르앗에서 배불리 먹을 것이다.

20 그날 그때가 오면 사람들이 이스라엘의 죄를 찾아 내려고 해도 찾지 못하겠고 유다의 죄를 찾아 내려고 해도 찾지 못할 것이다. 그것은 내가 그 남겨 둔 사람들을 용서해 줄 것이기 때문이다. 나 여호와의 말이다.

21 므라다임 땅을 공격하여라. 브곳에 사는 사람들을 쳐라. 그들을 뒤쫓아 남김없이 죽이고 완전히 멸망시켜라. 내가 명령한 모든 것을 그대로 지켜라. 나 여호와의 말이다.

22 온 나라에 전쟁 소리가 들린다. 온통 파괴와 멸망의 소리이다.

23 온 세계를 부수던 쇠망치 같은 바빌로니아가 지금은 깨어지고 부서졌다. 바빌로니아가 세계 모든 나라들 가운데서 가장 비참하게 되었다.

24 바빌로니아야, 내가 너를 잡으려고 덫을 놓았는데 네가 그것도 모르고 걸려들었다. 네가 나 여호와와 맞서 싸웠기 때문에 붙잡힌 것이다.

25 나 여호와가 무기 창고를 열고 진노의 무기들을 꺼내 놓았다. 그것은 주 만군의 여호와인 내가 바빌로니아 사람들의 땅에서 할 일이 있기 때문이다.

26 멀리 있는 너희는 와서 바빌로니아를 치고 그 곡식 창고들을 열어라. 그들의 시체들을 곡식 더미처럼 쌓아 올리고 완전히 멸망시켜, 아무것도 남겨 두지 마라.

27 바빌로니아의 황소들을 모두 죽여 없애라. 그들이 멸망할 때가 되어 재앙이 그들에게 닥쳤다. 심판받을 때가 되었다.

28 바빌로니아에서 빠져나온 사람들이, 바빌로니아가 여호와의 성전을 무너뜨렸으므로 우리 하나님 여호와께서 바빌로니아를 심판하셨다고 시온에 전하고 있다.

29 활 쏘는 사람들을 모두 불러 바빌론을 치게 하여라. 바빌론을 에워싸서 아무도 빠져나

cracked their bones."

18 ● Therefore, this is what the LORD of Heaven's Armies,
the God of Israel, says:
"Now I will punish the king of Babylon and his land,
just as I punished the king of Assyria.

19 ● And I will bring Israel home again to its own land,
to feed in the fields of Carmel and Bashan,
and to be satisfied once more
in the hill country of Ephraim and Gilead.

20 ● In those days," says the LORD,
"no sin will be found in Israel or in Judah,
for I will forgive the remnant I preserve.

The LORD's Judgment on Babylon

21 ● "Go up, my warriors, against the land of Merathaim
and against the people of Pekod.
Pursue, kill, and completely destroy* them,
as I have commanded you," says the LORD.

22 ● "Let the battle cry be heard in the land,
a shout of great destruction.

23 ● Babylon, the mightiest hammer in all the earth,
lies broken and shattered.
Babylon is desolate among the nations!

24 ● Listen, Babylon, for I have set a trap for you.
You are caught, for you have fought against the LORD.

25 ● The LORD has opened his armory
and brought out weapons to vent his fury.
The terror that falls upon the Babylonians
will be the work of the Sovereign LORD of Heaven's Armies.

26 ● Yes, come against her from distant lands.
Break open her granaries.
Crush her walls and houses into heaps of rubble.
Destroy her completely, and leave nothing!

27 ● Destroy even her young bulls—
it will be terrible for them, too!
Slaughter them all!
For Babylon's day of reckoning has come.

28 ● Listen to the people who have escaped from Babylon,
as they tell in Jerusalem
how the LORD our God has taken vengeance
against those who destroyed his Temple.

29 ● "Send out a call for archers to come to Babylon.
Surround the city so none can escape.
Do to her as she has done to others,
for she has defied the LORD, the Holy One of Israel.

30 ● Her young men will fall in the streets and die.

---

granary [gréinəri] *n.* 곡물 창고

50:21 The Hebrew term used here refers to the complete consecration of things or people to the LORD, either by destroying them or by giving them as an offering.

가지 못하게 하여라. 그가 저지른 악한 짓을 갚아 주어라. 그가 다른 나라들에게 하였던 것과 똑같이 하여라. 그가 이스라엘의 거룩한 분, 나 여호와에게 교만하였다.

30 그러므로 바빌로니아의 젊은이들이 그 광장에서 죽고 바빌로니아의 군인들이 모두 죽을 것이다. 나 여호와의 말이다.

31 보아라. 교만한 바빌로니아야, 내가 너를 치겠다. 나 만군의 여호와의 말이다. 네가 심판받을 날이 가까이 왔다.

32 교만한 바빌로니아가 넘어지고 쓰러져도 아무도 일으켜 주지 않을 것이다. 내가 바빌로니아 마을들에 불을 질러 그 주변의 모든 것을 완전히 태워 버리겠다.

33 만군의 여호와가 이렇게 말한다. 이스라엘과 유다 백성이 모두 억눌리고 있다. 적군이 그들을 사로잡고 놓아 주지 않는다.

34 그러나 그들을 구원할 자는 강하니 그 이름은 만군의 여호와이다. 내가 그들의 사정을 듣고 그 땅에 평화를 줄 것이다. 그러나 바빌로니아에 사는 사람들에게는 안식을 주지 않겠다.

35 바빌로니아 사람들을 칼로 쳐라. 나 여호와의 말이다. 그 신하들과 이름 있는 자들을 칼로 쳐라.

36 거짓 예언자들을 칼로 쳐서 그들을 바보로 만들어라. 바빌로니아의 용사들을 칼로 쳐서 그들을 두려움에 떨게 하여라.

37 바빌로니아의 말과 전차들을 쳐라. 다른 나라에서 사들인 군인들을 쳐라. 그래서 그들을 여자처럼 벌벌 떨게 하여라. 바빌로니아의 모든 보물을 쳐서 보물을 도적질하여라.

38 바빌로니아의 물을 쳐서 물이 마르게 하여라. 그 땅은 우상의 땅이니 그 우상들이 두려움에 빠져 미칠 것이다.

39 그러므로 바빌론에 살쾡이들과 이리들이 살 것이며 타조가 그곳에 살 것이다. 다시는 사람이 살지 않을 것이며 사람이 그 땅에 영원토록 머물지 않을 것이다.

40 나 하나님이 소돔과 고모라 성을 그 주변 성들과 함께 완전히 멸망시켰듯이 바빌론에는 아무도 살지 않고 머물지 않게 될 것이다. 나 여호와의 말이다.

41 보아라. 북쪽에서 강한 나라의 군대가 온다. 땅끝에서부터 많은 왕들이 함께 몰려온다.

42 그 군인들은 활과 창으로 무장하였고 잔인

Her soldiers will all be killed,"
says the LORD.

31 • "See, I am your enemy, you arrogant people,"
says the Lord, the LORD of Heaven's Armies.
"Your day of reckoning has arrived—
the day when I will punish you.

32 • O land of arrogance, you will stumble and fall,
and no one will raise you up.
For I will light a fire in the cities of Babylon
that will burn up everything around them."

33 • This is what the LORD of Heaven's Armies says:
"The people of Israel and Judah have been
wronged.
Their captors hold them and refuse to let
them go.

34 • But the one who redeems them is strong.
His name is the LORD of Heaven's Armies.
He will defend them
and give them rest again in Israel.
But for the people of Babylon
there will be no rest!

35 • "The sword of destruction will strike the
Babylonians,"
says the LORD.
"It will strike the people of Babylon—
her officials and wise men, too.

36 • The sword will strike her wise counselors,
and they will become fools.
The sword will strike her mightiest warriors,
and panic will seize them.

37 • The sword will strike her horses and chariots
and her allies from other lands,
and they will all become like women.
The sword will strike her treasures,
and they all will be plundered.

38 • A drought* will strike her water supply,
causing it to dry up.
And why? Because the whole land is filled with
idols,
and the people are madly in love with them.

39 • "Soon Babylon will be inhabited by desert
animals and hyenas.
It will be a home for owls.
Never again will people live there;
it will lie desolate forever.

40 • I will destroy it as I* destroyed Sodom and
Gomorrah
and their neighboring towns," says the LORD.
"No one will live there;
no one will inhabit it.

41 • "Look! A great army is coming from the north.
A great nation and many kings
are rising against you from far-off lands.

42 • They are armed with bows and spears.

50:38 Or *sword;* the Hebrew words for *drought* and
sword are very similar.　　50:40 Hebrew *as God.*

하며 인정이 없다. 바다가 파도치는 것과 같은 소리를 내며 말을 타고 온다. 전열을 갖추고 너 바빌로니아를 치러 온다.

43 바빌로니아 왕이 그들에 대한 소식을 듣고 두려워 온몸에 힘이 빠진다. 아기를 낳는 여자처럼 고통에 사로잡힌다.

44 보아라. 요단 강가의 깊은 숲에서 사자가 뛰쳐나와 평온한 목장을 덮치듯이 나도 갑자기 바빌로니아 사람들을 그 땅에서 몰아 내고 내가 선택한 사람을 그 위에 세우겠다. 누가 나와 같겠느냐? 나에게 대들 자가 누구이며, 나와 맞설 지도자가 누구냐?

45 그러므로 내가 바빌론을 향해 세운 계획을 들어 보아라. 바빌로니아에 사는 백성을 향해 결심한 생각을 들어 보아라. 양 떼 중에서 어린 것들까지도 끌려갈 것이며 그 목초지들이 황무지로 변할 것이다.

46 바빌론이 쓰러지는 소리에 땅이 흔들릴 것이며 그들의 소리가 세계 온 나라에 들릴 것이다."

51 여호와께서 이렇게 말씀하셨다. "보아라. 내가 멸망의 바람을 불러 일으켜 바빌로니아와 그 백성을 치겠다.

2 내가 다른 나라 백성을 보내어 키질하듯 바빌로니아를 멸망시키겠다. 그들이 그 땅을 황무지로 만들 것이다. 재앙의 날이 이르면 군대들이 그 성을 에워쌀 것이다.

3 활 쏘는 자는 활을 당기도록 하여라. 갑옷을 입고 전열에 서 있도록 하여라. 바빌로니아 젊은이들을 불쌍히 여기지 말고 그 군대를 완전히 멸망시켜라.

4 바빌로니아 군인들이 자기들의 땅에서 죽고 자기들이 사는 거리에서 칼에 찔릴 것이다.

5 이스라엘과 유다가 이스라엘의 거룩한 분을 거역하여 그 땅이 죄로 가득 찼으나 하나님 만군의 여호와가 그들을 저버리지 않았다."

6 "바빌로니아에서 달아나, 너희 목숨을 건져라. 바빌로니아의 죄 때문에 너희까지 죽지 마라. 여호와께서 심판하실 때가 되었으니 바빌로니아가 마땅히 받아야 할 심판을 내리실 것이다.

7 바빌로니아는 여호와의 손에 들린 금잔과 같았다. 그 잔이 온 세계를 취하게 하고 온 나라가 그 포도주를 마시고 미쳐 버렸다.

They are cruel and show no mercy.
As they ride forward on horses,
　they sound like a roaring sea.
They are coming in battle formation,
　planning to destroy you, Babylon.

43 The king of Babylon has heard reports about the enemy,
　and he is weak with fright.
Pangs of anguish have gripped him,
　like those of a woman in labor.

44 • "I will come like a lion from the thickets of the Jordan,
　leaping on the sheep in the pasture.
I will chase Babylon from its land,
　and I will appoint the leader of my choice.
For who is like me, and who can challenge me?
　What ruler can oppose my will?"

45 • Listen to the LORD's plans against Babylon
　and the land of the Babylonians.
Even the little children will be dragged off like sheep,
　and their homes will be destroyed.

46 • The earth will shake with the shout, "Babylon has been taken!"
　and its cry of despair will be heard around the world.

51 1 • This is what the LORD says:
　"I will stir up a destroyer against Babylon
　and the people of Babylonia.*

2 • Foreigners will come and winnow her,
　blowing her away as chaff.
They will come from every side
　to rise against her in her day of trouble.

3 • Don't let the archers put on their armor
　or draw their bows.
Don't spare even her best soldiers!
　Let her army be completely destroyed.*

4 • They will fall dead in the land of the Babylonians,*
　slashed to death in her streets.

5 • For the LORD of Heaven's Armies
　has not abandoned Israel and Judah.
He is still their God,
　even though their land was filled with sin
　against the Holy One of Israel."

6 • Flee from Babylon! Save yourselves!
　Don't get trapped in her punishment!
It is the LORD's time for vengeance;
　he will repay her in full.

7 • Babylon has been a gold cup in the LORD's hands,
　a cup that made the whole earth drunk.
The nations drank Babylon's wine,
　and it drove them all mad.

51:1 Hebrew of *Leb-kamai*, a code name for Babylonia.
51:3 The Hebrew term used here refers to the complete consecration of things or people to the LORD, either by destroying them or by giving them as an offering.　51:4 Or *Chaldeans*; also in 51:54.

8 바빌로니아가 갑자기 쓰러져 망하였으니 그를 위해 울어라. 유향을 가져다가 상처에 발라 보아라. 혹시 그가 나을지도 모른다.

9 바빌로니아에 사는 다른 나라 사람들이 말한다. '우리가 바빌로니아를 치료해 보려 했으나 치료할 수 없었다. 그러니 바빌로니아를 떠나 각자 자기 나라로 돌아가자. 바빌로니아의 형벌이 하늘까지 이르고 그의 죄가 구름에까지 높이 닿는다.'

10 유다 백성이 말한다. '여호와께서 우리의 옳음을 보여 주셨다. 자, 시온에서 우리 하나님 여호와의 일을 널리 전하자.'

11 화살촉을 갈고 방패를 들어라. 여호와께서 바빌로니아를 멸망시키기로 작정하시고 메대의 왕들을 움직이셨다. 여호와께서 바빌로니아 백성에게 그들이 마땅히 받아야 할 심판을 내리실 것이다. 그들이 예루살렘에 있는 여호와의 성전을 무너뜨렸기 때문이다.

12 바빌론 성벽을 향해 기를 높이 들어라. 경계를 강화하고 보초를 세워라. 복병을 숨겨 두어라. 여호와께서 바빌로니아 백성에게 하시겠다고 말씀하신 계획을 이루실 것이다.

13 큰 물가에 살며 보물을 많이 가진 바빌로니아 백성아, 네게 종말이 다가왔다. 네가 멸망할 때가 되었다.

14 만군의 여호와께서 그의 이름으로 맹세하셨다. '내가 메뚜기 떼처럼 많은 군대를 너에게 보내겠다. 그들이 너를 누르고 승리의 환성을 지를 것이다.'"

15 여호와께서 그 능력으로 땅을 지으셨고 지혜로 세계를 세우셨으며 지식으로 하늘을 펼치셨다.

16 여호와께서 목소리를 내시면 하늘의 물이 출렁인다. 여호와께서는 땅끝에서 수증기가 피어오르게 하시며 번개를 일으켜 비를 내리시며 창고에서 바람을 내보내신다.

17 사람은 다 어리석고 무식하다. 은장이들은 그들이 만든 우상 때문에 부끄러움을 당한다. 그들이 만든 신상은 거짓 신일 뿐이며 그 속에는 생명이 없다.

18 그것들은 헛것이요, 모두가 비웃음거리일 뿐이니 심판받을 때에 멸망당하고 말 것이다.

8 • But suddenly Babylon, too, has fallen.
　　Weep for her.
　Give her medicine.
　　Perhaps she can yet be healed.
9 • We would have helped her if we could,
　　but nothing can save her now.
　Let her go; abandon her.
　　Return now to your own land.
　For her punishment reaches to the heavens;
　　it is so great it cannot be measured.
10 • The LORD has vindicated us.
　　Come, let us announce in Jerusalem*
　everything the LORD our God has done.

11 • Sharpen the arrows!
　　Lift up the shields!*
　For the LORD has inspired the kings of the Medes
　　to march against Babylon and destroy her.
　This is his vengeance against those
　　who desecrated his Temple.
12 • Raise the battle flag against Babylon!
　　Reinforce the guard and station the watchmen.
　Prepare an ambush,
　　for the LORD will fulfill all his plans against
　　Babylon.
13 • You are a city by a great river,
　　a great center of commerce,
　but your end has come.
　　The thread of your life is cut.
14 • The LORD of Heaven's Armies has taken this vow
　　and has sworn to it by his own name:
　"Your cities will be filled with enemies,
　　like fields swarming with locusts,
　　and they will shout in triumph over you."

A Hymn of Praise to the LORD
15 • The LORD made the earth by his power,
　　and he preserves it by his wisdom.
　With his own understanding
　　he stretched out the heavens.
16 • When he speaks in the thunder,
　　the heavens roar with rain.
　He causes the clouds to rise over the earth.
　　He sends the lightning with the rain
　　and releases the wind from his storehouses.

17 • The whole human race is foolish and has no
　　knowledge!
　　The craftsmen are disgraced by the idols
　　they make,
　for their carefully shaped works are a fraud.
　　These idols have no breath or power.
18 • Idols are worthless; they are ridiculous lies!
　　On the day of reckoning they will all be
　　destroyed.

commerce [kámərs] *n.* 상업; 통상, 교역
vindicate [víndəkeit] *vt.* 결백을 입증하다

51:10 Hebrew *Zion;* also in 51:24.　51:11 Greek version reads *Fill up the quivers.*

19 그러나 '야곱의 분깃' 이신 하나님은 그런 우상들과 같지 않다. 하나님은 모든 것을 지으셨으며 이스라엘을 그의 특별한 백성으로 삼으셨다. 그의 이름은 만군의 여호와이시다.

20 "너는 나의 쇠몽둥이요, 전쟁 무기다. 내가 너를 가지고 민족들을 부수었고 나라들을 멸망시켰다.

21 내가 너를 가지고 말과 기병을 부수고 전차와 전차병을 부수었다.

22 내가 너를 가지고 남자와 여자를 부수고 노인과 젊은이를 부수며 젊은 남자와 젊은 여자를 부수었다.

23 내가 너를 가지고 목자와 양 떼를 부수고 농부와 소를 부수며 총독과 관리들을 부수었다.

24 그러나 이제는 내가 바빌로니아에게 갚아 주겠다. 바빌로니아 백성이 시온에서 저지른 모든 악한 짓을 그대로 갚아 주겠다. 나 여호와의 말이다.

25 온 세계를 멸망시킨 멸망의 산아, 보아라. 내가 너를 치겠다. 나 여호와의 말이다. 내가 내 손을 펴 너를 치겠다. 너를 낭떠러지에서 굴려 떨어뜨리고 너를 불타 버린 산으로 만들겠다.

26 사람들이 바빌로니아에서 모퉁잇돌로 쓸 만한 돌 하나, 주춧돌로 쓸 만한 돌 하나도 얻지 못할 것이다. 왜냐하면 바빌로니아는 영원토록 폐허 더미가 될 것이기 때문이다. 나 여호와의 말이다."

27 "그 땅에서 기를 높이 들어라. 온 나라에 나팔을 불어라. 모든 민족들에게 바빌로니아를 칠 준비를 하게 하여라. 아라랏과 민니와 아스그나스와 같은 나라들을 불러 바빌로니아를 치게 하여라. 사령관을 세워 군대를 이끌게 하여라. 메뚜기 떼처럼 많은 말들을 보내어라.

28 모든 민족들에게 바빌로니아를 칠 준비를 하게 하여라. 메대의 왕들을 준비시켜라. 그 총독들과 관리들을 준비시키고 그들이 다스리는 온 나라를 준비시켜라.

29 바빌로니아 땅이 흔들리고 뒤틀린다. 여호와께서 바빌로니아를 향해 세우신 계획을 이루시기 때문이다. 하나님의 계획은 바빌로니아를 황무지로 만드는 것이므로 그 땅에는 아무도 살지 않게 될 것이다.

30 바빌로니아의 용사들이 싸움을 멈추고 요

19 • But the God of Israel* is no idol!
He is the Creator of everything that exists,
including his people, his own special possession.
The LORD of Heaven's Armies is his name!

Babylon's Great Punishment

20 "You* are my battle-ax and sword,"
says the LORD.
"With you I will shatter nations
and destroy many kingdoms.

21 • With you I will shatter armies—
destroying the horse and rider,
the chariot and charioteer.

22 • With you I will shatter men and women,
old people and children,
young men and young women.

23 • With you I will shatter shepherds and flocks,
farmers and oxen,
captains and officers.

24 • "I will repay Babylon
and the people of Babylonia*
for all the wrong they have done
to my people in Jerusalem," says the LORD.

25 • "Look, O mighty mountain, destroyer of the
earth!
I am your enemy," says the LORD.
"I will raise my fist against you,
to knock you down from the heights.
When I am finished,
you will be nothing but a heap of burnt rubble.

26 • You will be desolate forever.
Even your stones will never again be used
for building.
You will be completely wiped out,"
says the LORD.

27 • Raise a signal flag to the nations.
Sound the battle cry!
Mobilize them all against Babylon.
Prepare them to fight against her!
Bring out the armies of Ararat, Minni, and
Ashkenaz.
Appoint a commander,
and bring a multitude of horses like
swarming locusts!

28 • Bring against her the armies of the nations—
led by the kings of the Medes
and all their captains and officers.

29 • The earth trembles and writhes in pain,
for everything the LORD has planned
against Babylon stands unchanged.
Babylon will be left desolate without a single
inhabitant.

30 • Her mightiest warriors no longer fight.

51:19 Hebrew *the Portion of Jacob.* See note on 5:20.   51:20 Possibly Cyrus, whom God used to conquer Babylon. Compare Isa 44:28; 45:1.   51:24 Or *Chaldea;* also in 51:35.

새에 머물러 있다. 그들은 힘이 빠지고 겁먹은 여자처럼 되었다. 바빌로니아의 집들이 불타고 문빗장들이 부서졌다.

31 전령이 잇달아 달린다. 한 전령이 가면 또 다른 전령이 온다. 그들이 바빌로니아 왕에게 마침내 온 성이 정복당했음을 알린다.

32 강나루들이 점령당했다. 갈대밭이 불에 타 버렸다. 바빌로니아 군인들이 모두 두려움에 떨고 있다."

33 만군의 여호와, 이스라엘의 하나님께서 이렇게 말씀하셨다. '바빌로니아 성은 추수 때에 사람들이 곡식을 밟는 타작 마당과 같으니 곧 적들이 와서 그들을 곡식처럼 짓밟아 버릴 것이다.

34 '바빌로니아 왕 느부갓네살이 우리를 멸망시켰다. 옛적에 우리 백성을 쫓아내서 우리는 빈 항아리처럼 되었다. 그는 용처럼 우리를 삼켰고 우리의 가장 좋은 것으로 배불리 먹고 나서 우리를 뱉어 버렸다.

35 바빌로니아가 악한 짓을 하여 우리를 해쳤으니 그가 한 그대로 갚아 주십시오' 하고 시온 백성이 말한다. '바빌로니아 백성이 우리를 죽였으니 그들이 저지른 악한 짓을 심판하십시오' 하고 예루살렘이 말한다."

36 그러므로 여호와께서 이렇게 말씀하셨다. "보아라. 내가 너 유다의 사정을 들어 주겠다. 반드시 바빌로니아에 벌을 내리겠다. 바빌로니아의 바다와 샘들을 마르게 하겠다.

37 바빌로니아는 폐허 더미가 되어 들개들이 그 땅에 살 것이다. 그곳에서 일어난 일을 보고 사람들이 놀라며 비웃을 것이다. 아무도 그 땅에 살지 않을 것이다.

38 바빌로니아 사람은 으르렁거리는 사자와 같다. 마치 새끼 사자처럼 으르렁거린다.

39 그들이 흥분할 때에 내가 그들을 위해 잔치를 베풀어 그들을 취하게 하고 즐거워하며 소리치게 하겠다. 그러다가 영원히 깨어나지 못할 잠에 빠지게 하겠다. 나 여호와의 말이다.

40 내가 바빌로니아 백성을 죽이겠다. 죽임당할 어린 양이나 숫양이나 숫염소처럼 만들겠다.

41 바빌론이 사로잡혔구나! 온 세계의 자랑거리가 붙잡히고 말았구나! 모든 나라 백성이 바빌론의 모습을 보고 놀라고 두려워할 것이다.

42 바다가 바빌론을 덮친다. 솟구치는 파도가

They stay in their barracks, their courage gone.
　They have become like women.
The invaders have burned the houses
　and broken down the city gates.

31 • The news is passed from one runner to the next
　　as the messengers hurry to tell the king
　　that his city has been captured.

32 • All the escape routes are blocked.
　　The marshes have been set aflame,
　　and the army is in a panic.

33 • This is what the LORD of Heaven's Armies,
　　the God of Israel, says:
　"Babylon is like wheat on a threshing floor,
　　about to be trampled.
　In just a little while
　　her harvest will begin."

34 • "King Nebuchadnezzar* of Babylon has eaten
　　and crushed us
　　and drained us of strength.
　He has swallowed us like a great monster
　　and filled his belly with our riches.
　He has thrown us out of our own country.

35 • Make Babylon suffer as she made us suffer,"
　　say the people of Zion.
　"Make the people of Babylonia pay for spilling
　　our blood,"
　　says Jerusalem.

The LORD's Vengeance on Babylon

36 • This is what the LORD says to Jerusalem:

　"I will be your lawyer to plead your case,
　　and I will avenge you.
　I will dry up her river,
　　as well as her springs,

37 • and Babylon will become a heap of ruins,
　　haunted by jackals.
　She will be an object of horror and contempt,
　　a place where no one lives.

38 • Her people will roar together like strong lions.
　　They will growl like lion cubs.

39 • And while they lie inflamed with all their wine,
　　I will prepare a different kind of feast for them.
　I will make them drink until they fall asleep,
　　and they will never wake up again,"
　　says the LORD.

40 • "I will bring them down
　　like lambs to the slaughter,
　　like rams and goats to be sacrificed.

41 • "How Babylon* is fallen—
　　great Babylon, praised throughout the earth!
　Now she has become an object of horror
　　among the nations.

42 • The sea has risen over Babylon;
　　she is covered by its crashing waves.

51:34 Hebrew *Nebuchadrezzar*, a variant spelling of Nebuchadnezzar.　51:41 Hebrew *Sheshach*, a code name for Babylon.

바빌론에 밀려온다.

43 바빌로니아의 성들이 폐허로 변하고 바빌론이 메마른 사막으로 변한다. 아무도 살지 않는 땅, 아무도 지나다니지 않는 땅이 된다.

44 내가 바빌로니아의 신 벨을 심판하고 그가 삼킨 것을 그의 입에서 토해 내게 하겠다. 나라들이 다시는 그에게 몰려오지 않을 것이다. 바빌론 성벽이 무너질 것이다.

45 내 백성아, 바빌로니아에서 나오너라! 너희 목숨을 건져라. 여호와의 무서운 분노를 피해 달아나라.

46 용기를 잃지 말고 이 땅에 소문이 퍼지더라도 두려워하지 마라. 올해에는 이런 소문이 떠돌고 내년에는 저런 소문이 떠돌 것이다. 이 땅에 무서운 전쟁 소문과 통치자들끼리 서로 싸운다는 소문도 들릴 것이다.

47 그러므로 보아라. 내가 바빌론의 우상들을 심판할 날이 반드시 온다. 그날에 바빌론의 온 땅이 부끄러움을 당할 것이다. 온 땅에 수많은 사람의 시체들이 널리게 될 것이다.

48 그때에 하늘과 땅과, 그 안에 있는 모든 것이 바빌론을 보고 기뻐하며 외칠 것이다. 군대가 북쪽에서 와서 바빌론을 치는 것을 보고 기뻐할 것이다. 나 여호와의 말이다.

49 바빌로니아가 이스라엘 백성을 죽였고 세계 모든 나라의 백성을 죽였다. 그러므로 바빌로니아는 반드시 쓰러질 것이다.

50 칼에 맞지 않고 살아남은 백성아, 서둘러 바빌로니아를 떠나라. 머뭇거리지 마라. 먼 곳에서도 여호와를 생각하고 예루살렘을 네 마음에 기억하여라.

51 우리 유다 백성이 부끄러움을 당했고 모욕과 수치를 당했다. 이는 다른 나라 사람들이 여호와의 거룩한 성전에 들어갔기 때문이다.

52 그러므로 보아라. 내가 바빌론의 우상들을 심판할 날이 온다, 나 여호와의 말이다. 그 온 땅에서 다친 사람들이 신음할 것이다.

53 바빌론이 하늘까지 닿는다 하더라도, 요새 성을 드높게 든든히 쌓는다 하더라도, 내가 사람들을 보내어 그 성을 무너뜨리겠다. 나 여호와의 말이다."

54 "바빌론에서 울부짖는 소리가 들린다. 바빌로니아 사람들의 땅에서 멸망의 소리가 들린다.

55 여호와께서 바빌론을 파괴하시고 바빌론의 요란한 소리를 잠잠하게 하신다. 원수들이

---

43 • Her cities now lie in ruins;
    she is a dry wasteland
        where no one lives or even passes by.
44 • And I will punish Bel, the god of Babylon,
    and make him vomit up all he has eaten.
    The nations will no longer come and worship
        him.
    The wall of Babylon has fallen!

A Message for the Exiles

45 • "Come out, my people, flee from Babylon.
    Save yourselves! Run from the LORD's fierce
        anger.
46 • But do not panic; don't be afraid
    when you hear the first rumor of
        approaching forces.
    For rumors will keep coming year by year.
    Violence will erupt in the land
        as the leaders fight against each other.
47 • For the time is surely coming
    when I will punish this great city and all her
        idols.
    Her whole land will be disgraced,
        and her dead will lie in the streets.
48 • Then the heavens and earth will rejoice,
    for out of the north will come destroying
        armies
        against Babylon," says the LORD.
49 • "Just as Babylon killed the people of Israel
    and others throughout the world,
        so must her people be killed.
50 • Get out, all you who have escaped the sword!
    Do not stand and watch—flee while you can!
    Remember the LORD, though you are in a far-
        off land,
        and think about your home in Jerusalem."
51 • "We are ashamed," the people say.
    "We are insulted and disgraced
    because the LORD's Temple
        has been defiled by foreigners."
52 • "Yes," says the LORD, "but the time is coming
    when I will destroy Babylon's idols.
    The groans of her wounded people
        will be heard throughout the land.
53 • Though Babylon reaches as high as the heavens
        and makes her fortifications incredibly strong,
    I will still send enemies to plunder her.
        I, the LORD, have spoken!

Babylon's Complete Destruction

54 • "Listen! Hear the cry of Babylon,
    the sound of great destruction from
        the land of the Babylonians.
55 • For the LORD is destroying Babylon.
    He will silence her loud voice.
    Waves of enemies pound against her;

---

erupt [irápt] *vi.* (전쟁 따위가) 발발하다
vomit [vámit] *vt.* 토하다

큰 파도가 되어 밀려온다. 그 소리가 온 땅에 들린다.

56 멸망시킬 자가 바빌론으로 쳐들어오니 바빌론의 군인들은 포로로 잡히고 그들의 활은 꺾인다. 여호와께서는 사람들의 악한 짓을 심판하시는 하나님이시다. 사람들이 마땅히 받아야 할 벌을 내리시는 하나님이시다."

57 만군의 왕이신 여호와께서 이렇게 말씀하셨다. "내가 바빌로니아의 통치자들과 이름 있는 자들을 취하게 하겠다. 총독들과 관리들과 군인들도 취하게 하겠다. 그들을 영영 깨어나지 못할 잠에 빠지게 하겠다.

58 나 만군의 여호와가 이렇게 말한다. 바빌론의 두꺼운 성벽이 허물어지고 높이 솟은 성문은 불에 타 버릴 것이다. 그 백성이 아무리 애써도 소용없겠고 온 나라가 불 때문에 지칠 것이다."

바빌론에게 주는 말씀

59 이것은 예언자 예레미야가 마세야의 손자요, 네리야의 아들인 스라야에게 준 말씀입니다. 왕의 관리인 스라야는 시드기야가 유다 왕으로 있은 지 사 년째 되는 해에 시드기야와 함께 바빌로니아로 갔습니다.

60 예레미야는 바빌로니아에 내릴 모든 재앙을 한 권의 책에 적었습니다. 바빌로니아에 대한 이 모든 말씀을 적었습니다.

61 예레미야가 스라야에게 말했습니다. "당신이 바빌론에 도착하면 이 말씀을 읽어 주어 모든 백성이 듣게 하시오.

62 그리고 나서 '여호와여, 주께서 이곳을 멸망시키셔서 사람이든 짐승이든 아무도 이곳에 살지 못하게 하시겠다고 말씀하셨습니다. 이곳을 영원히 폐허로 만들겠다고 말씀하셨습니다' 라고 말하시오.

63 이 책을 다 읽은 뒤에는 그것에 돌을 매달아서 유프라테스 강에 던져 버리시오.

64 그런 뒤에 이렇게 말하시오. '이와 같이 바빌로니아도 가라앉을 것이다. 내가 내리는 재앙으로 인하여 다시 일어나지 못할 것이다. 그들이 기진하게 될 것이다.'" 여기까지가 예레미야의 말입니다.

예루살렘의 멸망

52

시드기야가 왕이 되었을 때의 그의 나이는 스물한 살이었습니다. 그는 예루살렘에서 십일 년 동안, 왕으로 있었습니다. 그의 어머니의 이름은 하무달입니다. 하무달은 립나 사람인 예레미야의 딸입니다.

2 시드기야는 여호야김이 그랬던 것처럼 여호

the noise of battle rings through the city.

56 • Destroying armies come against Babylon. Her mighty men are captured, and their weapons break in their hands. For the LORD is a God who gives just punishment; he always repays in full.

57 • I will make her officials and wise men drunk, along with her captains, officers, and warriors. They will fall asleep and never wake up again!" says the King, whose name is the LORD of Heaven's Armies.

58 • This is what the LORD of Heaven's Armies says: "The thick walls of Babylon will be leveled to the ground, and her massive gates will be burned. The builders from many lands have worked in vain, for their work will be destroyed by fire!"

Jeremiah's Message Sent to Babylon

59 • The prophet Jeremiah gave this message to Seraiah son of Neriah and grandson of Mahseiah, a staff officer, when Seraiah went to Babylon with King Zedekiah of Judah. This was during the 60 fourth year of Zedekiah's reign.* • Jeremiah had recorded on a scroll all the terrible disasters that would soon come upon Babylon—all the words 61 written here. • He said to Seraiah, "When you get to Babylon, read aloud everything on this scroll. 62 • Then say, 'LORD, you have said that you will destroy Babylon so that neither people nor animals will remain here. She will lie empty and 63 abandoned forever.' • When you have finished reading the scroll, tie it to a stone and throw it 64 into the Euphrates River. • Then say, 'In this same way Babylon and her people will sink, never again to rise, because of the disasters I will bring upon her.'"

This is the end of Jeremiah's messages.

The Fall of Jerusalem

52

Zedekiah was twenty-one years old when he became king, and he reigned in Jerusalem eleven years. His mother was Hamutal, 2 the daughter of Jeremiah from Libnah. • But Zedekiah did what was evil in the LORD's sight, 3 just as Jehoiakim had done. • These things happened because of the LORD's anger against the

---

banish [bǽniʃ] *vt.* 추방하다
gouge [gaudʒ] *vt.* 도려내다
level [lévəl] *vt.* 쓰러뜨리다
massive [mǽsiv] *a.* 크고 단단한
slaughter [slɔ́:tər] *vt.* 학살하다
supervise [sú:pərvaiz] *vt.* 지휘하다
51:58 in vain : 헛되이

51:59 The fourth year of Zedekiah's reign was 593 B.C.

와께서 보시기에 악한 일을 했습니다.

3 이 모든 일이 예루살렘과 유다에 일어난 까닭은 여호와께서 그들에게 진노하셨기 때문입니다. 여호와께서 마침내 그들을 그 앞에서 내쫓으셨습니다. 시드기야가 바빌로니아 왕에게 반역했습니다.

4 그러자 바빌로니아 왕 느부갓네살이 온 군대를 이끌고 예루살렘으로 쳐들어왔습니다. 그때는 시드기야가 왕으로 있은 지 구년 째 되는 해의 열 번째 달 십 일이었습니다. 느부갓네살은 성을 에워싸고 성을 공격하기 위해 흙 언덕을 성 둘레에 쌓았습니다.

5 성은 시드기야가 왕으로 있은 지 십일 년째 되는 해까지 포위되어 있었습니다.

6 넷째 달 구 일이 되자 성 안에 굶주림이 심해져서 먹을 것이 하나도 없게 되었습니다.

7 때 맞추어 성벽도 뚫리고 말았습니다. 온 군대가 밤중에 도망쳤습니다. 그들은 왕의 정원 곁에 있는 두 성벽 사이의 성문 길로 빠져나가 요단 골짜기 쪽으로 도망쳤습니다. 그때까지도 바빌로니아 사람들은 성을 에워싸고 있었습니다.

8 그러나 바빌로니아 군대가 시드기야 왕을 뒤쫓아가서 여리고 평야에서 시드기야 왕을 붙잡았습니다. 시드기야의 온 군대는 그를 버리고 뿔뿔이 흩어졌습니다.

9 바빌로니아 군대가 시드기야 왕을 사로잡아서 하맛 땅 립나에 있는 바빌로니아 왕에게 끌고 갔습니다. 바빌로니아 왕이 시드기야를 심문했습니다.

10 바빌로니아 왕은 립나에서 시드기야가 보는 앞에서 그의 아들들을 죽였습니다. 그리고 유다의 모든 신하들도 립나에서 죽였습니다.

11 그런 다음에 시드기야의 눈을 뽑고 그의 몸을 쇠사슬로 묶은 뒤 그를 바빌론으로 끌고 갔습니다. 바빌로니아 왕은 시드기야가 죽는 날까지 그를 옥에 가두었습니다.

12 바빌로니아의 느부갓네살이 왕으로 있은 지 십구 년째 되는 해의 다섯째 달 십 일에 경호대장 느부사라단이 바빌로니아 왕의 명을 받고 예루살렘으로 왔습니다.

13 느부사라단은 여호와의 성전과 왕궁에 불을 놓고 예루살렘의 집집마다 불을 놓았습니다. 그래서 중요한 건물은 다 불타고 말았습니다.

14 바빌로니아의 모든 군대가 예루살렘의 성벽을 두루 헐어 버렸습니다. 그 군대는 왕의 경호대장이 지휘하는 군대였습니다.

people of Jerusalem and Judah, until he finally banished them from his presence and sent them into exile.

Zedekiah rebelled against the king of
4 Babylon. •So on January 15,* during the ninth year of Zedekiah's reign, King Nebuchadnezzar* of Babylon led his entire army against Jerusalem. They surrounded the city and built
5 siege ramps against its walls. •Jerusalem was kept under siege until the eleventh year of King Zedekiah's reign.

6 •By July 18 in the eleventh year of Zedekiah's reign,* the famine in the city had become very severe, and the last of the food was entirely
7 gone. •Then a section of the city wall was broken down, and all the soldiers fled. Since the city was surrounded by the Babylonians,* they waited for nightfall. Then they slipped through the gate between the two walls behind the king's garden and headed toward the Jordan Valley.*

8 •But the Babylonian troops chased King Zedekiah and overtook him on the plains of Jericho, for his men had all deserted him and
9 scattered. •They captured the king and took him to the king of Babylon at Riblah in the land of Hamath. There the king of Babylon pro-
10 nounced judgment upon Zedekiah. •The king of Babylon made Zedekiah watch as he slaughtered his sons. He also slaughtered all the offi-
11 cials of Judah at Riblah. •Then he gouged out Zedekiah's eyes and bound him in bronze chains, and the king of Babylon led him away to Babylon. Zedekiah remained there in prison until the day of his death.

The Temple Destroyed

12 •On August 17 of that year,* which was the nineteenth year of King Nebuchadnezzar's reign, Nebuzaradan, the captain of the guard and an official of the Babylonian king, arrived
13 in Jerusalem. •He burned down the Temple of the LORD, the royal palace, and all the houses of Jerusalem. He destroyed all the important build-
14 ings* in the city. •Then he supervised the entire

52:4a Hebrew *on the tenth day of the tenth month,* of the ancient Hebrew lunar calendar. A number of events in Jeremiah can be cross-checked with dates in surviving Babylonian records and related accurately to our modern calendar. This day was January 15, 588 B.C.　52:4b Hebrew *Nebuchadrezzar,* a variant spelling of Nebuchadnezzar; also in 52:12, 28, 29, 30.　52:6 Hebrew *By the ninth day of the fourth month* [in the eleventh year of Zedekiah's reign]. This day was July 18, 586 B.C.; also see note on 52:4a.　52:7a Or *the Chaldeans;* similarly in 52:8, 17.　52:7b Hebrew *the Arabah.*　52:12 Hebrew *On the tenth day of the fifth month,* of the ancient Hebrew lunar calendar. This day was August 17, 586 B.C.; also see note on 52:4a.　52:13 Or *destroyed the houses of all the important people.*

15 경호대장 느부사라단은 백성 가운데서 가장 가난한 백성과 예루살렘에 남아 있던 사람들과 바빌로니아 왕에게 항복한 백성과 나머지 기술자들을 사로잡아 갔습니다.

16 그러나 경호대장 느부사라단은 그 땅의 가장 가난한 백성 가운데 일부는 남겨 두어서 포도밭을 가꾸고 농사를 짓게 했습니다.

17 바빌로니아 군대는 여호와의 성전에 있는 놋기둥과 놋받침대, 그리고 바다라고 부르는 커다란 놋대야를 부수어 놋쇠를 바빌론으로 가져갔습니다.

18 그들은 또 성전에서 제사드릴 때 쓰는 솥과 부삽과 부집게와 접시와 온갖 놋기구들도 가져갔습니다.

19 왕의 경호대장은 화로와 대야들도 가져갔고 솥과 등잔대와 접시와 전제물을 바칠 때 쓰는 잔도 가져갔습니다. 그리고 순금이나 은으로 만든 것도 다 가져갔습니다.

20 모든 놋기구들에서 가져다 모은 놋은 너무 많아서 무게를 달 수 없을 정도였습니다. 놋기둥이 두 개 있었고 놋으로 만든 소 열둘이 받치고 있는 커다란 놋대야 하나와 솔로몬이 여호와의 성전을 위해 만든 놋받침대들이 있었습니다.

21 각 기둥은 높이가 십팔 규빗*이었습니다. 각 기둥의 둘레는 십이 규빗*이었고 속은 비어 있었습니다. 기둥의 두께는 손가락 네 개의 너비*쯤 되었습니다.

22 기둥 꼭대기에는 높이가 오 규빗*되는 놋쇠 기둥 머리가 놓여 있었습니다. 기둥 머리는 둘레에 그물과 놋석류로 장식되어 있었습니다. 다른 기둥에도 그물 장식이 있었고 첫 번째 기둥과 모양이 같았습니다.

23 기둥 둘레에는 석류가 구십육 개 있었습니다. 그물 장식 위에는 석류가 모두 백 개 있었습니다.

24 경호대장이 대제사장 스라야와 부제사장 스바냐와 세 명의 성전 문지기들을 붙잡았습니다.

25 그리고 성에서 내시 한 사람을 붙잡았는데, 그는 자기의 명령을 따르는 군인들을 거느리고 있었습니다. 또 성 안에 있던 왕의 가까운 참모들 일곱 사람과 군대 장관의 서기관으로서 군사를 모으는 사람 한 명과 성 안에 있던 일반 백성 육십 명도 붙잡았습니다.

26 경호대장 느부사라단이 그들을 사로잡아 리블라에 있는 바빌로니아 왕에게 끌고 갔습니다.

27 바빌로니아 왕이 하맛 땅 리블라에서 그들을 다 처죽였습니다. 이와 같이 유다 백성은 고향 땅

Babylonian* army as they tore down the walls of 15 Jerusalem on every side. •Then Nebuzaradan, the captain of the guard, took as exiles some of the poorest of the people, the rest of the people who remained in the city, the defectors who had declared their allegiance to the king of 16 Babylon, and the rest of the craftsmen. •But Nebuzaradan allowed some of the poorest people to stay behind to care for the vineyards and fields.

17 •The Babylonians broke up the bronze pillars in front of the LORD's Temple, the bronze water carts, and the great bronze basin called the Sea, and they carried all the bronze away to 18 Babylon. •They also took all the ash buckets, shovels, lamp snuffers, basins, dishes, and all the other bronze articles used for making sacrifices 19 at the Temple. •The captain of the guard also took the small bowls, incense burners, basins, pots, lampstands, ladles, bowls used for liquid offerings, and all the other articles made of pure gold or silver.

20 •The weight of the bronze from the two pillars, the Sea with the twelve bronze oxen beneath it, and the water carts was too great to be measured. These things had been made for the LORD's Temple in the days of King Solomon.
21 •Each of the pillars was 27 feet tall and 18 feet in circumference.* They were hollow, with 22 walls 3 inches thick.* •The bronze capital on top of each pillar was 7 1/2 feet* high and was decorated with a network of bronze pomegran-23 ates all the way around. •There were 96 pomegranates on the sides, and a total of 100 pomegranates on the network around the top.

24 •Nebuzaradan, the captain of the guard, took with him as prisoners Seraiah the high 25 priest, Zephaniah the priest of the second rank, and the three chief gatekeepers. •And from among the people still hiding in the city, he took an officer who had been in charge of the Judean army; seven of the king's personal advisers; the army commander's chief secretary, who was in charge of recruitment; and sixty other 26 citizens. •Nebuzaradan, the captain of the guard, took them all to the king of Babylon at 27 Riblah. •And there at Riblah, in the land of Hamath, the king of Babylon had them all put to death. So the people of Judah were sent into exile from their land.

allegiance [əlíːdʒəns] n. 충성, 충의

52:14 Or *Chaldean*. 52:21a Hebrew *18 cubits* [8.3 meters] *tall and 12 cubits* [5.5 meters] *in circumference.* 52:21b Hebrew *4 fingers thick* [8 centimeters]. 52:22 Hebrew *5 cubits* [2.3 meters].

52:21 18규빗은 약 8.1m에 해당된다.
52:21 12규빗은 약 5.4m에 해당된다.
52:21 손가락 네 개의 너비는 약 8cm에 해당된다.
52:22 5규빗은 약 2.25m에 해당된다.

밖으로 사로잡혀 갔습니다.

28 느부갓네살이 사로잡아 간 백성은 이렇습니다. 느부갓네살왕 칠 년에는 유다 사람 삼천이십삼 명이 사로잡혀 갔습니다.

29 느부갓네살 왕 십팔 년에는 예루살렘에서 팔백삼십 명이 사로잡혀 갔습니다.

30 느부갓네살 왕 이십삼 년에 경호대장 느부사라단이 사로잡아 간 유다 사람은 칠백사십오 명이었습니다. 그 전체 수가 사천육백 명에 달했습니다.

31 유다 왕 여호야긴이 사로잡혀 간 지 삼십칠 년 열두째 달 이십오 일에, 바빌로니아 왕이 되어 다스리기 시작한 에윌므로닥이 유다 왕 여호야긴을 감옥에서 풀어 주고 그의 머리를 들게 하였습니다.

32 바빌로니아 왕은 그를 친절하게 대해 주었습니다. 그리고 그의 자리를 바빌로니아에 있는 다른 왕들의 자리보다 더 높여 주었습니다.

33 또 그의 죄수복을 벗게 하고, 남은 생애 동안 항상 바빌로니아 왕의 식탁에서 밥을 먹게 하였습니다.

34 그가 먹는 음식은 날마다 바빌로니아 왕의 지시를 따라 받는 음식으로서, 죽는 날까지 끊이지 않았습니다.

---

28 •The number of captives taken to Babylon in the seventh year of Nebuchadnezzar's reign* was 3,023. •Then in Nebuchadnezzar's eighteenth year* he took 832 more. •In Nebuchadnezzar's twenty-third year* he sent Nebuzaradan, the captain of the guard, who took 745 more—a total of 4,600 captives in all.

Hope for Israel's Royal Line

31 •In the thirty-seventh year of the exile of King Jehoiachin of Judah, Evil-merodach ascended to the Babylonian throne. He was kind to* Jehoiachin and released him from prison on March 31 of that year.* •He spoke kindly to Jehoiachin and gave him a higher place than all the other exiled kings in Babylon. •He supplied Jehoiachin with new clothes to replace his prison garb and allowed him to dine in the king's presence for the rest of his life. •So the Babylonian king gave him a regular food allowance as long as he lived. This continued until the day of his death.

---

allowance [əláuəns] *n.* 일정한 할당량
ascend [əsénd] *vi.* 즉위하다
circumference [sərkámfərəns] *n.* 주변의 길이
defector [diféktər] *n.* 망명자
dine [dain] *vi.* 식사를 하다
garb [gá:rb] *n.* 복장, 의상
hollow [hálou] *a.* 속이 빈
recruitment [rikrú:tmənt] *n.* 신병 모집

52:28 This exile in the seventh year of Nebuchadnezzar's reign occurred in 597 B.C. **52:29** This exile in the eighteenth year of Nebuchadnezzar's reign occurred in 586 B.C. **52:30** This exile in the twenty-third year of Nebuchadnezzar's reign occurred in 581 B.C. **52:31a** Hebrew *He raised the head of.* **52:31b** Hebrew *on the twenty-fifth day of the twelfth month,* of the ancient lunar Hebrew calendar. This day was March 31, 561 B.C.; also see note on 52:4a.

예레미야애가

● 서론

✛ 저자 _ 예레미야
✛ 저작 연대 _ B.C. 586~585년 사이
✛ 기록 장소 _ 예루살렘이나 애굽으로 추정
✛ 기록 대상 _ 무너진 예루살렘의 거민들
✛ 핵심어 및 내용 _ 핵심어는 '분노'와 '비탄'이다. 하나님의 분노로 예루살렘 성은 멸망하였고, 그분의 의로우심과 공의가 드러났다. 예레미야는 한때 영광스럽고 위대한 성이었던 예루살렘을 바라보며 슬피 운다.

예루살렘의 멸망

1 예전에는 예루살렘에 그렇게 사람이 많더니 이제는 쓸쓸한 성으로 변했구나. 예전에는 나라들 중에서 큰 성이더니 이제는 과부처럼 되었구나. 예전에는 모든 성 가운데서 여왕이더니 이제는 노예가 되었구나.

2 예루살렘이 밤에 목놓아 우니, 눈물이 뺨을 타고 흐른다. 아무도 위로해 주는 사람이 없다. 사랑하던 사람들도 다 가고 없으며, 친구들은 다 배반하여 원수가 되었다.

3 유다가 사로잡혀 고통당하고 고된 일에 시달린다. 뭇 나라에 흩어진 채 쉴 곳을 찾지 못하며 뒤쫓던 사람들이 재앙에 빠진 유다를 붙잡는다.

4 시온으로 가는 길이 슬픔에 잠겼다. 명절이 되어도 오는 사람이 없고, 문마다 사람의 발길이 끊겼다. 그 제사장들은 탄식하고 젊은 여자들은 슬퍼한다. 예루살렘이 끔찍한 고통에 처한다.

5 그 원수들이 우두머리가 되었고 적들은 제멋대로 하였다. 죄가 많은 예루살렘을 여호와께서 벌하셨다. 그 자녀들은 원수에게 사로잡혀 낯선 땅으로 끌려갔다.

6 딸 시온의 모든 아름다움이 사라져 버렸다. 그 지도자들은 꼴을 찾지 못하는 사슴처럼 되어 뒤쫓는 사람 앞에서 힘없이 달아났다.

Sorrow in Jerusalem

1 1* • Jerusalem, once so full of people,
is now deserted.
She who was once great among the nations
now sits alone like a widow.
Once the queen of all the earth,
she is now a slave.

2 • She sobs through the night;
tears stream down her cheeks.
Among all her lovers,
there is no one left to comfort her.
All her friends have betrayed her
and become her enemies.

3 • Judah has been led away into captivity,
oppressed with cruel slavery.
She lives among foreign nations
and has no place of rest.
Her enemies have chased her down,
and she has nowhere to turn.

4 • The roads to Jerusalem* are in mourning,
for crowds no longer come to celebrate the festivals.
The city gates are silent,
her priests groan,
her young women are crying—
how bitter is her fate!

5 • Her oppressors have become her masters,
and her enemies prosper,
for the LORD has punished Jerusalem
for her many sins.
Her children have been captured
and taken away to distant lands.

6 • All the majesty of beautiful Jerusalem*
has been stripped away.
Her princes are like starving deer
searching for pasture.
They are too weak to run

---

1 Each of the first four chapters of this book is an acrostic, laid out in the order of the Hebrew alphabet. The first word of each verse begins with a successive Hebrew letter. Chapters 1, 2, and 4 have one verse for each of the 22 Hebrew letters. Chapter 3 contains 22 stanzas of three verses each. Though chapter 5 has 22 verses, it is not an acrostic.   1:4 Hebrew Zion; also in 1:17.   1:6 Hebrew of the daughter of Zion.

애

7 예루살렘이 고통을 당하며 떠도는 중에 지난날 있었던 모든 소중한 일을 떠올린다. 백성이 원수의 손에 붙잡혀도 돕는 사람이 없고, 적이 그의 망하는 모습을 보고 비웃는다.

8 예루살렘이 무서운 죄를 지어 더러운 몸이 되었다. 그를 떠받들던 사람들도 그의 벌거벗은 모습을 보고 업신여기니, 예루살렘 자신도 탄식하며 몸을 뒤로 돌린다.

9 예루살렘의 더러움이 제 치마 속에 있으나 앞으로 자기에게 닥칠 일을 생각하지 않는다. 그의 멸망이 놀라울지라도 아무도 위로해 주지 않는다. "여호와여, 원수가 이겼으니 제 고통을 살펴 주십시오."

10 적이 그가 갖고 있는 것을 강제로 다 빼앗아 갔다. 주님께서는 다른 나라 사람이 주의 성전에 들어오는 것을 금하셨으나 다른 나라 사람들이 성소에 쳐들어오는 것을 예루살렘이 보았다.

11 예루살렘의 모든 백성이 먹을 것을 찾아 탄식하고 목숨을 잇기 위해 소중한 것을 팔아 먹을 것을 산다. "여호와여, 이 비참한 모습을 살펴 주십시오."

12 "길 가는 사람들아, 이 일이 너희에게는 상관이 없느냐? 와서 내 모습을 보아라. 내게 닥친 고통만한 것이 어디에 있느냐? 여호와께서 크게 진노하신 날에 내게 고통을 내리셨다."

13 "주님께서는 높은 곳에서 불을 내리셔서 내 뱃속으로 들어가게 하셨고, 내 발에 그물을 치셔서 나를 뒤로 물러가게 하셨다. 또한 나를 슬프고 외롭게 만드셔서 하루 종일 힘없게 하셨다."

14 "주께서 내 죄를 묶어 그 손으로 멍에를 만드셨고, 그것을 내 목에 얽어매어 내가 힘을 쓸 수 없게 만드셨다. 주께서 나보다 강한 사람의 손에 나를 넘기셨다."

15 "주님은 내 성벽 안에 있는 용사들을 다 없애시고 내 젊은이들을 무찌르게 하셨다. 주께서 포도를 술틀 안에 넣고 마구 짓밟듯이 처녀 딸 유다를 짓

from the pursuing enemy.

7 ● In the midst of her sadness and wandering,
　Jerusalem remembers her ancient splendor.
But now she has fallen to her enemy,
　and there is no one to help her.
Her enemy struck her down
　and laughed as she fell.

8 ● Jerusalem has sinned greatly,
　so she has been tossed away like a filthy rag.
All who once honored her now despise her,
　for they have seen her stripped naked
　　and humiliated.
All she can do is groan
　and hide her face.

9 ● She defiled herself with immorality
　and gave no thought to her future.
Now she lies in the gutter
　with no one to lift her out.
"LORD, see my misery," she cries.
　"The enemy has triumphed."

10 ● The enemy has plundered her completely,
　taking every precious thing she owns.
She has seen foreigners violate her sacred Temple,
　the place the LORD had forbidden them to enter.

11 ● Her people groan as they search for bread.
　They have sold their treasures for food to
　　stay alive.
"O LORD, look," she mourns,
　"and see how I am despised.

12 ● "Does it mean nothing to you, all you who pass by?
　Look around and see if there is any
　　suffering like mine,
which the LORD brought on me
　when he erupted in fierce anger.

13 ● "He has sent fire from heaven that burns in my
　　bones.
　He has placed a trap in my path and turned
　　me back.
He has left me devastated,
　racked with sickness all day long.

14 ● "He wove my sins into ropes
　to hitch me to a yoke of captivity.
The Lord sapped my strength and turned me
　over to my enemies;
I am helpless in their hands.

15 ● "The Lord has treated my mighty men
　with contempt.
At his command a great army has come
　to crush my young warriors.
The Lord has trampled his beloved city*

애결단

---

erupt [irʌ́pt] *vi.* 폭발하다, 분출하다
humiliate [hjuːmílièit] *vt.* 굴욕감을 느끼게 하다
1:9 in the gutter : [구어] 술 취하여; 영락하여

1:15 Hebrew *the virgin daughter of Judah.*

애

16 "내가 이 일로 우니 내 눈에서 눈물
이 흐른다. 가까이에 나를 위로해
줄 사람이 없고, 내게 다시 힘을 북
돋워 줄 사람이 없다. 원수가 우리
를 이기니, 내 자녀들이 슬픔과 외
로움에 잠긴다."

17 시온이 손을 뻗었으나 아무도 위
로해 줄 사람이 없다. 여호와께서
사방에 있는 원수들을 보내셔서
야곱 백성을 치게 하셨다. 예루살
렘이 주변 백성들처럼 더럽고 추
하게 되었다.

18 "여호와께서는 의로우시나 나는
여호와의 말씀을 따르지 않았다.
너희 모든 백성아, 들어라. 내 당
하는 고통을 보아라. 내게 속한 젊
은 남자와 여자들이 사로잡혀 갔
다."

19 "내가 사랑하는 자들을 불렀으나
그들은 등을 돌려 버렸다. 내 제사
장들과 장로들은 목숨을 유지하려
고 먹을 것을 찾다가 힘이 다해 성
안에서 쓰러지고 말았다."

20 "여호와여, 저를 살펴 주십시오.
저는 절망에 빠졌습니다. 제가 주
를 배반했으므로 심히 괴로워합니
다. 거리에서는 사람이 칼에 맞아
죽고 집 안에는 죽음이 도사리고
있습니다."

21 "사람들이 제 신음 소리를 들었으
나 아무도 저를 위로해 주지 않습
니다. 저의 모든 원수들이 제가 재
앙을 당했다는 것을 듣고 주께서
이 일을 하신 줄 알고 즐거워합니
다. 주께서 선포하신 날이 이르게
하심으로 제 원수들도 저같이 되
게 하십시오."

22 "여호와여, 그들이 저지른 모든 악
을 보십시오. 제 모든 죄 때문에 저
에게 하신 일을 그들에게도 하십
시오. 제 신음 소리가 끝이 없고 제
마음에 두려움이 가득합니다."

여호와께서 예루살렘을 멸망시키셨다

2 주께서 진노하셔서 딸 시온을
비참하게 만드시고, 이스라엘
의 영광을 하늘에서 땅으로 던지

like grapes are trampled in a winepress.

16 • "For all these things I weep;
　　tears flow down my cheeks.
No one is here to comfort me;
　　any who might encourage me are far away.
My children have no future,
　　for the enemy has conquered us."

17 • Jerusalem reaches out for help,
　　but no one comforts her.
Regarding his people Israel,*
　　the LORD has said,
"Let their neighbors be their enemies!
　　Let them be thrown away like a filthy rag!"

18 • "The LORD is right," Jerusalem says,
　　"for I rebelled against him.
Listen, people everywhere;
　　look upon my anguish and despair,
for my sons and daughters
　　have been taken captive to distant lands.

19 • "I begged my allies for help,
　　but they betrayed me.
My priests and leaders
　　starved to death in the city,
even as they searched for food
　　to save their lives.

20 • "LORD, see my anguish!
　　My heart is broken
and my soul despairs,
　　for I have rebelled against you.
In the streets the sword kills,
　　and at home there is only death.

21 • "Others heard my groans,
　　but no one turned to comfort me.
When my enemies heard about my troubles,
　　they were happy to see what you had done.
Oh, bring the day you promised,
　　when they will suffer as I have suffered.

22 • "Look at all their evil deeds, LORD.
　　Punish them,
as you have punished me
　　for all my sins.
My groans are many,
　　and I am sick at heart."

God's Anger at Sin

2 • The Lord in his anger
　　has cast a dark shadow over beautiful
　　　Jerusalem.*
The fairest of Israel's cities lies in the dust,
　　thrown down from the heights of heaven.
In his day of great anger,
　　the Lord has shown no mercy even to his Temple.*

1:17　Hebrew *Jacob*. The names "Jacob" and "Israel" are often interchanged throughout the Old Testament, referring sometimes to the individual patriarch and sometimes to the nation. 2:1a　Hebrew *the daughter of Zion*; also in 2:8, 10, 18.　2:1b Hebrew *his footstool.*

셨다. 진노하신 날에 주의 발판, 곧 예루살렘을 기억하지 않으셨다.

2 주께서 야곱의 모든 보금자리를 무자비하게 삼키시고, 진노하셔서 딸 유다의 요새들을 바닥까지 허무셨다. 나라와 통치자들을 욕되게 하셨다.

3 주께서 진노하셔서 이스라엘의 모든 힘을 빼앗으시고, 원수가 쳐들어올 때에 이스라엘의 권세를 거두어 가셨다. 불이 활활 타올라 주변의 모든 것을 태우듯이 야곱 백성을 태워 버리셨다.

4 마치 원수처럼 주께서 활을 당기셨다. 우리를 죽이러 오는 적처럼 오른손을 치켜드시고 건강하게 보이는 사람을 다 죽이셨다. 딸 시온의 장막에 진노를 불처럼 쏟으셨다.

5 주께서 원수같이 되어 이스라엘을 삼키셨다. 모든 왕궁을 삼키시고 모든 요새를 무너뜨리셔서 딸 유다에 탄식과 신음을 더하셨다.

6 동산의 초막을 허물듯 성전을 허무셨으며, 여호와께서 백성과 만나시던 곳도 무너뜨리셨다. 시온으로 하여금 절기와 안식일을 잊어 버리게 하셨고, 큰 진노 가운데 왕과 제사장을 멸시하셨다.

7 여호와께서 자기 제단을 멸시하시고 자기 성소를 버리셨으며 왕궁 성벽을 원수의 손에 넘겨 주시니 원수들이 절기 때처럼 여호와의 성전에서 환성을 올렸다.

8 여호와께서 딸 시온의 성벽을 허물기로 결심하셨다. 성벽을 측량줄로 재시고 성벽이 허물어질 때까지 손을 떼지 않으셨다. 성벽과 요새가 통곡하며 함께 허물어졌다.

9 예루살렘 성문들이 땅바닥에 떨어졌고 성문 빗장이 꺾여졌으며, 왕과 대신들은 여러 나라로 사로잡혀 갔다. 여호와의 가르침이 그쳤고 예언자들도 여호와의 계시를 받지 못했다.

2 • Without mercy the Lord has destroyed
every home in Israel.*
In his anger he has broken down
the fortress walls of beautiful Jerusalem.*
He has brought them to the ground,
dishonoring the kingdom and its rulers.

3 • All the strength of Israel
vanishes beneath his fierce anger.
The Lord has withdrawn his protection
as the enemy attacks.
He consumes the whole land of Israel
like a raging fire.

4 • He bends his bow against his people,
as though he were their enemy.
His strength is used against them
to kill their finest youth.
His fury is poured out like fire
on beautiful Jerusalem.*

5 • Yes, the Lord has vanquished Israel
like an enemy.
He has destroyed her palaces
and demolished her fortresses.
He has brought unending sorrow and tears
upon beautiful Jerusalem.

6 • He has broken down his Temple
as though it were merely a garden shelter.
The LORD has blotted out all memory
of the holy festivals and Sabbath days.
Kings and priests fall together
before his fierce anger.

7 • The Lord has rejected his own altar;
he despises his own sanctuary.
He has given Jerusalem's palaces
to her enemies.
They shout in the LORD's Temple
as though it were a day of celebration.

8 • The LORD was determined
to destroy the walls of beautiful Jerusalem.
He made careful plans for their destruction,
then did what he had planned.
Therefore, the ramparts and walls
have fallen down before him.

9 • Jerusalem's gates have sunk into the ground.
He has smashed their locks and bars.
Her kings and princes have been exiled to
distant lands;
her law has ceased to exist.
Her prophets receive
no more visions from the LORD.

demolish [dimáliʃ] *vt.* (건물을) 헐다, 파괴하다
filthy [fílθi] *a.* 불결한; 추악한
patriarch [péitriɑːrk] *n.* (pl.) 야곱의 열두 아들; 장로, 원로
vanquish [vǽŋkwiʃ] *vt.* 정복하다, 패배시키다

2:2a Hebrew *Jacob;* also in 2:3b. See note on 1:17.　**2:2b** Hebrew *the daughter of Judah;* also in 2:5.　**2:4** Hebrew *on the tent of the daughter of Zion.*

10 딸 시온의 장로들이 말을 잃은 채
땅에 주저앉았다. 머리에는 재를
뒤집어썼고 몸에는 거친 베옷을
걸쳤다. 예루살렘의 젊은 여자들
은 머리를 땅에 숙였다.

11 내 눈이 눈물로 상하고 간과 심장
이 녹는 듯하다. 딸 같은 내 백성이
망했으므로, 창자가 끊어진다. 어
린이와 아기들이 성 광장에서 쓰
러져 죽어 가고 있다.

12 그들이 자기 어머니에게 "곡식과
포도주가 어디에 있어요?"라고 묻
는다. 그들이 부상당한 군인들처
럼 성 광장에서 쓰러지고 어머니
품에서 죽어 간다.

13 딸 예루살렘아, 내가 무슨 말을 할
수 있겠느냐? 너를 무엇에 비하겠
으며 무엇에 견주겠느냐? 처녀 딸
시온아, 내가 어떻게 너를 위로하
겠느냐? 너의 폐허가 바다같이 크
니 누가 너를 고칠 수 있겠느냐?

14 네 예언자들이 너에 관한 환상을
보았으나 헛되고 거짓될 뿐이다.
그들이 네 죄를 드러내지 못하여
네가 사로잡혀 가는 것을 막지 못
했으니, 그들의 예언은 헛된 것뿐
이었다. 그들이 너를 속였다.

15 지나가는 사람들마다 너를 보고
손뼉을 친다. 딸 예루살렘을 조롱
하고 머리를 흔들며 "이 성이 가장
아름답다는 성이냐? 이 땅 위에서
가장 행복하다는 성이냐?" 하고
비웃는다.

16 네 모든 원수가 입을 열어 너를 욕
하고 비웃으며 이를 간다. 그들은
"우리가 그를 삼켰다. 우리가 기다
리던 날이 바로 이날이다. 드디어
그날이 왔구나!"라고 말한다.

17 여호와께서 이미 계획하신 일을
이루시고 옛날에 명령하셨던 말씀
을 다 이루셨다. 주께서 사정없이
너를 무너뜨리시니, 네 원수들이
네게 일어난 일을 보고 즐거워하
며 이 일로 네 원수들의 힘이 더욱
솟구쳤다.

18 백성이 마음을 다하여 주께 부르
짖기를 딸 시온의 성벽아, 네 눈물

10 ● The leaders of beautiful Jerusalem
　　sit on the ground in silence.
　They are clothed in burlap
　　and throw dust on their heads.
　The young women of Jerusalem
　　hang their heads in shame.

11 ● I have cried until the tears no longer come;
　　my heart is broken.
　My spirit is poured out in agony
　　as I see the desperate plight of my people.
　Little children and tiny babies
　　are fainting and dying in the streets.

12 ● They cry out to their mothers,
　　"We need food and drink!"
　Their lives ebb away in the streets
　　like the life of a warrior wounded in battle.
　They gasp for life
　　as they collapse in their mothers' arms.

13 ● What can I say about you?
　　Who has ever seen such sorrow?
　O daughter of Jerusalem,
　　to what can I compare your anguish?
　O virgin daughter of Zion,
　　how can I comfort you?
　For your wound is as deep as the sea.
　　Who can heal you?

14 ● Your prophets have said
　　so many foolish things, false to the core.
　They did not save you from exile
　　by pointing out your sins.
　Instead, they painted false pictures,
　　filling you with false hope.

15 ● All who pass by jeer at you.
　　They scoff and insult beautiful Jerusalem,* saying,
　"Is this the city called `Most Beautiful in All the World'
　　and `Joy of All the Earth'?"

16 ● All your enemies mock you.
　　They scoff and snarl and say,
　"We have destroyed her at last!
　　We have long waited for this day,
　　and it is finally here!"

17 ● But it is the LORD who did just as he
　　planned.
　He has fulfilled the promises of disaster
　　he made long ago.
　He has destroyed Jerusalem without mercy.
　　He has caused her enemies to gloat over her
　　and has given them power over her.

18 ● Cry aloud* before the Lord,
　　O walls of beautiful Jerusalem!
　Let your tears flow like a river

gasp [gǽsp] *vi.* 열망(갈망)하다
jeer [dʒíər] *vi.* 조롱하다

2:15　Hebrew *the daughter of Jerusalem.*　　2:18　Hebrew *Their heart cried.*

을 밤낮으로 강물처럼 흘려라. 네 눈동 자를 쉬게 하지 말고 눈물을 흘려라.

19 일어나 밤에 부르짖어라. 밤새도록 시 간을 알릴 때마다 부르짖어라. 물을 쏟 듯 네 마음을 주님 앞에 쏟아 부어라. 손 을 높이 들어 주께 기도하여라. 거리 어 귀마다 굶주림으로 쓰러져 죽어 가고 있는 네 자녀들을 살려 달라고 기도하 여라.

20 "여호와여, 살펴 주십시오. 주께서 전에 도 다른 사람에게 이같이 행하신 적이 있으십니까? 여자들이 어린 자식을 잡 아먹고 있습니다. 제사장과 예언자들이 주님의 성소에서 죽임을 당하고 있습니 다."

21 "젊은이와 늙은이가 길바닥에 쓰러져 있습니다. 젊은 여자와 청년들은 칼에 맞아 쓰러졌습니다. 주께서 진노하신 날에 저들을 무자비하게 죽이셨습니 다."

22 "주께서 제가 두려워하는 재앙을 부르 셔서 사방에서 저를 치게 하셨습니다. 마치 잔치에 사람을 부르듯 재앙을 부 르셨습니다. 여호와께서 진노하신 날에 아무도 도망치거나 살아남지 못했습니 다. 제가 낳아 기른 자들을 제 원수가 죽 였습니다."

고난의 뜻

3 나는 여호와께서 내리신 진노의 매 를 맞아 고난당하는 사람이다.

2 주께서 나를 어둠 속으로 데려가시고

3 하루 종일 손을 드시어 나를 치고 또 치 셨다.

4 내 살과 살갗을 약하게 하시고 내 뼈를 꺾으셨다.

5 슬픔과 아픔으로 나를 에워싸시고

6 죽은 지 오래된 사람처럼 나를 어둠 속 에 앉히셨다.

7 내가 빠져 나갈 수 없도록 가두시고 무 거운 사슬로 매셨다.

8 내가 부르짖어 도움을 청했으나 내 기 도를 듣지 않으셨다.

9 돌로 내 앞길을 막으시고 내 삶의 길을 어렵게 만드셨다.

10 주께서는 엎드려 기다리는 곰과 같으시 며 숨어서 기다리는 사자와 같으시다.

11 나를 그릇된 길로 이끄시고 갈기갈기

---

day and night.
Give yourselves no rest;
　give your eyes no relief;

19 • Rise during the night and cry out.
　Pour out your hearts like water to the Lord.
Lift up your hands to him in prayer,
　pleading for your children,
for in every street
　they are faint with hunger.

20 • "O LORD, think about this!
　Should you treat your own people this way?
Should mothers eat their own children,
　those they once bounced on their knees?
Should priests and prophets be killed
　within the Lord's Temple?

21 • "See them lying in the streets—
　young and old,
boys and girls,
　killed by the swords of the enemy.
You have killed them in your anger,
　slaughtering them without mercy.

22 • "You have invited terrors from all around,
　as though you were calling them to a day
　　of feasting.
In the day of the LORD's anger,
　no one has escaped or survived.
The enemy has killed all the children
　whom I carried and raised."

Hope in the LORD's Faithfulness

3 1 • I am the one who has seen the afflictions
　　that come from the rod of the LORD's
　　anger.

2 • He has led me into darkness,
　shutting out all light.

3 • He has turned his hand against me
　again and again, all day long.

4 • He has made my skin and flesh grow old.
　He has broken my bones.

5 • He has besieged and surrounded me
　with anguish and distress.

6 • He has buried me in a dark place,
　like those long dead.

7 • He has walled me in, and I cannot escape.
　He has bound me in heavy chains.

8 • And though I cry and shout,
　he has shut out my prayers.

9 • He has blocked my way with a high stone
　　wall;
　he has made my road crooked.

10 • He has hidden like a bear or a lion,
　waiting to attack me.

11 • He has dragged me off the path and torn me in pieces,

---

affliction [əflíkʃən] *n.* 고통, 고난
besiege [bisí:dʒ] *vt.* 포위하다, 공격하다
bounce [bɑuns] *vi.* 활발히 움직이다

찢으셔서, 쓸쓸한 곳에 내버려 두시며
12 나를 과녁으로 삼아 활을 당기신다.
13 주께서 화살통의 화살로 내 심장을 맞추셨
으니
14 내가 내 모든 백성에게 조롱거리가 되었고
그들은 하루 종일 노래를 부르며 나를 놀려
댄다.
15 주께서 나를 쓴 것으로 배불리시고 고통으
로 채우셨다.
16 주께서 자갈로 내 이를 부수시고 나를 재속
에 밀어 넣으셨다.
17 이제는 내게 평안이 없다. 행복이 무엇인지
도 잊어 버렸다.
18 나는 "이제는 힘이 다 빠졌다. 여호와께서
도와 주시리라는 희망도 사라졌다"고 말한
다.
19 주님, 제 고난과 제 괴로움을 기억해 주십시
오. 쓰라림과 고통을 기억해 주십시오.
20 제가 모든 것을 기억하므로 제 마음이 몹시
슬픕니다.
21 그러나 이런 것을 생각하면 저에게 희망이
있습니다.
22 여호와의 사랑은 한결같고, 여호와의 자비
는 끝이 없다.
23 주의 사랑과 자비가 아침마다 새롭고 주의
진실과 참되심이 크도다.
24 내가 스스로 말하기를 "여호와께서 내가 받
을 수 있는 유산의 전부이시니 내게 희망이
있다"고 하였다.
25 여호와께서는 주께 희망을 두는 사람과 주
께 도움을 청하는 사람에게 선하시다.
26 조용히 여호와의 구원을 기다리는 것이 좋
다.
27 사람이 젊을 때에 자기 멍에를 메는 것이 좋
다.
28 주께서 힘든 일을 맡기셨으므로 홀로 앉아
서 조용히 있어야 한다.
29 겸손하게 입을 땅에 대야 한다. 혹시 희망이
있을지도 모르기 때문이다.
30 때리려는 사람에게 뺨을 대 주고, 사람들이
더러운 말을 할지라도 묵묵히 참고 들어야
한다.
31 주께서는 자기 백성을 영원토록 버리지 않
으신다.
32 혹 우리를 슬픔에 빠지게 하시더라도 그 크
신 사랑으로 우리에게 자비를 베푸신다.
33 주님은 백성을 심판하거나 슬프게 하는 것

leaving me helpless and devastated.
12 • He has drawn his bow
and made me the target for his arrows.
13 • He shot his arrows
deep into my heart.
14 • My own people laugh at me.
All day long they sing their mocking songs.
15 • He has filled me with bitterness
and given me a bitter cup of sorrow to drink.
16 • He has made me chew on gravel.
He has rolled me in the dust.
17 • Peace has been stripped away,
and I have forgotten what prosperity is.
18 I cry out, "My splendor is gone!
Everything I had hoped for from the LORD
is lost!"
19 • The thought of my suffering and homelessness
is bitter beyond words.*
20 • I will never forget this awful time,
as I grieve over my loss.
21 • Yet I still dare to hope
when I remember this:
22 • The faithful love of the LORD never ends!*
His mercies never cease.
23 • Great is his faithfulness;
his mercies begin afresh each morning.
24 • I say to myself, "The LORD is my inheritance;
therefore, I will hope in him!"
25 • The LORD is good to those who depend on him,
to those who search for him.
26 • So it is good to wait quietly
for salvation from the LORD.
27 • And it is good for people to submit at an
early age
to the yoke of his discipline:
28 • Let them sit alone in silence
beneath the LORD's demands.
29 • Let them lie face down in the dust,
for there may be hope at last.
30 • Let them turn the other cheek to those who
strike them
and accept the insults of their enemies.
31 • For no one is abandoned
by the Lord forever.
32 • Though he brings grief, he also shows
compassion
because of the greatness of his unfailing love.
33 • For he does not enjoy hurting people
or causing them sorrow.

devastate [dévəstèit] vt. 황폐시키다; 망연자실케 하다
gall [ɡɔ́ːl] n. 쓸개즙; 괴로움
gravel [ɡrǽvəl] n. 자갈
splendor [spléndər] n. 훌륭함, 당당함; 영예

3:19 Or is wormwood and gall. 3:22 As in Syriac version; Hebrew reads of the LORD keeps us from destruction.

을 즐기지 않으신다.

34 이 땅의 모든 갇힌 사람이 주의 발 아래 밟히지 나 않을까,

35 지극히 높으신 분 앞에서 억눌림을 당하는 사람이 있지 않을까,

36 재판을 받는 사람이 억울한 판결을 받지 않을까를 염려하신다.

37 주께서 명령하지 않으시면 그 누가 말로 뜻을 이룰 수 있겠는가?

38 선한 일이든 악한 일이든 지극히 높으신 주님의 명령에 따라 일어난다.

39 살아 있는 사람이 자기 죄값으로 받는 벌을 어찌 불평할 수 있겠는가?

40 우리가 한 일을 살펴서 돌이켜보고 여호와께 돌아가자.

41 손을 높이 들고 마음을 열어 하늘에 계신 하나님께 기도하자.

42 "우리가 죄를 지었고 주님을 배반했습니다. 주께서는 우리를 용서하지 않으셨습니다."

43 "주께서는 진노를 둘러 입으시고 우리를 쫓으셨습니다. 사정없이 우리를 죽이셨습니다.

44 주께서는 구름을 둘러 입으시고 우리 기도가 주께 이르지 못하게 하셨습니다.

45 우리를 여러 민족들 가운데서 찌꺼기와 쓰레기로 만드셨습니다."

46 "우리의 모든 원수가 입을 열어 우리를 욕합니다.

47 두려움과 공포, 멸망과 파괴가 우리를 덮쳤습니다."

48 제 백성이 멸망하였으므로 제 눈에서는 눈물이 시내처럼 흐릅니다.

49 제 눈물이 그치지 않고 쉼 없이 흐릅니다.

50 여호와께서 살피시고 하늘에서 돌아보시기를 기다립니다.

51 제 성의 모든 여자들에게 닥친 일을 보면 제게 슬픔이 임합니다.

52 아무 까닭 없이 원수가 된 사람들이 새를 사냥하듯 저를 쫓습니다.

53 저를 산 채로 구덩이에 처넣고 저를 향해 돌을 던집니다.

54 물이 제 머리 위로 넘쳐서 "나는 이제 죽는구나" 하고 말했습니다.

55 여호와여, 제가 깊은 구덩이에서 주의 이름을 불렀습니다.

56 "제가 도움을 청할 때에 귀를 막지 마시고 저를 구해 주십시오"라고 기도했을 때 주께서 들어 주셨습니다.

---

34 • If people crush underfoot
all the prisoners of the land,

35 • if they deprive others of their rights
in defiance of the Most High,

36 • if they twist justice in the courts—
doesn't the Lord see all these things?

37 • Who can command things to happen
without the Lord's permission?

38 • Does not the Most High
send both calamity and good?

39 • Then why should we, mere humans,
complain
when we are punished for our sins?

40 • Instead, let us test and examine our ways.
Let us turn back to the LORD.

41 • Let us lift our hearts and hands
to God in heaven and say,

42 • "We have sinned and rebelled,
and you have not forgiven us.

43 • "You have engulfed us with your anger,
chased us down,
and slaughtered us without mercy.

44 • You have hidden yourself in a cloud
so our prayers cannot reach you.

45 • You have discarded us as refuse and garbage
among the nations.

46 • "All our enemies
have spoken out against us.

47 • We are filled with fear,
for we are trapped, devastated, and ruined."

48 • Tears stream from my eyes
because of the destruction of my people!

49 • My tears flow endlessly;
they will not stop

50 • until the LORD looks down
from heaven and sees.

51 • My heart is breaking
over the fate of all the women of Jerusalem.

52 • My enemies, whom I have never harmed,
hunted me down like a bird.

53 • They threw me into a pit
and dropped stones on me.

54 • The water rose over my head,
and I cried out, "This is the end!"

55 • But I called on your name, LORD,
from deep within the pit.

56 • You heard me when I cried, "Listen to my
pleading!
Hear my cry for help!"

57 • Yes, you came when I called;
you told me, "Do not fear."

---

calamity [kəlǽməti] *n.* 큰 재난: 참사
discard [diskάːrd] *vt.* 삼키다, 완전히 뒤덮다
engulf [ingʌ́lf] *vt.* 버리다
refuse [réfjuːs] *n.* 쓰레기, 찌꺼기
3:35 in defiance of … : …을 무시하고, …에 반항하여

57 제가 주께 부르짖을 때에 주께서 가까이 오셔서 "두려워하지 마라" 하고 말씀해 주셨습니다.

58 주님, 주께서 제 사정을 살펴 주셨고, 제 목숨을 구해 주셨습니다.

59 여호와여, 주께서는 제가 억울한 일에 처한 것을 보셨으니 제게 바른 판결을 내려 주십시오.

60 주께서는 제 원수들이 제게 복수한 것과 저를 해칠 음모를 꾸민 것을 다 알고 계십니다.

61 여호와여, 주께서는 그들이 저를 향해 하는 욕과 저를 치려고 꾸민 음모를 다 들으셨습니다.

62 제 원수들의 말과 생각은 종일토록 저를 해치려는 것으로 가득 차 있습니다.

63 주여, 보십시오. 그들은 앉으나 서나 항상 저를 놀려 댑니다.

64 여호와여, 그들이 저지른 대로 그들에게 벌을 내리시며 그들이 한 대로 갚아 주십시오.

65 그들의 마음을 처량하게 하시고 그들에게 주의 저주를 내리십시오.

66 진노로 그들을 뒤쫓으시고 여호와의 하늘 아래에서 그들을 없애 주십시오.

예루살렘이 공격당하다

4 금이 빛을 잃고 순금이 변해 버렸다. 성전 보석들이 거리 모퉁이마다 흩어졌다.

2 금보다 더 귀했던 시온의 귀족들이 토기장이가 빚어 만든 질그릇처럼 업신여김을 받는다.

3 들개들도 제 새끼에게 젖을 물리는데 가련한 내 백성은 광야의 타조처럼 잔인하다.

4 젖먹이는 목이 말라서 혀가 입천장에 달라붙었고 어린이들이 빵을 달라고 하여도 떼어 주는 사람이 없다.

5 맛있는 음식을 먹던 사람이 길거리에서 굶주림에 처하고 화려한 옷을 입고 자란 사람이 쓰레기 더미를 뒤지고 다닌다.

6 손을 쓸 새가 없을 만큼 순식간에 무너져 내린 소돔의 죄보다 가련한 내 백성의 죄악이 더 컸다.

7 우리의 통치자들이 전에는 눈보다 깨끗하고 우유보다 더 희고 그 몸이 홍옥보다 더 붉고 그 얼굴이 청옥보다 더 빛났다.

58 • Lord, you have come to my defense;
you have redeemed my life.

59 • You have seen the wrong they have done to me, LORD.
Be my judge, and prove me right.

60 • You have seen the vengeful plots
my enemies have laid against me.

61 • LORD, you have heard the vile names they call me.
You know all about the plans they have made.

62 • My enemies whisper and mutter
as they plot against me all day long.

63 • Look at them! Whether they sit or stand,
I am the object of their mocking songs.

64 • Pay them back, LORD,
for all the evil they have done.

65 • Give them hard and stubborn hearts,
and then let your curse fall on them!

66 • Chase them down in your anger,
destroying them beneath the LORD's heavens.

God's Anger Satisfied

4 • How the gold has lost its luster!
Even the finest gold has become dull.
The sacred gemstones
lie scattered in the streets!

2 • See how the precious children of Jerusalem,*
worth their weight in fine gold,
are now treated like pots of clay
made by a common potter.

3 • Even the jackals feed their young,
but not my people Israel.
They ignore their children's cries,
like ostriches in the desert.

4 • The parched tongues of their little ones
stick to the roofs of their mouths in thirst.
The children cry for bread,
but no one has any to give them.

5 • The people who once ate the richest foods
now beg in the streets for anything they can get.
Those who once wore the finest clothes
now search the garbage dumps for food.

6 • The guilt* of my people
is greater than that of Sodom,
where utter disaster struck in a moment
and no hand offered help.

7 • Our princes once glowed with health—
brighter than snow, whiter than milk.
Their faces were as ruddy as rubies,
their appearance like fine jewels.*

4:2 Hebrew *precious sons of Zion.*　　4:6 Or *punishment.*
4:7 Hebrew *like lapis lazuli.*

8 그러나 이제 그들의 얼굴은 숯보다 더 검어서, 거리에서 아무도 그들을 알아보는 이가 없다. 살갗과 뼈가 서로 달라붙어 막대기처럼 마른 모습이다.

9 칼에 죽은 사람이, 굶주려 죽은 사람보다 낫다. 밭에 먹을 것이 없으므로 사람들이 고통 속에 굶주려 죽는다.

10 가련한 내 백성이 멸망할 때에 착한 여자들마저 제 손으로 자기 자식을 잡아먹어서 자녀들이 부모의 음식이 되었다.

11 여호와께서 대단히 분노하셔서 무서운 진노를 쏟아 부으셨다. 시온을 불 지르시고 그 터를 태우셨다.

12 예루살렘 성문으로 원수들이 쳐들어오는 것에 대해 세계의 어느 왕도, 땅 위의 어느 백성도 믿지 못했다.

13 그러나 그런 일이 일어나고 말았으니 예언자들이 죄를 짓고 제사장들이 악한 일을 했기 때문이다. 그들은 성 안에서 의로운 사람들을 죽였다.

14 그들이 보지 못하는 사람처럼 거리를 헤매고 다니며 피로 몸이 더러워진 까닭에 아무도 그들의 옷자락을 만지지 않는다.

15 사람들이 그들을 향해 "더럽다! 꺼져라!" "비켜라! 비켜라! 가까이 오지 마라!" 하고 소리친다. 그리하여 그들이 그곳에서 나와 이리저리 떠돌아다니지만 다른 민족들도 "다시는 여기에 머물지 마시오" 하고 말한다.

16 여호와께서 그들로부터 얼굴을 돌리시며 다시는 그들을 돌보지 않으신다. 제사장을 소중히 여기지 않으시고 장로들에게 자비를 베풀지 않으신다.

17 우리도 눈이 빠지도록 도와 줄 사람을 기다렸으나 헛일이었다. 헛되이 망대에 올라 우리를 구해 줄 나라를 기다렸다.

18 원수들이 우리를 노리고 있으므로 거리를 다닐 수도 없었다. 우리의 끝이 가까웠고 우리의 날이 다해 마지막에 이르렀다.

19 우리를 쫓는 사람은 공중의 독수리보다 빨랐다. 그들이 산 위에서 우리를 쫓았고 광야에 숨어서 우리를 기다렸다.

20 여호와께서 기름을 부어 세우신 왕, 곧 우리 코의 생기와 같은 사람이 그들의 덫에 걸렸다. 우리가 "민족들 가운데서 그의 보호를 받을 것이다"라고 말했던 사람이 덫에 걸렸다.

8 • But now their faces are blacker than soot.
No one recognizes them in the streets.
Their skin sticks to their bones;
it is as dry and hard as wood.

9 • Those killed by the sword are better off
than those who die of hunger.
Starving, they waste away
for lack of food from the fields.

10 • Tenderhearted women
have cooked their own children.
They have eaten them
to survive the siege.

11 • But now the anger of the LORD is satisfied.
His fierce anger has been poured out.
He started a fire in Jerusalem*
that burned the city to its foundations.

12 • Not a king in all the earth—
no one in all the world—
would have believed that an enemy
could march through the gates of Jerusalem.

13 • Yet it happened because of the sins
of her prophets
and the sins of her priests,
who defiled the city
by shedding innocent blood.

14 • They wandered blindly
through the streets,
so defiled by blood
that no one dared touch them.

15 • "Get away!" the people shouted at them.
"You're defiled! Don't touch us!"
So they fled to distant lands
and wandered among foreign nations,
but none would let them stay.

16 • The LORD himself has scattered them,
and he no longer helps them.
People show no respect for the priests
and no longer honor the leaders.

17 • We looked in vain for our allies
to come and save us,
but we were looking to nations
that could not help us.

18 • We couldn't go into the streets
without danger to our lives.
Our end was near; our days were numbered.
We were doomed!

19 • Our enemies were swifter than eagles in flight.
If we fled to the mountains, they found us.
If we hid in the wilderness,
they were waiting for us there.

20 • Our king—the LORD's anointed, the very life
of our nation—

4:11 Hebrew *in Zion*.

21 우스 땅에 사는 딸 에돔아, 기뻐하고 즐거워하여라. 하지만 너희도 여호와께서 내리신 진노의 잔을 마셔야 할 것이니 취하여 벌거벗게 될 것이다.

22 딸 시온아, 네 벌이 다 끝났다. 주께서 다시는 네가 사로잡히지 않게 하실 것이다. 그러나 딸 에돔아, 주께서 네 죄를 심판하실 것이고 네 죄를 드러내실 것이다.

기도

5 여호와여, 우리에게 닥친 일을 기억해 주십시오, 우리의 수치를 살펴 주십시오.

2 우리 땅이 낯선 사람들에게 넘어갔고 우리 집이 다른 나라 사람들에게 넘어갔습니다.

3 우리는 아버지 없는 고아가 되었고 우리의 어머니는 과부가 되었습니다.

4 우리는 물도 돈을 내야만 마실 수 있고, 땔감의 값도 치러야만 합니다.

5 그들이 우리를 맹렬하게 추격하므로 우리가 지친 와중에도 쉬지 못합니다.

6 먹을 것을 넉넉히 얻으려고 이집트와 앗시리아와 조약을 맺었습니다.

7 우리 조상들이 죄를 지었으나 이제는 가고 없습니다. 그들의 죄 때문에 우리가 고통을 당합니다.

8 종들이 우리의 통치자가 되었으나 그들로부터 우리를 구해 줄 사람이 없습니다.

9 광야에 칼을 든 사람들이 있는데도 먹을 것을 얻기 위해 목숨을 겁니다.

10 무서운 가뭄에 시달리던 중 우리 살갗은 아궁이처럼 까맣게 타 버렸습니다.

11 원수들이 쳐들어와 시온의 여자들과 유다 성들의 처녀들을 짓밟았습니다.

12 그들이 우리 대신들을 매달아 죽이고 장로들을 업신여겼습니다.

13 젊은이들은 맷돌로 곡식을 갈고 나뭇짐을 지던 아이들은 비틀거립니다.

14 장로들은 성문 곁에 앉지 못하고 젊은이들은 노래를 부르지 못합니다.

15 우리 마음속에 있던 기쁨은 다 사라지고, 우리의 춤은 슬픔으로 바뀌었습니다.

16 우리 머리 위에서 면류관은 사라졌습니다. 우리가 죄를 지었으므로 재앙이 닥쳤습니다.

17 이 일로 우리 마음이 병들었고, 그것 때문에 우리 눈은 어두워졌습니다.

---

was caught in their snares.
We had thought that his shadow
would protect us against any nation on earth!

21 • Are you rejoicing in the land of Uz,
O people of Edom?
But you, too, must drink from the cup of the
LORD's anger.
You, too, will be stripped naked in your
drunkenness.

22 • O beautiful Jerusalem,* your punishment
will end;
you will soon return from exile.
But Edom, your punishment is just beginning;
soon your many sins will be exposed.

Prayer for Restoration

5 • LORD, remember what has happened to us.
See how we have been disgraced!

2 • Our inheritance has been turned over to
strangers,
our homes to foreigners.

3 • We are orphaned and fatherless.
Our mothers are widowed.

4 • We have to pay for water to drink,
and even firewood is expensive.

5 • Those who pursue us are at our heels;
we are exhausted but are given no rest.

6 • We submitted to Egypt and Assyria
to get enough food to survive.

7 • Our ancestors sinned, but they have died—
and we are suffering the punishment
they deserved!

8 • Slaves have now become our masters;
there is no one left to rescue us.

9 • We hunt for food at the risk of our lives,
for violence rules the countryside.

10 • The famine has blackened our skin
as though baked in an oven.

11 • Our enemies rape the women in Jerusalem*
and the young girls in all the towns of Judah.

12 • Our princes are being hanged by their thumbs,
and our elders are treated with contempt.

13 • Young men are led away to work at millstones,
and boys stagger under heavy loads
of wood.

14 • The elders no longer sit in the city gates;
the young men no longer dance
and sing.

15 • Joy has left our hearts;
our dancing has turned to mourning.

16 • The garlands have* fallen from our heads.
Weep for us because we have sinned.

---

contempt [kəntémpt] *n.* 경멸
garland [gáːrlənd] *n.* 영관(榮冠); 영예
stagger [stǽgər] *vi.* 비틀거리다

4:22　Hebrew *O daughter of Zion.*　5:11　Hebrew *in Zion.*　5:16　Or *The crown has.*

18 시온 산은 폐허로 변하여 이제는 여우들만 어슬 렁거립니다.

19 그러나 여호와여, 주께서는 영원히 다스리십니 다. 주님의 보좌는 영원무궁합니다.

20 어찌하여 주께서는 그토록 철저히 우리를 잊으셨 습니까? 어찌하여 그토록 오랫동안 우리를 버려 두십니까?

21 여호와여, 우리를 주께 돌이켜 주십시오, 우리가 돌아가겠습니다. 우리의 날이 영광스러웠던 옛 날처럼 되게 해 주십시오,

22 주께서 우리를 아주 버리셨습니까? 영원토록 진 노를 풀지 않으시렵니까?

17 ● Our hearts are sick and weary,
and our eyes grow dim with tears.

18 ● For Jerusalem* is empty and desolate,
a place haunted by jackals.

19 ● But LORD, you remain the same forever!
Your throne continues from generation
to generation.

20 ● Why do you continue to forget us?
Why have you abandoned us for
so long?

21 ● Restore us, O LORD, and bring us back
to you again!
Give us back the joys we once had!

22 ● Or have you utterly rejected us?
Are you angry with us still?

---

abandon [əbǽndən] vt. (사람, 짐 등을) 버리다
desolate [désələt] a. 황량한, 황폐한
haunt [hɔːnt] vt. …에 출몰하다, 자주 나타나다

5:18 Hebrew *Mount Zion.*

에스겔

❖ 서론

✣ 저자 _ 에스겔
✣ 저작 연대 _ B.C. 593–571년
✣ 기록 장소 _ 바벨론
✣ 기록 대상 _ 바빌로니아에서 포로 생활을 하고 있는 이스라엘 백성들
✣ 핵심어 및 내용 _ 핵심어는 '환상'과 '파수꾼'이다. 에스겔은 곧 일어날 일들과 오랜 기간이 지난 다음에 이루어질 하나님의 계획들을 환상으로 보았다. 이 환상은 아름답고 신비로웠을 뿐만 아니라 다양했다. 에스겔은 이러한 환상을 가지고 백성들을 권면하고 때로는 경고하기도 하며 하나님의 파수꾼 역할을 잘 감당하였다.

에스겔의 환상

1 제삼십 년 넷째 달 오 일이었다. 포로로 잡혀 온 사람들과 함께 그발 강가에 있을 때, 하나님께서 하늘을 열어 환상을 보여 주셨다.

2 그날은 여호야긴 왕이 포로로 잡혀 온 지 오 년째 되는 날이었다.

3 여호와께서 바빌로니아 사람들의 땅 그발 강가에서 부시의 아들인 나 제사장 에스겔에게 말씀하셨고, 여호와의 능력이 내 위에 내렸다.

4 나는 북쪽에서 폭풍이 불어 오는 것을 보았다. 번쩍거리고 환한 빛으로 둘러싸인 커다란 구름이 밀려오고 있었는데, 불 한가운데에는 쇠붙이 같은 것이 빛나고 있었다.

5 불 속에는 살아 있는 네 생물의 모양이 보였는데, 겉으로 보면 모두 사람의 형체 같았다.

6 그 생물들은 각각 네 얼굴과 네 날개가 있었고,

7 그 다리는 곧고, 그 발은 소 발굽 같으며, 잘 닦은 놋쇠같이 빛났다.

8 생물의 네 면에 달린 날개 밑에는 사람의 손들이 있었고, 네 생물에게 모두 얼굴과 날개가 있었다.

9 날개들은 서로 맞닿아 있었고, 생물들이 움직일 때에는 몸을 돌리지 않고 앞으로 똑바로 나아갔다.

10 생물들의 얼굴은, 앞쪽은 사람의 얼굴, 오른쪽은 사자의 얼굴, 왼쪽은 황소의 얼굴, 뒤쪽은 독수리의 얼굴이었다.

11 그들의 날개는 위로 펼쳐져 있었는데, 두 날개는 다른 생물의 날개들과 맞닿아 있었고 다른 두 날개로는 몸을 가리고 있었다.

12 생물들은 움직일 때, 앞으로 똑바로 나아갔는데, 주님의 영이 어디든 가려 하면, 생물들도 뒤로 돌지 않고 앞으로 움직였다.

13 생물들 사이로 마치 활활 타는 숯불이나 횃불과 같은 불이 왔다갔다 했는데 그 불은 밝았으며, 가운데서 번개 같은 것이 번쩍였다.

A Vision of Living Beings

1 On July 31* of my thirtieth year,* while I was with the Judean exiles beside the Kebar River in Babylon, the heavens were opened and 2 I saw visions of God. • This happened during the fifth year of King Jehoiachin's captivity.
3 • (The LORD gave this message to Ezekiel son of Buzi, a priest, beside the Kebar River in the land of the Babylonians,* and he felt the hand of the LORD take hold of him.)

4 • As I looked, I saw a great storm coming from the north, driving before it a huge cloud that flashed with lightning and shone with brilliant light. There was fire inside the cloud, and in the middle of the fire glowed something like 5 gleaming amber.* • From the center of the cloud came four living beings that looked 6 human, • except that each had four faces and 7 four wings. • Their legs were straight, and their feet had hooves like those of a calf and shone 8 like burnished bronze. • Under each of their four wings I could see human hands. So each of the four beings had four faces and four wings. 9 • The wings of each living being touched the wings of the beings beside it. Each one moved straight forward in any direction without turning around.

10 • Each had a human face in the front, the face of a lion on the right side, the face of an ox on the left side, and the face of an eagle at the 11 back. • Each had two pairs of outstretched wings—one pair stretched out to touch the wings of the living beings on either side of it, 12 and the other pair covered its body. • They went in whatever direction the spirit chose, and they moved straight forward in any direction without turning around.

13 • The living beings looked like bright coals of

1:1a Hebrew *On the fifth day of the fourth month,* of the ancient Hebrew lunar calendar. A number of dates in Ezekiel can be cross-checked with dates in surviving Babylonian records and related accurately to our modern calendar. This event occurred on July 31, 593 B.C.   1:1b Or *in the thirtieth year.*   1:3 Or *Chaldeans.*   1:4 Or *like burnished metal;* also in 1:27.

14 생물들은 번개가 번쩍이듯 이리저리로 **빠르게** 달렸다.

15 내가 생물들을 보니 그들 곁의 땅 위에 바퀴가 보였는데 그 바퀴는 생물들의 네 얼굴을 따라 하나씩 있었다.

16 바퀴의 모양은 번쩍이는 녹주석 같고 네 개의 바퀴는 같은 모양으로, 마치 바퀴 안에 바퀴가 있는 것 같았다.

17 그 바퀴는 생물들이 향하는 어느 곳으로든 나아갔고 방향을 틀지 않고 움직였다.

18 바퀴의 둘레는 무척 높고 컸으며, 돌아가며 눈이 가득 달려 있었다.

19 생물들이 움직일 때, 그 곁에 있는 바퀴들도 움직였는데, 생물들이 땅에서 떠오르면 바퀴들도 같이 떠올랐다.

20 주님의 영이 어디로 가든지 생물들도 함께 따라갔고 바퀴들도 그 곁에서 떠올랐다. 그것은 생물들의 영이 그 바퀴 안에 있었기 때문이다.

21 생물들이 움직이면 바퀴들도 움직였고, 생물들이 멈추면 바퀴들도 멈췄으며, 생물들이 땅에서 떠오르면 바퀴들도 그 곁에서 떠올랐다. 그것은 생물들의 영이 그 바퀴 안에 있었기 때문이었다.

22 생물들의 머리 위로 장엄한 창공이 펼쳐져 있었는데, 그것은 마치 수정처럼 빛났다.

23 창공 밑으로 생물들의 날개가 서로 맞닿아 펼쳐져 있었으며 각 생물은 두 날개로 몸을 가리고 있었다.

24 생물들이 움직일 때에 날개 치는 소리가 났는데 그것은 몰아쳐 내리는 물소리 같기도 하고, 전능자의 목소리 같기도 하고, 군대의 함성 같기도 했다. 생물들이 멈추어 설 때에는 날개를 내렸다.

25 그런데 생물들이 날개를 내리고 멈추어 서 있을 때에도 생물들의 머리 위에 있는 창공으로부터 소리가 들려왔다.

26 창공 너머로 청옥으로 만든 보좌 같은 것이 있었고, 보좌 위에는 사람과 같은 형체가 보였다.

27 그의 허리 위쪽은 속이 환히 들여다보이는 불에 달군 쇠같이 보였고, 허리 아래쪽으로는 사방으로 비취는 불처럼 보였다. 이처럼 밝은 빛이 그를 둘러싸고 있었다.

28 그를 둘러싸고 있는 광채는 마치 비오는 날 구름 속에 나타나는 무지개처럼 보였다. 그것은 여호와의 영광과 같은 모습이었다. 그 광경을 보고 나는 땅에 엎드렸다. 그러자 어떤 목소리가 들려왔다.

14 fire or brilliant torches, and lightning seemed to flash back and forth among them. •And the living beings darted to and fro like flashes of lightning.

15 •As I looked at these beings, I saw four wheels touching the ground beside them, one 16 wheel belonging to each. •The wheels sparkled as if made of beryl. All four wheels looked alike and were made the same; each wheel had a second wheel turning crosswise 17 within it. •The beings could move in any of the four directions they faced, without turning 18 as they moved. •The rims of the four wheels were tall and frightening, and they were covered with eyes all around.

19 •When the living beings moved, the wheels moved with them. When they flew 20 upward, the wheels went up, too. •The spirit of the living beings was in the wheels. So wherever the spirit went, the wheels and the 21 living beings also went. •When the beings moved, the wheels moved. When the beings stopped, the wheels stopped. When the beings flew upward, the wheels rose up, for the spirit of the living beings was in the wheels.

22 •Spread out above them was a surface like 23 the sky, glittering like crystal. •Beneath this surface the wings of each living being stretched out to touch the others' wings, and 24 each had two wings covering its body. •As they flew, their wings sounded to me like waves crashing against the shore or like the voice of the Almighty* or like the shouting of a mighty army. When they stopped, they let 25 down their wings. •As they stood with wings lowered, a voice spoke from beyond the crystal surface above them.

26 •Above this surface was something that looked like a throne made of blue lapis lazuli. And on this throne high above was a figure 27 whose appearance resembled a man. •From what appeared to be his waist up, he looked like gleaming amber, flickering like a fire. And from his waist down, he looked like a burning 28 flame, shining with splendor. •All around him was a glowing halo, like a rainbow shining in the clouds on a rainy day. This is what the glory of the LORD looked like to me. When I saw it, I fell face down on the ground, and I heard someone's voice speaking to me.

---

burnished [bə́ːrniʃt] *a.* 닦은
crosswise [krɔ́(ː)swàiz] *ad.* 십자형으로
flicker [flíkər] *vi.* 깜빡이다
gleaming [glíːmiŋ] *a.* 빛나는
resemble [rizémbl] *vt.* …을 닮다
1:14 to and fro : 이리저리, 여기저기

1:24 Hebrew *Shaddai.*

하나님께서 에스겔에게 말씀하시다

2 주님께서 내게 말씀하셨다. "사람아, 일어서라. 내가 너에게 할 말이 있다."

2 주님께서 말씀하실 때에 주님의 영이 내게로 들어와 나를 일으켜 세웠다. 나는 주님께서 내게 하시는 말씀을 들었다.

3 주님께서 내게 말씀하셨다. "사람아, 내가 너를 이스라엘 백성에게 보낸다. 그들은 지금까지 나를 반역하고 그들과 그들의 조상은 이날까지 내게 대들었다.

4 내가 너를 고집스럽고 말을 듣지 않는 백성에게 보낸다. 너는 그들에게 '주 여호와께서 이렇게 말씀하셨다' 라고 전하여라.

5 그들은 반항하는 백성들이다. 그들이 네 말을 듣든지 안 듣든지, 그들 가운데 예언자가 있다는 사실을 알게 될 것이다.

6 너 사람아, 그들을 겁내거나 두려워하지 마라. 네가 찔레와 가시에 둘러싸이고, 독벌레 가운데서 살더라도 두려워하지 마라. 그들이 무엇이라 말하든지 겁내지 마라. 이는 그들은 내게 반항하는 백성이기 때문이다.

7 그들이 듣든지 안 듣든지 너는 반드시 내 말을 전해야 한다. 그들은 내게 반항하는 백성이다.

8 너 사람아, 내가 네게 하는 말을 잘 들어라. 너는 이 반항하는 백성처럼 내게 반항하지 마라. 네 입을 벌려 내가 주는 것을 받아 먹어라."

9 그때에 내가 보니 어떤 손이 내 앞으로 뻗쳐 있었는데, 그 손에는 두루마리 책이 있었다.

10 주님께서 그 두루마리를 내 앞에 펼치셨는데 앞뒤로 탄식과 애가와 재앙의 글이 적혀 있었다.

3 주님께서 내게 말씀하셨다. "사람아, 네 앞에 있는 것을 먹어라. 이 두루마리를 먹고, 가서 이스라엘 백성에게 전하여라."

2 그래서 내가 입을 벌렸더니, 주님께서 두루마리를 내 입에 넣어 주셨다.

3 주님께서 내게 말씀하셨다. "사람아, 내가 네게 주는 이 두루마리를 먹어 네 배를 채워라." 그래서 내가 먹었더니 그것이 내 입에 꿀같이 달았다.

4 그때, 주님께서 내게 말씀하셨다. "사람아, 이스라엘 백성에게 가서 내 말을 그들에게 전하여라.

5 *내가 너를 이해하기 어려운 말을 하는 백성에게 보내는 것이 아니라 이스라엘 백성에게 보내는 것이다.*

6 만일 내가 너를 이해하기 어려운 말을 하는 민족들에게 보냈더라면, 그들은 네 말을 들었을 것이다.

7 그러나 이스라엘 백성은 네 말을 들으려 하지 않을 것이다. 그것은 그들 모두가 고집이 세고 마음이 닫

Ezekiel's Call and Commission

2 "Stand up, son of man," said the voice. "I want to speak with you." ●The Spirit came into me as he spoke, and he set me on my feet. I listened carefully to his words.

3 ● "Son of man," he said, "I am sending you to the nation of Israel, a rebellious nation that has rebelled against me. They and their ancestors have been rebelling against me to

4 this very day. ●They are a stubborn and hard-hearted people. But I am sending you to say to them, 'This is what the Sovereign

5 LORD says!' ●And whether they listen or refuse to listen—for remember, they are rebels—at least they will know they have had a prophet among them.

6 ● "Son of man, do not fear them or their words. Don't be afraid even though their threats surround you like nettles and briers and stinging scorpions. Do not be dismayed by their dark scowls, even though they are

7 rebels. ●You must give them my messages whether they listen or not. But they won't listen, for they are completely rebellious!

8 ●Son of man, listen to what I say to you. Do not join them in their rebellion. Open your mouth, and eat what I give you."

9 ●Then I looked and saw a hand reaching

10 out to me. It held a scroll, ●which he unrolled. And I saw that both sides were covered with funeral songs, words of sorrow, and pronouncements of doom.

3 The voice said to me, "Son of man, eat what I am giving you—eat this scroll! Then go and give its message to the people

2 of Israel." ●So I opened my mouth, and he

3 fed me the scroll. ● "Fill your stomach with this," he said. And when I ate it, it tasted as sweet as honey in my mouth.

4 ●Then he said, "Son of man, go to the people of Israel and give them my messages.

5 ●I am not sending you to a foreign people whose language you cannot understand.

6 ●No, I am not sending you to people with strange and difficult speech. If I did, they

7 would listen! ●But the people of Israel won't listen to you any more than they listen to me! For the whole lot of them are hard-

---

dismayed [disméid] *a.* 두려운
doom [dúːm] *n.* (보통·나쁜) 운명
funeral [fjúːnərəl] *a.* 장례의
pronouncement [prənáunsmənt] *n.* 선언
scowl [skául] *n.* 찌푸린 얼굴, 성난 얼굴
stinging [stíŋiŋ] *a.* 찌르는, 쏘는
stubborn [stʌ́bərn] *a.* 완고한
threat [θrét] *n.* 위협, 협박
2:3 rebel against… : …에게 반역하다

혀 있기 때문이다.

8 나도 너를 그들처럼 억세고 굳세게 하며

9 네 이마를 바윗돌보다, 부싯돌보다 더 단단하게 할 것이다. 그러니 그들을 겁내거나 두려워하지 마라. 그들은 반항하는 백성이다."

10 주님께서 또 내게 말씀하셨다. "사람아, 내가 네게 하는 말을 잘 듣고 마음에 간직하여라.

11 그리고 포로로 잡혀 간 네 동포에게 지금 가서 내 말을 전하여라. 그들이 듣든지 안 듣든지, '주 여호와께서 이렇게 말씀하셨다'라고 말하여라."

12 그러더니 주님의 영이 나를 들어 올리셨다. 그때에 내 뒤에서 진동하는 소리가 크게 들렸는데 "성소에서 여호와의 영광을 찬양하라!"는 소리였다.

13 또한 생물들의 날개가 서로 맞닿는 소리와 그들 곁에 있는 바퀴의 소리도 들렸다. 크게 진동하는 소리였다.

14 주님의 영이 나를 들어 올려 데리고 가실 때 괴롭고 불안했으나, 여호와의 강력한 손이 나를 잡고 계셨다.

15 나는 그발 강가의 델아빕 지역에 살고 있던 유다 포로민들에게로 갔다. 나는 어리둥절한 채로 그곳에서 칠 일 동안, 머물러 있었다.

이스라엘에 대한 경고

16 칠 일 뒤에 여호와께서 내게 말씀하셨다.

17 "사람아, 내가 너를 이스라엘 민족의 파수꾼으로 세웠다. 내가 하는 말을 잘 듣고 그들에게 경고하여라.

18 내가 악한 사람을 향해 '너는 반드시 죽을 것이다'라고 말하면 너는 그대로 그에게 경고해야 한다. 만일 그렇게 하지 않으면 그 악한 사람은 자기의 죄 때문에 죽겠지만, 나는 그 사람이 죽는 것에 대한 책임을 너에게 물을 것이다.

19 그러나 네가 악한 사람에게 경고했는데도 그가 그 악한 길에서 돌아서지 않는다면 그는 자기 죄값을 받아 죽을 것이며 너는 아무런 책임을 지지 않을 것이다.

20 또 어떤 착한 사람이 올바른 길에서 떠나 죄를 지으면, 내가 그 앞에 걸림돌을 놓아 그를 넘어뜨릴 것이다. 네가 그에게 경고하지 않으면 그는 자기 죄 때문에 죽게 되고, 그가 한 올바른 일들은 아무 소용이 없을 것이다. 나는 그 사람이 죽은 책임을 너에게 물을 것이다.

21 하지만 네가 그 착한 사람에게 죄를 짓지 말라고 경고하여 그가 죄를 짓지 않는다면, 그는 반드시 살게 될 것이다. 그리고 너도 네 목숨을 건질 것이다."

22 그때에 거기에서 여호와의 손이 나를 강하게 잡으시면서 말씀하셨다. "일어나 들로 나가거라. 내가

8 hearted and stubborn. •But look, I have made you as obstinate and hard-hearted as they are. •I have made your forehead as hard as the hardest rock! So don't be afraid of them or fear their angry looks, even though they are rebels."

10 •Then he added, "Son of man, let all my words sink deep into your own heart first.

11 Listen to them carefully for yourself. •Then go to your people in exile and say to them, 'This is what the Sovereign LORD says!' Do this whether they listen to you or not."

12 •Then the Spirit lifted me up, and I heard a loud rumbling sound behind me. (May the glory of the LORD be praised in his place!)*

13 •It was the sound of the wings of the living beings as they brushed against each other and the rumbling of their wheels beneath them.

14 •The Spirit lifted me up and took me away. I went in bitterness and turmoil, but

15 the LORD's hold on me was strong. •Then I came to the colony of Judean exiles in Tel-abib, beside the Kebar River. I was overwhelmed and sat among them for seven days.

A Watchman for Israel

16 •After seven days the LORD gave me a mes-

17 sage. He said, • "Son of man, I have appointed you as a watchman for Israel. Whenever you receive a message from me, warn people

18 immediately. •If I warn the wicked, saying, 'You are under the penalty of death,' but you fail to deliver the warning, they will die in their sins. And I will hold you responsible

19 for their deaths. •If you warn them and they refuse to repent and keep on sinning, they will die in their sins. But you will have saved yourself because you obeyed me.

20 • "If righteous people turn away from their righteous behavior and ignore the obstacles I put in their way, they will die. And if you do not warn them, they will die in their sins. None of their righteous acts will be remembered, and I will hold you responsible for their deaths. •But if you warn right-

21 eous people not to sin and they listen to you and do not sin, they will live, and you will have saved yourself, too."

22 •Then the LORD took hold of me and

obstacle [ábstəkl] *n.* 장애물
rumbling [rámbliŋ] *a.* 우르르 울리는
turmoil [tə́ːrmɔil] *n.* 혼란

3:12 A possible reading for this verse is *Then the Spirit lifted me up, and as the glory of the LORD rose from its place, I heard a loud rumbling sound behind me.*

거기서 너에게 할 말이 있다."

23 나는 일어나 들로 나갔다. 여호와의 영광이 거기 있었는데, 그것은 내가 그발 강가에서 본 것과 같았다. 나는 땅에 엎드렸다.

24 그때에 주님의 영이 내게 와, 나를 일으켜 세우시고 내게 말씀하셨다. "집에 가서 문을 닫고 있어라.

25 너 사람아, 사람들이 밧줄로 너를 묶을 것이니, 너는 바깥에 나가 사람들을 만날 수 없게 될 것이다.

26 또 네 혀가 입천장에 붙어 벙어리가 될 것이니 네가 더 이상 사람들을 꾸짖지 못할 것이다. 그들은 반항하는 백성이다.

27 그러나 내가 너에게 말할 때에는 네 입을 열어 주겠다. 그러면 너는 '주 여호와께서 이렇게 말씀하셨다' 라고 말해야 한다. 들을 사람도 있고 듣지 않을 사람도 있을 것이다. 왜냐하면 그들은 내게 반항하는 백성이기 때문이다."

예루살렘의 지도

4 "너 사람아, 토판 하나를 가져와 네 앞에 놓고 그 위에 예루살렘 지도를 새겨라.

2 그리고 예루살렘 바깥으로 포위망을 쳐 놓아라. 흙을 쌓아 성을 공격할 길을 내고, 성 주변에 진지를 만들고 성벽을 부술 무거운 돌 포탄을 성 주변에 늘어놓아라.

3 그리고 철판을 가져다가 너와 성 사이에 철 성벽처럼 세워 두어라. 그리고 네 얼굴을 성 쪽으로 향하여 성을 에워싸고 포위망을 좁혀 들어가거라. 이것이 이스라엘 민족에게 보여 주는 징조다.

4 그런 다음 너는 왼쪽으로 누워라. 이것은 네가 이스라엘의 죄를 네 몸에 지는 것이다. 네가 그렇게 누워 있는 날수만큼 네가 그들의 죄를 떠맡아야 할 것이다.

5 백성들이 죄를 지은 햇수만큼 너에게 날수를 정해 놓았다. 그러므로 삼백구십 일 동안 너는 이스라엘 민족의 죄를 떠맡아야 한다.

6 날수를 다 채운 후에 이번에는 오른쪽으로 누워서 유다 민족의 죄를 네 몸에 져야 할 것이다. 하루를 한 해로 쳐서 내가 너에게 사십 일을 정해 준다.

7 너는 또 포위당한 예루살렘 쪽으로 고개를 돌려 보아라. 팔을 걷어붙이고 예루살렘을 향해 심판을 예언하여라.

8 내가 너를 밧줄로 묶어서, 네가 묶여 있는 동안에 몸을 움직이지 못하게 할 것이다.

9 그릇에다 밀과 보리와 콩과 팥과 조와 귀리를 담아 빵을 만들어 네가 옆으로 누워 있는 삼백구십 일 동안, 그것을 먹어라.

---

said, "Get up and go out into the valley, and I
23 will speak to you there." •So I got up and went, and there I saw the glory of the LORD, just as I had seen in my first vision by the Kebar River. And I fell face down on the ground.

24 •Then the Spirit came into me and set me on my feet. He spoke to me and said, "Go to
25 your house and shut yourself in. •There, son of man, you will be tied with ropes so you can-
26 not go out among the people. •And I will make your tongue stick to the roof of your mouth so that you will be speechless and unable to rebuke them, for they are rebels.
27 •But when I give you a message, I will loosen your tongue and let you speak. Then you will say to them, 'This is what the Sovereign LORD says!' Those who choose to listen will listen, but those who refuse will refuse, for they are rebels.

A Sign of the Coming Siege

4 "And now, son of man, take a large clay brick and set it down in front of you. Then draw a map of the city of Jerusalem on it.
2 •Show the city under siege. Build a wall around it so no one can escape. Set up the enemy camp, and surround the city with siege
3 ramps and battering rams. •Then take an iron griddle and place it between you and the city. Turn toward the city and demonstrate how harsh the siege will be against Jerusalem. This will be a warning to the people of Israel.
4 •"Now lie on your left side and place the sins of Israel on yourself. You are to bear their sins for the number of days you lie there on
5 your side. •I am requiring you to bear Israel's sins for 390 days—one day for each year of
6 their sin. •After that, turn over and lie on your right side for 40 days—one day for each year of Judah's sin.
7 •"Meanwhile, keep staring at the siege of Jerusalem. Lie there with your arm bared and
8 prophesy her destruction. •I will tie you up with ropes so you won't be able to turn from side to side until the days of your siege have been completed.
9 •"Now go and get some wheat, barley, beans, lentils, millet, and emmer wheat, and mix them together in a storage jar. Use them

---

banish [bǽniʃ] *vt.* 추방하다
battering [bǽtəriŋ] *n.* 연타, 매우 심한 타격
defile [difáil] *vt.* 더럽히다
demonstrate [démənstrèit] *vt.* 실지로 해보이다
griddle [grídl] *n.* 번철
ram [rǽm] *n.* 성벽을 부수는 해머
ration [réiʃən] *vt.* (식량 등을) 배급하다

10 시간을 정해 놓고 하루에 이십 세겔*씩 먹고

11 물은 하루에 육분의 일 한* 정도 마시되 시간을 정해 놓고 마셔라.

12 너는 그 음식을 보리빵처럼 만들어 먹어라. 사람들이 보는 앞에서 인분으로 불을 지펴 빵을 구워라."

13 여호와께서 또 내게 말씀하셨다. "내가 이스라엘을 다른 나라로 쫓아낼 것이며, 그들이 그곳에서 이와 같은 부정한 음식을 먹게 될 것이다."

14 그래서 내가 주님께 말씀드렸다. "주 여호와여, 절대로 그럴 수 없습니다. 나는 이제껏 한 번도 내 몸을 더럽힌 적이 없습니다. 어려서부터 지금까지 나는 한 번도 죽은 것이나, 들짐승에 물려 죽은 고기를 먹은 일이 없습니다. 한 번도 부정한 음식을 먹은 적이 없습니다."

15 주님께서 말씀하셨다. "좋다. 그렇다면 인분 대신에 쇠똥을 사용해 빵을 구워라."

16 주님께서 다시 말씀하셨다. "사람아, 내가 예루살렘에 식량이 모자라게 할 것이다. 사람들이 식량과 물을 배급 받으면서 걱정과 두려움에 떨 것이다.

17 식량과 물이 부족하여 사람들이 뼈만 남아 서로의 얼굴을 바라보는 것조차 무섭게 될 것이다. 이것은 모두 그들의 죄 때문이다."

에스겔이 머리카락을 자르다

5 "너 사람아, 이제 면도날처럼 날카로운 칼을 가져다가 네 머리카락과 수염을 깎아라. 그리고 그것을 저울에 달아 나누고

2 예루살렘 포위가 끝나는 날, 삼분의 일은 성 안에서 불에 태우고, 삼분의 일은 칼로 쳐 성 주위에 뿌리고, 삼분의 일은 바람에 날려라. 내가 칼을 뽑아 들고 그들을 뒤쫓겠다.

3 그리고 그것을 조금 남겨 두었다가 네 옷자락에 싸두고

4 그 중 얼마를 꺼내어 불에 던져 태워 버려라. 거기에서 불이 나와 모든 이스라엘 백성에게 번질 것이다."

5 주 여호와께서 이렇게 말씀하신다. "내가 예루살렘을 다른 민족들 가운데 두고 그들에 의해 둘러싸이게 하였지만,

6 예루살렘은 악을 저지르면서 내 율법과 규례를 지키지 않았다. 그들은 주변 나라들보다 더 악하여 내 율법을 거스르고 내 규례를 거역하였다.

7 너희는 주변에 있는 나라들보다 더 소란을 피우고 내 규례와 율법도 지키지 않았다. 심지어 너희 주변 나라들의 규례도 따르지 않았다.

10 you will be lying on your side. •Ration this out to yourself, eight ounces* of food for each day,

11 and eat it at set times. •Then measure out a jar* of water for each day, and drink it at set times.

12 •Prepare and eat this food as you would barley cakes. While all the people are watching, bake it over a fire using dried human dung as fuel and

13 then eat the bread." •Then the LORD said, "This is how Israel will eat defiled bread in the Gentile lands to which I will banish them!"

14 •Then I said, "O Sovereign LORD, must I be defiled by using human dung? For I have never been defiled before. From the time I was a child until now I have never eaten any animal that died of sickness or was killed by other animals. I have never eaten any meat forbidden by the law."

15 •"All right," the LORD said. "You may bake your bread with cow dung instead of human

16 dung." •Then he told me, "Son of man, I will make food very scarce in Jerusalem. It will be weighed out with great care and eaten fearfully. The water will be rationed out drop by drop, and the people will drink it with dismay.

17 •Lacking food and water, people will look at one another in terror, and they will waste away under their punishment.

A Sign of the Coming Judgment

5 "Son of man, take a sharp sword and use it as a razor to shave your head and beard. Use a scale to weigh the hair into three equal parts.

2 •Place a third of it at the center of your map of Jerusalem. After acting out the siege, burn it there. Scatter another third across your map and chop it with a sword. Scatter the last third to the wind, for I will scatter my people with the

3 sword. •Keep just a bit of the hair and tie it up

4 in your robe. •Then take some of these hairs out and throw them into the fire, burning them up. A fire will then spread from this remnant and destroy all of Israel.

5 •"This is what the Sovereign LORD says: This is an illustration of what will happen to Jerusalem. I placed her at the center of the

6 nations, •but she has rebelled against my regulations and decrees and has been even more wicked than the surrounding nations. She has refused to obey the regulations and decrees I gave her to follow.

7 •"Therefore, this is what the Sovereign LORD says: You people have behaved worse than your

---

4:10 Hebrew *20 shekels* [228 grams].　4:11 Hebrew *1/6 of a hin* [about 1 pint or 0.6 liters].
4:10 세겔은 돈의 단위이면서 무게의 단위도 되는데, 1세겔은 약 11.4g의 무게에 해당한다. 20세겔은 약 228g이다.
4:11 1/6힌은 약 0.6ℓ에 해당된다.

8 그러므로 내가 예루살렘을 치겠다. 다른 나라들이 보는 앞에서 너희에게 벌을 내리겠다.

9 너희는 내가 역겨워하는 우상들을 섬겼으므로, 내가 전에도 하지 않았고 앞으로도 하지 않을 가장 무서운 형벌을 너희에게 내릴 것이다.

10 부모가 자식을 잡아먹고, 자식이 그 부모를 잡아먹을 것이다. 내가 너희에게 벌을 내릴 것이며, 살아남은 사람들이 있다면 그들마저도 사방으로 흩어 버릴 것이다.

11 내가 맹세한다. 너희가 온갖 악한 우상과 역겨운 짓으로 내 성소를 더럽혔으므로 내가 더 이상 너희에게 자비를 베풀지 않을 것이다. 불쌍히 여기지도 않고 남겨 두지도 않을 것이다.

12 너희 가운데 삼분의 일은 전염병에 걸려 죽거나 성 안에서 굶어 죽을 것이며, 삼분의 일은 성 밖에서 칼로 인해 죽을 것이다. 그리고 나머지 삼분의 일은 내가 칼을 들고 뒤쫓아가 사방으로 흩어 버리겠다.

13 내 분노를 다 쏟아 부어야 내 마음이 가라앉을 것이다. 그때에 그들은 나 여호와가 왜 그렇게 격렬하게 말했는지를 알게 될 것이다.

14 내가 너희를 폐허로 만들어 너희 주변 나라들의 비웃음거리가 되게 하겠다. 지나다니는 사람마다 너를 보고 비웃을 것이다.

15 내가 몹시 화가 나서 너희를 심판하고 엄히 꾸짖을 때에 주변 나라들이 너희를 보고 비웃을 것이다. 너희는 그들에게 경고와 두려움이 될 것이다. 나 여호와의 말이다.

16 내가 화살을 쏘듯이, 치명적인 기근을 보내어 너희를 쏘아 죽일 것이다. 그리고 더 심한 기근을 보내 너희의 식량줄을 끊어 놓을 것이니, 살아 남을 자가 없을 것이다.

17 내가 기근을 보내어 너희를 치고 들짐승을 보내어 너희 자식을 잡아먹게 할 것이다. 질병과 피흘림이 너희를 휩쓸 것이다. 내가 너희를 칼로 칠 것이다. 나 여호와의 말이다."

산을 향한 예언

6 여호와께서 다시 내게 오셔서 말씀하셨다.

2 "사람아, 이스라엘의 산들을 바라보며 심판을 예언하여라.

3 이렇게 말하여라. '이스라엘의 산들아, 주 여호와의 말씀을 들어라. 주 여호와께서 산과 언덕들, 계곡과 산골짜기에 이렇게 말씀하신다. 내가 칼로 너희를 치고 너희 속에 있는 산당들을 부수겠다.

4 너희의 제단을 부수고 향 피우는 제단을 무너뜨릴 것이다. 내가 우상들 앞에서 너희 백성들을 죽일 것이다.

neighbors and have refused to obey my decrees and regulations. You have not even lived up to the standards of the nations 8 around you. •Therefore, I myself, the Sovereign LORD, am now your enemy. I will punish you publicly while all the nations 9 watch. •Because of your detestable idols, I will punish you like I have never punished 10 anyone before or ever will again. •Parents will eat their own children, and children will eat their parents. I will punish you and scatter to the winds the few who survive.

11　•"As surely as I live, says the Sovereign LORD, I will cut you off completely. I will show you no pity at all because you have defiled my Temple with your vile images 12 and detestable sins. •A third of your people will die in the city from disease and famine. A third of them will be slaughtered by the enemy outside the city walls. And I will scat13 ter a third to the winds, chasing them with my sword. •Then at last my anger will be spent, and I will be satisfied. And when my fury against them has subsided, all Israel will know that I, the LORD, have spoken to them in my jealous anger.

14　•"So I will turn you into a ruin, a mockery in the eyes of the surrounding nations 15 and to all who pass by. •You will become an object of mockery and taunting and horror. You will be a warning to all the nations around you. They will see what happens when the LORD punishes a nation in anger and rebukes it, says the LORD.

16　•"I will shower you with the deadly arrows of famine to destroy you. The famine will become more and more severe until 17 every crumb of food is gone. •And along with the famine, wild animals will attack you and rob you of your children. Disease and war will stalk your land, and I will bring the sword of the enemy against you. I, the LORD, have spoken!"

Judgment against Israel's Mountains

6 Again a message came to me from the 2 LORD: •"Son of man, turn and face the mountains of Israel and prophesy against 3 them. •Proclaim this message from the Sovereign LORD against the mountains of Israel. This is what the Sovereign LORD says to the mountains and hills and to the ravines and valleys: I am about to bring war upon you, and I will smash your pagan 4 shrines. •All your altars will be demolished,

subside [səbsáid] *vi.* 가라앉다
taunt [tɔːnt] *vt.* 조롱하다

5 내가 이스라엘 백성의 시체들을 그 우상들 앞에 늘어놓고, 너희의 뼈들을 제단 둘레에 흩어 놓겠다.

6 너희가 사는 마을들이 모두 황무지가 될 것이며 우상을 섬기던 산당은 폐허가 될 것이다. 제단은 무너지고 너희의 우상은 산산조각이 날 것이다. 향 피우는 제단도 파괴되고 너희가 만든 장식품들도 하나같이 없어질 것이다.

7 너희 백성은 죽어 너희 산 중에 쓰러질 것이니, 그때에 너희는 내가 여호와인 줄 알게 될 것이다.

8 그러나 내가 너희 가운데 얼마는 남겨 두겠다. 칼을 피해 살아남는 사람은 외국 땅으로 흩어져 살게 될 것이다.

9 그들은 그들이 잡혀 간 그 나라에서 나를 기억할 것이고, 나를 저버리고 간음하는 마음과 우상을 따르려는 욕정의 눈 때문에 내 마음이 얼마나 상했는가를 기억할 것이다. 그들은 자기들이 저지른 역겨운 짓들과 악한 짓들에 대해 스스로 구역질을 느낄 것이다.

10 그때에 그들은 내가 여호와라는 것을 알게 될 것이다. 내가 아무런 이유 없이 이런 재앙을 그들에게 내린 것이 아니었다.'"

11 주 여호와께서 또 내게 말씀하셨다. "너는 손뼉을 치고 발을 구르며 '아이고' 하고 소리질러라. 이스라엘 백성이 악한 죄와 구역질 나는 짓을 저질렀기 때문에 그들은 전쟁과 굶주림과 병으로 죽을 것이다.

12 멀리 있는 자는 병에 걸려 죽고 가까이 있는 자는 전쟁으로 죽고, 병이나 칼을 피한 자는 굶어 죽을 것이다. 내가 이처럼 내 분노를 그들에게 쏟아 붓겠다.

13 그들의 시체가 제단 주변 우상들 사이에, 높은 언덕과 산꼭대기에, 모든 푸른 나무 아래, 잎이 무성한 상수리나무 아래와 그들이 향을 피워 우상에게 제사지내던 곳에 널려 있을 것이다. 그때에 너희는 내가 여호와라는 것을 알게 될 것이다.

14 내가 손을 들어 그들을 내리칠 것이며 사막에서 디블라에 이르기까지 그들이 사는 모든 땅을 황무지로 만들겠다. 그때에 그들은 내가 여호와라는 것을 알게 될 것이다."

에스겔이 종말을 말하다

7 여호와께서 다시 내게 말씀하셨다.

2 "사람아, 주 여호와가 이스라엘 땅에 대하여 이렇게 말하노라. 끝이 왔다! 이 땅에 종말이 왔다.

---

and your places of worship will be destroyed. I

5 will kill your people in front of your idols.* • I will lay your corpses in front of your idols and scatter your bones around your altars. • Wherever you live there will be desolation, and I will destroy your pagan shrines. Your altars will be demolished, your idols will be smashed, your places of worship will be torn down, and all the religious objects you have made will be

7 destroyed. • The place will be littered with corpses, and you will know that I alone am the LORD.

8 • "But I will let a few of my people escape destruction, and they will be scattered among

9 the nations of the world. • Then when they are exiled among the nations, they will remember me. They will recognize how hurt I am by their unfaithful hearts and lustful eyes that long for their idols. Then at last they will hate themselves

10 for all their detestable sins. • They will know that I alone am the LORD and that I was serious when I said I would bring this calamity on them.

11 • "This is what the Sovereign LORD says: Clap your hands in horror, and stamp your feet. Cry out because of all the detestable sins the people of Israel have committed. Now they are going to

12 die from war and famine and disease. • Disease will strike down those who are far away in exile. War will destroy those who are nearby. And anyone who survives will be killed by famine.

13 So at last I will spend my fury on them. • They will know that I am the LORD when their dead lie scattered among their idols and altars on every hill and mountain and under every green tree and every great shade tree—the places where

14 they offered sacrifices to their idols. • I will crush them and make their cities desolate from the wilderness in the south to Riblah* in the north. Then they will know that I am the LORD."

The Coming of the End

7 2 Then this message came to me from the LORD: • "Son of man, this is what the Sovereign LORD says to Israel:

"The end is here!
Wherever you look—
east, west, north, or south—
your land is finished.

---

lustful [lʌ́stfəl] *a.* 호색적인; 탐욕스런
scatter [skǽtər] *vt.* 흩어버리다
6:7 be littered with… : …으로 어지럽혀져 있다

6:4 The Hebrew term (literally *round things*) probably alludes to dung; also in 6:5, 6, 9, 13.　　**6:14** As in some Hebrew manuscripts; most Hebrew manuscripts read *Diblah*.

3 너희에게 종말이 왔으니 내 분노를 쏟아
　붓고 너희가 한 행동에 따라 심판하겠다.
　너희가 저지른 역겨운 행동들에 대해 갚
　아 주겠다.

4 너희를 더 이상 불쌍히 여기거나 봐 주지
　않겠다. 너희가 행동한 대로 반드시 갚아
　주고 너희가 저지른 역겨운 짓을 심판하
　겠다. 그때에 너희는 내가 여호와라는 것
　을 알게 될 것이다.”

5 주 여호와께서 말씀하시기를, “재앙이다!
　무서운 재앙이 닥쳐온다.

6 종말이 왔다! 종말이 왔다! 너희는 끝장이
　다! 종말이 왔다!

7 불행이 너희에게 닥쳤다. 불행의 날이 가
　까이 다가왔다. 기쁨 대신에 비명 소리가
　산 위에서 들려올 것이다.

8 내가 분노를 너희 위에 쏟아 부을 것이며,
　너희에 대해 크게 화를 낼 것이다. 너희가
　한 행동에 따라 심판하고 너희가 저지른
　역겨운 행동들에 대해 갚아 주겠다.

9 더 이상 너희를 불쌍히 여기거나 봐 주지
　않고 너희가 한 행동에 따라 갚겠다. 너희
　들 가운데 저지른 역겨운 행동들에 대해
　반드시 심판할 것이다. 그때에 너희를 치
　는 이가 나 여호와라는 것을 알게 될 것이
　다.

10 보라, 마침내 그날이 왔다. 그날이 온 것
　이다. 재앙에 잎이 나고, 심판의 막대기
　에 싹이 트고, 오만함이 무성하게 되었구
　나.

11 폭력이 난무하자 심판의 막대기가 악한
　자들을 내리친다. 이 백성 가운데 살아남
　을 사람이 없을 것이니 사람도, 재물도,
　귀중품도 하나도 남지 않을 것이다.

12 때가 되었고 그날이 왔다. 무엇을 샀다고
　기뻐하지 말고 팔았다고 서운해하지 마
　라. 내 분노가 모든 사람들에게 내리기 때
　문이다.

13 땅을 사고 판 사람은 그들이 살아 있는 동
　안, 땅을 무를 수 없을 것이다. 모든 백성
　*에게 보여 준 환상*은 돌이킬 수 없기 때문
　이다. 그들은 죄 때문에 아무도 제 목숨을
　보존하지 못할 것이다.

14 나팔을 불고 전쟁 준비를 다 마쳤어도 아
　무도 전쟁에 나갈 수 없을 것이니 이는
　내 분노를 모든 백성에게 쏟았기 때문이
　다.

3 ● No hope remains,
　　for I will unleash my anger against you.
　I will call you to account
　　for all your detestable sins.

4 ● I will turn my eyes away and show no pity.
　　I will repay you for all your detestable sins.
　Then you will know that I am the LORD.

5 ● “This is what the Sovereign LORD says:
　Disaster after disaster
　　is coming your way!

6 ● The end has come.
　　It has finally arrived.
　Your final doom is waiting!

7 ● O people of Israel, the day of your destruction
　　is dawning.
　The time has come; the day of trouble is near.
　Shouts of anguish will be heard on the
　　mountains,
　　not shouts of joy.

8 ● Soon I will pour out my fury on you
　　and unleash my anger against you.
　I will call you to account
　　for all your detestable sins.

9 ● I will turn my eyes away and show no pity.
　　I will repay you for all your detestable sins.
　Then you will know that it is I, the LORD,
　　who is striking the blow.

10 ● “The day of judgment is here;
　　your destruction awaits!
　The people's wickedness and pride
　　have blossomed to full flower.

11 ● Their violence has grown into a rod
　　that will beat them for their wickedness.
　None of these proud and wicked people
　　will survive.
　　All their wealth and prestige will be
　　swept away.

12 ● Yes, the time has come;
　　the day is here!
　Buyers should not rejoice over bargains,
　　nor sellers grieve over losses,
　for all of them will fall
　　under my terrible anger.

13 ● Even if the merchants survive,
　　they will never return to their business.
　For what God has said applies to everyone—
　　it will not be changed!
　Not one person whose life is twisted by sin
　　will ever recover.

The Desolation of Israel

14 ● “The trumpet calls Israel's army to mobilize,
　　but no one listens,
　　for my fury is against them all.

mobilize [móubəlaiz] *vt.* 동원하다
unleash [ʌnlíːʃ] *vt.* 퍼붓다

15 성 밖에는 칼이 있고, 성 안에는 질병과 굶주림이 있으니 들에 있는 사람은 칼에 맞아 죽고, 성 안에 있는 사람은 굶주림과 전염병으로 죽을 것이다.

16 살아 남아 피한 사람들은 모두 산 위에서 골짜기의 비둘기처럼 구슬프게 울 것이다. 자기들이 지은 죄 때문에 탄식할 것이다.

17 손에 힘이 빠지고 무릎이 물처럼 흐느적댈 것이다.

18 그들이 두려워 떨며 굵은 베옷을 걸칠 것이다. 사람마다 수치를 느끼고 머리마다 대머리가 될 것이다.

19 은과 금을 쓰레기같이 길거리에 내던질 것이니 이는 여호와가 분노하시는 날에 금과 은이 그들을 구하지 못하기 때문이다. 또한 돈이 그들의 허기진 배를 채우지도 못할 것이다. 오히려 그것들이 그들을 죄에 빠뜨렸다.

20 그들은 아름다운 보석을 자랑하였고 그것으로 주님이 미워하시는 우상과 더러운 형상들을 만들었다. 그러므로 내가 그것들을 혐오스러운 것이 되게 할 것이다.

21 그리고 그것을 적국에게 전리품으로 주고 세상의 악한 사람들에게 약탈품으로 주어 더럽히게 할 것이다.

22 그들이 내 은밀한 처소를 더럽히고 도둑들이 들어와 그곳을 더럽혀도 이스라엘 백성에게서 내 얼굴을 돌이킬 것이다.

23 너는 쇠사슬을 만들어라. 이 땅에는 사람을 죽이는 일이 흔하고, 마을은 폭력으로 가득하다.

24 그러므로 내가 가장 악독한 나라들을 불러와 이 땅 백성의 집들과 재산들을 차지하도록 하겠고 부자들의 교만을 꺾으며 그들의 신당을 더럽힐 것이다.

25 재앙을 당하였을 때, 평안을 바라지만, 평안은 없을 것이다.

26 재앙에 재앙이 잇따르며 소문에 소문이 꼬리를 물 때, 그들이 예언자에게서 계시를 구하지만 소용이 없을 것이다. 제사장에게서 하나님의 가르침이 끊어지고, 장로들에게서 지혜가 사라질 것이다.

27 왕이 통곡할 것이며 신하들은 절망의 옷을 입으며, 백성들의 손은 두려움에 떨 것이다. 그들이 저지른 죄악대로 내가 그들을 심판하겠으며 그들이 한 행위대로 갚을 것이다. 그때에 그들은 내가 여호와라는 것을 알게

15 • There is war outside the city
    and disease and famine within.
  Those outside the city walls
    will be killed by enemy swords.
  Those inside the city
    will die of famine and disease.
16 • The survivors who escape to the mountains
    will moan like doves, weeping for their sins.
17 • Their hands will hang limp,
    their knees will be weak as water.
18 • They will dress themselves in burlap;
    horror and shame will cover them.
  They will shave their heads
    in sorrow and remorse.

19 • "They will throw their money in the streets,
    tossing it out like worthless trash.
  Their silver and gold won't save them
    on that day of the LORD's anger.
  It will neither satisfy nor feed them,
    for their greed can only trip them up.
20 • They were proud of their beautiful jewelry
    and used it to make detestable idols and vile
      images.
  Therefore, I will make all their wealth
    disgusting to them.
21 • I will give it as plunder to foreigners,
    to the most wicked of nations,
    and they will defile it.
22 • I will turn my eyes from them
    as these robbers invade and defile my
      treasured land.

23 • "Prepare chains for my people,
    for the land is bloodied by terrible crimes.
  Jerusalem is filled with violence.
24 • I will bring the most ruthless of nations
    to occupy their homes.
  I will break down their proud fortresses
    and defile their sanctuaries.
25 • Terror and trembling will overcome my people.
    They will look for peace but not find it.
26 • Calamity will follow calamity;
    rumor will follow rumor.
  They will look in vain
    for a vision from the prophets.
  They will receive no teaching from the priests
    and no counsel from the leaders.
27 • The king and the prince will stand helpless,
    weeping in despair,
  and the people's hands
    will tremble with fear.
  I will bring on them
    the evil they have done to others,
    and they will receive the punishment
    they so richly deserve.

disgusting [disgʌ́stiŋ] *a.* 혐오스러운
remorse [rimɔ́ːrs] *n.* 후회

될 것이다."

에스겔의 환상

8 육 년 여섯째 달 오 일에 유다 장로들과 함께 집
에 앉아 있었는데, 주 여호와의 능력이 내게 임
하였다.

2 내가 사람의 모습을 보았는데, 허리 아래쪽은
불과 같고, 허리 위쪽은 불에 달군 쇠처럼 빛났
다.

3 그가 손 같은 것을 펴더니 내 머리털을 붙잡았다.
하나님의 환상 속에서 주님의 영이 나를 공중으
로 들어 올려 예루살렘으로 데려갔다. 그리고는
성전 안뜰로 들어가는 북쪽 문 입구에 내려놓았
는데, 그곳은 질투를 일으키는 질투의 우상이 있
는 곳이었다.

4 이스라엘 하나님의 영광이 그곳에 있었는데 그것
은 내가 이전에 들에서 본 모습과 같았다.

5 그때, 주님이 내게 말씀하셨다. "사람아, 북쪽을
바라보아라." 그래서 내가 북쪽을 바라보았더니
문 북쪽에는 제단이 있었고, 문 입구에는 질투의
우상이 있었다.

6 또 주님께서 내게 말씀하셨다. "사람아, 이스라엘
백성들이 무슨 짓을 하고 있는지 보이느냐? 그들
이 여기에서 얼마나 더러운 짓을 많이 하고 있는
지 보이느냐? 그들의 더러운 짓 때문에 내가 내 성
전을 떠난 것이다. 그러나 너는 이보다 더 역겨운
광경을 보게 될 것이다."

7 주님께서 나를 데리고 뜰 입구로 가셨다. 내가 그
곳에서 보니 벽에 구멍이 있었다.

8 주님께서 내게 말씀하셨다. "사람아, 지금 이 벽
을 파 보아라." 그래서 내가 벽을 팠더니 문 하나
가 나타났다.

9 주님께서 다시 내게 말씀하셨다. "너는 그곳에 들
어가서 그들이 저지르고 있는 끔찍하고 악한 일
들을 보아라."

10 그래서 내가 들어가 보았더니 온갖 종류의 기어
다니는 것과 징그러운 짐승과 이스라엘 백성의 우
상들이 온통 벽면에 그려져 있었다.

11 그림들 앞에는 이스라엘의 장로 칠십 명이 서 있
었는데, 사반의 아들 야아사냐도 그들과 함께 서
있었다. 그들은 모두 향로를 들고 있었고 그 향의
연기가 구름처럼 올라가고 있었다.

12 주님께서 내게 말씀하셨다. "사람아, 이스라엘의
장로들이 이 어두운 곳에서 무슨 짓을 하고 있는
지 보았느냐? 그들이 각각 자기가 섬기는 우상의
방에 있는 것을 보았느냐? 그들이 뭐라고 말하더
냐? '여호와께서 우리를 보고 있지 않으시며 이
땅을 버리셨다' 고 말하지 않더냐?"

Then they will know that I am the LORD."

Idolatry in the Temple

8 Then on September 17,* during the sixth
year of King Jehoiachin's captivity, while
the leaders of Judah were in my home, the
Sovereign LORD took hold of me. •I saw a fig-
ure that appeared to be a man.* From what
appeared to be his waist down, he looked like
a burning flame. From the waist up he looked
like gleaming amber.* •He reached out what
seemed to be a hand and took me by the hair.
Then the Spirit lifted me up into the sky and
transported me to Jerusalem in a vision from
God. I was taken to the north gate of the inner
courtyard of the Temple, where there is a large
idol that has made the LORD very jealous.
4 •Suddenly, the glory of the God of Israel was
there, just as I had seen it before in the valley.
5 •Then the LORD said to me, "Son of man,
look toward the north." So I looked, and there
to the north, beside the entrance to the gate
near the altar, stood the idol that had made
the LORD so jealous.
6 •"Son of man," he said, "do you see what
they are doing? Do you see the detestable sins
the people of Israel are committing to drive
me from my Temple? But come, and you will
see even more detestable sins than these!"
7 •Then he brought me to the door of the
Temple courtyard, where I could see a hole in
8 the wall. •He said to me, "Now, son of man,
dig into the wall." So I dug into the wall and
found a hidden doorway.
9 •"Go in," he said, "and see the wicked and
detestable sins they are committing in there!"
10 •So I went in and saw the walls covered with
engravings of all kinds of crawling animals
and detestable creatures. I also saw the various
idols* worshiped by the people of Israel.
11 •Seventy leaders of Israel were standing there
with Jaazaniah son of Shaphan in the center.
Each of them held an incense burner, from
which a cloud of incense rose above their
heads.
12 •Then the LORD said to me, "Son of man,
have you seen what the leaders of Israel are
doing with their idols in dark rooms? They are
saying, 'The LORD doesn't see us; he has

---

detestable [dítéstəbl] *a.* 혐오스러운, 가증한
engraved [ingréivd] *a.* 새겨진

8:1 Hebrew *on the fifth [day] of the sixth month*,
of the ancient Hebrew lunar calendar. This event
occurred on September 17, 592 B.C.; also see note
on 1:1.   **8:2a** As in Greek version; Hebrew reads
appeared to be fire.   **8:2b** Or *like burnished
metal*.   **8:10** The Hebrew term (literally *round
things*) probably alludes to dung.

13 주님께서 또 내게 말씀하셨다. "이제 너는 그들이 이보다 더 못된 짓을 하고 있는 광경을 보게 될 것이다."

14 주님은 다시 나를 성전 북문 입구로 데려가셨는데, 여자들이 그곳에 앉아서 담무스 신을 위해 울고 있는 모습이 보였다.

15 주님께서 내게 말씀하셨다. "사람아, 이것을 보았느냐? 이제 이보다 더 역겨운 광경을 보게 될 것이다."

16 주님께서 다시 나를 성전 안뜰로 데려가셨다. 성전 입구, 곧 현관과 제단 사이에 이십오 명 정도의 사람들이 여호와의 성전을 등진 채 동쪽을 바라보며 태양을 향해 절하고 있었다.

17 주님께서 내게 말씀하셨다. "사람아, 너는 보았느냐? 유다 백성이 여기에서 하고 있는 저 더러운 짓들을 하찮다고 하겠느냐? 그들은 온 땅을 폭력으로 가득 채워 놓고 계속해서 나를 분노하게 만들고 심지어 코에 나뭇가지를 대며 우상을 섬기고 있다.

18 그러므로 이제 내가 그들의 죄를 갚을 것이며, 그들을 불쌍히 여기지 않고 아끼지도 않을 것이다. 그들이 큰 소리로 부르짖어도 들은 척도 안 할 것이다."

심판받는 예루살렘

9 주님께서 내 귀에 큰 소리로 말씀하셨다. "이 성을 심판할 사람들아, 손에 무기를 들고 가까이 오너라."

2 그러자 북쪽을 향한 윗문 쪽에서 여섯 사람이 나왔는데, 각 사람마다 손에 강력한 무기를 들고 있었다. 그 중에 한사람은 모시옷을 입고 옆구리에 글을 쓰는 도구를 차고 있었다. 그들은 들어와서 놋제단 곁에 섰다.

3 그러자 지금까지 두 날개 달린 생물인 그룹들 위에 있었던 이스라엘 하나님의 영광이 그 위에서 떠올라 성전 문지방으로 옮겨 갔다. 주님께서 모시옷을 입고 옆구리에 글쓰는 도구를 찬 사람을 불러

4 그에게 말씀하셨다. "예루살렘 성을 두루 다니면서 성 안에서 일어나고 있는 온갖 더러운 일 때문에 한숨지으며 슬퍼하는 사람들의 이마에 표시를 해 놓아라."

5 주님께서는 내가 듣는 앞에서 남은 사람들에게 말씀하셨다. "저 모시옷을 입은 사람 뒤를 따라 성 안을 두루 다니면서 사람들을 다 죽여라. 아무도 그들을 동정하거나 불쌍히 여기지 마라.

6 노인이나 청년이나 처녀나 아이들이나 부녀자나 가릴 것 없이 다 죽여라. 그러나 이마에 표시가 있는 사람은 건드리지 마라. 내 성소에서부터 시작하여라." 그러자 그들은 성전 앞에 있던 장로들부터 죽

13 deserted our land!' " • Then the LORD added, "Come, and I will show you even more detestable sins than these!"

14 • He brought me to the north gate of the LORD's Temple, and some women were sitting there, weeping for the god Tammuz.

15 "Have you seen this?" he asked. "But I will show you even more detestable sins than these!"

16 • Then he brought me into the inner courtyard of the LORD's Temple. At the entrance to the sanctuary, between the entry room and the bronze altar, there were about twenty-five men with their backs to the sanctuary of the LORD. They were facing east, bowing low to the ground, worshiping the sun!

17 • "Have you seen this, son of man?" he asked. "Is it nothing to the people of Judah that they commit these detestable sins, leading the whole nation into violence, thumbing their noses at me, and provoking my anger? • Therefore, I will respond in fury. I

18 will neither pity nor spare them. And though they cry for mercy, I will not listen."

The Slaughter of Idolaters

9 Then the LORD thundered, "Bring on the men appointed to punish the city! Tell them to bring their weapons with them!"

2 • Six men soon appeared from the upper gate that faces north, each carrying a deadly weapon in his hand. With them was a man dressed in linen, who carried a writer's case at his side. They all went into the Temple courtyard and stood beside the bronze altar.

3 • Then the glory of the God of Israel rose up from between the cherubim, where it had rested, and moved to the entrance of the Temple. And the LORD called to the man dressed in linen who was carrying the

4 writer's case. • He said to him, "Walk through the streets of Jerusalem and put a mark on the foreheads of all who weep and sigh because of the detestable sins being committed in their city."

5 • Then I heard the LORD say to the other men, "Follow him through the city and kill everyone whose forehead is not marked.

6 Show no mercy; have no pity! • Kill them all—old and young, girls and women and little children. But do not touch anyone with

---

desert [dizɔ́ːrt] *vt.* 버리다, 돌보지 않다
provoke [prəvóuk] *vt.* 화나게 하다; 도발하다
sanctuary [sǽŋktʃueri] *n.* 성소
thunder [θʌ́ndər] *vi.* 큰 소리로 말하다
violence [váiələns] *n.* 강포, 폭력

이기 시작했다.

7 주님께서 그 사람들에게 말씀하셨다. "성전을 더럽히고, 사람들의 시체로 뜰을 가득 채워라. 이제 가거라!" 그러자 그 사람들이 밖으로 나가 성 안에 있는 사람들을 죽이기 시작했다.

8 그들이 백성을 죽이고 있는 동안, 나는 홀로 남아 있었다. 땅에 엎드려 주님께 부르짖었다. "오, 주 여호와여! 예루살렘을 향해 이처럼 진노를 쏟아 부으시니 이스라엘의 남은 자들마저 다 죽이시렵니까?'

9 주님께서 내게 대답하셨다. "이스라엘과 유다 백성의 죄가 너무 크다. 땅은 살인자들이 흘린 피로 가득하고 성은 온통 불법투성이다. 그런데도 사람들은 '여호와께서 이 땅을 버리시고 쳐다보시지도 않는다'고 말한다.

10 그러므로 내가 그들을 동정하거나 불쌍히 여기지 않을 것이다. 그들이 저지른 악한 행위대로 돌려주겠다."

11 모시옷을 입고 옆구리에 글쓰는 도구를 찬 사람이 주님께 보고했다. "주님께서 명령하신 대로 모든 일을 다 마쳤습니다."

주의 영광이 성전을 떠나다

10 내가 보니 두 날개 달린 생물인 그룹들의 머리 위로 창공이 있었고, 그 위로 청옥으로 된 보좌 같은 것이 보였다.

2 하나님께서 모시옷을 입은 사람에게 말씀하셨다. "너는 그룹 밑 바퀴 사이로 들어가서 생물들 사이에 있는 숯불을 두 손 가득 움켜쥐고 이 성 위에 뿌려라." 그는 내가 보는 앞에서 그곳으로 들어갔다.

3 그 사람이 들어갈 때, 그룹들은 성전 남쪽에 서 있었고 구름이 안뜰을 가득 채우고 있었다.

4 여호와의 영광이 그룹들에게서 떠올라 성전 문지방으로 옮겨 가니 성전은 구름으로 가득 차고 뜰은 여호와의 영광에서 비치는 밝은 빛으로 가득 찼다.

5 그룹들의 날개 치는 소리가 바깥뜰까지 들렸는데 전능하신 하나님이 말씀하시는 음성 같았다.

6 주님께서 모시옷을 입은 사람에게 명령하셨다. "바퀴 사이, 곧 두 날개 달린 생물인 그룹들 사이에서 불을 가져오너라." 그러자 그 사람이 들어가 바퀴 옆에 섰다.

7 한 그룹이 그룹들 사이에 손을 내밀고 불을 집어 모시옷을 입은 사람에게 넘겨 주었더니 그가 그것을 받아 들고 밖으로 나갔다.

8 그때, 그룹들의 날개 아래로 사람의 손 같은 것이 나타났다.

---

the mark. Begin right here at the Temple." So they began by killing the seventy leaders.

• "Defile the Temple!" the LORD commanded. "Fill its courtyards with corpses. Go!" So they went and began killing throughout the city.

8 • While they were out killing, I was all alone. I fell face down on the ground and cried out, "O Sovereign LORD! Will your fury against Jerusalem wipe out everyone left in Israel?'

9 • Then he said to me, "The sins of the people of Israel and Judah are very, very great. The entire land is full of murder; the city is filled with injustice. They are saying, 'The LORD doesn't see it! The LORD has abandoned the

10 land!' • So I will not spare them or have any pity on them. I will fully repay them for all they have done."

11 • Then the man in linen clothing, who carried the writer's case, reported back and said, "I have done as you commanded."

The LORD's Glory Leaves the Temple

10 In my vision I saw what appeared to be a throne of blue lapis lazuli above the crystal surface over the heads of the cherubim.

2 • Then the LORD spoke to the man in linen clothing and said, "Go between the whirling wheels beneath the cherubim, and take a handful of burning coals and scatter them over the city." He did this as I watched.

3 • The cherubim were standing at the south end of the Temple when the man went in, and the cloud of glory filled the inner court-

4 yard. • Then the glory of the LORD rose up from above the cherubim and went over to the entrance of the Temple. The Temple was filled with this cloud of glory, and the court-yard glowed brightly with the glory of the

5 LORD. • The moving wings of the cherubim sounded like the voice of God Almighty* and could be heard even in the outer courtyard.

6 • The LORD said to the man in linen clothing, "Go between the cherubim and take some burning coals from between the wheels." So the man went in and stood beside one of the

7 wheels. • Then one of the cherubim reached out his hand and took some live coals from the fire burning among them. He put the coals into the hands of the man in linen clothing,

8 and the man took them and went out. • (All the cherubim had what looked like human hands under their wings.)

surface [sə́ːrfis] *n.* 겉, 외면
whirling [hwə́ːrliŋ] *a.* 빙빙 도는

10:5 Hebrew *El-Shaddai*.

9 그룹 곁에 네 바퀴가 있는데, 각 그룹 곁에 바퀴가 하나씩 있었고 그 바퀴의 모양은 녹주석 같았다.

10 네 바퀴의 모양은 다 똑같았는데 마치 바퀴 안에 다른 바퀴가 있는 것 같았다.

11 그룹들이 움직일 때에는 방향을 바꾸지 않고 오직 머리가 있는 쪽으로만 움직였다.

12 등과 손과 날개를 포함하여 그룹들의 온몸은 마치 네 바퀴에 눈이 가득 달려 있듯이 눈으로 가득 차 있었다.

13 누군가가 바퀴의 이름을 '도는 것'이라고 불렀다.

14 그룹들은 각각 네 얼굴을 가졌는데, 첫째 얼굴은 두 날개 달린 생물인 그룹의 얼굴이었고, 둘째 얼굴은 사람의 얼굴이었고, 셋째 얼굴은 사자의 얼굴이었고, 넷째 얼굴은 독수리의 얼굴이었다.

15 그때, 그룹들이 위로 날아올랐다. 그들은 내가 그발 강가에서 보았던 것과 같은 생물들이었다.

16 그룹들이 움직이자 바퀴들도 그 곁에서 함께 움직였고, 그룹들이 땅에서 날개를 펴고 날아오르자, 바퀴들도 그 곁을 떠나지 않았다.

17 그룹들이 멈추면 바퀴들도 멈췄고, 그룹들이 올라가면 바퀴들도 올라갔다. 그것은 생물들의 영이 바퀴 안에 있었기 때문이었다.

18 여호와의 영광이 성전 문지방을 떠나 그룹들 위에 머물렀다.

19 내가 보는 앞에서 그룹들이 날개를 펴고 날아오르자 바퀴들도 그 곁에서 함께 올라갔다. 그룹들이 여호와의 성전 동쪽 입구에 머물렀고 이스라엘 하나님의 영광이 그들 위에 있었다.

20 이들은 그발 강가에서 이스라엘 하나님의 아래에 있었던 생물들이었다. 나는 그들이 두 날개 달린 생물인 그룹이라는 것을 알게 되었다.

21 각 생물은 얼굴이 넷이었고, 날개가 넷이었으며, 그들의 날개 밑에는 사람의 손처럼 보이는 것이 있었다.

22 그들의 얼굴 모습은 내가 그발 강가에서 보았던 것과 똑같았으며 각 생물들은 앞을 향하여 곧게 움직였다.

악한 지도자들에 대한 예언

11 주님의 영이 나를 들어 올려 성전 동문으로 데려가셨다. 문 어귀에 사람 이십오 명이 서 있었다. 그들 사이로 앗술의 아들 야아사냐와 브나야의 아들 블라댜의 모습도 보였는데, 그들은 백성의 지도자들이었다.

2 주님께서 내게 말씀하셨다. "사람아, 이들은 이 성에서 악한 마음을 품고 못된 짓을 꾸미는 자들

9 •I looked, and each of the four cherubim had a wheel beside him, and the wheels 10 sparkled like beryl. •All four wheels looked alike and were made the same; each wheel had a second wheel turning crosswise within 11 it. •The cherubim could move in any of the four directions they faced, without turning as they moved. They went straight in the direc-12 tion they faced, never turning aside. •Both the cherubim and the wheels were covered with eyes. The cherubim had eyes all over their bodies, including their hands, their 13 backs, and their wings. •I heard someone refer to the wheels as "the whirling wheels."

14 •Each of the four cherubim had four faces: the first was the face of an ox,* the second was a human face, the third was the face of a lion, and the fourth was the face of an eagle.

15 •Then the cherubim rose upward. These were the same living beings I had seen beside 16 the Kebar River. •When the cherubim moved, the wheels moved with them. When they lifted their wings to fly, the wheels stayed 17 beside them. •When the cherubim stopped, the wheels stopped. When they flew upward, the wheels rose up, for the spirit of the living beings was in the wheels.

18 •Then the glory of the LORD moved out from the entrance of the Temple and hovered 19 above the cherubim. •And as I watched, the cherubim flew with their wheels to the east gate of the LORD's Temple. And the glory of the God of Israel hovered above them.

20 •These were the same living beings I had seen beneath the God of Israel when I was by the Kebar River. I knew they were cherubim, 21 •for each had four faces and four wings and what looked like human hands under their 22 wings. •And their faces were just like the faces of the beings I had seen at the Kebar, and they traveled straight ahead, just as the others had.

Judgment on Israel's Leaders

11 Then the Spirit lifted me and brought me to the east gateway of the LORD's Temple, where I saw twenty-five prominent men of the city. Among them were Jaazaniah son of Azzur and Pelatiah son of Benaiah, who were leaders among the people.

2 •The Spirit said to me, "Son of man, these are the men who are planning evil and giving

crosswise [krɔ́ːswaiz] *ad.* 가로로; 거꾸로
hover [hávər] *vi.* 공중에 떠돌다
prominent [prámənənt] *a.* 유명한
refer [rifớːr] *vi.* 언급하다
sparkle [spáːrkl] *vi.* 번쩍이다

10:14 Hebrew *the face of a cherub;* compare 1:10.

이다.

3 그들이 말하기를 '아직 집을 지을 때가 되지 않았다. 이 성은 솥이고 우리는 고기' 라고 한다.

4 그러므로, 사람아, 그들을 향해 심판을 예언하고 또 예언하여라.”

5 그때 주님의 영이 내게 오셔서 다음과 같이 전하라고 말씀하셨다. “여호와께서 이렇게 말씀하신다. 이스라엘 백성아, 너희가 그런 말을 하지만 나는 너희가 무슨 생각을 하는지 다 안다.

6 너희는 이 성에서 수많은 사람을 죽였고, 그 시체로 거리를 메웠다.

7 그러므로 내가 말한다. 이 성은 솥이고, 너희가 그곳에 던져 버린 시체들은 고기이다. 그러나 나는 너희를 이 성에서 쫓아내겠다.

8 나 주 여호와가 말한다. 너희가 칼을 두려워하므로 내가 너희에게 칼을 보내겠다.

9 내가 너희를 이 성에서 끌어 내어 다른 나라 사람들에게 넘겨 주고 박해를 받게 하겠다.

10 너희는 칼로 말미암아 죽을 것이다. 내가 너희를 이스라엘 국경에서 심판하겠다. 그때에 너희는 내가 여호와라는 것을 알게 될 것이다.

11 이 성은 너희의 솥이 되지 않고 너희는 이 성의 고기가 되지 않을 것이다. 내가 너희를 이스라엘 국경에서 처벌하겠다.

12 그때에 너희는 내가 여호와라는 것을 알게 될 것이다. 너희는 내가 만든 법대로 살지 않고 내 규례를 지키지 않았다. 오히려 너희 주변에 있는 나라들과 똑같이 살았다.”

13 내가 예언하는 사이에 브나야의 아들 블라댜가 죽었다. 그래서 내가 땅에 엎드려 큰 소리로 외쳤다. “주 여호와여! 이스라엘 백성 가운데 살아남은 자마저 완전히 없애시렵니까?”

이스라엘의 회복을 약속하시다

14 여호와께서 내게 말씀하셨다.

15 “사람아, 예루살렘의 주민들이 네 친척, 너와 같이 포로가 된 이스라엘 백성들에게 '여호와께서 당신들을 멀리 떠나셨다. 이제 이 땅은 우리의 재산이 되었다' 라고 한다.

16 그러므로 너는 그들에게 주 여호와의 말씀을 알려라. '내가 비록 너희를 여러 민족들 가운데로 쫓고 사방에 흩어 놓았지만, 너희가 쫓겨간 나라에서 내가 잠시 동안, 그들의 성소가 되어 주겠다.'

17 너는 또 그들에게 주 여호와의 말씀을 전하여라. '내가 여러 민족들 가운데서 너희를 다시 모아들이겠다. 여러 나라에 흩어진 너희를 데려와 이스라엘 땅을 다시 너희에게 주겠다.'

3 wicked counsel in this city. • They say to the people, 'Is it not a good time to build houses? This city is like an iron pot. We are safe inside

4 it like meat in a pot.* • Therefore, son of man, prophesy against them loudly and clearly."

5 • Then the Spirit of the LORD came upon me, and he told me to say, "This is what the LORD says to the people of Israel: I know what you are saying, for I know every thought that

6 comes into your minds. • You have murdered many in this city and filled its streets with the dead.

7 • "Therefore, this is what the Sovereign LORD says: This city is an iron pot all right, but the pieces of meat are the victims of your injustice. As for you, I will soon drag you from this

8 pot. • I will bring on you the sword of war you so greatly fear, says the Sovereign LORD. • I will

9 drive you out of Jerusalem and hand you over to foreigners, who will carry out my judg-

10 ments against you. • You will be slaughtered all the way to the borders of Israel. I will execute judgment on you, and you will know

11 that I am the LORD. • No, this city will not be an iron pot for you, and you will not be like meat safe inside it. I will judge you even to the

12 borders of Israel, • and you will know that I am the LORD. For you have refused to obey my decrees and regulations; instead, you have copied the standards of the nations around you."

13 • While I was still prophesying, Pelatiah son of Benaiah suddenly died. Then I fell face down on the ground and cried out, "O Sovereign LORD, are you going to kill everyone in Israel?"

Hope for Exiled Israel

14 • Then this message came to me from the

15 LORD: • "Son of man, the people still left in Jerusalem are talking about you and your relatives and all the people of Israel who are in exile. They are saying, 'Those people are far away from the LORD, so now he has given their land to us!'

16 • "Therefore, tell the exiles, 'This is what the Sovereign LORD says: Although I have scattered you in the countries of the world, I will be a sanctuary to you during your time in

17 exile. • I, the Sovereign LORD, will gather you back from the nations where you have been scattered, and I will give you the land of Israel

---

execute [éksikjùːt] *vt.* 집행하다
exile [égzail] *n. vt.* 추방(된 자); 추방하다
vile [váil] *a.* 비열한, 타락한; 혐오감을 주는

11:3 Hebrew *This city is the pot, and we are the meat.*

18 그러면 그들이 그 땅으로 가서 그곳의 온갖 더럽고 추악한 우상들을 제거할 것이다.

19 내가 그들에게 한 마음을 주고 새 영을 넣어 주겠다. 돌같이 굳은 마음을 제거하고 살같이 부드러운 마음을 주겠다.

20 그러면 그들이 내 규례대로 살고 내 법을 지킬 것이다. 그들은 내 백성이 되고 나는 그들의 하나님이 될 것이다.

21 그러나 악하고 역겨운 우상을 따르는 자에게는 그들이 행한 대로 갚아 주겠다. 나 주여호와의 말이다.”

환상에서 깨어난 에스겔

22 그때에 두 날개 달린 생물인 그룹들이 날개를 들었고 바퀴들은 그 곁에 있었다. 이스라엘 하나님의 영광이 그 위에 있었다.

23 여호와의 영광이 성 안에서 떠올라 성의 동쪽 산 위에 머물렀다.

24 환상 가운데 주님의 영이 나를 들어 올려 바빌로니아*로 끌려간 포로들이 있는 곳으로 데려가셨다. 그런 뒤에 나는 환상에서 깨어났다.

25 나는 여호와께서 내게 보여 주셨던 모든 것을 잡혀 온 사람들에게 이야기해 주었다.

포로에 대한 에스겔의 상징적인 행위

12 여호와께서 내게 말씀하셨다.

2 “사람아, 너는 반역하는 백성 가운데 살고 있다. 그들은 눈이 있어도 보지 못하고 귀가 있어도 듣지 못한다. 왜냐하면 그들은 반역하는 백성이기 때문이다.

3 그러므로 사람아, 포로로 잡혀 가는 것처럼 네 짐을 싸고 대낮에 그들이 보는 앞에서 이리저리로 옮겨다녀라. 이는 그들이 반역하는 백성이라 하더라도 혹시 깨달을지 모르기 때문이다.

4 대낮에 그들이 보는 앞에서, 포로로 끌려갈 사람처럼 짐을 꾸려 밖에 내놓아라. 그리고 저녁이 되면 그들이 보는 앞에서 포로로 잡혀 가는 사람처럼 밖으로 나가거라.

5 그들이 지켜 보는 가운데 벽에 구멍을 뚫고 네 짐을 그리로 갖고 나가거라.

6 너는 그들이 지켜 보는 가운데 짐을 어깨에 메고 어두울 때에 밖으로 나가거라. 나갈 때 네 얼굴을 가려서 땅을 보지 않도록 하여라. 이는 내가 너를 이스라엘 백성에게 보여 줄 징조로 삼았기 때문이다.”

7 그래서 나는 명령대로 포로로 잡혀 갈 사람처럼 대낮에 내 짐들을 모두 싸서 밖으로 내놓았다. 그리고 저녁에는 손으로 벽에 구멍을 뚫고 사람들이 보는 앞에서 내 짐을 어깨에 메고 밖으로 나갔

once again.'

18 • "When the people return to their homeland, they will remove every trace of their vile images and detestable idols. •And I will give them singleness of heart and put a new spirit within them. I will take away their stony, stubborn heart and give them a tender, 20 responsive heart,* •so they will obey my decrees and regulations. Then they will truly 21 be my people, and I will be their God. •But as for those who long for vile images and detestable idols, I will repay them fully for their sins. I, the Sovereign LORD, have spoken!"

The LORD's Glory Leaves Jerusalem

22 •Then the cherubim lifted their wings and rose into the air with their wheels beside them, and the glory of the God of Israel hov-23 ered above them. •Then the glory of the LORD went up from the city and stopped above the mountain to the east.

24 •Afterward the Spirit of God carried me back again to Babylonia,* to the people in 25 exile there. And so ended the vision of my visit to Jerusalem. •And I told the exiles everything the LORD had shown me.

Signs of the Coming Exile

12 Again a message came to me from the LORD: •"Son of man, you live among rebels who have eyes but refuse to see. They have ears but refuse to hear. For they are a rebellious people.

3 •"So now, son of man, pretend you are being sent into exile. Pack the few items an exile could carry, and leave your home to go somewhere else. Do this right in front of the people so they can see you. For perhaps they will pay attention to this, even though they 4 are such rebels. •Bring your baggage outside during the day so they can watch you. Then in the evening, as they are watching, leave your house as captives do when they begin a 5 long march to distant lands. •Dig a hole through the wall while they are watching and 6 go out through it. •As they watch, lift your pack to your shoulders and walk away into the night. Cover your face so you cannot see the land you are leaving. For I have made you a sign for the people of Israel."

7 •So I did as I was told. In broad daylight I brought my pack outside, filled with the things I might carry into exile. Then in the

---

11:19 Hebrew *a heart of flesh.*　　11:24 Or *Chaldea.*

11:24 개역 성경에는 '갈대아' 라고 표기되어 있는데, 이는 바빌로니아를 가리킨다.

다.

8 다음날 아침에 여호와께서 내게 말씀하셨다.

9 "사람아, 반역하는 이스라엘 백성들이 너에게 '도 대체 무슨 일을 하고 있느냐?'라고 묻지 않았느냐?

10 너는 그들에게 말하여라. '이것은 예루살렘의 왕과 그 도시 안에 사는 이스라엘 백성 모두에 대한 말씀 이다.'

11 또한 그들에게 이렇게 말하여라. '나는 너희의 징 조이다. 내가 한 것과 똑같은 일이 너희에게 일어날 것이다. 너희들이 포로가 되어 다른 나라로 끌려갈 것이다.

12 그들 중 왕은 어두울 때에 짐을 어깨에 메고, 벽에 뚫린 커다란 구멍을 통해 밖으로 나갈 것이다. 그가 자기 얼굴을 가렸기 때문에 그 땅을 보지 못하고 떠 날 것이다.'

13 내가 그물을 그 위에 쳐서 내가 만든 함정에 그를 빠 뜨려, 바빌로니아 땅 바빌론으로 끌고 갈 것이다. 그 러나 그는 앞을 보지 못하고 거기서 죽을 것이다.

14 내가 그의 신하들과 군대들을 포함하여 왕 주변에 있는 모든 사람들을 사방으로 흩어 버리고 칼을 빼 들어 그들을 끝까지 뒤쫓을 것이다.

15 내가 그들을 여러 민족들 가운데로 쫓아내고, 여러 나라들 속에 흩어 놓을 때에, 그들은 내가 여호와라 는 것을 알게 될 것이다.

16 그러나 내가 그들 가운데 얼마는 전쟁과 굶주림과 전염 병으로부터 남겨 둘 것이다. 그러면 그들은 그들이 흩어져 사는 곳에서 전에 그들이 저지른 일들이 얼 마나 더러운 일들이었는가를 알게 될 것이다. 그 때에 그들은 내가 여호와라는 것을 알게 될 것이 다."

17 여호와께서 또 내게 말씀하셨다.

18 "사람아, 음식을 먹을 때에 몸을 떨면서 먹고, 물을 마실 때에도 두려움에 떨면서 마셔라.

19 그리고 이 땅 백성에게 말하여라. 주 여호와께서 예 루살렘과 이스라엘 땅에 사는 사람들에 대해 이렇 게 말씀하신다. 그들이 걱정과 두려움에 사로잡혀 빵과 물을 먹고 마실 것이다. 그곳에 사는 모든 사람 들이 저지른 악한 행위들 때문에 그들의 땅이 폐허 가 될 것이기 때문이다.

20 사람들이 살던 마을들은 버려질 것이며 그 땅은 폐 *허가 될 것이다. 그때에 너희는 내가 여호와라는 것* 을 알게 될 것이다."

이스라엘을 향한 속담

21 여호와께서 내게 말씀하셨다.

22 "사람아, 이스라엘 땅에서 사용되고 있는 속담, 곧 '세월은 흐르지만 환상은 이루어지지 않는다'라는 말이 어떻게 된 것이냐?

---

evening while the people looked on, I dug through the wall with my hands and went out into the night with my pack on my shoulder.

8 •The next morning this message came to
9 me from the LORD: • "Son of man, these rebels, the people of Israel, have asked you
10 what all this means. •Say to them, 'This is what the Sovereign LORD says: These actions contain a message for King Zedekiah in Jerusalem* and for all the people of Israel.'
11 •Explain that your actions are a sign to show what will soon happen to them, for they will be driven into exile as captives.
12 • "Even Zedekiah will leave Jerusalem at night through a hole in the wall, taking only what he can carry with him. He will cover his face, and his eyes will not see the land he
13 is leaving. •Then I will throw my net over him and capture him in my snare. I will bring him to Babylon, the land of the Babylonians,* though he will never see it,
14 and he will die there. •I will scatter his servants and warriors to the four winds and
15 send the sword after them. •And when I scatter them among the nations, they will
16 know that I am the LORD. •But I will spare a few of them from death by war, famine, or disease, so they can confess all their detestable sins to their captors. Then they will know that I am the LORD."

17 •Then this message came to me from the
18 LORD: • "Son of man, tremble as you eat your food. Shake with fear as you drink your
19 water. •Tell the people, 'This is what the Sovereign LORD says concerning those living in Israel and Jerusalem: They will eat their food with trembling and sip their water in despair, for their land will be stripped bare
20 because of their violence. •The cities will be destroyed and the farmland made desolate. Then you will know that I am the LORD.'"

A New Proverb for Israel

21 •Again a message came to me from the
22 LORD: • "Son of man, you've heard that proverb they quote in Israel: 'Time passes,

captor [kǽptər] *n.* 체포자, 획득자
confess [kənfés] *vt.* 자백하다
desolate [désəlèt] *a.* 황량한, 황폐한
dig [díg] *vt.* 구멍을 파다
proverb [próuvə:rb] *n.* 속담
quote [kwóut] *vt.* 인용하다
sip [síp] *vt.* (액체를) 찔끔찔끔 마시다
snare [snέər] *n.* 함정
tremble [trémbl] *vi.* 떨다

12:10 Hebrew *the prince in Jerusalem;* similarly in 12:12.   12:13 Or *Chaldeans.*

23 그들에게 말하여라. '주 여호와의 말씀이다. 내가 이제 이 속담을 멈추게 할 것이다. 다시는 이스라엘에서 이 속담이 인용되지 않을 것이다.' 너는 그들에게 이렇게 전하여라. '모든 환상이 이루어질 때가 가까이 왔다.

24 이스라엘 백성들 가운데 다시는 거짓된 환상이나 달콤한 예언들이 없을 것이다.

25 나는 주 여호와다. 내가 말하려고 하는 것은 지체없이 반드시 이루어질 것이다. 반역하는 백성들아, 너희 때에 내가 말한 것을 반드시 이룰 것이니, 나 주 여호와의 말이다.'"

26 여호와께서 다시 내게 말씀하셨다.

27 "사람아, 이스라엘 백성이 말하기를 '에스겔이 본 환상은 먼 훗날에 이루어질 일들이다. 그는 아득히 먼 훗날의 일을 예언하고 있다'라고 한다.

28 그러므로 너는 그들에게 말하여라. '주 여호와의 말씀이다. 나의 말은 하나라도 더 이상 미뤄지지 않을 것이다. 내가 한 말은 반드시 이루어질 것이다.'"

에스겔이 거짓 예언자들에게 말하다

13 여호와께서 내게 말씀하셨다.

2 "사람아, 지금 거짓 예언하고 있는 이스라엘의 예언자들을 향해 말하여라. 자기들 마음대로 예언하는 자들에게 말하여라. '너희는 여호와의 말씀을 들어라.

3 아무것도 본 것이 없이 자기 마음대로 예언하는 어리석은 예언자들에게 재앙이 내릴 것이다.

4 이스라엘 백성들아, 너희 예언자들은 황무지에 사는 여우와 같다.

5 너희의 성벽에 구멍이 뚫리고 무너질 것 같은데도 그들은 그곳을 고치려 하지 않았다. 그러니 그 성이 어떻게 여호와의 날에 전쟁을 견딜 수 있겠는가?

6 너희가 보는 환상은 거짓이며 너희가 하는 예언 역시 가짜다. 내가 너희를 보낸 적이 없는데도, 너희는 내가 말했다고 하면서, 자기들 말이 이루어지기를 바란다.

7 너희는 나의 이름을 빌어 거짓 환상과 속이는 예언을 하지만, 나는 그렇게 예언하라고 말한 적이 없다.

8 그러므로 나 주 여호와가 또 말한다. 너희가 거짓 환상을 보고 속이는 말을 하니 내가 가만히 놔두지 않겠다. 나 주 여호와의 말이다.'

9 내가 헛된 환상을 보고 거짓 예언을 하는 예언자들을 칠 것이다. 그들의 이름은 내 백성의 명단에 적혀 있지 않을 것이며, 이스라엘 백성의 호적에도 기록되지 않을 것이다. 그들이 이스라엘 땅에 들어가지 못할 것이니 그때에 그들이 내가 주 여호와라는 것

23 and prophecies come to nothing.' •Tell the people, 'This is what the Sovereign LORD says: I will put an end to this proverb, and you will soon stop quoting it.' Now give them this new proverb to replace the old one: 'The time has come for every prophecy to be fulfilled!'

24 •"There will be no more false visions and

25 flattering predictions in Israel. •For I am the LORD! If I say it, it will happen. There will be no more delays, you rebels of Israel. I will fulfil my threat of destruction in your own lifetime. I, the Sovereign LORD, have spoken!"

26 •Then this message came to me from the

27 LORD: • "Son of man, the people of Israel are saying, 'He's talking about the distant future. His visions won't come true for a

28 long, long time.' •Therefore, tell them, 'This is what the Sovereign LORD says: No more delay! I will now do everything I have threatened. I, the Sovereign LORD, have spoken!'"

Judgment against False Prophets

13 Then this message came to me from

2 the LORD: • "Son of man, prophesy against the false prophets of Israel who are inventing their own prophecies. Say to

3 them, 'Listen to the word of the LORD. •This is what the Sovereign LORD says: What sorrow awaits the false prophets who are following their own imaginations and have seen nothing at all!

4 •"O people of Israel, these prophets of yours are like jackals digging in the ruins.

5 •They have done nothing to repair the breaks in the walls around the nation. They have not helped it to stand firm in battle on

6 the day of the LORD. •Instead, they have told lies and made false predictions. They say, 'This message is from the LORD,' even though the LORD never sent them. And yet they expect him to fulfill their prophecies!

7 •Can your visions be anything but false if you claim, 'This message is from the LORD,' when I have not even spoken to you?

8 •"Therefore, this is what the Sovereign LORD says: Because what you say is false and your visions are a lie, I will stand against you,

9 says the Sovereign LORD. •I will raise my fist against all the prophets who see false visions and make lying predictions, and they will be banished from the community of Israel. I will blot their names from Israel's record books, and they will never again set foot in

flattering [flǽtəriŋ] *a.* 아첨하는
invent [invent] *vt.* 만들다
threaten [θrétn] *vt.* 위협하다

을 알게 될 것이다.

10 그들이 벌을 받게 되는 것은 내 백성을 잘못된 길로 인도하고, 평화가 없는데도 평화가 있는 것처럼 말했기 때문이다. 이스라엘 백성들이 벽을 허술하게 쌓아도 곁에 회칠을 해서 굳건하게 보이게 했기 때문이다.

11 그러므로 벽에 회칠을 하여 단단하게 보이려 하는 자들에게 그 벽이 무너질 것이라고 말하여라. 비가 격렬하게 올 것이다. 내가 주먹만한 우박을 내리고 폭풍을 보내어 벽을 무너뜨릴 것이다.

12 벽이 무너져 내리면 백성들은 회칠한 벽이 어디로 갔냐고 물을 것이다.

13 그러므로 나 여호와가 말한다. 내가 분노하여 폭풍을 보내고 진노하여 비를 내리고 우박을 쏟아부어 벽을 무너뜨리겠다.

14 너희가 수고하여 회칠한 벽을 내가 무참히 허물어 그 바닥이 드러나게 하겠다. 벽이 무너져 너희가 그 밑에 깔려 죽을 것이니 그때에 너희는 내가 여호와라는 것을 알게 될 것이다.

15 내가 이처럼 벽과 벽에 회칠한 사람들을 내리친 후에 이렇게 말할 것이다. '벽이 없어졌다. 그리고 벽에 회칠한 사람들도 없어졌다.

16 예루살렘에 대해 예언하면서 평화가 없는데도 평화의 환상을 본 이스라엘의 예언자들도 없어졌다.' 나 주 여호와의 말이다.

17 너 사람아, 너는 네 백성 가운데서 자기 마음대로 예언하는 여자들을 바라보고 그들을 향하여 심판을 예언하여라.

18 '주 여호와께서 이렇게 말씀하신다. 팔목에 부적을 매다는 여자들과 길고 작은 온갖 너울을 만들어 사람들을 덫에 빠뜨리는 자들에게 재앙이 있을 것이다. 너희는 내 백성의 목숨을 노리면서 너희의 목숨은 지키려 하느냐!

19 너희는 보리쌀 한 움큼과 빵 몇 조각을 벌기 위해 내 백성 가운데서 나를 욕되게 했다. 너희는 거짓말을 곧이 듣는 내 백성에게 거짓말을 하여, 죽어서는 안 될 사람들을 죽이고 죽어야 할 사람들을 살렸다.

20 그러므로 나 주 여호와가 말한다. 너희가 새들을 유인하듯이 사람들을 유인하는 데 사용하는 부적들을 내가 너희 팔목에서 떼어 버리겠다. 그리고 너희가 새처럼 덫을 놓아 유인했던 사람들을 풀어 주겠다.

21 너희가 쓰고 다니던 너울도 찢어 버려 너희 손에서 내 백성을 구해 낼 것이다. 그들이 다시는 너희의 손아귀에 붙잡히지 않을 것이니, 그때에 너희는 내가 여호와라는 것을 알게 될 것이다.

---

their own land. Then you will know that I am the Sovereign LORD.

10 • "This will happen because these evil prophets deceive my people by saying, 'All is peaceful' when there is no peace at all! It's as if the people have built a flimsy wall, and these prophets are trying to reinforce it by covering it with whitewash! • Tell these whitewashers

11 that their wall will soon fall down. A heavy rainstorm will undermine it; great hailstones

12 and mighty winds will knock it down. • And when the wall falls, the people will cry out, 'What happened to your whitewash?'

13 • "Therefore, this is what the Sovereign LORD says: I will sweep away your white-washed wall with a storm of indignation, with a great flood of anger, and with hailstones of

14 fury. • I will break down your wall right to its foundation, and when it falls, it will crush you. Then you will know that I am the LORD.

15 • At last my anger against the wall and those who covered it with whitewash will be satis-

16 fied. Then I will say to you: 'The wall and those who whitewashed it are both gone. • They were lying prophets who claimed peace would come to Jerusalem when there was no peace. I, the Sovereign LORD, have spoken!

Judgment against False Women Prophets

17 • "Now, son of man, speak out against the women who prophesy from their own imagi-

18 nations. • This is what the Sovereign LORD says: What sorrow awaits you women who are ensnaring the souls of my people, young and old alike. You tie magic charms on their wrists and furnish them with magic veils. Do you think you can trap others without bringing

19 destruction on yourselves? • You bring shame on me among my people for a few handfuls of barley or a piece of bread. By lying to my people who love to listen to lies, you kill those who should not die, and you promise life to those who should not live.

20 • "This is what the Sovereign LORD says: I am against all your magic charms, which you use to ensnare my people like birds. I will tear them from your arms, setting my people free

21 like birds set free from a cage. • I will tear off the magic veils and save my people from your grasp. They will no longer be your victims.

---

ensnare [insnɛ́ar] *vt.* 덫에 걸리게 하다
flimsy [flímzi] *a.* 얇은
furnish [fə́ːrni]] *vt.* 공급하다
indignation [indignéi∫ən] *n.* 분개
reinforce [riːinfɔ́ːrs] *vt.* 강화(보강)하다
undermine [λndərmáin] *vt.* 토대를 침식하다

22 의로운 사람의 마음을 슬프게 한 것은 내가 아니었다. 거짓말로써 의로운 사람의 마음을 근심하게 한 사람은 너희다. 너희는 악한 사람을 부추겨서 그들이 가고 있는 악한 길에서 돌이키지 못하게 했다. 그들이 목숨을 건지지 못한 것은 너희들 때문이었다.

23 그러므로 너희가 다시는 헛된 환상을 보지 못하고 거짓 예언을 못할 것이다. 내가 내 백성을 너희의 손아귀에서 건져 낼 것이니 그때에 너희는 내가 여호와라는 것을 알게 될 것이다.'"

우상 숭배를 멈추게 하시다

14 몇몇 이스라엘 장로들이 내 앞에 나아와 앉았다.

2 그때에 여호와께서 내게 말씀하셨다.

3 "사람아, 이 사람들은 마음속에 우상을 만들어 섬기고, 악하고 걸림돌이 되는 것들을 앞에 놓고 절하는 자들이다. 이런 사람들이 내게 찾아온다고 내가 만나 줄 수 있겠느냐?

4 그러므로 그들에게 다음과 같이 전하여라. '주 여호와께서 이렇게 말씀하신다. 어떤 이스라엘 사람이 그 마음속에 우상을 만들어 섬기고, 악하고 걸림돌이 되는 것들을 만들어 섬기면서 하나님의 뜻을 물으러 예언자를 찾아가면, 나 여호와가 그런 사람에게 반드시 대답해 주겠다. 그가 큰 우상을 섬겼으므로, 내가 그를 죽일 것이다.

5 내가 이렇게 행동하는 것은 나를 버리고 온갖 우상을 섬기는 이스라엘 백성의 마음을 돌이키기 위해서이다.'

6 그러므로 이스라엘 백성에게 말하여라. '주 여호와께서 이렇게 말씀하신다. 회개하여라. 우상 섬기는 일에서 돌아서라. 내가 미워하는 모든 일을 멀리하여라.

7 이스라엘 백성이나 이스라엘에 사는 외국인 가운데서 나를 저버리고 그 마음에 우상 섬기기를 좋아하며 악한 것으로 걸림돌을 만들어 섬기는 사람이 내 뜻을 물으려고 예언자를 찾아가면, 나 여호와가 몸소 대답해 주겠다.

8 내가 그를 저버려 후대를 위한 표본과 속담거리가 되게 하겠다. 내가 그를 내 백성 가운데서 없애 버릴 것이니, 그때에 너희는 내가 여호와라는 것을 알게 될 것이다.

9 만일 어떤 예언자가 유혹을 받아 예언하면 그것은 나 여호와가 그를 유혹하여 예언하게 한 것이다. 내가 내 능력으로 그를 쳐서 내 백성 이스라엘 가운데서 그를 없애 버릴 것이다.

10 예언자에게 묻는 사람이나 예언자나 모두 죄가 같으므로 둘 다 자기 죗값을 받을 것이다.

11 그때에 이스라엘이 다시는 나를 저버리지 않

Then you will know that I am the LORD.

22 • You have discouraged the righteous with your lies, but I didn't want them to be sad. And you have encouraged the wicked by promising them life, even though they continue in their sins. • Because of all this, you

23 will no longer talk of seeing visions that you never saw, nor will you make predictions. For I will rescue my people from your grasp. Then you will know that I am the LORD."

The Idolatry of Israel's Leaders

14 Then some of the leaders of Israel visited me, and while they were sitting

2 with me, • this message came to me from

3 the LORD: • "Son of man, these leaders have set up idols* in their hearts. They have embraced things that will make them fall into sin. Why should I listen to their requests? • Tell them, 'This is what the Sovereign

4 LORD says: The people of Israel have set up idols in their hearts and fallen into sin, and then they go to a prophet asking for a message. So I, the LORD, will give them the kind

5 of answer their great idolatry deserves. • I will do this to capture the minds and hearts of all my people who have turned from me to worship their detestable idols.'

6 • "Therefore, tell the people of Israel, 'This is what the Sovereign LORD says: Repent and turn away from your idols, and stop all your

7 detestable sins. • I, the LORD, will answer all those, both Israelites and foreigners, who reject me and set up idols in their hearts and so fall into sin, and who then come to a

8 prophet asking for my advice. • I will turn against such people and make a terrible example of them, eliminating them from among my people. Then you will know that I am the LORD.

9 • "And if a prophet is deceived into giving a message, it is because I, the LORD, have deceived that prophet. I will lift my fist against such prophets and cut them off from

10 the community of Israel. • False prophets and those who seek their guidance will all be

11 punished for their sins. • In this way, the people of Israel will learn not to stray from

---

discourage [diskɔ́:ridʒ] *vt.* 낙담시키다
eliminate [ilímənèit] *vt.* 제거하다
embrace [imbréis] *vt.* 포옹하다, 신봉하다
grasp [græsp] *n.* (손이 닿는) 범위; 통제, 지배
idolatry [aidálətri] *n.* 우상 숭배
repent [ripént] *vi.* 회개하다
stray [strei] *vi.* 나쁜 길로 빠지다, 타락하다

14:3 The Hebrew term (literally *round things*) probably alludes to dung; also in 14:4, 5, 6, 7.

을 것이며, 다시는 온갖 죄로 자기 몸을 더럽히지 않을 것이다. 그들은 내 백성이 되고, 나는 그들의 하나님이 될 것이다. 나 주 여호와의 말이다.'"

피할 수 없는 하나님의 심판

12 여호와께서 내게 말씀하셨다.

13 "사람아, 어떤 나라가 내게 신실하지 않음으로 죄를 지었다고 하자. 그러면 내가 손을 뻗쳐 그들의 양식을 끊어 버리고 그 땅에 기근을 보내어 사람들과 짐승들을 모두 멸망시키겠다.

14 비록 그 나라에 노아와 다니엘과 욥과 같은 위대한 사람이 있다 하더라도 그들은 자기들의 의로움으로 자기 목숨만 건질 수 있을 뿐이다. 나 주 여호와의 말이다.

15 내가 그 땅에 사나운 들짐승들을 보내어 그 땅을 황무지로 만들고 거친 들판이 되게 하여 아무도 지나다니지 못하게 하였다고 하자.

16 나의 삶을 두고 맹세하지만 그때에 노아와 다니엘과 욥이 그 땅에 있다 하더라도 그들은 자기 자녀들도 구하지 못할 것이다. 그들 자신들만 구원받을 것이며 그 땅은 황무지가 될 것이다. 나 주 여호와의 말이다.

17 만일 내가 그 땅에 전쟁을 일으키고 말하기를 '그 땅에 전쟁이 일어나 사람과 짐승을 멸망시켰다' 라고 하자.

18 나의 삶을 두고 맹세하지만 그때에 이 세 사람이 그 땅에 있다 하더라도 그들은 자기 자녀들도 구출하지 못하고 자신들만 구원 받을 것이다.

19 만일 내가 그 땅에 전염병을 퍼뜨리고 내 분노를 쏟아 부어 사람과 짐승을 멸망시켰다 하자.

20 나의 삶을 두고 맹세하지만 그때에 노아와 다니엘과 욥이 그 땅에 있다 하더라도 그들은 자기 자녀들도 구출하지 못할 것이다. 그들은 자기의 의로움으로 오직 자기 목숨만을 구해 낼 것이다.

21 나 여호와가 말한다. 내가 네 가지 무서운 재앙들, 곧 전쟁과 기근과 사나운 들짐승들과 전염병을 예루살렘에 보내어 그 안에 사는 사람들과 가축들을 죽인다면 그 피해가 얼마나 크겠느냐?

22 그러나 그 가운데서도 살아남는 자녀들이 있을 것인데 그들은 예루살렘 성에서 끌려나와 너희에게로 올 것이다. 너희는 그들의 행동과 행위들을 보고 내가 예루살렘에 내린 재앙에 대해 위로를 받을 것이다. 다시 말해서 내가 그곳에 내린 온갖 재앙들과 불행들에 대해 위로를 받을 것이다.

23 너희는 그들의 행동과 행위들을 보고 위로를 받을 것이다. 너희는 내가 예루살렘에 한 모든 일에 다 이유가 있었다는 것을 알게 될 것이다. 나 주 여호와의 말이다."

---

me, polluting themselves with sin. They will be my people, and I will be their God. I, the Sovereign LORD, have spoken!' "

The Certainty of the LORD's Judgment

12 • Then this message came to me from the 13 LORD: • "Son of man, suppose the people of a country were to sin against me, and I lifted my fist to crush them, cutting off their food supply and sending a famine to destroy both 14 people and animals. • Even if Noah, Daniel, and Job were there, their righteousness would save no one but themselves, says the Sovereign LORD.

15 • "Or suppose I were to send wild animals to invade the country, kill the people, and make the land too desolate and dangerous 16 to pass through. • As surely as I live, says the Sovereign LORD, even if those three men were there, they wouldn't be able to save their own sons or daughters. They alone would be saved, but the land would be made desolate.

17 • "Or suppose I were to bring war against the land, and I sent enemy armies to destroy 18 both people and animals. • As surely as I live, says the Sovereign LORD, even if those three men were there, they wouldn't be able to save their own sons or daughters. They alone would be saved.

19 • "Or suppose I were to pour out my fury by sending an epidemic into the land, and the disease killed people and animals alike. 20 • As surely as I live, says the Sovereign LORD, even if Noah, Daniel, and Job were there, they wouldn't be able to save their own sons or daughters. They alone would be saved by their righteousness.

21 • "Now this is what the Sovereign LORD says: How terrible it will be when all four of these dreadful punishments fall upon Jerusalem—war, famine, wild animals, and disease—destroying all her people and ani-22 mals. • Yet there will be survivors, and they will come here to join you as exiles in Babylon. You will see with your own eyes how wicked they are, and then you will feel better about what I have done to Jerusalem. 23 • When you meet them and see their behavior, you will understand that these things are not being done to Israel without cause. I, the Sovereign LORD, have spoken!"

desolate [désələt] *a.* 황량한, 황폐한
epidemic [èpədémik] *n.* 유행병
famine [fǽmin] *n.* 기근
fury [fjúəri] *n.* 격분, 분노
sovereign [sávərən] *a.* 주권(통치권)이 있는
14:11 pollute oneself with…: …에 물들다

포도나무 이야기

15 여호와께서 내게 말씀하셨다.

2 "사람아, 포도나무가 다른 나무보다 더 쓸모가 있느냐? 숲 속의 다른 나무보다 무엇이 더 나으냐?

3 포도나무로 무엇을 만들겠느냐? 그것으로 못을 만들어 물건을 걸어 둘 수 있겠느냐?

4 포도나무는 땔감밖에 달리 사용할 곳이 없다. 불이 나뭇가지의 양쪽 끝 부분을 태우고, 가운데 부분까지 태우면 그것을 어느 곳에 쓰겠느냐?

5 곧게 자란 포도나무로도 만들 수 있는 것이 하나도 없는데 하물며 불에 타 버린 포도나뭇가지로 무엇을 할 수 있겠느냐?

6 그러므로 나 주 여호와가 말한다. 내가 수풀 가운데서 포도나무를 베어 땔감으로 불에 던져 넣었듯이 예루살렘에 사는 백성들도 그렇게 만들 것이다.

7 내가 그들을 여지없이 치겠다. 그들이 불을 피하더라도 불이 그들을 쫓아가 태워 버릴 것이다. 내가 그들을 칠 때에 너희는 내가 여호와라는 것을 알게 될 것이다.

8 내가 그 땅을 거친 들판으로 만들 것이니 이는 그 백성이 내게 신실하지 않았기 때문이다. 나 주 여호와의 말이다."

타락한 예루살렘

16 여호와께서 내게 말씀하셨다.

2 "예루살렘에게 그들이 저지른 악한 일들을 알려라.

3 주 여호와께서 예루살렘을 향해 이렇게 말씀하신다. 너희 조상들이 가나안 땅에 있었고, 너희도 가나안 땅에서 태어났다. 너희 아버지는 아모리 사람이고, 너희 어머니는 헷 사람이다.

4 네가 태어난 날을 기억하여라. 아무도 네 탯줄을 잘라 주지 않았고, 네 몸을 물로 깨끗하게 씻기지도 않았다. 아무도 네 몸을 소금으로 문지르지 않았고, 천으로 따스하게 감싸 주지도 않았다.

5 너를 불쌍히 여기며 너에게 이렇게 해 준 사람이 아무도 없었다. 너는 들판에 버려진 아기였다. 네가 태어난 날에 너를 반기는 사람이 없어 너를 들판에 버린 것이다.

6 그때에 내가 네 곁을 지나가게 되었다. 네가 피투성이가 된 채로 버둥거리고 있는 것을 보고, '너는 살아야 돼! 반드시 살아나야 해!' 라고 소리질렀다.

7 내가 너를 밭의 식물처럼 키웠더니 너는 잘 자라나 아름다운 보석처럼 되었다. 젖가슴이 나오고 머리가 자라났다. 하지만 너는 벌거벗고 있었다.

8 그 뒤에 내가 네 곁을 지나가다가 보니 너는 성숙한 처녀가 되어 있었다. 그래서 내가 내 옷을 벗어 네

Jerusalem — a Useless Vine

15 Then this message came to me from the LORD:

2 •"Son of man, how does a grapevine compare to a tree? Is a vine's wood

3 as useful as the wood of a tree? •Can its wood be used for making things, like pegs to

4 hang up pots and pans? •No, it can only be used for fuel, and even as fuel, it burns too

5 quickly. •Vines are useless both before and after being put into the fire!

6 •"And this is what the Sovereign LORD says: The people of Jerusalem are like grapevines growing among the trees of the forest. Since they are useless, I have thrown

7 them on the fire to be burned. •And I will see to it that if they escape from one fire, they will fall into another. When I turn against them, you will know that I am the LORD.

8 •And I will make the land desolate because my people have been unfaithful to me. I, the Sovereign LORD, have spoken!"

Jerusalem — an Unfaithful Wife

16 Then another message came to me from the LORD: •"Son of man, con-

2 front Jerusalem with her detestable sins.

3 •Give her this message from the Sovereign LORD: You are nothing but a Canaanite! Your father was an Amorite and your moth-

4 er a Hittite. •On the day you were born, no one cared about you. Your umbilical cord was not cut, and you were never washed,

5 rubbed with salt, and wrapped in cloth. •No one had the slightest interest in you; no one pitied you or cared for you. On the day you were born, you were unwanted, dumped in a field and left to die.

6 •"But I came by and saw you there, helplessly kicking about in your own blood. As

7 you lay there, I said, 'Live!' •And I helped you to thrive like a plant in the field. You grew up and became a beautiful jewel. Your breasts became full, and your body hair

8 grew, but you were still naked. •And when I passed by again, I saw that you were old enough for love. So I wrapped my cloak around you to cover your nakedness and declared my marriage vows. I made a covenant with you, says the Sovereign LORD, and you became mine.

---

cloak [klóuk] *n.* 외투, 망토
dumped [dʌmpt] *a.* 내버려진
peg [peg] *n.* 못
slight [slait] *a.* 〈최상급으로; 부정문에서〉 조금도 (…않다)
thrive [θráiv] *vi.* (사람, 동식물이) 잘 자라다
umbilical [ʌmbílikəl] *a.* 배꼽의
15:7 see it that… : 꼭 …하게 하다

벌거벗은 몸을 가려 주었고, 너에게 엄숙히 맹세하고 너와 언약을 맺어서 너는 내 것이 되었다. 나 주 여호와의 말이다.

9 내가 물로 네 몸의 피를 씻겨 내고 기름을 발라 주었다.

10 수놓은 옷을 입히고 발에는 고운 가죽신을 신겨 주었다. 고운 모시로 감싸 주고 값비싼 비단옷을 입혀 주었다.

11 팔에는 팔찌를, 목에는 목걸이를 걸어 주고, 값진 보물로 네 몸을 꾸며 주었다.

12 코에는 코걸이를, 귀에는 귀고리를 해 주었고, 머리에는 아름다운 관을 씌워 주었다.

13 이처럼 너는 금과 은으로 치장하고 고운 모시옷과 비단옷과 수놓은 옷을 입었다. 그리고 고운 가루와 꿀과 올리브 기름을 먹고 점점 아름다워지면서 왕비처럼 되었다.

14 너무 아름다워 온 세상에서 가장 유명한 사람이 되었으니, 이는 내가 너를 화려하게 만들었으므로 네 아름다움이 완전해진 것이다. 나 주 여호와의 말이다.

15 그러나 너는 네 아름다움을 믿고, 네 명성을 사용하여 간음하기 시작하였다. 너는 창녀가 되어 지나가는 사람들과 잠자리를 같이 하였다. 네 몸은 그들의 것이 된 것이다.

16 네 아름다운 옷들을 가져다가 산당에 펼쳐 놓고 거기에서 더러운 짓을 했다. 그런 일은 있어서도 안되고 있을 수도 없는 일들이었다.

17 너는 내가 네게 준 금과 은으로 만든 보석을 가지고 남자 우상을 만들고 그것을 가지고 더러운 짓을 했다.

18 내가 네게 주었던 화려한 옷들을 그 우상에 입혔고 내가 준 기름과 향을 그것들에게 제물로 바쳤다.

19 너는 또 내가 네게 준 음식과 고운 가루와 기름과 꿀들을 거짓 신들에게 향기로운 제물로 바쳤다. 네가 이런 짓을 하였다. 나 주 여호와의 말이다.

20 너는 또 너와 나 사이에 태어난 자녀들을 우상에게 제사 음식으로 바쳤다. 너의 창녀 짓이 아직도 부족하느냐?

21 너는 내 자녀들도 죽여 우상에게 희생 제물로 바쳤다.

22 *너는 온갖 더러운 짓과 몸을 파는 짓을 하면서도 네가 어렸을 적, 네가 벌거벗은 채 피투성이인 몸으로 버둥거리던 때를 기억하지 않았다.*

23 나 주 여호와가 말하노라. 너에게 재앙이 내릴 것이다. 네가 이 모든 악한 짓을 하고서도

24 사방에 제단들을 쌓고, 광장마다 신당들을 높이

---

9 • "Then I bathed you and washed off your blood, and I rubbed fragrant oils into your skin. • I gave you expensive clothing of fine linen and silk, beautifully embroidered, and sandals made of fine goatskin leather. • I gave you lovely jewelry, bracelets, beautiful necklaces, • a ring for your nose, earrings for your ears, and a lovely crown for your head. • And so you were adorned with gold and silver. Your clothes were made of fine linen and costly fabric and were beautifully embroidered. You ate the finest foods—choice flour, honey, and olive oil—and became more beautiful than ever. You looked like a queen, and so you were! • Your fame soon spread throughout the world because of your beauty. I dressed you in my splendor and perfected your beauty, says the Sovereign LORD.

15 • "But you thought your fame and beauty were your own. So you gave yourself as a prostitute to every man who came along. Your beauty was theirs for the asking. • You used the lovely things I gave you to make shrines for idols, where you played the prostitute. Unbelievable! How could such a thing ever happen? • You took the very jewels and gold and silver ornaments I had given you and made statues of men and worshiped them. This is adultery against me! • You used the beautifully embroidered clothes I gave you to dress your idols. Then you used my special oil and my incense to worship them. • Imagine it! You set before them as a sacrifice the choice flour, olive oil, and honey I had given you, says the Sovereign LORD.

20 • "Then you took your sons and daughters—the children you had borne to me—and sacrificed them to your gods. Was your prostitution not enough? • Must you also slaughter my children by sacrificing them to idols? • In all your years of adultery and detestable sin, you have not once remembered the days long ago when you lay naked in a field, kicking about in your own blood.

23 • "What sorrow awaits you, says the Sovereign LORD. In addition to all your other wickedness, • you built a pagan shrine and put

---

adorn [ədɔ́ːrn] *vt.* 꾸미다, 장식하다
adultery [ədʌ́ltəri] *n.* 간통, 간음
choice [tʃɔis] *a.* 특상의, 고급의
embroidered [imbrɔ́idərd] *a.* 수놓은
incense [ínsens] *n.* 향
ornament [ɔ́ːrnəmənt] *n.* 장식품, 장신구
pagan [péigən] *a.* 이방의, 이교의
prostitute [prɑ́stətjùːt] *n.* 창녀
rub [rʌb] *vt.* 문질러 바르다
shrine [ʃráin] *n.* 산당
splendor [spléndər] *n.* 화려함

만들었다.

25 거리 입구마다 신당을 세워 그곳을 지나가는 사람에게 창녀처럼 네 몸을 팔았다. 네 아름다운 몸을 천하게 만든 것이다.

26 너는 음란한 이웃 이집트 사람들에게도 몸을 팔았다. 나는 점점 더 심해지는 너의 음란한 욕정에 대해 견딜 수 없어 심하게 분노하였다.

27 그래서 내가 손으로 너를 심하게 쳐서 네 땅 가운데 얼마를 빼앗았고 너의 적수들인 블레셋 여자들에게 넘겨 주었다. 그들까지도 네가 저지른 더러운 짓에 놀랐다.

28 그래도 너는 만족하지 않고 앗시리아 사람들에게 몸을 팔았다. 하지만 너는 여전히 만족하지 않았다.

29 너의 걷잡을 수 없는 음란한 욕망은 상인들의 땅인 바빌로니아까지 이르렀다. 그러나 그것으로도 너는 만족하지 못했다.

30 나 주 여호와가 말한다. 뻔뻔스러운 창녀나 할 짓을 네가 저질렀다. 네 마음의 의지가 참으로 약하기 그지없구나.

31 거리 입구마다 제단들을 세웠고 광장마다 신당들을 만들고 몸을 팔면서 돈도 받지 않았으니 창녀라고도 할 수 없구나.

32 너는 간음하는 아내다. 너는 남편보다 낯선 남자들을 더 좋아한다.

33 창녀들은 몸을 파는 값으로 돈을 받기 마련인데 너는 오히려 선물을 주어 가며 남자들을 불러들였다. 돈을 주면서 그들과 잠자리를 같이 했다.

34 너는 다른 창녀들과는 전혀 다르구나. 세상에 너 같은 창녀가 어디 있겠느냐? 돈을 받기는커녕, 오히려 돈을 주어 가며 몸을 파는구나. 세상에 너 같은 여자가 어디 있느냐?"

창녀에 대한 심판

35 "그러므로 너 창녀야, 나 여호와의 말을 들어라.

36 나 주 여호와가 말하노라. 너는 네 재산을 다 쏟아 부었고 네 연인들과 잠자리를 같이 하며 네 알몸을 드러냈다. 너의 모든 혐오스런 우상들과도 그 짓을 했다. 심지어 너는 네 자녀의 피를 네 우상들에게 바쳤다.

37 그러므로 함께 즐기던 너의 모든 연인들을 불러모으겠다. 네 연인들뿐만 아니라 네가 미워하던 자들까지 사방에서 불러모아 너를 치게 하겠다. 그들이 보는 앞에서 네 몸을 벌거벗겨 부끄러움을 당하게 하겠다.

38 간음하고 살인한 여자들을 심문하듯이 내가 너를 심문하고 형벌을 내릴 것이다. 나의 진노와 질투로 너에게 피의 복수를 할 것이다.

---

25 altars to idols in every town square. •On every street corner you defiled your beauty, offering your body to every passerby in an endless stream of prostitution. •Then you 26 added lustful Egypt to your lovers, provoking my anger with your increasing promiscuity. •That is why I struck you with my fist 27 and reduced your boundaries. I handed you over to your enemies, the Philistines, and even they were shocked by your lewd conduct. •You have prostituted yourself with 28 the Assyrians, too. It seems you can never find enough new lovers! And after your prostitution there, you still were not satisfied. •You added to your lovers by embracing 29 Babylonia,* the land of merchants, but you still weren't satisfied.

30 •"What a sick heart you have, says the Sovereign LORD, to do such things as these, 31 acting like a shameless prostitute. •You build your pagan shrines on every street corner and your altars to idols in every square. In fact, you have been worse than a prostitute, so eager for sin that you have not even 32 demanded payment. •Yes, you are an adulterous wife who takes in strangers instead of 33 her own husband. •Prostitutes charge for their services—but not you! You give gifts to your lovers, bribing them to come and have 34 sex with you. •So you are the opposite of other prostitutes. You pay your lovers instead of their paying you!

Judgment on Jerusalem's Prostitution

35 •"Therefore, you prostitute, listen to this 36 message from the LORD! •This is what the Sovereign LORD says: Because you have poured out your lust and exposed yourself in prostitution to all your lovers, and because you have worshiped detestable idols,* and because you have slaughtered your children 37 as sacrifices to your gods, •this is what I am going to do. I will gather together all your allies—the lovers with whom you have sinned, both those you loved and those you hated—and I will strip you naked in front of 38 them so they can stare at you. •I will punish you for your murder and adultery. I will

---

allude [əlúːd] *vi.* 암시하다, 암시적으로 언급하다
bribe [braib] *vt.* 뇌물을 주다
lewd [luːd] *a.* 음란한
lustful [lʌ́stfəl] *a.* 색을 좋아하는, 육욕적인
promiscuity [prɑməskjúːəti] *n.* 난잡; 난혼
provoke [prəvóuk] *vt.* 불러 일으키다

16:29 Or *Chaldea.*　　16:36 The Hebrew term (literally *round things*) probably alludes to dung.

39 내가 너를 네 연인들의 손에 넘겨 주겠다. 그러면 그들이 네가 세운 제단들을 헐고, 헛된 신을 섬기던 신당들을 무너뜨릴 것이며, 너를 벌거벗겨 버리고, 네 보물을 빼앗아 갈 것이다.

40 그들이 무리를 데려와 너를 향해 돌을 던지고 칼로 찌를 것이다.

41 네 집을 불로 태우고 다른 여자들이 보는 앞에서 너를 벌할 것이다. 이렇게 해서 내가 네 음란한 행동을 끝내겠다. 네가 다시는 네 연인들에게 돈을 주고 몸을 팔지 못할 것이다.

42 그때에야 비로소 너를 향한 내 분노가 풀리겠고 더 이상 네 일 때문에 질투하지 않을 것이며, 내 마음이 평온을 되찾아 다시는 노여워하지 않을 것이다.

43 너는 네 어렸을 때의 일을 기억하지 않고 이 모든 일로 나를 분노하게 만들었다. 그러므로 네가 저지른 행동대로 내가 반드시 갚아 주겠다. 네가 혐오스러운 모든 짓을 저지르고도 그 위에 음란한 죄를 더하지 않았느냐? 나 주 여호와의 말이다.

44 사람마다 너를 두고 '그 어머니에 그 딸'이라는 속담을 말할 것이다.

45 너는 자기 남편과 자녀들을 싫어하던 네 어머니와 닮았다. 그리고 자기 남편과 자식들을 미워하던 네 언니들과도 닮았다. 네 어머니는 헷 여자이고, 네 아버지는 아모리 남자이다.

46 네 언니는 딸들과 함께 북쪽에 사는 사마리아이고, 네 아우는 딸들과 함께 남쪽에 사는 소돔이다.

47 너는 그들보다 더 타락하여 그들이 가는 길보다 한 걸음 더 나갔고, 그들이 저지른 악한 행동보다 더 심하게 행동했다.

48 나 주 여호와가 말하노라. 내 삶을 두고 맹세하지만 네 아우 소돔과 그 딸들도 너와 네 딸들처럼 그렇게 악하지는 않았다.

49 네 아우 소돔의 죄는 다음과 같다. 소돔과 그의 딸들은 거만하였다. 많이 먹어서 살찌고 평안했지만 다른 사람들에 대해선 무관심했다. 가난하고 어려운 사람들을 돕지 않았다.

50 소돔과 그의 딸들은 교만했고 내 앞에서 혐오스러운 짓들을 저질렀다. 그래서 너희가 아는 것처럼 내가 그들을 쫓아냈다.

51 사마리아는 네가 저지른 죄의 절반도 죄를 짓지 않았다. 너는 그들보다 혐오스런 짓을 더 많이 저질렀다. 네가 저지른 혐오스런 짓 때문에 네 언니와 아우는 오히려 착한 사람으로 보일 정도였다.

52 너에 비하면 네 언니와 아우가 저지른 죄는 가벼운 심판을 받았다. 그러므로 너는 부끄러움을 느껴야 할 것이다. 네가 저지른 죄가 너무 혐오스럽기 때문에 그들은 오히려 착한 사람처럼 보였다. 그만큼 네

39 • Then I will give you to these many nations who are your lovers, and they will destroy you. They will knock down your pagan shrines and the altars to your idols. They will strip you and take your beautiful jewels, leaving you stark naked. • They will band

40 together in a mob to stone you and cut you

41 up with swords. • They will burn your homes and punish you in front of many women. I will stop your prostitution and end your payments to your many lovers.

42 • "Then at last my fury against you will be spent, and my jealous anger will subside. I will be calm and will not be angry with you

43 anymore. • But first, because you have not remembered your youth but have angered me by doing all these evil things, I will fully repay you for all of your sins, says the Sovereign LORD. For you have added lewd

44 acts to all your detestable sins. • Everyone who makes up proverbs will say of you,

45 'Like mother, like daughter.' • For your mother loathed her husband and her children, and so do you. And you are exactly like your sisters, for they despised their husbands and their children. Truly your mother was a Hittite and your father an Amorite.

46 • "Your older sister was Samaria, who lived with her daughters in the north. Your younger sister was Sodom, who lived with

47 her daughters in the south. • But you have not merely sinned as they did. You quickly

48 surpassed them in corruption. • As surely as I live, says the Sovereign LORD, Sodom and her daughters were never as wicked as you

49 and your daughters. • Sodom's sins were pride, gluttony, and laziness, while the poor

50 and needy suffered outside her door. • She was proud and committed detestable sins, so I wiped her out, as you have seen.*

51 • "Even Samaria did not commit half your sins. You have done far more detestable things than your sisters ever did. They seem

52 righteous compared to you. • Shame on you! Your sins are so terrible that you make your sisters seem righteous, even virtuous.

---

gluttony [glʌ́təni] *n.* 대식, 폭식
loathe [louð] *vt.* 몹시 싫어하다
mob [mάb] *n.* 폭도
stark [stάːrk] *ad.* 완전히, 아주
subside [səbsáid] *vi.* 가라앉다
surpass [sərpǽs] *vt.* …보다 낫다, 능가하다
virtuous [və́ːrtʃuəs] *a.* 덕 있는

16:50 As in a few Hebrew manuscripts and Greek version; Masoretic Text reads *as I have seen*.

죄가 무거운 것이다. 그러므로 네가 부끄러운 줄 알고 수치를 당함이 마땅하다.

53 그러나 내가 소돔과 그 딸들의 명예를 회복시켜 주겠다. 사마리아와 그 딸들의 운명도 회복시켜 주겠다. 그리고 그들과 함께 너도 회복시켜 주겠다.

54 그때에 너는 수치를 당하고 네가 저지른 모든 짓 때문에 부끄러워질 것이다. 네가 저지른 죄가 너무 커서 네 언니와 아우가 오히려 위로를 받을 것이다.

55 네 아우 소돔과 그 딸들이 옛 지위를 다시 찾을 것이며 네 언니 사마리아와 그 딸들도 옛날에 누렸던 지위를 회복할 것이다. 그리고 너와 네 딸들도 옛 지위를 다시 누리게 될 것이다.

56 네가 교만하던 때에 너는 네 아우 소돔을 무시했었다.

57 즉 네 죄가 드러나기 전에는 네 아우 소돔을 무시했었다. 그런데 이제는 아람* 여자들과 그 이웃들이 너를 조롱하고 블레셋 여자들까지 너를 욕한다. 네 주변에 있는 모든 사람들이 너를 경멸한다.

58 너는 네가 저지른 음란한 죄와 혐오스런 일들에 대해 무거운 책임을 지게 될 것이다. 나 여호와의 말이다."

약속을 지키시는 하나님

59 "나 주 여호와가 말한다. 너는 내 맹세를 무시하고 언약을 깨뜨렸으므로, 네가 행한 대로 내가 너에게 갚아 주겠다.

60 그러나 나는 네 어린 시절에 너와 맺은 내 언약을 기억하고 너와 영원한 언약을 맺겠다.

61 그러면 너는 네가 네 언니와 아우를 맞아들일 때에 네가 한 일들을 기억하고 부끄러워할 것이다. 내가 그들을 네 딸들로 삼아 줄 것이나, 너와 맺은 내 언약 때문에 그들을 주는 것은 아니다.

62 자, 내가 너와 언약을 세우리니 그때에 너는 내가 여호와라는 것을 알게 될 것이다.

63 네가 한 모든 일들을 내가 용서해 줄 때에 너는 옛 일을 기억하고 부끄럽고 창피하여 다시는 입을 열지도 못할 것이다. 나 주 여호와의 말이다."

독수리와 포도나무

17 주님께서 내게 말씀하셨다.

2 "사람아, 수수께끼와 비유를 이스라엘 백성에게 말하여라.

3 그들에게 말하기를, '주 여호와의 말씀에 날개가 크고 깃은 길며, 털이 수북하고 색깔이 화려한 독수리 한 마리가 레바논으로 날아가 백향목* 꼭대기에 올라앉아

---

53 • "But someday I will restore the fortunes of Sodom and Samaria, and I will restore you, 54 too. • Then you will be truly ashamed of everything you have done, for your sins make 55 them feel good in comparison. • Yes, your sisters, Sodom and Samaria, and all their people will be restored, and at that time you also will 56 be restored. • In your proud days you held 57 Sodom in contempt. • But now your greater wickedness has been exposed to all the world, and you are the one who is scorned—by Edom* and all her neighbors and by Philistia. 58 • This is your punishment for all your lewdness and detestable sins, says the LORD.

59 • "Now this is what the Sovereign LORD says: I will give you what you deserve, for you have taken your solemn vows lightly by 60 breaking your covenant. • Yet I will remember the covenant I made with you when you were young, and I will establish an everlasting 61 covenant with you. • Then you will remember with shame all the evil you have done. I will make your sisters, Samaria and Sodom, to be your daughters, even though they are not 62 part of our covenant. • And I will reaffirm my covenant with you, and you will know that I 63 am the LORD. • You will remember your sins and cover your mouth in silent shame when I forgive you of all that you have done. I, the Sovereign LORD, have spoken!"

A Story of Two Eagles

17 Then this message came to me from the 2 LORD: • "Son of man, give this riddle, 3 and tell this story to the people of Israel. • Give them this message from the Sovereign LORD:

"A great eagle with broad wings and long feathers,
covered with many-colored plumage,
came to Lebanon.
He seized the top of a cedar tree

---

comparison [kəmpǽrisən] *n.* 비교
contempt [kəntémpt] *n.* 경멸
deserve [dizə́ːrv] *vt.* …할 (받을) 만하다
exposed [ikspóuzd] *a.* 드러난
lewdness [lúːdnis] *n.* 음란, 비천; 비열
plumage [plúːmidʒ] *n.* (조류의) 깃털
reaffirm [riːəfə́ːrm] *vt.* 재확인하다
scorn [skɔːrn] *vt.* 조롱하다
seize [síːz] *vt.* (불)잡다, 꽉 쥐다
solemn [sáləm] *a.* 엄숙한; 중대한
wickedness [wíkidnis] *n.* 사악

16:57 As in many Hebrew manuscripts and Syriac version; Masoretic Text reads *Aram*.
16:57 다른 사본에는 '에돔'이라고 표기되어 있다.
17:3 개잎갈나무를 가리킨다.

4 연한 가지를 꺾어 가지고 상인들의 땅으로 가져갔다. 그리고 그것을 상인들의 마을에 심었다.

5 그리고 독수리는 그 땅에서 씨를 가져다가 물가에 심은 버드나무처럼 비옥한 땅에 심었다.

6 그러자 심은 씨앗이 자라 땅 위에 낮게 퍼진 싱싱한 포도나무가 되었다. 그 가지들은 독수리를 향해 뻗었고 그 뿌리는 독수리 아래쪽으로 뻗었다. 거기에서 굵고 가는 온갖 가지들이 자라고 새로운 잎새들이 나왔다.

7 또 날개가 크고 깃이 많은 큰 독수리 한 마리가 있었다. 그런데 그 포도나무가 뿌리를 그 독수리 쪽으로 뻗기 시작했다. 그 독수리에게서 더 많은 물을 받으려고 가지들도 그 독수리를 향해 뻗어 나갔다.

8 그 포도나무를 물가의 비옥한 땅에 심은 것은, 가지를 무성하게 하고 많은 열매를 맺어 풍성한 포도나무가 되게 하기 위함이었다.'

9 너는 그들에게, 주 여호와께서 다음과 같이 말씀하신다고 전하여라. '그 포도나무는 더 뻗어 나가지 않을 것이다. 첫 번째 독수리가 그 뿌리를 뽑고 그 열매를 따먹으면, 포도나무가 시들어 버리고 연한 새싹들도 말라 죽을 것이다. 그 포도나무를 뿌리째 뽑는 데 많은 힘이나 사람이 필요하지 않을 것이다.

10 그 포도나무를 다른 곳에 다시 심어도 살아나지 못할 것이다. 동풍이 불어오면 완전히 시들어 죽어 버릴 것이다. 자라던 그 땅에서 말라 버릴 것이다.'"

11 여호와께서 다시 내게 말씀하셨다.

12 "저 반역하는 백성에게 '이 모든 것이 무엇을 뜻하는지 아느냐?' 하고 묻거라. 바빌로니아 왕이 예루살렘에 와서 왕과 귀족들을 붙잡아 바빌론으로 데려갔다.

13 그는 왕족 중 한 사람을 세워 언약을 맺고 충성할 것을 맹세하게 했다. 또 그는 이스라엘의 지도자들도 붙잡아 갔다.

14 이는 이스라엘을 힘없는 나라로 만들어 다시는 강한 나라가 되지 못하게 하고, 바빌로니아 왕과 맺은 언약을 지켜야만 살아남을 수 있게 한 것이었다.

15 그런데도 이스라엘 왕은 이집트로 사신들을 보내어 말과 많은 군인들을 보내 달라고 함으로써 바빌로니아 왕을 배반하였다. 이스라엘 왕이 살아남을 수 있겠는가? 그런 일을 한 사람이 피할 수 있겠느냐? 언약을 어기고도 피할 수 있겠느냐?

4 • and plucked off its highest branch.
He carried it away to a city filled with merchants.
He planted it in a city of traders.

5 • He also took a seedling from the land and planted it in fertile soil.
He placed it beside a broad river,
where it could grow like a willow tree.

6 • It took root there and
grew into a low, spreading vine.
Its branches turned up toward the eagle,
and its roots grew down into the ground.
It produced strong branches
and put out shoots.

7 • But then another great eagle came
with broad wings and full plumage.
So the vine now sent its roots and branches
toward him for water,

8 • even though it was already planted in good soil and had plenty of water
so it could grow into a splendid vine
and produce rich leaves and luscious fruit.

9 • "So now the Sovereign LORD asks:
Will this vine grow and prosper?
No! I will pull it up, roots and all!
I will cut off its fruit
and let its leaves wither and die.
I will pull it up easily
without a strong arm or a large army.

10 • But when the vine is transplanted,
will it thrive?
No, it will wither away
when the east wind blows against it.
It will die in the same good soil
where it had grown so well."

The Riddle Explained

11 • Then this message came to me from the LORD:

12 • "Say to these rebels of Israel: Don't you understand the meaning of this riddle of the eagles? The king of Babylon came to Jerusalem, took away her king and princes, and brought them to Babylon. • He made a treaty with a member of the royal family and forced him to take an oath of loyalty. He also exiled Israel's most influential leaders, • so Israel would not become strong again and revolt. Only by keeping her treaty with Babylon could Israel survive.

15 • "Nevertheless, this man of Israel's royal family rebelled against Babylon, sending ambassadors to Egypt to request a great army and

influential [ìnfluénʃəl] a. 영향력이 있는
luscious [lʌ́ʃəs] a. 달콤한, 맛있는
pluck [plʌ́k] vt. 잡아뜯다
splendid [spléndid] a. 훌륭한; 더할 나위 없는
transplant [trænsplǽnt] vt. 옮겨 심다
treaty [tríːti] n. 언약

16 나 주 여호와가 말하노라. 나의 삶을 두고 맹세하지만 그는 바빌론에서 죽는다. 바빌로니아 왕이 그를 이스라엘 왕으로 세웠지만, 그가 맹세를 어기고 바빌로니아 왕과 맺은 언약을 깨뜨렸으므로 그는 바빌론 땅에서 죽을 것이다.

17 바빌론 사람들이 토성을 쌓고 예루살렘을 공격하여 많은 사람을 죽이려 할 때, 이집트 왕은 강한 군대와 많은 군사들이 있어도 이스라엘 왕을 돕지 않을 것이다.

18 이스라엘 왕은 언약을 어김으로써 맹세를 업신여겼다. 그는 손을 들고 바빌로니아 왕에게 충성을 맹세했지만 이 모든 일을 했으므로 형벌을 피할 길이 없을 것이다.

19 그러므로 나 주 여호와가 말한다. 나의 삶을 두고 맹세하지만 내 맹세를 무시하고 내 언약을 깨뜨린 이스라엘에게 반드시 보복할 것이다.

20 내가 그 위에 그물을 쳐서 내 덫에 걸리게 하고 그를 바빌론으로 끌고 가서 내게 대항한 모든 죄를 심판하겠다.

21 도망가는 모든 군사들은 칼에 맞아 죽을 것이며, 살아남은 사람들도 바람에 날려 흩어질 것이다. 그때에 너희는 나 여호와가 말했다는 것을 알게 될 것이다.

22 나 주 여호와가 말한다. 내가 백향목 꼭대기에서 어린 가지 하나를 꺾어다가 심겠다. 나무 꼭대기 가지 끝에서 연한 가지를 꺾어, 높고 큰 산 위에 심겠다.

23 내가 그 가지를 이스라엘의 높은 산에 심으면, 그 가지가 무성해지고 많은 열매를 맺어 큰 백향목이 될 것이다. 온갖 새들이 그 나무에 둥지를 틀고 나뭇가지 사이에 보금자리를 만들어 살 것이다.

24 그때에 내가 높은 나무는 낮추고, 낮은 나무는 높이고, 푸른 나무는 마르게 하고, 마른 나무는 무성하게 하는 여호와인 줄 알게 하겠다. 나 여호와가 말했으니 그대로 이루어질 것이다."

공의로우신 하나님

18 여호와께서 내게 말씀하셨다.

2 "'이스라엘 땅에 아버지가 신 포도를 먹었으므로 자녀의 이가 시다'라는 속담이 떠도니 그것이 어떻게 된 일이냐?

3 나 주 여호와가 말한다. 나의 삶을 두고 맹세하지만 너희가 다시는 이스라엘에서 이 속담을 쓰지 못하게 될 것이다.

4 모든 생명은 다 내 것이다. 아버지의 생명이 내 것이 듯, 그 아들의 생명도 내 것이니 죄를 짓는 그 사람이 죽을 것이다.

5 만일 어떤 사람이 의롭게 살면서 올바른 일을 하고

---

16 many horses. Can Israel break her sworn treaties like that and get away with it? •No! For as surely as I live, says the Sovereign LORD, the king of Israel will die in Babylon, the land of the king who put him in power and whose treaty he disregarded and broke.

17 •Pharaoh and all his mighty army will fail to help Israel when the king of Babylon lays siege to Jerusalem again and destroys many

18 lives. •For the king of Israel disregarded his treaty and broke it after swearing to obey; therefore, he will not escape.

19 •"So this is what the Sovereign LORD says: As surely as I live, I will punish him for breaking my covenant and disregarding the

20 solemn oath he made in my name. •I will throw my net over him and capture him in my snare. I will bring him to Babylon and put him on trial for this treason against me.

21 •And all his best warriors* will be killed in battle, and those who survive will be scattered to the four winds. Then you will know that I, the LORD, have spoken.

22 •"This is what the Sovereign LORD says: I will take a branch from the top of a tall cedar, and I will plant it on the top of Israel's

23 highest mountain. •It will become a majestic cedar, sending forth its branches and producing seed. Birds of every sort will nest in it, finding shelter in the shade of its branches.

24 •And all the trees will know that it is I, the LORD, who cuts the tall tree down and makes the short tree grow tall. It is I who makes the green tree wither and gives the dead tree new life. I, the LORD, have spoken, and I will do what I said!"

The Justice of a Righteous God

18 Then another message came to me
2 from the LORD: •"Why do you quote this proverb concerning the land of Israel: 'The parents have eaten sour grapes, but their children's mouths pucker at the taste'?

3 •As surely as I live, says the Sovereign LORD, you will not quote this proverb anymore in

4 Israel. •For all people are mine to judge— both parents and children alike. And this is my rule: The person who sins is the one who will die.

5 •"Suppose a certain man is righteous and

---

covenant [kʌ́vənənt] n. 맹약, 서약
pucker [pʌ́kər] vi. 오므라들다
treason [tríːzn] n. 반역죄
17:17 lay siege to … : …을 포위(공격)하다

17:21 As in many Hebrew manuscripts; Masoretic Text reads *his fleeing warriors*. The meaning is uncertain.

6 산 위의 신당에서 음식을 먹지 않고 이스라엘의 우상들에게 눈길을 주지 않으며, 이웃의 아내와 간음하지 않으며, 월경을 하고 있는 여자와 잠자리를 같이 하지 않으며,

7 또 그가 사람을 학대하지 않고 빚진 사람이 담보로 맡긴 것을 돌려 주며, 남의 물건을 빼앗지 않으며, 배고픈 사람에게 먹을 것을 주며, 헐벗은 사람에게 입을 옷을 주며,

8 부당한 이익을 얻기 위해서 돈을 빌려 주거나 지나친 이자를 받지 않고, 악한 일에서 손을 떼며, 사람들 사이의 일을 공정하게 판단하고,

9 또 그가 내 계명들을 지키고, 내 율법들을 잘 지킨다면 그 사람은 의로운 사람이다. 그는 반드시 살 것이다. 나 주 여호와의 말이다.

10 그런데 이 사람에게, 선한 일은 하나도 하지 않고 사람을 죽이는 난폭한 아들이 있다고 하자.

11 그의 아버지와는 반대로 이러한 죄들을 이 아들이 저질렀다 하자. 곧 그가 산 위의 신당에서 음식을 먹거나 이웃의 아내와 잠자리를 같이 하거나,

12 또 가난하고 어려운 사람을 학대하거나 남의 것을 강도질하거나, 빚진 사람이 담보로 맡긴 것을 돌려 주지 않거나, 우상들에게 눈길을 주거나, 혐오스런 일들을 하거나,

13 또 옳지 못한 이익이나 지나친 이자를 바라고 돈을 빌려 주었다고 한다면 이 아들이 살 수 있겠느냐? 아니다. 그는 살 수 없다. 그가 이 모든 혐오스런 일들을 저질렀으므로 그는 반드시 죽어야 할 것이다. 자기 피는 자기에게로 돌아가야 한다.

14 그런데 그에게 아들이 있다 하자. 자기 아버지가 저지른 모든 죄를 보고도 아버지처럼 살지 않고,

15 산 위의 신당에서 음식을 먹지 않으며, 이스라엘의 우상들에게 눈길을 주지 않으며, 이웃의 아내와 잠자리를 같이 하지 않으며,

16 또 사람을 학대하지 않으며, 돈을 빌려 줄 때 담보를 받지 않고, 남의 물건을 빼앗지 않으며, 배고픈 사람에게 음식을 주고, 헐벗은 사람에게 옷을 주며,

17 또 그가 악한 일에서 손을 떼며, 돈을 빌려 줄 때에 높은 이자나 부당한 이익을 얻으려 하지 않으며, 내 율법대로 살아가며, 내 규정들을 잘 지킨다고 한다면, *그 사람은 자기 아버지의 죄 때문에 죽지 않고 반드시 살 것이다.*

18 하지만 그의 아버지는 옳지 못한 방법으로 남의 돈을 빼앗고, 형제의 것을 훔쳤으며, 그의 백성 가운데서 좋지 않은 일을 했으므로, 그는 자기 죄 때문에 죽을 것이다.

19 그런데 너희는 '아버지가 죄를 지었는데 왜 아들이

6 does what is just and right. ●He does not feast in the mountains before Israel's idols* or worship them. He does not commit adultery or have intercourse with a woman during 7 her menstrual period. ●He is a merciful creditor, not keeping the items given as security by poor debtors. He does not rob the poor but instead gives food to the hungry and 8 provides clothes for the needy. ●He grants loans without interest, stays away from injustice, is honest and fair when judging 9 others, ●and faithfully obeys my decrees and regulations. Anyone who does these things is just and will surely live, says the Sovereign LORD.

10 ●"But suppose that man has a son who grows up to be a robber or murderer and 11 refuses to do what is right. ●And that son does all the evil things his father would never do—he worships idols on the moun- 12 tains, commits adultery, ●oppresses the poor and helpless, steals from debtors by refusing to let them redeem their security, worships 13 idols, commits detestable sins, ●and lends money at excessive interest. Should such a sinful person live? No! He must die and must take full blame.

14 ●"But suppose that sinful son, in turn, has a son who sees his father's wickedness and 15 decides against that kind of life. ●This son refuses to worship idols on the mountains 16 and does not commit adultery. ●He does not exploit the poor, but instead is fair to debtors and does not rob them. He gives food to the hungry and provides clothes for 17 the needy. ●He helps the poor,* does not lend money at interest, and obeys all my regulations and decrees. Such a person will not die because of his father's sins; he will 18 surely live. ●But the father will die for his many sins—for being cruel, robbing people, and doing what was clearly wrong among his people.

19 ●"'What?' you ask. 'Doesn't the child pay for the parent's sins?' No! For if the child does what is just and right and keeps my decrees,

---

excessive [iksésiv] *a.* 지나친
exploit [iksplóit] *vt.* 착취하다
intercourse [íntərkɔ̀:rs] *n.* 교제; 성교
menstrual [ménstruəl] *a.* 월경의
oppress [əprés] *vt.* 압박하다, 학대하다
redeem [ridí:m] *vt.* (저당물을) 도로 찾다
security [sikjú:rəti] *n.* 저당(담보)물
18:13 take blame : 책임을 지다

18:6　The Hebrew term (literally *round things*) probably alludes to dung; also in 18:12, 15.
18:17　Greek version reads *He refuses to do evil.*

벌을 받지 않느냐?' 고 묻는다. 그러나 아들은 옳고 바른 일을 했으며 내 규례들을 다 잘 지켰으므로 반드시 살 것이다.

20 죄를 짓는 바로 그 사람이 죽을 것이다. 아버지의 죄 때문에 아들이 벌을 받는 일은 없을 것이다. 또 아들의 죄 때문에 아버지가 벌을 받는 일도 없을 것이다. 이는 의로운 사람의 의는 그 사람의 것이며, 악한 사람의 악도 자기의 몫이기 때문이다.

21 하지만 악한 사람이라도 자기가 저지른 온갖 죄로부터 돌아서서 내 모든 규례들을 지키며 의롭고 올바른 일을 한다면 그는 죽지 않고 반드시 살 것이다.

22 그가 저지른 잘못들은 잊혀질 것이다. 그가 행한 의로운 행동들 때문에 그는 살 것이다.

23 나는 악한 사람이 죽는 것을 즐거워하지 않는다. 나 주 여호와의 말이다. 나는 그가 그 악한 길에서 돌아서서 살기를 바란다.

24 그러나 의로운 사람이 그의 의로움에서 돌아서서 죄를 짓고 악한 사람들처럼 혐오스런 일들을 저지른다면 그가 살 수 있겠느냐? 그가 한 모든 의로운 일들은 다 잊혀질 것이다. 그가 의로운 길에서 돌아서서 죄를 지었으므로, 그는 자기의 죄 때문에 죽을 것이다.

25 그런데도 너희는 '주님의 방식은 공정하지 않다' 고 불평한다. 이스라엘 백성아, 들어라. 내가 공정하지 않더냐? 오히려 너희가 하는 일이 공정하지 못하다.

26 의로운 사람이 의로운 길에서 돌아서서 죄를 짓는다면 그는 죽을 것이다. 그는 죄를 지었기 때문에 죽는 것이다.

27 반대로, 악한 사람이 악한 길에서 돌아서서 의롭고 올바른 일을 한다면 그는 자기 목숨을 건질 것이다.

28 그는 자기가 저지른 못된 행위들을 생각하고 모든 죄에서 떠났으므로 반드시 죽지 않고 살 것이다.

29 그런데도 이스라엘 백성은 '주님의 방식은 공정하지 않다' 라고 말한다. 이스라엘 백성아, 내가 하는 일이 공정하지 않더냐? 오히려 너희가 하는 일이 공정하지 못하다.

30 그러므로 이스라엘 백성들아, 내가 너희를 각 사람이 한 일에 따라 심판하겠다. 나 주 여호와의 말이다. 회개하고 죄에서 돌아서라. 그러면 죄 때문에 망하는 일이 없을 것이다.

31 너희가 지은 모든 죄를 버리고 새 마음과 새 정

20 that child will surely live. ●The person who sins is the one who will die. The child will not be punished for the parent's sins, and the parent will not be punished for the child's sins. Righteous people will be rewarded for their own righteous behavior, and wicked people will be 21 punished for their own wickedness. ●But if wicked people turn away from all their sins and begin to obey my decrees and do what is just 22 and right, they will surely live and not die. ●All their past sins will be forgotten, and they will live because of the righteous things they have done.

23 ●Do you think that I like to see wicked people die? says the Sovereign LORD. Of course not! I want them to turn from their wicked ways 24 and live. ●However, if righteous people turn from their righteous behavior and start doing sinful things and act like other sinners, should they be allowed to live? No, of course not! All their righteous acts will be forgotten, and they will die for their sins.

25 ●"Yet you say, 'The Lord isn't doing what's right!' Listen to me, O people of Israel. Am I the 26 one not doing what's right, or is it you? ●When righteous people turn from their righteous behavior and start doing sinful things, they will die for it. Yes, they will die because of their sinful 27 deeds. ●And if wicked people turn from their wickedness, obey the law, and do what is just 28 and right, they will save their lives. ●They will live because they thought it over and decided to turn from their sins. Such people will not die. 29 ●And yet the people of Israel keep saying, "The Lord isn't doing what's right!' O people of Israel, it is you who are not doing what's right, not I.

30 ●"Therefore, I will judge each of you, O people of Israel, according to your actions, says the Sovereign LORD. Repent, and turn from your 31 sins. Don't let them destroy you! ●Put all your rebellion behind you, and find yourselves a new heart and a new spirit. For why should you die,

---

behavior [bihéivjər] *n.* 행동, 품행
decree [dikrí] *n.* 법령; 명령
deed [dí:d] *n.* 행위, 행동
just [dʒʌst] *a.* 올바른, 공정한
rebellion [ribéljən] *n.* 반역
repent [ripént] *vi.* 회개하다
righteous [ráitʃəs] *a.* 의로운
sinful [sínfəl] *a.* 사악한, 죄 받을
sinner [sínər] *n.* 죄인
spirit [spírit] *n.* 정신, 영
sovereign [sávərən] *a.* 주권을 가진
wicked [wíkid] *a.* 사악한
18:20 be punished for… : …으로 벌받다
18:20 be rewarded for… : …으로 상을 받다

신을 가져라. 이스라엘 백성아, 왜 너희가 죽으려고 하느냐?

32 나 주 여호와가 말한다. 나는 누구든 죽는 것을 즐거워하지 않는다. 회개하여라. 그러면 살 수 있다."

19 "이스라엘의 지도자들을 위해 슬픈 노래를 불러라.

2 너는 이렇게 노래하여라. 네 어머니는 많은 사자들 가운데 용맹스런 암사자였다. 젊은 사자들 가운데서 어린 새끼들을 길렀다.

3 어린 새끼들 가운데 한 마리를 키웠더니, 훗날 힘센 사자가 되어 먹이를 사냥하는 법을 배웠고, 사람도 잡아먹었다.

4 나라들이 그 이야기를 듣고 함정을 파서 그를 잡아 갈고리로 꿰어서 이집트 땅으로 끌고 갔다.

5 암사자는 기다리다가 희망이 없어진 것을 알고 새끼들 가운데서 하나를 데려다가 힘센 사자로 키웠다.

6 그 새끼는 사자들과 어울려 다니다가 힘센 사자가 되었다. 먹이를 잡는 법을 배웠고 사람도 잡아먹었다.

7 그가 사람들의 굳건한 성벽을 헐고 성을 파괴하였다. 그가 으르렁거리니 온 땅과 그 안에 있는 모든 사람들이 두려워 벌벌 떨었다.

8 그러다가 여러 나라들이 그를 치려고 사방에서 몰려왔다. 그들이 그의 위에 그물을 치고 함정을 파서 그를 잡았다.

9 그들은 갈고리로 꿰어 철창 속에 집어넣고 바빌로니아 왕에게 끌고 갔다. 그리고 그를 옥에 넣으니 다시는 이스라엘 산에서 그의 으르렁대는 소리가 들리지 않았다.

10 네 어머니는 물가에 심은 포도나무 같아서, 풍부한 물 덕분에 가지가 무성하고 열매를 많이 맺었다.

11 그 포도나무의 가지는 튼튼하여 왕이 *지니는 홀이 되었다. 그 가지는 높이 자라서* 다른 나무들 가운데 돋보였고 높고 가지가 많아 눈에 띄는 나무가 되었다.

12 그러나 분노 가운데 그 뿌리가 뽑혀 땅에 내던져지니 동풍이 불어서 그 과일이 마르고 튼튼한 가지들은 말라서 불

32 O people of Israel? •I don't want you to die, says the Sovereign LORD. Turn back and live!

A Funeral Song for Israel's Kings

19 "Sing this funeral song for the princes of Israel:

2 • "What is your mother?
     A lioness among lions!
She lay down among the young lions
     and reared her cubs.

3 • She raised one of her cubs
     to become a strong young lion.
He learned to hunt and devour prey,
     and he became a man-eater.

4 • Then the nations heard about him,
     and he was trapped in their pit.
They led him away with hooks
     to the land of Egypt.

5 • "When the lioness saw
     that her hopes for him were gone,
she took another of her cubs
     and taught him to be a strong young lion.

6 • He prowled among the other lions
     and stood out among them in his strength.
He learned to hunt and devour prey,
     and he, too, became a man-eater.

7 • He demolished fortresses*
     and destroyed their towns and cities.
Their farms were desolated,
     and their crops were destroyed.
The land and its people trembled in fear
     when they heard him roar.

8 • Then the armies of the nations attacked him,
     surrounding him from every direction.
They threw a net over him
     and captured him in their pit.

9 • With hooks, they dragged him into a cage
     and brought him before the king of Babylon.
They held him in captivity,
     so his voice could never again be heard
     on the mountains of Israel.

10 • "Your mother was like a vine
     planted by the water's edge.
It had lush, green foliage
     because of the abundant water.

11 • Its branches became strong—
     strong enough to be a ruler's scepter.
It grew very tall,
     towering above all others.
It stood out because of its height
     and its many lush branches.

12 • But the vine was uprooted in fury
     and thrown down to the ground.

---

devour [diváuər] *vt.* 게걸스레 먹다

19:7 As in Greek version; Hebrew reads *He knew widows.*

에 타 버렸다.

13 이제는 그 나무가 메마르고 물이 없는 사막에 심겨져 있다.

14 불이 포도나무의 큰 가지에 붙어 그 과일마저 삼켜 버리니 왕의 홀로 적합한 튼튼한 가지가 하나도 남지 않게 되었다.' 이것은 슬픈 노래이니 장례식 때 불려져야 할 것이다."

20 칠 년째 되는 해 다섯째 달 십 일에 이스라엘의 장로들 가운데 몇 사람이 여호와의 뜻을 물으러 내 앞에 와 앉았다.

2 그때, 여호와께서 내게 말씀하셨다.

3 "사람아, 이스라엘의 장로들에게 전하여라. 주 여호와께서 다음과 같이 말씀하신다. '너희가 내 뜻을 물으려고 왔느냐? 나 주 여호와가 말하노라. 나의 삶을 두고 맹세하지만 나는 너희가 묻는 것을 허락하지 않겠다.'

4 너 사람아, 네가 그들을 재판하겠느냐? 네가 그들을 심판하겠느냐? 그러면 그들의 조상이 저지른 혐오스런 짓들을 그들에게 알려 주어라.

5 여호와께서 이렇게 말씀하셨다. "내가 이스라엘을 선택하던 날에, 내가 손을 들고 야곱의 자손에게 맹세하였고, 이집트 땅에서 그들에게 나타나 나를 알렸다. 손을 들고 그들에게 내가 여호와, 너희 하나님인 것을 맹세했다.

6 그때에 내가 그들을 이집트에서 이끌어 내고 그들에게 내가 고른 땅, 곧 젖과 꿀이 흐르는 땅이요, 모든 땅 중에서 가장 좋은 땅을 주겠다고 약속했다.

7 내가 또 그들에게 '너희 각 사람은 혐오스런 우상들로부터 눈을 떼라. 이집트의 우상들로 너희 몸을 더럽히지 마라. 나는 여호와 너희의 하나님이다'라고 말했다.

8 그러나 그들은 나를 반역하고 내 말을 듣지 않았다. 그들은 더러운 우상을 제거하지 않았고 이집트의 우상들에게서 떠나지 않았다. 그래서 나는 이집트 땅에 사는 그들을 향해 내 분노를 쏟아 부어야겠다고 생각했다.

9 그러나 나는 내 이름을 위하여 이스라엘 백성이 살고 있던 여러 나라들 앞에서 내 평판이 더럽혀지지 않게 했다. 나는 그 나라들이 보는 앞에서 이스라엘 백성을 이집트에서 이끌어 내어 내가 누구인가를 이스라엘 백성에게 알려 주었다.

10 그래서 나는 그들을 이집트에서 이끌어 내어 광야로 들어갔다.

11 그곳에서 나는 지키기만 하면 살 수 있는 규례와 율법을 일러 주었다.

The desert wind dried up its fruit
    and tore off its strong branches,
  so that it withered
    and was destroyed by fire.

13 • Now the vine is transplanted to the wilderness,
    where the ground is hard and dry.

14 • A fire has burst out from its branches
    and devoured its fruit.
  Its remaining limbs are not
    strong enough to be a ruler's scepter."

"This is a funeral song, and it will be used in a funeral."

The Rebellion of Israel

20 On August 14,* during the seventh year of King Jehoiachin's captivity, some of the leaders of Israel came to request a message from the LORD. They sat down in front of me to wait for his reply. • 2 Then this message came to me from the LORD: • 3 "Son of man, tell the leaders of Israel, 'This is what the Sovereign LORD says: How dare you come to ask me for a message? As surely as I live, says the Sovereign LORD, I will tell you nothing!'

4 • "Son of man, bring charges against them and condemn them. Make them realize how detestable the sins of their ancestors really were. 5 • Give them this message from the Sovereign LORD: When I chose Israel—when I revealed myself to the descendants of Jacob in Egypt—I took a solemn oath that I, the LORD, would be their God. 6 • I took a solemn oath that day that I would bring them out of Egypt to a land I had discovered and explored for them—a good land, a land flowing with milk and honey, the best of all lands anywhere. 7 • Then I said to them, 'Each of you, get rid of the vile images you are so obsessed with. Do not defile yourselves with the idols* of Egypt, for I am the LORD your God.'

8 • "But they rebelled against me and would not listen. They did not get rid of the vile images they were obsessed with, or forsake the idols of Egypt. Then I threatened to pour out my fury on them to satisfy my anger while they were still in Egypt. 9 • But I didn't do it, for I acted to protect the honor of my name. I would not allow shame to be brought on my name among the surrounding nations who saw me reveal myself by bringing the Israelites out of Egypt. 10 • So I brought them out of Egypt and led them into the wilderness. 11 • There I gave them my

---

20:1 Hebrew *In the fifth month, on the tenth day,* of the ancient Hebrew lunar calendar. This day was August 14, 591 B.C.; also see note on 1:1.   **20:7** The Hebrew term (literally *round things*) probably alludes to dung; also in 20:8, 16, 18, 24, 31, 39.

12 나는 또 그들에게 안식일도 주었다. 그것은 그들과 나 사이의 징표였다. 안식일은 나 여호와가 그들을 구별하여 거룩하게 했다는 것을 알게 하려고 준 것이었다.

13 그러나 이스라엘 백성은 광야에서 나에게 반역했다. 그들은 지키기만 하면 살 수 있는 내 규례를 따르지 않고 내 율법을 거절했다. 그들은 내 안식일도 더럽혔다. 그래서 그들에게 진노를 쏟아 부어 그들을 광야에서 멸망시켜야겠다고 생각했다.

14 그러나 나는 내 이름을 위하여 그렇게 하지 않았다. 나는 내가 이스라엘 백성을 이집트에서 이끌어 내는 것을 본 여러 나라들 앞에서 내 명예가 더럽혀지지 않게 했다.

15 그리고 나는 손을 들고 광야에서 이스라엘 백성에게 맹세하였다. 그것은 내가 그들에게 주겠다고 한 땅, 곧 젖과 꿀이 흐르는 땅이요, 모든 땅 중에서 가장 좋은 땅으로 그들을 인도하지 않겠다는 맹세였다.

16 이는 그들이 내 율법을 버리고 내 규례를 따르지 않을 뿐만 아니라 내 안식일을 더럽혔기 때문이었다. 그들의 마음은 우상에게 있었다.

17 그러나 그들을 보자 불쌍한 마음이 생겨 그들을 광야에서 멸망시키지 않았다.

18 광야에서 나는 그들의 자녀들에게 '너희는 너희 부모들의 규례를 따르지 말고 그들의 율법을 지키지 마라. 그들이 섬긴 우상들로 너희 몸을 더럽히지 마라.

19 나는 여호와 너희의 하나님이다. 너희는 내 규례를 따르고 내 율법을 지켜라.

20 또 내 안식일을 거룩하게 지켜라. 그것이 너희와 나 사이에 표징이 되어 내가 여호와 너희 하나님인 줄 알게 될 것이다' 라고 말했다.

21 그러나 그 백성도 나를 반역했다. 누구든 지키기만 하면 살 수 있는 내 규례를 따르지 않았고 내 율법을 지키지 않았다. 그리고 내 안식일을 더럽혔다. 그래서 나는 광야에서 내 진노를 그들에게 쏟아 부어야겠다고 결심했다.

22 그러나 나는 내가 이스라엘 백성을 이집트에서 이끌어 내는 것을 본 여러 나라들 앞에서 내 이름이 더럽혀지지 않도록 분노를 거두어들였다.

23 이스라엘 백성을 여러 민족들 가운데 흩어 여러 나라로 쫓아 버리겠다고 내가 광야에서 단단히 결심한 것은

24 그들이 내 율법을 저버렸기 때문이었다. 그들은 내 규례를 따르지 않고 내 안식일을 더럽혔으며 자기 부모들이 섬기던 우상을 섬겼다.

decrees and regulations so they could find life by keeping them. • And I gave them my

12 Sabbath days of rest as a sign between them and me. It was to remind them that I am the LORD, who had set them apart to be holy.

13 • "But the people of Israel rebelled against me, and they refused to obey my decrees there in the wilderness. They wouldn't obey my regulations even though obedience would have given them life. They also violated my Sabbath days. So I threatened to pour out my fury on them, and I made plans to utterly consume

14 them in the wilderness. • But again I held back in order to protect the honor of my name before the nations who had seen my power in bring-

15 ing Israel out of Egypt. • But I took a solemn oath against them in the wilderness. I swore I would not bring them into the land I had given them, a land flowing with milk and honey, the

16 most beautiful place on earth. • For they had rejected my regulations, refused to follow my decrees, and violated my Sabbath days. Their

17 hearts were given to their idols. • Nevertheless, I took pity on them and held back from destroying them in the wilderness.

18 • "Then I warned their children not to follow in their parents' footsteps, defiling themselves

19 with their idols. • 'I am the LORD your God,' I told them. 'Follow my decrees, pay attention to

20 my regulations, • and keep my Sabbath days holy, for they are a sign to remind you that I am the LORD your God.'

21 • "But their children, too, rebelled against me. They refused to keep my decrees and follow my regulations, even though obedience would have given them life. And they also violated my Sabbath days. So again I threatened to pour out

22 my fury on them in the wilderness. • Nevertheless, I withdrew my judgment against them to protect the honor of my name before the nations that had seen my power in bringing

23 them out of Egypt. • But I took a solemn oath against them in the wilderness. I swore I would

24 scatter them among all the nations • because they did not obey my regulations. They scorned my decrees by violating my Sabbath days and

blaspheme [blǽsfiːm] vt. 신성모독하다
devastate [dévəsteit] vt. 철저하게 파괴하다
pollute [pəlúːt] n. 더럽히다
purge [pə́ːrdʒ] vt. (불순물 등을) 제거하다
rouse [ráuz] vt. (노여움을) 돋우다
scorn [skɔ́ːrn] vt. 멸시하다
solemn [sáləm] a. 엄숙한
utterly [ʌ́tərli] ad. 완전히
vile [váil] a. 비열한, 타락한; 몹시 불쾌한
20:12 set apart : 구별하다
20:14 hold back : 철회하다

25 나는 그들이 좋지 않은 규례와, 지켜도 살 수 없는 율법을 따르도록 내버려 두었다.

26 나는 이스라엘 백성이 우상에게 예물을 바치고 그들의 첫 자녀를 불에 태워 희생 제물로 바침으로써 자기 몸을 더럽히도록 내버려 두었다. 내가 그렇게 한 것은 그들이 공포에 질려 내가 여호와라는 것을 알게 하기 위해서였다.

27 그러므로 너 사람아, 이스라엘 백성에게 전하여라. 주 여호와께서 이렇게 말씀하신다. 너희 조상은 이처럼 내게 반역함으로 내 이름을 더럽혔다.

28 내가 약속한 땅으로 그들을 데리고 들어갔지만 그들은 높은 언덕과 잎이 무성한 나무를 보고 그곳에서 제사를 드렸다. 그들은 거기에서 나를 분노하게 하는 제물을 바쳤고, 향을 피워 올렸으며, 부어 드리는 제사인 전제를 드렸다.

29 그래서 내가 그들에게 '너희가 찾아다니는 그 산당이 도대체 무엇이냐?'고 물었다. (그런 곳의 이름을 지금도 '바마'라고 부른다.)

30 그러므로 이스라엘 백성에게 전하여라. 너희도 너희 조상들처럼 너희 몸을 더럽히려느냐? 그들의 혐오스런 우상들을 따라다니려느냐?

31 너희는 너희 자녀를 불에 태워 바치고 오늘날까지도 온갖 우상들로 너희 몸을 더럽히고 있다. 그러니 이스라엘 백성아, 너희가 내게 묻는 것을 어떻게 허락할 수 있겠느냐? 나 주 여호와가 말한다. 나의 삶을 두고 맹세하지만 나는 너희가 내게 묻는 것을 허락하지 않겠다.

32 너희는 '우리도 다른 나라, 다른 땅의 백성처럼 나무와 돌로 만든 우상을 섬기고 싶다'라고 하지만 너희 마음에 품은 생각이 이루어지지 않을 것이다.

33 나 주 여호와가 말한다. 나의 삶을 두고 맹세하지만 내가 힘센 손과 편 팔로 분노를 쏟아 너희를 다스리겠다.

34 내가 힘센 손과 팔로 분노를 쏟아 너희를 여러 나라로부터 데려오고, 흩어져 사는 이방 민족들로부터 너희를 모아들이겠다.

35 내가 너희를 여러 민족들의 광야로 데리고 들어가 거기서 직접 너희를 심판하겠다.

36 이집트 땅 광야에서 너희 조상을 심판했듯이 너희를 심판하겠다. 나 주 여호와의 말이다.

37 내가 너희를 잘 보살피고 언약을 맺을 것이다.

38 내게 순종하지 않는 사람과 내게 반역하는 사람을 모두 없애겠다. 나는 그들을 지금 살고 있는 땅에서 인도하여 나오게 할 것이나, 이스라엘 땅으로는 절대로 들여보내지 않겠다. 그때에 너

25 longing for the idols of their ancestors. •I gave them over to worthless decrees and regulations

26 that would not lead to life. •I let them pollute themselves* with the very gifts I had given them, and I allowed them to give their firstborn children as offerings to their gods—so I might devastate them and remind them that I alone am the LORD.

Judgment and Restoration

27 • "Therefore, son of man, give the people of Israel this message from the Sovereign LORD: Your ancestors continued to blaspheme and

28 betray me, •for when I brought them into the land I had promised them, they offered sacrifices on every high hill and under every green tree they saw! They roused my fury as they offered up sacrifices to their gods. They brought their perfumes and incense and poured out

29 their liquid offerings to them. •I said to them, 'What is this high place where you are going?' (This kind of pagan shrine has been called Bamah— 'high place' —ever since.)

30 • "Therefore, give the people of Israel this message from the Sovereign LORD: Do you plan to pollute yourselves just as your ancestors did? Do you intend to keep prostituting yourselves

31 by worshiping vile images? •For when you offer gifts to them and give your little children to be burned as sacrifices,* you continue to pollute yourselves with idols to this day. Should I allow you to ask for a message from me, O people of Israel? As surely as I live, says the Sovereign LORD, I will tell you nothing.

32 • "You say, 'We want to be like the nations all around us, who serve idols of wood and stone.' But what you have in mind will never

33 happen. •As surely as I live, says the Sovereign LORD, I will rule over you with an iron fist in

34 great anger and with awesome power. •And in anger I will reach out with my strong hand and powerful arm, and I will bring you back* from

35 the lands where you are scattered. •I will bring you into the wilderness of the nations, and there

36 I will judge you face to face. •I will judge you there just as I did your ancestors in the wilderness after bringing them out of Egypt, says the

37 Sovereign LORD. •I will examine you carefully

38 and hold you to the terms of the covenant. •I will purge you of all those who rebel and revolt against me. I will bring them out of the countries where they are in exile, but they will never enter the land of Israel. Then you will know

20:25-26 Or *I gave them worthless decrees and regulations…. I polluted them.* 20:31 Or *and make your little children pass through the fire.* 20:34 Greek version reads *I will welcome you.* Compare 2 Cor 6:17.

희는 내가 여호와인 줄 알게 될 것이다.

39 나 주 여호와가 말한다. 이스라엘 백성아, 가서 네 마음대로 너희의 우상들을 섬겨라. 그러나 너희가 내 말을 들은 후에는, 너희의 예물과 우상들로 내 거룩한 이름을 더 이상 더럽히지 않을 것이다.

40 나의 거룩한 산, 곧 이스라엘의 높은 산에서 모든 이스라엘 백성이 나를 섬길 것이다. 나 주 여호와의 말이다. 거기에서 내가 너희를 맞아들이고 너희의 제물과 너희의 첫 추수한 예물과 온갖 거룩한 예물을 받을 것이다.

41 내가 너희를 여러 민족들 가운데서 데려올 때, 너희가 흩어져 사는 여러 나라에서 너희를 모을 때에 너희를 아름다운 향기로 받아들이겠다. 그때에 내가 여러 나라들이 보는 앞에서 너희 가운데 나의 거룩함을 드러내겠다.

42 내가 너희를 이스라엘 땅, 곧 내가 너희 조상에게 약속한 땅으로 인도하여 들일 때에 너희는 내가 여호와라는 것을 알게 될 것이다.

43 거기서 너희는 너희의 몸을 더럽혔던 과거의 모든 악한 일들을 기억하고 너희 스스로를 미워하게 될 것이다.

44 이스라엘 백성아, 내가 너희의 악한 길과 부패한 습성에 따라 벌을 주지 않고, 내 이름을 위해 너희를 너그럽게 대할 때에 너희는 내가 여호와라는 것을 알게 될 것이다. 나 주 여호와의 말이다."

45 여호와께서 내게 말씀하셨다.

46 "사람아, 남쪽을 바라보아라. 남쪽을 향해 선포하고 남쪽 지방의 숲을 쳐서 예언하여라.

47 남쪽 지역의 숲에 다음과 같이 전하여라. '너희는 여호와의 말씀을 들어라. 나 주 여호와가 이렇게 말한다. 내가 너희 숲에 불을 질러 다 태워 버릴 것이다. 숲의 모든 푸른 나무와 마른 나무를 다 태울 것이다. 타오르는 그 불꽃은 꺼지지 않을 것이며 남쪽에서 북쪽에 이르는 온 지역이 그 불에 타 버릴 것이다.

48 그때에 모든 백성이 나 여호와가 그 불을 놓았다는 것을 알게 되고 아무도 그 불을 끄지 못할 것이다.'"

49 그때, 내가 말씀드렸다. "아, 주 여호와여! 백성이 나를 가리켜 말하기를 '그는 비유로 말하는 자가 아니냐?' 라고 합니다."

주님의 칼

21 여호와께서 내게 말씀하셨다.

2 "사람아, 예루살렘을 바라보며 그 성전을 향해 예언하여라. 이스라엘 땅을 향해 예언

that I am the LORD.

39 ● "As for you, O people of Israel, this is what the Sovereign LORD says: Go right ahead and worship your idols, but sooner or later you will obey me and will stop bringing shame on my holy name by worshiping idols. ● For on my

40 holy mountain, the great mountain of Israel, says the Sovereign LORD, the people of Israel will someday worship me, and I will accept them. There I will require that you bring me all your

41 offerings and choice gifts and sacrifices. ● When I bring you home from exile, you will be like a pleasing sacrifice to me. And I will display my holiness through you as all the nations watch.

42 ● Then when I have brought you home to the land I promised with a solemn oath to give to your ancestors, you will know that I am the

43 LORD. ● You will look back on all the ways you defiled yourselves and will hate yourselves

44 because of the evil you have done. ● You will know that I am the LORD, O people of Israel, when I have honored my name by treating you mercifully in spite of your wickedness. I, the Sovereign LORD, have spoken!"

Judgment against the Negev

45 ●*Then this message came to me from the

46 LORD: ● "Son of man, turn and face the south* and speak out against it; prophesy against the

47 brushlands of the Negev. ● Tell the southern wilderness, 'This is what the Sovereign LORD says: Hear the word of the LORD! I will set you on fire, and every tree, both green and dry, will be burned. The terrible flames will not be quenched and will scorch everything from

48 south to north. ● And everyone in the world will see that I, the LORD, have set this fire. It will not be put out.'"

49 ● Then I said, "O Sovereign LORD, they are saying of me, 'He only talks in riddles!'"

The LORD's Sword of Judgment

21 ●*Then this message came to me from the

2 LORD: ● "Son of man, turn and face Jerusalem and prophesy against Israel and her

---

brandish [brǽndiʃ] *vt.* 휘두르다
flame [fléim] *n.* 불꽃
massacre [mǽsəkər] *n.* 대학살, 대량 살륙
polished [páliʃt] *a.* 매끄럽게 된
quenched [kwentʃt] *a.* 꺼진
riddle [rídl] *n.* 수수께끼
scorch [skɔ́ːrtʃ] *vt.* 태우다
unsheathe [ʌnʃíːð] *vt.* 칼집에서 뽑다

20:45 Verses 20:45-49 are numbered 21:1-5 in Hebrew text. 20:46 Hebrew *toward Teman.* 21:1 Verses 21:1-32 are numbered 21:6-37 in Hebrew text.

하여라.

3 '내가 너희를 치겠다. 칼을 뽑아 너희 가운데서 의로운 사람과 악한 사람을 모두 치겠겠다.

4 내가 악한 사람과 의로운 사람을 모두 칼로 칠 것이니 내 칼을 칼집에서 뽑아 남쪽에서 북쪽까지 살아 있는 모든 사람들을 치겠다.

5 그때에 사람들이 나 여호와가 내 칼을 칼집에서 뽑은 줄 알게 될 것이다. 나는 내 칼을 다시 칼집에 꽂지 않을 것이다.'

6 사람아, 탄식하여라. 백성들이 보는 앞에서 허리가 끊어질 듯이 크게 슬퍼하여라.

7 그들이 '어찌하여 슬퍼하느냐?'고 묻거든 너는, '들려 오는 소문 때문이다. 사람마다 두려움에 간장이 녹고 모든 손을 떨 것이다. 모든 무릎이 물처럼 흐느적거릴 것이다. 보아라, 재앙이 다가오고 있다. 반드시 재앙이 닥칠 것이다. 주 여호와의 말씀이다' 하고 대답하여라."

8 여호와께서 내게 말씀하셨다.

9 "사람아, 예언하여라. 나 여호와가 이렇게 말한다. '칼이다, 칼이다, 날이 선 날카로운 칼이다.

10 사람을 죽이려고 칼을 갈았다. 번개처럼 번뜩이는 날 선 칼이다. 나의 백성이 모든 경고를 무시하니 어찌 즐거워할 수 있겠는가?

11 그 칼은 사형집행인을 위해 날카롭게 번쩍인다.

12 사람아, 외치고 부르짖어라. 칼이 내 백성을 치고 이스라엘의 귀족들을 칠 것이다. 그들이 칼에 쓰러지니 내 백성도 칼에 맞아 죽을 것이다. 그러므로 너는 가슴을 치며 슬퍼하여라.

13 시험할 때가 반드시 올 것이다. 만일 업신여기는 홀이 없어지면 어찌 될까? 주 여호와의 말씀이다.

14 그러므로 사람아, 예언하여라. 손뼉을 힘껏 치고 칼을 두세 번 내리쳐라. 그 칼은 죽이는 칼이며 수많은 사람을 죽이는 칼이다. 그 칼이 사방으로 무리를 조여 들어간다.

15 사람들의 간장이 녹고 수많은 사람이 쓰러진다. 내가 성문마다 죽이는 칼을 놓아 두었다. 아, 칼이 번개처럼 번쩍인다. 사람을 죽이려고 칼이 손에 들려 있다.

16 칼아, 오른쪽을 내리쳐라. 칼아, 왼쪽을 내리쳐라. 칼날이 닿는 곳마다 어디든지 내리쳐라.

---

3 sanctuaries. •Tell her, 'This is what the LORD says: I am your enemy, O Israel, and I am about to unsheath my sword to destroy your people—the
4 righteous and the wicked alike. •Yes, I will cut off both the righteous and the wicked! I will draw my sword against everyone in the land from south to
5 north. •Everyone in the world will know that I am the LORD. My sword is in my hand, and it will not return to its sheath until its work is finished.'

6 •"Son of man, groan before the people! Groan before them with bitter anguish and a broken
7 heart. •When they ask why you are groaning, tell them, 'I groan because of the terrifying news I have heard. When it comes true, the boldest heart will melt with fear; all strength will disappear. Every spirit will faint; strong knees will become as weak as water. And the Sovereign LORD says: It is coming! It's on its way!'"

8-9 •Then the LORD said to me, • "Son of man, give the people this message from the Lord:

"A sword, a sword
　　is being sharpened and polished.
10 • It is sharpened for terrible slaughter
　　and polished to flash like lightning!
　Now will you laugh?
　　Those far stronger than you have fallen
　　　beneath its power!*
11 • Yes, the sword is now being sharpened and
　　　polished;
　　it is being prepared for the executioner.

12 • "Son of man, cry out and wail;
　　pound your thighs in anguish,
　for that sword will slaughter my people and
　　　their leaders—
　　everyone will die!
13 • It will put them all to the test.
　　What chance do they have?*
　　says the Sovereign LORD.

14 • "Son of man, prophesy to them
　　and clap your hands.
　Then take the sword and brandish it twice,
　　even three times,
　to symbolize the great massacre,
　　the great massacre facing them on every
　　　side.
15 • Let their hearts melt with terror,
　　for the sword glitters at every gate.
　It flashes like lightning
　　and is polished for slaughter!
16 • O sword, slash to the right,
　　then slash to the left,
　wherever you will,
　　wherever you want.

21:10 The meaning of the Hebrew is uncertain.　21:13 The meaning of the Hebrew is uncertain.

17 나도 손뼉을 치겠다. 그러면 내 분노도 풀릴 것이다. 나 여호와의 말이다.'"

멸망할 예루살렘

18 여호와께서 내게 말씀하셨다.

19 "사람아, 바빌로니아 왕이 칼을 가지고 올 두 길을 그려라. 두 길은 같은 땅에서 시작되어야 한다. 그리고 성으로 들어가는 갈림길에는 표시를 해 두어라.

20 한 길은 바빌로니아 왕이 칼을 가지고 암몬 땅 랍바로 갈 길이고, 다른 길은 유다와 예루살렘 성으로 들어가는 길이다.

21 바빌로니아 왕은 길이 갈라지는 곳에 이르러 화살을 흔들어 점을 치기도 하고 우상들에게 묻기도 할 것이며 희생 제물의 간을 살피기도 할 것이다.

22 점을 친 점괘는 오른쪽, 곧 예루살렘으로 가서 커다란 통나무로 성문을 허물고, 군사들이 함성을 지르며, 흙 언덕을 쌓아 성 안으로 들어가는 진로를 만들어 공격할 작업을 하라는 것이다.

23 바빌로니아에게 충성을 맹세했던 자들에게는 이것이 헛된 점괘로 보이겠지만 바빌로니아 왕은 그들의 죄를 기억나게 해 줄 것이며 그들을 포로로 잡아갈 것이다.

24 그러므로 나 주 여호와가 말한다. 너희가 노골적으로 반역함으로 너희 죄를 스스로에게 드러내 보였다. 너희가 하는 모든 일에 너희 죄가 나타나 있다. 그러므로 너희는 적군에게 포로가 되어 잡혀 갈 것이다.

25 너 더럽고 악한 이스라엘 왕아, 네 마지막 날이 가까이 왔다. 형벌의 시간이 가까이 왔다.

26 나 주 여호와가 말한다. 머리에 두른 것을 풀고 왕관을 벗어라. 이전과 같지 않을 것이니 높은 사람은 낮아지고 낮은 사람은 높아질 것이다.

27 재앙이다! 재앙이다! 내가 재앙을 보낼 것이다! 마땅히 다스려야 할 사람이 오기 전까지는 이곳이 다시 회복되지 않을 것이다. 그가 오면, 그에게 주어질 것이다.'"

암몬의 죄악

28 "너 사람아, 예언하고 전하여라. 암몬 사람들과 그들이 받을 모욕에 관해 나 여호와가 이렇게 말한다. '칼이다, 칼이다. 사람을 죽이려고 칼을 빼어 들었다. 사람을 삼키려고 칼을 갈았다. 번개처럼 휘두르려고 칼을 갈았다.

---

17 • I, too, will clap my hands,
and I will satisfy my fury.
I, the LORD, have spoken!"

Omens for Babylon's King

18 •Then this message came to me from the LORD:
19 • "Son of man, make a map and trace two routes on it for the sword of Babylon's king to follow. Put a signpost on the road that comes out of Babylon
20 where the road forks into two— •one road going to Ammon and its capital, Rabbah, and the other
21 to Judah and fortified Jerusalem. •The king of Babylon now stands at the fork, uncertain whether to attack Jerusalem or Rabbah. He calls his magicians to look for omens. They cast lots by shaking arrows from the quiver. They inspect the livers of
22 animal sacrifices. •The omen in his right hand says, 'Jerusalem!' With battering rams his soldiers will go against the gates, shouting for the kill. They will put up siege towers and build ramps against
23 the walls. •The people of Jerusalem will think it is a false omen, because of their treaty with the Babylonians. But the king of Babylon will remind the people of their rebellion. Then he will attack and capture them.

24 • "Therefore, this is what the Sovereign LORD says: Again and again you remind me of your sin and your guilt. You don't even try to hide it! In everything you do, your sins are obvious for all to see. So now the time of your punishment has come!

25 • "O you corrupt and wicked prince of Israel,
26 your final day of reckoning is here! •This is what the Sovereign LORD says:

"Take off your jeweled crown,
for the old order changes.
Now the lowly will be exalted,
and the mighty will be brought down.
27 • Destruction! Destruction!
I will surely destroy the kingdom.
And it will not be restored until the one appears
who has the right to judge it.
Then I will hand it over to him.

A Message for the Ammonites

28 • "And now, son of man, prophesy concerning the Ammonites and their mockery. Give them this message from the Sovereign LORD:

"A sword, a sword
is drawn for your slaughter.
It is polished to destroy,
flashing like lightning!

---

reckoning [rékəniŋ] *n.* 심판
21:22 battering ram : [역사] 성문(벽) 파괴용 대형 망치

29 너에 관해 헛된 환상을 보고 거짓 예언을 한다 하더라도 죽어 마땅한 악한 자들의 목에 칼이 떨어질 것이다. 그날이 이르렀다. 마지막 심판의 날이 이르렀다.

30 칼을 다시 칼집에 넣어라. 네가 지음받은 곳에서 내가 너를 심판하겠다. 네 조상의 땅에서 내가 너를 심판하겠다.

31 나의 분노를 너에게 쏟아 붓고 불 같은 내 진노를 너에게 내뿜겠다. 내가 너를 잔인한 사람들의 손에 넘겨 주겠다. 파괴하는 기술이 있는 자들에게 넘겨 줄 것이다.

32 너는 땔감같이 될 것이며 네가 네 땅에서 죽을 것이니 아무도 너를 기억하지 않을 것이다. 이는 나 여호와가 말했기 때문이다.'"

예루살렘의 죄

22 여호와께서 내게 말씀하셨다.

2 "사람아, 네가 저 성을 심판하겠느냐? 저 살인자들의 성을 심판하겠느냐? 그렇다면 먼저 그들이 저지른 모든 혐오스런 행위들을 일러 주어라.

3 너는 주 여호와께서 이렇게 말씀하신다고 전하여라. '사람을 죽임으로 재앙을 불러들이고, 우상을 만듦으로 네 몸을 더럽히는 성아,

4 너는 살인하여 죄를 짓고 우상을 만들어서 네 몸을 더럽히며 죄를 지었다. 그러므로 네 심판의 날이 가까이 왔고 너의 햇수가 다 찼다. 네가 여러 나라로부터 부끄러움을 당하게 될 것이다. 온 세상이 너를 경멸하고 조롱할 것이다.

5 가까이 있는 사람이나 멀리 떨어져 있는 사람 모두 너를 비웃을 것이다. 너는 악명 높은 도시이며, 혼란스러운 성이다.

6 네 안에 사는 이스라엘의 지도자들이 권력을 사용하여 사람들을 얼마나 많이 죽였는지 보아라.

7 성 안에서 그들은 아버지와 어머니를 멸시하고 외국인을 학대하며 고아와 과부를 함부로 대했다.

8 너는 내 거룩한 것들을 멸시했고 내 안식일을 더럽혔다.

9 성 안에는 남을 헐뜯고 죽이려는 자들이 있으며, 산 위 신당에서 우상들에게 바친 음식을 먹으며 음란한 짓을 저지르는 사람도 있다.

10 또 성 안에는 자기 아버지의 아내와 잠자리를 같이 하는 사람이 있으며, 월경 중에 있는 여자와 잠자리를 같이 하는 사람도 있다.

11 또 이웃의 아내와 몹쓸 짓을 하는 사람이 있으며, 며느리와 음란한 짓을 하고, 누이와 잠자리를 같이 하는 사람도 있다.

---

29 • Your prophets have given false visions,
and your fortune-tellers have told lies.
The sword will fall on the necks of
the wicked
for whom the day of final reckoning
has come.

30 • "Now return the sword to its sheath,
for in your own country,
the land of your birth,
I will pass judgment upon you.

31 • I will pour out my fury on you
and blow on you with the fire of
my anger.
I will hand you over to cruel men
who are skilled in destruction.

32 • You will be fuel for the fire,
and your blood will be spilled in your
own land.
You will be utterly wiped out,
your memory lost to history,
for I, the LORD, have spoken!"

The Sins of Jerusalem

22 Now this message came to me from the
2 LORD: • "Son of man, are you ready to
judge Jerusalem? Are you ready to judge this
city of murderers? Publicly denounce her
3 detestable sins, •and give her this message
from the Sovereign LORD: O city of murderers,
doomed and damned—city of idols,* filthy
4 and foul— •you are guilty because of the
blood you have shed. You are defiled because
of the idols you have made. Your day of
destruction has come! You have reached the
end of your years. I will make you an object of
mockery throughout the world. •O infamous
5 city, filled with confusion, you will be mocked
by people far and near.

6 • "Every leader in Israel who lives within
7 your walls is bent on murder. •Fathers and
mothers are treated with contempt. Foreigners
are forced to pay for protection. Orphans and
widows are wronged and oppressed among
8 you. •You despise my holy things and violate
9 my Sabbath days of rest. •People accuse oth-
ers falsely and send them to their death. You
are filled with idol worshipers and people
10 who do obscene things. •Men sleep with their
fathers' wives and force themselves on
11 women who are menstruating. •Within your
walls live men who commit adultery with
their neighbors' wives, who defile their daugh-

denounce [dináuns] *vt.* 고발하다 ; 비난하다
infamous [ínfəməs] *a.* 수치스러운, 악명높은
obscene [əbsíːn] *a.* 음란한

22:3 The Hebrew term (literally *round things*)
probably alludes to dung; also in 22:4.

12 돈을 받고 살인을 하는 사람도 있으며, 지나친 이자를 받는 사람도 있으며, 이웃을 착취함으로 이익을 얻는 사람도 있으니 그들은 나를 잊어 버린 것이다. 나 주 여호와의 말이다.

13 그러므로 불의한 이익을 챙기고 사람을 죽인 너를 내 손으로 치겠다.

14 내가 너를 처벌하는 날에 너에게 감히 견딜 수 있는 용기와 힘이 있겠는가? 나 여호와가 말하였으니 반드시 이룰 것이다.

15 내가 너를 여러 민족들 중에 흩어 좇아 버리고 너의 더러운 것을 없애 버릴 것이다.

16 네가 여러 민족들 앞에서 더럽혀지게 될 때, 너는 내가 여호와라는 것을 알게 될 것이다.'"

쓸모없게 된 이스라엘

17 여호와께서 내게 말씀하셨다.

18 "사람아, 이스라엘 백성이 내게는 쓸모없는 찌꺼기처럼 되었다. 그들은 은을 정련한 뒤에 용광로 속에 남아 있는 구리와 주석, 쇠와 납처럼 되었다.

19 그러므로 나 주 여호와가 말한다. 너희가 찌꺼기처럼 쓸모없게 되었으므로 내가 너희를 예루살렘에 모을 것이다.

20 사람이 은과 구리와 쇠와 납과 주석을 모아서 용광로에 넣고 뜨거운 불에 녹이듯이 나도 내 불붙는 진노 속에 너희를 모아 녹여 버릴 것이다.

21 내가 너희를 모아 진노의 불을 내뿜으면

22 은이 용광로 속에서 녹듯이 너희도 이 성 안에서 완전히 녹을 것이다. 그때에 너희는 나 여호와가 진노를 너희에게 쏟아 부었다는 것을 알게 될 것이다."

지도자들의 죄

23 여호와께서 내게 말씀하셨다.

24 "사람아, 이 땅을 향해 말하여라. '너는 진노의 날에 비도 없고 소나기도 내리지 않는 땅이다.'

25 이스라엘의 지도자들은 음모를 꾸미고 으르렁거리는 사자처럼 잡은 먹이를 갈기갈기 찢는다. 그들은 사람을 해치고 보물과 귀중품을 빼앗으며 많은 여자들을 과부로 만든다.

26 이스라엘의 제사장들은 내 율법을 함부로 다루고 내 거룩한 성소를 더럽혔으며 거룩한 것과 거룩하지 않은 것을 구별하지 않았고, 깨끗한 것과 부정한 것을 구별하도록 가르치지 않았으며, 내 안식일을 기억하지도 않았다. 그래서 내가 그들 가운데서 더럽혀진 것이다.

27 예루살렘의 지도자들은 먹이를 뜯는 늑대와 같다. 그들은 불의한 이익을 얻으려고 피를 흘리고 사람을 죽였다.

---

ters-in-law, or who rape their own sisters.
12 •There are hired murderers, loan racketeers, and extortioners everywhere. They never even think of me and my commands, says the Sovereign LORD.

13 • "But now I clap my hands in indignation over your dishonest gain and bloodshed.
14 •How strong and courageous will you be in my day of reckoning? I, the LORD, have spo-
15 ken, and I will do what I said. •I will scatter you among the nations and purge you of your
16 wickedness. •And when I have been dishonored among the nations because of you,* you will know that I am the LORD."

The LORD's Refining Furnace

17 •Then this message came to me from the
18 LORD: • "Son of man, the people of Israel are the worthless slag that remains after silver is smelted. They are the dross that is left over—a useless mixture of copper, tin, iron, and lead.
19 •So tell them, 'This is what the Sovereign LORD says: Because you are all worthless slag, I will
20 bring you to my crucible in Jerusalem. •Just as silver, copper, iron, lead, and tin are melted down in a furnace, I will melt you down in the
21 heat of my fury. •I will gather you together
22 and blow the fire of my anger upon you, •and you will melt like silver in fierce heat. Then you will know that I, the LORD, have poured out my fury on you.'"

The Sins of Israel's Leaders

23 •Again a message came to me from the LORD:
24 • "Son of man, give the people of Israel this message: In the day of my indignation, you will be like a polluted land, a land without
25 rain. •Your princes* plot conspiracies just as lions stalk their prey. They devour innocent people, seizing treasures and extorting wealth.
26 They make many widows in the land. •Your priests have violated my instructions and defiled my holy things. They make no distinction between what is holy and what is not. And they do not teach my people the difference between what is ceremonially clean and unclean. They disregard my Sabbath days so
27 that I am dishonored among them. •Your leaders are like wolves who tear apart their victims. They actually destroy people's lives for

---

dross [drɔːs] *n.* 찌꺼기, 불순물
extortioner [ikstɔ́ːrʃənər] *n.* 강탈하는 사람
racketeer [rækitíər] *n.* 부정한 돈벌이를 하는 사람

22:16 As in one Hebrew manuscript and Greek and Syriac version; Masoretic Text reads *when you have been dishonored among the nations.*
22:25 As in Greek version; Hebrew reads *prophets.*

28 그런데 예언자들은 헛된 환상과 거짓 예언으로 그들의 죄를 감쪽같이 덮으려 한다. 그들은 여호와께서 말씀하시지 않았는데도 '주 여호와께서 이렇게 말씀하신다' 라고 한다.

29 그 땅의 사람들은 남을 속이고 훔치며, 가난하고 어려운 사람들을 학대하고 외국인을 속여 정당한 보호를 받지 못하게 한다.

30 나는 이 땅을 위해 성벽을 쌓고 내 앞에 서서 성벽의 무너진 곳을 지키는 사람이 있는가 하고 두루 찾아보았다. 찾으면, 이 성을 멸망시키지 않으려 했으나 아무리 찾아도 그런 사람은 없었다.

31 그러므로 이제 내 분노를 그들에게 쏟아 부어 불같은 진노로 그들을 멸망시키겠다. 그들이 저지른 모든 악한 짓에 따라 갚아 주겠다. 나 주 여호와의 말이다."

사마리아와 예루살렘

23
여호와께서 내게 말씀하셨다.

2 "사람아, 한 어머니에게 두 딸이 있었다.

3 그들은 어렸을 때부터 이집트로 가서 창녀가 되었다. 이 남자 저 남자가 그들의 몸에 손을 대었고, 젖가슴을 어루만졌다.

4 언니의 이름은 오홀라였고, 동생의 이름은 오홀리바였다. 그들은 내게 속한 사람이었고, 각기 아들과 딸을 낳았는데 오홀라는 사마리아이고, 오홀리바는 예루살렘이다.

5 그런데 오홀라가 나를 버리고, 그 연인인 앗시리아*에게로 갔다.

6 그들은 푸른색 옷을 입은 총독과 지휘관으로 모두 잘생기고 말을 잘 타는 매력적인 용사들이었다.

7 오홀라는 앗시리아의 모든 높은 사람들과 음란한 짓을 하며 자기가 좋아하는 사람들의 우상들로 몸을 더럽혔다.

8 오홀라는 이집트에서부터 시작한 음란한 짓을 그치지 않았고 젊었을 때부터 남자들과 잠자리를 같이 했다. 남자들이 그녀의 젖가슴을 만졌고, 그녀와 잠자리를 같이 했다.

9 그래서 내가 그녀를 그녀의 연인, 곧 그녀가 마음을 빼앗긴 앗시리아 사람들에게 넘겨 주었다.

10 그랬더니 그들은 그녀의 몸을 벌거벗기고 그녀의 아들딸들을 붙잡아 갔으며, 결국 그녀를 칼로 죽였다. 그녀는 모든 여자들의 이야깃거리가 되었다.

11 그녀의 동생 오홀리바는 오홀라에게 일어난 일

---

28 money! • And your prophets cover up for them by announcing false visions and making lying predictions. They say, 'My message is from the Sovereign LORD,' when the LORD hasn't spoken a single word to them. 29 • Even common people oppress the poor, rob the needy, and deprive foreigners of justice.

30 • "I looked for someone who might rebuild the wall of righteousness that guards the land. I searched for someone to stand in the gap in the wall so I wouldn't have to destroy the land, but I found no one. 31 • So now I will pour out my fury on them, consuming them with the fire of my anger. I will heap on their heads the full penalty for all their sins. I, the Sovereign LORD, have spoken!"

The Adultery of Two Sisters

23
This message came to me from the LORD: 2 • "Son of man, once there were two sisters who were daughters of the same mother. 3 • They became prostitutes in Egypt. Even as young girls, they allowed men to fondle their breasts. 4 • The older girl was named Oholah, and her sister was Oholibah. I married them, and they bore me sons and daughters. I am speaking of Samaria and Jerusalem, for Oholah is Samaria and Oholibah is Jerusalem.

5 • "Then Oholah lusted after other lovers instead of me, and she gave her love to the Assyrian officers. 6 • They were all attractive young men, captains and commanders dressed in handsome blue, charioteers driving their horses. 7 • And so she prostituted herself with the most desirable men of Assyria, worshiping their idols* and defiling herself. 8 • For when she left Egypt, she did not leave her spirit of prostitution behind. She was still as lewd as in her youth, when the Egyptians slept with her, fondled her breasts, and used her as a prostitute.

9 • "And so I handed her over to her Assyrian lovers, whom she desired so much. 10 • They stripped her, took away her children as their slaves, and then killed her. After she received her punishment, her reputation was known to every woman in the land.

11 • "Yet even though Oholibah saw what had happened to Oholah, her sister, she followed right in her footsteps. And she was even more depraved, abandoning herself to her lust and

---

depraved [dipréivd] *a.* 타락한
fondle [fándl] *vt.* 애무하다
lewd [lúːd] *a.* 외설적인, 음란한

23:7 The Hebrew term (literally *round things*) probably alludes to dung; also in 23:30, 37, 39, 49.
23:5 개역 성경에는 '앗수르'라고 표기되어 있는데 '앗시리아'를 뜻한다.

을 보고도 자기 언니보다 더 음란하였다.

12 오홀리바도 앗시리아 사람들을 사랑했다. 그들은 총독과 지휘관과 군복을 입은 용사들과 기병들로서 모두 잘생겼다.

13 내가 보니, 그녀도 역시 몸을 더럽혔다. 두 여자가 모두 똑같은 길을 걸었던 것이다.

14 그러나 그 둘 가운데 오홀리바가 더 심하게 창녀 짓을 하였다. 그는 벽에 바빌로니아 남자들의 모습을 새겨 놓았는데 그들은 붉은 옷을 입었고,

15 허리에는 띠를 찼으며, 머리에는 모자를 썼다. 그들은 바빌로니아 출신의 전차 장교들처럼 보였다.

16 오홀리바는 그들을 바라보면서 음란한 생각을 하고 바빌로니아에 있는 그들에게 사람을 보내기까지 하였다.

17 그러자 바빌로니아 사람들이 와서, 그녀와 잠자리를 같이 하여 그녀를 더럽혔다. 그들에 의해 더러워지자 그녀는 그들에게서 싫증이 나 그들을 떠나게 되었다.

18 그녀는 이와 같이 드러내 놓고 창녀 짓을 하였으며 벌거벗은 몸으로 다니기도 하였다. 그래서 내가 그의 언니를 싫어했듯이 그녀도 싫어하게 되었다.

19 그런데도 그녀는 젊었을 때, 이집트에서 음란하게 살던 일을 생각하면서 더욱더 음란한 짓을 하였다.

20 그곳에서 그녀는 짐승 같은 남자들을 뒤쫓아 다녔다. 그들의 하체는 나귀의 그것과 같고, 그들의 정력은 말의 그것과 같았다.

21 그녀는 이집트 남자들이 가슴을 만지고 음란한 짓을 하던 때를 그리워하였다."

하나님께서 예루살렘을 심판하시다

22 "그러므로 오홀리바야, 나 주 여호와가 말한다. 네가 싫증을 낸 네 연인들을 부추겨 너를 치게 하며 사방으로 너를 에워싸게 만들겠다.

23 바빌로니아 사람과 브곳 사람과 소아 사람과 고아 사람들이 모든 앗시리아 사람들과 함께 너를 치러 올 것이다. 그들은 총독과 지휘관과 귀족들과 용사들로서 모두 기병들이다.

24 그들은 무기와 전차와 수레를 거느리고 큰 군대와 함께 올 것이다. 그들은 크고 작은 방패와 투구로 무장하고 너를 에워쌀 것이다. 내가 너를 그들에게 넘겨 주어 너를 치게 할 것이다. 그러면 그들은 자기들의 방식대로 너를 심판할 것이다.

25 그때에 너는 내가 얼마나 크게 노했는가를 알게

12 prostitution. •She fawned over all the Assyrian officers—those captains and commanders in handsome uniforms, those charioteers driving their horses—all of them attractive young men.

13 •I saw the way she was going, defiling herself just like her older sister.

14 •"Then she carried her prostitution even further. She fell in love with pictures that were painted on a wall—pictures of Babylonian* military officers, outfitted in striking red uniforms.

15 •Handsome belts encircled their waists, and flowing turbans crowned their heads. They were dressed like chariot officers from the land

16 of Babylonia.* •When she saw these paintings, she longed to give herself to them, so she sent messengers to Babylonia to invite them to come

17 to her. •So they came and committed adultery with her, defiling her in the bed of love. After being defiled, however, she rejected them in disgust.

18 •"In the same way, I became disgusted with Oholibah and rejected her, just as I had rejected her sister, because she flaunted herself before

19 them and gave herself to satisfy their lusts. •Yet she turned to even greater prostitution, remembering her youth when she was a prostitute in

20 Egypt. •She lusted after lovers with genitals as large as a donkey's and emissions like those of a

21 horse. •And so, Oholibah, you relived your former days as a young girl in Egypt, when you first allowed your breasts to be fondled.

The LORD's Judgment of Oholibah

22 •"Therefore, Oholibah, this is what the Sovereign LORD says: I will send your lovers against you from every direction—those very nations

23 from which you turned away in disgust. •For the Babylonians will come with all the Chaldeans from Pekod and Shoa and Koa. And all the Assyrians will come with them—handsome young captains, commanders, chariot officers, and other high-ranking officers, all rid-

24 ing their horses. •They will all come against you from the north* with chariots, wagons, and a great army prepared for attack. They will take up positions on every side, surrounding you with men armed with shields and helmets. And I will hand you over to them for punishment so

25 they can do with you as they please. •I will turn my jealous anger against you, and they will deal harshly with you. They will cut off your nose

emission [imíʃən] *n.* 방사, 발산: (의학) 사정(액)
fawn [fɔːn] *vi.* (비굴한 태도로) 비위를 맞추다
flaunt [flɔːnt] *vt.* 과시하다
genital [dʒénətl] *n.* 생식기

23:14 Or *Chaldean.* 23:15 Or *Chaldea;* also in 23:16. 23:24 As in Greek version; the meaning of the Hebrew is uncertain.

될 것이다. 그들은 잔인하게 너를 다룰 것이다. 네 코와 귀를 베어 버리고, 네 아들딸들을 잡아가며, 남은 자들은 불에 태우고,

26 네 옷과 보석들을 빼앗아 갈 것이다.

27 이렇게 해서 나는 네가 이집트에서 시작해서 지금까지 해온 음란한 생활을 그치게 하겠다. 네가 다시는 그런 짓들을 그리워하지 않을 것이며, 다시는 이집트를 기억하지 않을 것이다.

28 나 주 여호와가 말한다. 나는 네가 싫증을 낸 자들에게, 즉 네가 미워하는 자들의 손에 너를 넘겨 주겠다.

29 미움으로 가득찬 그들이 너를 함부로 다루고 네가 열심히 일해서 얻은 것을 빼앗아 가며, 너를 벌거숭이로 만들 것이니 네가 저지른 모든 죄가 온 세상에 드러날 것이다.

30 너의 음란한 죄 때문에 이 모든 일이 너에게 일어난 것이다. 네 몸이 더럽혀진 것은 네가 그들의 우상을 섬겼기 때문이다.

31 언니의 길을 그대로 갔기 때문에 너도 언니가 받은 심판을 받게 될 것이다.

32 나 여호와가 말한다. 너는 네 언니가 마신 크고 넓은 잔을 마실 것이다. 그 잔이 넘치도록 가득 찼으니 이는 사람들의 조롱과 경멸로 가득 찬 잔이다.

33 그 잔은 취함과 슬픔을 주는 잔이요, 파멸과 폐허의 잔이요, 네 언니 사마리아의 잔이다.

34 너는 그 잔을 한 방울도 남김없이 다 마실 것이다. 그런 뒤에 너는 그 잔을 깨뜨리고 네 젖가슴을 쥐어 뜯을 것이다. 나 주 여호와의 말이다.

35 그러므로 나 주 여호와가 말한다. 네가 나를 잊고 내게서 등을 돌렸으므로 네가 저지른 음란과 창녀 짓의 대가를 단단히 치러야 할 것이다."

사마리아와 예루살렘에 대한 심판

36 여호와께서 내게 말씀하셨다. "사람아, 네가 오홀라와 오홀리바를 심판하겠느냐? 그렇다면 그들이 저지른 혐오스런 모든 짓들을 일러 주어라.

37 그들은 간음하였고, 사람을 죽여 그 피가 손에 남아 있다. 그리고 우상과 간음하였으며, 심지어 그들이 내게서 낳은 자녀들까지 불에 태워 우상에게 제물로 바쳤다.

38 또한 그들은 나에게 이런 짓을 했다. 곧 그들은 내 성전을 더럽혔으며 내 안식일도 더럽혔다.

39 자기 자녀를 우상들에게 바치던 바로 그날에, 내 성전에 들어와 내 성전을 더럽혔다. 이것이

and ears, and any survivors will then be slaughtered by the sword. Your children will be taken away as captives, and everything that is left will be burned.
26 • They will strip you of your beautiful clothes and jewels.
27 • In this way, I will put a stop to the lewdness and prostitution you brought from Egypt. You will never again cast longing eyes on those things or fondly remember your time in Egypt.

28 • "For this is what the Sovereign LORD says: I will surely hand you over to your enemies, to those you loathe, those you rejected.
29 • They will treat you with hatred and rob you of all you own, leaving you stark naked. The shame of your prostitution will be exposed to all the world.
30 • You brought all this on yourself by prostituting yourself to other nations, defiling yourself with all their idols.
31 • Because you have followed in your sister's footsteps, I will force you to drink the same cup of terror she drank.
32 • "Yes, this is what the Sovereign LORD says:

"You will drink from your sister's cup
of terror,
a cup that is large and deep.
It is filled to the brim
with scorn and derision.
33 • Drunkenness and anguish will fill you,
for your cup is filled to the brim with
distress and desolation,
the same cup your sister Samaria drank.
34 • You will drain that cup of terror
to the very bottom.
Then you will smash it to pieces
and beat your breast in anguish.
I, the Sovereign LORD, have spoken!

35 • "And because you have forgotten me and turned your back on me, this is what the Sovereign LORD says: You must bear the consequences of all your lewdness and prostitution."

The LORD's Judgment on Both Sisters
36 • The LORD said to me, "Son of man, you must accuse Oholah and Oholibah of all their detestable sins.
37 • They have committed both adultery and murder—adultery by worshiping idols and murder by burning as sacrifices the children they bore to me.
38 • Furthermore, they have defiled my Temple and violated my Sabbath day!
39 • On the very day that they sacrificed their

---

derision [diríʒən] *n.* 조소, 우롱
fondly [fándli] *ad.* 다정하게, 사랑스럽게
hatred [héitrid] *n.* 강한 혐오, 미움
lewdness [lú:dnis] *n.* 음란
loathe [lóuð] *vt.* 몹시 싫어하다; 질색하다
stark [stá:rk] *ad.* 완전히, 아주

그들이 내 성전에서 저지른 짓들이다.

40 그들은 멀리 사람을 보내어 남자들을 불러들였다. 두 자매는 그들을 맞으려고 목욕을 하고 눈 화장을 하고 보석으로 몸을 치장했다.

41 그리고 그들은 화려한 소파에 걸터앉아 그 앞에 상을 차려 놓았는데 그 상 위에는 내가 준 향과 기름을 올려 놓았다.

42 성 안에서 떠들썩한 소리가 들리니, 광야 쪽에서 사람들이 술에 취한 채 몰려오고 있었다. 그들은 두 자매의 팔에 팔찌를 끼워 주고 머리에는 아름다운 관을 씌워 주었다.

43 그때에 내가 간음으로 닳아빠진 여자에 대해 다음과 같이 말했다. '자, 저 여자를 창녀처럼 데리고 놀아 보아라. 저 여자는 창녀와 다를 바가 없다.'

44 그들은 그녀들과 잠자리를 같이 했다. 마치 창녀와 잠을 자듯, 그들은 그렇게 음란한 오홀라와 오홀리바와 잠을 잤던 것이다.

45 그러나 의로운 사람이 나타나 간음을 저지르고 사람을 죽인 이 여인들을 심판할 것이다. 이는 이 여인들은 음란한 짓을 했고 그들의 손에는 피가 묻어 있었기 때문이다.

46 나 주 여호와가 말한다. 폭도들을 불러모아 오홀라와 오홀리바를 약탈하고 치게 하여 공포와 두려움에 떨게 할 것이다.

47 폭도들이 돌과 칼로 그들을 칠 것이다. 그리고 그들의 아들딸을 죽이고 그들의 집을 불태울 것이다.

48 이렇게 해서 나는 이 땅의 음란한 짓들을 뿌리째 뽑을 것이다. 그러면 모든 여자들에게 경고가 되어 너희의 음란한 짓을 본받지 않을 것이다.

49 너희는 음란한 짓에 대한 죄값으로 형벌을 받을 것이며, 우상을 섬긴 죄로 심판받을 것이다. 그때에 너희는 내가 주 여호와라는 것을 알게 될 것이다."

솥과 고기

24 구 년 열째 달 십 일에 여호와께서 내게 말씀하셨다.

2 "사람아, 오늘 날짜를 잘 기록해 두어라. 바빌로니아 왕이 바로 이날에 예루살렘을 포위하였다.

3 내게 반역하는 이 백성에게 비유를 들어서 말하여라. '주 여호와가 말씀하신다. 가마솥을 걸어라. 가마솥을 걸어라. 그 안에 물을 부어라.

children to their idols, they boldly came into my Temple to worship! They came in and defiled my house.

40 • "You sisters sent messengers to distant lands to get men. Then when they arrived, you bathed yourselves, painted your eyelids, and put on your 41 finest jewels for them. •You sat with them on a beautifully embroidered couch and put my incense and my special oil on a table that was spread before 42 you. •From your room came the sound of many men carousing. They were lustful men and drunkards* from the wilderness, who put bracelets on your wrists and beautiful crowns on your heads. 43 •Then I said, 'If they really want to have sex with 44 old worn-out prostitutes like these, let them!' •And that is what they did. They had sex with Oholah 45 and Oholibah, these shameless prostitutes. •But righteous people will judge these sister cities for what they really are—adulterers and murderers.

46 • "Now this is what the Sovereign LORD says: Bring an army against them and hand them over 47 to be terrorized and plundered. •For their enemies will stone them and kill them with swords. They will butcher their sons and daughters and burn 48 their homes. •In this way, I will put an end to lewdness and idolatry in the land, and my judgment will be a warning to all women not to follow 49 your wicked example. •You will be fully repaid for all your prostitution—your worship of idols. Yes, you will suffer the full penalty. Then you will know that I am the Sovereign LORD."

The Sign of the Cooking Pot

24 On January 15,* during the ninth year of King Jehoiachin's captivity, this message 2 came to me from the LORD: • "Son of man, write down today's date, because on this very day the king of Babylon is beginning his attack against 3 Jerusalem. •Then give these rebels an illustration with this message from the Sovereign LORD:

"Put a pot on the fire,
　and pour in some water.
4 • Fill it with choice pieces of meat—
　the rump and the shoulder
　and all the most tender cuts.

butcher [bútʃər] *vt.* 도살하다
carouse [kəráuz] *vi.* 술마시며 흥청거리다
filth [filθ] *n.* 오물; 불결; 타락
groan [gróun] *vi.* 신음하다, 괴로워하다
rump [rʌmp] *n.* 궁둥이
vengeance [véndʒəns] *n.* 복수, 앙갚음
24:10 **heap on** … : …을 쌓아놓다

23:42 Or *Sabeans*.　24:1 Hebrew *On the tenth day of the tenth month*, of the ancient Hebrew lunar calendar. This event occurred on January 15, 588 B.C.; also see note on 1:1.

거기에 고기를 잘게 썰어 넣어라. 가장 좋은 넙적다리와 어깨 부분을 넣고 가장 좋은 뼈들로 가득 채워라.

5 양 떼 가운데서 가장 좋은 것을 잡아라. 솥 아래에 장작불을 피워 고기를 삶아라. 고기를 삶되 뼈까지 푹 고아라.

6 나 주 여호와가 말하노라. 피로 물든 성 위에 재앙이 있을 것이다. 녹슨 가마솥에 재앙이 내릴 것이니 그 녹이 없어지지 않을 것이다. 가마솥에서 고기를 한 점씩 꺼내어라. 이것저것 가리지 말고 모두 꺼내어라.

7 낭자한 핏자국이 성 안에 남아 있다. 맨 바위 위에도 피가 묻어 있다. 땅에 흘린 피는 흙으로 덮였기 때문에 보이지 않는구나.

8 이제 내가 복수의 분노를 쏟아 붓겠다. 내가 너의 피를 맨 바위 위에 쏟아 붓겠다. 아무도 그것을 흙으로 덮지 못할 것이다.

9 그러므로 나 주 여호와가 말한다. 피로 물든 성 위에 재앙이 있을 것이다. 내가 장작더미를 높이 쌓아 올리겠다.

10 장작을 쌓고 불을 지펴라. 고기를 푹 삶고 양념을 잘 섞어 넣어라. 그리고 뼈는 태워라.

11 그런 뒤 빈 가마솥을 숯불에 올려놓아라. 솥을 뜨겁게 하며 놋쇠를 벌겋게 달구어라. 그리하여 솥 안의 더러운 찌꺼기를 녹이고 붉은 녹을 태워 버릴 것이다.

12 내가 아무리 불로 달구어도 두껍게 낀 녹은 없어지지 않았다.

13 너의 더러운 찌꺼기는 음탕함이다. 내가 아무리 너를 깨끗하게 하려 해도 너의 찌꺼기는 제거하지 못했다. 너를 향한 나의 분노가 다 지나가기 전까지는 네가 깨끗해지지 않을 것이다.

14 나 여호와가 말했으니 이제 행동할 때가 되었다. 내가 마음을 돌이키지 않고, 후회하지도 않을 것이며, 더 이상 불쌍히 여기지도 않을 것이다. 네 행동과 행위에 따라서 네가 심판을 받을 것이다. 나 주 여호와의 말이다.'"

에스겔의 아내가 죽다

15 여호와께서 내게 말씀하셨다.

16 "사람아, 내가 단숨에 너의 가장 사랑하는 아내를 빼앗아 가겠다. 그럴더라도 슬퍼하거나 울거나 눈물을 흘리지 마라.

17 죽은 사람을 위해 소리내어 울지 말고 조용히 슬퍼하여라. 머리에 수건을 두르고, 신발을 신되, 얼굴의 아랫부분은 가리지 마라. 그리고 문상객을 위한 음식을 먹지 마라."

5 • Use only the best sheep from the flock,
　and heap fuel on the fire beneath the pot.
Bring the pot to a boil,
　and cook the bones along with the meat.

6 • "Now this is what the Sovereign LORD says:
What sorrow awaits Jerusalem,
　the city of murderers!
She is a cooking pot
　whose corruption can't be cleaned out.
Take the meat out in random order,
　for no piece is better than another.

7 • For the blood of her murders
　is splashed on the rocks.
It isn't even spilled on the ground,
　where the dust could cover it!

8 • So I will splash her blood on a rock
　for all to see,
an expression of my anger
　and vengeance against her.

9 • "This is what the Sovereign LORD says:
What sorrow awaits Jerusalem,
　the city of murderers!
　I myself will pile up the fuel beneath her.

10 • Yes, heap on the wood!
　Let the fire roar to make the pot boil.
Cook the meat with many spices,
　and afterward burn the bones.

11 • Now set the empty pot on the coals.
　Heat it red hot!
Burn away the filth and corruption.

12 • But it's hopeless;
　the corruption can't be cleaned out.
So throw it into the fire.

13 • Your impurity is your lewdness
　and the corruption of your idolatry.
I tried to cleanse you,
　but you refused.
So now you will remain in your filth
　until my fury against you has been
　　satisfied.

14 • "I, the LORD, have spoken! The time has come, and I won't hold back. I will not change my mind, and I will have no pity on you. You will be judged on the basis of all your wicked actions, says the Sovereign LORD."

The Death of Ezekiel's Wife

15 • Then this message came to me from the LORD:

16 • "Son of man, with one blow I will take away your dearest treasure. Yet you must not show any sorrow at her death. Do not weep; let there be no tears. • Groan silently, but let there be no wailing

17 at her grave. Do not uncover your head or take off your sandals. Do not perform the usual rituals of mourning or accept any food brought to you

18 그래서 내가 아침에 사람들에게 이야기해 주었는데, 저녁이 되자 내 아내가 죽었다. 이튿날, 나는 여호와께서 명령하신 대로 했다.

19 그때 사람들이 내게 와서 물었다. "도대체 이런 일들이 무슨 뜻인지 우리에게 말씀해 주시겠습니까?"

20 내가 그들에게 말했다. "여호와께서 내게 말씀하셨다.

21 이스라엘 백성에게 다음과 같이 전하라고 하셨다. '주 여호와의 말씀에, 너희의 긍지와 자랑이요, 너희 눈의 즐거움이며, 애정의 대상인 내 성전을, 내가 더럽힐 것이다. 그리고 너희가 뒤에 두고 온 너희의 아들딸들도 칼에 죽을 것이다.

22 에스겔이 한 대로 너희도 하게 될 것이다. 너희는 너희 얼굴의 아랫부분을 가리지 못할 것이며, 문상객을 위한 음식도 먹지 못할 것이다.

23 머리에 수건을 두르고 신발을 신은 채 소리내어 울지도 못할 것이다. 너희는 너희 죄 가운데서 사라질 것이며, 서로를 바라보고 탄식할 것이다.

24 그러므로 에스겔이 너희에게 표징이 되고, 너희도 에스겔이 행동한 대로 하게 될 것이다. 이런 일이 일어날 때에 너희는 내가 주 여호와라는 것을 알게 될 것이다.'"

25 여호와께서 말씀하셨다. "너 사람아, 내가 그들의 성벽과 요새, 그들의 기쁨과 영광, 그들 눈의 즐거움, 그들 마음의 바람, 그리고 그들의 아들딸들을 데려가는 날,

26 바로 그날에 한 도망자가 네게 와서 소식을 전해 줄 것이다.

27 그때가 되면 네 입이 열릴 것이니 너는 말을 할 수 있으며, 더 이상 침묵할 필요가 없게 될 것이다. 그렇게 해서 너는 그들에게 표징이 될 것이며, 그들은 내가 여호와라는 것을 알게 될 것이다."

암몬에 대한 예언

25 여호와께서 내게 말씀하셨다.
2 "사람아, 암몬 사람들이 있는 쪽을 바라보고 그들을 향해 예언하여라.

3 그들에게 말하여라. '주 여호와의 말씀을 들어라. 주 여호와의 말씀에 너희가 나의 성전이 더럽혀졌을 때에 기뻐했고, 이스라엘의 땅이 폐허가 되었을 때에 즐거워했다. 그리고 유다 백성이 포로로 끌려갔을 때에도 기뻐했다.

4 그러므로 내가 너희를 동쪽의 백성들에게 넘겨 줄 것이다. 그들이 너희 가운데에 진을 치고 집

18 So I proclaimed this to the people the next morning, and in the evening my wife died. The next morning I did everything I had been told 19 to do. •Then the people asked, "What does all this mean? What are you trying to tell us?"

20 •So I said to them, "A message came to me 21 from the LORD, •and I was told to give this message to the people of Israel. This is what the Sovereign LORD says: I will defile my Temple, the source of your security and pride, the place your heart delights in. Your sons and daughters whom you left behind in Judah will be slaugh- 22 tered by the sword. •Then you will do as Ezekiel has done. You will not mourn in public or console yourselves by eating the food 23 brought by friends. •Your heads will remain covered, and your sandals will not be taken off. You will not mourn or weep, but you will waste away because of your sins. You will groan among yourselves for all the evil you have done. 24 •Ezekiel is an example for you; you will do just as he has done. And when that time comes, you will know that I am the Sovereign LORD."

25 •Then the LORD said to me, "Son of man, on the day I take away their stronghold—their joy and glory, their heart's desire, their dearest trea- sure—I will also take away their sons and 26 daughters. •And on that day a survivor from Jerusalem will come to you in Babylon and tell 27 you what has happened. •And when he arrives, your voice will suddenly return so you can talk to him, and you will be a symbol for these people. Then they will know that I am the LORD."

A Message for Ammon

25 Then this message came to me from the 2 LORD: • "Son of man, turn and face the land of Ammon and prophesy against its peo- 3 ple. •Give the Ammonites this message from the Sovereign LORD: Hear the word of the Sovereign LORD! Because you cheered when my Temple was defiled, mocked Israel in her desola- tion, and laughed at Judah as she went away 4 into exile, •I will allow nomads from the east- ern deserts to overrun your country. They will set up their camps among you and pitch their tents on your land. They will harvest all your

---

console [kənsóul] vt. 위로하다, 위문하다
desolation [dèsəléiʃən] n. 황폐함
exile [égzail] n. 포로, 유배
mock [mák] vt. 조롱하다
nomad [nóumæd] n. 유목민, 방랑자
overrun [òuvərʌ́n] vt. 침략하다, 쳐부수다
pitch [pitʃ] vt. (천막을) 치다
slaughter [slɔ́ːtər] vt. 학살하다
stronghold [strɔ́ːŋhould] n. 요새
24:23 waste away : 쇠약해지다

을 세울 것이다. 그들이 너희의 열매를 먹고 너
희의 우유를 마실 것이다.

5 내가 랍바 성을 낙타들의 목장으로 만들겠고,
암몬 땅을 양 떼의 우리로 만들 것이니 그때에
너희는 내가 여호와라는 것을 알게 될 것이다.

6 나 주 여호와가 말한다. 너희가 이스라엘의 땅
에 대하여, 손뼉을 치며 발을 굴렀고, 너의 마음
이 온갖 악의로 가득 차 기뻐했으므로,

7 내가 너를 향하여 나의 손을 펼쳐, 너를 다른 나라
들에게 약탈물로 넘겨줄 것이다. 내가 너를 모
든 나라들로부터 끊어 버릴 것이요, 모든 지역
으로부터 완전히 제거할 것이다. 내가 너를 멸
망시킬 것이니 그때에 너는 내가 여호와라는 것
을 알게 될 것이다.'"

모압에 대한 예언

8 여호와께서 말씀하셨다. "모압과 세일이 말하
기를 '보아라, 유다의 집이 다른 모든 나라들과
같이 되었다'라고 했다.

9 그러므로 내가 모압의 국경 도시들, 곧 그 땅의
영광인 벧여시못과 바알므온 그리고 기랴다임
이 공격받게 할 것이다.

10 그리고 모압을 암몬 백성과 함께 동쪽 백성들에
게 넘겨주어 그들의 소유가 되게 하리니 암몬사
람들이 여러 나라 가운데 기억되지 못할 것이
다.

11 내가 모압에게 벌을 내리면 그때에 그들이 내가
여호와라는 것을 알게 될 것이다."

에돔에 대한 예언

12 "나 주 여호와가 말한다. 에돔이 유다의 집에 복
수를 함으로써 커다란 죄를 지었다.

13 그러므로 나 주 여호와가 말한다. 내가 손을 들
어 에돔을 칠 것이요, 에돔 사람들과 짐승들을
죽일 것이다. 내가 에돔을 황폐하게 만들 것이
요, 데만에서부터 드단까지 사람들이 칼에 쓰러
질 것이다.

14 내가 내 백성 이스라엘의 손으로 에돔에 복수할
것이니 이스라엘 백성이 나의 분노와 진노에 맞
게 에돔에 행할 것이다. 그때에 에돔 백성들이
나의 복수를 알게 될 것이다. 나 주 여호와의 말
이다."

블레셋에 대한 예언

15 "나 주 여호와가 말하노라. 블레셋 백성이 증오
로 가득 찬 마음으로 복수를 꾀했으며, 악의를
갖고 유다를 멸망시키려 했다.

16 그러므로 나 주 여호와가 말하노라. 내가 손을
들어 블레셋 백성을 치고 그렛 사람들을 없애
버리며, 해변에 남아 있는 사람들을 멸망시킬

---

fruit and drink the milk from your livestock.

5 And I will turn the city of Rabbah into a pas-
ture for camels, and all the land of the
Ammonites into a resting place for sheep and
goats. Then you will know that I am the LORD.

6 • "This is what the Sovereign LORD says:
Because you clapped and danced and cheered

7 with glee at the destruction of my people, • I
will raise my fist of judgment against you. I will
give you as plunder to many nations. I will cut
you off from being a nation and destroy you
completely. Then you will know that I am the
LORD.

A Message for Moab

8 • "This is what the Sovereign LORD says: Because
the people of Moab* have said that Judah is just

9 like all the other nations, • I will open up their
eastern flank and wipe out their glorious fron-
tier towns—Beth-jeshimoth, Baal-meon, and

10 Kiriathaim. • And I will hand Moab over to
nomads from the eastern deserts, just as I hand-
ed over Ammon. Yes, the Ammonites will no

11 longer be counted among the nations. • In the
same way, I will bring my judgment down on
the Moabites. Then they will know that I am
the LORD.

A Message for Edom

12 • "This is what the Sovereign LORD says: The
people of Edom have sinned greatly by aveng-
ing themselves against the people of Judah.

13 Therefore, says the Sovereign LORD, I will raise
my fist of judgment against Edom. I will wipe
out its people and animals with the sword. I will
make a wasteland of everything from Teman to

14 Dedan. • I will accomplish this by the hand of
my people of Israel. They will carry out my
vengeance with anger, and Edom will know
that this vengeance is from me. I, the Sovereign
LORD, have spoken!

A Message for Philistia

15 • "This is what the Sovereign LORD says: The
people of Philistia have acted against Judah out
of bitter revenge and long-standing contempt.

16 • Therefore, this is what the Sovereign LORD
says: I will raise my fist of judgment against the
land of the Philistines. I will wipe out the
Kerethites and utterly destroy the people who

---

avenge [əvéndʒ] vt. 복수하다
contempt [kəntémpt] n. 경멸
flank [flæŋk] n. 측면
glee [gliː] n. 큰 기쁨, 환희
vengeance [véndʒəns] n. 복수
wasteland [wéistlænd] n. 황무지

25:8 As in Greek version; Hebrew reads *Moab and
seir.*

17 내가 그들에게 크나큰 복수를 행할 것이요, 진노로 그들을 심판할 것이다. 내가 그들에게 원수를 갚을 그때에 그들은 내가 여호와라는 것을 알게 될 것이다.”

두로에 대한 예언

26 십일 년 어느 달 초하루에 여호와께서 내게 말씀하셨다.

2 “사람아, 두로가 예루살렘에 대해 말하기를 '아하! 만국으로 나가는 예루살렘의 성문이 깨어졌으며, 작은 문들이 활짝 열렸구나. 예루살렘이 폐허가 되었으니, 내가 번성할 것이다'라고 하였다.

3 그러므로 나 주 여호와가 말한다. 두로야, 내가 너를 칠 것이다. 파도치는 성난 바다처럼, 수많은 나라들이 네게로 몰려와 칠 것이다.

4 그 나라들이 두로의 성벽을 허물고 망대를 무너뜨릴 것이다. 또 내가 두로의 깨진 조각들을 쓸어 내어 그를 맨 바위가 되게 할 것이다.

5 두로는 바다 가운데 그물 치는 곳이 될 것이니, 이는 나 여호와가 말하였기 때문이다. 나 주 여호와의 말이다. 모든 나라에 두로는 약탈물이 될 것이요,

6 내륙 중심부에 있는 두로의 정착지들도 칼에 의해 파괴될 것이다. 그때에 그들이 내가 여호와라는 것을 알게 될 것이다.”

느부갓네살이 두로를 공격하다

7 “나 주 여호와가 말한다. 내가 북쪽에서 왕들의 왕인 바빌로니아 왕 느부갓네살을 데려와 두로를 칠 것이다. 그가 말과 전차와 기병과 큰 군대를 이끌고 올 것이다.

8 그가 내륙 중심부에 있는 너의 정착지들을 칼로 멸망시킬 것이요, 너를 칠 공격용 대를 세우고, 너의 성벽 꼭대기에 이르는 흙 언덕을 쌓을 것이며, 너에게 맞서 방패를 들어 올릴 것이다.

9 그가 통나무로 성벽을 치고 들어갈 것이며, 무기로 망대들을 무너뜨릴 것이다.

10 그의 말들이 너무 많아서, 그 말들이 일으키는 흙먼지가 너를 덮을 것이다. 느부갓네살 왕이 네 무너진 성문으로 들어가면, 네 성벽은 병마들과 마차와 전차들 소리에 흔들릴 것이다.

11 그가 말발굽으로 네 거리를 짓밟고 칼로 네 백성을 죽일 것이다. 네 견고한 기둥들도 땅 위로 무너져 내릴 것이다.

12 그의 군대가 네 재산을 빼앗고 네가 팔던 물건들을 약탈할 것이다. 그들이 네 성벽을 무너뜨리고 네 아름다운 집들을 허물 것이다. 그리고 네

---

17 live by the sea. •I will execute terrible vengeance against them to punish them for what they have done. And when I have inflicted my revenge, they will know that I am the LORD."

A Message for Tyre

26 On February 3, during the twelfth year of King Jehoiachin's captivity,* this message
2 came to me from the LORD: • "Son of man, Tyre has rejoiced over the fall of Jerusalem, saying, 'Ha! She who was the gateway to the rich trade routes to the east has been broken, and I am the heir! Because she has been made desolate, I will become wealthy!'

3 • "Therefore, this is what the Sovereign LORD says: I am your enemy, O Tyre, and I will bring many nations against you, like the waves of the
4 sea crashing against your shoreline. •They will destroy the walls of Tyre and tear down its towers. I will scrape away its soil and make it a bare
5 rock! •It will be just a rock in the sea, a place for fishermen to spread their nets, for I have spoken, says the Sovereign LORD. Tyre will become
6 the prey of many nations, •and its mainland villages will be destroyed by the sword. Then they will know that I am the LORD.

7 • "This is what the Sovereign LORD says: From the north I will bring King Nebuchadnezzar* of Babylon against Tyre. He is king of kings and brings his horses, chariots, charioteers, and
8 great army. •First he will destroy your mainland villages. Then he will attack you by building a siege wall, constructing a ramp, and rais-
9 ing a roof of shields against you. •He will pound your walls with battering rams and demolish your towers with sledgehammers.
10 •The hooves of his horses will choke the city with dust, and the noise of the charioteers and chariot wheels will shake your walls as they
11 storm through your broken gates. •His horsemen will trample through every street in the city. They will butcher your people, and your strong pillars will topple.
12 • "They will plunder all your riches and merchandise and break down your walls. They will destroy your lovely homes and dump your

---

choke [tʃóuk] *vt.* 질식시키다
trample [træmpl] *vi.* 짓밟다

26:1 Hebrew *In the eleventh year, on the first day of the month*, of the ancient Hebrew lunar calendar year. Since an element is missing in the date formula here, scholars have reconstructed this probable reading: *In the eleventh [month of the twelfth] year, on the first day of the month.* This reading would put this message on February 3, 585 B.C.; also see note on 1:1. 26:7 Hebrew *Nebuchadrezzar*, a variant spelling of Nebuchadnezzar.

석재와 목재와 흙덩이까지도 바다에 던져 넣을 것이다.

13 내가 네 노래를 그치게 할 것이며, 다시는 네 수 금 소리가 들리지 않게 할 것이다.

14 내가 너를 맨 바위가 되게 할 것이요, 너는 그물 을 펼치는 곳이 될 것이다. 다시는 네가 세워지 지 못할 것이니 이것은 나 여호와가 말하였기 때 문이다. 나 주 여호와의 말이다."

15 주 여호와께서 두로에게 다음과 같이 말씀하셨 다. "상처 입은 자들이 신음하고 너를 죽이는 자 들이 네 안에서 일어날 때, 너의 멸망하는 소리 에 해안 지역들이 두려움에 떨지 않겠느냐?

16 그때에 바닷가의 모든 지도자들이 그 왕좌에서 내려올 것이며, 그들의 관복을 벗어 놓고 아름 답게 수놓은 옷을 벗을 것이다. 그들은 두려움 에 떨며, 네 모습에 몸서리칠 것이다.

17 그때에 그들이 너에 대한 탄식의 노래를 지어 부 를 것이다. '항해자들이 살던, 이름 있는 도성이 여! 네가 어떻게 그렇게 망하였느냐! 너와 너의 시민들은 바다에서 강한 자들이었고, 해변에 사 는 모든 사람들이 너를 두려워했었다.

18 이제 모든 바닷가들이 네가 망하던 날에 무서워 떤다. 바다의 섬들이 네가 무너지는 것을 보고 크게 놀라고 있다.'

19 나 주 여호와가 말하노라. 내가 너를 사람이 살 지 않는 도시처럼 황폐한 성이 되게 하고, 거대 한 바닷물로 너를 덮어 버릴 것이다.

20 내가 너를 땅 밑 죽음의 세계로, 즉 아주 옛적 죽 은 사람들에게 내려가도록 하고 그들과 함께 살 게 할 것이다. 너는 산 자의 땅으로 되돌아오지 못할 것이며, 이 땅에서 다시는 살지 못할 것이 다.

21 내가 너로 무서운 마지막을 맞게 하여 네가 더 이상 여기에 있지 아니할 것이니 사람들이 너를 찾더라도 다시는 만나지 못할 것이다. 나 주 여 호와의 말이다."

두로에 대한 탄식의 노래

27 여호와께서 내게 말씀하셨다. 2 "사람아, 두로에 대한 탄식의 노래를 불 러라.

3 바다로 나가는 어귀에 자리잡고, 많은 해안선에 살고 있는 사람들과 거래하는 두로에게 여호와 께서 다음과 같이 말씀하신다고 일러 주어라. '오 두로야, 너는 스스로 아름답다고 말하는구 나.

4 너의 경계선은 높은 바다 위에 있으며, 너를 세 운 자들은 너의 아름다움을 극치에 이르게 했

stones and timbers and even your dust into the sea. •I will stop the music of your songs. No
13 more will the sound of harps be heard among
14 your people. •I will make your island a bare rock, a place for fishermen to spread their nets. You will never be rebuilt, for I, the LORD, have spoken. Yes, the Sovereign LORD has spoken!

The Effect of Tyre's Destruction

15 •"This is what the Sovereign LORD says to Tyre: The whole coastline will tremble at the sound of your fall, as the screams of the wounded echo in
16 the continuing slaughter. •All the seaport rulers will step down from their thrones and take off their royal robes and beautiful clothing. They will sit on the ground trembling with horror at
17 your destruction. •Then they will wail for you, singing this funeral song:

"O famous island city,
once ruler of the sea,
how you have been destroyed!
Your people, with their naval power,
once spread fear around the world.
18 • Now the coastlands tremble at your fall.
The islands are dismayed as you disappear.

19 •"This is what the Sovereign LORD says: I will make Tyre an uninhabited ruin, like many oth-ers. I will bury you beneath the terrible waves of
20 enemy attack. Great seas will swallow you. •I will send you to the pit to join those who descended there long ago. Your city will lie in ruins, buried beneath the earth, like those in the pit who have entered the world of the dead. You will have no place of respect here in the
21 land of the living. •I will bring you to a terrible end, and you will exist no more. You will be looked for, but you will never again be found. I, the Sovereign LORD, have spoken!"

The End of Tyre's Glory

27 Then this message came to me from the
2 LORD: • "Son of man, sing a funeral song
3 for Tyre, •that mighty gateway to the sea, the trading center of the world. Give Tyre this mes-sage from the Sovereign LORD:

"You boasted, O Tyre,
'My beauty is perfect!'
4 • You extended your boundaries into the sea.
Your builders made your beauty perfect.

boast [boust] *vi.* 자랑하다, 뽐내다
dismay [disméi] *vt.* 놀라게 하다
naval [néivəl] *a.* 해군의
pit [pit] *n.* 지옥
uninhabited [ʌninhǽbitid] *a.* 사람이 살지 않는
wail [wéil] *vi.* 한탄하다

다.

5 그들이 스닐*의 잣나무로 너의 모든 재목을 만들었고, 레바논의 백향목을 가져다가 너를 위해 돛대를 만들었다.

6 바산의 상수리나무로 너의 노를 만들었고, 깃딤 해안의 삼나무로 너의 갑판을 만들어 상아로 장식하였다.

7 이집트에서 온 곱게 수를 놓은 아마포로 네 돛을 만들고 너의 깃발로도 같이 사용하였다. 너의 갑판 위의 차일은 푸른색과 자주색으로, 엘리사의 해변에서 가져온 것이었다.

8 시돈과 아르왓 사람들이 네 노를 저었다. 오 두로여, 너의 숙련된 자들이 선원으로 배에 탔다.

9 그발의 노련한 기술자들이 배의 틈새를 메우기 위한 기술자로 배에 올랐다. 바다의 모든 배와 그 뱃사공들이 너와 무역하기 위해 함께 왔다.

10 페르시아와 리디아와 리비아* 사람들이 네 군대의 군인이 되어 네 성벽에 방패와 투구를 걸어 놓았으며, 너를 빛나게 했다.

11 아르왓과 헬렉의 사람들이 너의 성벽 주위를 둘러 지켰으며, 가맛 사람들이 네 망루에 있었다. 그들이 네 성벽을 빙 둘러 방패를 걸어 놓았고, 네 아름다움을 극치에 이르게 했다.

12 다시스는 너의 풍부한 품목들 때문에 너와 장사를 했고, 그들은 너의 물품에 대해 은과, 철과, 주석과 납을 대신 주었다.

13 야완*과 두발과 메섹도 너와 무역을 했는데, 그들은 노예와 놋쇠 제품을 주고 네 물품들을 가져갔다.

14 도갈마 사람들은 네 물품들을 사고, 일하는 말과 군마, 그리고 노새로 값을 지불했다.

15 드단* 백성도 너와 교역을 했고 많은 해안들이 너의 고객이었으니, 그들은 네게 상아와 값진 흑단으로 물건 값을 지불했다.

16 아람*은 너의 많은 물품들 때문에 너와 장사를 했는데, 그들은 남보석과 자주색 천과 수놓은 천, 그리고 고운 베와 산호, 홍옥을 가져와서 네 물건들과 바꾸어 갔다.

17 유다와 이스라엘도 너와 장사를 했는데, 그들은 민닛에서 만든 밀과 과자, 그리고 꿀과 기름과 유향을 가져와서 네 물품들을 사 갔다.

18 다마스커스는 너의 많은 물건과 풍부한 품목들 때문에 너와 장사를 했는데, 헬본의 포도주와 자하르 지역의 양털로 너와 장사를 했다.

19 워단과 야완 사람들도 네 물품들을 사 갔는데,

5 • You were like a great ship
　built of the finest cypress from Senir.*
　They took a cedar from Lebanon
　to make a mast for you.

6 • They carved your oars
　from the oaks of Bashan.
　Your deck of pine from the coasts of Cyprus*
　was inlaid with ivory.

7 • Your sails were made of Egypt's finest linen,
　and they flew as a banner above you.
　You stood beneath blue and purple awnings
　made bright with dyes from the coasts of
　Elishah.

8 • Your oarsmen came from Sidon and Arvad;
　your helmsmen were skilled men from
　Tyre itself.

9 • Wise old craftsmen from Gebal did the
　caulking.
　Ships from every land came with goods to
　barter for your trade.

10 • "Men from distant Persia, Lydia, and Libya*
served in your great army. They hung their
shields and helmets on your walls, giving you

11 great honor. • Men from Arvad and Helech
stood on your walls. Your towers were manned
by men from Gammad. Their shields hung on
your walls, completing your beauty.

12 • "Tarshish sent merchants to buy your wares
in exchange for silver, iron, tin, and lead.

13 • Merchants from Greece,* Tubal, and Meshech
brought slaves and articles of bronze to trade
with you.

14 • "From Beth-togarmah came riding horses,
chariot horses, and mules, all in exchange for

15 your goods. • Merchants came to you from
Dedan.* Numerous coastlands were your cap-
tive markets; they brought payment in ivory
tusks and ebony wood.

16 • "Syria* sent merchants to buy your rich
variety of goods. They traded turquoise, purple
dyes, embroidery, fine linen, and jewelry of

17 coral and rubies. • Judah and Israel traded for
your wares, offering wheat from Minnith, figs,*
honey, olive oil, and balm.

18 • "Damascus sent merchants to buy your rich
variety of goods, bringing wine from Helbon

19 and white wool from Zahar. • Greeks from

27:5 Or Hermon. 　27:6 Hebrew Kittim. 　27:10
Hebrew Paras, Lud, and Put. 　27:13 Hebrew
Javan. 　27:15 Greek version reads Rhodes. 　27:16
Hebrew Aram; some manuscripts read Edom.
27:17 The meaning of the Hebrew is uncertain.
27:5 '헤르몬' 이라고도 한다.
27:10 개역 성경에는 '바사와 룻과 붓' 이라고 표기되어 있는데,
이는 각각 '페르시아, 리디아, 리비아' 를 가리킨다.
27:13 '그리스' 를 가리킨다.
27:15 '로데스' 를 가리킨다.
27:16 다른 사본에는 '에돔' 이라고 표기되어 있다.

그들은 철과 계피와 사탕수수를 가져와서 네 물건들과 바꾸어 갔다.

20 드단은 안장에 덮는 담요를 가지고 너와 장사했다.

21 아라비아와 게달의 모든 통치자들도 너의 고객이 되어 양과 숫양과 염소들을 갖고 너와 장사했다.

22 스바와 라아마의 상인들도 너와 장사를 했다. 그들은 너의 물품을 사고, 온갖 종류의 최고의 향료와 값진 보석들, 그리고 금을 지불했다.

23 하란과 간네와 에덴 사람들과 스바와 앗시리아와 길맛의 상인들도 너와 무역을 했다.

24 그들은 아름다운 옷과, 청색 옷감과, 수놓은 작품들과, 여러 가지 색깔로 물들인 양탄자와 단단히 꼰 밧줄을 너에게 주고 물품을 교환해 갔다.

25 다시스의 배들이 너의 물품들을 실어 나른다. 너는 무거운 화물들을 가득 채우고, 바다 한가운데로 나간다.

26 너의 노를 젓는 사람들이 너를 깊은 바다로 데리고 나가지만 동풍이 불어와 바다 한가운데서 너를 산산조각 낼 것이다.

27 너의 재산과 물품들과 상품들, 네 뱃사람들과 사공들, 그리고 배 일꾼들, 네 상인들과 너의 모든 군인들, 그리고 배에 탄 그 밖의 모든 사람들이 바다 한가운데에 빠지게 될 것이다. 네 배가 좌초하는 날에 그렇게 될 것이다.

28 네 뱃사람들이 울부짖을 때, 해변가의 사람들이 무서워 떨 것이다.

29 노를 젓는 모든 사람들이 배를 버리고 선원들과 모든 뱃사람들이 바닷가에 서서,

30 목소리를 높여 너를 향해 크게 울부짖을 것이다. 그들은 티끌을 자기 머리 위에 뿌리며 재 속에서 뒹굴 것이다.

31 너로 인하여 그들은 머리를 밀며 베옷을 입을 것이다. 고통 속에서 크나큰 소리로 슬피 울 것이다.

32 그들이 너를 향해 통곡하며, 너를 위해 애도의 노래를 부를 것이다. 누가 두로처럼 침묵한 적이 있고 바다에 둘러싸인 적이 있었는가?

33 네 상품들이 바다로 팔려 나갔을 때, 너는 많은 나라들을 만족시켰다. 너의 커다란 재물과 너의 물품들로 너는 땅의 왕들을 부유하게 만들었다.

Uzal* came to trade for your merchandise. Wrought iron, cassia, and fragrant calamus were bartered for your wares.

20 • "Dedan sent merchants to trade their expen-
21 sive saddle blankets with you. •The Arabians and the princes of Kedar sent merchants to trade lambs and rams and male goats in exchange for your
22 goods. •The merchants of Sheba and Raamah came with all kinds of spices, jewels, and gold in exchange for your wares.

23 • "Haran, Canneh, Eden, Sheba, Asshur, and
24 Kilmad came with their merchandise, too. •They brought choice fabrics to trade—blue cloth, embroi-dery, and multicolored carpets rolled up and
25 bound with cords. •The ships of Tarshish were your ocean caravans. Your island warehouse was filled to the brim!

The Destruction of Tyre

26 • "But look! Your oarsmen
    have taken you into stormy seas!
    A mighty eastern gale
      has wrecked you in the heart of the sea!

27 • Everything is lost—
    your riches and wares,
    your sailors and pilots,
      your ship builders, merchants, and warriors.
    On the day of your ruin,
      everyone on board sinks into the depths
        of the sea.

28 • Your cities by the sea tremble
    as your pilots cry out in terror.

29 • All the oarsmen abandon their ships;
    the sailors and pilots stand on the shore.

30 • They cry aloud over you
    and weep bitterly.
    They throw dust on their heads
    and roll in ashes.

31 • They shave their heads in grief for you
    and dress themselves in burlap.
    They weep for you with bitter anguish
    and deep mourning.

32 • As they wail and mourn over you,
    they sing this sad funeral song:
    'Was there ever such a city as Tyre,
      now silent at the bottom of the sea?

33 • The merchandise you traded
    satisfied the desires of many nations.
    Kings at the ends of the earth
      were enriched by your trade.

---

ash [ǽʃ] *n.* 재, 잿더미
awning [ɔ́ːniŋ] *n.* 차일 : 천막
barter [bɑ́ːrtər] *vi.* 물물 교환하다
caulking [kɔ́ːkiŋ] *n.* 누수방지, 틈새 메우기
embroidery [imbrɔ́idəri] *n.* 자수품(수놓은 작품)

27:19 Hebrew *Vedan and Javan from Uzal.* The mean-ing of the Hebrew is uncertain.

34 그런데 이제 너는 바다에 빠져 산산조각 났고, 깊은 바다에 잠기니, 너의 물품들과 너의 모든 동행자들이 너와 함께 깊은 바다에 빠졌다.

35 바닷가에 사는 모든 자들이 너를 보고 크게 놀라고 그들의 왕들도 몸서리를 치며, 그 얼굴이 두려움으로 일그러졌다.

36 모든 나라의 상인들이 너를 비웃으니, 너는 비참한 최후를 맞았고 이제 끝장나 버렸다.'"

두로 왕에 대한 예언

28 여호와께서 내게 말씀하셨다.

2 "사람아, 두로 왕에게 전하여라." 여호와께서 말씀하셨다. "네가 마음에 교만한 생각을 품으며 '나는 신이다. 나는 바다 한가운데 있는 신의 보좌에 앉아 있다' 라고 말한다. 네가 네 자신을 신처럼 지혜롭다고 생각하지만 너는 신이 아니라 사람일 뿐이다.

3 네가 다니엘보다 지혜로워서 세상의 모든 비밀을 다아느냐?

4 너는 네 지혜와 명철로 재물을 모아 부자가 되었으며, 금과 은을 모아들여 네 창고에 가득 채웠다.

5 뛰어난 무역 기술로 네 재산을 많이 늘렸지만 재산이 많아져서 네 마음이 거만해졌다.

6 그러므로 나 여호와가 이렇게 말한다. 네가 스스로 '내가 신처럼 지혜롭다' 고 말하지만,

7 내가 세상에서 가장 잔인한 외국인들을 불러들여 너를 치도록 할 것이다. 그들이 칼로 너의 아름다움과 지혜를 내리치고, 너의 찬란한 영광을 무너뜨릴 것이다.

8 그들이 너를 구덩이에 넣으리니 네가 바다 한가운데서 끔찍하게 죽을 것이다.

9 그런데도 네가 '나는 신이다' 라고 말할 수 있겠느냐? 너를 죽이는 사람들 앞에서 그렇게 말할 수 있겠느냐? 너는 그들 앞에서, 신이 아니라 사람일 뿐이다.

10 너는 외국인들 앞에서 할례받지 못한 이방인처럼 죽음을 맞을 것이다. 나 주 여호와의 말이다."

11 여호와께서 내게 말씀하셨다.

12 "사람아, 두로 왕에 대한 애가를 지어 그

---

34 • Now you are a wrecked ship,
　broken at the bottom of the sea.
　All your merchandise and crew
　have gone down with you.

35 • All who live along the coastlands
　are appalled at your terrible fate.
　Their kings are filled with horror
　and look on with twisted faces.

36 • The merchants among the nations
　shake their heads at the sight of you,*
for you have come to a horrible end
　and will exist no more.'"

A Message for Tyre's King

28 Then this message came to me from the LORD:

2 • "Son of man, give the prince of Tyre this message from the Sovereign LORD:

"In your great pride you claim, 'I am a god!
　I sit on a divine throne in the heart
　　of the sea.'
But you are only a man and not a god,
　though you boast that you are a god.

3 • You regard yourself as wiser than Daniel
　and think no secret is hidden from you.

4 • With your wisdom and understanding you
　　have amassed great wealth—
　gold and silver for your treasuries.

5 • Yes, your wisdom has made you very rich,
　and your riches have made you very proud.

6 • "Therefore, this is what the Sovereign LORD
　　says:
Because you think you are as wise as a god,

7 • I will now bring against you a foreign army,
　the terror of the nations.
They will draw their swords against your
　　marvelous wisdom
　and defile your splendor!

8 • They will bring you down to the pit,
　and you will die in the heart of the sea,
　pierced with many wounds.

9 • Will you then boast, 'I am a god!'
　to those who kill you?
To them you will be no god
　but merely a man!

10 • You will die like an outcast*
　at the hands of foreigners.
　I, the Sovereign LORD, have spoken!"

11 • Then this further message came to me from the

12 LORD: • "Son of man, sing this funeral song for the king of Tyre. Give him this message from the Sovereign LORD:

"You were the model of perfection,

에게 전하여라. '너는 완전한 것의 모델이었으며 많은 지혜와 완전한 아름다움을 소유했다.

13 너는 하나님의 동산 에덴에 있으면서 그곳에서 온갖 값진 보석으로 치장하였다. 홍옥과 황옥과 취옥과 금강석과 녹주석과 벽옥과 청옥과 남보석과 감람석으로 몸을 치장하였다. 네가 지닌 장식품들은 모두 금이었다. 네가 지음받던 날에 그 보석들이 모두 준비되었다.

14 내가 너를 택하고 향유로 기름 부어, 지키는 그룹으로 세웠다. 너는 하나님의 거룩한 산에 있었고, 빛나는 보석들 사이로 다녔다.

15 너는 지음받았던 날부터 티 없이 깨끗하게 살아왔다. 그러나 언제부터인가 네 안에 악한 것이 드러났다.

16 멀리 떨어진 나라들과 무역을 하면서 너는 폭력을 배웠고, 죄를 짓기 시작했다. 그래서 내가 너를 하나님의 산에서 쫓아내고 부끄러움을 당하게 했다. 그러므로 너 지키는 그룹아, 내가 너를 추방하고 빛나는 보석들 사이에서 몰아낸 것이다.

17 네 아름다움 때문에 네 마음이 너무 교만해졌다. 네 찬란한 영광 때문에 네 지혜를 썩게 만들었다. 그래서 내가 너를 땅바닥에 내던지고 모든 왕들 앞에서 창피하게 하였다.

18 너는 많은 죄와 부정직한 무역으로 너의 성소들을 더럽혔다. 그래서 내가 네 한가운데에 불을 질러 너를 삼키고 너를 구경하던 사람들 앞에서 잿더미로 만들어 버렸다.

19 너를 알던 모든 나라들이 네 모습을 보고 놀랐다. 네가 끔찍한 종말을 맞이하게 되었으니, 너는 이제 영원히 사라져 버릴 것이다.'"

시돈에 대한 예언

20 여호와께서 내게 말씀하셨다.

21 "사람아, 시돈 성을 바라보고 그 성을 향해 예언하여라.

22 너는 '주 여호와께서 이렇게 말씀하셨다'라고 하여라. '오 시돈아, 내가 너를 치겠다. 내가 네 가운데서 영광을 나타내겠다. 내가 시돈을 심판하여 나의 거룩함을 드러낼 때, 그들은 내가 여호와라는 것을 알게 될 것이다.

full of wisdom and exquisite in beauty.

13 ● You were in Eden,
　　the garden of God.
　Your clothing was adorned with every precious
　　stone*—
　　　red carnelian, pale-green peridot, white
　　　　moonstone,
　　　blue-green beryl, onyx, green jasper,
　　　blue lapis lazuli, turquoise, and emerald—
　all beautifully crafted for you
　　and set in the finest gold.
　They were given to you
　　on the day you were created.

14 ● I ordained and anointed you
　　as the mighty angelic guardian.*
　You had access to the holy mountain of God
　　and walked among the stones of fire.

15 ● "You were blameless in all you did
　　from the day you were created
　　until the day evil was found in you.

16 ● Your rich commerce led you to violence,
　　and you sinned.
　So I banished you in disgrace
　　from the mountain of God.
　I expelled you, O mighty guardian,
　　from your place among the stones of fire.

17 ● Your heart was filled with pride
　　because of all your beauty.
　Your wisdom was corrupted
　　by your love of splendor.
　So I threw you to the ground
　　and exposed you to the curious gaze of
　　　kings.

18 ● You defiled your sanctuaries
　　with your many sins and your dishonest
　　　trade.
　So I brought fire out from within you,
　　and it consumed you.
　I reduced you to ashes on the ground
　　in the sight of all who were watching.

19 ● All who knew you are appalled at your fate.
　　You have come to a terrible end,
　　and you will exist no more."

A Message for Sidon

20 ● Then another message came to me from the LORD:
21 ● "Son of man, turn and face the city of Sidon and
22 prophesy against it. ● Give the people of Sidon this
message from the Sovereign LORD:

　"I am your enemy, O Sidon,
　　and I will reveal my glory by what I do
　　　to you.
　When I bring judgment against you
　　and reveal my holiness among you,
　everyone watching will know
　　that I am the LORD.

28:13 The identification of some of these gemstones is
uncertain.　28:14 Hebrew *guardian cherub;* similarly in
28:16.

23 내가 시돈에 전염병을 보내겠다. 시돈의 거리
들마다 피가 넘쳐흐를 것이다. 사방에서 시돈
을 향해 칼을 휘두르니 수많은 사람들이 죽어
넘어진다. 그때에 그들이 내가 여호와라는 것
을 알게 될 것이다.'"

하나님께서 이스라엘을 도우시다

24 여호와께서 말씀하셨다. "이제 다시는 이스라
엘 백성에게 찔레나 가시와 같은 악한 이웃 나
라들이 없을 것이다. 그때에 그들이 내가 여호
와라는 것을 알게 될 것이다.

25 내가 이스라엘 백성을 그들이 흩어져 살던 여
러 민족들로부터 다시 모아 들이고 여러 민족
들 앞에서 나의 거룩함을 드러낼 것이다. 그
때에 이스라엘 백성은 자기 땅, 곧 내 종 야곱
에게 준 땅에서 살게 될 것이다.

26 그들이 그 땅에서 평안히 살면서 집도 짓고 포
도밭도 가꿀 것이다. 그들을 못살게 굴던 이웃
나라들에 벌을 줄 것이다. 그때, 이스라엘 백
성은 평안히 살 것이다. 그때에 그들이 내가
그들의 하나님 여호와라는 것을 알게 될 것이
다."

이집트에 대한 예언

29 십 년 열째 달 십이 일에 여호와께서 내
게 말씀하셨다.

2 "사람아, 이집트 왕 파라오를 향해 예언하여
라. 그와 온 이집트를 쳐서 예언하여라.

3 너는 전하여라. '이집트 왕 파라오야, 내가 너
를 치겠다. 너는 강에 기어다니는 커다란 괴물
이다. 네가 말하기를, "나일 강은 내 것이다.
내가 나를 위해 나일 강을 만들었다"라고 한
다.

4 그러나 내가 갈고리로 네 아가미를 꿰고 강의
물고기를 네 비늘에 붙게 할 것이다. 네 비늘
에 붙은 모든 물고기와 함께 내가 너를 강에서
끌어낼 것이다.

5 내가 너뿐만 아니라 강의 모든 물고기들을 사
막에 내버려 둘 것이다. 네가 들판에 내던져질
것이니 아무도 너를 거두거나 줍지 않을 것이
다. 내가 너를 들짐승들과 하늘의 새들에게 먹
이로 줄 것이다.

6 그때에 이집트에 사는 모든 사람들이 내가 여
호와라는 것을 알게 될 것이다. 너 이집트는 이
스라엘 백성에게 갈대 지팡이일 뿐이었다.

7 이스라엘 백성이 손으로 너를 붙잡으면 너는
갈라지면서 그들의 어깨를 찢었고 그들이 네
게 기대면, 너는 부러지면서 그들의 등에 통증
을 가져다 주었다.

23 • I will send a plague against you,
     and blood will be spilled in your streets.
   The attack will come from every direction,
     and your people will lie slaughtered within
       your walls.
   Then everyone will know
     that I am the LORD.
24 • No longer will Israel's scornful neighbors
     prick and tear at her like briers and thorns.
   For then they will know
     that I am the Sovereign LORD.

Restoration for Israel

25 • "This is what the Sovereign LORD says: The peo-
ple of Israel will again live in their own land, the
land I gave my servant Jacob. For I will gather
them from the distant lands where I have scat-
tered them. I will reveal to the nations of the
26 world my holiness among my people. • They will
live safely in Israel and build homes and plant
vineyards. And when I punish the neighboring
nations that treated them with contempt, they
will know that I am the LORD their God."

A Message for Egypt

29 On January 7,* during the tenth year of
King Jehoiachin's captivity, this message
2 came to me from the LORD: • Son of man, turn
and face Egypt and prophesy against Pharaoh
3 king and all the people of Egypt. • Give them this
message from the Sovereign LORD:

"I am your enemy, O Pharaoh, king of Egypt—
     you great monster, lurking in the streams
       of the Nile.
   For you have said, 'The Nile River is mine;
     I made it for myself.'
4 • I will put hooks in your jaws
     and drag you out on the land
     with fish sticking to your scales.
5 • I will leave you and all your fish
     stranded in the wilderness to die.
   You will lie unburied on the open ground,
     for I have given you as food to the wild
       animals and birds.
6 • All the people of Egypt will know that I am
     the LORD,
   for to Israel you were just a staff made of
     reeds.
7 • When Israel leaned on you,
     you splintered and broke
     and stabbed her in the armpit.
   When she put her weight on you,
     you collapsed, and her legs gave way.

plague [pléig] *n.* 전염병

29:1 Hebrew *On the twelfth day of the tenth month,*
of the ancient Hebrew lunar calendar. This event
occurred on January 7, 587 B.C.; also see note on 1:1.

8 그러므로 내가 칼로 너를 치겠다. 네 군사와 가축을 모두 죽일 것이다.

9 이집트 땅은 사람이 살지 않는 버려진 땅이 될 것이다. 그때에 그들은 내가 여호와라는 것을 알게 될 것이다. 너는 말하기를, "나일 강은 내 것이다. 내가 나를 위해 나일 강을 만들었다"라고 하였으므로

10 내가 너와 네 강들을 칠 것이다. 내가 이집트 땅을 폐허로 만들 것이며, 북쪽 믹돌에서 남쪽 아스완,* 곧 에티오피아의 국경에 이르기까지 온통 황무지로 만들 것이다.

11 사람이나 짐승이 그곳을 지나가지 않으며 사십 년 동안 그곳에 아무도 살지 않을 것이다.

12 내가 이집트 땅을 황폐한 나라들 가운데 하나처럼 되게 할 것이다. 그리고 사십 년 동안, 이집트의 도시들도 폐허가 된 다른 도시들 가운데 하나처럼 될 것이다. 내가 이집트 사람들을 세계 여러 민족과 뭇 나라들 가운데 흩어 놓을 것이다.

13 그러나 사십 년 뒤에, 내가 여러 나라에 흩어져 살던 이집트 사람들을 모아 들일 것이다.

14 포로로 잡혀갔던 이집트 사람들을 이집트 남부의 바드로스 땅, 곧 그들이 원래 살던 땅으로 되돌아가게 할 것이다. 그러나 그들은 그곳에서 보잘것없는 나라가 될 것이다.

15 모든 나라들 가운데서 가장 보잘것없는 나라가 되어 다시는 다른 나라들에 뽐내지 못할 뿐만 아니라 다른 나라를 지배하지도 못하게 될 것이다.

16 이스라엘 백성은 다시는 이집트에 의지할 필요가 없게 될 것이다. 이집트의 몰락을 통하여 이스라엘 백성은 자기들의 죄, 곧 하나님께 의지하지 않고 이집트에 의지한 죄를 깨닫게 될 것이다. 그때에 그들은 내가 주 여호와라는 것을 알게 될 것이다.'"

이집트를 바빌로니아에게 주다

17 이십칠 년 첫째 달 초하루에 여호와께서 내게 말씀하셨다.

18 "사람아, 바빌로니아 왕 느부갓네살이 군대를 일으켜 두로와 싸웠다. 치열한 전투를 벌여 머리가 깨지고 어깨가 벗겨지도록 싸웠으나, 그들이 얻은 것은 아무것도 없었다.

19 그러므로 내가 이집트 땅을 바빌로니아 왕 느부갓네살에게 넘겨줄 것이다. 느부갓네살이 이집트의 재물들을 빼앗아 갈 것이다. 그가 그 땅의 사람들과 재산을 자기 군대의 삯

8 "Therefore, this is what the Sovereign LORD says: I will bring an army against you, O Egypt, and 9 destroy both people and animals. •The land of Egypt will become a desolate wasteland, and the Egyptians will know that I am the LORD.

"Because you said, 'The Nile River is mine; I 10 made it,' •I am now the enemy of both you and your river. I will make the land of Egypt a totally desolate wasteland, from Migdol to Aswan, as far 11 south as the border of Ethiopia.* •For forty years not a soul will pass that way, neither people nor 12 animals. It will be completely uninhabited. •I will make Egypt desolate, and it will be surrounded by other desolate nations. Its cities will be empty and desolate for forty years, surrounded by other ruined cities. I will scatter the Egyptians to distant lands.

13 •"But this is what the Sovereign LORD also says: At the end of the forty years I will bring the Egyptians home again from the nations to which 14 they have been scattered. •I will restore the prosperity of Egypt and bring its people back to the land of Pathros in southern Egypt from which they came. But Egypt will remain an unimportant, 15 minor kingdom. •It will be the lowliest of all the nations, never again great enough to rise above its neighbors.

16 •"Then Israel will no longer be tempted to trust in Egypt for help. Egypt's shattered condition will remind Israel of how sinful she was to trust Egypt in earlier days. Then Israel will know that I am the Sovereign LORD."

Nebuchadnezzar to Conquer Egypt

17 •On April 26, the first day of the new year,* during the twenty-seventh year of King Jehoiachin's captivity, this message came to me from the LORD:
18 • "Son of man, the army of King Nebuchadnezzar* of Babylon fought so hard against Tyre that the warriors' heads were rubbed bare and their shoulders were raw and blistered. Yet Nebuchadnezzar and his army won no plunder to compensate 19 them for all their work. •Therefore, this is what the Sovereign LORD says: I will give the land of Egypt to Nebuchadnezzar, king of Babylon. He will carry off its wealth, plundering everything it has so he can

---

blister [blístər] *vt.* …에 물집이 생기게 하다
lurking [lə́:rkiŋ] *a.* 숨어있는
scornful [skɔ́:rnfəl] *a.* 경멸하는
splinter [splíntər] *vi.* 쪼개지다

29:10 Hebrew *from Migdol to Syene as far as the border of Cush.* 29:17 Hebrew *On the first day of the first month,* of the ancient Hebrew lunar calendar. This event occurred on April 26, 571 B.C.; also see note on 1:1. 29:18 Hebrew *Nebuchadrezzar,* a variant spelling of Nebuchadnezzar; also in 29:19.

29:10 개역 성경에는 '수에네'라고 표기되어 있는데, 이곳은 현재 '아스완'에 위치해 있다.

으로 삼아 빼앗아 갈 것이다.

20 내가 이집트 땅을 느부갓네살에게 주었으니 그것은 그가 나를 위해 이집트를 물리친 것에 따른 보상이다. 나 주 여호와의 말이다.

21 그날에 내가 이스라엘 백성에게 한 뿔이 자라나게 하고, 내가 그들 가운데 네 입을 열어 말하게 할 것이다. 그때에 그들이 내가 주 여호와라는 것을 알게 될 것이다."

심판받을 이집트

30 여호와께서 내게 말씀하셨다.
2 "사람아, 예언하고 전하여라. 나 주 여호와가 이렇게 말한다. 소리내어 부르짖어 외쳐라. '아이고, 재앙의 날이 오고 있다.'

3 그날이 가까이 왔다. 여호와의 날이 가까이 왔으니 그날은 구름 가득한 날이며 온 세상에 닥칠 재앙의 날이다.

4 칼이 이집트를 칠 것이며 에티오피아가 두려워 떨 것이다. 이집트에 시체가 널려 있고 그들의 재물을 빼앗길 때에, 나라의 기초가 허물어질 것이다.

5 에티오피아, 리비아, 리디아, 아라비아, 굽과 함께 모든 동맹국의 백성들이 죽고 이집트도 칼에 맞아 쓰러질 것이다.

6 이집트의 동맹국들이 무너질 것이며 이집트가 자랑하던 세력이 꺾일 것이다. 북쪽 믹돌에서부터 남쪽 아스완에 이르기까지 이집트 백성이 칼에 찔려 죽을 것이다. 나 주 여호와의 말이다.

7 그 땅은 황폐한 나라들 중에서도 가장 황폐할 것이며 이집트의 성들은 폐허로 변할 것이다.

8 내가 이집트에 불을 질러 이집트의 동맹국들까지도 망하게 할 것이다. 그때에 그들이 내가 여호와라는 것을 알게 될 것이다.

9 그날에 내가 특사들을 에티오피아로 보내어 그들을 놀라게 할 것이다. 왜냐하면 그들은 스스로 안전하다고 생각하는 자들이기 때문이다. 이집트가 재앙을 당할 때 에티오피아 백성들이 두려워 떨 것이다. 그런 날이 반드시 올 것이다.

10 내가 바빌로니아 왕 느부갓네살을 보내어 이집트의 수많은 백성을 없애 버릴

---

20 pay his army. • Yes, I have given him the land of Egypt as a reward for his work, says the Sovereign LORD, because he was working for me when he destroyed Tyre.

21 • "And the day will come when I will cause the ancient glory of Israel to revive,* and then, Ezekiel, your words will be respected. Then they will know that I am the LORD."

A Sad Day for Egypt

30 This is another message that came to me from the
2 LORD: • "Son of man, prophesy and give this message from the Sovereign LORD:

"Weep and wail
   for that day,
3 • for the terrible day is almost here—
      the day of the LORD!
It is a day of clouds and gloom,
   a day of despair for the nations.
4 • A sword will come against Egypt,
      and those who are slaughtered will
         cover the ground.
Its wealth will be carried away
   and its foundations destroyed.
The land of Ethiopia* will be ravished.
5 • Ethiopia, Libya, Lydia, all Arabia,*
and all their other allies
   will be destroyed in that war.

6 • "For this is what the LORD says:
All of Egypt's allies will fall,
   and the pride of her power will end.
From Migdol to Aswan*
   they will be slaughtered by the sword,
      says the Sovereign LORD.
7 • Egypt will be desolate,
      surrounded by desolate nations,
and its cities will be in ruins,
   surrounded by other ruined cities.
8 • And the people of Egypt will know that I am
      the LORD
when I have set Egypt on fire
   and destroyed all their allies.
9 • At that time I will send swift messengers in
      ships
to terrify the complacent Ethiopians.
Great panic will come upon them
   on that day of Egypt's certain destruction.
Watch for it!
   It is sure to come!

10 • "For this is what the Sovereign LORD says:
By the power of King Nebuchadnezzar* of
   Babylon,

29:21 Hebrew *I will cause a horn to sprout for the house of Israel.* **30:4** Hebrew *Cush;* similarly in 30:9. **30:5** Hebrew *Cush, Put, Lud, all Arabia, Cub.* Cub is otherwise unknown and may be another spelling for *Lub* (Libya). **30:6** Hebrew *to Syene.* **30:10** Hebrew *Nebuchadrezzar,* a variant spelling of Nebuchadnezzar.

것이다.

11 그와 그의 군대는 세상에서 가장 잔인한 군대이다. 그들이 이 땅을 짓밟으러 올 것이다. 칼을 뽑아 이집트를 칠 것이며 시체들이 온 나라를 덮을 것이다.

12 내가 나일 강의 물줄기를 마르게 하고 그 땅을 악한 백성에게 팔 것이다. 외국인들의 손을 빌려 그 땅과 그 안에 있는 모든 것을 없애 버릴 것이다. 나 여호와의 말이다."

이집트의 우상을 없애 버리시다

13 주 여호와께서 이렇게 말씀하셨다. "내가 우상들을 없애 버리고 놉* 성의 우상들을 헐어 버릴 것이다. 다시는 이집트에서 왕이 나오지 못하게 하고 온 땅을 공포에 몰아넣을 것이다.

14 내가 이집트 남부의 바드로스 땅을 황무지로 만들 것이다. 소안 지방에 불을 지르고 노* 지역을 칠 것이다.

15 내 분노를 이집트의 요새 펠루시움에 쏟아붓고 노 지역에 사는 수많은 사람들을 없애 버릴 것이다.

16 내가 이집트에 불을 지를 것이니 펠루시움이 크게 괴로워할 것이다. 노의 성벽이 뚫릴 것이며 놉은 대낮에 적군의 침략을 당할 것이다.

17 헬리오폴리스와 부바스티스*의 젊은이들이 칼에 맞아 죽을 것이며 백성들은 포로로 끌려갈 것이다.

18 내가 이집트의 권세를 꺾을 때에 드합느헤스*는 대낮에도 캄캄해질 것이다. 구름이 이집트를 덮을 것이며 이집트의 딸들은 포로로 끌려갈 것이다.

19 이처럼 내가 이집트를 심판할 것이니 그때에 그들은 내가 여호와라는 것을 알게 될 것이다."

무너지는 이집트

20 십일 년 첫째 달 칠 일에 여호와께서 내게 말씀하셨다.

21 "사람아, 내가 이집트 왕 파라오의 강한 팔을 꺾어 놓았다. 그 팔을 싸매지 않고 붕대로도 감지 않았으므로 그 상처가 아물지 않을 것이며, 전쟁 때 칼을 쥘 힘도 없을 것이다.

22 내가 이집트 왕 파라오를 치고 그의 팔을 꺾어 놓을 것이다. 성한 팔과 부러진 팔을 모두 다 꺾어 놓아 칼을 쓰지 못하게 할 것

I will destroy the hordes of Egypt.

11 • He and his armies—the most ruthless of all—
　　 will be sent to demolish the land.
　　 They will make war against Egypt
　　 until slaughtered Egyptians cover the
　　　 ground.

12 • I will dry up the Nile River
　　 and sell the land to wicked men.
　　 I will destroy the land of Egypt and everything
　　　 in it
　　 by the hands of foreigners.
　　 I, the LORD, have spoken!

13 • "This is what the Sovereign LORD says:
　　 I will smash the idols* of Egypt
　　 and the images at Memphis.*
　　 There will be no rulers left in Egypt;
　　 terror will sweep the land.

14 • I will destroy southern Egypt,*
　　 set fire to Zoan,
　　 and bring judgment against Thebes.*

15 • I will pour out my fury on Pelusium,*
　　 the strongest fortress of Egypt,
　　 and I will stamp out
　　 the hordes of Thebes.

16 • Yes, I will set fire to all Egypt!
　　 Pelusium will be racked with pain;
　　 Thebes will be torn apart;
　　 Memphis will live in constant terror.

17 • The young men of Heliopolis and Bubastis*
　　　 will die in battle,
　　 and the women* will be taken away as slaves.

18 • When I come to break the proud strength
　　　 of Egypt,
　　 it will be a dark day for Tahpanhes, too.
　　 A dark cloud will cover Tahpanhes,
　　 and its daughters will be led away as captives.

19 • And so I will greatly punish Egypt,
　　 and they will know that I am the LORD."

The Broken Arms of Pharaoh

20 • On April 29,* during the eleventh year of King Jehoiachin's captivity, this message came to me from the LORD:

21 "Son of man, I have broken the arm of Pharaoh, the king of Egypt. His arm has not been put in a cast so that it may heal. Neither has it been bound up with a splint to make it strong enough to hold a sword. • Therefore, this is what the Sovereign

---

30:13a The Hebrew term (literally *round things*) probably alludes to dung. 　30:13b Hebrew *Noph;* also in 30:16. 　30:14a Hebrew *Pathros.* 　30:14b Hebrew *No;* also in 30:15, 16. 　30:15 Hebrew *Sin;* also in 30:16. 　30:17a Hebrew of *Awen* and *Pi-beseth.* 　30:17b Or *and her cities.* 　30:20 Hebrew *On the seventh day of the first month,* of the ancient Hebrew lunar calendar. This event occurred on April 29, 587 B.C.; also see note on 1:1.

30:13 현재의 '멤피스'를 가리킨다.
30:14 현재의 '테베'를 가리킨다.
30:17 개역 성경에 표기된 '아원과 비베셋'의 현대 지명이다.
30:18 이집트 동북쪽에 있는, 하나님께서 저주하신 성읍이다.

이다.

23 내가 이집트 사람들을 온 세계에 흩어 놓아 방황하게 할 것이다.

24 그 대신 내가 바빌로니아 왕의 팔을 강하게 만들어 내 칼을 그의 손에 쥐어 줄 것이다. 그러나 파라오의 팔은 꺾어 놓을 것이니 그가 부상당한 사람처럼 고통하며 신음할 것이다.

25 내가 바빌로니아 왕의 팔을 강하게 하고 파라오의 팔은 벌벌 떨리게 만들 것이다. 내 칼을 바빌로니아 왕의 손에 쥐어 주어 이집트 땅을 치게 할 것이니, 그때에 그들이 내가 여호와라는 것을 알게 될 것이다.

26 이집트 사람들을 온 세계에 흩어 놓아, 방랑하게 할 것이다. 그때에 그들은 내가 여호와라는 것을 알게 될 것이다."

이집트 왕 파라오를 질책하시다

31 십일 년 셋째 달 초하루에 여호와께서 내게 말씀하셨다.

2 "사람아, 이집트 왕 파라오와 그의 백성에게 전하여라. '너보다 더 위엄이 있는 사람이 누구인가?

3 앗시리아는 한때 레바논의 백향목 같았다. 그 아름다운 가지로 온 숲을 덮었다. 그 키는 하늘에 닿았고 그 꼭대기는 구름에 닿았다.

4 물이 풍부하여 그 나무가 잘 자랐고 샘이 깊어 그 나무가 높이 자랐다. 강이 숲으로 흘러 그 나무 밑을 흠뻑 적시었다.

5 들판의 다른 나무들보다 그 나무는 키가 더 컸고, 물을 흠뻑 받아 가지도 길게 잘 뻗었다.

6 하늘을 나는 새들이 그 나뭇가지에 깃들고 들의 짐승들도 그 나무 아래에서 새끼를 낳았다. 세상의 모든 큰 민족들이 그 나무 그늘 아래에서 살았다.

7 그 나무는 크고 아름다웠으며, 그 가지는 길게 뻗어 있었다. 그 뿌리는 밑으로 깊숙이 뻗어 흠뻑 물을 머금었다.

8 하나님의 동산에 있는 어떤 백향목들도 그 나무와 비교가 되지 못했다. 크기에 있어서 어떤 잣나무도 그 나뭇가지와 상대가 되지 못했다. 단풍나무 가지도 이 나뭇가지에 비하면 아무것도 아니었다. 하나님의 동산에 있는 어떤 나무도 그 나무의 아름다움을 앞서지 못했다.

9 내가 그 나무를 무성하고 아름답게 만들었기 때문에 하나님의 동산 에덴에 있는 모든

LORD says: I am the enemy of Pharaoh, the king of Egypt! I will break both of his arms—the good arm along with the broken one—and I will make his sword clatter to the ground. • I will scatter the
23 Egyptians to many lands throughout the world. • I
24 will strengthen the arms of Babylon's king and put my sword in his hand. But I will break the arms of Pharaoh, king of Egypt, and he will lie there mor-
25 tally wounded, groaning in pain. • I will strengthen the arms of the king of Babylon, while the arms of Pharaoh fall useless to his sides. And when I put my sword in the hand of Babylon's king and he brings it against the land of Egypt, Egypt will
26 know that I am the LORD. • I will scatter the Egyptians among the nations, dispersing them throughout the earth. Then they will know that I am the LORD."

Egypt Compared to Fallen Assyria

31 On June 21,* during the eleventh year of King Jehoiachin's captivity, this message
2 came to me from the LORD: • Son of man, give this message to Pharaoh, king of Egypt, and all his hordes:

"To whom would you compare your greatness?
3 • You are like mighty Assyria,
which was once like a cedar of Lebanon,
with beautiful branches that cast deep forest shade
and with its top high among the clouds.
4 • Deep springs watered it
and helped it to grow tall and luxuriant.
The water flowed around it like a river,
streaming to all the trees nearby.
5 • This great tree towered high,
higher than all the other trees around it.
It prospered and grew long thick branches
because of all the water at its roots.
6 • The birds nested in its branches,
and in its shade all the wild animals gave birth.
All the great nations of the world
lived in its shadow.
7 • It was strong and beautiful,
with wide-spreading branches,
for its roots went deep
into abundant water.
8 • No other cedar in the garden of God
could rival it.
No cypress had branches to equal it;
no plane tree had boughs to compare.
No tree in the garden of God
came close to it in beauty.
9 • Because I made this tree so beautiful,

31:1 Hebrew *on the first day of the third month,* of the ancient Hebrew lunar calendar. This event occurred on June 21, 587 B.C.; also see note on 1:1.

나무들이 그 나무를 부러워했다.

10 그러므로 나 주 여호와가 말한다. 나무가 높이 자라 그 끝이 구름에 닿자, 그 나무는 교만해지기 시작했다.

11 그러므로 내가 그를 세상 나라들을 다스리는 왕에게 넘기고, 그 나무가 저지른 악한 행동에 따라, 그가 그 나무를 심판하게 할 것이다.

12 세상에서 가장 무서운 나라가 그 나무를 베어 나뭇가지들을 산과 골짜기에 던져 버렸다. 부러진 가지들이 골짜기마다 가득 차 있다. 그러자 세계 모든 나라들이 더 이상 그 나무 그늘에 있지 않게 되었다.

13 쓰러진 나무 둥지에는 하늘의 새들이 살고, 꺾인 가지들 사이에는 들짐승이 산다.

14 물가에서 자라는 나무들도 키가 크다고 더 이상 자랑하지 못할 것이며, 그 끝이 구름에 닿는다고 뽐내지 못할 것이다. 물을 흠뻑 받고 자란다고 다 크게 자라지는 못할 것이다. 사람이 죽어 무덤으로 내려가듯이 그 모든 것들도 죽어서 땅속에 묻힐 것이다.

15 그가 죽어서 무덤에 내려가던 날에 내가 깊은 샘물을 닫고 시내를 막고 큰 강도 흐르지 못하게 하였으며, 레바논에게 그 큰 나무의 죽음을 슬퍼하며 울도록 하였다. 그 나무의 죽음 때문에 들판의 모든 나무가 두려워 시들어 버렸다.

16 그 나무가 넘어지는 소리에 온 세상이 두려워 떨게 되었다. 내가 그 나무를 무덤으로 내려가는 사람들처럼 죽음의 세계로 내려 보낼 때, 모두가 벌벌 떨었다. 에덴의 나무들과 레바논의 가장 좋은 나무들과 물을 흠뻑 받고 자란 나무들도 땅 밑에서 위로를 받았다.

17 그 큰 나무 그늘 아래 살던 나무들과 큰 나무와 동맹을 맺은 나라들도 그 큰 나무와 함께 무덤으로 내려가 칼에 찔려 죽은 사람들과 하나가 되었다.

18 이집트야, 에덴의 어떤 나무가 너처럼 위엄이 있고 장엄하더냐? 너도 에덴의 나무들과 함께 땅 밑으로 내려갈 것이다. 너는 할례받지 못하고 칼에 살육당한 사람들과 함께 죽어 눕게 될 것이다. 이 일은 파라오와 그의 모든 백성에 대한 것이다. 나 주 여호와의 말이다.'"

and gave it such magnificent foliage,
it was the envy of all the other trees of Eden,
the garden of God.

10 • "Therefore, this is what the Sovereign LORD says: Because Egypt* became proud and arrogant, and because it set itself so high above the others, with its top reaching to the clouds, •I will hand it over to a 11 mighty nation that will destroy it as its wickedness 12 deserves. I have already discarded it. •A foreign army—the terror of the nations—has cut it down and left it fallen on the ground. Its branches are scattered across the mountains and valleys and ravines of the land. All those who lived in its shadow have gone away and left it lying there.

13 • "The birds roost on its fallen trunk,
and the wild animals lie among its branches.
14 • Let the tree of no other nation
proudly exult in its own prosperity,
though it be higher than the clouds
and it be watered from the depths.
For all are doomed to die,
to go down to the depths of the earth.
They will land in the pit
along with everyone else on earth.

15 • "This is what the Sovereign LORD says: When Assyria went down to the grave,* I made the deep springs mourn. I stopped its rivers and dried up its abundant water. I clothed Lebanon in black and 16 caused the trees of the field to wilt. •I made the nations shake with fear at the sound of its fall, for I sent it down to the grave with all the others who descend to the pit. And all the other proud trees of Eden, the most beautiful and the best of Lebanon, the ones whose roots went deep into the water, took comfort to find it there with them in the depths of 17 the earth. •Its allies, too, were all destroyed and had passed away. They had gone down to the grave—all those nations that had lived in its shade.

18 • "O Egypt, to which of the trees of Eden will you compare your strength and glory? You, too, will be brought down to the depths with all these other nations. You will lie there among the outcasts* who have died by the sword. This will be the fate of Pharaoh and all his hordes. I, the Sovereign LORD, have spoken!"

---

abundant [əbʌ́ndənt] *a.* 풍부한, 많은
exult [igzʌ́lt] *vi.* 뽐내다
foliage [fóuliidʒ] *n.* 무성한 잎
luxuriant [lʌgʒúəriənt] *a.* 무성한, 우거진
horde [hɔ́ːrd] *n.* 유목민 무리; 야탈자 무리, 군중
roost [ruːst] *vi.* 보금자리에 들다
wilt [wilt] *vi.* 시들다

31:10　Hebrew *you.*　　31:15　Hebrew *to Sheol;* also in 31:16, 17.　31:18　Hebrew *among the uncircumcised.*

이집트 왕 파라오에 대한 탄식의 노래

32 십이 년 열두째 달 초하루에 여호와께서 내게 말씀하셨다.

2 "사람아, 이집트 왕파라오에 대해 애가를 불러라. 그에게 다음과 같이 말하여라. 너는 네가 나라 가운데 젊은 사자와 같다고 생각하지만 너는 바다의 괴물일 뿐이다. 네가 강물에서 철썩거리고 다니며 물을 튀기고 휘저어 흙탕물을 만들었다.

3 그러므로 나 주 여호와가 말한다. 내가 많은 사람들을 거느리고 와서 네 위에 그물을 쳐서 너를 끌어올릴 것이다.

4 내가 너를 물 밖으로 건져 내어 들판에 내팽개칠 것이다. 그러면 하늘의 새들과 땅의 모든 짐승이 네 몸을 뜯어먹을 것이다.

5 네 고기를 이 산 저 산에 흩어 놓고 네 시체로 골짜기를 채울 것이다.

6 너의 흐르는 피로 땅을 적셔 산곡대기까지 푹 적시고 네 시체로 골짜기를 가득 채울 것이다.

7 내가 너를 멸망시킬 때, 하늘을 가리고 별들을 어둡게 하며 구름으로 해를 가릴 것이니 달도 더 이상 빛을 비추지 못할 것이다.

8 하늘의 모든 밝은 빛들을 네 위에서 어두워지게 할 것이며 어둠으로 네 땅을 덮을 것이다. 나 주 여호와의 말이다.

9 네가 망할 것이라는 소식을 네가 알지 못하는 먼 나라에 내가 전할 것이니, 그때에 많은 사람들이 두려워 떨 것이다.

10 너를 보고 많은 백성이 놀랄 것이며 내가 칼을 휘두를 때에 그 왕들이 너 때문에 두려워 떨 것이다. 네가 쓰러지는 날, 그들은 하루 종일 너무 무서워 벌벌 떨 것이다.

11 그러므로 나 주 여호와가 말하노라. 바빌로니아 왕의 칼이 너를 치러 올 것이다.

12 내가 네 군대들을 무서운 용사들의 칼에 맞아 쓰러지게 할 것이니, 그들은 민족들 중에서 가장 잔인한 사람들이기 때문이다. 그들이 이집트의 교만을 쳐부수고 모든 이집트 백성을 멸망시킬 것이다.

13 내가 풍부한 물가에 사는 이집트의 모든 가축을 쓸어 버릴 것이다. 그러면 사람의 발이 그 물을 휘젓지 못하고 짐승의 발굽도 그 물을 흐리게 하지 못할 것이다.

14 그 후에 내가 이집트 백성의 물을 맑게 할 것이며, 그 물이 올리브 기름처럼 흐르게 할 것이다. 나 주 여호와의 말이다.

A Warning for Pharaoh

32 On March 3,* during the twelfth year of King Jehoiachin's captivity, this message came to 2 me from the LORD: • "Son of man, mourn for Pharaoh, king of Egypt, and give him this message:

"You think of yourself as a strong young lion
    among the nations,
  but you are really just a sea monster,
heaving around in your own rivers,
    stirring up mud with your feet.

3 • Therefore, this is what the Sovereign LORD says:
  I will send many people
    to catch you in my net
    and haul you out of the water.

4 • I will leave you stranded on the land to die.
    All the birds of the heavens will land on you,
  and the wild animals of the whole earth
    will gorge themselves on you.

5 • I will scatter your flesh on the hills
    and fill the valleys with your bones.

6 • I will drench the earth with your gushing
        blood
    all the way to the mountains,
    filling the ravines to the brim.

7 • When I blot you out,
    I will veil the heavens and darken the stars.
  I will cover the sun with a cloud,
    and the moon will not give you its light.

8 • I will darken the bright stars overhead
    and cover your land in darkness.
    I, the Sovereign LORD, have spoken!

9 • "I will disturb many hearts when I bring news of your downfall to distant nations you have never 10 seen. • Yes, I will shock many lands, and their kings will be terrified at your fate. They will shudder in fear for their lives as I brandish my sword before 11 them on the day of your fall. • For this is what the Sovereign LORD says:

"The sword of the king of Babylon
    will come against you.

12 • I will destroy your hordes with the swords of
        mighty warriors—
    the terror of the nations.
  They will shatter the pride of Egypt,
    and all its hordes will be destroyed.

13 • I will destroy all your flocks and herds
    that graze beside the streams.
  Never again will people or animals
    muddy those waters with their feet.

14 • Then I will let the waters of Egypt become
        calm again,

32:1 Hebrew *On the first day of the twelfth month*, of the ancient Hebrew lunar calendar. This event occurred on March 3, 585 B.C.; also see note on 1:1.

15 내가 이집트 땅을 황무지로 만들고 그 땅을 사막으로 만들 때, 그리고 그곳에 사는 모든 사람들을 멸망시킬 때, 그들은 내가 여호와라는 것을 알게 될 것이다.'

16 이것이 네가 부를 애가이다. 모든 민족의 여자들이 이집트와 그 백성을 위해 이 노래를 슬피 부를 것이다. 나 주 여호와의 말이다."

멸망하게 될 이집트

17 십이 년 그 달 십오 일에 여호와께서 내게 말씀하셨다.

18 "사람아, 이집트 백성을 위해 울어라. 강한 나라의 여자들을 구덩이로 내려가는 사람들과 함께 땅속으로 던져라.

19 그들에게 '너희가 다른 사람들보다 더 아름다우냐? 내려가서 할례받지 않은 부정한 사람들과 함께 누워라' 하고 말하여라.

20 그들은 칼에 죽은 사람들 사이에 쓰러질 것이다. 적군이 그 백성을 포로로 잡아갈 것이다.

21 용사들 중에 힘센 사람들이 지하의 세계*에서 이집트 왕과 그를 돕던 나라들을 두고 말하기를 '왕과 그를 돕던 나라들이 이곳에 내려왔다. 그들이 할례받지 않은 사람들, 즉 칼에 맞아 죽은 사람들 가운데 누워 있다' 라고 할 것이다.

22 앗시리아와 그 모든 군대가 죽어 거기에 누워 있다. 사방에 그들의 무덤들이 있다. 모두 다 전쟁에서 칼에 맞아 죽었다.

23 앗시리아인들의 무덤과 그 군대의 무덤이 이곳 저곳에 널려 있다. 산 사람들을 공포에 떨게 했던 그들이 이제는 칼에 쓰러져 다 멸망했다.

24 거기에 엘람 나라와 그 모든 군대들이 죽어 있다. 그들은 살아 있을 때 여러 나라 사람들을 공포에 떨게 했으며, 할례받지 못한 이방인들이었다. 그들은 죽음의 세계로 먼저 내려간 사람들과 함께 부끄러움을 당하게 될 것이다.

25 죽은 사람들 가운데는 엘람의 자리도 있고, 그 둘레에는 그의 군대들의 무덤이 있다. 그들 모두는 할례를 받지 않은 부정한 사람들이며, 모두 칼에 맞아 죽은 사람들이다. 그들은 살아 있는 사람들의 땅을 공포로 몰아갔던 사람들이었지만, 이제는 무덤에 먼저 들어간 사람들과 함께 부끄러움을 당하여 죽은 사람들과 나란히 누워 있다.

and they will flow as smoothly as olive oil, says the Sovereign LORD.

15 • And when I destroy Egypt
and strip you of everything you own
and strike down all your people,
then you will know that I am the LORD.

16 • Yes, this is the funeral song
they will sing for Egypt.
Let all the nations mourn.
Let them mourn for Egypt and its hordes.
I, the Sovereign LORD, have spoken!"

Egypt Falls into the Pit

17 •On March 17,* during the twelfth year, another 18 message came to me from the LORD: •"Son of man, weep for the hordes of Egypt and for the other mighty nations.* For I will send them down to the world below in company with those who 19 descend to the pit. •Say to them,

'O Egypt, are you lovelier than the other
nations?
No! So go down to the pit and lie there
among the outcasts.*

20 •The Egyptians will fall with the many who have died by the sword, for the sword is drawn against them. Egypt and its hordes will be dragged away to 21 their judgment. •Down in the grave* mighty leaders will mockingly welcome Egypt and its allies, saying, 'They have come down; they lie among the outcasts, hordes slaughtered by the sword.'

22 • "Assyria lies there surrounded by the graves of its army, those who were slaughtered by the sword. 23 •Their graves are in the depths of the pit, and they are surrounded by their allies. They struck terror in the hearts of people everywhere, but now they have been slaughtered by the sword.

24 • "Elam lies there surrounded by the graves of all its hordes, those who were slaughtered by the sword. They struck terror in the hearts of people everywhere, but now they have descended as outcasts to the world below. Now they lie in the pit and share the shame of those who have gone 25 before them. •They have a resting place among the slaughtered, surrounded by the graves of all their hordes. Yes, they terrorized the nations while

32:17 Hebrew On the fifteenth day of the month, presumably in the twelfth month of the ancient Hebrew lunar calendar (see 32:1). This would put this message at the end of King Jehoiachin's twelfth year of captivity, on March 17, 585 B.C.; also see note on 1:1. Greek version reads On the fifteenth day of the first month, which would put this message on April 27, 586 B.C., at the beginning of Jehoiachin's twelfth year.　32:18 The meaning of the Hebrew is uncertain.　32:19 Hebrew the uncircumcised; also in 32:21, 24, 25, 26, 28, 29, 30, 32.　32:21 Hebrew in Sheol.

32:21 이는 (히) '스올' 이다.

26 메섹과 두발이 그들의 군대들과 함께 무덤에 묻혀 있다. 그들은 모두 할례를 받지 않은 부정한 사람들로 전쟁에서 칼에 맞아 죽었다. 그들도 이 땅 위에 사는 사람들을 공포에 떨게 한 사람들이었다.

27 그들은 전쟁으로 죽은 다른 할례받지 않은 부정한 군인들과 함께 죽었다. 그들을 장사할 때 그들이 사용하던 무기들도 함께 묻었고, 그들이 사용하던 칼들은 그들의 머리 위에 함께 묻었다. 그들은 공포의 전사들로서 산 사람들을 두렵게 하였다.

28 너 이집트여, 너는 할례받지 않은 부정한 사람들과 함께 망하고, 칼에 쓰러져 죽을 것이다.

29 에돔과 그 왕들과 귀족들도 죽은 사람들 가운데 함께 누워 있다. 그들은 비록 강한 군대였지만 칼에 쓰러진 자들과 함께 무덤에 누워 있다. 그들은 할례받지 않은 부정한 사람들과 함께 죽음의 세계로 내려가 누워 있다.

30 북쪽에 사는 모든 귀족들과 왕들, 그리고 모든 시돈 사람들도 무덤에 있다. 그들이 세상에서는 공포를 휘둘렀지만 이제는 수치스럽게 죽어 무덤으로 내려가 있다. 그들은 할례받지 않은 부정한 사람들과 함께 전쟁에서 죽어 수치를 당한 채 무덤으로 내려갔다.

31 파라오와 그의 군대가 전쟁으로 죽은 다른 사람들을 보고 마음에 위로를 받을 것이다. 나 주 여호와의 말이다.

32 나는 한때 파라오가 살아 있는 사람들의 땅에 공포를 몰아치도록 허락하였지만 이제는 그렇지 않을 것이다. 파라오와 그의 군대들이 전쟁터에서 죽어서 할례받지 않은 부정한 자들과 함께 묻힐 것이니, 나 주 여호와의 말이다.”

경계병 에스겔

33 여호와께서 내게 말씀하셨다.

2 “사람아, 네 백성들에게 말하여라, 그들에게 전하여라. 내가 어떤 땅을 향하여 칼을 드니, 그 땅의 사람들이 그들 중 한 명을 선택해서, 그를 경계병으로 세웠다.

3 그는 이 칼이 그 땅을 향해 오는 것을 보고 백성들에게 알리고자 나팔을 불었는데,

4 그때에 만약 어떤 사람이 나팔 소리를 듣고도 경고를 받아들이지 않아, 칼이 와서 그의 생명을 가져갔다면, *그의 피흘림은 그 자신의 탓일 것이다.*

5 그가 나팔 소리를 듣고도 경고를 받아들이지 않았기 때문에, 그의 피흘림은 그 자신의 탓이다. 만약 그가 경고를 받아들였다면, 그는 자신을 구할 수 있었을 것이다.

6 그러나 경계병이 칼이 오는 것을 보고도 나팔을 불지 않아 사람들에게 알리지 않았다면, 칼이 와서 그

---

they lived, but now they lie in shame with others in the pit, all of them outcasts, slaughtered by the sword.

26 • "Meshech and Tubal are there, surrounded by the graves of all their hordes. They once struck terror in the hearts of people everywhere. But now they are outcasts, **27** all slaughtered by the sword. • They are not buried in honor like their fallen heroes, who went down to the grave* with their weapons—their shields covering their bodies* and their swords beneath their heads. Their guilt rests upon them because they brought terror to everyone while they were still alive.

28 • "You too, Egypt, will lie crushed and broken among the outcasts, all slaughtered by the sword.

29 • "Edom is there with its kings and princes. Mighty as they were, they also lie among those slaughtered by the sword, with the outcasts who have gone down to the pit.

30 • "All the princes of the north and the Sidonians are there with others who have died. Once a terror, they have been put to shame. They lie there as outcasts with others who were slaughtered by the sword. They share the shame of all who have descended to the pit.

31 • "When Pharaoh and his entire army arrive, he will take comfort that he is not alone in having his hordes killed, says the **32** Sovereign LORD. • Although I have caused his terror to fall upon all the living, Pharaoh and his hordes will lie there among the outcasts who were slaughtered by the sword. I, the Sovereign LORD, have spoken!"

Ezekiel as Israel's Watchman

33 Once again a message came to me **2** from the LORD: • "Son of man, give your people this message: 'When I bring an army against a country, the people of that land choose one of their own to be a watch- **3** man. • When the watchman sees the enemy coming, he sounds the alarm to warn the **4** people. • Then if those who hear the alarm refuse to take action, it is their own fault if **5** they die. • They heard the alarm but ignored it, so the responsibility is theirs. If they had listened to the warning, they could have **6** saved their lives. • But if the watchman sees the enemy coming and doesn't sound the alarm to warn the people, he is responsible for their captivity. They will die in their sins, but I will hold the watchman responsible for their deaths.'

32:27a Hebrew *to Sheol.* 32:27b The meaning of the Hebrew is uncertain.

들 중 하나를 죽일 것이요, 그 사람은 자신의 죄 때문에 죽게 될 것이나, 나는 그의 피를 경계병의 잘못으로 돌릴 것이다.

7 사람아, 내가 너를 이스라엘의 경계병으로 세웠다. 그러니 너는 내가 하는 말을 듣고, 그들에게 내가 주는 경고를 전하여라.

8 내가 악한 사람들에게, '오 악한 자여, 네가 반드시 죽을 것이다' 라고 말하면, 너는 그에게 악한 길을 단념하라고 목소리를 높여야 한다. 그렇지 않으면 그 악한 자는 자신의 죄 때문에 죽을 것이나, 나는 그의 피를 네 탓으로 돌릴 것이다.

9 그러나 만약 네가 그 악한 사람에게 그의 길에서 돌이키도록 경고했으나, 그가 돌이키지 않는다면, 그는 자신의 죄 때문에 죽을 것이며 너는 목숨을 건질 수 있을 것이다.

10 사람아, 이스라엘의 집에 말하여라. 그들은 '우리의 잘못과 죄악이 우리를 짓누르고 있고, 이것들 때문에 우리가 야위어 가고 있다. 그러하니 우리가 어떻게 살 수 있을까?' 라고 말하고 있다.

11 그들에게 말하여라. '주 여호와께서 말씀하신다. 맹세코, 나는 악한 사람이 죽는 것을 즐거워하지 않으며, 오히려 그들이 악한 길에서 돌이켜 살기를 바란다. 돌아오너라! 너의 악한 길에서 돌아오너라! 오 이스라엘의 집이여, 왜 네가 죽으려 하느냐?'

12 사람아, 네 백성들에게 말하여라. '의로운 자의 의로움이라도 그가 순종하지 않을 때는 그를 구하지 못할 것이요, 악한 사람의 악함이라도 그가 악에서 돌이킬 때는 그를 넘어지게 하지 않을 것이다. 의로운 사람이라도 그가 죄를 짓게 된다면, 이전의 그의 의로움 덕분에 살지는 못할 것이다.'

13 만약 내가 의로운 사람에게 말하기를 '너는 반드시 살 것이다' 라고 하였어도, 그가 자신의 의로움을 믿고 악을 행하면, 그가 이전에 행했던 모든 의로운 일들이 하나도 기억되지 않을 것이다. 그는 악한 일들 때문에 죽게 될 것이다.

14 또 내가 악한 사람에게 말하기를 '너는 반드시 죽을 것이다' 라고 하였어도, 그가 죄에서 돌이켜 정의롭고 옳은 일을 행하여,

15 빚에 대한 담보로 받은 것을 돌려주고, 그가 이전에 훔쳤던 것을 되돌려 주며, 생명에 이르게 하는 규정들을 그가 따른다면, 그는 반드시 살고 죽지 않을 것이다.

16 그가 과거에 저지른 모든 죄가 하나도 기억되지 않을 것이며, 그가 정의롭고 옳은 일을 행하였기에, 그는 반드시 살 것이다.

17 그러나 네 백성들은 '여호와의 길은 정의롭지 않

7 • "Now, son of man, I am making you a watchman for the people of Israel. Therefore, listen to what I say and warn them for me. 8 • If I announce that some wicked people are sure to die and you fail to tell them to change their ways, then they will die in their sins, and I will hold you responsible for their deaths. 9 • But if you warn them to repent and they don't repent, they will die in their sins, but you will have saved yourself.

The Watchman's Message

10 • "Son of man, give the people of Israel this message: You are saying, 'Our sins are heavy upon us; we are wasting away! How can we survive?' 11 • As surely as I live, says the Sovereign LORD, I take no pleasure in the death of wicked people. I only want them to turn from their wicked ways so they can live. Turn! Turn from your wickedness, O people of Israel! Why should you die?

12 • "Son of man, give your people this message: The righteous behavior of righteous people will not save them if they turn to sin, nor will the wicked behavior of wicked people destroy them if they repent and turn 13 from their sins. • When I tell righteous people that they will live, but then they sin, expecting their past righteousness to save them, then none of their righteous acts will be remembered. I will destroy them for their 14 sins. • And suppose I tell some wicked people that they will surely die, but then they turn from their sins and do what is just and 15 right. • For instance, they might give back a debtor's security, return what they have stolen, and obey my life-giving laws, no longer doing what is evil. If they do this, 16 then they will surely live and not die. • None of their past sins will be brought up again, for they have done what is just and right, and they will surely live.

17 • "Your people are saying, 'The Lord isn't doing what's right,' but it is they who are

---

captivity [kæptívəti] *n.* 포로(의 신세[기간])
debtor [détər] *n.* 채무자
descend [disénd] *vi.* 내려가다
fault [fɔːlt] *n.* 과실, 책임
horde [hɔːrd] *n.* 무리, 다수
ignore [ignɔ́ːr] *vt.* 무시하다
outcast [áutkæst] *n.* 버림받은 사람
repent [ripént] *vi.* 회개하다, 뉘우치다
security [sikjúərəti] *n.* 보증, 담보
watchman [wátʃmən] *n.* 파수꾼, 경비병
wicked [wíkid] *a.* 사악한
33:10 waste away : 쇠약해지다
33:16 be brought up : 기억되다

다' 라고 말하고 있다. 그러나 정의롭지 않은 것은 바로 그들의 길이다.

18 만약 의로운 사람이 그의 의로움에서 돌이켜 악을 행한다면, 그는 죽을 것이다.

19 또한 만약 어떤 악한 사람이 그의 악에서 돌이켜 정의롭고 옳은 일을 한다면, 그는 살게 될 것이다.

20 오 이스라엘의 집이여, 너는 '여호와의 길이 정의롭지 않다' 라고 말하고 있다. 그러나 나는 너희 모두를 각 사람이 행한 대로 심판할 것이다."

예루살렘 함락의 소식

21 우리가 포로로 잡혀 온 지 십이 년째 되는 해 열째 달 오 일에, 예루살렘으로부터 탈출한 한 사람이 내게 와서 "예루살렘이 함락되었습니다!" 라고 말했다.

22 이 사람이 도착하기 전날 저녁에, 여호와의 손이 내게 임했고, 이 사람이 아침에 내게 오기 전에, 여호와께서 나의 입을 여셨다. 그래서 이제 나는 더 이상 잠잠치 않았다.

23 그때에 여호와께서 내게 말씀하셨다.

24 "사람아, 폐허가 된 이스라엘 땅에 살고 있는 사람들이 말하기를, '아브라함은 단지 한 사람에 불과했는데도, 이 땅을 차지했다. 그런데 우리는 수가 많으니 분명히 이 땅은 우리의 것으로 우리에게 주어졌다' 라고 한다.

25 그러므로 너는 그들에게 말하여라. '너희가 고기를 피째로 먹으며, 우상에게 눈을 돌리고, 사람들의 피를 흘리게 하고도, 그 땅을 차지하려고 하느냐?

26 너희는 칼을 의지하며, 역겨워하는 일들을 행하고, 이웃의 아내를 더럽히고 있다. 그런데도 너희가 이 땅을 차지하려고 하느냐?'

27 그들에게 말하여라. '맹세코, 폐허 가운데 남아 있는 사람들이 칼에 쓰러질 것이요, 들에 나가 있는 사람들은 들짐승들에게 잡혀 먹게 할 것이며, 요새와 동굴에 있는 사람들은 전염병으로 죽게 할 것이다.

28 내가 이 땅을 버려진 사막으로 만들겠으며, 이 땅이 자랑하는 힘을 사라지게 하고, 이스라엘의 산들이 황폐하게 됨으로 아무도 그곳으로 지나다니지 않을 것이다.

29 그들이 행했던 모든 역겨운 일들 때문에 내가 이 땅을 황무지로 만들 그때에 그들이 내가 여호와인 줄 알게 될 것이다.'

30 사람아, 네 백성이 담 옆이나 집 문간에 모여 너에 관해 말하기를 '가서 여호와께로부터 왔다는 말씀을 들어 보자' 라고 한다.

18 not doing what's right. •For again I say, when righteous people turn away from their righteous
19 behavior and turn to evil, they will die. •But if wicked people turn from their wickedness and
20 do what is just and right, they will live. •O people of Israel, you are saying, 'The Lord isn't doing what's right.' But I judge each of you according to your deeds."

Explanation of Jerusalem's Fall

21 •On January 8,* during the twelfth year of our captivity, a survivor from Jerusalem came to me
22 and said, "The city has fallen!" •The previous evening the LORD had taken hold of me and given me back my voice. So I was able to speak when this man arrived the next morning.

23 •Then this message came to me from the
24 LORD: •"Son of man, the scattered remnants of Israel living among the ruined cities keep saying, 'Abraham was only one man, yet he gained possession of the entire land. We are many; surely the land has been given to us as a
25 possession.' •So tell these people, 'This is what the Sovereign LORD says: You eat meat with blood in it, you worship idols,* and you murder
26 the innocent. Do you really think the land should be yours? •Murderers! Idolaters! Adulterers! Should the land belong to you?'

27 •"Say to them, 'This is what the Sovereign LORD says: As surely as I live, those living in the ruins will die by the sword. And I will send wild animals to eat those living in the open fields. Those hiding in the forts and caves will die of
28 disease. •I will completely destroy the land and demolish her pride. Her arrogant power will come to an end. The mountains of Israel will be so desolate that no one will even travel through
29 them. •When I have completely destroyed the land because of their detestable sins, then they will know that I am the LORD.'

30 •"Son of man, your people talk about you in their houses and whisper about you at the doors. They say to each other, 'Come on, let's go hear the prophet tell us what the LORD is

---

adulterer [ədʌ́ltərər] *n.* 간음한 남편
allude [əlúːd] *vi.* 암시하다; 언급하다
arrogant [ǽrəgənt] *a.* 거만한, 교만한
demolish [dimɑ́liʃ] *vt.* 파괴하다
detestable [ditéstəbl] *a.* 혐오할 만한
fort [fɔːrt] *n.* 요새
idolater [aidálətər] *n.* 우상 숭배자
remnant [rémnənt] *n.* 나머지; 남은 자

33:21 Hebrew *On the fifth day of the tenth month,* of the ancient Hebrew lunar calendar. This event occurred on January 8, 585 B.C.; also see note on 1:1. **33:25** The Hebrew term (literally *round things*) probably alludes to dung.

31 항상 그랬듯이, 내 백성이 네게 와서, 네 앞에 앉아 너의 말을 듣고 있으나, 그들은 들은 것을 실천하지는 않는다. 입으로는 헌신을 표현하지만, 그들의 마음은 부정한 이익들을 탐하고 있다.

32 정말로, 그들에게 너는 아름다운 목소리로 사랑의 노래를 부르는 사람일 뿐이며, 악기를 잘 연주하는 사람일 뿐이다. 그것은 그들이 너의 말을 들으나, 그것들을 실천하지는 않기 때문이다.

33 이 모든 것들이 반드시 실현될 것이니, 그때에 그들은 한 예언자가 그들 가운데 있었다는 사실을 알게 될 것이다."

이스라엘의 목자들

34 여호와께서 내게 말씀하셨다.

2 "사람아, 이스라엘의 목자들을 향해 예언하여라. 그들에게 예언을 전하여라. '이것이 주 여호와께서 말씀하시는 것이다. 오직 자신들만을 돌보는 이스라엘의 목자들에게 재앙이 있을 것이다! 목자들은 마땅히 양 떼를 돌봐야 하지 않느냐?

3 너희는 살진 양을 잡아 그 기름진 것을 먹고 양털로 옷을 만들어 입을 뿐, 양 떼들을 돌보지 않는다.

4 너희는 약한 사람들에게 힘을 북돋아 주지 않았고, 병든 사람들을 고쳐 주지 않았으며, 상처 입은 사람들을 싸매 주지 않았다. 길을 잃고 헤매는 사람들을 찾아 데리고 오지 않았으며, 잃어버린 사람들을 찾아 나서지 않았다. 오히려 그들을 거칠고 잔인하게 다스렸다.

5 목자가 없기에 그들은 흩어졌고, 모든 들짐승의 먹이가 되고 말았다.

6 내 양들이 온 산과 언덕들을 헤매며 온 땅에 흩어졌으나, 아무도 그들을 찾아 나서지 않았다.

7 그러므로 너희 목자들아, 나 여호와의 말을 들어라.

8 내가 확실히 말하노니, 나의 양 떼들이 목자가 없어 약탈당하고, 모든 들짐승들의 먹이가 되었다. 또한 목자들이 나의 양 떼들을 찾아 나서지 않고 자신들만 돌볼 뿐, 내 양을 돌보지 않았다.

9 그러므로 오 너희 목자들아, 나 여호와의 말을 들어라.

10 내가 목자들을 대적하여 내 양떼에 대한 책임을 그들에게 물을 것이다. 나는 그들이 양 떼를 치지 못하게 할 것이요, 목자들이 더 이상 자신들만 배부르지 못하게 할 것이다. 내가 나의 양 떼들을 그들의 입으로부터 구출해 내어 내 양떼들이 더 이상 그들의 먹이가 되지 않도록 할 것이

31 saying! •So my people come pretending to be sincere and sit before you. They listen to your words, but they have no intention of doing what you say. Their mouths are full of lustful words, and their hearts seek only after money.

32 •You are very entertaining to them, like someone who sings love songs with a beautiful voice or plays fine music on an instrument. They hear

33 what you say, but they don't act on it! •But when all these terrible things happen to them— as they certainly will—then they will know a prophet has been among them."

The Shepherds of Israel

34 Then this message came to me from the LORD: •"Son of man, prophesy against

2 the shepherds, the leaders of Israel. Give them this message from the Sovereign LORD: What sorrow awaits you shepherds who feed yourselves instead of your flocks. Shouldn't shep-

3 herds feed their sheep? •You drink the milk, wear the wool, and butcher the best animals,

4 but you let your flocks starve. •You have not taken care of the weak. You have not tended the sick or bound up the injured. You have not gone looking for those who have wandered away and are lost. Instead, you have ruled them

5 with harshness and cruelty. •So my sheep have been scattered without a shepherd, and they are

6 easy prey for any wild animal. •They have wandered through all the mountains and all the hills, across the face of the earth, yet no one has gone to search for them.

7 •"Therefore, you shepherds, hear the word

8 of the LORD: •As surely as I live, says the Sovereign LORD, you abandoned my flock and left them to be attacked by every wild animal. And though you were my shepherds, you didn't search for my sheep when they were lost. You took care of yourselves and left the sheep to

9 starve. •Therefore, you shepherds, hear the

10 word of the LORD. •This is what the Sovereign LORD says: I now consider these shepherds my enemies, and I will hold them responsible for what has happened to my flock. I will take away their right to feed the flock, and I will stop them from feeding themselves. I will rescue my flock from their mouths; the sheep will no longer be their prey.

---

abandon [əbǽndən] *vt.* 저버리다
butcher [bútʃər] *vt.* 도살하다
lustful [lʌ́stfəl] *a.* 탐욕스러운
sincere [sinsíər] *a.* 진실의, 참된
tend [tend] *vt.* 돌보다, 간호하다
wander [wándər] *vi.* 헤매다
33:31 seek after : 찾다, 구하다
33:32 act on : (주의·명령 등에 따라) 행동하다

다.

11 내가 친히 나의 양 떼들을 찾아내어 그들을 돌볼 것이다.

12 목자가 흩어진 양 떼를 찾아 그들을 돌보듯이, 내가 나의 양 떼들을 돌볼 것이다. 구름과 어두움이 가득한 그날에 사방으로 흩어진 모든 곳에서 내가 그들을 구해 낼 것이다.

13 내가 그들을 모든 국가로부터 이끌어 내고 모을 것이며, 그들을 그들의 땅으로 되돌아가게 할 것이다. 그리하여 이스라엘의 산과 골짜기, 그리고 그 땅에 거하는 모든 곳들에서 그들을 돌볼 것이다.

14 내가 그들을 좋은 풀밭에서 기를 것이며, 이스라엘의 높은 산에서 풀을 뜯게 할 것이다. 그들은 좋은 풀이 있는 땅에 누울 것이며, 이스라엘의 산에 있는 좋은 풀밭에서 풀을 뜯게 될 것이다.

15 내가 몸소 나의 양 떼들을 기르며, 그들을 눕게 할 것이다.

16 내가 잃어버린 사람들을 찾아 나설 것이요, 길 잃은 사람들을 찾아올 것이다. 상처 입은 사람들을 싸매며, 약한 사람들에게 힘을 북돋아 줄 것이다. 그러나 사람을 속이는 자들과 강한 사람들은 멸망시킬 것이다. 내가 양 떼들을 정의롭게 돌볼 것이다.

17 나의 양 떼들아, 내가 양과 양 사이에서 심판하고, 숫양과 숫염소 사이에서 심판할 것이다.

18 너희가 좋은 풀밭에서 풀을 뜯어먹고 사는 것으로 충분하지 않느냐? 네 발로 너희 풀밭의 나머지를 짓밟아야만 하겠느냐? 너희가 깨끗한 물을 마시는 것으로 충분하지 않느냐? 네 발로 나머지 물을 진흙탕으로 만들어야만 하겠느냐?

19 내 양 떼들이 너희가 짓밟은 풀밭에서 풀을 뜯고, 너희가 진흙탕으로 만든 물을 마셔야만 하겠느냐?'

20 그러므로 주 여호와께서 그들에게 이렇게 말씀하신다. '보라, 내가 직접 살진 양과 여윈 양 사이에서 심판할 것이다.

21 너희가 옆구리와 어깨로 떠밀고 뿔로 들이받아 끝내 모든 약한 양들을 쫓아냈다.

22 내가 내 양 떼들을 구해 낼 것이요, 그들이 더 이상 약탈당하지 않을 것이다. 내가 양과 양 사이에서 심판할 것이다.

23 내가 그들 위에 한 목자, 곧 나의 종 다윗을 세울 것이요, 그가 그들을 기르고 돌볼 것이다. 그가 그들을 돌보고 그들의 목자가 될 것이다.

24 나 여호와가 그들의 하나님이 될 것이요, 나의 종 다윗은 그들 중에 왕이 될 것이다. 나 여호와의 말이다.

25 내가 그들과 평화의 언약을 맺고, 그 땅에서 들짐승을 없애 버려, 그들을 광야에서도 살고, 숲 속에서

The Good Shepherd

11 • "For this is what the Sovereign LORD says: I
12 myself will search and find my sheep. • I will be like a shepherd looking for his scattered flock. I will find my sheep and rescue them from all the places where they were
13 scattered on that dark and cloudy day. • I will bring them back home to their own land of Israel from among the peoples and nations. I will feed them on the mountains of Israel and by the rivers and in all the
14 places where people live. • Yes, I will give them good pastureland on the high hills of Israel. There they will lie down in pleasant places and feed in the lush pastures of the
15 hills. • I myself will tend my sheep and give them a place to lie down in peace, says the
16 Sovereign LORD. • I will search for my lost ones who strayed away, and I will bring them safely home again. I will bandage the injured and strengthen the weak. But I will destroy those who are fat and powerful. I will feed them, yes—feed them justice!

17 • "And as for you, my flock, this is what the Sovereign LORD says to his people: I will judge between one animal of the flock and another, separating the sheep from the
18 goats. • Isn't it enough for you to keep the best of the pastures for yourselves? Must you also trample down the rest? Isn't it enough for you to drink clear water for yourselves? Must you also muddy the rest with your
19 feet? • Why must my flock eat what you have trampled down and drink water you have fouled?

20 • Therefore, this is what the Sovereign LORD says: I will surely judge between the fat
21 sheep and the scrawny sheep. • For you fat sheep pushed and butted and crowded my sick and hungry flock until you scattered
22 them to distant lands. • So I will rescue my flock, and they will no longer be abused. I will judge between one animal of the flock
23 and another. • And I will set over them one shepherd, my servant David. He will feed
24 them and be a shepherd to them. • And I, the LORD, will be their God, and my servant David will be a prince among my people. I, the LORD, have spoken!

The LORD's Covenant of Peace

25 • "I will make a covenant of peace with my people and drive away the dangerous animals from the land. Then they will be able

abuse [əbjúːz] *vt.* 학대하다
butt [bʌt] *vt.* 머리(뿔)로 받다
foul [fául] *vt.* 더럽히다
scrawny [skrɔ́ːni] *a.* 수척한, 뼈만 앙상한

도 안심하고 자게 할 것이다.

26 내가 그들에게 복을 주며, 나의 언덕을 둘러싸고 있는 지역들에 복을 줄 것이다. 계절에 따라 비를 내려 줄 것이니, 복의 비가 내릴 것이다.

27 그리하여 들의 나무들이 열매를 맺을 것이요, 땅이 그 농작물들을 낼 것이니, 사람들이 그 땅에서 평안하게 살 것이다. 내가 그들의 멍에줄을 끊고 그들을 종으로 삼은 사람들의 손으로부터 구해 낼 때에 그들이 내가 여호와인 줄 알게 될 것이다.

28 그들은 더 이상 다른 나라에 의해 약탈당하지 않을 것이며, 들짐승들도 그들을 삼키지 않을 것이다. 그들은 안전한 가운데 살게 될 것이며, 아무도 그들을 무섭게 하지 못할 것이다.

29 내가 그들을 위해 기름진 땅을 준비할 것이요, 그들은 더 이상 기근의 희생자가 되지 않을 것이며, 모든 나라들의 멸시를 당하지 않을 것이다.

30 그때에 그들이 나 여호와 하나님이 그들과 함께 있다는 것과 그들, 곧 이스라엘의 족속이 내 백성임을 알게 될 것이다. 나 주 여호와의 말이다.

31 나의 양이요, 내 목장의 양 떼들인 너희는 내 백성이며, 나는 너희 하나님이다. 나 주 여호와의 말이다.'"

에돔에 대한 예언

35 여호와께서 내게 말씀하셨다.

2 "사람아, 세일 산을 향해 바라보고 예언하여라.

3 이렇게 말하여라. 이것이 주 여호와께서 말씀하신 것이다. 세일산아, 내가 너를 대적하여 내 손을 펴고 쳐서, 버려진 사막으로 만들 것이다.

4 내가 네 마을들을 폐허로 만들고 황무지가 되게 할 것이다. 그때에 너는 내가 여호와인 줄 알게 될 것이다.

5 네가 오래전부터 원한을 품고 이스라엘 백성이 자기 죄 때문에 재난을 당할 때에 그들을 칼날에 넘겨주었다.

6 그러므로 맹세코 내가 너에게 피로 갚을 것이다. 네가 잔인한 피흘림을 미워하지 않았기에, 피비린내 나는 일이 너를 뒤쫓도록 할 것이다.

7 내가 세일 산을 버려진 황무지로 만들겠으며, 그곳을 드나드는 모든 사람들을 없애 버릴 것이다.

8 내가 너의 산들을 시체로 가득 차게 할 것이요, 칼에 의해 죽은 사람들이 네 언덕과, 골짜기와 네 모든 계곡에 가득 찰 것이다.

9 내가 너를 영원히 황폐하게 만들어 너희 마을에 아무도 살지 않게 할 것이다. 그때에 너는 내가 여호와인 줄 알게 될 것이다.

26 to camp safely in the wildest places and sleep in the woods without fear. •I will bless my people and their homes around my holy hill. And in the proper season I will send the showers they need. There will be showers of blessing. •The orchards and fields of my people

27 will yield bumper crops, and everyone will live in safety. When I have broken their chains of slavery and rescued them from those who enslaved them, then they will know that I am

28 the LORD. •They will no longer be prey for other nations, and wild animals will no longer devour them. They will live in safety, and no one will frighten them.

29 •"And I will make their land famous for its crops, so my people will never again suffer from famines or the insults of foreign nations.

30 •In this way, they will know that I, the LORD their God, am with them. And they will know that they, the people of Israel, are my people,

31 says the Sovereign LORD. •You are my flock, the sheep of my pasture. You are my people, and I am your God. I, the Sovereign LORD, have spoken!"

A Message for Edom

35 Again a message came to me from the LORD: •"Son of man, turn and face

2 Mount Seir, and prophesy against its people.

3 •Give them this message from the Sovereign LORD:

"I am your enemy, O Mount Seir,
　　and I will raise my fist against you
　　to destroy you completely.

4 • I will demolish your cities
　　and make you desolate.
　　Then you will know that I am the LORD.

5 • "Your eternal hatred for the people of Israel led you to butcher them when they were helpless, when I had already punished

6 them for all their sins. •As surely as I live, says the Sovereign LORD, since you show no distaste for blood, I will give you a bloodbath of

7 your own. Your turn has come! •I will make Mount Seir utterly desolate, killing off all who

8 try to escape and any who return. •I will fill your mountains with the dead. Your hills, your valleys, and your ravines will be filled

9 with people slaughtered by the sword. •I will make you desolate forever. Your cities will never be rebuilt. Then you will know that I

---

bloodbath [blʌ́dbæ̀θ] *n.* 대량 학살
devour [diváuər] *vt.* 삼켜버리다
insult [ínsʌlt] *n.* 모욕, 멸시
orchard [ɔ́ːrtʃərd] *n.* 과수원

10 너는 심지어 나 여호와가 이스라엘과 유다 땅에 있는데도, '이 두 민족과 나라가 우리의 것이 될 것이며, 우리가 그들을 차지하게 될 것이다'라고 말했다.

11 그러므로 맹세코 너희가 그들에게 보여 주었던 분노와 질투에 맞게 내가 너희를 벌할 것이며, 내가 너를 심판할 때에 내 자신을 드러낼 것이다.

12 네가 '이스라엘의 산들이 폐허가 되었으니 우리가 삼킬 것이다'라고 말하였다. 그때에 너는 네가 이스라엘의 산들을 향하여 말했던 모욕적인 말들을 나 여호와가 다 들었다는 것을 알게 될 것이다.

13 너희가 거만하게 자랑하고, 거침없이 나를 대적하여 말하는 것을 나는 모두 들었다.

14 내가 너를 황폐하게 만들 때에 온 땅이 기뻐할 것이다.

15 이스라엘 족속의 기업이 황폐하게 되었을 때, 네가 기뻐한 것같이, 나도 너를 그렇게 다룰 것이다. 오, 세일 산과 에돔의 모든 것들아, 너희는 폐허가 될 것이다. 그때에 너희는 내가 여호와임을 알게 될 것이다."

회복하는 이스라엘

36 여호와께서 이스라엘의 산들을 향해 이렇게 예언하라고 하셨다. "오 이스라엘의 산들아, 주의 말씀을 들어라.

2 너의 원수가 너에 대해 말하기를 '아하! 예전의 높은 곳들이 우리의 소유가 되었다'라고 한다."

3 여호와께서 말씀하셨다. "그들이 너희를 황폐하게 만들고 쫓아내어, 모든 나라들의 소유가 되게 하였고, 사람들의 조롱거리가 되게 하였다.

4 그러므로 이스라엘의 산들아, 나 주 여호와의 말을 들어라. 내가 산과 언덕, 골짜기와 계곡, 황량하게 폐허가 된 것들과 네 주변의 모든 나라들에 의해서 약탈당하고 웃음거리가 되어 버린 마을들에 이렇게 말한다.

5 내가 불붙는 열정으로 모든 나라들에 대해, 그리고 에돔을 향해 말한다. 그들은 내심 환희와 악의를 품고 나의 땅을 자신들의 소유로 만들어 *이 땅의 목초지를 약탈했다.*

6 그러므로 이스라엘의 땅에 관해 예언하고, 산과 언덕, 골짜기와 계곡에 말하여라. 너희가 이방 나라들로부터 모욕을 당했기 때문에 내가 분노와 진노로 말한다.

7 그러므로 내가 손을 들어 맹세하건대, 네 주위에 있는 나라들 역시 모욕을 당할 것이다.

am the LORD.

10 • "For you said, 'The lands of Israel and Judah will be ours. We will take possession of them. What do we care that the LORD is there!'

11 • Therefore, as surely as I live, says the Sovereign LORD, I will pay back your angry deeds with my own. I will punish you for all your acts of anger, envy, and hatred. And I will make myself

12 known to Israel* that I do to you. • Then you will know that I, the LORD, have heard every contemptuous word you spoke against the mountains of Israel. For you said, 'They are desolate; they have been given to us as food to

13 eat!' • In saying that, you boasted proudly against me, and I have heard it all!

14 • "This is what the Sovereign LORD says: The whole world will rejoice when I make you deso-

15 late. • You rejoiced at the desolation of Israel's territory. Now I will rejoice at yours! You will be wiped out, you people of Mount Seir and all who live in Edom! Then you will know that I am the LORD.

Restoration for Israel

36 "Son of man, prophesy to Israel's mountains. Give them this message: O moun-

2 tains of Israel, hear the word of the LORD! • This is what the Sovereign LORD says: Your enemies have taunted you, saying, 'Aha! Now the

3 ancient heights belong to us!' • Therefore, son of man, give the mountains of Israel this message from the Sovereign LORD: Your enemies have attacked you from all directions, making you the property of many nations and the object

4 of much mocking and slander. • Therefore, O mountains of Israel, hear the word of the Sovereign LORD. He speaks to the hills and mountains, ravines and valleys, and to ruined wastes and long-deserted cities that have been destroyed and mocked by the surrounding

5 nations. • This is what the Sovereign LORD says: My jealous anger burns against these nations, especially Edom, because they have shown utter contempt for me by gleefully taking my land for themselves as plunder.

6 • "Therefore, prophesy to the hills and mountains, the ravines and valleys of Israel. This is what the Sovereign LORD says: I am furious that you have suffered shame before the sur-

7 rounding nations. • Therefore, this is what the Sovereign LORD says: I have taken a solemn oath that those nations will soon have their own shame to endure.

slander [slǽndər] *n.* 욕설
solemn [sάləm] *a.* 엄숙한
taunt [tɔːnt] *vt.* 조롱하다

35:11 Hebrew *to them;* Greek version reads *to you.*

8 오 이스라엘의 산들아, 너희는 내 백성 이스라엘을 위해 가지들과 과실을 맺을 것이니, 그들이 곧 고향으로 돌아올 것이다.

9 나는 너희들에 대해 관심을 갖고 있으며, 호의로 너희를 대할 것이다. 사람들이 너희를 갈고, 씨를 뿌릴 것이다.

10 내가 너희 위에, 이스라엘 족속의 인구를 증가시켜 마을마다 사람들을 살게 할 것이며, 폐허 된 것들을 다시 세울 것이다.

11 너희 위에 사람과 짐승들이 번성하여 많아질 것이다. 예전처럼 네 위에 사람들을 많이 살게 하여 너희를 처음보다 더 좋게 해 줄 것이다. 그때에 너희는 내가 여호와인 줄 알게 될 것이다.

12 내가 내 백성 이스라엘을 너희 위에 다시 다니게 하겠다. 내 백성이 너희를 차지하여 너희는 내 백성의 소유가 될 것이다. 너희가 다시는 내 백성의 자녀를 빼앗지 못할 것이다.

13 백성들이 너를 빗대어 말하기를, '너는 백성을 삼키고, 자기 백성에게서 자식을 빼앗는 땅이다' 라고 한다.

14 그러나 이제는 네가 다시는 사람을 삼키지 못할 것이며, 네 나라의 자녀를 빼앗지 못할 것이다. 나 주 여호와의 말이다.

15 내가 다시는 다른 나라들이 너를 비웃거나 모욕하지 않도록 하겠다. 나 주 여호와의 말이다."

16 여호와께서 다시 내게 말씀하셨다.

17 "사람아, 이스라엘 백성들은 자기 땅에 살면서 온갖 행위로 그 땅을 더럽혔다. 내 눈에는 그들의 행위가 월경 중에 있는 여자와 같이 부정했다.

18 그들이 이 땅에서 살인을 했고, 우상으로 이 땅을 더럽혔기 때문에 내가 그들에게 내 진노를 쏟아 부었다.

19 내가 그들을 여러 민족들 가운데로 쫓아내고 여러 나라로 흩어 놓은 것은, 그들이 저지른 못된 행위들을 심판하기 위해서였다.

20 그들은 쫓겨 가 사는 나라에서도 내 거룩한 이름을 더럽혔다. 다른 나라 사람들이 그들을 가리켜 말하기를, '이들은 여호와의 백성이면서도 그가 주신 땅에서 쫓겨났다' 고 하였다.

21 그러나 나는 내 이름에 대해 깊은 관심을 가졌다. 비록 이스라엘 백성들이 흩어져 살던 이방 나라에서 내 거룩한 이름을 더럽혔지만 나는 내 이름을 아꼈던 것이다.

22 그러므로 이스라엘 백성들에게 전하여라. 나 주 여호와가 이렇게 말한다. 이스라엘 백성들아, 내가 이렇게 하는 것은 너희를 위해서가 아니다. 너희가 여러 나라에 흩어져 살면서 더럽힌 내 거룩한 이름을

---

8 • "But the mountains of Israel will produce heavy crops of fruit for my people—for

9 they will be coming home again soon! •See, I care about you, and I will pay attention to

10 you. Your ground will be plowed and your crops planted. •I will greatly increase the population of Israel, and the ruined cities

11 will be rebuilt and filled with people. •I will increase not only the people, but also your animals. O mountains of Israel, I will bring people to live on you once again. I will make you even more prosperous than you were before. Then you will know that I am the

12 LORD. •I will cause my people to walk on you once again, and you will be their territory. You will never again rob them of their children.

13 • "This is what the Sovereign LORD says: The other nations taunt you, saying, 'Israel is a land that devours its own people and robs

14 them of their children!' •But you will never again devour your people or rob them of

15 their children, says the Sovereign LORD. •I will not let you hear those other nations insult you, and you will no longer be mocked by them. You will not be a land that causes its nation to fall, says the Sovereign LORD."

16 •Then this further message came to me

17 from the LORD: • "Son of man, when the people of Israel were living in their own land, they defiled it by the evil way they lived. To me their conduct was as unclean as

18 a woman's menstrual cloth. •They polluted the land with murder and the worship of

19 idols,* so I poured out my fury on them. •I scattered them to many lands to punish

20 them for the evil way they had lived. •But when they were scattered among the nations, they brought shame on my holy name. For the nations said, 'These are the people of the LORD, but he couldn't keep them safe in

21 his own land!' •Then I was concerned for my holy name, on which my people brought shame among the nations.

22 • "Therefore, give the people of Israel this message from the Sovereign LORD: I am bringing you back, but not because you deserve it. I am doing it to protect my holy name, on which you brought shame while

---

defile [difáil] *vt.* 더럽히다, 불결하게 하다
menstrual [ménstruəl] *a.* 월경의
plow [pláu] *vt.* 갈다, 경작하다
prosperous [práspərəs] *a.* 번영하는
territory [térətɔːri] *n.* 영토

36:18 The Hebrew term (literally *round things*) probably alludes to dung; also in 36:25.

위해서이다.

23 너희가 이 땅에서 쫓겨나 여러 나라에 흩어져 살면서 더럽힌 내 위대한 이름이 거룩하다는 것을 온 천하에 나타낼 것이다. 내가 너를 통해 그들 앞에서 나의 거룩함을 나타낼 그때에 민족들은 내가 여호와라는 것을 알게 될 것이다. 나 주 여호와의 말이다.

24 내가 너희를 민족들 가운데서 다시 불러내고 온 나라들로부터 불러 모아 너희의 땅으로 다시 돌아가게 하겠다.

25 내가 너희 위에 맑은 물을 뿌릴 것이니 너희가 저지른 온갖 부정한 것과 너희의 우상들로부터 깨끗하게 하겠다.

26 내가 또 너희에게 나를 온전히 섬기는 법을 가르치겠다. 너희 안에 새로운 마음과 새로운 영을 넣어 주겠다. 돌처럼 굳은 마음을 제거하고, 그 대신 살과 같은 부드러운 마음을 주겠다.

27 너희 안에 내 영을 두어 내 법을 잘 지키도록 하겠다.

28 그때에 너희는 내가 너희 조상에게 준 땅에서 살 것이며, 너희는 내 백성이 되고, 나는 너희 하나님이 될 것이다.

29 또 내가 너를 모든 부정하고 더러운 것들로부터 구해 주겠다. 그리고 곡식을 잘 자라게 하며 다시는 흉년이 들지 않게 하겠다.

30 들에는 추수할 것이 많아져 다시는 굶주리는 일이 없을 것이다. 굶주리는 일 때문에 다른 나라들이 너희를 조롱하는 일이 없을 것이다.

31 그때에 너희가 행하던 악한 길과 나쁜 일들을 기억하게 될 것이다. 내가 역겨워하는 못된 짓과 죄 때문에 너희는 스스로를 미워하게 될 것이다.

32 기억하여라. 내가 이 일을 하는 것은 너희를 위해서가 아니다. 이스라엘 백성들아, 너희가 저지른 짓이 얼마나 부끄럽고 수치스러운 것인지 알아라.

33 내가 너희의 온갖 죄를 씻는 그날에 마을마다 다시 사람이 살게 하겠으며 무너진 곳마다 다시 건축하게 할 것이다.

34 그때에 사람들이 황폐하였던 땅을 개간할 것이니, 더 이상 그곳은 폐허가 아닐 것이다.

35 사람들이 '황무지였던 이 땅이 이제는 에덴 동산처럼 되었다. 폐허가 되어 아무도 살지 않았던 성들마다 *성벽들이 둘러쳐지고 사람들이 사는 마을이 되었다* 고 말할 것이다.

36 그때에 너희 주변에 있는 나라들은, 폐허로 변한 것을 나 여호와가 다시 세웠으며, 황폐한 곳을 다시 건축하였다는 것을 알게 될 것이다. 나 여호와가 말하였으므로 내가 반드시 이룰 것이다.

37 내가 이스라엘 백성의 탄원을 듣고 다시 그들을 위

23 you were scattered among the nations. •I will show how holy my great name is—the name on which you brought shame among the nations. And when I reveal my holiness through you before their very eyes, says the Sovereign LORD, then the nations will know 24 that I am the LORD. •For I will gather you up from all the nations and bring you home again to your own land.

25 •"Then I will sprinkle clean water on you, and you will be clean. Your filth will be washed away, and you will no longer wor-26 ship idols. •And I will give you a new heart, and I will put a new spirit in you. I will take out your stony, stubborn heart and give you 27 a tender, responsive heart.* •And I will put my Spirit in you so that you will follow my decrees and be careful to obey my regulations.

28 •"And you will live in Israel, the land I gave your ancestors long ago. You will be 29 my people, and I will be your God. •I will cleanse you of your filthy behavior. I will give you good crops of grain, and I will send 30 no more famines on the land. •I will give you great harvests from your fruit trees and fields, and never again will the surrounding nations be able to scoff at your land for its 31 famines. •Then you will remember your past sins and despise yourselves for all the detestable things you did. •But remember, says the Sovereign LORD, I am not doing this because you deserve it. O my people of Israel, you should be utterly ashamed of all you have done!

33 •"This is what the Sovereign LORD says: When I cleanse you from your sins, I will repopulate your cities, and the ruins will be 34 rebuilt. •The fields that used to lie empty and desolate in plain view of everyone will 35 again be farmed. •And when I bring you back, people will say, 'This former wasteland is now like the Garden of Eden! The abandoned and ruined cities now have strong walls and are filled with people!' 36 •Then the surrounding nations that survive will know that I, the LORD, have rebuilt the ruins and replanted the wasteland. For I, the LORD, have spoken, and I will do what I say.

37 •"This is what the Sovereign LORD says: I am ready to hear Israel's prayers and to

---

filth [filθ] *n.* 더러움, 도덕적 타락
responsive [rispánsiv] *a.* 민감한, 반응하는
scoff [skɔːf] *vi.* 비웃다
sprinkle [sprínkl] *vt.* 뿌리다
stubborn [stʌ́bərn] *a.* 완고한

36:26 Hebrew *a heart of flesh.*

해 이 일을 행할 것이다. 내가 그 백성을 양 떼처럼 수없이 많게 해 주겠다.

38 마치 절기 때 예루살렘에서 제사로 드려지는 수많은 양 떼처럼 그들의 수를 많게 하고 폐허가 된 성마다 사람들로 가득차게 할 것이다. 그때에 그들은 내가 여호와라는 것을 알게 될 것이다."

마른 뼈에 대한 환상

37 여호와의 손이 내게 임했고, 여호와의 영이 나를 이끌어 내어, 한 계곡 가운데 두셨는데, 그곳에는 뼈들로 가득 차 있었다.

2 그가 나를 뼈들 가운데로 이리저리 이끄셨고, 나는 그 계곡 바닥에 있는 수많은 뼈들을 보았는데, 그 뼈들은 아주 메말라 있었다.

3 그가 내게 "사람아, 이 뼈들이 살 수 있겠느냐?" 하고 물으셨다. 나는 "주 여호와여, 주님만이 아십니다"라고 말했다.

4 그때에 여호와께서 내게 말씀하셨다. "이 뼈들에게 나 주 여호와의 일을 예언하여라. 마른 뼈들아, 여호와의 말씀을 들어라.

5 내가 너희 속에 숨을 불어넣으면, 너희가 살아날 것이다.

6 내가 너희에게 힘줄을 붙이고 네 위에 살을 입히며 살갗으로 덮을 것이다. 그리고 네 속에 숨을 불어넣을 것이니, 너희가 살아날 것이다. 그때에 너희는 내가 여호와라는 것을 알게 될 것이다.'"

7 그래서 나는 명령대로 예언하였다. 내가 예언을 할 때에 덜컹거리는 소리가 들렸고, 뼈들이 서로 한데 모이더니 뼈끼리 이어졌다.

8 힘줄과 살이 뼈들 위에 나타났고 살갗이 덮였으나 아직 그들 안에 생기가 없었다.

9 그때에 여호와께서 내게 말씀하셨다. "생기에게 예언하여라. 사람아, 생기에게 예언하여 말하여라. '주 여호와께서 이렇게 말씀하신다. 오 생기여, 죽임당한 이들 속으로 들어가 이들을 살게 하여라.'"

10 그래서 나는 여호와께서 명하신 대로 예언했고, 생기가 그들 가운데 들어가, 그들이 살아났다. 그들은 발을 딛고 일어나, 매우 큰 군대를 이루었다.

11 그때에 여호와께서 내게 말씀하셨다. "사람아, 이 뼈들은 이스라엘 백성이다. 그들이 말하기를 '우리의 뼈가 말라 버렸고, 우리의 희망이 사라졌으며, 우리는 망하였다'라고 한다.

12 그러므로 너는 그들에게 예언하여 말하여라. '오 내 백성이여, 내가 너희 무덤을 열고 너희를 그곳에서 끄집어 낼 것이다. 내가 너희를 이스라엘 땅으로 되돌아가게 할 것이다.

13 내 백성아, 내가 너희의 무덤을 열고 너희를 그곳에서 끌어낼 때에 너희가 내가 여호와라는 것을 알게

---

increase their numbers like a flock. • They will be as numerous as the sacred flocks that fill Jerusalem's streets at the time of her festivals. The ruined cities will be crowded with people once more, and everyone will know that I am the LORD."

A Valley of Dry Bones

37 The LORD took hold of me, and I was carried away by the Spirit of the LORD
2 to a valley filled with bones. • He led me all around among the bones that covered the valley floor. They were scattered everywhere across the ground and were completely dried
3 out. • Then he asked me, "Son of man, can these bones become living people again?"

"O Sovereign LORD," I replied, "you alone know the answer to that."
4 • Then he said to me, "Speak a prophetic message to these bones and say, 'Dry bones,
5 listen to the word of the LORD! • This is what the Sovereign LORD says: Look! I am going to put breath into you and make you live
6 again! • I will put flesh and muscles on you and cover you with skin. I will put breath into you, and you will come to life. Then you will know that I am the LORD.'"
7 • So I spoke this message, just as he told me. Suddenly as I spoke, there was a rattling noise all across the valley. The bones of each body came together and attached them-
8 selves as complete skeletons. • Then as I watched, muscles and flesh formed over the bones. Then skin formed to cover their bodies, but they still had no breath in them.
9 • Then he said to me, "Speak a prophetic message to the winds, son of man. Speak a prophetic message and say, 'This is what the Sovereign LORD says: Come, O breath, from the four winds! Breathe into these dead bod-
10 ies so they may live again.'" • So I spoke the message as he command-ed me, and breath came into their bodies. They all came to life and stood up on their feet—a great army.
11 • Then he said to me, "Son of man, these bones represent the people of Israel. They are saying, 'We have become old, dry bones— all hope is gone. Our nation is finished.'
12 • Therefore, prophesy to them and say, 'This is what the Sovereign LORD says: O my peo-ple, I will open your graves of exile and cause you to rise again. Then I will bring you back
13 to the land of Israel. • When this happens, O my people, you will know that I am the

---

attach [ətǽtʃ] *vt.* 달라붙게 하다
rattle [rǽtl] *vi.* 덜걱덜걱 소리내다
skeleton [skélətn] *n.* 골격, 뼈대

될 것이다.

14 내가 나의 영을 너희 속에 두고 너희가 살 수 있게 할 것이다. 그리고 내가 너희를 너희 땅에 정착시킬 것이다. 그때에 너희는 나 여호와가 그것을 말하였고, 이루었다는 것을 알게 될 것이다. 나 여호와의 말이다.'"

유다와 에브라임의 통일

15 여호와의 말씀이 내게 임했다.

16 "사람아, 막대기 하나를 가져다가 그 위에 '유다, 그리고 유다와 연관된 이스라엘 사람들에게 속하다'라고 써라. 그리고 나서, 다른 막대기 하나를 가져다가 그 위에 '요셉, 그리고 요셉과 연관된 이스라엘의 모든 집에 속한 에브라임의 막대기'라고 써라.

17 그런 뒤에 그 두 막대기를 함께 연결시켜 하나의 막대기가 되게 하여라. 그것들이 네 손에서 하나가 될 것이다.

18 네 백성들이 네게 묻기를, '이것이 무슨 뜻인지 우리에게 말해 주지 않겠는가?' 하면,

19 너는 그들에게 말해 주어라. '내가 에브라임의 손에 있는 요셉의 막대기, 즉 요셉과 연관된 이스라엘 지파들의 막대기를 취해서, 그것을 유다의 막대기와 연결시켜 하나의 막대기가 되게 할 것이요, 그들은 내 손에서 하나가 될 것이다.'

20 그리고 글 쓴 막대기들을 그들이 보는 앞에서 들고,

21 그들에게 여호와께서 이렇게 말씀하셨다고 전해 주어라. '나 여호와가 이스라엘 백성들을, 그들이 끌려갔던 나라들로부터 이끌어 낼 것이다. 내가 그들을 사방으로부터 모아 그들의 땅으로 돌아가게 할 것이다.

22 그들이 그 땅, 즉 이스라엘의 산들 중에서 한 나라를 이룰 것이다. 한 왕이 그들 모두를 다스릴 것이요, 그들이 다시는 두 나라가 되지 않을 것이며, 두 왕국으로 나누어지지 않을 것이다.

23 그들이 다시는 자신들의 우상과 역겨운 형상과 모든 형태의 역겨운 것들로 자신들을 더럽히지 않을 것이니, 이는 내가 그들을 모든 악한 죄의 길에서 구해 내어 깨끗하게 할 것이기 때문이다. 그들은 내 백성이 될 것이며, 나는 그들의 하나님이 될 것이다.

24 나의 종 다윗이 그들의 왕이 될 것이며, 그들 모두는 한 목자를 갖게 될 것이다. 그들이 내 법을 따를 것이요, 주의 깊게 나의 법령을 지킬 것이다.

25 그들은 내가 나의 종 야곱에게 준 땅, 즉 너희 조상들이 살았던 땅에서 살게 될 것이다. 그들과

14 LORD. •I will put my Spirit in you, and you will live again and return home to your own land. Then you will know that I, the LORD, have spoken, and I have done what I said. Yes, the LORD has spoken!'"

Reunion of Israel and Judah

15 •Again a message came to me from the LORD:

16 •"Son of man, take a piece of wood and carve on it these words: 'This represents Judah and its allied tribes.' Then take another piece and carve these words on it: 'This represents Ephraim and

17 the northern tribes of Israel.' * •Now hold them together in your hand as if they were one piece

18 of wood. •When your people ask you what

19 your actions mean, •say to them, 'This is what the Sovereign LORD says: I will take Ephraim and the northern tribes and join them to Judah. I will make them one piece of wood in my hand.'

20 •"Then hold out the pieces of wood you have inscribed, so the people can see them.

21 •And give them this message from the Sovereign LORD: I will gather the people of Israel from among the nations. I will bring them home to their own land from the places where

22 they have been scattered. •I will unify them into one nation on the mountains of Israel. One king will rule them all; no longer will they be divided into two nations or into two kingdoms.

23 •They will never again pollute themselves with their idols* and vile images and rebellion, for I will save them from their sinful apostasy*. I will cleanse them. Then they will truly be my people, and I will be their God.

24 •"My servant David will be their king, and they will have only one shepherd. They will obey my regulations and be careful to keep my

25 decrees. •They will live in the land I gave my servant Jacob, the land where their ancestors lived. They and their children and their grandchildren after them will live there forever, generation after generation. And my servant David

---

allied [əláid] *a.* 동맹한, 연합한
carve [kɑːrv] *vt.* 새기다
decree [dikríː] *n.* 법령, 명령
inscribe [inskráib] *vt.* 적다, 기입하다
rebellion [ribéljən] *n.* 반란, 모반
regulation [règjuléiʃən] *n.* 규칙; 법규
represent [rèprizént] *vt.* 의미하다, 상징하다
vile [váil] *a.* 더러운; 미천한

37:16 Hebrew *This is Ephraim's wood, representing Joseph and all the house of Israel; similarly in 37:19* **37:23a** The Hebrew term (literally *round things*) probably alludes to dung. **37:23b** As in many Hebrew manuscripts and Greek version; Masoretic Text reads *from all their dwelling places where they sinned.*

그들의 자녀들, 그리고 그 후손들이 거기서 영원히 살 것이요, 나의 종 다윗이 영원히 그들의 왕이 될 것이다.

26 내가 그들과 평화의 언약을 맺을 것이니, 그 언약은 영원한 언약이 될 것이다. 내가 그들을 일으켜 세울 것이며, 그들의 수를 많게 할 것이요, 나의 성전을 영원히 그들 가운데 둘 것이다.

27 내 처소가 그들 가운데 있을 것이요, 나는 그들의 하나님이 되고 그들은 내 백성이 될 것이다.

28 나의 성전이 그들 가운데 영원히 있게 될 때에 온 나라들은 나 여호와가 이스라엘을 거룩하게 만든다는 것을 알게 될 것이다.'"

곡에 대한 예언

38

2 "사람아, 너의 얼굴을 마곡 땅에 있는 로스와 메섹과 두발의 왕 곡을 향해 돌려, 그에 대해 예언하여라."

3 여호와께서 이렇게 말씀하셨다. "로스와 메섹과 두발의 왕 곡아, 내가 너를 대적할 것이다.

4 내가 너를 돌려세우고 갈고리로 네 턱을 꿰고, 너와 너의 모든 군대, 곧 말과 완전히 무장한 기병들, 크고 작은 방패를 들고 칼을 휘두르는 큰 군대를 끌어낼 것이다.

5 페르시아와 에티오피아와 리비아가 방패와 투구를 쓰고 너희와 함께할 것이며,

6 군사를 거느린 고멜과, 군대와 함께 저 멀리 북쪽으로부터 온 도갈마 족속들이 너희와 함께할 것이다.

7 너와 네 주위에 모여든 모든 군대들은 준비하고 너는 그들을 지휘하여라.

8 여러 날 후에 너는 부름을 받을 것이다. 앞으로 몇 년 뒤에 너는 전쟁으로부터 회복된 한 땅을 침략하게 될 것인데, 그 땅의 백성들은 오랫동안 황무지로 남아 있던 이스라엘의 산으로 모여든 백성들이다. 이 백성들은 이방 나라들로부터 돌아와, 안전하게 살고 있다.

9 너와 너의 모든 군대들, 그리고 너와 함께한 많은 나라들이 폭풍우처럼 진군하며 올라갈 것이요, 그 땅을 구름과 같이 뒤덮을 것이다.

10 그날에 네 마음속에 수많은 생각들이 떠오를 것이며, 너는 한 악한 계획을 세울 것이다.

11 네가 이렇게 말할 것이다. '내가 성벽이 없는 마을에 쳐들어갈 것이요, 내가 마음 놓고 평안히 사는 백성, 곧 성벽과 성문, 그리고 빗장 없이 사는 백성을 공격할 것이다.'

12 내가 노략질하고 약탈할 것이요, 내 손을 들어 폐허 위에 다시 세워진 땅과 이방 나라들로부터 모

26 will be their prince forever. • And I will make a covenant of peace with them, an everlasting covenant. I will give them their land and increase their numbers,* and I will put my 27 Temple among them forever. • I will make my home among them. I will be their God, 28 and they will be my people. • And when my Temple is among them forever, the nations will know that I am the LORD, who makes Israel holy."

A Message for Gog

38

This is another message that came to me from the LORD: • "Son of man, turn 2 and face Gog of the land of Magog, the prince who rules over the nations of Meshech and Tubal, and prophesy against him. • Give him 3 this message from the Sovereign LORD: Gog, I am your enemy! • I will turn you around and 4 put hooks in your jaws to lead you out with your whole army—your horses and charioteers in full armor and a great horde armed 5 with shields and swords. • Persia, Ethiopia, and Libya* will join you, too, with all their weapons. • Gomer and all its armies will also 6 join you, along with the armies of Beth-togarmah from the distant north, and many others.

7 • "Get ready; be prepared! Keep all the armies around you mobilized, and take command of them. • A long time from now you 8 will be called into action. In the distant future you will swoop down on the land of Israel, which will be enjoying peace after recovering from war and after its people have returned from many lands to the mountains of Israel. 9 • You and all your allies—a vast and awesome army—will roll down on them like a storm and cover the land like a cloud.

10 • "This is what the Sovereign LORD says: At that time evil thoughts will come to your mind, and you will devise a wicked scheme. 11 • You will say, 'Israel is an unprotected land filled with unwalled villages! I will march against her and destroy these people who live 12 in such confidence! • I will go to those formerly desolate cities that are now filled with people who have returned from exile in many nations. I will capture vast amounts of plunder, for the people are rich with livestock and

devise [diváiz] *vt.* 궁리하다
mobilize [móubəlaiz] *vt.* 동원하다
scheme [skiːm] *n.* 계획, 음모
swoop [swuːp] *vi.* 급습하다

37:26 Hebrew reads *I will give them and increase their numbers;* Greek version lacks the entire phrase. 38:5 Hebrew *Paras, Cush, and Put.*

여든 백성들, 곧 가축과 재물이 많고, 그 땅의 중심에 살고 있는 백성들을 칠 것이다.'

13 스바와 드단, 그리고 다시스의 상인들과 다시스의 모든 마을들이 네게, '네가 약탈하려고 왔는가? 노략질하여 은과 금을 가져가고, 가축과 재물들을 빼앗고, 수많은 약탈물들을 취하려고 너의 군대들을 모집했는가?' 라고 말할 것이다.

14 그러므로 사람아, 곡을 향해 예언하여 말하여라. '여호와께서 이렇게 말씀하신다. 그날, 곧 나의 백성 이스라엘이 안전하게 살고 있을 때, 네가 그 사실을 모르겠느냐?

15 네가 저 멀리 북쪽에 있는 너의 거처로부터 많은 나라들과 함께 올 것이요, 그들 모두는 말을 탄 대군이요, 강한 군대이다.

16 네가 그 땅을 뒤덮고 있는 구름처럼, 나의 백성 이스라엘을 대항해 진군할 것이다. 오 곡아, 장차 내가 너를 들어 그 땅을 대적하게 할 것이요, 그 결과 이방 나라들이 나를 알게 될 것이니, 그때에 그들의 눈앞에서 나 자신이 거룩하다는 것을 보여 줄 것이다.

17 너는 이전에 나의 종 이스라엘의 예언자들을 통해 내가 말한 적이 있는 바로 그 사람이 아니냐? 그 때에 그 예언자들은 내가 너를 들어서 이스라엘을 대적할 것이라고 여러 해 동안 예언했다.'

18 곡이 이스라엘의 땅을 공격할 때, 나의 뜨거운 분노가 일어날 것이다.

19 나의 뜨겁고 불 같은 진노 가운데 선언하니, 이스라엘의 땅에 커다란 지진이 있을 것이다.

20 바다의 물고기와 공중의 새, 들짐승과 땅 위에 움직이는 모든 생물들, 그리고 땅 표면에 사는 모든 사람들이 내 앞에서 벌벌 떨 것이다. 산들이 뒤집어지고, 절벽마다 무너져 내리며, 모든 성벽이 다 허물어질 것이다.

21 내가 나의 모든 산에서 곡을 대적할 칼을 부를 것이다. 모든 사람들의 칼이 서로를 대적할 것이다.

22 내가 그 위에 전염병과 피흘림을 보내어 심판할 것이다. 내가 폭우와 우박과 불과 유황을 그와 그의 군대 위에, 그리고 그와 함께한 많은 나라들 위에 쏟아 부을 것이다.

23 내가 이렇게 나의 위대함과 거룩함을 나타내어, 많은 나라들이 보는 가운데 나 자신을 드러내 보일 것이다. 그때에 그들은 내가 여호와라는 것을 알게 될 것이다."

침략자 곡의 죽음

39 "사람아, 곡을 향해 예언하여 말하여라. 나 주 여호와의 말이다. 로스와 메섹과 두발 왕 곡아, 내가 너를 대적할 것이다.

other possessions now. They think the whole
13 world revolves around them!' •But Sheba and Dedan and the merchants of Tarshish will ask, 'Do you really think the armies you have gathered can rob them of silver and gold? Do you think you can drive away their livestock and seize their goods and carry off plunder?'

14 •"Therefore, son of man, prophesy against Gog. Give him this message from the Sovereign LORD: When my people are living in peace in their land, then you will rouse
15 yourself.* •You will come from your home-land in the distant north with your vast caval-
16 ry and your mighty army, •and you will attack my people Israel, covering their land like a cloud. At that time in the distant future, I will bring you against my land as everyone watches, and my holiness will be displayed by what happens to you, Gog. Then all the nations will know that I am the LORD.

17 •"This is what the Sovereign LORD asks: Are you the one I was talking about long ago, when I announced through Israel's prophets that in the future I would bring you against
18 my people? •But this is what the Sovereign LORD says: When Gog invades the land of
19 Israel, my fury will boil over! •In my jealousy and blazing anger, I promise a mighty shaking
20 in the land of Israel on that day. •All living things—the fish in the sea, the birds of the sky, the animals of the field, the small animals that scurry along the ground, and all the people on earth—will quake in terror at my presence. Mountains will be thrown down; cliffs will
21 crumble; walls will fall to the earth. •I will summon the sword against you on all the hills of Israel, says the Sovereign LORD. Your men
22 will turn their swords against each other. •I will punish you and your armies with disease and bloodshed; I will send torrential rain, hail-
23 stones, fire, and burning sulfur! •In this way, I will show my greatness and holiness, and I will make myself known to all the nations of the world. Then they will know that I am the LORD.

The Slaughter of Gog's Hordes

39 "Son of man, prophesy against Gog. Give him this message from the Sovereign LORD: I am your enemy, O Gog,

blazing [bléiziŋ] *a.* 타오르는
bloodshed [blʌ́dʃed] *n.* 유혈의 참사
bury [béri] *vt.* 묻다
cavalry [kǽvəlri] *n.* 기병대
crumble [krʌ́mbl] *vi.* 무너지다
declare [diklέər] *vt.* 선언하다

38:14 As in Greek version; Hebrew reads *then you will know.*

2 내가 너를 돌아서게 하여, 너를 이끌 것이다. 내가 저 멀리 북쪽에서 너를 끌어내어 이스라엘의 산들을 대적하게 할 것이다.

3 그리고 나서 내가 네 왼손으로부터 네 활을 내리칠 것이요, 너의 화살을 네 오른손으로부터 땅에 떨어지게 할 것이다.

4 너는 이스라엘의 산에 쓰러질 것이요, 너와 너의 모든 군대들과 너와 함께한 모든 나라들이 쓰러질 것이다. 내가 너를 온갖 육식하는 새와 들짐승의 먹이로 내어 줄 것이다.

5 내가 말하였으므로 너는 들판 가운데서 쓰러질 것이다. 나 주 여호와의 말이다.'

6 내가 마곡 위에, 그리고 해변의 땅에서 안전하게 살고 있는 사람들 위에 불을 내릴 것이니, 그때에 그들은 내가 여호와인 줄을 알게 될 것이다.

7 내가 나의 거룩한 이름을 내 백성 이스라엘 가운데에 나타내 알게 할 것이다. 내가 더 이상 내 이름이 더럽혀지지 않게 할 것이요, 여러 나라들이 나 여호와가 이스라엘 가운데 있는 거룩한 자임을 알게 될 것이다.

8 그날이 오고 있다! 내가 말했던 그날이 반드시 올 것이다.

9 그때에 이스라엘의 마을에 사는 사람들이 밖으로 나가, 무기들을 연료로 사용할 것이니, 곧 크고 작은 방패들과 활과 화살들, 전투용 곤봉들과 창들을 불살라, 칠 년 동안 연료로 사용할 것이다.

10 그들은 들판에서 나무를 모으거나, 숲에서 나무를 자를 필요가 없을 것이니, 무기들을 연료로 사용하기 때문이다. 또한 그들은 전에 자기들을 약탈했던 사람들을 약탈하고 자기들의 물건을 노략질한 사람들의 물건을 노략질할 것이다. 나 주 여호와의 말이다.

11 그날에 내가 이스라엘 가운데, 즉 사해 동쪽을 향해 여행하는 사람들이 다니는 골짜기에, 곡을 위해 무덤 하나를 줄 것이다. 곡과 그의 군대들이 거기에 묻혀 여행자들의 길을 막을 것이니, 그곳이 '하몬곡의 골짜기' 라고 불릴 것이다.

12 칠 개월 동안, 이스라엘 족속이 그들을 묻어 그 땅을 깨끗하게 할 것이다.

13 그 땅의 모든 백성이 그들을 묻을 것이며, 내가 영광을 얻게 될 그날이 백성들에게 기억에 남는 날이 될 것이다. 나 주 여호와의 말이다.

14 사람들이 정기적으로 고용되어 그 땅을 청소하게 될 것이다. 어떤 이들은 그 땅 전체를 돌아다닐 것이요, 또 어떤 사람들은 땅 위에 남아 있는 시체들을 묻게 될 것이다. 칠 개월이 지난 후, 그들이 다시 시체를 찾아다닐 것이다.

2 ruler of the nations of Meshech and Tubal. •I will turn you around and drive you toward the mountains of Israel, bringing you from 3 the distant north. •I will knock the bow from your left hand and the arrows from your right 4 hand, and I will leave you helpless. •You and your army and your allies will all die on the mountains. I will feed you to the vultures and 5 wild animals. •You will fall in the open fields, for I have spoken, says the Sovereign LORD. 6 •And I will rain down fire on Magog and on all your allies who live safely on the coasts. Then they will know that I am the LORD.

7 •"In this way, I will make known my holy name among my people of Israel. I will not let anyone bring shame on it. And the nations, too, will know that I am the LORD, the Holy 8 One of Israel. •That day of judgment will come, says the Sovereign LORD. Everything will happen just as I have declared it.

9 •"Then the people in the towns of Israel will go out and pick up your small and large shields, bows and arrows, javelins and spears, and they will use them for fuel. There will be 10 enough to last them seven years! •They won't need to cut wood from the fields or forests, for these weapons will give them all the fuel they need. They will plunder those who planned to plunder them, and they will rob those who planned to rob them, says the Sovereign LORD.

11 •"And I will make a vast graveyard for Gog and his hordes in the Valley of the Travelers, east of the Dead Sea.* It will block the way of those who travel there, and they will change the name of the place to the Valley of Gog's 12 Hordes. •It will take seven months for the people of Israel to bury the bodies and cleanse 13 the land. •Everyone in Israel will help, for it will be a glorious victory for Israel when I demonstrate my glory on that day, says the Sovereign LORD.

14 •"After seven months, teams of men will be appointed to search the land for skeletons to bury, so the land will be made clean again.

---

demonstrate [démənstreit] vt. 나타내다, 보여주다
hailstone [héilstòun] n. 우박
javelin [dʒǽvəlin] n. 던지는 창
plunder [plʌ́ndər] vt. 약탈하다
revolve [rivάlv] vi. 회전하다
scurry [skə́:ri] vi. 허둥지둥 달리다
seize [si:z] vt. 강탈하다, 빼앗다
sulfur [sʌ́lfər] n. 유황
summon [sʌ́mən] vt. 부르다; 모으다
torrential [tɔːrénʃəl] a. 급류의
vulture [vʌ́ltʃər] n. 독수리
38:14 rouse oneself : 정신차리다

39:11 Hebrew *the sea*.

15 그들이 그 땅을 돌아다니다가 사람의 뼈를 발견하게 되면, 무덤을 파는 자들이 그 뼈를 '하몬곡의 골짜기'에 묻을 때까지 그 옆에 표시물을 세워 둘 것이다.

16 또한 '하모나'라고 불리는 마을 하나가 거기에 생길 것이다. 그렇게 해서, 그들은 그 땅을 깨끗하게 할 것이다.

17 사람아, 나 주 여호와가 말한다. 모든 종류의 새와 들짐승에게 소리쳐 말하여라. '사방에서 모두 모여, 내가 너희를 위해 준비하는 희생 제사, 곧 이스라엘의 산에서 있을 커다란 희생 제사에 나오너라. 거기서 너희가 살을 먹고 피를 마실 것이다.

18 마치 바산의 모든 살진 짐승들, 곧 숫양과 어린 양과 염소와 수송아지를 먹듯이, 너희는 강한 사람들의 살을 먹고, 온 땅의 장수들의 피를 마실 것이다.

19 내가 너희를 위해 준비할 희생 제사에서 너희는 배부를 때까지 기름진 고기를 먹을 것이며, 취할 때까지 피를 마실 것이다.

20 너희는 내 식탁에서 말들과 기병들과 용사들과 모든 군인들을 배불리 먹을 것이다. 나 주 여호와의 말이다.'

21 내가 나의 영광을 모든 나라 가운데에 밝히 드러낼 것이요, 모든 나라들이 내가 저들에게 내린 벌을 볼 것이며, 그들 위에 내민 나의 손을 볼 것이다.

22 그날 이후로 이스라엘의 족속은 나를 자기들의 하나님인 줄 알게 될 것이다.

23 또한 모든 나라들은 이스라엘 백성이 내게 신실하지 못했기 때문에, 자기들의 죄로 인하여 포로로 끌려갔음을 알게 될 것이다. 그런 이유 때문에, 나는 나의 얼굴을 그들로부터 숨겼고, 그들을 원수들에게 내어 주어 칼에 넘어지게 하였다.

24 나는 그들의 부정함과 잘못에 따라 그들을 다루었으며, 그들로부터 내 얼굴을 감추었다.

25 그러므로 나 주 여호와가 말한다. 내가 이제 야곱의 후손을 포로 생활로부터 풀려나게 할 것이요, 이스라엘의 모든 백성들에게 자비를 베풀 것이며, 나의 거룩한 이름을 위해 뜨거운 열정을 보일 것이다.

26 그들이 어느 누구도 두려워하지 않고 그들의 땅에서 안전하게 살 때에, 그들은 내게 보여 주었던 수치와 반역을 잊게 될 것이다.

27 내가 그들을 이방 나라들로부터 이끌어 내고, 그들을 원수의 나라들로부터 모을 때, 나는 많

15 •Whenever bones are found, a marker will be set up so the burial crews will take them to be
16 buried in the Valley of Gog's Hordes. •(There will be a town there named Hamonah, which means 'horde.') And so the land will finally be cleansed.
17 •"And now, son of man, this is what the Sovereign LORD says: Call all the birds and wild animals. Say to them: Gather together for my great sacrificial feast. Come from far and near to the mountains of Israel, and there eat flesh and
18 drink blood! •Eat the flesh of mighty men and drink the blood of princes as though they were rams, lambs, goats, and bulls—all fattened ani-
19 mals from Bashan! •Gorge yourselves with flesh until you are glutted; drink blood until you are drunk. This is the sacrificial feast I have pre-
20 pared for you. •Feast at my banquet table—feast on horses and charioteers, on mighty men and all kinds of valiant warriors, says the Sovereign LORD.
21 •"In this way, I will demonstrate my glory to the nations. Everyone will see the punishment I have inflicted on them and the power of my fist
22 when I strike. •And from that time on the people of Israel will know that I am the LORD their
23 God. •The nations will then know why Israel was sent away to exile—it was punishment for sin, for they were unfaithful to their God. Therefore, I turned away from them and let
24 their enemies destroy them. •I turned my face away and punished them because of their defilement and their sins.

Restoration for God's People

25 •"So now, this is what the Sovereign LORD says: I will end the captivity of my people*; I will have mercy on all Israel, for I jealously guard
26 my holy reputation! •They will accept responsibility* for their past shame and unfaithfulness after they come home to live in peace in their
27 own land, with no one to bother them. •When I bring them home from the lands of their enemies, I will display my holiness among them
28 for all the nations to see. •Then my people will

alcove [ǽlkouv] *n.* 작은 방
charioteer [tʃæriətíər] *n.* 기병
column [kάləm] *n.* 기둥, 버팀대
cord [kɔːrd] *n.* 끈
defilement [difáilmənt] *n.* 오염, 더럽힘
glut [glʌt] *vt.* 배불리 먹이다
gorge [gɔːrdʒ] *vt.* 배불리 먹다
reputation [repjutéiʃən] *n.* 명성
threshold [θréʃhould] *n.* 문지방
valiant [vǽljənt] *a.* 용맹스런

39:25 Hebrew *of Jacob.* 39:26 A few Hebrew manuscripts read *They will forget.*

은 나라들이 보는 앞에서 그들을 통해 나의 거룩함을 보여 줄 것이다.

28 그때에 그들이 나를 여호와 자기들의 하나님인 줄 알게 될 것이다. 이는 비록 내가 그들을 이방 나라들 가운데 포로로 보냈지만, 그들 자신의 땅으로 불러 모을 것이요, 하나도 뒤에 남겨 두지 않을 것이기 때문이다.

29 내가 더 이상 나의 얼굴을 그들로부터 숨기지 않을 것이니, 이는 나의 영을 이스라엘 백성에게 쏟아 부을 것이기 때문이다. 나 주 여호와의 말이다."

새 성전

40 우리가 포로로 잡혀 온 지 이십오 년째 되는 해, 예루살렘이 함락된 지 십사 년째 되는 해의 첫째 달, 그 달 십 일, 바로 그날에, 여호와의 손이 내 위에 임했고, 그가 나를 이스라엘 땅으로 데리고 가셨다.

2 하나님의 환상 중에, 그가 나를 이스라엘 땅으로 데려가서 대단히 높은 산 위에 두셨는데, 그 산 남쪽에 도시처럼 보이는 건물들이 있었다.

3 하나님께서 나를 그곳으로 데리고 가셨고, 나는 놋과 같은 모양을 한 사람을 보았는데, 그는 모시로 만든 끈과 측량하는 막대기를 손에 들고 건물 입구에 서 있었다.

4 그 사람이 내게 말했다. "사람아, 내가 네게 보여 줄 모든 것들을 네 눈으로 보고, 네 귀로 듣고, 자세히 주목하여라. 왜냐하면 그것이 바로 너를 여기로 데리고 온 이유이기 때문이다. 네가 보는 모든 것을 이스라엘 백성에게 말하여라."

동쪽 문

5 나는 성전 지역을 완전히 둘러싸고 있는 담과 나를 보았다. 그 사람의 손에 있는 측량 막대기의 길이는 3.2미터였고, 그가 담을 재었더니, 두께가 측량 막대기 하나 정도의 두께였고, 높이도 측량 막대기 하나의 높이였다.

6 그리고 나서 그가 동쪽을 향해 있는 문으로 들어갔다. 계단을 올라가 문의 입구를 재어 보니, 그 길이가 측량 막대기 정도의 길이였다.

7 문지기들을 위한 방들은 측량 막대기 하나 정도의 길이와 너비였고, 이 방들 사이의 벽 두께는 2.5미터 정도였다. 현관 옆에 있는 문의 입구는 측량 막대기 하나 정도의 두께였다.

8 그런 다음, 그는 출입문의 현관을 재었는데,

9 그 두께는 4미터 정도였고, 현관 기둥들은 두께가 1미터 정도였다. 출입문의 현관은 성전

know that I am the LORD their God, because I sent them away to exile and brought them home again. I will leave none of my people behind.

29 • And I will never again turn my face from them, for I will pour out my Spirit upon the people of Israel. I, the Sovereign LORD, have spoken!"

The New Temple Area

40 On April 28,* during the twenty-fifth year of our captivity—fourteen years after the

2 fall of Jerusalem—the LORD took hold of me. In a vision from God he took me to the land of Israel and set me down on a very high mountain. From there I could see toward the south what appeared

3 to be a city. • As he brought me nearer, I saw a man whose face shone like bronze standing beside a gateway entrance. He was holding in his hand a linen measuring cord and a measuring rod.

4 • He said to me, "Son of man, watch and listen. Pay close attention to everything I show you. You have been brought here so I can show you many things. Then you will return to the people of Israel and tell them everything you have seen."

The East Gateway

5 • I could see a wall completely surrounding the Temple area. The man took a measuring rod that was 10 1/2 feet* long and measured the wall, and the wall was 10 1/2 feet* thick and 10 1/2 feet high.

6 • Then he went over to the eastern gateway. He climbed the steps and measured the threshold of the gateway; it was 10 1/2 feet front to back.*

7 • There were guard alcoves on each side built into the gateway passage. Each of these alcoves was 10 1/2 feet square, with a distance between them of 8 3/4 feet* along the passage wall. The gateway's inner threshold, which led to the entry room at the inner end of the gateway passage, was 10 1/2

8 feet front to back. • He also measured the entry

9 room of the gateway.* • It was 14 feet* across, with supporting columns 3 1/2 feet* thick. This

---

40:1 Hebrew *At the beginning of the year, on the tenth day of the month,* of the ancient Hebrew lunar calendar. This event occurred on April 28, 573 B.C.; also see note on 1:1.   40:5a Hebrew *6 long cubits* [3.2 meters], *each being a cubit* [18 inches or 45 centimeters] *and a handbreadth* [3 inches or 8 centimeters] *in length.*   40:5b Hebrew *1 rod* [3.2 meters]; also in 40:5c, 7.   40:6 As in Greek version, which reads *1 rod* [3.2 meters] *deep;* Hebrew reads *1 rod deep, and 1 threshold, 1 rod deep.*   40:7 Hebrew *5 cubits* [2.7 meters]; also in 40:48.   40:8 As in many Hebrew manuscripts and Syriac version; other Hebrew manuscripts add *which faced inward toward the Temple; it was 1 rod* [10.5 feet or 3.2 meters] *deep.* [9]Then he measured the entry room of the gateway. 40:9a Hebrew *8 cubits* [4.2 meters]. 40:9b Hebrew *2 cubits* [1.1 meters].

을 향해 있었다.

10 동쪽 문 안쪽에, 양쪽으로 작은 방이 셋씩 있었는데, 이 방들은 크기가 모두 같았으며, 양쪽에 있는 돌출된 벽면들도 모두 같은 크기였다.

11 또한 그 사람이 문 입구의 너비를 재었더니 5미터였고, 길이는 6.5미터였다.

12 각 방 앞에는 높이가 50센티미터 되는 담이 있었고, 각 방의 길이와 너비는 모두 3미터였다.

13 그가 또 한 방의 뒤편 담 꼭대기에서부터 앞쪽 담 꼭대기에 이르는 문을 재었는데, 그 거리가 한 쪽 난간 입구로부터 다른 쪽 난간 입구까지 12.5미터 가량이었다.

14 또 출입문 안쪽을 싸고 있는 돌출된 벽면들을 재었더니, 길이가 30미터였다.

15 문의 입구로부터 출입문 현관의 끝까지의 거리는 25미터였다.

16 문 안쪽에 있는 방들과 돌출된 벽과 현관에 모두 창이 있었고, 돌출된 벽들의 표면은 종려나무로 장식되어 있었다.

바깥뜰

17 그 뒤, 그가 나를 바깥뜰로 데려갔다. 거기서 나는 여러 개의 방과 성전 뜰을 따라 만들어진 포장된 길을 보았다. 포장된 길을 따라서 방이 삼십 개가 있었다.

18 포장된 길은 문 양쪽을 따라 연결되어 있었고, 그 길이는 문들의 길이와 같았다. 이것은 아래쪽의 길이었다.

19 그 사람이 바깥벽에서부터 안쪽 벽까지 길이를 재었더니 두 벽 사이에 있는 바깥뜰의 길이가 50미터였다. 동쪽과 북쪽도 모두 마찬가지였다.

북쪽 문

20 그 사람이 북쪽을 향하면서 바깥뜰로 이어지는 문의 길이와 너비를 재보았다.

21 각 면에는 방이 세 개씩 있었는데, 각 방의 돌출된 벽과 현관은 첫 번째 문과 크기가 똑같았다. 길이가 25미터였고, 너비가 12.5미터였다.

22 창문과 현관과 종려나무를 새긴 것도 동쪽 문의 것들과 크기가 같았다. 일곱 계단을 오르면 문으로 들어갈 수 있으며, 계단 맞은편에 현관이 있었다.

23 안뜰에도 동쪽 문처럼 북쪽 문 맞은편에 문 하나가 있었다. 그 사람이 안문과 바깥문 사이의 거리를 재니 50미터였다.

entry room was at the inner end of the gateway structure, facing toward the Temple.

10 • There were three guard alcoves on each side of the gateway passage. Each had the same measurements, and the dividing walls separating them were 11 also identical. • The man measured the gateway entrance, which was 17 1/2 feet* wide at the opening 12 and 22 3/4 feet* wide in the gateway passage. • In front of each of the guard alcoves was a 21-inch* curb. The alcoves themselves were 10 1/2 feet* on each side.

13 • Then he measured the entire width of the gateway, measuring the distance between the back walls of facing guard alcoves; this distance was 43 3/4 feet.*
14 • He measured the dividing walls all along the inside of the gateway up to the entry room of the gateway; 15 this distance was 105 feet.* • The full length of the gateway passage was 87 1/2 feet* from one end to the 16 other. • There were recessed windows that narrowed inward through the walls of the guard alcoves and their dividing walls. There were also windows in the entry room. The surfaces of the dividing walls were decorated with carved palm trees.

The Outer Courtyard

17 • Then the man brought me through the gateway into the outer courtyard of the Temple. A stone pavement ran along the walls of the courtyard, and thirty rooms were built against the walls, opening onto the 18 pavement. • This pavement flanked the gates and extended out from the walls into the courtyard the same distance as the gateway entrance. This was the 19 lower pavement. • Then the man measured across the Temple's outer courtyard between the outer and inner gateways; the distance was 175 feet.*

The North Gateway

20 • The man measured the gateway on the north just 21 like the one on the east. • Here, too, there were three guard alcoves on each side, with dividing walls and an entry room. All the measurements matched those of the east gateway. The gateway passage was 87 1/2 feet long and 43 3/4 feet wide between the back walls 22 of facing guard alcoves. • The windows, the entry room, and the palm tree decorations were identical to those in the east gateway. There were seven steps leading up to the gateway entrance, and the entry room was at the inner end of the gateway passage.
23 • Here on the north side, just as on the east, there was another gateway leading to the Temple's inner court-

---

40:11a Hebrew *10 cubits* [5.3 meters]. 40:11b Hebrew *13 cubits* [6.9 meters]. 40:12a Hebrew *1 cubit* [53 centimeters]. 40:12b Hebrew *6 cubits* [3.2 meters]. 40:13 Hebrew *25 cubits* [13.3 meters]; also in 40:21, 25, 29, 30, 33, 36. 40:14 Hebrew *60 cubits* [31.8 meters]. Greek version reads *20 cubits* [35 feet or 10.6 meters]. The meaning of the Hebrew in this verse is uncertain. 40:15 Hebrew *50 cubits* [26.5 meters]; also in 40:21, 25, 29, 33, 36. 40:19 Hebrew *100 cubits* [53 meters]; also in 40:23, 27, 47.

남쪽 문

24 그 사람이 나를 데리고 남쪽으로 갔다. 거기에도 남쪽으로 난 문이 있었다. 그가 그 안벽과 현관을 재니 크기가 다른 두 문과 똑같았다.

25 이 문과 그 현관 양쪽에도 창문이 나 있었는데, 다른 문 창문에 있는 것과 같았다. 문의 길이는 25미터였고, 너비는 12.5미터였다.

26 일곱 계단을 오르면 문으로 들어갈 수 있으며 계단 맞은편에 현관이 있었다. 그 돌출된 벽에는 종려나무가 새겨져 있었다.

27 안뜰의 남쪽에도 문 하나가 있었는데, 그 사람이 그 문과 남쪽 문 사이의 거리를 재니 50미터였다.

안뜰

28 그 사람이 나를 데리고 남쪽 문을 지나 안뜰로 들어가더니 남쪽 문을 재었다. 그 크기가 다른 문들과 똑같았다.

29 문 안쪽의 방들과 돌출된 벽들과 현관의 크기가 다른 문들의 것과 같았다. 이 문과 그 현관 양쪽에도 창문이 나 있었다. 이 문의 길이는 25미터였고, 너비는 12.5미터였다.

30 안쪽 문의 각 현관은 길이가 12.5미터, 너비가 2.5미터가 조금 못 되었다.

31 그 문의 현관은 바깥뜰 쪽으로 나 있었고, 그 돌출된 벽에는 종려나무가 새겨져 있었다. 그 문으로 들어가는 길에는 여덟 계단이 있었다.

32 그 사람이 나를 데리고 동쪽으로 난 안뜰로 들어갔다. 그가 안쪽 동문을 재니 그 크기가 다른 문들과 똑같았다.

33 문 안쪽의 방들과 돌출된 벽들과 현관의 크기가 바깥벽의 다른 문들의 것과 같았다. 이 문과 그 현관 양쪽에도 창문이 나 있었다. 이 문의 길이는 25미터였고, 너비는 12.5미터였다.

34 그 문의 현관은 바깥뜰 쪽으로 나 있었고, 그 안벽에는 종려나무가 새겨져 있었다. 그 문으로 들어가는 길에는 여덟 계단이 있었다.

35 그 사람이 나를 데리고 북쪽 문으로 들어가더니 북쪽 문을 재었다. 그 크기가 다른 문들과 똑같았다.

36 문 안쪽의 방들과 돌출된 벽들과 현관의 크기가 바깥벽의 다른 문들의 것과 같았다. 이 문과 그 현관 양쪽에도 창문이 나 있었다. 이 문의 길이는 25미터였고, 너비는 12.5미터였다.

yard directly opposite this outer gateway. The distance between the two gateways was 175 feet.

The South Gateway

24 •Then the man took me around to the south gateway and measured its various parts, and they were 25 exactly the same as in the others. •It had windows along the walls as the others did, and there was an entry room where the gateway passage opened into the outer courtyard. And like the others, the gateway passage was 87$\frac{1}{2}$ feet long and 43$\frac{3}{4}$ feet 26 wide between the back walls of facing guard alcoves. •This gateway also had a stairway of seven steps leading up to it, and an entry room at the inner end, and palm tree decorations along the 27 dividing walls. •And here again, directly opposite the outer gateway, was another gateway that led into the inner courtyard. The distance between the two gateways was 175 feet.

Gateways to the Inner Courtyard

28 •Then the man took me to the south gateway leading into the inner courtyard. He measured it, and it had the same measurements as the other 29 gateways. •Its guard alcoves, dividing walls, and entry room were the same size as those in the others. It also had windows along its walls and in the entry room. And like the others, the gateway pas-30 sage was 87$\frac{1}{2}$ feet long and 43$\frac{3}{4}$ feet wide. •(The entry rooms of the gateways leading into the inner courtyard were 14 feet* across and 43$\frac{3}{4}$ feet wide.) 31 •The entry room to the south gateway faced into the outer courtyard. It had palm tree decorations on its columns, and there were eight steps leading to its entrance.

32 •Then he took me to the east gateway leading to the inner courtyard. He measured it, and it had 33 the same measurements as the other gateways. •Its guard alcoves, dividing walls, and entry room were the same size as those of the others, and there were windows along the walls and in the entry room. The gateway passage measured 87$\frac{1}{2}$ feet long and 34 43$\frac{3}{4}$ feet wide. •Its entry room faced into the outer courtyard. It had palm tree decorations on its columns, and there were eight steps leading to its entrance.

35 •Then he took me around to the north gateway leading to the inner courtyard. He measured it, and it had the same measurements as the other gate-36 ways. •The guard alcoves, dividing walls, and entry room of this gateway had the same measurements as in the others and the same window arrangements. The gateway passage measured 37 87$\frac{1}{2}$ feet long and 43$\frac{3}{4}$ feet wide. •Its entry

40:30 As in 40:9, which reads 8 cubits [14 feet or 4.2 meters]; here the Hebrew reads 5 cubits [8$\frac{3}{4}$ feet or 2.7 meters]. Some Hebrew manuscripts and the Greek version lack this entire verse.

37 그 문의 현관은 바깥뜰 쪽으로 나 있었고, 그 돌출된 벽에는 종려나무가 새겨져 있었다. 그 문으로 들어가는 길에는 여덟 계단이 있었다.

제물을 준비하는 방

38 북쪽 문 곁에는 문이 달린 방이 하나 있었는데, 제사장들이 태워서 드리는 번제물을 씻는 방이었다.

39 그 방 양쪽에는 상이 두 개씩 있었는데, 그 위에서 태워 드리는 번제물과 죄를 씻는 속죄 제물과 허물을 씻는 속건 제물을 잡았다.

40 현관 바깥, 곧 북쪽 문으로 들어가는 양쪽 입구에도 각각 상이 두 개씩 있었다.

41 그렇게 문 이쪽에 상이 네 개 있었고, 저쪽에도 상이 네 개 있었다. 제사장들이 제물을 잡는 상이 모두 여덟 개 있었다.

42 태워서 드리는 번제물을 바칠 때 쓰는, 돌을 깎아 만든 상이 네 개 있었다. 이 상들은 각각 길이가 80센티미터 가량, 너비도 80센티미터 가량, 높이가 50센티미터가량이었다. 그 위에는 제사장들이, 태워서 드리는 번제물과 그 밖의 제물을 잡을 때 쓰는 도구들이 놓여 있었다.

43 방 안 네 벽에는 길이가 손바닥 넓이만한 갈고리가 걸려 있었으며, 상 위에는 제물로 쓸 고기들이 놓여 있었다.

제사장들의 방

44 안뜰에는 방이 두 개 있었는데 하나는 북쪽 문 곁에 위치하여 남쪽을 향하고 있었고, 다른 방은 남쪽 문 곁에 위치하여 북쪽을 향하고 있었다.

45 그 사람이 내게 말했다. "남쪽을 향한 이 방은 성전에서 일하는 제사장들의 방이다.

46 그리고 북쪽을 향한 이 방은 제단에서 일하는 제사장들의 방이다. 그들은 사독의 자손들로서 레위 후손들 가운데 여호와께 가까이 나아가 여호와를 섬길 수 있는 사람들이다."

47 그가 성전 뜰을 재니 길이가 50미터요, 너비도 50미터인 정사각형이었다. 그리고 제단은 성전 앞쪽에 있었다.

성소의 현관

48 그 사람이 나를 데리고 성전 현관으로 들어가서 현관의 각 벽을 재니, 두께가 2.5미터였다. 문의 너비는 7미터였고, 문의 양 옆에 있는 벽은 두께가 150센티미터였다.

49 현관의 너비는 10미터였고, 길이는 6미터였다. 현관으로 들어가는 길에는 계단이 열 개가 있었다. 그리고 벽 곁에는 입구 양쪽으로 기둥이 하나씩 있었다.

---

room* faced into the outer courtyard, and it had palm tree decorations on the columns. There were eight steps leading to its entrance.

Rooms for Preparing Sacrifices

38 •A door led from the entry room of one of the inner gateways into a side room, where the
39 meat for sacrifices was washed. •On each side of this entry room were two tables, where the sacrificial animals were slaughtered for the burnt offerings, sin offerings, and guilt offerings.
40 •Outside the entry room, on each side of the stairs going up to the north entrance, were two
41 more tables. •So there were eight tables in all—four inside and four outside—where the sacri-
42 fices were cut up and prepared. •There were also four tables of finished stone for preparation of the burnt offerings, each 31¹/₂ inches square and 21 inches high.* On these tables were placed the butchering knives and other implements for slaughtering the sacrificial animals.
43 •There were hooks, each 3 inches* long, fastened all around the foyer walls. The sacrificial meat was laid on the tables.

Rooms for the Priests

44 •Inside the inner courtyard were two rooms,* one beside the north gateway, facing south, and the other beside the south* gateway, facing
45 north. •And the man said to me, "The room beside the north inner gate is for the priests who
46 supervise the Temple maintenance. •The room beside the south inner gate is for the priests in charge of the altar—the descendants of Zadok—for they alone of all the Levites may approach the LORD to minister to him."

The Inner Courtyard and Temple

47 •Then the man measured the inner courtyard, and it was a square, 175 feet wide and 175 feet across. The altar stood in the courtyard in front
48 of the Temple. •Then he brought me to the entry room of the Temple. He measured the walls on either side of the opening to the entry room, and they were 8³/₄ feet thick. The entrance itself was 24¹/₂ feet wide, and the walls on each side of the entrance were an addi-
49 tional 5¹/₄ feet long.* •The entry room was 35 feet* wide and 21 feet* deep. There were ten

40:37 As in Greek version (compare parallels at 40:26, 31, 34); Hebrew reads *Its dividing wall.* 40:42 Hebrew *1¹/₂ cubits* [80 centimeters] *long and 1¹/₂ cubits wide and 1 cubit* [53 centimeters] *high.* 40:43 Hebrew *a handbreadth* [8 centimeters]. 40:44a As in Greek version; Hebrew reads *rooms for singers.* 40:44b As in Greek version; Hebrew reads *east.* 40:48 As in Greek version, which reads *The entrance was 14 cubits* [7.4 meters] *wide, and the walls of the entrance were 3 cubits* [1.6 meters] *on each side;* Hebrew lacks *14 cubits wide and the walls of the entrance were.*

성전의 지성소

41 그 사람이 나를 데리고 바깥 성소로 가서 그 벽을 재니 두께가 양쪽 모두 3미터였다.

2 입구의 너비는 5미터였고, 입구 양쪽 벽의 두께는 각각 2.5미터였다. 그가 바깥 성소를 재니 길이가 20미터, 너비가 10미터였다.

3 그 후에 그 사람이 안쪽 성소로 들어가 입구의 벽을 재니 그 두께가 1미터였다. 입구의 너비는 3미터였고, 양쪽 편 돌출된 벽 두께는 3.5미터 가량 되었다.

4 그 사람이 안쪽 성소 끝에 있는 방을 재니 길이와 너비가 모두 10미터였다. 그 사람이 내게 말하기를, "이 방이 가장 거룩한 곳인 지성소이다"라고 하였다.

5 그 후에 그 사람이 성전 벽을 재었는데 두께가 3미터였다. 성전의 삼면 벽을 따라 나 있는 곁방들은 너비가 1.5미터 가량이었다.

6 그 곁방들은 방 위에 방이 있어서 삼층을 이루고 있었고, 층마다 방이 삼십 개씩 있었다. 곁방들은 벽의 힘으로 지탱된 것이 아니라 벽에서 나온 선반의 힘으로 지탱되었다.

7 성전 둘레의 곁방들의 구조를 살펴보면 위층으로 올라갈수록 넓어졌다. 그리고 아래층에서 가운데 층을 거쳐 꼭대기 층으로 올라가는 계단이 있었다.

8 내가 보니 성전 둘레의 지대가 다른 곳보다 3미터 더 높았는데, 그것은 곁방들의 기초를 닦아 그렇게 된 것이다.

9 곁방의 바깥벽 두께는 2.5미터였다. 성전 곁방들과 제사장의 방들 사이에는 넓은 공터가 있었는데

10 그 너비는 10미터였고, 성전을 돌아가며 나 있었다.

11 곁방의 문은 공터 쪽으로 나 있는데 한 문은 북쪽으로, 다른 문은 남쪽으로 나 있었다. 성전 주위의 이 공터의 너비는 2.5미터였다.

12 서쪽으로 성전 뜰을 마주하고 있는 건물이 있는데 그 너비는 36미터였고, 벽의 두께는 모두 2.5미터였고, 건물의 길이는 45미터였다.

13 그 사람이 성전을 재었더니 길이가 50미터였다. 성전 뜰과 건물과 벽을 모두 합한 길

steps* leading up to it, with a column on each side.

41 After that, the man brought me into the sanctuary of the Temple. He measured the walls on either side of its doorway,* and they were 10¹/₂ feet thick. 2 •The doorway was 17¹/₂ feet* wide, and the walls on each side of it were 8³/₄ feet* long. The sanctuary itself was 70 feet long and 35 feet wide.*

3 •Then he went beyond the sanctuary into the inner room. He measured the walls on either side of its entrance, and they were 3¹/₂ feet* thick. The entrance was 10¹/₂ feet wide, and the walls on each 4 side of the entrance were 12¹/₄ feet* long. •The inner room of the sanctuary was 35 feet* long and 35 feet wide. "This," he told me, "is the Most Holy Place."

5 •Then he measured the wall of the Temple, and it was 10¹/₂ feet thick. There was a row of rooms along 6 the outside wall; each room was 7 feet* wide. •These side rooms were built in three levels, one above the other, with thirty rooms on each level. The supports for these side rooms rested on exterior ledges on the Temple wall; they did not extend into the wall. 7 •Each level was wider than the one below it, corresponding to the narrowing of the Temple wall as it rose higher. A stairway led up from the bottom level through the middle level to the top level.

8 •I saw that the Temple was built on a terrace, which provided a foundation for the side rooms. 9 This terrace was 10¹/₂ feet* high. •The outer wall of the Temple's side rooms was 8³/₄ feet thick. This left 10 an open area between these side rooms •and the row of rooms along the outer wall of the inner courtyard. This open area was 35 feet wide, and it went all 11 the way around the Temple. •Two doors opened from the side rooms into the terrace yard, which was 8³/₄ feet wide. One door faced north and the other south.

12 •A large building stood on the west, facing the Temple courtyard. It was 122¹/₂ feet wide and 157¹/₂ feet long, and its walls were 8³/₄ feet* thick. 13 •Then the man measured the Temple, and it was 175 feet* long. The courtyard around the building,

40:49a Hebrew 20 cubits [10.6 meters]. 40:49b As in Greek version, which reads 12 cubits [21 feet or 6.4 meters]; Hebrew reads 11 cubits [19¹/₄ feet or 5.8 meters]. 40:49c As in Greek version; Hebrew reads There were steps that were. 41:1a As in Greek version; the meaning of the Hebrew is uncertain. 41:1b Hebrew 6 cubits [3.2 meters]; also in 41:3, 5. 41:2a Hebrew 10 cubits [5.3 meters]. 41:2b Hebrew 5 cubits [2.7 meters]; also in 41:9, 11. 41:2c Hebrew 40 cubits [21.2 meters] long and 20 cubits [10.6 meters] wide. 41:3a Hebrew 2 cubits [1.1 meters]. 41:3b Hebrew 7 cubits [3.7 meters]. 41:4 Hebrew 20 cubits [10.6 meters]; also in 41:4b, 10. 41:5 Hebrew 4 cubits [2.1 meters]. 41:8 Hebrew 1 rod, 6 cubits [3.2 meters]. 41:12 Hebrew 70 cubits [37.1 meters] wide and 90 cubits [47.7 meters] long, and its walls were 5 cubits [2.7 meters] thick. 41:13 Hebrew 100 cubits [53 meters]; also in 41:13b, 14, 15.

이도 50미터였다.

14 성전 동쪽과 그 뜰의 너비도 50미터였다.

15 그 사람이 서쪽으로 성전 뜰을 마주하고 있는 건물과 곁방들의 길이를 재니 합해서 50미터였다. 바깥 성소, 안쪽 성소, 그리고 뜰을 마주 보고 있는 현관,

16 그리고 문간, 좁은 창문들과 복도에 나무판자를 대 놓았는데, 바닥에서 창문이 있는 곳까지 모두 나무판자를 대 놓았다.

17 안쪽 성소로 들어가는 입구 바깥쪽 위에, 그리고 안쪽 성소와 바깥쪽 성소 둘레에도 나무판자를 대 놓았다.

18 그 나무 판자에는 날개 달린 생물인 그룹과 종려나무의 조각이 있었는데, 그룹 사이에 종려나무가 있었고 그룹은 모두 두 얼굴을 가지고 있었다.

19 하나는 사람의 얼굴이었고, 다른 하나는 사자의 얼굴이었는데 각각 종려나무를 바라보고 있었다. 성전 벽 전체가 다 이와 같았다.

20 성전 바닥부터 문 위까지 성소의 벽마다 종려나무와 날개 달린 생물인 그룹이 조각되어 있었다.

21 바깥 성소의 벽은 사각형이었다. 가장 거룩한 곳인 지성소의 정면에는

22 나무 제단처럼 보이는 것이 있었는데, 높이는 1.5미터 가량, 너비는 1미터 가량이었다. 그 모서리와 받침대와 옆부분은 모두 나무로 되어 있었다. 그 사람이 내게 말했다. "이것은 여호와 앞에 놓는 상이다."

23 바깥 성소와 안쪽 성소에는 이중문이 나 있었다.

24 문마다 문짝이 두 개 있었고, 그것은 밀어서 여는 문이었다.

25 바깥 성소의 문에도 성전 벽에 새겨진 것과 같이 날개 달린 생물인 그룹과 종려나무 조각이 새겨져 있었다. 그리고 성전 현관 앞에는 나무 지붕이 있었다.

26 현관의 양쪽 벽에는 종려나무가 조각된 좁은 창문들이 있었고, 성전 곁방들에도 돌출된 조각들이 있었다.

제사장들의 방

42 그 사람이 나를 데리고 북쪽 바깥뜰로 나가 성전 뜰 맞은편에 있는 방들로 갔다.

2 북쪽으로 문이 난 건물을 재니 길이가 50미터, 너비가 25미터였다.

3 성전 안뜰에서 10미터쯤 되는 지역과 바깥뜰 돌을 깔아 놓은 반대편에는 각각 삼층으로 된 복도

including its walls, was an additional 175 feet in
14 length. •The inner courtyard to the east of the
15 Temple was also 175 feet wide. •The building
to the west, including its two walls, was also 175
feet wide.

The sanctuary, the inner room, and the entry
16 room of the Temple •were all paneled with
wood, as were the frames of the recessed windows. The inner walls of the Temple were paneled with wood above and below the windows.
17 •The space above the door leading into the
inner room, and its walls inside and out, were
18 also paneled. •All the walls were decorated with
carvings of cherubim, each with two faces, and
there was a carving of a palm tree between each
19 of the cherubim. •One face—that of a man—
looked toward the palm tree on one side. The
other face—that of a young lion—looked
toward the palm tree on the other side. The figures were carved all along the inside of the
20 Temple, •from the floor to the top of the walls,
including the outer wall of the sanctuary.

21　•There were square columns at the entrance
to the sanctuary, and the ones at the entrance of
22 the Most Holy Place were similar. •There was
an altar made of wood, 5 1/4 feet high and 3 1/2
feet across.* Its corners, base, and sides were all
made of wood. "This," the man told me, "is the
table that stands in the LORD's presence."
23　•Both the sanctuary and the Most Holy Place
24 had double doorways, •each with two swinging doors. •The doors leading into the sanctuary were decorated with carved cherubim and
palm trees, just as on the walls. And there was a
wooden roof at the front of the entry room to
26 the Temple. •On both sides of the entry room
were recessed windows decorated with carved
palm trees. The side rooms along the outside
wall also had roofs.

Rooms for the Priests

42 Then the man led me out of the Temple
courtyard by way of the north gateway.
We entered the outer courtyard and came to a
group of rooms against the north wall of the
2 inner courtyard. •This structure, whose
entrance opened toward the north, was 175
3 feet* long and 87 1/2 feet* wide. •One block of
rooms overlooked the 35-foot* width of the
inner courtyard. Another block of rooms looked
out onto the pavement of the outer courtyard.

panel [pǽnl] vt. 장식용 판자를 붙이다
sanctuary [sǽŋktʃuèri] n. 성소

41:22 Hebrew 3 cubits [1.6 meters] high and 2
cubits [1.1 meters] across.　42:2a Hebrew 100
cubits [53 meters]; also in 42:8.　42:2b Hebrew 50
cubits [26.5 meters]; also in 42:7, 8.　42:3 Hebrew
20[-cubit] [10.6-meter].

들이 서로를 향하고 있었다.

4 방 북쪽으로는 통로가 있는데 너비는 5미터, 길이는 50미터였으며, 문들은 모두 북쪽을 향해 나 있었다.

5 맨 위층의 방들이 가장 좁았는데, 그것은 복도가 차지하는 면적이 일 층과 이 층보다 삼 층이 더 넓기 때문이었다.

6 이 방들은 삼 층으로 되어 있는데, 뜰의 기둥과 같은 기둥이 없기 때문에 맨 위층의 방들은 아래층 방들보다 더 안쪽으로 물려서 좁게 지어졌다.

7 이 방들과 함께 바깥뜰과도 나란히 쌓인 담이 있었는데 담의 길이는 25미터였다.

8 바깥뜰로 향해 나 있는 방들의 길이는 25미터였고, 성전을 마주 보고 있는 방들의 길이는 50미터였다.

9 아래층 방들의 입구는 그 건물의 동쪽 끝에 있어서 뜰에서 방 안으로 들어갈 수 있게 되어 있었다.

10 바깥뜰의 벽과 나란히 남쪽에도 방들이 있었는데, 이 방들은 성전뜰에 인접해 있었으며 바깥벽을 마주 보고 있었다.

11 그리고 이 방들 앞에는 통로가 있었는데 그 모양이 북쪽의 방들과 같았다. 길이와 너비가 같았고 출입구와 모습도 같았다.

12 모든 방으로 통하는 통로의 동쪽 끝에는 문이 있었다.

13 그 사람이 내게 말했다. "성전뜰을 마주 보고 있는 북쪽과 남쪽 방들은 제사장들의 방인데, 여호와께 나아가는 제사장들이 가장 거룩한 제물을 먹는 곳이며, 제사장들은 그곳에 가장 거룩한 제물, 곧 곡식 제물과 죄를 씻는 속죄 제물과 허물을 씻는 속건 제물을 놓는다. 그곳이 가장 거룩한 장소이기 때문이다.

14 한번 거룩한 지역 안에 들어가면 제사장들은 그곳에서 봉사할 때 입던 옷을 벗어 놓은 뒤에야, 성전 바깥뜰로 나갈 수 있다. 이는 그 옷들이 거룩하기 때문이다. 다른 옷으로 갈아입은 뒤에야 제사장들은 백성들이 있는 곳으로 나갈 수 있다."

성전 주변

15 그 사람이 성전 안쪽을 다 잰 다음에 나를 데리고 동쪽 문으로 나가서 성전 주변 지역을 쟀다.

16 그가 자를 가지고 동쪽을 재니 그 자로 250미터였다.

The two blocks were built three levels high and
4 stood across from each other. •Between the two blocks of rooms ran a walkway 17$^1/_2$ feet* wide. It extended the entire 175 feet of the complex,* and
5 all the doors faced north. •Each of the two upper levels of rooms was narrower than the one beneath it because the upper levels had to allow space for
6 walkways in front of them. •Since there were three levels and they did not have supporting columns as in the courtyards, each of the upper levels was set
7 back from the level beneath it. •There was an outer wall that separated the rooms from the outer courtyard; it was 87$^1/_2$ feet long. •This wall added length to the outer block of rooms, which extended for only 87$^1/_2$ feet, while the inner block—the rooms toward the Temple—extended for 175 feet.
9 •There was an eastern entrance from the outer courtyard to these rooms.
10 •On the south* side of the Temple there were two blocks of rooms just south of the inner courtyard between the Temple and the outer courtyard. These rooms were arranged just like the rooms on
11 the north. •There was a walkway between the two blocks of rooms just like the complex on the north side of the Temple. This complex of rooms was the same length and width as the other one, and it had the same entrances and doors. The dimensions of
12 each were identical. •So there was an entrance in the wall facing the doors of the inner block of rooms, and another on the east at the end of the interior walkway.
13 •Then the man told me, "These rooms that overlook the Temple from the north and south are holy. Here the priests who offer sacrifices to the LORD will eat the most holy offerings. And because these rooms are holy, they will be used to store the sacred offerings—the grain offerings, sin offerings,
14 and guilt offerings. •When the priests leave the sanctuary, they must not go directly to the outer courtyard. They must first take off the clothes they wore while ministering, because these clothes are holy. They must put on other clothes before entering the parts of the building complex open to the public."
15 •When the man had finished measuring the inside of the Temple area, he led me out through the east gateway to measure the entire perimeter.
16 •He measured the east side with his measuring

---

arrange [ərĕindʒ] *vt.* 배열하다
dimension [diménʃən] *n.* 치수, 규모
minister [mínəstər] *vi.* 봉사하다
perimeter [pərímətər] *n.* 주변의 길이

42:4a Hebrew *10 cubits* [5.3 meters].   42:4b As in Greek and Syriac versions, which read *Its length was 100 cubits* [53 meters]; Hebrew reads *and a passage 1 cubit* [21 inches or 53 centimeters] *wide*.   42:10 As in Greek version; Hebrew reads *east*.

17 북쪽을 재니 북쪽도 250미터였다.

18 남쪽을 재니 남쪽도 그 자로 250미터였다.

19 서쪽으로 돌아가서 서쪽을 재니 그곳도 250미터였다.

20 그는 이렇게 성전 사방을 다 재었다. 성전 사방으로 담이 있었는데, 그 길이가 250미터, 너비도 250미터였다. 그 담은 거룩한 성소와 일반 지역을 가르는 담이었다.

성전에 가득한 여호와의 영광

43 그 사람이 나를 데리고 동쪽 문으로 갔다.

2 내가 보니 이스라엘 하나님의 영광이 동쪽에서 오는데, 하나님의 목소리가 마치 소리를 내며 흐르는 물소리 같았다. 땅이 하나님의 영광으로 환하게 빛났다.

3 내가 본 환상은 주님께서 예루살렘 성을 멸망시키러 오셨을 때에 본 환상과 같았고, 그발 강가에서 본 환상과도 같았다. 그래서 나는 얼굴을 아래로 떨구었다.

4 여호와의 영광이 동쪽 문을 거쳐 성전으로 들어갔다.

5 그때에 여호와의 영이 나를 들어 올려 안뜰로 데려갔는데, 성전은 여호와의 영광으로 가득 차 있었다.

6 그 사람이 내 곁에 서 있을 때, 성전 안에서 내게 말하는 소리가 들려왔다.

7 "사람아, 이곳은 내 왕좌요, 내 발을 두고 있는 곳이다. 내가 여기에서 이스라엘 사람들과 영원히 살 것이다. 이스라엘 백성이 다시는 내 거룩한 이름을 더럽히지 않을 것이다. 백성이나 왕들이 음란한 짓을 하거나, 아니면 산당에서 죽은 왕들의 형상을 섬김으로써* 내 거룩한 이름을 더럽히지 않을 것이다.

8 그들은 자기 문간을 내 성소의 문간과 나란히 만들어 놓고, 자기 문설주를 내 문설주와 나란히 만들어 내 거룩한 이름을 더럽혔다. 그래서 내가 진노하여 그들을 멸망시킨 것이다.

9 자, 이제 그들은 음란한 짓과 죽은 왕들의 형상을 멀리해야 한다. 그러면 내가 그들 가운데서 영원히 살 것이다.

10 사람아, 이스라엘 백성에게 이 성전에 관해 잘 설명해 주어라. 그러면 그들이 자기 죄를 부끄럽게 여길지 모른다.

11 그들이 저지른 모든 짓들을 스스로 부끄럽게 여기거든 이 성전의 설계도를 알려 주어라. 구조와 출입구들을 가르쳐 주고 성전에 관한 모든 도안과 규례와 법에 대해 알려 주어라. 그들이 보

17 rod, and it was 875 feet long.* • Then he measured the north side, and it was also 875 feet.
18-19 • The south side was also 875 feet, • and the
20 west side was also 875 feet. • So the area was 875 feet on each side with a wall all around it to separate what was holy from what was common.

The LORD's Glory Returns

43 After this, the man brought me back
2 around to the east gateway. • Suddenly, the glory of the God of Israel appeared from the east. The sound of his coming was like the roar of rushing waters, and the whole landscape
3 shone with his glory. • This vision was just like the others I had seen, first by the Kebar River and then when he came* to destroy Jerusalem. I
4 fell face down on the ground. • And the glory of the LORD came into the Temple through the east gateway.

5 • Then the Spirit took me up and brought me into the inner courtyard, and the glory of the
6 LORD filled the Temple. • And I heard someone speaking to me from within the Temple, while the man who had been measuring stood beside
7 me. • The LORD said to me, "Son of man, this is the place of my throne and the place where I will rest my feet. I will live here forever among the people of Israel. They and their kings will not defile my holy name any longer by their adulterous worship of other gods or by honoring the relics of their kings who have died.*
8 • They put their idol altars right next to mine with only a wall between them and me. They defiled my holy name by such detestable sin, so
9 I consumed them in my anger. • Now let them stop worshiping other gods and honoring the relics of their kings, and I will live among them forever.

10 • "Son of man, describe to the people of Israel the Temple I have shown you, so they will be ashamed of all their sins. Let them study its
11 plan, • and they will be ashamed* of what they have done. Describe to them all the specifications of the Temple—including its entrances and exits—and everything else about it. Tell them about its decrees and laws. Write down all these specifications and decrees as they watch so

---

adulterous [ədʌ́ltərəs] *a.* 음란한
consume [kənsúːm] *vt.* 소멸시키다

42:16 As in 45:2 and in Greek version at 42:17, which reads 500 *cubits* [265 meters]; Hebrew reads 500 *rods* [5,250 feet or 1,590 meters]; similarly in 42:17, 18, 19, 20. 43:3 As in some Hebrew manuscripts and Latin Vulgate; Masoretic Text reads *I Came.* 43:7 Or *kings on their high places.* 43:11 As in Greek version; Hebrew reads *if they are ashamed.*

43:7 '기둥을 세움으로써' 라고도 한다.

는 앞에서 그것들을 적어서 그들이 성전의 법과 규례를 신실하게 따를 수 있게 하여라.

12 성전의 법은 다음과 같다. '성전이 지어진 산 꼭대기 주변 모든 지역은 가장 거룩하다.' 이것이 '성전의 법'이다."

제단

13 "제단의 크기는 다음과 같다. 제단 밑받침의 높이는 60센티미터이고 그 밑받침의 가장자리 폭도 60센티미터이며, 가장자리를 두르고 있는 턱의 높이는 약 20센티미터이다.

14 밑받침 위에 있는 제단 아래층은 높이가 1미터이고 그 가장자리 폭이 50센티미터이다. 그리고 중간층의 높이가 2미터이며 그 가장자리 폭이 50센티미터이다.

15 이 번제단의 제일 위층은 높이가 2미터이며, 네 모서리에는 뿔 네 개가 위로 솟아 있다.

16 그리고 번제단 제일 위층은 가로 세로가 6미터인 정사각형이다.

17 중간층도 가로 세로가 모두 7미터인 정사각형이며, 밑받침을 두르고 있는 턱의 폭은 25센티미터이고, 그 턱의 받침 폭은 50센티미터이다. 그리고 제단의 계단은 동쪽으로 향해 있다."

18 그때, 그 사람이 내게 말했다. "사람아, 나 주 여호와가 말한다. 제단을 만들 때, 태워 드리는 제사인 번제와 피를 뿌리는 일에 대한 규정은 다음과 같다.

19 너는 레위 사람 중 사독 가문의 사람으로서 내게 가까이 나아와 섬기는 제사장들에게, 어린 수송아지 한 마리를 주어 죄를 씻는 속죄 제물로 삼게 하여라. 주 여호와의 말씀이다.

20 너는 송아지의 피를 가져다가 제단의 네 모서리와 위쪽 네 모서리와 둘레에 모두 발라서 제단을 깨끗이 하고, 죄를 씻는 속죄제를 드려야 한다.

21 그런 뒤에 죄를 씻는 속죄 제물로 바친 송아지를 성소 바깥 성전 지역의 지정한 장소에서 태워라.

22 다음 날에는 흠 없는 숫염소 한 마리를 바쳐서 죄를 씻는 속죄 제물로 삼아라. 수송아지로 제단을 깨끗이 했던 것처럼 제단을 깨끗이 해야 한다.

23 제단을 깨끗이 한 뒤에는 흠 없는 어린 수

---

they will be sure to remember and follow them.
12 • And this is the basic law of the Temple: absolute holiness! The entire top of the mountain where the Temple is built is holy. Yes, this is the basic law of the Temple.

The Altar

13 • "These are the measurements of the altar*: There is a gutter all around the altar 21 inches deep and 21 inches wide,* with a curb 9 inches* wide around its edge. And this is the height* of the altar: • From the
14 gutter the altar rises 3¹/₂ feet* to a lower ledge that surrounds the altar and is 21 inches* wide. From the lower ledge the altar rises 7 feet* to the upper ledge
15 that is also 21 inches wide. • The top of the altar, the hearth, rises another 7 feet higher, with a horn rising
16 up from each of the four corners. • The top of the
17 altar is square, measuring 21 feet by 21 feet.* • The upper ledge also forms a square, measuring 24¹/₂ feet by 24¹/₂ feet,* with a 21-inch gutter and a 10¹/₂-inch curb* all around the edge. There are steps going up the east side of the altar."

18 • Then he said to me, "Son of man, this is what the Sovereign LORD says: These will be the regulations for the burning of offerings and the sprinkling
19 of blood when the altar is built. • At that time, the Levitical priests of the family of Zadok, who minister before me, are to be given a young bull for a sin offer-
20 ing, says the Sovereign LORD. • You will take some of its blood and smear it on the four horns of the altar, the four corners of the upper ledge, and the curb that runs around that ledge. This will cleanse and make
21 atonement for the altar. • Then take the young bull for the sin offering and burn it at the appointed place outside the Temple area.

22 • "On the second day, sacrifice as a sin offering a young male goat that has no physical defects. Then
23 cleanse and make atonement for the altar again, just as you did with the young bull. • When you have finished the cleansing ceremony, offer another young bull that has no defects and a perfect ram

---

atonement [ətóunmənt] *n.* 속죄
defect [dí:fekt] *n.* 흠, 결점
ledge [lédʒ] *n.* 선반, 돌출부
smear [smíər] *vt.* 바르다, 칠하다

43:13a Hebrew *measurements of the altar in long cubits, each being a cubit* [18 inches or 45 centimeters] *and a handbreadth* [3 inches or 8 centimeters] *in length.* 43:13b Hebrew *a cubit* [53 centimeters] *deep and a cubit wide.* 43:13c Hebrew *1 span* [23 centimeters]. 43:13d As in Greek version; Hebrew reads *base.* 43:14a Hebrew *2 cubits* [1.1 meters]. 43:14b Hebrew *1 cubit* [53 centimeters]; also in 43:14d. 43:14c Hebrew *4 cubits* [2.1 meters]; also in 43:15. 43:16 Hebrew *12 [cubits]* [6.4 meters] *long and 12 [cubits] wide.* 43:17a Hebrew *14 [cubits]* [7.4 meters] *long and 14 [cubits] wide.* 43:17b Hebrew *a gutter of 1 cubit* [53 centimeters] *and a curb of ¹/₂ a cubit* [27 centimeters].

송아지 한 마리와 양 떼 가운데서 흠 없는 숫양 한 마리를 바쳐라.

24 네가 그것을 여호와 앞에 바칠 때에 제사장들은 그 위에 소금을 뿌린 다음, 여호와께 태워 드리는 번제물로 바쳐야 한다.

25 너는 칠 일 동안 날마다 숫염소를 드려 죄를 씻는 속죄 제물로 바쳐야 한다. 그리고 흠 없는 수 송아지와 양 떼 가운데서 숫양을 준비해야 한다.

26 칠 일 동안, 제단을 깨끗이 한 뒤에 제물을 드려라.

27 칠 일이 다 지나고 팔 일이 되면 제사장은 너희가 태워 드리는 번제물과 화목 제물을 바쳐야 한다. 그러면 내가 너희를 받아들일 것이다. 나 주 여호와의 말이다."

동문 사용과 성전 출입, 제사장에 관한 규정

44 그 사람이 나를 데리고 성소 바깥 동쪽 문으로 데려갔는데, 그 문은 닫혀 있었다.

2 여호와께서 내게 말씀하셨다. "이 문은 닫아 놓아야 하며 열어서는 안 된다. 아무도 이 문으로 들어가서는 안 된다. 이스라엘 하나님, 나 여호와가 이 문으로 들어왔기 때문에 이 문은 닫아 두어야 한다.

3 오직 왕만 문 안에 앉아 여호와 앞에서 음식을 먹을 수 있다. 왕은 현관 문으로 들어오고 반드시 그리로 나가야 한다."

4 그 후에 그 사람이 나를 데리고 바깥 북쪽 문을 지나 성전 앞으로 갔다. 그곳에서 내가 보니, 여호와의 영광이 여호와의 성전에 가득 차 있었다. 그래서 나는 얼굴을 땅에 대고 엎드렸다.

5 여호와께서 내게 말씀하셨다. "사람아, 여호와의 성전에 관한 모든 규례와 법을 말해 주겠으니, 주의를 기울이고 잘 들어라. 성전으로 들어가는 입구와 성소에서 나오는 출구들을 잘 보아 두어라.

6 너는 반역하는 이스라엘 백성들에게 말하여라. '주 여호와께서 이렇게 말씀하신다. 이스라엘아! 이제 너희의 모든 역겨운 짓들을 그만하여라.

7 너희는 마음과 몸에 할례를 받지 않은 외국인들을 내 성소에 데려왔고, 음식과 기름과 피를 내게 바칠 때, 그들을 성소에 있게 하여 내 성전을 더럽히고 내 언약을 깨뜨렸다.

8 또 너희는 내 거룩한 물건인 성물을 함부로 다루었다. 그것들을 다루어서는 안 될 사람들에게 너희의 의무를 맡겼다.

24 from the flock. •You are to present them to the LORD, and the priests are to sprinkle salt on them and offer them as a burnt offering to the LORD.

25 •"Every day for seven days a male goat, a young bull, and a ram from the flock will be sacrificed as a sin offering. None of these animals may have physical defects of any kind.

26 •Do this each day for seven days to cleanse and make atonement for the altar, thus setting it

27 apart for holy use. •On the eighth day, and on each day afterward, the priests will sacrifice on the altar the burnt offerings and peace offerings of the people. Then I will accept you. I, the Sovereign LORD, have spoken!"

The Prince, Levites, and Priests

44 Then the man brought me back to the east gateway in the outer wall of the Temple area, but it was closed. •And the LORD

2 said to me, "This gate must remain closed; it will never again be opened. No one will ever open it and pass through, for the LORD, the God of Israel, has entered here. Therefore, it must

3 always remain shut. •Only the prince himself may sit inside this gateway to feast in the LORD's presence. But he may come and go only through the entry room of the gateway."

4 •Then the man brought me through the north gateway to the front of the Temple. I looked and saw that the glory of the LORD filled the Temple of the LORD, and I fell face down on the ground.

5 •And the LORD said to me, "Son of man, take careful notice. Use your eyes and ears, and listen to everything I tell you about the regulations concerning the LORD's Temple. Take careful note of the procedures for using the Temple's

6 entrances and exits. •And give these rebels, the people of Israel, this message from the Sovereign LORD: O people of Israel, enough of your

7 detestable sins! •You have brought uncircumcised foreigners into my sanctuary—people who have no heart for God. In this way, you defiled my Temple even as you offered me my food, the fat and blood of sacrifices. In addition to all your other detestable sins, you have bro-

8 ken my covenant. •Instead of safeguarding my sacred rituals, you have hired foreigners to take charge of my sanctuary.

covenant [kʌ́vənənt] *n.* 언약
procedure [prəsíːdʒər] *n.* 순서, 절차
rebel [rébəl] *n.* 반역자, 반항자
ritual [rítʃuəl] *n.* 종교적인 의식, 제의
sprinkle [spríŋkl] *vt.* 뿌리다
uncircumcised [ʌnsə́ːrkəmsáizd] *a.* 할례받지 않은
44:5 take note of… : …에 주의하다
44:8 take charge of… : …의 임무를 맡다

9 몸과 마음에 할례를 받지 않은 외국인들은 내 성소에 들어올 수 없다. 심지어 이스라엘 백성 가운데 사는 외국인들도 들어올 수 없다.'

10 이스라엘이 나를 버리고 우상을 따를 때에 레위 사람들도 내게서 떠났기 때문에 레위 사람들은 그들이 저지른 죄의 책임을 지고 심판을 받아야 한다.

11 그들은 내 성소에서 성전 문들을 지키고 성전 안에서 일을 하였다. 백성들이 바치는 태워 드리는 번제물이나 그 밖의 제물을 잡고 백성 앞에 서서 시중을 들었다.

12 그러나 그들은 백성들이 우상을 섬기는 것을 도왔고, 이스라엘 백성이 죄를 짓게 하였으므로 그들의 지은 죄의 책임을 면치 못할 것이다.

13 그들은 제사장으로서 내게 나아와 나를 섬기지 못할 것이며, 나의 거룩한 물건인 성물들이나 가장 거룩한 제물인 지성물에도 접근하지 못할 것이다. 그들이 저지른 모든 역겨운 짓 때문에 그들은 부끄러움을 당할 것이다.

14 그래도 나는 그들에게 성전을 돌보는 일과 그 안에서 이루어지는 일들을 맡길 것이다.

15 이스라엘이 나를 버렸을 때에 레위 사람 중 사독의 자손인 제사장들은, 성소의 모든 규정들을 성실하게 수행하였기 때문에, 내게 가까이 나아와 나를 섬기게 될 것이다. 그들은 내 앞에서 기름과 희생 제물의 피를 바칠 수 있을 것이다.

16 그들만이 내 성소에 들어올 수 있으며 그들만이 내 상에 가까이 와서 나를 섬기고 내가 맡긴 일들을 수행할 수 있을 것이다.

17 안뜰 문으로 들어올 때, 제사장들은 반드시 모시옷을 입어야 한다. 안뜰 문이나 성전 안에서 주님을 섬길 때에는 양털 옷을 입지 말아야 한다.

18 머리에는 모시 관을 써야 하며, 모시 바지를 입어야 한다. 땀이 나는 것은 입지 말아야 한다.

19 그들이 백성들이 있는 바깥뜰로 나갈 때는 나를 섬길 때 입던 옷을 벗어서 구별된 방에 두고 다른 옷으로 갈아입고 나가야 한다. 그렇게 함으로써 옷 때문에 백성이 해를 당하지 않게 하여야 한다.

20 제사장들은 머리털을 완전히 밀어서도 안 되고 길게 자라게 해서도 안 된다. 머리털을 적당히 알맞게 깎아야 한다.

21 안뜰에 들어갈 때에 포도주를 마셔서는 안 된다.

22 그들은 과부나 이혼한 여자와 결혼을 해서는 안 된다. 결혼을 하려면 이스라엘 백성 가운데서

9 • "So this is what the Sovereign LORD says: No foreigners, including those who live among the people of Israel, will enter my sanctuary if they have not been circumcised and have not surrendered themselves to the LORD. • And the men of

10 the tribe of Levi who abandoned me when Israel strayed away from me to worship idols* must bear the consequences of their unfaithfulness. • They may still be Temple guards and

11 gatekeepers, and they may slaughter the animals brought for burnt offerings and be present to help the people. • But they encouraged my

12 people to worship idols, causing Israel to fall into deep sin. So I have taken a solemn oath that they must bear the consequences for their sins, says the Sovereign LORD. • They may not

13 approach me to minister as priests. They may not touch any of my holy things or the holy offerings, for they must bear the shame of all the detestable sins they have committed. • They are

14 to serve as the Temple caretakers, taking charge of the maintenance work and performing general duties.

15 • "However, the Levitical priests of the family of Zadok continued to minister faithfully in the Temple when Israel abandoned me for idols. These men will serve as my ministers. They will stand in my presence and offer the fat and blood of the sacrifices, says the Sovereign LORD.

16 • They alone will enter my sanctuary and approach my table to serve me. They will fulfill all my requirements.

17 • "When they enter the gateway to the inner courtyard, they must wear only linen clothing. They must wear no wool while on duty in the

18 inner courtyard or in the Temple itself. • They must wear linen turbans and linen undergarments. They must not wear anything that

19 would cause them to perspire. • When they return to the outer courtyard where the people are, they must take off the clothes they wear while ministering to me. They must leave them in the sacred rooms and put on other clothes so they do not endanger anyone by transmitting holiness to them through this clothing.

20 • "They must neither shave their heads nor let their hair grow too long. Instead, they must

21 trim it regularly. • The priests must not drink wine before entering the inner courtyard.

22 • They may choose their wives only from among the virgins of Israel or the widows of the

---

maintenance [méintənəns] *n.* 보수, 유지
perspire [pərspáiər] *vi.* 땀을 흘리다
surrender [səréndər] *vt.* 굴복하다
transmit [trænsmít] *vt.* 전달하다

44:10 The Hebrew term (literally *round things*) probably alludes to dung; also in 44:12.

처녀나, 다른 제사장의 아내였다가 과부가 된 여자와 결혼할 수 있다.

23 제사장은 내 백성에게 거룩한 것과 그렇지 않은 것을 구별하는 방법을 가르쳐야 하며, 부정한 것과 깨끗한 것을 구별하는 방법도 일러 주어야 한다.

24 만일, 사람들 사이에 다툼이 일어나면 제사장은 재판관이 되어야 한다. 그들은 판단을 내릴 때에 내 규정들을 따라야 한다. 그리고 제사장은 내 특별한 절기를 지킬 때마다 내 율법과 규례를 따라야 하며, 안식일을 거룩하게 지켜야 한다.

25 제사장은 죽은 사람을 가까이하여 자기 몸을 더럽혀서는 안 된다. 그러나 죽은 사람이 친척일 때, 곧 그의 아버지나 어머니, 아들이나 딸, 형제, 그리고 결혼하지 않은 누이일 때에는 가까이할 수 있다.

26 그때, 제사장은 자기 몸을 다시 깨끗하게 한 후, 칠 일을 기다려야 한다.

27 그런 뒤에 성소의 안뜰로 들어가 제사장의 임무를 수행할 때, 그는 먼저 자신을 위해 죄를 씻는 속죄 제물을 바쳐야 한다. 나 주 여호와의 말이다.

28 내가 바로 제사장들의 유일한 재산이다. 너희는 이스라엘 가운데서 제사장들에게 땅을 주어 재산을 삼게 해서는 안 된다. 내가 그들의 재산이 될 것이다.

29 제사장은 곡식 제물과 죄를 씻는 속죄 제물과 허물을 씻는 속건 제물을 먹을 것이며, 이스라엘이 바친 모든 것이 그들의 것이 될 것이다.

30 모든 첫 수확들 가운데서 가장 좋은 것과 너희가 바치는 특별한 예물들 가운데 가장 좋은 것은 제사장 몫이다. 또한 너희의 첫 밀가루를 제사장들에게 주면 내가 너희 가정에 복을 내릴 것이다.

31 제사장들은 새든지 짐승이든지, 저절로 죽은 것을 먹어서는 안 된다. 또한 들짐승들에게 찢겨 죽은 것들은 무엇이든지 먹어서는 안 된다."

거룩한 땅

45 "너희 이스라엘 지파들이 제비를 뽑아 땅을 나누어 가질 때에는 한 구역을 여호와께 드려라. 그 땅의 길이는 11킬로미터 가량이고, 너비는 10킬로미터 가량이다. 너희는 이 지역 전체를 거룩하게 구별하여라.

priests. They may not marry other widows or divorced women. • They will teach my people the 23 difference between what is holy and what is common, what is ceremonially clean and unclean.

24 • "They will serve as judges to resolve any disagreements among my people. Their decisions must be based on my regulations. And the priests themselves must obey my instructions and decrees at all the sacred festivals, and see to it that the Sabbaths are set apart as holy days.

25 • "A priest must not defile himself by being in the presence of a dead person unless it is his father, mother, child, brother, or unmarried sister. In such 26 cases it is permitted. • Even then, he can return to his Temple duties only after being ceremonially 27 cleansed and then waiting for seven days. • The first day he returns to work and enters the inner courtyard and the sanctuary, he must offer a sin offering for himself, says the Sovereign LORD.

28 • "The priests will not have any property or possession of land, for I alone am their special posses-29 sion. • Their food will come from the gifts and sacrifices brought to the Temple by the people—the grain offerings, the sin offerings, and the guilt offerings. Whatever anyone sets apart* for the LORD will 30 belong to the priests. • The first of the ripe fruits and all the gifts brought to the LORD will go to the priests. The first batch of dough must also be given to the priests so the LORD will bless your homes. 31 • The priests may not eat meat from any bird or animal that dies a natural death or that dies after being attacked by another animal.

Division of the Land

45 "When you divide the land among the tribes of Israel, you must set aside a section for the LORD as his holy portion. This piece of land will be 8¹/₃ miles long and 6²/₃ miles wide.* The 2 entire area will be holy. • A section of this land, measuring 875 feet by 875 feet,* will be set aside for the Temple. An additional strip of land 87¹/₂ feet*

division [divíʒən] *n.* 경계선; 구분
divorce [divɔ́ːrs] *vt.* 이혼하다
priest [priːst] *n.* 성직자
resolve [rizálv] *vt.* 해결하다
strip [strip] *n.* 길고 가느다란 땅
44:24 see to it that… : 꼭 …시키다
45:1 set aside : 챙겨두다, 따로 제쳐두다

44:29 The Hebrew term used here refers to the complete consecration of things or people to the LORD, either by destroying them or by giving them as an offering. 45:1 As in Greek version, which reads 25,000 [cubits] [13.3 kilometers] long and 20,000 [cubits] [10.6 kilometers] wide; Hebrew reads 25,000 [cubits] long and 10,000 [cubits] [3¹/₃ miles or 5.3 kilometers] wide. Compare 45:3, 5; 48:9. 45:2a Hebrew 500 [cubits] [265 meters] by 500 [cubits], a square. 45:2b Hebrew 50 cubits [26.5 meters].

2 그 가운데서 길이가 250미터, 너비도 250미터 되는 정사각형 땅은 성전이 들어설 자리이며 그 둘레에 사방으로 너비가 25미터 되는 땅은 그대로 남겨 두어라.

3 이 거룩한 구역 가운데서 길이가 11킬로미터, 너비가 5킬로미터 되는 땅을 따로 재어서 가장 거룩한 곳인 성소가 들어설 자리로 남겨 두어라.

4 그 땅의 거룩한 구역은 성소에서 일을 하며 여호와를 섬기는 제사장들의 몫이다. 그곳은 제사장들이 살 집과 성소를 지을 곳이다.

5 또 길이가 11킬로미터, 너비가 5킬로미터 되는 다른 땅을 떼어 성전에서 섬기는 레위 사람들에게 주어 마을을 이루어 살게 하여라.

6 또 거룩한 구역 옆에 길이가 11킬로미터, 너비가 2.5킬로미터 되는 지역을 성에 딸린 땅으로 정하여 이스라엘 백성의 몫으로 삼아라.

7 이 거룩한 구역과 성의 양 옆 땅은 왕의 몫이다. 왕의 몫은 거룩한 구역의 서쪽으로는 지중해까지 미치며, 동쪽으로는 동쪽 국경까지 이르는 지역으로 그 길이는 각 지파가 차지할 땅의 길이와 같다.

8 이 땅을 이스라엘 안에서 왕이 차지하게 되면, 왕들은 내 백성을 괴롭혀서는 안 된다. 그리고 왕들은 이스라엘 백성들이 각 지파들에게 나누어진 대로 땅을 소유하게 하여라.

9 너희 이스라엘의 지도자들아, 너희가 너무나 지나쳤다. 다시는 백성을 괴롭히거나 해치지 말고 정의롭고 옳게 행동하여라. 내 백성의 재산을 빼앗지 마라. 나 주 여호와의 말이다.

10 너희는 정확한 저울과 공평한 에바와 공평한 바트를 사용하여라.

11 마른 것을 재는 에바와 액체를 재는 바트는 그 용량이 같아야 한다. 일 호멜*은 십 에바이며, 십 바트이다. 호멜은 양쪽의 표준이 되어야 한다.

12 일 세겔*은 이십 게라이고, 일 마네는 육십 세겔*이다."

절기를 위한 예물

13 "너희가 바쳐야 할 예물은 다음과 같다. 밀은 일 호멜 수확의 육분의 일 에바를 바

3 wide is to be left empty all around it. •Within the larger sacred area, measure out a portion of land $8^1/_3$ miles long and $3^1/_3$ miles wide.* Within it the sanctuary of the Most Holy Place will be located. 4 •This area will be holy, set aside for the priests who minister to the LORD in the sanctuary. They will use it for their 5 homes, and my Temple will be located within it. •The strip of sacred land next to it, also $8^1/_3$ miles long and $3^1/_3$ miles wide, will be a living area for the Levites who work at the Temple. It will be their possession and a place for their towns.*

6 •"Adjacent to the larger sacred area will be a section of land $8^1/_3$ miles long and $1^2/_3$ miles wide.* This will be set aside for a city where anyone in Israel can live.

7 •"Two special sections of land will be set apart for the prince. One section will share a border with the east side of the sacred lands and city, and the second section will share a border on the west side. Then the far eastern and western borders of the prince's lands will line up with the eastern and western boundaries of the trib-8 al areas. •These sections of land will be the prince's allotment. Then my princes will no longer oppress and rob my people; they will assign the rest of the land to the people, giving an allotment to each tribe.

Rules for the Princes

9 •"For this is what the Sovereign LORD says: Enough, you princes of Israel! Stop your violence and oppression and do what is just and right. Quit robbing and cheating my people out of their land. Stop expelling them from their homes, says the Sovereign LORD. 10 •Use only honest weights and scales and honest mea-11 sures, both dry and liquid.* •The homer* will be your standard unit for measuring volume. The ephah and the bath* will each measure one-tenth of a homer. 12 •The standard unit for weight will be the silver shekel.* One shekel will consist of twenty gerahs, and sixty shekels will be equal to one mina.*

Special Offerings and Celebrations

13 •"You must give this tax to the prince: one bushel of

---

adjacent [ədʒéisnt] a. 인접한
expel [ikspél] vt. 내쫓다

45:3 Hebrew 25,000 [cubits] [13.3 kilometers] long and 10,000 [cubits] [5.3 kilometers] wide; also in 45:5.   45:5 As in Greek version; Hebrew reads They will have as their possession 20 rooms.   45:6 Hebrew 25,000 [cubits] [13.3 kilometers] long and 5,000 [cubits] [2.65 kilometers] wide. 45:10 Hebrew Use honest scales, an honest ephah, and an honest bath.   45:11a The homer measures about 50 gallons or 220 liters.   45:11b The ephah is a dry measure; the bath is a liquid measure.   45:12a The shekel weighs about 0.4 ounces or 11 grams.   45:12b Elsewhere the mina is equated to 50 shekels.

45:11 호멜은 곡식과 같은 고체를 재는 단위로 10에바 또는 10바트와 동일하다. 1호멜은 약 220ℓ에 해당된다.
45:12 세겔은 돈의 단위이면서 무게의 단위도 되는데, 1세겔은 약 11.4g의 무게에 해당된다. 60세겔은 약 684g이다.

치고, 보리도 일 호멜 수확의 육분의 일 에바를 바쳐라.

14 기름은 일 고르 수확의 십분의 일 바트를 바쳐라. 십 바트는 일 호멜이며, 일 고르이다.

15 또 이스라엘의 푸른 초장에서 자라는 양 떼 이백 마리 가운데서 한 마리를 잡아라. 이런 것들은 백성들의 죄를 씻기 위해 드리는 곡식 제물과 태워 드리는 제물인 번제물과 화목 제물을 바칠 때에 사용하게 될 것이다. 나 주 여호와의 말이다.

16 이 땅의 모든 백성은 이 예물을 이스라엘 왕에게 주어라.

17 왕은 절기와 초하루 축제일과 안식일과 이스라엘의 모든 절기에, 태워 드리는 제물인 번제물과 곡식 제물과 부어 드리는 제물인 전제물을 바쳐라. 왕은 또 이스라엘의 죄를 씻기 위해 드리는 속죄 제물과 곡식 제물과 화목 제물을 바쳐야 한다.

18 첫째 달 초하루에는 흠 없는 수송아지 한 마리를 잡아서 성소를 깨끗하게 하는 데 사용하여라.

19 제사장은 속죄 제물의 피를 가지고 성전 문설주와 제단 아래층의 네 모서리와 안뜰 문의 문설주에 발라라.

20 그 달 칠 일에도 우연히 죄를 지었거나, 모르고 죄를 지은 사람을 위해서 그렇게 하여라. 너는 이러한 방식으로 성전을 위하여 죄를 깨끗이 하여야 한다."

유월절

21 "첫째 달 십사 일에 유월절을 지켜라. 이때에는 칠 일 동안, 누룩 없는 빵을 먹어라.

22 그날에 왕은 자기와 이 땅 모든 백성을 위해 송아지 한 마리를 바쳐 죄를 씻는 속죄 제물로 삼아라.

23 절기 기간인 칠 일 동안 왕은 매일 흠 없는 수송아지 일곱 마리와 숫양 일곱 마리를 여호와께 태워 드리는 제물인 번제물로 바쳐라. 그리고 매일 숫염소 한 마리를 죄를 씻는 제물인 속죄 제물로 바쳐라.

24 또 왕은 수송아지 한 마리에 곡식 제물 일 에바, 숫양 한 마리에도 곡식 제물 일 에바를 바쳐라. 그리고 곡식 제물 일 에바마다 올리브 기름 일 힌씩을 바쳐라.

25 일곱째 달 십오 일부터는 장막절을 지켜라. 이 절기에도 왕은 똑같이 칠 일 동안, 속죄 제물과 번제물과 곡식 제물과 올리브 기름을 바쳐야 한다."

14 wheat or barley for every 60* you harvest, • one
15 percent of your olive oil,* • and one sheep or goat for every 200 in your flocks in Israel. These will be the grain offerings, burnt offerings, and peace offerings that will make atonement for the people who
16 bring these, says the Sovereign LORD. • All the people of Israel must join in bringing these offerings to
17 the prince. • The prince will be required to provide offerings that are given at the religious festivals, the new moon celebrations, the Sabbath days, and all other similar occasions. He will provide the sin offerings, burnt offerings, grain offerings, liquid offerings, and peace offerings to purify the people of Israel, making them right with the LORD.*

18 • "This is what the Sovereign LORD says: In early spring, on the first day of each new year,* sacrifice a
19 young bull with no defects to purify the Temple. • The priest will take blood from this sin offering and put it on the doorposts of the Temple, the four corners of the upper ledge of the altar, and the
20 gateposts at the entrance to the inner courtyard. • Do this also on the seventh day of the new year for anyone who has sinned through error or ignorance. In this way, you will purify* the Temple.

21 • "On the fourteenth day of the first month,* you must celebrate the Passover. This festival will last for seven days. The bread you eat during that
22 time must be made without yeast. • On the day of Passover the prince will provide a young bull as a
23 sin offering for himself and the people of Israel. • On each of the seven days of the feast he will prepare a burnt offering to the LORD, consisting of seven young bulls and seven rams without defects. A male goat will also be given each day for a sin
24 offering. • The prince will provide a basket of flour as a grain offering and a gallon of olive oil* with each young bull and ram.

25 • "During the seven days of the Festival of Shelters, which occurs every year in early autumn,* the prince will provide these same sacrifices for the sin offering, the burnt offering, and the grain offer-

---

45:13 Hebrew ¹/₆ of an ephah from each homer of wheat and ¹/₆ of an ephah from each homer of barley. 45:14 Hebrew the portion of oil, measured by the bath, is ¹/₁₀ of a bath from each cor, which consists of 10 baths or 1 homer, for 10 baths are equivalent to a homer. 45:17 Or to make atonement for the people of Israel. 45:18 Hebrew On the first day of the first month, of the Hebrew calendar. This day in the ancient Hebrew lunar calendar occurred in March or April. 45:20 Or will make atonement for. 45:21 This day in the ancient Hebrew lunar calendar occurred in late March, April, or early May. 45:24 Hebrew an ephah [20 quarts or 22 liters] of flour… and a hin [3.8 liters] of olive oil. 45:25 Hebrew the festival which begins on the fifteenth day of the seventh month (see Lev 23:33). This day in the ancient Hebrew lunar calendar occurred in late September, October, or early November.

45:17 개역 성경에는 '월삭'이라고 표기되어 있다.

경배에 대한 규정

46 "나 주 여호와가 이렇게 말한다. 동쪽을 향하고 있는 안쪽 정원의 문은 일하는 육 일 동안은 닫아 두었다가 안식일과 초하루 축제일에는 열어라.

2 왕은 바깥 통로를 지나 현관으로 들어와서 문기둥 곁에 서 있고, 제사장은 왕을 대신하여 태워 드리는 제물인 번제물과 화목 제물을 바쳐라. 왕은 그동안 문 입구에서 경배한 후에 밖으로 나갈 것이며, 문은 저녁까지 닫지 마라.

3 이 땅 백성도 안식일과 초하루 축제일에 문 입구에서 서서 여호와 앞에 경배하여라.

4 안식일에 왕이 여호와께 바쳐야할 번제물은 흠 없는 어린 양 여섯 마리와 흠 없는 숫양 한 마리이다.

5 숫양 한 마리와 함께 드리는 곡식 제물의 양은 일 에바이다. 하지만 어린 양들과 함께 드리는 곡식 제물은 그가 원하는 만큼 바칠 수 있다. 그리고 이 경우, 곡식 일 에바를 바칠 때마다 올리브 기름 일 힌도 함께 바쳐라.

6 초하루 축제일에는 모두 흠 없는 수송아지 한마리와 흠 없는 어린 양 여섯 마리와 흠 없는 숫양 한 마리를 바쳐라.

7 수송아지 한 마리와 함께 드리는 곡식 제물의 양은 일 에바이다. 숫양 한 마리의 경우도 마찬가지이다. 하지만 어린 양을 드릴 경우, 곡식 제물의 양은 그가 원하는 만큼 바칠 수 있다. 그리고 이 경우, 곡식 일 에바를 바칠 때마다 올리브 기름 일 힌도 함께 바쳐라.

8 왕은 성전에 들어올 때 현관으로 들어오고 나갈 때도 그곳으로 나가거라.

9 이 땅 백성이 절기를 맞아 여호와 앞에 나아올 때에 북쪽 문으로 들어온 사람은 남쪽 문으로 나가고, 남쪽 문으로 들어온 사람은 북쪽 문으로 나가거라. 누구든지 같은 문으로 들어와서 같은 문으로 나가면 안 되고, 반드시 들어온 문과 반대 되는 쪽으로 나가야한다.

10 왕은 백성들과 함께 들어왔다가 그들과 함께 나가거라.

11 절기들과 특별한 날들에는, 밀가루 일 에바를 곡식 제물로 바치되 수송아지 한 마리와 함께 바쳐라. 그리고 숫양 한 마리에도 밀가루 일 에바를 곁들여 바쳐라. 하지만 어린 양을 드릴 때에는, 드리고 싶은 만큼 곡식 제물을 바칠 수 있다. 곡식 일 에바를 바칠 때마다 올리브 기름 일 힌도 함께 바쳐라.

12 왕이 여호와께 번제물이나 화목 제물을 바치고

46 "This is what the Sovereign LORD says: The east gateway of the inner courtyard will be closed during the six workdays each week, but it will be open on Sabbath days and

2 the days of new moon celebrations. •The prince will enter the entry room of the gateway from the outside. Then he will stand by the gatepost while the priest offers his burnt offering and peace offering. He will bow down in worship inside the gateway passage and then go back out the way he came. The gateway will

3 not be closed until evening. •The common people will bow down and worship the LORD in front of this gateway on Sabbath days and the days of new moon celebrations.

4 • "Each Sabbath day the prince will present to the LORD a burnt offering of six lambs and

5 one ram, all with no defects. •He will present a grain offering of a basket of choice flour to go with the ram and whatever amount of flour he chooses to go with each lamb, and he is to offer one gallon of olive oil* for each basket of flour.

6 •At the new moon celebrations, he will bring one young bull, six lambs, and one ram, all

7 with no defects. •With the young bull he must bring a basket of choice flour for a grain offering. With the ram he must bring another basket of flour. And with each lamb he is to bring whatever amount of flour he chooses to give. With each basket of flour he must offer one gallon of olive oil.

8 • "The prince must enter the gateway through the entry room, and he must leave the

9 same way. •But when the people come in through the north gateway to worship the LORD during the religious festivals, they must leave by the south gateway. And those who entered through the south gateway must leave by the north gateway. They must never leave by the same gateway they came in, but must

10 always use the opposite gateway. •The prince will enter and leave with the people on these occasions.

11 • "So at the special feasts and sacred festivals, the grain offering will be a basket of choice flour with each young bull, another basket of flour with each ram, and as much flour as the worshiper chooses to give with each lamb. Give one gallon of

12 olive oil with each basket of flour. •When the prince offers a voluntary burnt offering or peace offering to the LORD, the east gateway to the inner courtyard will be opened for him, and he will offer his sacrifices as he does on Sabbath

---

46:5 Hebrew *an ephah* [20 quarts or 22 liters] *of choice flour... a hin* [3.8 liters] *of olive oil*; similarly in 46:7, 11.

자 할 때에는 왕을 위해 동쪽 문을 열어 놓아야 한다. 왕은 안식일에 하듯이 번제물과 화목 제물을 바치고 나갈 것이며 왕이 나가면 문을 닫아야 한다.

13 너희는 매일 아침마다 일 년 된 흠 없는 어린 양을 여호와께 태워 드리는 번제물로 바쳐라.

14 또 아침마다 곡식 제물과 함께 어린 양을 바쳐라. 어린 양을 바칠 때에는 밀가루 육분의 일에 바와 기름 삼분의 일 힌을 함께 바쳐라. 이것이 여호와께 바칠 곡식 제물이며, 지금부터 영원히 지켜야 할 규정이다.

15 그러므로 제사장은 언제나 이와 같이 어린 양과 곡식 제물과 올리브 기름을 번제물로 바쳐라.”

통치자들에 대한 규정

16 “왕이 자기 아들에게 땅을 선물로 주면 그 땅은 그 아들의 자손의 것이 되어 그들 가족의 재산이 될 것이다.

17 그러나 왕이 자기 종에게 땅을 선물로 주면 그 땅은 자유의 해까지만 그 종의 것이 되고, 그 뒤에는 다시 왕의 것이 된다. 왕의 땅은 오직 왕의 아들에게만 주어진다.

18 왕은 백성의 땅을 빼앗고 그들을 쫓아내서는 안 된다. 왕이 자기 아들에게 땅을 줄 때에는 자기 땅 가운데서만 주어라. 그리하여 내 백성이 자기 땅에서 쫓겨나는 일이 없어야 한다.”

성전 부엌

19 그때 그 사람이 나를 데리고 문 곁에 있는 통로를 지나 제사장들이 사용하는 거룩한 방으로 들어갔는데, 그 방은 북쪽을 향해 있었다. 그곳에서 그는 내게 서쪽 끝에 있는 한 곳을 보여 주었다.

20 그 사람이 내게 말했다. “이곳은 제사장이 허물을 씻는 제물인 속건 제물과 죄를 씻는 제물인 속죄 제물을 삶고, 곡식 제물을 굽는 곳이다. 이곳에서 삶으면 제사장이 그 제물들을 바깥뜰로 가져나갈 필요가 없어지고, 따라서 백성은 다치지 않게 된다.”

21 그런 후에 그 사람은 나를 데리고 바깥뜰로 나가서 뜰 네 모퉁이를 돌았다. 뜰 모퉁이마다 작은 뜰이 있었다.

22 뜰 네 모퉁이에 작은 뜰들이 있었는데, 그 뜰의 길이는 20미터요, 너비는 15미터였다. 모퉁이에 있는 네 뜰의 크기는 모두 같았다.

23 작은 네 뜰을 빙 둘러 돌담이 있었고 돌담 안에는 불을 지피는 부엌이 있었다.

24 그 사람이 내게 말했다. “이곳은 부엌이다. 성전 제사장들이 백성의 제물을 여기에서 삶는다.”

---

days. Then he will leave, and the gateway will be shut behind him.

13 • "Each morning you must sacrifice a one-year-old lamb with no defects as a burnt offering to the LORD.

14 • With the lamb, a grain offering must also be given to the LORD—about three quarts of flour with a third of a gallon of olive oil* to moisten the choice flour. This will be a permanent law for you.

15 • The lamb, the grain offering, and the olive oil must be given as a daily sacrifice every morning without fail.

16 • "This is what the Sovereign LORD says: If the prince gives a gift of land to one of his sons as his inheritance, it will belong to him and his descendants forever.

17 • But if the prince gives a gift of land from his inheritance to one of his servants, the servant may keep it only until the Year of Jubilee, which comes every fiftieth year.* At that time the land will return to the prince. But when the prince gives gifts to his sons, those gifts will be permanent.

18 • And the prince may never take anyone's property by force. If he gives property to his sons, it must be from his own land, for I do not want any of my people unjustly evicted from their property."

The Temple Kitchens

19 • In my vision, the man brought me through the entrance beside the gateway and led me to the sacred rooms assigned to the priests, which faced toward the north. He showed me a place at the extreme west end of these rooms.

20 • He explained, "This is where the priests will cook the meat from the guilt offerings and sin offerings and bake the flour from the grain offerings into bread. They will do it here to avoid carrying the sacrifices through the outer courtyard and endangering the people by transmitting holiness to them."

21 • Then he brought me back to the outer courtyard and led me to each of its four corners.

22 In each corner I saw an enclosure. • Each of these enclosures was 70 feet long and 52 1/2 feet wide,* surrounded by walls.

23 • Along the inside of these walls was a ledge of stone with fireplaces under the ledge all the way around.

24 • The man said to me, "These are the kitchens to be used by the Temple assistants to boil the sacrifices offered by the people."

---

enclosure [inklóuʒər] n. 뜰
evict [ivíkt] vt. 축출하다
inheritance [inhératəns] n. 유업
permanent [pə́:rmənənt] a. 영원한, 불변의

46:14 Hebrew 1/6 of an ephah [3.7 liters] of flour with 1/3 of a hin [1.3 liters] of olive oil. 46:17 Hebrew until the Year of Release; see Lev 25:8-17. 46:22 Hebrew 40 [cubits] [21.2 meters] long and 30 [cubits] [15.9 meters] wide.

성전에서 흘러 나오는 물

47 그 사람이 나를 데리고 성전 출입문으로 갔다. 내가 보니 성전 문지방 아래로부터 물이 나와 성전 동쪽을 향해 흐르다가 성전 남쪽 끝, 곧 제단 남쪽으로 흘러내리고 있었다.

2 그 사람이 나를 데리고 북쪽 문을 지나 동쪽 문 바깥으로 갔다. 내가 보니 그 물이 남쪽으로부터 흘러내리고 있었다.

3 그 사람이 손에 줄자를 가지고 동쪽으로 가서 500미터쯤 잰 뒤에 나를 이끌어 발목까지 차오르는 그 물을 건너게 했다.

4 그 사람이 또 500미터쯤 되는 거리를 잰 뒤에 나를 이끌어 물을 건너게 했는데, 물이 무릎까지 차 올랐다. 다시 그가 또 500미터쯤 되는 거리를 잰 뒤에 나를 이끌어 물을 건너게 했는데, 이번에는 허리까지 물이 차 올랐다.

5 다시 그가 500미터쯤 되는 거리를 쟀는데, 이번에는 그 물이 걸어서는 건널 수 없고 헤엄을 쳐야만 건널 수 있는 강이 되었다.

6 그 사람이 내게 물었다. "사람아, 이것이 보이느냐?" 그런 뒤에 그 사람이 나를 데리고 강 언덕으로 다시 올라갔다.

7 그곳에 도착하여 보니, 강 양쪽에 나무가 무척 많이 있었다.

8 그 사람이 내게 말했다. "이 물이 동쪽 지역으로 흘러서 아라바*로 내려갔다가 사해로 흘러 들어가면 사해 물은 맑은 물이 될 것이다.

9 이 강이 흐르는 곳마다 온갖 생물들이 살게 될 것이다. 사해 주변에 물고기들이 살게 될 것이니, 이는 이 물이 흘러가는 곳마다 짠물이 변하여 민물이 되기 때문이다. 이 물이 흐르는 곳마다 생물이 번성할 것이다.

10 바닷가에는 어부들이 많이 모여들 것이며, 엔게디부터 에네글라임까지 모두 그물 치는 곳이 될 것이다. 마치 지중해의 물고기 종류처럼 이곳에도 물고기 종류가 수없이 많아질 것이다.

11 하지만 늪과 갯벌은 살아나지 못하고 소금땅이 될 것이다.

12 그 강 언덕 양편에는 온갖 종류의 과일 나무가 자랄 것이며 그 잎사귀가 시들지도 않고 열매가 떨어지지도 않을 것이다. 물이 성소에서부터 흘러나와 과일 나무들을 적시기 때문에 나무들이 달마다 열매를 맺을 것이다. 나무 열매는 식량으로 쓰고 나무 잎사귀는 약으로 쓸 것이다."

땅의 경계

13 주 여호와께서 말씀하셨다. "이스라엘의 열두 지파에게 나누어 줄 땅의 경계선들은 다음과 같

The River of Healing

47 In my vision, the man brought me back to the entrance of the Temple. There I saw a stream flowing east from beneath the door of the Temple and passing to the right of 2 the altar on its south side. •The man brought me outside the wall through the north gateway and led me around to the eastern entrance. There I could see the water flowing out through the south side of the east gateway.

3 •Measuring as he went, he took me along the stream for 1,750 feet* and then led me 4 across. The water was up to my ankles. •He measured off another 1,750 feet and led me across again. This time the water was up to my knees. After another 1,750 feet, it was up to my 5 waist. •Then he measured another 1,750 feet, and the river was too deep to walk across. It was deep enough to swim in, but too deep to walk through.

6 •He asked me, "Have you been watching, son of man?" Then he led me back along the 7 riverbank. •When I returned, I was surprised by the sight of many trees growing on both sides of 8 the river. •Then he said to me, "This river flows east through the desert into the valley of the Dead Sea.* The waters of this stream will make the salty waters of the Dead Sea fresh and pure.

9 •There will be swarms of living things wherever the water of this river flows.* Fish will abound in the Dead Sea, for its waters will become fresh. Life will flourish wherever this water flows.

10 •Fishermen will stand along the shores of the Dead Sea. All the way from En-gedi to En-eglaim, the shores will be covered with nets drying in the sun. Fish of every kind will fill the Dead Sea, just as they fill the Mediterranean.*

11 •But the marshes and swamps will not be puri-12 fied; they will still be salty. •Fruit trees of all kinds will grow along both sides of the river. The leaves of these trees will never turn brown and fall, and there will always be fruit on their branches. There will be a new crop every month, for they are watered by the river flowing from the Temple. The fruit will be for food and the leaves for healing."

Boundaries for the Land

13 •This is what the Sovereign LORD says: "Divide the land in this way for the twelve tribes of Israel: The descendants of Joseph will be given

---

swamp [swámp] *n.* 늪

47:3 Hebrew *1,000 cubits* [530 meters]; also in 47:4, 5. 47:8 Hebrew *the sea.* 47:9 As in Greek and Syriac version; Hebrew reads *of these two rivers flow.* 47:10 Hebrew *the Great Sea;* also in 47:15, 17, 19, 20.

47:8 '요단 골짜기'를 뜻한다.

다. 요셉 지파에게는 두 몫*이 주어진다.

14 땅을 나눌 때는 공평하게 똑같이 나누어야 한다. 이 땅은 내가 너희 조상에게 주기로 약속한 땅이므로 이 땅은 너희의 영원한 재산이 될 것이다.

15 땅의 경계선은 다음과 같다. 북쪽 경계선은 지중해에서부터 헤들론을 따라 하맛 어귀를 지나 스닷을 거쳐

16 다마스커스와 하맛 지역 사이에 있는 브로다, 시브라임에 이르고, 하우란 땅 경계에 있는 하셀핫디곤에까지 이른다.

17 이렇게 북쪽 경계선은 지중해에서부터 하살에논까지 이르는데, 이 경계선은 하맛과 다마스커스 사이에 있다.

18 동쪽 경계선은 하우란과 다마스커스 사이에서 시작하여 길르앗과 이스라엘 땅 사이의 요단 강을 지나 사해 옆의 다말까지 이른다. 이것이 동쪽 경계선이다.

19 남쪽 경계선은 다말에서 시작하여 므리봇가데스의 샘을 지나 이집트 시내를 거쳐 지중해에 이른다. 이것이 남쪽 경계선이다.

20 서쪽 경계선은 지중해가 경계선인데 하맛어귀 건너편까지이다. 이것이 서쪽 경계선이다.

21 그러므로 너희는 이 땅을 이스라엘 지파별로 나누어라.

22 너희가 이 땅을 나누어 재산으로 삼되, 너희뿐 아니라 너희와 함께 사는 외국인들과, 그들의 자녀들에게도 그 땅을 나누어 재산으로 삼게 하여라. 너희는 그 외국인들을 이스라엘에서 태어난 사람과 똑같이 여겨 이스라엘 지파들과 함께 땅을 나누어야 한다.

23 외국인이 어느 지파와 함께 살든지 상관없이 그들에게도 땅을 나누어 주어야 한다. 나 주 여호와의 말이다.”

땅의 분배

48 “지파들의 이름은 다음과 같다. 단의 몫은 북쪽 경계선에서 시작하여 헤들론 길을 따라 하맛 어귀를 지나 다마스커스 북쪽 경계에 있는 하살에논까지, 곧 하맛의 경계까지 이르는 동쪽에서부터 서쪽까지의 땅이다.

2 아셀의 몫은 단 지파를 경계선으로 해서 동쪽에서 서쪽까지이다.

3 납달리의 몫은 아셀 지파를 경계선으로 해서 동쪽에서 서쪽까지이다.

14 two shares of land.* • Otherwise each tribe will receive an equal share. I took a solemn oath and swore that I would give this land to your ancestors, and it will now come to you as your possession.

15 • “These are the boundaries of the land: The northern border will run from the Mediterranean toward Hethlon, then on through Lebo-hamath
16 to Zedad;* then it will run to Berothah and Sibraim,* which are on the border between Damascus and Hamath, and finally to Hazer-hat-
17 ticon, on the border of Hauran. • So the northern border will run from the Mediterranean to Hazar-enan, on the border between Hamath to the north and Damascus to the south.

18 • “The eastern border starts at a point between Hauran and Damascus and runs south along the Jordan River between Israel and Gilead, past the Dead Sea* and as far south as Tamar.* This will be the eastern border.

19 • “The southern border will go west from Tamar to the waters of Meribah at Kadesh* and then follow the course of the Brook of Egypt to the Mediterranean. This will be the southern border.

20 • “On the west side, the Mediterranean itself will be your border from the southern border to the point where the northern border begins, opposite Lebo-hamath.

21 • “Divide the land within these boundaries among
22 the tribes of Israel. • Distribute the land as an allotment for yourselves and for the foreigners who have joined you and are raising their families among you. They will be like native-born Israelites to you and
23 will receive an allotment among the tribes. • These foreigners are to be given land within the territory of the tribe with whom they now live. I, the Sovereign LORD, have spoken!

Division of the Land

48 “Here is the list of the tribes of Israel and the territory each is to receive. The territory of Dan is in the extreme north. Its boundary line follows the Hethlon road to Lebo-hamath and then runs on to Hazar-enan on the border of Damascus, with Hamath to the north. Dan’s territory extends all the way across the land of Israel from east to west.

47:13 It was important to retain twelve portions of land. Since Levi had no portion, the descendants of Joseph’s sons, Ephraim and Manasseh, received land as two tribes.   **47:15-16** As in Greek version; Masoretic Text reads *then on through Lebo to Zedad;* ¹⁶*then it will run to Hamath, Berothah, and Sibraim.*   **47:18a** Hebrew *the eastern sea.*   **47:18b** As in Greek version; Hebrew reads *you will measure.*   **47:19** Hebrew *waters of Meribath-kadesh.*

47:13 각각의 몫은 요셉의 두 아들 ‘에브라임’과 ‘므낫세’에게 주어졌다.

4 므낫세의 몫은 납달리 지파를 경계선으로 해서 동쪽에서 서쪽까지이다.

5 에브라임의 몫은 므낫세 지파를 경계선으로 해서 동쪽에서 서쪽까지이다.

6 르우벤의 몫은 에브라임 지파를 경계선으로 해서 동쪽에서 서쪽까지이다.

7 유다의 몫은 르우벤 지파를 경계선으로 해서 동쪽에서 서쪽까지이다.

8 너희는 유다 지파를 경계선으로 해서 동쪽에서 서쪽까지의 몫을 거룩한 지역으로 지정하여 특별한 예물로 바쳐야 한다. 그 너비는 12.5킬로미터이고 동쪽에서 서쪽까지의 길이는 다른 지파들의 몫과 똑같고 이 지역 한가운데에는 성전을 세워야 한다.

9 너희가 나 여호와께 바쳐야 할 특별한 땅은 길이가 12.5킬로미터이고 너비가 5킬로미터이다.

10 이 땅은 제사장들을 위해 마련한 거룩한 몫이 될 것이다. 북쪽으로는 길이가 12.5킬로미터, 서쪽으로는 너비가 5킬로미터, 동쪽으로도 너비가 5킬로미터, 남쪽으로는 길이가 12.5킬로미터이다. 그리고 그 한가운데에 여호와의 성전이 있어야 할 것이다.

11 이 땅은 거룩하게 구별된 제사장들인 사독의 자손들을 위한 몫이다. 이스라엘 백성이 나를 저버렸을 때에 그들과 함께 나를 저버린 레위 사람들과는 달리, 사독 자손들은 나를 저버리지 않았기 때문이다.

12 그러므로 이 땅 가운데서 특별히 구별된 몫은, 그들에게 특별한 선물로 가장 거룩한 몫이 될 것이며, 레위 지파의 땅과 경계선을 맞닿을 것이다.

13 제사장들의 땅 경계선을 따라서 레위 사람들에게도 땅을 주어야 할 것이다. 그 길이는 12.5킬로미터이고 너비는 5킬로미터이다. 전체의 길이는 12.5킬로미터이고 전체의 너비는 5킬로미터이다.

14 레위 사람은 이 땅을 팔아서도 안 되고 바꾸어서도 안 된다. 이 땅은 가장 좋은 땅이기 때문에 다른 사람들에게 넘겨서도 안 된다. 이 땅은 여호와께 거룩하게 구별된 땅이기 때문이다.

15 나머지 땅, 곧 너비가 2.5킬로미터 가량이요, 길이가 12.5킬로미터인 땅은 그 성의 일반적인 용도로 사용할 것이며, 주로 집을 짓거나 목초지로 사용하게 될 것이다. 그리고 성은 땅 한가운데에 있어야 한다.

16 성의 크기는 다음과 같다. 북쪽의 길이는 2.25킬로미터 가량, 남쪽의 길이도 2.25킬로미터 가량, 동쪽의 길이도 2.25킬로미터 가량, 서쪽의 길이

2 • "Asher's territory lies south of Dan's and
3 also extends from east to west. • Naphtali's land lies south of Asher's, also extending from east to west. • Then comes Manasseh south of Naphtali, and its territory also extends from east to west.
5-6 • South of Manasseh is Ephraim, • and then
7 Reuben, • and then Judah, all of whose boundaries extend from east to west.
8 • "South of Judah is the land set aside for a special purpose. It will be 8 1/3 miles* wide and will extend as far east and west as the tribal territories, with the Temple at the center.
9 • "The area set aside for the LORD's Temple will be 8 1/3 miles long and 6 2/3 miles wide.*
10 • For the priests there will be a strip of land measuring 8 1/3 miles long by 3 1/3 miles wide,* with
11 the LORD's Temple at the center. • This area is set aside for the ordained priests, the descendants of Zadok who served me faithfully and did not go astray with the people of Israel and the rest of the Levites. • It will be their special portion when the land is distributed, the most sacred land of all. Next to the priests' territory will lie the land where the other Levites will live.
13 • "The land allotted to the Levites will be the same size and shape as that belonging to the priests—8 1/3 miles long and 3 1/3 miles wide. Together these portions of land will measure
14 8 1/3 miles long by 6 2/3 miles wide.* • None of this special land may ever be sold or traded or used by others, for it belongs to the LORD; it is set apart as holy.
15 • "An additional strip of land 8 1/3 miles long by 1 2/3 miles wide,* south of the sacred Temple area, will be allotted for public use—homes, pasturelands, and common lands, with a city at the
16 center. • The city will measure 1 1/2 miles* on

allot [əlát] vt. 할당하다, 배당하다
extend [iksténd] vi. 이르다, 달하다
extreme [ikstrí:m] a. 극단의, 극도의
ordain [ɔːrdéin] vt. 정하다, 임명하다
pastureland [pǽstʃərlænd] n. 목초지
strip [strip] n. 좁고 긴 땅
48:11 go astray : 타락하다
48:14 be set apart : 구별되다

48:8 Hebrew *25,000 [cubits]* [13.3 kilometers].
48:9 As in one Greek manuscript and the Greek reading in 45:1; *25,000 [cubits]* [13.3 kilometers] *long and 20,000 [cubits]* [10.6 kilometers] *wide;* Hebrew reads *25,000 [cubits] long and 10,000 [cubits]* [3 1/3 miles or 5.3 kilometers] *wide.* Similarly in 48:13b. Compare 45:1-5; 48:10-13.　48:10 Hebrew *25,000 [cubits]* [13.3 kilometers] *long by 10,000 [cubits]* [5.3 kilometers] *wide;* also in 48:13a. 48:13 See note on 48:9.　48:15 Hebrew *25,000 [cubits]* [13.3 kilometers] *long by 5,000 [cubits]* [2.65 kilometers] *wide.*　48:16 Hebrew *4,500 [cubits]* [2.4 kilometers]; also in 48:30, 32, 33, 34.

도 2.5킬로미터 가량이다.

17 목초지로 쓸 땅은 북쪽으로 125미터 가량, 남쪽으로도 125미터 가량, 동쪽으로도 125미터 가량, 서쪽으로도 125미터 가량이다.

18 거룩하게 구별한 땅과 붙어 있는 나머지 땅은 동쪽으로 5킬로미터이고, 서쪽으로도 5킬로미터이며, 이 땅에서 생산되는 것들은 성에서 일하는 사람들의 양식으로 주어져야 한다.

19 그리고 성에 사는 사람들로서 이 땅을 일구는 사람들은 이스라엘의 모든 지파로부터 온 사람들이어야 한다.

20 이 전체 지역은 사방이 12.5킬로미터 되는 정사각형이다. 너희는 성에 딸린 땅과 함께 거룩한 땅을 주님께 드리는 특별한 선물로 바쳐야 한다.

21 거룩하게 구별한 땅의 양 옆과 성에 딸린 땅의 양 옆에 있는 나머지 땅은 왕의 몫이다. 그 땅은 거룩하게 구별한 땅 동쪽 옆으로 동쪽 경계선까지이며, 서쪽 옆으로는 지중해까지이다. 두 지역의 길이는 지파들이 차지할 땅의 길이와 같다. 이 땅이 왕의 몫이다. 거룩한 땅과 성전 안의 성소가 그 땅의 한가운데에 있어야 한다.

22 레위 사람의 땅과 성에 딸린 땅은 왕의 몫으로 돌아갈 땅 중간에 자리잡게 된다. 왕에게 속한 땅은 유다의 경계선과 베냐민의 경계선 사이에 있게 될 것이다."

나머지 지파의 땅

23 "나머지 지파들이 받을 땅은 다음과 같다. 베냐민의 몫은 동쪽에서부터 서쪽으로 지중해까지이다.

24 시므온의 몫은 베냐민 지파를 경계선으로 해서 동쪽에서 서쪽까지이다.

25 잇사갈의 몫은 시므온 지파를 경계선으로 해서 동쪽에서 서쪽까지이다.

26 스불론의 몫은 잇사갈 지파를 경계선으로 해서 동쪽에서 서쪽까지이다.

27 갓의 몫은 스불론 지파를 경계선으로 해서 동쪽에서 서쪽까지이다.

28 갓의 남쪽 경계선은 동쪽으로 사해 부근의 다말에서부터 므리바가데스 샘까지 이르고, 또 거기에서부터 이집트 시내들을 따라 지중해까지이다.

29 이것이 너희가 제비를 뽑아 이스라엘 지파들 사이에 나누어야 할 땅이다. 이 땅들이 그 지파들의 몫이다. 나 주 여호와의 말이다."

성의 문

30 "성의 문은 다음과 같다. 북쪽 성벽의 길이는

---

17 each side—north, south, east, and west. •Open lands will surround the city for 150 yards* in 18 every direction. •Outside the city there will be a farming area that stretches $3^{1}/_{3}$ miles to the east and $3^{1}/_{3}$ miles to the west* along the border of the sacred area. This farmland will produce 19 food for the people working in the city. •Those who come from the various tribes to work in 20 the city may farm it. •This entire area—including the sacred lands and the city—is a square that measures $8^{1}/_{3}$ miles* on each side.

21 • "The areas that remain, to the east and to the west of the sacred lands and the city, will belong to the prince. Each of these areas will be $8^{1}/_{3}$ miles wide, extending in opposite directions to the eastern and western borders of Israel, with the sacred lands and the sanctuary 22 of the Temple in the center. •So the prince's land will include everything between the territories allotted to Judah and Benjamin, except for the areas set aside for the sacred lands and the city.

23 • "These are the territories allotted to the rest of the tribes. Benjamin's territory lies just south of the prince's lands, and it extends across the 24 entire land of Israel from east to west. •South of Benjamin's territory lies that of Simeon, also extending across the land from east to west.

25 •Next is the territory of Issachar with the same eastern and western boundaries.

26 • "Then comes the territory of Zebulun, which also extends across the land from east to 27 west. •The territory of Gad is just south of Zebulun with the same borders to the east and 28 west. •The southern border of Gad runs from Tamar to the waters of Meribah at Kadesh* and then follows the Brook of Egypt to the Mediterranean.*

29 • "These are the allotments that will be set aside for each tribe's exclusive possession. I, the Sovereign LORD, have spoken!

The Gates of the City

30 • "These will be the exits to the city: On the

---

allotment [əlátmənt] n. 할당, 분배
brook [bruk] n. 시내
exclusive [iksklú:siv] a. 독점적인
opposite [ápəzit] a. 맞은 편의
possession [pəzéʃən] n. 소유
square [skwɛər] n. 정사각형
stretch [stretʃ] vi. 뻗다
territory [térətɔːri] n. 영역

48:17 Hebrew *250 [cubits]* [133 meters].   48:18 Hebrew *10,000 [cubits]* [5.3 kilometers] *to the east and 10,000 [cubits] to the west.*   48:20 Hebrew *25,000 [cubits]* [13.3 kilometers]; also in 48:21. 48:28a Hebrew *waters of Meribath-kadesh.* 48:28b Hebrew *the Great Sea.*

2.5킬로미터 가량이다.

31 북쪽의 문은 모두 세 개가 있는데, 그 이름은 르우벤 문, 유다 문, 레위 문이다. 성문의 이름은 이스라엘 지파의 이름에서 따온 것이다.

32 동쪽 성벽의 길이는 2.5킬로미터 가량이다. 동쪽의 문은 모두 세 개가 있는데 그 이름은 요셉 문, 베냐민 문, 단 문이다.

33 남쪽 성벽의 길이는 2.5킬로미터 가량이다. 남쪽의 문은 모두 세 개가 있는데 그 이름은 시므온 문, 잇사갈 문, 스불론 문이다.

34 서쪽 성벽의 길이도 2.5킬로미터 가량이다. 서쪽의 문도 모두 세 개가 있는데, 그 이름은 갓문, 아셀문, 납달리 문이다.

35 이렇게 성의 둘레는 9킬로미터 가량이다. 그때부터 이 성의 이름은 '여호와께서 거기에 계시다' 라는 뜻의 '여호와 삼마' 가 될 것이다."

31 north wall, which is 1 1/2 miles long. •there will be three gates, each one named after a tribe of Israel. The first will be named for Reuben, the second for Judah, and the third 32 for Levi. •On the east wall, also 1 1/2 miles long, the gates will be named for Joseph, 33 Benjamin, and Dan. •The south wall, also 1 1/2 miles long, will have gates named for Simeon, Issachar, and Zebulun. •And on the west wall, also 1 1/2 miles long, the gates will be named for Gad, Asher, and Naphtali.

35 •"The distance around the entire city will be 6 miles.* And from that day the name of the city will be 'The LORD Is There.'*"

---

entire [intáiər] a. 전체의
48:31 name after…: …의 이름을 따서 명명하다

48:35a Hebrew *18,000 [cubits]* [9.6 kilometers].
48:35b Hebrew *Yahweh Shammah.*

다니엘

● 서 론

✧ 저자 _ 다니엘
✧ 저작 연대 _ B.C. 605~530년 사이로 추정
✧ 기록 장소 _ 바벨론
✧ 기록 대상 _ 바벨론에서 포로 생활하는 유다인들과 바벨론과 페르시아의 이방인들을 위해
✧ 핵심어 및 내용 _ 핵심어는 '용기'와 '보호'이다. 본서에는 참된 용기와 하나님께 대한 헌신을 드러내
  는 기억에 남을 만한 이야기가 기록되어 있으며, 하나님께서는 자신을 온전히 의지하는 자를 어떤 역경
  속에서도 보호하신다는 것을 보여주고 있다.

다니엘, 바빌론으로 사로잡혀 가다

1 유다 왕 여호야김이 왕이 된 지 삼 년째 되는 해
에 바빌로니아 왕 느부갓네살이 군대를 이끌고
예루살렘에 쳐들어와 성을 포위했습니다.

2 그러자 주께서 유다 왕 여호야김을 느부갓네살
왕에게 포로로 넘겨 주셨습니다. 그래서 그는
하나님의 성전 기구들 가운데 일부를 가져다가
바빌론에 있는 자기 신전의 보물창고에 두었습니
다.

3 느부갓네살 왕이 아스부나스 환관장에게 명령
하여 포로로 잡혀 온 이스라엘의 왕족과 귀족의
아들들 중에서 몇 명을 왕궁으로 데려오게 했습니
다.

4 데려오는 소년들은 몸이 튼튼하고 잘생겨야 하
며, 교육을 많이 받은 사람, 지혜와 총명이 있는
사람, 그리고 왕궁에서 왕을 모실 수 있는 사람
이어야 했습니다. 왕은 그들에게 바빌로니아의
언어와 문학을 배우도록 하였습니다.

5 왕은 그들에게 매일 그가 먹는 음식과 그가 마시
는 포도주를 주면서 삼 년 동안 교육시킨 후에
왕을 모시게 하려 하였습니다.

6 그들 가운데 다니엘과 하나냐와 미사엘과 아사
랴가 있었는데, 이들 모두 유다의 자손들이었습
니다.

7 환관장이 그들에게 바빌로니아식 이름을 지어
주어, 다니엘은 벨드사살로, 하나냐는 사드락으
로, 미사엘은 메삭으로, 아사랴는 아벳느고로 불
렸습니다.

8 다니엘은 왕이 준 음식과 포도주로 자신을 더럽
히지 않기로 다짐했습니다. 그래서 환관장에게
자신을 더럽히지 않게 해달라고 간청하였습니다.

9 하나님께서 환관장의 마음을 움직이셔서 다니
엘의 말을 좋게 여기도록 해 주셨습니다.

10 환관장이 다니엘에게 말했습니다. "그렇지만
나는 나의 상전이 두렵다. 왕께서 너희가 먹고

Daniel in Nebuchadnezzar's Court

1 During the third year of King Jehoiakim's
reign in Judah,* King Nebuchadnezzar of
Babylon came to Jerusalem and besieged it.
2 ● The Lord gave him victory over King Jehoia-
kim of Judah and permitted him to take some
of the sacred objects from the Temple of God.
So Nebuchadnezzar took them back to the land
of Babylonia* and placed them in the treasure-
house of his god.
3 ● Then the king ordered Ashpenaz, his chief
of staff, to bring to the palace some of the young
men of Judah's royal family and other noble
families, who had been brought to Babylon as
4 captives. ● "Select only strong, healthy, and
good-looking young men," he said. "Make sure
they are well versed in every branch of learning,
are gifted with knowledge and good judgment,
and are suited to serve in the royal palace. Train
these young men in the language and literature
5 of Babylon.*" ● The king assigned them a daily
ration of food and wine from his own kitchens.
They were to be trained for three years, and
then they would enter the royal service.
6 ● Daniel, Hananiah, Mishael, and Azariah
were four of the young men chosen, all from
7 the tribe of Judah. ● The chief of staff renamed
them with these Babylonian names:

Daniel was called Belteshazzar.
Hananiah was called Shadrach.
Mishael was called Meshach.
Azariah was called Abednego.

8 ● But Daniel was determined not to defile
himself by eating the food and wine given to
them by the king. He asked the chief of staff for
permission not to eat these unacceptable foods.
9 ● Now God had given the chief of staff both
10 respect and affection for Daniel. ● But he

1:1 This event occurred in 605 B.C., during the
third year of Jehoiakim's reign (according to the
calendar system in which the new year begins in
the spring). 1:2 Hebrew *the land of Shinar.* 1:4
Or *of the Chaldeans.*

마실 것을 정해 주셨는데, 너희가 이 음식을 먹지 않아 너희 얼굴이 너희 또래의 다른 젊은 이들보다 못하게 보인다면 이 때문에 내 목숨은 왕 앞에서 위험하게 될 것이다.”

11 다니엘은 환관장이 다니엘과 하나냐와 미사엘과 아사랴를 지키라고 세운 감독관에게 말하였습니다.

12 “우리를 십 일 동안, 시험해 보십시오. 우리는 채소와 물만 먹겠습니다.

13 감독관께서는 십 일 뒤에 우리의 얼굴과 왕의 음식을 먹는 다른 젊은이들의 얼굴을 비교하여 보시고 당신들의 종인 우리를 마음대로 하십시오.”

14 감독관이 그 말대로 십 일 동안, 시험해 보았습니다.

15 십 일이 지났을 때, 그들의 얼굴빛은 왕의 음식을 먹는 다른 젊은이들의 얼굴빛보다 더 좋고 건강해 보였습니다.

16 그때부터 감독관은 다니엘과 하나냐와 미사엘과 아사랴에게 왕이 내린 음식과 포도주 대신에 채소를 주었습니다.

17 하나님은 이 네 사람에게 지혜를 주셔서 모든 문학과 학문에 뛰어나도록 해 주셨습니다. 또한 다니엘에게는 환상과 꿈을 해석하는 특별한 능력을 주셨습니다.

18 왕이 그들을 데려오라고 정한 그 기간이 끝나자, 환관장은 젊은이들을 느부갓네살 왕에게 데려갔습니다.

19 왕이 젊은이들과 이야기해 보았을 때 다니엘과 하나냐와 미사엘과 아사랴만한 사람이 없었기 때문에 그들이 왕을 모시게 되었습니다.

20 왕이 그들에게 여러 가지 지혜와 지식에 관한 문제를 물어 보고, 그들의 지혜와 판단력이 전국에 있는 어떤 마술사나 주술가보다도 열 배는 뛰어나다는 것을 알게 되었습니다.

21 그리하여 다니엘은 고레스가 왕이 된 첫해까지 왕궁에 남게 되었습니다.

느부갓네살의 꿈

2 느부갓네살이 왕이 된 지 이 년째 되는 해에 꿈을 꾸었는데, 이 꿈 때문에 마음이 답답해서 잠을 이룰 수 없었습니다.

2 왕은 자기의 꿈을 알아 내려고 왕궁에 마술사와 점성가, 점쟁이와 바빌로니아 주술사*를 불러들이라고 명하였습니다.

3 왕이 그들에게 말했습니다. “내가 어떤 꿈을

responded, "I am afraid of my lord the king, who has ordered that you eat this food and wine. If you become pale and thin compared to the other youths your age, I am afraid the king will have me beheaded."

11 • Daniel spoke with the attendant who had been appointed by the chief of staff to look after 12 Daniel, Hananiah, Mishael, and Azariah. • "Please test us for ten days on a diet of vegetables and 13 water," Daniel said. • "At the end of the ten days, see how we look compared to the other young men who are eating the king's food. Then make 14 your decision in light of what you see." • The attendant agreed to Daniel's suggestion and tested them for ten days.

15 • At the end of the ten days, Daniel and his three friends looked healthier and better nourished than the young men who had been eating 16 the food assigned by the king. • So after that, the attendant fed them only vegetables instead of the food and wine provided for the others.

17 • God gave these four young men an unusual aptitude for understanding every aspect of literature and wisdom. And God gave Daniel the special ability to interpret the meanings of visions and dreams.

18 • When the training period ordered by the king was completed, the chief of staff brought all 19 the young men to King Nebuchadnezzar. • The king talked with them, and no one impressed him as much as Daniel, Hananiah, Mishael, and Azariah. So they entered the royal service.

20 • Whenever the king consulted them in any matter requiring wisdom and balanced judgment, he found them ten times more capable than any of the magicians and enchanters in his entire kingdom.

21 • Daniel remained in the royal service until the first year of the reign of King Cyrus.*

Nebuchadnezzar's Dream

2 One night during the second year of his reign,* Nebuchadnezzar had such disturbing 2 dreams that he couldn't sleep. • He called in his magicians, enchanters, sorcerers, and astrologers,* and he demanded that they tell him what he had 3 dreamed. As they stood before the king, • he said, "I have had a dream that deeply troubles me, and I must know what it means."

---

disturbing [distə́ːrbiŋ] a. 불안하게 하는
ration [rǽʃən] n. 일정한 배급량, 할당량
verse [və́ːrs] vt. …에 정통(숙달)하다
1:15 better nourished : 영양상태가 더 좋은

1:21 Cyrus began his reign (over Babylon) in 539 B.C.
2:1 The second year of Nebuchadnezzar's reign was 603 B.C. 2:2 Or Chaldeans; also in 2:4, 5, 10.
2:2 '바빌로니아 주술사'는 '갈대아 술사'를 말한다.

단

꾸었는데, 그 꿈 때문에 내 마음이 답답하다."

4 그러자 바빌로니아 주술사가 아람 말로 왕에게 대답했습니다. "왕이시여, 만수무강하십시오, 종들에게 그 꿈을 말씀해 주시면 우리가 그 뜻을 풀어 드리겠습니다."

5 느부갓네살 왕이 바빌로니아 주술사에게 말했습니다. "내가 분명하게 명령한다. 너희가 내 꿈이 무슨 꿈인지를 나에게 말해 주지 못하면 너희의 몸은 토막날 것이며, 너희의 집은 쓰레기 더미가 될 것이다.

6 그러나 내가 꾼 꿈과 그 뜻을 이야기해 주는 사람에게는 선물과 함께 큰 명예를 주겠다. 그러니 어서 내 꿈을 말해 보아라."

7 그들이 다시 대답하였습니다. "왕이시여, 종들에게 그 꿈을 말씀해 주십시오. 그러면 그 뜻을 풀어 드리겠습니다."

8 왕이 대답했습니다. "이제 보니 너희가 시간을 벌려고 하는구나! 내 명령은 분명하다.

9 너희가 내 꿈을 말하지 못하면 반드시 벌을 받을 것이다. 너희가 내 앞에서 거짓말과 속임수를 말하여 상황이 바뀌기를 바라느냐? 이제 그 꿈을 내게 말해 보아라. 그러면 너희가 그 뜻도 풀 수 있는 줄로 알겠다."

10 바빌로니아 주술사가 왕에게 대답하였습니다. "이 세상의 어느 누구도 왕이 요구하시는 것을 대답할 수 없습니다. 어떤 왕이나 통치자도, 마술사나 점성가나 주술사에게 이와 같은 일을 물어 본 적이 없습니다.

11 왕께서는 너무 어려운 일을 원하고 계십니다. 그런 일을 말해 줄 수 있는 자는 우리 인간들과는 다른 세계에 사는 신들뿐입니다."

12 왕이 그 말을 듣고 크게 화가 나서 바빌론의 모든 지혜자들을 찾아서 죽이라고 명령했습니다.

13 명령이 떨어지자 지혜자들은 다 죽게 되었습니다. 사람들이 다니엘과 그의 친구들도 죽이려고 찾아다녔습니다.

14 다니엘은 지혜자들을 죽이려고 나온 왕의 경호대장 아리옥에게 조심스러우면서도 지혜롭게 물어 보았습니다.

15 "왜 왕이 그런 끔찍한 명령을 내리셨습니까?" 그러자 아리옥이 그 일을 다니엘에게 설명해 주었습니다.

16 다니엘이 왕을 찾아가서 조금 더 시간을 주면 그 꿈과 그 뜻을 풀어 드리겠다고 말했습니다.

17 그리고 다니엘은 자기 집으로 돌아와서 그의

4 • Then the astrologers answered the king in Aramaic,* "Long live the king! Tell us the dream, and we will tell you what it means."

5 • But the king said to the astrologers, "I am serious about this. If you don't tell me what my dream was and what it means, you will be torn limb from limb, and your houses will be turned into heaps of rubble! •But if you tell me what I
6 dreamed and what the dream means, I will give you many wonderful gifts and honors. Just tell me the dream and what it means!"

7 • They said again, "Please, Your Majesty. Tell us the dream, and we will tell you what it means."

8 • The king replied, "I know what you are doing! You're stalling for time because you know
9 I am serious when I say, • 'If you don't tell me the dream, you are doomed.' So you have conspired to tell me lies, hoping I will change my mind. But tell me the dream, and then I'll know that you can tell me what it means."

10 • The astrologers replied to the king, "No one on earth can tell the king his dream! And no king, however great and powerful, has ever asked such a thing of any magician, enchanter, or astrologer!
11 • The king's demand is impossible. No one except the gods can tell you your dream, and they do not live here among people."

12 • The king was furious when he heard this, and he ordered that all the wise men of Babylon
13 be executed. • And because of the king's decree, men were sent to find and kill Daniel and his friends.

14 • When Arioch, the commander of the king's guard, came to kill them, Daniel handled the situ-
15 ation with wisdom and discretion. • He asked Arioch, "Why has the king issued such a harsh decree?" So Arioch told him all that had hap-
16 pened. • Daniel went at once to see the king and requested more time to tell the king what the dream meant.

17 • Then Daniel went home and told his friends Hananiah, Mishael, and Azariah what had hap-

---

astrologer [əstrάlədʒər] *n.* 점성가
commander [kəmǽndər] *n.* 지휘자, 사령관
conspire [kənspáiər] *vi.* 공모하다
discretion [diskréʃən] *n.* 분별
doom [dúːm] *vt.* (유죄로) 판정하다
execute [éksikjuːt] *vt.* 처형하다
furious [fjúəriəs] *a.* 격노한
harsh [hɑːrʃ] *a.* 가혹한
heap [híːp] *n.* 더미, 무더기
rubble [rʌ́bl] *n.* (돌·벽돌 등의) 파편, 조각
stall [stɔ́ːl] *vi.* 시간을 벌다
2:5 be torn limb from limb : 사지가 찢어지다
2:15 issue a decree : 명령을 내리다

2:4 The original text from this point through chapter 7 is in Aramaic.

친구 하나냐와 미사엘과 아사랴에게 그 일에 대해 알려 주었습니다.

18 그러자 다니엘과 그의 친구들은 하나님께서 그들을 불쌍히 여기셔서 이 비밀을 알려 주심으로 바빌론의 다른 지혜자들과 함께 죽지 않게 해 달라고 간절히 기도하였습니다.

19 그날 밤에 다니엘은 환상을 통해 그 비밀을 알게 되었습니다. 다니엘은 하늘의 하나님을 찬양했습니다.

20 다니엘은 이렇게 찬양했습니다. "지혜와 권능이 하나님의 것이니 그의 이름을 찬양하여라.

21 하나님은 때와 계절을 바꾸시고 왕을 폐하기도 하시고 세우기도 하신다. 지혜자들에게 지혜를 더하시고 총명한 사람들에게 지식을 주신다.

22 깊이 감추어진 비밀을 드러내시고 어둠 속에 감추인 것을 아시며 빛으로 둘러싸여 계신 분이다.

23 내 조상의 하나님, 주께 감사와 찬양을 드립니다. 주는 제게 지혜와 능력을 주셨습니다. 우리가 주께 구한 것을 주시고 왕의 일을 우리에게 알려 주셨습니다. 내게 지혜와 능력을 주시는 주께 감사와 찬양을 드립니다."

다니엘이 꿈을 풀다

24 그런 후에 다니엘은 바빌론의 지혜자들을 죽이라는 왕의 명령을 받았던 아리옥을 찾아갔습니다. 다니엘이 그에게 말했습니다. "바빌론의 지혜자들을 죽이지 마십시오. 나를 왕에게 데려다 주시면, 왕의 꿈을 풀어 드리겠습니다."

25 아리옥이 급히 다니엘을 왕에게 데려가서 말했습니다. "유다 포로 중에서 왕의 꿈을 풀어 줄 수 있는 사람을 찾았습니다."

26 왕이 벨드사살이라고도 불리는 다니엘에게 물었습니다. "네가 내가 꾼 꿈을 말하고 그 꿈의 뜻을 풀어 줄 수 있겠느냐?"

27 다니엘이 왕에게 대답했습니다. "왕이 물어보신 그 비밀은 어떤 지혜자나 점성가나 마술사나 점쟁이도 왕에게 알려 드릴 수 없습니다.

28 오직 하늘에 계신 하나님만이 유일하게 그 비밀을 알려 주실 수 있는 분이십니다. 하나님은 느부갓네살 왕에게 장차 일어날 일을 보여 주셨습니다. 왕이 꾸신 꿈, 즉 왕이 잠자리에 누워 계실 때, 보신 환상은 이러합니다.

29 왕이시여, 왕이 자리에 누우셔서 장차 일어날 일을 생각하고 계실 때, 비밀을 나타내시는 하

18 pened. •He urged them to ask the God of heaven to show them his mercy by telling them the secret, so they would not be executed along with 19 the other wise men of Babylon. •That night the secret was revealed to Daniel in a vision. Then 20 Daniel praised the God of heaven. •He said,

"Praise the name of God forever and ever,
  for he has all wisdom and power.
21 • He controls the course of world events;
  he removes kings and sets up other kings.
  He gives wisdom to the wise
  and knowledge to the scholars.
22 • He reveals deep and mysterious things
  and knows what lies hidden in darkness,
  though he is surrounded by light.
23 • I thank and praise you, God of my ancestors,
  for you have given me wisdom and strength.
  You have told me what we asked of you
  and revealed to us what the king
  demanded."

Daniel Interprets the Dream

24 •Then Daniel went in to see Arioch, whom the king had ordered to execute the wise men of Babylon. Daniel said to him, "Don't kill the wise men. Take me to the king, and I will tell him the meaning of his dream."

25 •Arioch quickly took Daniel to the king and said, "I have found one of the captives from Judah who will tell the king the meaning of his dream!"

26 •The king said to Daniel (also known as Belteshazzar), "Is this true? Can you tell me what my dream was and what it means?"

27 •Daniel replied, "There are no wise men, enchanters, magicians, or fortune-tellers who can 28 reveal the king's secret. •But there is a God in heaven who reveals secrets, and he has shown King Nebuchadnezzar what will happen in the future. Now I will tell you your dream and the visions you saw as you lay on your bed.

29 • "While Your Majesty was sleeping, you dreamed about coming events. He who reveals secrets has shown you what is going to happen.

---

captive [kǽptiv] *n.* 포로
demand [dimǽnd] *vt.* 요구(요청)하다
enchanter [intʃǽntər] *n.* 마법사
fortune-teller [fɔ́ːrtʃən-tèlər] *n.* 점쟁이
interpret [intə́ːrprit] *vt.* 해석하다: 해몽하다
mercy [mə́ːrsi] *n.* 자비
remove [rimúːv] *vt.* 물러나게 하다
urge [ə́ːrdʒ] *vt.* 촉구하다
2:19 be revealed to… : …에게 계시되다
2:21 set up : 높은 (권세 있는) 자리에 앉히다
2:22 lie hidden : 숨어 있다
2:23 ask of… : …에게 간구하다
2:24 take… to ~ : …를 ~에게 데려가다

나님께서 장래 일을 보여 주셨습니다.

30 하나님께서 이 비밀을 제게 알려 주신 이유는 제가 다른 사람들보다 지혜가 많아서가 아니라, 그 꿈의 뜻을 풀어 드림으로 왕이 마음으로 생각하던 것을 아실 수 있게 하기 위해서입니다.

31 왕이시여, 왕은 꿈에서 어떤 커다란 신상을 보셨습니다. 그 신상은 왕 앞에 서 있는데, 크고 번쩍거리며 무시무시한 모습을 하고 있었습니다.

32 그 신상의 머리는 순금이고, 가슴과 팔은 은이고, 배와 넓적다리는 놋쇠였습니다.

33 그리고 그 종아리와 발의 반쪽만이 쇠이고, 나머지는 진흙이었습니다.

34 왕이 신상을 보고 있는데, 아무도 떠내지 않은 돌이 어디선가 날아와 쇠와 진흙으로 된 신상의 발을 쳐서 부수어 버렸습니다.

35 그때에 쇠와 진흙과 놋쇠와 은과 금도 동시에 산산조각이 나서 타작 마당의 겨처럼 작아지더니 바람에 날려 흔적도 남지 않았습니다. 그러나 신상을 친 돌은 매우 큰 산이 되어 온 땅을 덮었습니다.

36 이것이 왕이 꾸신 꿈입니다. 이제 왕에게 그 꿈의 뜻을 풀어 드리겠습니다.

37 왕이시여, 왕은 왕들 가운데 가장 위대한 왕이십니다. 하늘의 하나님께서 왕에게 나라를 주셨고, 또 능력과 권세와 영광도 주셨습니다.

38 하나님은 사람과 들짐승과 공중의 새들까지도 왕에게 주셨으며, 왕을 그들을 다스리는 통치자로 세우셨습니다. 금으로 된 머리가 바로 왕이십니다.

39 왕의 뒤를 이어 다른 나라가 일어나지만 왕의 나라만큼 크지 못할 것입니다. 그 다음에 놋쇠로 된 세 번째 나라가 온 땅을 다스릴 것입니다.

40 네 번째 나라는 쇠처럼 강할 것입니다. 쇠가 모든 물건을 부수고 깨뜨리듯이 네 번째 나라도 다른 나라들을 부수고 깨뜨릴 것입니다.

41 왕께서 보신 발과 발가락은 쇠와 진흙이 섞여 있는데 이것은 이 나라가 나뉠 것을 말해 줍니다.

42 신상 발가락에서 보여지듯이 이 나라의 일부는 쇠처럼 강하고 일부는 진흙처럼 약해질 것입니다.

43 왕께서 쇠와 진흙이 섞여 있는 것을 보신 것처럼, 그들도 다른 인종과 함께 살게 되지만, 쇠

30 ● And it is not because I am wiser than anyone else that I know the secret of your dream, but because God wants you to understand what was in your heart.

31 ● "In your vision, Your Majesty, you saw standing before you a huge, shining statue of a man. It

32 was a frightening sight. ● The head of the statue was made of fine gold. Its chest and arms were sil-

33 ver, its belly and thighs were bronze, ● its legs were iron, and its feet were a combination of iron

34 and baked clay. ● As you watched, a rock was cut from a mountain,* but not by human hands. It struck the feet of iron and clay, smashing them to

35 bits. ● The whole statue was crushed into small pieces of iron, clay, bronze, silver, and gold. Then the wind blew them away without a trace, like chaff on a threshing floor. But the rock that knocked the statue down became a great mountain that covered the whole earth.

36 ● "That was the dream. Now we will tell the

37 king what it means. ● Your Majesty, you are the greatest of kings. The God of heaven has given

38 you sovereignty, power, strength, and honor. ● He has made you the ruler over all the inhabited world and has put even the wild animals and birds under your control. You are the head of gold.

39 ● "But after your kingdom comes to an end, another kingdom, inferior to yours, will rise to take your place. After that kingdom has fallen, yet a third kingdom, represented by bronze, will rise

40 to rule the world. ● Following that kingdom, there will be a fourth one, as strong as iron. That kingdom will smash and crush all previous empires, just as iron smashes and crushes every-

41 thing it strikes. ● The feet and toes you saw were a combination of iron and baked clay, showing that this kingdom will be divided. Like iron mixed with clay, it will have some of the strength

42 of iron. ● But while some parts of it will be as strong as iron, other parts will be as weak as clay.

43 ● This mixture of iron and clay also shows that these kingdoms will try to strengthen themselves by forming alliances with each other through intermarriage. But they will not hold together, just as iron and clay do not mix.

alliance [əláiəns] n. 동맹
belly [béli] n. 배, 복부
chaff [tʃǽf] n. 왕겨
intermarriage [ìntərmǽridʒ] n. 통혼
sovereignty [sávərənti] n. 주권
thigh [θái] n. 허벅다리
2:34 smash… to bits : …를 쳐서 박살내다
2:35 without a trace : 흔적 없이
2:39 come to an end : 끝나다, 멸망하다
2:43 hold together : 단결하다, 결합시키다

2:34 As in Greek version (see also 2:45); Hebrew lacks *from a mountain.*

와 진흙이 서로 섞이지 못하는 것처럼 그 백성들도 하나 되지 못할 것입니다.

44 이 왕들의 시대에 하늘의 하나님이 한 나라를 세우실 터인데, 그 나라는 절대로 멸망하지 않을 것이며 다른 백성에게 넘어가지도 않을 것입니다. 오히려 이 나라가 다른 모든 나라를 쳐서 멸망시키고 영원히 설 것입니다.

45 아무도 떠지지 않은 돌이 산에서 날아와 쇠와 놋쇠와 진흙과 은과 금을 부수는 것을 보셨는데, 이것은 위대하신 하나님이 장차 일어날 일을 왕에게 보여 주신 것입니다. 이 꿈은 확실하며 그 꿈 풀이도 틀림없습니다."

46 이에 느부갓네살 왕이 엎드려 다니엘에게 절하고 예물과 향품을 그에게 주라고 명령했습니다.

47 그리고 왕이 다니엘에게 말했습니다. "너희 하나님은 모든 신들 가운데서 가장 위대하시며, 모든 왕들의 주가 되시는 것을 알았다. 네가 이 비밀을 내게 말했으니, 네 하나님은 참으로 비밀을 밝히 나타내는 분이시다."

48 왕은 다니엘을 나라의 높은 지위에 앉히고 많은 선물을 주었으며, 온 바빌론 지방의 통치자로 삼았을 뿐 아니라 바빌로니아의 모든 지혜자들의 지도자로 세웠습니다.

49 왕은 또한 다니엘의 요구를 받아들여서 사드락과 메삭과 아벳느고에게 바빌론 지방을 다스리게 하였습니다. 다니엘은 계속 왕궁에 머무르게 되었습니다.

황금 우상

3 느부갓네살 왕이 금으로 신상을 만들어 바빌론 지방의 두라 평지에 세웠습니다. 그 신상은 높이가 육십 규빗*, 넓이가 여섯 규빗* 가량이었습니다.

2 느부갓네살 왕이 사람을 보내어 지방장관, 사령관, 총독, 고문관, 재무관, 재판관과 법률가들을 포함해 지방의 모든 관리들에게 자기가 세운 신상의 제막식에 참석하라고 했습니다.

3 그래서 그들 모두가 제막식에 모여 느부갓네살 왕이 세운 신상 앞에 섰습니다.

4 그때에 전령이 큰 소리로 외쳤습니다. "모든 나라와 민족들아, 왕의 명령을 전한다!

5 나팔과 피리와 수금과 삼현금과 양금과 생황과 온갖 악기 소리가 나면 모두 엎드려 느부갓네살 왕이 세우신 황금 신상에 절해야 한다.

6 누구든지 엎드려 절하지 않는 사람이 있으면

44　•"During the reigns of those kings, the God of heaven will set up a kingdom that will never be destroyed or conquered. It will crush all these kingdoms into nothingness, and it will stand forever. •That is the meaning of the rock cut from the mountain, though not by human hands, that crushed to pieces the statue of iron, bronze, clay, silver, and gold. The great God was showing the king what will happen in the future. The dream is true, and its meaning is certain."

Nebuchadnezzar Rewards Daniel

46 •Then King Nebuchadnezzar threw himself down before Daniel and worshiped him, and he commanded his people to offer sacrifices and 47 burn sweet incense before him. •The king said to Daniel, "Truly, your God is the greatest of gods, the Lord over kings, a revealer of mysteries, for you have been able to reveal this secret."

48 •Then the king appointed Daniel to a high position and gave him many valuable gifts. He made Daniel ruler over the whole province of Babylon, as well as chief over all his wise men.

49 •At Daniel's request, the king appointed Shadrach, Meshach, and Abednego to be in charge of all the affairs of the province of Babylon, while Daniel remained in the king's court.

Nebuchadnezzar's Gold Statue

3 King Nebuchadnezzar made a gold statue ninety feet tall and nine feet wide* and set it up on the plain of Dura in the province of 2 Babylon. •Then he sent messages to the high officers, officials, governors, advisers, treasurers, judges, magistrates, and all the provincial officials to come to the dedication of the statue he had set 3 up. •So all these officials* came and stood before the statue King Nebuchadnezzar had set up.

4 •Then a herald shouted out, "People of all races and nations and languages, listen to the 5 king's command! •When you hear the sound of the horn, flute, zither, lyre, harp, pipes, and other musical instruments,* bow to the ground to wor-6 ship King Nebuchadnezzar's gold statue. •Anyone who refuses to obey will immediately be thrown into a blazing furnace."

---

magistrate [mǽdʒəstrèit] *n.* 행정 장관
nothingness [nʌ́θiŋnis] *n.* 무: 무가치
2:48 appoint A to B : A가 B가 되도록 임명하다
2:49 be in charge of … : …을 맡다(책임지다)

3:1　Aramaic *60 cubits* [27 meters] *tall and 6 cubits* [2.7 meters] *wide.*　3:3　Aramaic *the high officers, officials, governors, advisers, treasurers, judges, magistrates, and all the provincial officials.*　3:5　The identification of some of these musical instruments is uncertain.

3:1　60규빗은 약 27m에 해당되고, 6규빗은 약 2.7m에 해당된다.

즉시 불타는 용광로 속에 던져 넣을 것이다."

7 모든 백성과 나라와 민족들이, 나팔과 피리와 수금과 삼현금과 양금과 온갖 악기 소리가 들려 오자 엎드려 느부갓네살 왕이 세운 황금 신상에 절했습니다.

8 그때에 어떤 갈대아* 사람들이 왕에게 와서 유다 사람들을 고발했습니다.

9 그들이 느부갓네살 왕에게 말했습니다. "왕이시여, 만수무강하소서.

10 왕이시여, 왕은 누구든지 나팔과 피리와 수금과 삼현금과 양금과 생황과 온갖 악기 소리가 들리면 엎드려 황금 신상에 절해야 한다고 명령하셨습니다.

11 그리고 엎드려 절하지 않는 사람은 누구나 즉시 불타는 용광로 속에 던져질 것이라고 하셨습니다.

12 왕께서 바빌론 지방을 다스리도록 임명한 유다인들이 있습니다. 그들은 사드락, 메삭, 아벳느고입니다. 그런데 왕이시여, 이 사람들이 왕이 명한 것을 따르지 않습니다. 그들은 왕의 신들을 섬기지 않았고, 왕이 세우신 황금 신상에 절하지도 않았습니다."

13 그러자 느부갓네살 왕이 크게 화를 내며 사드락과 메삭과 아벳느고를 데려오라고 명령했고, 그들은 왕 앞에 끌려왔습니다.

14 느부갓네살 왕이 물었습니다. "사드락, 메삭, 아벳느고야, 너희가 참으로 내 신들을 섬기지 않고 내가 세운 황금 신상에 절하지 않았느냐?

15 지금이라도 준비하고 있다가 나팔과 피리와 수금과 삼현금과 양금과 생황과 온갖 악기 소리가 들려 오면 엎드려 내가 세운 신상에 절하여라. 그러나 절하지 않는다면 즉시 너희를 불타는 용광로 속으로 던져 넣겠다. 어느 신이 너희를 내 손에서 구해 낼 수 있겠느냐?"

16 사드락과 메삭과 아벳느고가 왕에게 대답했습니다. "느부갓네살 왕이시여, 이 일에 대해서는 우리가 왕께 답할 필요가 없습니다.

17 만약 우리가 용광로 속에 던져진다 하더라도, 우리가 섬기는 하나님께서 우리를 불타는 용광로와 왕의 손에서 구해 내실 것입니다.

18 왕이시여, 하나님께서 우리를 구해 주지 않으셔도 우리는 왕의 신들을 섬기지 않을 것이며, 왕이 세운 황금 신상에도 절하지 않을 것이니 그리 알아 주십시오."

---

7 •So at the sound of the musical instruments,* all the people, whatever their race or nation or language, bowed to the ground and worshiped the gold statue that King Nebuchadnezzar had set up.

8 •But some of the astrologers* went to the king 9 and informed on the Jews. •They said to King 10 Nebuchadnezzar, "Long live the king! •You issued a decree requiring all the people to bow down and worship the gold statue when they hear the sound of the horn, flute, zither, lyre, harp, pipes, and other musical instruments.

11 •That decree also states that those who refuse to obey must be thrown into a blazing furnace.

12 •But there are some Jews—Shadrach, Meshach, and Abednego—whom you have put in charge of the province of Babylon. They pay no attention to you, Your Majesty. They refuse to serve your gods and do not worship the gold statue you have set up."

13 •Then Nebuchadnezzar flew into a rage and ordered that Shadrach, Meshach, and Abednego be brought before him. When they were brought 14 in, •Nebuchadnezzar said to them, "Is it true, Shadrach, Meshach, and Abednego, that you refuse to serve my gods or to worship the gold 15 statue I have set up? •I will give you one more chance to bow down and worship the statue I have made when you hear the sound of the musical instruments.* But if you refuse, you will be thrown immediately into the blazing furnace. And then what god will be able to rescue you from my power?"

16 •Shadrach, Meshach, and Abednego replied, "O Nebuchadnezzar, we do not need to defend 17 ourselves before you. •If we are thrown into the blazing furnace, the God whom we serve is able to save us. He will rescue us from your power, 18 Your Majesty. •But even if he doesn't, we want to make it clear to you, Your Majesty, that we will never serve your gods or worship the gold statue you have set up."

---

blazing [bléiziŋ] *a.* 불타는
decree [dikrí:] *n.* 명령
furnace [fə́:rnis] *n.* 용광로
instrument [ínstrəmənt] *n.* 악기
lyre [laiər] *n.* 수금
refuse [rifjú:z] *vt.* 거절하다
require [rikwáiər] *vt.* …을 요구하다
zither [zíðər] *n.* 치터 (현악기: 하프류)
3:8 inform on … : …에 관해 말하다
3:13 fly into a rage : 벌컥 화를 내다, 격노하다

3:7 Aramaic *the horn, flute, zither, lyre, harp, and other musical instruments.*   3:8 Aramaic *Chaldeans.*   3:15 Aramaic *the horn, flute, zither, lyre, harp, pipes, and other musical instruments.*

3:8 '갈대아' 는 '바빌로니아' 를 의미한다.

The Blazing Furnace

19 느부갓네살 왕은 사드락과 메삭과 아벳느고에게 잔뜩 화가 나서 얼굴빛마저 달라졌습니다. 그리고 용굴로를 보통 때보다 일곱 배나 더 뜨겁게 하라고 명령했습니다.

20 그리고 군대에서 힘센 용사 몇 사람에게 사드락과 메삭과 아벳느고를 묶어 불타는 용광로 속으로 던져 넣도록 명령하였습니다.

21 그러자 용사들은 그들을 옷을 입은 채로 묶어서 불타는 용광로 속에 던져 넣었습니다.

22 그만큼 왕이 화가 난 것입니다. 용광로는 매우 뜨거워서 사드락과 메삭과 아벳느고를 붙잡고 있던 힘센 용사들이 불길에 타 죽었습니다.

23 사드락과 메삭과 아벳느고 세 사람은 단단히 묶인 채 불타는 용광로 속으로 던져졌습니다.

24 그때, 느부갓네살 왕이 깜짝 놀라 급히 자리에서 일어나면서 보좌관들에게 물었습니다. "우리가 묶어서 용광로 불 속에 던져 넣은 사람이 세 사람이 아니더냐?" 그들이 대답했습니다. "그렇습니다."

25 왕이 말했습니다. "보아라! 내가 보기에는 네 사람이다. 모두 결박이 풀린 채로 불 가운데로 다니고 있으며 아무런 상처도 없다. 더욱이 네 번째 사람의 모습은 신의 아들과 같구나!"

26 느부갓네살 왕이 불타는 용광로 입구로 다가가서 외쳤습니다. "지극히 높으신 하나님의 종 사드락과 메삭과 아벳느고야, 이리로 나오너라!" 그러자 사드락과 메삭과 아벳느고가 불 가운데서 나왔습니다.

27 지방장관들과 총독들과 왕의 고문들이 모여서 이들을 보았는데, 옷이 타지도 않았고 머리털도 그을리지 않았으며, 그들에게서 불에 탄 냄새조차 나지 않았습니다.

28 느부갓네살 왕이 말했습니다. "사드락과 메삭과 아벳느고의 하나님을 찬양하여라. 그는 천사를 보내어 그를 믿고 따르는 종들을 구하셨다. 이들은 왕의 명령을 무시하고 자신의 몸을 바쳐서까지 저희의 하나님이 아닌 다른 신들을 섬기거나 절하지 않았다.

29 그러므로 이제 내가 조서를 내린다. 모든 백성이나 나라나 민족들 중에 사드락과 메삭과 아벳느고의 하나님에 대하여 함부로 말하는 사람은 그 몸이 찢길 것이며, 그들의 집은 쓰레기 더미가 될 것이다. 이런 방법으로 구원할 수 있는 신은 어디에도 없다."

19 •Nebuchadnezzar was so furious with Shadrach, Meshach, and Abednego that his face became distorted with rage. He commanded that the furnace be heated seven times hotter than usual.

20 •Then he ordered some of the strongest men of his army to bind Shadrach, Meshach, and Abednego and throw them into the blazing furnace.

21 •So they tied them up and threw them into the furnace, fully dressed in their pants, turbans, robes, and other garments.

22 •And because the king, in his anger, had demanded such a hot fire in the furnace, the flames killed the soldiers as

23 they threw the three men in. •So Shadrach, Meshach, and Abednego, securely tied, fell into the roaring flames.

24 •But suddenly, Nebuchadnezzar jumped up in amazement and exclaimed to his advisers, "Didn't we tie up three men and throw them into the furnace?"

"Yes, Your Majesty, we certainly did," they replied.

25 •"Look!" Nebuchadnezzar shouted. "I see four men, unbound, walking around in the fire unharmed! And the fourth looks like a god*!"

26 •Then Nebuchadnezzar came as close as he could to the door of the flaming furnace and shouted: "Shadrach, Meshach, and Abednego, servants of the Most High God, come out! Come here!"

So Shadrach, Meshach, and Abednego stepped

27 out of the fire. •Then the high officers, officials, governors, and advisers crowded around them and saw that the fire had not touched them. Not a hair on their heads was singed, and their clothing was not scorched. They didn't even smell of smoke!

28 •Then Nebuchadnezzar said, "Praise to the God of Shadrach, Meshach, and Abednego! He sent his angel to rescue his servants who trusted in him. They defied the king's command and were willing to die rather than serve or worship

29 any god except their own God. •Therefore, I make this decree: If any people, whatever their race or nation or language, speak a word against the God of Shadrach, Meshach, and Abednego, they will be torn limb from limb, and their houses will be turned into heaps of rubble. There is no other god who can rescue like this!"

defy [difái] vt. 대항하다: 무시하다
distorted [distɔ́:rtid] a. 일그러진
flaming [fléimiŋ] a. 타오르는
scorched [skɔ́:rtʃt] a. 탄
singed [síndʒd] vt. 그슬리다
unbound [ʌnbáund] a. 속박이 풀린
unharmed [ʌnhá:rmd] a. 상하지 않은

3:25 Aramaic *like a son of the gods*.

30 왕은 사드락과 메삭과 아벳느고를 바빌론 지방에서 더 높은 자리에 앉혔습니다.

느부갓네살 왕의 두 번째 꿈

4 느부갓네살 왕이 전국에 있는 모든 백성과 나라와 민족들에게 다음과 같은 조서를 내렸습니다. "너희에게 평강이 넘치기를 원한다.

2 지극히 높으신 하나님께서 내게 보여 주신 기적과 놀라운 일을 너희들에게 기꺼이 알리고자 한다.

3 그가 행하신 기적은 크시며, 그의 기사는 놀랍도다! 그의 왕국은 영원할 것이며, 그의 통치는 대대에 미칠 것이다.

4 나 느부갓네살이 집에서 편히 쉬며 궁정에서 평안을 누릴 때,

5 꿈을 꾸었는데 그 꿈 때문에 두려워하였다. 침상에서 누워 생각하는 중에 환상을 보고 잠을 이루지 못하였다.

6 나는 그 꿈과 그 뜻을 알아보려고 명령을 내려 바빌론의 모든 지혜자들을 내 앞으로 불러 오게 하였다.

7 마술사와 점성가와 주술가와 점쟁이들이 왔을 때에 그들에게 꿈 이야기를 해 주었으나, 그들은 그 꿈을 풀지 못했다.

8 마지막으로 다니엘이 내 앞에 나타났다. 그는 내가 내 신의 이름을 따서 벨드사살이라 불렀던 자였다. 그는 거룩한 신들의 영을 지닌 사람이어서 내가 꾼 꿈을 그에게 말해 주었다.

9 '마술사들의 우두머리인 벨드사살아, 네게 거룩한 신들의 영이 있어 네게는 어떤 비밀이라도 어려울 것이 없다는 것을 안다. 그러니 내가 본 꿈의 의미를 말해 보아라.

10 내가 침상에 누워 있는 동안에 본 환상은 이러하다. 나는 땅의 한가운데에서 매우 높은 한 그루의 나무를 보았다.

11 그 나무는 크게 자라 튼튼하게 되고, 그 높이는 하늘까지 닿아서 땅끝에서도 잘 보였다.

12 나뭇잎은 매우 푸르렀으며, 누구나 먹을 수 있을 만큼 열매도 아주 많았다. 나무 아래에서는 들짐승들이 쉬었고, 가지에는 새들이 모여들고, 모든 생물이 그 나무에서 먹이를 얻었다.

13 또한 나는 환상 속에서 한 거룩한 감시자가 하늘로부터 내려오는 것을 보았다.

14 그가 큰 소리로 이렇게 외쳤다. "이 나무를 베어 내고 그 가지를 꺾어라. 잎사귀는 다 떨어버리고 열매는 흩어 버려라. 나무 아래서 쉬는

---

30 • Then the king promoted Shadrach, Meshach, and Abednego to even higher positions in the province of Babylon.

Nebuchadnezzar's Dream about a Tree

4 ¹ •*King Nebuchadnezzar sent this message to the people of every race and nation and language throughout the world:

"Peace and prosperity to you!

2 • "I want you all to know about the miraculous signs and wonders the Most High God has performed for me.

3 • How great are his signs,
　　how powerful his wonders!
　His kingdom will last forever,
　　his rule through all generations.

4 •*"I, Nebuchadnezzar, was living in my
5 palace in comfort and prosperity. • But one night I had a dream that frightened me; I saw
6 visions that terrified me as I lay in my bed. • So I issued an order calling in all the wise men of Babylon, so they could tell me what my dream
7 meant. • When all the magicians, enchanters, astrologers,* and fortune-tellers came in, I told them the dream, but they could not tell me
8 what it meant. • At last Daniel came in before me, and I told him the dream. (He was named Belteshazzar after my god, and the spirit of the holy gods is in him.)

9 • "I said to him, 'Belteshazzar, chief of the magicians, I know that the spirit of the holy gods is in you and that no mystery is too great for you to solve. Now tell me what my dream means.

10 • " 'While I was lying in my bed, this is what I dreamed. I saw a large tree in the middle of the
11 earth. • The tree grew very tall and strong, reaching high into the heavens for all the world
12 to see. • It had fresh green leaves, and it was loaded with fruit for all to eat. Wild animals lived in its shade, and birds nested in its branches. All the world was fed from this tree.

13 • " 'Then as I lay there dreaming, I saw a messenger,* a holy one, coming down from heaven.
14 • The messenger shouted,

"Cut down the tree and lop off its branches!
　Shake off its leaves and scatter its fruit!

---

perform [pərfɔ́ːrm] *vt.* 수행하다
4:12 be loaded with … : …으로 가득하다
4:14 lop off … : …을 쳐서 떨어뜨리다

4:1 Verses 4:1-3 are numbered 3:31-33 in Aramaic text.
4:4 Verses 4:4-37 are numbered 4:1-34 in Aramaic text.
4:7 Or *Chaldeans.* 4:13 Aramaic *a watcher;* also in 4:23.

짐승들은 쫓아내고 가지에 모여든 새들도 쫓아 버려라.

15 그러나 그루터기는 뿌리와 함께 땅에 남겨 두고 쇠줄과 놋줄로 묶어서 들풀 가운데 내버려 두어라. 하늘의 이슬에 젖게 하고 땅의 풀 가운데서 들짐승과 함께 살게 하여라.

16 또 그에게 사람의 마음 대신에 짐승의 마음을 주어서 일곱 때*를 지내게 할 것이다.

17 이 일은 감시자들이 명령한 것이요, 거룩한 이들이 선언한 것이다. 이는 지극히 높으신 하나님께서 인간의 나라를 다스리시며, 그가 원하는 사람에게 그 나라를 주시며, 가장 낮은 사람을 그 위에 세우시는 것을 모든 사람들로 알게 하려는 것이었다.'"

18 이것이 나 느부갓네살 왕이 꾼 꿈이다. 그러니 벨드사살아, 이 꿈의 뜻을 풀어 보아라. 내 나라에 있는 모든 지혜자들도 이 꿈의 뜻을 풀지 못했으나, 거룩한 신들의 영이 네게 있으니, 너는 풀 수 있을 것이다.'"

다니엘의 꿈 풀이

19 그러자 벨드사살이라고도 불리는 다니엘은 놀라 한동안 마음이 어지러웠습니다. 그래서 왕이 그에게 말했습니다. "벨드사살아, 이 꿈과 그 뜻 때문에 놀라지 않기를 바란다." 이에 벨드사살이라고도 불리는 다니엘이 왕에게 대답하였습니다. "왕이시여, 그 꿈이 왕의 원수에 관한 꿈이며, 그 뜻도 왕의 적에 대한 것이었으면 좋겠습니다.

20 왕이 꿈에서 보셨던 나무는 크고 튼튼하게 자랐으며, 그 꼭대기가 하늘까지 닿아서 땅끝에서도 잘 보였습니다.

21 그 잎사귀는 아름다웠으며, 열매는 누구나 먹을 수 있을 만큼 매우 많았습니다. 들짐승들이 나무 아래에 와서 쉬었고, 가지에는 새들이 모여들었습니다.

22 왕이시여, 그 나무는 바로 왕이십니다. 왕은 크고 강해지셨습니다. 왕의 강대함은 하늘에 닿았고, 왕의 통치는 땅끝까지 미쳤습니다.

23 왕께서 볼 때, 거룩한 감시자가 하늘에서 내려와서 '이 나무를 베어 없애 버리되, 뿌리의 그루터기는 땅 속에 남겨 두고, 그것을 쇠줄과 놋줄로 동이고 들풀 가운데 내버려 두어, 이슬에 젖게 하고 들짐승과 함께 어울리게 하여 일곱 때를 지내도록 하여라' 라고 말했습니다.

Chase the wild animals from its shade
    and the birds from its branches.
15 • But leave the stump and the roots in the ground,
    bound with a band of iron and bronze
    and surrounded by tender grass.
    Now let him be drenched with the dew of heaven,
    and let him live with the wild animals
      among the plants of the field.
16 • For seven periods of time,
    let him have the mind of a wild animal
    instead of the mind of a human.
17 • For this has been decreed by the messengers*;
    it is commanded by the holy ones,
so that everyone may know
    that the Most High rules over the
      kingdoms of the world.
He gives them to anyone he chooses—
    even to the lowliest of people."

18 • " 'Belteshazzar, that was the dream that I, King Nebuchadnezzar, had. Now tell me what it means, for none of the wise men of my kingdom can do so. But you can tell me because the spirit of the holy gods is in you.'

Daniel Explains the Dream

19 • "Upon hearing this, Daniel (also known as Belteshazzar) was overcome for a time, frightened by the meaning of the dream. Then the king said to him, 'Belteshazzar, don't be alarmed by the dream and what it means.'

"Belteshazzar replied, 'I wish the events foreshadowed in this dream would happen to your enemies, my lord, and not to you! • The tree
20 you saw was growing very tall and strong, reaching high into the heavens for all the world to see. • It had fresh green leaves and was loaded
21 with fruit for all to eat. Wild animals lived in its shade, and birds nested in its branches. • That
22 tree, Your Majesty, is you. For you have grown strong and great; your greatness reaches up to heaven, and your rule to the ends of the earth.

23 • " 'Then you saw a messenger, a holy one, coming down from heaven and saying, "Cut down the tree and destroy it. But leave the stump and the roots in the ground, bound with a band of iron and bronze and surrounded by tender grass. Let him be drenched with the dew of heaven. Let him live with the animals of the field for seven periods of time."

---

foreshadow [fɔːrˈʃædou] *vt.* (신이) 예시(豫示)하다
4:15 **be drenched with**… : …에 젖다

4:17 Aramaic *the watchers*.
4:16 '일곱 해' 와 같은 의미이다.

24 왕이시여, 꿈의 뜻은 이러합니다. 이것은 지극히 높으신 하나님께서 장차 일어날 일을 왕에게 미리 보여 주신 것입니다.

25 왕은 사람들에게서 쫓겨나 들짐승들과 함께 살게 될 것입니다. 왕은 소처럼 풀을 뜯게 될 것이며, 하늘에서 내리는 이슬에 젖게 될 것입니다. 일곱 때가 지난 뒤에야 왕은 비로소 지극히 높으신 하나님께서 인간의 나라를 다스리신다는 것과, 그 나라를 자기 뜻에 맞는 사람에게 주신다는 것을 알게 될 것입니다.

26 또 나무 뿌리의 그루터기를 땅에 남기라 명한 것은 왕이 하나님께서 다스리신다는 것을 깨달으신 뒤에 왕의 나라가 굳게 선다는 뜻입니다.

27 그러므로 왕이시여, 저의 충고를 받아들이십시오. 죄악을 버리고 옳은 일을 하십시오, 가난한 백성을 불쌍히 여기시고, 악한 길에서 벗어나십시오. 그렇게 하면 혹시 왕의 영화가 계속 이어질 수 있을지 모릅니다."

왕의 꿈이 그대로 이루어지다

28 "이 모든 일이 그대로 나 느부갓네살 왕에게 일어났다.

29 열두 달이 지난 뒤, 내가 바빌론 왕궁의 옥상을 걷고 있을 때였다.

30 나는 이렇게 말했다. '이 바빌로니아는 위대하지 않은가? 내가 내 힘과 권력으로 세웠지 않은가? 내 영광을 위해 세운 것이 아닌가?'

31 이 말을 마치기도 전에 한 목소리가 하늘에서 들렸다. '느부갓네살 왕아, 네게 말하노니, 왕권이 너에게서 떠나갔다.

32 너는 사람들에게서 쫓겨나 들짐승들과 함께 살게 되고, 소처럼 풀을 뜯어 먹게 될 것이다. 일곱 해가 지난 후에 너는 비로소 지극히 높으신 하나님께서 인간의 나라를 다스리신다는 것과, 그 나라를 자기 마음에 드는 사람에게 주신다는 것을 알게 될 것이다.'

33 그 말은 곧장 나 느부갓네살 왕에게 그대로 이루어졌다. 나는 사람들에게서 쫓겨나 소처럼 풀을 뜯어 먹었으며, 내 몸은 하늘에서 내리는 이슬에 젖었다. 나의 머리털은 독수리의 깃털처럼 자랐고, 나의 손톱은 새의 발톱처럼 길게 자랐다.

34 정해진 기간이 지나자 나 느부갓네살은 하늘을 우러러보고 정신을 되찾을 수 있게 되었다. 나는 지극히 높으신 하나님, 영원히 살아 계신 분에게 찬양과 영광을 돌렸다. 하나님의 다스

24 • "This is what the dream means, Your Majesty, and what the Most High has declared 25 will happen to my lord the king. •You will be driven from human society, and you will live in the fields with the wild animals. You will eat grass like a cow, and you will be drenched with the dew of heaven. Seven periods of time will pass while you live this way, until you learn that the Most High rules over the kingdoms of the world and gives them to anyone he chooses. 26 •But the stump and roots of the tree were left in the ground. This means that you will receive your kingdom back again when you have learned that heaven rules. 27 • "King Nebuchadnezzar, please accept my advice. Stop sinning and do what is right. Break from your wicked past and be merciful to the poor. Perhaps then you will continue to prosper.'

The Dream's Fulfillment

28 • "But all these things did happen to King 29 Nebuchadnezzar. •Twelve months later he was taking a walk on the flat roof of the royal palace 30 in Babylon. •As he looked out across the city, he said, 'Look at this great city of Babylon! By my own mighty power, I have built this beautiful city as my royal residence to display my majestic splendor.'

31 • "While these words were still in his mouth, a voice called down from heaven, 'O King Nebuchadnezzar, this message is for you! You 32 are no longer ruler of this kingdom. •You will be driven from human society. You will live in the fields with the wild animals, and you will eat grass like a cow. Seven periods of time will pass while you live this way, until you learn that the Most High rules over the kingdoms of the world and gives them to anyone he chooses.'

33 • "That same hour the judgment was fulfilled, and Nebuchadnezzar was driven from human society. He ate grass like a cow, and he was drenched with the dew of heaven. He lived this way until his hair was as long as eagles' feathers and his nails were like birds' claws.

Nebuchadnezzar Praises God

34 • "After this time had passed, I, Nebuchadnezzar, looked up to heaven. My sanity returned, and I praised and worshiped the Most High and honored the one who lives forever.

　　His rule is everlasting,
　　　and his kingdom is eternal.

sanity [sǽnəti] *n.* 제정신, 정신이 온전함
splendor [spléndər] *n.* (명성 등의) 현저, 훌륭함
stump [stʌmp] *n.* 그루터기

리심은 영원하며 그의 나라는 대대로 이어질
것이다.

35 그는 땅의 백성들을 없는 것같이 여기시며, 하
늘의 군대와 땅의 백성들을 뜻대로 다루신다.
어느 누구도 그가 행하시는 일을 막을 수 없으
며, 어느 누구도 무엇을 행하셨느냐고 물을 수
없다.

36 내가 정신을 되찾았을 때, 나의 명예와 위엄과
나라의 권세가 회복되었고, 나의 고문관들과
관리들이 나를 찾아왔으며, 왕위가 회복되자
전보다 더 위세가 커졌다.

37 이제 나 느부갓네살은 하늘의 왕께 찬양하며
영광을 돌린다. 그의 일은 모두 참되며, 그의
행하심은 의로우시다. 그는 교만한 사람을 낮
추신다.”

벽에 적힌 글씨

5 벨사살 왕이 귀한 손님 천 명을 불러서 큰
잔치를 베풀어 그들과 함께 술을 마셨습니
다.

2 벨사살은 술을 마시다가 명령을 내려 그의
아버지, 느부갓네살이 예루살렘 성전에서 가
져온 금잔과 은잔들을 가져오게 했습니다.
이는 왕과 지방장관들과 왕비들과 후궁들이
그 잔으로 술을 마시도록 하기 위해서였습
니다.

3 예루살렘에 있는 하나님의 성전에서 가져온
금잔들을 내어 오자, 왕과 그의 귀한 손님들과
왕비들과 후궁들이 그 잔으로 술을 마셨습니
다.

4 그들은 술을 마시면서 금과 은과 놋쇠와 쇠와
나무와 돌로 만든 신들을 찬양했습니다.

5 바로 그때, 사람의 손가락이 나타나더니 촛대
맞은편 왕궁 석고벽 위에 글자를 쓰기 시작했
습니다. 왕은 그 손가락이 글자를 쓰는 것을
보았습니다.

6 왕은 두려움에 사로잡혀 얼굴이 창백해지고
다리에 힘이 없어져 무릎이 후들후들 떨렸습
니다.

7 왕은 점성가들과 주술사들과 점쟁이들을 불
러 오게 하였습니다. 왕이 바빌론의 지혜자들
에게 말했습니다. “누구든지 이 글을 읽고 그
뜻을 내게 풀어 주는 사람에게, 자주색 옷을
입혀 주고 목에는 금사슬을 걸어 주고 이 나라
에서 셋째가는 통치자로 삼겠다.”

8 왕의 지혜자들이 모두 왔으나, 그 글자를 읽고
나 그 뜻을 설명할 수 있는 사람은 아무도 없었

35　● All the people of the earth
　　　are nothing compared to him.
　　He does as he pleases
　　　among the angels of heaven
　　　and among the people of the earth.
　　No one can stop him or say to him,
　　　'What do you mean by doing these
　　　　things?'

36　● "When my sanity returned to me, so did
my honor and glory and kingdom. My advisers
and nobles sought me out, and I was restored as
head of my kingdom, with even greater honor
than before.

37　● "Now I, Nebuchadnezzar, praise and glorify
and honor the King of heaven. All his acts are
just and true, and he is able to humble the
proud."

The Writing on the Wall

5 Many years later King Belshazzar gave a great
feast for 1,000 of his nobles, and he drank
2 wine with them. ● While Belshazzar was drink-
ing the wine, he gave orders to bring in the gold
and silver cups that his predecessor,* Nebuchad-
nezzar, had taken from the Temple in Jerusalem.
He wanted to drink from them with his nobles,
3 his wives, and his concubines. ● So they brought
these gold cups taken from the Temple, the house
of God in Jerusalem, and the king and his nobles,
his wives, and his concubines drank from them.
4 ● While they drank from them they praised their
idols made of gold, silver, bronze, iron, wood, and
stone.
5 　● Suddenly, they saw the fingers of a human
hand writing on the plaster wall of the king's
palace, near the lampstand. The king himself saw
6 the hand as it wrote, ●and his face turned pale
with fright. His knees knocked together in fear
and his legs gave way beneath him.
7 　● The king shouted for the enchanters, astrolo-
gers,* and fortune-tellers to be brought before
him. He said to these wise men of Babylon,
"Whoever can read this writing and tell me what
it means will be dressed in purple robes of royal
honor and will have a gold chain placed around
his neck. He will become the third highest ruler
in the kingdom!"
8 　● But when all the king's wise men had come
in, none of them could read the writing or tell

---

concubine [kɑ́ŋkjubàin] *n.* 첩
fright [fráit] *n.* 공포
plaster [plǽstər] *n.* 회반죽
predecessor [prédəsesər] *n.* 전임자: 조상
5:6 give way : 무너지다: 낙심하다

5:2 Aramaic *father;* also in 5:11, 13, 18.　　5:7 Or
Chaldeans; also in 5:11.

습니다.

9 벨사살 왕이 더욱 두려워하여 얼굴이 더 창백해졌고 손님들도 당황하였습니다.

10 그때에 왕의 어머니가 왕과 귀한 손님들의 떠드는 소리를 듣고 연회장으로 들어와서 이렇게 말했습니다. "왕이시여, 만수무강 하십시오, 두려워하지 마시고, 얼굴에서 근심을 거두십시오.

11 왕의 나라에 거룩한 신들의 영을 받은 사람이 있습니다. 그는 왕의 아버지 때에 신들의 지혜와 같은 지혜와 명철을 보여 준 사람입니다. 선왕이신 느부갓네살 왕은 그 사람을 마술사, 점성가, 주술가와 점쟁이들의 우두머리로 세우셨습니다.

12 제가 말하는 사람은 다니엘입니다. 느부갓네살 왕은 그에게 벨드사살이라는 이름을 지어 주었습니다. 그는 매우 총명하며 지식과 통찰력을 가진 사람입니다. 그는 꿈과 비밀을 말할 수 있고, 아무리 어려운 문제라도 풀 수 있습니다. 다니엘을 부르십시오, 벽 위의 글자가 무슨 뜻인지 그가 왕에게 설명해 줄 것입니다."

13 다니엘이 부름을 받아 왕 앞에 나왔습니다. 왕이 그에게 물었습니다. "네 이름이 다니엘이냐? 네가 내 부왕이 유다에서 데려온 포로 가운데 한 사람이냐?

14 네 안에 신들의 영이 있다는 말을 들었다. 네가 매우 총명하며 지식과 통찰력이 있다는 말도 들었다.

15 내가 지혜자들과 마술사들을 불러 벽 위에 적힌 이 글자를 읽고 그 뜻을 말해 보라고 했으나 아무도 설명하지 못했다.

16 그런데 너는 해석을 잘 하고 어려운 문제도 잘 푼다고 들었다. 그러니 벽 위에 적힌 글을 읽고 설명해 보아라. 네가 그렇게만 할 수 있다면 내가 네게 자주색 옷을 입혀 주고 목에는 금사슬을 걸어 주고 이 나라의 셋째가는 통치자로 삼아 주겠다."

17 다니엘이 왕에게 대답했습니다. "선물은 왕이 가져가시고 상도 다른 사람에게 주십시오, 하지만 나는 왕을 위해 벽 위의 글을 읽고 그 뜻을 풀어 드리겠습니다.

18 왕이시여, 지극히 높으신 하나님께서 왕의 아버지 느부갓네살을 위대하고 강한 왕으로 만드셨습니다.

19 하나님께서 그에게 큰 권세를 주셨기 때문

9 him what it meant. •So the king grew even more alarmed, and his face turned pale. His nobles, too, were shaken.

10 •But when the queen mother heard what was happening, she hurried to the banquet hall. She said to Belshazzar, "Long live the king! Don't be so

11 pale and frightened. •There is a man in your kingdom who has within him the spirit of the holy gods. During Nebuchadnezzar's reign, this man was found to have insight, understanding, and wisdom like that of the gods. Your predecessor, the king—your predecessor King Nebuchadnezzar—made him chief over all the magicians, enchanters, astrologers, and fortune-tellers of

12 Babylon. •This man Daniel, whom the king named Belteshazzar, has exceptional ability and is filled with divine knowledge and understanding. He can interpret dreams, explain riddles, and solve difficult problems. Call for Daniel, and he will tell you what the writing means."

Daniel Explains the Writing

13 •So Daniel was brought in before the king. The king asked him, "Are you Daniel, one of the exiles brought from Judah by my predecessor, King

14 Nebuchadnezzar? •I have heard that you have the spirit of the gods within you and that you are filled with insight, understanding, and wisdom.

15 •My wise men and enchanters have tried to read the words on the wall and tell me their meaning,

16 but they cannot do it. •I am told that you can give interpretations and solve difficult problems. If you can read these words and tell me their meaning, you will be clothed in purple robes of royal honor, and you will have a gold chain placed around your neck. You will become the third highest ruler in the kingdom."

17 •Daniel answered the king, "Keep your gifts or give them to someone else, but I will tell you

18 what the writing means. •Your Majesty, the Most High God gave sovereignty, majesty, glory, and

19 honor to your predecessor, Nebuchadnezzar. •He made him so great that people of all races and nations and languages trembled before him in fear. He killed those he wanted to kill and spared those he wanted to spare. He honored those he wanted to honor and disgraced those he wanted

---

banquet [bǽŋkwit] *n.* 연회
disgrace [disgréis] *vt.* 수치가 되다; 파면하다
divine [diváin] *a.* 신의, 신이 준
exceptional [iksépʃənl] *a.* 특별한
exile [égzail] *n.* 포로
frightened [fráitnd] *a.* 깜짝 놀란
interpret [intə́ːrprit] *vt.* 해석하다
riddle [rídl] *n.* 난문, 난제
sovereignty [sávərənti] *n.* 주권, 통치권
tremble [trémbl] *vi.* 떨다

에 백성들과 나라들과 각기 다른 말을 쓰는 모든 사람이 느부갓네살 왕을 무서워했습니다. 그는 마음대로 사람을 죽이기도 하고 살리기도 했으며, 높이기도 하고 낮추기도 했습니다.

20 하지만 느부갓네살 왕은 너무 높아지고 교만해졌습니다. 그래서 왕의 보좌에서도 쫓겨나고 누리던 영광도 빼앗겼습니다.

21 느부갓네살 왕은 사람들에게서 쫓겨나 그 마음이 들짐승처럼 되어, 들나귀처럼 살며 소처럼 풀을 먹었고, 몸은 이슬에 젖었습니다. 그러다가 비로소 지극히 높으신 하나님께서 인간의 나라를 다스리신다는 것과, 하나님의 마음에 드는 사람에게 그 나라를 주신다는 것을 알게 되었습니다.

22 느부갓네살의 자손인 벨사살 왕이시여, 왕께서는 이 모든 일을 알면서도 마음을 낮추지 않으셨습니다.

23 오히려 하늘의 주를 거스르고, 주의 성전에 있던 잔들을 가져오게 하여 귀한 손님들과 왕비들과 후궁들과 함께 그 잔으로 술을 마셨습니다. 그리고 왕은 왕의 생명과 왕이 하시는 모든 일을 다스리시는 하나님을 섬기지 않고, 은과 금과 놋쇠와 쇠와 나무와 돌로 만든 신들을 찬양하였습니다. 보지도 못하고 듣지도 못하고 아무것도 깨닫지 못하는 그것들은 참 신이 아닙니다.

24 그래서 하나님께서 이 손을 보내셔서 벽에 글자를 쓰게 하신 것입니다.

25 벽에 적힌 글자는 '메네, 메네, 데겔, 바르신'* 입니다.

26 그 뜻은 이렇습니다. 메네는 하나님께서 왕의 나라의 끝날을 정하셨다는 뜻입니다.

27 데겔은 왕이 저울 위에 달리셨는데, 무게가 모자란다는 뜻입니다.

28 바르신은 왕의 나라가 나뉘었다는 뜻입니다. 왕의 나라는 메대와 페르시아 사람들에게 넘어갈 것입니다."

29 이에 벨사살이 명령을 내려 다니엘에게 자주색 옷을 입히고 금사슬을 목에 걸어 주고 그를 나라의 셋째 가는 통치자로 세웠습니다.

30 바로 그날 밤에 바빌로니아의 왕 벨사살이 죽임을 당했습니다.

31 메대 사람 다리오가 새 왕이 되었습니다. 다리오의 나이는 육십이 세였습니다.

20 to disgrace. •But when his heart and mind were puffed up with arrogance, he was brought down from his royal throne and stripped of his glory.

21 •He was driven from human society. He was given the mind of a wild animal, and he lived among the wild donkeys. He ate grass like a cow, and he was drenched with the dew of heaven, until he learned that the Most High God rules over the kingdoms of the world and appoints anyone he desires to rule over them.

22 •"You are his successor,* O Belshazzar, and you knew all this, yet you have not humbled yourself. •For you have proudly defied the Lord

23 of heaven and have had these cups from his Temple brought before you. You and your nobles and your wives and concubines have been drinking wine from them while praising gods of silver, gold, bronze, iron, wood, and stone—gods that neither see nor hear nor know anything at all. But you have not honored the God who gives you the breath of life and controls your destiny!

24 •So God has sent this hand to write this message.

25 •"This is the message that was written: MENE,

26 MENE, TEKEL, and PARSIN. •This is what these words mean:

Mene means 'numbered'—God has numbered the days of your reign and has brought it to an end.

27 • *Tekel* means 'weighed'—you have been weighed on the balances and have not measured up.

28 • *Parsin** means 'divided'—your kingdom has been divided and given to the Medes and Persians."

29 •Then at Belshazzar's command, Daniel was dressed in purple robes, a gold chain was hung around his neck, and he was proclaimed the third highest ruler in the kingdom.

30 •That very night Belshazzar, the Babylonian* king, was killed.*

31 •*And Darius the Mede took over the kingdom at the age of sixty-two.

---

arrogance [ǽrəgəns] *n.* 거만
defy [difai] *vt.* 무시하다
puff [pʌf] *vi.* 우쭐해지다(up)
singular [síŋgjulər] *n.* 〈문법〉 단수(형)
5:20 be brought down from … : …에서 폐위되다
5:20 be stripped of … : …을 빼앗기다
5:31 take over … : …을 인수하다

5:22 Aramaic *son.*　5:28 Aramaic *Peres,* the singular of *Parsin.*　5:30a Or *Chaldean.*　5:30b The Persians and Medes conquered Babylon in October 539 B.C.　5:31 Verse 5:31 is numbered 6:1 in Aramaic text.
5:25 개역 성경에는 '메네, 메네, 데겔, 우바르신'이라고 표기되어 있다. '우바르신'의 '우'는 '그리고'라는 뜻이다.

사자굴 속에 들어간 다니엘

6 다리오는 총독 백이십 명을 세워 나라 전체를 다스리게 하는 것이 좋겠다고 생각했습니다.

2 그는 또 그들 위에 총리 세 명을 세웠는데, 다니엘도 그 가운데 한 사람이었습니다. 왕이 그들을 세운 이유는 나라를 다스리는 데 어려움이 없도록 하기 위함이었습니다.

3 다니엘은 다른 총리나 총독들보다 더 뛰어났기 때문에 왕은 그에게 나라 전체를 맡기려 했습니다.

4 그러자 다른 총리와 총독들이 다니엘을 고소하려고 그의 잘못을 찾으려 했지만, 그가 충성스럽게 나라 일을 잘 맡아 처리했으므로 아무런 잘못이나 흠을 찾을 수 없었습니다.

5 그러자 그들이 말했습니다. "다니엘은 하나님의 율법에 관한 것이 아니면 흠을 찾을 방법이 없겠소."

6 그래서 총리와 총독들이 모여 왕에게 가서 말했습니다. "다리오 왕이시여, 만수무강 하십시오.

7 우리 총리들과 수령들과 총독들과 보좌관들과 지휘관들이 의논한 것이 있습니다. 우리는 왕이 한 가지 법을 세우셔야 한다고 생각합니다. 그것은 바로, 앞으로 삼십 일 동안 왕 이외에 다른 신이나 다른 사람에게 기도를 하는 자가 있으면 누구든지 사자굴에 넣어야 한다는 것입니다.

8 왕이시여, 이 법을 세우십시오. 메대와 페르시아의 법은 예로부터 고치지 못하는 것이었으니, 이 법에도 도장을 찍어 고치지 못하게 하십시오."

9 다리오 왕은 법을 세우고 거기에 도장을 찍었습니다.

10 다니엘은 왕이 새 법에 도장을 찍은 것을 알고도 자기 집 다락방으로 올라가늘 하던 것처럼 하루에 세 번씩 무릎을 꿇고 하나님께 기도하며 감사를 드렸습니다. 그 방 창문은 예루살렘 쪽을 향해 열려 있었습니다.

11 그 사람들이 무리를 지어 가다가 다니엘이 하나님께 간절히 기도드리는 모습을 보았습니다.

12 그들은 왕에게 가서 왕이 세운 법에 대해 말했습니다. "왕이시여, 왕은 앞으로 삼십 일 동안 왕 외에 다른 신이나 다른 사람에게 기도를 하면 누구든지 사자굴에 넣는다는 법을 세

Daniel in the Lions' Den

6 *Darius the Mede decided to divide the kingdom into 120 provinces, and he appointed a high officer to rule over each province. 2 The king also chose Daniel and two others as administrators to supervise the high officers and protect the king's interests. 3 Daniel soon proved himself more capable than all the other administrators and high officers. Because of Daniel's great ability, the king made plans to place him over the entire empire.

4 Then the other administrators and high officers began searching for some fault in the way Daniel was handling government affairs, but they couldn't find anything to criticize or condemn. He was faithful, always responsible, and completely trustworthy. 5 So they concluded, "Our only chance of finding grounds for accusing Daniel will be in connection with the rules of his religion."

6 So the administrators and high officers went to the king and said, "Long live King Darius! 7 We are all in agreement—we administrators, officials, high officers, advisers, and governors—that the king should make a law that will be strictly enforced. Give orders that for the next thirty days any person who prays to anyone, divine or human—except to you, Your Majesty—will be thrown into the den of lions. 8 And now, Your Majesty, issue and sign this law so it cannot be changed, an official law of the Medes and Persians that cannot be revoked." 9 So King Darius signed the law.

10 But when Daniel learned that the law had been signed, he went home and knelt down as usual in his upstairs room, with its windows open toward Jerusalem. He prayed three times a day, just as he had always done, giving thanks to his God. 11 Then the officials went together to Daniel's house and found him praying and asking for God's help. 12 So they went straight to the king and reminded him about his law. "Did you not sign a law that for the next thirty days any person who prays to anyone, divine or human—except to you, Your Majesty—will be thrown into the den of lions?"

"Yes," the king replied, "that decision stands; it is an official law of the Medes and Persians that cannot be revoked."

---

administrator [ədmínəstreitər] *n.* 행정관
condemn [kəndém] *vt.* 비난하다
criticize [krítisaiz] *vt.* 비판하다
enforce [enfɔ́ːrs] *vt.* (법률 등을) 시행하다
revoke [rivóuk] *vt.* 취소하다, 무효로 하다
6:5 find grounds for … : …을 근거를 발견하다

6:1　Verses 6:1-28 are numbered 6:2-29 in Aramaic text.

우시고 거기에 도장을 찍지 않으셨습니까?" 왕이 대답했습니다. "그렇다. 내가 그 법을 세웠다. 또한 메대와 페르시아의 법은 고칠 수 없다."

13 그 사람들이 왕에게 말했습니다. "유다에서 잡혀 온 사람 중 다니엘이 왕께서 도장을 찍으신 법을 무시하고 아직도 날마다 하루에 세 번씩 자기 하나님께 기도하고 있습니다."

14 왕은 그 말을 듣고 매우 괴로워했습니다. 왕은 다니엘을 구하고 싶어서 해가 질 때까지 그를 구할 방법을 찾으려 애썼습니다.

15 그 사람들이 무리를 지어 왕에게 가서 말했습니다. "왕이시여, 메대와 페르시아의 법은 왕이 한 번 법이나 명령을 내리고 나서는 그것을 다시 고칠 수 없다는 것을 기억하십시오."

16 그래서 다리오 왕은 명령을 내려 다니엘을 붙잡아 사자굴에 넣게 했습니다. 왕이 다니엘에게 말했습니다. "네가 늘 섬기던 너의 하나님이 너를 구해 주실 것이다."

17 사람들이 큰 돌 하나를 굴려 와서 사자굴 입구를 막았습니다. 그러자 왕이 도장으로 사용하는 반지와 신하들의 도장으로 바위 위에 찍었습니다. 아무도 그 바위를 옮겨 다니엘을 꺼내지 못하게 하기 위한 것이었습니다.

18 그런 뒤에 다리오 왕은 왕궁으로 돌아갔습니다. 그날 밤, 왕은 아무것도 먹지 않았으며 오락도 금지시켰습니다. 왕은 잠도 자지 못했습니다.

19 이튿날 아침, 다리오 왕은 새벽에 일어나 급히 사자굴로 가 보았습니다.

20 왕은 굴에 가까이 이르러 걱정하는 목소리로 다니엘을 불렀습니다. "살아 계신 하나님의 종 다니엘아, 네가 늘 섬기는 하나님이 너를 사자로부터 구해 주셨느냐?"

21 다니엘이 대답했습니다. "왕이시여, 만수무강하십시오.

22 나의 하나님께서 천사를 보내셔서 사자들의 입을 막으셨습니다. 하나님께서는 내가 죄가 없다는 것을 아시기 때문에 사자들이 나를 해치지 못하게 하셨습니다. 왕이시여, 나는 왕에게 잘못한 일이 없습니다."

23 다리오 왕은 너무 기뻤습니다. 그는 종들에게 다니엘을 사자굴에서 꺼내라고 말했습니다. 왕의 종들이 다니엘을 꺼내 보니 다니엘의 몸에는 아무런 상처도 없었습니다. 그것은 다니엘이 자기 하나님을 믿었기 때문입니다.

24 왕이 명령을 내려 다니엘을 고소한 사람들뿐 아니라 그 아내와 자녀들까지 데려와 사자굴에 넣

13 •Then they told the king, "That man Daniel, one of the captives from Judah, is ignoring you and your law. He still prays to his God three times a day."

14 Hearing this, the king was deeply troubled, and he tried to think of a way to save Daniel. He spent the rest of the day looking for a way to get Daniel out of this predicament.

15 •In the evening the men went together to the king and said, "Your Majesty, you know that according to the law of the Medes and the Persians, no law that the king signs can be changed."

16 •So at last the king gave orders for Daniel to be arrested and thrown into the den of lions. The king said to him, "May your God, whom you serve so faithfully, rescue you."

17 •A stone was brought and placed over the mouth of the den. The king sealed the stone with his own royal seal and the seals of his nobles, so that no one could rescue Daniel.

18 •Then the king returned to his palace and spent the night fasting. He refused his usual entertainment and couldn't sleep at all that night.

19 •Very early the next morning, the king got
20 up and hurried out to the lions' den. •When he got there, he called out in anguish, "Daniel, servant of the living God! Was your God, whom you serve so faithfully, able to rescue you from the lions?"

21 •Daniel answered, "Long live the king!
22 •My God sent his angel to shut the lions' mouths so that they would not hurt me, for I have been found innocent in his sight. And I have not wronged you, Your Majesty."

23 •The king was overjoyed and ordered that Daniel be lifted from the den. Not a scratch was found on him, for he had trusted in his God.

24 •Then the king gave orders to arrest the men who had maliciously accused Daniel. He had them thrown into the lions' den, along with their wives and children. The lions leaped on them and tore them apart before they even hit the floor of the den.

---

accuse [əkjúːz] *vt.* 고발(고소)하다
anguish [ǽngwiʃ] *n.* 고민, 고뇌
arrest [ərést] *vt.* 체포하다
den [dén] *n.* 굴
fasting [fǽstiŋ] *n.* 단식
ignore [ignɔ́ːr] *vt.* 무시하다
leap [líːp] *vi.* 껑충 뛰다
maliciously [məliʃəsli] *ad.* 악의를 갖고
predicament [pridíkəmənt] *n.* 곤경
seal [síːl] *n. vt.* 인장; 도장을 찍다; 봉인 하다
6:24 tear apart : 잡아째다(찢다)

게 했습니다. 사람들이 그들을 굴에 넣었더니 바닥에 닿기도 전에 사자들이 덮쳐서 그들의 뼈까지 부수어 버렸습니다.

25 왕이 백성들과 나라들과 각기 다른 말을 쓰는 모든 사람들에게 조서를 내렸습니다. "너희에게 평안이 넘치기를 원하노라.

26 내가 새 법을 세운다. 내 나라에서 사는 백성은 모두 다니엘의 하나님을 두렵고 떨림으로 섬겨야 한다. 다니엘의 하나님은 살아 계신 하나님이시며, 영원히 사시는 분이시다. 그의 나라는 결코 망하지 않으며, 그의 다스리심은 영원할 것이다.

27 하나님은 백성을 건져 내기도 하시고 구원하시기도 하신다. 하늘과 땅에서 놀라운 기적을 일으키신다. 하나님께서 다니엘을 사자들의 입에서 구해 주셨다."

28 다니엘은 다리오 왕과 페르시아 사람 고레스 왕이 다스리는 동안 평안히 살았습니다.

다니엘이 본 네 마리 짐승 환상

7 벨사살이 바빌로니아 왕이 된 첫해에 다니엘이 꿈을 꾸었습니다. 다니엘은 잠자리에 누워 있다가 환상을 보고 그 꿈의 내용을 적어 두었습니다.

2 다니엘이 말했습니다. "내가 밤에 환상을 보았는데 사방에서 바람이 불어서 바다 물결이 매우 높아졌다.

3 그때, 커다란 짐승 네 마리가 바다에서 올라왔다. 짐승들의 모양은 각기 달랐다.

4 첫 번째 짐승은 사자처럼 보였으나 독수리의 날개가 달려 있었다. 내가 바라보는 동안 그 날개가 찢겨 나갔다. 그 짐승은 몸을 세우더니 사람처럼 두 발로 섰다. 게다가 사람의 마음을 가지고 있었다.

5 두 번째 짐승은 마치 곰처럼 생겼다. 그 짐승의 몸은 한쪽으로만 치켜 올라갔다. 이빨 사이에는 갈빗대 세 대가 물려 있었다. 누군가가 그 짐승에게 '일어나 고기를 많이 먹어라' 고 말했다.

6 그 후에 다른 짐승이 나타나는 것을 보았다. 이 짐승은 표범처럼 생겼는데, 등에는 새의 날개 네 개가 나 있었고 머리도 네 개였다. 이 짐승은 다스릴 권세를 받았다.

7 그날 밤, 환상 가운데서 계속 살펴보았더니, 내 앞에 네 번째 짐승이 보였다. 이 짐승은 무섭고 잔인하고 매우 강하게 생겼다. 이 짐승의 이빨은 쇠였는데 그 이빨로 먹이를 으스러뜨

25 •Then King Darius sent this message to the people of every race and nation and language throughout the world:

"Peace and prosperity to you!

26 •"I decree that everyone throughout my kingdom should tremble with fear before the God of Daniel.

For he is the living God,
    and he will endure forever.
His kingdom will never be destroyed,
    and his rule will never end.

27 • He rescues and saves his people;
    he performs miraculous signs and wonders in the heavens and on earth.
He has rescued Daniel
    from the power of the lions."

28 •So Daniel prospered during the reign of Darius and the reign of Cyrus the Persian.*

Daniel's Vision of Four Beasts

7 Earlier, during the first year of King Belshazzar's reign in Babylon,* Daniel had a dream and saw visions as he lay in his bed. He wrote down the dream, and this is what he saw.

2 •In my vision that night, I, Daniel, saw a great storm churning the surface of a great sea, with strong winds blowing from every direction.

3 • Then four huge beasts came up out of the water, each different from the others.

4 •The first beast was like a lion with eagles' wings. As I watched, its wings were pulled off, and it was left standing with its two hind feet on the ground, like a human being. And it was given a human mind.

5 •Then I saw a second beast, and it looked like a bear. It was rearing up on one side, and it had three ribs in its mouth between its teeth. And I heard a voice saying to it, "Get up! Devour the flesh of many people!"

6 •Then the third of these strange beasts appeared, and it looked like a leopard. It had four bird's wings on its back, and it had four heads. Great authority was given to this beast.

7 •Then in my vision that night, I saw a fourth beast—terrifying, dreadful, and very strong. It devoured and crushed its victims with huge iron teeth and trampled their remains beneath its feet. It was different from any of the other beasts, and it had ten horns.

---

churn [tʃəːrn] *vt.* 휘젓다, (파도를) 일게 하다

6:28 Or *of Darius, that is, the reign of Cyrus the Persian.* **7:1** The first year of Belshazzar's reign (who was co-regent with his father, Nabonidus) was 556 B.C. (or perhaps as late as 553 B.C.).

려 잡아먹고, 발로는 그 남은 먹이를 짓밟았다. 이 짐승은 전에 본 다른 짐승들과 달랐고 열 개의 뿔이 나 있었다.

8 내가 그 뿔들을 가만히 살펴보고 있는데 다른 뿔 하나가 이 뿔들 사이에서 나왔다. 그 뿔에는 사람의 눈 같은 것이 달려 있었고 또 입도 있어서 큰 소리로 떠들어 댔다. 이 작은 뿔이 다른 뿔 세 개를 뽑아 버렸다.

9 보좌들이 자리에 놓인 것도 보았다. 영원 전부터 살아 계신 하나님이 그 보좌 가운데 앉으셨다. 하나님의 옷은 눈처럼 희고, 머리카락은 양털처럼 깨끗했다. 그 보좌에는 불꽃이 타오르고 있었고, 보좌의 바퀴에서는 불길이 이글거렸다.

10 불이 강처럼 그 앞에서 흘러 나왔다. 수천 천사가 그를 섬기고 있었고, 수만 천사가 그를 모시고 서 있었다. 심판이 시작되었을 때, 책들은 이미 펼쳐져 있었다.

11 작은 뿔이 계속해서 떠들어 대길래 나도 계속 바라보았다. 내가 살펴보는 사이에 네 번째 짐승이 죽임을 당했고, 그 시체는 타는 불 속으로 던져졌다.

12 나머지 세 짐승은 그 권세를 빼앗겼지만, 얼마 동안은 죽지 않고 살아 남도록 허락되었다.

13 내가 밤에 환상을 보고 있는데 마치 사람같이 생긴 분이 하늘 구름을 타고 왔다. 그가 영원 전부터 살아 계신 하나님께 나아가자 누군가가 그를 하나님께 인도했다.

14 하나님이 사람처럼 생긴 분에게 권세와 영광과 나라를 주셨다. 백성들과 나라들과 각기 다른 말을 쓰는 모든 사람은 그를 섬겨야 했다. 그의 다스림은 영원할 것이며 그의 나라는 절대로 망하지 않을 것이다."

꿈의 뜻

15 "나 다니엘은 걱정을 했다. 내가 본 환상들 때문에 두려워졌다.

16 나는 보좌 옆에 서 있는 한 천사에게 가까이 가서 이 모든 일의 뜻을 물었다. 그는 내게 설명해 주었다.

17 '이 네 마리의 큰 짐승은 앞으로 땅에서 생겨날 네 나라다.

18 지극히 높으신 하나님의 백성들이 나라를 다스릴 권세를 받을 것이며, 지금부터 영원히 그 권세를 누릴 것이다.'

19 나는 네 번째 짐승의 뜻을 알고 싶었다. 이 짐

8 ●As I was looking at the horns, suddenly another small horn appeared among them. Three of the first horns were torn out by the roots to make room for it. This little horn had eyes like human eyes and a mouth that was boasting arrogantly.

9 • I watched as thrones were put in place
　　and the Ancient One* sat down to judge.
　His clothing was as white as snow,
　　his hair like purest wool.
　He sat on a fiery throne
　　with wheels of blazing fire,
10 • and a river of fire was pouring out,
　　flowing from his presence.
　Millions of angels ministered to him;
　　many millions stood to attend him.
　Then the court began its session,
　　and the books were opened.

11 ●I continued to watch because I could hear the little horn's boastful speech. I kept watching until the fourth beast was killed and its body was 12 destroyed by fire. ●The other three beasts had their authority taken from them, but they were allowed to live a while longer.*

13 ●As my vision continued that night, I saw someone like a son of man* coming with the clouds of heaven. He approached the Ancient 14 One and was led into his presence. ●He was given authority, honor, and sovereignty over all the nations of the world, so that people of every race and nation and language would obey him. His rule is eternal—it will never end. His kingdom will never be destroyed.

The Vision Is Explained

15 ●I, Daniel, was troubled by all I had seen, and my 16 visions terrified me. ●So I approached one of those standing beside the throne and asked him what it all meant. He explained it to me like this:

17 ● "These four huge beasts represent four king-18 doms that will arise from the earth. ●But in the end, the holy people of the Most High will be given the kingdom, and they will rule forever and ever."

19 ● Then I wanted to know the true meaning of the fourth beast, the one so different from the others and so terrifying. It had devoured and crushed its victims with iron teeth and bronze

boast [boust] *vi.* 자랑하다
devour [diváuər] *vt.* 삼키다
minister [mínəstər] *vi.* 섬기다
session [séʃən] *n.* 회의

7:9 Aramaic *an Ancient of Days;* also in 7:13, 22.
7:12 Aramaic *for a season and a time.*　7:13 Or *like a Son of Man.*

승은 전에 본 다른 짐승들과는 달랐고 무섭게 생겼다. 이 짐승의 이는 쇠였고, 발톱은 놋이었다. 이 짐승은 이빨로 먹이를 부수고 잡아먹었다. 그리고 그 나머지는 발로 짓밟았다.

20 나는 또 이 짐승의 머리에 난 뿔 열 개와 그 뿔들 가운데서 자라난 작은 뿔에 대해서도 알고 싶었다. 이 작은 뿔은 다른 뿔 세 개를 뽑아 버렸다. 그 뿔은 다른 뿔들보다 강해 보였다. 그 뿔에는 눈이 달려 있었으며 입도 있어서 큰 소리로 떠들어 댔다.

21 내가 보니, 그 작은 뿔이 하나님의 백성과 맞서서 싸워 이기고 있었다.

22 그러다가 영원부터 살아 계신 하나님께서 오셔서 지극히 높으신 하나님의 백성 편을 들어 심판하셨다. 때가 되자, 그들이 다스릴 권세를 얻었다.

23 그 천사가 내게 설명해 주었다. '네 번째 짐승은 땅에서 생겨날 네 번째 나라다. 그 나라는 다른 모든 나라와 다를 것이다. 그 나라는 모든 세상 백성을 멸망시키며 짓밟고 부수어 버릴 것이다.

24 그 열 개의 뿔은 이 네 번째 나라에서 일어날 열 왕이다. 이 열 왕 뒤에 또 한 왕이 일어날 것인데, 그는 그전 왕들과 다를 것이다. 그는 다른 세 왕을 눌러 이길 것이다.

25 이 왕은 지극히 높으신 하나님께 대항하며 하나님의 백성을 해치고 죽일 것이다. 또 그가 이미 정해진 때와 법을 고치려 할 것이다. 하나님의 백성이 그의 손아귀에 들어 삼 년 반을 지내야 한다.

26 그러나 심판이 내려 그의 권세는 빼앗기고 그의 나라는 완전히 멸망해 없어질 것이다.

27 그때에 지극히 높으신 하나님의 백성이 나라의 권세를 잡을 것이다. 그들이 하늘 아래의 모든 나라를 권세와 영광으로 다스릴 것이다. 그들의 권세는 영원할 것이며, 다른 모든 나라 백성이 그들을 섬기고 따를 것이다.'

28 이것으로 그 꿈이 끝났다. 나 다니엘은 너무 두려워서 얼굴까지 창백해졌다. 그러나 나는 모든 것을 마음속에 간직해 두었다."

다니엘이 본 환상

8 벨사살이 왕이 된 지 삼 번째 되는 해에 나 다니엘은 환상을 보았다. 전에 본 것에 이어 두 번째 환상이었다.

2 그 환상 속에서 보니 내가 엘람 지방의 수도인 수산 성의 을래 강가에서 있었다.

20 claws, trampling their remains beneath its feet. •I also asked about the ten horns on the fourth beast's head and the little horn that came up afterward and destroyed three of the other horns. This horn had seemed greater than the others, and it 21 had human eyes and a mouth that was boasting arrogantly. •As I watched, this horn was waging war against God's holy people and was defeating 22 them, •until the Ancient One—the Most High—came and judged in favor of his holy people. Then the time arrived for the holy people to take over the kingdom.

23 •Then he said to me, "This fourth beast is the fourth world power that will rule the earth. It will be different from all the others. It will devour the whole world, trampling and crushing everything 24 in its path. •Its ten horns are ten kings who will rule that empire. Then another king will arise, different from the other ten, who will subdue three 25 of them. •He will defy the Most High and oppress the holy people of the Most High. He will try to change their sacred festivals and laws, and they will be placed under his control for a time, times, and half a time.

26 •"But then the court will pass judgment, and all his power will be taken away and completely 27 destroyed. •Then the sovereignty, power, and greatness of all the kingdoms under heaven will be given to the holy people of the Most High. His kingdom will last forever, and all rulers will serve and obey him."

28 •That was the end of the vision. I, Daniel, was terrified by my thoughts and my face was pale with fear, but I kept these things to myself.

Daniel's Vision of a Ram and Goat

8 •During the third year of King Belshazzar's reign, I, Daniel, saw another vision, following the one that had already appeared to me. •In this vision I was at the fortress of Susa, in the province of Elam, standing beside the Ulai River.*

---

claw [klɔ́ː] *n.* 발톱
defeat [difíːt] *vt.* 패배시키다
fortress [fɔ́ːrtris] *n.* 요새
oppress [əprés] *vt.* 학대하다, 탄압하다
pale [péil] *a.* (얼굴이) 창백한, 파리한, 핏기 없는
province [právins] *n.* 지방
remain [riméin] *n.* 남은 것; 잔존자; 유해
subdue [səbdjúː] *vt.* 정복하다
terrified [térəfàid] *a.* 겁에 질린
trample [trǽmpl] *vt.* 내리 밟다
wage [wéidʒ] *vt.* (전쟁, 투쟁 등을) 수행하다(against)
7:22 in favor of … : …을 위하여
7:26 pass judgment : 심판하다

8:1 The original text from this point through chapter 12 is in Hebrew. See note at 2:4.　8:2 Or *the Ulai Gate;* also in 8:16.

3 눈을 들어 보니, 강가에 숫양 한 마리가 서 있었다. 그 숫양의 뿔은 두 개였는데, 뿔 하나가 다른 뿔보다 더 길었다. 긴 뿔이 짧은 뿔보다 늦게 나왔으나 더 빨리 자랐다.

4 내가 보니, 그 숫양이 서쪽과 북쪽과 남쪽을 향해 들이받는데 아무 짐승도 그 앞에서 맞서지 못했다. 또 아무도 그의 손에서 다른 짐승을 구해 내지 못했다. 그는 무엇이든 하고 싶은 대로 했으며, 매우 강해졌다.

5 내가 이것에 대해 생각하고 있는데, 숫염소 한 마리가 서쪽에서부터 오는 것이 보였다. 이 숫염소의 두 눈 사이에 뚜렷하게 잘 보이는 커다란 뿔 하나가 있었다. 그가 온 땅을 두루 다녔는데 그 발이 땅에 닿지도 않을 정도로 빨랐다.

6 이 숫염소가 성난 모습으로 두 뿔 달린 숫양, 곧 내가 강가에서 본 그 숫양을 들이받았다.

7 내가 보니, 그 숫염소가 숫양을 공격하여 숫양의 두 뿔을 부러뜨렸다. 숫양은 숫염소를 막을 힘이 없었다. 숫염소가 숫양을 땅에 넘어뜨리더니 발로 짓밟았다. 아무도 그 숫양을 숫염소에게서 구해 내지 못했다.

8 그 숫염소는 점점 더 강해지더니 그때, 그의 큰 뿔이 부러지고 대신 뚜렷하게 잘 보이는 뿔 넷이 사방을 향해 자라났다.

9 그러다가 그 중 하나에서 다시 작은 뿔 하나가 자라났다. 그 뿔은 남쪽과 동쪽과 아름다운 유다 땅을 향해 크게 뻗어 나갔다.

10 그 작은 뿔이 하늘에 닿을 만큼 자라나더니 하늘 군사들 중에서 몇 명을 땅에 떨어뜨려 짓밟았다.

11 심지어 그 뿔이 하늘의 군대 사령관에게 대항할 정도까지 되어서, 주께 날마다 드리던 제사마저 못하게 하고 주께 예배드리던 전마저 헐어 버렸다.

12 그 뿔 때문에 하나님을 반역하는 일이 일어났고, 백성들은 날마다 드리던 제사를 멈추었으며, 진리는 땅에 내던져졌다. 그 뿔은 하는 일마다 다 성공했다.

13 그때, 두 천사가 말하는 것을 들었는데, 한 거룩한 자가 다른 천사에게 물었다. "이 환상 속의 일들이 언제까지 계속되겠소? 날마다 드리던 제사가 금지되고 하나님께 반역하여 멸망을 부르고 성전을 헐고 하늘 군사를 짓밟는 일이 언제까지 계속되겠소?"

14 천사가 내게 말했다. "이 일은 밤낮으로 이천

3 •As I looked up, I saw a ram with two long horns standing beside the river.* One of the horns was longer than the other, even though it had

4 grown later than the other one. •The ram butted everything out of his way to the west, to the north, and to the south, and no one could stand against him or help his victims. He did as he pleased and became very great.

5 •While I was watching, suddenly a male goat appeared from the west, crossing the land so swiftly that he didn't even touch the ground. This goat, which had one very large horn

6 between its eyes, •headed toward the two-horned ram that I had seen standing beside the

7 river, rushing at him in a rage. •The goat charged furiously at the ram and struck him, breaking off both his horns. Now the ram was helpless, and the goat knocked him down and trampled him. No one could rescue the ram from the goat's power.

8 •The goat became very powerful. But at the height of his power, his large horn was broken off. In the large horn's place grew four prominent horns pointing in the four directions of the earth.

9 •Then from one of the prominent horns came a small horn whose power grew very great. It extended toward the south and the east and

10 toward the glorious land of Israel. •Its power reached to the heavens, where it attacked the heavenly army, throwing some of the heavenly beings and some of the stars to the ground and

11 trampling them. •It even challenged the Commander of heaven's army by canceling the daily sacrifices offered to him and by destroying

12 his Temple. •The army of heaven was restrained from responding to this rebellion. So the daily sacrifice was halted, and truth was overthrown. The horn succeeded in everything it did.*

13 •Then I heard two holy ones talking to each other. One of them asked, "How long will the events of this vision last? How long will the rebellion that causes desecration stop the daily sacrifices? How long will the Temple and heaven's army be trampled on?"

14 •The other replied, "It will take 2,300 evenings and mornings; then the Temple will be made right again."

---

butt [bʌt] *vt.* 머리로(뿔로) 받다
desecration [dèsikréiʃən] *n.* 신성 모독
halt [hɔːlt] *vt.* 멈추게 하다
overthrow [ouvərθróu] *vt.* …을 뒤집어 엎다
prominent [prámənənt] *a.* 현저한, 두드러진
8:7 charge at… : …로 돌진하다
8:12 be restrained from… : …하지 못하게 억제되다

8:3 Or *the gate*; also in 8:6.   8:11-12 The meaning of the Hebrew for these verses is uncertain.

삼백 일이 지날 때까지 계속될 것이다. 그런 뒤에야 성소가 다시 깨끗해질 수 있을 것이다."

15 나 다니엘이 이 환상을 보고 그 뜻을 이해하려고 애썼다. 그때에 사람처럼 생긴 분이 갑자기 내 앞에 나타났다.

16 을래 강으로부터 사람의 목소리가 들려 왔다. "가브리엘아, 이 사람에게 그 환상을 설명해 주어라."

17 가브리엘이 내가 서 있는 곳으로 왔는데, 그가 가까이 올 때에 나는 매우 두려워 얼굴을 땅에 대고 엎드렸다. 가브리엘이 내게 말했다. "사람의 아들아! 깨달아 알아라. 이 환상은 세상 끝에 관한 것이다."

18 가브리엘이 말하고 있을 때 나는 땅에 얼굴을 대고 깊이 잠들었다. 그러자 그가 내 몸에 손을 대어 나를 일으켜 세웠다.

19 가브리엘이 말했다. "그 환상을 너에게 설명해 주겠다. 하나님의 진노의 때가 끝난 뒤에 일어날 일을 일러 주었다. 네가 본 환상은 정한 때, 곧 끝날에 관한 것이다.

20 네가 본 두 뿔 달린 숫양은 메대와 페르시아 왕들이다.

21 숫염소는 그리스 왕을 말하며, 두 눈 사이의 큰 뿔은 그 첫째 왕이다.

22 그 뿔이 부러진 뒤에 그 자리에 네 뿔이 자라났는데, 그 네 뿔은 네 나라다. 그 네 나라는 첫째 왕의 나라에서 분열되어 나오지만, 첫째 나라만큼 강하지는 못할 것이다.

23 이 네 나라의 마지막 때에 뻔뻔하고 잔인한 왕이 나올 것이다. 많은 백성이 하나님께 반역할 때에 이 왕은 거짓말을 일삼을 것이다.

24 이 왕은 매우 강하겠지만, 그의 힘은 그에게서 나오는 것이 아니다. 그는 무서운 힘으로 파괴할 것이며, 하는 일마다 성공할 것이다. 강한 백성과 하나님의 백성까지 이길 것이다.

25 그가 꾀를 내어 남을 속이고 스스로를 높일 것이다. 그가 평화롭게 사는 백성을 많이 죽일 것이며, 왕의 왕이신 하나님과도 싸우려 할 것이다. 하지만 이 잔인한 왕은 사람의 힘이 아닌 다른 힘으로 망할 것이다.

26 마지막 때에 관해 네가 본 환상은 그대로 이루어진다. 그러나 그 일은 나중에 이루어질 것이므로, 그 환상을 비밀로 해 두어라."

27 나 다니엘은 그 환상을 본 뒤에 매우 약해져서 여러 날 동안 앓다가, 다시 일어나 왕이 맡긴

Gabriel Explains the Vision

15 •As I, Daniel, was trying to understand the meaning of this vision, someone who looked like a

16 man stood in front of me. •And I heard a human voice calling out from the Ulai River, "Gabriel, tell this man the meaning of his vision."

17 •As Gabriel approached the place where I was standing, I became so terrified that I fell with my face to the ground. "Son of man," he said, "you must understand that the events you have seen in your vision relate to the time of the end."

18 •While he was speaking, I fainted and lay there with my face to the ground. But Gabriel roused me with a touch and helped me to my feet.

19 •Then he said, "I am here to tell you what will happen later in the time of wrath. What you have

20 seen pertains to the very end of time. •The two-horned ram represents the kings of Media and

21 Persia. •The shaggy male goat represents the king of Greece,* and the large horn between his eyes represents the first king of the Greek Empire.

22 •The four prominent horns that replaced the one large horn show that the Greek Empire will break into four kingdoms, but none as great as the first.

23 "At the end of their rule, when their sin is at its height, a fierce king, a master of intrigue, will

24 rise to power. •He will become very strong, but not by his own power. He will cause a shocking amount of destruction and succeed in everything he does. He will destroy powerful leaders and dev-

25 astate the holy people. •He will be a master of deception and will become arrogant; he will destroy many without warning. He will even take on the Prince of princes in battle, but he will be broken, though not by human power.

26 •"This vision about the 2,300 evenings and mornings* is true. But none of these things will happen for a long time, so keep this vision a secret."

27 •Then I, Daniel, was overcome and lay sick for several days. Afterward I got up and performed my duties for the king, but I was greatly troubled by the vision and could not understand it.

deception [disépʃən] *n.* 속임, 기만
devastate [dévəstèit] *vt.* (사람을) 압도하다, 망연자실하게 하다
faint [féint] *vi.* 졸도하다
fierce [fiərs] *a.* 흉포한, 사나운
intrigue [intríːg] *n.* 음모
rouse [rauz] *vt.* 깨우다
wrath [rǽθ] *n.* 진노
8:19 pertain to … : …에 속하다, …에 관련하다
8:25 take on : 대결하다; 으스대다
8:27 perform one's duty : 본분(의무)을 다하다

8:21 Hebrew *of Javan.*　　8:26 Hebrew *about the evenings and mornings;* compare 8:14.

일을 계속했다. 그러나 나는 그 환상 때문에 매우 놀랐고 그 뜻이 무엇인지 깨닫지 못했다.

다니엘의 기도

9 메대 족속 사람으로서 아하수에로의 아들 다리오가 바빌로니아의 왕이 된 첫해의 일이다.

2 다리오 왕 일 년에 나 다니엘이 성경을 읽다가 여호와께서 예레미야에게 하신 말씀, 곧 예루살렘이 칠십 년 동안, 황무지가 될 것이라는 말씀을 보았다.

3 나는 아무런 음식도 먹지 않고 베옷을 입고 재 위에 앉아서 주 하나님께 매달려 기도하고 간절히 구했다.

4 하나님 여호와께 죄를 고백하였다. "주 하나님, 주는 크고 두려운 하나님이십니다. 주는 주를 사랑하고 주의 계명에 복종하는 모든 사람에게 사랑의 언약을 지켜 주십니다.

5 그러나 우리는 죄를 지었고 잘못을 저질렀습니다. 우리는 악하였고 주를 배반했습니다. 주님의 계명과 가르침에 따르지 않았습니다.

6 우리는 주의 종인 예언자들이 주의 이름으로 우리의 왕들과 지도자들과 조상들과 이 땅의 모든 백성에게 한 말을 듣지 않았습니다.

7 주여, 주는 의로우십니다. 그러나 지금 우리에게는 부끄러움이 가득합니다. 유다와 예루살렘과 모든 이스라엘 백성이 부끄러움을 당했습니다. 가까운 곳에서부터 먼 곳까지 주님께서 여러 나라에 흩어 놓으신 모든 백성이 부끄러움을 당했습니다. 우리는 주께 충성하지 않았습니다.

8 주여, 우리와 우리의 왕들과 지도자들과 조상들이 부끄러움을 당했습니다. 그것은 우리가 주님 앞에 죄를 지었기 때문입니다.

9 하지만 우리 주 하나님께서는 우리를 불쌍히 여기셨습니다. 우리가 주님을 배반했을 때에도 주님은 우리를 용서해 주셨습니다.

10 그런데도 우리는 우리 하나님 여호와께 복종하지 않았습니다. 하나님께서 여호와의 종인 예언자들을 통해 우리에게 주신 가르침을 따르지 않았습니다.

11 모든 이스라엘 백성이 주님의 율법을 따르지 않았습니다. 그들 모두가 주를 배반하고 주의 뜻을 어겼습니다. 그래서 우리에게 하나님의 종인 모세의 율법에 적힌 저주와 심판이 내렸습니다. 그것은 우리가 주께 죄를 지었기 때문입니다.

12 주께서 우리에게 큰 재앙을 내리셔서 우리와 우리 지도자들에게 하신 말씀을 이루셨습니다. 예루살렘에 내린 재앙과 같은 것은 이 땅 위에 일어

Daniel's Prayer for His People

9 It was the first year of the reign of Darius the Mede, the son of Ahasuerus, who 2 became king of the Babylonians.* •During the first year of his reign, I, Daniel, learned from reading the word of the LORD, as revealed to Jeremiah the prophet, that Jerusalem must lie desolate for seventy years.* •So I turned to the Lord God and pleaded with him in prayer and fasting. I also wore rough burlap and sprinkled myself with ashes.

4 •I prayed to the LORD my God and confessed:

"O Lord, you are a great and awesome God! You always fulfill your covenant and keep your promises of unfailing love to those who love you and obey your commands. 5 •But we have sinned and done wrong. We have rebelled against you and scorned your 6 commands and regulations. •We have refused to listen to your servants the prophets, who spoke on your authority to our kings and princes and ancestors and to all the people of the land.

7 •"Lord, you are in the right; but as you see, our faces are covered with shame. This is true of all of us, including the people of Judah and Jerusalem and all Israel, scattered near and far, wherever you have driven us 8 because of our disloyalty to you. •O LORD, we and our kings, princes, and ancestors are covered with shame because we have 9 sinned against you. •But the Lord our God is merciful and forgiving, even though we have rebelled against him. •We have not obeyed the LORD our God, for we have not followed the instructions he gave us 11 through his servants the prophets. •All Israel has disobeyed your instruction and turned away, refusing to listen to your voice.

"So now the solemn curses and judgments written in the Law of Moses, the servant of God, have been poured down on us 12 because of our sin. •You have kept your word and done to us and our rulers exactly as you warned. Never has there been such a

---

awesome [ɔ́:səm] *a.* 두려움을 일으키는
desolate [désəlɛt] *a.* 황량한, 황폐한
scattered [skǽtərd] *a.* 뿔뿔이 흩어진
scorn [skɔ́:rn] *vt.* 경멸하다, 멸시하다
solemn [sάləm] *a.* 근엄한, 엄숙한
sprinkle [spríŋkl] *vt.* 뿌리다, 끼얹다
9:5 rebel against… : …에게 반역하다

....

9:1 Or *the Chaldeans.*   9:2 See Jer 25:11-12; 29:10.

난 적이 없었습니다.

13 이 모든 재앙이 모세의 율법에 적힌 대로 닥쳤습니다. 그런데도 우리는 죄의 길에서 돌이키지 않았습니다. 주님의 진리의 말씀에 귀 기울이지 않았습니다.

14 여호와께서 재앙을 준비해 두셨다가 우리에게 닥치게 하셨습니다. 하나님 여호와께서 하시는 일은 다 의로우신데도 우리는 주님을 따르지 않았습니다.

15 우리 주 하나님, 주는 주님의 능력으로 우리를 이집트에서 이끌어 내셨습니다. 그 일로 지금까지 주의 이름이 유명해졌습니다. 주여, 우리가 죄를 지었고 잘못을 저질렀습니다.

16 주여, 주의 의로우심을 따라 주의 거룩한 산이자 주의 성인 예루살렘에서 주님의 진노를 거두어 주십시오. 우리의 죄와 우리 조상의 악한 죄 때문에 우리 주변의 모든 백성이 예루살렘과 주님의 백성을 욕하고 비웃습니다.

17 우리 하나님, 이제 주의 종의 기도와 간절한 부탁을 들어 주십시오. 주를 위해 폐허가 된 주의 성전을 다시 일으켜 주십시오.

18 나의 하나님, 내 말을 귀 기울여 들어 주시고, 눈을 떠서 우리에게 닥친 끔찍한 일을 봐 주십시오. 우리가 도움을 받을 만해서가 아니라 오직 주님의 자비하심을 의지해서 구합니다.

19 주여, 들어 주십시오. 주여, 용서해 주십시오. 주여, 들으시고 이루어 주십시오. 주를 위해서 늦추지 마십시오. 왜냐하면 이곳은 주의 성이고 우리는 주의 백성이기 때문입니다."

가브리엘의 설명

20 내가 이렇게 나의 하나님 여호와께 기도하고, 내 죄와 이스라엘 백성의 죄를 털어 놓으며 하나님의 거룩한 산인 예루살렘을 위해 간절히 기도하였다.

21 내가 아직 기도하고 있을 때에 저녁 제사를 드릴 무렵에 지난번 환상에서 보았던 가브리엘이 급히 내게 날아왔다.

22 가브리엘이 내게 말했다. "다니엘아, 내가 너에게 지혜와 총명을 주려고 왔다.

23 네가 처음 기도를 시작할 때부터 하나님의 응답이 있었다. 하나님께서 너를 무척 사랑하시므로 내가 너에게 일러 주려 왔다. 그러니 이 말을 잘 생각하고 환상을 깨닫도록 하여라.

24 하나님께서 네 백성과 거룩한 성을 위해 일흔 이레*로 기간을 정하셨다. 이 기간이 지나야 하나님께 반역하는 것이 그치고, 죄악이 그치고, 악한 것

---

13 disaster as happened in Jerusalem. • Every curse written against us in the Law of Moses has come true. Yet we have refused to seek mercy from the LORD our God by turning from our sins and recognizing his

14 truth. • Therefore, the LORD has brought upon us the disaster he prepared. The LORD our God was right to do all of these things, for we did not obey him.

15 • "O Lord our God, you brought lasting honor to your name by rescuing your people from Egypt in a great display of power. But we have sinned and are full of wicked-

16 ness. • In view of all your faithful mercies, Lord, please turn your furious anger away from your city Jerusalem, your holy mountain. All the neighboring nations mock Jerusalem and your people because of our sins and the sins of our ancestors.

17 • "O our God, hear your servant's prayer! Listen as I plead. For your own sake, Lord, smile again on your desolate sanctuary.

18 • "O my God, lean down and listen to me. Open your eyes and see our despair. See how your city—the city that bears your name—lies in ruins. We make this plea, not because we deserve help, but because of your mercy.

19 • "O Lord, hear. O Lord, forgive. O Lord, listen and act! For your own sake, do not delay, O my God, for your people and your city bear your name."

Gabriel's Message about the Anointed One

20 • I went on praying and confessing my sin and the sin of my people, pleading with the LORD my God for Jerusalem, his holy moun-

21 tain. • As I was praying, Gabriel, whom I had seen in the earlier vision, came swiftly to me at

22 the time of the evening sacrifice. • He explained to me, "Daniel, I have come here to

23 give you insight and understanding. • The moment you began praying, a command was given. And now I am here to tell you what it was, for you are very precious to God. Listen carefully so that you can understand the meaning of your vision.

24 • "A period of seventy sets of seven* has been decreed for your people and your holy city to finish their rebellion, to put an end to their sin, to atone for their guilt, to bring in

---

9:24a Hebrew *seventy sevens*.

9:24 '일흔 이레'는 한정할 수 없는 어떤 기간을 나타낸다. '이레'는 일주일을 가리키는 것으로 보는 것이 옳지만 7년으로 해석하는 경우도 있다. 70이란 숫자는 완전을 상징한다. 따라서 7은 하나님의 사역을 뜻하는 완전수이다.

이 없어지고, 영원한 의가 드러나며, 환상과 예언이 이루어지고, 지극히 거룩한 것이 세워질 것이다.

25 너는 배우고 깨달아라. 예루살렘을 다시 건설하라는 명령이 있을 때부터 하나님이 세우시는 지도자가 올 때까지 일곱 이레와 예순두 이레가 지날 것이다. 예루살렘이 다시 건설되어 거리와 도랑이 이루어질 것이나 그때는 힘든 때이다.

26 예순두 이레 뒤에 하나님께서 세우신 지도자가 죽임을 당하며, 장차 한 통치자가 그 도시와 거룩한 것을 파괴할 것이다. 그 마지막이 홍수처럼 밀려오며 마지막 때까지 전쟁이 있을 것이다. 하나님께서 그곳이 완전히 멸망될 것을 선언하셨다.

27 그 통치자는 많은 백성과 더불어 한 이레 동안, 언약을 맺을 것이다. 그는 그 이레의 절반 동안, 예물과 제사를 못 드리게 막을 것이다. 그리고 멸망의 끔찍한 것이 성전의 가장 높은 곳에 놓이게 되지만, 하나님께서는 그 사람을 없애라는 명령을 이미 내리셨다."

다니엘이 본 다른 환상

10 페르시아의 고레스가 왕이 된 지 삼 년째 되는 해에 벨드사살이라고도 불리는 나 다니엘이 어떤 말씀을 받았다. 그 말씀은 참된 말씀으로, 큰 전쟁에 관한 것이었다. 환상 가운데 누군가가 그 말씀을 설명해 주었으므로, 나는 그 뜻을 깨달았다.

2 그때에 나 다니엘은 삼 주 동안 큰 슬픔에 빠져 있었다.

3 나는 좋은 음식과 고기를 먹지 않았고, 술도 마시지 않았으며, 몸에 기름도 바르지 않았다.

4 첫째 달 이십사 일에, 나는 저 큰 티그리스 강가에 서 있었다.

5 그곳에 서서 눈을 들어 보니, 한 사람이 모시 옷을 입고 있었고 허리에는 순금으로 만든 허리띠를 두르고 있었다.

6 그의 몸은 황옥 같았고, 그의 얼굴은 번개처럼 환했으며, 그의 눈은 불 같았고, 그의 팔과 다리는 빛나는 놋쇠처럼 반짝였다. 또한 그의 목소리는 많은 무리가 외치는 소리와 같았다.

7 나 다니엘만 이 환상을 보았고 나와 함께 있던 다른 사람들은 보지 못했다. 그들은 크게 무서워하며 달아나 숨었다.

everlasting righteousness, to confirm the prophetic vision, and to anoint the Most Holy Place.* •Now 25 listen and understand! Seven sets of seven plus sixty-two sets of seven* will pass from the time the command is given to rebuild Jerusalem until a ruler—the Anointed One*—comes. Jerusalem will be rebuilt with streets and strong defenses,* despite the perilous times.

26 •"After this period of sixty-two sets of seven,* the Anointed One will be killed, appearing to have accomplished nothing, and a ruler will arise whose armies will destroy the city and the Temple. The end will come with a flood, and war and its miseries are decreed from that time to the very end.

27 •The ruler will make a treaty with the people for a period of one set of seven,* but after half this time, he will put an end to the sacrifices and offerings. And as a climax to all his terrible deeds,* he will set up a sacrilegious object that causes desecration,* until the fate decreed for this defiler is finally poured out on him."

Daniel's Vision of a Messenger

10 In the third year of the reign of King Cyrus of Persia,* Daniel (also known as Belteshazzar) had another vision. He understood that the vision concerned events certain to happen in the future— times of war and great hardship.

2 •When this vision came to me, I, Daniel, had 3 been in mourning for three whole weeks. •All that time I had eaten no rich food. No meat or wine crossed my lips, and I used no fragrant lotions until those three weeks had passed.

4 •On April 23,* as I was standing on the bank of 5 the great Tigris River, •I looked up and saw a man dressed in linen clothing, with a belt of pure gold 6 around his waist. •His body looked like a precious gem. His face flashed like lightning, and his eyes flamed like torches. His arms and feet shone like polished bronze, and his voice roared like a vast multitude of people.

7 •Only I, Daniel, saw this vision. The men with me saw nothing, but they were suddenly terrified

perilous [pérələs] a. 위험한, 위기에 처한

9:24b Or *the Most Holy One.*   9:25a Hebrew *Seven sevens plus sixty-two sevens.*   9:25b Or *an anointed one;* similarly in 9:26. Hebrew reads *a messiah.*   9:25c Or *and a moat,* or *and trenches.*   9:26 Hebrew *After sixty-two sevens.*   9:27a Hebrew *for one seven.*   9:27b Hebrew *And on the wing;* the meaning of the Hebrew is uncertain.   9:27c Hebrew *an abomination of desolation.*   10:1 The third year of Cyrus's reign was 536 B.C.   10:4 Hebrew *On the twenty-fourth day of the first month,* of the ancient Hebrew lunar calendar. This date in the book of Daniel can be cross-checked with dates in surviving Persian records and can be related accurately to our modern calendar. This event occurred on April 23, 536 B.C.

8 그래서 나만 혼자 남아 이 놀라운 환상을 지켜 보았다. 나는 힘이 빠져서 얼굴은 죽은 사람처럼 창백해졌고, 아무것도 할 수가 없었다.

9 그때, 그 사람이 말하는 소리를 들었다. 나는 얼굴을 땅에 대고 깊은 잠이 들었다.

10 한 손이 나를 어루만지더니 그때까지도 떨고 있던 내 손과 무릎을 일으켜 세웠다.

11 그가 내게 말했다. "하나님의 크신 사랑을 받는 다니엘아, 내가 하는 말을 잘 들어라. 내가 보내심을 받아 네게 왔으니 일어서라." 나는 그가 이렇게 말할 때에 일어섰다. 하지만 그때까지도 떨고 있었다.

12 그가 내게 말했다. "다니엘아, 두려워하지 마라. 얼마 전에 네가 깨달음을 얻으려고 하나님 앞에서 겸손해지기로 결심한 때부터 하나님께서 네 기도를 들으셨다. 내가 온 것도 네 기도 때문이다.

13 그러나 페르시아의 왕이 이십일 일 동안 나를 막아서 그와 싸우고 있을 때, 가장 귀한 천사 가운데 하나인 미가엘이 와서 나를 도와 주었다.

14 다니엘아, 이제 내가 너에게 왔으니 장차 네 백성에게 일어날 일을 설명해 주겠다. 이 환상은 앞으로 일어날 일에 관한 것이다."

15 그가 말하고 있는 동안 나는 머리를 땅에 대고 있었다. 나는 아무 말도 할 수 없었다.

16 그때에 사람처럼 생긴 분이 내 입술을 만지니 내가 입을 열어 내 앞에 서 있는 사람에게 말하기 시작했다. "주여, 내가 환상을 보았기 때문에 놀랍고 두려워 힘이 빠져 버렸습니다.

17 주여, 주의 종인 내가 어떻게 주와 함께 말할 수 있겠습니까? 나는 힘이 빠져 숨쉬기조차 어렵습니다."

18 사람처럼 생긴 분이 또 나를 만지며 내게 힘을 주셨다.

19 그가 말했다. "하나님의 크신 사랑을 받는 사람아, 두려워하지 마라. 평안하여라. 이제 강해져라, 강해져라." 그가 내게 말할 때에 *내게 힘이 생겨났다.* 그래서 내가 말했다. "주여, 내게 힘을 주셨으니 이제 말씀하십시오."

20 그가 내게 말했다. "다니엘아, 내가 네게 온 까닭을 아느냐? 나는 이제 돌아가서 페르시아의 왕과 싸워야 한다. 내가 나가면 그리스

---

8 and ran away to hide. • So I was left there all alone to see this amazing vision. My strength left me, my 9 face grew deathly pale, and I felt very weak. • Then I heard the man speak, and when I heard the sound of his voice, I fainted and lay there with my face to the ground.

10 • Just then a hand touched me and lifted me, 11 still trembling, to my hands and knees. • And the man said to me, "Daniel, you are very precious to God, so listen carefully to what I have to say to you. Stand up, for I have been sent to you." When he said this to me, I stood up, still trembling.

12 • Then he said, "Don't be afraid, Daniel. Since the first day you began to pray for understanding and to humble yourself before your God, your request has been heard in heaven. I have come in 13 answer to your prayer. • But for twenty-one days the spirit prince* of the kingdom of Persia blocked my way. Then Michael, one of the archangels,* came to help me, and I left him there with the spir-14 it prince of the kingdom of Persia.* • Now I am here to explain what will happen to your people in the future, for this vision concerns a time yet to come."

15 • While he was speaking to me, I looked down 16 at the ground, unable to say a word. • Then the one who looked like a man* touched my lips, and I opened my mouth and began to speak. I said to the one standing in front of me, "I am filled with anguish because of the vision I have seen, my lord, 17 and I am very weak. • How can someone like me, your servant, talk to you, my lord? My strength is gone, and I can hardly breathe."

18 • Then the one who looked like a man touched 19 me again, and I felt my strength returning. • "Don't be afraid," he said, "for you are very precious to God. Peace! Be encouraged! Be strong!"

As he spoke these words to me, I suddenly felt stronger and said to him, "Please speak to me, my lord, for you have strengthened me."

20 • He replied, "Do you know why I have come? Soon I must return to fight against the spirit prince of the kingdom of Persia, and after that the spirit prince of the kingdom of Greece* will come.

---

archangel [άːrkèindʒəl] *n.* 천사장
encourage [inkɔ́ːridʒ] *vt.* 용기를 북돋우다; 격려하다
humble [hʌ́mbl] *vt.* 낮추다
strengthen [stréŋkθən] *vt.* 강하게 하다
10:13 block one's way : …의 길을 막다

10:13a Hebrew *the prince;* also in 10:13c, 20. 10:13b Hebrew *the chief princes.* 10:13c As in one Greek version; Hebrew reads *and I was left there with the kings of Persia.* The meaning of the Hebrew is uncertain. 10:16 As in most manuscripts of the Masoretic Text; one manuscript of the Masoretic Text and one Greek version read *Then something that looked like a human hand.* 10:20 Hebrew *of Javan.*

의 왕이 올 것이다.

21 하지만 내가 가기 전에 너에게 '진리의 책'에 적힌 것을 일러 주겠다. 네 백성을 다스리는 천사 미가엘 외에는 아무도 그들과 맞서 싸울 수 없다."

11 메대 사람 다리오가 왕이 된 첫해에 나는 그가 강해지도록 도와 주었다.

남쪽과 북쪽 왕국

2 "다니엘아, 내가 너에게 진실을 말하겠다. 페르시아에 세 왕이 더 일어날 것이고 그 후에 네 번째 왕이 일어날 텐데, 그는 페르시아의 그 어떤 왕보다 부자가 될 것이다. 그가 자기 재산으로 권력을 얻으며 모든 사람을 움직여 그리스를 칠 것이다.

3 그러다가 강한 왕이 일어나게 된다. 그가 큰 능력으로 나라를 다스리며 하고 싶은 일은 무엇이든 할 것이다.

4 그러나 그 왕의 세력이 가장 강할 때에 그의 나라가 망하여 네 개의 나라로 나눌 것이다. 그 나라가 뽑혀서 다른 백성에게 넘어갈 것이므로 그 나라는 더 이상 권세를 누리지 못하고, 그 자손에게로 이어지지도 않게 된다.

5 남쪽 왕이 강해질 것이지만 그의 지휘관 가운데 한 명이 그보다 더 강해진다. 그가 큰 권세로 자기 나라를 다스릴 것이다.

6 몇 년 뒤에 남쪽 왕과 그의 지휘관은 서로 도와 주기로 약속하며, 남쪽 왕의 딸이 북쪽 왕과 결혼하여 평화가 찾아올 것이다. 그러나 그 여자는 권력을 잡지 못하고 그의 집안도 오래가지 못한다. 그 여자와 가족, 그리고 그 여자를 그 나라에 데려온 사람들이 다 죽임을 당하게 된다.

7 그러나 그 여자의 집안에서 나온 한 사람이 남쪽 왕이 되어 북쪽 왕의 군대를 공격하며 그의 요새에 쳐들어가서 싸워 이길 것이다.

8 그가 그들의 신들과 쇠로 만든 우상들과 은이나 금으로 만든 값진 물건을 빼앗아 이집트로 가져간다. 그리고 몇 해 동안은 북쪽 왕을 괴롭히지 않을 것이다.

9 그러다가 북쪽 왕이 남쪽 왕을 치지만 이기지 못하고 자기 나라로 쫓겨날 것이다.

10 북쪽 왕의 아들들이 전쟁을 준비하여 큰 군대를 조직하여 홍수처럼 휩쓸고 다니다가 남쪽 왕의 요새에 이르게 될 것이다.

11 남쪽 왕은 크게 노하여 북쪽 왕의 군대와 맞서 싸우러 나가며, 북쪽 왕은 큰 군대를 일으

21 •Meanwhile, I will tell you what is written in the Book of Truth. (No one helps me against these spirit princes except Michael, your spirit prince.* •I have been standing beside Michael* to support and strengthen him since the first year of the reign of Darius the Mede.)

Kings of the South and North

2 **11** "Now then, I will reveal the truth to you. Three more Persian kings will reign, to be succeeded by a fourth, far richer than the others. He will use his wealth to stir up everyone to fight against the kingdom of Greece.*

3 •"Then a mighty king will rise to power who will rule with great authority and accomplish everything he sets out to do. •But at the height of his power, his kingdom will be broken apart and divided into four parts. It will not be ruled by the king's descendants, nor will the kingdom hold the authority it once had. For his empire will be uprooted and given to others.

5 •"The king of the south will increase in power, but one of his own officials will become more powerful than he and will rule his kingdom with great strength.

6 •"Some years later an alliance will be formed between the king of the north and the king of the south. The daughter of the king of the south will be given in marriage to the king of the north to secure the alliance, but she will lose her influence over him, and so will her father. She will be abandoned along with her supporters. •But when one of her relatives* becomes king of the south, he will raise an army and enter the fortress of the king of the north and defeat him. •When he returns to Egypt, he will carry back their idols with him, along with priceless articles of gold and silver. For some years afterward he will leave the king of the north alone.

9 •"Later the king of the north will invade the realm of the king of the south but will soon return to his own land. •However, the sons of the king of the north will assemble a mighty army that will advance like a flood and carry the battle as far as the enemy's fortress.

11 •"Then, in a rage, the king of the south will rally against the vast forces assembled by the king of the

---

abandon [əbǽndən] *vt.* 버리다
accomplish [əkámpliʃ] *vt.* 이루다, 성취하다
influence [ínfluːəns] *n.* 영향력; 세력
invade [invéid] *vt.* 침략하다
rally [rǽli] *vt.* 다시 불러 모으다, 규합하다
realm [rélm] *n.* 영토; 왕국
11:2 stir up ~ to ~ : …가 ~하도록 자극하다

---

12 남쪽 왕은 큰 군대를 무찌른 후에 교만해져서 수많은 사람을 죽이지만, 계속 이기지는 못할 것이다.

13 북쪽 왕은 처음보다 더 많은 군대를 일으켜서 몇 해 뒤에 큰 군대와 많은 무기로 공격하게 된다.

14 그때에 많은 사람이 일어나 남쪽 왕을 치며, 너희 백성 가운데서 싸우기 좋아하는 사람들이 남쪽 왕과 맞서 싸울 것이다. 그들은 하나님의 뜻이 이루어질 때가 되었다고 생각하지만 실패하게 된다.

15 그때에 북쪽 왕이 와서 성벽 꼭대기까지 흙무더기를 쌓아 올려 요새처럼 튼튼한 그 성을 빼앗을 것이다. 남쪽 군대의 용사들은 북쪽 군대를 막을 힘이 없다.

16 북쪽 왕은 무엇이든 하고 싶은 대로 하지만 아무도 그를 막지 못할 것이다. 그는 아름다운 이스라엘 땅을 빼앗아 다스리며 그 땅을 멸망시킬 것이다.

17 북쪽 왕은 온 힘을 다해 남쪽 왕과 싸우려 하다가, 남쪽 왕과 조약을 맺게 된다. 북쪽 왕은 자기 딸들 가운데 한 딸을 남쪽 왕의 아내로 주어 그를 멸망시키려 하지만, 그의 계획은 실패하게 될 것이다.

18 그 뒤에 북쪽 왕은 다른 곳으로 관심을 돌려 지중해 해안의 여러 성을 빼앗는다. 그러나 한 지휘관이 일어나 북쪽 왕의 교만을 꺾어 놓게 된다.

19 그런 일이 있은 후에 북쪽 왕은 요새가 있는 자기 나라로 돌아가지만, 결국 권력을 잃고 망하게 된다.

20 북쪽의 다음 왕은 세리들을 보내어 많은 돈을 모은다. 하지만 몇 년 지나지 않아 그는 죽임을 당할 것이다. 그러나 그는 전쟁으로 죽는 것도 아니며 은밀하게 죽임을 당한다.

21 그 왕의 뒤를 이어 매우 잔인하고 못된 사람이 왕이 될 것이다. 그는 왕이 될 자격도 없는 사람이지만 백성을 속여 나라를 몰래 빼앗을 것이다.

22 그의 앞에서는 크고 강한 군대도 힘없이 밀려난다. 그는 조약을 맺은 왕까지도 공격하여 물리친다.

23 여러 나라들이 그와 조약을 맺으나 그는 그 나라들을 속이며, 적은 백성을 거느리고도 큰 권세를 누릴 것이다.

24 그는 부유한 지방을 아무런 예고도 없이 쳐들어가서, 그의 조상이 거두지 못했던 큰 성공을 거둘 것이다. 그는 자기가 정복한 나라들에서 빼앗은 물건을 자기를 따르는 사람들에게 나누어 준다.

---

12 north and will defeat them. • After the enemy army is swept away, the king of the south will be filled with pride and will execute many thousands of his enemies. But his success will be short lived.

13 • "A few years later the king of the north will return with a fully equipped army far

14 greater than before. • At that time there will be a general uprising against the king of the south. Violent men among your own people will join them in fulfillment of this vision, but

15 they will not succeed. • Then the king of the north will come and lay siege to a fortified city and capture it. The best troops of the south will not be able to stand in the face of the onslaught.

16 • "The king of the north will march onward unopposed; none will be able to stop him. He will pause in the glorious land of Israel,* intent

17 on destroying it. • He will make plans to come with the might of his entire kingdom and will form an alliance with the king of the south. He will give him a daughter in marriage in order to overthrow the kingdom from within, but his plan will fail.

18 • "After this, he will turn his attention to the coastland and conquer many cities. But a commander from another land will put an end to his insolence and cause him to retreat

19 in shame. • He will take refuge in his own fortresses but will stumble and fall and be seen no more.

20 • "His successor will send out a tax collector to maintain the royal splendor. But after a very brief reign, he will die, though not from anger or in battle.

21 • "The next to come to power will be a despicable man who is not in line for royal succession. He will slip in when least expected and take over the kingdom by flattery and

22 intrigue. • Before him great armies will be swept away, including a covenant prince.

23 • With deceitful promises, he will make various alliances. He will become strong despite

24 having only a handful of followers. • Without warning he will enter the richest areas of the land. Then he will distribute among his followers the plunder and wealth of the rich—something his predecessors had never done. He will plot the overthrow of strongholds, but this will last for only a short while.

---

despicable [déspikəbl] *a.* 치사한, 비열한
insolence [ínsələns] *n.* 거만함
intent [intént] *a.* 열심인
onslaught [ánslɔ̀ːt] *n.* 맹공격

11:16 Hebrew *the glorious land.*

그는 요새들을 물리칠 계획을 세우지만 잠시 동안만 성공한다.

25 그는 힘과 용기를 내어 남쪽 왕을 치려고 큰 군대를 일으킬 것이다. 남쪽 왕도 매우 크고 강한 군대를 일으켜 전쟁을 준비한다. 그러나 남쪽 왕은 북쪽 왕의 작전에 휘말리고 말 것이다.

26 남쪽 왕과 친하게 지내던 사람들이 왕을 배신하여 그의 군대는 패하고, 많은 군인이 죽임을 당한다.

27 그 두 왕은 서로를 해치려고 한다. 두 왕은 한 식탁에 앉지만 서로 속이려 든다. 하지만 두 왕 모두 이익을 얻지는 못할 것이다. 왜냐하면 그들의 멸망의 때를 하나님이 정해 놓으셨기 때문이다.

28 북쪽 왕은 많은 재물을 가지고, 거룩한 언약을 어기고 자기 마음대로 행동하며 그의 나라로 돌아갈 것이다.

29 정한 때에 북쪽 왕이 다시 남쪽 왕을 공격하게 된다. 그러나 이번에는 전처럼 성공하지 못할 것이다.

30 그를 치려고 서쪽에서 배들이 오는 모습을 보고 그는 두려워서 되돌아간다. 돌아가는 길에 거룩한 언약을 지키는 하나님의 백성에게 화를 내며, 그와 반대로 거룩한 언약을 저버린 사람들을 소중히 여긴다.

31 북쪽 왕이 군대를 보내어 예루살렘 성전을 부정하게 만들 것이다. 백성이 날마다 바치는 제물을 바치지 못하게 하며, 멸망의 역겨운 것을 세울 것이다.

32 언약을 어긴 사람들은 아첨으로 더럽혀질 것이지만 하나님을 아는 사람들은 강해질 것이고 용감해질 것이다.

33 지혜로운 사람들이 많은 사람을 가르치지만, 그 가운데는 칼에 죽고 화형을 당하고 사로잡히고 약탈을 당하는 사람이 있을 것이다. 이러한 일이 여러 날 동안, 계속된다.

34 지혜로운 사람들은 고통을 당할 때에 약간의 도움을 받겠지만, 많은 사람들이 그들을 거짓으로 도울 것이다.

35 지혜로운 사람 중에 얼마는 죽임을 당하게 된다. 어려운 때는 오지만 이 일 때문에 그들은 강해지고 순결해지며, 마지막 때에 흠이 없게 된다. 하나님이 정하신 마지막 때는 여전히 온다.

스스로 높아지는 왕

36 북쪽 왕은 무엇이든 하고 싶은 대로 하며, 스스로를 높이고, 자기가 신보다 크다고 생각하여 아무도 들어 보지 못한 말로 신들의 하나님께 맞선다.

25 • Then he will stir up his courage and raise a great army against the king of the south. The king of the south will go to battle with a mighty army, but to no avail, for there will be plots against him. 26 • His own household will cause his downfall. His army will be swept away, and many will be killed. • Seeking nothing but each other's harm, these kings will plot against each other at the conference table, attempting to deceive each other. But it will make no difference, for the end will come at the appointed time.

28 • The king of the north will then return home with great riches. On the way he will set himself against the people of the holy covenant, doing much damage before continuing his journey.

29 • Then at the appointed time he will once again invade the south, but this time the result 30 will be different. • For warships from western coastlands* will scare him off, and he will withdraw and return home. But he will vent his anger against the people of the holy covenant and reward those who forsake the covenant.

31 • "His army will take over the Temple fortress, pollute the sanctuary, put a stop to the daily sacrifices, and set up the sacrilegious 32 object that causes desecration.* • He will flatter and win over those who have violated the covenant. But the people who know their God will be strong and will resist him.

33 • "Wise leaders will give instruction to many, but these teachers will die by fire and sword, or they will be jailed and robbed. 34 • During these persecutions, little help will arrive, and many who join them will not be 35 sincere. • And some of the wise will fall victim to persecution. In this way, they will be refined and cleansed and made pure until the time of the end, for the appointed time is still to come.

36 • "The king will do as he pleases, exalting himself and claiming to be greater than every god, even blaspheming the God of gods. He will succeed, but only until the time of wrath is completed. For what has been determined

---

blaspheme [blæsfíːm] *vt.* 신성 모독하다
exalt [igzɔ́ːlt] *vt.* 높이다
flatter [flǽtər] *vi.* 아첨하다
forsake [fərséik] *vt.* 저버리다
sacrilegious [sæ̀krəlídʒəs] *a.* 신성을 더럽히는
scare [skɛ́ər] *vt.* 위협하다
warship [wɔ́ːrʃip] *n.* 군함, 전함
11:25 to no avail : 보람없이, 헛되이

- -

11:30 Hebrew *from Kittim.*　　**11:31** Hebrew *the abomination of desolation.*

그의 성공은 하나님의 진노가 끝나면서 함께 끝
날 것이다. 그것은 하나님께서 정하신 일은 반드
시 이루어지기 때문이다.

37 그 북쪽 왕은 자기 조상들이 섬기던 신들과 여자
들이 섬기던 신들을 섬기지 않는다. 그는 어떤 신
도 섬기지 않고 자기를 더 귀하게 여긴다.

38 북쪽 왕은 권세와 능력을 섬기며 그의 조상들이
알지 못하던 신을 섬긴다. 그는 금과 은과 값비싼
보석과 예물로 권세의 신을 섬기게 된다.

39 그는 외국 신의 도움으로 요새를 공격한다. 자기
를 따르는 백성들을 높여 주고, 그들에게 다른 백
성을 다스릴 권세를 주며, 그들에게 땅을 나누어
주고 그 값을 받을 것이다.

40 마지막 때가 오면, 남쪽 왕이 북쪽 왕과 맞서 싸우
게 된다. 북쪽 왕이 전차대와 기병대와 수많은 큰
배들을 이끌고 남쪽 왕을 칠 것이다. 그는 홍수처
럼 여러 나라를 휩쓸고 다닌다.

41 북쪽 왕은 아름다운 유다 땅을 치고 여러 나라를
물리치지만, 에돔과 모압과 암몬의 지도자들은
그의 손아귀에서 벗어날 것이다.

42 북쪽 왕이 큰 능력으로 여러 나라를 치면 이집트
도 당해 내지 못한다.

43 북쪽 왕은 금과 은과 이집트의 모든 보물을 모을
것이며 리비아와 에티오피아* 백성이 그를 따르
게 된다.

44 그러나 동쪽과 북쪽에서 들려 오는 소식이 북쪽
왕을 두려움에 빠뜨리자, 그는 분노에 차서 여러
나라를 멸망시킨다.

45 그는 바다와 영화로운 거룩한 산 사이에 그의 장
막을 세울 것이다. 그러나 마침내 그의 끝이 이르
며, 그가 죽을 때에 아무도 그를 돕지 않을 것이
다."

마지막 때

12 "다니엘아, 그때에 네 백성을 지키는 위대한
통치자 미가엘이 일어날 것이다. 이 땅 위에
나라들이 생긴 뒤로 한 번도 없던 큰 고난의 때가
온다. 그러나 네 백성은 살아날 것이다. 누구든지
하나님의 책에 적힌 사람은 구원받을 것이다.

2 이미 죽은 사람 가운데서 많은 사람이 다시 살아
날 것이다. 그들 가운데 어떤 사람은 다시 깨어나
영원히 살며, 어떤 사람은 깨어나 영원히 부끄러
움과 멸시를 당할 것이다.

3 지혜로운 사람은 하늘의 밝은 별처럼 빛날 것이
다. 사람들을 올바른 길로 이끈 사람은 영원히 별
처럼 빛날 것이다.

4 그러나 너 다니엘아, 너는 마지막 때까지 이 책을

37 will surely take place. ● He will have no respect
for the gods of his ancestors, or for the god
loved by women, or for any other god, for he
will boast that he is greater than them all.

38 ● Instead of these, he will worship the god of
fortresses—a god his ancestors never knew—
and lavish on him gold, silver, precious stones,

39 and expensive gifts. ● Claiming this foreign
god's help, he will attack the strongest fortresses.
He will honor those who submit to him,
appointing them to positions of authority and
dividing the land among them as their reward.*

40 ● "Then at the time of the end, the king of
the south will attack the king of the north. The
king of the north will storm out with chariots,
charioteers, and a vast navy. He will invade
various lands and sweep through them like a

41 flood. ● He will enter the glorious land of
Israel,* and many nations will fall, but Moab,
Edom, and the best part of Ammon will

42 escape. ● He will conquer many countries, and

43 even Egypt will not escape. ● He will gain con-
trol over the gold, silver, and treasures of
Egypt, and the Libyans and Ethiopians* will
be his servants.

44 ● "But then news from the east and the
north will alarm him, and he will set out in
great anger to destroy and obliterate many.

45 ● He will stop between the glorious holy
mountain and the sea and will pitch his royal
tents. But while he is there, his time will sud-
denly run out, and no one will help him.

The Time of the End

12 "At that time Michael, the archangel*
who stands guard over your nation, will
arise. Then there will be a time of anguish
greater than any since nations first came into
existence. But at that time every one of your
people whose name is written in the book will

2 be rescued. ● Many of those whose bodies lie
dead and buried will rise up, some to everlast-
ing life and some to shame and everlasting dis-

3 grace. ● Those who are wise will shine as
bright as the sky, and those who lead many to
righteousness will shine like the stars forever.

4 ● But you, Daniel, keep this prophecy a secret;
seal up the book until the time of the end,
when many will rush here and there, and
knowledge will increase."

lavish [lǽviʃ] *vt.* 아낌없이 주다
obliterate [əblítərèit] *vt.* 없애다
11:40 sweep through … : …를 쓸어 버리다

11:39 Or *at a price.*　11:41 Hebrew *the glorious
land.*　11:43 Hebrew *Cushites.*　12:1 Hebrew
the great prince.

11:43 개역 성경에는 (히) '구스'라고 표기되어 있다.

닫아 놓고 봉인해 두어라. 많은 사람이 참된 지식을 얻으려고 왔다갔다 할 것이다."

5 그때에 나 다니엘이 보니 다른 두 사람이 있는데, 한 사람은 강 이쪽 편에 서 있었고, 다른 사람은 강 저쪽 편에 서 있었다.

6 한 사람이 모시 옷을 입은 사람, 곧 강물 위에 있는 사람에게 말했다. "이 놀라운 일들이 일어날 때까지 얼마나 더 있어야 합니까?"

7 모시 옷을 입고 물 위에 서 있던 사람이 하늘을 향해 손을 치켜들었다. 그가 영원히 살아 계신 하나님의 이름으로 맹세하는 소리가 들렸다. "삼 년 반이 지나야 한다. 거룩한 백성의 권세가 깨어진 뒤에 이 모든 일이 이루어질 것이다."

8 나는 그 말을 듣고도 깨닫지 못하여 다시 물었다. "주여, 이 모든 일이 일어난 뒤에는 어떤 일이 일어나겠습니까?"

9 그가 대답했다. "다니엘아, 네 길을 가거라. 이 말은 마지막 때까지 닫힌 채 봉인되었다.

10 많은 사람이 깨끗해지고 순결해지고 흠없이 될 것이다. 그러나 악한 사람은 여전히 악할 것이다. 그들은 이 일들을 깨닫지 못하며, 오직 지혜로운 사람만이 깨달을 것이다.

11 날마다 드리는 제사가 없어질 것이며 멸망의 역겨운 것이 세워질 것이다. 그때부터 천이백구십 일이 지날 것이다.

12 마지막 천삼백삼십오 일을 기다리는 사람은 복될 것이다.

13 너 다니엘아, 끝까지 네 길을 가거라. 네가 죽어 평안히 쉬다가 마지막 때에 죽은 사람들 가운데서 일어나 상을 받을 것이다."

5 ●Then I, Daniel, looked and saw two others standing on opposite banks of the river.

6 ●One of them asked the man dressed in linen, who was now standing above the river, "How long will it be until these shocking events are over?"

7 ●The man dressed in linen, who was standing above the river, raised both his hands toward heaven and took a solemn oath by the One who lives forever, saying, "It will go on for a time, times, and half a time. When the shattering of the holy people has finally come to an end, all these things will have happened."

8 ●I heard what he said, but I did not understand what he meant. So I asked, "How will all this finally end, my lord?"

9 ●But he said, "Go now, Daniel, for what I have said is kept secret and sealed until the

10 time of the end. ●Many will be purified, cleansed, and refined by these trials. But the wicked will continue in their wickedness, and none of them will understand. Only those who are wise will know what it means.

11 ● "From the time the daily sacrifice is stopped and the sacrilegious object that causes desecration* is set up to be worshiped,

12 there will be 1,290 days. ●And blessed are those who wait and remain until the end of the 1,335 days!

13 ● "As for you, go your way until the end. You will rest, and then at the end of the days, you will rise again to receive the inheritance set aside for you."

---

abomination [əbɑ́mənéi∫ən] *n.* 혐오, 증오
desolation [desəléi∫ən] *n.* 황폐시킴; 폐허; 슬픔
shatter [∫ǽtər] *vt.* 산산이 부수다

12:11 Hebrew *the abomination of desolation.*

호세아

● 서론

✛ 저자 _ 호세아
✛ 저작 연대 _ B.C. 790~710년 사이로 추정
✛ 기록 장소 _ 북이스라엘
✛ 기록 대상 _ 음란하게 우상을 섬기는 이스라엘의 지도자들과 백성
✛ 핵심어 및 내용 _ 핵심어는 '결혼'과 '용서'이다. 호세아가 고멜과 결혼한 것처럼 하나님과 이스라엘 백성의 언약 관계는 결혼 관계로 묘사된다. 호세아가 간음한 자기의 아내를 용서하고 노예 시장에서 다시 찾아오기 위하여 나선 것처럼, 하나님께서는 타락한 이스라엘을 용서하시기 위하여 그들을 찾고 계신다.

부정한 아내와 같은 이스라엘

1 여호와께서 브에리의 아들 호세아에게 말씀하셨습니다. 그때는 웃시야와 요담과 아하스와 히스기야가 유다 왕으로 있던 때이며, 요아스의 아들 여로보암이 이스라엘 왕으로 있던 때입니다.

호세아의 아내와 자녀들

2 여호와께서 호세아를 통해서 말씀하시기 시작하셨습니다. "가서 부정한 여자와 결혼하여 부정한 자식을 낳아라! 그것은 이 나라가 여호와를 버리고 부정한 짓을 하였기 때문이다."

3 그래서 호세아는 디블라임의 딸 고멜과 결혼했습니다. 고멜이 임신하여 호세아의 아들을 낳았습니다.

4 여호와께서 호세아에게 말씀하셨습니다. "그 아이의 이름을 이스르엘이라 하여라. 이스르엘에서 벌어진 살육에 대하여 내가 예후의 집안을 심판하겠다. 그리고 이스라엘 나라를 멸망시키겠다.

5 또 그 날에 이스르엘 골짜기에서 이스라엘 군대의 힘을 꺾어 버리겠다."

6 고멜이 또 임신하여 딸을 낳았습니다. 여호와께서 호세아에게 말씀하셨습니다. "그 아이의 이름을 로루하마라 하여라. 내가 다시는 이스라엘을 긍휼히 여기지 않겠다. 다시는 그들을 용서하지 않겠다.

7 그러나 내가 유다 백성에게는 긍휼을 베풀겠다. 그리고 그들의 하나님인 여호와 나 자신이 직접 그들을 구원하겠다. 결코 내가 그들을 활이나 칼이나 말이나 기병으로 구원하지 않겠다."

8 로루하마가 젖을 뗀 후에 고멜이 다시 임신하여 아들을 낳았습니다.

9 여호와께서 말씀하셨습니다. "그 아이의 이름

1 The LORD gave this message to Hosea son of Beeri during the years when Uzziah, Jotham, Ahaz, and Hezekiah were kings of Judah, and Jeroboam son of Jehoash* was king of Israel.

Hosea's Wife and Children

2 • When the LORD first began speaking to Israel through Hosea, he said to him, "Go and marry a prostitute,* so that some of her children will be conceived in prostitution. This will illustrate how Israel has acted like a prostitute by turning against the LORD and worshiping other gods."

3 • So Hosea married Gomer, the daughter of Diblaim, and she became pregnant and gave

4 Hosea a son. • And the LORD said, "Name the child Jezreel, for I am about to punish King Jehu's dynasty to avenge the murders he committed at Jezreel. In fact, I will bring an end to

5 Israel's independence. • I will break its military power in the Jezreel Valley."

6 • Soon Gomer became pregnant again and gave birth to a daughter. And the LORD said to Hosea, "Name your daughter Lo-ruhamah— 'Not loved'—for I will no longer show love to

7 the people of Israel or forgive them. • But I will show love to the people of Judah. I will free them from their enemies—not with weapons and armies or horses and charioteers, but by my power as the LORD their God."

8 • After Gomer had weaned Lo-ruhamah, she again became pregnant and gave birth to a sec-

9 ond son. • And the LORD said, "Name him Lo-ammi— 'Not my people' —for Israel is not my people, and I am not their God.

avenge [əvéndʒ] *vt.* 복수를 하다
conceive [kənsíːv] *vt.* (아이)를 배다, 임신하다
fence [fens] *vt.* 막다, 담을 치다
illustrate [íləstrèit] *vt.* 설명하다, 예증하다
prostitution [prɑstətjúːʃən] *n.* 매춘, 타락
wean [wiːn] *vt.* 젖을 떼다

1:1 Hebrew *Joash*, a variant spelling of Jehoash.
1:2 Or *a promiscuous woman*.

을 로암미라 하여라. 너희는 내 백성이 아니
며, 나는 너희 하나님이 아니기 때문이다."

하나님이 이스라엘에게 약속하시다

10 "그러나 후에는 이스라엘 백성이 바닷가의
모래알처럼 달아보거나 세어 볼 수 없을 정도
로 많을 것이다. 지금은 이스라엘을 가리켜
'너희는 내 백성이 아니다' 라고 하였으나, 후
에는 그들을 '살아 계신 하나님의 자녀' 라고
부를 것이다.

11 그때, 유다와 이스라엘 백성이 하나가 될 것
이다. 그들이 한 지도자를 세우고 그 땅으로
부터 돌아올 것이다. 이스르엘*의 날이 위대
해질 것이다."

2 "너희는 너희 형제를 '암미' 라 부르고 너
희 자매를 '루하마' 라고 불러라."

이스라엘의 심판과 회복

2 "너희는 어머니를 탓하여라. 이제 그는 내 아
내가 아니며, 나는 그의 남편이 아니기 때문
이다. 그녀의 얼굴에서 음란을 없애고 그녀
의 유방 사이에서 음행을 제거하여라.

3 그렇게 하지 않으면 그녀를 발가벗겨 그녀가
태어난 날처럼 맨몸으로 만들어 놓겠다. 마
른 땅처럼 메마르게 하고 광야처럼 만들어,
그녀를 목말라 죽게 하겠다.

4 내가 그의 자녀들에게 긍휼을 베풀지 않겠
다. 그들은 부정한 아내의 자녀들이기 때문
이다.

5 그들의 어머니가 창녀와 같은 짓을 했고, 그
들을 배었던 여자가 부끄러운 짓을 했다. 여
자가 말하기를, '내 사랑하는 자들을 뒤좇겠
다. 그들이 내게 먹을 것과 마실 물을 주었다.
내게 털옷과 모시옷도 주었고 포도주와 기름
도 주었다' 라고 한다.

6 그러므로 내가 그녀의 길을 가시나무로 막
고, 담을 쌓아서 길을 찾지 못하게 하겠다.

7 그녀가 사랑하는 자들을 좇아다녀도 따라잡
지 못할 것이요, 찾아다녀도 찾지 못할 것이
다. 그제서야 그녀는 '이제 첫 남편에게 돌아
가야겠다. 지금보다 그때가 더 살기 좋았다'
라고 말할 것이다.

8 그녀에게 곡식과 포도주와 기름을 준 이가
바로 나라는 것을 그녀는 알지 못하고 있다.
내가 그녀에게 은과 금도 많이 주었으나, 그
녀는 그것으로 바알 우상을 만들었다.

9 그러므로 추수할 때에 내가 내 곡식을 빼앗으
며, 포도주가 익을 무렵에 내 포도주를 빼앗

10 *"Yet the time will come when Israel's people
will be like the sands of the seashore—too many to
count! Then, at the place where they were told,
'You are not my people,' it will be said, 'You are
children of the living God.' • Then the people of
11 Judah and Israel will unite together. They will
choose one leader for themselves, and they will
return from exile together. What a day that will
be—the day of Jezreel*—when God will again
plant his people in his land.

1 •*"In that day you will call your brothers
Ammi—'My people.' And you will call your sis-
ters Ruhamah—The ones I love.'

Charges against an Unfaithful Wife

2 • "But now bring charges against Israel—
　　your mother—
　for she is no longer my wife,
　　and I am no longer her husband.
Tell her to remove the prostitute's makeup
　　from her face
　and the clothing that exposes her breasts.
3 • Otherwise, I will strip her as naked
　　as she was on the day she was born.
I will leave her to die of thirst,
　　as in a dry and barren wilderness.
4 • And I will not love her children,
　　for they were conceived in prostitution.
5 • Their mother is a shameless prostitute
　　and became pregnant in a shameful way.
She said, 'I'll run after other lovers
　　and sell myself to them for food and water,
for clothing of wool and linen,
　　and for olive oil and drinks.'

6 • "For this reason I will fence her in with
　　thornbushes.
I will block her path with a wall
　　to make her lose her way.
7 • When she runs after her lovers,
　　she won't be able to catch them.
She will search for them
　　but not find them.
Then she will think,
　'I might as well return to my husband,
　　for I was better off with him than I am now.'
8 • She doesn't realize it was I who gave her
　　everything she has—
　　the grain, the new wine, the olive oil;
I even gave her silver and gold.
　　But she gave all my gifts to Baal.

9 • "But now I will take back the ripened grain and
　　new wine

1:10 Verses 1:10-11 are numbered 2:1-2 in Hebrew
text.　1:11 *Jezreel* means "God plants."　2:1 Verses
2:1-23 are numbered 2:3-25 in Hebrew text.

1:11 '이스르엘' 은 '하나님이 심으신다' 라는 뜻이다.

겠다. 그녀의 발가벗은 몸을 가리운 양털과 모시옷도 빼앗겠다.

10 내가 그녀의 사랑하는 자들 앞에서 그 벗은 몸을 드러내게 해도 그녀를 내 심판의 손에서 구해 낼 사람이 아무도 없을 것이다.

11 내가 그녀의 모든 기뻐하는 것과 명절과 초하루 절기와 안식일과 모든 특별한 절기를 없애겠다.

12 그녀가 '내 사랑하는 자들이 내게 몸값으로 주었다' 라고 말한 포도나무와 무화과나무를 없애 버리겠다. 그것들을 수풀로 만들어서 들짐승들이 삼키게 하겠다.

13 그녀는 귀고리와 보석을 몸에 걸치고 사랑하는 자들을 뒤좇아 다니며 나를 잊어버렸다. 그녀가 바알을 섬긴 세월만큼 그녀를 벌하겠다. 나 여호와의 말이다.

14 그러므로 이제 내가 그녀를 꾀어서 광야로 데려가 다정하게 말해 주겠다.

15 거기에서 그녀의 포도밭을 돌려주고 아골 골짜기를 희망의 문으로 만들어 주겠다. 그러면 그녀가 젊었을 때와 이집트에서 나올 때처럼 나를 대할 것이다.

16 그날에 그녀가 나를 가리켜 '내 남편' 이라 할 것이며, 다시는 바알을 가리켜 '내 남편' 이라 하지 않을 것이다. 나 여호와의 말이다.

17 그녀가 다시는 바알의 이름을 부르지 못하게 하겠다. 백성들도 바알의 이름을 부르지 않을 것이다.

18 그때에 내가 그들을 위해, 하늘의 새와 땅의 기는 것과 언약을 맺을 것이다. 내가 이 땅에서 활과 칼과 전쟁 무기를 없애 버리겠다. 그래서 내 백성이 안전하게 살 수 있도록 하겠다.

19 내가 너를 나의 영원한 아내로 맞아들이겠다. 너를 정의와 공평으로 대하고 너에게 *사랑과 긍휼을 보여 주겠다.*

20 내가 진실함으로 너를 아내로 맞아들이겠다. 그러면 너도 내가 여호와임을 알게 될 것이다.

21 그날에 내가 너에게 대답하겠다. 나 여호와의 말이다. 내가 하늘에게 말하면, 하

I generously provided each harvest season.
I will take away the wool and linen clothing
　I gave her to cover her nakedness.
10 • I will strip her naked in public,
　　while all her lovers look on.
　No one will be able
　　to rescue her from my hands.
11 • I will put an end to her annual festivals,
　　her new moon celebrations, and her
　　　Sabbath days—
　　all her appointed festivals.
12 • I will destroy her grapevines and fig trees,
　　things she claims her lovers gave her.
　I will let them grow into tangled thickets,
　　where only wild animals will eat the fruit.
13 • I will punish her for all those times
　　when she burned incense to her images of Baal,
　when she put on her earrings and jewels
　　and went out to look for her lovers
　but forgot all about me,"
　　says the LORD.

The LORD's Love for Unfaithful Israel

14 • "But then I will win her back once again.
　　I will lead her into the desert
　　and speak tenderly to her there.
15 • I will return her vineyards to her
　　and transform the Valley of Trouble* into
　　　a gateway of hope.
　She will give herself to me there,
　　as she did long ago when she was young,
　　when I freed her from her captivity in Egypt.
16 • When that day comes," says the LORD,
　　"you will call me 'my husband'
　　instead of 'my master.' *
17 • O Israel, I will wipe the many names of Baal
　　　from your lips,
　　and you will never mention them again.
18 • On that day I will make a covenant
　　with all the wild animals and the birds
　　　of the sky
　and the animals that scurry along the ground
　　so they will not harm you.
　I will remove all weapons of war from the land,
　　all swords and bows,
　so you can live unafraid
　　in peace and safety.
19 • I will make you my wife forever,
　　showing you righteousness and justice,
　　unfailing love and compassion.
20 • I will be faithful to you and make you mine,
　　and you will finally know me as the LORD.

21 • "In that day, I will answer,"
　　says the LORD.
　"I will answer the sky as it pleads for clouds.
　　And the sky will answer the earth with rain.

2:15 Hebrew *valley of Achor*.　2:16 Hebrew '*my baal.*'

늘이 땅에 비를 내릴 것이다.

22 그러면 땅이 곡식과 포도주와 기름을 낼 것이다. 그리고 이것들이 이스르엘 땅에서 자랄 것이다.

23 내가 내 백성을 이 땅에 심겠다. 전에 '불쌍히 여김을 받지 못한다' 라고 불렸던 백성을 불쌍히 여기며, '내 백성이 아니다' 라고 불렸던 백성을 내 백성이라 부르겠다. 그러면 그들도 나를 '주는 나의 하나님이십니다' 라고 부를 것이다."

3

여호와께서 내게 말씀하셨다. "너는 가서 네 아내를 다시 사랑해 주어라. 그녀에게는 다른 사랑하는 자가 있으며, 너에게 부정한 아내였다. 그러나 이스라엘 백성이 다른 신들을 섬기며 건포도 빵을 좋아하더라도 내가 그들을 사랑했듯이 너도 그녀를 사랑해야 한다."

2 그래서 나는 은 열다섯 세겔*과 보리 한 호멜 반* 가량을 주고 고멜을 다시 데려왔다.

3 그리고 고멜에게 "당신은 여러 날 동안, 나를 기다려야 하오. 창녀가 되지 말고 다른 남자의 연인도 되지 말아야 하오. 나도 당신을 기다리겠소" 하고 말했다.

4 이와 같이 이스라엘도 여러 날 동안에 왕도 지도자도 없이, 희생 제물도 돌기둥도 없이, 에봇이나 드라빔도 없이 살 것이다.

5 그런 뒤에 이스라엘 백성은 돌아와 그들의 하나님 여호와를 찾고 다윗 왕을 따를 것이다. 마지막 날에 그들은 여호와께 나아올 것이며, 주께서 그들에게 복을 주실 것이다.

이스라엘을 향한 주님의 꾸짖음

4

이스라엘 자손아, 여호와의 말씀을 들어라. 여호와께서 이 땅의 주민들을 꾸짖으신다. "이 땅에는 진실도 없고 인애도 없고 하나님을 아는 지식도 없다.

2 오히려 그들은 저주하고 거짓말하며 죽이고 도적질하고 간음한다. 그들은 포악하여 살인에 살인이 계속된다.

3 그러므로 이 땅이 메마르며 그 땅에 거하

---

22 • Then the earth will answer the thirsty cries
　of the grain, the grapevines, and the olive trees.
　And they in turn will answer,
　　'Jezreel' — 'God plants!'

23 • At that time I will plant a crop of Israelites
　and raise them for myself.
I will show love
　to those I called 'Not loved.' *
And to those I called 'Not my people,' *
　I will say, 'Now you are my people.'
And they will reply, 'You are our God!' "

Hosea's Wife Is Redeemed

3

Then the LORD said to me, "Go and love your wife again, even though she* commits adultery with another lover. This will illustrate that the LORD still loves Israel, even though the people have turned to other gods and love to worship them.*"

2 • So I bought her back for fifteen pieces of silver* and five bushels of barley and a measure of wine.*

3 • Then I said to her, "You must live in my house for many days and stop your prostitution. During this time, you will not have sexual relations with anyone, not even with me.*"

4 • This shows that Israel will go a long time without a king or prince, and without sacrifices, sacred pillars, priests,* or even idols! • But afterward the people will

5 return and devote themselves to the LORD their God and to David's descendant, their king.* In the last days, they will tremble in awe of the LORD and of his goodness.

The LORD's Case against Israel

4

1 • Hear the word of the LORD, O people of Israel!
　The LORD has brought charges against you, saying:
"There is no faithfulness, no kindness,
　no knowledge of God in your land.

2 • You make vows and break them;
　you kill and steal and commit adultery.
There is violence everywhere—
　one murder after another.

3 • That is why your land is in mourning,
　and everyone is wasting away.
Even the wild animals, the birds of the sky,

---

tangled [tǽŋgld] *a.* 뒤얽힌, 헝클어진
2:14 win back : (노력 끝에) 되찾다, 회복하다

2:23a Hebrew *Lo-ruhamah;* see 1:6.　2:23b Hebrew *Lo-ammi;* see 1:9.　3:1a Or *Go and love a woman who.*　3:1b Hebrew *love their raisin cakes.*　3:2a Hebrew *15 [shekels] of silver,* about 6 ounces or 171 grams in weight.　3:2b As in Greek version, which reads *a homer of barley and a wineskin full of wine;* Hebrew reads *a homer* [5 bushels or 220 liters] *of barley and a lethek* [2.5 bushels or 110 liters] *of barley.*　3:3 Or *and I will live with you.*　3:4 Hebrew *ephod,* the vest worn by the priest.　3:5 Hebrew *to David their king.*

3:2 15세겔은 약 171g에 해당되고, 1.5호멜은 약 330ℓ에 해당된다.

는 모든 사람이 비참해지며 들짐승과 하늘의 새와 바다의 물고기까지도 없어질 것이다."

하나님이 제사장들을 꾸짖으시다

4 "그러나 아무도 다른 사람과 다투지 말고 비난하지 마라. 너희 제사장들아, 백성이 너희와 다투어도 그들을 나무라지 마라.

5 낮에는 너희가 넘어지고, 밤에는 예언자들이 너희와 함께 넘어질 것이다. 내가 또한 너희의 어머니, 이스라엘을 망하게 하겠다.

6 내 백성이 지식이 없어서 망한다. 네가 지식을 거부했기 때문에 나도 너희가 내 제사장이 되지 못하게 하겠다. 너희가 너희 하나님의 가르침을 잊어 버렸으므로 나도 너희 자녀를 잊을 것이다.

7 제사장이 많아질수록 나에게 짓는 그들의 죄도 더 많아지니, 내가 그들의 영광을 거두어 가고 대신 부끄러움만을 안겨 주겠다.

8 제사장들은 백성의 죄를 씻는 제물인 속죄 제물을 먹고 살면서 백성이 죄를 더욱 많이 짓기를 바란다.

9 제사장들도 백성들 못지않게 악하다. 내가 그들의 행동대로 벌하겠다. 그들이 저지른 죄악에 따라 갚아 주겠다.

10 그들이 먹어도 배부르지 않을 것이요, 창녀들과 음란한 짓을 하여도 자녀가 생기지 않을 것이다. 이는 그들이 나 여호와를 따르지 않고 떠나 버렸기 때문이다."

하나님이 백성들을 꾸짖으시다

11 "내 백성이 음란한 짓과 묵은 포도주와 새 포도주에 마음을 빼앗겼다.

12 내 백성이 나무 우상에게 묻고 나무 막대기에게 가르침을 구한다. 이는 그들이 그들의 음란한 영에 미혹되어 하나님을 떠나 행음하였기 때문이다.

13 그들은 산꼭대기에서 제물을 드리며 언덕 위에서 분향한다. 참나무와 버드나무와 상수리나무 아래에서 그 나무 그늘이 좋다며 제물을 바친다. 그래서 너희 딸들이 행음하고 며느리들이 간음을 한다.

14 너희 딸들이 행음하여도, 너희 며느리들

and the fish of the sea are disappearing.

4 • "Don't point your finger at someone else
    and try to pass the blame!
My complaint, you priests,
    is with you.*

5 • So you will stumble in broad daylight,
    and your false prophets will fall with you in
      the night.
And I will destroy Israel, your mother.

6 • My people are being destroyed
    because they don't know me.
Since you priests refuse to know me,
    I refuse to recognize you as my priests.
Since you have forgotten the laws of your God,
    I will forget to bless your children.

7 • The more priests there are,
    the more they sin against me.
They have exchanged the glory of God
    for the shame of idols.*

8 • "When the people bring their sin offerings,
    the priests get fed.
So the priests are glad when the people sin!

9 • And what the priests do, the people also do.
So now I will punish both priests and people
    for their wicked deeds.

10 • They will eat and still be hungry.
    They will play the prostitute and gain
      nothing from it,
for they have deserted the LORD

11 •   to worship other gods.

"Wine has robbed my people
    of their understanding.

12 • They ask a piece of wood for advice!
    They think a stick can tell them the future!
Longing after idols
    has made them foolish.
They have played the prostitute,
    serving other gods and deserting their God.

13 • They offer sacrifices to idols on the mountaintops.
    They go up into the hills to burn incense
in the pleasant shade of oaks, poplars, and
      terebinth trees.

"That is why your daughters turn to prostitution,
    and your daughters-in-law commit adultery.

14 • But why should I punish them
    for their prostitution and adultery?
For your men are doing the same thing,
    sinning with whores and shrine prostitutes.
O foolish people! You refuse to understand,
    so you will be destroyed.

4:4 Hebrew *Your people are like those with a complaint against the priests.*   4:7 As in Syriac version and an-cient Hebrew tradition; Masoretic Text reads *I will turn their glory into shame.*

이 간음을 해도, 내가 그들을 벌하지 않겠다. 이는 너희도 창녀들과 음란한 짓을 했으며, 신전 창녀들과 함께 제물을 바쳤기 때문이다. 백성이 깨닫지 못하면 망할 것이다.

15 이스라엘아, 너희는 행음하여도 유다는 죄를 짓지 마라. 제물을 바치러 길갈로 가지 말고 벧아웬*으로도 가지 마라. '여호와의 살아 계심'을 두고 맹세하지 마라.

16 이스라엘 백성은 고집 센 암송아지처럼 말을 듣지 않으니 어떻게 내가 그들을 초원의 어린 양처럼 먹이겠느냐?

17 에브라임*이 우상과 결합하였으니 그대로 내버려 두어라.

18 그들의 술은 시어졌고, 그들은 계속 음란한 짓을 한다. 그들은 그런 부끄러운 짓을 좋아한다.

19 회오리바람이 그들을 날려 버릴 것이다. 그들의 제물이 오히려 그들을 부끄럽게 만들 것이다."

지도자들을 향한 주님의 말씀

5 "제사장들아! 이것을 들어라. 이스라엘 백성아! 귀를 기울여라. 왕들아! 귀를 기울여라. 너희에게 심판이 있으리니, 이는 너희가 미스바의 덫과 같고 다볼 산에 펼쳐 놓은 그물과 같기 때문이다.

2 너희가 나쁜 짓을 많이 했으므로, 내가 너희 모두를 심판하겠다.

3 나는 에브라임을 잘 안다. 이스라엘은 나를 피해 숨지 못한다. 그들은 모두 창녀와 같이 자기 스스로를 더럽혔다."

호세아의 책망

4 그들이 악한 짓을 저질렀으므로 하나님께로 돌아오지 못한다. 왜냐하면 음란한 생각만 가득하여 여호와를 알지 못하기 때문이다.

5 이스라엘의 교만이 그들에게 불리한 증언이 된다. 이스라엘은 그 죄 때문에 넘어질 것이다. 유다도 그들과 함께 넘어질 것이다.

6 그 백성이 양 떼와 소 떼를 몰고 여호와를 찾아 나서더라도 주께서 이미 그들을 버리셨으므로 찾지 못할 것이다.

15 • "Though you, Israel, are a prostitute,
may Judah not be guilty of such things.
Do not join the false worship at Gilgal or Beth-aven,*
and do not take oaths there in the LORD's name.

16 • Israel is stubborn,
like a stubborn heifer.
So should the LORD feed her
like a lamb in a lush pasture?

17 • Leave Israel* alone,
because she is married to idolatry.

18 • When the rulers of Israel finish their drinking,
off they go to find some prostitutes.
They love shame more than honor.*

19 • So a mighty wind will sweep them away.
Their sacrifices to idols will bring them shame.

The Failure of Israel's Leaders

5 "Hear this, you priests.
Pay attention, you leaders of Israel.
Listen, you members of the royal family.
Judgment has been handed down against you.
For you have led the people into a snare
by worshiping the idols at Mizpah and Tabor.

2 • You have dug a deep pit to trap them at Acacia Grove.*
But I will settle with you for what you have done.

3 • I know what you are like, O Ephraim.
You cannot hide yourself from me, O Israel.
You have left me as a prostitute leaves her husband;
you are utterly defiled.

4 • Your deeds won't let you return to your God.
You are a prostitute through and through,
and you do not know the LORD.

5 • "The arrogance of Israel testifies against her;
Israel and Ephraim will stumble under their load of guilt.
Judah, too, will fall with them.

6 • When they come with their flocks and herds
to offer sacrifices to the LORD,

---

desert [dizə́:rt] *vt.* 버리다, 떠나다
heifer [héfər] *n.* 암소
lush [lʌ́ʃ] *a.* 풍부한, 비옥한
snare [snɛ́ər] *n.* 덫, 함정
stumble [stʌ́mbl] *vi.* 넘어질 듯 비틀거리다
whore [hɔ́:r] *n.* 창녀, 매춘부
4:15 take oath : 맹세(선서)하다
4:19 sweep away : 휩쓸다, 전멸시키다
5:5 testify against … : …에게 불리한 증언을 하다

4:15 *Beth-aven* means "house of wickedness"; it is being used as another name for Bethel, which means "house of God."   **4:17** Hebrew *Ephraim*, referring to the northern kingdom of Israel.   **4:18** As in Greek version; the meaning of the Hebrew is uncertain.   **5:2** Hebrew *at Shittim*. The meaning of the Hebrew for this sentence is uncertain.

4:15 '벧아웬'은 '악의 집'이라는 뜻이다.
4:17 이는 북이스라엘을 가리키는 말이다.

7 그들은 여호와께 진실하지 않았다. 그들이 낳은 자녀는 그들의 자녀가 아니다. 그러므로 그들의 거짓된 예배가 그들과 그들의 땅을 망하게 할 것이다.

8 "기브아에서 나팔을 불어라. 라마에서 나팔을 불어라. 벧아웬에서도 전쟁의 경보를 울려라. 오! 베냐민아, 네 뒤에 적군이 있도다.

9 에브라임은 심판의 날에 망할 것이다 이스라엘의 모든 지파에게 경고한다. 이 일은 틀림없이 일어난다.

10 유다의 지도자들은 남의 재산을 훔치려는 도둑과 같으니, 내 심판이 마치 홍수처럼 그들을 삼킬 것이다.

11 에브라임은 우상을 좇았으므로 심판을 당하여 부서질 것이다.

12 좀이 옷을 해치듯 내가 에브라임을 망하게 하겠고, 썩게 하는 것이 나무를 망치듯 내가 유다를 망하게 하겠다.

13 에브라임이 자기가 아픈 것을 알며, 유다가 자기 병을 깨달았다. 에브라임이 도움을 청하기 위해 앗시리아의 야렙 왕을 찾아갔다. 그러나 그는 너희를 고치지 못하고 너희의 병을 낮게 하지 못한다.

14 내가 에브라임에게는 사자와 같고 유다 백성에게는 젊은 사자와 같으니, 그들을 쳐서 갈기갈기 찢어 놓겠다. 내가 그들을 끌고 가도 아무도 구해 내지 못할 것이다."

15 백성이 그 죄를 깨달을 때까지 나는 내 처소로 돌아가서 기다리겠다. 그들이 고난을 당하여 나를 찾으며 내게 돌아올 것이다."

회개하지 않는 이스라엘

6 가서 여호와께로 돌아가자. 여호와께서 우리를 치셨으나 다시 낫게 해 주실 것이요, 우리에게 상처를 내셨으나 다시 아물게 해 주실 것이다.

2 여호와께서 이틀 뒤에 우리를 다시 살려 주시고, 사흘 째에 우리를 다시 일으켜 주실 것이다. 그래서 우리가 주 앞에서 살 수 있게 될 것이다.

3 여호와를 알자. 우리가 여호와를 아는데 전력하자. 날마다 새벽이 오듯이 주도 틀림없이 오실 것이다. 소나기처럼, 땅을 적시는 봄비처럼 주께서 오실 것

they will not find him,
  because he has withdrawn from them.
7 • They have betrayed the honor of the LORD,
  bearing children that are not his.
Now their false religion will devour them
  along with their wealth.*

8 • "Sound the alarm in Gibeah!
  Blow the trumpet in Ramah!
Raise the battle cry in Beth-aven*!
  Lead on into battle, O warriors of Benjamin!
9 • One thing is certain, Israel*:
  On your day of punishment,
  you will become a heap of rubble.

10 • "The leaders of Judah have become like thieves.*
  So I will pour out my anger on them like a waterfall.
11 • The people of Israel will be crushed and
      broken by my judgment
  because they are determined to worship idols.*
12 I will destroy Israel as a moth consumes wool.
  I will make Judah as weak as rotten wood.

13 • "When Israel and Judah saw how sick they were,
  Israel turned to Assyria—
to the great king there—
  but he could neither help nor cure them.
14 I will be like a lion to Israel,
  like a strong young lion to Judah.
  I will tear them to pieces!
I will carry them off,
  and no one will be left to rescue them.
15 • Then I will return to my place
  until they admit their guilt and turn to me.
For as soon as trouble comes,
  they will earnestly search for me."

A Call to Repentance

6 • "Come, let us return to the LORD.
  He has torn us to pieces;
    now he will heal us.
He has injured us;
  now he will bandage our wounds.
2 • In just a short time he will restore us,
  so that we may live in his presence.
3 • Oh, that we might know the LORD!
  Let us press on to know him.
He will respond to us as surely as the arrival of dawn

---

heap [hi:p] *n.* 더미, 무더기
rubble [rʌ́bl] *n.* 돌덩이, 파편

5:7 The meaning of the Hebrew is uncertain.　5:8 *Beth-aven* means "house of wickedness"; it is being used as another name for Bethel, which means "house of God." 5:9 Hebrew *Ephraim*, referring to the northern kingdom of Israel; also in 5:11, 12, 13, 14.　5:10 Hebrew *like those who move a boundary marker.*　5:11 Or *determined to follow human commands.* The meaning of the Hebrew is uncertain.

이다.

4 "에브라임아, 내가 네게 어떻게 하면 좋겠느냐? 유다야, 내가 네게 어떻게 하면 좋겠느냐? 너희들의 인애가 아침의 구름 같고 쉽게 사라지는 아침 이슬 같구나.

5 그러므로 내가 예언자들을 보내어 너희를 죽이고 망하게 하겠다고 경고했다. 내 심판이 번개처럼 너희를 향해 나갔다.

6 내가 바라는 것은 제사가 아니라 진실한 사랑이며, 태워 드리는 제사인 번제가 아니라 하나님을 아는 지식이다.

7 그러나 아담이 언약을 어겼듯이 너희도 언약을 어겼고, 내게 진실하지 않았다.

8 길르앗은 악한 사람들로 가득하다. 피의 발자국으로 덮여 있다.

9 강도 떼가 숨어서 사람을 기다리듯 제사장들이 숨어서 기다리며, 세겜으로 가는 길에서 살인을 하고 악한 죄를 짓는다.

10 이스라엘에서 끔찍한 일이 일어나는 것을 내가 보았다. 그 백성은 하나님께 진실하지 못했고, 이스라엘은 몸을 더럽혔다.

11 또한 유다야, 내가 너를 심판할 때를 정해 놓았다. 나는 내 백성을 회복시켜 주려 했다."

7 "이스라엘을 고쳐 주려 할 때마다 에브라임의 죄와 사마리아가 지은 죄가 드러났다. 그들이 서로를 속이고, 남의 집에 몰래 들어가 도둑질하고, 거리에서는 강도짓을 한다.

2 내가 그들의 죄를 모두 기억하고 있는데도 그들은 그것을 마음에 두지 않는다. 그들의 악한 짓이 사방에 널려 있으니 그 모든 죄가 분명히 보인다."

이스라엘의 악한 지도자들

3 "그들이 악한 짓으로 왕을 기쁘게 하며 거짓말로 지도자들을 즐겁게 한다.

4 그러나 그들 모두는 간음하는 자이다. 그들은 마치 빵 굽는 사람이 반죽이 발효될 때 말고는 늘 뜨겁게 달구어 놓은 화덕처럼, 정욕에 달아올라 있다.

5 왕의 잔칫날이 되면 신하들은 포도주에

or the coming of rains in early spring."

4 • "O Israel* and Judah,
what should I do with you?" asks the LORD.
"For your love vanishes like the morning mist
and disappears like dew in the sunlight.

5 • I sent my prophets to cut you to pieces—
to slaughter you with my words,
with judgments as inescapable as light.

6 • I want you to show love,*
not offer sacrifices.
I want you to know me*
more than I want burnt offerings.

7 • But like Adam,* you broke my covenant
and betrayed my trust.

8 • "Gilead is a city of sinners,
tracked with footprints of blood.

9 • Priests form bands of robbers,
waiting in ambush for their victims.
They murder travelers along the road to Shechem
and practice every kind of sin.

10 • Yes, I have seen something horrible in
Ephraim and Israel:
My people are defiled by prostituting themselves
with other gods!

11 • "O Judah, a harvest of punishment is also
waiting for you,
though I wanted to restore the fortunes
of my people.

Israel's Love for Wickedness

7 1 • "I want to heal Israel, but its* sins are too great.
Samaria is filled with liars.
Thieves are on the inside
and bandits on the outside!

2 • Its people don't realize
that I am watching them.
Their sinful deeds are all around them,
and I see them all.

3 • "The people entertain the king with their wickedness,
and the princes laugh at their lies.

4 • They are all adulterers,
always aflame with lust.
They are like an oven that is kept hot
while the baker is kneading the dough.

5 • On royal holidays, the princes get drunk with wine,

ambush [ǽmbuʃ] n. 매복, 잠복
bandit [bǽndit] n. 노상 강도, 산적
7:4 aflame with… : …에 불타다, …로 달아오르다

6:4 Hebrew *Ephraim*, referring to the northern kingdom of Israel.　6:6a Greek version translates this Hebrew term as *to show mercy*. Compare Matt 9:13; 12:7.　6:6b Hebrew *to know God.*　6:7 Or *But at Adam.*　7:1 Hebrew *Ephraim's*, referring to the northern kingdom of Israel; similarly in 7:8, 11.

취하며 왕은 악한 계획을 세운 사람들과 손을 잡는다.

6 그들의 마음은 음모로 달구어진 화덕과 같다. 그들의 음모는 밤새도록 가라앉아 있다가 아침이 오면 뜨겁게 달아오른다.

7 모든 백성이 화덕처럼 뜨겁게 달구어져 있어서 그 지도자들을 삼켜 버린다. 왕이 하나씩 넘어지는데 어느 누구도 나를 부르지 않는다."

이스라엘과 다른 나라들

8 "에브라임이 다른 나라들과 뒤섞여서, 뒤집지 않고 한쪽만 구운 빵처럼, 쓸모없게 되었다.

9 다른 나라들이 에브라임의 힘을 빼앗는데도 에브라임은 그 사실을 알지 못한다. 노인처럼 약해지고 힘이 없어졌는데도 그 사실을 알지 못한다.

10 이스라엘의 교만이 그들에게 불리한 증언이 된다. 그런데도 그들은 여호와 하나님께로 돌아오지 않고 찾지도 않는다.

11 에브라임은 어리석은 비둘기처럼 되었다. 백성에게 깨달음이 없어서 도움을 구하러 이집트로 가기도 하고 앗시리아로 가기도 한다.

12 그들이 가는 곳에 하늘의 새를 잡듯 내가 그물을 던져 그들을 잡겠다. 내가 경고한 대로 그들을 심판하겠다.

13 그들에게 화가 있을 것이다. 이는 그들이 내게서 떠났기 때문이다. 그들에게 멸망이 있을 것이다. 이는 그들이 나를 거역하며 범죄하였기 때문이다. 내가 그들을 구원하려고 했지만, 나를 거역하여 거짓말을 하였다.

14 그들은 진심으로 나를 부르지도 않으면서 침대에 누워 울기만 한다. 곡식과 새 포도주를 달라고 빌 때도 마음은 내게서 떠나 있다.

15 그들을 훈련시켜 힘을 주었지만, 그들은 나를 해칠 악한 계획만 세웠다.

16 그들은 가장 높은 하나님께 돌아오지 않으며, 화살을 쏠 수 없는 굽은 활처럼 되었다. 그 지도자들은 자기 힘을 자랑하지만 오히려 칼에 맞아 죽을 것이다. 그래서 이집트 땅에서 조롱거리가 되고 말 것이다."

---

carousing with those who mock them.

6 • Their hearts are like an oven
  blazing with intrigue.
  Their plot smolders* through the night,
  and in the morning it breaks out like a raging fire.

7 • Burning like an oven,
  they consume their leaders.
  They kill their kings one after another,
  and no one cries to me for help.

8 • "The people of Israel mingle with godless foreigners,
  making themselves as worthless as a half-baked cake!

9 • Worshiping foreign gods has sapped their strength,
  but they don't even know it.
  Their hair is gray,
  but they don't realize they're old and weak.

10 • Their arrogance testifies against them,
  yet they don't return to the LORD their God
  or even try to find him.

11 • "The people of Israel have become like silly, witless doves,
  first calling to Egypt, then flying to Assyria for help.

12 • But as they fly about,
  I will throw my net over them
  and bring them down like a bird from the sky.
  I will punish them for all the evil they do.*

13 • "What sorrow awaits those who have deserted me!
  Let them die, for they have rebelled against me.
  I wanted to redeem them,
  but they have told lies about me.

14 • They do not cry out to me with sincere hearts.
  Instead, they sit on their couches and wail.
  They cut themselves,* begging foreign gods
  for grain and new wine,
  and they turn away from me.

15 • I trained them and made them strong,
  yet now they plot evil against me.

16 • They look everywhere except to the Most High.
  They are as useless as a crooked bow.
  Their leaders will be killed by their enemies
  because of their insolence toward me.
  Then the people of Egypt
  will laugh at them.

---

carouse [kəráuz] *vi.* 술 마시며 흥청거리다
insolence [ínsələns] *n.* 건방짐, 오만
intrigue [intríːg] *n.* 음모
mingle [míŋgl] *vi.* 섞이다; 교제하다, 어울리다
sap [sǽp] *vt.* (서서히) 약화시키다
smolder [smóuldər] *vi.* (노여움 · 불만 등이) 마음속에 쌓이다, 속에 맺히다
witless [wítlis] *a.* 어리석은
7:12 fly about : 날아다니다, 흩어지다

7:6 Hebrew *Their baker sleeps.*　　7:12 Hebrew *I will punish them because of what was reported against them in the assembly.*　　7:14 As in Greek version; Hebrew reads *They gather together.*

헛된 것을 의지하는
이스라엘을 주께서 꾸짖으심

8 "나팔을 불어 경보를 울려라. 적군이 독수리처럼 내 백성을 덮치려 하고 있다. 이는 이스라엘 백성이 내 언약을 어겼고 내 가르침을 저버렸기 때문이다.

2 이스라엘이 내게 '도와 주소서, 당신은 우리의 하나님이십니다' 라고 부르짖었다.

3 그러나 이스라엘이 이미 선한 것을 쫓아 버렸으므로, 적군이 그들을 뒤쫓을 것이다.

4 그들이 내 허락을 받지 않고 자기들 마음대로 왕을 뽑는다. 내가 알지도 못하는 사람을 지도자로 세우고 은과 금을 가지고 우상을 만드니, 결국 망하고 말 것이다.

5 사마리아여, 네 송아지 우상을 내가 버렸다. 내 진노가 너희를 향하여 타오르니 네가 언제까지 더러운 채로 있으려느냐?

6 그 우상은 대장장이가 만든 것이요, 하나님이 아니니, 사마리아의 송아지 우상은 산산조각나고 말 것이다.

7 이스라엘의 어리석은 계획은 바람을 심으려는 것과 같아서 그들이 거둘 것은 회오리바람뿐이다. 이스라엘의 계획이 알곡이 없는 줄기 같아서 아무 열매도 맺지 못하고, 열매를 맺을지라도 다른 나라들이 삼켜 버리고 만다.

8 이스라엘은 이미 삼켜졌으니 그 백성이 다른 나라들 가운데 섞여서 깨진 그릇처럼 되어 버렸다.

9 이스라엘은 마치 들나귀처럼 앗시리아로 달려가서 그들의 몸을 많은 연인들에게 팔았다.

10 이스라엘이 많은 나라에게 몸을 팔아 도움을 구하였지만, 내가 다시 그들을 모아들이겠다. 그들이 앗시리아 대왕 밑에서 고통당하면서 점점 약해질 것이다.

11 이스라엘이 죄를 씻으려고 제단을 많이 쌓을수록 그 제단으로 말미암아 그들의 죄가 더욱 많아졌다.

12 내가 그들을 위하여 내 율법의 많은 것을 기록하였지만 그들은 이것을 이상한 것으로 여기고 지키지 않았다.

Israel Harvests the Whirlwind

8 "Sound the alarm!
　　The enemy descends like an eagle on the
　　　people of the LORD,
for they have broken my covenant
　and revolted against my law.

2 • Now Israel pleads with me,
　'Help us, for you are our God!'

3 • But it is too late.
The people of Israel have rejected what is good,
　and now their enemies will chase after them.

4 • The people have appointed kings without my
　　consent,
　and princes without my approval.
By making idols for themselves from their
　　silver and gold,
　they have brought about their own destruction.

5 • "O Samaria, I reject this calf—
　this idol you have made.
My fury burns against you.
　How long will you be incapable of innocence?

6 • This calf you worship, O Israel,
　was crafted by your own hands!
It is not God!
　Therefore, it must be smashed to bits.

7 • "They have planted the wind
　and will harvest the whirlwind.
The stalks of grain wither
　and produce nothing to eat.
And even if there is any grain,
　foreigners will eat it.

8 • The people of Israel have been swallowed up;
　they lie among the nations like an old
　　discarded pot.

9 • Like a wild donkey looking for a mate,
　they have gone up to Assyria.
The people of Israel* have sold themselves—
　sold themselves to many lovers.

10 • But though they have sold themselves to many allies,
　I will now gather them together for judgment.
Then they will writhe
　under the burden of the great king.

11 • "Israel has built many altars to take away sin,
　but these very altars became places for sinning!

12 • Even though I gave them all my laws,

consent [kənsént] n. 동의, 승낙
craft [kræft] vt. 정성들여 만들다
revolt [rivóult] vi. 반역하다
stalk [stɔːk] n. 줄기
wither [wíðər] vi. 시들다, 말라 죽다
writhe [raið] vi. 몸부림치며 괴로워하다
8:3 chase after… : …를 쫓다, 추격하다
8:8 swallow up : (꿀걱) 삼키다

8:9 Hebrew *Ephraim*, referring to the northern kingdom
of Israel; also in 8:11.

13 이스라엘 백성이 내게 제물을 바치고 그 고기를 먹지만, 여호와는 그것을 기뻐하지 않는다. 여호와는 그들이 저지른 악한 짓을 기억하고 그 죄를 심판할 것이다. 그들은 다시 이집트로 돌아가게 될 것이다.

14 이스라엘 백성이 그 창조주를 잊어버리고 자기들이 지은 왕궁을 의지했다. 유다도 그 많은 요새를 의지했다. 그러나 내가 불을 보내어 그 성을 태우고 그 요새들을 무너뜨리겠다."

임박한 심판의 날에 대한 호세아의 선언

9 이스라엘아, 기뻐하지 마라. 다른 나라들처럼 즐겁게 뛰놀지 마라. 너희는 너희 하나님을 떠나 못된 짓을 했으며, 타작 마당 위의 곡식을 좋아했다. 그 곡식을 우상이 준 것으로 믿어서 우상을 섬겼다.

2 그러나 백성이 먹을 곡식이 부족할 것이며 백성이 마실 포도주도 부족할 것이다.

3 그들은 여호와의 땅에 머물지 못할 것이다. 이스라엘은 이집트로 다시 돌아갈 것이며, 앗시리아에서 부정한 음식을 먹을 것이다.

4 이스라엘 백성이 여호와께 부어 드리는 제사인 전제를 바치지 못할 것이며, 그들의 희생 제물이 여호와를 기쁘게 하지 못할 것이다. 그들의 제물은 초상집에서 먹는 음식처럼 부정하여 그것을 먹는 사람마다 부정해질 것이다. 그들의 음식은 허기진 배만을 채울 수 있을 뿐, 여호와의 전에 바칠 제물은 되지 못한다.

5 명절이 돌아오면 너희가 무엇을 하겠느냐? 여호와의 절기가 되면 무엇을 하겠느냐?

6 백성이 멸망을 피해 달아난다 하더라도 이집트가 그들을 포로로 끌고 갈 것이요, 그들이 놉* 땅에 묻히게 될 것이다. 그들의 금은보화 위에 잡초가 자랄 것이며 그들의 집에 가시나무가 자랄 것이다.

7 이스라엘아, 이것을 알아 두어라. 심판의 때가 이르고 네 죄값을 치를 때가 왔다. 너희의 죄가 너무 많고 미움이 너무 커서, 너희는 예언자를 바보라고 생각하고 하나님의 영을 받은 사람을 미쳤다고 말

they act as if those laws don't apply to them.

13 ● The people love to offer sacrifices to me,
　　feasting on the meat,
　　but I do not accept their sacrifices.
　I will hold my people accountable for their sins,
　　and I will punish them.
　　They will return to Egypt.

14 ● Israel has forgotten its Maker and built great palaces,
　　and Judah has fortified its cities.
　Therefore, I will send down fire on their cities
　　and will burn up their fortresses."

Hosea Announces Israel's Punishment

9 ● O people of Israel,
　　do not rejoice as other nations do.
　For you have been unfaithful to your God,
　　hiring yourselves out like prostitutes,
　　worshiping other gods on every threshing floor.

2 ● So now your harvests will be too small to feed you.
　　There will be no grapes for making new wine.

3 ● You may no longer stay here in the LORD's land.
　　Instead, you will return to Egypt,
　and in Assyria you will eat food
　　that is ceremonially unclean.

4 ● There you will make no offerings of wine
　　to the LORD.
　　None of your sacrifices there will please him.
　They will be unclean, like food touched by
　　a person in mourning.
　　All who present such sacrifices will be defiled.
　They may eat this food themselves,
　　but they may not offer it to the LORD.

5 ● What then will you do on festival days?
　　How will you observe the LORD's festivals?

6 ● Even if you escape destruction from Assyria,
　　Egypt will conquer you, and Memphis* will
　　　bury you.
　Nettles will take over your treasures of silver;
　　thistles will invade your ruined homes.

7 ● The time of Israel's punishment has come;
　　the day of payment is here.
　　Soon Israel will know this all too well.
　Because of your great sin and hostility,
　　you say, "The prophets are crazy
　　and the inspired men are fools!"

conquer [kɑ́ŋkər] vt. 정복하다, 획득하다
hostility [hɑstíləti] n. 적의, 미움
invade [invéid] vt. 몰려들다, 가득하다
nettle [nétl] n. 쐐기풀
observe [əbzə́ːrv] vt. (의식 등을) 거행하다
ritual [rítʃuəl] n. 종교적인 의식
thistle [θísl] n. 엉겅퀴, 가시있는 식물
thresh [θreʃ] vi. 타작하다
9:6 take over : (대신해서) 우세해지다

9:6 Memphis was the capital of northern Egypt.
9:6 북이집트의 주요 도시로서 '멤피스'를 말한다.

한다.

8 예언자는 나의 하나님을 위해 에브라임을 지키는 파수꾼이었지만, 그가 가는 모든 길에 덫이 놓여 있었고, 하나님의 집에서조차도 예언자에게 증오를 품었다.

9 이스라엘 백성이 기브아 사람들 못지 않게 죄를 지었다. 여호와께서 그들이 저지른 악한 짓을 기억하시고 그 죄를 심판하실 것이다.

10 "내가 이스라엘을 처음 만났을 때, 마치 광야의 포도와 같았다. 너희 조상은 마치 무화과나무의 첫 열매와 같았다. 그러나 그들이 바알브올에 이르러 우상을 섬기기 시작하면서 그들이 섬긴 우상처럼 역겨워지기 시작했다.

11 이스라엘의 영광이 새처럼 날아갈 것이니 아기를 잉태하는 일도, 아기를 낳는 일도, 아기가 자랄 일도 없을 것이다.

12 혹시 이스라엘 백성이 자녀를 기르더라도 내가 빼앗아 갈 것이다. 내가 그들을 버리는 날에 그들에게 재앙이 내릴 것이다.

13 내가 보기에 이스라엘은 두로처럼 좋은 땅에 심겼으나, 이스라엘 백성은 곧 그 자녀를 끌어내 살인자에게 죽게 할 것이다."

14 여호와여 그들에게 주소서. 무엇을 주실 것입니까? 차라리 여자들이 아이를 가지지 못하게 하시고 젖이 나오지 않는 젖가슴을 주소서.

이스라엘에 대한 주님의 심판

15 "이스라엘 백성이 길갈에서 악한 일을 했기 때문에 내가 그곳에서 그들을 미워하기 시작했다. 그들이 악한 짓을 저질렀으므로 내 땅에서 그들을 쫓아냈다. 다시는 그들을 사랑하지 않겠다. 그 지도자들은 모두 나를 거스렸다.

16 이스라엘은 병든 나무와 같다. 그 뿌리는 말라 버렸고 열매도 맺지 못한다. 그러므로 그 백성이 자녀를 가지지 못할 것이며, 자녀를 가진다 하더라도, 그들이 사랑하는 자녀를 내가 죽일 것이다."

예언자의 경고

17 백성이 하나님의 말씀을 듣지 않으니 나의 하나님이 그들을 저버리실 것이다.

8 ● The prophet is a watchman over Israel* for my God,
　　yet traps are laid for him wherever he goes.
　　He faces hostility even in the house of God.

9 ● The things my people do are as depraved
　　as what they did in Gibeah long ago.
　　God will not forget.
　　He will surely punish them for their sins.

10 ● The LORD says, "O Israel, when I first found you,
　　it was like finding fresh grapes in the desert.
　　When I saw your ancestors,
　　it was like seeing the first ripe figs of the season.
　　But then they deserted me for Baal-peor,
　　giving themselves to that shameful idol.
　　Soon they became vile,
　　as vile as the god they worshiped.

11 ● The glory of Israel will fly away like a bird,
　　for your children will not be born
　　or grow in the womb
　　or even be conceived.

12 ● Even if you do have children who grow up,
　　I will take them from you.
　　It will be a terrible day when I turn away
　　and leave you alone.

13 ● I have watched Israel become as beautiful as Tyre.
　　But now Israel will bring out her children
　　　for slaughter."

14 ● O LORD, what should I request for your people?
　　I will ask for wombs that don't give birth
　　and breasts that give no milk.

15 ● The LORD says, "All their wickedness began at Gilgal;
　　　there I began to hate them.
　　I will drive them from my land
　　because of their evil actions.
　　I will love them no more
　　because all their leaders are rebels.

16 ● The people of Israel are struck down.
　　Their roots are dried up,
　　　and they will bear no more fruit.
　　And if they give birth,
　　　I will slaughter their beloved children."

17 ● My God will reject the people of Israel
　　because they will not listen or obey.
　　They will be wanderers,
　　　homeless among the nations.

---

bear [bɛər] *vt.* (꽃 · 열매를) 맺다, 산출하다
conceive [kənsíːv] *vt.* 임신하다
depraved [dipréivd] *a.* 타락한, 사악한
desert [dizə́ːrt] *vt.* 버리다, 저버리다
slaughter [slɔ́ːtər] *n.* 도살, 학살
vile [váil] *a.* 타락한, 혐오감을 주는
9:16 strike down : (병이) 사람을 엄습하다

9:8 Hebrew *Ephraim*, referring to the northern kingdom of Israel; also in 9:11, 13, 16.

그들이 나라들 가운데서 떠돌게 될 것이다.

이스라엘을 향한 여호와의 심판

10 이스라엘은 열매를 많이 맺는 포도나무와 같다. 그 백성이 열매를 많이 거둘수록 우상을 위한 제단도 많이 쌓는다. 땅이 아름다울수록 헛된 신들을 위한 돌기둥도 더 많이 세운다.

2 그들의 마음이 거짓되니 그 죄값을 치러야 한다. 하나님께서 그들의 제단을 부수시고 돌기둥을 무너뜨리실 것이다.

3 그때에 이스라엘 백성이 말하기를, "우리가 여호와를 두려워하지 않았으므로 우리에게 왕이 없다. 하지만 왕이 있다 하더라도 그가 우리를 위해 무슨 일을 할 수 있겠는가?" 라고 한다.

4 그들은 거짓 맹세를 많이 하며, 지키지도 않을 언약을 맺었다. 그러므로 백성이 서로 법정에 고발하니, 마치 밭이랑에 자라는 독초와 같다.

5 사마리아 주민이 벧아웬의 송아지 우상을 잃은 후 걱정하고, 백성과 제사장이 그들이 섬기던 우상의 영광을 잃고 슬퍼한다.

6 그 우상은 앗시리아로 옮겨져 앗시리아의 대왕*에게 선물로 바쳐질 것이다. 그러나 이스라엘은 부끄러움을 당할 것이다. 그 우상을 의지함으로 그 백성이 수치를 당할 것이다.

7 사마리아의 왕은 물 위의 거품처럼 망할 것이다.

8 이스라엘이 죄를 짓던 아웬의 산당이 무너져, 가시나무와 잡초가 제단을 덮을 것이다. 그때에 그들이 산을 향해 "우리를 가려 다오" 하며, 언덕을 향해 "우리 위에 무너져 다오" 할 것이다.

9 "이스라엘아, 너는 기브아 때부터 죄를 지었다. 그곳 백성이 계속해서 죄를 지어 왔다. 그들이 악한 짓을 저질렀기 때문에 틀림없이 전쟁이 그들을 덮칠 것이다.

10 내가 준비해 둔 때가 되면 그들을 심판하리니, 여러 군대가 모여 그들을 칠 것이다. 그들은 자기들이 지은 많은 죄 때문에 심판받을 것이다.

11 이스라엘은 길이 잘 든 암소와 같아서 곡

The LORD's Judgment against Israel

10 • How prosperous Israel is—
　a luxuriant vine loaded with fruit.
But the richer the people get,
　the more pagan altars they build.
The more bountiful their harvests,
　the more beautiful their sacred pillars.
2 • The hearts of the people are fickle;
　they are guilty and must be punished.
The LORD will break down their altars
　and smash their sacred pillars.
3 • Then they will say, "We have no king
　because we didn't fear the LORD.
But even if we had a king,
　what could he do for us anyway?"
4 • They spout empty words
　and make covenants they don't intend to keep.
So injustice springs up among them
　like poisonous weeds in a farmer's field.
5 • The people of Samaria tremble in fear
　for their calf idol at Beth-aven,*
　and they mourn for it.
Though its priests rejoice over it,
　its glory will be stripped away.*
6 • This idol will be carted away to Assyria,
　a gift to the great king there.
Ephraim will be ridiculed and Israel will be shamed,
　because its people have trusted in this idol.
7 • Samaria and its king will be cut off;
　they will float away like driftwood on an
　　ocean wave.
8 • And the pagan shrines of Aven,* the place of
　Israel's sin, will crumble.
Thorns and thistles will grow up around
　their altars.
They will beg the mountains, "Bury us!"
　and plead with the hills, "Fall on us!"
9 • The LORD says, "O Israel, ever since Gibeah,
　there has been only sin and more sin!
You have made no progress whatsoever.
　Was it not right that the wicked men of
　　Gibeah were attacked?
10 • Now whenever it fits my plan,
　I will attack you, too.
I will call out the armies of the nations
　to punish you for your multiplied sins.
11 • "Israel* is like a trained heifer treading out the grain—

crumble [krʌ́mbl] *vi.* 부서지다, 무너지다
fickle [fíkl] *a.* 변덕스러운

10:5a *Beth-aven* means "house of wickedness"; it is being used as another name for Bethel, which means "house of God." 10:5b Or *will be taken away into exile.* 10:8 *Aven* is a reference to Beth-aven; see 10:5a and the note there. 10:11a Hebrew *Ephraim,* referring to the northern kingdom of Israel.

10:6 '아렙 왕'을 가리킨다.

식 밟기를 좋아했다. 그러나 내가 그 아름다운 목에 멍에를 메우고 밭에서 열심히 일하게 만들겠다. 유다는 밭을 갈고, 야곱은 써레질을 할 것이다.

12 정의의 좋은 씨를 심고 사랑의 열매를 거두어라. 지금은 나 여호와를 찾을 때이니 묵은 땅을 갈아라. 내가 가서 너희에게 정의를 비처럼 내려 주겠다.

13 그러나 너희가 악한 것을 심었기 때문에 죄의 수확을 거둘 것이다. 너희의 힘과 수많은 군대를 믿고 따랐기 때문에 너희는 거짓의 열매를 먹게 될 것이다.

14 그러므로 너희의 군대가 전쟁 소리를 들을 것이며 너희의 모든 요새가 무너질 것이다. 그것은 살만 왕이 벧아벨을 공격하던 때와 같으며, 그때에 어머니와 자녀들이 함께 죽을 것이다.

15 너희가 악한 짓을 너무 많이 저질렀기 때문에 너희 벧엘 백성에게 그와 똑같은 일을 일으키겠다. 그때가 되면 이스라엘 왕이 죽을 것이다.”

이스라엘을 향한 하나님의 사랑

11 “이스라엘이 어린아이였을 때에 내가 그를 내 아들처럼 사랑하여 이집트에서 불러냈다.

2 그러나 내가 부르면 부를수록 이스라엘 백성은 내게서 더 멀어졌다. 그들은 바알에게 희생 제물을 바치며, 우상들에게 향을 피웠다.

3 이스라엘에게 걸음마를 가르쳐 준 이도 나요, 품에 안아 준 이도 나다. 내가 그들을 치료해 주었으나 그들은 깨닫지 못했다.

4 내가 사람의 줄, 곧 사랑의 줄로 그들을 이끌었고 그들의 목에서 멍에를 벗겨 주었다. 몸을 굽혀 그들을 먹여 주었다.

5 이스라엘 백성은 이집트에서처럼 다시 포로가 될 것이다. 앗시리아 왕이 그들의 왕이 될 텐데, 이는 그들이 하나님께 돌아오지 않았기 때문이다.

6 전쟁이 이스라엘의 성들을 휩쓸 것이다. 그들의 계획이 악하므로, 전쟁이 그들을 멸망시킬 것이다.

7 내 백성이 내게서 등을 돌리기로 작정

an easy job she loves.
But I will put a heavy yoke on her tender neck.
I will force Judah to pull the plow
and Israel* to break up the hard ground.

12 • I said, 'Plant the good seeds of righteousness,
and you will harvest a crop of love.
Plow up the hard ground of your hearts,
for now is the time to seek the LORD,
that he may come
and shower righteousness upon you.'

13 • "But you have cultivated wickedness
and harvested a thriving crop of sins.
You have eaten the fruit of lies—
trusting in your military might,
believing that great armies
could make your nation safe.

14 • Now the terrors of war
will rise among your people.
All your fortifications will fall,
just as when Shalman destroyed Beth-arbel.
Even mothers and children
were dashed to death there.

15 • You will share that fate, Bethel,
because of your great wickedness.
When the day of judgment dawns,
the king of Israel will be completely destroyed.

The LORD's Love for Israel

11 • "When Israel was a child, I loved him,
and I called my son out of Egypt.

2 • But the more I called to him,
the farther he moved from me,*
offering sacrifices to the images of Baal
and burning incense to idols.

3 • I myself taught Israel* how to walk,
leading him along by the hand.
But he doesn't know or even care
that it was I who took care of him.

4 • I led Israel along
with my ropes of kindness and love.
I lifted the yoke from his neck,
and I myself stooped to feed him.

5 • "But since my people refuse to return to me,
they will return to Egypt
and will be forced to serve Assyria.

6 • War will swirl through their cities;
their enemies will crash through their gates.
They will destroy them,
trapping them in their own evil plans.

7 • For my people are determined to desert me.

stoop [stúːp] *vi.* 상체를 굽히다

10:11b Hebrew *Jacob*. The names "Jacob" and "Israel" are often interchanged throughout the Old Testament, referring sometimes to the individual patriarch and sometimes to the nation. 11:2 As in Greek version; Hebrew reads *the more they called to him, the farther he moved from them.* 11:3 Hebrew *Ephraim,* referring to the northern kingdom of Israel; also in 11:8, 9, 12.

Korean column

했다. 그들이 나를 부르지만 아무도 나를 진정으로 존경하지는 않는다.

8 이스라엘아, 내가 어찌 너를 버리겠느냐? 내가 어찌 너를 남에게 넘겨주겠느냐? 내가 어찌 너를 아드마처럼 만들며, 내가 어찌 너를 스보임처럼 만들겠느냐? 너 때문에 내 가슴이 뛰고, 너를 불쌍히 여기는 마음이 불붙는 듯 하구나.

9 내 진노로 너를 심판하지 않겠고, 다시는 이스라엘을 멸망시키지 않으리니 그것은 나는 사람이 아니요, 하나님이기 때문이다. 나는 너희 가운데 있는 거룩한 자이니 내가 진노함으로 너희에게 나아가지 않겠다.

10 사자가 그 새끼를 부르듯이, 나 여호와가 내 백성을 부르겠다. 그러면 서쪽에서 내 자녀가 급히 달려와 나를 따를 것이다.

11 그들이 이집트에서 새같이 떨며 오고 앗시리아에서 비둘기같이 올 것이다. 내가 그들을 그 고향에서 다시 살게 해 주겠다. 나 여호와의 말이다."

주님께서 이스라엘을 꾸짖으시다

12 이스라엘은 거짓말과 속임수로 나를 둘러쌌다. 유다도 미쁘시고 거룩하신 하나님을 여전히 배반하고 있다.

12 이스라엘은 바람을 뒤쫓고 종일 동풍을 따라가면서 거짓말과 폭력을 매일 더해 간다. 앗시리아와 협정을 맺고 이집트에 기름을 선물로 바친다.

2 여호와께서 유다를 책망하시고 야곱이 한 일에 따라 심판하시며, 그가 마땅히 받아야 할 대로 주신다.

3 야곱은 어머니 배 속에 있을 때에 그 형과 다투었으며, 어른이 되어서는 하나님과 다투었다.

4 야곱은 천사와 싸워 이겼으며 복을 달라고 울며 빌었다. 하나님께서 그를 벧엘에서 만나시고 그곳에서 우리에게 이야기하셨다.

5 주님은 만군의 하나님 여호와이시다. 우리가 기억해야 할 그 이름은 여호와이시다.

English column

They call me the Most High,
　　but they don't truly honor me.

8 • "Oh, how can I give you up, Israel?
　　How can I let you go?
　　How can I destroy you like Admah
　　or demolish you like Zeboiim?
　　My heart is torn within me,
　　and my compassion overflows.

9 • No, I will not unleash my fierce anger.
　　I will not completely destroy Israel,
　　for I am God and not a mere mortal.
　　I am the Holy One living among you,
　　and I will not come to destroy.

10 For someday the people will follow me.
　　I, the LORD, will roar like a lion.
　　And when I roar,
　　my people will return trembling from the west.

11 • Like a flock of birds, they will come from Egypt.
　　Trembling like doves, they will return from Assyria.
　　And I will bring them home again,"
　　says the LORD.

Charges against Israel and Judah

12 •* Israel surrounds me with lies and deceit,
　　but Judah still obeys God
　　and is faithful to the Holy One.*

12 •* The people of Israel* feed on the wind;
　　they chase after the east wind all day long.
　　They pile up lies and violence;
　　they are making an alliance with Assyria
　　while sending olive oil to buy support from Egypt.

2 • Now the LORD is bringing charges against Judah.
　　He is about to punish Jacob* for all his
　　deceitful ways,
　　and pay him back for all he has done.

3 • Even in the womb,
　　Jacob struggled with his brother;
　　when he became a man,
　　he even fought with God.

4 • Yes, he wrestled with the angel and won.
　　He wept and pleaded for a blessing from him.
　　There at Bethel he met God face to face,
　　and God spoke to him*—

5 • the LORD God of Heaven's Armies,

---

alliance [əláiəns] *n.* 동맹, 협정
deceit [disíːt] *n.* 속임수, 계교
demolish [dimáliʃ] *vt.* 헐다, 파괴하다
mortal [mɔ́ːrtl] *n.* (신에 대해) 인간, 사람
unleash [ʌnlíːʃ] *vt.* (감정 따위를) 폭발시키다

11:12a　Verse 11:12 is numbered 12:1 in Hebrew text.
11:12b　Or *and Judah is unruly against God, the faithful Holy One.* The meaning of the Hebrew is uncertain.　12:1a Verses 12:1-14 are numbered 12:2-15 in Hebrew text.
12:1b Hebrew *Ephraim,* referring to the northern kingdom of Israel; also in 12:8, 14.　12:2 *Jacob* sounds like the Hebrew word for "deceiver."　12:4 As in Greek and Syriac versions; Hebrew reads *to us.*

6 그러니 너희는 하나님께 돌아와서 주께 충성하고 진실하여라. 정직하고 올바른 일을 하며 언제나 주를 너희 하나님으로 의지해야 한다.

7 이스라엘은 저울을 속여 파는 장사꾼처럼 백성을 속이기를 즐겨 한다.

8 이스라엘은 '나는 부자이다. 스스로 노력해서 부자가 되었으므로 아무도 나의 죄를 찾지 못할 것이다'라고 생각한다.

9 "그러나 나는 너희를 이집트에서 인도해 낸 너희 하나님 여호와다. 너희가 광야에서 그랬듯이 내가 너희를 다시 장막에서 살게 하겠다.

10 내가 예언자들에게 말하고 여러 환상들을 보여 주었다. 그들을 시켜 내 교훈을 너희에게 주었다."

11 길르앗 백성은 악하다. 그들은 아무런 쓸모가 없다. 백성이 길갈에서 수송아지를 제물로 바치고 있으니, 그들의 제단이 밭이랑의 돌무더기처럼 될 것이다.

12 옛날에 야곱은 메소포타미아 북서쪽*으로 도망했으며, 아내를 얻으려고 그곳에서 일하고 다른 사람의 양 떼를 돌보았다.

13 여호와께서 예언자를 시켜 야곱의 자손들, 즉 이스라엘 백성을 이집트에서 인도해 내셨다. 주께서 예언자를 시켜 이스라엘 백성을 돌보게 하셨다.

14 그러나 이스라엘 백성이 주를 분노하게 했다. 주께서 그의 죄에 대해 벌하셨으며, 주께서 받으신 그의 조롱을 그들에게 그대로 갚아 주실 것이다.

이스라엘을 향한 마지막 말씀

13 에브라임이 경건하게 말할 때 그는 이스라엘 가운데서 높임을 받았다. 그러나 그들이 바알을 섬겨 죄를 지었으니, 그들은 죽어야 한다.

2 그런데도 그들은 더욱더 죄를 많이 지었고 자기들을 위해 은으로 우상을 만들었다. 그것은 사람의 손으로 교묘하게 만든 우상, 즉 모두 대장장이들이 만든 것이다. 하지만 이스라엘 백성이 말하기를, "저 송아지 우상에게 입을 맞추고 거기에 제물을 바쳐라"라고 한다.

3 그러므로 그 백성은 아침 안개처럼, 아침 이슬처럼 사라질 것이다. 타작 마당에서

---

the LORD is his name!

6 • So now, come back to your God.
　Act with love and justice,
　　and always depend on him.

7 • But no, the people are like crafty merchants
　selling from dishonest scales—
　　they love to cheat.

8 • Israel boasts, "I am rich!
　I've made a fortune all by myself!
　No one has caught me cheating!
　　My record is spotless!"

9 • "But I am the LORD your God,
　who rescued you from slavery in Egypt.
　And I will make you live in tents again,
　　as you do each year at the Festival of Shelters.*

10 • I sent my prophets to warn you
　with many visions and parables."

11 • But the people of Gilead are worthless
　because of their idol worship.
　And in Gilgal, too, they sacrifice bulls;
　their altars are lined up like the heaps of stone
　　along the edges of a plowed field.

12 • Jacob fled to the land of Aram,
　and there he* earned a wife by tending sheep.

13 • Then by a prophet
　the LORD brought Jacob's descendants* out
　　of Egypt;
　and by that prophet
　　they were protected.

14 • But the people of Israel
　have bitterly provoked the LORD,
　so their Lord will now sentence them to death
　　in payment for their sins.

The LORD's Anger against Israel

13 • When the tribe of Ephraim spoke,
　the people shook with fear,
　for that tribe was important in Israel.
　But the people of Ephraim sinned by worshiping Baal
　　and thus sealed their destruction.

2 • Now they continue to sin by making silver idols,
　images shaped skillfully with human hands.
　"Sacrifice to these," they cry,
　　"and kiss the calf idols!"

3 • Therefore, they will disappear like the morning mist,

---

crafty [krǽfti] *a.* 교활한
parable [pǽrəbl] *n.* 우화, 비유
provoke [prəvóuk] *vt.* 화나게 하다
scale [skéil] *n.* 저울; 눈금 자
seal [síːl] *vt.* (운명 따위를) 정하다
tend [tend] *vt.* 돌보다, 지키다

12:9 Hebrew *as in the days of your appointed feast.*　12:12 Hebrew *Israel.* See note on 10:11b.　12:13 Hebrew *brought Israel.* See note on 10:11b.

12:12 또는 '아람 들'

바람에 날려가는 쭉정이처럼 되며, 굴뚝에서 올라오는 연기처럼 사라질 것이다.

4 "나는 네가 이집트 땅에 노예로 있을 때부터 너희의 하나님 여호와였다. 너희는 나 외에 다른 하나님을 알지 못했고, 나 말고는 구원자가 없었다.

5 나는 광야, 메마른 땅에서 너를 돌보아 주었다.

6 내가 그들에게 음식을 주어서 그들이 배부르고 만족했으나, 이내 교만해져서 나를 잊고 말았다.

7 그러므로 내가 그들에게 사자처럼 되겠다. 길가에서 기다리는 표범처럼 되겠다.

8 새끼를 빼앗긴 곰처럼 달려들어 그들의 몸을 갈기갈기 찢어 놓겠다. 사자처럼 그들을 뜯어먹고 들짐승처럼 너희를 찢어 놓을 것이다.

9 이스라엘아, 너는 멸망할 것이다. 이는 네가 너를 도와 주는 나를 대적하였기 때문이다.

10 너희가 '우리에게 왕과 지도자들을 주십시오' 하고 말했지만, 지금 그 왕과 지도자들이 무슨 소용이 있느냐? 그들이 너희 모든 성에서 너희를 구할 수 있겠느냐?

11 내가 진노 가운데 너에게 왕을 주었으나, 이제 나의 노함으로 그들을 없애 버리겠다.

12 에브라임의 죄악을 적은 문서가 모아져서 쌓여 있다.

13 해산하는 여인의 고통이 그에게 임할 것이다. 그는 현명하지 못하다. 해산할 때에 태 밖으로 나오지 않겠다고 하는 아이와 같기 때문이다.

14 내가 음부의 권세로부터 그들을 구원할 것이며, 사망으로부터 그들을 건져 낼 것이다. 오, 사망아! 네 재앙이 어디에 있느냐? 오, 음부의 권세야! 네 멸망이 어디에 있느냐? 나는 너희를 불쌍히 여기지 않겠다.

15 에브라임이 나라들 가운데서 귀해지더라도 여호와께서 동쪽에서부터 멸망자를 보내실 것이다. 광야에서 바람이 불어와 모든 샘과 우물을 마르게 할 것이다. 모든 보물, 모든 귀한 것을 없애 버릴 것

like dew in the morning sun,
like chaff blown by the wind,
　　like smoke from a chimney.

4 "I have been the LORD your God
　　ever since I brought you out of Egypt.
You must acknowledge no God but me,
　　for there is no other savior.

5 • I took care of you in the wilderness,
　　in that dry and thirsty land.

6 • But when you had eaten and were satisfied,
　　you became proud and forgot me.

7 • So now I will attack you like a lion,
　　like a leopard that lurks along the road.

8 • Like a bear whose cubs have been taken away,
　　I will tear out your heart.
I will devour you like a hungry lioness
　　and mangle you like a wild animal.

9 "You are about to be destroyed, O Israel—
　　yes, by me, your only helper.

10 • Now where is* your king?
　　Let him save you!
Where are all the leaders of the land,
　　the king and the officials you demanded of me?

11 • In my anger I gave you kings,
　　and in my fury I took them away.

12 "Ephraim's guilt has been collected,
　　and his sin has been stored up for punishment.

13 • Pain has come to the people
　　like the pain of childbirth,
but they are like a child
　　who resists being born.
The moment of birth has arrived,
　　but they stay in the womb!

14 "Should I ransom them from the grave*?
　　Should I redeem them from death?
O death, bring on your terrors!
　　O grave, bring on your plagues!*
　　For I will not take pity on them.

15 • Ephraim was the most fruitful of all his brothers,
　　but the east wind—a blast from the LORD—
　　will arise in the desert.
All their flowing springs will run dry,
　　and all their wells will disappear.
Every precious thing they own
　　will be plundered and carried away.

---

blast [blæst] *n.* 돌풍
lurk [ləːrk] *vi.* 사냥감을 숨어서 기다리다
mangle [mǽŋgl] *vt.* 난도질하다
ransom [rǽnsəm] *vt.* 구원하다, 석방하다

13:10 As in Greek and Syriac versions and Latin Vulgate;
Hebrew reads *I will be.*　　13:14a Hebrew *Sheol;* also in
13:14b.　　13:14b Greek version reads *O death, where is
your punishment? / O grave* [Hades], *where is your sting?*
Compare 1 Cor 15:55.

이다.

16 사마리아가 하나님께 반역하였으므로 심판을 받을 것이다. 이스라엘 백성은 칼로 죽을 것이다. 그 자녀는 갈기갈기 찢어지고 임신한 여자들은 배가 찢길 것이다."

호세아의 호소

14 이스라엘아, 네 하나님 여호와께 돌아오너라. 네가 네 죄악 때문에 쓰러졌구나.

2 여호와께 돌아와 이렇게 말하여라. "모든 죄를 다 없애 주시고 선한 것으로 받아 주십시오. 수송아지 대신에 우리의 입술로 찬양을 드립니다.

3 앗시리아는 우리를 구할 수 없습니다. 이제는 우리 군사력을 의지하지 않겠습니다. 다시는 우리 손으로 지은 것을 '우리 하나님' 이라고 부르지 않겠습니다. 주께서는 고아와 같은 우리에게 자비를 베푸셨습니다."

하나님의 약속

4 "나를 떠난 그들을 용서해 주겠다. 그들을 한껏 사랑해 주겠다. 다시는 그들에게 노하지 않겠다.

5 내가 이스라엘에게 하늘에서 내리는 이슬과 같을 것이니 이스라엘이 나리꽃처럼 필 것이다. 레바논의 백향목처럼 그 뿌리를 굳게 내릴 것이다.

6 나무의 가지가 자라서 올리브 나무처럼 아름다워지고 레바논의 백향목처럼 향기로워질 것이다.

7 이스라엘 백성이 다시 내 보호를 받으며 살게 되고, 마치 곡식처럼 자라날 것이다. 포도나무처럼 꽃이 피고 레바논의 포도주처럼 유명해질 것이다.

8 이스라엘이 말하기를, '내가 우상들과 더 이상 무슨 상관이 있으리요' 하는구나. 나는 푸른 전나무와 같으니, 너희는 나로 인해 열매를 얻을 수 있을 것이다."

9 지혜로운 사람은 이 모든 것을 깨닫고, 깨닫는 사람은 그것을 마음에 새겨 둔다. 여호와의 길은 올바르기 때문에 의인은 그 길을 따라 살지만, 죄인은 그 길에 걸려 넘어질 것이다.

---

16 • *The people of Samaria
　　must bear the consequences of their guilt
　　because they rebelled against their God.
　　They will be killed by an invading army,
　　　their little ones dashed to death against
　　　　the ground,
　　　their pregnant women ripped open by swords."

Healing for the Repentant

1 **14** • *Return, O Israel, to the LORD your God,
　　for your sins have brought you down.
2 • Bring your confessions, and return to the LORD.
　　Say to him,
　　"Forgive all our sins and graciously receive us,
　　　so that we may offer you our praises.*
3 • Assyria cannot save us,
　　nor can our warhorses.
　　Never again will we say to the idols we have made,
　　　'You are our gods.'
　　No, in you alone
　　　do the orphans find mercy."

4 • The LORD says,
　　"Then I will heal you of your faithlessness;
　　my love will know no bounds,
　　　for my anger will be gone forever.
5 • I will be to Israel
　　like a refreshing dew from heaven.
　　Israel will blossom like the lily;
　　it will send roots deep into the soil
　　　like the cedars in Lebanon.
6 • Its branches will spread out like beautiful olive trees,
　　as fragrant as the cedars of Lebanon.
7 • My people will again live under my shade.
　　They will flourish like grain and blossom
　　　like grapevines.
　　They will be as fragrant as the wines of Lebanon.

8 • "O Israel,* stay away from idols!
　　I am the one who answers your prayers and
　　　cares for you.
　　I am like a tree that is always green;
　　all your fruit comes from me."

9 • Let those who are wise understand these things.
　　Let those with discernment listen carefully.
　　The paths of the LORD are true and right,
　　and righteous people live by walking in them.
　　But in those paths sinners stumble and fall.

---

discernment [disə́:rnmənt] *n.* 분별력, 통찰력
flourish [flə́:riʃ] *vi.* 번창하다
repentant [ripéntənt] *a.* 회개하는, 뉘우치는
13:16 rip open : 찢다

13:16 Verse 16 is numbered 14:1 in Hebrew text.　　**14:1** Verses 14:1-9 are numbered 14:2-10 in Hebrew text.　　**14:2** As in Greek and Syriac versions, which read *may repay the fruit of our lips;* Hebrew reads *may repay the bulls of our lips.*　　**14:8** Hebrew *Ephraim,* referring to the northern kingdom of Israel.

요 엘

서론

⟊ 저자 _ 요엘
⟊ 저작 연대 _ B.C. 830년 요아스 통치 초기 또는 B.C. 400년 바벨론 포로기 이후라는 견해가 지배적임
⟊ 기록 장소 _ 예루살렘으로 추정
⟊ 기록 대상 _ 주로 남유다를 위해, 모든 유다인들과 이방인들을 위해서도 기록되었다.
⟊ 핵심어 및 내용 _ 핵심어는 '메뚜기'와 '성령'이다. 본서에는 엄청난 수의 메뚜기가 날아와 유다 민족
   의 땅을 황폐화시킨 사건과 성령이 임하여 자녀들이 예언을 하고 노인이 꿈을 꾸며 젊은이들이 환상을
   보게 되는 사건이 기록되어 있다.

메뚜기 떼가 농사를 망치다

1 여호와께서 브두엘의 아들 요엘에게 말씀하셨습니다.

2 늙은 자들아, 들어라. 이 땅에 사는 온 백성아, 귀를 기울여라. 너희가 사는 날이나 너희 조상이 살던 날에 이런 일이 일어난 적이 있느냐?

3 이 일을 너희 자녀에게 전하여라. 그리고 너희 자녀는 또 그 자녀에게 전하게 하고, 그들은 또 그 다음 자녀에게 전하게 하여라.

4 풀무치가 먹다 남긴 것은 메뚜기가 먹고, 메뚜기가 남긴 것은 누리가 먹고, 누리가 남긴 것은 황충이 먹었다.

5 술 취한 사람들아, 깨어서 울어라! 포도주를 즐기는 사람들아, 통곡하여라. 달콤한 포도주가 이제는 다 없어져 버렸도다!

6 강한 나라가 내 땅에 쳐들어왔다. 그 군대가 너무 많아 셀 수도 없다. 그 이빨은 사자의 이빨과 같고, 어금니는 암사자의 송곳니와 같이 날카롭다!

7 그 군대가 내 포도나무를 먹어 버렸고, 내 무화과나무를 망쳐 놓았다. 내 나무의 껍질을 먹어치워서 그 줄기가 하얗게 변했다.

8 통곡하여라! 약혼자를 잃은 젊은 여자가 삼베옷을 입고 울듯이 통곡하여라.

9 곡식 제물과 부어 드리는 제물인 전제물이 여호와의 성전에서 끊어졌고, 여호와를 섬기는 제사장들이 슬퍼한다.

10 밭이 황폐해지고 땅이 메말랐다. 곡식이 다 죽고 포도주가 없어졌다. 기름도 다 떨어졌다.

---

1 The LORD gave this message to Joel son of Pethuel.

Mourning over the Locust Plague

2 ● Hear this, you leaders of the people.
   Listen, all who live in the land.
   In all your history,
     has anything like this happened before?

3 ● Tell your children about it in the years
       to come,
   and let your children tell their children.
   Pass the story down from generation to
       generation.

4 ● After the cutting locusts finished eating the
       crops,
   the swarming locusts took what was left!
   After them came the hopping locusts,
   and then the stripping locusts,* too!

5 ● Wake up, you drunkards, and weep!
   Wail, all you wine-drinkers!
   All the grapes are ruined,
     and all your sweet wine is gone.

6 ● A vast army of locusts* has invaded my land,
     a terrible army too numerous to count.
   Its teeth are like lions' teeth,
     its fangs like those of a lioness.

7 ● It has destroyed my grapevines
     and ruined my fig trees,
   stripping their bark and destroying it,
     leaving the branches white and bare.

8 ● Weep like a bride dressed in black,
     mourning the death of her husband.

9 ● For there is no grain or wine
     to offer at the Temple of the LORD.
   So the priests are in mourning.
     The ministers of the LORD are weeping.

10 ● The fields are ruined,
     the land is stripped bare.
   The grain is destroyed,
     the grapes have shriveled,
     and the olive oil is gone.

1:4 The precise identification of the four kinds of locusts mentioned here is uncertain.   1:6 Hebrew *A nation*.

11 농부들아, 슬퍼하여라. 포도나무를 기르는 사람들도 통곡하여라. 밀과 보리를 위해 슬피 울어라. 밭의 곡식이 다 죽어 버렸다.

12 포도나무가 마르고 무화과나무가 죽어 간다. 석류나무와 종려나무와 사과나무가 말랐고 밭의 모든 나무가 시들었다. 백성의 기쁨도 사라져 버렸다.

13 제사장들아, 거친 베옷을 입고 슬피 울어라. 제단 앞에서 섬기는 자들아, 소리 높여 울어라. 내 하나님을 위해 일하는 자들아, 베옷을 입고 자거라. 너희 하나님의 성전에 바칠 곡식 제물과 부어 드리는 전제물이 떨어졌으니 슬퍼하여라.

14 백성을 불러모아라. 금식일을 정하고 거룩한 모임을 선포하여라. 장로들과 이 땅의 온 백성을 모아라. 그들을 너희 하나님 여호와의 성전에 모으고 여호와께 부르짖어라.

15 아, 재앙의 날이여! 여호와의 심판 날이 가까웠다. 그날에 전능자가 심판을 내릴 것이다.

16 우리가 지켜 보는 가운데 우리의 먹을 것이 없어졌다. 우리 하나님의 성전에서 기쁨과 행복이 사라졌다.

17 우리가 씨를 심었으나 흙덩이 아래서 메말라 죽었다. 곡식이 말랐기 때문에 창고가 텅텅 비고 헛간이 무너졌다.

18 짐승들이 배고파 울부짖고 소 떼는 헤매고 있다. 먹을 풀이 없으니 양 떼조차 고통을 당한다.

19 여호와여, 내가 주께 부르짖습니다. 불이 일어나 들의 풀을 태워 버렸고, 불꽃이 밭의 모든 나무를 태웠습니다.

20 들짐승조차 주께 부르짖습니다. 시냇물이 마르고 들의 풀이 다 타 버렸습니다.

심판의 날이 다가온다

2 시온에서 나팔을 불어라. 내 거룩한 산에서 경고의 나팔을 불어라. 이 땅에 사는 온 백성이 두려움에 떨게 하여라. 여호와의 심판의 날이 오고 있다. 그날이 가까웠다.

---

11 • Despair, all you farmers!
　　Wail, all you vine growers!
　Weep, because the wheat and barley—
　　all the crops of the field—are ruined.
12 • The grapevines have dried up,
　　and the fig trees have withered.
　The pomegranate trees, palm trees, and apple trees—
　　all the fruit trees—have dried up.
　And the people's joy has dried up
　　with them.
13 • Dress yourselves in burlap and weep, you priests!
　　Wail, you who serve before the altar!
　Come, spend the night in burlap,
　　you ministers of my God.
　For there is no grain or wine
　　to offer at the Temple of your God.
14 • Announce a time of fasting;
　　call the people together for a solemn meeting.
　Bring the leaders
　　and all the people of the land
　into the Temple of the LORD your God,
　　and cry out to him there.
15 • The day of the LORD is near,
　　the day when destruction comes from the Almighty.
　How terrible that day will be!
16 • Our food disappears before our very eyes.
　　No joyful celebrations are held in the house of our God.
17 • The seeds die in the parched ground,
　　and the grain crops fail.
　The barns stand empty,
　　and granaries are abandoned.
18 • How the animals moan with hunger!
　　The herds of cattle wander about confused,
　　because they have no pasture.
　The flocks of sheep and goats bleat in misery.
19 • LORD, help us!
　The fire has consumed the wilderness pastures,
　　and flames have burned up all the trees.
20 • Even the wild animals cry out to you
　　because the streams have dried up,
　　and fire has consumed the wilderness pastures.

Locusts Invade like an Army

2 1 • Sound the trumpet in Jerusalem*!
　　Raise the alarm on my holy mountain!
　Let everyone tremble in fear

2:1 Hebrew *Zion*; also in 2:15, 23.

2 그날은 어둡고 캄캄한 날, 구름이 덮이고 짙은 어둠이 깔린다. 산 위에 어둠이 깔리듯 크고 강한 군대가 밀려온다. 그런 날은 전에도 없었고 앞으로도 없을 것이다.

3 그들의 선봉 부대는 태우는 불과 같으며 그들의 후방 부대는 삼키는 불꽃과 같다. 그들이 닥치기 전에는 에덴 동산 같던 땅이, 그들이 닥친 뒤에는 황무지가 되었다. 그들이 지나간 후에는 아무것도 살아남지 못했다.

4 그들은 떼를 지어 달려오는 말과 같이, 마치 군마처럼 달려온다.

5 저 소리를 들어 보아라! 그 소리는, 전차들이 산을 넘어가며 내는 큰 소리와 같고 불꽃이 마른 줄기를 태우는 소리와 같다. 마치 전열을 갖춘 강한 군대와 같다.

6 그 군대 앞에 있는 백성들이 두려움에 떨어 얼굴이 창백해졌다.

7 그들은 용사처럼 공격해 오고 군인처럼 성벽을 기어오른다. 제각기 앞만 보고 나아가며 그 길에서 벗어나지 않는다.

8 서로 부딪치지 않고 제각기 자기 길만을 따라간다. 앞을 가로막는 것을 뚫고 나가지만, 그들은 상하지 않게 될 것이다.

9 성 안으로 뛰어들며 성벽 꼭대기를 타고 달려간다. 집집마다 기어오르고 창문을 통해 도둑처럼 들어간다.

10 그들 앞에서 땅과 하늘이 흔들린다. 해와 달이 어두워지고 별들도 빛을 잃는다.

11 여호와께서 큰 소리로 그의 군대를 다스리신다. 크고 강한 그 군대가 주의 명령에 복종한다. 여호와의 심판의 날은 참으로 무섭고 끔찍하다. 누가 이 날을 견뎌 낼 수 있을까?

너희 마음을 바꾸어라

12 여호와의 말씀이다. "지금이라도 너희의 온 마음을 다하여 내게 돌아오너라. 금식하고 울며 슬퍼하여라."

13 옷을 찢지 말고 너희 마음을 찢어라. 너희 하나님 여호와께로 돌아오너라. 그분은 은혜롭고 자비로우시다. 그분

---

because the day of the LORD is upon us.

2 • It is a day of darkness and gloom,
   a day of thick clouds and deep blackness.
   Suddenly, like dawn spreading across the mountains,
   a great and mighty army appears.
   Nothing like it has been seen before
   or will ever be seen again.

3 • Fire burns in front of them,
   and flames follow after them.
   Ahead of them the land lies
   as beautiful as the Garden of Eden.
   Behind them is nothing but desolation;
   not one thing escapes.

4 • They look like horses;
   they charge forward like warhorses.*

5 • Look at them as they leap along the mountaintops.
   Listen to the noise they make—like the rumbling of chariots,
   like the roar of fire sweeping across a field of stubble,
   or like a mighty army moving into battle.

6 • Fear grips all the people;
   every face grows pale with terror.

7 • The attackers march like warriors
   and scale city walls like soldiers.
   Straight forward they march,
   never breaking rank.

8 • They never jostle each other;
   each moves in exactly the right position.
   They break through defenses
   without missing a step.

9 • They swarm over the city
   and run along its walls.
   They enter all the houses,
   climbing like thieves through the windows.

10 • The earth quakes as they advance,
    and the heavens tremble.
    The sun and moon grow dark,
    and the stars no longer shine.

11 • The LORD is at the head of the column.
    He leads them with a shout.
    This is his mighty army,
    and they follow his orders.
    The day of the LORD is an awesome, terrible thing.
    Who can possibly survive?

A Call to Repentance

12 • That is why the LORD says,
    "Turn to me now, while there is time.
    Give me your hearts.
    Come with fasting, weeping, and mourning.

13 • Don't tear your clothing in your grief,

2:4 Or *like charioteers.*

은 쉽게 노하지 않으시고 사랑이 많으시며 벌을 내리지 아니하신다.

14 주께서 그 마음을 바꾸시며 너희에게 복을 주실지 누가 아느냐? 그래서 너희가 여호와께 곡식 제물과 부어 드리는 전제물을 바칠 수 있게 될지 누가 아느냐?

15 시온에서 나팔을 불어라. 금식일을 선포하고 백성을 모아 거룩한 모임을 만들어라.

16 백성을 불러모아라. 모임을 거룩하게 하여라. 장로들을 불러모으고 어머니의 젖을 먹는 아기에 이르기까지 모든 자녀를 불러모아라. 신랑도 그 방에서 나오게 하고 신부도 그 침실에서 나오게 하여라.

17 여호와의 종인 제사장들은 제단과 성전 입구 사이에서 눈물을 흘리며 이렇게 말하여라. "여호와여, 주의 백성에게 긍휼을 베풀어 주십시오. 그들이 부끄러움을 당하지 않도록 해 주시고 다른 나라들이 그들을 조롱하지 못하게 해 주십시오. 이방인들이 '그들의 하나님이 어디 있느냐'는 말을 할 수 없도록 해 주십시오."

여호와께서 땅을 회복시키시다

18 그때에 여호와께서 그분의 땅을 기억하시고 그분의 백성을 가엾게 여기셨다.

19 여호와께서 그들에게 대답하셨다. "내가 너희에게 곡식과 포도주와 기름을 주어 너희가 만족하도록 하겠다. 다시는 너희가 다른 나라의 웃음거리가 되지 않게 하겠다.

20 북쪽에서 온 군대를 너희 땅에서 몰아내겠다. 그들을 메마르고 황폐한 땅으로 쫓아 내겠다. 앞에 있는 군인들은 사해로 몰아넣고 뒤에 있는 군인들은 지중해로 몰아넣겠다. 그들이 못된 짓을 했으므로, 그들의 몸이 썩어 고약한 냄새가 날 것이다." 주께서 위대한 일을 행하셨다.

21 땅들아, 두려워하지 마라. 기뻐하고 즐거워하여라. 여호와께서 놀라운 일을 행하셨다.

22 들짐승들아, 두려워하지 마라. 광야에

but tear your hearts instead."
Return to the LORD your God,
　for he is merciful and compassionate,
slow to get angry and filled with unfailing love.
　He is eager to relent and not punish.

14 Who knows? Perhaps he will give you a reprieve,
　sending you a blessing instead of this curse.
Perhaps you will be able to offer grain and wine
　to the LORD your God as before.

15 • Blow the ram's horn in Jerusalem!
　　Announce a time of fasting;
call the people together
　for a solemn meeting.

16 • Gather all the people—
　　the elders, the children, and even the babies.
Call the bridegroom from his quarters
　and the bride from her private room.

17 • Let the priests, who minister in the LORD's presence,
　　stand and weep between the entry room to the Temple and the altar.
Let them pray, "Spare your people, LORD!
　Don't let your special possession become an object of mockery.
Don't let them become a joke for unbelieving foreigners who say,
　'Has the God of Israel left them?'"

The LORD's Promise of Restoration

18 • Then the LORD will pity his people
　　and jealously guard the honor of his land.

19 • The LORD will reply,
"Look! I am sending you grain and new wine and olive oil,
　enough to satisfy your needs.
You will no longer be an object of mockery
　among the surrounding nations.

20 • I will drive away these armies from the north.
　　I will send them into the parched wastelands.
Those in the front will be driven into the Dead Sea,
　and those at the rear into the Mediterranean.*
The stench of their rotting bodies will rise over the land."

Surely the LORD has done great things!
21 • Don't be afraid, O land.
　　Be glad now and rejoice,
　for the LORD has done great things.

22 • Don't be afraid, you animals of the field,
　　for the wilderness pastures will soon be green.

2:20 Hebrew *into the eastern sea,... into the western sea.*

푸른 풀이 자라며 나무들은 열매를 맺을 것이다. 무화과나무와 포도나무가 많은 열매를 맺을 것이다.

23 그러므로 시온의 백성들아, 기뻐하여라. 너희 하나님 여호와 앞에서 즐거워하여라. 그분은 의로운 일을 하시며 너희에게 비를 내려 주실 것이다. 옛날처럼 너희에게 이른 비와 늦은 비를 내려 주실 것이다.

24 타작 마당에는 곡식이 가득하고 독마다 포도주와 기름이 넘칠 것이다.

여호와께서 말씀하시다

25 "내가 너희를 치도록 보낸 큰 군대, 곧 풀무치와 메뚜기, 누리와 황충이 먹어 치운 것을 갚아 주겠다. 너희가 여러 해 동안 고통당한 것을 갚아 주겠다.

26 이제 너희가 배부르게 먹으며, 너희 주 하나님 여호와의 이름을 찬양할 것이다. 내가 너희를 위해 기적을 일으켰으므로 다시는 부끄러움을 당하지 않을 것이다.

27 그때에 너희는 내가 이스라엘 백성 가운데 있으며 내가 너희의 하나님 여호와라는 것과 나 외에 다른 신이 없다는 것을 알게 될 것이다. 내 백성이 다시는 부끄러움을 당하지 않을 것이다.

28 그런 뒤에 내가 내 영을 모든 사람에게 부어 주겠다. 너희의 아들딸은 예언할 것이고, 너희의 노인은 꿈을 꿀 것이며, 너희의 젊은이는 환상을 볼 것이다.

29 그때에 내가 내 영을 종들에게 부어 주되 남자와 여자에게 모두 부어 주겠다.

30 내가 하늘과 땅에 기적을 보이리니 피와 불과 짙은 연기가 나타날 것이다.

31 해가 어두워지고 달이 핏빛으로 변할 것이다. 그런 뒤에 무섭고 두려운 나 여호와의 심판의 날이 올 것이다.

32 *그때에 누구든지 나 여호와의 이름을 부르는 사람은 구원을 받을 것이다. 나 여호와가 말한 대로 시온 산과 예루살렘에도 구원받을 사람이 있을 것이다. 심판의 날 뒤에도 나 여호와가 부른 사람은 살아남을 것이다.*"

The trees will again be filled with fruit;
　fig trees and grapevines will be loaded down
　　once more.

23 • Rejoice, you people of Jerusalem!
　Rejoice in the LORD your God!
For the rain he sends demonstrates his
　faithfulness.
　Once more the autumn rains will come,
　as well as the rains of spring.

24 • The threshing floors will again be piled high
　　with grain,
　and the presses will overflow with new wine
　　and olive oil.

25 • The LORD says, "I will give you back what
　　you lost
to the swarming locusts, the hopping
　locusts,
the stripping locusts, and the cutting
　locusts.*
　It was I who sent this great destroying army
　　against you.

26 • Once again you will have all the food you want,
　and you will praise the LORD your God,
　who does these miracles for you.
　Never again will my people be disgraced.

27 • Then you will know that I am among my
　　people Israel,
　that I am the LORD your God, and there
　　is no other.
　Never again will my people be disgraced.

The LORD's Promise of His Spirit

28 •* "Then, after doing all those things,
　I will pour out my Spirit upon all people.
Your sons and daughters will prophesy.
　Your old men will dream dreams,
　and your young men will see visions.

29 • In those days I will pour out my Spirit
　even on servants—men and women alike.

30 • And I will cause wonders in the heavens and
　　on the earth—
　blood and fire and columns of smoke.

31 • The sun will become dark,
　and the moon will turn blood red
　before that great and terrible* day of the
　　LORD arrives.

32 • But everyone who calls on the name of the LORD
　　will be saved,
　for some on Mount Zion in Jerusalem will
　　escape,
　just as the LORD has said.
These will be among the survivors
　whom the LORD has called.

2:25 The precise identification of the four kinds of locusts mentioned here is uncertain.　**2:28** Verses 2:28-32 are numbered 3:1-5 in Hebrew text.　**2:31** Greek version reads *glorious.*

유다의 원수들에 대한 심판

3 "그날이 되고 그때가 되면 내가 유다와 예루살렘을 회복시켜 주겠다.

2 그리고 온 나라를 다시 불러모으겠다. 그들을 여호사밧 골짜기로 데려가서 심판하겠다. 그 나라들은 내 백성 이스라엘을 흩어 놓았고, 내 백성을 강제로 다른 나라에서 살게 했으며, 내 땅을 갈라 놓았다.

3 또한 제비를 뽑아 내 백성을 나누어 가졌으며, 소년을 팔아 창녀를 사고 소녀를 팔아 포도주를 사 마셨다.

4 두로와 시돈과 블레셋 모든 지역아, 너희가 내게 무슨 짓을 하려느냐? 내가 한 일을 보복할 생각이냐? 아니면 나를 해칠 생각이냐? 만약 그렇다면 너희가 내게 한 그대로 내가 곧장 갚아 주겠다.

5 너희는 내 은과 금을 빼앗아 갔으며, 내 보물을 너희 신전으로 가져갔다.

6 너희는 유다와 예루살렘 백성을 그리스 사람에게 팔아서, 그 백성을 그들의 땅에서 멀리 떨어진 곳으로 보냈다.

7 너희가 내 백성을 그렇게 먼 곳으로 보냈지만 내가 그들을 다시 데려오겠다. 너희가 그들에게 한 그대로 너희에게 갚아 주겠다.

8 너희의 아들과 딸을 유다 백성에게 팔아 넘기겠다. 유다 백성은 그들을 멀리 스바* 백성에게 팔 것이다." 여호와께서 이같이 말씀하셨다.

하나님께서 나라들을 심판하시다

9 모든 나라에 이렇게 선포하여라. 전쟁을 준비하여라. 용사들을 깨워라. 모든 군사들을 모이게 하여라.

10 쟁기로 칼을 만들고 낫으로 창을 만들어라. 약한 사람에게는 "나는 강하다"라고 말하게 하여라.

11 모든 나라들아, 서둘러 오너라. 사방에서 함께 오너라. 여호와여, 주의 용사들을 그곳에 내려보내소서.

12 "나라들아, 깨어라. 여호사밧 골짜기로 모여라. 내가 거기에 앉아 사방에 있는 모든 나라를 심판하겠다.

13 낫을 들어라. 곡식을 추수할 때가 되었도다. 포도주틀이 가득 찼으니 포도를

Judgment against Enemy Nations

3 **•** "At the time of those events," says the LORD,
　　"when I restore the prosperity of Judah and Jerusalem,

2 **•** I will gather the armies of the world into the valley of Jehoshaphat.*
　There I will judge them
　　for harming my people, my special possession,
　for scattering my people among the nations,
　　and for dividing up my land.

3 **•** They threw dice* to decide which of my people would be their slaves.
　They traded boys to obtain prostitutes
　　and sold girls for enough wine to get drunk.

4 **•** "What do you have against me, Tyre and Sidon and you cities of Philistia? Are you trying to take revenge on me? If you are, then watch out! I will strike swiftly and 5 pay you back for everything you have done. **•** You have taken my silver and gold and all my precious treasures, 6 and have carried them off to your pagan temples. **•** You have sold the people of Judah and Jerusalem to the Greeks,* so they could take them far from their homeland.

7 **•** "But I will bring them back from all the places to which you sold them, and I will pay you back for every-8 thing you have done. **•** I will sell your sons and daughters to the people of Judah, and they will sell them to the people of Arabia,* a nation far away. I, the LORD, have spoken!"

9 **•** Say to the nations far and wide:
　　"Get ready for war!
　Call out your best warriors.
　　Let all your fighting men advance
　　　for the attack.
10 **•** Hammer your plowshares into swords
　　and your pruning hooks into spears.
　Train even your weaklings to be warriors.
11 **•** Come quickly, all you nations everywhere.
　　Gather together in the valley."

And now, O LORD, call out your warriors!

12 **•** "Let the nations be called to arms.
　　Let them march to the valley of Jehoshaphat.
　There I, the LORD, will sit
　　to pronounce judgment on them all.
13 **•** Swing the sickle,
　　for the harvest is ripe.*
　Come, tread the grapes,

3:1 Verses 3:1-21 are numbered 4:1-21 in Hebrew text. 3:2 *Jehoshaphat* means "the LORD judges." 3:3 Hebrew *They cast lots.* 3:6 Hebrew *to the peoples of Javan.* 3:8 Hebrew *to the Sabeans.* 3:13 Greek version reads *for the harvest time has come.* Compare Mark 4:29.

3:8 '스바'는 '아라비아'를 뜻한다.

밟듯 그들을 밟아라. 술통마다 그들의
죄가 가득 차 넘쳐 흐르고 있다. 그 백
성들이 너무나 악하다."

14 심판의 골짜기에 수많은 사람이 몰려
있다. 여호와께서 심판의 골짜기에서
심판하실 날이 가까이 왔다.

15 해와 달은 어두워질 것이며, 별들도 빛
을 잃을 것이다.

16 여호와께서 사자처럼 시온에서 외치
시고 예루살렘에서 큰 소리를 내시니,
하늘과 땅이 흔들릴 것이다. 그러나 여
호와께서는 그의 백성에게 피난처가
되시며 이스라엘 백성에게 요새가 되
실 것이다.

17 "그때에 내가 너희 하나님 여호와라는
것을 너희가 알게 될 것이다. 나는 내
거룩한 시온 산에 머무를 것이다. 예루
살렘은 거룩한 곳이 될 것이며, 다시는
외국인이 예루살렘 성을 점령하지 못
할 것이다."

유다에게 약속하신 새로운 생활

18 "그날이 되면 산들이 달콤한 포도주를
떨어뜨리고 언덕에 젖이 흘러 넘칠 것
이다. 유다의 개울마다 물이 흐르며,
여호와의 성전에서 샘물이 흘러 나와
싯딤 골짜기*를 적실 것이다.

19 그러나 이집트는 황무지가 되고 에돔
은 사막으로 변할 것이다. 그것은 그들
이 유다 백성에게 폭력을 휘두르고 유
다 땅의 죄 없는 사람들을 죽였기 때문
이다.

20 그러나 유다에는 영원히 사람들이 살
것이고, 예루살렘에도 사람들이 끊이
지 않을 것이다.

21 이집트와 에돔이 내 백성을 죽였으므
로, 내가 그들을 심판하겠다. 나 여호
와가 시온에 산다."

for the winepress is full.
The storage vats are overflowing
   with the wickedness of these
   people."

14 • Thousands upon thousands are waiting in the
      valley of decision.
   There the day of the LORD will soon arrive.

15 • The sun and moon will grow dark,
   and the stars will no longer shine.

16 • The LORD's voice will roar from Zion
   and thunder from Jerusalem,
   and the heavens and the earth will shake.
   But the LORD will be a refuge for his people,
   a strong fortress for the people of Israel.

Blessings for God's People

17 • "Then you will know that I, the LORD your God,
      live in Zion, my holy mountain.
   Jerusalem will be holy forever,
   and foreign armies will never conquer
      her again.

18 • In that day the mountains will drip with
         sweet wine,
   and the hills will flow with milk.
   Water will fill the streambeds of Judah,
   and a fountain will burst forth from the
      LORD's Temple,
   watering the arid valley of acacias.*

19 • But Egypt will become a wasteland
   and Edom will become a wilderness,
   because they attacked the people of Judah
   and killed innocent people in their land.

20 • "But Judah will be filled with people
         forever,
   and Jerusalem will endure through all
      generations.

21 • I will pardon my people's crimes,
   which I have not yet pardoned;
   and I, the LORD, will make my home
      in Jerusalem* with my people."

---

arid [ǽrid] *a.* 메마른, 불모의
conquer [káŋkər] *vt.* 정복하다
drip [dríp] *vi.* (흠뻑 젖어서) 물방울이 떨어지다
fortress [fɔ́:rtris] *n.* 요새
refuge [réfjuːdʒ] *n.* 피난처, 도피처
vat [væt] *n.* 큰 통
wasteland [wéistlænd] *n.* 황무지, 폐허
wilderness [wíldərnis] *n.* 황야, 황무지

3:18 Hebrew *valley of Shittim.* 3:21 Hebrew *Zion.*
3:18 '싯딤 골짜기' 는 '아카시아 나무 골짜기' 라고도 불린다.

아모스

● 서론

⊹ 저자 _ 아모스
⊹ 저작 연대 _ B.C. 760–753년 사이로 추정
⊹ 기록 장소 _ 예루살렘 근처
⊹ 기록 대상 _ 이스라엘 백성 및 유다와 주변 민족들
⊹ 핵심어 및 내용 _ 핵심어는 '다림줄'과 '희망'이다. 하나님께서는 아모스에게 백성들을 시험하고 심판하실 다림줄을 환상으로 보여 주셨다. 그러나 하나님은 이스라엘을 향해 희망의 빛을 비춰 주시며, 자기 백성과 그 땅을 다시 회복시켜 주실 것이다.

1 아모스는 드고아 마을의 목자였는데, 하나님께서 그에게 이스라엘에 대한 환상을 보여 주셨습니다. 그때는 웃시야가 유다 왕이었고, 요아스*의 아들 여로보암이 이스라엘 왕이었으며, 지진이 일어나기 두 해 전이었습니다.

2 아모스가 말했습니다. "여호와께서 사자처럼 시온에서 부르짖고 예루살렘에서 큰 소리를 내시니 목자의 풀밭이 시들고 갈멜 산조차 메마른다."

이스라엘의 이웃 나라들에 내린 심판

다마스커스 백성

3 여호와께서 이렇게 말씀하셨다. "다마스커스가 많은 죄를 지었으므로, 내가 그들을 심판하겠다. 이는 그들이 쇠톱니가 달린 타작판으로 길르앗 백성을 압제했기 때문이다.

4 그러므로 내가 하사엘의 집에 불을 보내겠다. 그 불이 벤하닷의 요새들을 태울 것이다.

5 내가 다마스커스의 문을 부수고 아웬* 골짜기의 주민들을 없애고 벧에덴의 왕도 없애겠다. 아람 백성은 길 땅으로 끌려갈 것이다." 여호와의 말씀이다.

블레셋 백성

6 여호와께서 말씀하셨다. "가사가 죄를 많이 지었으므로, 내가 그들을 심판하겠다. 이는 그들이 그곳의 온 백성을 사로잡아 에돔으로 팔아 넘겼기 때문이다.

7 그러므로 내가 가사 성에 불을 보내겠다. 그 불이 그 성의 요새들을 태울 것이다.

1 This message was given to Amos, a shepherd from the town of Tekoa in Judah. He received this message in visions two years before the earthquake, when Uzziah was king of Judah and Jeroboam II, the son of Jehoash,* was king of Israel.

2 • This is what he saw and heard:

"The LORD's voice will roar from Zion
 and thunder from Jerusalem!
The lush pastures of the shepherds will
 dry up;
 the grass on Mount Carmel will wither
 and die."

God's Judgment on Israel's Neighbors

3 • This is what the LORD says:

"The people of Damascus have sinned again
 and again,*
 and I will not let them go unpunished!
They beat down my people in Gilead
 as grain is threshed with iron sledges.

4 • So I will send down fire on King Hazael's
 palace,
 and the fortresses of King Ben-hadad will be
 destroyed.

5 I will break down the gates of Damascus
 and slaughter the people in the valley of
 Aven.
I will destroy the ruler in Beth-eden,
 and the people of Aram will go as captives to
 Kir,"
 says the LORD.

6 • This is what the LORD says:

"The people of Gaza have sinned again and
 again,
 and I will not let them go unpunished!
They sent whole villages into exile,
 selling them as slaves to Edom.

7 • So I will send down fire on the walls of Gaza,

1:1 Hebrew *Joash,* a variant spelling of Jehoash. 1:3 Hebrew *have committed three sins, even four;* also in 1:6, 9, 11, 13.

1:1 '요아스'의 또 다른 이름은 '여호아스'이다.
1:5 '아웬'은 '악'이라는 뜻이다.

8 내가 또 아스돗의 주민을 없애고 아스글론의 왕을 없애겠다. 나의 손을 돌이켜 에그론 백성을 치고 블레셋의 남은 사람을 벌할 것이다." 주 여호와의 말씀이다.

두로 백성

9 여호와께서 말씀하셨다. "두로가 죄를 많이 지었으므로, 내가 그들을 심판하겠다. 이는 그들이 이스라엘과 맺은 형제의 언약을 기억하지 않고, 그곳의 모든 백성을 사로잡아 에돔에 종으로 팔아넘겼기 때문이다.

10 그러므로 내가 두로 성에 불을 보내겠다. 그 불이 그 성의 요새들을 태울 것이다."

에돔 백성

11 여호와께서 말씀하셨다. "에돔이 죄를 많이 지었으므로, 내가 그들을 심판하겠다. 이는 그들이 칼을 들고 그의 형제인 이스라엘 백성을 뒤쫓았으며, 자비로운 마음을 버렸기 때문이다. 에돔 백성은 언제나 화를 냈으며 분노를 거두어들이지 않았다.

12 그러므로 내가 데만 성에 불을 보내겠다. 그 불이 보스라의 요새들을 태울 것이다."

암몬 백성

13 여호와께서 말씀하셨다. "암몬이 죄를 많이 지었으므로, 내가 그들을 심판하겠다. 이는 그들이 땅을 넓히려고 길르앗으로 쳐들어가서 아이 밴 여자들의 배를 갈랐기 때문이다.

14 그러므로 내가 랍바 성에 불을 보내겠다. 그 불이 그의 요새들을 태울 것이다. 전쟁하는 동안, 폭풍 속의 회오리바람 같은 거친 함성이 들리고, 싸움은 맹렬할 것이다.

15 그때에 그들의 왕과 신하들은 모두 포로로 사로잡혀 갈 것이다." 여호와의 말씀이다.

모압 백성

2 여호와께서 말씀하셨다. "모압이 죄를 많이 지었으므로, 내가 그들을 심판하겠다. 이는 그들이 에돔 왕의 뼈를 태워 재로 만들었기 때문이다.

2 그러므로 내가 모압에 불을 보내겠다. 그 불이 그리욧의 요새들을 태울 것이다.

---

and all its fortresses will be destroyed.

8 • I will slaughter the people of Ashdod
   and destroy the king of Ashkelon.
Then I will turn to attack Ekron,
   and the few Philistines still left will
      be killed,"
   says the Sovereign LORD.

9 • This is what the LORD says:

"The people of Tyre have sinned again and
      again,
   and I will not let them go unpunished!
They broke their treaty of brotherhood
      with Israel,
   selling whole villages as slaves to Edom.
10 • So I will send down fire on the walls of Tyre,
   and all its fortresses will be destroyed."

11 • This is what the LORD says:

"The people of Edom have sinned again and
      again,
   and I will not let them go unpunished!
They chased down their relatives, the
      Israelites, with swords,
   showing them no mercy.
In their rage, they slashed them continually
   and were unrelenting in their anger.
12 • So I will send down fire on Teman,
   and the fortresses of Bozrah will be
      destroyed."

13 • This is what the LORD says:

"The people of Ammon have sinned again
      and again,
   and I will not let them go unpunished!
When they attacked Gilead to extend their
      borders,
   they ripped open pregnant women with
      their swords.
14 • So I will send down fire on the walls of Rabbah,
   and all its fortresses will be destroyed.
The battle will come upon them with shouts,
   like a whirlwind in a mighty storm.
15 • And their king* and his princes will go into
      exile together,"
   says the LORD.

2 This is what the LORD says:

"The people of Moab have sinned again and
      again,*
   and I will not let them go unpunished!
They desecrated the bones of Edom's king,
   burning them to ashes.
2 • So I will send down fire on the land of Moab,

1:15 Hebrew *malcam*, possibly referring to their god Molech.   2:1 Hebrew *have committed three sins, even four*; also in 2:4, 6.

모압 백성은 함성과 나팔 소리가 요란한 가운데 죽을 것이다.

3 내가 모압의 왕을 없애고 그의 신하들도 다 죽이겠다." 여호와의 말씀이다.

유다 백성

4 여호와께서 말씀하셨다. "유다가 죄를 많이 지었으므로, 내가 그들을 심판하겠다. 이는 그들이 나 여호와의 율법을 저버리고 나 여호와의 명령을 따르지 않았기 때문이다. 또, 그들의 조상이 따르던 거짓 신들을 좇았기 때문이다.

5 그러므로 내가 유다에 불을 보내겠다. 그 불이 예루살렘의 요새들을 태울 것이다."

이스라엘에 내린 심판

6 여호와께서 말씀하셨다. "이스라엘이 죄를 많이 지었으므로, 내가 그들을 심판하겠다. 이는 그들이 은을 받고 의로운 사람을 팔았으며, 가난한 사람을 신발 한 켤레 값에 팔았기 때문이다.

7 또 흙을 밟듯이 가난한 사람을 짓밟았고, 연약한 자의 길을 굽게 하였다. 아버지와 아들이 한 여자와 잠자리를 같이하여 나의 거룩한 이름을 더럽혔다.

8 그들의 신전에서 예배할 때도 가난한 사람에게서 빼앗은 옷 위에 누웠다. 벌금으로 거둔 돈으로 포도주를 사서 그들의 신전에서 마셨다.

9 내가 그들 앞에서 아모리 사람들을 멸망시켰다. 그들의 키는 백향목처럼 컸으며 상수리나무처럼 튼튼했지만 내가 그들을 완전히 멸망시켰다.

10 내가 너희를 이집트 땅에서 이끌어 내어 사십 년 동안 광야에서 인도하였고, 마침내 아모리 사람들의 땅을 너희에게 주었다.

11 내가 너희의 아들들을 예언자로 세웠고 젊은이들 중에서 나실인을 삼았다. 이스라엘 백성아, 그렇지 아니하냐?" 여호와의 말씀이다.

12 "그러나 너희는 나실인에게 포도주를 먹였고, 예언자들에게 말하기를 '너희는 예언하지 마라' 하였다.

---

and all the fortresses in Kerioth will be
　destroyed.
The people will fall in the noise of battle,
　as the warriors shout and the ram's horn
　sounds.

3 • And I will destroy their king
　and slaughter all their princes,"
　says the LORD.

God's Judgment on Judah and Israel

4 • This is what the LORD says:

"The people of Judah have sinned again and
　again,
　and I will not let them go unpunished!
They have rejected the instruction of the LORD,
　refusing to obey his decrees.
They have been led astray by the same lies
　that deceived their ancestors.

5 • So I will send down fire on Judah,
　and all the fortresses of Jerusalem will be
　destroyed."

6 • This is what the LORD says:

"The people of Israel have sinned again and
　again,
　and I will not let them go unpunished!
They sell honorable people for silver
　and poor people for a pair of sandals.

7 • They trample helpless people in the dust
　and shove the oppressed out of the way.
Both father and son sleep with the same woman,
　corrupting my holy name.

8 • At their religious festivals,
　they lounge in clothing their debtors put up
　as security.
In the house of their gods,*
　they drink wine bought with unjust fines.

9 • "But as my people watched,
　I destroyed the Amorites,
though they were as tall as cedars
　and as strong as oaks.
I destroyed the fruit on their branches
　and dug out their roots.

10 • It was I who rescued you from Egypt
　and led you through the desert for forty
　years,
　so you could possess the land of the
　Amorites.

11 • I chose some of your sons to be prophets
　and others to be Nazirites.
Can you deny this, my people of Israel?"
　asks the LORD.

12 • "But you caused the Nazirites to sin by making
　them drink wine,
　and you commanded the prophets,

2:8 Or *their God.*

13 그러므로 곡식이 가득 찬 수레가 흙을 짓누르는 것처럼 내가 너희를 짓누르 겠다.

14 아무리 빠른 사람도 피할 수 없고, 아무 리 강한 사람도 힘을 내지 못하고, 용사 라도 제 목숨을 건질 수 없을 것이다.

15 활과 화살을 가진 군인도 버티지 못하 고, 발이 빠른 군인도 피하지 못하고, 말을 탄 군인도 제 목숨을 구하지 못할 것이다.

16 그날에는 용사 중의 용사도 벌거벗은 채 도망갈 것이다." 여호와의 말씀이 다.

이스라엘을 향한 경고

3 이스라엘 백성아, 여호와께서 너희 에게 하신 말씀을 들어라. 주께서 이 집트에서 인도해 내신 백성 모두에게 하신 말씀을 들어라.

2 "나는 이 땅의 모든 족속 가운데서 오 직 너희만을 알았다. 그러므로 너희가 행한 모든 죄대로 너희를 심판하겠 다."

3 서로 약속도 하지 않고 어떻게 두 사람 이 같이 갈 수 있겠느냐?

4 숲속의 사자가 먹이를 잡지 않고서야 어찌 울부짖겠느냐? 젊은 사자가 잡은 것도 없이 어찌 굴에서 소리를 지르겠 느냐?

5 어찌 새가 미끼도 없는 덫에 걸리겠느 냐? 아무것도 걸린 것이 없는데 어찌 덫이 튀어오르며 닫히겠느냐?

6 나팔을 불어 경고하는데 어찌 백성이 두려워 떨지 않겠느냐? 여호와께서 보 내시지 않았는데 어찌 성에 재앙이 내 리겠느냐?

7 주 여호와께서 일을 하실 때는 반드시 그 종인 예언자들에게 미리 알려 주신 다.

8 사자가 부르짖는데 누가 두려워하지 않겠느냐? 주 여호와께서 말씀하시는 데 누가 예언하지 않겠느냐?

9 아스돗의 요새들과 이집트 땅의 요새 들에게 이렇게 전하여라. "사마리아의 산으로 와서 저 큰 혼란을 보아라, 백성 이 다른 백성을 해치는 저 모습을 보아 라.

'Shut up!'

13 • "So I will make you groan
　like a wagon loaded down with sheaves
　of grain.

14 • Your fastest runners will not get away.
　The strongest among you will become
　weak.
　Even mighty warriors will be unable to save
　themselves.

15 • The archers will not stand their ground.
　The swiftest runners won't be fast enough to
　escape.
　Even those riding horses won't be able to
　save themselves.

16 • On that day the most courageous of your
　fighting men
　will drop their weapons and run for their
　lives,"
　says the LORD.

3 Listen to this message that the LORD has spoken
against you, O people of Israel—against the entire
family I rescued from Egypt:

2 • "From among all the families on the earth,
　I have been intimate with you alone.
　That is why I must punish you
　for all your sins."

Witnesses against Guilty Israel

3 • Can two people walk together
　without agreeing on the direction?

4 • Does a lion ever roar in a thicket
　without first finding a victim?
　Does a young lion growl in its den
　without first catching its prey?

5 • Does a bird ever get caught in a trap
　that has no bait?
　Does a trap spring shut
　when there's nothing to catch?

6 • When the ram's horn blows a warning,
　shouldn't the people be alarmed?
　Does disaster come to a city
　unless the LORD has planned it?

7 • Indeed, the Sovereign LORD never does
　anything
　until he reveals his plans to his servants the
　prophets.

8 • The lion has roared—
　so who isn't frightened?
　The Sovereign LORD has spoken—
　so who can refuse to proclaim his message?

9 • Announce this to the leaders of Philistia*
　and to the great ones of Egypt:
　"Take your seats now on the hills around
　Samaria,
　and witness the chaos and oppression in Israel."

3:9 Hebrew *Ashdod*.

10 이 백성은 올바른 일을 할 줄 모른다." 여호와의 말씀이다. "그들의 요새는 강제로 빼앗은 보물로 가득하다."

11 그러므로 주 여호와께서 이렇게 말씀하셨다. "적군이 이 땅을 차지할 것이다. 요새들을 무너뜨리고 그 안에 감추어 둔 보물을 빼앗아 갈 것이다."

12 여호와께서 말씀하셨다. "목자가 사자 입에서 자기 양의 두 다리뼈나 귓조각을 구해 내는 것처럼, 사마리아에 살고 있던 이스라엘 백성도 침대의 모서리나 부러진 의자의 조각처럼 몇몇 사람만이 피할 수 있을 것이다.

13 너희는 들어라! 너희는 야곱의 집에 증언하라!" 만군의 하나님 주 여호와의 말씀이다.

14 "이스라엘 백성이 죄를 지었으므로 내가 그들을 심판할 것이며, 그날에 벧엘의 제단도 무너뜨리겠다. 그 제단 뿔을 꺾어 땅에 떨어뜨릴 것이다.

15 내가 겨울 별장과 여름 별장을 부수겠다. 상아로 장식한 집을 무너뜨리겠다. 큰 집들이 허물어질 것이다." 여호와의 말씀이다.

이스라엘이 돌아오지 않다

4 사마리아 산에 사는 바산의 암소들아, 이 말을 들어라. 너희 여자들은 가난한 사람의 것을 빼앗고 어려운 사람을 짓밟는다. 남편에게 "마실 술을 가져다 줘요" 하고 말한다.

2 주 여호와께서 그의 거룩한 이름으로 맹세하셨다. "너희 코가 갈고리에 꿰어 끌려갈 날이 반드시 온다. 너희 가운데 남은 사람마저 낚시에 걸린 물고기처럼 끌려갈 것이다.

3 너희는 성벽의 무너진 곳을 통해 밖으로 끌려나가 하르몬에 던져질 것이다." 여호와의 말씀이다.

4 "벧엘로 가서 죄를 지어라. 길갈로 가서 죄를 더 지어라. 아침마다 제물을 바치고 삼 일마다 십일조를 바쳐라.

---

10 • "My people have forgotten how to do right,"
　　says the LORD.
"Their fortresses are filled with wealth
　　taken by theft and violence.

11 • Therefore," says the Sovereign LORD,
　　"an enemy is coming!
He will surround them and shatter their
　　defenses.
　　Then he will plunder all their fortresses."

12 • This is what the LORD says:
"A shepherd who tries to rescue a sheep from
　　a lion's mouth
　　will recover only two legs or a piece of
　　　　an ear.
So it will be for the Israelites in Samaria lying
　　on luxurious beds,
　　and for the people of Damascus reclining on
　　　　couches.*

13 • "Now listen to this, and announce it throughout all
Israel,*" says the Lord, the LORD God of Heaven's Armies.

14 "On the very day I punish Israel for its sins,
　　I will destroy the pagan altars at Bethel.
The horns of the altar will be cut off
　　and fall to the ground.

15 • And I will destroy the beautiful homes
　　of the wealthy—
　　their winter mansions and their summer
　　　　houses, too—
all their palaces filled with ivory,"
　　says the LORD.

Israel's Failure to Learn

4 1 • Listen to me, you fat cows*
　　living in Samaria,
you women who oppress the poor
　　and crush the needy,
and who are always calling to your husbands,
　　"Bring us another drink!"

2 • The Sovereign LORD has sworn this by his
　　holiness:
"The time will come when you will be led away
　　with hooks in your noses.
Every last one of you will be dragged away
　　like a fish on a hook!

3 • You will be led out through the ruins
　　of the wall;
　　you will be thrown from your fortresses,*"
　　says the LORD.

4 • "Go ahead and offer sacrifices to the idols at Bethel.

3:12 The meaning of the Hebrew in this sentence is uncertain. 3:13 Hebrew *the house of Jacob*. The names "Jacob" and "Israel" are often interchanged throughout the Old Testament, referring sometimes to the individual patriarch and sometimes to the nation. 4:1 Hebrew *you cows of Bashan*. 4:3 Or *thrown out toward Harmon*, possibly a reference to Mount Hermon.

암

5 누룩 넣은 빵을 감사 제물로 바쳐라. 자
발적으로 바치는 제물을 큰 소리로 자
랑해라. 이스라엘 백성아, 이것이 너희
가 기뻐하는 일이 아니더냐?" 주 여호
와의 말씀이다.

6 "내가 너희에게 양식을 주지 않아서 너
희가 사는 마을에 먹을 것이 떨어졌다.
그런데도 너희는 내게 돌아오지 않았
다." 여호와의 말씀이다.

7 "추수하기 세 달 전엔 너희에게 비를
내려 주지 않았다. 어떤 성에는 비를 내
렸고 어떤 성에는 비를 내리지 않았다.
어떤 밭에는 비가 내렸고 어떤 밭에는
비가 내리지 않아 땅이 말라 버렸다.

8 목마른 사람들이 물을 얻으려고 이 마
을, 저 마을로 다녔으나 충분히 목을 축
이지는 못했다. 그런데도 너희는 내게
돌아오지 않았다." 여호와의 말씀이
다.

9 "내가 너희의 농작물을 병충해로 죽게
했다. 너희 동산과 포도밭도 황폐하게
하였다. 메뚜기 떼가 무화과나무와 올
리브 나무를 먹어치우도록 했다. 그런
데도 너희는 내게 돌아오지 않았다."
여호와의 말씀이다.

10 "내가 전에 이집트에 재앙을 내렸듯이
너희에게도 전염병을 내렸다. 너희 젊
은이들을 칼로 죽이고 너희 말들도 약
탈당하게 했다. 너희 진영에 시체 썩는
냄새가 나게 했다. 그런데도 너희는 내
게 돌아오지 않았다." 여호와의 말씀
이다.

11 "내가 소돔과 고모라를 멸망시킨 것처
럼 너희를 멸망시켰다. 그때 너희는 마
치 불 속에서 갓 꺼낸, 타다 만 막대기
같았다. 그런데도 너희는 내게 돌아오
지 않았다." 여호와의 말씀이다.

12 "그러므로 이스라엘아, 내가 말한 이
모든 재앙을 너희에게 내릴 것이다. 이
스라엘아, 네 하나님 만날 준비를 하여
라."

13 산을 지으시고 바람을 일으키신 분, 그
생각을 사람들에게 알려 주시고 새벽
빛을 어둠으로 바꾸시는 분, 이 땅의 높
은 곳 위로 걸어다니시는 분, 그분의 이

Keep on disobeying at Gilgal.
Offer sacrifices each morning,
　and bring your tithes every three days.
5 • Present your bread made with yeast
　as an offering of thanksgiving.
Then give your extra voluntary offerings
　so you can brag about it everywhere!
This is the kind of thing you Israelites love
　to do,"
　says the Sovereign LORD.

6 • "I brought hunger to every city
　and famine to every town.
But still you would not return to me,"
　says the LORD.

7 • "I kept the rain from falling
　when your crops needed it the most.
I sent rain on one town
　but withheld it from another.
Rain fell on one field,
　while another field withered away.

8 • People staggered from town to town looking
　for water,
　but there was never enough.
But still you would not return to me,"
　says the LORD.

9 • "I struck your farms and vineyards with blight
　and mildew.
　Locusts devoured all your fig and olive trees.
But still you would not return to me,"
　says the LORD.

10 • "I sent plagues on you
　like the plagues I sent on Egypt long ago.
I killed your young men in war
　and led all your horses away.*
　The stench of death filled the air!
But still you would not return to me,"
　says the LORD.

11 • "I destroyed some of your cities,
　as I destroyed* Sodom and Gomorrah.
Those of you who survived
　were like charred sticks pulled from a fire.
But still you would not return to me,"
　says the LORD.

12 • "Therefore, I will bring upon you all the
　disasters I have announced.
　Prepare to meet your God in judgment, you
　people of Israel!"

13 • For the LORD is the one who shaped the
　mountains,
　stirs up the winds, and reveals his thoughts
　to mankind.
He turns the light of dawn into darkness
　and treads on the heights of the earth.

4:10 Or *and slaughtered your captured horses.*　4:11
Hebrew *as when God destroyed.*

름은 만군의 하나님 여호와이시다.

이스라엘아, 회개하라

5 이스라엘 백성아, 내가 너희를 향해 부르는 이 장송곡을 들어라.

2 "처녀 이스라엘이 쓰러져서 다시는 일 어나지 못하게 되었네. 버림받은 채 땅 에 쓰러져 있으나 일으켜 줄 사람이 아 무도 없도다."

3 주 여호와께서 말씀하셨다. "천 명의 군인이 싸우러 나간 성에 백 명만이 돌 아오겠고, 백 명이 싸우러 나간 성에는 열 명만이 돌아올 것이다."

4 여호와께서 이스라엘 족속에게 이렇 게 말씀하셨다. "나를 찾아라, 그러면 살 것이다.

5 벧엘을 찾지 말고 길갈로 가지 말고 브 엘세바로도 내려가지 마라. 길갈 백성 은 포로로 잡혀 가겠고 벧엘은 폐허가 될 것이다."

6 여호와를 찾아라, 그러면 살 것이다. 그렇지 않으면 주께서 불같이 요셉의 자손을 멸망시킬 것이다. 불이 벧엘을 태워도 그 불을 끌 사람이 아무도 없을 것이다.

7 너희는 정의를 하찮게 여겼으며 올바 른 것을 땅에 버렸다.

8 황소자리의 일곱 별과 오리온 자리를 만드신 분, 어둠을 새벽빛으로 바꾸시 며 낮을 밤으로 바꾸시는 분, 바닷물을 불러 땅 위에 쏟으시는 분, 그분의 이름 은 여호와이시다.

9 그분은 요새를 무너뜨리시며 강하고 튼튼한 성을 폐허로 만드신다.

10 너희는 정직한 재판을 싫어하며, 진실 을 말하는 사람을 미워한다.

11 너희는 가난한 사람을 짓밟으며, 그들 에게서 강제로 세금을 거둬들인다. 너 희가 다듬은 돌로 멋진 집을 지어도 거 기에서 살지 못할 것이다. 아름다운 포 도밭을 만들어도 거기에서 너희는 포 도주를 마시지 못할 것이다.

12 나는 너희가 지은 많은 죄와 반역을 알 고 있다. 너희는 의로운 사람을 못살게 굴었으며, 뇌물을 받고 나쁜 짓을 저질 렀다. 법정에서 가난한 사람을 억울하 게 만들었다.

The LORD God of Heaven's Armies is his name!

A Call to Repentance

5 Listen, you people of Israel! Listen to this funeral song I am singing:

2 • "The virgin Israel has fallen,
   never to rise again!
She lies abandoned on the ground,
   with no one to help her up."

3 • The Sovereign LORD says:

   "When a city sends a thousand men to battle,
      only a hundred will return.
   When a town sends a hundred,
      only ten will come back alive."

4 • Now this is what the LORD says to the family of Israel:

   "Come back to me and live!

5 • Don't worship at the pagan altars at Bethel;
      don't go to the shrines at Gilgal or
      Beersheba.
   For the people of Gilgal will be dragged off
      into exile,
   and the people of Bethel will be reduced
      to nothing."

6 • Come back to the LORD and live!
   Otherwise, he will roar through Israel* like a
      fire,
      devouring you completely.
   Your gods in Bethel
      won't be able to quench the flames.

7 • You twist justice, making it a bitter pill for the
      oppressed.
   You treat the righteous like dirt.

8 • It is the LORD who created the stars,
      the Pleiades and Orion.
   He turns darkness into morning
      and day into night.
   He draws up water from the oceans
      and pours it down as rain on the land.
   The LORD is his name!

9 • With blinding speed and power he destroys
      the strong,
      crushing all their defenses.

10 • How you hate honest judges!
   How you despise people who tell the truth!

11 • You trample the poor,
      stealing their grain through taxes and unfair
      rent.
   Therefore, though you build beautiful stone
      houses,
      you will never live in them.
   Though you plant lush vineyards,
      you will never drink wine from them.

12 • For I know the vast number of your sins

5:6 Hebrew *the house of Joseph.*

13 그러한 때에 지혜로운 사람은 입을 다물었다. 이는 때가 악하기 때문이다.

14 악한 일을 피하고 옳은 일을 하여라. 그러면 살 수 있을 것이다. 너희 말대로 만군의 하나님 여호와께서 너희를 도우실 것이다.

15 악한 것을 미워하고 올바른 것을 사랑하여라. 법정에서 정의를 지켜라. 혹시, 만군의 하나님 여호와께서 살아남은 요셉의 백성에게 자비를 베푸실지 모른다.

16 주 만군의 하나님 여호와께서 말씀하셨다. "광장마다 통곡하는 사람들이 있겠고, 거리마다 슬피 우는 사람들이 있을 것이다. 사람들이 농부를 불러 울게 하며, 우는 사람을 불러 통곡하게 할 것이다.

17 모든 포도밭에서 우는 소리가 들릴 것이다. 이는 내가 너희 한가운데를 지나며 너희를 심판할 것이기 때문이다." 여호와의 말씀이다.

여호와의 날

18 여호와의 날을 기다리는 사람에게 재앙이 있다. 너희가 어찌하여 여호와의 날을 기다리느냐? 그날은 빛의 날이 아니요, 어둠의 날이다.

19 사자를 피해 달아나다가 곰을 만나는 것과 같고, 집에 들어가 벽에 손을 대다가 뱀에게 물리는 것과 같다.

20 여호와의 날은 빛이 아니라 어둠이다. 기쁨이나 희망의 날이 아니라 슬픔의 날이다.

21 "나는 너희의 절기를 미워한다. 너희의 종교 모임이 역겹기만 하다.

22 너희가 태워 드리는 번제물과 곡식 제물을 내게 바쳐도 나는 받지 않겠다. 화목 제물로 좋은 것을 바쳐도 나는 거들떠보지 않겠다.

23 너희의 노래를 멈추어라! 나는 너희의 비파 소리도 듣지 않겠다.

24 오직 정의를 강물처럼 흐르게 하고 의의 강이 마르지 않게 하여라.

25 이스라엘 백성아, 너희가 광야에서 사십 년을 사는 동안, 내게 희생 제물과 소제물을 바친 적이 있느냐?

---

and the depth of your rebellions.
You oppress good people by taking bribes
and deprive the poor of justice in the courts.

13 • So those who are smart keep their mouths shut,
for it is an evil time.

14 • Do what is good and run from evil
so that you may live!
Then the LORD God of Heaven's Armies will be your helper,
just as you have claimed.

15 • Hate evil and love what is good;
turn your courts into true halls of justice.
Perhaps even yet the LORD God of Heaven's Armies
will have mercy on the remnant of his people.*

16 • Therefore, this is what the Lord, the LORD God of Heaven's Armies, says:

"There will be crying in all the public squares
and mourning in every street.
Call for the farmers to weep with you,
and summon professional mourners to wail.

17 • There will be wailing in every vineyard,
for I will destroy them all,"
says the LORD.

Warning of Coming Judgment

18 • What sorrow awaits you who say,
"If only the day of the LORD were here!"
You have no idea what you are wishing for.
That day will bring darkness, not light.

19 • In that day you will be like a man who runs from a lion—
only to meet a bear.
Escaping from the bear, he leans his hand against a wall in his house—
and he's bitten by a snake.

20 • Yes, the day of the LORD will be dark and hopeless,
without a ray of joy or hope.

21 • "I hate all your show and pretense—
the hypocrisy of your religious festivals and solemn assemblies.

22 • I will not accept your burnt offerings and grain offerings.
I won't even notice all your choice peace offerings.

23 • Away with your noisy hymns of praise!
I will not listen to the music of your harps.

24 • Instead, I want to see a mighty flood of justice,
an endless river of righteous living.

25 • "Was it to me you were bringing sacrifices and offerings during the forty years in the wilderness, Israel?

5:15 Hebrew the remnant of Joseph.

26 이제는 너희의 우상인 거짓 왕 식굿과 너희의 별신 기윤을 짊어지고 다녀야 할 것이다.

27 내가 너희를 다마스커스 저 너머로 사로잡혀 가게 하겠다." 여호와의 말씀이다. 그분의 이름은 만군의 하나님이시다.

이스라엘의 멸망

6 시온에서 평안히 있는 사람과 사마리아 산에서 안심하고 사는 사람에게 재앙이 내릴 것이다. 너희는 스스로 으뜸가는 민족이라고 생각하며, 이스라엘 백성도 너희를 믿고 따른다.

2 갈레 성으로 가서 살펴보아라. 거기에서 큰 성 하맛으로 가 보아라. 블레셋 땅 가드로 내려가 보아라. 너희가 그 나라들보다 더 나으냐? 너희의 땅이 그들 것보다 더 넓으냐?

3 너희는 다가오는 재앙을 피하려 하지만, 너희의 행동이 오히려 심판의 날을 가까이 불러들였다.

4 너희는 상아로 장식한 침대에 누워서 부드러운 양고기와 살진 송아지 고기를 먹었다.

5 비파를 연주하며 다윗처럼 악기에 맞추어 노래도 지었다.

6 포도주를 대접 가득히 마시고 가장 좋은 향수를 쓰면서도 요셉의 멸망은 슬퍼하지 않았다.

7 그러므로 너희가 가장 먼저 포로로 끌려갈 것이다. 너희의 잔치는 끝나게 될 것이다.

8 만군의 하나님 여호와께서 스스로를 가리켜 맹세하신 말씀이다. "나는 야곱의 교만을 미워한다. 그들의 요새가 역겹다. 그러므로 그 성과 그 안의 모든 것을 원수에게 넘겨 주겠다."

9 그때에 한 집에 열 사람이 남더라도, 결국 다 죽을 것이다.

10 죽은 사람을 장사지낼 친척이 와서, 화장하기 위해 시체들을 집 밖으로 내가며 남아 있는 사람에게 "아직 시체가 더 있소?" 하고 묻는다면 그가 "없소" 하고 대답할 것이다. 그러면 그 친척이 "조용히 하시오. 여호와의 이름을 속삭이지도 마시오. 그가 들을까 두렵

26 No, you served your pagan gods—Sakkuth your king god and Kaiwan your star god—the images you made
27 for yourselves. ●So I will send you into exile, to a land east of Damascus,*" says the LORD, whose name is the God of Heaven's Armies.

6 ●What sorrow awaits you who lounge in luxury in Jerusalem,*
and you who feel secure in Samaria!
You are famous and popular in Israel,
and people go to you for help.

2 ● But go over to Calneh
and see what happened there.
Then go to the great city of Hamath
and down to the Philistine city of Gath.
You are no better than they were,
and look at how they were destroyed.

3 ● You push away every thought of coming disaster,
but your actions only bring the day of judgment closer.

4 ● How terrible for you who sprawl on ivory beds
and lounge on your couches,
eating the meat of tender lambs from the flock
and of choice calves fattened in the stall.

5 ● You sing trivial songs to the sound of the harp
and fancy yourselves to be great musicians like David.

6 ● You drink wine by the bowlful
and perfume yourselves with fragrant lotions.
You care nothing about the ruin of your nation.*

7 ● Therefore, you will be the first to be led away as captives.
Suddenly, all your parties will end.

● The Sovereign LORD has sworn by his own name, and this is what he, the LORD God of Heaven's Armies, says:

"I despise the arrogance of Israel,*
and I hate their fortresses.
I will give this city
and everything in it to their enemies."

9 ●(If there are ten men left in one house, they will all die.
10 ● And when a relative who is responsible to dispose of the dead* goes into the house to carry out the bodies, he will ask the last survivor, "Is anyone else with you?" When the person begins to swear, "No, by…," he will interrupt and say, "Stop! Don't even mention the name of the LORD.")

5:26-27 Greek version reads No, you carried your pagan gods — the shrine of Molech, the star of your god Rephan, and the images you made for yourselves. So I will send you into exile, to a land east of Damascus. Compare Acts 7:43. 6:1 Hebrew in Zion. 6:6 Hebrew of Joseph. 6:8 Hebrew Jacob. See note on 3:13. 6:10 Or to burn the dead. The meaning of the Hebrew is uncertain.

6:8 '야곱'은 '이스라엘'을 뜻한다.

소"라고 말할 것이다.

11 보라! 여호와께서 명령하신다. 큰 집이 산산조각으로 부서질 것이고 작은 집도 완전히 허물어질 것이다.

12 말들이 바위 위로 달릴 수 있느냐? 소를 몰아 바위를 갈게 할 수 있겠느냐? 그런데도 너희는 정의를 독으로 바꾸었고, 올바른 것을 악으로 바꿔 놓았다.

13 너희는 로드발*이 점령되었다고 기뻐하고 "우리가 우리 힘으로 가르나임을 정복했다"고 말한다.

14 "이스라엘아, 내가 한 나라를 보내어 너를 치겠다. 그들이 북북의 하맛 어귀에서부터 아라바 남쪽 골짜기까지 너희를 괴롭힐 것이다." 만군의 하나님 여호와의 말씀이다.

메뚜기 떼 환상

7 주 여호와께서 내게 보여 주신 것이 이러하다. 주께서 메뚜기 떼를 보낼 준비를 하고 계셨다. 왕이 첫 작물 가운데서 그의 몫으로 재물을 받은 뒤이며, 두 번째 작물이 막 자라기 시작할 때였다.

2 메뚜기 떼가 땅 위의 작물을 모두 먹어치웠다. 그런 일이 있은 뒤에 내가 말했다. "주 여호와여, 용서해 주소서. 야곱* 가운데 그 누구도 이 일을 견뎌 낼 수 없습니다. 이스라엘은 너무 작습니다."

3 그러자 여호와께서 이 일에 대해 생각을 바꾸셨다. "이 일은 일어나지 않을 것이다." 주께서 말씀하셨다.

불 환상

4 주 여호와께서 내게 보여 주신 것이 이러하다. 주 여호와께서 심판하시려고 불을 준비하고 계셨다. 불이 바다 깊은 곳까지 마르게 하고, 온 땅을 황폐하게 했다.

5 그때에 내가 외쳤다. "주 여호와여, 그치게 해 주십시오. 야곱 가운데 그 누구도 이 일을 견뎌 낼 수 없습니다. 이스라엘은 너무 작습니다."

6 그러자 주 여호와께서 이 일에 대해 생각을 바꾸셨다. "이 일은 일어나지 않을 것이다." 여호와께서 말씀하셨다.

다림줄 환상

7 주 하나님께서 내게 보여 주신 것이 이러하다. 주께서는 다림줄을 이용하여 쌓은 벽 옆에 서서, 그 벽이 반듯한가를 다림줄로 검사하고 계셨다.

---

11 • When the LORD gives the command,
homes both great and small will be smashed
to pieces.

12 • Can horses gallop over boulders?
Can oxen be used to plow them?
But that's how foolish you are when you turn
justice into poison
and the sweet fruit of righteousness into
bitterness.

13 • And you brag about your conquest of Lodebar.*
You boast, "Didn't we take Karnaim* by our
own strength?"

14 • "O people of Israel, I am about to bring an
enemy nation against you,"
says the LORD God of Heaven's Armies.
"They will oppress you throughout your land—
from Lebo-hamath in the north
to the Arabah Valley in the south."

A Vision of Locusts

7 The Sovereign LORD showed me a vision. I saw
him preparing to send a vast swarm of locusts
over the land. This was after the king's share had
been harvested from the fields and as the main crop
2 was coming up. • In my vision the locusts ate every
green plant in sight. Then I said, "O Sovereign LORD,
please forgive us or we will not survive, for Israel* is
so small."
3 • So the LORD relented from this plan. "I will not do
it," he said.

A Vision of Fire

4 • Then the Sovereign LORD showed me another
vision. I saw him preparing to punish his people
with a great fire. The fire had burned up the depths
5 of the sea and was devouring the entire land. • Then
I said, "O Sovereign LORD, please stop or we will not
survive, for Israel is so small."
6 • Then the LORD relented from this plan, too. "I
will not do that either," said the Sovereign LORD.

A Vision of a Plumb Line

7 • Then he showed me another vision. I saw the Lord
standing beside a wall that had been built using a
plumb line. He was using a plumb line to see if it was

---

boulder [bóuldər] *n.* 큰 알돌; 표석
devour [diváuər] *vt.* 멸망시키다; 삼켜버리다
gallop [gǽləp] *vi.* 질주하다
plumb [plʌm] *n.* 다림추
relent [rilént] *vi.* 마음이 누그러지다
swarm [swɔ́ːrm] *n.* 무리, 떼
6:11 smash to pieces : 산산이 부서지다

6:13a *Lo-debar* means "nothing."   6:13b *Karnaim*
means "horns," a term that symbolizes strength.   7:2
Hebrew *Jacob;* also in 7:5. See note on 3:13.
6:13 '로드발' 은 '아무것도 아니다', '허무하다' 라는 뜻을 가진 지명이다.
7:2 '야곱' 은 '이스라엘' 을 가리킨다.

8 주께서 내게 말씀하셨다. "아모스야, 무엇이 보이느냐?" 내가 대답했다. "다림줄이 보입니다." 주께서 다시 말씀하셨다. "보아라. 내가 내 백성 이스라엘 가운데 다림줄을 늘어뜨려서 그들이 얼마나 굽었는지 보여 주겠다. 다시는 그들을 불쌍히 여기지 않겠다."

9 "이삭의 산당들이 황폐하게 될 것이다. 이스라엘의 거룩한 곳들이 폐허로 변할 것이다. 내가 여로보암 왕의 집을 칼로 치겠다."

아모스와 아마샤

10 그러자 벧엘의 제사장 아마샤가 이스라엘 왕 여로보암에게 사람을 보내어 이렇게 전했습니다. "아모스가 이스라엘 백성과 함께 왕에 대한 반란을 꾀하고 있습니다. 이 나라는 더 이상 그의 모든 말을 참을 수 없습니다.

11 아모스는 '여로보암은 칼로 죽을 것이고 이스라엘 백성은 사로잡힌 채 포로로 끌려갈 것이다' 라고 말했습니다."

12 이어서 아마샤가 아모스에게 명령하였습니다. "예언자야, 여기를 떠나라! 유다 땅으로 가 버려라. 거기에 가서 예언하면서 벌어먹고 살아라!

13 다시는 이곳 벧엘에서 예언하지 마라. 이곳은 여로보암 왕의 거룩한 곳이요, 이스라엘의 성전이다!"

14 그러자 아모스가 아마샤에게 대답했습니다. "나는 예언자도 아니고 예언자의 아들도 아니다. 나는 단지 목자이며, 무화과나무를 기르며 사는 사람일 뿐이다.

15 그러나 여호와께서 양 떼를 치던 나를 불러 내셔서 '가서 내 백성 이스라엘에게 예언하여라' 하고 말씀하셨다.

16 그러므로 이제는 여호와의 말씀을 들어라. 너는 나에게 '이스라엘에 대한 예언을 하지 말고 이삭의 자손을 치는 예언을 그만두어라' 하고 말했다.

17 너의 말 때문에 여호와께서 이렇게 말씀하셨다. '네 아내는 성에서 창녀가 될 것이며, 네 아들과 딸들은 칼로 죽을 것이다. 다른 사람들이 네 땅을 빼앗아 나누어 가질 것이며 너는 낯선 땅에서 죽을 것이다. 이스라엘 백성은 틀림없이 그 땅에서 쫓겨나 포로로 끌려갈 것이다.'"

여름 과일 환상

8 주 여호와께서 또 내게 보여 주신 것은 이러하다. 그것은 여름 과일이 가득 담긴 광주리였다.

2 여호와께서 말씀하셨다. "아모스야, 무엇이

still straight. ●And the LORD said to me, "Amos, what do you see?"

I answered, "A plumb line."

And the Lord replied, "I will test my people with this plumb line. I will no longer ignore all their sins. 9 ●The pagan shrines of your ancestors* will be ruined, and the temples of Israel will be destroyed; I will bring the dynasty of King Jeroboam to a sudden end."

Amos and Amaziah

10 ●Then Amaziah, the priest of Bethel, sent a message to Jeroboam, king of Israel: "Amos is hatching a plot against you right here on your very doorstep! What he is saying is intolerable. 11 ●He is saying, 'Jeroboam will soon be killed, and the people of Israel will be sent away into exile.'"

12 ●Then Amaziah sent orders to Amos: "Get out of here, you prophet! Go on back to the land of Judah, and earn your living by prophesying there! 13 ●Don't bother us with your prophecies here in Bethel. This is the king's sanctuary and the national place of worship!"

14 ●But Amos replied, "I'm not a professional prophet, and I was never trained to be one.* I'm just a shepherd, and I take care of sycamore-fig trees. 15 ●But the LORD called me away from my flock and told me, 'Go and prophesy to my people in Israel.' 16 ●Now then, listen to this message from the LORD:

"You say,
'Don't prophesy against Israel.
Stop preaching against my people.*

17 But this is what the LORD says:
'Your wife will become a prostitute in this city,
and your sons and daughters will be killed.
Your land will be divided up,
and you yourself will die in a foreign land.
And the people of Israel will certainly become captives in exile,
far from their homeland.'"

A Vision of Ripe Fruit

8 Then the Sovereign LORD showed me another vision. In it I saw a basket filled with ripe fruit. 2 ●"What do you see, Amos?" he asked.

I replied, "A basket full of ripe fruit."

Then the LORD said, "Like this fruit, Israel is ripe for punishment! I will not delay their punish-

---

intolerable [intálərəbl] a. 참을 수 없는
prostitute [prástətjuːt] n. 창녀
shrine [ʃráin] n. 산당
7:10 hatch a plot : 음모를 꾸미다

7:9 Hebrew *of Isaac.* 　7:14 Or *I'm not a prophet nor the son of a prophet.* 　7:16 Hebrew *against the house of Isaac.*

보이느냐?" 내가 대답했다. "여름 과일이
담긴 광주리가 보입니다." 그러자 여호와
께서 내게 말씀하셨다. "내 백성 이스라엘
의 심판의 때가 다가왔다. 다시는 그들의
죄를 내버려 두지 않겠다.

3 시체가 곳곳에 널리게 될 것이며, 침묵만
이 가득할 것이다. 그날에 왕궁에서 부르
는 노래가 장송곡으로 바뀔 것이다." 주
여호와의 말씀이다.

4 어려움에 빠진 사람들을 짓밟고 가난한
사람들의 것을 빼앗는 너희들아, 들어라.

5 너희 장사꾼은 "초하루가 언제 지나서 우
리가 곡식을 팔 수 있을까? 언제 안식일이
지나서 우리의 밀을 내다 팔 수 있을까?
물건은 적게 주고 돈은 많이 받자. 가짜 저
울로 사람들을 속이자.

6 은 한 닢으로 가난한 사람을 사고, 신 한
켤레 값에 가난한 사람을 사자. 밀 찌꺼기
까지 팔아먹자"라고 말한다.

7 여호와께서 '야곱의 자랑'인 주의 이름을
걸고 맹세하셨다. "이 백성이 한 짓을 내
가 결코 잊지 않을 것이다.

8 그 때문에 온 땅이 흔들리고 이 땅에 사는
모든 사람이 슬퍼하며 울 것이다. 온 땅이
이집트의 나일 강처럼 솟구쳤다가 다시
가라앉을 것이다."

9 여호와의 말씀이다. "그날에 내가 한낮에
해를 지게 해서 온 땅이 어두워지게 하겠
다.

10 너희의 절기를 통곡하는 날로 바꾸고, 너
희의 노래를 죽은 사람을 위해 부르는 슬
픈 노래로 만들겠다. 너희 모두가 베옷을
입게 하겠고, 너희 머리를 밀어 대머리가
되게 하겠다. 외아들을 잃은 날과 같이 슬
퍼하게 만들겠고, 그 끝을 매우 고통스럽
게 하겠다.

11 내가 이 땅을 주리게 할 것이다. 주 여호와
의 말이다. 빵이 없어서 배고픈 것이 아니
며, 물이 없어서 목마른 것이 아니다. 여호
와의 말씀이 없어서 배고플 것이다.

12 그들이 지중해에서 사해까지 헤맬 것이
요, 북쪽에서 동쪽으로 여호와의 말씀을
찾아다녀도 찾지 못할 것이다.

13 그날에 아름다운 여자와 젊은 남자가 목
이 말라 지칠 것이다.

14 사마리아 우상의 이름으로 맹세하는 사람

ment again. • In that day the singing in the temple
will turn to wailing. Dead bodies will be scattered
everywhere. They will be carried out of the city in
silence. I, the Sovereign LORD, have spoken!"

4 • Listen to this, you who rob the poor
　　and trample down the needy!
5 • You can't wait for the Sabbath day to be over
　　and the religious festivals to end
　　so you can get back to cheating the helpless.
　You measure out grain with dishonest
　　measures
　　and cheat the buyer with dishonest scales.*
6 • And you mix the grain you sell
　　with chaff swept from the floor.
　Then you enslave poor people
　　for one piece of silver or a pair
　　of sandals.
7 • Now the LORD has sworn this oath
　　by his own name, the Pride of Israel*:
　"I will never forget
　　the wicked things you have done!
8 • The earth will tremble for your deeds,
　　and everyone will mourn.
　The ground will rise like the Nile River at
　　floodtime;
　　it will heave up, then sink again.
9 　"In that day," says the Sovereign LORD,
　"I will make the sun go down at noon
　　and darken the earth while it is still
　　day.
10 • I will turn your celebrations into times of
　　mourning
　　and your singing into weeping.
　You will wear funeral clothes
　　and shave your heads to show your
　　sorrow—
　as if your only son had died.
　　How very bitter that day will be!
11 • "The time is surely coming," says the
　　Sovereign LORD,
　　"when I will send a famine on the land—
　not a famine of bread or water
　　but of hearing the words of the LORD.
12 • People will stagger from sea to sea
　　and wander from border to border*
　searching for the word of the LORD,
　　but they will not find it.
13 • Beautiful girls and strong young men
　　will grow faint in that day,
　　thirsting for the LORD's word.
14 • And those who swear by the shameful idols

8:5 Hebrew *You make the ephah* [a unit for measuring
grain] *small and the shekel* [a unit of weight] *great, and
you deal falsely by using deceitful balances.*　8:7 Hebrew
the pride of Jacob. See note on 3:13.　8:12 Hebrew *from
north to east.*

들, '단의 살아 있음을 두고 맹세한다'
고 말하는 사람들, '브엘세바 신의 살
아 있음을 두고 맹세한다'고 말하는
사람들은 쓰러져서 다시는 일어나지
못할 것이다."

이스라엘이 망할 것이다

9 주께서 제단 곁에 서 계신 것을 내
가 보았다. 주께서 말씀하셨다. "기
둥 꼭대기를 쳐서 문지방까지 흔들리
게 하여라. 기둥들이 사람들의 머리에
무너져 내리게 하여라. 살아남은 사람
은 내가 칼로 죽이겠다. 아무도 피하지
못할 것이다. 누구도 도망하지 못할 것
이다.

2 그들이 죽음의 세계까지 뚫고 내려가
더라도 내가 끌어올리겠고, 하늘 높이
올라가더라도 내가 끌어내리겠다.

3 갈멜 산 꼭대기에 숨더라도 내가 찾아
서 데려오겠고, 나를 피해 바다 밑바
닥까지 숨더라도 뱀을 시켜 물게 하겠
다.

4 그들이 사로잡혀 적군에게 끌려가더
라도 내가 칼에게 명령하여 그들을 죽
이게 하겠다. 내가 그들을 지켜 보리
니, 복을 주기 위해서가 아니라 재앙을
주기 위해서이다."

5 주 만군의 여호와께서 땅에 손을 대시
니 땅이 흔들릴 것이다. 그 땅에 사는
사람은 누구나 통곡하게 될 것이다. 온
땅이 나일 강처럼 솟아오르며 다시 가
라앉을 것이다.

6 여호와께서 하늘에 다락을 지으시며,
그 기초를 땅에 세우신다. 바닷물을 불
러 땅 위에 쏟으시는 분, 그분의 이름
은 여호와이시다.

7 여호와의 말씀이다. "이스라엘아, 너
희는 나에게 에티오피아* 백성과 다
를 것이 없다. 내가 이스라엘을 이집
트 땅에서, 블레셋 백성을 크레타*에
서, 아람* 백성을 길 땅에서 이끌어 냈
다.

8 나 주 여호와가 죄 많은 나라, 이스라
엘을 지켜 보고 있다. 내가 이스라엘을
땅에서 없애 버리겠다. 그러나 야곱의
자손을 완전히 없애지는 않겠다." 여
호와의 말씀이다.

of Samaria—
who take oaths in the name of the god
of Dan
and make vows in the name of the god
of Beersheba*—
they will all fall down,
never to rise again."

A Vision of God at the Altar

9 Then I saw a vision of the Lord standing beside the
altar. He said,

"Strike the tops of the Temple columns,
so that the foundation will shake.
Bring down the roof
on the heads of the people below.
I will kill with the sword those who survive.
No one will escape!

2 • "Even if they dig down to the place of the
dead,*
I will reach down and pull them up.
Even if they climb up into the heavens,
I will bring them down.

3 • Even if they hide at the very top of Mount
Carmel,
I will search them out and capture them.
Even if they hide at the bottom of the ocean,
I will send the sea serpent after them to bite
them.

4 • Even if their enemies drive them into exile,
I will command the sword to kill them there.
I am determined to bring disaster upon them
and not to help them."

5 • The Lord, the LORD of Heaven's Armies,
touches the land and it melts,
and all its people mourn.
The ground rises like the Nile River at
floodtime,
and then it sinks again.

6 • The LORD's home reaches up to the heavens,
while its foundation is on the earth.
He draws up water from the oceans
and pours it down as rain on the land.
The LORD is his name!

7 • "Are you Israelites more important to me
than the Ethiopians?*" asks the LORD.
"I brought Israel out of Egypt,
but I also brought the Philistines from
Crete*
and led the Arameans out of Kir.

8 • "I, the Sovereign LORD,
am watching this sinful nation of Israel.

8:14 Hebrew *the way of Beersheba.*　　9:2 Hebrew *to Sheol.*
9:7a Hebrew *the Cushites?*　　9:7b Hebrew *Caphtor.*

9:7 개역 성경에는, '에티오피아'는 (히) '구스'라고 표기되어 있고, '크레타'는
(히) '갑돌'이라고 표기되어 있다. '아람'은 현재의 '시리아' 땅에 해당된다.

9 "내가 이스라엘을 온 나라 가운데에서 체질하도록 명령하겠다. 곡식 가루를 체로 치면 가루가 떨어지고 돌멩이는 남듯이 이스라엘에게도 그렇게 하겠다.

10 내 백성 가운데 '우리에게는 재앙이 닥치지 않는다' 고 말하는 죄인은 칼에 죽을 것이다."

이스라엘의 회복을 여호와께서 약속하시다

11 "그날이 오면 내가 다윗의 무너진 장막을 일으키고, 부서진 틈새를 막으며, 무너져 내린 것을 다시 일으켜 세우겠다. 옛날처럼 다시 회복시켜 주겠다.

12 그리하여 이스라엘이 에돔의 남은 사람들과 나에게 속한 다른 나라들을 차지하게 하겠다." 이 일을 이루실 여호와의 말씀이다.

13 여호와의 말씀이다. "그날이 오면 곡식을 베자마자 밭을 갈아야 하고, 씨를 뿌리자마자 포도주를 만들어야 할 것이다. 이스라엘의 산마다 포도주가 흘러 언덕마다 넘칠 것이다.

14 사로잡혀 간 내 백성 이스라엘을 내가 다시 데려오겠다. 그들은 폐허가 되어 버린 성읍들을 다시 일으켜 세워 그 안에서 살 것이다. 포도밭을 만들어 거기에서 나오는 포도주를 마실 것이며, 과수원을 가꾸어 거기에서 나오는 열매를 먹을 것이다.

15 내가 내 백성을 그들의 땅에 심겠다. 내가 그들에게 준 땅에서 그들이 다시는 뽑히지 않을 것이다." 너의 하나님 여호와의 말씀이다.

I will destroy it
　from the face of the earth.
But I will never completely destroy the family
　of Israel,*"
　says the LORD.

9 ● "For I will give the command
　and will shake Israel along with the other
　　nations
as grain is shaken in a sieve,
　yet not one true kernel will be lost.

10 ● But all the sinners will die by the sword—
　all those who say, 'Nothing bad will happen
　to us.'

A Promise of Restoration

11 ● "In that day I will restore the fallen house*
　of David.
　I will repair its damaged walls.
From the ruins I will rebuild it
　and restore its former glory.

12 ● And Israel will possess what is left of Edom
　and all the nations I have called to be
　mine.*"
The LORD has spoken,
　and he will do these things.

13 ● "The time will come," says the LORD,
"when the grain and grapes will grow faster
　than they can be harvested.
Then the terraced vineyards on the hills of
　Israel
　will drip with sweet wine!

14 ● I will bring my exiled people of Israel
　back from distant lands,
and they will rebuild their ruined cities
　and live in them again.
They will plant vineyards and gardens;
　they will eat their crops and drink their
　wine.

15 ● I will firmly plant them there
　in their own land.
They will never again be uprooted
　from the land I have given them,"
　says the LORD your God.

---

damaged [dǽmidʒd] *a.* 손상된
exile [ég zail] *vt.* 추방하다
kernel [kɔ́ːrnl] *n.* 낟알
possess [pəzés] *vt..* 소유하다; 점유하다
sieve [sív] *n.* 체
uproot [ʌprúːt] *vt.* 뿌리째 뽑다

9:8 Hebrew *the house of Jacob.* See note on 3:13.　9:11a Or *kingdom;* Hebrew reads *tent.*　9:11b-12 Greek version reads *and restore its former glory, / so that the rest of humanity, including the Gentiles— / all those I have called to be mine might seek me.* Compare Acts 15:16-17.

오바댜

서론

✢ 저자 _ 오바댜
✢ 저작 연대 _ B.C. 848-841년 사이 (블레셋과 아라비아가 예루살렘을 침공했던 시기)
✢ 기록 장소 _ 유다
✢ 기록 대상 _ 에돔 족속
✢ 핵심어 및 내용 _ 핵심어는 '교만'과 '형제'이다. 세일 산 가운데 요새화된 성에서 안전하게 살았던 에돔 족속은 교만해졌다. 그래서 그들은 자기들과 한 핏줄을 나눈 이스라엘 민족을 멸시했고 그들에게 관심조차 갖지 않았다.

여호와께서 에돔을 심판하신다

1 이것은 오바댜가 받은 계시입니다. 주 여호와께서 에돔에 관해 이렇게 말씀하셨다. 여호와께서 온 나라에 사자를 보내시며 "일어나 에돔을 치러 가자!"라고 말씀하시는 것을 우리가 들었다.

여호와께서 에돔 백성에게 말씀하시다

2 "내가 너를 온 나라 가운데서 가장 작은 나라로 만들겠다. 너는 크게 멸시를 받을 것이다.

3 네가 바위 틈에서 살며 높은 곳에 집을 짓고, 마음속으로 '아무도 나를 땅바닥으로 끌어내리지 못한다'고 말하지만 너의 교만이 너를 속이고 있다.

4 네가 독수리처럼 높이 날며 별들 가운데 둥지를 튼다 하여도 내가 너를 거기에서 끌어내리겠다." 여호와의 말씀이다.

5 "도둑이 들어오거나 밤에 강도가 들이닥치는 것이 오히려 네게는 더 나았을 것이다. 그들은 필요한 것만 훔쳐간다. 일꾼들이 와서 포도나무의 포도를 딴다 하더라도 얼마 정도는 남겨 놓는다.

6 그러나 에서*가 어떻게 약탈을 당하며 보물까지 빼앗길 수 있느냐!

7 한때 너와 친구였던 사람들마저 너를 네 땅에서 쫓아낼 것이다. 너와 평화롭게 지내던 사람들까지 너를 속이고 정복할 것이다. 지금 너와 함께 밥을 먹는 사람들이 너를 함정에 빠뜨릴 궁리를 하고 있는데도 너는 그것을 깨닫지 못하고 있다."

8 여호와의 말씀이다. "그날에 내가 에돔의 지혜로운 사람을 없애겠다. 에돔 산지에 사는 슬기로운 사람들을 모두 없애겠다.

---

1 This is the vision that the Sovereign LORD revealed to Obadiah concerning the land of Edom.

Edom's Judgment Announced

We have heard a message from the LORD
    that an ambassador was sent to the nations
        to say,
"Get ready, everyone!
    Let's assemble our armies and attack
        Edom!"

2 • The LORD says to Edom,
    "I will cut you down to size among the nations;
        you will be greatly despised.

3 • You have been deceived by your own pride
        because you live in a rock fortress
    and make your home high in the mountains.
        'Who can ever reach us way up here?'
            you ask boastfully.

4 • But even if you soar as high as eagles
        and build your nest among the stars,
    I will bring you crashing down,"
        says the LORD.

5 • "If thieves came at night and robbed you
        (what a disaster awaits you!),
    they would not take everything.
    Those who harvest grapes
        always leave a few for the poor.
    But your enemies will wipe you out
        completely!

6 • Every nook and cranny of Edom*
        will be searched and looted.
    Every treasure will be found and taken.

7 • "All your allies will turn against you.
        They will help to chase you from your land.
    They will promise you peace
        while plotting to deceive and destroy you.
    Your trusted friends will set traps for you,
        and you won't even know about it.

8 • At that time not a single wise person
        will be left in the whole land of Edom,"
            says the LORD.
    "For on the mountains of Edom

1:6 Hebrew *Esau*; also in 8b, 9, 18, 19, 21.

1:6 '에서'는 '에돔'을 뜻한다.

9 데만아, 너의 용사들이 두려워 떨 것이다. 에서산지의 모든 백성이 죽을 것이다."

10 "너는 네 친척, 야곱*에게 폭력을 휘둘렀다. 그러므로 네가 부끄러움을 당할 것이며 영원히 멸망할 것이다.

11 낯선 사람들이 이스라엘의 보물을 빼앗아 갈 때에도 너는 멀리서 지켜 보기만 했다. 외국인들이 이스라엘의 성문에 들이닥쳐 제비를 뽑아 예루살렘을 나누어 가질 때에도 너는 그들과 한패였다.

에돔이 어긴 명령

12 네 형제가 재앙당하는 것을 보고 비웃지 마라. 유다가 망하는 것을 보고 기뻐하지 마라. 유다 백성이 어려움에 빠진 것을 보고 우쭐대지 마라.

13 내 백성이 재앙을 만난 날에 그들의 성문으로 들어가지 마라. 유다가 재앙을 만난 날에 그들이 당한 어려움을 보고 비웃지 마라. 그들이 재앙을 만난 날에 그들의 재산을 빼앗지 마라.

14 도망하는 사람들을 죽이려고 갈림길에 지키고서 있지 마라. 재앙을 만난 날에 살아남은 사람들을 사로잡지 마라."

세계 모든 나라가 심판받는다

15 "세계 모든 나라에 대한 여호와의 심판의 날이 다가오고 있다. 너희가 행한 대로 당할 것이며, 너희의 악한 행동이 네 머리로 돌아갈 것이다.

16 너희들이 나의 거룩한 산에서 마신 그 잔으로 모든 나라들이 계속하여 마실 것이다. 그들은 끊임없이 마시다가 사라지게 될 것이다.

17 그러나 시온 산 위에 살아남을 사람이 있을 것이니, 그곳은 거룩한 곳이 될 것이다. 야곱 백성은 그들의 땅을 빼앗은 자들에게서 그 땅을 되찾아 올 것이다.

I will destroy everyone who has understanding.

9 • The mightiest warriors of Teman will be terrified, and everyone on the mountains of Edom will be cut down in the slaughter.

Reasons for Edom's Punishment

10 • "Because of the violence you did to your close relatives in Israel,* you will be filled with shame and destroyed forever.

11 • When they were invaded, you stood aloof, refusing to help them. Foreign invaders carried off their wealth and cast lots to divide up Jerusalem, but you acted like one of Israel's enemies.

12 • "You should not have gloated when they exiled your relatives to distant lands. You should not have rejoiced when the people of Judah suffered such misfortune. You should not have spoken arrogantly in that terrible time of trouble.

13 • You should not have plundered the land of Israel when they were suffering such calamity. You should not have gloated over their destruction when they were suffering such calamity. You should not have seized their wealth when they were suffering such calamity.

14 • You should not have stood at the crossroads, killing those who tried to escape. You should not have captured the survivors and handed them over in their terrible time of trouble.

Edom Destroyed, Israel Restored

15 • "The day is near when I, the LORD, will judge all godless nations! As you have done to Israel, so it will be done to you. All your evil deeds will fall back on your own heads.

16 • Just as you swallowed up my people on my holy mountain, so you and the surrounding nations will swallow the punishment I pour out on you. Yes, all you nations will drink and stagger and disappear from history.

17 • "But Jerusalem* will become a refuge for those who

1:10 Hebrew *your brother Jacob.* The names "Jacob" and "Israel" are often interchanged throughout the Old Testament, referring sometimes to the individual patriarch and sometimes to the nation. 1:17a Hebrew *Mount Zion.*

1:10 '야곱'은 '이스라엘'을 가리킨다.

18 그때에 야곱의 집, 곧 이스라엘 백성은 불이 되고 요셉 백성은 불꽃이 될 것이다. 그러나 에서의 집, 곧 에돔 백성은 마른 줄기가 될 것이다. 야곱 백성이 그 줄기에 불을 놓아 에돔 백성을 태워 버릴 것이므로 에서의 집에 살아남을 사람이 없을 것이다." 여호와께서 말씀하셨으므로 반드시 그렇게 될 것이다.

19 유다의 남쪽 백성이 에서의 산지를 차지할 것이며, 유다 언덕의 백성이 블레셋땅을 차지할 것이다. 그들이 에브라임과 사마리아 땅을 되찾을 것이며, 베냐민은 길르앗을 차지할 것이다.

20 그날이 오면 한때 제 집을 떠나야했던 이스라엘 백성은 가나안 백성의 땅을 사르밧까지 차지할 것이다. 한때 예루살렘을 떠나 스바랏에 살아야 했던 유다 백성도 그날이 오면 남쪽 유다의 성들을 차지할 것이다.

21 구원자들이 시온 산에 올라가 에돔 땅에 사는 백성을 다스릴 것이니, 그 나라가 여호와의 나라가 될 것이다.

---

escape;
it will be a holy place.
And the people of Israel* will come back
to reclaim their inheritance.

18 • The people of Israel will be a raging fire,
and Edom a field of dry stubble.
The descendants of Joseph will be
a flame
roaring across the field, devouring
everything.
There will be no survivors in Edom.
I, the LORD, have spoken!

19 "Then my people living in the Negev
will occupy the mountains of Edom.
Those living in the foothills of Judah*
will possess the Philistine plains
and take over the fields of Ephraim and
Samaria.
And the people of Benjamin
will occupy the land of Gilead.

20 • The exiles of Israel will return to their land
and occupy the Phoenician coast as far
north as Zarephath.
The captives from Jerusalem exiled
in the north*
will return home and resettle the towns
of the Negev.

21 • Those who have been rescued* will go
up to* Mount Zion in Jerusalem
to rule over the mountains of Edom.
And the LORD himself will be king!"

aloof [əlúːf] *ad.* 떨어져서
calamity [kəlǽmiti] *n.* 재앙
gloat [glóut] *vi.* (남의 불행 등을)고소한 듯이 바라보다
inheritance [inhéritəns] *n.* 유업
plunder [plʌ́ndər] *vt.* 약탈하다
reclaim [rikléim] *vt.* (권리, 소유물 등을) 회수하다
slaughter [slɔ́ːtər] *n.* 살육, 학살
stagger [stǽgər] *vi.* 비틀거리다
stubble [stʌ́bl] *n.* 그루터기
violence [váiələns] *n.* 폭력, 난폭
1:11 cast lots : 제비를 뽑다

1:17b Hebrew *house of Jacob;* also in 18. See note on 10.
1:19 Hebrew *the Shephelah.*　1:20 Hebrew *in Sepharad.*
1:21a As in Greek and Syriac versions; Hebrew reads *Rescuers.*　1:21b Or *from.*

요나

● 서론

- ✥ 저자 _ 요나
- ✥ 저작 연대 _ B.C. 760년경으로 추정 (요나가 니느웨에서 돌아온 즉시 기록)
- ✥ 기록 장소 _ 예루살렘 근처
- ✥ 기록 대상 _ 이스라엘 백성
- ✥ 핵심어 및 내용 _ 핵심어는 '물고기'와 '순종'이다. 큰 물고기가 요나를 삼킨 사건은 요나의 종말이 아니라 선지자를 구원하시기 위해서 하나님께서 뻗치신 손을 의미한다. 물고기 뱃속에 있는 동안 그는 회개하였고, 다시 큰 구원을 선포할 수 있는 기회를 얻게 되었다.

하나님의 부르심을 피해 달아난 요나

1 여호와께서 아밋대의 아들 요나에게 말씀하셨습니다.

2 "일어나 저 큰 성 니느웨로 가서 그 성을 향해 외쳐라. 그들의 죄가 내 앞에까지 이르렀다."

3 그러나 요나는 여호와를 피해 다시스로 도망쳤습니다. 그는 욥바 성으로 내려가 마침 다시스로 떠나는 배를 발견하고, 뱃삯을 낸 뒤 다른 사람들과 함께 배에 올라탔습니다.

4 여호와께서 바다 위에 큰 바람을 보내시니, 파도가 높게 일어 배가 부서지게 되었습니다.

5 뱃사람들은 두려움에 빠져 각자 자기 신에게 부르짖었습니다. 사람들은 짐을 바다로 내던지며 배를 가볍게 만들어 가라앉지 않게 했습니다. 그때, 요나는 배 밑창에서 잠자고 있었습니다.

6 배의 선장이 와서 요나를 보고 말했습니다. "어찌하여 잠을 자고 있소? 일어나서 당신의 신에게 부르짖으시오. 혹시 당신의 신이 우리를 생각해 주어 우리가 살아날지도 모르잖소."

7 사람들이 서로 말했습니다. "제비를 뽑아서 누구 때문에 우리가 이런 재앙을 만나게 되었는지 알아봅시다." 그래서 사람들이 제비를 뽑았는데, 요나에게 그 제비가 떨어졌습니다.

8 사람들이 요나에게 물었습니다. "어째서 우리에게 이런 재앙이 내렸는지 말해 보시오. 당신은 무엇하는 사람이며, 어디에서 오는 길이오? 어느 나라 사람이며, 어떤 백성이오?"

9 요나가 대답했습니다. "나는 히브리 사람입니다. 나는 바다와 땅을 지으신 하늘의 하나님, 곧 여호와를 섬기는 사람입니다."

10 요나의 말을 들은 사람들은 그가 여호와를 피해 도망쳤다는 것을 알고 더욱 두려워하며 요나에게 소리쳤습니다. "어떻게 그런 무서운 일을 했소?"

11 바다에 바람과 파도가 점점 더 거세졌습니다. 그러자 사람들이 요나에게 물었습니다. "당신을 어떻게

Jonah Runs from the LORD

1 The LORD gave this message to Jonah son of Amittai: • "Get up and go to the great city of Nineveh. Announce my judgment against it because I have seen how wicked its people are."

3 • But Jonah got up and went in the opposite direction to get away from the LORD. He went down to the port of Joppa, where he found a ship leaving for Tarshish. He bought a ticket and went on board, hoping to escape from the LORD by sailing to Tarshish.

4 • But the LORD hurled a powerful wind over the sea, causing a violent storm that threatened to break the ship apart. • Fearing for their lives, the desperate sailors shouted to their gods for help and threw the cargo overboard to lighten the ship.

6 But all this time Jonah was sound asleep down in the hold. • So the captain went down after him. "How can you sleep at a time like this?" he shouted. "Get up and pray to your god! Maybe he will pay attention to us and spare our lives."

7 • Then the crew cast lots to see which of them had offended the gods and caused the terrible storm. When they did this, the lots identified Jonah as the culprit. • "Why has this awful storm come down on us?" they demanded. "Who are you? What is your line of work? What country are you from? What is your nationality?"

9 • Jonah answered, "I am a Hebrew, and I worship the LORD, the God of heaven, who made the sea and the land."

10 • The sailors were terrified when they heard this, for he had already told them he was running away from the LORD. "Oh, why did you do it?" they groaned. • And

---

awestruck [ɔ́:strʌk] *a.* 두려운 생각이 든
culprit [kʌ́lprit] *n.* 범인, 범죄 용의자
desperate [déspərət] *a.* 필사적인, 절박한
engulf [ingʌ́lf] *vt.* …을 빨아들이다, 집어삼키다

해야 저 바다가 잔잔해지겠소?"

12 요나가 대답했습니다. "나를 바다에 던져 넣으십시오. 그러면 바다가 잔잔해질 것입니다. 나 때문에 이런 큰 폭풍이 몰려왔다는 것을 나도 알고 있습니다."

13 요나가 그렇게 말했지만 사람들은 배를 육지 쪽으로 저어 가려고 애썼습니다. 그러나 바람과 파도가 점점 더 거세질 뿐 아무런 소용이 없었습니다.

요나가 벌을 받다

14 사람들이 여호와께 부르짖었습니다. "여호와여, 우리가 이 사람을 죽인다고 해서 우리를 죽이지 마십시오. 우리가 죄 없는 사람을 죽인다고 생각하지 마십시오. 주 여호와여, 이 모든 일은 여호와께서 바라시는 대로 일어난 것입니다."

15 사람들은 요나를 바다에 던졌습니다. 그러자 바다가 잔잔해졌습니다.

16 사람들은 그 모습을 보고 여호와를 더욱 두려워하여 여호와께 희생 제물을 바치고 주께 맹세했습니다.

17 여호와께서는 매우 큰 물고기를 준비하셔서 요나를 삼키게 하셨습니다. 요나는 삼 일 밤낮을 그 물고기 배 속에 갇혀 있었습니다.

2

요나는 물고기 배 속에 있으면서 그의 하나님 여호와께 기도했습니다.

2 "내가 고통 중에 여호와께 기도했더니, 주께서 내게 응답하셨습니다. 내가 죽게 되었을 때에 부르짖었더니, 주께서 내 목소리를 들어 주셨습니다.

3 여호와께서 나를 깊은 바다로 던져 넣으셨습니다. 물이 나를 에워싸고 주의 큰 물결과 파도가 나를 덮쳤습니다.

4 나는 '내가 주 앞에서 쫓겨났으나 다시 주의 거룩한 성전을 보기를 원합니다'라고 말했습니다.

5 바닷물이 나를 덮어 죽게 되었습니다. 깊은 바다가 나를 에워쌌고 바다풀이 내 머리를 휘감았습니다.

6 내가 저 깊은 바닷속 산의 밑까지 내려갔습니다. 영원히 이 땅의 감옥에 갇혔다고 생각했습니다. 그러나 나의 하나님 여호와여, 주께서 나를 구덩이로부터 건져 주셨습니다.

7 내 목숨이 거의 사라져 갈 때에 여호와를 기억하였더니 나의 기도가 주의 거룩한 성전에 이르렀습니다.

since the storm was getting worse all the time, they asked him, "What should we do to you to stop this storm?"

12 • "Throw me into the sea," Jonah said, "and it will become calm again. I know that this terrible storm is all my fault."

13 • Instead, the sailors rowed even harder to get the ship to the land. But the stormy sea was too violent for them, and they couldn't make it.

14 • Then they cried out to the LORD, Jonah's God. "O LORD," they pleaded, "don't make us die for this man's sin. And don't hold us responsible for his death. O LORD, you have sent this storm upon him for your own good reasons."

15 • Then the sailors picked Jonah up and threw him into the raging sea, and the storm stopped at once! 16 • The sailors were awestruck by the LORD's great power, and they offered him a sacrifice and vowed to serve him.

17 • *Now the LORD had arranged for a great fish to swallow Jonah. And Jonah was inside the fish for three days and three nights.

Jonah's Prayer

2 • *Then Jonah prayed to the LORD his God from inside the fish. • He said,

"I cried out to the LORD in my great trouble,
    and he answered me.
I called to you from the land of the dead,*
    and LORD, you heard me!
3 • You threw me into the ocean depths,
    and I sank down to the heart of the sea.
The mighty waters engulfed me;
    I was buried beneath your wild and
        stormy waves.
4 • Then I said, 'O LORD, you have driven me
        from your presence.
    Yet I will look once more toward your
        holy Temple.'

5 • "I sank beneath the waves,
    and the waters closed over me.
    Seaweed wrapped itself around
        my head.
6 • I sank down to the very roots of the
        mountains.
    I was imprisoned in the earth,
        whose gates lock shut forever.
    But you, O LORD my God,
        snatched me from the jaws of death!
7 • As my life was slipping away,
    I remembered the LORD.
    And my earnest prayer went out to you
        in your holy Temple.

1:17 Verse 1:17 is numbered 2:1 in Hebrew text. 2:1 Verses 2:1-10 are numbered 2:2-11 in Hebrew text. 2:2 Hebrew *from Sheol*.

8 헛된 우상을 섬기는 사람들은 주께서 베푸신 은혜를 저버렸습니다.

9 그러나 나는 주께 감사하고 찬양하며 제물을 바칩니다. 주께 맹세한 것은 무엇이든 지키겠습니다. 구원은 여호와께 있습니다."

10 여호와께서 그 물고기에게 말씀하시니 물고기가 요나를 마른 땅 위에 뱉어 놓았습니다.

하나님께서 요나를 부르시자
요나가 복종하다

3 여호와께서 또다시 요나에게 말씀하셨습니다. 2 "일어나 저 큰 성 니느웨로 가거라. 그곳에서 내가 너에게 전하는 말을 외쳐라."

3 요나는 여호와께 복종하여 일어나 니느웨로 갔습니다. 니느웨는 돌려보는 데만 삼 일이나 걸리는 매우 큰 성이었습니다.

4 요나는 하루 종일 걸어다니면서 "사십 일이 지나면, 니느웨는 멸망한다!"라고 백성에게 외쳤습니다.

5 니느웨 백성은 하나님을 믿었습니다. 그래서 그들은 금식을 선포하고, 가장 높은 사람에서부터 가장 낮은 사람에 이르기까지 모두가 굵은 베옷을 입었습니다.

6 니느웨의 왕도 그 소식을 듣고 자리에서 일어나 입던 옷을 벗고 거친 베옷을 입었습니다. 그리고 잿더미에 앉았습니다.

7 왕은 니느웨 온 성에 다음과 같이 선포했습니다. "왕과 귀족들이 내리는 명령이다. 사람이든 짐승이든, 소 떼든 양 떼든 입에 어떤 것이라도 대서는 안 된다. 음식을 먹어서도 안 되고 물을 마셔서도 안 된다.

8 사람이든 짐승이든 굵은 베옷을 입고 여호와께 힘껏 부르짖어야 한다. 누구나 악한 길에서 돌이켜야 하고 폭력을 쓰지 말아야 한다.

9 혹시 하나님께서 그 마음을 바꾸셔서 더 이상 노하지 않으실지 모른다. 그러면 우리도 죽지 않게 될 것이다."

10 하나님께서는 그 백성이 하는 것, 곧 그 악한 길에서 돌이키는 모습을 보시고 마음을 바꾸셔서 그들에게 내리기로 작정하셨던 재앙을 내리지 않으셨습니다.

하나님의 자비하심을 보고
요나가 화를 내다

4 그러나 요나는 하나님께서 그 성을 멸망시키지 않으신 것에 대해 매우 못마땅히 여겨 화를 냈습니다.

2 요나가 여호와께 불평하며 말했습니다. "나는 고국에 있을 때부터 이런 일이 일어날 줄 알았습니다. 내

---

8 • Those who worship false gods
turn their backs on all God's mercies.

9 • But I will offer sacrifices to you with songs of praise,
and I will fulfill all my vows.
For my salvation comes from the LORD
alone."

10 • Then the LORD ordered the fish to spit Jonah out onto the beach.

Jonah Goes to Nineveh

3 Then the LORD spoke to Jonah a second time: • "Get up and go to the great city of Nineveh, and deliver the message I have given you."

3 • This time Jonah obeyed the LORD's command and went to Nineveh, a city so large that it took three days to see it all.* • On the day Jonah entered the city, he shouted to the crowds: "Forty days from now Nineveh will be destroyed!" • The people of Nineveh believed God's message, and from the greatest to the least, they declared a fast and put on burlap to show their sorrow.

6 • When the king of Nineveh heard what Jonah was saying, he stepped down from his throne and took off his royal robes. He dressed himself in burlap and sat on a heap of ashes. 7 • Then the king and his nobles sent this decree throughout the city:

"No one, not even the animals from your herds and flocks, may eat or drink anything at all. 8 • People and animals alike must wear garments of mourning, and everyone must pray earnestly to God. They must turn from their evil ways and stop all their violence. • Who can tell? Perhaps even yet God will change his mind and hold back his fierce anger from destroying us."

10 • When God saw what they had done and how they had put a stop to their evil ways, he changed his mind and did not carry out the destruction he had threatened.

Jonah's Anger at the LORD's Mercy

4 This change of plans greatly upset Jonah, and he became very angry. 2 • So he complained to the LORD about it: "Didn't I say before I left home that you would do this, LORD? That is why I ran away to Tarshish! I knew that you are a merciful and compassionate God, slow to get angry and filled

---

3:3 Hebrew *a great city to God, of three days journey.*

가 급히 다시스로 도망쳤던 것도 그런 까닭에서였습니다. 나는 주께서 자비롭고 은혜가 많으신 하나님이라는 것을 알았습니다. 주께서는 노하기를 더디하시고 사랑이 많으시기 때문에, 그들을 심판하시기보다 용서해 주시리라는 것을 알고 있었습니다.

3 그러니 여호와여, 제발 나를 죽여 주십시오. 내게는 사는 것보다 죽는 것이 더 낫습니다."

4 그러자 여호와께서 "네가 그렇게 화를 내는 것이 과연 옳으냐?"라고 말씀하셨습니다.

5 요나는 성 밖으로 나가 성의 동쪽에 머물렀습니다. 그는 오두막을 짓고 그 그늘 아래에 앉아 성이 어떻게 되는가를 지켜보며 기다리고 있었습니다.

6 하나님 여호와께서 요나의 위로 박넝쿨을 자라게 하셨습니다. 그러자 그 나무가 요나의 머리 위에 그늘을 만들었습니다. 요나는 그 그늘 때문에 좀더 편해졌으므로 기분이 좋았습니다.

7 이튿날 새벽녘에, 하나님께서 벌레 한 마리를 보내셔서 그 나무를 해치도록 하셨습니다. 그 나무는 곧 죽어 버렸습니다.

8 해가 떠오르자 하나님께서 뜨거운 동풍을 불게 하셨습니다. 그래서 요나의 머리 위로 햇볕이 내리쬐었습니다. 요나는 온몸의 힘이 빠졌습니다. 그는 죽고 싶은 마음에 "내게는 사는 것보다 죽는 것이 더 낫습니다"라고 말했습니다.

9 하나님이 요나에게 말씀하셨습니다. "네가 그 나무 때문에 화를 내는 것이 과연 옳으냐?" 요나가 대답했습니다. "그렇습니다. 죽고 싶도록 화가 납니다."

10 그러자 여호와께서 말씀하셨습니다. "네가 심지도 않았고 가꾸지도 않았으며, 밤새 나타났다가 이튿날 죽고 만 그 나무를 그렇게 아끼는데,

11 하물며 옳고 그름을 가릴 줄 모르는 사람이 십이만 명도 넘게 살고 있으며, 짐승들도 수없이 많은 저 큰 성 니느웨를 내가 아끼지 않을 수 있겠느냐?"

---

with unfailing love. You are eager to turn
3 back from destroying people. •Just kill me
now, LORD! I'd rather be dead than alive if
what I predicted will not happen."

4 •The LORD replied, "Is it right for you to
be angry about this?"

5 •Then Jonah went out to the east side of
the city and made a shelter to sit under as he
waited to see what would happen to the
6 city. •And the LORD God arranged for a
leafy plant to grow there, and soon it spread
its broad leaves over Jonah's head, shading
him from the sun. This eased his discomfort,
and Jonah was very grateful for the plant.

7 •But God also arranged for a worm! The
next morning at dawn the worm ate
through the stem of the plant so that it with-
8 ered away. •And as the sun grew hot, God
arranged for a scorching east wind to blow
on Jonah. The sun beat down on his head
until he grew faint and wished to die.
"Death is certainly better than living like
this!" he exclaimed.

9 •Then God said to Jonah, "Is it right for
you to be angry because the plant died?"

"Yes," Jonah retorted, "even angry en-
ough to die!"

10 •Then the LORD said, "You feel sorry
about the plant, though you did nothing to
put it there. It came quickly and died quick-
11 ly. •But Nineveh has more than 120,000
people living in spiritual darkness,* not to
mention all the animals. Shouldn't I feel
sorry for such a great city?"

---

burlap [bə́ːrlæp] *n.* 올이 굵은 삼베
compassionate [kəmpǽʃəneit] *a.* 인정 많은
declare [dikléər] *vt.* 선포하다
retort [ritɔ́ːrt] *vi.* 말대꾸하다
salvation [sælvéiʃən] *n.* 구원
scorching [skɔ́ːrtʃiŋ] *a.* 뜨거운
wither [wíðər] *vi.* 시들다, 말라죽다
2:8 turn one's back on… : …을 저버리다
3:9 hold back : 억제하다
4:8 beat down on : (태양 따위가) 내리쬐다

4:11 Hebrew *people who don't know their right
hand from their left.*

미가

● 서론

✛ 저자 _ 미가
✛ 저작 연대 _ B.C. 740–687년 사이로 추정
✛ 기록 장소 _ 유다
✛ 기록 대상 _ 북이스라엘과 남유다
✛ 핵심어 및 내용 _ 핵심어는 '정의', '자비', '겸손' 이다. 미가는 계속해서 하나님의 백성에게 그들의 모든 삶 속에서 정의를 드러내며 다른 사람들에게 자비를 베풀고 하나님 앞에서 겸손하라고 외친다.

심판받을 사마리아와 이스라엘

1 유다의 요담 왕, 아하스 왕, 히스기야 왕 때에 여호와의 말씀이 모레셋 사람 미가에게 임했습니다. 미가는 사마리아와 예루살렘에 대한 계시를 받았습니다.

2 너희 모든 나라들아, 들어라. 이 땅에 있는 모든 것들아, 귀를 기울여라. 주 여호와께서 그 거룩한 성전에서 너희들에게 증언하실 것이다.

3 보라, 여호와께서 그 계시던 곳에서 나오신다. 이 땅에 내려오셔서 산꼭대기를 밟으신다.

4 주의 발밑에서 산들이 불 속의 밀초처럼 녹고, 골짜기들이 가파른 산 위에서 흘러내리는 물처럼 갈라진다.

5 이 모든 것은 이스라엘의 죄와 야곱의 허물 때문이다. 이스라엘이 저지른 죄의 책임이 누구에게 있느냐? 사마리아가 아니냐? 유다가 우상들을 섬긴 책임이 누구에게 있느냐? 예루살렘이 아니냐?

여호와께서 말씀하신다

6 "그러므로 내가 사마리아를 들판의 쓰레기로 만들어서 포도나무를 심을 만한 곳으로 삼겠다. 사마리아의 돌들을 그 골짜기로 쏟아 붓고 성의 기초까지 완전히 무너뜨리겠다.

7 사마리아의 모든 우상은 박살날 것이며 그 우상에게 바친 선물은 불타 버릴 것이다. 내가 그 모든 우상을 없애 버리겠다. 사마리아가 몸을 팔아서 벌었으므로 그 돈이 다시 창녀의 몸값으로 나갈 것이다."

1 The LORD gave this message to Micah of Moresheth during the years when Jotham, Ahaz, and Hezekiah were kings of Judah. The visions he saw concerned both Samaria and Jerusalem.

Grief over Samaria and Jerusalem

2 • Attention! Let all the people of the world listen!
    Let the earth and everything in it hear.
  The Sovereign LORD is making accusations
        against you;
    the Lord speaks from his holy Temple.

3 • Look! The LORD is coming!
    He leaves his throne in heaven
    and tramples the heights of the earth.

4 • The mountains melt beneath his feet
    and flow into the valleys
  like wax in a fire,
    like water pouring down a hill.

5 • And why is this happening?
    Because of the rebellion of Israel*—
    yes, the sins of the whole nation.
  Who is to blame for Israel's rebellion?
    Samaria, its capital city!
  Where is the center of idolatry in Judah?
    In Jerusalem, its capital!

6 • "So I, the LORD, will make the city of Samaria
        a heap of ruins.
  Her streets will be plowed up
    for planting vineyards.
  I will roll the stones of her walls into the valley below,
    exposing her foundations.

7 • All her carved images will be smashed.
    All her sacred treasures will be burned.
  These things were bought with the money
        earned by her prostitution,
  and they will now be carried away
        to pay prostitutes elsewhere."

---

prostitution [prɑstətjúːʃən] *n.* 매춘
trample [træmpl] *vt.* 짓밟다, 밟아 뭉개다

1:5 Hebrew *Jacob*; also in 1:5b. The names "Jacob" and "Israel" are often interchanged throughout the Old Testament, referring sometimes to the individual patriarch and sometimes to the nation.

미가의 슬픔

8 그러므로 내가 슬퍼하며 통곡하고 벌거벗은 몸과 맨발로 다닌다. 들개처럼 큰 소리로 울부짖고 타조처럼 슬피 운다.

9 사마리아의 상처는 고칠 수 없으며 그 병은 유다에까지 퍼지고 내 백성의 성문, 예루살렘에까지 미친다.

10 가드에 알리지 말고 절대로 울지 마라. 베들레아브라의 재 속에서 울며 뒹굴어라.

11 사빌에 사는 사람들아, 벌거벗은 몸으로 부끄러워하며 포로로 잡혀가거라. 사아난에 사는 사람들은 그들의 성 바깥으로 나오지도 못할 것이다. 벧에셀에 사는 백성이 통곡하여도 너희를 돕지는 않을 것이다.

12 마롯에 사는 사람들은 좋은 소식이 오기만을 애타게 기다리지만, 여호와께서 내리신 재앙이 예루살렘 성문에까지 이르렀다.

13 라기스에 사는 백성아, 빠른 말을 전차에 매어 도망가거라. 라기스는 딸 시온*의 죄의 시작이니 이는 이스라엘의 범죄가 너희에게 미쳤기 때문이다.

14 그러므로 너희는 가드 땅 모레셋에 이별의 선물을 주어라. 악십의 집들이 이스라엘 왕들에게는 마른 우물과 같이 될 것이다.

15 마레사에 사는 사람들아, 내가 너희 원수를 너희에게 보내겠다. 그가 너희를 정복할 것이며 이스라엘의 영광이 아둘람까지 이를 것이다.

16 너희는 사랑하는 자녀를 위해 머리를 밀고 대머리를 만들어라. 너희의 자녀가 낯선 땅으로 끌려갈 것이니 너희는 독수리처럼 대머리를 만들어라.

백성의 악한 계획

2 그들의 침상에서 악을 계획하고 동이 트면 그것을 실천하는 자들에게 심판이 있다. 그것은 그들의 손에 권력이 있기 때문이다.

8 • Therefore, I will mourn and lament.
  I will walk around barefoot and naked.
I will howl like a jackal
  and moan like an owl.
9 • For my people's wound
  is too deep to heal.
It has reached into Judah,
  even to the gates of Jerusalem.
10 • Don't tell our enemies in Gath*;
  don't weep at all.
You people in Beth-leaphrah,*
  roll in the dust to show your despair.
11 • You people in Shaphir,*
  go as captives into exile—naked and ashamed.
The people of Zaanan*
  dare not come outside their walls.
The people of Beth-ezel* mourn,
  for their house has no support.
12 • The people of Maroth* anxiously wait for relief,
  but only bitterness awaits them
as the LORD's judgment reaches
  even to the gates of Jerusalem.
13 • Harness your chariot horses and flee,
  you people of Lachish.*
You were the first city in Judah
  to follow Israel in her rebellion,
  and you led Jerusalem* into sin.
14 • Send farewell gifts to Moresheth-gath*;
  there is no hope of saving it.
The town of Aczib*
  has deceived the kings of Israel.
15 • O people of Mareshah,*
  I will bring a conqueror to capture your town.
And the leaders* of Israel
  will go to Adullam.
16 • Oh, people of Judah, shave your heads in sorrow,
  for the children you love will be snatched away.
Make yourselves as bald as a vulture,
  for your little ones will be exiled to distant lands.

Judgment against Wealthy Oppressors

2 • What sorrow awaits you who lie awake at night,
  thinking up evil plans.

howl [haul] *vi.* 울부짖다
lament [ləmént] *vi.* 슬퍼하다
snatch [snætʃ] *vt.* (어린아이를) 유괴하다, 채가다
vulture [vʌ́ltʃər] *n.* 독수리

1:10a *Gath* sounds like the Hebrew term for "tell." 1:10b *Beth-leaphrah* means "house of dust." 1:11a *Shaphir* means "pleasant." 1:11b *Zaanan* sounds like the Hebrew term for "come out." 1:11c *Beth-ezel* means "adjoining house." 1:12 *Maroth* sounds like the Hebrew term for "bitter." 1:13a *Lachish* sounds like the Hebrew term for "team of horses." 1:13b Hebrew *the daughter of Zion.* 1:14a *Moresheth* sounds like the Hebrew term for "gift" or "dowry." 1:14b *Aczib* means "deception." 1:15a *Mareshah* sounds like the Hebrew term for "conqueror." 1:15b Hebrew *the glory.*
1:13 '시온' 은 '예루살렘' 을 말한다.

2 그들은 밭이 탐나면 밭을 빼앗고 집이 탐나면 집을 빼앗는다. 사람을 속여 그의 집을 빼앗고 그의 재산을 빼앗는다.

3 그러므로 여호와께서 이렇게 말씀하셨다. "보아라, 내가 너희에게 재앙을 내리기로 계획했으니 너희는 이 재앙을 피하지 못할 것이다. 너희가 다시는 거만하게 걷지 못할 것이다. 왜냐하면 그날은 재앙의 날이 될 것이기 때문이다.

4 그날에 백성들이 너희를 조롱할 것이다. 다음과 같은 슬픈 노래를 지어 부를 것이다. '내 백성의 몫을 내 손에서 빼내시고 우리의 밭을 원수에게 나누어 주셨으니 우리는 완전히 망하게 되었도다.'"

5 그러므로 너희 중 어느 누구도 여호와의 백성이 모일 때에 제비를 던져 땅을 나눌 자가 없을 것이다.

거짓 예언자들

6 사람들이 말한다. "우리에게 예언하지 마라. 그런 듣기 싫은 말은 하지 마라. 그런 일은 우리에게 닥치지 않는다."

7 "그러나 야곱 백성아, 어찌하여 '여호와의 인내가 짧은가? 이것이 그가 행한 일인가?'라고 말하느냐? 너희가 올바르게 살았다면 내 말이 친근할 것이다.

8 그러나 근래에 내 백성이 오히려 원수가 되었다. 전쟁이 끝난 후 집으로 돌아가는 사람들처럼 안심하며 지나가는 그들에게서 너희는 그들의 겉옷을 빼앗았다.

9 너희는 내 백성의 여자들을 그 멋진 집에서 내쫓았고 그 자녀에게서 내 영광을 영영 빼앗았다.

10 일어나 떠나라. 이곳은 이제 너희에게 약속한 안식처가 아니다. 너희가 이곳을 더럽혔기에 멸망할 곳으로 저주받았다.

11 너희는 거짓말쟁이나 사기꾼이 와서 '내가 너희에게 포도주와 독주의 즐거움에 대해 예언하겠다'라고 하면, 그 사람을 예언자로 생각하

You rise at dawn and hurry to carry them out,
　simply because you have the power to do so.
2 • When you want a piece of land,
　you find a way to seize it.
When you want someone's house,
　you take it by fraud and violence.
You cheat a man of his property,
　stealing his family's inheritance.

3 • But this is what the LORD says:
"I will reward your evil with evil;
　you won't be able to pull your neck out of
　　the noose.
You will no longer walk around proudly,
　for it will be a terrible time."

4 • In that day your enemies will make fun of you
　by singing this song of despair about you:
　"We are finished,
　　completely ruined!
God has confiscated our land,
　taking it from us.
He has given our fields
　to those who betrayed us.*"

5 • Others will set your boundaries then,
　and the LORD's people will have no say
　in how the land is divided.

True and False Prophets

6 • "Don't say such things,"
　the people respond.*
"Don't prophesy like that.
　Such disasters will never come our way!"

7 • Should you talk that way, O family of Israel?*
　Will the LORD's Spirit have patience with
　　such behavior?
If you would do what is right,
　you would find my words comforting.

8 • Yet to this very hour
　my people rise against me like an enemy!
You steal the shirts right off the backs
　of those who trusted you,
making them as ragged as men
　returning from battle.

9 • You have evicted women from their pleasant homes
　and forever stripped their children of all
　that God would give them.

10 • Up! Begone!
　This is no longer your land and home,
for you have filled it with sin
　and ruined it completely.

11 • Suppose a prophet full of lies would say to you,

---

confiscate [kánfəskèit] *vt.* 몰수하다
evict [ivíkt] *vt.* 쫓아내다
noose [nuːs] *n.* 덫, 올가미
ragged [rǽgid] *a.* 기진맥진한, 초라한

2:4 Or *to those who took us captive.* 2:6 Or *the prophets respond;* Hebrew reads *they prophesy.* 2:7 Hebrew *O house of Jacob?* See note on 1:5a.

고 좋아한다."

여호와께서 그 백성을 구하기로
약속하시다

12 "야곱 백성아, 내가 너희를 모으겠
다. 이스라엘의 살아남은 백성을 다
모으겠다. 그들을 우리 안의 양처
럼 모으고 초원의 양떼처럼 모으겠
다. 그곳이 내 백성으로 가득 찰 것
이다.

13 누군가가 길을 열어 그들을 이끌고
나가며, 그들은 성문을 부수고 갇
혀 있던 성을 떠나갈 것이다. 그들
의 왕이신 여호와께서 앞장서서 그
백성을 이끄실 것이다."

이스라엘 지도자들의 죄

3 그때에 내가 말했다. "야곱의 지
도자들아, 들어라. 이스라엘 족
속의 지도자들아, 귀를 기울여라.
너희는 마땅히 정의를 알아야 한
다.

2 그런데도 너희는 선을 미워하고 악
을 사랑했다. 산 채로 내 백성의 가
죽을 벗기고 뼈에서 그 살을 뜯어
냈다.

3 너희는 내 백성의 살을 먹고 있으며
가죽을 벗기고 뼈를 부러뜨리고 있
다. 가마에 넣을 고기처럼 내 백성
을 잘게 썰고 있다.

4 그러므로 너희가 여호와께 부르짖
어도 주께서 듣지 않으실 것이다.
너희가 악한 짓을 했으므로, 주께
서 얼굴을 감추실 것이다."

5 자기 백성에게 거짓된 삶의 길을 가
르치는 예언자들을 두고, 여호와께
서 이렇게 말씀하셨다. "그들은 사
람들이 먹을 것을 가져다 주면 평화
를 외치지만 먹을 것을 주지 않으면
전쟁을 준비한다.

6 그러므로 그들은 마치 밤을 만난 것
처럼 될 것이니 나 주의 계시를 더
이상 받지 못할 것이요, 어둠에 휩
싸여 장차 무슨 일이 일어날지 알
수 없게 될 것이다. 그러한 예언자
들에게는 해가 질 것이며, 낮이 밤
으로 변하게 될 것이다.

7 선견자들이 부끄러움을 당하며 미

"I'll preach to you the joys of wine and alcohol!"
That's just the kind of prophet you would like!

Hope for Restoration

12 • "Someday, O Israel, I will gather you;
  I will gather the remnant who are left.
I will bring you together again like sheep in a pen,
  like a flock in its pasture.
Yes, your land will again
  be filled with noisy crowds!

13 • Your leader will break out
  and lead you out of exile,
out through the gates of the enemy cities,
  back to your own land.
Your king will lead you;
  the LORD himself will guide you."

Judgment against Israel's Leaders

3 • I said, "Listen, you leaders of Israel!
  You are supposed to know right from wrong,

2 • but you are the very ones
  who hate good and love evil.
You skin my people alive
  and tear the flesh from their bones.

3 • Yes, you eat my people's flesh,
  strip off their skin,
  and break their bones.
You chop them up
  like meat for the cooking pot.

4 • Then you beg the LORD for help in times of trouble!
  Do you really expect him to answer?
After all the evil you have done,
  he won't even look at you!"

5 • This is what the LORD says:
  "You false prophets are leading my people astray!
You promise peace for those who give you food,
  but you declare war on those who refuse to
    feed you.

6 • Now the night will close around you,
  cutting off all your visions.
Darkness will cover you,
  putting an end to your predictions.
The sun will set for you prophets,
  and your day will come to an end.

7 • Then you seers will be put to shame,
  and you fortune-tellers will be disgraced.
And you will cover your faces
  because there is no answer from God."

---

astray [əstréi] *a.* 악한 길에 빠진
chop [tʃɑp] *vt.* 잘게 썰다, 난도질하다
declare [diklέər] *vt.* 선언하다
disgrace [disgréis] *vt.* (…의) 수치가 되다
exile [égzail] *n.* 포로
flesh [fleʃ] *n.* 살
prediction [pridíkʃən] *n.* 예언
remnant [rémnənt] *n.* 생존자, 나머지
restoration [rèstəréiʃən] *n.* 회복, 복구
seer [síər] *n.* 선지자, 예언자
skin [skin] *vt.* 가죽을 벗기다

래를 점치는 사람들이 수치를 당할 것이다. 하나님이 응답해 주시지 않으니 그들 모두가 얼굴을 가리게 될 것이다."

하나님의 정직한 예언자 미가

8 그러나 여호와의 영이 나에게는 정의를 외칠 힘과 능력을 채워 주셨다. 내가 야곱 백성의 허물을 지적하고 이스라엘 백성의 죄를 밝히겠다.

9 야곱의 지도자들과 이스라엘의 통치자들아, 내 말을 들어라. 너희는 정의를 미워하고 올바른 것을 그르쳐 놓는다.

10 살인으로 시온을 세우고 죄로 예루살렘을 쌓는다.

11 예루살렘의 재판관들은 뇌물을 받은 뒤에야 재판을 하고 제사장들은 삯을 받아야 가르치며 예언자들은 돈을 받은 후에 예언한다. 그러면서도 그들은 "여호와께서 우리와 함께 계시니 우리에게는 해로운 일이 생기지 않는다"고 말한다.

12 너희 때문에 시온이 밭처럼 뒤집히고 예루살렘이 돌무더기로 변하며 성전이 서 있는 언덕은 수풀로 뒤덮일 것이다.

여호와의 산

4 그날이 오면 여호와의 성전이 서 있는 산은 모든 언덕 위에 높이 솟아 산들 가운데 가장 중요하게 될 것이며, 모든 나라의 민족들이 그곳으로 몰려올 것이다.

2 많은 민족들이 와서 말하기를 "자, 여호와의 산으로 올라가자. 야곱의 하나님의 성전으로 올라가자. 하나님께서 그의 길을 우리에게 가르쳐 주실 것이니 우리가 그의 길을 따르자"라고 할 것이다. 왜냐하면 주의 가르침이 시온에서 나오며, 여호와의 말씀이 예루살렘에서 나오기 때문이다.

3 주께서 나라들 사이의 다툼을 판단하시고 멀리 떨어진 강한 나라들을 꾸짖으실 것이니 나라마다 칼을 쟁기로 만들고 창을 낫으로 만들 것이다. 다시는 나라들이 서로 싸우지 않으며 전쟁 연습도 하지 않을 것이다.

4 사람마다 자기 포도나무와 무화과나무 아래 앉을 것이다. 아무도 그들을 두려움에 빠뜨리지 않을 것이니 이는 만군의 여호와께서 말씀하셨기 때문이다.

5 다른 모든 민족은 각기 자기 신을 따를 것이나 우리는 우리 하나님 여호와의 이름을 영

8 • But as for me, I am filled with power—
　with the Spirit of the LORD.
I am filled with justice and strength
　to boldly declare Israel's sin and rebellion.

9 • Listen to me, you leaders of Israel!
　You hate justice and twist all that is right.

10 • You are building Jerusalem
　on a foundation of murder and corruption.

11 • You rulers make decisions based on bribes;
　you priests teach God's laws only for a price;
you prophets won't prophesy unless you are
　paid.
　Yet all of you claim to depend on the LORD.
"No harm can come to us," you say,
　"for the LORD is here among us."

12 • Because of you, Mount Zion will be plowed like
　an open field;
　Jerusalem will be reduced to ruins!
A thicket will grow on the heights
　where the Temple now stands.

The LORD's Future Reign

4 1 • In the last days, the mountain of the LORD's
　house
　will be the highest of all—
　the most important place on earth.
It will be raised above the other hills,
　and people from all over the world will
　stream there to worship.

2 • People from many nations will come and say,
"Come, let us go up to the mountain
　of the LORD,
　to the house of Jacob's God.
There he will teach us his ways,
　and we will walk in his paths."
For the LORD's teaching will go out from Zion;
　his word will go out from Jerusalem.

3 • The LORD will mediate between peoples
　and will settle disputes between strong
　nations far away.
They will hammer their swords into
　plowshares
　and their spears into pruning hooks.
Nation will no longer fight against nation,
　nor train for war anymore.

4 • Everyone will live in peace and prosperity,
　enjoying their own grapevines and fig trees,
　for there will be nothing to fear.
The LORD of Heaven's Armies
　has made this promise!

5 • Though the nations around us follow their
　idols,
　we will follow the LORD our God forever
　and ever.

boldly [bóuldli] *ad.* 뚜렷하게, 대담하게
corruption [kərʎpʃən] *n.* 부패, 타락
stream [striːm] *vi.* 끝없이 이어지다
twist [twist] *vt.* (말이나 사실을) 왜곡하다

원토록 따를 것이다.

6 여호와의 말씀이다. "그날이 오면 저는 사람을 내게로 불러모으고 쫓겨나고 상처 입은 사람을 다시 데려오겠다.

7 내가 저는 사람을 살려 주고 쫓겨난 자들이 강한 나라를 세우도록 해 주겠다. 나 여호와가 영원토록 시온산에서 그들의 왕이 될 것이다.

8 너, 양 떼의 망대와 같은 굳건한 예루살렘아, 너는 옛날처럼 다시 나라가 될 것이다. 왕의 권세가 다시 네게로 올 것이다."

이스라엘 백성이 바빌로니아로 가야 하는 까닭

9 어찌하여 너희가 그렇게 큰 소리로 우느냐? 너희 가운데 왕이 없느냐? 너희 지도자가 없어졌느냐? 그래서 아이를 낳는 여자처럼 몸부림치느냐?

10 시온의 백성아, 아이를 낳는 여자처럼 몸부림치고 소리쳐라. 이제 너희는 이 성을 떠나 들에서 살아야 한다. 너희는 바빌론으로 끌려갈 것이나 그곳에서 구원받을 것이다. 여호와께서 그곳으로 가셔서, 원수의 손에서 너희를 건지실 것이다.

11 이제 많은 나라들이 너희를 치러 왔다. 그들이 말하기를 "시온을 멸망시키자, 시온을 무너뜨린 것을 자랑하자"고 한다.

12 그러나 그들은 여호와께서 무엇을 생각하고 계신지 모르고 있다. 주의 계획을 깨닫지 못하고 있다. 여호와께서는 타작 마당 위의 곡식단을 타작하듯 그들을 치실 것이다.

13 "시온의 딸들아, 일어나 그들을 쳐라. 내가 너희를 쇠뿔을 가진 것처럼 강하게 해 주겠다. 놋쇠굽을 가진 것처럼 굳세게 해 주겠다. 너희가 여러 나라를 쳐서 산산조각낼 것이며 그들의 재산을 내게로 가져올 것이다. 그들의 보물을 온 땅의 주인인 내게 가져올 것이다."

5 그러므로 굳센 성아, 너희 군인들을 모아라. 우리가 에워싸여 공격받고 있다. 적군이 몽둥이를 휘둘러 이스라엘 지도자의 얼굴을 칠 것이다.

Israel's Return from Exile

6 • "In that coming day," says the LORD,
  "I will gather together those who are lame,
    those who have been exiles,
    and those whom I have filled with grief.

7 • Those who are weak will survive as a remnant;
    those who were exiles will become a strong
      nation.
  Then I, the LORD, will rule from Jerusalem*
    as their king forever."

8 • As for you, Jerusalem,
    the citadel of God's people,*
  your royal might and power
    will come back to you again.
  The kingship will be restored
    to my precious Jerusalem.

9 • But why are you now screaming in terror?
    Have you no king to lead you?
  Have your wise people all died?
    Pain has gripped you like a woman in childbirth.

10 • Writhe and groan like a woman in labor,
    you people of Jerusalem,*
  for now you must leave this city
    to live in the open country.
  You will soon be sent in exile
    to distant Babylon.
  But the LORD will rescue you there;
    he will redeem you from the grip of your
      enemies.

11 • Now many nations have gathered against you.
    "Let her be desecrated," they say.
    "Let us see the destruction of Jerusalem.*"

12 • But they do not know the LORD's thoughts
    or understand his plan.
  These nations don't know
    that he is gathering them together
  to be beaten and trampled
    like sheaves of grain on a threshing floor.

13 • "Rise up and crush the nations, O Jerusalem!"*
    says the LORD.
  "For I will give you iron horns and bronze hooves,
    so you can trample many nations to pieces.
  You will present their stolen riches to the LORD,
    their wealth to the Lord of all the earth."

5 1 •* Mobilize! Marshal your troops!
    The enemy is laying siege to Jerusalem.
  They will strike Israel's leader
    in the face with a rod.

---

citadel [sítədl] *n.* 성, 요새
desecrate [désikrèit] *vt.* …의 신성을 더럽히다
marshal [máːrʃəl] *vt.* (군대·병사를) 집합시키다

4:7 Hebrew *Mount Zion.*   4:8 Hebrew *As for you, Migdal-eder, / the Ophel of the daughter of Zion.*   4:10 Hebrew *O daughter of Zion.*   4:11 Hebrew *of Zion.*   4:13 Hebrew *"Rise up and thresh, O daughter of Zion."*   5:1 Verse 5:1 is numbered 4:14 in Hebrew text.

베들레헴에 태어날 지도자

2 "그러나 너 베들레헴 에브라다야, 너는 유다 족속들 가운데서 가장 작은 마을이지만 네게서 이스라엘을 다스릴 지도자가 나를 위해 나올 것이다. 그는 아주 먼 옛날, 멀고 먼 옛날로부터 온다."

3 주께서는 진통 중인 예루살렘이 아이를 낳을 때까지 그 백성을 바빌론에 남겨 두실 것이다. 그런 뒤에 포로로 끌려갔던 그의 형제들이 유다에 사는 이스라엘 백성에게로 돌아올 것이다.

4 그러면 이스라엘의 지도자가 서서 그의 하나님 여호와의 능력과 놀라운 이름으로 그 백성을 돌볼 것이다. 그로 인해 그들은 평안하게 살 것이며 그의 위대함이 온 세계에 널리 알려질 것이다.

5 그가 그들에게 평화를 가져올 것이다.

구원과 심판

앗시리아 군대가 우리 나라로 쳐들어와서 우리의 큰 집들을 무너뜨릴 것이다. 그러나 우리는 일곱 명의 지도자와 여덟 명의 군왕을 뽑아 우리 백성의 목자가 되게 할 것이다.

6 그들이 앗시리아 백성을 칼로 멸망시킬 것이며 뺀 칼로 니므롯 땅을 정복할 것이다. 앗시리아 사람들이 우리 땅으로 쳐들어오고 우리의 국경을 넘어 들어와도 그가 우리를 구해 낼 것이다.

7 그때에 살아남은 야곱 백성은 여호와께서 내려 주신 이슬 같을 것이며, 풀 위에 내리는 단비 같아서, 사람을 기다리거나 의지하지 않을 것이다.

8 살아남은 야곱 백성은 민족들 가운데 흩어져서 여러 나라들에 둘러싸일 것이다. 그들은 숲속 짐승들 가운데 있는 사자처럼 될 것이며, 양 떼 사이로 다니는 젊은 사자처럼 될 것이다. 그가 다니는 길 앞에 있는 것들을 짓밟으니

9 아무도 하나님의 백성의 손에서 구원받지 못할 것이다.

10 여호와의 말씀이다. "그날이 오면 너희가 가진 말들을 내가 빼앗고 너희의 전차들을 없애 버리겠다.

11 너희 나라의 성들을 무너뜨리고 요새들을 다 헐어 버리겠다.

12 너희가 다시는 마술을 하지 못할 것이며 미래를 점치지 못할 것이다.

A Ruler from Bethlehem

2 •* But you, O Bethlehem Ephrathah,
   are only a small village among all the people
     of Judah.
   Yet a ruler of Israel,
   whose origins are in the distant past,
   will come from you on my behalf.

3 The people of Israel will be abandoned to their
     enemies
   until the woman in labor gives birth.
   Then at last his fellow countrymen
   will return from exile to their own land.

4 • And he will stand to lead his flock with the
     LORD's strength,
   in the majesty of the name of the LORD
     his God.
   Then his people will live there undisturbed,
   for he will be highly honored around the
     world.

5 •   And he will be the source of peace.

When the Assyrians invade our land
   and break through our defenses,
we will appoint seven rulers to watch over us,
   eight princes to lead us.

6 They will rule Assyria with drawn swords
   and enter the gates of the land of Nimrod.
He will rescue us from the Assyrians
   when they pour over the borders to invade
     our land.

The Remnant Purified

7 • Then the remnant left in Israel*
   will take their place among the nations.
They will be like dew sent by the LORD
   or like rain falling on the grass,
which no one can hold back
   and no one can restrain.

8 • The remnant left in Israel
   will take their place among the nations.
They will be like a lion among the animals of
     the forest,
   like a strong young lion among flocks of
     sheep and goats,
pouncing and tearing as they go
   with no rescuer in sight.

9 • The people of Israel will stand up to their foes,
   and all their enemies will be wiped out.

10 • "In that day," says the LORD,
   "I will slaughter your horses
   and destroy your chariots.

11 • I will tear down your walls
   and demolish your defenses.

12 • I will put an end to all witchcraft,
   and there will be no more fortune-tellers.

5:2 Verses 5:2-15 are numbered 5:1-14 in Hebrew text.
5:7 Hebrew *in Jacob;* also in 5:8. See note on 1:5a.

13 내가 너희의 우상들을 깨뜨리고 너희가 섬기는 돌기둥들을 헐어 버리겠다. 너희가 다시는 너희 손으로 만든 것을 섬기지 못할 것이다.

14 내가 아세라 우상들을 뽑아 버리고 너희 성들을 무너뜨리겠다.

15 나에게 복종하지 않는 백성에게 나의 진노와 심판을 쏟아 붓겠다."

여호와의 고발

6 여호와께서 하시는 말씀을 들어라. "일어나라. 산들 앞에서 변호해 보아라. 언덕들에게 네 이야기를 들려주어라.

2 산들아, 나 여호와의 고발을 들어라. 땅의 기초야, 나 주의 말에 귀 기울여라. 나 여호와가 나의 백성을 고발하였고 이스라엘의 죄를 밝힐 것이다.

3 내 백성아, 내가 너희에게 무슨 잘못을 했느냐? 내가 너희를 무슨 일로 지치게 했느냐? 대답해 보아라.

4 나는 너희를 이집트 땅에서 데려왔고 노예였던 너희를 해방시켜 주었다. 모세와 아론과 미리암을 너희에게 보내 주었다.

5 내 백성아, 모압 왕 발락의 악한 계획을 기억하여라. 브올의 아들 발람이 발락에게 한 말을 기억하여라. 싯딤에서 길갈에 이르기까지 어떤 일이 일어났는지 기억하여라. 그러면 나 여호와의 의를 알게 될 것이다."

6 내가 무엇을 가지고 여호와께 나아갈까? 무엇을 가지고 높으신 하나님께 예배할까? 태워 드리는 제물인 번제물로, 일 년 된 송아지를 가지고 주께 나아갈까?

7 여호와께서 천 마리 양을 기뻐하실까? 강줄기 만 개를 채울 만한 기름을 기뻐하실까? 내 허물을 벗기 위해 내 맏아들이라도 바칠까? 내 죄를 씻기 위해 내 몸으로 낳은 자식이라도 바칠까?

8 사람아, 그분이 네게 말씀하셨다. 무엇이 선하며, 여호와께서 너희에게 요구하시는 것이 무엇이냐? 그것은 의를 행하고 인자를 사랑하며 너희 하나님과 함께 겸손히 행하는 것이 아니냐?

9 여호와께서 성을 향해 외치시니, 들어라. 지혜로운 사람은 주를 존경한다. "심판의 막대기로 심판하실 분을 조심하여라.

10 악한 사람들이 아직도 그 집에 훔친 보물을 가지고 있는데 남을 속이는 그들을 어찌 내

---

13 • I will destroy all your idols and sacred pillars,
so you will never again worship the work of
your own hands.

14 • I will abolish your idol shrines with their
Asherah poles
and destroy your pagan cities.

15 • I will pour out my vengeance
on all the nations that refuse to obey me."

The LORD's Case against Israel

6 Listen to what the LORD is saying:

"Stand up and state your case against me.
Let the mountains and hills be called to
witness your complaints.

2 • And now, O mountains,
listen to the LORD's complaint!
He has a case against his people.
He will bring charges against Israel.

3 • "O my people, what have I done to you?
What have I done to make you tired of me?
Answer me!

4 • For I brought you out of Egypt
and redeemed you from slavery.
I sent Moses, Aaron, and Miriam to help you.

5 • Don't you remember, my people,
how King Balak of Moab tried to have you
cursed
and how Balaam son of Beor blessed you
instead?
And remember your journey from Acacia
Grove* to Gilgal,
when I, the LORD, did everything I could
to teach you about my faithfulness."

6 • What can we bring to the LORD?
Should we bring him burnt offerings?
Should we bow before God Most High
with offerings of yearling calves?

7 • Should we offer him thousands of rams
and ten thousand rivers of olive oil?
Should we sacrifice our firstborn children
to pay for our sins?

8 • No, O people, the LORD has told you what is
good,
and this is what he requires of you:
to do what is right, to love mercy,
and to walk humbly with your God.

Israel's Guilt and Punishment

9 • Fear the LORD if you are wise!
His voice calls to everyone in Jerusalem:
"The armies of destruction are coming;
the LORD is sending them.*

---

yearling [jíərliŋ] *a.* 만 1세의, 1년이 지난

6:5 Hebrew *Shittim.*　6:9 Hebrew "*Listen to the rod. /
Who appointed it?*"

가 잊겠느냐? 나는 속이는 자를 저주한다.

11 가짜 저울과 자로 남을 속이는 사람을 내가 어찌 용서하겠느냐?

12 성 안의 부자들이 아직도 못된 짓을 하고 있다. 백성은 아직도 거짓말을 하며 진실을 말하지 않는다.

13 그러므로 내가 너희를 심판하기 시작했다. 너희의 죄를 물어 너희를 멸망시키겠다.

14 너희는 먹어도 배부르지 않고 오히려 배고프고 허기질 것이다. 쌓아 두어도 남는 것이 없으며 너희가 쌓아 둔 것을 칼로 없앨 것이다.

15 심어도 거두지 못하고 올리브 기름을 짜도 그것을 몸에 바르지 못하며 포도를 밟아도 포도주를 마시지 못할 것이다.

16 너희가 오므리 왕의 못된 율법을 따르고 아합 집의 모든 악한 짓을 본받아 그들의 가르침을 그대로 따랐으므로 내가 너희를 멸망시킬 것이다. 너희 성 안에 사는 백성이 너희를 비웃을 것이며 다른 나라들이 조롱할 것이다."

악한 이스라엘

7 내게 화가 있도다! 나는 굶주린 사람과 같이 되었도다. 여름 과일을 다 따냈는데도 내게는 포도 송이 하나 남지 않고 좋아하는 무화과 열매 하나 없구나.

2 이 땅에 성실한 사람들은 사라지고 이 나라에 정직한 사람은 하나도 남지 않았다. 누구나 자기 형제를 걸려 넘어지게 하려 할 뿐이다.

3 사람마다 그 손으로 악한 짓을 하는 데 익숙하다. 지도자들은 돈을 달라 하고 재판관들은 뇌물을 받고 재판하며 권력자들은 자기 소원을 밝히고 다닌다. 모두가 못된 짓만을 꾸민다.

4 그들 가운데서 가장 낫다고 하는 사람도 가시나무 같고 가장 정직하다고 하는 사람도 가시나무 울타리와 같다. 너희의 파수꾼이 경고한 그날, 곧 심판의 날이 이제 왔다. 이제 너희는 심판을 받고 그로 말미암아 혼란에 빠질 것이다.

5 너희는 너희 이웃을 믿지 말고 친구를 의지하지 말며 너희 아내에게도 말을 조심해라.

---

10 • What shall I say about the homes of the wicked
    filled with treasures gained by cheating?
  What about the disgusting practice
    of measuring out grain with dishonest
    measures?*

11 • How can I tolerate your merchants
    who use dishonest scales and weights?

12 • The rich among you have become wealthy
    through extortion and violence.
  Your citizens are so used to lying
    that their tongues can no longer tell the truth.

13 "Therefore, I will wound you!
  I will bring you to ruin for all your sins.

14 You will eat but never have enough.
    Your hunger pangs and emptiness will remain.
  And though you try to save your money,
    it will come to nothing in the end.
  You will save a little,
    but I will give it to those who conquer you.

15 You will plant crops
    but not harvest them.
  You will press your olives
    but not get enough oil to anoint yourselves.
  You will trample the grapes
    but get no juice to make your wine.

16 • You keep only the laws of evil King Omri;
    you follow only the example of wicked
      King Ahab!
  Therefore, I will make an example of you,
    bringing you to complete ruin.
  You will be treated with contempt,
    mocked by all who see you."

Misery Turned to Hope

7 • How miserable I am!
  I feel like the fruit picker after the harvest
    who can find nothing to eat.
  Not a cluster of grapes or a single early fig
    can be found to satisfy my hunger.

2 • The godly people have all disappeared;
    not one honest person is left on the earth.
  They are all murderers,
    setting traps even for their own brothers.

3 • Both their hands are equally skilled at doing evil!
    Officials and judges alike demand bribes.
  The people with influence get what they want,
    and together they scheme to twist justice.

4 • Even the best of them is like a brier;
    the most honest is as dangerous as a hedge
      of thorns.
  But your judgment day is coming swiftly now.
    Your time of punishment is here, a time of
      confusion.

5 • Don't trust anyone—

disgusting [disgʌ́stiŋ] *a.* 역겨운
extortion [ikstɔ́ːrʃən] *n.* 갈취, 착취

6:10 Hebrew *of using the short ephah?* The ephah was a
unit for measuring grain.

6 아들이 그 아버지를 존경하지 않고 딸이 그 어머니에게 대들며 며느리가 시어머니와 다투니 너희의 원수는 다름 아닌 너희의 식구가 될 것이다.

자비로우신 여호와

7 나는 여호와의 도우심을 바라며 하나님께서 나를 구해 주시기를 기다린다. 하나님께서 내 기도를 들어주실 것이다.

8 원수야, 나를 비웃지 마라. 내가 쓰러졌으나 다시 일어날 것이요, 지금은 재앙의 그늘 속에 앉아 있으나 여호와께서 내게 등불이 되어 주실 것이다.

9 내가 여호와께 죄를 지어 주께서 노하셨다. 그러나 주는 법정에서 나를 변호하시며 나를 위해 의로운 판결을 내려 주실 것이다. 주께서 나를 빛으로 이끄시며 내가 주께서 의롭게 하신 일을 볼 것이다.

10 그때에 나에게 "너희 하나님 여호와가 어디 있느냐" 하고 말하던 내 원수들도 그것을 보고 부끄러움을 당할 것이다. 이제는 내가 그들을 비웃으리니, 그들은 거리의 진흙처럼 사람들의 발에 짓밟힐 것이다.

돌아올 유다 백성

11 성벽을 다시 세워야 할 그날이 오면 너희의 나라가 넓어질 것이다.

12 그날에 너희 백성이 앗시리아에서부터 이집트에 이르기까지, 이집트에서부터 유프라테스 강에 이르기까지, 서쪽의 지중해에서부터 동쪽의 산지에 이르기까지, 여러 나라로부터 너희 땅으로 돌아올 것이다.

13 그러나 그 나머지 땅은 그곳에 사는 백성들의 죄 때문에 황폐하게 될 것이다.

여호와께서 그 백성을 불쌍히 여기시다

14 주여, 주의 지팡이로 인도해 주십시오. 양떼를 지키듯 주의 백성을 지켜 주십시오, 푸른 초원에서 외롭게 살아가는 백성을 옛날처럼 바산과 길르앗에서 먹여 주십시오.

15 "내가 너희를 이집트에서 인도해 낼 때처럼 너희에게 많은 기적을 보여 주겠다."

16 나라들이 그 기적을 보면 다시는 그들의 힘을 뽐내지 못할 것입니다. 놀라서 손으로 입을 가릴 것이며 귀는 막힐 것입니다.

not your best friend or even your wife!

6 • For the son despises his father.
　　The daughter defies her mother.
　The daughter-in-law defies her mother-in-law.
　　Your enemies are right in your own household!

7 • As for me, I look to the LORD for help.
　　I wait confidently for God to save me,
　　and my God will certainly hear me.

8 • Do not gloat over me, my enemies!
　　For though I fall, I will rise again.
　　Though I sit in darkness,
　　　the LORD will be my light.

9 • I will be patient as the LORD punishes me,
　　for I have sinned against him.
　　But after that, he will take up my case
　　and give me justice for all I have suffered
　　　from my enemies.
　The LORD will bring me into the light,
　　and I will see his righteousness.

10 • Then my enemies will see that the LORD
　　is on my side.
　　They will be ashamed that they taunted me,
　　　saying,
　　"So where is the LORD—
　　　that God of yours?"
　With my own eyes I will see their downfall;
　　they will be trampled like mud in the streets.

11 • In that day, Israel, your cities will be rebuilt,
　　and your borders will be extended.

12 • People from many lands will come and honor
　　you—
　　from Assyria all the way to the towns of Egypt,
　　from Egypt all the way to the Euphrates River,*
　　and from distant seas and mountains.

13 • But the land* will become empty and desolate
　　because of the wickedness of those who live
　　　there.

The LORD's Compassion on Israel

14 • O LORD, protect your people with your
　　　shepherd's staff;
　　lead your flock, your special possession.
　Though they live alone in a thicket
　　on the heights of Mount Carmel,*
　　let them graze in the fertile pastures of Bashan
　　　and Gilead
　　as they did long ago.

15 • "Yes," says the LORD,
　　"I will do mighty miracles for you,
　　like those I did when I rescued you
　　　from slavery in Egypt."

16 • All the nations of the world will stand amazed

defy [difái] vt. 대들다, 반항하다
gloat [glout] vi. (악의를 품고) 고소한 듯이 바라보다

7:12 Hebrew the river.　7:13 Or earth.　7:14 Or surrounded by a fruitful land.

17 그들이 뱀처럼 잿더미 속을 기어가고 구멍에서 기어 나온 벌레처럼 땅 위를 기어갈 것입니다. 무서움에 빠져 우리 하나님 여호와께 나아오며 주 앞에서 두려워 떨 것입니다.

18 주와 같은 분은 없습니다. 주께서는 죄 지은 백성을 용서해 주시며 살아남은 여호와의 백성의 죄도 용서해 주십니다. 주는 영원토록 노하지 않으시며 자비를 베풀기를 좋아하십니다.

19 주여, 주께서는 우리에게 다시 자비를 베푸시고 우리의 모든 죄를 밟아 깊은 바닷속으로 던져 주십니다.

20 오래전에 우리 조상에게 약속하신 대로 야곱 백성에게 진실하시며 아브라함 백성에게 자비로우십니다.

at what the LORD will do for you.
They will be embarrassed
　at their feeble power.
They will cover their mouths in silent awe,
　deaf to everything around them.

17 • Like snakes crawling from their holes,
　they will come out to meet the LORD our God.
They will fear him greatly,
　trembling in terror at his presence.

18 • Where is another God like you,
　who pardons the guilt of the remnant,
　overlooking the sins of his special people?
You will not stay angry with your people
　forever,
　because you delight in showing unfailing love.

19 • Once again you will have compassion on us.
You will trample our sins under your feet
　and throw them into the depths of the ocean!

20 • You will show us your faithfulness and
　unfailing love
as you promised to our ancestors Abraham
　and Jacob long ago.

---

crawl [krɔ:l] *vi.* 기다, 기어가다
embarrass [imbǽrəs] *vt.* 쩔쩔매게 하다, 당황하게 하다
feeble [fí:bl] *a.* (힘이) 약한, 무기력한

나훔

● 서론

- ✛ 저자 _ 나훔
- ✛ 저작 연대 _ B.C. 663–612년 사이
- ✛ 기록 장소 _ 유다
- ✛ 기록 대상 _ 앗수르 민족과 니느웨 성 백성 및 유다에 있는 하나님의 백성
- ✛ 핵심어 및 내용 _ 핵심어는 '막강한 힘'과 '위로'이다. 인간의 눈으로 볼 때 니느웨는 강력하고 막강한 성이었지만 나훔은 계속해서 담대하게 그의 백성들에게 위로의 말을 선포했다. 아무리 강력한 인간들이 침공해 올지라도 전능하신 하나님께서 그들로 하여금 능히 이기도록 도와주실 것이다.

---

1 이것은 엘고스 사람 나훔이 니느웨에 관해 받은 계시입니다.

니느웨를 향한 여호와의 진노

2 여호와는 질투하시며 심판하시는 하나님이시다. 여호와는 악한 사람에게 보복하시며 몹시 노하시는 하나님이다. 여호와는 주를 거스르는 사람에게 보복하시며 원수에게 노하신다.

3 여호와는 쉽게 노하지 않으시며 능력이 크신 분이다. 죄인을 심판하지 않은 채 내버려 두지 않으신다. 여호와께서 가시는 곳에는 회오리바람과 폭풍이 일어나 주의 능력을 드러낸다. 구름은 주의 발에 밟혀 일어난 흙먼지다.

4 주께서 바다와 강을 향해 말씀하시면 바다가 마르고, 모든 강물이 마른다. 바산과 갈멜 지역이 메마르고 레바논의 꽃들이 시든다.

5 산들을 흔드시고 언덕들을 녹아내리게 하신다. 주께서 오시면 땅이 흔들리며 세계와 그곳에 있는 모든 사람들이 두려워 떤다.

6 주께서 노하시면 아무도 살아남지 못한다. 주의 크신 진노를 아무도 당하지 못한다. 주의 진노가 불처럼 쏟아지니 바위가 부서진다.

7 여호와는 선하시다. 어려움을 당할 때에 피난처가 되시며 그는 그에게 피하는 자를 알고 계신다.

8 그러나 홍수로 니느웨를 완전히 멸망시키시고, 그의 원수들을 암흑 속으로 쫓아내신다.

9 너희가 여호와를 대적하여 무엇을 꾀

---

1 This message concerning Nineveh came as a vision to Nahum, who lived in Elkosh.

The LORD's Anger against Nineveh

2 ● The LORD is a jealous God,
   filled with vengeance and rage.
   He takes revenge on all who oppose him
   and continues to rage against his enemies!

3 ● The LORD is slow to get angry, but his power is great,
   and he never lets the guilty go unpunished.
   He displays his power in the whirlwind and the storm.
   The billowing clouds are the dust beneath his feet.

4 ● At his command the oceans dry up,
   and the rivers disappear.
   The lush pastures of Bashan and Carmel fade,
   and the green forests of Lebanon wither.

5 ● In his presence the mountains quake,
   and the hills melt away;
   the earth trembles,
   and its people are destroyed.

6 ● Who can stand before his fierce anger?
   Who can survive his burning fury?
   His rage blazes forth like fire,
   and the mountains crumble to dust in his presence.

7 ● The LORD is good,
   a strong refuge when trouble comes.
   He is close to those who trust in him.

8 ● But he will sweep away his enemies*
   in an overwhelming flood.
   He will pursue his foes
   into the darkness of night.

9 ● Why are you scheming against the LORD?
   He will destroy you with one blow;
   he won't need to strike twice!

---

vengeance [vénʤəns] *n.* 복수

1:2 take revenge on… : …에게 복수하다

1:9 scheme against… : …에 대해 반역을 꾀하다

1:8 As in Greek version; Hebrew reads *sweep away her place.*

하느냐? 그가 완전히 멸하리니, 어느 대적도 두 번 다시 그를 반대하지 않을 것이다.

10 그들은 엉클어진 가시덤불 같고 포도주에 취한 사람 같다. 말라 버린 지푸라기처럼 이내 타 버릴 것이다.

11 여호와를 거스려 악한 계획을 꾸민 자가 니느웨에서 나오지 않았느냐?

12 여호와께서 말씀하셨다. "그들이 강하고 그 수가 많을지라도 망하여 없어질 것이다. 유다야, 내가 너를 심판했지만 다시는 너를 심판하지 않겠다.

13 그들이 네게 지운 멍에를 내가 꺾어 버리겠다. 너를 묶어 놓은 사슬을 내가 끊어 버리겠다."

14 니느웨야, 여호와께서 너에게 명령하셨다. "네 이름을 이을 자손이 네게서 끊어질 것이다. 너희 신들의 신전에 있는 새겨 만든 우상과 부어 만든 우상을 내가 없애 버리겠다. 네가 악하므로 네 무덤을 파겠다."

15 보아라, 언덕 위에 좋은 소식을 전하는 사람이 있다. 유다 백성아, 너희 절기를 지키고 하나님께 맹세한 것을 지켜라. 악한 사람들이 완전히 사라졌으니 다시는 너희를 괴롭히지 못할 것이다.

니느웨는 망한다

2 파괴자가 너를 치러 오고 있다. 성벽을 지키고 길을 잘 살펴라. 네 허리를 튼튼히 하고 있는 힘을 다해 지켜라.

2 파괴자들이 하나님의 백성을 약탈하고 그 포도나무를 망쳐 놓았지만, 여호와께서 야곱 백성을 이스라엘 백성처럼 회복시켜 주실 것이다.

3 적군이 붉은색 방패를 들었다. 그들의 주홍색 갑옷을 보아라. 공격용 전차들에 씌운 쇠붙이가 번쩍이고, 소나무 창이 그들 머리 위로 흔들린다.

4 전차들이 거리를 내달리고 성 광장에서 이리저리 달린다. 그 모양이 횃불 같고 달리는 모습이 번개 같다.

5 왕이 장교들을 부른다. 그들은 쓰러질 듯 급히 성벽으로 달려가 방어 태세를 갖춘다.

10 • His enemies, tangled like thornbushes
　　and staggering like drunks,
　　　will be burned up like dry stubble in a field.
11 • Who is this wicked counselor of yours
　　who plots evil against the LORD?

12 • This is what the LORD says:
　　"Though the Assyrians have many allies,
　　　they will be destroyed and disappear.
　　O my people, I have punished you before,
　　　but I will not punish you again.
13 • Now I will break the yoke of bondage from
　　　your neck
　　and tear off the chains of Assyrian oppression."

14 • And this is what the LORD says concerning
　　　the Assyrians in Nineveh:
　　"You will have no more children to carry on
　　　your name.
　　I will destroy all the idols in the temples of
　　　your gods.
　　I am preparing a grave for you
　　　because you are despicable!"

15 • * Look! A messenger is coming over the
　　　mountains with good news!
　　He is bringing a message of peace.
　　Celebrate your festivals, O people of Judah,
　　　and fulfill all your vows,
　　for your wicked enemies will never invade
　　　your land again.
　　They will be completely destroyed!

The Fall of Nineveh

2 • * Your enemy is coming to crush you, Nineveh.
　　　Man the ramparts! Watch the roads!
　　Prepare your defenses! Call out your forces!

2 • Even though the destroyer has destroyed Judah,
　　the LORD will restore its honor.
　　Israel's vine has been stripped of branches,
　　but he will restore its splendor.

3 • Shields flash red in the sunlight!
　　See the scarlet uniforms of the valiant troops!
　　Watch as their glittering chariots move into position,
　　with a forest of spears waving above them.*

4 • The chariots race recklessly along the streets
　　and rush wildly through the squares.
　　They flash like firelight
　　and move as swiftly as lightning.

5 • The king shouts to his officers;
　　they stumble in their haste,

---

despicable [déspikəbl] *a.* 치사한, 비열한
man [mæn] *vt.* …에 사람을 배치하다
rampart [ræmpɑːrt] *n.* 성벽, 누벽

1:15 Verse 1:15 is numbered 2:1 in Hebrew text. **2:1** Verses 2:1-13 are numbered 2:2-14 in Hebrew text. **2:3** Greek and Syriac versions read *into position, / the horses whipped into a frenzy*.

6 그러나 때는 늦었다. 강의 수문이 열리고, 왕궁이 허물어진다.

7 니느웨 백성은 사로잡혀 끌려간다. 여종들은 비둘기처럼 신음하고 슬픔에 싸여 자기 가슴을 친다.

8 니느웨는 옛적부터 연못과 같았으나 이제 물이 빠져나가고 있다. 사람들이 "멈추어라! 멈추어라!"하고 소리 지르지만, 아무도 돌아오지 않는다.

9 은을 빼앗아라! 금을 빼앗아라! 보물이 끝도 없이 많다. 값진 것들이 쌓여 있다.

10 니느웨는 털리고 망하고 폐허가 되었다. 백성들은 공포로 마음이 녹아내리고 무릎이 후들거린다. 사람들이 하얗게 질린 얼굴로 떨고 있다.

11 사자들의 굴이 어디에 있느냐? 사자들이 새끼를 먹이던 곳이 어디에 있느냐? 수사자와 암사자와 새끼사자가 마음대로 드나들던 곳이 어디에 있느냐? 그들이 두려워하지 않던 곳이 어디에 있느냐?

12 수사자가 새끼들과 암컷에게 주려고 먹이를 많이 잡았다. 잡아 온 먹이로 굴을 가득 채우고 갈기갈기 찢은 고기로 사자굴을 가득 채웠다.

13 "니느웨야, 내가 너를 치겠다." 만군의 여호와의 말씀이다. "네 전차들을 불살라 연기와 함께 사라지게 하고 네 젊은 사신들을 칼로 죽일 것이다. 내가 네 먹이를 땅에서 끊으리니 네가 보낸 사신들의 목소리가 다시는 들리지 않을 것이다."

니느웨에게 재앙이 닥친다

3 화로다! 피의 도성이여! 거짓말이 가득하고 강포가 가득하며 살육이 떠나지 않는다.

2 말채찍 소리를 들어 보고 전차 바퀴 소리를 들어 보아라. 말들이 달려오고 전차들이 몰려온다.

3 기마병들이 쳐들어온다. 그들의 칼이 번쩍이며 그들의 창이 번뜩인다. 시체가 마치 산처럼 쌓여 있어 셀 수조차 없다. 사람들이 시체에 걸려 넘어진다.

4 그 성은 창녀 같았다. 한껏 멋을 부렸고 마술을 좋아했다. 음란한 짓으로 나라

rushing to the walls to set up their defenses.

6 • The river gates have been torn open!
The palace is about to collapse!

7 • Nineveh's exile has been decreed,
and all the servant girls mourn its capture.
They moan like doves
and beat their breasts in sorrow.

8 • Nineveh is like a leaking water reservoir!
The people are slipping away.
"Stop, stop!" someone shouts,
but no one even looks back.

9 • Loot the silver!
Plunder the gold!
There's no end to Nineveh's treasures—
its vast, uncounted wealth.

10 • Soon the city is plundered, empty, and ruined.
Hearts melt and knees shake.
The people stand aghast,
their faces pale and trembling.

11 • Where now is that great Nineveh,
that den filled with young lions?
It was a place where people—like lions and
their cubs—
walked freely and without fear.

12 • The lion tore up meat for his cubs
and strangled prey for his mate.
He filled his den with prey,
his caverns with his plunder.

13 • "I am your enemy!"
says the LORD of Heaven's Armies.
"Your chariots will soon go up in smoke.
Your young men* will be killed in battle.
Never again will you plunder conquered nations.
The voices of your proud messengers will be
heard no more."

The LORD's Judgment against Nineveh

3 • What sorrow awaits Nineveh,
the city of murder and lies!
She is crammed with wealth
and is never without victims.

2 • Hear the crack of whips,
the rumble of wheels!
Horses' hooves pound,
and chariots clatter wildly.

3 • See the flashing swords and glittering spears
as the charioteers charge past!
There are countless casualties,
heaps of bodies—
so many bodies that
people stumble over them.

4 • All this because Nineveh,
the beautiful and faithless city,

---

aghast [əgǽst] *a.* 넋이 나간 (at)
strangle [strǽŋgl] *vt.* …을 목졸라 죽이다

2:13 Hebrew *young lions.*

들을 꾀었고 마술로 민족들을 유혹했다.

5 "보라, 내가 너를 치겠다." 만군의 여호와의 말씀이다. "네 치마를 네 얼굴 위로 걷어올려 네 벌거벗은 몸을 온 나라가 보게 하겠다. 네 부끄러운 곳을 왕국들이 보게 하겠다.

6 더러운 것을 네게 던지겠고 너를 조롱거리로 만들겠다. 사람들이 네 모습을 보고 비웃을 것이다.

7 너를 보는 사람마다 달아나며 '니느웨가 폐허가 되었다. 누가 망한 니느웨를 위해 슬퍼하랴?'고 말한다. 니느웨야, 너를 위로할 사람을 찾을 수 없구나."

8 니느웨야, 너는 테베*보다 나은 것이 없다. 나일 강가에 자리잡고 있는 테베는 강물에 둘러싸여 있다. 테베에게는 강이 곧 방벽이며 강물이 곧 성벽이다.

9 에티오피아*와 이집트가 힘이 되어 주고 붓과 리비아*가 도와주었다.

10 그러나 테베도 정복되었다. 그 백성은 포로로 끌려가고, 길 모퉁이마다 어린아이들이 내동댕이쳐졌다. 제비 뽑기에 걸린 귀족들은 종이 되어 끌려가고 지도자들은 모두 사슬에 묶였다.

11 니느웨야, 너 역시 술 취한 사람처럼 비틀거릴 것이다. 이리저리 도망할 것이며 원수를 피해 숨을 곳을 찾아 다닐 것이다.

12 네 모든 요새는 잘 익은 무화과나무 열매 같아서 나무를 흔들면 입 안으로 열매가 떨어지는 것과 같을 것이다.

13 네 군인들을 보아라. 여자처럼 힘이 없구나! 네 땅의 성문은 모두 활짝 열려 있고, 성문 빗장은 불에 타 버렸다.

14 적들에게 둘러싸이기 전에 물을 길어 두어라. 요새를 굳건히 해 두어라. 진흙을 이겨 벽돌을 만들어 성벽을 수리하여라.

15 메뚜기들이 작물을 먹어 치우듯이 그곳에서 불이 너를 삼킬 것이다. 칼이 너를 죽일 것이다. 풀무치 떼처럼 불

mistress of deadly charms,
　　enticed the nations with her beauty.
She taught them all her magic,
　　enchanting people everywhere.

5 • "I am your enemy!"
　　says the LORD of Heaven's Armies.
　　"And now I will lift your skirts
　　and show all the earth your nakedness and
　　　shame.

6 • I will cover you with filth
　　and show the world how vile you really are.

7 • All who see you will shrink back and say,
　　'Nineveh lies in ruins.
　　Where are the mourners?'
　　Does anyone regret your destruction?"

8 • Are you any better than the city of Thebes,*
　　situated on the Nile River, surrounded by water?
She was protected by the river on all sides,
　　walled in by water.

9 • Ethiopia* and the land of Egypt
　　gave unlimited assistance.
The nations of Put and Libya
　　were among her allies.

10 • Yet Thebes fell,
　　and her people were led away as captives.
Her babies were dashed to death
　　against the stones of the streets.
Soldiers threw dice* to get Egyptian officers as servants.
All their leaders were bound in chains.

11 • And you, Nineveh, will also stagger like a drunkard.
　　You will hide for fear of the attacking enemy.

12 • All your fortresses will fall.
　　They will be devoured like the ripe figs
that fall into the mouths
　　of those who shake the trees.

13 • Your troops will be as weak
　　and helpless as women.
The gates of your land will be opened wide
　　to the enemy
　　and set on fire and burned.

14 • Get ready for the siege!
　　Store up water!
　　Strengthen the defenses!
Go into the pits to trample clay,
　　and pack it into molds,
　　making bricks to repair the walls.

15 • But the fire will devour you;

enchant [intʃǽnt] *vt.* 매혹하다, 유혹하다
entice [intáis] *vt.* 꾀다; 유혹하다
mistress [místris] *n.* 첩, 애인

3:8 Hebrew *No-amon;* also in 3:10.　3:9 Hebrew *Cush.*　3:10 Hebrew *They cast lots.*

3:8 개역 성경에는 (히) '노아몬' 이라 표기되어 있다.
3:9 개역 성경에 '에티오피아' 는 (히) '구스' 라고 표기되어 있고, '리비아' 는 (히) '루빔' 이라고 표기되어 있다.

어나라. 메뚜기 떼처럼 불어나라.

16 네가 상인들을 하늘의 별보다 많게 하였으나 그들이 메뚜기 떼처럼 땅을 황폐하게 하고 날아가 버릴 것이다.

17 네 수비대와 관리들도 차가운 날에 담장 위에 날아와 앉는 메뚜기 떼 같다. 그들은 해가 떠오르면 날아가 버리는 메뚜기 떼같이 아무도 모르는 곳으로 사라져 버린다.

18 앗시리아의 왕아, 네 통치자들이 잠들었고 네 귀족들이 잠에 빠져 있다. 네 백성이 이 산 저 산으로 흩어졌으나 아무도 불러 모을 사람이 없다.

19 아무도 네 상처를 고치지 못한다. 네 부상은 치명적이다. 네 소식을 듣는 사람마다 손뼉을 칠 것이다. 계속된 너의 잔인함을 겪지 않은 자가 누가 있겠느냐?

the sword will cut you down.
The enemy will consume you like locusts,
  devouring everything they see.
There will be no escape,
  even if you multiply like swarming locusts.

16 • Your merchants have multiplied
  until they outnumber the stars.
But like a swarm of locusts,
  they strip the land and fly away.

17 • Your guards* and officials are also like
    swarming locusts
  that crowd together in the hedges on a cold day.
But like locusts that fly away when the sun
    comes up,
  all of them will fly away and disappear.

18 • Your shepherds are asleep, O Assyrian king;
  your princes lie dead in the dust.
Your people are scattered across the mountains
  with no one to gather them together.

19 • There is no healing for your wound;
  your injury is fatal.
All who hear of your destruction
  will clap their hands for joy.
Where can anyone be found
  who has not suffered from your continual
    cruelty?

hedge [hedʒ] *n.* 담, 울타리
outnumber [autnʌ́mbər] *vt.* …보다 수가 많다
swarm [swɔ:rm] *n. vi.* (곤충의) 떼·무리; 떼를 짓다, 무리가 되어 우글거리다

3:17 Or *princes.*

하박국

● 서론

⋇ 저자 _ 하박국
⋇ 저작 연대 _ B.C. 609~589년 사이
⋇ 기록 장소 _ 유다
⋇ 기록 대상 _ 유다 백성
⋇ 핵심어 및 내용 _ 핵심어는 '믿음'과 '정의'이다. 본서는 하나님을 온전히 의지하는 믿음의 중요성을 가르치고 의인의 고통과 악인의 형통은 일시적이라는 것과 하나님의 공의는 반드시 이루어진다는 것을 알려준다.

1 이것은 예언자 하박국이 받은 경고의 계시입니다.

하박국의 호소

2 여호와여, 그렇게 도와 달라고 부르짖었는데, 언제까지 들어 주지 않으시렵니까? "폭력이 일어나고 있다"고 외쳤는데도 어찌하여 구해 주지 않으십니까?

3 어찌하여 나로 하여금 불의를 보게 하십니까? 어찌하여 악을 그대로 내버려 두십니까? 내 앞에서 파괴행위와 폭력이 일어나고 다툼과 싸움이 이어지고 있습니다.

4 율법이 효력을 잃고 공의가 시행되지 않습니다. 악인이 의인을 에워싸고 있으므로, 재판이 잘못 진행되고 있습니다.

여호와께서 대답하시다

5 "너와 너희 백성아, 나라들을 보아라. 그들을 지켜 보아라. 그러면 놀랄 것이다. 너희가 살아 있는 동안, 내가 놀라운 일을 하겠다. 너희가 듣기는 들어도 믿지 못하는 일을 내가 하겠다.

6 내가 바빌로니아 사람을 시켜 악한 백성을 심판하겠다. 바빌로니아 사람은 잔인하고 격렬하게 싸우는 민족이다. 그들은 온 땅을 휘젓고 다니며 남의 땅을 정복할 것이다.

7 바빌로니아 사람은 잔인하기로 유명하다. 그들은 무엇이든 마음 내키는 대로 하며 자기들이 하는 일을 스스로 옳다고 여긴다.

8 그들의 말은 표범보다도 날쌔며 해질 무렵의 늑대보다도 사납다. 그들의 기병은 재빨리 공격하는데 멀리서 와서 먹이를 덮치는 독수리처럼 날쌔게 달려든다.

9 그들은 모두 싸우러 온다. 그 군대는 사막의 회오리바람처럼 빠르게 행군하며 모래알처럼 많은 사람을 포로로 잡아간다.

1 This is the message that the prophet Habakkuk received in a vision.

Habakkuk's Complaint

2 • How long, O LORD, must I call for help?
   But you do not listen!
   "Violence is everywhere!" I cry,
   but you do not come to save.

3 • Must I forever see these evil deeds?
   Why must I watch all this misery?
Wherever I look,
   I see destruction and violence.
I am surrounded by people
   who love to argue and fight.

4 • The law has become paralyzed,
   and there is no justice in the courts.
The wicked far outnumber the righteous,
   so that justice has become perverted.

The LORD's Reply

5 • The LORD replied,

   "Look around at the nations;
   look and be amazed!*
For I am doing something in your own day,
   something you wouldn't believe
   even if someone told you about it.

6 • I am raising up the Babylonians,*
   a cruel and violent people.
They will march across the world
   and conquer other lands.

7 • They are notorious for their cruelty
   and do whatever they like.

8 • Their horses are swifter than cheetahs*
   and fiercer than wolves at dusk.
Their charioteers charge from far away.
   Like eagles, they swoop down to devour
      their prey.

9 • "On they come, all bent on violence.
   Their hordes advance like a desert wind,
   sweeping captives ahead of them like sand.

1:5 Greek version reads *Look you mockers; / look and be amazed and die.* Compare Acts 13:41.   1:6 Or *Chaldeans.*   1:8 Or *leopards.*

10 바빌로니아 군인은 왕들을 조롱하고 통치자들을 비웃는다. 그들은 모든 요새를 업신여기고 성벽 꼭대기까지 흙더미를 쌓아서, 마침내 성을 점령한다.

11 그런 뒤에 그들은 바람처럼 사라져 간다. 그들은 자신들의 힘을 경배하는 죄를 범하고 있다."

하박국이 다시 호소하다

12 여호와 나의 하나님, 주는 영원 전부터 살아 계신 주님이십니다. 주님은 나의 하나님, 나의 거룩하신 하나님이시며 우리를 죽이지 않으실 것입니다. 여호와여, 주는 백성을 심판하시려고 바빌로니아 사람을 택하셨습니다. 우리의 반석이신 주님은 백성을 심판하시려고 그들을 세우셨습니다.

13 주의 눈은 정결하셔서 차마 악을 보지 못하시고 백성이 나쁜 짓 하는 것을 참지 못하십니다. 그런데 어찌하여 저 악한 백성을 그대로 내버려 두시며, 악한 백성이 의로운 백성을 쳐서 이겨도 잠잠히 보기만 하십니까?

14 주께서는 어찌하여 백성을 바다의 물고기처럼 여기시고 지도자도 없는 바다 짐승처럼 여기십니까?

15 원수가 그들 모두를 낚싯바늘로 낚고 그물로 잡아 올립니다. 그들을 끌어모으고 기뻐합니다.

16 그 원수는 "그물 때문에 부자가 되었고, 좋은 음식을 맛볼 수 있게 되었다"라고 소리치며 그물에게 희생 제물을 바치고 향을 피워 올리며 제사를 지냅니다.

17 그가 언제까지 그 그물로 부자가 되고 언제까지 백성들을 무자비하게 멸망시키도록 할 생각이십니까?

2 내가 보초처럼 서서 지키겠습니다. 망대 위에 서 있겠습니다. 주께서 내게 무슨 말씀을 하실지 기다리겠습니다. 내가 호소하는 것에 주께서 어떻게 대답하실지 기다리겠습니다.

여호와께서 대답하시다

2 여호와께서 내게 대답하셨다. "내가 네게 보여 주는 것을 적어라. 그것을 돌판 위에 뚜렷이 새겨서 달려가면서도 쉽게 읽을 수 있게 하여라.

3 아직은 그 말이 이루어질 때가 되지 않았다. 그러나 곧 그때가 올 것이다. 그 말은 꼭 이루어진다. 비록 더디게 이루어지는 것처럼 보

---

10 • They scoff at kings and princes
    and scorn all their fortresses.
    They simply pile ramps of earth
    against their walls and capture them!

11 • They sweep past like the wind
    and are gone.
    But they are deeply guilty,
    for their own strength is their god."

Habakkuk's Second Complaint

12 • O LORD my God, my Holy One, you who are eternal—
    surely you do not plan to wipe us out?
    O LORD, our Rock, you have sent these Babylonians to correct us,
    to punish us for our many sins.

13 • But you are pure and cannot stand the sight of evil.
    Will you wink at their treachery?
    Should you be silent while the wicked swallow up people more righteous than they?

14 • Are we only fish to be caught and killed?
    Are we only sea creatures that have no leader?

15 • Must we be strung up on their hooks
    and caught in their nets while they rejoice and celebrate?

16 • Then they will worship their nets
    and burn incense in front of them.
    "These nets are the gods who have made us rich!"
    they will claim.

17 • Will you let them get away with this forever?
    Will you succeed forever in their heartless conquests?

2 • I will climb up to my watchtower
    and stand at my guardpost.
    There I will wait to see what the LORD says
    and how he* will answer my complaint.

The LORD's Second Reply

2 • Then the LORD said to me,

    "Write my answer plainly on tablets,
    so that a runner can carry the correct message to others.

3 • This vision is for a future time.
    It describes the end, and it will be fulfilled.
    If it seems slow in coming, wait patiently,

---

notorious [noutɔ́ːriəs] *a.* 악명높은
paralyzed [pǽrəlaizd] *a.* 무력한, 쓸모없게 된
perverted [pəːrvə́ːrtid] *a.* 왜곡된, 그릇된
treachery [trétʃəri] *n.* 배반, 기만
1:10 scoff at… : …를 조롱하다

2:1 As in Syriac version; Hebrew reads *I.*

일지라도 참고 기다려라. 그 일은 이루어
진다. 미루어지지 않는다.

4 보아라, 그의 마음은 교만하여 정직함이
없다. 그러나 의인은 믿음으로 인하여 산
다.

5 포도주를 즐기는 바빌로니아 사람은 교만
하기 때문에 가만히 있지 않는다. 그들의
욕심은 무덤과 같아서 죽음처럼 절대로 채
워지지 않는다. 그들은 다른 나라들을 모
아들이고 모든 민족을 사로잡아 자기 것으
로 삼는다.

6 그러나 사로잡힌 모든 사람들이 그에 대하
여 조롱하고 그에 관하여 풍자하며 말할
것이다. '너희 것이 아닌 것을 모으는 자들
아, 너희가 얼마나 오랫동안 쌓아 놓을 것
이냐? 이제 너희가 탈압하고 강탈했던 것
에 대한 대가를 받을 것이다.'

7 네 빚쟁이들이 분노하여 갑자기 일어날 것
이며, 너를 괴롭게 할 자가 깨어날 것이며,
너는 그들에게 약탈당할 것이다.

8 네가 여러 나라들을 털었으므로, 살아남
은 모든 백성들이 너희 것을 빼앗을 것이
다. 이는 네가 사람에게 죄를 범하고 땅에
잘못을 행하며, 도시를 파괴하고 모든 거
주민에게 폭력을 행했기 때문이다.

9 화가 있을 것이다! 자기의 집을 위해 악한
탐심을 내는 자야! 재난을 피하기 위하여
높은 집에 둥지를 세우는 자야!

10 너는 여러 나라를 망하게 할 계획을 세웠
으나 그것 때문에 바로 네 집이 부끄러움
을 당할 것이며 네 생명을 잃을 것이다.

11 성벽의 돌들이 너를 향해 부르짖을 것이
며, 천장을 떠받치는 들보가 네 잘못을 증
언할 것이다.

12 화가 있을 것이다! 피로 성읍을 건축하며
불의로 성을 세우는 자야!

13 나 여호와가 불을 보내어 이러한 백성이
세운 것을 태울 것이다. 온 민족이 애써 한
일을 허사로 만들 것이다.

14 마치 물이 바다를 덮음과 같이 나 여호와
의 영광을 아는 지식이 땅에 가득 찰 것이
다.

15 분노하여 남에게 고통을 주는 나라에 재앙
이 닥친다! 분노함으로 다른 백성에게 술
을 먹이고 그들을 벌거벗기고 알몸을 보려
는 자에게 화가 있을 것이다!

for it will surely take place.
　　It will not be delayed.

4 • "Look at the proud!
　　They trust in themselves, and their lives are
　　　　crooked.
　　But the righteous will live by their faithfulness
　　　　to God.*

5 • Wealth* is treacherous,
　　and the arrogant are never at rest.
　　They open their mouths as wide as the grave,*
　　and like death, they are never satisfied.
　　In their greed they have gathered up many nations
　　and swallowed many peoples.

6 • "But soon their captives will taunt them.
　　They will mock them, saying,
　　'What sorrow awaits you thieves!
　　Now you will get what you deserve!
　　You've become rich by extortion,
　　but how much longer can this go on?'

7 • Suddenly, your debtors will take action.
　　They will turn on you and take all you have,
　　while you stand trembling and helpless.

8 • Because you have plundered many nations;
　　now all the survivors will plunder you.
　　You committed murder throughout the
　　　　countryside
　　and filled the towns with violence.

9 • "What sorrow awaits you who build big houses
　　with money gained dishonestly!
　　You believe your wealth will buy security,
　　putting your family's nest beyond the reach
　　　　of danger.

10 • But by the murders you committed,
　　you have shamed your name and forfeited
　　　　your lives.

11 • The very stones in the walls cry out against you,
　　and the beams in the ceilings echo the
　　　　complaint.

12 • "What sorrow awaits you who build cities
　　with money gained through murder and
　　　　corruption!

13 • Has not the LORD of Heaven's Armies promised
　　that the wealth of nations will turn to ashes?
　　They work so hard,
　　but all in vain!

14 • For as the waters fill the sea,
　　the earth will be filled with an awareness
　　of the glory of the LORD.

15 • "What sorrow awaits you who make your

2:3b-4 Greek version reads *If the vision is delayed, wait
patiently, / for it will surely come and not delay. / I will
take no pleasure in anyone who turns away. / But the
righteous person will live by my faith.* Compare Rom
1:17; Gal 3:11; Heb 10:37-38. 2:5a As in Dead Sea
Scroll 1QpHab; other Hebrew manuscripts read *Wine.*
2:5b Hebrew *as Sheol.*

16 너희 바빌로니아 사람은 영광이 아니라 진노를 받을 것이다. 그 진노는 나 여호와의 오른손에 들린 심판의 잔과 같을 것이다. 너희는 그 진노를 맛보게 되고 마침내 취한 사람처럼 땅에 쓰러질 것이다. 너희는 그 잔을 마시고 영광이 아닌 부끄러움을 당하게 될 것이다.

17 너희가 레바논에서 많은 사람을 해쳤으므로 이제는 너희가 상처를 입을 것이다. 너희가 거기에서 수많은 짐승을 죽였으므로 이제는 너희가 두려움에 휩싸일 것이다. 그곳의 여러 성과 그 성 주민들에게 저지른 폭력 때문에 너희는 두려움에 떨게 될 것이다."

우상들에 관한 말씀

18 "우상은 사람이 만든 것이니 무슨 쓸 데가 있겠느냐? 우상은 새겨 만든 것으로 거짓말을 가르칠 뿐이다. 우상을 만든 사람은 자기가 만든 우상이 자신을 돕기를 바라지만 그것은 말도 할 줄 모른다.

19 나무 우상을 가리켜 '깨어나라' 고 말하며, 말할 수 없는 돌을 가리켜 '일어나라' 고 말하는 자에게 재앙이 닥칠 것이다. 그런 것들이 사람에게 무엇을 가르칠 수 있겠느냐? 그것들은 금과 은을 입힌 우상에 지나지 않을 뿐더러 그 안에는 생명이 없다.

20 그러나 나 여호와는 나의 거룩한 성전에 있으니 온 땅은 내 앞에서 잠잠할지니라."

하박국의 기도

3 이것은 예언자 하박국이 시기오놋*에 맞춘 기도입니다.

2 여호와여, 내가 주의 명성을 들었으며, 주께서 하신 일을 보고 놀랐습니다. 여호와여, 우리 시대에 주의 놀라운 일을 다시 행하여 주십시오. 우리 시대에 그런 일이 다시 일어나게 해 주십시오. 주께서 노하셨을 때에도 잊지 마시고 자비를 베풀어 주십시오.

3 하나님은 남쪽 데만에서 오십니다. 거룩하신 분께서 바란 산에서 오십니다. (셀라) 주의 영광이 하늘을 덮고, 하나님 찬양이 땅에 가득합니다.

4 주는 밝은 빛과 같습니다. 주의 손에서 광선이 나옵니다. 주께서 광선 속에 그 능력을 감추십니다.

5 전염병이 주 앞에서 행하고 질병이 그 뒤

---

neighbors drunk!
You force your cup on them
　so you can gloat over their shameful
　　nakedness.
16 ● But soon it will be your turn to be disgraced.
　Come, drink and be exposed!*
Drink from the cup of the LORD's judgment,
　and all your glory will be turned to shame.
17 ● You cut down the forests of Lebanon.
　Now you will be cut down.
You destroyed the wild animals,
　so now their terror will be yours.
You committed murder throughout the
　　countryside
　and filled the towns with violence.

18 ● "What good is an idol carved by man,
　or a cast image that deceives you?
How foolish to trust in your own creation—
　a god that can't even talk!
19 ● What sorrow awaits you who say to wooden
　　idols,
　'Wake up and save us!'
To speechless stone images you say,
　'Rise up and teach us!'
Can an idol tell you what to do?
They may be overlaid with gold and silver,
　but they are lifeless inside.
20 ● But the LORD is in his holy Temple.
　Let all the earth be silent before him."

Habakkuk's Prayer

3 This prayer was sung by the prophet Habakkuk*:

2 ● I have heard all about you, LORD.
　I am filled with awe by your amazing works.
In this time of our deep need,
　help us again as you did in years gone by.
And in your anger,
　remember your mercy.

3 ● I see God moving across the deserts from Edom,*
　the Holy One coming from Mount Paran.*
His brilliant splendor fills the heavens,
　and the earth is filled with his praise.
4 ● His coming is as brilliant as the sunrise.
　Rays of light flash from his hands,
　where his awesome power is hidden.
5 ● Pestilence marches before him;

---

forfeit [fɔːrfit] *vt.* (재산 등을 벌로써) 상실하다, 잃다

2:16 Dead Sea Scrolls and Greek and Syriac versions read *and stagger!* 3:1 Hebrew adds *according to shigionoth*, probably indicating the musical setting for the prayer. 3:3a Hebrew *Teman*. 3:3b Hebrew adds *selah*; also in 3:9, 13. The meaning of this Hebrew term is uncertain; it is probably a musical or literary term.

3:1 음악 용어로서, 그 뜻은 분명하지 않지만, 그 다음에 나오는 시를 노래할 때 '애가' 형식으로 부르라는 뜻인 듯하다.

를 따릅니다.

6 주께서 멈추시니 땅이 흔들리고 주께서 바라보시니 나라들이 두려움에 떱니다. 영원토록 서 있던 산들이 무너져 내리고 오래 된 언덕들이 가라앉았습니다. 하나님은 언제나 다름이 없는 하나님이십니다.

7 내가 보니 구산의 장막들이 어려움에 빠져 있고 미디안의 장막들이 떨고 있습니다.

8 여호와여, 말을 타고 달리시고 전차를 몰아 승리의 길로 나아가는 것은 강을 향해 노하시는 것입니까? 시내를 향해 노여워하시는 것입니까? 바다를 향해 진노하시는 것입니까?

9 주께서 활을 꺼내시고 화살을 날리셨습니다. (셀라) 주께서 강으로 땅을 나누셨습니다.

10 산들이 주를 보고 두려움에 떨었습니다. 거센 물줄기가 흘러 내려갑니다. 바다가 큰 소리를 내며 파도가 높이 솟구칩니다.

11 주께서 쏘신 화살이 날아가는 모습을 보고, 주께서 던지신 번쩍이는 창을 보고 해와 달이 하늘에서 멈추어 섰습니다.

12 주께서 진노하심으로 땅을 밟으시며, 노하심으로 나라들을 짓밟으십니다.

13 주께서 주의 백성과 주가 선택한 사람들을 구원하러 오셨습니다. 주께서 악한 백성의 지도자를 누르셨고, 그들의 것을 다 빼앗으셨습니다. (셀라)

14 원수의 군대가 폭풍처럼 밀려와 우리를 흩어 버리고, 가난한 사람을 아무도 모르게 삼키고 좋아합니다. 그러나 주께서 바로 그 원수의 창으로 그 군대의 지도자를 찌르셨습니다.

15 주께서 말을 타시고 바다를 지나시고 큰 물을 휘저으셨습니다.

16 이 모든 것을 들으니 내 몸이 떨립니다. 그 소리를 들으니 내 입술이 떨립니다. 내 뼈에 힘이 빠지고 다리가 후들거립니다. 그러나 나는 우리를 치러 오는 백성에게 닥칠 재앙의 날을 참고 기다리겠습니다.

17 *무화과나무에 무화과가 없고, 포도나무에 포도가 없고, 올리브 나무에 거둘 것이 없고, 밭에 거둘 곡식이 없으며, 우리에 양이 없고 외양간에 소가 없더라도*

18 나는 여호와 때문에 기뻐하겠습니다. 나를 구원하시는 하나님을 즐거워하겠습니다

plague follows close behind.

6 • When he stops, the earth shakes.
    When he looks, the nations tremble.
He shatters the everlasting mountains
    and levels the eternal hills.
    He is the Eternal One!*

7 • I see the people of Cushan in distress,
    and the nation of Midian trembling in terror.

8 • Was it in anger, LORD, that you struck the rivers
    and parted the sea?
Were you displeased with them?
    No, you were sending your chariots of
      salvation!

9 • You brandished your bow
    and your quiver of arrows.
    You split open the earth with flowing rivers.

10 • The mountains watched and trembled.
    Onward swept the raging waters.
The mighty deep cried out,
    lifting its hands in submission.

11 • The sun and moon stood still in the sky
    as your brilliant arrows flew
    and your glittering spear flashed.

12 • You marched across the land in anger
    and trampled the nations in your fury.

13 • You went out to rescue your chosen people,
    to save your anointed ones.
You crushed the heads of the wicked
    and stripped their bones from head to toe.

14 • With his own weapons,
    you destroyed the chief of those
who rushed out like a whirlwind,
    thinking Israel would be easy prey.

15 • You trampled the sea with your horses,
    and the mighty waters piled high.

16 • I trembled inside when I heard this;
    my lips quivered with fear.
My legs gave way beneath me,*
    and I shook in terror.
I will wait quietly for the coming day
    when disaster will strike the people who
      invade us.

17 • Even though the fig trees have no blossoms,
    and there are no grapes on the vines;
even though the olive crop fails,
    and the fields lie empty and barren;
even though the flocks die in the fields,
    and the cattle barns are empty,

18 • yet I will rejoice in the LORD!
    I will be joyful in the God of my salvation!

---

brandish [brǽndiʃ] *vt.* (칼 · 창 등을) 휘두르다
quiver [kwívər] *n. vi.* (등에 메는) 화살통; 떨리다
3:19 be accompanied by … : …으로 반주되다

3:6 Or *The ancient paths belong to him.*   3:16 Hebrew *Decay entered my bones.*

다.

19 주 여호와는 나의 힘이십니다. 내 발을 사슴의 발과 같게 해 주셔서 가파른 산 위에서도 다닐 수 있게 하십니다. 이 노래는 음악 지휘자를 따라서 내 수금에 맞춘 것이다.

19 • The Sovereign LORD is my strength!
  He makes me as surefooted as a deer,*
  able to tread upon the heights.

(For the choir director: This prayer is to be accompanied by stringed instruments.)

3:19 Or *He gives me the speed of a deer.*

스바냐

● 서론

❖ 저자 _ 스바냐
❖ 저작 연대 _ B.C. 640–630년
❖ 기록 장소 _ 유다
❖ 기록 대상 _ 유다 백성
❖ 핵심어 및 내용 _ 핵심어는 '보복', '주의 날', '남은 자들'이다. 스바냐는 하나님이 죄를 미워하시는 거룩한 분이시기 때문에, 모든 나라들은 다가올 '주의 날'에 심판을 받게 될 것이라고 선포했다. 그러나 하나님은 주의 백성들을 남겨 두시고, 그들 가운데 함께하시며 그들을 위로하실 것이라고 약속하셨다.

1 이것은 아몬의 아들 요시야가 유다 왕으로 있을 때에 여호와께서 스바냐에게 하신 말씀입니다. 스바냐는 구시의 아들이고 구시는 그다랴의 아들이며 그다랴는 아마랴의 아들이고 아마랴는 히스기야의 아들입니다.

여호와의 심판

2 "내가 이 땅 위의 모든 것을 완전히 없애 버리겠다. 나 여호와의 말이다.

3 사람과 짐승도 없애 버리고 공중의 새들도 없애 버리고 바다의 물고기도 없애 버리겠다. 악한 사람을 멸망시키고 모든 사람을 이 땅 위에서 쓸어 버리겠다. 나 여호와의 말이다."

유다의 미래

4 "내가 유다와 예루살렘의 모든 거주민들 위에 내 손을 뻗쳐 바알의 남아 있는 것과 그마림*과 그들의 제사장들을 그곳에서 없애 버리겠다.

5 지붕 위에서 하늘의 별을 섬기는 사람들과 나 여호와를 예배하고 나의 이름으로 맹세하면서도 말감*을 예배하고 맹세하는 사람들을 내가 없애겠다.

6 나 여호와에게서 등을 돌린 사람들과 나를 따르지 않고 나의 뜻을 묻지 않은 사람들을 내가 없애겠다."

7 주 여호와 앞에서 잠잠하여라. 여호와의 심판의 날이 다가왔다. 여호와께서 그분의 백성을 희생 제물로 준비하시고 그들을 암살할 자들을 구별해 놓으셨다.

8 "그날에 나 여호와가 유다를 희생 제물로 삼을 것이다. 나 여호와가 왕과 왕자들을 심판하겠다. 그리고 외국인의 옷을 입은 사람들을 심판하겠다.

1 The LORD gave this message to Zephaniah when Josiah son of Amon was king of Judah. Zephaniah was the son of Cushi, son of Gedaliah, son of Amariah, son of Hezekiah.

Coming Judgment against Judah

2 ● "I will sweep away everything
from the face of the earth," says the LORD.

3 ● "I will sweep away people and animals alike.
I will sweep away the birds of the sky and
the fish in the sea.
I will reduce the wicked to heaps of rubble,*
and I will wipe humanity from the face of
the earth," says the LORD.

4 ● "I will crush Judah and Jerusalem with my fist
and destroy every last trace of their Baal
worship.
I will put an end to all the idolatrous priests,
so that even the memory of them will
disappear.

5 ● For they go up to their roofs
and bow down to the sun, moon, and stars.
They claim to follow the LORD,
but then they worship Molech,* too.

6 ● And I will destroy those who used to worship
me
but now no longer do.
They no longer ask for the LORD's guidance
or seek my blessings."

7 ● Stand in silence in the presence of the
Sovereign LORD,
for the awesome day of the LORD's judgment
is near.
The LORD has prepared his people for a great
slaughter
and has chosen their executioners.*

8 ● "On that day of judgment,"

1:3 The meaning of the Hebrew is uncertain. **1:5** Hebrew *Malcam,* a variant spelling of Molech; or it could possibly mean *their king.* **1:7** Hebrew *has prepared a sacrifice and sanctified his guests.*

1:4 '그마림'은 '이교의 제사장'을 가리키는 칭호이다.
1:5 '말감'은 '몰렉'이라고도 한다. '그들의 왕'이라는 뜻이다.

9 그날에 문턱을 뛰어넘어서 불법과 사기로 왕궁을 채운 자들을 내가 벌하겠다.

10 그날이 오면 '물고기 문'에서 울부짖는 소리가 들릴 것이다. 예루살렘의 둘째 구역에서는 통곡하는 소리가 들릴 것이며 언덕에서는 크게 무너지는 소리가 들릴 것이다. 나 여호와의 말이다.

11 막데스에 사는 사람들아, 슬피 울어라. 상인마다 다 죽을 것이며 은을 파는 사람들이 다 사라질 것이다.

12 그때에 나 여호와가 등불을 들고 예루살렘을 뒤지겠다. 찌꺼기 같은 인생에 괴로워하지 않고, '여호와는 아무 일도 하지 않는다. 도와 주시지도 않고 심판하시지도 않는다' 라고 마음속으로 생각하는 사람을 벌하겠다.

13 그들의 재산은 털리며 집은 헐릴 것이다. 집을 지어도 거기에서 살지 못할 것이며 포도밭을 가꾸어도 포도주를 마시지 못할 것이다."

여호와의 심판의 날

14 여호와의 심판의 날이 다가오고 있다. 그 큰 날이 가까이 달려오고 있다. 그 날에 울부짖는 소리가 매우 슬플 것이다. 군인들도 목놓아 울 것이다.

15 그날은 진노의 날이 될 것이다. 재앙과 고통의 날, 파괴와 멸망의 날, 어둠과 암흑의 날이 될 것이다.

16 나팔을 불어 경고하며 견고한 성읍을 공격하며 높은 망대를 공격하는 날이 될 것이다.

17 "내가 사람들에게 고통을 안겨 주겠다. 그들이 나 여호와에게 죄를 지었으므로 마치 눈먼 사람처럼 걸을 것이다. 그들의 피가 흙먼지처럼 쏟아지고 시체가 쓰레기처럼 쌓일 것이다."

18 여호와의 진노가 드러날 그날에 그들의 은과 금이 그들을 구하지 못할 것이다. 여호와의 노는 불 같아서 전세계를 태워 버릴 것이다. 여호와께서 순식간에 땅 위에 사는 모든 사람을 없애실 것이다.

---

says the LORD,
"I will punish the leaders and princes of Judah
　and all those following pagan customs.

9 • Yes, I will punish those who participate in
　　pagan worship ceremonies,
　and those who fill their masters' houses
　　with violence and deceit.

10 • "On that day, says the LORD,
　　a cry of alarm will come from the Fish Gate
and echo throughout the New Quarter of the city.*
　And a great crash will sound from the hills.

11 • Wail in sorrow, all you who live in the market area,*
　　for all the merchants and traders will be destroyed.

12 • "I will search with lanterns in Jerusalem's
　　darkest corners
　to punish those who sit complacent in their sins.
They think the LORD will do nothing to them,
　either good or bad.

13 • So their property will be plundered,
　　their homes will be ransacked.
They will build new homes
　but never live in them.
They will plant vineyards
　but never drink wine from them.

14 • "That terrible day of the LORD is near.
　　Swiftly it comes—
a day of bitter tears,
　a day when even strong men will cry out.

15 • It will be a day when the LORD's anger is
　　poured out—
a day of terrible distress and anguish,
　a day of ruin and desolation,
　a day of darkness and gloom,
a day of clouds and blackness,

16 • 　a day of trumpet calls and battle cries.
Down go the walled cities
　and the strongest battlements!

17 • "Because you have sinned against the LORD,
　I will make you grope around like the blind.
Your blood will be poured into the dust,
　and your bodies will lie rotting on the ground."

18 • Your silver and gold will not save you
　　on that day of the LORD's anger.
For the whole land will be devoured
　by the fire of his jealousy.
He will make a terrifying end
　of all the people on earth.*

---

battlement [bǽtlmənt] *n.* (pl.) 총안(銃眼)이 있는 흉벽
complacent [kəmpléisnt] *a.* 개의치 않는
grope [group] *vi.* 손으로 더듬어 나아가다
ransack [rǽnsæk] *vt.* 뒤지다(rob), 약탈하다

1:10 Or *the Second Quarter*, a newer section of Jerusalem. Hebrew reads *the Mishneh*.　1:11 Or *in the valley*, a lower section of Jerusalem. Hebrew reads *the Maktesh*.　1:18 Or *the people living in the land.*

의롭고 겸손한 사람을 찾으시는 하나님

2 부끄러움을 모르는 백성아, 함께 모여라.

2 심판이 시작되기 전에, 기회가 겨처럼 날아가기 전에, 여호와의 무서운 진노가 너희에게 미치기 전에, 여호와의 진노의 날이 너희에게 이르기 전에 모여라.

3 주의 율법을 지키는 땅의 모든 겸손한 사람들아, 너희는 여호와를 찾으며 올바른 일을 하고 겸손을 배워라. 혹시 여호와의 진노의 날을 피할 수 있을지도 모른다.

블레셋을 심판하신다

4 가사 성은 버림받을 것이며 아스글론 성은 폐허가 될 것이다. 아스돗은 대낮에 텅 빌 것이며 에그론 백성은 쫓겨날 것이다.

5 화로다! 해변에 사는 그렛 민족에게 재앙이 있을 것이다. 블레셋 백성의 땅, 가나안아! 너희에게 재앙이 닥친다. 여호와께서 하신 이 말씀은 너희를 향한 것이다. "내가 너희를 없애어 아무도 살아남지 못하게 할 것이다."

6 너희가 살고 있는 지중해 해안은 목초지가 되어 목자의 움막과 양 떼를 위한 우리가 될 것이다.

7 그 땅은 살아남은 유다 자손의 땅이 될 것이다. 유다 자손은 거기에서 양 떼에게 풀을 먹이고, 밤이 되면 아스글론에 있는 집에서 잠잘 것이다. 그들의 하나님 여호와께서 그들과 함께하실 것이며 그들의 번영을 회복시켜 주실 것이다.

모압과 암몬을 심판하신다

8 "모압과 암몬 사람들이 내 백성을 욕하는 것을 들었다. 그들이 내 백성을 조롱하고 국경을 침범하였다.

9 그러므로 나 만군의 여호와, 이스라엘의 하나님이 말한다. 나의 삶을 두고 맹세하니 모압은 소돔처럼 망할 것이요, 암몬은 고모라처럼 망할 것이다. 그들의 땅은 잡초와 소금으로 뒤덮일 것이며 영원히 황무지가 될 것이다. 살아남은 내 백성이 그들을 약탈하며 내 나라의 남은 백성이 그들의 땅을 차지할 것이다."

10 이것은 모압과 암몬이 받을 몫이다. 그들이 교만하여 만군의 여호와의 백성을 욕하

A Call to Repentance

2 1 • Gather together—yes, gather together,
you shameless nation.

2 • Gather before judgment begins,
before your time to repent is blown away
like chaff.
Act now, before the fierce fury of the LORD falls
and the terrible day of the LORD's anger
begins.

3 • Seek the LORD, all who are humble,
and follow his commands.
Seek to do what is right
and to live humbly.
Perhaps even yet the LORD will protect you—
protect you from his anger on that day of
destruction.

Judgment against Philistia

4 • Gaza and Ashkelon will be abandoned,
Ashdod and Ekron torn down.

5 • And what sorrow awaits you Philistines*
who live along the coast and in the land of
Canaan,
for this judgment is against you, too!
The LORD will destroy you
until not one of you is left.

6 • The Philistine coast will become a wilderness
pasture,
a place of shepherd camps
and enclosures for sheep and goats.

7 • The remnant of the tribe of Judah will pasture
there.
They will rest at night in the abandoned
houses in Ashkelon.
For the LORD their God will visit his people in
kindness
and restore their prosperity again.

Judgment against Moab and Ammon

8 • "I have heard the taunts of the Moabites
and the insults of the Ammonites,
mocking my people
and invading their borders.

9 • Now, as surely as I live,"
says the LORD of Heaven's Armies, the God
of Israel,
"Moab and Ammon will be destroyed—
destroyed as completely as Sodom and
Gomorrah.
Their land will become a place of stinging nettles,
salt pits, and eternal desolation.
The remnant of my people will plunder them
and take their land."

10 • They will receive the wages of their pride,

nettle [nétl] *n.* 쐐기풀
stinging [stíŋiŋ] *a.* 찌르는

2:5 Hebrew *Kerethites*.

고 조롱했기 때문이다.

11 그들이 여호와를 두려워하게 될 것이다. 주께서 땅 위의 모든 신들을 없애실 것이다. 그때에 먼 곳의 백성들도 각자 자기 나라에서 여호와를 예배할 것이다.

에티오피아와 앗시리아를 심판하신다

12 여호와께서 말씀하신다. "너희 에티오피아* 사람아! 너희도 내 칼에 죽을 것이다."

13 여호와께서 북쪽으로 손을 뻗어 앗시리아를 멸하시고, 니느웨를 치셔서 사막처럼 메마른 땅으로 만드실 것이다.

14 온갖 종류의 짐승들이 그 가운데 떼로 누울 것이며, 까마귀와 올빼미가 폐허 사이의 돌기둥 위에 앉을 것이며 창문과 문턱에서 울 것이다. 깨진 벽돌 조각이 문간에 이르는 길에 널려져 있을 것이며 백향목 들보가 썩어 버릴 것이다.

15 이 성은 행복하고 안전한 성이며 "나보다 굳건한 성은 없다"라고 자랑하던 성이다. 그러나 이 성은 멸망하여 짐승들만이 살게 되었다. 지나가는 사람마다 조롱하며 주먹을 흔들 것이다.

예루살렘을 심판하신다

3 화 있으리로다! 더럽고 오염되고 억압받는 성이여!

2 너는 주의 말씀을 듣지도 않고 가르쳐도 따르지 않는다. 여호와를 의지하지도 않고 자신의 하나님을 섬기지도 않는다.

3 성 안의 관리들은 으르렁거리는 사자와 같고, 재판관들은 아침까지 남기지 않고 먹어치우는 저녁의 굶주린 늑대와 같다.

4 예언자들은 교만하여 믿을 수 없고 제사장들은 거룩한 곳인 성소를 더럽히며 잘못된 법을 가르친다.

5 그러나 성 안에 계신 여호와께서는 의로우셔서 악한 일을 하지 않으신다. 아침마다 백성을 공정하게 다스리시며 날마다 정의를 나타내신다. 그러나 악한 백성은 부끄러워할 줄을 모른다.

for they have scoffed at the people of the
　LORD of Heaven's Armies.

11 ● The LORD will terrify them
　　as he destroys all the gods in the land.
　Then nations around the world will worship
　　the LORD,
　　each in their own land.

Judgment against Ethiopia and Assyria

12 ● "You Ethiopians* will also be slaughtered
　　by my sword," says the LORD.

13 ● And the LORD will strike the lands of the north
　　with his fist,
　　destroying the land of Assyria.
　He will make its great capital, Nineveh,
　　a desolate wasteland,
　　parched like a desert.

14 ● The proud city will become a pasture for
　　flocks and herds,
　　and all sorts of wild animals will settle there.
　The desert owl and screech owl will roost on
　　its ruined columns,
　　their calls echoing through the gaping windows.
　Rubble will block all the doorways,
　　and the cedar paneling will be exposed to
　　the weather.

15 ● This is the boisterous city,
　　once so secure.
　"I am the greatest!" it boasted.
　　"No other city can compare with me!"
　But now, look how it has become an utter ruin,
　　a haven for wild animals.
　Everyone passing by will laugh in derision
　　and shake a defiant fist.

Jerusalem's Rebellion and Redemption

3 ● What sorrow awaits rebellious, polluted
　　Jerusalem,
　　the city of violence and crime!

2 ● No one can tell it anything;
　　it refuses all correction.
　It does not trust in the LORD
　　or draw near to its God.

3 ● Its leaders are like roaring lions
　　hunting for their victims.
　Its judges are like ravenous wolves at evening time,
　　who by dawn have left no trace of their prey.

4 ● Its prophets are arrogant liars seeking their own gain.
　　Its priests defile the Temple by disobeying
　　God's instructions.

5 ● But the LORD is still there in the city,

---

boisterous [bɔ́istərəs] *a.* 명랑하고 떠들썩한
derision [diríʒen] *n.* 비웃음, 조롱
ravenous [rǽvənəs] *a.* 게걸스럽게 먹는, 굶주린

2:12 Hebrew *Cushites.*
2:12 개역 성경에는 (히) '구스'라고 표기되어 있다.

6 "내가 다른 나라들을 파괴했고 그 요새들
을 무너뜨렸다. 그 거리들을 텅텅 비게 하
여 다니는 사람이 아무도 없게 하였다. 성
은 폐허가 되었고 이제는 아무도 살지 않
는다.

7 내가 말하기를 '이제 예루살렘은 오직 나
를 두렵고 떨림으로 경외하여라. 이제는
내 가르침을 받아들여라. 그러면 너희들
이 살던 곳이 망하지 않을 것이며 나도 너
희들을 심판하지 않을 것이' 라고 했다.
그러나 그들은 일찍 일어나 못된 짓을 했
다. 하는 짓마다 모두 악했다.

8 그러므로 나를 기다려라. 나 여호와의 말
이다. 내가 재판을 열고 재판장이 되겠다.
나라들을 불러모으고 왕국들을 모아들이
겠다. 내 노를 그들에게 쏟아 붓겠다. 끓어
오르는 나의 진노, 불같이 타오르는 나의
분노로 온 세상이 불타 버릴 것이다."

하나님의 백성을 위한 새 날

9 "그때에 내가 모든 나라 백성의 말을 깨끗
이 하겠다. 누구나 나 여호와의 이름을 부
르며 모두 함께 나를 섬기게 할 것이다.

10 흩어졌던 내 백성이 에티오피아 강 건너편
에서부터 예물을 가지고 나에게 올 것이
다.

11 그날이 오면 네가 나에게 지은 모든 죄로
인하여 부끄러움을 당하는 일이 없을 것이
다. 내가 이 성에서 자랑하기 좋아하는 사
람을 없애겠다. 다시는 예루살렘에 있는
내 거룩한 산에 교만한 사람이 없게 하겠
다.

12 나는 가난하고 겸손한 사람들을 내 성에
남겨 놓을 것이다. 그들이 나 여호와의 이
름을 의지할 것이다.

13 이스라엘의 살아남은 사람은 다시는 악한
짓을 하지 않고 거짓말을 하지 않으며 남
을 속이지 않을 것이다. 그들은 양처럼 잘
먹고 편히 누울 것이니 아무도 그들을 괴
롭히지 못할 것이다."

행복한 노래

14 오, 시온의 딸아! 노래하여라. 이스라엘아,
즐겁게 외쳐라. 예루살렘의 딸아, 마음껏
기뻐하고 즐거워하여라.

15 여호와께서 너에 대한 심판을 그치셨고 네
원수를 쫓아 버리셨다. 이스라엘의 왕이신
여호와께서 너와 함께 계시니, 네가 다시

and he does no wrong.
　Day by day he hands down justice,
　　and he does not fail.
　But the wicked know no shame.

6 • "I have wiped out many nations,
　　devastating their fortress walls and towers.
　Their streets are now deserted;
　　their cities lie in silent ruin.
　There are no survivors—
　　none at all.

7 • I thought, 'Surely they will have reverence for
　　　me now!
　　Surely they will listen to my warnings.
　Then I won't need to strike again,
　　destroying their homes.'
　But no, they get up early
　　to continue their evil deeds.

8 • Therefore, be patient," says the LORD.
　　"Soon I will stand and accuse these evil
　　　nations.
　For I have decided to gather the kingdoms
　　　of the earth
　　and pour out my fiercest anger and fury
　　　on them.
　All the earth will be devoured
　　by the fire of my jealousy.

9 • "Then I will purify the speech of all people,
　　so that everyone can worship the LORD
　　　together.

10 • My scattered people who live beyond the rivers
　　　of Ethiopia*
　　will come to present their offerings.

11 • On that day you will no longer need to be
　　　ashamed,
　　for you will no longer be rebels against me.
　I will remove all proud and arrogant people
　　　from among you.
　　There will be no more haughtiness on my
　　　holy mountain.

12 • Those who are left will be the lowly and humble,
　　for it is they who trust in the name
　　　of the LORD.

13 • The remnant of Israel will do no wrong;
　　they will never tell lies or deceive one another.
　They will eat and sleep in safety,
　　and no one will make them afraid."

14 • Sing, O daughter of Zion;
　　shout aloud, O Israel!
　Be glad and rejoice with all your heart,
　　O daughter of Jerusalem!

15 • For the LORD will remove his hand of judgment
　　and will disperse the armies of your enemy.
　And the LORD himself, the King of Israel,
　　will live among you!
　At last your troubles will be over,

3:10 Hebrew *Cush.*

는 해로운 일을 당할까봐 두려워하지 않게 될 것이다.

16 그날에 사람들이 예루살렘을 가리켜 이렇게 말할 것이다. "시온의 딸아, 두려워하지 마라. 아무 일도 할 수 없다고 낙심하지 마라.

17 네 하나님 여호와께서 너와 함께 계신다. 능력의 하나님께서 너를 구해 주실 것이다. 주께서 너를 기뻐하실 것이며 너는 주의 사랑 안에서 편히 쉴 것이다. 너를 보시고 노래하며 즐거워하실 것이다."

18 "너에게 안겨 주려 했던 슬픔을 거두어들이겠다. 그래서 네가 수치를 당하지 않게 하겠다.

19 보라, 그때에 너를 해친 사람들을 내가 모두 벌하겠다. 다친 내 백성을 구하겠다. 흩어진 내 백성을 모아들이고 그들이 부끄러움을 당한 모든 곳에서 영광과 찬송을 받게 하겠다.

20 그때에 내가 너희를 모으겠다. 너희를 다시 집으로 데려오겠다. 이 땅의 모든 백성들 가운데서 너희가 영광과 찬송을 받게 하겠다. 너희가 보는 앞에서 내가 너희를 회복시킬 때에 이 모든 일이 일어날 것이다"고 여호와께서 말씀하셨다.

and you will never again fear disaster.

16 • On that day the announcement to Jerusalem will be,
"Cheer up, Zion! Don't be afraid!

17 • For the LORD your God is living among you.
He is a mighty savior.
He will take delight in you with gladness.
With his love, he will calm all your fears.*
He will rejoice over you with joyful songs."

18 • "I will gather you who mourn for the appointed festivals;
you will be disgraced no more.*

19 • And I will deal severely with all who have oppressed you.
I will save the weak and helpless ones;
I will bring together
those who were chased away.
I will give glory and fame to my former exiles,
wherever they have been mocked and shamed.

20 • On that day I will gather you together
and bring you home again.
I will give you a good name, a name of distinction,
among all the nations of the earth,
as I restore your fortunes before their very eyes.
I, the LORD, have spoken!"

---

accuse [əkjúːz] *vt.* 책망하다
appointed [əpɔ́intid] *a.* 정해진
arrogant [ǽrəgənt] *a.* 거만한, 교만한
chase [tʃéis] *vt.* 쫓아내다
devastate [dévəsteit] *vt.* 황폐화시키다
disperse [dispə́ːrs] *vt.* (적음) 패주시키다; 흩뜨리다
distinction [distíŋkʃən] *n.* 구별; 우수성; 영예
exile [égzail] *n.* 유랑자, 추방인
haughtiness [hɔ́ːtinis] *n.* 오만, 거만
mock [mɑ́k] *vt.* 조롱하다
mourn [mɔ́ːrn] *vi.* 슬퍼하다
oppress [əprés] *vt.* 억압하다
reverence [révərəns] *n.* 경외

3:17 Or *He will be silent in his love.* Greek and Syriac versions read *He will renew you with his love.* **3:18** The meaning of the Hebrew for this verse is uncertain.

학개

● 서론

✛ 저자 _ 학개
✛ 저작 연대 _ B.C. 520년경으로 추정
✛ 기록 장소 _ 예루살렘
✛ 기록 대상 _ 포로 생활에서 귀환한 모든 유다인들, 특히 스룹바벨과 여호수아를 위해
✛ 핵심어 및 내용 _ 핵심어는 '재건'과 '우선권'이다. 성전 재건이 완성되기 전에 먼저 백성들의 마음이 하나님 앞에 바로 서야 했다. 학개는 백성들로 하여금 자신들의 마음을 세우는 일을 먼저 하도록 권면했다. 그 결과 재건된 성전 위에 하나님의 영광이 충만히 임하게 되었다.

성전을 지을 때가 되었다

1 다리오 왕 이 년 여섯째 달 초하루에 예언자 학개가 여호와의 말씀을 스알디엘의 아들이며 유다 총독인 스룹바벨과, 여호사닥의 아들이며 대제사장인 여호수아에게 전했습니다.

2 만군의 여호와께서 이렇게 말씀하셨다. "백성들이 '아직 여호와의 성전을 지을 때가 되지 않았다'고 말한다."

3 예언자 학개가 여호와의 말씀을 전했습니다.

4 "성전이 아직도 폐허로 남아 있는데 너희가 그렇게 멋진 집에서 사는 것이 옳으냐?

5 그러므로 만군의 여호와가 말한다. 너희가 한 일을 생각해 보아라.

6 너희가 심기는 많이 심었으나 거두기는 적게 거두었다. 먹어도 배부르지 않으며, 마셔도 여전히 목마르며, 옷을 입어도 따뜻하지 않으며, 돈을 벌어도 마치 구멍 난 주머니에 넣은 것처럼 모두 잃어버리고 만다.

7 나 만군의 여호와가 말한다. 너희가 한 일을 생각해 보아라.

8 산에 올라가 나무를 가져다가 성전을 지어라. 그러면 내가 그 성전으로 인해 기뻐하고 영광을 받겠다. 여호와의 말씀이다.

9 너희가 바라는 것은 많았으나 찾은 것은 적었다. 너희가 집으로 가져간 것도 내가 없애 버렸다. 무엇 때문이냐? 그것은 내 집이 폐허로 남아 있는데도 너희가 각기 자기 집 일에만 정신을 쏟고 있기 때문이다.

10 그러므로 너희 때문에 하늘은 비를 내리지 않았고, 땅은 작물을 내지 않았다.

11 내가 땅에 가뭄이 들게 하였다. 비가 내리지 않아 곡식과 새 포도주와 올리브 기름이 나지 않았다. 땅에서 나는 식물과 사람과 짐승들 모두 가뭄을 겪었다. 가뭄 때문에 너희가 하는 모든 일이 헛수고가 되었다."

A Call to Rebuild the Temple

1 On August 29* of the second year of King Darius's reign, the LORD gave a message through the prophet Haggai to Zerubbabel son of Shealtiel, governor of Judah, and to Jeshua* son of Jehozadak, the high priest.

2 • "This is what the LORD of Heaven's Armies says: The people are saying, 'The time has not yet come to rebuild the house of the LORD.' "

3 • Then the LORD sent this message through the prophet Haggai: 4 • "Why are you living in luxurious houses while my house lies in ruins? 5 • This is what the LORD of Heaven's Armies says: Look at what's happening to you! 6 • You have planted much but harvest little. You eat but are not satisfied. You drink but are still thirsty. You put on clothes but cannot keep warm. Your wages disappear as though you were putting them in pockets filled with holes!

7 • "This is what the LORD of Heaven's Armies says: Look at what's happening to you! 8 • Now go up into the hills, bring down timber, and rebuild my house. Then I will take pleasure in it and be honored, says the LORD. 9 • You hoped for rich harvests, but they were poor. And when you brought your harvest home, I blew it away. Why? Because my house lies in ruins, says the LORD of Heaven's Armies, while all of you are busy building your own fine houses. 10 • It's because of you that the heavens withhold the dew and the earth produces no crops. 11 • I have called for a drought on your fields and hills—a drought to wither the grain and grapes and olive trees and all your other

1:1a Hebrew *On the first day of the sixth month,* of the ancient Hebrew lunar calendar. A number of dates in Haggai can be cross-checked with dates in surviving Persian records and related accurately to our modern calendar. This event occurred on August 29, 520 B.C. 1:1b Hebrew *Joshua,* a variant spelling of Jeshua; also in 1:12, 14.

12 스알디엘의 아들 스룹바벨과 여호사닥의 아들인 대제사장 여호수아가 살아남은 백성과 함께 그들의 하나님 여호와의 말씀에 복종했습니다. 그리고 예언자 학개의 말에도 복종했습니다. 이는 그들이 하나님 여호와께서 학개를 보내셨다는 것을 깨달았기 때문입니다. 그들은 여호와를 두려워했습니다.

13 여호와의 사자 학개가 백성들에게 여호와의 말씀을 전했습니다. "'내가 너희와 함께 있겠다.' 여호와의 말씀이다."

14 여호와께서 스룹바벨과 여호수아의 마음을 움직이셔서 성전을 짓게 하셨습니다. 스알디엘의 아들 스룹바벨은 유다 총독이었고, 여호사닥의 아들 여호수아는 대제사장이었습니다. 주께서는 살아남은 나머지 백성의 마음도 움직이셨습니다. 그래서 그들은 와서 만군의 여호와의 성전을 짓기 시작했습니다.

15 그때는 다리오가 페르시아 왕으로 있은 지 이 년째 되는 해 여섯째 달 이십사 일이었습니다.

아름다운 성전

2 여호와께서 일곱째 달 이십일 일에 예언자 학개에게 말씀하셨습니다.

2 "너는 스알디엘의 아들이며 유다 총독인 스룹바벨과 여호사닥의 아들이며 대제사장인 여호수아와 살아남은 백성에게 이렇게 전하여라.

3 '너희 살아남은 백성 가운데 저 성전의 아름다웠던 모습을 기억하는 사람이 있느냐? 지금은 그 성전이 어떻게 보이느냐? 하찮은 것으로밖에 보이지 않을 것이다.

4 여호와의 말씀이다. 그러나 스룹바벨아, 용기를 내어라. 여호사닥의 아들, 대제사장 여호수아야, 용기를 내어라. 이 땅의 모든 백성아, 용기를 내어라. 여호와의 말씀이다. 내가 너희와 함께 할 테니 일을 하여라. 만군의 여호와의 말씀이다.

5 너희가 이집트에서 나올 때에 내가 너희에게 약속을 해 주었다. 내 영이 아직도 너희와 함께 있다. 그러므로 두려워하지 마라.

6 만군의 여호와께서 말씀하신다. 조금 뒤에 내가 다시 하늘과 땅을 흔들어 놓겠다. 바다와 육지도 흔들어 놓겠다.

7 그리고 모든 민족을 흔들어 놓겠다. 그들에게 보물을 이리로 가져오게 하겠다. 그때에 내가 이 성전을 영광으로 채울 것이다. 만군의 여호와의 말씀이다.

8 은도 내 것이요, 금도 내 것이다. 만군의 여호와

Obedience to God's Call

crops, a drought to starve you and your livestock and to ruin everything you have worked so hard to get."

12 •Then Zerubbabel son of Shealtiel, and Jeshua son of Jehozadak, the high priest, and the whole remnant of God's people began to obey the message from the LORD their God. When they heard the words of the prophet Haggai, whom the LORD their God had sent, the people feared the LORD. 13 •Then Haggai, the LORD's messenger, gave the people this message from the LORD: "I am with you, says the LORD!"

14 •So the LORD sparked the enthusiasm of Zerubbabel son of Shealtiel, governor of Judah, and the enthusiasm of Jeshua son of Jehozadak, the high priest, and the enthusiasm of the whole remnant of God's people. They began to work on the house of their God, the LORD of Heaven's Armies, 15 •on September 21* of the second year of King Darius's reign.

The New Temple's Diminished Splendor

2 Then on October 17 of that same year,* the LORD sent another message through the prophet Haggai. 2 •"Say this to Zerubbabel son of Shealtiel, governor of Judah, and to Jeshua* son of Jehozadak, the high priest, and to the remnant of God's people there in the land: 3 •'Does anyone remember this house—this Temple—in its former splendor? How, in comparison, does it look to you now? It must seem like nothing at all! 4 •But now the LORD says: Be strong, Zerubbabel. Be strong, Jeshua son of Jehozadak, the high priest. Be strong, all you people still left in the land. And now get to work, for I am with you, says the LORD of Heaven's Armies. 5 •My Spirit remains among you, just as I promised when you came out of Egypt. So do not be afraid.'

6 "For this is what the LORD of Heaven's Armies says: In just a little while I will again shake the heavens and the earth, the oceans 7 and the dry land. •I will shake all the nations, and the treasures of all the nations will be brought to this Temple. I will fill this place with 8 glory, says the LORD of Heaven's Armies. •The silver is mine, and the gold is mine, says the

1:15 Hebrew *on the twenty-fourth day of the sixth month*, of the ancient Hebrew lunar calendar. This event occurred on September 21, 520 B.C.; also see note on 1:1a.　2:1 Hebrew *on the twenty-first day of the seventh month*, of the ancient Hebrew lunar calendar. This event (in the second year of Darius's reign) occurred on October 17, 520 B.C.; also see note on 1:1a.　2:2 Hebrew *Joshua*, a variant spelling of Jeshua; also in 2:4.

의 말씀이다.

9 저 옛날 아름다웠던 성전보다 이 성전이 더 아름다울 것이다. 만군의 여호와의 말씀이다. 내가 이곳에서 백성에게 평화를 주겠다. 만군의 여호와의 말씀이다.'"

10 여호와께서 다리오가 페르시아 왕이 된 지 이 년째 되는 해 아홉째 달 이십사 일에 예언자 학개에게 말씀하셨습니다.

11 "나 만군의 여호와가 이르노니, 너는 제사장들에게 율법에 대하여 물어 보아라.

12 '어떤 사람이 주께 바치려고 거룩히 구별한 고기를 옷자락에 싸서 가져가는데 그 옷자락이 빵이나, 요리한 음식이나, 포도주나, 올리브 기름이나, 다른 음식에 닿았을 경우, 그 옷자락에 닿은 것도 거룩해지느냐?' 학개가 제사장들에게 묻자 그들은 "그렇지 않다"고 대답했습니다.

13 학개가 다시 물었습니다. "시체에 몸이 닿아서 더러워진 사람이 이것들 가운데 하나를 만지면 그것도 역시 더러워지느냐?" 이에 제사장들이 "더러워진다"고 대답했습니다.

14 그러자 학개가 말했습니다. "이는 여호와의 말씀이다. '이 나라 백성이 바로 그렇게 되었다. 그들은 더러우며 그들이 그 손으로 하는 일도 다 더럽다. 그리고 그들이 내게 바치는 것도 다 더럽다.

15 지금부터 이 일을 생각해 보아라. 너희가 여호와의 전을 짓기 위하여 돌 위에 돌을 쌓기 전에 무슨 일이 있었는지 생각해 보아라.

16 곡식이 스무 섬 있을 것으로 기대하고 왔으나 열 섬밖에 없었고 포도주틀에 포도주가 쉰 항아리 있을 것으로 기대하고 왔으나 스무 항아리밖에 없었다.

17 내가 너희의 일을 온갖 병과 곰팡이와 우박으로 망쳐 놓았다. 그런데도 너희는 내게 돌아오지 않았다.' 이는 여호와의 말씀이다.

18 '오늘은 아홉째 달 이십사 일이다. 오늘 백성이 나 여호와의 전에 기초 쌓는 일을 마쳤다. 이제부터 이러한 일들을 생각해 보아라.

19 너희 곳간에 씨앗이 있느냐? 포도나무나 무화과나무나 석류나무나 올리브 나무나 아직 열매를 맺지 않았다. 그러나 오늘부터 내가 너희에게 복을 내리겠다.'"

여호와께서 스룹바벨에게 약속하심

20 그 달 이십사 일에 여호와께서 두 번째로 학개에게 말씀하셨습니다.

21 "유다 총독 스룹바벨에게 전하여라. '내가 하늘과 땅을 흔들어 놓겠다.

LORD of Heaven's Armies. •The future glory of this Temple will be greater than its past glory, says the LORD of Heaven's Armies. And in this place I will bring peace. I, the LORD of Heaven's Armies, have spoken!"

Blessings Promised for Obedience

10 •On December 18* of the second year of King Darius's reign, the LORD sent this mes-
11 sage to the prophet Haggai: • "This is what the LORD of Heaven's Armies says. Ask the
12 priests this question about the law: • 'If one of you is carrying some meat from a holy sacrifice in his robes and his robe happens to brush against some bread or stew, wine or olive oil, or any other kind of food, will it also become holy?'"

The priests replied, "No."

13 •Then Haggai asked, "If someone becomes ceremonially unclean by touching a dead person and then touches any of these foods, will the food be defiled?"

And the priests answered, "Yes."

14 •Then Haggai responded, "That is how it is with this people and this nation, says the LORD. Everything they do and everything
15 they offer is defiled by their sin. •Look at what was happening to you before you began to lay the foundation of the LORD's
16 Temple. •When you hoped for a twenty-bushel crop, you harvested only ten. When you expected to draw fifty gallons from the
17 winepress, you found only twenty. •I sent blight and mildew and hail to destroy everything you worked so hard to produce. Even so, you refused to return to me, says the LORD.

18 • 'Think about this eighteenth day of December, the day* when the foundation of the LORD's Temple was laid. Think carefully.
19 •I am giving you a promise now while the seed is still in the barn.* You have not yet harvested your grain, and your grapevines, fig trees, pomegranates, and olive trees have not yet produced their crops. But from this day onward I will bless you."

Promises for Zerubbabel

20 •On that same day, December 18,* the LORD
21 sent this second message to Haggai: • "Tell

2:10 Hebrew *On the twenty-fourth day of the ninth month,* of the ancient Hebrew lunar calendar (similarly in 2:18). This event occurred on December 18, 520 B.C.; also see note on 1:1a. 2:18 Or *On this eighteenth day of December, think about the day.* 2:19 Hebrew *Is the seed yet in the barn?* 2:20 Hebrew *On the twenty-fourth day of the [ninth] month;* see note on 2:10.

22 다른 나라들을 멸망시키고, 민족들이 가진 왕국의 권세를 없애겠다. 전차들과 거기에 탄 사람들을 뒤집어 엎겠다. 말들과 말 탄 사람들이 넘어질 것이다. 사람들이 저희끼리 칼로 죽일 것이다.

23 만군의 여호와께서 말씀하신다. 그날에 내가 스알디엘의 아들, 내 종 스룹바벨을 선택하겠다. 여호와께서 말씀하신다. 내가 너를 선택했기 때문에 너를 내 옥새처럼 귀하게 여기겠다.' 나 만군의 여호와의 말이다."

Zerubbabel, the governor of Judah, that I am
22 about to shake the heavens and the earth. • I
will overthrow royal thrones and destroy the
power of foreign kingdoms. I will overturn
their chariots and riders. The horses will fall,
and their riders will kill each other.

23 • "But when this happens, says the LORD
of Heaven's Armies, I will honor you, Zerub-
babel son of Shealtiel, my servant. I will
make you like a signet ring on my finger,
says the LORD, for I have chosen you. I, the
LORD of Heaven's Armies, have spoken!"

blight [bláit] *n.* 마름병, 충해
chariot [tʃǽriət] *n.* 전차
defile [difáil] *vt.* 더럽히다
mildew [míldjuː] *n.* 곰팡이
overthrow [òuvərθróu] *vt.* 전복하다: 뒤엎다
pomegranate [páməgrænət] *n.* 석류
sacrifice [sǽkrəfais] *n.* 제물
signet [sígnit] *n.* 인장, 옥새
throne [θróun] *n.* 왕좌, 권좌

스가랴

서론

- ⊹ 저자 _ 스가랴
- ⊹ 저작 연대 _ B.C. 520-518년 사이(1-8장)와 B.C. 480-470년 사이(9-14장)
- ⊹ 기록 장소 _ 예루살렘
- ⊹ 기록 대상 _ 귀환한 이스라엘 백성
- ⊹ 핵심어 및 내용 _ 핵심어는 '순종'과 '메시아'이다. 스가랴는 이스라엘이 축복을 누릴 수 있는지의 여부는 하나님과 하나님의 말씀에 대한 순종에 달렸음을 알려 주고, 본서의 핵심 내용인 '다가올 메시아'에 대해 선포한다. 여기서는 그분의 능력과 배반당하시는 장면, 그분의 왕국이 묘사된다.

여호와께서 자기 백성에게 돌아오라고 말씀하시다

1 다리오 왕 이 년 여덟째 달*에 여호와께서 잇도의 손자이며 베레갸의 아들인 예언자 스가랴에게 말씀하셨습니다.

2 "나 여호와가 너희 조상에게 크게 노하였다.

3 그러므로 너는 백성에게 말해라. 만군의 여호와께서 말씀하셨다. 나에게로 돌아오라. 만군의 여호와의 말씀이다. 나도 너희들에게 돌아가겠다. 만군의 여호와께서 말씀하셨다.

4 너희 조상처럼 되지 마라. 옛적에 예언자들이 너희 조상을 향해 '만군의 여호와께서 너희의 악한 길과 악한 짓을 버리라고 말씀하셨다' 하고 말했다. 그러나 너희 조상은 내 말을 듣지도 않았고 귀를 기울이지도 않았다. 여호와의 말씀이다.

5 너희 조상들이 어디 있느냐? 예언자들이 영원히 살겠느냐?

6 내가 내 종 예언자들에게 명령하였던 내 말과 규례들을 너희 조상이 무시하였다. 결국 그들은 '만군의 주께서 우리의 행실과 행위에 따라 우리를 벌하시려고 생각하셨던 대로 우리에게 그같이 행하셨도다'라고 후회하며 말했다."

첫 번째 환상: 말 탄 사람

7 다리오 왕 이 년 열한째 달, 곧 스밧 월 이십사 일*에 여호와께서 잇도의 손자이며 베레갸의 아들인 예언자 스가랴에게 임하셨습니다.

8 지난 밤에 내가 환상을 보았다. 어떤 사람이 붉은 말을 타고 골짜기의 화석류나무 사이에 서 있었다. 그 사람 뒤에는 붉은 말, 갈색 말, 흰 말들이 있었다.

9 내가 물었다. "주여, 이것들이 무엇입니까?" 나와 더불어 말하던 천사가 대답했다. "이 말들이 무엇인지 내가 보여 주겠다."

10 그때에 화석류나무 사이에 서 있는 사람이 말

A Call to Return to the LORD

1 In November* of the second year of King Darius's reign, the LORD gave this message to the prophet Zechariah son of Berekiah and grandson of Iddo:

2 "I, the LORD, was very angry with your ancestors.

3 Therefore, say to the people, 'This is what the LORD of Heaven's Armies says: Return to me, and I will return to you, says the LORD of Heaven's Armies.

4 Don't be like your ancestors who would not listen or pay attention when the earlier prophets said to them, 'This is what the LORD of Heaven's Armies says: Turn from your evil ways, and stop all your evil practices.'

5 "Where are your ancestors now? They and the prophets are long dead.

6 But everything I said through my servants the prophets happened to your ancestors, just as I said. As a result, they repented and said, 'We have received what we deserved from the LORD of Heaven's Armies. He has done what he said he would do.'"

A Man among the Myrtle Trees

7 Three months later, on February 15,* the LORD sent another message to the prophet Zechariah son of Berekiah and grandson of Iddo.

8 In a vision during the night, I saw a man sitting on a red horse that was standing among some myrtle trees in a small valley. Behind him were riders on red, brown, and white horses.

9 I asked the angel who was talking with me, "My lord, what do these horses mean?"

"I will show you," the angel replied.

10 The rider standing among the myrtle trees

1:1 Hebrew *In the eighth month.* A number of dates in Zechariah can be cross-checked with dates in surviving Persian records and related accurately to our modern calendar. This month of the ancient Hebrew lunar calendar occurred within the months of October and November 520 B.C. 1:7 Hebrew *On the twenty-fourth day of the eleventh month, the month of Shebat, in the second year of Darius.* This event occurred on February 15, 519 B.C.; also see note on 1:1.

1:1 이달은 B.C. 520년 10월, 11월에 해당된다.
1:7 이날은 B.C. 519년 2월 15일에 해당된다.

했다. "이 말들은 여호와께서 온 땅을 둘러보라고 보내신 말들이다."

11 그때에 말 탄 사람들이 화석류나무 사이에 서 있는 여호와의 천사에게 말했다. "우리가 온 땅을 둘러보니 모든 것이 조용하고 평안했습니다."

12 그러자 여호와의 천사가 말했다. "만군의 여호와여, 언제까지나 예루살렘과 유다 성들에게 긍휼을 베풀지 않으시렵니까? 벌써 칠십 년 동안이나 그들을 향해 진노하고 계십니다."

13 그러자 여호와께서 나와 함께 말하던 천사에게 대답하셨다. 주의 말씀은 은혜로운 위로의 말씀이었다.

14 천사가 내게 말했다. "이 말씀을 선포하여라. 만군의 여호와께서 이렇게 말씀하셨다. '내가 예루살렘과 시온을 열렬히 사랑한다.

15 그러나 안일함을 즐기는 다른 나라들에게는 크게 진노한다. 내가 나의 백성에게 조금밖에 화내지 않았으나 그들은 나의 생각보다 더 많이 내 백성을 괴롭혔다.

16 그러므로 나 여호와가 이렇게 말한다. 내가 긍휼을 보이기 위해 예루살렘으로 돌아가겠다. 내 성전이 다시 세워질 것이다. 나 만군의 여호와의 말이다. 사람들이 측량줄을 가지고 예루살렘을 다시 짓게 될 것이다.

17 또 이와 같이 선포하여라. 만군의 여호와께서 이렇게 말씀하셨다. 내 성들이 다시 번영하게 될 것이다. 내가 다시 시온을 위로하겠다. 내가 다시 예루살렘을 선택하겠다.'"

두 번째 환상: 네 뿔

18 내가 위를 올려다보니 짐승 뿔 네 개가 보였다.

19 그래서 나와 더불어 말하던 천사에게 물었다. "이것이 무엇입니까?" 천사가 말했다. "이것은 유다와 이스라엘과 예루살렘을 흩어 버린 강한 뿔이다."

20 그때에 여호와께서 내게 대장장이 네 명을 보여 주셨다.

21 내가 물었다. "이들은 무슨 일을 하려고 왔습니까?" 주께서 대답하셨다. "그들은 저 네 뿔들을 두려움에 떨게 만들며 또 꺾어 버리려고 왔다. 저 뿔들은 유다 백성을 흩어지게 하여 유다 백성들 중 아무도 머리를 쳐들지 못하게 한 나라들이다. 그들은 유다를 흩어 놓고 짓밟아 놓은 저 네 뿔을 꺾으려고 온 사람들이다. 그들이 저 뿔들을 두렵게 하고 파멸시킬 것이다."

세 번째 환상: 측량줄

2 내가 위를 바라보니 측량줄을 잡은 사람이 보였다.

2 내가 그에게 물었다. "어디로 가십니까?" 그가 내

---

then explained, "They are the ones the LORD has sent out to patrol the earth."

11 •Then the other riders reported to the angel of the LORD, who was standing among the myrtle trees, "We have been patrolling the earth, and the whole earth is at peace."

12 •Upon hearing this, the angel of the LORD prayed this prayer: "O LORD of Heaven's Armies, for seventy years now you have been angry with Jerusalem and the towns of Judah. How long until you again show mercy to them? •And the LORD spoke kind 13 and comforting words to the angel who talked with me.

14 •Then the angel said to me, "Shout this message for all to hear: 'This is what the LORD of Heaven's Armies says: My love for Jerusalem and Mount Zion is passionate and 15 strong. •But I am very angry with the other nations that are now enjoying peace and security. I was only a little angry with my people, but the nations inflicted harm on them far beyond my intentions.

16 •" 'Therefore, this is what the LORD says: I have returned to show mercy to Jerusalem. My Temple will be rebuilt, says the LORD of Heaven's Armies, and measurements will be taken for the reconstruction of Jerusalem.*

17 •"Say this also: 'This is what the LORD of Heaven's Armies says: The towns of Israel will again overflow with prosperity, and the LORD will again comfort Zion and choose Jerusalem as his own.'"

Four Horns and Four Blacksmiths

18 •*Then I looked up and saw four animal 19 horns. •"What are these?" I asked the angel who was talking with me.

He replied, "These horns represent the nations that scattered Judah, Israel, and Jerusalem."

20 •Then the LORD showed me four black- 21 smiths. •"What are these men coming to do?" I asked.

The angel replied, "These four horns— these nations—scattered and humbled Judah. Now these blacksmiths have come to terrify those nations and throw them down and destroy them."

Future Prosperity of Jerusalem

2 1 •*When I looked again, I saw a man with a measuring line in his hand.
2 •"Where are you going?" I asked.

He replied, "I am going to measure Jeru-

1:16 Hebrew *and the measuring line will be stretched out over Jerusalem.*   **1:18** Verses 1:18-21 are numbered 2:1-4 in Hebrew text.   **2:1** Verses 2:1-13 are numbered 2:5-17 in Hebrew text.

게 말했다. "예루살렘을 측량해서 그 너비와 길이가 어떠한지 알아 보러 간다."

3 그때에 나와 더불어 말하던 천사가 앞으로 나아가자, 다른 천사가 그를 맞으려고 나아왔다.

4 두 번째 천사가 그에게 말했다. "달려가서 저 소년에게 이렇게 전하여라. 예루살렘에 사람과 짐승이 너무 많아져서 성벽이 없는 성이 될 것이다.

5 여호와의 말씀이다. 내가 밖으로는 예루살렘을 에워싸는 불 성벽이 되어 주겠고, 성 안에서는 예루살렘의 영광이 되겠다.

6 서둘러라! 북쪽 땅에서 도망가거라. 내가 너희를 하늘의 사방 바람처럼 흩어지게 하였다. 여호와의 말씀이다.

7 서둘러라, 바빌론에 거하는 시온아! 도망쳐라.

8 너희를 해치는 사람은 곧 내게 보물과 같은 것을 해치는 사람이다." 그러므로 주께서 나를 높이실 것이며 나를 보내셔서 너희를 흩은 나라들을 향해 이렇게 말씀하실 것이다.

9 "보라! 내가 손을 들어 그들을 치겠다. 그들은 자기 종들에게 약탈당할 것이다. 그때에 너희는 만군의 여호와께서 나를 보내셨다는 것을 알게 될 것이다.

10 시온의 딸들아, 노래하며 즐거워하여라. 내가 가서 너희와 더불어 살겠다." 여호와의 말씀이다.

11 그날에 세계 여러 나라 백성이 여호와께 올 것이며, 또한 그분의 백성이 될 것이다. 너희는 만군의 여호와께서 나를 너희에게 보내셨다는 것을 알게 될 것이다. 여호와께서 너희와 함께 사실 것이다.

12 유다는 거룩한 땅에서 여호와의 특별한 소유가 될 것이며, 예루살렘은 다시 여호와의 선택된 성이 될 것이다.

13 모든 육체들아, 여호와 앞에서 잠잠하여라. 여호와께서 그분이 살고 계시는 거룩한 처소에서 일어나셨다.

네 번째 환상: 대제사장

3 여호와께서 나에게 대제사장 여호수아를 보여 주셨다. 여호수아는 여호와의 천사 앞에 서 있었고, 사탄이 여호수아의 오른쪽에 서서 그를 고소하고 있었다.

2 여호와께서 사탄에게 말씀하셨다. "사탄아, 나 여호와가 너를 꾸짖는다. 예루살렘을 선택한 나 여호와가 너를 꾸짖는다. 이 사람은 불에서 꺼낸 그슬린 나무와 같다."

3 여호수아는 더러운 옷을 입고 천사 앞에 서 있었다.

4 여호와께서 자기 곁에 서 있던 다른 천사들에게 말했다. "저 더러운 옷을 여호수아에게서 벗겨 내라."

---

salem, to see how wide and how long it is."

3 ●Then the angel who was with me went to meet a second angel who was coming

4 toward him. ●The other angel said, "Hurry, and say to that young man, 'Jerusalem will someday be so full of people and livestock that there won't be room enough for everyone! Many will live outside the city walls.

5 ●Then I, myself, will be a protective wall of fire around Jerusalem, says the LORD. And I will be the glory inside the city!'"

The Exiles Are Called Home

6 ●The LORD says, "Come away! Flee from Babylon in the land of the north, for I have

7 scattered you to the four winds. ●Come away, people of Zion, you who are exiled in Babylon!"

8 ●After a period of glory, the LORD of Heaven's Armies sent me* against the nations who plundered you. For he said, "Anyone who harms you harms my most

9 precious possession.* ●I will raise my fist to crush them, and their own slaves will plunder them." Then you will know that the LORD of Heaven's Armies has sent me.

10 ●The LORD says, "Shout and rejoice, O beautiful Jerusalem,* for I am coming to live

11 among you. ●Many nations will join themselves to the LORD on that day, and they, too, will be my people. I will live among you, and you will know that the LORD of Heaven's Armies sent me to you. ●The land of

12 Judah will be the LORD's special possession in the holy land, and he will once again choose

13 Jerusalem to be his own city. ●Be silent before the LORD, all humanity, for he is springing into action from his holy dwelling."

Cleansing for the High Priest

3 Then the angel showed me Jeshua* the high priest standing before the angel of the LORD. The Accuser, Satan,* was there at the angel's right hand, making accusations

2 against Jeshua. ●And the LORD said to Satan, "I, the LORD, reject your accusations, Satan. Yes, the LORD, who has chosen Jerusalem, rebukes you. This man is like a burning stick that has been snatched from the fire."

3 ●Jeshua's clothing was filthy as he stood

4 there before the angel. ●So the angel said to

2:8a The meaning of the Hebrew is uncertain. **2:8b** Hebrew *Anyone who touches you touches the pupil of his eye.* **2:10** Hebrew *O daughter of Zion.* **3:1a** Hebrew *Joshua,* a variant spelling of Jeshua; also in 3:3, 4, 6, 8, 9. **3:1b** Hebrew *The satan;* similarly in 3:2.

그리고 나서 여호와께서 여호수아에게 말했다. "보아라, 내가 네 죄를 없앴다. 이제 너에게 새 옷을 주겠다."

5 그때에 내가 말했다. "그의 머리에 깨끗한 관을 씌워 주십시오." 그러자 천사들이 그의 머리 위에 깨끗한 관을 씌워 주었다. 그리고 여호와의 천사가 서 있는 앞에서 그에게 옷을 입혀 주었다.

6 다시 여호와의 천사가 여호수아에게 말했다.

7 "만군의 여호와께서 이렇게 말씀하셨다. '내가 말한 대로 하고 나를 섬겨라. 그러면 네가 내 성전을 맡을 것이며 내 뜰을 돌볼 것이다. 내가 너를 여기에 서 있는 천사들과 함께 있게 해 주겠다.

8 대제사장 여호수아야, 그리고 여호수아와 함께 있는 사람들아, 잘 들어라. 보라, 내가 이제 새순이라고 부르는 내 종을 보내겠다.

9 보아라, 내가 이 돌을 여호수아 앞에 둔다. 이 돌에는 일곱 면이 있다. 내가 이 돌 위에 글을 새겨 두겠다. 만군의 여호와의 말씀이다. 내가 이 땅의 죄를 하루 만에 없애겠다.

10 만군의 여호와의 말씀이다. 그날이 오면 너희는 서로 이웃을 초대하여 자기 포도나무와 무화과나무 아래에 함께 앉을 것이다.'"

다섯 번째 환상: 등잔대

4 나와 이야기하던 천사가 내게로 돌아와서 나를 깨웠는데, 나는 마치 잠에서 깨어난 듯했다.

2 천사가 내게 물었다. "무엇이 보이느냐?" 내가 대답했다. "순금으로 된 등잔대가 보입니다. 그 꼭대기에는 그릇이 있고 등잔이 일곱 개 있습니다. 그리고 심지 받침도 일곱 개 있습니다.

3 그 곁에는 올리브 나무 두 그루가 있는데 하나는 그릇 오른쪽에 있고, 다른 하나는 그릇 왼쪽에 있습니다."

4 내가 나와 이야기하던 천사에게 물었다. "이것들이 무엇입니까?"

5 천사가 말했다. "이것들이 무엇인지 모르느냐?" 내가 대답했다. "내 주여, 모릅니다."

6 그러자 천사가 내게 말했다. "이것은 여호와께서 스룹바벨에게 하시는 말씀이다. '네 능력이나 힘으로 되는 것이 아니라 오직 내 영으로만 된다'고 만군의 여호와께서 말씀하셨다.

7 어떤 산도 스룹바벨이 나아가는 길을 가로막을 수 없다. 모든 산이 낮아질 것이다. 그러면 그가 꼭대기 돌을 가져올 것이며, '은혜, 은혜!' 하고 외치는 소리가 들릴 것이다."

8 여호와께서 내게 다시 말씀하셨다.

9 "스룹바벨이 이 성전의 기초를 놓았으니 또 이 성전

---

the others standing there, "Take off his filthy clothes." And turning to Jeshua he said, "See, I have taken away your sins, and now I am giving you these fine new clothes."

5 • Then I said, "They should also place a clean turban on his head." So they put a clean priestly turban on his head and dressed him in new clothes while the angel of the LORD stood by.

6 • Then the angel of the LORD spoke very
7 solemnly to Jeshua and said, • "This is what the LORD of Heaven's Armies says: If you follow my ways and carefully serve me, then you will be given authority over my Temple and its courtyards. I will let you walk among these others standing here.

8 • "Listen to me, O Jeshua the high priest, and all you other priests. You are symbols of things to come. Soon I am going to bring my
9 servant, the Branch. • Now look at the jewel I have set before Jeshua, a single stone with seven facets.* I will engrave an inscription on it, says the LORD of Heaven's Armies, and I will remove the sins of this land in a single day.

10 • "And on that day, says the LORD of Heaven's Armies, each of you will invite your neighbor to sit with you peacefully under your own grapevine and fig tree."

A Lampstand and Two Olive Trees

4 Then the angel who had been talking with me returned and woke me, as
2 though I had been asleep. • "What do you see now?" he asked.

I answered, "I see a solid gold lampstand with a bowl of oil on top of it. Around the bowl are seven lamps, each having seven
3 spouts with wicks. • And I see two olive trees,
4 one on each side of the bowl." • Then I asked the angel, "What are these, my lord? What do they mean?"

5 • "Don't you know?" the angel asked.
"No, my lord," I replied.

6 • Then he said to me, "This is what the LORD says to Zerubbabel: It is not by force nor by strength, but by my Spirit, says the
7 LORD of Heaven's Armies. • Nothing, not even a mighty mountain, will stand in Zerubbabel's way; it will become a level plain before him! And when Zerubbabel sets the final stone of the Temple in place, the people will shout: 'May God bless it! May God bless it!'*"

8 • Then another message came to me from
9 the LORD: • "Zerubbabel is the one who laid

3:9 Hebrew *seven eyes.*   **4:7** Hebrew *'Grace, grace to it.'*

짓는 일을 마무리 할 것이다." 그때에 너희는 만군의 여호와께서 나를 너희에게 보내셨다는 것을 알게 될 것이다.

10 "시작이 초라하다고 해서 하찮은 것으로 여기면 안 된다. 그렇게 여기는 사람들도 스룹바벨이 연장을 가지고 성전을 짓는 모습을 보면 기뻐하게 될 것이다. 이 일곱 등잔은 온 세상을 두루 살피는 나 여호와의 눈을 나타낸다."

11 그때에 내가 천사에게 물었다. "등잔대 오른쪽과 왼쪽에 있는 올리브 나무 두 그루는 무엇입니까?

12 두 올리브 나뭇가지는 무엇입니까? 두 금대롱을 통해 올리브 기름이 등잔으로 흘러듭니다."

13 천사가 말했다. "그것들이 무엇인지 모르느냐?" 내가 대답했다. "모릅니다. 내 주여!"

14 그러자 천사가 말했다. "그것들은 온 세상을 다스리시는 여호와를 섬기도록, 주께서 기름 부어 거룩히 구별하신 두 사람을 나타낸다."

여섯 번째 환상: 날아다니는 두루마리

5 내가 위를 바라보니 날아다니는 두루마리가 보였다.

2 천사가 내게 물었다. "무엇이 보이느냐?" 내가 대답했다. "날아다니는 두루마리가 보입니다. 길이가 이십 규빗*이고, 너비는 십 규빗*입니다."

3 천사가 내게 말했다. "이것은 온 땅 위에 내릴 저주다. 한 쪽에는 모든 도둑들이 없어진다고 쓰여 있고, 다른 쪽에는 거짓 맹세를 하는 사람들이 다 없어진다고 쓰여 있다.

4 만군의 여호와의 말씀이다. '내가 저주를 도둑들의 집과 내 이름으로 거짓 맹세를 하는 사람들의 집에 보내겠다. 그 저주가 그러한 사람의 집에 머물면서 그 집의 나무와 돌까지 허물어 버릴 것이다.'"

일곱 번째 환상: 광주리 속의 여자

5 나와 이야기하던 그 천사가 앞으로 나아와 내게 말했다. "고개를 들어 가까이 다가오는 것을 보아라."

6 내가 물었다. "이것이 무엇입니까?" 천사가 대답했다. "이것은 곡식의 무게를 다는 광주리다. 그것은 온 땅에 사는 백성의 죄를 나타낸다."

7 그때에 납으로 만든 뚜껑이 열리면서 광주리 안에 여자가 앉아 있는 모습이 보였다.

8 천사가 말했다. "저 여자는 죄를 나타낸다." 그런 뒤에 천사는 여자를 광주리 속으로 밀어넣고 다시 뚜껑을 덮었다.

the foundation of this Temple, and he will complete it. Then you will know that the LORD of Heaven's Armies has sent me. ●Do not despise

10 these small beginnings, for the LORD rejoices to see the work begin, to see the plumb line in Zerubbabel's hand."

(The seven lamps* represent the eyes of the LORD that search all around the world.)

11 ●Then I asked the angel, "What are these two olive trees on each side of the lampstand,

12 ●and what are the two olive branches that pour out golden oil through two gold tubes?"

13 ●"Don't you know?" he asked.

"No, my lord," I replied.

14 ●Then he said to me, "They represent the two anointed ones* who stand in the court of the Lord of all the earth."

A Flying Scroll

5 I looked up again and saw a scroll flying through the air.

2 ●"What do you see?" the angel asked.

"I see a flying scroll," I replied. "It appears to be about 30 feet long and 15 feet wide.*"

3 ●Then he said to me, "This scroll contains the curse that is going out over the entire land. One side of the scroll says that those who steal will be banished from the land; the other side says that those who swear falsely will be ban-

4 ished from the land. ●And this is what the LORD of Heaven's Armies says: I am sending this curse into the house of every thief and into the house of everyone who swears falsely using my name. And my curse will remain in that house and completely destroy it—even its timbers and stones."

A Woman in a Basket

5 ●Then the angel who was talking with me came forward and said, "Look up and see what's coming."

6 ●"What is it?" I asked.

He replied, "It is a basket for measuring grain,* and it's filled with the sins* of everyone throughout the land."

7 ●Then the heavy lead cover was lifted off the basket, and there was a woman sitting inside it.

8 ●The angel said, "The woman's name is Wickedness," and he pushed her back into the

---

5:3 be banished from… : …에서 추방당하다

4:10 Or *The seven facets* (see 3:9); Hebrew reads *These seven.* 　4:14 Or two *heavenly beings;* Hebrew reads *two sons of fresh oil.* 　5:2 Hebrew *20 cubits* [9.2 meters] *long and 10 cubits* [4.6 meters] *wide.* 5:6a Hebrew *an ephah* [20 quarts or 22 liters]; also in 5:7, 8, 9, 10, 11. 　5:6b As in Greek version; Hebrew reads *the appearance.*

5:2 20규빗은 약 9m, 10규빗은 약 4.5m에 해당된다.

9 내가 위를 바라보니 두 여자가 보였다. 그들은 날개로 바람을 일으키고 있었다. 그들의 날개는 황새의 날개 같았다. 그들은 광주리를 가지고 하늘 높이 날아갔다.

10 내가 나와 더불어 말하던 천사에게 물었다. "저 여자들이 광주리를 어디로 가져가는 것입니까?"

11 천사가 대답했다. "시날 땅, 곧 바빌로니아로 가고 있다. 그들은 거기에서 광주리를 둘 집을 지을 것이다. 집이 다 지어지면 광주리를 제자리에 둘 것이다."

여덟 번째 환상: 전차

6 내가 또 위를 보니 두 산 사이로 전차 네 대가 오는 것이 보였다. 그 산은 놋쇠 산이었다.

2 첫째 전차는 붉은 말들이 끌었고, 둘째 전차는 검은 말들이 끌었다.

3 셋째 전차는 흰 말들이 끌었고, 넷째 전차는 힘센 얼룩말들이 끌었다.

4 내가 나와 더불어 말하던 천사에게 물었다. "내 주여, 이것들은 무엇입니까?"

5 천사가 대답했다. "이것들은 하늘의 네 바람*이다. 지금 막 온 세상의 주를 뵙고 떠나는 길이다.

6 검은 말들이 끄는 전차는 북쪽으로 가고 흰 말들이 끄는 전차는 서쪽으로 가고, 얼룩말들은 남쪽으로 갈 것이다."

7 힘센 말들은 온 땅을 돌아다니려 했다. 그러자 천사가 말했다. "온 땅을 돌아다녀라." 말들은 천사가 말한 대로 했다.

8 천사가 나에게 큰 소리로 말했다. "너는 보아라, 북쪽 땅에서 나오는 말들을. 그들이 북쪽 땅에서 내 영을 쉬게 했다."

여호수아를 위한 왕관

9 여호와께서 내게 말씀하셨다.

10 "너는 바빌론으로 사로잡혀 갔던 헬대와 도비야와 여다야에게서 은과 금을 받아라. 그리고 같은 날, 스바냐의 아들 요시야에게로 가라.

11 그 은과 금으로 왕관을 만들어라. 그리고 그것을 여호사닥의 아들, 대제사장 여호수아에게 씌워 주어라.

12 그에게 이렇게 전하여라. '만군의 여호와의 말씀이다. 새순이라 부르는 사람이 있다. 그는 그 밑에서부터 솟아나와 나 여호와의 전을 지을 것이다.

13 그가 나 여호와의 전을 지을 것이다. 그리고 다른 사람이 왕의 영광을 받을 것이다. 첫째 사람은 자기 보좌에 앉아 다스릴 것이며, 다른 사람은 자기 보좌 위에서 제사장이 될 것이다. 이 두 사람은 평화롭게 함께 일할 것이다.'

basket and closed the heavy lid again.

9 • Then I looked up and saw two women flying toward us, gliding on the wind. They had wings like a stork, and they picked up the basket and flew into the sky.

10 • "Where are they taking the basket?" I asked the angel.

11 • He replied, "To the land of Babylonia,* where they will build a temple for the basket. And when the temple is ready, they will set the basket there on its pedestal."

Four Chariots

6 Then I looked up again and saw four chariots coming from between two 2 bronze mountains. • The first chariot was pulled by red horses, the second by black 3 horses, • the third by white horses, and the fourth by powerful dappled-gray horses.

4 • "And what are these, my lord?" I asked the angel who was talking with me.

5 • The angel replied, "These are the four spirits* of heaven who stand before the Lord of all the earth. They are going out to do his 6 work. • The chariot with black horses is going north, the chariot with white horses is going west,* and the chariot with dappled-gray horses is going south."

7 • The powerful horses were eager to set out to patrol the earth. And the LORD said, "Go and patrol the earth!" So they left at once on their patrol.

8 • Then the LORD summoned me and said, "Look, those who went north have vented the anger of my Spirit* there in the land of the north."

The Crowning of Jeshua

9 • Then I received another message from the 10 LORD: • "Heldai, Tobijah, and Jedaiah will bring gifts of silver and gold from the Jews exiled in Babylon. As soon as they arrive, meet them at the home of Josiah son of 11 Zephaniah. • Accept their gifts, and make a crown from the silver and gold. Then put the crown on the head of Jeshua* son of 12 Jehozadak, the high priest. • Tell him, 'This is what the LORD of Heaven's Armies says: Here is the man called the Branch. He will branch out from where he is and build the 13 Temple of the LORD. • Yes, he will build the

pedestal [pédəstl] *n.* (기둥·동상 등의) 받침대
chariot [tʃǽriət] *n.* (고대의 전투사 경주용) 마차

5:11 Hebrew *the land of Shinar.* 6:5 Or *the four winds.* 6:6 Hebrew *is going after them.* 6:8 Hebrew *have given my Spirit rest.* 6:11 Hebrew *Joshua,* a variant spelling of Jeshua.

6:5 '하늘의 네 개의 영' 이라는 뜻이다.

14 그 왕관은 나 여호와의 전에 두어 헬대와 도비야와 여다야와 스바냐의 아들 요시야를 기념할 것이다."

15 먼 곳에 사는 백성이 와서 여호와의 전을 지을 것이다. 그때에 너희는 만군의 여호와께서 나를 너희에게 보내셨다는 것을 알게 될 것이다. 너희가 너희 하나님 여호와께 온전히 복종하면 이 일이 이루어질 것이다.

자비를 원하시는 하나님

7 다리오 왕 사 년 아홉째 달, 곧 기슬래월 사 일*에 여호와께서 스가랴에게 말씀하셨습니다.

2 벧엘 백성이 사레셀과 레겜멜렉과 그하인들을 보내어 여호와의 은혜를 구하며

3 만군의 여호와의 전에 있던 예언자들과 제사장들에게 가서 물었습니다. "지난 여러 해 동안, 우리는 다섯째 달을 특별한 달로 지켰습니다. 우리는 이 달에 슬퍼하며 금식을 했습니다. 앞으로도 계속해서 그렇게 해야 합니까?"

4 만군의 여호와께서 내게 말씀하셨다.

5 "이 땅의 온 백성과 제사장들에게 전하여라. 너희가 지난 칠십 년 동안, 다섯째 달과 일곱째 달에 금식하며 슬퍼하기는 했지만 그것이 진정으로 나를 위한 것이었느냐?

6 너희가 먹고 마실 때에 너희 자신을 위해 먹고 마신 것이 아니냐?

7 예전에도 나는 예언자들을 통해서 똑같은 말을 전하게 하였다. 그때에는 예루살렘에 사람들이 살고 번영하였다. 사람들이 남쪽 지역과 서쪽 경사지에도 살고 있었다."

8 여호와의 말씀이 스가랴에게 있었다. 말씀하시기를

9 "만군의 여호와의 말씀이다. 의롭고 올바른 재판을 하여라. 서로 사랑과 긍휼을 베풀어라.

10 과부와 고아와 외국인과 가난한 사람을 억누르지 마라. 다른 사람을 해칠 마음조차 품지 마라.

11 그러나 그들은 내 말에 복종하지 않았다. 그들은 등을 돌리고 귀를 막았다.

Temple of the LORD. Then he will receive royal honor and will rule as king from his throne. He will also serve as priest from his throne,* and there will be perfect harmony between his two roles.'

14 • 'The crown will be a memorial in the Temple of the LORD to honor those who gave it—Heldai,* Tobijah, Jedaiah, and Josiah* son of Zephaniah.'

15 • People will come from distant lands to rebuild the Temple of the LORD. And when this happens, you will know that my messages have been from the LORD of Heaven's Armies. All this will happen if you carefully obey what the LORD your God says.

A Call to Justice and Mercy

7 On December 7* of the fourth year of King Darius's reign, another message came to Zechariah from the LORD. • The people of Bethel had sent Sharezer and Regemmelech,* along with their attendants, to seek the LORD's favor. • They were to ask this question of the prophets and the priests at the Temple of the LORD of Heaven's Armies: "Should we continue to mourn and fast each summer on the anniversary of the Temple's destruction,* as we have done for so many years?"

4 • The LORD of Heaven's Armies sent me this message in reply: • "Say to all your people and your priests, 'During these seventy years of exile, when you fasted and mourned in the summer and in early autumn,* was it really for me that you were fasting? • And even now in your holy festivals, aren't you eating and drinking just to please yourselves? • Isn't this the same message the LORD proclaimed through the prophets in years past when Jerusalem and the towns of Judah were bustling with people, and the Negev and the foothills of Judah* were well populated?'"

8 • Then this message came to Zechariah from the LORD: • "This is what the LORD of Heaven's Armies says: Judge fairly, and show mercy and kindness to one another. • Do not oppress widows, orphans, foreigners, and the poor. And do not scheme against each other.

11 • "Your ancestors refused to listen to this message. They stubbornly turned away and put their fingers in

6:13 Or There will be a priest by his throne.　6:14a As in Syriac version (compare 6:10); Hebrew reads Helem.　6:14b As in Syriac version (compare 6:10); Hebrew reads Hen.　7:1 Hebrew On the fourth day of the ninth month, the month of Kislev, of the ancient Hebrew lunar calendar. This event occurred on December 7, 518 B.C.; also see note on 1:1.　7:2 Or Bethel-sharezer had sent Regemmelech.　7:3 Hebrew mourn and fast in the fifth month. The Temple had been destroyed in the fifth month of the ancient Hebrew lunar calendar (August 586 B.C.); see 2 Kgs 25:8.　7:5 Hebrew fasted and mourned in the fifth and seventh months. The fifth month of the ancient Hebrew lunar calendar usually occurs within the months of July and August. The seventh month usually occurs within the months of September and October; both the Day of Atonement and the Festival of Shelters were celebrated in the seventh month.　7:7 Hebrew the Shephelah.

6:14 '헬대'는 (히) '헬렘'이며, '요시야'는 (히) '헨'이다.
7:1 이날은 B.C. 518년 12월 7일에 해당된다.

12 그들은 마음을 돌처럼 굳게 하고 나 만군의 여호와의 가르침을 들으려 하지 않았다. 내가 옛적 예언자들을 시켜서 한 말을 들으려 하지 않았다. 그래서 나 만군의 여호와가 크게 노하였다.

13 만군의 여호와의 말씀이다. 내가 그들을 불렀으나 그들은 들으려 하지 않았다. 그러므로 그들이 나를 불러도 내가 듣지 않겠다.

14 그래서 내가 그들을 그들이 알지 못하는 모든 민족 가운데로 회오리바람으로 흩어 버렸다. 그래서 그 땅은 황폐하여 사람이 살 수 없게 되었다. 그것은 그들이 즐거움의 땅을 황폐하도록 만들었기 때문이다."

여호와께서 예루살렘을 회복시키신다

8 만군의 여호와께서 다시 내게 말씀하셨다.

2 "만군의 여호와의 말씀이다. 내가 시온을 뜨겁게 사랑한다. 마치 내 속에서 불이 붙듯 시온을 향한 내 사랑이 뜨겁다.

3 나 여호와가 말한다. 내가 시온으로 돌아가겠다. 내가 예루살렘에서 살겠다. 예루살렘은 '진리의 성'이라고 불리고, 나 만군의 여호와의 산은 '거룩한 산'이라 불릴 것이다.

4 만군의 여호와의 말씀이다. 늙은 어른들이 다시 예루살렘 거리에 앉게 될 것이다. 사람마다 장수하여 지팡이를 짚고 다닐 것이다.

5 거리에는 뛰어노는 소년과 소녀가 가득할 것이다.

6 만군의 여호와의 말씀이다. 그때에 살아남은 사람들이 그런 일은 불가능하다고 생각하겠지만 나에게도 불가능하겠느냐? 만군의 여호와의 말씀이다."

7 만군의 여호와께서 이와 같이 말씀하셨다. "내가 내 백성을 동쪽과 서쪽 나라에서 구해 내겠다.

8 내가 그들을 예루살렘으로 데려와 살게 하겠다. 그들은 내 백성이 될 것이며 나는 그들의 성실하고 의로운 하나님이 될 것이다."

9 만군의 여호와께서 이와 같이 말씀하셨다. "오늘 이 말을 듣는 너희는 힘을 내어라. 이 말은 성전을 지으려고 기초를 놓을 때에 예언자들이 한 말이다.

10 그 전에는 사람이나 짐승이나 자기 몫을 받을 수 없었다. 원수들 때문에 사람들이 자유롭게 오고 갈 수도 없었다. 이는 내가 모든 사람을 그 이웃의 원수가 되게 하였기 때문이다.

11 그러나 이제 살아남은 이 백성은 내가 옛날처럼

---

12 their ears to keep from hearing. ●They made their hearts as hard as stone, so they could not hear the instructions or the messages that the LORD of Heaven's Armies had sent them by his Spirit through the earlier prophets. That is why the LORD of Heaven's Armies was so angry with them.

13 ●"Since they refused to listen when I called to them, I would not listen when they called to me, says the LORD of Heaven's Armies. ●As

14 with a whirlwind, I scattered them among the distant nations, where they lived as strangers. Their land became so desolate that no one even traveled through it. They turned their pleasant land into a desert."

Promised Blessings for Jerusalem

8 Then another message came to me from the LORD of Heaven's Armies: ●"This is what the LORD of Heaven's Armies says: My love for Mount Zion is passionate and strong; I am consumed with passion for Jerusalem!

3 ●"And now the LORD says: I am returning to Mount Zion, and I will live in Jerusalem. Then Jerusalem will be called the Faithful City; the mountain of the LORD of Heaven's Armies will be called the Holy Mountain.

4 ●"This is what the LORD of Heaven's Armies says: Once again old men and women will walk Jerusalem's streets with their canes

5 and will sit together in the city squares. ●And the streets of the city will be filled with boys and girls at play.

6 ●"This is what the LORD of Heaven's Armies says: All this may seem impossible to you now, a small remnant of God's people. But is it impossible for me? says the LORD of Heaven's Armies.

7 ●"This is what the LORD of Heaven's Armies says: You can be sure that I will rescue

8 my people from the east and from the west. ●I will bring them home again to live safely in Jerusalem. They will be my people, and I will be faithful and just toward them as their God.

9 ●"This is what the LORD of Heaven's Armies says: Be strong and finish the task! Ever since the laying of the foundation of the Temple of the LORD of Heaven's Armies, you have heard what the prophets have been say-

10 ing about completing the building. ●Before the work on the Temple began, there were no jobs and no money to hire people or animals. No traveler was safe from the enemy, for there were enemies on all sides. I had turned everyone against each other.

11 ●"But now I will not treat the remnant of

---

desolate [désəlet] *a.* 황폐한
passionate [pǽʃənət] *a.* 열렬한

다루지 않겠다. 나 만군의 여호와의 말이다.

12 그들이 뿌린 씨는 잘 자랄 것이며, 포도나무는 열매를 맺을 것이다. 땅은 좋은 작물을 낼 것이고, 하늘은 비를 내릴 것이다. 내가 이 모든 것을 살아남은 사람들에게 주겠다.

13 유다와 이스라엘아, 너희가 전에는 이방 가운데 저주가 되었지만, 이제는 내가 너희를 구해 주겠다. 너희는 복이 될 것이다. 그러므로 두려워하지 마라. 용기를 내어라.

14 만군의 여호와의 말씀이다. 너희 조상은 나를 노하게 만들었다. 그래서 내가 너희를 심판하기로 작정했다. 그리고 내가 돌이키지 않았다. 나 만군의 여호와의 말이다.

15 그러나 이제는 내가 예루살렘과 유다에 선을 행하기로 작정했다. 그러므로 두려워하지 마라.

16 너희는 이렇게 하여라. 서로 진실을 말하고, 법정에서는 참되고 의로운 재판을 하여라.

17 이웃을 해치려 하지 말고, 거짓 맹세를 하지 마라. 이 모든 것은 내가 미워하는 것이다. 나 여호와의 말이다."

18 만군의 여호와께서 다시 내게 말씀하셨다.

19 "만군의 여호와의 말씀이다. 너희가 금식하기로 작정한 날, 곧 넷째 달과 다섯째 달과 일곱째 달과 열째 달의 금식하는 날이 유다에서 기쁘고 즐겁고 흥겨운 잔치가 될 것이다. 너희는 진리와 평화를 사랑해야 한다.

20 만군의 여호와의 말씀이다. 여러 성에서 많은 백성이 올 것이다.

21 한 성 주민이 다른 성 주민에게 말하기를 '우리는 여호와께 기도하러 가는 길이오, 만군의 여호와께 은혜를 구하려고 가는 길이오. 자, 우리와 함께 갑시다' 라고 할 것이다.

22 많은 백성과 강한 나라들이 예루살렘으로 올 것이다. 그리고 그들은 만군의 여호와를 찾고 여호와 앞에 은혜를 구할 것이다.

23 만군의 여호와의 말씀이다. 그때에 서로 말이 다르고 나라가 각기 다른 열 명의 사람이 올 것이다. 그들이 유다 사람 한 명의 옷자락을 붙잡고 '우리도 같이 가게 해 주시오, 하나님께서 당신들과 함께 계시다는 말을 들었소' 라고 할 것이다."

이스라엘의 원수들에게 내릴 심판

9 여호와의 경고의 말씀이다. 이 말씀이 하드락 땅과 다마스커스 성에 임하였다. 이스라

---

my people as I treated them before, says the LORD 12 of Heaven's Armies. ●For I am planting seeds of peace and prosperity among you. The grapevines will be heavy with fruit. The earth will produce its crops, and the heavens will release the dew. Once more I will cause the remnant in Judah and Israel 13 to inherit these blessings. ●Among the other nations, Judah and Israel became symbols of a cursed nation. But no longer! Now I will rescue you and make you both a symbol and a source of blessing. So don't be afraid. Be strong, and get on with rebuilding the Temple!

14 ●"For this is what the LORD of Heaven's Armies says: I was determined to punish you when your ancestors angered me, and I did not change my 15 mind, says the LORD of Heaven's Armies. ●But now I am determined to bless Jerusalem and the 16 people of Judah. So don't be afraid. ●But this is what you must do: Tell the truth to each other. Render verdicts in your courts that are just and 17 that lead to peace. ●Don't scheme against each other. Stop your love of telling lies that you swear are the truth. I hate all these things, says the LORD."

18 ●Here is another message that came to me 19 from the LORD of Heaven's Armies. ●"This is what the LORD of Heaven's Armies says: The traditional fasts and times of mourning you have kept in early summer, midsummer, autumn, and winter* are now ended. They will become festivals of joy and celebration for the people of Judah. So love truth and peace.

20 ●"This is what the LORD of Heaven's Armies says: People from nations and cities around the 21 world will travel to Jerusalem. ●The people of one city will say to the people of another, 'Come with us to Jerusalem to ask the LORD to bless us. Let's worship the LORD of Heaven's Armies. I'm 22 determined to go.' ●Many peoples and powerful nations will come to Jerusalem to seek the LORD of Heaven's Armies and to ask for his blessing.

23 ●"This is what the LORD of Heaven's Armies says: In those days ten men from different nations and languages of the world will clutch at the sleeve of one Jew. And they will say, 'Please let us walk with you, for we have heard that God is with you.'"

clutch [klʌ́tʃ] *vt.* 꽉잡다; 붙들다
inherit [inhérit] *vt.* 상속하다, 계승하다
verdict [və́ːrdikt] *n.* 판정, 판단

8:19 Hebrew *in the fourth, fifth, seventh, and tenth months.* The fourth month of the ancient Hebrew lunar calendar usually occurs within the months of June and July. The fifth month usually occurs within the months of July and August. The seventh month usually occurs within the months of September and October. The tenth month usually occurs within the months of December and January.

엘의 모든 지파와 같이 온 백성의 눈이 여호와를 우러러보았다.

2 또 여호와의 말씀은 하드락 땅 경계에 있는 하맛 성을 향한 경고이며 지혜롭다고 하는 두로와 시돈을 향한 경고이다.

3 두로는 요새를 지었고 은을 흙먼지처럼 쌓아올렸으며 길거리의 진흙같이 많은 금을 가졌다.

4 그러나 주께서 그들이 가진 것을 다 없애실 것이다. 바다에서 떨치던 그 세력을 꺾으시고 불로 그 성을 태우실 것이다.

5 아스글론 성이 그것을 보고 두려워하고 가사 백성이 두려움에 떨며 에그론 백성이 희망을 잃을 것이다. 가사에 왕이 끊길 것이며 아스글론에 다시는 사람이 살지 않을 것이다.

6 아스돗에는 혼혈아들이 살 것이다. "내가 블레셋의 교만을 꺾겠다.

7 내가 그 입에서 피를 제거하며 그 이 사이에서 역겨운 음식을 제거하겠다. 그들 가운데 살아남은 사람은 내 백성이 될 것이다. 그들이 유다의 한 지파처럼 살 것이며 에그론은 여부스 사람처럼 내 백성이 될 것이다.

8 내가 오고 가는 군대들로부터 내 성전을 지키겠다. 내가 지키므로 그 누구도 다시는 내 백성을 해치지 못한다."

왕이 오신다

9 시온 백성아, 기뻐하여라. 예루살렘 백성아, 즐거이 외쳐라. 보라, 네 왕이 네게로 오신다. 그분은 의로우시며 구원하시는 왕이시다. 그분은 겸손하시어 나귀를 타신다. 나귀 새끼를 타고 오신다.

10 "내가 에브라임에서 전차들을 없애겠고 예루살렘에서 말들을 없애겠다. 전쟁에서 쓰이는 활들은 부러질 것이다. 그 왕이 나라들에게 평화를 말할 것이다. 그의 나라가 바다에서 바다까지, 유프라테스 강에서 땅끝까지 미칠 것이다.

11 내 백성아, 내가 너희와 언약을 맺었으며 희생 제물의 피로 그 언약을 봉인했다. 그러므로 내가 너희 가운데 포로 된 사람을 물 없는 웅덩이에서 풀어 주겠다.

Judgment against Israel's Enemies

9 This is the message* from the LORD against the land of Aram* and the city of Damascus, for the eyes of humanity, including all the tribes of Israel, are on the LORD.

2 • Doom is certain for Hamath,
　　near Damascus,
and for the cities of Tyre and Sidon,
　　though they are so clever.

3 • Tyre has built a strong fortress
　　and has made silver and gold
as plentiful as dust in the streets!

4 • But now the Lord will strip away Tyre's possessions
　　and hurl its fortifications into the sea,
　　and it will be burned to the ground.

5 • The city of Ashkelon will see Tyre fall
　　and will be filled with fear.
Gaza will shake with terror,
　　as will Ekron, for their hopes will be dashed.
Gaza's king will be killed,
　　and Ashkelon will be deserted.

6 • Foreigners will occupy the city of Ashdod.
　　I will destroy the pride of the Philistines.

7 • I will grab the bloody meat from their mouths
　　and snatch the detestable sacrifices from
　　　　their teeth.
Then the surviving Philistines will worship
　　our God
　　and become like a clan in Judah.*
The Philistines of Ekron will join my people,
　　as the ancient Jebusites once did.

8 • I will guard my Temple
　　and protect it from invading armies.
I am watching closely to ensure
　　that no more foreign oppressors overrun my
　　　　people's land.

Zion's Coming King

9 • Rejoice, O people of Zion!*
　　Shout in triumph, O people of Jerusalem!
Look, your king is coming to you.
　　He is righteous and victorious,*
yet he is humble, riding on a donkey—
　　riding on a donkey's colt.

10 • I will remove the battle chariots from Israel*
　　and the warhorses from Jerusalem.
I will destroy all the weapons used in battle,
　　and your king will bring peace to the nations.
His realm will stretch from sea to sea
　　and from the Euphrates River* to the ends
　　　　of the earth.*

11 • Because of the covenant I made with you,
　　sealed with blood,

9:1a Hebrew *An Oracle: The message.*　9:1b Hebrew *land of Hadrach.*　9:7 Hebrew *like a leader in Judah.*　9:9a Hebrew *O daughter of Zion!*　9:9b Hebrew *and is being vindicated.*　9:10a Hebrew *Ephraim,* referring to the northern kingdom of Israel; also in 9:13.　9:10b Hebrew *the river.*　9:10c Or *the end of the land.*

12 희망을 가진 너희 포로들아, 너희의 요새로 돌아오너라. 내가 오늘 너희에게 이른다. 너희를 옛날보다 두 배로 회복시켜 주겠다.

13 내가 유다를 내 활처럼 쓰겠고 에브라임을 내 화살처럼 쓰겠다. 시온아, 내가 너희의 사람을 써서 그리스 사람을 치게 하겠다. 너희를 용사의 칼처럼 쓰겠다."

14 그때에 여호와께서 그들에게 나타나실 것이다. 번개처럼 그분의 화살을 쏘실 것이다. 주 여호와께서 나팔을 부시며 남쪽의 회오리바람 속으로 행군하실 것이다.

15 백성이 술 취한 사람처럼 전쟁터에서 소리지를 것이며 적군의 피를 포도주처럼 마실 것이다. 그들은 피로 가득한 그릇과 같고, 피로 흠뻑 젖은 제단의 모퉁이와도 같다.

16 그날에 그들의 하나님 여호와께서 그분의 백성을 양 떼로 여겨 구해 주실 것이다. 그들은 여호와의 땅에서 왕관에 달린 보석처럼 빛날 것이다.

17 그들은 매우 예쁘고 아름다울 것이다. 젊은 남자들은 곡식으로 군세질 것이며 젊은 여자들은 새 포도주로 아름다워질 것이다.

여호와의 약속

10 봄철에 여호와께 비를 내려 달라고 구하여라. 여호와께서는 비를 만드시고 소나기를 내리시며 모든 이에게 밭의 채소를 주시는 분이다.

2 우상들은 거짓말을 하고 점쟁이들은 헛된 환상을 본다. 그들은 거짓 꿈 이야기를 하며 헛된 말로 위로한다. 그러므로 백성은 길을 잃은 양과 같고 목자가 없으므로 고통을 당한다.

3 "내 분노가 목자들을 칠 것이며 내가 그 숫염소들을 칠 것이다. 왜냐하면 만군의 여호와께서 그의 양 떼, 유다 족속을 방문하셨고 그리고 그가 그들을 전쟁의 영광스러운 말처럼 두셨기 때문이다.

4 유다에서 모퉁잇돌 같은 사람이 나오고 장막의 말뚝 같은 사람이 나온다. 그에

I will free your prisoners
　from death in a waterless dungeon.
12 • Come back to the place of safety,
　all you prisoners who still have hope!
I promise this very day
　that I will repay two blessings for each of
　　your troubles.

13 • Judah is my bow,
　and Israel is my arrow.
Jerusalem* is my sword,
　and like a warrior, I will brandish it against
　　the Greeks.*

14 • The LORD will appear above his people;
　his arrows will fly like lightning!
The Sovereign LORD will sound the ram's horn
　and attack like a whirlwind from the
　　southern desert.

15 • The LORD of Heaven's Armies will protect
　　his people,
　and they will defeat their enemies by
　　hurling great stones.
They will shout in battle as though drunk with
　　wine.
They will be filled with blood like a bowl,
　drenched with blood like the corners of the
　　altar.

16 • On that day the LORD their God will rescue his
　　people,
　just as a shepherd rescues his sheep.
They will sparkle in his land
　like jewels in a crown.

17 • How wonderful and beautiful they will be!
The young men will thrive on abundant
　　grain,
　and the young women will flourish
　　on new wine.

The LORD Will Restore His People

10 1 • Ask the LORD for rain in the spring,
　for he makes the storm clouds.
And he will send showers of rain
　so every field becomes a lush pasture.

2 • Household gods give worthless advice,
　fortune-tellers predict only lies,
and interpreters of dreams pronounce
　falsehoods that give no comfort.
So my people are wandering like lost sheep;
　they are attacked because they have no shepherd.

3 • "My anger burns against your shepherds,
　and I will punish these leaders.*
For the LORD of Heaven's Armies has arrived
　to look after Judah, his flock.
He will make them strong and glorious,
　like a proud warhorse in battle.

4 • From Judah will come the cornerstone,

9:13a Hebrew *Zion*.　　9:13b Hebrew *the sons of Javan*.
10:3 Or *these male goats*.

게서 전쟁터의 활 같은 사람이 나오고, 모든 통치자가 나온다.

5 그들은 진흙길을 지나 전쟁터로 나아가는 용사들과 같다. 나 여호와가 그들과 함께 있다. 그러므로 그들이 싸워 기마병들을 물리칠 것이다.

6 내가 유다 백성을 강하게 하며 요셉 족속을 구하겠다. 내가 그들을 긍휼히 여기므로 그들을 다시 데려오겠다. 내가 그들을 한 번도 저버린 적이 없는 것처럼 하겠다. 나는 그들의 하나님 여호와이다. 그들이 부르짖을 때 들어 주겠다.

7 에브라임 백성은 용사같이 되며 그 마음이 포도주를 마셨을 때처럼 즐거울 것이다. 그들의 자녀가 그것을 보고 기뻐할 것이며 나 여호와 안에서 즐거워할 것이다.

8 내가 내 백성을 부르고 그들을 모으겠다. 그들을 구해 주겠다. 그들은 옛날처럼 그 수가 많아질 것이다.

9 내가 내 백성을 다른 나라로 쫓아 버렸으나 그들은 그 먼 곳에서도 나를 기억할 것이다. 그 자녀와 더불어 살다가 돌아올 것이다.

10 내가 그들을 이집트에서 다시 데려오겠다. 앗시리아에서 다시 모아들이겠다. 길르앗과 레바논으로 데려가서 그 땅이 비좁을 정도가 되게 하겠다.

11 그들이 고통의 바다를 지나올 때, 내가 바다의 파도를 잠잠하게 할 것이다. 나일 강이 말라 버릴 것이다. 내가 앗시리아의 교만을 꺾겠다. 이집트가 다른 나라들에게 부린 권세도 꺾겠다.

12 내가 그들을 여호와로 강하게 하겠고, 그들이 여호와의 이름으로 행할 것이다. 여호와의 말씀이다."

11 레바논아, 네 문을 열어라. 불이 네 백향목을 태울 것이다.

2 소나무야, 울어라. 백향목이 넘어졌도다. 큰 나무들이 꺾였다. 바산의 상수리나무야, 울어라. 울창한 삼림이 베어졌다.

the tent peg,
the bow for battle,
all the rulers.

5 • They will be like mighty warriors in battle,
trampling their enemies in the mud under
their feet.
Since the LORD is with them as they fight,
they will overthrow even the enemy's
horsemen.

6 • "I will strengthen Judah and save Israel*;
I will restore them because of my compassion.
It will be as though I had never rejected them,
for I am the LORD their God, who will hear
their cries.

7 • The people of Israel* will become like mighty
warriors,
and their hearts will be made happy as if by
wine.
Their children, too, will see it and be glad;
their hearts will rejoice in the LORD.

8 • When I whistle to them, they will come running,
for I have redeemed them.
From the few who are left,
they will grow as numerous as they were before.

9 • Though I have scattered them like seeds
among the nations,
they will still remember me in distant lands.
They and their children will survive
and return again to Israel.

10 I will bring them back from Egypt
and gather them from Assyria.
I will resettle them in Gilead and Lebanon
until there is no more room for them all.

11 • They will pass safely through the sea of distress,*
for the waves of the sea will be held back,
and the waters of the Nile will dry up.
The pride of Assyria will be crushed,
and the rule of Egypt will end.

12 • By my power* I will make my people strong,
and by my authority they will go wherever
they wish.
I, the LORD, have spoken!"

11 • Open your doors, Lebanon,
so that fire may devour your cedar forests.

2 • Weep, you cypress trees, for all the ruined cedars;
the most majestic ones have fallen.
Weep, you oaks of Bashan,

---

abundant [əbʌ́ndənt] *a.* 풍부한
brandish [brǽndiʃ] *vt.* (무기 등을) 휘두르다
devour [diváuər] *vt.* 완전히 태워버리다
interpreter [intə́ːrpritər] *n.* 해석자, 해설자
redeem [ridíːm] *vt.* 되찾다, 회복하다
thrive [θraiv] *vi.* 번성하다; 성공하다

10:6 Hebrew *save the house of Joseph.*　10:7 Hebrew *of Ephraim.*　10:11 Or *the sea of Egypt*, referring to the Red Sea.　10:12 Hebrew *In the LORD.*

3 목자들이 우는 소리를 들어라. 그들의 목장이 시들었다. 사자들의 울부짖는 소리를 들어라. 요단 강가의 무성한 숲이 황폐하게 되었다.

4 여호와 나의 하나님께서 이렇게 말씀하셨다. "너는 죽임당할 양 떼를 먹여라.

5 양 떼를 산 사람이 양 떼를 죽여도 벌을 받지 않는다. 양 떼를 판 사람도 '주를 찬양하여라. 나는 부자가 되었다'라고 한다. 목자들조차 자기 양 떼를 불쌍히 여기지 않는다.

6 나도 다시는 이 땅의 백성을 불쌍히 여기지 않는다. 여호와의 말씀이다. 내가 모든 사람을 그 이웃과 왕의 손에 넘겨 주겠다. 그들이 이 땅에 재앙을 몰고 와도 구원하지 않을 것이다."

7 그래서 나는 죽임당할 양 떼, 그 가운데서도 가장 약한 양들을 먹였다. 나는 지팡이 두 개를 가져다가 하나는 '은혜'라고 부르고, 다른 하나는 '연합'이라고 불렀다. 그리고 나는 양 떼를 먹였다.

8 한 달 사이에 나는 세 목자를 쫓아 냈다. 왜냐하면 나는 양 떼가 싫어졌고, 그들도 나를 싫어했기 때문이다.

9 나는 이렇게 말했다. "이제는 다시 너희의 목자 노릇을 하지 않겠다. 죽을 것은 죽고 망할 것은 망해라. 살아남는 것들도 자기들끼리 서로 잡아먹어라."

10 그런 뒤에 나는 '은혜'라는 이름을 붙인 지팡이를 꺾었다. 그것은 하나님이 그의 백성과 맺으신 언약을 깨신 표시였다.

11 그날에 그 언약이 깨졌다. 그때에 약한 양들이 나를 지켜보고 있었고, 그들은 나의 행동을 통해서 여호와께서 말씀하고 계시는 것을 알았다.

12 내가 그들에게 말했다. "나에게 삯을 주고 싶으면 주고, 주기 싫으면 주지 말아라." 그러자 그들은 나에게 은돈 삼십 개를 주었다.

13 여호와께서 나에게 말씀하셨다. "그 돈을 옹기장이에게 던져 버려라." 그들은 내가 그만큼밖에 가치가 없다고 생각했던 것이다. 그래서 나는 여호와의 성전에서 그 돈을 옹기장이에게 던져 버렸다.

14 그런 뒤에 나는 '연합'이라는 이름을 붙인 지팡이를 꺾었다. 그것은 유다와 이스라엘 사이의 우정을 꺾은 표시였다.

15 여호와께서 나에게 말씀하셨다. "다시 가서 우매한 목자의 노릇을 하여라.

16 내가 이 나라에 새 목자를 두겠다. 그는 죽어 가는 양을 돌보지 않으며 어린 양을 찾지 않으며 상처 입은 양을 고쳐 주지 않으며 튼튼한 양을 먹이지

for the thick forests have been cut down.

3　• Listen to the wailing of the shepherds,
　　for their rich pastures are destroyed.
　Hear the young lions roaring,
　　for their thickets in the Jordan Valley are ruined.

The Good and Evil Shepherds

4　• This is what the LORD my God says: "Go and care for the flock that is intended for slaughter.
5　• The buyers slaughter their sheep without remorse. The sellers say, 'Praise the LORD! Now I'm rich!' Even the shepherds have no com-
6　passion for them. • Likewise, I will no longer have pity on the people of the land," says the LORD. "I will let them fall into each other's hands and into the hands of their king. They will turn the land into a wilderness, and I will not rescue them."

7　• So I cared for the flock intended for slaughter—the flock that was oppressed. Then I took two shepherd's staffs and named one
8　Favor and the other Union. • I got rid of their three evil shepherds in a single month.

But I became impatient with these sheep,
9　and they hated me, too. • So I told them, "I won't be your shepherd any longer. If you die, you die. If you are killed, you are killed. And let those who remain devour each other!"

10　• Then I took my staff called Favor and cut it in two, showing that I had revoked the covenant I had made with all the nations.
11　• That was the end of my covenant with them. The suffering flock was watching me, and they knew that the LORD was speaking through my actions.

12　• And I said to them, "If you like, give me my wages, whatever I am worth; but only if you want to." So they counted out for my wages thirty pieces of silver.
13　• And the LORD said to me, "Throw it to the potter*"—this magnificent sum at which they valued me! So I took the thirty coins and threw them to the potter in the Temple of the LORD.

14　• Then I took my other staff, Union, and cut it in two, showing that the bond of unity between Judah and Israel was broken.

15　• Then the LORD said to me, "Go again and
16　play the part of a worthless shepherd. • This illustrates how I will give this nation a shepherd who will not care for those who are dying, nor look after the young, nor heal the injured, nor feed the healthy. Instead, this shepherd will eat the meat of the fattest sheep

---

11:13　Syriac version reads *into the treasury;* also in 11:13b. Compare Matt 27:6-10.

않고 살진 양을 잡아먹으며 그 발굽까지 떼어 낸다.

17 양 떼를 버리는 쓸모없는 목자에게 재앙이 있을 것이다. 칼이 그의 팔과 그의 오른 눈을 칠 것이다. 그의 팔이 마르고, 그의 오른 눈은 실명할 것이다."

예루살렘은 구원 받는다

12 이것은 여호와께서 이스라엘에게 하신 경고의 말씀이다. 하늘을 펼쳐 놓으셨고 땅의 기초를 놓으신 분, 그 안에 사람의 영을 만드신 여호와께서 이렇게 말씀하셨다.

2 "내가 예루살렘을 독이 든 잔처럼 만들어 그 주변 나라들을 다치게 하겠다. 그 나라들은 예루살렘과 유다를 치러 올 것이다.

3 장차 이 땅 위의 모든 나라가 예루살렘을 치러 올 것이다. 그때에 내가 예루살렘을 무거운 바위처럼 만들겠다. 누구든지 바위를 옮기려 하는 사람은 다칠 것이다.

4 그날에 내가 모든 말을 두려움에 떨게 하고, 말 탄 사람을 미치게 하겠다. 여호와의 말씀이다. 내가 유다는 지키겠지만 그 원수들의 모든 말은 눈이 멀게 하겠다.

5 그러면 유다의 지도자들이 마음속으로 말하기를 '예루살렘 백성은 강하다. 이는 만군의 여호와께서 그들의 하나님이시기 때문이다'라고 할 것이다.

6 그날에 내가 유다의 지도자들을 나뭇단을 태우는 불처럼 만들겠다. 그들은 짚을 태우는 불이 되어 왼쪽과 오른쪽의 주변 나라들을 다 멸망시킬 것이다. 그러나 예루살렘은 그때에도 안전할 것이다.

7 나 여호와가 유다의 장막을 구원할 것이다. 다윗의 성 예루살렘에 사는 백성이 누릴 영광이 유다가 누릴 영광보다 크지 못할 것이다.

8 그날에 나 여호와가 예루살렘에 사는 백성을 지켜 줄 것이다. 그리하여 그들 가운데서 가장 약한 사람도 다윗처럼 강해질 것이다. 그리고 다윗 집안은 마치 하나님처럼 될 것이다. 그들은 여호와의 천사처럼 되어 백성을 인도할 것이다.

9 그날에 내가 예루살렘을 치러 오는 모든 나라를 멸망시키겠다."

예루살렘 백성이 슬피 울다

10 "내가 다윗 집안과 예루살렘에 사는 백성에게 자비와 은혜의 영을 주겠다. 그들은, 자신들이 찔러 죽인 나를 보고 마치 외아들을 잃은 사람처럼 슬피 울 것이다. 마치 맏아들을 잃은 사람처럼 슬퍼

and tear off their hooves.

17 • "What sorrow awaits this worthless shepherd
who abandons the flock!
The sword will cut his arm
and pierce his right eye.
His arm will become useless,
and his right eye completely blind."

Future Deliverance for Jerusalem

12 This* message concerning the fate of
Israel came from the LORD: "This mes-
sage is from the LORD, who stretched out the
heavens, laid the foundations of the earth, and
2 formed the human spirit. •I will make Jeru-
salem like an intoxicating drink that makes
the nearby nations stagger when they send
their armies to besiege Jerusalem and Judah.
3 •On that day I will make Jerusalem an im-
movable rock. All the nations will gather
against it to try to move it, but they will only
hurt themselves.
4   •"On that day," says the LORD, "I will cause
every horse to panic and every rider to lose his
nerve. I will watch over the people of Judah,
but I will blind all the horses of their enemies.
5 •And the clans of Judah will say to them-
selves, 'The people of Jerusalem have found
strength in the LORD of Heaven's Armies, their
God.'
6   •"On that day I will make the clans of
Judah like a flame that sets a woodpile ablaze
or like a burning torch among sheaves of
grain. They will burn up all the neighboring
nations right and left, while the people living
in Jerusalem remain secure.
7   •"The LORD will give victory to the rest of
Judah first, before Jerusalem, so that the peo-
ple of Jerusalem and the royal line of David
will not have greater honor than the rest of
8 Judah. •On that day the LORD will defend the
people of Jerusalem; the weakest among them
will be as mighty as King David! And the royal
descendants will be like God, like the angel of
9 the LORD who goes before them! •For on that
day I will begin to destroy all the nations that
come against Jerusalem.
10   •"Then I will pour out a spirit* of grace and
prayer on the family of David and on the peo-
ple of Jerusalem. They will look on me whom
they have pierced and mourn for him as for
an only son. They will grieve bitterly for him

---

besiege [bisí:dʒ] *vt.* 포위 공격하다
intoxicating [intάksikèitiŋ] *a.* 취하게 하는
stagger [stǽgər] *vi.* 동요하다, 무너지다
11:5 without remorse : 가차(사정)없이

12:1 Hebrew *An Oracle: This.*   12:10 Or *the Spirit.*

할 것이다.

11 그날에 예루살렘에서 크게 울부짖는 소리가 들릴 것이다. 마치 므깃도 평야의 하다드림몬을 위해 슬피 우는 것과 같은 소리가 들릴 것이다.

12 온 땅이 슬피 울 것이다. 집집마다 각각 울 것이다. 다윗 집안과 그 아내들도 각각 슬피 울 것이다. 나단 집안과 그 아내들도 각각 울 것이다.

13 레위 집안과 그 아내들도 각각 울 것이다. 시므이 집안과 그 아내들도 각각 울 것이다.

14 나머지 모든 집안과 그 아내들도 각각 울 것이다."

13 "그날에 다윗의 자손과 예루살렘 백성을 위해 샘이 터질 것이다. 그 샘이 그들의 죄와 허물을 씻어 줄 것이다.

2 만군의 여호와의 말씀이다. 그날에 내가 우상들의 이름을 땅에서 지워 버리겠다. 아무도 다시는 그 이름을 기억하지 않을 것이다. 그리고 예언자들과 더러운 영들도 이 땅에서 없애 버리겠다.

3 그런데도 예언을 계속하는 사람이 있으면 그의 부모가 그에게 '너는 여호와의 이름으로 거짓말을 했으므로 죽어야 한다'라고 말할 것이다. 예언을 하는 사람이 있으면, 그의 부모가 그를 찔러 죽일 것이다.

4 그날에 예언자들은 자기의 환상과 예언을 부끄러워할 것이다. 그들은 털로 만든 예언자의 옷을 입고 백성을 속이려고도 하지 않을 것이다.

5 그들은 말하기를 '나는 예언자가 아니다. 나는 농부다. 나는 젊었을 때부터 농부였다'라고 할 것이다.

6 누군가가 그에게 '당신 몸에 있는 상처는 어떻게 해서 생긴 거요?' 하고 물으면 그는 '친구 집에서 입은 상처요' 하고 대답할 것이다."

목자의 죽음

7 "칼아, 목자를 찔러라. 내 친구인 사람을 쳐라. 만군의 여호와의 말씀이다. 목자를 죽여라. 그러면 양 떼가 흩어질 것이다. 내가 어린 것들을 심판하겠다.

8 여호와의 말씀이다. 온 땅의 백성 가운데서 삼분의 이는 죽고 삼분의 일은 살아남을 것이다.

9 내가 그 살아남은 사람들을 불로 시험하겠다. 그들을 은처럼 단련시키고 금처럼 시험하겠다. 그러면 그들이 나를 부르고 나는 그들에게 대답할 것이다. 나는 그들을 '너희는 내 백성이다'라고 할 것이며 그들은 '여호와는 우리 하나님이십니다'라고 할 것이다."

11 as for a firstborn son who has died. • The sorrow and mourning in Jerusalem on that day will be like the great mourning for Hadad-rimmon in the valley of Megiddo.

12 • "All Israel will mourn, each clan by itself, and with the husbands separate from their wives. The clan of David will mourn alone, as 13 will the clan of Nathan, • the clan of Levi, • and 14 the clan of Shimei. • Each of the surviving clans from Judah will mourn separately, and with the husbands separate from their wives.

A Fountain of Cleansing

13 "On that day a fountain will be opened for the dynasty of David and for the people of Jerusalem, a fountain to cleanse them from all their sins and impurity.

2 • "And on that day," says the LORD of Heaven's Armies, "I will erase idol worship throughout the land, so that even the names of the idols will be forgotten. I will remove from the land both the false prophets and the spirit of impuri-3 ty that came with them. • If anyone continues to prophesy, his own father and mother will tell him, 'You must die, for you have prophesied lies in the name of the LORD.' And as he prophesies, his own father and mother will stab him.

4 • "On that day people will be ashamed to claim the prophetic gift. No one will pretend to 5 be a prophet by wearing prophet's clothes. • He will say, 'I'm no prophet; I'm a farmer. I began 6 working for a farmer as a boy.' • And if someone asks, 'Then what about those wounds on your chest?'* he will say, 'I was wounded at my friends' house!'

The Scattering of the Sheep

7 • "Awake, O sword, against my shepherd,
　the man who is my partner,"
　says the LORD of Heaven's Armies.
"Strike down the shepherd,
　and the sheep will be scattered,
　and I will turn against the lambs.

8 • Two-thirds of the people in the land
　will be cut off and die," says the LORD.
　"But one-third will be left in the land.

9 • I will bring that group through the fire
　and make them pure.
I will refine them like silver
　and purify them like gold.
They will call on my name,
　and I will answer them.
I will say, 'These are my people,'
　and they will say, 'The LORD is
　　our God.'"

refine [rifáin] *vt.* 정련(제련)하다.

13:6 Hebrew *wounds between your hands?*

심판의 날

14 여호와의 심판의 날이 오고 있다. 너희가 빼앗은 재물이 너희 가운데서 나뉠 것이다.

2 내가 모든 나라들을 모아 예루살렘과 싸우게 하겠다. 예루살렘은 함락되고 집들은 약탈당하고 여자들은 강간당할 것이다. 백성들 가운데 절반이 포로로 끌려갈 것이다. 그러나 남은 백성은 이 성에서 쫓겨나지 않을 것이다.

3 그때에 여호와께서 나아가셔서 그 나라들과 싸우실 것이다. 전쟁 때에 싸우듯 싸우실 것이다.

4 그날에 주께서 예루살렘 동쪽 올리브 산 위에 서실 것이다. 그러면 올리브 산은 둘로 갈라져서, 동쪽에서 서쪽으로 깊은 골짜기가 생길 것이다. 그리하여 산의 절반은 북쪽으로, 절반은 남쪽으로 옮겨질 것이다.

5 너희는 아셀까지 뻗어 있는 이 산 골짜기를 통해 도망할 것이다. 마치 유다 왕 웃시야 시대에 지진을 피해 도망한 것처럼 도망할 것이다. 그때에 내 주 하나님께서 모든 거룩한 사람을 거느리고 오실 것이다.

6 그날이 오면 영광의 빛이 없을 것이다.

7 이와 같은 날은 없을 것이다. 언제 그날이 올지는 여호와만이 아신다. 그때가 되면 낮도, 밤도 없을 것이다. 밤에도 낮처럼 빛이 비출 것이다.

8 그날이 오면 예루살렘에서 생수가 흘러 넘쳐 절반은 동쪽 사해로 흘러들어가고 절반은 서쪽 지중해로 흘러들어갈 것이다. 여름에도, 겨울에도 그렇게 흐를 것이다.

9 여호와께서 온 세계의 왕이 되실 것이다. 그날에는 오직 여호와만이 주가 되실 것이며 여호와의 이름만이 홀로 빛날 것이다.

10 게바에서 예루살렘 남쪽 림몬까지 온 땅이 평야로 변할 것이다. 그러나 예루살렘은 '베냐민 문'에서 '첫 문'을 지나 '모퉁이 문'에 이르기까지, 그리고 '하나넬 망대'에서 왕의 포도주틀까지 제자리에 높이 솟아 있을 것이다.

11 백성이 거기에 살 것이며 다시는 그 성이 멸망하지 않을 것이다. 예루살렘은 안전할 것이다.

12 그러나 예루살렘을 친 나라들은 여호와께서 심판하실 것이다. 그들에게 무서운 재앙을 내리실 것이다. 그들이 서 있는 동안에도 그들의 살이 썩고, 눈이 눈구멍 속에서 썩고, 혀가 입 안에서 썩을 것이다.

13 그날이 오면 여호와께서 공포를 퍼뜨리실 것이다. 사람마다 이웃을 붙잡고 서로 칠 것이다.

14 유다 백성도 예루살렘에서 싸울 것이다. 이웃 나

The LORD Will Rule the Earth

14 Watch, for the day of the LORD is coming when your possessions will be plundered right in front of you! •I will gather all the nations to fight against Jerusalem. The city will be taken, the houses looted, and the women raped. Half the population will be taken into captivity, and the rest will be left among the ruins of the city.

3 •Then the LORD will go out to fight against those nations, as he has fought in times past.

4 •On that day his feet will stand on the Mount of Olives, east of Jerusalem. And the Mount of Olives will split apart, making a wide valley running from east to west. Half the mountain will move toward the north and half toward the south. •You will flee through this valley, for it will reach across to Azal.* Yes, you will flee as you did from the earthquake in the days of King Uzziah of Judah. Then the LORD my God will come, and all his holy ones with him.*

6 •On that day the sources of light will no longer shine,* •yet there will be continuous day! Only the LORD knows how this could happen. There will be no normal day and night, for at evening time it will still be light.

8 •On that day life-giving waters will flow out from Jerusalem, half toward the Dead Sea and half toward the Mediterranean,* flowing continuously in both summer and winter.

9 •And the LORD will be king over all the earth. On that day there will be one LORD—his name alone will be worshiped.

10 •All the land from Geba, north of Judah, to Rimmon, south of Jerusalem, will become one vast plain. But Jerusalem will be raised up in its original place and will be inhabited all the way from the Benjamin Gate over to the site of the old gate, then to the Corner Gate, and from the Tower of Hananel to the king's winepresses. •And Jerusalem will be filled, safe at last, never again to be cursed and destroyed.

12 •And the LORD will send a plague on all the nations that fought against Jerusalem. Their people will become like walking corpses, their flesh rotting away. Their eyes will rot in their sockets, and their tongues will rot in their mouths. •On that day they will be terrified, stricken by the LORD with great panic. They will fight their neighbors hand to hand.

14 •Judah, too, will be fighting at Jerusalem. The

14:5a   The meaning of the Hebrew is uncertain.
14:5b   As in Greek version; Hebrew reads *with you.*
14:6   Hebrew *the precious ones shall diminish;* or *the precious ones and frost.* The meaning of the Hebrew is uncertain.   14:8   Hebrew *half toward the eastern sea and half toward the western sea.*

라들의 재물, 곧 금과 은과 옷가지가 예루살렘에 쌓일 것이다.

15 이와 똑같은 재앙이 말과 노새와 낙타와 나귀들에게도 내릴 것이다. 적진에 있는 모든 짐승에게 재앙이 내릴 것이다.

16 예루살렘을 치러 온 백성 가운데 살아남은 사람은 해마다 예루살렘으로 와서 만군의 여호와, 영원한 왕께 예배할 것이다. 그리고 초막절을 지킬 것이다.

17 세계 온 나라 백성들 가운데 예루살렘에 와서 만군의 여호와, 영원한 왕께 예배하지 않는 백성이 있으면 그 백성의 땅에는 비가 내리지 않을 것이다.

18 이집트 사람들이 예루살렘에 와서 초막절을 지키지 않으면 여호와께서 다른 나라들에 내린 것과 똑같은 재앙을 그들에게도 내리실 것이다.

19 이집트를 비롯해서 초막절을 지키지 않는 나라마다 이런 심판을 받을 것이다.

20 그날이 오면 말방울에도 '여호와께 거룩히 구별된 것'이라는 글이 새겨져 있을 것이며, 여호와의 성전의 솥들도 거룩한 제단 그릇들처럼 될 것이다.

21 예루살렘과 유다에 있는 모든 솥도 만군의 여호와께 거룩히 구별하여 바친 성물이 될 것이며, 제물을 바치는 사람마다 그 솥들로 고기를 삶을 수 있을 것이다. 그날이 오면 만군의 여호와의 성전에 다시는 상인*들이 없을 것이다.

wealth of all the neighboring nations will be captured—great quantities of gold and silver and fine clothing. •This same plague will strike the horses, mules, camels, donkeys, and all the other animals in the enemy camps.

16 •In the end, the enemies of Jerusalem who survive the plague will go up to Jerusalem each year to worship the King, the LORD of Heaven's Armies, and to celebrate the Festival of Shelters. •Any nation in the world that refuses to come to Jerusalem to worship the King, the LORD of Heaven's Armies, will have no rain. •If the people of Egypt refuse to attend the festival, the LORD will punish* them with the same plague that he sends on the other nations who refuse to go. •Egypt and the other nations will all be punished if they don't go to celebrate the Festival of Shelters.

20 •On that day even the harness bells of the horses will be inscribed with these words: HOLY TO THE LORD. And the cooking pots in the Temple of the LORD will be as sacred as the basins used beside the altar. •In fact, every cooking pot in Jerusalem and Judah will be holy to the LORD of Heaven's Armies. All who come to worship will be free to use any of these pots to boil their sacrifices. And on that day there will no longer be traders* in the Temple of the LORD of Heaven's Armies.

---

altar [ɔ́:ltər] *n.* 제단
harness [hάːrnis] *n.* 마구
inscribe [inskráib] *vt.* 새기다
plague [pléig] *n.* 재앙
sacred [séikrid] *a.* 거룩한

14:18 As in some Hebrew manuscripts and Greek and Syriac versions; Masoretic Text reads *will not punish.* 14:21 Hebrew *Canaanites.*

14:21 개역 성경에는 (히) '가나안 사람'이라고 표기되어 있다.

말라기

서론

❖ 저자 _ 말라기
❖ 저작 연대 _ B.C. 516년경 이후로 추정
❖ 기록 장소 _ 예루살렘
❖ 기록 대상 _ 모든 이스라엘 백성, 특히 바벨론 포로 생활에서 귀환한 남은 자들
❖ 핵심어 및 내용 _ 핵심어는 '십일조'와 '준비'이다. 하나님의 백성들이 십일조를 하지 않는 것은 당연히 하나님께 드려야 할 것을 도둑질하는 것과 같다. 또한 말라기의 중요한 사역의 한 부분은 우리 주님이신 예수 그리스도, 곧 메시아의 길을 준비하기 위해서 보내진 세례 요한을 예비하는 일이다.

1 이것은 여호와께서 말라기*를 시켜 이스라엘에게 하신 경고의 말씀입니다.

하나님은 이스라엘을 사랑하신다

2 "나는 너희를 사랑했다"고 여호와께서 말씀하셨다. 그러나 너희는 말하기를 "여호와께서 어떻게 우리를 사랑하셨습니까?"라고 한다. 여호와의 말씀이다. "에서는 야곱의 형제가 아니냐? 나는 야곱을 사랑했으나,

3 에서는 미워했다. 내가 에서의 산악지방을 폐허로 만들고, 그의 땅을 광야의 여우들에게 넘겨 주었다."

4 에돔 백성이 말하기를 "우리가 비록 망했지만 폐허된 곳을 다시 일으키겠다"라고 한다. 그러나 만군의 여호와께서 말씀하신다. "그들이 다시 일으키더라도 내가 또 헐어 버리겠다. 사람들이 말하기를 '에돔은 악한 나라다. 여호와께서는 언제나 에돔 백성에게 진노하신다'라고 할 것이다.

5 너희가 이것을 너희 눈으로 직접 보고 말하기를 '여호와께서는 이스라엘 경계 밖에서도 위대하시다!'라고 할 것이다."

제사장들이 여호와를 두려워하지 않는다

6 만군의 여호와의 말씀이다. "아들은 그 아버지를 존경하고, 종은 그 주인을 존경한다. 나는 아버지다. 그러나 너희가 나를 언제 존경했느냐? 나는 주인이다. 그러나 너희가 나를 언제 존경했느냐? 하지만 너희는 묻기를 '우리가 언제 주를 업신여겼습니까?'라고 한다.

7 너희는 내 제단에 부정한 제물을 가져옴으로 나를 업신여겼다. 하지만 너희는 묻기를 '우리가 언제 제물을 부정하게 했습니까?'라고 한다. 너희는 주의 제단을 업신여겨도 괜찮다고 생각했다.

8 너희는 눈먼 짐승을 제물로 바쳤다. 그것이 잘못된 것이 아니냐? 또 너희는 다리를 절거나 병든 짐승을 제물로 바치기도 했다. 그것이 잘못된 것

---

1 This is the message* that the LORD gave to Israel through the prophet Malachi.*

The LORD's Love for Israel

2 • "I have always loved you," says the LORD.

But you retort, "Really? How have you loved us?"

And the LORD replies, "This is how I showed my love for you: I loved your ancestor Jacob,

3 • but I rejected his brother, Esau, and devastated his hill country. I turned Esau's inheritance into a desert for jackals."

4 • Esau's descendants in Edom may say, "We have been shattered, but we will rebuild the ruins."

But the LORD of Heaven's Armies replies, "They may try to rebuild, but I will demolish them again. Their country will be known as 'The Land of Wickedness,' and their people will be called 'The People with Whom the LORD Is Forever Angry.' • When you see the destruction for yourselves, you will say, 'Truly, the LORD's greatness reaches far beyond Israel's borders!'"

Unworthy Sacrifices

6 • The LORD of Heaven's Armies says to the priests: "A son honors his father, and a servant respects his master. If I am your father and master, where are the honor and respect I deserve? You have shown contempt for my name!

"But you ask, 'How have we ever shown contempt for your name?'

7 • "You have shown contempt by offering defiled sacrifices on my altar.

"Then you ask, 'How have we defiled the sacrifices?*'

"You defile them by saying the altar of the LORD deserves no respect. • When you give

---

1:1a Hebrew *An Oracle: The message.* 1:1b *Malachi* means "my messenger." 1:7 As in Greek version; Hebrew reads *defiled you?*

1:1 '말라기'는 '내 사자'라는 뜻이다.

이 아니냐? 그런 것을 너희 총독에게 바쳐 보아라. 그가 너희를 반갑게 맞이하겠느냐? 너희를 좋아하겠느냐? 나 만군의 여호와의 말이다.

9 이제 나에게 자비를 베풀어 달라고 빌어 보아라. 그러나 그런 제물을 바치고도 나의 자비를 얻을 수 있겠느냐? 나 만군의 여호와의 말이다.

10 너희 가운데 누가 성전 문을 닫아서 내 제단 위에 헛된 불을 피우지 못하게 하면 좋겠다. 나는 너희들을 좋아하지 않는다. 너희가 바치는 제물도 받지 않겠다. 나 만군의 여호와의 말이다.

11 해뜨는 곳에서부터 해지는 곳까지 내가 모든 민족들 가운데서 영광을 받을 것이다. 곳곳마다 사람들이 향과 깨끗한 제물을 내게 바칠 것이다. 내가 모든 민족들 가운데서 영광을 받을 것이다. 나 만군의 여호와의 말이다.

12 그러나 너희는 나를 존경하지 않는다. 너희는 말하기를 '주의 제단은 부정하며 그 위에 있는 음식은 업신여겨도 괜찮다' 라고 한다.

13 또 너희는 '이 일은 귀찮다' 라고 말하면서 코웃음을 친다. 나 만군의 여호와의 말이다. 너희가 다쳤거나 절거나 병든 짐승을 가져와 제물로 바치지만 나는 그런 것을 받지 않겠다. 나 여호와의 말이다.

14 속이는 사람, 즉 짐승 떼 가운데서 수컷을 바치기로 약속해 놓고 흠 있는 것을 바치는 사람은 저주를 받는다. 나는 위대한 왕이다. 나 만군의 여호와의 말이다. 모든 민족이 내 이름을 두려워한다."

제사장이 지켜야 할 규례

2 "제사장들아, 이것은 너희에게 하는 명령이다.

2 귀를 기울여 내가 하는 말을 잘 들어라. 내 이름을 존경하여라. 나 만군의 여호와의 말이다. 그렇게 하지 않으면 내가 너희에게 저주를 내리겠다. 너희 복을 저주하겠다. 너희가 내 말을 귀담아듣지 않았으므로 내가 이미 너희 복을 저주했다.

3 내가 너희 자손을 심판하겠다. 너희가 절기 때 바친 제물의 똥을 너희 얼굴에 바르겠다. 그리고 너희를 그 똥과 함께 던져 버리겠다.

4 그때에 너희는 내가 이 명령을 내린 까닭을 알게 될 것이다. 그것은 내가 레위와 맺은 언약을 이어가기 위함이다. 나 만군의 여호와의 말이다.

5 내가 레위와 맺은 언약은 생명과 평강의 언약이다. 내가 이 언약을 그들과 맺은 것은 그들로 하여금 나를 경외하게 하기 위함이었다. 그리하여 그들이 나를 두려워하고 내 이름을 두려워했다.

6 그들이 바른 가르침을 베풀었고 거짓말을 하지

blind animals as sacrifices, isn't that wrong? And isn't it wrong to offer animals that are crippled and diseased? Try giving gifts like that to your governor, and see how pleased he is!" says the LORD of Heaven's Armies.

9 • "Go ahead, beg God to be merciful to you! But when you bring that kind of offering, why should he show you any favor at all?" asks the LORD of Heaven's Armies.

10 • "How I wish one of you would shut the Temple doors so that these worthless sacrifices could not be offered! I am not pleased with you," says the LORD of Heaven's Armies, "and I will not accept your offerings. • But my name is honored* by people of other nations from morning till night. All around the world they offer* sweet incense and pure offerings in honor of my name. For my name is great among the nations," says the LORD of Heaven's Armies.

12 • "But you dishonor my name with your actions. By bringing contemptible food, you are saying it's all right to defile the Lord's table. 13 • You say, 'It's too hard to serve the LORD,' and you turn up your noses at my commands," says the LORD of Heaven's Armies. "Think of it! Animals that are stolen and crippled and sick are being presented as offerings! Should I accept from you such offerings as these?" asks the LORD.

14 • "Cursed is the cheat who promises to give a fine ram from his flock but then sacrifices a defective one to the Lord. For I am a great king," says the LORD of Heaven's Armies, "and my name is feared among the nations!

A Warning to the Priests

2 "Listen, you priests—this command is for you! • Listen to me and make up your minds to honor my name," says the LORD of Heaven's Armies, "or I will bring a terrible curse against you. I will curse even the blessings you receive. Indeed, I have already cursed them, because you have not taken my warning to heart. 3 • I will punish your descendants and splatter your faces with the manure from your festival sacrifices, and I will throw you on the manure pile. 4 • Then at last you will know it was I who sent you this warning so that my covenant with the Levites can continue," says the LORD of Heaven's Armies.

5 • "The purpose of my covenant with the Levites was to bring life and peace, and that is what I gave them. This required reverence from them, and they greatly revered me and stood in awe of my name. 6 • They passed on to

---

1:11a Or will be honored.　　1:11b Or will offer.

않았다. 그들이 평화와 정직으로 내 명령을 잘 지켰다. 그들이 많은 사람을 죄에서 떠나도록 했다.

7 제사장은 지식을 지켜야 하고, 그들은 율법을 구해야 한다. 그것은 제사장은 만군의 여호와의 사자이기 때문이다.

8 그러나 너희 제사장들은 바른 길에서 벗어났다. 너희는 그릇되게 가르쳐 많은 사람들이 죄를 짓게 만들었다. 너희는 레위 지파와 맺은 언약을 어겼다. 나 만군의 여호와의 말이다.

9 너희는 내 말을 지키지 않았고 재판을 할 때에 공평하지 않게 한쪽 편만 들었다. 그러므로 나도 너희가 모든 사람 앞에서 미움을 받고 수치를 당하게 하였다."

하나님께 성실하지 않은 유다

10 우리 모두의 아버지는 한 분이시다. 한 하나님이 우리를 지으셨다. 그런데 어찌하여 사람들이 서로 약속한 것을 어기느냐? 어찌하여 우리 조상이 하나님과 맺은 언약을 더럽히느냐?

11 유다 백성은 거짓을 행하고 그들은 여호와께서 역겨워하시는 일을 이스라엘과 예루살렘에서 저질렀다. 유다 백성은 여호와께서 사랑하시는 성전을 두려워하지 않았다. 유다의 남자들은 외국 우상을 섬기는 여자들과 결혼했다.

12 이런 일을 하는 사람은 만군의 여호와께 제물을 바치더라도, 여호와께서 그를 이스라엘 집*에서 쫓아내실 것이다.

13 너희가 저지른 짓이 또 있다. 너희는 여호와의 제단을 너희 눈물로 적셨다. 여호와께서 너희 제물을 좋아하시지도 않고 받아 주시지도 않는다고 너희는 울고 탄식했다.

14 그러면서 "왜 제물을 받지 않으십니까?"라고 물었다. 그것은 네가 젊어서 결혼한 네 아내와 어떻게 지냈는지 여호와께서 다 보셨기 때문이다. 그녀는 네 동반자이며 언약으로 맺어진 네 아내인데도 너는 네 아내와 맺은 약속을 어겼다.

15 여호와께서는 남편과 아내를 만드시고 둘이 한 몸과 영이 되어 하나님의 것이 되게 하셨다. 그리고 그들이 하나님께 성실한 자녀를 낳기를 바라셨다. 그러므로 마음에 새겨 두어라. 너희가 젊어서 결혼한 아내와 맺은 언약을 어기지 마라.

16 이스라엘의 하나님 여호와께서 말씀하셨다. "나는 이혼을 미워한다. 또 폭력을 휘두르기를 마치 옷을 입듯이 너무나 쉽게 하는 사람을 미워

---

the people the truth of the instructions they received from me. They did not lie or cheat; they walked with me, living good and righteous lives, and they turned many from lives of sin.

7 •The words of a priest's lips should preserve knowledge of God, and people should go to him for instruction, for the priest is the messenger of the LORD of Heaven's Armies. 8 •But you priests have left God's paths. Your instructions have caused many to stumble into sin. You have corrupted the covenant I made with the Levites," says the LORD of Heaven's Armies.

9 • "So I have made you despised and humiliated in the eyes of all the people. For you have not obeyed me but have shown favoritism in the way you carry out my instructions."

A Call to Faithfulness

10 •Are we not all children of the same Father? Are we not all created by the same God? Then why do we betray each other, violating the covenant of our ancestors?

11 •Judah has been unfaithful, and a detestable thing has been done in Israel and in Jerusalem. The men of Judah have defiled the LORD's beloved sanctuary by marrying women who 12 worship idols. •May the LORD cut off from the nation of Israel* every last man who has done this and yet brings an offering to the LORD of Heaven's Armies.

13 •Here is another thing you do. You cover the LORD's altar with tears, weeping and groaning because he pays no attention to your offerings 14 and doesn't accept them with pleasure. •You cry out, "Why doesn't the LORD accept my worship?" I'll tell you why! Because the LORD witnessed the vows you and your wife made when you were young. But you have been unfaithful to her, though she remained your faithful partner, the wife of your marriage vows.

15 •Didn't the LORD make you one with your wife? In body and spirit you are his.* And what does he want? Godly children from your union. So guard your heart; remain loyal to the wife of 16 your youth. • "For I hate divorce!" * says the LORD, the God of Israel. "To divorce your wife is to overwhelm her with cruelty,*" says the LORD of Heaven's Armies. "So guard your heart; do not be unfaithful to your wife."

2:12 Hebrew *from the tents of Jacob.* The names "Jacob" and "Israel" are often interchanged throughout the Old Testament, referring sometimes to the individual patriarch and sometimes to the nation. 2:15 Or *Didn't the one LORD make us and preserve our life and breath?* or *Didn't the one LORD make her, both flesh and spirit?* The meaning of the Hebrew is uncertain. 2:16a Hebrew *For he hates divorcing.* 2:16b Hebrew *to cover one's garment with violence.*

2:12 개역 성경에는 '야곱의 장막'이라고 표기되어 있다.

말

한다. 나 만군의 여호와의 말이다. 그러므로 조심하고 언제나 성실하여라."

심판의 날

17 너희는 말로 여호와를 괴롭혔다. 그러고도 너희는 "우리가 어떻게 여호와를 괴롭혔습니까?" 하고 묻는다. 너희는 "하나님은 악한 일을 하는 사람도 좋게 보신다. 하나님은 그런 사람을 좋아하신다"라고 말하여 여호와를 괴롭혔다. 또 "공평한 하나님이 어디 계시냐?"라고 물어 여호와를 괴롭혔다.

3 만군의 여호와께서 말씀하셨다. "내가 내 사자를 보내어 내 앞길을 닦게 하겠다. 너희가 찾던 여호와가 갑자기 여호와의 성전에 이를 것이다. 너희가 바라는 언약의 사자가 이를 것이다."

2 그러나 그가 오시는 날에는 아무도 견디지 못하며 그가 나타나실 때에 아무도 살아남지 못한다. 그는 연단하는 불과 같을 것이며 깨끗하게 하는 비누와 같을 것이다.

3 그는 은을 달구어 연단하는 사람과 같을 것이다. 그는 레위 사람들을 연단하여 금과 은처럼 만들 것이다. 그러면 그들이 여호와께 올바른 제물을 가져올 것이다.

4 그때에 여호와께서 옛날처럼 유다와 예루살렘의 제물을 받으실 것이다.

5 만군의 여호와께서 말씀하셨다. "그때에 내가 가서 너희를 심판하겠다. 마술하는 사람, 간음하는 사람, 거짓말하는 사람, 일꾼들의 품삯을 떼어먹는 사람, 과부와 고아를 속이는 사람, 외국인을 학대하는 사람, 나를 존경하지 않는 사람의 악함을 증언하는 증인이 되겠다."

하나님의 것을 훔치지 마라

6 "나는 여호와이다. 나는 변하지 않는다. 그러므로 너희 야곱의 자손은 멸망하지 않는다.

7 너희 조상 때부터 너희는 내 규례를 따르지 않고 지키지 않았다. '나에게로 돌아오너라. 그러면 나도 너희에게 돌아가겠다.' 나 만군의 여호와가 말했다. 그러나 너희는 '돌아가려면 어떻게 해야 합니까?' 하고 묻는다.

8 어찌 사람이 하나님의 것을 훔치겠느냐? 그러나 너희는 나의 것을 훔쳤다. 그러고도 너희는 '우리가 언제 주 하나님의 것을 훔쳤습니까?'라고 하였다. 너희가 내게서 훔친 것은 십일조와 예물이다.

9 온 나라가 나의 것을 훔쳤으므로 너희에게 저주가 내렸다.

10 너희는 창고에 너희가 거둔 것의 온전한 십일조를 가져와 나의 집에 먹을 것이 있게 하여라. 그것으로

17 • You have wearied the LORD with your words.

"How have we wearied him?" you ask.

You have wearied him by saying that all who do evil are good in the LORD's sight, and he is pleased with them. You have wearied him by asking, "Where is the God of justice?

The Coming Day of Judgment

3 "Look! I am sending my messenger, and he will prepare the way before me. Then the Lord you are seeking will suddenly come to his Temple. The messenger of the covenant, whom you look for so eagerly, is surely coming," says the LORD of Heaven's Armies.

2 • "But who will be able to endure it when he comes? Who will be able to stand and face him when he appears? For he will be like a blazing fire that refines metal, or like a
3 strong soap that bleaches clothes. • He will sit like a refiner of silver, burning away the dross. He will purify the Levites, refining them like gold and silver, so that they may once again offer acceptable sacrifices to the
4 LORD. • Then once more the LORD will accept the offerings brought to him by the people of Judah and Jerusalem, as he did in the past.

5 • "At that time I will put you on trial. I am eager to witness against all sorcerers and adulterers and liars. I will speak against those who cheat employees of their wages, who oppress widows and orphans, or who deprive the foreigners living among you of justice, for these people do not fear me," says the LORD of Heaven's Armies.

A Call to Repentance

6 • "I am the LORD, and I do not change. That is why you descendants of Jacob are not
7 already destroyed. • Ever since the days of your ancestors, you have scorned my decrees and failed to obey them. Now return to me, and I will return to you," says the LORD of Heaven's Armies.

"But you ask, 'How can we return when we have never gone away?'

8 • "Should people cheat God? Yet you have cheated me!

"But you ask, 'What do you mean? When did we ever cheat you?'

"You have cheated me of the tithes and
9 offerings due to me. • You are under a curse, for your whole nation has been cheating
10 me. • Bring all the tithes into the storehouse so there will be enough food in my Temple.

scorn [skɔ́ːrn] *vt.* 경멸하다, 멸시하다

나를 시험하여라. 내가 하늘 문을 열고 너희가 쌓을 공간이 넘치도록 너희에게 복을 붓지 않나 보아라.

11 내가 너희 작물을 해충들이 먹어치우지 못하도록 하겠으며, 너희 포도밭의 포도가 익기 전에는 떨어지지 않도록 하겠다. 나 만군의 여호와의 말이다.

12 모든 민족이 너희를 복되다고 말할 것이며 너희가 좋은 땅을 가지게 될 것이다. 나 만군의 여호와의 말이다."

여호와의 약속

13 여호와께서 말씀하셨다. "너희가 거친 말로 나 주를 욕되게 했다. 그러고도 너희가 묻기를 '우리가 무슨 말로 주를 욕되게 했습니까?' 라고 하였다.

14 너희가 말하기를 '하나님을 섬기는 것이 헛되다. 하나님의 율법을 지켜 보아야 아무 소용이 없다. 만군의 여호와 앞에서 우리의 한 일을 뉘우쳐 보아야 아무 소용이 없다.

15 오히려 교만한 사람이 복이 있고, 악한 사람이 성공한다. 하나님께 도전하는 사람이 화를 면한다' 라고 하였다."

16 그때에 주를 두려워하는 사람들이 서로 하는 말을 들었다. 여호와께서 그들의 말을 분명히 들으시고 주를 두려워하는 자와 섬기는 사람들의 이름을 책에 적게 하셨다. 여호와께서 그들의 이름을 기억하실 것이다.

17 만군의 여호와께서 말씀하셨다. "그들은 내 것이다. 그날이 오면 그들은 내 소유가 될 것이다. 아버지가 자기를 섬기는 아들을 아끼듯이 내가 내 백성을 아끼겠다.

18 그때, 너희가 선한 사람과 악한 사람의 차이를 보게 될 것이며, 나 주를 섬기는 사람과 섬기지 않는 사람의 차이를 보게 될 것이다."

심판의 날

4 "뜨거운 용광로와 같은 날이 오고 있다. 그날에 모든 교만하고 악한 사람이 지푸라기같이 완전히 타 없어질 것이다. 뿌리나 가지가 다 타 버릴 것이다. 나 만군의 여호와의 말이다.

2 그러나 나를 섬기는 너희에게는 의로움이 해처럼 비출 것이다. 거기에서 치료하는 광선이 나올 것이다. 너희는 외양간에서 풀려난 송아지처럼 뛰놀 것이다.

3 그때에 너희가 악한 사람들을 짓밟을 것이다. 그들이 너희 발 밑에 재처럼 밟힐 것이다. 그날에 내가 이 일을 이루겠다. 나 만군의 여호와의 말이다.

4 너희는 내 종 모세의 가르침, 곧 내가 온 이스라엘

If you do," says the LORD of Heaven's Armies, "I will open the windows of heaven for you. I will pour out a blessing so great you won't have enough room to take it in! Try it! Put me

11 to the test! • Your crops will be abundant, for I will guard them from insects and disease.* Your grapes will not fall from the vine before they are ripe," says the LORD of Heaven's

12 Armies. • "Then all nations will call you blessed, for your land will be such a delight," says the LORD of Heaven's Armies.

13   • "You have said terrible things about me," says the LORD.

"But you say, 'What do you mean? What have we said against you?'

14   • "You have said, 'What's the use of serving God? What have we gained by obeying his commands or by trying to show the LORD of Heaven's Armies that we are sorry for our sins?

15 • From now on we will call the arrogant blessed. For those who do evil get rich, and those who dare God to punish them suffer no harm.'"

The LORD's Promise of Mercy

16 • Then those who feared the LORD spoke with each other, and the LORD listened to what they said. In his presence, a scroll of remembrance was written to record the names of those who feared him and always thought about the honor of his name.

17   • "They will be my people," says the LORD of Heaven's Armies. "On the day when I act in judgment, they will be my own special treasure. I will spare them as a father spares an

18 obedient child. • Then you will again see the difference between the righteous and the wicked, between those who serve God and those who do not."

The Coming Day of Judgment

4 •*The LORD of Heaven's Armies says, "The day of judgment is coming, burning like a furnace. On that day the arrogant and the wicked will be burned up like straw. They will

2 be consumed—roots, branches, and all. • "But for you who fear my name, the Sun of Righteousness will rise with healing in his wings.* And you will go free, leaping with joy

3 like calves let out to pasture. • On the day when I act, you will tread upon the wicked as if they were dust under your feet," says the LORD of Heaven's Armies.

4   • "Remember to obey the Law of Moses,

3:11 Hebrew *from the devourer.*   4:1 Verses 4:1-6 are numbered 3:19-24 in Hebrew text.   4:2 Or *the sun of righteousness will rise with healing in its wings.*

백성을 위해 시내* 산에서 모세에게 명령한 율법과 규례를 기억하여라.

5 나 여호와의 크고 두려운 심판의 날이 이르기 전에, 내가 예언자 엘리야를 너희에게 보내 주겠다.

6 엘리야가 와서 아버지가 자녀를 사랑하게 하고, 자녀가 아버지를 사랑하게 할 것이다. 그들이 사랑하지 않으면, 내가 와서 이 땅에 저주를 내리겠다."

my servant—all the decrees and regulations that I gave him on Mount Sinai* for all Israel.

5 • "Look, I am sending you the prophet Elijah before the great and dreadful day of the LORD arrives. •His preaching will turn the hearts of fathers to their children, and the hearts of children to their fathers. Otherwise I will come and strike the land with a curse."

---

curse [kə́ːrs] n. 저주
decree [dikríː] n. 법령
dreadful [drédfəl] a. 두려운
preaching [príːtʃiŋ] n. 설교
prophet [práfit] n. 선지자

4:4 Hebrew *Horeb*, another name for Sinai.

4:4 "시내"의 또 다른 이름으로 개역 성경에는 '호렙'이라고 표기되어 있다.

부록

〈구약관련도표〉

족장들의 수명 비교표

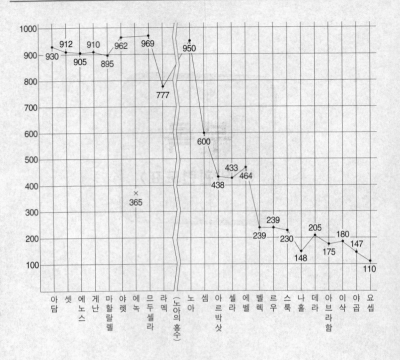

10가지 재앙과 애굽의 신들 (출애굽기 7장~12장)

재 앙	애굽의 신	재 앙	애굽의 신
피(7:14-25)	나일 강의 수호 신, 크눔	종기(9:8-12)	병마의 여신, 세크메트
개구리(8:1-15)	개구리 형상의 여신, 헤크트	우박(9:13-35)	땅의 신, 아케르, 겝
이(8:16-19)	하늘의 여신, 하토르, 누트	메뚜기(10:1-20)	곡물의 수호신, 세라피스
파리(8:20-32)	공기의 신, 슈	어두움(10:21-29)	태양신, 라
짐승의 죽음(9:1-7)	황소 모양의 신, 아피스	장자의 죽음(11:1-12:30)	생명의 신, 셀켓

구약의 희생제사 (레위기 1장~5장)

명 칭	소각 대상	부산물	제 물	목 적
번 제	전 부	없 음	흠 없는 수소, 양, 염소, 비둘기	– 헌신 – 일반적인 죄 사함 　(레위기 1장)
소 제	(전체를 대표하는) 일 부	제사장이 먹음	무교병, 곡식	첫 열매에 대한 감사 　(레위기 2장)
화목제	기 름	바친 자가 제사장과 함께 먹음	소나 양 중의 흠 없는 수컷, 암컷, 또는 염소	– 축복에 대한 감사 – 서원의 이행 – 일반적인 감사 　(레위기 3장)
속죄제	기 름	제사장이 먹음	황소(제사장, 회중), 숫염소(왕), 암염소(일반인)	속죄(레위기 4장)
속건제	기 름	제사장이 먹음	흠 없는 숫양	신성 모독죄에 대한 속죄(레위기 5장)

현재의 달력과 유대력의 비교

유대력	명 칭 포로 전	명 칭 포로 후	현대력	특 징	절 기
1	아빕	니산	3 4	봄, 늦은 비 보리 추수기, 아마 수확기	· 14일: 유월절(출 12:1–14;레 23:5) · 14~21일: 무교절(레 23:6) · 16일: 초실절(레 23:10 이하)
2	시브	이야르	5	건기가 시작됨	· 14일: 늦은 유월절(민 9:10–14)
3		시완	6	이른 무화과 익는 계절	· 6일: 오순절(레 23:15 이하), 칠칠절, 추수기
4		담무스		포도 수확기	
5		압	7	올리브 수확기	
6		엘룰	8	대추와 야자와 여름 무화과	
7	에다님	티쉬리	9 10	이른 비	· 1일: 나팔절(민 29:1;레 23:24) · 10일: 속죄일(레 16:29 이하;23:27 이하) · 15~21일: 초막절(레 23:34 이하) · 22일: 거룩한 대회(레 23:36)
8	불	마르헤스완	11	밭 갈기, 여름 무화과	
9		기슬르	12	씨 뿌리기	· 25일: 수전절 　(마카비1서 4:52 이하;요 10:22)
10		데벳	1	비(일부 지역에는 눈)	
11		스밧	2	아몬드 개화기	
12		아달	3	감귤류 열매 수확기	· 14~15일: 부림절(에 9:21–22)

◆ 성 막 및 성 전 비교 ◆

모세의 성막 (출애굽기 25장, 26장, 27장, 30장)

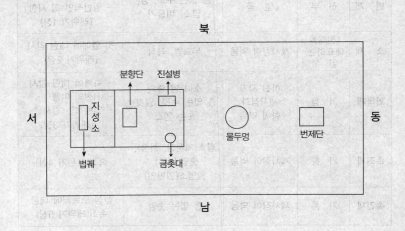

솔로몬의 성전 (열왕기상 6장)

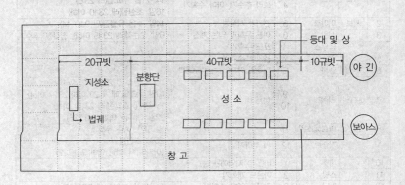

에스겔의 성전 (에스겔 40장~46장)

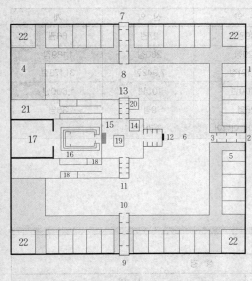

1. 담(겔 40:5)
2. 동문(겔 40:6-16)
3. 현관(겔 40:17)
4. 바깥뜰(겔 40:17)
5. 박석 깔린 땅(겔 40:17)
6. 안뜰(겔 40:19)
7. 북문(겔 40:20-22)
8. 안뜰(겔 40:23)
9. 남문(겔 40:24-26)
10. 안뜰(겔 40:27)
11. 안뜰의 남문(겔 40:28-31)
12. 안뜰의 동문(겔 40:32-34)
13. 안뜰의 북문(겔 40:35-37)
14. 제사장의 방(겔 40:44-45)
15. 뜰(겔 40:47)
16. 전 삼면의 뜰(겔 41:10)
17. 서쪽 건물(겔 41:12)
18. 제사장의 방(겔 42:1-10)
19. 제단(겔 43:13-17)
20. 번제물 씻는 방(겔 40:38-43)
21. 제물을 삶는 부엌(겔 46:19-20)
22. 부엌(겔 46:21-24)

헤롯의 성전 (마태복음 24:1~2)

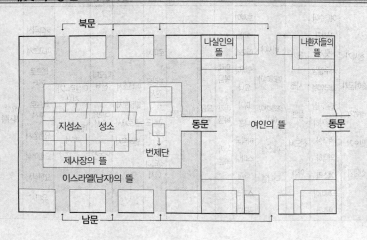

신구약 성경 개관

		구 약	신 약	계
분 량	권 수	39권	27권	66권
	장 수	929장	260장	1,189장
	절 수	23,131절	7,942절	31,173절
기록 기간		1,500년	100년	1,600년
기록자 수		26명	9명	35명
기록 언어		히브리어, 아람어	헬라어	

성경 분류

성 경													
구 약					신 약								
모세오경	역사서	시가서	선지서		공관복음	요한복음	역사서	서신서					계시록
			대선지서	소선지서				바울서신				공동서신	
								교리	옥중	목회	일반		
창세기 출애굽기 레위기 민수기 *신명기*	여호수아 사사기 룻기 사무엘상 사무엘하 열왕기상 열왕기하 역대상 역대하 에스라 느헤미야 에스더	욥기 시편 잠언 전도서 *아가*	이사야 예레미야 예레미야애가 에스겔 다니엘	호세아 요엘 아모스 오바댜 요나 미가 나훔 하박국 스바냐 학개 스가랴 말라기	마태복음 마가복음 누가복음	요한복음	사도행전	로마서 고린도전서 고린도후서 갈라디아서	에베소서 빌립보서 골로새서 빌레몬서	디모데전서 디모데후서 디도서	데살로니가전서 데살로니가후서	히브리서 야고보서 베드로전서 베드로후서 요한일서 요한이서 요한삼서 유다서	요한계시록

신약전서

THE NEW TESTAMENT

신 약 전 서 목 록

마태복음

● 서론

✢ 저자 _ 마태
✢ 저작 연대 _ A.D. 50년대 후반–A.D. 70년으로 추정
✢ 기록 장소 _ 안디옥으로 추정
✢ 기록 대상과 목적 _ 유대인과 기독교인이 된 이방인들을 대상으로 하고 있으며 주로 유대인 독자에게 예수님이 메시아이심을 입증하고, 예수님의 부활의 역사적 사실성을 강조하기 위해
✢ 핵심어 및 내용 _ 핵심어는 '말씀의 성취'와 '천국'이다. 본서에서는 예수님이 오심으로써 메시아 시대가 오리라는 언약의 성취와 하나님께서 그리스도 안에서 현존하시고 인간의 삶을 다스리신다는 복음을 소개하였다.

예수님의 족보

1 아브라함의 후손이며, 다윗의 후손인 예수 그리스도의 족보입니다.

2 아브라함은 이삭을 낳고, 이삭은 야곱을 낳았습니다. 야곱은 유다와 그의 형제들을 낳았습니다.

3 유다는 베레스와 세라를 낳았는데, 이들의 어머니는 다말입니다. 베레스는 헤스론을 낳고, 헤스론은 람을 낳았습니다.

4 람은 아미나답을 낳고, 아미나답은 나손을 낳았습니다. 나손은 살몬을 낳았습니다.

5 살몬은 보아스를 낳았는데, 보아스의 어머니는 라합입니다. 보아스는 오벳을 낳았는데 오벳의 어머니는 룻입니다. 오벳은 이새를 낳았습니다.

6 이새는 다윗 왕을 낳고, 다윗은 솔로몬을 낳았습니다. 솔로몬의 어머니는 우리야의 아내, 밧세바였습니다.

7 솔로몬은 르호보암을 낳고, 르호보암은 아비야를 낳았습니다. 아비야는 아사를 낳았습니다.

8 아사는 여호사밧을 낳고, 여호사밧은 요람을 낳았습니다. 요람은 웃시야를 낳았습니다.

9 웃시야는 요담을 낳고, 요담은 아하스를 낳았습니다. 아하스는 히스기야를 낳았습니다.

10 히스기야는 므낫세를 낳고, 므낫세는 아몬을 낳았습니다. 아몬은 요시야를 낳았습니다.

11 요시야는 여고냐와 그 형제들을 낳았는데, 이때는 백성들이 바빌론으로 끌려갈 무렵이었습니다.

12 백성들이 바빌론에 포로로 끌려간 후에

The Ancestors of Jesus the Messiah

1 This is a record of the ancestors of Jesus the Messiah, a descendant of David and of Abraham*:

2 ● Abraham was the father of Isaac.
Isaac was the father of Jacob.
Jacob was the father of Judah and his brothers.

3 ● Judah was the father of Perez and Zerah (whose mother was Tamar).
Perez was the father of Hezron.
Hezron was the father of Ram.*

4 ● Ram was the father of Amminadab.
Amminadab was the father of Nahshon.
Nahshon was the father of Salmon.

5 ● Salmon was the father of Boaz (whose mother was Rahab).
Boaz was the father of Obed (whose mother was Ruth).
Obed was the father of Jesse.

6 ● Jesse was the father of King David.
David was the father of Solomon (whose mother was Bathsheba, the widow of Uriah).

7 ● Solomon was the father of Rehoboam.
Rehoboam was the father of Abijah.
Abijah was the father of Asa.*

8 ● Asa was the father of Jehoshaphat.
Jehoshaphat was the father of Jehoram.*
Jehoram was the father* of Uzziah.

9 ● Uzziah was the father of Jotham.
Jotham was the father of Ahaz.
Ahaz was the father of Hezekiah.

10 ● Hezekiah was the father of Manasseh.
Manasseh was the father of Amon.*
Amon was the father of Josiah.

11 ● Josiah was the father of Jehoiachin* and his brothers (born at the time of the exile to Babylon).

1:1 Greek *Jesus the Messiah, Son of David and son of Abraham.* 1:3 Greek *Aram,* a variant spelling of Ram; also in 1:4. See 1 Chr 2:9-10. 1:7 Greek *Asaph,* a variant spelling of Asa; also in 1:8. See 1 Chr 3:10. 1:8a Greek *Joram,* a variant spelling of Jehoram; also in 1:8b. See 1 Kgs 22:50 and note at 1 Chr 3:11. 1:8b Or *ancestor;* also in 1:11. 1:10 Greek *Amos,* a variant spelling of Amon; also in 1:10b. See 1 Chr 3:14. 1:11 Greek *Jeconiah,* a variant spelling of Jehoiachin; also in 1:12. See 2 Kgs 24:6 and note at 1 Chr 3:16.

여고냐는 스알디엘을 낳고, 스알디엘은 스룹바벨을 낳았습니다.

13 스룹바벨은 아비훗을 낳고, 아비훗은 엘리아김을 낳았습니다. 엘리아김은 아소르를 낳았습니다.

14 아소르는 사독을 낳고, 사독은 아킴을 낳았습니다. 아킴은 엘리웃을 낳았습니다.

15 엘리웃은 엘르아살을 낳고, 엘르아살은 맛단을 낳았습니다. 맛단은 야곱을 낳았습니다.

16 야곱은 마리아의 남편이 되는 요셉을 낳았습니다. 그리스도라고 하는 예수님은 마리아에게서 태어났습니다.

17 그래서 아브라함부터 다윗까지 십사 대이고, 다윗부터 바빌론으로 끌려간 때까지 십사 대입니다. 그리고 바빌론으로 끌려간 때부터 그리스도가 태어난 때까지 십사 대입니다.

예수 그리스도의 탄생

18 예수 그리스도는 이렇게 태어나셨습니다. 예수님의 어머니인 마리아는 요셉과 약혼을 했는데, 두 사람이 결혼도 하기 전에 성령에 의해서 마리아가 임신하게 된 사실이 밝혀졌습니다.

19 마리아의 남편 요셉은 의로운 사람이었습니다. 그는 마리아를 창피하게 만들고 싶지 않아서 조용히 파혼하려고 하였습니다.

20 요셉이 이 일을 생각하고 있을 때, 꿈에 주의 천사가 나타났습니다. 천사는 요셉에게 이렇게 말했습니다. "다윗의 자손 요셉아, 마리아를 아내로 삼는 것을 두려워하지 마라. 마리아가 아기를 가진 것은 성령께서 하신 일이다.

21 마리아가 아들을 낳을 것인데, 이름을 예수라고 하여라. 그가 자기의 백성을 죄에서 구원해 낼 것이다."

22 이렇게 하여, 주께서 예언자를 통해서 예언하신 말씀이 이루어졌습니다.

23 "보라! 처녀가 임신하여 아들을 낳을 것이며, 사람들이 그의 이름을 임마누엘이라고 부를 것이다."* 임마누엘은 '우리와 함께 계시는 하나님' 이라는 뜻입니다.

24 요셉은 잠에서 깬 후, 주의 천사가 명령한 대로 했습니다. 요셉은 마리아와 결혼하였습니다.

25 그러나 마리아가 아들을 낳을 때까지 요셉

---

12 • After the Babylonian exile:
Jehoiachin was the father of Shealtiel.
Shealtiel was the father of Zerubbabel.

13 • Zerubbabel was the father of Abiud.
Abiud was the father of Eliakim.
Eliakim was the father of Azor.

14 • Azor was the father of Zadok.
Zadok was the father of Akim.
Akim was the father of Eliud.

15 • Eliud was the father of Eleazar.
Eleazar was the father of Matthan.
Matthan was the father of Jacob.

16 • Jacob was the father of Joseph, the husband
of Mary.
Mary gave birth to Jesus, who is called the
Messiah.

17 •All those listed above include fourteen generations
from Abraham to David, fourteen from David to the
Babylonian exile, and fourteen from the Babylonian
exile to the Messiah.

The Birth of Jesus the Messiah

18 •This is how Jesus the Messiah was born. His mother,
Mary, was engaged to be married to Joseph. But
before the marriage took place, while she was still a
virgin, she became pregnant through the power of
19 the Holy Spirit. •Joseph, to whom she was engaged,
was a righteous man and did not want to disgrace
her publicly, so he decided to break the engagement*
quietly.

20 •As he considered this, an angel of the Lord
appeared to him in a dream. "Joseph, son of David,"
the angel said, "do not be afraid to take Mary as your
wife. For the child within her was conceived by the
21 Holy Spirit. •And she will have a son, and you are to
name him Jesus,* for he will save his people from
their sins."

22 •All of this occurred to fulfill the Lord's message
through his prophet:

23 "Look! The virgin will conceive a child!
She will give birth to a son,
and they will call him Immanuel,*
which means 'God is with us.'"

24 •When Joseph woke up, he did as the angel of the
25 Lord commanded and took Mary as his wife. •But
he did not have sexual relations with her until her
son was born. And Joseph named him Jesus.

---

conceive [kənsíːv] *vt.* 임신하다
exile [égzail] *n.* 포로, 유랑
fulfill [fulfíl] *vt.* (예언・희망이) 실현되다
1:18 be engaged to… : …와 약혼한 사이다

1:19 Greek *to divorce her.*　1:21 *Jesus* means "The LORD
saves."　1:23 Isa 7:14; 8:8, 10 (Greek version).
1:23 사 7:14에 기록되어 있다.

은 잠자리를 같이하지 않았습니다. 그리고 아들을 낳자 이름을 예수라고 불렀습니다.

동방박사들이 예수님을 찾아옴

2 예수님께서는 헤롯이 왕으로 있던 시대에 유대의 베들레헴이라는 마을에서 태어나셨습니다. 그때, 동쪽 나라에서 몇 명의 박사들이 예루살렘으로 왔습니다.

2 그들은 이렇게 물었습니다. "유대인의 왕으로 태어나신 아기가 어디 계십니까? 우리는 동쪽에서 그 아기의 별을 보고, 아기에게 경배하러 왔습니다."

3 헤롯 왕은 이 소리를 듣고 깜짝 놀랐습니다. 예루살렘 사람들도 모두 놀랐습니다.

4 헤롯은 모든 대제사장들과 율법학자들을 불러 모으고, 그리스도가 어디에서 태어나실 것인지 물었습니다.

5 그들은 대답하였습니다. "유대의 베들레헴이란 마을입니다. 예언자들이 이렇게 기록해 놓았습니다.

6 '그러나 유대 지방에 있는 너 베들레헴아, 너는 유대의 통치자들 가운데서 결코 작지 않다. 네게서 한 통치자가 나올 것이다. 그가 나의 백성 이스라엘을 돌볼 것이다.' *"

7 그 소리를 듣고 헤롯은 박사들을 조용히 불렀습니다. 그리고 별이 처음 나타난 때를 알아냈습니다.

8 그리고 박사들을 베들레헴으로 보내면서 말했습니다. "가서 아기를 잘 찾아보시오. 아기를 찾으면 나에게도 알려 주시오. 그러면 나도 가서 그 아기에게 경배하겠소."

9 박사들은 왕의 말을 듣고 출발했습니다. 그러자 동쪽 나라에서 보았던 바로 그 별이 박사들 앞에 나타나 그들을 안내해 주었습니다. 그러다가 아기가 있는 곳 위에서 멈추어 섰습니다.

10 박사들은 별을 보자, 매우 기뻤습니다.

11 그들은 아기가 있는 집에 들어가서 어머니 마리아와 함께 있는 아기를 보았습니다. 그들은 아기에게 무릎을 꿇어 경배를 드리고 보물함을 열어 아기에게 황금과 유향과 몰약을 예물로 드렸습니다.

12 그리고서 그들은 꿈에 "헤롯에게 돌아가지 마라" 하는 명령을 받고, 다른 길로 자기 나라에 돌아갔습니다.

예수님의 가족이 이집트로 피난 감

13 박사들이 떠난 뒤에 주의 천사가 요셉의 꿈에 나타나 말했습니다. "일어나라! 아기와 아기 엄마

Visitors from the East

2 Jesus was born in Bethlehem in Judea, during the reign of King Herod. About that time some wise men* from eastern lands arrived in Jerusalem, asking, "Where is the newborn king of the Jews? We saw his star as it rose,* and we have come to worship him."

3 King Herod was deeply disturbed when he heard this, as was everyone in Jerusalem. He called a meeting of the leading priests and teachers of religious law and asked, "Where is the Messiah supposed to be born?"

5 "In Bethlehem in Judea," they said, "for this is what the prophet wrote:

6 'And you, O Bethlehem in the land of Judah,
are not least among the ruling cities*
of Judah,
for a ruler will come from you
who will be the shepherd for my people
Israel.' *"

7 Then Herod called for a private meeting with the wise men, and he learned from them the time when the star first appeared. Then he told them, "Go to Bethlehem and search carefully for the child. And when you find him, come back and tell me so that I can go and worship him, too!"

9 After this interview the wise men went their way. And the star they had seen in the east guided them to Bethlehem. It went ahead of them and stopped over the place where the child was. When they saw the star, they were filled with joy! They entered the house and saw the child with his mother, Mary, and they bowed down and worshiped him. Then they opened their treasure chests and gave him gifts of gold, frankincense, and myrrh.

12 When it was time to leave, they returned to their own country by another route, for God had warned them in a dream not to return to Herod.

The Escape to Egypt

13 After the wise men were gone, an angel of the Lord appeared to Joseph in a dream. "Get up! Flee to Egypt with the child and his mother," the angel said. "Stay there until I tell you to return, because Herod is going to search for the child to kill him."

chest [tʃest] *n.* 상자, 궤
frankincense [fræŋkinsens] *n.* 유향
myrrh [mə́ːr] *n.* 몰약

2:1 Or royal astrologers; Greek reads magi; also in 2:7, 16.　2:2 Or star in the east.　2:6a Greek the rulers.　2:6b Mic 5:2; 2 Sam 5:2.

2:6 미 5:2에 기록되어 있다.

를 데리고 이집트로 도망가거라. 헤롯이 아기를 죽이려고 하니, 내가 지시할 때까지 이집트에 머물러 있어라."

14 그래서 요셉은 한밤중에 일어나 아기와 아기 엄마를 데리고 이집트로 떠났습니다.

15 요셉은 헤롯이 죽을 때까지 이집트에 있었습니다. 이것은 주께서 예언자를 통하여 하신 말씀을 이루신 것입니다. "내가 나의 아들을 이집트에서 불러내었다."*

헤롯이 사내아이들을 죽임

16 헤롯은 박사들에게 속은 것을 알고 매우 화가 났습니다. 그래서 사람을 보내어 베들레헴과 그 주변에 있는 두 살 아래의 모든 사내아이들을 죽였습니다. 이것은 그가 박사들로부터 알아낸 때를 기준으로 한 것입니다.

17 그래서 하나님께서 예언자 예레미야를 통해 말씀하신 것이 이루어졌습니다.

18 "라마에서 소리가 들려왔다. 슬피 울며 통곡하는 소리다. 라헬이 자기 아이들을 위해 우는데, 자식이 없으므로 위로받으려 하지 않는다."*

예수님의 가족이 이집트에서 돌아옴

19 헤롯이 죽자, 주의 천사가 이집트에 있는 요셉의 꿈 속에 나타났습니다.

20 "일어나라! 아기와 아기 엄마를 데리고 이스라엘 땅으로 돌아가거라. 아기의 목숨을 노리던 사람들이 죽었다."

21 그래서 요셉은 아기와 아기 엄마를 데리고 이스라엘 땅으로 갔습니다.

22 그러나 아켈라오가 아버지 헤롯의 뒤를 이어 유대의 왕이 되었다는 소식을 듣고, 요셉은 그곳으로 가는 것을 두려워했습니다. 꿈에서 지시를 받고 나서 요셉은 갈릴리 지방으로 갔습니다.

23 그는 나사렛이라는 마을로 가서, 거기서 살았습니다. 그래서 예언자를 통해서 "그는 나사렛 사람이라 불릴 것이다"라고 말씀하신 것이 이루어졌습니다.

세례자 요한의 전도

3 그 무렵, 세례자 요한이 나타나서, 유대의 광야에서 전도를 시작하였습니다.

2 요한은 이렇게 말했습니다. "회개하시오. 하늘나라가 가까이 왔습니다."

3 세례자 요한은 예언자 이사야가 말한 바로 그 사람입니다. "광야에서 외치는 한 사람의 소리가 있다. '주님의 길을 준비하고, 주님의 길을 곧게 펴라.'"*

4 요한은 낙타털로 만든 옷을 입고, 허리에 가죽띠를 둘렀습니다. 그는 메뚜기와 들에서 나는 꿀을 먹고

14 •That night Joseph left for Egypt with the
15 child and Mary, his mother, •and they stayed there until Herod's death. This fulfilled what the Lord had spoken through the prophet: "I called my Son out of Egypt."*

16 •Herod was furious when he realized that the wise men had outwitted him. He sent soldiers to kill all the boys in and around Bethlehem who were two years old and under, based on the wise men's report of the
17 star's first appearance. •Herod's brutal action fulfilled what God had spoken through the prophet Jeremiah:

18 • "A cry was heard in Ramah—
     weeping and great mourning.
   Rachel weeps for her children,
     refusing to be comforted,
     for they are dead."*

The Return to Nazareth

19 •When Herod died, an angel of the Lord appeared in a dream to Joseph in Egypt.
20 •"Get up!" the angel said. "Take the child and his mother back to the land of Israel, because those who were trying to kill the child are dead."

21 •So Joseph got up and returned to the land of Israel with Jesus and his mother.
22 •But when he learned that the new ruler of Judea was Herod's son Archelaus, he was afraid to go there. Then, after being warned in a dream, he left for the region of Galilee.
23 •So the family went and lived in a town called Nazareth. This fulfilled what the prophets had said: "He will be called a Nazarene."

John the Baptist Prepares the Way

3 In those days John the Baptist came to the Judean wilderness and began preach-
2 ing. His message was, •"Repent of your sins and turn to God, for the Kingdom of Heaven
3 is near.*" •The prophet Isaiah was speaking about John when he said,

"He is a voice shouting in the wilderness,
'Prepare the way for the LORD's coming!
  Clear the road for him!'"*

4 •John's clothes were woven from coarse camel hair, and he wore a leather belt around

2:15 Hos 11:1.   2:18 Jer 31:15.   3:2 Or *has come*, or *is coming soon*.   3:3 Isa 40:3 (Greek version).

2:15 호 11:1에 기록되어 있다.
2:18 렘 31:15에 기록되어 있다.
3:3 사 40:3에 기록되어 있다.

살았습니다.

5 예루살렘과 유대 지방과 요단 강 주변에 사는 사람들이 모두 요한에게 나아왔습니다.

6 그들은 자신이 지은 죄를 고백하고, 요단 강에서 요한에게 세례를 받았습니다.

7 수많은 바리새파 사람과 사두개파 사람들이 세례를 받으러 왔습니다. 요한은 그들을 보고 이렇게 말했습니다. "독사의 자식들아! 누가 너희들에게 다가올 하나님의 벌을 피하라고 일러 주었느냐?

8 너희는 회개의 열매를 맺어라.

9 속으로 '아브라함이 우리의 조상이다' 라고 생각하지 마라. 하나님께서는 이 돌로도 아브라함의 자손이 되게 하실 수 있다.

10 도끼가 이미 나무뿌리에 놓여 있다. 좋은 열매를 맺지 못하는 나무들은 모두 찍혀 불에 던져질 것이다.

11 나는 물로 회개의 세례를 준다. 내 뒤에 오실 분은 나보다 능력이 더 많으신 분이다. 나는 그분의 신발을 들고 다닐 자격도 없다. 그분은 너희에게 성령과 불로 세례를 주실 것이다.

12 그분은 손에 키를 들고 타작 마당을 깨끗이 하여 알곡은 곳간에 두시고, 쭉정이는 꺼지지 않는 불에 태우실 것이다."

예수님께서 세례자 요한에게
세례를 받으심

13 그때, 예수님께서 갈릴리로부터 요단 강에 오셨습니다. 예수님께서는 요한에게 오셔서 세례를 받으려고 하셨습니다.

14 그러자 요한은 이를 말리면서 말했습니다. "제가 예수님께 세례를 받아야 되는데, 도리어 예수님께서 제게 오셨습니까?"

15 예수님께서 대답하셨습니다. "지금은 그렇게 하자. 우리가 이와 같이 하여 모든 의를 이루는 것이 옳다." 그제서야 요한이 예수님의 말씀을 따랐습니다.

16 예수님께서 세례를 받으시고 물 밖으로 나오시자, 하늘이 열렸습니다. 예수님은 하나님의 성령이 비둘기처럼 자신에게 내려오는 것을 보셨습니다.

17 그때, 하늘로부터 "이는 내 사랑하는 아들이며, 내가 기뻐하는 아들이다"라는 소리가 들려왔습니다.

예수님께서 시험을 받으심

4 그 후, 예수님께서는 성령에게 이끌려 광야로 가셔서, 마귀에게 시험을 받으셨습니다.

2 예수님께서는 사십 일 내내 금식하셔서, 매우 배

---

his waist. For food he ate locusts and wild honey. •People from Jerusalem and from all of Judea and all over the Jordan Valley went out to see and hear John. •And when they confessed their sins, he baptized them in the Jordan River.

7 •But when he saw many Pharisees and Sadducees coming to watch him baptize,* he denounced them. "You brood of snakes!" he exclaimed. "Who warned you to flee the coming wrath? •Prove by the way you live that you have repented of your sins and turned to God. •Don't just say to each other, 'We're safe, for we are descendants of Abraham.' That means nothing, for I tell you, God can create children of Abraham from these very stones. •Even now the ax of God's judgment is poised, ready to sever the roots of the trees. Yes, every tree that does not produce good fruit will be chopped down and thrown into the fire.

11 •"I baptize with* water those who repent of their sins and turn to God. But someone is coming soon who is greater than I am—so much greater that I'm not worthy even to be his slave and carry his sandals. He will baptize you with the Holy Spirit and with fire.* •He is ready to separate the chaff from the wheat with his winnowing fork. Then he will clean up the threshing area, gathering the wheat into his barn but burning the chaff with never-ending fire."

The Baptism of Jesus

13 •Then Jesus went from Galilee to the Jordan River to be baptized by John. •But John tried to talk him out of it. "I am the one who needs to be baptized by you," he said, "so why are you coming to me?"

15 •But Jesus said, "It should be done, for we must carry out all that God requires.*" So John agreed to baptize him.

16 •After his baptism, as Jesus came up out of the water, the heavens were opened* and he saw the Spirit of God descending like a dove and settling on him. •And a voice from heaven said, "This is my dearly loved Son, who brings me great joy."

The Temptation of Jesus

4 Then Jesus was led by the Spirit into the wilderness to be tempted there by the devil. •For forty days and forty nights he fasted and became very hungry.

3:7 Or *coming to be baptized.*   3:11a Or *in.* 3:11b Or *in the Holy Spirit and in fire.*   3:15 Or *for we must fulfill all righteousness.*   3:16 Some manuscripts read *opened to him.*

가 고팠습니다.

3 시험하는 자가 예수님께 와서 이렇게 말했습니다. "만일 당신이 하나님의 아들이라면, 이 돌에게 빵이 되라고 명령해 보시오."

4 예수님께서 대답하셨습니다. "성경에 '사람이 빵으로만 살 것이 아니라, 하나님의 입에서 나오는 모든 말씀으로 살 것이다'* 라고 기록되어 있다."

5 그러자 마귀는 예수님을 거룩한 성으로 데리고 가서 성전 꼭대기에 세웠습니다.

6 마귀가 말했습니다. "만일 당신이 하나님의 아들이라면 뛰어내리시오. 성경에 '하나님께서 당신을 위해 천사들에게 명령하실 것이다. 그들은 손으로 당신을 붙잡아 발이 돌에 부딪히지 않도록 할 것이다'* 라고 기록되어 있소."

7 예수님께서 마귀에게 대답하셨습니다. "성경에 '주 너의 하나님을 시험하지 마라'*고 기록되어 있다."

8 다시 마귀는 예수님을 높은 산으로 데리고 갔습니다. 마귀는 예수님께 세상의 모든 나라와 그 영화로운 모습을 보여 주었습니다.

9 마귀는 이렇게 말했습니다. "만일 당신이 나에게 절하고 경배한다면, 이 모든 것을 주겠소."

10 예수님께서 마귀에게 말씀하셨습니다. "사탄아, 썩 물러가거라! 성경에 '오직 주 너희 하나님께만 경배하고, 그를 섬겨라!'*고 기록되어 있다."

11 그러자 마귀가 예수님에게서 떠나가고, 천사들이 예수님께 와서 시중을 들었습니다.

갈릴리에서 전도를 시작하심

12 예수님께서 요한이 감옥에 갇혔다는 소식을 들으시고, 유대에서 갈릴리로 돌아가셨습니다.

13 예수님께서는 나사렛을 떠나, 스불론과 납달리 지역의 갈릴리 호숫가에 있는 가버나움으로 옮기시고, 거기서 사셨습니다.

14 이렇게 하여, 예언자 이사야의 말이 이루어졌습니다.

15 "스불론 땅과 납달리 땅, 호수로 가는 길목, 요단 강 건너편, 이방 사람들이 사는 갈릴리,

16 이곳 어둠에 사는 백성들이 큰 빛을 보았다. 죽음의 그늘과 같은 땅에 앉아 있는 사람들에게 빛이 비춰었다."*

---

3 • During that time the devil* came and said to him, "If you are the Son of God, tell these stones to become loaves of bread."

4 • But Jesus told him, "No! The Scriptures say,

'People do not live by bread alone,
   but by every word that comes from the
     mouth of God.' *'

5 • Then the devil took him to the holy city, Jerusalem, to the highest point of the Temple,

6 • and said, "If you are the Son of God, jump off! For the Scriptures say,

'He will order his angels to protect you.
And they will hold you up with their hands
   so you won't even hurt your foot on
     a stone.' *'

7 • Jesus responded, "The Scriptures also say, 'You must not test the LORD your God.' *'

8 • Next the devil took him to the peak of a very high mountain and showed him all the king-

9 doms of the world and their glory. • "I will give it all to you," he said, "if you will kneel down and worship me."

10 • "Get out of here, Satan," Jesus told him. "For the Scriptures say,

'You must worship the LORD your God
   and serve only him.' *'

11 • Then the devil went away, and angels came and took care of Jesus.

The Ministry of Jesus Begins

12 • When Jesus heard that John had been arrested,

13 he left Judea and returned to Galilee. • He went first to Nazareth, then left there and moved to Capernaum, beside the Sea of Galilee, in the

14 region of Zebulun and Naphtali. • This fulfilled what God said through the prophet Isaiah:

15 • "In the land of Zebulun and of Naphtali,
   beside the sea, beyond the Jordan River,
   in Galilee where so many Gentiles live,

16 • the people who sat in darkness
   have seen a great light.
   And for those who lived in the land where
     death casts its shadow,

---

kneel [ni:l] *vi.* 무릎을 꿇다, 꿇어 앉다

4:3 Greek *the tempter.*   4:4 Deut 8:3.   4:6 Ps 91:11-12.   4:7 Deut 6:16.   4:10 Deut 6:13.

4:4 신 8:3에 기록되어 있다.
4:6 시 91:11~12에 기록되어 있다.
4:7 신 6:16에 기록되어 있다.
4:10 신 6:13에 기록되어 있다.
4:15-16 사 9:1~2에 기록되어 있다.

예수님께서 첫 제자들을 부르심

17 이때부터, 예수님께서 "회개하라. 하늘나라가 가까이 왔다"라고 외치며 전도를 시작하셨습니다.

18 예수님께서 갈릴리 호숫가를 거니시다가 두 형제, 베드로라고 하는 시몬과 그의 동생 안드레가 호수에 그물을 던지는 것을 보셨습니다. 그들은 어부였습니다.

19 예수님께서 그들에게 말씀하셨습니다. "나를 따라오너라. 내가 너희를 사람을 낚는 어부로 삼겠다."

20 그 즉시, 시몬과 안드레는 그물을 버려두고 예수님을 따랐습니다.

21 예수님께서는 계속 거니시다가, 또 다른 두 형제, 세베대의 아들 야고보와 그의 동생 요한이 배 안에서 아버지 세베대와 함께 그물을 수선하고 있는 것을 보았습니다. 예수님께서 그들을 부르셨습니다.

22 그들도 그 즉시, 배와 아버지를 버려둔 채, 예수님을 따랐습니다.

예수님께서 사람들을 가르치시고 병을 고치심

23 예수님께서 갈릴리 모든 곳을 다니시며 유대인들의 회당 안에서 가르치시고, 하늘나라에 대한 기쁜 소식을 전해 주셨습니다. 그리고 사람들의 갖가지 병을 고쳐 주셨습니다.

24 예수님에 대한 소문이 시리아 전역으로 퍼졌습니다. 사람들은 병든 사람을 모두 데리고 예수님께 나아왔습니다. 그들은 여러 가지 병으로 고통받고 있었는데, 통증에 시달리는 사람, 귀신들린 사람, 간질병에 걸린 사람, 그리고 중풍에 걸린 사람들이었습니다. 예수님께서 그들을 고쳐 주셨습니다.

25 그리하여 갈릴리, 데가볼리, 예루살렘, 유대, 그리고 요단 강 건너편에서 온 많은 사람들이 예수님을 따랐습니다.

여덟 가지 복

5 예수님께서 사람들을 보시고 산으로 올라가 앉으셨습니다. 그러자 제자들이 예수님께 다가왔습니다.

2 예수님께서 입을 열어 사람들을 가르치셨습니다.

3 "마음이 가난한 사람은 복이 있다. 하늘나라가 그들의 것이다.

4 슬퍼하는 사람은 복이 있다. 그들이 위로를 받을 것이다.

5 마음이 온유한 사람은 복이 있다. 그들이 땅을 상

---

a light has shined."*

17 •From then on Jesus began to preach, "Repent of your sins and turn to God, for the Kingdom of Heaven is near.*"

The First Disciples

18 •One day as Jesus was walking along the shore of the Sea of Galilee, he saw two brothers—Simon, also called Peter, and Andrew—throwing a net into the water, for they fished

19 for a living. •Jesus called out to them, "Come, follow me, and I will show you how to fish for

20 people!" •And they left their nets at once and followed him.

21 •A little farther up the shore he saw two other brothers, James and John, sitting in a boat with their father, Zebedee, repairing their

22 nets. And he called them to come, too. •They immediately followed him, leaving the boat and their father behind.

Crowds Follow Jesus

23 •Jesus traveled throughout the region of Galilee, teaching in the synagogues and announcing the Good News about the Kingdom. And he healed every kind of disease and

24 illness. •News about him spread as far as Syria, and people soon began bringing to him all who were sick. And whatever their sickness or disease, or if they were demon possessed or epileptic or paralyzed—he healed them all.

25 •Large crowds followed him wherever he went—people from Galilee, the Ten Towns,* Jerusalem, from all over Judea, and from east of the Jordan River.

The Sermon on the Mount

5 One day as he saw the crowds gathering, Jesus went up on the mountainside and sat down. His disciples gathered around him,

2 •and he began to teach them.

The Beatitudes

3 • "God blesses those who are poor and realize their need for him,*
for the Kingdom of Heaven is theirs.

4 • God blesses those who mourn,
for they will be comforted.

5 • God blesses those who are humble,
for they will inherit the whole earth.

---

beatitude [biːǽtitjùːd] *n.* [The B-] 팔복
epileptic [èpəléptik] *n.* 간질환자
synagogue [sínəgɔ̀g] *n.* 회당

4:15-16 Isa 9:1-2 (Greek version).　　4:17 Or *has come*, or *is coming soon*.　　4:25 Greek *Decapolis*.
5:3 Greek *poor in spirit*.

속받을 것이다.

6 의를 위해 주리고 목마른 사람은 복이 있다. 그들이 배부를 것이다.

7 자비로운 사람은 복이 있다. 그들이 하나님의 자비를 입을 것이다.

8 마음을 깨끗이 한 사람은 복이 있다. 그들이 하나님을 볼 것이다.

9 평화를 위해 일하는 사람은 복이 있다. 그들이 하나님의 아들이라고 불릴 것이다.

10 의롭게 살려고 하다가, 박해를 받는 사람은 복이 있다. 하늘나라가 그들의 것이다.

11 사람들이 나 때문에 너희를 모욕하고 박해하고 온갖 나쁜 말을 할 때, 너희에게 복이 있다.

12 기뻐하고 즐거워하여라. 하늘에서 너희의 상이 크다. 너희보다 먼저 살았던 예언자들도 이처럼 박해를 받았다."

너희들은 소금과 빛이다

13 "너희는 세상의 소금이다. 만일 소금이 그 맛을 잃으면, 무엇으로 짠맛을 내겠느냐? 맛을 잃은 소금은 아무 쓸모가 없게 되어 밖에 버려져 사람에게 밟힐 뿐이다.

14 너희는 세상의 빛이다. 산 위에 있는 도시는 숨겨질 수 없다.

15 등불을 됫박 안에 두지 않고 등잔대 위에 놓는다. 그래야 등불이 그 집에 있는 모든 사람에게 빛을 비추게 될 것이다.

16 이와 같이 너희 빛을 사람들에게 비춰라. 그래서 사람들이 너희의 선한 행동을 보고 하늘에 계신 너희 아버지께 영광을 돌리게 하여라."

율법의 중요성

17 "내가 모세의 율법이나 예언자들의 말씀을 깨뜨리러 온 줄로 생각하지 마라. 나는 그들의 말씀을 깨뜨리러 온 것이 아니라 완성하러 왔다.

18 나는 너희에게 진정으로 말한다. 하늘과 땅이 없어지기 전에는 율법의 아무리 작은 부분이라도 사라지지 않고, 반드시 다 이루어질 것이다.

19 그러므로 누구든지 이 계명 가운데에 가장 작은 것 하나라도 어기거나 다른 사람에게 그렇게 하라고 가르치는 사람은 하늘나라에서 가장 작게 될 것이다. 그러나 누구든지 계명을 지키고 가르치면 하늘나라에서 크게 될 것이다.

20 내가 말한다. 너희 의가 율법학자들이나 바리새파 사람보다 훨씬 낫지 않으면, 하늘나라에 들어가지 못할 것이다."

화내고 무시하는 것에 대하여

21 "예전에는 '살인하지 마라. 누구든지 살인을 하

6 • God blesses those who hunger and thirst
　for justice,*
　for they will be satisfied.

7 • God blesses those who are merciful,
　for they will be shown mercy.

8 • God blesses those whose hearts are pure,
　for they will see God.

9 • God blesses those who work for peace,
　for they will be called the children of God.

10 • God blesses those who are persecuted for
　doing right,
　for the Kingdom of Heaven is theirs.

11 • "God blesses you when people mock you and persecute you and lie about you and say all sorts of evil things against you because you 12 are my followers. • Be happy about it! Be very glad! For a great reward awaits you in heaven. And remember, the ancient prophets were persecuted in the same way.

Teaching about Salt and Light

13 • "You are the salt of the earth. But what good is salt if it has lost its flavor? Can you make it salty again? It will be thrown out and trampled underfoot as worthless.

14 • "You are the light of the world—like a city 15 on a hilltop that cannot be hidden. • No one lights a lamp and then puts it under a basket. Instead, a lamp is placed on a stand, where it 16 gives light to everyone in the house. • In the same way, let your good deeds shine out for all to see, so that everyone will praise your heavenly Father.

Teaching about the Law

17 • "Don't misunderstand why I have come. I did not come to abolish the law of Moses or the writings of the prophets. No, I came to 18 accomplish their purpose. • I tell you the truth, until heaven and earth disappear, not even the smallest detail of God's law will disappear until 19 its purpose is achieved. • So if you ignore the least commandment and teach others to do the same, you will be called the least in the Kingdom of Heaven. But anyone who obeys God's laws and teaches them will be called great in the Kingdom of Heaven.

20 • "But I warn you—unless your righteousness is better than the righteousness of the teachers of religious law and the Pharisees, you will never enter the Kingdom of Heaven!

Teaching about Anger

21 • "You have heard that our ancestors were

persecute [pɔ́ːrsikjuːt] *vt.* 박해하다

5:6 Or for righteousness.

는 사람은 재판을 받을 것이다' 라는 계명을 받았다고 너희가 들었다.

22 그러나 나는 너희에게 말한다. 자기 형제에게 화를 내는 사람은 재판정에 설 것이며, 자기 형제에게 나쁜 말을 하는 사람도 신헤드린 법정에 설 것이다. 또한 자기 형제에게 바보라고 하는 사람은 지옥 불에 던져질 것이다.

23 그러므로 네가 제단에서 예물을 드릴 때, 네 형제가 너에게 나쁜 감정을 갖고 있는 것이 생각나거든,

24 제단에 예물을 놓아두고, 가서 먼저 네 형제와 화해하여라. 그 후에 다시 와서 예물을 바쳐라.

25 너를 고소하는 사람이 함께 길에 있을 때에 빨리 화해하여라. 그렇지 않으면 그가 너를 재판관에게 넘기고, 재판관이 너를 간수에게 넘겨줘, 감옥에 갇히게 될 것이다.

26 내가 진정으로 너희에게 말한다. 너희가 마지막 한 푼까지 다 갚기 전에는 그 감옥에서 나오지 못할 것이다."

간음에 대하여

27 "'간음하지 마라' 는 계명을 너희가 들었다.

28 그러나 나는 너희에게 말한다. 누구든지 음란한 생각으로 여자를 바라보는 사람은 이미 마음속으로 그 여인과 간음한 것이다.

29 만일 네 오른쪽 눈이 죄를 짓게 하거든, 그 눈을 빼어 던져 버려라. 네 몸 전체가 지옥에 던져지는 것보다 신체 중 하나를 잃는 것이 낫다.

30 만일 네 오른손이 죄를 짓게 하거든, 그 손을 잘라 내어 던져라. 네 몸 전체가 지옥에 던져지는 것보다 신체 중 하나를 잃는 것이 낫다."

이혼에 대하여

31 "'누구든지 아내와 이혼하는 사람은 이혼 증서를 주어야 한다' 라는 계명을 너희가 들었다.

32 그러나 내가 너희에게 말한다. 음행한 경우 외에 자기 아내와 이혼하는 사람은 아내로 하여금 간음하게 하는 것이다. 이혼한 여자와 결혼하는 사람도 간음하는 것이다."

맹세에 대하여

33 "또한 예전에는 '거짓 맹세를 하지 마라. 주께 한 맹세는 꼭 지켜야 한다' 라는 계명을 받았다고 너희가 들었다.

34 그러나 내가 너희에게 말한다. 결코 맹세하지 마라. 하늘을 두고 맹세하지 마라. 하늘은 하나님의 보좌이기 때문이다.

---

told, 'You must not murder. If you commit
22 murder, you are subject to judgment.' * •But I
say, if you are even angry with someone,* you
are subject to judgment! If you call someone an
idiot,* you are in danger of being brought before
the court. And if you curse someone,* you are in
danger of the fires of hell.*

23 •"So if you are presenting a sacrifice* at the
altar in the Temple and you suddenly remember that someone has something against you,
24 •leave your sacrifice there at the altar. Go and
be reconciled to that person. Then come and
offer your sacrifice to God.

25 •"When you are on the way to court with
your adversary, settle your differences quickly.
Otherwise, your accuser may hand you over to
the judge, who will hand you over to an officer,
26 and you will be thrown into prison. •And if
that happens, you surely won't be free again
until you have paid the last penny.*

Teaching about Adultery

27 •"You have heard the commandment that
28 says, 'You must not commit adultery.' * •But I
say, anyone who even looks at a woman with
lust has already committed adultery with her in
29 his heart. •So if your eye—even your good
eye*—causes you to lust, gouge it out and throw
it away. It is better for you to lose one part of
your body than for your whole body to be
30 thrown into hell. •And if your hand—even
your stronger hand*—causes you to sin, cut it
off and throw it away. It is better for you to lose
one part of your body than for your whole body
to be thrown into hell.

Teaching about Divorce

31 •"You have heard the law that says, 'A man
can divorce his wife by merely giving her a writ-
32 ten notice of divorce.' * •But I say that a man
who divorces his wife, unless she has been
unfaithful, causes her to commit adultery. And
anyone who marries a divorced woman also
commits adultery.

Teaching about Vows

33 •"You have also heard that our ancestors were
told, 'You must not break your vows; you must
carry out the vows you make to the LORD.' *
34 •But I say, do not make any vows! Do not say,

5:21 Exod 20:13; Deut 5:17.   5:22a Some manu-
scripts add *without cause.*   5:22b Greek uses an
Aramaic term of contempt: *If you say to your broth-
er, 'Raca.'*   5:22c Greek *if you say, 'You fool.'*
5:22d Greek *Gehenna;* also in 5:29, 30.   5:23
Greek *gift;* also in 5:24.   5:26 Greek *the last
kodrantes* [i.e., quadrans].   5:27 Exod 20:14; Deut
5:18.   5:29 Greek *your right eye.*   5:30 Greek *your
right hand.*   5:31 Deut 24:1.   5:33 Num 30:2.

35 땅을 두고 맹세하지 마라. 땅은 하나님의 발을 두시는 곳이기 때문이다. 예루살렘을 두고 맹세하지 마라. 예루살렘은 위대한 왕의 성이기 때문이다.

36 네 머리를 두고 맹세하지 마라. 너희는 머리카락 하나도 희게 하거나, 검게 할 수 없기 때문이다.

37 너희는 '그렇다' 라고 할 때만 '예' 하고, 아닐 때는 '아니오' 라고 말해라. '예' 나 '아니오' 이상의 말은 악한 생각에서 나오는 것이다."

보복하지 마라

38 "너희는 '눈에는 눈으로, 이에는 이로' 라는 말을 들었다.

39 그러나 내가 너희에게 말한다. 나쁜 사람과 맞서지 마라. 만일 누가 네 오른쪽 뺨을 때리거든 다른 뺨도 돌려 대라.

40 만일 누가 너희를 재판에 걸어 네 속옷을 가지려고 하거든 겉옷까지 내어 주어라.

41 만일 누가 너를 강제로 약 1.5킬로미터를 가게 하거든 그와 함께 약 3킬로미터를 가 주어라.

42 네게 달라고 하는 사람에게 주어라. 네게 꾸러 온 사람을 거절하지 마라."

원수까지도 사랑하여라

43 "너희는 '네 이웃을 사랑하고 원수를 미워하라' 고 말하는 것을 들었다.

44 그러나 나는 너희에게 말한다. 너희의 원수를 사랑하여라. 너희를 박해하는 사람들을 위해 기도하여라.

45 그러면 너희가 하늘에 계신 아버지의 아들이 될 것이다. 너희 아버지는 악한 사람이나 선한 사람 모두에게 햇빛을 비추시고, 의인과 죄인에게 비를 내려 주신다.

46 만일 너희를 사랑하는 사람만 사랑한다면, 무슨 상을 받을 수 있겠느냐? 심지어 세리도 그만큼은 하지 않느냐?

47 만일 너희 형제들에게만 인사한다면, 다른 사람들보다 너희가 더 나을 것이 무엇이냐? 심지어 이방 사람들도 그만큼은 하지 않느냐?

48 그러므로 하늘에 계신 너희 아버지가 완전하신 것처럼 너희도 완전하도록 하여라."

도와 주는 것에 대하여

6 "남들에게 보이려고 다른 사람들 앞에서 의를 행하지 않도록 주의하여라. 그렇지 않으면 하늘에 계신 아버지께 아무런 상도 받지 못할 것이다.

2 자선을 베풀 때, 위선자들처럼 네 앞에 나팔을 불지 마라. 그들은 사람들로부터 영광을 얻으려고 회당이나 길에서 나팔을 분다. 내가 너희에게 진정으로 말한다. 그들은 이미 자기 상을 다 받았다.

'By heaven!' because heaven is God's 35 throne. ●And do not say, 'By the earth!' because the earth is his footstool. And do not say, 'By Jerusalem!' for Jerusalem is the city of the great King. ●Do not even say, 'By my 36 head!' for you can't turn one hair white or 37 black. ●Just say a simple, 'Yes, I will,' or 'No, I won't.' Anything beyond this is from the evil one.

Teaching about Revenge

38 ● "You have heard the law that says the punishment must match the injury: 'An eye for 39 an eye, and a tooth for a tooth.' * ●But I say, do not resist an evil person! If someone slaps you on the right cheek, offer the other cheek 40 also. ●If you are sued in court and your shirt 41 is taken from you, give your coat, too. ●If a soldier demands that you carry his gear for a 42 mile,* carry it two miles. ●Give to those who ask, and don't turn away from those who want to borrow.

Teaching about Love for Enemies

43 ● "You have heard the law that says, 'Love 44 your neighbor' * and hate your enemy. ●But I say, love your enemies!* Pray for those who 45 persecute you! ●In that way, you will be acting as true children of your Father in heaven. For he gives his sunlight to both the evil and the good, and he sends rain on the just and 46 the unjust alike. ●If you love only those who love you, what reward is there for that? Even 47 corrupt tax collectors do that much. ●If you are kind only to your friends,* how are you different from anyone else? Even pagans do 48 that. ●But you are to be perfect, even as your Father in heaven is perfect.

Teaching about Giving to the Needy

6 "Watch out! Don't do your good deeds publicly, to be admired by others, for you will lose the reward from your Father in 2 heaven. ●When you give to someone in need, don't do as the hypocrites do—blowing trumpets in the synagogues and streets to call attention to their acts of charity! I tell you the truth, they have received all the

---

corrupt [kərápt] *a.* 부패한, 썩은
slap [slǽp] *vt.* 때리다
sue [súː] *vt.* 고소하다, 소송을 제기하다

5:38 Greek *the law that says: 'An eye for an eye and a tooth for a tooth.'* Exod 21:24; Lev 24:20; Deut 19:21.　5:41 Greek *milion* [4,854 feet or 1,478 meters].　5:43 Lev 19:18.　5:44 Some manuscripts add *Bless those who curse you. Do good to those who hate you.* Compare Luke 6: 27-28.　5:47 Greek *your brothers.*

3 자선을 베풀 때에는 네 오른손이 하는 일을 왼손이 모르게 하여라.

4 아무도 너의 구제함을 모르게 하여라. 그러면 숨어서 보시는 네 아버지께서 네게 갚아 주실 것이다."

예수님께서 가르쳐 주신 기도

5 "기도할 때에 위선자들처럼 하지 마라. 그들은 사람들에게 보이려고 회당이나 길 모퉁이에 서서 기도하기를 좋아한다. 내가 너희에게 진정으로 말한다. 그들은 이미 자기 상을 다 받았다.

6 기도할 때에 골방에 들어가 문을 닫고, 숨어 계시는 네 아버지께 기도하여라. 숨어서 보시는 네 아버지께서 네게 갚아 주실 것이다.

7 기도할 때에 이방 사람들처럼 아무 의미 없는 말을 되풀이하지 마라. 그들은 많이 말해야 하나님께서 들어주실 것으로 생각한다.

8 그들을 닮지 마라. 너희 아버지께서는 구하기도 전에 너희에게 무엇이 필요한지 이미 아신다.

9 그러므로 이렇게 기도하여라. '하늘에 계신 우리 아버지, 아버지의 이름이 거룩하게 여김을 받으소서.

10 아버지의 나라가 이루어지게 하소서. 아버지의 뜻이 하늘에서처럼 이 세상에서도 이루어지게 하소서.

11 오늘 우리에게 필요한 양식을 주소서.

12 우리에게 잘못한 사람을 우리가 용서해 준 것처럼 우리의 죄를 용서하여 주소서.

13 우리들을 시험에 빠지지 않게 하시고, 악으로부터 구원해 주소서.' (아버지는 나라와 권세와 영광을 가지고 계십니다. 아멘)*

14 만일 너희가 다른 사람의 잘못을 용서하면, 하늘에 계신 너희 아버지께서도 너희의 죄를 용서해 주실 것이다.

15 그러나 만일 다른 사람을 용서하지 않는다면, 너희 아버지께서도 너희들의 잘못을 용서하지 않으실 것이다."

금식에 대하여

16 "금식할 때에 위선자들처럼 초췌한 모습을 보이지 마라. 그들은 자신들이 금식하는 것을 사람들에게 보이려고 초췌한 모습을 드러내려 한다. 내가 너희에게 진정으로 말한다. 그들은 이미 자기의 상을 다 받았다.

17 너는 금식할 때에 머리에 기름을 바르고 얼굴을 씻어라.

18 그렇게 하여 다른 사람들에게 금식하는 것을 나타내지 말고 오직 숨어 계시는 아버지께만 보여

3 reward they will ever get. •But when you give to someone in need, don't let your left hand know what your right hand is doing. •Give 4 your gifts in private, and your Father, who sees everything, will reward you.

Teaching about Prayer and Fasting

5 •"When you pray, don't be like the hypocrites who love to pray publicly on street corners and in the synagogues where everyone can see them. I tell you the truth, that is all the reward 6 they will ever get. •But when you pray, go away by yourself, shut the door behind you, and pray to your Father in private. Then your Father, who sees everything, will reward you.

7 •"When you pray, don't babble on and on as the Gentiles do. They think their prayers are answered merely by repeating their words again 8 and again. •Don't be like them, for your Father knows exactly what you need even before you 9 ask him! •Pray like this:

Our Father in heaven,
　may your name be kept holy.
10 May your Kingdom come soon.
May your will be done on earth,
　as it is in heaven.
11 Give us today the food we need,*
12 and forgive us our sins,
　as we have forgiven those who sin against us.
13 And don't let us yield to temptation,*
　but rescue us from the evil one.*

14 •"If you forgive those who sin against you, 15 your heavenly Father will forgive you. •But if you refuse to forgive others, your Father will not forgive your sins.

16 •"And when you fast, don't make it obvious, as the hypocrites do, for they try to look miserable and disheveled so people will admire them for their fasting. I tell you the truth, that is the 17 only reward they will ever get. •But when you 18 fast, comb your hair* and wash your face. •Then no one will notice that you are fasting, except your Father, who knows what you do in private. And your Father, who sees everything, will reward you.

---

admire [ədmáiər] *vt.* 칭찬하다
disheveled [diʃévəld] *a.* 헝클어진, 단정치 못한
hypocrite [hípəkrit] *n.* 위선자

6:11 Or *Give us today our food for the day;* or *Give us today our food for tomorrow.*　**6:13a** Or *And keep us from being tested.*　**6:13b** Or *from evil.* Some manuscripts add *For yours is the kingdom and the power and the glory forever. Amen.*　**6:17** Greek *anoint your head.*

6:13 어떤 고대 사본에는 이 구절이 없다.

라. 숨어서 보시는 네 아버지께서 네게 갚아 주실 것이다."

재물에 대하여

19 너희를 위하여 세상에 재물을 쌓아 두지 마라. 땅에서는 좀이 먹거나 녹슬어 못 쓰게 되고 도둑이 와서 훔쳐 갈 것이다.

20 그러므로 너희의 재물을 하늘에 쌓아 두어라. 하늘에서는 좀이 먹거나 녹슬지 않으며 도둑이 들어와 훔쳐 가지도 못할 것이다.

21 네 재물이 있는 곳에 네 마음도 있다."

눈은 몸의 등불

22 "눈은 몸의 등불이다. 만일 네 눈이 밝으면, 네 온몸이 밝을 것이다.

23 그러나 네 눈이 나쁘면, 온몸이 어두울 것이다. 그러므로 네 안에 있는 빛이 어두우면, 그 어두움이 얼마나 심하겠느냐?"

하나님과 재물

24 "아무도 두 주인을 섬기지 못한다. 한쪽을 미워하고 다른 쪽을 사랑하든지, 한쪽을 귀중히 여기고 다른 쪽을 업신여길 것이다. 너희는 하나님과 재물을 같이 섬길 수 없다."

걱정하지 마라

25 "그러므로 내가 너희에게 말한다. 너희 목숨을 위하여 무엇을 먹을까, 또는 무엇을 마실까 걱정하지 마라. 몸을 위하여 무엇을 입을까 걱정하지 마라. 목숨이 음식보다 훨씬 소중하지 않느냐? 몸이 옷보다 훨씬 소중하지 않느냐?

26 하늘에 있는 새를 보아라. 새는 심지도 않고, 거두지도 않고, 창고에 쌓아 두지도 않는다. 그러나 하늘에 계신 너희 아버지께서 새들을 먹이신다. 너희는 새보다 훨씬 더 귀하지 않느냐?

27 너희 중에 누가 걱정해서 자기의 수명을 조금이라도 연장할 수 있느냐?

28 너희는 왜 옷에 대해 걱정하느냐? 들에 피는 백합꽃이 어떻게 자라는가 생각해 보아라. 백합은 수고도 하지 않고, 옷감을 짜지도 않는다.

29 그러나 내가 너희에게 말한다. 온갖 영화를 누린 솔로몬도 이 꽃 하나에 견줄 만큼 아름다운 옷을 입어 보지 못하였다.

30 하나님께서 오늘 있다가 내일이면 불 속에 던져질 들풀도 이렇게 입히시는데, 너희를 더 소중하게 입히시지 않겠느냐? 믿음이 적은 사람들아!

31 그러므로 '무엇을 먹을까?', '무엇을 마실까?', 혹은 '무엇을 입을까?' 하면서 걱정하지 마라.

32 이런 걱정은 이방 사람들이나 하는 것이다. 하늘에 계신 너희 아버지께서는 너희에게 이 모든 것이 필

Teaching about Money and Possessions

19 • "Don't store up treasures here on earth, where moths eat them and rust destroys them, and where thieves break in and steal.

20 • Store your treasures in heaven, where moths and rust cannot destroy, and thieves do not break in and steal. • Wherever your treasure is, there the desires of your heart will also be.

22 • "Your eye is like a lamp that provides light for your body. When your eye is healthy,

23 your whole body is filled with light. • But when your eye is unhealthy, your whole body is filled with darkness. And if the light you think you have is actually darkness, how deep that darkness is!

24 • "No one can serve two masters. For you will hate one and love the other; you will be devoted to one and despise the other. You cannot serve God and be enslaved to money.

25 • "That is why I tell you not to worry about everyday life—whether you have enough food and drink, or enough clothes to wear. Isn't life more than food, and your

26 body more than clothing? • Look at the birds. They don't plant or harvest or store food in barns, for your heavenly Father feeds them. And aren't you far more valuable to

27 him than they are? • Can all your worries add a single moment to your life?

28 • "And why worry about your clothing? Look at the lilies of the field and how they grow. They don't work or make their cloth-

29 ing. • yet Solomon in all his glory was not

30 dressed as beautifully as they are. • And if God cares so wonderfully for wildflowers that are here today and thrown into the fire tomorrow, he will certainly care for you. Why do you have so little faith?

31 • "So don't worry about these things, saying, 'What will we eat? What will we drink?

32 What will we wear?' • These things dominate the thoughts of unbelievers, but your heavenly Father already knows all your

barn [bá:rn] *n.* 창고
despise [dispáiz] *vt.* 경멸하다, 무시하다
devote [divóut] *vt.* 몹시 사랑하다
dominate [dáməneit] *vt.* 지배하다
log [lɔ:g] *n.* 통나무
manuscript [mǽnjuskript] *n.* 사본
moth [mɔ́:θ] *n.* 좀
rust [rʌ́st] *n.* 녹
speck [spék] *n.* 흠, 오점
trample [trǽmpl] *vt.* 밟아 뭉개다, 짓밟다
6:19 **break in :** (도둑이) 침입하다
7:5 **get rid of … :** …을 제거하다 (=remove)
7:5 **deal with … :** 다루다, 논하다

33 먼저 아버지의 나라와 아버지의 의를 구하여라. 그러면 이 모든 것들이 너희에게 덤으로 주어질 것이다.

34 그러므로 내일 일을 걱정하지 마라. 내일 일은 내일 걱정할 것이고, 오늘의 고통은 오늘로 충분하다."

다른 사람을 비판하지 마라

7 "비판을 받지 않으려면, 비판하지 마라.

2 너희가 비판한 그대로 비판을 받을 것이며, 너희가 판단한 기준에 따라 너희도 판단받을 것이다.

3 어찌하여 네 형제의 눈 속에 있는 작은 티는 보면서, 네 눈 속에 있는 나무토막은 보지 못하느냐?

4 네 눈 속에 나무토막이 있으면서, 어떻게 네 형제에게 '네 눈 속에 있는 작은 티를 빼주겠다'라고 말할 수 있느냐?

5 위선자들아! 먼저 네 눈 속에 있는 나무토막을 빼내어라. 그 후에야 잘 보여서 네 형제의 눈 속에 있는 티를 빼낼 수 있을 것이다.

6 거룩한 것을 개에게 주지 마라. 진주를 돼지 앞에 던지지 마라. 개나 돼지는 그것을 짓밟고, 뒤돌아서서 너희를 물어 버릴 것이다."

구하라, 찾아라, 문을 두드려라

7 "구하라, 그러면 너희에게 주실 것이다. 찾아라, 그러면 발견할 것이다. 두드려라, 그러면 문이 너희에게 열릴 것이다.

8 구하는 사람은 누구든지 받을 것이다. 찾는 사람은 찾을 것이다. 그리고 두드리는 사람에게는 문이 열릴 것이다.

9 아들이 빵을 달라고 하는데, 너희 중에서 누가 돌을 주겠느냐?

10 아들이 생선을 달라고 하는데, 누가 뱀을 주겠느냐?

11 비록 너희가 나쁜 사람이라 할지라도, 자녀에게 좋은 것을 주려고 하는데, 하물며 하늘에 계신 너희 아버지께서 구하는 사람에게 좋은 것을 주시지 않겠느냐?"

황금과 같은 법칙

12 "다른 사람이 너희에게 해 주었으면 하는 대로, 너희가 다른 사람들에게 모두 해 주어라. 이것이 율법과 예언서의 내용이다."

좁은 문으로 들어가라

13 "좁은 문으로 들어가거라. 멸망으로 가는 문은 넓고 그 길이 쉬워, 많은 사람들이 그곳으로 들어간다.

14 그러나 생명으로 가는 문은 작고 그 길이 매우 좁

---

33 needs. ●Seek the Kingdom of God* above all else, and live righteously, and he will give you everything you need.

34 ●"So don't worry about tomorrow, for tomorrow will bring its own worries. Today's trouble is enough for today.

Do Not Judge Others

7 "Do not judge others, and you will not be
2 judged. ●For you will be treated as you treat others.* The standard you use in judging is the standard by which you will be judged.

3 ●"And why worry about a speck in your friend's eye* when you have a log in your
4 own? ●How can you think of saying to your friend,* 'Let me help you get rid of that speck in your eye,' when you can't see past the log
5 in your own eye? ●Hypocrite! First get rid of the log in your own eye; then you will see well enough to deal with the speck in your friend's eye.

6 ●"Don't waste what is holy on people who are unholy.* Don't throw your pearls to pigs! They will trample the pearls, then turn and attack you.

Effective Prayer

7 ●"Keep on asking, and you will receive what you ask for. Keep on seeking, and you will
8 find. Keep on knocking, and the door will be opened to you. ●For everyone who asks, receives. Everyone who seeks, finds. And to everyone who knocks, the door will be opened.

9 ●"You parents—if your children ask for a loaf of bread, do you give them a stone
10 instead? ●Or if they ask for a fish, do you give
11 them a snake? Of course not! ●So if you sinful people know how to give good gifts to your children, how much more will your heavenly Father give good gifts to those who ask him.

The Golden Rule

12 ●"Do to others whatever you would like them to do to you. This is the essence of all that is taught in the law and the prophets.

The Narrow Gate

13 ●"You can enter God's Kingdom only through the narrow gate. The highway to hell* is broad, and its gate is wide for the many
14 who choose that way. ●But the gateway to life

6:33 Some manuscripts do not include *of God.*
7:2a Or *For God will judge you as you judge others.* 7:2b Or *The measure you give will be the measure you get back.* 7:3 Greek *your brother's eye; also in 7:5.* 7:4 Greek *your brother.* 7:6 Greek *Don't give the sacred to dogs.* 7:13 Greek *The road that leads to destruction.*

아, 그곳을 찾는 사람이 적다."

좋은 열매는 좋은 나무에서 열린다

15 "거짓 예언자들을 조심하여라. 그들은 양의 옷을 입고 너희에게 다가온다. 그러나 그 속은 굶주린 늑대이다.

16 그들의 열매를 보고, 그들을 알 것이다. 가시나무에서 포도를 딸 수 있느냐? 엉겅퀴에서 무화과를 딸 수 있느냐?

17 마찬가지로 좋은 나무는 모두 좋은 열매를 맺고, 나쁜 나무는 나쁜 열매를 맺는다.

18 좋은 나무가 나쁜 열매를 맺을 수 없고, 나쁜 나무가 좋은 열매를 맺을 수 없다.

19 좋은 열매를 맺지 못하는 나무는 모두 잘려서 불 속에 던져진다.

20 그러므로 열매를 보고 그들을 알 것이다."

하나님의 뜻대로 행하여야 한다

21 "나에게 '주님, 주님'이라고 말하는 사람 모두가 하늘나라에 들어가는 것은 아니다. 하늘에 계신 내 아버지의 뜻대로 행하는 사람만이 하늘나라에 들어갈 것이다.

22 그날에 많은 사람이 나에게 이렇게 말할 것이다. '주님, 주님, 우리가 주님의 이름으로 예언하고, 주님의 이름으로 귀신을 내쫓고, 주님의 이름으로 많은 기적을 베풀지 않았습니까?'

23 그때, 내가 분명하게 그들에게 말할 것이다. '나는 너희를 모른다. 악한 일을 행하는 자들아, 내게서 썩 물러나라.'"

바위 위에 지은 집

24 "내 말을 듣고, 그대로 행하는 사람은 바위 위에 집을 지은 지혜로운 사람과 같다.

25 비가 내리고, 홍수가 나고, 바람이 불어 그 집에 몰아쳐도 그 집은 무너지지 않았다. 왜냐하면 그 집은 바위 위에 지어졌기 때문이다.

26 내 말을 듣고도 행하지 않는 사람은 모래 위에 집을 세운 어리석은 사람과 같다.

27 비가 내리고, 홍수가 나고, 바람이 불어 그 집에 몰아쳤을 때, 그 집은 쉽게 무너졌는데, 그 무너진 정도가 심하였다."

28 예수님께서 이 모든 말씀을 마치셨습니다. 사람들은 예수님의 가르침에 놀랐습니다.

29 *그것은 율법학자들과는 달리 예수님께서 권위를 지닌 분처럼 가르치셨기 때문입니다.*

문둥병 환자를 고치심

8 예수님께서 산에서 내려오시자, 많은 사람들이 따라왔습니다.

2 어떤 문둥병 환자가 예수님께 다가와서 절을 하고

---

is very narrow and the road is difficult, and only a few ever find it.

The Tree and Its Fruit

15 • "Beware of false prophets who come disguised as harmless sheep but are really
16 vicious wolves. •You can identify them by their fruit, that is, by the way they act. Can you pick grapes from thornbushes, or figs
17 from thistles? •A good tree produces good
18 fruit, and a bad tree produces bad fruit. •A good tree can't produce bad fruit, and a bad
19 tree can't produce good fruit. •So every tree that does not produce good fruit is chopped
20 down and thrown into the fire. •Yes, just as you can identify a tree by its fruit, so you can identify people by their actions.

True Disciples

21 • "Not everyone who calls out to me, 'Lord! Lord!' will enter the Kingdom of Heaven. Only those who actually do the will of my
22 Father in heaven will enter. •On judgment day many will say to me, 'Lord! Lord! We prophesied in your name and cast out demons in your name and performed many
23 miracles in your name.' •But I will reply, 'I never knew you. Get away from me, you who break God's laws.'

Building on a Solid Foundation

24 • "Anyone who listens to my teaching and follows it is wise, like a person who builds a
25 house on solid rock. •Though the rain comes in torrents and the floodwaters rise and the winds beat against that house, it won't collapse because it is built on bedrock.
26 •But anyone who hears my teaching and doesn't obey it is foolish, like a person who
27 builds a house on sand. •When the rains and floods come and the winds beat against that house, it will collapse with a mighty crash."

28 • When Jesus had finished saying these things, the crowds were amazed at his teach-
29 ing, •for he taught with real authority— quite unlike their teachers of religious law.

Jesus Heals a Man with Leprosy

8 Large crowds followed Jesus as he came
2 down the mountainside. •Suddenly, a man with leprosy approached him and knelt before him. "Lord," the man said, "if

bedrock [bédràk] *n.* 튼튼한 기초, 암반
demon [díːmən] *n.* 귀신
disguised [disgáizd] *a.* 변장한, 속임수의
7:22 cast out : 내쫓다
7:25 in torrents : (비가)억수같이, 폭포처럼

말했습니다. "주여, 주님은 하고자 하시면 저를 낫게 하실 수 있습니다."

3 예수님께서 손을 내밀어 그 사람에게 대시며 말씀하셨습니다. "내가 너를 고쳐 주길 원한다. 깨끗하게 나아라!" 그러자 바로 그 사람의 문둥병이 나았습니다.

4 예수님께서 그에게 말씀하셨습니다. "아무에게도 이 일을 말하지 마라. 다만 가서 제사장에게 네 몸을 보여 주어라. 그리고 모세가 명령한 대로 예물을 바쳐서, 사람들에게 증거로 삼아라."

백부장의 종을 고치심

5 예수님께서 가버나움이라는 마을에 들어가셨을 때, 한 백부장이 예수님께 와서 도움을 청했습니다.

6 백부장이 말했습니다. "주님, 제 종이 집에 중풍으로 누워 있는데, 매우 고통을 받고 있습니다."

7 예수님께서 말씀하셨습니다. "내가 가서 고쳐 주겠다."

8 백부장이 대답했습니다. "주님, 저는 주님을 집에 모실 만한 자격이 없습니다. 그저 말씀만 해 주십시오. 그러면 제 종이 나을 것입니다.

9 제 자신도 다른 사람의 부하이고, 제 밑에도 부하들이 있습니다. 제가 부하에게 '가거라' 하면 그가 가고, '오너라' 하면 그가 옵니다. 그리고 부하에게 '이것을 하라' 하면 그것을 합니다."

10 예수님께서 이 말을 들으시고 놀라시며, 따라오던 사람들에게 말씀하셨습니다. "내가 진정으로 말한다. 나는 지금까지 이스라엘에서 이같이 큰 믿음을 가진 사람을 본 적이 없다.

11 내가 너희에게 말한다. 많은 사람들이 동쪽과 서쪽에서 와서, 하늘나라에서 아브라함, 이삭 그리고 야곱과 함께 앉아서 먹을 것이다.

12 그러나 이 나라의 아들들은 바깥 어두운 곳에 던져져, 그곳에서 슬피 울며 고통스럽게 이를 갈 것이다."

13 예수님께서 백부장에게 말씀하셨습니다. "가거라. 네가 믿은 대로, 네게 이루어질 것이다." 그러자 백부장의 종이 그 순간에 치료되었습니다.

많은 사람들을 고치심

14 예수님께서 베드로의 집에 가셨을 때, 베드로의 장모가 열이 높아서 누워 있는 것을 보셨습니다.

15 예수님께서 그 여자의 손을 만지시니, 열이 사라졌습니다. 그 여자가 일어나 예수님을 대접했습니다.

16 저녁이 되자, 사람들이 예수님께 귀신들린 사람들을 많이 데리고 왔습니다. 예수님께서 말씀으로 귀신을 쫓아내시고, 모든 병자들을 고쳐 주셨습니다.

17 이것은 예언자 이사야가 말한 것을 이루려고 하신

you are willing, you can heal me and make me clean."

3 •Jesus reached out and touched him. "I am willing," he said. "Be healed!" And
4 instantly the leprosy disappeared. •Then Jesus said to him, "Don't tell anyone about this. Instead, go to the priest and let him examine you. Take along the offering required in the law of Moses for those who have been healed of leprosy.* This will be a public testimony that you have been cleansed."

The Faith of a Roman Officer

5 •When Jesus returned to Capernaum, a Roman officer* came and pleaded with him,
6 •"Lord, my young servant* lies in bed, paralyzed and in terrible pain."
7 •Jesus said, "I will come and heal him."
8 •But the officer said, "Lord, I am not worthy to have you come into my home. Just say the word from where you are, and my
9 servant will be healed. •I know this because I am under the authority of my superior officers, and I have authority over my soldiers. I only need to say, 'Go,' and they go, or 'Come,' and they come. And if I say to my slaves, 'Do this,' they do it."
10 •When Jesus heard this, he was amazed. Turning to those who were following him,
11 he said, "I tell you the truth, I haven't seen faith like this in all Israel! •And I tell you this, that many Gentiles will come from all over the world—from east and west—and sit down with Abraham, Isaac, and Jacob at
12 the feast in the Kingdom of Heaven. •But many Israelites—those for whom the Kingdom was prepared—will be thrown into outer darkness, where there will be weeping and gnashing of teeth."
13 •Then Jesus said to the Roman officer, "Go back home. Because you believed, it has happened." And the young servant was healed that same hour.

Jesus Heals Many People

14 •When Jesus arrived at Peter's house, Peter's
15 mother-in-law was sick in bed with a high fever. •But when Jesus touched her hand, the fever left her. Then she got up and prepared a meal for him.
16 •That evening many demon-possessed people were brought to Jesus. He cast out the evil spirits with a simple command, and he
17 healed all the sick. •This fulfilled the word

8:4 See Lev 14:2-32.   8:5 Greek *a centurion;* similarly in 8:8, 13.   8:6 Or *child;* also in 8:13.

것입니다. "그는 우리의 연약함을 짊어지셨고 우리의 질병을 떠맡으셨다."*

예수님을 따르려면

18 주위에 모여든 사람들을 보시고, 예수님께서 제자들에게 호수 건너편으로 가자고 말씀하셨습니다.

19 그때, 한 율법학자가 예수님께 나아와 말했습니다. "선생님, 저도 선생님이 가시는 곳이라면 어디든지 따라가겠습니다."

20 예수님께서 그에게 대답하셨습니다. "여우도 굴이 있고, 공중의 새도 둥지가 있지만, 인자는 머리 둘 곳조차 없다."

21 제자들 중에서 한 사람이 예수님께 말했습니다. "주님, 제가 먼저 가서 아버지의 장례를 치르도록 허락해 주십시오."

22 예수님께서 그에게 말씀하셨습니다. "나를 따르라. 죽은 사람의 장례는 죽은 사람이 치르도록 하여라."

폭풍을 멈추게 하심

23 예수님께서 배를 타시자, 제자들이 함께 따라왔습니다.

24 호수에 매우 거친 폭풍이 일어나, 파도가 배를 뒤덮었습니다. 그러나 예수님께서는 주무시고 계셨습니다.

25 제자들이 가서 예수님을 깨웠습니다. "주님, 살려 주십시오! 우리가 빠져 죽을 지경입니다."

26 예수님께서 "왜 무서워하느냐? 믿음이 적은 자들아!" 하고 말씀하셨습니다. 그리고 일어나 바람과 바다를 꾸짖으시자, 아주 잠잠해졌습니다.

27 사람들이 놀라서 말했습니다. "도대체 예수님은 어떤 분이길래 바람과 바다도 이분의 말씀에 순종하는가!"

귀신들린 두 사람을 고쳐 주심

28 예수님께서 호수 건너편 가다라 지방에 오셨을 때였습니다. 귀신들린 두 사람이 무덤 사이에서 나오다가 예수님과 마주쳤습니다. 이들은 너무 사납기 때문에 아무도 그 길로 지나다닐 수 없을 정도였습니다.

29 그 두 사람이 소리쳤습니다. "하나님의 아들이여, 당신이 우리와 무슨 상관이 있습니까? 때가 되기도 전에 우리를 괴롭히려고 여기에 오셨습니까?"

30 마침, 거기서 얼마간 떨어진 곳에 많은 돼지 떼가 먹이를 먹고 있었습니다.

31 귀신들이 예수님께 간청했습니다. "만일 우리를 이 사람들에게서 쫓아내시려면, 저 돼지 떼 속으로 보내 주십시오."

32 예수님께서 그들에게 말씀하셨습니다. "가거라!"

of the Lord through the prophet Isaiah, who said,

> "He took our sicknesses
> and removed our diseases."*

The Cost of Following Jesus

18 ● When Jesus saw the crowd around him, he instructed his disciples to cross to the other side of the lake.

19 ● Then one of the teachers of religious law said to him, "Teacher, I will follow you wherever you go."

20 ● But Jesus replied, "Foxes have dens to live in, and birds have nests, but the Son of Man* has no place even to lay his head."

21 ● Another of his disciples said, "Lord, first let me return home and bury my father."

22 ● But Jesus told him, "Follow me now. Let the spiritually dead bury their own dead.*"

Jesus Calms the Storm

23 ● Then Jesus got into the boat and started 24 across the lake with his disciples. ● Suddenly, a fierce storm struck the lake, with waves breaking into the boat. But Jesus was sleep-25 ing. ● The disciples went and woke him up, shouting, "Lord, save us! We're going to drown!"

26 ● Jesus responded, "Why are you afraid? You have so little faith!" Then he got up and rebuked the wind and waves, and suddenly there was a great calm.

27 ● The disciples were amazed. "Who is this man?" they asked. "Even the winds and waves obey him!"

Jesus Heals Two Demon-Possessed Men

28 ● When Jesus arrived on the other side of the lake, in the region of the Gadarenes,* two men who were possessed by demons met him. They came out of the tombs and were so violent that no one could go through that area.

29 ● They began screaming at him, "Why are you interfering with us, Son of God? Have you come here to torture us before God's appointed time?"

30 ● There happened to be a large herd of 31 pigs feeding in the distance. ● So the demons begged, "If you cast us out, send us into that herd of pigs."

32 ● "All right, go!" Jesus commanded them.

8:17 Isa 53:4.　　**8:20** "Son of Man" is a title Jesus used for himself.　　**8:22** Greek *Let the dead bury their own dead.*　　**8:28** Other manuscripts read *Gerasenes;* still others read *Gergesenes.* Compare Mark 5:1; Luke 8:26.

8:17 사 53:4에 기록되어 있다.

귀신들은 그 사람들에게서 빠져나와 돼지 떼 속으로 들어갔습니다. 그러자 돼지 떼가 산 아래에 있는 호수로 달려가더니, 모두 물속에 빠져 죽었습니다.

33 돼지를 치던 사람들은 마을로 달려가서, 귀신들린 사람들에게 일어난 모든 일들을 사람들에게 이야기했습니다.

34 그러자 온 마을 사람들이 예수님께 나아와 예수님을 보고 자기 마을을 떠나가 달라고 말했습니다.

중풍병 환자를 고치심

9 예수님께서 배를 타시고, 호수를 가로질러 고향으로 돌아오셨습니다.

2 그때, 사람들이 중풍병 환자 한 사람을 침상에 누인 채 예수님께로 데려왔습니다. 예수님께서 사람들의 믿음을 보시고 중풍병 환자에게 말씀하셨습니다. "안심하여라, 아들아! 네 죄가 용서받았다."

3 몇몇 율법학자들이 속으로 말했습니다. '이 사람이 하나님을 모독하는구나.'

4 예수님께서 그들의 생각을 아시고 말씀하셨습니다. "어찌하여 너희가 마음속으로 악한 생각을 하느냐?

5 '네 죄가 용서받았다'라고 하는 것과 '일어나 걸어라' 하고 말하는 것 중에서 어느 것이 더 쉽겠느냐?

6 그러나 인자가 땅에서 죄를 용서할 권세를 가지고 있다는 것을 너희에게 보여 주기 위함이었다." 그리고 예수님께서 중풍병 환자에게 말씀하셨습니다. "일어나 네 침상을 가지고 집으로 가거라."

7 그러자 그 사람이 일어나 집으로 갔습니다.

8 사람들이 이것을 보고 두려워하며, 사람에게 이런 권세를 주신 하나님께 영광을 돌렸습니다.

죄인을 부르러 오심

9 예수님께서 그곳을 떠나 길을 가시다가, 마태라는 사람이 세관에 앉아 있는 것을 보셨습니다. 예수님께서 그에게 말씀하셨습니다. "나를 따라오너라." 그러자 마태는 일어나서 예수님을 따라갔습니다.

10 예수님께서 마태의 집에서 식사를 하실 때였습니다. 많은 세리들과 죄인들이 와서, 예수님과 제자들로 더불어 함께 식사를 하고 있었습니다.

11 바리새파 사람들이 이것을 보고 제자들에게 말했습니다. "어째서 너희 선생님은 세리들과 죄인들하고 함께 어울려 식사를 하느냐?"

12 예수님께서 이 소리를 들으시고 말씀하셨습니다. "건강한 사람은 의사가 필요 없으나, 환자들은 의사가 필요하다.

13 너희는 가서 '나는 희생 제물보다 자비를 원한다'라는 말씀이 무슨 뜻인지 배워라. 나는 의인을 부르러 온 것이 아니라, 죄인을 부르러 왔다."

So the demons came out of the men and entered the pigs, and the whole herd plunged down the steep hillside into the lake and drowned in the water.

33 •The herdsmen fled to the nearby town, telling everyone what happened to the 34 demon-possessed men. •Then the entire town came out to meet Jesus, but they begged him to go away and leave them alone.

Jesus Heals a Paralyzed Man

9 Jesus climbed into a boat and went back 2 across the lake to his own town. •Some people brought to him a paralyzed man on a mat. Seeing their faith, Jesus said to the paralyzed man, "Be encouraged, my child! Your sins are forgiven."

3 •But some of the teachers of religious law said to themselves, "That's blasphemy! Does he think he's God?"

4 •Jesus knew* what they were thinking, so he asked them, "Why do you have such evil 5 thoughts in your hearts? •Is it easier to say 'Your sins are forgiven,' or 'Stand up and 6 walk'? •So I will prove to you that the Son of Man* has the authority on earth to forgive sins." Then Jesus turned to the paralyzed man and said, "Stand up, pick up your mat, and go home!"

7 •And the man jumped up and went 8 home! •Fear swept through the crowd as they saw this happen. And they praised God for giving humans such authority.

Jesus Calls Matthew

9 •As Jesus was walking along, he saw a man named Matthew sitting at his tax collector's booth. "Follow me and be my disciple," Jesus said to him. So Matthew got up and followed him.

10 •Later, Matthew invited Jesus and his disciples to his home as dinner guests, along with many tax collectors and other disrep-11 utable sinners. •But when the Pharisees saw this, they asked his disciples, "Why does your teacher eat with such scum?*"

12 •When Jesus heard this, he said, "Healthy people don't need a doctor—sick people do."

13 •Then he added, "Now go and learn the meaning of this Scripture: 'I want you to show mercy, not offer sacrifices.' * For I have

herd [hə́ːrd] *n.* 가축의 떼, 무리
blasphemy [blǽsfəmi] *n.* 신성모독

9:4 Some manuscripts read *saw.*　9:6 "Son of Man" is a title Jesus used for himself.　9:11 Greek *with tax collectors and sinners?*　9:13 Hos 6:6 (Greek version).

새 포도주는 새 부대에

14 그때, 요한의 제자들이 예수님께 와서 말했습니다. "우리들과 바리새파 사람들은 자주 금식을 하는데, 왜 선생님의 제자들은 전혀 금식을 하지 않습니까?"

15 예수님께서 이들에게 대답하셨습니다. "결혼식에 참석한 사람들이 신랑과 함께 있을 때, 슬퍼할 수 있느냐? 그러나 신랑을 빼앗길 날이 올 텐데, 그때는 금식할 것이다.

16 그 누구도 새 천조각을 낡은 옷에 대고 깁지 않는다. 만일 그렇게 하면, 새 천조각이 그 옷을 잡아당겨 더 심하게 찢어질 것이다.

17 그 누구도 새 포도주를 낡은 가죽 부대에 담지 않는다. 만일 그렇게 하면, 낡은 부대가 터져 포도주가 쏟아지고, 가죽 부대도 못 쓰게 될 것이다. 새 포도주는 새 가죽 부대에 넣어야 한다. 그래야 둘 다 보존될 수 있다."

회당장의 딸과 예수님의 옷을 만진 여자

18 예수님께서 이 말씀을 하시는 동안, 회당장이 와서 예수님께 절하고 말했습니다. "제 딸이 조금 전에 죽었습니다. 오셔서 손을 얹어 주십시오. 그러면 다시 살아날 것입니다."

19 예수님께서 일어나 회당장을 따라가셨습니다. 제자들도 같이 갔습니다.

20 가는 길에, 십이 년 동안, 혈루증을 앓아 온 한 여자가 예수님의 뒤로 와서 옷깃을 만졌습니다.

21 그녀는 속으로 '예수님의 옷을 만지기만 해도 내가 나을 거야' 라고 생각했던 것입니다.

22 예수님께서 뒤돌아서서 그 여자를 보고 말씀하셨습니다. "안심하여라, 딸아! 네 믿음이 너를 구원하였다." 그 즉시, 그 여자의 병이 나았습니다.

23 예수님께서 회당장의 집에 도착했을 때였습니다. 예수님은 피리를 부는 사람들과 떠드는 사람들을 보셨습니다.

24 예수님께서 말씀하셨습니다. "물러나라. 소녀는 죽은 것이 아니라 자고 있는 것이다." 그러자 사람들이 예수님을 비웃었습니다.

25 사람들을 밖으로 내보낸 뒤, 예수님께서 들어가셔서 소녀의 손을 잡았습니다. 그러자 소녀가 일어났습니다.

26 이 소식은 온 동네 사방으로 퍼져 나갔습니다.

보지 못하는 사람을 고치심

27 예수님께서 거기를 떠나가실 때, 보지 못하는 두 사람이 예수님을 따라오면서 소리질렀습니다. "다윗의 자손이여, 우리를 불쌍히 여겨 주소서."

28 예수님께서 집 안으로 들어가시자, 보지 못하는 사

come to call not those who think they are righteous, but those who know they are sinners."

A Discussion about Fasting

14 • One day the disciples of John the Baptist came to Jesus and asked him, "Why don't your disciples fast* like we do and the Pharisees do?"

15 • Jesus replied, "Do wedding guests mourn while celebrating with the groom? Of course not. But someday the groom will be taken away from them, and then they will fast.

16 • "Besides, who would patch old clothing with new cloth? For the new patch would shrink and rip away from the old cloth, leaving an even bigger tear than before.

17 • "And no one puts new wine into old wineskins. For the old skins would burst from the pressure, spilling the wine and ruining the skins. New wine is stored in new wineskins so that both are preserved."

Jesus Heals in Response to Faith

18 • As Jesus was saying this, the leader of a synagogue came and knelt before him. "My daughter has just died," he said, "but you can bring her back to life again if you just come and lay your hand on her."

19 • So Jesus and his disciples got up and 20 went with him. • Just then a woman who had suffered for twelve years with constant bleeding came up behind him. She touched 21 the fringe of his robe, • for she thought, "If I can just touch his robe, I will be healed."

22 • Jesus turned around, and when he saw her he said, "Daughter, be encouraged! Your faith has made you well." And the woman was healed at that moment.

23 • When Jesus arrived at the official's home, he saw the noisy crowd and heard 24 the funeral music. • "Get out!" he told them. "The girl isn't dead; she's only asleep." But 25 the crowd laughed at him. • After the crowd was put outside, however, Jesus went in and took the girl by the hand, and she stood up! 26 • The report of this miracle swept through the entire countryside.

Jesus Heals the Blind

27 • After Jesus left the girl's home, two blind men followed along behind him, shouting, "Son of David, have mercy on us!"

28 • They went right into the house where he was staying, and Jesus asked them, "Do

---

9:14 Some manuscripts read *fast often.*

람들이 예수님께 나아왔습니다. 예수님께서 그들에게 물으셨습니다. "내가 너희를 보게 할 수 있다고 믿느냐?" 그들이 대답했습니다. "그렇습니다, 주님."

29 예수님께서 그들의 눈을 만지시며 말씀하셨습니다. "너희의 믿음대로 너희에게 이루어져라."

30 그러자 그들의 눈이 뜨였습니다. 예수님께서 그들에게 매우 엄중히 이르셨습니다. "이 일을 아무에게도 알리지 마라."

31 그러나 두 사람은 나가서 예수님에 대한 소문을 사방에 퍼뜨렸습니다.

말 못하는 사람을 고치심

32 그들이 떠나갔을 때, 사람들이 귀신들려 말하지 못하는 사람을 데리고 예수님께 왔습니다.

33 예수님께서 귀신을 내쫓자, 말 못했던 사람이 말하게 되었습니다. 사람들은 놀라서 말했습니다. "이스라엘에서 이와 같은 일이 일어난 적이 없었다."

34 그러나 바리새파 사람들은 말했습니다. "그는 우두머리 귀신의 힘으로 귀신을 내쫓는 것이다."

추수할 일꾼을 위한 기도

35 예수님께서 모든 성읍과 마을을 두루 다니셨습니다. 예수님께서는 유대인의 회당에서 가르치기도 하셨고, 하나님 나라에 대한 기쁜 소식을 전하기도 하셨습니다. 그리고 온갖 질병과 고통을 치료해 주셨습니다.

36 예수님께서는 사람들을 불쌍히 여기셨습니다. 그것은 사람들이 마치 목자 없는 양처럼 내팽개쳐져 고통을 당하고 있었기 때문입니다.

37 예수님께서 제자들에게 말씀하셨습니다. "추수할 것은 넘쳐나는데, 일꾼이 적구나.

38 그러므로 추수할 밭의 주인에게 간청하여 일꾼들을 추수할 밭으로 보내 달라고 하여라."

열두 제자들을 선택하심

10 예수님께서 열두 명의 제자를 부르셨습니다. 그리고 제자들에게 더러운 영을 쫓고, 모든 병과 허약함을 치료하는 권능을 주셨습니다.

2 열두 제자의 이름은 이렇습니다. 베드로라고도 불리는 시몬과 그의 동생 안드레, 세베대의 아들 야고보와 그의 동생 요한,

3 빌립과 바돌로매, 도마와 세리 출신인 마태, 알패오의 아들 야고보, 다대오,

4 열심당원 시몬과 가룟 출신 유다입니다. 유다는 예수님을 배반한 사람입니다.

5 예수님께서 열두 제자를 보내시며 이렇게 지시하셨습니다. "이방 사람의 길로 가지 말고, 사마리아

---

you believe I can make you see?"

"Yes, Lord," they told him, "we do."

29 ●Then he touched their eyes and said, 30 "Because of your faith, it will happen." ●Then their eyes were opened, and they could see! Jesus sternly warned them, "Don't tell any-31 one about this." ●But instead, they went out and spread his fame all over the region.

32 ●When they left, a demon-possessed man who couldn't speak was brought to Jesus. 33 ●So Jesus cast out the demon, and then the man began to speak. The crowds were amazed. "Nothing like this has ever happened in Israel!" they exclaimed.

34 ●But the Pharisees said, "He can cast out demons because he is empowered by the prince of demons."

The Need for Workers

35 ●Jesus traveled through all the towns and villages of that area, teaching in the synagogues and announcing the Good News about the Kingdom. And he healed every 36 kind of disease and illness. ●When he saw the crowds, he had compassion on them because they were confused and helpless, 37 like sheep without a shepherd. ●He said to his disciples, "The harvest is great, but the 38 workers are few. ●So pray to the Lord who is in charge of the harvest; ask him to send more workers into his fields."

Jesus Sends Out the Twelve Apostles

10 Jesus called his twelve disciples together and gave them authority to cast out evil* spirits and to heal every kind of disease 2 and illness. ●Here are the names of the twelve apostles:

first, Simon (also called Peter),
then Andrew (Peter's brother),
James (son of Zebedee),
John (James's brother),
3 ● Philip,
Bartholomew,
Thomas,
Matthew (the tax collector),
James (son of Alphaeus),
Thaddaeus,*
4 ● Simon (the zealot*),
Judas Iscariot (who later betrayed him).

5 ●Jesus sent out the twelve apostles with these instructions: "Don't go to the Gentiles

10:1 Greek *unclean.* 10:3 Other manuscripts read *Lebbaeus; still others read Lebbaeus who is called Thaddaeus.* 10:4 Greek *the Cananean,* an Aramaic term for Jewish nationalists.

성에도 들어가지 마라.

6 너희는 이스라엘 집의 잃은 양에게로 가거라.

7 가면서 이렇게 전하여라. '하늘나라가 가까이 왔다.'

8 환자들을 고쳐 주고, 죽은 사람을 일으켜 세워라. 문둥병 환자를 깨끗하게 하고, 귀신을 내쫓아라. 너희가 거저 받았으니, 거저 주어라.

9 금이나, 은이나, 동전을 네 허리의 돈 주머니에 넣어 두지 마라.

10 여행용 가방도 가지지 말고, 옷 두 벌이나, 신발이나, 지팡이도 가지지 마라. 일꾼은 자기 생활비를 받는 것이 당연하다.

11 어느 도시나 마을에 들어가든지 거기서 마땅한 사람을 찾아 떠날 때까지 그곳에 머물러라.

12 그 집에 들어가면서 평안을 빌며 인사하여라.

13 만일 그 집이 평안을 받을 만하면 너희가 빌어 준 평안이 거기에 머물게 하고, 평안을 받을 만하지 않다면 다시 그 평안이 너희에게 돌아갈 것이다.

14 누구든지 너희를 맞아들이기를 거절하거나 너희 말을 귀 기울여 듣지 않으면, 그 집이나 도시를 떠날 때, 네 발의 먼지를 털어 버려라.

15 내가 너희에게 진정으로 말한다. 심판의 날에 그 마을이 소돔과 고모라보다 더 많은 심판을 받을 것이다."

박해받을 것에 대하여

16 "들어라! 내가 너희를 보내는 것이 마치 늑대 무리 속으로 양을 보내는 것과 같다. 그러므로 뱀처럼 지혜롭고 비둘기처럼 순결하여라.

17 사람들을 조심하여라. 그들은 너희를 법정에 넘기고, 회당에서 채찍질할 것이다.

18 나 때문에 너희는 총독들과 왕들 앞에 끌려갈 것이다. 너희는 그들과 이방 사람들에게 증언하게 될 것이다.

19 사람들이 너희를 잡아 넘길 때, 무엇을 어떻게 말해야 할지 걱정하지 마라. 그때에 너희가 말해야 할 것을 다 알려 주실 것이다.

20 말하는 이는 너희가 아니다. 너희 아버지의 영이 너희 속에서 말씀하시는 것이다.

21 형제가 형제를 배신하여 죽게 하고, 아버지 또한 자녀를 그렇게 할 것이다. 자녀가 부모를 대적하여 죽게 할 것이다.

22 내 이름 때문에 너희가 미움을 받을 것이다. 그러나 끝까지 견디는 사람은 구원을 얻을 것이다.

23 이 마을에서 너희가 핍박하면, 다른 마을로 피하여라. 내가 진정으로 너희에게 말한다. 너희가 이스라엘 모든 마을을 다 다니기 전에 인자가 올 것이다.

6 or the Samaritans, •but only to the people of
7 Israel—God's lost sheep. •Go and announce to them that the Kingdom of Heaven is near.* •Heal the sick, raise the dead, cure
8 those with leprosy, and cast out demons. Give as freely as you have received!

9 •Don't take any money in your money belts—no gold, silver, or even copper coins.
10 •Don't carry a traveler's bag with a change of clothes and sandals or even a walking stick. Don't hesitate to accept hospitality, because those who work deserve to be fed.

11 •Whenever you enter a city or village, search for a worthy person and stay in his
12 home until you leave town. •When you
13 enter the home, give it your blessing. •If it turns out to be a worthy home, let your blessing stand; if it is not, take back the bless-
14 ing. •If any household or town refuses to welcome you or listen to your message,
15 shake its dust from your feet as you leave. •I tell you the truth, the wicked cities of Sodom and Gomorrah will be better off than such a town on the judgment day.

16 •Look, I am sending you out as sheep among wolves. So be as shrewd as snakes
17 and harmless as doves. •But beware! For you will be handed over to the courts and will be
18 flogged with whips in the synagogues. •You will stand trial before governors and kings because you are my followers. But this will be your opportunity to tell the rulers and
19 other unbelievers about me.* •When you are arrested, don't worry about how to
20 respond or what to say. God will give you the right words at the right time. •For it is not you who will be speaking—it will be the Spirit of your Father speaking through you.

21 •A brother will betray his brother to death, a father will betray his own child, and children will rebel against their parents and
22 cause them to be killed. •And all nations will hate you because you are my followers.* But everyone who endures to the end will be
23 saved. •When you are persecuted in one town, flee to the next. I tell you the truth, the Son of Man* will return before you have reached all the towns of Israel.

---

beware [biwéər] *vi.* 조심하다
hesitate [hézəteit] *vt.* 망설이다
hospitality [hàspətǽləti] *n.* 환대, 후대
shrewd [ʃrúːd] *a.* 영리한, 빈틈없는

10:7 Or *has come,* or *is coming soon.* **10:18** Or *But this will be your testimony against the rulers and other unbelievers.* **10:22** Greek *on account of my name.* **10:23** "Son of Man" is a title Jesus used for himself.

24 제자가 스승보다 높지 않고, 종이 주인보다 높지 않다.

25 제자가 스승만큼 되고, 종이 주인과 같이 된다면 더 바랄 것이 없다. 그들이 집주인을 바알세불이라고 불렀으니, 그 가족들을 부를 때는 얼마나 심한 말로 부르겠느냐?"

두려워할 대상

26 "그러므로 사람들을 두려워하지 마라. 덮였던 것은 모두 벗겨질 것이고, 감추어졌던 것은 다 알려질 것이다.

27 내가 어두운 데서 말한 것을 너희는 빛 가운데서 말하여라. 너희가 귓속말로 들은 것을 지붕 위에서 외쳐라.

28 몸은 죽일 수 있으나 영혼은 죽일 수 없는 사람들을 두려워 마라. 영혼과 몸을 모두 지옥에 던져 멸망시킬 수 있는 분을 두려워하여라.

29 참새 두 마리가 동전 한 개*에 팔리지 않느냐? 그러나 너희 아버지가 아니고서는 한 마리도 땅에 떨어질 수 없다.

30 심지어 너희 머리카락의 수까지도 하나님은 아신다.

31 그러므로 두려워 마라. 너희는 참새 여러 마리보다 훨씬 더 귀하다."

사람들 앞에서 믿음을 보여라

32 "누구든지 사람들 앞에서 나를 인정하는 사람은, 나도 하늘에 계신 나의 아버지 앞에서 그를 인정할 것이다.

33 그러나 누구든지 사람들 앞에서 나를 모른다고 하면, 나도 하늘에 계신 나의 아버지 앞에서 그를 모른다고 할 것이다."

칼을 주려고 오심

34 "내가 세상에 평화를 주러 온 줄로 생각하지 마라. 평화가 아니라 칼을 주러 왔다.

35 나는 아들이 아버지를, 딸이 어머니를, 며느리가 시어머니를 거슬러서 서로 다투게 하려고 왔다.

36 사람의 원수가 자기의 가족이 될 것이다.

37 누구든지 나를 사랑하는 것보다 자기 부모를 더 사랑하면, 나의 제자가 될 자격이 없다. 누구든지 나를 사랑하는 것보다 자기 아들과 딸을 더 사랑하면, 나의 제자가 될 자격이 없다.

38 자기 십자가를 지고 나를 따르지 않는 사람은 내 제자가 될 자격이 없다.

39 자기의 목숨을 찾으려고 하는 사람은 잃게 될 것이며, 나를 위하여 자기 목숨을 버리는 사람은 얻게 될 것이다."

24 • "Students* are not greater than their teacher, and slaves are not greater than their

25 master. •Students are to be like their teacher, and slaves are to be like their master. And since I, the master of the household, have been called the prince of demons,* the members of my household will be called by even worse names!

26 •"But don't be afraid of those who threaten you. For the time is coming when everything that is covered will be revealed, and all that is

27 secret will be made known to all. •What I tell you now in the darkness, shout abroad when daybreak comes. What I whisper in your ear, shout from the housetops for all to hear!

28 • "Don't be afraid of those who want to kill your body; they cannot touch your soul. Fear only God, who can destroy both soul and body

29 in hell.* •What is the price of two sparrows— one copper coin*? But not a single sparrow can fall to the ground without your Father knowing

30 it. •And the very hairs on your head are all

31 numbered. •So don't be afraid; you are more valuable to God than a whole flock of sparrows.

32 • "Everyone who acknowledges me publicly here on earth, I will also acknowledge before

33 my Father in heaven. •But everyone who denies me here on earth, I will also deny before my Father in heaven.

34 • "Don't imagine that I came to bring peace to the earth! I came not to bring peace, but a sword.

35 'I have come to set a man against his father,
a daughter against her mother,
and a daughter-in-law against her
mother-in-law.

36 Your enemies will be right in your own
household!' *

37 • "If you love your father or mother more than you love me, you are not worthy of being mine; or if you love your son or daughter more

38 than me, you are not worthy of being mine. •If you refuse to take up your cross and follow me,

39 you are not worthy of being mine. •If you cling to your life, you will lose it; but if you give up your life for me, you will find it.

---

acknowledge [əknálidʒ] vt. 인정하다
cling [kliŋ] vi. 집착하다
10:38 take up : 메다, 지다

10:24 Or *Disciples.* 10:25 Greek *Beelzeboul;* other manuscripts read *Beezeboul;* Latin version reads *Beelzebub.* 10:28 Greek *Gehenna.* 10:29 Greek *one assarion* [i.e., one "*as*," a Roman coin equal to 1/16 of a denarius]. 10:35-36 Mic 7:6.
10:29 개역 성경에는 (그) '앗사리온' 이라고 표기되어 있다. 로마의 소액 동전으로 1/16데나리온에 해당된다.

상을 받을 자

40 "너희를 맞아들이는 사람은 나를 맞아들이는 것이다. 나를 맞아들이는 사람은 나를 보내신 분을 맞아들이는 것이다.

41 예언자의 이름으로 예언자를 맞아들이는 사람은 예언자의 상을 받을 것이다. 의인의 이름으로 의인을 맞아들이는 사람은 의인의 상을 받을 것이다.

42 내가 진정으로 말한다. 제자의 이름으로 보잘것없는 사람에게 냉수 한 잔이라도 주는 사람은 반드시 하늘 나라에서 상을 받을 것이다."

세례자 요한의 질문

11 예수님께서 열두 제자들에게 지시하기를 마치시고, 여러 마을에서 가르치고 전도하기 위해 그곳을 떠나셨을 때의 일입니다.

2 세례자 요한은 감옥에서 그리스도의 하신 일을 들었습니다. 요한은 제자들을 예수님께 보냈습니다.

3 요한은 그들을 통해 예수님께 물었습니다. "오신다고 했던 분이 바로 당신입니까? 아니면 다른 분을 기다려야 합니까?"

4 예수님께서 대답하셨습니다. "요한에게 가서 너희가 듣고 본 것을 말하여라.

5 보지 못하는 사람이 보고, 걷지 못하는 사람이 걷고, 문둥병 환자가 깨끗해지고, 듣지 못하는 사람이 듣고, 죽은 사람이 살아나며, 가난한 사람에게 복음이 전해진다고 하여라.

6 나를 의심하지 않는 사람은 복이 있다."

세례자 요한에 대하여

7 요한의 제자들이 떠난 뒤에, 예수님께서 모인 사람들에게 요한에 대해 말씀하기 시작하셨습니다. "너희는 무엇을 보러 광야에 나갔느냐? 바람에 흔들리는 갈대를 보러 갔느냐?

8 아니면 무엇을 보러 갔느냐? 화려한 옷을 입은 사람을 보려고 나갔느냐? 화려한 옷을 입은 사람은 왕궁에 있다.

9 그러면 너희는 무엇을 보러 나갔느냐? 예언자를 보려고 나갔느냐? 그렇다. 내가 너희에게 말한다. 이 사람은 예언자보다 더 나은 사람이다.

10 이 사람에 대하여 성경에 이렇게 기록되어 있다. '보라, 내가 너보다 앞서 나의 사자를 보낸다. 그는 너의 길을 준비할 것이다.' *

11 내가 너희에게 진정으로 말한다. 여자가 낳은 사람 중에 그 누구도 세례자 요한보다 더 위대한 사람은 없다. 그러나 하늘나라에서는 아무리 낮은 사람이라도 세례자 요한보다 더 위대하다.

12 세례자 요한 때부터 지금까지 하늘나라는 힘있게 성장하고 있다. 힘있는 사람들이 하늘나라를 차

40 "Anyone who receives you receives me, and anyone who receives me receives the 41 Father who sent me. •If you receive a prophet as one who speaks for God,* you will be given the same reward as a prophet. And if you receive righteous people because of their righteousness, you will be given a 42 reward like theirs. •And if you give even a cup of cold water to one of the least of my followers, you will surely be rewarded."

Jesus and John the Baptist

11 When Jesus had finished giving these instructions to his twelve disciples, he went out to teach and preach in towns throughout the region.
2 •John the Baptist, who was in prison, heard about all the things the Messiah was doing. So he sent his disciples to ask Jesus, 3 •"Are you the Messiah we've been expecting,* or should we keep looking for someone else?"
4 •Jesus told them, "Go back to John and tell him what you have heard and seen—
5 •the blind see, the lame walk, those with leprosy are cured, the deaf hear, the dead are raised to life, and the Good News is being 6 preached to the poor." •And he added "God blesses those who do not fall away because of me.*"
7 •As John's disciples were leaving, Jesus began talking about him to the crowds. "What kind of man did you go into the wilderness to see? Was he a weak reed, 8 swayed by every breath of wind? •Or were you expecting to see a man dressed in expensive clothes? No, people with expen-9 sive clothes live in palaces. •Were you looking for a prophet? Yes, and he is more than a 10 prophet. •John is the man to whom the Scriptures refer when they say,

'Look, I am sending my messenger ahead of you,
and he will prepare your way before you.' *

11 •"I tell you the truth, of all who have ever lived, none is greater than John the Baptist. Yet even the least person in the Kingdom of 12 Heaven is greater than he is! •And from the time John the Baptist began preaching until now, the Kingdom of Heaven has been

10:41 Greek *receive a prophet in the name of a prophet.* 11:3 Greek *Are you the one who is coming?* 11:6 Or *who are not offended by me.* 11:10 Mal 3:1. 11:12 Or *the Kingdom of Heaven has suffered from violence.*

11:10 말 3:1에 기록되어 있다.

지할 것이다.

13 모든 예언자들과 율법이 예언한 것이 요한까지이다.

14 너희가 이 예언을 받아들일 마음이 있다면, 오기로 되어 있는 엘리야가 바로 요한이다.

15 들을 수 있는 귀를 가진 사람은 모두 들어라!

16 내가 이 세대의 사람들을 무엇에 비유할 수 있겠느냐? 이들은 마치 장터에 앉아 있는 아이들이 다른 아이들을 부르는 것과 같다.

17 '우리가 너희를 위하여 피리를 불었는데, 왜 춤을 추지 않았느냐? 우리가 슬픈 노래를 불렀는데, 왜 울지 않았느냐?'

18 요한은 와서 먹지도 않고, 마시지도 않았다. 그러자 사람들이 이렇게 말했다. '그는 귀신들렸어.'

19 인자가 와서 먹고 마시니, 사람들이 말했다. '저 사람을 봐! 탐욕이 많은 사람이야. 저 사람은 술꾼이야, 세리와 죄인의 친구야.' 그러나 지혜는 그 행한 일 때문에 옳다는 것이 증명된다."

회개하지 않는 도시

20 그때, 예수님께서 자신이 가장 많은 기적을 베푸셨던 도시들을 꾸짖기 시작하셨습니다. 그것은 이들이 회개를 하지 않았기 때문입니다.

21 "화가 미칠 것이다. 고라신아! 화가 있을 것이다. 벳새다야! 너희에게 베풀었던 기적이 두로와 시돈에서 있었다면, 그곳 사람들은 벌써 베옷을 입고, 재를 뒤집어쓰며 회개했을 것이다.

22 내가 너희에게 말한다. 심판의 날에 너희가 두로와 시돈보다 더 많은 심판을 받을 것이다.

23 그리고 너 가버나움아, 네가 하늘까지 높아질 줄 아느냐? 오히려 너희는 지옥에 떨어질 것이다. 너희에게 베푼 기적이 소돔에서 일어났다면, 그 도시가 오늘까지 남아 있었을 것이다.

24 내가 너희에게 말한다. 심판의 날에는 너희가 소돔보다 더 큰 심판을 받을 것이다."

나에게로 와서 쉬어라

25 그때에 예수님께서 대답하여 말씀하셨습니다. "하늘과 땅의 주인이신 아버지, 이것들을 지혜롭고 영리한 사람에게는 감추시고, 어린아이들에게는 보여 주셨으니 감사합니다.

26 그렇습니다. 아버지, 이것이 아버지께서 기뻐하시는 뜻입니다.

27 "나의 아버지께서 내게 모든 것을 주셨다. 아버지 외에는 아들을 아는 이가 없고, 아들과 아들이 나타내 주고자 하는 사람 외에는 아버지를 아는 이가 없다.

---

forcefully advancing,* and violent people are
13 attacking it. ●For before John came, all the
prophets and the law of Moses looked forward
to this present time. ●And if you are willing to
accept what I say, he is Elijah, the one the
15 prophets said would come.* ●Anyone with ears
to hear should listen and understand!

● "To what can I compare this generation? It
is like children playing a game in the public
square. They complain to their friends,

17 ● 'We played wedding songs,
     and you didn't dance,
     so we played funeral songs,
     and you didn't mourn.'

18 ●For John didn't spend his time eating and
drinking, and you say, 'He's possessed by a
19 demon.' ●The Son of Man,* on the other hand,
feasts and drinks, and you say, 'He's a glutton
and a drunkard, and a friend of tax collectors
and other sinners!' But wisdom is shown to be
right by its results."

Judgment for the Unbelievers

20 ●Then Jesus began to denounce the towns
where he had done so many of his miracles,
because they hadn't repented of their sins and
21 turned to God. ●"What sorrow awaits you,
Korazin and Bethsaida! For if the miracles I did
in you had been done in wicked Tyre and
Sidon, their people would have repented of
their sins long ago, clothing themselves in
burlap and throwing ashes on their heads to
22 show their remorse. ●I tell you, Tyre and Sidon
will be better off on judgment day than you.

23 ●"And you people of Capernaum, will you
be honored in heaven? No, you will go down to
the place of the dead.* For if the miracles I did
for you had been done in wicked Sodom, it
24 would still be here today. ●I tell you, even
Sodom will be better off on judgment day than
you."

Jesus' Prayer of Thanksgiving

25 ●At that time Jesus prayed this prayer: "O
Father, Lord of heaven and earth, thank you for
hiding these things from those who think
themselves wise and clever, and for revealing
26 them to the childlike. ●Yes, Father, it pleased
you to do it this way!

27 ●"My Father has entrusted everything to me.
No one truly knows the Son except the Father,
and no one truly knows the Father except the

---

glutton [glʌ́tn] *n.* 대식가, 폭식가
remorse [rimɔ́ːrs] *n.* 회개; 후회

11:14 See Mal 4:5.   11:19 "Son of Man" is a title
Jesus used for himself.   11:23 Greek *to Hades.*

28 무거운 짐을 지고 지친 사람은 모두 나에게 오너라. 내가 너희를 쉬게 할 것이다.

29 나는 마음이 온유하고 겸손하니, 나의 멍에를 메고 내게 배워라. 그러면 너희 영혼이 쉼을 얻을 것이다.

30 나의 멍에는 쉽고 나의 짐은 가볍다."

예수님께서 안식일의 주인이심

12 그 무렵, 안식일에 예수께서 밀밭 사이를 걸어가셨습니다. 제자들이 너무 배가 고파서 밀 이삭을 잘라 먹기 시작했습니다.

2 바리새파 사람들이 이것을 보고 예수께 말했습니다. "보시오! 당신의 제자들이 안식일에 금지된 일을 하고 있습니다."

3 예수께서 대답하셨습니다. "너희는 다윗과 그 군사들이 굶주렸을 때에 했던 일을 읽어 보지 못하였느냐?

4 다윗은 하나님의 전에 들어가 자신도 먹을 수 없고 그 부하들도 먹을 수 없으며, 오직 제사장만이 먹을 수 있는 진설병을 먹었다.

5 너희가 또한 안식일에 성전 안에서 만큼은 제사장들이 안식일을 어겨도 죄가 되지 않는다는 것을 율법에서 읽어 보지 못하였느냐?

6 내가 너희에게 말한다. 성전보다 더 큰 이가 여기 있다.

7 '나는 희생 제물보다 자비를 원한다'라고 하신 말씀이 무슨 뜻인지 너희가 알았더라면, 죄 없는 사람들을 죄인으로 단정하지 않았을 것이다.

8 인자는 안식일의 주인이다."

손이 오그라진 사람을 고치심

9 예수께서 그곳을 떠나 유대인의 회당으로 들어가셨습니다.

10 회당 안에 손이 오그라진 사람이 있었습니다. 사람들이 예수님을 고발하려고, "안식일에 병을 고치는 것이 옳습니까?" 하고 예수께 여쭈었습니다.

11 예수께서 그들에게 대답하셨습니다. "만일 너희 중에서 어떤 사람이 양 한 마리를 가지고 있는데, 그 양이 안식일에 구덩이에 빠지면 그것을 끌어내지 않겠느냐?

12 하물며 사람은 양보다 얼마나 더 귀중하냐! 그러므로 안식일에 선한 일을 하는 것이 옳다."

13 그리고 나서 예수께서 손이 오그라진 사람에게 말씀하셨습니다. "손을 펴 보아라." 그 사람이 손을 펴자, 그 손이 다른 손처럼 회복되었습니다.

14 바리새파 사람들은 가서, 예수님을 어떻게 없앨지 모의를 하였습니다.

Son and those to whom the Son chooses to reveal him."

28 Then Jesus said, "Come to me, all of you who are weary and carry heavy burdens, and I 29 will give you rest. Take my yoke upon you. Let me teach you, because I am humble and gentle at heart, and you will find rest for your 30 souls. For my yoke is easy to bear, and the burden I give you is light."

A Discussion about the Sabbath

12 At about that time Jesus was walking through some grainfields on the Sabbath. His disciples were hungry, so they 2 began breaking off some heads of grain and eating them. But some Pharisees saw them do it and protested, "Look, your disciples are breaking the law by harvesting grain on the Sabbath."

3 Jesus said to them, "Haven't you read in the Scriptures what David did when he and 4 his companions were hungry? He went into the house of God, and he and his companions broke the law by eating the sacred loaves of 5 bread that only the priests are allowed to eat. And haven't you read in the law of Moses 6 that the priests on duty in the Temple may work on the Sabbath? I tell you, there is one 7 here who is even greater than the Temple! But you would not have condemned my innocent disciples if you knew the meaning of this Scripture: 'I want you to show mercy, not 8 offer sacrifices.' * For the Son of Man* is Lord, even over the Sabbath!"

Jesus Heals on the Sabbath

9 Then Jesus went over to their synagogue, 10 where he noticed a man with a deformed hand. The Pharisees asked Jesus, "Does the law permit a person to work by healing on the Sabbath?" (They were hoping he would say yes, so they could bring charges against him.)

11 And he answered, "If you had a sheep that fell into a well on the Sabbath, wouldn't you work to pull it out? Of course you would. 12 And how much more valuable is a person than a sheep! Yes, the law permits a person to do good on the Sabbath."

13 Then he said to the man, "Hold out your hand." So the man held out his hand, and it 14 was restored, just like the other one! Then the Pharisees called a meeting to plot how to kill Jesus.

deformed [difɔ́ːrmd] *a.* 불구의, 흉하게 변형된
12:13 hold out : (손 따위를) 내밀다, 벌리다

12:7 Hos 6:6 (Greek version).　12:8 "Son of Man" is a title Jesus used for himself.

예수님은 하나님께서 선택하신 종

15 예수님께서 이것을 아시고, 그곳을 떠나셨습니다. 많은 사람들이 예수님을 따라왔고, 예수님께서는 병든 사람들을 모두 고쳐 주셨습니다.

16 그러나 예수님께서는 자신에 대해 이야기하지 말라고 이르셨습니다.

17 이것은 예언자 이사야의 말을 이루려는 것입니다.

18 "내가 선택한 종을 보아라. 내가 그를 사랑하고 기뻐한다. 내 영을 그에게 줄 터인데, 그가 이방 사람들에게 정의를 선포할 것이다.

19 그는 다투지도 않고, 울부짖지도 않을 것이다. 거리에서 아무도 그의 소리를 들을 수 없을 것이다.

20 그는 상한 갈대도 꺾지 않을 것이고 꺼져가는 불꽃도 끄지 않을 것이다. 그래서 그는 결국 정의가 이기게 할 것이다.

21 모든 이방 사람들이 그 이름에 소망을 걸 것이다."*

예수님과 바알세불

22 그때, 사람들이 귀신이 들려서 보지 못하고, 말하지 못하는 사람을 예수님께 데리고 왔습니다. 예수님께서 이 사람을 고쳐 주시자, 그 사람이 말도 하고 볼 수 있게 되었습니다.

23 사람들이 놀라 말했습니다. "이 사람이 혹시 다윗의 후손 메시아가 아닐까?"

24 바리새파 사람들이 이 말을 듣고 말했습니다. "이 사람이 귀신의 우두머리인 바알세불의 힘을 빌려 귀신을 내쫓는다."

25 예수님께서 바리새파 사람들의 생각을 아시고, 그들에게 말씀하셨습니다. "어느 나라든지 자기들끼리 나뉘어 싸우면 망할 것이다. 어느 도시나 가정도 나뉘면, 제대로 서지 못할 것이다.

26 마찬가지로 사탄이 사탄을 내쫓는다면, 사탄이 자신을 대적한다는 말인데, 그렇다면 어떻게 사탄의 나라가 설 수 있겠느냐?

27 내가 바알세불의 힘을 빌어 귀신을 내쫓는다고 하는데, 그렇다면 너희 아들들은 누구의 힘을 빌어 귀신을 내쫓느냐? 그러므로 그들이 너희의 재판관이 될 것이다.

28 내가 만일 하나님의 영으로 귀신을 내쫓는다면, 하나님의 나라가 이미 너희에게 온 것이다.

29 또한 누구든지 힘센 사람을 먼저 묶어 놓지 않으면, 어떻게 힘센 사람의 집에 들어가 물건을 빼앗을 수 있겠느냐? 묶어 놓은 뒤에야 그 집을 약탈할 것이다.

30 누구든지 나와 함께하지 않으면, 나를 반대하는

Jesus, God's Chosen Servant

15 •But Jesus knew what they were planning. So he left that area, and many people followed
16 him. He healed all the sick among them, •but he warned them not to reveal who he was.
17 •This fulfilled the prophecy of Isaiah concerning him:

18 • "Look at my Servant, whom I have chosen.
　He is my Beloved, who pleases me.
　I will put my Spirit upon him,
　　and he will proclaim justice to the nations.
19 • He will not fight or shout
　　or raise his voice in public.
20 • He will not crush the weakest reed
　　or put out a flickering candle.
　　Finally he will cause justice to be victorious.
21 • And his name will be the hope
　　of all the world."*

Jesus and the Prince of Demons

22 • Then a demon-possessed man, who was blind and couldn't speak, was brought to Jesus. He healed the man so that he could
23 both speak and see. •The crowd was amazed and asked, "Could it be that Jesus is the Son of David, the Messiah?"

24 •But when the Pharisees heard about the miracle, they said, "No wonder he can cast out demons. He gets his power from Satan,* the prince of demons."

25 •Jesus knew their thoughts and replied, "Any kingdom divided by civil war is doomed. A town or family splintered by feud-
26 ing will fall apart. •And if Satan is casting out Satan, he is divided and fighting against him-
27 self. His own kingdom will not survive. •And if I am empowered by Satan, what about your own exorcists? They cast out demons, too, so they will condemn you for what you have
28 said. •But if I am casting out demons by the Spirit of God, then the Kingdom of God has
29 arrived among you. •For who is powerful enough to enter the house of a strong man and plunder his goods? Only someone even stronger—someone who could tie him up and then plunder his house.

30 • "Anyone who isn't with me opposes me, and anyone who isn't working with me is actually working against me.

---

feud [fjúːd] *vi.* 서로 다투다, 반목하다
flicker [flíkər] *vi.* (불이) 서서히 꺼지다

12:18-21 Isa 42:1-4 (Greek version for 42:4).
12:24 Greek *Beelzeboul;* also in 12:27. Other manuscripts read *Beezeboul;* Latin version reads *Beelzebub.*

12:18-21 사 42:1-4에 기록되어 있다.

것이다. 나와 함께 모으지 않는 사람은 흩트리는 것이다.

31 그러므로 내가 너희에게 말한다. 어떠한 죄나 신성 모독의 말은 다 용서를 받겠지만, 성령을 모독하는 죄는 용서받을 수 없다.

32 인자를 거역하는 말을 하는 사람은 용서받을 수 있다. 그러나 성령을 거역하는 말을 하면, 이 세상에서도, 오는 세상에서도 용서받지 못할 것이다."

열매로 나무를 안다

33 "나무도 좋고 열매도 좋다고 하든지, 나무도 나쁘고 열매도 나쁘다고 해야 한다. 나무는 그 열매를 보고 알 수 있다.

34 독사의 자식들아! 너희가 악하면서 어떻게 선한 것을 말할 수 있겠느냐? 입은 그 마음속에 가득 찬 것을 말하는 것이다.

35 선한 사람은 선한 것을 쌓았다가 선한 것을 내고, 악한 사람은 악한 것을 쌓았다가 악한 것을 낸다.

36 내가 너희에게 말한다. 사람이 무심코 내뱉은 사소한 말이라도 심판의 날에는 책임을 져야 한다.

37 네 말에 근거하여 네가 의롭다고 판정을 받을 수도 있고, 죄가 있다고 판정을 받을 수도 있다."

요나와 같은 증거

38 그때, 몇몇 율법학자들과 바리새파 사람들이 예수님께 말했습니다. "선생님, 우리에게 증거를 보여 주십시오."

39 예수님께서 대답하셨습니다. "악하고 죄 많은 이 세대가 증거를 보여 달라고 한다. 그러나 예언자 요나의 증거 외에는 보여 줄 것이 없다.

40 요나가 삼 일 낮, 삼 일 밤 동안 꼬박 커다란 물고기 배 속에 있었듯이, 인자도 삼 일 낮, 삼 일 밤 동안 땅속에 있을 것이다.

41 심판의 날에 니느웨 사람들이 이 세대와 함께 일어서서 이 세대를 심판할 것이다. 왜냐하면 그들은 요나의 전도를 듣고 회개했기 때문이다. 보아라, 요나보다 더 큰 이가 여기 있다!

42 심판의 날에 남쪽 나라의 여왕이 이 세대와 함께 일어서서 이 세대를 심판할 것이다. 왜냐하면 그 여왕은 솔로몬에게 지혜를 들으려고 땅끝에서부터 왔기 때문이다. 보아라, 솔로몬보다 더 큰 이가 여기 있다!"

악으로 가득 찰 세상

43 "더러운 영이 어떤 사람에게서 나와, 쉴 곳을 찾아 물이 없는 곳에서 헤맸으나 찾지 못하고,

44 이렇게 말했다. '내가 나왔던 집으로 다시 돌아가야겠다.' 돌아와 보니 그 집이 여전히 비어 있을 뿐만 아니라, 깨끗이 청소되고 정리되어 있는 것을 알

31 • "So I tell you, every sin and blasphemy can be forgiven—except blasphemy against the Holy Spirit, which will never be forgiven.

32 • Anyone who speaks against the Son of Man can be forgiven, but anyone who speaks against the Holy Spirit will never be forgiven, either in this world or in the world to come.

33 • "A tree is identified by its fruit. If a tree is good, its fruit will be good. If a tree is bad, its fruit will be bad.

34 • You brood of snakes! How could evil men like you speak what is good and right? For whatever is in your heart

35 determines what you say. • A good person produces good things from the treasury of a good heart, and an evil person produces evil things from the treasury of an evil heart.

36 • And I tell you this, you must give an account on judgment day for every idle

37 word you speak. • The words you say will either acquit you or condemn you."

The Sign of Jonah

38 • One day some teachers of religious law and Pharisees came to Jesus and said, "Teacher, we want you to show us a miraculous sign to prove your authority."

39 • But Jesus replied, "Only an evil, adulterous generation would demand a miraculous sign; but the only sign I will give them is the

40 sign of the prophet Jonah. • For as Jonah was in the belly of the great fish for three days and three nights, so will the Son of Man be in the heart of the earth for three days and three nights.

41 • "The people of Nineveh will stand up against this generation on judgment day and condemn it, for they repented of their sins at the preaching of Jonah. Now someone greater than Jonah is here—but you

42 refuse to repent. • The queen of Sheba* will also stand up against this generation on judgment day and condemn it, for she came from a distant land to hear the wisdom of Solomon. Now someone greater than Solomon is here—but you refuse to listen.

43 • "When an evil* spirit leaves a person, it goes into the desert, seeking rest but finding

44 none. • Then it says, 'I will return to the person I came from.' So it returns and finds its former home empty, swept, and in order.

---

acquit [əkwít] *vt.* 무죄로 하다
blasphemy [blǽsfəmi] *n.* 신성 모독
brood [brúːd] *n.* 한 배의 새끼(집합적)
repent [ripént] *vi.* 회개하다, 뉘우치다

12:42 Greek *The queen of the south.* **12:43** Greek *unclean.*

왔다.

45 그때, 그 더러운 영이 나가서 자기보다 훨씬 더 악한 일곱 영을 데리고 왔다. 그 영들 모두 그 사람에게 들어가 살게 되어, 그 사람의 나중 상태가 처음보다 훨씬 더 나쁘게 되었다. 이 악한 세대도 이렇게 될 것이다."

예수님의 어머니와 형제들

46 예수님께서 사람들에게 말씀하고 계실 때에 예수님의 어머니와 형제들이 예수님에게 할 말이 있다면서 밖에 서 있었습니다.

47 어떤 사람이 예수님께 말씀드렸습니다. "보십시오, 선생님의 어머니와 형제들이 선생님께 말을 하려고 밖에 서 있습니다."

48 예수님께서 그 말을 전해 준 사람에게 대답하셨습니다. "누가 나의 어머니이고, 누가 나의 형제들이냐?"

49 그리고 나서 제자들을 가리키면서 말씀하셨습니다. "보아라! 내 어머니와 내 형제들이다.

50 누구든지 하늘에 계신 나의 아버지의 뜻을 행하는 사람이 내 형제요, 자매요, 어머니이다."

씨를 뿌리는 사람

13 그날, 예수님께서 집에서 나와 호숫가에 앉으셨습니다.

2 많은 사람들이 예수님의 주위에 몰려들었습니다. 그래서 예수님께서는 배에 올라가 앉으셨고, 사람들은 호숫가에 그대로 서 있었습니다.

3 예수님께서 사람들에게 많은 것을 비유로 말씀하셨습니다. "농부가 씨를 뿌리러 나가

4 씨를 뿌리는데, 어떤 씨는 길가에 떨어졌다. 그러자 새들이 날아와 씨를 모두 먹어 버렸다.

5 어떤 씨는 흙이 별로 없고, 돌이 많은 곳에 떨어졌다. 곧 싹이 났지만, 흙이 깊지 않아서

6 해가 뜨자 시들어 버렸고, 뿌리가 없어서 곧 말라 버렸다.

7 어떤 씨는 가시덤불에 떨어졌다. 가시덤불이 자라서 그 씨를 자라지 못하게 하였다.

8 어떤 씨는 좋은 땅에 떨어졌다. 열매를 맺었는데, 어떤 것은 백 배, 어떤 것은 육십 배, 또 어떤 것은 삼십 배의 열매를 맺었다.

9 귀 있는 사람은 들어라!"

비유로 가르치신 이유

10 제자들이 예수님께 와서 물었습니다. "왜 사람들에게 비유로 가르치십니까?"

11 예수님께서 대답하셨습니다. "너희들에게는 하늘나라의 비밀을 아는 것이 허락되었으나, 다른 사람들에게는 그렇지 않다.

---

45 ●Then the spirit finds seven other spirits more evil than itself, and they all enter the person and live there. And so that person is worse off than before. That will be the experience of this evil generation."

The True Family of Jesus

46 ●As Jesus was speaking to the crowd, his mother and brothers stood outside, asking to 47 speak to him. ●Someone told Jesus, "Your mother and your brothers are standing outside, and they want to speak to you."*

48 ●Jesus asked, "Who is my mother? Who 49 are my brothers?" ●Then he pointed to his disciples and said, "Look, these are my 50 mother and brothers. ●Anyone who does the will of my Father in heaven is my brother and sister and mother!"

Parable of the Farmer Scattering Seed

13 Later that same day Jesus left the house and sat beside the lake. ●A large 2 crowd soon gathered around him, so he got into a boat. Then he sat there and taught as 3 the people stood on the shore. ●He told many stories in the form of parables, such as this one:

"Listen! A farmer went out to plant some 4 seeds. ●As he scattered them across his field, some seeds fell on a footpath, and the birds 5 came and ate them. ●Other seeds fell on shallow soil with underlying rock. The seeds sprouted quickly because the soil was shal-6 low. ●But the plants soon wilted under the hot sun, and since they didn't have deep 7 roots, they died. ●Other seeds fell among thorns that grew up and choked out the ten-8 der plants. ●Still other seeds fell on fertile soil, and they produced a crop that was thirty, sixty, and even a hundred times as much 9 as had been planted! ●Anyone with ears to hear should listen and understand."

10 ●His disciples came and asked him, "Why do you use parables when you talk to the people?"

11 ●He replied, "You are permitted to understand the secrets* of the Kingdom of Heaven,

---

choke [tʃóuk] *vt.* 성장을 저지하다
fertile [fə́:rtl] *a.* 비옥한
footpath [fútpæθ] *n.* 보도, 인도
parable [pǽrəbl] *n.* 우화, 비유
sprout [spráut] *vi.* 싹트다
underlying [Ándərlàiiŋ] *a.* 밑에 놓인
wilt [wílt] *vi.* 시들다
12:45 be worse off : 형편이 나쁘다

12:47　Some manuscripts do not include verse 47. Compare Mark 3:32 and Luke 8:20.　13:11 Greek *the mysteries.*

12 가진 사람은 더 많은 것이 주어져 풍부해질 것이다. 그러나 가진 것이 없는 사람은 있는 것마저 빼앗길 것이다.

13 그래서 내가 비유로 사람들에게 말한다. 그들은 보아도 보지 못하고, 들어도 듣지 못하고, 이해하지도 못한다.

14 따라서 이사야의 예언이 이 사람들에게 이루어지는 것이다. '너희는 들어도 깨닫지 못할 것이고, 보아도 알아보지 못할 것이다.

15 이 백성들의 마음이 둔해졌고, 귀는 듣지 못하고, 눈은 감겨 있다. 그들이 눈으로 보고, 귀로 듣고, 마음으로 깨닫고 돌아와, 내가 그들을 고치는 일이 없게 하려 함이다.'*

16 그러나 너희 눈은 보고 있으니 복되다. 너희 귀는 듣고 있으니 복되다.

17 내가 너희에게 진정으로 말한다. 많은 예언자들과 의인들이 너희가 지금 보는 것을 보고 싶어했지만 보지 못했다. 너희가 듣는 것을 듣고 싶어했지만 듣지 못했다."

씨 뿌리는 사람의 비유를 설명하심

18 "씨 뿌리는 사람의 비유를 들어라.

19 누구든지 하늘나라의 말씀을 듣고도 깨닫지 못하면, 악한 자가 와서 마음속에 뿌려진 것을 빼앗아 가 버린다. 이런 사람은 길가에 뿌려진 씨와 같은 사람이다.

20 돌무더기에 뿌려진 씨와 같은 사람은 말씀을 들을 때, 기쁘게 얼른 받아들이는 사람이다.

21 그러나 뿌리가 없어 오래가지 못한다. 말씀 때문에 어려움이 생기고 박해를 당하면, 곧 넘어진다.

22 가시덤불에 떨어진 씨와 같은 사람은 말씀을 들으나, 세상 염려와 재물의 유혹이 말씀을 가로막아 결국 열매를 맺지 못한다.

23 좋은 땅에 떨어진 씨와 같은 사람은 말씀을 듣고 깨닫는 사람이다. 이런 사람은 열매를 맺는데, 어떤 사람은 백 배, 어떤 사람은 육십 배, 어떤 사람은 삼십 배의 열매를 맺는다."

밀과 가라지

24 예수님께서 그들에게 또 다른 비유로 말씀하셨습니다. "하늘나라는 자기 밭에 좋은 씨를 심은 사람에 빗댈 수 있다.

25 사람들이 잠들었을 때, 원수가 와서 밀 사

12 but others are not. ●To those who listen to my teaching, more understanding will be given, and they will have an abundance of knowledge. But for those who are not listening, even what little understanding they have will be taken away from them. ●That is why I 13 use these parables,

For they look, but they don't really see.
They hear, but they don't really listen or
understand.

14 ●This fulfills the prophecy of Isaiah that says,

'When you hear what I say,
you will not understand.
When you see what I do,
you will not comprehend.
15 ● For the hearts of these people are hardened,
and their ears cannot hear,
and they have closed their eyes—
so their eyes cannot see,
and their ears cannot hear,
and their hearts cannot understand,
and they cannot turn to me
and let me heal them.' *

16 ● "But blessed are your eyes, because they see; and
17 your ears, because they hear. ●I tell you the truth, many prophets and righteous people longed to see what you see, but they didn't see it. And they longed to hear what you hear, but they didn't hear it.

18 ● "Now listen to the explanation of the parable
19 about the farmer planting seeds: ●The seed that fell on the footpath represents those who hear the message about the Kingdom and don't understand it. Then the evil one comes and snatches away the seed
20 that was planted in their hearts. ●The seed on the rocky soil represents those who hear the message
21 and immediately receive it with joy. ●But since they don't have deep roots, they don't last long. They fall away as soon as they have problems or are persecut-
22 ed for believing God's word. ●The seed that fell among the thorns represents those who hear God's word, but all too quickly the message is crowded out by the worries of this life and the lure of wealth, so
23 no fruit is produced. ●The seed that fell on good soil represents those who truly hear and understand God's word and produce a harvest of thirty, sixty, or even a hundred times as much as had been planted!"

Parable of the Wheat and Weeds

24 ●Here is another story Jesus told: "The Kingdom of Heaven is like a farmer who planted good seed in his
25 field. ●But that night as the workers slept, his enemy came and planted weeds among the wheat, then

---

13:14-15 Isa 6:9-10 (Greek version).
13:14-15 사 6:9-10에 기록되어 있다.

이에 가라지를 뿌리고 갔다.

26 밀이 자라서 낟알이 익을 때에 가라지도 보였다.

27 주인의 종들이 와서 말했다. '주인님, 밭에 좋은 씨를 뿌리지 않았습니까? 그런데 어디서 이런 가라지가 나왔을까요?'

28 주인이 대답했다. '원수가 그랬구나.' 종들이 주인에게 물었다. '저희가 가서 가라지를 다 뽑아 버릴까요?'

29 주인이 대답했다. '아니다. 너희가 가라지를 뽑을 때에 밀도 함께 뽑힐라.

30 추수할 때까지 함께 자라게 놔 두어라. 추수할 때, 내가 일꾼들에게 먼저 가라지를 거두어 묶어서 불에 태우고, 밀은 거두어 곳간에 쌓으라고 하겠다.' "

겨자씨와 누룩

31 예수님께서 또 다른 비유를 그들에게 말씀해 주셨습니다. "하늘나라는 마치 겨자씨와 같다. 어떤 사람이 겨자씨를 가져다가 자기 밭에 심었다.

32 이 씨는 다른 어떤 씨보다도 작다. 그런데 이것이 완전히 자라면, 다른 어떤 풀보다도 더 큰 식물이 된다. 그러면 하늘의 새들이 와서, 그 가지에 둥지를 틀 수 있게 된다."

33 예수님께서 또 다른 비유를 그들에게 말씀해 주셨습니다. "하늘나라는 누룩에 빗댈 수 있다. 여자가 누룩을 가져다가 밀가루 세 포대*에 섞어 넣었더니, 반죽이 부풀어 올랐다."

비유로 말씀하심

34 예수님께서 이 모든 것들을 사람들에게 비유로 말씀해 주시고, 비유가 아니면 아무것도 말씀하지 않으셨습니다.

35 이것은 예언자가 말한 것을 이루려고 하신 것입니다. "내가 입을 열어 비유를 말할 것이다. 이 세상이 세워질 때부터 지금까지 숨겨졌던 것을 말할 것이다."*

밀과 가라지의 비유를 설명하심

36 그때, 예수님께서 사람들에게서 떠나 집으로 들어가셨습니다. 제자들이 예수님께 와서 말했습니다. "밭에 난 가라지의 비유에 대해 저희들에게 설명해 주십시오."

37 예수님께서 대답해 주셨습니다. "밭에 좋은 씨를 뿌리는 이는 인자이다.

38 그리고 밭은 세상이다. 좋은 씨는 하늘나라의 모든 아들들이다. 가라지는 악한 자의 아들들이다.

39 그리고 나쁜 씨를 심은 원수는 마귀이다. 추수

---

26 slipped away. •When the crop began to grow and produce grain, the weeds also grew.

27 "The farmer's workers went to him and said, 'Sir, the field where you planted that good seed is full of weeds! Where did they come from?'

28 • 'An enemy has done this!' the farmer exclaimed.

"Should we pull out the weeds?' they asked.

29 • " 'No,' he replied, 'you'll uproot the wheat

30 if you do. •Let both grow together until the harvest. Then I will tell the harvesters to sort out the weeds, tie them into bundles, and burn them, and to put the wheat in the barn.' "

Parable of the Mustard Seed

31 •Here is another illustration Jesus used: "The Kingdom of Heaven is like a mustard seed

32 planted in a field. •It is the smallest of all seeds, but it becomes the largest of garden plants; it grows into a tree, and birds come and make nests in its branches."

Parable of the Yeast

33 •Jesus also used this illustration: "The Kingdom of Heaven is like the yeast a woman used in making bread. Even though she put only a little yeast in three measures of flour, it permeated every part of the dough."

34 •Jesus always used stories and illustrations like these when speaking to the crowds. In fact, he never spoke to them without using such

35 parables. •This fulfilled what God had spoken through the prophet:

"I will speak to you in parables.
I will explain things hidden since
the creation of the world.*"

Parable of the Wheat and Weeds Explained

36 •Then, leaving the crowds outside, Jesus went into the house. His disciples said, "Please explain to us the story of the weeds in the field."

37 •Jesus replied, "The Son of Man* is the

38 farmer who plants the good seed. •The field is the world, and the good seed represents the people of the Kingdom. The weeds are the people

39 who belong to the evil one. •The enemy who planted the weeds among the wheat is the devil. The harvest is the end of the world,* and the harvesters are the angels.

13:35 Some manuscripts do not include *of the world*. Ps 78:2.　13:37 "Son of Man" is a title Jesus used for himself.　13:39 Or *the age*; also in 13:40, 49.

13:33 (그) '세 사톤'으로 약 22ℓ에 해당된다.
13:35 시 78:2에 기록되어 있다.

때는 세상의 마지막 날이다. 추수하는 일꾼들은 천사들이다.

40 가라지는 다 뽑혀서 불에 태워지는 것같이, 세상의 마지막 날에도 그렇게 될 것이다.

41 인자가 천사들을 보낼 것인데, 이들은 죄를 짓게 만드는 자들과 불법을 행하는 자들을 모두 하늘나라에서 추려 내

42 불타는 아궁이에 던질 것이다. 사람들이 그곳에서 슬피 울고, 고통스럽게 이를 갈 것이다.

43 그때, 의인은 아버지의 나라에서 해처럼 빛날 것이다. 귀 있는 자는 들어라!"

보물과 진주의 비유

44 "하늘나라는 밭에 숨겨진 보물과 같다. 어떤 사람이 그 보물을 발견하고 다시 밭에 숨겼다. 그는 매우 기뻐하며 돌아가서 가진 것을 모두 팔아 그 밭을 샀다.

45 또한 하늘나라는 진주를 찾는 상인과 같다.

46 아주 값진 진주를 발견하자, 그 사람은 가서 가진 것을 모두 팔아 그 진주를 샀다."

고기 잡는 그물의 비유

47 "또한 하늘나라는 호수에 던져 온갖 종류의 고기를 잡은 그물과 같다.

48 그물이 가득 찼을 때, 어부들은 바닷가로 그물을 끌어당겼다. 그들은 앉아서 좋은 물고기는 바구니에 담고, 나쁜 것들은 던져 버렸다.

49 세상 끝날에도 이렇게 될 것이다. 천사가 와서 의인들 가운데서 악한 사람들을 구별하여 낼 것이다.

50 천사가 그들을 불타는 아궁이에 던질 것이다. 사람들이 그곳에서 슬피 울고, 고통스럽게 이를 갈 것이다."

새것과 낡은 것

51 "너희가 이 모든 것을 이해하겠느냐?" 제자들이 "예"라고 대답했습니다.

52 예수님께서 제자들에게 말씀하셨습니다. "그러므로 하늘 나라의 제자가 된 율법학자는 창고에서 새것과 헌것을 꺼내 오는 집주인과 같다."

53 예수님께서 이 비유들을 다 말씀하시고, 그곳을 떠나셨습니다.

나사렛에서 배척을 받으심

54 예수님께서 고향에 가셔서 유대인의 회당에서 사람들을 가르치셨습니다. 사람들은 놀라서 말했습니다. "이 사람이 이러한 지혜와 기적을 베푸는 힘을 어디서 얻었을까?

55 이 사람은 목수의 아들이 아니냐? 그의 어머니는 마리아이고, 동생들은 야고보, 요셉, 시몬 그리고 유다가 아니냐?

56 그리고 그의 누이들도 우리와 함께 있지 않은가?

---

40 • "Just as the weeds are sorted out and burned in the fire, so it will be at the end of
41 the world. •The Son of Man will send his angels, and they will remove from his Kingdom everything that causes sin and all
42 who do evil. •And the angels will throw them into the fiery furnace, where there will
43 be weeping and gnashing of teeth. •Then the righteous will shine like the sun in their Father's Kingdom. Anyone with ears to hear should listen and understand!

Parables of the Hidden Treasure and the Pearl

44 • "The Kingdom of Heaven is like a treasure that a man discovered hidden in a field. In his excitement, he hid it again and sold everything he owned to get enough money to buy the field.
45 • "Again, the Kingdom of Heaven is like a merchant on the lookout for choice pearls.
46 •When he discovered a pearl of great value, he sold everything he owned and bought it!

Parable of the Fishing Net

47 • "Again, the Kingdom of Heaven is like a fishing net that was thrown into the water
48 and caught fish of every kind. •When the net was full, they dragged it up onto the shore, sat down, and sorted the good fish into crates, but threw the bad ones away.
49 •That is the way it will be at the end of the world. The angels will come and separate the wicked people from the righteous,
50 •throwing the wicked into the fiery furnace, where there will be weeping and gnashing
51 of teeth. •Do you understand all these things?"
   "Yes," they said, "we do."
52 •Then he added, "Every teacher of religious law who becomes a disciple in the Kingdom of Heaven is like a homeowner who brings from his storeroom new gems of truth as well as old."

Jesus Rejected at Nazareth

53 •When Jesus had finished telling these stories and illustrations, he left that part of the
54 country. •He returned to Nazareth, his hometown. When he taught there in the synagogue, everyone was amazed and said, "Where does he get this wisdom and the power to do miracles?" •Then they scoffed,
55 "He's just the carpenter's son, and we know Mary, his mother, and his brothers—James,
56 Joseph,* Simon, and Judas. •All his sisters

13:55 Other manuscripts read *Joses;* still others read *John.*

그런데 이 사람이 이런 모든 것들을 어디서 터득했을까?'

57 그들은 예수님을 믿으려고 하지 않았습니다. 예수님께서 그들에게 말씀하셨습니다. "예언자는 자기 고향이나 자기 집에서는 존경을 받지 못하나, 거기 외에는 어디서나 존경을 받는다."

58 사람들이 믿지 않았기 때문에, 예수님께서는 그곳에서 기적을 많이 베풀지 않으셨습니다.

세례자 요한의 죽음

14 그때, 헤롯 왕이 예수님에 대한 소식을 들었습니다.

2 헤롯이 신하들에게 말했습니다. "이 사람은 세례자 요한이다. 그가 죽었다가 다시 살아난 것이 틀림없어. 그 사람에게서 기적이 나타나는 것도 바로 이 때문일 거야."

3 헤롯은 예전에 요한을 체포하여 결박하고, 감옥에 가둔 적이 있었습니다. 헤롯이 이렇게 한 것은 자기 동생 빌립의 아내였던 헤로디아 때문이었습니다.

4 요한이 헤롯에게 "당신이 헤로디아를 아내로 삼은 것은 잘못이오"라고 말했던 것입니다.

5 헤롯은 요한을 죽이려고 했지만, 사람들이 두려웠습니다. 이는 사람들이 요한을 예언자라고 생각하고 있었기 때문이었습니다.

6 그런데 헤롯의 생일에 헤로디아의 딸이 손님들 앞에서 춤을 추었습니다. 헤롯은 매우 기분이 좋았습니다.

7 그래서 헤롯은 딸이 요청하는 것은 무엇이든지 주겠다고 맹세하였습니다.

8 어머니로부터 지시를 받은 딸은 헤롯에게 말했습니다. "쟁반 위에 세례자 요한의 머리를 담아 주세요."

9 왕은 망설였지만 자기가 한 맹세 때문에, 그리고 함께 식사를 하던 손님들 때문에 요한의 머리를 주라고 명령을 내렸습니다.

10 그는 사람을 보내어, 감옥 안에 있는 요한의 머리를 베게 하였습니다.

11 요한의 머리가 쟁반에 담겨서 왕에게 왔고, 왕은 그것을 소녀에게 주었습니다. 소녀는 그것을 자기 어머니에게 가져다 주었습니다.

12 요한의 제자들이 와서 시체를 거두어 장사를 지냈습니다. 그들은 예수님께 와서 이 소식을 전했습니다.

오천 명을 먹이심

13 예수님께서 이 소식을 들으시고, 그곳을 떠나 배를 타고 혼자 조용한 곳으로 가셨습니다. 그러나 여러 마을에서 사람들이 이 사실을 전해 듣고, 걸어서 예

live right here among us. Where did he learn all these things?" •And they were deeply offended and refused to believe in him.

Then Jesus told them, "A prophet is honored everywhere except in his own hometown and among his own family." •And so he did only a few miracles there because of their unbelief.

The Death of John the Baptist

14 When Herod Antipas, the ruler of Galilee,* heard about Jesus, •he said to his advisers, "This must be John the Baptist raised from the dead! That is why he can do such miracles."

3 •For Herod had arrested and imprisoned John as a favor to his wife Herodias (the former wife of Herod's brother Philip). •John had been telling Herod, "It is against God's law for you to marry her." •Herod wanted to kill John, but he was afraid of a riot, because all the people believed John was a prophet.

6 •But at a birthday party for Herod, Herodias's daughter performed a dance that greatly pleased him, •so he promised with a vow to give her anything she wanted. •At her mother's urging, the girl said, "I want the head of John the Baptist on a tray!" •Then the king regretted what he had said; but because of the vow he had made in front of his guests, he issued the necessary orders. •So John was beheaded in the prison, •and his head was brought on a tray and given to the girl, who took it to her mother. •Later, John's disciples came for his body and buried it. Then they went and told Jesus what had happened.

Jesus Feeds Five Thousand

13 •As soon as Jesus heard the news, he left in a boat to a remote area to be alone. But the crowds heard where he was headed and fol-

---

arrest [ərést] *vt.* 체포하다
behead [bihéd] *vt.* (사람을) 목베다, 참수하다
crate [kréit] *n.* (과실 등을 나르는) 바구니
furnace [fə́ːrnis] *n.* 가마, 용광로
gnash [næʃ] *vi.* 이를 갈다
imprison [imprízn] *vt.* 투옥하다
lookout [lúkaut] *n.* 망보기, 감시
regret [rigrét] *vt.* 후회하다
riot [ráiət] *n.* 폭동
urge [ə́ːrdʒ] *vi.* 충동하다
13:40 sort out : 분류하다

14:1 Greek *Herod the tetrarch.* Herod Antipas was a son of King Herod and was ruler over Galilee.

수님을 따라왔습니다.

14 예수님께서 배에서 내려 많은 사람들이 모여 있는 것을 보셨습니다. 예수님께서는 그들을 불쌍히 여기시고 병든 사람들을 고쳐 주셨습니다.

15 저녁이 되자, 제자들이 예수님께 와서 말했습니다. "이곳은 외딴 곳이고, 시간도 너무 늦었습니다. 사람들을 이제 보내어, 마을에 가서 먹을 것을 각자 사도록 하는 것이 좋겠습니다."

16 예수님께서 제자들에게 대답하셨습니다. "갈 필요가 없다. 너희가 그들에게 먹을 것을 주어라."

17 제자들이 대답했습니다. "우리가 가진 것이라고는 빵 다섯 개와 생선 두 마리뿐입니다."

18 예수님께서 말씀하셨습니다. "그것들을 내게 가져오너라."

19 사람들을 풀밭에 앉게 하신 후, 예수님께서는 빵 다섯 개와 생선 두 마리를 손에 들고 하늘을 바라보며 감사 기도를 드리셨습니다. 그 다음에 제자들에게 그것들을 떼어 주셨고, 제자들은 그것을 사람들에게 나누어 주었습니다.

20 모든 사람들이 먹고 배가 불렀습니다. 먹고 남은 조각들을 거두었더니, 열두 바구니에 가득 찼습니다.

21 먹은 사람은 약 오천 명이나 되었는데, 이는 여자와 어린이가 포함되지 않은 숫자입니다.

예수님께서 물 위를 걸으심

22 그 즉시, 예수님께서는 제자들을 배에 타게 하시고, 호수 건너편으로 먼저 가 있으라고 하셨습니다. 그 동안에 예수님께서는 사람들을 되돌려 보내셨습니다.

23 사람들을 보내신 후, 예수님께서는 기도하러 홀로 산 위에 올라가셨습니다. 그리고 저녁 때까지 그곳에 혼자 계셨습니다.

24 배는 이미 육지에서 멀리 떨어져 있을 때였습니다. 제자들은 큰 파도와 거친 바람으로 어려움을 겪게 되었습니다.

25 새벽 3시에서 6시 사이에 예수님께서 호수 위를 걸어서 제자들에게 오셨습니다.

26 제자들은 예수님께서 호수 위를 걸어오시는 것을 보고 겁에 질렸습니다. 그들은 "유령이다!"라고 소리쳤습니다. 너무 무서워서 비명을 지른 것입니다.

27 예수님께서 얼른 그들에게 말씀하셨습니다. "안심해라! 나다! 두려워하지 마라."

28 베드로가 예수님께 말했습니다. "주여, 정말 주님이시라면 저에게 물 위로 걸어오라고 하소서."

29 예수님께서 말씀하셨습니다. "오너라." 베드로는 배에서 내려 물 위를 걸어 예수님께로 향했습니다.

30 그런데 베드로는 거센 바람을 보자, 겁이 났습니다.

---

14 lowed on foot from many towns. •Jesus saw the huge crowd as he stepped from the boat, and he had compassion on them and healed their sick.

15 •That evening the disciples came to him and said, "This is a remote place, and it's already getting late. Send the crowds away so they can go to the villages and buy food for themselves."

16 •But Jesus said, "That isn't necessary—you feed them."

17 •"But we have only five loaves of bread and two fish!" they answered.

18-19 •"Bring them here," he said. •Then he told the people to sit down on the grass. Jesus took the five loaves and two fish, looked up toward heaven, and blessed them. Then, breaking the loaves into pieces, he gave the bread to the disciples, who distrib-

20 uted it to the people. •They all ate as much as they wanted, and afterward, the disciples picked up twelve baskets of leftovers.

21 •About 5,000 men were fed that day, in addition to all the women and children!

Jesus Walks on Water

22 •Immediately after this, Jesus insisted that his disciples get back into the boat and cross to the other side of the lake, while he sent

23 the people home. •After sending them home, he went up into the hills by himself to pray. Night fell while he was there alone.

24 •Meanwhile, the disciples were in trouble far away from land, for a strong wind had risen, and they were fighting heavy waves.

25 •About three o'clock in the morning* Jesus came toward them, walking on the water.

26 •When the disciples saw him walking on the water, they were terrified. In their fear, they cried out, "It's a ghost!"

27 •But Jesus spoke to them at once. "Don't be afraid," he said. "Take courage. I am here!*"

28 •Then Peter called to him, "Lord, if it's really you, tell me to come to you, walking on the water."

29 •"Yes, come," Jesus said.

30 So Peter went over the side of the boat and walked on the water toward Jesus. •But when he saw the strong* wind and the waves, he was terrified and began to sink.

---

leftover [léftouvər] *n.* 먹고 남은 것

14:14 have compassion on… : …을 측은히 여기다

14:25 Greek *In the fourth watch of the night.* 14:27 Or *The 'I AM' is here*; Greek reads *I am.* See Exod 3:14.　14:30 Some manuscripts do not include *strong.*

물에 빠지기 시작하자, 소리를 질렀습니다. "주님, 살려 주십시오!"

31 예수님께서는 즉시 손을 내밀어 베드로를 잡아 주시며 말씀하셨습니다. "믿음이 적은 사람아, 왜 의심하느냐?"

32 베드로와 예수님이 배 안에 오르자, 바람이 잔잔해졌습니다.

33 배 안에 있던 사람들이 예수님께 경배하며 말했습니다. "주님은 분명히 하나님의 아들이십니다!"

게네사렛에서 병자를 고치심

34 예수님과 제자들은 호수를 건너 게네사렛이라는 곳에 이르렀습니다.

35 그곳 사람들이 예수님을 알아보았습니다. 그들은 근처에 있는 모든 지역으로 사람들을 보내어, 환자들을 예수님께 모두 데리고 왔습니다.

36 이들은 예수님의 옷깃에라도 손을 대게 해 달라고 매달렸고, 손을 댄 사람들은 모두 병이 나았습니다.

장로들의 전통

15 그때, 몇몇 바리새파 사람과 율법학자들이 예루살렘으로부터 예수님께 와서 물었습니다.

2 "당신의 제자들은 어째서 장로들이 우리에게 전하여 준 법을 지키지 않습니까? 당신의 제자들은 음식을 먹기 전에 손을 씻지 않습니다!"

3 예수님께서 이들에게 대답하셨습니다. "너희는 어째서 장로들의 전통을 지키려고 하나님의 명령을 지키지 않느냐?

4 하나님께서는 '네 아버지와 어머니를 공경하라'고 말씀하셨다. 또한 '아버지나 어머니를 욕하는 사람은 반드시 죽으리라'고 말씀하셨다.

5 그런데 너희는 '아버지나 어머니에게 드리려던 것을 하나님께 드렸다고 하면,

6 자기 부모를 공경하지 않아도 된다'라고 말하면서, 너희 전통을 빌미로 하나님의 말씀을 무시하고 있다.

7 위선자들아! 이사야가 너희에 대해 예언한 것이 옳다.

8 '이 백성들이 입술로는 나를 공경하나, 마음은 내게서 멀구나.

9 헛되이 내게 예배를 드리고, 사람의 훈계를 교리인 양 가르친다.'*"

입에서 나오는 것이 사람을 더럽힌다

10 예수님께서 사람들을 불러 모으시고 말씀하셨습니다. "너희는 듣고 깨달아라.

11 입으로 들어가는 것이 사람을 더럽히는 것이 아니라, 입에서 나오는 것이 사람을 더럽힌다."

"Save me, Lord!" he shouted.

31 Jesus immediately reached out and grabbed him. "You have so little faith," Jesus said. "Why did you doubt me?"

32 When they climbed back into the boat, 33 the wind stopped. Then the disciples worshiped him. "You really are the Son of God!" they exclaimed.

34 After they had crossed the lake, they 35 landed at Gennesaret. When the people recognized Jesus, the news of his arrival spread quickly throughout the whole area, 36 and soon people were bringing all their sick to be healed. They begged him to let the sick touch at least the fringe of his robe, and all who touched him were healed.

Jesus Teaches about Inner Purity

15 Some Pharisees and teachers of religious law now arrived from Jerusalem 2 to see Jesus. They asked him, "Why do your disciples disobey our age-old tradition? For they ignore our tradition of ceremonial hand washing before they eat."

3 Jesus replied, "And why do you, by your traditions, violate the direct command- 4 ments of God? For instance, God says, 'Honor your father and mother,' * and 'Anyone who speaks disrespectfully of father or mother must be put to death.' *

5 But you say it is all right for people to say to their parents, 'Sorry, I can't help you. For I have vowed to give to God what I would 6 have given to you.' In this way, you say they don't need to honor their parents.* And so you cancel the word of God for the sake 7 of your own tradition. You hypocrites! Isaiah was right when he prophesied about you, for he wrote,

8 'These people honor me with their lips, but their hearts are far from me.
9 Their worship is a farce, for they teach man-made ideas as commands from God.' *"

10 Then Jesus called to the crowd to come and hear. "Listen," he said, "and try to 11 understand. It's not what goes into your

farce [fáːrs] *n.* 광대극, 어리석은 짓
fringe [frindʒ] *n.* (옷자락의) 장식

15:4a Exod 20:12; Deut 5:16.   15:4b Exod 21:17 (Greek version); Lev 20:9 (Greek version). 15:6 Greek *their father;* other manuscripts read *their father or their mother.*   15:8-9 Isa 29:13 (Greek version).
15:8-9 사 29:13에 기록되어 있다.

12 그때, 제자들이 예수님께 와서 물었습니다. "바리새파 사람들이 이 말씀을 듣고 감정이 상한 것을 아십니까?"

13 예수님께서 대답하셨습니다. "하늘에 계신 나의 아버지께서 직접 심지 않으신 나무는 모두 뿌리 뽑힐 것이다.

14 그들을 내버려 두어라. 이들은 앞 못 보는 인도자이다. 보지 못하는 사람이 다른 보지 못하는 사람을 안내하면, 둘 다 구덩이에 빠질 것이다."

15 베드로가 예수님께 말했습니다. "이 비유를 설명해 주십시오."

16 예수님께서 말씀하셨습니다. "아직도 이해하지 못하느냐?

17 입으로 들어가는 것은 모두 배 속으로 들어갔다가, 결국 뒤로 나가는 것을 모르느냐?

18 그러나 입에서 나오는 것은 마음에서 나온다. 이런 것들이 사람을 더럽게 만든다.

19 마음에서는 악한 생각, 살인, 간음, 음행, 도둑질, 거짓말, 그리고 비방이 나온다.

20 이러한 것들이 사람을 더럽게 만드는 것이다. 씻지 않은 손으로 먹는 것이 사람을 더럽히는 것이 아니다."

가나안 여자의 믿음

21 예수님께서 그곳을 떠나 두로와 시돈 지방으로 가셨습니다.

22 그런데 그 지역에 사는 어떤 가나안 여자가 예수님께 와서 소리쳤습니다. "주님, 다윗의 자손이여, 저를 불쌍히 생각하시고 도와주세요! 제 딸이 귀신들려서 매우 고통받고 있습니다."

23 그러나 예수님께서는 그 여자에게 한 마디도 대답하지 않으셨습니다. 제자들이 예수님께 와서 청했습니다. "저 여자를 돌려보내십시오. 우리를 따라다니면서 소리지르고 있습니다."

24 예수님께서 대답하셨습니다. "나는 이스라엘 집의 잃어버린 양에게로만 보냄을 받았다."

25 그때, 그 여자가 예수님께 와서 절을 하고 간청했습니다. "주님, 도와 주십시오!"

26 예수님께서 대답하셨습니다. "자기 자식의 빵을 집어서, 개에게 던져 주는 것은 옳지 않다."

27 그 여자가 대답했습니다. "그렇습니다. 주님, 그러나 개라도 주인의 식탁에서 떨어진 음식 부스러기는 *먹습니다.*"

28 그러자 예수님께서 말씀하셨습니다. "여자야, 너의 믿음이 크구나! 네가 원하는 대로 될 것이다." 바로 그때, 그 여자의 딸이 나았습니다.

많은 환자들을 고치심

29 예수님께서는 그곳을 떠나 갈릴리 호숫가로 가셨

mouth that defiles you; you are defiled by the words that come out of your mouth."

12 • Then the disciples came to him and asked, "Do you realize you offended the Pharisees by what you just said?"

13 • Jesus replied, "Every plant not planted 14 by my heavenly Father will be uprooted, • so ignore them. They are blind guides leading the blind, and if one blind person guides another, they will both fall into a ditch."

15 • Then Peter said to Jesus, "Explain to us the parable that says people aren't defiled by what they eat."

16 • "Don't you understand yet?" Jesus asked.
17 • "Anything you eat passes through the
18 stomach and then goes into the sewer. • But the words you speak come from the heart—
19 that's what defiles you. • For from the heart come evil thoughts, murder, adultery, all sexual immorality, theft, lying, and slander.
20 • These are what defile you. Eating with unwashed hands will never defile you."

The Faith of a Gentile Woman

21 • Then Jesus left Galilee and went north to
22 the region of Tyre and Sidon. • A Gentile* woman who lived there came to him, pleading, "Have mercy on me, O Lord, Son of David! For my daughter is possessed by a demon that torments her severely."

23 • But Jesus gave her no reply, not even a word. Then his disciples urged him to send her away. "Tell her to go away," they said. "She is bothering us with all her begging."

24 • Then Jesus said to the woman, "I was sent only to help God's lost sheep—the people of Israel."

25 • But she came and worshiped him, pleading again, "Lord, help me!"

26 • Jesus responded, "It isn't right to take food from the children and throw it to the dogs."

27 • She replied, "That's true, Lord, but even dogs are allowed to eat the scraps that fall beneath their masters' table."

28 • "Dear woman," Jesus said to her, "your faith is great. Your request is granted." And her daughter was instantly healed.

Jesus Heals Many People

29 • Jesus returned to the Sea of Galilee and

---

ditch [dítʃ] *n.* 도랑
sewer [súːər] *n.* 배설 기관
torment [tɔːrmént] *vt.* 괴롭히다
uproot [ʌprúːt] *vt.* 뿌리째 뽑아내다

15:22 Greek *Canaanite.*

습니다. 그리고 산 위에 올라가서 앉으셨습니다.

30 그러자 많은 사람들이 예수님께 왔습니다. 다리를 저는 사람, 걷지 못하는 사람, 보지 못하는 사람, 말 못하는 사람, 그 밖에 많은 병자들을 데리고 왔습니다. 이들은 병자들을 예수님의 발 앞에 두었고, 예수님께서는 이들을 고쳐 주셨습니다.

31 사람들은 말하지 못하던 사람이 말을 하고, 지체 장애인이 성한 몸을 갖게 되고, 다리를 저는 사람이 다시 걷고, 보지 못하는 사람이 다시 보는 것을 보고 모두 놀랐습니다. 그리고 이스라엘의 하나님께 영광을 돌렸습니다.

사천 명이 넘는 사람들을 먹이심

32 예수님께서 제자들을 부르시고 말씀하셨습니다. "이 많은 사람들이 나와 함께 삼 일 동안이나 있었는데, 먹을 것이 없으니 불쌍하구나. 그들을 주린 채로 돌려보내고 싶지 않다. 저들이 길에서 쓰러질지도 모른다."

33 제자들이 예수님께 물었습니다. "여기는 빈 들인데, 이처럼 많은 사람들을 배불리 먹일 만한 빵을 어디서 구하겠습니까?"

34 예수님께서 물으셨습니다. "너희가 빵을 얼마나 가지고 있느냐?" 그들이 대답했습니다. "일곱 개입니다. 그리고 작은 생선 몇 마리가 있습니다."

35 예수님께서는 사람들에게 바닥에 앉으라고 지시하셨습니다.

36 일곱 개의 빵과 생선을 들고 감사 기도를 드린 후, 예수님께서는 이것을 나누어 제자들에게 주셨습니다. 제자들은 그것을 사람들에게 주었습니다.

37 모든 사람들이 먹고 배가 불렀습니다. 제자들이 남은 빵 조각을 거두어들이니, 일곱 개의 커다란 광주리에 가득 찼습니다.

38 먹은 사람들은 모두 사천 명이었습니다. 이는 여자와 어린아이를 계산하지 않은 수입니다.

39 예수님께서 사람들을 돌려보내시고, 배를 타고 마가단이라는 곳으로 가셨습니다.

사람들이 증거를 요구함

16 바리새파 사람들과 사두개파 사람들이 예수님께 왔습니다. 이들은 예수님을 떠보려고 하늘에서 오는 증거를 보여 달라고 하였습니다.

2 예수님께서 대답하셨습니다. "저녁 때에 너희는 '하늘이 붉으스레하니 내일은 맑겠구나'라고 말한다.

3 그리고 아침에 너희는 '하늘이 붉으스레하고, 어둑어둑하니 오늘은 날씨가 궂겠구나'라고 말한다. 하늘의 모습은 구별할 줄 알면서, 어찌 시대의 증거는 구별하지 못하느냐?

4 악하고 음란한 세대가 증거를 요구한다. 그러나

---

30 climbed a hill and sat down. • A vast crowd brought to him people who were lame, blind, crippled, those who couldn't speak, and many others. They laid them before 31 Jesus, and he healed them all. • The crowd was amazed! Those who hadn't been able to speak were talking, the crippled were made well, the lame were walking, and the blind could see again! And they praised the God of Israel.

Jesus Feeds Four Thousand

32 • Then Jesus called his disciples and told them, "I feel sorry for these people. They have been here with me for three days, and they have nothing left to eat. I don't want to send them away hungry, or they will faint along the way."

33 • The disciples replied, "Where would we get enough food here in the wilderness for such a huge crowd?"

34 • Jesus asked, "How much bread do you have?"

They replied, "Seven loaves, and a few small fish."

35 • So Jesus told all the people to sit down 36 on the ground. • Then he took the seven loaves and the fish, thanked God for them, and broke them into pieces. He gave them to the disciples, who distributed the food to the crowd.

37 • They all ate as much as they wanted. Afterward, the disciples picked up seven 38 large baskets of leftover food. • There were 4,000 men who were fed that day, in addi-39 tion to all the women and children. • Then Jesus sent the people home, and he got into a boat and crossed over to the region of Magadan.

Leaders Demand a Miraculous Sign

16 One day the Pharisees and Sadducees came to test Jesus, demanding that he show them a miraculous sign from heaven to prove his authority.

2 • He replied, "You know the saying, 'Red sky at night means fair weather tomorrow; 3 • red sky in the morning means foul weather all day.' You know how to interpret the weather signs in the sky, but you don't know how to interpret the signs of the 4 times!* • Only an evil, adulterous generation

---

adulterous [ədʌ́ltərəs] *a.* 음란한, 간통의
crippled [krípld] *a.* 절름발이의 (= lame)
foul [fául] *a.* (날씨가) 궂은, 험악한

16:2-3 Several manuscripts do not include any of the words in 16:2-3 after *He replied*.

나와 같은 증거 외에는 아무것도 받지 못할 것이다." 그리고 나서 예수님께서는 그들에게서 떠나셨습니다.

바리새파 사람과 사두개파 사람의 잘못된 가르침

5 제자들이 호수 건너편으로 왔는데, 빵을 가져오는 것을 잊었습니다.

6 예수님께서 제자들에게 말씀하셨습니다. "바리새파 사람과 사두개파 사람의 누룩을 조심하여라."

7 제자들은 서로 수군거렸습니다. "빵을 가져오지 않았어."

8 예수님께서 제자들이 말하는 것을 알아채시고, 말씀하셨습니다. "믿음이 적은 자들아, 어째서 빵이 없는 것을 두고 서로 수군대느냐?

9 아직도 깨닫지 못하느냐? 빵 다섯 개로 오천 명을 먹인 것을 기억하지 못하느냐? 그때, 남은 것을 몇 바구니에 거두어들였느냐?

10 그리고 빵 일곱 개로 사천 명을 먹인 것을 기억하지 못하느냐? 그때, 남은 조각을 몇 광주리*에 거두었느냐?

11 내가 빵에 대하여 말하는 것이 아님을 어째서 깨닫지 못하느냐? 바리새파 사람들과 사두개파 사람들의 누룩을 주의하여라."

12 그제서야 제자들은 빵의 누룩에 대해 말씀하시는 것이 아니라, 바리새파 사람들과 사두개파 사람들의 교훈을 주의하라는 말씀인 줄 깨달았습니다.

베드로의 고백

13 예수님께서 가이사랴 빌립보에 가셨습니다. 예수님께서 제자들에게 "사람들이 인자를 누구라고 하느냐?" 하고 물으셨습니다.

14 제자들이 대답했습니다. "어떤 사람들은 세례자 요한이라고도 하고, 또 어떤 사람들은 엘리야라고 합니다. 또 어떤 사람들은 예레미야나 예언자 가운데 한 사람이라고 합니다."

15 예수님께서 제자들에게 물으셨습니다. "그러면 너희는 나를 누구라고 하느냐?"

16 시몬 베드로가 대답했습니다. "주님은 그리스도시며, 살아 계신 하나님의 아들이십니다."

17 예수님께서 베드로에게 말씀하셨습니다. "요나의 아들 시몬*아 네가 복되다. 네 혈육이 이것을 네게 알려 준 것이 아니라, 하늘에 계신 내 아버지께서 알려 주신 것이다.

18 내가 네게 말한다. 너는 베드로다. 내가 이 돌 위에 내 교회를 지을 것이니, 지옥의 문이 이것을 이기지 못할 것이다.

19 내가 네게 하늘나라의 열쇠를 줄 것이다. 무엇이든

---

would demand a miraculous sign, but the only sign I will give them is the sign of the prophet Jonah.* Then Jesus left them and went away.

Yeast of the Pharisees and Sadducees

5 •Later, after they crossed to the other side of the lake, the disciples discovered they had
6 forgotten to bring any bread. • "Watch out!" Jesus warned them. "Beware of the yeast of the Pharisees and Sadducees."

7 •At this they began to argue with each other because they hadn't brought any
8 bread. •Jesus knew what they were saying, so he said, "You have so little faith! Why are you arguing with each other about having
9 no bread? •Don't you understand even yet? Don't you remember the 5,000 I fed with five loaves, and the baskets of leftovers you
10 picked up? •Or the 4,000 I fed with seven loaves, and the large baskets of leftovers you
11 picked up? •Why can't you understand that I'm not talking about bread? So again I say, 'Beware of the yeast of the Pharisees and Sadducees.'"

12 •Then at last they understood that he wasn't speaking about the yeast in bread, but about the deceptive teaching of the Pharisees and Sadducees.

Peter's Declaration about Jesus

13 •When Jesus came to the region of Caesarea Philippi, he asked his disciples, "Who do people say that the Son of Man is?"*

14 •"Well," they replied, "some say John the Baptist, some say Elijah, and others say Jeremiah or one of the other prophets."

15 •Then he asked them, "But who do you say I am?"

16 •Simon Peter answered, "You are the Messiah,* the Son of the living God."

17 •Jesus replied, "You are blessed, Simon son of John,* because my Father in heaven has revealed this to you. You did not learn
18 this from any human being. •Now I say to you that you are Peter (which means 'rock'),* and upon this rock I will build my church, and all the powers of hell* will not
19 conquer it. •And I will give you the keys of

16:4 Greek *the sign of Jonah.* 16:13 "Son of Man" is a title Jesus used for himself. 16:16 Or *the Christ. Messiah* (a Hebrew term) and *Christ* (a Greek term) both mean "anointed one." 16:17 Greek *Simon bar-Jonah;* see John 1:42; 21:15-17. 16:18a Greek *that you are Peter.* 16:18b Greek *and the gates of Hades.*

16:10 바구니
16:17 개역 성경에는 '바요나 시몬아' 라고 표기되어 있다.

지 네가 땅에서 잠그면 하늘에서도 잠겨 있을 것이요, 무엇이든지 네가 땅에서 열면 하늘에서도 열려 있을 것이다."

20 그리고 나서 예수님께서 제자들에게 자신이 그리스도라는 것을 아무에게도 말하지 말라고 엄히 일렀습니다.

예수님께서 자신의 죽음을 미리 말씀하심

21 그때부터, 예수님께서는 자신이 예루살렘에 반드시 가야만 하며, 거기서 장로들과 대제사장 그리고 율법학자들에게 고난을 받아 결국엔 죽임을 당하지만 삼 일째 되는 날에 다시 살아나실 것을 제자들에게 설명하기 시작하셨습니다.

22 그러자 베드로가 예수님을 붙들고 말렸습니다. "절대로 그럴 수는 없습니다, 주님! 이런 일이 결코 일어나지 않을 것입니다!"

23 예수님께서 돌아서며 베드로에게 말씀하셨습니다. "사탄아, 내 뒤로 썩 물러가라! 네가 나를 넘어지게 한다. 너는 하나님의 일을 생각지 않고, 오직 사람의 일만 생각하는구나."

십자가를 지고 따르라

24 그때, 예수님께서 제자들에게 말씀하셨습니다. "만일 누구든지 나를 따라오려면 자기를 부정하고, 자기 십자가를 지고, 나를 따르라.

25 누구든지 자기 목숨을 건지려고 하는 사람은 잃을 것이다. 그러나 누구든지 나를 위하여 자기 목숨을 잃는 사람은 얻을 것이다.

26 만일 어떤 사람이 온 세상을 얻고도 자기 영혼을 잃으면 무슨 소용이 있겠느냐? 사람이 무엇과 자기 영혼을 바꿀 수 있겠느냐?

27 인자는 아버지의 영광을 가지고 천사들과 함께 올 것이다. 그때는 사람의 행위대로 갚아 줄 것이다.

28 내가 너희에게 진정으로 말한다. 여기 서 있는 사람 가운데 몇몇은 인자가 자신의 나라에 오는 것을 볼 때까지 죽음을 맛보지 않을 사람도 있다."

영광스런 모습으로 변화되신 예수님

17 육 일 뒤에 예수님께서는 베드로와 야고보, 그리고 야고보의 동생 요한을 데리고 따로 높은 산에 올라가셨습니다.

2 그들 앞에서 예수님의 모습이 변화되었습니다. 예수님의 얼굴은 해같이 빛나고, 옷은 빛처럼 희게 되었습니다.

3 그때에 모세와 엘리야가 나타나 예수님과 함께 말씀을 나누었습니다.

4 베드로가 예수님께 말했습니다. "주님, 우리가 여기 있는 것이 좋습니다. 원하신다면 제가 여기에 천

the Kingdom of Heaven. Whatever you forbid* on earth will be forbidden in heaven, and whatever you permit* on earth will be permitted in heaven."

20 • Then he sternly warned the disciples not to tell anyone that he was the Messiah.

Jesus Predicts His Death

21 • From then on Jesus* began to tell his disciples plainly that it was necessary for him to go to Jerusalem, and that he would suffer many terrible things at the hands of the elders, the leading priests, and the teachers of religious law. He would be killed, but on the third day he would be raised from the dead.

22 • But Peter took him aside and began to reprimand him* for saying such things. "Heaven forbid, Lord," he said. "This will never happen to you!"

23 • Jesus turned to Peter and said, "Get away from me, Satan! You are a dangerous trap to me. You are seeing things merely from a human point of view, not from God's."

24 • Then Jesus said to his disciples, "If any of you wants to be my follower, you must give up your own way, take up your cross, and

25 follow me. • If you try to hang on to your life, you will lose it. But if you give up your

26 life for my sake, you will save it. • And what do you benefit if you gain the whole world but lose your own soul?* Is anything worth

27 more than your soul? • For the Son of Man will come with his angels in the glory of his Father and will judge all people according to

28 their deeds. • And I tell you the truth, some standing here right now will not die before they see the Son of Man coming in his Kingdom."

The Transfiguration

17 Six days later Jesus took Peter and the two brothers, James and John, and led

2 them up a high mountain to be alone. • As the men watched, Jesus' appearance was transformed so that his face shone like the sun, and his clothes became as white as

3 light. • Suddenly, Moses and Elijah appeared and began talking with Jesus.

4 • Peter exclaimed, "Lord, it's wonderful for us to be here! If you want, I'll make three shelters as memorials*—one for you, one for

reprimand [réprəmænd] *vt.* 질책하다
sternly [stə́ːrnli] *ad.* 엄하게

16:19a Or bind, or lock. 16:19b Or loose, or open. 16:21 Some manuscripts read Jesus the Messiah. 16:22 Or began to correct him. 16:26 Or your self? also in 16:26b. 17:4 Greek three tabernacles.

막 세 개를 세우겠습니다. 하나는 주님을 위해, 또 하나는 모세를 위해, 그리고 마지막 하나는 엘리야를 위해서 말입니다."

5 베드로가 말하는 동안에 갑자기 빛나는 구름이 그들 위를 덮고, 그 속에서 "이는 내가 사랑하며 기뻐하는 아들이다. 너희는 그의 말을 들어라!" 하는 소리가 들려왔습니다.

6 제자들이 그 소리를 듣고, 얼굴을 땅에 대고 엎드리며 무서워하였습니다.

7 예수님께서 그들에게 오셔서, 어루만지시며 말씀하셨습니다. "일어나라, 무서워하지 마라."

8 제자들이 눈을 들어 보니 아무도 보이지 않고, 예수님만 혼자 계셨습니다.

9 산 아래로 내려올 때에 예수님께서 제자들에게 당부하셨습니다. "인자가 죽음에서 다시 살아날 때까지, 너희가 본 것을 아무에게도 말하지 마라."

10 제자들이 예수님께 여쭈었습니다. "어째서 율법학자들은 그리스도가 오기 전에 엘리야가 먼저 와야 한다고 말하는 것입니까?"

11 예수님께서 대답하셨습니다. "엘리야가 와서 모든 것을 회복시킬 것이다.

12 그러나 내가 너희에게 말한다. 엘리야는 이미 왔다. 그런데 사람들은 그를 알아보지 못하고, 그에게 자기들 마음대로 하였다. 이처럼 인자도 그들로부터 고통을 받을 것이다."

13 그때서야, 제자들이 예수님께서 세례자 요한을 두고 말씀하셨다는 것을 깨달았습니다.

귀신들린 소년을 고치심

14 예수님과 제자들이 사람들에게 갔을 때, 어떤 사람이 예수님께 와서 무릎을 꿇고 절을 하며 말했습니다.

15 "주님, 제 아들에게 자비를 베풀어 주십시오. 이 아이가 간질에 걸려서 너무나 고생하고 있습니다. 이 아이는 가끔 불에도 뛰어들고, 물에도 뛰어듭니다.

16 제가 이 아이를 제자들에게 데리고 왔었는데, 고칠 수 없었습니다."

17 예수님께서 말씀하셨습니다. "아! 믿음이 없고, 뒤틀어진 세대여! 도대체 언제까지 내가 너희와 함께 있어야 하겠느냐? 언제까지 내가 너희를 참아야 하겠느냐? 그 아이를 내게 데리고 오너라."

18 예수님께서 귀신을 꾸짖으셨습니다. 그러자 귀신이 아이에게서 나가고, 그 아이는 즉시 나았습니다.

19 제자들이 예수님께 따로 와서 물었습니다. "어째서 우리는 귀신을 쫓아낼 수 없었습니까?"

20 예수님께서 대답해 주셨습니다. "너희 믿음이 적어서이다. 내가 너희에게 진정으로 말한다. 너희에게

Moses, and one for Elijah."

5 •But even as he spoke, a bright cloud overshadowed them, and a voice from the cloud said, "This is my dearly loved Son, who brings me great joy. Listen to him."

6 •The disciples were terrified and fell face down on the ground.

7 •Then Jesus came over and touched them. "Get up," he said. "Don't be afraid."

8 •And when they looked up, Moses and Elijah were gone, and they saw only Jesus.

9 •As they went back down the mountain, Jesus commanded them, "Don't tell anyone what you have seen until the Son of Man* has been raised from the dead."

10 •Then his disciples asked him, "Why do the teachers of religious law insist that Elijah must return before the Messiah comes?*"

11 •Jesus replied, "Elijah is indeed coming 12 first to get everything ready. •But I tell you, Elijah has already come, but he wasn't recognized, and they chose to abuse him. And in the same way they will also make the Son of 13 Man suffer." •Then the disciples realized he was talking about John the Baptist.

Jesus Heals a Demon-Possessed Boy

14 •At the foot of the mountain, a large crowd was waiting for them. A man came and 15 knelt before Jesus and said, "Lord, have mercy on my son. He has seizures and suffers terribly. He often falls into the fire or into 16 the water. •So I brought him to your disciples, but they couldn't heal him."

17 •Jesus said, "You faithless and corrupt people! How long must I be with you? How long must I put up with you? Bring the boy 18 here to me." •Then Jesus rebuked the demon in the boy, and it left him. From that moment the boy was well.

19 •Afterward the disciples asked Jesus privately, "Why couldn't we cast out that demon?"

20 •"You don't have enough faith," Jesus told them. "I tell you the truth, if you had faith even as small as a mustard seed, you could say to this mountain, 'Move from here to there,' and it would move. Nothing would be impossible.*"

abuse [əbjúːz] *vt.* 혹사하다, 모욕하다
rebuke [ribjúːk] *vt.* 책망하다, 꾸짖다
seizure [síːʒər] *n.* 발작

17:9 "Son of Man" is a title Jesus used for himself. 17:10 Greek *that Elijah must come first?* 17:20 Some manuscripts add verse 21, *But this kind of demon won't leave except by prayer and fasting.* Compare Mark 9:29.

겨자씨 한 알만한 믿음이 있으면, 이 산을 향하여 '여기서 저기로 옮겨져라' 말할 것이다. 그러면 산이 움직일 것이다. 너희가 못할 일이 아무것도 없을 것이다."

21 (없음)*

죽음에 대해서 다시 말씀하심

22 제자들이 갈릴리에 모여 있었을 때, 예수님께서 그들에게 말씀하셨습니다. "인자가 사람들의 손에 넘겨질 것이고,

23 사람들은 그를 죽일 것이다. 그러나 삼 일째 되는 날에 다시 살아날 것이다." 그러자 제자들은 몹시 슬퍼하였습니다.

성전세에 대하여

24 예수님과 제자들이 가버나움에 이르렀을 때, 성전세를 걷는 사람들이 베드로에게 와서 물었습니다. "당신네 선생님은 성전세를 내지 않습니까?"

25 베드로가 대답했습니다. "내십니다." 베드로가 집에 들어가자, 예수님께서 먼저 말씀을 꺼내셨습니다. "어떻게 생각하느냐? 시몬아, 이 세상의 왕들은 관세와 세금을 누구에게서 받느냐? 왕의 자녀들한테서냐? 아니면 다른 사람들한테서냐?"

26 베드로가 대답했습니다. "다른 사람들에게서입니다." 예수님께서 베드로에게 말씀하셨습니다. "그러므로 왕의 자녀들은 세금을 낼 필요가 없다.

27 그러나 성전세 걷는 사람들을 자극해서는 안 되겠다. 그러니 호수에 가서 낚시를 던져라. 그리고 첫 번째 낚은 물고기의 입을 벌려 보아라. 은돈 한 개가 있을 것이다. 그것을 가져다가 성전세 걷는 사람에게 나와 네 몫으로 주어라."

가장 높은 사람

18 그때, 제자들이 와서 예수님께 물었습니다. "하늘나라에서는 누가 가장 높은 사람입니까?"

2 예수님께서 한 어린아이를 부르시더니 제자들 앞에 세워 놓으셨습니다.

3 그리고 말씀하셨습니다. "내가 너희에게 진정으로 말한다. 너희가 돌이켜 어린아이처럼 되지 않으면, 하늘나라에 들어갈 수 없다.

4 이 어린아이처럼 자신을 낮추는 사람이 하늘나라에서 가장 높은 사람이다.

5 누구든지 내 이름으로, 이와 같은 어린아이를 환영하는 사람은 나를 환영하는 것이니라."

죄의 유혹

6 "누구든지 나를 믿는 이런 어린아이 한 명이라도 죄를 짓게 하는 사람은 차라리 자기 목에 연자 맷돌을 매고, 깊은 바다에 빠지는 것이 더 나을 것이다.

Jesus Again Predicts His Death

22 ●After they gathered again in Galilee, Jesus told them, "The Son of Man is going to be
23 betrayed into the hands of his enemies. ●He will be killed, but on the third day he will be raised from the dead." And the disciples were filled with grief.

Payment of the Temple Tax

24 ●On their arrival in Capernaum, the collectors of the Temple tax* came to Peter and asked him, "Doesn't your teacher pay the Temple tax?"
25 ●"Yes, he does," Peter replied. Then he went into the house.

But before he had a chance to speak, Jesus asked him, "What do you think, Peter?* Do kings tax their own people or the people they have conquered?*"
26 ●"They tax the people they have conquered," Peter replied.

"Well, then," Jesus said, "the citizens are
27 free! ●However, we don't want to offend them, so go down to the lake and throw in a line. Open the mouth of the first fish you catch, and you will find a large silver coin.* Take it and pay the tax for both of us."

The Greatest in the Kingdom

18 About that time the disciples came to Jesus and asked, "Who is greatest in the Kingdom of Heaven?"
2 ●Jesus called a little child to him and put
3 the child among them. ●Then he said, "I tell you the truth, unless you turn from your sins and become like little children, you will
4 never get into the Kingdom of Heaven. ●So anyone who becomes as humble as this little child is the greatest in the Kingdom of Heaven.
5 ●"And anyone who welcomes a little child like this on my behalf* is welcoming
6 me. ●But if you cause one of these little ones who trusts in me to fall into sin, it would be better for you to have a large millstone tied around your neck and be drowned in the depths of the sea.

---

drown [dráun] *vt.* 물에 빠져 죽게 하다
millstone [mílstoun] *n.* 맷돌
18:5 on one's behalf : ~를 대신하여

17:24 Greek the two-*drachma [tax]*; also in
17:24b. See Exod 30:13-16; Neh 10:32-33.
17:25a Greek *Simon?*　**17:25b** Greek *their sons or others?*　**17:27** Greek *a stater* [a Greek coin equivalent to four drachmas].　**18:5** Greek *in my name.*
17:21 어떤 사본에는 다음과 같은 구절이 있다. "기도와 금식이 아니면 이런 귀신은 나가지 않는다."

7 사람들을 넘어지게 하는 방해물 때문에 이 세상에 화가 미친다. 방해물이 없을 수는 없다. 그러나 사람들을 걸려 넘어지게 하는 방해물과 같은 사람에게는 화가 있다.

8 만일 너희의 손이나 발이 너를 넘어지게 하거든, 잘라서 던져 버려라. 장애인으로 영원한 생명에 들어가는 것이, 두 손과 두 발을 가지고 영원한 불에 던져지는 것보다 훨씬 낫다.

9 만일 너희의 눈이 죄짓게 하거든 뽑아서 던져 버려라. 한 눈만 가지고 영원한 생명에 들어가는 것이, 두 눈을 가지고 지옥 불에 던져지는 것보다는 훨씬 낫다."

잃어버린 양

10 "이 어린아이 한 명이라도 업신여기지 마라. 내가 너희에게 말한다. 그들의 천사들이 하늘에 계신 내 아버지의 얼굴을 항상 뵙고 있다.

11 (없음)*

12 너희는 어떻게 생각하느냐? 만일 어떤 사람에게 백 마리의 양이 있는데 그 중에서 한 마리가 길을 잃었다면, 산에 아흔아홉 마리의 양을 남겨 두고 길 잃은 그 양을 찾으러 가지 않겠느냐?

13 내가 진정으로 말한다. 만일 양을 찾게 되면, 길을 잃지 않은 아흔아홉 마리의 양보다 그 양 한 마리 때문에 더욱 기뻐할 것이다.

14 마찬가지로 이 어린아이 중 하나라도 잃어버리는 것은, 하늘에 계신 너희 아버지의 뜻이 아니다."

죄를 지은 사람에 대하여

15 "만일 네 형제가 네게 죄를 짓거든, 가서 단 둘이 있을 때에 잘못을 지적하여라. 만일 그가 네 말을 들으면, 네 형제를 얻은 것이다.

16 그러나 만일 네 말을 듣지 않으면, 한두 사람을 데리고 다시 가거라. 그래서 네가 하는 모든 말에 두세 사람의 증인을 대라.

17 만일 그들의 말도 들으려고 하지 않으면, 교회에 말하여라. 만일 교회의 말도 듣지 않으려고 하면, 이방 사람이나 세리처럼 여겨라.

18 내가 너희에게 진정으로 말한다. 너희가 이 세상에서 묶은 것은, 하늘에서도 묶여 있을 것이다. 이 세상에서 너희가 푼 것은, 하늘에서도 풀려 있을 것이다.

19 다시 너희에게 진정으로 말한다. 너희 가운데 두 사람이 이 세상에서 마음을 같이하여 무엇을 구하면, 하늘에 계신 내 아버지께서 이루어 주실 것이다.

20 두세 사람이 나의 이름으로 모인 곳에는 나도 그들 가운데 있을 것이다."

7 • "What sorrow awaits the world, because it tempts people to sin. Temptations are inevitable, but what sorrow awaits the person who does the tempting. • So if your 8 hand or foot causes you to sin, cut it off and throw it away. It's better to enter eternal life with only one hand or one foot than to be thrown into eternal fire with both of your hands and feet. • And if your eye causes you 9 to sin, gouge it out and throw it away. It's better to enter eternal life with only one eye than to have two eyes and be thrown into the fire of hell.*

10 • "Beware that you don't look down on any of these little ones. For I tell you that in heaven their angels are always in the presence of my heavenly Father.*

Parable of the Lost Sheep

12 • "If a man has a hundred sheep and one of them wanders away, what will he do? Won't he leave the ninety-nine others on the hills and go out to search for the one that is lost? • And if he finds it, I tell you the truth, 13 he will rejoice over it more than over the ninety-nine that didn't wander away! • In 14 the same way, it is not my heavenly Father's will that even one of these little ones should perish.

Correcting Another Believer

15 • "If another believer* sins against you,* go privately and point out the offense. If the other person listens and confesses it, you have won that person back. • But if you are 16 unsuccessful, take one or two others with you and go back again, so that everything you say may be confirmed by two or three witnesses. • If the person still refuses to listen, 17 take your case to the church. Then if he or she won't accept the church's decision, treat that person as a pagan or a corrupt tax collector.

18 • "I tell you the truth, whatever you forbid* on earth will be forbidden in heaven, and whatever you permit* on earth will be permitted in heaven.

19 • "I also tell you this: If two of you agree here on earth concerning anything you ask, my Father in heaven will do it for you. • For 20

18:9 Greek *the Gehenna of fire.*   18:10 Some manuscripts add verse 11, *And the Son of Man came to save those who are lost.* Compare Luke 19:10.   18:15a Greek *If your brother.*   18:15b Some manuscripts do not include *against you.* 18:18a Or *bind*, or *lock.*   18:18b Or *loose*, or *open.*
18:11 어떤 사본에는 다음과 같은 구절이 있다. "인자는 잃어버린 자를 구원하러 왔다."

용서받지 못하는 종

21 그때, 베드로가 예수님께 와서 물었습니다. "주님, 형제가 제게 죄를 지으면 몇 번이나 용서해 주어야 합니까? 일곱 번까지입니까?"

22 예수님께서 대답하셨습니다. "일곱 번까지가 아니라, 일곱 번씩 일흔 번까지라도 용서해 주어야 한다.

23 그러므로 하늘나라는 자기 종들과 셈을 가리려는 왕에 빗댈 수 있다.

24 왕이 셈을 시작할 때에 만 달란트를 빚진 종이 불려 왔다.

25 그 종은 왕에게 돈을 갚을 수가 없었다. 그래서 주인은 종에게 아내와 자녀들과 가진 것을 다 팔아 빚을 갚으라고 명령했다.

26 종은 주인의 무릎 아래 엎드려 빌었다. '기다려 주십시오. 제가 모든 것을 갚겠습니다.'

27 주인은 그 종을 불쌍히 여기고, 풀어 주며 빚을 없던 것으로 해 주었다.

28 그런데 그 종이 나가서 자기에게 백 데나리온을 빚진 동료를 만났다. 그는 동료의 멱살을 잡고 말했다. '나에게 빌린 돈을 어서 갚아라!'

29 동료는 그 종의 무릎 아래 엎드려 빌었다. '기다려 주게. 내가 모든 것을 갚겠네.'

30 그러나 그 종은 들어주지 않았다. 가서 동료를 감옥에 넣고, 자기에게 빚진 것을 다 갚을 때까지 갇혀 있게 하였다.

31 다른 동료들이 이 광경을 보고 매우 딱하게 여겨, 주인에게 가서 일어난 일을 자세히 말씀드렸다.

32 그러자 주인이 그 종을 불러 말했다. '이 악한 종아! 네가 나에게 빌기에 내가 네 모든 빚을 없던 것으로 해 주었다.

33 내가 네게 자비를 베풀었던 것처럼, 너도 네 동료에게 자비를 베풀어야 하지 않느냐?'

34 그 주인은 매우 화가 나서 그 종을 감옥에 넣고, 자기에게 빚진 것을 다 갚을 때까지 감옥에 있게 하였다.

35 이와 같이 너희가 형제를 마음으로부터 용서하지 않는다면, 하늘에 계신 내 아버지께서도 너희에게 이같이 하실 것이다."

이혼에 대하여

19 이 말씀을 다 마치시고, 예수님은 갈릴리를 떠나 요단 강 건너편에 있는 유대 지방으로 가셨습니다.

2 많은 사람들이 예수님을 따라오자, 예수님께서는 그곳에서 그들을 치료해 주셨습니다.

---

where two or three gather together as my followers,* I am there among them."

Parable of the Unforgiving Debtor

21 •Then Peter came to him and asked, "Lord, how often should I forgive someone* who sins against me? Seven times?"

22 •"No, not seven times," Jesus replied, "but seventy times seven!*

23 •"Therefore, the Kingdom of Heaven can be compared to a king who decided to bring his accounts up to date with servants who had borrowed money from him. 24 •In the process, one of his debtors was brought in who owed him 25 millions of dollars.* •He couldn't pay, so his master ordered that he be sold—along with his wife, his children, and everything he owned—to pay the debt.

26 •"But the man fell down before his master and begged him, 'Please, be patient with me, 27 and I will pay it all.' •Then his master was filled with pity for him, and he released him and forgave his debt.

28 •"But when the man left the king, he went to a fellow servant who owed him a few thousand dollars.* He grabbed him by the throat and demanded instant payment.

29 •"His fellow servant fell down before him and begged for a little more time. 'Be patient 30 with me, and I will pay it,' he pleaded. •But his creditor wouldn't wait. He had the man arrested and put in prison until the debt could be paid in full.

31 •"When some of the other servants saw this, they were very upset. They went to the king and told him everything that had happened. 32 •Then the king called in the man he had forgiven and said, 'You evil servant! I forgave you that tremendous debt because you pleaded with 33 me. •Shouldn't you have mercy on your fellow 34 servant, just as I had mercy on you?' •Then the angry king sent the man to prison to be tortured until he had paid his entire debt.

35 •"That's what my heavenly Father will do to you if you refuse to forgive your brothers and sisters* from your heart."

Discussion about Divorce and Marriage

19 When Jesus had finished saying these things, he left Galilee and went down to the region of Judea east of the Jordan River. 2 •Large crowds followed him there, and he

---

18:20 Greek *gather together in my name.* 18:21 Greek *my brother.* 18:22 Or *seventy-seven times.* 18:24 Greek *10,000 talents* [375 tons or 340 metric tons of silver]. 18:28 Greek *100 denarii.* A denarius was equivalent to a laborer's full day's wage. 18:35 Greek *your brother.*

3 몇몇 바리새파 사람이 와서 예수님을 시험하려고 물었습니다. "무엇이든 이유만 있으면, 자기 아내와 이혼하는 것이 괜찮습니까?"

4 예수님께서 대답하셨습니다. "너희가 이 말씀을 읽지 못했느냐? 맨 처음 사람을 만드신 분이 남자와 여자로 지으셨다.'

5 그리고 이렇게 말씀하셨다. '그러므로 남자는 부모를 떠나 아내와 합할 것이다. 두 사람이 한 몸이 될 것이다.'

6 이처럼 두 사람은 이제 둘이 아니라 한 몸이다. 하나님께서 묶으신 것을 사람이 나누지 마라."

7 바리새파 사람들이 물었습니다. "그러면 왜 모세는 이혼 증서를 주고, 아내와 헤어지라고 명령하였습니까?"

8 예수님께서 대답하셨습니다. "모세가 아내와의 이혼을 허락한 것은, 너희 마음이 악하기 때문이다. 그러나 원래부터 그랬던 것은 아니다.

9 내가 너희에게 말한다. 부정을 저지르지 않았는데도 아내와 이혼하고, 다른 여자와 결혼하는 것은 간음죄를 짓는 것이다."

10 제자들이 예수님께 말했습니다. "만일 남편과 아내와의 관계가 이와 같다면, 차라리 결혼하지 않는 것이 낫겠습니다."

11 예수님께서 대답하셨습니다. "모든 사람이 이 말을 받아들일 수는 없다. 오직 하나님께서 허락하신 사람들만이 그렇게 할 수 있다.

12 어머니 배에서 나올 때부터 고자로 태어난 사람이 있고, 다른 사람에 의하여 고자가 된 사람도 있고, 하늘나라를 위해 스스로 고자가 된 사람도 있다. 이 말을 받아들일 수 있는 사람은 받으라."

어린이들을 반기심

13 그때, 사람들이 자기의 자녀들을 데리고 와서, 예수님께서 손을 얹고 기도해 주시기를 바랐습니다. 그러자 제자들이 이들을 꾸짖었습니다.

14 예수님께서 말씀하셨습니다. "어린아이들이 내게 오는 것을 막지 마라. 하늘나라는 이런 어린아이와 같은 사람들의 것이다."

15 예수님께서 어린아이들에게 손을 얹어 기도해 주시고, 그곳을 떠나셨습니다.

부자 청년의 질문

16 *어떤 사람이 예수님께 와서 물었습니다.* "선생님, 영원한 생명을 얻으려면 어떤 선한 일을 해야 합니까?"

17 예수님께서 대답하셨습니다. "왜 선한 것에 대하여 내게 묻느냐? 선하신 분은 오직 한 분뿐이다. 영원한 생명을 얻고 싶다면, 계명을 지켜라."

healed their sick.

3 •Some Pharisees came and tried to trap him with this question: "Should a man be allowed to divorce his wife for just any reason?"

4 •"Haven't you read the Scriptures?" Jesus replied. "They record that from the beginning 'God made them male and female.' *

5 •And he said, 'This explains why a man leaves his father and mother and is joined to his wife, and the two are united into one.' *

6 •Since they are no longer two but one, let no one split apart what God has joined together."

7 •"Then why did Moses say in the law that a man could give his wife a written notice of divorce and send her away?" * they asked.

8 •Jesus replied, "Moses permitted divorce only as a concession to your hard hearts, but it was not what God had originally intended. 9 •And I tell you this, whoever divorces his wife and marries someone else commits adultery—unless his wife has been unfaithful.*"

10 •Jesus' disciples then said to him, "If this is the case, it is better not to marry!"

11 •"Not everyone can accept this statement," Jesus said. "Only those whom God helps. 12 •Some are born as eunuchs, some have been made eunuchs by others, and some choose not to marry* for the sake of the Kingdom of Heaven. Let anyone accept this who can."

Jesus Blesses the Children

13 •One day some parents brought their children to Jesus so he could lay his hands on them and pray for them. But the disciples scolded the parents for bothering him.

14 •But Jesus said, "Let the children come to me. Don't stop them! For the Kingdom of Heaven belongs to those who are like these 15 children." •And he placed his hands on their heads and blessed them before he left.

The Rich Man

16 •Someone came to Jesus with this question: "Teacher,* what good deed must I do to have eternal life?"

17 •"Why ask me about what is good?" Jesus replied. "There is only One who is

---

19:4 Gen 1:27; 5:2.　19:5 Gen 2:24.　19:7 See Deut 24:1.　19:9 Some manuscripts add *And anyone who marries a divorced woman commits adultery.* Compare Matt 5:32.　19:12 Greek *and some make themselves eunuchs.*　19:16 Some manuscripts read *Good Teacher.*

18 그 사람이 물었습니다. "어떤 계명을 지켜야 합니까?" 예수님께서 대답하셨습니다. "살인하지 마라, 간음하지 마라, 도둑질하지 마라, 거짓 증언하지 마라.

19 네 부모를 공경하여라. 네 이웃을 네 자신처럼 사랑하여라."

20 그 청년이 말했습니다. "이 모든 것을 지금까지 다 지켜 왔습니다. 그 밖에 제게 부족한 것이 무엇입니까?"

21 예수님께서 대답하셨습니다. "만일 네가 완전해지길 원한다면, 가서 네가 가진 것을 다 팔아 가난한 사람에게 나누어 주어라. 그러면 하늘에서 보물을 얻게 될 것이다. 그런 후에 와서 나를 따르라!"

22 이 말씀을 들은 청년은 매우 슬퍼하며 떠나갔습니다. 왜냐하면 그가 가진 재산이 너무 많았기 때문입니다.

23 예수님께서 제자들에게 말씀하셨습니다. "내가 너희에게 진정으로 말한다. 부자가 하늘나라에 들어가는 것은 어렵다.

24 다시 너희에게 말한다. 부자가 하나님의 나라에 들어가는 것은 낙타가 바늘 구멍에 들어가는 것보다 더 어렵다."

25 제자들이 이 말씀을 듣고 매우 놀라서 물었습니다. "그러면 누가 구원을 받을 수 있습니까?"

26 예수님께서 그들을 보시며 말씀하셨습니다. "사람은 할 수 없지만, 하나님께서는 모든 것을 하실 수 있다."

27 베드로가 예수님께 말했습니다. "그렇다면 모든 것을 버리고 주님을 따른 저희에게는 무엇이 있겠습니까?"

28 예수님께서 그들에게 말씀하셨습니다. "내가 너희에게 진정으로 말한다. 나를 따라오는 너희들은, 인자가 영광의 보좌에 앉는 새 시대에, 열두 보좌에 앉아 이스라엘 열두 부족을 심판하게 될 것이다.

29 나를 위하여 집, 형제와 자매, 부모와 자식, 그리고 밭을 버리는 사람은 몇 배로 보상을 받을 것이며 영원한 생명을 얻을 것이다.

30 그러나 첫째가 꼴찌가 되고, 꼴찌가 첫째가 되는 사람이 많을 것이다."

포도밭 일꾼 이야기

20 "하늘나라는 자신의 포도밭에서 일할 일꾼을 찾으려고 아침 일찍 나간 주인과 같다.

2 그는 일꾼들에게 하루 품삯으로 한 데나리온을 주기로 하고, 그 일꾼들을 포도밭으로 보냈다.

3 주인이 오전 9시쯤에 다시 시장에 나갔다가 거기

good. But to answer your question—if you want to receive eternal life, keep* the commandments."

18 • "Which ones?" the man asked.

And Jesus replied: " 'You must not murder. You must not commit adultery. You must not steal.

19 You must not testify falsely. •Honor your father and mother. Love your neighbor as yourself.' *"

20 • "I've obeyed all these commandments," the young man replied. "What else must I do?"

21 •Jesus told him, "If you want to be perfect, go and sell all your possessions and give the money to the poor, and you will have treasure in heaven. Then come, follow me."

22 •But when the young man heard this, he went away sad, for he had many possessions.

23 •Then Jesus said to his disciples, "I tell you the truth, it is very hard for a rich person to

24 enter the Kingdom of Heaven. •I'll say it again—it is easier for a camel to go through the eye of a needle than for a rich person to enter the Kingdom of God!"

25 •The disciples were astounded. "Then who in the world can be saved?" they asked.

26 •Jesus looked at them intently and said, "Humanly speaking, it is impossible. But with God everything is possible."

27 •Then Peter said to him, "We've given up everything to follow you. What will we get?"

28 •Jesus replied, "I assure you that when the world is made new* and the Son of Man* sits upon his glorious throne, you who have been my followers will also sit on twelve thrones,

29 judging the twelve tribes of Israel. •And everyone who has given up houses or brothers or sisters or father or mother or children or property, for my sake, will receive a hundred times as much in return and will inherit eternal life.

30 •But many who are the greatest now will be least important then, and those who seem least important now will be the greatest then.*

Parable of the Vineyard Workers

20 "For the Kingdom of Heaven is like the landowner who went out early one

2 morning to hire workers for his vineyard. •He agreed to pay the normal daily wage* and sent them out to work.

3 • "At nine o'clock in the morning he was

19:17 Some manuscripts read *continue to keep.* 19:18-19 Exod 20:12-16; Deut 5:16-20; Lev 19:18. 19:28a Or *in the regeneration.* 19:28b "Son of Man" is a title Jesus used for himself. 19:30 Greek *But many who are first will be last; and the last, first.* 20:2 Greek *a denarius,* the payment for a full day's labor; similarly in 20:9, 10, 13.

4 주인이 그 사람들에게 말했다. '당신들도 포도밭에 가서 일하시오, 적당한 품삯을 주겠소.' 그러자 그들은 포도밭으로 갔다.

5 이 사람이 다시 낮 12시와 오후 3시쯤에 나갔다. 그리고 똑같이 말했다.

6 또 오후 5시쯤에도 시장에 나가 또 다른 사람들이 거리에 서 있는 것을 보고 물었다. '왜 당신들은 하루 종일 빈둥거리며 서 있습니까?'

7 그들이 대답했다. '아무도 우리에게 일자리를 주지 않았습니다.' 주인이 그들에게 말했다. '당신들도 나의 포도밭에 가시오.'

8 저녁이 되자, 포도밭 주인이 관리인에게 말했다. '일꾼들을 불러 마지막에 온 사람부터 맨 처음에 왔던 사람까지 품삯을 주어라.'

9 오후 5시에 고용된 일꾼들이 와서, 각각 한 데나리온씩을 받았다.

10 이제 맨 처음에 고용되었던 일꾼들이 왔다. 그들은 더 많은 품삯을 받게 될 것이라고 기대했지만, 그들도 한 데나리온씩을 받았다.

11 그러자 그들은 포도밭 주인에게 불평을 하였다.

12 '저 사람들은 겨우 한 시간밖에 일하지 않았는데, 하루 종일 뙤약볕 아래서 수고한 우리들과 똑같이 취급하는군요.'

13 그러자 포도밭 주인이 말했다. '친구여, 나는 당신에게 잘못한 것이 없소. 당신들은 한 데나리온을 받기로 나와 약속하지 않았소?

14 당신 것이나 가지고 돌아가시오, 나는 나중 사람에게도 당신과 똑같이 주고 싶소.

15 내 것을 가지고 내 뜻대로 하는 것이 무슨 잘못이오? 내가 자비로운 사람이라서 당신의 눈에 거슬리오?'

16 그러므로 꼴찌가 첫째가 되고, 첫째가 꼴찌가 될 것이다."

예수님의 죽음에 대해서

17 예수님께서 예루살렘으로 가실 때, 열두 명의 제자만 따로 데리고 가셨습니다. 가시는 도중에 예수님께서 제자들에게 말씀하셨습니다.

18 "보아라. 우리가 예루살렘으로 간다. 인자가 대제사장들과 율법학자들에게 넘겨질 것이고, 그들은 인자에게 사형죄를 씌울 것이다.

19 그들은 인자를 이방 사람들에게 넘겨, 비웃고 채찍질하고 십자가에 매달아 죽게 할 것이다. 그러나 삼일째 되는 날에 인자가 다시 살아날 것이다."

야고보와 요한의 어머니의 부탁

20 그때, 세베대의 아들들을 데리고 그 어머니가 예수

passing through the marketplace and saw some people standing around doing nothing. ●So he hired them, telling them he would pay them whatever was right at the end of the day. ●So they went to work in the vineyard. At noon and again at three o'clock he did the same thing.

6 ● "At five o'clock that afternoon he was in town again and saw some more people standing around. He asked them, 'Why haven't you been working today?'

7 ● "They replied, 'Because no one hired us.'

"The landowner told them, 'Then go out and join the others in my vineyard.'

8 ● "That evening he told the foreman to call the workers in and pay them, beginning with the last workers first. ●When those hired at five o'clock were paid, each received a full day's wage. ●When those hired first came to get their pay, they assumed they would receive more. But they, too, were paid a day's wage. ●When they received their pay, they protested to the owner, ● 'Those people worked only one hour, and yet you've paid them just as much as you paid us who worked all day in the scorching heat.'

13 ● "He answered one of them, 'Friend, I haven't been unfair! Didn't you agree to work all day for the usual wage? ●Take your money and go. I wanted to pay this last worker the same as you. ●Is it against the law for me to do what I want with my money? Should you be jealous because I am kind to others?

16 ● "So those who are last now will be first then, and those who are first will be last."

Jesus Again Predicts His Death

17 ●As Jesus was going up to Jerusalem, he took the twelve disciples aside privately and told them what was going to happen to him.
18 ● "Listen," he said, "we're going up to Jerusalem, where the Son of Man* will be betrayed to the leading priests and the teachers of religious law. They will sentence him
19 to die. ●Then they will hand him over to the Romans* to be mocked, flogged with a whip, and crucified. But on the third day he will be raised from the dead."

Jesus Teaches about Serving Others

20 ●Then the mother of James and John, the

crucify [krú:səfai] *vt.* 십자가에 못박다
scorching [skɔ́:rtʃiŋ] *a.* 태울듯한, 몹시 더운

20:18 "Son of Man" is a title Jesus used for himself. 20:19 Greek *the Gentiles*.

님께 왔습니다. 그 여자는 예수님께 절하고, 간청하였습니다.

21 예수님께서 물으셨습니다. "무엇을 원하느냐?" 어머니가 예수님께 말했습니다. "주님의 나라에서 제 한 아들은 주님의 오른쪽에, 또 다른 한 명은 주님의 왼쪽에 앉으라고 말씀해 주십시오."

22 그러자 예수님께서 말씀하셨습니다. "너희가 무엇을 요구하는지 깨닫지 못하고 있다. 내가 마실 잔을 너희도 마실 수 있느냐?" 그들이 대답했습니다. "예, 마실 수 있습니다!"

23 예수님께서 그들에게 말씀하셨습니다. "내 잔을 너희가 마실 것이다. 그러나 내 오른쪽과 왼쪽에 누구를 앉힐 것인지 결정하는 것은 내가 할 일이 아니다. 그 자리는 내 아버지께서 미리 정하신 사람들의 것이다."

24 다른 열 명의 제자들이 이것을 듣고, 그 두 형제에게 분개하였습니다.

25 예수님께서 제자들을 모두 불러 말씀하셨습니다. "이방 사람의 통치자들은 다른 사람의 주인이 되려고 한다는 것을 너희가 안다. 그 고관들은 사람들에게 권력을 행사한다.

26 그러나 너희는 저희들과 같이 되어서는 안 된다. 누구든지 너희 중에서 높아지려면, 먼저 섬기는 자가 되어야 한다.

27 만일 누구든지 너희 가운데서 첫째가 되려면, 너희의 종이 되어야 한다.

28 인자는 섬김을 받으러 온 것이 아니라 섬기러 왔고, 자기 목숨을 많은 사람들을 위하여 주려고 왔다."

보지 못하는 두 사람을 고쳐 주심

29 예수님과 제자들이 여리고를 떠날 때, 많은 사람들이 예수님을 따라갔습니다.

30 보지 못하는 사람 두 명이 길가에 앉아 있다가, 예수님께서 지나가시는 소리를 듣고 외쳤습니다. "주님, 저희들을 불쌍히 여겨 주십시오! 다윗의 아들이시여!"

31 사람들이 그들을 꾸짖으며 조용히 하라고 했습니다. 그러나 이 사람들은 더욱 크게 소리질렀습니다. "주님, 저희들을 불쌍히 여겨 주십시오! 다윗의 자손이시여!"

32 예수님께서 가던 길을 멈추시더니 그 사람들을 불러 말씀하셨습니다. "내가 너희에게 무엇을 해 주길 원하느냐?"

33 그들이 대답했습니다. "주님, 눈을 뜨기를 원합니다."

34 예수님께서 그 보지 못하는 사람들을 불쌍히 여기시고, 그들의 눈을 만지셨습니다. 그 즉시 그들은

sons of Zebedee, came to Jesus with her sons.
21 She knelt respectfully to ask a favor. • "What is your request?" he asked.

She replied, "In your Kingdom, please let my two sons sit in places of honor next to you, one on your right and the other on your left."
22 • But Jesus answered by saying to them, "You don't know what you are asking! Are you able to drink from the bitter cup of suffering I am about to drink?"

"Oh yes," they replied, "we are able!"
23 • Jesus told them, "You will indeed drink from my bitter cup. But I have no right to say who will sit on my right or my left. My Father has prepared those places for the ones he has chosen."
24 • When the ten other disciples heard what James and John had asked, they were
25 indignant. • But Jesus called them together and said, "You know that the rulers in this world lord it over their people, and officials flaunt their authority over those under
26 them. • But among you it will be different. Whoever wants to be a leader among you
27 must be your servant, • and whoever wants to be first among you must become your
28 slave. • For even the Son of Man came not to be served but to serve others and to give his life as a ransom for many."

Jesus Heals Two Blind Men

29 • As Jesus and the disciples left the town of Jericho, a large crowd followed behind.
30 • Two blind men were sitting beside the road. When they heard that Jesus was coming that way, they began shouting, "Lord, Son of David, have mercy on us!"
31 • "Be quiet!" the crowd yelled at them.

But they only shouted louder, "Lord, Son of David, have mercy on us!"
32 • When Jesus heard them, he stopped and called, "What do you want me to do for you?"
33 • "Lord," they said, "we want to see!"
34 • Jesus felt sorry for them and touched their eyes. Instantly they could see! Then they followed him.

---

bitter [bítər] *a.* 쓴, 고통스러운
flaunt [flɔ́:nt] *vt.* 과시하다, (권력을) 휘두르다
indignant [indígnənt] *a.* 분개한, 성난
instantly [ínstəntli] *ad.* 즉시, 곧장
ransom [rǽnsəm] *n.* 대속물
respectfully [rispéktfəli] *ad.* 공손히, 정중하게
20:25 lord it over … : …에 군림하다
20:31 yell at … : …에게 호통치다
20:31 have mercy on … : …에게 자비를 베풀다
20:34 feel sorry for … : …을 불쌍히 여기다

시력을 회복하였습니다. 그리고 나서 그들은 예수님을 따랐습니다.

왕으로 예루살렘에 들어가심

21 예수님과 제자들이 예루살렘에 가까이 오시다가, 올리브 산 기슭에 있는 벳바게라는 곳에 이르렀습니다. 예수님께서는 거기서 두 명의 제자들을 마을로 보내셨습니다.

2 예수님께서 말씀하셨습니다. "너희는 맞은편 마을로 들어가거라. 그러면 당나귀 한 마리가 새끼와 함께 묶여 있는 것을 발견할 것이다. 그 당나귀를 풀어서 나에게 가져오너라.

3 만일 누가 너희에게 무슨 말을 하거든, '주님이 필요하시답니다' 라고 하여라. 그러면 즉시 내어 줄 것이다."

4 이것은 예언자가 말한 것을 이루려고 하신 것이었습니다.

5 "시온의 딸에게 말하여라. '보아라. 네 왕이 네게로 오신다. 그는 겸손하여 당나귀를 탔는데, 어린 당나귀, 곧 나귀 새끼를 타고 오신다.'"*

6 두 제자들이 가서 예수님께서 지시하신 그대로 했습니다.

7 그들은 당나귀와 그 새끼를 데리고 와서, 그 등에 자기들의 옷을 깔았습니다. 예수님께서는 그 위에 앉으셨습니다.

8 수많은 사람들이 자기 옷을 벗어 길에 깔았고, 나뭇가지를 잘라 똑같이 했습니다.

9 예수님의 앞뒤에서 따라가던 사람들이 소리쳤습니다. "다윗의 아들에게 호산나! 주님의 이름으로 오시는 분이 복되도다! 높은 곳에서 호산나!"*

10 예수님께서 예루살렘으로 들어가셨을 때, 온 도시는 흥분으로 가득 찼습니다. 사람들이 물었습니다. "이 사람이 누구냐?"

11 사람들이 대답했습니다. "이 사람은 갈릴리 나사렛 출신의 예수라는 예언자입니다."

성전을 깨끗게 하심

12 예수님께서 성전에 들어가셨습니다. 예수님께서는 성전에서 사고파는 사람들을 모두 내쫓으시며, 돈 바꾸어 주는 사람들의 책상과 비둘기 파는 사람들의 의자를 둘러엎으셨습니다.

13 그리고 사람들에게 말씀하셨습니다. "'내 집은 기도하는 집이라 불릴 것이다'*라고 성경에 기록되어 있는데, 너희는 오히려 '강도들의 소굴'*로 바꾸어 버렸다."

14 성전에서 보지 못하는 사람들과 다리를 저는 사람들이 예수님께 오자, 예수님께서는 그들을 고

Jesus' Triumphant Entry

21 As Jesus and the disciples approached Jerusalem, they came to the town of Bethphage on the Mount of Olives. Jesus sent 2 two of them on ahead. •"Go into the village over there," he said. "As soon as you enter it, you will see a donkey tied there, with its colt beside 3 it. Untie them and bring them to me. •If anyone asks what you are doing, just say, 'The Lord needs them,' and he will immediately let you take them."

4 •This took place to fulfill the prophecy that said,

5 • "Tell the people of Jerusalem,*
  'Look, your King is coming to you.
  He is humble, riding on a donkey—
  riding on a donkey's colt.' "*

6 •The two disciples did as Jesus commanded.
7 •They brought the donkey and the colt to him and threw their garments over the colt, and he sat on it.*

8 •Most of the crowd spread their garments on the road ahead of him, and others cut branches from the trees and spread them on the road.
9 •Jesus was in the center of the procession, and the people all around him were shouting,

  "Praise God* for the Son of David!
  Blessings on the one who comes in the
  name of the LORD!
  Praise God in highest heaven!"*

10 •The entire city of Jerusalem was in an uproar as he entered. "Who is this?" they asked.
11 •And the crowds replied, "It's Jesus, the prophet from Nazareth in Galilee."

Jesus Clears the Temple

12 •Jesus entered the Temple and began to drive out all the people buying and selling animals for sacrifice. He knocked over the tables of the money changers and the chairs of those selling 13 doves. •He said to them, "The Scriptures declare, 'My Temple will be called a house of prayer,' but you have turned it into a den of thieves!"*

14 •The blind and the lame came to him in the

21:5a Greek *Tell the daughter of Zion.* Isa 62:11.
21:5b Zech 9:9. **21:7** Greek *over them, and he sat on them.* **21:9a** Greek *Hosanna,* an exclamation of praise that literally means "save now"; also in 21:9b, 15. **21:9b** Ps 118:25-26; 148:1. **21:13** Isa 56:7; Jer 7:11.

21:5 슥 9:9에 기록되어 있다.
21:9 시 118:26과 148:1에 기록되어 있다.
21:13 사 56:7에 기록되어 있고, 렘 7:11에 기록되어 있다.

처 주셨습니다.

15 대제사장들과 율법학자들이, 예수님께서 하신 여러 가지 놀라운 일들과 "다윗의 자손에게 호산나!"라고 외치는 아이들을 보았습니다. 그들은 매우 화가 났습니다.

16 그래서 예수님께 말했습니다. "이 어린이들이 말하는 것이 들립니까?" 예수님께서 대답하셨습니다. "그렇다. 너희는 성경에서 읽지 못하였느냐? '어린이와 젖먹이들의 입으로 찬양을 준비하셨다.'"

17 예수님께서 그곳을 떠나 베다니라는 마을로 가셔서, 거기서 밤을 보내셨습니다.

말라 버린 무화과나무

18 아침이 되어, 예수님께서 예루살렘으로 돌아오실 때, 몹시 시장하셨습니다.

19 마침 길 옆에 있는 무화과나무 한 그루를 보시고, 나무 곁으로 다가가셨습니다. 그러나 그 나무에는 잎사귀만 있을 뿐 열매는 보이지 않았습니다. 예수님께서 그 나무를 향해 말씀하셨습니다. "다시는 네가 열매를 맺지 못할 것이다!" 그러자 즉시 나무가 말라 버렸습니다.

20 이것을 본 제자들이 놀라서 물었습니다. "어떻게 무화과나무가 그렇게 빨리 말라 버렸습니까?"

21 예수님께서 제자들에게 대답하셨습니다. "내가 너희에게 진정으로 말한다. 너희가 만일 의심하지 않고 믿기만 한다면, 내가 이 나무에게 한 것을 너희도 할 수 있다. 그뿐 아니라 이 산더러 '산아, 들려서 바다에 떨어져라' 하고 말하면, 이것 역시 그대로 될 것이다.

22 너희가 믿고 기도로 구하는 것은 모두 받을 것이다."

예수님의 권한

23 예수님께서 성전에 오셔서 가르치실 때, 대제사장과 백성의 장로들이 와서 물었습니다. "당신은 무슨 권한으로 이런 일을 하는 것이오? 누가 당신에게 이런 권한을 주었소?"

24 예수님께서 이들에게 대답하셨습니다. "나도 너희들에게 한 가지를 묻겠다. 만일 나에게 대답하면, 내가 무슨 권한으로 이런 일을 하는지 말해 주겠다.

25 요한의 세례가 하늘로부터 온 것이냐? 아니면 사람에게서 온 것이냐?" 제사장들과 장로들이 서로 의논을 하였습니다. "만일 우리가 '하늘로부터 왔다'고 하면, '그러면 어째서 너희는 요한을 믿지 않았느냐?'라고 말할 것이고,

26 그렇다고 '사람에게서 왔다'고 하자니, 백성들이 두렵구나. 왜냐하면 모든 백성들이 그를 예언자라고 믿고 있기 때문이다."

15 Temple, and he healed them. ●The leading priests and the teachers of religious law saw these wonderful miracles and heard even the children in the Temple shouting, "Praise God for the Son of David."

16 But the leaders were indignant. ●They asked Jesus, "Do you hear what these children are saying?"

"Yes," Jesus replied. "Haven't you ever read the Scriptures? For they say, 'You have taught children and infants to give you 17 praise.' *" ●Then he returned to Bethany, where he stayed overnight.

Jesus Curses the Fig Tree

18 ●In the morning, as Jesus was returning to 19 Jerusalem, he was hungry, ●and he noticed a fig tree beside the road. He went over to see if there were any figs, but there were only leaves. Then he said to it, "May you never bear fruit again!" And immediately the fig tree withered up.

20 ●The disciples were amazed when they saw this and asked, "How did the fig tree wither so quickly?"

21 ●Then Jesus told them, "I tell you the truth, if you have faith and don't doubt, you can do things like this and much more. You can even say to this mountain, 'May you be lifted up and thrown into the sea,' and it 22 will happen. ●You can pray for anything, and if you have faith, you will receive it."

The Authority of Jesus Challenged

23 ●When Jesus returned to the Temple and began teaching, the leading priests and elders came up to him. They demanded, "By what authority are you doing all these things? Who gave you the right?"

24 ●"I'll tell you by what authority I do these things if you answer one question," Jesus 25 replied. ●"Did John's authority to baptize come from heaven, or was it merely human?"

They talked it over among themselves. "If we say it was from heaven, he will ask us 26 why we didn't believe John. ●But if we say it was merely human, we'll be mobbed because the people believe John was a

---

colt [koult] *n.* (수컷) 새끼
mob [mɑb] *vt.* 떼를 지어 습격하다
procession [prəséʃən] *n.* 행진, 행렬
triumphant [traiʌ́mfənt] *a.* 의기양양한
uproar [ʌ́prɔːr] *n.* 대소동
21:1 on ahead : 먼저
21:12 drive out : 추방하다, 배격하다

21:16 Ps 8:2 (Greek version).

27 그래서 그들은 예수님께 대답했습니다. "우리는 알지 못하오." 그러자 예수님께서 말씀하셨습니다. "그러면 나도 너희에게 내가 어떤 권한으로 이런 일들을 하는지 말하지 않겠다!"

아버지의 뜻대로 한 아들

28 "너희는 어떻게 생각하느냐? 어떤 사람에게 두 아들이 있었다. 그가 첫째 아들에게 가서 말했다. '아들아, 오늘은 포도밭에 가서 일해라.'

29 그 아들은 '싫습니다' 라고 대답했다. 그러나 나중에 마음을 바꾸고 포도밭으로 갔다.*

30 이번에는 둘째 아들에게 가서 아까와 똑같이 말했다. 둘째 아들은 대답했다. '예, 그렇게 하겠습니다.' 그러나 실제로는 가지 않았다.*

31 두 아들 가운데서 누가 아버지의 뜻대로 행했느냐?" 그들이 대답했습니다. "첫째 아들입니다."* 예수님께서 그들에게 말씀하셨습니다. "내가 너희에게 진정으로 말한다. 세리와 창녀들이 너희보다 먼저 하나님의 나라에 들어갈 것이다.

32 요한이 올바른 길로 너희에게 왔으나, 너희는 그를 믿지 않았다. 그러나 세리와 창녀들은 그를 믿었다. 너희는 이것을 보고도 여전히 회개하지 않고, 그를 믿지 않았다."

포도밭 소작농의 비유

33 "다른 비유도 잘 들어 보아라. 어떤 밭 주인이 있었다. 그가 포도밭을 일구고, 담장을 두르고, 포도즙을 짤 구덩이를 파고, 망대를 세웠다. 그리고 포도밭을 농부들에게 빌려 주고 여행을 떠났다.

34 추수할 때가 다가오자, 주인은 농부들에게 종을 보내어 자기 몫의 수확을 받아 오게 했다.

35 그러나 농부들은 그 종들을 잡아서, 하나는 때리고, 하나는 죽이고, 또 하나는 돌로 쳐 죽였다.

36 그 주인은 처음보다 더 많은 종들을 그들에게 보냈다. 그러나 농부들은 그 종들에게 똑같은 짓을 했다.

37 결국 주인은 자기 아들을 농부들에게 보냈다. 그는 '농부들이 내 아들은 존중할 것이다' 라고 생각했다.

38 그러나 농부들은 아들을 보며 서로 말했다. '이 아들은 *상속자니, 이 사람을 죽이고 유산을 가로채자.'

39 농부들은 그 아들을 잡아, 포도밭 밖으로 끌고 가서 죽였다.

40 그렇다면 포도밭 주인이 왔을 때, 이 농부들을 어떻게 하겠느냐?"

27 prophet." ●So they finally replied, "We don't know."

And Jesus responded, "Then I won't tell you by what authority I do these things.

Parable of the Two Sons

28 ● "But what do you think about this? A man with two sons told the older boy, 'Son, go out

29 and work in the vineyard today.' ●The son answered, 'No, I won't go,' but later he changed

30 his mind and went anyway. ●Then the father told the other son, 'You go,' and he said, 'Yes, sir, I will.' But he didn't go.

31 ● "Which of the two obeyed his father?"

They replied, "The first."*

Then Jesus explained his meaning: "I tell you the truth, corrupt tax collectors and prostitutes will get into the Kingdom of God before you do.

32 ●For John the Baptist came and showed you the right way to live, but you didn't believe him, while tax collectors and prostitutes did. And even when you saw this happening, you refused to believe him and repent of your sins.

Parable of the Evil Farmers

33 ● "Now listen to another story. A certain landowner planted a vineyard, built a wall around it, dug a pit for pressing out the grape juice, and built a lookout tower. Then he leased the vineyard to tenant farmers and moved to

34 another country. ●At the time of the grape harvest, he sent his servants to collect his share of

35 the crop. ●But the farmers grabbed his servants,

36 beat one, killed one, and stoned another. ●So the landowner sent a larger group of his servants to collect for him, but the results were the same.

37 ● "Finally, the owner sent his son, thinking, 'Surely they will respect my son.'

38 ● "But when the tenant farmers saw his son coming, they said to one another, 'Here comes the heir to this estate. Come on, let's kill him

39 and get the estate for ourselves!' ●So they grabbed him, dragged him out of the vineyard, and murdered him.

40 ● "When the owner of the vineyard returns," Jesus asked, "what do you think he will do to

---

21:29-31 Other manuscripts read "The second." In still other manuscripts the first son says "Yes" but does nothing, the second son says "No" but then repents and goes, and the answer to Jesus' question is that the second son obeyed his father.

21:29 다른 고대 사본들에는 "그런데 그는 '예, 가겠습니다. 아버지.' 하고서는 가지 않았다"라고 표기되어 있다.

21:30 다른 고대 사본들에는 "아버지가 둘째 아들에게 가서 같은 말을 하였다. 둘째 아들은 '싫습니다 하고 말하였다. 그러나 그 뒤에 뉘우치고 일하러 갔다"라고 표기되어 있다.

21:31 다른 고대 사본들에는 "둘째 아들입니다"라고 표기되어 있다.

41 그들이 예수님께 대답했습니다. "그 못된 농부들을 죽일 것입니다. 그리고 그 포도밭은 제때에 수확한 것을 바칠 수 있는 다른 농부들에게 빌려 줄 것입니다."

42 예수님께서 그들에게 말씀하셨습니다. "성경에서 이 말씀을 읽지 못하였느냐? '건축자가 버린 돌이 모퉁이의 머릿돌이 되었다. 이것은 주님께서 하신 일이니, 우리 눈에 놀라운 일이다.' *

43 그러므로 내가 너희에게 말한다. 하나님께서는 하나님의 나라를 너희에게서 빼앗아 열매를 맺는 민족에게 주실 것이다.

44 이 돌 위에 떨어진 사람은 깨어질 것이며, 또한 이 돌이 사람 위에 떨어지면, 그는 산산조각이 날 것이다."

45 대제사장들과 바리새파 사람들은 예수님의 이 비유를 듣고, 자신들을 두고 하시는 말씀이란 것을 알았습니다.

46 그들은 예수님을 체포하고 싶었지만 사람들이 두려웠습니다. 왜냐하면 사람들은 예수님을 예언자로 생각하고 있었기 때문입니다.

결혼 잔치의 비유

22 예수님께서 사람들에게 다른 비유를 들어 말씀하셨습니다.

2 "하늘나라는 아들의 결혼 잔치를 마련한 왕에 빗댈 수 있다.

3 왕이 종들을 보내어 잔치에 초대한 사람들을 모셔 오게 하였다. 그러나 이들은 오려고 하지 않았다.

4 그러자 왕은 다시 다른 종들을 보내며 말했다. '초대받은 사람들에게 잔치가 준비되었다고 말해라. 소와 살진 송아지도 잡았고, 모든 것이 다 준비되었으니, 어서 결혼 잔치에 오라고 하여라.'

5 그러나 사람들은 종들의 말을 듣지 않고, 제 갈길로 갔다. 어떤 사람은 밭에 나갔고, 어떤 사람은 장사하러 갔다.

6 나머지 사람들은 종들을 잡아다가, 그들을 모욕하고 죽였다.

7 왕은 매우 화가 났다. 그는 군사를 보내어 살인자들을 죽였다. 그리고 온 도시를 불태워 버렸다.

8 그리고 자기 종들에게 말했다. '결혼 잔치가 준비되었으나, 초대받은 사람들은 자격이 없다.

9 너희는 큰길에 가서, 너희가 만나는 사람마다 결혼 잔치에 초대하여라.'

10 종들은 거리에 나가, 만나는 사람들이 좋은 사람이건 나쁜 사람이건 가리지 않고 불러들였다. 그래서 결혼 잔치 마당은 잔치 손님들로 가득 찼다.

11 왕이 그들을 보러 들어왔다가 결혼 잔치 예복을 입

those farmers?"

41 • The religious leaders replied, "He will put the wicked men to a horrible death and lease the vineyard to others who will give him his share of the crop after each harvest."

42 • Then Jesus asked them, "Didn't you ever read this in the Scriptures?

'The stone that the builders rejected
　has now become the cornerstone.
This is the LORD's doing,
　and it is wonderful to see.' *

43 • I tell you, the Kingdom of God will be taken away from you and given to a nation 44 that will produce the proper fruit. • Anyone who stumbles over that stone will be broken to pieces, and it will crush anyone it falls on."

45 • When the leading priests and Pharisees heard this parable, they realized he was telling the story against them—they were 46 the wicked farmers. • They wanted to arrest him, but they were afraid of the crowds, who considered Jesus to be a prophet.

Parable of the Great Feast

22 Jesus also told them other parables. He said, • "The Kingdom of Heaven can be illustrated by the story of a king who prepared a great wedding feast for his son. 3 • When the banquet was ready, he sent his servants to notify those who were invited. But they all refused to come! 4 • "So he sent other servants to tell them, 'The feast has been prepared. The bulls and fattened cattle have been killed, and everything is ready. Come to the banquet!' • But the guests he had invited ignored them and went their own way, one to his farm, another to his business. • Others seized his messengers and insulted them and killed them.

7 • "The king was furious, and he sent out his army to destroy the murderers and burn 8 their town. • And he said to his servants, 'The wedding feast is ready, and the guests I invited aren't worthy of the honor. • Now go out to the street corners and invite everyone you see.' • So the servants brought in everyone they could find, good and bad alike, and the banquet hall was filled with guests.

11 • "But when the king came in to meet the guests, he noticed a man who wasn't wear-

21:42 Ps 118:22-23.　21:44 This verse is not included in some early manuscripts. Compare Luke 20:18.

21:42 시 118:22-23에 기록되어 있다.

지 않은 사람을 보았다.

12 그 사람에게 왕이 말했다. '친구여, 결혼 잔치 예복을 입지 않고 어떻게 여기에 들어왔는가?' 그 사람은 아무 말도 하지 못했다.

13 왕이 종들에게 말했다. '이 사람의 손과 발을 묶어서 바깥 어두운 곳에 던져 버려라. 그곳에서 슬피 울고 고통스럽게 이를 갈 것이다.'

14 초대받은 사람은 많으나, 선택된 사람은 적다."

가이사에게 바치는 세금

15 그때, 바리새파 사람들이 가서, 예수님의 말씀을 트집잡아 예수님을 함정에 빠뜨리려고 공모했습니다.

16 그들은 자기들의 제자들을 헤롯 당원들과 함께 예수님께 보냈습니다. 이들이 말했습니다. "선생님, 우리는 선생님이 진실한 분이며, 하나님의 길을 올바르게 가르치시며, 사람의 얼굴을 보지* 않으시므로 아무에게도 치우치지 않으신다고 생각합니다.

17 선생님이 생각하시는 것을 우리에게 말씀해 주십시오. 가이사에게 세금을 바치는 것이 옳습니까? 옳지 않습니까?"

18 예수님께서는 이 사람들의 악한 생각을 아셨습니다. 그래서 말씀하셨습니다. "너희 위선자들아! 왜 나를 시험하느냐?

19 세금으로 내는 돈을 내게 보여라." 사람들이 은돈 한 데나리온을 예수님께 보여 드렸습니다.

20 예수님께서 물으셨습니다. "이것은 누구의 얼굴이고, 누구라고 쓰여 있느냐?"

21 사람들이 대답했습니다. "가이사의 것입니다." 그러자 예수님께서 그들에게 말씀하셨습니다. "가이사의 것은 가이사에게 주어라. 그리고 하나님의 것은 하나님께 바쳐라."

22 사람들이 예수님의 말씀을 듣고 놀랐습니다. 그리고 예수님께로부터 떠나갔습니다.

부활에 대하여

23 같은 날, 부활이 없다고 말하는 사두개파 사람 몇 명이 예수님께 나아와 질문했습니다.

24 "선생님, 모세는 '남자가 아들이 없이 죽으면, 그 동생이 형수와 결혼해서 형을 대신하여 아들을 낳아 주어야 한다'라고 했습니다.

25 우리 가운데 일곱 형제가 있었습니다. 첫째가 결혼했지만 아들을 낳지 못하고 죽어, 아내를 자기 동생에게 남겨 놓았습니다.

26 그런데 둘째도, 셋째도, 그리고 일곱째까지 첫째와 똑같이 되었습니다.

27 결국엔 그 여자도 죽었습니다.

28 일곱 형제 모두가 이 여자를 아내로 맞아들였으니,

---

ing the proper clothes for a wedding.

12 • Friend,' he asked, 'how is it that you are here without wedding clothes?' But the

13 man had no reply. • Then the king said to his aides, 'Bind his hands and feet and throw him into the outer darkness, where there will be weeping and gnashing of teeth.'

14 • "For many are called, but few are chosen."

Taxes for Caesar

15 • Then the Pharisees met together to plot how to trap Jesus into saying something for

16 which he could be arrested. • They sent some of their disciples, along with the supporters of Herod, to meet with him. "Teacher," they said, "we know how honest you are. You teach the way of God truthfully. You are impartial and don't play favorites.

17 • Now tell us what you think about this: Is it right to pay taxes to Caesar or not?"

18 • But Jesus knew their evil motives. "You hypocrites!" he said. "Why are you trying to

19 trap me? • Here, show me the coin used for the tax." When they handed him a Roman

20 coin,* • he asked, "Whose picture and title are stamped on it?"

21 • "Caesar's," they replied.

"Well, then," he said, "give to Caesar what belongs to Caesar, and give to God what belongs to God."

22 • His reply amazed them, and they went away.

Discussion about Resurrection

23 • That same day Jesus was approached by some Sadducees—religious leaders who say there is no resurrection from the dead. They

24 posed this question: • "Teacher, Moses said, 'If a man dies without children, his brother should marry the widow and have a child who will carry on the brother's name.' *

25 • Well, suppose there were seven brothers. The oldest one married and then died without children, so his brother married the

26 widow. • But the second brother also died, and the third brother married her. This con-

27 tinued with all seven of them. • Last of all,

28 the woman also died. • So tell us, whose wife will she be in the resurrection? For all seven were married to her."

---

aide [eid] *n.* (고관 등의) 측근자, 보좌관
resurrection [rezərékʃən] *n.* 부활
22:16 play favorites : 편파적이다, 편애하다

22:19 Greek *a denarius.*   22:24 Deut 25:5-6.

22:16 사람을 겉모습으로 판단하지

부활 때에 이 여자는 이 일곱 형제 중에 누구의 아내가 되겠습니까?"

29 예수님께서 이들에게 대답하셨습니다. "너희는 성경도 알지 못하고, 하나님의 능력도 알지 못하므로, 잘못 생각하고 있다.

30 부활할 때에는 누구도 장가가거나, 시집가지 않으며, 오직 사람들이 하늘에 있는 천사처럼 될 것이다.

31 죽은 자의 부활에 대해 말하자면, 하나님께서 이렇게 말씀하신 것을 읽어 보지 못했느냐?

32 '나는 아브라함의 하나님, 이삭의 하나님, 야곱의 하나님이다.' 하나님은 살아 있는 사람들의 하나님이시지, 죽은 사람들의 하나님이 아니시다."

33 사람들이 이 말씀을 듣고, 예수님의 가르침에 놀랐습니다.

가장 중요한 계명

34 예수님께서 사두개파 사람들의 말문을 막으셨다는 소식을, 바리새파 사람들이 듣고 함께 모였습니다.

35 그 가운데 율법의 전문가 한 사람이 예수님을 시험하려고 질문을 하였습니다.

36 "선생님, 율법에서 어느 것이 가장 중요합니까?"

37 예수님께서 그에게 대답하셨습니다. "'네 모든 마음과 모든 목숨과 모든 정성을 다해서, 네 하나님을 사랑하여라.'

38 이것이 가장 중요하고, 우선되는 계명이다.

39 두 번째 계명은 '네 이웃을 네 자신처럼 사랑하여라' 인데 이것도 첫째 계명과 똑같이 중요하다.

40 모든 율법과 예언자들의 말씀이 이 두 계명에서 나온 것이다."

그리스도와 다윗의 자손

41 바리새파 사람들이 함께 모여 있을 때, 예수님께서 그들에게 질문하셨습니다.

42 "너희는 그리스도에 대해서 어떻게 생각하느냐? 그가 누구의 자손이냐?" 바리새파 사람들이 대답했습니다. "다윗의 자손입니다."

43 그러자 예수님께서 그들에게 말씀하셨습니다. "그러면 다윗이 성령의 감동을 받아, 어찌 그리스도를 '주님' 이라고 불렀겠느냐? 그는,

44 '여호와께서 내 주님에게 말씀하셨습니다. 내가 네 원수를 네 발 아래 굴복시킬 때까지, 너는 내 오른쪽에 앉아 있어라' * 하고 말하였다.

45 다윗이 이처럼 그리스도를 '주님' 이라고 불렀는데, 어떻게 그리스도가 다윗의 자손이 되느냐?"

46 아무도 예수님께 한 마디도 대답하지 못했습니다. 그 이후로 아무도 예수님께 감히 질문을 하려고 하지 않았습니다.

29 • Jesus replied, "Your mistake is that you
30 don't know the Scriptures, and you don't know the power of God. • For when the dead rise, they will neither marry nor be given in marriage. In this respect they will be like the angels in heaven.

31 • "But now, as to whether there will be a resurrection of the dead—haven't you ever read about this in the Scriptures? Long after Abraham, Isaac, and Jacob had died, God
32 said,* • 'I am the God of Abraham, the God of Isaac, and the God of Jacob.' * So he is the God of the living, not the dead."
33 • When the crowds heard him, they were astounded at his teaching.

The Most Important Commandment

34 • But when the Pharisees heard that he had silenced the Sadducees with his reply, they
35 met together to question him again. • One of them, an expert in religious law, tried to
36 trap him with this question: • "Teacher, which is the most important commandment in the law of Moses?"

37 • Jesus replied, "'You must love the LORD your God with all your heart, all your soul,
38 and all your mind.' * • This is the first and
39 greatest commandment. • A second is equally important: 'Love your neighbor as your-
40 self.' * • The entire law and all the demands of the prophets are based on these two commandments."

Whose Son Is the Messiah?

41 • Then, surrounded by the Pharisees, Jesus
42 asked them a question: • "What do you think about the Messiah? Whose son is he?" They replied, "He is the son of David."

43 • Jesus responded, "Then why does David, speaking under the inspiration of the Spirit, call the Messiah 'my Lord'? For David said,

44 • 'The LORD said to my Lord,
Sit in the place of honor at my right hand
until I humble your enemies beneath
your feet.' *

45 • Since David called the Messiah 'my Lord,' how can the Messiah be his son?"
46 • No one could answer him. And after that, no one dared to ask him any more

commandment [kəmǽndmənt] *n.* 계명
22:33 be astounded at… : …에 몹시 놀라다

22:31 Greek *read about this? God said.* 22:32
Exod 3:6. 22:37 Deut 6:5. 22:39 Lev 19:18.
22:44 Ps 110:1.
22:44 시 110:1에 기록되어 있다.

율법학자와 바리새파 사람을 꾸짖으심

23 그때, 예수님께서 무리들과 제자들에게 말씀하셨습니다.

2 "율법학자들과 바리새파 사람들은 모세의 자리에 앉았다.

3 그러므로 너희는 그들이 말하는 것을 다 행하고 지켜라. 그러나 그들의 행동을 따라하지는 마라. 그들은 말만 하고 행하지는 않는다.

4 그들은 무거운 짐을 묶어 다른 사람들의 어깨에 올리지만 정작 자신들은 그 짐을 지기 위해 손가락 하나 움직이려고 하지 않는다.

5 그들은 다른 사람들에게 보이려고 모든 일을 한다. 그래서 말씀 상자*를 크게 만들고, 옷술을 길게 늘어뜨린다.

6 이들은 잔치에서 윗자리에 앉기를 좋아하고, 회당에서 높은 자리에 앉기를 좋아한다.

7 이들은 장터에서 인사받는 것을 좋아하고, 선생이라고 불리는 것을 좋아한다.

8 그러나 너희는 '선생'이라는 소리를 듣지 마라. 너희의 선생님은 오직 한 분이고, 너희 모두는 형제들이다.

9 그리고 세상에서 그 누구에게도 '아버지'라고 부르지 마라. 아버지는 오직 한 분인데, 하늘에 계시다.

10 너희는 '지도자' 소리를 듣지 마라. 너희의 지도자는 오직 한 분뿐인 그리스도시다.

11 너희 가운데 큰 자는, 너희의 종이 될 것이다.

12 누구든지 자신을 높이는 사람은 낮아질 것이고, 낮추는 사람은 높아질 것이다.

13 율법학자와 바리새파 위선자들이여, 너희에게 화가 있다! 너희는 사람들 앞에서 하늘나라의 문을 막는다. 너희가 들어가지 않으면서, 다른 사람들도 들어가지 못하게 막는다.

14 (없음)*

15 율법학자와 바리새파 위선자들이여, 너희에게 화가 있다! 너희는 개종자 하나를 만들려고 바다와 육지를 두루 다닌다. 그러다가 한 사람을 찾으면 너희보다 더한 지옥의 아들로 만든다.

16 앞 못 보는 인도자인 너희에게 화가 있다! 너희는 '만일 너희가 성전을 두고 맹세하면 아무래도 좋지만 성전에 있는 금을 두고 맹세하면 반드시 지켜야 한다'라는 말을 한다.

17 바보 같고 눈이 먼 너희들아! 어느 것이 더 중요하냐? 금이냐, 그 금을 거룩하게 만드는 성전이냐?

---

questions.

Jesus Criticizes the Religious Leaders

23 Then Jesus said to the crowds and to his disciples, 2 "The teachers of religious law and the Pharisees are the official interpreters of 3 the law of Moses.* So practice and obey whatever they tell you, but don't follow their example. 4 For they don't practice what they teach. They crush people with unbearable religious demands and never lift a finger to ease the burden.

5 "Everything they do is for show. On their arms they wear extra wide prayer boxes with Scripture verses inside, and they wear robes with 6 extra long tassels.* And they love to sit at the head table at banquets and in the seats of honor 7 in the synagogues. They love to receive respectful greetings as they walk in the marketplaces, and to be called 'Rabbi.' *

8 "Don't let anyone call you 'Rabbi,' for you have only one teacher, and all of you are equal as 9 brothers and sisters.* And don't address anyone here on earth as 'Father,' for only God in heaven 10 is your Father. And don't let anyone call you 'Teacher,' for you have only one teacher, the 11 Messiah. The greatest among you must be a servant. 12 But those who exalt themselves will be humbled, and those who humble themselves will be exalted.

13 "What sorrow awaits you teachers of religious law and you Pharisees. Hypocrites! For you shut the door of the Kingdom of Heaven in people's faces. You won't go in yourselves, and you don't let others enter either.*

15 "What sorrow awaits you teachers of religious law and you Pharisees. Hypocrites! For you cross land and sea to make one convert, and then you turn that person into twice the child of hell* as yourselves!

16 "Blind guides! What sorrow awaits you! For you say that it means nothing to swear 'by God's Temple,' but that it is binding to swear 'by the 17 gold in the Temple.' Blind fools! Which is more

---

23:2 Greek *and the Pharisees sit in the seat of Moses.* 23:5 Greek *They enlarge their phylacteries and lengthen their tassels.* 23:7 *Rabbi,* from Aramaic, means "master" or "teacher." 23:8 Greek *brothers.* 23:13 Some manuscripts add verse 14, *What sorrow awaits you teachers of religious law and you Pharisees. Hypocrites! You shamelessly cheat widows out of their property and then pretend to be pious by making long prayers in public. Because of this, you will be severely punished.* Compare Mark 12:40 and Luke 20:47. 23:15 Greek *of Gehenna;* also in 23:33.

23:5 개역 성경에는 '경문'이라고 표기되어 있다.
23:14 어떤 사본에는 다음과 같은 구절이 있다. "율법학자와 바리새 위선자들이여, 너희에게 화가 있다. 너희는 과부의 집을 삼키고, 거짓되게 길게 기도한다. 그러므로 너희가 더 큰 심판을 받을 것이다."

18 또한 너희는 이런 말도 한다. '만일 어떤 사람이 제단을 두고 맹세하면 아무래도 좋지만 제단 위에 있는 제물을 두고 맹세하면 반드시 지켜야 한다.'

19 너희 눈먼 사람들아! 어느 것이 더 중요하냐? 제물이냐, 제물을 거룩하게 하는 제단이냐?

20 제단을 두고 맹세하는 사람은 제단과 제단 위에 있는 모든 것을 두고 맹세하는 것이다.

21 성전을 두고 맹세하는 사람은 성전과 성전 안에 계신 분을 두고 맹세하는 것이다.

22 하늘을 두고 맹세하는 사람은 하나님의 보좌와 거기에 앉으신 분을 두고 맹세하는 것이다.

23 율법학자와 바리새파 위선자들이여, 너희에게 화가 있다! 너희는 박하와 회향과 뿌리채소의 십일조까지 드리면서, 정의, 자비, 믿음과 같은 율법의 더 중요한 부분은 무시한다. 십일조도 중요하지만, 더 중요한 일을 무시해서는 안 된다.

24 눈이 먼 너희여, 너희는 모기는 걸러 내어도 낙타는 삼켜 버린다!"

25 율법학자와 바리새파 위선자들이여, 너희에게 화가 있다! 너희가 잔과 접시의 겉을 깨끗하게 하지만 그 안에는 탐욕과 방종이 가득 차 있다.

26 너희 눈먼 바리새 사람들이여, 먼저 잔과 접시의 안을 깨끗하게 하여라. 그래야 겉도 깨끗해질 것이다.

27 율법학자와 바리새파 위선자들이여, 너희에게 화가 있다! 너희는 하얗게 칠한 무덤과 같다. 겉은 아름다워 보이지만 그 안은 시체들의 뼈와 온갖 더러운 것으로 가득 차 있다.

28 너희가 겉으로는 사람들에게 의롭게 보이지만, 속에는 위선과 악이 가득하다.

29 율법학자와 바리새파 위선자들이여, 너희에게 화가 있다! 너희는 예언자들의 무덤을 만들고, 의인의 묘비를 꾸미면서

30 '만일 우리가 우리 조상들이 살았던 때에 살았더라면, 우리는 예언자의 피를 흘리는 데 함께하지 않았을 것이다' 라고 말한다.

31 그러나 너희는 예언자들을 죽인 살인자들의 자손이라는 것을 스스로 나타내고 있구나.

32 그러므로 너희는 너희 조상들의 악한 일을 마저 채워라.

33 뱀들아, 너희 독사의 자식들아! 지옥의 심판을 너희가 어떻게 피할 수 있느냐?

34 그러므로 내가 너희에게 예언자와 지혜 있는 사람과 율법학자들을 보낸다. 너희는 이 사람들 가운데서 몇 명은 죽이고, 십자가에 못박고, 몇 명은

18 important—the gold or the Temple that makes the gold sacred? •And you say that to swear 'by the altar' is not binding, but to swear 'by the gifts on the altar' is binding.

19 •How blind! For which is more important—the gift on the altar or the altar that makes the

20 gift sacred? •When you swear 'by the altar,' you are swearing by it and by everything on it.

21 •And when you swear 'by the Temple,' you are swearing by it and by God, who lives in it.

22 •And when you swear 'by heaven,' you are swearing by the throne of God and by God, who sits on the throne.

23 •"What sorrow awaits you teachers of religious law and you Pharisees. Hypocrites! For you are careful to tithe even the tiniest income from your herb gardens,* but you ignore the more important aspects of the law—justice, mercy, and faith. You should tithe, yes, but do

24 not neglect the more important things. •Blind guides! You strain your water so you won't accidentally swallow a gnat, but you swallow a camel!*

25 •"What sorrow awaits you teachers of religious law and you Pharisees. Hypocrites! For you are so careful to clean the outside of the cup and the dish, but inside you are filthy—

26 full of greed and self-indulgence! •You blind Pharisee! First wash the inside of the cup and the dish,* and then the outside will become clean, too.

27 •"What sorrow awaits you teachers of religious law and you Pharisees. Hypocrites! For you are like whitewashed tombs—beautiful on the outside but filled on the inside with dead people's bones and all sorts of impurity.

28 •Outwardly you look like righteous people, but inwardly your hearts are filled with hypocrisy and lawlessness.

29 •"What sorrow awaits you teachers of religious law and you Pharisees. Hypocrites! For you build tombs for the prophets your ancestors killed, and you decorate the monuments of the godly people your ancestors destroyed.

30 •Then you say, 'If we had lived in the days of our ancestors, we would never have joined them in killing the prophets.'

31 •"But in saying that, you testify against yourselves that you are indeed the descendants of those who murdered the prophets.

32 •Go ahead and finish what your ancestors

33 started. •Snakes! Sons of vipers! How will you escape the judgment of hell?

34 •"Therefore, I am sending you prophets

23:23 Greek *tithe the mint, the dill, and the cumin.*　23:24 See Lev 11:4, 23, where gnats and camels are both forbidden as food.　23:26 Some manuscripts do not include *and the dish.*

회당에서 때릴 것이다. 그리고 이 마을에서 저 마을로 뒤쫓으며 박해할 것이다.

35 따라서 의인 아벨의 피로부터, 성전과 제단 사이에서 살해당한 바라갸의 아들 스가랴*의 피에 이르기까지, 너희는 세상에서 피를 흘린 의인에 대한 죄값을 치를 것이다.

36 내가 너희에게 진정으로 말한다. 이 모든 것들이 이 세대에 올 것이다."

예루살렘을 불쌍히 여기심

37 "예루살렘아, 예언자들을 죽이고 하나님께서 네게 보내신 사람들을 돌로 친 예루살렘아! 암탉이 병아리들을 날개 아래에 품듯이, 얼마나 내가 너희 자녀를 모으려고 했느냐! 그러나 너희들은 원하지 않았다.

38 보아라. 네 집이 버려져 못 쓰게 될 것이다.

39 내가 너희에게 말한다. '주님의 이름으로 오시는 분이 복되다!' 라고 너희가 고백할 때까지 지금 이후로 너희는 나를 보지 못할 것이다."

성전 파괴의 예언

24 예수님께서 성전을 떠나 걸어가실 때, 제자들이 와서 성전 건물을 가리켜 보였습니다.

2 예수님께서 말씀하셨습니다. "너희가 이 모든 것을 보고 있지 않느냐? 내가 너희에게 진정으로 말한다. 여기에 있는 돌 하나도 돌 위에 남지 않고 다 무너질 것이다."

마지막 시대의 징조

3 예수님께서 올리브 산 위에 앉아 계실 때, 제자들이 조용히 와서 말했습니다. "이런 일들이 언제 일어날지 말해 주십시오, 선생님께서 다시 오시는 때와 세상의 마지막 때에 어떤 징조가 있겠습니까?"

4 예수님께서 대답하셨습니다. "아무도 너희를 속이지 못하게 조심하여라.

5 많은 사람들이 내 이름으로 와서, '내가 바로 그리스도다' 라고 말할 것이다. 그리고 많은 사람들을 속일 것이다.

6 또한 너희는 전쟁에 대한 소식과 소문을 들을 것이다. 그러나 두려워하지 마라. 이런 일들은 반드시 일어나야 한다. 그러나 아직 마지막 때는 아니다.

7 민족이 다른 민족과 싸우기 위해 일어나고, 나라가 다른 나라와 싸우기 위해 일어날 것이다. 여러 곳에서 기근과 지진이 있을 것이다.

8 이런 일들은 해산의 고통이 시작되는 것에 불과하다.

9 그때, 사람들이 너희를 박해하고, 심지어 죽이기까지 할 것이다. 나 때문에 너희가 모든 민족에게 미움을 받을 것이다.

---

and wise men and teachers of religious law. But you will kill some by crucifixion, and you will flog others with whips in your synagogues, chasing them from city to city. ● As a result, you will be held responsible for the murder of all godly people of all time—from the murder of righteous Abel to the murder of Zechariah son of Barachiah, whom you killed in the Temple between the sanctuary

36 and the altar. ● I tell you the truth, this judgment will fall on this very generation.

Jesus Grieves over Jerusalem

37 ● "O Jerusalem, Jerusalem, the city that kills the prophets and stones God's messengers! How often I have wanted to gather your children together as a hen protects her chicks beneath her wings, but you wouldn't

38 let me. ● And now, look, your house is aban-

39 doned and desolate.* ● For I tell you this, you will never see me again until you say, 'Blessings on the one who comes in the name of the LORD!' *"

Jesus Speaks about the Future

24 As Jesus was leaving the Temple grounds, his disciples pointed out to

2 him the various Temple buildings. ● But he responded, "Do you see all these buildings? I tell you the truth, they will be completely demolished. Not one stone will be left on top of another!"

3 ● Later, Jesus sat on the Mount of Olives. His disciples came to him privately and said, "Tell us, when will all this happen? What sign will signal your return and the end of the world?*"

4 ● Jesus told them, "Don't let anyone mis-

5 lead you, ● for many will come in my name, claiming, 'I am the Messiah.' They will

6 deceive many. ● And you will hear of wars and threats of wars, but don't panic. Yes, these things must take place, but the end

7 won't follow immediately. ● Nation will go to war against nation, and kingdom against kingdom. There will be famines and earth-

8 quakes in many parts of the world. ● But all this is only the first of the birth pains, with more to come.

9 ● "Then you will be arrested, persecuted, and killed. You will be hated all over the

---

crucifixion [kru:səfíkʃən] *n.* 십자가에 못박음
desecration [desikréiʃən] *n.* 신성 모독
rampant [rǽmpənt] *a.* 만연하는

23:38 Some manuscripts do not include *and desolate.*　**23:39** Ps 118:26.　**24:3** Or *the age?*

23:35 '스가랴' 는 '사가랴' 와 동일 인물이다.

10 그때에 많은 사람들이 넘어질 것이며, 서로를 넘겨 주고, 미워할 것이다.

11 그리고 많은 거짓 예언자들이 일어나, 많은 사람들을 속일 것이다.

12 또한 불법이 더욱 많아져서 많은 사람들의 사랑이 식을 것이다.

13 그러나 끝까지 견디는 사람은 구원을 얻을 것이다.

14 이 하늘나라의 복음이 온 세상에 전파될 것이며, 모든 나라에 증거될 것이다. 그때서야 세상의 끝이 올 것이다."

가장 큰 재난

15 "그러므로 예언자 다니엘이 말한 '멸망케 하는 혐오할 만한 것'이 거룩한 곳에 서 있는 것을 보면 (읽는 사람은 깨달아라)

16 유대에 있는 사람들은 산으로 도망하여라.

17 지붕 위에 있는 사람은 집 안에 있는 것을 가지러 내려가지 마라.

18 밭에 있는 사람은 겉옷을 가지러 되돌아가지 마라.

19 그때에는 임신한 여자와 젖먹이는 여자에게 화가 있을 것이다!

20 너희가 도망하는 때가 겨울이나 안식일이 아니기를 기도하여라.

21 그때에는 많은 어려움이 있을 것이기 때문이다. 세상이 생기고 나서 지금까지 이 같은 환난은 일어난 적이 없었고, 이후로도 없을 것이다.

22 하나님께서 그 기간을 줄여 주시지 않으시면, 아무도 구원받지 못할 것이다. 그러나 하나님께서는 선택한 사람들을 위하여 그 기간을 줄여 주실 것이다.

23 그때에 사람들이 '여보시오, 그리스도가 여기 계십니다!' 또는 '저기 계십니다!' 라고 할 것이다. 그러나 믿지 마라.

24 거짓 그리스도들과 거짓 예언자들이 일어나서 큰 증거를 내보일 것이고, 기적을 일으킬 것이다. 그래서 사람들을 속일 것이다. 그리고 할 수만 있으면 선택하신 사람까지 속일 것이다.

25 보아라. 내가 미리 너희에게 일러 주었다.

26 그러므로 사람들이 '여보시오, 그가 광야에 계십니다' 라고 말해도 거기에 가지 마라. '여보시오, 그리스도가 골방에 계십니다' 라고 말해도 믿지 마라.

27 번개가 동쪽에서 서쪽까지 번쩍이듯이 인자가 오는 것도 이와 같을 것이다.

28 시체가 있는 곳에는 독수리가 모여들 것이다."

인자의 오심

29 "그 환난의 날이 지난 직후에 '태양이 어두워지고, 달이 그 빛을 잃을 것이다. 별들이 하늘에서 떨어지고, 하늘에 있는 모든 권세가 흔들릴 것이다.'*

10 world because you are my followers.* •And many will turn away from me and betray and hate each other. •And many false 11 prophets will appear and will deceive many 12 people. •Sin will be rampant everywhere, 13 and the love of many will grow cold. •But the one who endures to the end will be 14 saved. •And the Good News about the Kingdom will be preached throughout the whole world, so that all nations* will hear it; and then the end will come.

15 •"The day is coming when you will see what Daniel the prophet spoke about—the sacrilegious object that causes desecration* standing in the Holy Place." (Reader, pay 16 attention!) •"Then those in Judea must flee 17 to the hills. •A person out on the deck of a roof must not go down into the house to 18 pack. •A person out in the field must not 19 return even to get a coat. •How terrible it will be for pregnant women and for nursing 20 mothers in those days. •And pray that your flight will not be in winter or on the Sabbath.

21 •For there will be greater anguish than at any time since the world began. And it will 22 never be so great again. •In fact, unless that time of calamity is shortened, not a single person will survive. But it will be shortened for the sake of God's chosen ones.

23 •"Then if anyone tells you, 'Look, here is the Messiah,' or 'There he is,' don't believe 24 it. •For false messiahs and false prophets will rise up and perform great signs and wonders so as to deceive, if possible, even God's cho-25 sen ones. •See, I have warned you about this ahead of time.

26 •"So if someone tells you, 'Look, the Messiah is out in the desert,' don't bother to go and look. Or, 'Look, he is hiding here,' 27 don't believe it! •For as the lightning flashes in the east and shines to the west, so it will 28 be when the Son of Man* comes. •Just as the gathering of vultures shows there is a carcass nearby, so these signs indicate that the end is near.*

29 •"Immediately after the anguish of those days,

the sun will be darkened,
　　the moon will give no light,
the stars will fall from the sky,

24:9 Greek on account of my name.　24:14 Or all peoples.　24:15 Greek the abomination of desolation. See Dan 9:27; 11:31; 12:11.　24:27 "Son of Man" is a title Jesus used for himself. 24:28 Greek Wherever the carcass is, the vultures gather.

24:29 사 13:10과 34:4에 기록되어 있다.

30 그때에 인자가 올 징조가 하늘에 있을 것이다. 그때에 세상의 모든 민족들이 울며, 인자가 큰 권능과 영광으로 하늘 구름을 타고 오는 것을 볼 것이다.

31 인자가 큰 나팔 소리와 함께 천사들을 보낼 것이다. 그들은 하늘 이 끝에서 저 끝까지 사방에서 택함받은 백성들을 모을 것이다."

무화과나무의 교훈

32 "무화과나무의 비유를 배우라. 그 가지가 연해지고, 새 잎을 내면 여름이 가까운 줄 안다.

33 마찬가지로 이 모든 것이 일어나는 것을 보면, 인자가 가까이 와 문 앞에 있는 줄을 알아라.

34 내가 너희에게 진정으로 말한다. 이 세대가 지나가기 전에 이 모든 것이 일어날 것이다!

35 하늘과 땅이 없어질지라도, 내 말은 결코 없어지지 않을 것이다!"

예수님께서 다시 오실 때

36 "그날과 그때는 아무도 모른다. 심지어 하늘의 천사와 아들까지도 모르고, 오직 아버지께서만 아신다.

37 노아의 때처럼 인자가 다시 올 때도 그와 비슷할 것이다.

38 홍수가 나기 전, 노아가 배에 들어가기 전까지도 사람들은 먹고 마시며, 장가가고 시집가며 지냈다.

39 홍수가 나서 모든 사람들을 쓸어가기 직전까지, 사람들은 전혀 깨닫지 못하였다. 인자가 올 때도 그와 같을 것이다.

40 두 사람이 밭에 있는데 한 사람은 데려가고 다른 사람은 남겨 둘 것이다.

41 두 여자가 맷돌을 갈고 있는데 한 사람은 데려가고, 다른 사람은 남겨 둘 것이다.

42 그러므로 항상 깨어 있어라. 왜냐하면 언제 너희 주님께서 오실지 너희가 알지 못하기 때문이다.

43 이것을 명심하여라. 만약 도둑이 언제 들어올지 집주인이 안다면 미리 준비를 하고, 도둑이 집에 들지 못하도록 할 것이다.

44 그러므로 너희도 준비를 해야 한다. 인자는 생각지도 않은 때에 올 것이다."

신실한 종과 신실하지 않은 종

45 "주인이 집안을 맡기고, 제때에 양식을 내주도록 맡긴, 신실하고 슬기로운 종이 누구겠느냐?

46 주인이 돌아와서 볼 때, 주인이 명한 대로 일하고 있는 종은 복되다.

47 내가 너희에게 진정으로 말한다. 주인은 그 종에게 자신의 모든 소유를 맡길 것이다.

and the powers in the heavens will be shaken.*

30 •And then at last, the sign that the Son of Man is coming will appear in the heavens, and there will be deep mourning among all the peoples of the earth. And they will see the Son of Man coming on the clouds of heaven 31 with power and great glory.* •And he will send out his angels with the mighty blast of a trumpet, and they will gather his chosen ones from all over the world*—from the farthest ends of the earth and heaven.

32 • "Now learn a lesson from the fig tree. When its branches bud and its leaves begin to 33 sprout, you know that summer is near. •In the same way, when you see all these things, you can know his return is very near, right at 34 the door. •I tell you the truth, this generation* will not pass from the scene until all these 35 things take place. •Heaven and earth will disappear, but my words will never disappear.

36 • "However, no one knows the day or hour when these things will happen, not even the angels in heaven or the Son himself.* Only the Father knows.

37 • "When the Son of Man returns, it will be 38 like it was in Noah's day. •In those days before the flood, the people were enjoying banquets and parties and weddings right up to 39 the time Noah entered his boat. •People didn't realize what was going to happen until the flood came and swept them all away. That is the way it will be when the Son of Man comes.

40 • "Two men will be working together in the field; one will be taken, the other left. 41 •Two women will be grinding flour at the mill; one will be taken, the other left.

42 • "So you, too, must keep watch! For you don't know what day your Lord is coming. 43 •Understand this: If a homeowner knew exactly when a burglar was coming, he would keep watch and not permit his house to be 44 broken into. •You also must be ready all the time, for the Son of Man will come when least expected.

45 • "A faithful, sensible servant is one to whom the master can give the responsibility of managing his other household servants and 46 feeding them. •If the master returns and finds that the servant has done a good job, there will 47 be a reward. •I tell you the truth, the master will put that servant in charge of all he owns.

24:29 See Isa 13:10; 34:4; Joel 2:10.   24:30 See Dan 7:13.   24:31 Greek *from the four winds.*   24:34 Or *this age,* or *this nation.*   24:36 Some manuscripts do not include *or the Son himself.*

48 그러나 악한 종이, 주인이 오랫동안 돌아오지 않을 것이라고 마음속으로 생각하여,

49 다른 종들을 때리기 시작하고 술꾼들과 함께 먹고 마신다면,

50 생각지도 않은 날, 알지 못하는 때에 그 종의 주인이 올 것이다.

51 그때에 주인은 그 종에게 벌을 내리고 그 종을 위선자처럼 여길 것이다. 그 종은 거기서 슬피 울고, 고통스럽게 이를 갈 것이다."

열 처녀의 비유

25 "하늘나라는 등을 들고 신랑을 맞으러 나간, 열 명의 처녀에 빗댈 수 있다.

2 그 가운데 다섯 명의 처녀는 어리석고, 다섯 명의 처녀는 지혜로웠다.

3 어리석은 처녀들은 등을 가지고 있었지만 기름이 없었다.

4 지혜로운 처녀들은 등뿐만 아니라 통에 기름까지 넣어 가지고 있었다.

5 신랑이 오는 것이 매우 늦어져서, 처녀들이 모두 졸다가 잠이 들었다.

6 한밤중에 어떤 사람이 소리쳤다. '여보시오, 신랑이 옵니다! 나와서 맞이하십시오!'

7 그러자 모든 처녀들이 깨어나 등불을 준비하였다.

8 어리석은 처녀들이 지혜로운 처녀들에게 말했다. '등불이 꺼져 가니, 우리에게 기름을 조금만 나누어 다오.'

9 지혜로운 처녀들이 대답했다. '안 돼! 우리가 함께 쓰기엔 기름이 충분치 않아. 기름 파는 사람에게 가서 사렴.'

10 어리석은 다섯 처녀가 기름을 사러 간 사이에 신랑이 왔다. 준비된 처녀들은 신랑과 함께 결혼 잔치에 들어가고, 문은 닫혀 잠겼다.

11 나중에 나머지 처녀들이 와서 '주님, 주님, 문 좀 열어 주세요.'라고 간청했다.

12 그러나 신랑이 대답했다. '내가 너희에게 진정으로 말한다. 나는 너희를 알지 못한다.'

13 그러므로 항상 깨어 있어라. 그 까닭은 너희가 그 날과 그때를 알지 못하기 때문이다."

달란트 비유

14 "하늘나라는 여행을 떠날 때, 종들을 불러서 자기 재산을 맡긴 사람과 같다.

15 주인은 종들의 능력에 따라, 어떤 사람은 다섯 달란트*를, 어떤 사람에게는 두 달란트를, 또 어떤 사람에게는 한 달란트를 맡기고 여행을 떠났다.

16 다섯 달란트를 받은 종은 얼른 가서, 그것으로

---

48 •But what if the servant is evil and thinks, 49 'My master won't be back for a while,' •and he begins beating the other servants, partying, 50 and getting drunk? •The master will return 51 unannounced and unexpected, •and he will cut the servant to pieces and assign him a place with the hypocrites. In that place there will be weeping and gnashing of teeth.

Parable of the Ten Bridesmaids

25 "Then the Kingdom of Heaven will be like ten bridesmaids* who took their lamps and went to meet the bridegroom.

2 Five of them were foolish, and five were wise. •The five who were foolish didn't take enough olive oil for their lamps, •but the other five were wise enough to take along extra oil. •When the bridegroom was delayed, they all became drowsy and fell asleep.

6 •"At midnight they were roused by the shout, 'Look, the bridegroom is coming! Come out and meet him!'

7 •"All the bridesmaids got up and prepared 8 their lamps. •Then the five foolish ones asked the others, 'Please give us some of your oil because our lamps are going out.'

9 •"But the others replied, 'We don't have enough for all of us. Go to a shop and buy some for yourselves.'

10 •"But while they were gone to buy oil, the bridegroom came. Then those who were ready went in with him to the marriage feast, 11 and the door was locked. •Later, when the other five bridesmaids returned, they stood outside, calling, 'Lord! Lord! Open the door for us!'

12 •"But he called back, 'Believe me, I don't know you!'

13 •"So you, too, must keep watch! For you do not know the day or hour of my return.

Parable of the Three Servants

14 •"Again, the Kingdom of Heaven can be illustrated by the story of a man going on a long trip. He called together his servants and entrusted his money to them while he was 15 gone. •He gave five bags of silver* to one, two bags of silver to another, and one bag of silver to the last—dividing it in proportion to their abilities. He then left on his trip.

16 •"The servant who received the five bags of

25:1 Or *virgins*; also in 25:7, 11.　**25:15** Greek *talents*; also throughout the story. A talent is equal to 75 pounds or 34 kilograms.

25:15 1달란트가 구약 시대에는 약 34.27kg의 무게와 동일한 중량을 가리켰다. 신약 시대는 돈의 단위로서 약 6,000드라크마와 동일한 가치를 나타내었다.

장사를 하였다. 그래서 다섯 달란트를 더 벌었다.

17 마찬가지로 두 달란트를 받은 종도 두 달란트를 더 벌었다.

18 그러나 한 달란트를 받은 종은 나가서 땅을 파고 그곳에 주인의 은돈을 숨겼다.

19 세월이 오래 지난 뒤에, 종들의 주인이 집에 돌아와서 종들과 셈을 하였다.

20 다섯 달란트를 받았던 종이 다섯 달란트를 더 가지고 와서 말했다. '주인님, 제게 다섯 달란트를 맡기셨는데, 보십시오, 다섯 달란트를 더 벌었습니다.'

21 주인이 대답했다. '참 잘했구나. 너는 착하고 신실한 종이다. 네가 작은 것에 최선을 다했으니 내가 훨씬 더 많은 것을 너에게 맡기겠다. 주인과 함께 기쁨을 누려라.'

22 두 달란트를 받았던 종도 와서 말했다. '주인님, 제게 두 달란트를 맡겨 주셨는데, 보십시오, 두 달란트를 더 벌었습니다.'

23 주인이 그에게 대답했다. '참 잘했구나. 너는 착하고 신실한 종이다. 네가 작은 것에 최선을 다했으니, 내가 훨씬 더 많은 것을 너에게 맡기겠다. 주인과 함께 기쁨을 누려라.'

24 그리고 한 달란트를 받았던 종이 주인에게 와서 말했다. '주인님, 저는 주인님이 심지 않은 데서 거두고, 씨 뿌리지 않은 데서 거두는 완고한 분이라 생각했습니다.

25 그래서 두려운 마음으로 밖에 나가 돈을 땅에 숨겼습니다. 이제 주인님이 제게 주신 돈을 도로 받으십시오.'

26 주인이 대답했다. '이 악하고 게으른 종아! 너는 내가 심지도 않은 데서 거두어들이고, 씨 뿌리지 않은 곳에서 거두어들인다고 생각했느냐?

27 그렇다면 너는 내 돈을 은행에 넣어 두었어야 했다. 그러면 내가 다시 돌아왔을 때 이자와 함께 내 돈을 돌려받았을 것이다.

28 저 종에게서 돈을 빼앗아 열 달란트 가진 종에게 주어라.'

29 가진 사람은 더 많이 받아 풍성하게 될 것이고, 없는 사람은 있는 것마저 빼앗길 것이다.

30 '저 쓸모없는 종을 바깥 어두운 곳에 던져라. 거기서 슬피 울고, 고통스럽게 이를 갈 것이다.'"

마지막 심판

31 "인자가 모든 천사들과 함께 영광 가운데 다시 와서, 영광의 보좌에 앉을 것이다.

32 그때에 세상 모든 나라가 그 앞에 모일 것이며, 목자가 양과 염소를 구분하듯이, 인자가 사람들을 나눌 것이다.

silver began to invest the money and earned

17 five more. • The servant with two bags of silver
18 also went to work and earned two more. • But the servant who received the one bag of silver dug a hole in the ground and hid the master's money.

19 • "After a long time their master returned from his trip and called them to give an account of how they had used his money.

20 • The servant to whom he had entrusted the five bags of silver came forward with five more and said, 'Master, you gave me five bags of silver to invest, and I have earned five more.'

21 • "The master was full of praise. 'Well done, my good and faithful servant. You have been faithful in handling this small amount, so now I will give you many more responsibilities. Let's celebrate together!'*

22 • "The servant who had received the two bags of silver came forward and said, 'Master, you gave me two bags of silver to invest, and I have earned two more.'

23 • "The master said, 'Well done, my good and faithful servant. You have been faithful in handling this small amount, so now I will give you many more responsibilities. Let's celebrate together!'

24 • "Then the servant with the one bag of silver came and said, 'Master, I knew you were a harsh man, harvesting crops you didn't plant
25 and gathering crops you didn't cultivate. • I was afraid I would lose your money, so I hid it in the earth. Look, here is your money back.'

26 • "But the master replied, 'You wicked and lazy servant! If you knew I harvested crops I didn't plant and gathered crops I didn't culti-
27 vate, •why didn't you deposit my money in the bank? At least I could have gotten some interest on it.'

28 • "Then he ordered, 'Take the money from this servant, and give it to the one with the ten
29 bags of silver. • To those who use well what they are given, even more will be given, and they will have an abundance. But from those who do nothing, even what little they have
30 will be taken away. • Now throw this useless servant into outer darkness, where there will be weeping and gnashing of teeth.'

The Final Judgment

31 • "But when the Son of Man* comes in his glory, and all the angels with him, then he will
32 sit upon his glorious throne. • All the nations* will be gathered in his presence, and he will separate the people as a shepherd separates the

25:21 Greek *Enter into the joy of your master* [or *your Lord*]; also in 25:23.　25:31 "Son of Man" is a title Jesus used for himself.　25:32 Or *peoples.*

33 인자는 자신의 오른쪽에는 양을, 왼쪽에는 염소를 둘 것이다.

34 그때 왕이 오른쪽에 있는 사람들에게 말할 것이다. '내 아버지로부터 복을 받은 너희들이여, 와서 세상이 만들어질 때부터 하나님께서 너희를 위해 준비하신 나라를 물려받아라.

35 내가 배가 고플 때, 너희는 내게 먹을 것을 주었다. 내가 목마를 때, 너희는 마실 것을 주었다. 내가 나그네로 있을 때, 너희는 나를 초대해 주었다.

36 내가 헐벗었을 때, 너희는 내게 옷을 입혀 주었다. 내가 아플 때, 너희는 나를 돌보아 주었다. 내가 감옥에 있을 때, 너희는 나를 찾아 주었다.'

37 그때, 의로운 사람들이 그에게 대답할 것이다. '주님, 언제 주님께서 배고프신 것을 보고, 우리가 음식을 주었습니까? 언제 목마른 것을 보고, 마실 것을 주었습니까?

38 언제 나그네된 것을 보고, 우리가 초대하였습니까? 언제 헐벗으신 것을 보고, 우리가 옷을 입혀 주었습니까?

39 언제 감옥에 있는 것을 보고, 또 아프신 것을 보고, 우리가 찾아갔습니까?'

40 그때, 왕이 대답할 것이다. '내가 너희에게 진정으로 말한다. 보잘것없는 사람에게 한 일, 곧 너희가 이 형제들 중 가장 보잘것없는 사람에게 한 일이 곧 나에게 한 것이다.'

41 그리고 나서 왼쪽에 있는 사람들에게 이렇게 말할 것이다. '저주받은 자들아, 내게서 떠나 악마와 그 부하들을 위해 준비한 영원한 불에 들어가거라.

42 내가 배가 고플 때, 너희는 내게 아무것도 주지 않았다. 내가 목마를 때, 너희는 마실 것도 주지 않았다.

43 내가 나그네 되었을 때, 너희는 나를 초대하지 않았다. 내가 헐벗었을 때, 너희는 내게 아무것도 입혀 주지 않았다. 내가 아플 때나 감옥에 있을 때, 너희는 나를 돌보지 않았다.'

44 그때, 그 사람들이 대답할 것이다. '주님, 언제 주님이 배고프거나, 목마르거나, 나그네 되었거나, 헐벗었거나, 아프거나, 감옥에 있는 것을 보고 우리가 돌보지 않았습니까?'

45 그때, 왕이 대답할 것이다. '내가 너희에게 진정으로 말한다. 이 사람들 가운데 가장 작은 자 한 사람에게 하지 않은 것이 곧 나에게 하지 않은 것이다.'

46 이 사람들은 영원히 형벌을 받게 될 것이다. 그러나 의로운 사람들은 영원한 생명에 들어갈 것이다."

예수님을 죽일 계획

26 예수님께서 이 모든 말씀을 마치셨을 때입니다. 예수님께서 제자들에게 말씀하셨습니

---

33 sheep from the goats. •He will place the sheep at his right hand and the goats at his left.

34 •"Then the King will say to those on his right, 'Come, you who are blessed by my Father, inherit the Kingdom prepared for

35 you from the creation of the world. •For I was hungry, and you fed me. I was thirsty, and you gave me a drink. I was a stranger,

36 and you invited me into your home. •I was naked, and you gave me clothing. I was sick, and you cared for me. I was in prison, and you visited me.'

37 •"Then these righteous ones will reply, 'Lord, when did we ever see you hungry and feed you? Or thirsty and give you some-

38 thing to drink? •Or a stranger and show you hospitality? Or naked and give you

39 clothing? •When did we ever see you sick or in prison and visit you?'

40 •"And the King will say, 'I tell you the truth, when you did it to one of the least of these my brothers and sisters,* you were doing it to me!'

41 •"Then the King will turn to those on the left and say, 'Away with you, you cursed ones, into the eternal fire prepared for the

42 devil and his demons.* •For I was hungry, and you didn't feed me. I was thirsty, and

43 you didn't give me a drink. •I was a stranger, and you didn't invite me into your home. I was naked, and you didn't give me clothing. I was sick and in prison, and you didn't visit me.'

44 •"Then they will reply, 'Lord, when did we ever see you hungry or thirsty or a stranger or naked or sick or in prison, and not help you?'

45 •"And he will answer, 'I tell you the truth, when you refused to help the least of these my brothers and sisters, you were refusing to help me.'

46 •"And they will go away into eternal punishment, but the righteous will go into eternal life."

The Plot to Kill Jesus

26 When Jesus had finished saying all these things, he said to his disciples,

---

abundance [əbándəns] *n.* 풍부: 부유
deposit [dipázit] *vt.* 두다, 맡기다
entrust [intrʌ́st] *vt.* 맡기다. 위임하다
hospitality [hɑspətǽləti] *n.* 환대
inherit [inhérit] *vt.* 상속하다, 물려받다
punishment [pʌ́niʃmənt] *n.* 형벌

다.

2 "너희도 알다시피 이틀 뒤가 유월절이다. 그때에 인자는 넘겨져 십자가에서 죽을 것이다."

3 그때, 대제사장과 장로들이 가야바라고 하는 대제사장 공관에 모였습니다.

4 그들은 조용히 예수님을 잡아 죽일 계획을 세웠습니다.

5 그러나 그들은 "명절 기간에는 안 돼. 사람들 사이에 폭동이 일어날 수 있으니까"라고 말했습니다.

예수님께 향유를 부은 여자

6 예수님께서 베다니에서 문둥병에 걸렸던 시몬의 집에 계셨을 때입니다.

7 한 여자가 비싼 향유 한 병을 가지고 와 식사하고 계시는 예수님의 머리에 이 향유를 부었습니다.

8 이 광경을 본 제자들이 화를 냈습니다. "왜 이 값비싼 향유를 낭비하는 것이오?

9 그것을 비싼 값에 팔아서 가난한 사람들에게 줄 수도 있었을 텐데."

10 예수님께서 이것을 아시고 말씀하셨습니다. "왜 이 여자를 괴롭히느냐? 그는 나에게 좋은 일을 하였다.

11 가난한 사람들은 항상 너희 가운데 있을 것이다. 그러나 나는 너희와 항상 함께 있지 않을 것이다.

12 이 여자는 내 몸에 향유를 부어 내 장례를 준비한 것이다.

13 내가 진정으로 너희에게 말한다. 온 세상에 복음이 전해지는 곳마다, 이 여자가 한 일도 전해져 그를 기억할 것이다."

유다의 배반

14 그때, 열두 제자 가운데 한 명인 가룟 출신의 유다가 대제사장들에게 갔습니다.

15 가룟 유다가 말했습니다. "내가 예수를 당신들에게 넘기면, 나에게 얼마를 주겠소?" 제사장들은 유다에게 은 삼십 개를 주었습니다.

16 그 후로부터 유다는 예수님을 넘길 기회를 노렸습니다.

유월절 음식을 나누심

17 무교절의 첫 번째 날에, 제자들이 예수님께 와서 말했습니다. "유월절 음식을 어디에다 준비할까요?"

18 예수님께서 대답하셨습니다. "성 안에 들어가 한 사람에게 이렇게 말하여라. '선생님께서 때가 가까웠으니, 당신 집에서 제자들과 함께 유월절을 보내겠다고 말씀하십니다.'"

19 제자들이 예수님께서 말씀하신 대로 행하여 유월절을 준비하였습니다.

20 그날 저녁에 예수님께서 열두 명의 제자들과 함께

2 • "As you know, Passover begins in two days, and the Son of Man* will be handed over to be crucified."

3 • At that same time the leading priests and elders were meeting at the residence of 4 Caiaphas, the high priest, • plotting how to 5 capture Jesus secretly and kill him. • "But not during the Passover celebration," they agreed, "or the people may riot."

Jesus Anointed at Bethany

6 • Meanwhile, Jesus was in Bethany at the home of Simon, a man who had previously 7 had leprosy. • While he was eating,* a woman came in with a beautiful alabaster jar of expensive perfume and poured it over his head.

8 • The disciples were indignant when they 9 saw this. "What a waste!" they said. • "It could have been sold for a high price and the money given to the poor."

10 • But Jesus, aware of this, replied, "Why criticize this woman for doing such a good 11 thing to me? • You will always have the poor among you, but you will not always 12 have me. • She has poured this perfume on 13 me to prepare my body for burial. • I tell you the truth, wherever the Good News is preached throughout the world, this woman's deed will be remembered and discussed."

Judas Agrees to Betray Jesus

14 • Then Judas Iscariot, one of the twelve disci-15 ples, went to the leading priests • and asked, "How much will you pay me to betray Jesus to you?" And they gave him thirty pieces of 16 silver. • From that time on, Judas began looking for an opportunity to betray Jesus.

The Last Supper

17 • On the first day of the Festival of Unleavened Bread, the disciples came to Jesus and asked, "Where do you want us to prepare the Passover meal for you?"

18 • "As you go into the city," he told them, "you will see a certain man. Tell him, 'The Teacher says: My time has come, and I will eat the Passover meal with my disciples at 19 your house.'" • So the disciples did as Jesus told them and prepared the Passover meal there.

20 • When it was evening, Jesus sat down 21 at the table* with the Twelve. • While they

criticize [krítəsàiz] *vt.* 비평하다, 비난하다

26:2 "Son of Man" is a title Jesus used for himself. 26:7 Or *reclining*. 26:20 Or *Jesus reclined*.

음식을 드시기 위해 앉으셨습니다.

21 모두들 식사를 하고 있을 때, 예수님께서 말씀하셨습니다. "내가 너희에게 진정으로 말한다. 너희 중에 하나가 나를 배반할 것이다."

22 제자들은 매우 슬퍼하며, 한 사람씩 예수님께 묻기 시작했습니다. "주님, 제가 그 사람은 아니지요?"

23 예수님께서 대답하셨습니다. "나와 함께 그릇에 손을 넣는 자가 나를 배반할 것이다.

24 성경에 쓰여진 대로 인자는 떠나갈 것이다. 그러나 인자를 넘겨주는 그 사람에게는 화가 있다. 차라리 태어나지 않았더라면, 자신에게 더 좋았을 것이다."

25 예수님을 배반한 유다가 예수님께 말했습니다. "선생님이여, 설마 제가 그 사람입니까?" 예수님께서 그에게 "네가 말했다" 하고 대답하셨습니다.

마지막 만찬

26 식사 때에 예수님께서는 빵을 들어 감사 기도를 드리시고, 그것을 떼어 제자들에게 주시며 말씀하셨습니다. "받아먹어라. 이것은 내 몸이다."

27 또한 예수님께서 잔을 들어 감사드리신 후, 그것을 제자들에게 주시며 말씀하셨습니다. "너희 모두, 이것을 마셔라.

28 이것은 죄를 용서하기 위하여 많은 사람들을 위해 붓는 나의 피, 곧 언약의 피이다.

29 내가 너희에게 말한다. 내가 아버지의 나라에서 너희와 함께 새롭게 마시는 그날까지, 지금부터는 포도 열매로 빚은 것을 마시지 않을 것이다."

30 그들은 찬송을 부르고 올리브 산으로 올라갔습니다.

베드로가 모른다고 할 것을 예언하심

31 예수님께서 제자들에게 말씀하셨습니다. "오늘 밤, 너희는 모두 나를 버릴 것이다. 성경에 이렇게 쓰여 있다. '내가 목자를 칠 것이니, 양이 흩어질 것이다.'

32 그러나 내가 살아난 뒤에, 너희보다 먼저 갈릴리로 갈 것이다."

33 베드로가 말했습니다. "다른 모든 제자들이 주님을 버릴지라도 저는 결코 버리지 않겠습니다."

34 예수님께서 대답하셨습니다. "내가 진정으로 너에게 말한다. 바로 오늘 밤 닭이 울기 전에, 네가 나를 세 번이나 모른다고 할 것이다."

35 베드로가 예수님께 말했습니다. "주님과 함께 죽을지라도 결코 주님을 모른다고 하지 않을 것입니다!" 다른 제자들도 모두 똑같이 말했습니다.

겟세마네에서 기도하심

36 그때, 예수님께서 제자들과 함께 겟세마네라고 불

were eating, he said, "I tell you the truth, one of you will betray me."

22 Greatly distressed, each one asked in turn, "Am I the one, Lord?"

23 He replied, "One of you who has just eaten from this bowl with me will betray me. 24 For the Son of Man must die, as the Scriptures declared long ago. But how terrible it will be for the one who betrays him. It would be far better for that man if he had never been born!"

25 Judas, the one who would betray him, also asked, "Rabbi, am I the one?" And Jesus told him, "You have said it."

26 As they were eating, Jesus took some bread and blessed it. Then he broke it in pieces and gave it to the disciples, saying, "Take this and eat it, for this is my body."

27 And he took a cup of wine and gave thanks to God for it. He gave it to them and said, "Each of you drink from it, 28 for this is my blood, which confirms the covenant* between God and his people. It is poured out as a sacrifice to forgive the sins of many.

29 Mark my words—I will not drink wine again until the day I drink it new with you in my Father's Kingdom."

30 Then they sang a hymn and went out to the Mount of Olives.

Jesus Predicts Peter's Denial

31 On the way, Jesus told them, "Tonight all of you will desert me. For the Scriptures say,

'God will strike* the Shepherd,
　　and the sheep of the flock will be scattered.'

32 But after I have been raised from the dead, I will go ahead of you to Galilee and meet you there."

33 Peter declared, "Even if everyone else deserts you, I will never desert you."

34 Jesus replied, "I tell you the truth, Peter—this very night, before the rooster crows, you will deny three times that you even know me."

35 "No!" Peter insisted. "Even if I have to die with you, I will never deny you!" And all the other disciples vowed the same.

Jesus Prays in Gethsemane

36 Then Jesus went with them to the olive

crow [króu] *vi.* 수탉이 울다, 때를 알리다
recline [rikláin] *vi.* 기대다, 눕다

26:28 Some manuscripts read *the new covenant*.
26:31 Greek *I will strike*. Zech 13:7.

리는 곳으로 가셨습니다. 예수님께서 제자들에게 말씀하셨습니다. "내가 저기에 가서 기도하는 동안, 여기 앉아 있어라."

37 그리곤 베드로와 세베대의 두 아들을 데리고 가셨습니다. 예수님께서는 매우 근심하시며, 괴로워하기 시작하셨습니다.

38 예수님께서는 세 제자에게 말씀하셨습니다. "내 마음이 괴로워 죽을 지경이다. 여기서 머무르며 나와 함께 깨어 있어라."

39 그리고 나서 약간 떨어진 곳으로 가서 얼굴을 땅에 대고 기도하셨습니다. "나의 아버지, 할 수만 있다면 제게서 이 잔을 지나가게 해 주십시오. 그러나 내 뜻대로 하지 마시고, 아버지의 뜻대로 하시길 원합니다."

40 기도하신 후 제자들에게 오셔서, 제자들이 자고 있는 것을 보시고 베드로에게 말씀하셨습니다. "너희들은 한 시간도 나와 함께 깨어 있을 수 없느냐?

41 깨어서 너희가 시험에 빠지지 않도록 기도하여라. 영은 원하지만 육체가 약하구나."

42 예수님께서 다시 가셔서 두 번째 기도를 하셨습니다. "나의 아버지여, 이것이 제게서 지나갈 수 없고, 제가 마셔야만 한다면, 아버지의 뜻대로 되기를 기도합니다."

43 그리고 나서 다시 제자들에게 가셔서 제자들이 자고 있는 것을 보셨습니다. 그들은 너무 졸렸던 것입니다.

44 그래서 예수님께서는 제자들을 놔 두고 다시 세 번째로 기도하셨습니다. 예수님께서는 같은 기도를 한 번 더 하셨습니다.

45 그 다음에 예수님께서 제자들에게 돌아오셔서 말씀하셨습니다. "아직도 자고 있고, 쉬고 있느냐? 보아라, 때가 가까이 왔다. 인자가 죄인들의 손에 넘겨진다.

46 일어나라, 가자. 나를 배반한 사람이 가까이 오고 있다."

예수님께서 잡히심

47 예수님께서 말씀하시는 동안, 열두 제자 가운데 하나인 유다가 왔습니다. 대제사장과 백성들의 장로들이 보낸 많은 사람들이 칼과 몽둥이를 들고 유다와 함께 왔습니다.

48 예수님을 배반한 유다가 이들에게 "내가 입 맞추는 사람이 바로 그 사람입니다. 그를 잡으시오"라며 신호를 정해 주었습니다.

49 곧바로 유다는 예수님께 가서 말했습니다. "선생님, 안녕하십니까!" 그러면서 입을 맞추었습니다.

50 예수님께서 "친구여, 무엇 하러 여기에 왔느냐?"

grove called Gethsemane, and he said, "Sit here while I go over there to pray." ●He took 37 Peter and Zebedee's two sons, James and John, and he became anguished and dis- 38 tressed. ●He told them, "My soul is crushed with grief to the point of death. Stay here and keep watch with me."

39 ●He went on a little farther and bowed with his face to the ground, praying, "My Father! If it is possible, let this cup of suffering be taken away from me. Yet I want your will to be done, not mine."

40 ●Then he returned to the disciples and found them asleep. He said to Peter, "Couldn't you watch with me even one hour? 41 ●Keep watch and pray, so that you will not give in to temptation. For the spirit is willing, but the body is weak!"

42 ●Then Jesus left them a second time and prayed, "My Father! If this cup cannot be taken away* unless I drink it, your will be 43 done." ●When he returned to them again, he found them sleeping, for they couldn't keep their eyes open.

44 ●So he went to pray a third time, saying 45 the same things again. ●Then he came to the disciples and said, "Go ahead and sleep. Have your rest. But look—the time has come. The Son of Man is betrayed into the hands of 46 sinners. ●Up, let's be going. Look, my betrayer is here!"

Jesus Is Betrayed and Arrested

47 ●And even as Jesus said this, Judas, one of the twelve disciples, arrived with a crowd of men armed with swords and clubs. They had been sent by the leading priests and 48 elders of the people. ●The traitor, Judas, had given them a prearranged signal: "You will know which one to arrest when I greet him 49 with a kiss." ●So Judas came straight to Jesus. "Greetings, Rabbi!" he exclaimed and gave him the kiss.

50 ●Jesus said, "My friend, go ahead and do what you have come for."

anguished [ǽŋgwiʃt] *a.* 괴로워하는, 비통한
arm [ɑːrm] *vt.* 무장시키다
betray [bitréi] *vt.* 배반하다
crush [krʌʃ] *vt.* 좌절시키다, 심하게 압박하다
distressed [distrést] *a.* 괴로워하는, 고민하는
grief [griːf] *n.* 슬픔
grove [grouv] *n.* 나무숲
prearrange [priːəréindʒ] *vt.* 사전에 협의하다
temptation [temptéiʃən] *n.* 유혹, 시험
traitor [tréitər] *n.* 배반자
26:39 take away : 제거하다, 물러가다

26:42 Greek *If this cannot pass.*

하고 묻자 사람들이 와서 예수님을 붙잡았습니다.

51 그러자 예수님과 함께 있던 제자 중 한 사람이 칼을 뽑았습니다. 그리고 대제사장의 종에게 칼을 휘둘러 그 종의 귀를 잘랐습니다.

52 예수님께서 그에게 말씀하셨습니다. "칼을 도로 제자리에 꽂아라. 칼을 쓰는 사람은 칼로 죽을 것이다.

53 너는 내가 내 아버지께 말씀드리면 즉시 열두 군단도 넘는 천사들을 보내 주실 것을 생각하지 못하느냐?

54 그러나 만일 그렇게 하면, 이 일이 반드시 일어난다고 한 성경 말씀이 어떻게 이루어지겠느냐?"

55 그리고 나서 예수님께서 사람들에게 말씀하셨습니다. "너희는 마치 강도를 잡을 것처럼 칼과 몽둥이를 가지고 왔구나! 내가 성전에 앉아 매일 가르쳤지만, 너희는 나를 잡지 않았다.

56 이 모든 것은 예언자의 글을 이루기 위해 일어난 것이다." 그때, 모든 제자들이 예수님을 버리고 도망갔습니다.

대제사장 앞에 서신 예수님

57 예수님을 잡은 사람들이 예수님을 대제사장 가야바에게로 끌고 갔습니다. 거기에는 율법학자들과 장로들이 모여 있었습니다.

58 베드로가 예수님과 멀찍이 떨어져 따라가 대제사장의 공관 마당에 들어갔습니다. 그리고 결과를 보려고 경비원들 틈에 끼어 함께 앉았습니다.

59 대제사장들과 전체 의원들이 예수님을 죽이기 위해, 예수님을 고소할 거짓 증거를 찾으려고 하였습니다.

60 많은 거짓 증인들이 나왔으나, 아무 증거도 얻지 못하던 중, 마침내 두 사람이 나왔습니다.

61 이들은 "이 사람이 '나는 하나님의 성전을 헐고, 그것을 삼 일 만에 다시 세울 수 있다'라고 말했습니다"라고 증언했습니다.

62 대제사장이 일어서서 예수님께 물었습니다. "당신은 아무 대답도 하지 않겠소? 이 사람들이 당신에게 불리한 증언을 하는 것에 대한 당신의 답변은 무엇이오?"

63 그러나 예수님께서는 아무것도 말씀하시지 않았습니다. 다시 대제사장이 예수님께 물었습니다. "내가 살아 계신 하나님께 맹세하고 당신에게 명령하니 우리에게 말하시오. 당신이 하나님의 아들 그리스도요?"

64 예수님께서 대답하셨습니다. "네가 말했다. 그러나 내가 너희에게 말한다. 이제 이후로, 인자가 전능하신 자의 오른쪽에 앉아 있는 것과 하늘 구름을 타고

Then the others grabbed Jesus and arrested him. ●But one of the men with Jesus pulled out his sword and struck the high priest's slave, slashing off his ear.

52 ●"Put away your sword," Jesus told him. "Those who use the sword will die by the sword. ●Don't you realize that I could ask my Father for thousands* of angels to protect us, and he would send them instantly? ●But if I did, how would the Scriptures be fulfilled that describe what must happen now?"

55 ●Then Jesus said to the crowd, "Am I some dangerous revolutionary, that you come with swords and clubs to arrest me? Why didn't you arrest me in the Temple? I was there teaching every day. ●But this is all happening to fulfill the words of the prophets as recorded in the Scriptures." At that point, all the disciples deserted him and fled.

Jesus before the Council

57 ●Then the people who had arrested Jesus led him to the home of Caiaphas, the high priest, where the teachers of religious law and the elders had gathered. ●Meanwhile, Peter followed him at a distance and came to the high priest's courtyard. He went in and sat with the guards and waited to see how it would all end.

59 ●Inside, the leading priests and the entire high council* were trying to find witnesses who would lie about Jesus, so they could put him to death. ●But even though they found many who agreed to give false witness, they could not use anyone's testimony. Finally, two men came forward ●who declared, "This man said, 'I am able to destroy the Temple of God and rebuild it in three days.'"

62 ●Then the high priest stood up and said to Jesus, "Well, aren't you going to answer these charges? What do you have to say for yourself?" ●But Jesus remained silent. Then the high priest said to him, "I demand in the name of the living God—tell us if you are the Messiah, the Son of God."

64 ●Jesus replied, "You have said it. And in the future you will see the Son of Man seated in the place of power at God's right hand* and coming on the clouds of heaven."*

revolutionary [rèvəlúːʃənèri] *n.* 혁명당원
slash [slæʃ] *vt.* 베다
testimony [téstəmouni] *n.* 증거

26:53 Greek *twelve legions.* 26:59 Greek the *Sanhedrin.* 26:64a Greek *seated at the right hand of the power.* See Ps 110:1. 26:64b See Dan 7:13.

오는 것을 볼 것이다."

65 그러자 대제사장이 자기 옷을 찢으며 말했습니다. "이 사람이 하나님을 모독했다! 더 이상 증인이 필요없다. 여러분 모두가 이 사람이 하나님을 모독하는 것을 들었다.

66 어떻게 생각하는가?" 사람들이 대답했습니다. "죽어 마땅합니다."

67 그리고 사람들은 예수님의 얼굴에 침을 뱉고, 주먹으로 치고, 손바닥으로 때리며

68 "그리스도야! 누가 너를 때렸는지 맞혀 보아라!" 하고 말했습니다.

베드로가 예수님을 알지 못한다고 말함

69 베드로가 대제사장 공관 마당의 바깥쪽에 앉아 있었습니다. 그때, 어떤 여자 하인이 와서 말했습니다. "당신도 갈릴리 사람, 예수와 함께 있었지요?"

70 그러자 베드로는 "당신이 무슨 말을 하는지 모르겠소"라며 모든 사람들 앞에서 그렇지 않다고 말했습니다.

71 베드로가 대문 있는 데로 나가자, 다른 여자 하인이 거기 있던 사람들에게 말했습니다. "이 사람은 나사렛 예수와 함께 있던 사람이에요."

72 또다시, 베드로는 "나는 그 사람을 모릅니다"라고 맹세를 하며 그렇지 않다고 말했습니다.

73 잠시 후, 서 있던 어떤 사람들이 베드로에게 가서 말했습니다. "분명히 너는 그들과 한 패다. 네 말씨를 보니 틀림없다."

74 그러자 베드로는 저주를 하며 맹세했습니다. "나는 저 사람을 모릅니다." 그러자 바로 닭이 울었습니다.

75 베드로는 지난번 예수님께서 자기에게 하신 말씀이 기억났습니다. "닭이 울기 전에 너는 나를 세 번이나 모른다고 할 것이다." 베드로는 밖으로 나가 몹시 울었습니다.

예수님께서 빌라도에게 끌려가심

27 다음날 아침이 되자, 모든 대제사장과 백성의 장로들이 예수님을 죽이려고 논의를 하였습니다.

2 그들은 예수님을 묶어, 총독인 빌라도에게 데려가, 그에게 넘겨주었습니다.

유다가 자살함

3 *예수님을 배반한 유다는 예수님이 유죄 판결을 받은 것을 보고, 양심에 가책을 느꼈습니다. 그래서 은 삼십 개를 대제사장과 장로들에게 돌려주었습니다.*

4 유다가 말했습니다. "내가 죄 없는 피를 팔아넘기는 죄를 지었습니다." 그들이 대답하였습니다. "그게

---

65 ●Then the high priest tore his clothing to show his horror and said, "Blasphemy! Why do we need other witnesses? You have all 66 heard his blasphemy. ●What is your verdict?"

"Guilty!" they shouted. "He deserves to die!"

67 ●Then they began to spit in Jesus' face and beat him with their fists. And some 68 slapped him, ●jeering, "Prophesy to us, you Messiah! Who hit you that time?"

Peter Denies Jesus

69 ●Meanwhile, Peter was sitting outside in the courtyard. A servant girl came over and said to him, "You were one of those with Jesus the Galilean."

70 ●But Peter denied it in front of everyone. "I don't know what you're talking about," he said.

71 ●Later, out by the gate, another servant girl noticed him and said to those standing around, "This man was with Jesus of Nazareth.*"

72 ●Again Peter denied it, this time with an oath. "I don't even know the man," he said.

73 ●A little later some of the other bystanders came over to Peter and said, "You must be one of them; we can tell by your Galilean accent."

74 ●Peter swore, "A curse on me if I'm lying—I don't know the man!" And immediately the rooster crowed.

75 ●Suddenly, Jesus' words flashed through Peter's mind: "Before the rooster crows, you will deny three times that you even know me." And he went away, weeping bitterly.

Judas Hangs Himself

27 Very early in the morning the leading priests and the elders of the people met again to lay plans for putting Jesus to 2 death. ●Then they bound him, led him away, and took him to Pilate, the Roman governor.

3 ●When Judas, who had betrayed him, realized that Jesus had been condemned to die, he was filled with remorse. So he took the thirty pieces of silver back to the leading 4 priests and the elders. ●"I have sinned," he declared, "for I have betrayed an innocent man."

"What do we care?" they retorted. "That's your problem."

---

remorse [rimɔ́:rs] *n.* 양심의 가책
verdict [vɔ́:rdikt] *n.* (배심원의) 평결, 판정

26:71 Or *Jesus the Nazarene.*

우리와 무슨 상관이냐? 그것은 너의 문제다."

5 유다는 은화를 성전 안에 내던지고 나가서 목매어 자살했습니다.

6 대제사장들이 성전에서 그 돈을 거두고 말했습니다. "이 돈은 피값이니, 성전에 두는 것은 안될 일이다."

7 그들은 서로 의논하여 그 돈으로 토기장이의 밭을 사, 나그네들의 묘지로 삼기로 결정했습니다.

8 그 밭은 지금까지 피밭이라고 불립니다.

9 그래서 예언자 예레미야가 말한 것이 이루어졌습니다. "그들이 은화 삼십 개, 즉 이스라엘 사람들이 몸값이라고 정한 값을 받았다.

10 그리고 토기장이의 밭을 샀는데 밭값으로 그 돈을 주었다. 이것은 주께서 내게 지시하신 그대로다."

빌라도가 예수님께 질문함

11 예수님께서 총독 앞에 서셨습니다. 총독이 예수님께 물었습니다. "당신이 유대인의 왕이오?" 예수님께서 "네가 말하였다"라고 대답하셨습니다.

12 대제사장과 장로들이 예수님을 고발하였지만, 예수님께서는 아무 대답도 하지 않으셨습니다.

13 그래서 빌라도가 예수님께 말했습니다. "이 사람들이 너를 여러 가지로 고발하는 것이 들리지 않느냐?"

14 그러나 예수님께서는 빌라도에게 단 한 마디도 대답하지 않으셨습니다. 빌라도는 이것을 보고 이상하게 생각했습니다.

바라바와 예수님

15 명절이 되면, 백성들이 원하는 죄수 한 명을 총독이 사면해 주는 관례가 있었습니다.

16 당시 감옥에는 바라바라고 하는 아주 악명 높은 죄수가 한 명 있었습니다.

17 사람들이 모였을 때, 빌라도가 말했습니다. "너희는 누구를 놓아주기를 원하느냐? 바라바냐, 아니면 그리스도라고 하는 예수냐?"

18 빌라도가 이렇게 말한 것은 사람들이 예수님을 시기해서, 자기에게 넘겨준 것을 알고 있었기 때문이었습니다.

19 빌라도가 재판석에 앉아 있을 때, 그의 아내가 사람을 보내 말했습니다. "저 죄 없는 사람에게 아무 일도 하지 마세요, 어젯밤 꿈속에서 제가 이 사람 때문에 몹시 고통을 받았습니다."

20 그러나 대제사장들과 장로들은 군중들에게 바라바를 놓아주고, 예수님을 죽이도록 요청하라고 시켰습니다.

21 빌라도가 사람들에게 말했습니다. "이 두 사람 중에

---

5 •Then Judas threw the silver coins down in the Temple and went out and hanged himself.

6 •The leading priests picked up the coins. "It wouldn't be right to put this money in the Temple treasury," they said, "since it was payment for murder."* 7 •After some discussion they finally decided to buy the potter's field, and they made it into a cemetery for foreigners. 8 •That is why the field is still 9 called the Field of Blood. •This fulfilled the prophecy of Jeremiah that says,

"They took* the thirty pieces of silver—
　　the price at which he was valued by
　　the people of Israel,
10 • and purchased the potter's field,
　　as the LORD directed.*"

Jesus' Trial before Pilate

11 •Now Jesus was standing before Pilate, the Roman governor. "Are you the king of the Jews?" the governor asked him.
　Jesus replied, "You have said it."

12 •But when the leading priests and the elders made their accusations against him, 13 Jesus remained silent. •"Don't you hear all these charges they are bringing against 14 you?" Pilate demanded. •But Jesus made no response to any of the charges, much to the governor's surprise.

15 •Now it was the governor's custom each year during the Passover celebration to release one prisoner to the crowd—anyone 16 they wanted. •This year there was a notori-17 ous prisoner, a man named Barabbas.* •As the crowds gathered before Pilate's house that morning, he asked them, "Which one do you want me to release to you—Barabbas, 18 or Jesus who is called the Messiah?" •(He knew very well that the religious leaders had arrested Jesus out of envy.)

19 •Just then, as Pilate was sitting on the judgment seat, his wife sent him this message: "Leave that innocent man alone. I suffered through a terrible nightmare about him last night."

20 •Meanwhile, the leading priests and the elders persuaded the crowd to ask for Barabbas to be released and for Jesus to be 21 put to death. •So the governor asked again, "Which of these two do you want me to release to you?"

---

notorious [nout⁵:riəs] *a.* 악명 높은

27:6 Greek *since it is the price for blood.*　**27:9** Or *I took.*　**27:9-10** Greek *as the LORD directed me.* Zech 11:12-13; Jer 32:6-9.　**27:16** Some manuscripts read *Jesus Barabbas; also in 27:17.*

누구를 석방시켜 주길 원하느냐?" 사람들이 대답했습니다. "바라바요!"

22 빌라도가 물었습니다. "그러면 그리스도라고 하는 예수는 어떻게 해야 하겠느냐?" 그들이 모두 대답했습니다. "그를 십자가에 매달아 죽이시오!"

23 빌라도가 물었습니다. "그 이유가 무엇이냐? 그가 무슨 악한 일을 했느냐?" 그러자 사람들은 더 크게 소리쳤습니다. "그를 십자가에 매달아 죽이시오!"

24 빌라도는 자기로서는 어찌할 도리가 없다는 것을 깨달았습니다. 그리고 잘못하면 폭동이 일어날지도 모른다고 생각하였습니다. 그래서 그는 물을 떠다가 사람들 앞에서 손을 씻으며 말했습니다. "나는 이 사람의 피에 대하여 아무런 책임이 없다. 너희가 알아서 해라."

25 사람들이 한결같이 대답했습니다. "그의 피에 대한 책임은 우리와 우리 아이들이 지겠습니다."

26 결국 빌라도는 바라바를 풀어 주었습니다. 그리고 예수님을 채찍으로 때리게 한 후, 십자가에 매달도록 내어 주었습니다.

27 총독의 군인들이 예수님을 총독의 관저로 끌고 들어갔습니다. 그러자 모든 부대원이 예수님 주위로 모였습니다.

28 그들은 예수님의 옷을 벗기고, 대신 붉은색 옷을 입혔습니다.

29 그리고 가시로 왕관을 엮어, 예수님의 머리 위에 씌웠습니다. 그들은 예수님의 오른손에 지팡이를 쥐여 주었습니다. 그리고 "유대인의 왕, 만세!"라고 말하며 예수님께 무릎 꿇고 절하면서 놀렸습니다.

30 그들은 예수님께 침을 뱉고 지팡이를 빼앗아 예수님의 머리를 쳤습니다.

31 예수님을 실컷 조롱한 후에, 붉은색 옷을 벗기고, 원래의 옷으로 다시 입혔습니다. 그리고 예수님을 십자가에 매달아 죽이려고 끌고 갔습니다.

십자가에 못박히심

32 군인들이 나가다가 구레네 출신의 시몬이라는 사람을 만났습니다. 군인들은 그에게 강제로 예수님의 십자가를 지고 가게 하였습니다.

33 그들은 골고다라는 곳으로 갔습니다. 골고다는 '해골의 땅'이라는 뜻입니다.

34 군인들은 예수님께 쓸개즙을 섞은 포도주를 주어 *마시게 하였습니다. 그러나 예수님께서는 맛을 보시고는 마시려고 하지 않으셨습니다.*

35 군인들이 예수님을 십자가에 못박고, 제비를 뽑아 예수님의 옷을 나누어 가졌습니다.

36 그리고 거기 앉아서, 예수님을 계속 지켜보았습니다.

The crowd shouted back, "Barabbas!"

22 •Pilate responded, "Then what should I do with Jesus who is called the Messiah?"

They shouted back, "Crucify him!"

23 •"Why?" Pilate demanded. "What crime has he committed?"

But the mob roared even louder, "Crucify him!"

24 •Pilate saw that he wasn't getting anywhere and that a riot was developing. So he sent for a bowl of water and washed his hands before the crowd, saying, "I am innocent of this man's blood. The responsibility is yours!"

25 •And all the people yelled back, "We will take responsibility for his death—we and our children!"*

26 •So Pilate released Barabbas to them. He ordered Jesus flogged with a lead-tipped whip, then turned him over to the Roman soldiers to be crucified.

The Soldiers Mock Jesus

27 •Some of the governor's soldiers took Jesus into their headquarters* and called out the
28 entire regiment. •They stripped him and
29 put a scarlet robe on him. •They wove thorn branches into a crown and put it on his head, and they placed a reed stick in his right hand as a scepter. Then they knelt before him in mockery and taunted, "Hail!
30 King of the Jews!" •And they spit on him and grabbed the stick and struck him on the
31 head with it. •When they were finally tired of mocking him, they took off the robe and put his own clothes on him again. Then they led him away to be crucified.

The Crucifixion

32 •Along the way, they came across a man named Simon, who was from Cyrene,* and the soldiers forced him to carry Jesus' cross.
33 •And they went out to a place called Golgo-
34 tha (which means "Place of the Skull"). •The soldiers gave Jesus wine mixed with bitter gall, but when he had tasted it, he refused to drink it.

35 •After they had nailed him to the cross, the soldiers gambled for his clothes by
36 throwing dice.* •Then they sat around and
37 kept guard as he hung there. •A sign was fastened above Jesus' head, announcing the

27:25 Greek *"His blood be on us and on our children."* 27:27 Or *into the Praetorium.* 27:32 *Cyrene* was a city in northern Africa. 27:35 Greek *by casting lots.* A few late manuscripts add *This fulfilled the word of the prophet: "They divided my garments among themselves and cast lots for my robe."* See Ps 22:18.

37 그들은 예수님의 머리 위에 "이 사람은 유대인의 왕 예수다"라고 쓴 죄패를 걸어 놓았습니다.

38 그때, 두 강도가 예수님과 함께 십자가에 못박혔습니다. 한 사람은 오른쪽에, 다른 한 사람은 왼쪽에 매달렸습니다.

39 지나가던 사람들이 고개를 저으면서 예수님께 욕을 하였습니다.

40 "성전을 헐고 삼 일 만에 다시 세운다는 사람아! 네 자신이나 구원하여라. 만일 하나님의 아들이라면, 십자가에서 내려와 보아라!"

41 이와 같이 대제사장들도 율법학자들과 장로들과 함께 예수님을 조롱하며 말했습니다.

42 "이 사람이 다른 사람들은 구하면서, 자기 자신은 구하지 못하는구나! 그는 이스라엘의 왕이니, 지금 십자가에서 내려오라지. 그러면 우리가 그를 믿겠다.

43 그가 하나님을 믿는다는데, 하나님께서 원하신다면 그를 당장 구원해 주시라고 그래라. 자신이 '나는 하나님의 아들이라'고 했으니까 말이다."

44 예수님과 함께 십자가에 못박힌 강도들도 똑같은 욕을 예수님께 했습니다.

예수님께서 돌아가심

45 낮 12시부터 오후 3시까지 온 땅이 어둠에 덮였습니다.

46 오후 3시쯤에 예수님께서 "엘리, 엘리, 라마 사박다니" 하고 큰소리로 외치셨습니다. 이 말은 "나의 하나님, 나의 하나님, 어찌하여 나를 버리셨습니까?"라는 뜻입니다.

47 거기 서 있던 사람들이 이 말을 듣고 말했습니다. "이 사람이 엘리야를 부른다."

48 그러자 얼른 한 사람이 뛰어가서 해면을 가져다, 신 포도주를 적셨습니다. 그리고 예수님께서 마시도록 지팡이에 매달아 주었습니다.

49 나머지 사람들이 말했습니다. "가만 놔두어라. 엘리야가 그를 구원하러 오나 보자."

50 다시 예수님께서 큰 소리로 외치셨습니다. 그리고 숨을 거두셨습니다.

51 그때, 성전 휘장이 위에서부터 아래까지 두 조각으로 갈라졌습니다. 땅이 흔들리고, 바위들이 쪼개졌으며,

52 무덤이 열리고, 잠자던 많은 성도들의 몸이 다시 살아났습니다.

53 예수님께서 부활하신 후, 그들은 무덤에서 나와 거룩한 성으로 들어가서, 많은 사람들에게 나타나 보였습니다.

54 예수님을 지키던 백부장과 병사들이, 지진과 일어

charge against him. It read: "This is Jesus, the
38 King of the Jews." • Two revolutionaries* were crucified with him, one on his right and one on his left.

39 • The people passing by shouted abuse,
40 shaking their heads in mockery. • "Look at you now!" they yelled at him. "You said you were going to destroy the Temple and rebuild it in three days. Well then, if you are the Son of God, save yourself and come down from the cross!"

41 • The leading priests, the teachers of religious law, and the elders also mocked Jesus.
42 • "He saved others," they scoffed, "but he can't save himself! So he is the King of Israel, is he? Let him come down from the cross right now, and we will believe in him! • He trusted God, so let God rescue him now if he
44 wants him! For he said, 'I am the Son of God.' " • Even the revolutionaries who were crucified with him ridiculed him in the same way.

The Death of Jesus

45 • At noon, darkness fell across the whole
46 land until three o'clock. • At about three o'clock, Jesus called out with a loud voice, "Eli, Eli,* lema sabachthani?" which means "My God, my God, why have you abandoned me?"*

47 • Some of the bystanders misunderstood and thought he was calling for the prophet
48 Elijah. • One of them ran and filled a sponge with sour wine, holding it up to him on a
49 reed stick so he could drink. • But the rest said, "Wait! Let's see whether Elijah comes to save him."*

50 • Then Jesus shouted out again, and he
51 released his spirit. • At that moment the curtain in the sanctuary of the Temple was torn in two, from top to bottom. The earth shook,
52 rocks split apart, • and tombs opened. The bodies of many godly men and women who had died were raised from the dead.
53 • They left the cemetery after Jesus' resurrection, went into the holy city of Jerusalem, and appeared to many people.
54 • The Roman officer* and the other soldiers at the crucifixion were terrified by the

gall [gɔːl] *n.* 쓸개즙
hail [héil] *int.* 만세
scepter [séptər] *n.* (왕권의 상징으로 갖는) 홀

27:38 Or *criminals*; also in 27:44. 27:46a Some manuscripts read *Eloi, Eloi.* 27:46b Ps 22:1. 27:49 Some manuscripts add *And another took a spear and pierced his side, and out flowed water and blood.* Compare John 19:34. 27:54 Greek *The centurion.*

난 모든 일들을 보고 매우 놀라면서 말했습니다. "이 사람은 정말로 하나님의 아들이었다!"

55 많은 여자들이 멀리 떨어진 곳에서 이를 지켜보고 있었습니다. 이들은 갈릴리에서부터 예수님을 섬 기려고 따라온 사람들이었습니다.

56 그 중에는 막달라 마리아와, 야고보와 요셉의 어머 니 마리아, 그리고 세베대의 아들들의 어머니가 있 었습니다.

예수님께서 무덤에 묻히심

57 그날 저녁에, 요셉이라는 아리마대 출신의 한 부자 가 왔습니다. 그도 역시 예수님의 제자였습니다.

58 요셉은 빌라도에게 가서, 예수님의 시신을 달라고 요청했습니다. 그러자 빌라도는 요셉에게 넘겨주 라고 군인들에게 명령하였습니다.

59 요셉은 그 시체를 가져다가 깨끗한 천으로 둘렀습 니다.

60 그리고 바위를 뚫어 만든, 자신의 새 무덤에 예수님 의 시신을 모셨습니다. 그는 큰 돌을 굴려 무덤의 입 구를 막고 돌아갔습니다.

61 막달라 마리아와 다른 마리아가 무덤 맞은편에 앉 아 있었습니다.

예수님의 무덤을 지킴

62 이튿날, 곧 준비일이 지난 후에 대제사장들과 바리 새파 사람들이 빌라도에게 왔습니다.

63 그들은 말했습니다. "각하, 그 거짓말쟁이가 살아 있을 때, '내가 삼 일 뒤에 살아날 것이다' 라고 한 말 이 기억납니다.

64 그러니 명령을 내리셔서 삼 일째 되는 날까지 그 무 덤을 꼭 지키게 하십시오. 그의 제자들이 와서 시체 를 훔쳐간 후 사람들에게 '그가 다시 살아났다' 고 할 수도 있습니다. 그러면 이번 속임수는 처음 것보 다 더 나쁜 결과를 가져올 것입니다."

65 빌라도가 말했습니다. "경비병들을 데리고 가서, 당신들이 할 수 있는 대로 무덤을 지키시오."

66 그렇게 해서 그들은 무덤에 가서 돌을 봉인하고, 경 비병들을 시켜 입구를 지키게 하였습니다.

예수님께서 부활하심

28 안식일 다음 날, 즉 한 주의 첫날 동틀 무렵 에, 막달라 마리아와 다른 마리아가 무덤을 보러 갔습니다.

2 그때, 강한 지진이 일어나고, 하나님의 천사가 하늘 에서 내려왔습니다. 그 천사는 돌을 굴려 치우고, 그 위에 앉았습니다.

3 그 모습은 번개와 같았고, 옷은 눈처럼 희었습니다.

4 경비병들이 그 천사를 보고 두려워 떨었고, 마치 죽 은 사람처럼 되었습니다.

earthquake and all that had happened. They said, "This man truly was the Son of God!"

55 •And many women who had come from Galilee with Jesus to care for him were 56 watching from a distance. •Among them were Mary Magdalene, Mary (the mother of James and Joseph), and the mother of James and John, the sons of Zebedee.

The Burial of Jesus

57 •As evening approached, Joseph, a rich man from Arimathea who had become a 58 follower of Jesus, •went to Pilate and asked for Jesus' body. And Pilate issued an order to 59 release it to him. •Joseph took the body and wrapped it in a long sheet of clean linen 60 cloth. •He placed it in his own new tomb, which had been carved out of the rock. Then he rolled a great stone across the 61 entrance and left. •Both Mary Magdalene and the other Mary were sitting across from the tomb and watching.

The Guard at the Tomb

62 •The next day, on the Sabbath,* the leading priests and Pharisees went to see Pilate. 63 •They told him, "Sir, we remember what that deceiver once said while he was still alive: 'After three days I will rise from the 64 dead.' •So we request that you seal the tomb until the third day. This will prevent his disciples from coming and stealing his body and then telling everyone he was raised from the dead! If that happens, we'll be worse off than we were at first."

65 •Pilate replied, "Take guards and secure it 66 the best you can." •So they sealed the tomb and posted guards to protect it.

The Resurrection

28 Early on Sunday morning,* as the new day was dawning, Mary Magdalene and the other Mary went out to visit the tomb.

2 •Suddenly there was a great earthquake! For an angel of the Lord came down from heaven, rolled aside the stone, and sat on it. 3 •His face shone like lightning, and his cloth- 4 ing was as white as snow. •The guards shook with fear when they saw him, and they fell into a dead faint.

---

deceiver [disíːvər] *n.* 사기꾼, 거짓말쟁이
seal [siːl] *vt.* 봉쇄하다, 막다
28:4 fall into a faint : 기절하다

27:62 Or *On the next day, which is after the Preparation.* 28:1 Greek *After the Sabbath, on the first day of the week.*

5 천사가 그 여자들에게 말했습니다. "두려워하지 마라. 너희가 십자가에 못박히신 예수님을 찾고 있다는 것을 알고 있다.

6 예수님은 여기 계시지 않다. 말씀하신 대로 다시 살아나셨다. 와서 예수님이 누우셨던 곳을 보아라.

7 그리고 빨리 가서 제자들에게 이렇게 말하여라. '예수님께서 죽음에서 다시 살아나셨습니다. 그리고 먼저 갈릴리로 가셨습니다. 거기서 예수님을 뵐 수 있을 것입니다.' 보아라, 이것이 내가 너희에게 전할 말이다."

8 여자들은 재빨리 무덤을 떠났습니다. 그들은 두려우면서도 매우 기뻤습니다. 그들은 제자들에게 이 소식을 전해 주려고 달려갔습니다.

9 그때, 갑자기 예수님께서 여자들에게 나타나셔서 말씀하셨습니다. "잘 있었느냐?" 여자들은 예수님께 다가가서 그분의 발을 붙잡고 절했습니다.

10 그러자 예수님께서 말씀하셨습니다. "두려워하지 마라. 가서 내 형제들에게 갈릴리로 가라고 말하여라. 거기서 그들이 나를 볼 것이다."

경비병들이 보고함

11 여자들이 가고 있는 동안, 몇몇 경비병들도 성으로 들어가, 대제사장들에게 일어난 모든 것을 말하였습니다.

12 대제사장들은 장로들과 함께 모여 의논하였습니다. 이들은 경비병들에게 많은 돈을 주었습니다.

13 그리고 "사람들에게는 '밤에 예수의 제자들이 찾아와, 우리가 잠든 사이에 그 시체를 훔쳐 갔다' 고 말하여라.

14 만일 이 이야기가 총독의 귀에 들어가더라도, 우리가 잘 말해서 너희들을 구해 주겠다"라고 말했습니다.

15 돈을 받은 경비병들은 그들이 시킨 대로 했습니다. 그래서 이런 소문이 유대인들 사이에 널리 퍼지게 되었고, 오늘날까지 그렇게들 알고 있습니다.

제자들의 사명

16 열한 명의 제자들이 갈릴리로 가서, 예수님께서 지시하신 산에 이르렀습니다.

17 그들은 예수님을 뵙고 절을 했습니다. 그러나 몇 명은 의심하기도 했습니다.

18 예수님께서 오셔서 말씀하셨습니다. "하늘과 땅의 모든 권세가 내게 주어졌다.

19 그러므로 너희는 가서, 모든 민족을 제자로 삼아라. 아버지와 아들과 성령의 이름으로 세례를 주어라.

20 내가 너희에게 말한 모든 것을 지키도록 가르쳐라. 보아라, 내가 너희와 세상 끝날까지 항상 함께 있겠다."

---

5 •Then the angel spoke to the women. "Don't be afraid!" he said. "I know you are looking for Jesus, who was crucified. •He 6 isn't here! He is risen from the dead, just as he said would happen. Come, see where his body was lying. •And now, go quickly and 7 tell his disciples that he has risen from the dead, and he is going ahead of you to Galilee. You will see him there. Remember what I have told you."

8 •The women ran quickly from the tomb. They were very frightened but also filled with great joy, and they rushed to give the 9 disciples the angel's message. •And as they went, Jesus met them and greeted them. And they ran to him, grasped his feet, and 10 worshiped him. •Then Jesus said to them, "Don't be afraid! Go tell my brothers to leave for Galilee, and they will see me there."

The Report of the Guard

11 •As the women were on their way, some of the guards went into the city and told the 12 leading priests what had happened. •A meeting with the elders was called, and they decided to give the soldiers a large bribe. 13 •They told the soldiers, "You must say, 'Jesus' disciples came during the night while we were sleeping, and they stole his body.' 14 •If the governor hears about it, we'll stand 15 up for you so you won't get in trouble." •So the guards accepted the bribe and said what they were told to say. Their story spread widely among the Jews, and they still tell it today.

The Great Commission

16 •Then the eleven disciples left for Galilee, going to the mountain where Jesus had told 17 them to go. •When they saw him, they worshiped him—but some of them doubted! 18 •Jesus came and told his disciples, "I have been given all authority in heaven and on 19 earth. •Therefore, go and make disciples of all the nations,* baptizing them in the name of the Father and the Son and the Holy 20 Spirit. •Teach these new disciples to obey all the commands I have given you. And be sure of this: I am with you always, even to the end of the age."

---

baptize [bæptáiz] *vt.* 세례를 주다
bribe [bráib] *n.* 뇌물
commission [kəmíʃən] *n.* 사명, 위임(령)
grasp [græsp] *vt.* 꽉 쥐다, 단단히 붙잡다
28:14 stand up for···: ···을 지지하다, 옹호하다

28:19 Or *all peoples*.

마가복음

서론

✛ 저자 _ 마가
✛ 저작 연대 _ A.D. 65~70년경으로 추정
✛ 기록 장소 _ 로마 (베드로와 마가가 감옥에 있을 때 기록했을 가능성이 높음)
✛ 기록 대상 _ 모든 이방 기독교인들, 특별히 로마에 있는 기독교인들
✛ 핵심어 및 내용 _ 핵심어는 '종'과 '즉시'이다. 본서에서는 많은 사람들을 위한 속죄물로 자신의 목숨을 내어주시고 모든 사람을 섬기셨던 예수 그리스도의 사역이 중심을 이루고 있다. 또 하나님의 아들을 믿는 일이 얼마나 중요하고 급한지를 강조하기 위해 '(곧)바로', '즉시'란 단어를 많이 사용한다.

세례자 요한이 예수님의 길을 준비함

1 하나님의 아들이신 예수 그리스도의 복음은 이렇게 시작되었습니다.

2 이사야 예언자의 글에 이렇게 쓰여 있습니다. "보아라. 내가 네 앞에 사자를 보낸다. 그가 네 길을 준비할 것이다."*

3 '광야에서 외치는 자의 목소리가 들린다. '주님의 길을 준비하여라. 그분의 길을 곧게 펴라.'"*

4 세례자 요한이 광야에 나타나서 죄 용서를 위한 회개의 세례를 선포하였습니다.

5 그래서 온 유대 지방 사람들과 예루살렘 사람들이 요한에게 나아갔습니다. 그들은 자신들이 지은 죄를 고백하고, 요단 강에서 요한에게 세례를 받았습니다.

6 요한은 낙타털로 만든 옷을 입고, 허리에는 가죽 띠를 띠고, 메뚜기와 들꿀을 먹었습니다.

7 요한은 사람들에게 이렇게 선포하였습니다. "나보다 더 강하신 분이 내 뒤에 오신다. 나는 그분 앞에 꿇어앉아 그분의 신발 끈을 풀기에도 부족하다.

8 나는 너희에게 물로 세례를 주지만 그분은 너희에게 성령으로 세례를 베푸실 것이다."

예수님께서 세례를 받으심

9 그때, 예수님께서 갈릴리에 있는 나사렛 마을에서 요단 강으로 오셔서, 요한에게 세례를 받으셨습니다.

10 예수님께서 물에서 나오실 때, 하늘이 열리는 것을 보셨습니다. 그리고 성령님께서 비둘기처럼 자신에게 내려오는 것을 보셨습니다.

11 하늘에서 "너는 내 사랑하는 아들이다. 내가 너로 말미암아 매우 기쁘다"라고 말하는 소리가 들렸습니다.

예수님께서 시험을 받으심

12 곧 성령님께서는 예수님을 광야로 내보내셨습니다.

John the Baptist Prepares the Way

1 This is the Good News about Jesus the Messiah, the Son of God.* It began •just as the prophet Isaiah had written:

"Look, I am sending my messenger ahead of you,
  and he will prepare your way.*

3 He is a voice shouting in the wilderness, 'Prepare the way for the LORD's coming! Clear the road for him!'*"

4 •This messenger was John the Baptist. He was in the wilderness and preached that people should be baptized to show that they had repented of their sins and turned to God to be forgiven. •All of Judea, including all the people of Jerusalem, went out to see and hear John. And when they confessed their sins, he baptized them in the Jordan River. •His clothes were woven from coarse camel hair, and he wore a leather belt around his waist. For food he ate locusts and wild honey.

7 •John announced: "Someone is coming soon who is greater than I am—so much greater that I'm not even worthy to stoop down like a slave and untie the straps of his sandals. •I baptize you with* water, but he will baptize you with the Holy Spirit!"

The Baptism and Temptation of Jesus

9 •One day Jesus came from Nazareth in Galilee, and John baptized him in the Jordan River. •As Jesus came up out of the water, he saw the heavens splitting apart and the Holy Spirit descending on him* like a dove. •And a voice from heaven said, "You are my dearly loved Son, and you bring me great joy."

12 •The Spirit then compelled Jesus to go into

1:1 Some manuscripts do not include *the Son of God.* 1:2 Mal 3:1. 1:3 Isa 40:3 (Greek version). 1:8 Or *in;* also in 1:8b. 1:10 Or *toward him,* or *into him.*

1:2 말 3:1에 기록되어 있다.
1:3 사 40:3에 기록되어 있다.

13 예수님께서는 사십 일 동안, 광야에서 사탄에게 시험을 받으셨습니다. 그때, 들짐승들과 함께 계셨는데, 천사들이 와서 예수님을 돌보아 드렸습니다.

하나님 나라를 선포하심

14 요한이 감옥에 갇힌 뒤, 예수님께서는 갈릴리로 가셔서 하나님의 복음을 전하셨습니다.

15 예수님께서는 "때가 되었다. 하나님 나라가 가까이 왔다. 회개하고, 복음을 믿어라!" 하고 말씀하셨습니다.

제자들을 부르심

16 예수님께서 갈릴리 호숫가를 지나가시다가, 시몬과 그의 동생 안드레를 보셨습니다. 그들은 어부였는데, 호수에 그물을 던지고 있었습니다.

17 예수님께서 "나를 따르라. 내가 너희를 사람을 낚는 어부로 삼겠다" 하고 말씀하셨습니다.

18 그러자 시몬과 안드레는 얼른 그물을 놔두고, 예수님을 따랐습니다.

19 예수님께서 조금 더 가시다가 세베대의 아들 야고보와 그의 동생 요한을 보셨습니다. 그들은 배에서 그물을 깁고 있었습니다.

20 예수님께서 그들을 부르시자, 그들은 아버지 세베대와 일꾼들을 배에 남겨 두고, 예수님을 따라 나섰습니다.

더러운 귀신이 들린 사람

21 예수님과 제자들이 가버나움으로 가셨습니다. 안식일에 예수님께서 회당에 들어가셔서 가르치기 시작하셨습니다.

22 거기에 있는 사람들이 예수님의 가르침을 듣고 놀랐습니다. 그것은 율법학자들과는 달리, 예수님께서는 권위 있는 분처럼 가르치셨기 때문입니다.

23 회당에 더러운 귀신이 들린 사람이 있었습니다. 그가 소리쳤습니다.

24 "나사렛 예수여! 당신과 우리들이 무슨 상관이 있습니까? 우리를 없애려고 오셨습니까? 나는 당신이 누군지 압니다. 바로 하나님께서 보내신 거룩한 분입니다!"

25 예수님께서 "조용히 하고, 그 사람에게서 나가거라!" 하시며 그를 꾸짖었습니다.

26 그 더러운 귀신이 그 사람에게 발작을 일으켰습니다. 그리고 큰소리를 지르면서 그 사람에게서 나왔습니다.

27 사람들은 모두 놀라서 "이게 어찌된 일이냐? 이것은 권위가 있는 새로운 교훈이다. 저 사람이 더러운 귀신에게 명령을 하니, 그것들이 복종하는구나"라고 하며 자기들끼리 서로 물었습니다.

28 그래서 예수님에 대한 소문이 갈릴리 모든 곳으로

13 the wilderness, •where he was tempted by Satan for forty days. He was out among the wild animals, and angels took care of him.

14 •Later on, after John was arrested, Jesus went into Galilee, where he preached God's
15 Good News.* • "The time promised by God has come at last!" he announced. "The Kingdom of God is near! Repent of your sins and believe the Good News!"

The First Disciples

16 •One day as Jesus was walking along the shore of the Sea of Galilee, he saw Simon*
17 and his brother Andrew throwing a net into the water, for they fished for a living. •Jesus called out to them, "Come, follow me, and I
18 will show you how to fish for people!" •And they left their nets at once and followed him.

19 •A little farther up the shore Jesus saw Zebedee's sons, James and John, in a boat
20 repairing their nets. •He called them at once, and they also followed him, leaving their father, Zebedee, in the boat with the hired men.

Jesus Casts Out an Evil Spirit

21 •Jesus and his companions went to the town of Capernaum. When the Sabbath day came, he went into the synagogue and
22 began to teach. •The people were amazed at his teaching, for he taught with real authority—quite unlike the teachers of religious law.
23 •Suddenly, a man in the synagogue who was possessed by an evil* spirit cried out,
24 • "Why are you interfering with us, Jesus of Nazareth? Have you come to destroy us? I know who you are—the Holy One of God!"
25 •But Jesus reprimanded him. "Be quiet!
26 Come out of the man," he ordered. •At that, the evil spirit screamed, threw the man into a convulsion, and then came out of him.
27 •Amazement gripped the audience, and they began to discuss what had happened. "What sort of new teaching is this?" they asked excitedly. "It has such authority! Even
28 evil spirits obey his orders!" •The news about Jesus spread quickly throughout the entire region of Galilee.

coarse [kɔ́ːrs] *a.* 결이 거친
compel [kəmpél] *vt.* 따르게 하다; 압도하다
convulsion [kənvʌ́lʃən] *n.* 경련
reprimand [réprəmæ̀nd] *n.* 견책, 징계; 비난, 질책
stoop [stúːp] *vi.* 자신을 낮추어…하다; 굴복하다

막

빠르게 퍼져 나갔습니다.

많은 사람들을 고치심

29 예수님과 제자들이 회당에서 나온 뒤에, 곧바로 야고보, 요한과 함께 시몬과 안드레의 집으로 갔습니다.

30 시몬의 장모가 열이 나서 누워 있었습니다. 사람들이 바로 이 사실을 예수님께 말씀드렸습니다.

31 예수님께서 시몬의 장모에게로 가서, 손을 잡고 일으켜 세우셨습니다. 그러자 바로 열이 내렸습니다. 시몬의 장모는 예수님을 섬겼습니다.

32 그날 저녁 해가 지자, 사람들이 모든 병든 사람과 귀신들린 사람들을 예수님께 데리고 왔습니다.

33 온 마을 사람이 문 앞에 모여들었습니다.

34 예수님께서는 온갖 환자들을 다 고쳐 주셨습니다. 그리고 많은 귀신들을 내쫓으셨습니다. 예수님께서는 귀신들에게 아무런 말도 하지 못하도록 하셨습니다. 그것은 그들이 예수님이 누구신지 알고 있었기 때문이었습니다.

갈릴리 전도 여행

35 어둠이 채 가시지 않은 아침에 예수님께서 일어나셨습니다. 그리고 조용한 곳으로 가서 기도하셨습니다.

36 시몬과 그의 친구들이 예수님을 찾으러 왔습니다.

37 그들은 예수님을 찾자 "모든 사람이 선생님을 찾고 있습니다"라고 말했습니다.

38 예수님께서 대답하셨습니다. "근처에 있는 다른 마을로 가자. 거기서도 내가 전도할 것이다. 내가 바로 그것을 위해서 왔다."

39 예수님께서는 갈릴리 모든 곳을 다니셨습니다. 회당에서 말씀을 전하시고, 귀신들을 내쫓으셨습니다.

문둥병 환자를 고치심

40 어떤 문둥병 환자가 예수님께 와서 무릎을 꿇고 간청했습니다. "선생님께서 원하시면, 저를 깨끗하게 하실 수 있습니다."

41 예수님께서 그 사람을 불쌍히 보셨습니다. 그래서 손을 내밀어 그를 만지시며 말씀하셨습니다. "내가 원하니, 깨끗해져라!"

42 그러자 바로 문둥병이 떠나고 그가 나았습니다.

43 예수님께서 그에게 단단히 이르시고 보내셨습니다.

44 "아무에게도 이 일을 말하지 마라! 다만 가서 제사장에게 네 몸을 보여 주어라. 그리고 네가 깨끗해진 것에 대하여 모세가 명령한 예물을 드려서, 사람들에게 증거로 삼아라."

45 그러나 그 사람은 가서 이 사실을 주저하지 않고 말하여, 소문을 냈습니다. 그래서 예수님께서는 마을

Jesus Heals Many People

29 •After Jesus left the synagogue with James and John, they went to Simon and Andrew's home. •Now Simon's mother-in-law was sick in bed with a high fever. They told Jesus about her right away. •So he went to her bedside, took her by the hand, and helped her sit up. Then the fever left her, and she prepared a meal for them.

32 •That evening after sunset, many sick and demon-possessed people were brought to Jesus. •The whole town gathered at the door to watch. •So Jesus healed many people who were sick with various diseases, and he cast out many demons. But because the demons knew who he was, he did not allow them to speak.

Jesus Preaches in Galilee

35 •Before daybreak the next morning, Jesus got up and went out to an isolated place to pray. •Later Simon and the others went out to find him. •When they found him, they said, "Everyone is looking for you."

38 •But Jesus replied, "We must go on to other towns as well, and I will preach to them, too. That is why I came." •So he traveled throughout the region of Galilee, preaching in the synagogues and casting out demons.

Jesus Heals a Man with Leprosy

40 •A man with leprosy came and knelt in front of Jesus, begging to be healed. "If you are willing, you can heal me and make me clean," he said.

41 •Moved with compassion,* Jesus reached out and touched him. "I am willing," he said. "Be healed!" •Instantly the leprosy disappeared, and the man was healed. •Then Jesus sent him on his way with a stern warning: •"Don't tell anyone about this. Instead, go to the priest and let him examine you. Take along the offering required in the law of Moses for those who have been healed of leprosy.* This will be a public testimony that you have been cleansed."

45 •But the man went and spread the word, proclaiming to everyone what had hap-

---

isolated [áisəlèitid] *a.* 고립된
kneel [ni:l] *vi.* 무릎 꿇다
leprosy [léprəsi] *n.* 나병
preach [pri:tʃ] *vi.* 설교하다; 전도하다
synagogue [sínəgag] *n.* 회당
1:34 cast out: 내쫓다

1:41 Some manuscripts read *Moved with anger.*
1:44 See Lev 14:2-32.

에 드러나게 들어가실 수 없을 정도가 되었습니다. 예수님께서는 사람이 없는 곳에 머무셨습니다. 그래도 사람들은 예수님이 계신 곳이라면, 어디든지 상관하지 않고 사방에서 몰려들었습니다.

중풍병 환자를 고치심

2 며칠 뒤에 예수님께서 가버나움으로 돌아오셨습니다. 예수님께서 집에 계시다는 소문이 퍼졌습니다.

2 그러자 많은 사람들이 모여들어 가득 찼습니다. 심지어 문 밖에도 서 있을 곳이 없었습니다. 예수님께서 그들에게 말씀하셨습니다.

3 네 명의 사람들이 예수님께 중풍병 환자를 데리고 왔습니다.

4 이들은 사람들 때문에 예수님께 들어갈 수가 없었습니다. 그래서 예수님이 계신 곳의 지붕을 뜯어 냈습니다. 이들은 뚫어 낸 구멍으로 중풍병 환자가 누워 있는 침상을 아래로 내렸습니다.

5 예수님께서 이 사람들의 믿음을 보시고, 중풍병 환자에게 말씀하셨습니다. "아들아, 네 죄가 용서되었다."

6 마침, 거기에 율법학자 몇 명이 앉아 있었는데, 마음속으로 생각했습니다.

7 '어떻게 이 사람이 저런 말을 하는가? 하나님을 모독하고 있구나. 하나님 외에 누가 죄를 용서할 수 있다는 말인가?'

8 예수님께서는 이 율법학자들이 속으로 생각하는 것을 곧 영으로 아셨습니다. 그래서 그들에게 말씀하셨습니다. "어째서 너희가 마음속으로 그런 생각을 하고 있느냐?

9 이 중풍병 환자에게 '네 죄가 용서되었다'라고 말하는 것과 '일어나서 침상을 가지고 걸어라' 하고 말하는 것 중에 어느 것이 더 쉽겠느냐?

10 그러나 인자가 세상에서 죄를 용서할 수 있는 권세가 있다는 것을 너희에게 보여 주려고 그랬다." 예수님께서 중풍병 환자에게 말씀하셨습니다.

11 "내가 네게 말한다. 일어나 침상을 가지고 집으로 가거라."

12 중풍병자는 일어나 침상을 들고 모든 사람이 보는 앞에서 걸어나갔습니다. 사람들이 놀라서 하나님께 찬송을 드렸으며 "우리는 이와 같은 일을 본 적이 없다!"라고 말하였습니다.

레위를 부르심

13 예수님께서 다시 호수로 가셨습니다. 많은 사람들이 예수님께 나아왔고, 예수님께서는 그들을 가르치셨습니다.

14 예수님께서 호숫가를 걸으시다가, 알패오의 아들

pened. As a result, large crowds soon surrounded Jesus, and he couldn't publicly enter a town anywhere. He had to stay out in the secluded places, but people from everywhere kept coming to him.

Jesus Heals a Paralyzed Man

2 When Jesus returned to Capernaum several days later, the news spread quickly 2 that he was back home. •Soon the house where he was staying was so packed with visitors that there was no more room, even outside the door. While he was preaching 3 God's word to them, •four men arrived car- 4 rying a paralyzed man on a mat. •They couldn't bring him to Jesus because of the crowd, so they dug a hole through the roof above his head. Then they lowered the man on his mat, right down in front of Jesus. 5 •Seeing their faith, Jesus said to the paralyzed man, "My child, your sins are forgiven." 6 •But some of the teachers of religious law who were sitting there thought to them- 7 selves, •"What is he saying? This is blasphemy! Only God can forgive sins!"

8 •Jesus knew immediately what they were thinking, so he asked them, "Why do 9 you question this in your hearts? •Is it easier to say to the paralyzed man 'Your sins are forgiven,' or 'Stand up, pick up your mat, 10 and walk'? •So I will prove to you that the Son of Man* has the authority on earth to forgive sins." Then Jesus turned to the para- 11 lyzed man and said, •"Stand up, pick up your mat, and go home!"

12 •And the man jumped up, grabbed his mat, and walked out through the stunned onlookers. They were all amazed and praised God, exclaiming, "We've never seen anything like this before!"

Jesus Calls Levi (Matthew)

13 •Then Jesus went out to the lakeshore again and taught the crowds that were coming to 14 him. •As he walked along, he saw Levi son of Alphaeus sitting at his tax collector's booth. "Follow me and be my disciple," Jesus said to him. So Levi got up and followed him.

---

blasphemy [blǽsfəmi] *n.* 신성모독
grab [grǽb] *vt.* 붙들다, 움켜쥐다
paralyzed [pǽrəlàizd] *a.* 마비된
religious [rilídʒəs] *a.* 종교상의
secluded [siklú:did] *a.* 외딴
stunned [stʌ́nd] *a.* 놀란

2:10 "Son of Man" is a title Jesus used for himself.

막

레위가 세관에 앉아 있는 것을 보셨습니다. 예수님께서 그에게 말씀하셨습니다. "나를 따라오너라." 그러자 레위는 일어나서 예수님을 따랐습니다.

15 예수님께서 레위의 집에서 식사를 하고 계실 때였습니다. 여러 세리들과 죄인들이 예수님과 그 제자들과 함께 식사를 하고 있었습니다. 왜냐하면 이런 사람들이 예수님을 많이 따랐기 때문입니다.

16 바리새파 율법학자들이 예수님께서 세리들과 죄인들과 함께 식사하시는 것을 보고, 제자들에게 물었습니다. "어째서 너희 선생님은 세리와 죄인들과 먹고 마시느냐?"

17 예수님께서 이 말을 들으시고, 그들에게 말씀하셨습니다. "건강한 사람에게는 의사가 필요 없고, 병든 사람에게 의사가 필요한 것이다. 나는 의로운 사람을 부르러 온 것이 아니고, 죄인들을 부르러 왔다."

금식에 대하여

18 요한의 제자들과 바리새파 사람들은 금식을 하였습니다. 사람들이 와서 말했습니다. "요한의 제자들과 바리새파 사람의 제자들은 금식을 하는데, 어째서 선생님의 제자들은 금식을 하지 않습니까?"

19 예수님께서 대답하셨습니다. "신랑의 친구들이 신랑과 함께 있을 때, 금식을 하지 않는다. 그렇지 않느냐? 신랑이 자기들과 함께 있는 한, 그들은 금식하지 않는다.

20 그러나 신랑을 빼앗길 날이 올 것이고, 그날에 금식을 하게 될 것이다.

21 그 누구도 낡은 옷에 새 천조각을 대고, 깁지 않는다. 만일 그렇게 하면 새로 댄 조각이 낡은 옷을 당겨 더욱 못 쓰게 될 것이다.

22 또한 그 누구도 낡은 술 부대에 새 술을 보관하지 않는다. 만일 그렇게 하면 술이 그 부대를 터뜨려, 술과 함께 술 부대가 다 못 쓰게 될 것이다. 새 술은 새 부대에 넣어야 한다."

안식일의 주인

23 안식일에 예수님께서 밀밭 사이를 지나가실 때였습니다. 제자들이 길을 내면서 밀 이삭을 잘랐습니다.

24 바리새파 사람들이 예수님께 말했습니다. "보십시오. 어째서 선생님의 제자들은 안식일에 율법을 어깁니까?"

25 예수님께서 대답하셨습니다. "다윗과 그 부하들이 배가 고파 먹을 것이 필요했을 때, 다윗이 어떻게 했는지 읽어 보지 않았느냐?

26 아비아달 대제사장 때에 다윗이 하나님의 집에 들어가서 하나님께 바친 빵을 먹었다. 이것은 제사장

15 • Later, Levi invited Jesus and his disciples to his home as dinner guests, along with many tax collectors and other disreputable sinners. (There were many people of this 16 kind among Jesus' followers.) • But when the teachers of religious law who were Pharisees* saw him eating with tax collectors and other sinners, they asked his disciples, "Why does he eat with such scum?*"

17 • When Jesus heard this, he told them, "Healthy people don't need a doctor—sick people do. I have come to call not those who think they are righteous, but those who know they are sinners."

A Discussion about Fasting

18 • Once when John's disciples and the Pharisees were fasting, some people came to Jesus and asked, "Why don't your disciples fast like John's disciples and the Pharisees do?"

19 • Jesus replied, "Do wedding guests fast while celebrating with the groom? Of course not. They can't fast while the groom is with 20 them. • But someday the groom will be taken away from them, and then they will fast.

21 • "Besides, who would patch old clothing with new cloth? For the new patch would shrink and rip away from the old cloth, leaving an even bigger tear than before.

22 • "And no one puts new wine into old wineskins. For the wine would burst the wineskins, and the wine and the skins would both be lost. New wine calls for new wineskins."

A Discussion about the Sabbath

23 • One Sabbath day as Jesus was walking through some grainfields, his disciples began 24 breaking off heads of grain to eat. • But the Pharisees said to Jesus, "Look, why are they breaking the law by harvesting grain on the Sabbath?"

25 • Jesus said to them, "Haven't you ever read in the Scriptures what David did when 26 he and his companions were hungry? • He went into the house of God (during the days when Abiathar was high priest) and broke the law by eating the sacred loaves of bread *that* only the priests are allowed to eat. He also gave some to his companions."

---

burst [bə́ːrst] *vt.* 터뜨리다
scum [skʌm] *n.* 찌꺼기; (경멸) 인간 쓰레기
shrink [ʃriŋk] *vi.* 오그라들다, 줄어들다

2:16a Greek *the scribes of the Pharisees.*　2:16b Greek *with tax collectors and sinners?*

막

외에는 먹을 수 없는 것이었다. 그러나 다윗은 그 빵을 자기와 함께 있던 사람들에게 주기까지 했다."

27 예수님께서 바리새파 사람들에게 말씀하셨습니다. "안식일은 사람을 위해 생긴 것이지, 사람이 안식일을 위해 생긴 것이 아니다.

28 그러므로 인자가 안식일의 주인이다."

손이 오그라진 사람을 고쳐 주심

3 예수님께서 회당에 들어가셨습니다. 거기에는 손이 오그라진 사람이 있었습니다.

2 사람들은 예수님을 고발하려고 예수님께서 안식일에 그 사람을 고쳐 주시는지 지켜 보고 있었습니다.

3 예수님께서 손이 오그라진 사람에게 말씀하셨습니다. "일어나서 나오너라."

4 그리고 그들에게 물으셨습니다. "안식일에 좋은 일을 하는 것이 옳으냐? 나쁜 일을 하는 것이 옳은 것이냐? 사람의 생명을 살리는 것이 옳으냐? 죽이는 것이 옳으냐?" 그러자 사람들이 아무런 대답도 하지 못했습니다.

5 예수님께서 분노하시며 주위를 둘러보시고 사람들의 마음이 굳은 것을 아시고, 슬퍼하셨습니다. 예수님께서 그 사람에게 말씀하셨습니다. "네 손을 펴 보아라." 그 사람이 손을 내밀자, 그 손이 나았습니다.

6 바리새파 사람들이 거기를 떠나 헤롯 당 사람들과 함께 예수님을 죽일 계획을 세웠습니다.

많은 사람들이 예수님을 따름

7 예수님께서 제자들과 함께 호수로 가셨습니다. 그러자 갈릴리에서 온 많은 사람들이 예수님을 따라왔습니다.

8 그리고 유대와 예루살렘과 이두매와 요단 강 건너편, 두로와 시돈 지방에서도 많은 사람들이 예수님이 행하신 일에 대한 소문을 듣고 찾아왔습니다.

9 예수님께서는 몰려드는 사람들이 너무 많아 제자들에게 배를 준비하라고 말씀하셨습니다.

10 예수님께서 많은 사람들을 고쳐 주신 까닭에 병에 걸린 사람들이 예수님을 만지려고 밀려들었던 것입니다.

11 더러운 귀신들은 예수님을 보기만 하면, 앞에 엎드려서 "당신은 하나님의 아들이십니다!"라고 소리쳤습니다.

12 그러나 예수님께서는, 귀신들이 예수님을 드러내지 못하도록 그들을 엄하게 꾸짖으셨습니다.

열두 명의 제자들을 뽑으심

13 예수님께서 산 위에 올라가셔서, 원하시는 몇몇 사람들을 부르셨습니다. 그러자 그들이 예수님께 올

27 •Then Jesus said to them, "The Sabbath was made to meet the needs of people, and not people to meet the requirements of the
28 Sabbath. •So the Son of Man is Lord, even over the Sabbath!"

Jesus Heals on the Sabbath

3 Jesus went into the synagogue again and noticed a man with a deformed hand.
2 •Since it was the Sabbath, Jesus' enemies watched him closely. If he healed the man's hand, they planned to accuse him of working on the Sabbath.
3 •Jesus said to the man with the deformed hand, "Come and stand in front of everyone."
4 •Then he turned to his critics and asked, "Does the law permit good deeds on the Sabbath, or is it a day for doing evil? Is this a day to save life or to destroy it?" But they wouldn't answer him.
5 •He looked around at them angrily and was deeply saddened by their hard hearts. Then he said to the man, "Hold out your hand." So the man held out his hand, and it
6 was restored! •At once the Pharisees went away and met with the supporters of Herod to plot how to kill Jesus.

Crowds Follow Jesus

7 •Jesus went out to the lake with his disciples, and a large crowd followed him. They
8 came from all over Galilee, Judea, •Jerusalem, Idumea, from east of the Jordan River, and even from as far north as Tyre and Sidon. The news about his miracles had spread far and wide, and vast numbers of people came to see him.
9 •Jesus instructed his disciples to have a boat ready so the crowd would not crush
10 him. •He had healed many people that day, so all the sick people eagerly pushed forward
11 to touch him. •And whenever those possessed by evil* spirits caught sight of him, the spirits would throw them to the ground in front of him shrieking, "You are the Son of
12 God!" •But Jesus sternly commanded the spirits not to reveal who he was.

Jesus Chooses the Twelve Apostles

13 •Afterward Jesus went up on a mountain and called out the ones he wanted to go

critic [krítik] *n.* 비난자
deformed [difɔ́:rmd] *a.* 기형의; 불구의
shriek [ʃríːk] *vi.* 비명을 지르다
sternly [stə́:rnli] *ad.* 엄격하게
3:5 hold out : 내밀다; 내뻗다

3:11 Greek *unclean;* also in 3:30.

막

14 예수님께서 열두 사람을 세우시고, 이들을 사도라고 부르셨습니다. 예수님께서는 그들과 함께하시면서, 그들로 하여금 나가서 말씀을 전하게 하셨습니다.

15 또한 귀신을 내쫓는 권세도 주셨습니다.

16 예수님께서 열두 사람을 세우셨는데, 그들은 예수님께서 베드로라는 이름을 지어 주신 시몬과

17 '천둥의 아들들'이란 뜻으로 예수님께서 보아너게라는 이름을 지어 주신 세베대의 아들 야고보와 그의 동생 요한,

18 안드레, 빌립, 바돌로매, 마태, 도마, 알패오의 아들 야고보, 다대오, 열심당 출신의 시몬,

19 그리고 예수님을 배반한 가룟 출신의 유다입니다.

　　사람들이 예수님께 귀신이 들렸다고 말함

20 예수님께서 집에 오시자, 다시 많은 사람들이 모여들었습니다. 그래서 예수님과 제자들은 식사도 할 수 없을 지경까지 되었습니다.

21 예수님의 식구들이, '예수가 정신이 나갔다'고 말하는 소리를 듣고, 그를 잡으러 왔습니다.

22 예루살렘에서 온 율법학자들은 이렇게 말했습니다. "예수가 바알세불이 들렸다. 예수는 귀신들의 우두머리의 힘을 빌려서 귀신을 내쫓는다."

23 예수님께서 사람들을 불러모으시고, 비유로 말씀하셨습니다. "사탄이 어떻게 사탄을 내쫓을 수 있느냐?

24 만일 나라가 자기들끼리 나뉘어 싸우면, 그 나라는 제대로 설 수 없다.

25 만일 한 집안이 자기들끼리 나뉘어 싸우면, 그 가정은 제대로 설 수 없다.

26 만일 사탄이 자기들끼리 나뉘어 싸우려고 일어나면, 스스로 망할 것이다.

27 먼저 힘센 사람을 묶어 놓지 않으면, 그 사람의 집에 들어가 그의 재산을 약탈할 수 없다. 묶어 놓은 뒤에야 그 집을 약탈할 것이다.

28 내가 너희에게 진정으로 말하는데, 사람들이 무슨 죄를 짓든지 어떤 비방을 하든지 그것은 모두 용서받을 수 있다.

29 그러나 성령님을 모독하는 죄는 결코 용서될 수 없다. 그것은 영원한 죄이다."

30 이 말씀을 하신 것은, 율법학자들이 예수님께 더러운 귀신이 들렸다고 말했기 때문입니다.

　　　　예수님의 진정한 가족

31 예수님의 어머니와 형제들이 도착했습니다. 그

14 with him. And they came to him. •Then he appointed twelve of them and called them his apostles.* They were to accompany him, and he would send them out to preach, •giving them authority to cast out demons. •These are the twelve he chose:

Simon (whom he named Peter),

17 • James and John (the sons of Zebedee, but Jesus nicknamed them "Sons of Thunder" *),

18 • Andrew,
Philip,
Bartholomew,
Matthew,
Thomas,
James (son of Alphaeus),
Thaddaeus,
Simon (the zealot*),

19 • Judas Iscariot (who later betrayed him).

Jesus and the Prince of Demons

20 •One time Jesus entered a house, and the crowds began to gather again. Soon he and his disciples couldn't even find time to eat. •When his family heard what was happening, they tried to take him away. "He's out of his mind," they said.

22 •But the teachers of religious law who had arrived from Jerusalem said, "He's possessed by Satan,* the prince of demons. That's where he gets the power to cast out demons."

23 •Jesus called them over and responded with an illustration. "How can Satan cast out Satan?" he asked. •"A kingdom divided by civil war will collapse. •Similarly, a family splintered by feuding will fall apart. •And if Satan is divided and fights against himself, how can he stand? He would never survive. •Let me illustrate this further. Who is powerful enough to enter the house of a strong man and plunder his goods? Only someone even stronger—someone who could tie him up and then plunder his house.

28 •"I tell you the truth, all sin and blasphemy can be forgiven, •but anyone who blasphemes the Holy Spirit will never be forgiven. This is a sin with eternal consequences." •He told them this because they were saying, "He's possessed by an evil spirit."

The True Family of Jesus

31 •Then Jesus' mother and brothers came to see

3:14 Some manuscripts do not include *and called them his apostles.* **3:17** Greek *whom he named Boanerges, which means Sons of Thunder.* **3:18** Greek *the Cananean,* an Aramaic term for Jewish nationalists. **3:22** Greek *Beelzeboul;* other manuscripts read *Beezeboul;* Latin version reads *Beelzebub.*

들은 밖에 서서 사람을 보내 예수님을 불렀습니다.

32 사람들이 예수님 주위에 앉아 있다가, 예수님께 말했습니다. "보십시오, 선생님의 어머니와 형제들이 밖에서 선생님을 찾고 있습니다."

33 예수님께서 대답하셨습니다. "누가 나의 어머니이고, 누가 나의 형제냐?"

34 주위에 앉아 있는 사람들을 둘러보시며 말씀하셨습니다. "보아라, 내 어머니와 형제들이다!

35 누구든지 하나님의 뜻대로 행하는 사람이 나의 형제와 자매이며 또한 어머니이다."

씨 뿌리는 비유

4 예수님께서 다시 호숫가에서 가르치시기 시작하셨습니다. 수많은 사람들이 예수님 주위로 모여들어서 예수님께서는 호수에서 배에 올라타 앉으셨습니다. 사람들은 호수 주변에 있었습니다.

2 예수님께서 비유를 통해 많은 것을 사람들에게 가르치셨습니다. 가르치는 중에 예수님께서 말씀하셨습니다.

3 "들어라! 한 농부가 씨를 뿌리러 나갔다.

4 농부가 씨를 뿌리는데, 어떤 씨는 길가에 떨어졌다. 그러자 새들이 와서 씨를 모두 먹어 버렸다.

5 어떤 씨는 흙이 거의 없는 돌 무더기에 떨어져 곧자랐으나, 땅이 깊지 않았다.

6 해가 돋자 싹이 말랐고, 뿌리가 없어서 시들어 버렸다.

7 또 다른 씨는 가시덤불 속에 떨어졌다. 가시가 자라서 싹이 자라지 못하게 했기 때문에 싹은 열매를 맺지 못했다.

8 또 다른 씨는 좋은 땅에 떨어졌다. 싹이 나고 자라서 열매를 맺어 어떤 것은 삼십 배, 어떤 것은 육십 배, 어떤 것은 백 배의 열매를 맺었다."

9 예수님께서 "들을 귀 있는 자여, 들어라!" 하고 말씀하셨습니다.

비유로 말씀하신 이유

10 예수님께서 혼자 계실 때, 열두 제자들과 예수님 주변에 있는 사람들이 이 비유에 대해서 여쭈었습니다.

11 예수님께서 말씀하셨습니다. "너희에게는 하나님 나라의 비밀을 알 수 있게 하였지만, 밖에 있는 사람들에게는 모든 것이 비유로 주어진다.

12 이는 '그들이 보기는 보아도 알지 못하고, 듣기는 들어도 깨닫지 못하게 하여 돌이켜 용서받지 못하게 하기'* 위함이다."

씨 뿌리는 비유를 설명해 주심

13 예수님께서 사람들에게 말씀하셨습니다. "너희가 이 비유를 이해하지 못하느냐? 그렇다면 어떻게 다

---

him. They stood outside and sent word for him to come out and talk with them.

32 •There was a crowd sitting around Jesus, and someone said, "Your mother and your brothers* are outside asking for you."

33 •Jesus replied, "Who is my mother? Who
34 are my brothers?" •Then he looked at those around him and said, "Look, these are my
35 mother and brothers. •Anyone who does God's will is my brother and sister and mother."

Parable of the Farmer Scattering Seed

4 Once again Jesus began teaching by the lakeshore. A very large crowd soon gathered around him, so he got into a boat. Then he sat in the boat while all the people
2 remained on the shore. •He taught them by telling many stories in the form of parables, such as this one:

3 • "Listen! A farmer went out to plant
4 some seed. •As he scattered it across his field, some of the seed fell on a footpath, and the
5 birds came and ate it. •Other seed fell on shallow soil with underlying rock. The seed sprouted quickly because the soil was shal-
6 low. •But the plant soon wilted under the hot sun, and since it didn't have deep roots,
7 it died. •Other seed fell among thorns that grew up and choked out the tender plants so
8 they produced no grain. •Still other seeds fell on fertile soil, and they sprouted, grew, and produced a crop that was thirty, sixty, and even a hundred times as much as had
9 been planted!" •Then he said, "Anyone with ears to hear should listen and understand."

10 •Later, when Jesus was alone with the twelve disciples and with the others who were gathered around, they asked him what the parables meant.

11 •He replied, "You are permitted to understand the secret* of the Kingdom of God. But I use parables for everything I say to out-
12 siders, •so that the Scriptures might be fulfilled:

'When they see what I do,
   they will learn nothing.
When they hear what I say,
   they will not understand.
Otherwise, they will turn to me
   and be forgiven.'*

13 •Then Jesus said to them, "If you can't

3:32 Some manuscripts add *and sisters.* 4:11 Greek *mystery.* 4:12 Isa 6:9-10 (Greek version).
4:12 사 6:9-10에 기록되어 있다.

른 모든 비유를 이해하겠느냐?

14 농부는 말씀을 뿌린다.

15 길가에 말씀이 떨어졌다는 것은 하나님의 말씀을 들었으나 곧 사탄이 와서 그 뿌려진 말씀을 빼앗는 사람을 말한다.

16 돌 무더기에 씨가 떨어졌다는 것은 말씀을 들을 때, 기쁨으로 즉시 받아들이지만

17 속에 뿌리가 없어 오래가지 못하고 말씀 때문에 환난이나 박해가 일어나면 곧 넘어지는 사람이다.

18 가시덤불에 씨가 떨어졌다는 것은 말씀을 듣지만,

19 세상의 염려와 재물에 대한 유혹과 그 밖의 여러 가지 욕심이 말씀을 가로막아서 열매를 맺지 못하는 사람이다.

20 좋은 땅에 씨가 떨어졌다는 것은 말씀을 듣고 받아들여 삼십 배, 육십 배, 백 배의 열매를 맺는 사람이다.”

등불은 등잔대 위에

21 예수님께서 그들에게 말씀하셨습니다. “등불을 침대 아래나 됫박 밑에 두겠느냐? 등잔대 위에 두지 않겠느냐?

22 숨긴 것은 나타나고, 비밀은 드러나게 마련이다.

23 들을 귀 있는 사람은 들어라!”

24 예수님께서 그들에게 말씀하셨습니다. “너희가 듣는 것을 마음에 새겨라. 너희가 다른 사람에게 주는 만큼 너희가 받을 것이며, 그 외에도 더 주실 것이다.

25 가진 사람은 더 받을 것이고, 가지지 못한 사람은 가진 것마저도 빼앗길 것이다.”

자라나는 씨의 비유

26 예수님께서 말씀하셨습니다. “하나님 나라는 밭에 씨를 뿌리는 농부와 같다.

27 밤낮으로 자고 일어나는 동안, 씨가 싹이 나고 자란다. 사람은 그것이 어떻게 자라는지를 알지 못한다.

28 땅은 저절로 열매를 맺게 한다. 먼저 싹이 나고, 다음에는 이삭이 나오고, 마침내 낟알이 여문다.

29 곡식이 익으면, 농부가 와서 낫으로 그것을 거두어들인다. 그것은 추수 때가 되었기 때문이다.”

겨자씨의 비유

30 예수님께서 말씀하셨습니다. “하나님 나라를 무엇에 빗댈 수 있을까? 무슨 비유로 설명을 할

understand the meaning of this parable, how will you understand all the other parables?

14 •The farmer plants seed by taking God's word
15 to others. •The seed that fell on the footpath represents those who hear the message, only to have Satan come at once and take it away.
16 •The seed on the rocky soil represents those who hear the message and immediately receive
17 it with joy. •But since they don't have deep roots, they don't last long. They fall away as soon as they have problems or are persecuted
18 for believing God's word. •The seed that fell among the thorns represents others who hear
19 God's word, •but all too quickly the message is crowded out by the worries of this life, the lure of wealth, and the desire for other things, so no
20 fruit is produced. •And the seed that fell on good soil represents those who hear and accept God's word and produce a harvest of thirty, sixty, or even a hundred times as much as had been planted!”

Parable of the Lamp

21 •Then Jesus asked them, “Would anyone light a lamp and then put it under a basket or under a bed? Of course not! A lamp is placed on a
22 stand, where its light will shine. •For everything that is hidden will eventually be brought into the open, and every secret will be brought
23 to light. •Anyone with ears to hear should listen and understand.”

24 •Then he added, “Pay close attention to what you hear. The closer you listen, the more understanding you will be given*—and you
25 will receive even more. •To those who listen to my teaching, more understanding will be given. But for those who are not listening, even what little understanding they have will be taken away from them.”

Parable of the Growing Seed

26 •Jesus also said, “The Kingdom of God is like a
27 farmer who scatters seed on the ground. •Night and day, while he's asleep or awake, the seed sprouts and grows, but he does not understand
28 how it happens. •The earth produces the crops on its own. First a leaf blade pushes through, then the heads of wheat are formed, and finally
29 the grain ripens. •And as soon as the grain is ready, the farmer comes and harvests it with a sickle, for the harvest time has come.”

Parable of the Mustard Seed

30 •Jesus said, “How can I describe the Kingdom of God? What story should I use to illustrate it?

4:24 Or *The measure you give will be the measure you get back.*

31 하나님 나라는 겨자씨와 같다. 겨자씨를 밭에 심을 때는 밭에 심는 씨앗 중에서 가장 작다.

32 그러나 심긴 후에는 그 어떤 밭작물보다 더 크게 자란다. 커다란 가지를 내어, 하늘의 새들이 그 그늘에 둥지를 틀 정도가 된다."

비유로 가르치심

33 예수님께서는 많은 비유를 사용하여, 사람들이 알아들을 수 있도록 말씀하셨습니다.

34 비유가 아니면 말씀하지 않으셨으나 제자들에게는 따로 모든 것을 설명해 주셨습니다.

폭풍을 멈추게 하심

35 그날 저녁이 되자, 예수님께서는 제자들에게 말씀하셨습니다. "호수 건너편으로 가자."

36 그래서 제자들은 사람들을 남겨 두고, 예수님께서 배에 타고 계신 그대로 모시고 갔습니다. 주위에 있던 다른 배들도 따라갔습니다.

37 그때, 매우 강한 바람이 불어 와서, 파도가 배 안으로 덮쳐 들어왔고, 물이 배 안에 차게 되었습니다.

38 예수님은 배 고물에서 베개를 베고 주무시고 계셨습니다. 제자들이 와서 예수님을 깨우면서 말했습니다. "선생님, 우리가 죽게 되었는데, 돌아보지 아니하십니까?"

39 예수님께서 일어나시더니 바람을 꾸짖고, 호수에게 명령하셨습니다. "조용하여라. 잠잠하여라." 그러자 바람이 멈추었고, 호수가 잔잔해졌습니다.

40 예수님께서 제자들에게 말씀하셨습니다. "어째서 너희가 무서워하느냐? 아직도 믿음이 없느냐?"

41 제자들이 매우 두려워하며, "이분이 어떤 분이길래 바람과 파도도 순종하는 것일까?" 하고 서로에게 물었습니다.

귀신들린 사람

5 예수님과 제자들이 호수 건너편 거라사 지방으로 갔습니다.

2 예수님께서 배에서 내리시자, 더러운 귀신이 들린 어떤 사람이 무덤에서 나와 예수님을 만났습니다.

3 이 사람은 무덤 사이에서 살고 있었는데, 그 누구도 그를 묶을 수 없었고, 쇠사슬로도 묶을 수 없었습니다.

4 여러 번 쇠고랑과 쇠사슬로 그를 묶어 보았으나 그는 쇠사슬도 끊고, 쇠고랑도 부수었습니다. 아무도 그를 당해 낼 수 없었습니다.

5 그는 밤낮으로 무덤과 산을 돌아다니며, 소리를 지르고 돌로 자기 몸에 상처를 내곤 하였습니다.

6 귀신들린 자가 멀리서 예수님을 보고, 달려와 엎드려 절을 하였습니다.

31 •It is like a mustard seed planted in the
32 ground. It is the smallest of all seeds, •but it
becomes the largest of all garden plants; it
grows long branches, and birds can make
nests in its shade."

33 •Jesus used many similar stories and illus-
trations to teach the people as much as they
34 could understand. •In fact, in his public
ministry he never taught without using
parables; but afterward, when he was alone
with his disciples, he explained everything
to them.

Jesus Calms the Storm

35 •As evening came, Jesus said to his disciples,
36 "Let's cross to the other side of the lake." •So
they took Jesus in the boat and started out,
leaving the crowds behind (although other
37 boats followed). •But soon a fierce storm
came up. High waves were breaking into the
boat, and it began to fill with water.

38 •Jesus was sleeping at the back of the
boat with his head on a cushion. The disci-
ples woke him up, shouting, "Teacher, don't
you care that we're going to drown?"

39 •When Jesus woke up, he rebuked the
wind and said to the waves, "Silence! Be
still!" Suddenly the wind stopped, and there
40 was a great calm. •Then he asked them,
"Why are you afraid? Do you still have no
faith?"

41 •The disciples were absolutely terrified.
"Who is this man?" they asked each other.
"Even the wind and waves obey him!"

Jesus Heals a Demon-Possessed Man

5 So they arrived at the other side of the
lake, in the region of the Gerasenes.*
2 •When Jesus climbed out of the boat, a man
possessed by an evil* spirit came out from
3 the tombs to meet him. •This man lived in
the burial caves and could no longer be
4 restrained, even with a chain. •Whenever he
was put into chains and shackles—as he
often was—he snapped the chains from his
wrists and smashed the shackles. No one
5 was strong enough to subdue him. •Day
and night he wandered among the burial
caves and in the hills, howling and cutting
himself with sharp stones.

6 •When Jesus was still some distance
away, the man saw him, ran to meet him,

---

howl [hául] *vi.* 울부짖다, 악쓰다
restrain [ristréin] *vt.* 제지하다

5:1 Other manuscripts read *Gadarenes;* still oth-
ers read *Gergesenes.* See Matt 8:28; Luke 8:26.
5:2 Greek *unclean;* also in 5:8, 13.

7 그리고 큰 소리로 "가장 높으신 하나님의 아들이신 예수님, 저와 무슨 상관이 있으십니까? 제발 저를 괴롭히지 마십시오" 하고 외쳤습니다.

8 그것은 예수님께서 "더러운 귀신아! 그 사람에게서 나오너라" 하고 그에게 말씀하셨기 때문이었습니다.

9 예수님께서 그에게 물으셨습니다. "네 이름이 무엇이냐?" 그가 대답했습니다. "레기온*입니다. 이는 우리의 수가 많기 때문에 붙여진 이름입니다."

10 그는 예수님께 자신들을 또다시 이 지방에서 쫓아내지 말아 달라고 간청하였습니다.

11 마침 그곳 산허리에서 많은 돼지 떼가 먹이를 먹고 있었습니다.

12 더러운 귀신들이 간청했습니다. "우리를 저 돼지들에게 보내셔서 들어가게 해 주십시오."

13 예수님께서 그렇게 허락하셨습니다. 더러운 귀신들은 그 사람에게서 나와 돼지 떼 속으로 들어갔습니다. 그러자 거의 이천 마리나 되는 돼지 떼가 호수 쪽으로 산비탈을 내리달아 빠져 죽었습니다.

14 돼지를 치던 사람들이 달아나서, 읍내와 촌에 있는 사람들에게 이 사실을 알렸습니다. 그래서 사람들이 무슨 일이 일어났는지 보려고 왔습니다.

15 그들은 예수님께 와서, 귀신이 들렸던 사람, 곧 레기온 귀신이 들렸던 사람이 옷을 입고 제정신으로 돌아와 앉아 있는 모습을 보고 깜짝 놀랐습니다.

16 이 일을 목격했던 사람들이 그들에게 귀신들린 사람에게 어떤 일이 일어났는지에 대하여, 그리고 돼지 떼에 대하여 말해 주었습니다.

17 그러자 그들은 예수님께 자기네 지방을 떠나 달라고 요구하기 시작했습니다.

18 예수님께서 배에 앉으시자, 귀신들렸던 사람도 예수님을 따라가게 해 달라고 간청하였습니다.

19 그러나 예수님께서는 허락하지 않으셨습니다. 예수님께서 "네 가족 식구들과 친구들에게로 가거라. 그들에게 주님께서 네게 얼마나 큰 일을 해 주셨으며, 얼마나 큰 자비를 베풀어 주셨는지 이야기하여라" 하고 말씀하셨습니다.

20 그래서 그 사람은 돌아갔습니다. 그리고 데가볼리 지역에서 예수님께서 자기에게 얼마나 큰 일을 해 주셨는지를 사람들에게 이야기하자, 모든 사람들이 듣고 놀랐습니다.

야이로의 딸과 예수님의 옷을 만진 여자

21 예수님께서 배를 타고, 맞은편 쪽으로 다시 건너오셨습니다. 그러자 많은 사람들이 예수님 주위에 몰려들었습니다. 예수님께서 호숫가에 계셨습니다.

22 야이로라고 이름하는 어떤 회당장이 예수님을 찾

---

7 and bowed low before him. ●With a shriek, he screamed, "Why are you interfering with me, Jesus, Son of the Most High God? In the name of God, I beg you, don't torture me!"

8 ●For Jesus had already said to the spirit, "Come out of the man, you evil spirit."

9 ●Then Jesus demanded, "What is your name?"

And he replied, "My name is Legion, because there are many of us inside this

10 man." ●Then the evil spirits begged him again and again not to send them to some distant place.

11 ●There happened to be a large herd of

12 pigs feeding on the hillside nearby. ●"Send us into those pigs," the spirits begged. "Let us enter them."

13 ●So Jesus gave them permission. The evil spirits came out of the man and entered the pigs, and the entire herd of about 2,000 pigs plunged down the steep hillside into the lake and drowned in the water.

14 ●The herdsmen fled to the nearby town and the surrounding countryside, spreading the news as they ran. People rushed out to

15 see what had happened. ●A crowd soon gathered around Jesus, and they saw the man who had been possessed by the legion of demons. He was sitting there fully clothed and perfectly sane, and they were all afraid.

16 ●Then those who had seen what happened told the others about the demon-possessed

17 man and the pigs. ●And the crowd began pleading with Jesus to go away and leave them alone.

18 ●As Jesus was getting into the boat, the man who had been demon possessed

19 begged to go with him. ●But Jesus said, "No, go home to your family, and tell them everything the Lord has done for you and how

20 merciful he has been." ●So the man started off to visit the Ten Towns* of that region and began to proclaim the great things Jesus had done for him; and everyone was amazed at what he told them.

Jesus Heals in Response to Faith

21 ●Jesus got into the boat again and went back to the other side of the lake, where a large crowd gathered around him on the

22 shore. ●Then a leader of the local synagogue, whose name was Jairus, arrived.

---

torture [tɔ́ːrtʃər] *vt.* 괴롭히다
5:13 plunge down… : …아래로 뛰어들다

5:20 Greek *Decapolis*.
5:9 개역 성경에는 '군대' 라고 표기되어 있다. 로마 군대의 한 사단을 의미하며, 약 3,000~6,000명으로 이루어져 있다.

아왔습니다. 그는 예수님의 발 앞에 엎드렸습니다.

23 그리고 예수님께 거듭해서 간청했습니다. "제 어린 딸이 죽어가고 있습니다. 제발 오셔서, 그 아이에게 손을 얹어 주십시오. 그러면 건강해지고 살아날 것입니다."

24 그러자 예수님께서 그와 함께 가셨습니다. 많은 사람들이 예수님을 에워싸고 밀며 따라왔습니다.

25 그 중에는 십이 년 동안, 혈루증을 앓아 온 여자가 있었습니다.

26 그는 여러 의사에게 보이면서 고생을 했습니다. 그러나 가진 돈만 다 써 버리고 효과는 없었습니다. 오히려 병이 더 심해져 갈 뿐이었습니다.

27 그러던 중, 예수님에 대한 소문을 듣고, 사람들 틈에 끼어 예수님을 따라가다가 예수님의 옷에 손을 대었습니다.

28 그 여자는 '옷에 손을 대기만 하여도 내가 나을 거야' 하고 생각했습니다.

29 그 즉시, 피가 흐르는 것이 멈췄습니다. 그녀는 자신의 병이 나은 것을 몸으로 느꼈습니다.

30 바로 그때, 예수님께서 자신에게서 능력이 나가는 것을 느끼셨습니다. 그래서 돌아서서 물으셨습니다. "누가 내 옷을 만졌느냐?"

31 제자들이 말했습니다. "사람들이 에워싸고 밀치고 있는데, 누가 손을 대었다고 말씀하십니까?"

32 그러나 예수님께서는 손을 댄 여자를 찾으려고 둘러보셨습니다.

33 여자는 자기에게 일어난 일을 알고서 두려워 떨었습니다. 여자는 예수님의 발 앞에 엎드려 절하며 모든 사실을 말씀드렸습니다.

34 예수님께서 여자에게 "딸아, 네 믿음이 너를 낫게 하였다. 안심하고 가거라. 그리고 건강하게 지내라" 하고 말씀하셨습니다.

35 예수님께서 계속 말씀하고 계실 때, 회당장의 집에서 사람이 와 회당장에게 말했습니다. "따님이 죽었습니다. 왜 예수님을 계속 번거롭게 하십니까?"

36 그러나 예수님께서는 이 말을 무시하시고, 회당장에게 "두려워 말고 믿기만 하여라" 하고 말씀하셨습니다.

37 예수님께서는 베드로와 야고보, 그리고 야고보의 동생인 요한 외에는 아무도 따라오지 못하도록 하셨습니다.

38 그들이 회당장의 집에 도착해 보니 몹시 소란스러웠습니다. 많은 사람들이 크게 소리를 내며 울고 있었습니다.

39 예수님께서 들어가셔서 사람들에게 "어째서 소란을 피우며 울고 있느냐? 이 아이는 죽은 것이 아니

When he saw Jesus, he fell at his feet,
23 •pleading fervently with him. "My little daughter is dying," he said. "Please come and lay your hands on her; heal her so she can live."

24 •Jesus went with him, and all the people
25 followed, crowding around him. •A woman in the crowd had suffered for twelve years with constant bleeding. •She had suffered a great deal from many doctors, and over the years she had spent everything she had to pay them, but she had gotten no bet-
27 ter. In fact, she had gotten worse. •She had heard about Jesus, so she came up behind him through the crowd and touched his
28 robe. •For she thought to herself, "If I can just touch his robe, I will be healed."
29 •Immediately the bleeding stopped, and she could feel in her body that she had been healed of her terrible condition.

30 •Jesus realized at once that healing power had gone out from him, so he turned around in the crowd and asked, "Who touched my robe?"
31 •His disciples said to him, "Look at this crowd pressing around you. How can you ask, 'Who touched me?' "
32 •But he kept on looking around to see
33 who had done it. •Then the frightened woman, trembling at the realization of what had happened to her, came and fell to her knees in front of him and told him what she
34 had done. •And he said to her, "Daughter, your faith has made you well. Go in peace. Your suffering is over."

35 •While he was still speaking to her, messengers arrived from the home of Jairus, the leader of the synagogue. They told him, "Your daughter is dead. There's no use troubling the Teacher now."
36 •But Jesus overheard* them and said to Jairus, "Don't be afraid. Just have faith."
37 •Then Jesus stopped the crowd and wouldn't let anyone go with him except Peter, James, and John (the brother of
38 James). •When they came to the home of the synagogue leader, Jesus saw much com-
39 motion and weeping and wailing. •He went inside and asked, "Why all this commotion and weeping? The child isn't dead; she's only asleep."

---

bleeding [blíːdiŋ] *n.* 출혈
commotion [kəmóuʃən] *n.* 소동
fervently [fə́ːrvəntli] *ad.* 열렬하게
tremble [trémbl] *vi.* 떨다
wail [wéil] *vi.* 울부짖다, 통곡하다

5:36 Or *ignored.*

라 자는 것이다"라고 말씀하셨습니다.

40 사람들은 예수님을 비웃었습니다. 예수님께서는 사람들을 모두 내보내시고, 아이의 부모와 제자들과 함께 아이가 있는 방으로 들어가셨습니다.

41 그리고 아이의 손을 붙잡고 "달리다굼!"이라고 말씀하셨는데, 이는 번역하면 "어린 소녀야, 일어나라!"는 뜻입니다.

42 그러자 열두 살된 소녀는 즉시 일어나 걷기 시작했습니다. 이것을 보고 사람들은 놀랐습니다.

43 예수님께서 아무에게도 이 일을 알리지 말라고 엄하게 말씀하셨습니다. 그리고 아이에게 먹을 것을 주라고 말씀하셨습니다.

예수님의 고향에서

6 예수님께서 거기를 떠나 고향으로 가셨습니다. 제자들도 예수님을 따라갔습니다.

2 안식일이 되자, 예수님께서 회당에서 가르치기 시작하셨습니다. 많은 사람들이 예수님의 말씀을 듣고 놀라워하며 말했습니다. "이 사람이 어디서 이런 것을 얻었을까? 이 사람에게 있는 지혜는 어떤 것인가? 이 사람이 손으로 일으키는 기적은 어떤 것인가?

3 그는 목수가 아니냐? 그는 마리아의 아들이고, 야고보, 요세,* 유다, 그리고 시몬의 형이 아니냐? 그의 누이들도 우리와 함께 있지 아니하냐?" 그러면서 사람들은 예수님을 배척했습니다.

4 예수님께서 그들에게 "예언자가 고향과 친척과 자기 집을 제외하면 어느 곳에서나 존경을 받는다"라고 말씀하셨습니다.

5 예수님께서는 몇 명의 환자에게 손을 얹어 고쳐 주셨을 뿐, 많은 기적을 일으킬 수 없었습니다.

6 예수님께서는 그들이 믿지 않음에 놀라셨습니다. 그후 예수님께서 마을을 두루 다니시며 가르치셨습니다.

열두 제자를 보내심

7 예수님께서 열두 제자를 불러 두 사람씩 보내기 시작하셨습니다. 그리고 그들에게 더러운 귀신을 쫓는 권세를 주셨습니다.

8 예수님께서 제자들에게 명하기를, "여행할 때는 지팡이 외에 아무것도 가지고 다니지 말고, 빵이나 가방도 가지지 말며, 주머니에 돈도 넣고 다니지 마라"고 하셨습니다.

9 또한, "신만 신고 옷도 두 벌씩 갖지 마라"고 하셨습니다.

10 예수님께서 이어서 말씀하셨습니다. "어느 집에 들어가든지 마을을 떠날 때까지 거기 머무르도록 해라.

40 • The crowd laughed at him. But he made them all leave, and he took the girl's father and mother and his three disciples into the room where the girl was lying. • Holding her hand, he said to her, "Talitha koum," which means "Little girl, get up!" • And the girl, who was twelve years old, immediately stood up and walked around! They were overwhelmed and totally amazed. • Jesus gave them strict orders not to tell anyone what had happened, and then he told them to give her something to eat.

Jesus Rejected at Nazareth

6 Jesus left that part of the country and returned with his disciples to Nazareth, his hometown. • The next Sabbath he began teaching in the synagogue, and many who heard him were amazed. They asked, "Where did he get all this wisdom and the power to perform such miracles?" • Then they scoffed, "He's just a carpenter, the son of Mary* and the brother of James, Joseph,* Judas, and Simon. And his sisters live right here among us." They were deeply offended and refused to believe in him.

4 • Then Jesus told them, "A prophet is honored everywhere except in his own hometown and among his relatives and his own family." • And because of their unbelief, he couldn't do any miracles among them except to place his hands on a few sick people and heal them. • And he was amazed at their unbelief.

Jesus Sends Out the Twelve Disciples

Then Jesus went from village to village, teaching the people. • And he called his twelve disciples together and began sending them out two by two, giving them authority to cast out evil* spirits. • He told them to take nothing for their journey except a walking stick—no food, no traveler's bag, no money.* • He allowed them to wear sandals but not to take a change of clothes. • "Wherever you go," he said, "stay in the

behead [bihéd] *vt.* 목베다; 참수형에 처하다
grudge [grʌ́dʒ] *n.* 원한, 악의
offend [əfénd] *vt.* 성나게 하다
scoff [skɑ́f] *vi.* 비웃다, 조롱하다
6:9 a change of clothes : 갈아입을 옷

6:3a Some manuscripts read *He's just the son of the carpenter and of Mary.* 6:3b Most manuscripts read *Joses;* see Matt 13:55. 6:7 Greek *unclean.* 6:8 Greek *no copper coins in their money belts.*

6:3 요세는 요셉의 다른 이름이다.

11 너희를 받아들이지 않거나 말씀에 귀를 기울이지 않으면, 그곳에서 나올 때 신발에 묻은 먼지를 털어 버려서, 그들에게 증거로 삼아라."

12 제자들은 가서 사람들에게 회개하라고 전하였습니다.

13 또 많은 귀신들을 쫓아내고, 많은 환자들에게 기름을 부어 병을 고쳐 주었습니다.

세례자 요한의 죽음

14 예수님의 이름이 널리 알려져서 헤롯 왕도 예수님의 소문을 들었습니다. 사람들은 "세례자 요한이 죽은 사람들 가운데서 살아난 거야. 그러니까 이런 기적이 그분에게서 나오는 거야" 하고 말했습니다.

15 어떤 사람들은 이렇게도 말했습니다. "그분은 엘리야야." 또 다른 사람들은 "그분은 옛날에 있었던 예언자와 똑같은 예언자야"라고 말했습니다.

16 헤롯이 이런 소리를 듣고 말했습니다. "내가 목을 잘라 죽인 요한이 다시 살아났구나!"

17 예전에, 헤롯은 요한을 잡아 오게 하여 감옥에 가두어 둔 적이 있었습니다. 이는 헤로디아와 관련된 일로, 헤롯이 자기 동생 빌립의 아내인 헤로디아를 아내로 삼아 버렸기 때문이었습니다.

18 요한은 헤롯에게 "자기 동생의 아내를 자기 아내로 삼는 것은 옳지 않습니다"라고 말하곤 하였습니다.

19 그래서 헤로디아는 요한을 미워하였습니다. 헤로디아는 요한을 죽이고 싶었지만 그럴 수 없었습니다.

20 그것은 요한이 의롭고 거룩한 사람이란 것을 아는 헤롯이 요한을 두려워했기 때문입니다. 그래서 요한을 살려 두었습니다. 요한의 말이 듣기엔 괴로웠지만, 그의 말을 즐겨 들었습니다.

21 그런데 요한을 죽일 수 있는 좋은 기회가 왔습니다. 자기 생일에 헤롯은 고관들과 천부장들, 갈릴리의 귀빈들을 초청해서 잔치를 베풀었습니다.

22 헤로디아의 딸이 춤을 춰서 헤롯과 잔치에 참여한 손님들을 즐겁게 해 주었습니다. 그래서 헤롯 왕이 소녀에게 말했습니다. "네가 원하는 것을 말해라. 그러면 그것을 선물로 주겠다."

23 헤롯은 "네가 무엇을 달라고 하든지 다 주겠다. 내 나라의 절반이라도 말이다" 하고 맹세했습니다.

24 소녀는 자기 어머니에게 가서 "무엇을 달라고 할까요?" 하고 물었습니다. 그러자 어머니가 대답했습니다. "세례자 요한의 머리를 달라고 해라."

25 소녀는 즉시 왕에게 돌아가서 "바로 이 자리에서, 세례자 요한의 머리를 쟁반에 담아 주세요" 하고 요청했습니다.

---

11 same house until you leave town. •But if any place refuses to welcome you or listen to you, shake its dust from your feet as you leave to show that you have abandoned those people to their fate."

12 •So the disciples went out, telling everyone they met to repent of their sins and turn

13 to God. •And they cast out many demons and healed many sick people, anointing them with olive oil.

The Death of John the Baptist

14 •Herod Antipas, the king, soon heard about Jesus, because everyone was talking about him. Some were saying,* "This must be John the Baptist raised from the dead. That is why

15 he can do such miracles." •Others said, "He's the prophet Elijah." Still others said, "He's a prophet like the other great prophets of the past."

16 •When Herod heard about Jesus, he said, "John, the man I beheaded, has come back from the dead."

17 •For Herod had sent soldiers to arrest and imprison John as a favor to Herodias. She had been his brother Philip's wife, but Herod

18 had married her. •John had been telling Herod, "It is against God's law for you to

19 marry your brother's wife." •So Herodias bore a grudge against John and wanted to kill him. But without Herod's approval she

20 was powerless, •for Herod respected John; and knowing that he was a good and holy man, he protected him. Herod was greatly disturbed whenever he talked with John, but even so, he liked to listen to him.

21 •Herodias's chance finally came on Herod's birthday. He gave a party for his high government officials, army officers,

22 and the leading citizens of Galilee. •Then his daughter, also named Herodias,* came in and performed a dance that greatly pleased Herod and his guests. "Ask me for anything you like," the king said to the girl, "and I will

23 give it to you." •He even vowed, "I will give you whatever you ask, up to half my kingdom!"

24 •She went out and asked her mother, "What should I ask for?"

Her mother told her, "Ask for the head of John the Baptist!"

25 •So the girl hurried back to the king and told him, "I want the head of John the Baptist, right now, on a tray!"

6:23 up to… : (어느 정도 · 시점이)…에 이르기까지

6:14 Some manuscripts read *He was saying*.
6:22 Some manuscripts read *the daughter of Herodias herself*.

26 왕은 매우 괴로웠지만, 자기가 한 맹세 때문에 그리고 잔치에 참여한 손님들 때문에 소녀의 요청을 거절할 수 없었습니다.

27 왕은 곧바로 시위대 군인을 보내 요한의 머리를 가져오라고 했습니다. 군인은 가서 감옥에 있던 요한의 머리를 잘랐습니다.

28 그리고 쟁반에 담은 그의 머리를 가져와 소녀에게 주었고, 소녀는 그것을 자기 어머니에게 가져다 주었습니다.

29 요한의 제자들이 이 소식을 듣고 가서 요한의 시체를 가져다가 무덤에 묻었습니다.

오천 명의 사람들을 먹이심

30 사도들이 예수님께로 돌아왔습니다. 그리고 자신들이 했던 일과 가르쳤던 것을 모두 예수님께 말씀 드렸습니다.

31 예수님께서 말씀하셨습니다. "외딴 곳으로 따로 가서 잠시 쉬도록 하라." 이렇게 말씀하신 것은 오고 가는 사람들이 너무 많아 예수님과 사도들이 식사할 시간조차 없었기 때문입니다.

32 그래서 그들은 외딴 곳으로 배를 타고 갔습니다.

33 그러나 떠나는 모습을 보고 사람들이 그들인 줄 알아챘습니다. 그래서 사람들은 여러 성읍에서 길을 따라 함께 달려가서, 그들보다 먼저 그곳에 이르렀습니다.

34 예수님께서 배에서 내리시면서 많은 사람들을 보셨습니다. 예수님께서는 그들을 불쌍히 여기셨는데 그것은 그들이 마치 목자 없는 양과 같았기 때문입니다. 예수님께서는 그들에게 많은 것을 가르쳐 주셨습니다.

35 이미 날이 저물었습니다. 제자들이 예수님께 와서 말했습니다. "이곳은 빈 들이고, 시간도 너무 늦었습니다.

36 그러니 사람들을 보내어, 근처에 있는 농가나 마을에 가서 먹을 것을 사 먹게 하는 것이 좋겠습니다."

37 그러나 예수님께서 대답하셨습니다. "너희가 먹을 것을 주어라." 그들이 예수님께 말했습니다. "그러면 우리가 가서 이백 데나리온*어치의 빵을 사서 먹이라는 말씀이십니까?"

38 예수님께서 그들에게 물으셨습니다. "너희가 가진 빵이 얼마나 되는지 가서 알아보아라." 그들이 알아보고 나서 말했습니다. "빵 다섯 개와 생선 두 마리가 있습니다."

39 예수님께서 사람들에게 무리를 지어서 풀밭에 앉으라고 하셨습니다.

40 사람들은 백 명, 혹은 오십 명씩 떼를 지어 앉았습니다.

26 •Then the king deeply regretted what he had said; but because of the vows he had made in front of his guests, he couldn't refuse her. •So he immediately sent an executioner to the prison to cut off John's head and bring it to him. The soldier beheaded
28 John in the prison, •brought his head on a tray, and gave it to the girl, who took it to her mother. •When John's disciples heard what had happened, they came to get his body and buried it in a tomb.

Jesus Feeds Five Thousand

30 •The apostles returned to Jesus from their ministry tour and told him all they had
31 done and taught. •Then Jesus said, "Let's go off by ourselves to a quiet place and rest awhile." He said this because there were so many people coming and going that Jesus and his apostles didn't even have time to eat.
32 •So they left by boat for a quiet place,
33 where they could be alone. •But many people recognized them and saw them leaving, and people from many towns ran ahead along the shore and got there ahead of them.
34 •Jesus saw the huge crowd as he stepped from the boat, and he had compassion on them because they were like sheep without a shepherd. So he began teaching them many things.
35 •Late in the afternoon his disciples came to him and said, "This is a remote place, and
36 it's already getting late. •Send the crowds away so they can go to the nearby farms and villages and buy something to eat."
37 •But Jesus said, "You feed them."
"With what?" they asked. "We'd have to work for months to earn enough money* to buy food for all these people!"
38 •"How much bread do you have?" he asked. "Go and find out."
They came back and reported, "We have five loaves of bread and two fish."
39 •Then Jesus told the disciples to have the people sit down in groups on the green grass.
40 •So they sat down in groups of fifty or a hundred.

---

apostle [əpásl] *n.* 사도
equivalent [ikwívələnt] *a.* 같은 가치(양)의
executioner [eksikjúːʃənər] *n.* 사형집행인
regret [rigrét] *vt.* 후회하다
remote [rimóut] *a.* 멀리 떨어진
6:31 **rest awhile** : 잠깐(잠시) 쉬다

6:37 *Greek It would take 200 denarii.* A denarius was equivalent to a laborer's full day's wage.
6:37 1데나리온은 하루 품삯에 해당된다.

41 예수님께서 빵 다섯 개와 생선 두 마리를 들고, 하늘을 우러러보시며 감사 기도를 드리셨습니다. 그리고 제자들에게 빵을 떼어서 나누어 주도록 했습니다. 그리고 생선 두 마리도 나누어 주셨습니다.

42 모든 사람들이 배불리 먹었습니다.

43 제자들은 열두 광주리*에 남은 빵 조각과 물고기를 거두어들였습니다.

44 빵을 먹은 남자 어른은 오천 명이었습니다.

예수님께서 물 위를 걸으심

45 예수님께서 제자들에게 배를 타고, 호수 건너편에 있는 벳새다로 먼저 가 있으라고 말씀하셨습니다. 그동안에, 예수님께서는 사람들을 집으로 보내셨습니다.

46 사람들을 보내신 후, 예수님께서는 기도하러 산에 올라가셨습니다.

47 밤이 되었는데, 배는 여전히 호수 위에 있었고, 예수님께서는 홀로 뭍에 계셨습니다.

48 바람이 불어와 제자들이 노를 젓느라고 애를 쓰고 있었습니다. 이 모습을 보시고 예수님께서 새벽 3시에서 6시 사이에 호수 위를 걸어오셨습니다. 그리고 제자들을 지나쳐 가시려고 하셨습니다.

49 제자들이 예수님께서 호수 위를 걸으시는 것을 보고, 유령이라고 생각하여 비명을 질렀습니다.

50 그것은 그들이 모두 예수님을 보고, 무서워했기 때문입니다. 예수님께서 즉시 그들에게 말씀하셨습니다. "안심해라! 나다! 두려워하지 마라."

51 예수님께서 배에 오르시자 바람이 가라앉았습니다. 그래서 제자들은 크게 놀랐습니다.

52 그것은 제자들이 빵의 기적을 보고도 아직 깨닫지 못하고, 마음이 굳어져 있었기 때문입니다.

게네사렛에서 환자를 고치심

53 예수님과 제자들이 호수를 건너, 게네사렛이란 곳에 도착하였습니다. 그리고 거기서 닻을 내렸습니다.

54 그들이 배에서 내리자, 사람들이 예수님을 즉시 알아보았습니다.

55 사람들은 온 마을을 다니면서, 예수님께서 계시는 곳마다 환자들을 침상에 눕혀 데려오기 시작했습니다.

56 예수님께서 마을이든 읍내이든 농촌이든 어디에 가시든지, 사람들은 병자들을 시장에 데려다 놓고 예수님의 옷깃이라도 만질 수 있도록 간청했습니다. 예수님을 만진 사람들은 모두 병이 나았습니다.

장로의 전통

7 바리새파 사람들과 예루살렘에서 온 몇몇 율법학자들이 예수님께 왔습니다.

---

41 •Jesus took the five loaves and two fish, looked up toward heaven, and blessed them. Then, breaking the loaves into pieces, he kept giving the bread to the disciples so they could distribute it to the people. He also 42 divided the fish for everyone to share. •They 43 all ate as much as they wanted, •and afterward, the disciples picked up twelve baskets 44 of leftover bread and fish. •A total of 5,000 men and their families were fed.*

Jesus Walks on Water

45 •Immediately after this, Jesus insisted that his disciples get back into the boat and head across the lake to Bethsaida, while he sent 46 the people home. •After telling everyone good-bye, he went up into the hills by himself to pray.

47 •Late that night, the disciples were in their boat in the middle of the lake, and 48 Jesus was alone on land. •He saw that they were in serious trouble, rowing hard and struggling against the wind and waves. About three o'clock in the morning* Jesus came toward them, walking on the water. 49 He intended to go past them, •but when they saw him walking on the water, they cried out in terror, thinking he was a ghost. 50 •They were all terrified when they saw him.

But Jesus spoke to them at once. "Don't be afraid," he said. "Take courage! I am here!*" 51 •Then he climbed into the boat, and the wind stopped. They were totally amazed, 52 •for they still didn't understand the significance of the miracle of the loaves. Their hearts were too hard to take it in.

53 •After they had crossed the lake, they landed at Gennesaret. They brought the boat to shore •and climbed out. The people 55 recognized Jesus at once, •and they ran throughout the whole area, carrying sick people on mats to wherever they heard he 56 was. •Wherever he went—in villages, cities, or the countryside—they brought the sick out to the marketplaces. They begged him to let the sick touch at least the fringe of his robe, and all who touched him were healed.

Jesus Teaches about Inner Purity

7 One day some Pharisees and teachers of religious law arrived from Jerusalem to

---

distribute [distríbjuːt] *vt.* 배분하다

6:44 Some manuscripts read *fed from the loaves.* 6:48 Greek *About the fourth watch of the night.* 6:50 Or *The 'I AM' is here*; Greek reads *I am.* See Exod 3:14.

6:43 바구니

2 이들은 예수님의 제자들 가운데 몇 명이 더러운 손으로, 즉 씻지도 않은 손으로 빵을 먹는 것을 보았습니다.

3 바리새파 사람들과 모든 유대인들은 손을 씻기 전에는 결코 음식을 먹지 않습니다. 이것은 장로들의 전통을 지키는 것입니다.

4 시장에서 돌아오면 자신들의 몸을 깨끗하게 씻지 않고서는 음식을 먹지 않았습니다. 이 외에도 여러 가지 지켜야 할 일이 많았는데 컵이나 주전자, 냄비 그릇 그리고 침대를 씻는 것이었습니다.

5 바리새파 사람들과 율법학자들이 예수님께 말했습니다. "어째서 선생님의 제자들은 장로들의 전통을 지키지 않고, 더러운 손으로 음식을 먹습니까?"

6 예수님께서 대답하셨습니다. "이사야가 너희와 같은 위선자들에 대하여 쓴 것이 옳구나. '이 백성들이 입술로는 나를 공경하나, 마음은 내게서 멀구나.

7 헛되이 내게 예배를 드리고, 사람의 훈계를 교리인 양 가르친다.' *

8 너희는 하나님의 계명은 무시하고 사람의 전통만 지키는구나."

9 예수님께서 그들에게 말씀하셨습니다. "너희는 너희의 전통을 지키려고 하나님의 명령을 그럴듯하게 무시하는구나!

10 모세는, '네 아버지와 어머니를 공경하여라. 아버지나 어머니를 욕하는 사람은 반드시 죽으리라' 고 하였다.

11 그러나 너희는, '아버지나 어머니에게 드리려던 것이 고르반, 즉 하나님께 드리는 예물이 되었다' 고 하면 그만이라고 한다.

12 그래서 자기 아버지나 어머니에게 아무것도 드리지 못하게 한다.

13 그러므로 너희는 너희들의 전통으로 하나님의 말씀을 깨뜨리고 있다. 너희는 이와 같은 일을 많이 하고 있다."

입에서 나오는 것이 사람을 더럽힌다

14 예수님께서 사람들을 다시 불러서 말씀하셨습니다. "너희 모두 내 말을 듣고 깨달아라.

15 무엇이든지 사람 밖에서 몸 속으로 들어가 사람을 더럽히는 것은 아무것도 없다. 사람에게서 나오는 것이 사람을 더럽힌다."

16 (없음)*

17 예수님께서 사람들과 헤어져 집에 들어오시자, 제자들이 이 비유에 대해 물었습니다.

2 see Jesus. • They noticed that some of his disciples failed to follow the Jewish ritual of hand washing before eating. • (The Jews, especially the Pharisees, do not eat until they have poured water over their cupped hands,* as required by their ancient traditions. • Similarly, they don't eat anything from the market until they immerse their hands* in water. This is but one of many traditions they have clung to—such as their ceremonial washing of cups, pitchers, and kettles.*)

5 • So the Pharisees and teachers of religious law asked him, "Why don't your disciples follow our age-old tradition? They eat without first performing the hand-washing ceremony."

6 • Jesus replied, "You hypocrites! Isaiah was right when he prophesied about you, for he wrote,

'These people honor me with their lips,
　but their hearts are far from me.
7 • Their worship is a farce,
　for they teach man-made ideas as
　　commands from God.' *

8 • For you ignore God's law and substitute your own tradition."

9 • Then he said, "You skillfully sidestep God's law in order to hold on to your own tradition.

10 • For instance, Moses gave you this law from God: 'Honor your father and mother,' * and 'Anyone who speaks disrespectfully of father or mother must be put to death.' * • But you say it is all right for people to say to their parents, 'Sorry, I can't help you. For I have vowed to give to God what I would have given to you.' * • In this way, you let them disregard their needy parents. • And so you cancel the word of God in order to hand down your own tradition. And this is only one example among many others."

14 • Then Jesus called to the crowd to come and hear. "All of you listen," he said, "and try to understand. • It's not what goes into your body that defiles you; you are defiled by what comes from your heart.*"

17 • Then Jesus went into a house to get away from the crowd, and his disciples asked him

---

7:3 Greek have washed with the fist.　7:4a Some manuscripts read sprinkle themselves.　7:4b Some manuscripts add and dining couches.　7:7 Isa 29:13 (Greek version).　7:10a Exod 20:12; Deut 5:16.　7:10b Exod 21:17 (Greek version); Lev 20:9 (Greek version).　7:11 Greek 'What I would have given to you is Corban' (that is, a gift).　7:15 Some manuscripts add verse 16, Anyone with ears to hear should listen and understand. Compare 4:9, 23.

7:6-7 사 29:13에 기록되어 있다.
7:16 어떤 사본에는 "들을 귀가 있는 사람은 들어라"라는 구절이 첨가되어 있다.

18 예수님께서 말씀하셨습니다. "너희는 아직도 깨닫지 못하겠느냐? 바깥에서 사람 속으로 들어가는 것이 사람을 더럽히지 못한다는 것을 깨닫지 못하느냐?

19 그것은 사람의 마음속에 들어가는 것이 아니라, 배로 들어가서 뒤로 나간다." 그러므로 예수님께서는 모든 음식이 깨끗하다고 선언하셨습니다.

20 예수님께서 말씀하셨습니다. "사람에게서 나오는 것, 바로 그것이 사람을 더럽히는 것이다.

21 속에서부터, 즉 사람의 마음으로부터 악한 생각, 음란, 도둑질, 살인,

22 간음, 탐욕, 악의가 나오며, 속임수, 방탕, 질투, 욕지거리, 교만, 어리석음이 나온다.

23 이 모든 악한 것들은 사람의 속에서 나와 사람을 더럽힌다."

수로보니게 여자의 믿음

24 예수님께서 그곳을 떠나 두로 지방으로 가셨습니다. 예수님께서 어느 집에 들어가셨습니다. 그리고 이 사실을 아무에게도 알리지 않으려고 하셨습니다. 그러나 숨어 계실 수는 없었습니다.

25 예수님의 소문을 듣고, 어떤 여자가 얼른 예수님께 와서 무릎을 꿇었습니다. 그녀에게는 더러운 귀신이 들린 딸이 있었습니다.

26 그녀는 그리스 사람으로, 수로보니게 사람이었습니다. 그녀는 예수님께 자기의 딸에게서 귀신을 쫓아 달라고 간청했습니다.

27 예수님께서 그 여자에게 말씀하셨습니다. "자녀들을 먼저 먹여야 한다. 자녀들의 빵을 빼앗아서 개에게 던지는 것은 옳지 않다."

28 그 여자가 대답했습니다. "주님, 옳습니다. 그러나 상 아래 있는 개들도 그 아이들이 흘리는 부스러기는 얻어 먹습니다."

29 그러자 예수님께서 말씀하셨습니다. "네가 그렇게 말하니, 돌아가거라. 귀신이 네 딸에게서 떠났다."

30 그 여자가 집에 돌아가서 침대에 누워 있는 딸을 보니, 귀신은 이미 나가 버린 후였습니다.

예수님께서 말 못하는 자를 고치심

31 다시 예수님께서는 두로 지방을 떠나, 시돈을 거쳐, 데가볼리 지방에 있는 갈릴리 호수로 가셨습니다.

32 사람들이 예수님께, 듣지 못하고, 말도 못하는 사람을 데리고 와서는 그에게 손을 얹어 달라고 간청하였습니다.

33 예수님께서 그 사람을 데리고, 사람들로부터 떨어진 곳으로 데리고 가셨습니다. 그리고 손가락을 그 사람의 귀에 넣으신 뒤에, 손에 침을 뱉어 그의 혀를 만지셨습니다.

what he meant by the parable he had just
18 used. • "Don't you understand either?" he
asked. "Can't you see that the food you put
19 into your body cannot defile you? • Food
doesn't go into your heart, but only passes
through the stomach and then goes into the
sewer." (By saying this, he declared that
every kind of food is acceptable in God's
eyes.)

20 • And then he added, "It is what comes
21 from inside that defiles you. • For from with-
in, out of a person's heart, come evil thoughts,
22 sexual immorality, theft, murder, • adultery,
greed, wickedness, deceit, lustful desires,
23 envy, slander, pride, and foolishness. • All
these vile things come from within; they are
what defile you."

The Faith of a Gentile Woman

24 • Then Jesus left Galilee and went north to
the region of Tyre.* He didn't want anyone
to know which house he was staying in, but
25 he couldn't keep it a secret. • Right away a
woman who had heard about him came
and fell at his feet. Her little girl was pos-
sessed by an evil* spirit, • and she begged
him to cast out the demon from her daugh-
ter.
27 Since she was a Gentile, born in Syrian
Phoenicia, • Jesus told her, "First I should
feed the children—my own family, the
Jews.* It isn't right to take food from the chil-
dren and throw it to the dogs."
28 • She replied, "That's true, Lord, but even
the dogs under the table are allowed to eat
the scraps from the children's plates."
29 • "Good answer!" he said. "Now go home,
for the demon has left your daughter."
30 • And when she arrived home, she found
her little girl lying quietly in bed, and the
demon was gone.

Jesus Heals a Deaf Man

31 • Jesus left Tyre and went up to Sidon before
going back to the Sea of Galilee and the
32 region of the Ten Towns.* • A deaf man
with a speech impediment was brought to
him, and the people begged Jesus to lay his
hands on the man to heal him.
33 • Jesus led him away from the crowd so
they could be alone. He put his fingers into
the man's ears. Then, spitting on his own

impediment [impédəmənt] *n.* (언어) 장애
sewer [súːər] *n.* [해부, 동물] 배설공

7:24 Some manuscripts add *and Sidon.*　7:25
Greek *unclean.*　7:27 Greek *Let the children eat
first.*　7:31 Greek *Decapolis.*

34 그리고 하늘을 우러러보시며 깊은 숨을 쉬셨습니다. 그런 다음 그 사람에게 "에바다!"라고 말씀하셨는데, 이는 "열려라"라는 뜻입니다.

35 그러자 그의 귀가 열리고, 혀가 풀려 말을 분명하게 하게 되었습니다.

36 예수님께서 사람들에게 아무에게도 이 일을 말하지 말라고 명령하셨습니다. 그러나 예수님께서 하지 말라고 하시면 할수록, 사람들은 더욱 널리 소문을 퍼뜨렸습니다.

37 그들은 정말로 놀라워하며 "예수님께서 하시는 것은 모두 훌륭하다. 듣지 못하는 사람을 듣게 하고, 말 못 하는 사람도 말을 하게 해 주신다"라고 말했습니다.

사천 명의 사람들을 먹이심

8 또다시 많은 사람들이 있을 때, 먹을 것이 없었습니다. 예수님께서 제자들을 불러 말씀하셨습니다.

2 "이 많은 사람들이 나와 함께 삼 일 동안이나 있었는데, 이제 먹을 것이 없어 안타깝다.

3 내가 이들을 허기진 채 집에 보내면, 도중에 쓰러질 것이다. 이들 중에는 멀리서 온 사람도 있다."

4 예수님의 제자들이 물었습니다. "이 빈 들에서 어떻게 이 사람들을 배불리 먹일 빵을 구할 수 있겠습니까?"

5 예수님께서 물으셨습니다. "너희에게 빵이 얼마나 있느냐?" 제자들이 대답했습니다. "일곱 개가 있습니다."

6 예수님께서 사람들에게 땅에 앉으라고 지시하신 뒤, 일곱 개의 빵을 가지고 축복하셨습니다. 그리고 빵을 떼어 제자들에게 주시면서, 사람들에게 나누어 주도록 하셨습니다. 제자들이 사람들에게 빵을 나누어 주었습니다.

7 제자들에게 조그마한 생선도 몇 마리가 있었습니다. 예수님께서 축복하신 후, 마찬가지로 나누어 주라고 하셨습니다.

8 모든 사람들이 배불리 먹었습니다. 그리고 먹고 남은 빵 조각을 일곱 개의 커다란 광주리에 모았습니다.

9 그곳에는 약 사천 명 정도의 사람들이 있었습니다. 예수님께서 그들을 집으로 흩어 보내셨습니다.

10 그리고 즉시, 예수님께서 제자들과 배를 타시고 달마누다 지방으로 가셨습니다.

바리새파 사람들이 증거를 요구함

11 바리새파 사람들이 예수님께 와서 시비를 걸기 시작하였습니다. 이들은 예수님을 시험하려고, 하늘로부터 오는 증거를 보여 달라고 하였습니다.

---

fingers, he touched the man's tongue.

34 •Looking up to heaven, he sighed and said, *"Ephphatha,"* which means, "Be opened!"

35 •Instantly the man could hear perfectly, and his tongue was freed so he could speak plainly!

36 •Jesus told the crowd not to tell anyone, but the more he told them not to, the more

37 they spread the news. •They were completely amazed and said again and again, "Everything he does is wonderful. He even makes the deaf to hear and gives speech to those who cannot speak."

Jesus Feeds Four Thousand

8 About this time another large crowd had gathered, and the people ran out of food again. Jesus called his disciples and told

2 them, •"I feel sorry for these people. They have been here with me for three days, and

3 they have nothing left to eat. •If I send them home hungry, they will faint along the way. For some of them have come a long distance."

4 •His disciples replied, "How are we supposed to find enough food to feed them out here in the wilderness?"

5 •Jesus asked, "How much bread do you have?"

6 "Seven loaves," they replied.

6 •So Jesus told all the people to sit down on the ground. Then he took the seven loaves, thanked God for them, and broke them into pieces. He gave them to his disciples, who distributed the bread to the crowd.

7 •A few small fish were found, too, so Jesus also blessed these and told the disciples to distribute them.

8 •They ate as much as they wanted. Afterward, the disciples picked up seven

9 large baskets of leftover food. •There were about 4,000 men in the crowd that day, and Jesus sent them home after they had eaten.

10 •Immediately after this, he got into a boat with his disciples and crossed over to the region of Dalmanutha.

Pharisees Demand a Miraculous Sign

11 •When the Pharisees heard that Jesus had arrived, they came and started to argue with him. Testing him, they demanded that he show them a miraculous sign from heaven to prove his authority.

beware [biwéar] *vi.* 경계하다, 조심하다
declaration [dèkləréiʃən] *n.* 고백; 선언
faint [féint] *vi.* 기절하다
plainly [pléinli] *ad.* 확실히, 분명하게
wilderness [wíldərnis] *n.* 황무지, 황야

12 예수님께서는 깊이 숨을 쉬시고 말씀하셨습니다. "이 세대가 어째서 증거를 찾느냐? 내가 너희에게 진정으로 말한다. 어떠한 기적도 이 세대에 보여 주지 않겠다."

13 예수님께서 바리새파 사람들에게서 떠나, 다시 배를 타시고 호수 건너편으로 가셨습니다.

잘못된 가르침을 조심하여라

14 제자들이 남은 빵을 가지고 오는 것을 잊었습니다. 배에는 겨우 빵 한 조각만 있었습니다.

15 예수님께서 제자들에게 경고를 하셨습니다. "바리새파 사람들의 누룩과 헤롯의 누룩을 조심하여라."

16 제자들은 빵이 없어서 그런가 하고, 서로 수군거렸습니다.

17 예수님께서 이것을 아시고 물으셨습니다. "어째서 너희가 빵이 없는 것에 대해서 수군거리느냐? 너희가 아직도 알지 못하고 깨닫지 못하느냐? 너희의 마음이 굳어졌느냐?

18 너희는 눈이 있어도 보지 못하고, 귀가 있어도 듣지 못하느냐? 기억하지 못하느냐?

19 다섯 개의 빵을 오천 명에게 나누어 주었을 때, 너희가 남은 빵을 몇 광주리*에 모았느냐?" 제자들이 대답했습니다. "열두 광주리*입니다."

20 "일곱 개의 빵을 사천 명에게 나누어 주었을 때, 너희가 몇 광주리에 거두었느냐?" 제자들이 대답했습니다. "일곱 광주리입니다."

21 예수님께서 "아직도 깨닫지 못하느냐?" 하고 그들에게 물으셨습니다.

보지 못하는 자를 고치심

22 예수님과 제자들이 벳새다로 갔습니다. 거기서 사람들이 예수님께 보지 못하는 사람을 데리고 와서 손을 대어 주시기를 간청하였습니다.

23 예수님께서 그 사람의 손을 붙잡고, 마을 밖으로 데리고 가셨습니다. 그리고 그 사람의 눈에 침을 뱉으셨습니다. 그리고 손을 그 사람에게 얹고 물으셨습니다. "무엇이 보이느냐?"

24 그러자 그 사람의 눈이 떠졌습니다. 그가 말했습니다. "사람이 보입니다. 마치 나무가 걸어다니는 것 같습니다."

25 다시 예수님께서 손을 그 사람의 눈에 얹으셨습니다. 그 사람이 쳐다보려고 하였습니다. 그의 시력은 회복되어 모든 것을 분명하게 볼 수 있게 되었습니다.

26 예수님께서 그를 집으로 보내시며 마을로 들어가지 말라고 말씀하셨습니다.

베드로가 예수님은 그리스도라고 말함

27 예수님께서 제자들과 함께 가이사랴 빌립보에 있

12 • When he heard this, he sighed deeply in his spirit and said, "Why do these people keep demanding a miraculous sign? I tell you the truth, I will not give this generation 13 any such sign." • So he got back into the boat and left them, and he crossed to the other side of the lake.

Yeast of the Pharisees and Herod

14 • But the disciples had forgotten to bring any food. They had only one loaf of bread 15 with them in the boat. • As they were crossing the lake, Jesus warned them, "Watch out! Beware of the yeast of the Pharisees and of Herod."

16 • At this they began to argue with each other because they hadn't brought any 17 bread. • Jesus knew what they were saying, so he said, "Why are you arguing about having no bread? Don't you know or understand even yet? Are your hearts too hard to 18 take it in? • You have eyes—can't you see? You have ears—can't you hear? * Don't you 19 remember anything at all? • When I fed the 5,000 with five loaves of bread, how many baskets of leftovers did you pick up afterward?"

"Twelve," they said.

20 • "And when I fed the 4,000 with seven loaves, how many large baskets of leftovers did you pick up?"

"Seven," they said.

21 • "Don't you understand yet?" he asked them.

Jesus Heals a Blind Man

22 • When they arrived at Bethsaida, some people brought a blind man to Jesus, and they 23 begged him to touch the man and heal him. • Jesus took the blind man by the hand and led him out of the village. Then, spitting on the man's eyes, he laid his hands on him 24 and asked, "Can you see anything now?" • The man looked around. "Yes," he said, "I see people, but I can't see them very clearly. They look like trees walking around." 25 • Then Jesus placed his hands on the man's eyes again, and his eyes were opened. His sight was completely restored, and he 26 could see everything clearly. • Jesus sent him away, saying, "Don't go back into the village on your way home."

Peter's Declaration about Jesus

27 • Jesus and his disciples left Galilee and went up to the villages near Caesarea Philippi. As

8:18 Jer 5:21.
8:19 바구니

는 마을로 가셨습니다. 가시는 도중에 예수님께서 제자들에게 물으셨습니다. "사람들은 나를 누구라고 하느냐?"

28 제자들이 대답했습니다. "세례자 요한이라고 합니다. 어떤 사람들은 엘리야라고도 합니다. 그리고 또 어떤 사람들은 예언자 가운데 한 사람이라고 합니다."

29 예수님께서 제자들에게 물으셨습니다. "그러면 너희는 나를 누구라고 하느냐?" 베드로가 대답했습니다. "주님은 그리스도이십니다."

30 예수님께서 제자들에게 아무에게도 자신에 대해서 말하지 말라고 엄히 이르셨습니다.

고통과 부활을 예언하심

31 예수님께서, 인자가 많은 고통을 받고, 장로들과 대제사장과 율법학자들에게 배척을 당하며, 죽임을 당하고, 삼 일 뒤에 다시 살아날 것을 제자들에게 가르치셨습니다.

32 예수님께서 드러내 놓고 말씀을 하시니, 베드로가 예수님을 붙들고 말렸습니다.

33 예수님께서 돌아서서 제자들을 보시고, 베드로를 꾸짖으셨습니다. "사탄아 내 뒤로 썩 물러나라! 너는 하나님의 일은 생각지 않고, 사람들의 일을 생각하는구나."

십자가를 지고 따라오너라

34 예수님께서 제자들과 사람들을 불러 말씀하셨습니다. "누구든지 나를 따르려면, 자기를 부인하고, 자기 십자가를 지고 나를 따라오너라.

35 누구든지 자기 목숨을 구하고자 하면 잃을 것이다. 누구든지 나와 복음을 위하여 자기 목숨을 버리면 목숨을 구할 것이다.

36 만일 온 세상을 얻고도 자기의 생명을 잃는다면, 무슨 유익이 있겠느냐?

37 사람이 자기 영혼을 무엇과 바꾸겠느냐?

38 누구든지 이 음란하고, 죄가 많은 세대에서 나와 내 말을 부끄럽게 여기면 인자도 아버지의 영광으로 천사들과 함께 올 때, 그를 부끄럽게 여길 것이다."

9 예수님께서 말씀하셨습니다. "내가 너희에게 진정으로 말한다. 여기 서 있는 사람 가운데서, 몇 사람은 죽기 전에 하나님 나라가 권세 있게 오는 것을 볼 것이다."

영광스런 모습으로 변하신 예수님

2 육 일 뒤에 예수님께서 베드로, 야고보, 그리고 요한을 데리고 높은 산에 올라가셨습니다. 이 제자들 앞에서 예수님의 모습이 변하였습니다.

3 예수님의 옷이 하얗게 빛났습니다. 세상의 어떤 사람도 그렇게 희게 빨 수 없을 정도로 새하얗게 되었

---

they were walking along, he asked them, "Who do people say I am?"

28 •"Well," they replied, "some say John the Baptist, some say Elijah, and others say you are one of the other prophets."

29 •Then he asked them, "But who do you say I am?"

Peter replied, "You are the Messiah.*"

30 •But Jesus warned them not to tell anyone about him.

Jesus Predicts His Death

31 •Then Jesus began to tell them that the Son of Man* must suffer many terrible things and be rejected by the elders, the leading priests, and the teachers of religious law. He would be killed, but three days later he 32 would rise from the dead. •As he talked about this openly with his disciples, Peter took him aside and began to reprimand him for saying such things.*

33 •Jesus turned around and looked at his disciples, then reprimanded Peter. "Get away from me, Satan!" he said. "You are seeing things merely from a human point of view, not from God's."

34 •Then, calling the crowd to join his disciples, he said, "If any of you wants to be my follower, you must give up your own way, 35 take up your cross, and follow me. •If you try to hang on to your life, you will lose it. But if you give up your life for my sake and for the sake of the Good News, you will save 36 it. •And what do you benefit if you gain the 37 whole world but lose your own soul?* •Is anything worth more than your soul? •If 38 anyone is ashamed of me and my message in these adulterous and sinful days, the Son of Man will be ashamed of that person when he returns in the glory of his Father with the holy angels."

9 Jesus went on to say, "I tell you the truth, some standing here right now will not die before they see the Kingdom of God arrive in great power!"

The Transfiguration

2 •Six days later Jesus took Peter, James, and John, and led them up a high mountain to be alone. As the men watched, Jesus' appear3 ance was transformed, •and his clothes became dazzling white, far whiter than any

---

8:29 Or *the Christ*. *Messiah* (a Hebrew term) and *Christ* (a Greek term) both mean "anointed one."   8:31 "Son of Man" is a title Jesus used for himself.   8:32 Or *began to correct him.* 8:36 Or *your self?* also in 8:37.

습니다.

4 엘리야가 모세와 함께 제자들 앞에 나타나, 예수님과 더불어 말씀을 나누었습니다.

5 베드로가 예수님께 말했습니다. "선생님, 우리가 여기 있는 것이 좋겠습니다. 우리가 천막 셋을 세우겠습니다. 하나는 선생님을 위해, 하나는 모세를 위해, 그리고 또 하나는 엘리야를 위해서입니다."

6 베드로는 무엇을 말하는지 알지 못했습니다. 왜냐하면 그들이 두려움에 빠져 있었기 때문입니다.

7 구름이 그들을 덮었습니다. 그리고 그 구름 가운데서 목소리가 들렸습니다. "이 사람은 내가 사랑하는 아들이다. 그의 말을 들어라!"

8 그 즉시, 제자들이 주위를 둘러보았습니다. 그러나 예수님 외에는 아무도 볼 수 없었습니다.

9 예수님께서 제자들과 함께 산 아래로 내려오시면서, 인자가 죽은 자 가운데서 다시 살아나기 전까지는, 그들이 본 것을 아무에게도 말하지 말라고 명령하셨습니다.

10 제자들은 아무에게도 말하지 않았습니다. 그러나 제자들은 죽은 자 가운데서 다시 살아난다는 것이 무슨 뜻인가 서로에게 물었습니다.

11 제자들이 예수님께 물었습니다. "어째서 율법학자들은 엘리야가 먼저 와야 한다고 말을 합니까?"

12 예수님께서 대답하셨습니다. "엘리야가 먼저 와서 모든 것을 회복시킨다. 그런데 인자가 많은 고통을 받고 멸시를 받을 것이라고 기록된 것은 어찌된 것이냐?

13 내가 너희에게 말한다. 엘리야는 이미 왔다. 그런데 성경에 그를 두고 쓰여진 것처럼, 사람들이 그를 자기들 마음대로 대했다."

병든 소년을 고치심

14 예수님과 세 제자들이 나머지 다른 제자들에게 돌아왔을 때, 이들은 많은 사람들에게 둘러싸여 몇몇 율법학자들과 논쟁을 벌이고 있었습니다.

15 모여 있던 모든 사람들이 예수님을 보자 놀라워하며, 예수님께 인사하러 달려왔습니다.

16 예수님께서 물으셨습니다. "율법학자들과 무엇 때문에 논쟁하고 있었느냐?"

17 무리 중에 한 사람이 대답했습니다. "선생님, 더러운 귀신이 들려서 말을 못하는 제 아들을 데리고 왔습니다.

18 그 귀신이 아들을 사로잡으면, 아이가 땅에 넘어집니다. 그러면 입에 거품을 물고, 이를 갈면서, 몸이 뻣뻣해집니다. 제가 제자들에게 귀신을 쫓아 달라고 했는데 하지 못하였습니다."

19 예수님께서 대답하셨습니다. "이 믿음 없는 세대

earthly bleach could ever make them.

4 •Then Elijah and Moses appeared and began talking with Jesus.

5 •Peter exclaimed, "Rabbi, it's wonderful for us to be here! Let's make three shelters as memorials*—one for you, one for Moses, 6 and one for Elijah." •He said this because he didn't really know what else to say, for they were all terrified.

7 •Then a cloud overshadowed them, and a voice from the cloud said, "This is my dear-8 ly loved Son. Listen to him." •Suddenly, when they looked around, Moses and Elijah were gone, and they saw only Jesus with them.

9 •As they went back down the mountain, he told them not to tell anyone what they had seen until the Son of Man* had risen 10 from the dead. •So they kept it to themselves, but they often asked each other what he meant by "rising from the dead."

11 •Then they asked him, "Why do the teachers of religious law insist that Elijah must return before the Messiah comes?*"

12 •Jesus responded, "Elijah is indeed coming first to get everything ready. Yet why do the Scriptures say that the Son of Man must suffer greatly and be treated with utter con-13 tempt? •But I tell you, Elijah has already come, and they chose to abuse him, just as the Scriptures predicted."

Jesus Heals a Demon-Possessed Boy

14 •When they returned to the other disciples, they saw a large crowd surrounding them, and some teachers of religious law were 15 arguing with them. •When the crowd saw Jesus, they were overwhelmed with awe, and they ran to greet him.

16 • "What is all this arguing about?" Jesus asked.

17 •One of the men in the crowd spoke up and said, "Teacher, I brought my son so you could heal him. He is possessed by an evil 18 spirit that won't let him talk. •And whenever this spirit seizes him, it throws him violently to the ground. Then he foams at the mouth and grinds his teeth and becomes rigid.* So I asked your disciples to cast out the evil spirit, but they couldn't do it."

19 •Jesus said to them,* "You faithless people! How long must I be with you? How long must I put up with you? Bring the boy to me."

9:5 Greek *three tabernacles.*　9:9 "Son of Man" is a title Jesus used for himself.　9:11 Greek *that Elijah must come first?*　9:18 Or *becomes weak.*　9:19 Or *said to his disciples.*

여! 내가 얼마나 너희와 함께 있어야 하느냐? 내가 너희를 얼마나 더 두고 보아야 하느냐? 그를 내게로 데리고 와라!"

20 제자들이 소년을 예수님께 데리고 왔습니다. 악한 귀신이 예수님을 보자마자 소년에게 경련을 일으켰습니다. 소년은 넘어져서 입에 거품을 물며, 땅에 나뒹굴었습니다.

21 예수님께서 그 소년의 아버지에게 물으셨습니다. "이렇게 된 지가 얼마나 되었느냐?" "어려서부터입니다.

22 귀신이 자주 아이를 죽이려고, 불 속이나 물 속에 내던지기도 하였습니다. 할 수만 있다면, 불쌍히 여기시고 도와 주십시오."

23 예수님께서 그에게 말씀하셨습니다. "'할 수만 있다면' 이 무슨 말이냐? 믿는 사람에게는 모든 것이 가능하다."

24 소년의 아버지가 즉시 소리쳤습니다. "제가 믿습니다! 제 믿음 없는 것을 도와 주십시오!"

25 예수님께서 많은 사람들이 달려와 모여드는 것을 보시고 더러운 귀신을 꾸짖으셨습니다. "이 듣지 못하고, 말 못하게 하는 귀신아, 내가 너에게 명령한다. 소년에게서 나와 다시는 들어가지 마라!"

26 더러운 귀신은 소리를 지르고, 소년에게 경련을 일으키게 하고 나갔습니다. 소년은 마치 시체처럼 되었습니다. 그래서 사람들이 "죽었다!"라고 말했습니다.

27 그러나 예수님께서 손을 잡고 일으키자, 소년이 일어났습니다.

28 예수님께서 집으로 들어가셨을 때, 제자들이 조용히 여쭈었습니다. "어째서 우리는 내쫓지 못했습니까?"

29 예수님께서는 "이런 종류의 귀신은 오직 기도로만 쫓아낼 수 있다"고 대답하셨습니다.

고통과 부활에 대해서 말씀하심

30 예수님과 제자들이 그곳을 떠나 갈릴리를 지나가셨습니다. 예수님께서는 이것을 알리기를 꺼려 하셨습니다.

31 예수님께서 제자들을 가르치셨습니다. "인자가 사람들의 손에 넘겨질 것이고, 그들은 인자를 죽일 것이다. 그러나 죽은 지 삼 일 뒤에 다시 살아날 것이다."

32 그러나 제자들은 이 말씀을 이해하지 못했습니다. 그리고 예수님께 묻기를 두려워했습니다.

누가 가장 높으냐?

33 예수님과 제자들이 가버나움으로 갔습니다. 예수님께서 집에 계실 때, 제자들에게 물으셨습니다.

20 • So they brought the boy. But when the evil spirit saw Jesus, it threw the child into a violent convulsion, and he fell to the ground, writhing and foaming at the mouth.

21 • "How long has this been happening?" Jesus asked the boy's father.

He replied, "Since he was a little boy.

22 • The spirit often throws him into the fire or into water, trying to kill him. Have mercy on us and help us, if you can."

23 • "What do you mean, 'If I can'?" Jesus asked. "Anything is possible if a person believes."

24 • The father instantly cried out, "I do believe, but help me overcome my unbelief!"

25 • When Jesus saw that the crowd of onlookers was growing, he rebuked the evil* spirit. "Listen, you spirit that makes this boy unable to hear and speak," he said. "I command you to come out of this child and never enter him again!"

26 • Then the spirit screamed and threw the boy into another violent convulsion and left him. The boy appeared to be dead. A murmur ran through the crowd as people said,

27 "He's dead." • But Jesus took him by the hand and helped him to his feet, and he stood up.

28 • Afterward, when Jesus was alone in the house with his disciples, they asked him, "Why couldn't we cast out that evil spirit?"

29 • Jesus replied, "This kind can be cast out only by prayer.*"

Jesus Again Predicts His Death

30 • Leaving that region, they traveled through Galilee. Jesus didn't want anyone to know

31 he was there, • for he wanted to spend more time with his disciples and teach them. He said to them, "The Son of Man is going to be betrayed into the hands of his enemies. He will be killed, but three days later he will rise

32 from the dead." • They didn't understand what he was saying, however, and they were afraid to ask him what he meant.

The Greatest in the Kingdom

33 • After they arrived at Capernaum and settled in a house, Jesus asked his disciples, "What were you discussing out on the

murmur [mɜ́ːrmər] *n.* 웅성거림
onlooker [ɑ́nlùkər] *n.* 방관자, 구경꾼
rebuke [ribjúːk] *vt.* 꾸짖다
writhe [raið] *vi.* 몸부림치다, 몸을 뒤틀다

9:25 Greek *unclean.* 9:29 Some manuscripts read *by prayer and fasting.*

"너희가 오는 길에 무엇을 두고 논쟁을 벌였느냐?"

34 제자들은 잠잠했습니다. 왜냐하면 그들이 자기들 중에서 누가 가장 높은가를 두고 길에서 다투었기 때문입니다.

35 예수님께서는 앉으셔서 열두 제자를 부르셨습니다. 그리고 말씀하셨습니다. "누구든지 첫째가 되려면, 다른 모든 사람보다 나중이 되어야 하고, 모든 사람의 종이 되어야 한다."

36 그리고 한 어린이를 데려와 제자들 가운데 세우셨습니다. 그 아이를 팔에 안으시고 말씀하셨습니다.

37 "누구든지 내 이름으로 이런 어린이 하나를 받아들이면 나를 받아들이는 것이다. 또 누구든지 나를 받아들이는 사람은 나를 받아들인 것이 아니라 나를 보내신 분을 받아들인 것이다."

우리를 반대하지 않는 사람

38 요한이 예수님께 말했습니다. "선생님, 선생님의 이름으로 귀신을 내쫓는 사람을 보고, 하지 못하게 하였습니다. 그것은 그 사람은 우리를 따르지 않는 사람이기 때문입니다."

39 예수님께서 말씀하셨습니다. "그를 막지 마라. 내 이름으로 기적을 행하고, 곧바로 나에 대해서 나쁜 말을 하는 사람은 없다.

40 우리에게 반대하지 않는 사람은 우리 편이다.

41 내가 너희에게 진정으로 말한다. 누구든지, 너희가 그리스도의 사람이기 때문에 마실 물 한 잔을 건네 주는 사람은 결코 상을 잃지 않을 것이다."

죄의 유혹

42 "또 나를 믿는 어린아이들 가운데 하나를 죄짓게 하는 사람은 차라리 커다란 연자 맷돌을 목에 걸고 바다에 빠지는 것이 더 낫다.

43 만일 네 손이 죄짓게 한다면, 그것을 잘라 버려라. 두 손을 가지고 지옥의 꺼지지 않는 불 속으로 던져지는 것보다, 장애인으로 영원한 생명을 누리는 곳에 들어가는 것이 훨씬 낫다.

44 (없음)*

45 만일 네 발이 죄짓게 한다면, 그것을 잘라 버려라. 두 발을 가지고 지옥에 던져지는 것보다 저는 발로 하늘 나라에 들어가는 것이 더 낫다.

46 (없음)*

47 만일 네 눈이 죄짓게 한다면, 그것을 뽑아 버려라. 두 눈을 가지고 지옥에 던져지는 것보다, 한 눈만 가지고 하나님 나라에 들어가는 것이 더 낫다.

48 지옥에서는 벌레도 죽지 않으며, 불이 꺼지지도 않는다.

49 모든 사람이 소금 절이듯 불로 절여질 것이다.

50 소금은 좋은 것이다. 그러나 만일 소금이 짠맛을 잃

road?" •But they didn't answer, because they had been arguing about which of them 35 was the greatest. •He sat down, called the twelve disciples over to him, and said, "Whoever wants to be first must take last place and be the servant of everyone else."

36 •Then he put a little child among them. Taking the child in his arms, he said to 37 them, • "Anyone who welcomes a little child like this on my behalf* welcomes me, and anyone who welcomes me welcomes not only me but also my Father who sent me.

Using the Name of Jesus

38 •John said to Jesus, "Teacher, we saw someone using your name to cast out demons, but we told him to stop because he wasn't in our group."

39 • "Don't stop him!" Jesus said. "No one who performs a miracle in my name will 40 soon be able to speak evil of me. •Anyone 41 who is not against us is for us. •If anyone gives you even a cup of water because you belong to the Messiah, I tell you the truth, that person will surely be rewarded.

42 • "But if you cause one of these little ones who trusts in me to fall into sin, it would be better for you to be thrown into the sea with a large millstone hung around your neck.

43 •If your hand causes you to sin, cut it off. It's better to enter eternal life with only one hand than to go into the unquenchable fires 45 of hell* with two hands.* •If your foot causes you to sin, cut it off. It's better to enter eternal life with only one foot than to be 47 thrown into hell with two feet.* •And if your eye causes you to sin, gouge it out. It's better to enter the Kingdom of God with only one eye than to have two eyes and be 48 thrown into hell, • 'where the maggots never die and the fire never goes out.' *

49 • 'For everyone will be tested with fire.* 50 •Salt is good for seasoning. But if it loses its flavor, how do you make it salty again? You

---

gouge [gáudʒ] *vt.* 도려내다
maggot [mǽgət] *n.* 구더기
unquenchable [ʌ̀nkwéntʃəbl] *a.* 끌 수 없는

9:37 Greek *in my name.*   9:43a Greek *Gehenna;* also in 9:45, 47.   9:43b Some manuscripts add verse 44, *'where the maggots never die and the fire never goes out.'* See 9:48.   9:45 Some manuscripts add verse 46, *'where the maggots never die and the fire never goes out.'* See 9:48.   9:48 Isa 66:24.   9:49 Greek *salted with fire;* other manuscripts add *and every sacrifice will be salted with salt.*

9:44,46 어떤 사본에는 48절과 같은 내용이 있다.

으면 무엇으로 다시 짜게 하겠느냐? 서로가 소금을 지니고 화목하게 지내라."

이혼에 대해서

10 예수님께서는 그곳을 떠나 유대 지방으로 가셨습니다. 다시 많은 사람들이 예수님께로 몰려들었습니다. 다른 때와 마찬가지로, 예수님께서 그들을 가르치셨습니다.

2 몇몇 바리새파 사람들이 예수님께 와서 예수님을 시험하려고 물었습니다. "사람이 아내와 이혼하는 것이 옳습니까?"

3 예수님께서 대답하셨습니다. "모세가 너희에게 어떻게 명령하였느냐?"

4 그들이 말했습니다. "모세는 남자가 이혼 증서를 써 준 다음에 여자를 보내라고 허락하였습니다."

5 예수님께서 말씀하셨습니다. "너희의 마음이 굳어 있어서 모세가 이런 명령을 썼다.

6 그러나 하나님께서 세상을 만드실 때부터 남자와 여자를 만드셨다.

7 '그러므로 남자가 자기 아버지와 어머니를 떠나 아내와 더불어

8 둘이 한 몸이 될 것이다.' 따라서 더 이상 둘이 아니라 한 몸이다.

9 그러므로 하나님께서 하나로 만드신 것을 사람이 가르지 마라."

10 제자들이 집에서 예수님께 이혼에 대해 다시 물었습니다.

11 예수님께서 대답하셨습니다. "자기 아내를 버리고, 다른 여자와 결혼하는 사람은 간음죄를 짓는 것이다.

12 자기의 남편을 버리고, 다른 남자와 결혼하는 여자 또한 간음죄를 짓는 것이다."

아이들을 축복하심

13 사람들이 자기의 아이들을 데리고 예수님께 와서, 어루만져 주시기를 원했습니다. 그러나 제자들이 이들을 꾸짖었습니다.

14 예수님께서 이것을 보시고 노하시며, 제자들에게 말씀하셨습니다. "어린이들이 내게로 오게 놔두어라. 그들을 막지 마라. 하나님 나라는 이런 어린이와 같은 사람들의 것이다.

15 내가 너희에게 진정으로 말한다. 어린이처럼 하나님 나라를 받아들이지 않는 사람은, 결코 그곳에 들어가지 못할 것이다."

16 그리고 예수님께서 어린이들을 팔에 안으시고, 손을 얹어 축복하셨습니다.

부자 청년의 질문

17 예수님께서 길을 떠나시려고 할 때, 한 사람이 달려

---

must have the qualities of salt among yourselves and live in peace with each other."

Discussion about Divorce and Marriage

10 Then Jesus left Capernaum and went down to the region of Judea and into the area east of the Jordan River. Once again crowds gathered around him, and as usual he was teaching them.

2 •Some Pharisees came and tried to trap him with this question: "Should a man be allowed to divorce his wife?"

3 •Jesus answered them with a question: "What did Moses say in the law about divorce?"

4 •"Well, he permitted it," they replied. "He said a man can give his wife a written notice of divorce and send her away."*

5 •But Jesus responded, "He wrote this commandment only as a concession to your hard hearts. •But 'God made them male and female' * from the beginning of creation. • 7 This explains why a man leaves his father and mother and is joined to his wife,*

8 •and the two are united into one.' * Since they are no longer two but one, •let no one split apart what God has joined together."

10 •Later, when he was alone with his disciples in the house, they brought up the subject again. •He told them, "Whoever divorces his wife and marries someone else 12 commits adultery against her. •And if a woman divorces her husband and marries someone else, she commits adultery."

Jesus Blesses the Children

13 •One day some parents brought their children to Jesus so he could touch and bless them. But the disciples scolded the parents for bothering him.

14 •When Jesus saw what was happening, he was angry with his disciples. He said to them, "Let the children come to me. Don't stop them! For the Kingdom of God belongs 15 to those who are like these children. •I tell you the truth, anyone who doesn't receive the Kingdom of God like a child will never 16 enter it." •Then he took the children in his arms and placed his hands on their heads and blessed them.

The Rich Man

17 •As Jesus was starting out on his way to Jerusalem, a man came running up to him, knelt down, and asked, "Good Teacher,

10:4 See Deut 24:1.　10:6 Gen 1:27; 5:2.　10:7 Some manuscripts do not include *and is joined to his wife.*　10:7-8 Gen 2:24.

와서 예수님 앞에 무릎을 꿇었습니다. 그리고 여쭈었습니다. "선하신 선생님, 영원한 생명을 상속받으려면 무엇을 해야 합니까?"

18 예수님께서 대답하셨습니다. "왜 나를 선하다고 하느냐? 오직 하나님 외에는 아무도 선하지 않다.

19 네가 계명을 안다. '살인하지 마라, 간음하지 마라, 도둑질하지 마라, 거짓 증거를 대지 마라, 속이지 마라, 네 부모를 공경하여라.'"

20 그 사람이 말했습니다. "선생님, 저는 어려서부터, 이 모든 계명들을 다 지켰습니다."

21 예수님께서 그 사람을 보시고 사랑스럽게 여기셨습니다. 그리고 말씀하셨습니다. "네게 부족한 것하나가 있다. 가서 네가 가진 것을 모두 팔아 가난한 사람들에게 주어라. 그러면 하늘에서 보화가 있을 것이다. 그리고 와서 나를 따라라."

22 이 말씀을 듣고, 그 사람은 매우 슬퍼하며 떠나갔습니다. 그것은 그 사람이 많은 재물을 가지고 있었기때문입니다.

23 예수님께서 제자들을 보시며 말씀하셨습니다. "부유한 사람이 하나님 나라에 들어가는 것이 얼마나어려운가!"

24 제자들은 예수님의 말씀에 놀랐습니다. 예수님께서 다시 말씀하셨습니다. "애들아, 하나님 나라에들어가는 것이 얼마나 어려운지,

25 부자가 하나님 나라에 들어가는 것보다, 낙타가 바늘귀를 지나가는 것이 더 쉬울 것이다!"

26 제자들은 더욱더 놀라며 서로 말하였습니다. "그러면 과연 누가 구원 받을 수 있을까?"

27 예수님께서 제자들을 바라보시며 말씀하셨습니다. "사람은 할 수 없으나, 하나님께서는 할 수 있다. 하나님께는 모든 것이 가능하다."

28 베드로가 예수님께 말했습니다. "보십시오, 우리는 선생님을 따르려고, 모든 것을 버렸습니다."

29 예수님께서 말씀하셨습니다. "내가 너희에게 진정으로 말한다. 나와 복음을 위해 자기 집과 형제, 자매, 어머니, 아버지, 자식, 또는 밭을 버린 사람은

30 이 세상에서 핍박과 함께 집, 형제, 자매, 어머니, 자녀 그리고 밭을 백 배로 받을 것이다. 그리고 오는 세대에서는 영원한 생명을 얻을 것이다.

31 첫째가 꼴찌가 되고, 꼴찌가 첫째가 되는 사람이 많을 것이다."

죽음과 부활에 대해서 말씀하심

32 예루살렘으로 올라가는 길에 예수님께서 사람들보다 먼저 걸어가셨습니다. 제자들이 놀랐고, 뒤따르던 사람들도 두려워했습니다. 예수님께서 열두 제자를 따로 부르셔서 어떤 일이 예수님에게 일어

---

what must I do to inherit eternal life?"

18 •"Why do you call me good?" Jesus
19 asked. "Only God is truly good. •But to answer your question, you know the commandments: 'You must not murder. You must not commit adultery. You must not steal. You must not testify falsely. You must not cheat anyone. Honor your father and mother.'*"

20 •"Teacher," the man replied, "I've obeyed all these commandments since I was young."

21 •Looking at the man, Jesus felt genuine love for him. "There is still one thing you haven't done," he told him. "Go and sell all your possessions and give the money to the poor, and you will have treasure in heaven. Then come, follow me."

22 •At this the man's face fell, and he went away sad, for he had many possessions.

23 •Jesus looked around and said to his disciples, "How hard it is for the rich to enter
24 the Kingdom of God!" •This amazed them. But Jesus said again, "Dear children, it is very
25 hard* to enter the Kingdom of God. •In fact, it is easier for a camel to go through the eye of a needle than for a rich person to enter the Kingdom of God!"

26 •The disciples were astounded. "Then who in the world can be saved?" they asked.

27 •Jesus looked at them intently and said, "Humanly speaking, it is impossible. But not with God. Everything is possible with God."

28 •Then Peter began to speak up. "We've given up everything to follow you," he said.

29 •"Yes," Jesus replied, "and I assure you that everyone who has given up house or brothers or sisters or mother or father or children or property, for my sake and for the
30 Good News, •will receive now in return a hundred times as many houses, brothers, sisters, mothers, children, and property—along with persecution. And in the world to come
31 that person will have eternal life. •But many who are the greatest now will be least important then, and those who seem least important now will be the greatest then.*"

Jesus Again Predicts His Death

32 •They were now on the way up to Jerusalem, and Jesus was walking ahead of them. The disciples were filled with awe, and the people following behind were overwhelmed with fear. Taking the twelve disci-

---

10:19 Exod 20:12-16; Deut 5:16-20.　　10:24 Some manuscripts read *very hard for those who trust in riches.*　　10:31 Greek *But many who are first will be last; and the last, first.*

날지 말씀하시기 시작하셨습니다.

33 "보아라. 우리는 지금 예루살렘으로 간다. 인자가 대제사장과 율법학자들에게 넘겨질 것이다. 그들은 인자에게 사형을 선고하고, 이방 사람들에게 넘겨 줄 것이다.

34 이방 사람들은 인자를 조롱하고, 침을 뱉고, 채찍으로 때리고, 죽일 것이다. 그러나 인자는 삼 일 뒤에 다시 살아날 것이다."

두 제자의 요구

35 세베대의 두 아들인 야고보와 요한이 예수님께 와서 말했습니다. "선생님, 우리의 소원을 들어 주시기 원합니다."

36 예수님께서 물으셨습니다. "너희가 내게 무엇을 원하느냐?"

37 그들이 대답했습니다. "저희가 주의 영광스러운 나라에서 선생님의 오른쪽과 왼쪽에 앉게 허락해 주십시오."

38 예수님께서 대답하셨습니다. "너희가 요구하는 것이 무엇인지를 알지 못하는구나. 너희는 내가 마시는 잔을 마실 수 있느냐? 그리고 내가 받는 세례를 받을 수 있느냐?"

39 그들이 대답했습니다. "예, 우리는 할 수 있습니다!" 예수님께서 그들에게 말씀하셨습니다. "내가 마시는 잔을 너희가 마시며 내가 받는 세례를 너희가 받을 것이다.

40 그러나 내 오른쪽이나 왼쪽에 앉는 것은 내가 허락하는 것이 아니다. 이 자리들은 정해 놓은 사람에게 돌아갈 것이다."

41 이 말을 듣고, 나머지 열 명의 제자들이 야고보와 요한에게 화를 내기 시작했습니다.

42 예수님께서 제자들을 부르시고 말씀하셨습니다. "너희가 아는 것처럼 이방 사람들의 통치자라는 사람들은 사람들을 지배하려고 한다. 고관들도 사람들에게 세도를 부린다.

43 그러나 너희는 그래서는 안 된다. 누구든지 너희 중에서 높아지려거든 종이 되어야 한다.

44 누구든지 너희 중에서 첫째가 되려거든 모든 사람의 종이 되어야 한다.

45 인자도 섬김을 받으러 온 것이 아니라, 섬기러 왔다. 인자는 자기 생명을 많은 사람의 대속물로 주려고 왔다."

앞 못 보는 바디매오를 고치심

46 예수님과 제자들이 여리고에 왔습니다. 예수님께서 제자들과 많은 사람들과 함께 여리고를 떠나실 때, 디매오의 아들인 바디매오라고 하는 앞을 보지 못하는 거지가 길가에 앉아 있었습니다.

---

ples aside, Jesus once more began to describe everything that was about to happen to him. 33 • "Listen," he said, "we're going up to Jerusalem, where the Son of Man* will be betrayed to the leading priests and the teachers of religious law. They will sentence him to die and hand him over to the Romans.* 34 • They will mock him, spit on him, flog him with a whip, and kill him, but after three days he will rise again."

Jesus Teaches about Serving Others

35 • Then James and John, the sons of Zebedee, came over and spoke to him. "Teacher," they said, "we want you to do us a favor."

36 • "What is your request?" he asked.

37 • They replied, "When you sit on your glorious throne, we want to sit in places of honor next to you, one on your right and the other on your left."

38 • But Jesus said to them, "You don't know what you are asking! Are you able to drink from the bitter cup of suffering I am about to drink? Are you able to be baptized with the baptism of suffering I must be baptized with?"

39 • "Oh yes," they replied, "we are able!" Then Jesus told them, "You will indeed drink from my bitter cup and be baptized 40 with my baptism of suffering. • But I have no right to say who will sit on my right or my left. God has prepared those places for the ones he has chosen."

41 • When the ten other disciples heard what James and John had asked, they were 42 indignant. • So Jesus called them together and said, "You know that the rulers in this world lord it over their people, and officials flaunt their authority over those under 43 them. • But among you it will be different. Whoever wants to be a leader among you 44 must be your servant, • and whoever wants to be first among you must be the slave of 45 everyone else. • For even the Son of Man came not to be served but to serve others and to give his life as a ransom for many."

Jesus Heals Blind Bartimaeus

46 • Then they reached Jericho, and as Jesus and his disciples left town, a large crowd followed him. A blind beggar named Bartimaeus (son of Timaeus) was sitting

---

flog [flág] *vt.* 채찍질하다
indignant [indígnənt] *a.* 분개한, 성난
10:42 flaunt one's authority : 권력을 휘두르다

10:33a "Son of Man" is a title Jesus used for himself.　10:33b Greek *the Gentiles*.

47 나사렛 예수님이라는 소리를 듣고 그는 소리지르기 시작했습니다. "다윗의 자손 예수님! 제게 자비를 베풀어 주십시오!"

48 많은 사람들이 그에게 조용히 하라고 엄하게 말했습니다. 그러나 그는 더욱더 크게 소리쳤습니다. "다윗의 자손이시여, 제게 자비를 베풀어 주십시오!"

49 예수님께서 멈추셔서 말씀하셨습니다. "그 사람을 이리 데리고 오너라." 사람들이 그를 불렀습니다. "안심하고 일어나게! 예수님께서 자네를 부르고 계시네."

50 그는 겉옷을 거기에 두고, 벌떡 일어나 예수님께로 갔습니다.

51 예수님께서 그에게 물으셨습니다. "무엇을 해 주길 원하느냐?" 보지 못하는 자가 대답했습니다. "선생님, 다시 보기를 원합니다."

52 예수님께서 "가거라. 네 믿음이 너를 낫게 하였다"라고 말씀하셨습니다. 그 즉시, 그는 보게 되었고, 예수님을 따라나섰습니다.

예루살렘에 들어가심

11 예수님과 제자들이 예루살렘 근처, 곧 올리브 산 가까이에 있는 벳바게와 베다니 마을에 이르렀습니다. 그곳에서 예수님은 두 제자들을 보내셨습니다.

2 예수님께서 그들에게 말씀하셨습니다. "건너편 마을로 가거라. 거기에 가면, 지금까지 아무도 탄 적이 없는 나귀 새끼 한 마리가 매여 있는 것을 볼 것이다. 그것을 풀어서 이리로 가지고 오너라.

3 누가 너희에게 '왜 이러십니까?'라고 물으면, 이렇게 말하여라. '주님께서 필요하시답니다. 곧 이리로 돌려 보내실 것입니다.'"

4 제자들이 마을로 들어가서 길 쪽으로 있는 문에 묶여 있는 나귀 새끼를 발견하였습니다. 제자들이 나귀를 풀었습니다.

5 서 있던 사람이 제자들에게 물었습니다. "나귀를 풀다니, 무엇을 하려는 것이오?"

6 제자들이 예수님께서 알려 주신 대로 대답했습니다. 그러자 허락해 주었습니다.

7 제자들이 예수님께 나귀 새끼를 끌고 왔습니다. 그들이 겉옷을 나귀 위에 얹었고, 예수님께서 거기에 앉으셨습니다.

8 많은 사람들이 자기들의 겉옷을 펴서 길 위에 펼쳤습니다. 어떤 사람들은 들에서 꺾은 나뭇가지를 펼쳤습니다.

9 예수님 앞에서 걸어가던 사람들과 뒤에서 따라가던 사람들이 소리쳤습니다. "호산나! 주님의 이름

---

47 beside the road. •When Bartimaeus heard that Jesus of Nazareth was nearby, he began to shout, "Jesus, Son of David, have mercy on me!"

48 •"Be quiet!" many of the people yelled at him.

But he only shouted louder, "Son of David, have mercy on me!"

49 •When Jesus heard him, he stopped and said, "Tell him to come here."

So they called the blind man. "Cheer up," they said. "Come on, he's calling you!"

50 •Bartimaeus threw aside his coat, jumped up, and came to Jesus.

51 •"What do you want me to do for you?" Jesus asked.

"My Rabbi,*" the blind man said, "I want to see!"

52 •And Jesus said to him, "Go, for your faith has healed you." Instantly the man could see, and he followed Jesus down the road.*

Jesus' Triumphant Entry

11 As Jesus and his disciples approached Jerusalem, they came to the towns of Bethphage and Bethany on the Mount of Olives. Jesus sent two of them on ahead.

2 •"Go into that village over there," he told them. "As soon as you enter it, you will see a young donkey tied there that no one has

3 ever ridden. Untie it and bring it here. •If anyone asks, 'What are you doing?' just say, 'The Lord needs it and will return it soon.'"

4 •The two disciples left and found the colt standing in the street, tied outside the front

5 door. •As they were untying it, some bystanders demanded, "What are you

6 doing, untying that colt?" •They said what Jesus had told them to say, and they were

7 permitted to take it. •Then they brought the colt to Jesus and threw their garments over it, and he sat on it.

8 •Many in the crowd spread their garments on the road ahead of him, and others spread leafy branches they had cut in the fields. •Jesus was in the center of the procession, and the people all around him were shouting,

"Praise God!*
Blessings on the one who comes in the name of the LORD!

triumphant [traiʌ́mfənt] *a.* 승리를 얻은

10:51 Greek uses the Hebrew term *Rabboni*.
10:52 Or *on the way*.　11:9 Greek *Hosanna*, an exclamation of praise that literally means "save now"; also in 11:10.

으로 오시는 이가 복이 있다!"

10 "다가오는 우리 조상 다윗의 나라가 복이 있다. 가장 높은 곳에서 호산나!"

11 예수님께서 예루살렘에 가셔서 성전으로 들어가셨습니다. 그리고 모든 것을 둘러보신 후, 날이 이미 저물었기 때문에 열두 제자들과 함께 베다니로 돌아가셨습니다.

무화과나무를 저주하심

12 이튿날 예수님과 제자들이 베다니에서 출발하여 오는 길에, 예수님께서 배고픔을 느끼셨습니다.

13 멀리서 잎이 무성한 무화과나무를 보시고, 거기에서 열매를 얻으려고 다가가셨습니다. 그러나 무화과는 없고 잎사귀만 무성할 뿐이었습니다. 그것은 아직 무화과가 열릴 때가 아니었기 때문입니다.

14 예수님께서 나무에게 말씀하셨습니다. "다시는 아무도 네 열매를 먹지 못할 것이다." 제자들이 이 말씀을 들었습니다.

성전을 깨끗하게 하심

15 예수님과 제자들이 예루살렘에 왔습니다. 예수님께서 성전에 들어가셔서, 성전에서 사고파는 사람들을 내쫓으셨습니다. 그리고 돈 바꾸어 주는 사람들의 책상과 비둘기 파는 사람들의 자리를 뒤엎으셨습니다.

16 예수님께서 그 누구도 물건을 가지고 성전의 뜰을 가로질러 가지 못하게 하셨습니다.

17 그리고 사람들을 가르치셨습니다. "성경에 이렇게 쓰여 있다. '나의 집은 모든 민족의 기도하는 집이라고 불릴 것이다.'* 그런데 너희는 '강도의 소굴'* 로 바꾸었다."

18 대제사장들과 율법학자들이 이 소식을 들었습니다. 그들은 예수님을 죽일 방법을 찾기 시작했습니다. 그것은 사람들이 예수님의 가르침에 놀라워하므로, 그들이 예수님을 두려워했기 때문입니다.

19 밤이 되자, 예수님과 제자들은 성을 떠났습니다.

무화과나무가 죽음

20 아침에 지나가다가, 제자들이 무화과나무가 뿌리부터 말라 버린 것을 보았습니다.

21 베드로가 생각이 나서, 예수님께 말했습니다. "선생님, 보세요! 저주하셨던 무화과나무가 말라 죽어 있습니다!"

22 *예수님께서 대답하셨습니다.* "하나님을 믿어라.

23 내가 너희에게 진정으로 말한다. 누구든지 이 산을 향하여 '뽑혀서 바다에 던져져라' 하고 말하고, 마음속에 아무 의심 없이 말한 대로 될 줄 믿으면, 그대로 이루어질 것이다.

24 그러므로 내가 너희에게 말한다. 너희가 기도하고,

---

10 • Blessings on the coming Kingdom of our ancestor David!
Praise God in highest heaven!"*

11 •So Jesus came to Jerusalem and went into the Temple. After looking around carefully at everything, he left because it was late in the afternoon. Then he returned to Bethany with the twelve disciples.

Jesus Curses the Fig Tree

12 •The next morning as they were leaving
13 Bethany, Jesus was hungry. •He noticed a fig tree in full leaf a little way off, so he went over to see if he could find any figs. But there were only leaves because it was too early in
14 the season for fruit. •Then Jesus said to the tree, "May no one ever eat your fruit again!" And the disciples heard him say it.

Jesus Clears the Temple

15 •When they arrived back in Jerusalem, Jesus entered the Temple and began to drive out the people buying and selling animals for sacrifices. He knocked over the tables of the money changers and the chairs of those sell-
16 ing doves, •and he stopped everyone from
17 using the Temple as a marketplace.* •He said to them, "The Scriptures declare, 'My Temple will be called a house of prayer for all nations,' but you have turned it into a den of thieves."*

18 •When the leading priests and teachers of religious law heard what Jesus had done, they began planning how to kill him. But they were afraid of him because the people were so amazed at his teaching.

19 •That evening Jesus and the disciples left* the city.

20 •The next morning as they passed by the fig tree he had cursed, the disciples noticed it
21 had withered from the roots up. •Peter remembered what Jesus had said to the tree on the previous day and exclaimed, "Look, Rabbi! The fig tree you cursed has withered and died!"

22 •Then Jesus said to the disciples, "Have
23 faith in God. •I tell you the truth, you can say to this mountain, 'May you be lifted up and thrown into the sea,' and it will happen. But you must really believe it will happen and have no doubt in your heart. •I tell
24 you, you can pray for anything, and if you

11:9-10 Ps 118:25-26; 148:1.   **11:16** Or *from carrying merchandise through the Temple.*   **11:17** Isa 56:7; Jer 7:11.   **11:19** Greek *they left;* other manuscripts read *he left.*

11:17 사 56:7과 렘 7:11에 기록되어 있다.

구한 모든 것은 받은 줄로 믿어라. 그러면 이루어질 것이다.

25 너희가 서서 기도할 때, 다른 사람과 원수된 일이 있으면, 그를 용서하여라. 그래야 하늘에 계신 너희 아버지께서도 너희의 죄를 용서하실 것이다."

26 (없음)*

예수님의 권한

27 예수님과 제자들이 다시 예루살렘으로 갔습니다. 예수님께서 성전에서 거니실 때, 대제사장들과 율법학자들과 장로들이 예수님께 왔습니다.

28 그들이 예수님께 말했습니다. "당신이 무슨 권한으로 이런 일을 하는 것이오? 누가 당신에게 이런 권한을 주었소?"

29 예수님께서 이들에게 대답하셨습니다. "내가 한 가지를 너희에게 묻겠다. 만일 나에게 대답하면, 내가 무슨 권한으로 이런 일을 하는지 말해 주겠다.

30 요한의 세례가 하늘로부터 온 것이냐, 아니면 사람에게서 온 것이냐? 대답해 보아라!"

31 그들이 자기들끼리 의논하였습니다. "만일 우리가 하늘로부터 왔다고 하면, 그가 '어째서 너희는 요한을 믿지 않았느냐?' 하고 말할 것이다.

32 그렇다고 사람에게서 왔다고 할 수도 없지 않은가?" 이들은 백성들을 두려워했습니다. 그것은 모든 사람들이 진정으로 요한을 예언자로 생각하고 있었기 때문입니다.

33 그래서 예수님께 "우리는 모르오" 하고 대답했습니다. 예수님께서도 "그러면 나도 너희에게, 내가 무슨 권한으로 이런 일을 하는지 말하지 않겠다"라고 말씀하셨습니다.

포도밭 소작농의 비유

12 예수님께서는 비유로 사람들에게 말씀하기 시작하셨습니다. "어떤 사람이 포도밭을 가꾸었다. 그리고 주위에 담장을 치고, 포도즙을 짤 구덩이를 파고, 망대를 세웠다. 그리고 포도밭을 농부들에게 빌려 주고 여행을 떠났다.

2 때가 되자, 주인은 농부들에게 종을 보내어 포도밭에서 난 자기 몫의 수확물을 가져오게 했다.

3 그러나 농부들은 그 종을 붙잡아 때린 후, 빈손으로 쫓아 버렸다.

4 다시 주인은 다른 종을 그들에게 보냈다. 그러자 그들은 그의 머리를 때리고, 깔보고 업신여겼다.

5 다시 주인은 다른 종을 보냈다. 그러자 그들은 그 하인을 죽였다. 다른 많은 종들을 보냈지만, 농부들은 때리기도 하고 죽이기도 하였다.

6 주인에게는 한 사람이 더 있었는데, 바로 그의 사랑하는 아들이었다. 결국 주인은 아들을 농부들에게

believe that you've received it, it will be
25 yours. •But when you are praying, first forgive anyone you are holding a grudge against, so that your Father in heaven will forgive your sins, too.*[1]

The Authority of Jesus Challenged

27 •Again they entered Jerusalem. As Jesus was walking through the Temple area, the leading priests, the teachers of religious law, and
28 the elders came up to him. •They demanded, "By what authority are you doing all these things? Who gave you the right to do them?"

29 •"I'll tell you by what authority I do these things if you answer one question," Jesus
30 replied. •"Did John's authority to baptize come from heaven, or was it merely human? Answer me!"

31 •They talked it over among themselves. "If we say it was from heaven, he will ask
32 why we didn't believe John. •But do we dare say it was merely human?" For they were afraid of what the people would do, because everyone believed that John was a
33 prophet. •So they finally replied, "We don't know."

And Jesus responded, "Then I won't tell you by what authority I do these things."

Parable of the Evil Farmers

12 Then Jesus began teaching them with stories: "A man planted a vineyard. He built a wall around it, dug a pit for pressing out the grape juice, and built a lookout tower. Then he leased the vineyard to tenant
2 farmers and moved to another country. •At the time of the grape harvest, he sent one of his servants to collect his share of the crop.
3 •But the farmers grabbed the servant, beat him up, and sent him back empty-handed.
4 •The owner then sent another servant, but they insulted him and beat him over the
5 head. •The next servant he sent was killed. Others he sent were either beaten or killed,
6 •until there was only one left—his son whom he loved dearly. The owner finally sent him, thinking, 'Surely they will respect my son.'

---

lease [líːs] *vt.* 임대하다
tenant [ténənt] *n.* 소작인
11:31 talk··· over : ···에 관해 의논하다

11:25 Some manuscripts add verse 26, *But if you refuse to forgive, your Father in heaven will not forgive your sins.* Compare Matt 6:15.

11:26 어떤 사본에는 다음과 같은 구절이 있다. "너희가 용서하지 않으면, 하늘에 계신 너희 아버지께서도 너희의 죄를 용서하지 않으실 것이다."

보내면서 말했다. '농부들이 내 아들은 존중할 것이다.'

7 그러나 농부들은 서로 말했다. '이 사람은 주인의 상속자이다. 어서 그를 죽이자. 그러면 유산이 우리의 것이 될 것이다.'

8 농부들은 아들을 잡아다 죽인 후, 포도밭 밖으로 던져 버렸다.

9 포도밭의 주인이 이제 어떻게 하겠느냐? 그는 포도밭에 가서 농부들을 다 죽이고, 포도밭을 다른 농부들에게 줄 것이다.

10 이런 성경 말씀을 읽어 보지 못했느냐? '건축자들이 버린 돌이, 집 모퉁이의 머릿돌이 되었다.

11 이는 주님께서 하신 일이다. 이것이 우리 눈에 놀랍지 않은가?'*"

12 그들은 이 비유가 자기들을 빗대어 하신 것임을 알고, 예수님을 체포하길 원했습니다. 그러나 백성들을 두려워하여, 예수님을 두고 떠나가 버렸습니다.

가이사에게 바치는 세금

13 그들은 예수님의 말씀에서 트집을 잡으려고, 바리새파 사람과 헤롯 당원 몇 명을 예수님께 보냈습니다.

14 그들이 와서 말했습니다. "선생님, 우리는 선생님께서 진실한 분이시며, 아무에게도 얽매이지 않으신다고 알고 있습니다. 선생님께서는 아무도 부당하게 대하지 않으시고, 하나님의 길을 진리로 가르치십니다. 가이사*에게 세금을 내는 것이 옳습니까? 내지 않는 것이 옳습니까?"

15 세금을 내야 합니까? 내지 말아야 합니까?" 예수님께서는 이 사람들의 속셈을 아시고 말씀하셨습니다. "어째서 나를 시험하느냐? 데나리온* 한 개를 가져와서 나에게 보여라."

16 그들이 은전 한 개를 가져왔습니다. 예수님께서 물으셨습니다. "이것은 누구의 얼굴이며, 누구라고 쓰여 있느냐?" 그들이 대답했습니다. "가이사입니다."

17 예수님께서 그들에게 말씀하셨습니다. "가이사의 것은 가이사에게 주어라. 그리고 하나님의 것은 하나님께 바쳐라." 그들은 예수님의 말씀에 놀랐습니다.

부활에 대하여

18 *부활이 없다고 주장하는 사두개파 사람 몇 명이 예수님께 왔습니다. 그리고 예수님께 질문을 했습니다.

19 "선생님, 모세는 '형이 자식이 없이 아내만 남겨 두고 죽으면, 동생이 그 형수와 결혼하고 형을 위하여 자식을 낳아 주어라' 하고 기록했습니다.

---

7 • "But the tenant farmers said to one another, 'Here comes the heir to this estate. Let's kill him and get the estate for ourselves!'

8 • So they grabbed him and murdered him and threw his body out of the vineyard.

9 • "What do you suppose the owner of the vineyard will do?" Jesus asked. "I'll tell you— he will come and kill those farmers and lease

10 the vineyard to others. • Didn't you ever read this in the Scriptures?

'The stone that the builders rejected has now become the cornerstone.

11 • This is the LORD's doing, and it is wonderful to see.' *"

12 • The religious leaders* wanted to arrest Jesus because they realized he was telling the story against them—they were the wicked farmers. But they were afraid of the crowd, so they left him and went away.

Taxes for Caesar

13 • Later the leaders sent some Pharisees and supporters of Herod to trap Jesus into saying something for which he could be arrested.

14 • "Teacher," they said, "we know how honest you are. You are impartial and don't play favorites. You teach the way of God truthfully. Now tell us—is it right to pay taxes to

15 Caesar or not? • Should we pay them, or shouldn't we?"

Jesus saw through their hypocrisy and said, "Why are you trying to trap me? Show

16 me a Roman coin,* and I'll tell you." • When they handed it to him, he asked, "Whose picture and title are stamped on it?"

"Caesar's," they replied.

17 • "Well, then," Jesus said, "give to Caesar what belongs to Caesar, and give to God what belongs to God."

His reply completely amazed them.

Discussion about Resurrection

18 • Then Jesus was approached by some Sadducees—religious leaders who say there is no resurrection from the dead. They posed

19 this question: • "Teacher, Moses gave us a law that if a man dies, leaving a wife without children, his brother should marry the

---

impartial [impárːrʃəl] *a.* 공평한: 편견이 없는
resurrection [rezərékʃən] *n.* 부활
12:14 play favorites : 편애하다, 편파적이다

12:10-11   Ps 118:22-23.   12:12   Greek *They.*
12:15   Greek *a denarius.*
12:10-11   시 118:22—23에 기록되어 있다.
12:14   '로마 황제'라는 뜻이다.

20 일곱 형제가 있었는데, 맏형이 결혼하고 자식이 없이 죽었습니다.

21 그래서 둘째가 형수와 결혼을 했는데, 역시 자식이 없이 죽었습니다. 셋째도 마찬가지였습니다.

22 일곱 형제 모두가 자식을 남기지 못했습니다. 나중에 여자도 죽었습니다.

23 그러면 다시 살아날 때, 그 여자는 그들 중에 누구의 아내가 되겠습니까? 일곱 형제가 모두 그를 아내로 맞이했으니 말입니다."

24 예수님께서 대답하셨습니다. "너희가 성경도 모르고 하나님의 능력도 몰라서 잘못 생각하는 것이 아니냐?

25 사람들이 죽은 사람들 중에서 다시 살아날 때에는, 장가도 가지 않고, 시집도 가지 않는다. 그들은 마치 하늘에 있는 천사처럼 될 것이다.

26 죽은 사람이 다시 살아나는 것에 대해서는, 모세의 책에 기록된 떨기나무 대목에서 하나님께서 모세에게 어떻게 말씀하셨는지를 읽어 보지 못했느냐? 하나님께서 모세에게 '나는 아브라함의 하나님, 이삭의 하나님, 그리고 야곱의 하나님이다' 라고 말씀하시지 않았느냐?

27 하나님께서는 죽은 사람들의 하나님이 아니라, 살아 있는 사람들의 하나님이다. 너희가 크게 잘못 생각하고 있다."

가장 중요한 계명

28 율법학자 가운데 한 사람이 다가와서 논쟁하는 것을 들었습니다. 예수님께서 사두개파 사람들에게 잘 대답하시는 것을 보고, 그가 물었습니다. "모든 계명 중에 어떤 것이 가장 중요합니까?"

29 예수님께서 대답하셨습니다. "가장 중요한 계명은 이것이다. '이스라엘아, 들어라! 주 우리 하나님은 한 분이시다.

30 네 모든 마음과 모든 영혼과 모든 뜻과 모든 힘을 다하여, 주 너의 하나님을 사랑하여라!'

31 두 번째로 중요한 계명은 이것이다. '네 이웃을 네 몸같이 사랑하여라.' 이 계명들보다 더 중요한 계명은 없다."

32 율법학자가 예수님께 말했습니다. "옳습니다, 선생님. 하나님께서는 한 분이시고, 그 외에는 다른 신이 없습니다.

33 모든 마음과 모든 지식과 모든 힘을 다하여 하나님을 사랑하고, 이웃을 자기 자신처럼 사랑하는 것이, 다른 모든 번제물이나 희생 제물보다 더 중요합니다."

34 예수님께서는 이 사람이 지혜롭게 대답하는 것을 보시고 말씀하셨습니다. "너는 하나님 나라에 가

widow and have a child who will carry on
20 the brother's name.* • Well, suppose there
were seven brothers. The oldest one married
21 and then died without children. • So the sec-
ond brother married the widow, but he also
died without children. Then the third broth-
22 er married her. • This continued with all
seven of them, and still there were no chil-
23 dren. Last of all, the woman also died. • So
tell us, whose wife will she be in the resurrec-
tion? For all seven were married to her."

24 • Jesus replied, "Your mistake is that you
don't know the Scriptures, and you don't
25 know the power of God. • For when the
dead rise, they will neither marry nor be
given in marriage. In this respect they will be
like the angels in heaven.

26 • "But now, as to whether the dead will
be raised—haven't you ever read about this
in the writings of Moses, in the story of the
burning bush? Long after Abraham, Isaac,
and Jacob had died, God said to Moses,* 'I
am the God of Abraham, the God of Isaac,
27 and the God of Jacob.' * • So he is the God of
the living, not the dead. You have made a
serious error."

The Most Important Commandment

28 • One of the teachers of religious law was
standing there listening to the debate. He
realized that Jesus had answered well, so he
asked, "Of all the commandments, which is
the most important?"

29 • Jesus replied, "The most important com-
mandment is this: 'Listen, O Israel! The
LORD our God is the one and only LORD.
30 • And you must love the LORD your God
with all your heart, all your soul, all your
mind, and all your strength.' * • The second
31 is equally important: 'Love your neighbor as
yourself.' * No other commandment is
greater than these."

32 • The teacher of religious law replied,
"Well said, Teacher. You have spoken the
truth by saying that there is only one God
33 and no other. • And I know it is important
to love him with all my heart and all my
understanding and all my strength, and to
love my neighbor as myself. This is more
important than to offer all of the burnt offer-
ings and sacrifices required in the law."

34 • Realizing how much the man under-
stood, Jesus said to him, "You are not far
from the Kingdom of God." And after that,

12:19 See Deut 25:5-6. 　12:26a Greek *in the
story of the bush? God said to him.*　12:26b
Exod 3:6. 　12:29-30 Deut 6:4-5. 　12:31 Lev
19:18.

깝구나." 그 뒤로는 아무도 감히 예수님께 더 묻지 않았습니다.

다윗의 자손

35 예수님께서 성전에서 가르치고 계실 때, 이렇게 물으셨습니다. "어째서 율법학자들은 그리스도가 다윗의 자손이라고 말하느냐?

36 다윗 자신은 성령으로 이렇게 말하였다. '여호와께서 내 주님에게 말씀하셨다. 내가 네 원수들을 네 발 아래 굴복시킬 때까지, 내 오른쪽에 앉아 있어라.'*

37 다윗 자신도 그리스도를 주님이라고 부른다. 그런데 어떻게 그리스도가 다윗의 자손이 되겠느냐?" 많은 무리가 예수님의 말씀을 기쁘게 들었습니다.

율법학자들을 조심하여라

38 예수님께서 가르치시면서 말씀하셨습니다. "율법학자들을 주의하여라. 이들은 긴 옷을 입고 걸어 다니기를 좋아하고, 장터에서 인사받기를 좋아한다.

39 이들은 회당에서 높은 자리를 좋아하고, 잔치에서도 윗자리를 좋아한다.

40 이들은 과부의 집을 삼키며, 사람들에게 보이기 위해 길게 기도한다. 이런 사람들은 더 큰 심판을 받을 것이다."

과부의 헌금

41 예수님께서 헌금함 맞은편에 앉으셔서, 사람들이 어떻게 헌금하는가를 보셨습니다. 여러 명의 부자들이 많은 돈을 헌금했습니다.

42 가난한 과부가 와서 렙돈 동전 두 개, 즉 한 고드란트를 넣었습니다.

43 예수님께서 제자들을 부르신 후 말씀하셨습니다. "내가 너희에게 진정으로 말한다. 이 가난한 과부가 헌금함에 돈을 넣은 다른 모든 사람들보다 더 많이 헌금을 하였다.

44 다른 모든 사람들은 넉넉한 중에서 헌금을 하였지만, 과부는 가지고 있던 모든 것, 즉 생활에 필요한 돈 전부를 바쳤다."

성전이 무너질 것임

13 예수님께서 성전을 떠나실 때, 한 제자가 예수님께 말했습니다. "선생님, 보십시오! 정말 아름다운 돌이지요, 정말 아름다운 건물이지요!"

2 예수님께서 "이 큰 건물을 보느냐? 돌 위에 돌 하나도 남지 않고, 완전히 무너질 것이다"라고 말씀하셨습니다.

마지막 시대의 징조

3 예수님께서 성전 맞은편 올리브 산에서 앉아 계실

no one dared to ask him any more questions.

Whose Son Is the Messiah?

35 ●Later, as Jesus was teaching the people in the Temple, he asked, "Why do the teachers of religious law claim that the Messiah is the
36 son of David? ●For David himself, speaking under the inspiration of the Holy Spirit, said,

'The LORD said to my Lord,
  Sit in the place of honor at my right hand
  until I humble your enemies beneath your feet.' *

37 ●Since David himself called the Messiah 'my Lord,' how can the Messiah be his son?" The large crowd listened to him with great delight.

38 ●Jesus also taught: "Beware of these teachers of religious law! For they like to parade around in flowing robes and receive respectful greetings as they walk in the market-
39 places. ●And how they love the seats of honor in the synagogues and the head table
40 at banquets. ●Yet they shamelessly cheat widows out of their property and then pretend to be pious by making long prayers in public. Because of this, they will be more severely punished."

The Widow's Offering

41 ●Jesus sat down near the collection box in the Temple and watched as the crowds dropped in their money. Many rich people
42 put in large amounts. ●Then a poor widow came and dropped in two small coins.*
43 ●Jesus called his disciples to him and said, "I tell you the truth, this poor widow has given more than all the others who are mak-
44 ing contributions. ●For they gave a tiny part of their surplus, but she, poor as she is, has given everything she had to live on."

Jesus Speaks about the Future

13 As Jesus was leaving the Temple that day, one of his disciples said, "Teacher, look at these magnificent buildings! Look at the impressive stones in the walls."
2 ●Jesus replied, "Yes, look at these great buildings. But they will be completely demolished. Not one stone will be left on top of another!"
3 ●Later, Jesus sat on the Mount of Olives across the valley from the Temple. Peter, James, John, and Andrew came to him pri-

12:36 Ps 110:1.   12:42 Greek *two lepta, which is a kodrantes* [i.e., a quadrans].
12:36 시 110:1에 기록되어 있다.

때, 베드로, 야고보, 요한과 안드레가 예수님께 조용히 물었습니다.

4 "우리들에게 말씀해 주십시오. 언제 이런 일들이 일어나고, 이런 일들이 이루어질 때에 무슨 징조가 있겠습니까?"

5 예수님께서 그들에게 말씀하기 시작하셨습니다. "아무도 너희를 속이지 못하게 조심하여라.

6 많은 사람들이 내 이름으로 와서 '내가 바로 그리스도' 라고 말할 것이다. 그리고 많은 사람들을 속일 것이다.

7 너희는 전쟁에 대한 소식과 소문을 들을 것이다. 그러나 두려워하지 마라. 이런 일들은 반드시 일어나야 한다. 그러나 끝은 아직 아니다.

8 민족이 다른 민족과 싸우려고 일어나고, 나라가 나라와 싸우려고 일어날 것이다. 여러 곳에서 지진이 일어나고, 기근도 있을 것이다. 이런 것들은 출산하는 진통의 시작에 불과하다.

9 너희는 주의하여라. 사람들이 너희를 법정에 넘길 것이고, 너희는 회당에서 매를 맞을 것이다. 너희가 나 때문에, 총독들과 임금 앞에 서게 되어, 그들에게 증언할 것이다.

10 그러나 먼저 복음이 모든 민족에게 전해질 것이다.

11 사람들이 너희를 체포하여 재판에 넘길 때, '무엇을 말할까' 하고 걱정하지 마라. 그때에 하나님께서 너희에게 주시는 것들을 말하여라. 말하는 것은 너희가 아니고, 성령님이시다.

12 형이 동생을 죽게 내주고, 아버지가 자식들을 내주고, 자식들이 부모를 거역하여 일어나며, 죽게 할 것이다.

13 내 이름 때문에, 너희가 미움을 받을 것이다. 그러나 끝까지 견디는 사람은 구원받을 것이다.

가장 큰 재난

14 멸망케 하는 혐오할 만한 것이 서 있지 않아야 할 곳에 서 있는 것을 보거든 (읽는 사람은 깨달아라) 유대에 있는 사람들은 산으로 도망하여라.

15 지붕 위에 있는 사람은 집에 있는 것을 가지고 나오려고 내려와 들어가지 마라.

16 밭에 있는 사람은 옷을 가지려고 돌아서지 마라.

17 그때에는 임신한 여자들이나, 아이에게 젖을 먹이는 여자들에게 화가 있다.

18 이런 일이 겨울에 일어나지 않도록 기도하여라.

19 그때에는 환난이 있을 것인데, 이런 환난은 하나님께서 세상을 만드신 때부터 지금까지 없었던 것이며, 앞으로도 이런 환난은 없을 것이다.

20 주님께서 이날들을 줄여 주시지 않는다면, 어느 생

4 vately and asked him, • "Tell us, when will all this happen? What sign will show us that these things are about to be fulfilled?"

5 • Jesus replied, "Don't let anyone mislead 6 you, • for many will come in my name, claiming, 'I am the Messiah.' * They will 7 deceive many. • And you will hear of wars and threats of wars, but don't panic. Yes, these things must take place, but the end 8 won't follow immediately. • Nation will go to war against nation, and kingdom against kingdom. There will be earthquakes in many parts of the world, as well as famines. But this is only the first of the birth pains, with more to come.

9 • "When these things begin to happen, watch out! You will be handed over to the local councils and beaten in the synagogues. You will stand trial before governors and kings because you are my followers. But this will be your opportunity to tell them about 10 me.* • For the Good News must first be 11 preached to all nations.* • But when you are arrested and stand trial, don't worry in advance about what to say. Just say what God tells you at that time, for it is not you who will be speaking, but the Holy Spirit.

12 • "A brother will betray his brother to death, a father will betray his own child, and children will rebel against their parents and 13 cause them to be killed. • And everyone will hate you because you are my followers.* But the one who endures to the end will be saved.

14 • "The day is coming when you will see the sacrilegious object that causes desecration* standing where he* should not be." (Reader, pay attention!) Then those in Judea 15 must flee to the hills. • A person out on the deck of a roof must not go down into the 16 house to pack. • A person out in the field 17 must not return even to get a coat. • How terrible it will be for pregnant women and 18 for nursing mothers in those days. • And pray that your flight will not be in winter. 19 • For there will be greater anguish in those days than at any time since God created the world. And it will never be so great again. 20 • In fact, unless the Lord shortens that time of calamity, not a single person will survive.

sacrilegious [sækrəlidʒəs] *a.* 신성을 더럽히는
surplus [sɔ́:rplʌs] *n.* 나머지; 잉여금

- - - - - - - - - - - - - - - - - - - -

13:6 Greek *claiming, 'I am.'*　　13:9 Or *But this will be your testimony against them.*　　13:10 Or *all peoples.*　　13:13 Greek *on account of my name.*　　13:14a Greek *the abomination of desolation.* See Dan 9:27; 11:31; 12:11.　　13:14b Or *it.*

명도 구원받지 못할 것이다. 그러나 하나님께서 선택한 사람들을 위하여, 이날들을 줄이셨다.

21 그때에 어떤 사람이 '여보시오, 그리스도가 여기 계십니다!' 또는 '저기 계십니다!' 하고 말해도 믿지 마라.

22 거짓 그리스도와 거짓 예언자들이 일어나서 증거와 기적을 보여 줄 것이다. 그래서 가능하면 선택된 사람들을 잘못된 길로 인도하려고 할 것이다.

23 그러므로 조심하여라. 내가 모든 것을 미리 일러 주었다."

인자가 오심

24 "그러나 그때에 환난이 지나가면, '해가 어두워지고, 달이 그 빛을 내지 않을 것이다.

25 별들이 하늘에서 떨어지고, 하늘에 있는 권세들이 흔들릴 것이다.'

26 사람들은 인자가 큰 능력과 영광으로 구름 가운데 오는 것을 볼 것이다.

27 그리고 인자가 천사들을 보내어, 땅끝에서 하늘 끝까지, 사방에서 선택된 사람들을 모을 것이다."

무화과나무의 교훈

28 "무화과나무로부터 교훈을 배워라. 가지가 부드러워지고 새 잎을 내면 여름이 가까운 줄 안다.

29 이처럼 이런 일들이 일어나는 것을 보면, 인자가 바로 문 앞에 가까이 온 줄 알아라.

30 내가 너희에게 진정으로 말한다. 이 세대가 지나가기 전에 이 모든 일들이 일어날 것이다.

31 하늘과 땅은 없어질 것이나, 내 말은 없어지지 않을 것이다."

그날과 그때

32 "그날과 그때는 아무도 모른다. 하늘에 있는 천사도 모르고, 아들도 모르고, 오직 아버지만이 아신다.

33 주의하여라! 항상 경계하여라! 그것은 그때가 언제인지 알지 못하기 때문이다.

34 마치 여행을 떠나는 어떤 사람과 같다. 그는 집을 떠나면서, 자기 종들에게 집을 돌보라고 맡겼다. 각각 임무를 주었는데, 문지기에게는 집을 잘 지키라고 명령했다.

35 그러므로 깨어 있어라. 집주인이 언제 돌아올지, 저녁에 혹은 밤중에 혹은 새벽 닭이 울 때 혹은 아침 무렵에 올지 모르기 때문이다.

36 그가 갑자기 돌아와서, 너희가 자고 있는 것을 보지 않게 하라.

37 내가 너희에게 말하는 것은, 모두에게 하는 말이다. '항상 깨어 있어라!'"

But for the sake of his chosen ones he has shortened those days.

21 • Then if anyone tells you, 'Look, here is the Messiah,' or 'There he is,' don't believe it. • For false messiahs and false prophets will rise up and perform signs and wonders so as to deceive, if possible, even God's chosen 23 ones. • Watch out! I have warned you about this ahead of time!

24 • "At that time, after the anguish of those days,

the sun will be darkened,
the moon will give no light,
25 • the stars will fall from the sky,
and the powers in the heavens will be shaken.*

26 • Then everyone will see the Son of Man* coming on the clouds with great power and 27 glory.* • And he will send out his angels to gather his chosen ones from all over the world*—from the farthest ends of the earth and heaven.

28 • "Now learn a lesson from the fig tree. When its branches bud and its leaves begin to sprout, you know that summer is near. 29 • In the same way, when you see all these things taking place, you can know that his 30 return is very near, right at the door. • I tell you the truth, this generation* will not pass from the scene before all these things take 31 place. • Heaven and earth will disappear, but my words will never disappear.

32 • "However, no one knows the day or hour when these things will happen, not even the angels in heaven or the Son himself. Only the Father knows. • And since you don't know when that time will come, be on guard! Stay alert!*

34 • "The coming of the Son of Man can be illustrated by the story of a man going on a long trip. When he left home, he gave each of his slaves instructions about the work they were to do, and he told the gatekeeper 35 to watch for his return. • You, too, must keep watch! For you don't know when the master of the household will return—in the evening, at midnight, before dawn, or at 36 daybreak. • Don't let him find you sleeping 37 when he arrives without warning. • I say to

---

alert [əlɔːrt] *a.* 방심하지 않는, 경계하는

13:24-25 See Isa 13:10; 34:4; Joel 2:10. 13:26a "Son of Man" is a title Jesus used for himself. 13:26b See Dan 7:13. 13:27 Greek *from the four winds.* 13:30 Or *this age,* or *this nation.* 13:33 Some manuscripts add *and pray.*

예수님을 죽일 계획

14 유월절과 무교절이 되기 이틀 전이었습니다. 대제사장들과 율법학자들이 흉계를 꾸미며, 예수님을 아무도 모르게 잡아서 죽이려고 하였습니다.

2 이들이 말했습니다. "명절 동안에는 안 돼. 사람들이 소동을 일으킬 수 있어."

예수님께 향유를 부은 여자

3 예수님께서 베다니 마을에 있는, 문둥병에 걸렸던 시몬의 집에서 음식을 드시고 계셨습니다. 한 여자가 매우 비싼 나드 향유 한 병을 가지고 왔습니다. 그리고 병을 열고, 향유를 예수님의 머리에 부었습니다.

4 그러자 몇몇 사람이 화를 내면서, 서로 말했습니다. "어째서 향유를 낭비하는 거지?

5 이 향유는 삼백 데나리온에 팔 수 있고, 그 돈으로 가난한 사람들을 도울 수도 있었을 텐데." 그리고 여자를 호되게 나무랐습니다.

6 예수님께서 말씀하셨습니다. "가만두어라. 어째서 여자를 괴롭히느냐? 그는 내게 좋은 일을 했다.

7 가난한 사람들은 항상 너희와 함께 있으므로, 원하면 언제든지 좋은 일을 할 수 있다. 그러나 나는 항상 너희와 함께 있는 것이 아니다.

8 여자는 자기가 할 수 있는 일을 했다. 죽기 전에 내 장례를 위해 내 몸에 향유를 부어 준 것이다.

9 내가 너희에게 진정으로 말한다. 복음이 온 세상에 전해질 때, 이 여인이 한 일도 알려져서, 사람들이 기억하게 될 것이다."

유다의 배반

10 열두 제자 가운데 한 사람인, 가룟 유다가 예수님을 넘겨 주려고 대제사장들에게 갔습니다.

11 대제사장들은 이 말을 듣고 기뻐했습니다. 그리고 유다에게 돈을 주기로 약속했습니다. 그래서 유다는 예수님을 넘겨 줄 좋은 기회를 엿보기 시작했습니다.

유월절 음식을 나누심

12 무교절의 첫 번째 날, 즉 유월절 양을 잡는 날에 제자들이 예수님께 여쭈었습니다. "유월절 음식을 어디에 가서 준비할까요?"

13 예수님께서 제자들 가운데서 두 명을 보내시면서 말씀하셨습니다. "성으로 들어가거라. 물병을 든 사람을 만나면 그를 따라가거라.

14 그가 들어가는 집의 주인에게 '선생님께서 제자들과 함께 유월절 음식을 먹을 수 있는 방이 어디냐고 물으십니다' 라고 하여라.

---

you what I say to everyone: Watch for him!"

Jesus Anointed at Bethany

14 It was now two days before Passover and the Festival of Unleavened Bread. The leading priests and the teachers of religious law were still looking for an opportunity 2 to capture Jesus secretly and kill him. •"But not during the Passover celebration," they agreed, "or the people may riot."

3 •Meanwhile, Jesus was in Bethany at the home of Simon, a man who had previously had leprosy. While he was eating,* a woman came in with a beautiful alabaster jar of expensive perfume made from essence of nard. She broke open the jar and poured the perfume over his head.

4 •Some of those at the table were indignant. "Why waste such expensive perfume?" they 5 asked. •"It could have been sold for a year's wages* and the money given to the poor!" So they scolded her harshly.

6 •But Jesus replied, "Leave her alone. Why criticize her for doing such a good thing to 7 me? •You will always have the poor among you, and you can help them whenever you want to. But you will not always have me. 8 •She has done what she could and has 9 anointed my body for burial ahead of time. •I tell you the truth, wherever the Good News is preached throughout the world, this woman's deed will be remembered and discussed."

Judas Agrees to Betray Jesus

10 •Then Judas Iscariot, one of the twelve disciples, went to the leading priests to arrange to 11 betray Jesus to them. •They were delighted when they heard why he had come, and they promised to give him money. So he began looking for an opportunity to betray Jesus.

The Last Supper

12 •On the first day of the Festival of Unleavened Bread, when the Passover lamb is sacrificed, Jesus' disciples asked him, "Where do you want us to go to prepare the Passover meal for you?"

13 •So Jesus sent two of them into Jerusalem with these instructions: "As you go into the city, a man carrying a pitcher of water will 14 meet you. Follow him. •At the house he enters, say to the owner, 'The Teacher asks:

---

riot [ráiət] *vi.* 폭동을 일으키다
scold [skóuld] *vt.* 비난하다, 꾸짖다

14:3 Or *reclining.*　14:5 Greek *for 300 denarii.* A denarius was equivalent to a laborer's full day's wage.

15 그러면 집주인이 너희에게 준비된 커다란 다락방을 보여 줄 것이다. 그곳에서 음식을 준비하여라."

16 제자들이 떠나서, 성으로 들어갔습니다. 예수님께서 말씀하신 그대로였습니다. 그래서 유월절을 준비했습니다.

17 저녁이 되자, 예수님께서 열두 제자들과 함께 그 집으로 가셨습니다.

18 식사를 하는 동안, 예수님께서 말씀하셨습니다. "내가 너희에게 진정으로 말한다. 나와 함께 음식을 먹고 있는 너희 가운데 한 사람이 나를 배반할 것이다."

19 제자들이 근심하면서 한 사람씩 예수님께 말했습니다. "설마 제가 그 사람입니까?"

20 예수님께서 대답하셨습니다. "열두 제자 가운데 한 사람이며, 나와 함께 그릇에 손을 넣는 사람이다.

21 인자는 성경에 기록된 대로 죽지만, 인자를 넘겨 주는 사람에게는 화가 있다. 그 사람은 차라리 태어나지 않았더라면, 자신에게 더 좋았을 것이다."

마지막 만찬

22 식사를 하는 동안, 예수님께서는 빵을 들고 감사 기도를 드리셨습니다. 그리고 떼어서 제자들에게 주시며 말씀하셨습니다. "받아라. 이것은 나의 몸이다."

23 또 잔을 들고 감사 기도를 드리셨습니다. 그리고 제자들에게 잔을 주어, 제자들이 마셨습니다.

24 예수님께서 말씀하셨습니다. "이것은 많은 사람들을 위해 쏟는 나의 피, 곧 언약의 피다.

25 내가 진정으로 너희에게 말한다. 내가 하나님 나라에서 새 것으로 마실 그날이 올 때까지는 결코 다시 포도나무에서 난 것을 마시지 않을 것이다."

26 예수님과 제자들은 찬송을 부른 뒤, 올리브 산으로 올라갔습니다.

베드로가 모른다고 할 것을 예언하심

27 예수님께서 제자들에게 말씀하셨습니다. "너희는 모두 나를 버릴 것이다. 성경에 이렇게 쓰여 있다. '내가 목자를 치리니, 양들은 흩어질 것이다.'

28 그러나 내가 살아난 후, 너희보다 먼저 갈릴리로 갈 것이다."

29 베드로가 말했습니다. "모두가 버릴지라도 저는 그렇지 않을 것입니다."

30 예수님께서 *대답하셨습니다.* "내가 너에게 진정으로 말한다. 오늘 밤 닭이 두 번 울기 전에, 네가 나를 모른다고 세 번 말할 것이다."

31 베드로는 강조하여 말했습니다. "주님과 함께 죽을지언정, 결코 모른다고 하지 않을 것입니다!" 다른 모든 제자들도 같은 말을 했습니다.

Where is the guest room where I can eat the
15 Passover meal with my disciples?' •He will
take you upstairs to a large room that is
already set up. That is where you should pre-
16 pare our meal." •So the two disciples went
into the city and found everything just as
Jesus had said, and they prepared the
Passover meal there.

17 • In the evening Jesus arrived with the
18 Twelve. •As they were at the table* eating,
Jesus said, "I tell you the truth, one of you
eating with me here will betray me."

19 • Greatly distressed, each one asked in
turn, "Am I the one?"

20 • He replied, "It is one of you twelve who
21 is eating from this bowl with me. •For the
Son of Man* must die, as the Scriptures
declared long ago. But how terrible it will be
for the one who betrays him. It would be far
better for that man if he had never been
born!"

22 • As they were eating, Jesus took some
bread and blessed it. Then he broke it in
pieces and gave it to the disciples, saying,
"Take it, for this is my body."

23 • And he took a cup of wine and gave
thanks to God for it. He gave it to them, and
24 they all drank from it. •And he said to
them, "This is my blood, which confirms the
covenant* between God and his people. It is
25 poured out as a sacrifice for many. •I tell
you the truth, I will not drink wine again
until the day I drink it new in the Kingdom
of God."

26 • Then they sang a hymn and went out to
the Mount of Olives.

Jesus Predicts Peter's Denial

27 •On the way, Jesus told them, "All of you
will desert me. For the Scriptures say,

'God will strike* the Shepherd,
　and the sheep will be scattered.'

28 •But after I am raised from the dead, I will
go ahead of you to Galilee and meet you
there."

29 •Peter said to him, "Even if everyone else
deserts you, I never will."

30 •Jesus replied, "I tell you the truth, Peter—
this very night, before the rooster crows
twice, you will deny three times that you
even know me."

31 • "No!" Peter declared emphatically.

betray [bitréi] *vt.* 넘겨주다; 배신하다

14:18 Or *As they reclined.*　14:21 "Son of Man"
is a title Jesus used for himself.　14:24 Some
manuscripts read *the new covenant.*　14:27
Greek *I will strike.* Zech 13:7.

겟세마네 동산에서 기도하심

32 예수님과 제자들이 겟세마네라고 하는 곳으로 갔습니다. 예수님께서 제자들에게 말씀하셨습니다. "내가 기도하는 동안에 여기 앉아 있어라."

33 예수님께서는 베드로와 야고보 그리고 요한을 데리고 가셨습니다. 예수님께서는 매우 근심하며 괴로워하셨습니다.

34 예수님께서 말씀하셨습니다. "내 영혼이 심히 괴로워 죽을 지경이다. 여기서 머무르면서 깨어 있어라."

35 예수님께서 조금 더 가셔서 땅에 엎드리셨습니다. 그리고 할 수만 있다면, 그때가 지나가 버리기를 기도하셨습니다.

36 예수님께서 기도하셨습니다. "아바,* 아버지! 아버지께서는 모든 것을 하실 수 있으시니, 이 잔을 없애 주십시오. 그러나 제 뜻대로 하지 마시고 아버지의 뜻대로 하십시오."

37 예수님께서 제자들에게 오셔서 자고 있는 것을 보시고, 베드로에게 말씀하셨습니다. "시몬아, 자고 있느냐? 나와 함께 한 시간도 깨어 있을 수 없더냐?

38 시험에 들지 않도록 깨어서 기도하여라. 영은 원하지만, 몸이 연약하구나."

39 다시 예수님께서 제자들을 떠나서 같은 말씀으로 기도하셨습니다.

40 그리고 다시 제자들에게 오셔서 자고 있는 모습을 보셨습니다. 그것은 제자들이 너무 졸렸기 때문입니다. 제자들은 예수님께 무슨 말을 해야 할지 몰랐습니다.

41 세 번째 예수님께서 오셔서 말씀하셨습니다. "아직도 자고 있느냐? 아직도 쉬고 있느냐? 그만하면 됐다! 이제 시간이 되었다. 보아라! 인자가 죄인들의 손에 넘겨진다.

42 일어나자! 가자! 보아라! 나를 넘겨 줄 사람이 가까이에 와 있다."

예수님께서 잡히심

43 예수님께서 아직 말씀하고 계실 때, 열두 제자 가운데 한 사람인 유다가 다가왔습니다. 대제사장들과 율법학자들과 장로들이 보낸 많은 무리들이 칼과 몽둥이를 들고 유다와 함께 왔습니다.

44 예수님을 넘겨 주는 자가 사람들과 신호를 정했습니다. "내가 입맞추는 사람이 바로 그 사람이니, 체포하여 데리고 가시오."

45 유다가 예수님께 와서 "선생님!"이라고 말하면서 입을 맞추었습니다.

46 그러자 그들이 예수에게 손을 대어 체포했습니다.

"Even if I have to die with you, I will never deny you!" And all the others vowed the same.

Jesus Prays in Gethsemane

32 •They went to the olive grove called Gethsemane, and Jesus said, "Sit here while I 33 go and pray." •He took Peter, James, and John with him, and he became deeply trou-
34 bled and distressed. •He told them, "My soul is crushed with grief to the point of death. Stay here and keep watch with me."

35 •He went on a little farther and fell to the ground. He prayed that, if it were possible, the awful hour awaiting him might pass 36 him by. •"Abba, Father,"* he cried out, "everything is possible for you. Please take this cup of suffering away from me. Yet I want your will to be done, not mine."

37 •Then he returned and found the disciples asleep. He said to Peter, "Simon, are you asleep? Couldn't you watch with me even 38 one hour? •Keep watch and pray, so that you will not give in to temptation. For the spirit is willing, but the body is weak."

39 •Then Jesus left them again and prayed 40 the same prayer as before. •When he returned to them again, he found them sleeping, for they couldn't keep their eyes open. And they didn't know what to say.

41 •When he returned to them the third time, he said, "Go ahead and sleep. Have your rest. But no—the time has come. The Son of Man is betrayed into the hands of sin-
42 ners. •Up, let's be going. Look, my betrayer is here!"

Jesus Is Betrayed and Arrested

43 •And immediately, even as Jesus said this, Judas, one of the twelve disciples, arrived with a crowd of men armed with swords and clubs. They had been sent by the leading priests, the teachers of religious law, and
44 the elders. •The traitor, Judas, had given them a prearranged signal: "You will know which one to arrest when I greet him with a kiss. Then you can take him away under
45 guard." •As soon as they arrived, Judas walked up to Jesus. "Rabbi!" he exclaimed, and gave him the others kiss.

46 •Then the others grabbed Jesus and

emphatically [imfǽtikəli] *ad.* 강조하여: 단호히
prearranged [prìːəréindʒid] *a.* 사전에 협의된
traitor [tréitər] *n.* 배신자
14:34 keep watch : 깨어 있다: 망을 보다

14:36 *Abba* is an Aramaic term for "father."
14:36 '아바'는 아람어로 '아버지'를 뜻한다.

47 그러나 곁에 있던 사람 가운데 한 명이 칼을 뽑아, 대제사장의 종을 내리쳐 귀를 잘랐습니다.

48 예수님께서 말씀하셨습니다. "마치 강도를 잡는 것처럼, 나를 잡으려고 칼과 몽둥이를 가지고 왔느냐?

49 내가 매일 성전에서 너희들과 함께 있으면서 가르칠 때에는 너희가 나를 잡지 않았다. 그러나 일어난 이 모든 것은 성경을 이루려고 일어난 것이다."

50 예수님의 제자들이 모두 예수님을 떠나 도망갔습니다.

51 어떤 젊은 사람이 맨몸에 홑이불을 걸친 채 예수님을 따라가고 있었습니다. 사람들이 그를 잡았습니다.

52 그러자 홑이불을 벗어 던진 채, 벌거벗고 도망쳤습니다.

대제사장 앞에 서신 예수님

53 사람들은 예수님을 대제사장에게로 데리고 갔습니다. 그러자 대제사장들과 장로들 그리고 율법학자들이 모두 모여들었습니다.

54 베드로가 멀찍이 예수님을 따라와서, 대제사장의 공관 마당으로 들어갔습니다. 거기서 불을 쬐면서 경비원들과 함께 앉아 있었습니다.

55 대제사장들과 모든 유대 의회원들이 예수님을 죽이려고, 고소할 증거를 찾으려 했습니다. 그러나 아무런 증거도 찾을 수 없었습니다.

56 많은 사람들이 예수님에 대해 거짓 증거를 대었습니다. 그러나 그들의 말은 서로 맞지가 않았습니다.

57 어떤 사람들이 일어나서 예수님에 대해 거짓 증언을 하였습니다.

58 "우리는 이 사람이 '내가 손으로 지은 성전을 헐고, 삼 일 만에 손으로 짓지 않은 다른 성전을 세우겠다'고 하는 것을 들었습니다."

59 그러나 그들의 증언은 서로 맞지 않았습니다.

60 대제사장이 일어나 그들 앞에 서서 예수님을 심문했습니다. "아무 대답도 하지 않을 것이오? 이 사람들이 당신에게 불리한 증거를 대고 있지 않소?"

61 그러나 예수님께서는 묵묵히 아무런 말씀도 하지 않으셨습니다. 다시 대제사장이 예수님께 질문을 던졌습니다. "당신이 찬양받으실 분의 아들 그리스도요?"

62 예수님께서 대답하셨습니다. "그렇다. 인자가 전능하신 분의 오른쪽에 앉아 있는 것과, 하늘에서 구름을 타고 오는 것을 볼 것이다."

63 대제사장이 자기 옷을 찢으며 말했습니다. "무슨 증인이 더 필요하겠는가?

---

47 arrested him. ●But one of the men with Jesus pulled out his sword and struck the high priest's slave, slashing off his ear.

48 ●Jesus asked them, "Am I some dangerous revolutionary, that you come with

49 swords and clubs to arrest me? ●Why didn't you arrest me in the Temple? I was there among you teaching every day. But these things are happening to fulfill what the Scriptures say about me."

50 ●Then all his disciples deserted him and

51 ran away. ●One young man following behind was clothed only in a long linen

52 shirt. When the mob tried to grab him, ●he slipped out of his shirt and ran away naked.

Jesus before the Council

53 ●They took Jesus to the high priest's home where the leading priests, the elders, and the teachers of religious law had gathered.

54 ●Meanwhile, Peter followed him at a distance and went right into the high priest's courtyard. There he sat with the guards, warming himself by the fire.

55 ●Inside, the leading priests and the entire high council* were trying to find evidence against Jesus, so they could put him to death.

56 But they couldn't find any. ●Many false witnesses spoke against him, but they contra-

57 dicted each other. ●Finally, some men stood

58 up and gave this false testimony: ●"We heard him say, 'I will destroy this Temple made with human hands, and in three days I will build another, made without human

59 hands.'" ●But even then they didn't get their stories straight!

60 ●Then the high priest stood up before the others and asked Jesus, "Well, aren't you going to answer these charges? What do you

61 have to say for yourself?" ●But Jesus was silent and made no reply. Then the high priest asked him, "Are you the Messiah, the Son of the Blessed One?"

62 ●Jesus said, "I Am.* And you will see the Son of Man seated in the place of power at God's right hand* and coming on the clouds of heaven.*"

63 ●Then the high priest tore his clothing to show his horror and said, "Why do we need

---

contradict [kàntrədíkt] *vi.* 모순되다
jeer [dʒíər] *vi.* 조롱하다
testimony [téstəmouni] *n.* 증거, 증언
verdict [vɚ́rdikt] *n.* 평결
14:47 slash off…: …를 베어 떨어뜨리다

14:55 Greek *the Sanhedrin.*　14:62a Or *The 'I AM' is here;* or *I am the LORD.* See Exod 3:14. 14:62b Greek *seated at the right hand of the power.* See Ps 110:1.　14:62c See Dan 7:13.

64 너희는 하나님을 모독하는 소리를 들었다. 너희는 어떻게 생각하느냐?" 그러자 모두가 예수님을 사형시켜야 한다고 했습니다.

65 어떤 사람들은 예수님께 침을 뱉기 시작했습니다. 또 예수님의 눈을 가리고 주먹으로 때리면서 말했습니다. "예언자처럼 누가 너를 때리는지 맞춰 보아라!" 경비원들도 예수님을 끌고 가서 때렸습니다.

베드로가 예수님을 모른다고 말함

66 베드로가 공관의 아래쪽에 있을 때, 어떤 대제사장의 여자 종이 왔습니다.

67 베드로가 불을 쬐고 있는 것을 보고, 노려보며 말했습니다. "당신도 나사렛 예수와 함께 있었지요?"

68 베드로는 부인하며 말했습니다. "네가 무엇을 두고 말하는지 모르겠다." 그리고 베드로는 입구 쪽으로 옮겨 갔습니다. 그때, 닭이 울었습니다.

69 또 여자 종이 베드로를 보고, 다시 한 번 거기 있던 사람들에게 말했습니다. "이 사람도 예수와 한패예요."

70 다시 베드로가 부인했습니다. 잠시 후에, 거기 있던 사람들이 베드로에게 말했습니다. "확실히 당신은 예수와 한패요, 당신은 갈릴리 사람이니까."

71 베드로는 저주하며, 맹세하였습니다. "당신들이 말하는 사람이 누구인지 나는 모르오!"

72 그러자 닭이 두 번째 울었습니다. 베드로는 예수님께서 자기에게 "닭이 두 번 울기 전에 네가 나를 세 번이나 모른다고 할 것이다"라고 한 말씀이 기억났습니다. 그래서 엎드려서 울었습니다.

빌라도가 예수님을 심문함

15 이른 아침에 대제사장들이 장로들, 율법학자, 그리고 모든 유대 의회원들과 함께 회의를 하였습니다. 이들은 예수님을 묶고, 끌고 가서 빌라도에게 넘겼습니다.

2 빌라도가 예수님께 물었습니다. "당신이 유대인의 왕이오?" 예수님께서 대답하셨습니다. "네가 말한 대로다."

3 대제사장들이 여러 가지 말로 예수님을 고발했습니다.

4 빌라도가 예수님께 다시 질문했습니다. "아무 대답이 없소? 이 사람들이 당신에게 여러 가지로 고발을 하는 것을 보시오."

5 그러나 예수님께서는 더 이상 대답을 하지 않으셨습니다. 빌라도가 이것을 보고 매우 놀랐습니다.

사형 선고를 받으심

6 명절 때마다, 빌라도는 사람들이 요청하는 죄수 한 명을 풀어 주곤 했습니다.

---

other witnesses? •You have all heard his blasphemy. What is your verdict?"

"Guilty!" they all cried. "He deserves to die!"

65 •Then some of them began to spit at him, and they blindfolded him and beat him with their fists. "Prophesy to us," they jeered. And the guards slapped him as they took him away.

Peter Denies Jesus

66 •Meanwhile, Peter was in the courtyard below. One of the servant girls who worked 67 for the high priest came by •and noticed Peter warming himself at the fire. She looked at him closely and said, "You were one of those with Jesus of Nazareth.*"

68 •But Peter denied it. "I don't know what you're talking about," he said, and he went out into the entryway. Just then, a rooster crowed.*

69 •When the servant girl saw him standing there, she began telling the others, "This 70 man is definitely one of them!" •But Peter denied it again.

A little later some of the other bystanders confronted Peter and said, "You must be one of them, because you are a Galilean."

71 •Peter swore, "A curse on me if I'm lying—I don't know this man you're talking 72 about!" •And immediately the rooster crowed the second time.

Suddenly, Jesus' words flashed through Peter's mind: "Before the rooster crows twice, you will deny three times that you even know me." And he broke down and wept.

Jesus' Trial before Pilate

15 Very early in the morning the leading priests, the elders, and the teachers of religious law—the entire high council*— met to discuss their next step. They bound Jesus, led him away, and took him to Pilate, the Roman governor.

2 •Pilate asked Jesus, "Are you the king of the Jews?" Jesus replied, "You have said it."

3 •Then the leading priests kept accusing 4 him of many crimes, •and Pilate asked him, "Aren't you going to answer them? What about all these charges they are bringing 5 against you?" •But Jesus said nothing, much to Pilate's surprise.

6 •Now it was the governor's custom each

14:67 Or *Jesus the Nazarene.* 14:68 Some manuscripts do not include *Just then, a rooster crowed.* 15:1 Greek *the Sanhedrin;* also in 15:43.

7 바라바라고 하는 사람이, 폭동이 일어났을 때, 살인을 저지른 폭도들과 함께 감옥에 있었습니다.

8 사람들이 빌라도에게 와서 지금까지 그랬던 것처럼, 죄수 한 명을 풀어 달라고 요청했습니다.

9 빌라도가 그들에게 물었습니다. "유대인의 왕을 놓아 주기를 바라느냐?"

10 빌라도는 대제사장들이 예수님을 시기해서 자기에게 넘긴 것을 알았던 것입니다.

11 대제사장들은 사람들을 선동하여 예수님 대신 바라바를 풀어 달라고 요청하게 했습니다.

12 빌라도가 사람들에게 다시 물었습니다. "그러면 너희가 유대인의 왕이라고 부르는 이 사람은 어떻게 해야 하겠느냐?"

13 사람들이 소리쳤습니다. "십자가에 못박으시오!"

14 빌라도가 물었습니다. "어째서? 그가 무슨 잘못을 했느냐?" 하지만 사람들은 더욱더 크게 소리쳤습니다. "십자가에 못박으시오!"

15 빌라도는 사람들을 만족시키려고 바라바를 놓아 주었습니다. 그리고 예수님을 채찍질하게 하고, 십자가에 못박도록 넘겨 주었습니다.

군인들이 예수님을 조롱함

16 군인들이 예수님을 공관 뜰로 끌고 갔습니다. 그리고 온 부대원을 불러모았습니다.

17 예수님께 자주색 옷을 입히고, 가시 왕관을 만들어 예수님의 머리 위에 씌웠습니다.

18 그들은 예수님에게 경례를 하며 소리쳤습니다. "유대인의 왕 만세!"

19 군인들은 갈대로 예수님의 머리를 때리고, 침을 뱉었습니다. 그리고 무릎을 꿇고 절을 하였습니다.

20 실컷 놀리고 나서, 군인들은 자주색 옷을 벗기고, 예수님의 옷을 다시 입혔습니다. 그리고 십자가에 못박으려고 예수님을 끌고 나갔습니다.

십자가에서 못박히심

21 그때, 시골에서 온 구레네* 출신의 시몬이 지나가고 있었습니다. 이 사람은 알렉산더와 루포의 아버지입니다. 군인들은 시몬에게 예수님의 십자가를 지게 했습니다.

22 군인들은 예수님을 '해골 지역'이라는 뜻을 가진 *골고다*로 끌고 갔습니다.

23 군인들은 예수님께 몰약을 탄 포도주를 마시게 하려고 했으나, 예수님께서는 마시지 않으셨습니다.

24 군인들은 예수님을 십자가에 못박았습니다. 이들은 제비를 뽑아, 예수님의 옷을 누가 차지할지

---

year during the Passover celebration to release one prisoner—anyone the people requested.

7 • One of the prisoners at that time was Barabbas, a revolutionary who had committed murder in an uprising. • The crowd went

8 to Pilate and asked him to release a prisoner as usual.

9 • "Would you like me to release to you this

10 'King of the Jews'?" Pilate asked. • (For he realized by now that the leading priests had arrest-

11 ed Jesus out of envy.) • But at this point the leading priests stirred up the crowd to demand the release of Barabbas instead of

12 Jesus. • Pilate asked them, "Then what should I do with this man you call the king of the Jews?"

13 • They shouted back, "Crucify him!"

14 • "Why?" Pilate demanded. "What crime has he committed?"

But the mob roared even louder, "Crucify him!"

15 • So to pacify the crowd, Pilate released Barabbas to them. He ordered Jesus flogged with a lead-tipped whip, then turned him over to the Roman soldiers to be crucified.

The Soldiers Mock Jesus

16 • The soldiers took Jesus into the courtyard of the governor's headquarters (called the Praetorium) and called out the entire regi-

17 ment. • They dressed him in a purple robe, and they wove thorn branches into a crown

18 and put it on his head. • Then they saluted

19 him and taunted, "Hail! King of the Jews!" • And they struck him on the head with a reed stick, spit on him, and dropped to their

20 knees in mock worship. • When they were finally tired of mocking him, they took off the purple robe and put his own clothes on him again. Then they led him away to be crucified.

The Crucifixion

21 • A passerby named Simon, who was from Cyrene,* was coming in from the countryside just then, and the soldiers forced him to carry Jesus' cross. (Simon was the father of Alexander

22 and Rufus.) • And they brought Jesus to a place called Golgotha (which means "Place of

23 the Skull"). • They offered him wine drugged with myrrh, but he refused it.

24 • Then the soldiers nailed him to the cross. They divided his clothes and threw dice* to

---

pacify [pǽsəfài] *vt.* 진정시키다, 달래다

salute [səlúːt] *vt.* (거수) 경례하다

15:21 *Cyrene* was a city in northern Africa.
15:24 Greek *cast lots*. See Ps 22:18.

15:21 북아프리카에 있는 도시다.

결정하여 나누어 가졌습니다.

25 예수님을 십자가에 못박은 때는 아침 9시였습니다.

26 예수님의 죄패에는 '유대인의 왕' 이라는 죄목이 적혀 있었습니다.

27 군인들은 예수님과 더불어 두 명의 강도를 하나는 오른쪽에, 하나는 왼쪽에 매달았습니다.

28 (없음)*

29 지나가던 사람들이 고개를 흔들면서 예수님을 모욕하였습니다. "아, 성전을 헐고 삼일 만에 다시 세우겠다던 사람아,

30 당신 자신이나 구해 보시지! 십자가에서 내려와 봐!"

31 대제사장들도 율법학자들과 함께 다른 사람들처럼 놀렸습니다. 그들은 자기들끼리 말했습니다. "저 사람이 다른 사람들은 구원하고 자기 자신은 구원하지 못하는구나.

32 이스라엘의 왕, 그리스도여, 십자가에서 내려오시라. 그러면 우리가 보고 믿겠다." 함께 십자가에 못박힌 사람들도 그와 같은 비난을 예수님께 했습니다.

예수님께서 돌아가심

33 정오가 되자, 온 땅에 어둠이 덮이더니 오후 3시까지 계속되었습니다.

34 오후 3시에, 예수님께서 큰 소리로 외치셨습니다. "엘리 엘리 라마 사박다니." 이 말은 "나의 하나님, 나의 하나님, 어찌하여 나를 버리셨나이까?"라는 뜻입니다.

35 서 있던 사람들이 이 소리를 듣고 말했습니다. "보시오! 저 사람이 엘리야를 부르고 있습니다."

36 어떤 사람이 달려가서 신 포도주를 해면에 묻혀, 막대기에 매달았습니다. 그리고 예수님께 마시게 하며 말했습니다. "과연 엘리야가 와서 십자가에서 내려 주는지 봅시다."

37 그러자 예수님께서 큰 소리를 지르시고, 마지막 숨을 거두셨습니다.

38 그때, 성전에 있던 휘장이 꼭대기에서 바닥까지 두 쪽으로 갈라졌습니다.

39 예수님 바로 앞에 서 있던 백부장이, 예수님께서 마지막 숨을 거두시는 것을 보고 말했습니다. "이분은 진실로 하나님의 아들이었다!"

40 여자들이 약간 떨어진 곳에서 지켜 보고 있었습니다. 이들은 막달라 마리아, 살로메, 그리고 작은 야고보와 요세의 어머니 마리아였습니다.

41 이들은, 예수님께서 갈릴리에 계실 때에 예수님을 따르며 섬기던 사람들이었습니다. 또한 예수님을 따라 예루살렘에 온 다른 여자들도 많이 있었습니

---

25 decide who would get each piece. •It was nine o'clock in the morning when they crucified him. •A sign announced the charge against him. It read, "The King of the Jew-

27 s." •Two revolutionaries* were crucified with him, one on his right and one on his left.*

29 •The people passing by shouted abuse, shaking their heads in mockery. "Ha! Look at you now!" they yelled at him. "You said you were going to destroy the Temple and

30 rebuild it in three days. •Well then, save yourself and come down from the cross!"

31 •The leading priests and teachers of religious law also mocked Jesus. "He saved others," they scoffed, "but he can't save himself!

32 •Let this Messiah, this King of Israel, come down from the cross so we can see it and believe him!" Even the men who were crucified with Jesus ridiculed him.

The Death of Jesus

33 •At noon, darkness fell across the whole

34 land until three o'clock. •Then at three o'clock Jesus called out with a loud voice, *"Eloi, Eloi, lema sabachthani?"* which means "My God, my God, why have you aban-

35 doned me?"* •Some of the bystanders misunderstood and thought he was calling for the prophet

36 Elijah. •One of them ran and filled a sponge with sour wine, holding it up to him on a reed stick so he could drink. "Wait!" he said. "Let's see whether Elijah comes to take him down!"

37 •Then Jesus uttered another loud cry and

38 breathed his last. •And the curtain in the sanctuary of the Temple was torn in two, from top to bottom.

39 •When the Roman officer* who stood facing him* saw how he had died, he exclaimed, "This man truly was the Son of God!"

40 •Some women were there, watching from a distance, including Mary Magdalene, Mary (the mother of James the younger and

41 of Joseph*), and Salome. •They had been followers of Jesus and had cared for him

---

15:27a Or *Two criminals.*　15:27b Some manuscripts add verse 28, *And the Scripture was fulfilled that said, "He was counted among those who were rebels."* See Isa 53:12; also compare Luke 22:37.　15:34 Ps 22:1.　15:39a Greek the *centurion;* similarly in 15:44, 45.　15:39b Some manuscripts add *heard his cry and.*　15:40 Greek *Joses;* also in 15:47. See Matt 27:56.
15:28 어떤 사본에는 다음과 같은 구절이 있다. "그가 범법자들 중 한 사람으로 여겨졌다' 고 한 말씀이 이루어졌다.

다.

예수님께서 묻히심

42 이미 날이 저물었습니다. 이날은 준비하는 날, 곧 안식일 바로 전날이었습니다.

43 아리마대 출신의 요셉이 와서 빌라도에게 예수님의 시신을 달라고 했습니다. 이 사람은 존경받는 유대 의회원이었고, 하나님 나라를 기다리는 사람이었습니다.

44 빌라도는 예수님께서 이미 죽었는지 궁금했습니다. 그래서 백부장을 불러 예수님께서 이미 죽었는지 물었습니다.

45 백부장으로부터 확답을 들은 후, 빌라도는 그 시신을 요셉에게 내어 주었습니다.

46 요셉은 긴 베를 사 가지고 와서, 예수님을 십자가에서 내려서 쌌습니다. 그리고 바위를 깎아서 만든 무덤에 시신을 모셨습니다. 그런 다음, 무덤 입구를 커다란 돌을 굴려서 막았습니다.

47 막달라 마리아와 요세의 어머니 마리아가 예수님을 모신 곳을 보았습니다.

예수님께서 다시 살아나심

16 안식일이 지나고, 막달라 마리아와 야고보의 어머니 마리아와 살로메가, 예수님께 바르려고 향료를 샀습니다.

2 일 주일이 시작되는 첫째 날 매우 이른 시간, 해가 뜰 무렵에 무덤으로 갔습니다.

3 이들은 서로 말했습니다. "입구에 있는 커다란 돌을 누가 굴려 주겠는가?"

4 그런데 눈을 들어 보니, 커다란 돌이 이미 옮겨져 있었습니다.

5 무덤에 들어가자, 하얀 옷을 입은 한 젊은 사람이 오른쪽에 앉아 있었습니다. 여자들은 매우 무서웠습니다.

6 그 사람이 말했습니다. "놀라지 마십시오, 여러분들은 십자가에서 돌아가신 나사렛 예수님을 찾고 있군요. 그분은 다시 살아나셨습니다. 여기 계시지 않습니다. 보십시오, 여기가 예수님을 모셨던 곳입니다.

7 자, 이제 가서 제자들과 베드로에게 말하십시오. 말씀하신 대로 예수님께서 당신들보다 먼저 갈릴리에 가시고, 거기서 당신들이 주님을 볼 것입니다."

8 그들은 무덤에서 나와 도망쳤습니다. 그것은 무서움과 공포가 그들을 사로잡기 때문입니다. 그들은 두려워서 아무에게도 말하지 않았습니다.

---

while he was in Galilee. Many other women who had come with him to Jerusalem were also there.

The Burial of Jesus

42 • This all happened on Friday, the day of preparation,* the day before the Sabbath. As evening 43 approached, • Joseph of Arimathea took a risk and went to Pilate and asked for Jesus' body. (Joseph was an honored member of the high council, and he was waiting for the Kingdom of 44 God to come.) • Pilate couldn't believe that Jesus was already dead, so he called for the Roman offi- 45 cer and asked if he had died yet. • The officer con- firmed that Jesus was dead, so Pilate told Joseph 46 he could have the body. • Joseph bought a long sheet of linen cloth. Then he took Jesus' body down from the cross, wrapped it in the cloth, and laid it in a tomb that had been carved out of the rock. Then he rolled a stone in front of the 47 entrance. • Mary Magdalene and Mary the moth- er of Joseph saw where Jesus' body was laid.

The Resurrection

16 Saturday evening, when the Sabbath ended, Mary Magdalene, Mary the mother of James, and Salome went out and purchased 2 burial spices so they could anoint Jesus' body. • Very early on Sunday morning,* just at sunrise, 3 they went to the tomb. • On the way they were asking each other, "Who will roll away the stone 4 for us from the entrance to the tomb?" • But as they arrived, they looked up and saw that the stone, which was very large, had already been rolled aside.

5 • When they entered the tomb, they saw a young man clothed in a white robe sitting on the 6 right side. The women were shocked, • but the angel said, "Don't be alarmed. You are looking for Jesus of Nazareth,* who was crucified. He isn't here! He is risen from the dead! Look, this is where 7 they laid his body. • Now go and tell his disciples, including Peter, that Jesus is going ahead of you to Galilee. You will see him there, just as he told you before he died."

8 • The women fled from the tomb, trembling and bewildered, and they said nothing to anyone because they were too frightened.*

[The most ancient manuscripts of Mark conclude

15:42 Greek It was the day of preparation. **16:2** Greek on the first day of the week; also in 16:9. **16:6** Or Jesus the Nazarene. **16:8** The most reliable early manuscripts of the Gospel of Mark end at verse 8. Other manuscripts include various endings to the Gospel. A few include both the "shorter ending" and the "longer ending." The majority of manuscripts in- clude the "longer ending" immediately after verse 8.

막달라 마리아에게 나타나심

9 예수님께서 일주일을 시작하는 첫 번째 날 아침에 다시 살아나셨습니다. 그리고 제일 먼저, 일곱 귀신을 내쫓아 주신 적이 있는 막달라 마리아에게 나타나셨습니다.

10 마리아는 가서 예수님과 함께 지내던 제자들에게 이 사실을 알렸습니다. 그들은 슬퍼하며 울고 있었습니다.

11 마리아로부터 예수님께서 살아 계시며, 예수님을 뵈었다는 소리를 듣고도, 제자들은 믿지 않았습니다.

두 제자에게 나타나심

12 그 후, 예수님께서는 다른 모습으로 두 제자에게 나타나셨습니다. 이들은 시골로 내려가는 길이었습니다.

13 두 제자는 다른 제자들에게 돌아가서 말했습니다. 이번에도 다른 제자들은 그들의 말을 믿지 않았습니다.

열한 제자에게 나타나심

14 나중에, 예수님께서 식사를 하고 있는 열한 명의 제자들에게 나타나셨습니다. 그리고 제자들의 믿음이 적음과 마음이 굳은 것을 꾸짖으셨습니다. 그것은 제자들이 예수님께서 다시 살아나신 후에 예수님을 만난 사람들의 말을 믿지 않았기 때문입니다.

15 예수님께서 제자들에게 말씀하셨습니다. "온 세상으로 가거라. 온 세상에 복음을 전하여라.

16 믿고 세례를 받는 사람은 구원을 받을 것이다. 그러나 믿지 않는 사람은 심판을 받을 것이다.

17 믿는 사람들에게는 이러한 증거가 따라올 것이다. 내 이름으로 귀신을 내쫓고, 배우지 않은 새로운 말을 하고,

18 손으로 뱀을 집어 들고, 독을 마셔도 아무런 해를 받지 않을 것이며, 환자에게 손을 얹으면 나을 것이다."

하늘로 올라가심

19 주 예수님께서 제자들에게 이 말씀을 마치시고, 하늘로 들려 가셨습니다. 그리고 하나님의 오른쪽에 앉으셨습니다.

20 제자들은 곳곳에 다니면서 복음을 전하였습니다. 주님께서 제자들과 함께 일하셨고, 증거를 보여 주심으로 그들이 전하는 말씀이 사실임을 증명해 주셨습니다.*

---

with verse 16:8. Later manuscripts add one or both of the following endings.]

[Shorter Ending of Mark]

Then they briefly reported all this to Peter and his companions. Afterward Jesus himself sent them out from east to west with the sacred and unfailing message of salvation that gives eternal life. Amen.

[Longer Ending of Mark]

9 After Jesus rose from the dead early on Sunday morning, the first person who saw him was Mary Magdalene, the woman from whom he had cast out 10 seven demons. •She went to the disciples, who were grieving and weeping, and told them what had hap-11 pened. •But when she told them that Jesus was alive and she had seen him, they didn't believe her.

12 •Afterward he appeared in a different form to two of his followers who were walking from 13 Jerusalem into the country. •They rushed back to tell the others, but no one believed them.

14 •Still later he appeared to the eleven disciples as they were eating together. He rebuked them for their stubborn unbelief because they refused to believe those who had seen him after he had been raised from the dead.*

15 •And then he told them, "Go into all the world 16 and preach the Good News to everyone. •Anyone who believes and is baptized will be saved. But anyone who refuses to believe will be condemned.

17 •These miraculous signs will accompany those who believe: They will cast out demons in my name, and they will speak in new languages.*

18 •They will be able to handle snakes with safety, and if they drink anything poisonous, it won't hurt them. They will be able to place their hands on the sick, and they will be healed."

19 •When the Lord Jesus had finished talking with them, he was taken up into heaven and sat down 20 in the place of honor at God's right hand. •And the disciples went everywhere and preached, and the Lord worked through them, confirming what they said by many miraculous signs.

16:14 Some early manuscripts add: And they excused themselves, saying, "This age of lawlessness and unbelief is under Satan, who does not permit God's truth and power to conquer the evil [unclean] spirits. Therefore, reveal your justice now." This is what they said to Christ. And Christ replied to them, "The period of years of Satan's power has been fulfilled, but other dreadful things will happen soon. And I was handed over to death for those who have sinned, so that they may return to the truth and sin no more, and so they may inherit the spiritual, incorruptible, and righteous glory in heaven." 16:17 Or new tongues; some manuscripts do not include new.

16:9-20 어떤 사본에는 이 부분에 해당하는 구절이 기록되어 있지 않다.

누가복음

● 서론

✙ 저자 _ 누가
✙ 저작 연대 _ A.D. 61~63년 사이
✙ 기록 장소 _ 가이사랴나 로마에서 기록했을 가능성이 높음
✙ 기록 대상 _ 모든 이방 기독교인들, 특별히 데오빌로를 위하여
✙ 핵심어 및 내용 _ 핵심어는 '예수님'과 '인자'이다. 성육신하신 예수님은 종종 인자로 묘사된다. 예수님의 이런 인성은 마리아를 통한 그리스도의 족보와 그분의 성격 및 삶의 구체적인 모습들을 통하여 잘 드러난다.

글을 쓰는 목적

1 우리 가운데서 일어난 일에 대하여 차례대로 쓰려고 한 사람들이 많이 있었습니다.

2 이 사람들은 처음부터 이 일을 목격한 사람들, 즉 말씀의 종들이 우리에게 전하여 준 대로 기록하였습니다.

3 존귀하신 데오빌로 각하, 저도 이 모든 일을 처음부터 자세히 조사하였으므로, 이 일을 각하께 차례대로 기록하여 드리는 것이 좋다고 생각합니다.

4 이는 이미 배우신 것들이 모두 사실이라는 것을 알게 하려는 것입니다.

세례자 요한의 출생을 예언함

5 유대 왕 헤롯 시절에 아비야 조에 사가랴라고 하는 제사장이 한 사람 있었습니다. 그의 아내는 아론 가문의 딸로 이름은 엘리사벳이었습니다.

6 이들은 하나님 앞에서 의로운 사람이었습니다. 이들은 하나님의 모든 계명과 법도를 흠잡을 데 없을 정도로 잘 지켰습니다.

7 그런데 이들에게는 자식이 없었습니다. 엘리사벳은 임신할 수 없는 여자였고, 두 사람 모두 너무나 나이가 많았습니다.

8 사가랴가 자기 조의 차례가 되어서 하나님 앞에서 제사장으로 일하고 있을 때,

9 제사장 임무를 맡는 관례를 따라 제비를 뽑았습니다. 사가랴가 주님의 성전에 들어가 향을 피우는 사람으로 뽑혔습니다.

10 분향 시간에 다른 사람들은 밖에서 기도를 하고 있었습니다.

11 그때, 주님의 천사가 사가랴 앞에 나타나 분향하는 제단 오른쪽에 섰습니다.

12 사가랴는 천사를 보고 매우 놀라서 두려움에 휩싸였습니다.

13 천사가 그에게 말했습니다. "사가랴야, 두려워하지 마라. 네 기도를 하나님께서 들으셨다. 네 아내

Introduction

1 Many people have set out to write accounts about the events that have been
2 fulfilled among us. ●They used the eyewitness reports circulating among us from the early
3 disciples.* ●Having carefully investigated everything from the beginning, I also have decided to write an accurate account for you,
4 most honorable Theophilus, ●so you can be certain of the truth of everything you were taught.

The Birth of John the Baptist Foretold

5 ●When Herod was king of Judea, there was a Jewish priest named Zechariah. He was a member of the priestly order of Abijah, and his wife, Elizabeth, was also from the priestly
6 line of Aaron. ●Zechariah and Elizabeth were righteous in God's eyes, careful to obey all of the Lord's commandments and regulations.
7 ●They had no children because Elizabeth was unable to conceive, and they were both very old.
8 ●One day Zechariah was serving God in the Temple, for his order was on duty that
9 week. ●As was the custom of the priests, he was chosen by lot to enter the sanctuary of the
10 Lord and burn incense. ●While the incense was being burned, a great crowd stood outside, praying.
11 ●While Zechariah was in the sanctuary, an angel of the Lord appeared to him, standing
12 to the right of the incense altar. ●Zechariah was shaken and overwhelmed with fear
13 when he saw him. ●But the angel said, "Don't be afraid, Zechariah! God has heard your prayer. Your wife, Elizabeth, will give you a

---

commandment [kəmǽndmənt] *n.* 계명
conceive [kənsíːv] *vi.* 임신하다
disciple [disáipl] *n.* 제자
investigate [invéstəgeit] *vt.* 조사하다

1:2 Greek *from those who from the beginning were servants of the word.*

엘리사벳이 아들을 가지게 될 것이다. 그의 이름을 요한이라고 하여라.

14 그 아들은 네게 기쁨과 즐거움이 될 것이다. 또한 많은 사람들이 그가 태어남을 즐거워할 것이다.

15 그 아들은 하나님 앞에서 큰 인물이 될 것이다. 그는 포도주와 술을 마시지 않으며, 어머니 배 속에 있을 때부터 성령으로 충만해질 것이다.

16 그는 이스라엘 자손들 중에서 많은 사람들을 주 하나님께로 돌아오게 할 것이다.

17 그는 엘리야의 심령과 능력을 가지고 주님보다 먼저 올 것이다. 그래서 아버지의 마음을 자녀에게로 향하게 하며, 순종하지 않는 사람들을 의인의 지혜로 돌아서게 할 것이다. 그래서 사람들에게 주님을 맞을 준비를 하게 할 것이다."

18 사가랴가 천사에게 말하였습니다. "이 일이 일어날지 제가 어떻게 알겠습니까? 저는 늙었고, 제 아내 또한 늙었습니다."

19 천사가 사가랴에게 대답하였습니다. "나는 하나님 앞에서 섬기고 있는 가브리엘이다. 하나님께서 이 기쁜 소식을 전하라고 나를 너에게 보내셨다.

20 들어라. 때가 되면 이루어질 내 말을 네가 믿지 않았으므로, 이 일이 이루어질 때까지 너는 말을 하지 못하게 될 것이다."

21 사람들이 밖에서 사가랴를 기다리고 있었습니다. 사람들은 그가 성전에서 늦어지는 것을 이상하게 생각하였습니다.

22 사가랴가 밖으로 나왔는데 아무 말도 할 수 없었습니다. 사람들은 그가 성전 안에서 환상을 본 줄 알게 되었습니다. 사가랴는 단지 손짓만 할 뿐, 말을 하지 못했습니다.

23 제사장 직무 기간이 끝난 뒤에 사가랴는 집으로 돌아갔습니다.

24 그 후에 엘리사벳이 임신하게 되었습니다. 그녀는 임신한 후 다섯 달 동안, 집 밖에 나오지 않았습니다. 그녀가 말했습니다.

25 "주님께서 나를 너그러이 돌보아 주셔서 아이를 주심으로 사람들로부터 당하는 내 부끄러움을 없애 주셨다."

예수님의 탄생을 예언하심

26 임신한 후 여섯째 달에, 하나님께서 가브리엘 천사를 나사렛이라고 하는 갈릴리의 한 마을로 보내셨습니다.

27 가브리엘은 다윗 가문의 요셉이라고 하는 사람과 약혼한 처녀에게 가게 되었습니다. 이 처녀의 이름은 마리아였습니다.

28 천사가 마리아에게 와서 말했습니다. "은혜를 입은

14 son, and you are to name him John. •You will have great joy and gladness, and many
15 will rejoice at his birth, •for he will be great in the eyes of the Lord. He must never touch wine or other alcoholic drinks. He will be filled with the Holy Spirit, even before his
16 birth.* •And he will turn many Israelites to
17 the Lord their God. •He will be a man with the spirit and power of Elijah. He will prepare the people for the coming of the Lord. He will turn the hearts of the fathers to their children,* and he will cause those who are rebellious to accept the wisdom of the godly."

18 •Zechariah said to the angel, "How can I be sure this will happen? I'm an old man now, and my wife is also well along in years."

19 •Then the angel said, "I am Gabriel! I stand in the very presence of God. It was he who sent me to bring you this good news!
20 •But now, since you didn't believe what I said, you will be silent and unable to speak until the child is born. For my words will certainly be fulfilled at the proper time."

21 •Meanwhile, the people were waiting for Zechariah to come out of the sanctuary, wondering why he was taking so long.
22 •When he finally did come out, he couldn't speak to them. Then they realized from his gestures and his silence that he must have seen a vision in the sanctuary.

23 •When Zechariah's week of service in the
24 Temple was over, he returned home. •Soon afterward his wife, Elizabeth, became pregnant and went into seclusion for five mon-
25 ths. • "How kind the Lord is!" she exclaimed. "He has taken away my disgrace of having no children."

The Birth of Jesus Foretold

26 •In the sixth month of Elizabeth's pregnancy, God sent the angel Gabriel to Nazareth, a
27 village in Galilee, •to a virgin named Mary. She was engaged to be married to a man named Joseph, a descendant of King David.
28 •Gabriel appeared to her and said, "Greetings,* favored woman! The Lord is with you!"

---

disgrace [disgréis] n. 불명예, 치욕
engage [ingéidʒ] vt. 약속하다; 약혼시키다
rebellious [ribéljəs] a. 반역하는
sanctuary [sǽŋktʃùèri] n. 성전
seclusion [siklúːʒən] n. 은둔

1:15 Or *even from birth.*   1:17 See Mal 4:5-6.
1:28a Or *Rejoice.*   1:28b Some manuscripts add *Blessed are you among women.*

여인이여! 기뻐하여라. 주께서 당신과 함께하길 빈다."

29 마리아는 천사의 말을 듣고 너무나 놀라서 '이게 도대체 무슨 소리인가' 하고 생각하였습니다.

30 천사가 마리아에게 말했습니다. "마리아야, 두려워하지 마라. 하나님께서 네게 은혜를 베푸신다.

31 보아라! 네가 아이를 임신하게 되어 아들을 낳을 것이다. 너는 그 이름을 예수라고 하여라.

32 그는 크게 되어 가장 높으신 분의 아들이라고 불릴 것이다. 주 하나님께서 그에게 그의 조상 다윗의 왕좌를 주실 것이다.

33 그는 영원히 야곱의 집을 다스릴 것이며, 그의 나라는 끝이 없을 것이다."

34 마리아가 천사에게 말했습니다. "나는 남자를 알지 못하는 처녀인데 어떻게 이런 일이 있을 수 있습니까?"

35 천사가 마리아에게 대답했습니다. "성령이 네게 내려오시고 가장 높으신 분의 능력이 너를 감싸 주실 것이다. 태어날 아이는 거룩한 분, 하나님의 아들이라고 불릴 것이다.

36 보아라! 네 친척 엘리사벳도 나이가 많지만 임신하였다. 그녀는 임신하지 못한다고 생각하였으나 벌써 임신한 지 여섯 달이 되었다.

37 하나님께서는 하지 못하실 일이 없다."

38 마리아가 말했습니다. "보소서. 저는 주님의 여종이오니 당신의 말씀대로 제게 이루어질 것을 믿겠습니다." 그러자 천사가 마리아에게서 떠나갔습니다.

마리아가 엘리사벳을 방문함

39 그 무렵에 마리아가 일어나 유대 지방 산골에 있는 동네로 서둘러 갔습니다.

40 사가랴의 집으로 들어가서 엘리사벳에게 인사하였습니다.

41 엘리사벳이 마리아의 인사를 받을 때, 아기가 배 속에서 뛰놀았습니다. 엘리사벳이 성령으로 충만하여져서

42 큰 소리로 외쳤습니다. "당신은 여인들 중에서 가장 복받은 자입니다. 당신의 배 속에 있는 열매가 복됩니다.

43 내 주님의 어머니께서 내게 오시다니 무슨 일입니까?

44 보소서. 당신이 인사하는 소리가 내 귀에 들릴 때에 내 배 속의 아이가 기뻐서 뛰어놀았습니다.

45 주님께서 말씀하신 것이 이루어질 것을 믿은 자는 복이 있습니다."

마리아가 하나님을 찬양함

46 마리아가 말하였습니다. "내 영혼이 주님을 찬양함

---

29 • Confused and disturbed, Mary tried to think what the angel could mean. • "Don't be afraid, Mary," the angel told her, "for you have found favor with God! • You will conceive and give birth to a son, and you will name him Jesus. • He will be very great and will be called the Son of the Most High. The Lord God will give him the throne of his ancestor David. • And he will reign over Israel* forever; his Kingdom will never end!"

34 • Mary asked the angel, "But how can this happen? I am a virgin."

35 • The angel replied, "The Holy Spirit will come upon you, and the power of the Most High will overshadow you. So the baby to be born will be holy, and he will be called the Son of God. • What's more, your relative Elizabeth has become pregnant in her old age! People used to say she was barren, but she has conceived a son and is now in her sixth month. • For the word of God will never fail.*"

38 • Mary responded, "I am the Lord's servant. May everything you have said about me come true." And then the angel left her.

Mary Visits Elizabeth

39 • A few days later Mary hurried to the hill country of Judea, to the town • where Zechariah lived. She entered the house and greeted Elizabeth. • At the sound of Mary's greeting, Elizabeth's child leaped within her, and Elizabeth was filled with the Holy Spirit.

42 • Elizabeth gave a glad cry and exclaimed to Mary, "God has blessed you above all women, and your child is blessed. • Why am I so honored, that the mother of my Lord should visit me? • When I heard your greeting, the baby in my womb jumped for joy. • You are blessed because you believed that the Lord would do what he said."

The Magnificat: Mary's Song of Praise

46 • Mary responded,

"Oh, how my soul praises the Lord.
47   How my spirit rejoices in God my Savior!

---

barren [bǽrən] *a.* 불임의
confused [kənfjúːzd] *a.* 혼란스러운; 당황한
disturbed [distə́ːrbd] *a.* 산란한, 불안한
exclaim [ikskléim] *vi.* 외치다
leap [líːp] *vi.* 껑충 뛰다
magnificat [mægnífikæt] *n.* 송가, 찬가
overshadow [òuvərʃǽdou] *vt.* 보호하다
reign [réin] *vi.* 지배하다, 통치하다
1:30 find favor with …; …의 눈에 들다

1:33 Greek *over the house of Jacob*.   1:37 Some manuscripts read *For nothing is impossible with God*.

니다.

47 내 영혼이 나의 구주 하나님을 기뻐합니다.

48 그것은 주님께서 이 여종의 비천함을 돌보셨기 때문입니다. 이제부터는 모든 세대가 나를 복되다 할 것입니다.

49 그것은 전능하신 분이 내게 이 큰 일을 행하셨기 때문입니다. 주님의 이름은 거룩합니다.

50 주님의 자비하심은 하나님을 두려워하는 자에게 대대로 있을 것입니다.

51 주님은 강한 팔로 권능을 행하시고 마음이 교만한 자를 흩으셨습니다.

52 하나님은 왕들을 왕좌로부터 끌어내리시고 낮고 천한 사람들을 높이셨습니다.

53 굶주린 사람들을 좋은 것으로 채우시고 부자를 빈손으로 돌려보내셨습니다.

54 주님은 자비를 기억하시며 주님의 종 이스라엘을 도우셨습니다.

55 우리 조상들에게 말씀하신 대로 아브라함과 그 자손들을 영원히 도우실 것입니다."

56 마리아는 엘리사벳과 함께 석 달쯤 있다가 집으로 돌아갔습니다.

세례자 요한의 출생

57 해산할 날이 이르러 엘리사벳은 아들을 낳았습니다.

58 이웃 사람들과 친척들은 주께서 엘리사벳에게 큰 은혜를 베푸신 것을 듣고 함께 기뻐하였습니다.

59 이 사람들은 아이가 태어난 지 팔 일째 되는 날에, 아이에게 할례를 하려고 왔습니다. 이들은 아버지의 이름을 따서 아이의 이름을 사가랴라고 지으려고 하였습니다.

60 그러자 아기 어머니가 말했습니다. "안 됩니다! 요한이라고 지어야 합니다."

61 사람들이 엘리사벳에게 말했습니다. "하지만 당신 가문 중에 그런 이름을 가진 사람은 하나도 없어요."

62 사람들은 아버지인 사가랴에게 손짓을 하여 아이의 이름을 무엇이라고 짓기 원하는지 물었습니다.

63 그러자 사가랴는 쓸 것을 달라고 하여 '아기 이름은 요한'이라고 썼습니다. 이름 본 사람들이 모두 이상히 여겼습니다.

64 그 즉시 사가랴의 입이 열리고 혀가 풀려 하나님을 찬양하였습니다.

65 주변에 있는 사람들이 모두 두려워하였고, 이 모든 이야기는 유대 온 산골에 전해졌습니다.

66 이 이야기를 들은 사람은 모두 이 사실을 마음에

48 • For he took notice of his lowly servant girl,
and from now on all generations will call me blessed.

49 • For the Mighty One is holy,
and he has done great things for me.

50 • He shows mercy from generation to generation
to all who fear him.

51 • His mighty arm has done tremendous things!
He has scattered the proud and haughty ones.

52 • He has brought down princes from their thrones
and exalted the humble.

53 • He has filled the hungry with good things
and sent the rich away with empty hands.

54 • He has helped his servant Israel
and remembered to be merciful.

55 • For he made this promise to our ancestors,
to Abraham and his children forever."

56 •Mary stayed with Elizabeth about three months and then went back to her own home.

The Birth of John the Baptist

57 •When it was time for Elizabeth's baby to be
58 born, she gave birth to a son. •And when her neighbors and relatives heard that the Lord had been very merciful to her, everyone rejoiced with her.

59 •When the baby was eight days old, they all came for the circumcision ceremony. They wanted to name him Zechariah, after his father.

60 •But Elizabeth said, "No! His name is John!"

61 •"What?" they exclaimed. "There is no one
62 in all your family by that name." •So they used gestures to ask the baby's father what he wanted
63 to name him. •He motioned for a writing tablet, and to everyone's surprise he wrote, "His
64 name is John." •Instantly Zechariah could speak again, and he began praising God.

65 •Awe fell upon the whole neighborhood, and the news of what had happened spread
66 throughout the Judean hills. •Everyone who heard about it reflected on these events and asked, "What will this child turn out to be?" For the hand of the Lord was surely upon him in a special way.

awe [ɔ́ː] *n.* 외경심
baptist [bǽptist] *n.* 세례자
circumcision [sə̀ːrkəmsíʒən] *n.* 할례
exalt [igzɔ́ːlt] *vt.* 높이다
haughty [hɔ́ːti] *a.* 교만한
motion [móuʃən] *vi.* 몸짓으로 신호하다
scatter [skǽtər] *vt.* 흩어버리다
tremendous [triméndəs] *a.* 거대한
1:63 to one's surprise : 놀랍게도
1:66 reflect on… : …을 곰곰이 생각하다

눅

새기며 "이 아이가 장차 어떤 인물이 될까?" 하고 말했습니다. 그것은 주님의 손이 아이와 함께하셨기 때문입니다.

사가랴의 예언

67 요한의 아버지 사가랴가 성령으로 충만하여 예언하였습니다.

68 "주 이스라엘의 하나님은 찬양을 받으실 분이시다. 주께서 백성들을 돌보시며 구원을 베푸셨다.

69 하나님의 종 다윗의 집에서 우리를 위한 구원의 뿔을 드셨다.

70 옛날 거룩한 예언자의 입으로 말씀하셨다.

71 우리를 원수에게서 구원하시고, 우리를 미워하는 모든 사람의 손에서 건져 내셨다.

72 주님께서 우리 조상에게 자비를 베푸시고 거룩한 언약을 기억하셨다.

73 이것은 우리에게 주시려고 우리 조상 아브라함에게 하신 맹세다.

74 우리를 원수들의 손에서 구원하셔서 두려움 없이 주님을 섬기게 하셨고

75 평생 동안 주님 앞에서 거룩하고 의롭게 살아가게 하셨다.

76 아기야, 너는 가장 높으신 분의 예언자로 불릴 것이다. 네가 주님보다 앞서 가며 주님의 길을 준비할 것이다.

77 백성들에게 죄를 용서받는 구원의 지식을 줄 것이다.

78 우리 하나님의 사랑과 자비로 인하여 떠오른 태양이 높은 곳에서

79 어두움과 죽음의 그늘에 앉은 우리들에게 빛을 비추일 것이다. 그래서 우리의 발을 평화의 길로 인도하실 것이다."

80 아기는 자라서 심령이 강해졌습니다. 요한은 이스라엘 백성 앞에 나타나는 날까지 광야에서 살았습니다.

예수님의 탄생

2 그때에 아구스도 황제가 내린 칙령에 따라 온 라가 호적 등록을 하게 되었습니다.

2 이것은 구레뇨가 시리아의 총독으로 있을 때 행한 첫 번째 호적 등록이었습니다.

3 그래서 모든 사람들이 호적을 등록하러 고향으로 가게 되었습니다.

4 요셉도 다윗 가문의 자손이었으므로 갈릴리 나사렛을 떠나 유대 지방에 있는 다윗의 마을로 갔습니다. 이 마을은 베들레헴이라고 불렸습니다.

5 그는 약혼한 마리아와 함께 호적을 등록하러 갔습니다. 마리아는 그때에 임신 중이었습니다.

Zechariah's Prophecy

67 • Then his father, Zechariah, was filled with the Holy Spirit and gave this prophecy:

68 • "Praise the Lord, the God of Israel,
      because he has visited and redeemed
          his people.

69 • He has sent us a mighty Savior*
      from the royal line of his servant David,

70 • just as he promised
      through his holy prophets long ago.

71 • Now we will be saved from our enemies
      and from all who hate us.

72 • He has been merciful to our ancestors
      by remembering his sacred covenant—

73 • the covenant he swore with an oath
      to our ancestor Abraham.

74 • We have been rescued from our enemies
      so we can serve God without fear,

75 • in holiness and righteousness
      for as long as we live.

76 • "And you, my little son,
      will be called the prophet of the Most
          High,
      because you will prepare the way for
          the Lord.

77 • You will tell his people how to find salvation
      through forgiveness of their sins.

78 • Because of God's tender mercy,
      the morning light from heaven is about
          to break upon us,*

79 • to give light to those who sit in darkness
      and in the shadow of death,
      and to guide us to the path of peace."

80 • John grew up and became strong in spirit. And he lived in the wilderness until he began his public ministry to Israel.

The Birth of Jesus

2 At that time the Roman emperor, Augustus, decreed that a census should be taken throughout the Roman Empire.

2 • (This was the first census taken when

3 Quirinius was governor of Syria.) • All returned to their own ancestral towns to reg-

4 ister for this census. • And because Joseph was a descendant of King David, he had to go to Bethlehem in Judea, David's ancient home. He traveled there from the village of

5 Nazareth in Galilee. • He took with him Mary, to whom he was engaged, who was now expecting a child.

---

snugly [snÃ́gli] *ad.* 아늑하게, 포근하게

1:69 Greek *has raised up a horn of salvation for us.*　1:78 Or *the Morning Light from Heaven is about to visit us.*

6 이들이 베들레헴에 있는 동안 아기를 낳을 때가 되었습니다.

7 마리아는 첫아들을 낳아 포대기에 싸서 구유에 눕혀 두었습니다. 그것은 여관에 이들이 들어갈 빈 방이 없었기 때문입니다.

목자들이 예수님에 관한 소식을 들음

8 그 근처 들판에서 목자들이 밤에 양 떼를 지키고 있었습니다.

9 주님의 천사가 갑자기 이들 앞에 나타났습니다. 주님의 영광이 그들을 둘러 비추자, 이들은 몹시 두려워하였습니다.

10 천사가 그들에게 말했습니다. "두려워 마라. 보아라. 모든 백성을 위한 큰 기쁨의 소식을 가지고 왔다.

11 오늘 다윗의 마을에 너희를 위하여 구세주께서 태어나셨다. 그는 곧 그리스도 주님이시다.

12 포대기에 싸여 구유에 누워 있는 아기를 볼 것인데, 이것이 너희에게 주는 증거이다."

13 갑자기 그 천사와 함께 많은 하늘 군대가 나타나 하나님을 찬양하였습니다.

14 "높은 곳에서는 하나님께 영광, 땅에서는 하나님께서 기뻐하시는 사람들에게 평화."

15 천사들이 목자들에게서 떠나 하늘로 사라지자, 목자들이 서로 말했습니다. "베들레헴으로 어서 가서 주께서 우리에게 알려 주신 일이 일어났는지 확인합시다."

16 이들은 서둘러 가서 마리아와 요셉, 그리고 구유에 누인 아기를 보았습니다.

17 목자들이 확인하고 이 아이에 대하여 자기들이 들은 것을 그들에게 이야기해 주었습니다.

18 목자들의 말을 듣고 사람들은 모두 놀랐습니다.

19 그러나 마리아는 이 모든 말을 마음속에 소중히 간직하였습니다.

20 목자들은 돌아가면서 천사들이 일러준 대로 자기들이 듣고 보았으므로 하나님께 영광을 돌리고 찬양을 드렸습니다.

21 태어난 지 팔 일째 되는 날에 아기는 할례를 받았고, 그 이름을 예수라고 하였습니다. 이 이름은 아기를 잉태하기 전에 천사가 일러준 것이었습니다.

예수님이 성전에 올라가심

22 모세의 율법에 따라 정결 예식을 치르는 때가 되었습니다. 마리아와 요셉은 예수님을 하나님께 드리려고 예루살렘으로 데리고 올라갔습니다.

23 이것은 주님의 율법에 다음과 같이 기록되어 있기 때문입니다. "첫 번째 태어나는 모든 남자 아이는 하나님께 거룩한 자로 불릴 것이다."

LUKE 2

6 • And while they were there, the time
7 came for her baby to be born. • She gave birth to her firstborn son. She wrapped him snugly in strips of cloth and laid him in a manger, because there was no lodging available for them.

The Shepherds and Angels

8 • That night there were shepherds staying in the fields nearby, guarding their flocks of
9 sheep. • Suddenly, an angel of the Lord appeared among them, and the radiance of the Lord's glory surrounded them. They
10 were terrified, • but the angel reassured them. "Don't be afraid!" he said. "I bring you good news that will bring great joy to all
11 people. • The Savior—yes, the Messiah, the Lord—has been born today in Bethlehem,
12 the city of David! • And you will recognize him by this sign: You will find a baby wrapped snugly in strips of cloth, lying in a manger."
13 • Suddenly, the angel was joined by a vast host of others—the armies of heaven—praising God and saying,

14 • "Glory to God in highest heaven,
　　and peace on earth to those with
　　　　whom God is pleased."

15 • When the angels had returned to heaven, the shepherds said to each other, "Let's go to Bethlehem! Let's see this thing that has happened, which the Lord has told us about."
16 • They hurried to the village and found Mary and Joseph. And there was the baby,
17 lying in the manger. • After seeing him, the shepherds told everyone what had happened and what the angel had said to them
18 about this child. • All who heard the shep-
19 herds' story were astonished, • but Mary kept all these things in her heart and
20 thought about them often. • The shepherds went back to their flocks, glorifying and praising God for all they had heard and seen. It was just as the angel had told them.

Jesus Is Presented in the Temple

21 • Eight days later, when the baby was circumcised, he was named Jesus, the name given him by the angel even before he was conceived.
22 • Then it was time for their purification offering, as required by the law of Moses after the birth of a child; so his parents took him to Jerusalem to present him to the Lord.
23 • The law of the Lord says, "If a woman's first child is a boy, he must be dedicated to

24 또 마리아와 요셉은 비둘기 두 마리나 어린 집비둘기 두 마리를 드려야 한다고 기록된, 하나님의 율법에 따라 희생 제물을 바치려고 예루살렘에 올라간 것입니다.

예수님을 본 시므온

25 예루살렘에 시므온이라는 한 사람이 있었습니다. 이 사람은 의롭고 경건한 사람으로서, 하나님께서 이스라엘을 위로하실 때를 기다리고 있었습니다. 성령께서 이 사람과 함께하셨습니다.

26 성령께서 시므온에게 주 그리스도를 보기 전에는 결코 죽지 않을 것이라는 계시를 주셨습니다.

27 시므온은 성령으로 충만해져서 성전으로 왔습니다. 마침 마리아와 요셉이 율법의 규정대로 행하기 위해 어린 예수님을 성전으로 데리고 왔습니다.

28 시므온이 아이를 팔에 안고 하나님께 찬양하였습니다.

29 "주님, 이제 주님의 종을 주님의 말씀대로 평화롭게 떠날 수 있게 하셨습니다.

30 제 눈으로 주님의 구원하심을 보았습니다.

31 주님께서 이 구원을 모든 백성들 앞에 마련해 주셨습니다.

32 이는 이방 사람들에게는 계시의 빛이며, 주님의 백성 이스라엘에게는 영광입니다."

33 예수님의 아버지와 어머니는 시므온이 예수님에 대하여 말하는 것을 듣고 매우 놀랐습니다.

34 시므온은 그들을 축복하고, 아이의 어머니 마리아에게 말했습니다. "이 아이는 이스라엘의 많은 사람들을 넘어지게도 하고 일어서게도 할 것입니다. 또한 사람들의 비난을 받는 표적이 될 것입니다.

35 이 일 때문에 많은 사람들의 마음에 있는 생각이 드러날 것입니다. 그러나 당신의 마음은 칼로 쪼개듯이 아플 것입니다."

예수님을 본 안나

36 또 여자 예언자가 있었습니다. 이 사람은 아셀 지파의 바누엘의 딸인 안나였습니다. 그녀는 나이가 많았습니다. 결혼하고 칠 년 동안을 남편과 살았는데,

37 그 후로 과부가 되어 팔십사 세가 되었습니다. 그동안, 한 번도 성전을 떠나지 않고 밤낮으로 금식과 기도를 하여 하나님을 섬겼습니다.

38 바로 그때, 그녀가 와서 하나님께 감사를 드리고, 예루살렘의 구원을 기다리는 사람들에게 이 아이에 대해 이야기하였습니다.

나사렛으로 돌아옴

39 아이는 주님의 율법에 따라 모든 일을 다 마치고 갈릴리에 있는 고향 나사렛으로 돌아왔습니다.

40 아이는 점점 자라고 튼튼해졌으며 지혜도 많아졌

---

24 the LORD."* •So they offered the sacrifice required in the law of the Lord—"either a pair of turtledoves or two young pigeons."*

The Prophecy of Simeon

25 •At that time there was a man in Jerusalem named Simeon. He was righteous and devout and was eagerly waiting for the Messiah to come and rescue Israel. The Holy Spirit was upon him •and had revealed to 26 him that he would not die until he had seen 27 the Lord's Messiah. •That day the Spirit led him to the Temple. So when Mary and Joseph came to present the baby Jesus to the 28 Lord as the law required, •Simeon was there. He took the child in his arms and praised God, saying,

29 • "Sovereign Lord, now let your servant
　　　die in peace,
　　　as you have promised.
30 • I have seen your salvation,
31 　　which you have prepared for all people.
32 • He is a light to reveal God to the nations,
　　　and he is the glory of your people
　　　Israel!"

33 　•Jesus' parents were amazed at what 34 was being said about him. •Then Simeon blessed them, and he said to Mary, the baby's mother, "This child is destined to cause many in Israel to fall, and many others to rise. He has been sent as a sign from God, but 35 many will oppose him. •As a result, the deepest thoughts of many hearts will be revealed. And a sword will pierce your very soul."

The Prophecy of Anna

36 •Anna, a prophet, was also there in the Temple. She was the daughter of Phanuel from the tribe of Asher, and she was very old. Her husband died when they had been 37 married only seven years. •Then she lived as a widow to the age of eighty-four.* She never left the Temple but stayed there day and 38 night, worshiping God with fasting and prayer. •She came along just as Simeon was talking with Mary and Joseph, and she began praising God. She talked about the child to everyone who had been waiting expectantly for God to rescue Jerusalem.

39 •When Jesus' parents had fulfilled all the requirements of the law of the Lord, they returned home to Nazareth in Galilee. 40 •There the child grew up healthy and

---

2:23 Exod 13:2.　2:24 Lev 12:8.　2:37 Or *She had been a widow for eighty-four years.*

습니다. 하나님의 은혜가 아이와 함께하였습니다.

예루살렘 성전에서 있었던 일

41 해마다 유월절이 되면, 예수님의 부모는 예루살렘으로 올라갔습니다.

42 예수님이 열두 살이 되었을 때에도 유월절 관습을 따라 예루살렘으로 올라갔습니다.

43 유월절이 끝나고 집으로 돌아오는데 소년 예수님은 예루살렘에 남아 있었습니다. 하지만 부모들은 이 사실을 몰랐습니다.

44 단지 그들은 예수님이 일행들 속에 있을 것으로만 생각하고 있었습니다. 그렇게 하루 정도 길을 간 후, 요셉과 마리아는 예수님을 친척들과 친지들 가운데서 찾기 시작했습니다.

45 그러나 예수님을 발견하지 못하자 예수님을 찾으러 다시 예루살렘으로 되돌아갔습니다.

46 삼 일 뒤에 그들은 성전에서 예수님을 발견하였습니다. 예수님은 성전에서 율법학자들 사이에 앉아서 듣기도 하고, 묻기도 하면서 계셨습니다.

47 그의 이야기를 듣는 모든 사람들이 예수님의 슬기와 대답에 놀라워했습니다.

48 예수님의 부모도 그를 보고는 매우 놀랐습니다. 어머니가 말했습니다. "아들아, 왜 이렇게 하였느냐? 네 아버지와 내가 걱정하며 너를 찾아다녔다."

49 그때, 예수님께서 대답했습니다. "왜 저를 찾으셨습니까? 제가 아버지 집에 있어야 할 것을 모르셨습니까?"

50 그러나 그들은 예수님이 하신 말씀을 이해하지 못했습니다.

51 예수님은 부모와 함께 나사렛으로 내려갔습니다. 그리고 부모에게 순종하였습니다. 마리아는 이 모든 일들을 마음속에 간직해 두었습니다.

52 예수님은 지혜와 키가 더욱 자랐고, 하나님과 사람들로부터 사랑을 받았습니다.

세례자 요한의 선포

3 디베로 황제가 다스린 지 십오 년째 되던 해에 본디오 빌라도가 유대의 총독이었고, 헤롯이 갈릴리의 분봉왕이었습니다. 또한 헤롯의 동생 빌립은 이두래와 드라고닛 지방의 분봉왕이었고, 루사니아는 아빌레네의 분봉왕이었습니다.

2 안나스와 가야바가 대제사장으로 있을 때에 하나님의 말씀이 광야에 있는 사가랴의 아들 요한에게 내렸습니다.

3 그는 요단 강가의 모든 지역으로 다니면서 죄를 용서받게 하려고 회개의 세례를 전파하였습니다.

4 이것은 예언자 이사야의 책에 기록된 대로입니다. "광야에서 외치는 사람의 소리가 있다. '주님의 길

---

strong. He was filled with wisdom, and God's favor was on him.

Jesus Speaks with the Teachers

41 • Every year Jesus' parents went to Jerusalem
42 for the Passover festival. • When Jesus was twelve years old, they attended the festival as
43 usual. • After the celebration was over, they started home to Nazareth, but Jesus stayed behind in Jerusalem. His parents didn't miss
44 him at first, • because they assumed he was among the other travelers. But when he didn't show up that evening, they started looking for him among their relatives and friends.
45 • When they couldn't find him, they went back to Jerusalem to search for him
46 there. • Three days later they finally discovered him in the Temple, sitting among the religious teachers, listening to them and ask-
47 ing questions. • All who heard him were amazed at his understanding and his answers.
48 • His parents didn't know what to think. "Son," his mother said to him, "why have you done this to us? Your father and I have been frantic, searching for you everywhere."
49 • "But why did you need to search?" he asked. "Didn't you know that I must be in
50 my Father's house?"* • But they didn't understand what he meant.
51 • Then he returned to Nazareth with them and was obedient to them. And his mother stored all these things in her heart.
52 • Jesus grew in wisdom and in stature and in favor with God and all the people.

John the Baptist Prepares the Way

3 It was now the fifteenth year of the reign of Tiberius, the Roman emperor. Pontius Pilate was governor over Judea; Herod Antipas was ruler* over Galilee; his brother Philip was ruler* over Iturea and Traconitis;
2 Lysanias was ruler over Abilene. • Annas and Caiaphas were the high priests. At this time a message from God came to John son of Zechariah, who was living in the wilder-
3 ness. • Then John went from place to place on both sides of the Jordan River, preaching that people should be baptized to show that they had repented of their sins and turned to
4 God to be forgiven. • Isaiah had spoken of John when he said,

2:49 Or "Didn't you realize that I should be involved with my Father's affairs?" **3:1a** Greek *Herod was tetrarch.* Herod Antipas was a son of King Herod. **3:1b** Greek *tetrarch;* also in 3:1c.

을 예비하여라. 그분의 길을 곧게 하여라.

5 모든 골짜기가 메워질 것이고 모든 산과 언덕이 낮아질 것이다. 굽은 길은 곧게 펴질 것이고 험한 길은 평탄해질 것이다.

6 그리고 모든 사람들이 하나님의 구원을 볼 것이다.'*"

7 요한은 자기에게 세례를 받으려고 온, 많은 사람들에게 말했습니다. "너희 독사의 자식들아! 누가 너희에게 다가오는 하나님의 진노를 피하라고 경고해 주었느냐?

8 그러므로 너희는 회개에 알맞은 열매를 맺어라. 너희는 속으로 '아브라함이 우리의 아버지이다'라고 말하지 마라. 내가 말한다. 하나님은 이 돌로도 아브라함의 자녀를 만드실 수 있다.

9 도끼가 이미 나무 뿌리에 놓여 있다. 그러므로 좋은 열매를 맺지 못하는 모든 나무는 잘려서 불 속에 던져질 것이다."

10 사람들이 요한에게 물었습니다. "그러면 우리가 어떻게 해야 합니까?"

11 요한이 그들에게 대답했습니다. "옷이 두 벌 있는 사람은 하나도 없는 사람에게 나누어 주고, 양식이 있는 사람도 이와 같이 하여라."

12 세리들도 세례를 받으러 왔습니다. 그들도 요한에게 물었습니다. "선생님, 우리는 어떻게 해야 합니까?"

13 요한이 그들에게 말했습니다. "세금을 거두도록 지시받은 액수 이상으로 거두지 마라."

14 군인들도 요한에게 물었습니다. "우리는 어떻게 해야 합니까?" 요한이 그들에게 말했습니다. "사람들로부터 강제로 돈을 뺏지 마라. 거짓으로 고발하지 마라. 그리고 임금으로 받는 돈을 만족하게 여겨라."

15 백성들은 그리스도를 기다리고 있었기에 혹시 요한이 그리스도일지도 모른다는 생각을 마음속으로 하였습니다.

16 요한이 모든 사람들에게 대답하였습니다. "나는 물로 세례를 주지만 나보다 더 능력 있으신 분이 오실 것이다. 나는 그의 신발끈을 풀기에도 부족하다. 그는 너희에게 성령과 불로 세례를 주실 것이다.

17 타작 마당을 깨끗하게 하고 알곡을 곳간에 저장하기 위해, 그분은 손에 키를 드셨다. 쭉정이는 꺼지지 않는 불에 태워 버릴 것이다."

18 요한은 이 외에도 많은 권면을 하면서 백성들에게 복음을 전파하였습니다.

19 헤롯 분봉왕은 헤로디아의 일과 그 외에도 그가

'He is a voice shouting in the wilderness,
'Prepare the way for the LORD's coming!
Clear the road for him!

5 • The valleys will be filled,
and the mountains and hills made level.
The curves will be straightened,
and the rough places made smooth.

6 • And then all people will see
the salvation sent from God.' "*

7 •When the crowds came to John for baptism, he said, "You brood of snakes! Who
8 warned you to flee the coming wrath? •Prove by the way you live that you have repented of your sins and turned to God. Don't just say to each other, 'We're safe, for we are descendants of Abraham.' That means nothing, for I tell you, God can create children of Abraham
9 from these very stones. •Even now the ax of God's judgment is poised, ready to sever the roots of the trees. Yes, every tree that does not produce good fruit will be chopped down and thrown into the fire.

10 •The crowds asked, "What should we do?"

11 •John replied, "If you have two shirts, give one to the poor. If you have food, share it with those who are hungry."

12 •Even corrupt tax collectors came to be baptized and asked, "Teacher, what should we do?"

13 •He replied, "Collect no more taxes than the government requires."

14 •"What should we do?" asked some soldiers.

John replied, "Don't extort money or make false accusations. And be content with your pay."

15 •Everyone was expecting the Messiah to come soon, and they were eager to know
16 whether John might be the Messiah. •John answered their questions by saying, "I baptize you with* water; but someone is coming soon who is greater than I am—so much greater that I'm not even worthy to be his slave and untie the straps of his sandals. He will baptize
17 you with the Holy Spirit and with fire.* •He is ready to separate the chaff from the wheat with his winnowing fork. Then he will clean up the threshing area, gathering the wheat into his barn but burning the chaff with
18 never-ending fire." •John used many such warnings as he announced the Good News to the people.

19 •John also publicly criticized Herod

3:4-6 Isa 40:3-5 (Greek version).　　3:16a Or in.
3:16b Or in the Holy Spirit and in fire.

3:4-6 사 40:3–5에 기록되어 있다.

저지른 여러 가지 악한 일 때문에 요한에게
책망을 받았습니다.
20 거기에다가 헤롯은 한 가지 악을 더 저질렀
습니다. 그것은 요한을 감옥에 가둔 것입니
다.

예수님이 요한에게 세례를 받으심

21 모든 사람들이 세례를 받았을 때, 예수님께
서도 세례를 받으셨습니다. 예수님이 기도
하고 계실 때 하늘이 열렸습니다.
22 그리고 성령이 비둘기의 모습으로 예수님께
내려왔습니다. 하늘로부터 "너는 내 사랑하
는 아들이다. 내가 너로 말미암아 기쁘다"라
는 목소리가 들렸습니다.

예수님의 족보

23 예수님께서 일을 시작하신 때는 삼십 세쯤
이었습니다. 사람들은 예수님을 요셉의 아
들로 여겼습니다. 요셉은 헬리의 아들입니
다.
24 헬리는 맛닷의 아들이고, 맛닷은 레위의 아
들입니다. 레위는 멜기의 아들이고, 멜기는
얀나의 아들입니다. 얀나는 요셉의 아들입
니다.
25 요셉은 맛다디아의 아들이고, 맛다디아는
아모스의 아들입니다. 아모스는 나훔의 아
들이고, 나훔은 에슬리의 아들입니다. 에슬
리는 낙개의 아들입니다.
26 낙개는 마앗의 아들이고, 마앗은 맛다디아
의 아들입니다. 맛다디아는 서머인의 아들
이고, 서머인은 요섹의 아들입니다. 요섹은
요다의 아들입니다.
27 요다는 요아난의 아들이고, 요아난은 레사
의 아들입니다. 레사는 스룹바벨의 아들이
고, 스룹바벨은 스알디엘의 아들입니다. 스
알디엘은 네리의 아들입니다.
28 네리는 멜기의 아들이고, 멜기는 앗디의 아
들입니다. 앗디는 고삼의 아들이고, 고삼은
엘마담의 아들입니다. 엘마담은 에르의 아
들입니다.
29 에르는 예수의 아들이고, 예수는 엘리에서
의 아들입니다. 엘리에서는 요림의 아들이
고, 요림은 맛닷의 아들입니다. 맛닷은 레위
의 아들입니다.
30 레위는 시므온의 아들이고, 시므온은 유다
의 아들입니다. 유다는 요셉의 아들이고, 요
셉은 요남의 아들입니다. 요남은 엘리아김
의 아들입니다.

Antipas, the ruler of Galilee,* for marrying
Herodias, his brother's wife, and for many other
20 wrongs he had done. •So Herod put John in
prison, adding this sin to his many others.

The Baptism of Jesus

21 •One day when the crowds were being baptized,
Jesus himself was baptized. As he was praying, the
22 heavens opened, •and the Holy Spirit, in bodily
form, descended on him like a dove. And a voice
from heaven said, "You are my dearly loved Son,
and you bring me great joy.*"

The Ancestors of Jesus

23 •Jesus was about thirty years old when he began
his public ministry.

Jesus was known as the son of Joseph.
Joseph was the son of Heli.
24 • Heli was the son of Matthat.
Matthat was the son of Levi.
Levi was the son of Melki.
Melki was the son of Jannai.
Jannai was the son of Joseph.
25 • Joseph was the son of Mattathias.
Mattathias was the son of Amos.
Amos was the son of Nahum.
Nahum was the son of Esli.
Esli was the son of Naggai.
26 • Naggai was the son of Maath.
Maath was the son of Mattathias.
Mattathias was the son of Semein.
Semein was the son of Josech.
Josech was the son of Joda.
27 • Joda was the son of Joanan.
Joanan was the son of Rhesa.
Rhesa was the son of Zerubbabel.
Zerubbabel was the son of Shealtiel.
Shealtiel was the son of Neri.
28 • Neri was the son of Melki.
Melki was the son of Addi.
Addi was the son of Cosam.
Cosam was the son of Elmadam.
Elmadam was the son of Er.
29 • Er was the son of Joshua.
Joshua was the son of Eliezer.
Eliezer was the son of Jorim.
Jorim was the son of Matthat.
Matthat was the son of Levi.
30 • Levi was the son of Simeon.
Simeon was the son of Judah.
Judah was the son of Joseph.
Joseph was the son of Jonam.
Jonam was the son of Eliakim.

3:19 Greek *Herod the tetrarch.*　　3:22 Some manu-
scripts read *my Son, and today I have become your
Father.*

31 엘리아김은 멜레아의 아들이고, 멜레아는 멘나의 아들입니다. 멘나는 맛다다의 아들이고, 맛다다는 나단의 아들입니다. 나단은 다윗의 아들입니다.

32 다윗은 이새의 아들이고, 이새는 오벳의 아들입니다. 오벳은 보아스의 아들이고, 보아스는 살몬의 아들입니다. 살몬은 나손의 아들입니다.

33 나손은 아미나답의 아들이고, 아미나답은 아드민의 아들입니다. 아드민은 아니의 아들이고, 아니는 헤스론의 아들입니다. 헤스론은 베레스의 아들이고, 베레스는 유다의 아들입니다.

34 유다는 야곱의 아들이고, 야곱은 이삭의 아들입니다. 이삭은 아브라함의 아들이고, 아브라함은 데라의 아들입니다. 데라는 나홀의 아들입니다.

35 나홀은 스룩의 아들이고, 스룩은 르우의 아들입니다. 르우는 벨렉의 아들이고, 벨렉은 헤버의 아들입니다. 헤버는 살라의 아들입니다.

36 살라는 가이난의 아들이고, 가이난은 아박삿의 아들입니다. 아박삿은 셈의 아들이고, 셈은 노아의 아들입니다. 노아는 레멕의 아들입니다.

37 레멕은 므두셀라의 아들이고, 므두셀라는 에녹의 아들입니다. 에녹은 야렛의 아들이고, 야렛은 마할랄렐의 아들입니다. 마할랄렐은 가이난의 아들입니다.

38 가이난은 에노스의 아들이고, 에노스는 셋의 아들입니다. 셋은 아담의 아들이고, 아담은 하나님의 아들이었습니다.

예수님께서 시험을 받으심

4 예수님께서 성령이 충만하여 요단 강에서 돌아오셨습니다. 그리고 성령에 이끌려 광야로 가셨습니다.

2 그리고 사십 일 동안 마귀에게 시험을 받으셨습니다. 그동안에 아무것도 드시지 않아 그 기간이 끝났을 때에 배가 매우 고프셨습니다.

3 마귀가 예수님께 말했습니다. "만약 당신이 하나님의 아들이거든 이 돌을 빵으로 만들어 보시오."

4 예수님께서 대답하셨습니다. "성경에 '사람이 빵으로만 살 것이 아니다'라고 쓰여 있다."

---

31 • Eliakim was the son of Melea.
Melea was the son of Menna.
Menna was the son of Mattatha.
Mattatha was the son of Nathan.
Nathan was the son of David.

32 • David was the son of Jesse.
Jesse was the son of Obed.
Obed was the son of Boaz.
Boaz was the son of Salmon.*
Salmon was the son of Nahshon.

33 • Nahshon was the son of Amminadab.
Amminadab was the son of Admin.
Admin was the son of Arni.*
Arni was the son of Hezron.
Hezron was the son of Perez.
Perez was the son of Judah.

34 • Judah was the son of Jacob.
Jacob was the son of Isaac.
Isaac was the son of Abraham.
Abraham was the son of Terah.
Terah was the son of Nahor.

35 • Nahor was the son of Serug.
Serug was the son of Reu.
Reu was the son of Peleg.
Peleg was the son of Eber.
Eber was the son of Shelah.

36 • Shelah was the son of Cainan.
Cainan was the son of Arphaxad.
Arphaxad was the son of Shem.
Shem was the son of Noah.
Noah was the son of Lamech.

37 • Lamech was the son of Methuselah.
Methuselah was the son of Enoch.
Enoch was the son of Jared.
Jared was the son of Mahalalel.
Mahalalel was the son of Kenan.

38 • Kenan was the son of Enosh.*
Enosh was the son of Seth.
Seth was the son of Adam.
Adam was the son of God.

The Temptation of Jesus

4 Then Jesus, full of the Holy Spirit, returned from the Jordan River. He was led by the Spirit in the wilderness,* 2 • where he was tempted by the devil for forty days. Jesus ate nothing all that time and became very hungry.

3 • Then the devil said to him, "If you are the Son of God, tell this stone to become a loaf of bread."

4 • But Jesus told him, "No! The Scriptures say, 'People do not live by bread alone.'*"

3:32 Greek *Sala*, a variant spelling of Salmon; also in 3:32b. See Ruth 4:20-21.   3:33 Some manuscripts read *Amminadab was the son of Aram. Arni* and *Aram* are alternate spellings of Ram. See 1 Chr 2:9-10.   3:38 Greek *Enos*, a variant spelling of Enosh; also in 3:38b. See Gen 5:6.   4:1 Some manuscripts read *into the wilderness.*   4:4 Deut 8:3.

5 마귀는 예수님을 데리고 세계의 모든 나라들을 보여 주었습니다.

6 마귀가 말했습니다. "내가 이 모든 권세와 영광을 주겠소. 이것은 모두 내게 넘어온 것이니, 내가 원하는 사람에게 줄 수 있소.

7 내게 엎드려 절하면, 이 모든 것이 당신의 것이 될 것이오."

8 예수님께서 대답하셨습니다. "성경에 '주 너의 하나님을 예배하고 오직 그분만을 섬기라.'라고 쓰여 있다."

9 마귀가 예수님을 예루살렘으로 데리고 가서 성전 꼭대기에 세우고 말했습니다. "만일 당신이 하나님의 아들이거든 여기서 뛰어내리시오.

10 성경에 이렇게 쓰여 있소. '그가 너를 위하여 천사에게 명령하여 너를 지킬 것이다.

11 그들의 손으로 너를 붙들어 네 발이 바위 위에 부딪히지 않게 할 것이다.'*"

12 예수님께서 대답하셨습니다. "성경에 '주 너의 하나님을 시험하지 마라'고 쓰여 있다."

13 온갖 시험을 마친 마귀는 더 좋은 기회를 노리려고 잠시 동안, 예수님을 떠나갔습니다.

예수님께서 사람들을 가르치심

14 예수님께서 성령의 능력을 가지고 갈릴리로 되돌아가셨습니다. 예수님에 대한 소문이 모든 지역에 퍼졌습니다.

15 예수님께서는 회당에서 가르치셨으며, 모든 사람들로부터 영광을 받으셨습니다.

나사렛에서 배척을 당하심

16 예수님께서 자라나신 나사렛에 도착했습니다. 평소의 습관처럼 예수님께서 안식일에 회당으로 가셔서 성경을 읽으려고 일어나셨습니다.

17 예수님께서는 예언자 이사야의 책을 건네 받으시고 책을 펴서 이렇게 기록된 곳을 찾아 읽으셨습니다.

18 "주님의 성령이 내게 내리셨다. 이것은 하나님께서 내게 기름을 부으셔서 가난한 자에게 복음을 전파하게 하려는 것이다. 포로들에게 자유를 선포하고, 못 보는 자들에게 다시 볼 수 있음을 선포하고, 억눌린 사람들에게 해방을 선포하려고 나를 보내셨다.

19 주님의 은혜의 해를 선포하라고 하셨다."*

20 예수님께서 책을 덮으시고 시중드는 사람에게 되돌려 주신 후 자리에 앉으셨습니다. 회당에 있던 모든 사람들의 눈이 예수님께로 쏠렸

5 ●Then the devil took him up and revealed to him all the kingdoms of the world in a moment of time. ●"I will give you the glory of these kingdoms and authority over them," the devil said, "because they are mine to give to anyone I please. 7 ●I will give it all to you if you will worship me."

8 ●Jesus replied, "The Scriptures say,

'You must worship the LORD your God
and serve only him.' *"

9 ●Then the devil took him to Jerusalem, to the highest point of the Temple, and said, "If you are 10 the Son of God, jump off! ●For the Scriptures say,

'He will order his angels to protect and guard
you.

11 ● And they will hold you up with their hands
so you won't even hurt your foot on
a stone.' *"

12 ●Jesus responded, "The Scriptures also say, 'You must not test the LORD your God.' *"

13 ●When the devil had finished tempting Jesus, he left him until the next opportunity came.

Jesus Rejected at Nazareth

14 ●Then Jesus returned to Galilee, filled with the Holy Spirit's power. Reports about him spread 15 quickly through the whole region. ●He taught regularly in their synagogues and was praised by everyone.

16 ●When he came to the village of Nazareth, his boyhood home, he went as usual to the synagogue on the Sabbath and stood up to read the 17 Scriptures. ●The scroll of Isaiah the prophet was handed to him. He unrolled the scroll and found the place where this was written:

18 ● "The Spirit of the LORD is upon me,
for he has anointed me to bring Good
News to the poor.
He has sent me to proclaim that captives will
be released,
that the blind will see,
that the oppressed will be set free,
19 ● and that the time of the LORD's favor
has come.*"

20 ●He rolled up the scroll, handed it back to the attendant, and sat down. All eyes in the syna-

---

synagogue [sínəgag] *n.* 회당

4:8 Deut 6:13. 4:10-11 Ps 91:11-12. 4:12 Deut 6:16. 4:18-19 Or *and to proclaim the acceptable year of the LORD.* Isa 61:1-2 (Greek version); 58:6.

4:10-11 시 91:11~12에 기록되어 있다.
4:18-19 사 61:1~2에 기록되어 있다.

습니다.

21 예수님께서 그들에게 말씀하기 시작하셨습니다. "이 성경 말씀은 오늘 이 말씀을 듣는 사이에 이루어졌다!"

22 모든 사람들이 예수님에 대해 한 마디씩 말하였습니다. 그리고 예수님의 입에서 흘러 나오는 은혜의 말씀을 이상하게 생각했습니다. 그러면서 "이 사람이 요셉의 아들이 아니냐?"하고 말했습니다.

23 예수님께서 그들에게 말씀하셨습니다. "나는 당신들이 속담에 빗대어 나에 대해, '의사야, 네 자신이나 고쳐라. 당신이 가버나움에서 행한 일을 들었는데 여기 고향에서도 그 일을 한번 해 보아라!' 고 한 것을 안다.

24 내가 진정으로 너희에게 말한다. 예언자는 고향에서 환영받지 못한다.

25 내가 진정으로 너희에게 말한다. 엘리야 시대에 삼년 육 개월 동안, 하늘이 닫혀 온 땅에 가뭄이 몹시 심했을 때 이스라엘에 많은 과부가 있었다.

26 그러나 엘리야는 이들 가운데 그 누구에게도 보냄을 받지 않았고 오직 시돈 지방의 사렙다에 있는 과부에게만 보내졌다.

27 또 엘리사 예언자 시대에 이스라엘에는 많은 문둥병 환자가 있었다. 그러나 시리아 사람 나아만 외에는 아무도 깨끗하게 되지 못했다."

28 회당에 있던 모든 사람들이 이 말을 듣고 몹시 화를 냈습니다.

29 이 사람들은 듣고 일어나 예수님을 마을 밖으로 쫓아냈습니다. 이들은 마을이 세워진 언덕의 벼랑까지 예수님을 끌고 가서 밑으로 밀쳐 떨어뜨리려고 하였습니다.

30 그러나 예수님께서는 사람들 사이를 지나 갈 길을 가셨습니다.

악한 영을 물리치심

31 예수님께서는 갈릴리의 가버나움이란 마을로 내려가셔서 안식일에 사람들을 가르치셨습니다.

32 사람들은 예수님의 가르침에 놀랐습니다. 그것은 예수님의 말씀에 권위가 있었기 때문입니다.

33 회당에 더러운 귀신의 영에 사로잡힌 사람이 있었습니다. 그가 큰 소리로 외쳤습니다.

34 "나사렛 사람 예수님! 당신이 우리와 무슨 상관이 있습니까? 우리를 없애려고 오셨습니까? 나는 당신이 누군지 압니다. 당신은 하나님의 거룩한 자입니다."

35 예수님께서 그를 꾸짖으셨습니다. "조용히 하여라! 그리고 이 사람에게서 나와라!" 귀신이 그를 사람들 한가운데 쓰러뜨려 놓고 떠나갔는데, 그 사람에

---

21 gogue looked at him intently. ●Then he began to speak to them. "The Scripture you've just heard has been fulfilled this very day!"

22 ●Everyone spoke well of him and was amazed by the gracious words that came from his lips. "How can this be?" they asked. "Isn't this Joseph's son?"

23 ●Then he said, "You will undoubtedly quote me this proverb: 'Physician, heal yourself'—meaning, 'Do miracles here in your hometown like those you did in

24 Capernaum.' ●But I tell you the truth, no prophet is accepted in his own hometown.

25 ●"Certainly there were many needy widows in Israel in Elijah's time, when the heavens were closed for three and a half years, and a severe famine devastated the land.

26 ●Yet Elijah was not sent to any of them. He was sent instead to a foreigner—a widow of Zarephath in the land of Sidon. ●And many in Israel had leprosy in the time of the prophet Elisha, but the only one healed was Naaman, a Syrian."

28 ●When they heard this, the people in the

29 synagogue were furious. ●Jumping up, they mobbed him and forced him to the edge of the hill on which the town was built. They

30 intended to push him over the cliff, ●but he passed right through the crowd and went on his way.

Jesus Casts Out a Demon

31 ●Then Jesus went to Capernaum, a town in Galilee, and taught there in the synagogue

32 every Sabbath day. ●There, too, the people were amazed at his teaching, for he spoke with authority.

33 ●Once when he was in the synagogue, a man possessed by a demon—an evil* spirit

34 —cried out, shouting, ● "Go away! Why are you interfering with us, Jesus of Nazareth? Have you come to destroy us? I know who you are—the Holy One of God!"

35 ●But Jesus reprimanded him. "Be quiet! Come out of the man," he ordered. At that, the demon threw the man to the floor as the crowd watched; then it came out of him without hurting him further.

---

devastate [dévəsteit] vt. 황폐시키다
furious [fjúəriəs] a. 격노한
intently [inténtli] ad. 골똘하게, 오로지
leper [lépər] n. 나병 환자
mob [mɑ́b] vt. 떼 지어 습격하다
4:34 interfere with⋯ : ⋯을 방해하다, 간섭하다

4:33 Greek unclean; also in 4:36.

계 상처는 입히지 않았습니다.

36 사람들은 매우 놀라며 서로 말했습니다. "이것이 무슨 말씀인가? 권위와 능력을 가지고 더러운 귀신에게 명령을 하니 그것들이 나가는구나."

37 예수님에 관한 소문이 그 주위의 모든 지역에 점점 퍼져 나갔습니다.

많은 사람들을 고치심

38 예수님께서 회당을 떠나 시몬의 집으로 들어가셨습니다. 그런데 시몬의 장모가 높은 열로 심하게 앓고 있었습니다. 사람들이 그를 위해 예수님께 부탁을 드렸습니다.

39 예수님께서 시몬의 장모에게 가까이 다가가 보시고, 열병을 꾸짖으셨습니다. 그러자 열이 내리고 장모는 즉시 일어나서 예수님과 제자들을 섬겼습니다.

40 해가 질 때, 사람들은 여러 가지 병을 앓고 있는 사람들을 예수님께로 데리고 왔습니다. 예수님께서 그들 모두에게 손을 얹으시고 고쳐 주셨습니다.

41 귀신들도 많은 사람에게서 떠나가며 소리를 질렀습니다. "당신은 하나님의 아들입니다." 그러나 예수님께서 귀신들을 꾸짖어 말하지 못하게 하였습니다. 그것은 이들이 예수님이 그리스도라는 것을 알고 있었기 때문이었습니다.

회당에서 전도하심

42 날이 밝자, 예수님께서 조용한 곳으로 가셨습니다. 사람들이 예수님을 찾아다니다가 결국 예수님께로 왔습니다. 사람들은 예수님을 자기들에게서 떠나시지 못하도록 곁에 모시려고 하였습니다.

43 그러나 예수님께서 그들에게 "나는 다른 마을에서도 하나님 나라를 전하여야 한다. 내가 이 목적으로 보내심을 받았다"고 말씀하셨습니다.

44 예수님은 회당에서 복음을 선포하셨습니다.

예수님의 첫 번째 제자들

5 사람들이 예수님께 몰려들어 하나님의 말씀을 듣고 있을 때였습니다. 예수님은 게네사렛 호숫가에 서 계셨습니다.

2 예수님께서 호숫가에 배 두 척이 놓여 있는 것을 보셨습니다. 어부들은 배에서 내려 그물을 씻고 있었습니다.

3 예수님께서 그 중 하나인 시몬의 배에 오르셨습니다. 예수님께서 시몬에게 배를 육지로부터 조금 떼어 놓으라고 하시고 배에 앉으셔서 사람들을 가르치셨습니다.

4 말씀을 다 마치시고 예수님께서 시몬에게 말씀하셨습니다. "깊은 데로 가서 그물을 내려 고기를 잡으라."

36 • Amazed, the people exclaimed, "What authority and power this man's words possess! Even evil spirits obey him, and they flee
37 at his command!" • The news about Jesus spread through every village in the entire region.

Jesus Heals Many People

38 • After leaving the synagogue that day, Jesus went to Simon's home, where he found Simon's mother-in-law very sick with a high fever. "Please heal her," everyone begged.
39 • Standing at her bedside, he rebuked the fever, and it left her. And she got up at once and prepared a meal for them.
40 • As the sun went down that evening, people throughout the village brought sick family members to Jesus. No matter what their diseases were, the touch of his hand
41 healed every one. • Many were possessed by demons; and the demons came out at his command, shouting, "You are the Son of God!" But because they knew he was the Messiah, he rebuked them and refused to let them speak.

Jesus Continues to Preach

42 • Early the next morning Jesus went out to an isolated place. The crowds searched everywhere for him, and when they finally found him, they begged him not to leave
43 them. • But he replied, "I must preach the Good News of the Kingdom of God in other towns, too, because that is why I was sent."
44 • So he continued to travel around, preaching in synagogues throughout Judea.*

The First Disciples

5 One day as Jesus was preaching on the shore of the Sea of Galilee,* great crowds pressed in on him to listen to the word of
2 God. • He noticed two empty boats at the water's edge, for the fishermen had left them and were washing their nets. • Stepping
3 into one of the boats, Jesus asked Simon,* its owner, to push it out into the water. So he sat in the boat and taught the crowds from there.
4 • When he had finished speaking, he said to Simon, "Now go out where it is deeper, and let down your nets to catch some fish."

---

demon [díːmən] *n.* 악마, 귀신
isolated [áisəlèitid] *a.* 고립된, 따로 떨어진

4:44 Some manuscripts read *Galilee.* 5:1 Greek *Lake Gennesaret,* another name for the Sea of Galilee. 5:3 *Simon* is called "Peter" in 6:14 and thereafter.

5 시몬이 대답하였습니다. "선생님, 우리가 밤새도록 수고하였지만 아무것도 잡지 못했습니다. 그러나 선생님의 말씀대로 그물을 내리겠습니다."

6 그대로 하니, 고기를 그물이 찢어질 정도로 많이 잡게 되었습니다.

7 그래서 다른 배에 있는 동료들에게 손짓을 하여 도와달라고 하였습니다. 그들이 와서 고기를 두 배에 가득 채우니, 배가 가라앉을 지경이었습니다.

8 시몬 베드로가 이것을 보고 예수님의 무릎 앞에 엎드려 말했습니다. "주님, 제게서 떠나 주십시오. 저는 죄인입니다."

9 베드로와 그와 함께 있던 동료들은 자신들이 잡은 고기를 보고 놀랐던 것입니다.

10 세베대의 아들이면서 시몬의 동료인 야고보와 요한도 놀랐습니다. 예수님께서 시몬에게 말씀하셨습니다. "두려워하지 마라. 이제부터 너는 사람을 낚을 것이다."

11 그들은 육지에 배를 댄 후, 모든 것을 버려 두고 예수님을 따라갔습니다.

문둥병 환자를 고치심

12 예수님이 어떤 동네에 계실 때, 온몸에 문둥병이 걸린 사람이 있었습니다. 그가 예수님을 보고 머리를 숙여 간청하였습니다. "주님이 원하시면 저를 깨끗하게 하실 수 있습니다."

13 예수님께서 손을 내밀고 그에게 대시며 말씀하셨습니다. "내가 원한다. 깨끗하게 되어라." 그 즉시 문둥병이 그에게서 사라졌습니다.

14 예수님께서는 이 일을 아무에게도 말하지 말라고 이르셨습니다. 그리고 "가서 제사장에게 네 몸을 보여라. 또 모세가 명령한 대로 네가 깨끗하게 된 예물을 드려라. 그래서 사람들에게 증거를 삼아라"고 말씀하셨습니다.

15 그런데도 예수님에 관한 소문은 더욱더 멀리 퍼져 나갔습니다. 많은 사람들이 예수님의 말씀을 듣고 병을 고치기 위해 모여들었습니다.

16 그러나 예수님께서는 홀로 광야로 가서서 기도하셨습니다.

중풍병 환자를 고치심

17 어느 날, 예수님께서 가르치고 계실 때, 갈릴리와 유대의 모든 마을과 예루살렘에서 온 바리새파 사람과 율법학자들도 거기에 앉아 있었습니다. 주님의 능력이 예수님과 함께하셔서 사람들을 고쳤습니다.

18 그때, 어떤 사람들이 중풍병에 걸린 사람을 침상에 눕힌 채로 데려왔습니다. 이들은 병자를 데리고 가서 예수님 앞에 보이려고 했습니다.

5 • "Master," Simon replied, "we worked hard all last night and didn't catch a thing. But if you say so, I'll let the nets down again."

6 • And this time their nets were so full of fish

7 they began to tear! • A shout for help brought their partners in the other boat, and soon both boats were filled with fish and on the verge of sinking.

8 • When Simon Peter realized what had happened, he fell to his knees before Jesus and said, "Oh, Lord, please leave me—I'm

9 such a sinful man." • For he was awestruck by the number of fish they had caught, as

10 were the others with him. • His partners, James and John, the sons of Zebedee, were also amazed.

Jesus replied to Simon, "Don't be afraid! From now on you'll be fishing for people!"

11 • And as soon as they landed, they left everything and followed Jesus.

Jesus Heals a Man with Leprosy

12 • In one of the villages, Jesus met a man with an advanced case of leprosy. When the man saw Jesus, he bowed with his face to the ground, begging to be healed. "Lord," he said, "if you are willing, you can heal me and make me clean."

13 • Jesus reached out and touched him. "I am willing," he said. "Be healed!" • And

14 instantly the leprosy disappeared. • Then Jesus instructed him not to tell anyone what had happened. He said, "Go to the priest and let him examine you. Take along the offering required in the law of Moses for those who have been healed of leprosy.* This will be a public testimony that you have been cleansed."

15 • But despite Jesus' instructions, the report of his power spread even faster, and vast crowds came to hear him preach and to be

16 healed of their diseases. • But Jesus often withdrew to the wilderness for prayer.

Jesus Heals a Paralyzed Man

17 • One day while Jesus was teaching, some Pharisees and teachers of religious law were sitting nearby. (It seemed that these men showed up from every village in all Galilee and Judea, as well as from Jerusalem.) And the Lord's healing power was strongly with Jesus.

18 • Some men came carrying a paralyzed man on a sleeping mat. They tried to take

paralyzed [pǽrəlàizd] *a.* 마비된
5:7 on the verge of… : …하기 직전에

5:14 See Lev 14:2-32.

19 그러나 사람들이 너무 많아서 예수님께 데리고 갈 방법을 찾을 수가 없었습니다. 그들은 지붕 위로 올라가서 지붕을 뚫고 환자를 침상에 누인 채 예수님 앞 한가운데로 매달아 내렸습니다.

20 그들의 믿음을 보시고 예수님께서 환자에게 말씀하셨습니다. "친구여, 네 죄가 용서받았다."

21 율법학자들과 바리새파 사람들이 속으로 생각하기 시작했습니다. "이 사람이 누구인데 하나님을 모독하는가? 하나님 외에 누가 죄를 용서할 수 있단 말인가?"

22 예수님께서 그들의 생각을 아시고 그들에게 대답하셨습니다. "왜 마음속에 그런 생각을 하느냐?

23 '네 죄가 용서받았다' 라고 하는 것과 '일어나 걸어라' 고 말하는 것 중에서 어느 것이 더 쉽겠느냐?

24 그러나 인자가 이 세상에서 죄를 용서하는 권세를 가지고 있다는 것을 알려 주려는 것이다." 예수님께서 중풍병자에게 말씀하셨습니다. "내가 말한다. 일어나 네 침상을 가지고 집으로 가거라."

25 그 즉시, 그 사람은 사람들 앞에서 일어났습니다. 그리고 자신이 누웠던 침상을 들고 하나님께 영광을 돌리며 집으로 돌아갔습니다.

26 사람들이 놀라움에 사로잡혔습니다. 사람들은 하나님께 영광을 돌리고 두려워하며 말했습니다. "오늘 우리가 신기한 일을 보았다."

레위를 부르심

27 그 후에 예수님께서 길을 가시다가 레위라는 세리가 세관에 앉아 있는 것을 보시고 그에게 말씀하셨습니다. "나를 따르라!"

28 레위는 모든 것을 버려 두고 일어나 예수님을 따라갔습니다.

29 레위는 자기 집에서 예수님을 위해 큰 잔치를 베풀었습니다. 거기에는 많은 세리들과 그 밖의 사람들이 함께 음식을 먹고 있었습니다.

30 바리새파 사람들과 율법학자들이 예수님의 제자들을 비방하였습니다. "왜 당신들은 세리들과 죄인들과 더불어 먹고 마십니까?"

31 예수님께서 그들에게 대답하셨습니다. "의사가 필요한 사람은 건강한 사람이 아니라 병든 사람이다.

32 나는 의인을 부르려고 온 것이 아니라, 죄인을 불러 회개시키려고 왔다."

금식에 대하여

33 사람들이 예수님께 말했습니다. "요한의 제자들은 자주 금식하고 기도를 합니다. 바리새파 사람들도 이같이 합니다. 그런데 당신의 제자들은 항상 먹고 마시는군요."

34 예수님께서 이들에게 말씀하셨습니다. "신랑이 결

19 him inside to Jesus, •but they couldn't reach him because of the crowd. So they went up to the roof and took off some tiles. Then they lowered the sick man on his mat down into the crowd, right in front of Jesus. 20 •Seeing their faith, Jesus said to the man, "Young man, your sins are forgiven."

21 •But the Pharisees and teachers of religious law said to themselves, "Who does he think he is? That's blasphemy! Only God can forgive sins!"

22 •Jesus knew what they were thinking, so he asked them, "Why do you question this 23 in your hearts? •Is it easier to say 'Your sins 24 are forgiven,' or 'Stand up and walk'? •So I will prove to you that the Son of Man* has the authority on earth to forgive sins." Then Jesus turned to the paralyzed man and said, "Stand up, pick up your mat, and go home!"

25 •And immediately, as everyone watched, the man jumped up, picked up his mat, and 26 went home praising God. •Everyone was gripped with great wonder and awe, and they praised God, exclaiming, "We have seen amazing things today!"

Jesus Calls Levi (Matthew)

27 •Later, as Jesus left the town, he saw a tax collector named Levi sitting at his tax collector's booth. "Follow me and be my disciple," 28 Jesus said to him. •So Levi got up, left everything, and followed him.

29 •Later, Levi held a banquet in his home with Jesus as the guest of honor. Many of Levi's fellow tax collectors and other guests 30 also ate with them. •But the Pharisees and their teachers of religious law complained bitterly to Jesus' disciples, "Why do you eat and drink with such scum?*"

31 •Jesus answered them, "Healthy people 32 don't need a doctor—sick people do. •I have come to call not those who think they are righteous, but those who know they are sinners and need to repent."

A Discussion about Fasting

33 •One day some people said to Jesus, "John the Baptist's disciples fast and pray regularly, and so do the disciples of the Pharisees. Why are your disciples always eating and drinking?"

34 •Jesus responded, "Do wedding guests fast while celebrating with the groom? Of

blasphemy [blǽsfəmi] *n.* 신성 모독
repent [ripént] *vi.* 회개하다

5:24 "Son of Man" is a title Jesus used for himself. 5:30 Greek *with tax collectors and sinners?*

혼 잔치의 손님들과 함께 있는데 이들에게 금식하라고 할 수 없지 않느냐?

35 그러나 그들이 신랑을 빼앗길 때가 올 텐데 그때는 금식할 것이다."

36 예수님께서 이들에게 비유를 말씀하셨습니다. "아무도 새 옷에서 한 조각을 떼어 내어 낡은 옷에 붙이지 않는다. 만일 그렇게 하면 새 옷은 찢어지고 새 옷에서 떼어 낸 그 조각이 낡은 옷에 어울리지도 않을 것이다.

37 아무도 새 포도주를 낡은 가죽 부대에 넣지 않는다. 만일 그렇게 하면 새 포도주가 그 가죽 부대를 터뜨려서 포도주는 쏟아지고, 가죽 부대도 망가질 것이다.

38 새 포도주는 새 가죽 부대에 넣어야 한다.

39 아무도 묵은 포도주를 마시고 나서 새 포도주를 원하지 않는다. 왜냐하면 '묵은 포도주가 더 좋다'라고 하기 때문이다."

예수님은 안식일의 주인

6 안식일에 예수님께서 밀밭 사이로 지나가셨습니다. 제자들이 밀 이삭을 잘라 손으로 비벼서 먹었습니다.

2 그러자 몇몇 바리새파 사람들이 말했습니다. "어찌하여 당신들은 안식일에 해서는 안 되는 일을 합니까?"

3 예수님께서 그들에게 대답하셨습니다. "너희들은 다윗과 그 부하들이 굶주렸을 때, 다윗이 한 일을 읽어 보지 못했느냐?

4 다윗은 하나님의 집에 들어가서 제사장들 외에는 그 누구도 먹어서는 안 되는 진설병을 먹고 자기 부하들에게도 주지 않았느냐?"

5 예수님께서 바리새파 사람들에게 말했습니다. "인자는 안식일의 주인이다."

손이 오그라든 사람을 고치심

6 또 다른 안식일에 예수님께서 회당에 가셔서 가르치고 계셨습니다. 거기에 오른손이 오그라든 사람이 있었습니다.

7 율법학자들과 바리새파 사람들이 예수님께서 안식일에 사람을 고치시는지 보기 위해 살피고 있었습니다. 그들은 예수님을 고소할 거리를 찾으려고 하였습니다.

8 예수님께서 그들의 생각을 아시고 손이 오그라든 사람에게 말씀하셨습니다. "일어나 앞으로 나오너라." 그러자 그 사람이 일어나 앞으로 나왔습니다.

9 예수님께서 말씀하셨습니다. "너희에게 묻겠다. 안식일에 선한 일을 하는 것이 옳으냐, 악한 일을 하는 것이 옳으냐? 생명을 살리는 것이 옳으냐, 죽이

course not. • But someday the groom will be taken away from them, and then they will fast."

36　• Then Jesus gave them this illustration: "No one tears a piece of cloth from a new garment and uses it to patch an old garment. For then the new garment would be ruined, and the new patch wouldn't even match the old garment.

37　• "And no one puts new wine into old wineskins. For the new wine would burst the wineskins, spilling the wine and ruining 38 the skins. • New wine must be stored in new 39 wineskins. • But no one who drinks the old wine seems to want the new wine. 'The old is just fine,' they say."

A Discussion about the Sabbath

6 One Sabbath day as Jesus was walking through some grainfields, his disciples broke off heads of grain, rubbed off the 2 husks in their hands, and ate the grain. • But some Pharisees said, "Why are you breaking the law by harvesting grain on the Sabbath?"

3　• Jesus replied, "Haven't you read in the Scriptures what David did when he and his 4 companions were hungry? • He went into the house of God and broke the law by eating the sacred loaves of bread that only the priests can eat. He also gave some to his com-5 panions." • And Jesus added, "The Son of Man* is Lord, even over the Sabbath."

Jesus Heals on the Sabbath

6　• On another Sabbath day, a man with a deformed right hand was in the synagogue 7 while Jesus was teaching. • The teachers of religious law and the Pharisees watched Jesus closely. If he healed the man's hand, they planned to accuse him of working on the Sabbath.

8　• But Jesus knew their thoughts. He said to the man with the deformed hand, "Come and stand in front of everyone." So the man 9 came forward. • Then Jesus said to his critics, "I have a question for you. Does the law permit good deeds on the Sabbath, or is it a day for doing evil? Is this a day to save life or to destroy it?"

---

beatitude [biːǽtitjuːd] *n.* [The B-s] 팔복
deformed ⟨difɔ́ːrmd⟩ *a.* 기형의, 불구의
garment [gáːrmənt] *n.* 의복
husk [hʌ́sk] *n.* 껍질
illustration [iləstréiʃən] *n.* 비유, 실례, 예증
6:1 rub off… : …를 비벼서 벗겨내다
6:21 in due time : 때가 되면, 머지 않아

6:5 "Son of Man" is a title Jesus used for himself.

는 것이 옳으냐?"

10 예수님께서 주위에 있는 사람들을 둘러보신 후, 그 사람에게 말씀하셨습니다. "네 손을 내밀어라." 그 사람이 그렇게 하니, 그의 손이 회복되었습니다.

11 그러자 그들은 화가 나서 예수님을 어떻게 처리할까 하고 서로 의논하였습니다.

열두 제자들을 뽑으심

12 그때, 예수님께서 기도하러 산으로 올라가셨습니다. 예수님께서 밤을 지새며 하나님께 기도하였습니다.

13 날이 밝자, 예수님께서 제자들을 부르셨습니다. 그리고 그들 중에서 열두 명을 뽑아 사도라고 부르셨습니다.

14 이들은 예수님께서 베드로라는 이름을 지어 주신 시몬과 그의 동생 안드레, 그리고 야고보와 요한, 그리고 빌립과 바돌로매,

15 그리고 마태와 도마, 알패오의 아들 야고보와 열심파*라고 불리는 시몬,

16 야고보의 아들 유다와 배반자가 된 가룟 유다였습니다.

예수님의 가르침과 병고침

17 예수님께서 제자들과 함께 산에서 내려와 평지에 서 계셨습니다. 거기에는 제자들이 많이 있었고, 온 유대와 예루살렘과 두로와 시돈 해안 지방에서 온 사람들도 많이 있었습니다.

18 그들은 예수님의 말씀도 듣고 자신들의 병도 치료받으려고 왔습니다. 더러운 귀신으로 고생하는 사람들이 다 나았습니다.

19 사람들은 예수님을 만져 보려고 애썼습니다. 그것은 능력이 예수님에게서 나와 그들을 모두 낫게 하였기 때문입니다.

복과 화

20 예수님께서 눈을 들어 제자들을 보시고 말씀하셨습니다. "가난한 사람들은 복이 있다. 그것은 하나님 나라가 저희들의 것이기 때문이다.

21 지금 굶주린 사람들은 복이 있다. 그것은 너희가 배부르게 될 것이기 때문이다. 지금 우는 사람들은 복이 있다. 그것은 너희가 웃게 될 것이기 때문이다.

22 인자 때문에 사람들이 너희를 미워하고 너희를 배척하고 욕하고 누명을 씌울 때 너희에게 복이 있다.

23 그날에 기뻐하고 뛰어놀아라. 이는 하늘에서 너희의 상이 크기 때문이다. 그들의 조상들도 예언자들을 그렇게 대하였다.

10 •He looked around at them one by one and then said to the man, "Hold out your hand." So the man held out his hand, and it was restored!

11 •At this, the enemies of Jesus were wild with rage and began to discuss what to do with him.

Jesus Chooses the Twelve Apostles

12 •One day soon afterward Jesus went up on a mountain to pray, and he prayed to God all

13 night. •At daybreak he called together all of his disciples and chose twelve of them to be apostles. Here are their names:

14 • Simon (whom he named Peter), Andrew (Peter's brother), James, John, Philip, Bartholomew,

15 • Matthew, Thomas, James (son of Alphaeus), Simon (who was called the zealot),

16 • Judas (son of James), Judas Iscariot (who later betrayed him).

Crowds Follow Jesus

17 •When they came down from the mountain, the disciples stood with Jesus on a large, level area, surrounded by many of his followers and by the crowds. There were people from all over Judea and from Jerusalem and from as far north

18 as the seacoasts of Tyre and Sidon. •They had come to hear him and to be healed of their diseases; and those troubled by evil* spirits were

19 healed. •Everyone tried to touch him, because healing power went out from him, and he healed everyone.

The Beatitudes

20 •Then Jesus turned to his disciples and said,

"God blesses you who are poor,
　for the Kingdom of God is yours.

21 • God blesses you who are hungry now,
　for you will be satisfied.
God blesses you who weep now,
　for in due time you will laugh.

22 •What blessings await you when people hate you and exclude you and mock you and curse you as evil because you follow the Son of Man.

23 •When that happens, be happy! Yes, leap for joy! For a great reward awaits you in heaven. And remember, their ancestors treated the

---

6:18 Greek *unclean*.

6:15 열심당

24 그러나 너희 부자들은 화가 있다. 너희는 이미 위로를 다 받았다.

25 지금 배부른 너희들은 화가 있다. 너희가 굶주리게 될 것이다. 지금 웃는 사람들은 화가 있다. 너희가 슬퍼하며 울게 될 것이다.

26 모든 사람들이 너희를 칭찬할 때에 화가 있다. 그들의 조상들도 거짓 예언자들을 그렇게 대하였다."

원수를 사랑하여라

27 "내 말을 듣는 너희에게 말한다. 너희 원수를 사랑하고, 너희를 미워하는 사람들에게 잘해 주어라.

28 너희를 저주하는 사람들을 축복하고, 너희를 모욕하는 사람을 위해 기도하여라.

29 누가 네 뺨을 치거든 다른 뺨도 돌려 대라. 누가 네 겉옷을 빼앗거든 속옷도 거절하지 마라.

30 달라는 사람은 누구에게든지 주어라. 네 것을 빼앗는 사람에게 돌려 달라고 하지 마라.

31 너희는 다른 사람이 네게 해 주길 바라는 대로 다른 사람에게 해 주어라.

32 너희가 만일 너희를 사랑하는 사람만 사랑한다면 칭찬받을 것이 무엇이냐? 죄인들도 자기를 사랑해 주는 사람은 사랑한다.

33 너희가 만일 너희에게 잘해 주는 사람에게만 잘해 준다면 칭찬받을 것이 무엇이냐? 죄인들도 그렇게는 한다.

34 너희가 만일 되돌려받을 수 있겠다고 생각하는 사람에게 꾸어 준다면 칭찬받을 것이 무엇이냐? 죄인들도 그대로 돌려받을 생각으로 죄인들에게 꾸어 준다.

35 너희는 원수를 사랑하고 좋게 대하며 되돌려받을 생각을 하지 말고 꾸어 주어라. 그러면 너희의 상이 클 것이고, 가장 높으신 분의 아들이 될 것이다. 이는 하나님께서는 은혜를 모르는 사람과 악한 사람에게도 자비로우시기 때문이다.

36 너희의 아버지가 자비로우신 것처럼 자비로워져라."

다른 사람을 비판하지 마라

37 "비판하지 마라. 그러면 너희도 비판을 받지 않을 것이다. 비난하지 마라. 그러면 너희도 비난을 받지 않을 것이다. 용서하여라. 그러면 너희도 용서받을 것이다.

38 주어라, 그러면 너희에게도 주어질 것이다. 되를 누르고 흔들어 넘치도록 재어서 너희의 품에 안겨 주실 것이다. 너희가 남에게 줄 때에 잰 분량만큼 너희가 도로 받을 것이다."

ancient prophets that same way.

Sorrows Foretold

24 • "What sorrow awaits you who are rich,
for you have your only happiness now.

25 • What sorrow awaits you who are fat and prosperous now,
for a time of awful hunger awaits you.
What sorrow awaits you who laugh now,
for your laughing will turn to mourning and sorrow.

26 • What sorrow awaits you who are praised by the crowds,
for their ancestors also praised false prophets.

Love for Enemies

27 • "But to you who are willing to listen, I say, love your enemies! Do good to those who hate

28 you. • Bless those who curse you. Pray for those who hurt you. • If someone slaps you on one cheek, offer the other cheek also. If someone

30 demands your coat, offer your shirt also. • Give to anyone who asks; and when things are taken away from you, don't try to get them

31 back. • Do to others as you would like them to do to you.

32 • "If you love only those who love you, why should you get credit for that? Even sinners love

33 those who love them! • And if you do good only to those who do good to you, why should you get credit? Even sinners do that much!

34 • And if you lend money only to those who can repay you, why should you get credit? Even sinners will lend to other sinners for a full return.

35 • "Love your enemies! Do good to them. Lend to them without expecting to be repaid. Then your reward from heaven will be very great, and you will truly be acting as children of the Most High, for he is kind to those who are

36 unthankful and wicked. • You must be compassionate, just as your Father is compassionate.

Do Not Judge Others

37 • "Do not judge others, and you will not be judged. Do not condemn others, or it will all come back against you. Forgive others, and you

38 will be forgiven. • Give, and you will receive. Your gift will return to you in full—pressed down, shaken together to make room for more, running over, and poured into your lap. The amount you give will determine the amount you get back.*

39 • Then Jesus gave the following illustration:

compassionate [kəmpǽʃənət] *a.* 자비로운

6:38 Or *The measure you give will be the measure you get back.*

39 그리고 예수님께서 이런 비유를 그들에게 말씀하셨습니다. "보지 못하는 자가 보지 못하는 자를 안내할 수 있느냐? 둘 다 구덩이에 빠지지 않겠느냐?

40 학생이 선생보다 더 나을 수 없다. 그러나 누구든지 다 배우고 나면 선생과 같아질 것이다.

41 어찌하여 너는 형제의 눈에 있는 작은 티는 보면서, 네 눈 속에 있는 큰 통나무는 보지 못하느냐?

42 네가 자신의 눈 속에 있는 큰 통나무는 보지 못하면서, 어떻게 형제에게 '형제여, 네 눈속의 티를 빼어 주마'라고 말할 수 있느냐? 위선자여, 우선 네 눈 속에 있는 통나무나 빼내라. 그런 다음에야 네 눈이 잘 보여서 형제의 눈 속에 있는 티를 뺄 수 있을 것이다."

열매로 나무를 안다

43 "좋은 나무가 나쁜 열매를 맺을 수 없고, 또 나쁜 나무가 좋은 열매를 맺을 수 없다.

44 나무마다 그 열매로 안다. 가시나무에서 무화과를 얻을 수 없고, 가시덤불에서 포도를 딸 수 없다.

45 선한 사람은 그 마음속에 선한 것을 쌓았다가 선한 것을 내고, 악한 사람은 그 마음속에 악한 것을 쌓았다가 악한 것을 낸다. 왜냐하면 사람은 그의 마음속에 쌓여 있는 것을 말하기 때문이다."

바위와 모래 위에 지은 집

46 "너희는 나에게 '주여, 주여' 하면서 왜 내가 말한 것은 행하지 않느냐?

47 누구든지 내게 와서 내 말을 듣고 그대로 하는 사람이 어떠한 사람과 같은지 너희에게 보여 주겠다.

48 그는 땅을 깊이 파고 바위 위에 기초를 놓고 집을 짓는 사람과 같다. 홍수가 나서 물이 세차게 들이쳐나 그 집을 넘어뜨릴 수 없다. 그것은 집이 잘 지어졌기 때문이다.

49 그러나 내 말을 듣고도 그대로 행하지 않는 사람은 기초 없이 땅 위에 집을 지은 사람과 같다. 물이 들이치자 그 집이 즉시 무너졌고, 피해가 컸다."

백부장의 종을 고치심

7 예수님께서 이 모든 말씀을 백성들에게 하신 후, 가버나움으로 가셨습니다.

2 어떤 백부장이 소중하게 여기는 종이 있었는데 병들어 죽게 되었습니다.

3 백부장은 예수님에 관한 소문을 듣고 몇몇 유대의 장로들을 예수님께 보내어, 자기의 종을 고쳐 달라고 부탁하였습니다.

4 그들은 예수님께 와서 간청하였습니다. "이 사람은 선생님께서 부탁을 들어 줘도 될 만한 사람입니다.

5 이 사람은 우리 민족을 사랑합니다. 그는 우리에게 회당을 지어 주었습니다."

"Can one blind person lead another? Won't 40 they both fall into a ditch? •Students* are not greater than their teacher. But the student who is fully trained will become like the teacher.

41 •"And why worry about a speck in your friend's eye* when you have a log in your 42 own? •How can you think of saying, 'Friend,* let me help you get rid of that speck in your eye,' when you can't see past the log in your own eye? Hypocrite! First get rid of the log in your own eye; then you will see well enough to deal with the speck in your friend's eye.

The Tree and Its Fruit

43 •"A good tree can't produce bad fruit, and a
44 bad tree can't produce good fruit. •A tree is identified by its fruit. Figs are never gathered from thornbushes, and grapes are not
45 picked from bramble bushes. •A good person produces good things from the treasury of a good heart, and an evil person produces evil things from the treasury of an evil heart. What you say flows from what is in your heart.

Building on a Solid Foundation

46 •"So why do you keep calling me 'Lord,
47 Lord!' when you don't do what I say? •I will show you what it's like when someone comes to me, listens to my teaching, and
48 then follows it. •It is like a person building a house who digs deep and lays the foundation on solid rock. When the floodwaters rise and break against that house, it stands
49 firm because it is well built. •But anyone who hears and doesn't obey is like a person who builds a house right on the ground, without a foundation. When the floods sweep down against that house, it will collapse into a heap of ruins."

The Faith of a Roman Officer

7 When Jesus had finished saying all this to the people, he returned to Caper-
2 naum. •At that time the highly valued slave of a Roman officer* was sick and near death.
3 •When the officer heard about Jesus, he sent some respected Jewish elders to ask him to
4 come and heal his slave. •So they earnestly begged Jesus to help the man. "If anyone
5 deserves your help, he does," they said, • "for he loves the Jewish people and even built a synagogue for us."

6:40 Or *Disciples.*　6:41 Greek *your brother's eye;* also in 6:42.　6:42 Greek *Brother.*　7:2 Greek *a centurion;* similarly in 7:6.

6 예수님께서 그들과 함께 가셨습니다. 예수님께서 백부장의 집 가까이에 이르렀을 때, 백부장이 친구들을 보내 예수님께 말하였습니다. "주님, 수고하실 필요가 없습니다. 저는 선생님을 집에 모실 만한 자격이 없습니다.

7 그래서 제가 주님께 나올 자격도 없다고 생각했습니다. 말씀만 하십시오. 그러면 제 종이 나을 것입니다.

8 저도 다른 사람 아래에 있고, 제 밑에도 부하들이 있습니다. 제가 이 사람더러 가라 하면 가고, 저 사람더러 오라 하면 옵니다. 또 제 종에게 이것을 하라 하면 그대로 합니다."

9 예수님께서 이 말을 들으시고 놀라시며 따라오던 사람들에게 말씀하셨습니다. "내가 너희에게 말한다. 이스라엘에서도 이처럼 큰 믿음을 본 적이 없다."

10 백부장이 보냈던 사람들이 집으로 돌아가보니, 그 종이 나아 있었습니다.

죽었다가 살아난 과부의 아들

11 조금 뒤에 예수님께서 나인이라는 마을로 가셨습니다. 제자들과 많은 사람들도 예수님을 따라 함께 갔습니다.

12 예수님께서 성문 가까이 이르렀을 때, 죽은 사람이 실려 나오고 있었습니다. 그는 과부의 하나밖에 없는 아들이었습니다. 마을 사람들이 그 과부와 함께 있었습니다.

13 주께서 그를 보시고 불쌍하게 여기셨습니다. 예수님께서 아이의 어머니에게 말씀하셨습니다. "울지 마라."

14 그리고 관에 손을 대시니 관을 메고 가던 사람들이 걸음을 멈추었습니다. 예수님께서 말씀하셨습니다. "소년아, 내가 네게 말한다. 일어나라!"

15 그러자 죽었던 사람이 일어나 앉아서 말하기 시작하였습니다. 예수님께서 그를 어머니에게 보냈습니다.

16 사람들 모두가 두려움에 휩싸였습니다. 사람들은 하나님께 영광을 돌렸습니다. "위대한 예언자가 우리 가운데 나타났다! 하나님께서 당신의 백성들을 돌보아 주셨다!"

17 예수님에 대한 이 이야기는 온 유대와 그 근방에 두루 퍼져 나갔습니다.

세례자 요한의 질문

18 요한의 제자들이 이 모든 소식을 요한에게 알렸습니다. 요한은 제자 가운데 두 사람을 불렀습니다.

19 그리고 주께 그들을 보내어 "선생님이 오실 그분이십니까? 아니면 우리가 다른 사람을 기다려야 합

6 •So Jesus went with them. But just before they arrived at the house, the officer sent some friends to say, "Lord, don't trouble yourself by coming to my home, for I am 7 not worthy of such an honor. •I am not even worthy to come and meet you. Just say the word from where you are, and my ser- 8 vant will be healed. •I know this because I am under the authority of my superior offi- cers, and I have authority over my soldiers. I only need to say, 'Go,' and they go, or 'Come,' and they come. And if I say to my slaves, 'Do this,' they do it."

9 •When Jesus heard this, he was amazed. Turning to the crowd that was following him, he said, "I tell you, I haven't seen faith 10 like this in all Israel!" •And when the officer's friends returned to his house, they found the slave completely healed.

Jesus Raises a Widow's Son

11 •Soon afterward Jesus went with his disci- ples to the village of Nain, and a large crowd 12 followed him. •A funeral procession was coming out as he approached the village gate. The young man who had died was a widow's only son, and a large crowd from 13 the village was with her. •When the Lord saw her, his heart overflowed with compas- 14 sion. "Don't cry!" he said. •Then he walked over to the coffin and touched it, and the bearers stopped. "Young man," he said, "I 15 tell you, get up." •Then the dead boy sat up and began to talk! And Jesus gave him back to his mother.

16 •Great fear swept the crowd, and they praised God, saying, "A mighty prophet has risen among us," and "God has visited his 17 people today." •And the news about Jesus spread throughout Judea and the surround- ing countryside.

Jesus and John the Baptist

18 •The disciples of John the Baptist told John about everything Jesus was doing. So John 19 called for two of his disciples, •and he sent them to the Lord to ask him, "Are you the Messiah we've been expecting,* or should we keep looking for someone else?"

---

authority [əθárəti] *n.* 권위
bearer [béərər] *n.* 운반인, 짐꾼
coffin [kɔ́:fin] *n.* 관
funeral [fjú:nərəl] *a.* 장례의
procession [prəséʃən] *n.* 행렬
7:13 overflow with… : …한 감정으로 충만하다

7:19 Greek *Are you the one who is coming?* Also in 7:20.

니까?"라고 물어 보게 하였습니다.

20 그 사람들이 예수님께 와서 말했습니다. "세례자 요한이 우리들에게 선생님을 뵙고 여쭈어 보라고 하였습니다. '선생님이 오실 그분이십니까? 아니면 우리가 다른 사람을 기다려야 합니까?'"

21 그때, 예수님께서 질병과 고통과 악한 영에 시달리는 많은 사람들을 고쳐 주셨습니다. 또 보지 못하는 사람들도 볼 수 있게 하셨습니다.

22 예수님께서 요한의 제자들에게 말씀하셨습니다. "가서 요한에게 너희들이 보고 들은 것을 알려라. 보지 못하는 사람이 보고, 다리를 저는 사람이 걷고, 문둥병 환자가 깨끗해지며, 듣지 못하는 사람이 듣고, 죽었던 자가 살아나며, 가난한 사람들에게 복음이 전파된다고 하여라.

23 나를 의심하지 않는 사람은 복이 있다."

세례자 요한에 대하여

24 요한의 심부름을 왔던 사람들이 떠나가자, 예수님께서 사람들에게 요한에 대해 말했습니다. "너희는 무엇을 보려고 광야에 나갔느냐? 바람에 흔들리는 갈대냐?

25 아니면 무엇을 보러 나갔느냐? 화려한 옷을 입은 사람이냐? 멋지고 호사스런 옷을 입고 호화롭게 사는 사람은 궁전에 있다.

26 그러면 너희는 무엇을 보려고 나갔느냐? 예언자냐? 그렇다, 내가 너희에게 말한다. 예언자보다 더 위대한 사람이다.

27 이 사람은 성경에 기록된 자이다. '보아라. 내가 네 앞에 사자를 보낸다. 그가 네 길을 너보다 앞서 준비할 것이다.'*

28 내가 너희에게 말한다. 여자에게서 태어난 사람 중에 요한보다 더 위대한 사람이 없다. 그러나 하나님 나라에서는 가장 작은 자가 요한보다 더 위대하다."

29 모든 백성들이, 또한 세리들이 이 말씀을 듣고, 하나님은 의로우시다고 고백했습니다. 이들은 요한의 세례를 받았기 때문입니다.

30 하지만 바리새파 사람들과 율법학자들은 자신들을 향한 하나님의 계획을 거부하였습니다. 이들은 요한에게서 세례를 받지 않았기 때문입니다.

31 "이 세대의 사람들을 무엇에 비교할 수 있겠느냐? 그들은 무엇과 같은가?

32 이들은 시장에 앉아 서로 부르며 '우리가 너희를 위해 피리를 불어도 너희가 춤추지 않았다. 우리가 울어도 너희가 울지 않았다'라고 말하는 아이들과 같다.

33 세례자 요한이 와서 빵도 먹지 않고, 포도주도 마

20 •John's two disciples found Jesus and said to him, "John the Baptist sent us to ask, 'Are you the Messiah we've been expecting, or should we keep looking for someone else?'"

21 •At that very time, Jesus cured many people of their diseases, illnesses, and evil spirits, and he restored sight to many who were blind. •Then he told John's disciples, "Go back to John and tell him what you have seen and heard—the blind see, the lame walk, those with leprosy are cured, the deaf hear, the dead are raised to life, and the Good News is being preached to the poor." •And he added, "God blesses those who do not fall away because of me*"

24 •After John's disciples left, Jesus began talking about him to the crowds. "What kind of man did you go into the wilderness to see? Was he a weak reed, swayed by every breath of wind? •Or were you expecting to see a man dressed in expensive clothes? No, people who wear beautiful clothes and live in luxury are found in palaces. •Were you looking for a prophet? Yes, and he is more than a prophet. •John is the man to whom the Scriptures refer when they say,

> 'Look, I am sending my messenger ahead of you,
> and he will prepare your way before you.'*

28 •I tell you, of all who have ever lived, none is greater than John. Yet even the least person in the Kingdom of God is greater than he is!"

29 •When they heard this, all the people—even the tax collectors—agreed that God's way was right,* for they had been baptized by John. •But the Pharisees and experts in religious law rejected God's plan for them, for they had refused John's baptism.

31 •"To what can I compare the people of this generation?" Jesus asked. "How can I describe them? •They are like children playing a game in the public square. They complain to their friends,

> 'We played wedding songs,
> and you didn't dance,
> so we played funeral songs,
> and you didn't weep.'

33 •For John the Baptist didn't spend his time

---

sway [swéi] *vt.* (뒤)흔들다, 동요시키다

7:23 Or *who are not offended by me.*　　7:27 Mal 3:1.　　7:29 Or *praised God for his justice.*
7:27 말 3:1에 기록되어 있다.

시지 않았다. 그러자 너희들은 '저 사람은 귀신이 들렸다' 라고 말한다.

34 인자가 와서 먹고 마셨다. 그러자 너희들은 '봐, 저 사람은 먹보요, 술꾼이며 세리와 죄인의 친구로구나' 라고 말한다.

35 그러나 지혜는 그것을 따르는 자들에 의해서 옳다는 것이 증명된다."

예수님께 향유를 부은 여인

36 어떤 바리새파 사람이 예수님께 함께 식사를 하자고 권하였습니다. 그래서 예수님께서 그 바리새파 사람의 집에 가셔서 식사 자리에 앉으셨습니다.

37 그런데 그 마을에 죄인인 한 여자가 있었습니다. 예수님께서 바리새파 사람의 집에서 식사하신다는 소식을 듣고 향유병을 가지고 갔습니다.

38 그는 예수님의 뒤쪽으로 가서 예수님의 발 곁에 서서 울며 눈물로 그의 발을 씻겼습니다. 그리고 자신의 머리카락으로 발을 닦고, 입을 맞추고 향유를 부었습니다.

39 예수님을 초대한 바리새파 사람이 이것을 보고 속으로 생각했습니다. "만일 이 사람이 예언자라면 지금 자신을 만지는 이 여인이 죄인이라는 것을 알았을 것이다."

40 예수님께서 그에게 대답하셨습니다. "시몬아, 네게 할 말이 있다." 시몬이 대답했습니다. "선생님, 말씀하십시오."

41 "어떤 채권자에게 두 사람의 채무자가 있었다. 한 사람은 오백 데나리온*을 빚졌고 다른 사람은 오십 데나리온을 빚졌다.

42 이 두 사람이 다 빚을 갚을 수 없어서 채권자가 모두 빚을 없던 것으로 해 주었다. 그러면 둘 중에 누가 더 채권자를 고맙게 여기겠느냐?"

43 시몬이 대답했습니다. "더 많은 돈을 면제받은 사람입니다." 예수님께서 시몬에게 말씀하셨습니다. "네가 옳게 판단했다."

44 예수님께서 그 여자를 돌아보시며 시몬에게 말씀하셨습니다. "이 여인이 보이느냐? 내가 네 집에 들어왔을 때, 너는 나에게 발 씻을 물도 주지 않았다. 그러나 이 여인은 자신의 눈물로 내 발을 적시고 자신의 머리털로 닦아 주었다.

45 너는 내게 입맞추지도 않았지만, 이 여인은 내가 들어왔을 때부터 내 발에 입맞추기를 쉬지 않았다.

46 너는 내 머리에 기름도 붓지 않았지만, 이 여인은 향유를 내 발에 부었다.

47 그러므로 내가 네게 말한다. 이 여자의 많은 죄가 용서되었다. 이는 이 여자가 많이 사랑하였기 때문이다. 적게 용서받은 사람은 적게 사랑한다."

---

eating bread or drinking wine, and you say, 'He's possessed by a demon.' ●The Son of
34 Man,* on the other hand, feasts and drinks, and you say, 'He's a glutton and a drunkard, and a friend of tax collectors and other sin-
35 ners!' ●But wisdom is shown to be right by the lives of those who follow it.*"

Jesus Anointed by a Sinful Woman

36 ●One of the Pharisees asked Jesus to have dinner with him, so Jesus went to his home
37 and sat down to eat.* ●When a certain immoral woman from that city heard he was eating there, she brought a beautiful alabaster jar filled with expensive perfume.
38 ●Then she knelt behind him at his feet, weeping. Her tears fell on his feet, and she wiped them off with her hair. Then she kept kissing his feet and putting perfume on them.

39 ●When the Pharisee who had invited him saw this, he said to himself, "If this man were a prophet, he would know what kind of woman is touching him. She's a sinner!"

40 ●Then Jesus answered his thoughts. "Simon," he said to the Pharisee, "I have something to say to you."

"Go ahead, Teacher," Simon replied.

41 ●Then Jesus told him this story: "A man loaned money to two people—500 pieces of silver* to one and 50 pieces to the other.
42 ●But neither of them could repay him, so he kindly forgave them both, canceling their debts. Who do you suppose loved him more after that?"

43 ●Simon answered, "I suppose the one for whom he canceled the larger debt."

44 "That's right," Jesus said. ●Then he turned to the woman and said to Simon, "Look at this woman kneeling here. When I entered your home, you didn't offer me water to wash the dust from my feet, but she has washed them with her tears and wiped
45 them with her hair. ●You didn't greet me with a kiss, but from the time I first came in,
46 she has not stopped kissing my feet. ●You neglected the courtesy of olive oil to anoint my head, but she has anointed my feet with rare perfume.

47 ●"I tell you, her sins—and they are many—have been forgiven, so she has shown me much love. But a person who is forgiven lit-

---

glutton [glʌ́tn] *n.* 대식가

7:34 "Son of Man" is a title Jesus used for himself. 7:35 Or *But wisdom is justified by all her children.* 7:36 Or *and reclined.* 7:41 Greek *500 denarii.* A denarius was equivalent to a laborer's full day's wage.
7:41 1데나리온은 하루 품삯에 해당된다.

48 예수님께서 여자에게 말씀하셨습니다. "네 죄가 용서되었다."

49 예수님과 식사 자리에 앉아 있던 사람들이 속으로 말했습니다. "이 사람이 누구이기에 죄를 용서해 준다고 하는가?"

50 예수님께서 그 여자에게 말씀하셨습니다. "네 믿음이 너를 구원하였다. 평안히 가거라."

예수님과 함께한 여자들

8 그 후에 예수님께서 여러 성과 마을을 두루 다니시면서 하나님 나라에 관한 좋은 소식을 전하셨습니다. 열두 제자들도 예수님과 함께 다녔습니다.

2 악한 영과 병에서 고침을 받은 몇몇 여자들도 함께 있었습니다. 이들은 일곱 귀신이 들렸던 막달라라고 하는 마리아와

3 헤롯의 신하인 구사의 아내 요안나와 수산나, 그리고 그 밖의 다른 여자들이 많이 있었습니다. 이들은 자신의 재산으로 예수님과 제자들을 섬겼습니다.

씨 뿌리는 사람의 비유

4 많은 사람들이 모여들고 여러 마을에서 온 사람들이 예수님께 나아오자, 예수님께서 비유로 말씀하셨습니다.

5 "씨를 뿌리는 사람이 씨를 뿌리러 나갔다. 그가 씨를 뿌렸는데, 어떤 씨들은 길가에 떨어져 발에 밟히기도 했고, 하늘의 새들이 와서 먹어 버리기도 했다.

6 어떤 씨들은 바위 위에 떨어져 자라다가 물이 없어서 시들어 죽었다.

7 어떤 씨들은 가시덤불에 떨어져 가시덤불이 함께 자라서 자라지 못하게 했다.

8 어떤 씨들은 좋은 땅에 떨어져 자라나서 백 배의 열매를 맺었다." 이 말씀을 마치시고 예수님께서 외치셨습니다. "들을 귀 있는 자는 들어라!"

비유로 말씀하신 목적

9 제자들이 이 비유가 무슨 뜻인지를 예수님께 물었습니다.

10 예수님께서 말씀하셨습니다. "너희에게는 하나님 나라의 비밀을 아는 것이 허락되었다. 그러나 다른 사람들에게는 비유로 말하였다. 이는 '그들이 보아도 보지 못하고 들어도 깨닫지 못하게'* 하려는 것이다."

씨 뿌리는 사람에 관한 비유의 뜻

11 "이 비유는 이것이다. 씨는 하나님의 말씀이다.

12 길가에 떨어진 것은 하나님의 말씀을 들었으나 마귀가 와서 그 마음에 있던 말씀을 빼앗아 간 사

48 tle shows only little love." Then Jesus said to the woman, "Your sins are forgiven."

49 The men at the table said among themselves, "Who is this man, that he goes around forgiving sins?"

50 And Jesus said to the woman, "Your faith has saved you; go in peace."

Women Who Followed Jesus

8 Soon afterward Jesus began a tour of the nearby towns and villages, preaching and announcing the Good News about the Kingdom of God. He took his twelve disciples with

2 him, along with some women who had been cured of evil spirits and diseases. Among them were Mary Magdalene, from whom he

3 had cast out seven demons; Joanna, the wife of Chuza, Herod's business manager; Susanna; and many others who were contributing from their own resources to support Jesus and his disciples.

Parable of the Farmer Scattering Seed

4 One day Jesus told a story in the form of a parable to a large crowd that had gathered

5 from many towns to hear him: "A farmer went out to plant his seed. As he scattered it across his field, some seed fell on a footpath, where it was stepped on, and the birds ate it.

6 Other seed fell among rocks. It began to grow, but the plant soon wilted and died for

7 lack of moisture. Other seed fell among thorns that grew up with it and choked out

8 the tender plants. Still other seed fell on fertile soil. This seed grew and produced a crop that was a hundred times as much as had been planted!" When he had said this, he called out, "Anyone with ears to hear should listen and understand."

9 His disciples asked him what this parable

10 meant. He replied, "You are permitted to understand the secrets* of the Kingdom of God. But I use parables to teach the others so that the Scriptures might be fulfilled:

'When they look, they won't really see.
When they hear, they won't understand.'*

11 "This is the meaning of the parable: The

12 seed is God's word. The seeds that fell on the footpath represent those who hear the message, only to have the devil come and take it away from their hearts and prevent them

wilt [wilt] *vi.* 시들다

8:10a Greek *mysteries.* 8:10b Isa 6:9 (Greek version).

8:10 사 6:9에 기록되어 있다.

람들이다. 이들은 믿지 못하여, 구원을 받지 못한다.

13 바위 위에 떨어진 것은 하나님의 말씀을 듣고 기쁨으로 받지만 뿌리가 없는 사람들이다. 이들은 잠시 동안, 믿으나 시험받을 때에 넘어진다.

14 가시덤불에 떨어진 것은 말씀을 듣지만 살아가는 동안, 재물에 대한 염려와 인생의 향락에 사로잡혀 열매를 맺는 데까지 자라지 못하는 사람들이다.

15 좋은 땅에 떨어진 것은 정직하고 선한 마음으로 하나님의 말씀을 듣고 그 말씀을 굳게 지켜서 좋은 열매를 맺는 사람들이다."

등불은 등잔 위에

16 "그 누구도 등불을 켜서 그것을 그릇으로 덮어 두거나 침대 밑에 두지 않는다. 등불은 등잔 위에 놓아 들어오는 사람들이 그 빛을 보게 한다.

17 감추어진 것 중에 드러나지 않을 것이 없고, 비밀 가운데 밝히 알려지지 않을 것이 없다.

18 그러므로 너희가 듣는 것을 조심하여라. 가진 사람은 더 많이 받을 것이고, 가지지 못한 사람은 가졌다고 생각하는 것마저 빼앗길 것이다."

예수님의 진정한 가족

19 예수님의 어머니와 동생들이 예수님께 왔습니다. 그러나 많은 사람들 때문에 예수님께 가까이 갈 수 없었습니다.

20 어떤 사람이 예수님께 말씀드렸습니다. "선생님의 어머니와 동생들이 밖에 서서 선생님을 만나 뵙기 원하십니다."

21 예수님께서 사람들에게 대답하셨습니다. "내 어머니와 형제들은 하나님의 말씀을 듣고 그대로 행하는 사람들이다."

풍랑을 잔잔케 하심

22 어느 날, 예수님께서 제자들과 함께 배에 오르셨습니다. 예수님께서 말씀하셨습니다. "호수 건너편으로 가자." 그래서 그들이 떠났습니다.

23 가는 동안, 예수님은 잠이 드셨고, 사나운 바람이 호수로 불어닥쳤습니다. 배에 물이 가득 차서 위험에 빠졌습니다.

24 제자들이 예수님을 깨우며 "선생님! 선생님! 우리가 죽습니다"라고 말했습니다. 그러자 예수님께서 일어나셔서 바람과 성난 파도를 꾸짖으셨습니다. 그러자 그 즉시, 바람이 멈추고 호수가 다시 잔잔해졌습니다.

25 예수님께서 제자들에게 말씀하셨습니다. "너희의 믿음이 어디 있느냐?" 제자들은 두렵고 놀라서 "도대체 이분이 누구시길래 바람과 물에게 호령하시고 바람과 물이 이분에게 순종하는가?"라고 서로

13 from believing and being saved. •The seeds on the rocky soil represent those who hear the message and receive it with joy. But since they don't have deep roots, they believe for a while, then they fall away when they face temptation.

14 •The seeds that fell among the thorns represent those who hear the message, but all too quickly the message is crowded out by the cares and riches and pleasures of this life. And so they never grow into maturity.

15 •And the seeds that fell on the good soil represent honest, good-hearted people who hear God's word, cling to it, and patiently produce a huge harvest.

Parable of the Lamp

16 •"No one lights a lamp and then covers it with a bowl or hides it under a bed. A lamp is placed on a stand, where its light can be seen by all who enter the house.

17 •For all that is secret will eventually be brought into the open, and everything that is concealed will be brought to light and made known to all.

18 •"So pay attention to how you hear. To those who listen to my teaching, more understanding will be given. But for those who are not listening, even what they think they understand will be taken away from them."

The True Family of Jesus

19 •Then Jesus' mother and brothers came to see him, but they couldn't get to him

20 because of the crowd. •Someone told Jesus, "Your mother and your brothers are standing outside, and they want to see you."

21 •Jesus replied, "My mother and my brothers are all those who hear God's word and obey it."

Jesus Calms the Storm

22 •One day Jesus said to his disciples, "Let's cross to the other side of the lake." So they

23 got into a boat and started out. •As they sailed across, Jesus settled down for a nap. But soon a fierce storm came down on the lake. The boat was filling with water, and they were in real danger.

24 •The disciples went and woke him up, shouting, "Master, Master, we're going to drown!"

When Jesus woke up, he rebuked the wind and the raging waves. Suddenly the

25 storm stopped and all was calm. •Then he asked them, "Where is your faith?"

The disciples were terrified and amazed. "Who is this man?" they asked each other. "When he gives a command, even the wind

말하였습니다.

귀신 들린 사람

26 예수님과 제자들은 갈릴리 건너편 거라사 사람들의 마을에 닿았습니다.

27 예수님께서 배에서 내리시니 그 마을에 사는 귀신들린 사람이 예수님께 다가왔습니다. 그는 오랫동안, 아무 옷도 입지 않았으며 집에서 살지도 않고 무덤에서 살고 있었습니다.

28 그는 예수님을 보고 소리를 지르며, 예수님 앞에 엎드렸습니다. 그리고 큰 소리로 말했습니다. "가장 높으신 하나님의 아들이신 예수님, 당신이 저와 무슨 상관이 있습니까? 제발 저를 괴롭히지 마십시오."

29 이는 예수님께서 더러운 영에게 그 사람에게서 떠나라고 명령하셨기 때문입니다. 더러운 귀신이 그 사람을 여러 번 사로잡았기 때문에 사람들은 쇠사슬과 쇠고랑으로 그를 묶어 감시하였습니다. 그러나 그는 쇠사슬을 끊고 귀신이 이끄는 대로 광야로 뛰쳐나가곤 하였습니다.

30 예수님께서 그에게 물으셨습니다. "네 이름이 무엇이냐?" 그러자 그가 대답했습니다. "레기온*입니다." 이는 많은 귀신이 그에게 들어갔기 때문입니다.

31 귀신들은 예수님께 자신들을 지옥으로 쫓아내지 말아 달라고 간청하였습니다.

32 그때, 언덕에는 많은 돼지 떼가 풀을 먹고 있었습니다. 귀신들은 예수님께 자기들을 그 돼지 떼에게 들어가게 해 달라고 간청하였습니다. 예수님께서 그렇게 허락하셨습니다.

33 그러자 귀신들은 그 사람에게서 나와 돼지 떼 속으로 들어갔습니다. 순간 그 돼지들은 비탈을 내리달아 호수로 들어가 빠져 죽었습니다.

34 돼지를 치던 사람들이, 일어난 일을 보고 도망쳐 이 사실을 성과 마을 사람들에게 전하였습니다.

35 사람들이 일어난 일을 보려고 예수님께 다가갔습니다. 그리고 귀신이 나간 사람이 옷을 입고 제정신으로 예수님 발 앞에 앉아 있는 것을 보았습니다. 그들은 두려운 생각이 들었습니다.

36 이 일을 목격한 사람들이 귀신들린 사람이 어떻게 온전하게 되었는지를 사람들에게 말해 주었습니다.

37 거라사와 그 주변에 사는 모든 사람들이, 예수님께서 자기들로부터 떠나 줄 것을 간청했습니다. 이는 그들이 무서움에 사로잡혔기 때문이었습니다. 그래서 예수님께서 배를 타고 돌아가셨습니다.

and waves obey him!"

Jesus Heals a Demon-Possessed Man

26,27 So they arrived in the region of the Gerasenes,* across the lake from Galilee. As Jesus was climbing out of the boat, a man who was possessed by demons came out to meet him. For a long time he had been homeless and naked, living in the tombs outside the town.

28 As soon as he saw Jesus, he shrieked and fell down in front of him. Then he screamed, "Why are you interfering with me, Jesus, Son of the Most High God? Please, I beg you, don't torture me!" 29 For Jesus had already commanded the evil* spirit to come out of the man. This spirit had often taken control of the man. Even when he was placed under guard and put in chains and shackles, he simply broke them and rushed out into the wilderness, completely under the demon's power.

30 Jesus demanded, "What is your name?" "Legion," he replied, for he was filled with many demons. 31 The demons kept begging Jesus not to send them into the bottomless pit.*

32 There happened to be a large herd of pigs feeding on the hillside nearby, and the demons begged him to let them enter into the pigs.

33 So Jesus gave them permission. Then the demons came out of the man and entered the pigs, and the entire herd plunged down the steep hillside into the lake and drowned.

34 When the herdsmen saw it, they fled to the nearby town and the surrounding countryside, spreading the news as they ran. 35 People rushed out to see what had happened. A crowd soon gathered around Jesus, and they saw the man who had been freed from the demons. He was sitting at Jesus' feet, fully clothed and perfectly sane, and they were all afraid. 36 Then those who had seen what happened told the others how the demon-possessed man had been healed. 37 And all the people in the region of the Gerasenes begged Jesus to go away and leave them alone, for a great wave of fear swept over

plunge [plʌndʒ] *vi.* 뛰어들다; 돌진하다
sane [sein] *a.* 제정신의, 정신이 또렷한
shriek [ʃriːk] *vi.* 비명을 지르다
torture [tɔ́ːrtʃər] *vt.* (몹시) 괴롭히다

8:26 Other manuscripts read *Gadarenes;* still others read *Gergesenes;* also in 8:37. See Matt 8:28; Mark 5:1. 8:29 Greek *unclean.* 8:31 Or *the abyss,* or *the underworld.*
8:30 개역 성경에는 '군대'라고 표기되어 있다. 로마 군대의 한 사단을 의미하고 약 3,000~6,000명으로 이루어져 있다.

38 귀신이 나간 사람이 예수님을 따를 수 있게 해 달라고 예수님께 간청하였습니다. 그러나 예수님께서 그를 돌려 보내며 말씀하셨습니다.

39 "집으로 돌아가서 하나님께서 너에게 하신 일에 대해 사람들에게 말하라." 그래서 그는 모든 마을을 다니며 예수님께서 자기에게 얼마나 큰 일을 행하셨는지에 대해 전하였습니다.

야이로의 딸과 예수님의 옷을 만진 여자

40 예수님께서 돌아오시자, 많은 사람들이 예수님을 환영하였습니다. 이들은 예수님을 기다리고 있었습니다.

41 야이로라는 사람이 앞으로 나왔습니다. 그는 회당장이었습니다. 그가 예수님의 발 앞에 엎드려, 자기 집으로 와 주실 것을 간청하였습니다.

42 야이로에게는 열두 살 된 외동딸이 있었는데, 그가 죽어 가고 있었습니다. 예수님께서 야이로의 집으로 가시는데, 많은 사람들이 예수님께 바짝 붙어서 밀어댔습니다.

43 그 중에는 십이 년 동안이나 혈루증을 앓고 있던 여자가 있었습니다. 의사에게 많은 돈을 썼지만 그 누구도 그 병을 고칠 수가 없었습니다.

44 그가 예수님 뒤로 와서 옷깃을 만졌습니다. 그러자 즉시 피가 그쳤습니다.

45 예수님께서 말씀하셨습니다. "누가 나를 만졌느냐?" 사람들은 모두 만지지 않았다고 말하였습니다. 베드로가 말했습니다. "선생님, 많은 사람들이 에워싸면서 밀어대고 있습니다."

46 예수님께서 말씀하셨습니다. "누군가 나를 분명히 만졌다. 내게서 능력이 나간 것을 안다."

47 숨길 수 없다는 것을 안 그 여자는 떨며 나아와 예수님 앞에 엎드렸습니다. 그리고 사람들 앞에서 왜 자기가 예수님을 만졌는지, 또 어떻게 즉시 병이 나았는지를 말씀드렸습니다.

48 예수님께서 그에게 말씀하셨습니다. "딸아, 네 믿음이 너를 구원하였다. 평안히 가거라."

49 예수님의 말씀이 끝나기도 전에, 회당장의 집에서 온 어떤 사람이 회당장에게 말했습니다. "따님이 죽었습니다. 그러니 선생님을 더 이상 괴롭히지 마십시오."

50 예수님께서 이 말을 들으시고 대답하셨습니다. "두려워하지 말고 믿기만 하여라. 그러면 살게 될 것이다."

51 그 집에 이르러, 예수님께서는 베드로와 요한과 야고보, 그리고 소녀의 아버지와 어머니 외에는 아무도 함께 들어가지 못하게 하셨습니다.

52 사람들이 소녀를 위해 슬피 울고 있었습니다. 예수

them.

So Jesus returned to the boat and left, crossing back to the other side of the lake.
38 •The man who had been freed from the demons begged to go with him. But Jesus
39 sent him home, saying, • "No, go back to your family, and tell them everything God has done for you." So he went all through the town proclaiming the great things Jesus had done for him.

Jesus Heals in Response to Faith

40 •On the other side of the lake the crowds welcomed Jesus, because they had been
41 waiting for him. •Then a man named Jairus, a leader of the local synagogue, came and fell at Jesus' feet, pleading with him to
42 come home with him. •His only daughter,* who was about twelve years old, was dying.

As Jesus went with him, he was surround-
43 ed by the crowds. •A woman in the crowd had suffered for twelve years with constant bleeding,* and she could find no cure.
44 •Coming up behind Jesus, she touched the fringe of his robe. Immediately, the bleeding stopped.
45 • "Who touched me?" Jesus asked.

Everyone denied it, and Peter said, "Master, this whole crowd is pressing up against you."
46 •But Jesus said, "Someone deliberately touched me, for I felt healing power go out
47 from me." •When the woman realized that she could not stay hidden, she began to tremble and fell to her knees in front of him. The whole crowd heard her explain why she had touched him and that she had been
48 immediately healed. • "Daughter," he said to her, "your faith has made you well. Go in peace."
49 •While he was still speaking to her, a messenger arrived from the home of Jairus, the leader of the synagogue. He told him, "Your daughter is dead. There's no use troubling the Teacher now."
50 •But when Jesus heard what had happened, he said to Jairus, "Don't be afraid. Just have faith, and she will be healed."
51 •When they arrived at the house, Jesus wouldn't let anyone go in with him except Peter, John, James, and the little girl's father
52 and mother. •The house was filled with people weeping and wailing, but he said, "Stop the weeping! She isn't dead; she's only asleep."

8:42 Or *His only child, a daughter.* 8:43 Some manuscripts add *having spent everything she had on doctors.*

님께서 "울음을 그쳐라. 그는 죽은 것이 아니라 자고 있다"라고 말씀하셨습니다.

53 그러자 사람들은 예수님을 비웃었습니다. 그것은 소녀가 죽었다는 것을 알고 있었기 때문입니다.

54 예수님께서 소녀의 손을 잡고 불렀습니다. "아이야, 일어나라!"

55 그러자 영혼이 돌아와서 소녀는 즉시 일어났습니다. 예수님께서 그에게 먹을 것을 주라고 명하셨습니다.

56 그 소녀의 부모들은 놀랐습니다. 그런데 예수님께서는 일어난 일을 아무에게도 말하지 말라고 지시하셨습니다.

열두 제자를 보내심

9 예수님께서 열두 제자를 부르시고, 이들에게 귀신을 이기고 병을 고치는 능력과 권세를 주셨습니다.

2 그리고 하나님 나라를 전하고 병을 치료하라고 이들을 보내셨습니다.

3 예수님께서 말씀하셨습니다. "여행을 위해 아무것도 챙기지 마라. 지팡이나 가방이나 또는 빵이나 돈이나 챙기지 마라. 옷도 두 벌을 준비하지 마라.

4 어느 집에 들어가든지 떠날 때까지 그 집에 머물러라.

5 만일 너희를 받아들이지 않으면 그 마을에서 나올 때에 네 발에서 먼지를 털어 버려라. 이것이 그들에게 경고하는 증거가 될 것이다."

6 제자들이 떠나, 온 마을을 두루 다니면서 복음을 전파하고 가는 곳마다 사람들을 고쳐 주었습니다.

불안해하는 헤롯

7 분봉왕 헤롯은 일어나는 모든 일을 듣고 매우 혼란스러웠습니다. 그것은 어떤 사람들은 세례자 요한이 죽었다가 다시 살아났다고 말하고,

8 어떤 사람들은 엘리야가 나타났다고도 하고, 또 어떤 사람들은 옛 예언자 중의 하나가 다시 살아났다고도 하였기 때문이었습니다.

9 헤롯이 말했습니다. "내가 요한의 머리를 잘랐는데, 이런 소문이 들리는 그 사람은 누구인가?" 헤롯은 예수님을 한번 만나 보려고 하였습니다.

오천 명을 먹이심

10 사도들이 돌아와서 자기들이 했던 모든 일들을 예수님께 말씀드렸습니다. 예수님께서 제자들을 데리고 벳새다라고 불리는 마을로 가셨습니다.

11 사람들이 이 사실을 알고 예수님을 따라왔습니다. 예수님께서 이들을 반기시며 하나님 나라에 대해 말씀하셨습니다. 또한 치료받아야 할 사람들을 치료해 주셨습니다.

53 •But the crowd laughed at him because
54 they all knew she had died. •Then Jesus took her by the hand and said in a loud
55 voice, "My child, get up!" •And at that moment her life* returned, and she immediately stood up! Then Jesus told them to give
56 her something to eat. •Her parents were overwhelmed, but Jesus insisted that they not tell anyone what had happened.

Jesus Sends Out the Twelve Disciples

9 One day Jesus called together his twelve disciples* and gave them power and authority to cast out all demons and to heal
2 all diseases. •Then he sent them out to tell everyone about the Kingdom of God and to
3 heal the sick. • "Take nothing for your journey," he instructed them. "Don't take a walking stick, a traveler's bag, food, money,*
4 or even a change of clothes. •Wherever you go, stay in the same house until you leave
5 town. •And if a town refuses to welcome you, shake its dust from your feet as you leave to show that you have abandoned those people to their fate."
6 •So they began their circuit of the villages, preaching the Good News and healing the sick.

Herod's Confusion

7 •When Herod Antipas, the ruler of Galilee,* heard about everything Jesus was doing, he was puzzled. Some were saying that John the Baptist had been raised from the dead.
8 •Others thought Jesus was Elijah or one of the other prophets risen from the dead.
9 • "I beheaded John," Herod said, "so who is this man about whom I hear such stories?" And he kept trying to see him.

Jesus Feeds Five Thousand

10 •When the apostles returned, they told Jesus everything they had done. Then he slipped quietly away with them toward the town of
11 Bethsaida. •But the crowds found out where he was going, and they followed him. He welcomed them and taught them about the Kingdom of God, and he healed those who were sick.

deliberately [dilíbərətli] *ad.* 고의적으로
overwhelm [ðùvərhwélm] *vt.* 당황하게 하다
9:1 cast out : 내쫓다

8:55 Or *her spirit.* 9:1 Greek *the Twelve;* other manuscripts read *the twelve apostles.* 9:3 Or *silver coins.* 9:7 Greek *Herod the tetrarch.* Herod Antipas was a son of King Herod and was ruler over Galilee.

12 날이 저물기 시작할 때, 열두 제자들이 예수님께 와서 말했습니다. "우리가 있는 곳은 빈 들이니까 사람들을 보내십시오. 그래서 근처 마을과 농가로 가서 잠잘 곳을 찾고, 먹을 것을 얻게 하십시오."

13 예수님께서 제자들에게 말씀하셨습니다. "너희가 사람들에게 먹을 것을 주어라." 제자들이 대답했습니다. "우리에겐 단지 다섯 개의 빵과 생선 두 마리밖에 없습니다. 가서 이 모든 사람들을 위해 음식을 사지 않으면 안 되겠습니다."

14 사람들은 남자들의 수만 약 오천 명 정도 되었습니다. 예수님께서 제자들에게 "사람들을 오십 명씩 무리지어 앉게 하여라" 하고 말씀하셨습니다.

15 제자들이 예수님의 말씀대로 사람들을 앉게 하였습니다.

16 예수님께서 빵 다섯 개와 생선 두 마리를 들고 하늘을 우러러보며 감사 기도를 하셨습니다. 그런 후에 제자들에게 떼어 주며 사람들 앞에 내놓도록 하셨습니다.

17 사람들이 모두 먹고 배가 불렀습니다. 또한 남겨진 조각들을 모으니 열두 바구니에 가득 찼습니다.

베드로의 고백

18 예수님께서 홀로 기도하고 계실 때였습니다. 예수님께서 함께 있는 제자들에게 물으셨습니다. "사람들이 나를 누구라고 하느냐?"

19 제자들이 대답하였습니다. "세례자 요한이라고 합니다. 어떤 사람들은 엘리야라고도 합니다. 또 어떤 사람들은 옛 예언자 중의 하나가 다시 살아났다고 합니다."

20 예수님께서 제자들에게 말씀하셨습니다. "그러면 너희는 나를 누구라고 하느냐?" 베드로가 "하나님의 아들 그리스도이십니다"라고 대답했습니다.

21 예수님께서 제자들에게 이 사실을 아무에게도 말하지 말라고 엄히 말씀하셨습니다.

22 "인자가 많은 고통을 받고 장로들과 대제사장들과 율법학자들에게 배척을 받아야 한다. 또한 죽임을 당한 후, 삼 일째 되는 날에 다시 살아날 것이다."

23 예수님께서 모두에게 말씀하셨습니다. "누구든지 나를 따라오려거든 자기를 부인하고 매일 자기 십자가를 지고 나를 따르라.

24 자기의 생명을 건지려고 하는 사람은 잃을 것이다. 그러나 나를 위해 자기 생명을 잃는 사람은 자기 생명을 건질 것이다.

25 만일 이 세상을 모두 얻고도, 자기를 잃거나 빼앗기면 무슨 유익이 있느냐?

26 누구든지 나와 내 말을 부끄러워하면, 인자도 자신의 영광과 아버지의 영광과 거룩한 천사의 영광으

12 •Late in the afternoon the twelve disciples came to him and said, "Send the crowds away to the nearby villages and farms, so they can find food and lodging for the night. There is nothing to eat here in this remote place."

13 •But Jesus said, "You feed them."

"But we have only five loaves of bread and two fish," they answered. "Or are you expecting us to go and buy enough food for

14 this whole crowd?" •For there were about 5,000 men there.

Jesus replied, "Tell them to sit down in

15 groups of about fifty each." •So the people

16 all sat down. •Jesus took the five loaves and two fish, looked up toward heaven, and blessed them. Then, breaking the loaves into pieces, he kept giving the bread and fish to the disciples so they could distribute it to the

17 people. •They all ate as much as they wanted, and afterward, the disciples picked up twelve baskets of leftovers!

Peter's Declaration about Jesus

18 •One day Jesus left the crowds to pray alone. Only his disciples were with him, and he asked them, "Who do people say I am?"

19 •"Well," they replied, "some say John the Baptist, some say Elijah, and others say you are one of the other ancient prophets risen from the dead."

20 •Then he asked them, "But who do you say I am?"

Peter replied, "You are the Messiah* sent from God!"

Jesus Predicts His Death

21 •Jesus warned his disciples not to tell any-
22 one who he was. • "The Son of Man* must suffer many terrible things," he said. "He will be rejected by the elders, the leading priests, and the teachers of religious law. He will be killed, but on the third day he will be raised from the dead."

23 •Then he said to the crowd, "If any of you wants to be my follower, you must give up your own way, take up your cross daily,

24 and follow me. •If you try to hang on to your life, you will lose it. But if you give up

25 your life for my sake, you will save it. •And what do you benefit if you gain the whole

26 world but are yourself lost or destroyed? •If anyone is ashamed of me and my message, the Son of Man will be ashamed of that per-

---

9:20 Or the Christ. Messiah (a Hebrew term) and Christ (a Greek term) both mean "anointed one." 9:22 "Son of Man" is a title Jesus used for himself.

로 올 때, 그를 부끄러워할 것이다.

27 내가 진정으로 말한다. 여기 서 있는 사람 중에 몇 사람은 죽기 전에 하나님의 나라를 볼 것이다."

모습이 변화되신 예수님

28 이 말씀을 하신 지 팔 일 뒤에 예수님께서 베드로와 야고보와 요한을 데리고 기도하러 산으로 올라가셨습니다.

29 예수님께서 기도하시는 동안, 얼굴 모습이 변하고 옷이 하얗게 빛났습니다.

30 그때, 두 사람이 예수님과 함께 이야기를 하고 있었습니다. 이들은 모세와 엘리야였습니다.

31 그들은 영광스러운 모습으로 나타나 예루살렘에서 이루실 예수님의 죽음에 대해 말씀을 나누고 있었습니다.

32 베드로와 같이 있던 다른 제자들이 잠을 이기지 못하고 졸다가 깨어났습니다. 그리고 예수님의 영광을 목격하고, 다른 두 사람이 예수님과 함께 서 있는 것을 보았습니다.

33 모세와 엘리야가 떠나려고 하자, 베드로가 예수님께 말씀드렸습니다. "선생님, 우리가 여기 있는 것이 좋겠습니다. 저희들이 천막 셋을 세우겠습니다. 하나는 선생님을 위하여, 하나는 모세를 위하여, 또 하나는 엘리야를 위하여 말입니다." 베드로는 자기가 무슨 말을 하는지도 알지 못했습니다.

34 베드로가 이 말을 하고 있을 때, 구름이 일어나서 그들을 뒤덮었습니다. 제자들이 구름 속으로 들어가게 되자 두려워하였습니다.

35 구름 속에서 소리가 났습니다. "이는 내 아들, 내가 택한 자이다. 그의 말을 들어라."

36 소리가 들릴 때, 예수님만 홀로 서 계셨습니다. 제자들은 입을 다물고, 자신들이 본 것에 대해 아무에게도 말하지 않았습니다.

귀신들린 소년을 고치심

37 다음 날, 산에서 내려왔을 때, 많은 사람들이 예수님을 맞이했습니다.

38 그 사람들 중에 한 사람이 예수님께 외쳤습니다. "선생님, 제 아들의 병을 고쳐 주십시오, 하나뿐인 아들입니다.

39 악한 영이 아이를 사로잡으면 갑자기 아이가 소리를 지릅니다. 또 아이에게 경련을 일으켜 입에 거품을 물게 합니다. 그리고 아이에게 상처를 입히며 여간해서 떠나려고 하지 않습니다.

40 제가 선생님의 제자들에게 쫓아 달라고 간청하였지만, 그들은 할 수 없었습니다."

41 예수님께서 대답하셨습니다. "아, 믿음이 없고 비뚤어진 세대여, 내가 얼마나 오랫동안 너희와 함께

son when he returns in his glory and in the glory of the Father and the holy angels. •I tell you the truth, some standing here right now will not die before they see the Kingdom of God."

The Transfiguration

28 •About eight days later Jesus took Peter, John, and James up on a mountain to pray.
29 •And as he was praying, the appearance of his face was transformed, and his clothes
30 became dazzling white. •Suddenly, two men, Moses and Elijah, appeared and began
31 talking with Jesus. •They were glorious to see. And they were speaking about his exodus from this world, which was about to be fulfilled in Jerusalem.
32 •Peter and the others had fallen asleep. When they woke up, they saw Jesus' glory
33 and the two men standing with him. •As Moses and Elijah were starting to leave, Peter, not even knowing what he was saying, blurted out, "Master, it's wonderful for us to be here! Let's make three shelters as memorials*—one for you, one for Moses,
34 and one for Elijah." •But even as he was saying this, a cloud overshadowed them, and terror gripped them as the cloud covered them.
35 •Then a voice from the cloud said, "This is my Son, my Chosen One.* Listen to him."
36 •When the voice finished, Jesus was there alone. They didn't tell anyone at that time what they had seen.

Jesus Heals a Demon-Possessed Boy

37 •The next day, after they had come down
38 the mountain, a large crowd met Jesus. •A man in the crowd called out to him, "Teacher, I beg you to look at my son, my only
39 child. •An evil spirit keeps seizing him, making him scream. It throws him into convulsions so that he foams at the mouth. It batters him and hardly ever leaves him
40 alone. •I begged your disciples to cast out the spirit, but they couldn't do it."
41 •Jesus said, "You faithless and corrupt people! How long must I be with you and put up with you?" Then he said to the man, "Bring your son here."

---

convulsion [kənvʌ́lʃən] *n.* 경련
corrupt [kərʌ́pt] *a.* 타락한, 사악한
dazzling [dǽzliŋ] *a.* 눈부신, 눈부시게 빛나는
lodge [ládʒ] *vi.* 숙박하다, 머무르다
transfiguration [trænsfigjuréiʃən] *n.* 변신, 변형
9:33 blurt out : 불쑥 말하다

....

9:33 Greek *three tabernacles.* 9:35 Some manuscripts read *This is my dearly loved Son.*

있으면서 참아야하겠느냐? 네 아들을 이리 데리고 오너라."

42 소년이 올 때, 마귀가 그를 넘어뜨려 경련을 일으키게 하였습니다. 예수님께서 더러운 영을 꾸짖으시고 소년을 고쳐 주셨습니다. 그리고 그 아버지에게 돌려 보냈습니다.

43 사람들은 모두 하나님의 위대하심에 놀랐습니다. 사람들이 모두 예수님이 하신 일을 보고 놀라고 있을 때, 예수님께서 제자들에게 말씀하셨습니다.

죽음에 대해 말씀하심

44 "너희는 이 말을 귀담아들어라. 인자가 사람들의 손에 넘겨질 것이다."

45 그러나 제자들은 이러한 예수님의 말씀을 이해하지 못하였습니다. 제자들이 이해하지 못하도록 그 뜻이 감추어져 있었습니다. 또한 제자들은 이 말씀에 대해 예수님께 묻기를 두려워하였습니다.

가장 큰 사람

46 제자들 사이에 누가 가장 큰 자인가를 놓고 말다툼이 일어났습니다.

47 예수님께서 제자들이 마음속으로 무엇을 생각하는지를 아시고 한 어린이를 옆에 세우셨습니다.

48 그리고 말씀하셨습니다. "누구든지 내 이름으로 이런 어린이 하나를 맞아들이는 사람은 나를 맞아들이는 것이다. 또한 누구든지 나를 맞아들이는 사람은 곧 나를 보내신 분을 맞아들이는 것이다. 너희 중에 가장 작은 자가 가장 큰 사람이다."

우리를 반대하지 않는 사람

49 요한이 대답했습니다. "선생님, 어떤 사람이 선생님의 이름으로 마귀를 내쫓는 것을 보았는데, 그 사람이 우리와 함께 다니지 않으므로 그렇게 못하게 막았습니다."

50 예수님께서 요한에게 "그를 막지 마라. 너희를 반대하지 않는 사람은 너희를 이롭게 하는 사람이다"라고 말씀하셨습니다.

어떤 사마리아 마을의 배척

51 예수님께서 하늘로 올라가실 때가 가까워 오자, 예수님께서는 예루살렘에 올라가기로 하셨습니다.

52 예수님께서 사람들을 미리 보냈습니다. 그들은 가서, 예수님을 모실 준비를 하려고 어떤 사마리아 마을로 들어갔습니다.

53 그런데 마을 사람들이 예수님께서 예루살렘을 향하여 가시는 것을 반기지 않았습니다.

54 이것을 보고 예수님의 제자인 야고보와 요한이 말했습니다. "불이 하늘에서 내려와 이 사람들을 모두 태워 버리라고 하면 어떻겠습니까?"

55 그러나 예수님께서 그들을 꾸짖으셨습니다.

42 • As the boy came forward, the demon knocked him to the ground and threw him into a violent convulsion. But Jesus rebuked the evil* spirit and healed the boy. Then he gave him back to his father. •43 Awe gripped the people as they saw this majestic display of God's power.

Jesus Again Predicts His Death

While everyone was marveling at everything he was doing, Jesus said to his disciples, 44 • "Listen to me and remember what I say. The Son of Man is going to be betrayed into the hands of his enemies." •45 But they didn't know what he meant. Its significance was hidden from them, so they couldn't understand it, and they were afraid to ask him about it.

The Greatest in the Kingdom

46 • Then his disciples began arguing about 47 which of them was the greatest. • But Jesus knew their thoughts, so he brought a little 48 child to his side. • Then he said to them, "Anyone who welcomes a little child like this on my behalf* welcomes me, and anyone who welcomes me also welcomes my Father who sent me. Whoever is the least among you is the greatest."

Using the Name of Jesus

49 • John said to Jesus, "Master, we saw someone using your name to cast out demons, but we told him to stop because he isn't in our group."

50 • But Jesus said, "Don't stop him! Anyone who is not against you is for you."

Opposition from Samaritans

51 • As the time drew near for him to ascend to heaven, Jesus resolutely set out for Jerusalem. 52 • He sent messengers ahead to a Samaritan 53 village to prepare for his arrival. • But the people of the village did not welcome Jesus because he was on his way to Jerusalem. 54 • When James and John saw this, they said to Jesus, "Lord, should we call down fire 55 from heaven to burn them up*?" • But Jesus

---

betray [bitréi] *vt.* ···을 (적에게) 팔아먹다
hospitality [hὰspətǽləti] *n.* 환대
marvel [máːrvəl] *vi.* 놀라다
opposition [ὰpəzíʃən] *n.* 반대, 적대
rebuke [ribjúːk] *vt.* 꾸짖다
resolutely [rézəlùːtli] *ad.* 단호하게
significance [signífikəns] *n.* 의미; 중요성

9:42 Greek *unclean.*   9:48 Greek *in my name.*
9:54 Some manuscripts add *as Elijah did.*

Korean column

56 그리고 다른 마을로 가셨습니다.*

예수님을 따르려면

57 그들이 길을 가고 있을 때, 어떤 사람이 예수님께 말했습니다. "선생님이 어디를 가시든지 저도 따라가겠습니다."

58 예수님께서 그에게 말씀하셨습니다. "여우도 굴이 있고, 하늘의 새들도 둥지가 있다. 그러나 인자는 머리를 둘 곳이 없다."

59 예수님께서 또 다른 사람에게 말씀하셨습니다. "나를 따라오너라!" 그러자 그 사람이 말했습니다. "먼저 제 아버지의 장례를 치르게 해 주십시오."

60 예수님께서 그에게 말씀하셨습니다. "죽은 사람들에게 죽은 자를 묻게 하고, 너는 가서 하나님 나라를 전파하여라."

61 또 다른 사람이 말했습니다. "주님, 저는 따라가겠습니다. 다만 먼저 가족들에게 작별 인사를 하게 해 주십시오."

62 예수님께서 그에게 말씀하셨습니다. "누구든지 쟁기를 잡고 뒤를 돌아보는 사람은 하나님 나라에 알맞지 않다."

칠십 명의 제자들을 보내심

10 이 후에 주께서 칠십 명*을 임명하시고, 예수님께서 친히 가시려는 모든 마을과 고장으로 미리 둘씩 보내셨습니다.

2 예수님께서 이들에게 말씀하셨습니다. "추수할 것은 많은데 일꾼이 적다. 그러므로 추수하는 주인에게 추수밭으로 일꾼을 보내 달라고 간청하여라.

3 가거라. 내가 어린 양을 늑대들 사이로 보내는 것같이 너희를 보낸다.

4 지갑이나 가방이나 신발을 챙기지 마라. 가는 길에 아무에게도 인사하지 마라.

5 어느 집에 들어가든지 먼저 '이 집에 평화가 있기를 빕니다' 라고 말하여라.

6 만일 평화의 사람이 있으면, 네 평화가 그에게 머무를 것이요, 그렇지 않으면 그 평화가 네게로 돌아올 것이다.

7 그 집에 머물러라. 거기서 네게 주는 것을 먹고 마셔라. 일꾼은 자기 품삯을 받을 자격이 있다. 이 집 저 집으로 옮겨 다니지 마라.

8 어떤 마을에 들어가든지 너희를 환영하면, 네 앞에 차려진 것을 먹어라.

9 그곳의 환자들을 고쳐 주고 그들에게 '하나님 나라가 너희에게 가까이 왔다'고 말하여라.

10 그러나 어느 마을에 들어가든지 그들이 너희를

English column

56 turned and rebuked them.* • So they went on to another village.

The Cost of Following Jesus

57 • As they were walking along, someone said to Jesus, "I will follow you wherever you go."

58 • But Jesus replied, "Foxes have dens to live in, and birds have nests, but the Son of Man has no place even to lay his head."

59 • He said to another person, "Come, follow me."
The man agreed, but he said, "Lord, first let me return home and bury my father."

60 • But Jesus told him, "Let the spiritually dead bury their own dead!* Your duty is to go and preach about the Kingdom of God."

61 • Another said, "Yes, Lord, I will follow you, but first let me say good-bye to my family."

62 • But Jesus told him, "Anyone who puts a hand to the plow and then looks back is not fit for the Kingdom of God."

Jesus Sends Out His Disciples

10 The Lord now chose seventy-two* other disciples and sent them ahead in pairs to all the towns and places he planned to visit.

2 • These were his instructions to them: "The harvest is great, but the workers are few. So pray to the Lord who is in charge of the harvest; ask

3 him to send more workers into his fields. • Now go, and remember that I am sending you out as

4 lambs among wolves. • Don't take any money with you, nor a traveler's bag, nor an extra pair of sandals. And don't stop to greet anyone on the road.

5 • "Whenever you enter someone's home,
6 first say, 'May God's peace be on this house.' • If those who live there are peaceful, the blessing will stand; if they are not, the blessing will

7 return to you. • Don't move around from home to home. Stay in one place, eating and drinking what they provide. Don't hesitate to accept hospitality, because those who work deserve their pay.

8 • "If you enter a town and it welcomes you,
9 eat whatever is set before you. • Heal the sick, and tell them, 'The Kingdom of God is near
10 you now.' • But if a town refuses to welcome

9:55 Some manuscripts add an expanded conclusion to verse 55 and an additional sentence in verse 56: *And he said, "You don't realize what your hearts are like. [56]For the Son of Man has not come to destroy people's lives, but to save them."*　**9:60** Greek *Let the dead bury their own dead.*　**10:1** Some manuscripts read *seventy;* also in 10:17.

9:55-56 어떤 사본에는 다음과 같은 구절이 있다. "너희는 어떤 영에 속한지 너희가 모른다. 인자가 온 것은 사람의 생명을 멸하기 위해서가 아니라 구원하러 왔다."
10:1 어떤 사본에는 '칠십 이인' 이라고 표기되어 있다.

맞이하지 않으면, 그 마을의 거리로 나와서 이렇게 말하여라.

11 '우리 발에 묻은 너희 마을의 먼지를 털고 간다. 하나님 나라가 가까이 왔다는 것을 명심하여라.'

12 내가 너희에게 말한다. 심판의 날에 소돔이 그 마을보다 더 견디기 쉬울 것이다."

회개하지 않는 마을에 대한 경고

13 "고라신아! 네게 화가 미칠 것이다. 벳새다야! 네게 화가 미칠 것이다. 만일 너희에게서 행했던 기적을 두로와 시돈에서 행했더라면, 그들은 베옷을 입고 재를 뒤집어쓰고, 오래 전에 회개하였을 것이다.

14 심판 때에 두로와 시돈이 너희보다 더 견디기 쉬울 것이다.

15 너 가버나움아! 네가 하늘까지 높아지겠느냐? 오히려 지옥까지 떨어질 것이다.

16 너희의 말을 듣는 사람은 내 말을 듣는 사람이다. 너희를 배척하는 사람은 나를 배척하는 것이다. 또한 나를 배척하는 것은 나를 보내신 분을 배척하는 것이다."

제자들의 보고

17 칠십 명의 제자들이 기뻐하며 돌아와 말했습니다. "주님, 심지어 마귀들도 주님의 이름 앞에서 우리에게 굴복하였습니다."

18 예수님께서 그들에게 말씀하셨습니다. "하늘에서 사탄이 번개처럼 떨어지는 것을 보았다.

19 보아라! 내가 너희에게 뱀과 전갈을 밟고 원수의 능력을 막을 권세를 주었다. 아무도 너희를 해치지 못할 것이다.

20 그러나 마귀들이 너희에게 굴복한 것으로 기뻐할 것이 아니라 너희의 이름이 하늘에 기록된 것으로 기뻐하여라."

아버지께 기도하시는 예수님

21 그때, 예수님께서 성령으로 크게 기뻐하시며 말씀하셨습니다. "하늘과 땅의 주인이신 아버지, 이런 일을 지혜롭고, 똑똑한 사람들에게는 숨기시고 어린아이들에게는 나타내셨으니 감사합니다. 그렇습니다. 아버지, 이것이 아버지의 은혜로우신 뜻입니다.

22 내 아버지께서 모든 것을 제게 넘기셨습니다. 아버지 외에는 아들이 누구인지 아무도 모르며, 아들과 또 아들이 알려 주고자 하는 사람 외에는 아버지가 누구인지 아무도 모릅니다."

23 예수님께서 제자들에게 돌아서서 따로 말씀하셨습니다. "너희가 지금 보는 것을 보는 눈은 복이 있다.

24 내가 너희에게 말한다. 많은 예언자들과 왕들이 지금 너희가 보는 것을 보고자 했으나 보지 못했다. 또

11 you, go out into its streets and say, • 'We wipe even the dust of your town from our feet to show that we have abandoned you to your fate. And know this—the Kingdom of God is near!' 12 I assure you, even wicked Sodom will be better off than such a town on judgment day.

13 • "What sorrow awaits you, Korazin and Bethsaida! For if the miracles I did in you had been done in wicked Tyre and Sidon, their people would have repented of their sins long ago, clothing themselves in burlap and throwing ashes on their heads to show their remorse. 14 Yes, Tyre and Sidon will be better off on judgment day than you. 15 • And you people of Capernaum, will you be honored in heaven? No, you will go down to the place of the dead.*"

16 • Then he said to the disciples, "Anyone who accepts your message is also accepting me. And anyone who rejects you is rejecting me. And anyone who rejects me is rejecting God, who sent me."

17 • When the seventy-two disciples returned, they joyfully reported to him, "Lord, even the demons obey us when we use your name!"

18 • "Yes," he told them, "I saw Satan fall 19 from heaven like lightning! • Look, I have given you authority over all the power of the enemy, and you can walk among snakes and scorpions and crush them. Nothing will 20 injure you. • But don't rejoice because evil spirits obey you; rejoice because your names are registered in heaven."

Jesus' Prayer of Thanksgiving

21 • At that same time Jesus was filled with the joy of the Holy Spirit, and he said, "O Father, Lord of heaven and earth, thank you for hiding these things from those who think themselves wise and clever, and for revealing them to the childlike. Yes, Father, it pleased you to do it this way.

22 • "My Father has entrusted everything to me. No one truly knows the Son except the Father, and no one truly knows the Father except the Son and those to whom the Son chooses to reveal him."

23 • Then when they were alone, he turned to the disciples and said, "Blessed are the eyes 24 that see what you have seen. • I tell you, many prophets and kings longed to see

burlap [bə́:rlæp] *n.* 올이 굵은 삼베
entrust [intrʌ́st] *vt.* 맡기다
remorse [rimɔ́:rs] *n.* 후회, 자책

10:15 Greek *to Hades.*

한 지금 너희가 듣는 것을 듣고자 했으나 듣지 못했다."

선한 사마리아 사람

25 어떤 율법학자가 일어나 예수님을 시험하려고 말했습니다. "선생님, 제가 무엇을 하여야 영생을 얻을 수 있습니까?"

26 예수님께서 그에게 물으셨습니다. "율법에 무엇이라고 기록되어 있느냐? 너는 어떻게 읽었느냐?"

27 율법학자가 대답하였습니다. "'네 모든 마음과 모든 목숨과 모든 힘과 모든 뜻을 다해 주 네 하나님을 사랑하라'고 하였고, 또한 '네 이웃을 네 몸같이 사랑하라'고 하였습니다."

28 예수님께서 그에게 말씀하셨습니다. "네 대답이 옳다. 이것을 행하여라. 그러면 살 것이다."

29 이 사람이 자기를 옳게 보이고 싶어서, 예수님께 말했습니다. "그러면 누가 제 이웃입니까?"

30 예수님께서 대답하셨습니다. "어떤 사람이 예루살렘에서 여리고로 내려가고 있었다. 그런데 도중에 강도를 만났다. 강도들은 이 사람의 옷을 벗기고 때려서 거의 죽은 채로 버려 두고 갔다.

31 마침 한 제사장이 그 길을 내려가다가 그 사람을 보고는 길 반대편으로 피해서 지나갔다.

32 어떤 레위인도 그곳에 와서 그 사람을 보고는 길 반대편으로 피해서 지나갔다.

33 이번에는 어떤 사마리아 사람이 그 길을 여행하다가 그가 있는 곳에 이르렀다. 사마리아 사람이 그를 보고 불쌍하게 여겼다.

34 그래서 그 사람에게로 가서 그의 상처에 올리브 기름과 포도주를 붓고 붕대로 감쌌다. 그리고 그를 자기의 짐승에 태우고 여관으로 데리고 가서 그를 정성껏 보살펴 주었다.

35 다음 날, 그는 은화 두 개를 여관 주인에게 주면서 말했다. '이 사람을 잘 보살펴 주세요. 만일 돈이 더 들면 내가 돌아올 때 갚겠습니다.'

36 너는 이 세 사람들 중에 누가 강도 만난 자의 이웃이라고 생각하느냐?"

37 율법학자가 대답했습니다. "그에게 자비를 베풀어 준 사람입니다." 그러자 예수님께서 그에게 말씀하셨습니다. "가서 똑같이 하여라!"

마리아와 마르다

38 예수님과 제자들이 여행을 하다가 어떤 마을로 들어갔습니다. 마르다라는 여인이 예수님을 자기 집에 모셔들였습니다.

39 마르다에게는 마리아라는 여동생이 있었느니

---

what you see, but they didn't see it. And they longed to hear what you hear, but they didn't hear it."

The Most Important Commandment

25 ●One day an expert in religious law stood up to test Jesus by asking him this question: "Teacher, what should I do to inherit eternal life?"

26 ●Jesus replied, "What does the law of Moses say? How do you read it?"

27 ●The man answered, "'You must love the LORD your God with all your heart, all your soul, all your strength, and all your mind.' And, 'Love your neighbor as yourself.' *

28 ●"Right!" Jesus told him. "Do this and you will live!"

29 ●The man wanted to justify his actions, so he asked Jesus, "And who is my neighbor?"

Parable of the Good Samaritan

30 ●Jesus replied with a story: "A Jewish man was traveling from Jerusalem down to Jericho, and he was attacked by bandits. They stripped him of his clothes, beat him up, and left him half dead beside the road.

31 ●"By chance a priest came along. But when he saw the man lying there, he crossed to the
32 other side of the road and passed him by. ●A Temple assistant* walked over and looked at him lying there, but he also passed by on the other side.

33 ●"Then a despised Samaritan came along, and when he saw the man, he felt compassion
34 for him. ●Going over to him, the Samaritan soothed his wounds with olive oil and wine and bandaged them. Then he put the man on his own donkey and took him to an inn, where
35 he took care of him. ●The next day he handed the innkeeper two silver coins,* telling him, 'Take care of this man. If his bill runs higher than this, I'll pay you the next time I'm here.'

36 ●"Now which of these three would you say was a neighbor to the man who was attacked by bandits?" Jesus asked.

37 ●The man replied, "The one who showed him mercy."
Then Jesus said, "Yes, now go and do the same."

Jesus Visits Martha and Mary

38 ●As Jesus and the disciples continued on their way to Jerusalem, they came to a certain village where a woman named Martha welcomed him
39 into her home. ●Her sister, Mary, sat at the

10:27 Deut 6:5; Lev 19:18.　10:32 Greek *A Levite.*
10:35 Greek *two denarii.* A denarius was equivalent to a laborer's full day's wage.

다. 마리아는 예수님의 발치에 앉아서 말씀을 듣고 있었습니다.

40 마르다는 여러 가지 접대하는 일로 분주하였습니다. 그러다가 예수님께 다가가서 말했습니다. "주님, 저 혼자 이 모든 접대를 하는데 제 동생이 저를 거들지 않는 것을 아무렇지도 않게 생각하십니까? 저를 도우라고 말씀해 주십시오."

41 그러나 주께서 마르다에게 말씀하셨습니다. "마르다야, 마르다야! 너는 너무 많은 일 때문에 걱정하며 안절부절못하는구나.

42 그러나 필요한 일은 오직 한 가지뿐이다. 마리아는 그 좋은 쪽을 선택했으니 빼앗기지 않을 것이다."

주기도문

11 예수님께서 어떤 곳에서 기도하고 계셨을 때입니다. 예수님께서 기도를 마치시자, 제자들 가운데 하나가 와서 말했습니다. "주님, 요한이 자기 제자들에게 기도하는 것을 가르쳐 준 것처럼 우리에게도 가르쳐 주십시오."

2 예수님께서 제자들에게 말씀하셨습니다. "너희는 기도할 때 이렇게 하여라. '아버지여, 아버지의 이름이 거룩하게 여김을 받으소서. 아버지의 나라가 오게 하소서.

3 날마다 우리에게 필요한 양식을 주시고

4 우리가 우리에게 빚진 모든 사람을 용서하오니, 우리의 죄도 용서하여 주소서. 그리고 우리를 시험에 빠지지 않게 하소서.'"

중단하지 말고 기도하여라

5 예수님께서 제자들에게 말씀하셨습니다. "너희 중한 사람에게 친구가 있어, 한밤중에 찾아와서 말했다. '친구, 내게 빵 세 개만 빌려 주게.

6 내 친구가 여행하여 내게로 왔는데 그에게 차려 줄 것이 하나도 없다네.'

7 그런 경우에, '나를 괴롭히지 말게! 문이 이미 잠겼고, 내 아이들이 나와 함께 침대에 누웠다네. 일어나서 자네에게 줄 수 없네' 하고 대답하겠느냐?

8 내가 너희에게 말한다. 친구라는 것만으로는 일어나 주지 않을지라도 끈질기게 조르기 때문에 일어나 필요한 만큼 줄 것이다."

구하라, 찾으라, 문을 두드려라

9 "그러므로 내가 너희에게 말한다. 구하라. 그러면 너희에게 주어질 것이다. 찾으라. 그러면 찾을 것이다. 두드려라. 그러면 문이 너희에게 열릴 것이다.

10 구하는 사람마다 받을 것이다. 찾는 사람은 찾을 것이다. 두드리는 사람에게는 문이 열릴 것이다.

11 너희 가운데 어떤 아버지가 아들이 생선을 달라는데 생선을 주지 않고 뱀을 주겠느냐?

---

40 Lord's feet, listening to what he taught. • But Martha was distracted by the big dinner she was preparing. She came to Jesus and said, "Lord, doesn't it seem unfair to you that my sister just sits here while I do all the work? Tell her to come and help me."

41 • But the Lord said to her, "My dear Martha, you are worried and upset over all

42 these details! • There is only one thing worth being concerned about. Mary has discovered it, and it will not be taken away from her."

Teaching about Prayer

11 Once Jesus was in a certain place praying. As he finished, one of his disciples came to him and said, "Lord, teach us to pray, just as John taught his disciples."

2 • Jesus said, "This is how you should pray:*

"Father, may your name be kept holy.
  May your Kingdom come soon.

3 • Give us each day the food we need,*

4 • and forgive us our sins,
    as we forgive those who sin against us.
  And don't let us yield to temptation.*"

5 • Then, **teaching them more about prayer**, he used this story: "Suppose you went to a friend's house at midnight, wanting to borrow three loaves of bread. You say

6 to him, • 'A friend of mine has just arrived for a visit, and I have nothing for him to

7 eat.' • And suppose he calls out from his bedroom, 'Don't bother me. The door is locked for the night, and my family and I

8 are all in bed. I can't help you.' • But I tell you this—though he won't do it for friendship's sake, if you keep knocking long enough, he will get up and give you whatever you need because of your shameless persistence.*

9 • "And so I tell you, keep on asking, and you will receive what you ask for. Keep on seeking, and you will find. Keep on knocking, and the door will be opened to you.

10 • For everyone who asks, receives. Everyone who seeks, finds. And to everyone who knocks, the door will be opened.

11 • "You fathers—if your children ask* for a

11:2 Some manuscripts add additional phrases from the Lord's Prayer as it reads in Matt 6:9-13.   11:3 Or *Give us each day our food for the day;* or *Give us each day our food for tomorrow.*   11:4 Or *And keep us from being tested.*   11:8 Or *in order to avoid shame,* or *so his reputation won't be damaged.*   11:11 Some manuscripts add *for bread, do you give them a stone? Or [if they ask].*

12 또 계란을 달라는데 전갈을 주겠느냐?

13 너희가 악하더라도 좋은 것을 자녀에게 주려고 한다. 하물며 하늘에 계신 아버지께서 간구하는 자에게 성령을 주시지 않겠느냐?"

예수님과 바알세불

14 예수님께서 말 못하게 하는 마귀를 쫓아내셨습니다. 마귀가 나가자, 말 못하던 사람이 곧 말을 하였습니다. 많은 사람들이 매우 놀랐습니다.

15 그 중에 어떤 사람들이 말했습니다. "이 사람이 마귀의 왕인 바알세불에게 빌어서 마귀를 쫓아낸다."

16 또 어떤 사람들은 예수님을 시험하려고 하늘로부터 오는 증거를 보여 달라고 하였습니다.

17 예수님께서 그들의 생각을 아시고 그들에게 말했습니다. "어느 나라든지 서로 자기들끼리 편이 갈라지면 망한다. 그리고 자기들끼리 싸우는 가정도 무너진다.

18 내가 바알세불에게 빌어서 마귀를 쫓아낸다고 하는데, 만일 사탄도 서로 자기들끼리 갈리면 사탄의 나라가 어떻게 서 있겠느냐?

19 만일 내가 바알세불에게 빌어서 마귀를 쫓아내면, 너희 자녀들은 무엇을 가지고 마귀를 쫓아내느냐? 그러므로 그들이 너희의 말이 틀렸다는 것을 증명하고 있다.

20 만일 내가 하나님의 손가락의 능력으로 마귀를 쫓아낸다면, 하나님 나라가 너희에게 와 있는 것이다.

21 힘센 사람이 온갖 무장을 하고 자기의 집을 지킬 때, 그 재산은 안전할 것이다.

22 그러나 이 사람보다 더 힘센 사람이 와서 그를 공격하여 이기면, 무기를 빼앗고 그의 재물도 빼앗아 나눌 것이다.

23 나와 함께하지 않는 사람은 나를 반대하는 사람이다. 나와 함께 모으지 않는 사람은 흩어 버리는 사람이다."

더러운 영이 돌아옴

24 "더러운 영이 어떤 사람에게서 나와서 쉴 곳을 찾아 물이 없는 곳을 헤매고 다니다가 찾지 못하면 '내가 나왔던 집으로 다시 돌아가야겠다'라고 말한다.

25 돌아와서 보니, 전에 있던 곳이 깨끗하게 청소되고 잘 정리되어 있다.

26 이에 그 더러운 영이 나가서 자기보다 더 악한 영 일곱을 데리고 와서 거기에 들어와 산다. 결국 그 사람의 나중 상태가 처음보다 더 나쁘게 된다."

참으로 복된 사람

27 예수님께서 이 말씀을 하고 계실 때, 한 여인이 무리

12 fish, do you give them a snake instead? ●Or if they ask for an egg, do you give them a
13 scorpion? Of course not! ●So if you sinful people know how to give good gifts to your children, how much more will your heavenly Father give the Holy Spirit to those who ask him."

Jesus and the Prince of Demons

14 ●One day Jesus cast out a demon from a man who couldn't speak, and when the demon was gone, the man began to speak.
15 The crowds were amazed, ●but some of them said, "No wonder he can cast out demons. He gets his power from Satan,* the
16 prince of demons." ●Others, trying to test Jesus, demanded that he show them a miraculous sign from heaven to prove his authority.
17 ●He knew their thoughts, so he said, "Any kingdom divided by civil war is doomed. A family splintered by feuding will
18 fall apart. ●You say I am empowered by Satan. But if Satan is divided and fighting against himself, how can his kingdom sur-
19 vive? ●And if I am empowered by Satan, what about your own exorcists? They cast out demons, too, so they will condemn you
20 for what you have said. ●But if I am casting out demons by the power of God,* then the Kingdom of God has arrived among you.
21 ●For when a strong man is fully armed and guards his palace, his possessions are safe—
22 until someone even stronger attacks and overpowers him, strips him of his weapons, and carries off his belongings.
23 ●"Anyone who isn't with me opposes me, and anyone who isn't working with me is actually working against me.
24 ●"When an evil* spirit leaves a person, it goes into the desert, searching for rest. But when it finds none, it says, 'I will return to
25 the person I came from.' ●So it returns and finds that its former home is all swept and in
26 order. ●Then the spirit finds seven other spirits more evil than itself, and they all enter the person and live there. And so that person is worse off than before."
27 ●As he was speaking, a woman in the crowd called out, "God bless your mother—the womb from which you came, and the breasts that nursed you!"

---

distracted [distrǽktid] *a.* 마음이 산란한
feud [fjúːd] *vi.* 반목하다; 서로 다투다

11:15 Greek *Beelzeboul;* also in 11:18, 19. Other manuscripts read *Beezeboul;* Latin version reads *Beelzebub.* **11:20** Greek *by the finger of God.* **11:24** Greek *unclean.*

들 속에서 목소리를 높여 외쳤습니다. "당신을 낳아서 기른 당신의 어머니는 참 복이 있습니다."

28 예수님께서는 "오히려 하나님의 말씀을 듣고 지키는 사람이 복이 있는 사람이다"라고 말씀하셨습니다.

요나와 같은 증거

29 사람들이 더 모여들 때, 예수님께서 말씀하셨습니다. "이 세대는 악한 세대이다. 이 세대가 증거를 달라고 하지만, 요나의 증거 외에는 아무 증거도 받지 못할 것이다.

30 니느웨 사람들에게 요나가 증거가 된 것처럼 인자도 이 세대에게 증거가 될 것이다.

31 심판의 때에 남쪽 나라 여왕이 이 시대의 사람들과 일어나서 그들을 죄인으로 심판할 것이다. 이는 그가 솔로몬의 지혜를 들으려고 땅끝에서 찾아왔기 때문이다. 그러나 솔로몬보다 더 큰 사람이 여기 있다.

32 심판의 때에 니느웨 사람들이 이 시대의 사람들과 일어나 그들을 심판할 것이다. 이는 그들이 요나의 선포를 듣고 회개하였기 때문이다. 그러나 요나보다 더 큰 사람이 여기 있다."

눈은 몸의 등불이다

33 "누구든지 등불을 켜서 지하실에 두거나 됫박 아래 두지 않고, 등잔대 위에 올려 놓아 들어오는 사람들이 빛을 볼 수 있게 한다.

34 네 눈은 몸의 등불이다. 만약 네 눈이 성하면, 네 온몸이 빛으로 가득찰 것이다. 그러나 네 눈이 성하지 않으면, 네 온몸이 어두움으로 가득 찰 것이다.

35 그러므로 네 안에 있는 빛이 어둡지 않게 조심하여라.

36 만일 네 온몸이 빛으로 가득 차고 어두움이 없다면, 등불이 그 빛으로 너를 비출 때처럼 온전히 밝게 빛날 것이다."

바리새파 사람들과 율법학자들

37 예수님께서 말씀하실 때, 바리새파 사람이 자기와 함께 식사하자고 청하자, 예수님께서 식사 자리에 가서 앉으셨습니다.

38 예수님께서 식사하시기 전에 손을 씻지 않는 모습을 보고 바리새파 사람이 이상하게 생각했습니다.

39 그러자 주님께서 그에게 말씀하셨습니다. "너희 바리새파 사람들은 잔과 접시의 겉은 깨끗하게 씻는다. 그러나 그 속에는 욕심과 악한 것이 가득 차 있다.

40 어리석은 사람들아, 겉을 만드신 분이 속도 만들지 않으셨느냐?

41 속에 있는 것으로 자비를 베풀어라. 그러면 모든 것

28 • Jesus replied, "But even more blessed are all who hear the word of God and put it into practice."

The Sign of Jonah

29 • As the crowd pressed in on Jesus, he said, "This evil generation keeps asking me to show them a miraculous sign. But the only sign I will give them is the sign of Jonah.

30 • What happened to him was a sign to the people of Nineveh that God had sent him. What happens to the Son of Man* will be a sign to these people that he was sent by God.

31 • "The queen of Sheba* will stand up against this generation on judgment day and condemn it, for she came from a distant land to hear the wisdom of Solomon. Now someone greater than Solomon is here—but

32 you refuse to listen. • The people of Nineveh will also stand up against this generation on judgment day and condemn it, for they repented of their sins at the preaching of Jonah. Now someone greater than Jonah is here—but you refuse to repent.

Receiving the Light

33 • "No one lights a lamp and then hides it or puts it under a basket.* Instead, a lamp is placed on a stand, where its light can be seen by all who enter the house.

34 • "Your eye is like a lamp that provides light for your body. When your eye is healthy, your whole body is filled with light. But when it is unhealthy, your body is filled with

35 darkness. • Make sure that the light you think

36 you have is not actually darkness. • If you are filled with light, with no dark corners, then your whole life will be radiant, as though a floodlight were filling you with light."

Jesus Criticizes the Religious Leaders

37 • As Jesus was speaking, one of the Pharisees invited him home for a meal. So he went in

38 and took his place at the table.* • His host was amazed to see that he sat down to eat without first performing the hand-washing

39 ceremony required by Jewish custom. • Then the Lord said to him, "You Pharisees are so careful to clean the outside of the cup and the dish, but inside you are filthy—full of

40 greed and wickedness! • Fools! Didn't God

41 make the inside as well as the outside? • So clean the inside by giving gifts to the poor, and you will be clean all over.

11:30 "Son of Man" is a title Jesus used for himself.　11:31 Greek *The queen of the south.*　11:33 Some manuscripts do not include *or puts it under a basket.*　11:37 Or *and reclined.*

이 너희에게 깨끗해질 것이다.

42 너희 바리새파 사람들에게 화가 있을 것이다. 너희는 박하와 운향과 온갖 채소의 십일조를 드린다. 그러나 하나님의 정의와 사랑은 무시한다. 어느 한 가지만 하지 말고 이 모두를 함께해야 한다.

43 너희 바리새파 사람들에게 화가 있을 것이다. 너희는 회당의 앞자리를 좋아하고, 시장터에서 인사받기를 좋아한다.

44 너희에게 화가 있을 것이다. 너희는 숨겨진 무덤과 같다. 사람들은 무엇인지도 모르고 그 위를 걸어 다닌다."

45 율법학자 중 한 사람이 예수님께 말했습니다. "선생님, 이런 말씀을 하시는 것은 우리를 모독하는 것입니다."

46 예수님께서 말씀하셨습니다. "너희 율법학자들에게 화가 있을 것이다. 너희는 견디기 힘든 짐을 사람들에게 지우고 있다. 그러면서 너희 자신들은 손가락 하나도 그 짐에 대려고 하지 않는다.

47 너희에게 화가 있을 것이다. 너희는 너희 조상들이 죽인 예언자들의 무덤을 만들고 있다.

48 결국 너희는 조상들이 행한 것에 대한 증인이 되고 거기에 동조한다. 그것은 너희 조상들은 죽였고 너희는 무덤을 만들기 때문이다.

49 그러므로 지혜로우신 하나님께서 말씀하셨다. '내가 예언자들과 사도들을 그들에게 보낼 것이다. 사람들이 그들의 일부는 죽이고, 일부는 박해할 것이다.'

50 세상이 만들어진 이후로 예언자들의 흘린 피에 대하여 이 세대에게 책임을 물을 것이다.

51 그렇다. 너희에게 말한다. 아벨의 피로부터 제단과 성소 사이에서 죽임을 당한 사가랴의 피에 이르기까지 이 세대에게 책임을 물을 것이다.

52 너희 율법학자들에게 화가 있을 것이다. 너희는 지식의 열쇠를 가로챘다. 그러면서 너희 자신들도 들어가려고 하지 않고, 들어가려고 하는 다른 사람들도 막았다."

53 예수님께서 거기서 떠나실 때, 율법학자들과 바리새파 사람들이 예수님에 대해 앙심을 품고 여러 가지 질문으로 몰아댔습니다.

54 그들은 예수님께서 말씀하시는 것에 트집을 잡으려고 애썼습니다.

바리새파 사람들처럼 되지 마라

12 수만 명의 사람들이 몰려들어서 서로 밟힐 지경이 되었습니다. 예수님께서 먼저 제자들에게 말씀하셨습니다. "바리새파 사람들의 누룩을 조심하여라. 그들은 위선자이다.

---

42 • "What sorrow awaits you Pharisees! For you are careful to tithe even the tiniest income from your herb gardens,* but you ignore justice and the love of God. You should tithe, yes, but do not neglect the more important things.

43 • "What sorrow awaits you Pharisees! For you love to sit in the seats of honor in the synagogues and receive respectful greetings

44 as you walk in the marketplaces. • Yes, what sorrow awaits you! For you are like hidden graves in a field. People walk over them without knowing the corruption they are stepping on."

45 • "Teacher," said an expert in religious law, "you have insulted us, too, in what you just said."

46 • "Yes," said Jesus, "what sorrow also awaits you experts in religious law! For you crush people with unbearable religious demands, and you never lift a finger to ease

47 the burden. • What sorrow awaits you! For you build monuments for the prophets your

48 own ancestors killed long ago. • But in fact, you stand as witnesses who agree with what your ancestors did. They killed the prophets, and you join in their crime by building the

49 monuments! • This is what God in his wisdom said about you:* 'I will send prophets and apostles to them, but they will kill some and persecute the others.'

50 • "As a result, this generation will be held responsible for the murder of all God's prophets from the creation of the world—

51 • from the murder of Abel to the murder of Zechariah, who was killed between the altar and the sanctuary. Yes, it will certainly be charged against this generation.

52 • "What sorrow awaits you experts in religious law! For you remove the key to knowledge from the people. You don't enter the Kingdom yourselves, and you prevent others from entering."

53 • As Jesus was leaving, the teachers of religious law and the Pharisees became hostile and tried to provoke him with many ques-

54 tions. • They wanted to trap him into saying something they could use against him.

A Warning against Hypocrisy

12 Meanwhile, the crowds grew until thousands were milling about and stepping on each other. Jesus turned first to his disciples and warned them, "Beware of the yeast of the Pharisees—their hypocrisy.

11:42 Greek *tithe the mint, the rue, and every herb.* 11:49 Greek *Therefore, the wisdom of God said.*

2 덮어 둔 것은 드러나고, 숨겨진 것은 알려질 것이다.

3 그러므로 어두운 데서 한 말이 밝은 데서 들릴 것이며, 안방에서 속삭인 말이 지붕 위에서 선포될 것이다."

오직 하나님만 두려워하여라

4 "내가 너희에게 말한다. 나의 친구들아, 몸은 죽여도 그 이상 아무것도 할 수 없는 사람들을 두려워하지 마라.

5 너희가 누구를 두려워해야 할지 알려 주겠다. 죽인 후에 지옥으로 던질 권세를 가진 분을 두려워하여라. 그렇다. 내가 너희에게 말한다. 그분을 두려워하여라.

6 참새 다섯 마리가 두 앗사리온*에 팔리지 않느냐? 그러나 그 가운데 하나도 하나님께서 잊으신 것은 없다.

7 하나님께서는 네 머리카락까지도 다 세고 계신다. 두려워하지 마라. 너희는 많은 참새들보다 훨씬 더 귀하다."

예수님을 부끄러워하지 마라

8 "내가 너희에게 말한다. 사람들 앞에서 나를 고백하는 사람은 누구든지 인자도 하나님의 천사들 앞에서 그를 인정할 것이다.

9 사람들 앞에서 나를 부인하는 사람은 하나님의 천사들 앞에서 부인당할 것이다.

10 인자에 대하여 나쁘게 말하는 사람은 용서받을 수도 있다. 그러나 성령을 모독하는 사람은 용서받지 못할 것이다.

11 사람들이 너희를 회당이나 통치자, 권력자 앞에 끌고 갈 때, 무엇을 어떻게 대답하고 또 무엇을 말해야 할지를 염려하지 마라.

12 그때에 성령께서 너희에게 무엇을 말해야 할지를 가르쳐 주실 것이다."

어리석은 부자의 비유

13 무리 중에 있던 한 사람이 예수님께 말했습니다. "선생님, 제 형에게 유산을 저에게 나누어 주라고 말씀해 주십시오."

14 예수님께서 그에게 말씀하셨습니다. "누가 나를 너희의 판사나 중개자로 세웠느냐?"

15 이어서 예수님께서 사람들에게 말씀하셨습니다. "온갖 욕심을 경계하고 주의하여라. 재산이 아무리 많더라도 사람의 생명이 거기에 달려 있지 않다."

16 예수님께서 사람들에게 비유를 말씀해 주셨습니다. "어떤 부자의 밭에서 수확이 많이 나왔다.

17 그 부자는 속으로 생각했다. '내 곡식을 저장해 둘 곳이 없으니 어떻게 할까?'

2 •The time is coming when everything that is covered up will be revealed, and all that is secret will be made known to all. •Whatever you have said in the dark will be heard in the light, and what you have whispered behind closed doors will be shouted from the housetops for all to hear!

4 •"Dear friends, don't be afraid of those who want to kill your body; they cannot do any more to you after that. •But I'll tell you whom to fear. Fear God, who has the power to kill you and then throw you into hell.* Yes, he's the one to fear.

6 •"What is the price of five sparrows—two copper coins*? Yet God does not forget a single one of them. •And the very hairs on your head are all numbered. So don't be afraid; you are more valuable to God than a whole flock of sparrows.

8 •"I tell you the truth, everyone who acknowledges me publicly here on earth, the Son of Man* will also acknowledge in the presence of God's angels. •But anyone who denies me here on earth will be denied before God's angels. •Anyone who speaks against the Son of Man can be forgiven, but anyone who blasphemes the Holy Spirit will not be forgiven.

11 •"And when you are brought to trial in the synagogues and before rulers and authorities, don't worry about how to defend yourself or what to say, •for the Holy Spirit will teach you at that time what needs to be said."

Parable of the Rich Fool

13 •Then someone called from the crowd, "Teacher, please tell my brother to divide our father's estate with me."

14 •Jesus replied, "Friend, who made me a judge over you to decide such things as that?" •Then he said, "Beware! Guard against every kind of greed. Life is not measured by how much you own."

16 •Then he told them a story: "A rich man had a fertile farm that produced fine crops. •He said to himself, 'What should I do? I

beware [biwéər] *vi.* 조심하다
blaspheme [blæsfíːm] *vt.* 신성모독하다
estate [istéit] *n.* 재산, 유산
greed [ɡriːd] *n.* 탐욕

12:5 Greek *Gehenna*.   **12:6** Greek *two assaria* [Roman coins equal to 1/16 of a denarius].   **12:8** "Son of Man" is a title Jesus used for himself.

12:6 앗사리온은 로마의 화폐 단위로 소액 동전을 나타내며, 1데나리온의 1/16에 해당된다.

18 그는 말했다. '이렇게 해야겠다. 내 곳간을 헐고 더 큰 곳간을 세워 거기에 내 모든 곡식과 물건을 저장하겠다.'

19 그리고 자기 자신에게 말할 것이다. '인생아, 여러 해 동안 쓰기에 넉넉한 많은 재산을 가졌으니 편히 쉬고 먹고 마시며 인생을 즐겨라.'

20 그러나 하나님께서 그 사람에게 말했다. '어리석은 사람아! 오늘 밤 네 영혼을 가져갈 것이다. 그러면 네가 준비한 것을 누가 가져가겠느냐?'

21 이런 사람은 자신을 위해 재물을 쌓고 하나님께 대하여 부요하지 못한 사람이다.''

염려하지 마라

22 예수님께서 제자들에게 말씀하셨습니다. "그러므로 내가 너희에게 말한다. 목숨을 위하여 무엇을 먹을까, 몸을 위하여 무엇을 입을까, 염려하지 마라.

23 목숨이 음식보다 중요하고, 몸이 옷보다 중요하다.

24 까마귀를 생각하여 보아라. 까마귀는 씨를 뿌리지도 않고, 거두어들이지도 않는다. 그들에게는 곳간이나 창고도 없다. 그러나 하나님께서 먹이신다. 그런데 너희는 새들보다 훨씬 더 귀하지 않느냐?

25 또 너희 중에 누가 염려하여 그 생명을 조금이라도 늘릴 수 있느냐?

26 너희가 아주 작은 것도 못하면서 왜 다른 것들을 염려하느냐?

27 백합꽃이 어떻게 자라는가 생각하여 보아라. 백합은 수고도 하지 않고, 길쌈도 하지 않는다. 그러나 내가 너희에게 말한다. 솔로몬이 온갖 영화를 누렸어도 이 꽃만큼 아름다운 옷을 입어 보지 못하였다.

28 하나님께서 오늘 들판에 있다가 내일 아궁이에 던져질 풀도 이렇게 입혀 주시는데 하물며 너희야 더 잘 입혀 주시지 않겠느냐? 믿음이 적은 사람들아!

29 그러므로 먹을 것과 마실 것을 구하지 말고 염려하지 마라.

30 이런 것들은 모두 세상 사람들이 구하는 것이다. 너희 아버지께서 너희에게 이런 것들이 필요하다는 것을 알고 계신다.

31 너희는 하나님 나라를 구하여라. 그러면 이 모든 것을 너희에게 더하여 주실 것이다.

32 두려워하지 마라. 어린 양들아, 너희 아버지께서는 하나님 나라를 너희에게 주시기를 기뻐하신다.

33 너희 소유를 팔아 자선을 베풀어라. 그리고 너희를 위하여 낡지 않는 지갑을 만들고, 하늘에 없어지지 않을 재물을 쌓아라. 거기는 도둑이 접근할 수 없고, 좀도 먹는 일이 없다.

34 너희의 재물이 있는 곳에 너희의 마음도 있다."

---

18 don't have room for all my crops.' • Then he said, 'I know! I'll tear down my barns and build bigger ones. Then I'll have room enough to store all my wheat and other

19 goods. • And I'll sit back and say to myself, "My friend, you have enough stored away for years to come. Now take it easy! Eat, drink, and be merry!"'

20 • "But God said to him, 'You fool! You will die this very night. Then who will get everything you worked for?'

21 • "Yes, a person is a fool to store up earthly wealth but not have a rich relationship with God."

Teaching about Money and Possessions

22 • Then, turning to his disciples, Jesus said, "That is why I tell you not to worry about everyday life—whether you have enough

23 food to eat or enough clothes to wear. • For life is more than food, and your body more

24 than clothing. • Look at the ravens. They don't plant or harvest or store food in barns, for God feeds them. And you are far more

25 valuable to him than any birds! • Can all your worries add a single moment to your

26 life? • And if worry can't accomplish a little thing like that, what's the use of worrying over bigger things?

27 • "Look at the lilies and how they grow. They don't work or make their clothing, yet Solomon in all his glory was not dressed as

28 beautifully as they are. • And if God cares so wonderfully for flowers that are here today and thrown into the fire tomorrow, he will certainly care for you. Why do you have so little faith?

29 • "And don't be concerned about what to eat and what to drink. Don't worry about

30 such things. • These things dominate the thoughts of unbelievers all over the world, but your Father already knows your needs.

31 • Seek the Kingdom of God above all else, and he will give you everything you need.

32 • "So don't be afraid, little flock. For it gives your Father great happiness to give you the Kingdom.

33 • "Sell your possessions and give to those in need. This will store up treasure for you in heaven! And the purses of heaven never get old or develop holes. Your treasure will be safe; no thief can steal it and no moth can

34 destroy it. • Wherever your treasure is, there the desires of your heart will also be.

accomplish [əkámplish] *vt.* 성취하다
dominate [dáməneit] *vt.* 지배하다
possession [pəzéʃən] *n.* 소유

언제나 준비하여라

35 "허리에 띠를 매고 등불을 밝혀라!

36 주인이 결혼 잔치에서 돌아와서 문을 두드릴 때, 곧 열어 주려고 기다리는 사람과 같이 되어라.

37 주인이 와서 볼 때, 깨어 있는 종은 복이 있다. 내가 진정으로 너희에게 말한다. 주인이 스스로 허리를 동이고, 종들을 식사 자리에 앉힌 다음 곁에 와서 종들을 섬길 것이다.

38 주인이 밤중이나 새벽에 오더라도, 깨어 있는 종들이 있다면, 그 종들에게 복이 있을 것이다.

39 이것을 기억하여라. 만일 집주인이 도둑이 드는 시간을 안다면, 집에 도둑이 들지 못하도록 할 것이다.

40 너희도 준비하여라. 인자는 너희가 생각지도 않을 때에 올 것이다."

41 베드로가 말했습니다. "주님, 이 비유는 우리를 위해 말씀하신 것입니까? 모든 사람에게 하신 것입니까?"

42 주님께서 말씀하셨습니다. "누가 신실하고 지혜로운 종이겠느냐? 주인이 그 종에게 다른 종들을 맡기면, 제때에 양식을 나누어 줄 일꾼이 누구겠느냐?

43 주인이 돌아와서 볼 때에, 맡겨진 일을 하고 있는 종은 복이 있다.

44 내가 진정으로 너희에게 말한다. 주인이 자신의 모든 재산을 그에게 맡길 것이다.

45 그러나 만일 종이 속으로 주인이 돌아오려면 멀었다고 생각하고 남녀 종들을 때리고, 먹고 마시며 술에 취해 있다면,

46 미처 생각지도 않고 알지도 못한 때에, 그 주인이 돌아와 그를 몹시 때리고 믿음이 없는 자들이 있는 곳으로 보낼 것이다.

47 주인의 뜻을 알고도 그 뜻에 따라 준비하지도, 행하지도 않는 종은 많이 맞을 것이다.

48 그러나 알지 못하고 매맞을 짓을 한 사람은 적게 맞을 것이다. 많이 받은 사람에게는 많은 책임이 요구되고, 많은 것이 맡겨진 사람에게는 많은 것이 요청된다."

분열을 일으키러 왔다

49 "나는 세상에 불을 놓으려고 왔다. 불이 이미 붙었으면 더 바랄 것이 없다.

50 그러나 나는 받아야 할 세례가 있다. 이것이 이루어질 때까지, 내가 얼마나 괴로움을 당하겠느냐!

51 내가 세상에 평화를 주려 왔다고 생각하느냐? 내가 너희에게 말한다. 그렇지 않다! 오히려 분열을 일으키러 왔다.

Be Ready for the Lord's Coming

35 • "Be dressed for service and keep your
36 lamps burning, •as though you were waiting for your master to return from the wedding feast. Then you will be ready to open the door and let him in the moment he
37 arrives and knocks. •The servants who are ready and waiting for his return will be rewarded. I tell you the truth, he himself will seat them, put on an apron, and serve them
38 as they sit and eat! •He may come in the middle of the night or just before dawn.* But whenever he comes, he will reward the servants who are ready.

39 • "Understand this: If a homeowner knew exactly when a burglar was coming, he would not permit his house to be broken
40 into. •You also must be ready all the time, for the Son of Man will come when least expected.

41 •Peter asked, "Lord, is that illustration just for us or for everyone?'

42 •And the Lord replied, "A faithful, sensible servant is one to whom the master can give the responsibility of managing his other
43 household servants and feeding them. •If the master returns and finds that the servant has done a good job, there will be a reward.
44 •I tell you the truth, the master will put that
45 servant in charge of all he owns. •But what if the servant thinks, 'My master won't be back for a while,' and he begins beating the other servants, partying, and getting drunk?
46 •The master will return unannounced and unexpected, and he will cut the servant in pieces and banish him with the unfaithful.

47 • "And a servant who knows what the master wants, but isn't prepared and doesn't carry out those instructions, will be severely
48 punished. •But someone who does not know, and then does something wrong, will be punished only lightly. When someone has been given much, much will be required in return; and when someone has been entrusted with much, even more will be required.

Jesus Causes Division

49 • "I have come to set the world on fire, and I
50 wish it were already burning! •I have a terrible baptism of suffering ahead of me, and I am under a heavy burden until it is accom-
51 plished. •Do you think I have come to bring peace to the earth? No, I have come to divide

---

banish [bǽniʃ] *vt.* 추방하다
burglar [bə́ːrglər] *n.* (주거 침입) 강도

12:38 Greek *in the second or third watch.*

52 지금부터 한 가정에서 다섯 식구가 서로 나누어질 것이다. 셋이 둘을, 둘이 셋을 대적할 것이다.

53 아버지와 아들이 나누어질 것이며 아들이 아버지를, 어머니는 딸을, 딸은 어머니를, 시어머니가 며느리를, 며느리가 시어머니를 대적할 것이다."

때를 분별하여라

54 예수님께서 사람들에게 말씀하셨습니다. "너희가 서쪽에서부터 구름이 이는 것을 볼 때, 비가 곧 오겠다고 말하면 그대로 된다.

55 너희가 남풍이 부는 것을 보고 날이 덥겠다고 말하면, 그대로 된다.

56 위선자들아! 너희가 땅과 하늘의 날씨는 분별할 줄 알면서 왜 이 시대는 분별할 줄 모르느냐?"

문제를 해결하여라

57 "어찌하여 너희는 무엇이 옳은지를 스스로 판단하지 못하느냐?

58 너를 고소하는 사람과 함께 법정으로 갈 때에 너는 도중에 그 사람과의 문제를 해결하여라. 그렇지 않으면 그 사람이 너를 재판관에게 데려가고, 또 재판관이 너를 집행관에게 넘겨 주어 너를 감옥에 가둘 것이다.

59 내가 네게 말한다. 마지막 한 푼까지 갚기 전에는, 네가 거기서 나오지 못할 것이다."

회개하지 않으면

13 어떤 사람들이 예수님께 와서, 빌라도가 갈릴리 사람들을 죽여 그 피가 저희의 드릴 희생 제물과 뒤범벅이 되었다는 소식을 전해 주었습니다.

2 예수님께서는 그들에게 대답하셨습니다. "너희는 이 갈릴리 사람들이 이런 고난을 당했다고 해서 다른 갈릴리 사람들보다 더 큰 죄인이라고 생각하느냐?

3 그렇지 않다. 내가 너희에게 말한다. 너희도 회개하지 않으면 이와 같이 망할 것이다.

4 또 실로암 탑이 무너져 죽은 열여덟 명의 사람들이 예루살렘에 사는 다른 모든 사람보다 더 악한 죄인이라고 생각하느냐?

5 그렇지 않다! 내가 너희에게 말한다. 너희도 회개하지 않으면 이와 같이 망할 것이다."

열매를 맺지 못하는 나무

6 예수님께서 이런 비유를 말씀하셨습니다. "어떤 사람이 무화과나무 한 그루를 자신의 포도밭에 심었다. 그는 이 나무에서 열매를 얻으려고 왔으나 아무것도 찾지 못했다.

7 그 사람이 포도원을 돌보는 종에게 말했다. '내가 삼 년 동안, 이 무화과나무에서 열매를 찾았는데, 아무것도 찾을 수 없었다. 이 나무를 찍어 버려라.

---

52 people against each other! • From now on families will be split apart, three in favor of me, and two against—or two in favor and three against.

53 • 'Father will be divided against son
and son against father,
mother against daughter
and daughter against mother,
and mother-in-law against daughter-in-law
and daughter-in-law against mother-in-law.' *"

54 • Then Jesus turned to the crowd and said, "When you see clouds beginning to form in the west, you say, 'Here comes a 55 shower.' And you are right. • When the south wind blows, you say, 'Today will be a 56 scorcher.' And it is. • You fools! You know how to interpret the weather signs of the earth and sky, but you don't know how to interpret the present times.

57 • "Why can't you decide for yourselves 58 what is right? • When you are on the way to court with your accuser, try to settle the matter before you get there. Otherwise, your accuser may drag you before the judge, who will hand you over to an officer, who will 59 throw you into prison. • And if that happens, you won't be free again until you have paid the very last penny.*"

A Call to Repentance

13 About this time Jesus was informed that Pilate had murdered some people from Galilee as they were offering sacrifices 2 at the Temple. • "Do you think those Galileans were worse sinners than all the other people from Galilee?" Jesus asked. "Is 3 that why they suffered? • Not at all! And you will perish, too, unless you repent of your 4 sins and turn to God. • And what about the eighteen people who died when the tower in Siloam fell on them? Were they the worst 5 sinners in Jerusalem? • No, and I tell you again that unless you repent, you will perish, too."

Parable of the Barren Fig Tree

6 • Then Jesus told this story: "A man planted a fig tree in his garden and came again and again to see if there was any fruit on it, but 7 he was always disappointed. • Finally, he said to his gardener, 'I've waited three years, and there hasn't been a single fig! Cut it

---

12:53 Mic 7:6.　　12:59 Greek *last lepton* [the smallest Jewish coin].

무엇 때문에 땅만 차지하게 하느냐?'

8 종이 주인에게 대답했다. '주인님, 올해만 그냥 놔 두십시오. 제가 나무 주위에 고랑을 파고 거름을 주 겠습니다.

9 만일 내년에 열매를 맺으면 놔두시고, 열매를 맺지 못한다면 베어 버리십시오.'"

안식일에 등이 굽은 여자를 고치심

10 예수님께서 안식일에 어느 한 회당에서 가르치고 계셨습니다.

11 거기에 십팔 년 동안, 병마에 시달린 여자가 있었습 니다. 그는 허리가 굽어서 몸을 조금도 펼 수 없었습 니다.

12 예수님께서 그 여자를 보시고 가까이 불러 말씀하 셨습니다. "여자여, 네가 병에서 해방되었다."

13 예수님께서 그에게 손을 얹으시자, 그 즉시 여인이 똑바로 일어서서 하나님을 찬양하였습니다.

14 예수님께서 안식일에 병을 고치셨기 때문에 회당 장이 화가 나서 사람들에게 말했습니다. "일하는 날이 육 일이 있습니다. 이런 날에 와서 병을 치료받 으시오. 안식일에는 안 됩니다."

15 주님께서 대답하셨습니다. "위선자들아! 너희는 안식일에 소나 나귀를 외양간에서 풀어 내어 끌고 가서 물을 마시게 하지 않느냐?

16 그런데 이 여자는 아브라함의 딸로서 십팔 년 동안, 사탄에 매여 있었다. 안식일에 이 사람의 매임을 풀 어 주어야 하지 않겠느냐?"

17 예수님께서 이 말씀을 하시자, 예수님을 반대하던 사람들이 모두 부끄러워했고, 모든 사람들은 예수 님께서 행하신 영광스러운 일을 보고 기뻐했습니 다.

겨자씨와 누룩의 비유

18 예수님께서 말씀하셨습니다. "하나님 나라는 무엇 과 같으며 무엇에 비교할 수 있을까?

19 하나님 나라는 어떤 사람이 자신의 밭에 가지고 가 서 뿌린 겨자씨와 같다. 그 씨가 자라고 나무가 되어 서, 공중의 새들이 그 가지에 둥지를 틀었다."

20 예수님께서 또 말씀하셨습니다. "하나님 나라를 무 엇에 비교할 수 있을까?

21 하나님 나라는 마치 누룩과 같다. 어떤 여자가 이것 을 가져다가 밀가루 세 말*에 섞으니 전체가 부풀게 되었다."

좁은 문으로 들어가거라

22 예수님께서 예루살렘으로 향하여 가시던 중 각 도 시와 마을을 두루 지나셨습니다.

23 어떤 사람이 예수님께 물었습니다. "주님, 구원받 을 사람은 적습니까?" 그러자 예수님께서 말씀하

down. It's just taking up space in the garden.'

8 •The gardener answered, 'Sir, give it one more chance. Leave it another year, and I'll give it special attention and plenty of fertiliz-

9 er. •If we get figs next year, fine. If not, then you can cut it down.'"

Jesus Heals on the Sabbath

10 •One Sabbath day as Jesus was teaching in a
11 synagogue, •he saw a woman who had been crippled by an evil spirit. She had been bent double for eighteen years and was
12 unable to stand up straight. •When Jesus saw her, he called her over and said, "Dear woman, you are healed of your sickness!"
13 •Then he touched her, and instantly she could stand straight. How she praised God!
14 •But the leader in charge of the syna- gogue was indignant that Jesus had healed her on the Sabbath day. "There are six days of the week for working," he said to the crowd. "Come on those days to be healed, not on the Sabbath."
15 •But the Lord replied, "You hypocrites! Each of you works on the Sabbath day! Don't you untie your ox or your donkey from its stall on the Sabbath and lead it out
16 for water? •This dear woman, a daughter of Abraham, has been held in bondage by Satan for eighteen years. Isn't it right that she be released, even on the Sabbath?"
17 •This shamed his enemies, but all the people rejoiced at the wonderful things he did.

Parable of the Mustard Seed

18 •Then Jesus said, "What is the Kingdom of
19 God like? How can I illustrate it? •It is like a tiny mustard seed that a man planted in a garden; it grows and becomes a tree, and the birds make nests in its branches."

Parable of the Yeast

20 •He also asked, "What else is the Kingdom
21 of God like? •It is like the yeast a woman used in making bread. Even though she put only a little yeast in three measures of flour, it permeated every part of the dough."

The Narrow Door

22 •Jesus went through the towns and villages, teaching as he went, always pressing on
23 toward Jerusalem. •Someone asked him,

indignant [indígnənt] *a.* 화가 난, 분개한
permeate [pə́ːrmièit] *vi.* 스며들다, (…에) 퍼지다

13:21 (그) '사톤'. 3사톤은 약 22ℓ 에 해당된다.

셨습니다.

24 "좁은 문으로 들어가려고 힘써라. 내가 너희에게 말한다. 많은 사람들이 그곳으로 들어가려고 하지만 들어갈 수 없을 것이다.

25 일단 집주인이 일어나서 문을 닫아 버리면, 너희가 밖에 서서 문을 두드리며 '주인님, 문을 열어 주십시오' 하고 말할 것이다. 그러면 그가 대답할 것이다. '나는 너희가 도대체 어디서 온 사람들인지 모른다.'

26 그때에 너희가 이렇게 말할 것이다. '저희는 주님 앞에서 먹고 마셨으며, 주님께서는 저희를 길거리에서 가르치셨습니다.'

27 그러나 주인이 말할 것이다. '내가 너희에게 말한다. 나는 너희가 어디에서 왔는지 모른다. 악을 행하는 자여, 썩 물러가거라!'

28 아브라함과 이삭과 야곱과 그리고 모든 예언자들이 하나님 나라에 있는데 너희만 밖으로 쫓겨난 것을 볼 때에 너희가 슬피 울며 이를 갈 것이다.

29 사람들이 동서남북 사방으로부터 와서 하나님 나라의 잔치 자리에 앉을 것이다.

30 보아라. 꼴찌가 첫째가 되고, 첫째가 꼴찌가 될 사람도 있다."

예루살렘을 보고 슬퍼하심

31 그때에 어떤 바리새파 사람들이 예수님께 와서 말했습니다. "이곳을 떠나십시오! 헤롯이 선생님을 죽이려고 합니다."

32 예수님께서 그들에게 말씀하셨습니다. "가서 그 여우에게 말하여라. '오늘과 내일은 내가 마귀를 쫓아내고 병을 고칠 것이다. 그리고 삼 일째 되는 날에 내 일을 이룰 것이다.'

33 그러나 오늘과 내일 그리고 그 다음 날에도, 나는 내 갈 길을 가야 한다. 예루살렘 밖에서 예언자가 죽을 수 없다.

34 예루살렘아, 예언자들을 죽이고 너에게 보낸 사람들을 돌로 친 예루살렘아! 암탉이 날개 아래에 병아리를 품듯이 내가 네 자녀들을 모으려고 여러 번 노력하지 않았더냐? 그런데 너희는 원하지 않았다.

35 보아라. 너희의 집은 무너질 것이다. 내가 너희에게 말한다. 너희가 '주의 이름으로 오시는 이가 복이 있다'라고 말하게 되는 날까지 너희가 나를 보지 못할 것이다."

안식일에 수종병을 고치심

14 안식일에 예수님께서 음식을 드시러 어느 한 바리새파 지도자의 집에 들어가셨습니다. 사람들이 예수님을 가까이서 지켜 보고 있었습니다.

2 그때, 수종병 환자 한 사람이 예수님 앞에 나타났습

"Lord, will only a few be saved?"

24 He replied, • "Work hard to enter the narrow door to God's Kingdom, for many will 25 try to enter but will fail. • When the master of the house has locked the door, it will be too late. You will stand outside knocking and pleading, 'Lord, open the door for us!' But he will reply, 'I don't know you or 26 where you come from.' • Then you will say, 'But we ate and drank with you, and you 27 taught in our streets.' • And he will reply, 'I tell you, I don't know you or where you come from. Get away from me, all you who do evil.'

28 • "There will be weeping and gnashing of teeth, for you will see Abraham, Isaac, Jacob, and all the prophets in the Kingdom of God, 29 but you will be thrown out. • And people will come from all over the world—from east and west, north and south—to take 30 their places in the Kingdom of God. • And note this: Some who seem least important now will be the greatest then, and some who are the greatest now will be least important then.*"

Jesus Grieves over Jerusalem

31 • At that time some Pharisees said to him, "Get away from here if you want to live! Herod Antipas wants to kill you!"

32 • Jesus replied, "Go tell that fox that I will keep on casting out demons and healing people today and tomorrow; and the third 33 day I will accomplish my purpose. • Yes, today, tomorrow, and the next day I must proceed on my way. For it wouldn't do for a prophet of God to be killed except in Jerusalem!

34 • "O Jerusalem, Jerusalem, the city that kills the prophets and stones God's messengers! How often I have wanted to gather your children together as a hen protects her chicks beneath her wings, but you wouldn't 35 let me. • And now, look, your house is abandoned. And you will never see me again until you say, 'Blessings on the one who comes in the name of the LORD!' *"

Jesus Heals on the Sabbath

14 One Sabbath day Jesus went to eat dinner in the home of a leader of the Pharisees, and the people were watching 2 him closely. • There was a man there whose

---

gnash [næʃ] *vi.* 이를 갈다

13:30 Greek *Some are last who will be first, and some are first who will be last.*   13:35 Ps 118:26.

니다.

3 예수님께서 율법학자들과 바리새파 사람들에게 말씀하셨습니다. "안식일에 병을 고치는 것이 옳으냐? 옳지 않느냐?"

4 그러나 사람들은 잠잠했습니다. 예수님께서 병자를 붙잡고 그를 고쳐 주셨습니다. 그리고 그를 보냈습니다.

5 예수님께서 바리새파 사람들과 율법학자들에게 말씀하셨습니다. "만일 너희 아들이나 소가 안식일에 우물에 빠졌다면, 즉시 끌어 내지 않겠느냐?"

6 사람들은 아무런 대답도 할 수 없었습니다.

낮은 자리에 앉아라

7 예수님께서 초대받은 손님들이 서로가 윗자리를 차지하려는 것을 보시고, 비유를 들어 말씀하셨습니다.

8 "어떤 사람의 결혼 잔치에 초대받았을 때 윗자리에 앉지 마라. 혹시 너보다 귀한 손님이 초대받았을 경우,

9 너희를 잔치에 초대한 주인이 와서 말할 것이다. '자리를 이분에게 내주십시오.' 그러면 너희는 부끄러워하면서 끝자리로 내려가야 할 것이다.

10 너희가 초대를 받으면 끝자리로 가서 앉아라. 그러면 너를 초대한 주인이 와서 말할 것이다. '친구여, 윗자리로 올라 앉으시오.' 그러면 다른 모든 잔치 손님들이 보는 앞에서 영광을 얻을 것이다.

11 자신을 높이는 사람은 낮아지고, 자신을 낮추는 사람은 높아질 것이다."

되갚을 수 없는 사람들에게
자비를 베풀어라

12 예수님께서 초대한 사람에게도 말씀하셨습니다. "너는 점심이나 저녁을 차려 놓고 네 친구들, 형제들, 친척들, 그리고 부유한 이웃들을 초대하지 마라. 이들은 너를 도로 초대하여 보답을 한다.

13 오히려 잔치를 베풀 때는 가난한 사람들, 걷지 못하는 사람들과 다리를 저는 사람들과 보지 못하는 사람들을 초대하여라.

14 그러면 너희에게 복이 있을 것이다. 그들은 네게 되갚을 것이 없다. 너는 의인들이 부활할 때에 보상을 받을 것이다."

큰 잔치의 비유

15 예수님과 같이 식사를 하던 사람 중에 한 사람이 이 말씀을 듣고서 예수님께 말했습니다. "하나님 나라의 잔치 자리에 앉을 사람은 참으로 복이 있습니다."

16 예수님께서 그에게 말씀하셨습니다. "어떤 사람이 큰 잔치를 베풀고 많은 사람들을 초대하였다.

3 arms and legs were swollen.* • Jesus asked the Pharisees and experts in religious law, "Is it permitted in the law to heal people on the Sabbath day, or not?" • When they refused 4 to answer, Jesus touched the sick man and 5 healed him and sent him away. • Then he turned to them and said, "Which of you doesn't work on the Sabbath? If your son* or your cow falls into a pit, don't you rush to 6 get him out?" • Again they could not answer.

Jesus Teaches about Humility

7 • When Jesus noticed that all who had come to the dinner were trying to sit in the seats of honor near the head of the table, he gave 8 them this advice: • "When you are invited to a wedding feast, don't sit in the seat of honor. What if someone who is more distinguished than you has also been invited? 9 • The host will come and say, 'Give this person your seat.' Then you will be embarrassed, and you will have to take whatever seat is left at the foot of the table!

10 • "Instead, take the lowest place at the foot of the table. Then when your host sees you, he will come and say, 'Friend, we have a better place for you!' Then you will be 11 honored in front of all the other guests. • For those who exalt themselves will be humbled, and those who humble themselves will be exalted."

12 • Then he turned to his host. "When you put on a luncheon or a banquet," he said, "don't invite your friends, brothers, relatives, and rich neighbors. For they will invite you back, and that will be your only reward. 13 • Instead, invite the poor, the crippled, the 14 lame, and the blind. • Then at the resurrection of the righteous, God will reward you for inviting those who could not repay you."

Parable of the Great Feast

15 • Hearing this, a man sitting at the table with Jesus exclaimed, "What a blessing it will be to attend a banquet* in the Kingdom of God!"

16 • Jesus replied with this story: "A man prepared a great feast and sent out many invita-

---

distinguished [distiŋgwiʃt] *a.* 저명한; 뛰어난
embarrass [imbǽrəs] *vt.* 부끄럽게 하다
humility [hju:mílǝti] *n.* 겸손
parable [pǽrǝbl] *n.* 비유
resurrection [rezǝrékʃǝn] *n.* 부활
swollen [swóulǝn] *a.* (손·발 등이) 부은, 부풀어 오른

14:2 Or *who had dropsy.*　　14:5 Some manuscripts read *donkey.*　　14:15 Greek *to eat bread.*

17 시간이 되었을 때, 그 사람은 종을 보내어 초대한 사람들에게 알렸다. '준비가 다 되었으니 오십시오.'

18 그러나 그들은 모두 한결같이 핑계를 대기 시작했다. 첫 번째 사람이 말했다. '내가 밭을 샀는데 가서 둘러봐야 합니다. 부디 양해해 주십시오.'

19 또 한 사람이 말했다. '나는 소 열 마리를 샀는데, 이것들을 부려 보러 가는 길입니다. 부디 양해해 주십시오.'

20 세 번째 사람이 말했다. '나는 지금 장가를 들어서 갈 수 없습니다.'

21 종이 돌아와서 주인에게 이 사실을 알렸다. 그러자 집주인이 화가 나서 말했다. '당장 가서 동네의 길과 골목을 다니며 가난한 사람, 걷지 못하는 사람, 보지 못하는 사람, 다리를 저는 사람들을 데려오라.'

22 그 후에 종이 말했다. '주인님, 말씀하신 것들을 다 했습니다만 아직도 자리가 비어 있습니다.'

23 그러자 주인이 종에게 말하였다. '큰길과 골목길을 돌아다니며 사람들을 오게 하여 내 집을 채워라.

24 내가 너희에게 말한다. 먼저 초대받았던 사람들은 아무도 내 잔치를 맛보지 못할 것이다.'"

제자가 되려면

25 많은 사람들이 예수님과 함께 길을 가고 있었습니다. 예수님께서 이들에게 돌아서서 말씀하셨습니다.

26 "누구든지 내게로 오면서 자신의 아버지, 어머니, 아내, 자녀, 형제, 혹은 자매를 미워하지 않으면 그리고 더 나아가 자신의 목숨까지도 미워하지 않으면 내 제자가 될 수 없다.

27 누구든지 자기 십자가를 지고 나를 따르지 않는 사람은 내 제자가 될 수 없다.

28 너희 가운데 한 사람이 탑을 세우려고 하는데, 우선 앉아서 이 일을 완성하는 데 얼마의 비용이 들지 따져 볼 것이 아니냐?

29 만일 기초 공사만 하고 완성할 수 없게 되면 보던 사람들이 모두 너를 비웃기 시작할 것이다.

30 그리고 '이 사람이 공사를 시작만 하고 끝내지는 못했다' 라고 말할 것이다.

31 만일 어떤 임금이 다른 왕과 전쟁을 하러 나갈 때, 우선 앉아서 만 명 군사로 이만 명의 군사를 이끌고 오는 자를 이길 수 있을지 헤아려 보지 않겠느냐?

32 이길 수 없다면 아직 적군이 멀리 있을 때에 특사를 보내어 평화 조약을 제의할 것이다.

33 이와 같이 너희 가운데 누구든지 가지고 있는 모든 것을 버리지 않으면, 내 제자가 될 수 없다."

17 tions. •When the banquet was ready, he sent his servant to tell the guests, 'Come, the
18 banquet is ready.' •But they all began making excuses. One said, 'I have just bought a field and must inspect it. Please excuse me.'
19 •Another said, 'I have just bought five pairs of oxen, and I want to try them out. Please
20 excuse me.' •Another said, 'I just got married, so I can't come.'
21 •"The servant returned and told his master what they had said. His master was furious and said, 'Go quickly into the streets and alleys of the town and invite the poor, the crippled, the blind, and the lame.'
22 •After the servant had done this, he report-
23 ed, 'There is still room for more.' •So his master said, 'Go out into the country lanes and behind the hedges and urge anyone you find to come, so that the house will be
24 full. •For none of those I first invited will get even the smallest taste of my banquet.' "

The Cost of Being a Disciple

25 •A large crowd was following Jesus. He
26 turned around and said to them, •"If you want to be my disciple, you must, by comparison, hate everyone else—your father and mother, wife and children, brothers and sisters—yes, even your own life. Otherwise,
27 you cannot be my disciple. •And if you do not carry your own cross and follow me, you cannot be my disciple.
28 •"But don't begin until you count the cost. For who would begin construction of a building without first calculating the cost to see if there is enough money to finish it?
29 •Otherwise, you might complete only the foundation before running out of money, and then everyone would laugh at you.
30 •They would say, 'There's the person who started that building and couldn't afford to finish it!'
31 •"Or what king would go to war against another king without first sitting down with his counselors to discuss whether his army of 10,000 could defeat the 20,000 soldiers
32 marching against him? •And if he can't, he will send a delegation to discuss terms of
33 peace while the enemy is still far away. •So you cannot become my disciple without giving up everything you own.

afford [əfɔ́:rd] *vt.* …할 수 있다
alley [ǽli] *n.* 좁은 길; 골목
delegation [deligéiʃən] *n.* 파견대, 대표단
hedge [hédʒ] *n.* 산울타리, 경계
inspect [inspékt] *vt.* 점검하다
urge [ə́:rdʒ] *vt.* 열심히 권하다
14:29 run out of… : …을 다 써버리다

맛을 잃은 소금

34 "소금은 좋은 것이지만 만일 그 맛을 잃어버리면 무엇으로 다시 짠맛을 내겠느냐?

35 그것은 땅에도 거름에도 아무 쓸모 없어 밖에 던져질 것이다. 들을 귀 있는 사람은 들어라."

잃은 양의 비유

15 많은 세리들과 죄인들이 말씀을 들으려고 예수님께 가까이 나왔습니다.

2 바리새파 사람들과 율법학자들이 수군거리기 시작했습니다. "이 사람이 죄인들을 받아들이고 함께 먹기까지 한다."

3 그러자 예수님께서 그들에게 이 비유를 말씀하셨습니다.

4 "너희 중에 어느 사람이 양 백 마리가 있는데 그 가운데 한 마리를 잃었다고 하자. 그러면 그는 아흔아홉 마리의 양을 들판에 남겨 두고 잃은 양을 찾을 때까지 찾아다닐 것이 아니냐?

5 그리고 양을 찾으면 양을 어깨에 메고 기뻐할 것이다.

6 집으로 돌아오는 길에 친구들과 이웃을 불러 말할 것이다. '함께 기뻐하자. 잃었던 양을 찾았다.'

7 내가 너희에게 말한다. 하늘에서는 회개할 필요 없는 아흔아홉 명의 의인보다 회개하는 죄인 한 명을 두고 더 기뻐할 것이다."

잃은 드라크마의 비유

8 "어떤 여자가 열 개의 드라크마*를 가지고 있다가 하나를 잃어버렸다고 하자. 그러면 등불을 켜고 온 집안을 쓸며 찾을 때까지 자세히 뒤지지 않겠느냐?

9 그러다 찾으면 친구들과 이웃들을 불러 말할 것이다. '나와 함께 기뻐하자. 잃었던 드라크마를 찾았다.'

10 내가 너희에게 말한다. 이처럼 회개하는 죄인 한 사람을 두고 하나님의 천사들이 크게 기뻐할 것이다."

집을 나간 아들

11 예수님께서 말씀하셨습니다. "어떤 사람에게 두 아들이 있었다.

12 그런데 작은아들이 아버지에게 말했다. '아버지, 제가 받을 몫의 재산을 주십시오.' 그러자 아버지는 재산을 두 아들에게 나누어 주었다.

13 며칠 뒤에 작은아들은 모든 재산을 모아서 먼 마을로 떠나 버렸다. 거기서 그는 방탕한 생활을 하다가 재산을 다 날려 버렸다.

14 모든 것을 다 써 버렸을 때, 그 마을에 큰 흉년이 들었다. 그래서 그는 아주 가난하게 되었다.

15 그는 그 마을에 사는 한 사람에게 가서 더부살이를 하였다. 집주인은 그를 들판으로 보내 돼지를 치게

---

34 • "Salt is good for seasoning. But if it loses its flavor, how do you make it salty again?

35 • Flavorless salt is good neither for the soil nor for the manure pile. It is thrown away. Anyone with ears to hear should listen and understand!"

Parable of the Lost Sheep

15 Tax collectors and other notorious sinners often came to listen to Jesus teach.

2 • This made the Pharisees and teachers of religious law complain that he was associating with such sinful people—even eating with them!

3-4 • So Jesus told them this story: • "If a man has a hundred sheep and one of them gets lost, what will he do? Won't he leave the ninety-nine others in the wilderness and go to search for the one that is lost until he finds

5 it? • And when he has found it, he will joy-

6 fully carry it home on his shoulders. • When he arrives, he will call together his friends and neighbors, saying, 'Rejoice with me

7 because I have found my lost sheep.' • In the same way, there is more joy in heaven over one lost sinner who repents and returns to God than over ninety-nine others who are righteous and haven't strayed away!

Parable of the Lost Coin

8 • "Or suppose a woman has ten silver coins* and loses one. Won't she light a lamp and sweep the entire house and search carefully

9 until she finds it? • And when she finds it, she will call in her friends and neighbors and say, 'Rejoice with me because I have

10 found my lost coin.' • In the same way, there is joy in the presence of God's angels when even one sinner repents."

Parable of the Lost Son

11 • To illustrate the point further, Jesus told

12 them this story: "A man had two sons. • The younger son told his father, 'I want my share of your estate now before you die.' So his father agreed to divide his wealth between his sons.

13 • "A few days later this younger son packed all his belongings and moved to a distant land, and there he wasted all his

14 money in wild living. • About the time his money ran out, a great famine swept over

15 the land, and he began to starve. • He per-

15:8 Greek *ten drachmas*. A drachma was the equivalent of a full day's wage.

15:8 1 드라크마는 하루 품삯에 해당된다. 데나리온과 같은 액수이다.

하였다.

16 그는 돼지가 먹는 쥐엄나무 열매를 먹어 배를 채우고 싶은 마음이 간절했다. 그러나 주는 사람이 없었다.

17 그제서야 그는 제정신이 들어 말했다. '내 아버지의 품꾼들에게는 양식이 풍족하여 먹고도 남는데 나는 여기서 굶어 죽는구나.

18 일어나 아버지께 돌아가 말해야겠다. 아버지, 저는 하나님과 아버지 앞에 죄를 지었습니다.

19 저는 더 이상 아버지의 아들이라고 불릴 자격이 없습니다. 저를 아버지의 품꾼 가운데 하나로 여기십시오.'

20 그 아들은 일어나 아버지에게로 갔다. 그 아들이 아직 먼 거리에 있는데, 아버지가 그를 보고 불쌍히 여겨 달려가 아들을 끌어안고 입을 맞추었다.

21 아들이 아버지에게 말하였다. '아버지, 저는 하나님과 아버지 앞에 죄를 지었습니다. 저는 아버지의 아들이라고 불릴 자격이 없습니다.'

22 그러나 아버지는 종들에게 말했다. '서둘러 가장 좋은 옷을 가져와서 아들에게 입혀라. 또 손가락에 반지를 끼워 주고 발에 신발을 신겨라.

23 그리고 살진 송아지를 끌고 와서 잡아라. 우리가 함께 먹고 즐기자.

24 내 아들이 죽었다가 다시 살아났고, 잃어버렸다가 다시 찾았다.' 그래서 그들은 함께 즐기기 시작하였다.

25 그때, 큰아들은 밭에 있었다. 그가 돌아와 집 가까이 다가왔을 때, 음악 소리와 춤추는 소리를 들었다.

26 그는 종 하나를 불러 무슨 일인지를 물어 보았다.

27 종이 '아우님이 돌아오셨습니다. 무사히 건강하게 아우님이 돌아왔기 때문에 주인 어른께서 살진 송아지를 잡았습니다' 하고 대답했다.

28 큰아들은 화가 나서 집에 들어가려고 하지 않았다. 그의 아버지가 밖으로 나와 큰아들을 달랬다.

29 큰아들은 아버지에게 말했다. '보십시오. 저는 수년 동안, 아버지를 섬겨 왔습니다. 그리고 한 번도 아버지의 명을 어기지 않았습니다. 그런데 아버지께서는 한 번도 저를 위해서 친구들과 즐기라고 염소 새끼 한 마리도 주신 일이 없었습니다.

30 그런데 창녀들과 함께 아버지의 재산을 다 써 버린 아들이 집에 돌아오니까 아버지께서는 그를 위해 살진 송아지를 잡으셨습니다.'

31 아버지가 그에게 말했다. '아들아, 너는 언제나 나와 함께 있었으니 내가 가진 모든 것이 네 것이 아니냐?

32 네 동생은 죽었다가 다시 살아났고, 잃었다가 다시

suaded a local farmer to hire him, and the man sent him into his fields to feed the pigs.

16 • The young man became so hungry that even the pods he was feeding the pigs looked good to him. But no one gave him anything.

17 • "When he finally came to his senses, he said to himself, 'At home even the hired servants have food enough to spare, and here I

18 am dying of hunger! • I will go home to my father and say, "Father, I have sinned against

19 both heaven and you, • and I am no longer worthy of being called your son. Please take me on as a hired servant."'

20 • "So he returned home to his father. And while he was still a long way off, his father saw him coming. Filled with love and compassion, he ran to his son, embraced him,

21 and kissed him. • His son said to him, 'Father, I have sinned against both heaven and you, and I am no longer worthy of being called your son.*

22 • "But his father said to the servants, 'Quick! Bring the finest robe in the house and put it on him. Get a ring for his finger

23 and sandals for his feet. • And kill the calf we have been fattening. We must celebrate with

24 a feast, • for this son of mine was dead and has now returned to life. He was lost, but now he is found.' So the party began.

25 • "Meanwhile, the older son was in the fields working. When he returned home, he heard music and dancing in the house,

26 • and he asked one of the servants what was

27 going on. • 'Your brother is back,' he was told, 'and your father has killed the fattened calf. We are celebrating because of his safe return.'

28 • "The older brother was angry and wouldn't go in. His father came out and

29 begged him, • but he replied, 'All these years I've slaved for you and never once refused to do a single thing you told me to. And in all

30 that time you never gave me even one young goat for a feast with my friends. • Yet when this son of yours comes back after squandering your money on prostitutes, you celebrate by killing the fattened calf!'

31 • "His father said to him, 'Look, dear son, you have always stayed by me, and every-

32 thing I have is yours. • We had to celebrate this happy day. For your brother was dead and has come back to life! He was lost, but now he is found!' "

---

squander [skwándər] *vt.* 탕진하다

15:21 Some manuscripts add *Please take me on as a hired servant.*

찾았으니 우리가 즐거워하고 기뻐해야 하지 않겠느냐?' "

불의한 일꾼의 비유

16 예수님께서 제자들에게 또 말씀하셨습니다. "어떤 부자에게 재산을 관리하는 일꾼이 있었는데, 이 일꾼이 재산을 낭비한다는 소문이 들렸다.

2 그래서 그를 불러다가 말했다. '내가 자네에 관해 들은 소문이 어찌된 일인가? 더 이상 자네를 일꾼으로 쓸 수 없으니, 자네의 일을 정리해 주게.'

3 그러자 그 일꾼은 속으로 생각했다. '주인이 내 일을 빼앗으니 어떻게 해야 하나? 땅을 파자니 힘이 없고, 구걸을 하자니 창피한 노릇이구나.

4 내가 할 일을 알았다. 내가 이 자리에서 물러날 때, 사람들이 나를 집으로 맞이하게 만들어야겠다.'

5 그 일꾼은 주인에게 빚진 사람들을 하나씩 불렀다. 첫째 사람에게 물었다. '주인에게 빚진 것이 얼마요?'

6 그가 '올리브 기름 백 말*이오'라고 대답하자 그 일꾼이 말했다. '당신의 문서가 여기 있으니 어서 앉아서 오십 말이라고 적으시오.'

7 또 다른 사람에게, 그가 진 빚이 얼마냐고 물었다. '밀 백 섬*이오'라고 대답하자 그 일꾼이 말했다. '당신의 문서가 여기 있으니 팔십 섬이라고 적으시오.'

8 주인이 그 불의한 일꾼이 슬기롭게 행동하는 것을 보고 그를 칭찬하였다. 이 시대의 아들들이 자기 일을 처리하는 데 있어서는 빛의 자녀들보다 더 슬기롭다.

9 내가 너희에게 말한다. 불의한 재물로 친구를 사귀어라. 그러면 그 재물이 없어질 때, 그들이 너희를 영원한 곳으로 맞아들일 것이다.

10 아주 작은 일에 충실한 사람은 많은 것에도 충실하다. 아주 작은 일에 충실하지 못한 사람은 많은 것에도 충실하지 못한다.

11 그러므로 너희가 불의한 재물에도 충실하지 못하면, 누가 참된 것을 너희에게 맡기겠느냐?

12 너희가 다른 사람의 것에 충실하지 못하면, 누가 너희 몫을 너희에게 주겠느냐?

13 그 어떤 종도 두 주인을 섬길 수 없다. 한 편을 미워하고 다른 편을 사랑하든지 아니면 한 편에게는 충성을 하고 다른 편은 무시하든지 할 것이다. 너희는 하나님과 재물을 함께 섬길 수 없다."

하나님의 율법은 바뀌지 않음

14 돈을 좋아하는 바리새파 사람들이 이 모든 것을 들었습니다. 그리고 예수님을 비웃었습니다.

15 예수님께서 이들에게 말씀하셨습니다. "너희는

Parable of the Shrewd Manager

16 Jesus told this story to his disciples: "There was a certain rich man who had a manager handling his affairs. One day a report came that the manager was wasting his 2 employer's money. •So the employer called him in and said, 'What's this I hear about you? Get your report in order, because you are going to be fired.'

3 •"The manager thought to himself, 'Now what? My boss has fired me. I don't have the strength to dig ditches, and I'm too proud to 4 beg. •Ah, I know how to ensure that I'll have plenty of friends who will give me a home when I am fired.'

5 •"So he invited each person who owed money to his employer to come and discuss the situation. He asked the first one, 'How 6 much do you owe him?' •The man replied, 'I owe him 800 gallons of olive oil.' So the manager told him, 'Take the bill and quickly change it to 400 gallons.*

7 •"'And how much do you owe my employer?' he asked the next man. 'I owe him 1,000 bushels of wheat,' was the reply. 'Here,' the manager said, 'take the bill and change it to 800 bushels.*

8 •"The rich man had to admire the dishonest rascal for being so shrewd. And it is true that the children of this world are more shrewd in dealing with the world around them than are the children of the light.

9 •Here's the lesson: Use your worldly resources to benefit others and make friends. Then, when your possessions are gone, they will welcome you to an eternal home.*

10 •"If you are faithful in little things, you will be faithful in large ones. But if you are dishonest in little things, you won't be honest in 11 greater responsibilities. •And if you are untrustworthy about worldly wealth, who will trust you with the true riches of heaven?

12 •And if you are not faithful with other people's things, why should you be trusted with things of your own?

13 •"No one can serve two masters. For you will hate one and love the other; you will be devoted to one and despise the other. You cannot serve God and be enslaved to money."

14 •The Pharisees, who dearly loved their money, heard all this and scoffed at him. 15 •Then he said to them, "You like to appear righteous in public, but God knows your

16:6 Greek *100 baths... 50 [baths].*　16:7 Greek *100 korous... 80 [korous].*　16:9 Or *you will be welcomed into eternal homes.*

16:6 100바트에 해당되는 양이며, 1바트는 약 22ℓ이다.
16:7 100고르에 해당되는 양이며, 1고르는 10바트이다.

사람들 앞에서 스스로를 의롭다고 한다. 그러나 하나님께서 너희의 마음을 아신다. 사람에게 존경을 받는 것이 하나님께는 미움을 받는 것이다.

16 율법과 예언자의 때는 요한까지이다. 그러나 요한 이후부터는 하나님 나라의 복음이 전파된다. 모든 사람이 그 나라에 들어가려고 힘쓰고 있다.

17 율법의 작은 글자 하나가 떨어져 나가는 것보다 하늘과 땅이 없어지는 것이 더 쉬울 것이다.

18 자기 아내와 이혼하고 다른 여자와 결혼하는 사람은 누구나 간음죄를 짓는 것이다. 남편과 이혼한 여자와 결혼하는 사람도 간음죄를 짓는 것이다."

부자와 나사로

19 예수님께서 말씀하셨습니다. "어떤 부자가 있었다. 이 사람은 언제나 가장 비싼 옷을 입고 매일 호화스럽게 살았다.

20 한편, 그 집 대문 앞에는 나사로라는 한 가난한 사람이 누워 있었는데, 몸에는 부스럼투성이였다.

21 그가 부자의 식탁에서 떨어지는 부스러기로 주린 배를 채우기를 원했다. 심지어 개들이 와서 그의 부스럼을 핥았다.

22 어느 날, 그 거지가 죽어 천사들에게 이끌려 아브라함의 팔에 안겼다. 부자도 죽어 땅에 묻혔다.

23 부자는 지옥에서 고통 가운데 있다가 눈을 들어 보았다. 멀리 아브라함이 보이고, 나사로가 그의 품에 안겨 있는 것을 보았다.

24 그가 소리쳐 말했다. '아버지 아브라함이여, 제게 자비를 베풀어 주십시오. 제 혀를 적실 수 있도록 나사로의 손가락 끝에 물을 찍어 제게 보내 주십시오. 제가 이 불꽃 가운데서 몹시 고통을 당하고 있습니다.'

25 그러나 아브라함은 말했다. '얘야, 네가 살아 있을 때에 좋은 것을 마음껏 누렸고, 나사로는 온갖 나쁜 것을 겪은 것을 기억하여라. 이제 나사로는 여기서 위로를 받고, 너는 고통을 받는다.

26 이뿐 아니라 우리와 너희 사이에는 큰 구렁이 있어서 어느 누구도 너희를 돕기 위해 건너갈 수 없고 아무도 그곳에서 우리에게로 건너올 수 없다.'

27 부자가 말했다. '그러면 제발 부탁입니다. 아버지, 나사로를 내 집안에 보내 주십시오.

28 제게 형제가 다섯 명이 있는데, 나사로가 가서 증언하여서 그들이 이 고통받는 곳에 오지 않게 해 주십시오.'

29 아브라함이 대답했다. '그들에게는 모세와 예언자들이 있다. 그들은 그 소리를 들어야 한다.'

30 부자가 말했다. '그렇지 않습니다. 아버지 아브라함이여! 누군가 죽었다가 살아나 그들에게로 가면 그들이 회개할 것입니다.'

hearts. What this world honors is detestable in the sight of God.

16 • "Until John the Baptist, the law of Moses and the messages of the prophets were your guides. But now the Good News of the Kingdom of God is preached, and everyone

17 is eager to get in.* •But that doesn't mean that the law has lost its force. It is easier for heaven and earth to disappear than for the smallest point of God's law to be overturned.

18 • "For example, a man who divorces his wife and marries someone else commits adultery. And anyone who marries a woman divorced from her husband commits adultery."

Parable of the Rich Man and Lazarus

19 •Jesus said, "There was a certain rich man who was splendidly clothed in purple and fine linen and who lived each day in luxury.

20 • At his gate lay a poor man named Lazarus

21 who was covered with sores. •As Lazarus lay there longing for scraps from the rich man's table, the dogs would come and lick his open sores.

22 • "Finally, the poor man died and was carried by the angels to sit beside Abraham at the heavenly banquet.* The rich man also

23 died and was buried, •and he went to the place of the dead.* There, in torment, he saw Abraham in the far distance with Lazarus at his side.

24 • "The rich man shouted, 'Father Abraham, have some pity! Send Lazarus over here to dip the tip of his finger in water and cool my tongue. I am in anguish in these flames.'

25 • "But Abraham said to him, 'Son, remember that during your lifetime you had everything you wanted, and Lazarus had nothing. So now he is here being comforted,

26 and you are in anguish. •And besides, there is a great chasm separating us. No one can cross over to you from here, and no one can cross over to us from there.'

27 • "Then the rich man said, 'Please, Father Abraham, at least send him to my father's

28 home. •For I have five brothers, and I want him to warn them so they don't end up in this place of torment.'

29 • "But Abraham said, 'Moses and the prophets have warned them. Your brothers can read what they wrote.'

30 • "The rich man replied, 'No, Father

16:16 Or *everyone is urged to enter in.*   16:22 Greek *to Abraham's bosom.*   16:23 Greek *to Hades.*

31 아브라함이 그에게 대답했다. '만일 그들이 모세와 예언자들의 말을 듣지 않는다면, 죽은 사람이 다시 일어나도 그들은 믿지 않을 것이다.'"

죄와 용서

17 예수님께서 제자들에게 말씀하셨습니다. "죄 짓게 하는 일이 없을 수는 없다. 그러나 죄짓게 하는 사람에게는 화가 있다.

2 어린아이 하나라도 죄짓게 하면 차라리 자기 목에 연자 맷돌을 달고 바다에 빠지는 것이 더 나을 것이다.

3 너희는 조심하여라. 만약 네 형제가 죄를 짓거든 책망하여라. 그러나 회개하거든 용서하여라.

4 만일 네 형제가 하루에 일곱 번이라도 네게 죄를 짓고, 그때마다 돌아와서 잘못했다고 빌면 용서해 주어라."

겨자씨만한 믿음

5 사도들이 주님께 말했습니다. "우리의 믿음을 더하여 주십시오."

6 주님께서 말씀하셨습니다. "만일 너희에게 겨자씨 만한 믿음이 있으면, 이 뽕나무더러 '뿌리째 뽑혀 바다에 심겨라' 해도 그것이 네 말에 순종할 것이다."

선한 종이 되어라

7 "너희 가운데 밭을 갈거나 양을 치는 일을 맡은 종이 있는데, 그가 밭에서 돌아오면 '어서 이리 와서 앉아 먹어라' 하고 말할 사람이 누가 있겠느냐?

8 오히려 종에게 '너는 내가 먹을 것을 준비하고 내가 먹고 마시는 동안, 허리를 동이고 시중들다가 그 후에 먹고 마시라' 하지 않겠느냐?

9 시키는 대로 했다고 해서 주인이 종에게 고맙다고 하겠느냐?

10 이와 같이 너희도 명령받은 것을 다 행하고 나서 '우리는 가치 없는 종입니다. 우리는 그저 해야 할 일을 했을 뿐입니다' 라고 말해야 할 것이다."

열 사람의 문둥병 환자

11 예수님께서 예루살렘으로 가시는 길에 사마리아와 갈릴리 사이를 지나시게 되었습니다.

12 예수님께서 어떤 마을에 들어가시다가 열 사람의 문둥병 환자를 만났습니다. 그들은 멀리 서서

13 목소리를 높였습니다. "예수 선생님! 우리에게 자비를 베풀어 주십시오."

14 예수님께서 그들을 보시고 "제사장에게 가서 너희 몸을 보여라" 하고 말씀하셨습니다. 그들은 가는 도중에 몸이 깨끗하게 되었습니다.

15 그들 가운데 하나가 자기가 나은 것을 보고 돌아와서 큰 소리로 하나님께 영광을 돌렸습니다.

16 그리고 예수님의 발 앞에 엎드려 감사를 드렸습니

Abraham! But if someone is sent to them from the dead, then they will repent of their sins and turn to God.'

31 • "But Abraham said, 'If they won't listen to Moses and the prophets, they won't be persuaded even if someone rises from the dead.'"

Teachings about Forgiveness and Faith

17 One day Jesus said to his disciples, "There will always be temptations to sin, but what sorrow awaits the person who

2 does the tempting! • It would be better to be thrown into the sea with a millstone hung around your neck than to cause one of these

3 little ones to fall into sin. • So watch yourselves!

"If another believer* sins, rebuke that per-

4 son; then if there is repentance, forgive. • Even if that person wrongs you seven times a day and each time turns again and asks forgiveness, you must forgive."

5 • The apostles said to the Lord, "Show us how to increase our faith."

6 • The Lord answered, "If you had faith even as small as a mustard seed, you could say to this mulberry tree, 'May you be uprooted and be planted in the sea,' and it would obey you!

7 • "When a servant comes in from plowing or taking care of sheep, does his master

8 say, 'Come in and eat with me'? • No, he says, 'Prepare my meal, put on your apron, and serve me while I eat. Then you can eat

9 later.' • And does the master thank the servant for doing what he was told to do? Of

10 course not. • In the same way, when you obey me you should say, 'We are unworthy servants who have simply done our duty.'"

Ten Healed of Leprosy

11 • As Jesus continued on toward Jerusalem, he reached the border between Galilee and

12 Samaria. • As he entered a village there, ten

13 men with leprosy stood at a distance, • crying out, "Jesus, Master, have mercy on us!"

14 • He looked at them and said, "Go show yourselves to the priests."* And as they went, they were cleansed of their leprosy.

15 • One of them, when he saw that he was healed, came back to Jesus, shouting, "Praise

16 God!" • He fell to the ground at Jesus' feet, thanking him for what he had done. This man was a Samaritan.

17 • Jesus asked, "Didn't I heal ten men?

17:3 Greek If your brother.　17:14 See Lev 14:2-32.

다. 그는 사마리아 사람이었습니다.

17 예수님께서 말씀하셨습니다. "열 사람이 다 깨끗하게 되지 않았느냐? 그런데 아홉은 어디 있느냐?

18 이 이방인 외에는 하나님께 영광을 돌리러 돌아온 사람이 없단 말이냐?"

19 그리고 그에게 말씀하셨습니다. "일어나 가거라. 네 믿음이 너를 낫게 하였다."

하나님 나라가 오고 있다

20 바리새파 사람들이 하나님 나라가 언제 오는지에 대하여 물으니, 예수님께서 대답하셨습니다. "하나님 나라는 볼 수 있는 모습으로 오는 것이 아니다.

21 또 '보아라. 하나님 나라가 여기 있다. 저기 있다' 라고 말할 수도 없다. 왜냐하면 하나님 나라가 너희 가운데 있기 때문이다."

22 예수님께서 제자들에게 말씀하셨습니다. "너희가 인자의 날을 단 하루만이라도 보고 싶어 해도 보지 못할 때가 올 것이다.

23 또 사람들이 '보아라. 여기 있다. 저기 있다' 하여도 너희는 그들을 따라 나서거나 찾지 마라."

예수님께서 다시 오실 때

24 "마치 번개가 하늘 이편에서 번쩍하여 하늘 저편까지 비치듯이 인자도 자기의 날에 그와 같을 것이다.

25 그러나 인자가 먼저 많은 고난을 당하고 이 세대 사람들에게 배척을 받아야 한다.

26 마치 노아의 시대처럼 인자의 날도 그와 같을 것이다.

27 노아가 배에 들어가는 날까지 사람들은 먹고 마시며 장가가고 시집을 갔다. 그러다가 홍수가 나서, 그들을 모두 멸망시켰다.

28 롯의 시대에도 이와 같은 일이 있었다. 사람들이 먹고 마시며 사고 팔고 심고 집을 지었다.

29 그러나 롯이 소돔을 떠나던 날, 하늘에서 불과 유황이 비오듯이 쏟아져 모두 멸망당하고 말았다.

30 인자가 나타나는 날에도 바로 그와 같을 것이다.

31 그날에 지붕 위에 있는 사람은 집 안에 있는 물건을 가지러 내려가지 마라. 들에 있는 사람도 돌아가지 마라.

32 롯의 아내를 기억하여라.

33 누구든지 자기의 생명을 지키려고 하는 사람은 잃을 것이다. 그러나 자기 생명을 버리는 사람은 얻을 것이다.

34 내가 너희에게 말한다. 그날에 두 사람이 한자리에 누워 있을 것이나, 하나는 데려가고, 하나는 남겨 둘 것이다.

35 두 여자가 같은 곳에서 함께 맷돌을 갈고 있을 것이나, 하나는 데려가고, 하나는 남겨지게 될 것이다."

18 Where are the other nine? •Has no one returned to give glory to God except this for-
19 eigner?" •And Jesus said to the man, "Stand up and go. Your faith has healed you.*"

The Coming of the Kingdom

20 •One day the Pharisees asked Jesus, "When will the Kingdom of God come?"

Jesus replied, "The Kingdom of God can't
21 be detected by visible signs.* •You won't be able to say, 'Here it is!' or 'It's over there!' For the Kingdom of God is already among you.*"

22 •Then he said to his disciples, "The time is coming when you will long to see the day when the Son of Man returns,* but you
23 won't see it. •People will tell you, 'Look, there is the Son of Man,' or 'Here he is,' but
24 don't go out and follow them. •For as the lightning flashes and lights up the sky from one end to the other, so it will be on the day*
25 when the Son of Man comes. •But first the Son of Man must suffer terribly* and be rejected by this generation.

26 •"When the Son of Man returns, it will
27 be like it was in Noah's day. •In those days, the people enjoyed banquets and parties and weddings right up to the time Noah entered his boat and the flood came and destroyed them all.

28 •"And the world will be as it was in the days of Lot. People went about their daily business—eating and drinking, buying and
29 selling, farming and building—•until the morning Lot left Sodom. Then fire and burning sulfur rained down from heaven
30 and destroyed them all. •Yes, it will be 'business as usual' right up to the day when
31 the Son of Man is revealed. •On that day a person out on the deck of a roof must not go down into the house to pack. A person out
32 in the field must not return home. •Re-
33 member what happened to Lot's wife! •If you cling to your life, you will lose it, and if
34 you let your life go, you will save it. •That night two people will be asleep in one bed;
35 one will be taken, the other left. •Two women will be grinding flour together at the mill; one will be taken, the other left.*"

17:19 Or *Your faith has saved you.*　**17:20** Or *by your speculations.*　**17:21** Or *is within you, or is in your grasp.*　**17:22** Or *long for even one day when the Son of Man.* "Son of Man" is a title Jesus used for himself.　**17:24** Some manuscripts do not include *on the day.*　**17:25** Or *suffer many things.*　**17:35** Some manuscripts add verse 36, *Two men will be working in the field; one will be taken, the other left.* Compare Matt 24:40.

누가복음 18장 **1840** (126)

36 (없음)*

37 그때, 제자들이 대답했습니다. "주님, 어디에서 그런 일이 일어나겠습니까?" 예수님께서 제자들에게 "시체가 있는 곳에는 독수리들이 모인다"라고 말씀하셨습니다.

과부와 불의한 재판관의 비유

18 예수님께서 언제나 기도하고 희망을 잃지 말아야 할 것을 가르치시기 위해 제자들에게 비유를 말씀하셨습니다.

2 "어떤 마을에 하나님을 두려워하지 않고 사람들을 무시하는 재판관이 있었다.

3 그 마을에 과부가 한 명 있었다. 그는 재판관을 찾아가서 말하였다. '내 원수를 갚아 주십시오.'

4 그 재판관은 한동안, 그의 간청을 들어 주려고 하지 않았다. 그러나 얼마 후에 속으로 중얼거렸다. '내가 하나님을 두려워하지 않고 사람을 무시하지만,

5 이 과부가 나를 귀찮게 하니 그의 간청을 들어 주어야겠다. 그렇지 않으면 계속 와서 나를 괴롭힐 것이다.'"

6 주께서 말씀하셨습니다. "이 불의한 재판관이 말한 것을 들으라.

7 하나님께서 밤낮 부르짖는 하나님의 선택된 백성들의 간청을 듣지 않으시고 오랫동안 미루시겠느냐?

8 내가 너희에게 말한다. 하나님께서 속히 그의 백성들에게 정의를 베푸실 것이다. 그러나 인자가 올 때, 이 세상에서 이 믿음을 발견할 수 있겠느냐?"

바리새파 사람과 세리의 기도

9 자기가 의롭다고 생각하고 다른 사람을 멸시하는 사람들에게 예수님께서 이런 비유를 말씀하셨습니다.

10 "두 사람이 기도하려고 성전에 올라갔는데, 하나는 바리새파 사람이고, 하나는 세리였다.

11 바리새파 사람이 서서 이렇게 기도하였다. '하나님, 저는 다른 사람 즉 사기꾼, 죄인, 간음을 행하는 자와 같지 않고 이 세리와 같지 않은 것에 감사를 드립니다.

12 저는 일 주일에 두 번씩 금식하며 모든 수입의 십일조를 바칩니다.'

13 한편, 세리는 멀리 서서 감히 눈을 들어 하늘을 보지도 못하고, 다만 가슴을 치며 말했다. '하나님 이 죄인을 불쌍히 여겨 주십시오.'

14 내가 너희에게 말한다. 이 사람이 저 바리새파 사람보다 의롭다는 인정을 받고 집으로 돌아갔다. 누구든지 자기를 높이는 사람은 낮아지고, 자기를 낮추

37 • "Where will this happen, Lord?"* the disciples asked.

Jesus replied, "Just as the gathering of vultures shows there is a carcass nearby, so these signs indicate that the end is near."*

Parable of the Persistent Widow

18 One day Jesus told his disciples a story to show that they should always pray
2 and never give up. • "There was a judge in a certain city," he said, "who neither feared
3 God nor cared about people. • A widow of that city came to him repeatedly, saying, 'Give me justice in this dispute with my
4 enemy.' • The judge ignored her for a while, but finally he said to himself, 'I don't fear
5 God or care about people, • but this woman is driving me crazy. I'm going to see that she gets justice, because she is wearing me out with her constant requests!'"

6 • Then the Lord said, "Learn a lesson from
7 this unjust judge. • Even he rendered a just decision in the end. So don't you think God will surely give justice to his chosen people who cry out to him day and night? Will he
8 keep putting them off? • I tell you, he will grant justice to them quickly! But when the Son of Man* returns, how many will he find on the earth who have faith?"

Parable of the Pharisee and Tax Collector

9 • Then Jesus told this story to some who had great confidence in their own righteousness
10 and scorned everyone else: • "Two men went to the Temple to pray. One was a Pharisee, and the other was a despised tax
11 collector. • The Pharisee stood by himself and prayed this prayer*: 'I thank you, God, that I am not like other people—cheaters, sinners, adulterers. I'm certainly not like that
12 tax collector! • I fast twice a week, and I give you a tenth of my income.'

13 • "But the tax collector stood at a distance and dared not even lift his eyes to heaven as he prayed. Instead, he beat his chest in sorrow, saying, 'O God, be merciful to me, for I
14 am a sinner.' • I tell you, this sinner, not the Pharisee, returned home justified before God. For those who exalt themselves will be humbled, and those who humble them-

---

17:37a Greek "Where, Lord?" 17:37b Greek "Wherever the carcass is, the vultures gather." 18:8 "Son of Man" is a title Jesus used for himself. 18:11 Some manuscripts read stood and prayed this prayer to himself.

17:36 어떤 사본에는 다음과 같은 구절이 있다. "또 두 사람이 밭에 있을 것이니 하나는 데려가고 하나는 남을 것이다."

어린아이와 같지 않으면

15 사람들이 예수님께서 만져 주시기를 원하여 어린아이들을 데리고 왔습니다. 제자들이 이를 보고 그들을 꾸짖었습니다.

16 그러나 예수님께서 그들을 부르시고 말씀하셨습니다. "어린아이들이 내게로 오는 것을 막지 마라. 하나님 나라는 이런 어린아이들의 것이다.

17 내가 진정으로 너희에게 말한다. 어린아이와 같이 하나님 나라를 받아들이지 않는 사람은 하나님 나라에 들어갈 수 없다."

한 부자의 질문

18 어떤 지도자가 예수님께 "선한 선생님, 영생을 얻으려면 무엇을 해야 합니까?"라고 물었습니다.

19 예수님께서 대답하셨습니다. "왜 나를 선하다고 하느냐? 선한 분은 오직 하나님 한 분뿐이시다.

20 너는 계명들을 알고 있다. '간음하지 마라, 살인하지 마라, 도둑질하지 마라, 거짓 증언하지 마라, 네 아버지와 어머니를 공경하여라.'"

21 그가 대답했습니다. "이 모든 것을 저는 어려서부터 다 지켜왔습니다."

22 예수님께서 이 말을 들으시고 그에게 말씀하셨습니다. "네게 아직도 부족한 것이 하나 있다. 네 재산을 다 팔아 가난한 사람들에게 나누어 주어라. 그러면 하늘에서 보화를 얻을 것이다. 그리고 와서 나를 따르라."

23 이 말씀을 듣고 그는 몹시 근심하였습니다. 왜냐하면 그는 큰 부자였기 때문입니다.

24 예수님께서 그를 보시며 말씀하셨습니다. "부자가 하나님 나라에 들어가는 것이 참으로 어렵다.

25 부자가 하나님 나라에 들어가는 것보다, 낙타가 바늘 구멍으로 지나가는 것이 더 쉽다."

26 사람들이 이 말씀을 듣고 말했습니다. "그렇다면 누가 구원 받을 수 있겠습니까?"

27 예수님께서 말씀하셨습니다. "사람으로는 할 수 없는 것을 하나님께서는 하실 수 있다."

28 그때, 베드로가 말했습니다. "우리는 모든 것을 버리고 주님을 따랐습니다."

29 예수님께서 제자들에게 말씀하셨습니다. "내가 진정으로 너희에게 말한다. 하나님 나라를 위해 집이나 아내나 형제나 부모나 자녀를 버린 사람은

30 이 세상에서 여러 배로 받을 것이요, 또한 오는 세상에서 영생을 얻을 것이다."

selves will be exalted."

Jesus Blesses the Children

15 •One day some parents brought their little children to Jesus so he could touch and bless them. But when the disciples saw this, they scolded the parents for bothering him.

16 •Then Jesus called for the children and said to the disciples, "Let the children come to me. Don't stop them! For the Kingdom of God

17 belongs to those who are like these children. •I tell you the truth, anyone who doesn't receive the Kingdom of God like a child will never enter it."

The Rich Man

18 •Once a religious leader asked Jesus this question: "Good Teacher, what should I do to inherit eternal life?"

19 • "Why do you call me good?" Jesus asked

20 him. "Only God is truly good. •But to answer your question, you know the commandments: 'You must not commit adultery. You must not murder. You must not steal. You must not testify falsely. Honor your father and mother.' *"

21 •The man replied, "I've obeyed all these commandments since I was young."

22 •When Jesus heard his answer, he said, "There is still one thing you haven't done. Sell all your possessions and give the money to the poor, and you will have treasure in heaven. Then come, follow me."

23 •But when the man heard this he became very sad, for he was very rich.

24 •When Jesus saw this,* he said, "How hard it

25 is for the rich to enter the Kingdom of God! •In fact, it is easier for a camel to go through the eye of a needle than for a rich person to enter the Kingdom of God!"

26 •Those who heard this said, "Then who in the world can be saved?"

27 •He replied, "What is impossible for people is possible with God."

28 •Peter said, "We've left our homes to follow you."

29 • "Yes," Jesus replied, "and I assure you that everyone who has given up house or wife or brothers or parents or children, for the sake of

30 the Kingdom of God, •will be repaid many times over in this life, and will have eternal life in the world to come."

adultery [ədʌ́ltəri] *n.* 간통, 부정, 불륜
render [réndər] *vt.* (판결을) 내리다
testify [téstəfài] *vi.* 증언하다
18:5 wear A out with B : A를 B로 인해 지치게 하다

18:20 Exod 20:12-16; Deut 5:16-20.   18:24 Some manuscripts read *When Jesus saw how sad the man was.*

죽음과 부활에 대하여

31 예수님께서 열두 제자를 따로 부르시고 말씀하셨습니다. "보아라. 우리는 예루살렘으로 올라간다. 인자에 대하여 예언자들이 기록한 모든 일이 이루어질 것이다.

32 인자가 이방인들에게 넘겨져 조롱을 당하고 모욕을 당하며 침뱉음을 당할 것이다.

33 그리고 이방인들이 인자를 채찍질한 후 죽일 것이다. 그러나 삼일 만에 다시 살아날 것이다."

34 그러나 제자들은 이 말씀을 하나도 이해하지 못하였습니다. 이 말씀의 뜻이 감추어져 있어서 제자들은 예수님께서 하시는 말씀을 이해하지 못하였습니다.

보지 못하는 사람을 고치신 예수님

35 예수님께서 여리고에 가까이 가셨을 때였습니다. 어떤 보지 못하는 사람이 길가에 앉아 구걸하고 있었습니다.

36 많은 사람들이 지나가는 소리를 듣고 그가 무슨 일인지 물었습니다.

37 사람들이 나사렛 예수님이 지나가신다고 말해 주었습니다.

38 그러자 그는 큰 소리로 외쳤습니다. "다윗의 자손 예수님, 제게 자비를 베풀어 주십시오."

39 앞서 가던 사람들이 그를 엄히 꾸짖으며 조용히 하라고 했습니다. 그러나 그는 더욱 큰 소리로 외쳤습니다. "다윗의 자손이여, 제게 자비를 베풀어 주십시오."

40 예수님께서 걸음을 멈추시고 그를 데려오라고 명하셨습니다. 그가 가까이 왔을 때, 예수님께서 물으셨습니다.

41 "무엇을 해 주기를 원하느냐?" 그러자 그가 대답하였습니다. "주님, 다시 보기를 원합니다."

42 예수님께서 그에게 말씀하셨습니다. "눈을 떠 보아라. 네 믿음이 너를 낫게 하였다."

43 그 즉시, 그가 눈을 뜨고 예수님을 따르며 하나님께 영광을 돌렸습니다. 모든 사람들이 이것을 보고 하나님께 찬양을 드렸습니다.

뽕나무에 올라간 삭개오

19 예수님께서 여리고에 들어가 거리를 지나시는 중이었습니다.

2 여리고에는 삭개오라는 사람이 있었습니다. 그는 세리장이었고, 부자였습니다.

3 삭개오는 예수님이 어떤 분인지 보려고 하였으나 사람들 때문에 볼 수 없었습니다. 그는 키가 작았던 것입니다.

4 그는 예수님을 보려고 앞서 달려가서 뽕나무에 올라갔습니다. 왜냐하면 예수님께서 그 길을 지나실 것이었기 때문입니다.

5 예수님께서 그곳에 이르러 위를 쳐다보시고 삭개

Jesus Again Predicts His Death

31 •Taking the twelve disciples aside, Jesus said, "Listen, we're going up to Jerusalem, where all the predictions of the prophets concern- 32 ing the Son of Man will come true. •He will be handed over to the Romans,* and he will be mocked, treated shamefully, and spit 33 upon. •They will flog him with a whip and kill him, but on the third day he will rise again."

34 •But they didn't understand any of this. The significance of his words was hidden from them, and they failed to grasp what he was talking about.

Jesus Heals a Blind Beggar

35 •As Jesus approached Jericho, a blind beggar 36 was sitting beside the road. •When he heard the noise of a crowd going past, he asked 37 what was happening. •They told him that 38 Jesus the Nazarene* was going by. •So he began shouting, "Jesus, Son of David, have mercy on me!"

39 •"Be quiet!" the people in front yelled at him.

But he only shouted louder, "Son of David, have mercy on me!"

40 •When Jesus heard him, he stopped and ordered that the man be brought to him. As 41 the man came near, Jesus asked him, •"What do you want me to do for you?"

"Lord," he said, "I want to see!"

42 •And Jesus said, "All right, receive your 43 sight! Your faith has healed you." •Instantly the man could see, and he followed Jesus, praising God. And all who saw it praised God, too.

Jesus and Zacchaeus

19 Jesus entered Jericho and made his 2 way through the town. •There was a man there named Zacchaeus. He was the chief tax collector in the region, and he had 3 become very rich. •He tried to get a look at Jesus, but he was too short to see over the 4 crowd. •So he ran ahead and climbed a sycamore-fig tree beside the road, for Jesus was going to pass that way.

5 •When Jesus came by, he looked up at Zacchaeus and called him by name. "Zacchaeus!" he said. "Quick, come down! I must be a guest in your home today."

---

mock [mäk] *vt.* 조롱하다
notorious [noutɔ́:riəs] *a.* 악명높은
salvation [sælvéi∫ən] *n.* 구원

18:32 Greek *the Gentiles.*   18:37 Or *Jesus of Nazareth.*

오게 말씀하셨습니다. "삭개오야, 어서 내려오너라. 오늘 내가 네 집에서 묵어야 하겠다."

6 삭개오가 빨리 내려와 예수님을 기쁘게 맞이했습니다.

7 사람들은 이것을 보고 모두 수군거렸습니다. "저 사람이 죄인의 집에 묵으려고 들어갔다."

8 삭개오가 서서 주님께 말씀드렸습니다. "주님, 제 재산의 절반을 가난한 사람들에게 주겠습니다. 그리고 제가 남의 것을 속여 얻은 것이 있으면, 네 배로 갚겠습니다."

9 예수님께서 삭개오에게 말씀하셨습니다. "오늘 이 집에 구원이 찾아왔다. 이 사람도 아브라함의 자손이다.

10 인자는 잃어버린 사람을 찾아 구원하러 왔다."

므나의 비유

11 사람들이 예수님의 말씀을 듣고 있을 때, 예수님께서 비유를 들어 말씀해 주셨습니다. 이 비유를 드신 것은, 예수님께서 예루살렘에 가까이 오셨으므로, 사람들이 곧 하나님 나라가 나타날 것으로 생각하였기 때문입니다.

12 예수님께서 말씀하셨습니다. "어떤 귀족이 왕위를 받아 오려고 먼 나라로 가게 되었다.

13 그는 열 명의 종을 불러 한 므나*씩 열 므나의 돈을 나누어 주면서 말했다. '내가 돌아올 때까지 장사를 하여라.'

14 그러나 그의 백성들은 그를 미워하여 밀사를 뒤따라 보내어 왕위를 줄 사람에게 말을 전하였다. '우리는 이 사람이 우리의 왕이 되는 것을 원하지 않습니다.'

15 그러나 그 귀족은 왕위를 받아 가지고 돌아와서, 돈을 맡겼던 종들을 불러 장사를 어떻게 했는지 알아보려고 하였다.

16 첫 번째 종이 와서 말했다. '주인님, 주인님의 한 므나로 열 므나를 만들었습니다.'

17 왕이 그에게 말했다. '잘하였다! 착한 종아. 네가 아주 작은 일에 충실하였으니 네게 열 마을을 맡기겠다.'

18 두 번째 종도 와서 말했다. '주인님, 주인님의 한 므나로 다섯 므나를 만들었습니다.'

19 왕이 그에게도 말했다. '네게는 다섯 마을을 맡기겠다.'

20 그런데 또 다른 종이 와서 이렇게 말하였다. '주인님, 주인님의 돈을 보십시오. 내가 이것을 수건에 싸 두었습니다.

21 주인님은 엄하신 분이라, 제가 주인님을 두려워하여 그렇게 했습니다. 주인님은 맡기지 않은 것을 가져가고, 심지도 않은 것을 거둬들이십니다.'

22 그러자 주인이 그에게 말하였다. '이 악한 종아, 네

6 •Zacchaeus quickly climbed down and took Jesus to his house in great excitement and joy. 7 •But the people were displeased. "He has gone to be the guest of a notorious sinner," they grumbled.

8 •Meanwhile, Zacchaeus stood before the Lord and said, "I will give half my wealth to the poor, Lord, and if I have cheated people on their taxes, I will give them back four times as much!"

9 •Jesus responded, "Salvation has come to this home today, for this man has shown 10 himself to be a true son of Abraham. •For the Son of Man* came to seek and save those who are lost."

Parable of the Ten Servants

11 •The crowd was listening to everything Jesus said. And because he was nearing Jerusalem, he told them a story to correct the impression that the Kingdom of God would 12 begin right away. •He said, "A nobleman was called away to a distant empire to be 13 crowned king and then return. •Before he left, he called together ten of his servants and divided among them ten pounds of silver,* saying, 'Invest this for me while I am gone.' 14 •But his people hated him and sent a delegation after him to say, 'We do not want him to be our king.'

15 •"After he was crowned king, he returned and called in the servants to whom he had given the money. He wanted to find out 16 what their profits were. •The first servant reported, 'Master, I invested your money and made ten times the original amount!'

17 •"'Well done!' the king exclaimed. 'You are a good servant. You have been faithful with the little I entrusted to you, so you will be governor of ten cities as your reward.'

18 •"The next servant reported, 'Master, I invested your money and made five times the original amount.'

19 •"'Well done!' the king said. 'You will be governor over five cities.'

20 •"But the third servant brought back only the original amount of money and said, 'Master, I hid your money and kept it 21 safe. •I was afraid because you are a hard man to deal with, taking what isn't yours and harvesting crops you didn't plant.'

22 •"'You wicked servant!' the king roared.

19:10 "Son of Man" is a title Jesus used for himself. **19:13** Greek *ten minas;* one mina was worth about three months' wages.

19:13 므나는 약 100데나리온, 곧 100일 동안의 품삯에 해당된다.

가한 말로 너를 판단하겠다. 너는 내가 맡기지 않은 것을 가져가고, 심지도 않은 것을 거둬들이는 엄한 사람으로 알았느냐?

23 그렇다면 왜 내 돈을 은행에 맡기어 내가 돌아왔을 때, 이자와 원금을 받게 하지 않았느냐?'

24 그리고서 주인은 곁에 선 사람들에게 말했다. '저에게 있는 므나를 빼앗아 열 므나 가진 사람에게 주어라.'

25 그러자 사람들이 말했다. '주인님, 그에게는 이미 열 므나가 있습니다.'

26 '내가 너희에게 말한다. 있는 사람은 더 받을 것이고, 없는 사람은 있는 것마저 빼앗길 것이다.

27 그리고 내가 왕이 되는 것을 원치 않던 내 원수들을 끌어다가 내 앞에서 죽여라.'"

왕으로 예루살렘에 들어가신 예수님

28 예수님께서 이 말씀을 하시고 앞장 서서 예루살렘을 향해 올라가셨습니다.

29 올리브 산 근처에 있는 벳바게와 베다니에 이르렀을 때였습니다. 예수님께서 두 제자를 보내셨습니다.

30 그리고 말씀하셨습니다. "맞은편 마을로 가거라. 그곳에 들어가면 아무도 타 보지 않은 나귀 새끼 한 마리가 매여 있는 것을 볼 것이다. 그것을 풀어 이리 끌고 오너라.

31 만일 누가 '왜 나귀를 푸시오?' 하고 묻거든 '주님께서 필요하시답니다' 라고 말하여라."

32 보냄을 받은 제자들이 가 보니, 예수님께서 말씀하신 대로 나귀 새끼를 발견했습니다.

33 그들이 나귀 새끼를 풀자, 주인이 그들에게 물었습니다. "왜 나귀 새끼를 푸시오?"

34 제자들이 대답했습니다. "주님께서 필요하시답니다."

35 제자들이 나귀를 예수님께 끌고 와서 자기들의 겉옷을 벗어 나귀의 등에 펴고 예수님을 태웠습니다.

36 예수님께서 가실 때에 사람들이 겉옷을 벗어 길에 펼쳤습니다.

37 예수님께서 올리브 산 비탈길 가까이 오셨을 때, 모든 제자들이 기뻐하며 큰 소리로 하나님을 찬양하였습니다. 그것은 이들이 여러 가지 기적을 목격했기 때문입니다.

38 "주님의 이름으로 오시는 왕에게 복이 있다. 하늘에는 평화, 가장 높은 곳에는 영광."

39 그러자 사람들 사이에 있던 몇몇 바리새파 사람들이 예수님께 말했습니다. "선생님, 제자들을 꾸짖으십시오."

40 예수님께서 대답하셨습니다. "내가 너희에게 말한다. 이 사람들이 잠잠하면 돌들이 소리를 지를 것이

'Your own words condemn you. If you knew that I'm a hard man who takes what isn't mine and harvests crops I didn't plant,

23 ●why didn't you deposit my money in the bank? At least I could have gotten some interest on it.'

24 ● "Then, turning to the others standing nearby, the king ordered, 'Take the money from this servant, and give it to the one who has ten pounds.'

25 ● " 'But, master,' they said, 'he already has ten pounds!'

26 ● " 'Yes,' the king replied, 'and to those who use well what they are given, even more will be given. But from those who do nothing, even what little they have will be

27 taken away. ●And as for these enemies of mine who didn't want me to be their king— bring them in and execute them right here in front of me.' "

Jesus' Triumphant Entry

28 ● After telling this story, Jesus went on toward Jerusalem, walking ahead of his dis-

29 ciples. ● As he came to the towns of Beth-phage and Bethany on the Mount of Olives,

30 he sent two disciples ahead. ● "Go into that village over there," he told them. "As you enter it, you will see a young donkey tied there that no one has ever ridden. Untie it

31 and bring it here. ●If anyone asks, 'Why are you untying that colt?' just say, 'The Lord needs it.'

32 ● So they went and found the colt, just as

33 Jesus had said. ● And sure enough, as they were untying it, the owners asked them, "Why are you untying that colt?"

34 ● And the disciples simply replied, "The

35 Lord needs it." ● So they brought the colt to Jesus and threw their garments over it for him to ride on.

36 ● As he rode along, the crowds spread out their garments on the road ahead of him.

37 ● When he reached the place where the road started down the Mount of Olives, all of his followers began to shout and sing as they walked along, praising God for all the wonderful miracles they had seen.

38 ● "Blessings on the King who comes in the name of the LORD!

Peace in heaven, and glory in highest heaven!"*

39 ● But some of the Pharisees among the crowd said, "Teacher, rebuke your followers for saying things like that!"

40 ● He replied, "If they kept quiet, the stones

19:38 Ps 118:26; 148:1.

다."

예루살렘을 위해 눈물을 흘리심

41 예수님께서 예루살렘에 가까이 오셔서 그 도시를 바라보시고 눈물을 흘리셨습니다.

42 그리고 말씀하셨습니다. "오늘 네가 평화의 길을 알았더라면 좋았을 텐데. 그러나 지금은 이것이 너에게 감춰져 있다.

43 네 원수들이 너를 향해 흙덩이를 쌓고 너를 에워싸고 사방으로 포위할 때가 올 것이다.

44 그리고 너를 짓밟고, 너와 함께한 네 자녀들도 짓밟을 것이다. 또한 돌 위에 다른 돌 하나라도 남지 않게 할 것이다. 이는 하나님께서 찾아온 때를 네가 깨닫지 못했기 때문이다."

성전을 깨끗하게 하심

45 예수님께서 성전에 들어가 장사하는 사람들을 내쫓기 시작하셨습니다.

46 그리고 그들에게 말씀하셨습니다. "'내 집은 기도하는 집이다'*라고 성경에 쓰여 있는데 너희는 이 집을 '강도의 소굴'*로 만들었다."

47 예수님께서 날마다 성전에서 가르치셨습니다. 그러자 대제사장들과 율법학자들, 그리고 백성의 지도자들이 예수님을 죽이려고 하였습니다.

48 그러나 모든 백성들이 예수님의 말씀을 열심히 듣고 있었으므로 예수님을 죽일 방법을 찾을 수 없었습니다.

예수님의 권한

20 예수님께서 성전에서 사람들을 가르치시며 복음을 전하고 계셨습니다. 그때, 대제사장들과 율법학자들이 장로들과 함께 예수님께 왔습니다.

2 그리고 예수님께 말하였습니다. "당신이 무슨 권한으로 이런 일을 하는지 우리에게 말해 주시오. 누가 이런 권한을 당신에게 주었소?"

3 예수님께서 그들에게 대답하셨습니다. "나도 한 가지 물어 보겠다. 내게 말하여라.

4 요한의 세례가 하늘로부터 왔느냐, 아니면 사람에게서 왔느냐?"

5 그들이 서로 의논하여 말했습니다. "만일 우리가 하늘로부터 왔다고 말하면 왜 그를 믿지 않았느냐고 할 것이다.

6 그렇다고 사람에게서 왔다고 말하면 모든 백성들이 요한을 예언자로 확신하고 있으므로 우리를 돌로 칠 것이다."

7 그래서 그들은 어디서 왔는지 모르겠다고 대답하였습니다.

8 예수님께서 그들에게 "나도 무슨 권한으로 이런 일을 하는지 말하지 않겠다" 하고 말씀하셨습니다.

---

along the road would burst into cheers!"

Jesus Weeps over Jerusalem

41 • But as he came closer to Jerusalem and saw
42 the city ahead, he began to weep. • "How I wish today that you of all people would understand the way to peace. But now it is too late, and peace is hidden from your eyes.
43 • Before long your enemies will build ramparts against your walls and encircle you and
44 close in on you from every side. • They will crush you into the ground, and your children with you. Your enemies will not leave a single stone in place, because you did not recognize it when God visited you.*

Jesus Clears the Temple

45 • Then Jesus entered the Temple and began to drive out the people selling animals for sacri-
46 fices. • He said to them, "The Scriptures declare, 'My Temple will be a house of prayer,' but you have turned it into a den of thieves."*
47 • After that, he taught daily in the Temple, but the leading priests, the teachers of religious
48 law, and the other leaders of the people began planning how to kill him. • But they could think of nothing, because all the people hung on every word he said.

The Authority of Jesus Challenged

20 One day as Jesus was teaching the people and preaching the Good News in the Temple, the leading priests, the teachers of religious law, and the elders came up to him.
2 • They demanded, "By what authority are you doing all these things? Who gave you the right?"
3 • "Let me ask you a question first," he
4 replied. • "Did John's authority to baptize come from heaven, or was it merely human?"
5 • They talked it over among themselves. "If we say it was from heaven, he will ask why
6 we didn't believe John. • But if we say it was merely human, the people will stone us because they are convinced John was a
7 prophet." • So they finally replied that they didn't know.
8 • And Jesus responded, "Then I won't tell you by what authority I do these things."

---

baptize [bæptáiz] *vi.* 세례를 베풀다
execute [éksikjuːt] *vt.* 처형하다
rampart [rǽmpɑːrt] *n.* 성벽; 방어물

19:44 Greek *did not recognize the time of your visitation,* a reference to the Messiah's coming.
19:46 Isa 56:7; Jer 7:11.

19:46 사 56:7과 렘 7:11에 기록되어 있다.

다.

포도원 소작농의 비유

9 예수님께서 사람들에게 이런 비유를 말씀하셨습니다. "어떤 사람이 포도원을 만들어 농부들에게 세를 주고 오랫동안 여행을 갔다.

10 포도철이 되어, 그 사람은 포도원의 수확 중에서 얼마를 거두려고 종 하나를 농부들에게 보냈다. 그러나 포도원 농부들은 그를 때리고 빈손으로 돌려보냈다.

11 주인은 다른 종을 보냈다. 그러나 그 종도 때리고 온갖 모욕을 주고 빈손으로 돌려보냈다.

12 주인은 세 번째 종을 보냈다. 이 종에게도 농부들이 상처를 입혀 쫓아내었다.

13 포도원 주인은 말했다. '어떻게 할까? 내 사랑하는 아들을 보내야겠다. 아마도 내 아들은 존경할 것이다.'

14 포도원 농부들이 그를 보고 서로 의논했다. '이 사람은 상속자다. 이 사람을 죽여 유산을 우리가 가로채자.'

15 그들은 아들을 포도원 밖으로 끌어 내어 죽였다. 그러면 포도원 주인이 농부들을 어떻게 하겠느냐?

16 그가 돌아와 포도원 농부들을 죽이고 포도원은 다른 사람들에게 넘길 것이다." 사람들이 이 말씀을 듣고 말했습니다. "그런 일이 제발 일어나지 않았으면 좋겠습니다."

17 예수님께서 그들을 바라보시며 말씀하셨습니다. "그러면, '건축자들의 버린 돌이 집 모퉁이의 머릿돌이 되었다'* 고 기록된 것은 무슨 뜻이냐?

18 누구든지 그 돌 위에 떨어지는 사람은 부서질 것이요, 이 돌이 누구 위에 떨어지든지 그를 가루로 만들 것이다."

19 율법학자들과 대제사장들이 예수님께서 이 비유를 자기들을 빗대어 하신 말씀인 줄 알았습니다. 그래서 즉시 예수님을 잡기를 바랐으나 사람들을 두려워하였습니다.

가이사에게 바치는 세금

20 율법학자와 대제사장들은 예수님을 지켜 보았습니다. 그리고 의로운 사람들인 척 가장한 정탐꾼을 보내서 예수님께서 하시는 말씀 가운데 트집을 잡으려고 하였습니다. 그리고는 예수님을 총독에게 넘기려고 하였습니다.

21 이들이 예수님께 물었습니다. "선생님, 우리는 선생님이 옳게 말씀하시고 가르치시는 것을 압니다. 선생님은 차별을 하지 않으시며 진실되게 하나님의 길을 가르치시는 것을 압니다.

22 우리가 가이사에게 세금을 바치는 것이 옳습니까, 옳지 않습니까?"

Parable of the Evil Farmers

9 • Now Jesus turned to the people again and told them this story: "A man planted a vineyard, leased it to tenant farmers, and moved to another country to live for several years.

10 • At the time of the grape harvest, he sent one of his servants to collect his share of the crop. But the farmers attacked the servant, beat him up, and sent him back empty-handed. • So the owner sent another servant, but they also insulted him, beat him

12 up, and sent him away empty-handed. • A third man was sent, and they wounded him and chased him away.

13 • " 'What will I do?' the owner asked himself. 'I know! I'll send my cherished son. Surely they will respect him.'

14 • "But when the tenant farmers saw his son, they said to each other, 'Here comes the heir to this estate. Let's kill him and get the

15 estate for ourselves!' • So they dragged him out of the vineyard and murdered him.

"What do you suppose the owner of the

16 vineyard will do to them?" Jesus asked. • "I'll tell you—he will come and kill those farmers and lease the vineyard to others."

"How terrible that such a thing should ever happen," his listeners protested.

17 • Jesus looked at them and said, "Then what does this Scripture mean?

'The stone that the builders rejected
　has now become the cornerstone.' *

18 • Everyone who stumbles over that stone will be broken to pieces, and it will crush anyone it falls on."

19 • The teachers of religious law and the leading priests wanted to arrest Jesus immediately because they realized he was telling the story against them—they were the wicked farmers. But they were afraid of the people's reaction.

Taxes for Caesar

20 • Watching for their opportunity, the leaders sent spies pretending to be honest men. They tried to get Jesus to say something that could be reported to the Roman governor so

21 he would arrest Jesus. • "Teacher," they said, "we know that you speak and teach what is right and are not influenced by what others think. You teach the way of God truthfully.

22 • Now tell us—is it right for us to pay taxes to Caesar or not?"

20:17 Ps 118:22.

20:17 시 118:22에 기록되어 있다.

23 예수님께서 이들의 계략을 아시고 말씀하셨습니다.

24 "데나리온 동전 하나를 가져오너라. 이 돈에 누구의 얼굴과 이름이 새겨져 있느냐?" 그들이 대답했습니다. "가이사의 것입니다."

25 예수님께서 그들에게 말씀하셨습니다. "가이사의 것은 가이사에게, 하나님의 것은 하나님께 바쳐라."

26 그들은 사람들 앞에서 예수님의 말씀을 트집잡을 수 없었습니다. 오히려 예수님의 대답에 놀라서 말문이 막히고 말았습니다.

부활에 대하여

27 부활이 없다고 하는 사두개파 사람들 가운데 몇몇이 예수님께 왔습니다.

28 그리고 예수님께 물었습니다. "선생님, 모세는 형이 자식 없이 아내를 두고 죽으면 동생이 형수와 결혼하고 형을 위해서 자식을 낳아야 한다고 했습니다.

29 그런데 일곱 형제가 있었습니다. 첫째가 아내를 얻었으나 자식이 없이 죽었습니다.

30 그리고 둘째도 자식 없이 죽었습니다.

31 셋째도 마찬가지였습니다. 결국 일곱 형제가 모두 자식이 없이 죽었습니다.

32 마침내 그 여자도 죽었습니다.

33 그러면 부활 때, 그는 누구의 아내가 되어야 합니까? 일곱 형제가 모두 그를 아내로 맞이하였으니 말입니다."

34 예수님께서 그들에게 말씀하셨습니다. "이 세대의 아들들은 장가가고 시집간다.

35 그러나 죽었다가 다시 부활하여 하늘나라에서 살 자격이 인정된 사람들은 장가도 가지 않고, 시집도 가지 않는다.

36 그들은 천사들과 같아서 다시 죽을 수도 없다. 그들은 부활의 아들들이므로 하나님의 자녀들이다.

37 죽은 사람들의 부활에 대해서는 모세도 떨기나무가 나오는 대목에서 잘 보여 주었다. 모세는 주님을 '아브라함의 하나님, 이삭의 하나님, 야곱의 하나님'이라고 하였다.

38 하나님은 죽은 사람들의 하나님이 아니라 살아 있는 사람들의 하나님이시다. 이들 모두는 하나님께 대하여 살아 있다."

39 율법학자 몇 사람이 대답하였습니다. "선생님, 옳은 말씀을 하셨습니다."

40 사람들은 예수님께 감히 더 이상 묻지 못하였습니다.

그리스도와 다윗의 자손

41 예수님께서 그들에게 말씀하셨습니다. "사람들이

23 • He saw through their trickery and said,

24 • "Show me a Roman coin.* Whose picture and title are stamped on it?"

"Caesar's," they replied.

25 • "Well then," he said, "give to Caesar what belongs to Caesar, and give to God what belongs to God."

26 • So they failed to trap him by what he said in front of the people. Instead, they were amazed by his answer, and they became silent.

Discussion about Resurrection

27 • Then Jesus was approached by some Sadducees—religious leaders who say there 28 is no resurrection from the dead. • They posed this question: "Teacher, Moses gave us a law that if a man dies, leaving a wife but no children, his brother should marry the widow and have a child who will carry on 29 the brother's name.* • Well, suppose there were seven brothers. The oldest one married 30 and then died without children. • So the second brother married the widow, but he also 31 died. • Then the third brother married her. This continued with all seven of them, who 32 died without children. • Finally, the woman 33 also died. • So tell us, whose wife will she be in the resurrection? For all seven were married to her!"

34 • Jesus replied, "Marriage is for people 35 here on earth. • But in the age to come, those worthy of being raised from the dead will neither marry nor be given in marriage. 36 • And they will never die again. In this respect they will be like angels. They are children of God and children of the resurrection.

37 • "But now, as to whether the dead will be raised—even Moses proved this when he wrote about the burning bush. Long after Abraham, Isaac, and Jacob had died, he referred to the Lord* as 'the God of Abraham, the God of Isaac, and the God of 38 Jacob.' * • So he is the God of the living, not the dead, for they are all alive to him."

39 • "Well said, Teacher!" remarked some of the teachers of religious law who were stand-40 ing there. • And then no one dared to ask him any more questions.

Whose Son Is the Messiah?

41 • Then Jesus presented them with a question. "Why is it," he asked, "that the Messiah

---

trickery [tríkəri] *n.* 농간, 책략

20:24 Greek *a denarius.*　20:28 See Deut 25:5-6.
20:37a Greek *when he wrote about the bush. He referred to the Lord.*　20:37b Exod 3:6.

왜 그리스도를 다윗의 아들이라고 하느냐?

42 다윗이 시편에서 직접 말하였다. '주께서 내 주에게 말씀하셨습니다. 너는 내 오른쪽에 앉아라.

43 내가 네 원수들을 네 발판으로 삼을 때까지.' *

44 다윗이 그리스도를 '주님'이라고 하였는데, 어떻게 그리스도가 다윗의 자손이 되겠느냐?"

율법학자들을 꾸짖으심

45 모든 백성들이 듣고 있을 때에 예수님께서 제자들에게 말씀하셨습니다.

46 "율법학자를 주의하여라. 이들은 긴 옷을 입고 다니는 것을 좋아하며 시장에서 인사받는 것과 회당과 잔치에서 윗자리를 좋아한다.

47 이들은 과부의 집을 삼키며 남에게 보이려고 길게 기도한다. 이들은 더 큰 심판을 받을 것이다."

과부의 헌금

21 예수님께서 부자들이 헌금함에 헌금을 넣는 것을 보셨습니다.

2 또 가난한 과부가 렙돈* 동전 두 개를 넣는 것을 보셨습니다.

3 예수님께서 말씀하셨습니다. "내가 진정으로 너희에게 말한다. 이 가난한 과부가 그 누구보다도 더 많은 헌금을 하였다.

4 이 사람들은 다 넉넉한 가운데서 헌금을 드렸다. 그러나 이 여자는 매우 가난한 가운데서 가지고 있는 생활비 전부를 드렸다."

성전이 무너질 것을 예언하심

5 몇몇 사람이 성전에 대해 아름다운 돌과 헌금으로 꾸며졌다고 이야기하였습니다. 그러자 예수님께서 말씀하셨습니다.

6 "너희가 지금 보고 있는 이것들이 돌 하나도 돌 위에 남지 않고 다 무너질 날이 올 것이다."

7 제자들이 예수님께 물었습니다. "선생님, 언제 이런 일들이 있겠습니까? 그리고 이런 일들이 일어날 때, 어떤 징조가 나타나겠습니까?"

8 예수님께서 그들에게 말씀하셨습니다. "너희가 속지 않도록 조심하여라. 많은 사람들이 내 이름으로 와서 '내가 그리스도다' 하거나 '때가 왔다'고 말할 것이다. 그러나 그들을 따라가지 마라.

9 전쟁과 난리의 소식을 들을 때, 두려워하지 마라. 이런 일들이 먼저 일어나야 하겠으나 종말이 바로 뒤따라 오는 것은 아니다."

10 예수님께서 계속해서 그들에게 말씀하셨습

---

is said to be the son of David? • For David himself wrote in the book of Psalms:

> "The LORD said to my Lord,
> Sit in the place of honor at my right hand
43 • until I humble your enemies,
> making them a footstool under your feet.' *

44 •Since David called the Messiah 'Lord,' how can the Messiah be his son?"

45 •Then, with the crowds listening, he turned to
46 his disciples and said, • "Beware of these teachers of religious law! For they like to parade around in flowing robes and love to receive respectful greetings as they walk in the marketplaces. And how they love the seats of honor in the synagogues
47 and the head table at banquets. • Yet they shamelessly cheat widows out of their property and then pretend to be pious by making long prayers in public. Because of this, they will be severely punished."

The Widow's Offering

21 While Jesus was in the Temple, he watched the rich people dropping their gifts in the
2 collection box. • Then a poor widow came by and dropped in two small coins.*
3 • "I tell you the truth," Jesus said, "this poor widow has given more than all the rest of them.
4 • For they have given a tiny part of their surplus, but she, poor as she is, has given everything she has."

Jesus Speaks about the Future

5 •Some of his disciples began talking about the majestic stonework of the Temple and the memo-
6 rial decorations on the walls. But Jesus said, • "The time is coming when all these things will be completely demolished. Not one stone will be left on top of another!"

7 • "Teacher," they asked, "when will all this happen? What sign will show us that these things are about to take place?"

8 •He replied, "Don't let anyone mislead you, for many will come in my name, claiming, 'I am the Messiah,' * and saying, 'The time has come!' But
9 don't believe them. • And when you hear of wars and insurrections, don't panic. Yes, these things must take place first, but the end won't follow
10 immediately." • Then he added, "Nation will go to war against nation, and kingdom against king-

---

insurrection [ìnsərékʃən] *n.* 폭동, 반란
pious [páiəs] *a.* 경건한, 독실한

20:42-43 Ps 110:1.　21:2 Greek *two lepta* [the smallest of Jewish coins].　21:8 Greek *claiming, 'I am.'*

20:42-43 시 110:1에 기록되어 있다.
21:2 1렙돈은 1데나리온의 1/128에 해당된다.

니다. "나라가 나라를 대항하여 일어나고 왕국이 왕국을 맞서 일어날 것이다.

11 큰 지진이 있을 것이며 여러 곳에서 질병과 기근이 있을 것이다. 하늘로부터 무서운 일과 큰 징조가 있을 것이다.

12 그러나 이 모든 일들이 일어나기 전에 사람들이 너희를 잡고 박해할 것이다. 또한 너희를 회당과 감옥에 넘길 것이다. 너희는 내 이름 때문에 왕과 총독 앞에 끌려갈 것이다.

13 그러나 이것이 너희에게는 증거의 기회가 될 것이다.

14 너희는 변론할 말을 미리 준비하지 않겠다고 마음에 결심하여라.

15 내가 너희에게 말과 지혜를 주어 너희 원수 가운데 그 누구도 너희를 맞서거나 반박하지 못할 것이다.

16 너희의 부모와 형제, 친척, 친구들이 너희를 넘겨 줄 것이다. 그리고 너희 중 몇몇을 죽이기도 할 것이다.

17 너희는 내 이름 때문에 모두에게 미움을 받을 것이다.

18 그러나 너희 머리카락 하나도 다치지 않을 것이다.

19 너희는 인내함으로 생명을 얻을 것이다."

예루살렘의 파괴

20 "예루살렘이 군대에 포위당한 것을 보면 예루살렘의 파괴가 곧 다가왔다는 것을 깨달아라.

21 그때에 유대에 있는 사람들은 산으로 도망하여라. 예루살렘 안에 있는 사람들은 빨리 빠져 나가거라. 시골에 있는 사람들은 예루살렘 안으로 들어가지 마라.

22 그것은 이날이 바로 징벌의 날이기 때문이다. 기록된 모든 것이 이루어질 것이다.

23 그날에는 임신한 여자와 아기에게 젖을 먹이는 여자에게 화가 있다. 땅에는 큰 고통이 닥치겠고, 진노가 이 백성에게 내릴 것이다.

24 그들은 칼날에 쓰러질 것이며 여러 나라에 포로로 붙잡혀 갈 것이다. 이방인의 때가 끝날 때까지 예루살렘은 이방인들의 발에 짓밟힐 것이다."

인자가 오심

25 "해와 달과 별들에게서 징조가 있을 것이다. 땅에서는 민족들이 바다와 파도의 소리에 당황할 것이다.

26 사람들은 세상에 닥칠 일을 예상하며 두려워하고 기절할 것이다. 이것은 하늘에 있는 권세가 흔들릴 것이기 때문이다.

27 그때에 사람들은 인자가 구름을 타고 능력과 큰 영광으로 오는 것을 볼 것이다.

28 이러한 일이 일어나기 시작할 때, 일어서서 너희의

11 dom. •There will be great earthquakes, and there will be famines and plagues in many lands, and there will be terrifying things and great miraculous signs from heaven.

12 •"But before all this occurs, there will be a time of great persecution. You will be dragged into synagogues and prisons, and you will stand trial before kings and gover-
13 nors because you are my followers. •But this will be your opportunity to tell them about
14 me.* •So don't worry in advance about how
15 to answer the charges against you, •for I will give you the right words and such wisdom that none of your opponents will be able to
16 reply or refute you! •Even those closest to you—your parents, brothers, relatives, and friends—will betray you. They will even kill
17 some of you. •And everyone will hate you
18 because you are my followers.* •But not a
19 hair of your head will perish! •By standing firm, you will win your souls.

20 •"And when you see Jerusalem surrounded by armies, then you will know that the
21 time of its destruction has arrived. •Then those in Judea must flee to the hills. Those in Jerusalem must get out, and those out in the
22 country should not return to the city. •For those will be days of God's vengeance, and the prophetic words of the Scriptures will be
23 fulfilled. •How terrible it will be for pregnant women and for nursing mothers in those days. For there will be disaster in the land and great anger against this people.
24 •They will be killed by the sword or sent away as captives to all the nations of the world. And Jerusalem will be trampled down by the Gentiles until the period of the Gentiles comes to an end.

25 •"And there will be strange signs in the sun, moon, and stars. And here on earth the nations will be in turmoil, perplexed by the
26 roaring seas and strange tides. •People will be terrified at what they see coming upon the earth, for the powers in the heavens will
27 be shaken. •Then everyone will see the Son of Man* coming on a cloud with power and
28 great glory.* •So when all these things begin to happen, stand and look up, for your salvation is near!"

---

perplexed [pərplékst] *a.* 당황한
persecution [pə:rsikjú:ʃən] *n.* 박해
turmoil [tə́:rmɔil] *n.* 소란, 혼란, 분투
vengeance [véndʒəns] *n.* 복수

21:13 Or *This will be your testimony against them.* 21:17 Greek *on account of my name.* 21:27a "Son of Man" is a title Jesus used for himself. 21:27b See Dan 7:13.

머리를 들어라. 이는 너희의 구원이 가까이 오고 있기 때문이다."

무화과나무의 교훈

29 예수님께서 이런 비유를 말씀하셨습니다. "무화과나무와 다른 모든 나무들을 보아라.

30 잎사귀가 돋는 것을 보면 너희는 여름이 가까웠다는 것을 알 것이다.

31 이와같이 너희도 이런 일들이 일어나는 것을 볼 때, 하나님 나라가 가까운 줄 깨달아라.

32 내가 진정으로 너희에게 말한다. 이 세대가 다 지나기 전에 이 모든 일들이 일어날 것이다.

33 하늘과 땅은 없어질지라도, 내 말은 결코 없어지지 않을 것이다."

항상 깨어 준비하여라

34 "네 마음이 방탕과 술취함과 삶의 걱정으로 무겁게 눌리지 않도록 하여라. 그날이 마치 덫처럼 갑자기 네게 다가올 것이다.

35 그날은 온 땅 위에 살고 있는 모든 사람에게 다가올 것이다.

36 일어날 이 모든 일들을 피할 힘을 얻고, 인자 앞에 서기 위하여 항상 기도하며 깨어 있어라."

37 예수님께서 낮에는 성전에서 가르치시고, 밤에는 밖으로 나가셔서 올리브라고 불리는 산에서 지내셨습니다.

38 모든 사람들은 아침 일찍 일어나 예수님께 말씀을 들으려고 성전으로 나아왔습니다.

유다의 배반

22 유월절이라고도 하는 무교절이 다가왔습니다.

2 대제사장들과 율법학자들은 어떻게 하면 예수님을 죽일까 궁리를 하였습니다. 이는 그들이 사람들을 두려워하였기 때문입니다.

3 사탄이 열두 제자 중 하나인 가룟이라고 하는 유다에게로 들어갔습니다.

4 유다가 대제사장과 성전 수비대장에게 가서 예수님을 그들에게 어떻게 넘겨 줄지를 의논하였습니다.

5 그들은 기뻐하면서 유다에게 돈을 주겠다고 약속했습니다.

6 유다도 찬성하고 사람들이 없을 때에 예수님을 그들에게 넘겨 줄 적당한 기회를 찾았습니다.

유월절 준비

7 유월절 양을 희생 제물로 바치는 무교절이 되었습니다.

8 예수님께서 베드로와 요한을 보내면서 말씀하셨습니다. "가서 우리가 먹을 수 있도록 유월절을 준비하여라."

---

28 • Then he gave them this illustration:

29 "Notice the fig tree, or any other tree. • When

30 the leaves come out, you know without

31 being told that summer is near. • In the same way, when you see all these things taking place, you can know that the Kingdom of

32 God is near. • I tell you the truth, this generation will not pass from the scene until all

33 these things have taken place. • Heaven and earth will disappear, but my words will never disappear.

34 • "Watch out! Don't let your hearts be dulled by carousing and drunkenness, and by the worries of this life. Don't let that day

35 catch you unaware, • like a trap. For that day will come upon everyone living on the

36 earth. • Keep alert at all times. And pray that you might be strong enough to escape these coming horrors and stand before the Son of Man."

37 • Every day Jesus went to the Temple to teach, and each evening he returned to

38 spend the night on the Mount of Olives. • The crowds gathered at the Temple early each morning to hear him.

Judas Agrees to Betray Jesus

22 The Festival of Unleavened Bread, which is also called Passover, was

2 approaching. • The leading priests and teachers of religious law were plotting how to kill Jesus, but they were afraid of the people's reaction.

3 • Then Satan entered into Judas Iscariot,

4 who was one of the twelve disciples, • and he went to the leading priests and captains of the Temple guard to discuss the best way

5 to betray Jesus to them. • They were delighted, and they promised to give him money.

6 • So he agreed and began looking for an opportunity to betray Jesus so they could arrest him when the crowds weren't around.

The Last Supper

7 • Now the Festival of Unleavened Bread arrived, when the Passover lamb is sacrificed.

8 • Jesus sent Peter and John ahead and said, "Go and prepare the Passover meal, so we can eat it together."

---

alert [ələ́ːrt] *a.* 방심하지 않는
arrest [ərést] *vt.* 체포하다
carouse [kəráuz] *vi.* 술마시며 흥청거리다
dull [dʌl] *vt.* 둔하게 하다
illustration [ìləstréiʃən] *n.* 실례: 설명, 예증
plot [plát] *vt.* 모의하다, 음모를 꾸미다
unaware [ʌnəwéər] *a.* 알지 못하는
unleavened [ʌnlévənd] *a.* 누룩을 넣지 않은

누가복음 22장 (한글)

9 이들이 예수님께 물었습니다. "어디에 준비하길 원하십니까?"

10 예수님께서 제자들에게 말씀하셨습니다. "보아라. 도시에 들어가면 물 항아리를 가지고 가는 사람을 만날 것이다. 그를 따라 그가 들어가는 집으로 들어가거라.

11 그리고 집주인에게 말하여라. '선생님께서 내 제자들과 함께 유월절 음식을 먹을 방이 어디냐고 물으셨습니다.'

12 그러면 그 사람이 위층에 있는 정돈된 큰 방을 보여 줄 것이다. 거기서 유월절을 준비하여라."

13 베드로와 요한이 가 보니, 모든 것이 예수님께서 말씀하신 그대로였습니다. 그들은 그곳에서 유월절을 준비하였습니다.

마지막 만찬

14 때가 되어, 예수님께서 식사 자리에 앉으셨습니다. 그리고 제자들도 예수님과 함께 앉았습니다.

15 예수님께서 제자들에게 말씀하셨습니다. "내가 고난을 받기 전에 너희와 함께 이 유월절 음식을 먹기를 간절히 바랐다.

16 내가 너희에게 말한다. 유월절이 하나님 나라에서 이루어질 때까지 다시는 유월절 식사를 하지 않겠다."

17 예수님께서 잔을 받아서 감사 기도를 드리고 말씀하셨습니다. "이 잔을 받아 너희들끼리 나누어 마셔라.

18 내가 너희에게 말한다. 하나님 나라가 올 때까지 포도 열매에서 난 것을 이 후로는 마시지 않을 것이다."

19 그리고 예수님께서 빵을 들고 감사 기도를 드렸습니다. 그리고 떼어서 제자들에게 주시며 말씀하셨습니다. "이것은 내가 너희에게 주는 내 몸이다. 이것을 행하여 나를 기념하여라."

20 이와 같이 빵을 드신 후에 잔을 가지시고 말씀하셨습니다. "이 잔은 너희를 위하여 흘리는 내 피로 세운 새 언약이다.

21 보아라, 나를 넘겨 줄 사람의 손이 나와 함께 식탁 위에 있다.

22 인자는 정해져 있는 대로 갈 것이나, 인자를 넘기는 그 사람에게는 화가 있다."

23 제자들이 자기들 중에 누가 이런 일을 하겠는가 하고 서로 묻기 시작하였습니다.

섬기는 사람이 되라

24 제자들 사이에 누가 가장 큰 사람으로 여김을 받을 것인가를 놓고 서로 말다툼이 일어났습니다.

25 예수님께서 그들에게 말씀하셨습니다. "이방인들의 왕은 백성들 위에서 왕 노릇한다. 그리고 권력을

LUKE 22 (English)

9 •"Where do you want us to prepare it?" they asked him.

10 •He replied, "As soon as you enter Jerusalem, a man carrying a pitcher of water will meet you. Follow him. At the house he

11 enters, •say to the owner, 'The Teacher asks: Where is the guest room where I can eat the

12 Passover meal with my disciples?' •He will take you upstairs to a large room that is already set up. That is where you should pre-

13 pare our meal." •They went off to the city and found everything just as Jesus had said, and they prepared the Passover meal there.

14 •When the time came, Jesus and the apostles sat down together at the table.*

15 •Jesus said, "I have been very eager to eat this Passover meal with you before my suf-

16 fering begins. •For I tell you now that I won't eat this meal again until its meaning is fulfilled in the Kingdom of God."

17 •Then he took a cup of wine and gave thanks to God for it. Then he said, "Take this

18 and share it among yourselves. •For I will not drink wine again until the Kingdom of God has come."

19 •He took some bread and gave thanks to God for it. Then he broke it in pieces and gave it to the disciples, saying, "This is my body, which is given for you. Do this in remembrance of me."

20 •After supper he took another cup of wine and said, "This cup is the new covenant between God and his people—an agreement confirmed with my blood, which is poured out as a sacrifice for you.*

21 •"But here at this table, sitting among us as a friend, is the man who will betray me.

22 •For it has been determined that the Son of Man* must die. But what sorrow awaits the

23 one who betrays him." •The disciples began to ask each other which of them would ever do such a thing.

24 •Then they began to argue among themselves about who would be the greatest

25 among them. •Jesus told them, "In this world the kings and great men lord it over their people, yet they are called 'friends of

---

argue [ɑ́ːrgjuː] vi. 논쟁하다
confirmed [kənfə́ːrmd] a. 확립된
covenant [kʌ́vənənt] n. 언약
fulfill [fulfíl] vt. 성취시키다
22:13 go off : (…을 찾아, …하기 위해) 나가다
22:25 lord it over … : …에 군림하다

22:14 Or *reclined together.*   22:19-20 Some manuscripts do not include 22:19b-20, *which is given for you... which is poured out as a sacrifice for you.*   22:22 "Son of Man" is a title Jesus used for himself.

가진 사람들은 백성들에게 은인으로 불린다.

26 그러나 너희가 그래서는 안 된다. 너희 중에 가장 큰 사람은 가장 어린 사람처럼 되어야 하고, 지도자는 종처럼 되어야 한다.

27 식사 자리에 앉아 있는 사람과 그를 시중드는 사람 가운데 누가 더 큰 사람이냐? 식사 자리에 앉아 있는 사람이 아니냐? 그러나 나는 섬기는 사람으로 너희 가운데 있다.

28 너희는 내가 시험을 당할 때 나와 함께 있었다.

29 내 아버지께서 내게 나라를 주신 것처럼 나도 너희에게 주려고 한다.

30 너희는 내 나라에서 먹고 마실 것이며, 왕좌에 앉아 이스라엘의 열두 지파를 심판할 것이다."

베드로가 부인할 것을 말씀하심

31 "시몬아, 시몬아! 사탄이 너를 마치 밀 까부르듯 하는 것을 허락해 달라고 요청하였다.

32 그러나 나는 네가 믿음이 꺾이지 않도록 기도하였다. 네가 돌아온 후에 네 형제들을 굳게 하여라."

33 베드로가 예수님께 말했습니다. "주님, 주님과 함께라면 감옥에 갈 수도 있고, 죽을 준비도 되어 있습니다."

34 예수님께서 말씀하셨습니다. "내가 네게 말한다. 오늘 닭이 울기 전에 네가 세 번씩이나 나를 모른다고 부인할 것이다."

지갑과 칼을 준비하여라

35 예수님께서 제자들에게 말씀하셨습니다. "지갑이나 가방이나 신발이 없이 내가 너희를 보냈을 때, 너희에게 부족한 것이 있었느냐?" 그들이 대답했습니다. "아닙니다. 없었습니다."

36 예수님께서 제자들에게 말씀하셨습니다. "그러나 지금은 지갑이 있는 자는 지갑을 챙기라. 가방도 그렇게 하여라. 칼이 없으면 옷을 팔아서라도 사라.

37 내가 너희에게 말한다. '그는 마치 범죄자처럼 취급당했다' *고 쓰여진 말씀이 내게서 반드시 이루어져야 한다. 내게 대하여 쓰여진 것이 이제 이루어지고 있다."

38 제자들이 말했습니다. "보십시오, 주님, 여기에 칼 두 개가 있습니다." 예수님께서 "그것이면 충분하다"라고 말씀하셨습니다.

올리브 산에서 기도하심

39 예수님께서 예루살렘 밖으로 나가셔서 늘 하시던 대로 올리브 산으로 가셨습니다. 제자들도 예수님을 뒤따라 갔습니다.

40 그곳에 이르셔서 예수님께서 제자들에게 말씀하셨습니다. "시험에 들지 않게 기도하여라."

41 그리고 제자들을 떠나 돌을 던져 닿을 만한 곳에 가셔서 무릎을 꿇고 기도하셨습니다.

26 the people.' •But among you it will be different. Those who are the greatest among you should take the lowest rank, and the leader should be like a servant. •Who is more important, the one who sits at the table or the one who serves? The one who sits at the table, of course. But not here! For I am among you as one who serves.

28 "You have stayed with me in my time of trial. •And just as my Father has granted me a Kingdom, I now grant you the right to eat and drink at my table in my Kingdom. And you will sit on thrones, judging the twelve tribes of Israel.

Jesus Predicts Peter's Denial

31 •"Simon, Simon, Satan has asked to sift each of you like wheat. •But I have pleaded in prayer for you, Simon, that your faith should not fail. So when you have repented and turned to me again, strengthen your brothers."

33 •Peter said, "Lord, I am ready to go to prison with you, and even to die with you."

34 •But Jesus said, "Peter, let me tell you something. Before the rooster crows tomorrow morning, you will deny three times that you even know me."

35 •Then Jesus asked them, "When I sent you out to preach the Good News and you did not have money, a traveler's bag, or an extra pair of sandals, did you need anything?" "No," they replied.

36 •"But now," he said, "take your money and a traveler's bag. And if you don't have a sword, sell your cloak and buy one! •For the time has come for this prophecy about me to be fulfilled: 'He was counted among the rebels.' * Yes, everything written about me by the prophets will come true."

38 •"Look, Lord," they replied, "we have two swords among us." "That's enough," he said.

Jesus Prays on the Mount of Olives

39 •Then, accompanied by the disciples, Jesus left the upstairs room and went as usual to the Mount of Olives. •There he told them, "Pray that you will not give in to temptation."

41 •He walked away, about a stone's throw,

crow [króu] *vi.* (수탉이) 울다
rebel [rébəl] *n.* 반역자
sift [síft] *vt.* 체로 치다
22:40 give in … : …에 굴복하다, 따르다

22:37 Isa 53:12.
22:37 사 53:12에 기록되어 있다.

42 "아버지, 만일 아버지의 뜻이라면 제게서 이 잔을 없애 주십시오. 그러나 제 뜻대로 되게 하지 마시고 아버지의 뜻대로 이루어지게 하십시오."

43 그러자 하늘로부터 천사가 나타나 예수님께 힘을 북돋워 주었습니다.

44 예수님께서 고통스러워 하시며 더 간절히 기도하셨습니다. 땀이 마치 핏방울처럼 땅에 떨어졌습니다.

45 예수님께서 기도하기를 마치시고 일어나 제자들에게 가셨습니다. 그리고 제자들이 슬픔에 지쳐 잠들어 있는 모습을 보셨습니다.

46 예수님은 그들에게 말씀하셨습니다. "왜 잠을 자고 있느냐? 일어나라. 그리고 시험에 들지 않게 기도하여라."

붙잡히신 예수님

47 예수님께서 말씀하고 계실 때 사람들이 몰려왔습니다. 열두 제자 가운데 하나이며 유다라고 불리는 사람이 사람들을 이끌고 왔습니다. 그리고 예수님께 입맞추려고 가까이 다가왔습니다.

48 그러나 예수님께서 유다에게 말씀하셨습니다. "유다야, 입맞춤으로 인자를 넘기느냐?"

49 예수님 곁에 있던 사람들이 돌아가는 상황을 보고 예수님께 말했습니다. "주님, 칼로 이들을 칠까요?"

50 그들 가운데 한 사람이 대제사장의 종의 오른쪽 귀를 칼로 베었습니다.

51 예수님께서 말씀하셨습니다. "그만 두어라." 그리고 그 종의 귀를 만져 고쳐 주셨습니다.

52 예수님께서 체포하려고 온 대제사장과 성전 수비대와 장로들에게 말씀하셨습니다. "강도를 잡듯이 칼과 몽둥이를 가지고 왔느냐?

53 내가 매일 성전에서 너희와 함께 있었다. 그러나 너희는 내게 손을 대지 않았다. 그러나 지금은 너희의 때, 곧 어둠이 다스리는 때이다."

베드로가 예수님을 부인하다

54 그들은 예수님을 체포하여 대제사장의 관사로 데리고 갔습니다. 베드로도 그들과 멀찍이 떨어져서 뒤따라 갔습니다.

55 사람들이 정원 한가운데 불을 피우고 둘러앉았습니다. 베드로도 그들과 함께 앉았습니다.

56 하녀 하나가 모닥불 곁에 앉아 있는 베드로를 보고 노려보며 말했습니다. "이 사람도 예수와 함께 있었어요."

57 베드로가 부인하며 말했습니다. "여보시오, 나는 예수를 모르오."

58 조금 후에 또 다른 사람이 베드로를 보고 말했습니다. "당신도 그들과 한 패요." 그러자 베드로가 말했

42 and knelt down and prayed, • "Father, if you are willing, please take this cup of suffering away from me. Yet I want your will to 43 be done, not mine." •Then an angel from heaven appeared and strengthened him. 44 •He prayed more fervently, and he was in such agony of spirit that his sweat fell to the ground like great drops of blood.* 45 •At last he stood up again and returned to the disciples, only to find them asleep, 46 exhausted from grief. • "Why are you sleeping?" he asked them. "Get up and pray, so that you will not give in to temptation."

Jesus Is Betrayed and Arrested

47 •But even as Jesus said this, a crowd approached, led by Judas, one of the twelve disciples. Judas walked over to Jesus to greet 48 him with a kiss. •But Jesus said, "Judas, would you betray the Son of Man with a kiss?" 49 •When the other disciples saw what was about to happen, they exclaimed, "Lord, should we fight? We brought the swords!" 50 •And one of them struck at the high priest's slave, slashing off his right ear. 51 •But Jesus said, "No more of this." And he touched the man's ear and healed him. 52 •Then Jesus spoke to the leading priests, the captains of the Temple guard, and the elders who had come for him. "Am I some dangerous revolutionary," he asked, "that you come with swords and clubs to arrest 53 me? •Why didn't you arrest me in the Temple? I was there every day. But this is your moment, the time when the power of darkness reigns."

Peter Denies Jesus

54 •So they arrested him and led him to the high priest's home. And Peter followed at a 55 distance. •The guards lit a fire in the middle of the courtyard and sat around it, and Peter joined them there. •A servant girl noticed him in the firelight and began staring at him. Finally she said, "This man was one of Jesus' followers!" 57 •But Peter denied it. "Woman," he said, "I don't even know him!" 58 •After a while someone else looked at him and said, "You must be one of them!" "No, man, I'm not!" Peter retorted.

---

exhausted [igzɔ́ːstid] *a.* 지칠대로 지친
fervently [fɔ́ːrvəntli] *ad.* 열렬하게, 뜨겁게
retort [ritɔ́ːrt] *vi.* 항변하다; 맞받아 응수하다

22:43-44 Verses 43 and 44 are not included in the most ancient manuscripts.

습니다. "이 사람아, 나는 아니야."

59 약 1시간 후에 다른 사람이 주장했습니다. "분명히 이 사람도 예수와 한 패요, 이 사람도 갈릴리 출신이니까."

60 그러자 베드로가 말했습니다. "여보시오, 나는 당신이 무슨 말을 하는지 알지 못하오." 베드로가 말하고 있을 때, 닭이 울었습니다.

61 주께서 돌아서서 베드로를 보셨습니다. 베드로는 주께서 "오늘 닭이 울기 전에, 네가 나를 세 번이나 모른다고 부인할 것이다"라고 하셨던 말씀이 기억났습니다.

62 그래서 베드로는 밖으로 나가서 몹시 울었습니다.

예수님을 비웃는 사람들

63 예수님을 지키던 사람들이 예수님을 모욕하고 놀렸습니다.

64 그들은 예수님의 눈을 가리고 물었습니다. "알아맞혀 보아라. 너를 때린 자가 누구냐?"

65 그 사람들은 여러 가지 말로 예수님을 모욕하였습니다.

의회 앞에 서신 예수님

66 날이 밝자, 백성의 장로들 곧 대제사장들과 율법학자들이 함께 모였습니다. 그리고 예수님을 그들의 법정으로 데리고 가서 물었습니다.

67 "진정 네가 그리스도인지 우리에게 말해 보아라." 예수님께서 그들에게 말씀하셨습니다. "내가 너희에게 말해도 믿지 않을 것이다.

68 또한 내가 물어도 너희가 대답하지 않을 것이다.

69 그러나 이제부터 인자가 전능하신 하나님의 오른쪽에 앉게 될 것이다."

70 그들이 모두 물었습니다. "그러면 당신이 하나님의 아들이오?" 예수님께서 그들에게 대답하셨습니다. "내가 그렇다고 너희가 말했다."

71 그들이 말했습니다. "우리에게 무슨 증거가 더 필요하겠는가? 우리가 직접 이 사람의 입에서 나오는 소리를 들었다."

빌라도가 예수님을 재판하다

23 그들 모두가 일어나서 예수님을 빌라도 앞으로 끌고 갔습니다.

2 그리고 예수님을 고소하였습니다. "이 사람은 백성들을 미혹시키고 가이사에게 세금을 바치지 못하게 했으며 자기가 그리스도 곧 왕이라고 주장합니다."

3 빌라도가 예수님께 물었습니다. "당신이 유대인의 왕이오?" 예수님께서 대답하셨습니다. "네가 말한 대로이다."

4 빌라도가 대제사장들과 군중들에게 말했습니다. "나는 이 사람에게서 아무 죄도 찾지 못하겠소."

59 • About an hour later someone else insisted, "This must be one of them, because he is a Galilean, too."

60 • But Peter said, "Man, I don't know what you are talking about." And immediately, while he was still speaking, the rooster crowed.

61 • At that moment the Lord turned and looked at Peter. Suddenly, the Lord's words flashed through Peter's mind: "Before the rooster crows tomorrow morning, you will deny three times that you even know me."

62 • And Peter left the courtyard, weeping bitterly.

63 • The guards in charge of Jesus began

64 mocking and beating him. • They blindfolded him and said, "Prophesy to us! Who hit

65 you that time?" • And they hurled all sorts of terrible insults at him.

Jesus before the Council

66 • At daybreak all the elders of the people assembled, including the leading priests and

67 the teachers of religious law. Jesus was led before this high council,* • and they said, "Tell us, are you the Messiah?"

But he replied, "If I tell you, you won't

68 believe me. • And if I ask you a question, you

69 won't answer. • But from now on the Son of Man will be seated in the place of power at God's right hand.*"

70 • They all shouted, "So, are you claiming to be the Son of God?"

And he replied, "You say that I am."

71 • "Why do we need other witnesses?" they said. "We ourselves heard him say it."

Jesus' Trial before Pilate

23 Then the entire council took Jesus to Pilate, the Roman governor. • They

2 began to state their case: "This man has been leading our people astray by telling them not to pay their taxes to the Roman government and by claiming he is the Messiah, a king."

3 • So Pilate asked him, "Are you the king of the Jews?"

Jesus replied, "You have said it."

4 • Pilate turned to the leading priests and to the crowd and said, "I find nothing wrong with this man!"

---

blindfold [bláindfòuld] *vt.* …의 눈을 가리다
hurl [há:rl] *vt.* (욕설 등을) 퍼붓다(at)
witness [wítnis] *n.* 증거
23:2 lead… astray : …을 미혹시키다

22:66 Greek *before their Sanhedrin.*　22:69 See Ps 110:1.

5 그러나 사람들은 계속해서 주장했습니다. "이 사람이 갈릴리에서부터 시작해서 온 유대를 돌아다니고, 이곳까지 와서 백성들을 선동하고 있습니다."

빌라도가 예수님을 헤롯에게 보내다

6 빌라도가 이 말을 듣고 예수님이 갈릴리 사람인지 물었습니다.

7 예수님이 헤롯의 관할 지역 아래 있다는 것을 알고 예수님을 헤롯에게로 보냈습니다. 당시 헤롯은 예루살렘에 와 있었습니다.

8 헤롯은 예수님을 보고 매우 기뻐하였습니다. 그는 오래 전부터 예수님에 대해 듣고, 예수님을 한번 만나 보기를 원했습니다. 헤롯은 예수님께서 기적을 행하는 모습을 보고 싶어하였습니다.

9 헤롯이 예수님께 여러 가지 말로 질문을 했지만, 예수님은 한 마디도 대답하시지 않았습니다.

10 대제사장들과 율법학자들은 곁에 서서 예수님을 강력하게 고소하였습니다.

11 헤롯은 군사들과 함께 예수님을 경멸하였습니다. 그리고 화려한 옷을 입히고 조롱한 후, 다시 빌라도에게로 보냈습니다.

12 예전에 빌라도와 헤롯은 서로 원수였지만, 그날에 헤롯과 빌라도는 서로 친구가 되었습니다.

사형 선고를 받으시다

13 빌라도가 대제사장들과 지도자들과 백성들을 불렀습니다.

14 그리고 말했습니다. "너희는 이 사람이 백성을 반역하도록 부추긴다고 하여 내게로 데리고 왔다. 그러나 너희 앞에서 조사를 해 보니 너희가 이 사람에 대하여 고소한 죄목을 찾을 수 없었다.

15 또한 헤롯도 아무런 잘못을 찾아 낼 수 없어 그를 다시 우리에게로 보냈다. 이 사람은 죽어야만 될 어떤 잘못도 행하지 않았다.

16 그러니 나는 그를 매질해서 풀어 주겠다."

17 (없음)*

18 그러자 사람들이 함께 소리를 지르며 말했습니다. "그 사람을 죽이시오. 우리에게 바라바를 풀어 주시오."

19 바라바는 성에서 폭동을 일으켰기 때문에 감옥에 갇힌 사람입니다. 그는 또 살인죄도 지었습니다.

20 빌라도는 예수님을 풀어 주려고 사람들에게 다시 말했습니다.

21 사람들은 더욱 크게 소리질렀습니다. "십자가에 못박으시오, 그를 십자가에 못박으시오."

22 빌라도가 세 번째 물었습니다. "무슨 까닭이냐? 이 사람이 도대체 무슨 악한 일을 저질렀느냐? 나는 이 사람에게서 죽을 죄를 찾지 못했다. 따라서 매질만 하고 풀어 주겠다."

5 •Then they became insistent. "But he is causing riots by his teaching wherever he goes—all over Judea, from Galilee to Jerusalem!"

6 "Oh, is he a Galilean?" Pilate asked.

7 •When they said that he was, Pilate sent him to Herod Antipas, because Galilee was under Herod's jurisdiction, and Herod happened to be in Jerusalem at the time.

8 •Herod was delighted at the opportunity to see Jesus, because he had heard about him and had been hoping for a long time to see him perform a miracle.

9 •He asked Jesus question after question, but Jesus refused to

10 answer. •Meanwhile, the leading priests and the teachers of religious law stood there

11 shouting their accusations. •Then Herod and his soldiers began mocking and ridiculing Jesus. Finally, they put a royal robe on

12 him and sent him back to Pilate. •(Herod and Pilate, who had been enemies before, became friends that day.)

13 •Then Pilate called together the leading priests and other religious leaders, along with

14 the people, •and he announced his verdict. "You brought this man to me, accusing him of leading a revolt. I have examined him thoroughly on this point in your presence

15 and find him innocent. •Herod came to the same conclusion and sent him back to us. Nothing this man has done calls for the

16 death penalty. •So I will have him flogged, and then I will release him."*

18 •Then a mighty roar rose from the crowd, and with one voice they shouted, "Kill him, and release Barabbas to us!"

19 •(Barabbas was in prison for taking part in an insurrection in Jerusalem against the gov-

20 ernment, and for murder.) •Pilate argued with them, because he wanted to release

21 Jesus. •But they kept shouting, "Crucify him! Crucify him!"

22 •For the third time he demanded, "Why? What crime has he committed? I have found no reason to sentence him to death. So I will have him flogged, and then I will release him."

---

jurisdiction [dʒùərisdíkʃən] *n.* 관할, 지배
revolt [rivóult] *n.* 반란, 폭동
ridicule [rídikjùːl] *vt.* 조롱하다
verdict [vɔ́ːrdikt] *n.* 평결

23:16 Some manuscripts add verse 17, *Now it was necessary for him to release one prisoner to them during the Passover celebration.* Compare Matt 27:15; Mark 15:6; John 18:39.

23:17 어떤 사본에는 다음과 같은 구절이 있다. "유월절이 되면 빌라도는 죄수 하나를 놓아 주곤 하였다."

23 이 말을 들은 사람들은 뜻을 굽히지 않고 계속해서 큰 소리로 예수님을 십자가에 못박으라고 요구했습니다.

24 결국 빌라도는 사람들의 요구대로 하기로 결정하였습니다.

25 사람들이 원했던 대로 폭동과 살인죄로 감옥에 갇혀 있는 바라바를 풀어 주고, 예수님을 죽이라고 넘겨 주었습니다.

십자가에 못박히시다

26 예수님을 끌고 갈 때, 시골에서 오던 구레네 출신 시몬을 붙잡아 예수님의 십자가를 지고 따라가게 하였습니다.

27 많은 사람들이 예수님을 따라갔습니다. 그 중에는 슬퍼하며 우는 여자들도 있었습니다.

28 예수님께서 뒤를 돌아보시고 그들에게 말씀하셨습니다. "예루살렘의 딸들아, 나를 위해 울지 말고 너희 자신과 자녀들을 위해 울어라.

29 보아라. '자녀를 낳지 못한 사람들 곧 아기를 낳지 못한 배와 젖을 먹인 적이 없는 가슴이 복이 있다'고 말할 때가 올 것이다.

30 그때에 사람들이 산을 향하여 '우리 위에 떨어져라'고 말할 것이며, 언덕을 향하여 '우리를 덮으라'고 말할 것이다.

31 나무가 푸를 때에도 이렇게 말한다면, 나무가 마른 때에는 어떤 일이 일어나겠느냐?"

32 다른 두 명의 죄수도 예수님과 함께 사형 판결을 받았습니다.

33 '해골'이라 불리는 장소에 와서 사람들이 예수님과 다른 죄수들을 십자가에 못박았습니다. 한 사람은 예수님 오른쪽에, 또 하나는 왼쪽에 매달렸습니다.

34 예수님께서 말씀하셨습니다. "아버지, 저 사람들을 용서하여 주소서. 저들은 자기들이 하고 있는 일을 알지 못합니다." 사람들이 제비를 뽑아 누가 예수님의 옷을 차지할지 결정하였습니다.

35 사람들은 곁에 서서 바라보았습니다. 유대 지도자들이 예수님을 비웃으며 말하였습니다. "이 사람이 다른 사람들을 구원했다. 만일 이 자가 하나님의 택하신 자인 그리스도라면 자신을 구원하리라."

36 군인들도 예수님께 나아와 조롱하였습니다. 예수님께 신 포도주를 주고

37 "만일 네가 유대인의 왕이라면 너 자신을 구원하여라"하고 말했습니다.

38 예수님 위에 '유대인의 왕'이라고 죄목이 쓰여 있었습니다.

39 예수님과 함께 십자가에 달린 죄수들 가운데 하나가 예수님을 욕하며 말했습니다. "네가 그리스도가 아니냐? 네 자신과 우리를 구원하여라."

---

23 • But the mob shouted louder and louder, demanding that Jesus be crucified, and their 24 voices prevailed. • So Pilate sentenced Jesus 25 to die as they demanded. • As they had requested, he released Barabbas, the man in prison for insurrection and murder. But he turned Jesus over to them to do as they wished.

The Crucifixion

26 • As they led Jesus away, a man named Simon, who was from Cyrene,* happened to be coming in from the countryside. The soldiers seized him and put the cross on him 27 and made him carry it behind Jesus. • A large crowd trailed behind, including many 28 grief-stricken women. • But Jesus turned and said to them, "Daughters of Jerusalem, don't weep for me, but weep for yourselves and for 29 your children. • For the days are coming when they will say, 'Fortunate indeed are the women who are childless, the wombs that have not borne a child and the breasts 30 that have never nursed.' • People will beg the mountains, 'Fall on us,' and plead with 31 the hills, 'Bury us.' • For if these things are done when the tree is green, what will happen when it is dry?*"

32 • Two others, both criminals, were led out 33 to be executed with him. • When they came to a place called The Skull,* they nailed him to the cross. And the criminals were also crucified—one on his right and one on his left.

34 • Jesus said, "Father, forgive them, for they don't know what they are doing."* And the soldiers gambled for his clothes by throwing dice.*

35 • The crowd watched and the leaders scoffed. "He saved others," they said, "let him save himself if he is really God's Messiah, the Chosen One." • The soldiers mocked him, too, by offering him a drink of sour 37 wine. • They called out to him, "If you are 38 the King of the Jews, save yourself!" • A sign was fastened above him with these words: "This is the King of the Jews."

39 • One of the criminals hanging beside him scoffed, "So you're the Messiah, are you? Prove it by saving yourself—and us, too, while you're at it!"

23:26 *Cyrene* was a city in northern Africa. 23:30 Hos 10:8. 23:31 Or *If these things are done to me, the living tree, what will happen to you, the dry tree?* 23:33 Sometimes rendered *Calvary,* which comes from the Latin word for "skull." 23:34a This sentence is not included in many ancient manuscripts. 23:34b Greek *by casting lots.* See Ps 22:18.

40 그러나 다른 죄수가 그를 꾸짖으며 말했습니다. "너도 같은 벌을 받았으면서 하나님을 두려워하지 않느냐?

41 우리는 우리가 저지른 일 때문에 마땅한 벌을 받는 것이지만, 이분은 아무런 잘못을 행한 적이 없으시다."

42 그리고 예수님께 말했습니다. "예수님, 주께서 주님의 나라에 들어가실 때, 저를 기억해 주십시오."

43 예수님께서 그에게 말씀하셨습니다. "내가 진정으로 네게 말한다. 오늘 네가 나와 함께 낙원에 있을 것이다."

예수님께서 돌아가시다

44 정오 때쯤에 어둠이 온 땅을 덮어서 오후 3시까지 계속되었습니다.

45 햇빛이 사라지고 성전의 휘장이 두 쪽으로 찢어졌습니다.

46 예수님께서 큰 소리로 부르짖으셨습니다. "아버지, 아버지의 손에 내 영혼을 맡깁니다." 이 말씀을 하신 후, 예수님께서 돌아가셨습니다.

47 백부장이 그 일어나는 일을 보고 하나님께 영광을 돌리며 말하였습니다. "분명히 이 사람은 의인이었다."

48 이 일을 구경하러 모인 많은 사람들도 그 일어난 일을 보고 가슴을 치며 돌아갔습니다.

49 예수님과 알고 지내던 사람들과 갈릴리에서부터 예수님을 따라온 여자들도 모두 멀리 서서 이 일을 바라보았습니다.

아리마대 요셉이 예수님을 장사지내다

50 의회원으로 요셉이라고 불리는 사람이 있었는데, 그는 선하고 의로운 사람이었습니다.

51 이 사람은 의회의 결정과 행동에 찬성하지 않았습니다. 이 사람은 유대 마을인 아리마대 출신이었고, 하나님 나라를 기다리던 사람이었습니다.

52 요셉이 빌라도에게 가서 예수님의 시신을 달라고 요청하였습니다.

53 요셉은 예수님의 시신을 가져다가 천으로 쌌습니다. 그리고 아무도 사용한 적이 없는 바위를 쪼개 만든 새 무덤에 모셨습니다.

54 때는 안식일을 준비하는 금요일 늦은 오후였는데 곧 안식일이 시작되려는 때였습니다.

55 갈릴리로부터 함께 온 여자들이 요셉을 뒤따라 가서 무덤을 보고 예수님의 시신이 어떻게 누워 있는지 보았습니다.

56 그리고 돌아와 향료와 향유를 준비하였고 안식일에는 계명대로 쉬었습니다.

부활하신 예수님

24 일주일의 첫째 날 이른 새벽에 여자들이 준비한 향료를 가지고 무덤으로 갔습니다.

40 • But the other criminal protested, "Don't you fear God even when you have been sen-
41 tenced to die? • We deserve to die for our crimes, but this man hasn't done anything
42 wrong." • Then he said, "Jesus, remember me when you come into your Kingdom."
43 • And Jesus replied, "I assure you, today you will be with me in paradise."

The Death of Jesus

44 • By this time it was about noon, and darkness fell across the whole land until three o'cl-
45 ock. • The light from the sun was gone. And suddenly, the curtain in the sanctuary of the
46 Temple was torn down the middle. • Then Jesus shouted, "Father, I entrust my spirit into your hands!"* And with those words he breathed his last.
47 • When the Roman officer* overseeing the execution saw what had happened, he worshiped God and said, "Surely this man
48 was innocent.*" • And when all the crowd that came to see the crucifixion saw what had happened, they went home in deep sor-
49 row.* • But Jesus' friends, including the women who had followed him from Galilee, stood at a distance watching.

The Burial of Jesus

50 • Now there was a good and righteous man named Joseph. He was a member of the
51 Jewish high council, • but he had not agreed with the decision and actions of the other religious leaders. He was from the town of Arimathea in Judea, and he was waiting for
52 the Kingdom of God to come. • He went to
53 Pilate and asked for Jesus' body. • Then he took the body down from the cross and wrapped it in a long sheet of linen cloth and laid it in a new tomb that had been carved
54 out of rock. • This was done late on Friday afternoon, the day of preparation,* as the Sabbath was about to begin.
55 • As his body was taken away, the women from Galilee followed and saw the
56 tomb where his body was placed. • Then they went home and prepared spices and ointments to anoint his body. But by the time they were finished the Sabbath had begun, so they rested as required by the law.

The Resurrection

24 But very early on Sunday morning* the women went to the tomb, taking

23:46 Ps 31:5.   23:47a Greek *the centurion.*
23:47b Or *righteous.*   23:48 Greek *went home beating their breasts.*   23:54 Greek *It was the day of preparation.*   24:1 Greek *But on the first day of the week, very early in the morning.*

2 그들은 돌이 무덤에서 굴려져 있는 것을 보았습니다.

3 그들이 안으로 들어갔으나, 예수님의 시신이 없었습니다.

4 이 일로 여자들이 어찌할바를 모르고 있을 때, 빛나는 옷을 입은 두 사람이 그들 곁에 섰습니다.

5 여자들이 두려워하면서 얼굴을 땅 아래로 숙였습니다. 그 사람들이 여자들에게 말했습니다. "어찌하여 살아 있는 분을 죽은 사람들 가운데서 찾느냐?

6 예수님은 여기 계시지 않고 다시 살아나셨다. 예수님께서 갈릴리에 계실 때에 하신 말씀을 기억하여라.

7 인자가 죄인의 손에 넘기워 십자가에 못박히고 삼 일 만에 살아날 것이라고 말씀하셨다."

8 그때서야 여자들이 예수님의 말씀을 기억해 냈습니다.

9 그리고 무덤에서 돌아와 이 모든 일들을 열한 제자들과 나머지 모든 사람들에게 알렸습니다.

10 이 여자들은 막달라 마리아와 요안나, 야고보의 어머니 마리아와 다른 여인들이었습니다. 이들은 이 일을 사도들에게 말했습니다.

11 하지만 그들은 이 말을 허튼 소리로 듣고 여자들의 말을 믿으려 하지 않았습니다.

12 그러나 베드로는 일어나 무덤으로 달려갔습니다. 안을 들여다 보았지만 수의만 놓여 있었습니다. 베드로는 이것이 어떻게 된 일인가 이상히 여기면서 집으로 돌아갔습니다.

엠마오로 가던 두 제자

13 그런데 그날 제자들 중에 두 사람이 예루살렘에서 약 11킬로미터 정도 떨어진 엠마오라고 하는 마을로 내려가고 있었습니다.

14 이들은 일어났던 모든 일에 대해 이야기를 나누고 있었습니다.

15 이들이 이야기를 나누며 토론하고 있을 때, 예수님께서 그들에게 다가오셔서 함께 걸으셨습니다.

16 그러나 그들은 눈이 가리워져서 예수님인지 알지 못했습니다.

17 예수님께서 그들에게 물으셨습니다. "당신들이 길어가면서 서로 주고받는 이야기가 무엇입니까?" 두 사람은 슬픈 기색을 하고 멈춰 섰습니다.

18 그 가운데 글로바라는 사람이 예수님께 대답했습니다. "당신은 예루살렘에 다녀오면서 최근에 무슨 일이 일어났는지 모른단 말이오?"

19 예수님께서 그들에게 물으셨습니다. "무슨 일입니까?" 제자들이 말했습니다. "나사렛 예수님에 관한 일인데, 그분은 하나님과 백성 앞에서 행동과 말

---

2 the spices they had prepared. •They found that the stone had been rolled away from

3 the entrance. •So they went in, but they

4 didn't find the body of the Lord Jesus. •As they stood there puzzled, two men suddenly appeared to them, clothed in dazzling robes.

5 •The women were terrified and bowed with their faces to the ground. Then the men asked, "Why are you looking among

6 the dead for someone who is alive? •He isn't here! He is risen from the dead! Remember

7 what he told you back in Galilee, •that the Son of Man* must be betrayed into the hands of sinful men and be crucified, and that he would rise again on the third day."

8 •Then they remembered that he had said

9 this. •So they rushed back from the tomb to tell his eleven disciples—and everyone

10 else—what had happened. •It was Mary Magdalene, Joanna, Mary the mother of James, and several other women who told

11 the apostles what had happened. •But the story sounded like nonsense to the men, so

12 they didn't believe it. •However, Peter jumped up and ran to the tomb to look. Stooping, he peered in and saw the empty linen wrappings; then he went home again, wondering what had happened.

The Walk to Emmaus

13 •That same day two of Jesus' followers were walking to the village of Emmaus, seven

14 miles* from Jerusalem. •As they walked along they were talking about everything

15 that had happened. •As they talked and discussed these things, Jesus himself suddenly

16 came and began walking with them. •But God kept them from recognizing him.

17 •He asked them, "What are you discussing so intently as you walk along?"

They stopped short, sadness written across

18 their faces. •Then one of them, Cleopas, replied, "You must be the only person in Jerusalem who hasn't heard about all the things that have happened there the last few days."

19 •"What things?" Jesus asked.

"The things that happened to Jesus, the man from Nazareth," they said. "He was a prophet who did powerful miracles, and he was a mighty teacher in the eyes of God and

---

crucify [krúːsəfài] *vt.* 십자가에 못박다
peer [píər] *vi.* 자세히 들여다보다
recognize [rékəgnàiz] *vt.* 알아보다, 인지하다
stoop [stúp] *vi.* 웅크리다

24:7 "Son of Man" is a title Jesus used for himself. **24:13** Greek 60 *stadia* [11.1 kilometers].

씀에 능력이 있는 예언자이셨습니다.

20 그런데 대제사장들과 우리 지도자들이 그분을 죽게 넘겨 주어 십자가에 못박았습니다.

21 우리는 이스라엘을 구원할 분이 바로 그분이라고 기대했습니다. 뿐만 아니라 이 일이 일어난 지가 삼일째입니다.

22 우리 중에 어떤 여자들이 우리를 놀라게 했습니다. 그들이 아침 일찍 무덤으로 갔지만

23 예수님의 시신을 보지 못하고 돌아와, 예수님께서 살아나셨다고 말하는 천사를 보았다고 했습니다.

24 우리와 함께 있던 사람들 중에 어떤 사람들이 무덤으로 달려갔는데, 그 여자들이 말한 대로였고, 예수님을 볼 수 없었다는 것입니다."

25 그러자 예수님은 그들에게 말씀하셨습니다. "너희는 어리석고, 예언자들이 말한 것을 더디 믿는구나.

26 그리스도가 이 모든 고난을 받고 그의 영광에 들어가야 할 것이 아니겠느냐?"

27 예수님께서 모세로부터 시작하여 모든 예언자를 들어 예수님에 관한 성경 말씀을 제자들에게 설명해 주셨습니다.

28 그들이 가려고 했던 엠마오 마을에 가까이 왔습니다. 그러나 예수님께서는 그곳보다 더 멀리 가려 하셨습니다.

29 제자들은 예수님께 간청하였습니다. "저녁 때가 되고 날이 이미 저물었으니, 우리와 함께 묵으십시오." 그래서 예수님께서 그들과 함께 머무시려고 들어가셨습니다.

30 예수님께서 그들과 함께 식사 자리에 앉으셨습니다. 그리고 빵을 들고 감사 기도를 하신 후, 제자들에게 나누어 주셨습니다.

31 그러자 그들의 눈이 밝아져 예수님을 알아보았습니다. 순간, 예수님께서는 사라지셨습니다.

32 그들이 서로 이야기했습니다. "길에서 예수님께서 우리에게 말씀하시고 성경을 풀어 주실 때에 우리의 마음이 불타는 것 같지 않았는가?"

33 그 두 제자가 일어나서 예루살렘으로 돌아갔습니다. 거기에 열한 제자들과 또 그들과 함께 있던 사람들이 모여 있었습니다.

34 이들이 말했습니다. "주께서 정말로 다시 살아나셨습니다. 시몬에게도 나타나셨습니다."

35 그러자 두 제자들도 길에서 있었던 일들을 이야기하였습니다. 그리고 예수님께서 빵을 떼어 주실 때, 예수님을 알게 된 것을 이야기해 주었습니다.

열한 제자들에게 나타나신 예수님

36 제자들이 이런 일들을 말하고 있을 때에 예수님께서 제자들 가운데 나타나셨습니다. 그리고 그들에게 말씀하셨습니다. "너희가 평안하냐?"

---

20 all the people. •But our leading priests and other religious leaders handed him over to be condemned to death, and they crucified him. •We had hoped he was the Messiah who had come to rescue Israel. This all happened three days ago.

22 •"Then some women from our group of his followers were at his tomb early this morning, and they came back with an amazing report. •They said his body was missing, and they had seen angels who told them Jesus is alive! •Some of our men ran out to see, and sure enough, his body was gone, just as the women had said."

25 •Then Jesus said to them, "You foolish people! You find it so hard to believe all that the prophets wrote in the Scriptures. •Wasn't it clearly predicted that the Messiah would have to suffer all these things before entering his glory?" •Then Jesus took them through the writings of Moses and all the prophets, explaining from all the Scriptures the things concerning himself.

28 •By this time they were nearing Emmaus and the end of their journey. Jesus acted as if he were going on, •but they begged him, "Stay the night with us, since it is getting late." So he went home with them. •As they sat down to eat,* he took the bread and blessed it. Then he broke it and gave it to them. •Suddenly, their eyes were opened, and they recognized him. And at that moment he disappeared!

32 •They said to each other, "Didn't our hearts burn within us as he talked with us on the road and explained the Scriptures to us?" •And within the hour they were on their way back to Jerusalem. There they found the eleven disciples and the others who had gathered with them, •who said, "The Lord has really risen! He appeared to Peter.*"

Jesus Appears to the Disciples

35 •Then the two from Emmaus told their story of how Jesus had appeared to them as they were walking along the road, and how they had recognized him as he was breaking the bread. •And just as they were telling about it, Jesus himself was suddenly standing there among them. "Peace be with you,"

---

condemn [kəndém] *vt.* …형을 선고하다
predict [pridíkt] *vt.* 예언하다
recline [rikláin] *vi.* 기대다, 눕다
rescue [réskju:] *vt.* 구원하다
scripture [skríptʃər] *n.* 성경 말씀

24:30 Or *As they reclined.* 24:34 Greek *Simon.*

37 제자들은 깜짝 놀라며 유령을 보는 줄로 생각했습니다.

38 예수님께서 그들에게 말씀하셨습니다. "왜 무서워하느냐? 왜 너희 마음에 의심이 생기느냐?

39 내 손과 발을 보아라. 바로 나다. 나를 만져 보아라. 유령은 살과 뼈가 없다. 그러나 나는 너희가 보는 것처럼 살과 뼈를 가지고 있다."

40 이 말씀을 하시고 예수님께서 손과 발을 제자들에게 보여 주셨습니다.

41 제자들은 너무 기뻐서 차마 믿지 못하고 놀라고 있는데, 예수님께서 제자들에게 말씀하셨습니다. "먹을 것이 좀 있느냐?"

42 제자들이 구운 생선 한 토막을 예수님께 드렸습니다.

43 예수님께서 그것을 받아들고 제자들 앞에서 잡수셨습니다.

44 그리고 제자들에게 말씀하셨습니다. "내가 전에 너희와 함께 있을 때에 너희에게 한 말이 이것이다. 모세의 법과 예언서와 시편에 나에 관해 쓰여진 모든 것들이 반드시 이루어져야 한다고 말했다."

45 그리고 예수님께서 제자들의 마음을 열어 성경을 깨닫게 해 주셨습니다.

46 예수님께서 제자들에게 말씀하셨습니다. "이렇게 기록되어 있다. 그리스도가 고난을 당하고 삼 일째 되는 날에 죽은 자들 가운데서 일어날 것이다.

47 예루살렘으로부터 시작하여 모든 민족에게 그리스도의 이름으로 죄를 용서받는 회개가 전파되어야 할 것이다.

48 너희는 이 일의 증인이다.

49 보아라. 내 아버지께서 약속하신 것을 너희에게 보낸다. 그러므로 너희는 높은 곳에서 오는 능력을 입을 때까지 이 성에 머물러라."

하늘로 올라가신 예수님

50 예수님께서 제자들을 베다니로 데리고 가셨습니다. 그리고 손을 들어 제자들을 축복하셨습니다.

51 예수님께서 제자들을 축복하시면서 그들을 떠나 하늘로 들려 올라가셨습니다.

52 제자들이 예수님께 경배하고 크게 기뻐하며 예루살렘으로 돌아왔습니다.

53 그리고 그들은 늘 성전에 머물면서 하나님을 찬양하였습니다.

---

37 he said. ●But the whole group was startled and frightened, thinking they were seeing a ghost!

38 ● "Why are you frightened?" he asked. "Why are your hearts filled with doubt?

39 ●Look at my hands. Look at my feet. You can see that it's really me. Touch me and make sure that I am not a ghost, because ghosts don't have bodies, as you see that I

40 do." ●As he spoke, he showed them his hands and his feet.

41 ●Still they stood there in disbelief, filled with joy and wonder. Then he asked them,

42 "Do you have anything here to eat?" ●They

43 gave him a piece of broiled fish, ●and he ate it as they watched.

44 ●Then he said, "When I was with you before, I told you that everything written about me in the law of Moses and the prophets and in the Psalms must be fulfilled."

45 ●Then he opened their minds to under-

46 stand the Scriptures. ●And he said, "Yes, it was written long ago that the Messiah would suffer and die and rise from the dead

47 on the third day. ●It was also written that this message would be proclaimed in the authority of his name to all the nations,* beginning in Jerusalem: 'There is forgiveness

48 of sins for all who repent.' ●You are witnesses of all these things.

49 ● "And now I will send the Holy Spirit, just as my Father promised. But stay here in the city until the Holy Spirit comes and fills you with power from heaven."

The Ascension

50 ●Then Jesus led them to Bethany, and lifting

51 his hands to heaven, he blessed them. ●While he was blessing them, he left them and was

52 taken up to heaven. ●So they worshiped him and then returned to Jerusalem filled

53 with great joy. ●And they spent all of their time in the Temple, praising God.

---

ascension [əsénʃən] *n.* 승천
broil [brɔ́il] *vt.* 굽다
disbelief [disbilí:f] *n.* 경이, 놀람
frightened [fraitnd] *a.* 깜짝 놀란, 겁이 난
proclaim [proukléim] *vt.* 선언하다, 나타내다
startled [stá:rtld] *a.* 놀란

24:47 Or *all peoples.*

요한복음

● 서 론

✢ 저자 _ 요한
✢ 저작 연대 _ A.D. 80~90년경
✢ 기록 장소 _ 에베소에서 기록했을 것으로 추정
✢ 기록 대상 _ 이방 기독교인들을 포함한 모든 기독교인들
✢ 핵심어 및 내용 _ 핵심어는 '말씀', '생명', '믿음'이다. 예수님은 인간의 형상을 입고 역사 속으로 들어오신 영원한 말씀이다. 창세 전부터 하나님과 늘 함께 계시며 참 하나님이신 예수 그리스도의 이름을 믿는 자는 영원한 생명을 얻게 된다.

요행룸

말씀이신 그리스도가 오심

1 태초에 말씀이 계셨습니다. 그 말씀은 하나님과 함께 계셨는데, 그 말씀은 곧 하나님이셨습니다.

2 그분은 세상이 창조되기도 전에 하나님과 함께 계셨습니다.

3 모든 것이 그분을 통하여 지음을 받았습니다. 지음을 받은 것 중에서 어느 것 하나도 그분 없이 지어진 것이 없습니다.

4 그분 안에는 생명이 있습니다. 그 생명은 세상 사람들을 비추는 빛이었습니다.

5 그 빛이 어둠 속에서 빛을 발했지만, 어두움은 그 빛을 깨닫지 못했습니다.

6 하나님께로부터 보냄을 받은 요한이라는 사람이 있었습니다.

7 요한은 그 빛에 대해 증언하여 자기를 통해 모든 사람들이 믿음을 얻도록 하기 위해 보냄을 받은 사람입니다.

8 요한 자신은 그 빛이 아니었으나, 사람들에게 그 빛에 대하여 증언하기 위해 온 것입니다.

9 참 빛이 있었습니다. 그 빛은 세상에 와서 모든 사람을 비췄습니다.

10 참 빛이 되신 말씀이 세상에 계셨습니다. 세상은 그분을 통하여 지음을 받았는데도, 그분을 알지 못하였습니다.

11 그분은 자기의 땅에 오셨으나, 그의 백성들은 그분을 영접하지 않았습니다.

12 그러나 누구든지 그분을 영접하는 사람들, 그분의 이름을 믿는 사람들에게는 하나님의 자녀가 되는 자격을 주셨습니다.

13 좋은 가문에 태어난 사람들만 하나님의 자녀가 되는 것이 아닙니다. 또한 어떤 사람들의 계획이나 바람에 의해서, 그리고 그들의 조상으로 말미암아 하나님의 자녀가 된 것도 아닙니다. 다만, 그들은 하나님 자신이 그들의 아버지라는 사실 때문에 하나님의 자녀가 된 것입니다.

14 말씀이 사람이 되셔서, 우리 가운데에서 사셨습니다. 우리는 그분의 영광을 보았습니다. 그 영

Prologue: Christ, the Eternal Word

1 1 ● In the beginning the Word already existed. The Word was with God, and the Word was God.

2 ● He existed in the beginning with God.

3 ● God created everything through him, and nothing was created except through him.

4 ● The Word gave life to everything that was created,* and his life brought light to everyone.

5 ● The light shines in the darkness, and the darkness can never extinguish it.*

6-7 ●God sent a man, John the Baptist,* ●to tell
8 about the light so that everyone might believe because of his testimony. ●John himself was not the light; he was simply a witness to tell
9 about the light. ●The one who is the true light, who gives light to everyone, was coming into the world.

10 ●He came into the very world he created,
11 but the world didn't recognize him. ●He came to his own people, and even they rejected him.
12 ●But to all who believed him and accepted him, he gave the right to become children of
13 God. ●They are reborn—not with a physical birth resulting from human passion or plan, but a birth that comes from God.

14 ●So the Word became human* and made his home among us. He was full of unfailing love and faithfulness.* And we have seen his glory, the glory of the Father's one and only Son.

extinguish [ikstíŋgwiʃ] *vt.* 없애다
recognize [rékəgnaiz] *vt.* 알아보다, 인정하다
testimony [téstəmouni] *n.* 증언
unfailing [ʌnféiliŋ] *a.* 끝없는, 변하지 않는

1:3-4 Or *and nothing that was created was created except through him. The Word gave life to everything.* 1:5 Or *and the darkness has not understood it.* 1:6 Greek *a man named John.* 1:14a Greek *became flesh.* 1:14b Or *grace and truth; also in 1:17.*

광은 오직 아버지의 독생자만이 가질 수 있는 영광이었습니다. 그 말씀은 은혜와 진리로 충만해 있었습니다.

15 요한이 그분에 대해서 증언하며 외쳤습니다. "내가 전에 '내 뒤에 오시는 분이 계시는데 그분이 나보다 더 위대하신 것은, 내가 태어나기 전에 존재하셨기 때문이다'라고 말했는데, 이분이 바로 내가 말한 그분이다."

16 그분의 충만하신 것에서 우리 모두는 넘치는 은혜를 받았습니다.

17 그것은 율법이 모세를 통해 주어졌지만, 은혜와 진리는 예수 그리스도를 통하여 왔기 때문입니다.

18 지금까지 하나님을 본 사람은 아무도 없었습니다. 그러나 하나님이시며, 아버지 곁에 계시던 독생자이신 분이 우리에게 하나님이 어떤 분이신지를 알려 주셨습니다.

세례자 요한의 증언

19 요한이 증언한 내용은 이렇습니다. 예루살렘에 사는 유대인들이 제사장과 레위인 몇 사람을 요한에게 보내어 "당신은 누구십니까?"라고 묻게 했습니다.

20 요한은 그 질문에 거절하지 않고 대답했습니다. 그는 분명하게 말했습니다. "나는 그리스도가 아닙니다."

21 그러자 그 사람들이 요한에게 물었습니다. "그럼 도대체 당신은 누구십니까? 엘리야입니까?" 요한이 대답했습니다. "아니오, 나는 엘리야가 아닙니다." 그러자 그 사람들이 물었습니다. "장차 오시기로 한 그 예언자입니까?" 요한은 또 대답했습니다. "아닙니다."

22 그러자 그들이 요한에게 말하였습니다. "그렇다면 당신은 누구십니까? 우리는 우리를 보낸 사람들에게 보고해야 합니다. 대답해 주십시오, 당신 자신을 무엇이라고 생각하십니까?"

23 요한은 그 사람들에게 이사야 선지자의 말씀을 인용하여 대답했습니다. "나는 광야에서 '주님을 위하여 길을 곧게 만들어라' 하고 외치는 사람의 소리입니다."

24 보냄을 받은 유대 사람들 중에는 바리새인이 보낸 사람이 있었습니다.

25 그 사람들이 요한에게 물었습니다. "당신이 그리스도도 아니고, 엘리야도 아니고, 예언자도 아니라면 왜 사람들에게 세례를 줍니까?"

26 요한이 대답했습니다. "나는 사람들에게 물로 세례를 줍니다. 그러나 여러분 가운데 여러분이 알지 못하는 한 사람이 서 계십니다.

27 그분은 내 뒤에 오시는 분이지만, 나는 그분의 신발 끈을 풀 자격도 없는 사람입니다."

28 이 모든 것은 요한이 세례를 주던 요단 강 동편, 베다니에서 일어난 일이었습니다.

---

15 • John testified about him when he shouted to the crowds, "This is the one I was talking about when I said, 'Someone is coming after me who is far greater than I am, for he existed long before me.'"

16 • From his abundance we have all received one gracious blessing after another.*

17 • For the law was given through Moses, but God's unfailing love and faithfulness came

18 through Jesus Christ. • No one has ever seen God. But the unique One, who is himself God,* is near to the Father's heart. He has revealed God to us.

The Testimony of John the Baptist

19 • This was John's testimony when the Jewish leaders sent priests and Temple assistants* from Jerusalem to ask John, "Who are you?"

20 • He came right out and said, "I am not the Messiah."

21 • "Well then, who are you?" they asked. "Are you Elijah?"
"No," he replied.
"Are you the Prophet we are expecting?"*
"No."

22 • "Then who are you? We need an answer for those who sent us. What do you have to say about yourself?"

23 • John replied in the words of the prophet Isaiah:

"I am a voice shouting in the wilderness,
'Clear the way for the LORD's coming!'"*

24 • Then the Pharisees who had been sent

25 • asked him, "If you aren't the Messiah or Elijah or the Prophet, what right do you have to baptize?"

26 • John told them, "I baptize with* water, but right here in the crowd is someone you

27 do not recognize. • Though his ministry follows mine, I'm not even worthy to be his slave and untie the straps of his sandal."

28 • This encounter took place in Bethany, an area east of the Jordan River, where John was baptizing.

---

abundance [əbʌ́ndəns] *n.* 충만
encounter [inkáuntər] *n.* 마주침
1:28 take place : 일어나다, 발생하다

1:16 Or *received the grace of Christ rather than the grace of the law;* Greek reads *received grace upon grace.*　1:18 Some manuscripts read *But the one and only Son.*　1:19 Greek *and Levites.*　1:21 Greek *Are you the Prophet?* See Deut 18:15, 18; Mal 4:5-6.　1:23 *Isa* 40:3.　1:26 Or *in;* also in 1:31, 33.

1:23 사 40:3에 기록되어 있다.

하나님의 어린양

29 다음날, 요한은 자기에게 오시는 예수님을 보고 이렇게 말했습니다. "보십시오, 세상 죄를 지고 가시는 하나님의 어린양이십니다.

30 이분이 바로 내가 '내 뒤에 오시지만, 그분이 나보다 더 위대하신 것은 내가 태어나기 전에 존재하셨기 때문이다' 라고 말했던 분입니다.

31 나도 이분이 누구신지를 알지 못했습니다. 그러나 내가 물로 세례를 주러 온 이유는 이분을 이스라엘 백성들에게 알리기 위해서입니다.

32 또 요한이 증거했습니다. "나는 성령께서 비둘기처럼 하늘로부터 내려와 그분 위에 머물러 계신 것을 보았습니다.

33 나 역시 그분이 그리스도이신 것을 알지 못하였습니다. 그러나 나를 보내어 물로 세례를 주라고 하신 분이 '너는 그 어떤 사람에게 성령이 내려와 그 위에 머무르는 것을 보면, 그 사람이 성령으로 세례를 주실 바로 그분인 줄 알아라' 하고 말씀하셨습니다.

34 나는 그분이 하나님의 아들이신 것을 보았고, 그분이 바로 하나님의 아들이라고 증언하였습니다."

예수님의 첫 제자들

35 그 다음날, 요한은 제자 두 사람과 함께 다시 그 자리에 서 있었습니다.

36 그는 예수님께서 지나가시는 것을 보고 말했습니다. "보아라, 하나님의 어린양이시다."

37 제자 두 사람은 요한이 이렇게 말하는 것을 듣고 예수님을 따라갔습니다.

38 예수님께서는 몸을 돌려 자기를 따라오는 두 사람을 돌아보며 물으셨습니다. "원하는 것이 무엇이냐?" 그들은 "랍비님, 사시는 곳이 어디입니까?" 라고 말했습니다 ('랍비' 라는 말은 '선생' 이라는 뜻입니다).

39 예수님께서는 "와서, 보아라" 하고 대답하셨습니다. 그래서 두 사람은 예수님과 함께 갔습니다. 그들은 예수님께서 머무르시는 곳을 보았고, 그날, 예수님과 함께 그곳에서 지냈습니다. 때는 오후 4시쯤이었습니다.

40 요한에게서 예수님에 대한 이야기를 듣고 예수님을 따른 두 제자 중 한 사람은 시몬 베드로의 동생 안드레였습니다.

41 안드레가 첫 번째 한 일은 그의 형 시몬을 찾은 일이었습니다. 그는 시몬에게 "우리가 메시아를 찾았어"라고 말했습니다 ('메시아' 란 '그리스도' 를 가리키는 말입니다).

42 그리고 나서 안드레는 시몬을 예수님께 데려왔습니다. 예수님께서는 시몬을 보시고 "네가 요한의 아들 시몬이구나. 이제 너를 게바라고 부르겠다" 라고 말씀하셨습니다 ('게바' 란 '베드로' 라는 뜻입니다).

Jesus, the Lamb of God

29 •The next day John saw Jesus coming toward him and said, "Look! The Lamb of God who takes away the sin of the world!

30 •He is the one I was talking about when I said, 'A man is coming after me who is far greater than I am, for he existed long before me.' •I did not recognize him as the Messiah, but I have been baptizing with water so that he might be revealed to Israel."

31

32 •Then John testified, "I saw the Holy Spirit descending like a dove from heaven

33 and resting upon him. •I didn't know he was the one, but when God sent me to baptize with water, he told me, 'The one on whom you see the Spirit descend and rest is the one who will baptize with the Holy

34 Spirit.' •I saw this happen to Jesus, so I testify that he is the Chosen One of God.*"

The First Disciples

35 •The following day John was again stand-

36 ing with two of his disciples. •As Jesus walked by, John looked at him and declared,

37 "Look! There is the Lamb of God!" •When John's two disciples heard this, they followed

38 him. •Jesus looked around and saw them following. "What do you want?" he asked them.

They replied, "Rabbi" (which means "Teacher"), "where are you staying?"

39 •"Come and see," he said. It was about four o'clock in the afternoon when they went with him to the place where he was staying, and they remained with him the rest of the day.

40 •Andrew, Simon Peter's brother, was one of these men who heard what John said and

41 then followed Jesus. •Andrew went to find his brother, Simon, and told him, "We have found the Messiah" (which means "Christ"*).

42 •Then Andrew brought Simon to meet Jesus. Looking intently at Simon, Jesus said, "Your name is Simon, son of John—but you will be called Cephas" (which means "Peter"*).

---

baptize [bǽptàiz] *vi.* 세례를 베풀다
declare [diklέər] *vi.* 선포하다, 선언하다
descend [disénd] *vi.* 내려오다
intently [inténtli] *ad.* 골똘하게
reveal [rivíːl] *vt.* 드러내다, 나타내다
testify [téstəfài] *vt.* 증언하다, 증명하다
1:29 take away : 없애다, 가져가다

1:34 Some manuscripts read *the Son of God.*
1:41 *Messiah* (a Hebrew term) and *Christ* (a Greek term) both mean "anointed one." 1:42 The names *Cephas* (from Aramaic) and *Peter* (from Greek) both mean "rock."

빌립과 나다나엘을 부르심

43 다음날, 예수님께서는 갈릴리로 가기를 원하셨습니다. 예수님께서는 빌립을 만나시자 그에게 "나를 따라오너라" 하고 말씀하셨습니다.

44 빌립은 안드레와 베드로와 같은 동네인 벳새다 사람이었습니다.

45 빌립은 나다나엘을 만나고는 그에게 이렇게 말했습니다. "모세가 율법책에 썼고, 예언자들도 기록한 그분을 우리가 찾았다. 나사렛 사람 요셉의 아들 예수님이 바로 그분이시다."

46 그러나 나다나엘은 빌립에게 "나사렛에서 뭐 좋은 것이 나올 수 있겠는가?"라고 말했습니다. 빌립은 "와서 보아라" 하고 대답했습니다.

47 예수님께서는 나다나엘이 자기에게 오는 것을 보시고, "여기 참 이스라엘 사람이 있다. 이 사람에게는 거짓된 것이 하나도 없다"라고 말씀하셨습니다.

48 나다나엘은 예수님께 "저를 어떻게 아십니까?" 하고 물었습니다. 예수님께서 대답하셨습니다. "빌립이 너를 부르기 전, 네가 무화과나무 아래에 있는 것을 내가 보았다."

49 나다나엘은 예수님께 "선생님, 당신은 하나님의 아들이시며, 이스라엘의 왕이십니다"라고 대답했습니다.

50 예수님께서는 나다나엘에게 "네가 무화과나무 아래에 있는 것을 내가 보았다고 말해서 나를 믿느냐? 그러나 너는 그것보다 더 큰 일을 보게 될 것이다"라고 대답하셨습니다.

51 그리고 그들에게 "내가 너희에게 진리를 말한다. 너희는 하늘이 열리고 하나님의 천사들이 인자 위에서 오르락내리락하는 것을 보게 될 것이다"라고 말씀하셨습니다.

가나에서 열린 결혼식

2 삼 일째 되던 날에 갈릴리에 있는 가나라는 마을에서 결혼식이 열렸습니다. 예수님의 어머니도 결혼식에 참석하였고,

2 예수님과 그분의 제자들도 결혼식에 초대받았습니다.

3 포도주가 바닥났을 때, 예수님의 어머니가 예수님께 "이 집의 포도주가 다 떨어졌구나"라고 말해 주었습니다.

4 예수님께서는 "어머니, 왜 저에게 이런 부탁을 하십니까? 저의 때가 아직 오지 않았습니다"라고 대답하셨습니다.

5 *예수님의 어머니는* 하인들에게 "그분이 시키시는 일은 무엇이든지 하여라" 하고 말해 두었습니다.

6 그 집에는 돌로 만든 물 항아리가 여섯 개 있었습니다. 이 항아리는 유대인들이 정결 예식에 사용하는 항아리들이었습니다. 그것은 각각 물 두세 동이를 담을 수 있는 항아리였습니다.

7 예수님께서 하인들에게 "항아리에 물을 채워라" 하

43 ● The next day Jesus decided to go to Galilee. He found Philip and said to him,
44 "Come, follow me." ● Philip was from Bethsaida, Andrew and Peter's hometown.
45 ● Philip went to look for Nathanael and told him, "We have found the very person Moses* and the prophets wrote about! His name is Jesus, the son of Joseph from Nazareth."
46 ● "Nazareth!" exclaimed Nathanael. "Can anything good come from Nazareth?"
"Come and see for yourself," Philip replied.
47 ● As they approached, Jesus said, "Now here is a genuine son of Israel—a man of complete integrity."
48 ● "How do you know about me?" Nathanael asked.
Jesus replied, "I could see you under the fig tree before Philip found you."
49 ● Then Nathanael exclaimed, "Rabbi, you are the Son of God—the King of Israel!"
50 ● Jesus asked him, "Do you believe this just because I told you I had seen you under the fig tree? You will see greater things than this." ● Then he said, "I tell you the truth,
51 you will all see heaven open and the angels of God going up and down on the Son of Man, the one who is the stairway between heaven and earth.*"

The Wedding at Cana

2 The next day* there was a wedding celebration in the village of Cana in Galilee. Jesus' mother was there, ● and Jesus and his
2 disciples were also invited to the celebration.
3 ● The wine supply ran out during the festivities, so Jesus' mother told him, "They have no more wine."
4 ● "Dear woman, that's not our problem," Jesus replied. "My time has not yet come."
5 ● But his mother told the servants, "Do whatever he tells you."
6 ● Standing nearby were six stone water jars, used for Jewish ceremonial washing. Each could hold twenty to thirty gallons.*
7 ● Jesus told the servants, "Fill the jars with

celebration [sèləbréiʃən] *n.* 축제
festivity [festívəti] *n.* 잔치
genuine [dʒénjuin] *a.* 참된, 진짜의
integrity [intégrəti] *n.* 정직, 고결
stairway [stέərwei] *n.* 계단
2:3 run out : 바닥나다, 다 떨어지다

1:45 Greek *Moses in the law*　**1:51** Greek *going up and down on the Son of Man;* see Gen 28:10-17. "Son of Man" is a title Jesus used for himself.　**2:1** Greek *On the third day;* see 1:35, 43.
2:6 Greek *2 or 3 measures* [75 to 113 liters].

고 말씀하셨습니다. 하인들은 항아리에 물을 가득 채웠습니다.

8 그러자 예수님께서는 그들에게 "자, 이제 그것을 퍼다가 잔치를 주관하는 사람에게 갖다 주어라" 하고 말씀하셨습니다. 하인들은 물을 떠서 잔치를 주관하는 사람에게 갖다 주었습니다.

9 하인이 떠다 준 물을 잔치를 주관하는 사람이 맛보았을 때, 그 물은 포도주가 되어 있었습니다. 그는 그 포도주가 어디서 난 것인지 알지 못하였지만, 물을 가져온 하인들은 알고 있었습니다. 잔치를 주관하는 사람은 신랑을 불렀습니다.

10 그리고 그에게 "사람들은 항상 처음에 좋은 포도주를 내놓고, 손님들이 취한 다음에는 값싼 포도주를 내놓는 법인데, 당신은 지금까지 가장 좋은 포도주를 보관하고 계셨군요" 하고 말하였습니다.

11 예수님께서는 이 첫 번째 표적을 갈릴리 가나에서 행하셨으며, 거기서 그의 영광을 보여 주셨습니다. 그러자 그의 제자들이 그를 믿게 되었습니다.

12 이 일이 있은 후, 예수님께서는 그의 어머니와 형제들과 제자들과 함께 가버나움이라는 마을로 가서 며칠 동안, 머무르셨습니다.

성전을 깨끗하게 하심

13 유대의 명절인 유월절이 가까워 오자, 예수님께서는 예루살렘으로 올라가셨습니다.

14 예수님께서는 성전 뜰 안에서 소와 양과 비둘기를 팔고 있는 사람들과 또 상에 앉아서 돈을 바꿔 주는 사람들을 보셨습니다.

15 예수님께서는 끈으로 채찍을 만들어 양과 소를 비롯하여 모든 짐승을 성전 뜰에서 쫓아내셨습니다. 예수님께서는 돈 바꾸는 사람들의 상을 뒤엎으시고, 그 사람들의 돈을 흩트리셨습니다.

16 그리고 비둘기를 파는 사람들에게 명령하셨습니다. "이것들을 여기서 치워라! 내 아버지의 집을 시장터로 만들지 마라!"

17 이때, 제자들은 성경에 "주님의 집에 대한 나의 열심이 불처럼 나를 삼켜 버렸다"*라고 기록된 것을 생각하였습니다.

18 유대인들은 예수님께 "당신은 당신에게 이런 일들을 행할 권리가 있다는 것을 증명할 무슨 표적을 행할 수 있습니까?" 하고 물었습니다.

19 예수님께서는 "이 성전을 허물어라. 그러면 내가 삼일 만에 이것을 다시 세우겠다"라고 대답하셨습니다.

20 그러자 유대인들은 "이 성전을 건축하는 데 사십육 년이 걸렸는데, 당신이 삼일 만에 다시 세우겠다는 겁니까?"라고 반문했습니다.

21 그러나 예수님께서 말씀하신 성전은 그분 자신의 몸을 가리키는 것이었습니다.

22 예수님께서 죽은 자들 가운데서 부활하신 후에, 그

---

8 water." When the jars had been filled, ●he said, "Now dip some out, and take it to the master of ceremonies." So the servants followed his instructions.

9 ●When the master of ceremonies tasted the water that was now wine, not knowing where it had come from (though, of course, the servants knew), he called the bride-

10 groom over. ●"A host always serves the best wine first," he said. "Then, when everyone has had a lot to drink, he brings out the less expensive wine. But you have kept the best until now!"

11 ●This miraculous sign at Cana in Galilee was the first time Jesus revealed his glory. And his disciples believed in him.

12 ●After the wedding he went to Capernaum for a few days with his mother, his brothers, and his disciples.

Jesus Clears the Temple

13 ●It was nearly time for the Jewish Passover
14 celebration, so Jesus went to Jerusalem. ●In the Temple area he saw merchants selling cattle, sheep, and doves for sacrifices; he also saw dealers at tables exchanging foreign

15 money. ●Jesus made a whip from some ropes and chased them all out of the Temple. He drove out the sheep and cattle, scattered the money changers' coins over the

16 floor, and turned over their tables. ●Then, going over to the people who sold doves, he told them, "Get these things out of here. Stop turning my Father's house into a market-place!"

17 ●Then his disciples remembered this prophecy from the Scriptures: "Passion for God's house will consume me."*

18 ●But the Jewish leaders demanded, "What are you doing? If God gave you authority to do this, show us a miraculous sign to prove it."

19 ●"All right," Jesus replied. "Destroy this temple, and in three days I will raise it up."

20 ●"What!" they exclaimed. "It has taken forty-six years to build this Temple, and you
21 can rebuild it in three days?" ●But when Jesus said "this temple," he meant his own
22 body. ●After he was raised from the dead, his disciples remembered he had said this, and they believed both the Scriptures and what Jesus had said.

---

consume [kənsúːm] *vt.* 소멸시키다
2:8 dip out : (국자로) 퍼내다, 떠내다

2:17 Or *"Concern for God's house will be my undoing."* Ps 69:9.
2:17 시 69:9에 기록되어 있다.

분의 제자들은 예수님께서 이렇게 말씀하신 것을 기억하였고, 그들은 성경과 예수님께서 하신 말씀을 믿었습니다.

예수님께서는 모든 사람을 아심

23 예수님께서 예루살렘에 계시는 유월절 기간 동안, 많은 사람들이 그분이 행하시는 표적을 보고 예수님을 믿었습니다.

24 그러나 예수님께서는 모든 사람을 알고 계셨기 때문에 자기 자신을 그 사람들에게 맡기지 않으셨습니다.

25 예수님께서는 사람들의 마음속에 무엇이 들어 있는지 알고 계셨기 때문에, 사람에 대해서 어느 누구의 증언이 필요가 없었습니다.

예수님과 니고데모

3 바리새인들 중에 니고데모라는 사람이 있었습니다. 그는 유대 공의회 의원 중 한 사람이었습니다.

2 어느 날 밤, 니고데모가 예수님을 찾아왔습니다. 그는 "선생님, 우리는 당신이 하나님께로부터 오신 선생님이라는 것을 압니다. 하나님께서 함께하시지 않는다면, 아무도 선생님께서 하셨던 일들을 행할 수 없습니다"라고 말했습니다.

3 예수님께서 대답하셨습니다. "내가 너에게 진리를 말한다. 누구든지 다시 태어나지 않으면, 하나님의 나라를 볼 수 없다."

4 니고데모가 예수님께 물었습니다. "사람이 이미 나이가 많아 어른이 되었는데, 어떻게 다시 태어날 수 있겠습니까? 어머니의 태 안에 다시 들어가 두 번씩이나 태어날 수 있겠습니까?"

5 예수님께서는 이렇게 대답하셨습니다. "내가 너에게 진리를 말한다. 누구든지 물과 성령으로 태어나지 않는다면, 그 사람은 하나님 나라에 들어갈 수 없다.

6 사람이 육체적으로는 그의 부모로부터 태어나지만, 영적으로는 성령으로부터 태어난다.

7 내가 너에게 '다시 태어나야 한다'라고 말한 것에 너무 놀라지 마라.

8 바람은 제 맘대로 부는 법이다. 너는 바람 부는 소리는 듣지만, 그 바람이 어디서부터 와서 어디로 가는지는 알지 못한다. 성령으로 다시 태어나는 모든 사람도 이와 같다."

9 니고데모는 "이런 일이 어떻게 가능할 수 있습니까?"라고 물었습니다.

10 예수님께서 대답하셨습니다 "너는 이스라엘의 선생인데도 이 일들을 이해하지 못하느냐?

11 내가 너에게 진리를 말한다. 우리는 우리가 아는 것을 말하고 우리가 본 것을 증언한다. 그러나 너희는 우리가 증언한 것을 받아들이지 않고 있다.

12 내가 너희에게 이 세상의 일들에 대해 말했는데도 너희는 나를 믿지 않는데, 내가 너희에게 하늘의 일들을 말한다면, 너희가 어떻게 믿겠느냐?

Jesus and Nicodemus

23 •Because of the miraculous signs Jesus did in Jerusalem at the Passover celebration, many began to trust in him. 24 •But Jesus didn't trust them, because he knew all about people. 25 •No one needed to tell him about human nature, for he knew what was in each person's heart.

3 There was a man named Nicodemus, a Jewish religious leader who was a 2 Pharisee. •After dark one evening, he came to speak with Jesus. "Rabbi," he said, "we all know that God has sent you to teach us. Your miraculous signs are evidence that God is with you."

3 •Jesus replied, "I tell you the truth, unless you are born again,* you cannot see the Kingdom of God."

4 •"What do you mean?" exclaimed Nicodemus. "How can an old man go back into his mother's womb and be born again?"

5 •Jesus replied, "I assure you, no one can enter the Kingdom of God without being 6 born of water and the Spirit.* •Humans can reproduce only human life, but the 7 Holy Spirit gives birth to spiritual life.* •So don't be surprised when I say, 'You* must 8 be born again.' •The wind blows wherever it wants. Just as you can hear the wind but can't tell where it comes from or where it is going, so you can't explain how people are born of the Spirit."

9 •"How are these things possible?" Nicodemus asked.

10 •Jesus replied, "You are a respected Jewish teacher, and yet you don't under-11 stand these things? •I assure you, we tell you what we know and have seen, and yet 12 you won't believe our testimony. •But if you don't believe me when I tell you about earthly things, how can you possibly believe if I tell you about heavenly things?

---

debate [dibéit] n. 논쟁
exalt [igzɔ́ːlt] vt. 높이다
exclaim [ikskléim] vi. 외치다, 소리치다
expose [ikspóuz] vt. 폭로하다, 들추어내다
perish [périʃ] vi. 죽다, 소멸하다
plainly [pléinli] ad. 분명히, 똑똑히
plural [plúərəl] a. 복수의, 두 가지 이상의
religious [rilíʤəs] a. 종교상의
reproduce [rìːprədjúːs] vt. 생식시키다

3:3 Or *born from above;* also in 3:7.　3:5 Or *and spirit.* The Greek word for *Spirit* can also be translated *wind;* see 3:8.　3:6 Greek *what is born of the Spirit is spirit.*　3:7 The Greek word for *you* is plural; also in 3:12.

13 하늘에서 내려온 사람, 곧 인자 외에는 하늘에 올라 간 사람이 아무도 없다.

14 모세가 광야에서 뱀을 높이 들었던 것처럼 인자도 들려야 한다.

15 그것은 그를 믿는 사람들에게 영생을 얻게 하기 위해서이다.

16 이와 같이 하나님께서는 세상을 사랑하여 독생자를 주셨다. 이는 누구든지 그의 아들을 믿는 사람은 멸망하지 않고 영생을 얻게 하려 하심이다.

17 하나님께서는 세상을 심판하시기 위해 그의 아들을 세상에 보내신 것이 아니라, 자기 아들을 통하여 세상을 구원하시기 위해 아들을 보내신 것이다.

18 하나님의 아들을 믿는 사람은 유죄 판결을 받지 않는다. 그러나 그를 믿지 않는 사람은 이미 유죄 판결을 받은 것이다. 그것은 사람이 하나님의 독생자의 이름을 믿지 않았기 때문이다.

19 판결 내용은 이렇다. 빛이 세상에 와 있지만 사람들은 빛보다는 어두움을 더 좋아하였다는 것이다. 그들이 어두움을 더 좋아하는 것은 그들의 행위가 악하기 때문이다.

20 악을 행하는 사람마다 빛을 미워하며, 또한 빛으로 말미암아 자기의 행위가 폭로되는 것이 두려워 빛을 향해 나오지 않는다.

21 그러나 진리를 행하는 사람은 그가 행한 모든 일들이 하나님을 통하여 행한 것이라는 사실을 나타내기 위해 빛을 향해 나온다."

예수님과 세례자 요한

22 이 일이 있은 후, 예수님과 그의 제자들은 유대 지방으로 갔습니다. 예수님께서는 거기서 그의 제자들과 함께 머무르시면서 사람들에게 세례를 주셨습니다.

23 세례자 요한도, 살렘 근처에 있는 애논에서 세례를 주었습니다. 이는 그곳에 물이 많고, 사람들도 계속해서 자기에게 나아왔기 때문입니다.

24 이때는 요한이 아직 감옥에 갇히기 전이었습니다.

25 요한의 제자들 중 몇 사람과 유대인 사이에 정결 예법에 대한 논쟁이 벌어졌습니다.

26 그래서 그들은 요한에게 와서 "선생님, 요단 강 동편에서 선생님과 함께 계시던 분, 즉 선생님께서 이전에 증언하셨던 그분이 지금 세례를 주고 계시며, 모든 사람들이 그분에게로 가고 있습니다"라고 말했습니다.

27 요한이 대답했습니다. "하늘의 하나님께서 주지 않으시면, 사람은 아무것도 받을 수 없다.

28 너희들은, 내가 '나는 그리스도가 아니며 그분보다 앞서 보냄을 받은 사람이다' 라고 말한 것을 들은 증인들이다.

29 신부의 주인은 신랑이다. 신랑을 기다리며, 그가 오는 소리에 귀를 기울이는 신랑의 친구는 신랑의 소

---

13 •No one has ever gone to heaven and returned. But the Son of Man* has come down from heaven. 14 •And as Moses lifted up the bronze snake on a pole in the wilderness, 15 so the Son of Man must be lifted up, •so that everyone who believes in him will have eternal life.*

16 •"For this is how God loved the world: He gave* his one and only Son, so that everyone who believes in him will not perish but have eternal life. 17 •God sent his Son into the world not to judge the world, but to save the world through him.

18 •"There is no judgment against anyone who believes in him. But anyone who does not believe in him has already been judged for not believing in God's one and only Son. 19 •And the judgment is based on this fact: God's light came into the world, but people loved the darkness more than the light, for their actions were evil. 20 •All who do evil hate the light and refuse to go near it for fear their sins will be exposed. 21 •But those who do what is right come to the light so others can see that they are doing what God wants.*"

John the Baptist Exalts Jesus

22 •Then Jesus and his disciples left Jerusalem and went into the Judean countryside. Jesus spent some time with them there, baptizing people. 23 •At this time John the Baptist was baptizing at Aenon, near Salim, because there was plenty of water there; and people kept coming to him for baptism. 24 •(This was before John was thrown into prison.) 25 •A debate broke out between John's disciples and a certain Jew* over ceremonial cleansing. 26 •So John's disciples came to him and said, "Rabbi, the man you met on the other side of the Jordan River, the one you identified as the Messiah, is also baptizing people. And everybody is going to him instead of coming to us."

27 •John replied, "No one can receive anything unless God gives it from heaven. 28 •You yourselves know how plainly I told you, 'I am not the Messiah. I am only here to prepare the way for him.' 29 •It is the bridegroom who marries the bride, and the bridegroom's friend is simply glad to stand with him and hear his vows. Therefore, I am filled with joy

---

3:13 Some manuscripts add *who lives in heaven.* "Son of Man" is a title Jesus used for himself. 3:15 Or *everyone who believes will have eternal life in him.* 3:16 Or *For God loved the world so much that he gave.* 3:21 Or *can see God at work in what he is doing.* 3:25 Some manuscripts read *some Jews.*

리를 듣고 대단히 기뻐한다. 나의 기쁨도 이와 똑같은 것이다. 나의 기쁨이 이제 이루어졌다.

30 그분은 점점 더 위대해질 것이고, 나는 점점 더 사람들의 관심에서 멀어지게 될 것이다."

하늘에서 오신 분

31 "위로부터 오신 분은 모든 것 위에 계신 분이다. 땅으로부터 온 사람은 땅에 속하여, 땅의 일을 말한다. 그러나 하늘로부터 오신 분은 모든 것 위에 계신 분이다.

32 그분은 그가 보고 들었던 것을 증언하신다. 그러나 아무도 그분의 증언을 받아들이지 않는다.

33 그분의 증거를 받아들이는 사람은 하나님이 참되신 분이라는 사실을 인정한다.

34 하나님께서 보내신 그분은 하나님의 말씀을 전하신다. 하나님께서는 그분에게 성령을 한없이 주셨다.

35 아버지는 아들을 사랑하셔서 모든 것을 그의 손에 맡기셨다.

36 아들을 믿는 사람은 영생이 있지만, 아들을 거역하는 사람은 생명을 보지 못하고 도리어 그에게 하나님의 진노가 있을 것이다."

예수님과 사마리아 여인

4 바리새인들은 예수님께서 요한보다 더 많은 사람을 제자로 삼고 세례를 준다는 소문을 들었습니다.

2 그러나 사실 예수님께서 직접 사람들에게 세례를 주신 것이 아니라 제자들이 세례를 준 것이었습니다. 예수님께서는 바리새인들이 자기에 대하여 이야기하고 있다는 것을 아시고,

3 유대를 떠나 다시 갈릴리로 가셨습니다.

4 갈릴리로 가려면 사마리아 지방을 거쳐 가야만 했습니다.

5 예수님께서는 사마리아에 있는 수가라는 마을로 들어가셨습니다. 이 마을은 야곱이 자기 아들 요셉에게 주었던 밭에서 그리 멀지 않은 곳에 있었습니다.

6 그곳에 야곱의 우물이 있었습니다. 예수님께서는 오랜 여행으로 피곤하여 그 우물가에 앉으셨습니다. 그때가 대략 정오쯤이었습니다.

7 사마리아 여자 한 사람이 물을 길으러 나왔습니다. 예수님께서는 그 여자에게 "내게 마실 물 좀 주시오"라고 말씀하셨습니다.

8 이 일이 일어날 즈음 예수님의 제자들은 먹을 것을 사러 마을로 내려가고 그 자리에 없었습니다.

9 사마리아 여자는 예수님께 "당신은 유대 남자고, 나는 사마리아 여자인데, 어떻게 나에게 마실 것을 달라고 할 수 있습니까?"라고 말했습니다. 당시 유대인들은 사마리아 사람들과 상종을 하지 않았습니다.*

10 예수님께서는 그 여자에게 이렇게 대답하셨습니다. "당신이 하나님께서 주시는 선물이 무엇인지,

30 at his success. • He must become greater and greater, and I must become less and less.

31 • "He has come from above and is greater than anyone else. We are of the earth, and we speak of earthly things, but he has come from heaven and is greater than anyone else.* • He testifies about what he has seen and heard, but how few believe what he tells

33 them! • Anyone who accepts his testimony

34 can affirm that God is true. • For he is sent by God. He speaks God's words, for God

35 gives him the Spirit without limit. • The Father loves his Son and has put everything

36 into his hands. • And anyone who believes in God's Son has eternal life. Anyone who doesn't obey the Son will never experience eternal life but remains under God's angry judgment."

Jesus and the Samaritan Woman

4 Jesus* knew the Pharisees had heard that he was baptizing and making more disci-

2 ples than John • (though Jesus himself

3 didn't baptize them—his disciples did). • So he left Judea and returned to Galilee.

4 • He had to go through Samaria on the

5 way. • Eventually he came to the Samaritan village of Sychar, near the field that Jacob

6 gave to his son Joseph. • Jacob's well was there; and Jesus, tired from the long walk, sat wearily beside the well about noontime.

7 • Soon a Samaritan woman came to draw water, and Jesus said to her, "Please give me

8 a drink." • He was alone at the time because his disciples had gone into the village to buy some food.

9 • The woman was surprised, for Jews refuse to have anything to do with Samaritans.* She said to Jesus, "You are a Jew, and I am a Samaritan woman. Why are you asking me for a drink?"

10 • Jesus replied, "If you only knew the gift God has for you and who you are speaking to, you would ask me, and I would give you living water."

---

affirm [əfɜ́:rm] *vt.* 단언하다, 확언하다
earthly [ɔ́:rθli] *a.* 이 세상의, 지상의
eternal [itə́:rnl] *a.* 영원한
eventually [ivéntʃuəli] *ad.* 결국, 마침내
refuse [rifjú:z] *vt.* …하려고 하지 않다
wearily [wíərili] *ad.* 지쳐서

3:31 Some manuscripts do not include *and is greater than anyone else.* 4:1 Some manuscripts read *The Lord.* 4:9 Some manuscripts do not include this sentence.
4:9 사마리아 사람들은 유대 사람들과 식사를 같이 하지 않은 것은 물론이고 그릇도 함께 사용하지 않았다.

또 '내게 마실 것을 달라'라고 말하고 있는 사람이 누구인지 알았더라면, 오히려 당신이 그 사람에게 구하였을 것이고 그러면 그가 당신에게 생명의 물을 주었을 것이오."

11 그 여자가 말했습니다. "선생님, 당신에게는 물 길을 도구도 없고 이 우물은 매우 깊은데, 어디서 그 생명의 물을 구한단 말입니까?

12 당신이 우리 조상 야곱보다 더 큰 분이란 말씀이십니까? 야곱은 우리에게 이 우물을 주신 분입니다. 그분도 친히 이 우물에서 물을 길어 마셨고, 그분의 아들들과 가축들도 그렇게 했습니다."

13 예수님께서는 "이 물을 마시는 사람은 다시 목마를 것이오.

14 그러나 내가 주는 물을 마시는 사람은 누가 되었건 간에, 영원히 목마르지 않을 것이오. 내가 주는 물은 그 사람 안에서 계속 솟아나, 영원한 생명을 가져다 주는 우물이 될 것이오"라고 대답하셨습니다.

15 사마리아 여자는 예수님께 "선생님, 저에게 그런 물을 주셔서 제가 다시는 목이 마르지 않을 뿐더러 물을 길으러 여기에 오지 않게 해 주십시오"라고 말했습니다.

16 예수님께서는 그 여자에게 "가서 당신 남편을 불러 이리로 데려오시오"라고 말씀하셨습니다.

17 그 여자는 예수님께 "저는 남편이 없습니다"라고 대답했습니다. 그러자 예수님께서 "당신이 남편이 없다고 한 말은 맞는 말이오.

18 실제로 당신은 남편이 다섯 명이나 있었고, 지금 당신과 함께 사는 남자도 당신 남편이 아니오. 당신이 방금 전에 말한 것은 틀린 말이 아니었소"라고 말씀하셨습니다.

19 그 여자는 "선생님, 제가 보기에 선생님께서는 예언자이십니다.

20 우리의 조상들은 이 산에서 예배하였으나, 유대인들은 예배할 수 있는 유일한 장소는 예루살렘에 있다고 주장합니다"라고 말했습니다.

21 예수님께서 이렇게 말씀하셨습니다. "여인이여, 나를 믿으시오. 이 산에서도 아니고, 예루살렘에서도 아닌, 당신네들이 아버지께 예배할 때가 올 것이오.

22 사마리아 사람인 당신네들은 알지 못하는 것을 예배하나, 우리 유대인들은 우리가 알고 있는 것을 예배하오. 그것은 구원이 유대인들로부터 나오기 때문이오.

23 그러나 참되게 예배하는 사람들이 영과 진리로 아버지께 예배할 때가 올 것인데, 지금이 바로 그때요. 그리고 하나님께서는 이렇게 예배하는 사람들을 찾고 계시오.

24 하나님께서는 영이시기 때문에 하나님께 예배하는 사람들은 반드시 영과 진리로 예배해야만 하오."

25 그 여자는 "그리스도라고 불리는 메시아가 오실 것이

11 ● "But sir," she said, "and this well is very deep. Where would you get this living water?

12 ● And besides, do you think you're greater than our ancestor Jacob, who gave us this well? How can you offer better water than he and his sons and his animals enjoyed?"

13 Jesus replied, "Anyone who drinks this

14 water will soon become thirsty again. ● But those who drink the water I give will never be thirsty again. It becomes a fresh, bubbling spring within them, giving them eternal life."

15 ● "Please, sir," the woman said, "give me this water! Then I'll never be thirsty again, and I won't have to come here to get water."

16 ● "Go and get your husband," Jesus told her.

17 ● "I don't have a husband," the woman replied.

Jesus said, "You're right! You don't have a

18 husband—● for you have had five husbands, and you aren't even married to the man you're living with now. You certainly spoke the truth!"

19 ● "Sir," the woman said, "you must be a

20 prophet. ● So tell me, why is it that you Jews insist that Jerusalem is the only place of worship, while we Samaritans claim it is here at Mount Gerizim,* where our ancestors worshiped?"

21 ● Jesus replied, "Believe me, dear woman, the time is coming when it will no longer matter whether you worship the Father on

22 this mountain or in Jerusalem. ● You Samaritans know very little about the one you worship, while we Jews know all about him, for salvation comes through the Jews.

23 ● But the time is coming—indeed it's here now—when true worshipers will worship the Father in spirit and in truth. The Father is looking for those who will worship him that

24 way. ● For God is Spirit, so those who worship him must worship in spirit and in truth."

25 ● The woman said, "I know the Messiah is coming—the one who is called Christ. When he comes, he will explain everything to us."

---

ancestor [ǽnsestər] *n.* 조상
bubble [bʌ́bl] *vi.* 넘치다, 솟다
claim [kléim] *vt.* (권리를) 주장하다
insist [insíst] *vt.* 주장하다, 단언하다
salvation [sælvéiʃən] *n.* 구원
spring [spriŋ] *n.* 샘
thirsty [θə́ːrsti] *a.* 목마른
well [wél] *n.* 우물

4:20 Greek *on this mountain*.

라는 사실을 알고 있었습니다. 그분이 오시면, 우리에게 모든 것을 설명해 주실 것입니다"라고 말했습니다.

26 그러자 예수님께서 여자에게 말씀하셨습니다. "지금 당신과 이야기하고 있는 내가 바로 그 메시아요."

27 바로 그때, 예수님의 제자들이 마을에서 돌아왔습니다. 그들은 예수님께서 여자와 이야기하고 있는 것을 보고 무척 놀랐습니다. 그러나 아무도 "선생님, 무엇을 구하고 계십니까?"라거나 "선생님, 무슨 일로 그 여자와 이야기를 하고 계십니까?"라고 묻는 사람이 없었습니다.

28 그 여자는 물 항아리를 버려두고, 마을로 돌아가 사람들에게 말했습니다.

29 "여러분, 이리 와서 내 과거의 일을 다 말해 준 사람을 한번 보세요. 이분이 메시아가 아닐까요?"

30 그러자 사람들이 마을에서 나와 예수님께로 왔습니다.

31 그 사이 제자들은 예수님께 "선생님, 음식을 좀 드시지요"라고 청했습니다.

32 그러나 예수님께서는 "나에게는 너희들이 알지 못하는 먹을 음식이 있다"라고 대답하셨습니다.

33 그러자 제자들은 자기들끼리 "누가 예수님께 먹을 것을 갖다 드렸을까?"라고 말했습니다.

34 예수님께서 이들에게 말씀하셨습니다. "나의 음식은 나를 보내신 분의 뜻을 행하고, 그분의 일을 완수하는 것이다.

35 너희들은 '넉 달이 지나야 추수 때가 될 것이다'라고 말하지 않느냐? 그러나 나는 너희에게 말한다. 눈을 들어 밭을 보아라. 이미 곡식이 익어 추수할 때가 되었다.

36 추수하는 사람은 벌써 추수한 대가로 품삯을 받고, 영생을 위한 곡식을 추수하는 중이다. 그래서 씨를 뿌린 사람은 추수하는 사람과 함께 기뻐할 수 있게 될 것이다.

37 그러므로, '한 사람은 씨를 뿌리고, 다른 사람은 추수한다'라고 하는 말은 진리이다.

38 나는 너희들이 직접 수고하지 않은 것을 추수하라고 너희들을 보냈다. 다른 사람들은 수고하였고, 너희들은 그들이 해 놓은 수고의 결실을 얻게 되었다."

사마리아 사람들이 예수님을 믿음

39 그 마을에 사는 많은 사마리아 사람들은 그 여자가 "그분은 내 과거의 모든 일들을 나에게 말씀해 주셨어요"라고 말한 것 때문에 예수님을 믿었습니다.

40 사마리아 사람들이 예수님께 그들과 함께 지내다가 시기를 청했으므로 거기서 이틀을 머무르셨습니다.

41 그래서 보다 많은 사람들이 예수님의 말씀을 듣고 예수님을 믿었습니다.

42 그들은 그 여자에게 "더 이상 우리는 당신의 말 때문에 예수님을 믿는 것이 아니오. 우리가 이제는 예수님

26 • Then Jesus told her, "I AM the Messiah!"*
27 • Just then his disciples came back. They were shocked to find him talking to a woman, but none of them had the nerve to ask, "What do you want with her?" or
28 "Why are you talking to her?" • The woman left her water jar beside the well and ran back to the village, telling every-
29 one, • "Come and see a man who told me everything I ever did! Could he possibly be
30 the Messiah?" • So the people came streaming from the village to see him.
31 • Meanwhile, the disciples were urging Jesus, "Rabbi, eat something."
32 • But Jesus replied, "I have a kind of food you know nothing about."
33 • "Did someone bring him food while we were gone?" the disciples asked each other.
34 • Then Jesus explained: "My nourishment comes from doing the will of God, who sent me, and from finishing his work.
35 • You know the saying, 'Four months between planting and harvest.' But I say, wake up and look around. The fields are
36 already ripe* for harvest. • The harvesters are paid good wages, and the fruit they harvest is people brought to eternal life. What joy awaits both the planter and the
37 harvester alike! • You know the saying, 'One plants and another harvests.' And it's
38 true. • I sent you to harvest where you didn't plant; others had already done the work, and now you will get to gather the harvest."

Many Samaritans Believe

39 • Many Samaritans from the village believed in Jesus because the woman said, "He told me everything I ever did!"
40 • When they came out to see him, they begged him to stay in their village. So he
41 stayed for two days, • long enough for many more to hear his message and
42 believe. • Then they said to the woman, "Now we believe, not just because of what you told us, but because we have heard him ourselves. Now we know that he is indeed the Savior of the world."

nourishment [nə́ːriʃmənt] *n.* 음식
ripe [ráip] *a.* 여문, 익은
savior [séiviər] *n.* 구세주, 구원자
4:27 have the nerve to… : (부정문에서) …할 용기가 있다
4:30 come streaming : 쏟아져 나오다

4:26 Or *"The 'I AM' is here"*; or *"I am the LORD"*; Greek reads *"I am, the one speaking to you."* See Exod 3:14.　**4:35** Greek *white.*

의 말씀을 직접 들었고, 이분이 참으로 세상의 구세주라는 사실을 알았기 때문에 믿는 것이오"라고 말했습니다.

왕의 신하의 아들을 고치심

43 이틀 후에 예수님께서는 그곳을 떠나 갈릴리로 가셨습니다.

44 전에 예수님께서는 예언자가 자기 고향에서는 존경을 받지 못한다고 직접 말씀하신 적이 있습니다.

45 예수님께서 갈릴리에 도착했을 때, 그곳 사람들은 예수님을 환영했습니다. 왜냐하면 그 사람들은 유월절에 예루살렘에서 예수님께서 하신 모든 일들을 보았으며, 또한 자신들도 유월절에 그곳에 있었기 때문입니다.

46 예수님께서는 갈릴리 가나를 또 방문하셨습니다. 이곳은 예수님께서 물로 포도주를 만드셨던 곳입니다. 이곳에는 높은 지위를 가진 왕의 신하 한 사람이 살고 있었습니다. 그 신하의 아들은 병에 걸려 가버나움에 있었습니다.

47 왕의 신하는 예수님께서 유대 지방에서 갈릴리로 오셨다는 소식을 듣고 예수님께 찾아가 가버나움으로 오셔서 자기 아들을 낫게 해 달라고 간청하였습니다. 그 신하의 아들은 거의 죽기 직전에 있었습니다.

48 예수님께서 왕의 신하에게 말씀하셨습니다. "너희는 표적과 기이한 것들을 보지 않으면 전혀 믿으려 하지 않는다."

49 그 신하가 말했습니다. "선생님, 제 아들이 죽기 전에 가버나움으로 오십시오."

50 예수님께서 대답하셨습니다. "가시오. 당신 아들은 살 것이오." 그 사람은 예수님께서 자기에게 하신 말씀을 믿고 집으로 갔습니다.

51 그 사람은 집으로 가는 도중에 자기의 하인들을 만나 자기 아들이 살아났다는 소식을 들었습니다.

52 왕의 신하가 자기 아들이 낫게 된 때를 묻자, 하인들은 "어제 오후 1시 무렵부터 열이 떨어졌습니다"라고 대답했습니다.

53 아이 아버지는 그때가 바로 예수님께서 "당신 아들은 살 것이오"라고 말씀하신 그 시각과 정확히 일치한 것을 알고 자기와 그 집의 모든 사람이 예수님을 믿었습니다.

54 이것은 예수님께서 유대에서 갈릴리로 오신 후, 행하신 두 번째 표적이었습니다.

연못가의 병자를 고치심

5 얼마 후, 유대인의 명절이 되어 예수님께서는 예루살렘으로 올라가셨습니다.

2 예루살렘에 있는 '양의 문' 근처에 기둥 다섯 개가 있는 연못이 있었습니다. 거기에는 히브리 말로 '베데스다'라고 씌어 있었습니다.

3 이곳에는 병약한 사람, 앞 못 보는 사람, 걷지 못하는

Jesus Heals an Official's Son

43 •At the end of the two days, Jesus went on
44 to Galilee. •He himself had said that a prophet is not honored in his own home-
45 town. •Yet the Galileans welcomed him, for they had been in Jerusalem at the Passover celebration and had seen everything he did there.
46 •As he traveled through Galilee, he came to Cana, where he had turned the water into wine. There was a government official in nearby Capernaum whose son
47 was very sick. •When he heard that Jesus had come from Judea to Galilee, he went and begged Jesus to come to Capernaum to heal his son, who was about to die.
48 •Jesus asked, "Will you never believe in me unless you see miraculous signs and wonders?"
49 •The official pleaded, "Lord, please come now before my little boy dies."
50 •Then Jesus told him, "Go back home. Your son will live!" And the man believed what Jesus said and started home.
51 •While the man was on his way, some of his servants met him with the news that
52 his son was alive and well. •He asked them when the boy had begun to get better, and they replied, "Yesterday afternoon at one o'clock his fever suddenly disap-
53 peared." •Then the father realized that that was the very time Jesus had told him, "Your son will live." And he and his entire
54 household believed in Jesus. •This was the second miraculous sign Jesus did in Galilee after coming from Judea.

Jesus Heals a Lame Man

5 Afterward Jesus returned to Jerusalem
2 for one of the Jewish holy days. •Inside the city, near the Sheep Gate, was the pool of Bethesda,* with five covered porches.
3 •Crowds of sick people—blind, lame, or

---

beg [beg] *vt.* 간청하다
celebration [sèləbréiʃən] *n.* 축하; 의식
fever [fíːvər] *n.* 열
heal [hiːl] *vt.* 치료하다
lame [léim] *a.* 절름발이의
miraculous [mirǽkjuləs] *a.* 기적적인
plead [pliːd] *vi.* 간청하다
pool [puːl] *n.* 물웅덩이, 작은 못
porch [pɔ́ːrtʃ] *n.* 현관
realize [ríːəlaiz] *vt.* 깨닫다
4:46 turn … into ~: …가 ~로 변하다
4:47 be about to … : 막 …하려 하다

5:2 Other manuscripts read *Beth-zatha;* still others read *Bethsaida.*

사람, 다리를 저는 사람 등 많은 병자들이 누워 있었습니다.

4 (없음)*

5 거기에 삼십팔 년 동안, 병을 앓아 온 한 남자가 있었습니다.

6 예수님께서는 그 남자가 누워 있는 것을 보시고, 그가 아주 오랫동안 병을 앓아 온 사람이라는 것을 아셨습니다. 그래서 그에게 물으셨습니다. "낫기를 원하시오?"

7 병든 사람이 대답했습니다. "선생님, 물이 움직이기 시작할 때, 제가 연못 안으로 들어갈 수 있게 도와 주는 사람이 없습니다. 제가 물속으로 들어가려고 하면, 다른 사람이 저보다 앞서서 물속으로 들어가곤 합니다."

8 그때, 예수님께서 말씀하셨습니다. "일어나서 당신의 침상을 들고 걸어가시오."

9 그 즉시, 그 남자는 병이 나았습니다. 그는 그의 침상을 들고 걸어가기 시작했습니다. 그런데 그날은 안식일이었습니다.

10 그래서 유대인들은 병이 나은 그 남자에게 이렇게 말했습니다. "오늘은 안식일이오. 안식일에 당신이 침상을 들고 가는 것은 율법을 어기는 일이오."

11 그러자 그 남자가 대답했습니다. "나를 고쳐 주신 분이 나에게 '침상을 들고 걸어가거라' 하고 말씀하셨습니다."

12 "당신에게 침상을 들고 걸어가라고 말한 사람이 도대체 누구요?"라고 유대인들이 다시 물었습니다.

13 그러나 병 고침을 받은 사람은 어떤 사람이 자기를 고쳐 주었는지 알 도리가 없었습니다. 왜냐하면 그곳에는 많은 사람이 있었고, 예수님께서는 이미 군중 속으로 사라진 뒤였기 때문입니다.

14 얼마 후, 예수님께서는 성전 뜰에서 그 남자를 만나 그에게 말씀하셨습니다. "보시오, 당신은 이제 다시 건강해졌으니, 더 악한 일이 당신에게 닥치지 않게 다시는 죄를 짓지 마시오."

15 그 남자는 그 자리를 떠나 유대인들에게 가서 자신을 고쳐 주신 분이 예수님이라고 말했습니다.

16 예수님께서 안식일에 이러한 일을 하셨기 때문에 유대인들은 예수님을 핍박하기 시작했습니다.

17 그러나 예수님께서는 그들에게 이렇게 말씀하셨습니다. "내 아버지께서 지금까지 항상 일하시니, 나도 일한다."

18 이 말 때문에 유대인들은 더더욱 예수님을 죽이려고 안달하였습니다. 그것은 그분이 안식일을 범할 뿐만 아니라 하나님을 자기의 친아버지라고 불러 자기를 하나님과 동등하게 여기고 있기 때문이었습니다.

하나님의 권세를 가지신 예수님

19 그러나 예수님께서 말씀하셨습니다. "내가 너희에

5 paralyzed—lay on the porches.* •One of the men lying there had been sick for thirty-

6 eight years. •When Jesus saw him and knew he had been ill for a long time, he asked him, "Would you like to get well?"

7 •"I can't, sir," the sick man said, "for I have no one to put me into the pool when the water bubbles up. Someone else always gets there ahead of me."

8 •Jesus told him, "Stand up, pick up your mat, and walk!"

9 •Instantly, the man was healed! He rolled up his sleeping mat and began walking! But

10 this miracle happened on the Sabbath, •so the Jewish leaders objected. They said to the man who was cured, "You can't work on the Sabbath! The law doesn't allow you to carry that sleeping mat!"

11 •But he replied, "The man who healed me told me, 'Pick up your mat and walk.'"

12 •"Who said such a thing as that?" they demanded.

13 •The man didn't know, for Jesus had dis-

14 appeared into the crowd. •But afterward Jesus found him in the Temple and told him, "Now you are well; so stop sinning, or something even worse may happen to you."

15 •Then the man went and told the Jewish leaders that it was Jesus who had healed him.

Jesus Claims to Be the Son of God

16 •So the Jewish leaders began harassing

17 Jesus for breaking the Sabbath rules. •But Jesus replied, "My Father is always working,

18 and so am I." •So the Jewish leaders tried all the harder to find a way to kill him. For he not only broke the Sabbath, he called God his Father, thereby making himself equal with God.

19 •So Jesus explained, "I tell you the truth, the Son can do nothing by himself. He does only what he sees the Father doing. Whatever the Father does, the Son also does.

---

harass [hərǽs] vt. 괴롭히다
object [əbdʒikt] vi. 반대하다, 항의하다
paralyzed [pǽrəlaizd] a. 마비된

5:3 Some manuscripts add an expanded conclusion to verse 3 and all of verse 4: *waiting for a certain movement of the water, 'for an angel of the Lord came from time to time and stirred up the water. And the first person to step in after the water was stirred was healed of whatever disease he had.* 5:16 Or *persecuting.*

5:3하반절-4절 어떤 사본에는 다음과 같은 구절이 있다. "그들은 물이 움직이기를 기다렸다. '가끔씩 주의 천사가 연못으로 내려와 물을 휘저었는데, 이렇게 휘저어 놓은 연못에 제일 처음 들어간 사람은 그가 어떤 병을 가지고 있든지 고침을 받을 수 있었다."

게 진리를 말한다. 아들은 어느 것 하나도 혼자서 할 수 없다. 아들은 다만 아버지께서 하시는 일을 보고서야 그것을 할 수 있을 따름이다. 그것은 아버지께서 무엇을 행하시든지 아들도 행하기 때문이다.

20 아버지께서는 아들을 사랑하셔서 그분이 하시는 모든 일들을 아들에게 보여 주신다. 너희에게는 놀랄 만한 일이겠지만 아버지께서는 이보다 더 큰 일들을 아들에게 보여 주실 것이다.

21 아버지께서 죽은 사람을 부활시키시며 그들에게 생명을 주시는 것처럼 아들도 자기가 원하는 자들에게 생명을 줄 것이다.

22 이뿐 아니라 아버지는 아무도 심판하지 않으시고 심판하는 모든 권한을 아들에게 맡기셨다.

23 하나님께서 이렇게 하시는 것은 모든 사람들이 아버지를 존경하듯이 아들도 존경하게 하기 위해서이다. 아들을 존경하지 않는 사람은 아들을 보내신 아버지도 존경하지 않는 것이다.”

24 “내가 너희에게 진리를 말한다. 누구든지 내 말을 듣고 나를 보내신 분을 믿는 사람은 영원한 생명을 얻었고, 심판을 받지 않을 것이며, 사망에서 생명으로 옮겨졌다.

25 내가 너희에게 진리를 말한다. 죽은 사람이 하나님의 아들의 음성을 들을 때가 올 것인데, 그때가 바로 지금이다. 그 음성을 듣는 사람들은 살 것이다.

26 아버지 속에 생명이 있는 것처럼, 아버지께서는 아들에게도 생명을 주어 그 속에 있게 하셨다.

27 또한 아들이 곧 인자이기 때문에 아버지께서는 아들에게 심판할 수 있는 권한을 주셨다.

28 이 말을 한다고 놀라지 마라. 무덤 속에 있는 모든 사람들이 아들의 음성을 들을 때가 올 것이다.

29 선한 일을 한 사람들은 생명을 얻기 위해 부활할 것이며, 악한 일을 한 사람들은 심판을 받기 위해 부활할 것이다.

30 나는 혼자서는 아무것도 할 수 없다. 나는 내가 듣는 대로만 심판을 한다. 그래서 나의 심판은 의롭다. 나는 내가 하고 싶은 것을 하려 하지 않고, 오직 나를 보내신 분이 원하시는 것을 하려고 애쓴다.”

예수님에 관한 증거

31 “내가 나 자신에 대하여 증언한다면, 사람들은 내 증거를 참된 증거로 받아들이지 않을 것이다.

32 그러나 나에 대하여 증언하는 다른 분이 계시니, 나는 그분이 나에게 대하여 증언하는 것이 옳다는 것을 안다.”

33 “너희가 요한에게 사람을 보냈고 요한은 너희에게 진실되게 증언하였다.

34 그렇다고 해서 내가 사람에게서 증언을 받은 것은 아니다. 내가 이런 말을 하는 것은 너희가 구원을 얻을 수 있도록 하기 위해서이다.

35 요한은 타오르면서 빛을 내는 등불이었다. 너희는 잠

20 •For the Father loves the Son and shows him everything he is doing. In fact, the Father will show him how to do even greater works than healing this man. Then 21 you will truly be astonished. •For just as the Father gives life to those he raises from the dead, so the Son gives life to anyone he 22 wants. •In addition, the Father judges no one. Instead, he has given the Son absolute 23 authority to judge, •so that everyone will honor the Son, just as they honor the Father. Anyone who does not honor the Son is certainly not honoring the Father who sent him.

24　•“I tell you the truth, those who listen to my message and believe in God who sent me have eternal life. They will never be condemned for their sins, but they have already passed from death into life.

25　•“And I assure you that the time is coming, indeed it's here now, when the dead will hear my voice—the voice of the Son of 26 God. And those who listen will live. •The Father has life in himself, and he has granted that same life-giving power to his Son. 27 •And he has given him authority to judge everyone because he is the Son of Man.* 28 •Don't be so surprised! Indeed, the time is coming when all the dead in their graves 29 will hear the voice of God's Son, •and they will rise again. Those who have done good will rise to experience eternal life, and those who have continued in evil will rise 30 to experience judgment. •I can do nothing on my own. I judge as God tells me. Therefore, my judgment is just, because I carry out the will of the one who sent me, not my own will.

Witnesses to Jesus

31 •“If I were to testify on my own behalf, 32 my testimony would not be valid. •But someone else is also testifying about me, and I assure you that everything he says 33 about me is true. •In fact, you sent investigators to listen to John the Baptist, and his 34 testimony about me was true. •Of course, I have no need of human witnesses, but I say these things so you might be saved.

assure [əʃúər] *vt.* 확실하게 하다
astonish [əstániʃ] *vt.* 놀라게 하다
condemn [kəndém] *vt.* 유죄로 판결하다
grant [grænt] *vt.* 주다
investigator [invéstiɡèitər] *n.* 조사자, 연구자
valid [vǽlid] *a.* 근거가 확실한, 타당한
5:31 on one's own behalf …: …을 위해서

5:27 “Son of Man” is a title Jesus used for himself.

시 요한의 빛 가운데서 기뻐하기를 원했으나

36 내게는 요한의 증언보다 더 큰 증언이 있다. 아버지께서 나에게 하라고 주셨고, 지금 내가 행하고 있는 일들이 아버지께서 나를 보내신 것을 증언한다.

37 나를 보내신 아버지께서 친히 나를 증언해 주셨다. 너희는 지금까지 그분의 음성을 듣지도 않았고, 그분의 모습을 보지도 않았다.

38 또한 너희는 아버지께서 보내신 사람을 믿지 않기 때문에 하나님의 말씀이 너희 속에 머물러 있지도 않는다.

39 너희는 성경에서 영생을 얻을 수 있다고 생각하여 성경을 부지런히 연구하고 있는데, 바로 그 성경이 나를 증언하는 것이다.

40 하지만 너희는 영생을 얻기 위해 나에게 오는 것을 거절하였다.

41 "내가 사람에게서 영광을 받으려는 것이 아니다.

42 나는 너희가 어떤 사람인지를 안다. 너희에게는 하나님을 사랑하는 마음이 없다.

43 나는 나의 아버지로부터 받은 권세를 가지고 왔으나, 너희는 나를 받아들이지 않는다. 그러나 다른 사람이 자기의 권세를 가지고 온다면, 너희는 그를 받아들일 것이다.

44 너희는 너희끼리 영광받는 것을 좋아하면서도, 하나님께로부터 오는 영광을 얻는 일에는 힘을 쓰지 않으니, 너희가 어떻게 나를 믿을 수 있겠느냐?"

45 "내가 아버지 앞에서 너희를 고소할 것이라고 생각하지 마라. 너희를 고소하는 사람은 바로 너희가 소망을 두고 있는 모세이다.

46 너희가 모세를 믿었다면, 나를 믿었을 것이다. 왜냐하면 모세가 기록한 것은 나에 관한 것이기 때문이다.

47 너희가 모세의 글을 믿지 않는데, 내가 말하는 것을 어떻게 믿을 수 있겠느냐?"

보리 빵 다섯 개와 물고기 두 마리

6 이 일이 있은 지 얼마 후, 예수님께서는 디베랴 호수라고도 하는 갈릴리 호수를 건너가셨습니다.

2 많은 사람이 예수님의 뒤를 따랐습니다. 그것은 사람들이 예수님께서 병든 사람들에게 행하시는 표적을 보았기 때문입니다.

3 예수님께서는 언덕으로 올라가 제자들과 함께 거기 앉으셨습니다.

4 때는 유대인의 명절인 유월절 무렵이었습니다.

5 예수님께서는 눈을 들어 많은 사람이 예수님께 나오는 것을 바라보시고 빌립에게 말씀하셨습니다. "이 사람들이 먹을 빵을 어디서 살 수 있겠느냐?"

6 예수님께서는 빌립이 어떻게 하나 보시려고 이런 질문을 하신 것이었습니다. 예수님께서는 빌립이 어떻게 할 것인가를 이미 알고 계셨습니다.

7 빌립이 예수님께 대답했습니다. "여기 있는 한 사람 한 사람이 빵을 한 입씩만 먹는다고 해도, 그 빵을 사

35 •John was like a burning and shining lamp, and you were excited for a while about his message. •But I have a greater
36 witness than John—my teachings and my miracles. The Father gave me these works to accomplish, and they prove that he sent
37 me. •And the Father who sent me has testified about me himself. You have never heard his voice or seen him face to face,
38 •and you do not have his message in your hearts, because you do not believe me—the one he sent to you.

39 • "You search the Scriptures because you think they give you eternal life. But the
40 Scriptures point to me! •Yet you refuse to come to me to receive this life.

41 • "Your approval means nothing to me,
42 •because I know you don't have God's
43 love within you. •For I have come to you in my Father's name, and you have rejected me. Yet if others come in their own
44 name, you gladly welcome them. •No wonder you can't believe! For you gladly honor each other, but you don't care about the honor that comes from the one who alone is God.*

45 • "Yet it isn't I who will accuse you before the Father. Moses will accuse you! Yes, Moses, in whom you put your hopes.
46 •If you really believed Moses, you would believe me, because he wrote about me.
47 •But since you don't believe what he wrote, how will you believe what I say?"

Jesus Feeds Five Thousand

6 After this, Jesus crossed over to the far side of the Sea of Galilee, also known as
2 the Sea of Tiberias. •A huge crowd kept following him wherever he went, because they saw his miraculous signs as he healed
3 the sick. •Then Jesus climbed a hill and sat
4 down with his disciples around him. •(It was nearly time for the Jewish Passover cel-
5 ebration.) •Jesus soon saw a huge crowd of people coming to look for him. Turning to Philip, he asked, "Where can we buy bread
6 to feed all these people?" •He was testing Philip, for he already knew what he was going to do.

7 •Philip replied, "Even if we worked for months, we wouldn't have enough money* to feed them!"

accomplish [əkámpliʃ] *vt.* 완수하다
approval [əprúːvəl] *n.* 정찬; 승인

5:44 Some manuscripts read *from the only One.* **6:7** Greek *Two hundred denarii would not be enough.* A denarius was equivalent to a laborer's full day's wage.

8 그때, 예수님의 제자 중 한 사람인 시몬 베드로의 동생 안드레가 말했습니다.

9 "여기 사내아이 하나가 가지고 온 작은 보리 빵 다섯 개와 작은 물고기 두 마리가 있습니다. 하지만 이것만 가지고 이렇게 많은 사람을 어떻게 먹이겠습니까?"

10 예수님께서 말씀하셨습니다. "사람들에게 앉으라고 하여라." 그곳은 풀이 많은 곳이었습니다. 거기에 앉은 남자 어른의 수는 약 오천 명이었습니다.

11 그때, 예수님께서는 빵을 가지고 하나님께 감사의 기도를 하신 후, 그곳에 앉아 있는 사람들에게 그들이 원하는 만큼 나눠 주셨습니다. 예수님께서는 물고기를 가지고도 그렇게 하셨습니다.

12 사람들은 모두 실컷 먹었습니다. 식사가 끝났을 때, 예수님께서 제자들에게 말씀하셨습니다. "먹고 남은 빵과 물고기를 다 모으고 하나도 버리지 마라."

13 그래서 제자들은 남은 음식들을 모았습니다. 보리 빵 다섯 개로 사람들이 먹고 남은 조각들이 큰 광주리*로 열두 개나 되었습니다.

14 사람들은 예수님께서 행하신 표적을 보고 말했습니다. "이분은 세상에 오실 그 예언자가 틀림없다."

15 예수님께서는 사람들이 와서 자기를 강제로 데려가 그들의 왕으로 세우려 한다는 것을 아셨습니다. 그래서 다시 그곳을 떠나 혼자 산으로 올라가셨습니다.

물 위를 걸으신 예수님

16 밤이 되자 예수님의 제자들은 갈릴리 호수로 내려갔습니다.

17 이미 날은 어두워졌지만 예수님께서는 아직 제자들에게 오지 않으셨습니다. 제자들은 작은 배를 타고 가버나움으로 가기 위해 갈릴리 호수를 건너기 시작했습니다.

18 그때, 강한 바람이 불어 오고 호수 위의 파도는 점점 거세졌습니다.

19 제자들은 약 4~5킬로미터 정도의 거리를 노 저어 갔습니다. 그때, 예수님께서 물 위를 걸어 배를 향하여 오시는 것이 보였습니다. 제자들은 두려웠습니다.

20 하지만 예수님께서 그들에게 말씀하셨습니다. "나다, 두려워하지 마라."

21 제자들은 기꺼이 예수님을 배 안으로 모셨습니다. 배는 곧 그들이 가려던 목적지에 도착했습니다.

사람들이 예수님을 찾음

22 다음날, 호수 반대편에 서 있던 군중은 그곳에 배가 한 척밖에 없다는 것과 예수님께 제자들과 함께 가시지 않고, 제자들만 떠난 것을 알게 되었습니다.

23 그즈음, 배 몇 척이 디베랴에서 왔습니다. 디베랴는 예수님께서 하나님께 감사 기도를 드린 후, 사람들이 빵을 먹었던 장소에서 가까운 곳에 있는 마을입니다.

---

8 •Then Andrew, Simon Peter's brother,
9 spoke up. •"There's a young boy here with five barley loaves and two fish. But what good is that with this huge crowd?"

10 •"Tell everyone to sit down," Jesus said. So they all sat down on the grassy slopes. (The men alone numbered about 5,000.)

11 •Then Jesus took the loaves, gave thanks to God, and distributed them to the people. Afterward he did the same with the fish. And they all ate as much as they wanted.

12 •After everyone was full, Jesus told his disciples, "Now gather the leftovers, so that noth-
13 ing is wasted." •So they picked up the pieces and filled twelve baskets with scraps left by the people who had eaten from the five barley loaves.

14 •When the people saw him* do this miraculous sign, they exclaimed, "Surely, he is the Prophet we have been expecting!"*

15 •When Jesus saw that they were ready to force him to be their king, he slipped away into the hills by himself.

Jesus Walks on Water

16 •That evening Jesus' disciples went down to
17 the shore to wait for him. •But as darkness fell and Jesus still hadn't come back, they got into the boat and headed across the lake
18 toward Capernaum. •Soon a gale swept down upon them, and the sea grew very
19 rough. •They had rowed three or four miles* when suddenly they saw Jesus walking on the water toward the boat. They were
20 terrified, •but he called out to them, "Don't
21 be afraid. I am here!"* •Then they were eager to let him in the boat, and immediately they arrived at their destination!

Jesus, the Bread of Life

22 •The next day the crowd that had stayed on the far shore saw that the disciples had taken the only boat, and they realized Jesus had
23 not gone with them. •Several boats from Tiberias landed near the place where the Lord had blessed the bread and the people

---

destination [destənéiʃən] *n.* 목적지
distribute [distríbju:t] *vt.* 분배하다
gale [géil] *n.* 큰 바람
leftover [léftouvər] *n.* (pl.) 나머지, 남은 음식
scrap [skræp] *n.* (pl.) 먹다 남은 것, 남긴 것
6:15 slip away : 조용히 떠나다

6:14a Some manuscripts read *Jesus.*　**6:14b** See Deut 18:15, 18; Mal 4:5-6.　**6:19** Greek *25 or 30 stadia* [4.6 or 5.5 kilometers].　**6:20** Or *The 'I AM' is here;* Greek reads I am. See Exod 3:14.

6:13 바구니

24 사람들은 예수님과 그분의 제자들이 그곳에 없다는 것을 알고는 배를 타고 예수님을 찾으러 가버나움으로 갔습니다.

생명의 빵이신 예수님

25 사람들은 호수 건너편에서 예수님을 만났습니다. 그들은 예수님께 물었습니다. "선생님, 언제 여기에 도착하셨습니까?"

26 예수님께서 그 사람들에게 대답하셨습니다. "내가 너희에게 진리를 말한다. 너희가 나를 찾는 것은 내가 행한 표적을 보았기 때문이 아니라 빵을 배불리 먹었기 때문이다.

27 썩어 없어지는 음식을 위해 일하지 말고, 영원히 있어서 영생을 주는 음식을 위해 일하여라. 인자는 너희에게 그런 음식을 줄 것이다. 하나님 아버지께서 인자가 이런 일을 행하는 것을 허락하셨다."

28 그러자 사람들이 예수님께 물었습니다. "하나님께서 원하시는 일을 하기 위해 우리는 무엇을 해야합니까?"

29 예수님께서 대답하셨습니다. "하나님의 일이란 바로 하나님께서 보내신 사람을 믿는 것이다."

30 다시 사람들이 물었습니다. "당신은 어떤 표적을 행하여 우리가 보고 당신을 믿게 하시겠습니까?

31 성경에 '하나님께서는 그들에게 먹을 빵을 하늘에서 내려 주셨다' 라고 기록되어 있듯이, 우리 조상들은 광야에서 만나를 먹었습니다."

32 예수님께서 그들에게 말씀하셨습니다. "내가 너희에게 진리를 말한다. 너희에게 하늘로부터 내린 빵을 준 사람은 모세가 아니다. 나의 아버지께서 너희에게 하늘로부터 참된 빵을 주신 것이다.

33 하나님의 빵은 하늘로부터 내려와서 세상에 생명을 주는 것이다."

34 사람들이 예수님께 말했습니다. "선생님, 이 빵을 우리에게 항상 주십시오."

35 그때, 예수님께서 그들에게 선언하셨습니다. "나는 생명의 빵이다. 내게 오는 사람은 결단코 굶주리지 않을 것이며, 나를 믿는 사람은 결코 목마르지 않을 것이다.

36 그러나 전에도 내가 너희에게 말했던 것처럼, 너희는 나를 보고도 여전히 나를 믿지 않는다.

37 아버지께서 나에게 주신 사람은 다 내게로 올 것이며, 내게로 오는 자를 나는 결단코 쫓아내지 않을 것이다.

38 나는 내 뜻을 이루기 위해서 하늘에서 내려온 것이 아니다. 나는 나를 보내신 분의 뜻을 행하기 위해 하늘에서 내려왔다.

39 나를 보내신 분의 뜻은, 하나님께서 내게 주신 사람은 단 한 사람도 잃지 않고 마지막 날에 그를 부활시키는 것이다.

40 아들을 보고 믿는 사람은 누구나 다 영생을 얻는 것이 내 아버지의 뜻이기 때문이다. 나는 그를 마지막 날에 부활시킬 것이다."

24 had eaten. ● So when the crowd saw that neither Jesus nor his disciples were there, they got into the boats and went across to Capernaum to look for him. ● They found him on the other side of the lake and asked, "Rabbi, when did you get here?"

26 ● Jesus replied, "I tell you the truth, you want to be with me because I fed you, not because you understood the miraculous signs. ● But don't be so concerned about perishable things like food. Spend your energy seeking the eternal life that the Son of Man* can give you. For God the Father has given me the seal of his approval."

28 ● They replied, "We want to perform God's works, too. What should we do?"

29 ● Jesus told them, "This is the only work God wants from you: Believe in the one he has sent."

30 ● They answered, "Show us a miraculous sign if you want us to believe in you. What can you do? ● After all, our ancestors ate manna while they journeyed through the wilderness! The Scriptures say, 'Moses gave them bread from heaven to eat.'*"

32 ● Jesus said, "I tell you the truth, Moses didn't give you bread from heaven. My Father did. And now he offers you the true bread from heaven. ● The true bread of God is the one who comes down from heaven and gives life to the world."

34 ● "Sir," they said, "give us that bread every day."

35 ● Jesus replied, "I am the bread of life. Whoever comes to me will never be hungry again. Whoever believes in me will never be thirsty. ● But you haven't believed in me even though you have seen me. ● However, those the Father has given me will come to me, and I will never reject them. ● For I have come down from heaven to do the will of God who sent me, not to do my own will. ● And this is the will of God, that I should not lose even one of all those he has given me, but that I should raise them up at the last day. ● For it is my Father's will that all who see his Son and believe in him should have eternal life. I will raise them up at the last day."

---

concern [kənsə́:rn] *vt.* 걱정하다, 염려하다
journey [dʒə́:rni] *vi.* 여행하다
perishable [périʃəbl] *a.* 썩기 쉬운
scripture [skríptʃər] *n.* 성경 말씀
seal [si:l] *n.* 증표
wilderness [wídərnis] *n.* 황야, 황무지

6:27 "Son of Man" is a title Jesus used for himself.   6:31 Exod 16:4; Ps 78:24.

41 유대인들은 예수님께서 "나는 하늘에서 내려온 빵이다"라고 말했으므로 예수님에 대해 수군대기 시작했습니다.

42 그래서 그들은 자기들끼리 이런 말들을 했습니다. "이 사람은 틀림없는 요셉의 아들 예수야. 우리가 그의 아버지와 어머니를 알고 있는데, 어떻게 그가 '나는 하늘에서 내려왔다'고 말할 수 있지?"

43 그러자 예수님께서 그들에게 대답하셨습니다. "서로 수군대지 마라.

44 나를 보내신 아버지께서 이끌지 않으면 아무도 내게로 올 수 없다. 나도 마지막 날에 그를 부활시킬 것이다.

45 예언자들의 책에 이런 글이 있다. '모든 사람이 하나님의 가르침을 받을 것이다.'* 아버지의 말씀을 듣고, 아버지에게서 배우는 사람은 내게로 온다.

46 하나님으로부터 온 사람 외에는 아버지를 본 사람이 없다. 오직 하나님으로부터 온 그 사람만 아버지를 보았다.

47 내가 너희에게 진리를 말한다. 믿는 사람에게는 영생이 있다.

48 나는 생명의 빵이다.

49 너희의 조상들은 광야에서 만나를 먹었지만 죽었다.

50 하늘에서 내려오는 빵이 여기 있다. 누구든지 이 빵을 먹으면 결코 죽지 않을 것이다.

51 나는 하늘에서 내려온, 생명을 주는 빵이다. 누구든지 이 빵을 먹으면 영원히 살 것이다. 내가 줄 빵은 나의 살이다. 내 살은 세상에 생명을 준다."

52 그러자 유대인들은 "이 사람이 어떻게 자기 몸을 우리에게 먹으라고 줄 수 있겠는가?"라고 말하며 서로 다투기 시작했습니다.

53 예수님께서 그들에게 말씀하셨습니다. "내가 너희에게 진리를 말한다. 너희가 인자의 살을 먹지 않고, 또 그의 피를 마시지 않으면, 너희 속에 생명이 없다.

54 나의 살을 먹고 나의 피를 마시는 사람은 영생을 얻으며, 나도 그 사람을 마지막 날에 부활시킬 것이다.

55 나의 살은 참된 음식이며, 나의 피는 참된 음료다.

56 나의 살을 먹고 나의 피를 마시는 사람은 누구든지 내 안에 있고, 나도 그 사람 안에 있다.

57 살아 계신 아버지께서 나를 보내셨고, 나 또한 아버지 때문에 살고 있는 것처럼, 나를 먹는 그 사람은 나 때문에 살 것이다.

58 하늘에서 내려온 빵은 너희 조상들이 먹고 죽었던 빵과 같지 않다. 이 빵을 먹는 사람은 영원히 살 것이다."

59 이 모든 말씀은 예수님께서 가버나움 회당에서 가르치실 때에 하신 말씀입니다.

영생의 말씀

60 예수님의 제자들 중에 여러 사람이 예수님의 말씀을 듣고 말했습니다. "이 말씀은 어렵다. 누가 알아

41 •Then the people* began to murmur in disagreement because he had said, "I am the
42 bread that came down from heaven." •They said, "Isn't this Jesus, the son of Joseph? We know his father and mother. How can he say, 'I came down from heaven'?"
43 •But Jesus replied, "Stop complaining
44 about what I said. For no one can come to me unless the Father who sent me draws them to me, and at the last day I will raise
45 them up. •As it is written in the Scriptures,* 'They will all be taught by God.' Everyone who listens to the Father and learns from
46 him comes to me. •(Not that anyone has ever seen the Father; only I, who was sent from God, have seen him.)
47 •"I tell you the truth, anyone who beli-
48 eves has eternal life. •Yes, I am the bread of
49 life! •Your ancestors ate manna in the
50 wilderness, but they all died. •Anyone who eats the bread from heaven, however, will
51 never die. •I am the living bread that came down from heaven. Anyone who eats this bread will live forever; and this bread, which I will offer so the world may live, is my flesh."
52 •Then the people began arguing with each other about what he meant. "How can this man give us his flesh to eat?" they asked.
53 •So Jesus said again, "I tell you the truth, unless you eat the flesh of the Son of Man and drink his blood, you cannot have eter-
54 nal life within you. •But anyone who eats my flesh and drinks my blood has eternal life, and I will raise that person at the last
55 day. •For my flesh is true food, and my
56 blood is true drink. •Anyone who eats my flesh and drinks my blood remains in me,
57 and I in him. •I live because of the living Father who sent me; in the same way, anyone who feeds on me will live because of
58 me. •I am the true bread that came down from heaven. Anyone who eats this bread will not die as your ancestors did (even though they ate the manna) but will live forever."
59 •He said these things while he was teaching in the synagogue in Capernaum.

Many Disciples Desert Jesus

60 •Many of his disciples said, "This is very hard to understand. How can anyone accept

murmur [mə́ːrmər] *vi.* 술렁거리다
synagogue [sínəgag] *n.* 회당

6:41 Greek *Jewish people;* also in 6:52.　6:45 Greek *in the prophets.* Isa 54:13.

6:45 사 54:13에 기록되어 있다.

들을 수 있겠는가?"

61 예수님께서는 제자들이 이 문제로 수군거리는 것을 아시고 그들에게 이런 말씀을 하셨습니다. "이것이 너희에게 장애물이 되느냐?

62 그렇다면 인자가 전에 있던 곳으로 올라가는 것을 너희가 보면 어떻겠느냐?

63 생명을 주시는 분은 성령이시다. 그러므로 사람의 힘은 전혀 쓸모가 없다. 내가 너희에게 한 말은 성령의 말씀이고 생명의 말씀이다.

64 그러나 너희 중에는 믿지 않는 사람이 있다." 예수님께서는 처음부터 누가 믿지 않을지, 또 누가 예수님을 배반할지를 알고 계셨습니다.

65 예수님께서 계속 말씀하셨습니다. "그러므로 내가 '사람이 내게 오는 것을 아버지께서 허락하지 않으시면, 아무도 내게로 올 수 없다'고 너희에게 말한 이유가 여기에 있다."

66 예수님께서 이 말씀을 하시자 제자들 중에 많은 사람이 예수님을 떠났습니다. 그들은 더 이상 예수님을 따르지 않았습니다.

67 그래서 예수님께서 열두 제자에게 물으셨습니다. "너희들도 떠나고 싶으냐?"

68 시몬 베드로가 예수님께 대답했습니다. "주님, 주님께 영생의 말씀이 있는데 우리가 누구에게 가겠습니까?

69 우리는 주님이 하나님의 거룩한 분임을 믿고 알고 있습니다."

70 예수님께서 제자들에게 대답하셨습니다. "내가 너희 열두 사람을 선택하지 않았느냐? 그러나 너희 중에 한 사람은 마귀니라."

71 예수님께서는 가룟 사람 시몬의 아들 유다를 두고 말씀하신 것이었습니다. 유다는 열두 제자에 들어 있던 사람이었지만, 후에 예수님을 배반했습니다.

믿지 않는 예수님의 형제들

7 이 일이 있은 후, 예수님께서는 갈릴리 지방을 다니셨습니다. 유대인들이 예수님을 죽이려고 했기 때문에 유대에서 다니기를 원하지 않으셨던 것입니다.

2 유대인들의 명절인 초막절이 가까웠습니다.

3 그래서 예수님의 동생들은 예수님께 "형님의 제자들도 형님이 행하는 일들을 볼 수 있도록, 이곳을 떠나 유대로 가십시오.

4 누구나 자기가 하는 일이 은밀하게 행해지지 않고 사람들에게 알려지기를 바라는 법입니다. 형님이 이런 일들을 행하고 계시다면, 자신을 온 세상에 알리십시오"라고 말했습니다.

5 예수님의 동생들이 이렇게 말한 것은 그들도 예수님을 믿지 않았기 때문이었습니다.

6 그래서 예수님께서는 그들에게 이런 말씀을 하셨습니다. "내 때는 아직 오지 않았다. 하지만 너희 때는 항상 준비되어 있다.

---

it?"

61 ● Jesus was aware that his disciples were complaining, so he said to them, 62 "Does this offend you? ● Then what will you think if you see the Son of Man 63 ascend to heaven again? ● The Spirit alone gives eternal life. Human effort accomplishes nothing. ● The very words I have spoken to you are spirit and 64 life. ● But some of you do not believe me." (For Jesus knew from the beginning which ones didn't believe, and he knew 65 who would betray him.) ● Then he said, "That is why I said that people can't come to me unless the Father gives them to me."

66 ● At this point many of his disciples 67 turned away and deserted him. ● Then Jesus turned to the Twelve and asked, "Are you also going to leave?"

68 ● Simon Peter replied, "Lord, to whom would we go? You have the words that 69 give eternal life. ● We believe, and we know you are the Holy One of God.*"

70 ● Then Jesus said, "I chose the twelve 71 of you, but one is a devil." ● He was speaking of Judas, son of Simon Iscariot, one of the Twelve, who would later betray him.

Jesus and His Brothers

7 After this, Jesus traveled around Galilee. He wanted to stay out of Ju-2 dea, where the Jewish leaders were plotting his death. ● But soon it was time for 3 the Jewish Festival of Shelters, ● and Jesus' brothers said to him, "Leave here and go to Judea, where your followers 4 can see your miracles! ● You can't become famous if you hide like this! If you can do such wonderful things, show 5 yourself to the world!" ● For even his brothers didn't believe in him.

6 ● Jesus replied, "Now is not the right time for me to go, but you can go any-

---

ascend [əsénd] vi. 올라가다
aware [əwɛ́ər] a. 모든 것을 꿰뚫고 있는
betray [bitréi] vt. 배반하다
desert [dizə́:rt] vt. 버리다
offend [əfénd] vt. 비위를 건드리다
plot [plat] vt. 모의하다
6:66 turn away : 떠나가다
7:1 stay out of … : …를 떠나 있다

6:69 Other manuscripts read *you are the Christ, the Holy One of God;* still others read *you are the Christ, the Son of God;* and still others read *you are the Christ, the Son of the living God.*

7 세상이 너희는 미워할 수 없겠지만, 나는 미워하고 있다. 이는 내가 세상에 대하여, 또 세상이 행하는 일들에 대하여 악하다고 증언하기 때문이다.

8 너희는 명절을 지키러 올라가거라. 나는 이번 명절에는 올라가지 않겠다. 내 때가 아직 이르지 않았다."

9 예수님께서는 이 말씀을 하시고, 그냥 갈릴리에 머물러 계셨습니다.

초막절에 행하신 예수님의 가르침

10 그러나 예수님의 동생들이 명절을 지키러 올라간 후, 예수님께서는 사람들의 눈에 띄지 않게 은밀히 올라가셨습니다.

11 그래서 유대인들은 명절에 예수님을 찾으며, "그분이 어디 계시냐?"고 물었습니다.

12 사람들 사이에서는 예수님에 대한 여러 말이 오고 갔습니다. "그는 좋은 사람이다"라고 말하는 사람이 있는가 하면, "아니다. 오히려 그는 군중들을 속이고 있다"라고 말하는 사람도 있었습니다.

13 그러나 사람들은 유대인들을 두려워했기 때문에, 아무도 예수님에 대하여 드러내 놓고 말하는 사람이 없었습니다.

14 명절이 절반 가량 지났을 무렵, 예수님께서는 성전 뜰에 올라가 가르치기 시작하셨습니다.

15 그러자 유대인들은 "이 사람은 배운 것도 없는데 어떻게 저런 지식을 갖고 있을까?" 하며 놀라워했습니다.

16 그래서 예수님께서는 그들에게 이렇게 대답하셨습니다. "내 교훈은 내 것이 아니라 나를 보내신 분에게서 온 것이다.

17 누구든지 하나님의 뜻을 행하기를 원하는 사람이라면 나의 교훈이 하나님께로부터 온 것인지, 또는 내가 내 자신의 교훈을 말하는 것인지 알 것이다.

18 자기 자신의 교훈을 말하는 사람은 자기의 영광을 추구하기 위해 말하지만, 그를 보내신 분의 영광을 추구하는 사람은 진실하며 그에게는 거짓이 없다.

19 모세가 너희에게 율법을 주지 않았느냐? 그런데 너희 중에 율법을 지키는 사람이 한 사람도 없도다. 너희는 왜 나를 죽이려고 하느냐?"

20 사람들이 이렇게 대답했습니다. "당신은 귀신이 들렸소. 누가 당신을 죽이려고 한단 말입니까?"

21 예수님께서 그들에게 말씀하셨습니다. "내가 한 가지 일을 했는데, 너희가 모두 놀라고 있다.

22 모세가 너희에게 할례를 주었다. 그러나 사실 그 할례는 모세에게서 시작된 것이 아니라 조상들에게서 시작된 것이다. 그래서 너희는 안식일에도 사람들에게 할례를 베푸는 것이다.

23 모세의 율법을 범하지 않도록 하기 위해 사람이 안식일에 할례를 받는데, 내가 안식일에 온몸을 건강하게 해 주었다고 해서 어찌 내게 화를 내느냐?

24 너희는 겉모양만 보고 판단하지 말고, 올바른 평가

---

7 time. ●The world can't hate you, but it does hate me because I accuse it of doing evil. 8 ●You go on. I'm not going* to this festival, 9 because my time has not yet come." ●After saying these things, Jesus remained in Galilee.

Jesus Teaches Openly at the Temple

10 ●But after his brothers left for the festival, Jesus also went, though secretly, staying out 11 of public view. ●The Jewish leaders tried to find him at the festival and kept asking if 12 anyone had seen him. ●There was a lot of grumbling about him among the crowds. Some argued, "He's a good man," but others 13 said, "He's nothing but a fraud who deceives the people." ●But no one had the courage to speak favorably about him in public, for they were afraid of getting in trouble with the Jewish leaders.

14 ●Then, midway through the festival, Jesus went up to the Temple and began to 15 teach. ●The people* were surprised when they heard him. "How does he know so much when he hasn't been trained?" they asked.

16 ●So Jesus told them, "My message is not my own; it comes from God who sent me. 17 ●Anyone who wants to do the will of God will know whether my teaching is from God 18 or is merely my own. ●Those who speak for themselves want glory only for themselves, but a person who seeks to honor the one 19 who sent him speaks truth, not lies. ●Moses gave you the law, but none of you obeys it! In fact, you are trying to kill me."

20 ●The crowd replied, "You're demon possessed! Who's trying to kill you?"

21 ●Jesus replied, "I did one miracle on the 22 Sabbath, and you were amazed. ●But you work on the Sabbath, too, when you obey Moses' law of circumcision. (Actually, this tradition of circumcision began with the patri-23 archs, long before the law of Moses.) ●For if the correct time for circumcising your son falls on the Sabbath, you go ahead and do it so as not to break the law of Moses. So why should you be angry with me for healing a 24 man on the Sabbath? ●Look beneath the surface so you can judge correctly."

---

circumcision [sərkəmsízʒən] *n.* 할례
deceive [disíːv] *vt.* 속이다
demon [díːmən] *n.* 귀신
grumble [grʌ́mbl] *vi.* 투덜거리다
patriarch [péitriɑːrk] *n.* 족장; 가장

7:8 Some manuscripts read *not yet going.* 7:15 Greek *Jewish people.*

에 따라 판단하여라."

예수님은 메시아이신가?

25 이때, 예루살렘 사람 중에는 이렇게 말하는 사람들이 있었습니다. "이 사람이 사람들이 죽이려고 하는 바로 그 사람이 아니냐?

26 보아라, 그가 여러 사람 앞에서 드러내 놓고 말하여도 사람들은 그에게 아무 대꾸도 하지 못하는데, 혹시 지도자들도 이 사람을 정말로 그리스도로 알고 있는 것이 아닌가?

27 하지만 우리는 이 사람이 어디서 왔는지 알고 있다. 그리스도가 오실 때에는 그분이 어디서 오시는지 아무도 알지 못한다."

28 그러자 예수님께서는 성전 뜰에서 가르치실 때 큰 소리로 말씀하셨습니다. "너희는 나를 알며, 또 내가 어디서 왔는지도 알고 있다. 그러나 나는 이곳에 내 스스로 온 것이 아니다. 나를 보내신 분은 참되시다. 너희는 그분을 알지 못하지만,

29 나는 그분을 아는 것이, 내가 그분에게서 왔고 그분은 나를 보내셨기 때문이다."

30 이 일 때문에 사람들이 예수님을 붙잡으려고 하였습니다. 하지만 아무도 그분에게 손을 대는 사람은 없었습니다. 이는 아직 그분의 때가 되지 않았기 때문입니다.

31 그러나 무리 중에 많은 사람이 예수님을 믿었습니다. 그 사람들은 "그리스도께서 오신다고 해도 과연 그가 행하실 표적들이 이 사람이 한 것보다 더 많겠는가?"라고 말했습니다.

예수님을 잡으려 함

32 사람들이 예수님을 가리켜 이렇게 수군대는 것을 바리새인들이 들었습니다. 그래서 대제사장들과 바리새인들이 예수님을 붙잡으려고 성전 경비대를 보냈습니다.

33 예수님께서는 "나는 잠시 동안, 너희와 함께 있다가 나를 보내신 분에게 갈 것이다.

34 너희가 나를 찾을 것이나 찾아내지 못할 것이며, 내가 있는 곳에 너희는 올 수도 없다"라고 말씀하셨습니다.

35 유대인들은 자기들끼리 이런 말을 하였습니다. "이 사람이 어디로 가려고 하기에, 우리가 자기를 찾아내지 못할 것이라고 하는가? 그리스의 여러 도시로 가서 그리스 사람들을 가르치려고 하는가?

36 '너희는 나를 찾을 것이나 찾아내지 못할 것이며, 내가 있는 곳에 너희는 올 수도 없다'라고 말한 것은 무슨 뜻인가?

생명수에 관한 교훈

37 축제가 절정에 달한 명절 마지막 날에 예수님께서 서서 큰 소리로 말씀하셨습니다. "누구든지 목마르거든 내게로 와서 마셔라.

38 나를 믿는 사람은 성경이 말한 대로, 그의 배에서 생

Is Jesus the Messiah?

25 •Some of the people who lived in Jerusalem started to ask each other, "Isn't this the man 26 they are trying to kill? •But here he is, speaking in public, and they say nothing to him. Could our leaders possibly believe that he is 27 the Messiah? •But how could he be? For we know where this man comes from. When the Messiah comes, he will simply appear; no one will know where he comes from."

28 •While Jesus was teaching in the Temple, he called out, "Yes, you know me, and you know where I come from. But I'm not here on my own. The one who sent me is true, 29 and you don't know him. •But I know him because I come from him, and he sent me to 30 you." •Then the leaders tried to arrest him; but no one laid a hand on him, because his time* had not yet come.

31 •Many among the crowds at the Temple believed in him. "After all," they said, "would you expect the Messiah to do more miraculous signs than this man has done?"

32 •When the Pharisees heard that the crowds were whispering such things, they and the leading priests sent Temple guards 33 to arrest Jesus. •But Jesus told them, "I will be with you only a little longer. Then I will 34 return to the one who sent me. •You will search for me but not find me. And you cannot go where I am going."

35 •The Jewish leaders were puzzled by this statement. "Where is he planning to go?" they asked. "Is he thinking of leaving the country and going to the Jews in other lands?* Maybe he will even teach the 36 Greeks! •What does he mean when he says, 'You will search for me but not find me,' and 'You cannot go where I am going'?"

Jesus Promises Living Water

37 •On the last day, the climax of the festival, Jesus stood and shouted to the crowds, "Anyone who is thirsty may come to me! 38 •Anyone who believes in me may come and drink! For the Scriptures declare, 'Rivers of living water will flow from his heart.'"*

---

puzzle [pʌzl] *vt.* 혼란시키다, 당황하게 하다
statement [stéitmənt] *n.* 진술
whisper [hwíspər] *vt.* 숙덕거리다, 소곤거리다
7:28 call out : 큰 소리로 외치다
7:30 lay a hand on… : …를 붙잡다

7:30 Greek *his hour.*   7:35 Or *the Jews who live among the Greeks?*   7:37-38 Or *"Let anyone who is thirsty come to me and drink.* *38For the Scriptures declare, 'Rivers of living water will flow from the heart of anyone who believes in me.'"*

수의 강이 흘러나올 것이다."

39 이것은 예수님께서 자기를 믿는 사람들이 장차 받을 성령에 대하여 하신 말씀이었습니다. 그러나 예수님께서 아직 영광을 받으시지 않았기 때문에 사람들에게 아직은 성령이 계시지 않았습니다.

사람들끼리 편이 갈림

40 사람들 중에서는 이 말씀을 듣고, "이분은 참으로 장차 오시리라 예언된 그 예언자이다"라고 말하는 사람들이 있었습니다.

41 또는 다르게 "이분은 그리스도다"라고 말하는 사람들도 있었고, "그리스도는 갈릴리에서 나오지 않을 것이다.

42 성경에는 그리스도가 다윗의 후손 중에서 나오고, 다윗이 살던 마을 베들레헴에서 태어나실 것이라고 기록되어 있다."라고 말하는 사람들도 있었습니다.

43 그래서 예수님 때문에 군중은 서로 편이 갈리게 되었습니다.

44 그들 중에 예수님을 붙잡으려는 사람들이 있었지만, 예수님께 손을 대는 사람은 아무도 없었습니다.

유대 지도자들의 불신앙

45 성전 경비대가 예수님을 잡지 못한 채 대제사장들과 바리새인들에게 돌아오자, 대제사장들과 바리새인들이 "왜 그를 데려오지 않았느냐?"라고 물었습니다.

46 성전 경비대가 대답했습니다. "그 사람처럼 말한 사람은 이때까지 한 사람도 없었습니다."

47 그러자 바리새인들이 성전 경비대에게 되물었습니다. "너희도 미혹을 당한 것은 아니겠지?

48 관원들이나 바리새인들 중에 그를 믿은 사람이 누가 있느냐? 아무도 없다!

49 율법을 알지 못하는 이 군중이나 그를 믿는데, 그들은 저주받은 사람들이다."

50 그들 중의 한 사람으로서, 전에 예수님께 왔던 니고데모가 그들에게 말했습니다.

51 "우리의 율법에 따르면, 먼저 그 사람의 말을 들어보지 않거나 그가 행한 것을 알아보지 않고는 그 사람에게 죄가 있다고 판단하지 않습니다."

52 다른 사람들이 대답했습니다. "당신도 갈릴리 출신이요? 성경을 연구해 보시오. 그러면 당신도 갈릴리에서는 예언자가 나오지 않는다는 사실을 알게 될 것이오."

53 이 말을 하고는 그들은 각자 자기 집으로 돌아갔습니다.

간음하다 잡힌 여인

8 그리고 예수님께서는 올리브산으로 가셨습니다.
2 이튿날 이른 아침에 예수님께서는 다시 성전 뜰로 가셨습니다. 온 백성이 그분 주변에 모여들자, 예수님께서는 자리를 잡고 앉으셔서 그들에게 가

39 • (When he said "living water," he was speaking of the Spirit, who would be given to everyone believing in him. But the Spirit had not yet been given,* because Jesus had not yet entered into his glory.)

Division and Unbelief

40 • When the crowds heard him say this, some of them declared, "Surely this man is
41 the Prophet we've been expecting."* • Others said, "He is the Messiah." Still others said, "But he can't be! Will the Messiah come
42 from Galilee? • For the Scriptures clearly state that the Messiah will be born of the royal line of David, in Bethlehem, the village
43 where King David was born."* • So the
44 crowd was divided about him. • Some even wanted him arrested, but no one laid a hand on him.

45 • When the Temple guards returned without having arrested Jesus, the leading priests and Pharisees demanded, "Why didn't you bring him in?"
46 • "We have never heard anyone speak like this!" the guards responded.
47 • "Have you been led astray, too?" the
48 Pharisees mocked. • "Is there a single one of us rulers or Pharisees who believes in him?
49 This foolish crowd follows him, but they are ignorant of the law. God's curse is on them!"
50 • Then Nicodemus, the leader who had
51 met with Jesus earlier, spoke up. • "Is it legal to convict a man before he is given a hearing?" he asked.
52 • They replied, "Are you from Galilee, too? Search the Scriptures and see for yourself—no prophet ever comes* from Galilee!"

[The most ancient Greek manuscripts do not include John 7:53—8:11.]

---

53 • Then the meeting broke up, and everybody went home.

A Woman Caught in Adultery

8 Jesus returned to the Mount of Olives,
2 • but early the next morning he was back again at the Temple. A crowd soon

---

convict [kənvíkt] *vt.* 유죄 선고하다
manuscript [mǽnjuskript] *n.* (필)사본
mock [mák] *vi.* 조롱하다
7:39 enter into··· : ···에 참여하다

7:39 Several early manuscripts read *But as yet there was no Spirit.* Still others read *But as yet there was no Holy Spirit.*   7:40 See Deut 18:15, 18; Mal 4:5-6.   7:42 See Mic 5:2.   7:52 Some manuscripts read *the prophet does not come.*

르치기 시작하셨습니다.

3 그때, 서기관들과 바리새인들이 간음하다가 현장에서 잡힌 여인 한 명을 끌고 와서 모인 사람들의 앞에 세우고,

4 예수님께 물었습니다. "선생님, 이 여인이 간음하다가 현장에서 붙잡혔습니다.

5 모세는 율법에서 이런 여자들을 돌로 쳐죽이라고 우리에게 명령하였습니다. 그런데 선생님은 뭐라고 말씀하시겠습니까?"

6 그들은 예수님을 고소할 구실을 얻기 위해 이렇게 시험한 것이었습니다. 그러나 예수님께서는 몸을 굽혀 손가락으로 땅에 글을 쓰셨습니다.

7 사람들이 그 자리에 서서 계속해서 묻자, 예수님께서는 몸을 일으켜 그들에게 말씀하셨습니다. "너희 중에 죄지은 적이 없는 사람이 먼저 이 여인에게 돌을 던져라."

8 이 말씀을 하시고, 예수님께서는 다시 몸을 굽혀 땅에 글을 쓰셨습니다.

9 사람들은 이 말씀을 듣자, 나이 많은 사람들로부터 시작하여 하나 둘씩 떠나가고 예수님과 거기 홀로 서 있는 여인만 남게 되었습니다.

10 예수님께서 몸을 일으켜 그 여인에게 말씀하셨습니다. "여자야, 너를 고소하던 사람들이 어디 있느냐? 아무도 너를 정죄하지 않았느냐?"

11 여인이 대답했습니다. "주님, 아무도 없습니다." 그러자 예수님께서, "나도 너를 정죄하지 않는다. 가거라. 그리고 다시는 죄를 짓지 마라" 하고 말씀하셨습니다.*

세상의 빛이신 예수님

12 그 후에 예수님께서 다시 사람들에게 말씀하셨습니다. "나는 세상의 빛이다. 나를 따르는 사람은 어둠 속에서 생활하지 않을 것이며, 생명의 빛을 얻을 것이다."

13 그러자 바리새인들이 예수님께 말했습니다. "당신이 당신 자신에 대해 증언하는 것은 사실이라고 할 수 없소."

14 이에 대해 예수님께서 대답하셨습니다. "그렇다. 나는 나 자신에 대해서 증언한다. 하지만 나의 증언은 참되다. 이는 내가 어디서 왔으며, 어디로 갈지 알고 있기 때문이다. 그러나 너희는 내가 어디서 왔으며, 어디로 가는지를 알지 못한다.

15 너희는 세상의 표준을 가지고 판단하지만, 나는 아무도 그렇게 판단하지 않는다.

16 설령 내가 판단한다 하더라도, 나의 판단은 참되다. 이는 내가 판단할 때에, 혼자서 판단하는 것이 아니라 나를 보내신 아버지께서 나와 함께 판단하시기 때문이다.

17 너희의 법에도 두 사람의 증언은 참되다고 기록되어 있다.

---

gathered, and he sat down and taught them.

3 • As he was speaking, the teachers of religious law and the Pharisees brought a woman who had been caught in the act of adultery. They put her in front of the crowd.

4 • "Teacher," they said to Jesus, "this woman was caught in the act of adultery.

5 • The law of Moses says to stone her. What do you say?"

6 • They were trying to trap him into saying something they could use against him, but Jesus stooped down and wrote in the dust with his finger. 7 • They kept demanding an answer, so he stood up again and said, "All right, but let the one who has never sinned throw the first stone!" • Then he stooped down again and wrote in the dust.

9 • When the accusers heard this, they slipped away one by one, beginning with the oldest, until only Jesus was left in the middle of the crowd with the woman. 10 • Then Jesus stood up again and said to the woman, "Where are your accusers? Didn't even one of them condemn you?"

11 • "No, Lord," she said.

And Jesus said, "Neither do I. Go and sin no more."

Jesus, the Light of the World

12 • Jesus spoke to the people once more and said, "I am the light of the world. If you follow me, you won't have to walk in darkness, because you will have the light that leads to life."

13 • The Pharisees replied, "You are making those claims about yourself! Such testimony is not valid."

14 • Jesus told them, "These claims are valid even though I make them about myself. For I know where I came from and where I am going, but you don't know this about me. 15 • You judge me by human standards, but I 16 do not judge anyone. • And if I did, my judgment would be correct in every respect because I am not alone. The Father* who 17 sent me is with me. • Your own law says that if two people agree about something,

---

adultery [ədʌ́ltəri] *n.* 간음
stoop [stúːp] *vi.* 상체를 굽히다
trap [træp] *vt.* 함정에 빠뜨리다, 속이다
8:9 **slip away** : 살짝 가버리다
8:16 **in every respect** : 모든 측면에서

8:16 Some manuscripts read *The One.*
7:53-8:11 이 구절은 고대의 믿을 만하고 중요한 사본에는 들어 있지 않다.

18 내가 나 자신에 대해서 증언하는 사람이며, 또 나를 위해 증언하시는 분은 나를 보내신 아버지이시다."

19 그 사람들이 예수님께 물었습니다. "당신의 아버지가 어디 계십니까?" 예수님께서 대답하셨습니다. "너희는 나도 알지 못하고 나의 아버지도 모른다. 만일 나를 알았다면 또한 나의 아버지도 알았을 것이다."

20 이 모든 것은 예수님께서 성전 뜰, 헌금함을 보관해 두는 곳에서 사람들을 가르칠 때 하신 말씀입니다. 그러나 아무도 그분을 잡지 못했습니다. 이는 아직 그분의 때가 오지 않았기 때문입니다.

내가 가는 곳에 너희는 올 수 없다

21 예수님께서는 다시 사람들에게 말씀하셨습니다. "나는 멀리 떠날 것이다. 너희가 나를 찾겠지만 너희는 너희 죄 가운데서 죽을 것이다. 너희는 내가 가는 곳에 올 수 없다."

22 그러자 유대인들이 말했습니다. "'그가 너희는 내가 가는 곳에 올 수 없다'라고 말한 것으로 보아 혹시 자살을 하려고 하는 것인가?"

23 예수님께서 말씀하셨습니다. "너희는 아래에서 왔으나 나는 위에서 왔다. 너희는 이 세상에 속하였지만, 나는 이 세상에 속하지 않았다.

24 그래서 내가 너희에게 너희 죄 가운데서 죽을 것이라고 말했던 것이다. 너희가 만일 내가 이런 주장을 하는 사람이라는 것을 믿지 않는다면, 너희는 참으로 너희 죄 가운데서 죽을 것이다."

25 그들이 물었습니다. "도대체 당신은 누구십니까?" 예수님께서 대답하셨습니다. "나는 처음부터 너희에게 줄곧 이야기했던 바로 그 사람이다.

26 나는 너희와 너희를 심판할 것에 관하여 이야기할 것이 많다. 하지만 나를 보내신 분은 참되시며, 나 역시 그분에게서 들은 것을 세상에 말한다."

27 사람들은 예수님께서 자기들에게 아버지에 대하여 말씀하고 계시다는 사실을 깨닫지 못했습니다.

28 그래서 예수님께서는 그들에게 이런 말씀을 하셨습니다. "너희는 인자를 높이 든 후에야 내가 바로 그 사람인 것과 내가 한 이 모든 일들이 내 스스로 한 것이 아니라, 아버지께서 내게 가르쳐 주신 대로 말하는 것임을 알게 될 것이다.

29 나를 보내신 분은 나와 함께 계신다. 나는 언제나 그분을 기쁘시게 하는 일만 하므로, 그분은 나를 혼자 내버려 두지 않으신다."

30 예수님께서 이 말씀을 하자 많은 사람이 그분을 믿었습니다.

진리가 너희를 자유롭게 하리라

31 예수님께서 자기를 믿는 유대인들에게 말씀하셨습니다. "너희가 나의 가르침을 꼭 붙들고 있으면 진정 나의 제자이다.

32 그때에 너희는 진리를 알게 되고, 진리가 너희를 자

---

18 their witness is accepted as fact.* •I am one witness, and my Father who sent me is the other."

19 •"Where is your father?" they asked.

Jesus answered, "Since you don't know who I am, you don't know who my Father is. If you knew me, you would also know my Father." 20 •Jesus made these statements while he was teaching in the section of the Temple known as the Treasury. But he was not arrested, because his time* had not yet come.

The Unbelieving People Warned

21 •Later Jesus said to them again, "I am going away. You will search for me but will die in your sin. You cannot come where I am going."

22 •The people* asked, "Is he planning to commit suicide? What does he mean, 'You cannot come where I am going'?"

23 •Jesus continued, "You are from below; I am from above. You belong to this world; I 24 do not. •That is why I said that you will die in your sins; for unless you believe that I AM who I claim to be,* you will die in your sins."

25 • "Who are you?" they demanded.

Jesus replied, "The one I have always 26 claimed to be.* •I have much to say about you and much to condemn, but I won't. For I say only what I have heard from the one who sent me, and he is completely truthful."

27 •But they still didn't understand that he was talking about his Father.

28 •So Jesus said, "When you have lifted up the Son of Man on the cross, then you will understand that I AM he.* I do nothing on my own but say only what the Father taught 29 me. •And the one who sent me is with me—he has not deserted me. For I always 30 do what pleases him." •Then many who heard him say these things believed in him.

Jesus and Abraham

31 •Jesus said to the people who believed in him, "You are truly my disciples if you 32 remain faithful to my teachings. •And you will know the truth, and the truth will set you free."

condemn [kəndém] *vt.* 책망하다
8:22 commit suicide : 자살하다

8:17 See Deut 19:15.　8:20 Greek *his hour*. 8:22 Greek *Jewish people;* also in 8:31, 48, 52, 57.　8:24 Greek *unless you believe that I am.* See Exod 3:14.　8:25 Or *Why do I speak to you at all?* 8:28 Greek *When you have lifted up the Son of Man, then you will know that I am.* "Son of Man" is a title Jesus used for himself.

유롭게 할 것이다."

33 유대인들이 예수님께 여쭈었습니다. "우리는 아브라함의 자녀들입니다. 우리는 지금까지 아무에게도 종이 되어 본 적이 없습니다. 그런데 어떻게 당신은 우리가 자유롭게 될 것이라고 말합니까?"

34 예수님께서 대답하셨습니다. "내가 너희에게 진리를 말한다. 죄를 짓는 사람마다 죄의 종이다.

35 종은 영원히 가족이 될 수 없다. 그러나 아들은 영원히 가족의 한 사람이다.

36 그러므로 아들이 너희를 자유롭게 하면, 너희는 참으로 자유로워질 것이다.

37 나는 너희가 아브라함의 자녀인 것을 안다. 그러나 내 말이 너희 속에 없기 때문에 너희는 나를 죽이려 하고 있다.

38 나는 내 아버지와 함께 있을 때에 본 것을 너희에게 말하고, 너희는 너희의 아버지에게서 들은 것을 행한다."

너희 아버지는 마귀다

39 그들이 말했습니다. "우리의 아버지는 아브라함입니다." 예수님께서 말씀하셨습니다. "너희가 정말 아브라함의 자녀들이라면, 아브라함이 행했던 일을 너희도 행했을 것이다.

40 그러나 너희는 지금 하나님께 들은 것을 너희에게 말하는 나를 죽이려 하고 있다. 아브라함은 이와 같은 일을 결코 행하지 않았다.

41 너희는 너희의 아버지가 했던 일을 하고 있는 것이다." 그들이 말했습니다. "우리는 사생아가 아닙니다. 하나님만이 우리의 유일한 아버지이십니다."

42 예수님께서 그들에게 말씀하셨습니다. "진정 하나님이 너희의 아버지라면, 너희는 나를 사랑했을 텐데 너희는 그러지 않았다. 그것은 내가 하나님께로부터 왔고 지금 여기에 와 있기 때문이다. 나는 스스로 온 것이 아니다. 하나님 그분이 나를 보내셔서 여기에 와 있는 것이다.

43 너희가 내 말을 이해하지 못하는 이유가 무엇인지 아느냐? 그것은 너희가 내 말을 알아들을 수 없기 때문이다.

44 너희는 너희 아버지 마귀에게 속하여 너희 아버지 마귀가 시키는 대로 하기를 원한다. 마귀는 처음부터 살인자였다. 마귀 속에는 진리가 없기 때문에 마귀는 진리 안에 서지 못한다. 마귀는 거짓말쟁이요, 거짓말쟁이의 아버지이므로 그가 거짓말을 할 때에 자신의 말을 하는 것이다.

45 그러나 나는 너희에게 진리를 말한다. 바로 이것이 *너희가 나를 믿지 않는 이유이다.*

46 너희 중에 내가 죄인이라고 증명해 보일 수 있는 사람이 있느냐? 그런데 내가 진리를 말하는데도 너희는 왜 나를 믿지 않느냐?

47 하나님께 속한 사람은 하나님께서 하시는 말씀을 듣는 법이다. 이는 너희가 하나님의 말씀을 듣지 않는

33 • "But we are descendants of Abraham," they said. "We have never been slaves to anyone. What do you mean, 'You will be set free'?"

34 • Jesus replied, "I tell you the truth, 35 everyone who sins is a slave of sin. • A slave is not a permanent member of the family, 36 but a son is part of the family forever. • So if the Son sets you free, you are truly free. 37 • Yes, I realize that you are descendants of Abraham. And yet some of you are trying to kill me because there's no room in your hearts for my message. • I am telling you what I saw when I was with my Father. But you are following the advice of your father."

39 • "Our father is Abraham!" they declared.

"No," Jesus replied, "for if you were really the children of Abraham, you would follow his example.* • Instead, you are trying to kill me because I told you the truth, which I heard from God. Abraham never 41 did such a thing. • No, you are imitating your real father."

They replied, "We aren't illegitimate children! God himself is our true Father."

42 • Jesus told them, "If God were your Father, you would love me, because I have come to you from God. I am not here on 43 my own, but he sent me. • Why can't you understand what I am saying? It's because 44 you can't even hear me! • For you are the children of your father the devil, and you love to do the evil things he does. He was a murderer from the beginning. He has always hated the truth, because there is no truth in him. When he lies, it is consistent with his character; for he is a liar and the 45 father of lies. • So when I tell the truth, you 46 just naturally don't believe me! • Which of you can truthfully accuse me of sin? And since I am telling you the truth, why don't 47 you believe me? • Anyone who belongs to God listens gladly to the words of God. But you don't listen because you don't belong to God."

---

accuse [əkjúːz] *vt.* …에게 죄를 씌우다
consistent [kənsístənt] *a.* 일치하는
declare [diklέər] *vi.* 선언하다
illegitimate [ilidʒítəmət] *a.* 사생의
imitate [ímətèit] *vt.* 모방하다
permanent [pə́ːrmənənt] *a.* 영원한
8:33 set free : 자유의 몸이 되게 하다
8:42 on one's own : 단독으로; 자력으로

8:39 Some manuscripts read *if you are really the children of Abraham, follow his example.*

것은 너희가 하나님께 속해 있지 않기 때문이다."

예수님과 아브라함

48 유대인들이 예수님께 대답했습니다. "당신은 사마리아 사람이고, 귀신이 들린 게 분명합니다. 우리가 틀렸습니까?"

49 예수님께서 대답하셨습니다. "나는 귀신들린 것이 아니다. 나는 내 아버지께 영광을 돌리지만 너희는 내게 영광을 돌리지 않는다.

50 나는 나 자신을 위해 영광을 구하지 않는다. 나를 위하여 영광을 구하는 분이 계시는데 그분은 심판자이시다.

51 내가 너희에게 진리를 말한다. 누구든지 나의 말을 지키는 사람은 영원히 죽지 않을 것이다."

52 유대인들이 예수님께 말했습니다. "이제 우리는 당신이 귀신들린 것을 알겠소. 아브라함과 예언자들도 죽었습니다. 그런데 당신은 '누구든지 나의 말을 지키면, 그는 영원히 죽음을 맛보지 않을 것이다' 라고 말합니다.

53 당신이 우리 조상 아브라함보다 더 위대하단 말입니까? 아브라함은 죽었고, 예언자들도 죽었습니다. 당신은 자신이 어떤 존재라고 생각하십니까?"

54 예수님께서 대답하셨습니다. "내가 나를 영광되게 한다면, 그 영광은 아무것도 아니다. 나를 영광되게 하는 분은 나의 아버지이시다. 그분은 너희가 우리 하나님이라고 부르는 바로 그분이시다.

55 너희는 그분을 모르지만 나는 그분을 안다. 만일 내가 그분을 모른다고 한다면, 나도 너희처럼 거짓말쟁이가 될 것이다. 그러나 나는 그분을 알고 그분의 말씀을 지킨다.

56 너희의 조상 아브라함은 내 날을 볼 것을 생각하며 기뻐하였다. 그는 그날을 보았고 기뻐하였다."

57 유대인들이 예수님께 말했습니다. "당신은 아직 오십 세도 안 되었는데 아브라함을 보았단 말이오?"

58 예수님께서 대답하셨습니다. "내가 너희에게 진리를 말한다. 아브라함이 태어나기 전에도 나는 존재한다."

59 예수님께서 이런 말씀을 하시자, 사람들은 예수님께 돌을 집어 던지려고 하였습니다. 그러자 예수님께서는 몸을 피해 성전 뜰을 빠져나가셨습니다.

나면서부터 앞 못 보는 사람을 고쳐 주심

9 예수님께서 걸어가실 때, 나면서부터 앞 못 보는 사람을 보셨습니다.

2 예수님의 제자들이 예수님께 물었습니다. "선생님, 이 사람이 이렇게 앞 못 보는 사람으로 태어난 것이 누구의 죄 때문입니까? 이 사람 때문입니까, 아니면 그의 부모 때문입니까?"

3 예수님께서 대답하셨습니다. "이 사람이나 그의 부모가 죄를 지어 이렇게 된 것이 아니다. 이 사람이 나면서부터 앞을 보지 못한 것은 하나님의 일을 그 사람의 생애를 통해 나타내기 위해서이다.

4 우리는 낮이 계속되는 동안, 나를 보내신 분의 일을

48 •The people retorted, "You Samaritan devil! Didn't we say all along that you were possessed by a demon?"

49 •"No," Jesus said, "I have no demon in me. For I honor my Father—and you dis-50 honor me. •And though I have no wish to glorify myself, God is going to glorify me. 51 He is the true judge. •I tell you the truth, anyone who obeys my teaching will never die!"

52 •The people said, "Now we know you are possessed by a demon. Even Abraham and the prophets died, but you say, 'Anyone who obeys my teaching will ne-53 ver die!' •Are you greater than our father Abraham? He died, and so did the prophets. Who do you think you are?"

54 •Jesus answered, "If I want glory for myself, it doesn't count. But it is my Father who will glorify me. You say, 'He is our 55 God,' * •but you don't even know him. I know him. If I said otherwise, I would be as great a liar as you! But I do know him 56 and obey him. •Your father Abraham rejoiced as he looked forward to my coming. He saw it and was glad."

57 •The people said, "You aren't even fifty years old. How can you say you have seen Abraham?*"

58 •Jesus answered, "I tell you the truth, 59 before Abraham was even born, I AM!*" •At that point they picked up stones to throw at him. But Jesus was hidden from them and left the Temple.

Jesus Heals a Man Born Blind

9 As Jesus was walking along, he saw a man who had been blind from birth. 2 •"Rabbi," his disciples asked him, "why was this man born blind? Was it because of his own sins or his parents' sins?"

3 •"It was not because of his sins or his parents' sins," Jesus answered. "This happened so the power of God could be seen 4 in him. •We must quickly carry out the tasks assigned us by the one who sent us.* The night is coming, and then no one can

retort [ritɔ́:rt] *vi.* 말대꾸하다, 반박하다

8:54 Some manuscripts read *You say he is your God.* 8:57 Some manuscripts read *How can you say Abraham has seen you?* 8:58 Or *before Abraham was even born, I have always been alive;* Greek reads *before Abraham was, I am.* See Exod 3:14. 9:4 Other manuscripts read *I must quickly carry out the tasks assigned me by the one who sent me;* still others read *We must quickly carry out the tasks assigned us by the one who sent me.*

계속해야 한다. 아무도 일할 수 없는 밤이 올 것이다.

5 내가 세상에 있는 동안, 나는 세상의 빛이다."

6 예수님께서는 이 말씀을 하신 후, 땅에 침을 뱉어 그 것으로 진흙을 만드셨습니다. 그리고 그 진흙을 앞을 보지 못하는 사람의 눈에 발랐습니다.

7 예수님께서 그 사람에게 말씀하셨습니다. "실로암 샘에 가서 씻어라."(실로암은 '보냄을 받았다'라는 뜻입니다) 그 사람은 샘으로 가서 씻었고, 앞을 보게 되어 돌아왔습니다.

8 그 사람의 이웃이나, 전에 이 사람이 구걸하던 것을 본 적이 있던 사람들이 물었습니다. "이 사람은 앉아서 구걸하던 사람이 아니냐?"

9 "맞아, 이 사람이 그 사람이다"라고 말하는 사람이 있었는가 하면, "아니야, 이 사람은 전에 구걸하던 사람이 아니야. 단지 그와 비슷한 사람일 뿐이야"라고 우기는 사람도 있었습니다. 그러나 그 남자는 "내가 바로 그 사람입니다"라고 말했습니다.

10 그래서 사람들이 그 사람에게 물었습니다. "도대체 당신은 어떻게 눈을 뜨게 되었소?"

11 그 사람이 이렇게 대답했습니다. "예수라고 하는 분이 진흙을 만들어 그것을 내 눈에 바르고 실로암 샘에 가서 씻으라고 말씀하셨습니다. 내가 가서 씻었더니 보게 되었습니다."

12 사람들이 물었습니다. "그 사람이 지금 어디에 있소?" 그 남자는 "나도 모릅니다"라고 대답했습니다.

완고한 바리새인들

13 사람들은 전에 보지 못했던 사람을 바리새인들에게 데려갔습니다.

14 예수님께서 진흙을 만들어, 그 사람의 눈을 뜨게 해준 날은 안식일이었습니다.

15 바리새인들은 다시 그 남자에게 그가 어떻게 보게 되었는지를 물었습니다. 그 사람이 이렇게 대답했습니다. "그분이 진흙을 내 눈에 발랐습니다. 내가 씻었더니 보게 되었습니다."

16 바리새인 중에는 "이 사람이 안식일을 지키지 않으므로, 그는 하나님께로부터 온 사람이 아니다"라고 말하는 사람이 있었습니다. 한편, 어떤 사람은 "죄인이 어떻게 이와 같은 표적을 행할 수 있겠습니까?"라고 말하였습니다. 그래서 바리새인들 사이에 편이 갈렸습니다.

17 바리새인들은 그 남자에게 다시 물었습니다. "그분이 당신의 눈을 뜨게 하였는데, 당신은 그 사람에 대해 어떻게 생각합니까?" 그 남자가 대답했습니다. "그는 예언자입니다."

18 유대인들은 그 남자가 전에는 앞을 보지 못했는데, 이제는 보게 되었다는 사실을 믿지 않았습니다. 그래서 그들은 그 남자의 부모에게 사람을 보내어 물어보았습니다.

19 "이 사람이 당신의 아들 맞습니까? 당신들은 그가 나면서부터 보지 못하게 되었다고 이야기했는데, 그가

5 work. •But while I am here in the world, I am the light of the world."

6 •Then he spit on the ground, made mud with the saliva, and spread the mud

7 over the blind man's eyes. •He told him, "Go wash yourself in the pool of Siloam" (Siloam means "sent"). So the man went and washed and came back seeing!

8 •His neighbors and others who knew him as a blind beggar asked each other, "Isn't this the man who used to sit and

9 beg?" •Some said he was, and others said, "No, he just looks like him!"

But the beggar kept saying, "Yes, I am the same one!"

10 •They asked, "Who healed you? What happened?"

11 •He told them, "The man they call Jesus made mud and spread it over my eyes and told me, 'Go to the pool of Siloam and wash yourself.' So I went and washed, and now I can see!"

12 •"Where is he now?" they asked.

"I don't know," he replied.

13 •Then they took the man who had

14 been blind to the Pharisees, •because it was on the Sabbath that Jesus made

15 the mud and healed him. •The Pharisees asked the man all about it. So he told them, "He put the mud over my eyes, and when I washed it away, I could see!"

16 •Some of the Pharisees said, "This man Jesus is not from God, for he is working on the Sabbath." Others said, "But how could an ordinary sinner do such miraculous signs?" So there was a deep division of opinion among them.

17 •Then the Pharisees again questioned the man who had been blind and demanded, "What's your opinion about this man who healed you?"

The man replied, "I think he must be a prophet."

18 •The Jewish leaders still refused to believe the man had been blind and could now see, so they called in his parents.

19 •They asked them, "Is this your son? Was he born blind? If so, how can he now see?"

---

beggar [bégər] n. 걸인
division [divíʒən] n. 분열, 분화
opinion [əpínjən] n. 의견
ordinary [ɔ́ːrdəneri] a. 평범한
prophet [práfit] n. 예언자
saliva [səláivə] n. 침
spit [spit] vi. 침을 뱉다
spread [spréd] vt. 바르다
9:7 come back : 〈구어〉 회복하다
9:18 call in : 불러들이다

지금은 어떻게 해서 보게 되었습니까?"

20 그의 부모가 대답하였습니다. "그 아이가 우리 아들인 것을 알겠고, 또 날 때부터 앞 못 보는 아이였다는 것도 알겠는데,

21 그 애가 지금은 어떻게 보게 되었는지, 또 누가 그 아이의 눈을 뜨게 해 주었는지, 우리도 잘 모르겠습니다. 우리 아이는 자기 문제에 대해서는 자기가 대답을 할 만큼 나이도 먹었으니, 그 아이에게 직접 물어보십시오."

22 그의 부모가 이렇게 말한 것은 유대인들을 두려워했기 때문입니다. 또한 유대인들은 예수를 그리스도라고 인정하는 사람은 누구든지 회당에서 쫓아내기로 이미 결정했기 때문입니다.

23 그래서 그 사람의 부모가 "그가 나이를 먹었으니 그에게 직접 물어보십시오"라고 대답했던 것입니다.

24 바리새인들은 전에 보지 못했던 사람을 두 번째로 불러 그에게 말했습니다. "하나님께 영광을 돌리시오, 우리는 그 사람이 죄인인 것을 알고 있소."

25 그가 대답했습니다. "그분이 죄인인지 아닌지는 모르겠습니다. 다만 제가 아는 한 가지는 전에 제가 앞을 보지 못했으나 이제는 본다는 사실입니다."

26 그들이 물었습니다. "그가 당신에게 무슨 행동을 했고, 그가 어떻게 당신 눈을 뜨게 했소?"

27 그 사람이 그들에게 대답했습니다. "내가 이미 당신들에게 다 말해 주었는데, 왜 들으려 하지 않습니까? 무엇을 다시 듣고 싶으십니까? 당신들도 그분의 제자가 되려고 그러십니까?"

28 그러자 바리새인들은 그 사람에게 욕을 하며 말했습니다. "당신은 그의 제자일지 모르지만, 우리는 모세의 제자들이오.

29 우리는 하나님께서 모세에게 말씀하셨다는 것을 압니다. 하지만 이 사람에 대해서는 그가 어디서 왔는지조차 모릅니다!"

30 그 남자가 대답했습니다. "정말 이상한 일입니다. 그 사람이 나의 눈을 고쳐 주었는데도 당신들은 그가 어디서 왔는지 모른다니 말입니다.

31 우리는 하나님께서 죄인의 말은 듣지 않으시지만, 경건하게 하나님의 뜻을 행하는 사람의 말은 들으신다고 알고 있습니다.

32 나면서부터 앞 못 보는 사람의 눈을 뜨게 하였다는 말을 들어 본 사람은 아무도 없습니다.

33 그분이 하나님으로부터 오신 분이 아니라면, 아무것도 할 수 없었을 것입니다."

34 이 말에 바리새인들은 이렇게 대답했습니다. "당신은 날 때부터 죄가 가득한 사람인데, 우리를 가르치려 하는가?" 그리고는 그 사람을 쫓아내 버렸습니다.

영적으로 보지 못하는 사람

35 예수님께서 바리새인들이 회당에서 그 사람을 쫓아

---

20 •His parents replied, "We know this is 21 our son and that he was born blind, •but we don't know how he can see or who healed him. Ask him. He is old enough to 22 speak for himself." •His parents said this because they were afraid of the Jewish leaders, who had announced that anyone saying Jesus was the Messiah would be 23 expelled from the synagogue. •That's why they said, "He is old enough. Ask him."

24 •So for the second time they called in the man who had been blind and told him, "God should get the glory for this,* because we know this man Jesus is a sinner."

25 •"I don't know whether he is a sinner," the man replied. "But I know this: I was blind, and now I can see!"

26 •"But what did he do?" they asked. "How did he heal you?"

27 •"Look!" the man exclaimed. "I told you once. Didn't you listen? Why do you want to hear it again? Do you want to become his disciples, too?"

28 •Then they cursed him and said, "You are his disciple, but we are disciples of 29 Moses! •We know God spoke to Moses, but we don't even know where this man comes from."

30 •"Why, that's very strange!" the man replied. "He healed my eyes, and yet you 31 don't know where he comes from? •We know that God doesn't listen to sinners, but he is ready to hear those who worship 32 him and do his will. •Ever since the world began, no one has been able to open the 33 eyes of someone born blind. •If this man were not from God, he couldn't have done it."

34 •"You were born a total sinner!" they answered. "Are you trying to teach us?" And they threw him out of the synagogue.

Spiritual Blindness

35 •When Jesus heard what had happened, he found the man and asked, "Do you believe in the Son of Man?*"

---

announce [ənáuns] *vt.* 공고하다
curse [kə́:rs] *vt.* 저주하다
expel [ikspél] *vt.* 내쫓다
heal [hi:l] *vt.* 고치다
9:21 speak for oneself : 자기 생각을 말하다
9:34 throw ~ out of … : ~ 를 …에서 내쫓다

9:24 Or *Give glory to God, not to Jesus;* Greek reads *Give glory to God.* 9:35 Some manuscripts read *the Son of God?* "Son of Man" is a title Jesus used for himself.

냈다는 소식을 듣고 그 사람을 찾아 말씀하셨습니다. "너는 인자를 믿느냐?"

36 그 남자가 대답했습니다. "선생님, 인자가 누구신지 말씀해 주십시오. 제가 그분을 믿겠습니다!"

37 예수님께서 그에게 말씀하셨습니다. "너는 이미 그 분을 보았다. 지금 너와 함께 이야기하고 있는 사람이 바로 그 사람이다."

38 그러자 그 사람은 "주님, 제가 믿습니다!"라고 말하면서 예수님 앞에 무릎을 꿇었습니다.

39 예수님께서 말씀하셨습니다. "나는 심판하러 이 세상에 왔다. 보지 못하는 사람들은 보게 하고, 보는 사람들은 보지 못하게 하기 위해서이다."

40 예수님께서 이 말씀을 하실 때, 거기서 이 말씀을 들은 바리새인 몇 사람이 예수님께 물었습니다. "우리도 앞을 보지 못한단 말이오?"

41 예수님께서 대답하셨습니다. "너희가 앞을 보지 못하는 사람들이라면 죄가 없겠지만, 지금 너희가 '우리는 본다'고 말하니 너희 죄가 아직 있다."

목자와 양

10 "내가 너희에게 진리를 말한다. 양 우리에 문으로 들어가지 않고 다른 곳으로 넘어가는 사람은 도둑이며 강도다.

2 문으로 들어가는 사람이 양의 목자다.

3 문을 지키는 사람은 목자를 위해 문을 열어 준다. 양들은 목자의 음성을 듣고, 목자는 양들의 이름을 부르며 그들을 밖으로 인도한다.

4 목자가 자기 양을 모두 밖으로 이끌어 낸 후, 양들 앞에서 걸어가면, 양들은 목자의 음성을 알기 때문에 그의 뒤를 따른다.

5 하지만 양들은 낯선 사람을 절대로 따라가지 않는다. 양들은 낯선 사람의 음성을 알지 못하기 때문에 그 사람에게서 멀리 도망간다."

6 예수님께서는 이 비유를 들어 사람들에게 말씀하셨습니다. 그러나 사람들은 그분이 자기들에게 하시는 말씀이 무슨 뜻인지 깨닫지 못했습니다.

선한 목자이신 예수님

7 예수님께서 다시 말씀하셨습니다. "내가 너희에게 진리를 말한다. 나는 양들의 문이다.

8 나보다 앞에 온 사람들은 다 도둑이며, 강도들이다. 양들은 그 사람들의 말을 듣지 않는다.

9 나는 문이다. 나를 통해 들어가는 사람은 구원을 얻을 것이다. 그 사람은 들어가기도 하고 나가기도 하며, 또 좋은 목초를 발견하기도 할 것이다.

10 도둑은 훔치고, 죽이고, 파괴하기 위한 목적으로 온다. 그러나 나는 양들이 생명을 더욱 풍성히 얻게 하기 위해 왔다."

11 "나는 선한 목자다. 선한 목자는 양을 위하여 자기 목숨을 내놓는다.

36 • The man answered, "Who is he, sir? I want to believe in him."

37 • "You have seen him," Jesus said, "and he is speaking to you!"

38 • "Yes, Lord, I believe!" the man said. And he worshiped Jesus.

39 • Then Jesus told him,* "I entered this world to render judgment—to give sight to the blind and to show those who think they see* that they are blind."

40 • Some Pharisees who were standing nearby heard him and asked, "Are you saying we're blind?"

41 • "If you were blind, you wouldn't be guilty," Jesus replied. "But you remain guilty because you claim you can see.

The Good Shepherd and His Sheep

10 "I tell you the truth, anyone who sneaks over the wall of a sheepfold, rather than going through the gate, must

2 surely be a thief and a robber! • But the one who enters through the gate is the shep-

3 herd of the sheep. • The gatekeeper opens the gate for him, and the sheep recognize his voice and come to him. He calls his own sheep by name and leads them out.

4 • After he has gathered his own flock, he walks ahead of them, and they follow him

5 because they know his voice. • They won't follow a stranger; they will run from him because they don't know his voice."

6 • Those who heard Jesus use this illustra-

7 tion didn't understand what he meant, • so he explained it to them: "I tell you the

8 truth, I am the gate for the sheep. • All who came before me* were thieves and robbers. But the true sheep did not listen to them.

9 • Yes, I am the gate. Those who come in through me will be saved.* They will come and go freely and will find good pastures.

10 • The thief's purpose is to steal and kill and destroy. My purpose is to give them a rich and satisfying life.

11 • "I am the good shepherd. The good

---

render [réndər] *vt.* (결정 · 판결 따위를) 내리다
sneak [sniːk] *vi.* 살금살금 들어가다
suspense [səspéns] *n.* 미결(상태), 모호함
10:17 take back : 도로 찾다, 돌려 받다
10:18 lay down : (목숨을) 버리다
10:28 snatch away : 낚아채다, 빼앗다

9:38-39a Some manuscripts do not include *"Yes, Lord, I believe!" the man said. And he worshiped Jesus. Then Jesus told him.*   **9:39b** Greek *those who see.*   **10:8** Some manuscripts do not include *before me.*   **10:9** Or *will find safety.*

12 품삯을 받고 양을 돌보는 사람은 사실 목자가 아니며, 양도 자기 양이 아니다. 그 사람은 늑대가 오는 것을 보면, 양만 남겨 두고 멀리 도망가 버린다. 그러면 늑대는 양을 공격하여 양들을 흩트린다.

13 그 사람은 단지 품삯을 받고 양을 치는 사람이기 때문에 그 양을 돌보지 않는다."

14 "나는 선한 목자다. 나도 내 양을 알고, 내 양도 나를 알아본다.

15 아버지께서 나를 아시듯이 나도 아버지를 안다. 그리고 나는 양을 위하여 목숨을 내놓는다.

16 내게는 이 우리 안에 있지 않은 다른 양들도 있다. 나는 그 양들도 인도해야 한다. 그 양들도 내 음성을 들을 것이다. 그래서 한 목자 아래서 한 무리가 될 것이다.

17 아버지께서 나를 사랑하시는 것은 내가 나의 목숨을 스스로 버리기 때문이다. 나는 목숨을 다시 얻기 위하여 목숨을 버린다.

18 아무도 내게서 목숨을 빼앗을 사람이 없고, 다만 내 스스로 생명을 내놓는 것이다. 나는 목숨을 내놓을 권세도 있고, 그것을 다시 찾을 권세도 있다. 나는 이 계명을 내 아버지에게서 받았다."

19 예수님의 이 말씀 때문에 유대인들 사이에 또다시 편이 갈리게 되었습니다.

20 이들 중 많은 사람이 "그가 귀신이 들렸다"고 하거나 "그가 미쳤다. 너희가 왜 그 사람의 말을 듣느냐?"라고 말하기 시작했습니다.

21 그러나 "이것은 귀신들린 사람의 말이 아니다. 귀신이 앞을 보지 못하는 사람의 눈을 뜨게 할 수 있느냐?"라고 말하는 사람들도 있었습니다.

유대인이 믿지 않음

22 예루살렘에 수전절이 다가왔습니다. 수전절은 겨울에 지키는 유대 명절입니다.

23 예수님께서는 솔로몬 행각이 있는 성전 뜰의 주변을 거닐고 계셨습니다.

24 유대인들이 예수님 주위에 모여들어 이렇게 물었습니다. "언제까지 우리를 애태우게 할 작정입니까? 만일 당신이 그리스도라면 우리에게 터놓고 그렇다고 말해 주십시오."

25 예수님께서 그 사람들에게 대답하셨습니다. "내가 전에 말하였으나, 너희는 믿지 않았다. 내가 내 아버지의 이름으로 행하는 일들이 나를 증언한다.

26 그러나 너희는 나의 양이 아니므로 믿지 않는다.

27 내 양은 나의 음성을 듣고, 나도 내 양을 안다. 내 양은 나를 따른다.

28 나는 그들에게 영생을 준다. 그들은 영원히 멸망하지 않을 것이며, 아무도 그들을 내 손에서 빼앗을 수 없을 것이다.

29 양들을 내게 주신 나의 아버지는 모든 것보다 더 큰

12 shepherd sacrifices his life for the sheep. •A hired hand will run when he sees a wolf coming. He will abandon the sheep because they don't belong to him and he isn't their shepherd. And so the wolf

13 attacks them and scatters the flock. •The hired hand runs away because he's working only for the money and doesn't really care about the sheep.

14 •"I am the good shepherd; I know my

15 own sheep, and they know me, •just as my Father knows me and I know the Father. So I sacrifice my life for the sheep.

16 •I have other sheep, too, that are not in this sheepfold. I must bring them also. They will listen to my voice, and there will be one flock with one shepherd.

17 •"The Father loves me because I sacrifice my life so I may take it back again.

18 •No one can take my life from me. I sacrifice it voluntarily. For I have the authority to lay it down when I want to and also to take it up again. For this is what my Father has commanded."

19 •When he said these things, the people* were again divided in their opinions about

20 him. •Some said, "He's demon possessed and out of his mind. Why listen to a man

21 like that?" •Others said, "This doesn't sound like a man possessed by a demon! Can a demon open the eyes of the blind?"

Jesus Claims to Be the Son of God

22 •It was now winter, and Jesus was in Jerusalem at the time of Hanukkah, the

23 Festival of Dedication. •He was in the Temple, walking through the section

24 known as Solomon's Colonnade. •The people surrounded him and asked, "How long are you going to keep us in suspense? If you are the Messiah, tell us plainly."

25 •Jesus replied, "I have already told you, and you don't believe me. The proof is the

26 work I do in my Father's name. •But you don't believe me because you are not my

27 sheep. •My sheep listen to my voice; I

28 know them, and they follow me. •I give them eternal life, and they will never perish. No one can snatch them away from

29 me, •for my Father has given them to me, and he is more powerful than anyone else.* No one can snatch them from the

---

10:19 Greek *Jewish people; also in* 10:24, 31. 10:29 Other manuscripts read *for what my Father has given me is more powerful than anything;* still others read *for regarding that which my Father has given me, he is greater than all.*

분이시다. 그러므로 아무도 내 아버지의 손에서 내 양들을 빼앗을 수 없다.

30 아버지와 나는 하나다."

31 유대인들이 다시금 돌을 집어 예수님께 던지려고 하였습니다.

32 그러나 예수님께서는 그들에게 이렇게 말씀하셨습니다. "나는 너희에게 아버지에게서 온 선한 일을 많이 보여 주었다. 너희는 도대체 이 중에서 어떤 일 때문에 나에게 돌을 던지려 하느냐?"

33 유대인들이 대답했습니다. "우리는 당신이 행한 선한 일 때문에 당신에게 돌을 던지려는 것이 아니라 하나님을 모독한 말 때문에 그러는 것이오. 당신은 사람에 지나지 않는데도 자신을 하나님이라고 주장하고 있소!"

34 예수님께서 대답하셨습니다. "'내가 선언하는데, 너희는 다 신이다'라는 말이 너희 율법에 쓰여 있지 않느냐?

35 하나님께서 하나님 자신의 말씀을 받은 사람들을 신이라고 불렀으니 성경은 파기될 수 없다.

36 하나님께서 구별하여 세상에 보낸 사람에 대해서는 너희가 뭐라고 말하겠느냐? 내가 '나는 하나님의 아들이다'라고 말했다고 해서 너희가 어찌 나에게 하나님을 모독한다고 말을 하느냐?

37 만일 내가 내 아버지의 일을 하지 않는다면, 그때에는 나를 믿지 마라.

38 하지만 만일 내가 내 아버지의 일을 한다면, 나는 믿지 않는다 하더라도, 내가 하는 일은 믿어라. 그러면 너희는 아버지께서 내 안에, 그리고 내가 아버지 안에 있다는 사실을 알고, 그것을 깨닫게 될 것이다."

39 유대인들이 다시 예수님을 잡으려고 했지만, 예수님께서는 그들의 손에서 빠져나가셨습니다.

40 예수님께서는 다시 요단 강 동쪽, 전에 요한이 세례를 주던 곳으로 가셔서 거기 머물러 계셨습니다.

41 많은 사람이 예수님께 왔습니다. 그들이 "세례자 요한은 그 어떤 표적도 행하지 않았으나, 요한이 이분에 대해 이야기한 것은 다 사실이었다"고 말했습니다.

42 그곳에서 많은 사람이 예수님을 믿었습니다.

나사로의 죽음

11 나사로라고 하는 사람이 병이 들었습니다. 나사로는 마리아와 마리아의 언니 마르다와 함께 베다니라는 마을 사람이었습니다.

2 마리아는 주님께 향유를 붓고 자기의 머리카락으로 주님의 발을 씻어 주었던 바로 그 여인입니다. 마리아의 오빠 나사로가 병이 든 것입니다.

3 나사로의 여동생 마리아와 마르다는 예수님께 사람을 보내 "주님, 주님께서 사랑하시는 이가 병이 들었습니다"라고 전했습니다.

4 예수님께서 이 말을 듣고 말씀하셨습니다. "이 병은 죽게 될 병이 아니라 하나님의 영광을 위한 것이다. 이 병으로 말미암아 하나님의 아들이 영광을 얻을 것이다."

---

30 Father's hand. •The Father and I are one."

31 •Once again the people picked up 32 stones to kill him. •Jesus said, "At my Father's direction I have done many good works. For which one are you going to stone me?"

33 •They replied, "We're stoning you not for any good work, but for blasphemy! You, a mere man, claim to be God."

34 •Jesus replied, "It is written in your own Scriptures* that God said to certain leaders 35 of the people, 'I say, you are gods!'* •And you know that the Scriptures cannot be altered. So if those people who received 36 God's message were called 'gods,' •why do you call it blasphemy when I say, 'I am the Son of God'? After all, the Father set me 37 apart and sent me into the world. •Don't believe me unless I carry out my Father's 38 work. •But if I do his work, believe in the evidence of the miraculous works I have done, even if you don't believe me. Then you will know and understand that the Father is in me, and I am in the Father."

39 •Once again they tried to arrest him, 40 but he got away and left them. •He went beyond the Jordan River near the place where John was first baptizing and stayed 41 there awhile. •And many followed him. "John didn't perform miraculous signs," they remarked to one another, "but everything he said about this man has come 42 true." •And many who were there believed in Jesus.

The Raising of Lazarus

11 A man named Lazarus was sick. He lived in Bethany with his sisters, 2 Mary and Martha. •This is the Mary who later poured the expensive perfume on the Lord's feet and wiped them with her hair.* 3 Her brother, Lazarus, was sick. •So the two sisters sent a message to Jesus telling him, "Lord, your dear friend is very sick."

4 •But when Jesus heard about it he said, "Lazarus's sickness will not end in death. No, it happened for the glory of God so that the Son of God will receive glory from

---

alter [ɔ́:ltər] *vt.* 변경하다, 바꾸다
awhile [əhwáil] *ad.* 잠깐
blasphemy [blǽsfəmi] *n.* 신성 모독
mere [míər] *a.* 단지 …에 불과한
pour [pɔ́:r] *vt.* 붓다, 쏟다
remark [rimɑ́:rk] *vi.* 소견을 말하다
10:36 set apart : 따로 떼어두다, 구별하다

10:34a Greek *your own law.*　　10:34b Ps 82:6.
11:2 This incident is recorded in chapter 12.

5 예수님께서는 마르다와 마리아, 그리고 오빠 나사로를 사랑하셨습니다.

6 하지만 예수님께서는 나사로가 병들었다는 말을 듣고도, 지금 계신 곳에서 이틀을 더 지내셨습니다.

7 이틀 후 예수님께서는 제자들에게 "다시 유대 땅으로 가자"고 말씀하셨습니다.

8 제자들이 예수님께 말했습니다. "하지만 선생님, 방금 전에 유대인들이 주님을 돌로 쳐죽이려고 하였는데, 다시 그곳으로 가려고 하십니까?"

9 예수님께서 대답하셨습니다. "하루 중 낮이 열두 시간이나 되지 않느냐? 사람이 낮에 걸어다니면, 그는 이 세상의 빛을 보기 때문에 넘어지지 않는다.

10 그러나 밤에 걸어다니면 그 사람 속에 빛이 없으므로 넘어진다."

11 예수님께서 이 말씀을 하신 후에 이렇게 덧붙이셨습니다. "우리 친구 나사로가 깊이 잠들었으니, 그를 깨우러 가야겠다."

12 그러자 제자들이 말했습니다. "주님, 나사로가 잠들었다면 낫게 될 것입니다."

13 예수님께서는 나사로가 죽은 것에 대해 말씀하셨지만, 예수님의 제자들은 나사로가 정말로 잠을 자고 있는 것으로 생각했습니다.

14 그때, 예수님께서 분명히 말씀하셨습니다. "나사로가 죽었다.

15 하지만 너희를 위해서는 내가 거기에 있지 않았던 것이 기쁘다. 이것은 너희들이 믿을 수 있도록 하기 위함이다. 그러나 이제 나사로에게 가자."

16 그때, 디두모라는 별명을 가진 도마가 다른 제자들에게 "우리도 주님과 함께 죽으러 가자"고 말했습니다.

부활과 생명이신 예수님

17 예수님께서 나사로가 있는 곳에 도착했습니다. 그때 나사로는 이미 죽어 무덤 속에 있은 지 사 일이나 되었습니다.

18 베다니는 예루살렘에서 약 3킬로미터 조금 못 되는 곳에 있었습니다.

19 많은 유대인이 오빠를 잃은 마르다와 마리아를 위로하러 두 자매에게 왔습니다.

20 마르다는 예수님께서 오신다는 소식을 듣고 예수님을 마중 나갔고, 마리아는 집에 남아 있었습니다.

21 마르다가 예수님께 말했습니다. "주님, 주님께서 여기 계셨더라면 제 오빠가 죽지 않았을 것입니다.

22 그러나 지금이라도 주님께서 하나님께 구하시는 것은 무엇이든지 하나님께서 주시리라는 것을 알고 있습니다."

23 예수님께서 말씀하셨습니다. "네 오빠가 다시 살아날 것이다."

24 마르다가 대답했습니다. "마지막 날에 있을 부활 때, 제 오빠가 다시 살아난다는 것을 제가 압니다."

5 this." • So although Jesus loved Martha,
6 Mary, and Lazarus, • he stayed where he
7 was for the next two days. • Finally, he said
to his disciples, "Let's go back to Judea."

8 • But his disciples objected. "Rabbi,"
they said, "only a few days ago the people*
in Judea were trying to stone you. Are you
going there again?"

9 • Jesus replied, "There are twelve hours
of daylight every day. During the day peo-
ple can walk safely. They can see because
10 they have the light of this world. • But at
night there is danger of stumbling because
11 they have no light." • Then he said, "Our
friend Lazarus has fallen asleep, but now I
will go and wake him up."

12 • The disciples said, "Lord, if he is sleep-
13 ing, he will soon get better!" • They thoug-
ht Jesus meant Lazarus was simply sleep-
ing, but Jesus meant Lazarus had died.

14 • So he told them plainly, "Lazarus is
15 dead. • And for your sakes, I'm glad I
wasn't there, for now you will really
believe. Come, let's go see him."

16 • Thomas, nicknamed the Twin,* said
to his fellow disciples, "Let's go, too—and
die with Jesus."

17 • When Jesus arrived at Bethany, he was
told that Lazarus had already been in his
18 grave for four days. • Bethany was only a
few miles* down the road from Jerusalem,
19 • and many of the people had come to
console Martha and Mary in their loss.
20 • When Martha got word that Jesus was
coming, she went to meet him. But Mary
21 stayed in the house. • Martha said to Jesus,
"Lord, if only you had been here, my
22 brother would not have died. • But even
now I know that God will give you what-
ever you ask."

23 • Jesus told her, "Your brother will rise
again."

24 • "Yes," Martha said, "he will rise when
everyone else rises, at the last day."

console [kənsóul] *vt.* 위로하다
fellow [félou] *n.* 동료
loss [lɔːs] *n.* 사망; 손해
nicknamed [níkneimd] *a.* ~라고 별명 붙여진
object [əbdʒékt] *vi.* 반대하다
plainly [pléinli] *ad.* 분명히
stumble [stʌ́mbl] *vi.* 넘어지다
11:12 get better : 회복되다
11:15 for one's sake : …를 위하여

11:8 Greek *Jewish people;* also in 11:19, 31, 33, 36, 45, 54.　11:16 Greek *Thomas, who was called Didymus.*　11:18 Greek *was about 15 stadia* [about 2.8 kilometers].

25 예수님께서 마르다에게 말씀하셨습니다. "나는 부활이요 생명이다. 나를 믿는 사람은 설령 죽는다 해도 살 것이며,

26 살아서 나를 믿는 사람은 그 누가 되었든지 결코 죽지 않을 것이다. 네가 이것을 믿느냐?"

27 마르다가 대답했습니다. "네, 주님. 저는 주님께서 그리스도이시며, 세상에 오시기로 한 하나님의 아들이심을 믿습니다."

예수님께서 눈물을 흘리시다

28 마르다는 이 말을 하고는 집으로 돌아갔습니다. 마르다가 마리아를 따로 불러내 말했습니다. "선생님이 여기 오셔서 너를 찾으셔."

29 마리아는 이 말을 듣자마자 바로 일어나 예수님께로 갔습니다.

30 예수님께서는 마을로 들어오지 않으시고, 그때까지 줄곧 마르다를 만났던 곳에 계셨습니다.

31 마리아와 함께 집에 있으면서 마리아를 위로하던 유대인들은 마리아가 일어나 황급히 나가는 것을 보았습니다. 그들은 마리아의 뒤를 따라 나오면서, 마리아가 통곡하러 무덤에 가는 것이라고 생각했습니다.

32 마리아는 예수님께서 계신 곳으로 갔습니다. 마리아는 예수님을 보자, 그의 발아래 엎드려 이렇게 말했습니다. "주님, 주님께서 여기 계셨더라면, 저의 오빠가 죽지 않았을 것입니다."

33 예수님께서 마리아와 마리아의 뒤를 따라온 유대인들이 우는 것을 보셨습니다. 예수님의 마음은 격한 감정이 들면서 몹시 아프셨습니다.

34 예수님께서 말씀하셨습니다. "나사로를 어디에 두었느냐?" 그들이 대답했습니다. "와서 보십시오, 주님."

35 그러자 예수님께서 눈물을 흘리셨습니다.

36 그것을 보고 유대인들이 말했습니다. "예수님께서 나사로를 얼마나 사랑하였는가 보아라."

37 그러나 그들 중에는 "앞 못 보는 사람의 눈도 뜨게 한 사람이, 나사로가 죽지 않게 할 수는 없었나?"라고 말하는 사람도 있었습니다.

예수님께서 나사로를 살리시다

38 예수님께서는 몹시 아픈 마음으로 무덤에 가셨습니다. 그 무덤은 입구를 커다란 돌로 막은 굴이었습니다.

39 예수님께서 "돌을 옮겨 놓으라"고 말씀하셨습니다. 죽은 나사로의 여동생 마르다가 예수님께 말씀드렸습니다. "주님, 오빠가 죽어 무덤에 있은 지, 이미 사 일이나 되어 냄새가 심하게 납니다."

40 예수님께서 마르다에게 말씀하셨습니다. "네가 믿으면 하나님의 영광을 볼 것이라고 내가 너에게 말하지 않았느냐?"

41 그래서 사람들이 입구에서 돌을 옮겨 놓았습니다. 그때, 예수님께서는 고개를 들어 하늘을 보시며 말씀하셨습니다. "아버지, 지금까지 제 말을 들어 주

25 ●Jesus told her, "I am the resurrection and the life.* Anyone who believes in me will
26 live, even after dying. ●Everyone who lives in me and believes in me will never ever die. Do you believe this, Martha?"
27 ●"Yes, Lord," she told him. "I have always believed you are the Messiah, the Son of God, the one who has come into the world
28 from God." ●Then she returned to Mary. She called Mary aside from the mourners and told her, "The Teacher is here and wants
29 to see you." ●So Mary immediately went to him.
30 ●Jesus had stayed outside the village, at
31 the place where Martha met him. ●When the people who were at the house consoling Mary saw her leave so hastily, they assumed she was going to Lazarus's grave to weep. So
32 they followed her there. ●When Mary arrived and saw Jesus, she fell at his feet and said, "Lord, if only you had been here, my brother would not have died."
33 ●When Jesus saw her weeping and saw the other people wailing with her, a deep anger welled up within him,* and he was
34 deeply troubled. ● "Where have you put him?" he asked them.
They told him, "Lord, come and see."
35-36 ●Then Jesus wept. ●The people who were standing nearby said, "See how much he
37 loved him!" ●But some said, "This man healed a blind man. Couldn't he have kept Lazarus from dying?"
38 ●Jesus was still angry as he arrived at the tomb, a cave with a stone rolled across its
39 entrance. ● "Roll the stone aside," Jesus told them.
But Martha, the dead man's sister, protested, "Lord, he has been dead for four days. The smell will be terrible."
40 ●Jesus responded, "Didn't I tell you that you would see God's glory if you believe?"
41 ●So they rolled the stone aside. Then Jesus looked up to heaven and said, "Father,

---

assume [əsjúːm] vt. 생각하다
hastily [héistili] ad. 급히, 서둘러서
mourner [mɔ́ːrnər] n. 애도자
protest [prətést] vi. 이의를 제기하다
resurrection [rezərékʃən] n. 부활
troubled [trʌ́bld] a. 괴로운
wail [wéil] vi. 통곡하다
weep [wíːp] vi. 울다
well [wél] vi. 솟아나다, 분출하다
11:28 call⋯ aside : ⋯를 따로 부르다
11:33 well up : 솟아나다, 분출하다

11:25 Some manuscripts do not include *and the life.* 11:33 Or *he was angry in his spirit.*

셔서 감사합니다.
42 아버지께서는 언제나 제 말을 들으시는 줄을 제가 압니다. 그러나 저는 주위에 있는 이 사람들을 위하여, 그들이 아버지께서 저를 보내셨음을 믿게 하기 위하여 이 말을 한 것입니다."
43 예수님께서는 이 말씀을 하신 후, 큰 소리로 말씀하셨습니다. "나사로야, 나오너라!"
44 죽은 사람이 밖으로 나왔습니다. 그의 손과 발은 천으로 감겨져 있었으며, 얼굴도 천으로 둘러싸여 있었습니다. 예수님께서는 사람들에게 "천을 풀어 주어 다니게 하여라" 하고 말씀하셨습니다.

예수님을 죽이려는 음모

45 마리아에게 조문하러 왔던 유대인들은 예수님께서 하신 일을 보고는 그분을 믿었습니다.
46 그러나 그들 중 어떤 유대인들은 바리새인들에게 가서 예수님께서 하신 일을 일러바쳤습니다.
47 그러자 대제사장들과 바리새인들은 산헤드린을 열어 의견을 물었습니다. "어떻게 하면 좋겠습니까? 이 사람은 많은 표적을 행하고 있습니다.
48 만일 우리가 이 사람이 하는 대로 계속 내버려 둔다면, 모든 사람이 그를 믿을 것입니다. 그러면 로마 사람들이 와서 우리 땅과 민족을 모두 빼앗아 버릴 것입니다."
49 그들 중에 가야바라는 한 사람이 있었습니다. 가야바는 그 해의 대제사장이었습니다. 가야바가 이렇게 말했습니다. "여러분들은 아무것도 모르시는군요.
50 민족 전체가 멸망당하는 것보다는 한 사람이 백성을 위하여 죽는 것이 더 낫다는 사실을 깨닫지 못하십니까?"
51 이 말은 가야바가 스스로 한 말이 아니었습니다. 그는 그 해의 대제사장이었으므로, 예수님께서 유대 민족을 위해 죽게 될 것을 예언한 것이었습니다.
52 가야바는 예수님께서 유대 민족만이 아니라 사방에 흩어져 있는 하나님의 자녀들을 하나로 만들기 위해 죽으실 것을 예언한 것입니다.
53 그날 이후, 유대의 지도자들은 예수님을 죽일 계획을 세우기 시작했습니다.
54 예수님께서는 더 이상 유대인들이 있는 곳에 공공연히 다니지 않으셨습니다. 예수님께서는 그곳을 떠나 광야 근처에 있는 에브라임이라는 마을로 가서 제자들과 함께 거기서 지내셨습니다.
55 유대인의 명절인 유월절이 가까이 다가왔습니다. 유월절이 되기도 전에 많은 사람들이 자신을 깨끗하게 하기 위해 시골에서 예루살렘으로 올라왔습니다.
56 사람들은 부지런히 예수님을 찾았습니다. 그들은 성전 뜰에 서서 서로 물었습니다. "당신들 생각은

42 thank you for hearing me. •You always hear me, but I said it out loud for the sake of all these people standing here, so that they
43 will believe you sent me." •Then Jesus
44 shouted, "Lazarus, come out!" •And the dead man came out, his hands and feet bound in graveclothes, his face wrapped in a headcloth. Jesus told them, "Unwrap him and let him go!"

The Plot to Kill Jesus

45 •Many of the people who were with Mary believed in Jesus when they saw this happen. •But some went to the Pharisees and
46
47 told them what Jesus had done. •Then the leading priests and Pharisees called the high council* together. "What are we going to do?" they asked each other. "This man cer-
48 tainly performs many miraculous signs. •If we allow him to go on like this, soon everyone will believe in him. Then the Roman army will come and destroy both our Temple* and our nation."
49 •Caiaphas, who was high priest at that time,* said, "You don't know what you're
50 talking about! •You don't realize that it's better for you that one man should die for the people than for the whole nation to be destroyed."
51 •He did not say this on his own; as high priest at that time he was led to prophesy that Jesus would die for the entire nation.
52 •And not only for that nation, but to bring together and unite all the children of God scattered around the world.
53 •So from that time on, the Jewish leaders
54 began to plot Jesus' death. •As a result, Jesus stopped his public ministry among the people and left Jerusalem. He went to a place near the wilderness, to the village of Ephraim, and stayed there with his disciples.
55 •It was now almost time for the Jewish Passover celebration, and many people from all over the country arrived in Jerusalem several days early so they could go through the purification ceremony before Passover began. •They kept looking for Jesus, but
56 as they stood around in the Temple, they said to each other, "What do you think? He

---

council [káunsəl] *n.* 회의
graveclothes [greivklouðz] *n.* 수의
headcloth [hédklɔ:θ] *n.* 머리에 감는 천
purification [pjuərəfikéiʃən] *n.* 정화
11:55 go through : (의식 등을) 행하다

11:47 Greek *the Sanhedrin.*   **11:48** Or *our position;* Greek reads *our place.*   **11:49** Greek *that year;* also in 11:51.

어떻소? 그분이 명절에 안 오시지는 않겠지요?"

57 그러나 대제사장들과 바리새인들은 누구든지 예수님께서 계신 곳을 알기만 하면 반드시 자기들에게 알려야 한다고 명령을 내렸습니다. 그것은 예수님을 체포하기 위해서였습니다.

예수님의 발에 향유를 바른 여인

12 유월절 육 일 전에 예수님께서는 나사로가 살고 있는 베다니로 가셨습니다. 나사로는 예수님께서 죽은 자 가운데서 살리셨던 그 사람입니다.

2 그 집 사람들은 예수님께 저녁 식사를 대접하였습니다. 마르다는 음식을 접대하는 일을 맡았고, 나사로는 예수님과 함께 식사하는 사람들 속에 있었습니다.

3 마리아가 매우 비싼 나드 향유 약 300그램을 가져와서 예수님의 발에 붓고, 자기의 머리카락으로 그 발을 닦았습니다. 그러자 그 향기가 온 집안에 가득하였습니다.

4 예수님의 제자 중 한 사람인 가룟 사람 유다가 그곳에 있었습니다. 그는 나중에 예수님을 배반할 사람이었습니다. 유다가 말했습니다.

5 "이 향유를 팔아 그 돈을 가난한 사람들에게 나누어 주는 것이 좋지 않은가? 이것은 삼백 데나리온에 해당하는 값비싼 것인데 말이야."

6 그러나 유다가 정말로 가난한 사람들을 생각해서 이 말을 한 것은 아니었습니다. 그는 도둑이었기 때문에 이런 말을 한 것입니다. 그는 돈주머니를 관리하는 사람이었는데, 종종 돈주머니에서 돈을 제 마음대로 꺼내 쓰곤 하였습니다.

7 예수님께서 말씀하셨습니다. "이 여자가 하는 대로 내버려 두어라. 마리아는 내 장례를 치를 날을 위해 이 향유를 준비해 둔 것이다.

8 가난한 사람들은 너희와 항상 함께 있겠지만, 나는 너희와 항상 함께 있지는 않을 것이다."

나사로를 죽이려고 모의함

9 유대인들이 예수님께서 베다니에 계시다는 소식을 들었습니다. 그래서 그들은 예수님만이 아니라 예수님께서 죽은 자 가운데서 살리신 나사로도 보려고, 크게 무리를 지어 그곳으로 왔습니다.

10 그러자 대제사장들은 나사로까지 죽이려고 모의하였습니다.

11 이렇게 그들이 나사로를 죽이려고 하는 것은, 나사로 때문에 많은 유대인이 예수님께 가서 그분을 믿었기 때문입니다.

예루살렘으로 입성하심

12 다음날, 유월절을 지키러 온 많은 무리들은 예수님께서 예루살렘으로 오신다는 소식을 들었습니다.

13 그들은 손에 종려나무 가지를 들고 예수님을 맞으러 나갔습니다. 그리고 외쳤습니다. "호산나!* 주님

---

57 won't come for Passover, will he?" •Meanwhile, the leading priests and Pharisees had publicly ordered that anyone seeing Jesus must report it immediately so they could arrest him.

Jesus Anointed at Bethany

12 Six days before the Passover celebration began, Jesus arrived in Bethany, the home of Lazarus—the man he had 2 raised from the dead. •A dinner was prepared in Jesus' honor. Martha served, and Lazarus was among those who ate* with 3 him. •Then Mary took a twelve-ounce jar* of expensive perfume made from essence of nard, and she anointed Jesus' feet with it, wiping his feet with her hair. The house was filled with the fragrance.

4 •But Judas Iscariot, the disciple who 5 would soon betray him, said, • "That perfume was worth a year's wages.* It should have been sold and the money given to the 6 poor." •Not that he cared for the poor—he was a thief, and since he was in charge of the disciples' money, he often stole some for himself.

7 •Jesus replied, "Leave her alone. She did 8 this in preparation for my burial. •You will always have the poor among you, but you will not always have me."

9 •When all the people* heard of Jesus' arrival, they flocked to see him and also to see Lazarus, the man Jesus had raised from 10 the dead. •Then the leading priests decided 11 to kill Lazarus, too, •for it was because of him that many of the people had deserted them* and believed in Jesus.

Jesus' Triumphant Entry

12 •The next day, the news that Jesus was on the way to Jerusalem swept through the city. 13 A large crowd of Passover visitors •took palm branches and went down the road to meet him. They shouted,

> "Praise God!*
> Blessings on the one who comes in the
> name of the LORD!

12:2 Or *who reclined.*   12:3 Greek *took 1 litra* [327 grams].   12:5 Greek *worth 300 denarii. A denarius was equivalent to a laborer's full day's wage.*   12:9 Greek *Jewish people;* also in 12:11. 12:11 Or *had deserted their traditions;* Greek reads *had deserted.*   12:13a Greek *Hosanna,* an exclamation of praise adapted from a Hebrew expression that means "save now."

12:13 '호산나' 는 찬양할 때 '구원하소서' 라는 의미로 외치는 말이다.

의 이름으로 오시는 자에게 복이 있을 것이다. 이스라엘의 왕에게 복이 있을 것이다."

14 예수님께서는 어린 나귀를 발견하시고는, 성경에 기록된 대로 그 위에 타셨습니다.

15 "시온의 딸아, 두려워하지 마라! 보아라, 너의 왕이 오신다. 그분은 어린 나귀를 타셨다."*

16 예수님의 제자들은 처음에 이 말씀을 깨닫지 못했습니다. 그러나 예수님께서 영광을 받으신 뒤에야 비로소 이 말씀이 예수님에 관해 기록된 것이라는 사실과 사람들이 예수님께 이렇게 하였다는 것을 알게 되었습니다.

17 예수님께서 나사로를 무덤 밖으로 불러내시고 그를 죽은 자 가운데서 다시 살리실 때, 예수님과 함께 있던 많은 군중들은 계속해서 예수님께서 행하신 일을 증언하였습니다.

18 이처럼 많은 사람이 예수님께서 행하신 이 표적에 대한 소문을 들었기 때문에 예수님을 맞으러 나왔던 것입니다.

19 그래서 바리새인들은 자기들끼리 이렇게 말했습니다. "보시다시피 우리 계획은 하나도 성공을 거두지 못했습니다. 온 세상이 저 사람을 따르고 있지 않습니까!"

예수님께서 자신의 죽음을 예고하심

20 유월절에 예배드리기 위해 예루살렘에 온 사람들 중에 그리스 사람들이 더러 있었습니다.

21 이 사람들이 갈릴리 벳새다 출신인 빌립에게 와서 요청했습니다. "선생님, 우리가 예수님을 뵙고 싶습니다."

22 빌립이 안드레에게 가서 말하였고, 안드레와 빌립은 다시 예수께 그 말을 전했습니다.

23 예수님께서 그들에게 대답하셨습니다. "인자가 영광을 받을 때가 왔다.

24 내가 너희에게 진리를 말한다. 밀알이 땅에 떨어져 죽지 않으면 한 알 그대로 있지만, 죽으면 많은 열매를 맺는 법이다.

25 자기 목숨을 사랑하는 사람은 목숨을 잃을 것이지만 이 세상에서 자기 목숨을 미워하는 사람은 영원히 목숨을 보존할 것이다.

26 누구든지 나를 섬기려면 나를 따르라. 내가 있는 곳에 나를 섬기는 사람도 있을 것이다. 나를 섬기는 사람은 내 아버지께서 높이실 것이다."

인자가 들려야 하리라

27 "지금 내 마음이 무척 괴로우니 무슨 말을 하겠습니까? 아버지, 이때를 벗어나게 해 주십시오. 아닙니다. 나는 이 일 때문에 이때에 온 것입니다.

28 아버지, 아버지의 이름을 영화롭게 하소서!" 그때, 하늘로부터, "내가 이미 영화롭게 하였고, 또다시 영화롭게 할 것이다"라는 소리가 들렸습니다.

Hail to the King of Israel!"*

14 •Jesus found a young donkey and rode on it, fulfilling the prophecy that said:

15 • "Don't be afraid, people of Jerusalem.* Look, your King is coming, riding on a donkey's colt."*

16 •His disciples didn't understand at the time that this was a fulfillment of prophecy. But after Jesus entered into his glory, they remembered what had happened and realized that these things had been written about him.

17 •Many in the crowd had seen Jesus call Lazarus from the tomb, raising him from the dead, and they were telling others* about

18 it. •That was the reason so many went out to meet him—because they had heard about

19 this miraculous sign. •Then the Pharisees said to each other, "There's nothing we can do. Look, everyone* has gone after him!"

Jesus Predicts His Death

20 •Some Greeks who had come to Jerusalem

21 for the Passover celebration •paid a visit to Philip, who was from Bethsaida in Galilee. They said, "Sir, we want to meet Jesus."

22 •Philip told Andrew about it, and they went together to ask Jesus.

23 •Jesus replied, "Now the time has come

24 for the Son of Man* to enter into his glory. •I tell you the truth, unless a kernel of wheat is planted in the soil and dies, it remains alone. But its death will produce many new kernels—a plentiful harvest of new lives.

25 •Those who love their life in this world will lose it. Those who care nothing for their life in this world will keep it for eternity.

26 •Anyone who wants to serve me must follow me, because my servants must be where I am. And the Father will honor anyone who serves me.

27 • "Now my soul is deeply troubled. Should I pray, 'Father, save me from this hour'? But this is the very reason I came!

28 •Father, bring glory to your name." Then a voice spoke from heaven, saying, "I have already brought glory to my name,

flock [flak] *vi.* 떼를 지어 모이다
kernel [kə́rnl] *n.* 낟알

12:13b Ps 118:25-26; Zeph 3:15.　12:15a Greek *daughter of Zion.*　12:15b Zech 9:9.　12:17 Greek *were testifying.*　12:19 Greek *the world.*　12:23 "Son of Man" is a title Jesus used for himself.

12:15 슥 9:9에 기록되어 있다.

29 곁에 서서 이 소리를 들은 많은 사람이 천둥 소리가 들렸다고 말했습니다. 그러나 그 사람들 중에는 "천사가 그에게 말하였다"라고 하는 사람들도 있었습니다.

30 예수님께서는 이렇게 대답하셨습니다. "이 소리는 나를 위해서가 아니라, 너희를 위해서 들린 것이다.

31 이제 이 세상을 심판할 때가 되었다. 이제 이 세상의 통치자가 쫓겨날 것이다.

32 내가 땅에서 들려 올라가게 되면, 나는 모든 사람을 내게로 이끌 것이다."

33 예수님께서 이런 말씀을 하신 것은 자신이 어떤 식으로 죽을 것인가를 보이려는 것이었습니다.

34 군중은 이 말을 듣자, 이렇게 말했습니다. "우리는 율법에서 그리스도가 영원히 계실 것이라고 들었습니다. 그런데 당신은 어떻게 해서 '인자가 들려야 한다'고 말씀하십니까? 당신이 말씀하시는 '인자'란 도대체 누구입니까?"

35 그러자 예수님께서 대답하셨습니다. "빛이 잠시만 더 너희와 함께 있을 것이다. 빛이 있을 때에 다니면 너희는 어둠에 사로잡히지 않을 것이다. 어둠 속에서 다니는 사람은 자기가 어디로 가는지 모른다.

36 빛이 너희에게 있을 동안 빛을 믿어라. 그러면 너희는 빛의 아들이 될 것이다." 예수님께서는 이 말씀을 하시고 그들을 떠나 숨으셨습니다.

유대인들의 불신앙

37 예수님께서 이 모든 표적을 사람들 앞에서 행하셨지만, 그들은 여전히 예수님을 믿으려 하지 않았습니다.

38 이것은 이사야 예언자의 말씀이 이루어진 것입니다. "주님이시여, 우리가 전한 것을 누가 믿었습니까? 주님의 능력이 누구에게 나타났습니까?"*

39 이런 이유 때문에, 사람들은 믿을 수가 없었습니다. 다시 이사야 예언자는 말하였습니다.

40 "주님께서 그들의 눈을 멀게 하시고 그들의 마음을 완고하게 하셨으니 그들이 눈으로 보고 마음으로 깨닫고 돌아와 고침을 받지 못하게 하려는 것이다."*

41 이사야가 이런 말을 한 것은 그가 예수님의 영광을 보고, 예수님에 관하여 말했기 때문입니다.

42 그러나 동시에 지도자들 중에서도 예수님을 믿는 사람이 많이 생겼습니다. 하지만 그들은 바리새인들 때문에 예수님을 믿는다고 고백하지는 못했습니다. 그들은 회당에서 쫓겨날까 두려워했습니다.

43 그들은 사람에게 칭찬받는 것을 하나님께 칭찬받는 것보다 더 좋아했습니다.

예수님의 말씀으로 심판받음

44 그때, 예수님께서 큰 소리로 말씀하셨습니다. "나를 믿는 사람은 나를 믿는 것이 아니라 나를 보내신 분을 믿는 것이다.

29 and I will do so again." • When the crowd heard the voice, some thought it was thunder, while others declared an angel had spoken to him.

30 • Then Jesus told them, "The voice was for 31 your benefit, not mine. • The time for judging this world has come, when Satan, the ruler of this world, will be cast out. • And 33 when I am lifted up from the earth, I will draw everyone to myself." • He said this to indicate how he was going to die.

34 • The crowd responded, "We understood from Scripture* that the Messiah would live forever. How can you say the Son of Man will die? Just who is this Son of Man, anyway?"

35 • Jesus replied, "My light will shine for you just a little longer. Walk in the light while you can, so the darkness will not overtake you. Those who walk in the darkness 36 cannot see where they are going. • Put your trust in the light while there is still time; then you will become children of the light."

After saying these things, Jesus went away and was hidden from them.

The Unbelief of the People

37 • But despite all the miraculous signs Jesus had done, most of the people still did not 38 believe in him. • This is exactly what Isaiah the prophet had predicted:

> "LORD, who has believed our message?
> To whom has the LORD revealed his powerful arm?"*

39 • But the people couldn't believe, for as Isaiah also said,

40 "The Lord has blinded their eyes
> and hardened their hearts—
> so that their eyes cannot see,
> and their hearts cannot understand,
> and they cannot turn to me
> and have me heal them."*

41 • Isaiah was referring to Jesus when he said this, because he saw the future and spoke of 42 the Messiah's glory. • Many people did believe in him, however, including some of the Jewish leaders. But they wouldn't admit it for fear that the Pharisees would expel them 43 from the synagogue. • For they loved human praise more than the praise of God.

44 • Jesus shouted to the crowds, "If you trust

12:34 Greek *from the law.*　　12:38 Isa 53:1.
12:40 Isa 6:10.

12:38 사 53:1에 기록되어 있다.
12:40 사 6:10에 기록되어 있다.

45 나를 보는 사람은 나를 보내신 분을 보는 것이다.

46 나는 세상에 빛으로 왔다. 나를 믿는 사람은 누구든지 어둠 속에 머물지 않을 것이다.

47 내 말을 듣고 지키지 않는 사람이 있다 해도 내가 그 사람을 심판하지 않는다. 그것은 나는 세상을 심판하기 위해서가 아니라 구원하기 위해 왔기 때문이다.

48 나를 저버리고, 내 말을 받아들이지 않는 사람을 심판하실 분이 계시다. 내가 한 이 말이 마지막 날에 그를 심판할 것이다.

49 내가 한 말은 내 스스로 한 말이 아니다. 나를 보내신 아버지께서 무슨 말을 해야 할지 또 어떻게 말해야 할지를 내게 명령하셨다.

50 그리고 나는 그분이 하신 명령이 영생이라는 사실을 안다. 그러므로 내가 말하는 것은 무엇이든지 아버지께서 내게 그렇게 말하라고 말씀하신 것이다."

제자들의 발을 씻기신 예수님

13 유월절 바로 전에, 예수님께서는 자신이 이 세상을 떠나 아버지께로 돌아갈 때가 왔다는 것을 아셨습니다. 예수님께서는 세상에 있는 자기의 사람들을 사랑하시되 끝까지 사랑하셨습니다.

2 저녁 식사를 하는 중이었습니다. 마귀가 이미 시몬의 아들 가룟 사람 유다의 마음속에 들어가 예수님을 배반할 생각을 갖게 하였습니다.

3 예수님께서는 아버지께서 자기에게 모든 것을 다스릴 권세를 주셨다는 것을 아셨습니다. 또한 그는 아버지께로부터 오셨다가 다시 아버지께로 돌아가실 것을 아셨습니다.

4 그래서 저녁 잡수시던 자리에서 일어나 겉옷을 벗고 수건을 가져다가 허리에 두르셨습니다.

5 예수님께서는 대야에 물을 부어 제자들의 발을 씻기시고, 두르신 수건으로 그들의 발을 닦아 주기 시작하셨습니다.

6 이윽고 시몬 베드로 차례가 되었을 때, 베드로는 예수님께 "주님, 주님께서 제 발을 씻기시렵니까?"라고 말했습니다.

7 예수님께서 베드로에게 대답하셨습니다. "네가 지금은 내가 하고 있는 행동을 이해하지 못할 것이지만 나중에는 이해할 것이다."

8 베드로가 말했습니다. "제 발은 절대로 씻기지 못하십니다." 예수님께서 대답하셨습니다. "내가 네 발을 씻기지 않으면, 너는 나와 상관이 없는 사람이 되고 만다."

9 이 말을 들은 시몬 베드로는 "주님, 제 발만 아니라 손과 머리도 씻겨 주십시오!"라고 말했습니다.

10 예수님께서 베드로에게 말씀하셨습니다. "이미 목욕한 사람은 발만 씻으면 되는 법이다. 그 사람은 온 몸이 깨끗하다. 그러므로 너희는 깨끗하다. 그러나 너희 모두가 다 깨끗한 것은 아니다."

---

45 me, you are trusting not only me, but also God who sent me. •For when you see me,

46 you are seeing the one who sent me. •I have come as a light to shine in this dark world, so that all who put their trust in me will no

47 longer remain in the dark. •I will not judge those who hear me but don't obey me, for I have come to save the world and not to

48 judge it. •But all who reject me and my message will be judged on the day of judgment

49 by the truth I have spoken. •I don't speak on my own authority. The Father who sent me has commanded me what to say and

50 how to say it. •And I know his commands lead to eternal life; so I say whatever the Father tells me to say."

Jesus Washes His Disciples' Feet

13 Before the Passover celebration, Jesus knew that his hour had come to leave this world and return to his Father. He had loved his disciples during his ministry on earth, and now he loved them to the very

2 end.* •It was time for supper, and the devil had already prompted Judas,* son of Simon

3 Iscariot, to betray Jesus. •Jesus knew that the Father had given him authority over everything and that he had come from God and

4 would return to God. •So he got up from the table, took off his robe, wrapped a towel

5 around his waist, •and poured water into a basin. Then he began to wash the disciples' feet, drying them with the towel he had around him.

6 •When Jesus came to Simon Peter, Peter said to him, "Lord, are you going to wash my feet?"

7 •Jesus replied, "You don't understand now what I am doing, but someday you will."

8 •"No," Peter protested, "you will never ever wash my feet!" Jesus replied, "Unless I wash you, you won't belong to me."

9 •Simon Peter exclaimed, "Then wash my hands and head as well, Lord, not just my feet!"

10 •Jesus replied, "A person who has bathed all over does not need to wash, except for the feet,* to be entirely clean. And you disciples

---

overtake [ouvərtéik] *vt.* 덮치다

prompt [prámpt] *vt.* 불러 일으키다, 자극하다

12:31 cast out : 내쫓다

....

13:1 Or *he showed them the full extent of his love.* 13:2 Or *the devil had already intended for Judas.* 13:10 Some manuscripts do not include *except for the feet.*

11 예수님께서 이렇게 말씀하신 것은 자기를 배반할 사람이 누군지 알고 계셨기 때문입니다. 그래서 "너희 모두가 다 깨끗한 것은 아니다"라고 말씀하신 것입니다.

12 예수님께서는 제자들의 발을 다 씻기신 뒤에, 옷을 입고 다시 자리에 앉으셔서, 그들에게 이런 질문을 하셨습니다. "내가 방금 전에 너희에게 행한 일이 무슨 뜻으로 한 것인지 이해하겠느냐?

13 너희가 나를 '선생님' 또는 '주님'이라고 부르는데, 너희 말이 맞다. 나는 바로 그런 사람이다.

14 내가 선생과 주로서 너희 발을 씻겼으니, 너희도 서로 발을 씻겨 주어야 한다.

15 내가 너희에게 행한 그대로 너희도 행하게 하기 위해 내가 본을 보여 준 것이다.

16 내가 너희에게 진리를 말한다. 종이 자기 주인보다 크지 못하고, 보냄을 받은 자가 그를 보낸 자보다 크지 못한 법이다.

17 너희가 이것을 알고 그대로 행하면 너희에게 복이 있을 것이다.

18 내가 너희 모두를 가리켜 말하는 것이 아니다. 나는 내가 택한 사람들이 누구인지 안다. 그러나 '내 빵을 함께 먹던 자가 나를 대적하려고 자기 발꿈치를 들었다'*는 성경 말씀이 성취되어야 한다.

19 나는 이제 이 일이 일어나기 전에 이것을 너희에게 말한다. 그러면 그 일이 일어날 때, 너희는 내가 바로 그 사람인 것을 믿게 될 것이다.

20 내가 너희에게 진리를 말한다. 내가 보내는 사람을 영접하는 자는 나를 영접하는 것이고, 나를 영접하는 자는 나를 보내신 분을 영접하는 것이다."

예수님께서 배반당할 것을 예고하심

21 예수님께서는 이 말씀을 하신 뒤에 마음이 무척 괴로우셨습니다. 그래서 이렇게 증언하셨습니다. "내가 너희에게 진리를 말한다. 너희 중 하나가 나를 배반할 것이다."

22 제자들은 서로 얼굴을 쳐다보았으나, 예수님께서 누구를 염두에 두고 말씀하시는 것인지 전혀 알 수가 없었습니다.

23 예수님의 제자 중 한 사람이 예수님 가까이에 앉아 있었습니다. 이 사람은 예수님께서 사랑하신 제자였습니다.

24 시몬 베드로가 이 제자에게 고갯짓을 하여, 예수님께서 누구를 가리켜 말씀하시는지 물어보라고 지시했습니다.

25 그 제자가 예수님 옆으로 가까이 다가가 물었습니다. "주님, 그가 누구입니까?"

26 예수님께서 대답하셨습니다. "내가 이 빵을 접시에 찍어 주는 자가 나를 배반할 자이다" 하시면서 빵 조각을 집어서 접시에 찍어 가룟 사람 시몬의 아들 유다에게 주셨습니다.

27 유다가 빵 조각을 받자마자, 사탄이 그에게로 들어갔

---

11 are clean, but not all of you." • For Jesus knew who would betray him. That is what he meant when he said, "Not all of you are clean."

12 • After washing their feet, he put on his robe again and sat down and asked, "Do

13 you understand what I was doing? • You call me 'Teacher' and 'Lord,' and you are

14 right, because that's what I am. • And since I, your Lord and Teacher, have washed your feet, you ought to wash each other's

15 feet. • I have given you an example to fol-

16 low. Do as I have done to you. • I tell you the truth, slaves are not greater than their master. Nor is the messenger more important than the one who sends the message.

17 • Now that you know these things, God will bless you for doing them.

Jesus Predicts His Betrayal

18 • "I am not saying these things to all of you; I know the ones I have chosen. But this fulfills the Scripture that says, 'The one who eats my food has turned against me.' *

19 • I tell you this beforehand, so that when it happens you will believe that I AM the

20 Messiah.* • I tell you the truth, anyone who welcomes my messenger is welcoming me, and anyone who welcomes me is welcoming the Father who sent me."

21 • Now Jesus was deeply troubled,* and he exclaimed, "I tell you the truth, one of you will betray me!"

22 • The disciples looked at each other,

23 wondering whom he could mean. • The disciple Jesus loved was sitting next to Jesus

24 at the table.* • Simon Peter motioned to

25 him to ask, "Who's he talking about?" • So that disciple leaned over to Jesus and asked, "Lord, who is it?"

26 • Jesus responded, "It is the one to whom I give the bread I dip in the bowl." And when he had dipped it, he gave it to

27 Judas, son of Simon Iscariot. • When Judas had eaten the bread, Satan entered into him. Then Jesus told him, "Hurry and do

---

dip [díp] *vt.* 담그다
exclaim [ikskléim] *vt.* 큰 소리로 말하다
lean [líːn] *vi.* 기대다
motion [móuʃən] *vi.* 몸짓으로 신호하다

13:18 Ps 41:9.　**13:19** Or *that the 'I AM' has come;* or *that I am the LORD;* Greek reads *that I am.* See Exod 3:14.　**13:21** Greek *was troubled in his spirit.*　**13:23** Greek *was reclining on Jesus' bosom.* The "disciple Jesus loved" was probably John.

13:18 시 41:9에 기록되어 있다.

습니다. 예수님께서 유다에게 말씀하셨습니다. "네가 하려는 일을 빨리 하여라!"

28 거기 앉은 사람 중에는 예수님께서 유다에게 무슨 뜻으로 이 말씀을 하셨는지 이해한 사람이 없었습니다.

29 유다는 돈을 관리하던 사람이었기 때문에 예수님께서 유다에게 명절에 필요한 물건을 사라고 말씀하시거나 가난한 사람들에게 무엇을 주라고 말씀하시는 줄로 생각한 제자들이 있었습니다.

30 유다는 예수님께서 주시는 빵을 받고, 곧 밖으로 나갔습니다. 그때는 밤이었습니다.

새 계명

31 유다가 나간 뒤에 예수님께서 말씀하셨습니다. "지금 인자가 영광을 받았고, 하나님께서도 인자를 통해 영광을 받으셨다.

32 하나님께서 인자를 통해 영광을 받으시면, 하나님께서도 인자를 영광되게 하실 것이다. 곧 그렇게 하실 것이다.

33 자녀들아, 내가 조금만 더 너희와 함께 있겠다. 너희가 나를 찾을 것이다. 내가 전에 유대인들에게 말한 것같이, 지금 너희에게도 말하는데, 내가 가는 곳에 너희는 올 수 없다.

34 내가 너희에게 새 계명을 준다. 서로 사랑하여라. 내가 너희를 사랑한 것같이 너희도 서로 사랑하여라.

35 너희가 서로 사랑하면, 모든 사람이 너희가 내 제자인 줄 알 것이다."

베드로가 예수님을 부인할 것을 예고하심

36 시몬 베드로가 예수님께 물었습니다. "주님, 어디로 가십니까?" 예수님께서 대답하셨습니다. "내가 가는 곳을 네가 지금은 따라올 수 없지만 나중에는 따라올 것이다."

37 베드로가 말했습니다. "주님, 지금은 왜 주님을 따라갈 수 없습니까? 저는 주님을 위해 제 목숨을 내놓겠습니다."

38 예수님께서는 "네가 정말 나를 위해 네 목숨을 내놓겠느냐? 내가 너에게 진리를 말한다. 닭이 울기 전에 네가 세 번 나를 모른다고 할 것이다"라고 대답하셨습니다.

길이요, 진리요, 생명이신 예수님

14

"너희는 마음에 근심하지 마라. 하나님을 믿고 또 나를 믿어라.

2 내 아버지 집에는 너희들이 있을 곳이 많이 있다. 만일 그렇지 않다면 내가 너희에게 이런 말을 하지 않았을 것이다. 나는 너희를 위하여 한 장소를 마련하러 간다.

3 내가 가서 너희를 위해 한 장소를 마련한 뒤에, 다시 와서 너희를 데려가, 내가 있는 곳에 너희도 있게 하겠다.

4 너희는 내가 가는 그곳으로 가는 길을 알고 있다."

28 what you're going to do." •None of the others at the table knew what Jesus meant.

29 Since Judas was their treasurer, some thought Jesus was telling him to go and pay for the food or to give some money to the

30 poor. •So Judas left at once, going out into the night.

Jesus Predicts Peter's Denial

31 •As soon as Judas left the room, Jesus said, "The time has come for the Son of Man* to enter into his glory, and God will be glorified

32 because of him. •And since God receives glory because of the Son,* he will give his own glory to the Son, and he will do so at

33 once. •Dear children, I will be with you only a little longer. And as I told the Jewish leaders, you will search for me, but you can't

34 come where I am going. •So now I am giving you a new commandment: Love each other. Just as I have loved you, you should

35 love each other. •Your love for one another will prove to the world that you are my disciples."

36 •Simon Peter asked, "Lord, where are you going?"

And Jesus replied, "You can't go with me now, but you will follow me later."

37 •"But why can't I come now, Lord?" he asked. "I'm ready to die for you."

38 •Jesus answered, "Die for me? I tell you the truth, Peter—before the rooster crows tomorrow morning, you will deny three times that you even know me.

Jesus, the Way to the Father

14

"Don't let your hearts be troubled. Trust in God, and trust also in me.

2 •There is more than enough room in my Father's home.* If this were not so, would I have told you that I am going to prepare a

3 place for you?* •When everything is ready, I will come and get you, so that you will

4 always be with me where I am. •And you know the way to where I am going."

---

commandment [kəmǽndmənt] *n.* 계명
predict [pridíkt] *vt.* 예언하다
rooster [rúːstər] *n.* 수탉
treasurer [tréʒərər] *n.* 회계 · 출납 담당자

13:31 "Son of Man" is a title Jesus used for himself. 13:32 Several early manuscripts do not include *And since God receives glory because of the Son.* 14:2a Or *There are many rooms in my Father's house.* 14:2b Or *If this were not so, I would have told you that I am going to prepare a place for you.* Some manuscripts read *If this were not so, I would have told you. I am going to prepare a place for you.*

5 도마가 예수님께 말했습니다. "주님, 주님이 어디로 가시는지 알지 못하는데, 저희가 그 길을 어떻게 알겠습니까?"

6 예수님께서 대답하셨습니다. "내가 바로 그 길이요, 진리요, 생명이다. 나를 통하지 않고는 아버지께로 올 사람이 없다.

7 너희가 진정 나를 안다면, 내 아버지도 알았을 것이다. 이제 너희는 그분을 알았고 또 그분을 보았다."

8 빌립이 말했습니다. "주님, 저희에게 아버지를 보여 주십시오. 저희에게는 그것으로 충분합니다."

9 예수님께서 대답하셨습니다. "빌립아, 내가 이렇게 오랫동안 너희와 함께 있었는데, 아직도 너는 나를 모른단 말이냐? 나를 본 사람은 아버지를 본 것이나 다름이 없는데, 어떻게 네가 '저희에게 아버지를 보여 주십시오'라고 말하느냐?

10 너는 내가 아버지 안에 있고, 아버지께서 내 안에 계신 것을 믿지 못하느냐? 내가 너희에게 하는 말은 내 스스로 하는 말이 아니다. 이 말은 내 안에 계시면서 그분의 일을 하시는 아버지의 말씀이다.

11 내가 아버지 안에 있고, 아버지께서 내 안에 계시다는 내 말을 믿어라. 나를 믿지 못하겠으면, 내가 행한 표적 그것만이라도 믿어라.

12 내가 너희에게 진리를 말한다. 나를 믿는 사람은 내가 지금까지 해 온 일들을 그 사람도 행할 것이다. 심지어 이보다 더 큰 일들도 행할 것이다. 그것은 내가 아버지께로 가기 때문이다.

13 그리고 너희가 내 이름으로 무엇이든지 구하면, 내가 너희에게 다 이루어 주겠다. 그리하여 아버지께서 아들로 말미암아 영광을 받으시게 될 것이다.

14 너희가 내 이름으로 무엇이든지 내게 구하면, 내가 다 이루어 주겠다."

성령을 약속하심

15 "너희가 나를 사랑하면 내 계명을 지켜라.

16 내가 아버지께 구하겠고, 그분은 너희와 영원히 함께 있을 다른 보혜사를 보내 주실 것이다.

17 그분은 진리의 성령이시다. 세상은 그분을 보지 못하고, 알지도 못하므로, 그분을 받을 수 없다. 그러나 그분이 너희 안에 계시고 너희는 그분 안에 있기 때문에 너희는 그분을 아는 것이다.

18 나는 너희를 고아처럼 버려두지 않고 너희에게로 다시 올 것이다.

19 조금 있으면 세상은 더 이상 나를 보지 못할 것이나, 너희는 나를 볼 것이다. 그것은 내가 살고 너희도 살 것이기 때문이다.

20 그날에는 내가 내 아버지 안에 있고, 너희가 내 안에 있고, 내가 너희 안에 있는 것을 너희가 알게 될 것이다.

21 내 계명을 가지고 그것을 지키는 사람이 나를 사랑하는 사람이다. 그리고 나를 사랑하는 사람은 내 아

5 •"No, we don't know, Lord," Thomas said. "We have no idea where you are going, so how can we know the way?"

6 •Jesus told him, "I am the way, the truth, and the life. No one can come to the Father

7 except through me. •If you had really known me, you would know who my Father is.* From now on, you do know him and have seen him!"

8 •Philip said, "Lord, show us the Father, and we will be satisfied."

9 •Jesus replied, "Have I been with you all this time, Philip, and yet you still don't know who I am? Anyone who has seen me has seen the Father! So why are you asking

10 me to show him to you? •Don't you believe that I am in the Father and the Father is in me? The words I speak are not my own, but my Father who lives in me does his work

11 through me. •Just believe that I am in the Father and the Father is in me. Or at least believe because of the work you have seen me do.

12 •"I tell you the truth, anyone who believes in me will do the same works I have done, and even greater works, because I am

13 going to be with the Father. •You can ask for anything in my name, and I will do it, so that the Son can bring glory to the Father.

14 •Yes, ask me for anything in my name, and I will do it!

Jesus Promises the Holy Spirit

15 •"If you love me, obey* my command-

16 ments. •And I will ask the Father, and he will give you another Advocate,* who will

17 never leave you. •He is the Holy Spirit, who leads into all truth. The world cannot receive him, because it isn't looking for him and doesn't recognize him. But you know him, because he lives with you now and later will

18 be in you.* •No, I will not abandon you as

19 orphans—I will come to you. •Soon the world will no longer see me, but you will see

20 me. Since I live, you also will live. •When I am raised to life again, you will know that I am in my Father, and you are in me, and I

21 am in you. •Those who accept my commandments and obey them are the ones who love me. And because they love me, my Father will love them. And I will love them

---

14:7 Some manuscripts read *If you have really known me, you will know who my Father is.* 14:15 Other manuscripts read *you will obey;* still others read *you should obey.* 14:16 Or *Comforter,* or *Encourager,* or *Counselor.* Greek reads *Paraclete;* also in 14:26. 14:17 Some manuscripts read *and is in you.*

를 나타낼 것이다."

22 그때, 가룟 사람이 아닌 다른 유다가 예수님께 말했습니다. "주님께서 자신을 우리에게는 나타내시고, 세상에는 나타내지 않으시는 이유는 무엇입니까?"

23 예수님께서 대답하셨습니다. "나를 사랑하는 사람이라면, 나의 교훈을 지킬 것이다. 내 아버지께서 그를 사랑하실 것이고, 우리가 그 사람에게 와서 함께 있을 것이다.

24 나를 사랑하지 않는 사람은 내 교훈을 지키지 않는다. 너희가 듣는 이 교훈은 내 것이 아니고, 나를 보내신 아버지의 교훈이다.

25 이 모든 것을 내가 너희와 함께 있는 동안에 너희에게 말하였다.

26 그러나 내 아버지께서 나의 이름으로 보내실 진리의 성령이신 보혜사께서 너희에게 모든 것을 가르치시며, 내가 너희에게 말한 모든 것을 생각나게 하실 것이다.

27 내가 너희에게 평안을 남긴다. 곧 나의 평안을 너희에게 준다. 내가 너희에게 주는 평안은 세상이 주는 것과 같지 않다. 너희는 마음에 근심하지도 말고, 두려워하지도 마라.

28 너희는 '내가 갔다가 너희에게로 올 것이다' 라고 말한 내 말을 들었다. 너희가 진정 나를 사랑했다면, 내가 아버지께로 가는 것을 기뻐했을 것이다. 이는 아버지가 나보다 더 크신 분이기 때문이다.

29 내가 지금 이 일이 일어나기 전에 너희에게 말하는 것은, 이 일이 실제로 일어날 때, 너희로 하여금 믿게 하기 위해서이다.

30 이 세상의 통치자가 오고 있으므로, 더 이상 너희와 많은 말을 나눌 수가 없다. 하지만 이 세상의 통치자는 나를 마음대로 할 권세가 없다.

31 그러나 내가 아버지를 사랑하고, 아버지께서 내게 명하신 대로 내가 행한다는 사실을 세상은 알아야 할 것이다. 일어나 이곳을 떠나자."

참포도나무이신 예수님

15 "나는 참포도나무요, 내 아버지는 정원사이시다.

2 내 안에서 열매 맺지 못하는 가지마다 아버지께서 잘라 내시고, 열매 맺는 가지는 더 많은 열매를 맺게 하려고 깨끗하게 다듬으신다.

3 너희는 내가 너희에게 해 준 말 때문에 이미 깨끗하게 되었다.

4 내 안에 있어라. 그러면 나도 너희 안에 있겠다. 가지가 포도나무에 붙어 있지 않으면 가지 스스로 열매를 맺을 수 없듯이, 너희도 내 안에 있지 않으면, 스스로는 열매를 맺을 수 없다."

5 "나는 포도나무요, 너희는 가지다. 사람이 내 안에

and reveal myself to each of them."

22 •Judas (not Judas Iscariot, but the other disciple with that name) said to him, "Lord, why are you going to reveal yourself only to us and not to the world at large?"

23 •Jesus replied, "All who love me will do what I say. My Father will love them, and we will come and make our home with

24 each of them. •Anyone who doesn't love me will not obey me. And remember, my words are not my own. What I am telling

25 you is from the Father who sent me. •I am telling you these things now while I am still

26 with you. •But when the Father sends the Advocate as my representative—that is, the Holy Spirit—he will teach you everything and will remind you of everything I have told you.

27 •"I am leaving you with a gift—peace of mind and heart. And the peace I give is a gift the world cannot give. So don't be troubled

28 or afraid. •Remember what I told you: I am going away, but I will come back to you again. If you really loved me, you would be happy that I am going to the Father, who is

29 greater than I am. •I have told you these things before they happen so that when they do happen, you will believe.

30 •"I don't have much more time to talk to you, because the ruler of this world

31 approaches. He has no power over me, •but I will do what the Father requires of me, so that the world will know that I love the Father. Come, let's be going.

Jesus, the True Vine

15 "I am the true grapevine, and my
2 Father is the gardener. •He cuts off every branch of mine that doesn't produce fruit, and he prunes the branches that do bear fruit so they will produce even more.

3 •You have already been pruned and purified by the message I have given you.

4 •Remain in me, and I will remain in you. For a branch cannot produce fruit if it is severed from the vine, and you cannot be fruitful unless you remain in me.

5 •"Yes, I am the vine; you are the branches. Those who remain in me, and I in them, will produce much fruit. For apart from me

advocate [ǽdvəkeit] *n.* 지지자, 중재자
approach [əpróutʃ] *vi.* 다가오다
comforter [kʌ́mfərtər] *n.* 위로자
encourager [inkɔ́:ridʒər] *n.* 격려자
prune [pru:n] *vt.* 가지치다
representative [reprizéntətiv] *n.* 대리인
sever [sévər] *vt.* 절단하다, 자르다
troubled [trʌ́bld] *a.* 걱정스러운, 불안해하는

있고 내가 그 안에 있으면, 그는 열매를 많이 맺는다. 그러나 나를 떠나서는 너희가 아무것도 할 수 없다.

6 누구든지 내 안에 있지 않으면, 그 사람은 꺾여서 말라 버리는 가지와 같다. 사람들이 그 마른 가지를 주워다 불에 던져 태워 버릴 것이다.

7 너희가 내 안에 있고 내 말이 너희 안에 있으면, 무엇이든지 원하는 대로 구하여라. 그리하면 너희에게 이루어질 것이다.

8 너희가 열매를 많이 맺어 내 제자인 것을 나타내면 이것으로 내 아버지께서는 영광을 받으신다.

9 아버지께서 나를 사랑하신 것같이 나도 너희를 사랑하였다. 이제 내 사랑 안에 머물러 있어라.

10 내가 내 아버지의 계명을 지켰고 그의 사랑 안에 있는 것처럼 너희가 내 계명을 지키면, 내 사랑 안에 있을 것이다."

11 "내가 이것을 너희에게 말한 것은 나의 기쁨이 너희 안에 있어 너희 기쁨이 가득 넘치게 하려는 것이다.

12 내가 너희를 사랑한 것같이, 너희도 서로 사랑하라. 이것이 바로 내 계명이다.

13 사람이 자기 친구를 위해 자기 목숨을 내놓는 것보다 더 큰 사랑은 없다.

14 내가 너희에게 명하는 것을 행하면, 너희는 내 친구다.

15 이제 내가 너희를 더 이상 종이라고 부르지 않겠다. 종은 주인이 하는 일을 알지 못한다. 방금 전에 나는 너희를 친구라고 불렀다. 왜냐하면 내가 아버지께 들은 것을 너희에게 알게 하였기 때문이다.

16 너희가 나를 택한 것이 아니라 내가 너희를 택하여 세웠다. 그것은 너희가 가서 열매를 맺고, 너희 열매가 항상 있게 하기 위해서이다. 그래서 내 이름으로 구하는 것은 무엇이든지 아버지께서 너희에게 주실 것이다.

17 내 계명은 이것이다. 서로 사랑하여라."

세상은 그의 제자들을 미워할 것이다

18 "세상이 너희를 미워하면, 너희보다 먼저 나를 미워한 줄 알아라.

19 너희가 세상에 속하였으면, 세상이 너희를 자기 것이라고 사랑할 것이다. 그러나 너희가 세상에 속하지 아니하고, 내가 너희를 세상에서 선택하였으므로 세상은 너희를 미워할 것이다.

20 내가 너희에게 '종이 주인보다 더 크지 않다' 고 한 말을 기억하여라. 사람들이 나를 핍박하였다면, 너희도 핍박할 것이다. 그들이 내 교훈을 지켰다면, 너희의 교훈도 지킬 것이다.

21 그러나 그들이 나를 보내신 분을 알지 못하므로, 내 이름 때문에 너희를 이런 식으로 대할 것이다.

22 내가 와서 그들에게 말하지 않았더라면, 그들에게는 죄가 없었을 것이다. 그러나 지금은 그들이 자기들이 지은 죄에 대하여 핑계할 수 없게 되었다.

23 나를 미워하는 사람은 내 아버지도 미워한다.

---

6 you can do nothing. •Anyone who does not remain in me is thrown away like a useless branch and withers. Such branches
7 are gathered into a pile to be burned. •But if you remain in me and my words remain in you, you may ask for anything you
8 want, and it will be granted! •When you produce much fruit, you are my true disciples. This brings great glory to my Father.
9 •"I have loved you even as the Father
10 has loved me. Remain in my love. •When you obey my commandments, you remain in my love, just as I obey my Father's commandments and remain in his love.
11 •I have told you these things so that you will be filled with my joy. Yes, your joy will
12 overflow! •This is my commandment: Love each other in the same way I have
13 loved you. •There is no greater love than to lay down one's life for one's friends.
14 •You are my friends if you do what I com-
15 mand. •I no longer call you slaves, because a master doesn't confide in his slaves. Now you are my friends, since I have told you
16 everything the Father told me. •You didn't choose me. I chose you. I appointed you to go and produce lasting fruit, so that the Father will give you whatever you ask for,
17 using my name. •This is my command: Love each other.

The World's Hatred

18 •"If the world hates you, remember that it
19 hated me first. •The world would love you as one of its own if you belonged to it, but you are no longer part of the world. I chose you to come out of the world, so it hates
20 you. •Do you remember what I told you? 'A slave is not greater than the master.' Since they persecuted me, naturally they will persecute you. And if they had listened
21 to me, they would listen to you. •They will do all this to you because of me, for they
22 have rejected the one who sent me. •They would not be guilty if I had not come and spoken to them. But now they have no
23 excuse for their sin. •Anyone who hates

confide [kənfáid] *vi.* 비밀을 털어놓다
excuse [ikskjú:z] *n.* 변명; 구실, 핑계
grant [grænt] *vt.* (소원 따위를) 들어주다, 허락하다
hatred [héitrid] *n.* 증오, 미움
overflow [ouvərflóu] *vi.* 넘쳐 흐르다
persecute [pə́:rsikju:t] *vt.* 핍박하다
reject [ridʒékt] *vt.* 거절하다
wither [wíðər] *vi.* 시들다
15:6 gather into a pile : 산더미처럼 쌓이다
15:13 lay down one's life : 생명을 던지다
15:19 come out of… : …에서 벗어나다

24 내가 아무도 하지 않은 일을 그들 가운데서 행하지 않았다면, 그들에게 죄가 없었을 것이다. 그러나 이제 그들이 내가 한 일을 보고서도 나와 내 아버지를 미워하였다.

25 이렇게 된 것은 율법에 기록된 대로 '그들이 이유 없이 나를 미워하였다' 라는 말씀이 성취되기 위해서이다."

26 "내가 너희에게 보낼 보혜사, 곧 아버지께로부터 오시는 진리의 성령이 오시면, 그가 나에 관해 증언하실 것이다.

27 그리고 너희도 처음부터 나와 함께 있었으므로 나를 증언해야 할 것이다."

16 "내가 너희에게 이 말을 하는 것은, 너희 믿음이 흔들리지 않게 하기 위함이다.

2 사람들이 너희를 회당에서 쫓아낼 것이다. 그뿐만 아니라 너희를 죽이는 사람마다 자기가 하나님을 섬기고 있다고 생각할 때가 올 것이다.

3 그들은 아버지나 나를 알지 못하기 때문에 이런 일을 행할 것이다.

4 내가 지금 너희에게 이 말을 하는 것은, 그때가 되면 너희로 하여금 내가 너희에게 일러 준 말을 생각나게 하려는 것이다. 내가 처음부터 너희에게 이 말을 하지 않은 것은, 지금까지 내가 너희와 함께 있었기 때문이다."

성령께서 하시는 일

5 "이제 나는 나를 보내신 분에게로 간다. 그러나 너희 중에서 나에게 '어디로 가십니까?' 라고 묻는 사람이 없다.

6 하지만 내가 이런 말을 하므로 너희 마음에는 슬픔이 가득하다.

7 내가 너희에게 진리를 말하겠다. 내가 떠나가는 것이 너희에게 유익하다. 내가 가지 않으면 보혜사가 너희에게 오시지 않을 것이다. 내가 가면 보혜사를 너희에게 보낼 것이다.

8 보혜사가 오시면, 그분은 죄에 대하여, 의에 대하여, 심판에 대하여 세상이 잘못 생각한 것들을 책망하실 것이다.

9 그분은 사람들이 나를 믿지 않은 것이 바로 죄라는 것을 말해 주실 것이며,

10 내가 아버지께로 감으로써 너희가 더 이상 나를 보지 못하는 것이 하나님의 의라는 것을 알려 주실 것이다.

11 이 세상 통치자가 이미 심판을 받았다는 것이 심판에 관하여 그분이 책망하실 내용이다."

12 "내게는 아직 너희에게 할 말이 많이 있지만, 지금은 너희가 그 말을 도저히 이해할 수 없다.

13 그러나 진리의 성령이 오시면, 그분이 너희를 모든 진리 가운데로 인도하실 것이다. 그분은 자기 마음대로 말씀하지 않으시고 그가 들은 것만을 말씀하시며, 앞으로 될 일들을 너희에게 알려 주실 것이다.

14 진리의 성령은 내것을 가지고 너희에게 알려 주심으

24 me also hates my Father. • If I hadn't done such miraculous signs among them that no one else could do, they would not be guilty. But as it is, they have seen everything I did, yet they still hate me and my Father. • This fulfills what is written in their Scriptures*: They hated me without cause.

26 • "But I will send you the Advocate*— the Spirit of truth. He will come to you from the Father and will testify all about me. • And you must also testify about me because you have been with me from the beginning of my ministry.

16 "I have told you these things so that you won't abandon your faith. • For you will be expelled from the synagogues, and the time is coming when those who kill you will think they are doing a holy service for God. • This is because they have never known the Father or me. • Yes, I'm telling you these things now, so that when they happen, you will remember my warning. I didn't tell you earlier because I was going to be with you for a while longer.

The Work of the Holy Spirit

5 • "But now I am going away to the one who sent me, and not one of you is asking where I am going. • Instead, you grieve because of what I've told you. • But in fact, it is best for you that I go away, because if I don't, the Advocate* won't come. If I do go away, then I will send him to you. • And when he comes, he will convict the world of its sin, and of God's righteousness, and of the coming judgment. • The world's sin is that it refuses to believe in me. • Righteousness is available because I go to the Father, and you will see me no more. • Judgment will come because the ruler of this world has already been judged.

12 • "There is so much more I want to tell you, but you can't bear it now. • When the Spirit of truth comes, he will guide you into all truth. He will not speak on his own but will tell you what he has heard. He will tell you about the future. • He will bring

---

abandon [əbǽndən] *vt.* 버리다
expel [ikspél] *vt.* 내쫓다, 쫓아 버리다

15:25 Greek *in their law.* Pss 35:19; 69:4.
15:26 Or *Comforter,* or *Encourager,* or *Counselor.* Greek reads *Paraclete.*　　**16:7** Or *Comforter,* or *Encourager,* or *Counselor.* Greek reads *Paraclete.*

로써 나를 영화롭게 하실 것이다.

15 아버지께 있는 것은 다 내것이다. 그래서 내가 성령께서 내것을 가지고 너희에게 알려 주신다고 말한 것이다."

슬픔이 기쁨이 될 것이다

16 "조금 있으면 너희가 나를 보지 못할 것이고, 또 조금 있으면 나를 다시 볼 것이다."

17 예수님의 제자들 중 몇 사람은 서로 이렇게 말했습니다. "주님께서 '조금 있으면 너희가 나를 보지 못할 것이고, 또 조금 있으면 나를 다시 볼 것이다' 라고 말씀하시고, 또 '이는 내가 아버지께로 가기 때문이다' 라고 말씀하셨는데, 이게 대관절 무슨 뜻일까?"

18 또 그들은 "주님께서 '조금 있으면' 이라고 말씀하셨는데, 그분이 하신 말씀은 도대체 이해할 수 없어"라고 말했습니다.

19 예수님께서 제자들이 자기에게 물어보고 싶어한다는 것을 아시고, 그들에게 말씀하셨습니다. "내가 '조금 있으면 너희가 나를 보지 못할 것이고, 또 조금 있으면 나를 다시 볼 것이다' 라고 한 말 때문에 너희끼리 서로 묻느냐?

20 내가 너희에게 진리를 말한다. 너희는 울며 애통할 것이나 세상은 기뻐할 것이다. 너희가 슬퍼할 것이지만, 너희의 슬픔은 기쁨이 될 것이다.

21 출산하는 여인에게는 출산할 때의 고통이 있다. 그러나 아이를 낳으면 여인은 아이가 세상에 태어난 것이 너무 기뻐서 그 고통을 잊어버린다.

22 너희도 지금은 근심하지만, 내가 너희를 다시 보게 되면 너희는 기뻐할 것이다. 그리고 아무도 너희에게서 그 기쁨을 빼앗지 못할 것이다.

23 그때에는 너희가 내게 아무것도 구하지 않을 것이다. 내가 너희에게 진리를 말한다. 너희가 내 이름으로 아버지께 무엇이든지 구하면, 그분이 너희에게 주실 것이다.

24 지금까지는 너희가 내 이름으로 아무것도 구하지 않았다. 그러나 구하라. 그러면 너희가 받을 것이요, 너희 기쁨이 가득 찰 것이다."

내가 세상을 이기었노라

25 "내가 지금까지는 이것을 비유적인 말로 너희에게 말하였지만, 더 이상 비유적인 말이 아니라 아버지에 관하여 명확한 말로 너희에게 말할 때가 올 것이다.

26 그날에 너희가 내 이름으로 아버지께 구할 것이다. 내가 너희를 위하여 아버지께 구하겠다는 말이 아니다.

27 너희가 나를 사랑하고 내가 아버지께로부터 왔음을 믿었기 때문에, 아버지께서 친히 너희를 사랑하신다.

28 내가 아버지를 떠나 세상에 왔으니, 이제 세상을 떠나 다시 아버지께로 돌아간다."

---

15 me glory by telling you whatever he receives from me. ●All that belongs to the Father is mine; this is why I said, 'The Spirit will tell you whatever he receives from me.'

Sadness Will Be Turned to Joy

16 ● "In a little while you won't see me anymore. But a little while after that, you will see me again."

17 ●Some of the disciples asked each other, "What does he mean when he says, 'In a little while you won't see me, but then you will see me,' and 'I am going to the Father'?

18 ●And what does he mean by 'a little while'? We don't understand."

19 ●Jesus realized they wanted to ask him about it, so he said, "Are you asking yourselves what I meant? I said in a little while you won't see me, but a little while after that

20 you will see me again. ●I tell you the truth, you will weep and mourn over what is going to happen to me, but the world will rejoice. You will grieve, but your grief will

21 suddenly turn to wonderful joy. ●It will be like a woman suffering the pains of labor. When her child is born, her anguish gives way to joy because she has brought a new

22 baby into the world. ●So you have sorrow now, but I will see you again; then you will rejoice, and no one can rob you of that joy.

23 ●At that time you won't need to ask me for anything. I tell you the truth, you will ask the Father directly, and he will grant your

24 request because you use my name. ●You haven't done this before. Ask, using my name, and you will receive, and you will have abundant joy.

25 ● "I have spoken of these matters in figures of speech, but soon I will stop speaking figuratively and will tell you plainly all

26 about the Father. ●Then you will ask in my name. I'm not saying I will ask the Father on

27 your behalf, ●for the Father himself loves you dearly because you love me and believe

28 that I came from God.* ●Yes, I came from the Father into the world, and now I will leave the world and return to the Father."

---

abundant [əbʌ́ndənt] *a.* 풍부한
anguish [ǽngwiʃ] *n.* 격통
figure [fígjər] *n.* 비유적 표현
grieve [gríːv] *vi.* 몹시 슬퍼하다
labor [léibər] *n.* 해산, 분만
mourn [mɔ́ːrn] *vi.* 슬퍼하다, 한탄하다
plainly [pléinli] *ad.* 분명히, 똑똑히
16:21 give way : (마음이) 꺾이다
16:22 rob … of ~ : …에게서 ~을 빼앗다

16:27 Some manuscripts read *from the Father.*

29 그때, 제자들이 말했습니다. "이제는 주님께서 우리에게 분명하게 말씀하시고, 비유적인 말을 하나도 사용하지 않으십니다.

30 우리가 이제서야 주님께서 모든 것을 알고 계신다는 것을 깨달았습니다. 아무도 주님께 묻지 않을 것입니다. 이것으로써 우리는 주님께서 하나님께로부터 오신 분임을 믿습니다."

31 예수님께서 대답하셨습니다. "이제 너희가 믿느냐?

32 그러나 잘 들어라. 너희가 뿔뿔이 흩어질 때가 다가오고 있으며, 이미 그때가 되었다. 너희는 저마다 자기 집으로 흩어지고, 나를 혼자 버려둘 것이다. 그러나 나는 혼자가 아니다. 그것은 아버지께서 나와 함께 계시기 때문이다.

33 "내가 이것을 너희에게 말한 것은 너희가 내 안에서 평안을 얻게 하려는 것이다. 이 세상에서는 너희가 고난을 당할 것이다. 그러나 담대하여라! 내가 세상을 이기었다!"

예수님의 기도

17 예수님께서는 이 말씀을 하시고 눈을 들어 하늘을 바라보시며 기도하셨습니다. "아버지, 때가 이르렀습니다. 아버지의 아들을 영광되게 해 주십시오. 아들이 아버지를 영화롭게 하겠습니다.

2 아버지께서는 아들에게 주신 모든 사람에게 영생을 주려고, 모든 사람을 다스리는 권세를 아들에게 주셨습니다.

3 영생은 곧 한 분이신 참하나님과 아버지께서 보내신 자, 예수 그리스도를 아는 것입니다.

4 저는 땅에서 아버지를 영광되게 하였고, 아버지께서 제게 하라고 주신 일을 완전히 행하였습니다.

5 그러므로 아버지, 이제는 세상이 창조되기 전에 제가 아버지와 함께 가지고 있던 그 영광으로써 저를 영광되게 해 주십시오."

6 "저는 아버지께서 세상에서 택하여 제게 주신 사람들에게 아버지의 이름을 나타냈습니다. 그들은 아버지의 것이었는데 아버지께서 제게 주셨고, 그들은 아버지의 말씀을 지켰습니다.

7 지금 그들은 제게 주신 모든 것이 다 아버지께로부터 온 것임을 알고 있습니다.

8 저는 아버지께서 제게 주신 말씀을 이 사람들에게 주었습니다. 그들은 그 말씀을 받았고, 제가 아버지로부터 온 것을 진정으로 알았고, 아버지께서 저를 보내신 것을 믿었습니다.

9 이제 저는 그들을 위하여 기도합니다. 세상 사람을 위해서가 아니라 아버지께서 제게 주신 자를 위해 기도합니다. 그것은 그들이 아버지의 것이기 때문입니다.

10 제것은 다 아버지의 것이고, 아버지의 것은 다 제것입니다. 그리고 저는 그들로 말미암아 영광을 받았습니다.

11 저는 더 이상 세상에 있지 않겠지만, 이 사람들은 계

29 •Then his disciples said, "At last you are speaking plainly and not figuratively.

30 •Now we understand that you know everything, and there's no need to question you. From this we believe that you came from God."

31 •Jesus asked, "Do you finally believe?

32 •But the time is coming—indeed it's here now—when you will be scattered, each one going his own way, leaving me alone. Yet I am not alone because the Father is

33 with me. •I have told you all this so that you may have peace in me. Here on earth you will have many trials and sorrows. But take heart, because I have overcome the world."

The Prayer of Jesus

17 After saying all these things, Jesus looked up to heaven and said, "Father, the hour has come. Glorify your

2 Son so he can give glory back to you. •For you have given him authority over everyone. He gives eternal life to each one you

3 have given him. •And this is the way to have eternal life—to know you, the only true God, and Jesus Christ, the one you

4 sent to earth. •I brought glory to you here on earth by completing the work you gave

5 me to do. •Now, Father, bring me into the glory we shared before the world began.

6 •"I have revealed you* to the ones you gave me from this world. They were always yours. You gave them to me, and

7 they have kept your word. •Now they know that everything I have is a gift from

8 you, •for I have passed on to them the message you gave me. They accepted it and know that I came from you, and they believe you sent me.

9 •"My prayer is not for the world, but for those you have given me, because they

10 belong to you. •All who are mine belong to you, and you have given them to me, so

11 they bring me glory. •Now I am departing from the world; they are staying in this world, but I am coming to you. Holy Father, you have given me your name;*

---

eternal [itə́ːrnl] *a.* 영원한
figuratively [fígjurətivli] *ad.* 비유적으로
glorify [glɔ́ːrəfai] *vt.* 영화롭게 하다
overcome [ouvərkám] *vt.* 이기다, 정복하다
trial [tráiəl] *n.* 시련, 고난
16:33 take heart : 용기를 내다

17:6 Greek *have revealed your name;* also in 17:26.　　17:11 Some manuscripts read *you have given me these [disciples].*

속 세상에 있습니다. 그리고 저는 아버지께로 갑니다. 거룩하신 아버지, 아버지께서 제게 주신 아버지의 이름으로 저들을 지켜 주셔서 우리가 하나인 것같이 그들도 하나가 되게 하여 주십시오.

12 제가 그들과 함께 있는 동안, 저는 아버지께서 제게 주신 아버지의 이름으로 그들을 지켰습니다. 저는 그들을 보호하였습니다. 멸망의 자식을 빼놓고는 그들 중 한 사람도 잃지 않았습니다. 멸망의 자식을 잃은 것은 성경 말씀이 이루어지게 하기 위함이었습니다."

13 "이제 저는 아버지께로 갑니다. 제가 세상에서 이것을 말하는 것은 저의 기쁨이 그 사람들 속에 충만히 있도록 하려는 것입니다.

14 제가 아버지의 말씀을 그들에게 주었습니다. 제가 세상에 속하지 않은 것처럼 그들도 세상에 속하지 않았으므로, 세상은 그들을 미워하였습니다.

15 제가 구하는 것은 아버지께서 그들을 세상에서 데려가 달라는 것이 아니라, 악으로부터 지켜 주시라는 것입니다.

16 제가 세상에 속하지 않은 것처럼 그들도 세상에 속하지 않았습니다.

17 그들을 진리로 거룩하게 해 주십시오. 아버지의 말씀은 진리입니다.

18 아버지께서 저를 세상에 보내신 것같이 저도 그들을 세상에 보냈습니다.

19 그들을 위해 내 자신을 거룩하게 하는 것은 그들도 진리 안에서 거룩해지도록 하기 위해서입니다."

20 "저는 이 사람들을 위해서만 기도하는 것이 아니라, 이 사람들이 전하는 말을 듣고 저를 믿는 사람들을 위해서도 기도합니다.

21 아버지, 아버지께서 제 안에 계시고 제가 아버지 안에 있는 것같이, 믿는 사람들이 다 하나가 되게 하여 주시고, 그들도 우리 안에 있게 하셔서 아버지께서 저를 보내셨다는 것을 세상이 믿게 하여 주십시오.

22 우리가 하나인 것같이 그들도 하나가 되게 하기 위해 아버지께서 제게 주신 영광을 이 사람들에게 주었습니다.

23 제가 그들 안에 있고, 아버지께서 제 안에 계십니다. 부디 그들로 온전히 하나가 되게 해 주십시오. 그리하여 세상이, 아버지께서 저를 보내신 것과 아버지께서 저를 사랑하신 것처럼 그들도 사랑하셨다는 것을 알게 해 주십시오."

24 "아버지, 제가 있는 곳에 아버지께서 제게 주신 이 사람들이 저와 함께 있게 하여 주시기를 원합니다. 아버지께서 세상이 창조되기 전에 저를 사랑하셔서 아버지께서 제게 주신 그 영광을 그들로 보게 해 주십시오.

25 의로우신 아버지, 세상은 아버지를 알지 못하지만 저는 아버지를 알며, 이 사람들도 아버지께서 저를 보내신 것을 압니다.

26 아버지께서 제게 보이신 사랑이 그들에게 있고, 저도

now protect them by the power of your name so that they will be united just as we 12 are. •During my time here, I protected them by the power of the name you gave me.* I guarded them so that not one was lost, except the one headed for destruction, as the Scriptures foretold.

13 •Now I am coming to you. I told them many things while I was with them in this world so they would be filled with my joy.

14 •I have given them your word. And the world hates them because they do not belong to the world, just as I do not belong 15 to the world. •I'm not asking you to take them out of the world, but to keep them 16 safe from the evil one. •They do not belong to this world any more than I do. 17 •Make them holy by your truth; teach 18 them your word, which is truth. •Just as you sent me into the world, I am sending 19 them into the world. •And I give myself as a holy sacrifice for them so they can be made holy by your truth.

20 •"I am praying not only for these disciples but also for all who will ever believe in 21 me through their message. •I pray that they will all be one, just as you and I are one—as you are in me, Father, and I am in you. And may they be in us so that the world will believe you sent me.

22 •"I have given them the glory you gave 23 me, so they may be one as we are one. •I am in them and you are in me. May they experience such perfect unity that the world will know that you sent me and that you love them as much as you love 24 me. •Father, I want these whom you have given me to be with me where I am. Then they can see all the glory you gave me because you loved me even before the world began!

25 •"O righteous Father, the world doesn't know you, but I do; and these disciples 26 know you sent me. •I have revealed you to them, and I will continue to do so. Then your love for me will be in them, and I will be in them."

destruction [distrʌ́kʃən] *n.* 멸망
foretell [fɔːrtél] *vi.* 예언하다
guard [gɑːrd] *vt.* 지키다
head [hed] *vi.* …로 향하다
reveal [rivíːl] *vt.* 보이다, 나타내다
righteous [ráitʃəs] *a.* 의로운
sacrifice [sǽkrəfɑis] *n.* 산 제물
unity [júːnəti] *n.* 하나됨

17:12 Some manuscripts read *I protected those you gave me, by the power of your name.*

그들 안에 있게 하기 위해 그 사람들에게 아버지의 이름을 알게 하였고, 앞으로도 계속 알게 할 것입니다."

예수님께서 붙잡히시다

18 예수님께서 이 모든 말씀을 마치시고, 제자들과 함께 기드론 골짜기 건너편으로 가셨습니다. 그곳에는 올리브 나무 정원이 있었습니다. 예수님과 제자들은 이 정원으로 갔습니다.

2 그곳은 예수님이 제자들과 함께 종종 모이셨던 곳이므로, 예수님을 배반한 유다도 이곳을 알고 있었습니다.

3 그래서 유다는 로마 군인들과 대제사장과 바리새인들이 보낸 성전 경비대를 데리고 정원으로 왔습니다. 그들은 등불과 횃불과 무기를 들고 있었습니다.

4 예수님께서는 자신에게 닥칠 일을 다 아시고, 그들 앞으로 나서며 물으셨습니다. "너희가 누구를 찾느냐?"

5 그들은 "나사렛 사람 예수다"라고 대답했습니다. 예수님께서 그 사람들에게 "내가 그 사람이다"라고 말씀하셨습니다. 예수님을 배반한 유다도 그들과 함께 거기에 서 있었습니다.

6 예수님께서 "내가 그 사람이다"라고 말씀하셨을 때, 사람들은 뒤로 물러나 땅에 엎드렸습니다.

7 그러자 예수님께서 다시 물으셨습니다. "너희가 누구를 찾느냐?" 그들이 "나사렛 사람 예수다"라고 대답했습니다.

8 예수님께서 말씀하셨습니다. "내가 그 사람이라고 너희에게 말하였으니, 너희가 찾는 사람이 바로 나라면 이 사람들은 가게 하여라."

9 이렇게 말씀하신 것은 예수님께서 이전에 "아버지께서 제게 주신 자 중에 한 사람도 잃지 않았습니다"라고 말씀하신 것을 이루게 하시려는 것입니다.

10 그때, 시몬 베드로는 칼을 차고 있었습니다. 베드로가 칼을 빼어 대제사장의 종을 쳐서 오른쪽 귀를 베어 버렸습니다. 그 종의 이름은 말고였습니다.

11 예수님께서 베드로에게 말씀하셨습니다. "칼을 집에 꽂아라. 아버지께서 내게 주신 잔을 마시지 말란 말이냐?"

대제사장 앞에 서신 예수님

12 그 순간, 군인들과 천부장과 유대 성전 경비대가 예수님을 체포했습니다. 그들은 예수님을 결박하여

13 먼저 안나스에게로 끌고 갔습니다. 안나스는 그 해의 대제사장인 가야바의 장인이었습니다.

14 가야바는 며칠 전에 유대인들에게 "한 사람이 백성을 위하여 죽는 것이 더 낫다"고 말한 사람이었습니다.

예수님을 부인한 베드로

15 시몬 베드로가 다른 제자 한 사람과 함께 예수님을 따라갔습니다. 이 다른 제자는 제사장과 친분이 있는 사람이었기에 그는 예수님과 함께 대제사장의 집 뜰

Jesus Is Betrayed and Arrested

18 After saying these things, Jesus crossed the Kidron Valley with his disciples and entered a grove of olive trees. 2 •Judas, the betrayer, knew this place, because Jesus had often gone there with his disciples. •The leading priests and Pharisees had given Judas a contingent of Roman soldiers and Temple guards to accompany him. Now with blazing torches, lanterns, and weapons, they arrived at the olive grove.

4 •Jesus fully realized all that was going to happen to him, so he stepped forward to meet them. "Who are you looking for?" he asked.

5 •"Jesus the Nazarene,"* they replied.

"I AM he,"* Jesus said. (Judas, who betrayed him, was standing with them.) 6 •As Jesus said "I AM he," they all drew back and fell to the ground! •Once more he asked them, "Who are you looking for?"

And again they replied, "Jesus the Nazarene."

8 •"I told you that I AM he," Jesus said. "And since I am the one you want, let these others go." 9 •He did this to fulfill his own statement: "I did not lose a single one of those you have given me."*

10 •Then Simon Peter drew a sword and slashed off the right ear of Malchus, the high priest's slave. 11 •But Jesus said to Peter, "Put your sword back into its sheath. Shall I not drink from the cup of suffering the Father has given me?"

Jesus at the High Priest's House

12 •So the soldiers, their commanding officer, and the Temple guards arrested Jesus and 13 tied him up. •First they took him to Annas, since he was the father-in-law of Caiaphas, 14 the high priest at that time.* •Caiaphas was the one who had told the other Jewish leaders, "It's better that one man should die for the people."

Peter's First Denial

15 •Simon Peter followed Jesus, as did another of the disciples. That other disciple was acquainted with the high priest, so he was

---

acquainted [əkwéintid] *a.* 안면이 있는, 친한
contingent [kəntíndʒənt] *n.* 분대; 파견군

18:5a Or *Jesus of Nazareth;* also in 18:7.
18:5b Or *"The 'I AM' is here"*; or *"I am the LORD"*; Greek reads *I am;* also in 18:6, 8. See Exod 3:14.   18:9 See John 6:39 and 17:12.
18:13 Greek *that year.*

안으로 들어갔습니다.

16 그러나 베드로는 문 밖에서 기다려야만 했습니다. 대제사장과 아는 사이인 그 제자가 문 밖으로 나왔습니다. 그가 문 지키는 여자에게 말하여 베드로를 안으로 데리고 들어갔습니다.

17 문 지키는 여자가 베드로에게 "당신은 이 사람의 제자 중 한 사람이 분명 아니지요?" 하고 물었습니다. 베드로는 "난 아니에요"라고 대답했습니다.

18 날이 추워서 종들과 성전 경비대가 불을 피워 놓고, 주위에 둘러서서 불을 쬐고 있었습니다. 베드로도 그들과 함께 서서 불을 쬐고 있었습니다.

대제사장이 예수님을 심문함

19 대제사장이 예수님께 예수님이 가르친 말씀과 제자들에 관해 물었습니다.

20 예수님께서 대답하셨습니다. "나는 세상에 분명히 말하였다. 언제든지 유대인들이 모이는 회당과 성전 뜰에서 가르쳤고, 은밀하게 말한 것이 하나도 없었다.

21 그런데 어째서 내게 묻느냐? 내 말을 들은 사람들에게 내가 그들에게 무엇을 말했는지 직접 물어보아라. 그 사람들은 내가 무엇을 말했는지 알고 있다."

22 예수님이 이렇게 말씀하실 때, 곁에 있던 성전 경비대원 중 한 사람이 예수님의 얼굴을 주먹으로 치면서 말했습니다. "대제사장께 이런 식으로밖에 대답하지 못하겠소?"

23 예수님께서 그에게 "내가 잘못 말하였다면 그 잘못이 무엇인지 말하여라. 그러나 내가 사실을 말했다면 네가 어째서 나를 치느냐?" 하고 말씀하셨습니다.

24 그러자 안나스는 예수님을 결박한 채 대제사장 가야바에게 보냈습니다.

예수님을 세 번 부인한 베드로

25 시몬 베드로가 서서 불을 쬐고 있었습니다. 여러 사람들이 베드로에게 "당신도 저 사람의 제자 중 한 사람이 아닌 게 맞지요?"라고 물었습니다. 베드로가 부인하며 "난 아니오!"라고 대답했습니다.

26 대제사장의 종 한 사람이 거기에 있었는데 그 사람은 베드로가 전에 귀를 벤 사람의 친척이었습니다. 그가 확신에 차서 말하였습니다. "내가 당신이 그 사람과 함께 정원에 있는 것을 보았소!"

27 베드로는 다시 부인하였습니다. 그러자 바로 그 순간, 닭이 울었습니다.

빌라도 앞에 서신 예수님

28 그들은 예수님을 데리고 가야바의 집에서 로마 총독의 관저로 갔습니다. 때는 새벽이었습니다. 유대인들은 몸을 더럽히지 않고 유월절 음식을 먹으려고 총독의 관저에 들어가지 않았습니다.

---

16 allowed to enter the high priest's courtyard with Jesus. • Peter had to stay outside the gate. Then the disciple who knew the high priest spoke to the woman watching at the

17 gate, and she let Peter in. • The woman asked Peter, "You're not one of that man's disciples, are you?"

"No," he said, "I am not."

18 • Because it was cold, the household servants and the guards had made a charcoal fire. They stood around it, warming themselves, and Peter stood with them, warming himself.

The High Priest Questions Jesus

19 • Inside, the high priest began asking Jesus about his followers and what he had been

20 teaching them. • Jesus replied, "Everyone knows what I teach. I have preached regularly in the synagogues and the Temple, where the people* gather. I have not spoken

21 in secret. • Why are you asking me this question? Ask those who heard me. They know what I said."

22 • Then one of the Temple guards standing nearby slapped Jesus across the face. "Is that the way to answer the high priest?" he demanded.

23 • Jesus replied, "If I said anything wrong, you must prove it. But if I'm speaking the truth, why are you beating me?"

24 • Then Annas bound Jesus and sent him to Caiaphas, the high priest.

Peter's Second and Third Denials

25 • Meanwhile, as Simon Peter was standing by the fire warming himself, they asked him again, "You're not one of his disciples, are you?"

He denied it, saying, "No, I am not."

26 • But one of the household slaves of the high priest, a relative of the man whose ear Peter had cut off, asked, "Didn't I see you out

27 there in the olive grove with Jesus? • Again Peter denied it. And immediately a rooster crowed.

Jesus' Trial before Pilate

28 • Jesus' trial before Caiaphas ended in the early hours of the morning. Then he was taken to the headquarters of the Roman governor.* His accusers didn't go inside because

---

charcoal [tʃáːrkoul] *n.* 숯, 목탄
grove [gróuv] *n.* 작은 숲
preach [príːtʃ] *vi.* 전도하다, 설교하다

18:20 Greek *Jewish people*; also in 18:38. **18:28** Greek *to the Praetorium*; also in 18:33.

29 그래서 빌라도가 직접 밖으로 나와 유대인들에게 물었습니다. "당신들은 무슨 죄목으로 이 사람을 고소하는 거요?"

30 그들이 대답했습니다. "이 사람이 범죄자가 아니라면 총독님께 그를 넘기지 않았을 것입니다."

31 빌라도가 그들에게 말했습니다. "당신들이 직접 그를 붙잡아다가 당신들의 법대로 재판하시오." 유대인들은 빌라도에게 "우리에게는 사람을 죽일 권한이 없습니다"라고 대답했습니다.

32 이로써 예수님께서 자신이 어떠한 죽음을 맞을 것인지에 관해 전에 하셨던 말씀이 이루어졌습니다.

33 빌라도는 다시 관저로 들어갔습니다. 그리고 그 안으로 예수님을 불러들여, 예수님께 물었습니다. "당신이 유대인의 왕이오?"

34 예수님께서 말씀하셨습니다. "이것은 네 스스로 하는 말이냐 아니면 다른 사람들이 나에 관하여 네게 한 말이냐?"

35 빌라도가 대답했습니다. "나는 유대인이 아니오. 당신의 민족과 대제사장들이 당신을 나에게 넘겼소. 당신은 무슨 짓을 행했소?"

36 예수님께서 대답하셨습니다. "내 나라는 이 세상에 속하지 않았다. 만일 내 나라가 이 세상에 속한 나라였다면, 내 종들이 싸워서 내가 유대인들에게 잡히지 않게 했을 것이다. 이제 내 나라는 이 땅에 속한 것이 아니다."

37 빌라도가 말했습니다. "그렇다면, 당신이 왕이란 말이오?" 예수님께서 대답하셨습니다. "너는 나에게 왕이라고 바르게 말하는구나. 사실 나는 이것을 위하여 태어났으며, 이것을 위해 세상에 왔다. 나는 진리에 대해 증언하려고 왔다. 진리에 속한 사람은 내 말을 듣는다."

38 "진리가 무엇이오?" 빌라도가 물었습니다. 이 말을 하고, 빌라도는 다시 관저에서 나와 유대인들에게로 가서 말하였습니다. "나는 이 사람에게서 아무 죄도 찾지 못하였소.

39 유월절에 내가 당신들에게 죄수 한 사람을 놓아주는 풍습이 있소. 당신들은 '유대인의 왕'을 당신들에게 놓아주기를 바라시오?"

40 그들은 다시금 목소리를 높여 "이 사람이 아니라 바라바를 놓아주시오"라고 소리질렀습니다. 바라바는 강도였습니다.

십자가에 못박으라는 판결을 내리다

19 그래서 빌라도가 예수님을 데리고 가서 채찍질하게 했습니다.

2 군인들은 가시나무로 왕관을 만들어 예수님의 머리에 씌우고 자줏빛 옷을 입혔습니다.

3 그런 다음 그들은 여러 차례 예수님께 와서 "유대인

it would defile them, and they wouldn't be allowed to celebrate the Passover. • So Pilate, the governor, went out to them and asked, "What is your charge against this man?"

30 • "We wouldn't have handed him over to you if he weren't a criminal!" they retorted.

31 • "Then take him away and judge him by your own law," Pilate told them.

"Only the Romans are permitted to execute someone," the Jewish leaders replied.

32 • (This fulfilled Jesus' prediction about the way he would die.*)

33 • Then Pilate went back into his headquarters and called for Jesus to be brought to him. "Are you the king of the Jews?" he asked him.

34 • Jesus replied, "Is this your own question, or did others tell you about me?"

35 • "Am I a Jew?" Pilate retorted. "Your own people and their leading priests brought you to me for trial. Why? What have you done?"

36 • Jesus answered, "My Kingdom is not an earthly kingdom. If it were, my followers would fight to keep me from being handed over to the Jewish leaders. But my Kingdom is not of this world."

37 • Pilate said, "So you are a king?"

Jesus responded, "You say I am a king. Actually, I was born and came into the world to testify to the truth. All who love the truth recognize that what I say is true."

38 • "What is truth?" Pilate asked. Then he went out again to the people and told them, 39 "He is not guilty of any crime. • But you have a custom of asking me to release one prisoner each year at Passover. Would you like me to release this 'King of the Jews'?"

40 • But they shouted back, "No! Not this man. We want Barabbas!" (Barabbas was a revolutionary.)

Jesus Sentenced to Death

19 Then Pilate had Jesus flogged with a lead-tipped whip. • The soldiers wove a crown of thorns and put it on his head, 3 and they put a purple robe on him. • "Hail! King of the Jews!" they mocked, as they slapped him across the face.

---

criminal [krímənl] *n.* 죄인, 범죄자
defile [difáil] *vt.* 더럽히다, 불결하게 하다
execute [éksikjuːt] *vt.* 처형하다
flog [flág] *vi.* 채찍질하다
revolutionary [revəlúːʃəneri] *n.* 혁명당원
weave [wíːv] *vt.* 엮다
19장 sentence to death : 사형을 선고하다

18:32 See John 12:32-33.

의 왕 만세!"라고 말하며 얼굴을 때렸습니다.

4 빌라도가 또다시 관저 밖으로 나와서 사람들에게 말했습니다. "자, 내가 예수를 당신들에게 데리고 나오겠소. 내가 그를 고소할 아무런 죄도 발견하지 못한 것을 당신들은 알게 될 것이오."

5 예수님께서 가시관을 쓰고 자줏빛 옷을 입고 나오시자, 빌라도가 유대인들에게 말했습니다. "보시오, 이 사람이오!"

6 대제사장들과 성전 경비병들이 예수님을 보고 목소리를 높여 외쳤습니다. "십자가에 못박으시오! 십자가에 못박으시오!" 빌라도가 그들을 향해 이렇게 말했습니다. "당신들이 이 사람을 데리고 가서 십자가에 못박으시오. 나는 그에게서 아무 죄도 찾지 못했소."

7 유대인들은 "우리의 법대로 하면 그는 당연히 죽어야 합니다. 자기를 하나님의 아들이라고 주장하니 말입니다"라고 우겼습니다.

8 빌라도는 이 말을 듣자, 더욱 두려워하였습니다.

9 그래서 그는 다시 관저로 들어가 예수님께 "당신은 어디서 왔소?"라고 물었습니다. 그러나 예수님께서는 그에게 대답하지 않으셨습니다.

10 빌라도가 예수님께 말했습니다. "나에게 대답을 하지 않을 작정이오? 나에게는 당신을 놓아줄 권한도 있고, 십자가에 못박을 권한도 있다는 것을 알지 못하오?"

11 예수님께서 대답하셨습니다. "그 권세가 위에서 주어진 것이 아니라면, 네게는 나를 해할 어떤 권한도 없다. 그러므로 나를 너에게 넘겨준 그 사람의 죄는 더 크다."

12 그때부터 빌라도는 예수님을 놓아주려고 애를 썼습니다. 그러나 유대인들은 소리를 지르며 "만일 당신이 이 사람을 풀어 주면, 당신은 가이사의 지지자가 아닙니다. 자신을 왕이라고 하는 사람은 가이사를 반역하는 자입니다"라고 외쳤습니다.

13 빌라도는 이 말을 듣자, 예수님을 데리고 나와 돌로 포장된 바닥'(아람어로는 '가바다')에 마련된 재판석에 앉았습니다.

14 때는 유월절 주간의 예비일이었고 낮 12시쯤이었습니다. 빌라도가 유대인들에게 말했습니다. "보시오, 당신들의 왕이오!"

15 그 사람들은 소리를 질렀습니다. "없애 버려라! 없애 버려라! 그를 십자가에 못박아라!" 빌라도가 그들에게 물었습니다. "당신들의 왕을 나더러 십자가에 못박으란 말이오?" 대제사장들이 대답하였습니다. "우리에게 가이사 외에는 왕이 없소!"

16 그래서 빌라도는 예수님을 십자가에 못박도록 그들에게 넘겨주었습니다. 군인들이 예수님을 데리고 갔습니다.

4 ● Pilate went outside again and said to the people, "I am going to bring him out to you now, but understand clearly that I find him not guilty." ● Then Jesus came out wearing the crown of thorns and the purple robe. And Pilate said, "Look, here is the man!"

6 ● When they saw him, the leading priests and Temple guards began shouting, "Crucify him! Crucify him!"
"Take him yourselves and crucify him," Pilate said. "I find him not guilty."

7 ● The Jewish leaders replied, "By our law he ought to die because he called himself the Son of God."

8 ● When Pilate heard this, he was more frightened than ever. ● He took Jesus back into the headquarters* again and asked him, "Where are you from?" But Jesus gave no answer. ● "Why don't you talk to me?" Pilate demanded. "Don't you realize that I have the power to release you or crucify you?"

11 ● Then Jesus said, "You would have no power over me at all unless it were given to you from above. So the one who handed me over to you has the greater sin."

12 ● Then Pilate tried to release him, but the Jewish leaders shouted, "If you release this man, you are no 'friend of Caesar.' * Anyone who declares himself a king is a rebel against Caesar."

13 ● When they said this, Pilate brought Jesus out to them again. Then Pilate sat down on the judgment seat on the platform that is called the Stone Pavement (in Hebrew, *Gabbatha*). ● It was now about noon on the day of preparation for the Passover. And Pilate said to the people,* "Look, here is your king!"

15 ● "Away with him," they yelled. "Away with him! Crucify him!"
"What? Crucify your king?" Pilate asked.
"We have no king but Caesar," the leading priests shouted back.

16 ● Then Pilate turned Jesus over to them to

ally [əlái] *n.* 동맹자
crucify [krúːsəfai] *vt.* 십자가에 못박다
frightened [fráitnd] *a.* 겁이 난; 무서워하는
headquarters [hédkwɔːrtərz] *n.* 본부
preparation [prepəréiʃən] *n.* 준비일
rebel [rébəl] *n.* 반역자, 모반자
yell [jel] *vi.* 소리치다
19:12 declare oneself : 자기의 신분을 밝히다
19:15 away with … : (명령형) …을 쫓아버려
19:16 turn over : 인계하다, 넘겨주다

19:9 Greek *the Praetorium.* 19:12 "Friend of Caesar" is a technical term that refers to an ally of the emperor. 19:14 Greek *Jewish people;* also in 19:20.

십자가에서 죽으심

17 예수님께서 자신이 매달릴 십자가를 직접 지고 '해골의 터' (아람어로는 골고다)라는 곳으로 가셨습니다.

18 그곳에서 사람들은 예수님을 십자가에 못박았습니다. 또한 예수님과 함께 다른 두 사람도 예수님을 가운데 두고 양편에 한 사람씩 십자가에 못박혔습니다.

19 빌라도는 명패를 써서 십자가 위에 붙였습니다. 거기에는 '유대인의 왕, 나사렛 예수' 라고 쓰여 있었습니다.

20 많은 유대인들이 그 명패를 읽을 수 있었던 것은 예수님께서 죽으신 곳이 예루살렘 성에서 가깝고, 그 명패는 아람어, 라틴어, 그리스어로 쓰여 있었기 때문입니다.

21 유대인의 대제사장들이 빌라도에게 " '유대인의 왕' 이라 쓰지 말고, '나는 유대인의 왕이다' 라고 쓰십시오" 하면서 억지를 부렸습니다.

22 빌라도는 "나는 내가 쓸 것을 썼을 뿐이다!"라고 대답했습니다.

23 군인들은 예수님을 십자가에 못박은 뒤에, 그의 옷을 네 조각으로 나누었습니다. 그리고는 저마다 한 조각씩 나누어 가졌습니다. 그들은 속옷도 가져갔는데, 그 옷은 위로부터 아래까지 완전히 통으로 짠 것이었습니다.

24 그래서 군인들은 "이것은 찢지 말고 제비를 뽑아 누가 가질지 정하자"라고 말하였습니다. 이런 일이 일어난 것은 그렇게 되리라고 말한 성경 말씀을 이루기 위해서였습니다. "그들이 자기들끼리 내 옷을 나누고 내 옷을 가지려고 제비 뽑나이다."*

25 예수님의 십자가 곁에는, 예수님의 어머니와 예수님의 이모와 글로바의 아내 마리아와 막달라 마리아가 서 있었습니다.

26 예수님께서 그의 어머니와 그 곁에 사랑하는 제자가 서 있는 것을 보시고, 어머니를 향해 말씀하셨습니다. "여자여, 보십시오! 어머님의 아들입니다."

27 그리고 그 제자에게는 "보아라, 네 어머니이시다"라고 말씀하셨습니다. 그때부터 이 제자는 예수님의 어머니를 자기 집에 모셨습니다.

예수님의 죽음

28 이 후에 예수님께서는 이미 모든 것이 이루어진 줄 아시고 성경이 성취되도록 하기 위하여 "내가 목마르다"라고 말씀하셨습니다.

29 그곳에 신 포도주가 담긴 항아리가 있었습니다. 군인들이 해면을 신 포도주에 흠뻑 적셔서, 우슬초 막대기에 매달아 예수님의 입으로 가져갔습니다.

30 예수님께서는 신 포도주를 맛보신 다음 "다 이루었

---

be crucified.

The Crucifixion

17 So they took Jesus away. •Carrying the cross by himself, he went to the place called Place **18** of the Skull (in Hebrew, *Golgotha*). •There they nailed him to the cross. Two others were crucified with him, one on either side, **19** with Jesus between them. •And Pilate posted a sign on the cross that read, "Jesus of **20** Nazareth,* the King of the Jews." •The place where Jesus was crucified was near the city, and the sign was written in Hebrew, Latin, and Greek, so that many people could read it.

21 •Then the leading priests objected and said to Pilate, "Change it from 'The King of the Jews' to 'He said, I am King of the Jews.' "

22 •Pilate replied, "No, what I have written, I have written."

23 •When the soldiers had crucified Jesus, they divided his clothes among the four of them. They also took his robe, but it was seamless, woven in one piece from top to **24** bottom. •So they said, "Rather than tearing it apart, let's throw dice* for it." This fulfilled the Scripture that says, "They divided my garments among themselves and threw dice for my clothing."* So that is what they did.

25 •Standing near the cross were Jesus' mother, and his mother's sister, Mary (the wife of Clopas), and Mary Magdalene. **26** •When Jesus saw his mother standing there beside the disciple he loved, he said to her, **27** "Dear woman, here is your son." •And he said to this disciple, "Here is your mother." And from then on this disciple took her into his home.

The Death of Jesus

28 •Jesus knew that his mission was now finished, and to fulfill Scripture he said, "I am **29** thirsty."* •A jar of sour wine was sitting there, so they soaked a sponge in it, put it on a hyssop branch, and held it up to his lips. **30** •When Jesus had tasted it, he said, "It is finished!" Then he bowed his head and gave up his spirit.

crucifixion [kru:səfíkʃən] *n.* 십자가에서의 죽음
dice [dáis] *n.* 주사위
garment [gáːrmənt] *n.* 의복
nail [néil] *vt.* …에 못을 박다
seamless [síːmlis] *a.* 솔기가 없는
soak [sóuk] *vt.* 흠뻑 적시다
19:24 tear apart : 잡아 찢다

19:19 Or *Jesus the Nazarene.*　19:24a Greek *cast lots.*　19:24b Ps 22:18.　19:28 See Ps 22:15; 69:21.

19:24 시 22:18에 기록되어 있다.

다"라고 말씀하셨습니다. 이 말씀을 하신 후 고개를 아래로 떨구시고 운명하셨습니다.

31 이날은 예비일이었고, 다음날은 안식일이었습니다. 유대인들은 안식일에 시신을 십자가에 그대로 두고 싶지 않았습니다. 그래서 빌라도에게 시신의 다리를 부러뜨리고, 그 시신을 십자가에서 내려 달라고 부탁했습니다.

32 군인들이 가서 예수님과 함께 못박힌 첫 번째 사람의 다리와 또 다른 사람의 다리를 부러뜨렸습니다.

33 그러나 군인들이 예수님께 갔을 때에 그들은 예수님께서 이미 돌아가신 것을 알고는 그분의 다리를 부러뜨리지 않고,

34 창으로 예수님의 옆구리를 찔렀습니다. 바로 피와 물이 쏟아져 나왔습니다.

35 이것을 본 사람이 증언한 것이니, 그의 증언은 참됩니다. 그는 자기가 진리를 말하고 있다는 것을 알았습니다. 그가 이렇게 말한 것은 여러분들도 믿게 하려는 것입니다.

36 이런 일이 일어난 것은 "그의 뼈가 하나도 부러지지 않을 것이다"*라고 쓰여진 성경 말씀을 이루기 위해서입니다.

37 또 다른 성경에는 "그들은 자기들이 찌른 사람을 볼 것이다"*라는 말씀이 있습니다.

무덤에 묻히신 예수님

38 이 일이 일어난 후, 아리마대 사람 요셉이 빌라도에게 예수님의 시신을 가져가겠다고 요청하였습니다. 요셉은 예수님의 제자였지만, 유대인들이 두려워 그 사실을 감춰왔습니다. 빌라도가 허락하자, 요셉이 와서 예수님의 시신을 가져갔습니다.

39 니고데모도 요셉과 함께 왔습니다. 니고데모는 일찍이 밤에 예수님을 찾아왔던 사람이었습니다. 그는 몰약과 알로에를 섞어 만든 향료*를 약 33킬로그램 정도 가져왔습니다.

40 이 두 사람은 유대인들의 장례 풍습에 따라 예수님의 시신을 가져다가, 향료와 함께 고운 베로 쌌습니다.

41 예수님께서 십자가에 못박히신 곳에는 동산이 있었습니다. 그 동산에는 아직까지 한 사람도 그 안에 안치한 적이 없는 새 무덤이 있었습니다.

42 무덤도 가까이 있고 유대인들의 예비일이기도 해서, 요셉과 니고데모는 예수님의 시신을 그 무덤에 넣어 두었습니다.

예수님의 빈 무덤

20 안식일 다음 날, 이른 아침에 막달라 마리아가 무덤으로 갔습니다. 날은 아직 어두웠습니다. 마리아는 무덤 입구를 막았던 커다란 돌이 무덤에서 옮겨진 것을 보았습니다.

2 그래서 마리아는 시몬 베드로와 예수님께서 사랑하

---

31 • It was the day of preparation, and the Jewish leaders didn't want the bodies hanging there the next day, which was the Sabbath (and a very special Sabbath, because it was Passover week). So they asked Pilate to hasten their deaths by ordering that their legs be broken. Then their bodies could be taken down. 32 • So the soldiers came and broke the legs of the two men crucified with Jesus. 33 • But when they came to Jesus, they saw that he was already dead, so they didn't break his legs. 34 One of the soldiers, however, pierced his side with a spear, and immediately blood and water flowed out. 35 • (This report is from an eyewitness giving an accurate account. He speaks the truth so that you also may continue to believe.*) • These things happened in fulfillment of the Scriptures that say, "Not one of his bones will be broken."* 37 • and "They will look on the one they pierced."*

The Burial of Jesus

38 • Afterward Joseph of Arimathea, who had been a secret disciple of Jesus (because he feared the Jewish leaders), asked Pilate for permission to take down Jesus' body. When Pilate gave permission, Joseph came and 39 took the body away. • With him came Nicodemus, the man who had come to Jesus at night. He brought about seventy-five pounds* of perfumed ointment made from myrrh 40 and aloes. • Following Jewish burial custom, they wrapped Jesus' body with the spices in 41 long sheets of linen cloth. • The place of crucifixion was near a garden, where there was 42 a new tomb, never used before. • And so, because it was the day of preparation for the Jewish Passover* and since the tomb was close at hand, they laid Jesus there.

The Resurrection

20 Early on Sunday morning,* while it was still dark, Mary Magdalene came to the tomb and found that the stone had 2 been rolled away from the entrance. • She ran and found Simon Peter and the other disciple, the one whom Jesus loved. She said,

---

19:35 give an account : 설명하다

19:35 Some manuscripts read *that you also may believe.* 19:36 Exod 12:46; Num 9:12; Ps 34:20. 19:37 Zech 12:10. 19:39 Greek *100 litras* [32.7 kilograms]. 19:42 Greek *because of the Jewish day of preparation.* 20:1 Greek *On the first day of the week.*

19:36 시 34:20에 기록되어 있다.
19:37 슥 12:10에 기록되어 있다.
19:39 개역 성경에는 '침향 섞은 것'이라고 표기되어 있다.

시던 다른 제자에게 달려가서 말했습니다. "사람들이 주님을 무덤에서 빼갔나 봐요. 그런데 그들이 주님을 가져다 어디에 두었는지 모르겠어요."

3 그 말을 들은 베드로와 다른 제자는 무덤 쪽으로 향했습니다.

4 두 사람 모두 달려갔습니다. 다른 제자가 베드로보다 더 빨리 달려 무덤에 먼저 도착했습니다.

5 그 제자는 몸을 굽혀 고운 베가 거기에 놓여 있는 것을 보았지만, 무덤 안으로는 들어가지 않았습니다.

6 뒤따라온 시몬 베드로는 무덤에 도착하자, 바로 무덤 안으로 들어갔습니다. 베드로는 고운 베가 거기에 놓여 있는 것을 보았습니다.

7 그는 예수님의 머리를 감쌌던 천도 보았습니다. 그 천은 고운 베와 겹쳐 있지 않고 조금 떨어진 곳에 잘 개켜져 있었습니다.

8 그제서야 무덤에 먼저 왔던 다른 제자도 무덤 안으로 들어와 보고 믿었습니다.

9 이때까지만 해도 제자들은 예수님께서 죽음에서 살아나야 한다는 성경 말씀을 깨닫지 못했습니다.

10 그리고서 두 제자는 자기 집으로 돌아갔습니다.

예수님께서 막달라 마리아에게 나타나심

11 그러나 마리아는 무덤 밖에 서서 울고 있었습니다. 마리아는 울면서 몸을 굽혀 무덤 안을 들여다보았습니다.

12 마리아는 흰옷 입은 두 천사를 보았습니다. 두 천사는 예수님의 시신이 있던 곳에 앉아 있었습니다. 한 천사는 머리 쪽에, 다른 천사는 발 쪽에 있었습니다.

13 천사가 마리아에게 물었습니다. "여자여, 왜 울고 있소?" 마리아가 대답했습니다. "사람들이 우리 주님을 어디론가 가져갔는데, 주님을 어디에 두었는지를 알지 못하겠습니다."

14 마리아가 이 말을 하고 뒤를 돌아보자, 거기 예수님께서 서 계셨습니다. 그러나 마리아는 그분이 예수님이신 줄 알지 못했습니다.

15 예수님께서 마리아에게 물으셨습니다. "여자여, 왜 울고 있느냐? 누구를 찾고 있느냐?" 마리아는 그분이 동산 관리인인 줄로 생각하고 "저, 당신이 그분을 다른 곳으로 옮겨 놓았다면, 어디로 옮겨 놓았는지 말씀해 주세요. 그러면 제가 모셔 갈게요"라고 말했습니다.

16 예수님께서 마리아에게 "마리아야!"라고 말씀하셨습니다. 마리아는 예수님께 몸을 돌려 아람어로 "랍오니!"라고 외쳤습니다(이 말은 '선생님' 이란 뜻입니다.

17 예수님께서 마리아에게 말씀하셨습니다. "나를 계속 붙잡고 있지 마라. 내가 아직 아버지께로 올라가

"They have taken the Lord's body out of the tomb, and we don't know where they have put him!"

3 •Peter and the other disciple started out
4 for the tomb. •They were both running, but the other disciple outran Peter and reached
5 the tomb first. •He stooped and looked in and saw the linen wrappings lying there, but
6 he didn't go in. •Then Simon Peter arrived and went inside. He also noticed the linen
7 wrappings lying there, •while the cloth that had covered Jesus' head was folded up and lying apart from the other wrappings.
8 •Then the disciple who had reached the tomb first also went in, and he saw and
9 believed—for until then they still hadn't understood the Scriptures that said Jesus
10 must rise from the dead. •Then they went home.

Jesus Appears to Mary Magdalene

11 •Mary was standing outside the tomb crying, and as she wept, she stooped and look-
12 ed in. •She saw two white-robed angels, one sitting at the head and the other at the foot of the place where the body of Jesus had
13 been lying. •"Dear woman, why are you crying?" the angels asked her.

"Because they have taken away my Lord," she replied, "and I don't know where they have put him."

14 •She turned to leave and saw someone standing there. It was Jesus, but she didn't
15 recognize him. •"Dear woman, why are you crying?" Jesus asked her. "Who are you looking for?"

She thought he was the gardener. "Sir," she said, "if you have taken him away, tell me where you have put him, and I will go and get him."

16 •"Mary!" Jesus said.

She turned to him and cried out, "Rabboni!" (which is Hebrew for "Teacher").

17 •"Don't cling to me," Jesus said, "for I haven't yet ascended to the Father. But go find my brothers and tell them, 'I am ascending to my Father and your Father, to my God and your God.'"

ascend [əsénd] *vi.* 올라가다	
eyewitness [áiwitnis] *n.* 목격자	
fold [fóuld] *vt.* 포개다	
hasten [héisn] *vt.* 앞당기다, 재촉하다	
outrun [autrʌ́n] *vt.* 달려서 이기다(앞서다)	
pierce [piərs] *vt.* 찌르다	
resurrection [rèzərékʃən] *n.* 그리스도의 부활	
stoop [stu:p] *vi.* 몸을 굽히다	

19:42 close at hand : (공간적으로) 바로 가까이에
20:17 cling to… : …을 붙잡다

지 않았다. 다만 너는 나의 형제들에게 가서 이렇게 말하여라. '나는 내 아버지 곧 너희 아버지, 내 하나님 곧 너희 하나님께로 돌아갈 것이다.'"

18 막달라 마리아가 제자들에게 가서 "내가 주님을 보았어요!"라고 말했습니다. 그리고 예수님께서 자기에게 하신 말씀을 전하였습니다.

예수님께서 제자들에게 나타나심

19 같은 날 저녁에, 제자들이 함께 모여 있었습니다. 제자들은 유대인들이 두려워 문을 꼭 잠갔습니다. 그곳에 예수님께서 오셔서 그들 가운데 서서 말씀하셨습니다. "너희에게 평강이 있을지어다!"

20 이 말씀을 하시고는 제자들에게 손과 옆구리를 보이셨습니다. 제자들은 주님을 보자 무척 기뻐했습니다.

21 다시, 예수님께서는 "너희에게 평강이 있을지어다! 아버지께서 나를 보내신 것같이 나도 너희를 보낸다"라고 말씀하셨습니다.

22 이 말씀을 하시고, 그들을 향해 숨을 내쉬며 말씀하셨습니다. "성령을 받아라.

23 너희가 누구의 죄든지 용서하면, 그 죄는 사함을 받을 것이다. 너희가 누구의 죄든지 용서하지 않으면, 그 죄는 사함을 받지 못할 것이다."

예수님께서 도마에게 나타나심

24 열두 제자 중에서 디두모라는 별명을 가진 도마는 예수님께서 오셨을 때, 다른 제자들이 있던 그 자리에 없었습니다.

25 그래서 다른 제자들이 도마에게 "우리가 주님을 보았다"라고 말했습니다. 그러자 도마는 "내가 직접 예수님 손에 있는 못자국을 보고, 내 손가락을 그분의 못박힌 곳에 찔러 보고, 내 손을 그의 옆구리에 넣어 보기 전에는 못 믿겠다"고 말했습니다.

26 일주일 뒤에 예수님의 제자들이 다시 그 집에 있었습니다. 이번에는 도마도 그들과 함께 있었습니다. 이때도 문은 잠겨 있었습니다. 예수님께서는 안으로 들어오셔서 그들 가운데 서서 말씀하셨습니다. "너희에게 평강이 있을지어다!"

27 그리고는 도마에게 말씀하셨습니다. "네 손가락을 여기에 찔러 보아라. 내 손을 보아라. 네 손을 내밀어 내 옆구리에 넣어 보아라. 그리고 믿지 않는 자가 되지 말고 믿는 자가 되어라."

28 도마는 예수님께 "나의 주님, 나의 하나님!"이라고 외쳤습니다.

29 *예수님께서 도마에게 말씀하셨습니다. "너는 나를 보았기 때문에 믿느냐? 나를 보지 않고 믿는 사람들은 복이 있다."*

요한복음을 기록한 목적

30 예수님께서는 제자들이 있는 곳에서 이 책에 기록되지 않은 다른 표적도 많이 행하셨습니다.

---

18 • Mary Magdalene found the disciples and told them, "I have seen the Lord!" Then she gave them his message.

Jesus Appears to His Disciples

19 • That Sunday evening* the disciples were meeting behind locked doors because they were afraid of the Jewish leaders. Suddenly, Jesus was standing there among them!

20 "Peace be with you," he said. • As he spoke, he showed them the wounds in his hands and his side. They were filled with joy when they saw the Lord! • Again he said, "Peace

21 with you. As the Father has sent me, so I am

22 sending you." • Then he breathed on them

23 and said, "Receive the Holy Spirit. • If you forgive anyone's sins, they are forgiven. If you do not forgive them, they are not forgiven."

Jesus Appears to Thomas

24 • One of the twelve disciples, Thomas (nicknamed the Twin),* was not with the others

25 when Jesus came. • They told him, "We have seen the Lord!"

But he replied, "I won't believe it unless I see the nail wounds in his hands, put my fingers into them, and place my hand into the wound in his side."

26 • Eight days later the disciples were together again, and this time Thomas was with them. The doors were locked; but suddenly, as before, Jesus was standing among

27 them. "Peace be with you," he said. • Then he said to Thomas, "Put your finger here, and look at my hands. Put your hand into the wound in my side. Don't be faithless any longer. Believe!"

28 • "My Lord and my God!" Thomas exclaimed.

29 • Then Jesus told him, "You believe because you have seen me. Blessed are those who believe without seeing me."

Purpose of the Book

30 • The disciples saw Jesus do many other miraculous signs in addition to the ones

---

exclaim [ikskléim] *vt.* 외치다
faithless [féiθlis] *a.* 신앙 없는
miraculous [mirǽkjuləs] *a.* 기적적인
nail [néil] *n.* 못
wound [wu:nd] *n.* 상처
20:22 breathe on : …에 입김을 뿜다
20:30 in addition : …에 더하여

20:19 Greek *In the evening of that day, the first day of the week.*　　20:24 Greek *Thomas, who was called Didymus.*

31 그런데도 이 책에 있는 표적들을 기록한 것은 여러 분들로 하여금 예수님께서 하나님의 아들 그리스도이심을 믿게 하고, 그분의 이름을 믿음으로써 생명을 얻게 하기 위해서입니다.

예수님께서 일곱 제자들에게 나타나심

21 이 일이 일어난 후, 예수님께서 디베랴 호수에서 제자들에게 다시 자신을 나타내셨습니다.

2 시몬 베드로, 디두모라는 별명을 가진 도마, 갈릴리 가나 사람 나다나엘, 세베대의 두 아들 그리고 다른 두 제자가 함께 있었습니다.

3 시몬 베드로가 다른 제자들에게 "나는 물고기 잡으러 간다"라고 말했습니다. 다른 제자들이 "우리도 너와 함께 가겠다"라고 말했습니다. 그래서 그들은 밖으로 나가서 배에 올라탔습니다. 그러나 그날 밤에는 한 마리도 잡지 못했습니다.

4 다음날 아침 일찍, 예수님께서 호숫가에 서 계셨습니다. 그러나 제자들은 그분이 예수님이신 줄 알지 못하였습니다.

5 예수님께서 그들에게 말씀하셨습니다. "친구들이여, 한 마리도 못 잡았느냐?" 제자들이 대답했습니다. "네, 한 마리도 잡지 못했습니다."

6 예수님께서 말씀하셨습니다. "그물을 배 오른편에 던져라. 그러면 고기를 잡을 것이다." 그들은 시키는 대로 했습니다. 그러자 고기가 너무 많아, 그물을 배 안으로 끌어올릴 수가 없었습니다.

7 예수님께서 사랑하시던 제자가 베드로에게 말했습니다. "주님이시다!" 베드로는 주님이시라는 말을 듣자마자, 벗고 있던 겉옷을 몸에 두르고는 물로 뛰어들었습니다.

8 다른 제자들은 고기가 가득한 그물을 당기며 배를 저어 호숫가에 댔습니다. 그들은 호숫가로부터 약 90미터 정도 떨어진 그리 멀지 않은 곳에 있었기 때문입니다.

9 제자들이 호숫가에 닿아 땅에 내리니 숯불이 피워져 있는 것이 보였습니다. 불 위에는 생선이 놓여 있었고, 빵도 있었습니다.

10 그때, 예수님께서 "너희가 방금 전에 잡은 생선을 가지고 오너라" 하고 말씀하셨습니다.

11 시몬 베드로가 배에 올라가 그물을 호숫가로 끌어 당겼습니다. 그물은 큰 물고기로 가득했습니다. 백쉰세 마리나 되었습니다. 고기가 그렇게 많았는데도 그물은 찢어지지 않았습니다.

12 예수님께서 그들에게 "와서 아침 식사를 하여라" 하고 말씀하셨지만, 제자들은 그분이 주님이신 줄 알았기 때문에 제자들 중에 감히 "당신은 누구십니까?"라고 묻는 사람이 없었습니다.

13 예수님께서는 가셔서 빵을 가져다가 제자들에게 주셨고, 생선도 주셨습니다.

31 recorded in this book. •But these are written so that you may continue to believe* that Jesus is the Messiah, the Son of God, and that by believing in him you will have life by the power of his name.

Epilogue: Jesus Appears to Seven Disciples

21 Later, Jesus appeared again to the disciples beside the Sea of Galilee.* This is 2 how it happened. •Several of the disciples were there—Simon Peter, Thomas (nicknamed the Twin),* Nathanael from Cana in Galilee, the sons of Zebedee, and two other disciples.

3 •Simon Peter said, "I'm going fishing."

"We'll come, too," they all said. So they went out in the boat, but they caught nothing all night.

4 •At dawn Jesus was standing on the beach, but the disciples couldn't see who he 5 was. •He called out, "Fellows,* have you caught any fish?"

"No," they replied.

6 •Then he said, "Throw out your net on the right-hand side of the boat, and you'll get some!" So they did, and they couldn't haul in the net because there were so many fish in it.

7 •Then the disciple Jesus loved said to Peter, "It's the Lord!" When Simon Peter heard that it was the Lord, he put on his tunic (for he had stripped for work), jumped 8 into the water, and headed to shore. •The others stayed with the boat and pulled the loaded net to the shore, for they were only 9 about a hundred yards* from shore. •When they got there, they found breakfast waiting for them—fish cooking over a charcoal fire, and some bread.

10 •"Bring some of the fish you've just 11 caught," Jesus said. •So Simon Peter went aboard and dragged the net to the shore. There were 153 large fish, and yet the net hadn't torn.

12 •"Now come and have some breakfast!" Jesus said. None of the disciples dared to ask him, "Who are you?" They knew it was the 13 Lord. •Then Jesus served them the bread

---

loaded [lóudid] *a.* 잔뜩 실은
21:5 **call out** : 큰 소리로 외치다
21:6 **haul in the net** : 그물을 끌어당기다

20:31 Some manuscripts read *that you may believe.* 21:1 Greek *Sea of Tiberias,* another name for the Sea of Galilee. 21:2 Greek *Thomas, who was called Didymus.* 21:5 Greek *Children.* 21:8 Greek *200 cubits* [90 meters].

14 이것은 예수님께서 죽은 자 가운데서 살아나신 후, 그의 제자들에게 세 번째 나타나신 것이었습니다.

예수님과 베드로

15 그들이 식사를 다 마쳤을 때, 예수님께서 시몬 베드로에게 말씀하셨습니다. "요한의 아들 시몬아, 네가 이 모든 사람들보다 나를 더 사랑하느냐?" 베드로가 대답했습니다. "예, 주님. 제가 주님을 사랑한다는 것을 주님께서 아십니다." 예수님께서 말씀하셨습니다. "내 양을 먹여라."

16 다시 예수님께서 베드로에게 말씀하셨습니다. "요한의 아들 시몬아, 네가 나를 사랑하느냐?" 베드로가 대답했습니다. "예, 주님. 제가 주님을 사랑하는 줄을 주님께서 아십니다." 예수님께서 말씀하셨습니다. "내 양을 돌보아라."

17 세 번째로 예수님께서 베드로에게 말씀하셨습니다. "요한의 아들 시몬아, 네가 나를 사랑하느냐?" 예수님께서 자기에게 세 번씩이나 "네가 나를 사랑하느냐?"고 물으셨기 때문에 베드로는 거의 울상이 되었습니다. 그리고는 예수님께 대답했습니다. "주님, 주님께서는 모든 것을 아십니다. 제가 주님을 사랑하는 것도 주님께서는 알고 계십니다." 예수님께서 베드로에게 말씀하셨습니다. "내 양을 먹여라.

18 내가 너에게 진리를 말한다. 네가 젊었을 때는 네 혼자 힘으로 옷도 입고 네가 원하는 곳으로 갔지만, 나이가 들게 되면 네가 팔을 벌리겠고 다른 사람이 네게 옷을 입힐 것이며, 다른 사람이 네가 원하지 않는 곳으로 너를 데려갈 것이다."

19 예수님께서 이렇게 말씀하신 것은 베드로가 어떤 죽음으로 하나님께 영광을 돌리게 될지를 보여 주시려는 것이었습니다. 이 말씀을 하시고, 예수님께서는 베드로에게 "나를 따르라!"고 말씀하셨습니다.

예수님과 사랑하시는 제자

20 베드로가 뒤돌아보니, 예수님께서 사랑하시던 제자가 따라오고 있었습니다. 이 사람은 만찬에서 예수님께 몸을 기댄 채 "주님, 주님을 배반할 사람이 누구입니까?"라고 묻던 제자였습니다.

21 베드로가 그 제자를 보고는 예수님께 여쭈었습니다. "주님, 이 사람은 어떻게 되겠습니까?"

22 예수님께서 대답하셨습니다. "내가 다시 올 때까지 그가 살아 있기를 원한다고 해도, 그것이 너와 무슨 상관이냐? 너는 나를 따르라!"

23 이 사건 때문에 이 제자가 죽지 않을 것이라는 소문이 형제들 사이에 퍼지게 되었습니다. 그러나 예수님께서는 그가 죽지 않을 것이라고 말씀하신 것이 아니었습니다. 예수님께서는 단지 "내가 다시 올 때까지 그가 살아 있기를 원한다고 해도, 그것이 너와

14 and the fish. • This was the third time Jesus had appeared to his disciples since he had been raised from the dead.

15 • After breakfast Jesus asked Simon Peter, "Simon son of John, do you love me more than these?*"

"Yes, Lord," Peter replied, "you know I love you."

"Then feed my lambs," Jesus told him.

16 • Jesus repeated the question: "Simon son of John, do you love me?"

"Yes, Lord," Peter said, "you know I love you."

"Then take care of my sheep," Jesus said.

17 • A third time he asked him, "Simon son of John, do you love me?"

Peter was hurt that Jesus asked the question a third time. He said, "Lord, you know everything. You know that I love you."

Jesus said, "Then feed my sheep.

18 • "I tell you the truth, when you were young, you were able to do as you liked; you dressed yourself and went wherever you wanted to go. But when you are old, you will stretch out your hands, and others* will dress you and take you where you don't want to go." • Jesus said this to let him know

19 by what kind of death he would glorify God. Then Jesus told him, "Follow me."

20 • Peter turned around and saw behind them the disciple Jesus loved—the one who had leaned over to Jesus during supper and

21 asked, "Lord, who will betray you?" • Peter asked Jesus, "What about him, Lord?"

22 • Jesus replied, "If I want him to remain alive until I return, what is that to you? As

23 for you, follow me." • So the rumor spread among the community of believers* that this disciple wouldn't die. But that isn't what Jesus said at all. He only said, "If I want him to remain alive until I return, what is that to

account [əkáunt] *n.* 진술
accurate [ǽkjurət] *a.* 정확한
betray [bitréi] *vt.* 배반하다
glorify [glɔ́:rəfai] *vt.* 영광스럽게 하다
lean [li:n] *vi.* 기대다
raise [réiz] *vt.* 소생(부활)시키다
spread [spred] *vi.* 퍼지다
testify [téstəfai] *vi.* 증언하다 (to)
suppose [səpóuz] *vt.* 생각하다
21:18 stretch out : 뻗다
21:22 as for… : …에 관해서는
21:23 What is that to you : 그것이 너와 무슨 상관이냐, 그것을 물어서 어쩌자는 거냐
21:25 write down : 기재하다, 적어두다

21:15 Or *more than these others do?* **21:18** Some manuscripts read *and another one.* **21:23** Greek *the brothers.*

무슨 상관이냐?"라고 말씀하신 것뿐이었습니다.

24 이런 일들을 증언하고, 그것을 기록한 제자가 바로 이 사람입니다. 우리는 그의 증언이 참되다는 것을 알고 있습니다.

결론

25 이 외에도 예수님께서 행하신 다른 일은 많이 있습니다. 만일 그 일을 일일이 다 기록한다면 온세상이라도 그것을 기록한 책을 담기에 부족할 것입니다.

24   •This disciple is the one who testifies to these events and has recorded them here. And we know that his account of these things is accurate.

25   •Jesus also did many other things. If they were all written down, I suppose the whole world could not contain the books that would be written.

사도행전

● 서론

✣ 저자 _ 누가
✣ 저작 연대 _ A.D. 61~63년
✣ 기록 장소 _ 가이사랴나 로마
✣ 기록 대상 _ 모든 그리스도인들, 특별히 데오빌로
✣ 핵심어 및 내용 _ 핵심어는 '성령'과 '성장'이다. 성령님은 성도들을 인도하고 보호하시며 위로하시고, 확신과 힘을 주신다. 또 교회가 어떻게 성장해 나가는지를 포괄적으로 설명하고 있다.

성령을 보내시겠다는 약속

1 데오빌로 각하, 제가 먼저 쓴 책에서 저는 예수님께서 하신 일과 가르치신 말씀을 비롯하여,

2 예수님께서 선택하신 사도들에게 성령의 힘으로 교훈을 내리신 후에 하늘로 올라가신 날까지, 예수님과 관련된 내용을 다 기록했습니다.

3 예수님께서는 고난을 받으신 후, 사도들에게 자신의 모습을 보여 주셨고, 여러 가지 방법으로 자기가 살아 계시다는 것을 증언하셨습니다. 예수님은 사십 일 동안이나 이 사람들에게 나타나셨으며, 하나님의 나라에 관해 말씀하셨습니다.

4 어느 날, 예수님께서는 사도들과 함께 식사를 하시다가 이런 말씀을 하셨습니다. "예루살렘을 떠나지 말고 내 아버지께서 약속하신 선물을 기다려라. 이 약속의 내용은 내가 전에 말했고, 너희도 들은 것이다.

5 약속의 내용은 이것이다. 요한은 물로 세례를 주었지만, 너희는 얼마 안 있어 성령으로 세례를 받을 것이다."

예수님께서 하늘로 올라가시다

6 사도들이 한자리에 모여서 예수님께 물었습니다. "주님, 주님께서 이스라엘을 다시 회복시키실 때가 지금입니까?"

7 그러자 예수님께서 대답하셨습니다. "때와 시기는 오직 아버지의 권한으로 정하신 것이니, 너희가 알 일이 아니다.

8 다만 성령이 너희에게 오시면, 너희는 권능을 받아 예루살렘과 온 유대와 사마리아와 그리고 땅끝까지 가서 내 증인이 될 것이다."

9 예수님께서는 이 말씀을 하신 뒤에 그들이 보는 앞에서 하늘로 올라가셨습니다. 그가 올라가시는 모습은 구름에 가려 보이지 않았습니다.

10 예수님께서 올라가실 때에 그들은 하늘만 쳐다보고 있었습니다. 그런데 갑자기 흰옷을 입은 두 사람이 나타나 그들 곁에 섰습니다.

11 두 사람은 그들을 향해 "갈릴리 사람들이여, 왜 여기 서서 하늘을 쳐다보십니까? 여러분을 떠나 하

The Promise of the Holy Spirit

1 In my first book* I told you, Theophilus, about everything Jesus began to do and
2 teach — until the day he was taken up to heaven after giving his chosen apostles further
3 instructions through the Holy Spirit. ● During the forty days after he suffered and died, he appeared to the apostles from time to time, and he proved to them in many ways that he was actually alive. And he talked to them about the Kingdom of God.
4 ● Once when he was eating with them, he commanded them, "Do not leave Jerusalem until the Father sends you the gift he pro-
5 mised, as I told you before. ● John baptized with* water, but in just a few days you will be baptized with the Holy Spirit."

The Ascension of Jesus

6 ● So when the apostles were with Jesus, they kept asking him, "Lord, has the time come for you to free Israel and restore our kingdom?"
7 ● He replied, "The Father alone has the authority to set those dates and times, and
8 they are not for you to know. ● But you will receive power when the Holy Spirit comes upon you. And you will be my witnesses, telling people about me everywhere—in Jerusalem, throughout Judea, in Samaria, and to the ends of the earth."
9 ● After saying this, he was taken up into a cloud while they were watching, and they
10 could no longer see him. ● As they strained to see him rising into heaven, two white-robed
11 men suddenly stood among them. ● "Men of Galilee," they said, "why are you standing here

---

ascension [əsénʃən] n. 승천(昇天)
crucifixion [kru:səfíkʃən] n. 십자가에서 죽음
restore [ristɔ́:r] vt. 회복하다
strain [stréin] vi. 전력을 다하다
1:3 from time to time : 때때로

늘로 올라가신 이 예수님께서는 여러분이 본 그대로 다시 오실 것입니다"라고 말했습니다.

새 사도가 뽑히다

12 그런 뒤에 사도들은 올리브 산을 떠나 예루살렘으로 돌아갔습니다. 올리브 산은 예루살렘에서 가까워 안식일에도 걸어갈 수 있는 거리였습니다.

13 그들은 예루살렘에 들어와서 그들이 묵고 있던 다락방으로 올라갔습니다. 다락방에 모인 사람들은 베드로와 요한, 야고보와 안드레, 빌립과 도마, 바돌로매와 마태, 알패오의 아들 야고보와 열심당원 시몬, 그리고 야고보의 아들 유다였습니다.

14 이 사람들은 여자들과 예수님의 어머니 마리아와 예수님의 동생들과 함께 꾸준히 한마음으로 기도하였습니다.

15 며칠 후, 약 백이십 명쯤 되는 신자들이 한자리에 모였습니다. 베드로가 자리에서 일어나 말했습니다.

16 "형제 여러분, 성령께서 다윗을 통해 유다에 관해 말씀하신 것 중에, 유다가 예수님을 잡아간 사람들의 앞잡이가 될 것이라고 예언한 성경 말씀이 이루어졌습니다.

17 유다는 우리와 행동을 같이했던 사람이며, 우리처럼 사도직을 맡았던 사람이었습니다.

18 유다는 의롭지 못한 행동을 한 대가로 받은 돈으로 밭을 샀습니다. 그리고 바로 이 밭에서 거꾸로 떨어져 배가 터지고 창자가 밖으로 나온 채로 죽었습니다.

19 예루살렘에 사는 사람이라면 누구나 이 소문을 들어 알고 있습니다. 그래서 사람들은 이 밭을 자기들 말로 '아겔다마'라고 부르고 있습니다. '아겔다마'란 '피의 밭'이란 뜻입니다.

20 시편에 다음과 같이 기록되어 있습니다. '그의 집을 폐허로 만드시고 아무도 그곳에 살지 못하게 하소서!'* 또, 시편 다른 곳에는 '다른 사람이 그의 직책을 차지하게 하소서!'*라고 기록되어 있습니다.

21 그러므로 주 예수님께서 우리와 함께 이곳 저곳을 다니시던 동안, 우리와 같이 다녔던 사람 중에서 한 사람을 뽑아야 하겠습니다.

22 뽑힐 사람은 요한이 사람들에게 세례를 주던 때부터 예수님께서 우리를 떠나 하늘로 올라가실 때까지 우리와 함께 있던 사람이어야 합니다. 그 사람은 우리와 함께 예수님의 부활을 증언하는 증인이 될 것입니다."

23 그러자 사람들은 유스도라고 알려져 있고 바사바라고도 불리는 요셉과 맛디아 두 사람을 추천했습니다.

24 그때, 사도들은 "주님, 주님께서는 모든 사람의 마음을 아십니다. 주님께서는 이 두 사람 중 누구를 선택하셨습니까?

25 자기 직분을 떠나 자기가 원래 속했던 곳으로 간유

---

staring into heaven? Jesus has been taken from you into heaven, but someday he will return from heaven in the same way you saw him go!"

Matthias Replaces Judas

12 •Then the apostles returned to Jerusalem from the Mount of Olives, a distance of half

13 a mile.* •When they arrived, they went to the upstairs room of the house where they were staying.

Here are the names of those who were present: Peter, John, James, Andrew, Philip, Thomas, Bartholomew, Matthew, James (son of Alphaeus), Simon (the zealot), and

14 Judas (son of James). •They all met together and were constantly united in prayer, along with Mary the mother of Jesus, several other women, and the brothers of Jesus.

15 •During this time, when about 120 believers* were together in one place, Peter

16 stood up and addressed them. •"Brothers," he said, "the Scriptures had to be fulfilled concerning Judas, who guided those who arrested Jesus. This was predicted long ago by the Holy Spirit, speaking through King

17 David. •Judas was one of us and shared in the ministry with us."

18 •(Judas had bought a field with the money he received for his treachery. Falling headfirst there, his body split open, spilling

19 out all his intestines. •The news of his death spread to all the people of Jerusalem, and they gave the place the Aramaic name *Akeldama*, which means "Field of Blood.")

20 •Peter continued, "This was written in the book of Psalms, where it says, 'Let his home become desolate, with no one living in it.' It also says, 'Let someone else take his position.'*

21 •"So now we must choose a replacement for Judas from among the men who were with us the entire time we were traveling

22 with the Lord Jesus— •from the time he was baptized by John until the day he was taken from us. Whoever is chosen will join us as a witness of Jesus' resurrection."

23 •So they nominated two men: Joseph called Barsabbas (also known as Justus) and

24 Matthias. •Then they all prayed, "O Lord, you know every heart. Show us which of

25 these men you have chosen •as an apostle to replace Judas in this ministry, for he has

---

intestine [intéstin] *n.* 창자

1:12 Greek *a Sabbath day's journey.*   1:15 Greek *brothers.*   1:20 Ps 69:25; 109:8.

1:20 시 69:25과 시 109:8에 기록되어 있다.

해

다를 대신해서 이 사도의 직분을 맡을 사람이 누구
인지를 저희에게 보여 주십시오"라고 기도했습니
다.

26 기도를 마친 후, 제비를 뽑아 보니 맛디아가 뽑혔습
니다. 이때부터 맛디아는 다른 열한 사도와 함께 사
도가 되었습니다.

성령이 오심

2 오순절이 되어 제자들이 한 곳에 모두 모였습니
다.

2 그때, 갑자기 하늘에서 세찬 바람 소리 같은 것이 나
더니, 사람들이 앉아 있던 집안을 가득 채웠습니다.

3 그리고 혀처럼 생긴 불꽃이 사람들 눈앞에 나타났
습니다. 그 불꽃은 여러 갈래로 갈라져 그곳에 모인
한 사람 한 사람 위에 머물렀습니다.

4 사람들은 다 성령으로 충만해졌습니다. 그리고는
성령께서 말하게 하시는 대로 자기들의 언어와 다
른 외국어로 말하기 시작했습니다.

5 예루살렘에는 세계 각 나라에서 온 경건한 유대인
들이 머물고 있었습니다.

6 이 말소리가 나자, 많은 군중들이 모여들었습니다.
그들은 믿는 사람들이 자기네 나라 말로 말하는 것
을 듣고는 모두 놀랐습니다.

7 군중들은 너무나 놀라 이상히 여기며 말했습니다.
"보시오! 말을 하는 이 사람들은 모두 갈릴리 사람
들이 아닙니까?

8 그런데 우리가, 이 사람들이 저마다 우리가 사는 지
방 말을 하는 것을 듣게 되니, 이것이 도대체 어찌된
일입니까?

9 우리는 바대와 메대와 엘람과 메소포타미아와 유대
와 갑바도기아와 본도와 아시아와

10 브루기아와 밤빌리아와 이집트와 구레네에서 가까
운 리비아 여러 지방과 로마와

11 날 때부터 유대인인 사람과 유대교로 개종한 사람
과 크레타와 아라비아에서 온 사람들인데, 우리는
이 사람들이 하나님께서 행하신 크신 일을 우리 말
로 말하는 것을 듣고 있습니다."

12 사람들은 모두 놀라 어리둥절했습니다. 다만 서로
얼굴을 쳐다보며 "이게 도대체 어떻게 된 일이지
요?"라고 말할 뿐이었습니다.

13 그러나 사람들 중에는 "저 사람들이 술을 너무 많이
마셨다" 하며 놀려 대는 사람도 있었습니다.

베드로의 설교

14 *베드로가 열한 명의 사도와 함께 일어서서, 군중을
향해 큰소리로 말했습니다. "유대 사람들, 그리고
예루살렘에 사는 모든 주민 여러분, 이 일을 여러분
께 설명해 드리겠으니. 내가 하는 말에 귀를 기울
여 주십시오.*

15 지금은 아침 9시밖에 되지 않았으니, 이 사람들은

deserted us and gone where he belongs."

26 • Then they cast lots, and Matthias was
selected to become an apostle with the other
eleven.

The Holy Spirit Comes

2 On the day of Pentecost* all the believers
were meeting together in one place.

2 • Suddenly, there was a sound from heaven
like the roaring of a mighty windstorm, and
it filled the house where they were sitting.

3 • Then, what looked like flames or tongues
of fire appeared and settled on each of them.

4 • And everyone present was filled with the
Holy Spirit and began speaking in other lan-
guages,* as the Holy Spirit gave them this
ability.

5 • At that time there were devout Jews
6 from every nation living in Jerusalem. • When
they heard the loud noise, everyone came
running, and they were bewildered to hear
their own languages being spoken by the
believers.

7 • They were completely amazed. "How
can this be?" they exclaimed. "These people
8 are all from Galilee, • and yet we hear them
speaking in our own native languages!

9 • Here we are—Parthians, Medes, Elamites,
people from Mesopotamia, Judea, Cappado-
10 cia, Pontus, the province of Asia, • Phrygia,
Pamphylia, Egypt, and the areas of Libya
11 around Cyrene, visitors from Rome • (both
Jews and converts to Judaism), Cretans, and
Arabs. And we all hear these people speaking
in our own languages about the wonderful
12 things God has done!" • They stood there
amazed and perplexed. "What can this
mean?" they asked each other.

13 • But others in the crowd ridiculed them,
saying, "They're just drunk, that's all!"

Peter Preaches to the Crowd

14 • Then Peter stepped forward with the
eleven other apostles and shouted to the
crowd, "Listen carefully, all of you, fellow
Jews and residents of Jerusalem! Make no
15 mistake about this. • These people are not
drunk, as some of you are assuming. Nine
o'clock in the morning is much too early for

bewilder [biwíldər] *vt.* 당황케 하다
convert [kánvəːrt] *n.* 개종자
devout [diváut] *a.* 믿음이 깊은, 독실한
endorse [endɔ́ːrs] *vt.* 보증하다
perplexed [pərplékst] *vt.* 당황한, 난처한

2:1 The Festival of Pentecost came 50 days
after Passover (when Jesus was crucified). 　2:4
Or *in other tongues.*

여러분이 생각하는 것처럼 술에 취한 것이 아닙니다.

16 오늘 일어난 일은 바로 요엘 예언자가 예언했던 대로 이루어진 것입니다.

17 하나님께서 이렇게 말씀하셨습니다. '마지막 날에, 내가 내 영을 모든 사람에게 부어 주겠다. 너희의 아들들과 딸들은 예언할 것이요, 너희의 젊은 이들은 환상을 볼 것이요, 너희의 늙은이들은 꿈을 꿀 것이다.

18 그날에 내 남자 종들과 여자 종들에게까지 내 영을 부어 주겠다. 그러면 그들은 예언할 것이다.

19 내가 위로 하늘에서는 기이한 일을, 아래로 땅 위에서는 표적을 보여 줄 것이다. 피와 불과 짙은 연기가 일 것이다.

20 해가 어두워지고, 달이 핏빛으로 변할 것이다. 이 일이 일어난 후에 크고 영광스런 주님의 날이 올 것이다.

21 그러나 누구든지 주님의 이름을 부르는 사람은 구원을 얻을 것이다.'*

22 이스라엘 백성 여러분, 이 말을 명심해서 들으십시오. 나사렛 사람 예수님은 하나님과 같은 권위를 지니신 분이셨습니다. 하나님께서 예수님을 통해 일으키신 기적과 기이한 일과 표적으로 이 사실을 여러분에게 분명히 보여 주셨습니다. 그 모든 일은 여러분 가운데서 일어났으므로, 여러분 모두가 잘 아실 것입니다.

23 이 예수님은 여러분에게 넘겨졌고, 여러분은 악한 사람들의 손을 빌어 예수님을 십자가에 못박아 죽였습니다. 이 모든 일을 하나님께서는 이전부터 알고 계셨을 뿐만 아니라, 여러분이 행한 일도 하나님께서 오래 전에 세워 놓으신 계획대로 된 것이었습니다.

24 하나님께서는 예수님을 다시 살리셨습니다. 죽음의 고통에서 그분을 풀어 놓으셨습니다. 그것은 죽음이 예수님을 계속 붙잡아 둘 수 없었기 때문입니다.

25 다윗이 예수님을 가리켜 말한 것이 있습니다. '나는 내 앞에 계신 주님을 항상 뵙니다. 주님께서 내 오른편에 계시므로 내겐 흔들림이 없습니다.

26 그러므로 내 마음은 기쁨으로, 내 혀는 즐거움으로 가득차 있습니다. 내 몸도 소망 속에 살 것입니다.

27 주님께서는 나를 무덤에 내버려 두지 않으시며, 주님의 거룩한 분을 썩지 않게 하실 것입니다.

28 주님께서는 내게 생명의 길을 알려 주셨습니다. 주님께서는 나와 함께 계시면서 내게 기쁨을 가득 채우실 것입니다.'*

29 형제 여러분, 나는 우리 조상 다윗에 대하여 여러

16 that. ●No, what you see was predicted long ago by the prophet Joel:

17 ● 'In the last days,' God says,
　　'I will pour out my Spirit upon all people.
　　Your sons and daughters will prophesy.
　　　Your young men will see visions,
　　　and your old men will dream dreams.
18 ● In those days I will pour out my Spirit
　　even on my servants—men and women
　　　alike—
　　and they will prophesy.
19 ● And I will cause wonders in the heavens
　　　above
　　and signs on the earth below—
　　blood and fire and clouds of smoke.
20 ● The sun will become dark,
　　and the moon will turn blood red
　　before that great and glorious day of the
　　　LORD arrives.
21 ● But everyone who calls on the name
　　　of the LORD
　　will be saved.' *

22 ●"People of Israel, listen! God publicly endorsed Jesus the Nazarene* by doing powerful miracles, wonders, and signs through him, 23 as you well know. ●But God knew what would happen, and his prearranged plan was carried out when Jesus was betrayed. With the help of lawless Gentiles, you nailed him to a 24 cross and killed him. ●But God released him from the horrors of death and raised him back to life, for death could not keep him in its grip. 25 ●King David said this about him:

　　'I see that the LORD is always with me.
　　　I will not be shaken, for he is right
　　　beside me.
26 ● No wonder my heart is glad,
　　and my tongue shouts his praises!
　　My body rests in hope.
27 ● For you will not leave my soul among the
　　　dead*
　　or allow your Holy One to rot in the grave.
28 ● You have shown me the way of life,
　　and you will fill me with the joy of your
　　　presence.' *

29 ●"Dear brothers, think about this! You can be sure that the patriarch David wasn't referring to himself, for he died and was buried,

2:17-21 Joel 2:28-32. 2:22 Or *Jesus of Nazareth.* 2:27 Greek *in Hades;* also in 2:31. 2:25-28 Ps 16:8-11 (Greek version).

2:17-21 욜 2:28-32에 기록되어 있다.
2:25-28 시 16:8-11에 기록되어 있다.

분에게 자신 있게 말씀드릴 수 있습니다. 다윗은 죽어 땅에 묻혔으며, 그의 무덤은 오늘날까지 우리 가운데 남아 있습니다.

30 하나님께서는 다윗에게 그의 자손 가운데 한 사람을 택하여 다윗의 보좌에 앉게 하실 것이라고 맹세하셨습니다. 다윗은 예언자여서 하나님께서 맹세로 약속하신 이 내용이 무엇을 가리키는지 잘 알고 있었습니다.

31 다윗은 이 내용을 미리 알고서 그리스도의 부활에 대해 이렇게 말했습니다. '그분은 무덤에 계속 머물러 있지 않았고, 그분의 몸은 썩지 않았다.'

32 이 말씀대로 하나님께서는 예수님을 다시 살리셨습니다. 우리 모두가 이 일의 증인입니다.

33 하나님께서 예수님을 높은 곳에 올려 하나님 오른편에 앉히자, 예수님은 하나님 아버지께서 약속하신 성령을 받아, 지금 여러분이 보고 들은 것처럼 우리에게 부어 주셨습니다.

34 다윗은 하늘로 올라가 본 적은 없었지만 이렇게 말했습니다. '하나님께서 내 주님께 말씀하시기를, 내 오른편에 앉아 있어라.

35 내가 네 원수들을 네 발 아래 둘 때까지.' *

36 그러므로 모든 이스라엘 백성이 분명히 알아야 할 것이 있습니다. 여러분이 십자가에 못박은 이 예수님을 하나님께서는 주와 그리스도가 되게 하셨다는 사실입니다."

37 사람들은 이 말을 듣고 마음이 찔렸습니다. 그래서 베드로와 다른 사도들에게 "우리가 어떻게 하면 좋겠습니까?"라고 물었습니다.

38 베드로는 이렇게 대답했습니다. "회개하고 여러분은 각각 예수 그리스도의 이름으로 세례를 받으십시오. 그러면 여러분의 죄는 용서받을 것이며, 성령을 선물로 받게 될 것입니다.

39 이것은 여러분과 여러분의 자녀뿐만 아니라, 먼 곳에 떨어져 사는 사람들, 즉 주 우리 하나님께서 부르시는 사람들에게 주시는 약속입니다."

40 베드로는 이 밖에도 다른 여러 말로 그들에게 호소하고, 이 악한 세대에서 구원을 받으라고 권하였습니다.

41 베드로의 설교를 받아들인 사람들은 세례를 받았습니다. 그날, 믿은 사람의 수는 삼천 명이나 되었습니다.

42 사람들은 사도들의 가르침을 받으며 서로 교제하고, 빵을 나누어 먹고 기도하는 일에 힘썼습니다.

믿는 사람들의 나누는 생활

43 사도들을 통해 많은 기적과 표적이 나타났습니다. 그러자 모든 사람들에게 두려운 마음이 생겼습니다.

44 믿는 사람들은 다 함께 모여 모든 물건을 공동으로

---

30 and his tomb is still here among us. •But he was a prophet, and he knew God had promised with an oath that one of David's own 31 descendants would sit on his throne. •David was looking into the future and speaking of the Messiah's resurrection. He was saying that God would not leave him among the dead or allow his body to rot in the grave. 32 •God raised Jesus from the dead, and we 33 are all witnesses of this. •Now he is exalted to the place of highest honor in heaven, at God's right hand. And the Father, as he had promised, gave him the Holy Spirit to pour out upon us, just as you see and hear today. 34 •For David himself never ascended into heaven, yet he said,

'The LORD said to my Lord,
　"Sit in the place of honor at my right
　　hand
35 　until I humble your enemies,
　　making them a footstool under your
　　feet."' *

36 •So let everyone in Israel know for certain that God has made this Jesus, whom you crucified, to be both Lord and Messiah!"

37 •Peter's words pierced their hearts, and they said to him and to the other apostles, "Brothers, what should we do?"

38 •Peter replied, "Each of you must repent of your sins and turn to God, and be baptized in the name of Jesus Christ for the forgiveness of your sins. Then you will receive 39 the gift of the Holy Spirit. •This promise is to you, to your children, and to those far away*—all who have been called by the 40 Lord our God." •Then Peter continued preaching for a long time, strongly urging all his listeners, "Save yourselves from this crooked generation!"

41 •Those who believed what Peter said were baptized and added to the church that day—about 3,000 in all.

The Believers Form a Community

42 •All the believers devoted themselves to the apostles' teaching, and to fellowship, and to sharing in meals (including the Lord's Supper*), and to prayer. 43 •A deep sense of awe came over them all, and the apostles performed many miracu- 44 lous signs and wonders. •And all the believ-

---

2:34-35 Ps 110:1.　2:39 *Or and to people far in the future,* or *and to the Gentiles.*　2:42 Greek *the breaking of bread;* also in 2:46.

2:34-35 시 110:1에 기록되어 있다.

사용하며 살아갔습니다.

45 그들은 재산과 모든 소유를 팔아서 필요한 사람들에게 나누어 주었습니다.

46 그들은 날마다 한마음으로 성전 뜰에 모였습니다. 그리고 집집마다 돌아가며 함께 모여 기쁘고 순수한 마음으로 식사를 같이 하였습니다.

47 그들은 하나님을 찬양하였으며, 모든 사람에게서 칭찬을 받았습니다. 주님께서는 구원 받는 사람을 날마다 늘어나게 하셨습니다.

걷지 못하는 사람을 고친 베드로

3 어느 날 오후 3시, 기도하는 시간이 되어 베드로와 요한이 성전으로 올라가고 있었습니다.

2 성전 문에는 태어날 때부터 걷지 못하는 사람이 앉아 있었습니다. 사람들이 그사람을 날마다 메고 와서 '아름다운 문'이라 부르는 성전 문에 앉혀 놓고, 성전에 들어가는 사람들에게 구걸을 하게 하였습니다.

3 베드로와 요한이 막 성전으로 들어가려는 것을 보고, 걷지 못하는 사람은 그들에게 구걸을 하였습니다.

4 베드로는 요한과 함께 그 사람을 눈여겨 본 후에, "우리를 보시오"라고 말했습니다.

5 그 걷지 못하는 사람은 무언가 얻을 것을 기대하면서 두 사람을 쳐다보았습니다.

6 그러나 베드로는 이런 말을 하였습니다. "은과 금은 내게 없으나, 내게 있는 것을 당신에게 주겠소. 나사렛 예수 그리스도의 이름으로 일어나 걸으시오."

7 이 말을 하면서 베드로는 그 사람의 오른손을 잡아 일으켜 세웠습니다. 그러자 그 사람의 다리와 발목에 힘이 생겼습니다.

8 그 걷지 못하던 사람이 벌떡 일어나 걷기 시작하였습니다. 그는 두 사람과 함께 성전으로 들어가 걷기도 하고, 껑충껑충 뛰기도 하면서, 하나님을 찬양하였습니다.

9 모든 사람이 걷지 못하던 사람이 걸어다니는 것과 하나님을 찬양하는 것을 보았습니다.

10 사람들은 그가 전부터 성전의 '아름다운 문'에 앉아 구걸하던 바로 그 사람이라는 것을 알고서, 눈앞에서 벌어진 이 일로 인해 크게 놀라며 이상하게 생각했습니다.

베드로의 설교

11 그 사람은 베드로와 요한을 꼭 붙들고는 놓아 주질 않았습니다. 사람들이 모두 놀라 베드로와 요한을 보러 '솔로몬 행각'이라 부르는 곳으로 몰려들었습니다.

12 베드로가 이 사람들을 보고 말했습니다. "이스라엘 백성 여러분, 왜 이 일로 놀라십니까? 왜 그런 눈으로 우리를 보고 계십니까? 우리의 능력이나 우리의

---

45 ers met together in one place and shared everything they had. ●They sold their property and possessions and shared the money 46 with those in need. ●They worshiped together at the Temple each day, met in homes for the Lord's Supper, and shared their meals with great joy and generosity*—
47 ●all the while praising God and enjoying the goodwill of all the people. And each day the Lord added to their fellowship those who were being saved.

Peter Heals a Crippled Beggar

3 Peter and John went to the Temple one afternoon to take part in the three o'clock 2 prayer service. ●As they approached the Temple, a man lame from birth was being carried in. Each day he was put beside the Temple gate, the one called the Beautiful Gate, so he could beg from the people going 3 into the Temple. ●When he saw Peter and John about to enter, he asked them for some money.

4 ●Peter and John looked at him intently, 5 and Peter said, "Look at us!" ●The lame man looked at them eagerly, expecting some 6 money. ●But Peter said, "I don't have any silver or gold for you. But I'll give you what I have. In the name of Jesus Christ the Nazarene,* get up and* walk!"

7 ●Then Peter took the lame man by the right hand and helped him up. And as he did, the man's feet and ankles were instantly 8 healed and strengthened. ●He jumped up, stood on his feet, and began to walk! Then, walking, leaping, and praising God, he went into the Temple with them.

9 ●All the people saw him walking and 10 heard him praising God. ●When they realized he was the lame beggar they had seen so often at the Beautiful Gate, they were 11 absolutely astounded! ●They all rushed out in amazement to Solomon's Colonnade, where the man was holding tightly to Peter and John.

Peter Preaches in the Temple

12 ●Peter saw his opportunity and addressed the crowd. "People of Israel," he said, "what is so surprising about this? And why stare at us as though we had made this man walk

---

astound [əstáund] *vt.* 몹시 놀라게 하다
gentile [dʒéntail] *n.* 이방인

2:46 Or *and sincere hearts.* **3:6a** Or *Jesus Christ of Nazareth.* **3:6b** Some manuscripts do not include *get up and.*

행

경건한 때문에 이 사람이 걸을 수 있게 되었다고 생각하십니까?

13 우리 조상의 하나님이신 아브라함과 이삭과 야곱의 하나님께서 그분의 종이신 예수님을 영화롭게 하셨습니다. 여러분은 예수님을 넘겨 주어 죽게 했습니다. 빌라도가 그분을 풀어 주자고 선고했을 때도 여러분은 빌라도 앞에서 그분을 부인했습니다.

14 여러분은 거룩하고 의로우신 예수님을 풀어 주는 것을 반대하고, 그 대신 살인자를 풀어 달라고 요구했습니다.

15 마침내 여러분은 생명의 주님을 죽였습니다. 하지만 하나님께서는 그분을 죽은 자들 가운데서 살리셨습니다. 우리는 이 일의 증인입니다.

16 예수님의 이름을 믿는 믿음 때문에, 여러분이 보고 아는 이 사람이 건강하게 되었습니다. 여러분 모두가 보시다시피 예수님의 이름과 그분을 믿는 믿음으로 이 사람이 완전한 치료를 받은 것입니다.

17 형제 여러분, 저는 여러분들이 여러분의 지도자들처럼 예수님이 어떤 분이신지 잘 알지 못하여 이런 일을 행했다는 것을 압니다.

18 하지만 하나님께서는 모든 예언자들을 통해 그리스도께서 고난을 당하실 것이라고 미리 말씀하셨던 것을 이렇게 이루셨습니다.

19 그러므로 여러분은 회개하고 하나님께로 돌아오십시오, 그리하면 여러분의 죄는 씻음받을 것입니다.

20 주님께서 주시는 새로운 때가 올 것입니다. 또 주님께서 여러분을 위해 미리 정하신 그리스도 예수를 보내 주실 것입니다.

21 예수님은 하나님께서 오래 전부터 그의 거룩한 예언자들을 통해 약속하신 대로, 모든 것을 원래의 모습대로 회복시킬 때까지 하늘에 머물러 계셔야만 합니다.

22 모세가 전에 이런 말을 하였습니다. '너희 주 하나님께서 너희 형제들 중에서 나와 같은 예언자 한 사람을 세우실 것이다. 너희는 무엇이든 그분이 하시는 말씀에 귀를 기울여야 한다.

23 누구든지 그분의 말을 듣지 않는 사람은 하나님의 백성 가운데서 끊어질 것이다.'

24 사무엘을 비롯해서 그의 뒤를 이어 하나님의 말씀을 전한 모든 예언자들이 이 시대에 대해 예언하였습니다.

25 여러분은 예언자들의 후손들이며, 하나님께서 여러분의 조상과 맺으신 언약의 후손들입니다. 하나님께서는 아브라함에게 이런 말씀을 하셨습니다. '네 자손으로 말미암아 땅에 있는 모든 민족이 복을 받을 것이다.'

26 하나님께서 하나님의 종을 세우셔서, 여러분 한 사람 한 사람을 악한 길에서 돌이키게 하시고, 복을 주

13 by our own power or godliness? ●For it is the God of Abraham, Isaac, and Jacob—the God of all our ancestors—who has brought glory to his servant Jesus by doing this. This is the same Jesus whom you handed over and rejected before Pilate, despite Pilate's decision to release him. 14 ●You rejected this holy, righteous one and instead demanded 15 the release of a murderer. ●You killed the author of life, but God raised him from the dead. And we are witnesses of this fact!

16 ●"Through faith in the name of Jesus, this man was healed—and you know how crippled he was before. Faith in Jesus' name has healed him before your very eyes.

17 ●"Friends,* I realize that what you and your leaders did to Jesus was done in igno-18 rance. ●But God was fulfilling what all the prophets had foretold about the Messiah—19 that he must suffer these things. ●Now repent of your sins and turn to God, so that 20 your sins may be wiped away. ●Then times of refreshment will come from the presence of the Lord, and he will again send you Jesus, 21 your appointed Messiah. ●For he must remain in heaven until the time for the final restoration of all things, as God promised 22 long ago through his holy prophets. ●Moses said, 'The LORD your God will raise up for you a Prophet like me from among your own people. Listen carefully to everything 23 he tells you.' * ●Then Moses said, 'Anyone who will not listen to that Prophet will be completely cut off from God's people.' *

24 ●"Starting with Samuel, every prophet 25 spoke about what is happening today. ●You are the children of those prophets, and you are included in the covenant God promised to your ancestors. For God said to Abraham, 'Through your descendants* all the families 26 on earth will be blessed.' ●When God raised up his servant, Jesus, he sent him first to you people of Israel, to bless you by turning each of you back from your sinful ways."

author [ɔ́:θər] *n.* 창조자
covenant [kʌ́vənənt] *n.* 언약
cripple [krípl] *vt.* 절름거리게 하다
foretell [fɔːrtél] *vt.* 예언하다, 예시하다
fulfill [fulfíl] *vt.* 이행하다
godliness [gádlinis] *n.* 경건함
ignorance [ígnərəns] *n.* 무지
release [rilíːs] *n. vt.* 석방(하다)
repent [ripént] *vi.* 회개하다
restoration [rèstəréiʃən] *n.* 회복

3:17 Greek *Brothers*.　3:22 Deut 18:15.　3:23
Deut 18:19; Lev 23:29.　3:25 Greek *your seed*;
see Gen 12:3; 22:18.

시려고 그분을 먼저 여러분에게 보내셨습니다."

공의회 앞에 선 베드로와 요한

4 베드로와 요한이 백성들에게 말하고 있을 때, 제
사장들과 성전을 경비하던 사람들과 사두개파
사람들이 몰려왔습니다.

2 그들은 두 사도가 백성들에게 죽은 자 가운데서 부
활하신 예수님을 가르치고 그들에게 설교하는 것
때문에 마음이 편치 않았습니다.

3 유대 지도자들은 베드로와 요한을 붙잡았습니다.
그러나 날이 어두워졌기 때문에 두 사람을 다음 날
까지 감옥에 가두었습니다.

4 그러나 베드로와 요한의 설교를 들은 사람 중에서
많은 사람들이 믿음을 갖게 되었는데, 그 수가 오천
명 정도나 되었습니다.

5 이튿날, 유대 통치자들과 장로들과 율법사들이 예
루살렘에 모였습니다.

6 대제사장 안나스를 비롯하여 가야바, 요한, 알렉산
더, 그리고 대제사장 가문에 속한 사람들이 다 모였
습니다.

7 그들은 베드로와 요한을 앞에 세워 놓고 "도대체 너
희가 무슨 능력으로, 또 누구의 이름으로 이런 일을
하느냐?"라며 심문하기 시작하였습니다.

8 그때, 베드로가 성령으로 충만하여 그들을 향해 다
음과 같이 대답했습니다. "백성의 통치자와 장로님
들,

9 여러분이 묻고자 하는 것이 오늘 우리가 태어날 때
부터 걷지 못하는 사람에게 행한 선한 일에 관한 것
입니까? 그 사람이 어떻게 해서 낫게 되었는지를
묻는 것입니까?

10 그렇다면 여러분들과 모든 이스라엘 백성은 이것을
아셔야 합니다. 이 사람이 나은 것은 나사렛 예수 그
리스도의 능력으로 말미암은 것이라는 사실입니다.
여러분들은 십자가에 못박았지만, 하나님께서 다시
살리신 나사렛 예수 그리스도의 이름으로 이 사람이
완전히 나음을 얻어 여러분 앞에 서 있습니다.

11 이 예수님은 '건축자들이 버린 돌이지만 집 모퉁이
의 머릿돌'*이 되셨습니다.

12 예수님 외에는, 다른 어떤 이에게서도 구원을 받을
수 없습니다. 하나님께서는 온 세상에 우리가 구원
받을 만한 다른 이름을 주신 적이 없습니다."

13 공의회 의원들은 베드로와 요한이 교육을 받지 못
한 평범한 사람인 줄 알고 있었는데, 이렇게 담대하
게 말하는 것을 보고 놀랐습니다. 그제서야 비로소
그들은 베드로와 요한이 예수님과 함께 있던 사람
이라는 것을 알게 되었습니다.

14 그들은 태어날 때부터 걷지 못하던 사람이었다가
지금은 나은 사람이 베드로와 요한 곁에 서 있는 것
을 보고는, 더 이상 아무것도 물을 수가 없었습니

Peter and John before the Council

4 While Peter and John were speaking to
the people, they were confronted by the
priests, the captain of the Temple guard, and
2 some of the Sadducees. •These leaders were
very disturbed that Peter and John were
teaching the people that through Jesus there
3 is a resurrection of the dead. •They arrested
them and, since it was already evening, put
4 them in jail until morning. •But many of
the people who heard their message be-
lieved it, so the number of men who believed
now totaled about 5,000.

5 •The next day the council of all the rulers
and elders and teachers of religious law met
6 in Jerusalem. •Annas the high priest was
there, along with Caiaphas, John, Alexander,
7 and other relatives of the high priest. •They
brought in the two disciples and demanded,
"By what power, or in whose name, have
you done this?"

8 •Then Peter, filled with the Holy Spirit,
said to them, "Rulers and elders of our peo-
9 ple, •are we being questioned today becau-
se we've done a good deed for a crippled
man? Do you want to know how he was
10 healed? •Let me clearly state to all of you
and to all the people of Israel that he was
healed by the powerful name of Jesus Christ
the Nazarene,* the man you crucified but
11 whom God raised from the dead. •For Jesus
is the one referred to in the Scriptures, where
it says,

'The stone that you builders rejected
has now become the cornerstone.' *

12 •There is salvation in no one else! God has
given no other name under heaven by
which we must be saved."

13 •The members of the council were
amazed when they saw the boldness of Peter
and John, for they could see that they were
ordinary men with no special training in the
Scriptures. They also recognized them as
14 men who had been with Jesus. •But since
they could see the man who had been

---

boldness [bóuldnis] *n.* 담대함, 대담함
council [káunsəl] *n.* 회의, 심의; 심의회, 이사회
disturbed [distə́:rbd] *a.* 불안한, 산란한
resurrection [rèzərékʃən] *n.* 부활, 소생
salvation [sælvéiʃən] *n.* 구원
4:11 refer to… : …을 가리키다

4:10 Or *Jesus Christ of Nazareth.*　　4:11 Ps
118:22.

4:11 시 118:22에 기록되어 있다.

다.

15 그래서 그들은 베드로와 요한에게 공의회에서 나가 있으라고 한 뒤에 서로 의논하였습니다.

16 "이 사람들을 어떻게 하면 좋겠소? 예루살렘에 사는 사람이라면 누구나 이들이 큰 표적을 행한 것을 알고 있소. 그리고 우리도 그것을 부인할 수 없소.

17 하지만 이 일이 사람들 사이에 더 이상 퍼지지 않게 하기 위해서라도, 앞으로는 예수님 이름으로 아무에게도 말하지 말라고 그들에게 경고해 두는 것이 좋을 듯하오."

18 그래서 그들은 베드로와 요한을 다시 불러 절대로 예수님의 이름으로 말하지도 말고 가르치지도 말라고 경고했습니다.

19 그러나 베드로와 요한은 이렇게 대답했습니다. "우리가 하나님의 말씀을 듣는 것과 여러분의 말을 듣는 것 중에, 하나님께서 보시기에 어느 것이 더 옳은 것인지 한번 판단해 보십시오.

20 우리는 우리가 보고 들은 것을 말하지 않을 수가 없습니다."

21 조금 전에 일어난 일을 본 사람들이 하나님을 찬양하고 있었기 때문에 유대 통치자들은 두 사람을 어떻게 처벌해야 할지 결정할 수가 없었습니다. 그래서 그들은 몇 마디 경고만 더 하고 사도들을 놓아주었습니다.

22 이 기적으로 병이 나은 사람은 마흔 살이 넘은 사람이었습니다.

믿는 사람들의 기도

23 베드로와 요한은 유대 통치자들에게서 풀려나자, 동료들에게로 가서 대제사장과 장로들이 자기들에게 한 말을 그대로 전해 주었습니다.

24 동료들은 그 말을 듣고 소리를 높여 한마음으로 하나님께 기도했습니다. "하늘과 땅과 바다와 그 가운데 있는 모든 것을 창조하신 전능하신 주님,

25 주님께서는 주님의 종인 우리 조상 다윗의 입을 빌려 성령으로 이렇게 말씀하셨습니다. '어찌하여 민족들이 화를 내며, 어찌하여 백성이 헛된 계획을 세우는가.

26 세상의 왕들이 일어나며 통치자들이 주님과 그분의 그리스도를 대항하기 위해 한자리에 모였다.'*

27 실제로 헤롯 안티파스와 본디오 빌라도가 이방인들과 이스라엘 백성과 합심하여 주님의 거룩한 종이며, 주님께서 기름 부어 그리스도로 세우신 예수님에 대해 음모를 꾸미기 위해 이곳 예루살렘에 모였습니다.

28 이전에 주님께서 주님의 능력과 뜻대로 계획하신 일을 이 사람들이 그대로 행하였습니다.

29 주님, 이제 그들이 우리를 위협하고 있는 것을 굽어 살피소서. 또 주님의 종들이 주님의 말씀을 담대하

---

15 healed standing right there among them, there was nothing the council could say. •So they ordered Peter and John out of the council chamber* and conferred among themselves.

16 "What should we do with these men?" they asked each other. "We can't deny that they have performed a miraculous sign, and everybody in Jerusalem knows about it.

17 •But to keep them from spreading their propaganda any further, we must warn them not to speak to anyone in Jesus' name again."

18 •So they called the apostles back in and commanded them never again to speak or teach in the name of Jesus.

19 •But Peter and John replied, "Do you think God wants us to obey you rather than

20 him? •We cannot stop telling about everything we have seen and heard."

21 •The council then threatened them further, but they finally let them go because they didn't know how to punish them without starting a riot. For everyone was praising

22 God •for this miraculous sign—the healing of a man who had been lame for more than forty years.

The Believers Pray for Courage

23 •As soon as they were freed, Peter and John returned to the other believers and told them what the leading priests and elders had said. •When they heard the report, all the believers lifted their voices together in prayer to God: "O Sovereign Lord, Creator of heaven and earth, the sea, and everything in them— •you spoke long ago by the Holy Spirit through our ancestor David, your servant, saying,

'Why were the nations so angry?
　　Why did they waste their time with
　　　　futile plans?

26 •The kings of the earth prepared for battle;
　　the rulers gathered together
against the LORD
　　and against his Messiah.' *

27 •"In fact, this has happened here in this very city! For Herod Antipas, Pontius Pilate the governor, the Gentiles, and the people of Israel were all united against Jesus, your holy

28 servant, whom you anointed. •But everything they did was determined beforehand

29 according to your will. •And now, O Lord,

4:15 Greek *the Sanhedrin.* 　4:25-26 Or *his anointed one; or his Christ.* Ps 2:1-2.

4:25-26 시 2:1-2에 기록되어 있다.

게 말할 수 있도록 용기를 주소서.

30 주님의 손을 펼쳐 병을 낫게 해 주시며, 주님의 거룩한 종 예수님의 이름으로 표적과 기적을 행하소서."

31 제자들이 기도를 마치자, 그들이 모여 있는 곳이 흔들렸습니다. 제자들은 모두 성령으로 충만해져서 하나님의 말씀을 담대하게 전하였습니다.

믿는 사람들의 공동 생활

32 믿는 사람들의 무리가 다 한마음과 한 정신으로, 자기 것을 자기 것이라고 말하는 사람이 한 사람도 없이, 자기가 가지고 있는 모든 것을 서로 나누어 썼습니다.

33 사도들은 계속해서 큰 능력으로 주 예수님의 부활을 증언하였습니다. 하나님께서는 모든 사람들에게 더 많은 은혜를 베푸셨습니다.

34 그들 중에 부족한 것이 있는 사람은 한 사람도 없었습니다. 때로는 밭이나 집이 있는 사람이 밭이나 집을 팔아 판 돈을 사도들에게 가져와

35 사도들의 발 앞에 놓았습니다. 그러면 사도들은 그 돈을 필요한 사람들에게 각각 나누어 주었습니다.

36 믿는 사람 중에 요셉이라는 사람이 있었습니다. 사도들은 그 사람을 바나바라고 불렀습니다. 바나바란 이름의 뜻은 '격려하는 사람' 입니다. 바나바는 키프로스에서 태어난 레위 지파 사람입니다.

37 요셉이 자기의 밭을 팔아 그 돈을 사도들의 발 앞에 갖다 놓았습니다.

아나니아와 삽비라

5 아나니아라는 사람과 그의 아내 삽비라도 자기들의 땅 일부분을 팔았습니다.

2 아나니아는 땅을 판 돈에서 얼마를 떼어 몰래 숨겨 놓고, 나머지만 사도들의 발 앞에 갖다 놓았습니다. 그의 아내도 이런 내막을 다 알고 있었습니다.

3 그때, 베드로가 말했습니다. "아나니아여, 어찌하여 사탄이 그대의 마음에 가득하여 성령을 속이고 땅을 팔아 받은 돈 가운데 얼마를 떼어 놓았소?

4 그 땅은 팔기 전에도 그대의 것이었고, 판 뒤에도 그 돈을 그대 마음대로 할 수 있었소. 그런데 어찌하여 성령을 속일 마음을 먹었소? 그대는 사람을 속인 것이 아니라 하나님을 속인 것이오."

5 아나니아는 이 말을 듣자마자 쓰러져 죽었습니다. 이 소식을 들은 모든 사람들은 몹시 두려워했습니다.

6 젊은이 몇 사람이 들어와 그의 시체를 싸서, 밖으로 메고 나가 묻었습니다.

7 세 시간쯤 지나서 아나니아의 아내 삽비라가 들어왔습니다. 삽비라는 방금 전에 무슨 일이 일어났는지 전혀 몰랐습니다.

8 베드로가 삽비라에게 물어 보았습니다. "그대와 그대의 남편 아나니아가 땅을 팔아서 받은 돈이 이것

hear their threats, and give us, your servants, great boldness in preaching your word.

30 •Stretch out your hand with healing power; may miraculous signs and wonders be done through the name of your holy servant Jesus."

31 •After this prayer, the meeting place shook, and they were all filled with the Holy Spirit. Then they preached the word of God with boldness.

The Believers Share Their Possessions

32 •All the believers were united in heart and mind. And they felt that what they owned was not their own, so they shared everything they had. •The apostles testified pow-

33 erfully to the resurrection of the Lord Jesus, and God's great blessing was upon them all.

34 •There were no needy people among them, because those who owned land or houses

35 would sell them •and bring the money to the apostles to give to those in need.

36 •For instance, there was Joseph, the one the apostles nicknamed Barnabas (which means "Son of Encouragement"). He was from the tribe of Levi and came from the

37 island of Cyprus. •He sold a field he owned and brought the money to the apostles.

Ananias and Sapphira

5 But there was a certain man named Ananias who, with his wife, Sapphira,

2 sold some property. •He brought part of the money to the apostles, claiming it was the full amount. With his wife's consent, he kept the rest.

3 •Then Peter said, "Ananias, why have you let Satan fill your heart? You lied to the Holy Spirit, and you kept some of the money for

4 yourself. •The property was yours to sell or not sell, as you wished. And after selling it, the money was also yours to give away. How could you do a thing like this? You weren't lying to us but to God!"

5 •As soon as Ananias heard these words, he fell to the floor and died. Everyone who

6 heard about it was terrified. •Then some young men got up, wrapped him in a sheet, and took him out and buried him.

7 •About three hours later his wife came in, not knowing what had happened. •Peter

8 asked her, "Was this the price you and your husband received for your land?"

---

confer [kənfə́ːr] *vi.* 의논(협의)하다
encouragement [inkə́ːridʒmənt] *n.* 격려
futile [fjúːtl] *a.* 헛된; 쓸데없는; 무익한
propaganda [prɑ̀pəgǽndə] *n.* 포교, 선교

뿐이오?" 삽비라는 "예, 그것뿐입니다"라고 대답했습니다.

9 베드로가 다시 말했습니다. "어찌하여 그대와 그대의 남편은 서로 짜고 주님의 성령을 시험할 수 있단 말이오? 보시오! 그대의 남편을 장사지내고 온 사람들이 문 앞에 있으니, 그들이 그대를 메고 나갈 것이오."

10 그 말이 끝나자마자 삽비라는 베드로 앞에 쓰러져서 죽었습니다. 그 순간 젊은이들이 들어와 삽비라가 죽은 것을 보고, 그녀를 밖으로 메고 나가 남편 곁에 묻었습니다.

11 온 교회와 이 일을 들은 모든 사람들이 큰 두려움에 사로잡혔습니다.

사도들이 행한 표적과 기적

12 사도들은 백성들 사이에서 많은 표적과 기적을 행했습니다. 믿는 사람들이 '솔로몬 행각'에 자주 모였습니다.

13 그들은 백성들에게서 칭찬을 받았습니다. 하지만 사람들은 감히 믿는 사람들의 모임에 끼어들지 못했습니다.

14 이런 중에도 주님을 믿는 사람들은 점점 더 많아졌습니다. 그리하여 남자나 여자나 믿는 사람의 수가 크게 늘어났습니다.

15 그러자 사람들은 베드로가 지나갈 때면 병자를 길에 데리고 나와 침대나 자리에 눕혀 놓고, 베드로의 그림자라도 그들에게 덮이기를 바랐습니다.

16 예루살렘 주변의 여러 마을에서도 사람들이 몰려들었습니다. 그들은 병자와 악한 귀신에게 시달리는 사람들을 데려왔으며, 그들은 모두 고침을 받았습니다.

사도들이 받은 핍박

17 대제사장과 사두개파에 속한 그의 모든 동료들은 사도들을 향한 시기심이 가득하였습니다.

18 그들은 사도들을 붙잡아 감옥에 가두었습니다.

19 그러나 밤중에 주님의 천사가 감옥 문을 열고, 사도들을 밖으로 데리고 나가며 말했습니다.

20 "너희는 가서 성전에 서서, 이 생명의 말씀을 백성들에게 다 전하여라."

21 사도들은 이 말을 듣고, 아침 일찍 성전으로 가서 가르치기 시작하였습니다. 대제사장과 그의 동료들이 도착하여 이스라엘의 모든 장로로 구성된 공의회를 소집하고, 감옥으로 사람을 보내어 사도들을 데려오게 했습니다.

22 관리들이 감옥에 가 보았으나, 사도들은 보이지 않았습니다. 그들은 돌아와서 그 사실을 알렸습니다.

23 "우리가 가서 보니 감옥 문이 굳게 잠겨 있었고, 간수들은 문을 지키고 서 있었습니다. 그런데 문을 열고 보니 감옥 안에는 아무도 없었습니다."

24 이 말을 듣고 성전 경비대장과 제사장들은 사도들

"Yes," she replied, "that was the price."

9 • And Peter said, "How could the two of you even think of conspiring to test the Spirit of the Lord like this? The young men who buried your husband are just outside the door, and they will carry you out, too."

10 • Instantly, she fell to the floor and died. When the young men came in and saw that she was dead, they carried her out and

11 buried her beside her husband. • Great fear gripped the entire church and everyone else who heard what had happened.

The Apostles Heal Many

12 • The apostles were performing many miraculous signs and wonders among the people. And all the believers were meeting regularly at the Temple in the area known as Solomon's

13 Colonnade. • But no one else dared to join them, even though all the people had high

14 regard for them. • Yet more and more people believed and were brought to the Lord—crowds of both men and women.

15 • As a result of the apostles' work, sick people were brought out into the streets on beds and mats so that Peter's shadow might fall across some of them as he went by.

16 • Crowds came from the villages around Jerusalem, bringing their sick and those possessed by evil* spirits, and they were all healed.

The Apostles Meet Opposition

17 • The high priest and his officials, who were

18 Sadducees, were filled with jealousy. • They arrested the apostles and put them in the

19 public jail. • But an angel of the Lord came at night, opened the gates of the jail, and

20 brought them out. Then he told them, • "Go to the Temple and give the people this message of life!"

21 • So at daybreak the apostles entered the Temple, as they were told, and immediately began teaching.

When the high priest and his officials arrived, they convened the high council*—the full assembly of the elders of Israel. Then they sent for the apostles to be brought from

22 the jail for trial. • But when the Temple guards went to the jail, the men were gone. So they returned to the council and reported,

23 • "The jail was securely locked, with the guards standing outside, but when we opened the gates, no one was there!"

24 • When the captain of the Temple guard

5:16 Greek *unclean.*　5:21 Greek *Sanhedrin;* also in 5:27, 41.

에게 일어난 일로 놀라며 당황했습니다.

25 바로 그때, 어떤 사람이 와서 "보십시오! 여러분이 감옥에 가두었던 사람들이 성전 뜰에 서서 백성들을 가르치고 있습니다"라고 말했습니다.

26 그러자 성전 경비대장은 그의 부하들을 밖으로 데리고 나가 사도들을 다시 잡아 왔습니다. 그러나 그들은 사람들이 자기들에게 돌을 던질까 두려워 폭력을 쓰지는 않았습니다.

27 성전 경비대에 속한 사람들이 사도들을 데려와 공의회 앞에 세우자, 대제사장이 사도들에게 물었습니다.

28 "우리가 이 이름으로 가르치지 말라고 단단히 주의를 주었는데도, 그대들은 예루살렘을 온통 그대들의 가르침으로 채워 놓았소. 그리고 예수를 죽인 책임을 우리에게 넘기려 하고 있소."

29 그러자 베드로와 다른 사도들이 대답했습니다. "우리가 사람이 아니라 하나님께 복종해야 하는 것은 당연한 일입니다.

30 여러분이 나무에 매달아 죽인 예수님을 우리 조상의 하나님께서 다시 살리셨습니다.

31 하나님께서는 이 예수님을 높이 올리셔서 하나님 오른편에 앉게 하셨습니다. 하나님께서는 예수님을 우리의 지도자와 구세주로 삼으셔서, 이스라엘에게 회개를 통해 죄 사함을 받게 하셨습니다.

32 우리는 이 일의 증인입니다. 또한 하나님께서 자기에게 복종하는 사람에게 주신 성령 역시 그렇습니다."

33 공의회 의원들은 이 말을 듣고 몹시 화를 내며 사도들을 죽이려 했습니다.

34 갑자기 가말리엘이라는 한 바리새파 사람이 공의회 자리에서 벌떡 일어났습니다. 그는 율법사이며 모든 백성에게 존경을 받는 사람이었습니다. 가말리엘은 사도들을 잠깐 밖에 나가 있게 하고,

35 공의회 의원들에게 이렇게 말했습니다. "이스라엘 사람들이여, 여러분들이 이 사람들에게 어떤 행동을 하려 하는지 깊이 생각해 보십시오.

36 얼마 전에 드다가 출현했을 때의 일을 기억하십니까? 드다는 자기가 대단한 인물이라고 주장했고, 사백 명 가량 되는 사람이 그를 따라다녔습니다. 그러나 그가 죽임을 당하자, 그를 따르던 사람들도 뿔뿔이 흩어져 없어지고 말았습니다. 그가 벌인 운동도 흐지부지되어 버렸습니다.

37 이런 일이 있은 후에는 인구 조사를 할 때 갈릴리의 유다라는 사람이 나타나 백성들을 이끌고 다녔습니다. 그러나 그가 죽임을 당하자, 그를 따르던 사람들 역시 다 흩어지고 말았습니다.

38 그러므로 이번 일에 관하여 내가 충고하고 싶은 것은, 이 사람들에게서 손을 떼고 그대로 내버려 두라는 것입니다. 왜냐하면 그들의 이러한 계획이나 행

and the leading priests heard this, they were perplexed, wondering where it would all end. •Then someone arrived with startling 25 news: "The men you put in jail are standing in the Temple, teaching the people!"

26 •The captain went with his Temple guards and arrested the apostles, but without violence, for they were afraid the people 27 would stone them. •Then they brought the apostles before the high council, where the 28 high priest confronted them. •"We gave you strict orders never again to teach in this man's name!" he said. •Instead, you have filled all Jerusalem with your teaching about him, and you want to make us responsible for his death!"

29 •But Peter and the apostles replied, "We must obey God rather than any human 30 authority. •The God of our ancestors raised Jesus from the dead after you killed him by 31 hanging him on a cross.* •Then God put him in the place of honor at his right hand as Prince and Savior. He did this so the people of Israel would repent of their sins and be 32 forgiven. •We are witnesses of these things and so is the Holy Spirit, who is given by God to those who obey him."

33 •When they heard this, the high council 34 was furious and decided to kill them. •But one member, a Pharisee named Gamaliel, who was an expert in religious law and respected by all the people, stood up and ordered that the men be sent outside the 35 council chamber for a while. •Then he said to his colleagues, "Men of Israel, take care what you are planning to do to these men! 36 •Some time ago there was that fellow Theudas, who pretended to be someone great. About 400 others joined him, but he was killed, and all his followers went their various ways. The whole movement came 37 to nothing. •After him, at the time of the census, there was Judas of Galilee. He got people to follow him, but he was killed, too, and all his followers were scattered.

38 •"So my advice is, leave these men alone. Let them go. If they are planning and doing these things merely on their own, it will

---

chamber [tʃéimbər] *n.* 회의장, 회의소
colleague [káli:g] *n.* (관직, 직업상의) 동료
conspire [kənspáiər] *vi.* 공모하다
convene [kənví:n] *vt.* 소집하다
furious [fjúəriəs] *a.* 격노한
perplex [pərpléks] *vt.* 당황케 하다
startling [stáːrtliŋ] *a.* 깜짝 놀라게 하는

5:30 Greek *on a tree.*

동이 사람에게서 온 것이라면 실패할 것이지만,

39 만에 하나 그것이 하나님께로부터 온 것이라면, 여러분은 이 사람들이 하는 일을 막을 수 없는 것은 물론이고, 잘못하면 하나님과 맞서 싸우는 것이 되기 때문입니다." 사람들은 가말리엘의 충고에 설득되었습니다.

40 그들은 사도들을 다시 공의회 안으로 불러들여서 매질을 한 후에, 다시는 예수의 이름으로 말하지 말라고 엄하게 명하고 놓아 주었습니다.

41 사도들은 예수님 때문에 모욕당하는 것을 영광이라고 생각하여 오히려 기뻐하면서 공의회를 나왔습니다.

42 그들은 날마다 성전 뜰에서, 그리고 집집마다 다니며 예수님이 바로 그리스도라는 복음의 내용을 쉬지 않고 가르치고 전했습니다.

일곱 사람을 뽑다

6 날이 갈수록 제자들의 수는 늘어만 갔습니다. 그 무렵에 그리스어를 사용하는 유대인들이 히브리어를 사용하는 유대인들에게 불평을 늘어 놓았습니다. 그것은 히브리어를 사용하는 본토 유대인들이 매일 음식을 나누어 줄 때, 그리스어를 사용하는 유대인 과부들에게는 관심을 쏟지 않아, 그들이 배급을 제대로 받지 못했기 때문입니다.

2 그래서 열두 사도가 제자들을 모두 불러서 말했습니다. "음식을 나누어 주는 일 때문에 우리가 하나님의 말씀을 가르치는 일을 소홀히 하는 것은 옳지 않습니다.

3 그러니 형제 여러분, 여러분들 중에서 성령과 지혜가 충만하다고 인정 받은 사람 일곱 명을 뽑으십시오. 그 사람들에게 이 일을 맡기고,

4 우리는 기도하는 일과 하나님의 말씀을 가르치는 일에 온 힘을 기울이겠습니다."

5 모든 사람이 이 말을 좋다고 생각해서 믿음이 좋고 성령이 충만한 스데반을 비롯하여 빌립과 브로고로와 니가노르와 디몬과 바메나와 유대인으로 개종한 안디옥 사람 니골라를 뽑았습니다.

6 사람들이 이들을 사도들 앞으로 데려오자, 사도들이 그 사람들 머리에 손을 얹고 기도했습니다.

7 그 후, 하나님의 말씀은 계속 퍼져 나가서 예루살렘에서 제자의 수가 많이 늘었습니다. 뿐만 아니라 유대인 제사장들 중에서도 믿음을 가지게 된 사람들이 많이 생겨났습니다.

스데반이 붙잡히다

8 스데반은 하나님의 은혜와 능력이 가득한 사람이었습니다. 그는 백성들 사이에서 기적과 표적을 행하였습니다.

9 그러나 구레네와 알렉산드리아와 길리기아와 아시

---

39 soon be overthrown. ●But if it is from God, you will not be able to overthrow them. You may even find yourselves fighting against God!"

40 ●The others accepted his advice. They called in the apostles and had them flogged. Then they ordered them never again to speak in the name of Jesus, and they let them go.

41 ●The apostles left the high council rejoicing that God had counted them worthy to

42 suffer disgrace for the name of Jesus.* ●And every day, in the Temple and from house to house, they continued to teach and preach this message: "Jesus is the Messiah."

Seven Men Chosen to Serve

6 But as the believers* rapidly multiplied, there were rumblings of discontent. The Greek-speaking believers complained about the Hebrew-speaking believers, saying that their widows were being discriminated against in the daily distribution of food.

2 ●So the Twelve called a meeting of all the believers. They said, "We apostles should spend our time teaching the word of God, not running a food program. ●And so,

3 brothers, select seven men who are well respected and are full of the Spirit and wisdom. We will give them this responsibility.

4 ●Then we apostles can spend our time in prayer and teaching the word."

5 ●Everyone liked this idea, and they chose the following: Stephen (a man full of faith and the Holy Spirit), Philip, Procorus, Nicanor, Timon, Parmenas, and Nicolas of Antioch (an earlier convert to the Jewish

6 faith). ●These seven were presented to the apostles, who prayed for them as they laid their hands on them.

7 ●So God's message continued to spread. The number of believers greatly increased in Jerusalem, and many of the Jewish priests were converted, too.

Stephen Is Arrested

8 ●Stephen, a man full of God's grace and power, performed amazing miracles and

9 signs among the people. ●But one day some men from the Synagogue of Freed Slaves, as it was called, started to debate with him.

blaspheme [blǽsfiːm] *vt.* 신성모독하다
circumcision [sə̀ːrkəmsíʒən] *n.* 할례
discriminate [diskríməneit] *vi.* 차별하다
rumbling [rʌ́mbliŋ] *n.* 불평(불만)의 기색(소리)

아 출신의 유대인들로 구성된, 이른바 '자유인*의 회당' 출신 사람들 중에 스데반을 반대하는 사람들이 있었습니다. 이들은 합세하여 스데반과 논쟁을 하였습니다.

10 하지만 스데반이 말하는 지혜나 성령을 당해 낼 사람은 아무도 없었습니다.

11 그래서 그들은 돈을 주고 사람들을 사서 "스데반이 모세와 하나님을 모독하는 소리를 우리가 들었습니다"라고 거짓말을 하게 만들었습니다.

12 그들은 이런 식으로 백성과 장로들과 율법사들을 화나게 만들고는, 스데반을 붙잡아 공의회로 끌고 갔습니다.

13 그들은 사람들을 시켜 이렇게 거짓 증언을 하게 했습니다. "이 사람은 항상 이 거룩한 곳인 성전과 율법에 대해 험담을 하였습니다.

14 우리는 이 사람이 나사렛 예수가 이곳을 헐어 버릴 것이고, 또 모세가 우리에게 전해 준 여러 관습들을 뜯어 고칠 것이라고 말하는 것을 들었습니다."

15 공의회에 모인 사람들 모두가 스데반을 쳐다보았습니다. 그의 얼굴은 마치 천사의 얼굴과 같았습니다.

스데반의 설교

7 대제사장이 스데반에게 "당신이 정말 이런 식으로 말했소?"라고 물었습니다.

2 스데반이 대답했습니다. "형제 여러분, 그리고 어르신들, 내 말을 들어 보십시오. 우리의 조상 아브라함이 하란에서 살기 전, 아직 메소포타미아에 있을 때에 영광의 하나님께서 그에게 나타나셨습니다.

3 하나님께서는 아브라함에게 '네 고향과 친척을 떠나 내가 네게 보여 줄 땅으로 가거라' 하고 말씀하셨습니다.

4 그래서 아브라함은 갈대아 땅을 떠나 하란으로 가서 살았습니다. 아브라함의 아버지가 죽은 후에 하나님께서는 아브라함을 지금 여러분이 살고 있는 이 땅으로 보내셨습니다.

5 하지만 하나님께서는 아브라함에게 이곳에서 손바닥만한 땅도 유산으로 물려주지 않고, 아브라함과 그의 자손에게 장차 이 땅을 주시겠다는 약속만 하셨습니다. 그때는 아브라함에게 아직 자식이 없었습니다.

6 하나님께서는 아브라함에게 이렇게 말씀하셨습니다. '네 자손이 남의 땅에서 나그네로 지낼 것이다. 그곳 백성이 사백 년 동안 네 자손을 종으로 삼을 것이며, 네 자손을 학대할 것이다.

7 그러나 네 자손을 종으로 삼는 그 백성을 내가 심판하겠다.' 하나님께서는 계속해서 이렇게 말씀하셨습니다. '그 후에 네 자손이 그 땅에서 나와 이곳에서 나를 섬길 것이다.'

8 그리고 하나님께서는 아브라함에게 언약의 표시로

They were Jews from Cyrene, Alexandria,
10 Cilicia, and the province of Asia. •None of them could stand against the wisdom and the Spirit with which Stephen spoke.

11 •So they persuaded some men to lie about Stephen, saying, "We heard him blas-
12 pheme Moses, and even God." •This roused the people, the elders, and the teachers of religious law. So they arrested Stephen and brought him before the high council.*

13 •The lying witnesses said, "This man is always speaking against the holy Temple
14 and against the law of Moses. •We have heard him say that this Jesus of Nazareth* will destroy the Temple and change the customs Moses handed down to us."

15 •At this point everyone in the high council stared at Stephen, because his face became as bright as an angel's.

Stephen Addresses the Council

7 Then the high priest asked Stephen, "Are these accusations true?"

2 •This was Stephen's reply: "Brothers and fathers, listen to me. Our glorious God appeared to our ancestor Abraham in Meso-
3 potamia before he settled in Haran.* •God told him, 'Leave your native land and your relatives, and come into the land that I will
4 show you.' * •So Abraham left the land of the Chaldeans and lived in Haran until his father died. Then God brought him here to the land where you now live.

5 •"But God gave him no inheritance here, not even one square foot of land. God did promise, however, that eventually the whole land would belong to Abraham and his descendants—even though he had no chil-
6 dren yet. •God also told him that his descendants would live in a foreign land, where they would be oppressed as slaves for
7 400 years. • 'But I will punish the nation that enslaves them,' God said, 'and in the end they will come out and worship me here in this place.' *

8 •"God also gave Abraham the covenant of circumcision at that time. So when Abraham became the father of Isaac, he circumcised him on the eighth day. And the practice was continued when Isaac became

6:12 Greek *Sanhedrin*; also in 6:15.　6:14 Or
Jesus the Nazarene.　7:2 *Mesopotamia* was
the region now called Iraq. *Haran* was a city
in what is now called Syria.　7:3 Gen 12:1.
7:5-7 Gen 12:7; 15:13-14; Exod 3:12.
6:9 이들은 전에 종이었거나 혹은 그의 아버지가 종이었으나
후에 자유를 얻게 된 사람들이다.

할례를 받게 하셨습니다. 아브라함은 아들 이삭을 낳고, 팔 일째 되는 날에 그에게 할례를 베풀었습니다. 이삭도 자기 아들 야곱에게 할례를 베풀었고, 야곱도 자기 아들들, 곧 우리의 조상이 되시는 열두 족장들에게 할례를 베풀었습니다.

9 그 족장들은 요셉을 시기하여 그를 이집트에 종으로 팔아 버렸습니다. 그러나 하나님께서는 요셉과 함께 계셨습니다.

10 요셉은 그곳에서 많은 어려움을 당했으나 하나님께서 그때마다 구해 주셨습니다. 또 하나님께서 요셉에게 지혜를 주셔서 이집트 왕 파라오에게 사랑을 받게 하셨습니다. 이집트 왕은 요셉을 총리로 삼아 이집트와 왕궁을 다스리게 했습니다.

11 그때에 온 이집트와 가나안 땅에 큰 가뭄이 들어 사람들이 몹시 고통을 당했습니다. 우리 조상들도 먹을 것이 없었습니다.

12 그러다가 야곱이 이집트에 곡식이 있다는 말을 듣고, 처음으로 우리의 족장들을 이집트로 보냈습니다.

13 그들이 두 번째로 이집트에 갔을 때에 요셉이 형제들에게 자기의 정체를 밝혔습니다. 이집트 왕 파라오도 요셉의 가족에 대해 알게 되었습니다.

14 이 일이 일어난 후, 요셉은 형들을 보내어 자기 아버지 야곱과 식구 일흔다섯 명 전부 이집트로 모셔 오게 했습니다.

15 그리하여 야곱은 이집트로 내려갔고, 야곱과 우리 족장들은 거기서 살다가 죽었습니다.

16 그 뒤에 그들의 시체는 세겜으로 옮겨져서 한 무덤에 묻혔습니다. 그 무덤은 아브라함이 돈을 주고 세겜에 사는 하몰의 자손에게서 산 무덤입니다.

17 하나님께서 아브라함에게 하신 약속이 이루어질 때가 가까워졌을 때에 이집트에 살고 있는 우리 민족의 수는 크게 늘어났습니다.

18 그러다가 요셉을 알지 못하는 새 왕이 이집트를 다스리기 시작했습니다.

19 이 왕은 교묘하게 우리 백성을 속였고, 우리 조상들을 학대하여 갓난아기들을 내다 버려 죽이라고 명령을 내렸습니다.

20 이 시기에 모세가 태어났습니다. 모세는 평범한 아기가 아니었습니다. 모세의 부모는 그를 세 달 동안 집에서 숨겨 길렀습니다.

21 그러나 더 이상 숨길 수가 없어서 모세를 밖에 내다 버리자, 파라오의 딸이 모세를 데려다가 자기의 아들로 삼아 길렀습니다.

22 모세는 이집트 사람들의 모든 지혜를 배워 말에나 행동에서 뛰어난 능력을 나타냈습니다.

23 모세가 사십 세가 되었을 때, 그는 자기 동족인 이스라엘 백성을 돌보아야겠다는 마음이 들었습니다.

24 모세는 어떤 이스라엘 사람이 이집트 사람에게 억

the father of Jacob, and when Jacob became the father of the twelve patriarchs of the Israelite nation.

9 • These patriarchs were jealous of their brother Joseph, and they sold him to be a 10 slave in Egypt. But God was with him • and rescued him from all his troubles. And God gave him favor before Pharaoh, king of Egypt. God also gave Joseph unusual wisdom, so that Pharaoh appointed him governor over all of Egypt and put him in charge of the palace.

11 • "But a famine came upon Egypt and Canaan. There was great misery, and our 12 ancestors ran out of food. • Jacob heard that there was still grain in Egypt, so he sent his 13 sons—our ancestors—to buy some. • The second time they went, Joseph revealed his identity to his brothers,* and they were intro- 14 duced to Pharaoh. • Then Joseph sent for his father, Jacob, and all his relatives to come to 15 Egypt, seventy-five persons in all. • So Jacob went to Egypt. He died there, as did our 16 ancestors. • Their bodies were taken to Shechem and buried in the tomb Abraham had bought for a certain price from Hamor's sons in Shechem.

17 • "As the time drew near when God would fulfill his promise to Abraham, the number of our people in Egypt greatly 18 increased. • But then a new king came to the throne of Egypt who knew nothing about 19 Joseph. • This king exploited our people and oppressed them, forcing parents to abandon their newborn babies so they would die.

20 • "At that time Moses was born—a beautiful child in God's eyes. His parents cared for 21 him at home for three months. • When they had to abandon him, Pharaoh's daughter adopted him and raised him as her own son. 22 • Moses was taught all the wisdom of the Egyptians, and he was powerful in both speech and action.

23 • "One day when Moses was forty years old, he decided to visit his relatives, the peo- 24 ple of Israel. • He saw an Egyptian mistreating an Israelite. So Moses came to the man's defense and avenged him, killing the Egy-

---

adopt [ədápt] *vt.* 양자로 삼다
avenge [əvéndʒ] *vt.* 복수하다
exploit [iksplɔ́it] *vt.* 착취하다
famine [fǽmin] *n.* 기근
mistreat [mistríːt] *vt.* 학대하다
patriarch [péitriɑ̀ːrk] *n.* 족장
7:11 run out of … : …을 다 써버리다

7:13 Other manuscripts read *Joseph was recognized by his brothers.*

울한 일을 당하는 것을 보았습니다. 그는 이스라엘 사람을 보호하려고 이집트 사람을 때려 죽여 원수를 갚아 주었습니다.

25 모세는 자기 동족들이 하나님께서 자기를 사용하여 그들을 구원해 주신다는 것을 깨달을 것이라고 생각했습니다. 하지만 그들은 깨닫지 못했습니다.

26 이튿날, 모세는 이스라엘 사람 두 명이 서로 싸우는 것을 보고 그들을 화해시키려고 이렇게 말했습니다. '여러분, 당신들은 같은 동포인데 어찌하여 서로를 해치려고 합니까?'

27 그러자 동료에게 해를 입히던 사람이 모세를 떠밀며 말했습니다. '누가 당신을 우리의 지도자와 재판관으로 세웠소?

28 어제 이집트 사람을 죽인 것처럼, 오늘은 나를 죽일 참이요?'

29 모세는 그 말을 듣고 이집트를 떠나 미디안 땅으로 도망쳤습니다. 모세는 그곳에서 나그네로 살면서 아들을 둘 낳았습니다.

30 사십 년이 지난 뒤에, 시내산 근처에 있는 광야에서 한 천사가 가시나무 떨기 불꽃 가운데 모세에게 나타났습니다.

31 모세가 그 모습을 보고 놀라 좀더 자세히 살펴보려고 가까이 다가갔을 때, 주님의 음성이 들려 왔습니다.

32 '나는 너의 조상의 하나님, 곧 아브라함의 하나님, 이삭의 하나님, 야곱의 하나님이니라.' 모세는 두려워 떨기 시작했습니다. 감히 얼굴을 들어 소리 나는 곳을 바라보지 못하였습니다.

33 그때, 주님께서 모세에게 말씀하셨습니다. '네 발의 신을 벗어라. 네가 서 있는 곳은 거룩한 곳이다.

34 나는 이집트에 있는 내 백성이 학대받는 것을 보았고, 그들이 부르짖는 소리를 들었다. 나는 내 백성을 해방시키러 내려왔다. 이제 내가 너를 다시 이집트로 보내겠다.'

35 하나님께서 보내신 이 모세는 이스라엘 백성들이 '누가 당신을 우리의 지도자와 재판관으로 세웠소?'라고 하면서 저버린 바로 그 모세입니다. 하나님께서는 떨기나무 가운데 그에게 나타난 천사를 통하여 이 모세를 지도자와 해방자로 삼으시고, 그들에게 보내셨습니다.

36 그래서 모세는 백성들을 이집트에서 이끌어 냈습니다. 모세는 이집트에서, 홍해에서, 그리고 사십 년 동안, 광야에서 많은 기적과 표적을 행하였습니다.

37 바로 이 모세가 이스라엘 백성에게 '하나님께서 너희 가운데서 나와 같은 예언자를 세워 주실 것이다'라고 말한 사람입니다.

38 이 모세는 시내산에서 그에게 말씀을 전해 주던 천

25 ptian. •Moses assumed his fellow Israelites would realize that God had sent him to rescue them, but they didn't.

26 •"The next day he visited them again and saw two men of Israel fighting. He tried to be a peacemaker. 'Men,' he said, 'you are brothers. Why are you fighting each other?'

27 "But the man in the wrong pushed Moses aside. 'Who made you a ruler and
28 judge over us?' he asked. • 'Are you going to kill me as you killed that Egyptian yester-
29 day?' •When Moses heard that, he fled the country and lived as a foreigner in the land of Midian. There his two sons were born.

30 •"Forty years later, in the desert near Mount Sinai, an angel appeared to Moses in
31 the flame of a burning bush. •When Moses saw it, he was amazed at the sight. As he went to take a closer look, the voice of the
32 LORD called out to him, • 'I am the God of your ancestors—the God of Abraham, Isaac, and Jacob.' Moses shook with terror and did not dare to look.

33 •"Then the LORD said to him, 'Take off your sandals, for you are standing on holy
34 ground. •I have certainly seen the oppression of my people in Egypt. I have heard their groans and have come down to rescue them. Now go, for I am sending you back to Egypt.' *

35 •"So God sent back the same man his people had previously rejected when they demanded, 'Who made you a ruler and judge over us?' Through the angel who appeared to him in the burning bush, God
36 sent Moses to be their ruler and savior. •And by means of many wonders and miraculous signs, he led them out of Egypt, through the Red Sea, and through the wilderness for forty years.

37 •"Moses himself told the people of Israel, 'God will raise up for you a Prophet like me
38 from among your own people.' * •Moses was with our ancestors, the assembly of God's people in the wilderness, when the angel spoke to him at Mount Sinai. And there Moses received life-giving words to pass on to us.*

assume [əsúːm] *vt.* 추정하다
flame [fleim] *n.* 불꽃
groan [gróun] *n.* 신음
oppression [əpréʃən] *n.* 학대, 심한 차별
previously [príːviəsli] *ad.* 이전에
7:31 take a closer look : 주의깊게(세심히) 보다
7:36 by means of … : …을 써서, …으로

7:31-34　Exod 3:5-10.　7:37　Deut 18:15.　7:38 Some manuscripts read *to you.*

사와 우리 조상들과 함께 광야 교회에 있었습니다. 모세는 생명의 말씀을 받아 우리에게 전해 주었습니다.

39 그러나 우리 조상들은 모세에게 순종하기를 거부하고 모세를 저버렸습니다. 그들은 마음속으로 이집트로 돌아가려 했습니다.

40 그들은 아론에게 '우리를 이집트에서 인도해 낸 모세에게 무슨 일이 생겼는지 모르겠으니 우리를 인도할 신을 만들어 주십시오'라고 말했습니다.

41 그들이 송아지처럼 생긴 우상을 만든 것이 바로 그때였습니다. 그들은 송아지 우상에게 제물을 바치고, 자기들의 손으로 만든 것을 섬기며 즐거워하였습니다.

42 그러자 하나님께서는 그들에게서 돌아서시고, 그들이 천체들을 섬기게 내버려 두셨습니다. 그것은 예언자들의 책에 적힌 것과 같습니다. '이스라엘 백성아, 너희가 광야에 사십 년 동안, 있을 때에 나에게 희생 제물과 예물을 가져온 적이 있느냐?

43 너희는 너희가 예배하려고 만든 몰록의 신당과 별의 신 레판의 우상들을 섬겼다. 그러므로 내가 너희를 바빌론 저편으로 포로로 보낼 것이다.'*

44 우리 조상들이 광야에서 지낼 때에 증거의 장막이 그들 곁에 있었습니다. 그 장막은 하나님께서 모세에게 명령하셔서 만들게 하신 장막입니다. 이 장막은 모세가 하나님께서 보여 주신 모형을 따라 만든 것입니다.

45 그 후에 여호수아의 인도에 따라 우리 조상들이 이 장막을 가지고 가나안땅에 들어갈 때에, 하나님께서 그 땅에 살고 있던 여러 민족을 좇아내셨습니다. 이 장막은 다윗 시대까지 그 땅에 있었습니다.

46 다윗은 하나님 앞에서 은혜를 받은 사람이었습니다. 다윗은 야곱의 집을 위해 하나님의 처소를 짓게 해 달라고 간구하였습니다.

47 그런데 정작 하나님을 위해 집을 지은 사람은 솔로몬이었습니다.

48 하지만 센 예언자가 말한 것처럼 가장 높으신 하나님께서는 사람이 손으로 지은 집에 살지 않으십니다.

49 '주님께서 말씀하셨다. 하늘은 내 보좌요, 땅은 내 발판이다. 너희가 나를 위해 무슨 집을 지을 수 있겠느냐? 내가 쉴 곳이 어디겠느냐?

50 이 모든 것이 다 내가 만든 것이 아니냐?'*

51 고집 센 사람들이여, 여러분들의 마음은 어찌 그리 완악하며 귀는 꽉 막혔습니까? 여러분들은 여러분의 조상들처럼 항상 성령을 거역하고 있습니다.

39 • "But our ancestors refused to listen to Moses. They rejected him and wanted to 40 return to Egypt. •They told Aaron, 'Make us some gods who can lead us, for we don't know what has become of this Moses, who 41 brought us out of Egypt.' •So they made an idol shaped like a calf, and they sacrificed to it and celebrated over this thing they had made. 42 •Then God turned away from them and abandoned them to serve the stars of heaven as their gods! In the book of the prophets it is written,

> 'Was it to me you were bringing sacrifices
>   and offerings
>   during those forty years in the
>   wilderness, Israel?
43 •   No, you carried your pagan gods—
>   the shrine of Molech,
>   the star of your god Rephan,
>   and the images you made to worship
>   them.
>   So I will send you into exile
>   as far away as Babylon.'*

44 • "Our ancestors carried the Tabernacle* with them through the wilderness. It was constructed according to the plan God had 45 shown to Moses. •Years later, when Joshua led our ancestors in battle against the nations that God drove out of this land, the Tabernacle was taken with them into their new territory. And it stayed there until the time of King David.

46 • "David found favor with God and asked for the privilege of building a permanent 47 Temple for the God of Jacob.* •But it was 48 Solomon who actually built it. •However, the Most High doesn't live in temples made by human hands. As the prophet says,

49 •   'Heaven is my throne,
>   and the earth is my footstool.
>   Could you build me a temple as good as
>   that?'
>   asks the LORD.
>   'Could you build me such a resting place?
50 •   Didn't my hands make both heaven
>   and earth?' *

51 • "You stubborn people! You are heathen* at heart and deaf to the truth. Must you forev-

---

7:42-43 Amos 5:25-27 (Greek version).　7:44 Greek *the tent of witness.*　7:46 Some manuscripts read *the house of Jacob.*　7:49-50 Isa 66:1-2.　7:51 Greek *uncircumcised.*

7:42-43 암 5:25-27에 기록되어 있다.
7:49-50 사 66:1-2에 기록되어 있다.

52 여러분의 조상들이 핍박하지 않은 예언자가 한 사람이나 있었습니까? 그들은 심지어 의인이 올 것을 예언한 사람들을 죽이기까지 했습니다. 이제 여러분은 바로 그 의인조차도 알아보지 못하고 배반하여 죽였습니다.

53 여러분은 천사들이 전해 준 모세의 율법을 받고도 그것을 지키지 않았습니다."

스데반의 순교

54 공의회 의원들은 스데반이 하는 말을 듣고 몹시 화가 나서 스데반을 보며 이를 갈았습니다.

55 그러나 스데반은 성령이 충만하여 하늘을 쳐다보았습니다. 그는 하나님의 영광과 예수님께서 하나님의 오른편에 서 계신 것을 보았습니다.

56 스데반이 외쳤습니다. "보십시오, 하늘이 열리고 하나님의 오른편에 '인자' 가 서 계신 것이 보입니다."

57 그러나 사람들은 귀를 막고 큰소리를 지르며, 모두가 스데반에게 달려들었습니다.

58 그들은 스데반을 성 밖으로 끌고 나가서 그를 향하여 돌을 던졌습니다. 증인들은 자기들의 옷을 벗어 사울이라는 젊은이의 발 앞에 놓았습니다.

59 사람들이 스데반을 돌로 칠 때, 스데반은 "주 예수님, 내 영혼을 받아 주십시오"라고 기도했습니다.

60 스데반은 무릎을 꿇고 큰소리로 "주님, 이 죄를 이 사람들에게 돌리지 마십시오"라고 외쳤습니다. 이 말을 하고 스데반은 잠들었습니다.

8 사울은 스데반이 죽임당한 것이 마땅하다고 생각했습니다.

교회를 핍박하는 사울

그날에 예루살렘 교회에 큰 박해가 시작되었습니다. 사도들을 빼고는 모든 믿는 사람들이 유대와 사마리아 지방으로 흩어졌습니다.

2 경건한 사람들이 스데반을 묻어 주고 그를 생각하며 통곡하였습니다.

3 한편, 사울은 교회를 없애 버리려고 집집마다 찾아다니면서 남자든 여자든 닥치는 대로 끌어 내어 감옥에 넣었습니다.

사마리아에 복음을 전하는 빌립

4 흩어진 사람들은 어디를 가든지 하나님의 말씀을 전했습니다.

5 빌립은 사마리아 성으로 가서, 그곳 사람들에게 그리스도를 전파했습니다.

6 사마리아 사람들은 빌립이 하는 말을 듣고 그가 행하는 기적을 보자, 한마음으로 빌립의 말을 귀담아 들었습니다.

7 이는 그가 악한 귀신에 사로잡힌 사람들에게서 그 귀신들을 쫓아냈기 때문입니다. 귀신들은 큰소리를 지르며 몸에서 빠져 나갔습니다. 빌립은 중풍에 걸린 사람과 다리 저는 사람들도 많이 고쳐 주었습

er resist the Holy Spirit? That's what your
52 ancestors did, and so do you! •Name one prophet your ancestors didn't persecute! They even killed the ones who predicted the coming of the Righteous One—the Messiah
53 whom you betrayed and murdered. •You deliberately disobeyed God's law, even though you received it from the hands of angels."

54 •The Jewish leaders were infuriated by Stephen's accusation, and they shook their
55 fists at him in rage.* •But Stephen, full of the Holy Spirit, gazed steadily into heaven and saw the glory of God, and he saw Jesus standing in the place of honor at God's right
56 hand. •And he told them, "Look, I see the heavens opened and the Son of Man standing in the place of honor at God's right hand!"

57 •Then they put their hands over their ears and began shouting. They rushed at
58 him •and dragged him out of the city and began to stone him. His accusers took off their coats and laid them at the feet of a young man named Saul.*

59 •As they stoned him, Stephen prayed,
60 "Lord Jesus, receive my spirit." •He fell to his knees, shouting, "Lord, don't charge them with this sin!" And with that, he died.

8 Saul was one of the witnesses, and he agreed completely with the killing of Stephen.

Persecution Scatters the Believers

A great wave of persecution began that day, sweeping over the church in Jerusalem; and all the believers except the apostles were scattered through the regions of Judea and
2 Samaria. •(Some devout men came and
3 buried Stephen with great mourning.) •But Saul was going everywhere to destroy the church. He went from house to house, dragging out both men and women to throw them into prison.

Philip Preaches in Samaria

4 •But the believers who were scattered preached the Good News about Jesus wher-
5 ever they went. •Philip, for example, went to the city of Samaria and told the people
6 there about the Messiah. •Crowds listened intently to Philip because they were eager to hear his message and see the miraculous
7 signs he did. •Many evil* spirits were cast

7:54 Greek *they were grinding their teeth against him.*   7:58 *Saul* is later called Paul; see 13:9.   8:7 Greek *unclean.*

니다.

8 사마리아 성에는 큰 기쁨이 넘쳤습니다.

9 사마리아 성에 시몬이라는 사람이 있었습니다. 빌립이 사마리아에 오기 전만 해도 시몬은 성에서 마술을 하면서 사람들을 놀라게 하기도 하고, 스스로 위대한 인물이라고 하면서 잘난 체하던 사람이었습니다.

10 낮은 사람에서부터 높은 사람에 이르기까지 모두 "이 사람이야말로 '큰 능력'으로 알려진 하나님의 능력을 받은 사람이다"라고 소리를 지르곤 했습니다. 시몬은 백성의 관심을 한몸에 받던 사람이었습니다.

11 시몬이 오랫동안 마술로 사람들을 놀라게 했기 때문에 사람들이 그를 따랐습니다.

12 그러나 빌립이 그들에게 하나님의 나라와 예수 그리스도의 이름에 관한 '복음'을 전하자, 남자 여자 할 것 없이 다 빌립의 말을 믿고 세례를 받았습니다.

13 시몬도 믿고 세례를 받았습니다. 그는 빌립을 따라다니며 빌립이 일으키는 표적과 큰 능력을 보고 놀랐습니다.

14 사마리아 사람들이 하나님의 말씀을 듣게 되었다는 소식을 듣고, 예루살렘에 남아 있던 사도들은 베드로와 요한을 그들에게 보냈습니다.

15 사마리아에 도착한 베드로와 요한은 사마리아 사람들이 성령을 받게 해 달라고 기도했습니다.

16 이는 그들이 주 예수님의 이름으로 세례만 받았을 뿐, 아직 그들에게 성령이 내려오시지는 않았기 때문입니다.

17 두 사도가 그들에게 손을 얹자, 사마리아 사람들이 성령을 받았습니다.

18 시몬은 사도들이 손을 얹자, 성령이 내려오시는 것을 보고 사도들에게 돈을 주면서

19 "이런 권능을 내게도 주셔서, 내가 손을 얹는 사람도 성령을 받을 수 있게 해 주십시오"라고 말했습니다.

20 베드로가 그에게 대답했습니다. "그대가 하나님의 선물을 돈으로 살 수 있다고 생각했으니, 그대는 돈과 함께 망할 것이오.

21 그대의 마음이 하나님 앞에서 바르지 못하니, 그대는 이 일을 우리와 함께 할 수 없소.

22 그대는 이 악한 생각을 회개하고 주님께 기도하시오. 그러면 그대 마음속에 품고 있는 이런 생각을 주님께서 용서해 주실지도 모르오.

23 *내가 보니 그대는 악한 뜻을 품고 있으며, 죄에 사로잡혀 있소.*"

24 그러자 시몬이 대답했습니다. "두 분이 하신 말씀이 제게 일어나지 않도록 저를 위해 기도해 주십시오."

25 베드로와 요한은 주님의 말씀을 증언하고 전한 뒤

out, screaming as they left their victims. And many who had been paralyzed or lame were
8 healed. •So there was great joy in that city.
9 •A man named Simon had been a sorcerer there for many years, amazing the people of Samaria and claiming to be someone
10 great. •Everyone, from the least to the greatest, often spoke of him as "the Great One—
11 the Power of God." •They listened closely to him because for a long time he had astounded them with his magic.
12 •But now the people believed Philip's message of Good News concerning the Kingdom of God and the name of Jesus Christ. As a result, many men and women
13 were baptized. •Then Simon himself believed and was baptized. He began following Philip wherever he went, and he was amazed by the signs and great miracles Philip performed.
14 •When the apostles in Jerusalem heard that the people of Samaria had accepted God's message, they sent Peter and John
15 there. •As soon as they arrived, they prayed for these new believers to receive the Holy
16 Spirit. •The Holy Spirit had not yet come upon any of them, for they had only been baptized in the name of the Lord Jesus.
17 •Then Peter and John laid their hands upon these believers, and they received the Holy Spirit.
18 •When Simon saw that the Spirit was given when the apostles laid their hands on people, he offered them money to buy this
19 power. •"Let me have this power, too," he exclaimed, "so that when I lay my hands on people, they will receive the Holy Spirit!"
20 •But Peter replied, "May your money be destroyed with you for thinking God's gift
21 can be bought! •You can have no part in this, for your heart is not right with God.
22 •Repent of your wickedness and pray to the Lord. Perhaps he will forgive your evil
23 thoughts, •for I can see that you are full of bitter jealousy and are held captive by sin."
24 •"Pray to the Lord for me," Simon exclaimed, "that these terrible things you've said won't happen to me!"
25 •After testifying and preaching the word of the Lord in Samaria, Peter and John returned to Jerusalem. And they stopped in many Samaritan villages along the way to preach the Good News.

---

eunuch [júːnək] *n.* 환관, 내시
humiliate [hjuːmílieit] *vt.* 굴욕감을 주다
shearer [ʃíərər] *n.* 양털 깎는 사람
sorcerer [sɔ́ːrsərər] *n.* 마술사

에, 예루살렘으로 돌아갔습니다. 그들은 돌아가는 길에도 사마리아의 여러 마을에 들러 복음을 전했습니다.

빌립이 에티오피아 사람에게 성경을 가르침

26 주님의 천사가 빌립에게 말했습니다. "일어나 예루살렘에서 가사로 내려가는 남쪽 길로 가거라. 그 길은 광야 길이다."

27 빌립이 일어나 가다가 길에서 에티오피아 사람 하나를 만났습니다. 그는 에티오피아의 여왕 간다게의 높은 관리로서, 여왕의 재정을 맡은 사람이었는데, 내시였습니다. 그는 예루살렘에 예배드리러 왔다가

28 본국으로 돌아가는 길이었습니다. 그는 마차에 앉아서 예언자 이사야의 글을 읽고 있었습니다.

29 성령이 빌립에게 "저 마차로 가까이 가거라" 하고 말씀하셨습니다.

30 빌립이 달려가서 그 사람이 예언자 이사야의 글을 읽는 것을 듣고 "지금 읽고 있는 것을 이해하십니까?"라고 물었습니다.

31 그는 "가르쳐 주는 사람이 없는데 제가 어떻게 이해할 수 있겠습니까?"라고 대답했습니다. 그는 빌립에게 마차에 올라와 자기 곁에 앉으라고 부탁했습니다.

32 그가 읽던 성경 구절은 이것이었습니다. "그는 도살장으로 가는 양처럼 끌려갔다. 털을 깎는 사람 앞에 있는 양처럼 잠잠했으며, 입을 열지 않았다.

33 그는 모욕을 당하고 바른 재판을 받지 못했으니, 누가 감히 그의 후손에 대해 말할 수 있단 말인가? 이 땅 위에서 그의 삶은 끝났다."*

34 에티오피아 내시가 빌립에게 물었습니다. "이 말은 누구를 두고 한 말입니까? 예언자 자신을 두고 한 말입니까, 아니면 다른 사람을 두고 한 말입니까?"

35 빌립이 입을 열어 이 성경 구절로부터 시작해서 그 사람에게 예수님에 관한 복음을 전했습니다.

36 그들이 길을 가다가 물이 있는 곳에 이르자 내시가 말했습니다. "보십시오, 여기 물이 있습니다. 제가 세례를 받는데 장애가 될 만한 것이 있습니까?"

37 (없음)*

38 내시는 마차를 세우게 했습니다. 빌립은 내시와 함께 물로 내려가 그에게 세례를 베풀었습니다.

39 그들이 물에서 올라오니, 주의 영이 순식간에 빌립을 어디론가 데려가셨습니다. 내시는 빌립을 다시 보지 못했습니다. 하지만 그는 기쁨에 차서 가던 길을 계속 갔습니다.

40 빌립은 아소도라는 성에 나타나, 거기에서부터 가이사랴에 이르기까지 온 마을을 다니면서 복음을 전했습니다.

Philip and the Ethiopian Eunuch

26 •As for Philip, an angel of the Lord said to him, "Go south* down the desert road that
27 runs from Jerusalem to Gaza. •So he started out, and he met the treasurer of Ethiopia, a eunuch of great authority under the Kandake, the queen of Ethiopia. The eunuch
28 had gone to Jerusalem to worship, •and he was now returning. Seated in his carriage, he was reading aloud from the book of the prophet Isaiah.

29 •The Holy Spirit said to Philip, "Go over and walk along beside the carriage."

30 •Philip ran over and heard the man reading from the prophet Isaiah. Philip asked, "Do you understand what you are reading?"

31 •The man replied, "How can I, unless someone instructs me?" And he urged Philip to come up into the carriage and sit with him.

32 •The passage of Scripture he had been reading was this:

"He was led like a sheep to the slaughter.
   And as a lamb is silent before the shearers,
   he did not open his mouth.
33 • He was humiliated and received no justice.
   Who can speak of his descendants?
   For his life was taken from the earth."*

34 •The eunuch asked Philip, "Tell me, was the prophet talking about himself or some-
35 one else?" •So beginning with this same Scripture, Philip told him the Good News about Jesus.

36 •As they rode along, they came to some water, and the eunuch said, "Look! There's
38 some water! Why can't I be baptized?"* •He ordered the carriage to stop, and they went down into the water, and Philip baptized him.

39 •When they came up out of the water, the Spirit of the Lord snatched Philip away. The eunuch never saw him again but went
40 on his way rejoicing. •Meanwhile, Philip found himself farther north at the town of Azotus. He preached the Good News there

---

8:26 Or *Go at noon.*   8:32-33 Isa 53:7-8 (Greek version).   8:36 Some manuscripts add verse 37, *"You can,"* Philip answered, *"if you believe with all your heart."* And the eunuch replied, *"I believe that Jesus Christ is the Son of God."*

8:32-33 사 53:7–8로 기록되어 있다.
8:37 어떤 사본에는 다음과 같은 구절이 있다. 빌립이 말하기를 "당신이 마음을 온전히 하여 믿으면 세례를 받을 수 있습니다." 내시가 대답했습니다. "나는 예수 그리스도께서 하나님의 아들이신 줄 믿습니다."

사울의 회개

9 사울은 여전히 주님의 제자들을 죽이겠다는 생각으로 그들을 위협하고 있었습니다. 그는 대제사장에게 가서

2 다마스커스의 여러 회당에 보내는 편지를 써 달라고 했습니다. 남자든 여자든 그 도를 따르는 사람이 있으면, 닥치는 대로 붙잡아서 예루살렘으로 끌고 오려는 것이 그의 생각이었습니다.

3 사울이 길을 떠나 다마스커스 가까이에 이르렀을 때였습니다. 갑자기 하늘로부터 밝은 빛이 사울을 둘러 비췄습니다.

4 사울은 땅에 엎드렸습니다. 그때, "사울아, 사울아, 네가 왜 나를 박해하느냐?" 하는 소리가 뚜렷이 들렸습니다.

5 사울은 "주님은 누구십니까?"라고 물었습니다. "나는 네가 박해하는 예수다.

6 일어나 성으로 들어가거라. 네가 해야 할 일을 일러 줄 사람이 있을 것이다"라는 목소리가 들렸습니다.

7 사울과 함께 길을 가던 사람들은 무슨 소리가 나는 것 같은데, 아무것도 보이지 않으므로 깜짝 놀라 말도 못하고 가만히 서 있었습니다.

8 사울은 땅에서 일어나 눈을 떴으나 아무것도 볼 수 없었습니다. 그래서 사울과 함께 있던 사람들이 그의 손을 잡고 다마스커스로 데려갔습니다.

9 사울은 삼 일 동안, 앞을 보지 못했으며, 먹지도 마시지도 않았습니다.

10 다마스커스에 아나니아라는 어떤 제자가 살고 있었습니다. 주님께서 환상 중에 "아나니아야!" 하고 부르셨습니다. 아나니아는 "주님, 제가 여기 있습니다"라고 대답했습니다.

11 주님께서 아나니아에게 말씀하셨습니다. "일어나 '곧은 길'이라고 하는 거리로 가거라. 그리고 유다의 집에서 사울이라는 다소 사람을 찾아라. 그가 지금 거기서 기도하고 있다.

12 그가 환상 속에서 아나니아라는 사람이 찾아와 자신에게 손을 얹어 시력을 회복시켜 주는 것을 보았다."

13 아나니아가 대답했습니다. "주님, 제가 많은 사람들에게서 그 사람에 관한 소문을 들었는데, 그가 예루살렘에 있는 주님의 성도들에게 많은 해를 입혔다고 합니다.

14 그리고 그 사람은 대제사장들에게서 주님의 이름을 믿는 모든 사람들을 잡아갈 수 있는 권한을 받아 가지고 이곳에 왔다고 합니다."

15 그러나 주님께서 아나니아에게 말씀하셨습니다. "가거라. 그는 이방 사람들과 여러 왕들과 이스라엘 백성 앞에서 나의 이름을 전하도록 선택된 나의 도구이다.

---

and in every town along the way until he came to Caesarea.

Saul's Conversion

9 Meanwhile, Saul was uttering threats with every breath and was eager to kill the Lord's followers.* So he went to the high
2 priest. •He requested letters addressed to the synagogues in Damascus, asking for their cooperation in the arrest of any followers of the Way he found there. He wanted to bring them—both men and women—back to Jerusalem in chains.

3 •As he was approaching Damascus on this mission, a light from heaven suddenly
4 shone down around him. •He fell to the ground and heard a voice saying to him, "Saul! Saul! Why are you persecuting me?"

5 •"Who are you, lord?" Saul asked.
And the voice replied, "I am Jesus, the one
6 you are persecuting! •Now get up and go into the city, and you will be told what you must do."

7 •The men with Saul stood speechless, for they heard the sound of someone's voice but
8 saw no one! •Saul picked himself up off the ground, but when he opened his eyes he was blind. So his companions led him by the
9 hand to Damascus. •He remained there blind for three days and did not eat or drink.

10 •Now there was a believer* in Damascus named Ananias. The Lord spoke to him in a vision, calling, "Ananias!"
"Yes, Lord!" he replied.

11 •The Lord said, "Go over to Straight Street, to the house of Judas. When you get there, ask for a man from Tarsus named
12 Saul. He is praying to me right now. •I have shown him a vision of a man named Ananias coming in and laying hands on him so he can see again."

13 •"But Lord," exclaimed Ananias, "I've heard many people talk about the terrible things this man has done to the believers* in
14 Jerusalem! •And he is authorized by the leading priests to arrest everyone who calls upon your name."

15 •But the Lord said, "Go, for Saul is my chosen instrument to take my message to the Gentiles and to kings, as well as to the

---

conversion [kənvə́ːrʒən] *n.* 회심
instrument [ínstrəmənt] *n.* 도구
persecute [pə́ːrsikjuːt] *vt.* 박해하다
9:1 with every breath = 되풀이하여, 몇 번이고

9:1 Greek *disciples.*　**9:10** Greek *disciple;* also in 9:26, 36.　**9:13** Greek *God's holy people;* also in 9:32, 41.

16 그가 내 이름을 위해 얼마나 많은 고난을 당해야 할 지를 내가 그에게 보여 주겠다."

17 아나니아는 그곳을 떠나 사울이 있는 집으로 가서 사울에게 손을 얹고 말했습니다. "사울 형제여, 그 대가 이리로 오는 길에 나타나셨던 주 예수님께서 나를 보내셨습니다. 예수님께서 나를 보내신 것은 그대의 시력을 다시 회복하고, 성령으로 충만하게 하려는 것입니다."

18 그러자 곧바로 사울의 눈에서 비늘 같은 것이 떨어져 나 가고, 사울은 다시 보게 되었습니다. 사울은 일어나 세례를 받았습니다.

19 그는 음식을 먹고 기운을 되찾았습니다.

다마스커스에서 설교하는 사울

사울은 며칠 동안 다마스커스에 있는 제자들과 함 께 지냈습니다.

20 그는 곧바로 회당에서 "예수님은 하나님의 아들이 다"라고 선포하기 시작했습니다.

21 사울의 설교를 들은 사람들은 놀라서 물었습니다. "이 사람은 예루살렘에서 예수님을 믿던 사람들을 닥치는 대로 죽이던 사람이 아닙니까? 그가 이곳에 온 것도 제자들을 붙잡아서 대제사장들에게 넘겨 주려는 것이 아니었습니까?"

22 그러나 사울은 더욱 힘을 얻어 예수님이 그리스도 인 것을 증명하므로, 다마스커스에 사는 유대인들 은 당황스러워했습니다.

도망가는 사울

23 여러 날이 지난 뒤, 유대인들은 사울을 죽이기로 모 의하였습니다.

24 그러나 사울은 그들의 계획을 알게 되었습니다. 그 들은 사울을 죽이려고 밤낮으로 성문을 철저히 지 켰습니다.

25 어느 날 밤, 사울의 제자들이 광주리에 사울을 담아 성벽에 난 구멍을 통해 그를 성 밖으로 달아 내렸습 니다.

예루살렘으로 간 사울

26 사울은 예루살렘으로 가서 그곳의 제자들과 어울 리려 했으나, 그들은 사울이 제자가 되었다는 사실 을 믿지 못하고 모두 사울을 두려워했습니다.

27 하지만 바나바는 사울을 데리고 사도들에게로 갔 습니다. 바나바는 사도들에게 사울이 길에서 주님 을 본 것과, 주님께서 사울에게 하신 말씀과, 사울이 다마스커스에서 담대하게 예수님의 이름을 전한 일 을 이야기해 주었습니다.

28 이렇게 해서 사울은 제자들과 함께 지내게 되었습니 다. 그는 예루살렘을 자유롭게 다니면서 주 예수 님의 이름을 담대하게 전했습니다.

29 사울은 그리스 말을 하는 유대인들과 이야기도 하 고 논쟁을 벌이기도 하였으나, 그들은 사울을 죽이

16 people of Israel. •And I will show him how much he must suffer for my name's sake."

17 •So Ananias went and found Saul. He laid his hands on him and said, "Brother Saul, the Lord Jesus, who appeared to you on the road, has sent me so that you might regain your sight and be filled with the Holy Spirit." 18 •Instantly something like scales fell from Saul's eyes, and he regained his sight. 19 Then he got up and was baptized. •Afterward he ate some food and regained his strength.

Saul in Damascus and Jerusalem

Saul stayed with the believers* in Damascus 20 for a few days. •And immediately he began preaching about Jesus in the synagogues, saying, "He is indeed the Son of God!"

21 •All who heard him were amazed. "Isn't this the same man who caused such devastation among Jesus' followers in Jerusalem?" they asked. "And didn't he come here to arrest them and take them in chains to the leading priests?"

22 •Saul's preaching became more and more powerful, and the Jews in Damascus couldn't refute his proofs that Jesus was 23 indeed the Messiah. •After a while some of 24 the Jews plotted together to kill him. •They were watching for him day and night at the city gate so they could murder him, but Saul 25 was told about their plot. •So during the night, some of the other believers* lowered him in a large basket through an opening in the city wall.

26 •When Saul arrived in Jerusalem, he tried to meet with the believers, but they were all afraid of him. They did not believe he had 27 truly become a believer! •Then Barnabas brought him to the apostles and told them how Saul had seen the Lord on the way to Damascus and how the Lord had spoken to Saul. He also told them that Saul had preached boldly in the name of Jesus in Damascus.

28 •So Saul stayed with the apostles and went all around Jerusalem with them, preaching boldly in the name of the Lord. 29 •He debated with some Greek-speaking

---

debate [dibéit] *vi.* 토론(토의)하다
plot [plát] *vi.* 음모를 꾸미다
refute [rifjúːt] *vt.* 논박하다
regain [rigéin] *vt.* 되찾다
scale [skeil] *n.* 비늘

9:19　Greek *disciples;* also in 9:26, 38.　9:25 Greek *his disciples.*

려고 했습니다.

30 형제들이 이 사실을 알고, 사울을 가이사랴로 데려
갔다가 다시 다소로 보냈습니다.

31 그러는 동안, 유대와 갈릴리와 사마리아에 있는 교
회들이 평화를 되찾았으며, 터전을 든든하게 잡았
습니다. 교회는 주님을 두려워하며 성령의 위로를
받아 믿는 사람들의 수가 점점 늘어났습니다.

중풍병 환자를 고친 베드로

32 베드로가 여러 지방을 두루 다니다가 룻다에 사는
성도들에게까지 가게 되었습니다.

33 거기서 베드로는 애니아라는 사람을 만났습니다.
애니아는 중풍에 걸려 팔 년 동안 일어나지 못하고
누워 지내던 사람이었습니다.

34 베드로가 그에게 "애니아여, 예수 그리스도께서 그
대를 고쳐 주실 거요. 일어나 자리를 정돈하십시
오"라고 말했습니다. 그러자 애니아가 곧 자리에서
일어났습니다.

35 룻다와 사론에 사는 모든 사람들이 그를 보고 주님
께로 돌아왔습니다.

욥바로 간 베드로

36 욥바에 다비다라는 여제자가 있었습니다. 그 이름
은 그리스어로 하면 도르가인데, 그 뜻은 '사슴'입
니다. 다비다는 언제나 착한 일을 하고, 가난한 사
람들을 돕는 일에 힘썼습니다.

37 베드로가 룻다에 머물고 있는 동안, 다비다가 병이
들어 죽고 말았습니다. 사람들은 다비다의 시신을
씻어 다락방에 두었습니다.

38 룻다는 욥바에서 가까운 곳에 있습니다. 욥바에 사
는 제자들이 베드로가 룻다에 있다는 말을 듣고 두
사람을 베드로에게 보내어 속히 와 달라고 부탁을
했습니다.

39 베드로가 일어나 그들과 함께 욥바로 갔습니다. 베
드로가 그곳에 이르자 사람들이 그를 다락방으로
안내했습니다. 과부들은 베드로의 곁에 서서 울며
도르가가 살아 있을 때, 만든 여러 옷가지들을 베드
로에게 보여 주었습니다.

40 베드로는 사람들을 모두 내보낸 뒤에 무릎을 꿇고
기도했습니다. 그리고 나서 시신을 향해 몸을 돌려
"다비다여, 일어나시오!"라고 말했습니다. 그러자
다비다가 눈을 떠서 베드로를 보더니 일어나 앉았
습니다.

41 베드로가 손을 내밀어 다비다를 일으키고, 성도들
과 과부들을 불러서 다비다가 살아난 것을 보여 주
었습니다.

42 이 소식이 욥바 전체에 알려지자 많은 사람이 주님
을 믿었습니다.

43 베드로는 욥바에 있는 여러 날 동안, 가죽 제품을 만
드는 시몬의 집에서 묵었습니다.

30 Jews, but they tried to murder him. • When
the believers* heard about this, they took
him down to Caesarea and sent him away
to Tarsus, his hometown.

31 • The church then had peace throughout
Judea, Galilee, and Samaria, and it became
stronger as the believers lived in the fear of
the Lord. And with the encouragement of
the Holy Spirit, it also grew in numbers.

Peter Heals Aeneas and Raises Dorcas

32 • Meanwhile, Peter traveled from place to
place, and he came down to visit the believ-
ers in the town of Lydda. • There he met a

33 man named Aeneas, who had been para-

34 lyzed and bedridden for eight years. • Peter
said to him, "Aeneas, Jesus Christ heals you!
Get up, and roll up your sleeping mat!" And

35 he was healed instantly. • Then the whole
population of Lydda and Sharon saw Ae-
neas walking around, and they turned to the
Lord.

36 • There was a believer in Joppa named
Tabitha (which in Greek is Dorcas*). She was
always doing kind things for others and

37 helping the poor. • About this time she
became ill and died. Her body was washed

38 for burial and laid in an upstairs room. • But
the believers had heard that Peter was near-
by at Lydda, so they sent two men to beg
him, "Please come as soon as possible!"

39 • So Peter returned with them; and as
soon as he arrived, they took him to the
upstairs room. The room was filled with
widows who were weeping and showing
him the coats and other clothes Dorcas had

40 made for them. • But Peter asked them all to
leave the room; then he knelt and prayed.
Turning to the body he said, "Get up, Ta-
bitha." And she opened her eyes! When she

41 saw Peter, she sat up! • He gave her his hand
and helped her up. Then he called in the
widows and all the believers, and he present-
ed her to them alive.

42 • The news spread through the whole

43 town, and many believed in the Lord. • And
Peter stayed a long time in Joppa, living with
Simon, a tanner of hides.

bedridden [bédridn] *a.* 누워만 있는; 노후한
beg [beg] *vt.* 부탁하다, 간청하다
hide [háid] *n.* (큰 짐승 따위의) 가죽
paralyzed [pǽrəláizd] *a.* 마비된
spread [spred] *vi.* (소문 등이) 퍼지다

9:30 Greek *brothers*.　9:36 The names *Tabitha*
in Aramaic and *Dorcas* in Greek both mean
"gazelle."

베드로를 초대한 고넬료

10 가이사랴에 고넬료라는 사람이 있었습니다. 그는 '이탈리아 부대' 인 로마 군대의 백부장이었습니다.

2 고넬료는 경건한 사람이었습니다. 그와 그의 집에 사는 모든 사람이 하나님을 공경하고 경외하였습니다. 그는 가난한 사람들에게 아낌없이 돈을 주었고, 늘 하나님께 기도했습니다.

3 어느 날 오후 3시쯤, 고넬료는 환상을 보았습니다. 그는 환상 속에서 하나님의 천사가 다가와 "고넬료야!"라며 부르는 소리를 똑똑히 들었습니다.

4 고넬료는 두려움 속에서 천사를 쳐다보았습니다. 고넬료는 "주님, 무슨 일이십니까?"라고 물었습니다. 천사가 대답했습니다. "하나님께서 네 기도를 들으셨다. 네가 가난한 사람들을 도운 것을 보셨으며, 너를 기억하셨다.

5 지금 사람을 욥바로 보내어 베드로라고 하는 시몬을 모셔 오너라.

6 그는 가죽 제품을 만드는 시몬이라는 사람의 집에 묵고 있는데, 시몬의 집은 바닷가에 있다."

7 자기에게 말하던 천사가 떠나가자, 고넬료는 하인 두 사람과 자기 부하 중에서 경건한 군인 한 사람을 불렀습니다.

8 고넬료는 그들에게 모든 일을 이야기해 준 뒤에 그들을 욥바로 보냈습니다.

9 이튿날 낮 12시쯤, 고넬료가 보낸 사람들이 욥바 근처에 이르렀을 때에, 베드로는 기도하러 지붕으로 올라가 있었습니다.

10 베드로는 배가 고파 무엇이라도 좀 먹었으면 하던 참이었습니다. 사람들이 음식을 준비하고 있던 중에, 베드로는 환상을 보았습니다.

11 베드로는 하늘이 열리고, 큰 보자기 같은 것이 네 모퉁이가 묶여 땅으로 내려오는 것을 보았습니다.

12 그 안에는 갖가지 네 발 달린 짐승들과 땅에 기어다니는 파충류와 날짐승들이 들어 있었습니다.

13 그때, 베드로에게 음성이 들려 왔습니다. "베드로야, 일어나 그것들을 잡아먹어라."

14 이에 대해 베드로는 "주님, 그렇게는 못하겠습니다. 저는 속되거나 부정한 것을 지금까지 먹은 적이 없습니다"라고 대답했습니다.

15 두 번째로 음성이 들려 왔습니다. "하나님께서 깨끗하게 하신 것을 '속된 것이다' 라고 하지 마라."

16 이런 일이 세 번 있은 뒤에 보자기는 즉시 하늘로 올라갔습니다.

17 자기가 본 환상이 무슨 뜻일까 하고 베드로가 곰곰이 생각하고 있을 때, 고넬료가 보낸 사람들이 시몬의 집을 찾아와 문 앞에 서 있었습니다.

18 그들은 문 밖에서 "베드로라는 시몬이 여기 계십니

Cornelius Calls for Peter

10 In Caesarea there lived a Roman army officer* named Cornelius, who was a captain of the Italian Regiment. 2 •He was a devout, God-fearing man, as was everyone in his household. He gave generously to the poor and prayed regularly to God. 3 •One afternoon about three o'clock, he had a vision in which he saw an angel of God coming toward him. "Cornelius!" the angel said.

4 •Cornelius stared at him in terror. "What is it, sir?" he asked the angel.

And the angel replied, "Your prayers and gifts to the poor have been received by God 5 as an offering! •Now send some men to Joppa, and summon a man named Simon 6 Peter. •He is staying with Simon, a tanner who lives near the seashore."

7 •As soon as the angel was gone, Cornelius called two of his household servants and a devout soldier, one of his personal atten- 8 dants. •He told them what had happened and sent them off to Joppa.

Peter Visits Cornelius

9 •The next day as Cornelius's messengers were nearing the town, Peter went up on the 10 flat roof to pray. It was about noon, •and he was hungry. But while a meal was being pre- 11 pared, he fell into a trance. •He saw the sky open, and something like a large sheet was 12 let down by its four corners. •In the sheet were all sorts of animals, reptiles, and birds. 13 •Then a voice said to him, "Get up, Peter; kill and eat them."

14 •"No, Lord," Peter declared. "I have never eaten anything that our Jewish laws have declared impure and unclean.*"

15 •But the voice spoke again: "Do not call something unclean if God has made it 16 clean." •The same vision was repeated three times. Then the sheet was suddenly pulled up to heaven.

17 •Peter was very perplexed. What could the vision mean? Just then the men sent by Cornelius found Simon's house. Standing 18 outside the gate, •they asked if a man named Simon Peter was staying there.

---

devout [diváut] *a.* 경건한
impure [impjúər] *a.* 더럽혀진, 부정한
perplex [pərpléks] *vt.* 당황케 하다
reptile [réptil] *n.* 파충류
summon [sʌ́mən] *vt.* 부르다
10:10 fall into a trance : 환상에 빠지다

10:1 Greek *a centurion;* similarly in 10:22.
10:14 Greek *anything common and unclean.*

19 까?"라고 소리쳐 물었습니다.

19 베드로가 아직 그 환상에 대해 생각하고 있는데 성령이 베드로에게 말씀하셨습니다. "시몬아, 세 사람이 너를 찾고 있다.

20 일어나 내려가거라. 그들은 내가 보낸 사람들이니, 주저하지 말고 그들을 따라가거라."

21 베드로가 그 사람들이 있는 곳으로 내려가 말했습니다. "내가 그대들이 찾는 사람입니다. 무슨 일로 오셨습니까?"

22 그 사람들이 이렇게 대답했습니다. "저희는 고넬료라는 로마 백부장이 보낸 사람들입니다. 고넬료는 의로운 사람이며, 하나님을 경외하는 사람입니다. 그는 모든 유대인들에게도 존경을 받는 사람입니다. 한 거룩한 천사가 고넬료에게 당신을 집으로 모셔다가 당신이 하시는 말씀을 들으라고 분부하였습니다."

고넬료의 집에 간 베드로

23 그러자 베드로는 그들을 집 안으로 불러들여 묵게 했습니다. 이튿날 베드로는 자리에서 일어나 그들과 함께 고넬료의 집을 향해 출발하였습니다. 욥바에서 온 형제 몇 명도 베드로를 따라갔습니다.

24 그들은 다음 날, 가이사랴에 도착했습니다. 고넬료는 친척과 친구들을 불러 놓고 베드로를 기다리고 있었습니다.

25 베드로가 안으로 들어가자, 고넬료가 그를 맞이했습니다. 그는 베드로의 발 앞에 엎드려 절했습니다.

26 베드로가 그를 일으켜 세우며 "일어나십시오. 나도 사람일 뿐입니다"라고 말했습니다.

27 베드로가 고넬료와 말하면서 집 안으로 들어가 보니, 사람들이 많이 모여 있었습니다.

28 이들을 향해 베드로가 말했습니다. "여러분도 잘 아시겠지만 유대인이 이방 사람을 사귀거나 그의 집에 찾아가는 것은 유대 법에 어긋나는 일입니다만, 하나님께서는 저에게 어떤 사람도 속되거나 부정하다고 해서는 안 된다는 것을 보여 주셨습니다.

29 그래서 여러분이 저를 불렀을 때 이의를 제기하지 않고 따라온 것입니다. 자, 무슨 일로 저를 부르셨는지 말씀해 주십시오."

30 고넬료가 말했습니다. "사 일 전 이맘때쯤, 그러니까 오후 3시쯤에 집에서 기도하고 있는데, 갑자기 눈부신 옷을 입은 사람이 제 앞에서 계셨습니다.

31 그는 '고넬료야, 하나님께서 네 기도를 들으셨고, 네가 가난한 사람들을 도운 것을 하나님께서 보시고, 너를 기억하셨다.

32 지금 사람을 욥바로 보내어, 베드로라고 하는 시몬을 모셔 오너라. 그는 가죽 제품을 만드는 시몬이라는 사람의 집에 묵고 있으며, 시몬의 집은 바닷가에 있다'라고 말씀하셨습니다.

33 그래서 나는 곧 당신에게 사람을 보냈습니다. 그런데

---

19 ●Meanwhile, as Peter was puzzling over the vision, the Holy Spirit said to him, "Three men have come looking for you.

20 ●Get up, go downstairs, and go with them without hesitation. Don't worry, for I have sent them."

21 ●So Peter went down and said, "I'm the man you are looking for. Why have you come?"

22 ●They said, "We were sent by Cornelius, a Roman officer. He is a devout and God-fearing man, well respected by all the Jews. A holy angel instructed him to summon you to his house so that he can hear your

23 message." ●So Peter invited the men to stay for the night. The next day he went with them, accompanied by some of the brothers from Joppa.

24 ●They arrived in Caesarea the following day. Cornelius was waiting for them and had called together his relatives and close

25 friends. ●As Peter entered his home, Cornelius fell at his feet and worshiped

26 him. ●But Peter pulled him up and said, "Stand up! I'm a human being just like

27 you!" ●So they talked together and went inside, where many others were assembled.

28 ●Peter told them, "You know it is against our laws for a Jewish man to enter a Gentile home like this or to associate with you. But God has shown me that I should no longer think of anyone as

29 impure or unclean. ●So I came without objection as soon as I was sent for. Now tell me why you sent for me."

30 ●Cornelius replied, "Four days ago I was praying in my house about this same time, three o'clock in the afternoon. Suddenly, a man in dazzling clothes was standing in

31 front of me. ●He told me, 'Cornelius, your prayer has been heard, and your gifts to the

32 poor have been noticed by God! ●Now send messengers to Joppa, and summon a man named Simon Peter. He is staying in the home of Simon, a tanner who lives

33 near the seashore.' ●So I sent for you at once, and it was good of you to come. Now we are all here, waiting before God to hear the message the Lord has given you."

---

accompany [əkʌ́mpəni] *vt.* 수행하다
assembled [əsémbld] *a.* 모인, 결집된
associate [əsóuʃièit] *vi.* 교제하다
dazzling [dǽzliŋ] *a.* 눈부신
hesitation [hèzətéiʃən] *n.* 망설임
objection [əbdʒékʃən] *n.* 이의, 반대
10:19 puzzle over… : …에 어리둥절해 하다

이렇게 와 주셨으니, 참 잘하셨습니다. 이제 우리 모든 사람은 주님께서 당신에게 하라고 명령하신 모든 말씀을 들으려고 하나님 앞에 모였습니다."

베드로의 설교

34 베드로가 입을 열어 말했습니다. "나는 참으로 하나님께서는 사람을 외모로 차별하지 않는 분이시라는 것을 깨달았습니다.

35 하나님께서는 어느 나라 사람이든지 하나님을 경외하고 의로운 일을 하는 사람을 받아 주십니다.

36 하나님께서는 이스라엘 백성에게 말씀을 보내시고, 예수 그리스도를 통해서 평화의 복음을 선포하셨습니다. 예수님은 모든 백성의 주님이십니다.

37 여러분은 요한이 세례에 관해 설교한 이후, 갈릴리에서 시작하여 온 유대 땅에 걸쳐 발생한 큰 사건을 아실 것입니다.

38 하나님께서는 나사렛 사람인 예수님에게 성령과 능력으로 기름 부으셨습니다. 그분은 두루 다니시면서 선한 일을 하셨고, 귀신에 사로잡힌 사람들을 고쳐 주셨습니다. 이는 하나님께서 예수님과 함께 계셨기 때문입니다.

39 우리는 예수님께서 유대와 예루살렘에서 하신 모든 일을 목격한 증인입니다. 사람들은 예수님을 나무에 매달아 죽였지만,

40 삼 일째 되는 날에 하나님께서는 이 예수님을 죽은 자 가운데서 다시 살리셔서, 사람들 앞에 나타나게 하셨습니다.

41 그러나 예수님께서 모든 사람들에게 나타나신 것이 아니라 하나님께서 이미 증인으로 택하신 우리들에게만 보이셨습니다. 우리는 예수님께서 죽으셨다가 다시 살아나신 뒤에 그분과 함께 먹고 마셨습니다.

42 예수님께서는 우리에게 명하시기를, 하나님께서 이 예수님을 살아 있는 사람과 죽은 사람의 심판자로 세우셨다는 것을 사람들에게 전파하고 증언하라고 하셨습니다.

43 모든 예언자들도 예수님을 믿는 사람은 다 그분의 이름으로 죄를 용서받는다고 증언했습니다."

이방 사람들이 성령을 받음

44 베드로가 이런 말을 하고 있을 때, 말씀을 듣고 있던 모든 사람들 위에 성령께서 내려오셨습니다.

45 베드로와 함께 온 할례받은 신자들은 하나님께서 선물로 주신 성령을 이방 사람에게까지 부어 주시는 것을 보고 깜짝 놀랐습니다.

46 이방인들이 방언을 말하고, 하나님을 찬양하는 것을 그들이 들었기 때문입니다. 그때, 베드로가 말했습니다.

47 "이 사람들이 우리와 마찬가지로 성령을 받았으니, 이들에게 물로 세례를 주는 것을 누군들 막을 수 있겠습니까?"

48 베드로는 그들에게 예수 그리스도의 이름으로 세례

The Gentiles Hear the Good News

34 •Then Peter replied, "I see very clearly that
35 God shows no favoritism. •In every nation he accepts those who fear him and do
36 what is right. •This is the message of Good News for the people of Israel—that there is peace with God through Jesus Christ, who
37 is Lord of all. •You know what happened throughout Judea, beginning in Galilee, after John began preaching his message of
38 baptism. •And you know that God anointed Jesus of Nazareth with the Holy Spirit and with power. Then Jesus went around doing good and healing all who were oppressed by the devil, for God was with him.

39 •"And we apostles are witnesses of all he did throughout Judea and in Jerusalem. They put him to death by hanging him on
40 a cross,* •but God raised him to life on the third day. Then God allowed him to
41 appear, •not to the general public,* but to us whom God had chosen in advance to be his witnesses. We were those who ate and drank with him after he rose from the
42 dead. •And he ordered us to preach everywhere and to testify that Jesus is the one appointed by God to be the judge of all—
43 the living and the dead. •He is the one all the prophets testified about, saying that everyone who believes in him will have their sins forgiven through his name."

The Gentiles Receive the Holy Spirit

44 •Even as Peter was saying these things, the Holy Spirit fell upon all who were listening
45 to the message. •The Jewish believers* who came with Peter were amazed that the gift of the Holy Spirit had been poured
46 out on the Gentiles, too. •For they heard them speaking in other tongues* and praising God.

47 Then Peter asked, •"Can anyone object to their being baptized, now that they have received the Holy Spirit just as we did?"
48 •So he gave orders for them to be baptized in the name of Jesus Christ. Afterward Cornelius asked him to stay with them for several days.

---

baptism [bǽptizm] *n.* 세례
favoritism [féivəritizm] *n.* 편애
preach [pri:tʃ] *vt.* 전도하다; 설교하다
testify [téstəfai] *vi. vt.* 증언하다

10:39 Greek *on a tree.*　10:41 Greek *the people.*　10:45 Greek *The faithful ones of the circumcision.*　10:46 Or *in other languages.*

를 받으라고 명하였습니다. 그때, 그들은 베드로에게 자기들과 함께 며칠 더 머물다 가라고 부탁했습니다.

예루살렘으로 돌아온 베드로

11 사도들과 유대에 있는 성도들이 이방인들도 하나님의 말씀을 받아들였다는 소식을 들었습니다.

2 그래서 베드로가 예루살렘에 올라가자, 할례받은 신자들이 베드로를 비난했습니다.

3 그들은 베드로에게 "당신은 할례받지 않은 사람의 집에 들어가 함께 식사를 하였소"라고 말했습니다.

4 그래서 베드로는 모든 사실을 질서 정연하게 설명하기 시작했습니다.

5 "내가 욥바에서 기도를 하고 있는 중에 환상을 보았습니다. 하늘에서 큰 보자기 같은 것이 네 모퉁이가 묶인 채 내 앞에까지 내려왔습니다.

6 그 속을 들여다보니 거기에는 네 발 달린 짐승들과 땅에 기어다니는 파충류와 날짐승들이 들어 있었습니다.

7 그때에 '베드로야, 일어나 그것들을 잡아 먹어라' 하는 소리가 들렸습니다.

8 그러나 나는 '주님, 그렇게는 못하겠습니다. 저는 속되거나 부정한 것을 지금까지 먹은 적이 없습니다' 라고 대답했습니다.

9 그러자 하늘에서 다시 음성이 들려왔습니다. '하나님께서 깨끗하게 하신 것을 속된 것이라고 하지 마라.'

10 이런 일이 세 번 있은 뒤에 모든 것이 다시 하늘로 올라갔습니다.

11 바로 그 순간, 내가 묵고 있던 집에 세 사람이 찾아왔습니다. 그들은 가이사랴에서 내게 심부름을 온 사람들이었습니다.

12 성령께서 나에게 주저하지 말고 그들을 따라가라고 말씀하셨습니다. 여기에 있는 형제 여섯 사람도 나와 함께 고넬료의 집으로 갔습니다.

13 고넬료는 우리에게 천사를 본 이야기를 해 주었습니다. 천사가 그에게 와서 서더니 '사람을 욥바로 보내어 베드로라고 하는 시몬을 데려오너라.

14 그가 네게 너와 네 온 집이 구원 받을 말씀을 전해 줄 것이다' 라고 말했다고 합니다.

15 내가 입을 열어 말하자, 성령께서 처음에 우리에게 내리셨던 것과 똑같이 그들에게도 내리셨습니다.

16 그때, 나는 '요한은 물로 세례를 주었으나, 너희는 성령으로 세례를 받을 것이다' 라고 하신 주님의 말씀이 생각났습니다.

17 하나님께서 우리가 주 예수 그리스도를 믿었을 때에 주신 것과 똑같은 선물을 그들에게도 주셨는데, 내가 누구이기에 감히 하나님께서 하시는 일을 막을 수 있겠습니까?"

18 할례받은 신자들은 베드로의 말을 다 듣더니 더 이

Peter Explains His Actions

11 Soon the news reached the apostles and other believers* in Judea that the 2 Gentiles had received the word of God. • But when Peter arrived back in Jerusalem, the 3 Jewish believers* criticized him. • "You entered the home of Gentiles* and even ate with them!" they said.

4 • Then Peter told them exactly what had 5 happened. • "I was in the town of Joppa," he said, "and while I was praying, I went into a trance and saw a vision. Something like a large sheet was let down by its four corners from the sky. And it came right down to me. 6 • When I looked inside the sheet, I saw all sorts of tame and wild animals, reptiles, and 7 birds. • And I heard a voice say, 'Get up, Peter; kill and eat them.'

8 • "'No, Lord,' I replied. 'I have never eaten anything that our Jewish laws have declared impure or unclean.*

9 • "But the voice from heaven spoke again: 'Do not call something unclean if God has 10 made it clean.' • This happened three times before the sheet and all it contained was pulled back up to heaven.

11 • "Just then three men who had been sent from Caesarea arrived at the house where we 12 were staying. • The Holy Spirit told me to go with them and not to worry that they were Gentiles. These six brothers here accompanied me, and we soon entered the home of 13 the man who had sent for us. • He told us how an angel had appeared to him in his home and had told him, 'Send messengers to Joppa, and summon a man named 14 Simon Peter. • He will tell you how you and everyone in your household can be saved!'

15 • "As I began to speak," Peter continued, "the Holy Spirit fell on them, just as he fell 16 on us at the beginning. • Then I thought of the Lord's words when he said, 'John baptized with* water, but you will be baptized 17 with the Holy Spirit.' • And since God gave these Gentiles the same gift he gave us when we believed in the Lord Jesus Christ, who was I to stand in God's way?"

18 • When the others heard this, they stopped objecting and began praising God. They said, "We can see that God has also

---

criticize [krítisaiz] *vt.* 비판하다
squad [skwád] *n.* 분대

11:1 Greek *brothers.* 11:2 Greek *those of the circumcision.* 11:3 Greek *of uncircumcised men.* 11:8 Greek *anything common or unclean.* 11:16 Or *in*; also in 11:16b.

상할 말이 없어졌습니다. 그들은 하나님을 찬양하며, "이제 하나님께서는 이방인에게도 생명에 이르는 회개를 주셨다"라고 말했습니다.

안디옥 교회

19 스데반의 일로 발생한 박해 때문에 많은 신자들이 흩어졌습니다. 그들은 베니게와 키프로스와 안디옥까지 피해 가서는 오직 유대인에게만 말씀을 전했습니다.

20 그들 중에는 키프로스와 구레네 출신 사람이 있었는데, 이들은 안디옥에 이르러 그리스 사람들에게도 주 예수님에 관한 복음을 전했습니다.

21 주님의 손길이 그들과 함께하셨으므로, 많은 사람들이 믿고 주님께로 돌아왔습니다.

22 이 소식이 예루살렘에 전해지자, 교회는 바나바를 안디옥으로 보냈습니다.

23 그는 안디옥에 도착하여 하나님의 은혜가 내린 것을 보고 기뻐했습니다. 그리고 모든 사람들에게 "마음을 굳게 하여 주님을 의지하십시오"라고 격려했습니다.

24 바나바는 착한 사람이요, 성령과 믿음이 충만한 사람이었습니다. 그래서 많은 사람들이 주님께로 돌아왔습니다.

25 바나바는 사울을 찾으러 다소로 갔습니다.

26 사울을 찾은 바나바는 사울을 안디옥으로 데려왔습니다. 두 사람은 일 년 동안, 교회에 머물면서 많은 사람을 가르쳤습니다. 제자들은 안디옥에서 처음으로 '그리스도인' 이라고 불렸습니다.

27 그 무렵, 예언자 몇 사람이 예루살렘에서 안디옥으로 왔습니다.

28 그 중에 아가보라는 사람이 있었습니다. 한번은 아가보가 일어나 성령의 감동을 받아 예언하기를, 온 세상에 큰 기근이 닥칠 것이라고 말했습니다. 그런데 실제로 글라우디오가 황제가 되었을 때에 기근이 발생하였습니다.

29 제자들은 자기 형편대로 헌금하여 유대에 사는 형제들을 돕기로 결정하였습니다.

30 그들은 돈을 모아서 바나바와 사울 편에 예루살렘에 있는 교회의 장로들에게 보냈습니다.

교회를 박해하는 헤롯 아그립바

12 이 무렵, 헤롯 아그립바 왕은 교회에 속한 몇 사람을 박해하려는 계획을 가지고 그들을 사로잡았습니다.

2 그는 요한의 형제 야고보를 칼로 죽였습니다.

3 헤롯은 유대인들이 이 일로 기뻐하는 것을 보고, 베드로마저 잡으려 했습니다. 그때는 무교절 기간이었습니다.

4 헤롯은 베드로를 붙잡아 감옥에 넣고, 군인 네 명씩 네 패에게 맡아 지키게 했습니다. 유월절이 지

given the Gentiles the privilege of repenting of their sins and receiving eternal life."

The Church in Antioch of Syria

19 •Meanwhile, the believers who had been scattered during the persecution after Stephen's death traveled as far as Phoenicia, Cyprus, and Antioch of Syria. They preached the word of 20 God, but only to Jews. •However, some of the believers who went to Antioch from Cyprus and Cyrene began preaching to the Gentiles* 21 about the Lord Jesus. •The power of the Lord was with them, and a large number of these Gentiles believed and turned to the Lord.

22 •When the church at Jerusalem heard what had happened, they sent Barnabas to 23 Antioch. •When he arrived and saw this evidence of God's blessing, he was filled with joy, and he encouraged the believers to stay true to 24 the Lord. •Barnabas was a good man, full of the Holy Spirit and strong in faith. And many people were brought to the Lord.

25 •Then Barnabas went on to Tarsus to look 26 for Saul. •When he found him, he brought him back to Antioch. Both of them stayed there with the church for a full year, teaching large crowds of people. (It was at Antioch that the believers* were first called Christians.)

27 •During this time some prophets traveled 28 from Jerusalem to Antioch. •One of them named Agabus stood up in one of the meetings and predicted by the Spirit that a great famine was coming upon the entire Roman world. (This was fulfilled during the reign of 29 Claudius.) •So the believers in Antioch decided to send relief to the brothers and sisters* in Judea, everyone giving as much as they could. 30 •This they did, entrusting their gifts to Barnabas and Saul to take to the elders of the church in Jerusalem.

James Is Killed and Peter Is Imprisoned

12 About that time King Herod Agrippa* began to persecute some believers in the 2 church. •He had the apostle James (John's 3 brother) killed with a sword. •When Herod saw how much this pleased the Jewish people, he also arrested Peter. (This took place during 4 the Passover celebration.*) •Then he imprisoned him, placing him under the guard of four squads of four soldiers each. Herod

---

11:20 Greek *the Hellenists* (i.e., those who speak Greek); other manuscripts read *the Greeks.* 11:26 Greek *disciples;* also in 11:29. 11:29 Greek *the brothers.* 12:1 Greek *Herod the king.* He was the nephew of Herod Antipas and a grandson of Herod the Great. 12:3 Greek *the days of unleavened bread.*

나면 베드로를 끌어 내어 사람들 앞에서 재판할 작정이었습니다.

5 그래서 베드로는 감옥에 갇혔고, 교회는 베드로를 위해 하나님께 열심히 기도했습니다.

베드로가 감옥에서 놓이다

6 헤롯이 베드로를 끌어 내려던 전날 밤이었습니다. 베드로는 두 군인 사이에서 사슬에 묶인 채 잠들어 있었고, 문 앞에는 경비병이 문을 지키고 있었습니다.

7 갑자기 주님의 천사가 나타나고, 환한 빛이 감옥을 비추었습니다. 천사가 베드로의 옆구리를 쳐서 깨우며 "어서 일어나라"고 말했습니다. 그 순간, 베드로의 손목에 매여 있던 사슬이 풀렸습니다.

8 천사가 베드로에게 "허리끈을 매고, 신을 신어라" 라고 말하여, 베드로는 천사가 시키는 대로 했습니다. 천사는 다시, "겉옷을 입고 나를 따라오너라"라고 말했습니다.

9 베드로는 천사를 따라 밖으로 나가면서도 천사가 하는 일이 꿈인지 생시인지를 알지 못했습니다. 베드로는 자기가 환상을 보고 있다고 생각했습니다.

10 천사와 베드로가 첫 번째 경비병과 두 번째 경비병을 지나 성으로 통하는 철문에 이르자, 철문이 저절로 열렸습니다. 그들이 문을 나와 거리를 한 구역 걸을 때에, 갑자기 천사는 베드로를 떠나 어디론가 사라져 버렸습니다.

11 그제서야 비로소 베드로는 정신이 들어 혼잣말로 중얼거렸습니다. "이제야 나는 이 모든 것이 실제라는 것을 알겠다. 주님께서 천사를 보내어, 나를 헤롯의 손에서, 그리고 유대인들의 모든 계략에서 구하셨다."

12 이런 사실을 깨닫고서, 베드로는 마가라고도 하는 요한의 어머니 마리아의 집으로 갔습니다. 그곳에는 많은 사람이 모여서 기도하고 있었습니다.

13 베드로가 바깥문을 두드리자, 로데라는 여종이 문을 열어 주러 나왔습니다.

14 여종은 베드로의 목소리를 알아듣고 너무나 기뻐서, 문을 열어 주는 것도 잊은 채 안으로 달려가 사람들에게 베드로가 문 밖에 와 있다고 알렸습니다.

15 그러자 사람들은 여종에게 "네가 미쳤구나" 하고 말했습니다. 그러나 여종이 계속해서 참말이라고 우기자, 사람들은 "그렇다면 베드로의 천사인가 보다"라고 말했습니다.

16 이런 중에도 베드로는 계속 문을 두드리고 있었습니다. 문을 연 사람들은 베드로를 보고 깜짝 놀랐습니다.

17 베드로가 그들에게 조용히 하라고 손짓을 한 뒤에, 주님께서 자기를 감옥 밖으로 인도해 내신 일을 설명해 주었습니다. 그리고 "이 일을 야고보와 다른

intended to bring Peter out for public trial
5 after the Passover. •But while Peter was in prison, the church prayed very earnestly for him.

Peter's Miraculous Escape from Prison

6 •The night before Peter was to be placed on trial, he was asleep, fastened with two chains between two soldiers. Others stood guard at
7 the prison gate. •Suddenly, there was a bright light in the cell, and an angel of the Lord stood before Peter. The angel struck him on the side to awaken him and said, "Quick! Get up!" And the chains fell off his
8 wrists. •Then the angel told him, "Get dressed and put on your sandals." And he did. "Now put on your coat and follow me," the angel ordered.

9 •So Peter left the cell, following the angel. But all the time he thought it was a vision. He didn't realize it was actually happening.
10 •They passed the first and second guard posts and came to the iron gate leading to the city, and this opened for them all by itself. So they passed through and started walking down the street, and then the angel suddenly left him.

11 •Peter finally came to his senses. "It's really true!" he said. "The Lord has sent his angel and saved me from Herod and from what the Jewish leaders* had planned to do to me!"

12 •When he realized this, he went to the home of Mary, the mother of John Mark,
13 where many were gathered for prayer. •He knocked at the door in the gate, and a servant girl named Rhoda came to open it.
14 •When she recognized Peter's voice, she was so overjoyed that, instead of opening the door, she ran back inside and told everyone, "Peter is standing at the door!"

15 •"You're out of your mind!" they said. When she insisted, they decided, "It must be his angel."

16 •Meanwhile, Peter continued knocking. When they finally opened the door and saw
17 him, they were amazed. •He motioned for them to quiet down and told them how the Lord had led him out of prison. "Tell James and the other brothers what happened," he said. And then he went to another place.

---

commotion [kəmóuʃən] *n.* 동요, 소동
delegate [déligət] *n.* 대표, 사절
interrogate [intérəgèit] *vt.* 심문하다
ovation [ouvéiʃən] *n.* 큰 갈채

12:11 Or *the Jewish people.*

형제들에게도 알리시오"라고 말하고, 다른 곳으로 떠났습니다.

18 다음 날 아침, 군인들 사이에서는 베드로가 없어진 일로 한바탕 큰 소동이 일어났습니다.

19 헤롯 아그립바는 철저하게 수색하여 베드로를 찾으라고 명했으나, 그를 찾을 수 없었습니다. 그래서 그는 경비병들을 심문한 뒤에 대신 그들을 처형하라고 명령하였습니다. 그 후에 헤롯은 유대를 떠나 가이사랴로 가서 얼마 동안을 지냈습니다.

헤롯 아그립바의 죽음

20 한편 두로와 시돈 사람들은 헤롯에게 몹시 노여움을 사고 있었습니다. 그래서 그들은 무리를 지어 헤롯에게 갔습니다. 그들은 왕의 내실 시종인 블라스도를 회유하여 그의 도움을 받아 헤롯에게 화해를 요청했습니다. 이는 이들 지방 사람들이 헤롯의 영토에서 식량을 공급받았기 때문입니다.

21 약속한 날, 헤롯은 왕의 복장을 하고 왕좌에 앉아 그들에게 연설을 하였습니다.

22 그러자 군중들은 "이것은 사람의 소리가 아니라 신의 소리다"라고 외쳤습니다.

23 그러나 헤롯이 하나님께 영광을 돌리지 않았기 때문에, 주님의 천사가 즉시 헤롯을 내리쳐서 헤롯은 벌레에 먹혀 죽고 말았습니다.

24 하나님의 말씀은 점점 더 널리 퍼져서 믿는 사람이 많아졌습니다.

25 바나바와 사울은 자기들의 사명을 다 마치고, 마가라고도 하는 요한을 데리고 예루살렘에서 돌아왔습니다.

바나바와 사울이 뽑힘

13 안디옥 교회에는 예언자와 교사들이 있었습니다. 그들은 바나바와 니게르라 하는 시므온과 구레네 사람 루기오와 분봉왕 헤롯 안티파스와 함께 자라난 마나엔과 사울입니다.

2 그들이 주님께 예배드리며 금식하고 있을 때에 성령께서 그들에게 말씀하셨습니다. "바나바와 사울을 따로 세워 내가 그들에게 맡긴 일을 하게 하여라."

3 그래서 그들은 금식과 기도를 마친 뒤에 바나바와 사울에게 손을 얹고 그들을 떠나 보냈습니다.

바울의 첫 번째 선교 여행

4 바나바와 사울은 성령의 보내심을 받아 실루기아로 내려갔습니다. 그곳에서 그들은 배를 타고 키프로스로 건너갔습니다.

5 그들은 살라미에 이르러 유대 사람의 회당에서 하나님의 말씀을 전했습니다. 마가 요한도 그들을 돕기 위해 함께 갔습니다.

6 그들이 그 섬을 다 돌고 바보에 도착했습니다. 거기서 바예수라고 하는 유대인 마술사를 만났는

---

18 •At dawn there was a great commotion among the soldiers about what had happened to Peter. •Herod Agrippa ordered a thorough search for him. When he couldn't be found, Herod interrogated the guards and sentenced them to death. Afterward Herod left Judea to stay in Caesarea for a while.

The Death of Herod Agrippa

20 •Now Herod was very angry with the people of Tyre and Sidon. So they sent a delegation to make peace with him because their cities were dependent upon Herod's country for food. The delegates won the support of Blastus, 21 Herod's personal assistant, •and an appointment with Herod was granted. When the day arrived, Herod put on his royal robes, sat on 22 his throne, and made a speech to them. •The people gave him a great ovation, shouting, "It's the voice of a god, not of a man!"

23 •Instantly, an angel of the Lord struck Herod with a sickness, because he accepted the people's worship instead of giving the glory to God. So he was consumed with worms and died.

24 •Meanwhile, the word of God continued to spread, and there were many new believers.

25 •When Barnabas and Saul had finished their mission to Jerusalem, they returned,* taking John Mark with them.

Barnabas and Saul Are Commissioned

13 Among the prophets and teachers of the church at Antioch of Syria were Barnabas, Simeon (called "the black man"*), Lucius (from Cyrene), Manaen (the childhood companion of King Herod Antipas*), and 2 Saul. •One day as these men were worshiping the Lord and fasting, the Holy Spirit said, "Appoint Barnabas and Saul for the special 3 work to which I have called them." •So after more fasting and prayer, the men laid their hands on them and sent them on their way.

Paul's First Missionary Journey

4 •So Barnabas and Saul were sent out by the Holy Spirit. They went down to the seaport of Seleucia and then sailed for the island of 5 Cyprus. •There, in the town of Salamis, they went to the Jewish synagogues and preached the word of God. John Mark went with them as their assistant.

6 •Afterward they traveled from town to

12:25 Or *mission, they returned to Jerusalem.* Other manuscripts read *mission, they returned from Jerusalem;* still others read *mission, they returned from Jerusalem to Antioch.* 13:1a Greek *who was called Niger.* 13:1b Greek *Herod the tetrarch.*

데, 그는 거짓 예언자였습니다.

7 바예수는 총독 서기오 바울 곁에 늘 붙어 있었습니다. 서기오 바울은 영리한 사람이었습니다. 그는 바나바와 사울을 불러 하나님의 말씀을 듣고 싶어했습니다.

8 그런데 엘루마라고도 하는 그 마술사가 바나바와 사울의 일을 방해하며, 총독이 예수님을 믿지 못하게 애를 썼습니다.

9 그러나 바울이라고도 부르는 사울이 성령이 충만하여 마술사를 노려보며

10 이렇게 말했습니다. "너 악마의 자식아! 너는 모든 정의의 원수다. 너는 악한 속임수와 죄악으로 가득 차 있다. 주님의 바른 길을 굽게 하는 것을 그치지 못하겠느냐?

11 이제 주님께서 손으로 너를 치실 텐데 그러면 네 눈이 멀어 얼마 동안, 너는 햇빛조차 보지 못할 것이다." 그러자 곧 안개와 어둠이 그에게 내려 그는 앞을 더듬으면서 자기 손을 붙잡아 줄 사람을 찾았습니다.

12 총독이 이 모습을 보고 주를 믿게 되었습니다. 그는 주님에 관한 가르침에 깊은 감명을 받았습니다.

바울과 바나바가 키프로스를 떠남

13 바울과 그 일행은 바보에서 배를 타고 밤빌리아에 있는 버가로 갔습니다. 그곳에서 마가 요한은 그들을 떠나 예루살렘으로 돌아갔습니다.

14 그들은 버가에서 더 나아가다가 비시디아의 안디옥에 이르게 되었습니다. 안식일에 그들은 회당에 들어가 앉았습니다.

15 회당장들은 율법과 예언자들의 글을 읽은 후에 바울과 바나바에게 전갈을 보내어 "형제들이여, 이 사람들에게 권면해 주고 싶은 말이 있으면 하시오"라고 말했습니다.

16 바울이 자리에서 일어나 손짓을 해 가며 말했습니다. "이스라엘 사람들 그리고 하나님을 경외하는 이방인 여러분, 제 말에 귀를 기울여 주십시오.

17 이스라엘 백성의 하나님께서 우리 조상들을 선택하셨습니다. 우리 조상들이 이집트에 있을 때에 하나님께서 그들을 큰 민족으로 높여 주셨고, 큰 능력으로 그들을 그곳에서 인도해 내셨습니다.

18 그리고 광야에서 사십 년 동안, 그들이 행한 일을 참으셨으며,

19 가나안 땅에서 일곱 민족을 쫓아내시고, 그들의 땅을 이스라엘 백성에게 유업으로 주셔서

20 약 사백오십 년간 차지하게 하셨습니다. 그 뒤에 하나님께서는 예언자 사무엘의 때까지 이스

---

town across the entire island until finally they reached Paphos, where they met a Jewish sorcerer, a false prophet named Bar-Jesus. •He had attached himself to the governor, Sergius Paulus, who was an intelligent man. The governor invited Barnabas and Saul to visit him, for he wanted to hear the word of God. •But Elymas, the sorcerer (as his name means in Greek), interfered and urged the governor to pay no attention to what Barnabas and Saul said. He was trying to keep the governor from believing.

9 •Saul, also known as Paul, was filled with the Holy Spirit, and he looked the sorcerer in the eye. •Then he said, "You son of the devil, full of every sort of deceit and fraud, and enemy of all that is good! Will you never stop perverting the true ways of the Lord? •Watch now, for the Lord has laid his hand of punishment upon you, and you will be struck blind. You will not see the sunlight for some time." Instantly mist and darkness came over the man's eyes, and he began groping around begging for someone to take his hand and lead him.

12 •When the governor saw what had happened, he became a believer, for he was astonished at the teaching about the Lord.

Paul Preaches in Antioch of Pisidia

13 •Paul and his companions then left Paphos by ship for Pamphylia, landing at the port town of Perga. There John Mark left them and returned

14 to Jerusalem. •But Paul and Barnabas traveled inland to Antioch of Pisidia.*

On the Sabbath they went to the synagogue

15 for the services. •After the usual readings from the books of Moses* and the prophets, those in charge of the service sent them this message: "Brothers, if you have any word of encouragement for the people, come and give it."

16 •So Paul stood, lifted his hand to quiet them, and started speaking. "Men of Israel," he said, "and you God-fearing Gentiles, listen to me.

17 •"The God of this nation of Israel chose our ancestors and made them multiply and grow strong during their stay in Egypt. Then with a powerful arm he led them out of their slavery.

18 •He put up with them* through forty years of

19 wandering in the wilderness. •Then he destroyed seven nations in Canaan and gave

20 their land to Israel as an inheritance. •All this

---

fraud [frɔːd] *n.* 사기, 속임
pervert [pərvə́ːrt] *vt.* 곡해하다; 왜곡하다

13:13-14　*Pamphylia* and *Pisidia* were districts in what is now Turkey.　13:15　Greek *from the law*.
13:18　Some manuscripts read *He cared for them*; compare Deut 1:31.

라엘 백성들에게 사사들을 세워 주셨습니다.

21 그런 뒤에 백성이 왕을 요구하자, 하나님께서 그들에게 베냐민 지파 사람 기스의 아들 사울을 주셨습니다. 사울은 사십 년 동안 다스렸습니다.

22 그 후, 하나님께서는 사울을 물리치고 다윗을 그들의 왕으로 삼으셨습니다. 하나님께서는 다윗에 대해 '내가 이새의 아들 다윗을 보니, 그는 내 마음에 드는 사람이다. 그가 내 뜻을 다 이룰 것이다'라고 말씀하셨습니다.

23 하나님께서는 약속하신 대로 다윗의 자손 가운데서 한 분을 구세주로 삼아 이스라엘에게 보내 주셨는데, 그분이 바로 예수님이십니다.

24 그분이 오시기 전에 요한이 먼저 모든 이스라엘 백성에게 회개의 세례를 선포했습니다.

25 요한은 자기 사명을 다 마칠 무렵에 이렇게 말하였습니다. '너희는 나를 누구라고 생각하느냐? 나는 그리스도가 아니다. 그분은 내 뒤에 오실 것이다. 나는 그분의 신발 끈을 풀어 드리기에도 부족한 사람이다.'

26 아브라함의 자손과 하나님을 경외하는 이방인 형제 여러분, 하나님께서 이 구원의 소식을 우리에게 전해 주셨습니다.

27 예루살렘에 사는 사람들과 그 지도자들은 예수님을 알지 못했으며, 안식일마다 읽는 예언자들의 글을 깨닫지 못했습니다. 오히려 그들은 예수님을 죄인 취급하여 예언자의 말씀을 그대로 이루었습니다.

28 그들은 예수님을 죽여야 할 정당한 구실을 찾지 못했지만, 빌라도를 졸라서 예수님을 죽이게 했습니다.

29 그들은 예수님에 관하여 성경에 기록된 모든 말씀대로 예수님께 행했습니다. 그러고 나서 그들은 예수님을 십자가에서 내려 무덤에 두었습니다.

30 그러나 하나님께서는 죽은 사람들 가운데서 예수님을 살리셨습니다.

31 예수님께서는 갈릴리에서 예루살렘까지 자기와 함께 올라간 사람들에게 여러 날 동안, 나타나셨습니다. 그들은 지금 백성들에게 예수님을 증언하는 사람들이 되었습니다.

32 우리도 하나님께서 우리 조상들에게 약속하신 복된 소식을 여러분에게 전합니다.

33 하나님께서는 예수님을 죽은 자들 가운데서 살리심으로 조상들의 후손인 우리에게 그 약속을 이루셨습니다. 이 일은 시편 둘째 편에 '너는 내 아들이다. 오늘 내가 너를 낳았다'라고 기록되어 있습니다.

34 하나님께서 예수님을 죽은 자들 가운데서 살리시고 썩지 않게 하셨습니다. 이런 뜻으로 하나님께

took about 450 years.

"After that, God gave them judges to rule
21 until the time of Samuel the prophet. •Then
the people begged for a king, and God gave
them Saul son of Kish, a man of the tribe of
22 Benjamin, who reigned for forty years. •But
God removed Saul and replaced him with
David, a man about whom God said, 'I have
found David son of Jesse, a man after my
own heart. He will do everything I want
him to do.' *
23　•And it is one of King David's descen-
dants, Jesus, who is God's promised Savior of
24 Israel! •Before he came, John the Baptist
preached that all the people of Israel needed
to repent of their sins and turn to God and
25 be baptized. •As John was finishing his min-
istry he asked, 'Do you think I am the
Messiah? No, I am not! But he is coming
soon—and I'm not even worthy to be his
slave and untie the sandals on his feet.'
26　•"Brothers—you sons of Abraham, and
also you God-fearing Gentiles—this message
27 of salvation has been sent to us! •The people
in Jerusalem and their leaders did not recog-
nize Jesus as the one the prophets had spo-
ken about. Instead, they condemned him,
and in doing this they fulfilled the prophets'
28 words that are read every Sabbath. •They
found no legal reason to execute him, but
they asked Pilate to have him killed anyway.
29　•"When they had done all that the
prophecies said about him, they took him
down from the cross* and placed him in a
30 tomb. •But God raised him from the dead!
31 •And over a period of many days he
appeared to those who had gone with him
from Galilee to Jerusalem. They are now his
witnesses to the people of Israel.
32　•"And now we are here to bring you this
Good News. The promise was made to our
33 ancestors, •and God has now fulfilled it for
us, their descendants, by raising Jesus. This is
what the second psalm says about Jesus:

> You are my Son.
> Today I have become your Father.*

34 •For God had promised to raise him from
the dead, not leaving him to rot in the grave.
He said, 'I will give you the sacred blessings I

---

rot [rat] *vi.* 썩다. 부패하다
13:31 over a period of … : …의 기간에 걸쳐서

13:22 1 Sam 13:14.　13:29 Greek *from the
tree*.　13:33 Or *Today I reveal you as my Son*.
Ps 2:7.

서 '내가 다윗에게 약속한 거룩하고 확실한 복을 너희에게 주겠다'*라고 말씀하신 것이 있습니다.

35 다른 시편에도 하나님께서 이렇게 말씀하셨습니다. '주님께서는 주님의 거룩하신 분을 무덤에서 썩지 않게 하실 것입니다.'*

36 다윗은 평생 하나님의 뜻대로 살다가 죽어서는 조상 곁에 묻혔고, 그의 몸은 썩고 말았습니다.

37 그러나 하나님께서 살리신 분은 썩지 않았습니다.

38 그러므로 형제 여러분, 여러분에게 알려 드리고 싶은 것은, 여러분에게는 예수님으로 말미암는 죄 용서의 복음이 전파되었다는 것입니다. 여러분이 모세의 율법으로는 의를 얻을 수 없지만,

39 믿는 사람은 누구나 예수님을 통해서 의롭다 함을 얻습니다.

40 그러므로 예언자들이 말한 것이 여러분에게 일어나지 않도록 조심하십시오.

41 '보아라, 너희 비웃는 사람들아. 너희는 놀라고 망하여라. 너희가 사는 날 동안, 내가 한 가지 일을 하겠다. 누군가 그 일을 너희에게 일러 주어도 너희는 믿지 않을 것이다.'*"

42 바울과 바나바가 회당에서 나갈 때에 사람들이 다음 안식일에도 이런 말씀을 더 해 달라고 부탁했습니다.

43 모임이 끝난 뒤에 많은 유대인과 유대교로 개종한 사람들이 바울과 바나바를 따랐습니다. 바울과 바나바는 그들과 이야기를 나누며 항상 하나님의 은혜 가운데 있으라고 권했습니다.

44 그 다음 안식일에는 그 도시에 사는 사람이 거의 다 주님의 말씀을 들으려고 몰려들었습니다.

45 그 무리를 보자 유대인들은 시기심에 불타, 바울이 말한 것을 반대하면서 욕을 해댔습니다.

46 그러나 바울과 바나바는 매우 용기 있게 말했습니다. "우리는 하나님의 말씀을 여러분에게 먼저 전해야만 했습니다. 그러나 여러분은 그 말씀을 배척하고 스스로 영원한 생명을 누리기에 합당하지 않은 사람이라고 인정해 버리니, 우리는 이제 이방인들에게 갑니다.

47 주님께서 이와 같이 우리에게 명령하셨기 때문입니다. '내가 너를 이방의 빛으로 삼았으니, 이는 너를 땅끝까지 이르러 구원이 되게 하기 위해서이다.'*"

48 이방인들은 바울의 말을 듣고 기뻐하며 주님의 말씀을 찬양했습니다. 그리고 영원한 생명을 얻기로 선택된 사람들은 모두 예수님을 믿었습니다.

---

35 promised to David.' * • Another psalm explains it more fully: 'You will not allow your
36 Holy One to rot in the grave.' * • This is not a reference to David, for after David had done the will of God in his own generation, he died and was buried with his ancestors, and his
37 body decayed. • No, it was a reference to someone else—someone whom God raised and whose body did not decay.

38 • *"Brothers, listen! We are here to proclaim that through this man Jesus there is forgive-
39 ness for your sins. • Everyone who believes in him is made right in God's sight—something
40 the law of Moses could never do. • Be careful! Don't let the prophets' words apply to you. For they said,

41 • 'Look, you mockers, be amazed and die! For I am doing something in your own day, something you wouldn't believe even if someone told you about it.' *"

42 • As Paul and Barnabas left the synagogue that day, the people begged them to speak about these things again the next week.
43 • Many Jews and devout converts to Judaism followed Paul and Barnabas, and the two men urged them to continue to rely on the grace of God.

Paul Turns to the Gentiles

44 • The following week almost the entire city turned out to hear them preach the word of
45 the Lord. • But when some of the Jews saw the crowds, they were jealous; so they slandered Paul and argued against whatever he said.
46 • Then Paul and Barnabas spoke out boldly and declared, "It was necessary that we first preach the word of God to you Jews. But since you have rejected it and judged yourselves unworthy of eternal life, we will offer it to the
47 Gentiles. • For the Lord gave us this command when he said,

'I have made you a light to the Gentiles, to bring salvation to the farthest corners of the earth.' *"

48 • When the Gentiles heard this, they were

13:34 Isa 55:3. 13:35 Ps 16:10. 13:38 English translations divide verses 38 and 39 in various ways. 13:41 Hab 1:5 (Greek version). 13:47 Isa 49:6.

13:34 사 55:3에 기록되어 있다.
13:35 시 16:10에 기록되어 있다.
13:41 합 1:5에 기록되어 있다.
13:47 사 49:6에 기록되어 있다.

49 그래서 주님의 말씀은 온 지방에 두루 퍼졌습니다.

50 그러나 유대인들은 경건한 귀부인들과 그 도시의 지도자들을 부추겨서 바울과 바나바를 핍박하게 했고, 마침내 자기들이 살고 있는 지방에서 그들을 내쫓았습니다.

51 바울과 바나바는 그들에게 자기들의 발에 있는 먼지를 떨어 버리고 이고니온으로 갔습니다.

52 제자들은 계속 기쁨과 성령으로 충만하였습니다.

이고니온에서 복음을 전하는 바울과 바나바

14 이고니온에서도 바울과 바나바가 여느 때처럼 유대 회당에 들어가 복음을 전하자, 수많은 유대인과 그리스인이 믿었습니다.

2 그러나 믿으려 하지 않는 유대인들은 이방인들을 부추겨서 형제들을 대적하게 했습니다.

3 바울과 바나바는 오랫동안 이고니온에 머물면서 주님을 의지하여 담대하게 말했습니다. 주님께서 그들에게 기적과 표적을 행할 능력을 주셔서, 그들이 주님의 말씀을 전할 때, 그 은혜의 말씀이 참되다는 것을 보여 주셨습니다.

4 그러나 그 도시 사람들은 두 편으로 나뉘었습니다. 그래서 한쪽은 유대인 편을 들고 다른 쪽은 사도들 편을 들었습니다.

5 이방인들과 유대인들은 자기들의 지도자들과 한패가 되어 바울과 바나바를 핍박하며 돌로 쳐죽이려 했습니다.

6 바울과 바나바는 그것을 알고 루가오니아 지방의 두 도시인 루스드라와 더베와 그 근처의 마을로 피했습니다.

7 그들은 그곳에서도 복음을 전했습니다.

루스드라와 더베에서 복음을 전하는 바울과 바나바

8 루스드라에는 태어나면서부터 걷지 못하는 사람이 앉아 있었습니다. 그는 지금까지 걸어 본 적이 없는 사람이었습니다.

9 이 사람은 바울이 하는 말을 잘 들었습니다. 바울이 그 사람을 똑바로 쳐다보니, 그에게 고침을 받을 만한 믿음이 있다는 것을 알 수 있었습니다.

10 그래서 바울은 "당신 발로 똑바로 일어나 서시오" 하고 큰소리로 말했습니다. 그러자 그 사람이 벌떡 일어나 걷기 시작했습니다.

11 무리가 바울이 한 일을 보자, 루가오니아 말로 "신들이 사람의 모습을 하고 우리에게 내려왔다"라고 소리질렀습니다.

12 그리고 사람들은 바나바를 '제우스'라고 불렀고, 말하는 일을 주로 하는 바울을 '헤르메스'라고 불렀습니다.

---

very glad and thanked the Lord for his message; and all who were chosen for eternal life

49 became believers. ●So the Lord's message spread throughout that region.

50 ●Then the Jews stirred up the influential religious women and the leaders of the city, and they incited a mob against Paul and

51 Barnabas and ran them out of town. ●So they shook the dust from their feet as a sign of rejection and went to the town of Ico-

52 nium. ●And the believers* were filled with joy and with the Holy Spirit.

Paul and Barnabas in Iconium

14 The same thing happened in Iconium.* Paul and Barnabas went to the Jewish synagogue and preached with such power that a great number of both Jews and

2 Greeks became believers. ●Some of the Jews, however, spurned God's message and poisoned the minds of the Gentiles against

3 Paul and Barnabas. ●But the apostles stayed there a long time, preaching boldly about the grace of the Lord. And the Lord proved their message was true by giving them power to do miraculous signs and wonders.

4 ●But the people of the town were divided in their opinion about them. Some sided with the Jews, and some with the apostles.

5 ●Then a mob of Gentiles and Jews, along with their leaders, decided to attack and

6 stone them. ●When the apostles learned of it, they fled to the region of Lycaonia—to the towns of Lystra and Derbe and the sur-

7 rounding area. ●And there they preached the Good News.

Paul and Barnabas in Lystra and Derbe

8 ●While they were at Lystra, Paul and Barnabas came upon a man with crippled feet. He had been that way from birth, so he

9 had never walked. He was sitting ●and listening as Paul preached. Looking straight at him, Paul realized he had faith to be

10 healed. ●So Paul called to him in a loud voice, "Stand up!" And the man jumped to his feet and started walking.

11 ●When the crowd saw what Paul had done, they shouted in their local dialect,

12 "These men are gods in human form!" ●They

---

apostle [əpásl] *n.* 사도
influential [ìnfluénʃəl] *a.* 영향력 있는
miraculous [mirǽkjuləs] *a.* 기적적인

13:52 Greek *the disciples.*　14:1 *Iconium,* as well as *Lystra* and *Derbe* (14:6), were towns in what is now Turkey.

13 도시 외곽에 제우스 신전이 있었습니다. 그 신전을 섬기는 제우스의 제사장이 소 몇 마리와 꽃을 성문으로 가져와 군중들과 함께 바울과 바나바에게 제사를 드리려고 했습니다.

14 바나바와 바울은 이 소식을 듣고는 자기들의 옷을 찢으며 군중 속으로 뛰어가면서 소리쳤습니다.

15 "여러분, 어찌하여 이런 행동을 하십니까? 우리도 여러분과 똑같은 사람에 지나지 않습니다. 우리가 이곳에 온 것은 여러분에게 복음을 전하여 여러분이 이 헛된 일들에서 돌이켜, 살아 계신 하나님께로 돌아오게 하려는 것입니다. 하나님께서는 하늘과 땅과 바다와 그 안에 있는 모든 것을 지으신 분입니다.

16 지나간 세대에는 하나님께서 모든 민족이 자기 방식대로 살게 내버려 두셨습니다.

17 하지만 하나님께서는 그때도 자신이 어떤 분인지 알리지 않으신 것이 아닙니다. 하나님께서는 하늘에서 비를 내려 주시고, 때를 따라 열매를 맺게 하시는 등 여러분에게 선한 일을 행하셨습니다. 하나님께서는 먹을 것을 풍성히 주시고, 여러분의 마음에 기쁨을 가득 채워 주셨습니다."

18 바울과 바나바는 이 말로 무리를 겨우 말려, 자기들에게 제사를 드리지 못하게 했습니다.

19 그때, 안디옥과 이고니온에서 유대인들이 와서 사람들을 부추겨 바울을 향해 돌을 던지게 했습니다. 그들은 바울이 죽은 줄 알고 도시 밖으로 끌어 냈습니다.

20 그러나 제자들이 바울 주위에 둘러섰을 때에 그가 깨어 일어나 도시 안으로 들어갔습니다. 이튿날, 바울과 바나바는 그 도시를 떠나 더베로 갔습니다.

시리아의 안디옥으로 돌아감

21 바울과 바나바가 더베에서 복음을 전하자, 많은 사람이 제자가 되었습니다. 바울과 바나바는 다시 루스드라와 이고니온과 안디옥으로 돌아갔습니다.

22 그들은 그곳에서 제자들을 격려하고, 믿음 안에 머물러 있으라고 권했습니다. 그리고 "하나님 나라에 들어가려면 많은 고난을 겪어야 한다"고 말했습니다.

23 그리고 제자들을 위해 각 교회에 장로들을 임명하고 기도와 금식을 한 후, 그들이 믿는 주님께 장로들을 돌보아 달라고 맡겼습니다.

24 그런 뒤에 두 사도는 비시디아를 거쳐 밤빌리아로 갔습니다.

25 그들은 버가에서 말씀을 전하고 앗달리아로 내려갔습니다.

26 그리고 앗달리아에서 배를 타고 안디옥으로 돌아왔습니다. 안디옥은 그들이 선교의 일을 위해 하나님의 은혜에 부탁했던 곳입니다. 이제 두 사도는 그

decided that Barnabas was the Greek god Zeus and that Paul was Hermes, since he was
13 the chief speaker. •Now the temple of Zeus was located just outside the town. So the priest of the temple and the crowd brought bulls and wreaths of flowers to the town gates, and they prepared to offer sacrifices to the apostles.

14 •But when the apostles Barnabas and Paul heard what was happening, they tore their clothing in dismay and ran out among
15 the people, shouting, •"Friends,* why are you doing this? We are merely human beings—just like you! We have come to bring you the Good News that you should turn from these worthless things and turn to the living God, who made heaven and
16 earth, the sea, and everything in them. •In the past he permitted all the nations to go
17 their own ways, •but he never left them without evidence of himself and his goodness. For instance, he sends you rain and good crops and gives you food and joyful
18 hearts. •But even with these words, Paul and Barnabas could scarcely restrain the people from sacrificing to them.

19 •Then some Jews arrived from Antioch and Iconium and won the crowds to their side. They stoned Paul and dragged him out
20 of town, thinking he was dead. •But as the believers* gathered around him, he got up and went back into the town. The next day he left with Barnabas for Derbe.

Paul and Barnabas Return to Antioch of Syria

21 •After preaching the Good News in Derbe and making many disciples, Paul and Barnabas returned to Lystra, Iconium, and
22 Antioch of Pisidia, •where they strengthened the believers. They encouraged them to continue in the faith, reminding them that we must suffer many hardships to enter the
23 Kingdom of God. •Paul and Barnabas also appointed elders in every church. With prayer and fasting, they turned the elders over to the care of the Lord, in whom they
24 had put their trust. •Then they traveled
25 back through Pisidia to Pamphylia. •They preached the word in Perga, then went down to Attalia.

26 •Finally, they returned by ship to Antioch of Syria, where their journey had begun. The believers there had entrusted them to the grace of God to do the work they had now

14:15 Greek *Men.*   14:20 Greek *disciples;* also in 14:22, 28.

일을 다 마쳤습니다.

27 바울과 바나바는 안디옥에 도착해서 교회의 신도들을 불러모았습니다. 그리고 하나님께서 자기들과 함께 행하신 일과 이방인들에게 믿음의 문을 열어 주신 것을 교회 앞에 보고하였습니다.

28 바울과 바나바는 그곳에서 제자들과 오랫동안 함께 지냈습니다.

예루살렘 회의

15 어떤 사람들이 유대에서 안디옥으로 와서 이 방인 형제들에게 "모세가 가르친 풍습대로 할례를 받지 않으면 여러분은 구원 받을 수 없습니다"라고 가르치기 시작했습니다.

2 이 사건 때문에 바울과 바나바와 그들 사이에 격렬한 충돌과 논쟁이 발생했습니다. 그래서 안디옥 교회는 바울과 바나바와 다른 몇 사람을 예루살렘으로 올라가게 해서, 사도들과 장로들이 이 문제를 어떻게 생각하는지 알아보게 하였습니다.

3 바울과 그 일행은 교회의 전송을 받아 여행길을 떠났습니다. 그들은 베니게와 사마리아 지방을 거쳐 가면서 이방인들이 하나님께로 돌아온 이야기를 전했습니다. 그들은 모든 형제들에게 큰 기쁨을 주었습니다.

4 그들이 예루살렘에 이르자, 사도들과 장로들과 온 교회가 그들을 환영했습니다. 그들은 하나님께서 그들을 통해 일하신 모든 것을 보고했습니다.

5 그런데 바리새파에 속해 있다가 신자가 된 사람들 중에 "이방인들도 할례를 받아야 하며, 모세의 율법을 지켜야 합니다"라고 주장하는 사람들이 있었습니다.

6 사도들과 장로들이 이 문제를 의논하러 모였습니다.

7 많은 토론이 있은 후에 베드로가 일어나 말했습니다. "형제 여러분, 하나님께서 얼마 전에 여러분들 중에서 나를 선택하시고 이방인들에게 복음을 전하게 하셔서 그들도 이 복음을 듣고 믿게 하신 것을 여러분들도 아실 것입니다.

8 모든 사람의 생각을 아시는 하나님께서 우리에게 성령을 주신 것과 똑같이 그들에게도 주셔서 그들을 인정하셨습니다.

9 하나님께서는 우리와 이방인들을 차별하지 않으셨습니다. 하나님께서는 그들의 믿음을 보시고 그들의 마음을 깨끗하게 하셨습니다.

10 그런데 지금 여러분은 어찌하여 우리 조상들이나 우리나 모두 질 수 없었던 짐을 이방인 신자들에게 지워서 하나님을 시험하려 하십니까?

11 우리는 그들과 마찬가지로 주 예수님의 은혜로 구원을 받는다는 사실을 믿습니다."

12 그러자 온 무리가 잠잠해졌습니다. 그들은 바울과

---

27 completed. •Upon arriving in Antioch, they called the church together and reported everything God had done through them and how he had opened the door of faith to 28 the Gentiles, too. •And they stayed there with the believers for a long time.

The Council at Jerusalem

15 While Paul and Barnabas were at Antioch of Syria, some men from Judea arrived and began to teach the believers*: "Unless you are circumcised as required by the law of Moses, you cannot be saved."
2 •Paul and Barnabas disagreed with them, arguing vehemently. Finally, the church decided to send Paul and Barnabas to Jerusalem, accompanied by some local believers, to talk to the apostles and elders 3 about this question. •The church sent the delegates to Jerusalem, and they stopped along the way in Phoenicia and Samaria to visit the believers. They told them—much to everyone's joy—that the Gentiles, too, were being converted.
4 •When they arrived in Jerusalem, Barnabas and Paul were welcomed by the whole church, including the apostles and elders. They reported everything God had 5 done through them. •But then some of the believers who belonged to the sect of the Pharisees stood up and insisted, "The Gentile converts must be circumcised and required to follow the law of Moses."
6 •So the apostles and elders met together 7 to resolve this issue. •At the meeting, after a long discussion, Peter stood and addressed them as follows: "Brothers, you all know that God chose me from among you some time ago to preach to the Gentiles so that they could hear the Good News and believe.
8 •God knows people's hearts, and he confirmed that he accepts Gentiles by giving them the Holy Spirit, just as he did to us.
9 •He made no distinction between us and them, for he cleansed their hearts through 10 faith. •So why are you now challenging God by burdening the Gentile believers* with a yoke that neither we nor our ances-11 tors were able to bear? •We believe that we are all saved the same way, by the undeserved grace of the Lord Jesus."
12 •Everyone listened quietly as Barnabas and Paul told about the miraculous signs and wonders God had done through them among the Gentiles.

15:1 Greek *brothers;* also in 15:3, 23, 32, 33, 36, 40.　15:10 Greek *disciples.*

바나바의 말에 귀를 기울였습니다. 바울과 바나바는 하나님께서 이방인들 가운데에서 그들을 통해 행하신 모든 기적과 표적에 대해 이야기했습니다.

13 그들이 말을 마치자, 야고보가 대답했습니다. "형제 여러분, 제가 한마디 하겠습니다.

14 하나님께서 처음으로 이방인들 중에서 자기 백성을 삼으시려고 그들을 찾아오신 이야기를 시몬 곧, 베드로가 전해 주었습니다.

15 예언자들의 말도 이것과 일치합니다. 예언서에 이렇게 기록되어 있습니다.

16 '이 일이 있은 뒤에 내가 다시 와서 다윗의 무너진 장막을 다시 짓겠다. 폐허가 된 곳을 다시 짓고 바로 세우겠다.

17 그러면 살아남은 사람들과 나의 이름을 부르는 모든 이방인들이 나를 찾을 것이다. 이것은 이 일을 행하시는 여호와의 말이다.

18 이것은 오래 전부터 알게 한 일이다.' *

19 그러므로 내가 판단하기로는, 하나님께로 돌아온 이방 형제들을 괴롭히지 말고

20 그들에게 편지를 써서, 우상에게 바친 더러운 음식을 먹지 말 것과 음란한 행동을 하지 말 것과 목 졸라 죽인 짐승의 고기와 피를 먹지 말라고 하는 것이 좋겠습니다.

21 이는 예로부터 도시마다 모세의 율법을 선포하는 사람이 있어서, 안식일마다 회당에서 모세의 글을 읽어 왔기 때문입니다."

이방인 신자들에게 보내는 편지

22 사도들과 장로들과 온 교회가 자기들 중에서 몇 사람을 뽑아서 바울과 바나바와 함께 안디옥으로 보내기로 결정했습니다. 뽑힌 사람들은 신자들 가운데서 지도자로 있던 바사바라고 불리는 유다와 실라였습니다.

23 그리고 이 사람들 편에 이러한 편지를 써 보냈습니다. "여러분의 형제인 사도들과 장로들이 안디옥과 시리아와 길리기아에 있는 모든 이방인 형제에게 문안드립니다.

24 우리 가운데 몇 사람이 여러분에게 가서, 우리가 시키지도 않은 말을 해서 여러분을 혼란에 빠뜨리고 마음을 아프게 했다는 소식을 들었습니다.

25 그래서 우리는 몇 사람을 뽑아 사랑하는 형제 바나바와 바울과 함께 여러분에게 보내기로 의견 일치를 보았습니다.

26 바나바와 바울은 우리 주 예수 그리스도의 이름을 위해 자기 목숨도 내놓은 사람들입니다.

27 그래서 우리는, 우리가 쓴 편지의 내용이 사실임을 분명히 하려고 그들과 함께 유다와 실라를 보냅니다.

---

13 ●When they had finished, James stood
14 and said, "Brothers, listen to me. ●Peter* has told you about the time God first visited the Gentiles to take from them a people for him-
15 self. ●And this conversion of Gentiles is exactly what the prophets predicted. As it is written:

16 ● 'Afterward I will return
and restore the fallen house* of David.
I will rebuild its ruins
and restore it,
17 ● so that the rest of humanity might seek
the LORD,
including the Gentiles—
all those I have called to be mine.
The LORD has spoken—
18 ● he who made these things known
so long ago.' *

19 ●And so my judgment is that we should not make it difficult for the Gentiles who are
20 turning to God. ●Instead, we should write and tell them to abstain from eating food offered to idols, from sexual immorality, from eating the meat of strangled animals,
21 and from consuming blood. ●For these laws of Moses have been preached in Jewish syna-gogues in every city on every Sabbath for many generations."

The Letter for Gentile Believers

22 ●Then the apostles and elders together with the whole church in Jerusalem chose dele-gates, and they sent them to Antioch of Syria with Paul and Barnabas to report on this decision. The men chosen were two of the church leaders*—Judas (also called Barsabbas)
23 and Silas. ●This is the letter they took with them:

"This letter is from the apostles and elders, your brothers in Jerusalem. It is written to the Gentile believers in Antioch, Syria, and Cilicia. Greetings!
24 ●"We understand that some men from here have troubled you and upset you with their teaching, but we did not
25 send them! ●So we decided, having come to complete agreement, to send you official representatives, along with
26 our beloved Barnabas and Paul, ●who have risked their lives for the name of our
27 Lord Jesus Christ. ●We are sending Judas

15:14 Greek *Simeon.*　15:16 Or *kingdom;*
Greek reads *tent.*　15:16-18 Amos 9:11-12
(Greek version); Isa 45:21.　15:22 Greek *were leaders among the brothers.*

15:16-18 암 9:11-12에 기록되어 있다.

28 여러분에게 다음에 말하는 요구 사항 이외에 다른 어떠한 짐도 지우지 않는 것이 성령과 우리의 생각입니다.

29 우상에 바친 제물과 피와 목 졸라 죽인 짐승의 고기를 먹지 마십시오. 그리고 음란한 어떠한 행동도 하지 마십시오. 이런 일만 지키면 잘 될 것입니다. 그럼 안녕히 계십시오.”

30 그들은 예루살렘을 떠나 안디옥으로 내려갔습니다. 안디옥에서 신자들을 불러모으고 그 편지를 전해 주었습니다.

31 안디옥 교회는 그 권면의 말씀을 읽고 기뻐했습니다.

32 유다와 실라는 예언자이므로 신자들을 권면하며 그들에게 힘을 북돋워 주었습니다.

33 그들은 거기서 얼마 동안, 머물다가 평안히 가라는 신자들의 인사를 받고 자기들을 보낸 사람들에게로 돌아갔습니다.

34 (없음)*

35 바울과 바나바는 안디옥에 계속해서 머물러 있으면서 다른 여러 사람과 함께 주님의 말씀을 가르치며 전파하였습니다.

바울과 바나바가 갈라서다

36 며칠 뒤에 바울이 바나바에게 말했습니다. “우리가 주님의 말씀을 전한 바 있는 여러 도시로 다시 가서 신자들을 방문하고 그들이 어떻게 지내는지 알아봅시다.”

37 바나바는 마가라 불리는 요한도 데려가고 싶었습니다.

38 그러나 바울은 마가 요한이 그들과 함께 계속 일하지 않고 밤빌리아에서 그들을 떠난 사람이기 때문에 그를 데려가는 것을 좋게 여기지 않았습니다.

39 바울과 바나바는 이 일 때문에 심하게 다투었습니다. 그러다가 둘은 마침내 갈라서고 말았습니다. 바나바는 마가를 데리고 배를 타고 키프로스로 떠나갔습니다.

40 반면, 바울은 실라를 선택하였으며, 주님의 은혜를 빌어 주는 안디옥 신자들의 환송을 받고 실라와 함께 그곳을 떠났습니다.

41 바울은 시리아와 길리기아를 다니면서 각 교회에게 힘을 북돋워 주었습니다.

바울과 실라를 따라가는 디모데

16 바울이 더베를 방문하고 루스드라에 이르렀을 때, 마침 디모데라는 젊은 제자가 그곳에 있었습니다. 디모데의 어머니는 유대인으로서 예수를 믿는 사람이었으나, 아버지는 그리스인이었습니다.

2 디모데는 루스드라와 이고니온의 신자들에게 평판이 좋았습니다.

3 바울은 전도 여행에 디모데를 데려가고 싶었습니

and Silas to confirm what we have decided concerning your question.

28 • "For it seemed good to the Holy Spirit and to us to lay no greater burden on you than these few requirements: • You must abstain from eating food offered to idols, from consuming blood or the meat of strangled animals, and from sexual immorality. If you do this, you will do well. Farewell."

30 • The messengers went at once to Antioch, where they called a general meeting of the believers and delivered the letter.

31 • And there was great joy throughout the church that day as they read this encouraging message.

32 • Then Judas and Silas, both being prophets, spoke at length to the believers, encouraging and strengthening their faith.

33 • They stayed for a while, and then the believers sent them back to the church in

35 Jerusalem with a blessing of peace.* • Paul and Barnabas stayed in Antioch. They and many others taught and preached the word of the Lord there.

Paul and Barnabas Separate

36 • After some time Paul said to Barnabas, "Let's go back and visit each city where we previously preached the word of the Lord, to see how the new believers are doing."

37 • Barnabas agreed and wanted to take along

38 John Mark. • But Paul disagreed strongly, since John Mark had deserted them in Pamphylia and had not continued with

39 them in their work. • Their disagreement was so sharp that they separated. Barnabas took John Mark with him and sailed for

40 Cyprus. • Paul chose Silas, and as he left, the believers entrusted him to the Lord's gra-

41 cious care. • Then he traveled throughout Syria and Cilicia, strengthening the churches there.

Paul's Second Missionary Journey

16 Paul went first to Derbe and then to Lystra, where there was a young disciple named Timothy. His mother was a Jewish believer, but his father was a Greek.

2 • Timothy was well thought of by the believ-

3 ers* in Lystra and Iconium, • so Paul wanted

15:33 Some manuscripts add verse 34, *But Silas decided to stay there.*   **16:2** Greek *brothers;* also in 16:40.

15:34 어떤 사본에는 다음과 같은 구절이 있다. “그러나 실라는 그들과 함께 머물고자 하였다.”

다. 그런데 디모데의 아버지가 그리스인이라는 것을 그 지방에 사는 모든 유대인이 알고 있었기 때문에, 바울은 디모데에게 할례를 베풀었습니다.

4 바울과 그 일행은 여러 도시를 다니면서 예루살렘에 있는 사도들과 장로들이 정한 규정을 사람들에게 전하여 지키게 했습니다.

5 그리하여 교회들은 믿음이 더 든든해지고 날마다 그 수가 불어났습니다.

환상을 본 바울

6 그들이 아시아 지방에서 복음 전하는 것을 성령께서 막으셨기 때문에 바울과 그 일행은 브루기아와 갈라디아 지방을 두루 다녔습니다.

7 그들은 무시아 지방 가까이 이르러 비두니아로 가려 했습니다. 그러나 예수님의 영이 허락하지를 않았습니다.

8 그래서 그들은 무시아를 지나서 드로아로 내려갔습니다.

9 바울은 밤에 어떤 마케도니아 사람이 바울 앞에 서서 "마케도니아로 건너와서 우리를 도와 주십시오"라고 애원하는 환상을 보았습니다.

10 바울이 그 환상을 본 뒤에, 우리는 하나님께서 우리를 부르셔서 마케도니아 사람들에게 복음을 전하게 하셨다고 확신하고는 즉시 마케도니아로 떠날 준비를 했습니다.

신자가 된 루디아

11 우리는 배를 타고 드로아를 떠나 곧장 사모드라게로 갔다가 이튿날, 네압볼리로 갔습니다.

12 다시 네압볼리를 떠나서 로마의 식민지요, 마케도니아 지방의 중심 도시인 빌립보로 갔습니다. 우리는 며칠 동안, 그곳에서 머물렀습니다.

13 우리는 안식일에 기도처가 있을 만한 곳을 찾아 성문 밖 강가로 갔습니다. 우리는 그곳에 앉아, 모여든 여자들에게 말하기 시작하였습니다.

14 그 여자들 중에 두아디라라는 도시에서 온 루디아라는 여자가 있었습니다. 루디아는 자주색 옷감 장수였으며, 하나님을 섬기는 사람이었습니다. 루디아가 바울의 말을 귀담아 들을 수 있도록 주님께서 그녀의 마음을 여셨습니다.

15 루디아와 그 집안 식구들이 다 세례를 받았습니다. 그리고 루디아는 "제가 참으로 주님을 믿는 사람이라고 생각하신다면, 저희 집에 오셔서 머물러 주십시오"라고 간청하면서 우리를 자기 집으로 데리고 갔습니다.

감옥에 갇힌 바울과 실라

16 하루는 우리가 기도처로 가다가 귀신들린 여종 하나를 만났습니다. 그 여종은 점을 쳐서 자기 주인들에게 많은 돈을 벌게 해 주던 여자였습니다.

---

him to join them on their journey. In deference to the Jews of the area, he arranged for Timothy to be circumcised before they left, for everyone knew that his father was a Greek.

4 Then they went from town to town, instructing the believers to follow the decisions made by the apostles and elders in Jerusalem. 5 So the churches were strengthened in their faith and grew larger every day.

A Call from Macedonia

6 Next Paul and Silas traveled through the area of Phrygia and Galatia, because the Holy Spirit had prevented them from preaching the word 7 in the province of Asia at that time. Then coming to the borders of Mysia, they headed north for the province of Bithynia,* but again the Spirit of Jesus did not allow them to go 8 there. So instead, they went on through Mysia to the seaport of Troas.

9 That night Paul had a vision: A man from Macedonia in northern Greece was standing there, pleading with him, "Come over to 10 Macedonia and help us!" So we* decided to leave for Macedonia at once, having concluded that God was calling us to preach the Good News there.

Lydia of Philippi Believes in Jesus

11 We boarded a boat at Troas and sailed straight across to the island of Samothrace, and the next day we landed at Neapolis. 12 From there we reached Philippi, a major city of that district of Macedonia and a Roman colony. And we stayed there several days.

13 On the Sabbath we went a little way outside the city to a riverbank, where we thought people would be meeting for prayer, and we sat down to speak with some women who 14 had gathered there. One of them was Lydia from Thyatira, a merchant of expensive purple cloth, who worshiped God. As she listened to us, the Lord opened her heart, and she 15 accepted what Paul was saying. She and her household were baptized, and she asked us to be her guests. "If you agree that I am a true believer in the Lord," she said, "come and stay at my home." And she urged us until we agreed.

Paul and Silas in Prison

16 One day as we were going down to the place of prayer, we met a slave girl who had a spirit

16:6-7 *Phrygia, Galatia, Asia, Mysia,* and *Bithynia* were all districts in what is now Turkey. 16:10 Luke, the writer of this book, here joined Paul and accompanied him on his journey.

17 이 여자가 바울과 우리를 따라오면서 큰소리로 "이 사람들은 가장 높으신 하나님의 종들이다. 이 사람들은 여러분에게 구원의 길을 전하고 계시다"라고 외쳤습니다.

18 그 여자가 며칠이고 계속 이렇게 하자, 참다 못한 바울은 돌아서서 그 귀신에게 "내가 예수 그리스도의 이름으로 네게 명령한다. 그 여자에게서 나오너라!"라고 말했습니다. 그 순간, 귀신이 그 여자에게서 나왔습니다.

19 여종의 주인들은 돈을 벌 희망이 사라진 것을 보고, 바울과 실라를 붙잡아 광장에 있는 관리들에게로 끌고 갔습니다.

20 그들이 바울과 실라를 로마 관리에게로 데려가서 말했습니다. "이 사람들은 유대인들인데 우리 도시에서 소란을 피우고 있습니다.

21 이들은 우리 로마 사람들로서는 받아들이거나 실천할 수 없는 풍습을 선전하고 있습니다."

22 군중들도 합세하여 바울과 실라를 공격했습니다. 로마 관리는 바울과 실라의 옷을 찢고 매질하라고 명령했습니다.

23 그들은 바울과 실라를 호되게 때린 뒤에 감옥에 가두었습니다. 그리고 간수에게 그들을 잘 지키라고 명령했습니다.

24 간수는 그 명령을 받고 바울과 실라를 깊숙한 감옥에 가두고, 그들의 발에 쇠고랑을 단단히 채웠습니다.

25 한밤중에 바울과 실라는 하나님께 기도를 하며 찬송을 불렀습니다. 다른 죄수들도 그들의 기도와 찬송 소리를 듣고 있었습니다.

26 그때, 갑자기 감옥까지도 흔들릴 정도의 큰 지진이 발생했습니다. 감옥 문이 모두 열리면서 죄수들을 묶고 있던 사슬들도 다 풀렸습니다.

27 간수가 잠에서 깨어, 감옥 문이 다 열린 것을 보고는 죄수들이 벌써 도망쳤을 것이라고 생각하고 칼을 꺼내어서 자결하려 했습니다.

28 그러자 바울이 큰소리로 소리쳤습니다. "당신 몸을 해하지 마시오. 우리는 다 여기 있습니다."

29 간수가 등불을 달라고 해서 안으로 뛰어들어가, 두려워 떨면서 바울과 실라 앞에 엎드렸습니다.

30 그리고 그들을 바깥으로 데리고 나와 "선생님들, 제가 어떻게 해야 구원을 받을 수 있겠습니까?"라고 물었습니다.

31 바울과 실라가 간수에게 말했습니다. "주 예수님을 믿으십시오. 그러면 당신과 당신의 집안이 구원을 얻을 것입니다."

32 그리고 바울과 실라는 간수와 그의 집에 있는 모든 사람에게 주님의 말씀을 전했습니다.

33 그날 밤, 그 시각에 간수는 바울과 실라를 데려다가 상처를 씻어 주었습니다. 그리고 그 자리에서 그와

that enabled her to tell the future. She earned a lot of money for her masters by telling fortunes.

17 ●She followed Paul and the rest of us, shouting, "These men are servants of the Most High God, and they have come to tell you how to be saved."

18 ●This went on day after day until Paul got so exasperated that he turned and said to the demon within her, "I command you in the name of Jesus Christ to come out of her." And instantly it left her.

19 ●Her masters' hopes of wealth were now shattered, so they grabbed Paul and Silas and dragged them before the authorities at the

20 marketplace. ●"The whole city is in an uproar because of these Jews!" they shouted

21 to the city officials. ●"They are teaching customs that are illegal for us Romans to practice."

22 ●A mob quickly formed against Paul and Silas, and the city officials ordered them stripped and beaten with wooden rods.

23 ●They were severely beaten, and then they

24 were thrown into prison. The jailer was ordered to make sure they didn't escape. ●So the jailer put them into the inner dungeon and clamped their feet in the stocks.

25 ●Around midnight Paul and Silas were praying and singing hymns to God, and the

26 other prisoners were listening. ●Suddenly, there was a massive earthquake, and the prison was shaken to its foundations. All the doors immediately flew open, and the

27 chains of every prisoner fell off! ●The jailer woke up to see the prison doors wide open. He assumed the prisoners had escaped, so he

28 drew his sword to kill himself. ●But Paul shouted to him, "Stop! Don't kill yourself! We are all here!"

29 ●The jailer called for lights and ran to the dungeon and fell down trembling before

30 Paul and Silas. ●Then he brought them out and asked, "Sirs, what must I do to be saved?"

31 ●They replied, "Believe in the Lord Jesus and you will be saved, along with everyone

32 in your household." ●And they shared the word of the Lord with him and with all

33 who lived in his household. ●Even at that hour of the night, the jailer cared for them and washed their wounds. Then he and everyone in his household were immediate-

---

clamp [klǽmp] *vt.* (죔쇠 등으로) 죄다
conclude [kənklúd] *vt.* 결론짓다
exasperated [igzǽspərèitid] *a.* 화가 난
jailer [dʒéilər] *n.* 간수
massive [mǽsiv] *a.* 크고 무거운; 강력한
uproar [ʌ́prɔ̀ːr] *n.* 소동

온 가족이 세례를 받았습니다.

34 간수는 바울과 실라를 자기 집으로 데려가서 음식을 대접했습니다. 그와 온 가족은 하나님을 믿게 된 것을 매우 기뻐했습니다.

35 다음 날 아침, 로마 관리들이 부하들을 보내어 "그 사람들을 풀어 주라"고 명령했습니다.

36 간수가 이 말을 바울에게 전했습니다. "관리들이 선생님과 실라를 풀어 주라고 전령을 보내왔습니다. 이제 나오셔서 평안히 가십시오."

37 하지만 바울은 그들에게 이렇게 말했습니다. "로마 시민인 우리를 재판도 하지 않고 사람들 앞에서 매질하고 감옥에 넣더니, 이제 와서 슬그머니 우리를 놓아 주려는 겁니까? 안 됩니다! 그 사람들이 직접 와서 우리를 데리고 나가라고 하시오."

38 부하들이 관리들에게 가서 바울이 한 말을 전했습니다. 관리들은 바울과 실라가 로마 시민이라는 말을 듣고 두려워했습니다.

39 그래서 그들은 가서 바울과 실라에게 사과하고 그들을 데리고 나가, 그 도시에서 떠나 달라고 부탁했습니다.

40 감옥에서 나온 바울과 실라는 루디아의 집으로 갔습니다. 그들은 거기서 신자들을 만나 격려하고 그곳을 떠났습니다.

데살로니가에서 전도하는 바울

17 바울과 실라는 암비볼리와 아볼로니아를 지나 데살로니가에 도착했습니다. 거기에는 유대인 회당이 있었습니다.

2 바울은 습관대로 회당으로 들어가 삼 주에 걸쳐 안식일마다 성경을 가지고 유대인들과 토론을 했습니다.

3 바울은 그리스도가 고난을 받고 죽은 자 가운데서 다시 살아나야 한다는 것을 설명하고 증명했습니다. 그리고 "내가 여러분에게 전하고 있는 이 예수님이 바로 그리스도입니다"라고 말했습니다.

4 유대인 중에 그 말에 설득되어 바울과 실라를 따르는 사람들이 생겼습니다. 하나님을 경외하는 많은 그리스인들과 적잖은 귀부인들도 바울을 따랐습니다.

5 그러나 유대인들이 이들을 시기하여 시장에서 불량배들을 모아 폭동을 일으켜 도시를 혼란에 빠지게 했습니다. 그들은 바울과 실라를 군중 앞으로 끌어 내려고 야손의 집으로 쳐들어갔습니다.

6 그러나 바울과 실라를 찾지 못하자, 그들은 야손과 다른 형제 몇 사람을 마을의 관원들에게 끌고 가서 큰소리로 외쳤습니다. "가는 곳마다 문제를 일으키던 사람들이 여기에도 나타났습니다.

7 그런데 야손이 그들을 자기 집으로 맞아들였습니다. 그들은 모두 가이사의 법을 어겨가며 예수라 하

34 ly baptized. • He brought them into his house and set a meal before them, and he and his entire household rejoiced because they all believed in God.

35 • The next morning the city officials sent the police to tell the jailer, "Let those men 36 go!" • So the jailer told Paul, "The city officials have said you and Silas are free to leave. Go in peace."

37 • But Paul replied, "They have publicly beaten us without a trial and put us in prison—and we are Roman citizens. So now they want us to leave secretly? Certainly not! Let them come themselves to release us!"

38 • When the police reported this, the city officials were alarmed to learn that Paul and 39 Silas were Roman citizens. • So they came to the jail and apologized to them. Then they brought them out and begged them to leave 40 the city. • When Paul and Silas left the prison, they returned to the home of Lydia. There they met with the believers and encouraged them once more. Then they left town.

Paul Preaches in Thessalonica

17 Paul and Silas then traveled through the towns of Amphipolis and Apollonia and came to Thessalonica, where there 2 was a Jewish synagogue. • As was Paul's custom, he went to the synagogue service, and for three Sabbaths in a row he used the 3 Scriptures to reason with the people. • He explained the prophecies and proved that the Messiah must suffer and rise from the dead. He said, "This Jesus I'm telling you 4 about is the Messiah." • Some of the Jews who listened were persuaded and joined Paul and Silas, along with many God-fearing Greek men and quite a few prominent women.*

5 • But some of the Jews were jealous, so they gathered some troublemakers from the marketplace to form a mob and start a riot. They attacked the home of Jason, searching for Paul and Silas so they could drag them 6 out to the crowd.* • Not finding them there, they dragged out Jason and some of the other believers* instead and took them before the city council. "Paul and Silas have caused trouble all over the world," they shouted, "and now they are here disturbing 7 our city, too. • And Jason has welcomed them into his home. They are all guilty of

17:4 Some manuscripts read *quite a few of the wives of the leading men.* 17:5 Or *the city council.* 17:6 Greek *brothers*; also in 17:10, 14.

는 다른 왕이 있다고 말하면서 황제의 명령을 거스르는 행동을 합니다.”

8 무리와 마을의 관원들은 이 말을 듣고는, 당황하였습니다.

9 그러나 마을의 관원들은 야손과 다른 신자들에게서 보석금을 받고 그들을 풀어 주었습니다.

베뢰아에서 전도하는 바울

10 밤이 되자, 신자들은 곧바로 바울과 실라를 베뢰아로 보냈습니다. 바울과 실라는 베뢰아에 도착하여 유대인의 회당으로 들어갔습니다.

11 베뢰아 사람들은 데살로니가 사람들보다 더 고상한 성품을 가진 사람들이었습니다. 그들은 바울과 실라의 말을 열정적으로 받아들였으며, 바울이 한 말이 사실인지를 알아보려고 날마다 성경을 연구했습니다.

12 그래서 그들 가운데 믿는 사람이 많이 생겼습니다. 뿐만 아니라 그리스의 귀부인과 남자들도 적지 않게 믿게 되었습니다.

13 그러나 데살로니가의 유대인들은 바울이 베뢰아에서도 하나님의 말씀을 가르친다는 것을 듣고, 거기까지 가서 사람들을 선동하고 소란을 피웠습니다.

14 그래서 형제들은 급히 바울을 바닷가로 보냈습니다. 하지만 실라와 디모데는 베뢰아에 그대로 남아 있었습니다.

15 바울을 수행하던 사람들은 바울을 아테네까지 인도하였습니다. 그들은 가능한 한 빨리 실라와 디모데를 바울에게로 데려오라는 지시를 받고 베뢰아로 돌아갔습니다.

아테네에서 전도하는 바울

16 바울은 아테네에서 실라와 디모데를 기다리고 있는 동안, 온 도시가 우상들로 가득 찬 것을 보고 대단히 화가 났습니다.

17 그래서 바울은 회당에서 유대인들과 하나님을 경외하는 그리스인들과 토론을 벌였습니다. 그리고 광장에서 만나는 사람들과도 날마다 토론하였습니다.

18 어떤 에피쿠로스 철학자들과 스토아 철학자들이 바울과 논쟁을 하게 되었습니다. 그들 중에 어떤 사람은 “이 수다쟁이가 무슨 말을 하려고 하는가?”라고 말하기도 하였고, 또 어떤 사람은 “그가 외국의 다른 신들에 관해서 말하는 것 같다”고 말하기도 하였습니다. 이 사람들이 이렇게 말한 것은 바울이 그들에게 예수님과 부활에 관한 복음을 전했기 때문입니다.

19 그들이 바울을 붙잡아 아레오바고에 있는 시의회로 데려가서 바울에게 이렇게 물었습니다. “당신이 전하고 있는 이 새로운 가르침이 무엇인지 우리가 알아듣기 쉽게 설명해 줄 수 있겠소?

20 당신이 하는 말은 우리에게는 무척 낯설고 새로운

---

treason against Caesar, for they profess allegiance to another king, named Jesus."

8 •The people of the city, as well as the city council, were thrown into turmoil by these 9 reports. •So the officials forced Jason and the other believers to post bond, and then they released them.

Paul and Silas in Berea

10 •That very night the believers sent Paul and Silas to Berea. When they arrived there, they 11 went to the Jewish synagogue. •And the people of Berea were more open-minded than those in Thessalonica, and they listened eagerly to Paul's message. They 12 searched the Scriptures day after day to see if Paul and Silas were teaching the truth. •As a result, many Jews believed, as did many of the prominent Greek women and men.

13 •But when some Jews in Thessalonica learned that Paul was preaching the word of 14 God in Berea, they went there and stirred up trouble. •The believers acted at once, sending Paul on to the coast, while Silas and 15 Timothy remained behind. •Those escorting Paul went with him all the way to Athens; then they returned to Berea with instructions for Silas and Timothy to hurry and join him.

Paul Preaches in Athens

16 •While Paul was waiting for them in Athens, he was deeply troubled by all the 17 idols he saw everywhere in the city. •He went to the synagogue to reason with the Jews and the God-fearing Gentiles, and he spoke daily in the public square to all who happened to be there.

18 •He also had a debate with some of the Epicurean and Stoic philosophers. When he told them about Jesus and his resurrection, they said, "What's this babbler trying to say with these strange ideas he's picked up?" Others said, "He seems to be preaching about some foreign gods."

19 •Then they took him to the high council of the city.* "Come and tell us about this 20 new teaching," they said. •"You are saying some rather strange things, and we want to

---

allegiance [əlíːdʒəns] *n.* 충성
disturb [distə́ːrb] *vt.* 어지럽히다
profess [prəfés] *vt.* 고백하다
prominent [prάmənənt] *a.* 유력한
treason [tríːzn] *n.* 반역

17:19 Or *the most learned society of philosophers in the city.* Greek reads *the Areopagus.*

것이오, 대체 그것이 무엇인지 알고 싶소."

21 아테네 사람과 그곳에 사는 외국 사람들은 새로운 것이라면 무엇이든지 말하거나 듣는 것으로 시간을 보내는 사람들이었습니다.

22 바울이 아레오바고 시의회 앞에 서서 말했습니다. "아테네 시민 여러분, 내가 보기에 여러분은 모든 면에서 종교심이 강한 사람들입니다.

23 내가 이곳 저곳을 돌아다니면서 여러분이 섬기는 것들을 자세히 살펴보았는데, 그 중에서 '알지 못하는 신에게' 라는 글을 새긴 제단도 보았습니다. 그러므로 여러분이 알지도 못하고 섬기는 그 신에 대해 여러분에게 알려 드리겠습니다.

24 그분은 온 세상과 그 안에 있는 모든 것을 창조하신 하나님으로서 하늘과 땅의 주님이시며, 사람이 지은 신전에서 살지 않으십니다.

25 또한 이 하나님께서는 모든 사람에게 생명과 호흡과 모든 것을 주시는 분이시기 때문에 무엇인가 부족한 것이 있어서 사람의 손으로 섬겨야 하는 분이 아닙니다.

26 하나님께서는 한 사람으로부터 세계 모든 인류를 만들어 땅 위에 살게 하셨습니다. 그리고 그들이 살 시대와 지역의 경계를 정해 주셨습니다.

27 이렇게 하신 것은 사람들이 하나님을 찾기를 바라시기 때문입니다. 사람들은 하나님을 더듬어 찾기만 하면 찾을 수 있습니다. 사실 하나님께서는 우리 각 사람에게서 멀리 떨어져 계시지 않습니다.

28 우리는 하나님 안에서 살고 있고 하나님 안에서 움직이며 존재하고 있습니다. 시인 가운데 '우리는 그분의 자녀입니다' 라고 말하는 사람도 있지 않습니까?

29 우리는 하나님의 자녀이므로 하나님 자신을 사람의 생각이나 손으로 만들어 낼 수 있는 금이나 은이나 돌 같은 우상으로 생각해서는 안 됩니다.

30 사람들이 하나님을 알지 못했던 시대에는 하나님께서 눈감아 주셨지만, 이제는 어디서나 온 세상 사람들에게 회개하라고 명령하십니다.

31 하나님께서는 자기가 정하신 한 사람을 시켜 온 세상을 의롭게 심판하실 날을 정하셨습니다. 하나님께서는 그를 죽은 자들 가운데서 살리심으로 모든 이에게 그 증거를 보이셨습니다."

32 부활에 관한 이야기를 듣고 비웃는 사람들도 있었지만 "이 내용에 관해 나중에 더 듣고 싶다"라고 말하는 사람들도 있었습니다.

33 그리고는 바울은 그들을 떠나갔습니다.

34 그때, 바울이 전한 말을 믿고 바울을 따르게 된 사람이 몇 사람 있었습니다. 그렇게 믿게 된 사람들 중에는 아레오바고 시의회의 의원인 디오누시오와 다마리라는 여자와 그 밖에 몇 사람이 더 있었습

21 know what it's all about." ●(It should be explained that all the Athenians as well as the foreigners in Athens seemed to spend all their time discussing the latest ideas.)

22 ●So Paul, standing before the council,* addressed them as follows: "Men of Athens, I notice that you are very religious in every

23 way, ●for as I was walking along I saw your many shrines. And one of your altars had this inscription on it: 'To an Unknown God.' This God, whom you worship without knowing, is the one I'm telling you about.

24 ●"He is the God who made the world and everything in it. Since he is Lord of heaven and earth, he doesn't live in man-

25 made temples, ●and human hands can't serve his needs—for he has no needs. He himself gives life and breath to everything,

26 and he satisfies every need. ●From one man* he created all the nations throughout the whole earth. He decided beforehand when they should rise and fall, and he determined their boundaries.

27 ●"His purpose was for the nations to seek after God and perhaps feel their way toward him and find him—though he is not far

28 from any one of us. ●For in him we live and move and exist. As some of your* own poets

29 have said, 'We are his offspring.' ●And since this is true, we shouldn't think of God as an idol designed by craftsmen from gold or silver or stone.

30 ●"God overlooked people's ignorance about these things in earlier times, but now he commands everyone everywhere to

31 repent of their sins and turn to him. ●For he has set a day for judging the world with justice by the man he has appointed, and he proved to everyone who this is by raising him from the dead."

32 ●When they heard Paul speak about the resurrection of the dead, some laughed in contempt, but others said, "We want to hear

33 more about this later." ●That ended Paul's

34 discussion with them, ●but some joined him and became believers. Among them were Dionysius, a member of the council,* a

---

ignorance [ígnərəns] *n.* 무지
inscription [inskríp∫ən] *n.* 비명(碑銘)
resurrection [rezərék∫ən] *n.* 부활

17:22 Traditionally rendered *standing in the middle of Mars Hill;* Greek reads *standing in the middle of the Areopagus.* 17:26 Greek *From one;* other manuscripts read *From one blood.* 17:28 Some manuscripts read *our.* 17:34 Greek *an Areopagite.*

니다.

고린도에서 전도하는 바울

18 그 뒤에 바울은 아테네를 떠나 고린도로 갔습니다.

2 그곳에서 바울은 아굴라라는 유대인을 만났습니다. 아굴라는 본도 지방에서 태어났지만, 글라우디오가 모든 유대인에게 로마를 떠나라고 명령했기 때문에 그의 아내 브리스길라와 함께 얼마 전에 이탈리아에서 고린도로 옮겨 왔습니다. 바울이 아굴라와 브리스길라를 찾아갔습니다.

3 마침, 그들의 직업이 같았기 때문에 바울은 그들과 함께 묵으면서 그들과 같이 일했습니다. 천막 만드는 것이 그들의 직업이었습니다.

4 바울은 안식일마다 회당에서 유대인과 그리스인과 함께 토론을 하면서 그들을 설득하려 했습니다.

5 실라와 디모데가 마케도니아에서 고린도로 온 이후, 바울은 말씀을 전하는 일에만 힘썼습니다. 그는 예수님께서 그리스도이심을 유대인들에게 증언했습니다.

6 그러나 그들은 바울에게 대들며 욕을 했습니다. 그래서 바울은 자기 옷에서 먼지를 털며 그들에게 말했습니다. "여러분이 구원 받지 못한다면 그것은 여러분의 책임입니다. 나에게는 잘못이 없습니다. 이제 나는 이방인들에게 가겠습니다."

7 바울은 회당에서 나와 디디오* 유스도라는 사람의 집으로 갔습니다. 그는 하나님을 경외하는 이방인이었습니다. 그의 집은 회당 바로 옆에 있었습니다.

8 회당장 그리스보와 그의 온 집안 식구가 주님을 믿었습니다. 그러자 고린도에 사는 다른 많은 사람들이 이 소식을 듣고 예수님을 믿고, 세례를 받았습니다.

9 어느 날 밤, 환상 중에 주님께서 바울에게 말씀하셨습니다. "두려워하지 마라. 조용히 있지 말고 계속해서 말하여라.

10 내가 너와 함께 있다. 내 백성이 이 도시에 많다. 그러므로 아무도 너를 공격하거나 해치지 못할 것이다."

11 바울은 그곳에 일 년 육 개월 동안을 머물면서 사람들에게 하나님의 말씀을 가르쳤습니다.

갈리오에게 끌려간 바울

12 갈리오가 아가야 지방의 총독이 되었을 때에 유대인들이 합심하여 바울에게 몰려가 그를 재판정으로 끌고 갔습니다.

13 유대인들은 갈리오에게 "이 사람이 우리의 법을 어겨가면서 사람들에게 하나님을 섬기라고 유혹하고 있습니다"라고 고소했습니다.

14 바울이 막 입을 열려고 하는데 갈리오가 유대인들에게 말했습니다. "여러분, 고소하는 것이 어떤 범

woman named Damaris, and others with them.

Paul Meets Priscilla and Aquila in Corinth

18 Then Paul left Athens and went to Corinth.* •There he became acquainted with a Jew named Aquila, born in Pontus, who had recently arrived from Italy with his wife, Priscilla. They had left Italy when Claudius Caesar deported all Jews from Rome. •Paul lived and worked with them, for they were tentmakers* just as he was.

4 •Each Sabbath found Paul at the synagogue, trying to convince the Jews and Greeks alike. •And after Silas and Timothy came down from Macedonia, Paul spent all his time preaching the word. He testified to the Jews that Jesus was the Messiah. •But when they opposed and insulted him, Paul shook the dust from his clothes and said, "Your blood is upon your own heads—I am innocent. From now on I will go preach to the Gentiles."

7 •Then he left and went to the home of Titius Justus, a Gentile who worshiped God and lived next door to the synagogue. •Crispus, the leader of the synagogue, and everyone in his household believed in the Lord. Many others in Corinth also heard Paul, became believers, and were baptized.

9 •One night the Lord spoke to Paul in a vision and told him, "Don't be afraid! Speak out! Don't be silent! •For I am with you, and no one will attack and harm you, for many people in this city belong to me." •So Paul stayed there for the next year and a half, teaching the word of God.

12 •But when Gallio became governor of Achaia, some Jews rose up together against Paul and brought him before the governor for judgment. •They accused Paul of "persuading people to worship God in ways that are contrary to our law."

14 •But just as Paul started to make his defense, Gallio turned to Paul's accusers and said, "Listen, you Jews, if this were a case involving some wrongdoing or a serious crime, I would have a reason to accept your

---

acquainted [əkwéintid] *a.* …와 아는 사이인

18:1 *Athens* and *Corinth* were major cities in Achaia, the region in the southern portion of the Greek peninsula.   18:3 Or *leatherworkers*.

18:7 개역 성경과 다른 고대 사본에는 '디도'라고도 표기되어 있다.

15 죄나 나쁜 행동에 관한 것이라면 내가 들어 주겠소.

15 그러나 여러분이 지금 말하는 것은 언어와 명칭과 여러분들의 율법에 관한 것들이오. 그러니 이런 문제는 여러분 스스로 해결하도록 하시오. 나는 이런 사건에 재판관이 되기는 싫소."

16 이 말을 하고 갈리오는 그들을 재판정에서 몰아냈습니다.

17 그러자 그들은 회당장 소스데네를 붙들어다가 재판정 앞에서 마구 때렸습니다. 그래도 갈리오는 이 일에 조금도 참견하지 않았습니다.

바울이 안디옥으로 돌아감

18 바울은 형제들과 함께 고린도에 며칠 더 머물다가 그들과 작별하고 배를 타고 시리아로 갔습니다. 브리스길라와 아굴라도 그와 동행하였습니다. 바울은 항해하기 전에 그가 이전에 맹세한 것이 있어서 겐그레아에서 머리를 깎았습니다.

19 그들은 에베소에 도착했습니다. 그곳에서 바울은 브리스길라와 아굴라와 헤어진 후, 혼자서 회당으로 가서 유대인들과 토론을 했습니다.

20 유대인들이 바울에게 좀더 머물러 달라고 말했지만 바울은 거절했습니다.

21 하지만 바울은 그들과 헤어지면서 "하나님의 뜻이라면 다시 돌아오겠습니다"라고 약속했습니다. 그리고 배를 타고 에베소를 떠났습니다.

22 바울은 가이사랴에 내려 예루살렘으로 올라가 인사한 뒤, 다시 안디옥으로 내려갔습니다.

23 바울은 한동안, 안디옥에 머물러 있다가 그곳을 떠나 갈라디아와 브루기아 지방을 두루 다니면서 모든 신자들에게 힘을 북돋워 주었습니다.

에베소와 고린도에서 전도하는 아볼로

24 아볼로라는 유대인이 에베소에 왔습니다. 그는 알렉산드리아에서 태어났으며 교육을 많이 받았고 성경에 능통한 사람이었습니다.

25 그는 주님에 관한 '도'도 배워서 알고 있었기 때문에 예수님에 관한 일들을 말하고 자세히 가르쳤습니다. 그러나 그는 요한의 세례밖에 몰랐습니다.

26 아볼로가 회당에서 용기 있게 말하는 것을 브리스길라와 아굴라가 듣고, 그를 자기들 집으로 데려다가 하나님의 '도'에 대해 더 자세히 설명해 주었습니다.

27 아볼로가 아가야 지방으로 가고 싶어하자 에베소의 신자들은 격려하면서 그곳의 신자들에게 아볼로를 영접하라고 편지를 썼습니다. 아볼로는 그 지방에 도착하여, 하나님의 은혜로 믿게 된 사람들에게 많은 도움을 주었습니다.

28 그는 사람들 앞에서 유대인들과 열정적으로 토론을 하여 그들의 주장을 물리쳤으며, 성경을 이용해

15 case. •But since it is merely a question of words and names and your Jewish law, take care of it yourselves. I refuse to judge such 16 matters." •And he threw them out of the courtroom.

17 •The crowd* then grabbed Sosthenes, the leader of the synagogue, and beat him right there in the courtroom. But Gallio paid no attention.

Paul Returns to Antioch of Syria

18 •Paul stayed in Corinth for some time after that, then said good-bye to the brothers and sisters* and went to nearby Cenchrea. There he shaved his head according to Jewish custom, marking the end of a vow. Then he set sail for Syria, taking Priscilla and Aquila with him.

19 •They stopped first at the port of Ephesus, where Paul left the others behind. While he was there, he went to the synagogue to rea-20 son with the Jews. •They asked him to stay 21 longer, but he declined. •As he left, however, he said, "I will come back later,* God willing." Then he set sail from Ephesus. •The next stop was at the port of Caesarea. From there he went up and visited the church at Jerusalem* and then went back to Antioch.

23 •After spending some time in Antioch, Paul went back through Galatia and Phrygia, visiting and strengthening all the believers.*

Apollos Instructed at Ephesus

24 •Meanwhile, a Jew named Apollos, an eloquent speaker who knew the Scriptures well, had arrived in Ephesus from Alexandria in 25 Egypt. •He had been taught the way of the Lord, and he taught others about Jesus with an enthusiastic spirit* and with accuracy. However, he knew only about John's bap-26 tism. •When Priscilla and Aquila heard him preaching boldly in the synagogue, they took him aside and explained the way of God even more accurately.

27 •Apollos had been thinking about going to Achaia, and the brothers and sisters in Ephesus encouraged him to go. They wrote to the believers in Achaia, asking them to welcome him. When he arrived there, he proved to be of great benefit to those who, 28 by God's grace, had believed. •He refuted

18:17 Greek *Everyone;* other manuscripts read *All the Greeks.* 18:18 Greek *brothers;* also in 18:27. 18:21 Some manuscripts read *"I must by all means be at Jerusalem for the upcoming festival, but I will come back later."* 18:22 Greek *the church.* 18:23 Greek *disciples;* also in 18:27. 18:25 Or *with enthusiasm in the Spirit.*

서 예수님께서 그리스도이심을 증명했습니다.

에베소에서 전도하는 바울

19 아볼로가 고린도에 있는 동안, 바울은 북부 지방을 거쳐서 에베소에 이르게 되었습니다. 바울은 거기서 몇몇 제자들을 만났습니다.

2 바울이 그들에게 물었습니다. "여러분은 믿을 때에 성령을 받았습니까?" 그들이 대답했습니다. "우리는 성령이 계시다는 것조차 들어 본 적이 없습니다."

3 바울이 다시 물었습니다. "그러면 여러분은 어떤 세례를 받았습니까?" 그들이 대답했습니다. "요한의 세례를 받았습니다."

4 바울이 말했습니다. "요한은 회개의 세례를 베풀었습니다. 요한은 사람들에게 자기 뒤에 오실 분을 믿으라고 외쳤는데, 그분이 바로 예수님이십니다."

5 그들은 이 말을 듣고, 주 예수님의 이름으로 세례를 받았습니다.

6 바울이 그들에게 손을 얹자, 성령께서 그들에게 내려오셨습니다. 그러자 그들은 방언으로 말하고 예언을 하기 시작했습니다.

7 그곳에 있던 사람은 모두 열두 명쯤 되었습니다.

8 바울은 회당에 들어가서 세 달 동안, 하나님의 말씀을 담대하게 전했습니다. 그리고 하나님의 나라에 관해 토론도 하고 받아들이도록 설득했습니다.

9 그러나 어떤 사람들은 마음이 굳어져서 믿지 않고 오히려 군중들 앞에서 '도'를 욕하고 다녔습니다. 그래서 바울은 그런 사람들을 떠나 신자들을 데리고 두란노 학원으로 가서 날마다 사람들과 토론을 했습니다.

10 그 일은 이 년 동안, 계속되었습니다. 그리하여 아시아 지방의 모든 유대인과 그리스인이 주님의 말씀을 듣게 되었습니다.

스게와의 일곱 아들

11 하나님께서 바울의 손을 빌려 놀라운 기적들을 일으키셨습니다.

12 심지어 사람들이 바울이 몸에 지니던 손수건이나 앞치마를 병든 사람 위에 얹기만 해도 병이 낫고 귀신이 쫓겨 나갔습니다.

13 그러나 사방으로 돌아다니면서 귀신을 쫓아내는 유대인 중에서도 주 예수님의 이름을 이용하여 귀신을 쫓아내려는 사람들이 있었습니다. 그들은 "바울이 전파하는 그 예수의 이름으로 명령한다. 그 사람에게서 나오너라"고 말하곤 했습니다.

14 유대인 대제사장 스게와라는 사람의 일곱 아들들이 바로 이런 일을 하였습니다.

15 그런데 악한 귀신이 그들에게 말했습니다. "내가 예수님도 알고 바울도 알지만, 너희는 누구냐?"

---

the Jews with powerful arguments in public debate. Using the Scriptures, he explained to them that Jesus was the Messiah.

Paul's Third Missionary Journey

19 While Apollos was in Corinth, Paul traveled through the interior regions until he reached Ephesus, on the coast, where he found several believers.* • "Did you receive the Holy Spirit when you believed?" he asked them.

"No," they replied, "we haven't even heard that there is a Holy Spirit."

3 • "Then what baptism did you experience?" he asked.

And they replied, "The baptism of John."

4 • Paul said, "John's baptism called for repentance from sin. But John himself told the people to believe in the one who would come later, meaning Jesus."

5 • As soon as they heard this, they were baptized in the name of the Lord Jesus.

6 • Then when Paul laid his hands on them, the Holy Spirit came on them, and they spoke in other tongues* and prophesied.

7 • There were about twelve men in all.

Paul Ministers in Ephesus

8 • Then Paul went to the synagogue and preached boldly for the next three months, arguing persuasively about the Kingdom of God. • But some became stubborn, rejecting his message and publicly speaking against the Way. So Paul left the synagogue and took the believers with him. Then he held daily discussions at the lecture hall of Tyrannus. • This went on for the next two years, so that people throughout the province of Asia—both Jews and Greeks—heard the word of the Lord.

11 • God gave Paul the power to perform unusual miracles. • When handkerchiefs or aprons that had merely touched his skin were placed on sick people, they were healed of their diseases, and evil spirits were expelled.

13 • A group of Jews was traveling from town to town casting out evil spirits. They tried to use the name of the Lord Jesus in their incantation, saying, "I command you in the name of Jesus, whom Paul preaches, to come out!" • Seven sons of Sceva, a leading priest, were doing this. • But one time

---

decline [dikláin] *vi.* (정중히) 거절하다
incantation [ìnkæntéiʃən] *n.* 주문(呪文); 마법

19:1 Greek *disciples;* also in 19:9, 30.
19:6 *Or in other languages.*

16 그러더니 귀신들린 사람이 그들에게 달려들었습니다. 귀신들린 사람은 스게와의 아들들보다 힘이 세어서 그들을 때리고 옷을 찢었습니다. 그래서 그들은 발가벗긴 채 그 집에서 도망쳤습니다.

17 이 일이 에베소에 사는 모든 유대인과 그리스인들에게 알려지자, 그들은 두려움에 사로잡혔으며, 주 예수님의 이름을 찬양했습니다.

18 믿는 사람들이 많이 나와 사람들 앞에서 자기들이 행한 일들을 고백하기 시작했습니다.

19 그들 중에는 마술을 부리던 사람들도 있었는데, 그들은 자기들의 마술책을 가져다가 사람들 앞에서 다 태워 버렸습니다. 그 책 값을 계산하면 은화* 오만 개 가량 되었습니다.

20 이렇게 해서 주님의 말씀은 점점 힘있게 퍼져 나갔습니다.

바울의 여행 계획

21 그 후에 바울은 마게도냐와 아가야 지방을 거쳐 예루살렘으로 갈 결심을 하였습니다. 그리고 "나는 예루살렘에 갔다가 로마도 꼭 가 봐야겠습니다"라고 말했습니다.

22 바울은 자기를 돕는 사람 가운데 두 사람, 곧 디모데와 에라스도를 먼저 마게도냐로 보냈습니다. 그리고 그는 아시아에 얼마 동안을 더 머물렀습니다.

에베소에서 소동이 일어나다

23 그 무렵, 에베소에서는 예수님의 '도' 때문에 적지 않은 소란이 일어났습니다.

24 데메드리오라는 은 세공인이 있었는데, 은으로 아데미 여신의 신전 모형을 만드는 사람이었습니다. 그는 이 일로 직공들에게도 많은 돈을 벌게 했습니다.

25 그가 직공들과 이런 일에 종사하는 사람들을 불러 놓고 말했습니다. "여러분, 여러분도 아시다시피 우리는 이 사업으로 소득이 꽤 좋았습니다.

26 그런데 여러분들도 보고 들은 대로, 바울이라는 이 사람이 에베소뿐만 아니라 아시아의 거의 모든 지방에서 사람이 만든 신은 신이 아니라고 말합니다. 그는 수많은 사람들을 설득하여 그들의 마음을 돌려 놓았습니다.

27 이러다가는 우리 사업이 명성을 잃게 될 위험이 있을 뿐만 아니라 사람들이 위대한 아데미 여신의 신전을 우습게 여길 위험이 있습니다. 그렇게 되면 아시아와 온 세계의 모든 사람들이 섬기는 아데미 여신의 위엄이 땅에 떨어질 것입니다."

28 이 말을 들은 사람들은 격분하여 "에베소의 여신 아데미는 위대하다!"라고 소리지르기 시작했습니다.

29 도시는 순식간에 소란스러워졌습니다. 군중들은 바울과 함께 여행하던 마게도냐 사람 가이오와

when they tried it, the evil spirit replied, "I know Jesus, and I know Paul, but who are 16 you?" •Then the man with the evil spirit leaped on them, overpowered them, and attacked them with such violence that they fled from the house, naked and battered.

17 •The story of what happened spread quickly all through Ephesus, to Jews and Greeks alike. A solemn fear descended on the city, and the name of the Lord Jesus was 18 greatly honored. •Many who became 19 believers confessed their sinful practices. •A number of them who had been practicing sorcery brought their incantation books and burned them at a public bonfire. The value of the books was several million dollars.* 20 •So the message about the Lord spread widely and had a powerful effect.

21 •Afterward Paul felt compelled by the Spirit* to go over to Macedonia and Achaia before going to Jerusalem. "And after that," 22 he said, "I must go on to Rome!" •He sent his two assistants, Timothy and Erastus, ahead to Macedonia while he stayed awhile longer in the province of Asia.

The Riot in Ephesus

23 •About that time, serious trouble developed 24 in Ephesus concerning the Way. •It began with Demetrius, a silversmith who had a large business manufacturing silver shrines of the Greek goddess Artemis.* He kept 25 many craftsmen busy. •He called them together, along with others employed in similar trades, and addressed them as follows:

"Gentlemen, you know that our wealth 26 comes from this business. •But as you have seen and heard, this man Paul has persuaded many people that handmade gods aren't really gods at all. And he's done this not only here in Ephesus but throughout the entire 27 province! •Of course, I'm not just talking about the loss of public respect for our business. I'm also concerned that the temple of the great goddess Artemis will lose its influence and that Artemis—this magnificent goddess worshiped throughout the province of Asia and all around the world—will be robbed of her great prestige!"

28 •At this their anger boiled, and they began shouting, "Great is Artemis of the

---

19:19 Greek *50,000 pieces of silver*, each of which was the equivalent of a day's wage.
19:21 Or *decided in his spirit*.　19:24 *Artemis* is otherwise known as Diana.
19:19 은화 하나는 당시 하루 품삯에 해당한다.

아리스다고를 붙잡고 한꺼번에 극장으로 몰려갔습니다.

30 그때, 바울도 군중들 속으로 들어가려 했지만 제자들이 말렸습니다.

31 또 바울과 친하게 지내던 아시아의 관리 몇 사람들도 사람을 보내어 바울더러 극장에 들어가지 말라고 권했습니다.

32 극장 안에서는 사람들이 소리를 지르는데 어떤 사람은 이렇게, 다른 사람은 저렇게 외쳐대는 바람에 극장 안은 완전히 난장판이 되고 말았습니다. 심지어 자기들이 그곳에 왜 모였는지조차 모르는 사람들도 많았습니다.

33 유대인들이 알렉산더라고 하는 사람을 앞으로 밀어내자, 군중들 중 몇 사람이 그를 다그쳤습니다. 알렉산더가 손짓으로 사람들에게 조용히 하라고 한 후, 군중들에게 변명을 하려고 했습니다.

34 그러자 군중은 알렉산더가 유대인인 것을 알고 한목소리로 "에베소의 여신 아데미는 위대하다"라고 두 시간이나 외쳐댔습니다.

35 마침내 에베소 시의 서기관이 나와 군중을 진정시키고 이렇게 말했습니다. "에베소 시민 여러분, 에베소가 위대한 아데미 여신의 신전과 하늘에서 내려온 그 신상을 지키는 곳이라는 것은 온 세상이 다 아는 사실입니다.

36 이것은 부인할 수 없는 사실이므로 시민 여러분은 마음을 가라앉히고 경솔한 행동은 삼가시기 바랍니다.

37 여러분은 이 사람들을 이리로 끌고 왔으나, 이 사람들은 우리 여신을 모욕한 적도 없고 그 신전에서 무엇을 훔치지도 않았습니다.

38 우리에게는 재판정이 있고 재판관들도 있습니다. 만약 데메드리오와 그의 직공들이 누구를 고소할 일이 있다면, 당사자들이 재판정으로 가서 옳고 그름을 가려야 할 것입니다.

39 그 밖에 여러분이 해결하고자 하는 문제가 있다면, 그것은 공식적인 모임에서 다루어야 할 것입니다.

40 이는 제가 이런 말을 하는 것은 아무런 이유도 없이 소동을 일으킨 책임이 우리에게 있다고 비난을 받을 위험이 있고, 또 이 소동에 대해 변명할 말이 없기 때문입니다."

41 그는 이렇게 말하고 모임을 해산시켰습니다.

마케도니아와 그리스에서 전도하는 바울

20 소동이 그치자, 바울은 신자들을 불러오게 해서 격려한 뒤에 작별 인사를 했습니다. 바울은 그곳을 떠나 마케도니아 지방으로 갔습니다.

2 그는 마케도니아로 가는 길에 여러 지방에 들러 신자들에게 격려하는 말을 많이 하고 그리스에 도착

---

29 Ephesians!" • Soon the whole city was filled with confusion. Everyone rushed to the amphitheater, dragging along Gaius and Aristarchus, who were Paul's traveling companions from Macedonia. • Paul wanted to

30 go in, too, but the believers wouldn't let him.

31 • Some of the officials of the province, friends of Paul, also sent a message to him, begging him not to risk his life by entering the amphitheater.

32 • Inside, the people were all shouting, some one thing and some another. Everything was in confusion. In fact, most of them didn't even know why they were

33 there. • The Jews in the crowd pushed Alexander forward and told him to explain the situation. He motioned for silence and

34 tried to speak. • But when the crowd realized he was a Jew, they started shouting again and kept it up for about two hours: "Great is Artemis of the Ephesians! Great is Artemis of the Ephesians!"

35 • At last the mayor was able to quiet them down enough to speak. "Citizens of Ephesus," he said. "Everyone knows that Ephesus is the official guardian of the temple of the great Artemis, whose image fell down

36 to us from heaven. • Since this is an undeniable fact, you should stay calm and not do

37 anything rash. • You have brought these men here, but they have stolen nothing from the temple and have not spoken against our goddess.

38 • "If Demetrius and the craftsmen have a case against them, the courts are in session and the officials can hear the case at once.

39 Let them make formal charges. • And if there are complaints about other matters,

40 they can be settled in a legal assembly. • I am afraid we are in danger of being charged with rioting by the Roman government, since there is no cause for all this commotion. And if Rome demands an explanation,

41 we won't know what to say." • *Then he dismissed them, and they dispersed.

Paul Goes to Macedonia and Greece

20 When the uproar was over, Paul sent for the believers* and encouraged them. Then he said good-bye and left for

2 Macedonia. • While there, he encouraged the believers in all the towns he passed

---

amphitheater [ǽmfəθìːətər] *n.* 원형극장
compel [kəmpél] *vt.* 강요하다; 따르게 하다
disperse [dispə́ːrs] *vi.* 흩어지다

19:41 Some translations include verse 41 as part of verse 40.　20:1 Greek *disciples*.

했습니다.

3 바울은 그리스에서 세 달을 지냈습니다. 그는 배를 타고 시리아로 가려 했으나 유대인들이 그를 해치려는 음모를 꾸몄기 때문에 마게도니아를 거쳐서 시리아로 돌아가기로 작정했습니다.

4 그때, 바울과 동행한 사람은 베뢰아 사람 부로의 아들 소바더와 데살로니가 사람 아리스다고와 세군도와 더베 사람 가이오와 디모데와 아시아 사람 두기고와 드로비모였습니다.

5 이들은 드로아에 먼저 가서 우리를 기다리고 있었습니다.

6 우리는 무교절이 지난 뒤에, 빌립보에서 배를 타고 오 일 만에 드로아에서 그들을 만나 그곳에서 칠 일 동안을 머물렀습니다.

유두고를 살린 바울

7 안식일 다음 날, 우리가 교제의 식사를 나누기 위해 모였을 때에 바울이 설교를 시작했습니다. 그는 다음 날에 떠나기로 되어 있어서 한밤중까지 신자들에게 설교를 계속했습니다.

8 우리가 모인 다락방에는 등불을 많이 켜 놓았습니다.

9 유두고라고 하는 청년이 창문에 자리잡고 앉아 있었는데, 바울의 말이 너무 오래 계속되자, 잠이 들어 그만 삼 층에서 떨어졌습니다. 사람들이 그를 일으켜 보니, 이미 죽어 있었습니다.

10 바울이 내려와 유두고 위에 엎드려 그를 껴안고 말했습니다. "걱정하지 마십시오. 이 청년이 아직 살아 있습니다."

11 바울은 다시 위층으로 올라가서 빵을 떼어 먹은 후에 날이 새도록 오랫동안 설교를 하고 떠나갔습니다.

12 사람들은 살아난 젊은이를 집으로 데려가면서 큰 위로를 받았습니다.

드로아에서 밀레도까지 여행하다

13 우리는 먼저 배를 타고 앗소로 항해하였습니다. 앗소에 도착해서 바울을 그 배에 태울 생각에서였습니다. 이런 계획을 세운 것은 바울이 걸어서 앗소까지 가겠다고 했기 때문입니다.

14 우리는 앗소에서 바울을 만나서 그를 배에 태워 미둘레네로 갔습니다.

15 이튿날에는 미둘레네를 떠나 기오에서 가까운 곳에 이르렀고, 다음 날, 사모로 건너갔다가, 그 다음 날, 밀레도에 도착했습니다.

16 바울은 아시아 지방에서 너무 오랜 시간을 보내지 않으려고 에베소를 들르지 않고 지나가려고 했습니다. 그는 가능하다면 오순절 안에 예루살렘에 도착하려고 서둘렀습니다.

에베소의 장로들

17 바울이 밀레도에서 에베소로 사람을 보내어 교회

through. Then he traveled down to Greece,
3 where he stayed for three months. He was preparing to sail back to Syria when he discovered a plot by some Jews against his life, so he decided to return through Macedonia.
4 Several men were traveling with him. They were Sopater son of Pyrrhus from Berea; Aristarchus and Secundus from Thessalonica; Gaius from Derbe; Timothy; and Tychicus and Trophimus from the
5 province of Asia. They went on ahead and
6 waited for us at Troas. After the Passover* ended, we boarded a ship at Philippi in Macedonia and five days later joined them in Troas, where we stayed a week.

Paul's Final Visit to Troas

7 On the first day of the week, we gathered with the local believers to share in the Lord's Supper.* Paul was preaching to them, and since he was leaving the next day, he kept
8 talking until midnight. The upstairs room where we met was lighted with many flick-
9 ering lamps. As Paul spoke on and on, a young man named Eutychus, sitting on the windowsill, became very drowsy. Finally, he fell sound asleep and dropped three stories to
10 his death below. Paul went down, bent over him, and took him into his arms.
11 "Don't worry," he said, "he's alive!" Then they all went back upstairs, shared in the Lord's Supper,* and ate together. Paul contin-
ued talking to them until dawn, and then he
12 left. Meanwhile, the young man was taken home alive and well, and everyone was greatly relieved.

Paul Meets the Ephesian Elders

13 Paul went by land to Assos, where he had arranged for us to join him, while he trav-
14 eled by ship. He joined us there, and we
15 sailed together to Mitylene. The next day we sailed past the island of Kios. The follow-
ing day we crossed to the island of Samos, and* a day later we arrived at Miletus.
16 Paul had decided to sail on past Ephesus, for he didn't want to spend any more time in the province of Asia. He was hurrying to get to Jerusalem, if possible, in time for the
17 Festival of Pentecost. But when we landed at Miletus, he sent a message to the elders of the church at Ephesus, asking them to come and meet him.

20:6 Greek *the days of unleavened bread.* 20:7 Greek *to break bread.* 20:11 Greek *broke the bread.* 20:15 Some manuscripts read *and having stayed at Trogyllium.*

장로들을 불렀습니다.

18 장로들이 오자, 바울은 그들에게 이렇게 말했습니다. "내가 아시아에 온 첫날부터 여러분과 함께 지내면서 어떻게 생활해 왔는지 여러분들은 잘 아실 겁니다.

19 그동안, 나는 유대인들이 지어 낸 모함으로 몹시 고통을 당했습니다. 그러나 나는 언제나 겸손히, 때로는 눈물을 흘리며 주님을 섬겼습니다.

20 나는 여러분에게 유익이 되는 것이라면 무엇이든 주저하지 않고 전파하였습니다. 나는 그것을 공중 앞에서나 여러분의 집에서 여러분을 가르쳤습니다.

21 유대인들과 그리스인들 모두에게 회개하고 하나님께 돌아올 것과 우리 주 예수님을 믿으라고 선포했습니다.

22 그러나 이제 나는 성령의 명령에 따라 예루살렘으로 갑니다. 그곳에서 내게 무슨 일이 닥칠지 나는 알지 못합니다.

23 다만 내가 아는 것은 어느 도시에 가든지 감옥과 환난이 나를 기다리고 있다고 성령께서 내게 경고해 주셨다는 사실뿐입니다.

24 그러나 나는 내 목숨을 아깝게 생각하지 않습니다. 예수님께로부터 받은 사명, 곧 사람들에게 하나님의 은혜의 복음을 전하는 일을 다 마칠 수만 있다면 말입니다.

25 나는 여러분과 함께 있는 동안, 줄곧 하나님의 나라를 전했습니다. 이제 나의 설교를 들으신 여러분 중에는 나의 얼굴을 다시 볼 수 있는 사람이 아무도 없으리라는 것을 나는 압니다.

26 그러므로 오늘 여러분에게 엄숙히 선언합니다. 여러분 가운데 설령 누군가 구원 받지 못하는 사람이 있다고 하더라도 내게는 책임이 없습니다.

27 그것은 내가 주저하지 않고 하나님의 모든 뜻을 여러분에게 전해 주었기 때문입니다.

28 여러분은 자신들과 모든 맡겨진 양 떼를 잘 살피고 그들을 잘 돌보십시오. 성령께서 여러분을 감독자로 세우셔서 하나님께서 자기 아들의 피로 사신 교회를 돌보게 하셨습니다.

29 내가 떠난 뒤에 어떤 사람들이 사나운 이리처럼 교회에 들어와서 양 떼를 해치려 할 것을 나는 압니다.

30 또한 여러분 가운데서도 진리를 왜곡되게 말하고, 제자들을 유혹하여 자기를 따르게 하는 사람들도 나타날 것입니다.

31 그러므로 깨어 있으십시오. 내가 삼 년 동안을 밤낮으로, 때로는 눈물을 흘리며 여러분 한 사람 한 사람에게 쉬지 않고 교훈한 것을 기억하십시오.

32 이제 나는 하나님과 하나님의 은혜의 말씀에 여러분을 맡깁니다. 그 말씀은 여러분을 능히 세울 수 있고 모든 거룩한 백성들과 함께 기업을 받을 수 있는

---

18 •When they arrived he declared, "You know that from the day I set foot in the 19 province of Asia until now •I have done the Lord's work humbly and with many tears. I have endured the trials that came to me 20 from the plots of the Jews. •I never shrank back from telling you what you needed to 21 hear, either publicly or in your homes. •I have had one message for Jews and Greeks alike—the necessity of repenting from sin and turning to God, and of having faith in our Lord Jesus.

22 •"And now I am bound by the Spirit* to go to Jerusalem. I don't know what awaits 23 me, •except that the Holy Spirit tells me in city after city that jail and suffering lie ahead. 24 •But my life is worth nothing to me unless I use it for finishing the work assigned me by the Lord Jesus—the work of telling others the Good News about the wonderful grace of God.

25 •"And now I know that none of you to whom I have preached the Kingdom will 26 ever see me again. •I declare today that I have been faithful. If anyone suffers eternal 27 death, it's not my fault,* •for I didn't shrink from declaring all that God wants you to know.

28 •"So guard yourselves and God's people. Feed and shepherd God's flock—his church, purchased with his own blood*—over which the Holy Spirit has appointed you as leaders.* 29 •I know that false teachers, like vicious wolves, will come in among you after I 30 leave, not sparing the flock. •Even some men from your own group will rise up and distort the truth in order to draw a follow- 31 ing. •Watch out! Remember the three years I was with you—my constant watch and care over you night and day, and my many tears for you.

32 •"And now I entrust you to God and the message of his grace that is able to build you up and give you an inheritance with all those he has set apart for himself.

---

distort [distɔ́ːrt] *vt.* 곡해하다; 왜곡하다
drowsy [dráuzi] *a.* 졸리는
flickering [flíkəriŋ] *a.* 깜박거리는; 꺼질 것 같은
plot [plat] *n.* 음모
relieved [rilíːvd] *a.* 안심한, 안도한
vicious [víʃəs] *a.* 나쁜; 타락한
20:20 shrink back from ⋯ing ⋯하는 것을 겁내다, 피하다

20:22 Or *by my spirit*, or *by an inner compulsion*; Greek reads *by the spirit*. **20:26** Greek *I am innocent of the blood of all.* **20:28a** Or *with the blood of his own [Son].* **20:28b** Or *overseers*, or *bishops.*

말씀입니다.

33 나는 그 누구의 금이나 은이나 옷을 탐낸 적이 없습니다.

34 여러분 자신도 아시듯이 나는 언제나 직접 일을 해서 나와 내 일행에게 필요한 것을 마련했습니다.

35 나는 모든 일에서 여러분에게 모범을 보였습니다. 여러분은 저처럼 열심히 일해서 약한 사람을 도와야 합니다. 또한 '주는 것이 받는 것보다 복이 있다'고 하신 주 예수님의 말씀을 기억해야 합니다."

36 바울은 이 말을 마친 뒤에 무릎을 꿇고 모든 사람들과 함께 기도했습니다.

37 그들은 다 바울을 껴안고 작별의 입맞춤을 하면서 울었습니다.

38 특히 그들은 다시는 자기를 보지 못하리라는 바울의 말을 듣고 슬퍼하였습니다. 그리고 그들은 배 타는 곳까지 바울을 배웅했습니다.

예루살렘으로 간 바울

21 우리는 그들과 작별 인사를 한 뒤에 배를 타고 곧장 고스로 갔습니다. 이튿날, 우리는 로도에 들렀다가 거기서 바다라로 떠났습니다.

2 그곳에서 우리는 베니게로 가는 배를 만나서 그 배를 타고 떠났습니다.

3 키프로스 섬이 눈앞에 나타났을 때에 우리는 그 섬을 왼쪽에 두고 시리아로 가다가 두로에 배를 댔습니다. 그곳에서 배가 짐을 풀기로 되어 있었기 때문입니다.

4 우리는 두로에서 신자들을 만나 일 주일을 그들과 함께 지냈습니다. 그들은 성령께서 알려 주신 대로 바울에게 예루살렘에 가지 말라고 만류했습니다.

5 그러나 그들과 함께하는 시간이 다 되자, 우리는 그곳을 떠나 여행길에 올랐습니다. 모든 신자들이 아내와 아이들을 데리고 도시 바깥까지 나와 우리를 배웅해 주었습니다. 우리는 모두 바닷가에서 무릎을 꿇고 기도했습니다.

6 서로 작별 인사를 나눈 후, 우리는 배에 올랐고, 두로 지방의 신자들은 각자 집으로 돌아갔습니다.

7 우리는 두로를 출발하여 항해를 계속하여 돌레마이에 이르렀습니다. 우리는 그곳의 형제들과 인사를 하고 그들과 함께 하루를 지냈습니다.

8 이튿날, 우리는 돌레마이를 떠나 가이사랴로 갔습니다. 그곳에서 일곱 집사 가운데 한 사람인 전도자 빌립의 집에 들어가 그와 함께 지냈습니다.

9 빌립에게는 결혼하지 않은 네 딸이 있었습니다. 그들은 모두 예언하는 사람이었습니다.

10 우리가 여러 날, 그곳에 머물고 있는 동안, 아가보라는 예언자가 유대에서 내려왔습니다.

11 그가 우리에게 와서 바울의 허리띠를 가져다가 자기 손과 발을 묶고 말했습니다. "성령께서 예루살렘에

33 "I have never coveted anyone's silver or
34 gold or fine clothes. •You know that these hands of mine have worked to supply my own needs and even the needs of those who
35 were with me. •And I have been a constant example of how you can help those in need by working hard. You should remember the words of the Lord Jesus: 'It is more blessed to give than to receive.'"

36 •When he had finished speaking, he
37 knelt and prayed with them. •They all cried as they embraced and kissed him good-bye.
38 •They were sad most of all because he had said that they would never see him again. Then they escorted him down to the ship.

Paul's Journey to Jerusalem

21 After saying farewell to the Ephesian elders, we sailed straight to the island of Cos. The next day we reached Rhodes and
2 then went to Patara. •There we boarded a
3 ship sailing for Phoenicia. •We sighted the island of Cyprus, passed it on our left, and landed at the harbor of Tyre, in Syria, where the ship was to unload its cargo.

4 •We went ashore, found the local believers,* and stayed with them a week. These believers prophesied through the Holy Spirit that Paul should not go on to Jerusalem.
5 •When we returned to the ship at the end of the week, the entire congregation, including women* and children, left the city and came down to the shore with us. There we knelt,
6 prayed, •and said our farewells. Then we went aboard, and they returned home.

7 •The next stop after leaving Tyre was Ptolemais, where we greeted the brothers
8 and sisters* and stayed for one day. •The next day we went on to Caesarea and stayed at the home of Philip the Evangelist, one of the seven men who had been chosen to dis-
9 tribute food. •He had four unmarried daughters who had the gift of prophecy.

10 •Several days later a man named Agabus, who also had the gift of prophecy, arrived
11 from Judea. •He came over, took Paul's belt, and bound his own feet and hands with it. Then he said, "The Holy Spirit declares, 'So shall the owner of this belt be bound by the Jewish leaders in Jerusalem and turned over

congregation [kɑ̀ŋgrigéiʃən] *n.* 회중
covet [kʌ́vit] *vt.* 턱없이 탐내다
distribute [distríbjuːt] *vt.* 분배하다
embrace [imbréis] *vt.* 포옹하다

21:4 Greek *disciples;* also in 21:16.　21:5 Or *wives.*　21:7 Greek *brothers;* also in 21:17.

사는 유대인들이 이 허리띠 임자를 이와 같이 묶어서 이방인들에게 넘겨 줄 것이라고 말씀하십니다."

12 우리는 그 말을 듣고 그곳 사람들과 함께 바울에게 예루살렘에 올라가지 말라고 간곡하게 말했습니다.

13 그때, 바울은 이렇게 대답했습니다. "어찌하여 그렇게 울면서 나의 마음을 아프게 하십니까? 나는 예루살렘에서 묶이는 것뿐만 아니라 주 예수님의 이름을 위해 죽는 것까지도 각오하고 있습니다."

14 바울이 우리의 권함을 받아들이려 하지 않았기 때문에 우리는 "주님의 뜻대로 되기를 바랍니다"라고만 말하고 더 이상 아무 말도 하지 않았습니다.

15 이렇게 여러 날이 지난 뒤, 우리는 떠날 준비를 하여 예루살렘을 향해 출발했습니다.

16 가이사랴 출신 제자들 몇 사람도 우리와 함께 갔습니다. 그들은 키프로스 사람 나손의 집으로 우리를 데려가 거기에서 묵을 수 있게 해 주었습니다. 나손은 오래 전에 신자가 된 사람이었습니다.

바울과 야고보의 만남

17 우리가 예루살렘에 도착하자, 형제들이 우리를 반갑게 맞아 주었습니다.

18 이튿날, 바울은 우리와 함께 야고보를 방문했습니다. 그 자리에는 장로들도 다 모여 있었습니다.

19 바울은 그들에게 인사를 하고, 하나님께서 그의 선교로 이방인들에게 행하신 일을 낱낱이 들려 주었습니다.

20 그들은 바울의 말을 듣고, 하나님께 영광을 돌렸습니다. 그리고 바울에게 이렇게 말했습니다. "형제님, 아시겠지만 유대인 가운데 신자가 된 사람이 수만 명입니다. 그들은 모세의 율법을 지키는 일에 매우 열성입니다.

21 그런데 그 유대인들 사이에서는 당신이 이방인들과 어울려 사는 유대인들에게 모세의 율법에서 떠나 자녀에게 할례도 행하지 말고, 유대의 관습도 지키지 말라고 가르쳤다는 소문이 돌고 있습니다.

22 그러니 어떻게 하면 좋겠습니까? 틀림없이 그들은 당신이 이곳에 왔다는 소식을 듣게 될 것입니다.

23 그러니 우리가 일러 주는 대로 하십시오. 우리 중에 하나님께 서약을 한 사람이 네 명 있습니다.

24 이 사람들을 데리고 가서 함께 정결 의식을 행하십시오. 그리고 형제께서 그들의 머리를 깎는 값을 대 주십시오. 그러면 그들이 그대에 대한 소문이 모두 사실이 아니고, 그대도 율법을 지키며 살고 있다는 것을 알게 될 것입니다.

25 이방인 신자들에 대해서는 우리가 이미 그들에게 편지를 써서 우상에게 바친 음식과 피와 목 졸라 죽인 짐승의 고기를 먹지 말 것과 음란한 행동을 멀리할 것을 부탁한 적이 있습니다."

12 to the Gentiles.'" •When we heard this, we and the local believers all begged Paul not to go on to Jerusalem.

13 •But he said, "Why all this weeping? You are breaking my heart! I am ready not only to be jailed at Jerusalem but even to die for

14 the sake of the Lord Jesus." •When it was clear that we couldn't persuade him, we gave up and said, "The Lord's will be done."

Paul Arrives at Jerusalem

15 •After this we packed our things and left for

16 Jerusalem. •Some believers from Caesarea accompanied us, and they took us to the home of Mnason, a man originally from Cyprus and one of the early believers.

17 •When we arrived, the brothers and sisters in Jerusalem welcomed us warmly.

18 •The next day Paul went with us to meet with James, and all the elders of the Jeru-

19 salem church were present. •After greeting them, Paul gave a detailed account of the things God had accomplished among the Gentiles through his ministry.

20 •After hearing this, they praised God. And then they said, "You know, dear brother, how many thousands of Jews have also believed, and they all follow the law of

21 Moses very seriously. •But the Jewish believers here in Jerusalem have been told that you are teaching all the Jews who live among the Gentiles to turn their backs on the laws of Moses. They've heard that you teach them not to circumcise their children

22 or follow other Jewish customs. •What should we do? They will certainly hear that you have come.

23 •"Here's what we want you to do. We have four men here who have completed

24 their vow. •Go with them to the Temple and join them in the purification ceremony, paying for them to have their heads ritually shaved. Then everyone will know that the rumors are all false and that you yourself observe the Jewish laws.

25 •"As for the Gentile believers, they should do what we already told them in a letter: They should abstain from eating food offered to idols, from consuming blood or the meat of strangled animals, and from sexual immorality."

---

accompany [əkʌ́mpəni] *vt.* 동행하다
accomplish [əkʌ́mpliʃ] *vt.* 성취하다
circumcise [sə́:rkəmsàiz] *vt.* 할례주다
detailed [dítéild] *a.* 상세한
strangle [strǽŋgl] *vt.* 목매달아 죽이다
21:19 give an account of… :…의 이야기를 하다

26 이튿날, 바울은 그 사람들과 함께 정결 의식을 행하였습니다. 그런 뒤에 그는 성전 뜰로 가서 정결 의식이 끝나는 날짜와 그날에 각 사람을 위해 예물을 바칠 날짜를 신고했습니다.

27 칠 일이 거의 끝나 갈 즈음에, 아시아 지역에서 온 유대인들은 바울이 성전 뜰에 있는 것을 보고 무리를 충동질하여 바울을 붙잡았습니다.

28 그 유대인들은 이렇게 소리질렀습니다. "이스라엘 동포 여러분, 좀 도와 주십시오. 이 사람은 가는 곳마다 우리 백성과 모세의 율법과 성전을 거스르는 말로 모든 사람을 가르치는 사람입니다. 더욱이 지금은 그리스 사람들을 성전 안으로 데리고 와서 이 거룩한 곳을 더럽혀 놓았습니다."

29 그들이 이렇게 주장하는 것은, 그들이 전에 에베소 사람 드로비모가 바울과 함께 예루살렘에 있는 것을 본적이 있었으므로, 분명히 바울이 그 사람을 성전 안으로 데리고 들어왔을 것이라고 생각했기 때문입니다.

30 그러자 온 도시는 시끄러워지고 사람들이 몰려와 바울을 붙잡아 성전 바깥으로 끌어 냈습니다. 그리고 바로 성전 문이 닫혔습니다.

31 그들이 바울을 죽이려 하는 순간에 예루살렘 도시 전체에 폭동이 일어났다는 보고가 로마 군대 천부장에게 전달되었습니다.

32 그는 즉시 백부장 몇 명과 군인들을 거느리고 군중들에게로 달려갔습니다. 폭도들은 로마 군대 천부장과 군인들을 보자, 바울을 때리던 것을 멈추었습니다.

33 천부장은 가까이 가서 바울을 체포했습니다. 그리고 군인들에게 바울을 쇠사슬 두 개로 묶으라고 명령한 다음, 그가 누구이며 또 어떤 일을 했는지를 물었습니다.

34 그러자 군중들은 너도 나도 소리를 질러 대며 대답을 하는데, 그들의 말이 저마다 달랐습니다. 천부장은 사람들의 아우성치는 소리에 이 사건의 진상을 알 수 없어서 군인들에게 바울을 병영 안으로 끌고 가라고 명령했습니다.

35 바울이 층계에 이르렀을 때에는 군중들의 폭행이 너무나 격렬했기 때문에 군인들이 바울을 호위해야만 했습니다.

36 군중들은 바울의 뒤를 따라가며, 계속해서 "그를 없애 버려라!" 하고 소리쳤습니다.

37 바울이 병영 안으로 끌려들어갈 때에 그는 천부장에게 "천부장님께 한 말씀 드려도 되겠습니까?"라고 물었습니다. 천부장이 대답했습니다. "그리스 말을 할 줄 아는가?

38 당신은 혹시 얼마 전에 폭동을 일으키고 테러범 사천 명을 거느리고 광야로 나간 이집트 사람이 아닌가?"

Paul Is Arrested

26 •So Paul went to the Temple the next day with the other men. They had already started the purification ritual, so he publicly announced the date when their vows would end and sacrifices would be offered for each of them.

27 •The seven days were almost ended when some Jews from the province of Asia saw Paul in the Temple and roused a mob against him. They grabbed him, •yelling,

28 "Men of Israel, help us! This is the man who preaches against our people everywhere and tells everybody to disobey the Jewish laws. He speaks against the Temple—and even defiles this holy place by bringing in Gentiles.*"

29 •(For earlier that day they had seen him in the city with Trophimus, a Gentile from Ephesus,* and they assumed Paul had taken him into the Temple.)

30 •The whole city was rocked by these accusations, and a great riot followed. Paul was grabbed and dragged out of the Temple, and immediately the gates were closed behind him.

31 •As they were trying to kill him, word reached the commander of the Roman regiment that all Jerusalem was in an uproar.

32 •He immediately called out his soldiers and officers* and ran down among the crowd. When the mob saw the commander and the troops coming, they stopped beating Paul.

33 •Then the commander arrested him and ordered him bound with two chains. He asked the crowd who he was and what he had done.

34 •Some shouted one thing and some another. Since he couldn't find out the truth in all the uproar and confusion, he ordered that Paul be taken to the fortress.

35 •As Paul reached the stairs, the mob grew so violent the soldiers had to lift him to their shoulders to protect him.

36 •And the crowd followed behind, shouting, "Kill him, kill him!"

Paul Speaks to the Crowd

37 •As Paul was about to be taken inside, he said to the commander, "May I have a word with you?"

"Do you know Greek?" the commander asked, surprised.

38 •"Aren't you the Egyptian who led a rebellion some time ago and took 4,000 members of the Assassins out into the desert?"

21:28 Greek *Greeks.*　21:29 Greek *Trophimus, the Ephesian.*　21:32 Greek *centurions.*

39 바울이 이렇게 대답했습니다. "아닙니다. 나는 길리기아 지방의 다소에서 태어난 유대인이며, 그 유명한 도시의 시민입니다. 제가 저 사람들에게 말할 수 있게 허락해 주십시오."

40 천부장이 허락하자, 바울은 층계 위에 올라서서 손을 내저어 무리를 조용하게 했습니다. 잠잠해지자 바울이 히브리 말로 연설했습니다.

바울의 연설

22 "저의 아버지와 형제가 되시는 여러분, 이제 제가 해명해 드리겠으니 잘 들어 주시기 바랍니다."

2 그들은 바울이 히브리 말로 연설하는 것을 듣고는 더 조용해졌습니다. 바울은 말을 계속했습니다.

3 "나는 유대인입니다. 길리기아 지방의 다소에서 태어났지만 이 도시에서 자랐고 가말리엘의 제자로서 그 밑에서 우리 조상의 율법대로 엄격한 교육을 받았습니다. 나는 오늘, 여기 모인 모든 사람들처럼 하나님에 대해 열심이 있었습니다.

4 나는 예수의 '도'를 따르는 사람들을 핍박하여 그들을 죽이기까지 했으며, 남자든 여자든 가리지 않고 그들을 붙잡아 감옥에 넣었습니다.

5 대제사장과 모든 장로들이 내 말이 사실이라는 것을 증언해 줄 것입니다. 나는 그들에게서 다마스커스에 있는 형제들에게 보내는 공문서를 받았습니다. 그래서 나는 그곳에 있는 신자들을 붙잡아 예루살렘으로 데려와서 벌을 받게 하려고 다마스커스로 떠났습니다.

바울이 다마스커스에서 일어난 일을 이야기하다

6 정오쯤 되어 내가 다마스커스에 가까이 이르렀을 때에 갑자기 하늘로부터 밝은 빛이 나를 둘러 비췄습니다.

7 나는 땅에 엎어졌고, '사울아, 사울아, 어찌하여 나를 박해하느냐?' 라는 소리를 들었습니다.

8 내가 '주님, 당신은 누구십니까?' 라고 물었더니 그분이 내게 '나는 네가 박해하는 나사렛 예수다' 라고 대답하셨습니다.

9 나와 함께 있던 사람들은 그 빛은 보았으나, 나에게 말씀하시는 분의 음성은 듣지 못했습니다.

10 나는 '주님, 제가 어떻게 하면 되겠습니까?' 라고 물었습니다. 그때, 주님께서는 '일어나 다마스커스로 가거라. 거기에 가면, 네가 해야 할 일을 모두 일러 줄 사람이 있을 것이다' 라고 대답하셨습니다.

11 나는 그 빛의 광채 때문에 앞을 보지 못하게 되었습니다. 그래서 나와 함께 가던 사람들의 손에 이끌려 다마스커스로 들어갔습니다.

12 다마스커스에 아나니아라는 사람이 있었습니다. 아나니아는 모세의 율법을 따라 사는 경건한 사람

---

39 •"No," Paul replied, "I am a Jew and a citizen of Tarsus in Cilicia, which is an important city. Please, let me talk to these people."

40 •The commander agreed, so Paul stood on the stairs and motioned to the people to be quiet. Soon a deep silence enveloped the crowd, and he addressed them in their own language, Aramaic.*

22 "Brothers and esteemed fathers," Paul said, "listen to me as I offer my defense." •When they heard him speaking in their own language,* the silence was even greater.

3 •Then Paul said, "I am a Jew, born in Tarsus, a city in Cilicia, and I was brought up and educated here in Jerusalem under Gamaliel. As his student, I was carefully trained in our Jewish laws and customs. I became very zealous to honor God in everything I did, just like all of you today. 4 •And I persecuted the followers of the Way, hounding some to death, arresting both men and women and throwing them in 5 prison. •The high priest and the whole council of elders can testify that this is so. For I received letters from them to our Jewish brothers in Damascus, authorizing me to bring the followers of the Way from there to Jerusalem, in chains, to be punished.

6 •"As I was on the road, approaching Damascus about noon, a very bright light from heaven suddenly shone down around 7 me. •I fell to the ground and heard a voice saying to me, 'Saul, Saul, why are you persecuting me?'

8 •"'Who are you, lord?' I asked.

"And the voice replied, 'I am Jesus the Nazarene,* the one you are persecuting.' 9 •The people with me saw the light but didn't understand the voice speaking to me.

10 •"I asked, 'What should I do, Lord?'

"And the Lord told me, 'Get up and go into Damascus, and there you will be told everything you are to do.'

11 •"I was blinded by the intense light and had to be led by the hand to Damascus by 12 my companions. •A man named Ananias lived there. He was a godly man, deeply devoted to the law, and well regarded by all

---

esteemed [istí:md] *a.* 존경받는: 존경받는
hound [haund] *vt.* 집요하게 추적하다
mob [máb] *n.* (집합적) 폭도
regiment [rédʒəmənt] *n.* (군사) 연대

21:40 Or *Hebrew.*　22:2 Greek *in Aramaic,* or *in Hebrew.*　22:8 Or *Jesus of Nazareth.*

이었으며, 그곳에 사는 유대인들에게 존경을 받는 사람이었습니다.

13 아나니아가 나를 찾아와 내 곁에 서서 '사울 형제, 눈을 뜨시오' 하고 내게 말했습니다. 그 순간, 나는 눈을 떠 그를 보았습니다.

14 그때, 아나니아가 말했습니다. '우리 조상의 하나님께서 오래 전에 당신을 택하셔서 그분의 뜻을 알게 하셨고, 그 의로우신 분을 보게 하시며 그분의 입에서 나오는 말씀을 듣게 하셨습니다.

15 당신은 모든 사람들에게 당신이 보고 들은 것을 전하는 그분의 증인이 될 것입니다.

16 그러니 이제 무엇을 더 기다리겠습니까? 일어나 세례를 받으십시오. 그리고 그분의 이름을 부르십시오. 그러면 죄 사함을 얻게 될 것입니다.'

이방인의 복음 증거를 위해 부름받음

17 그 후, 내가 예루살렘으로 돌아와 성전 뜰에서 기도하고 있는 도중에 어떤 환상을 보게 되었습니다.

18 그 환상 중에 주님을 보았는데, 주님께서 내게 말씀하셨습니다. '서둘러 예루살렘을 떠나라. 이곳 사람들은 네가 나를 증언하는 것을 받아들이지 않을 것이다.'

19 그래서 나는 대답했습니다. '주님, 이들은 제가 여러 회당을 돌아다니며 주님을 믿는 사람들을 잡아 감옥에 가두고 때리기까지 한 일을 잘 알고 있습니다.

20 뿐만 아니라 주님의 증인인 스데반이 죽임을 당할 때에 제가 그 자리에 있던 것도 알고 있습니다. 저는 그때, 거기에 서서 그들이 스데반을 죽이는 일에 찬성했으며 그를 죽이는 사람들의 옷을 맡아 주기까지 했습니다.'

21 그러나 주님께서는 내게 '가거라. 내가 너를 멀리 이방인들에게 보내겠다' 하고 말씀하셨습니다."

로마 시민인 바울

22 사람들은 바울의 말을 여기까지 듣고 있다가, 목소리를 높여 "이런 놈은 없애 버려라. 살려 두어서는 안 된다"라고 소리질렀습니다.

23 그들은 고함을 지르며 옷을 벗어 던지고, 공중에 먼지를 날렸습니다.

24 그러자 천부장이 부하들에게 바울을 병영 안으로 데려가라고 명령했습니다. 그리고는 사람들이 바울에게 그렇게 소리지르는 이유가 무엇인지를 알아내려고 바울을 때리면서 조사해 보라고 했습니다.

25 군인들이 바울을 묶고 때리려 하자, 바울이 옆에 서 있던 로마 백부장에게 말했습니다. "죄가 있다는 것이 밝혀지지도 않은 로마 시민을 때리는 것이 로마법에 맞는 일입니까?"

26 그 말을 들은 백부장은 천부장에게 가서 "이제 어떻게 하실 계획입니까? 이 사람은 로마 시민입니다"라고 알렸습니다.

27 천부장이 바울에게 다가가 물었습니다. "당신이 로

---

13 the Jews of Damascus. • He came and stood beside me and said, 'Brother Saul, regain your sight.' And that very moment I could see him!

14 • "Then he told me, 'The God of our ancestors has chosen you to know his will and to see the Righteous One and hear him

15 speak. • For you are to be his witness, telling everyone what you have seen and heard.

16 • What are you waiting for? Get up and be baptized. Have your sins washed away by calling on the name of the Lord.'

17 • "After I returned to Jerusalem, I was praying in the Temple and fell into a trance.

18 • I saw a vision of Jesus* saying to me, 'Hurry! Leave Jerusalem, for the people here won't accept your testimony about me.'

19 • "'But Lord,' I argued, 'they certainly know that in every synagogue I imprisoned

20 and beat those who believed in you. • And I was in complete agreement when your witness Stephen was killed. I stood by and kept the coats they took off when they stoned him.'

21 • "But the Lord said to me, 'Go, for I will send you far away to the Gentiles!' "

22 • The crowd listened until Paul said that word. Then they all began to shout, "Away

23 with such a fellow! He isn't fit to live!" • They yelled, threw off their coats, and tossed handfuls of dust into the air.

Paul Reveals His Roman Citizenship

24 • The commander brought Paul inside and ordered him lashed with whips to make him confess his crime. He wanted to find out why the crowd had become so furious.

25 • When they tied Paul down to lash him, Paul said to the officer* standing there, "Is it legal for you to whip a Roman citizen who hasn't even been tried?"

26 • When the officer heard this, he went to the commander and asked, "What are you doing? This man is a Roman citizen!"

27 • So the commander went over and asked Paul, "Tell me, are you a Roman citizen?"

"Yes, I certainly am," Paul replied.

---

confess [kənfés] *vt.* 자백하다, 실토하다
furious [fjúəriəs] *a.* 격노한
lash [læʃ] *vi. vt.* 채찍으로 때리다
regain [rigéin] *vt.* 되찾다
synagogue [sínəgàg] *n.* 유대 교회(회당)
testimony [téstəmòuni] *n.* 증거; 증언
22:17 fall into a trance : 환상에 빠지다

22:18 Greek *him.*　22:25 Greek *the centurion;* also in 22:26.

마 시민이라는 말이 참말이오?" 바울이 "그렇습니다" 하고 대답했습니다.

28 천부장이 말했습니다. "나는 돈을 많이 들여서 로마 시민권을 얻었소." 바울이 말했습니다. "나는 태어날 때부터 로마 시민인 사람입니다."

29 그러자 바울을 심문하려던 사람들이 곧 물러났습니다. 천부장은 바울이 로마 시민이라는 사실을 알고 그를 결박한 일로 두려워했습니다.

유대 공의회 앞에서 말하는 바울

30 이튿날, 천부장은 유대인들이 무슨 일 때문에 바울을 고소하는지 알아보려 했습니다. 그래서 그는 대제사장들과 유대 공의회를 소집하게 했습니다. 천부장은 바울을 묶은 사슬을 풀어 주고 그를 데리고 나가 공의회 앞에 세웠습니다.

23 바울이 유대 공의회를 똑바로 쳐다보며 말했습니다. "형제 여러분, 나는 이날까지 하나님 앞에서 선한 양심을 가지고 살아왔습니다."

2 그 순간, 대제사장 아나니아가 바울 가까이 서 있는 사람들에게 바울의 입을 치라고 명령했습니다.

3 그러자 바울이 아나니아에게 말했습니다. "하나님께서 당신을 치실 것이오! 당신은 겉만 하얗게 회칠한 벽과 같소. 당신은 율법대로 나를 재판한다고 거기에 앉아 있으면서 어떻게 스스로는 율법을 어겨가며 나를 치라고 말할 수 있소?"

4 바울 가까이 서 있던 사람들이 바울에게 말했습니다. "당신이 하나님의 대제사장을 감히 욕할 수 있소?"

5 바울이 대답했습니다. "형제 여러분, 나는 그 사람이 대제사장인 줄 몰랐습니다. 성경에도 이르기를 '네 백성의 지도자를 욕하지 마라' 고 하였습니다."

6 바울은 공의회에 모인 사람 가운데 일부는 사두개파 사람이었고, 일부는 바리새파 사람이라는 것을 알고는, 큰소리로 말했습니다. "형제 여러분, 나는 바리새파 사람이며 바리새파 사람의 아들입니다. 나는 지금 죽은 사람이 부활할 것이라는 소망 때문에 재판을 받고 있습니다."

7 바울이 이렇게 말을 하자, 바리새파 사람들과 사두개파 사람들 사이에 다툼이 일어나 공의회 의원들이 나뉘었습니다.

8 그것은 사두개파 사람들은 죽은 사람의 부활이 없으며 천사나 영도 없다고 주장한 반면, 바리새파 사람들은 그것을 다 인정하였기 때문입니다.

9 그래서 큰 소동이 일어났습니다. 바리새파 사람들 중에서 율법학자 몇 사람이 일어나 "우리는 이 사람에게서 아무런 잘못도 찾을 수 없습니다. 어쩌면 천사나 영이 이 사람을 시켜서 말하는 것인지도 모릅니다"라고 바울을 두둔했습니다.

10 다툼이 점점 심각해지자, 천부장은 유대인들 때문

---

28 • "I am, too," the commander muttered, "and it cost me plenty!"

Paul answered, "But I am a citizen by birth!"

29 • The soldiers who were about to interrogate Paul quickly withdrew when they heard he was a Roman citizen, and the commander was frightened because he had ordered him bound and whipped.

Paul before the High Council

30 • The next day the commander ordered the leading priests into session with the Jewish high council.* He wanted to find out what the trouble was all about, so he released Paul to have him stand before them.

23 Gazing intently at the high council,* Paul began: "Brothers, I have always lived before God with a clear conscience!"

2 • Instantly Ananias the high priest commanded those close to Paul to slap him on the mouth.

3 • But Paul said to him, "God will slap you, you corrupt hypocrite!* What kind of judge are you to break the law yourself by ordering me struck like that?"

4 • Those standing near Paul said to him, "Do you dare to insult God's high priest?"

5 • "I'm sorry, brothers. I didn't realize he was the high priest," Paul replied, "for the Scriptures say, 'You must not speak evil of any of your rulers.' *"

6 • Paul realized that some members of the high council were Sadducees and some were Pharisees, so he shouted, "Brothers, I am a Pharisee, as were my ancestors! And I am on trial because my hope is in the resurrection of the dead!"

7 • This divided the council—the Pharisees against the Sadducees—

8 for the Sadducees say there is no resurrection or angels or spirits, but the Pharisees believe in all of these.

9 • So there was a great uproar. Some of the teachers of religious law who were Pharisees jumped up and began to argue forcefully. "We see nothing wrong with him," they shouted. "Perhaps a spirit or an angel spoke to him."

10 • As the conflict grew more violent, the commander was afraid they would tear

---

frighten [fráitn] *vt.* 소스라치게 놀라게 하다
hypocrite [hípəkrit] *n.* 위선자
mutter [mʌ́tər] *vi.* 중얼거리다, 속삭이다
session [séʃən] *vi.* 회의, 회합

22:30 Greek *Sanhedrin.*   23:1 Greek *Sanhedrin;* also in 23:6, 15, 20, 28.   23:3 Greek *you whitewashed wall.*   23:5 Exod 22:28.

에 바울의 몸이 찢겨지지나 않을까 걱정이 되었습니다. 천부장은 군인들에게, 내려가서 강제로라도 바울을 군중들 손에서 빼내어 병영으로 데리고 가라고 명령했습니다.

11 그날 밤에 주님께서 바울 곁에 서서 말씀하셨습니다. "용기를 내어라. 네가 예루살렘에서 나를 증언한 것같이 로마에서도 나를 증언하여야 한다."

바울을 죽일 음모

12 이튿날 아침, 유대인들은 바울을 죽일 음모를 꾸몄습니다. 그들은 바울을 죽이기 전에는 아무것도 먹지도 않고 마시지도 않겠다고 맹세했습니다.

13 이러한 음모에 가담한 사람들은 사십 명이 넘었습니다.

14 그들이 대제사장들과 장로들에게 가서 말했습니다. "우리는 바울을 죽이기 전에는 아무것도 입에 대지 않겠다고 맹세했습니다.

15 그러니 이제 여러분들과 공의회에서는 천부장에게 가서 바울이 한 일에 대해 좀더 자세히 심문할 것이 있으니 바울을 내어 달라고 부탁하십시오. 그러면 우리는 기다리고 있다가 바울이 이리로 오는 길에 그를 없애 버리겠습니다. 준비는 이미 다 되어 있습니다."

16 그러나 바울의 조카가 이 음모를 듣고 병영으로 가서 바울에게 그 사실을 알려 주었습니다.

17 그래서 바울이 백부장 한 명을 불러 "이 젊은이를 천부장에게 데려가 주십시오. 천부장에게 전할 말씀이 있답니다"라고 말했습니다.

18 백부장이 바울의 조카를 데리고 천부장에게 가서 말했습니다. "바울이란 죄수가 저를 불러 이 젊은이를 천부장님께 데려가 달라고 부탁해서 데려왔습니다. 천부장님께 드릴 말씀이 있답니다."

19 천부장이 젊은이의 손을 잡고 아무도 없는 곳으로 데려가 물었습니다. "내게 전할 말이 무엇이냐?"

20 젊은이가 말했습니다. "유대인들이 천부장님께 바울을 심문할 것이 더 있다는 구실을 대면서 내일 바울을 그들의 공의회로 끌어 내어 달라고 천부장님께 청하기로 결정했답니다.

21 그러나 그들의 말을 곧이듣지 마십시오. 사십 명도 더 되는 사람들이 숨어서 바울을 기다리고 있습니다. 그들은 바울을 죽이기 전에는 아무것도 먹지도 않고 마시지도 않겠다고 맹세까지 하였습니다. 그들은 지금 준비를 다 해 놓고 천부장님의 승낙만 기다리고 있습니다."

22 천부장이 젊은이를 돌려보내면서 "네가 이 내용을 내게 알렸다고 아무에게도 말하지 마라" 하고 단단히 주의를 주었습니다.

바울을 가이사랴로 보냄

23 천부장이 백부장 두 명을 불러 다음과 같이 명령했

Paul apart. So he ordered his soldiers to go and rescue him by force and take him back to the fortress.

11 •That night the Lord appeared to Paul and said, "Be encouraged, Paul. Just as you have been a witness to me here in Jerusalem, you must preach the Good News in Rome as well."

The Plan to Kill Paul

12 •The next morning a group of Jews* got together and bound themselves with an oath not to eat or drink until they had killed Paul. 13 •There were more than forty of them 14 in the conspiracy. •They went to the leading priests and elders and told them, "We have bound ourselves with an oath to eat 15 nothing until we have killed Paul. •So you and the high council should ask the commander to bring Paul back to the council again. Pretend you want to examine his case more fully. We will kill him on the way."

16 •But Paul's nephew—his sister's son—heard of their plan and went to the fortress 17 and told Paul. •Paul called for one of the Roman officers* and said, "Take this young man to the commander. He has something important to tell him."

18 •So the officer did, explaining, "Paul, the prisoner, called me over and asked me to bring this young man to you because he has something to tell you."

19 •The commander took his hand, led him aside, and asked, "What is it you want to tell me?"

20 •Paul's nephew told him, "Some Jews are going to ask you to bring Paul before the high council tomorrow, pretending they 21 want to get some more information. •But don't do it! There are more than forty men hiding along the way ready to ambush him. They have vowed not to eat or drink anything until they have killed him. They are ready now, just waiting for your consent."

22 •"Don't let anyone know you told me this," the commander warned the young man.

Paul Is Sent to Caesarea

23 •Then the commander called two of his officers and ordered, "Get 200 soldiers ready to leave for Caesarea at nine o'clock tonight.

---

ambush [ǽmbuʃ] vt. 매복 기습하다
nephew [néfju:] n. 조카

23:12 Greek the Jews.　23:17 Greek centurions; also in 23:23.

습니다. "병사 이백 명과 기병대 칠십 명과 창을 쓰는 병사 이백 명을 무장시켜 오늘 밤 9시에 가이사랴로 떠날 준비를 갖추게 하여라.

24 또 바울을 총독 벨릭스에게 안전하게 호송할 수 있도록 그를 태울 짐승도 준비해 두도록 하여라."

25 그리고 천부장은 이러한 내용의 편지를 썼습니다.

26 "글라우디오 루시아가 총독 벨릭스 각하에게 문안드립니다.

27 이 사람은 유대인들에게 잡혀 살해당할 뻔한 사람입니다. 그런데 저는 이 사람이 로마 시민이라는 것을 알고는 제 병사들을 데리고 가서 그를 구했습니다.

28 저는 유대인들이 무슨 일로 이 사람을 고소하는지 알고 싶어 그들의 공의회로 이 사람을 데려갔습니다.

29 거기서 저는 그들이 이 사람을 고소하는 것이 그들의 율법에 관한 것일 뿐, 이 사람에게는 사형을 당하거나 감옥에 갇힐 만한 죄가 없다는 것을 알았습니다.

30 그런데 유대인들이 이 사람을 죽이려는 음모를 꾸민다는 정보를 듣고 저는 곧바로 이 사람을 각하께 보내는 것입니다. 그리고 그 유대인들에게도 이 사람에 대해 고소할 말이 있으면 각하께 직접 하라고 일러 두었습니다."

31 군인들은 명령대로 그날 밤으로 바울을 데리고 안디바드리까지 갔습니다.

32 이튿날에는 기병대에게 바울을 가이사랴로 호송하라고 부탁하고 다른 군인들은 예루살렘에 있는 병영으로 돌아갔습니다.

33 기병대는 가이사랴에 도착하여 총독에게 편지를 전달하고 바울도 그에게 넘겨 주었습니다.

34 총독은 편지를 읽고 나서 바울에게 어느 지방 사람이냐고 물었습니다. 총독은 바울이 길리기아 사람이라는 것을 알고는

35 바울에게 이렇게 말했습니다. "그대를 고소하는 사람들이 도착하면 그때, 그대의 말을 들어 보겠소." 그리고는 바울을 헤롯이 지은 왕궁에 가두어 지키라고 명령을 내렸습니다.

유대인들이 바울을 고소함

24 오 일 뒤에 대제사장 아나니아가 장로 몇 사람과 더불로라고 하는 법률가를 데리고 가이사랴에 왔습니다. 그들이 온 것은 총독에게 바울을 고소하기 위해서였습니다.

2 바울이 안으로 불려 들어가자, 더둘로가 고소하기 시작했습니다. "벨릭스 각하! 우리는 각하 덕분에 오랫동안 평화를 누려 왔으며 각하의 지혜로운 일 처리로 우리 나라의 잘못된 일들이 많이 고쳐졌습니다.

3 우리는 언제 어디서나 이 모든 일이 각하의 공로 때

Also take 200 spearmen and 70 mounted 24 troops. •Provide horses for Paul to ride, and 25 get him safely to Governor Felix." •Then he wrote this letter to the governor:

26 • "From Claudius Lysias, to his Excellency, Governor Felix: Greetings!

27 • "This man was seized by some Jews, and they were about to kill him when I arrived with the troops. When I learned that he was a Roman citizen, I removed 28 him to safety. •Then I took him to their high council to try to learn the basis of 29 the accusations against him. •I soon discovered the charge was something regarding their religious law—certainly nothing worthy of imprisonment or 30 death. •But when I was informed of a plot to kill him, I immediately sent him on to you. I have told his accusers to bring their charges before you."

31 •So that night, as ordered, the soldiers 32 took Paul as far as Antipatris. •They returned to the fortress the next morning, while the mounted troops took him on to 33 Caesarea. •When they arrived in Caesarea, they presented Paul and the letter to 34 Governor Felix. •He read it and then asked Paul what province he was from. "Cilicia," Paul answered.

35 • "I will hear your case myself when your accusers arrive," the governor told him. Then the governor ordered him kept in the prison at Herod's headquarters.*

Paul Appears before Felix

24 Five days later Ananias, the high priest, arrived with some of the Jewish elders and the lawyer* Tertullus, to present their case against Paul to the governor. 2 •When Paul was called in, Tertullus presented the charges against Paul in the following address to the governor:

"You have provided a long period of peace for us Jews and with foresight have 3 enacted reforms for us. •For all of this, Your

---

accusation [ækjuzéiʃən] n. 고소(告訴)
enact [inǽkt] vt. (법률을) 제정하다
excellency [éksələnsi] n. 각하
mounted [mauntid] a. 말 탄
orator [ɔ́ːrətər] n. 연설자; 웅변가
seize [siːz] vt. 붙잡다
spearman [spíərmən] n. 창병(槍兵)

23:35 Greek *Herod's Praetorium.*　24:1 Greek *some elders and an orator.*

문인 것을 인정하며 각하께 감사하고 있습니다.

4 이제 더 이상 각하께 폐가 되지 않게 간단히 말씀드리겠으니 저희 말을 들어 주시기 바랍니다.

5 우리는 이 사람이 온 세계에 있는 유대인들을 선동하고 문제를 일으키는 사람인 것을 알게 되었습니다. 이 사람은 나사렛 이단의 두목입니다.

6 심지어는 그가 성전까지 더럽히려고 하여 우리가 그를 붙잡았습니다.

7 (없음)*

8 총독 각하께서 이 사람을 직접 심문해 보시면 우리가 그를 고소하는 이유를 아실 수 있을 것입니다."

9 다른 유대인들도 가세하면서 그의 말이 모두 사실이라고 주장했습니다.

10 총독이 바울에게 말하라고 몸짓하자, 바울이 대답했습니다. "각하께서 수 년 동안, 이 민족의 재판장이 되신 것을 제가 알고 있습니다. 그래서 저와 관련된 일을 각하께 변명하게 된 것을 기쁘게 생각합니다.

11 제가 예루살렘에 예배드리러 올라간 것은 십이 일밖에 되지 않습니다. 이것은 각하께서 조사해 보시면 금방 아실 수 있을 것입니다.

12 그리고 저를 고소하는 사람들은 제가 성전 뜰에서 누구와 논쟁한 것이나, 회당에서나 도시 안에서나 사람들을 선동한 것을 본 적이 없습니다.

13 그리고 이들이 지금 저를 고소하고 있지만 총독 각하께 그 내용에 대한 증거는 제시하지 못하고 있습니다.

14 그러나 저는 각하께 이 사실을 고백합니다. 저는 유대인들이 소위 이단이라고 말하는 예수의 '도'를 따르는 사람으로서, 우리 조상의 하나님을 섬기며 모세의 율법과 예언자들의 책에 적힌 것도 다 믿는다는 사실입니다.

15 저는 이 사람들이 간직하고 있는 것과 똑같이, 하나님께 대한 소망을 가지고 있습니다. 그것은 의로운 사람이든 불의한 사람이든 모든 사람이 다시 부활하리라는 소망입니다.

16 그래서 저는 언제나 하나님과 사람들 앞에서 저의 깨끗한 양심을 간직하려고 힘쓰고 있습니다.

17 저는 여러 해 동안 예루살렘을 떠나 있다가, 저희 민족에게 구제금을 전하고 하나님께 예물을 바치려고 예루살렘에 다시 돌아왔습니다.

18 그들이 저를 본 것은 제가 성전 뜰에서 정결 예식을 행하고 있을 때였습니다. 저는 소동을 일으키지도 않았고 제 주위에 군중들이 모여 있지도 않았습니다.

19 그 자리에는 아시아에서 온 유대인들이 있었는데, 저를 고소할 일이 있었다면 그들이 직접 각하 앞에 와서 저를 고소했을 것입니다.

4 Excellency, we are very grateful to you. •But I don't want to bore you, so please give me

5 your attention for only a moment. •We have found this man to be a troublemaker who is constantly stirring up riots among the Jews all over the world. He is a ringleader of the cult known as the Nazarenes.

6 •Furthermore, he was trying to desecrate the Temple when we arrested him.* •You can

7
8 find out the truth of our accusations by examining him yourself." •Then the other

9 Jews chimed in, declaring that everything Tertullus said was true.

10 •The governor then motioned for Paul to speak. Paul said, "I know, sir, that you have been a judge of Jewish affairs for many years, so I gladly present my defense before you.

11 •You can quickly discover that I arrived in Jerusalem no more than twelve days ago to

12 worship at the Temple. •My accusers never found me arguing with anyone in the Temple, nor stirring up a riot in any syna-

13 gogue or on the streets of the city. •These men cannot prove the things they accuse me of doing.

14 •"But I admit that I follow the Way, which they call a cult. I worship the God of our ancestors, and I firmly believe the Jewish law and everything written in the prophets.

15 •I have the same hope in God that these men have, that he will raise both the right-

16 eous and the unrighteous. •Because of this, I always try to maintain a clear conscience before God and all people.

17 •"After several years away, I returned to Jerusalem with money to aid my people and

18 to offer sacrifices to God. •My accusers saw me in the Temple as I was completing a purification ceremony. There was no crowd

19 around me and no rioting. •But some Jews from the province of Asia were there—and they ought to be here to bring charges if they

---

cult [kʌlt] *n.* 신흥 종교
ringleader [ríŋliːdər] *n.* 지도자; 주모자
riot [raiət] *n. vi.* 폭동, 소요; 폭동을 일으키다
24:9 chime in : 맞장구를 치다

24:6 Some manuscripts add an expanded conclusion to verse 6, all of verse 7, and an additional phrase in verse 8: *We would have judged him by our law,* [7]*but Lysias, the commander of the garrison, came and violently took him away from us,* [8]*commanding his accusers to come before you.*

24:6 하반절-8 상반절 어떤 사본에는 다음과 같은 구절이 있다. "우리는 우리의 법으로 그를 재판하려 했지만, [7]천부장 루시아가 그를 우리에게서 강제로 빼앗아 갔습니다. [8]그리고는 그를 고소하는 사람들에게 각하께 직접 고소하라고 명령하였습니다."

20 그렇지 않으면, 제가 예루살렘에서 유대인의 공의회 앞에 섰을 때에 이들이 제게서 무슨 잘못을 찾아냈는지, 여기 서 있는 이 사람들에게 말해 보라고 하십시오.

21 제가 그들 앞에 섰을 때, 한 말은 오직 하나, 곧 '오늘 제가 여러분 앞에서 재판받는 것은 죽은 사람의 부활에 관한 것 때문이다' 라고 외친 것뿐입니다."

22 당시에 벨릭스는, 이미 예수의 '도'에 관한 것을 자세히 알고 있었으므로, "천부장 루시아가 오면, 여러분들이 제기한 고소 문제를 처리하겠소"라고 말하고서 재판을 연기하였습니다.

23 벨릭스는 백부장에게 명령하여 바울을 잘 지키되, 어느 정도 자유를 주고 친지들이 그를 돌보아 주는 것을 막지 말라고 말했습니다.

벨릭스와 그의 아내를 전도하는 바울

24 며칠 뒤에 벨릭스는 유대인인 자기 아내 드루실라와 함께 와서 바울을 불러 내어 그리스도 예수를 믿는 것에 관한 가르침을 들었습니다.

25 그러나 바울이 정의와 절제하는 일과 장차 임할 심판에 대해 이야기하자 벨릭스는 두려워하며 "지금은 그만하고 가시오. 시간이 나면 다시 그대를 부르겠소"라고 말했습니다.

26 그러면서도 벨릭스는 바울에게서 돈을 받을 수 있지는 않을까 하는 기대감에 바울을 자주 불러 내어 함께 이야기를 나누었습니다.

27 두 해가 지난 후에 보르기오 베스도가 벨릭스의 후임으로 총독이 되었습니다. 그런데 벨릭스는 유대인들에게 환심을 사려고 바울을 그대로 감옥에 가두어 두었습니다.

로마 황제에게 상소함

25 베스도는 총독으로 부임한 지 삼 일 뒤에 가이사랴를 떠나 예루살렘으로 올라갔습니다.

2 대제사장들과 유대인 지도자들이 베스도 앞에 나타나 그에게 바울을 고소했습니다.

3 그들은 베스도에게 환심을 사 가며 바울을 다시 예루살렘으로 보내 달라고 간청했습니다. 그들은 길에서 사람들을 매복시켰다가 바울을 죽일 계획이었습니다.

4 그러나 베스도는, 바울은 가이사랴에 갇혀 있고 자신도 곧 그리로 돌아갈 것이므로,

5 "그 사람이 정말로 잘못된 행동을 했다면, 여러분들 중에서 몇 사람이 나와 함께 가이사랴로 가서 그곳에서 그를 고발하시오"라고 대답했습니다.

6 베스도가 예루살렘에 팔 일인가 십 일인가를 더 머물다가 가이사랴로 돌아갔습니다. 이튿날, 그는 재판석에 앉아서 바울을 데려오라고 명령했습니다.

7 바울이 나타나자, 예루살렘에서 온 유대인들이 그를 에워싸고 여러 가지 무거운 죄목을 대며 바울을 고발하기 시작했습니다. 그러나 그 죄를 입증할 만

20 have anything against me! ● Ask these men here what crime the Jewish high council* 21 found me guilty of, ● except for the one time I shouted out, 'I am on trial before you today because I believe in the resurrection of the dead!' "

22 ● At that point Felix, who was quite familiar with the Way, adjourned the hearing and said, "Wait until Lysias, the garrison commander, arrives. Then I will decide the 23 case." ● He ordered an officer* to keep Paul in custody but to give him some freedom and allow his friends to visit him and take care of his needs.

24 ● A few days later Felix came back with his wife, Drusilla, who was Jewish. Sending for Paul, they listened as he told them about 25 faith in Christ Jesus. ● As he reasoned with them about righteousness and self-control and the coming day of judgment, Felix became frightened. "Go away for now," he replied. "When it is more convenient, I'll call 26 for you again." ● He also hoped that Paul would bribe him, so he sent for him quite often and talked with him.

27 ● After two years went by in this way, Felix was succeeded by Porcius Festus. And because Felix wanted to gain favor with the Jewish people, he left Paul in prison.

Paul Appears before Festus

25 Three days after Festus arrived in Caesarea to take over his new respon- 2 sibilities, he left for Jerusalem, ● where the leading priests and other Jewish leaders met with him and made their accusations 3 against Paul. ● They asked Festus as a favor to transfer Paul to Jerusalem (planning to 4 ambush and kill him on the way). ● But Festus replied that Paul was at Caesarea and he himself would be returning there soon. 5 ● So he said, "Those of you in authority can return with me. If Paul has done anything wrong, you can make your accusations."

6 ● About eight or ten days later Festus returned to Caesarea, and on the following day he took his seat in court and ordered 7 that Paul be brought in. ● When Paul arrived, the Jewish leaders from Jerusalem gathered around and made many serious accusations they couldn't prove.

---

adjourn [ədʒɔ́ːrn] *vt.* 연기하다, 미루다
custody [kʌ́stədi] *n.* 감금, 구류
garrison [gǽrəsn] *n.* (집합적) 수비대, 주둔군

24:20 Greek *Sanhedrin.*　　24:23 Greek *a centurion.*

한 증거는 아무도 제시하지 못했습니다.

8 바울은 이렇게 자신을 변명했습니다. "나는 유대인의 율법이나 성전이나 로마 황제를 거스르는 죄를 지은 적이 없었습니다."

9 그러나 베스도가 유대인의 환심을 사려고 바울에게 물었습니다. "그대는 예루살렘으로 올라가서 이여러 가지 고소 문제에 대해 내 앞에서 재판 받기를 원하는가?"

10 바울이 말했습니다. "나는 지금 황제의 법정에 서 있습니다. 나는 이곳에서 재판을 받아야 합니다. 각하께서도 잘 아시듯 나는 유대인들에게 어떤 죄도 짓지 않았습니다.

11 혹 내게 잘못한 일이 있어 법에 따라 사형을 당해야 한다면, 죽음을 피할 생각은 없습니다. 그러나 이들이 고발한 내용이 사실이 아니라면, 어느 누구도 나를 이들에게 넘겨 줄 수 없습니다. 나는 로마 황제*에게 상소하겠습니다."

12 베스도는 이 문제를 두고 배심원들과 상의한 뒤에 "그대가 황제에게 상소했으니, 황제에게 가게 될 것이오"라고 선포했습니다.

아그립바 왕 앞에 선 바울

13 며칠이 지난 뒤, 유대의 아그립바 왕과 버니게가 베스도에게 환영 인사를 하기 위해 가이사랴로 왔습니다.

14 그들이 가이사랴에서 여러 날을 머물게 되어 베스도는 아그립바 왕과 바울 사건을 논의하였습니다. 베스도가 말했습니다. "이곳에 벨릭스가 옥에 가두어 둔 사람이 한 사람 있습니다.

15 내가 예루살렘에 갔더니, 대제사장들과 장로들이 그 사람을 고소하면서 그에게 유죄 판결을 내려달라고 요구했습니다.

16 그러나 나는, 어떤 사람이 고소를 당했을 때, 그 사람을 고소한 사람과 마주하게 해서 고소한 것에 대해 변명할 기회를 주지 않고 그들에게 넘겨 주는 것은 로마의 관습에 어긋난다고 말해 주었습니다.

17 그래서 유대인들이 나를 따라 이곳 가이사랴로 왔습니다. 나는 시간을 끌지 않고 그 이튿날, 재판을 소집하고 재판석에 앉아서 그 사람을 불러 오게 했습니다.

18 유대인들이 일어나 그를 고발하며 죄목을 늘어놓았지만, 내가 예상했던 것만큼 악한 죄는 없었습니다.

19 그들이 바울과 논쟁을 한 것은 간단히 말해서, 그들의 종교에 관한 것과 예수라는 어떤 죽은 자에 관한 것이었습니다. 바울은 그 자가 살아 있다고 주장합니다.

20 나는 이와 같은 문제를 어떻게 조사해야 할지 몰라 망설이다가, 바울에게 예루살렘으로 가서 이 문제에 대해 재판 받기를 원하느냐고 물어 보았습니다.

21 그러나 바울이 황제에게 판결을 받을 때까지 그대로

8 •Paul denied the charges. "I am not guilty of any crime against the Jewish laws or the Temple or the Roman government," he said.

9 •Then Festus, wanting to please the Jews, asked him, "Are you willing to go to Jerusalem and stand trial before me there?"

10 •But Paul replied, "No! This is the official Roman court, so I ought to be tried right here. You know very well I am not guilty of harming the Jews.

11 •If I have done something worthy of death, I don't refuse to die. But if I am innocent, no one has a right to turn me over to these men to kill me. I appeal to Caesar!"

12 •Festus conferred with his advisers and then replied, "Very well! You have appealed to Caesar, and to Caesar you will go!"

13 •A few days later King Agrippa arrived with his sister, Bernice,* to pay their respects to Festus.

14 •During their stay of several days, Festus discussed Paul's case with the king. "There is a prisoner here," he told him,

15 "whose case was left for me by Felix. •When I was in Jerusalem, the leading priests and Jewish elders pressed charges against him and asked me to condemn him.

16 •I pointed out to them that Roman law does not convict people without a trial. They must be given an opportunity to confront their accusers and defend themselves.

17 •"When his accusers came here for the trial, I didn't delay. I called the case the very next day and ordered Paul brought in.

18 •But the accusations made against him weren't any of the crimes I expected.

19 •Instead, it was something about their religion and a dead man named Jesus, who Paul insists is alive.

20 •I was at a loss to know how to investigate these things, so I asked him whether he would be willing to stand trial on these charges in Jerusalem.

21 •But Paul appealed to have his case decided by the emperor. So I ordered that he be held in custody until I

---

accusation [ækjuzéiʃən] *n.* 고소(告訴)
appeal [əpíːl] *vt.* 항소하다
charge [tʃɑːrdʒ] *n.* 혐의; 비난; 문책
convict [kənvíkt] *vt.* 유죄를 선고하다
investigate [invéstəgèit] *vt.* 조사하다
opportunity [ɑ̀pərtjúːnəti] *n.* 기회, 호기
religion [rilídʒən] *n.* 종교
25:9 **stand (one's) trial** : 재판을 받다
25:13 **pay one's respect to…** : …에게 인사차 방문하다
25:15 **press charge against…** : …를 고소하다
25:20 **at a loss** : 당황하여, 어찌할 바를 몰라

25:13　Greek *Agrippa the king and Bernice arrived.*
25:11 가이사

갇혀 있겠다고 해서 나는 바울을 로마에 계신 황제에게 보낼 때까지 그를 가두어 두라고 명령했습니다."

22 그러자 아그립바가 베스도에게 "나도 그 사람의 말을 듣고 싶소"라고 말했습니다. 베스도는 "내일 그의 말을 들을 수 있게 하겠습니다"라고 대답했습니다.

23 이튿날, 아그립바와 버니게는 화려한 행렬을 갖추고 군대 지휘관들과 그 도시의 유지들과 함께 재판정에 나타났습니다. 베스도가 명령하자, 바울이 끌려나왔습니다.

24 그때, 베스도가 말했습니다. "아그립바 왕 전하, 그리고 이 자리에 함께하신 여러분, 이 사람을 보십시오. 이 사람은 이곳과 예루살렘에 있는 모든 유대인들이 살려 두어서는 안 된다고 소리치면서 나에게 고소한 사람입니다.

25 그러나 내가 판단하기에 그는 죽임을 당할 만한 죄를 범하지 않았습니다. 그런데 그가 황제에게 상소하였으므로 그를 로마로 보내기로 결정했습니다.

26 하지만 이 사람에 관해서 황제께 써 보낼 만한 자료가 내게는 없습니다. 그래서 이 사람을 여러분 앞에, 특별히 아그립바 왕 앞에 불러 낸 것입니다. 나는 여러분이 이 사람을 심문하면 황제께 보고할 자료가 생기지 않을까 기대하고 있습니다.

27 황제께 죄수를 보내면서 그 죄목이 무엇인지 알리지 않는 것은 사리에 맞지 않는 일이라고 생각합니다."

바울의 변호

26 아그립바가 바울에게 말했습니다. "당신 자신에 대해 해명할 기회를 주겠다." 그러자 바울이 손을 들어올리며 변명을 하기 시작했습니다.

2 "아그립바 왕이시여, 저와 관련하여 유대인들이 고소한 것에 대해 오늘 왕 앞에서 해명하게 된 것을 다행으로 생각합니다.

3 그것은 왕께서 유대인의 관습과 유대인들이 서로 다투고 있는 문제들을 잘 알고 계시기 때문입니다. 부탁드리고 싶은 것은 제 말을 끝까지 들어 달라는 것입니다.

4 모든 유대인들은 저의 일생을 다 알고 있습니다. 저의 어린 시절부터 시작하여 동족 가운데서, 그리고 예루살렘에서 어떻게 살아왔는지 잘 알고 있습니다.

5 그들이 저를 안 지는 오래 되었습니다. 그들은 하려고만 했다면, 제가 우리 종교의 가장 엄격한 바리새파 사람이고, 바리새파 사람으로서 생활하였다는 것을 증언할 수도 있을 것입니다.

6 지금 제가 여기 서서 재판을 받게 된 것은 하나님께서 우리 조상들에게 약속하신 것에 대한 소망 때문입니다.

7 이 소망은 우리 열두 지파가 밤이나 낮이나 열심을 다해 하나님을 섬기면서 그 약속이 이루어지기를 바라는 것이었습니다. 왕이시여, 바로 이 소망 때문에 저는 유대인들에게 고발을 당한 것입니다.

8 여러분은 어찌하여 하나님께서 죽은 사람을 살리시

could arrange to send him to Caesar."

22 •"I'd like to hear the man myself," Agrippa said.

And Festus replied, "You will—tomorrow!"

Paul Speaks to Agrippa

23 •So the next day Agrippa and Bernice arrived at the auditorium with great pomp, accompanied by military officers and prominent men of the city. Festus ordered that Paul be brought in. •Then Festus said, "King Agrippa and all who are here, this is the man whose death is demanded by all the Jews, both here and in Jerusalem. •But in my opinion he has done nothing deserving death. However, since he appealed his case to the emperor, I have decided to send him to Rome.

26 •"But what shall I write the emperor? For there is no clear charge against him. So I have brought him before all of you, and especially you, King Agrippa, so that after we examine him, I might have something to write. •For it makes no sense to send a prisoner to the emperor without specifying the charges against him!"

26 Then Agrippa said to Paul, "You may speak in your defense."

So Paul, gesturing with his hand, started his defense: •"I am fortunate, King Agrippa, that you are the one hearing my defense today against all these accusations made by the Jewish leaders, •for I know you are an expert on all Jewish customs and controversies. Now please listen to me patiently!

4 •"As the Jewish leaders are well aware, I was given a thorough Jewish training from my earliest childhood among my own people and in Jerusalem. •If they would admit it, they know that I have been a member of the Pharisees, the strictest sect of our religion. •Now I am on trial because of my hope in the fulfillment of God's promise made to our ancestors. •In fact, that is why the twelve tribes of Israel zealously worship God night and day, and they share the same hope I have. Yet, Your Majesty, they accuse me for having this hope! •Why does it seem incredible to any of you that God can raise the dead?

---

auditorium [ɔːdətɔ́ːriəm] *n.* 공회당
controversy [kántrəvəːrsi] *n.* 논쟁
incredible [inkrédəbl] *a.* 믿을 수 없는
pomp [pɑmp] *n.* 겉치레
prominent [prámənənt] *a.* 중요한; 저명한

는 것이 믿지 못할 일이라고 생각하십니까?

9 한때는 저 역시 나사렛 예수의 이름을 반대하는 일에 온 힘을 쏟아야 한다고 확신했던 사람입니다.

10 제가 예루살렘에서 했던 일이 그런 일이었습니다. 저는 대제사장들에게서 권한을 받아 많은 성도들을 감옥에 가두었습니다. 그리고 그들을 죽이는 일에 찬성했습니다.

11 저는 회당마다 찾아다니면서 여러 번 그들을 처벌했으며 강제로 예수님을 저주하게 했습니다. 그들을 향한 저의 분노가 어찌나 심하였던지 저는 다른 도시에까지 찾아다니면서 그들을 박해하기도 했습니다.

다마스커스 사건을 이야기하다

12 그러다가 한번은 대제사장들에게서 권한을 위임받아 다마스커스로 가게 되었습니다.

13 왕이시여, 저는 그곳을 향해 가다가 정오쯤 되어 하늘에서 해보다 더 밝은 빛이 저와 제 일행을 둘러 비추는 것을 보았습니다.

14 우리는 모두 땅에 엎어졌습니다. 그때에 저는 히브리 말로 '사울아, 사울아, 네가 어찌하여 나를 박해하느냐? 가시 돋친 채찍을 발로 차 보아야 너만 다칠 뿐이다'라는 음성을 들었습니다.

15 제가 '주님, 당신은 누구십니까?'라고 묻자, 주님께서는 이렇게 말씀하셨습니다. '나는 네가 박해하는 예수다.

16 일어나라! 발을 딛고 서라! 내가 이렇게 네게 나타난 것은, 너를 나의 일꾼으로 삼아 네가 본 것과 앞으로 내가 네게 보여 줄 것을 사람들에게 증언하도록 하기 위해서이다.

17 내가 너를 이 백성과 이방인들에게서 구원할 것이며, 너를 이방인에게로 보내어

18 그들의 눈을 뜨게 하고, 어둠에서 빛으로, 사탄의 세력에서 하나님께로 돌아오게 하겠다. 그리하여 그들의 죄를 용서받을 수 있게 하고, 또 나를 믿어 거룩하게 된 백성들과 한자리에 들게 하겠다.'

바울이 자신의 사역을 설명하다

19 아그립바 왕이시여, 저는 하늘로부터 받은 이 환상에 복종하지 않을 수 없었습니다.

20 저는 처음에는 다마스커스 사람들에게, 그 다음에는 예루살렘과 유대 지방의 모든 사람들에게, 나중에는 이방인들에게까지 회개하고 하나님께 돌아와서 회개한 모습을 행동으로써 보이라고 선포했습니다.

21 이런 일들 때문에 유대인들이 저를 성전에서 붙잡아 죽이려고 했습니다.

22 그러나 저는 이날까지 하나님의 도우심을 받아 왔습니다. 그래서 지금 제가 본 것을 이 자리에서 높은 사람이나 낮은 사람이나 모든 사람들에게 증언하고 있습니다. 저는 모세와 예언자들이 앞으로 일어

9 • "I used to believe that I ought to do everything I could to oppose the very name

10 of Jesus the Nazarene.* •Indeed, I did just that in Jerusalem. Authorized by the leading priests, I caused many believers* there to be sent to prison. And I cast my vote against them when they were condemned to death.

11 •Many times I had them punished in the synagogues to get them to curse Jesus.* I was so violently opposed to them that I even chased them down in foreign cities.

12 • "One day I was on such a mission to Damascus, armed with the authority and

13 commission of the leading priests. •About noon, Your Majesty, as I was on the road, a light from heaven brighter than the sun shone down on me and my companions.

14 •We all fell down, and I heard a voice saying to me in Aramaic,* 'Saul, Saul, why are you persecuting me? It is useless for you to fight against my will.*'

15 • " 'Who are you, lord?' I asked.

"And the Lord replied, 'I am Jesus, the one

16 you are persecuting. •Now get to your feet! For I have appeared to you to appoint you as my servant and witness. Tell people that you have seen me, and tell them what I will

17 show you in the future. •And I will rescue you from both your own people and the Gentiles. Yes, I am sending you to the

18 Gentiles •to open their eyes, so they may turn from darkness to light and from the power of Satan to God. Then they will receive forgiveness for their sins and be given a place among God's people, who are set apart by faith in me.'

19 • "And so, King Agrippa, I obeyed that

20 vision from heaven. •I preached first to those in Damascus, then in Jerusalem and throughout all Judea, and also to the Gentiles, that all must repent of their sins and turn to God—and prove they have

21 changed by the good things they do. •Some Jews arrested me in the Temple for preach-

22 ing this, and they tried to kill me. •But God has protected me right up to this present time so I can testify to everyone, from the least to the greatest. I teach nothing except what the prophets and Moses said would

23 happen—•that the Messiah would suffer

persecute [pə́ːrsikjùːt] *vt.* 박해하다
26:10 cast one's vote against… : …에 대해 불리한 투표를 하다

26:9 Or *Jesus of Nazareth.*   26:10 Greek *many of God's holy people.*   26:11 Greek *to blaspheme.*   26:14a Or *Hebrew.*   26:14b Greek *It is hard for you to kick against the oxgoads.*

나라라고 예언한 것 이외에는 아무것도 말하지 않았습니다.

23 모세와 예언자들은 그리스도께서 고난을 당하신다는 것과 죽은 자들 가운데서 먼저 부활하실 것과 자기 백성과 이방인들에게 빛을 선포하실 것을 예언했습니다."

아그립바를 전도하는 바울

24 바울이 이런 식으로 변명하자, 베스도가 바울을 향해 큰소리로 "바울아, 네가 미쳤구나. 너의 많은 학식 때문에 네가 미쳐 버렸다"라고 말했습니다.

25 그러나 바울은 이렇게 대답했습니다. "베스도 각하, 저는 미치지 않았습니다. 제가 드린 말은 다 사실입니다. 전부 맑은 정신으로 하는 말입니다.

26 아그립바 왕이 이 사실을 알고 계시므로 제가 거리낌없이 말씀드릴 수 있었던 것입니다. 이 일은 어느 한 구석에서 일어난 일이 아니기 때문에 어느 하나도 왕이 모르실 리가 없다고 저는 확신합니다.

27 아그립바 왕이시여, 예언자들의 말을 믿으십니까? 믿으시는 줄 압니다."

28 그러자 아그립바 왕이 바울에게 말했습니다. "그토록 짧은 시간에 나를 설득하여 그리스도인이 되게 할 수 있다고 생각하는가?"

29 바울이 대답했습니다. "짧은 시간이든 긴 시간이든 왕뿐만 아니라 지금 제 말을 듣고 있는 모든 사람들이 이렇게 결박된 것 말고는 저처럼 되기를 하나님께 기도합니다."

30 그러자 아그립바 왕과 베스도 총독과 버니게를 비롯해서 그들과 함께 앉아 있던 사람들이 다 일어났습니다.

31 그들은 그 방을 나갔습니다. 그들은 서로 이야기하면서 "이 사람은 사형을 당하거나 감옥에 갇힐 만한 일은 하나도 하지 않았다"고 말했습니다.

32 아그립바는 베스도에게 "이 사람이 황제에게 상소하지 않았다면, 지금 석방될 수도 있었을 텐데"라고 말했습니다.

바울이 로마로 호송되다

27 우리가 배를 타고 이탈리아로 가기로 결정되자, 그들은 황제 부대 소속 율리오라는 백부장에게 바울과 다른 죄수들을 넘겨 주었습니다.

2 우리는 아드라뭇데노에서 온 배를 타고 떠났습니다. 그 배는 아시아 지방의 여러 항구를 거쳐 가는 배였습니다. 데살로니가 출신의 마케도니아 사람인 아리스다고가 우리와 함께 가게 되었습니다.

3 이튿날, 우리는 시돈에 도착했습니다. 율리오는 바울에게 매우 친절했습니다. 그는 바울이 자유롭게 친구들에게 갈 수 있게 해 주었고, 그들이 바울에게 쓸 것을 줄 수 있게 하였습니다.

4 시돈을 떠나 항해를 계속하려고 했을 때, 맞바람이

and be the first to rise from the dead, and in this way announce God's light to Jews and Gentiles alike."

24 •Suddenly, Festus shouted, "Paul, you are insane. Too much study has made you crazy!"

25 •But Paul replied, "I am not insane, Most Excellent Festus. What I am saying is the 26 sober truth. •And King Agrippa knows about these things. I speak boldly, for I am sure these events are all familiar to him, for 27 they were not done in a corner! •King Agrippa, do you believe the prophets? I know you do—"

28 •Agrippa interrupted him. "Do you think you can persuade me to become a Christian so quickly?"*

29 •Paul replied, "Whether quickly or not, I pray to God that both you and everyone here in this audience might become the same as I am, except for these chains."

30 •Then the king, the governor, Bernice, 31 and all the others stood and left. •As they went out, they talked it over and agreed, "This man hasn't done anything to deserve death or imprisonment."

32 •And Agrippa said to Festus, "He could have been set free if he hadn't appealed to Caesar."

Paul Sails for Rome

27 When the time came, we set sail for Italy. Paul and several other prisoners were placed in the custody of a Roman officer* named Julius, a captain of the Imperial 2 Regiment. •Aristarchus, a Macedonian from Thessalonica, was also with us. We left on a ship whose home port was Adramyttium on the northwest coast of the province of Asia;* it was scheduled to make several stops at ports along the coast of the province.

3 •The next day when we docked at Sidon, Julius was very kind to Paul and let him go ashore to visit with friends so they could pro-4 vide for his needs. •Putting out to sea from there, we encountered strong headwinds that made it difficult to keep the ship on course, so we sailed north of Cyprus between

---

encounter [enkáuntər] *vt.* (위험, 고난 등에) 부닥치다, 직면하다
insane [inséin] *a.* 제정신이 아닌
sober [sóubər] *a.* 있는 그대로의; 맑은 정신의

26:28 Or *"A little more, and your arguments would make me a Christian."*   27:1 Greek *centurion;* similarly in 27:6, 11, 31, 43.   27:2 *Asia* was a Roman province in what is now western Turkey.

세차게 불어 와 키프로스 섬에 바짝 붙어 항해해야 했습니다.

5 우리는 길리기아와 밤빌리아 앞 바다를 가로질러 항해한 후에 루기아 지방의 무라에 도착했습니다.

6 그곳에서 로마 군대 백부장은 알렉산드리아를 떠나 이탈리아로 가는 배를 발견하고 우리를 그 배에 태웠습니다.

7 우리는 며칠 동안, 천천히 항해한 끝에 간신히 니도 앞 바다에 이르게 되었습니다. 맞바람이 너무 세차게 불어 와 우리가 가려던 항로로 더 이상 나아갈 수 없어서 살모네 맞은편에 있는 크레타 섬을 끼고 항해하였습니다.

8 우리는 해안가를 따라 어렵게 항해하여 라새아라는 도시에서 가까운 '아름다운 항구'라 하는 곳에 도착하였습니다.

9 시간을 많이 빼앗긴 데다가 이미 금식 기간*도 지나 더 이상 항해하는 것이 위험했으므로 바울이 그들에게 충고했습니다.

10 "여러분, 계속해서 항해를 하다가는 큰 어려움을 겪게 될 것이라고 생각합니다. 배와 짐만 손실되는 것이 아니라 우리 목숨까지도 잃게 될 것입니다."

11 그러나 백부장은 바울의 말을 듣기보다는 선장과 선주의 말을 더 믿었습니다.

12 그 항구는 겨울을 보내기에는 적당하지 못한 항구였기 때문에 사람들은 대부분 그곳을 떠나 뵈닉스에 가서 겨울을 보내고 싶어했습니다. 뵈닉스는 크레타 섬에 있는 항구 도시인데 남서쪽과 북서쪽을 향해 위치한 곳이었습니다.

폭풍

13 마침 남쪽에서 순풍이 불기 시작하자, 사람들은 자기들의 계획대로 되리라고 생각했습니다. 그래서 그들은 닻을 올리고 크레타 섬 해안을 따라 항해하기 시작했습니다.

14 그런데 갑자기 '유라굴로'*라고 부르는 폭풍이 섬 쪽에서 불어 왔습니다.

15 배는 폭풍에 휘말려 바람을 거슬러 조금도 앞으로 나아가지를 못했습니다. 그래서 우리는 앞으로 가려는 노력은 포기하고 바람이 부는 대로 배를 내맡기고 표류하기 시작했습니다.

16 그러다가 가우다라는 작은 섬의 남쪽 방향으로 떠밀려갈 때에 우리는 간신히 거룻배를 끌어올릴 수 있었습니다.

17 선원들은 거룻배를 끌어올린 다음에 밧줄로 동여맸습니다. 그들은 배가 스르디스의 모래톱에 걸릴까 염려하여 닻을 내리고 배를 바람 부는 대로 떠밀려가게 했습니다.

18 우리가 폭풍에 너무도 시달리자 이튿날에는 선원

---

5 the island and the mainland. • Keeping to the open sea, we passed along the coast of Cilicia and Pamphylia, landing at Myra, in the province of Lycia. • There the commanding officer found an Egyptian ship from Alexandria that was bound for Italy, and he put us on board.

7 • We had several days of slow sailing, and after great difficulty we finally neared Cnidus. But the wind was against us, so we sailed across to Crete and along the sheltered coast of 8 the island, past the cape of Salmone. • We struggled along the coast with great difficulty and finally arrived at Fair Havens, near the 9 town of Lasea. • We had lost a lot of time. The weather was becoming dangerous for sea travel because it was so late in the fall,* and Paul spoke to the ship's officers about it.

10 • "Men," he said, "I believe there is trouble ahead if we go on—shipwreck, loss of cargo, 11 and danger to our lives as well." • But the officer in charge of the prisoners listened more to the ship's captain and the owner than to Paul. 12 • And since Fair Havens was an exposed harbor—a poor place to spend the winter—most of the crew wanted to go on to Phoenix, farther up the coast of Crete, and spend the winter there. Phoenix was a good harbor with only a southwest and northwest exposure.

The Storm at Sea

13 • When a light wind began blowing from the south, the sailors thought they could make it. So they pulled up anchor and sailed close to 14 the shore of Crete. • But the weather changed abruptly, and a wind of typhoon strength (called a "northeaster") burst across the island 15 and blew us out to sea. • The sailors couldn't turn the ship into the wind, so they gave up and let it run before the gale.

16 • We sailed along the sheltered side of a small island named Cauda,* where with great difficulty we hoisted aboard the lifeboat being 17 towed behind us. • Then the sailors bound ropes around the hull of the ship to strengthen it. They were afraid of being driven across to the sandbars of Syrtis off the African coast, so they lowered the sea anchor to slow the ship and were driven before the wind.

18 • The next day, as gale-force winds contin-

27:9 Greek because the fast was now already gone by. This fast was associated with the Day of Atonement (Yom Kippur), which occurred in late September or early October. 27:16 Some manuscripts read Clauda.

27:9 금식 기간은 음력 9월 20일쯤으로, 이때가 지나면 항해하기가 어려운 날씨였다.
27:14 '유라굴로'는 '북동풍'을 뜻하는 말이다.

들이 짐을 바다에 내던졌습니다.

19 삼 일째 되는 날에는 배의 장비마저 내어 던졌습니다.

20 우리는 며칠째 해도 보지 못했고 별도 보지 못했습니다. 바람은 계속해서 거세게 불어왔습니다. 결국 우리는 살아 남을 수 있다는 희망을 모두 포기하고 말았습니다.

21 사람들이 오랫동안 아무것도 먹지 못하고 있는 가운데 바울이 일어나 그들에게 말했습니다. "여러분, 내가 크레타 섬을 떠나지 말자고 한 말을 들었어야 했습니다. 그랬다면 이런 손해를 입지 않았을 것이고 물건을 잃어버리지도 않았을 것입니다.

22 하지만 여러분, 이제 제가 권합니다. 용기를 내십시오. 이 배만 잃을 뿐 여러분 중에는 한 사람도 목숨을 잃지 않을 것입니다.

23 지난 밤에 나의 주님이요, 내가 섬기는 하나님의 천사가 내 곁에 나타나 이렇게 말해 주었습니다.

24 '바울아, 두려워하지 마라. 너는 반드시 황제 가이사 앞에 서야 한다. 하나님께서 너와 함께 항해하는 모든 사람들의 목숨을 너에게 맡겨 주셨다.'

25 그러니 여러분, 용기를 내십시오. 나는 하나님을 믿습니다. 모든 일이 하나님의 천사가 내게 말씀하신 대로 이루어질 것입니다.

26 우리는 반드시 어떤 섬에 밀려가 닿게 될 것입니다."

27 십사 일 되던 밤에 우리는 아드리아 바다에서 표류하였습니다. 한밤중에 선원들은 우리가 어떤 섬에 가까워지고 있음을 느꼈습니다.

28 그래서 물 깊이를 재어 보니 약 40미터였고, 조금 더 가서 다시 재어 보니 이번에는 약 30미터였습니다.

29 우리는 혹시 암초에 걸리지는 않을까 염려가 되어 닻 네 개를 물에 던져 놓고 날이 밝기를 기다렸습니다.

30 그런데 선원 몇 사람이 배에서 빠져 나갈 속셈으로 배 앞쪽에 닻을 더 내린다는 구실로 거룻배를 물에 내렸습니다.

31 그러자 바울이 백부장과 군인들에게 "이 사람들이 배에 남아 있지 않으면 당신들마저 구조되지 못합니다"라고 말했습니다.

32 그래서 군인들이 밧줄을 끊어서 거룻배를 떼어 버렸습니다.

33 날이 밝을 무렵, 바울은 모든 사람에게 음식을 먹으라고 권하면서 말했습니다. "지난 십사 일 동안, 여러분은 마음을 졸이며 지금까지 아무것도 먹지 않고 지냈습니다.

34 하지만 이제는 음식을 드십시오. 그래야 살아남을 수 있습니다. 여러분 중에 그 누구도 머리카락 하나

ued to batter the ship, the crew began throwing the cargo overboard. ●The following 19 day they even took some of the ship's gear 20 and threw it overboard. ●The terrible storm raged for many days, blotting out the sun and the stars, until at last all hope was gone.

21   ●No one had eaten for a long time. Finally, Paul called the crew together and said, "Men, you should have listened to me in the first place and not left Crete. You would have avoided all this damage and 22 loss. ●But take courage! None of you will lose your lives, even though the ship will go 23 down. ●For last night an angel of the God to whom I belong and whom I serve stood 24 beside me, ●and he said, 'Don't be afraid, Paul, for you will surely stand trial before Caesar! What's more, God in his goodness has granted safety to everyone sailing with 25 you. ●So take courage! For I believe God. It 26 will be just as he said. ●But we will be shipwrecked on an island."

The Shipwreck

27 ●About midnight on the fourteenth night of the storm, as we were being driven across the Sea of Adria,* the sailors sensed land was 28 near. ●They dropped a weighted line and found that the water was 120 feet deep. But a little later they measured again and found 29 it was only 90 feet deep.* ●At this rate they were afraid we would soon be driven against the rocks along the shore, so they threw out four anchors from the back of the ship and prayed for daylight.

30   ●Then the sailors tried to abandon the ship; they lowered the lifeboat as though they were going to put out anchors from the 31 front of the ship. ●But Paul said to the commanding officer and the soldiers, "You will 32 all die unless the sailors stay aboard." ●So the soldiers cut the ropes to the lifeboat and let it drift away.

33   ●Just as day was dawning, Paul urged everyone to eat. "You have been so worried that you haven't touched food for two 34 weeks," he said. ●"Please eat something now for your own good. For not a hair of

---

abruptly [əbrʌ́ptli] *ad.* 갑자기
gale [géil] *n.* 사나운 바람, 강풍
hoist [hɔ́ist] *vt.* (돛, 기, 짐) 올리다, 끌어올리다
hull [hʌ́l] *n.* 선체
tow [tóu] *vt.* (차, 배 등) 잡아당기다; 끌어당기다

27:27 The *Sea of Adria* includes the central portion of the Mediterranean.   27:28 Greek *20 fathoms... 15 fathoms* [37 meters... 27 meters].

35 바울은 이 말을 하고서 모든 사람 앞에서 빵을 들어 하나님께 감사 기도를 드리고 빵을 떼어 먹기 시작했습니다.

36 그러자 사람들도 용기를 얻어 음식을 먹었습니다.

37 배 안에 있던 사람들은 모두 이백칠십육 명이었습니다.

38 사람들은 음식을 배불리 먹고 나서 식량을 바다에 던져 배를 가볍게 했습니다.

파선

39 날이 밝았습니다. 사람들은 그곳이 어느 땅인지는 알 수 없었지만 그들의 눈에 모래밭이 있는 항만이 눈에 띄었습니다. 그래서 그들은 어떻게 해서든지 배를 모래밭에 대기로 작정하였습니다.

40 그들은 닻줄을 끊어서 닻을 바다에 내버리는 동시에 키를 묶은 밧줄을 풀었습니다. 그리고 앞돛을 올려서 바람을 타고 해안 쪽으로 배를 몰았습니다.

41 그러나 배는 두 물살이 만나는 곳에 들어가 모래톱에 걸리고 말았습니다. 뱃머리는 꼼짝도 하지 않고, 배 뒤쪽은 거센 파도에 부딪혀 깨어졌습니다.

42 군인들은 죄수들이 헤엄쳐 도망칠까봐, 그들을 죽이려고 계획을 짰습니다.

43 그러나 백부장 율리오는 바울을 살리고 싶어했습니다. 그는 군인들이 죄수를 죽이지 못하도록 헤엄칠 수 있는 사람은 모두 바다로 뛰어들어 육지로 올라가라고 명령했습니다.

44 남은 사람들은 널빤지나 부서진 배 조각을 붙잡고 나가게 명령했습니다. 그들은 모두 무사히 육지로 올라왔습니다.

몰타 섬에 다다른 바울

28 우리는 육지에 무사히 오른 뒤에야 그 섬이 몰타 섬이라는 것을 알았습니다.

2 비가 오고 매우 추웠습니다. 섬 사람들은 우리에게 분에 넘치는 친절을 베풀며 불을 피워 놓고 우리를 맞아 주었습니다.

3 바울이 장작을 한 무더기 모아다가 불에 넣었는데, 뜨거운 불 때문에 독사가 뛰어나와 바울의 손을 물었습니다.

4 섬 사람들은 독사가 바울의 손에 매달려 있는 것을 보고 "이 사람은 틀림없이 살인자다. 바다에서는 살아 나왔는지 모르지만 '정의의 신'이 그를 살려 두지 않을 것이다"라며 서로 수군거렸습니다.

5 그러나 바울은 그 뱀을 불 속에 떨어 버렸고, 아무런 해도 입지 않았습니다.

6 사람들은 바울의 몸이 부어 오르거나 그가 갑자기 땅바닥에 쓰러져 죽으리라고 예상했습니다. 그런데 아무리 기다려도 바울에게 아무런 일이 일어나지 않자, 그들은 바울을 달리 생각하게 되었습니다.

35 your heads will perish." • Then he took some bread, gave thanks to God before them 36 all, and broke off a piece and ate it. • Then everyone was encouraged and began to eat—
37-38 • all 276 of us who were on board. • After eating, the crew lightened the ship further by throwing the cargo of wheat overboard.

39 • When morning dawned, they didn't recognize the coastline, but they saw a bay with a beach and wondered if they could get 40 to shore by running the ship aground. • So they cut off the anchors and left them in the sea. Then they lowered the rudders, raised 41 the foresail, and headed toward shore. • But they hit a shoal and ran the ship aground too soon. The bow of the ship stuck fast, while the stern was repeatedly smashed by the force of the waves and began to break apart.

42 • The soldiers wanted to kill the prisoners to make sure they didn't swim ashore and 43 escape. • But the commanding officer wanted to spare Paul, so he didn't let them carry out their plan. Then he ordered all who could swim to jump overboard first and 44 make for land. • The others held onto planks or debris from the broken ship.* So everyone escaped safely to shore.

Paul on the Island of Malta

28 Once we were safe on shore, we learned that we were on the island of 2 Malta. • The people of the island were very kind to us. It was cold and rainy, so they built a fire on the shore to welcome us.

3 • As Paul gathered an armful of sticks and was laying them on the fire, a poisonous snake, driven out by the heat, bit him on the 4 hand. • The people of the island saw it hanging from his hand and said to each other, "A murderer, no doubt! Though he escaped the 5 sea, justice will not permit him to live." • But Paul shook off the snake into the fire and 6 was unharmed. • The people waited for him to swell up or suddenly drop dead. But when they had waited a long time and saw that he wasn't harmed, they changed their minds and decided he was a god.

dysentery [dísəntèri] n. 이질, 설사
lodging [lάdʒiŋ] n. 숙박
perish [périʃ] vi. 소멸하다
27:39 run aground : (배가) 좌초하다
27:41 stick fast : 꼼짝 못하다, 딱 막히다
27:43 make for… : …에 향하다, 접근하다
28:5 shake off… : …떨어버리다

27:44 Or or were helped by members of the ship's crew.

그들은 바울을 신이라고 불렀습니다.

7 그 근처에 그 섬의 추장인 보블리오가 땅을 소유하고 있었습니다. 그 사람이 우리를 자기 집으로 초대해서 삼 일 동안, 친절하게 대접해 주었습니다.

8 때마침, 보블리오의 아버지가 열병과 이질에 걸려 자리에 누워 있었습니다. 바울이 그를 찾아가 기도하고 그 사람의 몸에 손을 얹어 그를 낫게 하였습니다.

9 이 일이 있은 뒤에, 그 섬에서 병을 앓고 있는 다른 사람들도 바울을 찾아와 고침을 받았습니다.

10 그 섬 사람들은 우리를 잘 대접해 주었습니다. 우리가 떠나려고 할 때, 그들은 필요한 물건들을 배에 실어 주었습니다.

로마에 도착한 바울

11 석 달이 지난 후, 우리는 그 섬에서 겨울을 보낸 알렉산드리아 배를 타고 뱃길에 올랐습니다. 그 배의 앞에는 '쌍둥이 신' 표시가 있었습니다.

12 우리는 수라구사*에 배를 대고 삼 일 동안을 지냈습니다.

13 그곳을 떠나서는 레기온에 도착했습니다. 그 이튿날, 남풍이 불어 와서 그곳을 쉽게 벗어날 수 있었습니다. 이틀만에 우리는 보디올에 닿았습니다.

14 거기서 우리는 신자들을 만나 그들의 초청을 받고 일 주일 동안, 그들과 함께 지냈습니다. 그런 뒤에 마침내 우리는 로마에 도착했습니다.

15 로마에 있는 형제들은 우리가 온다는 소식을 듣고 '압비오 광장'*과 '세 여관'*까지 우리를 마중하러 왔습니다. 바울은 그들을 보자, 용기를 얻었으며 하나님께 감사했습니다.

로마에서 전도하는 바울

16 우리가 로마에 도착했을 때, 바울은 그를 지키는 군인 한 사람과 함께 혼자 지내도 된다는 허락을 받았습니다.

17 삼 일 뒤에 바울은 그곳의 유대인 지도자들을 불러모았습니다. 그들이 모이자, 바울은 이렇게 말했습니다. "동포 여러분, 나는 우리 백성이나 우리 조상들의 관습을 거스르는 일을 한 적이 없습니다. 그런데도 나는 예루살렘에서 붙잡혀 로마 사람들의 손에 넘겨졌습니다.

18 로마 사람들이 나를 심문했으나 내게는 사형을 당할 만한 죄가 없다는 것을 알고, 나를 풀어 주려 했습니다.

19 그런데 그곳의 유대인들이 반대해서 나는 로마에 와서 황제에게 상소할 수밖에 없었습니다. 그렇다고 해서 내 백성을 고발하려는 것은 아닙니다.

---

7 Near the shore where we landed was an estate belonging to Publius, the chief official of the island. He welcomed us and treated us kindly for three days. 8 As it happened, Publius's father was ill with fever and dysentery. Paul went in and prayed for him, and laying his hands on him, he healed him. 9 Then all the other sick people on the island came and were healed. 10 As a result we were showered with honors, and when the time came to sail, people supplied us with everything we would need for the trip.

Paul Arrives at Rome

11 It was three months after the shipwreck that we set sail on another ship that had wintered at the island—an Alexandrian ship with the twin gods* as its figurehead. 12 Our first stop was Syracuse,* where we stayed three days. 13 From there we sailed across to Rhegium.* A day later a south wind began blowing, so the following day we sailed up the coast to Puteoli. 14 There we found some believers,* who invited us to spend a week with them. And so we came to Rome. 15 The brothers and sisters* in Rome had heard we were coming, and they came to meet us at the Forum* on the Appian Way. Others joined us at The Three Taverns.* When Paul saw them, he was encouraged and thanked God. 16 When we arrived in Rome, Paul was permitted to have his own private lodging, though he was guarded by a soldier.

Paul Preaches at Rome under Guard

17 Three days after Paul's arrival, he called together the local Jewish leaders. He said to them, "Brothers, I was arrested in Jerusalem and handed over to the Roman government, even though I had done nothing against our people or the customs of our ancestors. 18 The Romans tried me and wanted to release me, because they found no cause for the death sentence. 19 But when the Jewish leaders

---

28:11 The twin gods were the Roman gods Castor and Pollux. 28:12 Syracuse was on the island of Sicily. 28:13 Rhegium was on the southern tip of Italy. 28:14 Greek brothers. 28:15a Greek brothers. 28:15b The Forum was about 43 miles (70 kilometers) from Rome. 28:15c The Three Taverns was about 35 miles (57 kilometers) from Rome.

28:11 '디오스구도' 라고 하며 제우스의 쌍둥이 아들들을 가리킨다.
28:12 '수라구사' 의 현재 지명은 '시라쿠스' 이다.
28:15 '압비오 광장' 은 로마에서 약 70km 떨어진 곳에 있는 광장이며, '세 여관' 은 로마에서 약 57km 떨어진 '트레스 타베르나이' 란 이름을 가진 곳이다. 개역 성경에는 각각 '압비오 저자' 와 '삼관' 으로 표기되어 있다.

20 이런 이유로 여러분을 뵙고 말씀드리고자 오시라고 했던 것입니다. 내가 이렇게 사슬에 매인 것은 이스라엘의 소망 때문입니다."

21 유대인들이 바울에게 대답했습니다. "우리는 아직 유대로부터 당신에 관한 어떤 편지도 받은 적이 없습니다. 또 유대로부터 온 우리 형제들 중에서 당신에 관한 나쁜 소문을 전하거나 당신을 나쁘게 말한 사람도 없습니다.

22 우리는 다만 당신 생각을 듣고 싶습니다. 우리가 알기로는 어디를 가도 당신 종파에 대해서 반대하는 사람이 많다고 합니다."

23 바울과 유대인들은 만날 날짜를 정했습니다. 그날이 되었을 때, 더 많은 유대인들이 바울이 지내고 있는 곳으로 모였습니다. 바울은 아침부터 저녁까지 그들에게 하나님의 나라를 설명하고 선포했습니다. 또 모세와 예언자들의 글을 예로 들어서 그들이 예수에 관한 것을 믿게 하려 애썼습니다.

24 바울의 말을 믿는 사람들도 있었지만 믿지 않는 사람들도 있었습니다.

25 그들이 이처럼 의견이 갈린 채 헤어질 때에 바울이 한마디 말을 남겼습니다. "성령께서 예언자 이사야를 통해 여러분의 조상에게 말씀하신 것은 진리입니다.

26 '이 백성에게 가서 말하여라. 너희가 듣기는 들어도 깨닫지 못하고 보기는 보아도 알지 못할 것이다.

27 이 백성의 마음이 무디어졌고, 귀로는 듣지 못하며 눈은 감겼다. 이는 그들이 눈으로 보고 귀로 듣고 마음으로 깨닫고 내게 돌아와 고침을 받지 못하게 하려는 것이다.' *

28 그러므로 여러분은 하나님의 이 구원이 이방인들에게도 전파되었다는 것을 알아야 합니다. 그들은 들을 것입니다."

29 (없음)*

30 바울은 자기 셋집에서 꼬박 이 년을 지내면서 자기를 찾아오는 사람들을 다 맞이하였습니다.

31 그는 담대하게, 그리고 아무런 방해도 받지 않고 하나님의 나라를 전하고 주 예수 그리스도에 관해 가르쳤습니다.

protested the decision, I felt it necessary to appeal to Caesar, even though I had no desire to press charges against my own people. •I asked you to come here today so we could get acquainted and so I could explain to you that I am bound with this chain because I believe that the hope of Israel—the Messiah—has already come."

21 •They replied, "We have had no letters from Judea or reports against you from anyone who has come here. •But we want to hear what you believe, for the only thing we know about this movement is that it is denounced everywhere."

23 •So a time was set, and on that day a large number of people came to Paul's lodging. He explained and testified about the Kingdom of God and tried to persuade them about Jesus from the Scriptures. Using the law of Moses and the books of the prophets, he spoke to them from morning until evening. •Some were persuaded by the things he said, but others did not believe. •And after they had argued back and forth among themselves, they left with this final word from Paul: "The Holy Spirit was right when he said to your ancestors through Isaiah the prophet,

26 'Go and say to this people:
   When you hear what I say,
      you will not understand.
   When you see what I do,
      you will not comprehend.
27 For the hearts of these people are hardened,
      and their ears cannot hear,
      and they have closed their eyes—
   so their eyes cannot see,
      and their ears cannot hear,
      and their hearts cannot understand,
      and they cannot turn to me
      and let me heal them.' *

28 •So I want you to know that this salvation from God has also been offered to the Gentiles, and they will accept it." *

30 •For the next two years, Paul lived in Rome at his own expense.* He welcomed all who visited him, •boldly proclaiming the Kingdom of God and teaching about the Lord Jesus Christ. And no one tried to stop him.

28:26-27 Isa 6:9-10 (Greek version). 28:28 Some manuscripts add verse 29, *And when he had said these words, the Jews departed, greatly disagreeing with each other.* 28:30 Or *in his own rented quarters.*

28:26-27 사 6:9–10에 기록되어 있다.
28:29 어떤 사본에는 다음과 같은 구절이 있다. "그가 이 말을 마쳤을 때에 유대인들이 서로 크게 논쟁하며 가더라."

로마서

서론

- ✠ 저자 _ 사도 바울
- ✠ 저작 연대 _ A.D. 57년경
- ✠ 기록 장소 _ 고린도
- ✠ 기록 대상 _ 로마에 있는 모든 그리스도인 (유대인과 이방인)
- ✠ 핵심어 및 내용 _ 핵심어는 '죄'와 '구원'과 '믿음'이다. 사도 바울은 우리의 죄로 인해 하나님과의 관계가 파괴된 것이며, 오직 하나님의 아들이신 예수 그리스도를 믿어야만 구원 받을 수 있다고 설명한다.

인사

1 나 바울은 사도로 부름을 받은 그리스도 예수의 종으로서, 하나님의 복음을 위해 특별히 선택되었습니다.

2 이 복음은, 하나님께서 오래 전에 예언자들을 통해 성경에 약속하신 그리스도 예수에 대한 소식입니다.

3 하나님의 아들이신 그분은 인간의 족보로는 다윗의 후손으로 태어나셨습니다.

4 그러나 성결하게 하는 영으로는 죽은 자들 가운데서 부활하심으로써 능력 있는 하나님의 아들로 선언되셨습니다. 이분이 바로 우리 주 예수 그리스도이십니다.

5 그분을 통해 우리는 은혜와 사도의 직분을 얻었습니다. 우리가 해야 할 일은 모든 이방인들을 불러 주 예수 그리스도의 이름을 믿고 순종하게 하는 것입니다.

6 여러분도 그들과 함께 부르심을 받아 예수 그리스도의 사람이 되었습니다.

7 하나님의 사랑을 받아 성도로 부름을 받게 된 로마에 있는 모든 분들에게, 하나님 우리 아버지와 주 예수 그리스도께서 은혜와 평강을 내리시기를 바랍니다.

로마 방문을 간절히 원하는 바울

8 먼저 예수 그리스도를 통해 나의 하나님께 감사합니다. 이는 여러분의 믿음이 온 세상에 널리 알려졌기 때문입니다.

9 나는 하나님의 아들에 관한 복음을 전할 때마다 기도 중에 늘 여러분을 생각하고 있었습니다. 내가 전심으로 섬기는 하나님께서 나의 증인이 되십니다.

10 지금 나는 하나님의 뜻이라면 여러분에게 갈 수 있는 길이 열리기를 기도합니다.

11 내가 여러분을 간절히 보고 싶어하는 까닭은 성령께서 주시는 선물을 나누어 주어 여러분을 강하게 하기 위함입니다.

12 이것은 여러분과 내가 각 사람의 믿음으로 서로

Greetings from Paul

1 This letter is from Paul, a slave of Christ Jesus, chosen by God to be an apostle and 2 sent out to preach his Good News. •God promised this Good News long ago through his 3 prophets in the holy Scriptures. •The Good News is about his Son. In his earthly life he was 4 born into King David's family line, •and he was shown to be* the Son of God when he was raised from the dead by the power of the Holy 5 Spirit.* He is Jesus Christ our Lord. •Through Christ, God has given us the privilege* and authority as apostles to tell Gentiles everywhere what God has done for them, so that they will believe and obey him, bringing glory to his name.

6 •And you are included among those Gentiles who have been called to belong to 7 Jesus Christ. •I am writing to all of you in Rome who are loved by God and are called to be his own holy people.

May God our Father and the Lord Jesus Christ give you grace and peace.

God's Good News

8 •Let me say first that I thank my God through Jesus Christ for all of you, because your faith in him is being talked about all over the world. 9 •God knows how often I pray for you. Day and night I bring you and your needs in prayer to God, whom I serve with all my heart* by 10 spreading the Good News about his Son. •One of the things I always pray for is the opportunity, God willing, to come at last to see 11 you. •For I long to visit you so I can bring you some spiritual gift that will help you grow 12 strong in the Lord. •When we get together, I want to encourage you in your faith, but I also

Gentile [dʒéntail] *n.* (유대인이 말하는) 이방인
privilege [prívəlidʒ] *n.* 특권

1:4a Or and was designated.   1:4b Or by the Spirit of holiness; or in the new realm of the Spirit.   1:5 Or the grace.   1:9 Or in my spirit.

위로를 받고자 하는 데 있습니다.

13 형제 자매 여러분, 내가 여러 번 여러분에게 갈 계획을 세웠으나 뜻대로 되지 못했다는 것을 아시기 바랍니다. 그것은 다른 이방인들 사이에서 믿는 자들을 얻은 것처럼, 여러분 중에서도 어떤 열매를 얻고 싶었기 때문입니다.

14 나는 그리스인이든지 미개인이든지 지식인이든지 문맹인이든지 가리지 않고 어느 누구에게나 복음을 전할 책임이 있습니다.

15 그래서 로마에 있는 여러분에게도 복음을 전하기를 간절히 바라는 것입니다.

복음의 능력

16 나는 복음을 부끄러워하지 않습니다. 그것은 이 복음이 유대인으로부터 시작해서 이방인들에 이르기까지 모든 믿는 사람을 구원에 이르게 하는 하나님의 능력이기 때문입니다.

17 하나님께서 주시는 의가 복음에 계시되어 있습니다. 성경에 "의인은 믿음으로 인하여 살 것이다"* 라고 기록되어 있듯이, 하나님께로부터 오는 의는 처음부터 끝까지 믿음으로 얻을 수 있는 것입니다.

모든 사람은 죄인이다

18 하나님의 진노가 하늘로부터 나타나서, 불의한 행동으로 진리를 거스르는 사람들이 행한 모든 경건치 않은 것과 불의를 치십니다.

19 하나님께서는 사람들에게 하나님을 알 수 있게 하셨으므로 사람들 속에 하나님을 알 만한 것이 있다는 것은 분명합니다.

20 세상이 창조된 이래로 하나님의 보이지 않는 성품인 그분의 영원한 능력과 신성은 그가 만드신 만물을 보고서 분명히 알 수 있게 되었습니다. 그러므로 사람들은 핑계를 댈 수 없습니다.

21 사람들은 하나님을 알면서도 하나님께 영광을 돌리지도 않았고, 하나님께 감사하지도 않았습니다. 오히려 사람들은 헛된 것을 생각했으며, 그들의 어리석은 마음은 어둠으로 가득 찼습니다.

22 사람들은 자기들이 지혜롭다고 생각하지만, 사실은 어리석습니다.

23 또 사람들은 불멸의 하나님의 영광을 죽을 수밖에 없는 인간이나 새나 짐승 또는 뱀과 같은 모양으로 바꾸어 버렸습니다.

24 *그래서 하나님께서는 사람들이 원하는 대로 죄악된 행동을 하도록 내버려 두셨습니다. 사람들은 이제 가지각색의 더러운 죄를 지어 자기들끼리 부끄러운 짓을 행하여 몸을 더럽혔습니다.*

25 사람들은 하나님의 진리를 거짓으로 바꾸었습니다. 창조주 되신 하나님보다 지음받은 피조물들을 더 예배하고 섬겼습니다. 하나님은 영원히 찬송을

want to be encouraged by yours.

13 •I want you to know, dear brothers and sisters,* that I planned many times to visit you, but I was prevented until now. I want to work among you and see spiritual fruit, just as I have seen among other Gentiles.

14 •For I have a great sense of obligation to people in both the civilized world and the rest of the world,* to the educated and uneducated alike. •So I am eager to come to you

15 in Rome, too, to preach the Good News.

16 •For I am not ashamed of this Good News about Christ. It is the power of God at work, saving everyone who believes—the Jew

17 first and also the Gentile.* •This Good News tells us how God makes us right in his sight. This is accomplished from start to finish by faith. As the Scriptures say, "It is through faith that a righteous person has life."*

God's Anger at Sin

18 •But God shows his anger from heaven against all sinful, wicked people who sup-

19 press the truth by their wickedness.* •They know the truth about God because he has

20 made it obvious to them. •For ever since the world was created, people have seen the earth and sky. Through everything God made, they can clearly see his invisible qualities—his eternal power and divine nature. So they have no excuse for not knowing God.

21 •Yes, they knew God, but they wouldn't worship him as God or even give him thanks. And they began to think up foolish ideas of what God was like. As a result, their

22 minds became dark and confused. •Claiming to be wise, they instead became utter

23 fools. •And instead of worshiping the glorious, ever-living God, they worshiped idols made to look like mere people and birds and animals and reptiles.

24 •So God abandoned them to do whatever shameful things their hearts desired. As a result, they did vile and degrading things

25 with each other's bodies. •They traded the truth about God for a lie. So they worshiped and served the things God created instead of the Creator himself, who is worthy of eternal

obligation [əbləɡéiʃən] *n.* 의무
reptile [réptil] *n.* 파충류, 기어다니는 동물
suppress [səprés] *vt.* 억제하다; 억압하다

1:13 Greek *brothers.*   **1:14** Greek *to Greeks and barbarians.*   **1:16** Greek *also the Greek.* **1:17** Or *"The righteous God will live by faith."* Hab 2:4.   **1:18** Or *who, by their wickedness, prevent the truth from being known.*

1:17 합 2:4에 기록되어 있다.

받으실 분입니다. 아멘.

26 이런 이유로 하나님은 사람들을 부끄러운 욕망의 노예로 살게 내버려 두셨습니다. 여자들은 남자들과의 자연스러운 성관계를 여자와 성관계를 갖는 것으로 바꾸었습니다.

27 이와 똑같이 남자들도 여자들과 행하는 자연스러운 성관계를 버리고 남자들끼리 정욕에 불타, 남자가 남자와 부끄러운 짓을 했습니다. 그래서 스스로 그 잘못에 합당한 벌을 받았습니다.

28 사람들이 하나님을 아는 것을 하찮게 여겼으므로, 하나님께서는 사람들이 타락한 생각에 빠지게 하시고 사람들이 해서는 안 될 일들을 하게 내버려 두셨습니다.

29 그들은 온갖 불의와 악행과 탐욕과 악독으로 가득 찬 사람들입니다. 또한 시기와 살인과 다툼과 속임과 적의로 가득 찼으며, 남에 대해 말하기를 좋아하고,

30 남들을 비방하고, 하나님을 미워하며, 거만하고 건방지며, 뽐내기를 잘합니다. 그들은 악한 일을 계획하고, 부모님께 순종하지 않습니다.

31 그들은 양심도 없으며, 약속을 지키지 않으며, 친절하지도 않고, 동정심도 없습니다.

32 사람들은 그런 일을 행하는 사람은 죽어 마땅하다는 하나님의 의로우신 법을 알면서도 자신들만 그런 악한 행동을 계속하는 것이 아니라 그런 행동을 저지르는 다른 사람들까지 잘한다고 두둔합니다.

하나님의 의로우신 심판

2 그러므로 다른 사람을 판단하는 사람도 변명할 수 없게 되었습니다. 다른 사람을 판단하는 사람은 자신도 똑같은 행동을 하고 있으므로, 자기 자신을 판단하는 셈입니다.

2 이런 일을 행하는 사람들에게 하나님께서 의로운 심판을 내리시리라는 것을 우리는 알고 있습니다.

3 악한 일을 행하는 사람들을 판단하면서 실은 자신도 똑같은 일을 하고 있는 사람에게 한 마디 하겠습니다. 그대가 혹시라도 하나님의 심판을 피할 수 있다고 생각합니까?

4 그렇지 않다면, 하나님의 자비로우심이 여러분을 회개로 이끄신다는 것을 깨닫지 못하고, 그분의 자비로우심과 넓으신 아량과 오래 참으심의 풍성함을 멸시하는 것입니까?

5 어리석게도 이런 사람은 완고하고 회개하지 않으므로 말미암아, 하나님의 의로우신 심판이 나타나는 날에 받을 진노를 스스로 쌓고 있습니다.

6 하나님께서는 각 사람이 행한 그대로 갚아 주실 것입니다.

7 인내로써 선한 일을 행하며, 영광과 존귀와 영원한

26 praise! Amen. •That is why God abandoned them to their shameful desires. Even the women turned against the natural way to have sex and instead indulged in sex with 27 each other. •And the men, instead of having normal sexual relations with women, burned with lust for each other. Men did shameful things with other men, and as a result of this sin, they suffered within themselves the penalty they deserved.

28 • Since they thought it foolish to acknowledge God, he abandoned them to their foolish thinking and let them do things 29 that should never be done. •Their lives became full of every kind of wickedness, sin, greed, hate, envy, murder, quarreling, decep- 30 tion, malicious behavior, and gossip. •They are backstabbers, haters of God, insolent, proud, and boastful. They invent new ways of sinning, and they disobey their parents. 31 •They refuse to understand, break their promises, are heartless, and have no mercy. 32 •They know God's justice requires that those who do these things deserve to die, yet they do them anyway. Worse yet, they encourage others to do them, too.

God's Judgment of Sin

2 You may think you can condemn such people, but you are just as bad, and you have no excuse! When you say they are wicked and should be punished, you are condemning yourself, for you who judge 2 others do these very same things. •And we know that God, in his justice, will punish 3 anyone who does such things. •Since you judge others for doing these things, why do you think you can avoid God's judgment 4 when you do the same things? •Don't you see how wonderfully kind, tolerant, and patient God is with you? Does this mean nothing to you? Can't you see that his kindness is intended to turn you from your sin?

5 •But because you are stubborn and refuse to turn from your sin, you are storing up terrible punishment for yourself. For a day of anger is coming, when God's righteous judg- 6 ment will be revealed. •He will judge every- 7 one according to what they have done. •He will give eternal life to those who keep on doing good, seeking after the glory and

backstabber [bǽkstæbər] *n.* 험담하는 자
deception [disépʃən] *n.* 속임, 사기
indulge [indʌ́ldʒ] *vi.* 탐닉하다
insolent [ínsələnt] *a.* 건방진
lust [lʌ́st] *n.* 정욕
malicious [məlíʃəs] *a.* 악의 있는

롬

것을 구하는 사람들에게는 하나님께서 영생을 주
실 것입니다.

8 그러나 이기적인 욕심만 가득하여 진리를 거스르
고 옳지 않은 것을 따르는 사람에게는 하나님께서
진노와 화를 내리실 것입니다.

9 악한 일을 행하는 모든 사람에게 환난과 고통이 있
을 것입니다. 유대인으로부터 시작해서 이방인들
에 이르기까지 그러할 것입니다.

10 그러나 선한 일을 행하는 모든 사람에게는 영광과
존귀와 평강이 있을 것입니다. 유대인으로부터 시
작해서 이방인들에 이르기까지 그러할 것입니다.

11 그것은 하나님께서 모든 사람을 차별하지 않으시
기 때문입니다.

12 율법을 모르는 사람들이 죄를 지으면 율법과 상관
없이 망할 것이요, 율법을 아는 사람들이 죄를 지으
면 율법에 따라 심판을 받을 것입니다.

13 그것은 하나님 앞에서는 율법을 듣는 사람이 의로
운 사람이 아니라 오직 율법을 행하는 사람이라야
의롭다고 인정받기 때문입니다.

14 이런 까닭에 율법을 가지고 있지 않은 이방인들이
본성에 따라서 율법이 요구하는 대로 행하였다면,
그 사람은 율법을 가지고 있지 않지만 자신이 자기
에게 율법이 되는 것입니다.

15 이런 사람들은 율법이 요구하는 것이 그들 마음속
에 새겨져 있는 것을 보여 주며, 그들의 양심이 그것
을 증언하고, 그들의 생각이 그들의 잘못을 고소하
기도 하며, 그들 자신을 변명하기도 합니다.

16 이 모든 일은, 내가 전파한 복음대로, 하나님께서
예수 그리스도를 통해 사람들의 비밀스런 삶들을
심판하실 때, 일어날 것입니다.

유대인과 율법

17 자신을 유대인이라 부르는 여러분은 어떠합니까?
여러분은 모세의 율법을 의지하며 하나님과 사귄
다고 자랑합니다.

18 여러분은 하나님의 뜻이 무엇인지도 알며, 율법을
배웠기 때문에 무엇이 옳은지도 분별할 수 있습니
다.

19 여러분은 스스로가 앞 못 보는 사람의 인도자요,
어둠 속에 있는 사람의 빛이라고 확신하고 있습니
다.

20 또 율법에서 지식과 진리의 근본을 터득했다고 하
면서 여러분 자신을 어리석은 사람의 교사요, 어린
아이의 선생이라고 생각합니다.

21 그러는 여러분이 다른 사람은 가르치면서, 왜 여러
분 자신은 가르치지 않습니까? 다른 사람에게는 도
둑질하지 말라고 설교하면서, 여러분 자신은 왜 도
둑질을 합니까?

22 간음하지 말라고 말하면서 여러분은 왜 간음을 행

8 honor and immortality that God offers. •But
he will pour out his anger and wrath on
those who live for themselves, who refuse to
obey the truth and instead live lives of
9 wickedness. •There will be trouble and
calamity for everyone who keeps on doing
what is evil—for the Jew first and also for the
10 Gentile.* •But there will be glory and honor
and peace from God for all who do good—
for the Jew first and also for the Gentile. •For
God does not show favoritism.

12 •When the Gentiles sin, they will be
destroyed, even though they never had
God's written law. And the Jews, who do
have God's law, will be judged by that law
13 when they fail to obey it. •For merely listen-
ing to the law doesn't make us right with
God. It is obeying the law that makes us
14 right in his sight. •Even Gentiles, who do
not have God's written law, show that they
know his law when they instinctively obey
15 it, even without having heard it. •They
demonstrate that God's law is written in
their hearts, for their own conscience and
thoughts either accuse them or tell them
16 they are doing right. •And this is the mes-
sage I proclaim—that the day is coming
when God, through Christ Jesus, will judge
everyone's secret life.

The Jews and the Law

17 •You who call yourselves Jews are relying
on God's law, and you boast about your spe-
18 cial relationship with him. •You know
what he wants; you know what is right
19 because you have been taught his law. •You
are convinced that you are a guide for the
blind and a light for people who are lost in
20 darkness. •You think you can instruct the
ignorant and teach children the ways of
God. For you are certain that God's law gives
you complete knowledge and truth.

21 •Well then, if you teach others, why
don't you teach yourself? You tell others not
22 to steal, but do you steal? •You say it is
wrong to commit adultery, but do you com-
mit adultery? You condemn idolatry, but do
you use items stolen from pagan temples?*
23 •You are so proud of knowing the law, but

---

adultery [ədʌ́ltəri] *n.* 간음
calamity [kəlǽməti] *n.* 큰 재난, 불행
favoritism [féivəritizm] *n.* 편애, 차별
idolatry [aidálətri] *n.* 우상 숭배
instinctively [instíŋktivli] *ad.* 본능적으로

2:9 Greek *also for the Greek;* also in 2:10.   **2:22**
Greek *do you steal from temples?*

합니까? 우상은 미워하면서, 여러분은 왜 신전에 있는 물건을 훔칩니까?

23 율법이 있다고 자랑하면서도 그 율법을 지키지 않음으로써 하나님을 욕되게 하는 까닭은 또 무엇입니까?

24 "너희 때문에 하나님의 이름이 이방인들 사이에서 욕을 먹고 있다"*고 성경에 기록된 말씀과 어쩌면 그렇게도 똑같습니까!

25 여러분이 율법을 지키면 여러분이 받은 할례는 가치가 있는 것이 되지만, 율법을 지키지 않으면 여러분은 할례를 받지 않은 사람처럼 되고 맙니다.

26 반대로 할례를 받지 않은 이방인이 율법이 명하는 내용들을 지키면, 하나님께서는 그 사람을 할례를 받은 사람으로 여기지 않겠습니까?

27 할례는 받지 않았어도 율법을 지키는 사람이, 할례는 받았으나 율법을 어기는 여러분을 오히려 율법의 파괴자라고 판단할 것입니다.

28 그러므로 겉모습만 유대인인 사람은 진정한 의미에서 유대인이 아닙니다. 그리고 몸에만 행해진 할례는 진정한 의미에서 할례가 아닙니다.

29 마음으로 유대인인 사람이 진정한 의미에서 유대인입니다. 그리고 율법이 아니라 성령을 따라 마음에 받는 할례가 진정한 의미의 할례입니다. 그런 사람은 사람이 아니라 하나님께로부터 칭찬을 받습니다.

하나님의 신실하심

3 그렇다면 유대인이 이방인보다 더 나은 것은 무엇입니까? 또 할례의 가치는 무엇이겠습니까?

2 모든 면에서 많이 있습니다. 첫째로 중요한 것은 유대인들이 하나님의 말씀을 맡았다는 사실입니다.

3 그런데 만일 유대인 중에 하나님을 믿지 않는 사람이 있다면 어떻겠습니까? 이 사람들이 믿지 않는다고 해서 하나님의 신실하심이 무효가 되겠습니까?

4 절대로 그렇지 않습니다! 설령 모든 사람이 거짓말쟁이라 하더라도, 하나님은 참되십니다. 성경에도 이렇게 기록되어 있습니다. "주께서는 주님의 말씀으로 의로우심을 나타내시고, 심판하실 때 주님께서 이기실 것입니다."*

5 내가 사람들이 사용하는 논리의 방식대로 말해 보겠습니다. 우리가 의롭지 못한 것 때문에 하나님의 의로우심이 더욱 밝히 드러날 경우, 뭐라고 말하겠습니까? 우리에게 진노를 내리시는 하나님을 의롭지 못하다고 하겠습니까?

6 결코 그럴 수 없습니다! 하나님께서 의롭지 못하시다면, 어떻게 하나님께서 세상을 심판하시겠습니까?

7 사람들 중에는 "내가 거짓말을 하여, 그 때문에 하

---

24 you dishonor God by breaking it. •No wonder the Scriptures say, "The Gentiles blaspheme the name of God because of you."*

25 •The Jewish ceremony of circumcision has value only if you obey God's law. But if you don't obey God's law, you are no better 26 off than an uncircumcised Gentile. •And if the Gentiles obey God's law, won't God 27 declare them to be his own people? •In fact, uncircumcised Gentiles who keep God's law will condemn you Jews who are circumcised and possess God's law but don't obey it.

28 •For you are not a true Jew just because you were born of Jewish parents or because you have gone through the ceremony of cir-

29 cumcision. •No, a true Jew is one whose heart is right with God. And true circumcision is not merely obeying the letter of the law; rather, it is a change of heart produced by the Spirit. And a person with a changed heart seeks praise* from God, not from people.

God Remains Faithful

3 Then what's the advantage of being a Jew? Is there any value in the ceremony 2 of circumcision? •Yes, there are great benefits! First of all, the Jews were entrusted with the whole revelation of God.*

3 •True, some of them were unfaithful; but just because they were unfaithful, does that 4 mean God will be unfaithful? •Of course not! Even if everyone else is a liar, God is true. As the Scriptures say about him,

"You will be proved right in what you say, and you will win your case in court."*

5 •"But," some might say, "our sinfulness serves a good purpose, for it helps people see how righteous God is. Isn't it unfair, then, for him to punish us?" (This is merely a 6 human point of view.) •Of course not! If God were not entirely fair, how would he be 7 qualified to judge the world? •"But," someone might still argue, "how can God condemn me as a sinner if my dishonesty highlights his truthfulness and brings him more

blaspheme [blæsfíːm] *vt.* 모독하다
circumcision [sə̀ːrkəmsíʒən] *n.* 할례
revelation [rèvəléiʃən] *n.* 계시

2:24 Isa 52:5 (Greek version).   2:29 Or *receives praise.*   3:2 Greek *the oracles of God.*   3:4 Ps 51:4 (Greek version).

2:24 사 52:5에 기록되어 있다.
3:4 시 51:4에 기록되어 있다.

나님의 참되심이 드러난다면 오히려 하나님께 영광이 되는데, 왜 내가 죄인 취급을 받아야하는가?"라고 우기는 사람도 있을 것입니다.

8 이것은 마치 "선한 결과를 얻기 위해 악을 행하자"라고 말하는 것과 같습니다. 사람들은 우리가 그렇게 가르친다고 우리에 대해 비난을 하고 다닙니다. 그러나 그런 사람들은 정죄를 받아 마땅합니다.

의인은 하나도 없다

9 그렇다면 과연 우리 유대인들에게 이방인들보다 나은 것이 있습니까? 전혀 없습니다. 이미 말했듯이, 유대인이나 이방인들이나 모두가 죄 아래 있습니다.

10 성경에 이렇게 기록되어 있습니다. "의인은 한 사람도 없다.

11 깨닫는 사람도 없고, 하나님을 찾는 사람도 없다.

12 모두가 곁길로 나가 하나같이 쓸모없게 되었다. 선한 일을 행하는 사람은 단 한 사람도 없다."*

13 "그들의 목구멍은 열린 무덤이고, 혀로는 사람을 속인다."* "그들의 입술에는 독사의 독이 있다."*

14 "그들의 입은 저주와 독설로 가득 찼다."*

15 "그들은 사람을 죽이려고 바쁘게 움직이며,

16 그들이 가는 곳마다 멸망과 비참함이 있다.

17 그들은 평화의 길을 알지 못한다."*

18 "그들의 눈에는 하나님을 두려워하는 것이 없다."*

19 우리가 알기로는, 율법에 기록된 내용은 그 무엇이 되었든 율법 아래 사는 사람들에게 말하는 것입니다. 그래서 누구든지 변명할 말이 없게 되고, 온 세상은 하나님의 심판 아래 있게 됩니다.

20 그러므로 율법을 지키는 것으로 하나님 앞에서 의롭다고 인정받을 사람은 아무도 없습니다. 왜냐하면 율법은 우리가 죄인이라는 사실을 알게 해 주기 때문입니다.

믿음으로 의롭게 된다

21 그러나 이제는 율법 없이도 하나님께로부터 오는 의가 나타났습니다. 이것은 율법과 예언자들도 증언한 것입니다.

22 하나님께로부터 오는 의는 예수 그리스도를 믿는 믿음을 통해 옵니다. 이 의는 믿는 사람이라면 누구에게나 주어지는 것이며, 사람을 차별하지 않습니다.

23 모든 사람이 죄를 지어 하나님의 영광에 이를 수 없게 되었습니다.

24 그런 사람이 그리스도 예수께서 주시는 속죄를 통해, 하나님의 은혜로 의롭다는 판단을 받습니다. 그것은 하나님께서 거저 주시는 선물입니다.

---

8 glory?" • And some people even slander us by claiming that we say, "The more we sin, the better it is!" Those who say such things deserve to be condemned.

All People Are Sinners

9 • Well then, should we conclude that we Jews are better than others? No, not at all, for we have already shown that all people, whether Jews or Gentiles,* are under the

10 power of sin. • As the Scriptures say,

> "No one is righteous—
>   not even one.
11 • No one is truly wise;
>   no one is seeking God.
12 • All have turned away;
>   all have become useless.
> No one does good,
>   not a single one."*
13 "Their talk is foul, like the stench from an
>   open grave.
> Their tongues are filled with lies."
> "Snake venom drips from their lips."*
14   "Their mouths are full of cursing and
>   bitterness."*
15 "They rush to commit murder.
16 Destruction and misery always follow
>   them.
17 • They don't know where to find peace."*
18 • "They have no fear of God at all."*

19 • Obviously, the law applies to those to whom it was given, for its purpose is to keep people from having excuses, and to show that the entire world is guilty before God.

20 • For no one can ever be made right with God by doing what the law commands. The law simply shows us how sinful we are.

Christ Took Our Punishment

21 • But now God has shown us a way to be made right with him without keeping the requirements of the law, as was promised in the writings of Moses* and the prophets long

22 ago. • We are made right with God by placing our faith in Jesus Christ. And this is true for everyone who believes, no matter who we are.

23 • For everyone has sinned; we all fall short

24 of God's glorious standard. • Yet God, in his

3:9 Greek *or Greeks.*　3:10-12 Ps 14:1-3; 53:1-3 (Greek version).　3:13 Ps 5:9 (Greek version); 140:3.　3:14 Ps 10:7 (Greek version).　3:15-17 Isa 59:7-8.　3:18 Ps 36:1.　3:21 Greek *in the law.*

3:10-12 시 14:1~3에 기록되어 있다.
3:13 시 5:9과 시 140:3에 기록되어 있다.
3:14 시 10:7에 기록되어 있다.
3:15-17 사 59:7~8에 기록되어 있다.
3:18 시 36:1에 기록되어 있다.

25 하나님께서 예수님을 화목 제물로 내어 주셨으며, 누구든지 예수님의 피를 믿음으로 죄를 용서받게 됩니다. 하나님은 이전에 살았던 사람들이 지은 죄에 대해 오래 참으심으로 심판하지 않으셨습니다. 이렇게 하여 하나님께서는 그분의 의로우심을 보이셨습니다.

26 하나님께서 이 시기에 그분의 의로우심을 보이신 것은, 하나님 자신이 의로우시다는 것과 예수님을 믿는 사람을 의롭게 하신다는 것을 보이기 위해서였습니다.

27 그렇다면 사람이 자랑할 것이 어디 있겠습니까? 자랑할 것이라고는 하나도 없습니다. 어떠한 법으로 사람이 의롭게 됩니까? 율법을 지키는 데서 오는 것입니까? 이런 것과는 상관이 없습니다. 의롭게 되는 것은 오직 믿음의 원리에 의해서만 이루어집니다.

28 사람은 율법을 지키는 것과는 상관없이 믿음으로 의롭게 된다고 우리는 생각합니다.

29 하나님은 유대인들만의 하나님이십니까? 이방인들의 하나님은 되지 않습니까? 하나님은 이방인들의 하나님도 되십니다!

30 하나님은 오직 한 분이시므로, 그분은 할례를 받은 사람이나 할례를 받지 않은 사람이나 동일하게 믿음으로 의롭게 해 주십니다.

31 그렇다면 우리가 이 믿음을 가지고 율법을 무효로 만들고 있습니까? 그렇지 않습니다. 오히려 믿음을 통하여 율법을 더 굳게 세웁니다.

아브라함의 믿음과 의

4 그러면 이 문제에 대해 우리의 조상 아브라함이 발견한 것은 무엇이라고 말할 수 있겠습니까?

2 아브라함이 행위를 통해 의롭다 함을 얻었다면, 그에게는 자랑할 것이 있었을 것입니다. 그러나 하나님 앞에서는 자랑할 것이 없습니다.

3 성경이 뭐라고 말합니까? "아브라함이 하나님을 믿으니, 그 믿음을 그의 의로 여기셨다"라고 하지 않습니까?

4 일을 해서 품삯을 받는 사람은 그가 받는 품삯을 당연히 받을 것을 받는 것으로 생각하지, 선물을 받는 것으로 생각하지 않습니다.

5 그러나 일을 하지 않는데도 품삯을 받는 사람이 있다면, 그가 경건하지 않은 사람을 의롭다고 여기시는 하나님을 믿기 때문에 하나님께서 그의 믿음을 보시고 의롭다고 여기시는 것이 됩니다.

6 다윗은 행한 것과는 관계없이, 하나님께서 의롭다고 인정하시는 사람이 받은 복에 대해 다음과 같이 말했습니다.

7 "자기 죄를 용서받고, 자기 허물이 가려진 사람은 복이 있다.

grace, freely makes us right in his sight. He did this through Christ Jesus when he freed 25 us from the penalty for our sins. •For God presented Jesus as the sacrifice for sin. People are made right with God when they believe that Jesus sacrificed his life, shedding his blood. This sacrifice shows that God was being fair when he held back and did not 26 punish those who sinned in times past, •for he was looking ahead and including them in what he would do in this present time. God did this to demonstrate his righteousness, for he himself is fair and just, and he makes sinners right in his sight when they believe in Jesus.

27   •Can we boast, then, that we have done anything to be accepted by God? No, because our acquittal is not based on obeying the law. 28 It is based on faith. •So we are made right with God through faith and not by obeying the law.

29   •After all, is God the God of the Jews only? Isn't he also the God of the Gentiles? 30 Of course he is. •There is only one God, and he makes people right with himself only by faith, whether they are Jews or Gentiles.* 31 Well then, if we emphasize faith, does this mean that we can forget about the law? Of course not! In fact, only when we have faith do we truly fulfill the law.

The Faith of Abraham

4 Abraham was, humanly speaking, the founder of our Jewish nation. What did he discover about being made right with 2 God? •If his good deeds had made him acceptable to God, he would have had something to boast about. But that was not God's 3 way. •For the Scriptures tell us, "Abraham believed God, and God counted him as righteous because of his faith."*

4   •When people work, their wages are not 5 a gift, but something they have earned. •But people are counted as righteous, not because of their work, but because of their faith in 6 God who forgives sinners. •David also spoke of this when he described the happiness of those who are declared righteous without working for it:

7   • "Oh, what joy for those
whose disobedience is forgiven,
whose sins are put out of sight.

acquittal [əkwítl] *n.* 무죄 방면
slander [slǽndər] *vt.* 중상하다; 허위 선전하다

3:30 Greek *whether they are circumcised or uncircumcised.*   4:3 Gen 15:6.

8 주님께서 죄 없다고 인정해 주는 사람은 복이 있다."*

9 그렇다면 이 복이 할례를 받은 사람들에게만 내리는 것입니까? 아니면 할례를 받지 않은 사람들에게도 내리는 것입니까? 우리는 앞에서 아브라함의 믿음이 의로 여김을 받았다고 말했습니다.

10 어떤 상황에서 이런 일이 발생했습니까? 아브라함이 할례를 받은 뒤였습니까? 아니면 할례를 받기 전이었습니까? 아브라함이 의롭다 함을 받은 것은 할례를 받은 후가 아니라, 할례를 받기 전이었습니다.

11 아브라함은 할례를 받기 전에 믿음으로 의롭다 함을 받았으며, 그 표로써 할례를 받은 것입니다. 그러므로 아브라함은 할례를 받지 않고도 하나님을 믿는 모든 사람들이 의롭다 여김을 받을 수 있도록 모든 믿는 사람의 조상이 되었습니다.

12 또한 아브라함은 할례받은 자의 조상이기도 합니다. 이 말은 그가 할례받은 사람들뿐만 아니라, 우리 조상 아브라함이 할례를 받기 전에 가졌던 믿음의 발자취를 따라가는 사람들의 조상도 된다는 의미입니다.

하나님의 약속은 믿음을 통해 성취된다

13 하나님께서 아브라함과 그의 후손에게 그들이 세상을 물려받을 상속자가 되리라고 하신 약속은 율법을 통해 온 것이 아니라, 믿음으로 인한 의를 통해 주신 약속입니다.

14 만일 율법을 지키는 사람이 상속자가 된다면, 믿음은 쓸모가 없어지고 약속도 무용지물이 되고 말 것입니다.

15 율법은 하나님의 진노를 야기하지만, 율법이 없다면 율법을 범하는 일도 없을 것입니다.

16 그러므로 하나님의 약속은 믿음을 통해 주어집니다. 이렇게 하신 것은 하나님께서 아브라함의 모든 자손에게 약속을 은혜로 주시기 위해서입니다. 모세의 율법 아래 사는 사람뿐만 아니라, 우리 모두의 조상 아브라함처럼 믿음으로 사는 사람들 전부가 아브라함의 자손이 됩니다.

17 성경에 "내가 너를 많은 민족의 조상으로 삼았다"*고 기록되어 있는 것처럼 아브라함은 그가 믿은 하나님, 곧 죽은 사람도 살리시며 없는 것도 있게 하시는 하나님을 믿었습니다.

18 아브라함은 소망이 전혀 없었지만 하나님께서 "네 자손이 이와 같이 많아질 것이다"*라고 말씀하신 대로, 자기가 '많은 민족의 조상'이 될 것을 믿고 소망하였습니다.

19 아브라함은 백 살이나 되어 거의 죽은 사람이나 다름없게 되었고, 사라도 나이가 많아 아기를 낳을 수 없다는 것을 알았지만 하나님을 믿는 믿음이 약해

8 • Yes, what joy for those
     whose record the LORD has cleared of
     sin."*

9 •Now, is this blessing only for the Jews, or is it also for uncircumcised Gentiles?* Well, we have been saying that Abraham was counted as righteous by God because of his faith. •But how did this happen? Was he counted as righteous only after he was circumcised, or was it before he was circumcised? Clearly, God accepted Abraham before he was circumcised!

11 •Circumcision was a sign that Abraham already had faith and that God had already accepted him and declared him to be righteous—even before he was circumcised. So Abraham is the spiritual father of those who have faith but have not been circumcised. They are counted as righteous because of their faith. •And Abraham is also the spiritual father of those who have been circumcised, but only if they have the same kind of faith Abraham had before he was circumcised.

13 •Clearly, God's promise to give the whole earth to Abraham and his descendants was based not on his obedience to God's law, but on a right relationship with God that comes by faith. •If God's promise is only for those who obey the law, then faith is not necessary and the promise is pointless. •For the law always brings punishment on those who try to obey it. (The only way to avoid breaking the law is to have no law to break!)

16 •So the promise is received by faith. It is given as a free gift. And we are all certain to receive it, whether or not we live according to the law of Moses, if we have faith like Abraham's. For Abraham is the father of all who believe. •That is what the Scriptures mean when God told him, "I have made you the father of many nations."* This happened because Abraham believed in the God who brings the dead back to life and who creates new things out of nothing.

18 •Even when there was no reason for hope, Abraham kept hoping—believing that he would become the father of many nations. For God had said to him, "That's how many descendants you will have!"* •And

4:7-8 Ps 32:1-2 (Greek version).   **4:9** Greek *is this blessing only for the circumcised, or is it also for the uncircumcised?*   **4:17** Gen 17:5.   **4:18** Gen 15:5.

4:7-8 시 32:1~2에 기록되어 있다.   **4:17** 창 17:5에 기록되어 있다.   **4:18** 창 15:5에 기록되어 있다.

지지 않았습니다.

20 그는 하나님의 약속에 대해 불신하거나 의심하지 않고, 오히려 그 약속을 굳게 믿어 하나님께 영광을 돌렸습니다.

21 아브라함은 하나님께서 친히 약속하신 것을 이루실 능력이 있다는 것을 확신했습니다.

22 이것이 바로 하나님께서 "그 믿음을 그의 의로 여기셨다"라고 말씀하신 이유입니다.

23 "그의 의로 여기셨다"는 말은 아브라함만을 위해 기록된 것이 아닙니다.

24 그 말은 우리 주 예수님을 죽은 자 가운데서 다시 살리신 분을 믿음으로 의롭다 함을 얻게 될 우리를 위해서도 기록되었습니다.

25 예수님은 우리의 죄 때문에 죽임을 당하셨고, 우리를 의롭게 하시려고 다시 살아나셨습니다.

의롭다 함을 얻은 결과

5 우리가 믿음으로 의롭다 함을 받았으므로, 우리는 우리 주 예수 그리스도로 말미암아 하나님과 함께하는 평강을 누리고 있습니다.

2 예수 그리스도에 의해서, 또 믿음으로 우리는 지금 우리가 서 있는 이 은혜의 자리에 들어와 있습니다. 그리고 하나님의 영광을 소망하며 즐거워합니다.

3 이뿐만 아니라 우리는 환난을 당하더라도 즐거워합니다. 그것은 환난이 인내를 낳고,

4 또 인내는 연단된 인품을 낳고, 연단된 인품은 소망을 낳는 것을 알기 때문입니다.

5 이 소망은 절대로 우리의 기대를 저버리지 않습니다. 그것은 하나님께서 우리에게 주신 성령을 통해 우리 마음에 하나님의 사랑을 부어 주셨기 때문입니다.

6 우리가 아직 연약할 때에, 그리스도께서 시의 적절할 때에 경건하지 않은 사람들을 위해 죽으셨습니다.

7 의인을 위해 죽는 사람은 거의 없습니다. 간혹 선한 사람을 위해 죽겠다고 나서는 사람이 있을는지는 모르겠습니다.

8 그런데 그리스도께서는 우리가 아직 죄인이었을 때에 우리를 위해 죽으셨습니다. 이것으로써 하나님께서는 우리를 향한 그분의 사랑을 나타내셨습니다.

9 그러므로 우리는 그리스도의 피로 말미암아 의롭다 함을 얻었으므로, 우리가 그리스도를 통해 하나님의 진노로부터 구원을 받을 것은 더욱 확실합니다.

10 우리가 하나님과 원수가 되었을 때도, 그리스도의 죽음을 통해 하나님과 화해하게 되었다면, 이렇게 하나님과 화목을 누리고 있는 사람들이 그분의 생명으로 말미암아 구원을 받게 될 것은 더욱 확실합

Abraham's faith did not weaken, even though, at about 100 years of age, he figured his body was as good as dead—and so was Sarah's womb.

20 •Abraham never wavered in believing God's promise. In fact, his faith grew stronger, and in this he brought glory to

21 God. •He was fully convinced that God is

22 able to do whatever he promises. •And because of Abraham's faith, God counted

23 him as righteous. •And when God counted

24 him as righteous, it wasn't just for Abraham's benefit. It was recorded •for our benefit, too, assuring us that God will also count us as righteous if we believe in him, the one who

25 raised Jesus our Lord from the dead. •He was handed over to die because of our sins, and he was raised to life to make us right with God.

Faith Brings Joy

5 Therefore, since we have been made right in God's sight by faith, we have peace* with God because of what Jesus

2 Christ our Lord has done for us. •Because of our faith, Christ has brought us into this place of undeserved privilege where we now stand, and we confidently and joyfully look forward to sharing God's glory.

3 •We can rejoice, too, when we run into problems and trials, for we know that they

4 help us develop endurance. •And endurance develops strength of character, and character strengthens our confident hope of salvation.

5 •And this hope will not lead to disappointment. For we know how dearly God loves us, because he has given us the Holy Spirit to fill our hearts with his love.

6 •When we were utterly helpless, Christ came at just the right time and died for us

7 sinners. •Now, most people would not be willing to die for an upright person, though someone might perhaps be willing to die for

8 a person who is especially good. •But God showed his great love for us by sending Christ to die for us while we were still sin-

9 ners. •And since we have been made right in God's sight by the blood of Christ, he will certainly save us from God's condemnation.

10 •For since our friendship with God was restored by the death of his Son while we were still his enemies, we will certainly be

condemnation [kɑndemnéiʃən] *n.* 유죄 판결
pointless [póintlis] *a.* 무의미한
upright [ʌ́prait] *a.* 올바른, 정당한
waver [wéivər] *vi.* 동요하다, 좌절하다

니다.

11 이뿐만 아니라, 우리는 이제 우리 주 예수 그리스도를 통해 하나님 안에서 즐거워합니다. 예수 그리스도로 말미암아 이제 우리는 하나님과 화해하게 되었습니다.

아담과 그리스도

12 그러므로 한 사람을 통해 죄가 세상에 들어왔고 그 죄를 통해 사망이 들어온 것처럼, 모든 사람이 죄를 지었으므로 사망이 모든 사람에게 이르렀습니다.

13 하나님께서 율법을 주시기 전에도 죄가 세상에 있었지만, 율법이 없을 때에는 죄를 죄로 여기지 않았습니다.

14 그러나 사망은 아담 시대부터 모세 시대에 이르기까지, 심지어 아담이 지은 죄와 똑같은 죄를 짓지 않은 사람들마저 지배하였습니다. 아담은 장차 오실 분의 모형입니다.

15 하지만 하나님께서 주시는 은혜는 아담이 지은 죄와 비교가 되지 않습니다. 많은 사람이 그 한 사람의 죄 때문에 죽었다면, 한 사람 예수 그리스도의 은혜로 인한 하나님의 은혜와 선물은 많은 사람에게 더욱 넘쳤습니다.

16 또한 하나님의 선물과 아담의 죄는 차이가 있습니다. 한 사람의 죄 때문에 심판이 오게 되고 모든 사람을 정죄에 이르게 했으나, 하나님의 은혜의 선물은 많은 범죄 때문에 오게 되어 많은 사람에게 의롭다 함을 받게 하였습니다.

17 한 사람의 죄로 말미암아 사망이 왕 노릇 하였다면, 하나님의 넘치는 은혜와 의롭다고 여기시는 선물을 받는 사람들은, 한 분 예수 그리스도를 통해 참생명 안에서 더더욱 왕 노릇 하게 될 것입니다.

18 그러므로 한 사람의 범죄 때문에 모든 사람이 죄인이 되었지만, 한 사람의 의로운 행동 때문에 모든 사람에게 생명을 낳게 하는 의로움이 발생했습니다.

19 한 사람의 불순종으로 많은 사람이 죄인이 되었듯이, 한 사람의 순종으로 많은 사람이 의인이 될 것입니다.

20 율법은 범죄를 증가시키려고 들어왔습니다. 그러나 죄가 많아진 곳에 하나님의 은혜가 더욱 넘치게 되었습니다.

21 죄가 사망 안에서 왕 노릇 하였듯이, 은혜는 의를 통해 우리 주 예수 그리스도로 말미암아 영생을 얻게 하기 위해 왕 노릇 할 것입니다.

죄에 대해서는 죽고
그리스도 안에서는 산 사람

6 그러면 우리가 무슨 말을 더 하겠습니까? 은혜를 더하게 하려고 계속 죄를 지어야 하겠습니까?

---

11 saved through the life of his Son. •So now we can rejoice in our wonderful new relationship with God because our Lord Jesus Christ has made us friends of God.

Adam and Christ Contrasted

12 •When Adam sinned, sin entered the world. Adam's sin brought death, so death spread to everyone, for everyone sinned.
13 •Yes, people sinned even before the law was given. But it was not counted as sin because
14 there was not yet any law to break. •Still, everyone died—from the time of Adam to the time of Moses—even those who did not disobey an explicit commandment of God, as Adam did. Now Adam is a symbol, a representation of Christ, who was yet to come.
15 •But there is a great difference between Adam's sin and God's gracious gift. For the sin of this one man, Adam, brought death to many. But even greater is God's wonderful grace and his gift of forgiveness to many
16 through this other man, Jesus Christ. •And the result of God's gracious gift is very different from the result of that one man's sin. For Adam's sin led to condemnation, but God's free gift leads to our being made right with God, even though we are guilty of many
17 sins. •For the sin of this one man, Adam, caused death to rule over many. But even greater is God's wonderful grace and his gift of righteousness, for all who receive it will live in triumph over sin and death through this one man, Jesus Christ.
18 •Yes, Adam's one sin brings condemnation for everyone, but Christ's one act of righteousness brings a right relationship with God and new life for everyone.
19 •Because one person disobeyed God, many became sinners. But because one other person obeyed God, many will be made righteous.
20 •God's law was given so that all people could see how sinful they were. But as people sinned more and more, God's wonderful
21 grace became more abundant. •So just as sin ruled over all people and brought them to death, now God's wonderful grace rules instead, giving us right standing with God and resulting in eternal life through Jesus Christ our Lord.

Sin's Power Is Broken

6 Well then, should we keep on sinning so that God can show us more and more of

---

contrast [kάntræst] *vi.* 대조를 이루다
explicit [iksplísit] *a.* 명백한

2 절대로 그럴 수 없습니다! 죄에 대하여 죽은 우리가 어떻게 죄 가운데서 살 수 있겠습니까?

3 여러분은 우리가 그리스도 예수와 연합하는 세례를 받았을 때에, 그분의 죽음과 연합하는 세례를 받았다는 사실을 알지 못합니까?

4 그러므로 우리가 죽음에 이르는 세례를 받음으로 그리스도와 함께 묻힌 것은, 그리스도께서 아버지의 영광으로 죽은 자들 가운데서 살아나신 것처럼, 우리도 새 생명 가운데서 살기 위함입니다.

5 우리가 그리스도와 연합하여 그분의 죽음에 참여하였다면, 그분과 연합하여 그분의 부활에도 참여할 것이 확실합니다.

6 우리는, 우리의 옛 사람이 그리스도와 함께 십자가에 못박혀 죄의 몸이 무력하게 되었으므로, 우리가 더 이상 죄의 노예가 되지 않는다는 것을 압니다.

7 그것은 죽은 사람은 죄의 세력에서 해방되었기 때문입니다.

8 우리가 그리스도와 함께 죽었다면 또한 그리스도와 함께 살아날 것도 믿습니다.

9 그리스도께서는 죽은 자들 가운데서 살아나셨기에 다시는 죽는 일이 없어, 죽음이 그분을 지배하지 못한다는 것을 우리는 압니다.

10 그리스도께서 죽으신 것은 죄에 대해서 단번에 죽으신 것이며, 그리스도께서 다시 살아나신 것은 하나님께 대하여 살아나신 것입니다.

11 이와 같이 여러분도 여러분 자신을 죄에 대해서는 죽은 사람으로, 하나님께 대해서는 그리스도 예수 안에서 살아 있는 사람으로 생각하십시오.

12 그러므로 죽게 될 여러분의 몸에 죄가 왕 노릇 하여 몸의 욕심을 따라 살지 않도록 하십시오.

13 또한 여러분의 몸을 불의를 행하는 도구로 죄에게 내어 주지 말고, 죽은 자들 가운데에서 살아난 자들답게 여러분의 몸을 의를 행하는 도구로 여러분 자신을 하나님께 드리십시오.

14 여러분은 율법 아래 있지 않고 은혜 아래 있으므로, 죄가 여러분에게 왕 노릇 할 수가 없습니다.

의의 종

15 그러면 어떻게 해야 하겠습니까? 우리가 율법 아래 있지 않고 은혜 아래 있다고 해서 죄를 짓자는 말입니까? 절대로 그럴 수는 없습니다.

16 여러분이 어떤 사람에게 복종하여 여러분 자신을 그 사람에게 바치면, 여러분은 그 사람의 종이 된다는 것을 알지 못하십니까? 여러분은 죽음에 이르는 죄의 종이 될 수도 있고 의에 이르는 순종의 종이 될 수도 있습니다.

17 그러나 하나님께 감사할 것이 있습니다. 여러분이 전에는 죄의 종이었으나, 전수받은 가르침의 본에 전심을 다해 복종함으로써

his wonderful grace? •Of course not! Since we have died to sin, how can we continue to

3 live in it? •Or have you forgotten that when we were joined with Christ Jesus in baptism,

4 we joined him in his death? •For we died and were buried with Christ by baptism. And just as Christ was raised from the dead by the glorious power of the Father, now we also may live new lives.

5 •Since we have been united with him in his death, we will also be raised to life as he

6 was. •We know that our old sinful selves were crucified with Christ so that sin might lose its power in our lives. We are no longer

7 slaves to sin. •For when we died with Christ

8 we were set free from the power of sin. •And since we died with Christ, we know we will

9 also live with him. •We are sure of this because Christ was raised from the dead, and he will never die again. Death no longer has

10 any power over him. •When he died, he died once to break the power of sin. But now that he lives, he lives for the glory of God.

11 •So you also should consider yourselves to be dead to the power of sin and alive to God through Christ Jesus.

12 •Do not let sin control the way you live;*

13 do not give in to sinful desires. •Do not let any part of your body become an instrument of evil to serve sin. Instead, give yourselves completely to God, for you were dead, but now you have new life. So use your whole body as an instrument to do what is

14 right for the glory of God. •Sin is no longer your master, for you no longer live under the requirements of the law. Instead, you live under the freedom of God's grace.

15 •Well then, since God's grace has set us free from the law, does that mean we can go

16 on sinning? Of course not! •Don't you realize that you become the slave of whatever you choose to obey? You can be a slave to sin, which leads to death, or you can choose to obey God, which leads to righteous living.

17 •Thank God! Once you were slaves of sin, but now you wholeheartedly obey this

baptism [bǽptizm] n. 세례
crucify [krúːsəfài] vt. 십자가에 못박다
instrument [ínstrəmənt] n. 도구
requirement [rikwáiərmənt] n. 요구
subject [sʌ́bdʒikt] a. 지배를 받는
wholeheartedly [hóulhàːrtidli] ad. 전심으로
6:7 set free : 석방하다
6:12 give in … : …에 굴복하다

6:12 Or Do not let sin reign in your body, which is subject to death.

18 죄로부터 해방되어 의의 종이 되었습니다.

19 여러분의 육신이 연약하기 때문에 일상적인 말로 예를 들어 말하겠습니다. 여러분이 전에는 여러분의 몸을 더러움과 불법의 종으로 드려 불법을 행했습니다. 그러나 이제는 여러분의 몸을 의의 종으로 드려 거룩함에 이르십시오.

20 전에 여러분이 죄의 종이었을 때는, 의의 다스림을 받지 않았습니다.

21 그때, 여러분이 얻은 열매는 무엇입니까? 지금에 와서 부끄러워하는 그 일들의 마지막은 사망이었습니다.

22 그러나 이제는 여러분이 죄에서 해방되어 하나님의 종이 되었습니다. 그리하여 거룩함에 이르는 열매를 맺고 있습니다. 그 일의 마지막은 영생입니다.

23 죄의 대가는 죽음이지만, 하나님의 선물은 우리 주 예수 그리스도 안에 있는 영생입니다.

율법의 역할

7 형제 자매 여러분, 나는 지금 율법을 아는 여러분에게 말하고 있습니다. 여러분은 율법이 사람이 살아 있는 동안에만 그 사람을 지배한다는 것을 알지 못합니까?

2 이를테면 결혼한 여자는 남편이 살아 있는 동안에는 법에 의해 남편에게 매여 살아야 합니다. 하지만 남편이 죽으면 그 여자는 남편에게 매여 있던 법에서 해방됩니다.

3 그래서 여자가 남편이 아직 살아 있는데도 다른 남자와 결혼하면 그 여자는 간음죄를 짓는 것이 되지만, 만일 남편이 죽으면 그 여자는 그 법에서 해방되므로 다른 남자와 결혼하더라도 간음죄를 짓는 것이 되지 않습니다.

4 내 형제 자매 여러분, 이와 같이 여러분들도 그리스도의 몸으로 말미암아 율법에 대해 죽었습니다. 이제 여러분은 하나님께 열매를 맺기 위해 다른 분, 곧 죽은 사람들 가운데서 살아나신 그분의 사람이 되었습니다.

5 전에 우리가 죄의 성품에 사로잡혀 살았을 때는, 율법이 우리 몸속에서 죄를 지으려는 욕망을 일으켜 죽음에 이르는 열매를 맺게 했습니다.

6 그러나 이제 우리는 우리를 가둔 율법에 대해 죽고, 율법으로부터 해방되었습니다. 그러므로 우리는 기록된 문자에 따라 하나님을 섬기는 것이 아니라 성령의 새로운 방법으로 하나님을 섬깁니다.

율법과 죄

7 그렇다면 우리가 무슨 말을 하겠습니까? 율법이 죄입니까? 절대로 그렇지 않습니다. 율법이 없었다면, 나는 죄가 무엇인지 알지 못했을 것입니다. 율법이 "탐내지 마라"고 말하지 않았다면, 나는 탐내

18 teaching we have given you. ●Now you are free from your slavery to sin, and you have become slaves to righteous living.

19 ●Because of the weakness of your human nature, I am using the illustration of slavery to help you understand all this. Previously, you let yourselves be slaves to impurity and lawlessness, which led ever deeper into sin. Now you must give yourselves to be slaves to righteous living so that you will become holy.

20 ●When you were slaves to sin, you were free from the obligation to do right. ●And what was the result? You are now ashamed of the things you used to do, things that end in eternal doom. ●But now you are free from the power of sin and have become slaves of God. Now you do those things that lead to holiness and result in eternal life. ●For the wages of sin is death, but the free gift of God is eternal life through Christ Jesus our Lord.

No Longer Bound to the Law

7 Now, dear brothers and sisters*—you who are familiar with the law—don't you know that the law applies only while a person is living? ●For example, when a woman marries, the law binds her to her husband as long as he is alive. But if he dies, the laws of marriage no longer apply to her. ●So while her husband is alive, she would be committing adultery if she married another man. But if her husband dies, she is free from that law and does not commit adultery when she remarries.

4 ●So, my dear brothers and sisters, this is the point: You died to the power of the law when you died with Christ. And now you are united with the one who was raised from the dead. As a result, we can produce a harvest of good deeds for God. ●When we were controlled by our old nature,* sinful desires were at work within us, and the law aroused these evil desires that produced a harvest of sinful deeds, resulting in death.

6 ●But now we have been released from the law, for we died to it and are no longer captive to its power. Now we can serve God, not in the old way of obeying the letter of the law, but in the new way of living in the Spirit.

God's Law Reveals Our Sin

7 ●Well then, am I suggesting that the law of

7:1 Greek *brothers;* also in 7:4.　7:5 Greek *When we were in the flesh.*

는 것이 무엇인지 알지 못했을 것입니다.

8 그러나 죄는 이 계명을 이용하여 기회를 엿보아, 내 속에서 온갖 탐심을 일으켰습니다. 율법이 없다면, 죄는 죽은 것이나 다름없습니다.

9 전에 내가 율법과 상관이 없었을 때, 나는 살아 있었 습니다. 그러나 계명이 들어오자 죄가 살아났고,

10 나는 죽었습니다. 그래서 생명으로 인도해야 할 계 명이 사실 나를 죽음으로 이끄는 계명이 되고 말았 습니다.

11 죄가 계명을 이용하여 기회를 엿보아 나를 속였고, 그 계명으로 나를 죽였습니다.

12 그러므로 율법은 거룩하며, 계명도 거룩하고, 의롭 고 선합니다.

13 그렇다면 선한 것이 나에게 죽음을 가져다 주었단 말입니까? 절대로 그렇지 않습니다. 죄가 죄인 것 으로 드러나도록 하기 위해서 죄는 선한 것을 이용 하여 나에게 죽음을 가져왔습니다. 그리하여 죄는 계명을 통해 한층 더 죄의 참모습을 드러내게 된 것 입니다.

몸 안에서 일어나는 싸움

14 우리는 율법이 영적인 것이라는 사실을 압니다. 그 러나 나는 영적이지 못하며, 죄의 노예로 팔린 몸입 니다.

15 나는 내가 하는 일을 이해를 못하겠습니다. 내가 하 고 싶어하는 일은 하지 않고, 미워하는 일을 행하고 있으니 말입니다.

16 내가 그런 일을 하면서도 그 일을 원하지 않는 것은, 율법이 선하다는 것을 인정하는 셈입니다.

17 그런데 이제는 원하지 않는 일을 하는 존재는 내가 아니라, 내 안에 살고 있는 죄입니다.

18 나는 내 안에, 다시 말해서 나의 죄악된 본성 안에 선한 것이라고는 하나도 존재하지 않는다는 사실 을 압니다. 선을 행하려는 바람은 내게 있지만, 선 을 행할 수는 없습니다.

19 나는 원하는 선은 행하지 않고, 원하지 않는 악을 행 합니다.

20 내가 원하지 않는 일을 행하고 있다면, 그 일을 행하 는 자는 내가 아니라, 바로 내 안에 살고 있는 죄입 니다.

21 그러므로 나는 이런 법칙을 발견했습니다. 선을 행 하려는 마음은 나에게 있지만, 악이 나와 함께 있다 는 것입니다.

22 사실 나의 속 중심에서는 하나님의 법을 즐거워합 니다.

23 그러나 나의 몸의 여러 부분들에서는 다른 법이 작 용하고 있습니다. 그 법이 내 마음의 법과 싸워, 나 를 내 몸에서 작용하고 있는 죄의 법에 사로잡히게 합니다.

God is sinful? Of course not! In fact, it was the law that showed me my sin. I would never have known that coveting is wrong if the law had not said, "You must not covet."*

8 •But sin used this command to arouse all kinds of covetous desires within me! If there were no law, sin would not have that power.

9 •At one time I lived without understanding the law. But when I learned the command not to covet, for instance, the power of sin

10 came to life, •and I died. So I discovered that the law's commands, which were supposed to bring life, brought spiritual death instead.

11 •Sin took advantage of those commands and deceived me; it used the commands to

12 kill me. •But still, the law itself is holy, and its commands are holy and right and good.

13 •But how can that be? Did the law, which is good, cause my death? Of course not! Sin used what was good to bring about my condemnation to death. So we can see how terrible sin really is. It uses God's good commands for its own evil purposes.

Struggling with Sin

14 •So the trouble is not with the law, for it is spiritual and good. The trouble is with me,

15 for I am all too human, a slave to sin. •I don't really understand myself, for I want to do what is right, but I don't do it. Instead, I

16 do what I hate. •But if I know that what I am doing is wrong, this shows that I agree

17 that the law is good. •So I am not the one doing wrong; it is sin living in me that does it.

18 •And I know that nothing good lives in me, that is, in my sinful nature.* I want to do

19 what is right, but I can't. •I want to do what is good, but I don't. I don't want to do what

20 is wrong, but I do it anyway. •But if I do what I don't want to do, I am not really the one doing wrong; it is sin living in me that does it.

21 •I have discovered this principle of life—that when I want to do what is right, I

22 inevitably do what is wrong. •I love God's

23 law with all my heart. •But there is another power* within me that is at war with my mind. This power makes me a slave to the

24 sin that is still within me. •Oh, what a miserable person I am! Who will free me from this life that is dominated by sin and death?

covet [kʌ́vit] *vi.* 몹시 탐내다
inevitably [inévətəbli] *ad.* 불가피하게

7:7 Exod 20:17; Deut 5:21.   7:18 Greek *my flesh;* also in 7:25.   7:23 Greek *law;* also in 7:23b.

24 나는 참으로 비참한 사람입니다. 누가 나를 이 사망의 몸에서 구원해 내겠습니까?

25 우리 주 예수 그리스도로 인하여 하나님께 감사합니다. 그러므로 나는 마음으로는 하나님의 법에 복종하는 반면, 죄악된 본성으로는 죄의 법에 복종하고 있습니다.

성령 안에 있는 생명

8 그러므로 이제 그리스도 예수 안에 있는 사람은 정죄를 받지 않습니다.

2 그것은 그리스도 예수 안에서 생명을 주시는 성령의 법이 죄와 사망의 법에서 여러분을 해방시켰기 때문입니다.

3 율법이 죄의 본성 때문에 연약하여 할 수 없었던 것을, 하나님께서는 죄를 없애기 위해 자신의 아들을 죄 있는 사람의 모양으로 보내심으로써 행하셨습니다. 하나님께서는 죄인들 속에 거하고 있는 죄에 대해 유죄 판결을 내리셨습니다.

4 이렇게 하여 죄의 본성에 따라 살지 아니하고, 성령에 따라 살고 있는 우리에게 율법의 의로운 요구들이 완벽히 이루어졌습니다.

5 죄의 본성을 따라 사는 사람들은 죄의 본성이 바라는 일을 생각하지만, 성령을 따라 사는 사람들은 성령이 바라시는 일을 생각합니다.

6 죄의 본성의 지배를 받는 사람의 생각은 죽음이지만, 성령의 지배를 받는 사람의 생각은 생명과 평강입니다.

7 죄의 본성이 생각하는 것은 하나님을 거스르는 것입니다. 그것은 하나님의 법에 복종하지 않을 뿐이나라 할 수도 없습니다.

8 죄의 본성의 지배를 받는 사람은 하나님을 기쁘시게 할 수 없습니다.

9 그러나 하나님의 영이 여러분 안에 계시다면, 여러분은 죄의 본성의 지배를 받지 않고 성령의 지배를 받게 됩니다. 누구든지 그리스도의 영이 없는 사람은 그리스도에게 속한 사람이 아닙니다.

10 반면 그리스도께서 여러분 안에 계시다면 여러분의 몸은 죄 때문에 죽은 존재이지만, 여러분의 영은 의 때문에 살아 있습니다.

11 예수님을 죽은 사람들 가운데서 다시 살리신 분의 영이 여러분 안에 살아 계시면, 여러분 안에 계신 그분의 영으로써 여러분의 죽을 몸도 살리실 것입니다.

12 그러므로 형제 여러분, 우리는 빚을 진 사람들입니다. 그러나 죄의 본성을 따라 살아야 하는 죄의 본성에 빚진 사람이 아닙니다.

13 죄의 본성에 따라 산다면, 여러분은 죽을 것입니다. 그러나 성령의 도우심을 받아 몸의 악한 일을 죽인다면, 여러분은 살 것입니다.

25 ●Thank God! The answer is in Jesus Christ our Lord. So you see how it is: In my mind I really want to obey God's law, but because of my sinful nature I am a slave to sin.

Life in the Spirit

8 So now there is no condemnation for those who belong to Christ Jesus. ●And

2 because you belong to him, the power* of the life-giving Spirit has freed you* from the

3 power of sin that leads to death. ●The law of Moses was unable to save us because of the weakness of our sinful nature.* So God did what the law could not do. He sent his own Son in a body like the bodies we sinners have. And in that body God declared an end to sin's control over us by giving his Son as a

4 sacrifice for our sins. ●He did this so that the just requirement of the law would be fully satisfied for us, who no longer follow our sinful nature but instead follow the Spirit.

5   ●Those who are dominated by the sinful nature think about sinful things, but those who are controlled by the Holy Spirit think

6 about things that please the Spirit. ●So letting your sinful nature control your mind leads to death. But letting the Spirit control

7 your mind leads to life and peace. ●For the sinful nature is always hostile to God. It never did obey God's laws, and it never will.

8 ●That's why those who are still under the control of their sinful nature can never please God.

9   ●But you are not controlled by your sinful nature. You are controlled by the Spirit if you have the Spirit of God living in you. (And remember that those who do not have the Spirit of Christ living in them do not

10 belong to him at all.) ●And Christ lives within you, so even though your body will die because of sin, the Spirit gives you life*

11 because you have been made right with God. ●The Spirit of God, who raised Jesus from the dead, lives in you. And just as God raised Christ Jesus from the dead, he will give life to your mortal bodies by this same Spirit living within you.

12   ●Therefore, dear brothers and sisters,* you have no obligation to do what your sinful

13 nature urges you to do. ●For if you live by its dictates, you will die. But if through the power of the Spirit you put to death the

---

8:2a Greek *the law;* also in 8:2b.   8:2b Some manuscripts read *me.*   8:3 Greek *our flesh;* similarly in 8:4, 5, 6, 7, 8, 9, 12.   8:10 Or *your spirit is alive.*   8:12 Greek *brothers;* also in 8:29.

14 왜냐하면 하나님의 영으로 인도받는 사람들은 누구나 하나님의 자녀이기 때문입니다.

15 여러분이 받은 성령은 여러분을 다시 두려움에 이르게 하는, 노예로 만드는 영이 아니라 여러분을 하나님의 자녀가 되게 하는 영이십니다. 그래서 우리는 그 성령을 의지하여 "아바, 아버지"라고 부를 수 있는 것입니다.

16 성령께서는 친히 우리의 영과 함께 우리가 하나님의 자녀라는 것을 증언합니다.

17 자녀라면 또한 상속자이기도 합니다. 우리는 하나님의 상속자이며 또한 그리스도와 공동의 상속자입니다. 그래서 우리는 그리스도께서 누리시는 영광에 참여하기 위해 그분이 겪으신 고난에도 참여하는 것입니다.

장차 올 영광

18 나는 현재 우리가 겪는 고난은 장차 우리에게 나타날 영광과 비교하면 아무것도 아니라고 생각합니다.

19 모든 피조물은 하나님의 자녀들이 나타나기만을 간절히 기다리고 있습니다.

20 피조물은 허무하게 되었습니다. 그렇게 된 것은 피조물이 원해서가 아니라 그렇게 하신 하나님의 뜻 때문이었습니다. 하지만 소망은 있습니다.

21 그것은 피조물도 썩어짐의 굴레에서 해방되어 하나님의 자녀가 누리는 영광스러운 자유에 참여하리라는 소망입니다.

22 우리는 모든 피조물이 이제까지 신음하고 해산의 고통을 겪고 있다는 것을 압니다.

23 피조물만 아니라 성령의 첫 열매를 받은 우리들 자신도 속으로 신음하며 우리가 하나님의 자녀가 되는 것과 우리 몸이 구속될 것을 간절히 기다리고 있습니다.

24 우리는 이러한 소망으로 구원을 받았습니다. 눈에 보이는 소망은 소망이 아닙니다. 보이는 것을 소망하는 사람이 어디 있겠습니까!

25 따라서 우리가 아직 보지 못한 것을 소망한다면 우리는 그것을 인내함으로 기다려야 합니다.

26 이처럼 성령께서는 우리의 약함을 도와 주십니다. 우리는 무엇을 기도해야 하는지도 모르지만, 성령께서는 말로 다 표현할 수 없는 간절함으로 우리를 위해 중보 기도를 하십니다.

27 사람의 마음을 꿰뚫어 보시는 하나님께서는 성령의 생각이 무엇인지를 아십니다. 그것은 성령께서 하나님의 뜻에 따라 성도들을 위해 중보 기도를 하시기 때문입니다.

28 우리는 하나님께서 모든 일을 하나님을 사랑하는 사람, 즉 하나님의 목적을 위해 부름을 입은 사람들의 선을 위하여 하신다는 것을 알고 있습니

---

deeds of your sinful nature,* you will live.

14 •For all who are led by the Spirit of God are children* of God.

15 •So you have not received a spirit that makes you fearful slaves. Instead, you received God's Spirit when he adopted you as his own children.* Now we call him, "Abba, Father."* •For his Spirit joins with our spirit

16

17 to affirm that we are God's children. •And since we are his children, we are his heirs. In fact, together with Christ we are heirs of God's glory. But if we are to share his glory, we must also share his suffering.

The Future Glory

18 •Yet what we suffer now is nothing compared to the glory he will reveal to us later.

19 •For all creation is waiting eagerly for that future day when God will reveal who his

20 children really are. •Against its will, all creation was subjected to God's curse. But with

21 eager hope, •the creation looks forward to the day when it will join God's children in glorious freedom from death and decay.

22 •For we know that all creation has been groaning as in the pains of childbirth right

23 up to the present time. •And we believers also groan, even though we have the Holy Spirit within us as a foretaste of future glory, for we long for our bodies to be released from sin and suffering. We, too, wait with eager hope for the day when God will give us our full rights as his adopted children,* including the new bodies he has promised

24 us. •We were given this hope when we were saved. (If we already have something, we

25 don't need to hope* for it. •But if we look forward to something we don't yet have, we must wait patiently and confidently.)

26 •And the Holy Spirit helps us in our weakness. For example, we don't know what God wants us to pray for. But the Holy Spirit prays for us with groanings that can-

27 not be expressed in words. •And the Father who knows all hearts knows what the Spirit is saying, for the Spirit pleads for us believers*

28 in harmony with God's own will. •And we know that God causes everything to work together* for the good of those who love God and are called according to his purpose

---

8:13 Greek *deeds of the body*.   8:14 Greek *sons;* also in 8:19.   8:15a Greek *you received a spirit of sonship*.   8:15b *Abba* is an Aramaic term for "father."   8:23 Greek *wait anxiously for sonship*.   8:24 Some manuscripts read *wait*.   8:27 Greek *for God's holy people*.   8:28 Some manuscripts read *And we know that everything works together*.

다.

29 하나님께서는 전부터 아셨던 사람들을 그분의 아들과 동일한 형상을 갖도록 미리 정하시고, 하나님의 아들을 많은 형제들 중에서 맏아들이 되게 하셨습니다.

30 하나님께서는 미리 정하신 사람들을 부르셨고, 부르신 사람들을 의롭다고 하셨고, 의롭다고 하신 사람들을 영화롭게 하셨습니다.

하나님의 사랑

31 이 점에 대해 우리가 무엇이라고 말할 수 있겠습니까? 하나님께서 우리 편이시라면 누가 우리를 대적하겠습니까?

32 자기 아들까지도 아끼지 않고 우리 모두를 위해 내어 주신 분께서 그 아들과 함께 우리에게 모든 것을 은혜로 주지 않으시겠습니까?

33 하나님께서 택하신 사람들을 누가 고소할 수 있겠습니까? 의롭게 하시는 분은 하나님이신데,

34 누가 감히 죄가 있다고 판단하겠습니까? 죽으신 분은 그리스도 예수이십니다. 그분은 죽으셨을 뿐만 아니라, 다시 살아나 하나님의 오른편에 앉아 계시면서 우리를 위해 중보 기도를 하고 계십니다.

35 누가 우리를 그리스도의 사랑에서 끊을 수 있겠습니까? 환난입니까? 아니면 어려움입니까? 핍박입니까? 그렇지 않으면 굶주림입니까? 헐벗음입니까? 위험입니까? 아니면 칼입니까?

36 성경에 기록된 것처럼, "우리는 하루 종일 주님을 위해 죽음에 직면하고 있습니다. 우리는 도살당할 양과 같은 대접을 받았습니다."*

37 그러나 우리는 우리를 사랑하신 하나님을 힘입어 이 모든 것을 이기고도 남습니다.

38 나는 확신합니다. 죽음이나 생명이나, 천사들이나 하늘의 권세자들이나, 현재 일이나 장래 일이나, 어떤 힘이나,

39 가장 높은 것이나 깊은 것이나, 그 밖의 어떤 피조물이라도 우리를 우리 주 그리스도 예수 안에 있는 하나님의 사랑에서 끊을 수 없습니다.

하나님의 주권으로 이스라엘을 선택하심

9 나는 그리스도 안에서 진리를 말하고 거짓말을 하지 않습니다. 이것은 성령 안에서 내 양심이 확증하는 사실입니다.

2 내게는 큰 슬픔이 있고, 내 마음속에는 고통이 쉴새 없이 밀려옵니다.

3 나는 내 동포, 내 동족들을 위해서라면 나 자신이 저주를 받아 그리스도로부터 끊어져도 좋다는 각오가 되어 있습니다.

4 그들은 이스라엘 백성으로서 하나님의 아들이라는 신분을 얻었습니다. 그들에게는 하나님의 영광이 있고, 하나님과 맺은 언약이 있고, 율법과 성전 예

---

29 for them. ● For God knew his people in advance, and he chose them to become like his Son, so that his Son would be the first-born* among many brothers and sisters. 30 ● And having chosen them, he called them to come to him. And having called them, he gave them right standing with himself. And having given them right standing, he gave them his glory.

Nothing Can Separate Us from God's Love

31 ● What shall we say about such wonderful things as these? If God is for us, who can ever be against us? 32 ● Since he did not spare even his own Son but gave him up for us all, won't he also give us everything else? ● Who 33 dares accuse us whom God has chosen for his own? No one—for God himself has 34 given us right standing with himself. ● Who then will condemn us? No one—for Christ Jesus died for us and was raised to life for us, and he is sitting in the place of honor at God's right hand, pleading for us.

35 ● Can anything ever separate us from Christ's love? Does it mean he no longer loves us if we have trouble or calamity, or are persecuted, or hungry, or destitute, or in danger, or threatened with death? 36 ● (As the Scriptures say, "For your sake we are killed every day; we are being slaughtered like sheep."*) 37 ● No, despite all these things, overwhelming victory is ours through Christ, who loved us.

38 ● And I am convinced that nothing can ever separate us from God's love. Neither death nor life, neither angels nor demons,* neither our fears for today nor our worries about tomorrow—not even the powers of 39 hell can separate us from God's love. ● No power in the sky above or in the earth below—indeed, nothing in all creation will ever be able to separate us from the love of God that is revealed in Christ Jesus our Lord.

God's Selection of Israel

9 With Christ as my witness, I speak with utter truthfulness. My conscience and 2 the Holy Spirit confirm it. ● My heart is filled with bitter sorrow and unending grief 3 for my people, my Jewish brothers and sisters.* I would be willing to be forever cursed—cut off from Christ!—if that would save them. 4 ● They are the people of Israel, chosen to be

---

8:29 Or *would be supreme.*   8:36 Ps 44:22.
8:38 Greek *nor rulers.*   9:3 Greek *my brothers.*
8:36 시 44:22에 기록되어 있다.

배와 약속들이 있습니다.

5 족장들이 그들의 조상들이며, 그들의 혈통에서 그리스도께서 나셨습니다. 그리스도는 만물 위에 계시는 하나님이시며, 영원토록 찬양을 받으실 하나님이십니다. 아멘.

6 하나님께서 그들에게 하신 약속이 실패로 돌아갔다는 것이 아닙니다. 이스라엘에게서 태어난 사람이라고 해서 다 이스라엘 백성인 것은 아닙니다.

7 아브라함의 자손이라고 해서 다 아브라함의 자녀인 것은 아닙니다. 하나님께서는 "이삭에게서 난 자라야 네 자손이라 부르리라"고 말씀하셨습니다.

8 다시 말해서 자연적인 출생에 의해 태어난 아브라함의 자손이 하나님의 자녀가 되는 것이 아니라, 약속의 자녀라야만 아브라함의 자손으로 여김을 받게 된다는 말입니다.

9 하나님께서 아브라함에게 하신 약속은 이러합니다. "정한 때가 되어 내가 다시 오리니, 사라가 아들을 낳을 것이다."

10 그뿐만이 아닙니다. 리브가가 우리 조상 이삭 한 사람에게서 아이를 임신했을 때에도 그랬습니다.

11 두 아들이 태어나기도 전에, 그리고 그들이 무슨 선이나 악을 행하기도 전에, 하나님께서는 선택하시는 목적을 굳게 세우기 위해,

12 리브가에게 다음과 같이 말씀하셨습니다. "형이 동생을 섬길 것이다." 이렇게 말씀하신 것은 하나님의 선택이 사람의 행위가 아니라 불러 주시는 분의 뜻에 달려 있다는 것을 보여 주기 위해서입니다.

13 이것은 "내가 야곱을 사랑하고 에서는 미워했다"라고 기록된 대로입니다.

14 그렇다면 우리가 무엇이라고 말할 수 있겠습니까? 하나님이 공정하지 못하시다고 말할 수 있겠습니까? 그럴 수 없습니다.

15 하나님께서 모세에게 "내가 자비를 베풀고자 하는 사람에게 자비를 베풀고, 불쌍히 여기고자 하는 사람을 불쌍히 여기겠다"라고 말씀하셨습니다.

16 그러므로 모든 것이 사람의 요구나 노력에 달려 있는 것이 아니라, 하나님의 자비에 달려 있는 것입니다.

17 이런 이유로 하나님께서는 파라오에게 "내가 너를 왕으로 세운 것은 너를 통해 내 능력을 나타내고, 내 이름을 온 땅에 두루 전하기 위함이다"라고 말씀하셨던 것입니다.

18 그러므로 하나님께서는 그분의 뜻대로 어떤 사람

God's adopted children.* God revealed his glory to them. He made covenants with them and gave them his law. He gave them the privilege of worshiping him and receiving his wonderful promises. •Abraham, Isaac, and Jacob are their ancestors, and Christ himself was an Israelite as far as his human nature is concerned. And he is God, the one who rules over everything and is worthy of eternal praise! Amen.*

6 •Well then, has God failed to fulfill his promise to Israel? No, for not all who are born into the nation of Israel are truly members of 7 God's people! •Being descendants of Abraham doesn't make them truly Abraham's children. For the Scriptures say, "Isaac is the son through whom your descendants will be counted,"* though Abraham had other chil- 8 dren, too. •This means that Abraham's physical descendants are not necessarily children of God. Only the children of the promise are 9 considered to be Abraham's children. •For God had promised, "I will return about this time next year, and Sarah will have a son."*

10 •This son was our ancestor Isaac. When he married Rebekah, she gave birth to twins.* 11 •But before they were born, before they had done anything good or bad, she received a message from God. (This message shows that God chooses people according to his own pur- 12 poses; •he calls people, but not according to their good or bad works.) She was told, "Your 13 older son will serve your younger son."* •In the words of the Scriptures, "I loved Jacob, but I rejected Esau."*

14 •Are we saying, then, that God was unfair? 15 Of course not! •For God said to Moses,

"I will show mercy to anyone I choose,
and I will show compassion to anyone
I choose."*

16 •So it is God who decides to show mercy. We can neither choose it nor work for it.

17 •For the Scriptures say that God told Pharaoh, "I have appointed you for the very purpose of displaying my power in you and to 18 spread my fame throughout the earth."* •So you see, God chooses to show mercy to some, and he chooses to harden the hearts of others so they refuse to listen.

9:4 Greek *chosen for sonship.*   9:5 Or *May God, the one who rules over everything, be praised forever. Amen.*   9:7 Gen 21:12.   9:9 Gen 18:10, 14. 9:10 Greek *she conceived children through this one man.*   9:12 Gen 25:23.   9:13 Mal 1:2-3.   9:15 Exod 33:19.   9:17 Exod 9:16 (Greek version).

에게는 자비를 베푸시고, 또 어떤 사람은 완고하게도 만드십니다.

하나님의 분노와 자비

19 그러면 여러분 중에서는 나에게 이렇게 말할 사람이 있을지 모르겠습니다. "그런데 왜 하나님께서는 우리가 잘못했다고 우리를 책망하시는가? 하나님의 뜻을 거스를 사람이 누가 있단 말인가?"

20 그러나 사람이 무엇이기에 감히 하나님께 말대꾸한단 말입니까? 토기그릇이 자기를 만든 사람에게 "나를 왜 이렇게 만들었소?"라고 말할 수 있겠습니까?

21 토기그릇을 만드는 사람이 똑같은 진흙으로 귀하게 사용할 그릇과 천하게 사용할 그릇을 만들 권한이 없단 말입니까?

22 하나님께서 진노를 나타내시고 그분의 능력을 사람들에게 알리시기를 원하셨으면서도 멸망받기로 되어 있는 진노의 그릇들을 인내로써 참아 주셨다면 어쩌겠습니까?

23 또한 하나님께서 그렇게 하신 것이 영광에 들어가도록 미리 준비하신 자비의 그릇들에게 그분의 풍성한 영광을 알게 하기 위해서였다면 어쩌겠습니까?

24 하나님께서 부르신 자비의 그릇이 바로 우리들입니다. 유대인 중에서만 부르신 것이 아니라 이방인들 중에서도 부르셨습니다.

25 호세아의 글에도 이런 말씀이 있습니다. "'내 백성이 아니라'고 말했던 사람을 '내 백성'이라 부르겠고, 내가 사랑하지 않았던 사람을 사랑하겠다."*

26 그리고 이런 말씀도 있습니다. "'너희는 내 백성이 아니라'고 그들에게 말한 그곳에서 그들은 '살아 계신 하나님의 아들이라'고 불리게 될 것이다."*

27 또한 이사야는 이스라엘에 관해 이렇게 외쳤습니다. "이스라엘 자손들의 수가 바닷가의 모래처럼 많을지라도 남은 자만 구원을 얻을 것이다.

28 주님께서 약속하신 말씀을 이 땅에서 신속하고 철저하게 이루실 것이다."*

29 또 일찍이 이사야가 이렇게 예언한 것과 같습니다. "만군의 주님께서 우리에게 후손을 남겨 두지 않으셨다면 우리는 소돔처럼 되고, 고모라처럼 되었을 것이다."*

이스라엘과 복음

30 이러한 사실에 대해 우리가 뭐라고 말하겠습니까? 의를 추구하지 않던 이방인들이 믿음에서 나오는 의를 얻었습니다.

19 • Well then, you might say, "Why does God blame people for not responding? Haven't they simply done what he makes them do?"

20 • No, don't say that. Who are you, a mere human being, to argue with God? Should the thing that was created say to the one who created it, "Why have you made me like this?"

21 • When a potter makes jars out of clay, doesn't he have a right to use the same lump of clay to make one jar for decoration and another to

22 throw garbage into? • In the same way, even though God has the right to show his anger and his power, he is very patient with those on whom his anger falls, who are destined for

23 destruction. • He does this to make the riches of his glory shine even brighter on those to whom he shows mercy, who were prepared in advance

24 for glory. • And we are among those whom he selected, both from the Jews and from the Gentiles.

25 • Concerning the Gentiles, God says in the prophecy of Hosea,

"Those who were not my people,
    I will now call my people.
And I will love those
    whom I did not love before."*

26 • And,

"Then, at the place where they were told,
    'You are not my people,'
there they will be called
    'children of the living God.'"*

27 • And concerning Israel, Isaiah the prophet cried out,

"Though the people of Israel are as numerous
    as the sand of the seashore,
only a remnant will be saved.

28 • For the LORD will carry out his sentence
    upon the earth
quickly and with finality."*

29 • And Isaiah said the same thing in another place:

"If the LORD of Heaven's Armies
    had not spared a few of our children,
we would have been wiped out like Sodom,
    destroyed like Gomorrah."*

Israel's Unbelief

30 • What does all this mean? Even though the

9:25 Hos 2:23.   9:26 Greek *sons of the living God.*
Hos 1:10.   9:27-28 Isa 10:22-23 (Greek version).
9:29 Isa 1:9 (Greek version).

9:25 호 2:23에 기록되어 있다.
9:26 호 1:10에 기록되어 있다.
9:27-28 사 10:22–23에 기록되어 있다.
9:29 사 1:9에 기록되어 있다.

31 그러나 이스라엘은 의의 율법을 추구했지만 그것을 얻지 못했습니다.

32 왜 얻지 못했을까요? 그것은 그들이 믿음에서 나오는 의를 추구한 것이 아니라, 그 의가 마치 행위에서 나오는 것으로 생각하고 의를 추구했기 때문입니다. 그래서 그들은 걸림돌에 걸려 넘어지고 말았습니다.

33 성경에 "보아라, 내가 시온에 사람들의 발에 부딪치게 하는 돌과 사람들을 걸려 넘어지게 하는 바위를 놓으리니, 그를 믿는 사람은 부끄러움을 당하지 않을 것이다."*라고 기록된 것과 같습니다.

10 성도 여러분, 나는 내 동족 이스라엘 백성이 구원받을 수 있기를 하나님께 진심으로 갈망하며 기도합니다.

2 이스라엘에 관해 나는 이렇게 증언할 수 있습니다. 그들은 하나님께 대한 열심이 있습니다만, 그 열심이 지식에 기초하고 있지 않다는 것입니다.

3 그들은 하나님께서 주시는 의를 알지 못하고 자신의 의를 세우려고 노력하였기 때문에, 하나님께서 주시는 의에 복종하지 않았습니다.

4 그리스도께서는 모든 믿는 자에게 의가 있도록 하기 위해서 율법의 마침이 되셨습니다.

모든 사람에게 구원이 임함

5 모세는 율법으로 얻게 되는 의에 관하여 "율법을 행하는 사람은 율법으로 말미암아 살 것이다"*라고 기록했습니다.

6 그러나 믿음으로 얻은 의는 이렇게 말합니다. "너는 마음속으로 '누가 하늘에 올라간단 말인가?'*라고 말하지 마라." 이 말은 그리스도를 땅으로 모셔 내려오겠다는 뜻입니다.

7 "또는 '누가 땅 아래로 내려간단 말인가?'*라고 말하지 마라." 이 말은 그리스도를 죽은 사람들로부터 모셔 올리겠다는 뜻입니다.

8 성경이 무엇이라고 말합니까? "말씀이 네게 가까이 있으니, 네 입에 있고, 네 마음에 있다."* 이것이 바로 우리가 선포하는 믿음의 말씀입니다.

9 여러분이 만일 여러분의 입으로 "예수님은 주님이시다"라고 고백하고, 또 마음으로 하나님께서 그리스도를 죽은 자들 가운데서 다시 살리신 것을 믿으면, 여러분은 구원을 얻을 것입니다.

10 여러분은 마음으로 믿어 의롭다 함을 얻으며, 입으로 고백하여 구원을 얻습니다.

11 성경은 이렇게 말합니다. "그를 믿는 자는 누구나 부끄러움을 당하지 않을 것이다."

Gentiles were not trying to follow God's standards, they were made right with God. And it was by faith that this took place. •But the people of Israel, who tried so hard to get right with God by keeping the law, never succeeded.

31

32 •Why not? Because they were trying to get right with God by keeping the law* instead of by trusting in him. They stumbled over the great rock in their path. •God warned them of this in the Scriptures when he said,

33

"I am placing a stone in Jerusalem* that makes people stumble,
a rock that makes them fall.
But anyone who trusts in him
will never be disgraced."*

10 Dear brothers and sisters,* the longing of my heart and my prayer to God is for the people of Israel to be saved. •I know what enthusiasm they have for God, but it is misdirected zeal. •For they don't understand God's way of making people right with himself. Refusing to accept God's way, they cling to their own way of getting right with God by trying to keep the law. •For Christ has already accomplished the purpose for which the law was given.* As a result, all who believe in him are made right with God.

2

3

4

Salvation Is for Everyone

5 •For Moses writes that the law's way of making a person right with God requires obedience to all of its commands.* •But faith's way of getting right with God says, "Don't say in your heart, 'Who will go up to heaven?' (to bring Christ down to earth). •And don't say, 'Who will go down to the place of the dead?' (to bring Christ back to life again)." •In fact, it says,

6

7

8

"The message is very close at hand;
it is on your lips and in your heart."*

And that message is the very message about faith that we preach: •If you openly declare that Jesus is Lord and believe in your heart that God raised him from the dead, you will be saved. •For it is by believing in your heart that you are made right with God, and it is by openly declaring your faith that you are saved. •As the Scriptures tell us, "Anyone who trusts in him

9

10

11

9:32 Greek *by works.*　9:33a Greek *in Zion.*　9:33b Isa 8:14; 28:16 (Greek version).　10:1 Greek *Brothers.*　10:4 Or *For Christ is the end of the law.*　10:5 See Lev 18:5.　10:6-8 Deut 30:12-14.

9:33 사 8:14과 28:16에 기록되어 있다.
10:5 레 18:5에 기록되어 있다.
10:6 신 30:12에 기록되어 있다.
10:7 신 30:13에 기록되어 있다.
10:8 신 30:14에 기록되어 있다.

12 유대인이나 그리스인이나 차별이 없습니다. 동일한 주님께서 모든 사람의 주님이 되시며, 그를 부르는 모든 사람에게 풍성한 복을 주십니다.

13 그것은 "누구든지 주님의 이름을 부르는 자는 구원을 얻을 것"*이기 때문입니다.

14 그러면 그들이 믿지 않는 분을 어떻게 부를 수 있겠습니까? 또 그들이 들은 적이 없는 분을 어떻게 믿을 수 있겠습니까? 그들에게 선포해 주는 사람이 없는데 어떻게 그들이 들을 수 있겠습니까?

15 그들이 보냄을 받지 않았다면, 어떻게 선포할 수 있겠습니까? "좋은 소식을 전하는 사람들의 발이 얼마나 아름다운가!"라고 기록된 말씀처럼 말입니다.

16 그러나 이스라엘 백성이 다 복음을 받아들인 것은 아닙니다. 이사야가 이렇게 말하였습니다. "주님, 우리가 전한 것을 누가 믿었습니까?"

17 따라서 믿음은 말씀을 듣는 것에서 얻게 되고, 말씀 듣는 것은 그리스도의 말씀을 통해서 얻게 됩니다.

18 그러면 내가 묻겠습니다. 이스라엘 백성들이 복음을 들어 본 적이 없단 말입니까? 아닙니다. 그들은 분명히 들었습니다. "그들의 소리가 온 땅에 퍼졌고, 그들의 말이 땅끝까지 이르렀다"*라고 성경에 기록되었습니다.

19 내가 다시 묻겠습니다. 이스라엘 백성이 알아듣지 못했습니까? 그렇지 않습니다. 먼저, 모세가 한 말을 들어 봅시다. "내가 내 백성이 아닌 사람으로 너희를 시기하게 만들겠고, 깨달음이 둔한 백성으로 너희를 화나게 하겠다."*

20 또 이사야는 담대하게 이렇게 말했습니다. "나를 찾지 않던 사람들에게 내가 만나 주고 나를 구하지 않던 사람들에게 내가 나타났다."*

21 그러나 이스라엘에 관해 하나님께서는 "복종하지 않고 거역하는 백성을 향해 나는 하루 종일 내 손을 내밀었다"*고 말씀하셨습니다.

이스라엘의 남은 자

11 그러므로 내가 묻겠습니다. 하나님께서 자기 백성을 버리셨습니까? 절대로 그렇지 않습니다. 나 자신도 이스라엘 사람이요, 아브라함의 후손이며, 베냐민 지파 출신입니다.

2 하나님께서는 전에 택하신 자기 백성을 버리지 않으셨습니다. 여러분도 성경이 엘리야에 관한 말을 잘 알고 계실 것입니다. 엘리야는 이스라엘을 고소하며, 하나님께 이렇게 호소하지 않

will never be disgraced."* • Jew and Gentile* are the same in this respect. They have the same Lord, who gives generously to all who call on him. •For "Everyone who calls on the name of the LORD will be saved."*

14 •But how can they call on him to save them unless they believe in him? And how can they believe in him if they have never heard about him? And how can they hear about him unless 15 someone tells them? •And how will anyone go and tell them without being sent? That is why the Scriptures say, "How beautiful are the feet of messengers who bring good news!"*

16 •But not everyone welcomes the Good News, for Isaiah the prophet said, "LORD, who 17 has believed our message?"* •So faith comes from hearing, that is, hearing the Good News 18 about Christ. •But I ask, have the people of Israel actually heard the message? Yes, they have:

"The message has gone throughout
     the earth,
and the words to all the world."*

19 •But I ask, did the people of Israel really understand? Yes, they did, for even in the time of Moses, God said,

"I will rouse your jealousy through people
     who are not even a nation.
I will provoke your anger through the
     foolish Gentiles."*

20 •And later Isaiah spoke boldly for God, saying,

"I was found by people who were not
     looking for me.
I showed myself to those who were not
     asking for me."*

21 •But regarding Israel, God said,

"All day long I opened my arms to them,
     but they were disobedient and rebellious."*

God's Mercy on Israel

11 I ask, then, has God rejected his own people, the nation of Israel? Of course not! I myself am an Israelite, a descendant of Abraham 2 and a member of the tribe of Benjamin. •No, God has not rejected his own people,

10:11 Isa 28:16 (Greek version). 10:12 *Greek and Greek*. 10:13 Joel 2:32. 10:15 Isa 52:7. 10:16 Isa 53:1. 10:18 Ps 19:4. 10:19 Deut 32:21. 10:20 Isa 65:1 (Greek version). 10:21 Isa 65:2 (Greek version).

10:13 욜 2:32에 기록되어 있다.
10:18 시 19:4에 기록되어 있다.
10:19 신 32:21에 기록되어 있다.
10:20 사 65:1에 기록되어 있다.
10:21 사 65:2에 기록되어 있다.

앉습니까?

3 "주님, 그들이 주님의 예언자들을 죽이고, 주님의 제단들을 헐어 버렸습니다. 이제 저 혼자만 남아 있는데, 그들은 저마저 죽이려 하고 있습니다."

4 그런데 하나님께서 엘리야에게 무엇이라고 대답하셨습니까? 하나님께서는 "내가 바알에게 무릎을 꿇지 않은 사람 칠천 명을 나를 위해 남겨 두었다"고 말씀하셨습니다.

5 지금도 마찬가지입니다. 지금도 하나님의 은혜로 택함을 받은 남은 자들이 있습니다.

6 은혜로 하신 것이라면, 그것은 행위에 의한 것이 아닙니다. 행위에 의한 것이라면, 은혜는 더 이상 은혜가 되지 못할 것입니다.

7 그러면 무엇입니까? 이스라엘이 간절히 바라던 것을 이스라엘은 얻지 못하고, 택함을 받은 자들이 얻었습니다. 반면, 나머지 사람들은 마음이 완악해졌습니다.

8 성경에도 이렇게 기록되어 있습니다. "하나님께서 그들에게 혼미한 영을 주셔서 오늘날까지 눈이 있어도 보지 못하고 귀가 있어도 듣지 못한다."*

9 다윗은 이렇게 말했습니다. "그들의 잔칫상이 그들에게 덫과 올무가 되게 하시고, 그들이 걸려 넘어져 멸망받게 하소서.

10 그들의 눈은 흐려 보지 못하게 하시고, 그들의 등은 영원토록 굽어 있게 하소서."*

이방인들의 구원

11 그러므로 내가 다시 묻습니다. 이스라엘이 걸려 넘어져 완전히 망하고 말았습니까? 결코 그렇지 않습니다. 오히려 그들의 죄 때문에 구원이 이방인들에게 이르게 되었고, 이스라엘은 이방인들을 보고 시기하게 되었습니다.

12 이스라엘의 범죄가 세상에 풍성한 복을 가져다 주었고 이스라엘의 실패가 이방인들에게 풍성한 복을 가져다 주었다면, 이스라엘 전체가 하나님 앞에 돌아올 때 그 풍성함은 얼마나 더하겠습니까?

13 이제 이방인 여러분들에게 말하겠습니다. 나는 이방인의 사도로서 내가 맡은 직분에 대해 영광스럽게 생각하고 있습니다.

14 다만 바라는 것은, 내 동족에게 시기심을 일으켜, 그들 중에 몇 명만이라도 더 구원하고 싶은 것입니다.

15 내 동족 이스라엘이 하나님께 버림을 받게 되어 세상이 하나님과 화목하게 되었다면, 이스라엘이 하나님께 받아들여지는 것은 죽은 자들 가운데서 다시 살아나는 것이 아니면 무엇이겠느니

---

whom he chose from the very beginning. Do you realize what the Scriptures say about this? Elijah the prophet complained to God about

3 the people of Israel and said, •"LORD, they have killed your prophets and torn down your altars. I am the only one left, and now they are trying to kill me, too."*

4 •And do you remember God's reply? He said, "No, I have 7,000 others who have never bowed down to Baal!"*

5 •It is the same today, for a few of the people of Israel* have remained faithful because of God's grace—his undeserved kindness in

6 choosing them. •And since it is through God's kindness, then it is not by their good works. For in that case, God's grace would not be what it really is—free and undeserved.

7 •So this is the situation: Most of the people of Israel have not found the favor of God they are looking for so earnestly. A few have—the ones God has chosen—but the hearts of the

8 rest were hardened. •As the Scriptures say,

"God has put them into a deep sleep. To this day he has shut their eyes so they do not see, and closed their ears so they do not hear."*

9 •Likewise, David said,

"Let their bountiful table become a snare, a trap that makes them think all is well. Let their blessings cause them to stumble, and let them get what they deserve.

10 •Let their eyes go blind so they cannot see, and let their backs be bent forever."*

11 •Did God's people stumble and fall beyond recovery? Of course not! They were disobedient, so God made salvation available to the Gentiles. But he wanted his own people to become jealous and claim it for themselves.

12 •Now if the Gentiles were enriched because the people of Israel turned down God's offer of salvation, think how much greater a blessing the world will share when they finally accept it.

13 •I am saying all this especially for you Gentiles. God has appointed me as the apostle

14 to the Gentiles. I stress this, •for I want somehow to make the people of Israel jealous of what you Gentiles have, so I might save some

15 of them. •For since their rejection meant that

---

bountiful [báuntifəl] *a.* 풍부한, 윤택한

11:3 1 Kgs 19:10, 14.   11:4 1 Kgs 19:18.   11:5 *Greek for a remnant.*   11:8 Isa 29:10; Deut 29:4. 11:9-10 Ps 69:22-23 (Greek version).

11:8 신 29:4과 사 6:9-10, 사 29:10에 기록되어 있다. 11:9-10 시 69:22-23에 기록되어 있다.

까?

16 처음 떼어 드린 반죽의 일부분이 거룩하면 반죽 전체가 거룩하고, 나무 뿌리가 거룩하면 가지도 거룩한 법입니다.

17 참올리브 나무의 가지 중에서 얼마를 잘라 내면, 야생 올리브 나뭇가지인 여러분을 원가지에 접붙이면, 접붙여진 가지는 참올리브 나무로부터 올라오는 양분을 받게 됩니다.

18 그러니 여러분은 잘려 나간 가지를 향해 자랑하지 마십시오. 자랑하더라도 명심할 것이 있습니다. 여러분이 뿌리를 지탱하는 것이 아니라, 뿌리가 여러분을 지탱한다는 사실입니다.

19 여러분은 이렇게 말할 수도 있을 것입니다. "나를 접붙이기 위해 가지들이 잘려 나갔다"라고 말합니다.

20 이것은 백 번 지당한 말입니다. 그 가지들은 믿지 않았기 때문에 잘려 나갔고, 반대로 여러분은 믿었기 때문에 나무에 붙어 있습니다. 그러니 자만하지 말고, 오히려 두려워하십시오.

21 하나님께서 원래 나무에 붙어 있던 가지들도 아끼지 않으셨다면, 여러분도 아끼지 않으실 것입니다.

22 그러므로 하나님의 인자하심과 엄격하심을 깊이 생각하십시오. 넘어진 사람들에게는 하나님의 엄격하심을, 여러분에게는 하나님의 인자하심을 보이셨습니다. 여러분이 계속해서 하나님의 인자하심에 머물러 있으면, 하나님께서도 인자함을 베푸실 것입니다. 만일 하나님의 인자하심에 계속 머물러 있지 않으면, 여러분도 잘리게 될 것입니다.

23 그리고 잘려 나간 가지가 다시 믿게 되면 그들도 다시 접붙임을 받게 될 것입니다. 왜냐하면 하나님께서는 그들을 다시 접붙이실 능력이 있기 때문입니다.

24 여러분은 본래 붙어 있던 야생 올리브 나무에서 잘려, 여러분이 속한 종자와는 다른, 좋은 올리브 나무에 접붙여진 가지입니다. 그렇다면 원래 좋은 올리브 가지였던 유대인들이 원래 그들이 붙어 있던 좋은 올리브 나무에 접붙여지는 것은 얼마나 쉬운 일이겠습니까?

이스라엘의 회복

25 형제 여러분, 나는 여러분이 스스로 똑똑하다고 생각하는 일이 없도록 하기 위해, 이 비밀에 대해 알기를 원합니다. 비밀의 내용은 이렇습니다. 이 방인의 충만한 수가 하나님께 돌아오기까지 이스라엘 중에 얼마는 완악한 채로 있게 된다는 사실입니다.

26 그리하여 온 이스라엘이 구원을 얻을 것입니다. 성

God offered salvation to the rest of the world, their acceptance will be even more wonderful. It will be life for those who were

16 dead! •And since Abraham and the other patriarchs were holy, their descendants will also be holy—just as the entire batch of dough is holy because the portion given as an offering is holy. For if the roots of the tree are holy, the branches will be, too.

17 •But some of these branches from Abraham's tree—some of the people of Israel—have been broken off. And you Gentiles, who were branches from a wild olive tree, have been grafted in. So now you also receive the blessing God has promised Abraham and his children, sharing in the rich nourishment from the root of God's

18 special olive tree. •But you must not brag about being grafted in to replace the branches that were broken off. You are just a branch, not the root.

19 •"Well," you may say, "those branches
20 were broken off to make room for me." •Yes, but remember—those branches were broken off because they didn't believe in Christ, and you are there because you do believe. So don't think highly of yourself, but fear what could

21 happen. •For if God did not spare the original branches, he won't* spare you either.

22 •Notice how God is both kind and severe. He is severe toward those who disobeyed, but kind to you if you continue to trust in his kindness. But if you stop trusting, you

23 also will be cut off. •And if the people of Israel turn from their unbelief, they will be grafted in again, for God has the power to

24 graft them back into the tree. •You, by nature, were a branch cut from a wild olive tree. So if God was willing to do something contrary to nature by grafting you into his cultivated tree, he will be far more eager to graft the original branches back into the tree where they belong.

God's Mercy Is for Everyone

25 •I want you to understand this mystery, dear brothers and sisters,* so that you will not feel proud about yourselves. Some of the people of Israel have hard hearts, but this will last only until the full number of

26 Gentiles comes to Christ. •And so all Israel will be saved. As the Scriptures say,

brag [bræg] *vi.* 자랑하다, 뽐내다
graft [græft] *vt.* 접붙이다
patriarch [péitrià:rk] *n.* 족장, 이스라엘 민족의 조상

11:21 Some manuscripts read *perhaps he won't.*
11:25 Greek *brothers.*

경에 이렇게 기록되어 있습니다. "구원자가 시온에서 나와 야곱의 자손에게서 경건하지 못한 것을 제거할 것이다.

27 이것은 내가 그들의 죄를 없앨 때에 그들과 맺을 내 언약이다."*

28 복음의 관점에서 볼 때, 이스라엘은 여러분들 때문에 하나님의 원수가 되었습니다. 그러나 선택의 관점에서 볼 때, 그들은 조상들 때문에 하나님의 사랑을 입은 사람들입니다.

29 하나님께서는 선물을 주시고 부르신 후에 무르는 법이 없습니다.

30 전에 하나님께 불순종하던 여러분이 이제 이스라엘이 불순종한 것 때문에 자비를 얻게 되었듯이,

31 현재 이스라엘이 불순종하는 것은 여러분에게 내린 하나님의 자비하심을 그들도 받기 위해서입니다.

32 하나님께서는 모든 사람들에게 자비를 베푸시기 위해 모든 사람을 불순종하는 데에 가두어 두셨습니다.

하나님께 영광을 돌림

33 오, 하나님의 지혜와 지식의 부유함은 참으로 깊습니다! 하나님의 판단은 헤아릴 수 없으며, 그분의 길은 아무도 찾을 수가 없습니다.

34 "누가 주님의 마음을 알았으며, 누가 그분의 의논 상대자가 되었습니까?"

35 "누가 먼저 하나님께 무엇을 드려서, 하나님의 답례를 받는단 말입니까?"

36 이는 모든 것이 하나님께로부터 나왔고, 하나님의 보살핌으로 보존되며, 하나님의 영광을 위해 존재하기 때문입니다. 하나님께 영광이 영원토록 있기를 원합니다. 아멘.

그리스도 안에 있는 새 생명

12 그러므로 성도 여러분, 나는 하나님의 자비로써 여러분에게 권합니다. 여러분의 몸을 하나님을 기쁘시게 하는 거룩한 살아 있는 제물로 드리십시오. 이것이야말로 여러분이 마땅히 드려야 할 영적인 예배입니다.

2 여러분은 이 세상을 본받지 말고, 마음을 새롭게 하여 변화를 받으십시오. 그러면 여러분은 하나님의 선하시고 기뻐하시고 온전하신 뜻이 무엇인지를 분별할 수 있게 될 것입니다.

3 하나님께서 나에게 주신 은혜를 힘입어 여러분 한 사람 한 사람에게 말씀드리겠습니다. 여러분은 여러분 자신에 대하여 마땅히 생각해야 할 것 외에 다른 것을 생각하지 마십시오. 여러분은 하나님께서 각자에게 주신 믿음의 분량대로, 냉철한 판단을 가지고 자신에 대하여 생각하십시오.

"The one who rescues will come from
　Jerusalem,*
　and he will turn Israel* away from
　ungodliness.

27 ● And this is my covenant with them,
　that I will take away their sins."*

28 　●Many of the people of Israel are now ene-mies of the Good News, and this benefits you Gentiles. Yet they are still the people he loves because he chose their ancestors Abraham, 29 Isaac, and Jacob. ●For God's gifts and his call 30 can never be withdrawn. ●Once, you Gentiles were rebels against God, but when the people of Israel rebelled against him, God was merci-31 ful to you instead. ●Now they are the rebels, and God's mercy has come to you so that 32 they, too, will share* in God's mercy. ●For God has imprisoned everyone in disobedience so he could have mercy on everyone.

33 　●Oh, how great are God's riches and wis-dom and knowledge! How impossible it is for us to understand his decisions and his ways!

34 ● For who can know the LORD's thoughts?
　Who knows enough to give him advice?*

35 ● And who has given him so much
　that he needs to pay it back?*

36 　●For everything comes from him and exists by his power and is intended for his glory. All glory to him forever! Amen.

A Living Sacrifice to God

12 And so, dear brothers and sisters,* I plead with you to give your bodies to God because of all he has done for you. Let them be a living and holy sacrifice—the kind he will find acceptable. This is truly the way to 2 worship him.* ●Don't copy the behavior and customs of this world, but let God transform you into a new person by changing the way you think. Then you will learn to know God's will for you, which is good and pleasing and perfect.

3 　●Because of the privilege and authority* God has given me, I give each of you this warning: Don't think you are better than you really are. Be honest in your evaluation of yourselves, measuring yourselves by the faith

---

11:26a Greek *from Zion.* **11:26b** Greek *Jacob.* **11:26-27** Isa 59:20-21; 27:9 (Greek version). **11:31** Other manuscripts read *will now share;* still others read *will someday share.* **11:34** Isa 40:13 (Greek version). **11:35** See Job 41:11. **12:1a** Greek *brothers.* **12:1b** Or *This is your spiritual worship;* or *This is your reasonable service.* **12:3a** Or *Because of the grace;* compare 1:5.
11:26-27 사 27:9과 59:20−21에 기록되어 있다.

4 사람에게 몸이 있고 그 몸에는 많은 지체가 있어, 그 지체들이 하는 일이 각기 다른 것처럼,

5 우리도 여럿이지만 그리스도 안에서 한 몸을 이루었고, 한 사람 한 사람이 서로에 대해 지체로서 연결되어 있습니다.

6 우리는 하나님께서 우리에게 주신 은혜에 따라 저마다 다른 선물을 받았습니다. 예를 들어 그것이 예언의 선물이라면 믿음의 분량대로 그 선물을 사용하십시오.

7 봉사하는 선물이면 봉사하는 일로, 가르치는 선물이면 가르치는 일로,

8 격려하는 선물이면 격려하는 일로, 남을 구제하는 선물이면 너그럽게 나누는 일로, 지도하는 선물이면 열성을 다해, 자선을 베푸는 것이면 기쁨으로 그 선물을 사용하십시오.

그리스도인의 생활 법칙

9 사랑은 거짓이 없어야 합니다. 악을 미워하고, 선을 굳게 붙드십시오.

10 형제 자매를 사랑하듯이 서로 사랑하며, 자신보다 남을 더 존경하십시오.

11 열심히 일하고 게으르지 마십시오. 성령으로 달구어진 마음을 가지고 주님을 섬기십시오.

12 소망을 가지고 기뻐하십시오. 환난 속에서도 잘 참으십시오, 꾸준히 기도하십시오.

13 성도들에게 필요한 것을 나눠 주십시오. 나그네를 후하게 대접하십시오.

14 여러분을 핍박하는 사람들을 축복하십시오, 그들을 위해 복을 빌고 저주하지 마십시오.

15 기뻐하는 사람들과 함께 기뻐하고, 슬퍼하는 사람들과 함께 슬퍼하십시오.

16 서로 한마음이 되십시오, 교만한 마음을 품지 마십시오, 하찮아 보이는 사람들과도 기꺼이 사귀십시오. 스스로 지혜 있는 척하지 마십시오.

17 아무에게도 악을 악으로 갚지 마십시오, 모든 사람이 보기에 선한 일을 하십시오.

18 여러분 쪽에서 할 수 있는 일이라면 모든 사람과 더불어 화평하게 지내십시오.

19 사랑하는 여러분, 여러분이 직접 원수를 갚지 말고 하나님의 진노에 맡기십시오. 성경에 이렇게 기록되어 있습니다. "주님께서 말씀하시기를, '원수 갚는 것이 나에게 있으니 내가 갚을 것이라.'"*

20 여러분은 이렇게 하십시오. "원수가 먹을 것이 없어 굶고 있으면 먹을 것을 주고, 목말라 하면 마실 것을 주십시오. 그렇게 하는 것은 그의 머리 위에 숯불을 쌓는 것이기 때문입니다."*

4 God has given us.* •Just as our bodies have many parts and each part has a special func-

5 tion, •so it is with Christ's body. We are many parts of one body, and we all belong to each other.

6 •In his grace, God has given us different gifts for doing certain things well. So if God has given you the ability to prophesy, speak out

7 with as much faith as God has given you. •If your gift is serving others, serve them well. If

8 you are a teacher, teach well. •If your gift is to encourage others, be encouraging. If it is giving, give generously. If God has given you leadership ability, take the responsibility seriously. And if you have a gift for showing kindness to others, do it gladly.

9 •Don't just pretend to love others. Really love them. Hate what is wrong. Hold tightly to what

10 is good. •Love each other with genuine affection,* and take delight in honoring each other.

11 •Never be lazy, but work hard and serve the

12 Lord enthusiastically.* •Rejoice in our confident hope. Be patient in trouble, and keep on

13 praying. •When God's people are in need, be ready to help them. Always be eager to practice hospitality.

14 •Bless those who persecute you. Don't curse

15 them; pray that God will bless them. •Be happy with those who are happy, and weep with

16 those who weep. •Live in harmony with each other. Don't be too proud to enjoy the company of ordinary people. And don't think you know it all!

17 •Never pay back evil with more evil. Do things in such a way that everyone can see you

18 are honorable. •Do all that you can to live in peace with everyone.

19 •Dear friends, never take revenge. Leave that to the righteous anger of God. For the Scriptures say,

"I will take revenge;
    I will pay them back,"*
    says the LORD.

20 •Instead,

"If your enemies are hungry, feed them.
    If they are thirsty, give them something
       to drink.
In doing this, you will heap

12:3b Or by the faith God has given you; or by the standard of our God-given faith.   **12:10** Greek in brotherly love.   **12:11** Or but serve the Lord with a zealous spirit; or but let the Spirit excite you as you serve the Lord.   **12:19** Deut 32:35.

12:19 신 32:35에 기록되어 있다.
12:20 잠 25:21–22에 기록되어 있다.

21 악에게 지지 말고 선으로 악을 이기십시오.

통치자들에게 복종하십시오

13 누구든지 국가의 권세 잡은 사람들에게 복종하십시오. 하나님께서 세우시지 않은 권세란 없습니다. 세상에 있는 권세는 다 하나님께로부터 나왔습니다.

2 그러므로 그 권세를 거스르는 것은 권세를 세우신 하나님을 거스르는 것과 같습니다. 그런 사람은 심판을 받게 될 것입니다.

3 의로운 일을 하는 사람에게는 통치자들이 두려움의 대상이 아니지만, 악한 일을 행한 사람에게는 두려움의 대상입니다. 권세 잡은 사람을 두려워하지 않고 싶습니까? 그렇다면 의로운 일을 행하십시오. 그러면 그에게 칭찬을 받을 것입니다.

4 통치자는 여러분에게 유익을 주기 위해 일하는 하나님의 일꾼입니다. 그러나 여러분이 악을 행한다면 두려워하십시오. 그가 공연히 칼을 차고 있는 것이 아닙니다. 그는 하나님의 일꾼으로서 악을 행하는 사람에게 벌을 내리는, 하나님의 진노를 집행하는 사람입니다.

5 그러므로 권세에 복종하십시오. 단지 벌받을 것이 두려워서가 아니라 양심 때문에 복종해야 합니다.

6 여러분이 세금을 바치는 것도 같은 이유에서입니다. 통치자들은 바로 이런 일에 종사하는 하나님의 일꾼들입니다.

7 모든 사람에게 해야 할 의무를 다하십시오. 국세를 바쳐야 할 사람에게는 국세를 바치고, 관세를 바쳐야 할 사람에게는 관세를 바치십시오. 두려워해야 할 사람은 두려워하고, 존경해야 할 사람은 존경하십시오.

형제 사랑

8 다른 사람을 사랑하는 빚 이외에는 아무 사람에게, 아무런 빚도 지지 마십시오. 남을 사랑하는 사람은 율법을 온전히 이룬 것이나 다름없습니다.

9 율법에 "간음하지 마라, 살인하지 마라, 도둑질하지 마라, 탐내지 마라"는 계명과 그 밖에 여러 다른 계명들이 있지만 이 모든 계명은 "네 이웃을 네 몸과 같이 사랑하라"는 하나의 말씀으로 요약될 수 있습니다.

10 사랑은 이웃에게 악을 행하지 않습니다. 그러므로 사랑은 율법의 완성입니다.

그리스도의 날이 다가옴

11 이런 행동을 해야 하는 것은, 여러분도 알고 있다시피 벌써 잠에서 깨어날 때가 되었기 때문입니다. 이제 우리의 구원이 처음 믿었을 때보다 더 가까워졌습니다.

12 밤이 거의 다 지나 낮이 가까웠습니다. 그러므로 어둠의 행실을 벗어 버리고, 빛의 갑옷을 입읍시다.

---

burning coals of shame on their heads."*

21 •Don't let evil conquer you, but conquer evil by doing good.

Respect for Authority

13 Everyone must submit to governing authorities. For all authority comes from God, and those in positions of authority have been placed there by God. •So anyone who rebels against authority is rebelling against what God has instituted, and they will be punished. •For the authorities do not strike fear in people who are doing right, but in those who are doing wrong. Would you like to live without fear of the authorities? Do what is right, and they will honor you.

4 •The authorities are God's servants, sent for your good. But if you are doing wrong, of course you should be afraid, for they have the power to punish you. They are God's servants, sent for the very purpose of punishing those who do what is wrong. •So you must submit to them, not only to avoid punishment, but also to keep a clear conscience.

6 •Pay your taxes, too, for these same reasons. For government workers need to be paid. They are serving God in what they do.

7 •Give to everyone what you owe them: Pay your taxes and government fees to those who collect them, and give respect and honor to those who are in authority.

Love Fulfills God's Requirements

8 •Owe nothing to anyone—except for your obligation to love one another. If you love your neighbor, you will fulfill the requirements of God's law. •For the commandments say, "You must not commit adultery. You must not murder. You must not steal. You must not covet."* These—and other such commandments—are summed up in this one commandment: "Love your neighbor as yourself."* •Love does no wrong to others, so love fulfills the requirements of God's law.

11 •This is all the more urgent, for you know how late it is; time is running out. Wake up, for our salvation is nearer now than when we first believed. •The night is almost gone; the day of salvation will soon be here. So remove your dark deeds like dirty clothes, and put on the shining armor of right living.

13 •Because we belong to the day, we must live decent lives for all to see. Don't participate in the darkness of wild parties and drunken-

---

12:20 Prov 25:21-22.   13:9a Exod 20:13-15, 17.
13:9b Lev 19:18.

13 낮에 활동하는 사람처럼 단정히 행동합시다. 난잡한 유흥을 즐기지 말고, 술 취하지 마십시오. 성적으로 문란하거나 퇴폐적인 생활을 버리십시오. 다투지 말고 질투하지 마십시오.

14 주 예수 그리스도로 옷 입으십시오. 죄의 본성이 바라는 정욕을 만족시키는 생각을 하지 마십시오.

형제를 비판하지 마라

14 믿음이 약한 사람을 받아들이고, 논란이 있는 문제에 단언을 내리지 마십시오.

2 자기가 가지고 있는 믿음에 따라 모든 음식을 먹는 사람이 있지만, 믿음이 약하여 채소만 먹는 사람도 있습니다.

3 모든 음식을 먹는 사람은 채소만 먹는 사람을 업신여기지 마십시오, 또 채소만 먹는 사람은 모든 음식을 먹는 사람을 비난하지 마십시오, 이는 하나님께서 그를 받으셨기 때문입니다.

4 여러분이 누구이기에 남의 종을 판단하십니까? 그가 서 있든지 넘어지든지 그것은 자기 주인이 관여할 문제입니다. 종이 서 있게 된다면, 그것은 주님께서 그를 서게 할 수 있기 때문입니다.

5 어떤 날을 다른 날보다 더 중요하다고 생각하는 사람이 있는가 하면, 모든 날이 다 같다고 여기는 사람도 있습니다. 이럴 경우, 사람마다 자기 마음에 확신이 있어야 합니다.

6 어떤 날을 더 중요하게 여기는 사람도 주님을 위해 그런 생각을 하는 것이고, 어떤 음식이나 다 먹는 사람도 주님을 위해 먹는 것입니다. 그는 음식을 먹을 때, 하나님께 감사한 마음을 갖습니다. 음식을 가려 먹는 사람도 주님을 위해 그리하며, 그 사람도 하나님께 감사한 마음을 가집니다.

7 우리 중에 자기 자신만을 위해 사는 사람은 한 명도 없으며, 자기 자신만을 위해 죽는 사람도 없습니다.

8 우리가 산다면 그것은 주님을 위해 사는 것이고, 죽는다면 주님을 위해 죽는 것입니다. 그러므로 살든지 죽든지 우리는 주님의 것입니다.

9 그리스도께서는 죽은 사람만 아니라 살아 있는 사람의 주님이 되기 위해서 죽으셨다가 다시 살아나셨습니다.

10 그런데 여러분은 왜 여러분의 형제를 비판합니*까? 왜 형제를 업신여깁니까?* 우리는 다 하나님의 심판대 앞에 설 사람들입니다.

11 성경에도 이렇게 기록되어 있습니다. "주님께서 말씀하시기를, 내가 살아 있나니 모든 무릎이 내 앞에 꿇을 것이요, 모든 혀가 하나님께 자백할 것이다."*

12 그러므로 우리는 각자 자신이 한 일에 대해 하나

---

ness, or in sexual promiscuity and immoral living, or in quarreling and jealousy. • Instead, 14 clothe yourself with the presence of the Lord Jesus Christ. And don't let yourself think about ways to indulge your evil desires.

The Danger of Criticism

14 Accept other believers who are weak in faith, and don't argue with them about 2 what they think is right or wrong. • For instance, one person believes it's all right to eat anything. But another believer with a sensitive 3 conscience will eat only vegetables. • Those who feel free to eat anything must not look down on those who don't. And those who don't eat certain foods must not condemn those who do, for God has accepted them. 4 • Who are you to condemn someone else's servants? Their own master will judge whether they stand or fall. And with the Lord's help, they will stand and receive his approval. 5 • In the same way, some think one day is more holy than another day, while others think every day is alike. You should each be fully convinced that whichever day you 6 choose is acceptable. • Those who worship the Lord on a special day do it to honor him. Those who eat any kind of food do so to honor the Lord, since they give thanks to God before eating. And those who refuse to eat certain foods also want to please the Lord and 7 give thanks to God. • For we don't live for our- 8 selves or die for ourselves. • If we live, it's to honor the Lord. And if we die, it's to honor the Lord. So whether we live or die, we belong to 9 the Lord. • Christ died and rose again for this very purpose—to be Lord both of the living and of the dead.

10 • So why do you condemn another believer*? Why do you look down on another believer? Remember, we will all stand before 11 the judgment seat of God. • For the Scriptures say,

　　" 'As surely as I live,' says the LORD,
　　　'every knee will bend to me,
　　　　and every tongue will declare allegiance
　　　　　to God.*' "

12 • Yes, each of us will give a personal account 13 to God. • So let's stop condemning each other. Decide instead to live in such a way that you will not cause another believer to stumble and

---

14:10 Greek *your brother; also in 14:10b, 13, 15, 21.* 　14:11 Or *declare praise for God.* Isa 49:18; 45:23 (Greek version).

14:11 사 45:23에 기록되어 있다.

님께 사실대로 말씀드리게 될 것입니다.

형제를 넘어지게 하지 마라

13 그런즉 다른 사람에 대해 심판하지 맙시다. 우리가 더욱 힘쓸 것은 형제의 길에 그를 넘어지게 하는 것이나 장애물을 놓지 않겠다고 결심하는 일입니다.

14 내가 주 예수님 안에 있는 사람으로서 확신하기로는, 그 자체로 부정한 음식은 하나도 없습니다. 어떤 음식이 부정하다고 믿는 사람이 있다면, 그 사람에게는 그 음식이 부정한 것입니다.

15 음식 문제로 여러분의 형제가 상처를 받았다면, 여러분은 사랑으로 행동한 것이 아닙니다. 그리스도께서 대신해서 죽으신 그 형제를 음식 문제로 망하게 하지 마십시오.

16 그러므로 여러분이 옳다고 생각해서 하는 것이 오히려 비난의 대상이 되지 않게 하십시오.

17 하나님의 나라는 먹는 일이나 마시는 일이 아니라, 성령 안에서 누리는 의와 평강과 기쁨입니다.

18 이런 마음으로 그리스도를 섬기는 사람은 하나님을 기쁘시게 하고 사람들에게도 인정을 받습니다.

19 그러므로 우리 모두 화평함을 이루는 일과 서로 덕을 세우는 일에 힘씁시다.

20 음식 문제로 하나님의 일을 무너뜨리지 않도록 합시다. 음식은 다 깨끗한 것이지만, 어떤 음식을 먹은 것이 다른 사람을 넘어지게 한다면 그것을 먹는 것은 그 사람에게 좋지 못한 것입니다.

21 고기를 먹는다거나, 술을 마신다거나 그 밖에 여러분의 형제를 넘어지게 하는 일은 하지 않는 것이 좋습니다.

22 여러분에게 어떤 신념이 있다면 그것은 여러분과 하나님 사이의 일로만 간직해 두십시오. 스스로 옳다고 믿는 일을 할 때, 자신을 정죄하지 않는 사람은 복 있는 사람입니다.

23 그러나 의심을 하면서 먹는 사람은 정죄를 받은 것입니다. 그것은 믿음에서 나온 것이 아니기 때문입니다. 믿음에서 나오지 않은 것은 다 죄입니다.

다른 사람을 기쁘게 하여라

15 강한 우리는 약한 사람들의 약점을 돌보아 주고, 우리 자신을 기쁘게 하지 말아야 합니다.

2 우리 각 사람은 이웃을 기쁘게 하되, 그에게 유익을 끼치고 덕을 세워야 합니다.

3 그리스도께서는 자신을 기쁘게 하지 않으시고, 성경에 "주님을 모욕한 사람들의 모욕이 제게 임하였습니다"*라고 기록된 대로 사셨습니다.

4 이전에 기록된 모든 것은 우리를 가르치기 위해 기록된 것입니다. 그래서 우리는 성경의 인내와 위로로 말미암아 소망을 가집니다.

5 인내와 위로를 주시는 하나님께서, 그리스도 예수의 뜻대로 여러분들 가운데 한마음을 주시기를 바

---

fall.

14 •I know and am convinced on the authority of the Lord Jesus that no food, in and of itself, is wrong to eat. But if someone believes it is wrong, then for that person it is

15 wrong. •And if another believer is distressed by what you eat, you are not acting in love if you eat it. Don't let your eating ruin some-

16 one for whom Christ died. •Then you will not be criticized for doing something you

17 believe is good. •For the Kingdom of God is not a matter of what we eat or drink, but of living a life of goodness and peace and joy in

18 the Holy Spirit. •If you serve Christ with this attitude, you will please God, and others will

19 approve of you, too. •So then, let us aim for harmony in the church and try to build each other up.

20 •Don't tear apart the work of God over what you eat. Remember, all foods are acceptable, but it is wrong to eat something

21 if it makes another person stumble. •It is better not to eat meat or drink wine or do anything else if it might cause another

22 believer to stumble.* •You may believe there's nothing wrong with what you are doing, but keep it between yourself and God. Blessed are those who don't feel guilty for doing something they have decided is

23 right. •But if you have doubts about whether or not you should eat something, you are sinning if you go ahead and do it. For you are not following your convictions. If you do anything you believe is not right, you are sinning.*

Living to Please Others

15 We who are strong must be considerate of those who are sensitive about things like this. We must not just please our-

2 selves. •We should help others do what is

3 right and build them up in the Lord. •For even Christ didn't live to please himself. As the Scriptures say, "The insults of those who insult you, O God, have fallen on me."*

4 •Such things were written in the Scriptures long ago to teach us. And the Scriptures give us hope and encouragement as we wait patiently for God's promises to be fulfilled.

5 •May God, who gives this patience and encouragement, help you live in complete harmony with each other, as is fitting for fol-

---

14:21 Some manuscripts read *to stumble or be offended or be weakened.*　14:23 Some manuscripts place the text of 16:25-27 here.　15:3 Greek *who insult you have fallen on me.* Ps 69:9.

15:3 시 69:9에 기록되어 있다.

랍니다.

6 그리하여 여러분 모두가 한마음과 한 입으로, 우리 주 예수 그리스도의 하나님 아버지께 영광을 돌리시기를 바랍니다.

이방인들에게 전파한 복음

7 그러므로 그리스도께서 여러분을 받으신 것처럼 여러분도 서로를 받아들이십시오. 그것이 하나님께 영광이 되는 길입니다.

8 내가 여러분들에게 이 점을 말씀드리겠습니다. 그리스도께서는 하나님의 진실하심을 드러내시고 하나님께서 우리 조상들에게 하신 약속을 확증하기 위해서 할례받은 사람들의 종이 되셨습니다.

9 그래서 이방인들이 하나님께서 베푸신 자비에 대해서 하나님께 영광을 돌리게 될 것입니다. 성경에 이렇게 기록되어 있습니다. "그러므로 내가 이방인 중에서 주님을 찬양하고, 주님의 이름을 찬송하겠습니다."*

10 또 이렇게 기록되어 있습니다. "이방인들아, 하나님의 백성과 함께 기뻐하여라."*

11 또한 이런 말씀이 있습니다. "너희 모든 이방인들아, 주님을 찬양하여라. 너희 모든 백성아, 그를 찬송하여라."*

12 또 이사야는 이렇게 말했습니다. "이새의 뿌리에서 나와, 이방인들을 다스릴 이가 올 것이다. 이방인들은 그분에게 소망을 두리라."*

13 여러분들이 하나님을 신뢰할 때 소망의 하나님께서 모든 기쁨과 평강으로 여러분을 채우셔서, 성령의 능력으로 여러분에게 소망이 차고 넘치게 하시기를 바랍니다.

바울의 선교 사명

14 나의 형제 자매 여러분, 나는 여러분이 선함이 가득하며 완전한 지식이 있으며, 서로 권면할 만한 능력이 있다고 확신합니다.

15 그러나 하나님께서 내게 주신 은혜 때문에 여러분이 기억해 주기를 바라는 마음으로 몇 가지 일에 대해 담대하게 이렇게 글을 씁니다.

16 하나님께서는 나를 이방인을 위한 그리스도 예수의 일꾼이 되게 하셨습니다. 나는 이방인들이 성령으로 거룩하여지고, 하나님께서 받으실 만한 제물이 되도록 하기 위해, 하나님의 복음을 전하는 제사장의 직무를 담당하였습니다.

17 그러므로 나는 그리스도 예수 안에서 하나님을 섬긴 일을 자랑스럽게 생각합니다.

18 그리스도께서 내가 전하는 말과 행동을 통해 이방인들을 하나님께 복종하게 하신 일 이외에는 어떤 것도 감히 말하지 않겠습니다.

---

6 lowers of Christ Jesus. • Then all of you can join together with one voice, giving praise and glory to God, the Father of our Lord Jesus Christ.

7 • Therefore, accept each other just as Christ has accepted you so that God will be given

8 glory. • Remember that Christ came as a servant to the Jews* to show that God is true to the

9 promises he made to their ancestors. • He also came so that the Gentiles might give glory to God for his mercies to them. That is what the psalmist meant when he wrote:

"For this, I will praise you among the Gentiles;
  I will sing praises to your name."*

10 • And in another place it is written,

"Rejoice with his people,
  you Gentiles."*

11 • And yet again,

"Praise the LORD, all you Gentiles.
  Praise him, all you people of the earth."*

12 • And in another place Isaiah said,

"The heir to David's throne* will come,
  and he will rule over the Gentiles.
They will place their hope on him."*

13 • I pray that God, the source of hope, will fill you completely with joy and peace because you trust in him. Then you will overflow with confident hope through the power of the Holy Spirit.

Paul's Reason for Writing

14 • I am fully convinced, my dear brothers and sisters,* that you are full of goodness. You know these things so well you can teach each other all

15 about them. • Even so, I have been bold enough to write about some of these points, knowing that all you need is this reminder. For by God's

16 grace, • I am a special messenger from Christ Jesus to you Gentiles. I bring you the Good News so that I might present you as an acceptable offering to God, made holy by the Holy

17 Spirit. • So I have reason to be enthusiastic about all Christ Jesus has done through me in my ser-

18 vice to God. • Yet I dare not boast about anything except what Christ has done through me, bringing the Gentiles to God by my message

---

15:8 Greek *servant of circumcision.*   15:9 Ps 18:49.
15:10 Deut 32:43.   15:11 Ps 117:1.   15:12a Greek
The root of Jesse. David was the son of Jesse.
15:12b Isa 11:10 (Greek version).   15:14 Greek
brothers; also in 15:30.

15:9 시 18:49에 기록되어 있다.
15:10 신 32:43에 기록되어 있다.
15:11 시 117:1에 기록되어 있다.
15:12 사 11:10에 기록되어 있다.

19 이방인들이 하나님께 복종하게 된 것은 표적과 놀라운 일과 성령의 능력으로 이루어졌습니다. 나는 예루살렘에서부터 일루리곤에 이르기까지 모든 지역을 다니며 그리스도의 복음을 충만하게 전파했습니다.

20 나는 다른 사람이 닦아 놓은 터 위에 집을 세우지 않으려고 그리스도의 이름을 들어 보지 못한 지역에 다니며 복음을 전하는 일에 힘썼습니다.

21 성경에 이렇게 기록되어 있습니다. "주님에 대한 소식을 받지 못한 사람들이 볼 것이요, 듣지 못한 사람들이 깨달을 것이다."*

바울의 로마 방문 계획

22 내가 여러 차례 여러분에게 가려고 했으나 가지 못한 이유가 바로 여기 있습니다.

23 그런데 이제는 이 지역에서 더 이상 내가 일할 만한 곳이 없고, 또 여러 해 전부터 여러분에게 가기를 원했으므로,

24 스페인으로 가는 길에 여러분을 방문하여 잠시, 여러분과 함께 지내면서 기쁨을 나누다가, 여러분의 도움을 받아 스페인으로 가기를 소원합니다.

25 그러나 지금은 예루살렘에 있는 성도들에게 구제 헌금을 전하러 예루살렘으로 가는 길입니다.

26 그것은 마케도니아와 아가야 사람들이 예루살렘에 있는 가난한 성도들을 도우려고, 기쁜 마음으로 구제 헌금을 마련하였기 때문입니다.

27 그들이 기쁜 마음으로 헌금은 했지만, 사실 그들은 예루살렘 성도들에게 빚을 진 사람들입니다. 이방인들은 유대인들로부터 영적인 복을 나누어 가졌으므로, 물질적인 것으로써 유대인들에게 나누어 줄 의무가 그들에게 있습니다.

28 그래서 나는 예루살렘에 있는 가난한 성도들에게 돈을 가져다 주는 일을 마치려 합니다. 유대인들은 이방인들이 주는 이 열매를 받을 것이라고 나는 확신합니다. 이 일을 다 마친 뒤에 여러분에게 들렀다가 스페인으로 가려고 합니다.

29 내가 여러분에게 갈 때에는 그리스도의 넘치는 복을 가지고 가게 되리라고 생각합니다.

30 성도 여러분, 우리 주 예수 그리스도와 성령의 사랑으로 여러분에게 부탁합니다. 내가 기도하듯이 여러분들도 하나님께 간절히 기도해 주시기를 바랍니다.

31 유대에 사는 믿지 않는 사람들에게서 나를 구해 달라고 기도해 주시고, 내가 예루살렘으로 가져가는 구제 헌금을 그곳 성도들이 기쁘게 받을 수 있도록 기도해 주십시오.

---

19 and by the way I worked among them. •They were convinced by the power of miraculous signs and wonders and by the power of God's Spirit.* In this way, I have fully presented the Good News of Christ from Jerusalem all the way to Illyricum.*

20 •My ambition has always been to preach the Good News where the name of Christ has never been heard, rather than where a church has

21 already been started by someone else. •I have been following the plan spoken of in the Scriptures, where it says,

"Those who have never been told about him
　will see,
and those who have never heard of him
　will understand."*

22 •In fact, my visit to you has been delayed so long because I have been preaching in these places.

Paul's Travel Plans

23 •But now I have finished my work in these regions, and after all these long years of waiting,

24 I am eager to visit you. •I am planning to go to Spain, and when I do, I will stop off in Rome. And after I have enjoyed your fellowship for a little while, you can provide for my journey.

25 •But before I come, I must go to Jerusalem to

26 take a gift to the believers* there. •For you see, the believers in Macedonia and Achaia* have eagerly taken up an offering for the poor

27 among the believers in Jerusalem. •They were glad to do this because they feel they owe a real debt to them. Since the Gentiles received the spiritual blessings of the Good News from the believers in Jerusalem, they feel the least they

28 can do in return is to help them financially. •As soon as I have delivered this money and completed this good deed of theirs, I will come to see

29 you on my way to Spain. •And I am sure that when I come, Christ will richly bless our time together.

30 •Dear brothers and sisters, I urge you in the name of our Lord Jesus Christ to join in my struggle by praying to God for me. Do this because of your love for me, given to you by the

31 Holy Spirit. •Pray that I will be rescued from those in Judea who refuse to obey God. Pray also that the believers there will be willing to

---

15:19a Other manuscripts read *the Spirit;* still others read *the Holy Spirit.*   15:19b *Illyricum* was a region northeast of Italy.   15:21 Isa 52:15 (Greek version).   15:25 Greek *God's holy people;* also in 15:26, 31.   15:26 *Macedonia* and *Achaia* were the northern and southern regions of Greece.

15:21 사 52:15에 기록되어 있다.

2016 (261)

ROMANS 16

32 그렇게 되면 나는 하나님의 뜻을 따라 기쁜 마음으로 여러분에게 가서 여러분과 함께 쉴 수 있을 것입니다.

33 평강의 하나님께서 여러분 모두에게 함께하시기를 바랍니다. 아멘.

개인적인 인사

16 우리의 자매 뵈뵈를 여러분에게 추천합니다. 뵈뵈는 겐그레아 교회의 여자 집사입니다.

2 뵈뵈를 주님 안에서 성도로서 영접해 주시기를 부탁합니다. 그리고 뵈뵈는 나를 비롯하여 여러 사람에게 큰 도움을 준 사람이므로, 그 자매가 필요로 하는 것은 무엇이든 도와 주시기 바랍니다.

3 그리스도 예수 안에서 나의 동역자인 브리스가와 아굴라에게 안부를 전해 주십시오.

4 이 두 사람은 생명의 위협을 무릅쓰고 내 목숨을 구해 준 사람들입니다. 나뿐만이 아니라 모든 이방인 교회가 그들에게 감사하고 있습니다.

5 그리고 브리스가와 아굴라의 집에서 모이는 교회에도 안부를 전해 주십시오. 나의 사랑하는 에배네도에게 안부를 전해 주십시오. 그는 아시아 지방에서 처음으로 그리스도를 믿은 사람입니다.

6 여러분을 위해 수고를 많이 한 마리아에게 안부를 전해 주십시오.

7 나의 친척이며 한때 나와 함께 감옥에 갇혔던 안드로니고와 유니아에게 안부를 전해 주십시오. 이 두 사람은 사도들 사이에서도 정평이 나 있고, 나보다 먼저 그리스도를 믿은 사람들입니다.

8 주님 안에서 내가 사랑하는 암블리아에게 안부를 전해 주십시오.

9 그리스도 안에서 우리의 동역자 우르바노와 나의 사랑하는 스다구에게 안부를 전해 주십시오.

10 그리스도 안에서 인정을 받은 아벨레에게 안부를 전해 주십시오. 아리스도불로의 가족에게 안부를 전해 주십시오.

11 나의 친척 헤로디온에게 안부를 전해 주십시오. 주님 안에 있는 나깃수의 가족에게 안부를 전해 주십시오.

12 주님 안에서 수고를 많이 한 여성들인 드루배나와 드루보사에게 안부를 전해 주십시오. 주님을 위해 수고를 많이 한 사랑하는 버시에게 안부를 전해 주십시오.

13 주님 안에서 선택받은 루포와 그의 어머니에게 안부를 전해 주십시오. 루포의 어머니는 내 어머니나 기도 합니다.

14 아순그리도와 블레곤과 허메와 바드로바와 허마와, 그들과 함께 있는 성도들에게 안부를 전해 주십시오.

15 빌롤로고와 율리아와 네레오와 그의 여동생과 올름

accept the donation* I am taking to
32 Jerusalem. •Then, by the will of God, I will be able to come to you with a joyful heart, and we will be an encouragement to each other.

33 •And now may God, who gives us his peace, be with you all. Amen.*

Paul Greets His Friends

16 I commend to you our sister Phoebe, who is a deacon in the church in
2 Cenchrea. •Welcome her in the Lord as one who is worthy of honor among God's people. Help her in whatever she needs, for she has been helpful to many, and especially to me.

3 •Give my greetings to Priscilla and Aquila, my co-workers in the ministry of
4 Christ Jesus. •In fact, they once risked their lives for me. I am thankful to them, and so
5 are all the Gentile churches. •Also give my greetings to the church that meets in their home.

Greet my dear friend Epenetus. He was the first person from the province of Asia to
6 become a follower of Christ. •Give my greetings to Mary, who has worked so hard for
7 your benefit. •Greet Andronicus and Junia,* my fellow Jews,* who were in prison with me. They are highly respected among the apostles and became followers of Christ
8 before I did. •Greet Ampliatus, my dear
9 friend in the Lord. •Greet Urbanus, our co-worker in Christ, and my dear friend Stachys.

10 •Greet Apelles, a good man whom Christ approves. And give my greetings to the believers from the household of Aristobulus.
11 •Greet Herodion, my fellow Jew.* Greet the Lord's people from the household of
12 Narcissus. •Give my greetings to Tryphena and Tryphosa, the Lord's workers, and to dear Persis, who has worked so hard for
13 Lord. •Greet Rufus, whom the Lord picked out to be his very own; and also his dear mother, who has been a mother to me.

14 •Give my greetings to Asyncritus, Phlegon, Hermes, Patrobas, Hermas, and the brothers
15 and sisters* who meet with them. •Give my

16:31 Greek *the ministry;* other manuscripts read *the gift.* 16:33 Some manuscripts do not include *Amen.* One very early manuscript places 16:25-27 here. 16:7a *Junia* is a feminine name. Some late manuscripts accent the word so it reads *Junias,* a masculine name; still others read *Julia* (feminine). 16:7b Or *compatriots; also in 16:21.* 16:11 Or *compatriot.*

바와, 이 사람들과 함께 있는 모든 성도들에게 안부를 전해 주십시오.

16 거룩한 입맞춤으로 서로 인사를 나누십시오. 그리스도의 모든 교회가 여러분에게 문안드립니다.

마지막 교훈

17 형제 자매 여러분, 여러분에게 권합니다. 분열을 일으키고, 여러분들이 배운 교훈에 어긋나게 믿음의 길에 장애물을 놓는 사람들을 경계하시고, 그런 사람들을 멀리하십시오.

18 그런 사람은 우리 주 그리스도를 섬기는 것이 아니라 자기의 배를 섬기며, 달콤하고 아첨하는 말로 순진한 사람들의 마음을 속입니다.

19 여러분들이 하나님의 말씀에 순종하는 생활을 한다는 소문은 모든 성도들이 들어 알고 있으며, 나도 여러분 때문에 무척 기쁩니다. 다만 바라는 것이 있다면, 여러분이 선한 일에는 지혜롭고 악한 일에는 순결하기를 바랍니다.

20 평강의 하나님께서 빠른 시일 안에 사탄을 여러분의 발아래 짓밟히게 하실 것입니다. 우리 주 예수님의 은혜가 여러분과 함께 있기를 바랍니다.

21 나의 동역자 디모데와 내 친척 누기오와 야손과 소시바더가 여러분에게 문안드립니다.

22 이 편지를 받아쓰는 나 더디오도 주님 안에서 여러분에게 문안드립니다.

23 나와 온 교회를 보살펴 주는 가이오도 여러분에게 문안드립니다. 이 도시의 재무관인 에라스도와 형제 구아도도 여러분에게 문안드립니다.

24 (없음)*

하나님께 영광을 돌림

25 하나님께서는 내가 전파한 복음과 예수 그리스도에 관한 설교를 통해, 그리고 과거 오랜 세월 동안, 감추어 두셨던 비밀을 밝히 드러내심으로써 여러분을 굳세게 하십니다.

26 그 비밀이 지금은 밝히 드러났고, 영원하신 하나님의 명령대로 예언자들의 글을 통해 알려져 모든 이방인들이 믿고 순종하게 되었습니다.

27 이런 일을 하신 오직 한 분이시고 지혜로우신 하나님께 예수 그리스도를 통하여 영광이 영원히 있기를 원합니다. 아멘.

greetings to Philologus, Julia, Nereus and his sister, and to Olympas and all the believers* 16 who meet with them. • Greet each other with a sacred kiss. All the churches of Christ send you their greetings.

Paul's Final Instructions

17 • And now I make one more appeal, my dear brothers and sisters. Watch out for people who cause divisions and upset people's faith by teaching things contrary to what you have been taught. Stay away from 18 them. • Such people are not serving Christ our Lord; they are serving their own personal interests. By smooth talk and glowing 19 words they deceive innocent people. • But everyone knows that you are obedient to the Lord. This makes me very happy. I want you to be wise in doing right and to stay inno- 20 cent of any wrong. • The God of peace will soon crush Satan under your feet. May the grace of our Lord Jesus* be with you.

21 • Timothy, my fellow worker, sends you his greetings, as do Lucius, Jason, and Sosipater, my fellow Jews.

22 • I, Tertius, the one writing this letter for Paul, send my greetings, too, as one of the Lord's followers.

23 • Gaius says hello to you. He is my host and also serves as host to the whole church. Erastus, the city treasurer, sends you his greetings, and so does our brother Quartus.*

25 • Now all glory to God, who is able to make you strong, just as my Good News says. This message about Jesus Christ has revealed his plan for you Gentiles, a plan 26 kept secret from the beginning of time. • But now as the prophets* foretold and as the eternal God has commanded, this message is made known to all Gentiles everywhere, so that they too might believe and obey him. 27 • All glory to the only wise God, through Jesus Christ, forever. Amen.*

deacon [díːkən] *n.* 집사
masculine [mǽskjulin] *a.* 남자의, 남성의

16:14 Greek *brothers;* also in 16:17.   16:15 Greek *all of God's holy people.*   16:20 Some manuscripts read *Lord Jesus Christ.*   16:23 Some manuscripts add verse 24, *May the grace of our Lord Jesus Christ be with you all. Amen.* Still others add this prophetic sentence after verse 27. 16:26 Greek *the prophetic writings.*   16:25-27 Various manuscripts place the doxology (shown here as 16:25-27) after 14:23 or after 15:33 or after 16:23.

16:24 어떤 사본에는 다음과 같은 구절이 있다. "우리 주 예수 그리스도의 은혜가 여러분 모두와 함께하기를 바랍니다. 아멘."

고린도전서

서론

⛪ 저자 _ 사도 바울
⛪ 저작 연대 _ A.D. 55년경
⛪ 기록 장소 _ 에베소에서 기록했을 가능성이 높음
⛪ 기록 대상 _ 고린도 교회의 성도들
⛪ 기록 목적 _ 고린도 교회가 당면하고 있는 여러 문제점들과 고린도 교회 성도들이 안고 있는 의문점들에 대해 신앙적인 답변과 교훈을 주기 위해

인사

1 하나님의 뜻에 따라 그리스도 예수의 사도로 부르심을 받은 나 바울과 형제 소스데네는

2 고린도에 있는 하나님의 교회와 그리스도 예수 안에서 거룩하게 된 사람들에게 이 편지를 씁니다. 여러분은 방방곡곡에서 우리 주 예수 그리스도의 이름을 부르는 모든 사람들과 함께 거룩한 사람으로 부르심을 받았습니다. 예수 그리스도는 우리의 주님이시며 또한 이 모든 사람들의 주님이 되십니다.

3 하나님 우리 아버지와 주 예수 그리스도께서 여러분에게 은혜와 평강을 주시기를 바랍니다.

바울의 감사

4 그리스도 예수 안에서 여러분에게 주신 하나님의 은혜로 말미암아 나는 늘 하나님께 감사드립니다.

5 여러분은 예수 그리스도 안에서 모든 말하는 것과 모든 지식 등 모든 면에서 풍성하게 되었습니다.

6 내가 이렇게 말씀드리는 것은 그리스도에 관하여 증언한 것이 여러분 안에서 확고해졌기 때문입니다.

7 그러므로 여러분은 영적인 선물을 부족함 없이 받으며 우리 주 예수 그리스도께서 나타나실 것을 간절히 바라고 있습니다.

8 예수님께서는 여러분을 세상 끝날까지 굳세게 지켜 우리 주 예수 그리스도의 날에 흠이 없는 사람이 되게 하실 것입니다.

9 여러분을 부르셔서 그의 아들이신 우리 주 예수 그리스도와 사귐을 갖게 하신 하나님은 신실하십니다.

교회 안에 일고 있는 파벌

10 성도 여러분, 우리 주 예수 그리스도의 이름으로 여러분에게 호소합니다. 모두 의견을 합하고 여러분 사이에 편을 나누지 마십시오. 같은 마음과 같은 생각을 가지고 하나가 되십시오.

11 나의 성도 여러분, 글로에 집에서 온 사람들이 나

Greetings from Paul

1 This letter is from Paul, chosen by the will of God to be an apostle of Christ Jesus, and from our brother Sosthenes.

2 • I am writing to God's church in Corinth,* to you who have been called by God to be his own holy people. He made you holy by means of Christ Jesus,* just as he did for all people everywhere who call on the name of our Lord Jesus Christ, their Lord and ours.

3 • May God our Father and the Lord Jesus Christ give you grace and peace.

Paul Gives Thanks to God

4 • I always thank my God for you and for the gracious gifts he has given you, now that you belong to Christ Jesus. • Through him, God has enriched your church in every way—with all of your eloquent words and all of your knowledge. • This confirms that what I told you about Christ is true. • Now you have every spiritual gift you need as you eagerly wait for the return of our Lord Jesus Christ. • He will keep you strong to the end so that you will be free from all blame on the day when our Lord Jesus Christ returns. • God will do this, for he is faithful to do what he says, and he has invited you into partnership with his Son, Jesus Christ our Lord.

Divisions in the Church

10 • I appeal to you, dear brothers and sisters,* by the authority of our Lord Jesus Christ, to live in harmony with each other. Let there be no divisions in the church. Rather, be of one mind, united in thought and purpose. • For some members of Chloe's household have

confirm [kənfə́:rm] vt. 굳게 하다; 확증하다
eloquent [éləkwənt] a. 웅변의; 설득력 있는
enrich [inrít] vt. 풍성하게 하다

1:2a *Corinth* was the capital city of Achaia, the southern region of the Greek peninsula.   1:2b Or *because you belong to Christ Jesus.*   1:10 Greek *brothers;* also in 1:11, 26.

에게 여러분 사이에 다툼이 있다는 소식을 전해 주었습니다.

12 내용은 이렇습니다. 여러분이 저마다 "나는 바울을 따른다", "나는 아볼로를 따른다", "나는 베드로를 따른다", 심지어 "나는 그리스도를 따른다"고 말한다니,

13 도대체 그리스도가 나뉘었습니까? 바울이 여러분을 위해 십자가에 못박혔습니까? 아니면 여러분이 바울의 이름으로 세례를 받았습니까?

14 내가 그리스보와 가이오 두 사람 외에는 여러분 중 어느 누구에게도 세례를 주지 않아 하나님께 감사합니다.

15 그러므로 여러분 중에서 어느 누구도 바울의 이름으로 세례를 받았다고 말할 수 없을 것입니다.

16 그리고 보니 내가 스데바나의 가정에도 세례를 준 적이 있습니다. 하지만 이들 외에는 아무에게도 세례를 준 기억이 없습니다.

17 그리스도께서 나를 보내신 것은 세례를 주기 위해서가 아니라 복음을 전하도록 하기 위해서였습니다. 그것은 인간의 지혜로운 말로 하려는 것이 아니었습니다. 그리스도의 십자가가 그 능력을 잃지 않게 하려는 것입니다.

하나님의 능력과 지혜이신 그리스도

18 십자가에 관한 말씀이 멸망할 사람들에게는 어리석은 것에 불과하지만, 구원받은 우리에게는 하나님의 능력입니다.

19 성경에 이렇게 기록되어 있습니다. "내가 지혜로운 사람들의 지혜를 멸하고, 지식 있는 사람들의 지식을 물리치리라."*

20 지혜 있는 사람이 어디 있으며, 학자가 어디 있습니까? 이 시대의 변론가가 어디 있습니까? 하나님께서 이 세상의 지혜를 어리석게 하지 않으셨습니까?

21 세상이 자기의 지혜를 통해서는 하나님을 알지 못하게 하신 것이 하나님의 지혜입니다. 그래서 하나님께서는 우리가 전하는 어리석어 보이는 말씀 선포로 믿는 사람들을 구원하기를 기뻐하셨습니다.

22 유대인들은 표적을 요구하고, 그리스인들은 지혜를 찾습니다.

23 하지만 우리는 그리스도께서 십자가에 못박히셨다고 전합니다. 이것이 유대인들에게는 걸려 넘어지게 하는 것이요, 이방인들에게는 어리석은 것이지만,

24 유대인이 되었든지 그리스인이 되었든지 부르심을 받은 사람들에게 그리스도는 하나님의 능력이며 하나님의 지혜입니다.

25 하나님의 어리석음이 사람의 지혜보다 더 지혜로

told me about your quarrels, my dear brothers and sisters. •Some of you are saying, "I am a follower of Paul." Others are saying, "I follow Apollos," or "I follow Peter,*" or "I follow only Christ."

13 •Has Christ been divided into factions? Was I, Paul, crucified for you? Were any of you baptized in the name of Paul? Of course 14 not! •I thank God that I did not baptize any 15 of you except Crispus and Gaius, •for now no one can say they were baptized in my 16 name. •(Oh yes, I also baptized the household of Stephanas, but I don't remember 17 baptizing anyone else.) •For Christ didn't send me to baptize, but to preach the Good News—and not with clever speech, for fear that the cross of Christ would lose its power.

The Wisdom of God

18 •The message of the cross is foolish to those who are headed for destruction! But we who are being saved know it is the very power of 19 God. •As the Scriptures say,

"I will destroy the wisdom of the wise
and discard the intelligence of the
intelligent."*

20 •So where does this leave the philosophers, the scholars, and the world's brilliant debaters? God has made the wisdom of this 21 world look foolish. •Since God in his wisdom saw to it that the world would never know him through human wisdom, he has used our foolish preaching to save those 22 who believe. •It is foolish to the Jews, who ask for signs from heaven. And it is foolish to 23 the Greeks, who seek human wisdom. •So when we preach that Christ was crucified, the Jews are offended and the Gentiles say it's all nonsense.

24 •But to those called by God to salvation, both Jews and Gentiles,* Christ is the power 25 of God and the wisdom of God. •This foolish plan of God is wiser than the wisest of human plans, and God's weakness is stronger than the greatest of human strength.

---

crucify [krúːsəfài] *vt.* 십자가에 못박다
debater [dibéitər] *n.* 토론가
discard [diskáːrd] *vt.* (폐습, 신앙 등을) 버리다
faction [fǽkʃən] *n.* 당파, 파벌
quarrel [kwɔ́ːrəl] *n.* 다툼, 시비
1:18 be headed for… ; …으로 향하다

고전

우며, 하나님의 약함이 사람의 강함보다 더 강하니다.

26 성도 여러분, 하나님께서 여러분을 부르셨을 당시, 여러분의 모습이 어떠했는지를 생각해 보십시오. 세상의 표준으로 볼 때 지혜 있는 사람이 많지 않았고, 권력 있는 사람도 많지 않았으며, 가문 좋은 사람도 많지 않았습니다.

27 그러나 하나님께서는 지혜로운 것들을 부끄럽게 하시려고 세상의 미련한 것들을 선택하셨고, 강한 것들을 부끄럽게 하시려고 세상의 약한 것들을 선택하셨습니다.

28 하나님께서는 세상의 비천한 것들과 멸시받는 것, 그리고 아무것도 아닌 것들을 선택하여 유력한 것들을 멸하셨습니다.

29 이것은 하나님 앞에서 어느 누구도 자랑하지 못하게 하기 위해서였습니다.

30 그러나 여러분은 이러한 하나님에게서 나서 예수 그리스도 안에 있게 되었습니다. 예수님은 하나님께로부터 오는 우리의 지혜와 의와 거룩함과 구속이 되셨습니다.

31 그러므로 성경에 기록되었듯이 "자랑하는 자는 주님 안에서 자랑하십시오."*

그리스도의 십자가만을 전파하는 바울

2 성도 여러분, 나도 여러분에게 가서 하나님의 비밀을 전하였을 때, 웅변술이나 탁월한 지혜를 가지고 전한 것이 아니었습니다.

2 그것은 내가 여러분과 함께 있는 동안에는 예수 그리스도와 그분께서 십자가에 못박히셨다는 것 이외에는 아무것도 알지 않기로 굳게 결심했기 때문입니다.

3 사실 내가 여러분에게 갔을 때, 나는 약하였고 두려웠으며 몹시 떨었습니다.

4 내가 전한 말이나 선포한 것들은 지혜롭고 설득력 있는 말들이 아니라 성령의 능력을 드러내는 것이었습니다.

5 이렇게 한 것은 여러분의 믿음을 사람의 지혜가 아니라 하나님의 능력에 두게 하려는 것이었습니다.

성령께서 주시는 지혜

6 그러나 우리는 성숙한 사람들 사이에서는 지혜를 말합니다. 이 지혜는 이 세상의 지혜가 아니며, 이 *세상에서 멸망해 버릴 통치자들의 지혜*도 아닙니다.

7 우리가 말하는 지혜는 하나님의 비밀 가운데 있는 지혜입니다. 이것은 감춰졌던 것이며, 하나님께서 우리의 영광을 위해 창조 전에 미리 정하신 지혜입니다.

8 이 시대의 통치자 중 어느 누구도 이 지혜를 깨닫지

26 •Remember, dear brothers and sisters, that few of you were wise in the world's eyes or powerful or wealthy* when God called you. 27 •Instead, God chose things the world considers foolish in order to shame those who think they are wise. And he chose things that are powerless to shame those 28 who are powerful. •God chose things despised by the world,* things counted as nothing at all, and used them to bring to nothing what the world considers impor-29 tant. •As a result, no one can ever boast in the presence of God.

30 •God has united you with Christ Jesus. For our benefit God made him to be wisdom itself. Christ made us right with God; he made us pure and holy, and he freed us 31 from sin. •Therefore, as the Scriptures say, "If you want to boast, boast only about the LORD."*

Paul's Message of Wisdom

2 When I first came to you, dear brothers and sisters,* I didn't use lofty words and impressive wisdom to tell you God's secret 2 plan.* •For I decided that while I was with you I would forget everything except Jesus 3 Christ, the one who was crucified. •I came to you in weakness—timid and trembling. 4 •And my message and my preaching were very plain. Rather than using clever and persuasive speeches, I relied only on the power 5 of the Holy Spirit. •I did this so you would trust not in human wisdom but in the power of God.

6 •Yet when I am among mature believers, I do speak with words of wisdom, but not the kind of wisdom that belongs to this world or to the rulers of this world, who are 7 soon forgotten. •No, the wisdom we speak of is the mystery of God*—his plan that was previously hidden, even though he made it for our ultimate glory before the world 8 began. •But the rulers of this world have not understood it; if they had, they would not 9 have crucified our glorious Lord. •That is

boast [bóust] *vi.* 자랑하다
despise [dispáiz] *vt.* 멸시하다
mature [mətjúər] *a.* 성숙한; 원숙한
persuasive [pərswéisiv] *a.* 설득력 있는
timid [tímid] *a.* 겁많은, 소심한

1:26 Or *high born.*　1:28 Or *God chose those who are low born.*　1:31 Jer 9:24.　2:1a Greek *brothers.*　2:1b Greek *God's mystery;* other manuscripts read *God's testimony.*　2:7 Greek *But we speak God's wisdom in a mystery.*
1:31 렘 9:24에 기록되어 있다.

못했습니다. 그들이 깨달았다면 영광의 주님을 십자가에 못박지 않았을 것입니다.

9 성경에 이렇게 기록되어 있습니다. "하나님께서 자기를 사랑하는 자들을 위해 준비해 두신 것을 눈으로 보지 못하였고, 귀로 듣지 못하였으며, 마음으로 깨닫지 못하였다."*

10 하나님께서는 성령을 통하여 이 지혜를 우리에게 계시하셨습니다. 왜냐하면 성령님께서 모든 것을, 심지어 하나님의 깊은 것까지도 속속들이 살피시기 때문입니다.

11 어떤 사람이 생각하고 있는 것을 그 사람 속에 있는 영이 아니고서야 누가 알 수 있겠습니까? 이와 마찬가지로 하나님의 생각도 하나님의 성령만이 아실 수 있습니다.

12 하나님께서 우리에게 은혜로 주신 것들을 알기 위해 우리는 세상의 영이 아니라 하나님께로부터 오는 성령을 받았습니다.

13 우리는 사람의 지혜에서 배운 말로 말하지 않고 성령으로부터 가르침받은 말씀으로 말합니다. 성령님께 속한 것은 성령에 속한 것으로 설명해야 하기 때문입니다.

14 성령에 속하지 않은 사람은 하나님의 성령에 속한 것들을 받아들이지 않습니다. 그런 사람에게는 이런 것들이 어리석어 보입니다. 그런 것들은 영적으로 식별되는 것이므로 세상에 속한 사람은 그런 것들을 깨달을 수도 없습니다.

15 성령님께 속한 사람은 모든 것을 판단하지만, 자신은 아무에게도 판단을 받지 않습니다.

16 "누가 주님의 마음을 알았으며, 누가 주님을 가르치겠습니까?"* 그러나 우리는 그리스도의 마음을 가지고 있습니다.

사람을 좇아가는 어리석음

3 성도 여러분, 이전에 나는 성령에 속한 사람에게 말하듯이 여러분에게 할 수가 없어서 세상에 속한 사람을 대하듯, 다시 말해서 그리스도 안에서 어린아이를 대하듯 말할 수밖에 없었습니다.

2 그때, 나는 여러분에게 단단한 음식이 아니라 우유를 먹였습니다. 여러분이 단단한 음식을 먹을 준비가 전혀 되어 있지 않았기 때문인데, 지금도 여전히 받을 준비가 되어 있지 않습니다.

3 여러분은 아직도 세상에 속해 있습니다. 시기와 다툼이 여러분 안에 있으니 이것이 바로 세상에 속한 것이고 세상 사람들처럼 행동하는 것이 아닙니까?

4 어떤 사람이 "나는 바울파다"라고 말하자, 다른 사람은 "나는 아볼로파다"라고 말하고 있으니, 세상에 속한 사람이 아니면 무엇이겠습니까?

what the Scriptures mean when they say,

"No eye has seen, no ear has heard,
and no mind has imagined
what God has prepared
for those who love him."*

10 But* it was to us that God revealed these things by his Spirit. For his Spirit searches out everything and shows us God's deep secrets. 11 No one can know a person's thoughts except that person's own spirit, and no one can know God's thoughts except God's own 12 Spirit. And we have received God's Spirit (not the world's spirit), so we can know the wonderful things God has freely given us. 13 When we tell you these things, we do not use words that come from human wisdom. Instead, we speak words given to us by the Spirit, using the Spirit's words to explain 14 spiritual truths.* But people who aren't spiritual* can't receive these truths from God's Spirit. It all sounds foolish to them and they can't understand it, for only those who are spiritual can understand what the Spirit 15 means. Those who are spiritual can evaluate all things, but they themselves cannot be 16 evaluated by others. For,

"Who can know the LORD's thoughts?
Who knows enough to teach him?"*

But we understand these things, for we have the mind of Christ.

Paul and Apollos, Servants of Christ

3 Dear brothers and sisters,* when I was with you I couldn't talk to you as I would to spiritual people.* I had to talk as though you belonged to this world or as 2 though you were infants in Christ. I had to feed you with milk, not with solid food, because you weren't ready for anything 3 stronger. And you still aren't ready, for you are still controlled by your sinful nature. You are jealous of one another and quarrel with each other. Doesn't that prove you are controlled by your sinful nature? Aren't you liv-4 ing like people of the world? When one of

sinful [sínfəl] *a.* 죄가 있는, 죄 많은

2:9 Isa 64:4.   2:10 Some manuscripts read *For.*   2:13 Or *explaining spiritual truths in spiritual language,* or *explaining spiritual truths to spiritual people.*   2:14 Or *who don't have the Spirit;* or *who have only physical life.*   2:16 Isa 40:13 (Greek version).   3:1a Greek *Brothers.*   3:1b Or *to people who have the Spirit.*

2:9 사 64:4에 기록되어 있다.
2:16 사 40:13에 기록되어 있다.

고전

5 도대체 아볼로가 무엇이고 바울이 무엇입니까? 나나 아볼로나 여러분을 믿도록 하고, 주님께서 각 사람에게 할 일을 맡기셔서 일하는 일꾼에 불과합니다.

6 나는 씨앗을 심었고, 아볼로는 물을 주었으나, 자라게 하시는 분은 하나님이십니다.

7 그러므로 심는 사람이나 물을 주는 사람은 아무것도 아니지만, 자라게 하시는 분인 하나님은 중요합니다.

8 심는 사람과 물 주는 사람은 하나의 목적 때문에 일을 합니다. 각 사람은 자기가 한 수고만큼 보수를 받을 것입니다.

9 우리는 하나님의 동역자요, 여러분은 하나님의 밭이며, 하나님의 건물입니다.

10 나는 하나님께서 내게 주신 은혜대로 유능한 건축가처럼 기초를 놓았습니다. 하지만 다른 사람들은 그 위에 건물을 세우고 있습니다. 그러나 각 사람은 이 기초 위에 어떻게 건물을 세워야 할지 주의해야 합니다.

11 아무도 이미 놓여 있는 기초 외에 다른 기초를 놓을 수 없습니다. 왜냐하면 그 기초는 예수 그리스도이시기 때문입니다.

12 어떤 사람이 이 기초 위에 금이나 은이나 보석이나 또는 나무나 풀이나 짚 등을 이용하여 건물을 세울 것인데

13 각 사람이 일한 성과가 드러나게 될 것입니다. 그날은 불로 나타나기 때문에 일한 것이 밝히 드러날 것입니다. 그래서 그 불이 각 사람의 한 일을 검증할 것입니다.

14 어떤 사람이 세운 것이 그대로 남아 있으면, 그는 보수를 받을 것입니다.

15 그가 세운 것이 타 없어져 버리면 그는 손실을 입게 될 것입니다. 그러나 그 사람 자신은 마치 불을 거쳐서 살아 온 것 같은 구원을 받을 것입니다.

16 여러분은 자신들이 하나님의 성전인 것과 하나님의 성령께서 여러분 안에 계신다는 사실을 알지 못합니까?

17 누구든지 하나님의 성전을 멸하면, 하나님께서 그 사람을 멸하실 것입니다. 그것은 하나님의 성전은 거룩하며, 여러분 자신이 바로 그 성전이기 때문입니다.

18 자신을 속이지 마십시오. 여러분 중에 어떤 사람이 이 세상의 표준에 따라 자신이 지혜 있는 사람이라는 생각이 들거든, 진정 지혜 있는 자가 되기 위해서 어리석은 사람이 되십시오.

19 이 세상의 지혜는 하나님께서 보시기에 어리석은 것입니다. 그것은 성경에 "하나님께서 지혜 있는 자들을 자기 꾀에 빠지게 하신다"*고 기록되어 있

you says, "I am a follower of Paul," and another says, "I follow Apollos," aren't you acting just like people of the world?

5 • After all, who is Apollos? Who is Paul? We are only God's servants through whom you believed the Good News. Each of us did

6 the work the Lord gave us. • I planted the seed in your hearts, and Apollos watered it,

7 but it was God who made it grow. • It's not important who does the planting, or who does the watering. What's important is that

8 God makes the seed grow. • The one who plants and the one who waters work together with the same purpose. And both will be

9 rewarded for their own hard work. • For we are both God's workers. And you are God's field. You are God's building.

10 • Because of God's grace to me, I have laid the foundation like an expert builder. Now others are building on it. But whoever is building on this foundation must be very

11 careful. • For no one can lay any foundation other than the one we already have—Jesus Christ.

12 • Anyone who builds on that foundation may use a variety of materials—gold, silver,

13 jewels, wood, hay, or straw. • But on the judgment day, fire will reveal what kind of work each builder has done. The fire will

14 show if a person's work has any value. • If the work survives, that builder will receive a

15 reward. • But if the work is burned up, the builder will suffer great loss. The builder will be saved, but like someone barely escaping through a wall of flames.

16 • Don't you realize that all of you together are the temple of God and that the Spirit of

17 God lives in* you? • God will destroy anyone who destroys this temple. For God's temple is holy, and you are that temple.

18 • Stop deceiving yourselves. If you think you are wise by this world's standards, you

19 need to become a fool to be truly wise. • For the wisdom of this world is foolishness to God. As the Scriptures say,

"He traps the wise
　　in the snare of their own cleverness."*

---

condemn [kəndém] *vt.* (···형을) 선고하다
dedication [dedikéiʃən] *n.* 헌신
evaluate [ivǽljuèit] *vt.* 평가하다
hay [héi] *n.* 건초, 꼴
quote [kwóut] *vt.* 인용하다
snare [snɛər] *n.* 덫
4:5 bring ··· to light : ···을 폭로하다

3:16 Or *among*.　3:19 Job 5:13.

3:19 욥 5:13에 기록되어 있다.

으며,

20 또한 "주님께서는 지혜 있는 사람들의 생각이 헛되다는 것을 아신다"*고 기록되어 있기 때문입니다.

21 그러므로 아무도 사람과 관련하여 자랑하지 마십시오. 모든 것이 여러분의 것입니다.

22 바울이나 아볼로나, 게바나 세상이나, 생명이나 죽음이나, 현재 일이나 장래 일이나 할 것 없이 모든 것이 다 여러분의 것입니다.

23 그리고 여러분은 그리스도의 것이며, 그리스도는 하나님의 것입니다.

사도들의 사역

4 이처럼 여러분은 마땅히 우리를 그리스도의 일꾼이요, 하나님의 비밀을 맡은 관리자로 생각해야 합니다.

2 맡은 사람에게 더불어 요구되는 것은 충성입니다.

3 나는 여러분에게 판단을 받든지 세상 법정에서 판단을 받든지 전혀 개의치 않습니다. 심지어 나 스스로도 나를 판단하지 않습니다.

4 나는 양심에 걸리는 것이 조금도 없습니다. 그렇다고 해서 내가 흠이 없다는 말은 아닙니다. 나를 판단하시는 분은 주님이십니다.

5 그러므로 여러분은 때가 되기 전에는 아무것도 판단하지 말고, 주님께서 오실 때까지 기다리십시오. 주님께서 어둠 속에 감추어진 것들을 밝히 나타내시며, 사람들의 마음속에 있는 생각까지 드러내실 것입니다. 그때에 각 사람은 하나님에게서 칭찬을 받을 것입니다.

6 성도 여러분, 나는 여러분을 위해 건축가 이야기와 사역자에 관한 이야기를 나 자신과 아볼로에게 적용하여 말하였습니다. 이렇게 한 것은 여러분에게 "기록된 말씀의 범위 이상을 벗어나지 마라"는 말의 의미를 배우게 하기 위함입니다. 그러므로 여러분은 어느 한 사람은 치켜세우고 다른 사람은 깔보는 일을 하지 마십시오.

7 여러분을 별다르게 생각하는 사람이 누구입니까? 여러분이 하나님께로부터 받지 않은 것이 무엇이 있습니까? 모두 받은 것인데 왜 받지 않은 것처럼 자랑하고 있습니까?

8 여러분은 벌써 배가 불렀습니다. 이미 부자가 되었습니다. 우리 없이도 이미 여러분은 왕 노릇을 하였습니다. 우리도 여러분과 함께 왕 노릇 할 수 있도록 차라리 여러분이 진짜 왕이었으면 좋겠습니다.

9 내 생각에는 하나님께서 우리 사도들을 마치 사형선고를 받은 사람처럼 맨 꼴찌로 내놓은 것 같습니다. 그래서 우리는 세상과 천사들과 사람들에게 구경거리가 되었습니다.

10 우리는 그리스도를 위하여 어리석은 사람이 되었

---

20 •And again,

"The LORD knows the thoughts of the wise;
he knows they are worthless."*

21 •So don't boast about following a particular human leader. For everything belongs to

22 you— •whether Paul or Apollos or Peter,* or the world, or life and death, or the present and the future. Everything belongs to you,

23 •and you belong to Christ, and Christ belongs to God.

Paul's Relationship with the Corinthians

4 So look at Apollos and me as mere servants of Christ who have been put in

2 charge of explaining God's mysteries. •Now, a person who is put in charge as a manager

3 must be faithful. •As for me, it matters very little how I might be evaluated by you or by any human authority. I don't even trust my

4 own judgment on this point. •My conscience is clear, but that doesn't prove I'm right. It is the Lord himself who will examine me and decide.

5 •So don't make judgments about anyone ahead of time—before the Lord returns. For he will bring our darkest secrets to light and will reveal our private motives. Then God will give to each one whatever praise is due.

6 •Dear brothers and sisters,* I have used Apollos and myself to illustrate what I've been saying. If you pay attention to what I have quoted from the Scriptures,* you won't be proud of one of your leaders at the

7 expense of another. •For what gives you the right to make such a judgment? What do you have that God hasn't given you? And if everything you have is from God, why boast as though it were not a gift?

8 •You think you already have everything you need. You think you are already rich. You have begun to reign in God's kingdom without us! I wish you really were reigning already, for then we would be reigning with

9 you. •Instead, I sometimes think that God has put us apostles on display, like prisoners of war at the end of a victor's parade, condemned to die. We have become a spectacle to the entire world—to people and angels alike.

10 •Our dedication to Christ makes us look like fools, but you claim to be so wise in

3:20 Ps 94:11.　3:22 Greek *Cephas.*　4:6a
Greek *Brothers.*　4:6b Or *If you learn not to go beyond "what is written."*

3:20 시 94:11에 기록되어 있다.

고전

습니다만, 여러분은 그리스도 안에서 지혜로운 사람이 되었습니다. 우리는 약하지만 여러분은 강합니다. 여러분은 존경을 받으나, 우리는 멸시를 받습니다.

11 지금 이 순간까지 우리는 굶주리고, 목마르고, 헐벗고, 매맞고, 집 없이 떠돌아다니면서

12 우리의 손으로 힘써서 일하였습니다. 우리는 저주를 받지만 축복해 주고, 핍박을 당하여도 참고 인내하며,

13 모욕을 당하여도 다정한 말로 대답하였습니다. 바로 이 순간까지 우리는 세상의 쓰레기와 만물의 찌꺼기가 되었습니다.

14 여러분을 부끄럽게 하려고 이 글을 쓰고 있는 것이 아닙니다. 오히려 여러분을 내 사랑하는 자녀로 생각하여 훈계하기 위해 쓰고 있습니다.

15 그리스도 안에서 여러분에게 만 명이나 되는 스승이 있을지 몰라도, 아버지는 여러 명이 있을 수 없습니다. 그리스도 예수 안에서 내가 복음 때문에 여러분의 아버지가 되었습니다.

16 그러므로 여러분에게 권합니다. 나를 본받으십시오.

17 내가 디모데를 여러분에게 보낸 것도 이러한 이유 때문입니다. 그는 주님 안에서 신실한 나의 사랑하는 아들입니다. 디모데는 내가 모든 교회에서 가르쳤던 그대로 그리스도 예수 안에서 내가 살아왔던 방식을 여러분에게 상기시켜 줄 것입니다.

18 여러분 중에는 내가 여러분에게 가지 않을 줄로 생각하여 오만방자해진 사람이 있습니다.

19 그러나 주님의 뜻이면 나는 빠른 시일 안에 여러분에게로 가서 그 오만 방자한 사람들의 말이 아니라 그들의 능력이 어떠한지를 알아볼 것입니다.

20 그것은 하나님의 나라는 말에 있지 않고 능력에 있기 때문입니다.

21 여러분은 무엇을 더 원하십니까? 내가 여러분에게 갈 때, 채찍을 가지고 가는 것이 좋겠습니까? 아니면 사랑과 온유한 심정을 가지고 가는 것이 좋겠습니까?

부도덕한 형제를 심판함

5 여러분 사이에 음행이 있다는 소문이 들립니다. 어떤 사람이 계모를 데리고 살고 있다고 하는데, 그와 같은 음행은 이방인들 사이에서도 볼 수 없는 일입니다.

2 그런 사실을 알고도 여러분은 자만하고 있습니까? 오히려 여러분은 슬퍼하고, 이런 음행을 행한 사람을 여러분 가운데서 쫓아내야 하지 않겠습니까?

3 내가 비록 몸은 여러분에게서 떨어져 있지만 마음으로는 여러분 곁에 있어, 마치 내가 그곳에 있는 것

Christ! We are weak, but you are so powerful! You are honored, but we are ridiculed.

11 ● Even now we go hungry and thirsty, and we don't have enough clothes to keep warm. We are often beaten and have no home.

12 ● We work wearily with our own hands to earn our living. We bless those who curse us. We are patient with those who abuse us.

13 ● We appeal gently when evil things are said about us. Yet we are treated like the world's garbage, like everybody's trash—right up to the present moment.

14 ● I am not writing these things to shame you, but to warn you as my beloved children.

15 ● For even if you had ten thousand others to teach you about Christ, you have only one spiritual father. For I became your father in Christ Jesus when I preached the Good News to you.

16 ● So I urge you to imitate me.

17 ● That's why I have sent Timothy, my beloved and faithful child in the Lord. He will remind you of how I follow Christ Jesus, just as I teach in all the churches wherever I go.

18 ● Some of you have become arrogant, thinking I will not visit you again.

19 ● But I will come—and soon—if the Lord lets me, and then I'll find out whether these arrogant people just give pretentious speeches or

20 whether they really have God's power. ● For the Kingdom of God is not just a lot of talk; it is living by God's power.

21 ● Which do you choose? Should I come with a rod to punish you, or should I come with love and a gentle spirit?

Paul Condemns Spiritual Pride

5 I can hardly believe the report about the sexual immorality going on among you—something that even pagans don't do. I am told that a man in your church is living

2 in sin with his stepmother.* ● You are so proud of yourselves, but you should be mourning in sorrow and shame. And you should remove this man from your fellowship.

3 ● Even though I am not with you in person, I am with you in the Spirit.* And as though I were there, I have already passed

abuse [əbjúːz] *vt.* 욕하다; 학대하다
indulge [indʌ́ldʒ] *vi.* 빠지다, 탐닉하다
pretentious [priténʃəs] *a.* 자만하는, 건방진
ridicule [rídikjùːl] *vt.* 비웃다, 조롱하다
secular [sékjulər] *a.* 세속의, 속인의

5:1 Greek *his father's wife.*   5:3 Or *in spirit.*

처럼 이미 그런 짓을 행한 사람을 심판하였습니다.

4 여러분이 우리 주 예수님의 이름으로 함께 모이고, 나의 마음이 우리 주 예수님의 권능으로 여러분과 함께 있으니,

5 그 사람을 사탄에게 내어주어, 그 사람의 죄의 본성은 멸망당하더라도 영혼은 우리 주님의 날에 구원받게 해야 할 것입니다.

6 여러분이 자랑하는 것은 옳지 않습니다. "적은 양의 누룩이 반죽 덩어리 전체를 부풀게 한다"는 속담을 알지 못하십니까?

7 여러분은 새 반죽이 되기 위해 묵은 누룩을 없애버리셔야 합니다. 유월절 어린양이신 그리스도께서 죽으셨으므로, 사실 여러분은 누룩이 들어 있지 않은 새 반죽이 되었습니다.

8 그러므로 악의와 악독으로 가득 찬 묵은 누룩이 아니라 성실함과 진리로 가득한, 누룩이 들어 있지 않은 빵으로 유월절을 지킵시다.

9 나는 이미 편지에 음행하는 사람과 사귀지 말라고 썼습니다.

10 내 말은 음행하거나, 탐욕스럽거나, 속이거나, 우상 숭배하는 이 세상 사람들과 전혀 어울리지 말라는 의미가 아닙니다. 그러려면 이 세상 밖으로 나가야 합니다.

11 내가 지금 어울리지 말라고 쓴 것은, 어떤 사람이 그리스도인이라고 말은 하면서 음행하거나, 탐욕이 있거나, 우상을 숭배하거나, 남을 모함하거나, 술에 젖어 살거나, 약탈하거나 한다면, 그런 사람들과 어울리지 말라는 말입니다. 그런 사람들과는 음식도 같이 먹지 말라는 것입니다.

12 교회 밖에 있는 사람들을 심판하는 것이 내가 상관해야 할 일입니까? 여러분들이 심판해야 할 사람들은 교회 안에서 죄를 짓는 사람들이 아닙니까?

13 하나님께서는 교회 밖에 있는 사람들을 심판하실 것입니다. "여러분 중에서 악한 자를 쫓아내십시오."

형제를 고소하는 문제

6 여러분 중에 어떤 사람이 다른 사람과 다툼이 있을 때, 성도들에게 해결해 달라고 하지 않고 왜 그것을 세상 법정에 고소하려고 합니까?

2 여러분은 성도들이 세상을 심판한다는 사실을 알지 못하십니까? 여러분들은 세상을 심판해야 할 사람들인데, 사소한 문제도 여러분이 직접 심판할 능력이 없단 말입니까?

3 우리가 천사들을 심판한다는 사실을 알지 못하십니까? 하물며 이 세상의 사소한 일들이야 어떻게 하겠습니까?

judgment on this man •in the name of the Lord Jesus. You must call a meeting of the church.* I will be present with you in spirit, and so will the power of our Lord Jesus. •Then you must throw this man out and hand him over to Satan so that his sinful nature will be destroyed* and he himself* will be saved on the day the Lord* returns.

6 •Your boasting about this is terrible. Don't you realize that this sin is like a little yeast that spreads through the whole batch of dough? •Get rid of the old "yeast" by removing this wicked person from among you. Then you will be like a fresh batch of dough made without yeast, which is what you really are. Christ, our Passover Lamb, has been sacrificed for us.* •So let us celebrate the festival, not with the old bread* of wickedness and evil, but with the new bread* of sincerity and truth.

9 •When I wrote to you before, I told you not to associate with people who indulge in sexual sin, •But I wasn't talking about unbelievers who indulge in sexual sin, or are greedy, or cheat people, or worship idols. You would have to leave this world to avoid people like that. •I meant that you are not to associate with anyone who claims to be a believer* yet indulges in sexual sin, or is greedy, or worships idols, or is abusive, or is a drunkard, or cheats people. Don't even eat with such people.

12 •It isn't my responsibility to judge outsiders, but it certainly is your responsibility to judge those inside the church who are sinning. •God will judge those on the outside; but as the Scriptures say, "You must remove the evil person from among you."*

Avoiding Lawsuits with Christians

6 When one of you has a dispute with another believer, how dare you file a lawsuit and ask a secular court to decide the matter instead of taking it to other believers*! •Don't you realize that someday we believers will judge the world? And since you are going to judge the world, can't you decide even these little things among yourselves? •Don't you realize that we will judge angels? So you

5:4 Or *In the name of the Lord Jesus, you must call a meeting of the church.*   **5:5a** Or *so that his body will be destroyed;* Greek reads *for the destruction of the flesh.*   **5:5b** Greek *and the spirit.*   **5:5c** Other manuscripts read *the Lord Jesus;* still others read *our Lord Jesus Christ.*   **5:7** Greek *has been sacrificed.*   **5:8a** Greek *not with old leaven.*   **5:8b** Greek *but with unleavened [bread].*   **5:11** Greek *a brother.*   **5:13** Deut 17:7.   **6:1** Greek *God's holy people;* also in 6:2.

4 그런데 이런 일상적인 문제로 다툼이 일어날 때, 여러분은 왜 교회에서 멸시하는 세상 사람들을 재판관으로 앉히는 것입니까?

5 나는 여러분을 부끄럽게 하려고 이 말을 하는 것입니다. 아니, 여러분 중에는 신자들간의 문제를 해결해 줄 만큼 지혜로운 사람이 한 사람도 없단 말입니까?

6 여러분은 지금 신자가 다른 신자를 고소하는 것도 부족해서, 하나님을 믿지 않는 사람 앞에서 재판을 받게 해야겠단 말입니까?

7 이렇게 여러분 사이에서 서로 고소하는 일이 발생하였다는 사실은 이미 여러분이 패배했음을 의미합니다. 이렇게 되느니 차라리 악한 일을 당하는 편이 낫지 않겠습니까? 아니면 속임을 당하는 쪽이 낫지 않겠습니까?

8 여러분 스스로가 불의를 행하고 속이고 있습니다. 그것도 성도들끼리 말입니다.

9 여러분은 불의한 자들이 하나님 나라를 기업으로 상속받지 못한다는 사실을 알지 못하십니까? 속지 마십시오. 음행하는 사람이나, 우상 숭배하는 사람이나, 간음하는 사람이나, 남자로서 몸을 파는 사람이나, 동성 연애를 하는 사람이나,

10 도적질하는 사람이나, 탐욕이 가득한 사람이나, 술에 젖어 사는 사람이나, 모함하는 사람이나 약탈하는 자들은 하나님의 나라를 기업으로 상속받지 못할 것입니다.

11 여러분 중에 여기에 속한 사람들이 있었습니다. 그러나 여러분은 우리 주 예수 그리스도의 이름과 우리 하나님의 성령으로 씻음을 받고 거룩해졌으며 의롭다 함을 받았습니다.

몸으로 하나님께 영광을 돌리십시오

12 "내게는 무엇이든지 할 수 있는 자유가 있다." 이것은 여러분이 내세우는 표어입니다. 맞습니다. 하지만 모든 것이 다 유익한 것은 아닙니다. "내게는 무엇이든지 할 수 있는 자유가 있다"고는 하지만, 나는 어떤 것에 의해서도 제재를 받지 않을 것입니다.

13 "음식은 배를 채우기 위해 있고, 배는 음식을 먹기 위해 있다." 이것도 여러분이 내세우는 표어입니다. 그러나 하나님께서는 언젠가이 모든 것을 필요 없게 만드실 것입니다. 우리 몸은 음행을 위해 있는 것이 아니라 주님을 위해 있으며, 주님은 우리 몸을 위해 계십니다.

14 하나님께서 주님을 살리셨으니, 그분의 능력으로 장차 우리도 살리실 것입니다.

15 여러분의 몸이 그리스도의 지체인 것을 알지 못하십니까? 그렇다면 내가 그리스도의 지체를 떼어 내 창녀와 한 몸으로 만들 수 있겠습니까? 그럴 수 없

4 should surely be able to resolve ordinary disputes in this life. ●If you have legal disputes about such matters, why go to outside judges

5 who are not respected by the church? ●I am saying this to shame you. Isn't there anyone in all the church who is wise enough to

6 decide these issues? ●But instead, one believer* sues another—right in front of unbelievers!

7 ●Even to have such lawsuits with one another is a defeat for you. Why not just accept the injustice and leave it at that? Why

8 not let yourselves be cheated? ●Instead, you yourselves are the ones who do wrong and cheat even your fellow believers.*

9 ●Don't you realize that those who do wrong will not inherit the Kingdom of God? Don't fool yourselves. Those who indulge in sexual sin, or who worship idols, or commit adultery, or are male prostitutes, or practice

10 homosexuality, ●or are thieves, or greedy people, or drunkards, or are abusive, or cheat people—none of these will inherit the

11 Kingdom of God. ●Some of you were once like that. But you were cleansed; you were made holy; you were made right with God by calling on the name of the Lord Jesus Christ and by the Spirit of our God.

Avoiding Sexual Sin

12 ●You say, "I am allowed to do anything"— but not everything is good for you. And even though "I am allowed to do anything," I

13 must not become a slave to anything. ●You say, "Food was made for the stomach, and the stomach for food." (This is true, though someday God will do away with both of them.) But you can't say that our bodies were made for sexual immorality. They were made for the Lord, and the Lord cares about

14 our bodies. ●And God will raise us from the dead by his power, just as he raised our Lord from the dead.

15 ●Don't you realize that your bodies are actually parts of Christ? Should a man take

celibate [sélǝbǝt] *a.* 독신의; 금욕을 지키는
concession [kǝnséʃǝn] *n.* 용인
deprive [dipráiv] *vt.* 남에게 갖지 못하게 하다
intimacy [íntǝmǝsi] *n.* 친교; (완곡) 육체 관계
lawsuit [lɔ́ːsùːt] *n.* 소송, 고소
prostitute [prástǝtjùːt] *n.* 창녀, 매춘부
reconcile [rékǝnsàil] *vt.* 화해시키다
refrain [rifréin] *vi.* 삼가다, 참다
resolve [rizálv] *vt.* 해결하다
sue [suː] *vt.* 고소하다
6:13 do away with…: …을 제거하다

6:6 Greek *one brother.* **6:8** Greek *even the brothers.*

습니다.

16 창녀와 결합하는 사람은 창녀와 한 몸이 된다는 것을 알지 못하십니까? 성경에 "두 사람이 한 몸이 될 것이다"라고 기록되어 있습니다.

17 하지만 주님과 연합하는 사람은 주님과 영적으로 하나가 됩니다.

18 음행을 멀리하십시오. 사람이 짓는 모든 죄들은 몸 밖에서 일어나는 것이지만, 음행하는 사람은 자신의 몸에 죄를 짓는 것입니다.

19 여러분의 몸은 하나님께 받은 것이며, 여러분 안에 거하시는 성령의 성전이라는 사실을 알지 못하십니까? 여러분은 여러분 자신의 것이 아닙니다.

20 여러분은 하나님께서 값을 치르고 산 몸입니다. 그러므로 여러분의 몸으로 하나님께 영광을 돌리십시오.

결혼과 관련된 문제

7 이제 여러분이 내게 보낸 편지에 "사람이 결혼하지 않는 편이 더 낫다"고 한 내용에 대해 말씀드리겠습니다.

2 음행이 성행하고 있으므로, 남자마다 자기 아내를 두고 여자도 자기 남편을 두십시오.

3 남편은 아내에게 혼인의 의무를 다하고, 아내도 남편에게 그렇게 하십시오.

4 아내가 자기 몸에 대한 권한을 행사하는 것이 아니라 남편이 하며, 남편도 자기 몸에 대해 권한을 행사하는 것이 아니라 아내가 합니다.

5 남편과 아내는 서로 합의하여 기도에 전념하기 위해 얼마 동안 떨어져 있는 경우를 제외하고는 서로 떨어져 있지 마십시오. 잠시 떨어져 있는 경우라도 사탄이 여러분의 약함을 틈타 시험할지 모르니 그 후에는 다시 합치십시오.

6 이것은 내가 충고로 드리는 말씀이지 명령은 아닙니다.

7 나는 모든 사람이 나처럼 지내기를 바랍니다. 하지만, 각 사람마다 하나님께 받은 은사가 달라서 어떤 사람은 이러하고, 또 다른 사람은 저러합니다.

8 결혼하지 않은 사람들과 과부들에게 말합니다. 여러분들도 나처럼 결혼하지 않고 지내는 것이 여러분에게 좋습니다.

9 그러나 자신을 절제할 수 없거든 결혼하십시오. 욕정에 불타는 것보다 결혼하는 편이 낫습니다.

10 이제 이미 결혼한 사람들에게 명령합니다. 이것은 나의 명령이 아니라 주님의 명령입니다. 아내는 남편과 헤어지지 마십시오.

11 남편과 헤어지는 일이 있게 된다면 결혼하지 말고 그대로 혼자 지내든지, 아니면 전 남편과 다시 합쳐야 합니다. 남편 역시 아내를 버려서는 안 됩니다.

12 그 외의 사람들에게 말합니다. 이것은 주님의 말씀

his body, which is part of Christ, and join it
16 to a prostitute? Never! •And don't you realize that if a man joins himself to a prostitute, he becomes one body with her? For the Scriptures say, "The two are united into
17 one."* •But the person who is joined to the Lord is one spirit with him.

18 •Run from sexual sin! No other sin so clearly affects the body as this one does. For sexual immorality is a sin against your own
19 body. •Don't you realize that your body is the temple of the Holy Spirit, who lives in you and was given to you by God? You do
20 not belong to yourself, •for God bought you with a high price. So you must honor God with your body.

Instruction on Marriage

7 Now regarding the questions you asked in your letter. Yes, it is good to abstain
2 from sexual relations.* •But because there is so much sexual immorality, each man should have his own wife, and each woman should have her own husband.

3 •The husband should fulfill his wife's sexual needs, and the wife should fulfill her
4 husband's needs. •The wife gives authority over her body to her husband, and the husband gives authority over his body to his wife.

5 •Do not deprive each other of sexual relations, unless you both agree to refrain from sexual intimacy for a limited time so you can give yourselves more completely to prayer. Afterward, you should come together again so that Satan won't be able to tempt
6 you because of your lack of self-control. •I say this as a concession, not as a command.
7 •But I wish everyone were single, just as I am. Yet each person has a special gift from God, of one kind or another.

8 •So I say to those who aren't married and to widows—it's better to stay unmarried, just
9 as I am. •But if they can't control themselves, they should go ahead and marry. It's better to marry than to burn with lust.

10 •But for those who are married, I have a command that comes not from me, but from the Lord.* •A wife must not leave her
11 husband. •But if she does leave him, let her remain single or else be reconciled to him. And the husband must not leave his wife.

12 •Now, I will speak to the rest of you, though I do not have a direct command

---

6:16 Gen 2:24.　7:1 Or *to live a celibate life*; Greek reads *It is good for a man not to touch a woman.*
7:10 See Matt 5:32; 19:9; Mark 10:11-12; Luke 16:18.

이 아니라 내 생각입니다. 어떤 남자 신자에게 믿지 않는 아내가 있는데 그 아내가 남편과 함께 살고 싶어하면 그 아내를 버려서는 안 됩니다.

13 어떤 여자 신자에게 믿지 않는 남편이 있는데 그 남편이 아내와 함께 살고 싶어하면 그 남편을 버려서는 안 됩니다.

14 그것은 믿지 않는 남편이 아내를 통해 거룩해지고, 믿지 않는 아내가 남편을 통해 거룩해지기 때문입니다. 그렇지 못하다면 여러분의 자녀도 깨끗하지 못할 것입니다. 하지만 여러분이 보시다시피 여러분의 자녀는 거룩합니다.

15 그렇지만 만일 믿지 않는 남편이 헤어지려 하면 그렇게 하도록 하십시오. 믿는 남자나 여자나 그런 상황에서는 상대방에게 얽매일 필요가 없습니다. 하나님께서는 우리를 평화롭게 살게 하려고 부르셨습니다.

16 아내 된 사람이여, 그대가 남편을 구원할지 어떻게 알겠습니까? 남편 된 사람이여, 그대가 아내를 구원할지 어떻게 알겠습니까?

하나님께서 부르신 대로 생활하십시오

17 각 사람은 주님께서 각 사람에게 나눠 주신 대로, 그리고 하나님께서 부르신 위치를 그대로 유지하며 살아가십시오. 이것이 내가 모든 교회에 세워 준 원칙입니다.

18 부르심을 받았을 때, 이미 할례를 받은 사람이 있다면 할례받은 표시를 없애려 하지 마십시오. 그러나 부르심을 받았을 때 할례를 받지 않은 사람이 있다면, 할례를 받으려 하지 마십시오.

19 할례를 받았느냐 받지 않았느냐 하는 것은 아무것도 아닙니다. 하나님의 계명들을 지키는 것이 중요합니다.

20 각 사람은 하나님께서 그를 부르셨을 때의 상태 그대로 살아가십시오.

21 노예였을 때, 부름을 받았습니까? 그것 때문에 마음상해 하지 마십시오. 그러나 혹시 자유를 얻을 기회가 생기면 그 기회를 활용하십시오.

22 주님 안에서 부르심을 받았을 때에 노예인 사람은 주님께 속한 자유인입니다. 이와 마찬가지로 부르심을 받았을 때에 자유인인 사람은 그리스도의 노예입니다.

23 여러분은 값을 치르고 산 사람들입니다. 더 이상 사람들의 노예가 되지 마십시오.

24 성도 여러분, 여러분 각 사람은 부르심을 받은 위치에 그대로 머물러 계시면서 하나님께 책임을 다하시기 바랍니다.

결혼하지 않은 사람들과 과부에 관한 문제들

25 이제 여러분이 편지에 언급한 결혼하지 않은 처녀

from the Lord. If a fellow believer* has a wife who is not a believer and she is willing to continue living with him, he must not leave her. •And if a believing woman has a husband who is not a believer and he is willing to continue living with her, she must not leave him. •For the believing wife brings holiness to her marriage, and the believing husband* brings holiness to his marriage. Otherwise, your children would not be holy, but now they are holy. •(But if the husband or wife who isn't a believer insists on leaving, let them go. In such cases the believing husband or wife* is no longer bound to the other, for God has called you* to live in peace.) •Don't you wives realize that your husbands might be saved because of you? And don't you husbands realize that your wives might be saved because of you?

17 •Each of you should continue to live in whatever situation the Lord has placed you, and remain as you were when God first called you. This is my rule for all the churches. •For instance, a man who was circumcised before he became a believer should not try to reverse it. And the man who was uncircumcised when he became a believer should not be circumcised now. •For it makes no difference whether or not a man has been circumcised. The important thing is to keep God's commandments.

20 •Yes, each of you should remain as you were when God called you. •Are you a slave? Don't let that worry you—but if you get a chance to be free, take it. •And remember, if you were a slave when the Lord called you, you are now free in the Lord. And if you were free when the Lord called you, you are now a slave of Christ. •God paid a high price for you, so don't be enslaved by the world.* •Each of you, dear brothers and sisters,* should remain as you were when God first called you.

25 •Now regarding your question about the young women who are not yet married. I do not have a command from the Lord for them. But the Lord in his mercy has given me wisdom that can be trusted, and I will

bound [báund] *a.* 의무가 있는, 속박된
circumcise [sə́ːrkəmsaiz] *vt.* 할례를 베풀다
enslave [insléiv] *vt.* 사로잡다
reverse [rivə́ːrs] *vt.* 취소하다

7:12 Greek *a brother.* 7:14 Greek *the brother.* 7:15a Greek *the brother or sister.* 7:15b Some manuscripts read *us.* 7:23 Greek *don't become slaves of people.* 7:24 Greek *brothers;* also in 7:29.

들에 관해 말하고자 합니다. 이 부분에 대해서는 특별히 주님으로부터 받은 명령이 없습니다. 하지만 나는 주님의 자비하심을 힘입어 믿을 만한 사람이 되어 의견을 제시하고자 합니다.

26 현재 겪고 있는 위기를 생각하면 결혼하지 않은 사람은 현재대로 지내는 것이 더 좋다고 생각합니다.

27 아내가 있는 사람이 있습니까? 아내와 헤어지려 하지 마십시오. 아내와 헤어졌습니까? 아내를 구하려고 하지 마십시오.

28 그러나 여러분이 결혼한다고 해도 죄를 짓는 것은 아닙니다. 처녀가 결혼한다고 해도 죄를 짓는 것은 아닙니다. 다만, 결혼한 뒤에는 이 세상에서 겪는 환난을 맞이하게 될 것입니다. 나는 여러분을 아껴서 이런 말을 하였습니다.

29 성도 여러분, 내가 하고자 하는 말은 이렇습니다. 시간이 얼마 남지 않았습니다. 지금부터는 아내가 있는 사람들은 아내가 없는 사람처럼 사십시오.

30 우는 사람은 울지 않는 사람처럼, 기쁨에 넘친 사람은 기쁘지 않은 사람처럼, 물건을 사는 사람은 자기가 산 것을 가지고 있지 않은 사람처럼 사십시오.

31 세상 물건을 쓰는 사람은 그것들에 마음을 빼앗기지 않은 사람처럼 사십시오. 그것은 이 세상의 현재 모습이 지나가고 있기 때문입니다.

32 나는 여러분이 마음 쓰는 것 없이 살기를 바랍니다. 결혼하지 않은 남자는 어떻게 하면 주님을 기쁘시게 할까 하고 주님의 일에 마음을 씁니다.

33 그러나 결혼한 남자는 어떻게 하면 아내를 기쁘게 해 줄까 하며 세상 일에 마음을 쓰게 됩니다.

34 결혼한 남자의 마음은 이렇게 나뉘어집니다. 결혼하지 않은 여자나 처녀는 자기의 몸이나 영혼을 주님께 거룩하게 드리기 위해 주님의 일에 마음을 쓰지만, 결혼한 여자는 어떻게 하면 남편을 기쁘게 할 수 있을까 생각하며 세상 일에 마음을 씁니다.

35 여러분 자신의 유익을 위해서 내가 이런 말을 하는 것이지 여러분을 속박하려고 그러는 것이 아닙니다. 나는 여러분이 나뉘지 않은 마음으로 자신을 주님께 드려 바르게 생활하기를 바랄 뿐입니다.

36 어떤 남자에게 약혼한 여자가 있는데 자기가 그 여자에게 적절하지 못하게 행동하고 있다는 생각이 들고, 더욱이 약혼녀가 혼기를 지날 만큼 나이가 들게 되어 여자와 결혼해야 할 것 같다고 판단된다면, 원하는 대로 행하십시오. 죄짓는 것이 아닙니다. 두 사람은 결혼하는 것이 좋습니다.

37 그러나 자기 마음에 결혼하지 않기로 굳게 결심을 하고 또 반드시 결혼을 해야 되는 것도 아니고, 자신이 욕정을 억제할 능력이 있어서 약혼한 처녀와 결혼하지 않기로 결심을 했다면, 그것도 잘하는 것입니다.

38 그러므로 자기가 약혼한 처녀와 결혼을 하는 것도

26 share it with you. •Because of the present crisis,* I think it is best to remain as you are.

27 •If you have a wife, do not seek to end the marriage. If you do not have a wife, do not

28 seek to get married. •But if you do get married, it is not a sin. And if a young woman gets married, it is not a sin. However, those who get married at this time will have troubles, and I am trying to spare you those problems.

29 •But let me say this, dear brothers and sisters: The time that remains is very short. So from now on, those with wives should not

30 focus only on their marriage. •Those who weep or who rejoice or who buy things should not be absorbed by their weeping or

31 their joy or their possessions. •Those who use the things of the world should not become attached to them. For this world as we know it will soon pass away.

32 •I want you to be free from the concerns of this life. An unmarried man can spend his time doing the Lord's work and thinking

33 how to please him. •But a married man has to think about his earthly responsibilities

34 and how to please his wife. •His interests are divided. In the same way, a woman who is no longer married or has never been married can be devoted to the Lord and holy in body and in spirit. But a married woman has to think about her earthly responsibilities and how to please her husband. •I am

35 saying this for your benefit, not to place restrictions on you. I want you to do whatever will help you serve the Lord best, with as few distractions as possible.

36 •But if a man thinks that he's treating his fiancée improperly and will inevitably give in to his passion, let him marry her as he

37 wishes. It is not a sin. •But if he has decided firmly not to marry and there is no urgency and he can control his passion, he does well

38 not to marry. •So the person who marries his fiancée does well, and the person who doesn't marry does even better.

---

absorbed [æbsɔ́ːrbd] *a.* 열중한, 몰두한
attached [ətǽtʃt] *a.* …에 애착을 갖고 있는(to)
crisis [kráisis] *n.* 위기
devoted [divóutid] *a.* 헌신된
distraction [distrǽkʃən] *n.* 방심; 마음의 혼란
responsibility [rispànsəbíləti] *n.* 책임
restriction [ristríkʃen] *n.* 제한, 구속, 속박
spare [spέər] *vt.* 면하게 하다
urgency [ə́ːrdʒənsi] *n.* 급박; 강요
7:37 do well to … : …하는 편이 낫다

....

7:26 Or *the pressures of life.*

잘하는 것이지만, 결혼하지 않는 것은 더 잘하는 것입니다.

39 여자는 남편이 살아 있는 동안에는 남편에게 매인 몸입니다. 그러나 남편이 죽으면, 자기가 원하는 사람과 자유롭게 결혼할 수 있습니다. 단, 남편 될 사람은 반드시 주님을 믿는 사람이어야 합니다.

40 이것은 내 판단입니다만, 그런 여자는 재혼하지 않고 혼자 지내는 것이 더 행복할 것 같습니다. 나에게도 하나님의 성령이 있다고 생각합니다.

우상에게 바친 음식

8 이제 우상에게 제물로 바친 음식을 먹는 문제에 대해 말씀드리겠습니다. 여러분이 "우리는 다 지식이 있다"고 주장하는 것을 우리는 알고 있습니다. 그러나 지식은 교만하게 하고 사랑은 덕을 세운다는 사실입니다.

2 어떤 사람이 자기가 무엇인가 안다고 생각하면, 그 사람은 마땅히 알아야 할 것을 아직은 모르고 있는 사람입니다.

3 그러나 그 사람이 하나님을 사랑하면, 하나님께서도 그 사람을 알아주십니다.

4 이제 우상에게 제물로 바친 음식을 먹는 문제에 대해 이야기해 봅시다. 우리는 세상에서 우상이란 아무것도 아니며, 하나님은 오직 한 분뿐이라는 사실을 알고 있습니다.

5 하늘에나 땅에나 신이라고 불리는 존재가 많이 있고, 사실 많은 '신'이 있으며, 많은 '주'가 있지만,

6 우리에게는 아버지가 되시는 하나님 한 분만 계십니다. 만물이 그분에게서 나왔고, 우리는 그분을 위해 살고 있습니다. 또 주 예수 그리스도도 한 분만 계십니다. 만물이 그분 때문에 창조되었고, 우리도 그분 때문에 살고 있습니다.

7 그런데 누구나 이러한 진리를 아는 것은 아닙니다. 사람들 중에는 아직도 우상을 숭배하는 습관이 남아 있어서 우상에 바친 음식을 먹을 때 그것이 우상에 바친 음식이라고 생각하며 먹는 사람들이 있습니다. 그 사람들의 양심은 약해졌고, 더럽혀졌습니다.

8 그러나 우리를 하나님께 가까이 나아가게 하는 것은 음식이 아닙니다. 음식을 먹지 않는다고 해서 손해되는 것은 아니며, 음식을 먹는다고 해서 더 이로워지는 것도 아닙니다.

9 그렇지만 여러분에게 있는 자유를 행사할 때 그것이 믿음이 약한 성도들에게 걸림돌이 되지 않도록 주의하십시오.

10 지식이 있다는 여러분이 우상의 신전에서 음식을 먹고 있는 것을 믿음이 약한 성도가 본다면, 그가 용기를 얻어 그 사람처럼 우상에 제물로 바친 음식을 먹지 않겠습니까?

39 •A wife is bound to her husband as long as he lives. If her husband dies, she is free to marry anyone she wishes, but only if he loves the Lord.* 40 •But in my opinion it would be better for her to stay single, and I think I am giving you counsel from God's Spirit when I say this.

Food Sacrificed to Idols

8 Now regarding your question about food that has been offered to idols. Yes, we know that "we all have knowledge" about this issue. But while knowledge makes us feel important, it is love that strengthens the church. 2 •Anyone who claims to know all the answers doesn't really know very much. 3 •But the person who loves God is the one whom God recognizes.*

4 •So, what about eating meat that has been offered to idols? Well, we all know that an idol is not really a god and that there is only one God. 5 •There may be so-called gods both in heaven and on earth, and some people actually worship many gods and many lords. 6 •But for us,

There is one God, the Father,
　by whom all things were created,
　and for whom we live.
And there is one Lord, Jesus Christ,
　through whom all things were created,
　and through whom we live.

7 •However, not all believers know this. Some are accustomed to thinking of idols as being real, so when they eat food that has been offered to idols, they think of it as the worship of real gods, and their weak consciences are violated. 8 •It's true that we can't win God's approval by what we eat. We don't lose anything if we don't eat it, and we don't gain anything if we do.

9 •But you must be careful so that your freedom does not cause others with a weaker conscience to stumble. 10 •For if others see you—with your "superior knowledge"—eating in the temple of an idol, won't they be encouraged to violate their conscience by eating food that has been offered to an idol?

approval [əprúːvəl] n. 인정, 승인; 찬성
conscience [kánʃəns] n. 양심
stumble [stʌ́mbl] vi. 넘어지다
violate [váiəlèit] vt. (감정을) 상하게 하다
8:7 be accustomed to …ing : …하는데에 익숙해 있다 라

7:39 Greek but only in the Lord.　8:3 Some manuscripts read the person who loves has full knowledge.

11 이렇게 되면, 믿음이 약한 성도는 여러분의 지식 때문에 망하게 되는 것입니다. 그리스도께서는 바로 그 성도를 위해 죽으셨습니다.

12 이런 식으로 여러분의 동료 성도들에게 죄를 짓고 그들의 약한 양심에 상처를 준다면, 여러분은 그리스도께 죄를 짓는 것입니다.

13 그러므로 내가 먹는 음식 때문에 내 동료 성도들이 걸려 넘어지게 되면 그 사람이 걸려 넘어지지 않도록 하기 위해 나는 평생 고기를 먹지 않을 것입니다.

사도의 권리

9 내가 자유인이 아니란 말입니까? 내가 사도가 아니란 말입니까? 내가 우리 주 예수님을 보지 못했단 말입니까? 여러분 자신이 내가 주님 안에서 일한 수고의 열매가 아닙니까!

2 내가 다른 사람들에게는 사도가 아닐지라도 여러분에게는 확실한 사도입니다. 왜냐하면 여러분이 주님 안에서 나의 사도직을 인정해 주었기 때문입니다.

3 나를 비판하는 사람들에게 나의 입장을 이렇게 밝힙니다.

4 우리에게 먹고 마실 권리가 없습니까?

5 다른 사도들과 주님의 동생들과 게바가 그런 것처럼 우리는 신자인 아내를 데리고 다닐 권리가 없습니까?

6 나와 바나바만 생계를 위해 일해야 한단 말입니까?

7 자기가 비용을 대가면서 군대 생활을 하는 사람이 어디에 있습니까? 포도 농사를 지으면서 그 포도원에서 나는 포도를 따 먹지 않는 농부가 어디 있으며, 양을 기르면서 거기서 나는 젖을 마시지 않는 사람이 또 어디에 있겠습니까?

8 내가 사회에서 일어나는 일만 가지고 이렇게 말하는 것은 아닙니다. 율법에도 이런 말이 있지 않습니까?

9 모세의 율법에 이같이 기록되어 있습니다. "곡식을 타작하는 소의 입에 망을 씌우지 마라." 하나님께서 소를 생각해서 이 말씀을 하신 줄 아십니까?

10 아니면 우리 모두를 위한 말씀이겠습니까? 이 말씀은 우리를 위해 기록된 말씀이 분명합니다. 밭을 가는 사람은 당연히 어떤 소망을 가지고 밭을 갈며, 곡식을 타작하는 사람이 대가를 기대하며 일하는 것은 당연합니다.

11 우리가 여러분에게 영적인 것을 뿌렸다면, 우리가 여러분이 갖고 있는 물질을 거두어들인다고 해서 지나치다고 할 수 있겠습니까?

12 다른 사람들이 여러분에게 이런 것을 요구하는 권리를 가졌다면, 우리는 그럴 권리가 더 있지 않겠습니까? 그러나 우리는 이 권리를 행사하지 않았습니

11 So because of your superior knowledge, a weak believer* for whom Christ died will be
12 destroyed. •And when you sin against other believers* by encouraging them to do something they believe is wrong, you are sinning
13 against Christ. •So if what I eat causes another believer to sin, I will never eat meat again as long as I live—for I don't want to cause another believer to stumble.

Paul Gives Up His Rights

9 Am I not as free as anyone else? Am I not an apostle? Haven't I seen Jesus our Lord with my own eyes? Isn't it because of my
2 work that you belong to the Lord? •Even if others think I am not an apostle, I certainly am to you. You yourselves are proof that I am the Lord's apostle.

3 •This is my answer to those who ques-
4 tion my authority.* •Don't we have the right to live in your homes and share your
5 meals? •Don't we have the right to bring a beliving wife* with us as the other apostles and the Lord's brothers do, and as Peter*
6 does? •Or is it only Barnabas and I who have to work to support ourselves?

7 •What soldier has to pay his own expenses? What farmer plants a vineyard and doesn't have the right to eat some of its fruit? What shepherd cares for a flock of sheep and isn't allowed to drink some of the milk?
8 •Am I expressing merely a human opinion,
9 or does the law say the same thing? •For the law of Moses says, "You must not muzzle an ox to keep it from eating as it treads out the grain."* Was God thinking only about oxen
10 when he said this? •Wasn't he actually speaking to us? Yes, it was written for us, so that the one who plows and the one who threshes the grain might both expect a share of the harvest.

11 •Since we have planted spiritual seed among you, aren't we entitled to a harvest of
12 physical food and drink? •If you support others who preach to you, shouldn't we have an even greater right to be supported? But we have never used this right. We would rather put up with anything than be an obstacle to the Good News about Christ.

---

muzzle [mʌ́zl] *vt.* (동물에) 부리망을 씌우다
thresh [θréʃ] *vt.* 타작하다
9:11 **be entitled to** … : …의 자격(권리)이 있다
9:12 **put up with** … : …을 참다, 견디다

8:11 Greek *brother*; also in 8:13. 8:12 Greek *brothers*. 9:3 Greek *those who examine me*. 9:5a Greek *a sister a wife*. 9:5b Greek *Cephas*. 9:9 Deut 25:4.

다. 오히려 우리는 그리스도의 복음에 방해가 되지 않기 위해 모든 것을 참았습니다.

13 여러분은 성전에서 일하는 사람들이 성전에서 나오는 음식을 먹으며, 제단에서 봉사하는 사람들이 제단에 바친 것 중의 일부분을 나누어 가진다는 사실을 알지 못합니까?

14 이와 같이 주님께서도, 복음을 전하는 사람들은 복음을 전하는 일로 생활하라고 정하셨습니다.

15 그러나 나는 이러한 권리를 하나도 사용하지 않았습니다. 그렇다고 해서 여러분이 나에게 그렇게 해 주기를 바라서 이 편지를 쓰는 것은 아닙니다. 내가 가지고 있는 이러한 자부심을 빼앗기기보다는 차라리 굶어 죽는 편이 더 낫습니다.

16 내가 복음을 전한다 해도 자랑할 것이 없는 것은 그것이 내가 당연히 해야 하는 일이기 때문입니다. 만일 내가 복음을 전하지 않는다면 나에게 화가 내릴 것입니다.

17 만일 내가 자원해서 복음을 전한다면 당연히 보수를 받을 것입니다. 그러나 자원해서 하는 일이 아니라면, 이것은 내게 맡기신 직무를 다하는 것일 뿐입니다.

18 그러면 내가 받을 상이 무엇입니까? 바로 이것입니다. 내가 복음을 전할 때 아무 대가도 받지 않고 전하는 것과 복음을 전하면서 나의 권리를 사용하지 않는 것입니다.

19 나는 자유인이며, 어느 누구에게도 매여 있지 않습니다. 그러나 나는 되도록 많은 사람을 얻기 위해 스스로 많은 사람의 종이 되었습니다.

20 유대인들에게는 유대인들을 얻고자 유대인처럼 되었습니다. 율법 아래 있는 사람들을 대할 때는 비록 나 자신은 율법 아래 있지 않지만, 그들을 얻기 위해 율법 아래 있는 사람처럼 되었습니다.

21 율법 없는 사람들에게는, 비록 나 자신은 하나님의 율법을 떠난 사람이 아니라 그리스도의 율법 아래 있는 사람이지만, 율법 없는 사람들을 얻기 위해 율법 없는 사람처럼 되었습니다.

22 믿음이 약한 사람들에게는 약한 사람들을 얻기 위해서 약한 사람이 되었습니다. 내가 모든 사람들에게 그들과 같이 된 것은 아무쪼록 모든 방법을 다하여 그들 중에 몇 사람이라도 구원하기 위해서였습니다.

23 나는 복음이 주는 복에 참여하기 위해, 복음을 전하는 일이라면 무슨 일이든 하고 있습니다.

24 경기장에서 경주자들이 다 달려가지만 상을 받는 사람은 한 명뿐인 것을 알지 못하십니까? 이와 같이 여러분도 상을 받을 수 있도록 달리십시오.

25 경기를 하려는 사람은 모든 면에서 자기 절제를 하

13 •Don't you realize that those who work in the temple get their meals from the offerings brought to the temple? And those who serve at the altar get a share of the sacrificial

14 offerings. •In the same way, the Lord ordered that those who preach the Good News should be supported by those who

15 benefit from it. •Yet I have never used any of these rights. And I am not writing this to suggest that I want to start now. In fact, I would rather die than lose my right to boast

16 about preaching without charge. •Yet preaching the Good News is not something I can boast about. I am compelled by God to do it. How terrible for me if I didn't preach the Good News!

17 •If I were doing this on my own initiative, I would deserve payment. But I have no choice, for God has given me this sacred

18 trust. •What then is my pay? It is the opportunity to preach the Good News without charging anyone. That's why I never demand my rights when I preach the Good News.

19 •Even though I am a free man with no master, I have become a slave to all people to

20 bring many to Christ. •When I was with the Jews, I lived like a Jew to bring the Jews to Christ. When I was with those who follow the Jewish law, I too lived under that law. Even though I am not subject to the law, I did this so I could bring to Christ those who

21 are under the law. •When I am with the Gentiles who do not follow the Jewish law,* I too live apart from that law so I can bring them to Christ. But I do not ignore the law of God; I obey the law of Christ.

22 •When I am with those who are weak, I share their weakness, for I want to bring the weak to Christ. Yes, I try to find common ground with everyone, doing everything I

23 can to save some. •I do everything to spread the Good News and share in its blessings.

24 •Don't you realize that in a race everyone runs, but only one person gets the prize? So

25 run to win! •All athletes are disciplined in their training. They do it to win a prize that will fade away, but we do it for an eternal

는 법입니다. 그들은 썩어 없어질 면류관을 얻으려고 절제를 하지만, 우리는 썩지 않을 면류관을 얻으려고 그렇게 합니다.

26 이처럼 나는 목표가 없는 사람처럼 달리지 않습니다. 나는 허공에다 주먹을 휘둘러 대는 사람처럼 싸우지 않습니다.

27 나는 내 몸을 쳐서 굴복시킵니다. 내가 다른 사람들에게는 복음을 전했으나, 정작 나 자신은 자격 미달이 될까* 두렵습니다.

우상 숭배자에 대한 경고

10 성도 여러분, 여러분이 알았으면 하는 것이 있습니다. 그것은 우리 조상들이 다 구름 아래 있었으며, 바다를 무사히 건넜던 일입니다.

2 조상들은 모두 구름과 바다 가운데서 세례를 받아 모세에게 속하게 되었습니다.

3 조상들은 모두 같은 영적인 음식을 먹었으며

4 다 같은 영적인 물을 마셨습니다. 조상들은 그들의 동반자인 영적인 반석에서 나오는 물을 마신 것입니다. 그런데 이 반석은 그리스도였습니다.

5 그러나 하나님께서는 조상들 대부분을 기뻐하지 않으셔서, 그들은 광야에서 죽어 흩어지게 되었습니다.

6 이런 일은 우리에게 본보기가 되어, 우리는 그들처럼 악한 일을 즐겨하지 말라는 경고가 됩니다.

7 여러분 중에 우상 숭배를 하는 사람들이 있는데, 여러분은 그들처럼 우상 숭배하지 마십시오. 성경에 "백성들이 앉아 먹고 마셨으며 일어나 춤을 추었다"고 기록되어 있습니다.

8 조상들 중에 간음한 사람이 있었는데, 우리는 그들처럼 간음하지 맙시다. 그들이 간음하다가 하루에 이만 삼천 명이 죽임을 당했습니다.

9 또 우리 조상들 중에는 주님을 시험하다가 뱀에 물려 죽은 사람들이 있었습니다. 우리는 그들처럼 주님을 시험하지 맙시다.

10 조상들 중에는 불평을 늘어 놓다가 멸망시키는 천사에게 멸망당한 사람들이 있었습니다. 그러니 여러분들은 불평하지 마십시오.

11 이 모든 일들은 우리 조상들에게 본보기로 일어난 일들이며, 세상의 종말이 다가오는 시대에 살고 있는 우리에게 경고를 하기 위해 기록되었습니다.

12 그러므로 자기가 굳게 서 있다고 생각하는 사람은 넘어지지 않도록 주의하십시오.

13 누구나 겪는 시험 이외에 여러분에게 닥칠 시험은 없습니다. 하나님은 신실한 분이셔서 여러분이 감당할 수 있는 능력 이상의 시험을 당하도록 내버려 두지 않으십니다. 그리고 여러분이 시험을 당할 때에 시험을 견디고 거기서 빠져 나올 수 있는 길을 주십니다.

26 prize. •So I run with purpose in every step. I 27 am not just shadowboxing. •I discipline my body like an athlete, training it to do what it should. Otherwise, I fear that after preaching to others I myself might be disqualified.

Lessons from Israel's Idolatry

10 I don't want you to forget, dear brothers and sisters,* about our ancestors in the wilderness long ago. All of them were guided by a cloud that moved ahead of them, and all of them walked through the 2 sea on dry ground. •In the cloud and in the sea, all of them were baptized as followers of 3 Moses. •All of them ate the same spiritual 4 food, •and all of them drank the same spiritual water. For they drank from the spiritual rock that traveled with them, and that rock 5 was Christ. •Yet God was not pleased with most of them, and their bodies were scattered in the wilderness.

6 •These things happened as a warning to us, so that we would not crave evil things as 7 they did, •or worship idols as some of them did. As the Scriptures say, "The people celebrated with feasting and drinking, and they 8 indulged in pagan revelry."* •And we must not engage in sexual immorality as some of them did, causing 23,000 of them to die in one day.

9 •Nor should we put Christ* to the test, as some of them did and then died from 10 snakebites. •And don't grumble as some of them did, and then were destroyed by the 11 angel of death. •These things happened to them as examples for us. They were written down to warn us who live at the end of the age.

12 •If you think you are standing strong, be 13 careful not to fall. •The temptations in your life are no different from what others experience. And God is faithful. He will not allow the temptation to be more than you can stand. When you are tempted, he will show you a way out so that you can endure.

---

crave [kréiv] *vt.* 갈망하다
disqualified [diskwάləfàid] *a.* 자격을 잃은
engage [ingéidʒ] *vi.* 관여하다
grumble [grʌ́mbl] *vi.* 불평하다
revelry [révəlri] *n.* 환락
scattered [skǽtərd] *a.* 뿔뿔이 흩어진
shadowbox [ʃǽdoubàks] *vi.* 혼자 권투연습하다
wilderness [wíldərnis] *n.* 황야, 황무지

10:1 Greek *brothers.*　10:7 Exod 32:6.　10:9 Some manuscripts read *the Lord.*
9:27 쓸모없다고 버림을 받을까

14 그러므로 나의 사랑하는 여러분, 우상 숭배를 멀리 하십시오.

15 나는 여러분에게 판단력이 있다고 생각하여 이 말씀을 드립니다. 내가 하는 말을 판단해 보십시오.

16 우리가 축복하는 축복의 잔이 그리스도의 피에 참여하는 것이 아니란 말입니까? 또 우리가 나누어 먹는 빵이 그리스도의 몸에 참여하는 것이 아니란 말입니까?

17 빵이 하나이기에, 우리 모두가 하나의 빵을 먹는 것은 우리가 여럿이라도 모두 하나의 몸인 것입니다.

18 이스라엘 사람들을 생각해 보십시오. 희생 제물을 먹는 사람들은 제단에 참여하는 사람들이 아닙니까?

19 내가 말하려는 것이, 우상에 바친 음식이나 우상이 무슨 대단한 것이라도 된다는 의미로 들립니까? 그렇지 않습니다.

20 사람들이 제단에 바치는 것은 귀신에게 바치는 것이지 하나님께 바치는 것이 아닙니다. 나는 여러분들이 귀신과 사귀는 사람이 되는 것을 원하지 않습니다.

21 여러분은 주님의 잔을 마시고 동시에 귀신의 잔을 마실 수는 없으며, 주님의 식탁에 참여하면서 귀신의 식탁에 참여할 수는 없습니다.

22 우리가 주님을 질투하게 만들어서야 되겠습니까? 우리가 주님보다 더 강한 자란 말입니까?

그리스도인의 자유 사용법

23 "모든 것이 허용되었다"고 여러분은 말하지만, 모든 것이 다 유익한 것은 아닙니다. 또 "모든 것이 허용되었다"고들 그러지만 모든 것이 다 덕을 세우는 것은 아닙니다.

24 누구나 자기 유익을 구해서는 안 되고, 다른 사람의 유익을 구하여야 합니다.

25 시장에서 파는 고기는 어떤 것이 되었든지 양심을 위해 꼬치꼬치 캐묻지 말고 그냥 사 먹으십시오.

26 "땅과 그 안에 가득한 것이 다 주님의 것"이기 때문입니다.

27 주님을 믿지 않는 사람이 여러분을 식사에 초대하여 여러분이 그 집에 가거든 차려 놓은 음식은 양심을 위해 꼬치꼬치 캐묻지 말고 무엇이나 드십시오.

28 그러나 누가 "이 음식은 제물로 바쳤던 것이오"라고 말하면, 말해 준 그 사람과 그의 양심을 위해 그 음식을 먹지 마십시오.

29 내가 여기서 말하는 양심은 여러분 자신의 양심이 아니라 다른 사람의 양심을 의미하는 것입니다. 왜 나의 자유가 다른 사람의 양심에 의해 판단을 받아야 합니까?

30 내가 감사하고 음식을 먹는데 내가 음식을 먹은 것 때문에 비난받아야 할 이유가 어디에 있겠습니까?

---

14 •So, my dear friends, flee from the worship of idols. 15 •You are reasonable people. Decide for yourselves if what I am saying is true. 16 •When we bless the cup at the Lord's Table, aren't we sharing in the blood of Christ? And when we break the bread, aren't 17 we sharing in the body of Christ? •And though we are many, we all eat from one loaf of bread, showing that we are one body. 18 •Think about the people of Israel. Weren't they united by eating the sacrifices at the altar?

19 •What am I trying to say? Am I saying that food offered to idols has some signifi- 20 cance, or that idols are real gods? •No, not at all. I am saying that these sacrifices are offered to demons, not to God. And I don't 21 want you to participate with demons. •You cannot drink from the cup of the Lord and from the cup of demons, too. You cannot eat at the Lord's Table and at the table of 22 demons, too. •What? Do we dare to rouse the Lord's jealousy? Do you think we are stronger than he is?

23 •You say, "I am allowed to do anything"*— but not everything is good for you. You say, "I am allowed to do anything"—but not 24 everything is beneficial. •Don't be concerned for your own good but for the good of others.

25 •So you may eat any meat that is sold in the marketplace without raising questions of 26 conscience. •For "the earth is the LORD's, and everything in it."*

27 •If someone who isn't a believer asks you home for dinner, accept the invitation if you want to. Eat whatever is offered to you with- 28 out raising questions of conscience. •(But suppose someone tells you, "This meat was offered to an idol." Don't eat it, out of consid- 29 eration for the conscience of the one who told you. •It might not be a matter of conscience for you, but it is for the other person.) 30 For why should my freedom be limited by what someone else thinks? •If I can thank God for the food and enjoy it, why should I be condemned for eating it?

---

condemned [kəndémd] *a.* 비난받은
demon [díːmən] *n.* 귀신, 악령
jealousy [dʒéləsi] *n.* 질투
reasonable [ríːzənəbl] *a.* 사리를 아는, 분별이 있는
rouse [ráuz] *vt.* 일으키다
significance [signífikəns] *n.* 중요(성)
10:28 out of consideration for … : …을 참작하여, …을 봐서

10:23 Greek *All things are lawful;* also in 10: 23b.   **10:26** Ps 24:1.

31 그러므로 여러분은 먹든지 마시든지, 무엇을 하든지, 모든 것을 하나님의 영광을 위해 하십시오.

32 유대인에게나 이방인에게나 하나님의 교회에 걸림돌 같은 존재가 되지 마십시오.

33 나처럼 하십시오. 나는 나의 유익을 구하지 아니하고, 많은 사람들의 유익을 구하였습니다. 많은 사람들이 구원받도록 모든 면에서 모든 사람들을 기쁘게 하려고 하였습니다.

11 내가 그리스도의 본을 따른 것처럼, 여러분도 나의 본을 따르십시오.

예배드릴 때 머리에 수건을 쓰는 문제

2 여러분이 모든 일에 나를 기억하고 있고, 내가 여러분에게 전하여 준 것을 붙들고 있으므로 여러분을 칭찬합니다.

3 그러나 여러분이 깨달았으면 하는 것이 하나 있습니다. 그것은 모든 남자의 머리는 그리스도며, 여자의 머리는 남자이며, 그리스도의 머리는 하나님이시라는 사실입니다.

4 남자가 머리에 무엇을 쓰고 기도를 하거나 예언을 하면, 그것은 자기의 머리가 되시는 그리스도를 욕되게 하는 것입니다.

5 그러나 여자가 머리에 무엇을 쓰지 않고 기도를 하거나 예언을 하면, 그것은 자기의 머리를 욕되게 하는 것입니다. 그것은 삭발한 것이나 다름이 없습니다.

6 여자가 머리에 무엇을 쓰지 않으려면 머리를 밀어 버리십시오. 머리를 밀어내는 것이 여자에게 부끄러운 것이라면 무엇으로든 머리를 가리기 바랍니다.

7 남자는 하나님의 형상과 영광이므로 머리를 가려서는 안 됩니다. 그러나 여자는 남자의 영광입니다.

8 그것은 남자가 여자로부터 생겨난 것이 아니라, 여자가 남자로부터 생겨났기 때문입니다.

9 또한 남자가 여자를 위해 창조된 것이 아니라, 여자가 남자를 위해 창조되었습니다.

10 그러므로 천사들 때문에, 여자는 권위의 표를 그 머리 위에 지녀야 합니다.

11 그러나 주님 안에서는 여자가 남자 없이 독자적으로 존재하지 않고, 남자도 여자 없이 독자적으로 존재하지 않습니다.

12 왜냐하면 여자가 남자로부터 생겨난 것처럼 남자는 여자를 통해 태어났기 때문입니다. 그러나 모든 것들이 하나님으로부터 생겨났습니다.

13 여러분 스스로 한번 판단해 보십시오. 여자가 머리에 무엇이든지 쓰지 않고 하나님께 기도하는 것이 옳은 일입니까?

14 자연 그 자체가 여러분에게 교훈하듯이 남자가 머리를 길게 하면 명예롭지 못합니다.

31 •So whether you eat or drink, or whatever you do, do it all for the glory of God. 32 •Don't give offense to Jews or Gentiles* or 33 the church of God. •I, too, try to please everyone in everything I do. I don't just do what is best for me; I do what is best for others so that many may be saved. •And you should imitate me, just as I imitate Christ.

Instructions for Public Worship

11 2 •I am so glad that you always keep me in your thoughts, and that you are following the teachings I passed on to you. 3 •But there is one thing I want you to know: The head of every man is Christ, the head of woman is man, and the head of Christ is God.* •A man dishonors his head* if he covers 4 his head while praying or prophesying. 5 •But a woman dishonors her head* if she prays or prophesies without a covering on her head, for this is the same as shaving her 6 head. •Yes, if she refuses to wear a head covering, she should cut off all her hair! But since it is shameful for a woman to have her hair cut or her head shaved, she should wear a covering.* 7 •A man should not wear anything on his head when worshiping, for man is made in God's image and reflects God's glory. And 8 woman reflects man's glory. •For the first man didn't come from woman, but the first 9 woman came from man. •And man was not made for woman, but woman was 10 made for man. •For this reason, and because the angels are watching, a woman should wear a covering on her head to show she is under authority.* 11 •But among the Lord's people, women are not independent of men, and men are 12 not independent of women. •For although the first woman came from man, every other man was born from a woman, and everything comes from God. 13 •Judge for yourselves. Is it right for a woman to pray to God in public without 14 covering her head? •Isn't it obvious that it's disgraceful for a man to have long hair?

reflect [riflékt] *vt.* 반영하다, 나타내다
10:32 give offense to …：… 를 성나게 하다

10:32 Greek or Greeks. 11:3 Or to know: The source of every man is Christ, the source of woman is man, and the source of Christ is God. Or to know: Every man is responsible to Christ, a woman is responsible to her husband, and Christ is responsible to God. 11:4 Or dishonors Christ. 11:5 Or dishonors her husband. 11:6 Or should have long hair. 11:10 Greek should have an authority on her head.

15 그러나 여자가 긴 머리를 하는 것은 그 여자에게 영광이 됩니다. 긴 머리는 여자에게 머리를 가리는 역할을 합니다.

16 이 문제에 대해 다른 의견을 제기하는 사람이 있다면 내가 말할 수 있는 것은, 우리나 하나님의 교회나 이것 외에 다른 풍습은 받지 않았다는 사실입니다.

성만찬의 남용

17 이제부터 말하는 내용에 대해서는 여러분을 칭찬하지 않겠습니다. 그것은 여러분의 모임이 유익이 되는 것보다는 해가 되기 때문입니다.

18 첫째로, 내가 듣기로는 여러분이 교회에서 모일 때 파벌이 생긴다고 하는데, 나는 그것이 어느 정도는 사실이라고 믿습니다.

19 여러분 중에서 누가 하나님께 인정받는 사람인지 분명하게 드러나게 하기 위해서는 다른 점*도 있어야 할 것입니다.

20 그러니 여러분이 한자리에 모여 나누는 식사는 성만찬을 나누는 것이 아닙니다.

21 먹을 때 각자가 자기 것을 먼저 갖다 먹어버리기 때문에 어떤 사람은 굶주리고, 어떤 사람은 술에 취합니다.

22 여러분에게 먹고 마실 집이 없습니까? 여러분이 하나님의 교회를 멸시하고 가난한 사람들에게 굴욕감을 주려는 것입니까? 내가 더 이상 무슨 말을 하겠습니까? 이런 행동에 대해 잘했다고 칭찬할까요? 이번 일에 대해서는 절대로 칭찬할 수가 없습니다.

성만찬 제정

23 내가 여러분에게 전해 준 것은 주님께 받은 것입니다. 주 예수님께서 배반당하시던 날 밤에 빵을 들고

24 감사 기도를 드리신 다음, 빵을 떼시고 이렇게 말씀하셨습니다. "이것은 너희를 위한 내 몸이다. 나를 기억하면서 이것을 행하여라."

25 똑같은 방법으로 식사 후에 잔을 들고 말씀하셨습니다. "이 잔은 내 피로 세우는 새 언약이다. 이 잔을 마실 때마다 나를 기억하면서 이것을 행하여라."

26 여러분은 이 빵을 먹고, 잔을 마실 때마다 주님이 오실 때까지 주님의 죽으심을 전하십시오.

성만찬에 합당치 않게 참여함

27 그러므로 누구든지 합당하지 않은 태도로 빵을 먹거나 주님의 잔을 마시는 사람은 주님의 몸과 피를 범하는 죄를 짓는 것입니다.

28 각 사람은 자신을 점검한 후에 빵을 먹고 잔을 마셔야 합니다.

29 주님의 몸이라는 인식이 없이 먹거나 마시는 사람은 자기에게 내릴 하나님의 심판을 먹고 마시는 것입니다.

30 이런 이유로 여러분 중에는 약한 사람이나 아픈 사

15 • And isn't long hair a woman's pride and joy? For it has been given to her as a covering.

16 • But if anyone wants to argue about this, I simply say that we have no other custom than this, and neither do God's other churches.

Order at the Lord's Supper

17 • But in the following instructions, I cannot praise you. For it sounds as if more harm than good is done when you meet together.

18 • First, I hear that there are divisions among you when you meet as a church, and to

19 some extent I believe it. • But, of course, there must be divisions among you so that you who have God's approval will be recognized!

20 • When you meet together, you are not

21 really interested in the Lord's Supper. • For some of you hurry to eat your own meal without sharing with others. As a result, some go hungry while others get drunk.

22 • What? Don't you have your own homes for eating and drinking? Or do you really want to disgrace God's church and shame the poor? What am I supposed to say? Do you want me to praise you? Well, I certainly will not praise you for this!

23 • For I pass on to you what I received from the Lord himself. On the night when he was betrayed, the Lord Jesus took some

24 bread • and gave thanks to God for it. Then he broke it in pieces and said, "This is my body, which is given for you.* Do this in

25 remembrance of me." • In the same way, he took the cup of wine after supper, saying, "This cup is the new covenant between God and his people—an agreement confirmed with my blood. Do this in remembrance of

26 me as often as you drink it." • For every time you eat this bread and drink this cup, you are announcing the Lord's death until he comes again.

27 • So anyone who eats this bread or drinks this cup of the Lord unworthily is guilty of sinning against* the body and blood of the

28 Lord. • That is why you should examine yourself before eating the bread and drink-

29 ing the cup. • For if you eat the bread or drink the cup without honoring the body of Christ,* you are eating and drinking God's

30 judgment upon yourself. • That is why many of you are weak and sick and some

---

11:24 Greek *which is for you;* other manuscripts read *which is broken for you.*　**11:27** Or *is responsible for.*　**11:29** Greek *the body;* other manuscripts read *the Lord's body.*

11:19 분파, 파벌

람이 많이 있고, 죽은 사람들도 적지 않습니다.

31 우리가 자신을 분별하였더라면 심판을 받지 않았을 것입니다.

32 그러나 우리가 지금 주님에게서 심판을 받는 것은 세상과 함께 심판을 받지 않기 위해서입니다.

33 그러므로 나의 성도 여러분, 여러분이 먹으러 함께 모일 때, 서로 기다리십시오.

34 배고픈 사람이 있으면 집에서 식사를 하도록 하십시오. 그래서 여러분이 모이는 것이 심판받는 모임이 되지 않기를 바랍니다. 이 외에 다른 문제들은 내가 여러분에게 가서 알려 드리겠습니다.

영적인 선물

12 성도 여러분, 나는 여러분이 성령께서 주시는 선물들에 대해 모르기를 원치 않습니다.

2 여러분은 이방인으로 있었을 때, 말도 못하는 우상의 이끌림을 받았다는 사실을 아실 것입니다.

3 그러므로 여러분에게 알려 드릴 것이 있습니다. 하나님의 성령으로 말하는 사람은 "예수님은 저주받은 사람이다"라고 말하지 않으며, 성령을 통하지 않고는 "예수님은 주님이시다"라고 말할 수 없습니다.

4 선물은 다양하지만 성령은 같은 성령이십니다.

5 섬기는 일은 다양하지만 주님은 같은 주님이십니다.

6 일하는 것은 여러 가지이지만 모든 사람 속에서 모든 일을 하시는 분은 같은 하나님이십니다.

7 성령께서 각 사람에게 나타나신 것은 공동의 이익을 얻게 하려는 것입니다.

8 어떤 이는 성령으로부터 지혜의 말씀을, 다른 사람은 동일한 성령에게서 지식의 말씀을 받았습니다.

9 또 어떤 사람은 같은 성령으로부터 믿음을, 다른 사람은 병 고치는 능력을,

10 다른 사람은 기적을 행할 수 있는 능력을, 또 다른 사람은 예언을, 다른 사람은 영들을 구별할 수 있는 능력을, 또 다른 사람들은 다양한 언어로 말할 수 있는 능력을, 어떤 사람은 그 언어들을 통역할 수 있는 선물을 받았습니다.

11 이 모든 일은 한 분이신 같은 성령께서 하시는 일입니다. 성령께서는 그분이 원하시는 대로 각 사람에게 이런 것들을 나누어 주십니다.

하나의 몸과 많은 지체

12 몸은 하나이지만 많은 지체들이 있고, 몸에 지체들이 많이 있지만 한몸인 것처럼 그리스도도 그와 같습니다.

13 우리는 유대인이든지, 그리스인이든지, 종이든지, 자유인이든지, 모두 한 성령으로 세례를 받아 한 몸을 이루었고, 모두 한 성령을 모시게 되었습니다.

have even died.

31 •But if we would examine ourselves, we would not be judged by God in this way.

32 •Yet when we are judged by the Lord, we are being disciplined so that we will not be condemned along with the world.

33 •So, my dear brothers and sisters,* when you gather for the Lord's Supper, wait for each other. •If you are really hungry, eat at

34 home so you won't bring judgment upon yourselves when you meet together. I'll give you instructions about the other matters after I arrive.

Spiritual Gifts

12 Now, dear brothers and sisters,* regarding your question about the special abilities the Spirit gives us. I don't

2 want you to misunderstand this. •You know that when you were still pagans, you were led astray and swept along in worship-

3 ing speechless idols. •So I want you to know that no one speaking by the Spirit of God will curse Jesus, and no one can say Jesus is Lord, except by the Holy Spirit.

4 •There are different kinds of spiritual gifts, but the same Spirit is the source of

5 them all. •There are different kinds of ser-

6 vice, but we serve the same Lord. •God works in different ways, but it is the same God who does the work in all of us.

7 •A spiritual gift is given to each of us so

8 we can help each other. •To one person the Spirit gives the ability to give wise advice*; to another the same Spirit gives a message of

9 special knowledge.* •The same Spirit gives great faith to another, and to someone else

10 the one Spirit gives the gift of healing. •He gives one person the power to perform miracles, and another the ability to prophesy. He gives someone else the ability to discern whether a message is from the Spirit of God or from another spirit. Still another person is given the ability to speak in unknown languages,* while another is given the ability to

11 interpret what is being said. •It is the one and only Spirit who distributes all these gifts. He alone decides which gift each person should have.

One Body with Many Parts

12 •The human body has many parts, but the many parts make up one whole body. So it

---

11:33 Greek *brothers.*   12:1 Greek *brothers.*
12:8a   Or *gives a word of wisdom.*   12:8b   Or
gives a word of knowledge.   12:10 Or *in various
tongues;* also in 12:28, 30.

다.

14 몸은 하나의 지체가 아니라 많은 지체들로 이루어져 있습니다.

15 발이 "나는 손이 아니므로 몸의 일부가 아니다"라고 말한다고 해서 발이 몸의 일부분이 아니라고 하겠습니까?

16 귀가 "나는 눈이 아니므로 몸의 일부가 아니다"라고 말한다고 해서 몸의 일부분이 아니라고 하겠습니까?

17 온몸이 눈이라면 어떻게 듣겠습니까? 온몸이 귀라면 어떻게 냄새를 맡겠습니까?

18 그러나 사실 하나님께서는 그분이 원하시는 대로 몸 안에 각각 다른 기능을 하는 여러 지체를 두셨습니다.

19 모든 것이 하나의 지체뿐이라면 몸은 어디 있겠습니까?

20 그러나 지금 그런 것처럼 지체는 많아도 몸은 하나입니다.

21 눈이 손에게 "너는 내게 필요 없어!"라고 할 수 없으며, 머리가 발에게 "너는 내게 쓸데없어!"라고 말할 수 없습니다.

22 이와는 반대로 몸에서 더 약해 보이는 부분이 오히려 요긴하며,

23 몸에서 고귀하지 못하다고 생각하는 지체를 우리는 더욱 고귀하게 대하고 볼품없는 부분들을 더 품위 있게 꾸밉니다.

24 반면에 우리 몸 중에서 아름다워 보이는 부분들은 특별히 그럴 필요가 없습니다. 하나님께서는 몸의 지체들을 함께 모아 부족한 지체들에게 더욱 큰 영광을 주셨습니다.

25 그래서 우리 몸에 나뉨이 없게 하시고 몸의 여러 지체들이 서로 돌보며 살게 하셨습니다.

26 몸의 한 지체가 고통을 당하면 모든 지체가 함께 고통을 당하고, 한 지체가 영광을 받으면 모든 지체가 함께 기뻐합니다.

27 여러분들은 그리스도의 몸이며, 한 사람 한 사람은 그 몸의 지체입니다.

28 하나님께서 교회 안에 일할 사람들을 세우셨습니다. 첫째는 사도들이요, 둘째는 예언자들이요, 셋째는 교사들이요, 그 다음에는 기적을 행하는 사람이요, 또한 병 고치는 능력이 있는 사람들이요, 다른 사람들을 도와 주는 사람들이요, 또 지도력이 있는 사람들, 그리고 방언을 말하는 사람들입니다.

29 모든 사람이 다 사도이겠습니까? 모두가 예언자이겠습니까? 모두가 교사이겠습니까? 모든 사람이 기적을 행하는 사람이겠습니까?

30 또 모두가 병 고치는 능력이 있는 사람이겠습니까?

13 is with the body of Christ. •Some of us are Jews, some are Gentiles,* some are slaves, and some are free. But we have all been baptized into one body by one Spirit, and we all share the same Spirit.*

14 •Yes, the body has many different parts,

15 not just one part. •If the foot says, "I am not a part of the body because I am not a hand," that does not make it any less a part of the

16 body. •And if the ear says, "I am not part of the body because I am not an eye," would

17 that make it any less a part of the body? •If the whole body were an eye, how would you hear? Or if your whole body were an ear, how would you smell anything?

18 •But our bodies have many parts, and God has put each part just where he wants it.

19 •How strange a body would be if it had

20 only one part! •Yes, there are many parts,

21 but only one body. •The eye can never say to the hand, "I don't need you." The head can't say to the feet, "I don't need you."

22 •In fact, some parts of the body that seem weakest and least important are actually the

23 most necessary. •And the parts we regard as less honorable are those we clothe with the greatest care. So we carefully protect those

24 parts that should not be seen, •while the more honorable parts do not require this special care. So God has put the body together such that extra honor and care are given

25 to those parts that have less dignity. •This makes for harmony among the members, so

26 that all the members care for each other. •If one part suffers, all the parts suffer with it, and if one part is honored, all the parts are glad.

27 •All of you together are Christ's body,

28 and each of you is a part of it. •Here are some of the parts God has appointed for the church:

first are apostles,
second are prophets,
third are teachers,
then those who do miracles,
those who have the gift of healing,
those who can help others,
those who have the gift of leadership,
those who speak in unknown languages.

29 •Are we all apostles? Are we all prophets? Are we all teachers? Do we all have the

30 power to do miracles? •Do we all have the gift of healing? Do we all have the ability to

---

12:13a Greek *some are Greeks.*　12:13b Greek *we were all given one Spirit to drink.*

모두가 방언으로 말하는 사람이겠습니까? 모두가 방언을 통역하는 사람이겠습니까?
31 하지만 여러분들은 더 큰 선물을 받도록 간절히 구하십시오. 이제 나는 여러분에게 가장 좋은 길을 보여 드리겠습니다.

사랑이 가장 위대하다

13 내가 사람의 방언과 천사의 말을 하더라도 내게 사랑이 없다면, 나는 울리는 종과 시끄러운 꽹과리와 다를 게 없습니다.

2 내가 예언하는 선물을 받고, 모든 비밀과 모든 지식을 헤아리고, 또 산을 옮길 만한 믿음을 가지고 있다 하더라도 내게 사랑이 없다면, 나는 아무것도 아닙니다.

3 내가 내 모든 재산을 나누어 주고 내 몸을 불사르게 내어준다 하더라도 사랑이 없으면 내가 얻는 것은 아무것도 없습니다.

4 사랑은 오래 참습니다. 사랑은 친절합니다. 사랑은 시기하지 않습니다. 사랑은 자랑하지 않습니다. 사랑은 교만하지 않습니다.

5 사랑은 무례히 행동하지 않습니다. 사랑은 자기 유익을 구하지 않습니다. 사랑은 쉽게 성내지 않습니다. 사랑은 원한을 품지 않습니다.

6 사랑은 불의를 기뻐하지 않고 진리와 함께 기뻐합니다.

7 사랑은 모든 것을 덮어 주며, 모든 것을 믿으며, 모든 것을 소망하며, 모든 것을 견뎌 냅니다.

8 사랑은 영원합니다. 예언은 있다가 없고, 방언도 있다가 그치며, 지식도 있다가 사라질 것입니다.

9 우리가 지금은 부분적으로 알며, 부분적으로 예언하지만

10 완전한 것이 오면 부분적인 것은 사라지게 될 것이기 때문입니다.

11 내가 어렸을 때는 말하는 것이 어린아이와 같고, 생각하는 것이 어린아이와 같고, 깨닫는 것이 어린아이와 같았지만, 어른이 되어서는 유치한 것들을 버렸습니다.

12 지금은 우리가 거울을 통해 보는 것같이 희미하게 보지만, 그때에는 얼굴과 얼굴을 마주 보듯이 보게 될 것입니다. 지금은 우리가 부분적으로 알지만 그때에는 하나님께서 나를 아신 것처럼 완전하게 알게 될 것입니다.

13 그런즉 믿음, 소망, 사랑, 이 세 가지는 항상 있을 것인데, 그 중에서 가장 위대한 것은 사랑입니다.

예언과 방언 선물

14 여러분은 사랑을 추구하십시오, 영적인 선물을 간절히 바라되, 그 중에서도 특히 예언하기를 구하십시오.

2 방언을 말하는 사람은 사람에게 말하는 것이 아니

---

speak in unknown languages? Do we all have the ability to interpret unknown languages? Of course not! •So you should earnestly desire the most helpful gifts.

But now let me show you a way of life that is best of all.

Love Is the Greatest

13 If I could speak all the languages of earth and of angels, but didn't love others, I would only be a noisy gong or a clanging cymbal. •If I had the gift of prophecy, and if I understood all of God's secret plans and possessed all knowledge, and if I had such faith that I could move mountains, but didn't love others, I would 3 be nothing. •If I gave everything I have to the poor and even sacrificed my body, I could boast about it,* but if I didn't love others, I would have gained nothing.

4 •Love is patient and kind. Love is not 5 jealous or boastful or proud •or rude. It does not demand its own way. It is not irritable, 6 and it keeps no record of being wronged. •It does not rejoice about injustice but rejoices 7 whenever the truth wins out. •Love never gives up, never loses faith, is always hopeful, and endures through every circumstance.

8 •Prophecy and speaking in unknown languages* and special knowledge will become useless. But love will last forever! 9 •Now our knowledge is partial and incomplete, and even the gift of prophecy reveals 10 only part of the whole picture! •But when the time of perfection comes, these partial things will become useless.

11 •When I was a child, I spoke and thought and reasoned as a child. But when I grew up, 12 I put away childish things. •Now we see things imperfectly, like puzzling reflections in a mirror, but then we will see everything with perfect clarity.* All that I know now is partial and incomplete, but then I will know everything completely, just as God now knows me completely.

13 •Three things will last forever—faith, hope, and love—and the greatest of these is love.

Tongues and Prophecy

14 Let love be your highest goal! But you should also desire the special abilities the Spirit gives—especially the ability to 2 prophesy. •For if you have the ability to

13:3 Some manuscripts read *sacrificed my body to be burned.* 13:8 Or *in tongues.* 13:12 Greek *see face to face.*

라 하나님께 말하기 때문에, 그가 하는 말을 알아들을 수 있는 사람이 없습니다. 그 사람은 성령으로 하나님의 비밀들을 말하는 것입니다.

3 이와는 달리 예언하는 사람은 사람에게 말합니다. 그는 사람들에게 덕을 세우며, 용기를 북돋우고 위로를 주는 말을 합니다.

4 방언을 말하는 사람은 자기 자신에게만 덕을 세우지만, 예언하는 사람은 교회에 덕을 세웁니다.

5 나는 여러분 모두가 방언을 말하기를 원하지만, 더욱 원하는 것은 예언하는 것입니다. 교회에 덕을 세우기 위해서는, 통역하는 사람이 없다면 방언을 말하는 것보다는 예언하는 사람이 더 위대합니다.

6 성도 여러분, 내가 여러분에게 가서 방언으로 말하고, 계시나 지식이나 예언이나 교훈으로 말하지 않는다면, 방언으로 말하는 것이 여러분에게 무슨 유익이 되겠습니까?

7 마찬가지로 피리나 거문고와 같이 생명이 없는 악기가 악보대로 명확하게 구별되는 소리를 내지 않으면, 그것이 무엇을 연주하는지 어떻게 알겠습니까?

8 나팔수가 분명한 소리를 내지 않으면 누가 전투 준비를 할 수 있겠습니까?

9 이처럼 여러분도 방언으로 알아듣지 못하는 말을 하면, 여러분이 말하는 것을 어떻게 알아들을 수 있겠습니까? 그것은 단지 허공에다 대고 말하는 것에 불과합니다.

10 세상에는 여러 종류의 다양한 소리가 있고, 그 어느 것도 의미가 없는 소리는 없습니다.

11 내가 그 소리의 의미를 이해하지 못하면, 나는 그 사람에게 외국인이 되고, 그 사람도 내게 외국인이 될 것입니다.

12 여러분에게 있어서도 마찬가지입니다. 여러분이 영적인 선물을 간절히 바라고 있으니, 여러분은 교회에 덕을 세우는 선물을 넘치게 받을 수 있도록 힘쓰십시오.

13 이런 이유로, 방언으로 말하는 사람은 자기가 말하는 것을 통역할 수 있게 해 달라고 기도해야 합니다.

14 혹시 내가 방언으로 기도하게 된다면 내 영은 기도하지만, 내 마음은 아무런 열매가 없습니다.

15 그렇다면 어떻게 하면 좋겠습니까? 나는 영으로 기도하면서 마음으로도 기도하겠습니다. 또, 영으로 찬양하면서 마음으로도 찬양하겠습니다.

16 그렇지 않고 여러분이 영으로만 하나님께 감사한다면, 거기에 참석한 초심자가 여러분의 말을 알아듣지 못하는데 어떻게 여러분이 드린 감사에 "아멘"이라고 말하겠습니까?

speak in tongues,* you will be talking only to God, since people won't be able to understand you. You will be speaking by the power of the Spirit,* but it will all be mysterious. •But one who prophesies strengthens others, encourages them, and comforts them. •A person who speaks in tongues is strengthened personally, but one who speaks a word of prophecy strengthens the entire church.

5 •I wish you could all speak in tongues, but even more I wish you could all prophesy. For prophecy is greater than speaking in tongues, unless someone interprets what you are saying so that the whole church will be strengthened.

6 •Dear brothers and sisters,* if I should come to you speaking in an unknown language,* how would that help you? But if I bring you a revelation or some special knowledge or prophecy or teaching, that will be helpful. •Even lifeless instruments like the flute or the harp must play the notes clearly, or no one will recognize the melody.

8 •And if the bugler doesn't sound a clear call, how will the soldiers know they are being called to battle?

9 •It's the same for you. If you speak to people in words they don't understand, how will they know what you are saying? You might as well be talking into empty space.

10 •There are many different languages in the world, and every language has meaning.

11 •But if I don't understand a language, I will be a foreigner to someone who speaks it, and the one who speaks it will be a foreigner to me. •And the same is true for you. Since you are so eager to have the special abilities the Spirit gives, seek those that will strengthen the whole church.

13 •So anyone who speaks in tongues should pray also for the ability to interpret what has been said. •For if I pray in tongues, my spirit is praying, but I don't understand what I am saying.

15 •Well then, what shall I do? I will pray in the spirit,* and I will also pray in words I understand. I will sing in the spirit, and I will also sing in words I understand. •For if you praise God only in the spirit, how can those

---

14:2a Or *in unknown languages;* also in 14:4, 5, 13, 14, 18, 22, 26, 27, 28, 39.　14:2b Or *Speaking in your spirit.*　14:6a Greek *brothers;* also in 14:20, 26, 39.　14:6b Or *in tongues;* also in 14:19, 23.　14:15 Or *in the Spirit;* also in 14:15b, 16.

17 여러분이 감사한 것 자체는 잘한 일이었는지 몰라도 다른 사람에게는 덕을 세우지 못하는 것입니다.

18 나는 내가 여러분 중의 어느 누구보다도 더 많이 방언을 말하는 것으로 인해 하나님께 감사드립니다.

19 그러나 나는 교회에서 방언으로 만 마디를 말하는 것보다 알아들을 수 있는 언어로 다섯 마디를 말하기를 원합니다.

20 성도 여러분, 생각하는 데 있어서는 어린아이가 되지 마십시오. 악에 대해서는 갓난아이가 되어야 하겠지만, 생각하는 데 있어서는 어른이 되어야 합니다.

21 율법에 이런 기록이 있습니다. 주님께서 말씀하시기를, "다른 방언하는 사람들과 외국인의 입술을 통해 이 백성에게 말할지라도 저희가 오히려 나의 말을 듣지 않을 것이다."*

22 그러므로 방언은 믿는 사람들이 아니라 믿지 않는 사람들을 위해 주신 표적이지만, 예언은 믿지 않는 사람들이 아니라 믿는 사람들을 위해 주신 것입니다.

23 만일 모든 교회가 한 자리에 모여서 저마다 방언으로 말한다면, 깨달음이 적은 사람이나 믿지 않는 사람이 교회에 들어와서는 여러분을 정신 나갔다고 하지 않겠습니까?

24 그러나 모든 사람이 예언하고 있는데 믿지 않는 사람이나 깨달음이 적은 사람이 들어오면 그들은 모든 사람들에 의해 자기가 죄인이라는 책망을 받고 모든 사람들에게 심판을 받아,

25 그 사람 속에 감춰진 것들이 백일하에 드러날 것이며, 그 사람은 무릎을 꿇고 하나님을 경배하며 "참으로 하나님께서 여러분 가운데 계십니다"라고 외칠 것입니다.

교회 안에서 질서대로 행하기

26 성도 여러분, 어떻게 하면 좋겠습니까? 여러분이 함께 모일 때, 어떤 사람에게는 찬송할 것이 있고, 어떤 사람은 가르칠 것이 있고, 또 다른 사람에게는 계시가 있고, 방언도 있고, 통역하는 것도 있을 것입니다. 이 모든 것은 교회의 덕이 되게 행하십시오.

27 누군가 방언을 말하게 되는 경우, 두 사람 혹은 기껏해야 세 사람 정도만 말하게 하십시오. 그것도 한번에 한 사람씩 말하고, 한 사람은 통역을 하십시오.

28 통역하는 사람이 없으면 교회에서는 방언을 하지 말고, 자기 자신과 하나님께만 말하십시오.

29 예언하는 사람의 경우에는 두세 명이 말하고, 다른 사람은 그들이 말하는 것을 분별하도록 하십

who don't understand you praise God along with you? How can they join you in giving thanks when they don't understand what you 17 are saying? •You will be giving thanks very well, but it won't strengthen the people who hear you.

18 •I thank God that I speak in tongues more 19 than any of you. •But in a church meeting I would rather speak five understandable words to help others than ten thousand words in an unknown language.

20 •Dear brothers and sisters, don't be childish in your understanding of these things. Be innocent as babies when it comes to evil, but 21 be mature in understanding matters of this kind. •It is written in the Scriptures*:

> "I will speak to my own people
> through strange languages
> and through the lips of foreigners.
> But even then, they will not listen to me,"*
> says the LORD.

22 •So you see that speaking in tongues is a sign, not for believers, but for unbelievers. Prophecy, however, is for the benefit of believ- 23 ers, not unbelievers. •Even so, if unbelievers or people who don't understand these things come into your church meeting and hear everyone speaking in an unknown language, 24 they will think you are crazy. •But if all of you are prophesying, and unbelievers or people who don't understand these things come into your meeting, they will be convicted of sin 25 and judged by what you say. •As they listen, their secret thoughts will be exposed, and they will fall to their knees and worship God, declaring, "God is truly here among you."

A Call to Orderly Worship

26 •Well, my brothers and sisters, let's summa- rize. When you meet together, one will sing, another will teach, another will tell some spe- cial revelation God has given, one will speak in tongues, and another will interpret what is said. But everything that is done must strengthen all of you.

27 •No more than two or three should speak in tongues. They must speak one at a time, and someone must interpret what they say.

28 •But if no one is present who can interpret, they must be silent in your church meeting and speak in tongues to God privately.

29 •Let two or three people prophesy, and let

14:21a Greek *in the law*.   14:21b Isa 28:11-12.
14:21 사 28:11-12에 기록되어 있다.

30 그러나 만일 앉아 있는 다른 사람에게 계시가 내리면, 먼저 예언하던 사람은 예언을 그쳐야 합니다.

31 이래야 여러분 모두가 차례대로 예언할 수 있게 되어 모든 사람들이 교훈과 격려를 받게 됩니다.

32 예언자들의 영은 예언자들의 자기 절제에 의해 통제를 받습니다.

33 하나님은 무질서의 하나님이 아니라 평화의 하나님이십니다. 성도들의 모든 교회에서 그렇게 하듯이,

34 여자는 교회에서 말 없이 있어야 합니다. 여자들이 말하는 것은 허락되지 않았습니다. 율법에서 말하듯이 여자들은 복종해야 합니다.

35 혹시 배우고 싶은 것이 있으면, 집에서 자기 남편들에게 물어 보십시오. 여자가 교회에서 말하는 것은 여자 자신에게 부끄러운 일입니다.

36 하나님의 말씀이 여러분에게서 나왔습니까? 아니면, 하나님의 말씀이 여러분에게만 내렸습니까?

37 누구든지 자기를 예언자나 영적인 선물을 받은 자로 생각하는 사람이 있으면, 내가 여러분에게 쓴 것이 주님의 계명이라는 것을 명심하십시오.

38 이러한 사실을 인정하지 않는 사람은, 자신도 인정받지 못할 것입니다.

39 그러므로 나의 성도 여러분, 예언하기를 간절히 바라십시오. 그리고 방언으로 말하는 것을 막지 마십시오.

40 다만 모든 것을 적당하게 하고 질서 있게 하십시오.

그리스도의 부활

15 성도 여러분, 내가 여러분에게 전파한 복음에 대해 여러분에게 알려 드리려고 합니다. 여러분이 받아 그 안에 굳게 선 복음 말입니다.

2 내가 여러분에게 전파한 말씀을 굳게 붙잡고 헛되이 믿지 않으면, 여러분은 이 복음으로 구원을 얻습니다.

3 내가 받은 가장 중요한 것을 여러분에게 전해 주었습니다. 그리스도께서 성경에 기록된 대로 우리 죄를 위해 죽으신 것과

4 장사지낸 바 되었다가 성경에 기록된 대로 삼 일 만에 다시 살아나셨다는 것과

5 그리고는 베드로에게 나타나시고, 그 후에 열두 제자에게 나타나시고,

6 그 후에 한번에 오백 명이 넘는 사람들에게도 나타나셨다는 사실입니다. 그 사람들 중에는 이미 죽은 사람들도 있지만, 대부분은 아직도 살아 있습니다.

---

30 the others evaluate what is said. •But if someone is prophesying and another person receives a revelation from the Lord, the one 31 who is speaking must stop. •In this way, all who prophesy will have a turn to speak, one after the other, so that everyone will learn and 32 be encouraged. •Remember that people who prophesy are in control of their spirit and can 33 take turns. •For God is not a God of disorder but of peace, as in all the meetings of God's holy people.*

34 •Women should be silent during the church meetings. It is not proper for them to speak. They should be submissive, just as the 35 law says. •If they have any questions, they should ask their husbands at home, for it is improper for women to speak in church meetings.*

36 •Or do you think God's word originated with you Corinthians? Are you the only ones 37 to whom it was given? •If you claim to be a prophet or think you are spiritual, you should recognize that what I am saying is a command 38 from the Lord himself. •But if you do not recognize this, you yourself will not be recognized.*

39 •So, my dear brothers and sisters, be eager to prophesy, and don't forbid speaking in 40 tongues. •But be sure that everything is done properly and in order.

The Resurrection of Christ

15 Let me now remind you, dear brothers and sisters,* of the Good News I preached to you before. You welcomed it 2 then, and you still stand firm in it. •It is this Good News that saves you if you continue to believe the message I told you—unless, of course, you believed something that was never true in the first place.*

3 •I passed on to you what was most important and what had also been passed on to me. Christ died for our sins, just as the Scriptures 4 said. •He was buried, and he was raised from the dead on the third day, just as the Scriptures 5 said. •He was seen by Peter* and then by the 6 Twelve. •After that, he was seen by more than 500 of his followers* at one time, most of whom are still alive, though some have died.

14:33 The phrase as in all the meetings of God's holy people could instead be joined to the beginning of 14:34.   14:35 Some manuscripts place verses 34-35 after 14:40.   14:38 Some manuscripts read If you are ignorant of this, stay in your ignorance.   15:1 Greek brothers; also in 15:31, 50, 58.   15:2 Or unless you never believed it in the first place.   15:5 Greek Cephas.   15:6 Greek the brothers.

7 그 후에 야고보에게, 그 다음에 모든 사도들에게 나타나시고,

8 맨 마지막으로 조산아와 같은 나에게도 나타나셨습니다.

9 나는 모든 사도들 중에서 가장 작은 사람입니다. 나는 과거에 하나님의 교회를 핍박했던 사람이기 때문에 사도라고 불릴 자격이 없습니다.

10 그러나 지금의 나는 하나님의 은혜로 된 것이므로 내게 베푸신 그분의 은혜가 헛되지 않습니다. 나는 다른 사도들보다 더 열심히 일하였습니다. 그러나 그 일은 내가 한 것이 아니라 나와 함께하시는 하나님의 은혜로 한 것이었습니다.

11 내가 되었든지 아니면 그 사람들이 되었든지 간에 우리가 전파한 복음은 이런 내용이고, 여러분은 이 것을 믿었습니다.

죽은 자들의 부활

12 그리스도께서 죽은 자들 가운데서 다시 살아나셨다고 우리가 전파하는데, 여러분 중에서 죽은 자들의 부활이 없다고 말하는 사람이 있는 것은 어찌된 일입니까?

13 죽은 자들의 부활이 없다면, 그리스도께서도 다시 살아나지 못하셨을 것입니다.

14 그리고 그리스도께서 다시 살아나지 못하셨다면, 우리가 전파한 복음도 헛되며 여러분의 믿음도 헛될 것입니다.

15 그뿐만이 아닙니다. 우리는 하나님께서 그리스도를 다시 살리셨다고 그분에 대해 증언했으니, 하나님에 대해 거짓 증언한 사람들로 판명될 것입니다. 죽은 자들이 다시 살아나지 못한다면, 하나님께서 그리스도를 다시 살리지 않았을 것입니다.

16 참으로 죽은 자들이 다시 살아나는 일이 없다면 그리스도께서도 다시 살아나지 못했을 것입니다.

17 그리고 그리스도께서 살아나지 않으셨다면 믿음은 공허한 것이 될 뿐더러 여러분은 여전히 죄 가운데 있을 것입니다.

18 그렇게 되면 그리스도를 믿다가 죽은 사람들도 멸망했을 것입니다.

19 우리가 그리스도 안에서 소망하는 것이 이 세상 삶에 그친다면, 우리는 이 세상 어느 누구보다도 불쌍한 사람들일 것입니다.

20 그러나 이제 그리스도께서는 죽은 자들 가운데서 다시 살아나, 잠자는 자들의 첫 열매가 되셨습니다.

21 죽음이 한 사람을 통해 온 것처럼 죽은 자들의 부활도 한 사람을 통해 옵니다.

22 아담 안에서 모든 사람이 죽은 것같이 그리스도 안에서 모든 사람이 생명을 얻게 될 것입니다.

23 하지만 각각 차례가 있습니다. 첫 열매이신 그리스도께서 먼저요, 그 다음에는 그리스도께서 재림하

---

7 •Then he was seen by James and later by all
8 the apostles. •Last of all, as though I had
been born at the wrong time, I also saw him.
9 •For I am the least of all the apostles. In fact,
I'm not even worthy to be called an apostle
after the way I persecuted God's church.
10 •But whatever I am now, it is all because
God poured out his special favor on me—
and not without results. For I have worked
harder than any of the other apostles; yet it
was not I but God who was working through
11 me by his grace. •So it makes no difference
whether I preach or they preach, for we all
preach the same message you have already
believed.

The Resurrection of the Dead

12 •But tell me this—since we preach that
Christ rose from the dead, why are some of
you saying there will be no resurrection of
13 the dead? •For if there is no resurrection of
the dead, then Christ has not been raised
14 either. •And if Christ has not been raised,
then all our preaching is useless, and your
15 faith is useless. •And we apostles would all
be lying about God—for we have said that
God raised Christ from the grave. But that
can't be true if there is no resurrection of the
16 dead. •And if there is no resurrection of the
17 dead, then Christ has not been raised. •And
if Christ has not been raised, then your faith
is useless and you are still guilty of your sins.
18 •In that case, all who have died believing in
19 Christ are lost! •And if our hope in Christ is
only for this life, we are more to be pitied
than anyone in the world.

20 •But in fact, Christ has been raised from
the dead. He is the first of a great harvest of
all who have died.
21 •So you see, just as death came into the
world through a man, now the resurrection
from the dead has begun through another
22 man. •Just as everyone dies because we all
belong to Adam, everyone who belongs to
23 Christ will be given new life. •But there is an
order to this resurrection: Christ was raised as
the first of the harvest; then all who belong
to Christ will be raised when he comes back.

---

evaluate [ivǽljuèit] *vt.* 평가하다
forbid [fərbíd] *vt.* 금하다; 방해하다
originate [ərídʒənèit] *vi.* 비롯하다, 생기다
persecute [pə́ːrsikjùːt] *vt.* 핍박하다
pitied [pítid] *a.* 불쌍한
resurrection [rèzərékʃən] *n.* 부활
submissive [səbmísiv] *a.* 복종하는
14:32 take turns : 교대로 하다
15:2 in the first place : 애당초, 처음부터

실 때, 그리스도께 속한 사람들입니다.

24 그리고 나서 그리스도께서 모든 권력과 모든 권세와 능력을 멸하고, 나라를 하나님 아버지께 돌려드릴 마지막 때가 올 것입니다.

25 그리스도께서는 모든 원수를 자기의 발 아래 두실 때까지 당연히 왕 노릇 해야 합니다.

26 그리스도께 멸망받을 마지막 원수는 죽음입니다.

27 성경에 "하나님께서 모든 것을 그분의 발 아래 복종시키셨다"*라고 기록되어 있습니다. 여기서 모든 것을 그분의 발 아래 복종시킨다고 할 때는, 모든 것을 그리스도 아래 두신 하나님 자신은 그 안에 포함되지 않는다는 것이 분명합니다.

28 하나님께서 모든 것을 하나님의 아들 아래 복종시키실 때에는, 아들 자신도 모든 것을 자기 아래 두신 아버지께 복종할 것입니다. 그리하여 하나님께서 우주의 주님으로서 만물을 지배하실 것입니다.

29 죽은 자들이 다시 살아나는 일이 없다면 죽은 자들을 위해 대리로 세례를 받는 사람들은 왜 세례를 받는 것입니까? 죽은 사람들이 도무지 살아나지 않는다면 그 사람들이 죽은 자들을 위해 세례를 받는 이유는 무엇입니까?

30 우리의 경우는 어떻습니까? 우리는 무슨 이유로 매 순간 위험에 처한단 말입니까?

31 성도 여러분, 우리 주 예수 그리스도 안에서 내가 여러분에 대해 가지고 있는 자랑을 두고 확신 있게 말합니다만, 나는 날마다 죽습니다.

32 내가 에베소에서 사나운 짐승들과 싸운 것이 단순히 인간적인 이유에서였다면 내가 얻은 것이 무엇이겠습니까? 죽은 자들이 다시 살아나는 일이 없다면 "먹고 마시자, 내일이면 죽을 목숨"이라고 하지 않겠습니까?

33 속지 마십시오. "나쁜 친구를 사귀면 좋은 습관도 나쁘게 됩니다."

34 정신을 똑바로 차리고 죄짓지 마십시오. 여러분 중에 하나님에 대해 무지한 사람들이 더러 있어서, 여러분이 부끄러운 줄을 알라고 이 말을 하는 것입니다.

부활의 몸

35 그러나 "죽은 자들이 어떻게 다시 살아나며, 또 그들은 어떤 몸으로 나오게 되느냐?"라고 묻는 사람이 있을 것입니다.

36 참으로 어리석습니다. 여러분이 뿌리는 씨는 죽지 않으면 살아나지 못합니다.

37 여러분이 뿌리는 것은 다 자란 몸이 아니라 밀이든 그 밖에 다른 곡식이든 단지 그 씨일 뿐입니다.

38 그러나 하나님께서는 그분의 계획대로 뿌린 것에 몸을 주시며, 씨앗 하나하나에 각각 알맞은 몸을 주십니다.

24 ●After that the end will come, when he will turn the Kingdom over to God the Father, having destroyed every ruler and authority and power. 25 ●For Christ must reign until he humbles all his enemies beneath his feet. 26 ●And the last enemy to be destroyed is death. 27 ●For the Scriptures say, "God has put all things under his authority."* (Of course, when it says "all things are under his authority," that does not include God himself, who gave Christ his authority.) 28 ●Then, when all things are under his authority, the Son will put himself under God's authority, so that God, who gave his Son authority over all things, will be utterly supreme over everything everywhere.

29 ●If the dead will not be raised, what point is there in people being baptized for those who are dead? Why do it unless the dead will someday rise again? 30 ●And why should we ourselves risk our lives hour by hour? 31 ●For I swear, dear brothers and sisters, that I face death daily. This is as certain as my pride in what Christ Jesus our Lord has done in you. 32 ●And what value was there in fighting wild beasts—those people of Ephesus*—if there will be no resurrection from the dead? And if there is no resurrection, "Let's feast and drink, for tomorrow we die!"* 33 ●Don't be fooled by those who say such things, for "bad company corrupts good character." 34 ●Think carefully about what is right, and stop sinning. For to your shame I say that some of you don't know God at all.

The Resurrection Body

35 ●But someone may ask, "How will the dead be raised? What kind of bodies will they have?" 36 ●What a foolish question! When you put a seed into the ground, it doesn't grow into a plant unless it dies first. 37 ●And what you put in the ground is not the plant that will grow, but only a bare seed of wheat or 38 whatever you are planting. ●Then God gives it the new body he wants it to have. A differ-

---

corrupt [kərʌ́pt] *vt.* 타락시키다
humble [hʌ́mbl] *vt.* (교만, 권위 등을) 꺾다
mortal [mɔ́ːrtl] *a.* 죽어야 할 운명의
supreme [supríːm] *a.* 최고의
swallow [swálou] *vi.* 삼키다
transform [trænsfɔ́ːrm] *vt.* 변모시키다
15:24 turn ~ over to … : ~을 …에게 넘겨주다

15:27 Ps 8:6.　**15:32a** Greek *fighting wild beasts in Ephesus.*　**15:32b** Isa 22:13.
15:27 시 8:6에 기록되어 있다.

39 모든 육체가 똑같지는 않습니다. 사람의 육체가 있고, 동물의 육체가 있으며, 새의 육체가 있고, 물고기의 육체가 있습니다.

40 또한 하늘에 속한 몸만 있는 것이 아니라 땅에 속한 몸도 있습니다. 그러나 하늘에 속한 영광과 땅에 속한 영광이 각각 다릅니다.

41 해와 달과 별의 영광이 각각 다르고, 별들 사이에서도 그 영광은 각기 다릅니다.

42 죽은 자들의 부활도 이와 같습니다. 썩을 몸을 심지만, 썩지 않을 몸으로 다시 살아납니다.

43 비천한 몸을 심지만, 영광스런 몸으로 다시 살아납니다. 또한 약한 몸을 심지만, 능력 있는 몸으로 다시 살아납니다.

44 자연적인 몸을 심지만, 영적인 몸으로 다시 살아납니다. 자연적인 몸이 존재한다면, 영적인 몸도 존재합니다.

45 성경에 "첫 사람 아담이 살아 있는 존재가 되었다"*고 기록된 것처럼 마지막 아담은 생명을 주는 영이 되었습니다.

46 그러나 신령한 몸이 먼저 있었던 것은 아닙니다. 자연적인 몸이 먼저 있었고, 그 후에 신령한 몸이 왔습니다.

47 첫 사람은 땅의 흙에서 나왔고, 둘째 사람은 하늘에서 났습니다.

48 땅에 속한 사람들은 땅에 속한 그 사람과 같고, 하늘에 속한 사람들은 하늘에 속한 그분과 같습니다.

49 우리가 땅에 속한 사람의 형상을 지니고 있는 것처럼 하늘에 속한 분의 형상을 지니게 될 것입니다.

50 성도 여러분, 내가 분명히 선언하거니와 육체와 피는 하나님의 나라를 상속받을 수 없으며, 썩는 것은 썩지 아니하는 것을 상속받을 수 없습니다.

51 내가 여러분에게 비밀을 알려 드리겠습니다. 우리는 다 잠잘 것이 아니라 변화될 것입니다.

52 마지막 나팔 소리가 울릴 때, 눈 깜짝할 사이에 죽은 자들이 썩지 않을 몸으로 다시 살아나며, 우리는 변화될 것입니다.

53 썩을 몸은 반드시 썩지 않을 몸을 입어야 하며, 죽을 몸은 죽지 않을 몸을 입어야 합니다.

54 썩을 몸이 썩지 않을 몸을 입고, 죽을 몸이 죽지 않을 몸을 입게 되면 "승리가 죽음을 삼켜 버렸다"*고 기록된 말씀이 사실로 드러나게 될 것입니다.

55 "죽음아! 너의 승리가 어디 있느냐? 죽음아! 너의 찌르는 것이 어디 있느냐?"*

---

39 ent plant grows from each kind of seed. •Similarly there are different kinds of flesh—one kind for humans, another for animals, another for birds, and another for fish.

40 •There are also bodies in the heavens and bodies on the earth. The glory of the heavenly bodies is different from the glory of the earthly bodies.

41 •The sun has one kind of glory, while the moon and stars each have another kind. And even the stars differ from each other in their glory.

42 •It is the same way with the resurrection of the dead. Our earthly bodies are planted in the ground when we die, but they will be raised to

43 live forever. •Our bodies are buried in brokenness, but they will be raised in glory. They are buried in weakness, but they will be raised in strength.

44 •They are buried as natural human bodies, but they will be raised as spiritual bodies. For just as there are natural bodies, there are also spiritual bodies.

45 •The Scriptures tell us, "The first man, Adam, became a living person."* But the last Adam—

46 that is, Christ—is a life-giving Spirit. •What comes first is the natural body, then the spiritual

47 body comes later. •Adam, the first man, was made from the dust of the earth, while Christ, the

48 second man, came from heaven. •Earthly people are like the earthly man, and heavenly people are

49 like the heavenly man. •Just as we are now like the earthly man, we will someday be like* the heavenly man.

50 •What I am saying, dear brothers and sisters, is that our physical bodies cannot inherit the Kingdom of God. These dying bodies cannot inherit what will last forever.

51 •But let me reveal to you a wonderful secret. We will not all die, but we will all be transformed!

52 •It will happen in a moment, in the blink of an eye, when the last trumpet is blown. For when the trumpet sounds, those who have died will be

53 raised to live forever. And we who are living will also be transformed. •For our dying bodies must be transformed into bodies that will never die; our mortal bodies must be transformed into immortal bodies.

54 •Then, when our dying bodies have been transformed into bodies that will never die,* this Scripture will be fulfilled:

"Death is swallowed up in victory.*

55 • O death, where is your victory?

15:45 Gen 2:7.   **15:49** Some manuscripts read *let us be like.*   **15:54a** Some manuscripts add *and our mortal bodies have been transformed into immortal bodies.*   **15:54b** Isa 25:8.

15:45 창 2:7에 기록되어 있다.
15:54 사 25:8에 기록되어 있다.
15:55 호 13:14에 기록되어 있다.

56 죽음이 찌르는 것은 죄이며, 죄의 힘은 율법입니다.

57 그러나 우리 주 예수 그리스도를 통해 우리에게 승리를 주시는 하나님께 감사합니다.

58 그러므로 나의 사랑하는 성도 여러분, 굳게 서서 흔들리지 말고 항상 주님의 일을 위해 자신을 드리십시오. 주님을 위해 일한 여러분의 수고는 결코 헛되지 않는 것임을 기억하시기 바랍니다.

예루살렘 교회를 위한 헌금

16 이제 성도들을 돕기 위한 헌금에 대해 말하고자 합니다. 내가 갈라디아의 여러 교회에게 지시한 대로 여러분도 그렇게 하십시오.

2 여러분은 매주 첫날 각자 할 수 있는 대로 자기 수입에 따라 얼마씩을 저축해 두십시오. 그리하여 내가 여러분에게 갈 때, 헌금을 하느라고 마음 쓰는 일이 없게 하십시오.

3 내가 그곳에 가게 되면 여러분이 인정하는 사람에게 내가 소개장을 주어 그가 여러분이 모은 선물을 예루살렘으로 가져가게 하겠습니다.

4 만일 나도 가는 것이 더 좋다면, 그들은 나와 함께 갈 것입니다.

바울의 여행 계획

5 나는 마케도니아에 갈 일이 있으니 그곳에 들렀다가 여러분에게 가려고 합니다.

6 여러분에게 가면 나는 얼마 동안, 여러분과 함께 지낼 것 같습니다. 어쩌면 그곳에서 겨울을 날지도 모르겠습니다. 그런 뒤에 다음 목적지가 어디든지 간에 여러분이 그리로 나를 보내 주시기 바랍니다.

7 나는 지금 지나가는 길에 잠깐 들러 여러분을 보려는 것이 아닙니다. 주님이 허락하신다면 한동안, 여러분과 함께 지내고 싶습니다.

8 그러나 오순절까지는 에베소에 머물 예정입니다.

9 나를 대적하는 자들이 많기는 하지만 많은 일을 할 수 있는 큰 문이 내게 열려 있기 때문입니다.

10 디모데가 그리로 가면 여러분과 지내는 동안, 아무런 두려움이 없게 해 주십시오. 디모데는 나와마찬가지로 주님을 위해 일하는 사람입니다.

11 그러니 아무도 그를 업신여기지 마십시오. 디모데가 평안한 마음으로 내게 돌아오게 해 주십시오. 나는 다른 성도들과 함께 디모데를 기다리고 있습니다.

12 형제 아볼로에 대해서 말씀드립니다. 나는 아볼로에게 성도 여러 명과 함께 여러분을 방문하라고 몇 번 권했으나, 지금은 가고 싶은 마음이 없는 것 같습니다. 그러나 아볼로는 기회가 되면 여러분을 보러 갈 것입니다.

개인적인 부탁과 마지막 인사

13 깨어 믿음에 굳게 서서 용감하고 강건하십시오.

14 모든 일을 사랑으로 하십시오.

O death, where is your sting?*

56 • For sin is the sting that results in death, and the law gives sin its power. • But thank God! He gives us victory over sin and death through our Lord Jesus Christ.

58 • So, my dear brothers and sisters, be strong and immovable. Always work enthusiastically for the Lord, for you know that nothing you do for the Lord is ever useless.

The Collection for Jerusalem

16 Now regarding your question about the money being collected for God's people in Jerusalem. You should follow the same procedure I gave to the churches in Galatia. • On the first day of each week, you should each put aside a portion of the money you have earned. Don't wait until I get there and then try to collect it all at once. 3 • When I come, I will write letters of recommendation for the messengers you choose to 4 deliver your gift to Jerusalem. • And if it seems appropriate for me to go along, they can travel with me.

Paul's Final Instructions

5 • I am coming to visit you after I have been to Macedonia,* for I am planning to travel 6 through Macedonia. • Perhaps I will stay awhile with you, possibly all winter, and then you can send me on my way to my 7 next destination. • This time I don't want to make just a short visit and then go right on. I want to come and stay awhile, if the Lord 8 will let me. • In the meantime, I will be staying here at Ephesus until the Festival of 9 Pentecost. • There is a wide-open door for a great work here, although many oppose me.

10 • When Timothy comes, don't intimidate him. He is doing the Lord's work, just as I 11 am. • Don't let anyone treat him with contempt. Send him on his way with your blessing when he returns to me. I expect him to come with the other believers.*

12 • Now about our brother Apollos—I urged him to visit you with the other believers, but he was not willing to go right now. He will see you later when he has the opportunity.

13 • Be on guard. Stand firm in the faith. Be 14 courageous.* Be strong. • And do everything

---

intimidate [intímədèit] *vt.* 겁주다
procedure [prəsíːdʒər] *n.* 절차

15:55 Hos 13:14 (Greek version).   16:5 *Macedonia* was in the northern region of Greece.
16:11 Greek *with the brothers;* also in 16:12.
16:13 Greek *Be men.*

15 내가 여러분께 권합니다. 여러분도 아시겠지만, 스데바나 집안 사람들은 아가야 지방에서 제일 먼저 그리스도인이 된 가정이며, 성도들을 섬기는 일에 헌신한 사람들입니다.

16 여러분은 이런 사람들과 또 그들과 함께 수고하는 모든 사람들에게 순종하십시오.

17 스데바나와 브드나도와 아가이고가 와서 나는 참 기쁩니다. 여러분을 만나지 못해 아쉬웠던 것을 이 사람들이 충족시켜 주었기 때문입니다.

18 이 세 사람들은 내 마음과 여러분의 마음을 상쾌하게 해 주었습니다. 여러분은 이런 사람들을 알아주시기 바랍니다.

19 아시아의 여러 교회가 여러분에게 문안드립니다. 아굴라와 브리스가 다함께 이 두 사람의 집에 모이는 교회가 주님 안에서 여러분에게 진심어린 문안 인사를 드립니다.

20 이곳에 있는 모든 성도들이 문안드립니다. 여러분은 거룩한 입맞춤으로 인사를 나누십시오.

21 나 바울은 이 마지막 인사를 내 손으로 직접 쓰고 있습니다.

22 주님을 사랑하지 않는 사람이 있다면, 그 사람에게 하나님의 저주가 임할 것입니다. 주님, 오십시오!*

23 주 예수님의 은혜가 여러분과 함께하시기를 바랍니다.

24 나의 사랑이 그리스도 예수 안에서 여러분 모두에게 있기를 기원합니다. 아멘.

with love.

15 •You know that Stephanas and his household were the first of the harvest of believers in Greece,* and they are spending their lives in service to God's people. I urge

16 you, dear brothers and sisters,* •to submit to them and others like them who serve with

17 such devotion. •I am very glad that Stephanas, Fortunatus, and Achaicus have come here. They have been providing the

18 help you weren't here to give me. •They have been a wonderful encouragement to me, as they have been to you. You must show your appreciation to all who serve so well.

Paul's Final Greetings

19 •The churches here in the province of Asia* send greetings in the Lord, as do Aquila and Priscilla* and all the others who gather in

20 their home for church meetings. •All the brothers and sisters here send greetings to you. Greet each other with a sacred kiss.

21 •HERE IS MY GREETING IN MY OWN HANDWRITING—PAUL.

22 •If anyone does not love the Lord, that person is cursed. Our Lord, come!*

23 •May the grace of the Lord Jesus be with you.

24 •My love to all of you in Christ Jesus.*

16:15a Greek *in Achaia*, the southern region of the Greek peninsula.　16:15b Greek *brothers;* also in 16:20.　16:19a *Asia* was a Roman province in what is now western Turkey. 16:19b Greek *Prisca*.　16:22 From Aramaic, *Marana tha*. Some manuscripts read *Maran atha*, "Our Lord has come."　16:24 Some manuscripts add *Amen*.
16:22 아람어로 '마라나타' 이다.

고린도후서

서 론

✛ 저자 _ 사도 바울
✛ 저작 연대 _ A.D. 55년 가을이나 A.D. 56년 봄
✛ 기록 장소 _ 마케도니아
✛ 기록 대상 _ 고린도 교회의 성도들
✛ 기록 목적 _ 사도 바울이 자신의 사도권을 변증함으로써 거짓 교사들의 악한 선동을 물리치고 자신에 대한 고린도 교회 성도들의 오해를 풀어 주기 위해, 그리고 기근을 당한 예루살렘 교회를 위한 헌금을 모으기 위해서도 기록하였다.

인사

1 하나님의 뜻에 의해 그리스도 예수의 사도가 된 나 바울과 형제 디모데는 고린도에 있는 하나님의 교회와 아가야 전 지역에 있는 모든 성도들에게 이 편지를 씁니다.

2 하나님 우리 아버지와 주 예수 그리스도께서 내리시는 은혜와 평강이 여러분에게 있기를 빕니다.

환난 후에 드리는 감사

3 우리 주 예수 그리스도의 하나님과 아버지를 찬송합니다. 그분은 인자하신 아버지이시며, 모든 위로의 아버지이십니다.

4 하나님은 우리가 여러 가지 환난을 당할 때 위로해 주셔서, 우리가 하나님께 받은 위로로써 여러 환난을 당한 사람들을 위로할 수 있게 하셨습니다.

5 그리스도의 고난이 우리에게 넘쳐나는 것처럼, 그리스도로 말미암아 받는 우리의 위로도 넘치게 되었습니다.

6 우리가 환난을 당한다면, 이것은 여러분을 위로하고 구원받게 하기 위한 것입니다. 우리가 위로를 받는다면, 그것도 여러분을 위로해 주기 위한 것입니다. 이 위로로 여러분은 우리가 당하는 고난과 동일한 고난을 받을 때에 오래 참습니다.

7 여러분을 향한 우리의 소망은 확고합니다. 왜냐하면 여러분이 우리가 당하는 고난에 참여한 것처럼 우리가 받는 위로에도 참여하고 있음을 알기 때문입니다.

8 성도 여러분, 우리가 아시아 지방에서 당한 환난을 여러분이 알아 주시기를 원합니다. 우리는 감당하기 어려운 환난을 당해, 삶의 소망조차 없었습니다.

9 마음속으로는 사망 선고를 받았다는 느낌마저 들었습니다. 그러나 이렇게 된 것은 우리 자신을 의지하지 않고, 죽은 자를 살리시는 하나님을 의지하도록 하기 위해서였습니다.

10 하나님께서는 이렇게 무서운 죽음의 위기에서 우리를 구원하셨으며, 앞으로도 구원하실 것이니

Greetings from Paul

1 This letter is from Paul, chosen by the will of God to be an apostle of Christ Jesus, and from our brother Timothy.

I am writing to God's church in Corinth and to all of his holy people throughout Greece.*

2 • May God our Father and the Lord Jesus Christ give you grace and peace.

God Offers Comfort to All

3 • All praise to God, the Father of our Lord Jesus Christ. God is our merciful Father and 4 the source of all comfort. • He comforts us in all our troubles so that we can comfort others. When they are troubled, we will be able to give them the same comfort God has given us.

5 • For the more we suffer for Christ, the more God will shower us with his comfort through 6 Christ. • Even when we are weighed down with troubles, it is for your comfort and salvation! For when we ourselves are comforted, we will certainly comfort you. Then you can patiently endure the same things we suffer.

7 • We are confident that as you share in our sufferings, you will also share in the comfort God gives us.

8 • We think you ought to know, dear brothers and sisters,* about the trouble we went through in the province of Asia. We were crushed and overwhelmed beyond our ability to endure, and we thought we would never 9 live through it. • In fact, we expected to die. But as a result, we stopped relying on ourselves and learned to rely only on God, who 10 raises the dead. • And he did rescue us from mortal danger, and he will rescue us again. We have placed our confidence in him, and

---

endure [indjúər] *vt.* 견디다, 인내하다
overwhelm [ouvərhwélm] *vt.* 압도하다
salvation [sælvéiʃən] *n.* 구원

1:1 Greek *Achaia*, the southern region of the Greek peninsula. 1:8 Greek *brothers*.

다. 우리는 하나님께서 계속해서 우리를 구원해 주실 것이라는 소망을 하나님께 두겠습니다.

11 여러분도 기도로써 우리를 도와 주십시오. 하나님께서 많은 사람들의 기도를 들으시고 우리에게 은혜를 주셨는데, 이 일로 말미암아 많은 사람이 하나님께 감사하게 될 것입니다.

바울이 방문 계획을 바꾸다

12 우리의 자랑은 이것입니다. 이에 대해서는 우리의 양심이 증언합니다. 우리는 하나님께로부터 오는 정직함과 성실함으로, 세상의 지혜가 아니라 하나님의 은혜를 따라 세상에서 처신하였습니다. 특히 여러분을 대할 때는 더욱 그러했습니다.

13 우리는 여러분이 읽고 이해할 수 없는 것은 쓰지 않았습니다.

14 여러분이 우리를 부분적으로밖에는 이해할 수 없었으나, 장차 우리 주 예수님의 날에 우리가 여러분을 자랑스러워하는 것처럼 여러분도 우리를 자랑스럽게 여길 수 있다는 것을 완전히 알게 되기를 소망합니다.

15 나에게 이러한 확신이 있었기에 처음에 여러분을 방문할 계획을 세웠던 것입니다. 그러면 여러분은 은혜를 두 배로 받게 될 것입니다.

16 나는 마케도니아로 가는 길에 여러분을 방문하고, 마케도니아에서 다시 돌아오는 길에 여러분에게 들러 여러분의 도움을 받아 유대로 갈 계획이었습니다.

17 내가 깊이 생각도 하지 않고 이런 계획을 세웠을 것 같습니까? 인간적인 동기로 계획을 세워 마음으로는 "아니오"라고 생각하면서 말로는 "예, 그렇습니다"라고 할 것 같습니까?

18 하나님께서 신실하신 것처럼, 우리는 여러분에게 "예"라는 말과 "아니오"라는 말을 동시에 하지 않았습니다.

19 실루아노와 디모데와 내가 여러분에게 전했던 하나님의 아들 예수 그리스도는 "예"라고 하면서 동시에 "아니오"가 되시는 분이 아니셨습니다. 그분에게는 항상 "예"만 있었습니다.

20 하나님의 모든 약속이 그리스도 안에서 "예"가 되었습니다. 그러므로 우리는 그리스도를 통해 "아멘"이라고 함으로써 하나님께 영광을 돌립니다.

21 여러분과 우리를 그리스도 안에서 굳게 세우시는 분은 하나님이십니다. 하나님께서는 우리에게 기름을 부으시고

22 우리가 그분의 소유라는 표로 인을 치시고, 그 보증으로 우리 마음에 성령을 주셨습니다.

23 하나님을 내 증인으로 모시고 말하는 것인데, 내가 고린도에 가지 않은 것은 여러분을 아끼는 마음 때문입니다.

---

11 he will continue to rescue us. ●And you are helping us by praying for us. Then many people will give thanks because God has graciously answered so many prayers for our safety.

Paul's Change of Plans

12 ●We can say with confidence and a clear conscience that we have lived with a God-given holiness* and sincerity in all our dealings. We have depended on God's grace, not on our own human wisdom. That is how we have conducted ourselves before the world, and especially toward you. ●Our let-

13 ters have been straightforward, and there is nothing written between the lines and nothing you can't understand. I hope someday

14 you will fully understand us, ●even if you don't understand us now. Then on the day when the Lord Jesus* returns, you will be proud of us in the same way we are proud of you.

15 ●Since I was so sure of your understanding and trust, I wanted to give you a double

16 blessing by visiting you twice— ●first on my way to Macedonia and again when I returned from Macedonia.* Then you could send me on my way to Judea.

17 ●You may be asking why I changed my plan. Do you think I make my plans carelessly? Do you think I am like people of the world who say "Yes" when they really mean

18 "No"? ●As surely as God is faithful, our word to you does not waver between "Yes" and

19 "No." ●For Jesus Christ, the Son of God, does not waver between "Yes" and "No." He is the one whom Silas,* Timothy, and I preached to you, and as God's ultimate "Yes," he

20 always does what he says. ●For all of God's promises have been fulfilled in Christ with a resounding "Yes!" And through Christ, our "Amen" (which means "Yes") ascends to God for his glory.

21 ●It is God who enables us, along with you, to stand firm for Christ. He has com-

22 missioned us, ●and he has identified us as his own by placing the Holy Spirit in our hearts as the first installment that guarantees everything he has promised us.

23 ●Now I call upon God as my witness that

---

commission [kəmíʃən] vt. 권한을 주다
waver [wéivər] vi. 흔들리다; 주저하다

1:12 Some manuscripts read *honesty.*   1:14
Some manuscripts read *our Lord Jesus.*   1:16
Macedonia was in the northern region of Greece.
1:19 Greek *Silvanus.*

24 또한 여러분의 믿음을 우리 마음대로 지배하려고 했던 것도 아닙니다. 여러분이 믿음 위에 굳게 서 있으므로, 우리는 단지 여러분의 기쁨을 위해 여러분과 함께 일하는 사람일 뿐입니다.

2 나는 이번처럼 여러분의 마음을 아프게 하고 싶지 않아 다시는 방문하지 않겠다고 결심하였습니다.

2 내가 여러분의 마음을 아프게 했다면, 내가 슬프게 한 여러분 이외에 나를 기쁘게 해 줄 사람이 또 누가 있겠습니까?

3 내가 지난번 편지에 이런 내용을 쓴 것은 내가 여러분에게 가게 될 때 나를 기쁘게 해 주어야할 사람들로부터 슬픔을 당할까 염려했기 때문입니다. 또한 나는 나의 기쁨이 곧 여러분의 기쁨이라는 것을 확신합니다.

4 지난번 편지는 여러 환난과 마음의 고통으로 인하여 많은 눈물을 흘리며 쓴 것입니다. 그러나 그 편지는 여러분을 슬프게 하려고 쓴 것이 아니라 여러분을 향한 나의 사랑이 얼마나 깊은지 알게 하려고 쓴 것이었습니다.

잘못한 자를 용서하라

5 내 마음을 아프게 한 사람이 있었다면 그 사람은 나를 아프게 했다기보다 어느 정도는 여러분 모두를 아프게 한 것입니다. 내가 어느 정도라고 말한 것은 너무 심하게 말하지 않으려고 하는 것입니다.

6 많은 사람에게서 그 사람이 받은 처벌은 이미 그것으로 충분합니다.

7 이제는 그를 용서하고 위로하여 그 사람이 너무 펴하거나 낙담하지 않게 해 주십시오.

8 그러므로 내가 여러분에게 간곡히 부탁합니다. 그 사람을 향한 여러분의 사랑을 다시 한 번 보여 주십시오.

9 내가 여러분에게 편지를 쓴 것은 모든 일에 순종하는지를 시험하여 알아보기 위해서였습니다.

10 여러분이 누군가를 용서한다면, 나도 그 사람을 용서하겠습니다. 그리고 용서할 일이 있어서 내가 용서한 것이 있다면, 그것은 그리스도 앞에서 여러분을 위해서 용서한 것입니다.

11 또한 이 일로 우리가 사탄에게 속지 않기 위해서였습니다. 사탄의 계획을 우리가 모르는 것이 아닙니다.

바울의 근심과 평안

12 내가 그리스도의 복음을 전하기 위해 드로아에 갔을 때, 주님께서 내게 복음을 전할 수 있는 길을 열어 주셨습니다.

13 그러나 나는 그곳에서 내 형제 디도를 만나지 못하여 마음이 편치 못했습니다. 그래서 나는 그곳 사람들에게 작별 인사를 하고 마케도니아로 떠났습니다.

14 그리스도 안에서 항상 우리를 이끌어 승리의 행진

I am telling the truth. The reason I didn't return to Corinth was to spare you from a severe rebuke. •But that does not mean we want to dominate you by telling you how to put your faith into practice. We want to work together with you so you will be full of joy, for it is by your own faith that you stand firm.

2 So I decided that I would not bring you grief with another painful visit. •For if I cause you grief, who will make me glad? Certainly not someone I have grieved. •That is why I wrote to you as I did, so that when I do come, I won't be grieved by the very ones who ought to give me the greatest joy. Surely you all know that my joy comes from your being joyful. •I wrote that letter in great anguish, with a troubled heart and many tears. I didn't want to grieve you, but I wanted to let you know how much love I have for you.

Forgiveness for the Sinner

5 •I am not overstating it when I say that the man who caused all the trouble hurt all of you more than he hurt me. •Most of you opposed him, and that was punishment
7 enough. •Now, however, it is time to forgive and comfort him. Otherwise he may be
8 overcome by discouragement. •So I urge you now to reaffirm your love for him.

9 •I wrote to you as I did to test you and see if you would fully comply with my instruc-
10 tions. •When you forgive this man, I forgive him, too. And when I forgive whatever needs to be forgiven, I do so with Christ's
11 authority for your benefit, •so that Satan will not outsmart us. For we are familiar with his evil schemes.

12 •When I came to the city of Troas to preach the Good News of Christ, the Lord
13 opened a door of opportunity for me. •But I had no peace of mind because my dear brother Titus hadn't yet arrived with a report from you. So I said good-bye and went on to Macedonia to find him.

Ministers of the New Covenant

14 •But thank God! He has made us his captives and continues to lead us along in Christ's triumphal procession. Now he uses

etch [étʃ] *vt.* 에칭하다 ; 선명하게 그리다
huckster [hʌ́kstər] *n.* 행상인, 영업 사원
outsmart [autsmáːrt] *vt.* (꾀로) 이기다
scheme [skiːm] *n.* 계획 ; 음모, 계략
1:24 put … into practice : …을 실행하다

을 하게 하시며, 어디서나 우리로 그분을 아는 지식
의 향기를 풍기게 하시는 하나님께 감사드립니다.

15 우리는 구원받은 사람들에게나 멸망당하는 사람
들에게나 하나님 앞에서 그리스도의 향기입니
다.

16 멸망하는 사람들에게는 죽음에 이르게 하는 죽음
의 향기이지만, 구원받은 사람에게는 생명에 이르
게 하는 생명의 향기입니다. 그렇다면 이 일을 하기
에 합당한 사람은 누구이겠습니까?

17 우리는 많은 사람들과는 달리, 돈을 벌기 위해 하나
님의 말씀을 팔고 다니는 사람들이 아닙니다. 우리
는 하나님의 보냄을 받은 사람답게 하나님 앞에서,
그리고 그리스도 안에서 진실하게 말합니다.

새 언약의 일꾼

3 우리가 또다시 자화자찬을 하기 시작했다고 생
각하십니까? 혹은 우리가 어떤 사람들처럼 여러
분에게 보일 추천장이나 여러분에게서 받은 추천
장이 필요한 사람입니까?

2 여러분 자신이 바로 우리 마음속에 썼고, 모든 사람
들이 알고, 또 읽고 있는 우리의 편지입니다.

3 여러분은 우리의 사역의 결과로 나타난 그리스도
께서 보내신 편지입니다. 이 편지는 먹이 아니라 살
아 계신 하나님의 성령으로 쓴 것이며, 돌판이 아닌
사람의 마음판에 쓴 편지입니다.

4 우리는 그리스도로 인하여 하나님 앞에서 이러한
확신이 있습니다.

5 우리는 이런 일을 할 수 있는 자격이 우리에게 있다
고 생각하지 않습니다. 우리의 자격은 하나님께로
부터 나옵니다.

6 하나님께서는 우리에게 문자가 아니라 성령의 언
약인 새 언약의 일꾼에 합당한 자격을 주셨습니다.
그것은 문자는 죽음을 가져오는 반면, 성령께서는
생명을 주기 때문입니다.

7 돌판에 새겨져 있는, 죽음에 이르게 하는 율법에 의
한 직분도 영광스럽습니다. 그래서 비록 사라질 영
광의 광채이기는 하지만, 이스라엘 자손들은 모세
의 얼굴에 나타난 광채 때문에 그의 얼굴을 똑바로
쳐다보지 못했습니다.

8 그러니 성령의 사역은 얼마나 더 영광스럽겠습니
까?

9 사람들에게 죄가 있다고 판정하는 사역도 영광스
러운데, 의를 가져다 주는 사역은 얼마나 더 영광스
럽겠습니까?

10 이런 면에서 훨씬 더 빛나는 영광과 비교해 볼 때 이
전에 영광스러웠던 것은 전혀 영광스러운 것이 아
니었습니다.

11 사라져 버릴 것도 영광스럽다면, 영원히 지속될 것
은 더욱 영광스러울 것입니다.

us to spread the knowledge of Christ every-
where, like a sweet perfume. ●Our lives are a
Christ-like fragrance rising up to God. But
this fragrance is perceived differently by
those who are being saved and by those

16 who are perishing. ●To those who are per-
ishing, we are a dreadful smell of death and
doom. But to those who are being saved, we
are a life-giving perfume. And who is ade-
quate for such a task as this?

17 ●You see, we are not like the many huck-
sters* who preach for personal profit. We
preach the word of God with sincerity and
with Christ's authority, knowing that God is
watching us.

3 Are we beginning to praise ourselves
again? Are we like others, who need to
bring you letters of recommendation, or
who ask you to write such letters on their

2 behalf? Surely not! ●The only letter of rec-
ommendation we need is you yourselves.
Your lives are a letter written in our* hearts;
everyone can read it and recognize our good

3 work among you. ●Clearly, you are a letter
from Christ showing the result of our min-
istry among you. This "letter" is written not
with pen and ink, but with the Spirit of the
living God. It is carved not on tablets of
stone, but on human hearts.

4 ●We are confident of all this because of

5 our great trust in God through Christ. ●It is
not that we think we are qualified to do any-
thing on our own. Our qualification comes

6 from God. ●He has enabled us to be minis-
ters of his new covenant. This is a covenant
not of written laws, but of the Spirit. The old
written covenant ends in death; but under
the new covenant, the Spirit gives life.

The Glory of the New Covenant

7 ●The old way,* with laws etched in stone,
led to death, though it began with such
glory that the people of Israel could not bear
to look at Moses' face. For his face shone with
the glory of God, even though the brightness

8 was already fading away. ●Shouldn't we
expect far greater glory under the new way,

9 now that the Holy Spirit is giving life? ●If
the old way, which brings condemnation,
was glorious, how much more glorious is the
new way, which makes us right with God!

10 ●In fact, that first glory was not glorious at
all compared with the overwhelming glory

11 of the new way. ●So if the old way, which

2:17 Some manuscripts read *the rest of the
hucksters.*   3:2 Some manuscripts read *your.*
3:7 Or *ministry;* also in 3:8, 9, 10, 11, 12.

고후

12 이러한 소망이 우리에게 있기에 우리는 매우 담대합니다.

13 우리는, 이스라엘 자손이 자기 얼굴의 광채가 사라져 가는 것을 똑바로 쳐다보지 못하게 하려고 자기 얼굴에 수건을 덮은 모세처럼 하지 않습니다.

14 그러나 이스라엘 자손들의 마음이 둔해진 까닭에 오늘날까지도 옛 언약을 읽을 때 수건을 그대로 쓰고 있습니다. 이 수건이 아직까지 벗겨지지 않고 있는 것은, 이것이 오직 그리스도 안에서만 벗겨질 수 있기 때문입니다.

15 오늘날까지도 이스라엘 자손들이 모세의 글을 읽을 때, 그들의 마음에는 수건이 덮여 있습니다.

16 그러나 누구든지 주님께 돌아올 때, 그 수건은 벗겨질 것입니다.

17 주님은 성령이십니다. 주님의 성령께서 계신 곳에는 자유가 있습니다.

18 우리는 모두 수건을 벗은 얼굴로 주님의 영광을 봅니다. 이렇게 해서 우리는 주님의 형상으로 변화하여 점점 더 큰 영광에 이릅니다. 그 영광은 성령이신 주님께로부터 나오는 것입니다.

질그릇에 담긴 보화

4 이처럼 우리가 하나님의 자비로 이 사역을 감당하므로, 우리는 낙심하지 않습니다.

2 우리는 부끄러워 드러내지 못한 것들을 끊어 버리고, 속임수를 쓰지 않으며, 하나님의 말씀을 왜곡시키지 않았습니다. 우리는 진리를 밝히 드러냈으므로 하나님 앞에서 모든 사람들의 양심을 향해 우리 자신을 당당히 내세웁니다.

3 우리가 전하는 복음이 가리워졌다면 그것은 멸망하는 사람들에게 가리워진 것입니다.

4 이 시대의 신이 믿지 아니하는 사람들의 마음을 어둡게 하여 하나님의 형상이신 그리스도의 영광을 드러내는 복음의 빛을 보지 못하게 하였습니다.

5 우리는 우리 자신을 전파하지 않습니다. 우리는 예수 그리스도가 주님이시라는 사실과 우리가 예수님을 위해 일하는 여러분의 종이 되었다는 사실을 전파합니다.

6 "어둠 속에 빛이 비쳐라"라고 말씀하신 하나님께서 그리스도의 얼굴에 나타난 하나님의 영광을 깨닫게 해 주시기 위해 우리 마음에 빛을 비추셨습니다.

7 우리는 이 보화를 질그릇에 담고 있습니다. 이것은 그 풍성한 능력이 우리에게서 나오는 것이 아니라 하나님께로부터 나오는 것임을 보이시려는 것입니다.

8 우리는 사방에서 압박을 받아도 눌리지 않으며,

has been replaced, was glorious, how much more glorious is the new, which remains forever!

12 •Since this new way gives us such confidence, we can be very bold. •We are not like

13 Moses, who put a veil over his face so the people of Israel would not see the glory, even though it was destined to fade away. •But the

14 people's minds were hardened, and to this day whenever the old covenant is being read, the same veil covers their minds so they cannot understand the truth. And this veil can be

15 removed only by believing in Christ. •Yes, even today when they read Moses' writings, their hearts are covered with that veil, and they do not understand.

16 •But whenever someone turns to the Lord,

17 the veil is taken away. •For the Lord is the Spirit, and wherever the Spirit of the Lord is,

18 there is freedom. •So all of us who have had that veil removed can see and reflect the glory of the Lord. And the Lord—who is the Spirit—makes us more and more like him as we are changed into his glorious image.

Treasure in Fragile Clay Jars

4 Therefore, since God in his mercy has given us this new way,* we never give up.

2 •We reject all shameful deeds and underhanded methods. We don't try to trick anyone or distort the word of God. We tell the truth before God, and all who are honest know this.

3 •If the Good News we preach is hidden behind a veil, it is hidden only from people

4 who are perishing. •Satan, who is the god of this world, has blinded the minds of those who don't believe. They are unable to see the glorious light of the Good News. They don't understand this message about the glory of Christ, who is the exact likeness of God.

5 •You see, we don't go around preaching about ourselves. We preach that Jesus Christ is Lord, and we ourselves are your servants for

6 Jesus' sake. •For God, who said, "Let there be light in the darkness," has made this light shine in our hearts so we could know the glory of God that is seen in the face of Jesus Christ.

7 •We now have this light shining in our hearts, but we ourselves are like fragile clay jars containing this great treasure.* This makes it clear that our great power is from God, not from ourselves.

8 •We are pressed on every side by troubles,

4:1 Or *ministry.*　　**4:7** Greek *We now have this treasure in clay jars.*

난처한 일에 빠져도 절망하지 않습니다.

9 핍박을 당해도 버림을 받지 아니하고, 매를 맞아 넘어져도 망하지 않습니다.

10 우리는 예수님의 생명이 우리 몸에서 나타나도록 하기 위해 항상 예수님의 죽으심을 우리 몸에 짊어지고 다닙니다.

11 예수님의 생명이 죽을 우리 몸에 나타나도록 하기 위해, 우리는 살아 있지만 예수님을 위해 항상 몸을 죽음에 내맡기고 있습니다.

12 그러므로 우리 속에서는 죽음이 활동하지만, 여러분 속에서는 생명이 활동하게 되는 것입니다.

13 성경에 "내가 믿었다. 그러므로 내가 말하였다"*고 기록되어 있듯이, 우리도 동일한 믿음의 정신으로 믿고 말하는 것입니다.

14 우리가 이렇게 말할 수 있는 것은, 주 예수님을 죽은 자 가운데서 다시 살리신 하나님께서 예수님과 함께 우리도 살리셔서 여러분과 함께 하나님 앞에 서게 하실 것을 알기 때문입니다.

15 이 모든 일은 다 여러분의 유익을 위한 것입니다. 그래서 하나님의 은혜가 점점 더 많은 사람들에게 이르러 감사가 넘치게 되고 그들은 하나님께 영광을 돌리게 될 것입니다.

믿음으로 사는 삶

16 그러므로 우리는 낙심하지 않습니다. 우리의 겉사람은 점점 낡아지지만 우리의 속사람은 날마다 새로워지고 있습니다.

17 우리가 지금 겪고 있는 가벼운 환난은 장차 우리가 받게 될 영원하고 한량없이 큰 영광을 가져다 줍니다.

18 우리는 보이는 것들에 시선을 고정시키는 것이 아니라 보이지 않는 것들에 시선을 고정합니다. 이는 보이는 것은 한순간이지만 보이지 않는 것은 영원하기 때문입니다.

5 우리는 우리가 거하는 땅에 있는 천막집이 무너지면, 하늘에 있는 영원한 집이 우리에게 있다는 것을 압니다. 그것은 사람의 손으로 지은 것이 아니라 하나님께서 지으신 집입니다.

2 우리는 이 천막집에 살면서 하늘에 있는 우리의 집을 덧입게 될 것을 고대하면서 신음하고 있습니다.

3 우리가 그것을 덧입게 되면 벌거벗은 몸으로 나타나지는 않을 것입니다.

4 우리는 이 천막집에서 사는 동안, 무거운 짐에 눌려 신음하고 있습니다. 죽을 것이 생명에 의해 삼킴당하게 하기 위해, 우리는 이 천막집을 벗어버리기를 바라는 것이 아니라, 그 위에 하늘의 집을 덧입기를 바라는 것입니다.

5 이것을 우리에게 마련하시고 우리에게 보증으로

---

but we are not crushed. We are perplexed,
9 but not driven to despair. •We are hunted down, but not abandoned by God. We get knocked down, but we are not destroyed.
10 •Through suffering, our bodies continue to share in the death of Jesus so that the life of Jesus may also be seen in our bodies.
11 •Yes, we live under constant danger of death because we serve Jesus, so that the life of Jesus will be evident in our dying bodies.
12 •So we live in the face of death, but this has resulted in eternal life for you.
13 •But we continue to preach because we have the same kind of faith the psalmist had when he said, "I believed in God, so I spoke."*
14 •We know that God, who raised the Lord Jesus,* will also raise us with Jesus and present us to himself together with you. •All of
15 this is for your benefit. And as God's grace reaches more and more people, there will be great thanksgiving, and God will receive more and more glory.
16 •That is why we never give up. Though our bodies are dying, our spirits are* being
17 renewed every day. •For our present troubles are small and won't last very long. Yet they produce for us a glory that vastly outweighs them and will last forever! •So we
18 don't look at the troubles we can see now; rather, we fix our gaze on things that cannot be seen. For the things we see now will soon be gone, but the things we cannot see will last forever.

New Bodies

5 For we know that when this earthly tent we live in is taken down (that is, when we die and leave this earthly body), we will have a house in heaven, an eternal body made for us by God himself and not by
2 human hands. •We grow weary in our present bodies, and we long to put on our heav-
3 enly bodies like new clothing. •For we will put on heavenly bodies; we will not be spir-
4 its without bodies.* •While we live in these earthly bodies, we groan and sigh, but it's not that we want to die and get rid of these bodies that clothe us. Rather, we want to put on our new bodies so that these dying bodies
5 will be swallowed up by life. •God himself has prepared us for this, and as a guarantee he has given us his Holy Spirit.

---

perplexed [pərplékst] *a.* 난처한

4:13 Ps 116:10.　4:14 Some manuscripts read *who raised Jesus.*　4:16 Greek *our inner being is.*　5:3 Greek *we will not be naked.*

4:13 시 116:10에 기록되어 있다.

고
후

성령을 주신 분은 하나님이십니다.

6 그러므로 우리는 늘 마음이 든든합니다. 우리가 몸을 입고 사는 동안에는 주님으로부터 떨어져 있다는 것을 알고 있지만,

7 사실 우리는 믿음으로 사는 것이지, 보는 것으로 사는 것이 아닙니다.

8 우리는 마음이 든든합니다. 하지만 우리는 몸을 떠나 주님과 함께 살기를 더 원합니다.

9 그러므로 우리가 몸을 입고 있든지 몸을 벗어 버리든지 주님을 기쁘시게 하는 것이 우리의 소망입니다.

10 우리는 모두 그리스도의 심판대 앞에 서야 합니다. 각 사람은 몸을 입고 사는 동안, 행한 선한 일이나 악한 일이나 자기가 행한 행위대로 거기에 알맞는 보응을 받게 될 것입니다.

화해의 사역

11 우리는 주님이 두려운 분이시라는 것을 잘 알고 있기 때문에 사람들을 설득하려고 합니다. 하나님께서는 우리가 어떤 사람인지를 알고 계십니다. 우리가 바라는 것은 여러분도 우리가 어떤 사람인지를 아셨으면 하는 것입니다.

12 우리는 또다시 우리 자신을 여러분에게 내세우려는 것이 아닙니다. 단지, 사람의 마음에는 관심이 없고 외모만을 자랑하는 사람들에게 여러분이 대답할 말이 있도록 여러분에게 우리를 자랑할 기회를 드리려고 합니다.

13 우리가 제정신이 아니라면 그것은 하나님을 위해서 제정신이 아닌 것이며, 우리가 정신이 온전하다면 그것은 여러분을 위해 그런 것입니다.

14 그리스도의 사랑이 우리를 사로잡고 있습니다. 우리는 확신합니다. 한 사람이 모든 사람을 대신하여 죽었으므로, 모든 사람이 죽은 것입니다.

15 그리스도께서 모든 사람을 대신하여 죽으신 것은 살아 있는 사람들이 더 이상 자기 자신을 위해 살지 않고, 자신들을 위해 죽었다가 다시 사신 분을 위해 살게 하려는 것입니다.

16 그러므로 우리는 이제부터 그 어떤 사람도 세상의 관점으로 알지 않겠습니다. 전에는 우리가 그리스도에 대해서도 세상의 관점으로 알았으나, 이제는 더 이상 그렇게 하지 않겠습니다.

17 그러므로 누구든지 그리스도 안에 있으면 새로운 창조입니다.* 이전 것들은 지나갔고, 보십시오, 새것들이 와 있습니다.

18 이 모든 것은 하나님께로부터 왔습니다. 하나님께서는 그리스도를 통해 우리를 자신과 화목시키시고 또한 우리에게 화목의 직분을 맡기셨습니다.

19 하나님께서는 그리스도 안에서 이 세상을 하나님 자신과 화목하게 하셨으며, 사람들의 죄를 묻지 않

6 •So we are always confident, even though we know that as long as we live in these bodies we are not at home with the 7 Lord. •For we live by believing and not by 8 seeing. •Yes, we are fully confident, and we would rather be away from these earthly bodies, for then we will be at home with the 9 Lord. •So whether we are here in this body or away from this body, our goal is to please 10 him. •For we must all stand before Christ to be judged. We will each receive whatever we deserve for the good or evil we have done in this earthly body.

We Are God's Ambassadors

11 •Because we understand our fearful responsibility to the Lord, we work hard to persuade others. God knows we are sincere, and 12 I hope you know this, too. •Are we commending ourselves to you again? No, we are giving you a reason to be proud of us,* so you can answer those who brag about having a spectacular ministry rather than having 13 a sincere heart. •If it seems we are crazy, it is to bring glory to God. And if we are in 14 our right minds, it is for your benefit. •Either way, Christ's love controls us.* Since we believe that Christ died for all, we also believe that we have all died to our old life.* 15 •He died for everyone so that those who receive his new life will no longer live for themselves. Instead, they will live for Christ, who died and was raised for them.

16 •So we have stopped evaluating others from a human point of view. At one time we thought of Christ merely from a human point of view. How differently we know 17 him now! •This means that anyone who belongs to Christ has become a new person. The old life is gone; a new life has begun!

18 •And all of this is a gift from God, who brought us back to himself through Christ. And God has given us this task of reconcil-19 ing people to him. •For God was in Christ, reconciling the world to himself, no longer counting people's sins against them. And he gave us this wonderful message of reconcilia-

brag [bræg] vi. 자랑하다
impostor [impástər] n. 사기꾼
reconcile [rékənsail] vt. 화해시키다
spectacular [spektǽkjulər] a. 눈부신
5:12 commend oneself to … : …에 좋은 인상을 주다, …의 마음을 끌다

5:12 Some manuscripts read proud of yourselves. 5:14a Or urges us on. 5:14b Greek Since one died for all, then all died.
5:17 누구든지 그리스도 안에 있으면 새 창조에 속하게 됩니다.

으셨습니다. 그리고 하나님께서는 우리에게 화목
케 하는 말씀을 맡기셨습니다.

20 그러므로 우리는 그리스도를 대신하여 일하는 대
사입니다. 하나님께서는 우리를 시켜 여러분을 권
하십니다. 이제 그리스도를 대신하여 여러분에게
권합니다. 하나님과 화목하십시오.

21 하나님께서 죄를 알지도 못하신 그리스도를 우리
를 위해 죄가 있게 하신 것은 그리스도 안에서 우리
로 하여금 하나님의 의가 되게 하기 위해서였습니
다.

6 우리는 하나님과 함께 일하는 일꾼으로서 여러
분께 권면합니다. 하나님의 은혜를 헛되이 받지
마십시오.

2 하나님께서 이렇게 말씀하셨습니다. "내가 은총을
베풀 때에 너의 말을 들었고, 구원의 날에 너를 도왔
다."* 보십시오, 지금이 하나님께서 은총을 베푸실
때이며, 지금이 구원의 날입니다.

바울이 당한 역경

3 우리의 사역이 비난을 받지 않게 하려고 우리는 그
누구에게도 흠이 될 만한 일을 행하지 않았습니다.

4 오히려 우리는 모든 일에 하나님의 일꾼답게 행동
했습니다. 우리는 매번 환난과 역경과 어려움을 견
뎌 냈습니다.

5 또 매를 맞고, 옥에 갇히고, 폭도들에게 당하기도
하고, 고된 일에 시달리며, 잠도 못 자고, 굶주렸습
니다.

6 그리고 우리는 정결함과 지식과 인내와 친절함을
나타내었으며, 성령의 감화와 거짓 없는 사랑과,

7 진리의 말씀과, 하나님의 능력으로 모든 일을 행하
였습니다. 우리는 의를 무기 삼아 양손에 지니고 다
녔습니다.

8 우리는 영예도 얻었고, 모욕도 받았고, 비난과 칭찬
도 받았습니다. 우리는 거짓말쟁이로 취급받았지
만, 사실은 진리를 말하였습니다.

9 무명인 취급을 받았으나 사실은 유명한 사람들이
며, 죽은 자로 여겨지기도 했으나 보시는 바와 같이
우리는 살아 있으며, 매를 많이 맞았지만 죽지 않았
습니다.

10 또 슬픈 사람 취급을 받았으나 우리는 항상 기뻐하
였으며, 가난한 자 같으나 많은 사람을 부유하게 하
였고, 아무것도 가지지 않은 자 같으나 우리는 모든
것을 소유한 사람입니다.

11 고린도의 성도 여러분, 우리는 여러분에게 모든 것
을 다 말하였고, 우리 마음을 여러분에게 활짝 열어
놓았습니다.

12 우리가 마음을 여러분에게 닫아 놓은 것이 아니라
여러분이 자신들의 마음을 닫아 놓은 것입니다.

13 내가 여러분을 나의 친자식이라 생각하고 말하겠

20 tion. ●So we are Christ's ambassadors; God
is making his appeal through us. We speak
for Christ when we plead, "Come back to
God!" ●For God made Christ, who never
sinned, to be the offering for our sin,* so that
we could be made right with God through
Christ.

6 As God's partners,* we beg you not to
accept this marvelous gift of God's kind-
ness and then ignore it. ●For God says,

"At just the right time, I heard you.
On the day of salvation, I helped you."*

Indeed, the "right time" is now. Today is the
day of salvation.

Paul's Hardships

3 ●We live in such a way that no one will
stumble because of us, and no one will find
fault with our ministry. ●In everything we
do, we show that we are true ministers of
God. We patiently endure troubles and
hardships and calamities of every kind. ●We
have been beaten, been put in prison, faced
angry mobs, worked to exhaustion, endured
sleepless nights, and gone without food.
6 ●We prove ourselves by our purity, our
understanding, our patience, our kindness,
by the Holy Spirit within us,* and by our sin-
cere love. ●We faithfully preach the truth,
God's power is working in us. We use the
weapons of righteousness in the right hand
for attack and the left hand for defense. ●We
serve God whether people honor us or
despise us, whether they slander us or praise
us. We are honest, but they call us impostors.
9 ●We are ignored, even though we are well
known. We live close to death, but we are
still alive. We have been beaten, but we have
not been killed. ●Our hearts ache, but we
always have joy. We are poor, but we give
spiritual riches to others. We own nothing,
and yet we have everything.
11 ●Oh, dear Corinthian friends! We have
spoken honestly with you, and our hearts
are open to you. ●There is no lack of love on
our part, but you have withheld your love
from us. ●I am asking you to respond as if
you were my own children. Open your
hearts to us!

6:3 find fault with… : …의 흠을 찾다

5:21 Or to become sin itself.　6:1 Or As we
work together.　6:2 Isa 49:8 (Greek version).
6:6 Or by our holiness of spirit.
6:2 사 49:8에 기록되어 있다.

습니다. 우리가 여러분에게 한 것처럼 여러분도 우리를 향해 마음을 열어 주십시오.

살아 계신 하나님의 성전

14 믿지 않는 사람들과 멍에를 함께 메지 마십시오. 의로운 것과 불의한 것이 어떻게 짝이 될 수 있겠으며, 빛과 어둠이 어떻게 사귈 수 있겠습니까?

15 그리스도와 벨리알이 어떻게 화목하게 지낼 수 있으며, 믿는 사람과 믿지 않는 사람 사이에 무슨 공통점이 있겠습니까?

16 하나님의 성전과 우상이 어떻게 어울릴 수 있겠습니까? 우리는 살아 계신 하나님의 성전입니다. 하나님께서도 이렇게 말씀하셨습니다. "내가 그들 가운데서 살고 그들 중에 다닐 것이다. 나는 그들의 하나님이 되고 그들은 나의 백성이 될 것이다."*

17 "그러므로 너희는 그들에게서 나와 구별되어라. 깨끗하지 않은 것은 손도 대지 마라. 그러면 내가 너희들을 받아 줄 것이다."*

18 "나는 너희 아버지가 되고, 너희는 나의 자녀가 될 것이다."* 전능하신 주님께서 말씀하셨습니다.

7 사랑하는 여러분, 우리에게 이런 약속들이 있으므로 우리의 몸과 영혼을 더럽히는 모든 것에서 자신을 깨끗하게 합시다. 그리고 하나님을 두려워하는 마음으로 거룩함을 온전히 이룹시다.

바울의 기쁨

2 여러분은 마음을 열어 우리를 받아 주십시오. 우리는 아무에게도 악을 행하지 않았고, 아무도 더럽히지 않았으며, 아무도 속여 빼앗은 적이 없습니다.

3 여러분을 꾸짖기 위해 이런 말을 하는 것은 아닙니다. 전에도 말했지만 여러분은 우리 마음속에 있어, 우리는 여러분과 함께 죽기도 하고 살기도 할 것입니다.

4 나는 여러분에 대해 큰 확신이 있습니다. 나는 여러분을 대단히 자랑스럽게 여기고 있습니다. 모든 환난 중에서도 여러분은 내게 많은 위로가 되었으며, 기쁨이 넘치게 하였습니다.

5 우리는 마케도니아에 도착했을 때도 조금도 쉴 수가 없었습니다. 우리는 사방에서 환난을 당하였습니다. 밖에서는 싸움이 있었고, 안에서는 두려움이 있었습니다.

6 그러나 낙심한 사람들을 위로하시는 하나님께서 디도를 보내어 우리를 위로하셨습니다.

7 디도가 온 것만 우리에게 위로가 된 것은 아닙니다. 여러분이 디도를 위로해 주었다는 말을 듣고 우리는 더 큰 위로를 받았습니다. 디도는 나에게 와서 여러분이 나를 몹시 보고 싶어 한다는 것과 나에게 잘못한 것을 뉘우치고 있다는 것과 나를 대단히 염려하고 있다는 소식을 전해 주었습니다. 그래서 나의 기쁨은 훨씬 더 커졌습니다.

The Temple of the Living God

14 •Don't team up with those who are unbelievers. How can righteousness be a partner with wickedness? How can light live with 15 darkness? •What harmony can there be between Christ and the devil*? How can a believer be a partner with an unbeliever? 16 •And what union can there be between God's temple and idols? For we are the temple of the living God. As God said:

"I will live in them
　　and walk among them.
I will be their God,
　　and they will be my people.*
17 • Therefore, come out from among
　　unbelievers,
　　and separate yourselves from them,
　　　says the LORD.
Don't touch their filthy things,
　　and I will welcome you.*
18 • And I will be your Father,
　　and you will be my sons and daughters,
　　　says the LORD Almighty.*"

7 Because we have these promises, dear friends, let us cleanse ourselves from everything that can defile our body or spirit. And let us work toward complete holiness because we fear God.

2 　•Please open your hearts to us. We have not done wrong to anyone, nor led anyone 3 astray, nor taken advantage of anyone. •I'm not saying this to condemn you. I said before that you are in our hearts, and we live or die 4 together with you. •I have the highest confidence in you, and I take great pride in you. You have greatly encouraged me and made me happy despite all our troubles.

Paul's Joy at the Church's Repentance

5 •When we arrived in Macedonia, there was no rest for us. We faced conflict from every direction, with battles on the outside and 6 fear on the inside. •But God, who encourages those who are discouraged, encouraged 7 us by the arrival of Titus. •His presence was a joy, but so was the news he brought of the encouragement he received from you. When

6:15 Greek *Beliar*; various other manuscripts render this proper name of the devil as *Belian*, *Beliab*, or *Belial*.　6:16 Lev 26:12; Ezek 37:27.
6:17 Isa 52:11; Ezek 20:34 (Greek version).
6:18 2 Sam 7:14.

6:16 레 26:12과 겔 37:27에 기록되어 있다.
6:17 사 52:11과 겔 20:34, 41에 기록되어 있다.
6:18 삼하 7:14에 기록되어 있다.

8 지난번에 쓴 편지로 인하여 내가 여러분의 마음을 아프게 하였지만 후회는 하지 않습니다. 여러분이 그 편지로 인해 잠깐이나마 마음 아파했다는 것을 알고는 나 자신도 후회를 하였지만,

9 지금은 오히려 기뻐합니다. 그것은 여러분이 마음 아파해서가 아니라 여러분이 아파함으로써 회개를 하게 되었기 때문입니다. 여러분은 하나님께서 원하시는 뜻대로 슬퍼하였으므로 우리 때문에 조금도 상처를 받지 않았습니다.

10 하나님의 뜻에 맞는 슬픔은 회개하여 구원에 이르게 하므로 후회할 것이 없습니다. 하지만 세상의 슬픔은 죽음에 이르게 합니다.

11 하나님의 뜻에 맞는 슬픔이 여러분에게 어떤 결과를 가져다 주었는지 보시겠습니까? 여러분은 더 진지해졌고, 자신의 무죄를 더 증명하게 되었고, 어떤 것에 대해 더욱 분노를 느끼게 되었으며, 경각심을 갖게 되었습니다. 또 간절히 바라게 되고, 관심을 갖게 되고, 잘못을 저지른 사람들을 벌하게 되었습니다. 여러분은 모든 점에 있어 이 문제와 관련하여 무죄라는 것을 보여 주었습니다.

12 그러므로 전에 내가 여러분에게 쓴 편지는 불의를 행한 사람이나 불의함을 당한 사람들을 겨냥하여 쓴 것이 아닙니다. 그 편지는 우리를 향한 여러분의 마음이 어떠한지를 하나님 앞에서 여러분에게 분명히 알려 주기 위해 쓴 것이었습니다.

13 이로 인해 우리는 위로를 받았습니다. 우리가 받은 위로 외에 디도가 기뻐한 것을 알고 더욱 기뻤습니다. 디도의 마음이 여러분 모두로 인해 안정을 되찾았기 때문입니다.

14 내가 디도에게 여러분에 대해 자랑하였지만 여러분은 나를 부끄럽게 하지 않았습니다. 우리가 여러분에게 항상 진리만을 말해 왔던 것처럼 디도에게 여러분을 자랑한 것도 진실이었음이 밝혀졌습니다.

15 디도는 여러분 모두가 그의 말에 순종하고 두렵고 떨리는 마음으로 자기를 맞아준 것을 기억하면서 여러분을 더 깊이 사랑하게 되었습니다.

16 나는 여러분을 전적으로 신뢰할 수 있게 되어 기쁩니다.

헌금에 대하여

8 성도 여러분, 하나님께서 마케도니아에 있는 교회들에게 베푸신 은혜를 여러분에게 알려 드리겠습니다.

2 마케도니아 지역 교회들은 심한 환난을 겪으면서도 기쁨이 넘쳤으며, 극심한 가난 속에 시달리면서 헌금을 많이 하였습니다.

3 나는 그들이 할 수 있는 만큼만 아니라 능력 이상의 것을 드렸다고 확실히 말할 수 있습니다. 그것도

he told us how much you long to see me, and how sorry you are for what happened, and how loyal you are to me, I was filled with joy!

8 •I am not sorry that I sent that severe letter to you, though I was sorry at first, for I know it was painful to you for a little while.

9 •Now I am glad I sent it, not because it hurt you, but because the pain caused you to repent and change your ways. It was the kind of sorrow God wants his people to have, so you were not harmed by us in any

10 way. •For the kind of sorrow God wants us to experience leads us away from sin and results in salvation. There's no regret for that kind of sorrow. But worldly sorrow, which lacks repentance, results in spiritual death.

11 •Just see what this godly sorrow produced in you! Such earnestness, such concern to clear yourselves, such indignation, such alarm, such longing to see me, such zeal, and such a readiness to punish wrong. You showed that you have done everything

12 necessary to make things right. •My purpose, then, was not to write about who did the wrong or who was wronged. I wrote to you so that in the sight of God you could see

13 for yourselves how loyal you are to us. •We have been greatly encouraged by this.

In addition to our own encouragement, we were especially delighted to see how happy Titus was about the way all of you

14 welcomed him and set his mind* at ease. •I had told him how proud I was of you—and you didn't disappoint me. I have always told you the truth, and now my boasting to Titus

15 has also proved true! •Now he cares for you more than ever when he remembers the way all of you obeyed him and welcomed

16 him with such fear and deep respect. •I am very happy now because I have complete confidence in you.

A Call to Generous Giving

8 Now I want you to know, dear brothers and sisters,* what God in his kindness has done through the churches in Macedonia.

2 •They are being tested by many troubles, and they are very poor. But they are also filled with abundant joy, which has overflowed in rich generosity.

3 •For I can testify that they gave not only

---

indignation [indignéiʃən] *n.* 분개
repent [ripént] *vt.* 회개하다
testify [téstəfài] *vt.* 증언하다

7:13 Greek *his spirit.*　8:1 Greek *brothers.*

자원해서 말입니다.

4 그 교회들은 이런 은혜와 성도들을 섬기는 일에 자기들도 참여하게 해 달라고 우리들에게 간절히 부탁하였습니다.

5 그들은 우리가 기대했던 것 이상으로 먼저 자신을 주님께 드리고 난 후에 하나님의 뜻대로 우리에게도 주었던 것입니다.

6 그래서 우리는 디도가 일찍이 여러분 가운데서 시작한 이 은혜로운 일을 완수하라고 그를 권했습니다.

7 여러분은 믿음이나 말에 있어서만 아니라, 지식이나 간절한 마음에서, 그리고 우리를 향한 사랑 등 모든 면에서 뛰어납니다. 그러니 여러분은 이 헌금하는 일에 있어서도 뛰어나게 하시기를 바랍니다.

8 내가 여러분에게 명령하는 것은 아닙니다. 다만 여러분의 사랑이 얼마나 진실한가를 다른 사람들의 간절한 마음과 비교하여 알아보고 싶은 것뿐입니다.

9 여러분은 우리 주 예수 그리스도의 은혜를 알고 있습니다. 그분은 부요한 분이시지만, 여러분을 위해 가난하게 되셨습니다. 그분이 가난하게 되심은 여러분을 부요케 하기 위함이었습니다.

10 이 문제에 대해 내 의견을 제시하겠습니다. 이 의견이 여러분에게 유익함을 줄 것입니다. 여러분은 일 년 전에 먼저 헌금을 하기 시작했을 뿐더러 그것을 간절히 원하기도 하였습니다.

11 이제는 하던 일을 마무리 하십시오. 시작할 때와 마찬가지로 여러분이 가지고 있는 것으로 마치는 것도 간절하게 하십시오.

12 원하는 마음으로 있는 것을 바칠 때는 하나님께서 받으실 것입니다. 여러분에게 있지도 않은데 바치는 것을 받으시지는 않습니다.

13 다른 사람들은 편하게 하고 여러분은 어렵게 하려고 내가 이러는 것이 아니라 공평하게 하려는 것뿐입니다.

14 지금 여러분에게 있는 풍성한 것으로 다른 사람들의 궁핍한 것을 채워 주면, 나중에 그들에게 있는 풍성한 것으로 여러분의 궁핍한 것이 채워질 것입니다. 이렇게 해서 공평하게 될 수 있습니다.

15 성경에도 이런 말씀이 기록되어 있습니다. "많이 거둔 자도 지나치게 많지 않고, 적게 거둔 자도 부족함이 없다."*

디도와 그의 일행

16 내가 여러분에게 가졌던 것과 똑같은 간절한 마음을 디도에게도 주신 하나님께 감사합니다.

17 디도는 우리의 부탁을 받아들여 우리보다 더 간절한 마음으로 자진해서 여러분에게 갔습니다.

4 what they could afford, but far more. And they did it of their own free will. •They begged us again and again for the privilege of sharing in the gift for the believers* in Jerusalem. 5 •They even did more than we had hoped, for their first action was to give themselves to the Lord and to us, just as God wanted them to do.

6 •So we have urged Titus, who encouraged your giving in the first place, to return to you and encourage you to finish this ministry of giving. 7 •Since you excel in so many ways—in your faith, your gifted speakers, your knowledge, your enthusiasm, and your love from us*—I want you to excel also in this gracious act of giving.

8 •I am not commanding you to do this. But I am testing how genuine your love is by comparing it with the eagerness of the other churches. 9 •You know the generous grace of our Lord Jesus Christ. Though he was rich, yet for your sakes he became poor, so that by his poverty he could make you rich.

10 •Here is my advice: It would be good for you to finish what you started a year ago. Last year you were the first who wanted to give, and you were the first to begin doing it. 11 •Now you should finish what you started. Let the eagerness you showed in the beginning be matched now by your giving. Give 12 in proportion to what you have. •Whatever you give is acceptable if you give it eagerly. And give according to what you have, not 13 what you don't have. •Of course, I don't mean your giving should make life easy for others and hard for yourselves. I only mean 14 that there should be some equality. •Right now you have plenty and can help those who are in need. Later, they will have plenty and can share with you when you need it. In 15 this way, things will be equal. •As the Scriptures say,

"Those who gathered a lot had nothing
    left over,
and those who gathered only a little
    had enough."*

Titus and His Companions

16 •But thank God! He has given Titus the 17 same enthusiasm for you that I have. •Titus welcomed our request that he visit you

8:4 Greek for God's holy people. 8:7 Some manuscripts read your love for us. 8:15 Exod 16:18.

8:15 출 16:18에 기록되어 있다.

18 또 디도와 함께 한 형제를 보냈습니다. 이 사람은 복음을 전하는 일로 모든 교회에서 칭찬받는 사람입니다.

19 뿐만 아니라 이 사람은 우리가 맡은 이 은혜의 일을 수행하는 일에 우리와 동행하라고 교회들로부터 선택된 사람입니다. 이 일은 주님의 영광을 위한 것이며 또한 우리의 간절한 마음을 보이는 것입니다.

20 우리는 많은 액수의 헌금을 전달하는 봉사의 일을 아무라도 비난하지 못하게 하려고 매우 조심하였습니다.

21 우리는 하나님 보시기에 선한 것은 물론이고, 사람들이 보기에도 선하다고 생각되는 일을 바르게 하려던 것입니다.

22 또한 우리는 그들과 함께한 사람을 더 보냈는데, 그는 모든 일에 열심이 있는 사람입니다. 그는 여러분에게 큰 신뢰를 갖고 있으므로 더욱 열심을 낼 것입니다.

23 디도로 말하자면, 그는 나의 동역자요, 여러분을 위해 나와 함께 일하는 동료입니다. 디도와 함께 간 다른 형제들도 이곳 여러 교회의 대표자이고, 그리스도께 영광이 되는 사람들입니다.

24 그러므로 이들에게 여러분의 사랑의 증거와, 우리가 여러분을 자랑하는 것이 사실이라는 것을 보여 주십시오. 교회들이 이러한 사실을 알게 될 것입니다.

성도들을 위한 헌금

9 성도들을 섬기는 일에 대해서는 여러분에게 달리 글을 쓸 필요가 없습니다.

2 그것은 여러분에게 돕고자 하는 간절한 마음이 있다는 것을 내가 알고 있기 때문입니다. 그래서 나는 아가야* 지방 사람들이 일 년 전부터 준비해왔다고 마케도니아 성도들에게 자랑을 하였습니다. 여러분이 보여 준 열심을 보고 많은 사람들이 분발했습니다.

3 나는 우리가 여러분에 대해 자랑한 것이 빈말이 아니라는 것을 보여 주고, 내가 말한 것을 여러분이 준비할 수 있도록 하기 위해서 형제들을 보냅니다.

4 혹시 마케도니아 사람들이 나와 함께 그곳에 가서 여러분이 준비하지 않은 것을 보게 된다면, 여러분은 말할 것도 없거니와 이 일에 대해 여러분을 믿었던 나까지 부끄러움을 당할 것입니다.

5 그래서 나는 형제들을 권면하여 여러분에게 먼저 가서 여러분이 약속한 헌금을 미리 준비하게 하는 일이 필요하다고 생각했습니다. 이렇게 준비한 헌금이야말로 자원하는 헌금이고, 억지로 한 것이 아닙니다.

6 이런 사실을 명심하십시오. 적게 심는 사람은 적게 거두고, 반대로 넉넉하게 심는 사람은 넉넉하게 거둡니다.

again. In fact, he himself was very eager to go and see you. 18 •We are also sending another brother with Titus. All the churches praise him as a preacher of the Good News. 19 •He was appointed by the churches to accompany us as we take the offering to Jerusalem*— a service that glorifies the Lord and shows our eagerness to help.

20 •We are traveling together to guard against any criticism for the way we are handling this generous gift. 21 •We are careful to be honorable before the Lord, but we also want everyone else to see that we are honorable.

22 •We are also sending with them another of our brothers who has proven himself many times and has shown on many occasions how eager he is. He is now even more enthusiastic because of his great confidence in you. 23 •If anyone asks about Titus, say that he is my partner who works with me to help you. And the brothers with him have been sent by the churches,* and they bring honor to Christ. 24 •So show them your love, and prove to all the churches that our boasting about you is justified.

The Collection for Christians in Jerusalem

9 I really don't need to write to you about this ministry of giving for the believers in Jerusalem.* 2 •For I know how eager you are to help, and I have been boasting to the churches in Macedonia that you in Greece* were ready to send an offering a year ago. In fact, it was your enthusiasm that stirred up many of the Macedonian believers to begin giving.

3 •But I am sending these brothers to be sure you really are ready, as I have been telling them, and that your money is all collected. I don't want to be wrong in my boasting about you. 4 •We would be embarrassed— not to mention your own embarrassment— if some Macedonian believers came with me and found that you weren't ready after all I had told them! 5 •So I thought I should send these brothers ahead of me to make sure the gift you promised is ready. But I want it to be a willing gift, not one given grudgingly.

6 •Remember this—a farmer who plants

8:19 See 1 Cor 16:3-4. 8:23 Greek *are apostles of the churches.* 9:1 Greek *about the offering for God's holy people.* 9:2 Greek *in Achaia,* the southern region of the Greek peninsula. *Macedonia* was in the northern region of Greece.
9:2 그리스의 남부 지역.

7 각자 자기가 마음에 결정한 대로 내고, 내키지 않는 마음이나 억지로는 내지 마십시오. 하나님께서는 흔쾌히 내는 사람을 사랑하십니다.

8 하나님께서는 여러분이 모든 일에 필요한 것을 언제나 다 가지고 모든 선한 일을 넘치게 할 수 있도록 여러분에게 모든 은혜를 베풀어 줄 수 있는 분이십니다.

9 성경에 이렇게 기록되어 있습니다. "그가 가난한 사람들에게 후하게 나누어 주었으니, 그가 행한 의가 영원히 지속될 것이다."*

10 씨 뿌리는 자에게 씨를 주시고, 먹을 양식을 주시는 하나님께서 여러분에게 씨앗을 주시고 그것을 성장시키셔서 여러분이 거둘 의의 열매가 많아지게 하실 것입니다.

11 여러분은 모든 면에서 부유하여 넉넉하게 헌금하게 될 것입니다. 여러분이 바친 헌금을 우리가 전달하면 많은 사람들이 하나님께 감사하게 될 것입니다.

12 여러분이 행한 이러한 봉사는 성도들의 부족한 부분을 채웠을 뿐만 아니라, 그것으로 많은 사람들이 하나님께 많은 감사를 드리게 될 것입니다.

13 여러분이 낸 구제 헌금은, 여러분이 그리스도의 복음을 믿고 순종한다는 것과 여러분이 그들이나 다른 모든 사람들을 너그럽게 도와 주었다는 증거이므로, 그들이 하나님께 영광을 돌리게 될 것입니다.

14 성도들은 하나님께서 여러분에게 보이신 놀라운 은혜로 인해 깊은 애정을 가지고 여러분을 위해 기도할 것입니다.

15 말로 다할 수 없는 선물을 주신 하나님께 감사합니다.

바울이 자기 사역에 대해 변호하다

10 나 바울은 그리스도의 온유함과 너그러움을 의지하여 여러분에게 권합니다. 나는 여러분과 얼굴을 맞대고 있으면 유순하다가도, 여러분을 떠나 멀리 가 있으면 담대해집니다.

2 여러분에게 부탁합니다. 내가 여러분에게 갈 때에 우리를 보고 세상의 표준대로 산다고 헐뜯는 사람들에 대해 강경하게 대하듯이, 여러분에게 내가 그렇게 대하지 않도록 해 주십시오.

3 우리가 이 세상에 살기는 하지만, 세상이 싸우는 것과 같은 싸움은 하지 않습니다.

4 우리의 무기는 세상의 무기가 아니라, 강한 요새라도 파괴하는 하나님의 능력입니다. 우리는 모든 이론들을 파괴하고,

5 하나님을 아는 지식에 대항하는 온갖 교만한 생각들을 물리쳐, 모든 생각들을 사로잡아 그리스도께 복종시킵니다.

only a few seeds will get a small crop. But the one who plants generously will get a generous crop. 7 •You must each decide in your heart how much to give. And don't give reluctantly or in response to pressure. "For God loves a person who gives cheerfully."*

8 •And God will generously provide all you need. Then you will always have everything you need and plenty left over to share with 9 others. •As the Scriptures say,

> "They share freely and give generously
> to the poor.
> Their good deeds will be remembered
> forever."*

10 •For God is the one who provides seed for the farmer and then bread to eat. In the same way, he will provide and increase your resources and then produce a great harvest of generosity* in you.

11 •Yes, you will be enriched in every way so that you can always be generous. And when we take your gifts to those who need 12 them, they will thank God. •So two good things will result from this ministry of giving— the needs of the believers in Jerusalem* will be met, and they will joyfully express their thanks to God.

13 •As a result of your ministry, they will give glory to God. For your generosity to them and to all believers will prove that you are obedient to the Good News of Christ. 14 •And they will pray for you with deep affection because of the overflowing grace God 15 has given to you. •Thank God for this gift* too wonderful for words!

Paul Defends His Authority

10 Now I, Paul, appeal to you with the gentleness and kindness of Christ— though I realize you think I am timid in person and bold only when I write from far 2 away. •Well, I am begging you now so that when I come I won't have to be bold with those who think we act from human motives.

3 •We are human, but we don't wage war 4 as humans do. •*We use God's mighty weapons, not worldly weapons, to knock down the strongholds of human reasoning 5 and to destroy false arguments. •We destroy

---

9:7 See footnote on Prov 22:8.   9:9 Ps 112:9.
9:10 Greek *righteousness*.   9:12 Greek *of God's
holy people*.   9:15 Greek *his gift*.   10:4 English
translations divide verses 4 and 5 in various
ways.

9:9 시 112:9에 기록되어 있다.

6 우리는 복종하지 않는 모든 행위들을 벌할 준비가 되어 있습니다. 그때가 되면, 여러분은 온전히 순종하게 될 것입니다.

7 여러분은 사물의 겉모습만 보고 있습니다. 누구든지 자기가 그리스도께 속한 사람이라고 생각하는 사람이 있다면, 그 사람은 자기가 그리스도께 속한 것처럼, 우리도 그리스도께 속한 사람이라는 사실을 다시 한 번 생각해 보아야 합니다.

8 주님께서 우리에게 주신 권세는 여러분을 넘어뜨리라고 준 것이 아니라 덕을 세우라고 주신 것이므로, 내가 이에 대해 지나치게 자랑한다고 하더라도 부끄러울 것이 전혀 없습니다.

9 내가 편지를 보내 여러분을 겁주려 한다고 생각하지는 마십시오.

10 여러분 중에는 "바울의 편지에는 무게가 있고 힘이 있는데, 그 사람을 직접 대해 보면 약골이고 말재주도 없다"고 말하는 사람들이 있습니다.

11 이런 사람들은 우리가 떠나 있어 편지로 쓰는 우리의 말이나 함께 있을 때 행하는 우리의 행동이 아무런 차이가 없다는 것을 명심해야 합니다.

12 우리는 스스로를 칭찬하는 사람들로 비춰지거나 그런 사람들과 비교될 생각이 조금도 없습니다. 그런 사람들은 자기들이 만든 표준에다 자신들을 재거나 비교하는데, 이는 그들이 지혜가 없다는 것을 드러내는 것입니다.

13 그러나 우리는 정해진 한계를 넘어서는 자랑을 하지 않고, 하나님께서 맡겨 주신 영역 안에서만 자랑합니다. 이 한계가 여러분에게까지 미쳤습니다.

14 그러니 우리는 하나님께서 정해 주신 한계를 넘어서 여러분에게 간 것이 아닙니다. 우리는 여러분에게 가지 못할 사람이 아닙니다. 우리는 그리스도의 복음을 가지고 여러분이 있는 곳까지 간 것입니다.

15 우리는 우리의 한계를 넘어서서 다른 사람들이 수고한 것을 이용하여 자랑하지 않습니다. 우리에게 바라는 것이 있다면, 여러분의 믿음이 자라감에 따라 우리의 활동 범위도 여러분 가운데서 크게 확장되는 것입니다.

16 그렇게 되면, 우리는 여러분이 있는 지역을 넘어서 복음을 전할 수 있을 것입니다. 우리는 다른 사람이 자기 지역에서 이미 이루어 놓은 일을 가지고 자랑하고 싶지 않습니다.

17 오히려 "자랑하는 자는 주님 안에서 자랑해야 합니다."

18 옳다고 인정받는 사람은 스스로 자신을 칭찬하는 사람이 아니라 주님께서 칭찬하시는 사람입니다.

바울과 거짓 사도들

11 여러분은 내가 다소 어리석어 보이더라도 눈감아 주시기를 바랍니다. 그런데 여러분은 나에 대

---

every proud obstacle that keeps people from knowing God. We capture their rebellious thoughts and teach them to obey Christ.

6 • And after you have become fully obedient, we will punish everyone who remains disobedient.

7 • Look at the obvious facts.* Those who say they belong to Christ must recognize that we belong to Christ as much as they do.

8 • I may seem to be boasting too much about the authority given to us by the Lord. But our authority builds you up; it doesn't tear you down. So I will not be ashamed of using my authority.

9 • I'm not trying to frighten you by my letters.

10 • For some say, "Paul's letters are demanding and forceful, but in person he is weak, and his speeches are worthless!" 11 • Those people should realize that our actions when we arrive in person will be as forceful as what we say in our letters from far away.

12 • Oh, don't worry; we wouldn't dare say that we are as wonderful as these other men who tell you how important they are! But they are only comparing themselves with each other, using themselves as the standard of measurement. How ignorant!

13 • We will not boast about things done outside our area of authority. We will boast only about what has happened within the boundaries of the work God has given us, 14 which includes our working with you. • We are not reaching beyond these boundaries when we claim authority over you, as if we had never visited you. For we were the first to travel all the way to Corinth with the Good News of Christ.

15 • Nor do we boast and claim credit for the work someone else has done. Instead, we hope that your faith will grow so that the boundaries of our work among you will be 16 extended. • Then we will be able to go and preach the Good News in other places far beyond you, where no one else is working. Then there will be no question of our boasting about work done in someone else's terri-17 tory. • As the Scriptures say, "If you want to boast, boast only about the LORD."*

18 • When people commend themselves, it doesn't count for much. The important thing is for the Lord to commend them.

Paul and the False Apostles

11 I hope you will put up with a little more of my foolishness. Please bear

10:7 Or *You look at things only on the basis of appearance.* **10:17** Jer 9:24.

해 잘 참고 있습니다.

2 나는 하나님께서 질투하시는 것과 똑같이 여러분에 대해 질투하고 있습니다. 나는 여러분을 순결한 처녀로, 한 분이신 남편 그리스도께 바치려고 정혼을 시켰습니다.

3 그러나 하와가 뱀의 간교한 속임수에 넘어가 곁길로 간 것처럼 여러분의 마음도 그리스도를 향한 진실하고 순결한 데서 벗어나 더럽혀지지는 않을까 염려됩니다.

4 어떤 사람이 와서 우리가 전파한 것과 전혀 다른 예수님을 전파하는데도 여러분은 잘도 눈감아 주고 있습니다. 또 여러분은 전에 받은 것과 다른 영을 받아들이며, 다른 복음을 잘도 받아들이고 있습니다.

5 나는 나 자신이 저 '가장 위대한 사도들' 보다 뒤지지 않는다고 생각합니다.

6 내가 비록 말에는 능숙하지 못하지만 지식에 있어서는 그렇지 않습니다. 나는 모든 면에서 내가 가진 지식을 여러분 모두에게 분명히 보여 주었습니다.

7 내가 여러분에게 아무런 보수도 받지 않고 하나님의 복음을 전파하면서, 여러분을 높이기 위해 나를 낮춘 것이 죄가 된단 말입니까?

8 나는 여러분을 위한 사역을 완수하는 데 드는 비용을 다른 교회를 통해 충당하였습니다. 말하자면, 다른 교회들의 것을 빼앗은 셈입니다.

9 내가 여러분과 함께 있는 동안에 궁핍했지만, 나는 여러분 중 어느 누구에게도 폐를 끼치지 않았습니다. 내게 부족한 것은 마케도니아에서 온 성도들이 채워 주었습니다. 나는 모든 경우에 있어서 여러분에게 짐을 지우지 않았고, 앞으로도 계속 그럴 것입니다.

10 내 안에 있는 그리스도의 진리를 두고 확실하게 말합니다. 아가야 지방에서는 어느 누구도 내가 이렇게 자랑하는 것을 막지 못할 것입니다.

11 내가 왜 그랬겠습니까? 내가 여러분을 사랑하지 않기 때문에 그랬단 말입니까? 내가 여러분을 사랑하고 있다는 것은 하나님께서 아십니다.

12 나는 지금까지 해온 대로 계속할 것입니다. 그것은 우리와 똑같이 일을 한다고 자랑하려는 사람들에게 자랑할 기회를 주지 않기 위해서입니다.

13 이런 사람들은 거짓 사도들이며, 속이는 일꾼들이며, 그리스도의 사도들인 것처럼 가장하는 사람들입니다.

14 이런 것에 대해 놀랄 것은 없습니다. 그것은 사탄도 자신을 빛의 천사로 가장하기 때문입니다.

15 그러므로 사탄의 일꾼들이 의의 일꾼으로 가장한다고 해서 크게 놀랄 것은 없습니다. 그들의 운명은 자기들이 행한 일에 따라 결정될 것입니다.

2 with me. •For I am jealous for you with the jealousy of God himself. I promised you as a pure bride* to one husband—Christ. •But I fear that somehow your pure and undivided devotion to Christ will be corrupted, just as Eve was deceived by the cunning ways of the serpent. •You happily put up with whatever anyone tells you, even if they preach a different Jesus than the one we preach, or a different kind of Spirit than the one you received, or a different kind of gospel than the one you believed.

5 •But I don't consider myself inferior in any way to these "super apostles" who teach 6 such things. •I may be unskilled as a speaker, but I'm not lacking in knowledge. We have made this clear to you in every possible way.

7 •Was I wrong when I humbled myself and honored you by preaching God's Good News to you without expecting anything in 8 return? •I "robbed" other churches by accepting their contributions so I could serve 9 you at no cost. •And when I was with you and didn't have enough to live on, I did not become a financial burden to anyone. For the brothers who came from Macedonia brought me all that I needed. I have never been a burden to you, and I never will be.

10 •As surely as the truth of Christ is in me, no one in all of Greece* will ever stop me from 11 boasting about this. •Why? Because I don't love you? God knows that I do.

12 •But I will continue doing what I have always done. This will undercut those who are looking for an opportunity to boast that 13 their work is just like ours. •These people are false apostles. They are deceitful workers who disguise themselves as apostles of 14 Christ. •But I am not surprised! Even Satan 15 disguises himself as an angel of light. •So it is no wonder that his servants also disguise themselves as servants of righteousness. In the end they will get the punishment their wicked deeds deserve.

contribution [kɑntrəbjúːʃən] n. 기부
corrupt [kərʌ́pt] vt. 더럽히다
deceitful [disíːtfəl] a. 사기의
devotion [divóuʃən] n. 헌신
disguise [disgáiz] vt. 위장하다
inferior [infíəriər] a. …보다 못한
jealous [dʒéləs] a. 질투가 많은; 시샘하는
peninsula [pənínsjulə] n. 반도
serpent [sə́ːrpənt] n. 뱀
undivided [ʌndivaidid] a. 전념하는

11:2 Greek *a virgin.* 11:10 Greek *Achaia,* the southern region of the Greek peninsula.

사도로서 바울이 겪은 고난

16 다시 말씀드리지만 아무도 나를 어리석은 사람으로 취급하지 마십시오. 만일 내가 어리석은 사람으로 생각된다면 그렇게 생각해도 좋습니다. 그러면 제가 조금은 자랑할 수 있을 것입니다.

17 내가 지금 하는 말은 주님의 권위를 가지고 하는 것이 아니라 어리석은 사람으로서 자기 자랑을 늘어놓는 것에 불과합니다.

18 많은 사람들이 세상의 기준에 비추어 자랑하니 나도 자랑해 보겠습니다.

19 여러분은 스스로 지혜롭다고 생각하는 사람들이니 어리석은 사람들을 애교로 잘 봐주십시오.

20 심지어 여러분을 노예로 삼는 사람, 여러분에게 사기치는 사람, 여러분을 이용해 먹는 사람, 여러분의 뺨을 때리는 사람에 대해서도 여러분은 잘도 참아내고 있습니다.

21 나는 지금 부끄러움을 무릅쓰고 이 말을 합니다. 우리가 연약했다는 사실을 인정합니다. 만일 어떤 사람이 감히 자랑할 것이 있다면, 어리석은 말 같지만, 나 역시 자랑할 것이 있습니다.

22 그들이 히브리인입니까? 나도 히브리인입니다. 그들이 이스라엘 사람입니까? 나도 그렇습니다. 그들이 아브라함의 자손입니까? 나도 그렇습니다.

23 그들이 그리스도의 일꾼입니까? 이 말을 할 때에 내가 제정신이 아닌 사람처럼 보이겠지만, 나는 그 사람들보다 더 뛰어난 일꾼입니다. 나는 더 많이 수고했고, 감옥에도 더 많이 갇혔으며, 셀 수 없을 정도로 매를 많이 맞았고, 죽을 고비도 여러 번 넘겼습니다.

24 또 유대인에게 서른아홉 대 맞는 태형을 다섯 번이나 당하였습니다.

25 몽둥이로 세 차례 맞고, 돌에 맞은 적도 한 번 있었습니다. 배가 난파된 적도 세 번 있었으며, 밤낮을 망망대해에서 표류한 적도 있었습니다.

26 자주 여행을 하는 동안, 강물의 위험과 강도들로부터 오는 위험, 내 동족들에게서 받는 위험, 이방인들에게서 받는 위험, 도시에서 당하는 위험, 황량한 광야에서 당하는 위험, 바다의 위험, 또한 거짓 신자들로부터 오는 위험을 겪었습니다.

27 나는 수고하고 애쓰며 살았습니다. 잠 못 들어 밤을 지샌 적이 여러 번이고, 배고프고 목마르고, 굶기도 자주 하고, 추위에 떨고, 헐벗음의 고통도 받았습니다.

28 다른 것들은 접어 두더라도 나는 날마다 모든 교회들에 대한 염려로 마음이 짓눌렸습니다.

29 누가 약해지면, 나도 약해지지 않겠습니까? 누가 걸려 넘어지면, 내 마음이 새까맣게 타지 않겠습니까?

30 내가 꼭 자랑해야 한다면, 나의 약함을 자랑하겠습

Paul's Many Trials

16 ● Again I say, don't think that I am a fool to talk like this. But even if you do, listen to me, as you would to a foolish person, while I also 17 boast a little. ● Such boasting is not from the 18 Lord, but I am acting like a fool. ● And since others boast about their human achieve- 19 ments, I will, too. ● After all, you think you are so wise, but you enjoy putting up with 20 fools! ● You put up with it when someone enslaves you, takes everything you have, takes advantage of you, takes control of 21 everything, and slaps you in the face. ● I'm ashamed to say that we've been too "weak" to do that!

　　But whatever they dare to boast about— I'm talking like a fool again—I dare to boast 22 about it, too. ● Are they Hebrews? So am I. Are they Israelites? So am I. Are they descen- 23 dants of Abraham? So am I. ● Are they ser- vants of Christ? I know I sound like a mad- man, but I have served him far more! I have worked harder, been put in prison more often, been whipped times without number, 24 and faced death again and again. ● Five dif- ferent times the Jewish leaders gave me thir- 25 ty-nine lashes. ● Three times I was beaten with rods. Once I was stoned. Three times I was shipwrecked. Once I spent a whole 26 night and a day adrift at sea. ● I have trav- eled on many long journeys. I have faced danger from rivers and from robbers. I have faced danger from my own people, the Jews, as well as from the Gentiles. I have faced danger in the cities, in the deserts, and on the seas. And I have faced danger from men 27 who claim to be believers but are not.* ● I have worked hard and long, enduring many sleepless nights. I have been hungry and thirsty and have often gone without food. I have shivered in the cold, without enough clothing to keep me warm.

28　　● Then, besides all this, I have the daily burden of my concern for all the churches. 29 ● Who is weak without my feeling that weakness? Who is led astray, and I do not burn with anger?

30　　● If I must boast, I would rather boast about the things that show how weak I am.

---

adrift [ədríft] *ad.* 표류하여
Gentile [dʒéntail] *n.* (유대인이 말하는) 이방인
shipwrecked [ʃíprèkt] *a.* 난파한
shiver [ʃívər] *vi.* 떨다
trial [tráiəl] *n.* 고난
11:23 without number : 무수한, 헤아릴 수 없이

11:26 Greek *from false brothers.*

니다.

31 영원히 찬송받으실 우리 주 예수님의 아버지 하나님께서는 내 말이 거짓말이 아니라는 것을 아십니다.

32 내가 다마스커스에 있었을 때에는 아레다 왕의 총독이 나를 체포하려고 다마스커스 성을 지키고 있었는데,

33 나는 광주리를 타고 성벽 창문 아래로 내려와 총독의 손아귀에서 빠져 나온 적도 있었습니다.

바울이 본 환상과 계시

12 자랑하는 것이 이로울 것은 없지만 계속해 보겠습니다. 나는 주님께서 보여 주신 환상과 계시를 말씀드리겠습니다.

2 나는 십사 년 전에 셋째 하늘로 들려 올라간, 그리스도 안에 있는 어떤 사람*을 알고 있습니다. 그것이 몸 안에서 된 것인지 몸을 빠져 나와 된 것인지 나는 알지 못하지만, 하나님은 아십니다.

3 내가 이런 사람을 아는데, 그 사람의 몸이 거기 있었는지 아니면 단지 그 사람의 영이 그곳에 있었는지 나는 알지 못하지만, 하나님은 아십니다.

4 그 사람이 낙원으로 들려 올라가서 사람이 말해서도 안 되고, 이루 말로 표현할 수도 없는 말들을 들었습니다.

5 내가 이 사람에 대해서는 자랑하겠으나, 나 자신에 대해서는 나의 약한 것들 외에 자랑하지 않겠습니다.

6 내가 자랑한다고 해도 진실을 말할 것이기 때문에 어리석은 사람은 되지 않을 것입니다. 그러나 어떤 사람이든지 나를 보고 내게서 들은 것 이상으로 나에 대해 생각하지 않도록 하기 위해서 자랑하는 것을 그만두었습니다.

7 내가 받은 굉장한 계시들 때문에 교만해지는 것을 막기 위하여 하나님께서는 내 몸에 사탄의 사신인 가시를 주셨습니다. 그것은 줄곧 나를 괴롭혀 왔습니다.

8 나는 이것을 제거해 달라고 주님께 세 번이나 간청하였습니다.

9 그러나 주님은 나에게 "내 은혜가 네게 족하다. 내 능력이 약한 데서 온전해진다"고 말씀하셨습니다. 나는 그리스도의 능력이 내 위에 머물러 있도록 하기 위해서 나의 약한 것들을 더욱 기쁘게 자랑합니다.

10 그러므로 나는 약할 때나 모욕을 받을 때나, 궁핍하게 될 때나 핍박을 받을 때나, 어려움이 있을 때에, 그리스도를 위해 기뻐합니다. 왜냐하면 나는 약할 그때에 강하기 때문입니다.

고린도 교인들에 대한 바울의 관심

11 나는 어리석은 사람이 되었습니다. 여러분이 나를

31 ●God, the Father of our Lord Jesus, who is worthy of eternal praise, knows I am not 32 lying. ●When I was in Damascus, the governor under King Aretas kept guards at the city 33 gates to catch me. ●I had to be lowered in a basket through a window in the city wall to escape from him.

Paul's Vision and His Thorn in the Flesh

12 This boasting will do no good, but I must go on. I will reluctantly tell about visions and revelations from the Lord.
2 ●I* was caught up to the third heaven fourteen years ago. Whether I was in my body or out of my body, I don't know—only God 3 knows. ●Yes, only God knows whether I was in my body or outside my body. But I 4 do know ●that I was caught up* to paradise and heard things so astounding that they cannot be expressed in words, things no human is allowed to tell.
5 ●That experience is worth boasting about, but I'm not going to do it. I will boast 6 only about my weaknesses. ●If I wanted to boast, I would be no fool in doing so, because I would be telling the truth. But I won't do it, because I don't want anyone to give me credit beyond what they can see in 7 my life or hear in my message, ●even though I have received such wonderful revelations from God. So to keep me from becoming proud, I was given a thorn in my flesh, a messenger from Satan to torment me and keep me from becoming proud.
8 ●Three different times I begged the Lord 9 to take it away. ●Each time he said, "My grace is all you need. My power works best in weakness." So now I am glad to boast about my weaknesses, so that the power of 10 Christ can work through me. ●That's why I take pleasure in my weaknesses, and in the insults, hardships, persecutions, and troubles that I suffer for Christ. For when I am weak, then I am strong.

Paul's Concern for the Corinthians

11 ●You have made me act like a fool. You ought to be writing commendations for me,

---

insult [insʌlt] *vt.* 모욕하다
persecution [pərsikjúːʃən] *n.* 핍박
revelation [revəleiʃən] *n.* 계시
torment [tɔ́ːrment] *vt.* 괴롭히다

12:2 Greek *I know a man in Christ who.* **12:3-4** Greek *But I know such a man, 'that he was caught up.*
12:2 바울 자신을 가리킨다.

억지로 어리석은 사람이 되게 했습니다. 사실 나는 여러분에게 칭찬을 받아 마땅합니다. 비록 나는 아무것도 아니지만, 저 '가장 위대한 사도들' 보다 조금도 뒤질 것이 없습니다.

12 나는 여러분 가운데서 모든 것을 인내하면서 사도의 표시인 표적과 기적과 놀라운 일들을 행했습니다.

13 내가 친히 여러분에게 짐을 지우지 않은 것 외에, 내가 다른 교회에 비해 여러분에게 못한 것이 무엇입니까? 내가 여러분에게 폐를 끼치지 않은 것이 잘못이라면 저를 용서하십시오.

14 이제 나는 세 번째 여러분을 방문할 준비를 하고 있습니다. 이번에도 여러분에게 짐을 지우지는 않을 작정입니다. 나는 단지 여러분을 바랄 뿐, 여러분이 가진 재물을 바라지 않습니다. 이는 자녀가 부모를 위해 재산을 모아 두는 것이 아니라 부모가 자녀를 위해 그렇게 하는 것이기 때문입니다.

15 나는 여러분을 위해서라면 내가 가진 것뿐만 아니라 나 자신마저도 기꺼이 드리겠습니다. 내가 여러분을 이토록 사랑하는데, 여러분도 나를 사랑해 줘야 하지 않겠습니까?

16 내가 여러분에게 짐이 된 적은 없었지만, 어떤 사람들은 내가 꾀를 부려 여러분을 속여 사로잡았다고 합니다.

17 내가 보낸 사람 중에 누군가를 시켜 여러분을 속여 착취한 적이 있었습니까?

18 내가 디도에게 여러분에게 가라고 권하였고, 디도와 함께 형제를 여러분에게 보낸 적이 있는데, 디도가 여러분을 속여 착취한 적이 있었습니까? 우리가 같은 심정으로 살아오지 않았습니까? 또한 우리가 같은 길을 걸어오지 않았습니까?

19 아직까지도 여러분은 우리가 자신을 변명하고 있다고 생각할 것입니다. 우리는 그리스도 안에 있는 사람들로서 하나님 앞에서 말하고 있습니다. 사랑하는 여러분, 우리가 행하는 모든 것들은 여러분의 덕을 세우기 위함입니다.

20 내가 갈 때, 내가 여러분에게서 기대했던 모습을 찾지 못하거나 여러분이 나에게서 기대했던 모습을 찾지 못할까 두렵습니다. 여러분 중에 말다툼과 시기와 분냄과 편 가름과 중상모략과 남의 말하기와 거만함과 무질서가 있을까 두렵습니다.

21 내가 다시 갈 때, 하나님께서 여러분 앞에서 나를 낮추실까 두렵습니다. 전에 죄에 빠졌던 사람들이, 자기들이 행한 더럽고 음란하고 방탕한 생활에 대해 회개하지 않는 것을 보고 내가 슬퍼 울지는 않을까 두렵습니다.

마지막 경고

13 이번에 가면 세 번째 여러분을 방문하는 것입니다. "모든 사건은 두 세 증인의 증언으로 확

for I am not at all inferior to these "super apostles," even though I am nothing at all.

12 •When I was with you, I certainly gave you proof that I am an apostle. For I patiently did many signs and wonders and miracles among you. 13 •The only thing I failed to do, which I do in the other churches, was to become a financial burden to you. Please forgive me for this wrong!

14 •Now I am coming to you for the third time, and I will not be a burden to you. I don't want what you have—I want you. After all, children don't provide for their parents. Rather, parents provide for their children. 15 •I will gladly spend myself and all I have for you, even though it seems that the more I love you, the less you love me.

16 •Some of you admit I was not a burden to you. But others still think I was sneaky 17 and took advantage of you by trickery. •But how? Did any of the men I sent to you take 18 advantage of you? •When I urged Titus to visit you and sent our other brother with him, did Titus take advantage of you? No! For we have the same spirit and walk in each other's steps, doing things the same way.

19 •Perhaps you think we're saying these things just to defend ourselves. No, we tell you this as Christ's servants, and with God as our witness. Everything we do, dear friends, 20 is to strengthen you. •For I am afraid that when I come I won't like what I find, and you won't like my response. I am afraid that I will find quarreling, jealousy, anger, selfishness, slander, gossip, arrogance, and disor- 21 derly behavior. •Yes, I am afraid that when I come again, God will humble me in your presence. And I will be grieved because many of you have not given up your old sins. You have not repented of your impurity, sexual immorality, and eagerness for lustful pleasure.

Paul's Final Advice

13 This is the third time I am coming to visit you (and as the Scriptures say, "The facts of every case must be established by the testimony of two or three witnesses"*).

---

arrogance [ǽrəgəns] *n.* 교만
immorality [imərǽləti] *n.* 부도덕
slander [slǽndər] *n.* 중상, 욕설
sneaky [sníːki] *a.* 비열한
testimony [téstəmouni] *n.* 증언
trickery [tríkəri] *n.* 속임수, 사기

13:1 Deut 19:15.

증해야 한다"는 말씀이 있습니다.

2 내가 두 번째 방문했을 때에 말했던 것처럼 지금 떠나 있는 동안, 여러분에게 말씀드리겠습니다. 전에 죄를 지은 사람들과 나머지 사람들에게 경고하는데, 내가 이번에 가면 그들을 용서하지 않겠습니다.

3 그것은 여러분이 그리스도께서 나를 통해 말씀하신다는 증거를 요구하고 있기 때문입니다. 그리스도께서는 여러분을 대할 때 약하지 않으셨습니다. 그분은 여러분 안에서 능력을 발휘하십니다.

4 그리스도께서는 약하셔서 십자가에 달려 돌아가셨으나, 하나님의 능력으로 살아 계십니다. 우리도 그분 안에서 연약하지만, 여러분을 섬기기 위해 하나님의 능력으로 그리스도와 함께 살 것입니다.

5 여러분은 자신이 믿음 안에 있는지 점검하고 자신을 시험해 보십시오. 예수 그리스도께서 여러분 안에 계신다는 사실을 알지 못합니까? 이것을 모르면 여러분은 시험에서 불합격한 사람들입니다.

6 나는 우리가 불합격자가 아니라는 것을 여러분이 알아 주기를 바랍니다.

7 우리는 여러분이 악한 일을 행하지 않게 해 달라고 하나님께 기도합니다. 이는 우리가 시험에서 합격했다는 것을 보이기 위함이 아니라, 비록 우리가 시험에 떨어진 것처럼 보일지라도 여러분이 옳은 일을 행하도록 하기 위해서입니다.

8 우리는 진리를 거슬러 가면서 할 수 있는 것은 아무것도 없고 오직 진리를 위해서만 일합니다.

9 우리가 연약해도 여러분이 강하면 우리는 기뻐합니다. 우리는 여러분이 온전해지기를 기도합니다.

10 내가 여러분을 떠나 있을 때, 이런 내용의 편지를 쓴 이유가 여기 있습니다. 즉 내가 여러분에게 가서 일을 처리할 때, 주님께서 내게 주신 권세를 가지고 여러분을 엄하게 다루지 않기 위해서입니다. 주님께서 내게 주신 이 권세는 여러분에게 덕을 세우라고 주신 것이지 여러분을 넘어뜨리라고 주신 것이 아닙니다.

마지막 인사

11 성도 여러분, 마지막으로 인사를 드립니다. 기뻐하십시오. 온전하게 되십시오. 서로 위로하십시오. 같은 마음을 가지고 서로 화목하십시오. 그러면 사랑과 평강의 하나님께서 여러분과 함께하실 것입니다.

12 거룩한 입맞춤으로 서로 인사를 나누십시오. 모든 성도들이 여러분에게 문안을 드립니다.

13 우리 주 예수 그리스도의 은혜와 하나님의 사랑과 성령의 친교가 여러분 모두에게 있기를 바랍니다.

2 •I have already warned those who had been sinning when I was there on my second visit. Now I again warn them and all others, just as I did before, that next time I will not spare them.

3 •I will give you all the proof you want that Christ speaks through me. Christ is not weak when he deals with you; he is powerful among you. 4 •Although he was crucified in weakness, he now lives by the power of God. We, too, are weak, just as Christ was, but when we deal with you we will be alive with him and will have God's power.

5 •Examine yourselves to see if your faith is genuine. Test yourselves. Surely you know that Jesus Christ is among you*; if not, you have failed the test of genuine faith. •As you test yourselves, I hope you will recognize that we have not failed the test of apostolic authority.

7 •We pray to God that you will not do what is wrong by refusing our correction. I hope we won't need to demonstrate our authority when we arrive. Do the right thing before we come—even if that makes it look like we have failed to demonstrate our authority. 8 •For we cannot oppose the truth, but must always stand for the truth. 9 •We are glad to seem weak if it helps show that you are actually strong. We pray that you will become mature.

10 •I am writing this to you before I come, hoping that I won't need to deal severely with you when I do come. For I want to use the authority the Lord has given me to strengthen you, not to tear you down.

Paul's Final Greetings

11 •Dear brothers and sisters,* I close my letter with these last words: Be joyful. Grow to maturity. Encourage each other. Live in harmony and peace. Then the God of love and peace will be with you.

12 •Greet each other with a sacred kiss. 13 •All of God's people here send you their greetings.

14 •*May the grace of the Lord Jesus Christ, the love of God, and the fellowship of the Holy Spirit be with you all.

genuine [dʒénjuin] *a.* 진짜의
maturity [mətʃúərəti] *n.* 성숙
proof [prúːf] *n.* 증거

13:5 Or *in you.* 13:11 Greek *Brothers.* 13:14 Some English translations include verse 13 as part of verse 12, and then verse 14 becomes verse 13.

갈라디아서

서론

✝ 저자 _ 사도 바울
✝ 저작 연대 _ A.D. 48~49년 사이(남 갈라디아설) 또는 A.D. 55~56년경(북 갈라디아설)
✝ 기록 장소 _ 안디옥이나 에베소로 추정
✝ 기록 대상 _ 갈라디아에 있는 기독교인들
✝ 핵심어 및 내용 _ 핵심어는 '은혜'와 '자유'이다. 우리는 하나님의 값없는 은혜로 말미암아 의롭게 되었으며 그리스도께서 우리를 대신해서 죄값을 치러 주셨기 때문에 자유를 누릴 수 있게 된 것이다.

인사

1 사람들이 뽑은 것도 아니요, 사람들이 보낸 것도 아니요, 예수 그리스도와 그분을 죽은 사람 가운데서 살리신 하나님 아버지께서 사도로 삼으셔서, 사도가 된 나 바울이,

2 나와 함께 있는 모든 형제들과 함께 갈라디아에 있는 여러 교회에 이 편지를 씁니다.

3 하나님 우리 아버지와 주 예수 그리스도께서 여러분에게 은혜와 평안을 주시기를 바랍니다.

4 예수님께서는 하나님 우리 아버지의 뜻을 따라 이 악한 세상에서 우리를 건지시고, 우리 죄를 씻기 위해 자기 몸을 바치셨습니다.

5 하나님께 영원토록 영광이 있기를 빕니다. 아멘.

하나뿐인 복음

6 하나님께서 그리스도의 은혜로 여러분을 부르셨는데, 여러분이 이렇게 빨리 다른 복음을 믿는다고 하니 놀라지 않을 수 없습니다.

7 실제로 다른 복음은 없습니다. 그러나 어떤 사람들이 여러분을 혼란스럽게 하여 그리스도의 복음을 바꾸려 하고 있습니다.

8 우리는 여러분에게 복음을 전했습니다. 그러므로 우리든지, 하늘에서 온 천사든지, 우리가 전한 복음이 아닌 다른 것을 전한다면, 그는 저주를 받아 마땅합니다.

9 내가 전에도 말했지만 이제 다시 말합니다. 여러분이 이미 받은 복음 외에 다른 것을 전하는 사람이 있다면, 그는 저주를 받아야 합니다.

10 내가 사람의 마음에 들게 하려는 것처럼 보입니까? 그렇지 않습니다. 나는 오직 하나님의 마음을 기쁘시게 하려는 것 뿐입니다. 내가 사람을 기쁘게 하려고 한다면, 나는 그리스도의 종이라고 할 수 없습니다.

하나님께서 주신 바울의 권위

11 형제들이여, 내가 여러분에게 전한 복음은 사람들에게서 나온 것이 아니라는 것을 알기 바랍니다.

Greetings from Paul

1 This letter is from Paul, an apostle. I was not appointed by any group of people or any human authority, but by Jesus Christ himself and by God the Father, who raised Jesus from the dead.

2 •All the brothers and sisters* here join me in sending this letter to the churches of Galatia.

3 •May God the Father and our Lord Jesus
4 Christ* give you grace and peace. •Jesus gave his life for our sins, just as God our Father planned, in order to rescue us from this evil
5 world in which we live. •All glory to God forever and ever! Amen.

There Is Only One Good News

6 •I am shocked that you are turning away so soon from God, who called you to himself through the loving mercy of Christ.* You are following a different way that pretends to be
7 the Good News •but is not the Good News at all. You are being fooled by those who deliberately twist the truth concerning Christ.

8 •Let God's curse fall on anyone, including us or even an angel from heaven, who preaches a different kind of Good News than the one
9 we preached to you. •I say again what we have said before: If anyone preaches any other Good News than the one you welcomed, let that person be cursed.

10 •Obviously, I'm not trying to win the approval of people, but of God. If pleasing people were my goal, I would not be Christ's servant.

Paul's Message Comes from Christ

11 •Dear brothers and sisters, I want you to

deliberately [dilíbərətli] ad. 고의로, 일부러
twist [twíst] vt. 곡해하다

1:2 Greek *brothers*; also in 1:11.   1:3 Some manuscripts read *God our Father and the Lord Jesus Christ*.   1:6 Some manuscripts read *through loving mercy*.

12 그것은 내가 사람에게서 얻은 것도 아니고, 사람에게서 배운 것도 아닙니다. 그것은 예수 그리스도께서 내게 보여 주신 것입니다.

13 여러분은 내가 어떻게 살아왔는가를 들었을 것입니다. 나는 유대교에 속한 사람이었습니다. 나는 하나님의 교회를 몹시 박해했을 뿐 아니라, 아예 없애 버리려고까지 계획했습니다.

14 나는 나와 나이가 비슷한 다른 유대인들보다 더 열심히 유대교를 믿었습니다. 또한 그 누구보다도 조상들의 전통을 지키는 데 열심이었습니다.

15 그러나 내가 태어나기 전부터 하나님께서는 나를 따로 세우셔서 은혜로 나를 부르셨습니다.

16 그래서 나에게 하나님의 아들에 관한 복음을 이방인에게 전하게 하시려고, 하나님께서 그 아들을 내게 보이셨습니다. 하나님께서 나를 부르셨을 때에 나는 어떤 혈육을 통해서도 가르침이나 도움을 받지 않았습니다.

17 나보다 먼저 사도가 된 사람들을 만나기 위해 예루살렘으로 올라가지도 않았습니다. 오히려 나는 곧 바로 아라비아로 갔다가 다마스커스로 되돌아갔습니다.

18 삼 년 뒤에 나는 베드로를 만나려고 예루살렘으로 가서, 그와 보름 동안을 함께 지냈습니다.

19 그리고 주님의 동생 야고보 외에는 그 어떤 다른 사도도 만나지 않았습니다.

20 내 말이 거짓이 아니라는 것은 하나님께서 아십니다.

21 그 후에 나는 시리아와 길리기아 지방으로 갔습니다.

22 유대에 있는 그리스도의 교회들은 나를 한 번도 만나지 못했습니다.

23 다만 나에 대해서 "한때 우리를 박해했던 이 사람이 지금은 박해하던 그 믿음을 전하고 있다"는 말만 들었을 뿐입니다.

24 그래서 이 성도들은 나로 인해서 하나님께 찬양했습니다.

다른 사도들을 만나다

2 십사 년이 지나서, 나는 다시 예루살렘으로 갔습니다. 이번에는 바나바와 디도를 데리고 갔습니다.

2 예루살렘으로 간 것은 하나님께서 그렇게 하라고 계시하셨기 때문입니다. 나는 거기에서 교회의 지도자들을 만났습니다. 그들과 따로 만나서 내가 이방인들에게 전하는 복음을 설명해 주었습니다. 그것은 내가 전에 한 일이나 지금 하고 있는 일이 헛되지 않기를 바랐기 때문입니다.

3 나와 함께 있던 디도는 비록 그리스 사람이지만 나

understand that the gospel message I preach

12 is not based on mere human reasoning. • I received my message from no human source, and no one taught me. Instead, I received it by direct revelation from Jesus Christ.*

13 • You know what I was like when I followed the Jewish religion—how I violently persecuted God's church. I did my best to

14 destroy it. • I was far ahead of my fellow Jews in my zeal for the traditions of my ancestors.

15 • But even before I was born, God chose me and called me by his marvelous grace.

16 Then it pleased him • to reveal his Son to me* so that I would proclaim the Good News about Jesus to the Gentiles. When this happened, I did not rush out

17 to consult with any human being.* • Nor did I go up to Jerusalem to consult with those who were apostles before I was. Instead, I went away into Arabia, and later I returned to the city of Damascus.

18 • Then three years later I went to Jerusalem to get to know Peter,* and I stayed

19 with him for fifteen days. • The only other apostle I met at that time was James, the

20 Lord's brother. • I declare before God that what I am writing to you is not a lie.

21 • After that visit I went north into the

22 provinces of Syria and Cilicia. • And still the churches in Christ that are in Judea didn't

23 know me personally. • All they knew was that people were saying, "The one who used to persecute us is now preaching the very

24 faith he tried to destroy!" • And they praised God because of me.

The Apostles Accept Paul

2 Then fourteen years later I went back to Jerusalem again, this time with Barnabas;

2 and Titus came along, too. • I went there because God revealed to me that I should go. While I was there I met privately with those considered to be leaders of the church and shared with them the message I had been preaching to the Gentiles. I wanted to make sure that we were in agreement, for fear that all my efforts had been wasted and I was

3 running the race for nothing. • And they supported me and did not even demand that my companion Titus be circumcised, though he was a Gentile.*

reasoning [ríːzənɪŋ] *n.* 논증, 논고

1:12 Or *by the revelation of Jesus Christ.*   1:16a Or *in me.*   1:16b Greek *with flesh and blood.* 1:18 Greek *Cephas.*   2:3 Greek *a Greek.*

는 그에게 억지로 할례를 베풀지는 않았습니다.

4 우리 가운데 거짓 형제들이 몰래 들어왔기 때문에, 우리는 이 문제에 대해서 이야기를 했습니다. 그들은 우리를 다시 율법의 종으로 만들고, 그리스도 예수 안에서 우리가 누리는 자유를 엿보려고 정탐꾼처럼 끼어들었습니다.

5 그러나 우리는 그 거짓 형제들의 뜻을 조금도 따르지 않았습니다. 우리는 복음의 진리가 늘 여러분과 함께 있기를 바랐습니다.

6 저 귀하다고 하는 사람들도 내가 전하는 복음을 바꾸지 못했습니다(그들이 귀한 사람이든 아니든 그것은 중요하지 않습니다. 하나님께서는 사람을 겉으로 판단하지 않으시기 때문입니다).

7 오히려 그 지도자들은 하나님께서 베드로를 통해 할례를 받은 유대인들에게 복음을 전하도록 하신 것처럼, 내게도 할례를 받지 않은 이방인들에게 복음을 전하는 일을 맡기셨다는 것을 알게 되었습니다.

8 하나님께서는 베드로에게 유대인을 위해 사도로 일할 권리를 주셨고, 내게는 이방인을 위해 사도로 일할 권리를 주셨습니다.

9 지도자로 인정받던 야고보와 베드로*와 요한은 하나님께서 내게 주신 특별한 은혜를 깨닫고, 바나바와 나를 인정했습니다. 그리고 그들은 "바울과 바나바여, 그대들은 이방인에게 가십시오. 우리는 유대인에게 가겠습니다"라고 말했습니다.

10 그들은 우리에게 한 가지, 곧 가난한 사람들을 기억해 달라고 부탁했는데, 그것은 사실 내가 힘써 해오던 일입니다.

바울이 베드로를 나무라다

11 베드로가 안디옥에 왔을 때, 그가 잘못한 일이 있어서 내가 그를 대면해서 나무랐습니다.

12 베드로가 안디옥에 와서 이방인들과 함께 먹고 있는데, 야고보가 보낸 유대인들이 오자 먹는 것을 그만두고 그 자리에서 물러났습니다. 그는 할례를 받은 유대인들을 두려워했던 것입니다.

13 이처럼 베드로는 거짓된 행동을 했고, 다른 유대인 성도들도 거짓된 행동을 했습니다. 심지어 바나바조차 그들의 거짓된 행동에 유혹을 받았습니다.

14 나는 그들이 복음의 진리를 따르지 않는 것을 보고, 모든 사람 앞에서 베드로를 향해 "베드로여, 당신은 유대인이면서도 유대인처럼 살지 않고 이방인처럼 살면서, 어찌하여 이방인들에게 유대인처럼 살라고 합니까?" 하고 말했습니다.

15 우리는 이방인, 곧 '죄인'이 아니라 유대인으로 태어났습니다.

16 하지만 우리는 율법을 따른다고 해서 의롭다 함을

4 Even that question came up only because of some so-called believers there—false ones, really*—who were secretly brought in. They sneaked in to spy on us and take away the freedom we have in Christ Jesus. They wanted to enslave us and force us to follow 5 their Jewish regulations. •But we refused to give in to them for a single moment. We wanted to preserve the truth of the gospel message for you.

6 •And the leaders of the church had nothing to add to what I was preaching. (By the way, their reputation as great leaders made no difference to me, for God has no favorites.) 7 •Instead, they saw that God had given me the responsibility of preaching the gospel to the Gentiles, just as he had given Peter the 8 responsibility of preaching to the Jews. •For the same God who worked through Peter as the apostle to the Jews also worked through me as the apostle to the Gentiles.

9 •In fact, James, Peter,* and John, who were known as pillars of the church, recognized the gift God had given me, and they accepted Barnabas and me as their co-workers. They encouraged us to keep preaching to the Gentiles, while they continued their 10 work with the Jews. •Their only suggestion was that we keep on helping the poor, which I have always been eager to do.

Paul Confronts Peter

11 •But when Peter came to Antioch, I had to oppose him to his face, for what he did was 12 very wrong. •When he first arrived, he ate with the Gentile believers, who were not circumcised. But afterward, when some friends of James came, Peter wouldn't eat with the Gentiles anymore. He was afraid of criticism from these people who insisted on the neces- 13 sity of circumcision. •As a result, other Jewish believers followed Peter's hypocrisy, and even Barnabas was led astray by their hypocrisy.

14 •When I saw that they were not following the truth of the gospel message, I said to Peter in front of all the others, "Since you, a Jew by birth, have discarded the Jewish laws and are living like a Gentile, why are you now trying to make these Gentiles follow the Jewish traditions?

15 "You and I are Jews by birth, not 'sin- 16 ners' like the Gentiles. •Yet we know that a

---

sneak [sníːk] *vi.* 살금살금 들어오다

2:4 *Greek some false brothers.* 2:9 *Greek Cephas;* also in 2:11, 14.
2:9 '게바'라고도 한다.

받는 것이 아니라, 예수 그리스도를 믿음으로 의롭다 함을 얻는 것을 압니다. 그래서 우리는 의롭다 함을 얻으려고 그리스도 예수를 믿었습니다. 우리가 의롭다 함을 얻는 것은 그리스도를 믿었기 때문이지, 율법을 지켰기 때문이 아닙니다. 율법으로는 어느 누구도 의롭다 함을 얻을 수 없습니다.

17 우리 유대인은 의롭다 함을 얻으려고 그리스도께 나아왔습니다. 그리하여 우리가 죄인이라는 것이 밝히 드러났습니다. 그렇다고 해서 그리스도께서 우리를 죄인으로 만드시는 것입니까? 그럴 수 없습니다.

18 내가 이미 헐어 버린 그것을 다시 가르친다면, 그것은 틀림없이 내가 죄를 짓는 것입니다.

19 나는 율법을 위해 사는 것을 그만두었습니다. 나는 율법에 의해 죽었습니다. 내가 율법을 향해 죽은 것은 하나님을 향해 살기 위한 것입니다. 나는 그리스도와 함께 십자가에서 죽었습니다.

20 이제는 내가 사는 것이 아니라, 내 안에 계신 그리스도께서 사시는 것입니다. 내가 지금 내 몸 안에 사는 것은 나를 사랑하셔서, 나를 구하시려고 자기 몸을 바치신 하나님의 아들을 믿는 믿음으로 사는 것입니다.

21 나는 하나님의 은혜를 헛되게 하지 않습니다. 율법으로 의롭다 함을 얻을 수 있다면, 그리스도께서도 죽지 않으셨을 것입니다.

믿음으로 오는 복

3 갈라디아 여러분들은 예수 그리스도께서 십자가에서 죽으셨다는 사실을 분명히 알면서도 남에게 속았으니, 어리석기 이를 데 없습니다.

2 이 한 가지만 대답해 보십시오. 여러분은 어떻게 성령을 받았습니까? 율법을 지켜서 받았습니까? 아닙니다. 복음을 듣고 믿었기 때문에 받은 것입니다.

3 성령 안에서 살기 시작하다가 이제 와서 다시 자기 힘으로 살려고 하다니, 여러분은 참으로 어리석습니다.

4 그렇게 많은 고난을 경험했는데도, 그 모든 것이 다 헛일이었습니까? 그렇지 않기를 바랍니다.

5 여러분이 율법을 지켰기 때문에 하나님께서 성령을 주셨습니까? 아닙니다. 여러분이 율법을 지켰기 때문에 하나님께서 여러분 가운데서 기적을 일으키셨습니까? 아닙니다. 하나님께서 성령을 주시고 기적을 일으키신 것은 여러분이 복음을 듣고 믿었기 때문입니다.

6 성경에도 아브라함에 대해서 같은 말씀이 있습니다. "아브라함이 하나님을 믿으니, 하나님께서 아브라함의 믿음을 받으시고, 그를 의롭다고 여기셨다."*

person is made right with God by faith in Jesus Christ, not by obeying the law. And we have believed in Christ Jesus, so that we might be made right with God because of our faith in Christ, not because we have obeyed the law. For no one will ever be made right with God by obeying the law."*

17 •But suppose we seek to be made right with God through faith in Christ and then we are found guilty because we have abandoned the law. Would that mean Christ has led us into sin? Absolutely not! •Rather, I

18 am a sinner if I rebuild the old system of law

19 I already tore down. •For when I tried to keep the law, it condemned me. So I died to the law—I stopped trying to meet all its requirements—so that I might live for God.

20 •My old self has been crucified with Christ.* It is no longer I who live, but Christ lives in me. So I live in this earthly body by trusting in the Son of God, who loved me and gave

21 himself for me. •I do not treat the grace of God as meaningless. For if keeping the law could make us right with God, then there was no need for Christ to die.

The Law and Faith in Christ

3 Oh, foolish Galatians! Who has cast an evil spell on you? For the meaning of Jesus Christ's death was made as clear to you as if you had seen a picture of his death on

2 the cross. •Let me ask you this one question: Did you receive the Holy Spirit by obeying the law of Moses? Of course not! You received the Spirit because you believed the message

3 you heard about Christ. •How foolish can you be? After starting your new lives in the Spirit, why are you now trying to become perfect by your own human effort? •Have

4 you experienced* so much for nothing? Surely it was not in vain, was it?

5 •I ask you again, does God give you the Holy Spirit and work miracles among you because you obey the law? Of course not! It is because you believe the message you heard about Christ.

6 •In the same way, "Abraham believed God, and God counted him as righteous

amend [əménd] *vt.* 고치다, 수정하다
crucify [krúːsəfái] *vt.* 십자가에 못박다
irrevocable [irévəkəbl] *a.* 돌이킬 수 없는
3:1 cast a spell on … : …를 마법으로 호리다

2:16 Some translators hold that the quotation extends through verse 14; others through verse 16; and still others through verse 21.   2:20 Some English translations put this sentence in verse 19.   3:4 Or *Have you suffered.*
3:6 창 15:6에 기록되어 있다.

7 그러므로 여러분은 믿음으로 사는 사람이 참 아브라함의 자녀라는 것을 알아야 합니다.

8 또 성경은 장차 일어날 일, 곧 하나님께서 이방인을 믿음으로 의롭게 하여 줄 것을 미리 일러 주었습니다. 이 복음을 먼저 아브라함에게 전했는데 그것은 "모든 민족이 너로 말미암아 복을 받을 것이다"라는 성경 말씀과 같은 것입니다.

9 아브라함이 이를 믿으니 그 믿음 때문에 복을 받았습니다. 누구든지 믿는 사람은 아브라함처럼 복을 받습니다.

10 그러나 율법을 의지하는 사람은 다 저주를 받습니다. 성경에도 이렇게 적혀 있습니다. "율법책에 적혀 있는 것을 다 지키지 않는 사람은 저주를 받는다."*

11 율법을 통해서는 하나님으로부터 의롭다 함을 얻지 못한다는 것이 분명합니다. 성경에 이렇게 적혀 있습니다. "의인은 믿음으로 말미암아 살 것이다."*

12 율법은 믿음에서 생겨난 것이 아닙니다. "율법을 지키는 사람은 율법으로 인해 살 것이다"라는 말씀도 있습니다.

13 그리스도께서는 율법이 우리에게 씌운 저주를 거두어 가셨습니다. 그리스도께서 우리를 대신해서 저주를 받으셨습니다. 성경에도 이렇게 적혀 있습니다. "나무에 달린 사람은 다 저주를 받은 것이다."*

14 그리스도께서 그렇게 하신 것은 하나님께서 아브라함에게 약속하신 복이 이방인들에게도 미치게 하기 위함입니다. 이 복은 예수 그리스도를 통해 옵니다. 예수님은 우리로 하여금 하나님께서 약속하신 성령을 믿음으로 받게 하기 위해 죽으셨습니다.

율법과 약속

15 형제들이여, 예를 들어서 말하겠습니다. 사람들 사이에서도 약속을 맺으면, 아무도 그 약속을 무효로 하거나 어떤 것을 덧붙일 수 없습니다.

16 하나님은 아브라함과 그 자손에게 약속하셨습니다. 그런데 하나님은 여러 사람을 가리키는 말로 '그 자손들'이라 하시지 않고, 오직 한 사람을 가리키는 말로 '네 자손'이라고 말씀하셨습니다. 그 한 사람이 바로 그리스도이십니다.

17 내 말의 뜻은 이렇습니다. 하나님께서 아브라함과 맺으신 언약을 그보다 사백삼십 년 뒤에 나온 율법이 없앨 수 없다는 것입니다.

18 만약 우리가 받을 유업이 율법을 통해서 온다면, 그것은 약속으로 나온 것이 아닙니다. 하지만 하나님께서는 약속하신 것에 따라 아브라함에게 복을 배풀어 주셨습니다.

7 because of his faith."* •The real children of Abraham, then, are those who put their faith in God.

8 •What's more, the Scriptures looked forward to this time when God would make the Gentiles right in his sight because of their faith. God proclaimed this good news to Abraham long ago when he said, "All nations will be blessed through you."* •So all who put their faith in Christ share the same blessing Abraham received because of his faith.

10 •But those who depend on the law to make them right with God are under his curse, for the Scriptures say, "Cursed is everyone who does not observe and obey all the commands that are written in God's Book of the Law."* •So it is clear that no one can be made right with God by trying to keep the law. For the Scriptures say, "It is through

12 faith that a righteous person has life."* •This way of faith is very different from the way of law, which says, "It is through obeying the law that a person has life."*

13 •But Christ has rescued us from the curse pronounced by the law. When he was hung on the cross, he took upon himself the curse for our wrongdoing. For it is written in the Scriptures, "Cursed is everyone who is hung

14 on a tree."* •Through Christ Jesus, God has blessed the Gentiles with the same blessing he promised to Abraham, so that we who are believers might receive the promised* Holy Spirit through faith.

The Law and God's Promise

15 •Dear brothers and sisters,* here's an example from everyday life. Just as no one can set aside or amend an irrevocable agreement, so

16 it is in this case. •God gave the promises to Abraham and his child.* And notice that the Scripture doesn't say "to his children,"* as if it meant many descendants. Rather, it says "to his child" —and that, of course, means

17 Christ. •This is what I am trying to say: The agreement God made with Abraham could not be canceled 430 years later when God gave the law to Moses. God would be break-

18 ing his promise. •For if the inheritance

3:6 Gen 15:6.　　**3:8** Gen 12:3; 18:18; 22:18.
3:10 Deut 27:26.　　**3:11** Hab 2:4.　　**3:12** Lev
18:5.　　**3:13** Deut 21:23 (Greek version).　　**3:14**
Some manuscripts read *the blessing of the*.
3:15 Greek *Brothers*.　　**3:16a** Greek *seed*; also in
3:16c, 19. See notes on Gen 12:7 and 13:15.
3:16b Greek *seeds*.

3:10 신 27:26에 기록되어 있다.
3:11 합 2:4에 기록되어 있다.
3:13 신 21:23에 기록되어 있다.

19 그렇다면 율법은 무엇을 위해 있습니까? 율법을 사람에게 주신 것은 하나님께서 약속하신 아브라함의 특별한 자손이 오실 때까지 죄가 무엇인지를 밝히기 위해서입니다. 율법은 하나님께서 중보자(중개자)의 손을 빌어 천사들을 시켜 만든 것입니다.

20 그러나 중보자는 한 편에만 속해 있지 않습니다. 하지만 하나님은 한 분이십니다.

모세 율법의 목적

21 그렇다면 율법은 하나님의 약속과 반대 되는 것입니까? 그럴 수 없습니다. 만약 사람에게 생명을 주는 율법이 있었다면, 우리는 그 율법을 지킴으로써 의롭다 함을 얻었을 것입니다.

22 성경은 온 세상이 죄에 갇혀 있다는 것을 보여 주었습니다. 이는 믿음을 통한 약속을 주시기 위한 것으로 오직 예수 그리스도를 믿는 사람들만 받을 수 있습니다.

23 이 믿음이 오기 전에는, 우리가 율법에 갇혀 있었습니다. 하나님께서 장차 올 믿음의 길을 보여 주실 때까지 우리에게는 자유가 없었습니다.

24 그리스도께서 오시기 전까지는 율법이 우리의 선생이었습니다. 그러나 그리스도께서 오신 뒤에는 우리가 믿음으로 인해 의롭다 함을 받을 수 있게 되었습니다.

25 이제 믿음의 길이 나타났으므로, 다시는 우리가 율법에 갇혀 있을 수 없습니다.

26 여러분은 그리스도 예수를 믿는 믿음을 통해 하나님의 자녀가 되었습니다.

27 여러분은 모두 세례를 받아 그리스도와 연합하였으며, 그리스도로 옷을 삼아 입었습니다.

28 그리스도 안에서는 유대인이나 그리스인이나 종이나 자유인이나 남자나 여자나 차별이 없습니다. 여러분은 그리스도 예수 안에서 모두 하나입니다.

29 여러분은 그리스도에게 속한 사람입니다. 그러므로 여러분은 아브라함의 자손입니다. 하나님께서 아브라함에게 하신 약속대로 여러분은 하나님께서 주시는 모든 복을 받습니다.

4 내가 또 이 말을 하려고 합니다. 아버지의 재산을 물려받을 사람이 아이라면, 그가 모든 것의 주인이라 하더라도 종과 다를 것이 없습니다.

2 어른이 되기 전까지는 그를 돌봐 줄 사람의 말을 따라야 합니다. 그러나 그 아버지가 정한 때가 이르면 자유인이 됩니다.

3 이와 마찬가지로 우리도 전에는 어린아이와 같았습니다. 우리는 이 세상의 헛된 가르침 아래서 종 노릇을 했습니다.

could be received by keeping the law, then it would not be the result of accepting God's promise. But God graciously gave it to Abraham as a promise.

19 • Why, then, was the law given? It was given alongside the promise to show people their sins. But the law was designed to last only until the coming of the child who was promised. God gave his law through angels to Moses, who was the mediator between God and the people. • Now a mediator is helpful if more than one party must reach an agreement. But God, who is one, did not use a mediator when he gave his promise to Abraham.

21 • Is there a conflict, then, between God's law and God's promises?* Absolutely not! If the law could give us new life, we could be made right with God by obeying it. • But the Scriptures declare that we are all prisoners of sin, so we receive God's promise of freedom only by believing in Jesus Christ.

God's Children through Faith

23 • Before the way of faith in Christ was available to us, we were placed under guard by the law. We were kept in protective custody, so to speak, until the way of faith was revealed.

24 • Let me put it another way. The law was our guardian until Christ came; it protected us until we could be made right with God through faith. • And now that the way of faith has come, we no longer need the law as our guardian.

26 • For you are all children* of God through faith in Christ Jesus. • And all who have been united with Christ in baptism have put on Christ, like putting on new clothes.* • There is no longer Jew or Gentile,* slave or free, male and female. For you are all one in Christ Jesus. • And now that you belong to Christ, you are the true children* of Abraham. You are his heirs, and God's promise to Abraham belongs to you.

4 Think of it this way. If a father dies and leaves an inheritance for his young children, those children are not much better off than slaves until they grow up, even though they actually own everything their father had. • They have to obey their guardians until they reach whatever age their father set. • And that's the way it was with us

3:21 Some manuscripts read *and the promises?* 3:26 Greek *sons.* 3:27 Greek *have put on Christ.* 3:28 Greek *Jew or Greek.* 3:29 Greek *seed.*

4 그러나 정한 때가 이르자, 하나님께서 자기 아들을 보내셨습니다. 그 아들은 여자에게서 났고, 율법 아래에서 살았습니다.

5 그것은 율법 아래에 있는 사람들을 구원하셔서, 그들을 자기 자녀로 삼으시기 위해서입니다.

6 여러분은 하나님의 자녀입니다. 그래서 하나님께서 그 아들의 영을 여러분 마음에 보내 주셔서, 여러분이 하나님을 "아버지, 사랑하는 아버지"라 부를 수 있게 하셨습니다.

7 여러분은 이제 종이 아니라 하나님의 자녀입니다. 여러분이 하나님의 자녀가 되었으므로, 하나님께서 여러분에게 유업을 주실 것입니다.

성도들을 향한 바울의 사랑

8 옛적에는 여러분이 하나님을 알지 못하여, 사실 신이 아닌 것들에게 종노릇을 했습니다.

9 그러나 이제는 여러분이 참 하나님을 압니다. 뿐만 아니라 하나님께서 여러분을 아십니다. 그런데 어찌하여 전에 여러분이 따르던 약하고 헛된 가르침으로 다시 돌아가려 합니까? 어찌하여 그런 것들에게 종노릇 하려 합니까?

10 여러분은 아직도 날과 달과 계절과 해를 섬기고 있습니다.

11 그러니 내가 여러분을 위해 애쓴 것이 헛된 일이 될까봐 두렵습니다.

12 형제들이여, 내가 여러분과 같이 되었으므로, 여러분도 나와 같이 되기를 바랍니다. 이제까지 여러분은 내게 잘 해 주었습니다.

13 여러분도 알다시피 내가 여러분에게 처음으로 복음을 전하게 된 것은 내 몸의 병 때문이었습니다.

14 내 병이 여러분에게는 짐이 되었을 텐데도, 여러분은 나를 미워하거나 저버리지 않고, 하나님의 천사나 예수 그리스도처럼 맞아 주었습니다.

15 그때에는 여러분에게 기쁨이 가득하더니, 지금은 그 기쁨이 어디로 갔습니까? 지금 기억하기로 그때에는 여러분이 할 수만 있다면 여러분의 눈이라도 빼어 줄 정도였습니다.

16 그런데 내가 이제는 진리를 말하므로, 여러분과 원수가 되었습니까?

17 그 사람들이 열심히 여러분을 설득하는 것은 여러분을 위해서가 아니라, 우리를 배반하고 그들만을 따르도록 하려는 것입니다.

18 사람들이 좋은 뜻으로 여러분에게 관심을 보인다면, 그것은 내가 여러분을 떠나 있을 때나 여러분과 함께 있을 때나 마찬가지로 좋은 일입니다.

19 내 자녀들이여, 여러분이 참으로 그리스도와 같이 되기까지 나는 여러분을 위해 다시 아기를 낳는 어머니의 고통을 느낍니다.

---

before Christ came. We were like children; we were slaves to the basic spiritual principles* of this world.

4 •But when the right time came, God sent his Son, born of a woman, subject to the law.

5 •God sent him to buy freedom for us who were slaves to the law, so that he could adopt us as his very own children.* •And because we* are his children, God has sent the Spirit of his Son into our hearts, prompting us to

7 call out, "Abba, Father."* •Now you are no longer a slave but God's own child.* And since you are his child, God has made you his heir.

Paul's Concern for the Galatians

8 •Before you Gentiles knew God, you were slaves to so-called gods that do not even

9 exist. •So now that you know God (or should I say, now that God knows you), why do you want to go back again and become slaves once more to the weak and useless spiritual principles of this world?

10 •You are trying to earn favor with God by observing certain days or months or seasons

11 or years. •I fear for you. Perhaps all my hard

12 work with you was for nothing. •Dear brothers and sisters,* I plead with you to live as I do in freedom from these things, for I have become like you Gentiles—free from those laws.

You did not mistreat me when I first

13 preached to you. •Surely you remember that I was sick when I first brought you the

14 Good News. •But even though my condition tempted you to reject me, you did not despise me or turn me away. No, you took me in and cared for me as though I were an angel from God or even Christ Jesus himself.

15 •Where is that joyful and grateful spirit you felt then? I am sure you would have taken out your own eyes and given them to me if

16 it had been possible. •Have I now become your enemy because I am telling you the truth?

17 •Those false teachers are so eager to win your favor, but their intentions are not good. They are trying to shut you off from me so that you will pay attention only to them. •If someone is eager to do good things for you, that's all right; but let them do it all the time, not just when I'm with you.

19 •Oh, my dear children! I feel as if I'm

4:3 Or *powers;* also in 4:9.　4:5 Greek *sons;* also in 4:6.　4:6a Greek *you.*　4:6b *Abba* is an Aramaic term for "father."　4:7 Greek *son;* also in 4:7b.　4:12 Greek *brothers;* also in 4:28, 31.

20 내가 지금이라도 여러분을 만나 내 말투를 바꾸었으면 좋겠습니다. 여러분 일에 대해 어떻게 해야 좋을지 모르겠습니다.

하갈과 사라

21 여러분 가운데는 모세의 율법 아래에 있으려는 사람이 있습니다. 말해 보십시오. 여러분은 율법이 하는 말을 알지 못합니까?

22 성경은 아브라함에게 두 아들이 있었는데, 한 아들의 어머니는 여종이었고, 다른 아들의 어머니는 자유인이었다고 말합니다.

23 여종에게서 난 아브라함의 아들은 육체를 따라 태어났으나, 자유인에게서 난 아들은 하나님의 약속을 따라 태어났습니다.

24 이것은 비유입니다. 이 여자들은 하나님과 사람이 맺은 두 언약과 같습니다. 한 언약은 하나님께서 시내 산에서 정하신 율법입니다. 이 언약 아래에 있는 사람은 종과 같습니다. 하갈이 바로 이 언약과 같습니다.

25 이 하갈은 아라비아에 있는 시내 산과 같으며, 지금 이 땅에 있는 예루살렘과 같습니다. 하갈 자신도 종이며, 그 후손들도 율법에 매인 종입니다.

26 그러나 위에 있는 하늘의 예루살렘은 자유스러운 여자와 같습니다. 그는 우리 어머니입니다.

27 성경에 이렇게 적혀 있습니다. "아기를 낳지 못하는 여자여, 기뻐하여라. 아기를 낳는 고통을 느껴 보지 못한 여자여, 노래하며 외쳐라. 남편이 있는 여자보다 네 자녀가 더 많을 것이다."*

28 형제들이여, 여러분은 이삭과 같이 하나님의 약속을 따라 태어난 하나님의 자녀입니다.

29 사람의 방법으로 태어난 아들이 성령의 방법으로 태어난 아들을 괴롭혔듯이 지금도 그러합니다.

30 그러나 성경이 무엇을 말합니까? "여종과 그 아들을 내어 쫓아라. 자유인의 아들은 아버지의 것을 다 물려받으나, 여종의 아들은 아무것도 받지 못할 것이다."

31 그러므로 형제들이여, 우리는 여종의 자녀가 아니라 자유한 여자의 자녀입니다.

자유를 지켜라

5 그리스도께서 우리를 해방시키셔서 우리는 자유롭게 되었습니다. 그러므로 굳게 서서 다시는 율법의 종이 되지 마십시오.

2 나 바울의 말을 들어 보십시오. 여러분이 할례를 받고 율법으로 돌아간다면, 그리스도는 여러분에게 아무런 도움이 되지 못합니다.

going through labor pains for you again, and they will continue until Christ is fully developed 20 in your lives. • I wish I were with you right now so I could change my tone. But at this distance I don't know how else to help you.

Abraham's Two Children

21 • Tell me, you who want to live under the law, 22 do you know what the law actually says? • The Scriptures say that Abraham had two sons, one from his slave wife and one from his freeborn 23 wife.* • The son of the slave wife was born in a human attempt to bring about the fulfillment of God's promise. But the son of the freeborn wife was born as God's own fulfillment of his promise.

24 • These two women serve as an illustration of God's two covenants. The first woman, Hagar, represents Mount Sinai where people received 25 the law that enslaved them. • And now Jerusalem is just like Mount Sinai in Arabia,* because she 26 and her children live in slavery to the law. • But the other woman, Sarah, represents the heavenly Jerusalem. She is the free woman, and she is 27 our mother. • As Isaiah said,

"Rejoice, O childless woman,
  you who have never given birth!
Break into a joyful shout,
  you who have never been in labor!
For the desolate woman now has more
  children
  than the woman who lives with her
  husband!"*

28 • And you, dear brothers and sisters, are chil- 29 dren of the promise, just like Isaac. • But you are now being persecuted by those who want you to keep the law, just as Ishmael, the child born by human effort, persecuted Isaac, the child born by the power of the Spirit.

30 • But what do the Scriptures say about that? "Get rid of the slave and her son, for the son of the slave woman will not share the inheritance 31 with the free woman's son."* • So, dear brothers and sisters, we are not children of the slave woman; we are children of the free woman.

Freedom in Christ

5 So Christ has truly set us free. Now make sure that you stay free, and don't get tied up again in slavery to the law.

4:22 See Gen 16:15; 21:2-3. 4:25 Greek And Hagar, which is Mount Sinai in Arabia, is now like Jerusalem; other manuscripts read And Mount Sinai in Arabia is now like Jerusalem. 4:27 Isa 54:1. 4:30 Gen 21:10.
4:27 사 54:1에 기록되어 있다.

3 내가 다시 모든 사람에게 경고합니다. 여러분이 만약 할례를 받는다면, 여러분은 율법 전체를 지켜야 합니다.

4 여러분이 율법을 지켜서 의롭다 함을 얻으려고 한다면, 여러분은 그리스도에게서 끊어지고 하나님의 은혜에서 멀어지게 됩니다.

5 그러나 우리는 성령의 도우심을 받아 믿음으로 의롭다 여김을 받는 이 소망을 간절히 기다립니다.

6 우리가 그리스도 예수 안에 있다면, 할례를 받았느냐 받지 않았느냐는 중요하지 않습니다. 중요한 것은 사랑으로 말미암아 나타나는 믿음뿐입니다.

7 여러분은 지금까지 잘 달려왔습니다. 그런데 누가 여러분을 막아 진리를 따르지 못하게 합니까?

8 그런 유혹은 여러분을 부르신 분에게서 나오지 않았습니다.

9 조심하십시오. "적은 누룩이 반죽 모두를 부풀게 합니다."

10 그러나 나는 여러분이 그런 다른 생각들을 따르지 않을 줄로 믿습니다. 누구든지 여러분을 혼란하게 하는 사람은 심판을 받을 것입니다.

11 형제들이여, 나는 할례를 받아야 한다고 가르치지 않습니다. 내가 할례를 가르친다면, 어째서 아직도 박해를 받겠습니까? 내가 지금까지 할례를 가르쳤다면, 십자가를 전하는 어려움도 사라졌을 것입니다.

12 여러분을 어지럽히는 사람들은 차라리 스스로 고자가 되어 버리는 것이 좋겠습니다.

13 형제들이여, 하나님께서 여러분을 부르셔서 자유인이 되게 하셨습니다. 그러나 그 자유를 육체의 욕망을 채우는 기회로 삼지 말고, 사랑으로 서로 섬기십시오.

14 모든 율법은 "네 이웃을 네 몸과 같이 사랑하여라" 하신 한 계명 속에 다 들어 있습니다.

15 여러분이 서로 해치고 헐뜯는다면, 양쪽 다 멸망할 테니 조심하십시오.

성령님과 인간 본성

16 그러므로 내가 말합니다. 성령을 따라 사십시오. 그러면 육체의* 욕망을 따라 살지 않게 될 것입니다.

17 육체의 욕망은 성령을 거스르고, 성령이 바라시는 것은 육체의 욕망을 거스릅니다. 이 둘은 서로 반대 되는 것이므로, 여러분의 욕망대로 살 수 없게 합니다.

18 성령께서 이끄시는 대로 살면, 여러분은 율법

2 •Listen! I, Paul, tell you this: If you are counting on circumcision to make you right with God, then Christ will be of no benefit to you.

3 •I'll say it again. If you are trying to find favor with God by being circumcised, you must obey every regulation in the whole law of Moses.

4 •For if you are trying to make yourselves right with God by keeping the law, you have been cut off from Christ! You have fallen away from God's grace.

5 •But we who live by the Spirit eagerly wait to receive by faith the righteousness God has promised to us.

6 •For when we place our faith in Christ Jesus, there is no benefit in being circumcised or being uncircumcised. What is important is faith expressing itself in love.

7 •You were running the race so well. Who has held you back from following the truth? •It certainly isn't God, for he is the one who called

8

9 you to freedom. •This false teaching is like a little yeast that spreads through the whole batch

10 of dough! •I am trusting the Lord to keep you from believing false teachings. God will judge that person, whoever he is, who has been confusing you.

11 •Dear brothers and sisters,* if I were still preaching that you must be circumcised—as some say I do—why am I still being persecuted? If I were no longer preaching salvation through the cross of Christ, no one would be offended.

12 I just wish that those troublemakers who want to mutilate you by circumcision would mutilate themselves.*

13 •For you have been called to live in freedom, my brothers and sisters. But don't use your freedom to satisfy your sinful nature. Instead, use

14 your freedom to serve one another in love. •For the whole law can be summed up in this one command: "Love your neighbor as yourself."*

15 •But if you are always biting and devouring one another, watch out! Beware of destroying one another.

Living by the Spirit's Power

16 •So I say, let the Holy Spirit guide your lives. Then you won't be doing what your sinful

17 nature craves. •The sinful nature wants to do evil, which is just the opposite of what the Spirit wants. And the Spirit gives us desires that are the opposite of what the sinful nature desires. These two forces are constantly fighting each other, so you are not free to carry out your good inten-

18 tions. •But when you are directed by the Spirit,

5:11 Greek Brothers; similarly in 5:13.　5:12 Or castrate themselves, or cut themselves off from you; Greek reads cut themselves off.　5:14 Lev 19:18.
5:16 바울이 말하는 '육체'는 '죄의 본성'을 뜻한다.

아래에 있지 않게 됩니다.

19 육체가 하는 일은 분명합니다. 곧 음행과 더러움과 음란과

20 우상 섬기기와 마술과 미움과 다툼과 질투와 화내기와 이기심과 편 가르기와 분열과

21 시기와 술 취하기와 흥청거리는 잔치와 같은 것들입니다. 전에도 경고했지만, 이제 다시 경고합니다. 이런 일을 하는 사람은 하나님의 나라에 들어가지 못합니다.

22 그러나 성령의 열매는 사랑과 기쁨과 평화와 오래 참음과 자비와 착함과 성실과

23 온유와 절제입니다. 이런 것들을 금지할 율법이 없습니다.

24 그리스도 예수께 속한 사람은 자기 육체를 정욕과 욕망과 함께 십자가에 못박았습니다.

25 우리가 성령으로 새 생명을 얻었으므로, 성령을 따라 살아야 합니다.

26 그리고 교만하지 말고, 서로 다투거나 시기하지 말아야 합니다.

서로 도우며 살아라

6 형제들이여, 여러분 가운데서 누구든지 죄 지은 사람이 있거든, 신령함을 지닌* 여러분이 온유한 마음으로 그를 바로잡아야 합니다. 그러나 여러분도 유혹에 빠지지 않도록 조심하십시오.

2 여러분은 서로 다른 사람의 짐을 들어 주십시오. 그것이 그리스도의 법을 이루는 길입니다.

3 아무것도 아닌 사람이 무엇이나 된 것처럼 행동한다면, 그것은 자기를 속이는 일입니다.

4 자기를 다른 사람과 비교하지 마십시오. 사람은 저마다 자기 일을 살펴야 합니다. 그러면 자랑할 일이 자기에게만 있을 것입니다.

5 사람은 저마다 자기 일에 책임을 져야 합니다.

6 하나님의 가르침을 배우는 사람은 가르치는 사람과 모든 좋은 것을 나누어야 합니다.

7 스스로 속이지 마십시오. 하나님을 속일 수는 없습니다. 사람은 자기가 심은 대로 거둘 것입니다.

8 자기 육체의 욕망대로 심는 사람은 육체로부터 썩을 것을 거둘 것이며, 성령의 뜻을 따라 심는 *사람은* 성령으로부터 영원한 생명을 거둘 것입니다.

9 선한 일을 하다가 낙심하지 말아야 합니다. 때가 이르면, 영원한 생명을 거둘 것이므로 포기하지 말아야 합니다.

10 기회가 닿는 대로 모든 사람에게 선한 일을 해야 합니다. 특히 믿음의 가정에 그렇게 해야 합니

you are not under obligation to the law of Moses.

19 •When you follow the desires of your sinful nature, the results are very clear: sexual

20 immorality, impurity, lustful pleasures, •idolatry, sorcery, hostility, quarreling, jealousy, outbursts of anger, selfish ambition, dissension,

21 division, •envy, drunkenness, wild parties, and other sins like these. Let me tell you again, as I have before, that anyone living that sort of life will not inherit the Kingdom of God.

22 •But the Holy Spirit produces this kind of fruit in our lives: love, joy, peace, patience, kind-

23 ness, goodness, faithfulness, •gentleness, and self-control. There is no law against these things!

24 •Those who belong to Christ Jesus have nailed the passions and desires of their sinful nature to his cross and crucified them there.

25 •Since we are living by the Spirit, let us follow

26 the Spirit's leading in every part of our lives. •Let us not become conceited, or provoke one another, or be jealous of one another.

We Harvest What We Plant

6 Dear brothers and sisters, if another believer* is overcome by some sin, you who are godly* should gently and humbly help that person back onto the right path. And be careful not

2 to fall into the same temptation yourself. •Share each other's burdens, and in this way obey the

3 law of Christ. •If you think you are too important to help someone, you are only fooling yourself. You are not that important.

4 •Pay careful attention to your own work, for then you will get the satisfaction of a job well done, and you won't need to compare yourself

5 to anyone else. •For we are each responsible for our own conduct.

6 •Those who are taught the word of God should provide for their teachers, sharing all good things with them.

7 •Don't be misled—you cannot mock the justice of God. You will always harvest what you

8 plant. •Those who live only to satisfy their own sinful nature will harvest decay and death from that sinful nature. But those who live to please the Spirit will harvest everlasting life from the

9 Spirit. •So let's not get tired of doing what is good. At just the right time we will reap a har-

10 vest of blessing if we don't give up. •Therefore, whenever we have the opportunity, we should do good to everyone—especially to those in the family of faith.

dissension [dɪsénʃən] *n.* 의견의 차이, 불일치

6:1a Greek *Brothers, if a man.*　6:1b Greek *spiritual.*
6:1 성령을 따라 사는

다.

끝맺음

11 내 손으로 이렇게 여러분에게 큰 글자로 씁니다.

12 여러분에게 억지로 할례를 받도록 하려는 사람들이 있습니다. 그들은 육체를 꾸미기 좋아하는 사람들입니다. 그들은 그리스도의 십자가를 따르면, 박해를 받을까봐 두려워하고 있습니다.

13 할례를 받은 사람들이 스스로도 율법을 지키지 않으면서 여러분에게는 할례를 받게 하려는 것은 여러분에게 한 일을 가지고 자랑하기 위함입니다.

14 그러나 내게는 우리 주 예수 그리스도의 십자가 말고는 아무것도 자랑할 것이 없습니다. 그리스도의 십자가를 통해 세상은 나에 대해서 죽었고, 나는 세상에 대해서 죽었습니다.

15 할례를 받느냐 받지 않느냐 하는 것이 중요한 것이 아닙니다. 중요한 것은 하나님의 새로운 백성이 되는 것입니다.

16 이 규칙을 따르는 사람, 곧 하나님의 모든 백성에게 평화와 자비가 있기를 바랍니다.

17 그러므로 이제부터는 나를 괴롭히지 마십시오. 내 몸에는 그리스도 예수의 흔적이 있습니다.

18 형제들이여, 우리 주 예수 그리스도의 은혜가 여러분의 심령에 있기를 빕니다. 아멘.

Paul's Final Advice

11 •NOTICE WHAT LARGE LETTERS I USE AS I WRITE THESE CLOSING WORDS IN MY OWN HANDWRITING.

12 •Those who are trying to force you to be circumcised want to look good to others. They don't want to be persecuted for teach-

13 ing that the cross of Christ alone can save. •And even those who advocate circumcision don't keep the whole law themselves. They only want you to be circumcised so they can boast about it and claim you as their disciples.

14 •As for me, may I never boast about anything except the cross of our Lord Jesus Christ. Because of that cross,* my interest in this world has been crucified, and the world's interest in me has also died. •It doesn't mat-

15 ter whether we have been circumcised or not. What counts is whether we have been

16 transformed into a new creation. •May God's peace and mercy be upon all who live by this principle; they are the new people of God.*

17 •From now on, don't let anyone trouble me with these things. For I bear on my body the scars that show I belong to Jesus.

18 •Dear brothers and sisters,* may the grace of our Lord Jesus Christ be with your spirit. Amen.

---

advocate [ǽdvəkeit] *vt.* 주장하다
boast [bóust] *vi.* 자랑하다
circumcise [sə́ːrkəmsaiz] *vt.* 할례를 행하다
interest [íntərèst] *n.* 권리, 이익
persecute [pə́ːrsikjuːt] *vt.* 핍박하다
scar [skáːr] *n.* 흉터, 상흔

6:14 Or *Because of him.*　　6:16 Greek *this principle, and upon the Israel of God.*　　6:18 Greek *Brothers.*

에베소서

서론

- ✝ 저자 _ 사도 바울
- ✝ 저작 연대 _ A.D. 61년 봄 – A.D. 63년 사이
- ✝ 기록 장소 _ 로마 감옥
- ✝ 기록 대상 _ 에베소에 있는 그리스도인들
- ✝ 핵심어 및 내용 _ 핵심어는 '부요함'과 '하나 됨'이다. 모든 신자들은 그리스도 안에서 그리스도의 부요함과 은혜와 영광을 상속받을 상속자들이다. 본서에서는 주님도 한 분이요, 믿음도 하나요, 세례도 하나라는 사실을 강조함으로써 연합의 중요성을 잘 드러내고 있다.

인사

1 하나님의 뜻에 따라 예수 그리스도의 사도가 된 나 바울은, 예수 그리스도를 믿는 에베소의 성도들에게 편지를 씁니다.

2 하나님 우리 아버지와 주 예수 그리스도의 은혜와 평안이 여러분과 함께 하기를 빕니다.

그리스도 안에서 누리는 영적인 복

3 우리 주 예수 그리스도의 아버지 되시는 하나님께 찬양을 드립니다. 하나님께서는 하늘에 있는 모든 영적인 복을 그리스도 안에서 우리에게 내려주셨습니다.

4 하나님께서는 이 세상이 창조되기 전, 그리스도의 사랑 안에서 우리를 흠 없는 거룩한 백성으로 선택하셨습니다.

5 또한 그때부터 예수 그리스도를 통해 우리를 자녀 삼으시기로 작정하셨습니다. 하나님께서는 이 일을 바라시고 또 기뻐하셨습니다.

6 놀라운 은혜를 내려 주신 하나님께 찬양을 드립니다. 하나님께서는 아무 대가를 바라지 않으시고, 은혜를 베풀어 주셔서 사랑하는 아들 독생자 예수 그리스도를 우리에게 보내 주셨던 것입니다.

7 그리스도 안에서 우리는 그의 보혈로 자유함을 얻었습니다. 또한 하나님의 풍성한 은혜로 죄사함도 받았습니다.

8 하나님께서는 풍성한 지혜와 지식으로

9 우리에게 한 가지 비밀을 가르쳐 주셨습니다. 그것은 하나님께서 그리스도를 통해 우리를 구원하시려는 뜻을 가지고 계시다는 것이었습니다.

10 때가 되면, 하나님은 그 계획을 분명히 이루실 것입니다. 땅과 하늘에 있는 모든 것의 으뜸이 되신 그리스도 예수 안에서 하나가 될 것입니다.

11 모든 것을 그의 뜻대로 이루시는 하나님께서는 오래 전에 이미 우리를 하나님의 백성으로 예정해 놓으셨습니다.

12 그리스도 안에서 첫 소망을 가진 우리들을 통해 하나님께서는 찬양을 받기 원하십니다.

Greetings from Paul

1 This letter is from Paul, chosen by the will of God to be an apostle of Christ Jesus.

I am writing to God's holy people in Ephesus,* who are faithful followers of Christ Jesus.

2 • May God our Father and the Lord Jesus Christ give you grace and peace.

Spiritual Blessings

3 • All praise to God, the Father of our Lord Jesus Christ, who has blessed us with every spiritual blessing in the heavenly realms because we are united with Christ. 4 • Even before he made the world, God loved us and chose us in Christ to be holy and without fault in his eyes. 5 • God decided in advance to adopt us into his own family by bringing us to himself through Jesus Christ. This is what he wanted to do, and it gave him great pleasure. 6 • So we praise God for the glorious grace he has poured out on us who belong to his dear Son.* 7 • He is so rich in kindness and grace that he purchased our freedom with the blood of his Son and forgave our sins. 8 • He has showered his kindness on us, along with all wisdom and understanding.

9 • God has now revealed to us his mysterious will regarding Christ which is to fulfill his own good plan. 10 • And this is the plan: At the right time he will bring everything together under the authority of Christ—everything in heaven and on earth. 11 • Furthermore, because we are united with Christ, we have received an inheritance from God,* for he chose us in advance, and he makes everything work out according to his plan.

12 • God's purpose was that we Jews who were the first to trust in Christ would bring praise

---

inclination [ìnklənéiʃən] *n.* 경향, 기질
realm [rélm] *n.* 왕국, 영역

1:1 The most ancient manuscripts do not include *in Ephesus.* 1:6 Greek *to us in the beloved.* 1:11 Or *we have become God's inheritance.*

13 여러분이 구원의 기쁜 소식인 진리의 말씀을 듣고 믿었을 때, 하나님께서는 그 표시로 우리에게 약속하신 성령을 보내 주셨습니다.

14 성령이 우리와 함께하실 때, 우리는 하나님께서 약속하신 모든 것을 받을 것입니다. 성령은 하나님께 구속함을 받은 모든 자들에게 큰 자유를 주셔서 하나님께 찬양을 돌리게 하실 것입니다.

바울의 기도

15 그러므로 내가 주 예수님을 믿는 믿음과 성도들을 향한 여러분의 사랑을 전해 듣고

16 항상 기도 가운데 여러분을 기억하고 하나님께 감사하고 있습니다.

17 우리 주 예수 그리스도의 하나님, 영광의 아버지께서 지혜와 계시의 영을 여러분에게 주셔서 하나님을 더 잘 알게 하시며,

18 여러분의 마음을 밝혀 우리에게 주시려고 예비해 두신 것을 깨닫도록 기도합니다. 또한 하나님의 백성에게 약속하신 복이 얼마나 풍성하고 놀라운지 깨닫도록 기도하고 있습니다.

19 믿는 자 안에서 역사하시는 하나님께서는 그 큰 능력으로

20 그리스도를 죽은 자 가운데서 살리시고, 하늘에 계신 하나님 우편에 앉게 하셨습니다.

21 하나님께서는 그리스도를 모든 지배자, 권세자, 왕들, 이 세상과 다음 세상에 있는 그 어느 누구보다도 뛰어나게 하셨습니다.

22 하나님께서는 만물을 그의 발 아래 두시고, 그리스도를 교회의 머리로 삼으셨습니다.

23 교회는 그리스도의 몸이며, 모든 것을 넘치도록 채우시는 분이 계신 곳입니다.

죽음에서 생명으로

2 불순종과 죄로 인하여 여러분은 영적으로 죽은 사람들이었습니다.

2 세상 사람들과 똑같이 살며, 땅 위의 권세 잡은 악한 세력에 순종하였습니다. 이 악한 영은 지금도 하나님을 대항하는 자들의 마음속에서 활동하고 있습니다.

3 우리 모두 저들과 똑같이 죄된 본성을 좇아 행하고, 육체와 마음이 원하는 대로 온갖 일을 저질렀습니다. 우리가 하나님의 분노를 사는 것은 당연한 결과입니다. 왜냐하면 그렇게 살아왔기 때문입니다.

4 그러나 하나님은 자비로우시고 우리를 너무나 사랑하셔서, 그냥 내버려 두지 않으셨습니다.

5 하나님의 뜻을 따르지 않아 영적으로 죽은 우리들에게, 그리스도를 통하여 새 생명을 주신 것입니다. 여러분은 하나님의 은혜로 구원을 받았

13 and glory to God. •And now you Gentiles have also heard the truth, the Good News that God saves you. And when you believed in Christ, he identified you as his own* by giving you the

14 Holy Spirit, whom he promised long ago. •The Spirit is God's guarantee that he will give us the inheritance he promised and that he has purchased us to be his own people. He did this so we would praise and glorify him.

Paul's Prayer for Spiritual Wisdom

15 •Ever since I first heard of your strong faith in the Lord Jesus and your love for God's people

16 everywhere,* •I have not stopped thanking

17 God for you. I pray for you constantly, •asking God, the glorious Father of our Lord Jesus Christ, to give you spiritual wisdom* and insight so that you might grow in your knowledge of

18 God. •I pray that your hearts will be flooded with light so that you can understand the confident hope he has given to those he called—his holy people who are his rich and glorious inheritance.*

19 •I also pray that you will understand the incredible greatness of God's power for us who believe him. This is the same mighty power

20 •that raised Christ from the dead and seated him in the place of honor at God's right hand in

21 the heavenly realms. •Now he is far above any ruler or authority or power or leader or anything else—not only in this world but also in

22 the world to come. •God has put all things under the authority of Christ and has made him head over all things for the benefit of the

23 church. •And the church is his body; it is made full and complete by Christ, who fills all things everywhere with himself.

Made Alive with Christ

2 Once you were dead because of your disobedience and your many sins. •You used to live in sin, just like the rest of the world, obeying the devil—the commander of the powers in the unseen world.* He is the spirit at work in the

3 hearts of those who refuse to obey God. •All of us used to live that way, following the passionate desires and inclinations of our sinful nature. By our very nature we were subject to God's anger, just like everyone else.

4 •But God is so rich in mercy, and he loved us

5 so much, •that even though we were dead

1:13 or *he put his seal on you.* 1:15 Some manuscripts read *your faithfulness to the Lord Jesus and to God's people everywhere.* 1:17 Or *to give you the Spirit of wisdom.* 1:18 Or *called, and the rich and glorious inheritance he has given to his holy people.* 2:2 Greek *obeying the commander of the power of the air.*

습니다.

6 하나님은 우리를 그리스도와 함께 살리시고, 하늘 위에 있는 그분의 보좌 곁에 우리를 그리스도와 함께 앉혀 주셨습니다.

7 또한 앞으로 오는 모든 세대에게 하나님의 은혜가 얼마나 크고 놀라운지를 보여 주시려고, 예수 그리스도 안에 있는 우리 모두에게 그의 자비를 나타내셨습니다.

8 여러분은 하나님의 은혜 안에서 믿음으로 구원을 받았습니다. 여러분 스스로는 자신을 구원할 수 없습니다. 구원은 하나님의 선물입니다.

9 또한 착한 행동으로 구원받은 것이 아니므로 아무도 자랑할 수 없습니다.

10 우리를 창조하신 분은 하나님이십니다. 그리스도 예수 안에서 우리를 새 사람으로 변화시켜 착한 일을 하게 하신 분도 하나님이십니다. 하나님께서는 우리 안에 이미 오래 전부터 선한 일을 계획해 놓으셨습니다. 우리의 삶이 선하게 되도록 그렇게 계획해 놓으셨습니다.

그리스도 안에서 하나가 됨

11 여러분은 이방인으로 태어났습니다. 유대인들로부터 "할례받지 못한 자"라고 손가락질당했습니다. 그들은 자신들을 '할례받은 자'라고 자랑합니다. 그들이 말하는 할례는 단지 몸의 한 부분에 행하는 의식에 지나지 않는 것인데도 말입니다.

12 그러나 하나님 없이 살았던 지난날을 잊지 말기 바랍니다. 여러분은 이스라엘 자손도 아니며 그의 백성에게 약속하신 복의 기업도 받을 수 없는 사람들이었습니다. 소망도 없고 하나님도 모르는 자들이지 않았습니까?

13 하지만 하나님을 알지 못하고 살았던 여러분이 이제는 예수 그리스도 안에서 그리스도의 보혈로 인해 하나님과 가까워질 수 있게 되었습니다.

14 그리스도를 통해 평안을 누리고, 유대인과 이방인이 그리스도 안에서 하나가 되었습니다. 이전에는 마치 둘 사이에 벽이 가로놓여 있는 것 같았으나, 예수 그리스도는 자신의 몸을 내어주심으로써 그 미움의 벽을 허물어뜨리셨습니다.

15 유대인의 율법에는 너무나 많은 명령과 규칙이 있었습니다. 그러나 예수님은 이러한 율법을 폐하셨습니다. 유대인과 이방인을 갈라 놓던 율법을 없애심으로, 이 둘이 그리스도 안에서 하나가 되어 새 사람이 되게 하셨던 것입니다. 이로써 예수님은 우리의 평화가 되셨습니다.

16 예수 그리스도는 십자가에 달려 죽으심으로 유대인과 이방인 사이에 가로막힌 미움의 벽을 허물어뜨리셨습니다. 이 둘을 하나가 되게 함으로써 이 둘 모

because of our sins, he gave us life when he raised Christ from the dead. (It is only by

6 God's grace that you have been saved!) • For he raised us from the dead along with Christ and seated us with him in the heavenly realms because we are united with Christ Jesus. • So God can point to us in all future ages as examples of the incredible wealth of his grace and kindness toward us, as shown in all he has done for us who are united with Christ Jesus.

8 • God saved you by his grace when you believed. And you can't take credit for this; it

9 is a gift from God. • Salvation is not a reward for the good things we have done, so none

10 of us can boast about it. • For we are God's masterpiece. He has created us anew in Christ Jesus, so we can do the good things he planned for us long ago.

Oneness and Peace in Christ

11 • Don't forget that you Gentiles used to be outsiders. You were called "uncircumcised heathens" by the Jews, who were proud of their circumcision, even though it affected

12 only their bodies and not their hearts. • In those days you were living apart from Christ. You were excluded from citizenship among the people of Israel, and you did not know the covenant promises God had made to them. You lived in this world without God

13 and without hope. • But now you have been united with Christ Jesus. Once you were far away from God, but now you have been brought near to him through the blood of Christ.

14 • For Christ himself has brought peace to us. He united Jews and Gentiles into one people when, in his own body on the cross, he broke down the wall of hostility that sep-

15 arated us. • He did this by ending the system of law with its commandments and regulations. He made peace between Jews and Gentiles by creating in himself one new peo-

16 ple from the two groups. • Together as one body, Christ reconciled both groups to God by means of his death on the cross, and our hostility toward each other was put to death.

---

circumcision [sə:rkəmsíʒən] *n.* 할례
covenant [kʌ́vənənt] *n.* 언약
exclude [iksklúːd] *vt.* 제외하다, 들이지 않다
Gentile [dʒéntail] *n.* (유대인 입장에서) 이방인, *a.* 이방의
heathen [híːðən] *n.* 이교도
hostility [hɑstíləti] *n.* 적대감
incredible [inkrédəbl] *a.* 믿을 수 없는, 놀라운
masterpiece [mǽstərpiːs] *n.* 걸작
reconcile [rékənsàil] *vt.* 화해시키다, 융화시키다

두 하나님과 화목하게 되기를 바라셨습니다.

17 그리스도는 하나님을 모르는 이방인들에게 찾아오셨고 하나님을 믿는 유대인들에게도 찾아오셔서, 평화에 대해 가르치셨습니다.

18 그러므로 우리 모두는 그리스도를 통해 한 성령 안에서 아버지께로 나아갈 수 있게 되었습니다.

19 이제 여러분은 더 이상 낯선 나그네나 손님이 아닙니다. 이제는 하나님의 거룩한 백성으로 하늘의 시민이요, 가족입니다.

20 성도는 사도와 예언자들이 닦아 놓은 기초 위에 세워진 하나님의 집이며, 그리스도 예수께서 친히 그 건물의 머릿돌이 되어 주십니다.

21 건물 전체가 그리스도 안에서 서로 연결되어 주님의 거룩한 성전으로 점점 자라갈 것입니다.

22 여러분 역시 유대인들과 함께 그리스도 안에서 함께 지어져 가고 있습니다. 성령을 통해 하나님이 친히 거하시는 곳으로 여러분은 아름답게 지어져 갈 것입니다.

이방인들을 위한 바울의 사역

3 나 바울은 예수 그리스도의 종으로, 이방인인 여러분을 위해 감옥에 갇혀 있습니다.

2 여러분도 분명히 알고 있듯이, 하나님께서는 여러분에게 은혜를 나타내시려고 내게 이 일을 맡기셨습니다.

3 전에 내가 편지에도 간단히 말했듯이, 하나님께서는 내게 계시로 비밀스런 계획을 알려 주셨습니다.

4 그것을 읽어 보면, 내가 그리스도에 관한 신비로운 진리를 어떻게 깨닫게 되었는지 알 수 있을 것입니다.

5 옛날에는 이 비밀스런 진리를 아무도 깨달을 수가 없었습니다. 그러나 이제는 성령을 통해 그의 거룩한 사도들과 예언자들에게 이 신비로운 진리를 보여 주셨습니다.

6 그 비밀이란 바로 이방인들도 유대인들과 마찬가지로, 하나님께서 그의 자녀들을 위해 예비해 두신 것들을 함께 상속받을 수 있다는 것입니다. 이방인들도 유대인과 함께 한 몸을 이루는 지체가 되었기 때문에 예수 그리스도 안에서 하나님께서 약속하신 것을 함께 누리게 되었습니다. 이것이야말로 하나님께서 이방인들에게 주신 기쁜 소식이 아니겠습니까!

7 하나님의 크신 능력과 특별한 은혜로, 나는 이 기쁜 소식을 전하는 일꾼이 되었습니다.

8 나는 지극히 보잘것없는 그리스도인 중에 하나였으나, 하나님께서는 내게 능력과 재능을 주셔서 그리스도를 믿음으로써 누리게 될 부요함을 이방인들에게 전하게 하셨습니다. 이 복음의 부요함은 말로 다 표현하기 힘들 만큼 크고도 놀랍습니다.

9 뿐 아니라, 하나님께서는 나에게 만물을 창조하

17 ● He brought this Good News of peace to you Gentiles who were far away from him,
18 and peace to the Jews who were near. ● Now all of us can come to the Father through the same Holy Spirit because of what Christ has done for us.

A Temple for the Lord

19 ● So now you Gentiles are no longer strangers and foreigners. You are citizens along with all of God's holy people. You are members of God's family. ● Together, we are his
20 house, built on the foundation of the apostles and the prophets. And the cornerstone is
21 Christ Jesus himself. ● We are carefully joined together in him, becoming a holy
22 temple for the Lord. ● Through him you Gentiles are also being made part of this dwelling where God lives by his Spirit.

God's Mysterious Plan Revealed

3 When I think of all this, I, Paul, a prisoner of Christ Jesus for the benefit of you
2 Gentiles*... ● assuming, by the way, that you know God gave me the special responsibility
3 of extending his grace to you Gentiles. ● As I briefly wrote earlier, God himself revealed
4 his mysterious plan to me. ● As you read what I have written, you will understand my insight into this plan regarding Christ.
5 ● God did not reveal it to previous generations, but now by his Spirit he has revealed it to his holy apostles and prophets.
6 ● And this is God's plan: Both Gentiles and Jews who believe the Good News share equally in the riches inherited by God's children. Both are part of the same body, and both enjoy the promise of blessings because
7 they belong to Christ Jesus.* ● By God's grace and mighty power, I have been given the privilege of serving him by spreading this Good News.
8 ● Though I am the least deserving of all God's people, he graciously gave me the privilege of telling the Gentiles about the endless
9 treasures available to them in Christ. ● I was chosen to explain to everyone* this mysterious plan that God, the Creator of all things, had kept secret from the beginning.

---

dwelling [dwélin] *n.* 거처
insight [ínsàit] *n.* 식견, 통찰력
privilege [prívilidʒ] *n.* 특권

3:1 Paul resumes this thought in verse 14: "When I think of all this, I fall to my knees and pray to the Father." 　3:6 Or *because they are united with Christ Jesus.* 　3:9 Some manuscripts do not include *to everyone.*

신 한 분, 곧 하나님 안에 숨겨진 진리에 관한 계획을 모든 사람에게 전할 임무도 맡기셨습니다.

10 하나님께서 이렇게 하시는 목적은 교회를 통해서 하늘의 통치자들과 권세자들에게 하나님의 무한한 지혜를 알게 하려 하시는 것입니다.

11 그리고 이 모든 것은 우리 주 예수 그리스도를 통해 태초부터 이루려고 계획하신 일이기도 합니다.

12 우리는 그리스도를 믿고 의지함으로, 두려움 없이 자유롭게 하나님 앞에 나아갑니다.

13 내가 지금 받고 있는 고난으로 인해 실망하거나 낙담하지 마십시오. 이 고난이 오히려 여러분에게 영광이 되는 것입니다.

그리스도의 사랑

14 그러므로 이제 나는 하나님 아버지께 무릎을 꿇고 기도합니다.

15 하늘과 땅에 있는 성도는 그분께로부터 참 생명의 이름을 받은 자들입니다.

16 하나님께서 크신 영광 가운데 성령을 통해 그분의 능력으로 여러분의 속 사람을 튼튼하게 하여 주시기를 기도합니다.

17 믿음을 통해 그리스도께서 여러분의 마음 가운데 살아 계시기를 기도합니다. 또한 여러분의 삶이 사랑 안에서 강하여지고, 또 깊게 뿌리내려

18 모든 성도들이 그리스도의 크신 사랑을 깨닫게 되기를 기도합니다. 그분의 사랑이 얼마나 한없고 넓으며, 얼마나 깊고도 높은지를 진정으로 깨닫게 되기를 기도합니다.

19 그리스도의 사랑을 어느 누가 잴 수 있겠습니까? 그러나 그 사랑을 체험하여 하나님의 충만함이 여러분의 마음속에 채워지기를 기도합니다.

20 우리 가운데 일하시는 하나님께서는 우리가 구하고 생각하는 것보다 훨씬 더 많은 것을 채워 주실 것입니다.

21 교회와 그리스도를 통해 구원을 이루어 가시는 하나님께 영원히 영광을 올려 드립니다. 아멘.

연합된 몸

4 주님을 섬기다가 감옥에 갇힌 나, 바울이 여러분께 권합니다. 하나님께서는 여러분을 그의 백성으로 부르셨으니, 하나님의 백성답게 살아가시기 바랍니다.

2 항상 겸손하고, 온유하며, 마음을 너그러이 하여 참아 주고, 서로를 사랑으로 받아 주십시오.

3 여러분은 성령 안에서 평안의 매는 끈으로 한 몸이 되었습니다. 하나가 되도록 힘쓰고 여러분 가운데 늘 평화가 깃들도록 노력하십시오.

4 여러분은 한 몸입니다. 여러분은 같은 성령을 받았고, 한 소망을 가지고 있습니다.

10 •God's purpose in all this was to use the church to display his wisdom in its rich variety to all the unseen rulers and authorities in 11 the heavenly places. •This was his eternal plan, which he carried out through Christ Jesus our Lord.

12 •Because of Christ and our faith in him,* we can now come boldly and confidently 13 into God's presence. •So please don't lose heart because of my trials here. I am suffering for you, so you should feel honored.

Paul's Prayer for Spiritual Growth

14 •When I think of all this, I fall to my knees 15 and pray to the Father,* •the Creator of 16 everything in heaven and on earth.* •I pray that from his glorious, unlimited resources he will empower you with inner strength 17 through his Spirit. •Then Christ will make his home in your hearts as you trust in him. Your roots will grow down into God's love 18 and keep you strong. •And may you have the power to understand, as all God's people should, how wide, how long, how high, and 19 how deep his love is. •May you experience the love of Christ, though it is too great to understand fully. Then you will be made complete with all the fullness of life and power that comes from God.

20 •Now all glory to God, who is able, through his mighty power at work within us, to accomplish infinitely more than we 21 might ask or think. •Glory to him in the church and in Christ Jesus through all generations forever and ever! Amen.

Unity in the Body

4 Therefore I, a prisoner for serving the Lord, beg you to lead a life worthy of your calling, for you have been called by 2 God. •Always be humble and gentle. Be patient with each other, making allowance for each other's faults because of your love. 3 •Make every effort to keep yourselves united in the Spirit, binding yourselves together 4 with peace. •For there is one body and one Spirit, just as you have been called to one glo-

---

accomplish [əkámpliʃ] *vt.* 성취하다
empower [impáuər] *vt.* ⋯에게 허용하다
infinitely [ínfənətli] *ad.* 무한히
trial [tráiəl] *n.* 고난, 시련
4:2 make allowance for ⋯ : ⋯을 용서하다

3:12 Or *Because of Christ's faithfulness.* 3:14 Some manuscripts read *the Father of our Lord Jesus Christ.* 3:15 Or *from whom every family in heaven and on earth takes its name.*

5 우리 주님도 한 분이시며, 믿음도 하나고, 세례도 하나입니다.

6 만물의 주인이신 하나님도 한 분이시니, 그분은 모든 것을 다스리시고 모든 것 위에 계신 분입니다.

7 그리스도께서는 우리 각자에게 특별한 재능을 주셨습니다. 그리스도께서 나눠 주신 은혜대로 우리 모두는 선물을 받은 것입니다.

8 성경은 말씀하고 있습니다. "그가 높은 곳으로 오르실 때 사로잡힌 자들을 이끄시고 그의 사람들에게 선물을 나누어 주셨다."*

9 "높은 곳으로 오르셨다"라는 말은 무슨 뜻입니까? 그것은 그리스도가 먼저 이 땅에 내려오셨음을 뜻하는 말이 아닙니까?

10 이렇게 내려오신 그분은 다시 하늘로 올라가셨습니다. 그리스도는 모든 것을 완성하시기 위해, 다시 하늘 위로 올라가신 것입니다.

11 바로 그분 예수 그리스도께서 각 사람들에게 서로 다른 선물을 나눠 주셨습니다. 어떤 사람은 사도로, 어떤 사람은 예언자로, 어떤 사람은 나가서 복음을 전하는 자로, 또 어떤 사람은 말씀을 가르치고 성도를 돌보는 자로 삼으셨습니다.

12 우리에게 이 모든 선물을 주신 것은 하나님의 백성들을 섬기도록 준비시키기 위한 것입니다. 서로 섬김으로 그리스도의 몸인 교회를 더욱 강하게 세우기 위한 것입니다.

13 이렇게 할 때에, 우리 모두는 하나님의 아들을 믿고 아는 일에 하나가 되어, 그리스도를 닮은 온전한 사람으로서 성숙한 그리스도인이 될 것입니다.

14 이제는 더 이상 어린아이가 되어서는 안 됩니다. 파도에 밀려 떠다니는 배처럼 왔다갔다 하거나, 우리를 속이고 유혹하는 온갖 새로운 가르침에 넘어가서도 안 될 것입니다. 그들은 우리를 잘못된 길로 데려갈 뿐입니다.

15 사랑으로 진리만을 말하고, 머리되신 예수 그리스도를 본받아 모든 면에서 성장하도록 하십시오.

16 온몸이 그리스도께 붙어 있으니 각 지체가 서로 도와 주어 각자 맡은 일을 잘 해 내도록 하십시오. 그러면 온몸이 건강하게 성장하여 사랑 안에서 더욱 튼튼히 서게 될 것입니다.

새로운 삶

17 이제 나는 주님의 이름으로 여러분에게 강하게 권고합니다. 믿지 않는 사람들이 생각하고 행동하는 것처럼 살지 마십시오.

18 그들은 깨닫지 못하고 듣기도 거부하니, 알 수도 없습니다. 그들에게는 하나님의 생명이 없습니다.

19 그들은 부끄러워할 줄도 몰라서, 악한 일을 일삼고 점점 더 방탕한 생활 속으로 빠져들고 있습니다.

---

rious hope for the future.

5 • There is one Lord, one faith, one baptism,
6 • one God and Father of all,
who is over all, in all, and living through all.

7 • However, he has given each one of us a special gift* through the generosity of Christ.
8 • That is why the Scriptures say,

> "When he ascended to the heights,
> he led a crowd of captives
> and gave gifts to his people."*

9 • Notice that it says "he ascended." This clearly means that Christ also descended to
10 our lowly world.* • And the same one who descended is the one who ascended higher than all the heavens, so that he might fill the entire universe with himself.

11 • Now these are the gifts Christ gave to the church: the apostles, the prophets, the evan-
12 gelists, and the pastors and teachers. • Their responsibility is to equip God's people to do his work and build up the church, the body
13 of Christ. • This will continue until we all come to such unity in our faith and knowledge of God's Son that we will be mature in the Lord, measuring up to the full and complete standard of Christ.

14 • Then we will no longer be immature like children. We won't be tossed and blown about by every wind of new teaching. We will not be influenced when people try to
15 trick us with lies so clever they sound like the truth. • Instead, we will speak the truth in love, growing in every way more and more like Christ, who is the head of his body, the
16 church. • He makes the whole body fit together perfectly. As each part does its own special work, it helps the other parts grow, so that the whole body is healthy and growing and full of love.

Living as Children of Light

17 • With the Lord's authority I say this: Live no longer as the Gentiles do, for they are hope-
18 lessly confused. • Their minds are full of darkness; they wander far from the life God gives because they have closed their minds and hardened their hearts against him.
19 • They have no sense of shame. They live for

baptism [bǽptizm] *n.* 세례

....

4:7 Greek *a grace.*   4:8 Ps 68:18.   4:9 Some manuscripts read *to the lower parts of the earth.*
4:8 시 68:18에 기록되어 있다.

에

20 그러나 여러분은 그리스도에 관해 그렇게 배우지 않았습니다.

21 나는 여러분이 진정 그분의 말씀을 들었고, 또 배웠으므로 진리되신 그분 안에 살고 있다고 확신합니다.

22 옛 모습을 벗어 버리십시오. 옛 사람은 한없는 욕망으로 점점 더 눈이 어두워져 더 악하고 더러운 모습이 될 뿐입니다.

23 여러분은 마음을 새롭게 하라는 가르침을 들었습니다.

24 이제는 새 사람이 되어 하나님의 모습처럼 선하고 거룩하게 살아가십시오.

25 거짓말을 하지 말기 바랍니다. 우리는 한 몸에 속한 자들이니, 서로를 진실하게 대하십시오.

26 화가 나더라도 죄를 짓지 말며, 해가 지기 전에는 화를 풀기 바랍니다.

27 그렇지 않으면, 사탄이 여러분을 공격할 수 있도록 놔두는 것이 됩니다.

28 도둑질하는 사람이 있으면, 도둑질을 그만두고 새로운 마음으로 일을 시작하십시오. 그 손으로 열심히 일하여, 오히려 어려운 사람을 도우며 살아가십시오.

29 말을 하려거든 남의 험담을 하지 말고, 다른 사람을 칭찬하는 유익한 말을 하십시오. 여러분의 말을 듣는 사람들이 도움을 받을 것입니다.

30 하나님의 성령을 슬프게 하지 마십시오. 하나님께서는 마지막 날에 여러분이 구원받을 것을 보증하시기 위해 우리에게 성령을 보내 주셨습니다.

31 원한을 품거나 화내지 마십시오. 가시 돋친 말로 다른 사람의 마음을 아프게 하지 마십시오.

32 친절히 대하고, 사랑과 온유함으로 하나님이 그리스도 안에서 여러분을 용서하신 것같이 서로를 용서하십시오.

빛 가운데 살아감

5 여러분은 하나님이 사랑하는 자녀들입니다. 그러므로 하나님을 닮으려고 노력하십시오.

2 그리스도께서 우리를 사랑하신 것처럼, 다른 사람을 사랑하며 사십시오. 그리스도께서는 우리를 위해 자신을 내어 주시어, 하나님 앞에 향기나는 희생 제물이 되셨습니다.

3 성적인 죄를 짓지 않도록 조심하십시오. 어떤 종류의 악이나 탐욕도 틈타지 못하게 하십시오. 이런 것들은 하나님의 거룩한 백성에게 적합하지 못한 것들입니다.

4 더러운 말이나 저속한 농담을 입에 담지 말며, 늘 입에 감사가 넘치게 하십시오.

5 음란하고 더러우며 욕심에 가득 찬 자는 하나님 나

lustful pleasure and eagerly practice every kind of impurity.

20 ●But that isn't what you learned about 21 Christ. ●Since you have heard about Jesus and have learned the truth that comes from 22 him, ●throw off your old sinful nature and your former way of life, which is corrupted 23 by lust and deception. ●Instead, let the Spirit 24 renew your thoughts and attitudes. ●Put on your new nature, created to be like God— truly righteous and holy.

25 ●So stop telling lies. Let us tell our neighbors the truth, for we are all parts of the 26 same body. ●And "don't sin by letting anger control you."* Don't let the sun go down 27 while you are still angry, ●for anger gives a foothold to the devil.

28 ●If you are a thief, quit stealing. Instead, use your hands for good hard work, and then give generously to others in need. 29 ●Don't use foul or abusive language. Let everything you say be good and helpful, so that your words will be an encouragement to those who hear them.

30 ●And do not bring sorrow to God's Holy Spirit by the way you live. Remember, he has identified you as his own,* guaranteeing that you will be saved on the day of redemption. 31 ●Get rid of all bitterness, rage, anger, harsh words, and slander, as well as all types 32 of evil behavior. ●Instead, be kind to each other, tenderhearted, forgiving one another, just as God through Christ has forgiven you.

Living in the Light

5 Imitate God, therefore, in everything you do, because you are his dear chil-2 dren. ●Live a life filled with love, following the example of Christ. He loved us* and offered himself as a sacrifice for us, a pleasing aroma to God.

3 ●Let there be no sexual immorality, impurity, or greed among you. Such sins 4 have no place among God's people. ●Obscene stories, foolish talk, and coarse jokes— these are not for you. Instead, let there be 5 thankfulness to God. ●You can be sure that no immoral, impure, or greedy person will inherit the Kingdom of Christ and of God. For a greedy person is an idolater, worshiping the things of this world.

obscene [əbsíːn] *a.* 음란한
redemption [ridémpʃən] *n.* 구속, 구원

4:26 Ps 4:4.　　4:30 Or *has put his seal on you.*
5:2 Some manuscripts read *loved you.*

라에 들어갈수 없음을 알고 있을 것입니다. 이 모든 것에 관심을 두는 것은* 하나님 이외의 거짓 우상을 섬기는 것과 같습니다.

6 이런 거짓된 말로 여러분을 꾀는 자들에게 속아 넘어가지 않도록 주의하십시오. 하나님께서는 불순종하는 자들에게 무서운 벌을 내리실 것입니다.

7 그러므로 이들과 어울리지 말기 바랍니다.

8 이전에는 여러분도 어둠 가운데 있었으나, 이제는 주님 안에서 빛 가운데 살아갑니다. 그러므로 빛에 속한 자녀답게 사십시오.

9 빛은 선하고 의로우며, 진실된 삶으로 인도합니다.

10 하나님을 기쁘시게 하는 일이 무엇일지 생각하십시오.

11 어둠에 속한 자들처럼 행동하지 않도록 주의하십시오. 그런 것은 아무 유익도 없습니다. 오직 선한 일을 하여 어둠 속에서 행하는 일들이 잘못된 것임을 알리십시오.

12 몰래 저지르는 그런 일들은 입에 담기조차 부끄러운 것들입니다.

13 그러나 빛이 오면, 모든 것이 환히 드러날 것입니다.

14 성경에서도 "잠자는 자여, 일어나라! 죽음에서 깨어나 일어나라! 그리스도께서 네게 빛을 비춰실 것이다"라고 말하고 있습니다.

15 그러므로 여러분은 자신의 생활을 늘 살피십시오. 어리석은 자처럼 살지 말고, 지혜롭게 행동하십시오.

16 때가 악하니 가능하면 선한 일을 할 수 있는 기회를 잘 붙드시기 바랍니다.

17 분별 없이 어리석은 자가 되지 말고, 주님이 원하시는 것이 무엇인지 배우도록 노력하십시오.

18 술 취하지 마십시오. 여러분의 영적인 삶을 갉아먹을 것입니다. 성령으로 충만해지도록 힘쓰십시오.

19 시와 찬미와 영적인 노래로 서로 이야기하며, 마음으로 주님께 노래하고 찬송하십시오.

20 우리 주 예수 그리스도의 이름으로 하나님 아버지께 항상 감사를 드리십시오.

아내와 남편

21 그리스도를 두려워하며 존경하는 마음으로 서로 순종하십시오.

22 아내들은 주님께 순종하듯이 남편의 권위에 순종하십시오.

23 남편이 아내의 머리가 됨은 그리스도가 교회의 머리인 것과 같습니다. 교회는 그리스도의 몸이며, 그리스도는 교회의 구주가 되셨습니다.

24 교회가 그리스도의 권위 아래 있듯이 아내가 남편에게 순종하는 것은 당연한 것입니다. 모든 일에 순종하십시오.

25 남편들은 그리스도가 교회를 사랑하듯이 아내를

6 •Don't be fooled by those who try to excuse these sins, for the anger of God will
7 fall on all who disobey him. •Don't partic-
8 ipate in the things these people do. •For once you were full of darkness, but now you have light from the Lord. So live as people of
9 light! •For this light within you produces only what is good and right and true.
10 •Carefully determine what pleases the
11 Lord. Take no part in the worthless deeds of evil and darkness; instead, expose them.
12 •It is shameful even to talk about the things
13 that ungodly people do in secret. •But their evil intentions will be exposed when the
14 light shines on them, •for the light makes everything visible. This is why it is said,

"Awake, O sleeper,
  rise up from the dead,
  and Christ will give you light."

Living by the Spirit's Power

15 •So be careful how you live. Don't live like
16 fools, but like those who are wise. •Make the most of every opportunity in these evil days.
17 •Don't act thoughtlessly, but understand
18 what the Lord wants you to do. •Don't be drunk with wine, because that will ruin your life. Instead, be filled with the Holy Spirit,
19 •singing psalms and hymns and spiritual songs among yourselves, and making music
20 to the Lord in your hearts. •And give thanks for everything to God the Father in the name of our Lord Jesus Christ.

Spirit-Guided Relationships: Wives and Husbands

21 •And further, submit to one another out of reverence for Christ.
22 •For wives, this means submit to your
23 husbands as to the Lord. •For a husband is the head of his wife as Christ is the head of the church. He is the Savior of the body, the
24 church. •As the church submits to Christ, so you wives should submit to your husbands in everything.
25 •For husbands, this means love your wives, just as Christ loved the church. He

disobey [dìsəbéi] *vt.* 불순종하다
expose [ikspóuz] *vt.* 폭로하다
intention [inténʃən] *n.* 의도, 목적
reverence [révərəns] *n.* 경외, 존경
savior [séiviər] *n.* 구세주, 구원자
submit [səbmít] *vi.* 복종하다
ungodly [ʌ́ngɑdli] *a.* 사악한, 죄 많은

사랑하십시오. 그리스도는 생명을 내어 주시기까지 교회를 사랑하셨습니다.

26 그리스도께서는 교회를 물로 씻고, 말씀으로 깨끗하게 하셨습니다.

27 마치 아름답고 깨끗한 신부처럼 교회를 깨끗하고 거룩하게 하시기 위해, 그리스도께서 죽으셨던 것입니다.

28 그러므로 남편들은 이와 같이 아내를 사랑하십시오. 자기 몸을 아끼고 사랑하듯이 아내를 사랑하기 바랍니다. 자기 아내를 사랑하는 자는 곧 자신을 사랑하는 자입니다.

29 자기 몸을 미워하는 사람은 없습니다. 오히려 아끼고 돌볼 것입니다. 이것이 바로 그리스도가 교회를 위해 하신 일입니다.

30 우리는 그리스도의 몸인, 교회의 지체들입니다.

31 성경에서도 "그러므로 사람이 부모를 떠나, 자기 아내와 연합하여 한 몸을 이룰 것이다"*라고 말씀하고 있습니다.

32 그 비밀이 놀랍고 크니, 이것이 바로 그리스도와 교회와의 관계를 두고 말하는 것입니다.

33 다시 한 번 당부하는데, 남편들은 아내를 제 몸같이 사랑하고, 아내는 남편에게 순종하십시오.*

자녀와 부모

6 자녀들은 부모에게 순종하십시오. 이것이 주님을 믿는 사람으로서 옳게 행하는 일입니다.

2 십계명에도 "네 부모를 공경하라"*고 하였습니다. 이것은 약속이 보장되는 첫 계명입니다.

3 그 약속은 "네가 하는 일이 다 잘 되고 이 땅에서 장수할 것이다"*라는 것입니다.

4 아버지는 자녀들의 마음을 상하게 하거나, 화를 돋우지 말고, 주님의 훈계와 가르침으로 잘 키우십시오.

종과 주인

5 종들은 두렵고 존경하는 마음으로 주인에게 복종하십시오. 그리스도께 복종하듯이 참마음으로 순종하기 바랍니다.

6 주인이 볼 때만 잘하는 척하지 말고, 마음을 다하여 하나님의 뜻을 행하십시오.

7 사람에게 하듯이 하지 말고, 그리스도를 섬기듯이 기쁜 마음으로 주인을 위해 일하십시오.

8 여러분이 종의 신분이든지 자유인이든지, 주님께서는 선을 행한 것에 대해 보답해 주신다는 사실을 잊지 말기 바랍니다.

9 주인들도 똑같이 종들에게 잘해 주고, 윽박지르지 마십시오. 여러분의 주인이기도 하지만 동일하게 그들의 주인도 되시는 분이 하늘에 계십니다. 우리 주님은 모든 사람을 차별하지 않으시고 똑같이 대

26 gave up his life for her •to make her holy and clean, washed by the cleansing of God's 27 word.* •He did this to present her to himself as a glorious church without a spot or wrinkle or any other blemish. Instead, she will be 28 holy and without fault. •In the same way, husbands ought to love their wives as they love their own bodies. For a man who loves 29 his wife actually shows love for himself. •No one hates his own body but feeds and cares 30 for it, just as Christ cares for the church. •And we are members of his body.

31 •As the Scriptures say, "A man leaves his father and mother and is joined to his wife, 32 and the two are united into one."* •This is a great mystery, but it is an illustration of the 33 way Christ and the church are one. •So again I say, each man must love his wife as he loves himself, and the wife must respect her husband.

Children and Parents

6 Children, obey your parents because you belong to the Lord,* for this is the right 2 thing to do. •"Honor your father and mother." This is the first commandment with a 3 promise: •If you honor your father and mother, "things will go well for you, and you will have a long life on the earth."*

4 •Fathers,* do not provoke your children to anger by the way you treat them. Rather, bring them up with the discipline and instruction that comes from the Lord.

Slaves and Masters

5 •Slaves, obey your earthly masters with deep respect and fear. Serve them sincerely 6 as you would serve Christ. •Try to please them all the time, not just when they are watching you. As slaves of Christ, do the will 7 of God with all your heart. •Work with enthusiasm, as though you were working 8 for the Lord rather than for people. •Remember that the Lord will reward each one of us for the good we do, whether we are slaves or free.

9 •Masters, treat your slaves in the same way. Don't threaten them; remember, you

blemish [blémiʃ] *n.* 흠, 결점

5:26 Greek *washed by water with the word.*
5:31 Gen 2:24.　6:1 Or *Children, obey your parents who belong to the Lord;* some manuscripts read simply *Children, obey your parents.*　6:2-3 Exod 20:12; Deut 5:16.　6:4 Or *Parents.*

5:31 창 2:24에 기록되어 있다.
5:33 존경하십시오.
6:2-3 출 20:12과 신 5:16에 기록되어 있다.

해 주는 분이십니다.

하나님의 전신갑주를 입으십시오

10 끝으로 주님의 크신 능력 안에서 강해지십시오.

11 사탄의 악한 속임수에 넘어가지 않도록, 하나님의 무기로 완전 무장하시기 바랍니다.

12 우리의 싸움은 이 땅의 사람들에 대항하여 싸우는 것이 아니라 이 세상의 어두운 세력들과 공중의 권세 잡은 악한 영들에 대항하여 싸우는 것입니다.

13 하나님의 전신갑주가 필요한 이유가 여기 있습니다. 그것은 악한 날에 쓰러지지 않고 싸움이 끝난 후에도 굳건히 서기 위해서입니다.

14 이제 여러분은 굳게 서서 진리의 허리띠를 띠고, 가슴에 의의 흉배를 붙이십시오.

15 발에는 평화의 복음을 전할 신을 신으십시오.

16 손에는 악한 자의 불화살을 막아 낼 믿음의 방패를 드십시오.

17 머리에는 구원의 투구를 쓰고, 하나님의 말씀인 성령의 칼을 쥐십시오.

18 성령 안에서 늘 기도하고 필요한 모든 것을 위해 간구하십시오. 언제나 준비된 마음으로 좌절하지 말고, 다른 그리스도인들을 위해서도 기도하십시오.

19 또한 나를 위해서도 기도해 주십시오. 말씀을 전할 때, 두려움 없이 담대하게 복음의 비밀을 말할 수 있도록 나를 위해 기도해 주십시오.

20 나는 복음을 전하는 자로서 사명을 받았습니다. 이제 나는 감옥에서 이 일을 합니다. 내가 옥중에서도 전해야 될 말씀을 담대하게 전파할 수 있도록 기도해 주십시오.

작별 인사

21 사랑하는 형제 두기고를 보냅니다. 그는 주님의 성실한 일꾼입니다. 내가 어떻게 지내며 무엇을 하는지, 자세히 알려 줄 것입니다.

22 그를 보내는 것은 우리의 사정을 알리기 위함이며 또한 여러분을 격려하기 위함입니다.

23 하나님 아버지와 주 예수 그리스도께서 믿음 안에서 사랑과 평안을 여러분에게 내려 주시기를 기도합니다.

24 하나님의 은혜가 우리 주 예수 그리스도를 변함없이 사랑하는 여러분 모두에게 함께하시기를 기도합니다.

---

both have the same Master in heaven, and he has no favorites.

The Whole Armor of God

10 •A final word: Be strong in the Lord and in
11 his mighty power. •Put on all of God's armor so that you will be able to stand firm
12 against all strategies of the devil. •For we* are not fighting against flesh-and-blood enemies, but against evil rulers and authorities of the unseen world, against mighty powers in this dark world, and against evil spirits in the heavenly places.

13 •Therefore, put on every piece of God's armor so you will be able to resist the enemy in the time of evil. Then after the battle you
14 will still be standing firm. •Stand your ground, putting on the belt of truth and the
15 body armor of God's righteousness. •For shoes, put on the peace that comes from the Good News so that you will be fully pre-
16 pared.* •In addition to all of these, hold up the shield of faith to stop the fiery arrows of
17 the devil.* •Put on salvation as your helmet, and take the sword of the Spirit, which is the word of God.

18 •Pray in the Spirit at all times and on every occasion. Stay alert and be persistent in
19 your prayers for all believers everywhere.* •And pray for me, too. Ask God to give me the right words so I can boldly explain God's mysterious plan that the Good News is
20 for Jews and Gentiles alike.* •I am in chains now, still preaching this message as God's ambassador. So pray that I will keep on speaking boldly for him, as I should.

Final Greetings

21 •To bring you up to date, Tychicus will give you a full report about what I am doing and how I am getting along. He is a beloved brother and faithful helper in the Lord's
22 work. •I have sent him to you for this very purpose—to let you know how we are doing and to encourage you.

23 •Peace be with you, dear brothers and sisters,* and may God the Father and the Lord Jesus Christ give you love with faithfulness.
24 •May God's grace be eternally upon all who love our Lord Jesus Christ.

6:12 Some manuscripts read *you.*　6:15 Or *For shoes, put on the readiness to preach the Good News of peace with God.*　6:16 Greek *the evil one.*　6:18 Greek *all of God's holy people.*　6:19 Greek *explain the mystery of the Good News; some manuscripts read simply explain the mystery.*　6:23 Greek *brothers.*

빌립보서

서론

✣ 저자 _ 사도 바울
✣ 저작 연대 _ A.D. 60~62년경
✣ 기록 장소 _ 로마 감옥으로 추정
✣ 기록 대상 _ 빌립보에 있는 그리스도인들
✣ 핵심어 및 내용 _ 핵심어는 '복음'과 '기쁨'이다. 바울은 하나님과의 관계뿐만 아니라 다른 사람들과의 관계에서도 복음의 중요성을 역설하고 있다. 또한 고통스럽고 암담한 감옥 생활에서도 슬퍼하기는커녕, 성도들에게 끊임없이 솟아나는 기쁨을 보여 주었다.

인사

1 예수 그리스도의 종인 바울과 디모데는 그리스도를 믿는 빌립보에 사는 모든 성도들과 지도자들*과 집사들에게 편지를 씁니다.

2 우리 아버지 하나님과 주 예수 그리스도의 은혜와 평화가 함께 하기를 빕니다.

바울의 기도

3 나는 여러분을 생각할 때마다 하나님께 감사를 드립니다.

4 또한 늘 기쁨으로 여러분 모두를 위해 기도하고 있습니다.

5 여러분은 제가 복음을 전할 때, 늘 도움을 베풀어 주었습니다. 그것은 여러분이 복음을 들은 그날부터 오늘 이 순간까지도 그러합니다.

6 하나님께서는 여러분 안에서 선한 일을 시작하셨습니다. 그분은 끊임없이 일하고 계시므로 예수 그리스도께서 오시는 마지막 그날에 그 모든 선한 일을 확실히 완성하실 것입니다.

7 여러분을 이처럼 생각하는 것은 당연합니다. 여러분은 제 마음속에 늘 살아 있습니다. 내가 감옥에 있을 때나 복음을 지키고 진리의 말씀을 전파하는 그 모든 시간에 여러분은 하나님의 은혜 안에서 나와 함께 있어 주었습니다.

8 내가 여러분을 얼마나 보고 싶어 하는지는 그 누구보다도 하나님께서 잘 알고 계실 것입니다. 예수 그리스도의 사랑으로 여러분 모두를 사랑합니다.

9 여러분을 위해 기도합니다. 여러분의 사랑이 나날이 커지고, 그 사랑으로 더 풍성한 지식과 통찰력을 갖게 되기를 기도합니다.

10 선함과 악함을 분별하여 선한 것을 선택할 줄 알게 되어서, 그리스도께서 오시는 날에 깨끗하고 흠 없는 모습으로 서게 되기를 기도합니다.

11 또한 예수 그리스도께서 인정하시는 의의 열매로 하나님께 영광과 찬송을 올려 드릴 수 있기를 기도합니다.

바울이 당하는 고난이
하나님의 일에 도움이 되다

12 형제 여러분, 내가 당한 고난이 오히려 하나님의

Greetings from Paul

1 This letter is from Paul and Timothy, slaves of Christ Jesus.

I am writing to all of God's holy people in Philippi who belong to Christ Jesus, including the church leaders* and deacons.

2 •May God our Father and the Lord Jesus Christ give you grace and peace.

Paul's Thanksgiving and Prayer

3 •Every time I think of you, I give thanks to my
4 God. •Whenever I pray, I make my requests
5 for all of you with joy, •for you have been my partners in spreading the Good News about Christ from the time you first heard it until
6 now. •And I am certain that God, who began the good work within you, will continue his work until it is finally finished on the day when Christ Jesus returns.

7 •So it is right that I should feel as I do about all of you, for you have a special place in my heart. You share with me the special favor of God, both in my imprisonment and in defending and confirming the truth of the Good
8 News. •God knows how much I love you and long for you with the tender compassion of Christ Jesus.

9 •I pray that your love will overflow more and more, and that you will keep on growing
10 in knowledge and understanding. •For I want you to understand what really matters, so that you may live pure and blameless lives until the
11 day of Christ's return. •May you always be filled with the fruit of your salvation—the righteous character produced in your life by Jesus Christ*—for this will bring much glory and praise to God.

Paul's Joy That Christ Is Preached

12 •And I want you to know, my dear brothers and sisters,* that everything that has happened

---

1:1 Or *overseers*, or *bishops*.   1:11 Greek *with the fruit of righteousness through Jesus Christ*.

1:1 감독들

복음을 전하는 데 도움이 되었다는 것을 알려 드립니다.

13 내가 그리스도를 믿었다는 이유로 죄 없이 감옥에 갇혀 있는 것을 모든 경비대와 사람들이 다 알게 되었습니다.

14 비록 내가 감옥에 있으나, 오히려 사람들은 이것 때문에 자신감을 얻어 더욱 담대하게 그리스도의 복음을 전하고 있습니다.

15 그 중에 어떤 이들은 나를 시기하고 질투하는 마음에서 복음을 전하는 자들도 있습니다. 그러나 돕고자 하는 순수한 마음으로 전도하는 사람들도 많이 있습니다.

16 순수한 마음을 가지고 돕는 사람들은 하나님께서 나를 복음을 지키는 일에 힘쓰도록 부르셨다는 사실을 알고, 사랑으로 복음을 전하는 일에 애쓰고 있습니다.

17 그러나 그렇지 않은 사람들은 이기적인 마음으로 자신들이 높아지기를 원하는 뜻에서, 또 감옥에 있는 나를 속상하게 하려고 더 열심히 그리스도를 전합니다.

18 하지만 그들이 내 마음을 속상하게 한다 해도 개의치 않습니다. 그들이 어떤 마음으로 전하든지 간에 중요한 것은 바로 그리스도가 전파되고 있다는 사실입니다. 나는 이것 때문에 기뻐하며 앞으로도 계속 그러할 것입니다.

19 여러분이 나를 위해 계속 기도하고 있고, 예수 그리스도의 성령이 나를 돕고 계시기 때문에 내가 풀려날 것을 잘 알고 있습니다.

20 내가 바라고 또 바라는 것은 어떠한 상황에서도 그리스도를 배신하지 않는 것입니다. 지금처럼 항상 용기를 가지고, 살든지 죽든지 그리스도를 높이기 원합니다.

21 나는 그리스도를 위해 사는 데 목적을 두고 있기 때문에 죽는 것도 내게는 유익합니다.

22 그러나 살아가는 동안, 그리스도를 위해 일하고 사람들을 그리스도께로 인도할 수 있다면, 사는 것과 죽는 것 중에 어느 쪽을 택해야 할지 모르겠습니다.

23 둘 중 하나를 선택하기가 힘이 듭니다. 이 세상을 떠나 그리스도 곁에 있고 싶은 까닭은 그것이 훨씬 행복할 것이기 때문입니다.

24 그러나 여러분을 위해서 이 세상에 있어야 할 줄을 알고 있습니다.

25 내가 여러분 곁에 머물러 여러분의 믿음을 자라게 하고, 또 기쁨을 누리도록 도와줄 필요가 있음을 잘 알고 있습니다.

26 내가 다시 여러분에게 가게 되면, 예수 그리스도 안에서 여러분의 기쁨이 충만하게 될 것입니다.

27 여러분은 그리스도의 기쁜 소식을 들은 자로서, 하나님께 영광 돌리는 삶을 살도록 하십시오. 그러면 내가

to me here has helped to spread the Good

13 News. •For everyone here, including the whole palace guard,* knows that I am in

14 chains because of Christ. •And because of my imprisonment, most of the believers* here have gained confidence and boldly speak God's message* without fear.

15 •It's true that some are preaching out of jealousy and rivalry. But others preach about

16 Christ with pure motives. •They preach because they love me, for they know I have been appointed to defend the Good News.

17 •Those others do not have pure motives as they preach about Christ. They preach with selfish ambition, not sincerely, intending to

18 make my chains more painful to me. •But that doesn't matter. Whether their motives are false or genuine, the message about Christ is being preached either way, so I

19 rejoice. And I will continue to rejoice. •For I know that as you pray for me and the Spirit of Jesus Christ helps me, this will lead to my deliverance.

Paul's Life for Christ

20 •For I fully expect and hope that I will never be ashamed, but that I will continue to be bold for Christ, as I have been in the past. And I trust that my life will bring honor to

21 Christ, whether I live or die. •For to me, living means living for Christ, and dying is

22 even better. •But if I live, I can do more fruitful work for Christ. So I really don't know

23 which is better. •I'm torn between two desires: I long to go and be with Christ,

24 which would be far better for me. •But for your sakes, it is better that I continue to live.

25 •Knowing this, I am convinced that I will remain alive so I can continue to help all of you grow and experience the joy of your

26 faith. •And when I come to you again, you will have even more reason to take pride in Christ Jesus because of what he is doing through me.

Live as Citizens of Heaven

27 •Above all, you must live as citizens of heaven, conducting yourselves in a manner worthy of the Good News about Christ. Then, whether I come and see you again or only hear about you, I will know that you are standing together with one spirit and one purpose, fighting together for the faith,

빌

빌골살

1:12 Greek *brothers*.　1:13 Greek *including all the Praetorium*.　1:14a Greek *brothers in the Lord*.　1:14b Some manuscripts read *speak the message*.

함께 있든지 떠나 있든지 여러분에 관해 기쁜 소식을 들을 수 있을 것입니다. 여러분이 한마음 한뜻으로 열심히 복음을 전한다는 소식을 듣기 원합니다.

28 여러분을 대적하는 자들을 두려워하지 마십시오. 이 모든 것은 여러분이 구원받았다는 증거이며, 그들이 멸망할 것이라는 증거입니다.

29 하나님께서는 여러분에게 그리스도를 믿는 특권뿐만 아니라, 그리스도를 위해 고난받는 특권도 주셨습니다. 이 두 가지 모두 하나님께는 영광이 되는 것입니다.

30 내가 여러분과 함께 있을 때, 여러분은 내가 고난당하는 것을 보았습니다. 또한 지금 내가 겪고 있는 고난에 대해서도 들었을 것입니다. 여러분 역시 이와 같은 고난을 겪고 있는 것입니다.

2 그리스도를 믿는 것이 여러분에게 힘이 되고 있습니까? 그리스도의 사랑으로 위로를 받고 있습니까? 성령 안에서 서로 교제하며, 친절과 동정을 베풀고 있습니까?

2 그렇다면 서로 한마음으로 사랑을 나누고, 한뜻으로 하나가 되십시오.

3 무슨 일을 할 때, 이기적이거나 교만한 마음을 갖지 말고, 겸손한 마음으로 나보다 다른 사람을 더 존중해 주십시오.

4 자기 생활을 열심히 하면서 다른 사람이 하는 일에도 관심을 가져 내 마음에 기쁨이 넘치게 해 주십시오.

그리스도의 겸손을 본받아

5 예수님처럼 생각하고 행동합시다.

6 그분은 하나님과 똑같이 높은 분이셨지만, 결코 높은 자리에 있기를 원하지 않으셨습니다.

7 오히려 높은 자리를 버리고, 낮은 곳으로 임하셨습니다. 사람의 모습으로 이 땅에 오시고 종과 같이 겸손한 모습을 취하셨습니다.

8 이 땅에 계신 동안 스스로 낮은 자가 되시며, 하나님께 순종하셨습니다. 예수님은 목숨을 버려 십자가에 달려 돌아가시기까지 하나님의 말씀을 따랐습니다.

9 그러므로 하나님은 예수님을 최고로 높은 자리에 올리시고, 모든 이름 위에 뛰어난 이름이 되게 하셨습니다.

10 하늘과 땅 위, 땅 아래 있는 모든 만물이 예수 그리스도 앞에 무릎을 꿇고

11 "예수 그리스도는 주님"이심을 선포하며, 하나님 아버지께 영광을 돌릴 것입니다.

하나님께서 원하시는 사람이 되십시오

12 사랑하는 형제 여러분, 항상 순종하는 마음을 가지십시오. 여러분과 함께 있는 동안, 여러분은 하나님께 순종하는 태도를 잘 보여 주었습니다. 내가 곁에 없을 때, 그렇게 하는 것이 더 아름답고 귀한 일입니다. 하나님이 주신 구원을 이루기 위해 열심히 노력하며, 두려움과 떨림으로 늘 힘쓰기 바랍니다.

13 하나님께서는 여러분 안에서 하나님이 기뻐하시는 일

---

28 which is the Good News. ●Don't be intimidated in any way by your enemies. This will be a sign to them that they are going to be destroyed, but that you are going to be 29 saved, even by God himself. ●For you have been given not only the privilege of trusting in Christ but also the privilege of suffering 30 for him. ●We are in this struggle together. You have seen my struggle in the past, and you know that I am still in the midst of it.

Have the Attitude of Christ

2 Is there any encouragement from belonging to Christ? Any comfort from his love? Any fellowship together in the Spirit? Are your hearts tender and compas- 2 sionate? ●Then make me truly happy by agreeing wholeheartedly with each other, loving one another, and working together with one mind and purpose.

3 ●Don't be selfish; don't try to impress others. Be humble, thinking of others as better 4 than yourselves. ●Don't look out only for your own interests, but take an interest in others, too.

5 ●You must have the same attitude that Christ Jesus had.

6 ● Though he was God,*
　　he did not think of equality with God
　　　as something to cling to.
7 ● Instead, he gave up his divine privileges*;
　　he took the humble position of a slave*
　　and was born as a human being.
　　When he appeared in human form,*
8 ●　he humbled himself in obedience to
　　　God
　　and died a criminal's death on a cross.
9 ● Therefore, God elevated him to the place
　　　of highest honor
　　and gave him the name above all
　　　other names,
10 ● that at the name of Jesus every knee
　　　should bow,
　　in heaven and on earth and under
　　　the earth,
11 ● and every tongue declare that Jesus Christ
　　　is Lord,
　　to the glory of God the Father.

Shine Brightly for Christ

12 ●Dear friends, you always followed my instructions when I was with you. And now that I am away, it is even more important.

2:6 Or *Being in the form of God.*　2:7a Greek *he emptied himself.*　2:7b Or *the form of a slave.*　2:7c Some English translations put this phrase in verse 8.

빌립보서 **2장**

을 할 수 있도록 돕고 계십니다. 또한 하나님은 할 수 있는 힘과 능력을 여러분에게 공급해 주실 것입니다.

14 무슨 일을 하든지 불평하거나 다투지 마십시오.

15 그렇게 하면 어느 누구도 여러분을 잘못했다고 비난할 수 없을 것이며, 여러분 역시 깨끗한 마음을 가질 수 있을 것입니다. 하지만 이 세상에는 비뚤어지고 악한 성향을 가진 사람들이 많이 살고 있습니다. 여러분은 어두운 세상에서 밝은 빛을 발하는 흠 없는 하나님의 자녀들이 되십시오.

16 생명의 말씀을 굳게 붙드십시오. 그리하면 그리스도께서 다시 오시는 날에 내 수고가 헛되지 않고, 열심히 달려온 내 삶이 승리로 가득하여 기뻐하고 또 기뻐할 것입니다.

17 여러분의 삶을 믿음과 봉사의 제물로 하나님께 바칠 때, 내 피를 그 위에 쏟아 부으라고 할지라도 나는 여러분과 함께 기뻐하고 즐거워할 것입니다.

18 여러분도 나와 같이 기뻐하고 즐거워하게 되기를 원합니다.

디모데와 에바브로디도

19 우리 주님의 뜻 안에서 가까운 시일 안에 디모데를 여러분에게 보내려고 합니다. 여러분에 관한 소식을 듣게 되면, 내 마음이 위로받을 것 같습니다.

20 디모데만큼 여러분에 대해 걱정하고 마음 쓰는 사람도 없을 것입니다.

21 다른 사람들은 모두 자기 일에만 정신이 팔려 있어서, 예수 그리스도의 일에는 관심이 없습니다.

22 여러분도 디모데의 인품에 대해서는 이미 알고 있을 것입니다. 그는 나와 함께 하나님의 복음을 전할 때, 마치 아들이 아버지를 섬기듯이 나를 도와 주었습니다.

23 앞으로 나와 관련되는 일이 결정되는 대로 그를 여러분에게 보내겠습니다.

24 그리고 가까운 시일 안에 내가 여러분을 만날 수 있도록 주님께서 도와 주실 것이라고 확신합니다.

25 에바브로디도 역시 주님 안에서 내 형제와도 같은 사람입니다. 그리스도의 군사로서 지금까지 나와 함께 일하며 수고해 왔습니다. 내가 가장 필요로 하는 순간에 여러분은 그를 내게 보내 주었습니다. 이제 나는 여러분에게 그를 돌려 보내려고 합니다.

26 그는 여러분 모두를 너무나 그리워하고 있으며, 자기가 아팠다는 소식이 여러분에게 전해졌음을 알고 도리어 걱정하고 있습니다.

27 사실 그는 병이 나서 거의 죽을 지경까지 갔으나, 하나님께서 그의 아픔을 돌아보셔서 더 이상 내게 슬픔이 없도록 도와 주셨습니다.

28 그러므로 서둘러 그를 여러분에게 보냅니다. 여러분이 그를 다시 보게 되면 기뻐하게 될 것이며, 나 역시 여러분을 향한 근심을 덜게 될 것입니다.

29 주님 안에서 큰 기쁨으로 그를 맞이하고, 에바브로

Work hard to show the results of your salvation, obeying God with deep reverence and
13 fear. •For God is working in you, giving you the desire and the power to do what pleases him.

14 •Do everything without complaining
15 and arguing, •so that no one can criticize you. Live clean, innocent lives as children of God, shining like bright lights in a world full
16 of crooked and perverse people. •Hold firmly to the word of life; then, on the day of Christ's return, I will be proud that I did not run the race in vain and that my work was
17 not useless. •But I will rejoice even if I lose my life, pouring it out like a liquid offering to God,* just like your faithful service is an offering to God. And I want all of you to
18 share that joy. •Yes, you should rejoice, and I will share your joy.

Paul Commends Timothy

19 •If the Lord Jesus is willing, I hope to send Timothy to you soon for a visit. Then he can cheer me up by telling me how you are get-
20 ting along. •I have no one else like Timothy, who genuinely cares about your welfare.
21 •All the others care only for themselves and
22 not for what matters to Jesus Christ. •But you know how Timothy has proved himself. Like a son with his father, he has served
23 with me in preaching the Good News. •I hope to send him to you just as soon as I find out what is going to happen to me here.
24 •And I have confidence from the Lord that I myself will come to see you soon.

Paul Commends Epaphroditus

25 •Meanwhile, I thought I should send Epaphroditus back to you. He is a true brother, co-worker, and fellow soldier. And he was
26 your messenger to help me in my need. •I am sending him because he has been longing to see you, and he was very distressed
27 that you heard he was ill. •And he certainly was ill; in fact, he almost died. But God had mercy on him—and also on me, so that I would not have one sorrow after another.
28 •So I am all the more anxious to send him back to you, for I know you will be glad to see him, and then I will not be so worried
29 about you. •Welcome him in the Lord's love* and with great joy, and give him the

---

intimidate [intímədèit] *vt.* 겁주다; 협박하다
perverse [pərvə́ːrs] *a.* 괴팍한, 사악한

2:17 Greek *I will rejoice even if I am to be poured out as a liquid offering.*　2:29 Greek *in the Lord.*

디도와 같은 사람들을 귀하게 여겨 주십시오.

30 그는 그리스도를 위해 위험을 무릅쓰고 일하다가 거의 죽을 뻔한 지경에 이르렀습니다. 멀리 있는 여러분을 대신하여 나를 도운 사람이므로 감사함과 존경하는 마음으로 맞이해 주십시오.

귀하신 예수 그리스도

3 형제 여러분, 주님 안에서 항상 기뻐하십시오. 같은 말을 여러 번 쓰는 것이 내게는 귀찮은 일이 아닙니다. 여러분을 위한 말이니 잘 들어 주시기 바랍니다.

2 육체적인 할례를 받아야 한다고 주장하는 악한 자들을 조심하십시오. 그들은 마치 개와 같은 자들입니다.

3 우리는 참 할례를 받은 사람들로서 하나님의 영으로 예배드리며 예수 그리스도 안에서만 자랑합니다. 우리는 우리 스스로가 얼마나 믿을 수 없는 존재인지 잘 압니다.

4 사실 육체적으로 보면 나 스스로를 믿을 수도 있습니다. 이 세상 어느 누구보다도 인간적인 조건을 더욱 많이 갖춘 사람이 바로 나입니다.

5 나는 태어난지 팔 일 만에 할례를 받았습니다. 이스라엘 민족 중에서도 베냐민 지파의 자손이며, 히브리인 중에서도 히브리인입니다. 모세의 율법은 내 인생의 안내자 역할을 하여, 나는 율법을 가장 엄격히 지키는 바리새인이 되었습니다.

6 율법을 지키는 것에 너무나 열심이었으므로 교회를 핍박하기까지 하였습니다. 내가 모세의 율법을 지키고 따르는 데 있어서는 그 어느 누구도 허점을 찾을 수 없을 정도였습니다.

7 그때는 이 모든 것이 내게 너무나 소중하고 가치 있는 것들이었습니다. 그러나 예수 그리스도를 만난 이후, 그 모든 것이 아무 쓸모 없는 것임을 알았습니다.

8 그것들뿐만 아니라 이 세상 그 어떤 것도 내 주 예수 그리스도를 아는 것과 비교가 되지 않습니다. 예수 그리스도를 위하여 나는 모든 것을 버렸습니다. 모든 것이 쓰레기처럼 아무런 가치가 없다는 것을 이제 압니다. 이로써 나는 그리스도를 알게 되었습니다.

9 또한 그리스도 안에 하나가 되는 기쁨을 얻었습니다. 내가 율법을 지켜서 하나님께 구원을 얻은 것이 아닙니다. 하나님은 내 믿음을 보시고, 나를 의롭다 하시며 자녀 삼아 주신 것입니다.

10 이제 내가 바라는 것은 그리스도를 알고, 죽음에서 부활하신 그 능력을 체험하며, 그리스도와 함께 고난받고, 그분과 같이 죽는 것입니다.

11 그분을 따를 수만 있다면, 나도 마지막 날 부활의 기쁨에 참여할 수 있을 것입니다.

목표를 향해 달리십시오

12 내가 하나님께서 원하시는 모습으로 이미 완성되었다고 말하는 것이 아닙니다. 나는 아직 목표에 이르지 못했습니다. 나는 그 목표를 향해 열심히 달려

---

30 honor that people like him deserve. •For he risked his life for the work of Christ, and he was at the point of death while doing for me what you couldn't do from far away.

The Priceless Value of Knowing Christ

3 Whatever happens, my dear brothers and sisters,* rejoice in the Lord. I never get tired of telling you these things, and I do it to safeguard your faith.

2 •Watch out for those dogs, those people who do evil, those mutilators who say you

3 must be circumcised to be saved. •For we who worship by the Spirit of God* are the ones who are truly circumcised. We rely on what Christ Jesus has done for us. We put no

4 confidence in human effort, •though I could have confidence in my own effort if anyone could. Indeed, if others have reason for confidence in their own efforts, I have even more!

5 •I was circumcised when I was eight days old. I am a pure-blooded citizen of Israel and a member of the tribe of Benjamin—a real Hebrew if there ever was one! I was a member of the Pharisees, who demand the

6 strictest obedience to the Jewish law. •I was so zealous that I harshly persecuted the church. And as for righteousness, I obeyed the law without fault.

7 •I once thought these things were valuable, but now I consider them worthless

8 because of what Christ has done. •Yes, everything else is worthless when compared with the infinite value of knowing Christ Jesus my Lord. For his sake I have discarded everything else, counting it all as garbage, so

9 that I could gain Christ •and become one with him. I no longer count on my own righteousness through obeying the law; rather, I become righteous through faith in Christ.* For God's way of making us right

10 with himself depends on faith. •I want to know Christ and experience the mighty power that raised him from the dead. I want

11 to suffer with him, sharing in his death, •so that one way or another I will experience the resurrection from the dead!

Pressing toward the Goal

12 •I don't mean to say that I have already achieved these things or that I have already reached perfection. But I press on to possess that perfection for which Christ Jesus first

---

3:1 Greek *brothers;* also in 3:13, 17.　3:3 Some manuscripts read *worship God in spirit;* one early manuscript reads *worship in spirit.*　3:9 Or *through the faithfulness of Christ.*

고 있으며, 그리스도 예수께 잡힌 바 된 그것을 잡으
려고 좇아가고 있습니다.

13 형제 여러분, 내가 아직 목표에는 이르지 못했으나
여러분에게 한 가지 자신 있게 말씀드릴 수 있는 것
은 내가 과거의 것은 잊어 버리고, 앞에 있는 목표를
향해 힘껏 달리고 있다는 것입니다.

14 나는 목적지에 이르렀을 때 상을 받을 것입니다. 그
상은 하나님께서 내게 주시려고 그리스도를 통하
여 친히 내리신 것입니다.

15 영적으로 성숙한 사람으로서 우리 모두 좀더 신중
히 생각하고 판단합시다. 혹시 서로 생각이 다르더
라도 하나님께서는 그 부분을 분명하게 바로 가르
쳐 주실 것입니다.

16 그러니 이제 우리가 함께 나눈 진리를 따라 살아가
도록 합시다.

17 형제 여러분, 나를 본받도록 애쓰십시오, 또한 내가
여러분에게 보여 준 삶을 좇아 살아가는 사람들을
살펴보십시오,

18 오히려 많은 사람들이 그리스도 십자가의 원수처
럼 살아가고 있습니다. 전에도 여러 번 얘기했지만,
이제 다시 여러분에게 눈물로 호소합니다.

19 그들의 삶은 결국 멸망으로 이어질 것입니다. 하나
님을 섬기기보다는 배*가 원하는대로 살아가며, 수
치스러운 일을 하고서도 도리어 자랑으로 여기고
있습니다. 그들은 오직 세상 일에만 관심을 둡니다.

20 그러나 우리의 시민권은 하늘에 있습니다. 우리 구
주 예수 그리스도께서 하늘로부터 다시 오시는 날
을 우리는 기다립니다.

21 그분은 우리의 죽을 몸을 변화시키셔서, 그분의 영
광스런 몸과 같이 바꾸어 주실 것입니다. 모든 만물
을 다스리시는 그분의 능력이 우리를 변화시키실
것입니다.

그리스도인의 할 일

4 내가 사랑하고 또 보고 싶어하는 형제 여러분,
여러분은 내게 기쁨이며 자랑입니다.* 내가 여
러분에게 말한 것과 같이 주님을 계속 따르십시오,

2 유오디아와 순두게에게 권합니다. 주님 안에서 화
해하십시오.

3 나의 진실한 협력자이며 친구인 여러분에게도 부
탁합니다. 이 여인들이 서로 화해하도록 도와 주십
시오, 그들은 글레멘드를 비롯한 여러 동역자들과
함께 복음을 전하며 수고한 사람들입니다. 그들 이
름 역시 생명책에 기록되어 있지 않습니까?

4 주님 안에서 항상 기뻐하십시오, 다시 말하거니와
기뻐하십시오,

5 여러분이 선하고 친절하다는 것을 모든 사람이 알
도록 행동하십시오, 주님께서 곧 오실 것입니다.

6 걱정하지 말고 필요한 것을 하나님께 구하고 아뢰십

13 possessed me. ●No, dear brothers and sisters,
I have not achieved it,* but I focus on this
one thing: Forgetting the past and looking
14 forward to what lies ahead, ●I press on to
reach the end of the race and receive the
heavenly prize for which God, through
Christ Jesus, is calling us.

15 ●Let all who are spiritually mature agree
on these things. If you disagree on some
point, I believe God will make it plain to
16 you. ●But we must hold on to the progress
we have already made.

17 ●Dear brothers and sisters, pattern your
lives after mine, and learn from those who
18 follow our example. ●For I have told you
often before, and I say it again with tears in
my eyes, that there are many whose conduct
shows they are really enemies of the cross of
19 Christ. ●They are headed for destruction.
Their god is their appetite, they brag about
shameful things, and they think only about
20 this life here on earth. ●But we are citizens of
heaven, where the Lord Jesus Christ lives.
And we are eagerly waiting for him to return
21 as our Savior. ●He will take our weak mortal
bodies and change them into glorious bod-
ies like his own, using the same power with
which he will bring everything under his
control.

4 Therefore, my dear brothers and sisters,*
stay true to the Lord. I love you and long
to see you, dear friends, for you are my joy
and the crown I receive for my work.

Words of Encouragement

2 ●Now I appeal to Euodia and Syntyche.
Please, because you belong to the Lord, settle
3 your disagreement. ●And I ask you, my true
partner,* to help these two women, for they
worked hard with me in telling others the
Good News. They worked along with Clem-
ent and the rest of my co-workers, whose
names are written in the Book of Life.

4 ●Always be full of joy in the Lord. I say it
5 again—rejoice! ●Let everyone see that you
are considerate in all you do. Remember, the
Lord is coming soon.*

6 ●Don't worry about anything; instead,
pray about everything. Tell God what you
need, and thank him for all he has done.

mutilator [mjùːtəléitər] *n.* 훼손자; 절단자(할례
주의자)

시오, 감사하는 마음으로 하나님께 말씀드리십시오.

7 그러면 우리 주 예수 그리스도 안에서 그 어느 누구도 측량할 수 없는 평안이 여러분의 마음과 생각 가운데 풍성히 임할 것입니다.

8 형제 여러분, 선함을 추구하며 가치가 있는 것들에 마음을 쏟기 바랍니다. 참되고, 고상하고, 옳고, 순결하며, 아름답고, 존경할 만한 것들을 생각하십시오.

9 여러분이 내게서 배운 것과 받은 것들을 행동으로 옮기십시오. 그러면 평화의 하나님께서 여러분과 함께하실 것입니다.

사람들에게 감사하는 바울

10 여러분이 다시 나를 기억하고 도와 주니, 내 마음은 기쁨으로 가득합니다. 어쩌면 여러분이 늘 가져왔던 관심을 표현할 길이 없었을지도 모르겠습니다.

11 내 처지가 힘들어서 이렇게 말하는 것은 아닙니다. 나는 내가 가진 것에 만족하고 있으며, 어떠한 환경에서도 감사하는 법을 배웠습니다.

12 가난을 이겨 낼 줄도 알고, 부유함을 누릴 줄도 압니다. 배부를 때나 배고플 때나, 넉넉할 때나 궁핍할 때나, 어떤 형편에 처해서도 기뻐하고 즐거워합니다.

13 내게 능력 주시는 그리스도를 통하여 나는 모든 것을 할 수 있습니다.

14 그러나 필요한 순간에 여러분이 도와 주어 정말 고마웠습니다.

15 여러분은 내가 처음 그곳에 복음을 전한 때를 기억하고 있을 것입니다. 마케도니아를 떠날 때에 내게 도움을 준 교인은 여러분 빌립보 사람들뿐이었습니다.

16 내가 데살로니가에 있을 때도 여러분은 여러 번에 걸쳐 내게 필요한 물건들을 보내 주었습니다.

17 여러분들로부터 뭔가 선물을 기대하고 말하는 것이 아니라, 내게 베푸는 큰 기쁨이 여러분 가운데 차고 넘치기를 원합니다.

18 이제 나는 모든 것이 풍족합니다. 여러분이 에바브로디도 편에 보내 준 선물 때문에 부족한 것이 없습니다. 여러분의 선물은 하나님께 드려질 향기로운 제물입니다. 하나님께서는 그 제물을 기쁘게 받으실 것입니다.

19 하나님께서 그리스도 예수 안에서 여러분이 필요로 하는 모든 것을 풍족히 채워 주실 것입니다.

20 우리 하나님 아버지께 영원토록 영광을 돌려 드립니다. 아멘.

21 그곳에 있는 모든 성도들에게 문안드립니다. 여기 나와 같이 있는 형제들도 여러분에게 안부를 전합니다.

22 모든 성도들이 여러분에게 문안하며, 로마 황실 안에서 믿는 몇몇의 성도들이 여러분에게 또한 인사 드립니다.

23 주 예수 그리스도의 은혜가 여러분과 함께하기를 기도합니다.

7 •Then you will experience God's peace, which exceeds anything we can understand. His peace will guard your hearts and minds as you live in Christ Jesus.

8 •And now, dear brothers and sisters, one final thing. Fix your thoughts on what is true and honorable, and right, and pure, and lovely, and admirable. Think about things that are excellent and worthy of praise. •Keep putting into practice all you learned and received from me—everything you heard from me and saw me doing. Then the God of peace will be with you.

Paul's Thanks for Their Gifts

10 •How I praise the Lord that you are concerned about me again. I know you have always been concerned for me, but you didn't have the chance to help me. •Not that I was ever in need, for I have learned

12 how to be content with whatever I have. •I know how to live on almost nothing or with everything. I have learned the secret of living in every situation, whether it is with a full stomach or empty, with plenty or little.

13 •For I can do everything through Christ,*

14 who gives me strength. •Even so, you have done well to share with me in my present difficulty.

15 •As you know, you Philippians were the only ones who gave me financial help when I first brought you the Good News and then traveled on from Macedonia. No other

16 church did this. •Even when I was in Thessalonica you sent help more than once.

17 •I don't say this because I want a gift from you. Rather, I want you to receive a reward for your kindness.

18 •At the moment I have all I need—and more! I am generously supplied with the gifts you sent me with Epaphroditus. They are a sweet-smelling sacrifice that is accept-

19 able and pleasing to God. •And this same God who takes care of me will supply all your needs from his glorious riches, which have been given to us in Christ Jesus.

20 •Now all glory to God our Father forever and ever! Amen.

Paul's Final Greetings

21 •Give my greetings to each of God's holy people—all who belong to Christ Jesus. The brothers who are with me send you their

22 greetings. •And all the rest of God's people send you greetings, too, especially those in Caesar's household.

23 •May the grace of the Lord Jesus Christ be with your spirit.*

....
4:13 Greek *through the one.*   4:23 Some manuscripts add *Amen.*

골로새서

● 서론

✛ 저자 _ 사도 바울
✛ 저작 연대 _ A.D. 62년경
✛ 기록 장소 _ 로마 감옥
✛ 기록 대상 _ 골로새에 있는 그리스도인들
✛ 기록 목적 _ 골로새 교회에 들어온 이단을 반박하기 위해
✛ 핵심어 및 내용 _ 핵심어는 '지존성'과 '머리 되심'이다. 그리스도께서는 그의 몸된 교회의 머리이실 뿐만 아니라 삶의 모든 영역에 있어서 최고의 위치에 있는 지존자이심이 강조되고 있다.

오직 그리스도만이 구원의 주님이십니다

1 하나님의 뜻에 따라 그리스도 예수의 사도가 된 바울과 형제 디모데는

2 골로새에 있는 거룩하고 신실한 성도들에게 편지합니다. 우리 아버지 하나님의 은혜와 평안이 함께하기를 빕니다.

3 여러분을 위해 기도할 때마다 우리 주 예수 그리스도의 아버지 하나님께 감사드립니다.

4 그것은 여러분이 예수 그리스도를 잘 믿고, 모든 성도를 사랑하고 있다는 소식을 들었기 때문입니다.

5 여러분의 이러한 믿음과 사랑은 하나님께서 여러분을 위해 하늘에 예비해 두신 것에 대한 소망에서 나온 것이 아닙니까? 이 소망에 대해서는 처음 여러분이 복음을 받을 때, 이미 들었던 것입니다.

6 복음이 전해지는 곳마다 하나님의 복이 더해지고 있습니다. 여러분 역시 복음을 받아들여 하나님의 은혜 가운데 이 진리를 깨닫고, 지금도 그 은혜를 누리고 있습니다. 이 복음은 온 세상에서 열매를 맺고 있습니다.

7 여러분에게 이 복음을 전한 사람은 에바브라였습니다. 그는 우리와 함께 복음을 전하는 일꾼이며, 그리스도의 신실한 종입니다.

8 여러분이 성령으로부터 받은 사랑을 이웃들에게 베풀며 살아가고 있다는 소식도 그를 통해 들었습니다.

9 그 소식을 들은 날부터 우리는 여러분을 위해 계속 기도하고 있습니다. 우리는 여러분이 하나님의 뜻을 분별하게 되기를 기도하고, 또한 하나님께서 영적인 지혜와 총명을 내려 주시기를 기도합니다.

10 그래서 모든 일에 하나님을 기쁘시게 하고, 영광 돌리는 삶을 살게 되길 원합니다. 또한 모든 선한 일에 열매를 맺으며, 하나님에 대해 더 많이 알아 가기 기대합니다.

11 하나님께서 그의 크신 능력으로 여러분을 강하

Greetings from Paul

1 This letter is from Paul, chosen by the will of God to be an apostle of Christ Jesus, and from our brother Timothy.

2 • We are writing to God's holy people in the city of Colosse, who are faithful brothers and sisters* in Christ.

May God our Father give you grace and peace.

Paul's Thanksgiving and Prayer

3 • We always pray for you, and we give thanks to God, the Father of our Lord Jesus Christ.

4 • For we have heard of your faith in Christ Jesus and your love for all of God's people,

5 • which come from your confident hope of what God has reserved for you in heaven. You have had this expectation ever since you first heard the truth of the Good News.

6 • This same Good News that came to you is going out all over the world. It is bearing fruit everywhere by changing lives, just as it changed your lives from the day you first heard and understood the truth about God's wonderful grace.

7 • You learned about the Good News from Epaphras, our beloved co-worker. He is Christ's faithful servant, and he is helping us on your behalf.*

8 • He has told us about the love for others that the Holy Spirit has given you.

9 • So we have not stopped praying for you since we first heard about you. We ask God to give you complete knowledge of his will and to give you spiritual wisdom and understanding.

10 • Then the way you live will always honor and please the Lord, and your lives will produce every kind of good fruit. All the while, you will grow as you learn to know God better and better.

11 • We also pray that you will be strengthened

1:2 Greek *faithful brothers.* 1:7 Or *he is ministering on your behalf;* some manuscripts read *he is ministering on our behalf.*

게 붙들어 주실 때에, 여러분은 어떠한 어려움이 와도 넘어지지 않고 참고 견딜 수 있을 것입니다.

12 우리 아버지께 감사의 고백을 올려 드립니다. 하나님께서는 빛 가운데 살아가는 자녀들을 위해 모든 것을 예비해 두셨습니다.

13 어둠의 세력에서 우리를 구원하셨으며, 그분이 사랑하는 아들의 왕국으로 우리를 옮겨 주셨습니다.

14 우리의 모든 죄에 대해 아들의 피로 대신 값을 치르시고, 우리를 용서해 주신 것입니다.

중심되신 그리스도

15 아무도 하나님을 보지 못했으나, 예수님께서 하나님의 모습을 보여 주셨습니다. 그리스도는 이 세상 만물보다 먼저 계신 분입니다.

16 그의 능력으로 하늘과 땅에 있는 모든 것과 눈에 보이는 것과 보이지 않는 것과 모든 권세와 지위, 주권, 능력이 생겨났습니다. 이 모든 것이 그리스도에 의해 창조되었으며, 또 그리스도를 위해 창조되었습니다.

17 그리스도는 모든 것이 생기기 전에 이미 계셨으며, 이 세상 모든 만물이 그분에 의해 유지되고 있습니다.

18 그분은 자신의 몸인 교회의 머리가 되십니다. 또한 모든 것이 그분으로부터 시작되었으며, 죽은 사람들 중에서 가장 먼저 살아나셨으므로 모든 것의 으뜸이 되십니다.

19 하나님께서는 자신에게 속한 모든 것이 그리스도 안에서 살아가는 것을 기뻐하셨습니다.

20 하나님은 이 땅에 있는 것이나 하늘에 있는 것이나, 모든 만물이 오직 그리스도를 통하여 하나님께 나아갈 수 있도록 정해 놓으셨습니다. 그리스도께서 십자가에서 흘리신 보혈로 평화의 길을 열어 놓으신 것입니다.

21 이전에는 여러분이 하나님과 단절되어 있었습니다. 여러분의 악한 행실 때문에 하나님과 멀어져서 마음으로는 하나님과 원수가 되고 만 것입니다.

22 그러나 이제 그리스도께서 여러분을 하나님과 친구 사이로 화해시켜 주셨습니다. 여러분을 하나님께로 인도하기 위해 그분은 친히 사람의 몸을 입고 이 땅에 오셔서 십자가에 달려 돌아가셨습니다. 그분은 여러분을 아무 흠 없고 죄 없는 자로 만들어 하나님 앞에 세워 주셨습니다.

23 만일 여러분이 들은 복음을 굳게 믿고 그것을 붙들고 있으면 하나님은 그 모든 일을 이루실 것입니다. 믿음 안에서 흔들리지 말고 굳게 서 계십시오, 복음 안에서 받은 소망을 잊지 말기 바랍니다. 이제 그 복음이 온 세계로 퍼져 나가고 있습니다. 나 바울은 바로 이 복된 소식을 전하는 사람입니다.

---

with all his glorious power so you will have all the endurance and patience you need.

12 May you be filled with joy,* •always thanking the Father. He has enabled you to share in the inheritance that belongs to his people,

13 who live in the light. •For he has rescued us from the kingdom of darkness and transferred us into the Kingdom of his dear Son,

14 •who purchased our freedom* and forgave our sins.

Christ Is Supreme

15 • Christ is the visible image of the invisible God.
   He existed before anything was created and is supreme over all creation,*

16 • for through him God created everything in the heavenly realms and on earth.
   He made the things we can see and the things we can't see—
   such as thrones, kingdoms, rulers, and authorities in the unseen world.
   Everything was created through him and for him.

17 • He existed before anything else, and he holds all creation together.

18 • Christ is also the head of the church, which is his body.
   He is the beginning, supreme over all who rise from the dead.*
   So he is first in everything.

19 • For God in all his fullness was pleased to live in Christ,

20 • and through him God reconciled everything to himself.
   He made peace with everything in heaven and on earth
   by means of Christ's blood on the cross.

21 •This includes you who were once far away from God. You were his enemies, separated from him by your evil thoughts and

22 actions. •Yet now he has reconciled you to himself through the death of Christ in his physical body. As a result, he has brought you into his own presence, and you are holy and blameless as you stand before him without a single fault.

23 •But you must continue to believe this truth and stand firmly in it. Don't drift away from the assurance you received when you heard the Good News. The Good News has been preached all over the world, and I,

---

1:11 Or *all the patience and endurance you need with joy.*　1:14 Some manuscripts add *with his blood.*　1:15 Or *He is the firstborn of all creation.*　1:18 Or *the firstborn from the dead.*

교회를 위한 바울의 수고

24 나는 여러분을 위해 받는 고난을 기뻐합니다. 자신의 몸인 교회를 위해 그리스도께서 겪으셔야 할 고난의 남은 부분을 내가 겪을 수 있으니, 그것을 기쁨으로 견뎌 냅니다.

25 나는 특별한 사명을 받고 여러분을 돕기 위해 보내진 교회의 일꾼입니다. 내가 할 일은 하나님의 말씀을 숨김없이 여러분에게 전하는 것입니다.

26 이 말씀은 이 세상 처음부터 모든 사람들에게 숨겨져 왔던 비밀이었는데, 이제 하나님을 사랑하는 백성들에게 알려 주셨습니다.

27 모든 사람을 위한 풍성하고도 영광스런 진리의 말씀을 하나님께서는 이 세상 만민에게 알리신 것입니다. 이 진리는 바로 그리스도 자신이며, 여러분 안에 계십니다. 그분만이 우리의 영광스런 소망이 되십니다.

28 그러므로 우리는 어디를 가든지 어느 누구에게나 그리스도를 전파합니다. 우리가 할 수 있는 대로 힘껏 사람들을 가르치고 바른 길로 인도하는 것은 모든 사람이 그리스도 안에서 성숙한 자로 하나님 앞에 서게 되기 원하기 때문입니다.

29 이 일을 위해 힘쓰고 애쓰며, 내 안에서 능력을 주시는 그리스도를 의지하여 힘차게 나아갑니다.

2 나는 여러분이, 내가 여러분을 돕기 위해 최선을 다하고 있음을 알아주기 원합니다. 또 라오디게아 교회와 나를 전혀 본 적이 없는 사람들을 위해서도 애쓰고 있습니다.

2 나는 그들이 그리스도를 깨달아 믿음이 강하여지고, 더 풍성해지며, 사랑으로 하나되기를 진정으로 바라고 있습니다. 여러분이 하나님의 놀랍고 비밀스런 진리, 즉 그리스도 그분 자신을 완전히 알게 되기를 내가 얼마나 바라는지 알아주십시오.

3 그리스도 그분 안에는 모든 지혜와 지식의 보물이 감추어져 있습니다.

4 보기에는 좋아 보이나 실제로는 거짓말인 유혹들에 여러분이 속지 않기를 바라는 뜻에서 이렇게 여러분에게 말합니다.

5 비록 내 몸은 여러분과 함께 있지 않으나 내 마음은 언제나 그곳에 있다는 것을 잊지 마십시오. 여러분의 선한 삶과 그리스도를 믿는 믿음 안에 굳게 서 있는 모습을 보니 내 마음이 더없이 행복합니다.

그리스도 안에서 계속 살아가십시오

6 그리스도 예수를 주님으로 믿었으니, 그분 안에서 계속 살아가십시오.

7 그분 안에 깊이 뿌리를 내리고, 그 위에 여러분의 삶을 계획하시길 바랍니다. 가르침을 받은 대로 믿음에 굳게 서서 늘 감사한 생활을 하십시오.

8 헛된 말과 거짓 철학에 속아 잘못된 길로 가지 않도록 주의하십시오. 그것들은 모두 사람의 생각에서

Paul, have been appointed as God's servant to proclaim it.

Paul's Work for the Church

24 ●I am glad when I suffer for you in my body, for I am participating in the sufferings of Christ that continue for his body, the
25 church. ●God has given me the responsibility of serving his church by proclaiming his
26 entire message to you. ●This message was kept secret for centuries and generations past, but now it has been revealed to God's
27 people. ●For God wanted them to know that the riches and glory of Christ are for you Gentiles, too. And this is the secret: Christ lives in you. This gives you assurance of sharing his glory.
28 ●So we tell others about Christ, warning everyone and teaching everyone with all the wisdom God has given us. We want to present them to God, perfect* in their relation-
29 ship to Christ. ●That's why I work and struggle so hard, depending on Christ's mighty power that works within me.

2 I want you to know how much I have agonized for you and for the church at Laodicea, and for many other believers who
2 have never met me personally. ●I want them to be encouraged and knit together by strong ties of love. I want them to have complete confidence that they understand God's mysterious plan, which is Christ himself. ●In
3 him lie hidden all the treasures of wisdom and knowledge.
4 ●I am telling you this so no one will deceive you with well-crafted arguments.
5 ●For though I am far away from you, my heart is with you. And I rejoice that you are living as you should and that your faith in Christ is strong.

Freedom from Rules and New Life in Christ

6 ●And now, just as you accepted Christ Jesus as your Lord, you must continue to follow
7 him. ●Let your roots grow down into him, and let your lives be built on him. Then your faith will grow strong in the truth you were taught, and you will overflow with thankfulness.
8 ●Don't let anyone capture you with empty philosophies and high-sounding nonsense that come from human thinking and from the spiritual powers* of this world,

1:28 Or *mature*. 2:8 Or *the spiritual principles; also in 2:20.*

비롯되었으며 아무 가치도 없습니다. 결코 그리스도
로부터 나온 것이 아니므로 멀리하시기 바랍니다.

9 하나님의 모든 성품은 이 땅에서 사람의 모습으로
사신 그리스도께 완전히 나타난 바 되었습니다.

10 여러분은 그리스도 안에서만 진정으로 완전한 삶
을 누릴 수 있습니다. 그분은 모든 지배자와 권세자
들의 머리가 되시는 분입니다.

11 그리스도를 믿었을 때, 여러분은 새로운 할례를 받
았습니다. 이것은 손으로 행하는 육체적인 할례가
아니라, 그리스도에 의해 죄의 세력에서 벗어나게
되었음을 의미합니다.

12 여러분은 세례를 받음으로 그리스도와 함께 죽었
고, 믿음 안에서 다시 그리스도와 함께 살아났습니
다. 이 믿음은 모든 죽은 사람 가운데에서 그리스도
를 다시 살리신 하나님의 능력을 믿는 것입니다.

13 여러분은 죄 때문에 영적으로 죽은 사람이었으며,
죄된 욕망에서 벗어나지도 못하였습니다. 그러나
하나님께서는 여러분을 그리스도와 함께 살리시
고, 우리의 모든 죄를 용서해 주셨습니다.

14 하나님께서는 우리를 거스르는 기록된 빚의 문서
들을 우리 가운데서 취하셔서 그것들을 십자가에
못박아 깨끗이 없애 주셨습니다.

15 이렇게 하여 하나님께서는 세상의 주권과 능력을
꺾으시고, 온 세상 사람들에게 십자가를 통한 승리
를 보여 주셨습니다.

사람이 정한 규칙을 따르지 마십시오

16 그러므로 여러분은 먹고 마시는 것이나, 명절이나
초하루와 안식일을 지키는 문제에 있어서, 사람들
의 말에 얽매이지 말기 바랍니다.

17 이런 것들은 오실 그리스도를 보여 주려는 그림자
에 불과합니다.

18 겸손한 체하며 천사를 숭배하는 무리들이 있습니
다. 환상을 보았다고도 하는 그들의 말에 귀를 기울
이지 마십시오. 그들은 자신들의 인간적인 생각과
어리석은 교만으로 들떠 있으며

19 머리 되신 그리스도를 따르지 않고 마음대로 행하
고 있습니다. 몸은 머리에 붙어 있어야 합니다. 그
래야 몸의 각 마디가 서로 도와 영양분을 받아 유지
하고, 하나님이 바라시는 모습으로 자라 갈 수 있는
것입니다.

20 그리스도와 함께 죽은 여러분은 이 세상의 헛된 규
칙들로부터 자유로운 사람입니다. 그런데 왜 이
세상에 속한 사람들처럼 행동하십니까?

21 왜 아직도 "이것은 붙잡으면 안 된다", "저것은 맛
보아서도 안 된다", "만지지도 마라" 하는 등의 규
칙에 얽매여 있는 것입니까?

22 이런 규칙들은 먹으면 없어지고, 쓰면 사라지고 마
는 세상 것들에 대한 인간적인 규칙이요, 가르침일

9 rather than from Christ. • For in Christ lives
all the fullness of God in a human body.*

10 • So you also are complete through your
union with Christ, who is the head over
every ruler and authority.

11 • When you came to Christ, you were
"circumcised," but not by a physical proce-
dure. Christ performed a spiritual circumci-
sion—the cutting away of your sinful nature.*

12 For you were buried with Christ when you
were baptized. And with him you were
raised to new life because you trusted the
mighty power of God, who raised Christ
from the dead.

13 • You were dead because of your sins and
because your sinful nature was not yet cut
away. Then God made you alive with
Christ, for he forgave all our sins. • He can-

14 celed the record of the charges against us
and took it away by nailing it to the cross.

15 • In this way, he disarmed* the spiritual
rulers and authorities. He shamed them pub-
licly by his victory over them on the cross.

16 • So don't let anyone condemn you for
what you eat or drink, or for not celebrating
certain holy days or new moon ceremonies

17 or Sabbaths. • For these rules are only shad-
ows of the reality yet to come. And Christ

18 himself is that reality. • Don't let anyone
condemn you by insisting on pious self-
denial or the worship of angels,* saying they
have had visions about these things. Their

19 sinful minds have made them proud, • and
they are not connected to Christ, the head of
the body. For he holds the whole body to-
gether with its joints and ligaments, and it
grows as God nourishes it.

20 • You have died with Christ, and he has
set you free from the spiritual powers of this
world. So why do you keep on following the

21 rules of the world, such as, • "Don't handle!

22 Don't taste! Don't touch!"? • Such rules are
mere human teachings about things that

---

baptize [bæptáiz] *vt.* 세례를 베풀다
circumcise [sə́:rkəmsàiz] *vt.* 할례를 행하다
condemn [kəndém] *vt.* 정죄하다
disarm [disáːrm] *vt.* 무장을 해제하다
ligament [lígəmənt] *n.* 인대
nourish [nə́ːriʃ] *vt.* 자양분을 주다; 기르다
pious [páiəs] *a.* 독실한 체하는
procedure [prəsíːdʒər] *n.* 절차
2:19 hold together : 결합시키다

2:9 Or *in him dwells all the completeness of
the Godhead bodily.* 2:11 Greek *the cutting
away of the body of the flesh.* 2:15 Or *he
stripped off.* 2:18 Or *or worshiping with
angels.*

뿐입니다.

23 그것을 따르는 사람들이 훌륭해 보일지 모르나, 그것은 다 사람들이 만든 종교적 관습들입니다. 거짓된 겸손으로 자기 몸을 괴롭히기만 할 뿐, 마음속에 파고드는 악한 욕망과 죄를 이겨 내게 할 수는 없습니다.

그리스도 안에서의 새로운 삶

3 여러분은 그리스도와 함께 다시 살아났습니다. 그러므로 하늘에 있는 것에 마음을 두십시오. 그곳에는 그리스도께서 하나님 우편에 앉아 계십니다.

2 하늘에 속한 것을 생각하고, 땅의 것에 마음을 두지 마십시오.

3 옛 사람은 죽었으며, 이제는 하나님 안에서 그리스도와 함께하는 새로운 삶이 감춰져 있습니다.

4 여러분 모두는 참 생명이신 그리스도께서 다시 오시는 날, 영광 가운데 그분과 함께 거하게 될 것입니다.

5 여러분의 생활 가운데 죄악된 것*은 다 버리십시오. 성적인 죄, 악한 행동, 나쁜 생각, 지나친 욕심 등은 하나님 이외의 것들을 더 소중히 여기는 마음가짐입니다. 특히 탐심은 우상숭배입니다.

6 하나님은 이런 일을 하는 자들에게 화를 내실 것입니다.

7 여러분이 예전에는 이런 일들을 했을지 모릅니다.

8 그러나 여러분의 생활 가운데서 이런 것들을 몰아내려고 힘쓰십시오. 분한 생각, 화를 내는 것, 다른 사람의 마음을 아프게 하는 말이나 행동, 선하지 못한 말들도 마찬가지입니다.

9 서로에게 거짓말을 하지 마십시오. 이제는 과거의 잘못된 삶에서 진정으로 벗어나야 할 때입니다.

10 여러분의 삶 속에 새로운 삶이 시작되었습니다. 여러분은 새 생활 가운데 더욱더 새로워져 가고 있습니다. 이것은 여러분을 창조하신 그분의 모습을 닮아 가는 것입니다. 이 삶 속에서 하나님을 아는 참된 지식이 점점 더 자라날 것입니다.

11 새로운 생명을 받은 자들에게는 그리스인이든지 유대인이든지, 할례를 받은 사람이든지 그렇지 않은 사람이든지, 아무런 차이가 없습니다. 또한 야만인이든지 스구디아인*이든지, 종이든지 자유인이든지, 그것도 중요하지 않습니다. 오직 모든 믿는 자의 마음속에 계신 그리스도만이 이것들 중에서 가장 중요합니다.

12 여러분은 하나님의 선택을 받아 그분의 거룩한 백성이 되었습니다. 하나님의 사랑을 받는 만큼 다른 사람에게 너그러운 마음을 가지십시오. 친절함과 겸손함과 온유함으로, 그리고 인내하는 마음으로 다른 사람들을 대하십시오.

13 화를 내기보다는 용서하고, 여러분에게 해를 입히더라도 용서해 주기 바랍니다. 우리 주께서 우리를 용서하신 것같이, 우리도 다른 사람을 용서해 주어야 하지 않겠습니까?

14 이 모든 일을 하되, 무엇보다도 서로를 사랑하는 것

Living the New Life

3 Since you have been raised to new life with Christ, set your sights on the realities of heaven, where Christ sits in the place of honor at God's right hand. •Think about the things of heaven, not the things of earth. •For you died to this life, and your real life is hidden with Christ in God. •And when Christ, who is your* life, is revealed to the whole world, you will share in all his glory.

5 •So put to death the sinful, earthly things lurking within you. Have nothing to do with sexual immorality, impurity, lust, and evil desires. Don't be greedy, for a greedy person is an idolater, worshiping the things of this world. •Because of these sins, the anger of God is coming.* •You used to do these things when your life was still part of this world. •But now is the time to get rid of anger, rage, malicious behavior, slander, and dirty language. •Don't lie to each other, for you have stripped off your old sinful nature and all its wicked deeds. •Put on your new nature, and be renewed as you learn to know your Creator and become like him. •In this new life, it doesn't matter if you are a Jew or a Gentile,* circumcised or uncircumcised, barbaric, uncivilized,* slave, or free. Christ is all that matters, and he lives in all of us.

12 •Since God chose you to be the holy people he loves, you must clothe yourselves with tenderhearted mercy, kindness, humility, gentleness, and patience. •Make allowance for each other's faults, and forgive anyone who offends you. Remember, the Lord forgave you, so you must forgive others. •Above all, clothe yourselves with love, which binds us all together in perfect

23 deteriorate as we use them. •These rules may seem wise because they require strong devotion, pious self-denial, and severe bodily discipline. But they provide no help in conquering a person's evil desires.

---

barbaric [bɑːrbǽrik] *a.* 야만인의
deteriorate [ditíəriərèit] *vi.* 나빠지다
lurk [lə́ːrk] *vi.* 잠재해 있다

3:4 Some manuscripts read *our.* **3:6** Some manuscripts read *is coming on all who disobey him.* **3:11a** Greek *a Greek.* **3:11b** Greek *Barbarian, Scythian.*

3:5 땅에 속한 것
3:11 '스구디아인'은 야만인, 미개인으로 취급되었다.

이 중요합니다. 사랑은 모두를 완전하게 묶어 주는 띠입니다.

15 그리스도께 받은 평화로 여러분 마음을 다스리십시오. 여러분은 평화를 위해 부름을 받아 한 몸이 된 것입니다. 항상 감사하는 생활을 하십시오.

16 그리스도의 말씀으로 여러분의 삶을 풍성히 채우십시오. 주신 지혜로 서로를 가르치고 세워 주기 바랍니다. 시와 찬양과 신령한 노래로써 감사한 마음을 하나님께 아뢰십시오.

17 여러분은 모든 말과 행동을 우리 주 예수님을 위해 하는 것처럼 해야 합니다. 하나님 아버지께 이 모든 것으로 말미암아 감사를 드리기 바랍니다.

다른 사람과 함께

18 아내들은 남편에게 복종하십시오. 이것은 주님을 믿는 자로서 당연히 해야 할 일입니다.

19 남편들은 아내를 사랑하고, 부드럽게 대하며 아껴 주십시오.

20 자녀들은 모든 일에 부모에게 순종하십시오. 이것은 주님을 기쁘게 해 드리는 일입니다.

21 부모들은 자녀들에게 너무 엄하게 혼내지 마십시오.* 그들이 혹시 용기를 잃고 낙담할 수도 있습니다.

22 종들은 언제나 주인에게 복종하십시오. 주인에게 잘 보이려고 주인이 볼 때만 열심히 일하는 척해서는 안 됩니다. 주님을 두려워하는 마음으로 정직하게 주인을 섬기기 바랍니다.

23 여러분이 하는 모든 일에 최선을 다하며, 사람을 위해서가 아니라 주님을 위해 하듯이 열심히 일하십시오.

24 여러분은 우리 주님께서 그의 백성에게 약속하신 유업을 상으로 주실 것을 기억하기 바랍니다. 여러분이 바로 주님을 섬기는 일꾼들입니다.

25 또한 나쁜 짓을 하는 사람들은 그 대가를 받게 될 것을 기억하십시오. 주님은 모든 사람에게 공평하게 대하시는 분입니다.

4 주인 된 자들은 종들에게 공정하게 대하며, 좋은 것으로 베푸십시오. 여러분 역시 하늘에 계신 주인을 섬기는 자들임을 기억하기 바랍니다.

그리스도인으로서 해야 할 일

2 항상 기도하며 깨어 있으십시오. 기도할 때마다 감사를 드리십시오.

3 우리를 위해서도 기도해 주십시오. 전도의 문을 열어 주셔서, 하나님께서 알려 주신 그리스도의 비밀을 말할 수 있도록 기도해 주십시오. 나는 말씀을 전하다가 지금 감옥에 갇혀 있습니다.

4 내가 이 복음을 확실하고 올바르게 전할 수 있도록 기도해 주시기 바랍니다.

5 믿지 않는 사람들을 대할 때는 지혜롭게 행동하십

---

15 harmony. ● And let the peace that comes from Christ rule in your hearts. For as members of one body you are called to live in peace. And always be thankful.

16 ● Let the message about Christ, in all its richness, fill your lives. Teach and counsel each other with all the wisdom he gives. Sing psalms and hymns and spiritual songs

17 to God with thankful hearts. ● And whatever you do or say, do it as a representative of the Lord Jesus, giving thanks through him to God the Father.

Instructions for Christian Households

18 ● Wives, submit to your husbands, as is fitting for those who belong to the Lord.

19 ● Husbands, love your wives and never treat them harshly.

20 ● Children, always obey your parents, for

21 this pleases the Lord. ● Fathers, do not aggravate your children, or they will become discouraged.

22 ● Slaves, obey your earthly masters in everything you do. Try to please them all the time, not just when they are watching you. Serve them sincerely because of your rever-

23 ent fear of the Lord. ● Work willingly at whatever you do, as though you were working for the Lord rather than for people.

24 ● Remember that the Lord will give you an inheritance as your reward, and that the

25 Master you are serving is Christ.* ● But if you do what is wrong, you will be paid back for the wrong you have done. For God has no favorites.

4 Masters, be just and fair to your slaves. Remember that you also have a Master—in heaven.

An Encouragement for Prayer

2 ● Devote yourselves to prayer with an alert

3 mind and a thankful heart. ● Pray for us, too, that God will give us many opportunities to speak about his mysterious plan concerning Christ. That is why I am here in

4 chains. ● Pray that I will proclaim this message as clearly as I should.

5 ● Live wisely among those who are not believers, and make the most of every oppor-

---

aggravate [ǽɡrəvèit] *vt.* 괴롭히다, 화나게 하다
devote [divóut] *vt.* 전념하다
representative [rèprizéntətiv] *n.* 대리인
reverent [révərənt] *a.* 경건한

3:24 Or *and serve Christ as your Master.*

3:21 부모들은 자녀들을 격분하게 하지 마십시오.

시오, 기회를 최대한 잘 사용하십시오.

6 말할 때도 친절하고 분별력이 넘치도록 힘써야 합니다. 그러면 어느 누구에게든지 적절한 대답을 할 수 있을 것입니다.

바울과 함께 있는 사람들의 소식

7 두기고는 그리스도 예수 안에서 나의 사랑하는 형제이며, 신실한 일꾼입니다. 그가 우리의 형편을 상세히 알려 줄 것입니다.

8 내가 그를 여러분에게 보내는 것은 여러분이 우리 소식을 듣고 격려를 받도록 하기 위해서입니다.

9 또한 여러분의 동료 오네시모도 함께 보냅니다. 오네시모 역시 우리가 사랑하는 신실한 형제입니다. 그들 둘 다 여러분에게 이곳 사정에 대해 자세히 말해 줄 것입니다.

10 나와 함께 감옥에 갇혀 있는 아리스다고가 여러분에게 안부를 전합니다. 바나바의 사촌 마가도 여러분에게 안부를 전합니다(전에도 당부했듯이 마가가 그곳으로 가게 되면, 그를 따뜻하게 맞아 주십시오).

11 유스도라고도 하는 예수 역시 여러분에게 안부를 전합니다. 유대인 가운데 하나님의 나라를 위해 이곳에서 나와 함께 일하는 자들은 이 사람들뿐입니다. 이들은 내게 참으로 큰 위로가 되고 있습니다.

12 예수 그리스도의 종이며, 여러분의 동료인 에바브라도 여러분에게 인사합니다. 그는 여러분의 신앙이 성숙해져서 모든 일에 하나님의 뜻을 잘 알 수 있도록, 여러분을 위해 늘 열심히 기도하고 있습니다.

13 나는 그가 여러분을 위해서, 또한 라오디게아와 히에라볼리에 있는 사람들을 위해서 얼마나 열심히 일했는지 잘 알고 있습니다.

14 데마와 의사인 우리 친구 누가도 여러분에게 안부를 전합니다.

15 라오디게아에 있는 형제들에게 안부를 전해 주십시오. 눔바와 그녀 집에 모이는 교회 사람들에게도 안부를 전해 주십시오.

16 이 편지를 다 읽고 난 후, 라오디게아 교회에서도 읽을 수 있도록 해 주기 바랍니다. 또한 내가 라오디게아에 보내는 편지도 여러분이 읽을 수 있을 것입니다.

17 아킵보에게 주님께서 맡기신 일을 충실히 잘 하라고 전해 주십시오.

18 나 바울은 여러분에게 나의 친필로 이렇게 문안합니다. 내가 감옥에 갇혀 있다는 것을 잊지 마십시오. 하나님의 은혜가 여러분과 함께하기를 기도드립니다.

---

6 tunity. •Let your conversation be gracious and attractive* so that you will have the right response for everyone.

Paul's Final Instructions and Greetings

7 •Tychicus will give you a full report about how I am getting along. He is a beloved brother and faithful helper who serves with

8 me in the Lord's work. •I have sent him to you for this very purpose—to let you know

9 how we are doing and to encourage you. •I am also sending Onesimus, a faithful and beloved brother, one of your own people. He and Tychicus will tell you everything that's happening here.

10 •Aristarchus, who is in prison with me, sends you his greetings, and so does Mark, Barnabas's cousin. As you were instructed before, make Mark welcome if he comes

11 your way. •Jesus (the one we call Justus) also sends his greetings. These are the only Jewish believers among my co-workers; they are working with me here for the Kingdom of God. And what a comfort they have been!

12 •Epaphras, a member of your own fellowship and a servant of Christ Jesus, sends you his greetings. He always prays earnestly for you, asking God to make you strong and perfect, fully confident that you are follow-

13 ing the whole will of God. •I can assure you that he prays hard for you and also for the believers in Laodicea and Hierapolis.

14 •Luke, the beloved doctor, sends his

15 greetings, and so does Demas. •Please give my greetings to our brothers and sisters* at Laodicea, and to Nympha and the church that meets in her house.

16 •After you have read this letter, pass it on to the church at Laodicea so they can read it, too. And you should read the letter I wrote to them.

17 •And say to Archippus, "Be sure to carry out the ministry the Lord gave you."

18 •HERE IS MY GREETING IN MY OWN HAND-WRITING—PAUL.
Remember my chains.
May God's grace be with you.

---

assure [əʃúər] *vt.* 확실히 …이라고 말하다
attractive [ətrǽktiv] *a.* 사람의 마음을 끄는
co-worker [kóuwə̀ːrkər] *n.* 협력자
ministry [mínəstri] *n.* 사역

4:6 Greek *and seasoned with salt.*   4:15 Greek *brothers.*

데살로니가전서

서론

- ✦ 저자 _ 사도 바울
- ✦ 저작 연대 _ A.D. 51~53년경
- ✦ 기록 장소 _ 고린도
- ✦ 기록 대상 _ 데살로니가에 있는 교인들
- ✦ 핵심어 및 내용 _ 핵심어는 '견고함'과 '재림'이다. 사도 바울은 교인들에게 헬라의 이교적인 배경에도 불구하고 신앙 안에 견고히 설 것을 명령하고, 재림에 대한 올바른 견해들을 가르친다.

인사

1 바울과 실루아노*와 디모데는 하나님 아버지와 주 예수 그리스도의 교회인 데살로니가 교회에 편지합니다. 하나님의 은혜와 평안이 여러분에게 있기를 빕니다.

데살로니가인들의 믿음

2 우리는 기도할 때마다 여러분을 기억하며 하나님께 감사드리고 있습니다.
3 여러분이 믿음으로 행한 일들과, 사랑으로 행한 수고와, 우리 주 예수 그리스도 안에서 굳건히 소망을 지켜 가는 모습을 보며, 늘 하나님께 감사하고 있습니다.
4 형제 여러분, 우리는 하나님께서 여러분을 사랑하셔서 그분의 백성으로 삼으신 것을 알고 있습니다.
5 우리는 복음을 말로만 전하지 않고 하나님의 능력과 성령과 큰 믿음 가운데서 전했습니다. 여러분과 함께 있을 때 우리의 생활이 어떠했는지 여러분이 아실 것입니다. 그것은 여러분을 위해 그렇게 한 것입니다.
6 여러분도 이제 우리처럼 주님을 본받는 자가 되었습니다. 고난을 받는 중에도 성령이 주는 기쁨을 통해 주님의 말씀을 놓치지 않았기 때문에,
7 여러분은 마케도니아와 아가야 지역에 사는 성도들에게 모범이 되고 있습니다.
8 여러분을 통해 주님의 말씀이 마케도니아와 아가야 온 지방으로 퍼져고, 여러분의 믿음도 그 모든 지역에 퍼졌습니다. 그러므로 하나님을 섬기는 여러분의 믿음에 관해서는 더 이상 할 말이 없습니다.
9 우리가 여러분을 방문했을 때, 여러분이 우리에게 잘 대해 준 것과, 섬기던 우상을 버리고 살아 계신 하나님을 믿게 된 것에 대해서 그 사람들이 우리에게 잘 말해 주고 있습니다.
10 또한 그들은 여러분의 하나님의 아들이 다시 오시기를 고대하고 있다고 말해 주었습니다. 그렇습니다. 하나님께서는 그 아들을 다시 살리셨고,

Greetings from Paul

1 This letter is from Paul, Silas,* and Timothy.
We are writing to the church in Thessalonica, to you who belong to God the Father and the Lord Jesus Christ.
May God give you grace and peace.

The Faith of the Thessalonian Believers

2 •We always thank God for all of you and pray
3 for you constantly. •As we pray to our God and Father about you, we think of your faithful work, your loving deeds, and the enduring hope you have because of our Lord Jesus Christ.
4 We know, dear brothers and sisters,* that God loves you and has chosen you to be his
5 own people. •For when we brought you the Good News, it was not only with words but also with power, for the Holy Spirit gave you full assurance* that what we said was true. And you know of our concern for you from the way
6 we lived when we were with you. •So you received the message with joy from the Holy Spirit in spite of the severe suffering it brought you. In this way, you imitated both us and the
7 Lord. •As a result, you have become an example to all the believers in Greece—throughout both Macedonia and Achaia.*
8 And now the word of the Lord is ringing out from you to people everywhere, even beyond Macedonia and Achaia, for wherever we go we find people telling us about your faith in God. We don't need to tell them about
9 it, •for they keep talking about the wonderful welcome you gave us and how you turned away from idols to serve the living and true
10 God. •And they speak of how you are looking forward to the coming of God's Son from heav-

---

1:1 Greek _Silvanus_, the Greek form of the name.
1:4 Greek _brothers_. 1:5 Or _with the power of the Holy Spirit, so you can have full assurance._ 1:7 _Macedonia_ and _Achaia_ were the northern and southern regions of Greece.

1:1 '실루아노'의 또 다른 이름은 '실라'이다. 신약 성경에서는 같이 사용되고 있다.

그 아들 예수님은 하나님의 노여운 심판에서 우리를 구해 주실 것입니다. 그분은 반드시 다시 오십니다.

데살로니가에서 바울이 한 일

2 형제 여러분, 우리가 여러분을 방문한 것이 결코 헛되지 않았음을 여러분도 알 것입니다.

2 여러분도 알다시피, 우리는 여러분에게 가기 전에 빌립보에서 고난을 당하였고 멸시를 받았습니다. 여러분에게 갔을 때도 많은 사람들이 우리를 대적하였습니다. 그러나 하나님께서는 여러분에게 담대하게 하나님의 복음을 전할 수 있도록 우리를 도와 주셨습니다.

3 우리가 전하는 말은 여러분을 격려하기 위한 것입니다. 우리는 거짓을 말하지 않고, 악한 생각도 품지 않습니다. 결코 여러분을 속이지도 않습니다.

4 하나님께서 우리를 훈련시키시고 복음을 전하라고 하셨기 때문에 말씀을 전할 뿐입니다. 우리는 사람을 기쁘게 하기보다는, 우리 마음을 살피시는 하나님을 기쁘게 해 드리기 원합니다.

5 우리가 여러분이 듣기에 좋은 말을 해서 여러분의 마음을 사거나, 돈을 바란다든지, 욕심을 채우기 위해 거짓으로 행동한 적이 없었다는 것을 여러분은 아실 것입니다. 하나님께서도 우리를 증거해 주실 것입니다.

6 우리는 여러분이나 혹은 다른 누군가가 칭찬해 주기를 바란 적도 없습니다.

7 우리가 그리스도의 사도로서 우리의 권위를 이용해, 여러분에게 짐을 지울 수도 있었습니다. 그러나 우리가 여러분을 얼마나 온유한 마음으로 대했는지 아실 것입니다. 우리는 어린 자녀를 돌보는 어머니의 심정으로 여러분을 대했습니다.

8 우리는 여러분을 사랑하기 때문에 하나님의 말씀을 여러분에게 기쁜 마음으로 전할 뿐만 아니라 여러분을 위해 우리의 생명까지도 기꺼이 내어 줄 수 있습니다.

9 형제들이여, 여러분은 우리가 얼마나 열심히 일했는지 아실 것입니다. 우리는 복음을 전하는 동안, 여러분 어느 누구에게도 짐이 되지 않으려고 밤낮으로 열심히 일했습니다.

10 또한 우리가 얼마나 흠없이 거룩하고 바르게 살고자 했는지 알 것이며, 이에 대해 하나님께서도 증인이 되어 주실 것입니다.

11 여러분도 알다시피, 우리는 아버지가 자녀를 대하듯 여러분 한 사람 한 사람을 돌보아 주었습니다.

12 여러분을 높여 주고, 위로하며, 하나님을 위해 선한 삶을 살아가라고 가르쳤습니다. 왜냐하면 하나님께서는 여러분을 그분의 영광스러운 나라로 불러 주셨기 때문입니다.

13 하나님 앞에 또한 감사한 것은, 여러분이 우리가 전

en—Jesus, whom God raised from the dead. He is the one who has rescued us from the terrors of the coming judgment.

Paul Remembers His Visit

2 You yourselves know, dear brothers and sisters,* that our visit to you was not a failure. •You know how badly we had been treated at Philippi just before we came to you and how much we suffered there. Yet our God gave us the courage to declare his Good News to you boldly, in spite of great opposition. 3 •So you can see we were not preaching with any deceit or impure motives or trickery.

4 •For we speak as messengers approved by God to be entrusted with the Good News. Our purpose is to please God, not people. He alone examines the motives of our hearts. 5 •Never once did we try to win you with flattery, as you well know. And God is our witness that we were not pretending to be your 6 friends just to get your money! •As for human praise, we have never sought it from you or anyone else.

7 •As apostles of Christ we certainly had a right to make some demands of you, but instead we were like children* among you. Or we were like a mother feeding and caring 8 for her own children. •We loved you so much that we shared with you not only God's Good News but our own lives, too.

9 •Don't you remember, dear brothers and sisters, how hard we worked among you? Night and day we toiled to earn a living so that we would not be a burden to any of you as we preached God's Good News to you. 10 •You yourselves are our witnesses—and so is God—that we were devout and honest and faultless toward all of you believers. 11 •And you know that we treated each of you 12 as a father treats his own children. •We pleaded with you, encouraged you, and urged you to live your lives in a way that God would consider worthy. For he called you to share in his Kingdom and glory.

13 •Therefore, we never stop thanking God that when you received his message from us, you didn't think of our words as mere human ideas. You accepted what we said as the very word of God—which, of course, it is.

---

boldly [bóuldli] *ad.* 담대하게
devout [diváut] *a.* 믿음이 깊은, 독실한
toil [tɔ́il] *vt.* 수고하다, 힘써 일하다

한 복음을 사람의 말로 생각하지 않고, 하나님의 말씀으로 받아들인 것입니다. 복음은 참으로 하나님의 말씀이며, 그 말씀을 믿는 여러분 안에서 힘있게 살아 움직이고 있습니다.

14 형제들이여, 여러분은 유대에 있는 하나님의 교회와 비슷한 처지에 있습니다. 저들은 같은 동족인 유대인들에게 고난을 받았고, 여러분 역시 여러분의 동족에게 똑같은 핍박을 받았습니다.

15 유대인들은 주 예수님과 예언자들을 죽이고 우리들을 쫓아내며, 하나님을 기쁘시게 하지도 않고, 모든 사람의 원수가 되었습니다.

16 그들은 이방인들이 구원을 얻지 못하도록 우리가 이방인들에게 복음 전하는 것을 방해합니다. 그러나 이렇게 하는 것은 결국 그들의 죄만 더 크게 할 뿐입니다. 마침내 하나님의 진노가 그들에게 내렸습니다.

바울이 다시 그들을 만나고 싶어하다

17 형제들이여, 내가 잠시 여러분과 떨어져 있지만, 나는 항상 여러분을 생각합니다. 너무나 보고 싶고, 또 여러분이 있는 곳으로 가고도 싶습니다.

18 그래서 나 바울이 몇 번이나 가려고 했지만, 사탄의 방해로 갈 수가 없었습니다.

19 여러분은 우리의 소망이요, 기쁨이요, 면류관입니다. 우리 주 예수 그리스도께서 다시 오시는 그날, 우리는 여러분을 자랑스러워할 것입니다.

20 진실로 여러분은 우리의 영광이며, 기쁨입니다.

3 우리가 당장 가 볼 수는 없으나 그냥 기다리기에는 너무 힘이 들었습니다. 그래서 우리는 아테네에 있고,

2 디모데를 여러분에게 보내기로 결정했습니다. 형제 디모데는 우리를 도와 그리스도의 복음을 전하며, 하나님을 위해 우리와 함께 일하고 있습니다. 그가 여러분을 굳세게 하고, 믿음 안에서 여러분을 위로해 줄 것입니다.

3 우리가 그를 보낸 것은, 여러분 중에 그 어느 누구도 고난 때문에 믿음이 흔들리지 않게 하기 위함입니다. 여러분은 우리가 이러한 고난을 받아야 한다는 것을 잘 알고 있을 것입니다.

4 우리가 여러분과 함께 있을 때에, 우리 모두 언젠가는 고난을 받을 때가 있을 것이라고 말했던 것을 기억하실 것입니다. 지금 그 일이 우리에게 일어나고 있는 것뿐입니다.

5 그래서 더 이상 불안해하며 기다릴 수 없어 디모데를 여러분에게 보내 여러분의 믿음의 상태를 알아보았습니다. 그것은 혹시 사탄의 유혹에 넘어가 우리가 한 수고를 헛되게 만들지는 않았는지 걱정되었기 때문입니다.

6 그러나 방금 디모데가 돌아와 여러분의 믿음과 사랑에 대한 기쁜 소식을 전해 주었습니다. 디모데는

And this word continues to work in you who believe.

14 •And then, dear brothers and sisters, you suffered persecution from your own countrymen. In this way, you imitated the believers in God's churches in Judea who, because of their belief in Christ Jesus, suffered from

15 their own people, the Jews. •For some of the Jews killed the prophets, and some even killed the Lord Jesus. Now they have persecuted us, too. They fail to please God and

16 work against all humanity •as they try to keep us from preaching the Good News of salvation to the Gentiles. By doing this, they continue to pile up their sins. But the anger of God has caught up with them at last.

Timothy's Good Report about the Church

17 •Dear brothers and sisters, after we were separated from you for a little while (though our hearts never left you), we tried very hard to come back because of our intense longing

18 to see you again. •We wanted very much to come to you, and I, Paul, tried again and

19 again, but Satan prevented us. •After all, what gives us hope and joy, and what will be our proud reward and crown as we stand before our Lord Jesus when he returns? It is

20 you! •Yes, you are our pride and joy.

3 Finally, when we could stand it no longer, we decided to stay alone in

2 Athens, •and we sent Timothy to visit you. He is our brother and God's co-worker* in proclaiming the Good News of Christ. We sent him to strengthen you, to encourage

3 you in your faith, •and to keep you from being shaken by the troubles you were going through. But you know that we are destined

4 for such troubles. •Even while we were with you, we warned you that troubles would soon come—and they did, as you well know.

5 •That is why, when I could bear it no longer, I sent Timothy to find out whether your faith was still strong. I was afraid that the tempter had gotten the best of you and that our work had been useless.

6 •But now Timothy has just returned, bringing us good news about your faith and love. He reports that you always remember

---

destined [déstind] *a.* …이 될 운명의, 예정된
2:16 catch up with… : …을 따라잡다

3:2 Other manuscripts read *and God's servant;* still others read *and a co-worker,* or *and a servant and co-worker for God,* or *and God's servant and our co-worker.*

여러분이 언제나 우리를 좋게 생각하여, 우리가 여러분을 보고 싶어하는 만큼이나 여러분도 우리를 보고 싶어한다고 말해 주었습니다.

7 형제 여러분, 우리는 많은 어려움과 고난을 겪을 때, 여러분의 믿음으로 위로를 받았습니다.

8 여러분이 주님 안에서 굳건히 서 있기만 한다면, 그보다 더 큰 보람은 없습니다.

9 이 모든 것으로 인해 우리가 기뻐하고, 하나님 앞에 감사를 드립니다. 이 모든 기쁨과 감사를 어떻게 다 표현할 수 있겠습니까?

10 밤낮으로 여러분을 위하여 온 맘을 다해 하나님께 기도하고 있습니다. 여러분을 하루빨리 다시 만나 여러분의 믿음을 더 강건하게 세워 줄 수 있게 되기를 기도합니다.

11 아버지 하나님과 우리 주 예수님께서 우리가 여러분에게 갈 수 있는 길을 열어 주시기를 간절히 바랍니다.

12 주님께서 여러분의 사랑을 풍성하게 하고 넘치게 하셔서 우리가 여러분을 사랑하듯 서로 사랑하기를 기도합니다.

13 그리고 믿음 안에서 여러분의 마음이 강해지기를 기도합니다. 그러면 우리 주 예수님께서 주님의 거룩한 백성들과 함께 다시 오시는 날, 여러분은 아버지 하나님 앞에서 거룩하고 흠 없이 서게 될 것입니다.

하나님을 기쁘시게 하는 삶

4 형제 여러분, 이제 나는 여러분에게 몇 마디 더 부탁하려고 합니다. 우리는 여러분에게 하나님을 기쁘시게 하며 살아가도록 가르쳤습니다. 여러분이 우리에게 배운 대로 살고 있다는 것을 알지만, 주 예수님 안에서 다시 한 번 부탁드립니다. 앞으로도 더욱 열심히 그렇게 살아가십시오.

2 여러분은 우리가 주 예수님의 이름으로 명령한 것을 잘 알고 있을 것입니다.

3 하나님께서는 여러분이 성적인 모든 죄를 피하고 거룩하고 순결하게 살기를 원하십니다.

4 자신의 몸을 거룩하고 존귀하게 사용하십시오.

5 육체의 정욕에 따라 여러분의 몸을 사용하지 마십시오. 그것은 하나님을 모르는 사람들이나 짓는 죄입니다.

6 이런 죄를 지어 여러분의 형제를 속이거나 그에게 해를 입히지 않도록 하십시오. 우리 주님은 그런 사람을 반드시 벌하십니다. 이 부분에 대해서는 예전에도 여러분에게 경고하였습니다.

7 하나님께서는 거룩하게 살아가도록 우리를 불러 주셨으며, 우리가 죄 가운데 사는 것을 원하지 않으십니다.

8 그러므로 이 가르침에 따라 살기를 거부하는 것은 사람의 명령을 거스르는 것이 아니라 우리에게 성령을 주신 하나님의 명령을 거스르는 것입니다.

our visit with joy and that you want to see us as much as we want to see you. •So we have been greatly encouraged in the midst of our troubles and suffering, dear brothers and sisters,* because you have remained strong in your faith. •It gives us new life to know that you are standing firm in the Lord.

9 •How we thank God for you! Because of you we have great joy as we enter God's presence. •Night and day we pray earnestly for you, asking God to let us see you again to fill the gaps in your faith.

11 •May God our Father and our Lord Jesus bring us to you very soon. •And may the Lord make your love for one another and for all people grow and overflow, just as our love for you overflows. •May he, as a result, make your hearts strong, blameless, and holy as you stand before God our Father when our Lord Jesus comes again with all his holy people. Amen.

Live to Please God

4 Finally, dear brothers and sisters,* we urge you in the name of the Lord Jesus to live in a way that pleases God, as we have taught you. You live this way already, and we encourage you to do so even more. •For you remember what we taught you by the authority of the Lord Jesus.

3 •God's will is for you to be holy, so stay away from all sexual sin. •Then each of you will control his own body* and live in holiness and honor— •not in lustful passion like the pagans who do not know God and his ways. •Never harm or cheat a fellow believer in this matter by violating his wife,* for the Lord avenges all such sins, as we have solemnly warned you before. •God has called us to live holy lives, not impure lives.

8 •Therefore, anyone who refuses to live by these rules is not disobeying human teaching but is rejecting God, who gives his Holy Spirit to you.

avenge [əvéndʒ] vi. 복수하다
encourage [inkɔ́ːridʒ] vt. 기운을 북돋우다
lustful [lʌ́stfəl] a. 육욕적인, 탐욕스런
pagan [péigən] n. 이교도
solemnly [sáləmli] ad. 엄숙하게
vessel [vésəl] n. 그릇, 용기; [성서] 사람
violate [váiəlèit] vt. 〈완곡적〉(여성을) 범하다

3:7 Greek brothers. 4:1 Greek brothers; also in 4:10, 13. 4:4 Or will know how to take a wife for himself; or will learn to live with his own wife; Greek reads will know how to possess his own vessel. 4:6 Greek Never harm or cheat a brother in this matter.

9 형제 자매를 사랑하는 것에 대해서는 쓸 말이 없습니다. 왜냐하면 하나님께서 이미 여러분에게 서로 사랑하라고 가르쳐 주셨으며,

10 여러분이 마케도니아에 있는 모든 사람들을 사랑으로 잘 감싸고 있다는 것을 알고 있기 때문입니다. 앞으로도 더욱 힘써 사랑을 베푸십시오.

11 평안한 삶을 위해 최선을 다하십시오. 전에도 말했듯이 여러분 각자의 일을 돌아보고 자신의 일에도 정성을 다하기 바랍니다.

12 이렇게 할 때 믿지 않는 사람들이 여러분을 존경하게 되고, 여러분 자신도 부족함이 없게 될 것입니다.

주님의 재림

13 형제 여러분, 나는 여러분이 죽은 자들에 관해서 아무것도 모르는 것을 원하지 않습니다. 그것은 여러분이 아무 소망이 없는 사람들처럼 슬퍼하게 되는 것을 바라지 않기 때문입니다.

14 우리는 주님께서 죽으셨다가 다시 살아나신 것을 믿고 있습니다. 그러므로 하나님께서는 예수님을 믿다가 죽은 자들도 예수님과 함께 분명히 살리실 것입니다.

15 우리는 지금 주님께서 하신 말씀을 하고 있습니다. 주님께서 오시는 날, 살아 있는 자들은 주님과 함께 있게 될 것입니다. 그러나 결단코 그날에 살아 있는 자들이 이미 죽은 자들보다 주님을 먼저 만나지는 못할 것입니다.

16 그날에 주님은 하늘로부터 내려오셔서, 천사장의 소리와 하나님의 나팔 소리가 울리는 가운데 큰 소리로 호령하실 것입니다. 그때 그리스도를 믿다가 죽은 자들이 먼저 일어나고

17 그 후에 살아 있던 자들도 그들과 함께 구름 속으로 끌어올려져 하늘에서 주님을 만나게 될 것입니다.

18 그러므로 여러분은 이런 말로 서로 위로하십시오.

주님의 재림에 대비하십시오

5 형제 여러분, 정확한 때와 시간에 대해서는 말할 수 없습니다.

2 왜냐하면 주님이 오시는 그날은 한밤중의 도적같이 임할 것이기 때문입니다.

3 사람들이 "모든 것이 평안하고 안전하다"고 말할 그때에, 재난이 갑자기 닥칠 것입니다. 그것은 마치 아기를 낳을 여인이 갑작스럽게 진통을 맞이하는 것과 같아서 아무도 피할 수가 없습니다.

4 그러나 여러분은 어두움 가운데 있지 않기 때문에 여러분에게는 그날이 도적같이 갑자기 찾아오지 않을 것입니다.

5 여러분은 빛의 아들들이며 낮에 속한 사람들입니다. 우리는 결코 어두움과 밤에 속한 사람들이 아닙니다.

9 •But we don't need to write to you about the importance of loving each other,* for God himself has taught you to love one another.

10 •Indeed, you already show your love for all the believers* throughout Macedonia. Even so, dear brothers and sisters, we urge you to love them even more.

11 •Make it your goal to live a quiet life, minding your own business and working with your hands, just as we instructed you

12 before. •Then people who are not believers will respect the way you live, and you will not need to depend on others.

The Hope of the Resurrection

13 •And now, dear brothers and sisters, we want you to know what will happen to the believers who have died* so you will not

14 grieve like people who have no hope. •For since we believe that Jesus died and was raised to life again, we also believe that when Jesus returns, God will bring back with him the believers who have died.

15 •We tell you this directly from the Lord: We who are still living when the Lord returns will not meet him ahead of those who have

16 died.* •For the Lord himself will come down from heaven with a commanding shout, with the voice of the archangel, and with the trumpet call of God. First, the believers who

17 have died* will rise from their graves. •Then, together with them, we who are still alive and remain on the earth will be caught up in the clouds to meet the Lord in the air. Then

18 we will be with the Lord forever. •So encourage each other with these words.

5 Now concerning how and when all this will happen, dear brothers and sisters,*

2 we don't really need to write you. •For you know quite well that the day of the Lord's return will come unexpectedly, like a thief

3 in the night. •When people are saying, "Everything is peaceful and secure," then disaster will fall on them as suddenly as a pregnant woman's labor pains begin. And there will be no escape.

4 •But you aren't in the dark about these things, dear brothers and sisters, and you won't be surprised when the day of the Lord

5 comes like a thief.* •For you are all children

4:9 Greek *about brotherly love.*　4:10 Greek *the brothers.*　4:13 Greek *those who have fallen asleep;* also in 4:14.　4:15 Greek *those who have fallen asleep.*　4:16 Greek *the dead in Christ.*　5:1 Greek *brothers;* also in 5:4, 12, 14, 25, 26, 27.　5:4 Some manuscripts read *comes upon you as if you were thieves.*

6 그러므로 다른 사람들처럼 잠들지 말고, 깨어서 정신을 차려야 합니다.

7 잠자는 사람들은 밤에 자고, 술 마시는 사람들도 밤에 마시고 취합니다.

8 그러나 우리는 낮에 속한 사람들이니 정신을 똑바로 차리고, 믿음과 사랑의 갑옷을 입고, 구원에 대한 소망의 투구를 씁시다.

9 하나님께서는 우리를 벌하기 위해 택하신 것이 아니라, 우리 주 예수 그리스도를 통해 구원을 얻도록 하기 위해 부르셨습니다.

10 그리스도께서는 우리를 위해 죽으셔서, 우리가 살든지 죽든지 상관없이 그분과 함께 살 수 있게 해 주셨습니다.

11 그러므로 지금처럼 서로를 위로하고 격려하며 서로에게 힘이 되어 주십시오.

마지막 교훈과 인사

12 형제 여러분, 여러분 가운데 수고하고 주님의 말씀을 가르치며 지도하는 분들을 존경하십시오.

13 여러분을 위해 일하는 그들을 각별한 사랑으로 대해 주십시오. 서로 화목하게 지내기 바랍니다.

14 게으른 자들을 훈계하고, 마음이 약한 자들을 격려해 주십시오. 힘이 없는 자들을 도우며, 모든 사람을 인내로 대하십시오.

15 악으로 악을 갚지 말고, 서로 모든 사람에게 선을 베풀도록 힘쓰십시오.

16 항상 즐거워하십시오.

17 쉬지 말고 기도하십시오.

18 모든 일에 감사하십시오. 이것이 그리스도 예수 안에서 여러분을 향한 하나님의 뜻입니다.

19 성령께서 일하시는 것을 막지 말고,

20 예언의 말씀을 하찮게 생각하지 마십시오.

21 모든 일을 잘 살펴서 선한 것을 붙잡고,

22 악한 것을 멀리하기 바랍니다.

23 평안의 하나님께서 여러분을 깨끗하게 하셔서 하나님께 속한 자로 지켜 주시며, 여러분의 온몸, 즉 영과 혼과 육신 모두를 우리 주 예수 그리스도께서 오실 그날까지 아무 흠없이 지켜 주시기를 기도합니다.

24 여러분을 부르신 그분은 신실하시기 때문에 이 일을 반드시 이루실 것입니다.

25 형제 여러분, 우리를 위해서도 기도해 주시기 바랍니다.

26 거룩한 입맞춤으로 모든 형제에게 인사를 나누십시오.

27 이 편지를 모든 형제들에게 읽어 줄 것을 주님의 이름으로 부탁합니다.

28 우리 주 예수 그리스도의 은혜가 여러분과 함께 하기를 기도합니다.

---

of the light and of the day; we don't belong

6 to darkness and night. •So be on your guard, not asleep like the others. Stay alert

7 and be clearheaded. •Night is the time when people sleep and drinkers get drunk.

8 •But let us who live in the light be clearheaded, protected by the armor of faith and love, and wearing as our helmet the confidence of our salvation.

9 •For God chose to save us through our Lord Jesus Christ, not to pour out his anger

10 on us. •Christ died for us so that, whether we are dead or alive when he returns, we can

11 live with him forever. •So encourage each other and build each other up, just as you are already doing.

Paul's Final Advice

12 •Dear brothers and sisters, honor those who are your leaders in the Lord's work. They work hard among you and give you spiritu-

13 al guidance. •Show them great respect and wholehearted love because of their work. And live peacefully with each other.

14 •Brothers and sisters, we urge you to warn those who are lazy. Encourage those who are timid. Take tender care of those who are weak. Be patient with everyone.

15 •See that no one pays back evil for evil, but always try to do good to each other and to all people.

16-17 •Always be joyful. •Never stop praying.

18 •Be thankful in all circumstances, for this is God's will for you who belong to Christ Jesus.

19-20 •Do not stifle the Holy Spirit. •Do not scoff at prophecies, •but test everything that

22 is said. Hold on to what is good. •Stay away from every kind of evil.

Paul's Final Greetings

23 •Now may the God of peace make you holy in every way, and may your whole spirit and soul and body be kept blameless until our

24 Lord Jesus Christ comes again. •God will make this happen, for he who calls you is faithful.

25 •Dear brothers and sisters, pray for us.

26 •Greet all the brothers and sisters with a sacred kiss.

27 •I command you in the name of the Lord to read this letter to all the brothers and sisters.

28 •May the grace of our Lord Jesus Christ be with you.

circumstance [sə́rkəmstæns] *n.* 환경, 상황

데살로니가후서

● 서론

✤ 저자 _ 사도 바울
✤ 저작 연대 _ A.D. 51~53년(데살로니가전서보다 조금 후)
✤ 기록 장소 _ 고린도
✤ 기록 대상 _ 데살로니가에 있는 교인들
✤ 핵심어 및 내용 _ 핵심어는 '핍박'과 '일'이다. 유대인들이 기독교인들을 핍박하는 한편 그리스도께서 곧 재림하신다고 믿고 아무런 일도 하지 않는 사람들도 있었는데 이에 사도 바울은 교인들에게 더욱 인내할 것과 부지런함으로 열심히 일하라고 권면한다.

인사

1 바울과 실루아노*와 디모데는 하나님 우리 아버지와 주 예수 그리스도 안에 있는 데살로니가 교회에 편지를 보냅니다.

2 하나님 아버지와 주 예수 그리스도의 은혜와 평화가 여러분에게 가득하기를 빕니다.

바울이 하나님의 심판에 관해 말하다

3 우리는 여러분을 생각할 때마다 하나님께 늘 감사드립니다. 여러분의 믿음이 더욱더 자라고 서로에 대한 사랑도 점점 커 가고 있다고 하니, 하나님께 감사드리는 것은 당연한 일입니다.

4 우리는 여러분이 심한 핍박을 받고 많은 어려움을 겪으면서도 믿음을 굳게 지키고 있는 것을 다른 교회에 자랑하였습니다.

5 이 모든 것이 하나님께서 바르게 심판해 주시는 것을 증언하고 있습니다. 하나님께서는 여러분이 고난을 겪는 것을 통해 하나님 나라에 들어갈 자격을 얻게 하십니다.

6 또한 여러분에게 괴로움과 고통을 준 사람들에게 그대로 갚으십니다.

7 주 예수님께서 능력 있는 천사들과 함께 하늘에서 내려오실 그때가 되면, 하나님께서 고통을 당하는 여러분과 우리 모두에게 평안을 주실 것입니다.

8 그분은 하늘의 불꽃 가운데 나타나셔서, 하나님을 알려고 하지 않는 자들과 우리 주 예수님의 복음에 순종하지 않는 자들을 벌하실 것입니다.

9 그들은 영원히 멸망하며 주님과 가까이 있을 수도 없고, 그분의 크신 영광을 볼 수도 없게 될 것입니다.

10 주 예수님께서 오실 그날, 이 모든 일이 이루어질 것이며, 우리 주님은 주님을 찬양하는 거룩한 백성에게 영광을 받으실 것입니다. 여러분도 우리가 전한 복음을 믿었으니 주님을 높여 드리는 무리 안에 속하게 될 것입니다.

11 우리는 여러분을 위해 항상 기도합니다. 여러분을 부르신 하나님의 뜻대로 믿음 안에서 그분의

Greetings from Paul

1 This letter is from Paul, Silas,* and Timothy.
We are writing to the church in Thessalonica, to you who belong to God our Father and the Lord Jesus Christ.

2 •May God our Father* and the Lord Jesus Christ give you grace and peace.

Encouragement during Persecution

3 •Dear brothers and sisters,* we can't help but thank God for you, because your faith is flourishing and your love for one another is growing. •We proudly tell God's other churches about your endurance and faithfulness in all the persecutions and hardships you are suffering. •And God will use this persecution to show his justice and to make you worthy of his Kingdom, for which you are suffering. •In his justice he will pay back those who persecute you.

7 •And God will provide rest for you who are being persecuted and also for us when the Lord Jesus appears from heaven. He will come with his mighty angels, •in flaming fire, bringing judgment on those who don't know God and on those who refuse to obey the Good News of our Lord Jesus. •They will be punished with eternal destruction, forever separated from the Lord and from his glorious power. •When he comes on that day, he will receive glory from his holy people—praise from all who believe. And this includes you, for you believed what we told you about him.

11 •So we keep on praying for you, asking our God to enable you to live a life worthy of his call. May he give you the power to accomplish

counterfeit [káuntərfit] *a.* 위조의, 가짜의
splendor [spléndər] *n.* 빛남, 광채

1:1 Greek *Silvanus*, the Greek form of the name.
1:2 Some manuscripts read *God the Father*. 1:3 Greek *Brothers*.

1:1 '실루아노'의 또 다른 이름은 '실라'이다. 신약 성경에서는 같이 사용되고 있다.

능력을 힘입어, 더욱더 선한 일을 많이 할수있도록 기도합니다.

12 그렇게 되면 우리 주 예수 그리스도의 이름이 여러분을 통해 영광을 받고, 여러분도 그리스도 안에서 영광을 누리게 될 것입니다. 이것은 하나님과 주 예수 그리스도의 은혜로 이루어지는 것입니다.

악한 무리가 나타날 것이다

2 형제 여러분, 우리 주 예수 그리스도께서 다시 오시는 것과 그분 앞에서 우리 모두가 함께 모이게 될 그 시간에 대해, 여러분에게 몇 마디 하려고 합니다.

2 예언이나 말씀, 혹은 우리가 보냈다고 꾸민 가짜 편지를 가지고 주님의 날이 벌써 왔다고 떠들어 대는 사람들 때문에 흔들리거나 두려워하지 마십시오.

3 누가 뭐라고 해도 속지 마십시오. 사람들이 하나님을 거역하고 지옥에 속한 악의 자녀가 나타날 때, 주님의 날이 임할 것입니다.

4 그는, 신이라고 부르는 것과 사람들이 예배하고 섬기는 것들을 다 없애 버릴 것입니다. 그리고 그 모든 것들 위에 올라 지배하려고 할 것입니다. 심지어는 하나님의 성전에 들어가 그곳에 앉아서 자기가 하나님이라 주장할 것입니다.

5 이 일들은 내가 여러분과 함께 있을 때에 모두 말했던 것인데 여러분은 기억하지 못합니까?

6 이 악의 자녀는 지금 어떤 힘에 의해 사로잡혀 있으나 적절한 때에 풀려나게 될 것입니다.

7 이미 악의 세력이 세상 가운데 슬며시 나타나고 있지만, 아직은 어떤 힘에 의해 눌려 있습니다. 그를 누르고 있는 힘이 다른 곳으로 옮겨질 때까지 꼼짝 못하고 있다가

8 마침내 이 악한 자는 그 모습을 드러낼 것입니다. 하지만 영광 중에 오시는 주 예수님께서, 그분의 입에서 나오는 입김으로 그를 죽이고 말 것입니다.

9 그는 사탄의 힘을 빌어서 큰 능력을 보일 것입니다. 많은 거짓 기적과 표적을 행하는 것은 물론,

10 진리를 사랑하고 따르기를 거부한 사람들을 자기편으로 끌어들이기 위해 온갖 꾀를 사용할 것입니다. 만약 이들이 진리를 따랐다면 구원받을 수도 있었을 것입니다.

11 이들이 진리를 따르는 것을 거부했기 때문에, 하나님께서는 그들이 진리를 떠나 헛된 것을 좇아서 잘못된 길로 가도록 내버려 두셨습니다.

12 그렇기 때문에 진리를 믿지 않고 죄짓는 것을 즐기는 사람들은 심판을 받게 될 것입니다.

여러분은 선택받은 자들입니다

13 사랑하는 형제 여러분, 주님은 여러분을 사랑하십니다. 하나님께서는 이 세상 맨 처음부터 여러분이 구원받도록 선택해 놓으셨습니다. 그러므로 우리

all the good things your faith prompts you
10 to do. •Then the name of our Lord Jesus will be honored because of the way you live, and you will be honored along with him. This is all made possible because of the grace of our God and Lord, Jesus Christ.*

Events prior to the Lord's Second Coming

2 Now, dear brothers and sisters,* let us clarify some things about the coming of our Lord Jesus Christ and how we will be gathered to meet him. •Don't be so easily shaken or alarmed by those who say that the day of the Lord has already begun. Don't
3 believe them, even if they claim to have had a spiritual vision, a revelation, or a letter supposedly from us. •Don't be fooled by what they say. For that day will not come until there is a great rebellion against God and the man of lawlessness* is revealed—the one
4 who brings destruction.* •He will exalt himself and defy everything that people call god and every object of worship. He will even sit in the temple of God, claiming that he himself is God.
5 •Don't you remember that I told you
6 about all this when I was with you? •And you know what is holding him back, for he can be revealed only when his time comes.
7 •For this lawlessness is already at work secretly, and it will remain secret until the one who is holding it back steps out of the
8 way. •Then the man of lawlessness will be revealed, but the Lord Jesus will slay him with the breath of his mouth and destroy
9 him by the splendor of his coming. •This man will come to do the work of Satan with counterfeit power and signs and
10 miracles. •He will use every kind of evil deception to fool those on their way to destruction, because they refuse to love and
11 accept the truth that would save them. •So God will cause them to be greatly deceived,
12 and they will believe these lies. •Then they will be condemned for enjoying evil rather than believing the truth.

Believers Should Stand Firm

13 •As for us, we can't help but thank God for you, dear brothers and sisters loved by the Lord. We are always thankful that God chose you to be among the first* to experi-

1:12 Or *of our God and our Lord Jesus Christ.*
2:1 Greek *brothers;* also in 2:13, 15.   **2:3a**
Some manuscripts read *the man of sin.*   **2:3b**
Greek *the son of destruction.*   **2:13** Some manuscripts read *chose you from the very beginning.*

는 하나님께 늘 감사드려야 할 것입니다. 거룩하게 하시는 성령과 진리 안에 있는 믿음으로 여러분은 구원받았고,

14 하나님은 우리가 전한 복음을 통해 여러분이 구원 받도록 하셨습니다. 하나님께서는 우리 주 예수 그리스도의 영광을 나누어 주시기 위해 여러분을 부르셨습니다.

15 그러므로 형제 여러분, 믿음 위에 굳게 서서 우리가 말과 편지로 전했던 복음을 계속 간직하기 바랍니다.

16 우리를 사랑하시는 주 예수 그리스도와 아버지 하나님께서 그분의 은혜로 선한 소망과 영원한 위로를 이미 우리에게 주셨습니다.

17 위로의 하나님께서 여러분이 하는 말과 모든 선한 일에 더욱 힘이 되어 주시길 기도합니다.

우리를 위해 기도해 주십시오

3 형제 여러분, 우리를 위해 기도해 주십시오. 주님의 말씀이 하루빨리 전해지도록 기도하시기 바랍니다. 여러분이 그런 것처럼, 다른 사람들도 우리 주님의 말씀을 기뻐하며 주님을 높여 드릴 수 있도록 기도하십시오.

2 또한 우리를 악한 자들에게서 보호해 달라고 기도해 주십시오. 왜냐하면 모든 사람들이 주님을 믿는 것은 아니기 때문입니다.

3 그러나 주님은 신실하신 분이시기에 여러분에게 힘이 되시며, 여러분을 악한 자로부터 지켜 주실 것입니다.

4 우리는 여러분이 우리가 전한 대로 잘 행하고, 또 앞으로도 잘 해 나가리라는 것을 주님 안에서 확신합니다.

5 우리 주께서 여러분의 마음을 인도하셔서, 하나님의 사랑과 그리스도의 인내를 잘 깨닫게 하시기를 기도합니다.

노동에 대한 의무

6 형제 여러분, 우리 주 예수 그리스도의 이름으로 명령합니다. 일하기를 싫어하는 형제들을 멀리하십시오, 게으름을 피우며 일하지 않는 사람들은 우리가 전한 명령을 지키지 않는 것입니다.

7 우리가 보여 준 모범을 통해 여러분은 어떻게 살아야 하는지 잘 알게 되었을 것입니다. 여러분과 함께 있을 때, 우리는 결코 게으름을 피우지 않았습니다.

8 다른 사람의 양식을 먹게 될 때에도 우리는 늘 값을 치렀습니다. 여러분 어느 누구에게도 짐이 되지 않기 위해 우리는 밤낮으로 일하고 또 일했습니다.

9 물론 여러분에게 우리를 도와 달라고 할 수도 있었을 것입니다. 그러나 우리는 여러분에게 본을 보여 여러분 스스로 자기 생활을 꾸려 나가도록 하기 위해 열심히 일했던 것입니다.

ence salvation—a salvation that came through the Spirit who makes you holy and

14 through your belief in the truth. ● He called you to salvation when we told you the Good News; now you can share in the glory of our Lord Jesus Christ.

15 ● With all these things in mind, dear brothers and sisters, stand firm and keep a strong grip on the teaching we passed on to you both in person and by letter.

16 ● Now may our Lord Jesus Christ himself and God our Father, who loved us and by his grace gave us eternal comfort and a won-

17 derful hope, ● comfort you and strengthen you in every good thing you do and say.

Paul's Request for Prayer

3 Finally, dear brothers and sisters,* we ask you to pray for us. Pray that the Lord's message will spread rapidly and be honored wherever it goes, just as when it came to you.

2 ● Pray, too, that we will be rescued from wicked and evil people, for not everyone is a

3 believer. ● But the Lord is faithful; he will strengthen you and guard you from the evil

4 one.* ● And we are confident in the Lord that you are doing and will continue to do

5 the things we commanded you. ● May the Lord lead your hearts into a full understanding and expression of the love of God and the patient endurance that comes from Christ.

An Exhortation to Proper Living

6 ● And now, dear brothers and sisters, we give you this command in the name of our Lord Jesus Christ: Stay away from all believers* who live idle lives and don't follow the tradi-

7 tion they received* from us. ● For you know that you ought to imitate us. We were not

8 idle when we were with you. ● We never accepted food from anyone without paying for it. We worked hard day and night so we

9 would not be a burden to any of you. ● We certainly had the right to ask you to feed us, but we wanted to give you an example to

---

comfort [kʌ́mfərt] *n. vt.* 위로(하다), 위안(하다)
exhortation [egzɔːrtéiʃən] *n.* 권고
imitate [ímətèit] *vt.* 모방하다, 본받다
salvation [sælvéiʃən] *n.* 구원
2:15 keep a strong grip on … : …을 꽉 잡고 있다
2:15 in person : 실물로
3:6 stay away from … : …을 멀리하다

3:1 Greek *brothers;* also in 3:6, 13. 3:3 Or *from evil.* 3:6a Greek *from every brother.* 3:6b Some manuscripts read *you received.*

10 여러분과 함께 있을 때, 우리는 "일하기를 싫어하는 사람은 먹을 자격도 없다"라고 가르쳤습니다.

11 여러분 가운데 일하기를 싫어하여 아무것도 하지 않으려는 자들이 있다고 들었습니다. 그리고 다른 사람의 일에 간섭하고 참견하느라 시간을 낭비하는 사람이 있다고 들었습니다.

12 우리 주 예수 그리스도의 이름으로 그들에게 명령합니다. 조용히 일하며 자기 양식을 스스로 마련하도록 하십시오.

13 그리고 바르게 살고 있는 형제 여러분, 선한 일을 하는 동안, 낙심하지 마십시오.

14 만일 우리가 보내는 이 편지의 내용을 따르지 않는 자가 있거든, 그가 누구인지 기억해서 가까이하지 마십시오. 그러면 그 사람 스스로 부끄러움을 느끼게 될 것입니다.

15 하지만 그를 원수처럼 대하지 말고, 사랑하는 형제로서 충고하십시오.

작별 인사

16 평화의 주님께서 언제 어디서나 여러분에게 평안을 내려 주시기를 기도합니다. 주님께서 여러분 모두와 함께하실 것입니다.

17 친필로 여러분에게 문안합니다. 이 글씨로 나 바울이 친히 보내는 편지임을 알 수 있을 것입니다.

18 우리 주 예수 그리스도의 은혜가 여러분 모두에게 함께하기를 기도합니다.

10 follow. ●Even while we were with you, we gave you this command: "Those unwilling to work will not get to eat."

11 ●Yet we hear that some of you are living idle lives, refusing to work and meddling in

12 other people's business. ●We command such people and urge them in the name of the Lord Jesus Christ to settle down and work to earn their own living. ●As for the rest of you, dear brothers and sisters, never get tired of doing good.

14 ●Take note of those who refuse to obey what we say in this letter. Stay away from

15 them so they will be ashamed. ●Don't think of them as enemies, but warn them as you would a brother or sister.*

Paul's Final Greetings

16 ●Now may the Lord of peace himself give you his peace at all times and in every situation. The Lord be with you all.

17 ●HERE IS MY GREETING IN MY OWN HAND-WRITING—PAUL. I DO THIS IN ALL MY LETTERS TO PROVE THEY ARE FROM ME.

18 ●May the grace of our Lord Jesus Christ be with you all.

meddle [médl] vi. 참견하다, 간섭하다
3:12 settle down : 진정하다
3:13 get tired of… : …에 싫증을 느끼다
3:14 take note of… : …에 주의(주목)하다

3:15 Greek *as a brother.*

디모데전서

✛ 서론

✛ 저자 _ 사도 바울
✛ 저작 연대 _ A.D. 62년경
✛ 기록 장소 _ 마케도니아의 빌립보에서 기록했을 가능성이 높음
✛ 기록 대상 _ 디모데
✛ 핵심어 및 내용 _ 핵심어는 '교리'와 '자격'이다. 사도 바울은 디모데에게 하나님의 진리 안에 거하여 다른 헛된 교리들을 따르지 말라고 권면한다.

인사

1 우리의 구주 하나님과 우리의 소망 예수 그리스도의 명령으로 예수 그리스도의 사도가 된 바울은

2 믿음 안에서 참된 아들 디모데에게 하나님 아버지와 우리 주 예수 그리스도의 은혜와 자비와 평안이 함께하기를 빕니다.

거짓 가르침에 대한 경고

3 내가 마케도니아로 떠나면서 일러 준 대로 에베소에 그대로 머물러 있기 바랍니다. 에베소의 몇몇 사람들이 잘못된 것을 가르치고 있으니, 그곳에 머물며 그들이 그렇게 하지 못하도록 막아 주었으면 합니다.

4 그들이 사실이 아닌 이야기와 끝없이 이어지는 족보 이야기에 집착하지 않도록 그들을 타일러 주십시오. 그런 것들은 쓸데없는 말싸움이나 일으키며, 하나님의 일에는 전혀 유익을 주지 않습니다. 하나님의 일은 믿음으로 이루어지는 것입니다.

5 이렇게 내가 말하는 이유는 사람들이 사랑을 갖도록 하기 위함입니다. 이러한 사랑은 깨끗한 마음으로 옳다고 생각되는 일들을 하며, 진실한 믿음을 가질 때에 생겨납니다.

6 그런데 몇몇 사람들은 이런 것들을 생각하지 않고 아무 쓸모 없는 것들에 정신을 팔고 있습니다.

7 그들은 율법을 가르치는 선생이 되고 싶어하지만 자신들이 무슨 말을 하고 있는지, 무엇을 주장하고 있는지도 알지 못합니다.

8 우리가 아는 대로 사람이 율법을 올바르게 사용한다면 그것은 좋은 것입니다.

9 *사실, 착한 사람에게는 율법이 필요 없습니다. 율법은 법을 지키지 않고 어기는 사람을 위해 만들어진 것입니다. 하나님을 거역하고 죄짓는 사람, 경건치 않은 사람, 부모를 죽이고 살인하는 사람,*

10 부도덕한 죄를 짓고 간음하는 사람, 동성연애자, 사람을 노예로 부리는 사람, 거짓말하는 사람, 거짓 증언하는 사람, 하나님의 진리 되는 가르침을

Greetings from Paul

1 This letter is from Paul, an apostle of Christ Jesus, appointed by the command of God our Savior and Christ Jesus, who gives us hope.

2 • I am writing to Timothy, my true son in the faith.

May God the Father and Christ Jesus our Lord give you grace, mercy, and peace.

Warnings against False Teachings

3 • When I left for Macedonia, I urged you to stay there in Ephesus and stop those whose
4 teaching is contrary to the truth. • Don't let them waste their time in endless discussion of myths and spiritual pedigrees. These things only lead to meaningless speculations,* which
5 don't help people live a life of faith in God.* • The purpose of my instruction is that all believers would be filled with love that comes from a pure heart, a clear conscience, and gen-
6 uine faith. • But some people have missed this whole point. They have turned away from these things and spend their time in meaning-
7 less discussions. • They want to be known as teachers of the law of Moses, but they don't know what they are talking about, even though they speak so confidently.

8 • We know that the law is good when used
9 correctly. • For the law was not intended for people who do what is right. It is for people who are lawless and rebellious, who are ungodly and sinful, who consider nothing sacred and defile what is holy, who kill their father or mother or commit other murders.
10 • The law is for people who are sexually immoral, or who practice homosexuality, or are slave traders,* liars, promise breakers, or

---

pedigree [pédəgrì:] n. 족보
speculation [spèkjuléiʃən] n. 사색, 고찰

1:4a Greek *in myths and endless genealogies, which cause speculation.* 1:4b Greek *a steward-ship of God in faith.* 1:10 Or *kidnappers.*

어기는 사람을 위해서 율법이 만들어졌습니다.

11 이러한 가르침은 복되신 하나님께로부터 나온 것이며, 하나님께서는 내게 이 영광의 복음을 전하도록 맡기셨습니다.

하나님의 자비에 대해 감사를 드리다

12 우리 주 예수 그리스도께 감사를 드립니다. 그분은 나를 충성된 자로 여기시고, 그분을 섬길 수 있도록 하셨으며, 필요한 힘까지 주셨습니다.

13 예수님을 만나기 전에 나는 그리스도를 욕하고 핍박하며 온갖 방법으로 믿는 자들을 괴롭혔습니다. 그러나 하나님께서는 내게 자비를 베푸시고 내가 한 일들을 용서해 주셨습니다. 왜냐하면 그것은 내가 믿지 않던 때에 모르고 저지른 일들이기 때문입니다.

14 주님의 은혜가 나의 마음 가운데 가득 차고 넘쳤습니다. 그 은혜와 함께 그리스도 예수 안에서 믿음과 사랑도 내 속에 솟아났습니다.

15 모든 사람들이 진심으로 받아들여야 할 말은, 예수 그리스도께서 죄인을 구하러 이 땅에 오셨다는 것입니다. 나는 그 죄인 중에서도 가장 큰 죄인이었습니다.

16 그러나 하나님께서는 내게 은혜를 베푸시고 이 못난 죄인을 오래 참고 기다려 주셨습니다. 그리스도 예수께서는 나를 통해, 구주를 믿고 영원한 생명을 얻게 될 사람들에게 본을 보여 주시려 했던 것입니다.

17 죽지 않으며 보이지 않는 오직 한 분이신 하나님, 영원히 다스리시는 우리 왕께 영광과 존귀를 돌립니다. 아멘.

18 나의 아들과도 같은 디모데여, 이전에 그대에 대해 말했던 예언과 같은 명령을 지금 그대에게 전합니다. 그 예언들을 따라 믿음 안에서 선한 싸움을 하십시오.

19 믿음을 굳게 지키고 옳다고 판단되는 일들을 하십시오. 그렇게 하지 않은 사람들은 믿음을 잃어버리고 말았습니다.

20 후메내오와 알렉산더가 그런 경우였는데, 나는 그들을 사탄에게 넘겨 주어 다시는 하나님을 욕되게 하지 못하도록 했습니다.

남자와 여자에게 주는 몇몇 규칙들

2 첫째로 모든 사람을 위해 간구하며 기도하십시오. 다른 사람을 위해 중보 기도하는 것을 잊지 말고, 감사하는 마음을 가지십시오.

2 또한 왕과 높은 위치에 있는 모든 사람을 위해 기도함으로써 우리는 하나님을 예배하고 경외하며 조용하고 평화롭게 살 수 있습니다.

3 이것은 선한 일이며 우리의 구원자 하나님을 기쁘시게 해 드리는 일입니다.

4 하나님께서는 모든 사람이 구원받기를 원하십니

---

11 who do anything else that contradicts the wholesome teaching • that comes from the glorious Good News entrusted to me by our blessed God.

Paul's Gratitude for God's Mercy

12 • I thank Christ Jesus our Lord, who has given me strength to do his work. He considered me trustworthy and appointed me to 13 serve him, • even though I used to blaspheme the name of Christ. In my insolence, I persecuted his people. But God had mercy on me because I did it in ignorance and 14 unbelief. • Oh, how generous and gracious our Lord was! He filled me with the faith and love that come from Christ Jesus.

15 • This is a trustworthy saying, and everyone should accept it: "Christ Jesus came into the world to save sinners"—and I am the 16 worst of them all. • But God had mercy on me so that Christ Jesus could use me as a prime example of his great patience with even the worst sinners. Then others will realize that they, too, can believe in him and 17 receive eternal life. • All honor and glory to God forever and ever! He is the eternal King, the unseen one who never dies; he alone is God. Amen.

Timothy's Responsibility

18 • Timothy, my son, here are my instructions for you, based on the prophetic words spoken about you earlier. May they help you 19 fight well in the Lord's battles. • Cling to your faith in Christ, and keep your conscience clear. For some people have deliberately violated their consciences; as a result, 20 their faith has been shipwrecked. • Hymenaeus and Alexander are two examples. I threw them out and handed them over to Satan so they might learn not to blaspheme God.

Instructions about Worship

2 I urge you, first of all, to pray for all people. Ask God to help them; intercede on 2 their behalf, and give thanks for them. • Pray this way for kings and all who are in authority so that we can live peaceful and quiet 3 lives marked by godliness and dignity. • This 4 is good and pleases God our Savior, • who wants everyone to be saved and to under-5 stand the truth. • For,

　　　there is one God and one Mediator

---

contradict [kàntrədíkt] *vt.* 모순되다
insolence [ínsələns] *n.* 오만한 태도, 거만함
intercede [ìntərsíːd] *vi.* 중재하다

다. 또한 모든 사람이 진리를 알기를 원하십니다.

5 하나님은 오직 한 분이십니다. 하나님께 나아갈 수 있는 방법도 한 가지뿐으로 오직 예수 그리스도*를 통해서만 가능합니다. 이것을 위하여 예수 그리스도께서는 사람의 몸으로 이 땅에 오셨습니다.

6 예수님께서는 모든 사람의 죄를 용서하기 위해서 자신을 바치셨습니다. 모든 사람을 구원하고 싶어 하시는 하나님께서는 그 증거로 예수님을 십자가에 못박혀 죽게 하셨는데, 이는 때가 되어 이루신 하나님의 뜻입니다.

7 이러한 뜻에 따라 나는 복음을 전하는 사도로 부름을 받았습니다. 이것은 사실이며 거짓말이 아닙니다. 나는 이방인들에게 진리를 가르치며 믿음을 심어 주라는 하나님의 뜻을 따르고 있습니다.

8 나는 남자들이 모일 때에 화를 내거나 다투지 않고, 손을 들어 경건하게 기도하기를 바랍니다.

9 마찬가지로 여자들도 옷을 단정하게 입고, 정숙한 몸가짐과 생각을 하기를 바랍니다. 아름답게 보이려고 머리에 요란한 장식을 달거나 보석과 값비싼 옷으로 치장하지 마십시오.

10 오히려 선한 일을 해서 아름다움을 가꾸어 가십시오, 하나님을 경외하는 여자는 선한 행실로 자신을 아름답게 꾸며야 합니다.

11 여자들은 조용히 듣고, 겸손하게 순종하며 배우십시오.

12 나는 여자가 가르치거나 남자를 지배하는 것을 허락하지 않습니다. 여자는 조용히 있어야 합니다.

13 왜냐하면 하나님께서 아담을 먼저 만드시고, 이브를 나중에 만드셨기 때문입니다.

14 또한 사탄에게 속아 죄를 지은 것도 아담이 아니라 여자였습니다.

15 그러나 만일 여자들이 자신을 절제하며 믿음과 사랑과 거룩한 가운데 계속 살아간다면, 자녀를 낳고 기르는 가운데 구원함을 받을 것입니다.

교회 안에 있는 지도자들

3 누구든지 감독이 되기를 원하거든 선한 일을 사모해야 한다는 말은 진실입니다.

2 감독은 사람들의 손가락질을 받아서는 안 됩니다. 따라서 한 아내의 남편이 되며, 절제할 줄 알고, 지혜로우며, 사람들로부터 존경을 받고, 남을 잘 대접하며, 잘 가르쳐야 합니다.

3 술을 많이 마시지 않으며, 싸움을 좋아하지 않고, 신사답고 평온하게 행하며, 돈을 사랑하지 말아야 합니다.

4 또한 자녀들이 아버지를 존경하고 신뢰할 수 있도록* 자기 가정을 잘 다스려야 합니다.

5 (한 가정을 제대로 이끌어 가지 못하는 사람이 어떻게 하나님의 교회를 잘 이끌 수 있겠습니까?)

can reconcile God and humanity—the

6 man Christ Jesus. •He gave his life to purchase freedom for everyone.

This is the message God gave to the world

7 at just the right time. •And I have been chosen as a preacher and apostle to teach the Gentiles this message about faith and truth. I'm not exaggerating—just telling the truth.

8 •In every place of worship, I want men to pray with holy hands lifted up to God, free from anger and controversy.

9 •And I want women to be modest in their appearance.* They should wear decent and appropriate clothing and not draw attention to themselves by the way they fix their hair or by wearing gold or pearls or

10 expensive clothes. •For women who claim to be devoted to God should make themselves attractive by the good things they do.

11 •Women should learn quietly and sub-

12 missively. •I do not let women teach men or have authority over them.* Let them lis-

13 ten quietly. •For God made Adam first, and

14 afterward he made Eve. •And it was not Adam who was deceived by Satan. The woman was deceived, and sin was the result.

15 •But women will be saved through childbearing,* assuming they continue to live in faith, love, holiness, and modesty.

Leaders in the Church

3 This is a trustworthy saying: "If someone aspires to be a church leader,* he desires

2 an honorable position." •So a church leader must be a man whose life is above reproach. He must be faithful to his wife.* He must exercise self-control, live wisely, and have a good reputation. He must enjoy having guests in his home, and he must be able to

3 teach. •He must not be a heavy drinker* or be violent. He must be gentle, not quarrel-

4 some, and not love money. •He must manage his own family well, having children who respect and obey him. •For if a man cannot manage his own household, how can he take care of God's church?

2:9 Or *to pray in modest apparel.*   **2:12** Or *teach men or usurp their authority.*   **2:15** Or *will be saved by accepting their role as mothers,* or *will be saved by the birth of the child.*   **3:1** Or *an overseer,* or *a bishop;* also in 3:2, 6.   **3:2** Or *must have only one wife,* or *must be married only once;* Greek reads *must be the husband of one wife;* also in 3:12.   **3:3** Greek *must not drink too much wine;* similarly in 3:8.

2:5 오직 유일하신 중보자이신 예수 그리스도
3:4 존경하고 순종할 수 있도록

6 믿은 지 얼마 안 되는 사람을 감독으로 세우지 마십시오. 너무 교만해져서 마귀가 그랬던 것처럼 벌을 받게 될지도 모릅니다.

7 또한 감독은 교회 밖의 사람들에게서도 존경을 받아야 합니다. 그래야 남에게 비난받지 않고, 마귀의 꾀임에도 빠지지 않을 수 있습니다.

교회 안에 있는 돕는 자들

8 감독과 마찬가지로 집사도 사람들에게 존경받는 사람이어야 합니다. 한 입으로 두 말을 하지 않으며, 술 마시고 흥청대지 아니하고, 남을 속여 자신의 이익을 챙기는 사람이어서는 안 됩니다.

9 집사들은 깨끗한 양심과 믿음의 깊은 진리를 간직한 사람이어야 합니다.

10 이런 사람이라도 먼저 시험해 보고 책망할 일이 없으면 집사로 섬기게 하십시오.

11 이와 같이 여자들도 다른 이들의 존경을 받으며, 남의 흠을 보지 않고, 절제하며, 모든 일에 충성해야 합니다.

12 집사는 한 아내의 남편이 되어 자녀들과 자기 가정을 잘 다스려야 합니다.

13 집사의 직분을 잘 행한 사람은 영광스런 자리를 차지하고, 예수 그리스도에 대한 믿음도 더 확고히 서게 될 것입니다.

삶의 비밀

14 그대에게 서둘러 가기를 원하면서도 이 글을 쓰는 것은

15 혹시 내가 빨리 가지 못할 경우에 그대가 하나님의 집에서 해야 할 일을 알려 주기 위해서입니다. 이 집은 살아 계신 하나님의 교회이며, 진리의 터요, 기둥입니다.

16 경건의 비밀은 놀라운 것입니다. 이것은 너무도 분명한 진리입니다. 주님께서는 사람의 몸으로 이 땅에 보이셨고, 성령께서 주님의 의로움을 입증하셨습니다. 그리고 천사들에게 나타나셨다가 모든 민족에게 전파되어, 세상 사람들이 그를 믿었고 영광 중에 하늘로 올라가셨습니다.

거짓 선생에 대한 경고

4 이 후에 성령님께서는 참 믿음을 버리는 자들이 있을 것이라고 분명히 말씀하십니다. 그들은 거짓의 영을 따르고, 마귀의 가르침에 순종할 것입니다.

2 그런 가르침은 옳은 것과 옳지 않은 것을 구별하지 못하는 위선자들에게서 나온 것입니다. 그들의 양심은 마치 달구어진 철에 맞아 아무 소용 없게 된 것과 같습니다.

3 그들은 결혼하는 것이 나쁘다고 말합니다. 또한 어떤 음식은 절대로 먹어서는 안 된다고 말합니다. 그러나 이 모든 음식은 하나님께서 진리를 알고 믿는

6 • A church leader must not be a new believer, because he might become proud,

7 and the devil would cause him to fall.* • Also, people outside the church must speak well of him so that he will not be disgraced and fall into the devil's trap.

8 • In the same way, deacons must be well respected and have integrity. They must not be heavy drinkers or dishonest with money.

9 • They must be committed to the mystery of the faith now revealed and must live with a

10 clear conscience. • Before they are appointed as deacons, let them be closely examined. If they pass the test, then let them serve as deacons.

11 • In the same way, their wives* must be respected and must not slander others. They must exercise self-control and be faithful in everything they do.

12 • A deacon must be faithful to his wife, and he must manage his children and

13 household well. • Those who do well as deacons will be rewarded with respect from others and will have increased confidence in their faith in Christ Jesus.

The Truths of Our Faith

14 • I am writing these things to you now, even

15 though I hope to be with you soon, • so that if I am delayed, you will know how people must conduct themselves in the household of God. This is the church of the living God, which is the pillar and foundation of the truth.

16 • Without question, this is the great mystery of our faith*:

Christ* was revealed in a human body
　　and vindicated by the Spirit.*
He was seen by angels
　　and announced to the nations.
He was believed in throughout the world
　　and taken to heaven in glory.

Warnings against False Teachers

4 Now the Holy Spirit tells us clearly that in the last times some will turn away from the true faith; they will follow deceptive spirits and teachings that come from

2 demons. • These people are hypocrites and liars, and their consciences are dead.*

3 • They will say it is wrong to be married

3:6 Or *he might fall into the same judgment as the devil.* 3:11 Or *the women deacons.* The Greek word can be translated *women* or *wives.* 3:16a Or *of godliness.* 3:16b Greek *He who;* other manuscripts read *God.* 3:16c Or *in his spirit.* 4:2 Greek *are seared.*

사람들이 감사하는 마음으로 먹게 하시려고 만드신 것입니다.

4 하나님께서 만드신 것은 모두 좋은 것입니다. 감사하는 마음으로 받으면, 버릴 것이 하나도 없습니다.

5 왜냐하면 하나님의 말씀과 기도로 이 모든 것이 다 거룩해지기 때문입니다.

그리스도의 충성된 일꾼이 되십시오

6 이 모든 것을 형제들에게 잘 말하십시오. 그러면 그대가 예수 그리스도의 선한 일꾼임을 모두가 알게 될 것입니다. 그대가 따르는 믿음의 말씀과 선한 가르침을 통해 자신이 잘 양육되었음을 사람들에게 나타낼 수 있습니다.

7 하나님의 진리와는 다른 어리석은 이야기를 하는 사람들도 있을 것입니다. 그러한 가르침에 솔깃하지 말고, 오직 하나님을 섬기는 경건한 일에 스스로를 훈련시키십시오.

8 육체의 훈련은 약간의 도움을 주지만 하나님을 섬기는 경건의 훈련은 모든 일에 유익합니다. 경건은 이 세상에서의 생명뿐 아니라, 앞으로 올 세상에서의 생명도 약속해 줍니다.

9 지금 내가 하는 말을 잘 듣고 믿음을 가지고 받아들이십시오.

10 우리는 이것을 위해 지금까지 열심히 일해 왔습니다. 우리의 소망은 살아 계신 하나님께 있습니다. 그분은 우리 모두를 구원하실 분이며, 특별히 믿는 자들에게 구원자가 되십니다.

11 그대는 이러한 사실들을 가르치고 명령하십시오.

12 그대가 젊다는 이유로 사람들이 그대를 업신여기지 않게 하고, 믿는 사람으로서 어떻게 살아가야 하는지 모범을 보이십시오. 말과 행동, 사랑과 믿음, 그리고 순결하고 깨끗한 삶을 통해 사람들에게 본을 보여 주기 바랍니다.

13 내가 갈 때까지 열심히 성경을 읽고 사람들을 권면하며 잘 가르치십시오.

14 그대가 받은 은사를 잊지 말고 잘 사용하십시오. 그것은 교회의 장로들이 그대의 머리에 손을 얹고 기도할 때, 예언을 통해 그대에게 주어진 것입니다.

15 온 맘을 다해 충성하여, 그대가 발전하는 모습을 사람들에게 보여 주십시오.

16 그대는 그대의 삶과 가르침에 주의해서, 늘 올바르게 살고 가르치기에 힘쓰십시오. 그러면 그대 자신*뿐 아니라 그대의 말에 귀기울이는* 모든 사람이 구원을 받을 것입니다.

다른 사람과 더불어 사는 법

5 나이 많은 사람에게 화를 내며 말하지 말고, 아버지를 대하듯이 하십시오. 나이 어린 사람을 대할 때는 형제에게 하는 것처럼 하십시오.

2 나이 많은 여자에게는 어머니를 대하듯, 나이 어린

---

and wrong to eat certain foods. But God created those foods to be eaten with thanks by 4 faithful people who know the truth. •Since everything God created is good, we should not reject any of it but receive it with thanks. 5 •For we know it is made acceptable* by the word of God and prayer.

A Good Servant of Christ Jesus

6 •If you explain these things to the brothers and sisters,* Timothy, you will be a worthy servant of Christ Jesus, one who is nourished by the message of faith and the good teach-7 ing you have followed. •Do not waste time arguing over godless ideas and old wives' tales. Instead, train yourself to be godly. 8 •"Physical training is good, but training for godliness is much better, promising benefits 9 in this life and in the life to come." •This is a trustworthy saying, and everyone should 10 accept it. •This is why we work hard and continue to struggle,* for our hope is in the living God, who is the Savior of all people and particularly of all believers.

11 •Teach these things and insist that every-12 one learn them. •Don't let anyone think less of you because you are young. Be an example to all believers in what you say, in the way you live, in your love, your faith, and 13 your purity. •Until I get there, focus on reading the Scriptures to the church, encouraging the believers, and teaching them.

14 •Do not neglect the spiritual gift you received through the prophecy spoken over you when the elders of the church laid their 15 hands on you. •Give your complete attention to these matters. Throw yourself into your tasks so that everyone will see your 16 progress. •Keep a close watch on how you live and on your teaching. Stay true to what is right for the sake of your own salvation and the salvation of those who hear you.

Advice about Widows, Elders, and Slaves

5 Never speak harshly to an older man,* but appeal to him respectfully as you would to your own father. Talk to younger men as you would to your own brothers. 2 •Treat older women as you would your mother, and treat younger women with all

---

meddle [médl] *vi.* 간섭(참견)하다
nourish [nə́:riʃ] *vt.* 키우다, 양육하다
struggle [strʌ́gl] *vi.* 애쓰다, 분투하다

4:5 Or *made holy.*　　4:6 Greek *brothers.*　　4:10 Some manuscripts read *continue to suffer.*　　5:1 Or *an elder.*

여자는 여동생을 대하듯, 순수하고 깨끗한 마음으로 그들을 대하십시오.

3 외로운 과부를 잘 돌보아 주십시오.

4 만일 그 과부에게 자녀나 손자가 있거든, 그들이 먼저 집에서 효도하는 법을 배우게 하십시오. 그렇게 하는 것이 부모님의 은혜에 보답하는 것이며, 하나님을 기쁘게 해 드리는 일입니다.

5 아무 의지할 곳 없이 홀로 사는 과부는 하나님께 소망을 두고, 밤낮으로 하나님의 도우심을 간구합니다.

6 그러나 세상의 즐거움에 빠져 시간을 보내는 과부는 몸은 살아 있지만 죽은 것과 다름없는 사람입니다.

7 그와 같은 사람들에게 이 모든 것을 가르쳐서 그들이 잘못하는 일이 없도록 지도하십시오.

8 믿는 사람은 자기 친척, 특히 가족부터 잘 돌보아야 합니다. 그렇게 하지 않는 사람은 믿음을 저버린 사람이며, 하나님을 믿지 않는 사람보다 더 나쁜 사람입니다.

9 과부의 명단에는 적어도 육십 세가 넘고, 남편을 진실하게 잘 섬겼던 사람이 오를 수 있습니다.

10 또한 착한 일을 해서 칭찬받는 사람이어야 합니다. 즉 자녀를 잘 기르고, 나그네를 잘 대접하며, 성도들을 위해 봉사하고, 어려움을 당한 사람들을 도우며, 이 모든 선한 일에 몸 바쳐 일한 사람을 말합니다.

11 그러나 젊은 과부들은 그 명단에 올리지 마십시오. 그것은 그들이 그리스도께 헌신한 후, 간혹 재혼하기 위해 그리스도를 저버리는 일이 있기 때문입니다.

12 그러면 처음의 약속을 지키지 못한 죄로 사람들에게 비난을 받게 될 것입니다.

13 뿐만 아니라 젊은 과부들은 이 집 저 집 드나들며 남의 험담을 하고, 다른 사람의 일에 간섭하고, 해서는 안 될 말을 하며 시간을 보냅니다.

14 그러므로 젊은 과부들은 재혼을 하여 아이를 낳고 집안을 돌보게 하십시오. 그러면 비난받을 일도 없을 것입니다.

15 어떤 과부들은 이미 믿음을 버리고 사탄을 따라갔습니다.

16 만일 믿는 여자에게 과부 친척이 있거든, 그 여자가 직접 과부를 도와 주어서 교회에 짐을 지우지 않도록 하십시오. 그래야 교회가 정말 의지할 데 없는 과부들을 돌볼 수 있습니다.

17 교회를 잘 다스리는 장로들은 높은 존경을 받아야 합니다. 말씀을 전하고 가르치는 일에 열심인 장로들은 더 그렇습니다.

18 성경에도 "곡식을 타작하는 소가 먹지 못하도록 그

purity as you would your own sisters.

3 •Take care of* any widow who has no one else to care for her. •But if she has children or grandchildren, their first responsibility is to show godliness at home and repay their parents by taking care of them. This is something that pleases God.

5 •Now a true widow, a woman who is truly alone in this world, has placed her hope in God. She prays night and day, asking God for his help. •But the widow who lives only for pleasure is spiritually dead even while she lives. •Give these instructions to the church so that no one will be open to criticism.

8 •But those who won't care for their relatives, especially those in their own household, have denied the true faith. Such people are worse than unbelievers.

9 •A widow who is put on the list for support must be a woman who is at least sixty years old and was faithful to her husband.*

10 •She must be well respected by everyone because of the good she has done. Has she brought up her children well? Has she been kind to strangers and served other believers humbly?* Has she helped those who are in trouble? Has she always been ready to do good?

11 •The younger widows should not be on the list, because their physical desires will overpower their devotion to Christ and they will want to remarry. •Then they would be guilty of breaking their previous pledge.

13 •And if they are on the list, they will learn to be lazy and will spend their time gossiping from house to house, meddling in other people's business and talking about things they shouldn't. •So I advise these younger widows to marry again, have children, and take care of their own homes. Then the enemy will not be able to say anything against them. •For I am afraid that some of them have already gone astray and now follow Satan.

16 •If a woman who is a believer has relatives who are widows, she must take care of them and not put the responsibility on the church. Then the church can care for the widows who are truly alone.

17 •Elders who do their work well should be respected and paid well,* especially those who work hard at both preaching and teaching. •For the Scripture says, "You must not

5:3 Or Honor.　5:9 Greek was the wife of one husband.　5:10 Greek and washed the feet of God's holy people?　5:17 Greek should be worthy of double honor.

입에 망을 씌우지 마라" 하였고, "일꾼이 품삯을 받는 것은 당연하다"고 하였습니다.

19 두세 사람의 증인이 없거든 장로를 고소하는 말에 귀를 기울이지 마십시오.

20 계속해서 죄를 짓는 사람은 모든 사람 앞에서 꾸짖어 다른 사람들에게 경고가 되게 하십시오.

21 나는 이 모든 것을 하나님과 그리스도 예수와 선택된 천사들 앞에서 그대에게 명령합니다. 어느 누구에게도 편견을 갖지 말고 공정히 이 모든 일을 하기 바랍니다.

22 아무에게나 함부로 손을 얹고 기도하지 마십시오. 다른 사람들과 함께 죄를 짓지 않도록 하고, 자신을 깨끗이 지키십시오.

23 디모데여, 이제부터는 물만 마시지 말고 포도주도 약간 마시도록 하십시오. 포도주는 소화 기능을 도와주어 지금처럼 자주 아프지 않게 될 것입니다.

24 어떤 사람의 죄는 심판받기도 전에 환하게 드러나지만, 그렇지 않은 경우도 있습니다.

25 선한 일도 마찬가지로 쉽게 드러날 때도 있지만, 그렇게 되지 않더라도 나중에 결국 모든 사람이 알게 됩니다.

6 종의 신분을 가진 사람들은 자기 주인을 존경해야 합니다. 그래야만 하나님의 이름과 우리의 가르침을 무시할 수 없게 됩니다.

2 믿는 자를 주인으로 섬기는 사람도 있을 것입니다. 물론 그리스도 안에서는 모두가 한 형제가 되지만, 그렇다고 주인을 공경하지 않아도 된다는 말은 결코 아닙니다. 오히려 그들을 더 잘 섬기고 존경해야 할 것입니다. 왜냐하면 그런 주인들은 믿음 안에서 사랑하는 형제들을 돕고 있기 때문입니다. 그대는 이것들을 가르치고 전하십시오.

거짓된 가르침과 참된 부

3 만일 이것과 다른 가르침을 전하는 자가 있다면 그는 우리 주 예수 그리스도의 참된 가르침을 말하고 있는 것이 아닙니다. 우리 주님의 가르침은 하나님을 섬기는 바른 길을 보여 주는 것입니다.

4 그리스도의 가르침을 바로 전하지 않는 사람은 교만하며, 아무것도 알지 못하고 말싸움과 변론을 일삼는 사람입니다. 이런 일은 시기와 다툼과 모욕과 서로에 대한 의심만 가져올 따름입니다.

5 악한 마음을 품고 다투는 사람들은 이미 진리를 잃어버렸으며, 하나님을 섬기는 일을 돈 버는 수단으로 생각하고 있습니다.

6 지금 가지고 있는 것에 만족하는 것은 경건에 큰 도움이 됩니다.

7 우리가 세상에 올 때, 아무것도 가지고 오지 않았으므로, 세상을 떠날 때도 아무것도 가져가지 못합니다.

---

muzzle an ox to keep it from eating as it treads out the grain." And in another place, "Those who work deserve their pay!"*

19 •Do not listen to an accusation against an elder unless it is confirmed by two or three witnesses. •Those who sin should be reprimanded in front of the whole church; this will serve as a strong warning to others.

21 •I solemnly command you in the presence of God and Christ Jesus and the highest angels to obey these instructions without taking sides or showing favoritism to anyone.

22 •Never be in a hurry about appointing a church leader.* Do not share in the sins of others. Keep yourself pure.

23 •Don't drink only water. You ought to drink a little wine for the sake of your stomach because you are sick so often.

24 •Remember, the sins of some people are obvious, leading them to certain judgment. But there are others whose sins will not be revealed until later. •In the same way, the good deeds of some people are obvious. And the good deeds done in secret will someday come to light.

6 All slaves should show full respect for their masters so they will not bring shame on the name of God and his teaching. •If the masters are believers, that is no excuse for being disrespectful. Those slaves should work all the harder because their efforts are helping other believers* who are well loved.

False Teaching and True Riches

3 Teach these things, Timothy, and encourage everyone to obey them. •Some people may contradict our teaching, but these are the wholesome teachings of the Lord Jesus Christ. These teachings promote a godly life. •Anyone who teaches something different is arrogant and lacks understanding. Such a person has an unhealthy desire to quibble over the meaning of words. This stirs up arguments ending in jealousy, division, slander, and evil suspicions. •These people always cause trouble. Their minds are corrupt, and they have turned their backs on the truth. To them, a show of godliness is just a way to become wealthy.

6 •Yet true godliness with contentment is itself great wealth. •After all, we brought nothing with us when we came into the world, and we can't take anything with us

---

5:18 Deut 25:4; Luke 10:7　5:22 Greek *about the laying on of hands.*　6:2 Greek *brothers.*

8 그러므로 먹을 음식과 입을 옷이 있다면 만족할 줄 알아야 합니다.

9 부자가 되려고 애쓰는 사람은 시험에 들고 함정에 빠지게 됩니다. 어리석은 일을 하다가 결국 자신을 망치는 구덩이에 떨어지는 것입니다.

10 돈을 사랑하는 것이 모든 악의 뿌리입니다. 돈을 더 많이 얻으려다가 진실한 믿음에서 떠나고, 오히려 더 큰 근심과 고통만 당하게 됩니다.

잊지 말아야 할 것

11 그대는 하나님의 사람이니 이 모든 악을 멀리하십시오. 옳은 길에 서며, 하나님을 섬기고, 믿음과 사랑과 인내와 온유함을 가지십시오.

12 믿음을 지키는 것은 달리기 시합과도 같습니다. 영원한 생명을 얻게 되리라는 것을 확신하며, 할 수 있는 한, 승리할 때까지 열심히 뛰어가십시오. 이것을 위해 그대는 부르심을 받았고, 또한 많은 사람들 앞에서 그리스도를 향한 신앙을 고백한 것입니다.

13 예수 그리스도께서도 본디오 빌라도 앞에서 진리를 말씀하셨습니다. 모든 것에 생명을 주시는 하나님과 예수 그리스도 앞에서 그대에게 명령합니다.

14 우리 주 예수 그리스도가 다시 오시는 그날까지, 아무 흠과 잘못 없이 이 명령을 잘 지켜 나가십시오.

15 때가 되면 하나님께서 그리스도를 다시 보내실 것입니다. 하나님은 복의 근원이시며, 우리를 다스리는 분이십니다. 모든 왕의 왕이 되시며, 모든 주의 주가 되십니다.

16 하나님은 영원히 살아 계시고 빛 가운데 계셔서 가까이 갈 수도, 볼 수도 없습니다. 영광과 능력이 하나님께 영원히 있습니다. 아멘.

17 이 세상의 부자들에게 이 말을 전하십시오. 교만하지 말며, 돈을 의지하지 말고, 하나님께 소망을 두라고 가르치십시오. 하나님은 우리가 필요로 하는 모든 것을 주시며, 또 그것을 누리게 하시는 분이십니다.

18 선한 일을 하도록 노력하며, 베푸는 가운데 부유함을 누리도록 그들을 가르치십시오. 나눠 주고 베풀 때에 맛볼 수 있는 참 기쁨을 말해 주십시오.

19 그렇게 할 때, 그들은 하늘 창고에 보물을 쌓게 될 것입니다. 이것이 그들의 미래를 위한 든든한 터가 되고, 참 생명을 얻게 해 줄 것입니다.

20 디모데여, 하나님께서는 그대에게 많은 것을 맡기셨습니다. 그것을 잘 간직하고, 하나님을 대적하며 어리석은 말을 하는 사람을 멀리하십시오. 진리를 떠나 변론하는 사람들은 그들의 지식을 '참된 지식'이라고 말하지만, 그것은 결코 지식이 아닙니다.

21 오히려 그들은 참된 믿음을 떠난 자들입니다. 하나님의 은혜가 그대와 함께하기를 빕니다.

---

8 when we leave it. •So if we have enough food and clothing, let us be content.

9 •But people who long to be rich fall into temptation and are trapped by many foolish and harmful desires that plunge them

10 into ruin and destruction. •For the love of money is the root of all kinds of evil. And some people, craving money, have wandered from the true faith and pierced themselves with many sorrows.

Paul's Final Instructions

11 •But you, Timothy, are a man of God; so run from all these evil things. Pursue righteousness and a godly life, along with faith,

12 love, perseverance, and gentleness. •Fight the good fight for the true faith. Hold tightly to the eternal life to which God has called you, which you have declared so well before

13 many witnesses. •And I charge you before God, who gives life to all, and before Christ Jesus, who gave a good testimony before

14 Pontius Pilate, •that you obey this command without wavering. Then no one can find fault with you from now until our Lord

15 Jesus Christ comes again. •For,

At just the right time Christ will be revealed from heaven by the blessed and only almighty God, the King of all kings and Lord of all lords. •He alone

16 can never die, and he lives in light so brilliant that no human can approach him. No human eye has ever seen him, nor ever will. All honor and power to him forever! Amen.

17 •Teach those who are rich in this world not to be proud and not to trust in their money, which is so unreliable. Their trust should be in God, who richly gives us all we need for

18 our enjoyment. •Tell them to use their money to do good. They should be rich in good works and generous to those in need,

19 always being ready to share with others. •By doing this they will be storing up their treasure as a good foundation for the future so that they may experience true life.

20 •Timothy, guard what God has entrusted to you. Avoid godless, foolish discussions with those who oppose you with their so-

21 called knowledge. •Some people have wandered from the faith by following such foolishness.

May God's grace be with you all.

plunge [plʌndʒ] *vt.* 밀어넣다, 몰아넣다
quibble [kwíbl] *vi.* 애매한 말을 쓰다; 억지스런 변명을 하다

디모데후서

✦ 서론

✛ 저자 _ 사도 바울
✛ 저작 연대 _ A.D. 66–67년경
✛ 기록 장소 _ 로마 감옥으로 추정
✛ 기록 대상 _ 디모데
✛ 핵심어 및 내용 _ 핵심어는 '인내'와 '가르침'이다. 바울은 디모데에게 그리스도의 선한 군사로서 다가오는 모든 시련들을 잘 견디고 청년의 정욕을 피하며 믿음과 의로움 가운데 생활할 것을 권면한다.

인사

1 그리스도 예수 안에 있는 생명의 약속을 전하라는 하나님의 뜻에 따라 예수 그리스도의 사도가 된 나 바울은

2 나의 사랑하는 아들 디모데에게 편지를 씁니다. 하나님 아버지와 우리 주 예수 그리스도께서 은혜와 자비와 평안을 내려주시기를 빕니다.

디모데를 향한 격려

3 나는 밤낮으로 기도할 때마다 그대를 기억하면서 하나님께 감사드립니다. 하나님은 우리 조상의 하나님이시며, 또한 나의 하나님이십니다. 그분을 섬기는 것은 진정 나의 기쁨입니다.

4 나는 그대가 떠날 때에 흘렸던 눈물을 기억하고 있으며, 어서 빨리 그대를 만나고 싶습니다. 다시 만난다면 얼마나 기쁘겠습니까?

5 나는 그대의 진실한 믿음을 기억하고 있습니다. 그 믿음은 그대의 할머니 로이스와 어머니 유니게에게 있었던 것인데, 이제 그대가 그 믿음을 물려받았습니다.

6 내가 왜 하나님께서 그대에게 주신 은사를 사용하라고 말하는지 아시겠습니까? 하나님께서는 내가 그대에게 손을 얹고 기도할 때 은사를 주셨습니다. 작은 불꽃이 큰 불을 일으키듯 그대가 받은 은사를 자라게 하십시오.

7 하나님께서는 우리에게 두려워하는 마음을 주신 것이 아니라, 능력과 사랑과 절제하는 마음을 주셨습니다.

8 그러므로 우리 주 예수님을 증거하는 것을 부끄러워하지 마십시오. 또한 주님을 위해 감옥에 갇힌 나에 대해서도 부끄러워하지 말기 바랍니다. 오히려 복음을 위해 함께 고난을 받으십시오, 하나님께서 이 모든 것을 할 수 있는 능력을 주실 것입니다.

9 하나님께서는 우리를 구원해 주시고 그분의 거룩한 백성으로 삼으셨습니다. 이것은 우리가 무언가 큰 일을 해서가 아니라, 그분이 원하셔서 그분의 은혜로 된 것입니다. 그 은혜는 세상이 시작

Greetings from Paul

1 This letter is from Paul, chosen by the will of God to be an apostle of Christ Jesus. I have been sent out to tell others about the life he has promised through faith in Christ Jesus.

2 • I am writing to Timothy, my dear son.
May God the Father and Christ Jesus our Lord give you grace, mercy, and peace.

Encouragement to Be Faithful

3 • Timothy, I thank God for you—the God I serve with a clear conscience, just as my ancestors did. Night and day I constantly remember you in my prayers. • I long to see you again, for I remember your tears as we parted. And I will be filled with joy when we are together again.

5 • I remember your genuine faith, for you share the faith that first filled your grandmother Lois and your mother, Eunice. And I know that same faith continues strong in you. • This is why I remind you to fan into flames the spiritual gift God gave you when I laid my hands on you. • For God has not given us a spirit of fear and timidity, but of power, love, and self-discipline.

8 • So never be ashamed to tell others about our Lord. And don't be ashamed of me, either, even though I'm in prison for him. With the strength God gives you, be ready to suffer with me for the sake of the Good News. • For God saved us and called us to live a holy life. He did this, not because we deserved it, but because that was his plan from before the beginning of time—to show us his grace through Christ

ashamed [əʃéimd] *a.* 부끄러운, 수치스럽게 여기는
conscience [kánʃəns] *n.* 양심
deserve [dizə́:rv] *vt.* 받을 만하다
genuine [dʒénjuin] *a.* 거짓 없는, 성실한
self-discipline [sélfdísəplin] *n.* 자제
suffer [sʌ́fər] *vt.* (고난 등을) 당하다
timidity [timídəti] *n.* 겁 많음; 수줍음
1:6 remind ~ to … : ~에게 …을 상기시키다
1:6 fan into flames : 분발시키다(stip up)
1:8 for the sake of … : …을 위하여

되기 전에 예수 그리스도를 통해 우리에게 이미 주어졌습니다.

10 그리고 우리 구주 예수 그리스도가 오시고 나서야 비로소 우리에게 보여졌습니다. 예수님께서는 죽음의 권세를 깨뜨리시고, 복음을 통해 영원한 생명의 길을 보여 주셨습니다.

11 나는 이 복음을 전하는 사람으로 선택받았고, 또 사도와 교사의 직무를 맡았습니다.

12 내가 복음을 전하는 일 때문에 고난을 받지만, 이에 대해 조금도 부끄러워하지 않습니다. 그것은 내가 지금까지 믿어 온 한 분, 예수 그리스도를 잘 알고 있기 때문입니다. 또 주님은 내게 맡기신 것을 세상 끝날까지 안전하게 지키실 것이라고 확실히 믿기 때문입니다.

13 내게서 들은 진리의 가르침을 잘 따르십시오. 그래서 예수 그리스도 안에서 우리가 가지게 될 믿음과 사랑의 본으로 삼으십시오.

14 우리 안에 계신 성령께 도우심을 구하며, 그대에게 맡겨진 진리를 소중히 간직하십시오.

15 그대도 알다시피 아시아에 있는 모든 사람들이 나를 버렸습니다. 심지어 부겔로와 허모게네마저도 나를 떠났습니다.

16 주님께서 오네시보로의 가족에게 은혜를 베푸시기를 기도합니다. 그는 여러 번 나를 찾아와 격려해 주었으며, 내가 감옥에 갇힌 것도 부끄러워하지 않았습니다.

17 그는 로마에 왔을 때, 사방으로 나를 찾아다닌 끝에 나와 만날 수 있었습니다.

18 주님께서 다시 오실 그날에 오네시보로에게 자비를 베푸시기를 진심으로 기도합니다. 에베소에 있을 때에도 그가 나를 얼마나 잘 돌보아 주었는지는 그대도 알고 있을 것입니다.

예수 그리스도의 충성된 군사

2 나의 사랑하는 아들 디모데여, 예수 그리스도의 은혜로 인해 강하고 담대하십시오.

2 내게서 들은 가르침을 충성된 사람들에게 가르치십시오. 그러면 그들이 또다시 다른 사람에게 말씀을 가르칠 것입니다.

3 예수 그리스도의 훌륭한 군사답게 지금 우리가 받는 고난을 함께 겪으십시오.

4 군사는 자신의 지휘관을 따라 그를 기쁘게 해야 하기 때문에 이 세상의 작은 일에는 신경을 쓸 수가 없습니다.

5 경기하는 사람이 규칙을 어기면 상을 받을 수가 없습니다.

6 열심히 일한 농부가 수확되는 곡식을 먼저 얻는 것이 당연합니다.

7 내가 말하는 것을 귀담아 들으십시오. 주님께서 이

10 Jesus. •And now he has made all of this plain to us by the appearing of Christ Jesus, our Savior. He broke the power of death and illuminated the way to life and immortality through the Good News. •And God chose me to be a preacher, an apostle, and a teacher of this Good News.

12 •That is why I am suffering here in prison. But I am not ashamed of it, for I know the one in whom I trust, and I am sure that he is able to guard what I have entrusted to him* until the day of his return.

13 •Hold on to the pattern of wholesome teaching you learned from me—a pattern shaped by the faith and love that you have in Christ Jesus. •Through the power of the Holy Spirit who lives within us, carefully guard the precious truth that has been entrusted to you.

15 •As you know, everyone from the province of Asia has deserted me—even Phygelus and Hermogenes.

16 •May the Lord show special kindness to Onesiphorus and all his family because he often visited and encouraged me. He was never ashamed of me because I was in chains. •When he came to Rome, he searched everywhere until he found me. •May the Lord show him special kindness on the day of Christ's return. And you know very well how helpful he was in Ephesus.

A Good Soldier of Christ Jesus

2 Timothy, my dear son, be strong through the grace that God gives you in Christ Jesus. •You have heard me teach things that have been confirmed by many reliable witnesses. Now teach these truths to other trustworthy people who will be able to pass them on to others.

3 •Endure suffering along with me, as a good soldier of Christ Jesus. •Soldiers don't get tied up in the affairs of civilian life, for then they cannot please the officer who enlisted them. •And athletes cannot win the prize unless they follow the rules. •And hardworking farmers should be the first to enjoy the fruit of their labor. •Think about what I am saying. The Lord will help you understand all these things.

civilian [siví|jən] *n.* 민간인, 일반 시민
entrust [intrʌ́st] *vt.* (책임 등을) 맡기다
illuminate [ilúːmənèit] *vt.* …을 비추다, 밝게 하다
immortality [ìmɔːrtǽləti] *n.* 영원한 생명
1:13 hold on to … : …을 붙잡다, 고수하다

1:12 Or *what has been entrusted to me.*

모든 것을 이해할 수 있는 지혜를 주실 것입니다.

8 예수 그리스도를 깊이 묵상하십시오. 그분은 다윗의 후손으로 태어나시고, 죽은 자 가운데서 부활하셨습니다. 내가 전하는 말씀이 바로 이것이며

9 이 복음 때문에 내가 고난을 받는 것입니다. 나는 비록 죄인처럼 쇠사슬에 매여 있지만, 하나님의 말씀은 결코 묶일 수 없습니다.

10 그러므로 나는 이 모든 괴로움을 기쁘게 참을 수 있습니다. 하나님께서 선택하신 사람에게는 예수 그리스도 안에 있는 구원을 베푸시고, 영원한 영광도 함께 주실 것입니다.

11 진리의 말씀이 여기 있습니다. 우리가 주님과 함께 죽으면, 주님과 함께 다시 살아나게 될 것입니다.

12 우리가 계속 참으면, 주님과 함께 왕 노릇할 것입니다. 우리가 주님을 모른다고 하면, 주님 역시 우리를 모른다고 하실 것입니다.

13 그러나 우리가 신실하지 못할 때에도, 주님은 우리에게 신실하게 대하십니다. 왜냐하면 그분은 자기를 부인할 수 없으시기 때문입니다.

하나님을 기쁘시게 하는 일꾼

14 그대는 성도들을 가르칠 때에 하나님 앞에서 말다툼을 하지 않도록 주의를 주십시오. 말로 하는 논쟁은 아무에게도 도움이 안 될 뿐더러, 그것을 듣는 사람들도 망하게 합니다.

15 그대 스스로 하나님께 인정받는 선한 사람이 되도록 힘쓰고, 하나님을 열심히 섬기십시오. 진리의 말씀을 올바르게 가르쳐서 부끄러움이 없는 일꾼이 되도록 노력하십시오.

16 쓸모 없는 세상적인 것들을 이야기하는 사람들을 피하십시오. 그런 이야기들은 경건에서 점점 더 멀어지게 할 뿐입니다.

17 그들의 거짓된 가르침은 암처럼 퍼지게 되는데, 후메내오와 빌레도가 그런 가르침을 전한 사람입니다.

18 그들은 진리의 말씀을 떠났습니다. 부활은 이미 옛날에 일어났다고 말하며 믿음이 약한 자들을 넘어뜨리고 있습니다.

19 그러나 하나님의 든든한 터는 결코 무너지지 않습니다. 그 터 위에 "주님은 주님께 속한 자를 다 알고 계신다"*라는 말씀과 "주님을 믿는다고 말하는 자는 악을 행해서는 안 된다"*라는 말씀이 기록되어 있습니다.

20 큰 집에는 금그릇과 은그릇이 있습니다. 그러나 나무그릇과 흙으로 빚은 그릇 또한 있습니다. 그 그릇 가운데 특별히 귀하게 쓰이는 그릇도 있지만 평범하게 쓰이는 그릇도 있을 것입니다.

21 만약 누구든지 악을 멀리하고 자신을 깨끗하게 하면, 주인이신 주님이 쓰기에 귀하고 거룩한 그릇이

8 •Always remember that Jesus Christ, a descendant of King David, was raised from the dead. This is the Good News I preach.

9 •And because I preach this Good News, I am suffering and have been chained like a criminal. But the word of God cannot be

10 chained. •So I am willing to endure anything if it will bring salvation and eternal glory in Christ Jesus to those God has chosen.

11 •This is a trustworthy saying:

If we die with him,
  we will also live with him.

12 If we endure hardship,
  we will reign with him.
If we deny him,
  he will deny us.

13 •If we are unfaithful,
  he remains faithful,
  for he cannot deny who he is.

14 •Remind everyone about these things, and command them in God's presence to stop fighting over words. Such arguments are useless, and they can ruin those who hear them.

An Approved Worker

15 •Work hard so you can present yourself to God and receive his approval. Be a good worker, one who does not need to be ashamed and who correctly explains the word of

16 truth. •Avoid worthless, foolish talk that

17 only leads to more godless behavior. •This kind of talk spreads like cancer,* as in the case of Hymenaeus and Philetus. •They have left the path of truth, claiming that the resurrection of the dead has already occurred; in this way, they have turned some people away from the faith.

19 •But God's truth stands firm like a foundation stone with this inscription: "The LORD knows those who are his,"* and "All who belong to the LORD must turn away from evil."*

20 •In a wealthy home some utensils are made of gold and silver, and some are made of wood and clay. The expensive utensils are used for special occasions, and the cheap ones are for everyday use. •If you keep yourself pure, you will be a special utensil for honorable use. Your life will be clean, and you will be ready for the Master to use you

inscription [inskrípʃən] *n.* 비문; 비명

2:17 Greek *gangrene.*   2:19a Num 16:5.   2:19b See Isa 52:11.

2:19 민 16:5과 사 52:11에 기록되어 있다.

될 것입니다. 그런 사람은 언제나 좋은 일에 쓰일 수 있는 준비된 사람입니다.

22 젊은 사람들이 빠지기 쉬운 정욕을 멀리하십시오. 깨끗한 마음을 가지고 주님을 신뢰하는 사람들과 함께 의와 믿음과 사랑과 평안을 추구하기 바랍니다.

23 어리석고 무식한 논쟁을 피하십시오. 그런 논쟁은 더 큰 싸움만 일으킬 뿐입니다.

24 주님의 종은 다투지 말고, 모든 사람에게 친절히 대하고 잘 가르치며, 오래 참아야 합니다.

25 또한 진리를 거역하는 자들에게도 온유한 마음으로 가르쳐야 합니다. 그러면 하나님께서 그들의 마음을 변화시켜 진리를 따르도록 만드실지도 모르기 때문입니다.

26 마귀는 그들을 올무에 묶어 두고 제멋대로 하려고 했지만, 결국 그들은 하나님의 뜻을 따라 살게 될 것입니다.

마지막 날

3 마지막 날에 많은 고난이 있다는 것을 기억하십시오.

2 그때에는 사람들이 자기 자신과 돈만 사랑하며, 뽐내고 교만하며, 다른 사람들을 헐뜯고, 부모에게 순종하지 않을 것입니다. 또한 감사하지 않고, 하나님께서 원하시는 사람이 되려고도 하지 않을 것입니다.

3 다른 사람에 대한 사랑도 없고 용서도 없으며, 나쁜 말을 일삼으며, 절제하지도 못하고 잔인하며, 선한 것을 싫어할 것입니다.

4 가까운 친구를 배반하고 성급하게 행동하며, 교만하고 쾌락을 즐기며, 하나님을 사랑하지 않고,

5 겉으로는 하나님을 섬기는 체하나 실제로는 하나님을 경외하지 않을 것입니다. 여러분은 이런 사람들을 멀리하기 바랍니다.

6 그들 중에 어떤 이들은 남의 집에 들어가 어리석은 여자를 유혹하기도 합니다. 그런 여자들은 악한 욕심에 이끌려 죄에 빠져 있고,

7 항상 새로운 말씀을 배우지만, 진리를 깨닫지 못합니다.

8 얀네와 얌브레가 모세를 배반한 것처럼 그들도 진리를 미워하고 반대하니, 생각이 바르지 못하고 혼란스러워 진리를 바로 따라갈 수도 없습니다.

9 그들의 행위는 오래가지 못하고 결국 얀네와 얌브레가 그랬던 것처럼, 그들의 어리석음이 모든 사람 앞에 드러나고 말 것입니다.

가르침에 순종하라

10 그대는 나의 모든 것을 잘 알고 있습니다. 내가 가르치는 것과 살아가는 방식과 삶의 목적, 그리고 나의 믿음과 인내와 사랑, 끊임없이 노력하는 나의 마

---

for every good work.

22 •Run from anything that stimulates youthful lusts. Instead, pursue righteous living, faithfulness, love, and peace. Enjoy the companionship of those who call on the Lord with pure hearts.

23 •Again I say, don't get involved in foolish, ignorant arguments that only start fights.

24 •A servant of the Lord must not quarrel but must be kind to everyone, be able to teach, and be patient with difficult people.

25 •Gently instruct those who oppose the truth. Perhaps God will change those people's hearts, and they will learn the truth.

26 •Then they will come to their senses and escape from the devil's trap. For they have been held captive by him to do whatever he wants.

The Dangers of the Last Days

3 You should know this, Timothy, that in the last days there will be very difficult times. •For people will love only themselves and their money. They will be boastful and proud, scoffing at God, disobedient to their parents, and ungrateful. They will consider nothing sacred. •They will be unloving and unforgiving; they will slander others and have no self-control. They will be cruel and hate what is good. •They will betray their friends, be reckless, be puffed up with pride, and love pleasure rather than God. •They will act religious, but they will reject the power that could make them godly. Stay away from people like that!

6 •They are the kind who work their way into people's homes and win the confidence of* vulnerable women who are burdened with the guilt of sin and controlled by various desires. •(Such women are forever following new teachings, but they are never able to understand the truth.) •These teachers oppose the truth just as Jannes and Jambres opposed Moses. They have depraved minds and a counterfeit faith. •But they won't get away with this for long. Someday everyone will recognize what fools they are, just as with Jannes and Jambres.

Paul's Charge to Timothy

10 •But you, Timothy, certainly know what I teach, and how I live, and what my purpose

---

counterfeit [káuntərfit] *a.* 겉치레의, 속임수의
stimulate [stímjuleit] *vt.* 자극하다
vulnerable [vʌ́lnərəbl] *a.* (유혹에) 넘어가기 쉬운

3:6 Greek *and take captive.*

음도 알고 있습니다.

11 내가 당한 고난과, 안디옥과 이고니온과 루스드라를 지나며 겪었던 일들, 그곳에서 받은 핍박도 알고 있을 것입니다. 그러나 주님께서는 그 모든 어려움 가운데서 나를 구해 주셨습니다.

12 예수 그리스도 안에서 하나님의 뜻대로 살고자 하는 사람들은 고난을 겪게 될 것입니다.

13 그러나 악한 마음을 품고 다른 사람을 속이는 자들은 더 악해져서, 결국 자기 꾀에 속아 넘어가고 말 것입니다.

14 그대는 지금까지 배워 온 가르침을 계속 좇아가십시오. 이 가르침들이 진실이라는 것은 그대 스스로 알 것입니다. 그리고 그대가 믿을 만한 사람들이 그대에게 이것을 가르쳤습니다.

15 그대는 어려서부터 성경을 알았는데, 이 성경은 그대를 지혜롭게 하여 그리스도 예수를 믿는 믿음을 통해 구원을 얻게 하였습니다.

16 모든 성경 말씀은 하나님께서 감동을 주셔서 기록되었기 때문에 진리를 가르쳐 주며, 삶 가운데 무엇이 잘못되었는지 알게 해 줍니다. 또한 그 잘못을 바르게 잡아 주고 의롭게 사는 법을 가르쳐 줍니다.

17 말씀을 통해 하나님을 바르게 섬기는 자로 준비하게 되고, 모든 좋은 일을 할 수 있는 사람으로 자라게 됩니다.

4 나는 하나님과 그리스도 예수 앞에서 그대에게 명령합니다. 예수 그리스도께서는 산 자와 죽은 자를 심판하실 분이십니다. 그분은 이 땅에 다시 오셔서 그의 나라를 세우실 것입니다.

2 언제 어디서나 항상 하나님의 말씀을 전하십시오. 사람들에게 마땅히 해야 할 일을 가르치고, 잘못을 바로잡아 주며, 격려해 주십시오. 끝까지 참고 그들을 잘 가르쳐야 합니다.

3 사람들이 참된 진리는 들으려고 하지 않고, 오히려 자기들을 즐겁게 해 주며 마음에 드는 말만 하는 선생들을 찾으려는 때가 올 것입니다.

4 그들은 진리에 귀기울이기보다는 거짓된 이야기와 가르침을 따를 것입니다.

5 그러나 그대는 항상 자신을 돌아보며, 고난받는 것을 두려워하지 마십시오. 복음을 전하는 일에 힘쓰며, 하나님의 종으로서 해야 할 일을 꿋꿋이 하십시오.

6 나는 이미 하나님께 내 삶을 바쳤고, 이제는 이 땅을 떠날 때가 되었습니다.

7 나는 선한 싸움을 싸웠고, 내가 달려가야 할 길도 끝냈으며, 믿음도 지켰습니다.

8 결국 내게는 의의 면류관이 예비되어 있습니다. 그 면류관은 의의 재판관이신 주님께서 그날에 내게, 나뿐만 아니라 주님의 나타나심을 사모하는 모든

---

in life is. You know my faith, my patience,
11 my love, and my endurance. •You know how much persecution and suffering I have endured. You know all about how I was persecuted in Antioch, Iconium, and Lystra—
12 but the Lord rescued me from all of it. •Yes, and everyone who wants to live a godly life
13 in Christ Jesus will suffer persecution. •But evil people and impostors will flourish. They will deceive others and will themselves be deceived.

14 •But you must remain faithful to the things you have been taught. You know they are true, for you know you can trust
15 those who taught you. •You have been taught the holy Scriptures from childhood, and they have given you the wisdom to receive the salvation that comes by trusting
16 in Christ Jesus. •All Scripture is inspired by God and is useful to teach us what is true and to make us realize what is wrong in our lives. It corrects us when we are wrong and
17 teaches us to do what is right. •God uses it to prepare and equip his people to do every good work.

4 I solemnly urge you in the presence of God and Christ Jesus, who will someday judge the living and the dead when he
2 comes to set up his Kingdom: •Preach the word of God. Be prepared, whether the time is favorable or not. Patiently correct, rebuke, and encourage your people with good teaching.

3 •For a time is coming when people will no longer listen to sound and wholesome teaching. They will follow their own desires and will look for teachers who will tell them whatever their itching ears want to hear.
4 •They will reject the truth and chase after myths.

5 •But you should keep a clear mind in every situation. Don't be afraid of suffering for the Lord. Work at telling others the Good News, and fully carry out the ministry God has given you.

6 •As for me, my life has already been poured out as an offering to God. The time
7 of my death is near. •I have fought the good fight, I have finished the race, and I have
8 remained faithful. •And now the prize awaits me—the crown of righteousness, which the Lord, the righteous Judge, will give me on the day of his return. And the prize is not just for me but for all who eager-

---

abandon [əbǽndən] *vt.* 버리다
deliver [dilívər] *vt.* 구출하다, 해방시키다

사람들에게, 상으로 주실 것입니다.

개인적인 부탁

9 되도록 빨리 내게 와 주었으면 합니다.

10 데마는 이 세상을 너무 사랑하여 나를 버리고 데살로니가로 갔습니다. 그레스게는 갈라디아로 떠나고, 디도도 달마디아로 가 버렸습니다.

11 누가만이 내 곁에 남아 있는 유일한 사람입니다. 그대가 올 때, 마가도 같이 데려왔으면 좋겠습니다. 지금 그의 도움이 필요합니다.

12 두기고는 내가 에베소로 보냈습니다.

13 드로아에 있을 때, 가보의 집에 두고 온 외투를 가져와 주십시오. 그리고 책, 특히 양피지에 쓴 것들을 잊지 말고 가져다 주십시오.

14 구리 세공을 하는 알렉산더가 나를 많이 괴롭혔습니다. 주님께서 그가 한 일에 대해 벌을 주실 것입니다.

15 그대 역시 그를 조심하도록 하십시오. 그는 우리가 전하는 말씀에 대해 매우 반대하는 사람입니다.

16 내가 처음 재판관 앞에 끌려갔을 때, 나를 도와 준 사람이 한 명도 없었습니다. 모두 나를 버리고 떠났지만, 그들이 비난받지 않기를 바랍니다.

17 주님께서는 그 순간에 나와 함께하셔서 이방인들에게 용기 있게 복음을 전할 수 있게 해 주셨습니다. 주님께서는 모든 이방인들까지 주님의 말씀을 듣기를 바라셨던 것입니다. 또한 나를 사자의 입에서 구해 주셨습니다.

18 주님은 내게 해를 입히려는 모든 사람들에게서 나를 구해 주시고, 하늘나라에 안전히 들어가게 하실 것입니다. 우리 주님께 영원토록 영광을 올려 드립니다. 아멘.

마지막 작별 인사

19 브리스가와 아굴라, 그리고 오네시보로의 가족에게도 안부를 전해 주십시오.

20 에라스도는 고린도에 머물러 있고, 드로비모는 병이 나서 밀레도에 남겨 두었습니다.

21 겨울이 오기 전에 그대가 이곳으로 왔으면 좋겠습니다. 으불로가 그대에게 안부를 전합니다. 부데, 리노, 글라우디아, 그리고 그 외 다른 사람들도 그대에게 안부를 전합니다.

22 주님께서 그대와* 함께 계시기를 바라며, 하나님의 은혜가 가득하기를 기도합니다.

ly look forward to his appearing.

Paul's Final Words

9 • Timothy, please come as soon as you can.
10 • Demas has deserted me because he loves the things of this life and has gone to Thessalonica. Crescens has gone to Galatia, and
11 Titus has gone to Dalmatia. • Only Luke is with me. Bring Mark with you when you come, for he will be helpful to me in my
12 ministry. • I sent Tychicus to Ephesus.
13 • When you come, be sure to bring the coat I left with Carpus at Troas. Also bring my books, and especially my papers.*
14 • Alexander the coppersmith did me much harm, but the Lord will judge him for
15 what he has done. • Be careful of him, for he fought against everything we said.
16 • The first time I was brought before the judge, no one came with me. Everyone abandoned me. May it not be counted
17 against them. • But the Lord stood with me and gave me strength so that I might preach the Good News in its entirety for all the Gentiles to hear. And he rescued me from
18 certain death.* • Yes, and the Lord will deliver me from every evil attack and will bring me safely into his heavenly Kingdom. All glory to God forever and ever! Amen.

Paul's Final Greetings

19 • Give my greetings to Priscilla and Aquila and those living in the household of One-
20 siphorus. • Erastus stayed at Corinth, and I left Trophimus sick at Miletus.
21 • Do your best to get here before winter. Eubulus sends you greetings, and so do Pudens, Linus, Claudia, and all the brothers and sisters.*
22 • May the Lord be with your spirit. And may his grace be with all of you.

---

desert [dizə́ːrt] *vt.* 저버리다
equip [ikwíp] *vt.* 갖추게 하다
flourish [flə́ːriʃ] *vi.* 번성하다
impostor [impástər] *n.* 사기꾼
inspired [inspáiərd] *a.* 영감으로 쓰여진
itching [itʃiŋ] *a.* 탐욕의; …하고 싶어 못 견디는
parchment [páːrtʃmənt] *n.* 양피지
rebuke [ribjúːk] *vt.* 책망하다
solemnly [sáləmli] *ad.* 진지하게
wholesome [hóulsəm] *a.* 건전한, 유익한
4:8 look forward to … : …을 기대하다
4:17 in its entirety : 전부, 온전히

4:13 Greek *especially the parchments.*　　4:17
Greek *from the mouth of a lion.*　　4:21 Greek
brothers.

4:22 그대의 영과

디 도 서

❖ 서론

- ❖ 저자 _ 사도 바울
- ❖ 저작 연대 _ A.D. 63~65년 사이
- ❖ 기록 장소 _ 그리스나 마케도니아
- ❖ 기록 대상 _ 디도
- ❖ 핵심어 및 내용 _ 핵심어는 '순결함'과 '상속자'이다. 그리스도인들은 순결한 삶을 살아야 할 뿐만 아니라 그 마음의 동기도 순결해야만 한다. 또한 모든 신자는 하나님이 주실 모든 복을 영원히 누리는 상속자가 되기 위해 하나님 앞에서 의롭게 되었다.

인사

1 하나님의 종이며 예수 그리스도의 사도인 나 바울은, 하나님께서 선택하신 백성의 믿음을 굳게 하며, 하나님의 진리를 깨닫는 일을 돕기 위해 보내졌습니다.

2 이 믿음과 지식은 영원한 생명을 바라는 마음에서 생겨난 것입니다. 이 생명은 거짓이 없으신 하나님께서 세상이 시작되기 전부터 약속하신 것입니다.

3 하나님께서는 하나님이 정하신 때에 전도를 통해 사람들이 이 생명에 관해 알도록 하셨습니다. 나는 우리 구주이신 하나님의 명령대로 전도의 임무를 맡아 이 말씀을 전합니다.

4 나는 같은 믿음 안에서 내게 친아들과도 같은 디도에게 이 편지를 씁니다. 하나님 아버지와 우리 구주 예수 그리스도의 은혜와 평안이 함께하기를 빕니다.

크레타에서 디도가 할 일

5 내가 그대를 크레타 섬에 두고 온 것은 미처 못다 한 일들을 정리하고 각 마을에 장로들을 세우는 일을 돕게 하기 위해서입니다.

6 장로는 다른 사람들에게 책망받을 것이 없어야 하고, 한 명의 아내만 두어야 하며, 자녀들도 믿는 사람이어야 합니다. 자녀들이 거칠거나 불순종해서는 안 됩니다.

7 감독은 하나님을 섬기는 일을 맡은 사람이기 때문에 흠이 없는 사람이어야 하며, 교만하고 이기적이거나 화를 잘 내서는 안 됩니다. 술을 좋아하고 싸우기를 잘하며, 남을 속여 자신의 이익을 챙기는 사람이어서도 안 됩니다.

8 손님을 집으로 초대해 그들을 대접하기를 잘하고, 선한 일을 하기 좋아하며, 지혜롭고 바르게 살며, 경건하고 절제할 줄 아는 사람이어야 합니다.

9 믿음으로 우리가 가르치는 진리의 말씀에 순종하며, 참되고 바른 교훈으로 다른 사람을 도울 줄 아는 사람이어야 합니다. 또한 바른 교훈으로

Greetings from Paul

1 This letter is from Paul, a slave of God and an apostle of Jesus Christ. I have been sent to proclaim faith to* those God has chosen and to teach them to know the truth that shows them how to live godly lives. •This truth gives them confidence that they have eternal life,

2 which God—who does not lie—promised them before the world began. •And now at

3 just the right time he has revealed this message, which we announce to everyone. It is by the command of God our Savior that I have been entrusted with this work for him.

4 •I am writing to Titus, my true son in the faith that we share.

May God the Father and Christ Jesus our Savior give you grace and peace.

Titus's Work in Crete

5 •I left you on the island of Crete so you could complete our work there and appoint elders in

6 each town as I instructed you. •An elder must live a blameless life. He must be faithful to his wife,* and his children must be believers who don't have a reputation for being wild or rebel-

7 lious. •A church leader* is a manager of God's household, so he must live a blameless life. He must not be arrogant or quick-tempered; he must not be a heavy drinker,* violent, or dishonest with money.

8 •Rather, he must enjoy having guests in his home, and he must love what is good. He must live wisely and be just. He must live a devout

9 and disciplined life. •He must have a strong belief in the trustworthy message he was taught; then he will be able to encourage others

---

rebellious [ribéljəs] *a.* 반항적인
reputation [rèpjutéiʃən] *n.* 평판

1:1 Or *to strengthen the faith of.*   1:6 Or *must have only one wife,* or *must be married only once;* Greek reads *must be the husband of one wife.* 1:7a Or *An overseer,* or *A bishop.*   1:7b Greek *must not drink too much wine.*

진리를 거스르는 사람들의 잘못을 바로잡아 줄 줄도 알아야 합니다.

10 복종하지 않고 터무니없는 말을 하며, 사람들을 잘못된 길로 이끄는 사람들이 많이 있는데, 특히 이방인들도 할례를 받아야 한다고 주장하는 사람들 중에 많이 있습니다.

11 그들이 더 이상 헛된 말을 하지 못하도록 막으십시오. 그들은 거짓된 가르침으로 모든 가정을 망가뜨리고 있습니다. 사람들의 마음을 속여 돈을 벌려는 속셈으로 떠들어대는 그들을 막으시기 바랍니다.

12 크레타의 예언자조차도 이렇게 말했습니다. "크레타인은 다들 거짓말쟁이다. 그들은 자기 배만 채우는 악한 짐승이며 게으름뱅이들이다."

13 예언자의 말이 옳습니다. 잘못된 것을 바로잡아 그 사람들에게 말해 주고, 엄격하게 대하십시오. 그러면 믿음 안에 굳게 서게 되기 때문에

14 그들이 유대인의 지어 낸 이야기들에 더 이상 귀기울이지 않고, 진리를 따르지 않는 사람들의 명령에도 마음이 흔들리지 않게 될 것입니다.

15 깨끗한 자에게는 모든 것이 깨끗하지만, 죄에 빠져 믿지 않는 자들에게는 깨끗한 것이 아무것도 없고 생각도 악해져서 옳은 것조차도 잘못된 것처럼 보입니다.

16 그들은 하나님을 안다고 말하지만, 그들의 악한 행동을 보면 하나님을 아는 사람들 같지 않습니다. 그들은 복종하지도 않고 선한 일을 전혀 하지 않습니다.

참된 가르침에 순종하여라

2 그대는 사람들에게 참된 가르침을 따르도록 말하십시오.

2 나이 많은 남자들에게는 절제하며 신중하고 지혜롭게 행동하도록 가르치고, 그들이 믿음과 사랑과 인내로 굳게 설 수 있도록 하십시오.

3 나이 많은 여자들에게는 경건하게 살도록 가르치십시오. 다른 사람의 흉을 보지 말게 하며 술을 좋아하지도 말고, 선한 것을 가르치도록 해야 합니다.

4 그래야 젊은 여자들에게 본이 되어, 그들이 남편과 자녀를 사랑하고,

5 지혜롭게 깨끗하며, 집안을 잘 돌보고 친절하며, 남편에게 복종하도록 가르칠 수 있을 것입니다. 이렇게 할 때, 하나님께서 우리에게 주신 말씀이 비난받지 않고 온전하고 바르게 설 수 있습니다.

6 젊은 남자들에게도 지혜롭게 행동하라고 말하십시오.

7 그대는 선한 일을 하며 모든 면에서 그들에게 본을 보이고, 정직하고 진지하게 가르치십시오.

8 진실하게 말해서 비난받지 않도록 하십시오. 그러

with wholesome teaching and show those who oppose it where they are wrong.

10 • For there are many rebellious people who engage in useless talk and deceive others. This is especially true of those who insist

11 on circumcision for salvation. • They must be silenced, because they are turning whole families away from the truth by their false teaching. And they do it only for money.

12 • Even one of their own men, a prophet from Crete, has said about them, "The people of Crete are all liars, cruel animals, and

13 lazy gluttons."* • This is true. So reprimand them sternly to make them strong in the

14 faith. • They must stop listening to Jewish myths and the commands of people who have turned away from the truth.

15 • Everything is pure to those whose hearts are pure. But nothing is pure to those who are corrupt and unbelieving, because their

16 minds and consciences are corrupted. • Such people claim they know God, but they deny him by the way they live. They are detestable and disobedient, worthless for doing anything good.

Promote Right Teaching

2 As for you, Titus, promote the kind of living that reflects wholesome teaching.

2 • Teach the older men to exercise self-control, to be worthy of respect, and to live wisely. They must have sound faith and be filled with love and patience.

3 • Similarly, teach the older women to live in a way that honors God. They must not slander others or be heavy drinkers.* Instead,

4 they should teach others what is good. • These older women must train the younger

5 women to love their husbands and their children, • to live wisely and be pure, to work in their homes,* to do good, and to be submissive to their husbands. Then they will not bring shame on the word of God.

6 • In the same way, encourage the young

7 men to live wisely. • And you yourself must be an example to them by doing good works of every kind. Let everything you do reflect the integrity and seriousness of your

8 teaching. • Teach the truth so that your teaching can't be criticized. Then those who

glutton [glʌ́tn] *n.* 대식가
reprimand [réprəmænd] *vt.* 견책하다, 징계하다
submissive [səbmísiv] *a.* 복종하는

1:12　This quotation is from Epimenides of Knossos.　2:3　Greek *be enslaved to much wine.*
2:5　Some manuscripts read *to care for their homes.*

딛

면 우리를 반대하려는 사람들이 더 이상 반대하지 못하고 흠을 찾을 수도 없게 되어, 오히려 그들 스스로가 부끄러워할 것입니다.

9 종들에게는 항상 주인에게 복종하도록 가르치십시오, 주인을 기쁘게 하고 주인과 말다툼하지 말며,

10 주인의 물건을 훔치지 않도록 하십시오, 종들은 주인에게 자신이 믿을 만한 사람임을 보여 주어야 합니다. 모든 일에 충성할 때, 우리 구주 하나님의 좋으신 가르침을 널리 빛내게 될 것입니다.

11 우리는 이제 하나님의 은혜를 받았습니다. 그 은혜는 모든 사람을 구원하시는 하나님의 사랑입니다.

12 은혜를 받은 사람은 하나님을 대적하거나 세상 사람들을 따라 악한 일을 해서는 안 되며, 하나님을 존경하고 따르며, 신중하고 바르게 살아가는 모습을 보여 주어야 합니다.

13 우리의 크신 하나님과 구주 예수 그리스도가 오실 그날까지 충성스럽게 살아갈 때, 우리의 큰 소망되신 예수님께서 영광 가운데 나타나실 것입니다.

14 예수님께서는 우리를 위해 자기 자신을 주셨습니다. 우리를 모든 악에서 구원하시고 깨끗하게 하셔서, 선한 일을 하기에 힘쓰는 그의 백성이 되게 하시려고 우리를 대신해서 죽으셨던 것입니다.

15 사람들에게 이 모든 것을 널리 전하십시오, 그대는 그러한 권위를 가졌습니다. 그 권위로 사람들을 격려하고 가르쳐서 아무도 그대를 업신여기지 못하게 하십시오.

바르게 사는 법

3 그대는 성도들이 다스리는 자와 정부 지도자들의 권위에 순종하고 늘 선한 일에 힘쓰도록 그들을 가르치십시오.

2 또한 남을 헐뜯거나 욕하지 않고, 모든 사람과 사이좋게 지내며 부드럽고 공손하게 대하도록 가르치십시오,

3 이전에는 우리 역시 어리석은 사람이었습니다. 순종하지 않고 잘못된 행동을 하며 육체의 즐거움을 따라 세상 일의 노예가 되었고, 악한 일을 하며 남을 미워하고 질투하며 살았던 사람들이었습니다.

4 그러나 우리 구주 하나님의 자비와 사랑이 우리에게 나타났습니다.

5 우리는 우리의 올바른 행동을 통해서가 아니라 하나님의 은혜로 구원을 받았습니다. 그분은 우리를 깨끗하게 씻어 새로운 사람이 되게 하시고 성령으로 새롭게 하셨습니다.

6 하나님께서는 우리 구주 예수 그리스도를 통해 우리에게 이 성령을 풍성히 부어 주셔서,

7 우리가 하나님과 올바른 관계를 맺게 하셨습니다. 이 모든 것이 하나님의 은혜입니다. 하나님께서 우

oppose us will be ashamed and have nothing bad to say about us.

9 •Slaves must always obey their masters and do their best to please them. They must
10 not talk back •or steal, but must show themselves to be entirely trustworthy and good. Then they will make the teaching about God our Savior attractive in every way.

11 •For the grace of God has been revealed,
12 bringing salvation to all people. •And we are instructed to turn from godless living and sinful pleasures. We should live in this
13 evil world with wisdom, righteousness, and devotion to God, •while we look forward with hope to that wonderful day when the glory of our great God and Savior, Jesus
14 Christ, will be revealed. •He gave his life to free us from every kind of sin, to cleanse us, and to make us his very own people, totally committed to doing good deeds.

15 •You must teach these things and encourage the believers to do them. You have the authority to correct them when necessary, so don't let anyone disregard what you say.

Do What Is Good

3 Remind the believers to submit to the government and its officers. They should be obedient, always ready to do what is
2 good. •They must not slander anyone and must avoid quarreling. Instead, they should be gentle and show true humility to everyone.

3 •Once we, too, were foolish and disobedient. We were misled and became slaves to many lusts and pleasures. Our lives were full of evil and envy, and we hated each other.
4 •But—

5 When God our Savior revealed his kindness and love, •he saved us, not because of the righteous things we had done, but because of his mercy. He washed away our sins, giving us a new birth and new
6 life through the Holy Spirit.* •He generously poured out the Spirit upon us
7 through Jesus Christ our Savior. •Because

devotion [divóuʃən] n. 헌신, 전념
humility [hju:mílɪti] n. 겸손
lust [lʌst] n. 정욕, 욕망
obedient [oubí:diənt] a. 순종하는
slander [slǽndər] vt. 중상하다

3:5 Greek *He saved us through the washing of regeneration and renewing of the Holy Spirit.*

리에게 성령을 주심으로 이제 우리가 그토록 소원하던 영원한 생명을 누리게 된 것입니다.

8 이 모든 말이 참된 말이니 그대가 사람들에게 잘 이해시켜 주기를 부탁합니다. 하나님을 믿는 사람은 선한 일을 하는 데 힘써야 합니다. 이것은 아름다우며 사람들에게 도움이 되는 일입니다.

9 어리석은 논쟁이나 쓸데없는 족보 이야기, 그리고 모세의 율법에 대한 말다툼을 피하십시오. 그런 것은 아무 가치도 없으며 아무에게도 도움이 되지 않습니다.

10 만일 누군가가 논쟁을 일으키거든 그에게 경고하십시오. 계속 듣지 않으면 다시 경고하고, 그래도 안 되면 그와의 관계를 끊어 버리십시오.

11 그런 이는 자기가 잘못하는 줄 알면서도 계속 죄를 짓는 악한 사람입니다.

기억해야 할 말

12 내가 아데마나 두기고를 그대에게 보내리니 그들이 도착하면, 그대는 니고볼리에 있는 나에게 빨리 오십시오. 이번 겨울은 거기서 머물 계획입니다.

13 율법사 세나와 아볼로를 먼저 떠나 보내십시오. 여행길이 불편하지 않도록 될 수 있는 한 필요한 것들을 잘 챙겨 주시기 바랍니다.

14 우리 모두는 열심히 선한 일을 하고, 도움이 필요한 사람들에게 도움을 주는 습관을 길러야 합니다. 그래야 유익한 삶을 살았다고 할 수 있을 것입니다.

15 나와 함께 있는 모든 사람들이 그대에게 안부를 전합니다. 믿음 안에서 우리를 사랑하는 모든 사람들에게 안부를 전해 주십시오. 하나님의 은혜가 여러분에게 있기를 기도합니다.

---

of his grace he made us right in his sight and gave us confidence that we will inherit eternal life."

8 •This is a trustworthy saying, and I want you to insist on these teachings so that all who trust in God will devote themselves to doing good. These teachings are good and beneficial for everyone.

9 •Do not get involved in foolish discussions about spiritual pedigrees* or in quarrels and fights about obedience to Jewish laws. These things are useless and a waste of time.

10 •If people are causing divisions among you, give a first and second warning. After that,

11 have nothing more to do with them. •For people like that have turned away from the truth, and their own sins condemn them.

Paul's Final Remarks and Greetings

12 •I am planning to send either Artemas or Tychicus to you. As soon as one of them arrives, do your best to meet me at Nicopolis, for I have decided to stay there for the win-

13 ter. •Do everything you can to help Zenas the lawyer and Apollos with their trip. See that they are given everything they need.

14 •Our people must learn to do good by meeting the urgent needs of others; then they will not be unproductive.

15 •Everybody here sends greetings. Please give my greetings to the believers—all who love us.

May God's grace be with you all.

---

condemn [kəndém] *vt.* 정죄하다
inherit [inhérit] *vt.* 상속받다
pedigree [pédəgri:] *n.* 족보
urgent [ə́:rdʒənt] *a.* 급박한
3:8 insist on… : …을 주장하다

3:9 Or *spiritual genealogies.*

빌레몬서

서론

❖ 저자 _ 사도 바울
❖ 저작 연대 _ A.D. 60~62년경
❖ 기록 장소 _ 로마
❖ 기록 대상 _ 빌레몬, 압비아, 아킵보, 그리고 골로새의 성도들
❖ 핵심어 및 내용 _ 핵심어는 '노예'와 '유익'이다. 바울은 주인에게서 도주한 빌레몬의 노예, 오네시모가 갚아야 할 대가를 잘 알고 있었다. 그는 오네시모란 이름이 의미하는 '유익함'이란 말을 사용하여 오네시모의 변화된 모습을 알려 주고 그를 형제로서 받아들이라고 권면한다.

인사

1 예수 그리스도의 복음을 전하다가 감옥에 갇힌 바울과 형제 디모데는, 우리의 사랑하는 친구이며 동역자인 빌레몬과

2 자매 압비아, 우리와 함께 군사가 된 아킵보, 그리고 그대의 집에서 모임을 갖는 교회에게 이 편지를 씁니다.

3 우리 아버지 하나님과 주 예수 그리스도의 은혜와 평안이 여러분에게 함께하기를 빕니다.

빌레몬의 사랑과 믿음

4 나는 기도할 때마다 그대를 생각하며 하나님께 늘 감사드립니다.

5 그것은 성도들에 대한 그대의 사랑과 주 예수님에 대한 그대의 믿음을 전해 들었기 때문입니다.

6 믿음을 통해 그리스도 안에서 우리가 누리는 모든 복을 그대가 알고 다른 사람에게도 전하기를 기도합니다.

7 나의 형제여, 성도들에게 베푼 그대의 사랑이 많은 사람에게 기쁨을 주었고, 또한 내게도 큰 기쁨과 위로가 되고 있습니다.

오네시모를 한 형제로 받아들이십시오

8 그대에게 한 가지 부탁할 일이 있습니다. 그대가 주님을 사랑한다는 것을 믿고 있기 때문에 주님의 이름으로 그대에게 명령할 수도 있습니다.

9 그러나 그렇게 하지 않고, 그대를 아끼고 사랑하는 마음으로 부탁하려고 합니다. 나는 지금 나이가 많고, 예수 그리스도를 위해 갇혀 있는 상태입니다.

10 감옥에 갇혀 있는 동안, 나는 믿음의 아들 오네시모를 얻었습니다. 그를 위한 부탁이니 들어 주기 바랍니다.

11 그가 이전에는 그대에게 아무 쓸모 없는 종이었지만, 이제는 그대나 나에게 큰 도움이 되는 사람이 되었습니다.

12 나는 이제 나의 분신과도 같은 그를 그대에게 돌려 보냅니다.

Greetings from Paul

1 • This letter is from Paul, a prisoner for preaching the Good News about Christ Jesus, and from our brother Timothy.
    I am writing to Philemon, our beloved co-worker,

2 • and to our sister Apphia, and to our fellow soldier Archippus, and to the church that meets in your* house.

3 • May God our Father and the Lord Jesus Christ give you grace and peace.

Paul's Thanksgiving and Prayer

4 • I always thank my God when I pray for you,

5 Philemon, • because I keep hearing about your faith in the Lord Jesus and your love for all of God's people.

6 • And I am praying that you will put into action the generosity that comes from your faith as you understand and experience all the good things we have in Christ.

7 • Your love has given me much joy and comfort, my brother, for your kindness has often refreshed the hearts of God's people.

Paul's Appeal for Onesimus

8 • That is why I am boldly asking a favor of you. I could demand it in the name of Christ

9 because it is the right thing for you to do. • But because of our love, I prefer simply to ask you. Consider this as a request from me—Paul, an old man and now also a prisoner for the sake of Christ Jesus.*

10 • I appeal to you to show kindness to my child, Onesimus. I became his father in the

11 faith while here in prison. • Onesimus* hasn't been of much use to you in the past, but now

12 he is very useful to both of us. • I am sending him back to you, and with him comes my

---

boldly [bóuldli] *ad.* 담대하게
generosity [dʒènərásəti] *n.* 관용, 관대
1:6 put into action : 실행에 옮기다

1:2 Throughout this letter, *you* and *your* are singular except in verses 3, 22, and 25.   1:9 Or *a prisoner of Christ Jesus.*   1:11 *Onesimus* means "useful."

13 내가 복음을 위해 감옥에 갇혀 있는 동안, 나는 그를 내 곁에 두고 싶었습니다. 왜냐하면 그가 나를 돕는 것이 바로 빌레몬 그대를 돕는 일도 되기 때문입니다.

14 그러나 먼저 그대의 허락을 받지 않고는 아무 일도 하고 싶지 않습니다. 이것은 내가 시켜서 선을 베푸는 것이 아니라, 그대 스스로 하길 바라는 마음 때문입니다.

15 오네시모가 잠시 동안, 그대의 곁을 떠났지만, 이 일은 어쩌면 그를 영원히 그대 곁에 두게 하기 위한 것이었는지도 모릅니다.

16 그러나 이제는 종이 아니라 그보다 훨씬 더 귀한, 사랑하는 형제로서 대해 주십시오. 나는 그를 소중히 여기지만 아마도 그대는 주님 안에서 그를 한 사람, 한 형제로 사랑하기 때문에 나보다 더 소중히 여길 것입니다.

17 그대가 나를 친구로 생각하거든 오네시모를 다시 받아 주고, 나를 맞이하듯, 그를 맞아 주기 바랍니다.

18 만일 오네시모가 그대에게 잘못한 일이 있거든 그 책임을 내게 대신 돌리십시오. 또 갚아야 할 것이 있다면 그것도 나에게 돌리십시오.

19 이 편지는 나 바울이 직접 쓰는 것입니다. 오네시모가 그대에게 빚진 것은 내가 다 갚을 것이며, 나 역시 그대가 내게 은혜로 빚진 것에 대해 아무 말도 하지 않겠습니다.

20 나의 사랑하는 형제여, 나를 위해 주님 안에서 이 부탁을 들어 주기 바랍니다. 그리스도 안에서 나의 마음이 평안해지도록 도와 주십시오.

21 그대는 내가 부탁한 것보다 훨씬 더 잘할 것이라고 생각하며 이 편지를 씁니다.

22 그리고 내가 가서 머물 곳도 준비해 주면 고맙겠습니다. 그대의 기도로 내가 그대에게 갈 수 있게 되길 바라고 있습니다.

작별 인사

23 에바브라도 예수 그리스도를 위해 나와 함께 감옥에 갇혀 있습니다. 그가 여러분에게 안부를 전합니다.

24 또한 마가, 아리스다고, 데마, 누가도 안부를 전합니다. 이들은 나의 동역자들입니다.

25 우리 주 예수 그리스도의 은혜가 여러분과 함께하기를 기도합니다.

---

own heart.

13 •I wanted to keep him here with me while I am in these chains for preaching the Good News, and he would have helped me 14 on your behalf. •But I didn't want to do anything without your consent. I wanted you to help because you were willing, not 15 because you were forced. •It seems you lost Onesimus for a little while so that you could 16 have him back forever. •He is no longer like a slave to you. He is more than a slave, for he is a beloved brother, especially to me. Now he will mean much more to you, both as a man and as a brother in the Lord.

17 •So if you consider me your partner, wel-18 come him as you would welcome me. •If he has wronged you in any way or owes you 19 anything, charge it to me. •I, PAUL, WRITE THIS WITH MY OWN HAND: I WILL REPAY IT. AND I WON'T MENTION THAT YOU OWE ME YOUR VERY SOUL!

20 •Yes, my brother, please do me this favor* for the Lord's sake. Give me this encouragement in Christ.

21 •I am confident as I write this letter that 22 you will do what I ask and even more! •One more thing—please prepare a guest room for me, for I am hoping that God will answer your prayers and let me return to you soon.

Paul's Final Greetings

23 •Epaphras, my fellow prisoner in Christ 24 Jesus, sends you his greetings. •So do Mark, Aristarchus, Demas, and Luke, my co-workers.

25 •May the grace of the Lord Jesus Christ be with your spirit.

모

---

confident [kánfədənt] *a.* 확신하는
consent [kənsént] *n.* 동의
co-worker [kóuwəːrkər] *n.* 협력자
preach [priːtʃ] *vt.* 전파하다
slave [sléiv] *n.* 종, 노예
1:13 on one's behalf : …을 위하여(대신하여)

1:20 Greek *onaimen,* a play on the name Onesimus.

히브리서

● 서론

❖ 저자 _ 미상
❖ 저작 연대 _ A.D. 64~67년 사이
❖ 기록 장소 _ 알 수 없음(로마일 가능성이 높음)
❖ 기록 대상 _ 유대계 그리스도인들
❖ 핵심어 및 내용 _ 핵심어는 '희생'과 '우월함'이다. 그리스도 자신을 직접 드린 희생제물은 어떤 희생
제물과도 비교할 수 없을 만큼 탁월한 것이며, 그리스도는 천사보다도, 모세나 여호수아보다도, 아론의
제사장직보다도, 율법보다도 우월하신 분이다.

하나님께서 그의 아들을 통해 말씀하셨습니다

1 옛날에는 하나님께서 예언자를 통해 우리 조상들에게 여러 가지 방법으로 수없이 말씀하셨습니다.

2 그러나 이제 마지막 때에는 하나님께서 그의 아들을 통하여 우리에게 말씀하십니다. 하나님께서는 그의 아들을 상속자로 삼으시고, 그를 통해 세상을 창조하셨습니다.

3 그 아들은 하나님의 영광을 나타내며 하나님의 본성을 그대로 보여 줍니다. 능력 있는 말씀으로 만물을 붙드시고, 사람들의 죄를 깨끗이 하시는 그분은 하늘에 계시는 위대하신 하나님의 오른편에 앉아 계십니다.

4 그분은 그 어느 천사보다도 위대하시기 때문에 하나님께서는 그에게 천사들보다 더 뛰어난 이름을 주셨습니다.

5 하나님께서는 천사들 중 어느 누구에게도 다음과 같이 말씀하신 적이 없습니다. "너는 내 아들이다. 오늘 내가 너를 낳았다."* 또 이렇게 말씀하시지도 않았습니다. "나는 그의 아버지가 되며 그는 내 아들이 될 것이다."*

6 또 하나님께서 그의 맏아들을 세상으로 보내시며 이렇게 말씀하셨습니다. "하나님의 모든 천사가 그를 경배해야 할 것이다."*

7 천사들에 대해서는 다음과 같이 말씀하셨습니다. "하나님께서 그의 천사들을 바람으로 삼으시고, 그의 종들을 불꽃같이 만드셨다."*

8 그러나 아들에 대해서는 '하나님, 주님의 보좌는 영원할 것이며 주님의 나라를 공평으로 다스릴 것입니다.

9 주님께서 옳은 것을 사랑하시고 악한 것을 미워하시므로, 하나님께서 함께 다스릴 자로 주님을 선택해서 기름 부으셨습니다. 주님의 하나님께서 그 누구보다도 더 큰 기쁨

Jesus Christ Is God's Son

1 Long ago God spoke many times and in many ways to our ancestors through the prophets.

2 ● And now in these final days, he has spoken to us through his Son. God promised everything to the Son as an inheritance, and through the Son he created the universe. ● The Son radiates God's own

3 glory and expresses the very character of God, and he sustains everything by the mighty power of his command. When he had cleansed us from our sins, he sat down in the place of honor at the right

4 hand of the majestic God in heaven. ● This shows that the Son is far greater than the angels, just as the name God gave him is greater than their names.

The Son Is Greater Than the Angels

5 ● For God never said to any angel what he said to Jesus:

> "You are my Son.
>   Today I have become your Father.*"

God also said,

> "I will be his Father,
>   and he will be my Son."*

6 ● And when he brought his supreme* Son into the world, God said,*

> "Let all of God's angels worship him."*

● Regarding the angels, he says,

> "He sends his angels like the winds,
>   his servants like flames of fire."*

8 ● But to the Son he says,

> "Your throne, O God, endures forever and ever.
>   You rule with a scepter of justice.

9 ● You love justice and hate evil.

1:5a Or *Today I reveal you as my Son.* Ps 2:7. 1:5b 2 Sam
7:14. 1:6a Or *firstborn.* 1:6b Or *when he again brings his
supreme Son* [or *firstborn Son*] *into the world, God will say.*
1:6c Deut 32:43. 1:7 Ps 104:4 (Greek version).

1:5 시 2:7에 기록되어 있고, 삼하 7:14에 기록되어 있다.
1:6 시 97:7에 기록되어 있다.
1:7 시 104:4에 기록되어 있다.

을 주실 것입니다."*라고 하시고,

10 또 이렇게 말씀하셨습니다. "주님, 이 세상이 처음 시작될 때에 주님께서 땅을 지으시고 주님의 손으로 하늘을 빚으셨습니다.

11 하늘과 땅은 멸망할 것이지만 주님은 영원할 것이며, 그것들은 옷과 같이 낡아지기 때문에,

12 당신께서 그것들을 겉옷처럼 말아 치우실 것입니다. 그것들이 옷처럼 변해도 주님은 결코 변함이 없으시며, 주님의 날도 끝나는 일이 없을 것입니다."*

13 하나님께서는 그의 천사들 중 누구에게도 이렇게 말씀하신 적이 없었습니다. "내가 너의 원수들을 굴복시킬 때까지 내 오른편에 앉아 있어라."*

14 모든 천사들은 하나님을 섬기는 영이며, 구원받을 사람들을 돕기 위해 보내진 자들입니다.

우리의 구원은 대단한 것입니다

2 그러므로 우리는 더욱 조심하며 배운 대로 행해야 합니다. 그러면 결코 진리에서 멀어지지 않을 것입니다.

2 하나님께서 천사들을 통하여 가르쳐 주신 것들 역시 진리입니다. 그것을 따라 살지 않거나 순종하지 않는 사람들은 벌을 받게 될 것입니다.

3 우리에게 베풀어 주신 구원은 매우 위대한 것입니다. 그렇기 때문에 구원이 중요하지 않은 것처럼 살아간다면, 그것 역시 벌을 받게 되는 행동입니다. 구원에 대해서 처음 말씀하신 분이 바로 주님이시며, 또한 그의 말씀을 들은 사람들이, 이것이 진실이라고 우리에게 증명해 주었습니다.

4 하나님께서도 기적과 큰 표적과 많은 놀라운 일들을 통하여 우리에게 구원을 가르쳐 주셨습니다. 특히 그의 뜻대로 우리에게 성령의 선물을 나누어 주셔서 구원을 증언해 주셨습니다.

그리스도께서 사람과 같이 되셨습니다

5 하나님께서는 천사들에게 앞으로 맞이할 새 세상을 다스리라고 하지 않으셨습니다.

6 성경에도 누군가가 이렇게 말한 것이 기록되어 있습니다. "사람이 무엇이길래 이렇게 중요하게 생각하시며, 사람의 아들이 누구이길래 이렇게 귀하게 돌보십니까?

7 하나님께서는 잠시 동안 그를 천사보다 낮추셨으나, 영광과 존귀의 관을 그에게 다시 씌우시고,

8 모든 것을 그의 발 아래 두셨습니다."* 하나님께서 모든 것을 그의 발 아래 두시면, 그가 다스리지 못할 것이 하나도 없습니다. 하지만 우리는 아직도 그가 모든 것을 다스리는 것은 보지

Therefore, O God, your God has anointed
　　you,
　　pouring out the oil of joy on you more
　　　　than on anyone else."*

10 • He also says to the Son,

"In the beginning, Lord, you laid the
　　　　foundation of the earth
　　and made the heavens with your hands.
11 • They will perish, but you remain forever.
　　They will wear out like old clothing.
12 • You will fold them up like a cloak
　　and discard them like old clothing.
　　But you are always the same;
　　　　you will live forever."*

13 • And God never said to any of the angels,

"Sit in the place of honor at my right hand
　　until I humble your enemies,
　　making them a footstool under your feet."*

14 • Therefore, angels are only servants—spirits sent
to care for people who will inherit salvation.

A Warning against Drifting Away

2 So we must listen very carefully to the truth
we have heard, or we may drift away from
it. • For the message God delivered through
angels has always stood firm, and every viola-
tion of the law and every act of disobedience
was punished. • So what makes us think we can
escape if we ignore this great salvation that was
first announced by the Lord Jesus himself and
then delivered to us by those who heard him
speak? • And God confirmed the message by
giving signs and wonders and various miracles
and gifts of the Holy Spirit whenever he chose.

Jesus, the Man

5 • And furthermore, it is not angels who will con-
6 trol the future world we are talking about. • For
in one place the Scriptures say,

"What are mere mortals that you should
　　　　think about them,
　　or a son of man* that you should care for
　　　　him?
7 • Yet for a little while you made them a little
　　lower than the angels
　　and crowned them with glory and honor.*
8 • You gave them authority over all things."*

1:8-9 Ps 45:6-7.　1:10-12 Ps 102:25-27.　1:13 Ps
110:1.　2:6 Or *the Son of Man.*　2:7 Some manu-
scripts add *You gave them charge of everything you
made.*　2:6-8 Ps 8:4-6 (Greek version).

1:8-9 시 45:6~7에 기록되어 있다.
1:10-12 시 102:25~27에 기록되어 있다.
1:13 시 110:1에 기록되어 있다.
2:6-8 시 8:4~6에 기록되어 있다.

못하고 있습니다.

9 그러나 우리는 예수님을 바라봅니다. 잠시 동안 예수님은 천사들보다 낮아지셨지만, 고난당하고 죽으심으로 영광과 존귀의 관을 쓰셨습니다. 예수님은 하나님의 은혜로 모든 사람을 대신하여 죽으신 것입니다.

10 하나님은 모든 것을 창조한 분이시며, 그분의 영광을 위해 모든 것을 돌보십니다. 하나님께서는 많은 믿음의 자녀들이 그분의 영광을 함께 누리게 되길 바라셨습니다. 그래서 사람들을 구원하시기 위해 고난을 통해서 예수님을 완전한 구원자가 되게 하신 것입니다.

11 사람들을 거룩하게 하신 예수님과 거룩하게 된 사람들은 모두 한 가족입니다. 그렇기 때문에 그분은 그들을 한 형제라고 부르는 것을 부끄러워하지 않으셨습니다.

12 예수님께서 말씀하셨습니다. "내가 내 형제들에게 주님의 이름을 알리고, 주님을 경배하러 모인 군중들 앞에서 주님을 찬양하겠습니다."*

13 또 말씀하셨습니다. "내가 하나님을 신뢰합니다."* 그리고 다시 말씀하셨습니다. "내가 여기 있습니다. 그리고 나와 함께 있는 사람들은 하나님께서 나에게 주신 자녀들입니다."*

14 이 자녀들은 모두 살과 피를 가진 사람이기 때문에, 예수님도 그들과 같은 모습으로 사람들이 겪는 것과 똑같은 것을 겪으셨습니다. 예수님께서는 죽음의 권세를 가진 마귀를 멸망시키기 위하여 죽으셨고

15 또한 죽음에 대한 두려움에 사로잡혀 사는 사람들을 자유롭게 하기 위해 사람과 같은 모습으로 죽으셨습니다.

16 예수님이 돕고자 했던 자들은 분명히 천사들이 아니라, 아브라함의 후손인 사람들입니다.

17 그러므로 예수님께서는 모든 면에서 사람과 똑같이 되셨습니다. 예수님께서는 하나님을 섬기는 자비롭고 신실한 대제사장이 되셔서 그들의 죄가 용서받을 수 있게 해 주셨습니다.

18 주님은 시험받는 자들도 도와 주실 수 있습니다. 왜냐하면 예수님께서 직접 고난당하고 시험을 받으셨기 때문입니다.

예수님은 모세보다 위대하신 분입니다

3 그러므로 거룩한 형제 여러분, 예수님에 대해서 깊이 생각하십시오. 여러분은 모두 하나님께서 부르신 사람들입니다. 하나님께서 우리에게 보내신 예수님은 우리 믿음의 사도이며 대제사장이 되십니다.

2 하나님의 집에서 모세가 그분이 바라시는 대로 충성을 다했던 것처럼, 예수님도 하나님께 충성

Now when it says "all things," it means nothing is left out. But we have not yet seen all things put under their authority. 9 •What we do see is Jesus, who for a little while was given a position "a little lower than the angels"; and because he suffered death for us, he is now "crowned with glory and honor." Yes, by God's grace, Jesus tasted death for everyone. 10 •God, for whom and through whom everything was made, chose to bring many children into glory. And it was only right that he should make Jesus, through his suffering, a perfect leader, fit to bring them into their salvation.

11 •So now Jesus and the ones he makes holy have the same Father. That is why Jesus is not ashamed to call them his brothers and sisters.* 12 •For he said to God,

"I will proclaim your name to my brothers
　and sisters.
　I will praise you among your assembled
　people."*

13 •He also said,

"I will put my trust in him,"
　that is, "I and the children God has
　given me."*

14 •Because God's children are human beings—made of flesh and blood—the Son also became flesh and blood. For only as a human being could he die, and only by dying could he break the power of the devil, who had* the power of death. 15 •Only in this way could he set free all who have lived their lives as slaves to the fear of dying.

16 •We also know that the Son did not come to help angels; he came to help the descendants of Abraham. 17 •Therefore, it was necessary for him to be made in every respect like us, his brothers and sisters,* so that he could be our merciful and faithful High Priest before God. Then he could offer a sacrifice that would take away the sins of the people. 18 •Since he himself has gone through suffering and testing, he is able to help us when we are being tested.

Jesus Is Greater Than Moses

3 And so, dear brothers and sisters who belong to God and* are partners with those called to heaven, think carefully about this Jesus whom we declare to be God's messenger* and High 2 Priest. •For he was faithful to God, who

2:11 Greek *brothers*; also in 2:12.　2:12 Ps 22:22.
2:13 Isa 8:17-18.　2:14 Or *has*.　2:17 Greek *like the brothers*.　3:1a Greek *And so, holy brothers who*.　3:1b Greek *God's apostle*.
2:12 시 22:22에 기록되어 있다.
2:13 사 8:17에 기록되어 있고, 사 8:18에 기록되어 있다.

히

하였습니다.

3 짐을 지은 사람이 집 그 자체보다 더 존귀한 것처럼, 예수님 역시 모세보다 더 큰 영광을 받으실 분입니다.

4 어느 집이든 그 집의 주인이 있듯이 모든 것의 주인은 하나님이십니다.

5 모세는 하나님의 집에서 종으로 충성하였습니다. 또 그는 하나님께서 앞으로 말씀하시려는 것들을 전하였습니다.

6 그러나 그리스도는 하나님의 집을 맡은 아들로서 충성하였습니다. 우리가 만일 믿음 위에 굳게 서서 큰 소망을 가진 것을 자랑스럽게 생각한다면, 우리는 하나님의 가족입니다.

우리는 하나님을 계속 따라가야 합니다

7 그러므로 성령님도 이렇게 말씀하셨습니다. "오늘 그가 하시는 말씀에 귀를 기울여라.

8 이전에 광야에서 하나님을 시험하던 것처럼 고집을 부리지 마라.

9 너희 조상들은 광야에서 사십 년 동안 내가 한 일을 보았다. 그러나 그들은 나를 떠보고 나의 인내를 시험하였다.

10 내가 분노하여 그들에게 '그들이 내게 충성하지도 않고, 나의 길도 이해하지 못하는구나'라고 말했으며,

11 내가 노하여 맹세하기를 '그들은 안식처가 될 약속의 땅에 결코 들어오지 못할 것이다'라고 하였다."*

12 그러므로 형제 여러분, 그 어느 누구라도 악한 생각을 품거나 믿음을 소홀히 하지 마십시오, 그런 마음은 살아 계신 하나님을 따르는 데 방해가 될 뿐입니다.

13 오히려 '오늘'이라고 부르는 이 시간에 서로를 더욱더 격려하십시오, 죄와 속임수로 마음이 완고해지는 사람이 없도록 서로서로 돕기 바랍니다.

14 우리가 처음에 가졌던 굳은 믿음을 끝까지 지키면, 그리스도 안에서 모든 것을 함께 누리게 될 것입니다.

15 이것이 바로 성경에서 말하고 있는 것입니다. "오늘 그가 하시는 말씀에 귀를 기울여라. 이전에 광야에서 하나님을 시험하던 것처럼 고집을 부리지 마라."*

16 하나님의 음성을 듣고도 따르지 않았던 사람이 누구였습니까? 모세를 따라 이집트에서 나온 사람들이 아니었습니까?

17 또 하나님께서 사십 년 동안 누구에게 분노하셨습니까? 죄를 짓고 광야에서 죽어 간 자들 아닙니까?

---

appointed him, just as Moses served faithfully when he was entrusted with God's entire* house.

3 •But Jesus deserves far more glory than Moses, just as a person who builds a house

4 deserves more praise than the house itself. •For every house has a builder, but the one who built everything is God.

5 •Moses was certainly faithful in God's house as a servant. His work was an illustration of the

6 truths God would reveal later. •But Christ, as the Son, is in charge of God's entire house. And we are God's house, if we keep our courage and remain confident in our hope in Christ.*

7 •That is why the Holy Spirit says,

"Today when you hear his voice,

8 • 　don't harden your hearts
as Israel did when they rebelled,
　　when they tested me in the wilderness.

9 • There your ancestors tested and tried my
　　patience,
even though they saw my miracles for
forty years.

10 • So I was angry with them, and I said,
'Their hearts always turn away from me.
They refuse to do what I tell them.'

11 • So in my anger I took an oath:
'They will never enter my place of rest.' "*

12 •Be careful then, dear brothers and sisters.* Make sure that your own hearts are not evil and unbelieving, turning you away from the living

13 God. •You must warn each other every day, while it is still "today," so that none of you will be deceived by sin and hardened against God.

14 •For if we are faithful to the end, trusting God just as firmly as when we first believed, we will

15 share in all that belongs to Christ. •Remember what it says:

"Today when you hear his voice,
don't harden your hearts
as Israel did when they rebelled."*

16 •And who was it who rebelled against God, even though they heard his voice? Wasn't it the

17 people Moses led out of Egypt? •And who made God angry for forty years? Wasn't it the people who sinned, whose corpses lay in the

---

corpse [kɔ́ːrps] *n.* 시체, 송장
deceive [disíːv] *vt.* 속이다
wilderness [wíldərnis] *n.* 광야
2:17 in every respect : 모든 점에서

3:2 Some manuscripts do not include *entire*. 　3:6 Some manuscripts add *faithful to the end*. 　3:7-11 Ps 95:7-11. 　3:12 Greek *brothers*. 　3:15 Ps 95:7-8.
3:7-11 시 95:7–11에 기록되어 있다.
3:15 시 95:7–8에 기록되어 있다.

18 하나님께서 약속의 땅인 안식처에 결코 들어오지 못할 것이라고 누구에게 맹세하여 말씀하셨습니까? 그에게 순종하지 않은 사람들을 두고 하신 말씀이 아닙니까?

19 우리는 그들이 믿지 않았기 때문에 하나님께서 약속하신 안식처에 들어가지 못했다는 것을 알 수 있습니다.

4 이제 하나님의 안식처에 들어갈 수 있는 약속이 아직 우리에게 남아 있습니다. 그러므로 모두 조심하여 우리 중에서 그곳에 들어가지 못하는 사람이 없도록 해야 할 것입니다.

2 우리도 그들과 마찬가지로 복음을 들었습니다. 다만 그들은 복음을 들을 때에 그 말씀을 믿음으로 받지 않았기 때문에 유익을 얻지 못한 것입니다.

3 그러나 믿는 우리들은 하나님의 안식에 들어가서 쉴 수 있습니다. 이것은 하나님께서 말씀하신 것과 같습니다. "그러므로 내가 분노하여 맹세하기를, '그들은 결코 안식처가 될 내 약속의 땅에 들어오지 못할 것이다.'"* 하지만 세상이 창조될 때부터 이 일은 이미 이루어졌습니다.

4 일곱째 날에 대해서는 성경에 이렇게 기록되어 있습니다. "일곱째 날에 하나님께서 그의 모든 일을 끝내고 쉬셨다."

5 그리고 다시 하나님께서는 "그들이 결코 내 안식처에 들어오지 못할 것이다"라고 말씀하셨습니다.

6 하나님의 안식처에 들어가 안식을 누릴 사람들이 남아 있다는 것은 확실합니다. 그러나 구원의 소식을 처음 들었던 그 사람들은 불순종했기 때문에 그곳에 들어가지 못하였습니다.

7 하나님께서는 오랜 시간이 지난 후 다윗을 통하여 어떤 날, 즉 '오늘날'을 예비하시고 다음과 같이 말씀하셨습니다. "오늘날 그의 말씀에 귀를 기울이고 고집을 부리지 마라."*

8 이제 우리는 여호수아가 백성들을 하나님의 안식처로 인도하지 못했다는 것을 알 수 있습니다. 만일 그랬다면 하나님께서 후에 다른 어떤 날을 예비하실 필요가 없었을 것이기 때문입니다.

9 이것을 통해 우리는 아직 하나님의 백성들을 위한 안식이 남아 있다는 것을 알 수 있습니다.

10 하나님께서 주시는 안식을 누릴 사람들은, 하나님께서 자기 일을 쉬셨던 것처럼 모든 일에서부터 자유롭게 편안히 쉬게 될 것입니다.

11 우리는 그 누구도 지난날 불순종했던 사람들처럼 되지 않으며, 그곳에 들어가지 못하는 일이 없도록 힘써야 할 것입니다.

12 하나님의 말씀은 살아 있고 힘이 있습니다. 양쪽에 날이 선 칼보다도 더 날카로워서 우리의 혼과 영과 관절과 골수를 쪼개며, 마음속에 있는 생각과 감정

wilderness? •And to whom was God speaking when he took an oath that they would never enter his rest? Wasn't it the people 19 who disobeyed him? •So we see that because of their unbelief they were not able to enter his rest.

Promised Rest for God's People

4 God's promise of entering his rest still stands, so we ought to tremble with fear that some of you might fail to experience it. 2 •For this good news—that God has prepared this rest—has been announced to us just as it was to them. But it did them no good because they didn't share the faith of 3 those who listened to God.* •For only we who believe can enter his rest. As for the others, God said,

"In my anger I took an oath:
    'They will never enter my place of rest,'"*

even though this rest has been ready since he 4 made the world. •We know it is ready because of the place in the Scriptures where it mentions the seventh day: "On the seventh day God rested from all his work."* 5 •But in the other passage God said, "They will never enter my place of rest."*

6   •So God's rest is there for people to enter, but those who first heard this good news failed to enter because they disobeyed God. 7 •So God set another time for entering his rest, and that time is today. God announced this through David much later in the words already quoted:

"Today when you hear his voice,
    don't harden your hearts."*

8 •Now if Joshua had succeeded in giving them this rest, God would not have spoken 9 about another day of rest still to come. •So there is a special rest* still waiting for the peo- 10 ple of God. •For all who have entered into God's rest have rested from their labors, just 11 as God did after creating the world. •So let us do our best to enter that rest. But if we disobey God, as the people of Israel did, we will fall.

12   •For the word of God is alive and powerful. It is sharper than the sharpest two-edged sword, cutting between soul and spirit,

4:2 Some manuscripts read *they didn't combine what they heard with faith.* 4:3 Ps 95:11. 4:4 Gen 2:2. 4:5 Ps 95:11. 4:7 Ps 95:7-8. 4:9 Or *a Sabbath rest.*
4:3 시 95:11에 기록되어 있다.
4:7 시 95:7–8에 기록되어 있다.

왼쪽 칼럼 (한국어)

까지 알아 냅니다.

13 하나님 앞에서 숨길 수 있는 것은 아무것도 없습니다. 모든 것이 다 드러나기 때문에 그분 앞에서 우리의 모든 것을 보여 드려야 합니다.

예수님은 우리의 대제사장이 되십니다

14 우리에게는 하늘로 올라가신 대제사장이 계십니다. 그분은 바로 하나님의 아들 예수님이십니다. 그렇기 때문에 우리는 우리의 믿음을 굳게 지켜야 합니다.

15 우리의 대제사장은 우리의 연약한 부분을 알고 계십니다. 이 땅에 계실 때, 그분은 우리와 마찬가지로 시험을 받으셨습니다. 그러나 결코 죄를 짓지는 않으셨습니다.

16 그러므로 하나님의 보좌 앞에 담대하게 나아갑시다. 그곳에는 은혜가 있으며, 우리는 때에 따라 우리를 도우시는 자비와 은혜를 받을 수 있습니다.

5 사람들 가운데서 뽑힌 대제사장은 그들을 위하여 하나님 앞에 서야 하는 일을 맡고 있습니다. 그는 죄를 씻기 위하여 예물과 희생 제물을 바칩니다.

2 대제사장 역시 약한 사람이기 때문에, 잘 알지 못하는 사람들과 잘못을 저지르는 사람들을 너그럽게 대할 수 있는 것입니다.

3 사람들의 죄를 위하여 희생 제물을 바치는 대제사장도 자신의 죄를 위하여 희생 제물을 바쳐야 합니다.

4 대제사장이 되는 것은 영광스러운 일이지만, 자기 마음대로 될 수 있는 것이 아닙니다. 아론처럼 하나님께 부르심을 받아야 합니다.

5 그리스도 역시 스스로 대제사장의 영광을 택한 것이 아니라, 하나님께서 그를 선택해 주신 것입니다. 하나님께서 그에게 말씀하셨습니다. "너는 내 아들이다. 오늘 내가 너의 아버지가 되었다."*

6 또 이렇게 말씀하셨습니다. "너는 멜기세덱의 계통을 따른 영원한 대제사장이다."*

7 예수님께서 사람으로 계실 때, 하나님께 기도하고 도움을 구하셨습니다. 그분은 자기를 죽음에서 구해 주실 수 있는 분에게 큰 소리로 부르짖으며 눈물로 기도하셨습니다. 그리고 모든 것을 하나님께 맡기고 순종하심으로 하나님의 응답을 받으셨습니다.

8 예수님께서는 하나님의 아들이셨지만 고난을 통해 순종하는 법을 배우셨습니다.

9 그래서 예수님은 우리의 완전한 대제사장이 되시고, 그에게 순종하는 모든 자에게 영원한 구원을 주셨습니다.

10 그는 하나님에 의해 멜기세덱의 계통을 따른 영원한 대제사장이 되었습니다.

오른쪽 칼럼 (English)

13 between joint and marrow. It exposes our innermost thoughts and desires. •Nothing in all creation is hidden from God. Everything is naked and exposed before his eyes, and he is the one to whom we are accountable.

Christ Is Our High Priest

14 •So then, since we have a great High Priest who has entered heaven, Jesus the Son of God, let us hold firmly to what we believe.

15 •This High Priest of ours understands our weaknesses, for he faced all of the same test-

16 ings we do, yet he did not sin. •So let us come boldly to the throne of our gracious God. There we will receive his mercy, and we will find grace to help us when we need it most.

5 Every high priest is a man chosen to represent other people in their dealings with God. He presents their gifts to God and offers

2 sacrifices for their sins. •And he is able to deal gently with ignorant and wayward people because he himself is subject to the

3 same weaknesses. •That is why he must offer sacrifices for his own sins as well as theirs.

4 •And no one can become a high priest simply because he wants such an honor. He must be called by God for this work, just as

5 Aaron was. •That is why Christ did not honor himself by assuming he could become High Priest. No, he was chosen by God, who said to him,

"You are my Son.
　Today I have become your Father.*"

6 •And in another passage God said to him,

"You are a priest forever in the order of
　Melchizedek."*

7 •While Jesus was here on earth, he offered prayers and pleadings, with a loud cry and tears, to the one who could rescue him from death. And God heard his prayers because of his deep reverence for God.

8 •Even though Jesus was God's Son, he learned obedience from the things he suf-

9 fered. •In this way, God qualified him as a perfect High Priest, and he became the source of eternal salvation for all those who

10 obey him. •And God designated him to be a High Priest in the order of Melchizedek.

5:5 Or *Today I reveal you as my Son.* Ps 2:7.　　5:6 Ps 110:4.

5:5 시 2:7에 기록되어 있다.
5:6 시 110:4에 기록되어 있다.

약한 믿음에 대한 경고

11 멜기세덱에 대해서는 할 말이 많지만, 여러분이 깨닫는 것이 둔하기 때문에 설명하기가 어렵습니다.

12 여러분은 믿은 지 오래되었기 때문에 마땅히 선생이 되어야 했습니다. 그러나 여러분은 아직 하나님의 말씀에 대한 기초를 누군가에게 다시 배워야 할 것 같습니다. 여러분은 단단한 음식을 먹을 준비가 되어 있지 않아서 아직은 젖을 먹어야 할 것 같습니다.

13 젖을 먹는 자는 아직 어린 아기이기 때문에 옳은 말씀에 대해서 알지 못합니다.

14 단단한 음식은 어른을 위한 것입니다. 그들은 훈련을 통해 선과 악을 구별할 줄 압니다.

6 그러므로 훌륭하게 자란 어른이 됩시다. 처음 그리스도에 대해 배우던 때로 되돌아가서는 안 됩니다. 그때는 죽음에 이르게 하는 행위에서 막 돌아서서 회개하던 때이며, 하나님에 대한 신앙의 기초를 닦던 때였습니다.

2 세례와 안수와 죽은 자의 부활과 영원한 심판에 관한 기초를 다시 닦지는 마십시오.

3 하나님께서 허락하시면 우리는 어른으로 성장할 수 있습니다.

4 변화된 새 생활로 다시 돌아오지 못하는 사람들도 있습니다. 그들은 한때, 하나님의 빛 가운데 살았고, 하늘의 은사를 맛보며 성령을 경험한 사람들이었습니다.

5 하나님의 선한 말씀과 앞으로 올 새로운 세상의 능력도 받았습니다.

6 그런데 그들이 그리스도를 떠나 버렸습니다. 이들을 다시 돌이킬 수 있는 방법은 없습니다. 왜냐하면 그들은 하나님의 아들을 다시 십자가에 못박고, 사람들 앞에서 욕되게 했기 때문입니다.

7 어떤 사람들은 많은 비를 흡수하는 땅과 같습니다. 그런 땅은 좋은 열매를 맺어 하나님께 복을 받습니다.

8 반면 가시와 엉겅퀴가 많이 자라나 쓸모 없는 땅과 같은 사람들도 있습니다. 그런 땅은 저주를 받으며 불에 태워질 것입니다.

9 사랑하는 여러분, 우리가 비록 이렇게 말하고 있지만 여러분이 구원을 누리게 될 것을 확신합니다.

10 하나님께서는 공평하시기 때문에 여러분이 한 일들과, 성도들을 도우면서 보여 준 사랑을 잊지 않으실 것입니다. 또한 여러분이 지금도 그들을 돕고 있다는 것을 기억하실 것입니다.

11 우리가 바라는 것은 여러분이 앞으로도 이와 동일한 부지런함을 보여 주어 여러분이 가지고 있는 소망을 끝까지 확신하는 것입니다.

12 게으름 피우지 마십시오. 믿음과 인내를 가지고 나

A Call to Spiritual Growth

11 There is much more we would like to say about this, but it is difficult to explain, especially since you are spiritually dull and don't seem to listen. You have been believers so long now that you ought to be teaching others. Instead, you need someone to teach you again the basic things about God's word.* You are like babies who need milk and cannot eat solid food. For someone who lives on milk is still an infant and doesn't know how to do what is right. Solid food is for those who are mature, who through training have the skill to recognize the difference between right and wrong.

6 So let us stop going over the basic teachings about Christ again and again. Let us go on instead and become mature in our understanding. Surely we don't need to start again with the fundamental importance of repenting from evil deeds* and placing our faith in God. You don't need further instruction about baptisms, the laying on of hands, the resurrection of the dead, and eternal judgment. And so, God willing, we will move forward to further understanding.

For it is impossible to bring back to repentance those who were once enlightened—those who have experienced the good things of heaven and shared in the Holy Spirit, who have tasted the goodness of the word of God and the power of the age to come— and who then turn away from God. It is impossible to bring such people back to repentance; by rejecting the Son of God, they themselves are nailing him to the cross once again and holding him up to public shame.

When the ground soaks up the falling rain and bears a good crop for the farmer, it has God's blessing. But if a field bears thorns and thistles, it is useless. The farmer will soon condemn that field and burn it.

Dear friends, even though we are talking this way, we really don't believe it applies to you. We are confident that you are meant for better things, things that come with salvation. For God is not unjust. He will not forget how hard you have worked for him and how you have shown your love to him by caring for other believers,* as you still do. Our great desire is that you will keep on loving others as long as life lasts, in order to make certain that what you hope for will come true. Then you will not become spiri-

아가면, 하나님께서 약속하신 것을 받게 될 것입니다.

13 하나님께서는 아브라함에게 약속하셨습니다. 하나님보다 더 위대한 분은 없으므로, 하나님께서는 자기 이름으로 그에게 맹세하시며 말씀하셨습니다.

14 "내가 반드시 너에게 복을 주고, 네 자손을 번성하게 하겠다."*

15 아브라함은 인내를 가지고 이 약속을 기다렸고, 마침내 그 약속을 받았습니다.

16 사람들은 보통 자기보다 위대한 사람의 이름을 대며 맹세합니다. 그래서 자기가 말한 것이 사실임을 확증하고 더 이상 논쟁이 계속되지 않도록 합니다.

17 하나님께서도 자신의 약속이 사실임을 증명하고 싶으셨습니다. 하나님께서는 자신의 약속을 받을 자들에게 이것을 확실히 나타내셨습니다. 그리고 자신의 계획이 변하지 않는다는 것을 그들에게 알리시려고 맹세로 그것을 보증하셨습니다.

18 하나님께서는 결코 거짓으로 약속하지 않으시며, 거짓 맹세도 하지 않으십니다. 변하지 않는 이 두 사실은 하나님께 피난처를 구하는 우리들에게 용기를 주며, 우리가 받은 소망을 붙들 수 있는 힘을 줍니다.

19 우리가 가진 소망은 영혼의 닻처럼 안전하고 튼튼하여, 그 소망을 통해 하늘 지성소의 커튼*을 열고 그 안에 들어가게 합니다.

20 예수님께서 우리보다 앞서, 그리고 우리를 위하여 먼저 그곳에 들어가셨습니다. 예수님께서는 멜기세덱의 계통을 따른 영원한 대제사장이 되셨습니다.

제사장 멜기세덱

7 멜기세덱은 살렘의 왕이며 지극히 높으신 하나님의 제사장이었습니다. 그는 아브라함이 여러 왕들을 무찌르고 돌아오는 길에 만나 축복해 주었습니다.

2 아브라함은 전쟁에서 빼앗아 온 물건 중에서 십분의 일을 멜기세덱에게 주었습니다. 멜기세덱은 '정의의 왕'이라는 뜻이며, 살렘 왕은 '평화의 왕'이라는 뜻입니다.

3 그의 아버지와 어머니가 누구인지는 아무도 모릅니다. 그의 고향이 어디인지 아는 사람도 없으며, 그가 태어난 날과 죽은 날이 언제인지도 알지 못합니다. 그는 마치 하나님의 아들같이 영원한 제사장으로 있는 자입니다.

4 그가 얼마나 위대한 사람이었는지 생각해 보십시오. 우리 조상 아브라함은 전쟁에서 이겨 얻은 물건들 중, 십분의 일을 그에게 주었습니다.

tually dull and indifferent. Instead, you will follow the example of those who are going to inherit God's promises because of their faith and endurance.

God's Promises Bring Hope

13 •For example, there was God's promise to Abraham. Since there was no one greater to swear by, God took an oath in his own name, saying:

14 • "I will certainly bless you,
　and I will multiply your descendants
　beyond number."*

15 •Then Abraham waited patiently, and he received what God had promised.

16 •Now when people take an oath, they call on someone greater than themselves to hold them to it. And without any question

17 that oath is binding. •God also bound himself with an oath, so that those who received the promise could be perfectly sure that he

18 would never change his mind. •So God has given both his promise and his oath. These two things are unchangeable because it is impossible for God to lie. Therefore, we who have fled to him for refuge can have great confidence as we hold to the hope that lies

19 before us. •This hope is a strong and trustworthy anchor for our souls. It leads us through the curtain into God's inner sanctu-

20 ary. •Jesus has already gone in there for us. He has become our eternal High Priest in the order of Melchizedek.

Melchizedek Is Greater Than Abraham

7 This Melchizedek was king of the city of Salem and also a priest of God Most High. When Abraham was returning home after winning a great battle against the kings, Melchizedek met him and blessed

2 him. •Then Abraham took a tenth of all he had captured in battle and gave it to Melchizedek. The name Melchizedek means "king of justice," and king of Salem means

3 "king of peace." •There is no record of his father or mother or any of his ancestors—no beginning or end to his life. He remains a priest forever, resembling the Son of God.

4 •Consider then how great this Melchizedek was. Even Abraham, the great patriarch of Israel, recognized this by giving him

oath [oυθ] *n.* 맹세

6:14 Gen 22:17.
6:14 창 22:17에 기록되어 있다.
6:19 휘장

5 제사장이 된 레위 사람들은 율법에 따라 백성으로부터 십분의 일을 받을 수 있게 되어 있습니다. 제사장들과 백성 모두 아브라함의 자손이지만, 제사장은 자기 백성으로부터 십분의 일을 받았습니다.

6 멜기세덱은 레위 지파도 아니었는데 아브라함으로부터 십분의 일을 받았습니다. 그리고 하나님의 약속을 받은 아브라함을 축복해 주었습니다.

7 높은 사람이 낮은 사람을 축복해 줄 수 있다는 사실은 여러분도 알고 있을 것입니다.

8 제사장들도 십분의 일을 받지만, 그들은 결국 죽을 인간에 불과합니다. 그러나 아브라함으로부터 십분의 일을 받은 멜기세덱은 성경이 말한 대로 영원히 살아 있습니다.

9 또한 백성들로부터 십분의 일을 받았던 레위 지파도 아브라함을 통해 멜기세덱에게 십분의 일을 바쳤다고 말할 수 있습니다.

10 왜냐하면 아브라함이 멜기세덱을 만났을 때 레위는 아직 태어나지 않았고 아브라함의 몸 속에 있었기 때문입니다.

11 이스라엘 백성들은 레위 지파의 제사장 직분을 통해 율법을 받았습니다. 그러나 제사장 직분을 받았다고 해서 그들이 영적으로 완전해질 수는 없었습니다. 따라서 또 다른 제사장, 즉 아론의 계통이 아닌 멜기세덱의 계통을 따른 제사장이 필요했던 것입니다.

12 제사장 제도가 바뀌어야 한다면 율법도 바뀌어야 할 것입니다.

13 우리는 지금 그리스도에 대해서 말하고 있습니다. 그리스도는 레위 지파가 아닌 다른 지파의 사람이었는데, 그 지파에서 나온 사람들 중 제단에서 제사장으로 섬긴 사람은 한 명도 없습니다.

14 우리 주님께서 유다 지파에 속했다는 사실은 분명합니다. 모세가 이 지파에 대해 말할 때에 제사장 직분이라는 것을 한 번도 말한 적이 없었습니다.

예수님께서는 멜기세덱과 같습니다

15 멜기세덱과 같은 또 다른 제사장이 오신 것을 보면 이제 더 분명해지는 것 같습니다.

16 그분은 인간의 법과 규칙에 따라 제사장이 되신 것이 아니고, 영원한 생명의 능력으로 제사장이 되셨습니다.

17 성경에 그분에 대해 이렇게 기록되어 있습니다.
"너는 멜기세덱의 계통을 따른 영원한 제사장이다."*

18 옛 계명은 약하고 쓸모가 없으므로 이제 폐지되었습니다.

19 모세의 율법으로는 아무것도 완전하게 할 수 없습니다. 그러나 이제 우리는 더 나은 소망을 받았고, 이 소망을 통해 하나님께 가까이 나아갈 수 있으니

---

a tenth of what he had taken in battle.
5 •Now the law of Moses required that the priests, who are descendants of Levi, must collect a tithe from the rest of the people of Israel,* who are also descendants of Abraham. •But Melchizedek, who was not a
6 descendant of Levi, collected a tenth from Abraham. And Melchizedek placed a blessing upon Abraham, the one who had already received the promises of God. •And
7 without question, the person who has the power to give a blessing is greater than the one who is blessed.

8 •The priests who collect tithes are men who die, so Melchizedek is greater than they
9 are, because we are told that he lives on. •In addition, we might even say that these Levites—the ones who collect the tithe—paid a tithe to Melchizedek when their ancestor
10 Abraham paid a tithe to him. •For although Levi wasn't born yet, the seed from which he came was in Abraham's body when Melchizedek collected the tithe from him.

11 •So if the priesthood of Levi, on which the law was based, could have achieved the perfection God intended, why did God need to establish a different priesthood, with a priest in the order of Melchizedek instead of the order of Levi and Aaron?*

12 •And if the priesthood is changed, the
13 law must also be changed to permit it. •For the priest we are talking about belongs to a different tribe, whose members have never
14 served at the altar as priests. •What I mean is, our Lord came from the tribe of Judah, and Moses never mentioned priests coming from that tribe.

Jesus Is like Melchizedek

15 •This change has been made very clear since a different priest, who is like Melchi-
16 zedek, has appeared. •Jesus became a priest, not by meeting the physical requirement of belonging to the tribe of Levi, but by the power of a life that cannot be destroyed.
17 •And the psalmist pointed this out when he prophesied,

"You are a priest forever in the order of Melchizedek."*

18 •Yes, the old requirement about the priesthood was set aside because it was weak and
19 useless. •For the law never made anything perfect. But now we have confidence in a

---

7:5 Greek from their brothers.　　7:11 Greek the order of Aaron?　　7:17 Ps 110:4.

7:17 시 110:4에 기록되어 있다.

다.

20 예수님을 대제사장으로 세우실 때에 하나님께서 맹세하셨습니다. 다른 사람들이 제사장이 될 때에는 그런 맹세를 하지 않으셨습니다.

21 그러나 그리스도는 하나님의 맹세로 제사장이 되셨습니다. "주님께서 '너는 영원한 제사장이다'라고 약속하셨으니, 그 마음을 결코 바꾸지 않으실 것이다."*

22 예수님께서 하나님과 그의 백성 사이에 더 좋은 약속의 보증이 되셨다는 뜻입니다.

23 제사장들이 죽으면 제사장의 일을 더 이상 할 수 없기 때문에 제사장의 숫자가 많을 수밖에 없었습니다.

24 그러나 예수님께서는 영원히 살아 계시기 때문에 결코 제사장의 일을 쉬지 않으실 것입니다.

25 그러므로 예수님은 자기를 통해 하나님께 나아오는 자들을 완전히 구원하실 수 있습니다. 예수님은 항상 살아 계셔서, 하나님께 나아오는 자들을 돕고 계시기 때문입니다.

26 예수님이야말로 우리에게 진정으로 필요한 대제사장이십니다. 예수님께서는 거룩하고 죄가 없으시며, 흠이 없고 죄인들과 구별되는, 하늘보다 높은 곳에 계신 분입니다.

27 그분은 다른 제사장들과는 다릅니다. 그들은 매일 제사를 드려야 합니다. 먼저 자신의 죄를 위하여, 다음은 백성의 죄를 위하여 희생 제물을 바칩니다. 그러나 그리스도는 그럴 필요가 없으십니다. 예수님께서는 자기 자신을 희생 제물로 드려서 단 한 번에 그 일을 끝내셨기 때문입니다.

28 율법은 약점을 가진 사람들을 제사장으로 세웠습니다. 그러나 하나님의 아들이신 예수님께서는 하나님의 맹세하심을 통해 영원토록 완전한 대제사장이 되셨습니다.

예수님께서
우리의 대제사장이 되셨습니다

8 지금까지 우리가 말한 것의 요점은, 하늘에 계신 하나님의 오른쪽에 앉아 계신 대제사장이 우리와 함께 있다는 것입니다.

2 우리의 대제사장은 지극히 거룩한 곳인 성소에서 섬기고 계십니다. 그곳은 사람이 세운 곳이 아니라 하나님께서 세우신 거룩한 장막이요, 참 성막입니다.

3 모든 대제사장은 하나님께 예물과 제사를 드리는 일을 맡고 있습니다. 따라서 우리의 대제사장도 하나님께 무엇인가를 드려야 했습니다.

4 예수님께서 이 세상에 계셨다면 제사장이 되시지 못했을 것입니다. 그것은 이미 세상에는 율법을 따라 하나님께 예물을 드릴 제사장들이 있기 때문입니다.

5 그들이 섬기는 성소는 하늘에 있는 성소의 모형과

---

better hope, through which we draw near to God.

20 •This new system was established with a solemn oath. Aaron's descendants became

21 priests without such an oath, •but there was an oath regarding Jesus. For God said to him,

"The LORD has taken an oath and will not break his vow:
'You are a priest forever.' "*

22 •Because of this oath, Jesus is the one who guarantees this better covenant with God.

23 •There were many priests under the old system, for death prevented them from

24 remaining in office. •But because Jesus lives forever, his priesthood lasts forever.

25 •Therefore he is able, once and forever, to save* those who come to God through him. He lives forever to intercede with God on their behalf.

26 •He is the kind of high priest we need because he is holy and blameless, unstained by sin. He has been set apart from sinners and has been given the highest place of

27 honor in heaven.* •Unlike those other high priests, he does not need to offer sacrifices every day. They did this for their own sins first and then for the sins of the people. But Jesus did this once for all when he offered himself as the sacrifice for the people's sins.

28 •The law appointed high priests who were limited by human weakness. But after the law was given, God appointed his Son with an oath, and his Son has been made the perfect High Priest forever.

Christ Is Our High Priest

8 Here is the main point: We have a High Priest who sat down in the place of honor beside the throne of the majestic God

2 in heaven. •There he ministers in the heavenly Tabernacle,* the true place of worship that was built by the Lord and not by human hands.

3 •And since every high priest is required to offer gifts and sacrifices, our High Priest must

4 make an offering, too. •If he were here on earth, he would not even be a priest, since there already are priests who offer the gifts

5 required by the law. •They serve in a system of worship that is only a copy, a shadow of the real one in heaven. For when Moses was getting ready to build the Tabernacle, God

---

7:21 Ps 110:4.   7:25 Or *is able to save completely.*   7:26 Or *has been exalted higher than the heavens.*   8:2 Or *tent; also in* 8:5.

7:21 시 110:4에 기록되어 있다.

그림자에 불과합니다. 모세가 성막을 지을 때, 하나님께서는 "너는 모든 것을 내가 산에서 네게 보여 준 대로 주의해서 짓도록 하여라" 하고 지시하셨습니다.

6 그러나 예수님께서 맡으신 제사장의 직분은 다른 제사장들의 일들보다 훨씬 더 큽니다. 마찬가지로 하나님께서 예수님을 통해 그의 백성에게 주신 언약도 옛 언약보다 훨씬 좋은 것입니다. 이 새 언약은 더 좋은 약속에 근거하고 있습니다.

7 만일 첫 번째 언약에 아무 문제가 없다면, 두 번째 언약이 필요 없을 것입니다.

8 그러나 하나님께서는 백성들의 잘못을 아시고 다음과 같이 말씀하셨습니다. "내가 이스라엘과 유다 백성으로 더불어 새 언약을 맺을 때가 되었다.

9 이것은 그들의 조상과 맺었던 언약과는 다른 것이다. 그때는 내가 그들을 내 손으로 붙들고 이집트에서 인도해 낼 때였다. 그러나 그들은 나와 맺은 언약을 깨뜨렸고 나도 그들을 저버렸다.

10 나중에 내가 다시 이스라엘 백성과 함께 새 언약을 맺을 것이다. 내가 나의 가르침을 그들의 마음속에 새기고 그들의 가슴에 기록할 것이다. 나는 그들의 하나님이 되고, 그들은 내 백성이 될 것이다.

11 그때는 사람들이 그들의 이웃과 친척들에게 주님을 알도록 가르칠 필요가 더 이상 없을 것이다. 그것은 가장 작은 자부터 가장 큰 자에 이르기까지 나를 모르는 사람이 한 사람도 없을 것이기 때문이다.

12 나는 그들이 저지른 악한 일을 다 용서하고, 그들의 죄를 더 이상 기억하지 않을 것이다.'*

13 하나님께서는 이것을 새 언약이라 부르시고, 첫 번째 언약은 옛 언약으로 돌리셨습니다. 낡고 오래된 것은 사라지게 마련입니다.

옛 언약의 예배

9 첫 번째 언약에도 예배 규칙이 있었으며, 또한 예배를 위해 사람이 만든 장소도 있었습니다.

2 먼저 성막이 세워졌습니다. 성막의 앞부분은 성소라 불렸습니다. 그곳에는 촛대와 빵이 놓여진 상이 있었는데, 하나님을 위해 거룩하게 예비된 것이었습니다.

3 휘장으로 가려진 성소 안쪽에는 지성소라고 하는 작은 방이 있었습니다.

4 그곳에는 향을 피우는 금제단과 금으로 입혀진 법궤가 놓여 있었습니다. 법궤 안에는 만나를

gave him this warning: "Be sure that you make everything according to the pattern I have shown you here on the mountain."*

6 • But now Jesus, our High Priest, has been given a ministry that is far superior to the old priesthood, for he is the one who mediates for us a far better covenant with God, based on better promises.

7 • If the first covenant had been faultless, there would have been no need for a second covenant 8 to replace it. • But when God found fault with the people, he said:

"The day is coming, says the LORD,
　when I will make a new covenant
　with the people of Israel and Judah.
9 • This covenant will not be like the one
　I made with their ancestors
when I took them by the hand
　and led them out of the land of Egypt.
They did not remain faithful to my covenant,
　so I turned my back on them, says
　the LORD.
10 • But this is the new covenant I will make
　with the people of Israel on that day,*
　　says the LORD:
I will put my laws in their minds,
　and I will write them on their hearts.
I will be their God,
　and they will be my people.
11 • And they will not need to teach their neighbors,
　nor will they need to teach their
　　relatives,*
　saying, 'You should know the LORD.'
For everyone, from the least to the greatest,
　will know me already.
12 • And I will forgive their wickedness,
　and I will never again remember their sins."*

13 • When God speaks of a "new" covenant, it means he has made the first one obsolete. It is now out of date and will soon disappear.

Old Rules about Worship

9 That first covenant between God and Israel had regulations for worship and a place of 2 worship here on earth. • There were two rooms in that Tabernacle.* In the first room were a lampstand, a table, and sacred loaves of bread on the table. This room was called the Holy 3 Place. • Then there was a curtain, and behind the curtain was the second room* called the 4 Most Holy Place. • In that room were a gold incense altar and a wooden chest called the Ark

---

8:5 Exod 25:40; 26:30.　8:10 Greek *after those days*.
8:11 Greek *their brother*.　8:8-12 Jer 31:31-34.　9:2 Or *tent*; also in 9:11, 21.　9:3 Greek *second tent*.

8:8-12 렘 31:31-34에 기록되어 있다.

담은 금항아리와 아론의 싹난 지팡이, 그리고 옛 언약이 새겨진 돌판이 들어 있었습니다.

5 법궤 위에는 하나님의 영광을 나타내는 날개 달린 생물인 그룹들이 날개로 뚜껑*을 덮고 있었습니다. 그러나 지금 이런 것들에 대해서 일일이 다 말할 수는 없습니다.

6 이 모든 것이 성막 안에 준비되어 있어서 제사장들은 언제나 첫 번째 방에 들어가 예배를 드렸습니다.

7 그러나 두 번째 방에는 오직 대제사장만이 일 년에 한 번 들어갈 수 있었습니다. 또 대제사장도 피 없이는 결코 그곳에 들어갈 수 없었습니다. 그는 그 피를 자기 자신과 백성의 죄를 위해 하나님께 드렸습니다. 이것은 그들이 모르고 지은 죄를 위하여 드리는 것입니다.

8 성령은 이것을 통해, 옛 성막 제도가 그대로 남아 있을 때는 지성소로 들어가는 길이 아직 열려 있지 않다는 것을 보여 주셨습니다.

9 이것은 현재를 위한 비유입니다. 예물과 제사로는 예배드리는 자의 마음속까지 깨끗하게 할 수 없습니다.

10 이것은 단지 먹고 마시고 여러 가지 몸을 씻는 등의 예식으로서, 하나님의 새 법이 올 때까지만 적용되는 것입니다.

새 언약의 예배

11 그러나 그리스도께서는 지금 우리가 가지고 있는 좋은 것들의 대제사장으로 오셨습니다. 그는 더 크고 완전한 성막에 들어가셨습니다. 그것은 사람의 손으로 지은 것도 아니며, 이 세상에 속한 것도 아닙니다.

12 그리스도는 단 한 번 지성소로 들어가셨습니다. 그분은 염소나 송아지의 피가 아닌 자신의 피를 가지고 지성소로 들어가셔서 우리를 죄에서 완전히 자유롭게 해 주셨습니다.

13 염소와 황소의 피와 암소의 재를 부정한 사람에게 뿌리면, 그 육체를 다시 깨끗하게 할 수 있습니다.

14 그렇다면 영원하신 성령을 통해 하나님께 자기 자신을 완전한 제물로 드린 그리스도의 피는 어떻겠습니까? 그의 피는 죽음에 이르게 하는 행동에서 우리 마음을 깨끗하게 하고, 살아 계신 하나님을 섬기는 데 부족함이 없도록 할 것입니다.

15 그러므로 그리스도께서 새 언약의 중보자가 되셨습니다. 이제 하나님께 부르심을 받은 자들은 하나님께서 약속하신 영원한 복을 받을 수 있게 되었습니다. 옛 언약 아래에서 살던 사람들을 죄로부터 자유롭게 하기 위하여 그리스도께서 죽으셨기 때문에, 사람들이 그 축복을 누릴 수 있게 된 것

of the Covenant, which was covered with gold on all sides. Inside the Ark were a gold jar containing manna, Aaron's staff that sprouted leaves, and the stone tablets of the covenant. 5 •Above the Ark were the cherubim of divine glory, whose wings stretched out over the Ark's cover, the place of atonement. But we cannot explain these things in detail now.

6 •When these things were all in place, the priests regularly entered the first room* as they 7 performed their religious duties. •But only the high priest ever entered the Most Holy Place, and only once a year. And he always offered blood for his own sins and for the sins the peo-8 ple had committed in ignorance. •By these regulations the Holy Spirit revealed that the entrance to the Most Holy Place was not freely open as long as the Tabernacle* and the system it represented were still in use.

9 •This is an illustration pointing to the present time. For the gifts and sacrifices that the priests offer are not able to cleanse the consciences of the people who bring them. •For that old system deals only with food and drink and various cleansing ceremonies—physical regulations that were in effect only until a better system could be established.

Christ Is the Perfect Sacrifice

11 •So Christ has now become the High Priest over all the good things that have come.* He has entered that greater, more perfect Tabernacle in heaven, which was not made by human hands and is not part of this creat-12 ed world. •With his own blood—not the blood of goats and calves—he entered the Most Holy Place once for all time and secured our redemption forever.

13 •Under the old system, the blood of goats and bulls and the ashes of a heifer could cleanse people's bodies from ceremonial 14 impurity. •Just think how much more the blood of Christ will purify our consciences from sinful deeds* so that we can worship the living God. For by the power of the eternal Spirit, Christ offered himself to God as a per-15 fect sacrifice for our sins. •That is why he is the one who mediates a new covenant between God and people, so that all who are called can receive the eternal inheritance God has promised them. For Christ died to set them free from the penalty of the sins they had committed under that first covenant.

9:6 Greek *first tent.* 9:8 Or *the first room;* Greek reads *the first tent.* 9:11 Some manuscripts read *that are about to come.* 9:14 Greek *from dead works.*

9:5 속죄소 뚜껑

입니다.

16 유언이 효력을 나타내려면 그 유언을 쓴 사람이 죽었다는 사실이 증명되어야 합니다.

17 그 사람이 살아 있는 한, 유언은 아무 쓸모가 없습니다. 오직 죽은 후에만 쓸모가 있는 것입니다.

18 이처럼 옛 언약도 죽음을 나타내는 피 없이 세운 것이 아닙니다.

19 모세는 백성들에게 율법에 적힌 모든 계명을 말해 주었습니다. 그리고 송아지의 피를 물과 함께 섞은 다음, 붉은 양털과 우슬초에 적셔서 율법책과 백성들에게 뿌렸습니다.

20 그리고 "이것은 하나님께서 여러분에게 순종하라고 명령하신 언약의 피입니다"라고 말했습니다.

21 모세는 성막과 예배에 쓰이는 모든 물건에도 그런 방법으로 피를 뿌렸습니다.

22 율법은 거의 모든 것이 피로써 깨끗해지며 피흘림이 없으면 죄의 용서도 없다고 말합니다.

그리스도의 죽음으로 죄가 깨끗해졌습니다

23 하늘에 있는 참된 것들을 모방한 이 땅의 모형은 동물의 피로 깨끗해져야 합니다. 그러나 하늘에 있는 것들은 더 좋은 제물이 필요합니다.

24 그리스도께서는 사람이 지은 지성소에 들어가지 않으셨습니다. 그것은 참된 것의 모형일 뿐입니다. 그리스도께서는 하늘에 올라가시고, 그곳에서 우리를 도우시려고 하나님 앞에 서신 것입니다.

25 대제사장은 일 년에 한 번, 자신의 피가 아닌 동물의 피를 가지고 지성소로 들어갑니다. 그렇다고 그리스도께서 자신을 제물로 드리기 위해 매번 하늘로 올라가신 것은 아닙니다.

26 만일 그래야 한다면 그리스도께서 세상이 창조되었을 때부터 고난을 자주 받으셔야 했을 것입니다. 그러나 그리스도께서는 단 한 번 오셔서 자신을 제물로 드림으로, 모든 죄를 깨끗하게 하셨습니다.

27 사람들은 모두 한 번은 죽습니다. 죽은 후에는 심판이 우리를 기다립니다.

28 그렇기 때문에 그리스도께서는 자신의 몸을 한 번에 드려 많은 사람의 죄를 없애 주신 것입니다. 그리스도께서는 다시 오실 것입니다. 그때는 죄를 없애기 위해서가 아니라 그리스도를 기다리는 자들에게 구원을 주기 위해 오시는 것입니다.

10 율법은 앞으로 오게 될 좋은 것들의 그림자에 불과하며 참된 것의 완전한 모양이 아닙니다. 율법 아래 있는 사람들은 해마다 똑같은 제사를 드립니다. 그러나 이 제사를 가지고 예배드리러 나오는 사람들이 완전해질 수는 없습니다.

16 • Now when someone leaves a will,* it is necessary to prove that the person who
17 made it is dead.* • The will goes into effect only after the person's death. While the person who made it is still alive, the will cannot be put into effect.
18 • That is why even the first covenant was put into effect with the blood of an animal.
19 • For after Moses had read each of God's commandments to all the people, he took the blood of calves and goats,* along with water, and sprinkled both the book of God's law and all the people, using hyssop branch-
20 es and scarlet wool. • Then he said, "This blood confirms the covenant God has made
21 with you."* • And in the same way, he sprinkled blood on the Tabernacle and on every-
22 thing used for worship. • In fact, according to the law of Moses, nearly everything was purified with blood. For without the shedding of blood, there is no forgiveness.
23 • That is why the Tabernacle and everything in it, which were copies of things in heaven, had to be purified by the blood of animals. But the real things in heaven had to be purified with far better sacrifices than the blood of animals.
24 • For Christ did not enter into a holy place made with human hands, which was only a copy of the true one in heaven. He entered into heaven itself to appear now before God
25 on our behalf. • And he did not enter heaven to offer himself again and again, like the high priest here on earth who enters the Most Holy Place year after year with the
26 blood of an animal. • If that had been necessary, Christ would have had to die again and again, ever since the world began. But now, once for all time, he has appeared at the end of the age* to remove sin by his own death as a sacrifice.
27 • And just as each person is destined to die
28 once and after that comes judgment, • so also Christ was offered once for all time as a sacrifice to take away the sins of many people. He will come again, not to deal with our sins, but to bring salvation to all who are eagerly waiting for him.

Christ's Sacrifice Once for All

10 The old system under the law of Moses was only a shadow, a dim preview of the good things to come, not the

9:16a Or *covenant; also in 9:17.* 9:16b Or *Now when someone makes a covenant, it is necessary to ratify it with the death of a sacrifice.* 9:19 Some manuscripts do not include *and goats.* 9:20 Exod 24:8. 9:26 Greek *the ages.*

2 만일 율법이 그들을 완전하게 할 수 있다면 예배드리는 사람들이 깨끗하여져서 더 이상 죄 의식도 느끼지 않았을 것이며, 제물을 드리는 일도 그쳤을 것입니다.

3 그러나 제사는 해마다 자기의 죄를 생각나게 합니다.

4 그것은 황소나 염소의 피로는 죄를 깨끗게 할 수 없기 때문입니다.

5 그래서 그리스도께서 세상에 오셨을 때, 이렇게 말씀하셨습니다. "하나님께서는 제사와 예물을 원하지 않으시고, 나를 위해 한 몸을 예비하셨습니다.

6 또한 태워 드리는 제사인 번제와 죄를 씻는 제사인 속죄제도 기뻐하지 않으십니다.

7 그때, 내가 말하기를 '하나님, 보십시오. 나에 관해 율법책에 기록된 대로 하나님께서 내게 원하시는 일을 하러 왔습니다.'"*

8 이 말씀에서 그리스도는 먼저 "하나님께서는 제사와 예물을 기뻐하지 않으시고, 번제와 속죄제도 원하지 않으신다"고 하셨습니다. 이런 것들은 율법이 명령하는 제사들입니다.

9 그리고 나서 "내가 왔습니다. 하나님께서 원하시는 일을 하려고 왔습니다"라고 말합니다. 즉 하나님께서는 새로운 제도를 세우시려고 첫 번째 제사 제도를 폐지하신 것입니다.

10 예수 그리스도는 하나님께서 원하시는 일을 하셨습니다. 우리는 예수 그리스도께서 단번에 몸을 드리신 제사를 통해 거룩함을 입었습니다.

11 제사장들은 매일 제단 앞에 서서 맡은 일을 행합니다. 그러나 그 제사들은 죄를 없애지 못합니다.

12 그리스도께서는 죄를 위해 단 한 번의 제사를 드리시고 하나님 오른쪽에 앉으셨습니다.

13 그리스도는 원수들이 그의 발 앞에 무릎 꿇을 때까지 그곳에서 기다리고 계십니다.

14 한 번의 제사로 그는 거룩하게 된 자들을 영원히 완전하게 하셨습니다.

15 성령께서 또한 우리에게 이것에 관해 말씀하십니다.

16 "나중에 내가 다시 이스라엘 백성과 함께 새 언약을 맺을 것이다. 내가 나의 가르침을 그들의 마음속에 새기고, 그들의 가슴에 기록할 것이다."*

17 또 말씀하십니다. "그들의 죄와 악한 행동을 내가 다시는 기억하지 않을 것이다."*

---

good things themselves. The sacrifices under that system were repeated again and again, year after year, but they were never able to provide perfect cleansing for those who came to worship. • If they could have provided perfect cleansing, the sacrifices would have stopped, for the worshipers would have been purified once for all time, and their feelings of guilt would have disappeared.

3 • But instead, those sacrifices actually reminded them of their sins year after year. • For it is not

4 possible for the blood of bulls and goats to take

5 away sins. • That is why, when Christ* came into the world, he said to God,

"You did not want animal sacrifices
　　or sin offerings.
But you have given me a body to offer.

6 • You were not pleased with burnt offerings
　　or other offerings for sin.

7 • Then I said, 'Look, I have come to do your
　　will, O God—
as is written about me in the Scriptures.'"*

8 • First, Christ said, "You did not want animal sacrifices or sin offerings or burnt offerings or other offerings for sin, nor were you pleased with them" (though they are required by the law of

9 Moses). • Then he said, "Look, I have come to do your will." He cancels the first covenant in order

10 to put the second into effect. • For God's will was for us to be made holy by the sacrifice of the body of Jesus Christ, once for all time.

11 • Under the old covenant, the priest stands and ministers before the altar day after day, offering the same sacrifices again and again, which can

12 never take away sins. • But our High Priest offered himself to God as a single sacrifice for sins, good for all time. Then he sat down in the place of

13 honor at God's right hand. • There he waits until his enemies are humbled and made a footstool

14 under his feet. • For by that one offering he forever made perfect those who are being made holy.

15 • And the Holy Spirit also testifies that this is so. For he says,

16 • "This is the new covenant I will make
　　with my people on that day,* says
　　　the LORD:
I will put my laws in their hearts,
　　and I will write them on their minds."*

17 • Then he says,

"I will never again remember

10:5 Greek *he*; also in 10:8.　　**10:5-7** Ps 40:6-8 (Greek version).　　**10:16a** Greek *after those days*.　　**10:16b** Jer 31:33a.

10:5-7 시 40:6–8에 기록되어 있다.
10:16 렘 31:33에 기록되어 있다.
10:17 렘 31:34에 기록되어 있다.

18 이런 죄와 악한 행동을 용서받았기 때문에 더 이상 죄를 위한 제사는 필요하지 않게 되었습니다.

하나님을 계속 신뢰하십시오

19 그러므로 형제 여러분, 우리는 예수님의 피 때문에 자유롭고 담대하게 지성소로 들어갈 수 있게 되었습니다.

20 우리는 예수님께서 우리를 위해 열어 주신 새로운 길로 들어갑니다. 그것은 그분이 자신의 몸인 휘장을 찢어 생명의 길로 열어 놓으신 곳입니다.

21 또 우리에게는 하나님의 집을 다스리는 위대한 대제사장이 계십니다.

22 그러니 진실한 마음과 확실한 믿음을 가지고 하나님께 가까이 나아갑시다. 우리는 죄책감에서 깨끗해지고 자유로워졌으며, 맑은 물로 몸이 씻겨졌습니다.

23 하나님께서는 약속하신 것을 지키시는 신실한 분이니, 우리가 고백한 소망을 굳게 붙듭시다.

24 서로 돌아보고 사랑을 베풀며 선한 행동을 하도록 격려합시다.

25 어떤 사람들이 하는 것처럼 교회의 모임에 빠져서는 안 됩니다. 그날이 가까이 다가오는 것을 볼수록 함께 만나며 서로를 격려해야 할 것입니다.

26 만일 우리가 진리를 알게 된 후에도 일부러 계속 죄를 짓는다면, 그 죄를 씻을 제사는 없습니다.

27 거기에는 오직 심판을 기다리는 두려움과 하나님을 거역하며 사는 자들을 태워 없앨 크고 무서운 불만 있을 뿐입니다.

28 모세의 율법에 순종하지 않고 그것을 어긴 사람들도, 두세 명의 증인이 있으면, 사형을 받았습니다.

29 그렇다면 하나님의 아들을 공경하지 않는 사람들은 어떻겠습니까? 그들은 자기를 거룩하게 한 언약의 피를 별것 아닌 것으로 여기며 은혜의 성령을 욕되게 하였습니다. 따라서 그들은 더 큰 벌을 받게 될 것입니다.

30 우리는 하나님께서 "잘못을 행하는 자들을 벌하고 그 죄대로 갚아 주겠다"고 말씀하신 것을 알고 있습니다. 또한 "주님께서 그의 백성을 심판하실 것이다"라는 말씀도 하셨습니다.

31 살아 계신 하나님께서 심판하시는 대상이 된다는 것은 정말 무서운 일입니다.

32 여러분이 처음 진리의 말씀을 배우던 때를 기억해 보십시오. 많은 어려움들이 있었지만, 여러분은 꿋꿋이 이겨 냈습니다.

33 때때로 사람들 앞에서 모욕을 당하며 핍박을 받

---

their sins and lawless deeds."*

18 •And when sins have been forgiven, there is no need to offer any more sacrifices.

A Call to Persevere

19 •And so, dear brothers and sisters,* we can boldly enter heaven's Most Holy Place because of the

20 blood of Jesus. •By his death,* Jesus opened a new and life-giving way through the curtain

21 into the Most Holy Place. •And since we have a

22 great High Priest who rules over God's house, •let us go right into the presence of God with sincere hearts fully trusting him. For our guilty consciences have been sprinkled with Christ's blood to make us clean, and our bodies have been washed with pure water.

23 •Let us hold tightly without wavering to the hope we affirm, for God can be trusted to keep

24 his promise. •Let us think of ways to motivate one another to acts of love and good works.

25 •And let us not neglect our meeting together, as some people do, but encourage one another, especially now that the day of his return is drawing near.

26 •Dear friends, if we deliberately continue sinning after we have received knowledge of the truth, there is no longer any sacrifice that will

27 cover these sins. •There is only the terrible expectation of God's judgment and the raging

28 fire that will consume his enemies. •For anyone who refused to obey the law of Moses was put to death without mercy on the testimony of

29 two or three witnesses. •Just think how much worse the punishment will be for those who have trampled on the Son of God, and have treated the blood of the covenant, which made us holy, as if it were common and unholy, and have insulted and disdained the Holy Spirit

30 who brings God's mercy to us. •For we know the one who said,

> "I will take revenge.
> I will pay them back."*

He also said,

> "The LORD will judge his own people."*

31 •It is a terrible thing to fall into the hands of the living God.

32 •Think back on those early days when you first learned about Christ.* Remember how you remained faithful even though it meant terrible

33 suffering. •Sometimes you were exposed to public ridicule and were beaten, and sometimes you helped others who were suffering the same

---

10:17 Jer 31:34b.   10:19 Greek *brothers*.   10:20 Greek *Through his flesh*.   10:30a Deut 32:35.   10:30b Deut 32:36.   10:32 Greek *when you were first enlightened*.

기도 했고, 그런 고난을 받는 사람들과 친구가 되기도 하였습니다.

34 옥에 갇힌 자들을 도와 주고 여러분이 가진 것들을 빼앗겨도 기뻐하였습니다. 그렇게 할 수 있었던 것은 여러분이 더 좋고 영원한 것이 있다는 것을 알고 있었기 때문입니다.

35 그러므로 이전에 가졌던 용기를 잃어버리지 마십시오. 더 큰 보상이 여러분을 기다리고 있습니다.

36 인내를 가지고 하나님께서 원하시는 일을 해서 그분께서 약속하신 것을 받으시기 바랍니다.

37 "조금만 있으면 오시기로 한 그분이 오실 것이며, 결코 늦지 않으실 것이다.

38 나와 함께 의롭게 산 사람들은 믿음 때문에 생명을 누릴 것이다. 그러나 믿음에서 뒤로 물러난 사람들을, 내가 기뻐하지 않겠다."*

39 우리는 뒤로 물러나 하나님께 버림을 받을 사람들이 아닙니다. 우리는 믿음으로 구원함을 받을 사람들입니다.

믿음

11 믿음은 우리가 바라는 것들에 대해서 확신하는 것입니다. 또한 보이지는 않지만 그것이 사실임을 아는 것입니다.

2 옛날 사람들도 믿음으로 인정받았습니다.

3 믿음을 통해 우리는 이 세상 모든 것이 하나님의 말씀으로 창조되었다는 것을 이해합니다. 이것은 우리가 보고 있는 것들이 보이지 않는 어떤 것으로 만들어졌다는 것을 말합니다.

4 아벨은 믿음으로 가인보다 하나님께 더 나은 제사를 드렸습니다. 하나님께서는 아벨이 드린 제사를 기뻐 받으시고, 그를 의인이라 부르셨습니다. 아벨은 죽었지만 여전히 그의 믿음을 통해 우리에게 말하고 있습니다.

5 믿음으로 에녹은 죽지 않고 하늘로 옮겨져서, 아무도 그를 볼 수 없게 되었습니다. 하나님께서 그를 하늘로 데리고 올라가신 것입니다. 성경은 그가 이 땅에 사는 동안 진실로 하나님을 기쁘시게 하는 자였다*고 증언합니다.

6 믿음이 없이는 어느 누구도 하나님을 기쁘시게 할 수 없습니다. 하나님께 나아오는 자는 그가 계시다는 것과 그를 찾는 자들에게 상 주시는 분이라는 것을 진정으로 믿어야 합니다.

7 믿음으로 노아는 아직 보지 못하는 일에 대한 하나님의 경고를 들었습니다. 그는 하나님께 순종해서 그의 가족을 구원할 방주를 지었습니다. 그는 믿음으로 세상이 잘못되어 가고 있음을 사람들에게 알리고, 하나님과 의의 관계를 맺은 사람이 되었습니다.

---

34 things. •You suffered along with those who were thrown into jail, and when all you owned was taken from you, you accepted it with joy. You knew there were better things waiting for you that will last forever.

35 •So do not throw away this confident trust in the Lord. Remember the great reward it

36 brings you! •Patient endurance is what you need now, so that you will continue to do God's will. Then you will receive all that he has promised.

37 • "For in just a little while,
the Coming One will come and not delay.

38 • And my righteous ones will live by faith.*
But I will take no pleasure in anyone who turns away."*

39 •But we are not like those who turn away from God to their own destruction. We are the faithful ones, whose souls will be saved.

Great Examples of Faith

11 Faith shows the reality of what we hope for; it is the evidence of things we cannot

2 see. •Through their faith, the people in days of old earned a good reputation.

3 •By faith we understand that the entire universe was formed at God's command, that what we now see did not come from anything that can be seen.

4 •It was by faith that Abel brought a more acceptable offering to God than Cain did. Abel's offering gave evidence that he was a righteous man, and God showed his approval of his gifts. Although Abel is long dead, he still speaks to us by his example of faith.

5 •It was by faith that Enoch was taken up to heaven without dying—"he disappeared, because God took him."* For before he was taken up, he was known as a person who pleased God.

6 •And it is impossible to please God without faith. Anyone who wants to come to him must believe that God exists and that he rewards those who sincerely seek him.

7 •It was by faith that Noah built a large boat to save his family from the flood. He obeyed God, who warned him about things that had never happened before. By his faith Noah condemned the rest of the world, and he received

---

evidence [évədəns] *n.* 증거, 흔적
disdain [disdéin] *vt.* 멸시하다
reputation [rèpjutéiʃən] *n.* 평판, 명성

10:38 Or *my righteous ones will live by their faithfulness;* Greek reads *my righteous one will live by faith.* 10:37-38 Hab 2:3-4. 11:5 Gen 5:24.

10:37-38 합 2:3-4에 기록되어 있다.
11:5 창 5:24에 기록되어 있다.

8 믿음으로 아브라함은 하나님께서 그에게 약속하신 땅으로 가라는 하나님의 부르심에 순종하였습니다. 그는 가야 할 곳도 모른 채 자기 고향을 떠났습니다.

9 그는 믿음 때문에 하나님께서 자기에게 약속하신 땅에 가서 살 수 있었습니다. 그는 그곳에서 갈 곳 없는 나그네처럼 살았고, 같은 약속을 받은 이삭과 야곱과 함께 장막에서 거하였습니다.

10 아브라함은 영원한 터가 있는 성을 기다리고 있었습니다. 그것은 바로 하나님께서 계획하고 세우신 성입니다.

11 사라 자신도 아이를 낳기에는 나이가 너무 많았으나, 믿음으로 후손을 얻을 힘을 얻었습니다. 그것은 그녀가 약속해 주신 하나님을 신실한 분으로 믿었기 때문입니다.

12 나이가 많아 거의 죽은 사람과 다름없던 한 사람으로부터, 하늘의 별과 바닷가의 모래알같이 셀 수 없을 정도로 많은 후손이 나왔습니다.

13 이 사람들은 모두 믿음을 따라 살다가 죽었습니다. 그들은 하나님께서 그의 백성에게 약속하신 것을 받지는 못했으나, 앞으로 올 것들을 멀리서 보고 기뻐하였습니다. 그들은 스스로 자신들이 이 땅에서 나그네일 뿐이라고 고백하였습니다.

14 이것은 그들이 진짜 고향을 찾고 있다는 것을 나타냅니다.

15 만일 그들이 떠나온 고향을 생각한다면 다시 되돌아갈 수도 있었을 것입니다.

16 그러나 그들은 더 나은 고향을 기다리고 있었는데, 그것은 바로 하늘에 있는 고향이었습니다. 그래서 하나님께서는 저들의 하나님이라고 불리는 것을 부끄러워하지 않으시고, 그들을 위해 한 성을 예비해 주셨습니다.

17 아브라함은 하나님께 시험을 받았을 때, 믿음으로 이삭을 제물로 바쳤습니다. 그는 하나님께 약속을 받았는데도 아들을 바칠 준비를 한 것입니다.

18 하나님께서는 그에게 "내가 네게 약속한 후손은 이삭을 통해 나올 것이다"라고 말씀하셨습니다.

19 아브라함은 하나님께서 죽은 사람도 살려 주신다는 것을 믿었습니다. 아브라함은 이삭을 죽은 사람들 가운데서 다시 받은 것입니다.

20 믿음으로 이삭은 야곱과 에서의 앞날을 축복하였습니다.

21 또 믿음으로, 야곱은 죽을 때 요셉의 아들들을 축복하고, 그의 지팡이를 짚고서 하나님께 경배드렸습니다.

22 믿음으로 요셉은, 죽을 때, 이스라엘 백성이 이집트에서 떠날 것을 말하였고, 자기의 시신을 어떻게 할 것인지도 얘기하였습니다.

the righteousness that comes by faith.

8 •It was by faith that Abraham obeyed when God called him to leave home and go to another land that God would give him as his inheritance. He went without knowing

9 where he was going. •And even when he reached the land God promised him, he lived there by faith—for he was like a foreigner, living in tents. And so did Isaac and Jacob,

10 who inherited the same promise. •Abraham was confidently looking forward to a city with eternal foundations, a city designed and built by God.

11 •It was by faith that even Sarah was able to have a child, though she was barren and was too old. She believed* that God would

12 keep his promise. •And so a whole nation came from this one man who was as good as dead—a nation with so many people that, like the stars in the sky and the sand on the seashore, there is no way to count them.

13 •All these people died still believing what God had promised them. They did not receive what was promised, but they saw it all from a distance and welcomed it. They agreed that they were foreigners and

14 nomads here on earth. •Obviously people who say such things are looking forward to

15 a country they can call their own. •If they had longed for the country they came from,

16 they could have gone back. •But they were looking for a better place, a heavenly homeland. That is why God is not ashamed to be called their God, for he has prepared a city for them.

17 •It was by faith that Abraham offered Isaac as a sacrifice when God was testing him. Abraham, who had received God's promises, was ready to sacrifice his only son,

18 Isaac, •even though God had told him, "Isaac is the son through whom your

19 descendants will be counted."* •Abraham reasoned that if Isaac died, God was able to bring him back to life again. And in a sense, Abraham did receive his son back from the dead.

20 •It was by faith that Isaac promised blessings for the future to his sons, Jacob and Esau.

21 •It was by faith that Jacob, when he was old and dying, blessed each of Joseph's sons and bowed in worship as he leaned on his staff.

22 •It was by faith that Joseph, when he was

11:11 Or It was by faith that he [Abraham] was able to have a child, even though Sarah was barren and he was too old. He believed.   11:18 Gen 21:12.

23 믿음으로 모세의 부모는, 그가 태어났을 때 평범한 아이가 아니라는 것을 알고 석 달 동안 그를 숨기며 키웠습니다. 그들은 왕의 명령을 거역하는 것도 두려워하지 않았습니다.

24 믿음으로 모세는, 성장한 뒤 파라오 딸의 아들이라 불리는 것을 거절하였습니다.

25 그는 잠시 동안 죄의 즐거움을 누리기보다는, 하나님의 백성들과 함께 고난받는 것을 택하였습니다.

26 그는 이집트의 온갖 보물을 가지는 것보다 그리스도를 위해 고난받는 것이 더 낫다고 생각한 것입니다. 그는 오직 하나님이 주실 상만을 바라보았습니다.

27 믿음으로 모세는 이집트를 떠났으며, 왕의 분노를 두려워하지 않았습니다. 모세는 보이지 않는 하나님을 마치 보이는 듯이 바라보며 꿋꿋이 참았습니다.

28 믿음으로 모세는 유월절을 준비하고, 문마다 피를 발랐습니다. 이 피는 죽음의 천사가 이스라엘 백성의 맏아들을 죽이지 않도록 하기 위해 바른 것입니다.

29 믿음으로 그들은, 마른 땅을 건너는 것처럼 홍해를 지나갔습니다. 그러나 이집트인들은 그들을 따라가다가 물에 빠져 죽고 말았습니다.

30 믿음으로 이스라엘 백성들이 여리고 성 주위를 칠 일 동안 돌자 성은 무너졌습니다.

31 믿음으로 기생 라합은 정탐꾼들을 잘 대접하여, 하나님께 순종하지 않은 자들이 죽임을 당할 때 구원을 받았습니다.

32 더 많은 이야기가 필요합니까? 기드온, 바락, 삼손, 입다, 다윗, 사무엘, 그리고 다른 예언자들을 다 말하려면 시간이 모자랄 것입니다.

33 그들은 믿음으로 나라들을 정복하고, 옳은 일을 하였으며, 하나님께서 약속하신 것들을 받았고, 사자의 입을 막았습니다.

34 또 큰 불을 막아 내며, 칼날을 피하였습니다. 그들은 약한 데서 강해졌으며, 전쟁터에서는 용감해져서 적들을 무찔렀습니다.

35 여자들은 죽은 가족이 다시 살아나는 것을 보았습니다. 또 어떤 이들은 죽은 후에 더 나은 삶으로 부활할 것을 생각하면서, 고문을 당하고 풀려나는 것을 거절하기도 하였습니다.

36 어떤 이들은 조롱을 받으며 매를 맞았습니다. 어떤 이들은 묶인 채로 감옥에 끌려갔습니다.

37 그들은 돌에 맞아 죽었고, 몸이 반으로 잘리기도 하였으며, 칼에 찔려 죽기도 하였습니다. 양과 염소 가죽을 두르고 가난과 고난과 학대를 견뎌야 했습니다.

about to die, said confidently that the people of Israel would leave Egypt. He even commanded them to take his bones with them when they left.

23 • It was by faith that Moses' parents hid him for three months when he was born. They saw that God had given them an unusual child, and they were not afraid to disobey the king's command.

24 • It was by faith that Moses, when he grew up, refused to be called the son of

25 Pharaoh's daughter. • He chose to share the oppression of God's people instead of enjoy-

26 ing the fleeting pleasures of sin. • He thought it was better to suffer for the sake of Christ than to own the treasures of Egypt, for he

27 was looking ahead to his great reward. • It was by faith that Moses left the land of Egypt, not fearing the king's anger. He kept right on going because he kept his eyes on

28 the one who is invisible. • It was by faith that Moses commanded the people of Israel to keep the Passover and to sprinkle blood on the doorposts so that the angel of death would not kill their firstborn sons.

29 • It was by faith that the people of Israel went right through the Red Sea as though they were on dry ground. But when the Egyptians tried to follow, they were all drowned.

30 • It was by faith that the people of Israel marched around Jericho for seven days, and the walls came crashing down.

31 • It was by faith that Rahab the prostitute was not destroyed with the people in her city who refused to obey God. For she had given a friendly welcome to the spies.

32 • How much more do I need to say? It would take too long to recount the stories of the faith of Gideon, Barak, Samson, Jephthah,

33 David, Samuel, and all the prophets. • By faith these people overthrew kingdoms, ruled with justice, and received what God had promised them. They shut the mouths of

34 lions, • quenched the flames of fire, and escaped death by the edge of the sword. Their weakness was turned to strength. They became strong in battle and put whole armies

35 to flight. • Women received their loved ones back again from death.

But others were tortured, refusing to turn from God in order to be set free. They placed their hope in a better life after the resurrec-

36 tion. • Some were jeered at, and their backs were cut open with whips. Others were

37 chained in prisons. • Some died by stoning,

---

torture [tɔ́ːrtʃər] *vt.* 고문하다

38 그들에게 세상은 아무런 가치가 없었습니다. 그들은 광야와 산과 동굴과 땅굴에서 살았습니다.

39 이 사람들은 모두 믿음으로 이름이 알려진 자들입니다. 그러나 그들 중 어느 누구도 하나님께서 약속하신 것을 받지는 못하였습니다.

40 그것은 하나님께서 우리에게 더 좋은 것을 예비하시고 그들이 우리와 함께 완전해지도록 하셨기 때문입니다.

예수님의 본을 따르십시오

12 우리에게는 이렇게 많은 믿음의 증인들이 있습니다. 그들의 삶은 우리에게 믿음이 무엇인지 말해 주고 있습니다. 그러므로 포기하지 말고 우리 앞에 있는 경주를 열심히 합시다. 우리의 삶 속에서 방해가 되는 것들은 다 없애 버리고, 우리를 쉽게 옭아매는 죄를 벗어 버립시다.

2 우리 믿음의 시작이며, 또 믿음을 완전하게 하시는 주님만을 바라봅시다. 예수님께서는 십자가에서 돌아가실 때, 아무것도 아닌 것처럼 모든 부끄러움을 참아 내셨습니다. 예수님께서는 하나님께서 예비해 두신 기쁨을 기대하셨기 때문에 그렇게 하실 수 있었던 것입니다. 이제 그분은 하나님 보좌의 오른편에 앉아 계십니다.

3 예수님을 생각하십시오. 예수님께서는 죄인들이 그를 미워해서 악한 일을 할 때에도 묵묵히 참으셨습니다. 지칠 때라도 낙심하지 말고 예수님의 본을 따르기 바랍니다.

하나님은 아버지입니다

4 여러분은 죄에 맞서 싸우고 있지만, 아직 죽을 정도까지 싸워 보지는 않았습니다.

5 여러분은 하나님께서 그의 아들을 격려하듯이 말씀해 주신 것을 잊었습니까? "내 아들아, 주의 훈계를 가볍게 여기지 말고, 주님께서 너를 꾸짖으실 때, 낙심하지 마라.

6 주님께서는 사랑하는 자에게 벌을 주시고, 그의 아들로 받아들인 자들을 채찍질하신다."*

7 따라서 여러분이 받는 고난을 아버지의 훈계로 알고 견디십시오. 하나님께서는 아버지가 자기 아들에게 벌 주듯이 여러분을 대하시는 것입니다. 아들을 훈계하지 않는 아버지는 어디에도 없습니다.

8 아들이면 훈계를 받게 마련입니다. 만일 여러분에게 아무 훈계가 없다면, 여러분은 사생아이며 참아들이 아닙니다.

9 우리는 이 땅에서 모두 육체의 아버지가 있습니다. 그 아버지가 우리를 훈계한다 해도 공경하는데, 하물며 영의 아버지의 훈계를 받아들여야 하는 것은 말할 필요도 없지 않습니까? 그렇게 할 때, 우리는 생명을 받게 되는 것입니다.

---

some were sawed in half,* and others were killed with the sword. Some went about wearing skins of sheep and goats, destitute
38 and oppressed and mistreated. •They were too good for this world, wandering over deserts and mountains, hiding in caves and holes in the ground.

39 •All these people earned a good reputation because of their faith, yet none of them
40 received all that God had promised. •For God had something better in mind for us, so that they would not reach perfection without us.

God's Discipline Proves His Love

12 Therefore, since we are surrounded by such a huge crowd of witnesses to the life of faith, let us strip off every weight that slows us down, especially the sin that so easily trips us up. And let us run with endurance
2 the race God has set before us. •We do this by keeping our eyes on Jesus, the champion who initiates and perfects our faith.* Because of the joy* awaiting him, he endured the cross, disregarding its shame. Now he is seated in the place of honor beside God's throne.
3 •Think of all the hostility he endured from sinful people;* then you won't become weary
4 and give up. •After all, you have not yet given your lives in your struggle against sin.
5 •And have you forgotten the encouraging words God spoke to you as his children?* He said,

"My child,* don't make light of the
　　　LORD's discipline,
and don't give up when he corrects
　　　you.
6 • For the LORD disciplines those he loves,
and he punishes each one he accepts
　　　as his child."*

7 As you endure this divine discipline, remember that God is treating you as his own children. Who ever heard of a child
8 who is never disciplined by its father? •If God doesn't discipline you as he does all of his children, it means that you are illegitimate and are not really his children at all.
9 •Since we respected our earthly fathers who disciplined us, shouldn't we submit even

---

11:37 Some manuscripts add *some were tested.*
12:2a Or *Jesus, the originator and perfecter of our faith.* 12:2b Or *Instead of the joy.* 12:3 Some manuscripts read *Think of how people hurt themselves by opposing him.* 12:5a Greek *sons;* also in 12:7, 8. 12:5b Greek *son;* also in 12:6, 7. 12:5-6 Prov 3:11-12 (Greek version).

12:5-6 잠 3:11-12에 기록되어 있다.

10 이 땅에서의 아버지는 그들이 가장 좋다고 생각하는 대로 우리를 벌합니다. 그러나 하나님께서는 우리가 그분의 거룩하심을 닮게 하기 위해 벌하십니다.

11 훈계를 받는 바로 그때에는 즐거움이 없고 고통스럽습니다. 그러나 후에 그 훈계 때문에 더 나은 사람이 된다면, 우리에게 평안이 있을 것입니다. 왜냐하면 우리가 올바른 길 안에서 살아가게 되었기 때문입니다.

여러분의 삶에 늘 신경을 쓰십시오

12 여러분은 피곤한 손과 연약한 무릎을 강하게 하여 일어나십시오.

13 올바른 길을 가십시오. 그러면 다리 저는 사람이 절뚝거리지 않고 고침을 받게 될 것입니다.

14 모든 사람과 사이좋게 지내며 거룩하게 사십시오. 만일 삶이 거룩하지 못하다면, 결코 주님을 만나지 못할 것입니다.

15 아무도 하나님의 은혜를 놓치지 않도록 주의하시기 바랍니다. 여러분 가운데 쓴 뿌리와 같은 사람들이 생겨나지 못하게 하십시오. 그런 사람은 많은 사람을 괴롭히거나 더럽힙니다.

16 성적인 죄를 범하지 말며, 에서처럼 하나님을 생각지 않는 사람이 없도록 하십시오. 에서는 맏아들로서 아버지의 모든 것을 다 받을 수 있었지만, 한 그릇의 먹을 것을 위하여 맏아들의 특권을 팔고 말았습니다.

17 여러분도 알다시피 에서는 그 후에 아버지의 축복을 받기 위해 울면서 부탁했지만 거절당했으며, 회개할 기회를 얻지 못했습니다.

18 여러분이 도착할 곳은 손으로 만질 수 있거나 불이 타오르는 산도 아니고, 어두움과 슬픔과 폭풍이 일어나는 산도 아닙니다.

19 또한 나팔 소리와 음성이 들려오는 산도 아닙니다. 이스라엘 백성이 산에서 들려오는 음성을 들었을 때, 그들은 더 이상 하나님께서 말씀하시지 않도록 부탁했습니다.

20 그들은 "누구든지, 심지어 짐승이라도 이 산에 닿으면 돌로 쳐서 죽임을 당할 것이다"라는 하나님의 명령을 감당할 수 없었습니다.

21 그 광경이 너무나 무서워 모세조차도 "두렵고 떨린다"고 말하였습니다.

22 그러나 여러분은 시온 산에 이르렀으며, 살아 계신 하나님의 성, 하늘의 예루살렘에 이르렀습니다. 이 곳은 수많은 천사들이 기뻐하며 함께 모여 있는 곳입니다.

23 또 하늘에 이름이 기록된 맏아들의 모임이 열리는 곳이며, 모든 사람의 심판자이신 하나님께서 계신 곳입니다. 그리고 완전하게 된 의인들의 영혼이 거하는 곳이기도 합니다.

24 여러분은 그의 백성들에게 하나님의 새 언약을 가

more to the discipline of the Father of our spirits, and live forever?*

10 • For our earthly fathers disciplined us for a few years, doing the best they knew how. But God's discipline is always good for us, so 11 that we might share in his holiness. • No discipline is enjoyable while it is happening— it's painful! But afterward there will be a peaceful harvest of right living for those who are trained in this way.

12 • So take a new grip with your tired hands and strengthen your weak knees.

13 • Mark out a straight path for your feet so that those who are weak and lame will not fall but become strong.

A Call to Listen to God

14 • Work at living in peace with everyone, and work at living a holy life, for those who 15 are not holy will not see the Lord. • Look after each other so that none of you fails to receive the grace of God. Watch out that no poisonous root of bitterness grows up to 16 trouble you, corrupting many. • Make sure that no one is immoral or godless like Esau, who traded his birthright as the firstborn 17 son for a single meal. • You know that afterward, when he wanted his father's blessing, he was rejected. It was too late for repentance, even though he begged with bitter tears.

18 • You have not come to a physical mountain,* to a place of flaming fire, darkness, gloom, and whirlwind, as the Israelites did 19 at Mount Sinai. • For they heard an awesome trumpet blast and a voice so terrible 20 that they begged God to stop speaking. • They staggered back under God's command: "If even an animal touches the mountain, it must be stoned to death."* 21 • Moses himself was so frightened at the sight that he said, "I am terrified and trembling."*

22 • No, you have come to Mount Zion, to the city of the living God, the heavenly Jerusalem, and to countless thousands of 23 angels in a joyful gathering. • You have come to the assembly of God's firstborn children, whose names are written in heaven. You have come to God himself, who is the judge over all things. You have come to the spirits of the righteous ones in heaven who 24 have now been made perfect. • You have come to Jesus, the one who mediates the

---

12:9 Or and really live?　12:18 Greek to something that can be touched.　12:20 Exod 19:13. 12:21 Deut 9:19.

져다 주신, 예수님께서 계신 곳에 왔습니다. 여러분은 아벨의 피보다 더 나은 소식을 전해 준, 그리스도의 피에 가까이 나아온 것입니다.

25 여러분은 하나님께서 말씀하실 때, 거역하지 마십시오. 옛 선조들은 땅에서 모세를 통해 경고를 받고도 순종하지 않다가 벌을 받았습니다. 이제는 하나님께서 하늘로부터 우리에게 경고하시는데, 우리가 그 말씀을 듣지 않는다면 어떻게 되겠습니까?

26 예전에는 그 소리가 땅을 흔들었지만, 이제는 "땅뿐만 아니라 하늘까지도 다시 한 번 흔들어 놓겠다"고 하나님께서 약속하셨습니다.

27 '다시 한 번'이라는 말은 흔들릴 수 있는 것들은 모조리 없애 버리겠다는 뜻이기도 합니다. 이것은 흔들리지 않는 것들만을 남기려는 것입니다.

28 우리가 흔들리지 않는 나라를 가졌으니 감사드립시다. 하나님을 기쁘시게 하며, 경건함과 두려움으로 그분께 예배드립시다.

29 우리 하나님은 모든 것을 태워 버리는 불과 같은 분이십니다.

13 그리스도 안에서 한 형제로 서로서로 사랑하십시오.

2 나그네를 대접하는 일을 잊지 말기 바랍니다. 어떤 사람들은 나그네를 대접하다가 자기도 모르는 사이에 천사를 대접하였습니다.

3 옥에 갇힌 자들을 기억하십시오. 마치 여러분이 옥에 갇혀 있는 것처럼 저들을 생각하고, 고통당하는 자들을 볼 때는 여러분이 고통받는 것처럼 그들을 생각해 주기 바랍니다.

4 모두 결혼을 귀하게 여기십시오. 남편과 아내는 그들의 결혼을 깨끗이 유지해야 합니다. 하나님께서는 간음하는 자들을 벌하실 것입니다.

5 돈이 여러분의 삶을 다스리지 않도록 하십시오. 가진 것에 만족하시기 바랍니다. 하나님께서는 "내가 결코 너를 떠나지 않겠다. 내가 결코 너를 잊지 않겠다"고 말씀하셨습니다.

6 그러므로 우리는 자신있게 말할 수 있습니다. "주님은 나를 돕는 자시니 내가 두려워하지 않을 것입니다. 사람들이 내게 무슨 짓을 할 수 있겠습니까?"*

7 여러분에게 하나님의 말씀을 가르쳐 준 지도자들을 기억하십시오. 그들이 어떻게 살고 어떻게 죽었는지를 생각하고, 그들의 믿음을 본받으십시오.

8 예수 그리스도는 어제나 오늘이나 영원히 똑같으십니다.

9 여러 가지 이상한 가르침에 빠져서 잘못된 길로 들어서지 않도록 주의하십시오. 하나님의 은혜로 마음을 강하게 하십시오. 그러나 음식에 대한 규칙는 얽매이지 마십시오. 그런 규정은 아무 도움이 되지 않습니다.

new covenant between God and people, and to the sprinkled blood, which speaks of forgiveness instead of crying out for vengeance like the blood of Abel.

25 • Be careful that you do not refuse to listen to the One who is speaking. For if the people of Israel did not escape when they refused to listen to Moses, the earthly messenger, we will certainly not escape if we reject the One who speaks to us from heaven! • When God spoke from Mount Sinai his

26 voice shook the earth, but now he makes another promise: "Once again I will shake not only the earth but the heavens also."*

27 • This means that all of creation will be shaken and removed, so that only unshakable things will remain.

28 • Since we are receiving a Kingdom that is unshakable, let us be thankful and please God by worshiping him with holy fear and

29 awe. • For our God is a devouring fire.

Concluding Words

13 Keep on loving each other as brothers

2 and sisters.* • Don't forget to show hospitality to strangers, for some who have done this have entertained angels without

3 realizing it! • Remember those in prison, as if you were there yourself. Remember also those being mistreated, as if you felt their pain in your own bodies.

4 • Give honor to marriage, and remain faithful to one another in marriage. God will surely judge people who are immoral and those who commit adultery.

5 • Don't love money; be satisfied with what you have. For God has said,

"I will never fail you.
I will never abandon you."*

6 • So we can say with confidence,

"The LORD is my helper,
so I will have no fear.
What can mere people do to me?"*

7 • Remember your leaders who taught you the word of God. Think of all the good that has come from their lives, and follow the example of their faith.

8 • Jesus Christ is the same yesterday, today,

9 and forever. • So do not be attracted by strange, new ideas. Your strength comes from God's grace, not from rules about food, which don't help those who follow them.

12:26 Hag 2:6. 13:1 Greek *Continue in brotherly love.* 13:5 Deut 31:6, 8. 13:6 Ps 118:6.
13:6 시 118:6에 기록되어 있다.

10 우리에게 제단이 있습니다. 그러나 성막에서 섬기는 제사장들이 제사드린 것을 먹을 수는 없습니다.

11 대제사장은 죄를 없애기 위해 지성소 안으로 동물의 피를 가지고 들어가서 그것을 바칩니다. 그러나 그 동물의 시체는 성막 바깥에서 불사릅니다.

12 이와 같이 예수님도 성문 밖에서 고난을 당하셨습니다. 예수님께서는 자기 피로 그의 백성들을 거룩하게 하려고 죽으셨습니다.

13 그러므로 우리도 성문 밖에 계신 주님께 나아가서 그분이 당하신 수치를 함께 겪읍시다.

14 이 땅에는 영원한 성이 없으며, 우리는 앞으로 다가올 성을 찾고 있습니다.

15 그러므로 예수님을 통하여 항상 하나님께 찬양의 제사를 드립시다. 이는 그분의 이름을 증언하는 우리 입술의 열매입니다.

16 다른 사람들에게 선을 베푸는 일을 잊지 마십시오. 여러분이 가진 것을 서로 나누시기 바랍니다. 이러한 행동은 하나님을 기쁘시게 하는 제사입니다.

17 여러분을 인도하는 지도자들에게 순종하고 그들의 권위를 존중하십시오. 그들은 여러분의 영혼을 책임진 자들이기에 여러분을 주의해서 살피고 있습니다. 그들이 이 일을 괴로워하지 않고 즐거운 마음으로 할 수 있도록 해 주십시오. 그들의 일을 힘들게 하는 것은 여러분에게 아무 도움이 되지 않습니다.

18 우리를 위해 기도해 주십시오. 우리는 모든 일을 선하게 하려고 하므로, 우리가 선한 양심을 갖고 있다는 것을 확신합니다.

19 하나님께서 빨리 저를 여러분에게 보내 주시도록 기도해 주십시오.

20 평화의 하나님께서 양들의 큰 목자이신 우리 주 예수님을 죽음에서 살리셨습니다. 하나님께서는 예수님의 보혈로 자기 백성과 영원한 언약을 맺으셨습니다.

21 바로 이 하나님께서 여러분에게 필요한 모든 좋은 것들을 내려 주셔서, 여러분이 하나님의 일을 잘할 수 있게 되기를 바랍니다. 또 예수 그리스도를 통해 우리 안에서 그의 기뻐하시는 뜻이 이루어지기를 기도합니다. 예수 그리스도께 길이길이 영광이 있을 것입니다. 아멘.

22 형제 여러분, 몇 마디에 불과한 짧은 편지이지만 여러분을 격려*하고자 쓴 글이라는 것을 명심하십시오.

23 우리 형제 디모데가 감옥에서 풀려 나왔습니다. 그가 도착하면 여러분을 만나러 함께 가겠습니다.

24 여러분의 지도자들과 모든 성도들에게 안부를 전합니다. 이탈리아에서 온 사람들이 여러분에게 안부를 전합니다.

25 하나님의 은혜가 여러분 모두에게 늘 함께하기를 기도합니다.

---

10 •We have an altar from which the priests in the Tabernacle* have no right to eat.

11 •Under the old system, the high priest brought the blood of animals into the Holy Place as a sacrifice for sin, and the bodies of the animals were burned outside the camp.

12 •So also Jesus suffered and died outside the city gates to make his people holy by means of his own blood. •So let us go out to him, 13 outside the camp, and bear the disgrace he 14 bore. •For this world is not our permanent home; we are looking forward to a home yet to come.

15 •Therefore, let us offer through Jesus a continual sacrifice of praise to God, pro-16 claiming our allegiance to his name. •And don't forget to do good and to share with those in need. These are the sacrifices that please God.

17 •Obey your spiritual leaders, and do what they say. Their work is to watch over your souls, and they are accountable to God. Give them reason to do this with joy and not with sorrow. That would certainly not be for your benefit.

18 •Pray for us, for our conscience is clear and we want to live honorably in every-19 thing we do. •And especially pray that I will be able to come back to you soon.

20 • Now may the God of peace—
    who brought up from the dead
      our Lord Jesus,
the great Shepherd of the sheep,
    and ratified an eternal covenant
      with his blood—
21 may he equip you with all you need
    for doing his will.
May he produce in you,*
    through the power of Jesus Christ,
every good thing that is pleasing to him.
    All glory to him forever and ever! Amen.

22 •I urge you, dear brothers and sisters,* to pay attention to what I have written in this brief exhortation.

23 •I want you to know that our brother Timothy has been released from jail. If he comes here soon, I will bring him with me to see you.

24 •Greet all your leaders and all the believers there.* The believers from Italy send you their greetings.

25 •May God's grace be with you all.

13:10 Or *tent.*   13:21 Some manuscripts read *in us.*   13:22 Greek *brothers.*   13:24 Greek *all of God's holy people.*

13:22 권면

야고보서

서론

- ✢ 저자 _ 예수님의 형제 야고보가 썼다는 견해가 지배적
- ✢ 저작 연대 _ A.D. 60년경
- ✢ 기록 장소 _ 예루살렘으로 추정
- ✢ 기록 대상 _ 여러 나라에 흩어져 있는 유대 그리스도인들
- ✢ 핵심어 및 내용 _ 핵심어는 '인내'와 '순수한 신앙' 이다. 야고보는, 인내는 흠 없는 주의 자녀가 되기 위하여 갖추어야 할 경건한 성품이며, 순수한 신앙이란 하나님 앞에서 올바르게 행동할 뿐만 아니라 세상에서도 모범이 되는 삶을 사는 것이라고 말한다.

인사

1 하나님과 주 예수 그리스도의 종 야고보는 세계 여러 곳에 흩어져 있는 열두 지파에게 안부를 전합니다.

믿음과 지혜

2 형제 여러분, 여러 가지 시험을 겪을 때 기쁘게 여기십시오.

3 여러분은 믿음의 시련을 통하여 인내심이 성장한다는 것을 알고 있습니다.

4 여러분이 하는 모든 일을 참고 견디어 조금도 부족함이 없는 완전하고 성숙한 사람이 되십시오.

5 지혜가 부족한 사람이 있으면 하나님께 구하십시오. 하나님께서는 자비로우셔서 모든 사람에게 나눠 주시는 것을 즐거워하십니다. 따라서 여러분이 필요로 하는 지혜를 주실 것입니다.

6 하나님께 구할 때는 믿고 구해야 합니다. 조금도 의심하지 마십시오. 의심하는 자는 바다 물결같이 바람에 밀려 이리저리 움직이는 것과 같습니다.

7 그런 사람은 주님께 무엇을 받을까 하고 기대하지 마십시오.

8 왜냐하면 그는 두 마음을 품어 자기가 하는 일에 방향을 못 잡고 헤매는 자이기 때문입니다.

참된 부

9 만일 가난하거든 하나님께서 자기를 영적인 부자로 만드신 것을 자랑스럽게 여기십시오.

10 만일 부하거든 하나님께서 자신에게 영적인 부족함을 보여 주신 것을 자랑하십시오. 그것은 부자들에게 핀 꽃과 같이 결국 죽고 말 것이기 때문입니다.

11 해가 떠올라 점점 더 뜨거워지면, 풀은 마르고 꽃은 떨어집니다. 아무리 아름다운 꽃이라도 시들게 되어 있습니다. 부자도 마찬가지입니다. 자신의 재물을 돌보다가 결국 죽고 말 것입니다.

시험은 하나님께로부터 오는 것이 아닙니다

12 시험을 받은 후, 더 강건해졌다면 복 있는 자입니

Greetings from James

1 This letter is from James, a slave of God and of the Lord Jesus Christ.

I am writing to the "twelve tribes"—Jewish believers scattered abroad.

Greetings!

Faith and Endurance

2 •Dear brothers and sisters,* when troubles of any kind come your way, consider it an opportunity for great joy. •For you know that when your faith is tested, your endurance has
4 a chance to grow. •So let it grow, for when your endurance is fully developed, you will be perfect and complete, needing nothing.

5 •If you need wisdom, ask our generous God, and he will give it to you. He will not
6 rebuke you for asking. •But when you ask him, be sure that your faith is in God alone. Do not waver, for a person with divided loyalty is as unsettled as a wave of the sea that is
7 blown and tossed by the wind. •Such people should not expect to receive anything from
8 the Lord. •Their loyalty is divided between God and the world, and they are unstable in everything they do.

9 •Believers who are* poor have something to boast about, for God has honored them.
10 •And those who are rich should boast that God has humbled them. They will fade away
11 like a little flower in the field. •The hot sun rises and the grass withers; the little flower droops and falls, and its beauty fades away. In the same way, the rich will fade away with all of their achievements.

12 •God blesses those who patiently endure testing and temptation. Afterward they will receive the crown of life that God has promised

---

droop [drú:p] *vi.* 축 늘어지다: (초목이) 시들다
rebuke [ribjú:k] *vt.* 꾸짖다
waver [wéivər] *vi.* 흔들리다; 동요하다

다. 자신의 믿음을 증명했으므로 하나님께서 그에게 생명의 면류관을 주실 것입니다. 하나님께서는 자기를 사랑하는 모든 자들에게 영생을 약속하셨습니다.

13 시험을 받을 때에 "하나님이 나를 시험하고 있어"라고 말하지 마십시오. 하나님은 악에게 시험을 받지도 않으시며, 사람을 시험하지도 않으십니다.

14 사람이 시험을 받는 것은 자신의 악한 욕심에 이끌려 유혹을 받기 때문입니다.

15 욕심은 죄를 낳고, 죄는 점점 자라 죽음을 가져옵니다.

16 사랑하는 형제 여러분, 속지 마십시오.

17 모든 선한 행위와 완전한 선물들은 빛들을 창조하신 하나님으로부터 위에서 내려오는 것입니다. 하나님께서는 결코 그림자처럼 변하는 일이 없으십니다.

18 하나님께서는 진리의 말씀을 통하여 우리에게 생명을 주셨습니다. 그리고 창조하신 것 중에서 우리로 첫 열매가 되게 하셨습니다.

듣는 것과 순종하는 것

19 사랑하는 형제 여러분, 다른 사람의 말은 빨리 듣고, 자신의 말은 천천히 하십시오. 쉽게 화를 내지 말기 바랍니다.

20 화를 내면 하나님께서 원하시는 의로운 삶을 살 수 없습니다.

21 그러므로 여러분의 삶 가운데 악한 것과 잘못된 일은 모두 없애 버리십시오. 여러분의 마음에 심겨진 하나님의 가르침을 겸손하게 받으시기 바랍니다. 이는 여러분의 영혼을 구원하는 가르침입니다.

22 하나님께서 가르쳐 주신 대로 행하십시오. 듣기만 하고 행하지 않는 사람이 되어서는 안 됩니다. 앉아서 듣기만 한다면 그것은 자신을 속이는 것입니다.

23 하나님의 가르침을 듣고 아무것도 행하지 않는 사람은 거울을 들여다보고 있는 사람과 같습니다.

24 그는 자기 얼굴을 들여다보고도, 일어나면 금방 자신의 얼굴이 어떠했는지 잊어 버립니다.

25 그러나 사람을 자유케 하는 하나님의 완전한 법을 살피는 사람은 들은 것을 잊어 버리지 않고, 그 말씀대로 행하는 사람입니다. 이런 사람은 그 행하는 일에 복을 받을 것입니다.

하나님을 섬기는 참된 길

26 스스로 자신이 경건하다고 생각하면서 말을 함부로 하는 사람은 자신을 속이고 있는 것입니다. 그의 경건은 아무 가치도 없습니다.

27 하나님께서 받으시는 경건은, 어려운 처지에 있는 고아와 과부를 돌보고, 세상의 악에 물들지 않도록 자신을 잘 지키는 것입니다. 하나님께서는 이런 순수하고 깨끗한 신앙을 보십니다.

13 to those who love him. •And remember, when you are being tempted, do not say, "God is tempting me." God is never tempted to do wrong,* and he never tempts anyone

14 else. •Temptation comes from our own desires, which entice us and drag us away.

15 •These desires give birth to sinful actions. And when sin is allowed to grow, it gives birth to death.

16 •So don't be misled, my dear brothers

17 and sisters. •Whatever is good and perfect is a gift coming down to us from God our Father, who created all the lights in the heavens.* He never changes or casts a shifting

18 shadow.* •He chose to give birth to us by giving us his true word. And we, out of all creation, became his prized possession.*

Listening and Doing

19 •Understand this, my dear brothers and sisters: You must all be quick to listen, slow to

20 speak, and slow to get angry. •Human anger* does not produce the righteousness*

21 God desires. •So get rid of all the filth and evil in your lives, and humbly accept the word God has planted in your hearts, for it has the power to save your souls.

22 •But don't just listen to God's word. You must do what it says. Otherwise, you are

23 only fooling yourselves. •For if you listen to the word and don't obey, it is like glancing

24 at your face in a mirror. •You see yourself, walk away, and forget what you look like.

25 •But if you look carefully into the perfect law that sets you free, and if you do what it says and don't forget what you heard, then God will bless you for doing it.

26 •If you claim to be religious but don't control your tongue, you are fooling yourself, and your religion is worthless. •Pure and genuine religion in the sight of God the Father means caring for orphans and widows in their distress and refusing to let the world corrupt you.

---

entice [intáis] *vt.* 꾀다, 유혹하다
filth [fílθ] *n.* 오물, 도덕적 타락
genuine [dʒénjuin] *a.* 진짜의, 참된
tempt [témpt] *vt.* 유혹하다, 부추기다
1:21 get rid of … : …을 없애다, 제거하다
1:23 glance at … : …을 흘긋 보다

1:13 Or *God should not be put to a test by evil people.*   **1:17a** Greek *from above, from the Father of lights.*   **1:17b** Some manuscripts read *He never changes, as a shifting shadow does.* **1:18** Greek *we became a kind of firstfruit of his creatures.*   **1:20a** Greek *A man's anger.*   **1:20b** Or *the justice.*

약

모든 사람을 사랑하십시오

2 사랑하는 형제 여러분, 여러분은 영광스러운 우리 주 예수 그리스도를 믿는 자들입니다. 그러므로 사람들을 차별해서 대하지 말기 바랍니다.

2 만일 한 사람은 좋은 옷에 금반지를 끼고 교회에 나왔고, 또 한 사람은 남루한 옷을 입고 교회에 나왔다고 합시다.

3 그때, 옷을 잘 입은 사람에게는 "이리로 와서 좋은 자리에 앉으십시오"라고 말하고, 가난한 사람에게는 "저기에 서 있든지 내 발 밑에 앉으시오"라고 말한다면,

4 사람을 차별하고 있는 것이 아니고 무엇이겠습니까? 여러분은 악한 생각으로 사람들을 판단한 것입니다.

5 사랑하는 형제 여러분, 제 말을 잘 들으십시오. 하나님께서는 세상의 가난한 자를 택하여 믿음으로 부하게 하셨습니다. 그리고 자기를 사랑하는 백성에게 약속하신 나라를 주셨습니다.

6 그런데 여러분은 가난한 사람들을 멸시하고 있습니다. 사실 여러분의 생명을 위협하고 법정으로 끌고 가는 사람들은 부자들인데도 말입니다.

7 그들은 여러분의 주인 되신 예수님을 모독하는 자들이기도 합니다.

8 모든 법 위에 우선되는 법이 있습니다. 그 법은 성경에 기록되어 있습니다. "네 이웃을 네 몸과 같이 사랑하라." 만일 여러분이 이 율법을 지키면, 잘하는 것입니다.

9 그러나 사람을 차별하여 대한다면 죄를 짓는 것이며, 이 율법에 따라 여러분은 하나님의 법을 어긴 것이 됩니다.

10 누구든지 하나님의 율법을 다 지키다가 한 가지 계명을 어기게 되면 율법 전체를 다 어긴 자가 됩니다.

11 "간음하지 마라" 하고 말씀하신 하나님께서 "살인하지 마라" 하고 말씀하셨습니다. 그러므로 간음하지 않았다고 해도 살인을 저질렀다면, 율법 전체를 어긴 셈입니다.

12 여러분은 자유를 주는 법에 의해 심판받을 것입니다. 여러분이 말하고 행동하는 데 있어서 늘 이것을 기억해야 할 것입니다.

13 다른 사람들에게 자비를 베푸십시오. 그렇지 않으면 하나님께서 여러분을 심판하실 때, 여러분에게도 자비를 베풀지 않으실 것입니다. 자비를 베풀었던 자는 후에 아무 두려움 없이 심판날을 맞이하게 될 것입니다.

믿음과 선행

14 사랑하는 형제 여러분, 만일 누군가가 믿음이 있다고 하면서 아무 일도 하지 않는다면 그 믿음이 무슨 소용이 있겠습니까? 그 믿음이 그를 구원할 수 있

A Warning against Prejudice

2 My dear brothers and sisters,* how can you claim to have faith in our glorious Lord Jesus Christ if you favor some people over others?

2 •For example, suppose someone comes into your meeting* dressed in fancy clothes and expensive jewelry, and another comes in who is poor and dressed in dirty clothes.

3 •If you give special attention and a good seat to the rich person, but you say to the poor one, "You can stand over there, or else sit on the floor"—well, •doesn't this discrimination show that your judgments are guided by evil motives?

5 •Listen to me, dear brothers and sisters. Hasn't God chosen the poor in this world to be rich in faith? Aren't they the ones who will inherit the Kingdom he promised to

6 those who love him? •But you dishonor the poor! Isn't it the rich who oppress you and

7 drag you into court? •Aren't they the ones who slander Jesus Christ, whose noble name* you bear?

8 •Yes indeed, it is good when you obey the royal law as found in the Scriptures:

9 "Love your neighbor as yourself."* •But if you favor some people over others, you are committing a sin. You are guilty of breaking the law.

10 •For the person who keeps all of the laws except one is as guilty as a person who has

11 broken all of God's laws. •For the same God who said, "You must not commit adultery," also said, "You must not murder."* So if you murder someone but do not commit adultery, you have still broken the law.

12 •So whatever you say or whatever you do, remember that you will be judged by the

13 law that sets you free. •There will be no mercy for those who have not shown mercy to others. But if you have been merciful, God will be merciful when he judges you.

Faith without Good Deeds Is Dead

14 •What good is it, dear brothers and sisters, if you say you have faith but don't show it by your actions? Can that kind of faith save

---

discrimination [dɪskrɪmənéiʃən] *n.* 차별
fancy [fǽnsi] *a.* 장식적인, 화려한
prejudice [prédʒudis] *n.* 편견, 선입관
slander [slǽndər] *vt.* 비방하다
tremble [trémbl] *vi.* (공포·피로 따위로) 떨리다

2:1 Greek *brothers;* also in 2:5, 14.   **2:2** Greek *your synagogue.*   **2:7** Greek *slander the noble name.*   **2:8** Lev 19:18.   **2:11** Exod 20:13-14; Deut 5:17-18.

겠습니까?

15 그리스도 안에서 한 형제 자매 된 사람이 옷이나 먹을 것이 필요할 때,

16 "하나님께서 은혜를 베푸시기를! 몸을 따뜻하게 하고 먹을 것을 좀 많이 드십시오"라고 말하고, 그 사람에게 필요한 것을 주지 않는다면, 그런 말은 아무 도움이 되지 않을 것입니다.

17 믿음도 마찬가지입니다. 행동이 따르지 않는 믿음은 죽은 믿음입니다.

18 이렇게 말하는 사람도 있을 것입니다. "당신은 믿음이 있고, 나에게는 행동이 있습니다." 행동이 따르지 않는 당신의 믿음을 보여 주십시오, 나는 행동으로 나의 믿음을 보여 주겠습니다.

19 여러분은 하나님이 한 분이신 것을 믿으니 잘하는 일입니다. 귀신들도 그것을 믿으며 두려워서 떱니다.

20 어리석은 여러분, 행함이 따르지 않는 믿음은 아무 쓸모도 없는 걸 모르시겠습니까?

21 우리 조상 아브라함은 그의 아들 이삭을 제단에 바침으로써, 그가 행한 일로 의롭다 하심을 받았습니다.

22 이렇게 그의 믿음에는 행함이 함께 따랐으며, 그의 행동으로 믿음이 완전하게 되었습니다.

23 "아브라함이 하나님을 믿었고, 하나님께서는 그 믿음을 받으셨으며, 그 믿음으로 하나님께 의롭다 하심을 받았다"*라는 성경 말씀의 의미가 무엇인지 이제는 알 수 있을 것입니다. 아브라함은 그 후, 하나님의 친구*라고 불렸습니다.

24 그러므로 사람이 행동으로 의롭다 함을 받을 수 있으며 믿음만으로는 의롭다 함을 받을 수 없습니다.

25 또 라합의 예를 들 수도 있습니다. 그녀는 기생이었지만, 자신이 한 일로 하나님께 의롭다 함을 받았습니다. 그녀는 이스라엘의 정탐꾼을 그녀의 집에 들여, 다른 길로 도망갈 수 있게 도와주었습니다.

26 영혼이 없는 몸이 죽은 것같이, 믿음도 행함이 없으면 죽은 것입니다.

말에 주의하십시오

3 사랑하는 형제 여러분, 다들 선생이 되려고 하지 마십시오, 선생된 우리가 더 엄히 심판받을 줄 여러분도 알고 있을 것입니다.

2 우리는 모두 실수가 많은 사람들입니다. 말에 실수가 전혀 없는 사람이 있다면, 그 사람은 완벽한 사람일 것입니다. 그런 사람은 자신의 몸 전체를 다스릴 수 있는 사람입니다.

3 말의 입에 재갈을 물리면, 우리는 말을 능히 부릴 수 있습니다.

4 큰 배가 강풍에 밀려 휩쓸리지만, 그 배를 조종하는 것은 매우 작은 키 하나에 불과합니다. 키를 조

anyone? ●Suppose you see a brother or sister

16 who has no food or clothing, ●and you say, "Good-bye and have a good day; stay warm and eat well"—but then you don't give that person any food or clothing. What good does that do?

17 ●So you see, faith by itself isn't enough. Unless it produces good deeds, it is dead and useless.

18 ●Now someone may argue, "Some people have faith; others have good deeds." But I say, "How can you show me your faith if you don't have good deeds? I will show you my faith by my good deeds."

19 ●You say you have faith, for you believe that there is one God.* Good for you! Even the demons believe this, and they tremble in

20 terror. ●How foolish! Can't you see that faith without good deeds is useless?

21 ●Don't you remember that our ancestor Abraham was shown to be right with God by his actions when he offered his son Isaac

22 on the altar? ●You see, his faith and his actions worked together. His actions made

23 his faith complete. ●And so it happened just as the Scriptures say: "Abraham believed God, and God counted him as righteous because of his faith."* He was even called the

24 friend of God.* ●So you see, we are shown to be right with God by what we do, not by faith alone.

25 ●Rahab the prostitute is another example. She was shown to be right with God by her actions when she hid those messengers and sent them safely away by a different

26 road. ●Just as the body is dead without breath,* so also faith is dead without good works.

Controlling the Tongue

3 Dear brothers and sisters,* not many of you should become teachers in the church, for we who teach will be judged

2 more strictly. ●Indeed, we all make many mistakes. For if we could control our tongues, we would be perfect and could also control ourselves in every other way.

3 ●We can make a large horse go wherever we want by means of a small bit in its

4 mouth. ●And a small rudder makes a huge ship turn wherever the pilot chooses to go,

---

2:19 Some manuscripts read *that God is one;* see Deut 6:4. 2:23a Gen 15:6. 2:23b See Isa 41:8. 2:26 Or *without spirit.* 3:1 Greek *brothers;* also in 3:10.

2:23 창 15:6에 기록되어 있다.
3:3 여기서 '말'은 'horses'를 의미한다.

종하는 항해사가 자기 뜻대로 배가 가는 방향을 결정할 수 있습니다.

5 혀도 마찬가지입니다. 몸 가운데 지극히 작은 부분이지만, 큰 일을 행함으로 자랑합니다. 큰 산불도 아주 조그만 불씨에서 시작하지 않습니까?

6 혀도 곧 불입니다. 혀는 우리 몸 가운데 악의 세계라고 할 수 있습니다. 이것이 몸을 더럽히고, 우리 인생의 전 여정에 불을 지르며, 나중에는 혀도 불에 의해 살라집니다.

7 온갖 짐승과 새, 파충류, 물고기는 길들일 수 있고, 사람들은 또한 이것들을 길들여 왔습니다.

8 그러나 아무도 혀를 길들이지는 못합니다. 악하고 난폭한 이 혀에는 죽이는 독이 가득합니다.

9 우리는 우리의 혀로 우리 주님과 하늘에 계신 아버지를 찬양합니다. 그러나 이것으로 하나님의 형상대로 지음받은 사람들을 저주하기도 합니다.

10 찬송과 저주가 한 입에서 나오고 있습니다. 형제 여러분, 이런 일이 있어서는 안 될 것입니다.

11 한 샘에서 단물과 쓴물이 같이 나오는 것을 보았습니까?

12 형제 여러분, 무화과나무가 올리브 열매를 맺거나 포도나무에 무화과가 열리는 것을 보았습니까? 그럴 수 없습니다. 짠물이 나는 샘에서 단물을 맛볼 수는 없는 것입니다.

참된 지혜

13 여러분 가운데 참된 지혜가 있고 총명한 사람이 누구입니까? 그는 올바른 삶을 통해 겸손함으로 자신의 지혜를 보여야 할 것입니다.

14 그러나 마음속에 이기심과 지독한 시기심이 있다면, 자랑하지 마십시오. 오히려 그 자랑은 진리를 숨기는 거짓말이 될 것이기 때문입니다.

15 그런 '지혜'는 분명히 하나님께로부터 온 것이 아닙니다. 그것은 세상의 지혜이며, 영적인 것도 아니고, 마귀에게서 온 것입니다.

16 시기심과 이기심이 있는 곳에는 혼란과 온갖 악한 일이 있을 뿐입니다.

17 하나님께로부터 온 지혜는 첫째 성결합니다. 그리고 평화가 있고, 양순하며, 즐겁습니다. 또한 어려움에 빠진 자들을 돕고, 다른 사람을 위해 선한 일을 하려 애씁니다. 늘 공평하며 정직합니다.

18 평화를 위해 힘쓰는 자들은 그들의 의로운 삶으로 좋은 열매를 맺게 될 것입니다.

여러분 자신을 하나님께 드리십시오

4 여러분 가운데 싸움과 다툼이 일어나는 원인이 무엇인지 아십니까? 그것은 바로 여러분 속에 분쟁을 일으키는 이기적인 욕망에서 비롯된 것입니다.

2 원하는 마음은 있는데 갖지 못하다 보니, 다른 사람

---

5 even though the winds are strong. •In the same way, the tongue is a small thing that makes grand speeches.

But a tiny spark can set a great forest on fire. •And among all the parts of the body, 6 the tongue is a flame of fire. It is a whole world of wickedness, corrupting your entire body. It can set your whole life on fire, for it is set on fire by hell itself.*

7 •People can tame all kinds of animals, 8 birds, reptiles, and fish, •but no one can tame the tongue. It is restless and evil, full 9 of deadly poison. •Sometimes it praises our Lord and Father, and sometimes it curses those who have been made in the image of 10 God. •And so blessing and cursing come pouring out of the same mouth. Surely, my 11 brothers and sisters, this is not right! •Does a spring of water bubble out with both fresh 12 water and bitter water? •Does a fig tree produce olives, or a grapevine produce figs? No, and you can't draw fresh water from a salty spring.*

True Wisdom Comes from God

13 If you are wise and understand God's ways, prove it by living an honorable life, doing good works with the humility that comes 14 from wisdom. •But if you are bitterly jealous and there is selfish ambition in your heart, don't cover up the truth with boasting and 15 lying. •For jealousy and selfishness are not God's kind of wisdom. Such things are 16 earthly, unspiritual, and demonic. •For wherever there is jealousy and selfish ambition, there you will find disorder and evil of every kind.

17 •But the wisdom from above is first of all pure. It is also peace loving, gentle at all times, and willing to yield to others. It is full of mercy and the fruit of good deeds. It shows no favoritism and is always sincere.

18 •And those who are peacemakers will plant seeds of peace and reap a harvest of righteousness.*

Drawing Close to God

4 What is causing the quarrels and fights among you? Don't they come from the 2 evil desires at war within you? •You want

---

reptile [réptil] n. 파충류
tame [téim] vt. 길들이다
3:11 bubble out : 〈샘 등이〉 솟다

3:6 Or for it will burn in hell (Greek Gehenna).
3:12 Greek from salt. 3:18 Or of good things, or of justice.

약

을 죽이기도 하고 시기하기도 합니다. 하지만 여전히 원하는 바를 얻지 못하니 다투고 있습니다. 여러분이 원하는 바를 얻지 못하는 까닭은 하나님께 구하지 않기 때문입니다.

3 그리고 구해도 받지 못하는 것은 구하는 동기가 잘못되었기 때문입니다. 여러분은 오직 자신의 유익만을 위하여 쓰려고 구하고 있습니다.

4 하나님께 충성되지 못한 여러분이여!* 여러분은 세상을 사랑하는 것이 하나님을 미워하는 것이라는 사실을 모르십니까? 만일 세상과 벗하고 싶은 사람이 있다면, 그는 스스로 하나님과 원수가 될 것입니다.

5 "하나님께서 우리 안에 거하게 하신 성령이, 우리를 시기하기까지 사랑하신다"라는 성경 말씀이 아무것도 아닌 말처럼 생각됩니까?

6 하나님께서는 우리에게 성경이 말한 대로 더 큰 은혜를 주셨습니다. 그래서 성경에 이렇게 기록되어 있습니다. "하나님께서는 교만한 자를 물리치시고, 겸손한 자에게 은혜를 주신다."*

7 그러므로 여러분 자신을 하나님께 드리십시오. 마귀를 대적하십시오. 그러면 마귀는 도망칠 것입니다.

8 하나님께 가까이 나아오십시오. 그러면 하나님께서도 여러분을 가까이하실 것입니다. 여러분은 죄인입니다. 그러므로 여러분의 삶 가운데 죄를 깨끗이 씻으십시오. 여러분은 하나님과 세상을 동시에 좇으려고 하고 있습니다. 정결한 마음을 품기 바랍니다.

9 슬퍼하며 울부짖으십시오. 웃음을 울음으로, 기쁨을 슬픔으로 바꾸십시오.

10 주님 앞에서 스스로를 낮추면, 주님께서 여러분을 높이실 것입니다.

여러분은 심판자가 아닙니다

11 형제 여러분, 서로 헐뜯지 마십시오. 형제된 자를 헐뜯거나 판단하는 것은 율법을 헐뜯거나 판단하는 것이 됩니다. 여러분이 율법을 판단하면, 여러분은 더 이상 율법을 지키는 사람이 아니며, 오히려 재판자가 되는 것입니다.

12 율법을 만드시고 재판하시는 분은 오직 하나님 한 분이십니다. 오직 그분만이 구원하실 수도 있으며, 멸하실 수도 있습니다. 그러므로 여러분이 이웃에 대하여 판단하는 것은 옳은 일이 아닙니다.

하나님께서 여러분의 삶을 계획하시도록 하십시오

13 여러분 가운데 "오늘이나 내일, 어떤 도시에 가서 일 년 동안, 그곳에 머물며 사업을 벌여 돈을 벌어 보자"라고 말하는 사람들이 있습니다.

14 하지만 여러분은 내일 일을 알지 못하는 자들입니다. 여러분의 생명은 안개와 같아서 잠깐 보이다가

what you don't have, so you scheme and kill to get it. You are jealous of what others have, but you can't get it, so you fight and wage war to take it away from them. Yet you don't have what you want because you don't ask God for it. •And even when you 3 ask, you don't get it because your motives are all wrong—you want only what will give you pleasure.

4 •You adulterers!* Don't you realize that friendship with the world makes you an enemy of God? I say it again: If you want to be a friend of the world, you make yourself an enemy of God. •Do you think the 5 Scriptures have no meaning? they say that God is passionate that the spirit he has placed within us should be faithful to him.* •And he gives grace generously. As the 6 Scriptures say,

> "God opposes the proud
>   but gives grace to the humble."*

7 •So humble yourselves before God. Resist the devil, and he will flee from you. •Come 8 close to God, and God will come close to you. Wash your hands, you sinners; purify your hearts, for your loyalty is divided between God and the world. •Let there be 9 tears for what you have done. Let there be sorrow and deep grief. Let there be sadness instead of laughter, and gloom instead of joy. •Humble yourselves before the Lord, 10 and he will lift you up in honor.

Warning against Judging Others

11 •Don't speak evil against each other, dear brothers and sisters.* If you criticize and judge each other, then you are criticizing and judging God's law. But your job is to obey the law, not to judge whether it applies to you. •God alone, who gave the law, is the 12 Judge. He alone has the power to save or to destroy. So what right do you have to judge your neighbor?

Warning about Self-Confidence

13 •Look here, you who say, "Today or tomorrow we are going to a certain town and will stay there a year. We will do business there

약

4:4 Greek You adulteresses!　4:5 Or They say that the spirit God has placed within us is filled with envy; or They say that the Holy Spirit, whom God has placed within us, opposes our envy.　4:6 Prov 3:34 (Greek version).　4:11 Greek brothers.

4:4 간음하는 사람들이여!
4:6 잠 3:34에 기록되어 있다.

사라지고 말 것입니다.

15 그러므로 여러분은 "주님께서 원하시면 우리가 살 것이며, 이런저런 일을 할 것이다"라고 말해야 합니다.

16 하지만 여러분이 교만해져서 자랑을 하고 있으니, 이것은 잘못된 것입니다.

17 사람이 선한 일을 행할 줄 알면서도 행치 않는다면 그것이 바로 죄입니다.

부자들에 대한 경고

5 부자들이여, 잘 들으십시오, 여러분에게 고난이 닥칠 것이니 소리 높여 슬프게 우십시오.

2 여러분의 재물은 썩었고, 여러분의 옷은 좀먹었습니다.

3 여러분의 금과 은은 녹이 슬었으며, 그 녹이 여러분의 잘못에 대한 증거가 되고 있습니다. 그것이 불같이 여러분의 몸을 갉아먹을 것입니다. 여러분은 세상 마지막 때에 재물을 쌓고 있습니다.

4 일꾼들이 들에서 일하나 그들에게 품삯을 주지 않으니, 추수한 곡식 앞에서 그들이 울부짖고 있습니다. 이제 만군의 주님께서 그들의 우는 소리를 들으셨습니다.

5 이 땅에서 여러분은 사치스런 생활과 쾌락을 즐겼으며, 마치 도살장에 끌려가기 전의 짐승처럼 자기 배만 채웠습니다.

6 죄 없는 사람을 정죄하고 오히려 그를 죽였습니다. 그는 여러분에게 대항하지 않는 자였습니다.

인내를 가지십시오

7 형제 여러분, 주님께서 다시 오실 날을 참고 기다리십시오. 농부는 귀한 추수를 바라고 참고 기다립니다. 그는 또한 이른비와 늦은비가 곡식을 촉촉이 적셔 주기를 기다립니다.

8 여러분도 인내심을 갖고 희망을 버리지 마십시오, 주님께서 곧 오실 것입니다.

9 형제 여러분, 서로에게 불평하지 마십시오, 서로 원망하고 있으면 심판을 면하기 어렵습니다. 심판하실 분이 문 앞에 와 계십니다.

10 형제 여러분, 주님의 말씀을 전하던 예언자들을 본받으십시오, 그들은 많은 고난을 겪으면서도 오래 참았습니다.

11 그렇게 참아 낸 자들을 우리는 복되다고 말하는 것입니다. 여러분은 욥의 인내에 대해 들었을 것입니다. 모든 고난이 끝난 후, 주님은 그에게 복을 주셨습니다. 우리는 주님이 얼마나 자비하시고 선하신 분이신지 충분히 알 수 있습니다.

말에 조심하십시오

12 내 형제 여러분, 맹세하지 마십시오, 하늘이나 땅이나 혹은 그 밖에 다른 것의 이름을 들어 여러분의 말을 증명하려 들지 마십시오, 맞는 것은 그냥 "맞다"

14 and make a profit." • How do you know what your life will be like tomorrow? Your life is like the morning fog—it's here a little 15 while, then it's gone. • What you ought to say is, "If the Lord wants us to, we will live 16 and do this or that." • Otherwise you are boasting about your own pretentious plans, and all such boasting is evil.

17 • Remember, it is sin to know what you ought to do and then not do it.

Warning to the Rich

5 Look here, you rich people: Weep and groan with anguish because of all the ter-2 rible troubles ahead of you. • Your wealth is rotting away, and your fine clothes are 3 moth-eaten rags. • Your gold and silver are corroded. The very wealth you were counting on will eat away your flesh like fire. This corroded treasure you have hoarded will testify against you on the day of judgment. 4 • For listen! Hear the cries of the field workers whom you have cheated of their pay. The cries of those who harvest your fields have reached the ears of the LORD of Heaven's Armies.

5 • You have spent your years on earth in luxury, satisfying your every desire. You have fattened yourselves for the day of 6 slaughter. • You have condemned and killed innocent people,* who do not resist you.*

Patience and Endurance

7 • Dear brothers and sisters,* be patient as you wait for the Lord's return. Consider the farmers who patiently wait for the rains in the fall and in the spring. They eagerly look for the 8 valuable harvest to ripen. • You, too, must be patient. Take courage, for the coming of the Lord is near.

9 • Don't grumble about each other, brothers and sisters, or you will be judged. For look—the Judge is standing at the door!

10 • For examples of patience in suffering, dear brothers and sisters, look at the prophets 11 who spoke in the name of the Lord. • We give great honor to those who endure under suffering. For instance, you know about Job, a man of great endurance. You can see how the Lord was kind to him at the end, for the Lord is full of tenderness and mercy.

12 • But most of all, my brothers and sisters,

5:6a Or *killed the Righteous One.*　　5:6b Or *Don't they resist you?* or *Doesn't God oppose you?* or *Aren't they now accusing you before God?*　5:7 Greek *brothers;* also in 5:9, 10, 12, 19.

라고 말하고, 아닌 것은 그냥 "아니다"라고 말하여 하나님의 심판을 피하시기 바랍니다.

기도의 능력

13 여러분 가운데 고난당하는 사람이 있다면 기도하십시오. 즐거운 사람이 있다면 찬송하십시오.

14 병든 자가 있습니까? 교회의 장로들을 불러 주님의 이름으로 그에게 기름을 바르며 그를 위해 기도하게 하십시오.

15 믿음을 가지고 하는 기도는 병든 사람을 낫게 할 것입니다. 주님께서 그를 치료해 주실 것입니다. 만일 그가 죄를 지었더라도, 그를 용서해 주실 것입니다.

16 서로 죄를 고백하며, 병 낫기를 위해 서로 기도해 주십시오. 의로운 사람이 기도할 때, 큰 역사가 일어납니다.

17 엘리야도 우리와 같은 사람이었습니다. 그가 비가 오지 않기를 간구했더니, 삼 년 반 동안, 그 땅에 비가 오지 않았습니다.

18 그 후, 다시 기도하자 하늘에서 비가 쏟아졌고, 땅에서 다시 곡식이 자랐습니다.

영혼을 구원함

19 내 형제 여러분, 여러분 가운데 어떤 사람이 진리에서 떠나 헤매고 있을 때, 누군가가 그를 잘못된 길에서 다시 돌아오게 했다면,

20 그는 죄인의 영혼을 사망에서 구원한 것이며, 이로써 그 사람의 많은 죄도 용서를 받게 한 것입니다.

never take an oath, by heaven or earth or anything else. Just say a simple yes or no, so that you will not sin and be condemned.

The Power of Prayer

13 •Are any of you suffering hardships? You should pray. Are any of you happy? You

14 should sing praises. •Are any of you sick? You should call for the elders of the church to come and pray over you, anointing you

15 with oil in the name of the Lord. •Such a prayer offered in faith will heal the sick, and the Lord will make you well. And if you have committed any sins, you will be forgiven.

16 •Confess your sins to each other and pray for each other so that you may be healed. The earnest prayer of a righteous person has great power and produces wonderful results.

17 •Elijah was as human as we are, and yet when he prayed earnestly that no rain would fall, none fell for three and a half

18 years! •Then, when he prayed again, the sky sent down rain and the earth began to yield its crops.

Restore Wandering Believers

19 •My dear brothers and sisters, if someone among you wanders away from the truth

20 and is brought back, •you can be sure that whoever brings the sinner back from wandering will save that person from death and bring about the forgiveness of many sins.

---

accumulate [əkjúːmjuléit] *vt.* 모으다, 축적하다
condemn [kəndém] *vt.* 정죄하다
earnest [ə́ːrnist] *a.* 간절한
groan [gróun] *vi.* 신음하다
grumble [grʌ́mbl] *vi.* 불평하다
5:2 rot away : 썩어 없어지다; 쇠퇴하다
5:4 hold back : (주기를) 주저하다
5:11 give honor to… : …를 존중(존경)하다
5:20 bring about… : …을 일으키다, 야기하다

베드로전서

• 서론

✛ 저자 _ 베드로가 실루아노(실라)의 도움을 받아(5:12)
✛ 저작 연대 _ 네로의 박해가 있던 A.D. 54~68년
✛ 기록 장소 _ 바벨론(5:13), 이 바벨론을 로마로 보는 것이 가장 유력한 견해이다.
✛ 기록 대상 _ 소아시아에 흩어져 있는 그리스도인들
✛ 기록 목적 _ 극심한 박해를 받고 있는 성도들을 위로하고 격려하기 위해
✛ 핵심어 및 내용 _ 핵심어는 '고통', '영광', '기쁨'이다. 저자는 신자들이 겪는 시련과 고통이 그들에게 영적인 영광을 안겨다 주는 축복의 기회라고 강조한다.

인사

1 예수 그리스도의 사도 베드로는, 고향을 떠나 본도, 갈라디아, 갑바도기아, 아시아, 비두니아에 흩어져 살고 있는 하나님의 선택된 백성에게 이 편지를 씁니다.

2 하나님께서는 오래 전에 여러분을 선택하셨고, 그분의 거룩한 백성으로 삼기로 계획해 놓으셨습니다. 또한 성령을 통해 여러분을 거룩하게 하셨습니다. 하나님께서는 여러분이 그분께 순종하고 예수 그리스도의 피로 깨끗해지기를 원하십니다. 은혜와 평안이 여러분 가운데 넘치기를 기도합니다.

산 소망

3 우리 주 예수 그리스도의 아버지 하나님께 찬양을 드립니다. 하나님은 자비로우셔서, 우리에게 산 소망을 주셨습니다. 죽은 자 가운데서 예수 그리스도께서 부활하심으로, 우리는 새 생명을 받은 것입니다.

4 이제 우리는 하나님께서 그분의 자녀들에게 주려고 준비해 두신 복을 소망합니다. 이 복은 여러분을 위해서 하늘에 간직되어 있으며, 결코 썩거나, 그 아름다움이 변하지 않습니다.

5 하나님께서는 크신 능력으로 여러분의 믿음을 든든히 지켜 주셔서, 구원의 날이 이를 때까지 여러분을 안전하게 보호해 주십니다. 마지막 때가 되면, 하나님께서는 여러분에게 구원을 베풀어 주실 것입니다.

6 그러므로 기뻐하십시오. 눈앞에 있는 여러 가지 어려움으로 인하여 지금 당장은 힘들고 괴롭겠지만,

7 이 시험들은 여러분의 믿음이 얼마나 강하고 순수한지 알아보기 위한 것일 뿐입니다. 순수한 믿음은 금보다도 훨씬 귀합니다. 금은 불에 의해 단련되기는 하지만 시간이 흐르면 닳아 없어지고 마는 것입니다. 하지만 여러분의 순수한 믿음은 예수 그리스도께서 다시 오실 그날에 칭찬과 영광과 존귀를 가져다 줄 것입니다.

Greetings from Peter

1 This letter is from Peter, an apostle of Jesus Christ.

I am writing to God's chosen people who are living as foreigners in the provinces of Pontus, Galatia, Cappadocia, Asia, and Bithynia.* 2 God the Father knew you and chose you long ago, and his Spirit has made you holy. As a result, you have obeyed him and have been cleansed by the blood of Jesus Christ.

May God give you more and more grace and peace.

The Hope of Eternal Life

3 • All praise to God, the Father of our Lord Jesus Christ. It is by his great mercy that we have been born again, because God raised Jesus Christ from the dead. Now we live with great expectation, 4 •and we have a priceless inheritance—an inheritance that is kept in heaven for you, pure and undefiled, beyond the reach of change and decay. 5 •And through your faith, God is protecting you by his power until you receive this salvation, which is ready to be revealed on the last day for all to see.

6 •So be truly glad.* There is wonderful joy ahead, even though you must endure many trials for a little while. 7 •These trials will show that your faith is genuine. It is being tested as fire tests and purifies gold—though your faith is far more precious than mere gold. So when your faith remains strong through many trials, it will bring you much praise and glory and honor on the day when Jesus Christ is revealed to the whole world.

---

decay [dikéi] *n.* 부식, 쇠퇴
genuine [dʒénjuin] *a.* 거짓 없는, 성실한, 진짜의
undefiled [ʌ̀ndifáild] *a.* 더럽혀지지 않은
1:4 beyond the reach : 손(힘)이 미치지 않는

1:1 *Pontus, Galatia, Cappadocia, Asia,* and *Bithynia* were Roman provinces in what is now Turkey.
1:6 Or *So you are truly glad.*

8 여러분이 예수 그리스도를 본 일은 없지만 예수 그리스도께 사랑을 고백합니다. 지금 이 순간, 그분의 모습을 보지 못하면서도 그분을 믿고 있고, 여러분의 마음은 설명할 수 없는 기쁨으로 가득 차 있습니다.

9 그것은 여러분의 믿음에 목적이 있기 때문입니다. 그 목적, 바로 여러분의 영혼이 구원을 받는다는 기쁨이 이미 여러분에게는 주어졌습니다.

10 예언자들은 이 구원에 관해 열심히 연구하고 찾았습니다. 여러분이 받고 있는 은혜에 관해서도 예언하였습니다.

11 그리스도의 영이 그 예언자들과 함께하셨던 것입니다. 성령께서는 그리스도에게 있을 고난과 그 뒤에 올 영광에 대해서 말씀해 주셨습니다. 예언자들은 성령께서 가르쳐 주시는 것을 이해하기 위해 노력하였습니다. 도대체 그 일이 언제 있게 될지, 그리고 그때에 이 세상은 어떻게 될지 그들은 깊이 연구하였습니다.

12 하나님께서는 그들의 연구와 노력이 그들 자신을 위한 것이 아니라, 후대의 여러분을 위한 것임을 그들에게 알려 주었습니다. 이제 여러분은 그들의 수고로 진리의 말씀을 듣고 있습니다. 하늘로부터 보내심을 받은 성령의 도우심으로, 복된 소식을 전하는 사람들이 이 기쁜 소식을 여러분에게 전해 준 것입니다. 이 놀라운 진리의 말씀은 천사들까지도 알기 원하는 것이었습니다.

거룩한 생활을 하라

13 그러므로 여러분은 마음을 가다듬고 자신을 잘 지키십시오. 예수 그리스도께서 다시 오실 그날에 여러분이 받게 될 은혜의 선물에 모든 소망을 두시기 바랍니다.

14 전에는 몰라서 하고 싶은 대로 악한 일을 저질렀지만, 이제는 하나님께 순종하는 자녀로서 예전처럼 살아서는 안 되는 것입니다.

15 여러분을 불러 주신 하나님께서 거룩하신 것처럼 여러분도 모든 행동에 거룩한 사람이 되십시오.

16 성경에도 "내가 거룩하니 너희도 거룩하도록 하여라"* 하고 말씀하셨습니다.

17 여러분은 하나님을 '아버지'라고 부르면서 기도합니다. 우리 아버지는 각 사람의 행동을 공평하게 판단하십니다. 그러므로 여러분은 이 세상에 사는 동안, 하나님을 경외하며 살아야 할 것입니다.

18 여러분도 알다시피 이전에는 아무 가치도 없는 방식에 매여 살았습니다. 그것은 여러분의 조상이 물려준 헛되고 쓸모 없는 것입니다. 하지만 이제 여러분은 그러한 무가치한 삶에서 구원받았습니다. 금이나 은같이 없어지고 말 어떤 것으로 대가를 지불한 것이 아니라,

19 한 점의 죄도 흠도 없으신 어린양 예수 그리스도의

---

8 •You love him even though you have never seen him. Though you do not see him now, you trust him; and you rejoice with a glorious, inexpressible joy. •The reward for trusting him will be the salvation of your souls.

10 •This salvation was something even the prophets wanted to know more about when they prophesied about this gracious salvation prepared for you. •They wondered what time or situation the Spirit of Christ within them was talking about when he told them in advance about Christ's suffering and his great glory afterward.

12 •They were told that their messages were not for themselves, but for you. And now this Good News has been announced to you by those who preached in the power of the Holy Spirit sent from heaven. It is all so wonderful that even the angels are eagerly watching these things happen.

A Call to Holy Living

13 •So prepare your minds for action and exercise self-control. Put all your hope in the gracious salvation that will come to you when Jesus Christ is revealed to the world. •So you must live as God's obedient children. Don't slip back into your old ways of living to satisfy your own desires. You didn't know any better then. •But now you must be holy in everything you do, just as God who chose you is holy. •For the Scriptures say, "You must be holy because I am holy."*

17 •And remember that the heavenly Father to whom you pray has no favorites. He will judge or reward you according to what you do. So you must live in reverent fear of him during your time here as "temporary residents." •For you know that God paid a ransom to save you from the empty life you inherited from your ancestors. And it was not paid with mere gold or silver, which lose their value. •It was the precious blood of Christ, the sinless, spotless Lamb of God. •God chose him as your ransom long before the world began, but now in these last days he

---

inexpressible [iniksprésəbl] *a.* 형언할 수 없는
mere [míər] *a.* 단지 …에 불과한
obedient [oubí:diənt] *a.* 순종하는
ransom [rǽnsəm] *n.* (포로의) 몸값; 죄 갚음
reverent [révərənt] *a.* 공경하는, 경건한
spotless [spátlis] *a.* 흠 없는
1:14 slip back into… ; …로 슬그머니 돌아가다

1:16 Lev 11:44-45; 19:2; 20:7.
1:16 레 11:44-45과 19:2과 20:7에 기록되어 있다.

보배로운 피로 여러분은 구원받은 것입니다.

20 이것을 위해 하나님께서는 세상이 시작되기 전부터 그리스도를 택하시고, 이 마지막 때에 여러분을 구원하시고자 보내 주셨습니다.

21 그리스도를 죽은 자 가운데서 일으키시고 영광을 주신 하나님을 우리가 그리스도를 통해 믿게 되었으니, 여러분의 믿음과 소망은 이제 하나님께만 있는 것입니다.

22 여러분은 진리에 순종하여 자신을 깨끗하게 하였고, 진심으로 형제를 사랑할 수 있는 마음을 갖게 되었으니, 이제는 온 맘으로 서로 깊이 사랑하십시오.

23 여러분은 다시 태어났습니다. 이 새 생명은 죽어 없어질 것으로부터 난 것이 아니라 결코 죽지 않는 것으로부터 생긴 것입니다. 여러분이 다시 태어난 것은 영원한 하나님의 살아 있는 말씀에 의한 것입니다.

24 이는 성경에 기록된 말씀입니다. "모든 인간은 풀과 같고, 그들의 권력*도 들에 핀 꽃과 같으니, 풀은 시들고 꽃은 떨어지나,

25 주님의 말씀은 영원히 살아 있다."* 이것이 여러분에게 전해진 말씀입니다.

예수님은 산 돌입니다

2 그러므로 여러분은 모든 악과 거짓을 버리십시오. 위선자가 되지 말고, 시기하며 험담하는 자가 되지 마십시오. 여러분의 삶 가운데서 이 모든 것을 없애십시오.

2 갓난아기가 젖을 찾듯이 순결한 말씀을 사모하십시오. 그러면 여러분의 믿음이 자라나고 구원을 받게 될 것입니다.

3 여러분은 이미 주님의 선하심을 맛보아 알고 있지 않습니까?

4 우리 주 예수님은 '산 돌'이십니다. 세상 사람들은 이 돌을 버렸지만, 그분은 하나님께서 선택하신 머릿돌이십니다. 하나님께서는 그 누구보다도 귀한 존재로 그분을 택하셨습니다. 그러므로 그분께로 오십시오.

5 여러분도 산 돌처럼 거룩한 성전을 짓는 데 사용되시기 바랍니다. 그리고 하나님께 영적인 희생 제사를 올려 드리는 거룩한 제사장이 되시기 바랍니다. 하나님께서는 예수 그리스도를 통하여 그 희생 제사를 받으실 것입니다.

6 성경에 이와 같은 말씀이 있습니다. "내가 시온에 주춧돌을 놓고, 이 보배로운 돌 위에 모든 것을 세울 것이다. 누구든지 주님을 의지하는 자는 결코 실망하지 않을 것이다."*

7 믿는 자들에게 이 돌은 너무나 귀중한 것이지만, 믿지 않는 자들에게는 쓸모 없는 돌에 불과합니다. 이

---

has been revealed for your sake.

21 ● Through Christ you have come to trust in God. And you have placed your faith and hope in God because he raised Christ from the dead and gave him great glory.

22 ● You were cleansed from your sins when you obeyed the truth, so now you must show sincere love to each other as brothers and sisters.* Love each other deeply with all your heart.*

23 ● For you have been born again, but not to a life that will quickly end. Your new life will last forever because it comes from the eternal, living word of God. ● As the Scrip-tures say,

24 "People are like grass;
    their beauty is like a flower in the field.
    The grass withers and the flower fades.
25 ●   But the word of the Lord remains forever."*

And that word is the Good News that was preached to you.

2 So get rid of all evil behavior. Be done with all deceit, hypocrisy, jealousy, and all unkind speech. 2 ● Like newborn babies, you must crave pure spiritual milk so that you will grow into a full experience of salvation. Cry out for this nourishment, 3 ● now that you have had a taste of the Lord's kindness.

Living Stones for God's House

4 ● You are coming to Christ, who is the living cornerstone of God's temple. He was rejected by people, but he was chosen by God for great honor.

5 ● And you are living stones that God is building into his spiritual temple. What's more, you are his holy priests.* Through the mediation of Jesus Christ, you offer spiritual sacrifices that please God. 6 ● As the Scriptures say,

"I am placing a cornerstone in Jerusalem,*
    chosen for great honor,
and anyone who trusts in him
    will never be disgraced."*

7 ● Yes, you who trust him recognize the honor God has given him.* But for those who reject him,

---

1:22a Greek *must have brotherly love.*　1:22b Some manuscripts read *with a pure heart.*　1:24-25 Isa 40:6-8.　2:5 Greek *holy priesthood.*　2:6a Greek *in Zion.*　2:6b Isa 28:16 (Greek version).　2:7a Or *Yes, for you who believe, there is honor.*

1:24 영광
1:24-25 사 40:6-8에 기록되어 있다.
2:6 사 28:16에 기록되어 있다.

것은 "건축자들이 쓸모 없어 버린 돌이 그 집 모퉁이의 머릿돌이 되었다네"*라는 말씀과,

8 "걸려 넘어지게 하는 돌과 바위가 되었다"*라는 말씀과 같습니다. 그들은 하나님의 말씀에 순종하지 않기 때문에 넘어집니다. 바로 이것이 그들을 향한 하나님의 계획이기도 합니다.

9 그러나 여러분은 하나님께서 선택하신 민족이며 왕의 제사장들이며, 또 거룩한 나라이며, 하나님께서 홀로 다스리는 나라의 백성입니다. 하나님께서는 그분의 선하심을 선포하게 하시려고, 여러분을 어둠 가운데서 불러 내어, 그의 놀라운 빛 가운데로 인도하셨습니다.

10 여러분이 전에는 하나님의 백성이 아니었지만, 지금은 하나님의 백성입니다. 이전에는 은혜를 몰랐지만, 지금은 은혜를 받고 누리고 있습니다.

하나님을 위해 사십시오

11 사랑하는 여러분, 여러분은 이 세상에서 나그네와 같은 사람들입니다. 그러므로 육신이 원하는 악한 일들을 멀리하시기 바랍니다. 이런 것은 영혼을 대적해 싸우는 것들입니다.

12 여러분 주위에는 믿지 않는 자들이 많이 있습니다. 그들은 여러분이 잘못 살고 있다고 말할지도 모릅니다. 그러므로 착하게 사십시오, 그들이 여러분의 선한 행동을 보고 그리스도께서 다시 오시는 날에 하나님께 영광을 올려 드릴 것입니다.

세상의 권위에 복종하십시오

13 이 세상의 권위를 가진 사람들에게 복종하십시오. 그렇게 하는 것이 주님을 위한 것입니다. 최고의 권위를 가진 왕께 복종하십시오.

14 또한 왕이 보낸 관리에게도 복종하십시오, 그들은 잘못된 사람을 벌하고 옳은 일을 하는 사람에게 상을 주라고 보냄을 받은 자들입니다.

15 여러분이 선하게 행동할 때, 어리석은 사람들은 여러분에 관해 더 이상 험담을 하지 못할 것입니다. 이렇게 하는 것이 하나님의 뜻입니다.

16 자유인으로 사십시오. 그러나 자유를 잘못 사용하여 악을 행하는 구실로 삼지는 말기 바랍니다. 하나님을 섬기는 자로 생활하십시오.

17 모든 사람을 존중하고, 하나님 안에서 형제 자매를 사랑하며, 하나님을 두려워하고, 왕을 존경하십시오.

그리스도의 본을 따르십시오

18 하인들이여, 주인을 존경하고 그 권위에 복종하십시오. 선하고 친절한 주인에게만 아니라 악하고 나쁜 주인에게도 복종하십시오.

19 아무런 잘못이 없는데도 억울하게 벌을 받을 수 있습니다. 그때, 하나님을 생각하고 말없이 참는다면, 하나님은 그런 그를 기뻐하실 것입니다.

"The stone that the builders rejected
     has now become the cornerstone."*

8 •And,

"He is the stone that makes people stumble,
     the rock that makes them fall."*

They stumble because they do not obey God's word, and so they meet the fate that was planned for them.

9 •But you are not like that, for you are a chosen people. You are royal priests,* a holy nation, God's very own possession. As a result, you can show others the goodness of God, for he called you out of the darkness into his wonderful light.

10 • "Once you had no identity as a people;
     now you are God's people.
Once you received no mercy;
     now you have received God's mercy."*

11 •Dear friends, I warn you as "temporary residents and foreigners" to keep away from worldly desires that wage war against your

12 very souls. •Be careful to live properly among your unbelieving neighbors. Then even if they accuse you of doing wrong, they will see your honorable behavior, and they will give honor to God when he judges the world.*

Respecting People in Authority

13 •For the Lord's sake, submit to all human authority—whether the king as head of

14 state, •or the officials he has appointed. For the king has sent them to punish those who do wrong and to honor those who do right.

15 •It is God's will that your honorable lives should silence those ignorant people who

16 make foolish accusations against you. •For you are free, yet you are God's slaves, so don't use your freedom as an excuse to do evil.

17 •Respect everyone, and love the family of believers.* Fear God, and respect the king.

Slaves

18 •You who are slaves must submit to your masters with all respect.* Do what they tell you—not only if they are kind and reason-

19 able, but even if they are cruel. •For God is pleased when, conscious of his will, you

20 patiently endure unjust treatment. •Of

2:7b Ps 118:22.   **2:8** Isa 8:14.   **2:9** Greek *a royal priesthood*.   **2:10** Hos 1:6, 9; 2:23.   **2:12** Or *on the day of visitation.*   **2:17** Greek *love the brotherhood.*   **2:18** Or *because you fear God;* Greek reads *in all fear.*

2:7 시 118:22에 기록되어 있다.
2:8 사 8:14에 기록되어 있다.

20 만약 잘못한 일로 벌을 받는다면, 그것을 참는다고 칭찬받을 이유가 없는 것입니다. 여러분이 선한 일을 하고 고난을 받을 때 인내할 수 있다면, 그것은 하나님 보시기에 참으로 아름다운 일이 됩니다.

21 이것을 위해 여러분은 부르심을 받았습니다. 그리스도께서 여러분을 위해 고난을 받으심으로 우리가 따라야 할 모범을 보여 주셨습니다. 그러므로 그리스도의 발자취를 따르십시오.

22 그분은 죄가 없으시며, 거짓을 말한 적도 없으십니다.

23 예수님은 모욕을 당해도 욕하지 않으시고, 고난을 받을 때도 위협하지 않으셨습니다. 그는 모든 것을 공정하게 심판하시는 하나님의 손에 자신을 맡기셨습니다.

24 그리고 몸소 우리 죄를 짊어지고 십자가에 달려 돌아가심으로써, 우리가 더 이상 죄를 위해 살지 않고 의를 위해 살 수 있게 하셨습니다. 그리스도께서 상처를 입으심으로, 우리가 낫게 된 것입니다.

25 여러분은 길 잃은 양처럼 잘못된 길로 갔지만, 이제는 영혼을 살피시는 목자와 보호자의 품으로 되돌아왔습니다.

아내와 남편

3 이와 같이 아내들은 남편에게 순종하십시오, 그러면 하나님을 멀리하고 그 말씀에 귀를 기울이지 않던 남편들도 아내의 순종하는 모습에 의해 하나님을 믿게 될 것입니다. 억지로 설득하려는 백 마디 말보다 온전한 행동이 남편을 감동시킬 것입니다.

2 남편들은 여러분이 하나님을 경외하며 깨끗하게 살아가는 것을 지켜 보고 있습니다.

3 화려한 옷이나 보석을 걸치거나, 머리 치장을 한다고 여러분이 아름답게 보이는 것은 아닙니다.

4 진정한 아름다움은 내면의 아름다움에서 나오는 것입니다. 온유하고 정숙한 마음을 가진 사람이 정말 아름다운 사람입니다. 이러한 아름다움은 없어지지도 않으며, 하나님께서도 귀하게 보시는 것입니다.

5 전에 하나님을 경외하며 순종했던 믿음의 여인들이 이러했습니다. 그들은 외모보다 내면을 아름답게 꾸몄고, 남편의 권위에 순종하였습니다.

6 아브라함의 아내 사라는 남편을 주인이라 부르며 복종했습니다. 여러분도 바르게 행동하고 두려워할 것이 없으면, 사라처럼 아름다운 그녀의 후손이 될 것입니다.

7 마찬가지로 남편들도 아내를 잘 이해하고 돌보아 주며 살아가십시오. 아내를 존중해 주시기 바랍니다. 아내는 남편인 여러분보다 더 연약합니다. 그러나 하나님께서는 여러분에게 주시는 것과 똑같

course, you get no credit for being patient if you are beaten for doing wrong. But if you suffer for doing good and endure it patiently, God is pleased with you.

21 • For God called you to do good, even if it means suffering, just as Christ suffered* for you. He is your example, and you must follow in his steps.

22 • He never sinned,
  nor ever deceived anyone.*

23 • He did not retaliate when he was insulted,
  nor threaten revenge when he suffered.
  He left his case in the hands of God,
  who always judges fairly.

24 • He personally carried our sins
  in his body on the cross
  so that we can be dead to sin
  and live for what is right.
  By his wounds
  you are healed.

25 • Once you were like sheep
  who wandered away.
  But now you have turned to your Shepherd,
  the Guardian of your souls.

Wives

3 In the same way, you wives must accept the authority of your husbands. Then, even if some refuse to obey the Good News, your godly lives will speak to them without any words. They will be won over 2 by observing your pure and reverent lives.

3 • Don't be concerned about the outward beauty of fancy hairstyles, expensive jewelry, 4 or beautiful clothes. • You should clothe yourselves instead with the beauty that comes from within, the unfading beauty of a gentle and quiet spirit, which is so precious 5 to God. • This is how the holy women of old made themselves beautiful. They put their trust in God and accepted the authority of 6 their husbands. • For instance, Sarah obeyed her husband, Abraham, and called him her master. You are her daughters when you do what is right without fear of what your husbands might do.

Husbands

7 • In the same way, you husbands must give honor to your wives. Treat your wife with understanding as you live together. She may be weaker than you are, but she is your equal partner in God's gift of new life. Treat her as

retaliate [ritǽliéit] 보복하다, 앙갚음하다

벧전

은 은혜인 참 생명을 아내들에게도 주셨습니다. 아내를 소중히 대함으로써 여러분의 기도가 막히지 않도록 하십시오.

선한 일을 행함으로 받는 고난

8 마지막으로 여러분 모두에게 부탁합니다. 서로를 이해하고, 한 형제처럼 사랑하며, 한 마음으로 서로 따뜻이 대하며, 겸손하십시오.

9 해를 입었다고 도로 보복하지 말며, 욕을 먹었다고 그 사람을 욕하지 마십시오. 오히려 그 삶을 축복해 주십시오. 이것은 여러분 자신이 축복받는 인생을 누리도록 부르심을 받았기 때문입니다.

10 성경에도 이렇게 기록되어 있습니다. "행복한 나날을 보내며, 인생을 즐겁게 살기 원하는 사람은 악한 말과 거짓말을 해서는 안 됩니다.

11 악한 행동을 그치고 선한 일을 하며, 평화를 찾고 그것을 위해 힘써 일해야 합니다.

12 주님은 선한 사람을 찾으시고 그들의 기도에 귀를 기울이시지만, 악한 일을 하는 자는 멀리하십니다."*

13 만약 여러분이 늘 선한 일을 하고자 애쓴다면, 아무도 여러분을 해치지 못할 것입니다.

14 때로는 옳은 일을 함으로 고난을 받을 때도 있을 것입니다. 하지만 하나님께서는 그러한 순간에 여러분에게 복을 주실 것입니다. 사람들이 두려워하는 것을 두려워하지 말며, 겁내지 마십시오.

15 마음속에 그리스도만 거룩한 주님으로 모시십시오. 여러분이 가지고 있는 소망에 관해 묻는 사람들에게 대답할 말을 준비해 두십시오.

16 그들에게 공손하고 친절한 태도로 그것을 설명해 주십시오. 늘 바르게 살아가십시오. 그러면 그리스도 안에서 선하게 살아가는 여러분을 헐뜯는 사람들이 도리어 부끄러움을 느낄 것입니다.

17 악한 일보다 선한 일을 하다가 고난을 받는 것이 더 낫지 않겠습니까? 선한 일을 하다 고난을 받더라도 그것이 하나님의 뜻이라면 더 나은 것입니다.

18 그리스도께서는 여러분을 위해 죽으셨습니다. 그리고 그 한 번의 죽으심으로 여러분의 모든 죄를 담당하셨습니다. 죄가 없는 분이시지만 죄인을 대신하여 돌아가셨던 것입니다. 그것은 여러분 모두를 하나님께로 인도하기 위함이었습니다. 육체는 죽었지만 성령 안에서 다시 살아나셔서,

19 갇혀 있는 영혼을 찾아가 말씀을 전하셨습니다.

20 그들은 오래 전, 노아 시대에 하나님께 불순종했던 사람들입니다. 하나님께서는 노아가 방주를 다 짓기까지 오랫동안 그들의 악한 행동을 참으셨습니다. 그 홍수에서는 오직 여덟 명만이 구원함을 받았습니다.

---

you should so your prayers will not be hindered.

All Christians

8 •Finally, all of you should be of one mind. Sympathize with each other. Love each other as brothers and sisters.* Be tenderhearted,

9 and keep a humble attitude. •Don't repay evil for evil. Don't retaliate with insults when people insult you. Instead, pay them back with a blessing. That is what God has called you to do, and he will grant you his

10 blessing. •For the Scriptures say,

"If you want to enjoy life
　　and see many happy days,
keep your tongue from speaking evil
　　and your lips from telling lies.

11 •　Turn away from evil and do good.
　　Search for peace, and work to maintain it.

12 •　The eyes of the LORD watch over those
　　　who do right,
　　and his ears are open to their prayers.
　　But the LORD turns his face
　　　against those who do evil."*

Suffering for Doing Good

13 •Now, who will want to harm you if you

14 are eager to do good? •But even if you suffer for doing what is right, God will reward you for it. So don't worry or be afraid of their

15 threats. •Instead, you must worship Christ as Lord of your life. And if someone asks about your hope as a believer, always be

16 ready to explain it. •But do this in a gentle and respectful way.* Keep your conscience clear. Then if people speak against you, they will be ashamed when they see what a good life you live because you belong to

17 Christ. •Remember, it is better to suffer for doing good, if that is what God wants, than to suffer for doing wrong!

18 •Christ suffered* for our sins once for all time. He never sinned, but he died for sinners to bring you safely home to God. He suffered physical death, but he was raised to life in the Spirit.*

19 •So he went and preached to the spirits

20 in prison— •those who disobeyed God long ago when God waited patiently while Noah was building his boat. Only eight people were saved from drowning in that terrible

---

3:8 Greek *Show brotherly love.*　3:10-12 Ps 34:12-16.　3:16 Some English translations put this sentence in verse 15.　3:18a Some manuscripts read *died.*　3:18b Or *in spirit.*
3:10-12 시 34:12-16에 기록되어 있다.

21 그 홍수는 이제 여러분을 구원하는 세례와 같은 것입니다. 몸을 깨끗하게 씻는 것이 아니라 선한 마음으로 하나님께 내 삶을 드리며 정결하게 살기를 약속하는 것입니다. 바로 이것을 위해 예수 그리스도께서 죽음에서 부활하셨습니다.

22 지금 그리스도께서는 하늘에 올라가셔서 하나님의 오른편에 앉아 계시며, 모든 천사와 권세와 능력을 다스리고 계십니다.

변화받은 삶

4 그리스도께서도 고난을 받으셨습니다. 그러므로 여러분 자신도 그리스도와 같은 마음으로 무장하십시오. 고난을 겪은 사람은 죄와 관계를 끊은 사람입니다.

2 여러분의 남은 생애를 사람들이 좋아하는 악한 일을 하면서 보내지 말고, 하나님이 원하시는 일들을 하며 살아가십시오.

3 이전에는 믿지 않는 사람들이 좋아하는 일들에 너무나 많은 시간을 낭비하였습니다. 방탕하고, 악한 욕망에 사로잡혀 술 취하고, 흥청망청 떠들며, 우상에게 절하고 경배하였습니다. 이런 것들은 지나간 때로 충분합니다.

4 믿지 않는 이들은 자신들이 하는 방탕한 생활에 끼어들지 않는 여러분을 이상히 여길 것입니다. 또 경멸하고 비웃기도 할 것입니다.

5 그러나 그들은 자신들이 저지른 잘못들을 산 자와 죽은 자를 심판하시는 하나님 앞에서 낱낱이 말하게 될 것입니다.

6 그래서 지금 죽어 있는 자들에게도 복음이 전해졌습니다. 모든 사람과 똑같이 그들 역시 죽음의 심판을 받을 것이나, 영으로는 하나님과 함께 살게 하기 위해서 그들에게도 복음이 전파된 것입니다.

하나님의 선물을 지혜롭게 사용하십시오

7 세상의 종말이 가까워 오고 있습니다. 마음을 깨끗이 하고 침착하십시오. 그리고 정신을 차려 기도하십시오.

8 무엇보다도 서로를 깊이 사랑하십시오. 사랑은 다른 사람의 허물과 죄를 덮어 줍니다.

9 불평하지 말고 서로 대접하십시오.

10 하나님께서는 여러분 모두에게 성령의 선물을 허락해 주셨습니다. 또한 각자에게 특별한 다른 선물을 주심으로, 하나님의 은혜를 알게 하셨습니다. *그러므로 하나님의 선물을 가볍게 여기지 말고, 착한 종처럼 남을 돕는 일에 사용하십시오.*

11 말씀을 전하는 사람은 하나님의 말씀만을 전하는 사람이 되고, 봉사하는 사람은 하나님이 주시는 힘으로 남을 도우십시오. 무슨 일을 하든지 예수 그리스도를 통해 하나님께서 영광을 받으시도록 하기 바랍니다. 그분에게 영광과 능력이 영원토록 함께

---

21 flood.* •And that water is a picture of baptism, which now saves you, not by removing dirt from your body, but as a response to God from* a clean conscience. It is effective because of the resurrection of Jesus Christ.

22 •Now Christ has gone to heaven. He is seated in the place of honor next to God, and all the angels and authorities and powers accept his authority.

Living for God

4 So then, since Christ suffered physical pain, you must arm yourselves with the same attitude he had, and be ready to suffer, too. For if you have suffered physically for

2 Christ, you have finished with sin.* •You won't spend the rest of your lives chasing your own desires, but you will be anxious to

3 do the will of God. •You have had enough in the past of the evil things that godless people enjoy—their immorality and lust, their feasting and drunkenness and wild parties, and their terrible worship of idols.

4 •Of course, your former friends are surprised when you no longer plunge into the flood of wild and destructive things they do.

5 So they slander you. •But remember that they will have to face God, who stands ready to judge everyone, both the living and the

6 dead. •That is why the Good News was preached to those who are now dead*—so although they were destined to die like all people,* they now live forever with God in the Spirit.*

7 •The end of the world is coming soon. Therefore, be earnest and disciplined in your

8 prayers. •Most important of all, continue to show deep love for each other, for love cov-

9 ers a multitude of sins. •Cheerfully share your home with those who need a meal or a place to stay.

10 •God has given each of you a gift from his great variety of spiritual gifts. Use them

11 well to serve one another. •Do you have the gift of speaking? Then speak as though God himself were speaking through you. Do you have the gift of helping others? Do it with all the strength and energy that God supplies. Then everything you do will bring glory to God through Jesus Christ. All glory and power to him forever and ever! Amen.

3:20 Greek *saved through water.*　3:21 Or *as an appeal to God for.*　4:1 Or *For the one* [or *One*] *who has suffered physically has finished with sin.*　4:6a Greek *preached even to the dead.*　4:6b Or *so although people had judged them worthy of death.*　4:6c Or *in spirit.*

그리스도인으로서 받는 고난

하기를 바랍니다. 아멘.

12 사랑하는 여러분, 고난을 받는 중에 당황스러워하거나 놀라지 마십시오. 그것은 여러분의 믿음을 시험하는 것입니다. 그러므로 여러분에게 이상한 일이 일어나고 있다고 생각하지 말고,

13 그리스도의 고난에 참여하게 됨을 기뻐하시기 바랍니다. 그리스도께서 영광 중에 다시 오실 그날에 여러분은 기뻐하고 즐거워할 것입니다.

14 그리스도의 이름 때문에 모욕을 받는다면, 그것은 도리어 복입니다. 이는 영광의 영이신 하나님의 성령이 여러분과 함께 계시다는 표시이기 때문입니다.

15 누구든지 사람을 죽이거나 도적질하거나 다른 사람을 괴롭힌 죄로 고난받지 않도록 하십시오.

16 그러나 그리스도인이라는 이유로 고난을 받았다면 부끄러워할 필요가 없습니다. 오히려 그리스도인이라는 이름을 얻게 된 것에 대해 하나님께 찬양을 올려 드리십시오.

17 심판의 때가 이제 시작되었습니다. 그 심판은 먼저 하나님의 자녀들로부터 시작합니다. 믿는 우리들에게도 심판이 있다면, 하나님의 복음에 순종하지 않는 사람들은 어떻게 되겠습니까?

18 "선한 사람들도 구원받기 힘든데, 악한 사람들과 죄인들이 어떻게 구원받겠습니까?"*

19 그러므로 하나님의 뜻에 따라 고난받는 사람은 하나님께 자기 영혼을 맡겨 두십시오. 하나님은 우리를 지은 분이시니 우리 영혼을 지켜 주실 것입니다. 흔들리지 말고, 옳은 일에 계속 힘쓰시기 바랍니다.

하나님의 양 떼

5 제가 이제 같은 장로로서 교회의 장로들에게 몇 마디 당부합니다. 그리스도께서 당하신 고난을 직접 보았고, 장차 우리에게 나타날 영광에 동참하게 될 자로서, 여러분에게 부탁을 드립니다.

2 여러분에게 맡겨진 하나님의 양 떼를 잘 돌보십시오. 기쁨으로 그들을 돌보며 억지로 하지 마십시오. 그것이 하나님을 기쁘시게 하는 것입니다. 기쁨으로 섬기며, 돈을 생각하고 그 일을 하지 않도록 하십시오.

3 여러분이 맡은 사람들을 지배하려 들지 말며, 그들에게 좋은 모범이 되십시오.

4 그리하면 우리의 목자장이신 그리스도께서 오실 때에 여러분은 결코 시들지 않는 영광의 면류관을 받게 될 것입니다.

5 젊은이들은 웃어른께 순종하며 겸손하십시오. "하나님은 교만한 사람을 물리치시고, 겸손한 사람에게 은혜를 베푸십니다."*

Suffering for Being a Christian

12 •Dear friends, don't be surprised at the fiery trials you are going through, as if something 13 strange were happening to you. •Instead, be very glad—for these trials make you partners with Christ in his suffering, so that you will have the wonderful joy of seeing his glory when it is revealed to all the world. 14 •If you are insulted because you bear the name of Christ, you will be blessed, for the 15 glorious Spirit of God* rests upon you.* •If you suffer, however, it must not be for murder, stealing, making trouble, or prying into 16 other people's affairs. •But it is no shame to suffer for being a Christian. Praise God for the 17 privilege of being called by his name! •For the time has come for judgment, and it must begin with God's household. And if judgment begins with us, what terrible fate awaits those who have never obeyed God's 18 Good News? •And also,

"If the righteous are barely saved,
what will happen to godless sinners?"*

19 •So if you are suffering in a manner that pleases God, keep on doing what is right, and trust your lives to the God who created you, for he will never fail you.

Advice for Elders and Young Men

5 And now, a word to you who are elders in the churches. I, too, am an elder and a witness to the sufferings of Christ. And I, too, will share in his glory when he is revealed to the whole world. As a fellow elder, I appeal 2 to you: •Care for the flock that God has entrusted to you. Watch over it willingly, not grudgingly—not for what you will get out of it, but because you are eager to serve 3 God. •Don't lord it over the people assigned to your care, but lead them by your own 4 good example. •And when the Great Shepherd appears, you will receive a crown of never-ending glory and honor.

5 •In the same way, you who are younger must accept the authority of the elders. And all of you, dress yourselves in humility as you relate to one another, for

"God opposes the proud
but gives grace to the humble."*

4:14a Or for the glory of God, which is his Spirit.
4:14b Some manuscripts add On their part he is blasphemed, but on your part he is glorified.
4:18 Prov 11:31 (Greek version).   5:5 Prov 3:34 (Greek version).
4:18 잠 11:31에 기록되어 있다.
5:5 잠 3:34에 기록되어 있다.

6 그러므로 하나님의 전능하신 손 아래 자신을 낮추십시오. 그러면 하나님께서는 때가 이를 때에 여러분을 높이실 것입니다.

7 모든 걱정과 근심을 하나님께 맡기십시오. 하나님께서 여러분을 돌보시고 계십니다.

8 마음을 강하게 하고 늘 주의하십시오. 원수 마귀가 배고파 으르렁거리는 사자처럼 먹이를 찾아 돌아다니고 있습니다.

9 마귀에게 지지 말고 믿음에 굳게 서 있기 바랍니다. 온 세상의 모든 성도들도 여러분과 같은 고난을 겪고 있습니다.

10 힘든 고난은 잠시 동안입니다. 이 후에 하나님께서는 모든 것을 바르게 세우실 것입니다. 여러분의 뒤에서 받쳐 주시고 든든하게 세워 주셔서, 결코 넘어지지 않게 하실 것입니다. 은혜를 주시는 하나님께서 그리스도 안에서 함께 영광을 누릴 수 있도록 여러분을 친히 부르셨으니, 그 영광이 영원토록 함께하기를 기도드립니다.

11 모든 능력이 하나님과 영원히 함께하기를 빕니다. 아멘.

마지막 인사

12 나는 이 짧은 편지를 실라*의 손을 빌어 여러분께 보냅니다. 그는 진실한 믿음의 형제입니다. 부디 이 편지를 통해 위로와 격려가 되었으면 좋겠습니다. 이 모든 것이 하나님의 은혜임을 기억하고, 그 은혜 안에서 흔들리지 말고 굳게 서십시오.

13 여러분과 함께 택함을 받은 바빌론에 있는 교회가 여러분께 문안합니다. 그리스도 안에서 내 아들된 마가도 여러분에게 문안합니다.

14 여러분도 만날 때마다 그리스도의 사랑으로 서로 문안하십시오. 그리스도 안에 있는 여러분 모두에게 평안이 함께하기를 빕니다.

6 •So humble yourselves under the mighty power of God, and at the right time he will lift you up in honor. •Give all your worries and cares to God, for he cares about you.

8 •Stay alert! Watch out for your great enemy, the devil. He prowls around like a roaring lion, looking for someone to devour. 9 •Stand firm against him, and be strong in your faith. Remember that your family of believers* all over the world is going through the same kind of suffering you are.

10 •In his kindness God called you to share in his eternal glory by means of Christ Jesus. So after you have suffered a little while, he will restore, support, and strengthen you, and he will place you on a firm foundation. 11 •All power to him forever! Amen.

Peter's Final Greetings

12 •I have written and sent this short letter to you with the help of Silas,* whom I commend to you as a faithful brother. My purpose in writing is to encourage you and assure you that what you are experiencing is truly part of God's grace for you. Stand firm in this grace.

13 •Your sister church here in Babylon* sends you greetings, and so does my son 14 Mark. •Greet each other with a kiss of love.

Peace be with all of you who are in Christ.

---

alert [əlːə́ːrt] *a.* 방심하지 않는; 경계하는
commend [kəménd] *vt.* 칭찬하다
devour [diváuər] *vt.* 삼켜버리다
humble [hʌ́mbl] *vt.* 낮추다
prowl [prául] *vi.* (먹이를) 찾아헤매다, 배회하다

5:9 Greek *your brotherhood.*　5:12 Greek *Silvanus.*　5:13 Greek *The elect one in Babylon.* Babylon was probably symbolic for Rome.
5:12 '실라' 는 '실루아노'의 또 다른 이름이다.

베드로후서

● 서론

- ✢ 저자 _ 베드로
- ✢ 저작 연대 _ 네로의 박해가 있던 A.D. 54~68년
- ✢ 기록 장소 _ 바벨론(로마로 보는 것이 가장 지배적인 견해이다)
- ✢ 기록 대상 _ 소아시아에 흩어져 있는 그리스도인들
- ✢ 핵심어 및 내용 _ 핵심어는 '지식'과 '마지막 날들'이다. 그리스도에 대한 지식을 근거로 거짓된 가르침을 반박하며 자신들의 행위에 따라 심판을 받게 될 마지막 날에 대한 깊은 이해를 갖도록 해 준다.

인사

1 예수 그리스도의 종이며 사도인 시몬 베드로는, 우리와 같이 소중한 믿음을 받은 여러분에게 이 편지를 씁니다. 여러분은 우리 하나님과 구주 예수 그리스도의 의로우심을 힘입어 이 믿음을 받았습니다.

2 하나님과 우리 주 예수님을 더 깊이 앎으로써 은혜와 평안이 여러분에게 더욱 넘치기를 기도합니다.

하나님께서 복을 주시다

3 그리스도께서는 하나님의 능력으로 우리가 하나님을 섬기며 살아가는 데 필요한 모든 것을 허락해 주셨습니다. 이 모든 것은 우리가 그분을 알 때에 받게 되는 것입니다. 그분은 자신의 영광과 선함으로 우리를 불러 주셨습니다.

4 그 영광과 선함을 통해 약속하신 크고 놀라운 선물을 우리에게 주셨으며, 이 약속을 통해 하나님을 닮은 모습으로 함께 교제하게 하셨습니다. 그러므로 세상의 어떤 정욕도 여러분을 멸망시킬 수 없습니다.

5 그러므로 이러한 복을 받은 여러분은 열심히 여러분의 생활 가운데 믿음에 덕을, 덕에 지식을,

6 지식에 절제를, 절제에 인내를, 인내에 경건을,

7 경건에 형제 우애를, 형제 우애에 사랑을 더하십시오.

8 이 모든 것이 여러분의 삶 가운데서 자라난다면, 여러분을 유익하고 쓸모 있는 사람으로 만들어 줄 것입니다. 또한 우리 주 예수 그리스도를 아는 지식이 여러분의 삶을 더욱 풍성하게 해 줄 것입니다.

9 그러나 이런 것을 갖추지 못한 자는 앞못보는 사람과 같으며, 과거의 더러운 죄로부터 깨끗함을 받은 사실을 잊은 사람들입니다.

10 형제 여러분, 하나님께서는 여러분을 부르시고 하나님의 백성으로 선택하셨습니다. 여러분은 자신이 하나님께 선택받은 백성임을 남들이 알 수 있도록 힘써야 합니다. 이렇게 할 때, 여러분

Greetings from Peter

1 This letter is from Simon* Peter, a slave and apostle of Jesus Christ.

I am writing to you who share the same precious faith we have. This faith was given to you because of the justice and fairness* of Jesus Christ, our God and Savior.

2 •May God give you more and more grace and peace as you grow in your knowledge of God and Jesus our Lord.

Growing in Faith

3 •By his divine power, God has given us everything we need for living a godly life. We have received all of this by coming to know him, the one who called us to himself by means of his marvelous glory and excellence. 4 •And because of his glory and excellence, he has given us great and precious promises. These are the promises that enable you to share his divine nature and escape the world's corruption caused by human desires.

5 •In view of all this, make every effort to respond to God's promises. Supplement your faith with a generous provision of moral excellence, and moral excellence with knowledge, 6 •and knowledge with self-control, and self-control with patient endurance, and patient 7 endurance with godliness, •and godliness with brotherly affection, and brotherly affection with love for everyone.

8 •The more you grow like this, the more productive and useful you will be in your knowledge of our Lord Jesus Christ. 9 •But those who fail to develop in this way are shortsighted or blind, forgetting that they have been cleansed from their old sins.

10 •So, dear brothers and sisters,* work hard to prove that you really are among those God has called and chosen. Do these things, and you

supplement [sʌ́pləmənt] *vt.* 보충하다, 추가하다

1:1a Greek *Simeon.*   1:1b Or *to you in the righteousness.*   1:10 Greek *brothers.*

은 결코 넘어지지 않으며,

11 우리 주님이시며 구원자이신 예수 그리스도의 영원한 나라에서 최고의 환영을 받게 될 것입니다.

12 여러분이 이 모든 것을 다 알고 있고, 또 진리 안에 굳게 서 있지만, 한 번 더 여러분의 기억을 일깨워 주고 싶습니다.

13 내가 이 세상에 살아 있는 동안, 여러분에게 이렇게 하는 것이 옳다고 생각합니다.

14 나는 이제 곧 육신을 떠나야 함을 알고 있습니다. 우리 주 예수 그리스도께서 내게 그것을 알려 주셨습니다.

15 내가 할 수 있는 한 몇 번이고, 여러분이 이것들을 기억할 수 있도록 힘쓸 것입니다. 내가 이 세상을 떠난 후에도 여러분이 이 사실들을 기억하기를 진심으로 원합니다.

그리스도의 영광을 보다

16 우리는 주 예수 그리스도가 영광 가운데 오실 것을 여러분에게 전했습니다. 그것은 누군가가 지어 낸 근사한 이야기가 결코 아닙니다. 우리는 그분의 위엄 있는 모습을 우리 눈으로 직접 보았습니다.

17 장엄한 영광 가운데 하나님의 음성이 들렸습니다. "이는 내 사랑하는 아들이며, 내가 그로 인해 무척 기쁘다." 그 순간 예수 그리스도는 영광과 존귀를 받으셨습니다.

18 우리는 그 음성을 똑똑히 들었습니다. 거룩한 산에서 예수님과 함께 있었을 때 들은 그 음성은 분명히 하늘로부터 울려 온 것이었습니다.

19 이렇게 해서 우리는 예언자들이 전한 말씀을 보다 확실히 믿게 되었습니다. 여러분도 그 말씀을 가까이하고 따르는 것이 유익할 것입니다. 그들이 전해 준 말씀은 어두움을 환히 밝혀 주는 빛과도 같은 것입니다. 그 빛은 여러분의 마음 가운데 동이 트고, 아침 샛별이 환히 떠오를 때까지 여러분의 마음을 밝혀 줄 것입니다.

20 그러므로 분명히 이 사실을 기억하십시오. 어떠한 예언의 말씀도 예언자가 마음대로 해석해서 기록한 것이 아니며,

21 사람의 뜻대로 말하고 싶은 것을 적어 놓은 것도 아닙니다. 그들은 성령의 감동을 받아 하나님의 말씀을 적어 놓았습니다.

거짓 선생

2 전에 이스라엘 백성 가운데 거짓 예언자들이 있었던 것처럼, 여러분 가운데도 거짓 선생이 나타날 것입니다. 이들은 살며시 여러분 가운데 들어와 여러분을 잘못된 길로 인도하고 혼란스럽게 만들 것입니다. 또한 그들은 우리를 죄에서 풀어 주시려고 피 흘리신 주 예수 그리스도를 부인하여 스스로 멸망의 길로 달려가고 있습니다.

2 많은 사람이 그들의 악한 길을 따르고, 참 진리의 길

11 will never fall away. ●Then God will give you a grand entrance into the eternal Kingdom of our Lord and Savior Jesus Christ.

Paying Attention to Scripture

12 ●Therefore, I will always remind you about these things—even though you already know them and are standing firm in the

13 truth you have been taught. ●And it is only right that I should keep on reminding you as

14 long as I live.* ●For our Lord Jesus Christ has shown me that I must soon leave this earth-

15 ly life,* ●so I will work hard to make sure you always remember these things after I am gone.

16 ●For we were not making up clever stories when we told you about the powerful coming of our Lord Jesus Christ. We saw his

17 majestic splendor with our own eyes ●when he received honor and glory from God the Father. The voice from the majestic glory of God said to him, "This is my dearly loved

18 Son, who brings me great joy."* ●We ourselves heard that voice from heaven when we were with him on the holy mountain.

19 ●Because of that experience, we have even greater confidence in the message proclaimed by the prophets. You must pay close attention to what they wrote, for their words are like a lamp shining in a dark place—until the Day dawns, and Christ the Morning Star

20 shines* in your hearts. ●Above all, you must realize that no prophecy in Scripture ever came from the prophet's own understand-

21 ing,* ●or from human initiative. No, those prophets were moved by the Holy Spirit, and they spoke from God.

The Danger of False Teachers

2 But there were also false prophets in Israel, just as there will be false teachers among you. They will cleverly teach destructive heresies and even deny the Master who bought them. In this way, they will bring

2 sudden destruction on themselves. ●Many will follow their evil teaching and shameful immorality. And because of these teachers,

heresy [hérəsi] n. 이교, 이단
indulge [indʌ́lʤ] vi. (욕망, 환락 등에) 빠지다
initiative [iníʃiətiv] n. 주도(권); 창의
lure [lúər] vt. 유혹하다, 꾀내다
stain [stéin] n. 오점, 흠

1:13 Greek as long as I am in this tent [or tabernacle].   1:14 Greek I must soon put off my tent [or tabernacle].   1:17 Matt 17:5; Mark 9:7; Luke 9:35.   1:19 Or rises.   1:20 Or is a matter of one's own interpretation.

벧후

을 방해할 것입니다.

3 여러분에게 거짓을 말하여 이용하는 그 사람들은 여러분이 가진 돈에만 관심이 있을 뿐입니다. 하나님께서는 이미 그들에게 죄가 있다고 선언하셨으며, 그들은 의로우신 하나님의 심판을 피할 길이 없습니다.

4 천사들이 죄를 저질렀을 때, 하나님께서는 그들을 용서하지 않으시고 지옥으로 보내어 심판날까지 어두운 구덩이에 갇혀 있게 하셨습니다.

5 또한 오래 전, 하나님을 거역하고 악한 행실을 하던 사람들을 홍수로 쓸어 버리셨습니다. 하지만 하나님께서는 하나님의 의로우심을 외치던 노아와 일곱 식구의 생명을 보호하셨습니다.

6 그리고 죄악의 도시, 소돔과 고모라에 불을 내려 잿더미로 만드시고, 훗날 하나님을 거역하고 순종치 아니하는 사람들에 대한 본보기로 삼으셨습니다.

7 그러나 하나님께서는 그 가운데서 롯을 구원하셨습니다. 의로운 롯은 그 성의 사람들이 방탕하게 살아가는 것을 보며 괴로워하였습니다.

8 롯은 선한 사람이었기에 이웃들이 날마다 행하는 악한 일들을 보고 들으면서 몹시 괴로워하였습니다.

9 하나님께서는 경건한 사람을 어떻게 구원해야 할지 아시고, 큰 어려움이 닥칠 때 구원해 주십니다. 그러나 악한 사람은 심판날까지 계속 벌하실 것입니다.

10 특별히 육체의 정욕을 따라 죄악을 저지르며 살아가는 자와 하나님의 권위를 무시하는 자들에게는 더 큰 벌을 내리실 것입니다. 거짓 선생들은 이처럼 자기 마음대로 행동하고 교만할 뿐 아니라, 영광스런 천사들에 대해서도 욕하며 함부로 떠들어 댑니다.

11 그러나 하늘에 있는 천사들은 그들보다 더 큰 힘과 능력을 가졌지만, 하나님 앞에서 그들을 헐뜯거나 욕하지 않습니다.

12 이 거짓 선생들은 알지도 못하면서 욕하고 떠들어 댑니다. 이들은 잡혀 죽기 위해 태어난 생각 없는 짐승 같아서 결국 멸망하고 말 것입니다.

13 많은 사람들을 괴롭혔으니, 그들 자신이 고통받는 것은 당연합니다. 그들이 한 것에 대한 대가를 치러야 하는 것입니다. 그들은 드러내 놓고 악한 일을 행하며 쾌락을 추구합니다. 그들은 여러분 가운데 끼어 있는 더러운 티와 같아서, 함께 먹는 자리에서 여러분에게 불명예와 부끄러움을 가져다 줄 것입니다.

14 그들은 여자를 볼 때마다 나쁜 마음을 품으며, 그러한 행위를 멈추지 않습니다. 약한 자들을 꾀어 죄의 올가미 가운데 빠뜨리고, 자기 욕심만 채우도록 부

---

3 the way of truth will be slandered. ●In their greed they will make up clever lies to get hold of your money. But God condemned them long ago, and their destruction will not be delayed.

4 ●For God did not spare even the angels who sinned. He threw them into hell,* in gloomy pits of darkness,* where they are being held until the day of judgment. ●And

5 God did not spare the ancient world—except for Noah and the seven others in his family. Noah warned the world of God's righteous judgment. So God protected Noah when he destroyed the world of ungodly

6 people with a vast flood. ●Later, God condemned the cities of Sodom and Gomorrah and turned them into heaps of ashes. He made them an example of what will hap-

7 pen to ungodly people. ●But God also rescued Lot out of Sodom because he was a righteous man who was sick of the shameful immorality of the wicked people around

8 him. ●Yes, Lot was a righteous man who was tormented in his soul by the wickedness

9 he saw and heard day after day. ●So you see, the Lord knows how to rescue godly people from their trials, even while keeping the wicked under punishment until the day of

10 final judgment. ●He is especially hard on those who follow their own twisted sexual desire, and who despise authority.

These people are proud and arrogant, daring even to scoff at supernatural beings*

11 without so much as trembling. ●But the angels, who are far greater in power and strength, do not dare to bring from the Lord* a charge of blasphemy against those supernatural beings.

12 ●These false teachers are like unthinking animals, creatures of instinct, born to be caught and destroyed. They scoff at things they do not understand, and like animals,

13 they will be destroyed. ●Their destruction is their reward for the harm they have done. They love to indulge in evil pleasures in broad daylight. They are a disgrace and a stain among you. They delight in deception* even as they eat with you in your fellowship

14 meals. ●They commit adultery with their eyes, and their desire for sin is never satisfied. They lure unstable people into sin, and they are well trained in greed. They live under

추깁니다. 하나님께서는 이들을 분명히 벌하실 것입니다.

15 옳은 길을 버리고 잘못된 길에 빠진 이들은 발람의 길을 그대로 밟고 있습니다. 브올의 아들 발람은 나쁜 방법으로 얻은 재물에 눈이 어두워져 있었습니다.

16 그러나 발람은 자기가 저지른 죄 때문에 꾸지람을 받았습니다. 나귀는 말 못하는 짐승이었지만, 사람의 소리로 말하여 이 예언자의 미친 행동을 막은 것입니다.

17 또한 이들은 물 없는 샘이나 마찬가지이며, 바람이 부는 대로 밀려 다니는 구름과도 같습니다. 그들이 갈 곳은 캄캄하고 어두운 구덩이뿐입니다.

18 그들은 헛된 말로 자랑하며 잘못된 길에서 겨우 빠져 나온 사람들을 악한 욕망으로 꾀어 다시 죄 가운데로 끌고 들어가려 합니다.

19 그들은 자유를 주겠다고 약속하지만, 사실 그들 자신들조차 자유하지 못하고 멸망의 종이 되어 있습니다. 사람은 누구든지 자신이 지배당하는 것의 종이 되기 마련입니다.

20 우리 구주 예수 그리스도를 알고 세상의 죄악에서 해방된 사람이, 다시 그 악한 생활로 되돌아가 세상 죄에 끌려다닌다면, 그 상태는 이전보다도 훨씬 나쁠 것입니다.

21 차라리 바른 길을 모르는 게 더 낫지 않겠습니까? 바른 길을 알면서도 자신들이 받은 거룩한 가르침을 내팽개쳐 버린다면, 오히려 그 길을 알지 못하는 편이 낫습니다.

22 "개는 토한 것을 다시 먹고, 돼지는 씻은 후에 다시 진흙탕에서 뒹군다"*라는 속담이 그들에게 들어맞는 것입니다.

주님은 다시 오십니다

3 사랑하는 여러분, 지금 나는 여러분에게 두 번째 편지를 쓰고 있습니다. 이 편지들이 여러분의 정직하고 진실한 마음을 일깨우는 데에 도움이 되었으면 좋겠습니다.

2 옛날 거룩한 예언자들이 전한 말씀과 구주 되신 우리 주님께서 사도들을 통해 우리에게 주신 명령을 기억하기 바랍니다.

3 마지막 때에 어떤 일이 일어날지 분명히 아십시오. 사람들이 자기들 하고 싶은 대로 악한 일을 하며, 여러분을 비웃을 것입니다.

4 그들은 "다시 온다고 약속한 예수는 도대체 어디 있습니까? 우리 조상들은 죽었고, 이 세상은 창조된 후로 달라진 게 없지 않습니까?"라고 말할 것입니다.

5 그들은 옛적에 하나님께서 말씀으로 하늘과 땅을 지으시고, 그 땅이 물에서 나와 물로 이루어진 것을 일부러 잊으려고 합니다.

6 그 후, 하나님께서 세상을 홍수로 멸하셨습니다.

15 God's curse. • They have wandered off the right road and followed the footsteps of Balaam son of Beor,* who loved to earn money by doing wrong. • But Balaam was stopped from his mad course when his donkey rebuked him with a human voice.

17 • These people are as useless as dried-up springs or as mist blown away by the wind. They are doomed to blackest darkness.

18 • They brag about themselves with empty, foolish boasting. With an appeal to twisted sexual desires, they lure back into sin those who have barely escaped from a lifestyle of deception. • They promise freedom, but they

19 themselves are slaves of sin and corruption. For you are a slave to whatever controls you.

20 • And when people escape from the wickedness of the world by knowing our Lord and Savior Jesus Christ and then get tangled up and enslaved by sin again, they are worse off

21 than before. • It would be better if they had never known the way to righteousness than to know it and then reject the command

22 they were given to live a holy life. • They prove the truth of this proverb: "A dog returns to its vomit."* And another says, "A washed pig returns to the mud."

The Day of the Lord Is Coming

3 This is my second letter to you, dear friends, and in both of them I have tried to stimulate your wholesome thinking and

2 refresh your memory. • I want you to remember what the holy prophets said long ago and what our Lord and Savior commanded through your apostles.

3 • Most importantly, I want to remind you that in the last days scoffers will come, mocking the truth and following their own

4 desires. • They will say, "What happened to the promise that Jesus is coming again? From before the times of our ancestors, everything has remained the same since the world was first created."

5 • They deliberately forget that God made the heavens long ago by the word of his command, and he brought the earth out from the water and surrounded it with

6 water. • Then he used the water to destroy

---

stimulate [stímjulèit] vt. 자극하다
tangled [tǽŋgld] a. 뒤얽힌; 혼란스러운
2:17 be doomed to… : …할 운명이다
2:18 brag about… : …을 자랑하다

2:15 Some manuscripts read *Bosor*. 　2:22 Prov 26:11.
2:22 잠 26:11에 기록되어 있다.

7 또한 동일한 하나님의 말씀이 지금 이 세상의 하늘 과 땅을 지키고 있습니다. 우리가 살고 있는 이 세상 은 불로 멸망당할 것인데, 마지막 심판날에 하나님 을 믿지 않고 거역한 사람들과 함께 멸망될 것입니다.

8 그러나 사랑하는 여러분, 이 한 가지만은 잊지 마십 시오. 주님께는 하루가 천 년 같고, 천 년이 하루와 도 같습니다.

9 우리 주님은 하시기로 약속하신 것을 뒤로 미루시 는 분이 아닙니다. 어떤 사람들은 더디다고 생각할 지도 모릅니다. 그러나 이것은 하나님께서 우리를 위해 오래 참으시기 때문입니다. 하나님께서는 한 사람이라도 멸망치 않고 모두 회개하고 돌아오기 를 바라고 계십니다.

10 하지만 주님의 날은 도적같이 갑자기 올 것입니다. 하늘이 큰 소리를 내며 사라지고, 하늘에 있는 모든 것들이 불에 의해 녹을 것입니다. 또한 땅과 땅에 있 는 모든 것들도 불타 버릴 것입니다.

11 모든 것이 이렇게 다 타 버릴 텐데, 여러분은 어떤 사람이 되어야 하겠습니까? 거룩하고 경건하게 살 아야 하지 않겠습니까?

12 여러분은 그날이 오기를 손꼽아 기다려야 합니다. 그날에 하늘과 하늘에 있는 모든 것이 불타 없어지 겠지만,

13 하나님께서는 우리에게 약속하셨습니다. 정의가 살아 있는 새 하늘과 새 땅을 우리에게 주시겠다고 말입니다.

14 사랑하는 여러분, 그날을 기다리며 죄를 멀리하고 흠 없이 살도록 노력하십시오. 하나님과 평안 가운 데 거하시기 바랍니다.

15 우리 주님의 오래 참으심으로 우리가 구원받았다 는 사실을 잊지 마시기 바랍니다. 사랑하는 형제 바울도 하나님께 받은 지혜로 이와 같은 편지를 여 러분에게 보냈습니다.

16 바울이 그의 편지 가운데 이 모든 것을 써 놓았습니 다. 그의 편지 가운데 이해하기 힘든 부분이 조금 있 어, 몇몇 사람들이 그것을 잘못 설명하기도 하였습 니다. 무식하고 믿음이 약한 사람들은 다른 성경도 잘못 해석합니다. 그러나 이것은 그들에게 스스로 멸망을 불러들일 뿐입니다.

17 사랑하는 여러분, 이제 이 모든 것을 알았으니 부디 조심하십시오. 악한 자들의 꾀임에 빠져 잘못된 길 에 들어서지 말며, 굳건한 믿음에서 떨어지지 않도 록 주의하십시오.

18 오직 우리 구주 예수 그리스도를 아는 지식과 그의 은혜 가운데 자라나기를 빕니다. 이제부터 영원까 지 주님께 영광이 있기를 바랍니다. 아멘.

the ancient world with a mighty flood.

7 •And by the same word, the present heavens and earth have been stored up for fire. They are being kept for the day of judgment, when ungodly people will be destroyed.

8 •But you must not forget this one thing, dear friends: A day is like a thousand years to the Lord, and a thousand years is like a day.

9 •The Lord isn't really being slow about his promise, as some people think. No, he is being patient for your sake. He does not want anyone to be destroyed, but wants everyone to repent. •But the day of the Lord

10 will come as unexpectedly as a thief. Then the heavens will pass away with a terrible noise, and the very elements themselves will disappear in fire, and the earth and everything on it will be found to deserve judgment.*

11 •Since everything around us is going to be destroyed like this, what holy and godly

12 lives you should live, •looking forward to the day of God and hurrying it along. On that day, he will set the heavens on fire, and the elements will melt away in the flames.

13 •But we are looking forward to the new heavens and new earth he has promised, a world filled with God's righteousness.

14 •And so, dear friends, while you are waiting for these things to happen, make every effort to be found living peaceful lives that are pure and blameless in his sight.

15 •And remember, our Lord's patience gives people time to be saved. This is what our beloved brother Paul also wrote to you

16 with the wisdom God gave him— •speaking of these things in all of his letters. Some of his comments are hard to understand, and those who are ignorant and unstable have twisted his letters to mean something quite different, just as they do with other parts of Scripture. And this will result in their destruction.

Peter's Final Words

17 •You already know these things, dear friends. So be on guard; then you will not be carried away by the errors of these wicked people and lose your own secure footing.

18 •Rather, you must grow in the grace and knowledge of our Lord and Savior Jesus Christ.

All glory to him, both now and forever! Amen.

3:10 Other manuscripts read *will be burned up;* one early manuscripts reads *will be found destroyed.*

요한일서

❖ 서론

- ❖ 저자 _ 사도 요한
- ❖ 저작 연대 _ A.D. 85~96년 사이로 추정
- ❖ 기록 장소 _ 에베소
- ❖ 기록 대상 _ 모든 그리스도인들
- ❖ 핵심어 및 내용 _ 핵심어는 '교제'와 '사랑'이다. 본서에서는 그리스도인들이 하나님과 아름다운 교제를 나누기 위해서 하나님께 순종하고 진리를 추구하는 삶을 살아야 하며 다른 사람들과도 사랑의 교제를 나누어야 한다는 것을 특별히 강조하고 있다.

이 글을 쓰는 목적

1 이제 우리는 생명의 말씀인 예수 그리스도에 관하여 쓰려고 합니다. 그분은 태초부터 계셨으며, 우리는 그분에 대해 듣고, 눈으로 보고, 손으로 만져 본 바 되었습니다. 우리는 생명을 주시는 말씀에 관하여 쓰고 있습니다. 2 생명을 주시는 그분이 우리에게 나타나셨습니다. 우리는 그분을 보았으며, 또한 그분에 관한 증거도 제시할 수 있습니다. 이제 우리가 말하는 것은 그분이 영원한 생명을 가지고 계시다는 것입니다. 이 생명을 주시는 분은 하나님 아버지와 함께 계시다가 우리에게 나타나셨습니다. 3 우리가 보고 들은 것을 여러분에게 말하는 이유는 여러분이 우리와 함께 교제하기를 원하기 때문입니다. 우리가 함께 나누는 이 교제는 하나님 아버지, 그리고 그의 아들 예수 그리스도와 함께 가지는 교제입니다. 4 우리는 여러분과 함께 기쁨을 나누려고 이 글을 쓰고 있습니다.

하나님은 우리의 죄를 용서해 주신다

5 우리가 그리스도께로부터 듣고 여러분에게 전하려고 하는 말씀은, 하나님은 빛이시며 그분께는 전혀 어두움이 없다는 것입니다. 6 그렇기 때문에 만약 우리가 하나님과 사귀고 있다고 말하면서 여전히 어두움 가운데 살고 있다면, 우리는 거짓말쟁이며 진리를 따라 살고 있지 않는 것입니다. 7 하나님께서 빛 가운데 계시기에 우리 역시 빛 가운데서 살아야 합니다. 우리가 빛 가운데 살게 되면 서로 교제하게 됩니다. 또한 하나님의 아들이신 예수 그리스도의 피가 우리의 모든 죄를 깨끗이 씻어 주실 것입니다. 8 또한 우리가 스스로 죄를 짓지 않았다고 말한다면, 그것은 우리 자신을 속이는 것이며 진리가 우리 안에 *없는 것입니다.* 9 그러나 우리가 죄를 고백하면, 그분은 우리를 용서해 주실 것입니다. 그분은 옳은 일만 행하시는 분이기 때문에 우리는 그분을 믿을 수 있습니다. 그분은 우리의 모든 잘못을 깨끗하게 해 주실 것입니다. 10 우리가 계속 죄를 지은 적이 없다고 말한다면, 그것은 하나님을 거짓말쟁이로 만드는 것이며 우리는 하

Introduction

1 We proclaim to you the one who existed from the beginning,* whom we have heard and seen. We saw him with our own eyes and touched him with our 2 own hands. He is the Word of life. ● This one who is life itself was revealed to us, and we have seen him. And now we testify and proclaim to you that he is the one who is eternal life. He was with the Father, and then he was revealed to us. ● We proclaim to you what we ourselves have actually seen and heard so that you may have fellowship with us. And our fellowship is with the Father and with his Son, Jesus 4 Christ. ● We are writing these things so that you may fully share our joy.*

Living in the Light

5 ● This is the message we heard from Jesus* and now declare to you: God is light, and 6 there is no darkness in him at all. ● So we are lying if we say we have fellowship with God but go on living in spiritual darkness; 7 we are not practicing the truth. ● But if we are living in the light, as God is in the light, then we have fellowship with each other, and the blood of Jesus, his Son, cleanses us from all sin.

8 ● If we claim we have no sin, we are only fooling ourselves and not living in the 9 truth. ● But if we confess our sins to him, he is faithful and just to forgive us our sins 10 and to cleanse us from all wickedness. ● If we claim we have not sinned, we are calling God a liar and showing that his word has no place in our hearts.

---

atone [ǝtóun] *vi.* 보상하다, 속죄하다
confess [kǝnfés] *vt.* 고백하다

1:1 Greek *What was from the beginning.* 1:4 Or *so that our joy may be complete;* some manuscripts read *your joy.* 1:5 Greek *from him.*

나님께서 주신 진리의 가르침을 받아들이지 않는 것입니다.

예수님은 우리를 도우시는 분

2 나의 사랑하는 자녀들이여, 나는 여러분이 죄를 짓지 않게 하려고 이 편지를 씁니다. 그러나 누군가가 죄를 짓는다 하더라도, 우리에게는 우리를 도와주시는 예수 그리스도가 계십니다. 그는 의로운 분이시며, 우리를 대신하여 아버지 앞에서 우리를 변호해 주십니다.

2 예수님만이 우리의 죄를 위해 화목 제물이 되셨으며, 오직 예수님을 통해서만 모든 사람들의 죄가 용서받을 수 있습니다.

3 또한 우리는 우리가 하나님의 계명들에 순종할 때, 진실로 하나님을 안다고 자신있게 말할 수 있습니다.

4 하지만 누군가가 "나는 하나님을 알아요!"라고 말하면서 그분이 명령하신 것에 순종하지 않는다면, 그 사람은 거짓말쟁이입니다. 그에게는 진리가 없습니다.

5 하나님의 가르침을 따라 순종해야만, 그 사람 안에 하나님의 사랑이 완전히 이루어지게 될 것입니다. 이것이 우리가 하나님을 따르고 있음을 보여 주는 방법이 됩니다.

6 누구든지 자기 안에 하나님께서 계신다고 말하는 사람은 예수님께서 사신 것처럼 살아야만 합니다.

다른 사람들을 사랑하라는 하나님의 명령

7 나의 사랑하는 친구들이여, 나는 여러분에게 새 계명을 쓰고 있는 것이 아닙니다. 이것은 여러분이 처음부터 가지고 있었던 것과 똑같은 계명이며, 이미 들어 보았던 가르침입니다.

8 그러나 나는 분명히 새로운 계명을 쓰고 있습니다. 이 계명은 진리입니다. 여러분은 이 진리를 예수님 안에서, 그리고 여러분 자신 안에서 발견할 수 있습니다. 어두움은 지나갔고, 이제는 진리의 빛이 밝게 비치고 있습니다.

9 "나는 빛 가운데 있습니다"라고 말하면서 자기의 형제를 미워하면, 그는 여전히 어두움 가운데 사는 사람입니다.

10 자기의 형제를 사랑하는 사람만이 빛 가운데 살고 있는 사람이며, 그런 사람은 다른 사람들을 잘못되게 하는 일이 없습니다.

11 그러나 형제를 미워하는 사람은 어두움 가운데 있는 사람이며, 어두움 속에 살면서 자신이 어디를 향해 가고 있는지를 알지 못하는 사람입니다. 그것은 어두움이 그를 눈멀게 만들었기 때문입니다.

12 사랑하는 자녀들이여, 내가 이 글을 쓰는 것은 그리스도를 통하여 여러분의 죄가 용서함을 받았기 때문입니다.

13 부모들이여, 내가 이 글을 쓰는 것은 태초부터 계신 그분을 당신이 알고 있기 때문입니다. 젊은이들이여, 내가 이 글을 쓰는 것은 여러분이 이미 악한 자와 싸워 이겼기 때문입니다.

14 자녀들이여, 내가 이 글을 쓴 것은 여러분이 아버지를 알고 있기 때문입니다. 부모들이여, 내가 이 글을 쓴 것

2 My dear children, I am writing this to you so that you will not sin. But if anyone does sin, we have an advocate who pleads our case before the Father. He is Jesus Christ, the one who is truly righteous.

2 • He himself is the sacrifice that atones for our sins—and not only our sins but the sins of all the world.

3 • And we can be sure that we know him

4 if we obey his commandments. • If someone claims, "I know God," but doesn't obey God's commandments, that person is a liar

5 and is not living in the truth. • But those who obey God's word truly show how completely they love him. That is how we

6 know we are living in him. • Those who say they live in God should live their lives as Jesus did.

A New Commandment

7 • Dear friends, I am not writing a new commandment for you; rather it is an old one you have had from the very beginning. This old commandment—to love one another—is the same message you heard

8 before. • Yet it is also new. Jesus lived the truth of this commandment, and you also are living it. For the darkness is disappearing, and the true light is already shining.

9 • If anyone claims, "I am living in the light," but hates a fellow believer,* that person is still living in darkness. • Anyone

10 who loves a fellow believer* is living in the light and does not cause others to

11 stumble. • But anyone who hates a fellow believer is still living and walking in darkness. Such a person does not know the way to go, having been blinded by the darkness.

12 • I am writing to you who are God's children because your sins have been forgiven through Jesus.*

13 • I am writing to you who are mature in the faith*
because you know Christ, who existed from the beginning.
I am writing to you who are young in the faith
because you have won your battle with the evil one.

14 • I have written to you who are God's children because you know the Father.

은 태초부터 계신 그분을 당신이 알고 있기 때문입니다. 젊은이들이여, 내가 이 글을 쓴 것은 여러분이 강하기 때문입니다. 하나님의 말씀이 여러분 안에 살아 있으므로, 여러분은 악한 자와 싸워 이겼습니다.

15 이 세상과 세상에 속한 것들을 사랑하지 마십시오. 누구라도 이 세상을 사랑하게 되면, 그 마음속에는 하나님의 사랑이 없게 됩니다.

16 이 세상에는 악한 것들이 있습니다. 그것은 바로 우리 육신을 즐겁게 해 주는 것, 우리 눈을 즐겁게 해 주는 것, 우리들의 삶에 대해 자랑하는 것입니다. 이러한 것들은 아버지께로부터 나온 것이 아니라, 세상으로부터 나온 것입니다.

17 이 세상은 지나갈 것이며, 사람들이 이 세상에서 그토록 갖고 싶어하는 것들도 다 사라지게 됩니다. 그러나 하나님의 뜻대로 사는 사람은 영원히 살 것입니다.

마지막 때와 그리스도의 적

18 사랑하는 자녀들이여, 마지막 때가 가까워 오고 있습니다. 그리스도의 적이 올 것이라는 말을 여러분은 들었으며, 이미 그리스도의 적들이 많이 나타났습니다. 그래서 우리들은 마지막이 가까웠다는 사실을 알 수 있습니다.

19 그 적들은 우리의 모임 안에 있었습니다. 그러나 그들은 정말로 우리에게 속한 자들이 아니었기 때문에 우리를 떠나갔습니다. 만약 그들이 정말로 우리 모임의 일부분이었다면, 우리와 함께 머물렀을 것입니다. 그러나 그들은 떠나갔고, 이 사실은 그들 중 어느 누구도 우리에게 속한 자가 아니었다는 것을 보여 줍니다.

20 여러분은 거룩하신 분이 주신 선물을 가지고 있습니다. 그러므로 여러분 모두는 진리를 알고 있습니다.

21 왜 내가 이 글을 쓰고 있습니까? 여러분이 진리를 모르고 있기 때문입니까? 그렇지 않습니다. 내가 이 편지를 쓰는 이유는 여러분이 정말로 진리를 알고 있기 때문이며, 또한 진리로부터는 어떠한 거짓말도 나올 수 없음을 알고 있기 때문입니다.

22 그렇다면 누가 거짓말쟁이입니까? 예수님께서 그리스도가 아니라고 말하는 사람이 아니겠습니까? 예수님을 그리스도가 아니라고 말하는 사람은 그리스도의 적입니다. 그는 하나님 아버지도, 그의 아들도 믿지 않습니다.

23 누구든지 아들을 믿지 않으면 아버지도 잃게 되고, 아들을 인정하게 되면 아버지도 얻게 됩니다.

24 여러분이 처음부터 들은 가르침을 따라 살아가기를 계속하십시오. 그 가르침 안에서 계속 살아갈 때, 여러분은 아들과 아버지 안에 머물 수 있게 됩니다.

25 이것이 바로 그분이 우리에게 약속하신 그것, 영원한 생명인 것입니다.

26 나는 여러분을 잘못된 길로 인도하려는 사람들에 관하여 이 편지를 쓰고 있습니다.

I have written to you who are mature in the faith
because you know Christ, who existed from the beginning.
I have written to you who are young in the faith
because you are strong.
God's word lives in your hearts,
and you have won your battle with the evil one.

Do Not Love This World

15 •Do not love this world nor the things it offers you, for when you love the world, you do not have the love of the Father in you. 16 •For the world offers only a craving for physical pleasure, a craving for everything we see, and pride in our achievements and possessions. These are not from the Father, 17 but are from this world. •And this world is fading away, along with everything that people crave. But anyone who does what pleases God will live forever.

Warning about Antichrists

18 •Dear children, the last hour is here. You have heard that the Antichrist is coming, and already many such antichrists have appeared. From this we know that the last 19 hour has come. •These people left our churches, but they never really belonged with us; otherwise they would have stayed with us. When they left, it proved that they did not belong with us.

20 •But you are not like that, for the Holy One has given you his Spirit,* and all of you 21 know the truth. •So I am writing to you not because you don't know the truth but because you know the difference between 22 truth and lies. •And who is a liar? Anyone who says that Jesus is not the Christ.* Anyone who denies the Father and the Son 23 is an antichrist.* •Anyone who denies the Son doesn't have the Father, either. But anyone who acknowledges the Son has the Father also.

24 •So you must remain faithful to what you have been taught from the beginning. If you do, you will remain in fellowship with 25 the Son and with the Father. •And in this fellowship we enjoy the eternal life he promised us.

26 •I am writing these things to warn you

crave [kreiv] *vt.* 갈망하다

2:20 Greek *But you have an anointing from the Holy One.* 2:22a Or *not the Messiah.* 2:22b Or *the antichrist.*

27 그리스도께서는 여러분에게 특별한 선물을 주셨습니다. 여러분은 이 선물을 갖고 있기 때문에 어떤 다른 선생으로부터 가르침을 받지 않아도 됩니다. 성령께서는 모든 것을 가르쳐 주시며 진실되고 거짓이 없으십니다. 그러므로 성령이 가르치시는 대로 그리스도 안에서 살아가기를 계속하십시오.

28 나의 사랑하는 자녀들이여, 그리스도 안에서 살아가십시오, 우리가 이렇게 살아가면 그리스도가 다시 오시는 날, 두려워하지 않아도 될 것입니다. 우리는 숨을 필요도 없고, 그분 앞에서 부끄러워할 이유도 없을 것입니다.

29 하나님께서 의로운 분이심을 여러분은 알고 있을 것입니다. 그렇다면 옳은 일을 하는 사람만이 하나님의 자녀가 될 수 있다는 사실을 기억하십시오.

우리는 하나님의 자녀들입니다

3 아버지께서 우리를 얼마나 사랑하고 계신지 생각해 보십시오. 하나님께서는 우리를 너무나 사랑하셔서, 우리를 그분의 자녀라고 불러 주셨습니다. 이제 우리는 정말로 그분의 자녀입니다. 그러나 세상 사람들은 우리를 이해하지 못합니다. 왜냐하면 그들은 하나님을 모르기 때문입니다.

2 사랑하는 친구들이여, 우리는 분명한 하나님의 자녀입니다. 우리가 아직은 미래에 어떤 모습으로 있게 될지 알 수 없지만, 그리스도께서 다시 오실 그때에는 우리의 모습이 그와 같을 줄을 알고 있습니다. 우리는 그분의 참모습을 보게 될 것입니다.

3 예수 그리스도는 깨끗하신 분이십니다. 적어도 그리스도 안에서 이러한 소망을 가지고 있는 사람이라면 그리스도와 같이 자기 자신을 깨끗하게 지켜야 할 것입니다.

4 죄를 짓는 자는 하나님의 법을 깨뜨리는 사람입니다. 죄를 짓는다는 것은 하나님의 법을 어기며 사는 것과 같습니다.

5 여러분도 알고 있는 것처럼, 그리스도는 죄를 없애기 위해 오셨으며, 그리스도께서는 죄가 없으십니다.

6 그러므로 그리스도 안에 사는 사람은 더 이상 죄를 짓지 않습니다. 만약 그가 계속하여 죄를 짓는다면, 그는 그리스도를 진정 이해하지 못한 것이며, 또한 그리스도를 알았다고도 할 수 없을 것입니다.

7 사랑하는 자녀들이여, 어느 누구라도 여러분을 잘못된 길로 인도하지 못하게 하십시오. 그리스도께서 의로우신 것처럼 의를 행하는 사람은 의로운 사람입니다.

8 마귀는 태초부터 지금까지 죄를 지어 오고 있습니다. 계속하여 죄를 짓는 사람은 마귀에게 속한 자입니다. 하나님의 아들은 바로 이 마귀의 일을 멸하기 위해서 오셨습니다.

9 하나님께서 누군가를 그의 자녀로 삼으셨을 때, 그 사람은 더 이상 죄를 짓지 않습니다. 그것은 하나님께서 주신 새로운 삶의 씨가 그의 안에 머무르게 되기 때문입니다. 그는 이제 하나님의 자녀가 되었기 때문에 계속하여 죄를 짓고 살 수 없습니다.

10 이것으로 우리는 누가 하나님의 자녀이며, 누가 마귀의

about those who want to lead you astray.
27 •But you have received the Holy Spirit,* and he lives within you, so you don't need anyone to teach you what is true. For the Spirit* teaches you everything you need to know, and what he teaches is true—it is not a lie. So just as he has taught you, remain in fellowship with Christ.

Living as Children of God

28 •And now, dear children, remain in fellowship with Christ so that when he returns, you will be full of courage and not shrink back from him in shame.

29 •Since we know that Christ is righteous, we also know that all who do what is right are God's children.

3 See how very much our Father loves us, for he calls us his children, and that is what we are! But the people who belong to this world don't recognize that we are God's children because they don't know him. •Dear friends, we are already God's children, but he has not yet shown us what we will be like when Christ appears. But we do know that we will be like him, for we will see him as he really is. •And all who have this eager expectation will keep themselves pure, just as he is pure.

4 •Everyone who sins is breaking God's law, for all sin is contrary to the law of God. •And you know that Jesus came to take away our sins, and there is no sin in him. •Anyone who continues to live in him will not sin. But anyone who keeps on sinning does not know him or understand who he is.

7 •Dear children, don't let anyone deceive you about this: When people do what is right, it shows that they are righteous, even as Christ is righteous. •But when people keep on sinning, it shows that they belong to the devil, who has been sinning since the beginning. But the Son of God came to destroy the works of the devil. •Those who have been born into God's family do not make a practice of sinning, because God's life* is in them. So they can't keep on sinning, because they are children of God. •So now we can tell who are children of God and who are children of the devil. Anyone

2:27a Greek *the anointing from him.* 2:27b Greek *the anointing.* 3:9 Greek *because his seed.*

자녀인지를 알 수 있습니다. 올바른 일을 행하지 않는 사람은 하나님의 자녀가 아닙니다. 그리고 자기 형제를 사랑하지 않는 사람도 하나님의 자녀가 아닙니다.

우리는 서로 사랑해야 합니다

11 여러분이 처음부터 들어 온 말씀은 우리가 서로 사랑해야 한다는 것입니다.

12 악한 자에게 속했던 가인과 같이 되지 마십시오. 가인은 자기 동생을 죽였습니다. 자기 동생을 죽인 이유는 자기는 악한 일을 했고, 동생은 선한 일을 했기 때문입니다.

13 형제 여러분, 이 세상 사람들이 여러분을 미워할 때, 놀라지 마십시오.

14 우리는 죽음을 벗어나 생명으로 옮기웠음을 알고 있습니다. 우리는 이것을 그리스도 안에서 우리 형제들을 서로서로 사랑함으로써 알 수 있습니다. 서로 사랑하지 않는 사람은 죽음 가운데 거하는 사람입니다.

15 자기 형제를 미워하는 사람은 누구나 살인자입니다. 여러분도 아시다시피 살인자에게는 영원한 생명이 있을 수 없습니다.

16 예수님께서 우리를 위하여 그의 생명을 주심으로써 우리는 진실한 사랑이 어떠한 것인지를 알게 되었습니다. 그러므로 우리도 우리 형제를 위하여 우리 생명을 내어줌이 마땅합니다.

17 어떤 한 믿는 사람이 자기가 필요로 하는 것은 다 가질 수 있을 만큼 부자라고 합시다. 만약 그가 가난하고 필요한 것들을 갖지 못한 형제를 보고도, 그 형제를 돕지 않는다면 어떻겠습니까? 그는 마음속에 하나님의 사랑이 없는 사람일 것입니다.

18 자녀들이여, 우리는 말로만 사랑하는 사람이 되어서는 안 됩니다. 우리의 사랑은 진실되어야 합니다. 그리고 우리는 행함으로써 그 사랑을 보여야 할 것입니다.

19 이를 통해 우리가 진리에 속하였음을 알 수 있게 되며, 하나님 앞에서도 평안할 수 있게 됩니다.

20 우리의 양심이 우리를 책망하는데, 우리의 양심보다 크시며, 또한 모든 것을 아시는 하나님께서는 얼마나 더 우리를 책망하시겠습니까?

21 사랑하는 친구들이여, 만약 우리가 양심의 가책을 받지 않는다면, 우리는 아무런 두려움 없이 하나님 앞에 나아갈 수 있을 것입니다.

22 그리고 하나님은 우리가 구하는 것들을 우리에게 주실 것입니다. 우리가 이러한 것들을 받을 수 있는 것은 우리가 하나님의 명령을 지켰고, 하나님이 기뻐하시는 일들을 했기 때문입니다.

23 하나님께서 명령하신 것은 그의 아들 예수 그리스도의 이름을 믿고, 그분이 우리에게 명령하신 대로 서로 사랑하는 것입니다.

24 하나님의 명령을 지키는 사람은 하나님 안에서 살게 되고, 하나님도 그 사람 안에 거하시게 됩니다. 하나님께서 우리 안에 거하신다는 사실을 어떻게 알 수 있습

who does not live righteously and does not love other believers* does not belong to God.

Love One Another

11 •This is the message you have heard from the beginning: We should love one another. 12 •We must not be like Cain, who belonged to the evil one and killed his brother. And why did he kill him? Because Cain had been doing what was evil, and his brother had been doing what was righteous. 13 •So don't be surprised, dear brothers and sisters,* if the world hates you.

14 •If we love our brothers and sisters who are believers,* it proves that we have passed from death to life. But a person who has no love is still dead. 15 •Anyone who hates another brother or sister* is really a murderer at heart. And you know that murderers don't have eternal life within them.

16 •We know what real love is because Jesus gave up his life for us. So we also ought to give up our lives for our brothers and sisters. 17 •If someone has enough money to live well and sees a brother or sister* in need but shows no compassion —how can God's love be in that person? 18 •Dear children, let's not merely say that we love each other; let us show the 19 truth by our actions. •Our actions will show that we belong to the truth, so we will be confident when we stand before 20 God. •Even if we feel guilty, God is greater than our feelings, and he knows everything.

21 •Dear friends, if we don't feel guilty, we can come to God with bold confi-22 dence. •And we will receive from him whatever we ask because we obey him and do the things that please him.

23 •And this is his commandment: We must believe in the name of his Son, Jesus Christ, and love one another, just as he 24 commanded us. •Those who obey God's commandments remain in fellowship with him, and he with them. And we know he lives in us because the Spirit he gave us lives in us.

3:17 in need : 궁핍한, 가난한

3:10 Greek *does not love his brother.* 3:13 Greek *brothers.* 3:14 Greek *the brothers; similarly in 3:16.* 3:15 Greek *hates his brother.* 3:17 Greek *sees his brother.*

니까? 우리는 그것을 하나님께서 우리에게 주신 성령으로 알 수 있습니다.

그리스도의 적에 대한 경고

4 사랑하는 친구들이여, 많은 거짓 예언자들이 지금 이 세상에 있습니다. 그러므로 모든 영을 다 믿지는 말기 바랍니다. 그 영들이 하나님으로부터 온 것인지 아닌지 시험해 보십시오.

2 하나님의 영을 알 수 있는 방법은 다음과 같습니다. 어떤 영이 말하기를, "나는 예수님께서 이 땅에 사람으로 오셨음을 믿습니다"라고 얘기하면, 그 영은 하나님께로부터 온 것입니다.

3 그러나 예수님에 대해 이렇게 말하는 것을 인정하지 않으면, 그 영은 하나님으로부터 온 것이 아니며, 그리스도의 적으로부터 온 것입니다. 여러분은 그리스도의 적이 오리라는 말을 들었을 것입니다. 이미 그는 이 세상에 와 있습니다.

4 사랑하는 자녀들이여, 여러분은 하나님께 속하였으니, 이미 그들을 이겼습니다. 왜냐하면 여러분 안에 계신 분이 세상에 있는 어떤 자보다 위대한 분이시기 때문입니다.

5 거짓 예언자들은 세상에 속한 사람들입니다. 그들이 말하는 것은 세상으로부터 온 것이며, 세상은 그들의 말을 듣습니다.

6 그러나 우리는 하나님께로부터 왔습니다. 하나님을 아는 사람들은 우리의 말을 듣지만, 하나님께로부터 오지 않은 사람들은 우리의 말을 듣지 않을 것입니다. 이것으로 우리는 진리의 영과 거짓의 영을 구별할 수 있습니다.

사랑은 하나님께로부터 옵니다

7 사랑하는 친구들이여, 우리는 서로서로 사랑해야 합니다. 왜냐하면 사랑은 하나님께로부터 오기 때문입니다. 사랑하는 사람은 하나님의 자녀가 된 것이며, 또한 하나님을 안다고 할 수 있습니다.

8 하나님은 사랑이시기에, 사랑할 줄 모르는 사람은 하나님을 알지 못하는 자입니다.

9 하나님은 그의 독생자를 이 땅에 보내심으로 우리를 향한 그분의 사랑을 보여 주셨으며, 그를 통해 우리에게 생명을 주셨습니다.

10 진실한 사랑이란 하나님을 향한 우리의 사랑이 아니라, 우리를 향한 하나님의 사랑인 것입니다. 하나님은 당신의 아들을 보내셔서 우리의 죄를 위해 화목 제물이 되게 하셨습니다.

11 사랑하는 친구 여러분! 하나님께서 이처럼 우리를 사랑해 주셨으니 우리 역시 서로를 사랑해야만 합니다.

12 어느 누구도 여태까지 하나님을 본 적이 없습니다. 그러나 우리가 서로서로 사랑하면, 하나님께서 우리 안에 거하십니다. 우리가 서로 사랑할 때, 하나님의 사랑은 우리 안에서 완전해질 것입니다.

13 우리는 우리가 하나님 안에서 살고, 하나님께서 우리 안에 계신다는 사실을 알고 있습니다. 이는 하나님께서 우리에게 주신 그의 성령을 통해 알 수 있습니다.

Discerning False Prophets

4 Dear friends, do not believe everyone who claims to speak by the Spirit. You must test them to see if the spirit they have comes from God. For there are many false prophets in the world. •This is how we know if they have the Spirit of God: If a person claiming to be a prophet* acknowledges that Jesus Christ came in a real body, that person has the Spirit of God. •But if someone claims to be a prophet and does not acknowledge the truth about Jesus, that person is not from God. Such a person has the spirit of the Antichrist, which you heard is coming into the world and indeed is already here.

4 •But you belong to God, my dear children. You have already won a victory over those people, because the Spirit who lives in you is greater than the spirit who lives in the world. •Those people belong to this world, so they speak from the world's viewpoint, and the world listens to them. •But we belong to God, and those who know God listen to us. If they do not belong to God, they do not listen to us. That is how we know if someone has the Spirit of truth or the spirit of deception.

Loving One Another

7 •Dear friends, let us continue to love one another, for love comes from God. Anyone who loves is a child of God and knows God. •But anyone who does not love does not know God, for God is love.

9 •God showed how much he loved us by sending his one and only Son into the world so that we might have eternal life through him. •This is real love—not that we loved God, but that he loved us and sent his Son as a sacrifice to take away our sins.

11 •Dear friends, since God loved us that much, we surely ought to love each other. •No one has ever seen God. But if we love each other, God lives in us, and his love is brought to full expression in us.

13 •And God has given us his Spirit as proof that we live in him and he in us.

---

deception [disép∫ən] *n.* 기만
discern [disə́ːrn] *vt.* 구별(식별)하다
viewpoint [vjúːpoint] *n.* 관점, 입장

....

4:2 Greek *If a spirit;* similarly in 4:3.

14 우리는 아버지께서 그의 아들을 세상의 구주로 보내신 것을 보았고, 또 그것을 증언합니다.

15 만약 누구든지 "나는 예수님께서 하나님의 아들이심을 믿어요"라고 얘기하면, 하나님께서는 그 사람 안에 거하시고, 그는 하나님 안에 살게 됩니다.

16 이로써 우리는 하나님께서 우리를 위해 베푸신 그 사랑을 알 수 있고, 그 사랑을 굳게 믿을 수 있습니다. 하나님은 사랑이십니다. 사랑 안에 사는 사람은 하나님 안에 사는 사람이며, 하나님도 그 사람 안에 계십니다.

17 하나님의 사랑이 우리 안에 완전해질 때, 우리는 하나님께서 심판하시는 그날에 아무 두려움 없이 설 수 있을 것입니다. 우리에게 어떤 두려움도 있을 수 없는 것은, 우리가 이 세상에서 예수님과 같아지기 때문입니다.

18 사랑이 있는 곳에는 두려움이 없습니다. 왜냐하면 완전한 사랑이 두려움을 내어 쫓기 때문입니다. 사람을 두렵게 만드는 것은 벌을 받을지도 모른다는 마음 때문입니다. 그러므로 두려움을 갖고 있는 사람은 사랑을 완성하지 못한 사람입니다.

19 하나님께서 우리를 먼저 사랑해 주셨기 때문에 우리도 사랑해야 합니다.

20 어떤 사람이 "나는 하나님을 사랑해요"라고 말하면서 그의 형제를 미워하면, 그는 거짓말쟁이입니다. 이는 눈에 보이는 자기의 형제도 사랑하지 못하면서 보이지 않는 하나님을 사랑할 수는 없기 때문입니다.

21 그러므로 하나님께서는 누구든지 하나님을 사랑하는 사람은 자기 형제들도 사랑해야 한다고 우리에게 명령하셨습니다.

하나님의 아들 안에서의 믿음

5 예수님께서 그리스도이심을 믿는 사람은 모두 하나님의 자녀입니다. 아버지를 사랑하는 사람은 또한 그분의 아들도 사랑합니다.

2 우리가 하나님의 자녀들을 사랑한다는 것을 언제 알 수 있습니까? 그것은 우리가 하나님을 사랑하고 하나님의 명령을 지킬 때에 알 수 있습니다.

3 하나님을 사랑한다는 것은 그분의 명령을 지키는 것을 의미합니다. 하나님의 명령은 우리가 지킬 수 없을 만큼 그렇게 힘든 것이 아닙니다.

4 하나님의 자녀라면 누구나 다 세상을 이길 힘을 갖고 있습니다. 세상에 대해 이길 수 있는 승리는 우리의 믿음에 있습니다.

5 그러므로 세상을 이길 수 있는 사람은 예수님께서 하나님의 아들이심을 믿는 사람인 것입니다.

6 예수 그리스도는 물과 피로 오신 분이십니다. 그분은 단지 물로만 오신 것이 아니라 물과 피로 오셨습니다. 그리고 성령께서 이것이 사실임을 말씀하시고 계십니다. 성령은 곧 진리이십니다.

7 그러므로 증언하는 세 증인이 있으니,

8 곧 성령과 물과 피입니다. 이 셋의 증언은 서로 일치하고 있습니다.

14 •Furthermore, we have seen with our own eyes and now testify that the Father sent his 15 Son to be the Savior of the world. •All who declare that Jesus is the Son of God have God living in them, and they live in God. 16 •We know how much God loves us, and we have put our trust in his love.

God is love, and all who live in love 17 live in God, and God lives in them. •And as we live in God, our love grows more perfect. So we will not be afraid on the day of judgment, but we can face him with confidence because we live like Jesus here in this world.

18 •Such love has no fear, because perfect love expels all fear. If we are afraid, it is for fear of punishment, and this shows that we have not fully experienced his 19 perfect love. •We love each other* because he loved us first.

20 •If someone says, "I love God," but hates a fellow believer,* that person is a liar; for if we don't love people we can see, how can we love God, whom we 21 cannot see? •And he has given us this command: Those who love God must also love their fellow believers.*

Faith in the Son of God

5 Everyone who believes that Jesus is the Christ* has become a child of God. And everyone who loves the Father 2 loves his children, too. •We know we love God's children if we love God and 3 obey his commandments. •Loving God means keeping his commandments, and his commandments are not burden- 4 some. •For every child of God defeats this evil world, and we achieve this victo- 5 ry through our faith. •And who can win this battle against the world? Only those who believe that Jesus is the Son of God.

6 •And Jesus Christ was revealed as God's Son by his baptism in water and by shedding his blood on the cross*—not by water only, but by water and blood. And the Spirit, who is truth, confirms it with 7 his testimony. •So we have these three

4:19 Greek *We love.* Other manuscripts read *We love God;* still others read *We love him.* 4:20 Greek *hates his brother.* 4:21 Greek *The one who loves God must also love his brother.* 5:1 Or *the Messiah.* 5:6 Greek *This is he who came by water and blood.* 5:7 A few very late manuscripts add *in heaven—the Father, the Word, and the Holy Spirit, and these three are one. And we have three witnesses on earth.*

9 사람들이 어떤 것이 사실이라고 말할 때, 우리는 그것을 믿습니다. 하물며 하나님께서 말씀하신 것은 더욱 더 중요하지 않겠습니까? 하나님께서는 당신의 아들에 관한 진리를 우리에게 말씀해 주셨습니다.

10 하나님의 아들을 믿는 사람은 하나님께서 말씀하신 진리를 가지고 있는 사람입니다. 하나님을 믿지 않는 사람은 하나님을 거짓말쟁이로 만드는 것입니다. 그런 사람은 하나님께서 그의 아들에 관해 말씀하신 것을 믿지 않습니다.

11 하나님께서 우리에게 말씀하신 것은, 하나님이 우리에게 영원한 생명을 주셨다는 것과 이 생명이 바로 그의 아들 안에 있다는 것입니다.

12 누구든지 아들을 믿는 사람은 이 생명을 가지게 됩니다. 그러나 하나님의 아들을 믿지 않는 사람에게는 생명이 없습니다.

이제 우리는 영원한 생명을 가졌습니다

13 나는 하나님의 아들을 믿는 여러분에게 이 편지를 씁니다. 내가 이렇게 편지를 쓰는 것은, 이제 여러분에게 영원한 생명이 있음을 알리기 위해서입니다.

14 우리는 아무런 의심 없이 하나님께 나아올 수 있습니다. 이것은 우리가 하나님께 무엇인가를 구할 때, 그리고 이것이 우리를 향한 하나님의 뜻에 맞을 때, 하나님께서 우리가 구하는 것에 깊은 관심을 가져 주신다는 것을 뜻합니다.

15 하나님께서는 우리가 그분께 간구할 때마다 귀를 기울이고 계십니다. 그러므로 우리는 우리가 구한 모든 것들을 그분께서 주시리라는 것을 알 수 있습니다.

16 그리스도 안에서 어떤 형제가 죄짓는 것을 보거든, 그리고 그 죄가 영원한 죽음에 이르게 할 만한 죄가 아니라면 그 사람을 위해 기도해야 할 것입니다. 그러면 하나님께서 그 형제를 살려 주실 것입니다. 나는 지금 영원한 죽음까지는 이르지 않을 그런 죄를 지은 사람들에 관해 이야기하는 것입니다. 죽을 만한 죄가 분명히 있습니다. 내가 말하는 것은 그런 죄를 위해서까지 기도하라는 것은 아닙니다.

17 잘못 행하는 것은 다 죄지만, 영원한 죽음에 이르지 않는 죄도 있습니다.

18 하나님의 자녀가 된 사람은 계속해서 죄를 지을 수 없다는 것을 우리는 알고 있습니다. 하나님의 아들이 그를 지켜 주시므로 악한 자도 그를 해칠 수 없습니다.

19 우리는 우리가 하나님께 속하였음을 분명히 알고 있지만 이 세상은 악한 자가 지배하고 있습니다.

20 하나님의 아들이 오셔서 우리에게 깨달을 수 있는 능력을 주셨기에, 이제 우리는 진리이신 하나님을 알 수 있게 되었습니다. 우리의 생명은 참되신 하나님, 곧 그분의 아들 예수 그리스도 안에 있습니다. 그는 참하나님이시며 영원한 생명이십니다.

21 그러므로 사랑하는 자녀 여러분, 여러분 자신을 우상으로부터 멀리하도록 지키십시오.

---

8 witnesses*—•the Spirit, the water, and 9 the blood—and all three agree. •Since we believe human testimony, surely we can believe the greater testimony that comes from God. And God has testified about 10 his Son. •All who believe in the Son of God know in their hearts that this testimony is true. Those who don't believe this are actually calling God a liar because they don't believe what God has testified about his Son.

11 •And this is what God has testified: He has given us eternal life, and this life is in 12 his Son. •Whoever has the Son has life; whoever does not have God's Son does not have life.

Conclusion

13 •I have written this to you who believe in the name of the Son of God, so that you may know you have eternal life.

14 •And we are confident that he hears us whenever we ask for anything that pleas-15 es him. •And since we know he hears us when we make our requests, we also know that he will give us what we ask for.

16 •If you see a fellow believer* sinning in a way that does not lead to death, you should pray, and God will give that person life. But there is a sin that leads to death, and I am not saying you should 17 pray for those who commit it. •All wicked actions are sin, but not every sin leads to death.

18 •We know that God's children do not make a practice of sinning, for God's Son holds them securely, and the evil one 19 cannot touch them. •We know that we are children of God and that the world around us is under the control of the evil one.

20 •And we know that the Son of God has come, and he has given us understanding so that we can know the true God.* And now we live in fellowship with the true God because we live in fellowship with his Son, Jesus Christ. He is the only true God, and he is eternal life.

21 •Dear children, keep away from anything that might take God's place in your hearts.*

---

expel [ikspél] *vt.* 내쫓다
shed [ʃéd] *vt.* (피, 눈물 등을) 흘리다

5:16 Greek *a brother.*　**5:20** Greek *the one who is true.*　**5:21** Greek *keep yourselves from idols.*

요한이서

서론

- ✛ 저자 _ 사도 요한
- ✛ 저작 연대 _ A.D. 85~96년 사이로 추정
- ✛ 기록 장소 _ 에베소
- ✛ 기록 대상 _ 모든 그리스도인들
- ✛ 기록 목적 _ 이단 전도자들을 잘 분별하여 이단 전파에 협조하는 일이 없도록 하기 위해
- ✛ 핵심어 및 내용 _ 핵심어는 '진리'와 '행함'이다. 진리 안에 있는 신자는 사랑과 참된 지식과 기쁨 가운데서 생활해야 한다.

거짓 선생을 돕지 마십시오

1 교회의 장로인 나는 하나님께서 선택하신 부인과 자녀들에게 편지를 씁니다. 나는 진리 안에서 여러분을 사랑하며, 진리를 아는 모든 사람들도 여러분을 사랑하고 있습니다.

2 우리가 여러분을 사랑할 수 있음은 진리가 우리 안에 있고, 또한 그 진리가 영원히 우리 마음속에 함께하기 때문입니다.

3 하나님 아버지와 그의 아들 예수 그리스도로부터 은혜와 자비와 평안이, 진리와 사랑 안에서 우리 안에 넘쳐나기를 기도합니다.

4 부인의 자녀들이 하나님의 명령대로 진리를 따르며 살고 있다는 소식을 듣고 나는 매우 기뻤습니다.

5 사랑하는 부인이여, 이제 나는 부인에게 한 가지를 얘기하고자 합니다. 그것은 우리 모두 사랑 안에서 살아가야 한다는 것입니다. 이 말씀은 새로운 명령이 아닙니다. 이것은 처음부터 우리가 받은 말씀입니다.

6 하나님께서 우리에게 명령하신 삶은 사랑의 삶입니다. 하나님께서는 우리가 사랑하며 살아가기를 원하십니다. 아마도 부인 역시 이 말씀을 처음부터 들어왔을 것입니다.

7 많은 거짓 선생들이 세상에 나타났습니다. 그들은 예수 그리스도께서 이 땅에 사람으로 오셨다는 것을 믿으려 들지 않습니다. 이 사실을 믿지 않는 자는 다 거짓 선생이며, 그리스도의 적입니다.

8 지금까지 애써 온 수고가 물거품이 되지 않도록 주의하십시오. 온전한 상을 받을 수 있도록 조심하시기 바랍니다.

9 오직 그리스도의 가르침만 좇아가시기 바랍니다. 만약 그리스도께서 가르쳐 주신 것을 따르지 않고 다른 길로 가게 된다면, 그 사람 마음에는 더 이상 하나님이 계시지 않게 됩니다. 그 가르침을 좇아 따라갈 때에만 아버지와 그분의 아들을 함께 마음 가운데 모실 수 있게 됩니다.

Greetings

1 •This letter is from John, the elder.*

I am writing to the chosen lady and to her children,* whom I love in the truth—as does

2 everyone else who knows the truth— •because the truth lives in us and will be with us forever.

3 •Grace, mercy, and peace, which come from God the Father and from Jesus Christ—the Son of the Father—will continue to be with us who live in truth and love.

Live in the Truth

4 •How happy I was to meet some of your children and find them living according to the truth, just as the Father commanded.

5 I am writing to remind you, dear friends,* that we should love one another. This is not a

6 new commandment, but one we have had from the beginning. •Love means doing what God has commanded us, and he has commanded us to love one another, just as you heard from the beginning.

7 •I say this because many deceivers have gone out into the world. They deny that Jesus Christ came* in a real body. Such a person is a

8 deceiver and an antichrist. •Watch out that you do not lose what we* have worked so hard to achieve. Be diligent so that you receive your

9 full reward. •Anyone who wanders away from this teaching has no relationship with God. But anyone who remains in the teaching of Christ has a relationship with both the Father and the Son.

---

achieve [ətʃíːv] *vt.* 성취하다; 획득하다
deceiver [disíːvər] *n.* 사기꾼
diligent [dílədʒənt] *a.* 근면
elder [éldər] *n.* 장로
1:8 watch out : 조심하다, 경계하다
1:9 wander away from … : …에서 벗어나다

1:1a Greek *From the elder.*   1:1b *Or the church God has chosen and its members.*   1:5 Greek *I urge you, lady.*   1:7 Or *will come.*   1:8 Some manuscripts read *you.*

10 누군가가 이 가르침 이외의 것을 가지고 여러분을 찾아오거든, 그 사람을 집에 맞아들이지도 말고, 인사도 하지 마십시오.

11 만약 그 사람을 받아들이면, 그가 하는 악한 일을 여러분이 돕는 셈이 됩니다.

12 하고 싶은 말이 많지만 이만 줄이겠습니다. 오히려 빠른 시간 내에 직접 만나서 서로 이야기하는 기쁨을 가지게 되었으면 좋겠습니다.

13 하나님께서 선택하신 당신 자매의 자녀들이 부인에게 안부를 전합니다.

10 •If anyone comes to your meeting and does not teach the truth about Christ, don't invite that person into your home or give

11 any kind of encouragement. •Anyone who encourages such people becomes a partner in their evil work.

Conclusion

12 •I have much more to say to you, but I don't want to do it with paper and ink. For I hope to visit you soon and talk with you face to face. Then our joy will be complete.

13 •Greetings from the children of your sister,* chosen by God.

---

complete [kəmplíːt] *a.* 전부의, 완전한; 완성된
encourage [inkə́ːridʒ] *vt.* 촉진하다; 장려하다
1:12 face to face : 대면하여, …와 중동해서; 직면하여

1:13 Or *from the members of your sister church.*

요한삼서

● **서론**

✤ 저자 _ 사도 요한
✤ 저작 연대 _ A.D. 85-96년 사이로 추정
✤ 기록 장소 _ 에베소
✤ 기록 대상 _ 가이오
✤ 핵심어 및 내용 _ 핵심어는 "기쁨"이다. 요한은 진리 안에서 꾸준히 신앙 생활을 잘하고 있는 가이오와
다른 신자들의 모습을 보고 기뻐하며, 그들이 순회 설교자들과 다른 믿는 형제들에게 베풀었던 친절과
대접이야말로 온 교회가 계속해서 감당해 나가야 할 귀한 사역이라고 말한다.

진리를 가르치는 그리스도인들을 도우십시오

1 교회의 장로인 나는 진리 안에서 사랑하는 친구 가이오에게 이 편지를 씁니다.

2 사랑하는 친구여, 그대의 영혼이 건강한 것처럼 몸도 건강하고, 하고자 하는 모든 일이 다 잘 되기를 기도합니다.

3 믿음의 형제들이 내게 와서 진리의 길을 따라 진실되게 살아가는 그대를 칭찬하였습니다. 그 말을 들은 나는 얼마나 기뻤는지 모릅니다.

4 믿음의 자녀가 진리의 가르침을 따라 잘 지내고 있다는 소식보다 내게 더 큰 기쁨은 없습니다.

5 사랑하는 친구여, 믿음의 형제들을 도우며 심지어 모르는 사람까지도 따뜻하게 대접하였다니 참으로 선한 일을 하였습니다.

6 그들이 이곳 교회에 와서 당신의 따뜻한 대접과 사랑에 관해 말해 주었습니다. 하나님께서 기뻐하시도록 나그네인 그들을 계속 도와 주십시오.

7 그들은 그리스도의 이름을 위하여 자신의 삶을 돌아보지 않고 전도 여행을 시작하였습니다. 또한 그들은 믿지 않는 사람들로부터 도움을 받지 않았습니다.

8 그러므로 우리가 그들을 도와야만 합니다. 우리가 직접 전도 여행을 떠날 수는 없지만, 그들을 도우면서 우리 역시 진리를 위해 함께 일하는 사람이 되는 것입니다.

9 나는 이러한 내용의 편지를 먼저 교회 앞으로 보냈습니다. 그러나 디오드레베가 우리 말을 들으려고도 하지 않고, 충고도 받아들이지 않았습니다. 그것은 디오드레베 자신이 그 교회의 우두머리가 되고자 하는 마음 때문입니다.

10 그곳에 가게 되면, 디오드레베가 한 일에 대해 이야기할 것입니다. 그는 거짓말로 우리에 대해 나쁘게 말하고 있습니다. 그는 그리스도를 위해 일하는 사람들을 도우려고도 하지 않고, 오히려 그들을 돕는 사람들마저도 그 일을 하지 못하도록 막으며, 교회에서 쫓아내기까지 하고 있습니다.

11 사랑하는 친구여, 악한 일은 본받지 마십시오.

Greetings

1 ● This letter is from John, the elder.*

   I am writing to Gaius, my dear friend, whom I love in the truth.

2 ● Dear friend, I hope all is well with you and that you are as healthy in body as you are

3 strong in spirit. ● Some of the traveling teachers* recently returned and made me very happy by telling me about your faithfulness and that you are living according to the truth.

4 ● I could have no greater joy than to hear that my children are following the truth.

Caring for the Lord's Workers

5 ● Dear friend, you are being faithful to God when you care for the traveling teachers who pass through, even though they are strangers to

6 you. ● They have told the church here of your loving friendship. Please continue providing for such teachers in a manner that pleases God.

7 ● For they are traveling for the Lord,* and they accept nothing from people who are not

8 believers.* ● So we ourselves should support them so that we can be their partners as they teach the truth.

9 ● I wrote to the church about this, but Diotrephes, who loves to be the leader, refuses

10 to have anything to do with us. ● When I come, I will report some of the things he is doing and the evil accusations he is making against us. Not only does he refuse to welcome the traveling teachers, he also tells others not to help them. And when they do help, he puts them out of the church.

11 ● Dear friend, don't let this bad example influence you. Follow only what is good. Remember that those who do good prove that they are God's children, and those who do evil prove that they do not know God.*

1:1 Greek *From the elder.* 1:3 Greek *the brothers;* also in verses 5 and 10. 1:7a Greek *They went out on behalf of the Name.* 1:7b Greek *from Gentiles.* 1:11 Greek *they have not seen God.*

선한 일을 본받아 따르십시오. 선한 일을 하는 사람은 하나님께로부터 왔지만, 악한 일을 하는 사람은 결코 하나님을 알지 못합니다.

12 데메드리오에 대해서는 모두들 칭찬하고 있습니다. 사람들의 말을 들어볼 때, 데메드리오는 진리를 따르고 있으며, 우리 역시 그를 인정할 수 있습니다. 그대 역시 우리 말이 참되다는 것을 알 것입니다.

13 할 말이 많지만 편지로는 이만 줄입니다.

14 만나서 맘껏 이야기를 나누었으면 합니다.

15 하나님의 평안이 그대와 함께하길 바라며, 이곳에 있는 친구들이 그대에게 안부를 전합니다. 그곳에 있는 형제들에게도 안부를 전해 주십시오.

---

12 ●Everyone speaks highly of Demetrius, as does the truth itself. We ourselves can say the same for him, and you know we speak the truth.

Conclusion

13 ●I have much more to say to you, but I don't
14 want to write it with pen and ink. ●For I hope to see you soon, and then we will talk face to face.

15 ●*Peace be with you.
   Your friends here send you their greetings. Please give my personal greetings to each of our friends there.

---

influence [ínfluəns] *vt.* 영향을 주다, 좌우하다
provide [prəváid] *vi.* 부양하다, 원조하다
1:10 make an accusation against … : …을 비난(비판) 하다
1:10 put a person out of … : …에서 ~를 쫓아내다
1:12 speak highly of … : …를 격찬하다

1:15 Some English translations combine verses 14 and 15 into verse 14.

유다서

서론

❖ 저자 _ 야고보의 형제인 유다
❖ 저작 연대 _ A.D. 60~80년 사이
❖ 기록 장소 _ 알 수 없음(팔레스타인 밖에서 기록했을 가능성이 높음)
❖ 기록 대상 _ 모든 그리스도인들
❖ 기록 목적 _ 이단에 대한 바른 변증을 통해 성도들을 복음 안에서 바르게 세우기 위해
❖ 핵심어 및 내용 _ 핵심어는 '싸움'과 '불경건함'이다. 유다는 신자들에게 신앙을 지키기 위하여 악한 대적과 끝까지 싸우라고 격려하며, 경건치 않은 모든 자들은 분명히 심판을 받는다고 확신한다.

인사

1 예수 그리스도의 종이며 야고보의 형제인 유다는 하나님의 부르심을 받은 모든 사람들에게 이 편지를 띄웁니다. 이제껏 예수 그리스도 안에서 여러분을 안전하게 돌보아 주신 하나님께서 지금 이 순간에도 여러분을 사랑하고 계십니다. 2 하나님의 자비와 평안과 사랑이 여러분에게 넘치기를 기도합니다.

하나님은 죄인을 벌하십니다

3 사랑하는 친구들이여, 나는 우리 모두가 함께 누리고 있는 구원에 관해 여러분에게 편지 쓰기를 간절히 원했습니다. 그러나 이제는 여러분에게 편지를 써야 할 다른 이유가 생겼습니다. 그것은 하나님께서 그의 귀한 백성에게 주신 믿음을 여러분이 굳게 지키라는 것입니다. 하나님께서는 이 믿음을 한 번 주셨고, 또 그것은 한 번으로 영원한 것이 되는 것입니다.

4 몇몇 사람들이 몰래 여러분 가운데 들어왔고, 그들은 자기들이 한 짓 때문에 벌을 받게 될 것입니다. 이런 사람에 관해서는 옛 예언자들이 오래 전에 기록해 놓았습니다. 그들은 하나님을 반대하고, 하나님이 주시는 은혜를 죄짓는 데 사용하였습니다. 또한 단 한 분이신 통치자, 곧 우리 주 예수 그리스도를 거부하였습니다.

5 여러분도 이미 다 알고 있겠지만, 다시 한 번 기억을 떠올려 보십시오. 주께서 자기 백성을 이집트에서 구해 내셨지만, 믿지 않는 자들은 나중에 다 멸망시키셨습니다.

6 또 힘과 능력이 있던 천사들도 자기가 해야 할 일을 하지 않고 마음대로 행하자, 이 천사들을 *영원한 쇠사슬에 묶어* 마지막 심판날까지 어둠 속에 가두어 두셨습니다.

7 소돔과 고모라, 그리고 그 주변 도시들은 어떠했습니까? 그들 역시 하나님께 순종하지 않은 천사들처럼 행했고, 온 마을이 성적인 죄로 뒤덮여 있었습니다. 그래서 그들은 다음 세대를 위한 본보기로 영원한 불의 심판을 받게 되었습니다.

Greetings from Jude

1 •This letter is from Jude, a slave of Jesus Christ and a brother of James.

I am writing to all who have been called by God the Father, who loves you and keeps you safe in the care of Jesus Christ.* 2 •May God give you more and more mercy, peace, and love.

The Danger of False Teachers

3 •Dear friends, I had been eagerly planning to write to you about the salvation we all share. But now I find that I must write about something else, urging you to defend the faith that God has entrusted once for all time to his holy people. 4 •I say this because some ungodly people have wormed their way into your churches, saying that God's marvelous grace allows us to live immoral lives. The condemnation of such people was recorded long ago, for they have denied our only Master and Lord, Jesus Christ.

5 •So I want to remind you, though you already know these things, that Jesus* first rescued the nation of Israel from Egypt, but later he destroyed those who did not remain faithful. 6 •And I remind you of the angels who did not stay within the limits of authority God gave them but left the place where they belonged. God has kept them securely chained in prisons of darkness, waiting for the great day of judgment. 7 •And don't forget Sodom and Gomorrah and their neighboring towns, which were filled with immorality and every kind of sexual perversion. Those cities were destroyed by fire and serve as a warning of the eternal fire of God's judgment.

8 •In the same way, these people—who

---

intertestamental [intərtestəméntəl] *a.* 구약 마지막 장과 신약 첫 장 사이의(에 관한)

1:1 Or *keeps you for Jesus Christ.* 1:5 Other manuscripts read *[the] Lord,* or *God,* or *God Christ.*

8 여러분 가운데 들어온 사람들도 마찬가지입니다. 그들은 꿈에 의해 인도함을 받고 있으며, 죄로 자신의 몸을 더럽히고 있습니다. 하나님의 권위를 무시하고 영광스런 천사들에 대해 나쁜 말을 해댑니다.

9 천사들 가운데 최고로 높은 미가엘도 이렇게까지는 하지 못했습니다. 누가 모세의 시체를 가져갈 것인지 마귀와 논쟁하면서, 미가엘은 마귀에게조차 욕하지 않았고 비난하지 않았습니다. 단지 "주님께서 네게 벌을 내리실 것이다"라고만 하였습니다.

10 그러나 이 사람들은 알지도 못하면서 욕을 해대고 있습니다. 조금 아는 것을 가지고 아는 척하며, 말 못하는 짐승과 같이 이성이 아닌 감정과 본능으로만 판단합니다. 그들은 바로 그것 때문에 멸망당할 것입니다.

11 그들에게는 불행이 닥칠 것입니다. 그들은 가인이 간 길을 따라갔고, 돈에 눈이 어두워 발람처럼 나쁜 일을 저질렀으며, 고라처럼 하나님을 거역하였습니다. 그들은 고라처럼 죽고 말 것입니다.

12 이들은 여러분이 하나님의 사랑으로 함께 나누는 귀한 만찬에 끼어든 더러운 흠집과도 같은 자들입니다. 마음대로 먹고 마시며, 아무도 개의치 않고 자신들의 이익을 채우기에만 급급합니다. 비 한 방울 내려 주지 못하고 바람에 밀려다니는 구름같이, 가을이 되어도 열매 하나 맺지 못하다가 뿌리째 뽑히는 나무같이 이들은 두 번 죽는 최후를 맞게 될 것입니다.

13 이들은 또한 바다의 거친 파도와도 같이 거품을 뿜어내듯 자신의 부끄러움을 드러냅니다. 하늘에서 헤매는 별처럼 깜깜한 어둠 속을 떠다니며 방황합니다.

14 아담의 칠 대 후손인 에녹은 이러한 사람들에 대해 다음과 같이 예언하였습니다. "주님께서 수많은 거룩한 천사들을 거느리고 곧 오실 것이다.

15 오셔서 각 사람을 심판하시고, 하나님을 거역한 자들에게 벌을 내리실 것이다. 그들이 저지른 악한 일들과 하나님에 대해 마음대로 떠들어댔던 죄에 대해 그들은 벌을 받게 될 것이다."

16 이런 사람들은 다른 사람에 대해 늘 불평하고, 하고 싶은 대로 악한 일을 행하고, 자기 자랑을 하기에 여념이 없습니다. 다른 사람을 칭찬할 때라곤 자기에게 유익이 있을 때뿐입니다.

경고와 교훈

17 사랑하는 친구들이여, 우리 주 예수 그리스도의 사도들이 했던 말을 기억하십시오.

18 그들이 말하기를 "마지막 때가 되면 하나님을 비웃고 거역하며, 제멋대로 행동하는 사람들이 있을 것이다"라고 하였습니다.

19 이들은 사람들 사이를 갈라 놓고, 죄로 물든 육신의

claim authority from their dreams—live immoral lives, defy authority, and scoff at supernatural beings.* 9 But even Michael, one of the mightiest of the angels,* did not dare accuse the devil of blasphemy, but simply said, "The Lord rebuke you!" (This took place when Michael was arguing with the 10 devil about Moses' body.) But these people scoff at things they do not understand. Like unthinking animals, they do whatever their instincts tell them, and so they bring about 11 their own destruction. What sorrow awaits them! For they follow in the footsteps of Cain, who killed his brother. Like Balaam, they deceive people for money. And like Korah, they perish in their rebellion.

12 When these people eat with you in your fellowship meals commemorating the Lord's love, they are like dangerous reefs that can shipwreck you.* They are like shameless shepherds who care only for themselves. They are like clouds blowing over the land without giving any rain. They are like trees in autumn that are doubly dead, for they bear no fruit and have been pulled up by the 13 roots. They are like wild waves of the sea, churning up the foam of their shameful deeds. They are like wandering stars, doomed forever to blackest darkness.

14 Enoch, who lived in the seventh generation after Adam, prophesied about these people. He said, "Listen! The Lord is coming with countless thousands of his holy ones 15 to execute judgment on the people of the world. He will convict every person of all the ungodly things they have done and for all the insults that ungodly sinners have spoken against him."*

16 These people are grumblers and complainers, living only to satisfy their desires. They brag loudly about themselves, and they flatter others to get what they want.

A Call to Remain Faithful

17 But you, my dear friends, must remember what the apostles of our Lord Jesus Christ 18 predicted. They told you that in the last times there would be scoffers whose purpose in life is to satisfy their ungodly desires. 19 These people are the ones who are creating divisions among you. They follow their natural instincts because they do not have God's

---

1:8 Greek *at glorious ones,* which are probably evil angels.   1:9 Greek *Michael, the archangel.*   1:12 Or *they are contaminants among you;* or *they are stains.*   1:14-15 The quotation comes from intertestamental literature: Enoch 1:9.

정욕대로 행동합니다. 그들 속에는 성령님이 거하지 않습니다.

20 그러나 사랑하는 친구 여러분, 여러분만은 성령 안에서 기도하며, 가장 거룩한 믿음으로 자신을 튼튼히 세우십시오.

21 하나님의 사랑 안에서 자기를 지키고, 주 예수 그리스도께서 은혜로 내려 주신 영원한 생명을 기대하십시오.

22 믿음을 굳게 갖지 못하고, 의심하는 자들을 불쌍히 여기고,

23 그들을 불 가운데서 끄집어 내어 구원하십시오. 두려움을 가지고 그들에게 자비를 베풀되, 죄에 관한 것은 육체의 욕망으로 더럽혀진 옷까지도 미워하십시오.

하나님을 찬양하여라

24 하나님은 강하시니 여러분이 넘어지지 않도록 도와 주실 것입니다. 아무 흠 없는 자로 자기 영광 앞에 서게 하시며, 큰 기쁨을 내려 줄 분이시니

25 우리의 구원자 되신 유일하신 하나님께, 우리 주 예수 그리스도를 통해 영광과 위엄과 능력과 권세가 영세 전에서부터 지금과 앞으로도 영원히 함께하시기를 기도합니다. 아멘.

Spirit in them.

20 ● But you, dear friends, must build each other up in your most holy faith, pray in the
21 power of the Holy Spirit,* ● and await the mercy of our Lord Jesus Christ, who will bring you eternal life. In this way, you will keep yourselves safe in God's love.

22 ● And you must show mercy to* those
23 whose faith is wavering. ● Rescue others by snatching them from the flames of judgment. Show mercy to still others,* but do so with great caution, hating the sins that contaminate their lives.*

A Prayer of Praise

24 ● Now all glory to God, who is able to keep you from falling away and will bring you with great joy into his glorious presence
25 without a single fault. ● All glory to him who alone is God, our Savior through Jesus Christ our Lord. All glory, majesty, power, and authority are his before all time, and in the present, and beyond all time! Amen.

---

contaminate [kəntǽmənèit] *vt.* 오염시키다
snatch [snætʃ] *vt.* 잡아채다
stain [stein] *vt.* …을 더럽히다
waver [wéivər] *vi.* 흔들리다, 동요하다

1:20 Greek *pray in the Holy Spirit.* **1:22** Some manuscripts read *must reprove.* **1:22-23a** Some manuscripts have only two categories of people: (1) those whose faith is wavering and therefore need to be snatched from the flames of judgment, and (2) those who need to be shown mercy. **1:23b** Greek *with fear, hating even the clothing stained by the flesh.*

요한계시록

서론

✢ 저자 _ 사도 요한
✢ 저작 연대 _ A.D. 90~96년 사이
✢ 기록 장소 _ 에게 해의 밧모 섬
✢ 기록 대상 _ 소아시아에 있는 일곱 교회
✢ 핵심어 및 내용 _ 핵심어는 '계시'와 '예수 그리스도'와 '일곱'이다. 본서에는 예수 그리스도께서 큰 권능과 지혜를 가지고 큰 영광 가운데 다시 오셔서 이 세상을 심판하시고 완전한 하나님의 나라를 세우실 것이 드러난다. 또한 중요한 상징을 지닌 '일곱'이라는 숫자가 두드러진다.

이 글에 대한 요한의 소개

1 이것은 예수 그리스도의 계시입니다. 하나님께서는 반드시 속히 될 일들을 자기 종들에게 보이시려고, 예수 그리스도께 이 계시를 주셨습니다. 그래서 그리스도는 요한에게 천사를 보내어 이 일을 알게 하셨습니다.

2 요한은 자기가 본 것을 다 증언하였습니다. 그것은 예수 그리스도께서 하신 진리의 말씀, 즉 하나님의 계시입니다.

3 이 계시의 말씀을 읽는 자는 복 있는 사람입니다. 또한 이것을 듣고 그 가운데 기록된 것을 지키는 자들 역시 복 있는 사람입니다. 그것은 이 모든 말씀이 이루어질 날이 점점 다가오고 있기 때문입니다.

교회를 향한 예수님의 말씀

4 요한은 아시아에 있는 일곱 교회에 편지합니다. 지금도 계시고, 전에도 계셨으며, 앞으로 오실 한 분 하나님과 보좌 앞에 계신 일곱 영과

5 예수 그리스도께서 여러분에게 은혜와 평화를 내려 주시기를 빕니다. 예수님은 신실한 증인이십니다. 또한 죽은 자 가운데서 제일 먼저 부활한 분이시며, 이 세상 왕들을 다스리는 분이십니다. 그분은 우리를 사랑하시며, 그의 보혈로 모든 죄에서 우리를 자유롭게 하셨습니다.

6 또한 우리를 아버지 하나님을 섬기는 나라와 제사장이 되게 하셨습니다. 예수 그리스도께 영광과 능력이 영원히 함께하시기를 바랍니다. 아멘!

7 보십시오, 예수님은 구름을 타고 오실 것입니다. 모든 사람이 그분을 보게 될 것이며, 그분을 창으로 찌른 자들도 보게 될 것입니다. 이 땅의 모든 민족들이 그분 때문에 크게 울 것입니다. 분명히 이 일은 일어날 것입니다! 아멘.

8 주 하나님께서 말씀하십니다. "나는 처음이며, 또한 마지막이다. 나는 지금도 있고, 전에도 있었으며, 앞으로도 올 것이다. 나는 모든 것을 할 수 있는 전능자이다."

9 이 글을 쓰고 있는 나는 그리스도 안에서 형제된 요한입니다. 우리는 예수님 안에서 하나가 되었

Prologue

1 This is a revelation from* Jesus Christ, which God gave him to show his servants the events that must soon* take place. He sent an angel to present this revelation to his servant John, •who faithfully reported everything he saw. This is his report of the word of God and the testimony of Jesus Christ.

3 •God blesses the one who reads the words of this prophecy to the church, and he blesses all who listen to its message and obey what it says, for the time is near.

John's Greeting to the Seven Churches

4 •This letter is from John to the seven churches in the province of Asia.*

Grace and peace to you from the one who is, who always was, and who is still to come; from the sevenfold Spirit* before his throne; •and from Jesus Christ. He is the faithful witness to these things, the first to rise from the dead, and the ruler of all the kings of the world.

All glory to him who loves us and has freed us from our sins by shedding his blood for us.

6 •He has made us a Kingdom of priests for God his Father. All glory and power to him forever and ever! Amen.

7 • Look! He comes with the clouds of heaven.
    And everyone will see him—
        even those who pierced him.
    And all the nations of the world
        will mourn for him.
    Yes! Amen!

8 • "I am the Alpha and the Omega—the beginning and the end,"* says the Lord God. "I am the one who is, who always was, and who is still to come—the Almighty One."

Vision of the Son of Man

9 •I, John, am your brother and your partner in

1:1a Or *of.*   1:1b Or *suddenly,* or *quickly.*   1:4a *Asia* was a Roman province in what is now western Turkey.   1:4b Greek *the seven spirits.*   1:8 Greek *I am the Alpha and the Omega,* referring to the first and last letters of the Greek alphabet.

으며, 고난과 나라와 인내도 함께 소유한 자들입니다. 나는 하나님의 말씀과 예수님에 대한 진리를 전했다는 이유로 밧모 섬에 갇혀 있는 중입니다.

10 내가 주님의 날에 기도하는 중, 주님의 성령이 내게 임하며 내 뒤에서 나팔 소리 같은 큰 음성이 들려 왔습니다.

11 그것은 "지금부터 네가 보는 것을 기록하여, 에베소, 서머나, 버가모, 두아디라, 사데, 빌라델비아, 라오디게아 일곱 교회에 보내어라"는 말씀이었습니다.

12 누가 내게 말하고 있는지 보려고 뒤돌아 보았을 때, 일곱 금촛대가 눈에 보였습니다.

13 그 촛대들 사이에 '인자' 같은 분이 서 계셨습니다. 그분은 발끝까지 내려오는 긴 옷을 입고, 가슴에 금띠를 두르고 계셨습니다.

14 그분의 머리와 머리털은 양털처럼, 또한 눈처럼 희고, 두 눈은 불꽃처럼 빛났습니다.

15 그분의 발은 용광로에서 제련된 청동 같았고, 음성은 큰 물소리와도 같았습니다.

16 그분은 오른손에 일곱 별을 쥐고 계셨으며, 양쪽으로 날이 선 날카로운 칼이 그분의 입에서 나와 있었습니다. 나는 마치 강렬히 타오르는 태양을 보는 듯하였습니다.

17 그분을 보는 순간, 나는 죽은 사람처럼 그분의 발 앞에 쓰러졌습니다. 그러자 그분은 내게 오른손을 얹으시며 말씀하셨습니다. "두려워하지 마라! 나는 처음과 마지막이다.

18 나는 살아 있는 자이다. 내가 전에 죽었으나, 이제는 영원히 살아 있으며, 죽음과 지옥의 열쇠를 가지고 있다.

19 그러므로 지금 네가 본 것과 현재 일어나고 있는 일들과 또 앞으로 일어날 일들을 기록하여라.

20 네가 본 일곱 금촛대와 지금 내 오른손에 있는 일곱 별의 비밀은 이것이다. 일곱 금촛대는 일곱 교회이며, 일곱 별은 일곱 교회의 천사들이다."

에베소 교회에 보내는 말씀

2 "에베소 교회 지도자에게 이렇게 써서 보내어라. '오른손에 일곱 별을 쥐고, 일곱 금촛대 사이를 걸어다니시는 분의 말씀이다.

2 나는 네 행위를 알고 있다. 그 수고와 인내, 또 네가 악한 자들을 그대로 두지 않고, 스스로 사도인 척하는 자들을 시험하여 그들이 가짜인 것을 밝혀 낸 일도 잘 알고 있다.

3 너는 나를 위해 고난을 참고, 낙심하지 않으며, 잘 견뎌 주었다.

4 그러나 너를 책망할 일이 한 가지 있다. 그것은 네가 나를 처음만큼 사랑하지 않고 있다는 사실이다.

suffering and in God's Kingdom and in the patient endurance to which Jesus calls us. I was exiled to the island of Patmos for preaching the word of God and for my testimony about Jesus.

10 It was the Lord's Day, and I was worshiping in the Spirit.* Suddenly, I heard behind me a loud voice like a trumpet blast. •It said, "Write in a book* everything you see, and send it to the seven churches in the cities of Ephesus, Smyrna, Pergamum, Thyatira, Sardis, Philadelphia, and Laodicea."

12 •When I turned to see who was speaking to me, I saw seven gold lampstands. •And standing in the middle of the lampstands was someone like the Son of Man.* He was wearing a long robe with a gold sash across his chest. •His head and his hair were white like wool, as white as snow. And his eyes were like flames of fire. 15 •His feet were like polished bronze refined in a furnace, and his voice thundered like mighty ocean waves. •He held seven stars in his right hand, and a sharp two-edged sword came from his mouth. And his face was like the sun in all its brilliance.

17 •When I saw him, I fell at his feet as if I were dead. But he laid his right hand on me and said, "Don't be afraid! I am the First and the Last. •I am the living one. I died, but look—I am alive forever and ever! And I hold the keys of death and the grave.*

19 •"Write down what you have seen—both the things that are now happening and the things that will happen.* •This is the meaning of the mystery of the seven stars you saw in my right hand and the seven gold lampstands: The seven stars are the angels* of the seven churches, and the seven lampstands are the seven churches.

The Message to the Church in Ephesus

2 "Write this letter to the angel* of the church in Ephesus. This is the message from the one who holds the seven stars in his right hand, the one who walks among the seven gold lampstands:

2 •"I know all the things you do. I have seen your hard work and your patient endurance. I know you don't tolerate evil people. You have examined the claims of those who say they are apostles but are not. You have discovered they are liars. •You have patiently suffered for me without quitting.

4 •"But I have this complaint against you.

1:10 Or *in spirit*.　1:11 Or *on a scroll*.　1:13 Or *like a son of man*. See Dan 7:13. "Son of Man" is a title Jesus used for himself.　1:18 Greek *and Hades*.　1:19 Or *what you have seen and what they mean—the things that have already begun to happen*.　1:20 Or *the messengers*.　2:1 Or *the messenger; also in 2:8, 12, 18.*

5 이전에 네가 나를 어떻게 사랑했는지 그때를 돌이켜 보아라. 어디서 잘못되었는지 생각하고, 회개하여, 예전처럼 행하도록 하여라. 만일 네가 회개하지 않으면, 내가 가서 네 촛대를 그 자리에서 치워 버릴 것이다.

6 그러나 니골라파가 하는 짓을 미워한 것은 잘한 일이다. 나도 그것을 미워한다.

7 귀 있는 자는 성령께서 교회에게 하시는 말씀을 잘 들어라. 승리하는 자에게 하나님의 동산에 있는 생명나무의 열매를 먹게 하겠다.'"

서머나 교회에 보내는 말씀

8 "서머나 교회 지도자에게 이렇게 써서 보내어라. '처음과 마지막이며, 죽었다가 다시 살아나신 분의 말씀이다.

9 네가 당하는 고난과 가난한 사정을 내가 알고 있다. 하지만 사실 네가 참부자이다! 너를 욕하고 비난하는 자들이 있다는 사실도 안다. 그들은 자기들 스스로를 유대인이라고 하지만 사실은 사탄에게 속한 자들이다.

10 그러니 앞으로 일어날 일들을 두려워하지 마라. 악마가 너희들을 시험하려 너희 중 몇몇을 감옥에 가두고 십 일 동안, 고난을 겪게 할 것이다. 그러나 죽는 그 순간까지 신실하게 믿음을 지키라. 그러면 생명의 면류관을 네게 줄 것이다.

11 귀 있는 자는 성령께서 교회에게 하시는 말씀을 잘 들어라. 승리하는 자는 두 번째 죽음으로 말미암아 해를 당하지 않을 것이다.'"

버가모 교회에 보내는 말씀

12 "버가모 교회 지도자에게 이렇게 써서 보내어라. '양쪽에 날이 선 날카로운 칼을 가진 분의 말씀이다.

13 나는 네가 살고 있는 곳이 어떤 곳인지 알고 있다. 사탄이 권세를 쥐고 있는 그런 도시에서, 너는 나를 향한 믿음을 굳게 지키고 있다. 나의 신실한 증인 안디바가 그곳에서 순교하게 될 때도, 너는 나를 믿는 믿음을 저버리지 않았다.

14 하지만 몇 가지 네게 책망할 일이 있다. 너희 가운데 발람의 가르침을 따르는 무리들을 왜 그대로 보고만 있느냐? 발람은 발락을 시켜, 이스라엘 백성들이 죄를 짓도록 부추겼다. 이스라엘 백성들이 우상에게 바친 제물을 먹고, 음란한 죄를 지었던 것을 알고 있지 않느냐?

15 또 니골라파의 가르침을 따르는 자들도 너희 가운데 보인다.

16 회개하고 태도를 고쳐라! 그렇지 않으면, 내가 속히 가서 내가 갖고 있는 칼로 그들을 칠 것이다.

17 귀 있는 자는 성령께서 교회에 하시는 말씀을 잘 들어라. 승리하는 자에게는 숨겨진 만나와 흰

---

5 You don't love me or each other as you did at first!* • Look how far you have fallen! Turn back to me and do the works you did at first. If you don't repent, I will come and remove your lampstand from its place among the churches.

6 • But this is in your favor: You hate the evil deeds of the Nicolaitans, just as I do.

7 • "Anyone with ears to hear must listen to the Spirit and understand what he is saying to the churches. To everyone who is victorious I will give fruit from the tree of life in the paradise of God.

The Message to the Church in Smyrna

8 • "Write this letter to the angel of the church in Smyrna. This is the message from the one who is the First and the Last, who was dead but is now alive:

9 • "I know about your suffering and your poverty—but you are rich! I know the blasphemy of those opposing you. They say they are Jews, but they are not, because their synagogue belongs to Satan. • Don't be afraid of

10 what you are about to suffer. The devil will throw some of you into prison to test you. You will suffer for ten days. But if you remain faithful even when facing death, I will give you the crown of life.

11 • "Anyone with ears to hear must listen to the Spirit and understand what he is saying to the churches. Whoever is victorious will not be harmed by the second death.

The Message to the Church in Pergamum

12 • "Write this letter to the angel of the church in Pergamum. This is the message from the one with the sharp two-edged sword:

13 • "I know that you live in the city where Satan has his throne, yet you have remained loyal to me. You refused to deny me even when Antipas, my faithful witness, was martyred among you there in Satan's city.

14 • "But I have a few complaints against you. You tolerate some among you whose teaching is like that of Balaam, who showed Balak how to trip up the people of Israel. He taught them to sin by eating food offered to idols and by

15 committing sexual sin. • In a similar way, you have some Nicolaitans among you who fol-

16 low the same teaching. • Repent of your sin, or I will come to you suddenly and fight against them with the sword of my mouth.

17 • "Anyone with ears to hear must listen to the Spirit and understand what he is saying to the churches. To everyone who is victorious I will give some of the manna that has been hidden away in heaven. And I will give to

---

2:4 Greek *You have lost your first love.*

계

돌을 줄 것이다. 그 돌 위에는 그것을 받는 사람 이외에는 알 수 없는 새 이름이 새겨져 있다.'"

두아디라 교회에 보내는 말씀

18 "두아디라 교회 지도자에게 이렇게 써서 보내어라. '불꽃같이 빛나는 눈과 빛나는 청동 같은 발을 가지신 하나님의 아들이 하시는 말씀이다.

19 나는 네 행위를 알고 있다. 또한 너의 사랑과 믿음과 봉사와 인내에 관해서도, 그리고 처음보다 훨씬 더 열심히 이와 같은 일들을 행하고 있음도 알고 있다.

20 그러나 한 가지 책망할 일은, 스스로 예언자라고 칭하는 여자 이세벨을 그대로 두고 보고만 있는 일이다. 그 여자는 내 백성을 거짓된 가르침으로 잘못 인도하고 있으며, 우상에게 바친 제물을 먹게 하고 음란한 죄를 짓도록 부추기고 있지 않느냐?

21 내가 그 여자에게 회개할 기회를 주었으나, 그녀는 뉘우치지 않았다.

22 그러므로 내가 그녀를 고통 중에 내던져 신음하게 하고, 똑같이 음란한 죄를 짓는 자들에게도 그러한 고통을 줄 것이다. 만약 지금 바로 잘못을 뉘우치고 돌아오지 않으면, 즉시 이 일을 행할 것이다.

23 그 여자의 가르침을 따르는 모든 자들을 죽게 하여, 내가 사람들의 마음과 생각의 깊은 곳까지 살피는 자임을 온 교회가 알도록 할 것이다. 나는 너희가 행한 대로 갚을 것이다.

24 그러나 두아디라 교회 안에 그녀의 가르침을 좇지 않고 사탄의 깊은 비밀을 배우지 않은 사람들에게는 내가 다른 짐을 지우지 않을 것이다.

25 내가 갈 때까지 지금 가고 있는 길을 꾸준히 걸어가거라.

26 마지막까지 내 뜻대로 행하고 승리하는 자에게는 모든 나라를 다스릴 권세를 줄 것이다.

27 쇠막대기로 그들을 벌하여 너희 앞에 복종케 하여 질그릇같이 그들을 깨뜨릴 것이다.

28 이것은 내가 아버지께로부터 받은 권세와 똑같은 권세이다. 또한 새벽 별도 네게 주겠다.

29 귀 있는 자는 성령께서 교회에 하시는 말씀을 잘 들어라.'"

사데 교회에 보내는 말씀

3 "사데 교회 지도자에게 이렇게 써서 보내어라. '일곱 영과 일곱 별을 가진 분의 말씀이다. 나는 네 행위를 알고 있다. 사람들은 네가 살아 있다고 하나, 사실은 죽은 자와 다름없다.

2 깨어나라! 완전히 죽기 전에, 아직 조금이라도 남은 힘이 있을 때에 네 자신을 일으켜 세워라. 네 행동이 하나님 보시기에 선하지 않다.

each one a white stone, and on the stone will be engraved a new name that no one understands except the one who receives it.

The Message to the Church in Thyatira

18 • "Write this letter to the angel of the church in Thyatira. This is the message from the Son of God, whose eyes are like flames of fire, whose feet are like polished bronze:

19 • "I know all the things you do. I have seen your love, your faith, your service, and your patient endurance. And I can see your constant improvement in all these things.

20 • "But I have this complaint against you. You are permitting that woman—that Jezebel who calls herself a prophet—to lead my servants astray. She teaches them to commit sexual sin and to eat food offered to idols.

21 • I gave her time to repent, but she does not want to turn away from her immorality.

22 • "Therefore, I will throw her on a bed of suffering,* and those who commit adultery with her will suffer greatly unless they repent and turn away from her evil deeds.

23 • I will strike her children dead. Then all the churches will know that I am the one who searches out the thoughts and intentions of every person. And I will give to each of you whatever you deserve.

24 • "But I also have a message for the rest of you in Thyatira who have not followed this false teaching ('deeper truths,' as they call them—depths of Satan, actually). I will ask nothing more of you

25 • except that you hold tightly to what you have until I come.

26 • To all who are victorious, who obey me to the very end,

To them I will give authority over all the nations.

27 • They will rule the nations with an iron rod and smash them like clay pots.*

28 • They will have the same authority I received from my Father, and I will also give them the morning star!

29 • "Anyone with ears to hear must listen to the Spirit and understand what he is saying to the churches.

The Message to the Church in Sardis

3 "Write this letter to the angel* of the church in Sardis. This is the message from the one who has the sevenfold Spirit* of God and the seven stars:

"I know all the things you do, and that you have a reputation for being alive—but you are dead.

2 • Wake up! Strengthen what little

3 네가 받은 것과 들은 것을 기억하여 뉘우치고 순종하라! 회개하지 않고 내게 돌아오지 않으면, 내가 도둑같이 너희를 찾아갈 것이다. 네가 생각지도 못할 때에 네게 갈 것이다.

4 그러나 죄악에 물들지 않고 깨끗하게 살아가는 자들이 몇 사람 남아 있다. 그들은 흰옷을 입고 나와 함께 다닐 것이다. 그들은 그럴 만한 자격이 있다.

5 승리하는 자는 그들처럼 흰옷을 입을 것이며, 나는 생명책에서 그의 이름을 지우지 않고, 아버지와 천사들 앞에서 내게 속한 자라고 분명히 말할 것이다.

6 귀 있는 자는 성령께서 교회에 하시는 말씀을 잘 들어라.'"

빌라델비아 교회에 보내는 말씀

7 "빌라델비아 교회 지도자에게 이렇게 써서 보내어라. '거룩하고, 참되며, 다윗의 열쇠를 가지신 분의 말씀이다. 그분께서 열면 닫을 자가 없고, 닫으면 열 자가 없다.

8 나는 네 행위를 알고 있다. 네가 결코 강하지 않으나, 내 가르침에 순종하고, 담대히 내 이름을 말하기를 두려워하지 않았다. 내가 네 앞에 문을 열어 두었으니, 아무도 그 문을 닫지 못할 것이다.

9 주의하라! 사탄에게 속한 무리들이 보인다. 그들은 자기들이 유대인이라고 하지만 그것은 거짓말이다. 그들은 참유대인이 아니다. 내가 그들을 네 앞으로 끌고 와, 네 발앞에 무릎 꿇게 할 것이다. 내가 너희를 얼마나 사랑하는지 그들에게 보여 주겠다.

10 포기하지 말고 인내하라는 내 명령을 지켰으니, 이 세상에 사는 사람들을 시험하기 위해 다가올 고난의 때에 내가 너를 지켜 줄 것이다.

11 내가 속히 갈 것이다. 지금 가진 것을 굳게 잡아, 아무도 너의 면류관을 빼앗지 못하도록 하여라.

12 승리하는 자에게는 하나님의 성전 기둥이 되게 할 것이다. 그는 결코 성전을 떠나지 않게 될 것이다. 나는 그에게 하나님의 이름과 하늘로부터 내려올 새 예루살렘, 곧 하나님의 성 이름을 기록할 것이다. 또한 나의 새 이름도 그에게 기록할 것이다.

13 귀 있는 자는 성령께서 교회에 하시는 말씀을 잘 들어라.'"

라오디게아 교회에 보내는 말씀

14 "라오디게아 교회 지도자에게 이렇게 써서 보내어라. '아멘이시요, 신실하시고, 참된 증인이시며, 하나님께서 창조하신 모든 것을 다스리시는* 분의 말씀이다.

---

3 remains, for even what is left is almost dead. I find that your actions do not meet the requirements of my God. •Go back to what you heard and believed at first; hold to it firmly. Repent and turn to me again. If you don't wake up, I will come to you suddenly, as unexpected as a thief.

4 •"Yet there are some in the church in Sardis who have not soiled their clothes with evil. They will walk with me in white, for they are worthy. •All who are victorious will be

5 clothed in white. I will never erase their names from the Book of Life, but I will announce before my Father and his angels that they are mine.

6 •"Anyone with ears to hear must listen to the Spirit and understand what he is saying to the churches.

The Message to the Church in Philadelphia

7 •"Write this letter to the angel of the church in Philadelphia.

This is the message from the one who is holy and true,
the one who has the key of David.
What he opens, no one can close;
and what he closes, no one can open:*

8 •"I know all the things you do, and I have opened a door for you that no one can close. You have little strength, yet you obeyed my

9 word and did not deny me. •Look, I will force those who belong to Satan's synagogue—those liars who say they are Jews but are not—to come and bow down at your feet. They will acknowledge that you are the ones I love.

10 •"Because you have obeyed my command to persevere, I will protect you from the great time of testing that will come upon the whole world to test those who belong to this world.

11 •I am coming soon.* Hold on to what you have, so that no one will take away your

12 crown. •All who are victorious will become pillars in the Temple of my God, and they will never have to leave it. And I will write on them the name of my God, and they will be citizens in the city of my God—the new Jerusalem that comes down from heaven from my God. And I will also write on them my new name.

13 •"Anyone with ears to hear must listen to the Spirit and understand what he is saying to the churches.

The Message to the Church in Laodicea

14 •"Write this letter to the angel of the church in

3:7 Isa 22:22.   3:11 Or *suddenly*, or *quickly*.
3:14 창조의 근원(시작)이신

15 나는 네 행위를 알고 있다. 네가 차지도 않고 덥지
도 않으니, 차든지 덥든지 어느 한 쪽이 되어라!

16 네가 미지근하여 어느 쪽도 아니니, 내가 너를
내 입에서 뱉어 내겠다.

17 네 스스로 부자라고 생각되어 아무 부족함이 없
는 것같이 느껴지겠지만, 실제로는 불쌍하고,
비참하고, 가난하고, 눈멀고, 벌거벗은 자임을
모르고 있다.

18 내가 충고한다. 내게 와서 불 속에서 제련된 금
을 사거라. 그러면 네가 참된 부자가 될 것이다.
또 흰옷을 사라. 그것으로 너의 벌거벗은 부끄
러움을 가릴 수 있을 것이다. 네 눈에 바를 안약
을 사라. 참된 것을 볼 수 있을 것이다.

19 나는 내가 사랑하는 자일수록 가르치고 벌할 것
이다. 옳은 일을 하기에 힘쓰며, 마음으로 회개
하고 바르게 행동하여라.

20 보아라! 내가 문 앞에 서서 이렇게 두드리고 있
다. 만일 누구든지 내 음성을 듣고 문을 열면, 내
가 그에게로 들어가 그와 함께 먹고, 그도 나와
함께 먹을 것이다.

21 내가 승리한 후, 내 아버지의 보좌 곁에 앉은 것처
럼, 승리하는 자는 내 보좌 곁에 앉게 될 것이다.

22 귀 있는 자는 성령께서 교회에 하시는 말씀을 잘
들어라.'"

천국을 본 요한

4 그 후에 나는 하늘로 통하는 문이 내 앞에 열
리는 것을 보았습니다. 그리고 내가 처음 들
었던 그 음성, 나팔 소리와 같은 그 음성이 다시
들려 왔습니다. "이리로 올라오너라. 앞으로 일
어날 일들을 네게 보여 주겠다."

2 그러자 성령께서 즉시 나를 이끌어 하늘로 올
라갔습니다. 내 앞에는 한 보좌가 있었고, 그 보
좌에 어떤 분이 앉아 있었습니다.

3 앉으신 분의 모습은 벽옥과 홍옥처럼 밝게 빛나
고, 그 보좌는 에메랄드처럼 무지개 빛으로 둘
러싸여 있었습니다.

4 또한 스물네 개의 보좌가 그 주위에 있었고, 그
보좌에는 흰옷을 입고 머리에 금관*을 쓴 스물
네 명의 장로가 앉아 있었습니다.

5 번개와 천둥 소리가 보좌에서 울려 퍼졌습니다.
보좌 앞에는 일곱 개의 등불이 켜져 있었는데,
이 등불은 하나님의 일곱 영이었습니다.

6 또 보좌 앞에는 수정과 같이 맑은 유리 바다가
펼쳐져 있었습니다. 보좌 중앙과 주위에는 눈이
가득한 네 생물이 서 있었습니다.

7 첫 번째 생물은 사자 같고, 두 번째 생물은 송아지
같고, 세 번째 생물은 사람의 얼굴을 가지고 있었
고, 네 번째 생물은 날개를 편 독수리 같았습니다.

Laodicea. This is the message from the one who
is the Amen—the faithful and true witness, the
beginning* of God's new creation:

15 • "I know all the things you do, that you are
neither hot nor cold. I wish that you were one
16 or the other! • But since you are like luke-
warm water, neither hot nor cold, I will spit
17 you out of my mouth! • You say, 'I am rich. I
have everything I want. I don't need a thing!'
And you don't realize that you are wretched
and miserable and poor and blind and naked.
18 • So I advise you to buy gold from me—gold
that has been purified by fire. Then you will be
rich. Also buy white garments from me so you
will not be shamed by your nakedness, and
ointment for your eyes so you will be able to
19 see. • I correct and discipline everyone I love.
So be diligent and turn from your indiffer-
ence.

20 • "Look! I stand at the door and knock. If
you hear my voice and open the door, I will
come in, and we will share a meal together as
21 friends. • Those who are victorious will sit
with me on my throne, just as I was victorious
and sat with my Father on his throne.

22 • "Anyone with ears to hear must listen to
the Spirit and understand what he is saying to
the churches."

Worship in Heaven

4 Then as I looked, I saw a door standing
open in heaven, and the same voice I had
heard before spoke to me like a trumpet blast.
The voice said, "Come up here, and I will show
2 you what must happen after this." • And
instantly I was in the Spirit,* and I saw a throne
3 in heaven and someone sitting on it. • The one
sitting on the throne was as brilliant as gem-
stones—like jasper and carnelian. And the glow
of an emerald circled his throne like a rainbow.
4 • Twenty-four thrones surrounded him, and
twenty-four elders sat on them. They were all
clothed in white and had gold crowns on their
5 heads. • From the throne came flashes of light-
ning and the rumble of thunder. And in front
of the throne were seven torches with burning
6 flames. This is the sevenfold Spirit* of God. • In
front of the throne was a shiny sea of glass,
sparkling like crystal.

In the center and around the throne were
four living beings, each covered with eyes, front
7 and back. • The first of these living beings was
like a lion; the second was like an ox; the third
had a human face; and the fourth was like an

3:14 Or *the ruler,* or *the source.*　4:2 Or *in spirit.*
4:5 Greek *They are the seven spirits.*
4:4 금 면류관

계

8 네 생물은 각각 여섯 날개가 있었는데, 날개 안 팎으로 눈이 가득하였습니다. 그것들은 밤낮으로 쉬지 않고 이렇게 외치고 있었습니다. "거룩하시다, 거룩하시다, 거룩하시다, 전능하신 주 하나님, 전에도 계셨고, 지금도 계시며, 장차 오실 분이다."

9 이 생물들은 영원히 살아 계시고 보좌에 앉아 계신 분께 영광과 존귀와 감사를 드리고 있었습니다.

10 이 생물들과 함께 이십사 명의 장로들은 보좌에 앉으신 분께 엎드려 경배하였습니다. 보좌 앞에 자기들이 쓰고 있는 금관을 내려놓으며, 이렇게 말하였습니다.

11 "우리 주 하나님! 주님은 영광과 존귀와 능력을 받으시기에 합당한 분이십니다. 주님의 뜻에 따라 온 세상이 창조되고 또한 존재하고 있습니다."

5 나는 보좌에 앉으신 분의 오른손에 두루마리 하나가 있는 것을 보았습니다. 그 두루마리는 안팎으로 글이 씌어 있었고, 일곱 개의 도장이 찍혀 봉해져 있었습니다.

2 힘있는 한 천사가 큰 소리로 외쳤습니다. "누가 이 봉인을 떼고 두루마리를 펼 수 있겠는가?"

3 그러나 하늘에도, 땅에도, 지하에도 그 두루마리를 펴서 읽을 만한 사람은 없었습니다.

4 나는 그 두루마리를 펴 읽을 사람이 없다는 것을 알고 울고 말았습니다.

5 그러자 장로 가운데 한 사람이 내게 말하였습니다. "울지 마시오! 유다 지파의 사자*가 승리하였습니다. 그분은 다윗의 뿌리입니다. 그분께서 일곱 군데 봉인을 떼고 두루마리를 펴실 것입니다."

6 그때, 나는 네 생물에 둘러싸여 보좌 가운데, 어린양이 서 계신 것을 보았습니다. 장로들 역시 어린양 주위에 서 있었습니다. 어린양에게는 전에 죽임을 당한 듯한 흔적이 있었습니다. 그 어린양은 일곱 뿔과 일곱 눈이 있었는데, 그것은 세상에 보내진 하나님의 일곱 영을 가리키는 것이었습니다.

7 어린양은 앞으로 나아와 보좌에 앉으신 분의 오른손에서 두루마리를 받았습니다.

8 그러자 네 생물과 이십사 명의 장로들이 어린양 앞에 엎드렸습니다. 장로들의 손에는 거문고와 향이 가득한 금대접이 들려 있었습니다. 이 향은 하나님의 백성들이 드린 기도들입니다.

9 그들은 어린양에게 새 노래로 찬양하였습니다. "주님은 봉인을 떼고, 두루마리를 펴기에 합당한 분이십니다. 주님은 죽임을 당하셨고, 그 흘리신 보혈의 대가로 모든 민족, 언어, 나라로부터 하나님의 백성을 사셨습니다.

---

8 eagle in flight. •Each of these living beings had six wings, and their wings were covered all over with eyes, inside and out. Day after day and night after night they keep on saying,

    "Holy, holy, holy is the Lord God, the Almighty—
      the one who always was, who is, and who is still to come."

9 •Whenever the living beings give glory and honor and thanks to the one sitting on the throne (the one who lives forever and ever),

10 •the twenty-four elders fall down and worship the one sitting on the throne (the one who lives forever and ever). And they lay their crowns before the throne and say,

11 •   "You are worthy, O Lord our God,
      to receive glory and honor and power.
    For you created all things,
      and they exist because you created what you pleased."

The Lamb Opens the Scroll

5 Then I saw a scroll* in the right hand of the one who was sitting on the throne. There was writing on the inside and the outside of the scroll, and it was sealed with seven seals. •And I saw a strong angel, who shouted with a loud voice: "Who is worthy to break the seals on this

2

3 scroll and open it?" •But no one in heaven or on earth or under the earth was able to open the scroll and read it.

4 •Then I began to weep bitterly because no one was found worthy to open the scroll and

5 read it. •But one of the twenty-four elders said to me, "Stop weeping! Look, the Lion of the tribe of Judah, the heir to David's throne,* has won the victory. He is worthy to open the scroll and its seven seals."

6 •Then I saw a Lamb that looked as if it had been slaughtered, but it was now standing between the throne and the four living beings and among the twenty-four elders. He had seven horns and seven eyes, which represent the sevenfold Spirit* of God that is sent out into

7 every part of the earth. •He stepped forward and took the scroll from the right hand of the

8 one sitting on the throne. •And when he took the scroll, the four living beings and the twenty-four elders fell down before the Lamb. Each one had a harp, and they held gold bowls filled with incense, which are the prayers of God's people.

---

rumble [rámbl] *n.* 우르르하는 소리, 굉음

5:1 Or *book*; also in 5:2, 3, 4, 5, 7, 8, 9.   5:5 Greek *the root of David*. See Isa 11:10.   5:6 Greek *which are the seven spirits*.

5:5 'Lion'을 뜻함

계

10 피로산 그들을 하나님 나라와 제사장으로 삼으셨으니, 그들이 이 땅을 다스릴 것입니다."

11 그 후, 나는 수많은 천사들의 음성을 들었습니다. 천사들은 보좌와 네 생물과 장로들을 둘러싸고 있었습니다. 그 수가 너무 많아 셀 수조차 없었습니다.

12 천사들은 큰 소리로 외쳤습니다. "죽임을 당하신 어린양은 능력과 부귀와 지혜와 힘, 존귀와 영광과 찬양을 받으실 분이십니다!"

13 하늘과 땅과 땅 아래, 바다에 있는 모든 것들이 외치는 소리도 들었습니다. "보좌에 계신 분과 어린양께 찬송과 존귀와 영광과 능력을 영원무궁히 올려 드립니다."

14 그러는 동안, 네 생물은 "아멘!"으로 합창하고 장로들은 엎드려 경배하였습니다.

6 나는 어린양이 일곱 봉인 가운데 하나를 떼는 것을 보았습니다. 네 생물 중의 하나가 천둥과 같은 소리로 "오너라!" 하고 말하는 것을 들었습니다.

2 내 앞에 흰말 한 마리가 보였고, 활을 든 자가 그 말 위에 앉아 있었습니다. 그는 면류관을 받아들고는 적을 쓰러뜨리고, 승리를 얻기 위해 달려 나갔습니다.

3 어린양이 둘째 인을 떼어 내자, 둘째 생물이 "오너라!" 하고 외쳤습니다.

4 그러자 다른 말이 나오는데, 이번에는 붉은 말이었습니다. 말 탄 자는 이 세상의 평화를 없애고, 서로를 헐뜯고, 죽이는 권세를 받은 자였습니다. 그의 손에는 큰 칼이 들려 있었습니다.

5 어린양이 셋째 인을 떼어 내자, 셋째 생물이 "오너라!" 하고 외쳤습니다. 검은 말이 내 눈앞에 보였고, 손에 저울을 든 자가 말 위에 타고 있었습니다.

6 내 귀에 한 음성이 들려왔습니다. 그것은 네 생물 사이에서 나는 소리였습니다. "하루 품삯으로 밀 1리터,* 아니면 보리 3리터*밖에 사지 못할 흉년이 될 것이다. 그러나 올리브 기름과 포도주에는 해를 입히지 마라!"

7 어린양이 넷째 인을 떼어 내자, 넷째 생물이 "오너라!" 하고 외치는 소리가 들렸습니다.

8 창백한 말이 한 마리 보이는데, 그 말을 탄 자의 이름은 죽음이었습니다. 죽음의 세계가 바로 뒤를 따라오고 있었습니다. 이들에게는 전쟁과 기근과 질병과 짐승으로

9 And they sang a new song with these words:

"You are worthy to take the scroll
　and break its seals and open it.
For you were slaughtered, and your blood has
　　ransomed people for God
　from every tribe and language and people
　　and nation.

10 ● And you have caused them to become
　a Kingdom of priests for our God.
　And they will reign* on the earth."

11 ● Then I looked again, and I heard the voices of thousands and millions of angels around the throne
12 and of the living beings and the elders. ●And they sang in a mighty chorus:

"Worthy is the Lamb who was slaughtered—
　to receive power and riches
and wisdom and strength
　and honor and glory and blessing."

13 ● And then I heard every creature in heaven and on earth and under the earth and in the sea. They sang:

"Blessing and honor and glory and power
　belong to the one sitting on the throne
　and to the Lamb forever and ever."

14 ● And the four living beings said, "Amen!" And the twenty-four elders fell down and worshiped the Lamb.

The Lamb Breaks the First Six Seals

6 As I watched, the Lamb broke the first of the seven seals on the scroll.* Then I heard one of the four living beings say with a voice like thunder, "Come!" ●I looked up and saw a white horse standing there. Its rider carried a bow, and a crown was placed on his head. He rode out to win many battles and gain the victory.

3 ● When the Lamb broke the second seal, I heard
4 the second living being say, "Come!" ●Then another horse appeared, a red one. Its rider was given a mighty sword and the authority to take peace from the earth. And there was war and slaughter everywhere.

5 ● When the Lamb broke the third seal, I heard the third living being say, "Come!" I looked up and saw a black horse, and its rider was holding a pair of scales
6 in his hand. ●And I heard a voice from among the four living beings say, "A loaf of wheat bread or three loaves of barley will cost a day's pay.* And don't waste* the olive oil and wine."

7 ● When the Lamb broke the fourth seal, I heard
8 the fourth living being say, "Come!" ●I looked up

5:10 Some manuscripts read *they are reigning.*　6:1 Or *book.*　6:6a Greek *A choinix* [1 quart or 1 liter] *of wheat for a denarius, and 3 choinix of barley for a denarius.* A denarius was equivalent to a laborer's full day's wage. 6:6b Or *harm.*

6:6 그리스어로 Choinix. 약 1ℓ

세상 사람의 사분의 일을 죽일 수 있는 권한이 주어져 있었습니다.

9 어린양이 다섯째 인을 떼어 내자, 몇몇 영혼들이 제단에 놓여져 있는 것이 보였습니다. 이 영혼들은 하나님의 말씀을 증언하고, 진실한 믿음을 지키다가 순교한 영혼들이었습니다.

10 이 영혼들은 큰 소리로 부르짖었습니다. "거룩하고 참되신 주님, 저희들을 죽인 자들을 어느 때에야 심판하시고 벌하실 것입니까?"

11 그러자 그들에게 흰옷 한 벌이 각각 주어졌습니다. 그리고는 아직도 그리스도를 위해 순교할 형제들이 조금 더 있으니, 그때까지 잠시 동안 쉬라는 말씀이 들려왔습니다.

12 어린양이 여섯째 인을 떼어 내자, 큰 지진이 일어났습니다. 해가 검은 천같이 새카맣게 변하고, 달은 온통 핏빛으로 변했습니다.

13 하늘의 별들은 태풍에 무화과나무의 열매가 떨어지듯 땅에 떨어졌습니다.

14 하늘은 두루마리가 말리듯이 사라져 버리고, 산과 섬들도 제자리에서 옮겨졌습니다.

15 모든 사람이 동굴과 산의 바위 틈으로 숨었습니다. 이 땅의 왕들, 지배자, 장군, 부자, 권세자, 종, 자유인 할 것 없이 모두 숨어들었습니다.

16 그들은 산과 바위를 향하여 "우리 위에 무너져 다오. 보좌에 앉으신 이의 얼굴을 보지 않도록 우리를 숨겨다오. 어린양의 노여움에서 우리를 제발 지켜다오.

17 큰 진노의 날이 다가왔으니, 누가 그 진노를 견뎌 내겠는가?"라고 울부짖었습니다.

인침 받은 십사만 사천 명

7 그 후에 네 천사가 땅의 네 모퉁이에 서 있는 것을 보았습니다. 그들은 사방에서 불어오는 바람을 붙들어 땅 위, 바다, 나뭇잎 하나도 흔들리지 못하게 막고 있었습니다.

2 나는 또 다른 한 천사가 동쪽에서부터 오고 있는 것을 보았습니다. 그 천사는 살아 계신 하나님의 도장을 가지고, 큰 소리로 네 천사에게 소리쳤습니다. 앞에 본 천사들은 이 땅과 바다를 해칠 수 있는 권한을 하나님께로부터 받은 자들이었던 것입니다. 그는 네 천사에게 말했습니다.

3 "하나님을 섬기는 자들의 이마에 도장을 다 찍기 전에는 땅이든지, 바다든지, 나뭇잎 하나라도 건드려서는 안 된다."

4 그리고 나는 도장을 받게 될 사람들의 숫자가 십사만 사천 명이라는 소리를 들었습니다. 이들은 이스라엘의 열두 지파에 속한 사람들의 숫자였습니다.

5 유다 지파 만 이천 명, 르우벤 지파 만 이천 명,

and saw a horse whose color was pale green. Its rider was named Death, and his companion was the Grave.* These two were given authority over one-fourth of the earth, to kill with the sword and famine and disease* and wild animals.

9 •When the Lamb broke the fifth seal, I saw under the altar the souls of all who had been martyred for the word of God and for being

10 faithful in their testimony. •They shouted to the Lord and said, "O Sovereign Lord, holy and true, how long before you judge the people who belong to this world and avenge our blood for

11 what they have done to us?" •Then a white robe was given to each of them. And they were told to rest a little longer until the full number of their brothers and sisters*—their fellow servants of Jesus who were to be martyred—had joined them.

12 •I watched as the Lamb broke the sixth seal, and there was a great earthquake. The sun became as dark as black cloth, and the moon

13 became as red as blood. •Then the stars of the sky fell to the earth like green figs falling from a

14 tree shaken by a strong wind. •The sky was rolled up like a scroll, and all of the mountains and islands were moved from their places.

15 •Then everyone—the kings of the earth, the rulers, the generals, the wealthy, the powerful, and every slave and free person—all hid themselves in the caves and among the rocks of the

16 mountains. •And they cried to the mountains and the rocks, "Fall on us and hide us from the face of the one who sits on the throne and from

17 the wrath of the Lamb. •For the great day of their wrath has come, and who is able to survive?"

God's People Will Be Preserved

7 Then I saw four angels standing at the four corners of the earth, holding back the four winds so they did not blow on the earth or the

2 sea, or even on any tree. •And I saw another angel coming up from the east, carrying the seal of the living God. And he shouted to those four angels, who had been given power to harm

3 land and sea, •"Wait! Don't harm the land or the sea or the trees until we have placed the seal of God on the foreheads of his servants."

4 •And I heard how many were marked with the seal of God—144,000 were sealed from all the tribes of Israel:

5 • from Judah	12,000
from Reuben	12,000
from Gad	12,000

6:8a Greek *was Hades.*   6:8b Greek *death.*   6:11 Greek *their brothers.*

갓 지파 만 이천 명,

6 아셀 지파 만 이천 명, 납달리 지파 만 이천 명, 므낫세 지파 만 이천 명,

7 시므온 지파 만 이천 명, 레위 지파 만 이천 명, 잇사갈 지파 만 이천 명,

8 스불론 지파 만 이천 명, 요셉 지파 만 이천 명, 베냐민 지파 만 이천 명이었습니다.

수많은 군중

9 그후에 엄청난 군중이 모여 있는 것을 내 눈으로 보았습니다. 그 수가 너무 많아서 나는 셀 수조차 없을 정도였습니다. 모든 나라와 민족, 언어를 초월하여 모인 이 사람들은 하나님의 보좌와 어린양 앞에 섰습니다. 그들은 모두 흰 옷을 입고, 손에는 종려나무 가지를 들고 있었습니다.

10 그들은 큰 소리로 외쳤습니다. "구원은 보좌에 계신 우리 하나님과 어린양에게서 옵니다."

11 장로들과 네 생물들도 그 곁에 있었고, 천사들이 다 나아와 보좌 앞에 엎드려 경배하였습니다.

12 천사들은 "아멘! 우리 하나님께 찬송과 영광과 지혜와 감사와 존귀와 능력과 힘이 영원토록 함께하소서! 아멘" 하고 외쳤습니다.

13 그때, 장로들 가운데 한 사람이 내게 물었습니다. "이 흰옷 입은 사람들이 누구이며, 어디에서 온 사람들인지 아십니까?"

14 나는 "모릅니다. 가르쳐 주십시오"라고 말했습니다. 그 장로는 내게 대답해 주었습니다. "이들은 큰 고난을 겪은 자들입니다. 이들은 어린양의 피로 자신들의 옷을 씻어 희게 하였습니다.

15 이제 이들은 하나님의 보좌 앞에 나아와, 그의 성전에서 하나님을 늘 섬기고 있습니다. 보좌에 계신 분이 이들을 보호해 주고 있습니다.

16 이들은 결코 배고프거나 목마르지 않을 것입니다. 뜨거운 햇볕도 그들에게 해를 입히거나 상하게 못할 것입니다.

17 왜냐하면 보좌 가운데 계시는 어린양이 그들의 목자가 되셔서 생명수가 흐르는 샘으로 인도하실 것이기 때문입니다. 그리고 하나님께서는 그들의 눈에서 흐르는 눈물을 닦아 주실 것입니다."

일곱 번째 봉인

8 어린양이 일곱 번째 봉인을 떼어 내자, 반 시간쯤 하늘이 고요하였습니다.

2 그런 후, 일곱 명의 천사가 하나님 앞에 서 있는 것이 보였습니다. 그들은 하나님께로부터 일곱 나팔을 받았습니다.

---

6 • from Asher	12,000
from Naphtali	12,000
from Manasseh	12,000
7 • from Simeon	12,000
from Levi	12,000
from Issachar	12,000
8 • from Zebulun	12,000
from Joseph	12,000
from Benjamin	12,000

Praise from the Great Crowd

9 •After this I saw a vast crowd, too great to count, from every nation and tribe and people and language, standing in front of the throne and before the Lamb. They were clothed in white robes and 10 held palm branches in their hands. •And they were shouting with a great roar,

"Salvation comes from our God who sits
   on the throne
   and from the Lamb!"

11 •And all the angels were standing around the throne and around the elders and the four living beings. And they fell before the throne with their 12 faces to the ground and worshiped God. •They sang,

"Amen! Blessing and glory and wisdom
   and thanksgiving and honor
and power and strength belong to our God
   forever and ever! Amen."

13 •Then one of the twenty-four elders asked me, "Who are these who are clothed in white? Where did they come from?"

14 •And I said to him, "Sir, you are the one who knows."

Then he said to me, "These are the ones who died in* the great tribulation.* They have washed their robes in the blood of the Lamb and made them white.

15 • "That is why they stand in front of God's throne
   and serve him day and night in his Temple.
And he who sits on the throne
   will give them shelter.

16 • They will never again be hungry or thirsty;
   they will never be scorched by the heat
   of the sun.

17 • For the Lamb on the throne*
   will be their Shepherd.
He will lead them to springs of life-giving water.
   And God will wipe every tear from their eyes."

The Lamb Breaks the Seventh Seal

8 When the Lamb broke the seventh seal on the scroll,* there was silence throughout heaven 2 for about half an hour. •I saw the seven angels

---

7:14a Greek *who came out of.*   7:14b Or *the great suffering.*   7:17 Greek *on the center of the throne.* 8:1 Or *book.*

3 다른 천사 하나가 제단 앞으로 나아왔습니다. 그 천사는 금향로를 들고 있었습니다. 금향로에 향을 가득 채워 성도들의 기도와 함께 보좌 앞의 금제단에 내려놓았습니다.

4 향의 연기가 천사의 손에서 하나님께로 올라갔습니다. 이 향과 함께 성도들의 기도도 하나님 앞으로 올라갔습니다.

5 그 후, 천사는 제단의 불을 향로에 가득 담아 땅에 던졌습니다. 그러자 천둥과 번개와 지진이 일어나며, 큰 소리가 땅을 뒤덮었습니다.

일곱 천사와 나팔

6 드디어, 일곱 나팔을 손에 들고 있던 일곱 천사가 나팔을 불 준비를 하였습니다.

7 첫 번째 천사가 나팔을 불자, 피 섞인 우박과 불이 땅으로 쏟아졌습니다. 그러자 땅의 삼분의 일이 불타고, 모든 나무의 삼분의 일과 풀들이 다 타 버렸습니다.

8 두 번째 천사가 나팔을 불자, 불타는 큰 산과 같은 것이 바다로 떨어져 바다의 삼분의 일이 피가 되어 버렸습니다.

9 바다 속 생물의 삼분의 일이 죽고, 배의 삼분의 일도 파손되었습니다.

10 세 번째 천사가 나팔을 불자, 횃불처럼 타고 있던 큰 별 하나가 하늘에서 떨어져 강의 삼분의 일과 샘들을 뒤덮었습니다.

11 그 별의 이름은 쑥이었는데, 이로 인해 물의 삼분의 일이 쓰게 되어, 그 쓴물을 마신 수많은 사람들이 죽었습니다.

12 네 번째 천사가 나팔을 불자, 해와 달과 별의 삼분의 일이 충격을 받아 어두워졌습니다. 이로 말미암아 낮의 삼분의 일이 빛을 잃었고, 밤의 삼분의 일도 그렇게 됐습니다.

13 내가 지켜 보는 동안, 독수리 한 마리가 공중으로 높이 날아가며, 큰 소리로 외치는 것을 들었습니다. "재난이다! 재난이다! 세상에 사는 사람들에게 재난이 온다! 남은 세 천사가 나팔을 불 때, 그 재난은 시작될 것이다."

9 다섯 번째 천사가 나팔을 불자, 하늘에서 별 하나가 땅으로 떨어졌습니다. 그 별은 바다이 보이지 않는* 깊은 구덩이를 여는 열쇠를 가지고 있었습니다.

2 그 구덩이를 열자, 마치 큰 용광로에서 내뿜듯이 연기가 솟아올랐습니다. 그 연기 때문에 태양과 하늘이 어두워졌습니다.

3 잠시 후, 그 연기 속에서 메뚜기 떼가 나와 모든 땅에 퍼졌습니다. 이 메뚜기 떼는 전갈처럼 쏘는 독을 갖고 있었는데,

4 땅의 모든 풀과 나무는 해치지 말고, 오직 이

who stand before God, and they were given seven trumpets.

3 •Then another angel with a gold incense burner came and stood at the altar. And a great amount of incense was given to him to mix with the prayers of God's people as an offering on the gold altar before the throne. 4 •The smoke of the incense, mixed with the prayers of God's holy people, ascended up to God from the altar where 5 the angel had poured them out. •Then the angel filled the incense burner with fire from the altar and threw it down upon the earth; and thunder crashed, lightning flashed, and there was a terrible earthquake.

The First Four Trumpets

6 •Then the seven angels with the seven trumpets prepared to blow their mighty blasts.

7 •The first angel blew his trumpet, and hail and fire mixed with blood were thrown down on the earth. One-third of the earth was set on fire, one-third of the trees were burned, and all the green grass was burned.

8 •Then the second angel blew his trumpet, and a great mountain of fire was thrown into the sea. One-third of the water in the sea became blood, 9 •one-third of all things living in the sea died, and one-third of all the ships on the sea were destroyed.

10 •Then the third angel blew his trumpet, and a great star fell from the sky, burning like a torch. It fell on one-third of the rivers and on the springs 11 of water. •The name of the star was Bitterness.* It made one-third of the water bitter, and many people died from drinking the bitter water.

12 •Then the fourth angel blew his trumpet, and one-third of the sun was struck, and one-third of the moon, and one-third of the stars, and they became dark. And one-third of the day was dark, and also one-third of the night.

13 •Then I looked, and I heard a single eagle crying loudly as it flew through the air, "Terror, terror, terror to all who belong to this world because of what will happen when the last three angels blow their trumpets."

The Fifth Trumpet Brings the First Terror

9 Then the fifth angel blew his trumpet, and I saw a star that had fallen to earth from the sky, and he was given the key to the shaft of the 2 bottomless pit.* •When he opened it, smoke poured out as though from a huge furnace, and the sunlight and air turned dark from the smoke.

3 •Then locusts came from the smoke and descended on the earth, and they were given 4 power to sting like scorpions. •They were told

---

8:11 Greek *Wormwood.*　9:1 Or *the abyss,* or *the underworld;* also in 9:11.

9:1 바다이 없는

마에 하나님의 도장이 찍히지 않은 사람들만 해
치라는 명령을 받았습니다.

5 그러나 그들을 죽이지는 말고, 전갈에게 쏘인
것처럼 다섯 달 동안, 아픔에 시달리게 하라고
하셨습니다.

6 사람들은 그 고통을 못 이겨 죽고 싶어 하지만,
마음대로 죽을 수조차 없을 것입니다. 왜냐하면
죽음이 그들을 피해 멀리 달아날 것이기 때문입
니다.

7 그 메뚜기 떼의 모양은 마치 전쟁 준비를 끝낸
말들처럼 보였습니다. 머리에는 금관 같은 것을
쓰고, 얼굴은 사람의 얼굴 같았습니다.

8 여자처럼 긴 머리털을 하고, 이빨은 사자 이빨
처럼 생겼으며,

9 쇠로 된 방패막이가 가슴을 덮고 있는 듯했습니
다. 또 날개 소리는 많은 전차와 말들이 전쟁터
로 달려가는 소리처럼 들렸습니다.

10 꼬리에는 전갈처럼 쏘는 가시가 달려 있었는데,
그 꼬리에 다섯 달 동안, 사람들을 괴롭힐 수 있
는 힘이 있었습니다.

11 이 메뚜기들의 왕은 밑바닥 없는 구덩이의 수호
자로, 히브리어로는 아바돈, 그리스어로는 아볼
루온이라는 이름을 가지고 있었습니다.

12 첫 번째 재난은 지나갔지만, 아직도 두 번의 재
난이 남아 있습니다.

13 여섯 번째 천사가 나팔을 불자, 하나님 앞에 있
는 금제단의 뿔에서 한 음성이 들렸습니다.

14 그 음성은 나팔을 가진 여섯 번째 천사에게 말했
습니다. "큰 유프라테스 강에 매여 있는 네 천사
를 풀어 주어라."

15 그 천사들은 그해, 그달, 그날, 그때를 위해 예비
된 자들이었습니다. 이제 그들은 풀려나 이 땅의
삼분의 일에 이르는 사람들을 죽일 것입니다.

16 나는 그들이 이끌 기병대의 수가 억이나 된다
는 소리를 들었습니다.

17 환상 중에 나는 그 말들과 말 탄 자들을 보았습니
다. 그들은 가슴에 타는 듯한 붉은빛, 푸른빛, 유
황처럼 노란빛의 방패막이를 하고 있었고, 말들
의 머리는 사자의 머리와 같았고, 그 입에서 불과
연기와 유황이 뿜어져 나왔습니다.

18 이 불과 연기와 유황으로 이 땅의 삼분의 일에
이르는 사람들이 죽었습니다.

19 또한 말들의 입뿐 아니라 꼬리에도 힘이 있어,
머리 달린 뱀처럼 생긴 꼬리가 사람들을 물어 상
처를 입혔습니다.

20 그러나 이 재앙에 살아남은 자들은 여전히 회개
하지 않고, 손으로 만든 우상에게 가서 빌었습
니다. 그들은 귀신을 섬기고, 금, 은, 돌, 청동, 나

not to harm the grass or plants or trees, but only
the people who did not have the seal of God on
5 their foreheads. •They were told not to kill
them but to torture them for five months with
6 pain like the pain of a scorpion sting. •In those
days people will seek death but will not find it.
They will long to die, but death will flee from
them!

7 •The locusts looked like horses prepared for
battle. They had what looked like gold crowns
on their heads, and their faces looked like
8 human faces. •They had hair like women's hair
9 and teeth like the teeth of a lion. •They wore
armor made of iron, and their wings roared like
10 an army of chariots rushing into battle. •They
had tails that stung like scorpions, and for five
months they had the power to torment people.
11 •Their king is the angel from the bottomless
pit; his name in Hebrew is *Abaddon*, and in
Greek, *Apollyon*—the Destroyer.

12 •The first terror is past, but look, two more
terrors are coming!

The Sixth Trumpet Brings the Second Terror

13 •Then the sixth angel blew his trumpet, and I
heard a voice speaking from the four horns of
the gold altar that stands in the presence of God.
14 •And the voice said to the sixth angel who held
the trumpet, "Release the four angels who are
15 bound at the great Euphrates River." •Then the
four angels who had been prepared for this
hour and day and month and year were turned
loose to kill one-third of all the people on earth.
16 •I heard the size of their army, which was 200
million mounted troops.

17 •And in my vision, I saw the horses and the
riders sitting on them. The riders wore armor
that was fiery red and dark blue and yellow.
The horses had heads like lions, and fire and
smoke and burning sulfur billowed from their
18 mouths. •One-third of all the people on earth
were killed by these three plagues—by the fire
and smoke and burning sulfur that came from
19 the mouths of the horses. •Their power was in
their mouths and in their tails. For their tails
had heads like snakes, with the power to injure
people.

20 •But the people who did not die in these
plagues still refused to repent of their evil deeds
and turn to God. They continued to worship
demons and idols made of gold, silver, bronze,
stone, and wood—idols that can neither see nor

billow [bílou] *vi.* 소용돌이치다
burlap [bə́ːrlæp] *n.* 올이 굵은 삼베
mounted [mauntid] *a.* 말 탄
trample [trǽmpl] *vt.* 짓밟다
torment [tɔ́ːrment] *vt.* 심한 고통을 주다
torture [tɔ́ːrtʃər] *vt.* 괴롭히다; 고문하다

무로 만든 보지도, 듣지도, 걷지도 못하는 우상들을 향해 절하였습니다.

21 또한 살인과 마술과 음란과 도적질하기를 계속하며 마음을 돌이키지 않았습니다.

천사와 작은 두루마리

10 그 후에 나는 또 다른 힘센 천사 하나가 하늘에서 내려오는 것을 보았습니다. 그는 구름에 휩싸여 있었고, 머리 위로는 무지개가 떠 있었습니다. 얼굴은 마치 태양처럼 빛났으며, 발은 불기둥 같았습니다.

2 그 천사의 손에는 펼쳐진 작은 두루마리 하나가 쥐어져 있었습니다. 그 천사는 오른발로 바다를 밟고, 왼발로는 땅을 밟고 섰습니다.

3 그가 사자처럼 큰 소리로 부르짖자, 일곱 천둥의 음성이 들려 왔습니다.

4 내가 천둥이 하는 말을 받아 적으려 하자, 하늘로부터 한 음성이 들려 왔습니다. "일곱 천둥이 말하는 것을 기록하지 마라. 그것을 비밀로 하여라."

5 바다와 땅을 밟고 있던 천사가 하늘을 향해 오른손을 높이 들었습니다.

6 그는 영원히 살아 계시며, 하늘과 땅과 바다와 그 안에 모든 것을 지으신 하나님의 능력 앞에 맹세하며 이렇게 말했습니다. "더 이상 기다리지 않을 것이다.

7 일곱 번째 천사가 나팔을 부는 날, 하나님의 비밀스런 계획은 이루어질 것이다. 이 계획은 하나님께서 그의 종들과 예언자들을 통해 이미 말씀하신 것이다."

8 하늘로부터 같은 음성이 들려 왔습니다. "바다와 땅을 밟고 서 있는 천사에게 가서, 그 손에 있는 두루마리를 받아라."

9 나는 천사에게 가서, 그 작은 두루마리를 달라고 하였습니다. 천사는 내게 "이것을 받아 먹어라. 배에 들어가면 쓰겠지만, 네 입에서는 꿀처럼 달 것이다" 하고 말했습니다.

10 나는 그 두루마리를 천사의 손에서 받아 먹었습니다. 정말 입에서는 꿀처럼 달콤했지만, 먹고 나니 배 속이 쓰리고 아팠습니다.

11 그때, "너는 많은 민족과 나라와 언어와 왕들에 대하여 다시 예언해야 한다"라는 음성이 들려 왔습니다.

두 증인

11 또 나는 지팡이처럼 생긴 잣대 하나를 받았습니다. 그때, 이런 말이 들려 왔습니다. "가서 하나님의 성전과 제단을 재고, 그곳에서 예배드리는 사람들의 수를 세어라.

2 그러나 성전 바깥뜰은 재지 말고, 그대로 두어라. 그곳은 이방인들에게 내어준 곳이다. 그들은 마흔두 달 동안, 거룩한 성을 짓밟을 것이다.

3 내가 두 증인에게 능력을 주어 천이백육십 일 동안,

---

21 hear nor walk! • And they did not repent of their murders or their witchcraft or their sexual immorality or their thefts.

The Angel and the Small Scroll

10 Then I saw another mighty angel coming down from heaven, surrounded by a cloud, with a rainbow over his head. His face shone like the sun, and his feet were 2 like pillars of fire. • And in his hand was a small scroll* that had been opened. He stood with his right foot on the sea and his left foot 3 on the land. • And he gave a great shout like the roar of a lion. And when he shouted, the seven thunders answered.

4 • When the seven thunders spoke, I was about to write. But I heard a voice from heaven saying, "Keep secret* what the seven thunders said, and do not write it down."

5 • Then the angel I saw standing on the sea and on the land raised his right hand 6 toward heaven. • He swore an oath in the name of the one who lives forever and ever, who created the heavens and everything in them, the earth and everything in it, and the sea and everything in it. He said, "There will 7 be no more delay. • When the seventh angel blows his trumpet, God's mysterious plan will be fulfilled. It will happen just as he announced it to his servants the prophets."

8 • Then the voice from heaven spoke to me again: "Go and take the open scroll from the hand of the angel who is standing on the sea and on the land."

9 • So I went to the angel and told him to give me the small scroll. "Yes, take it and eat it," he said. "It will be sweet as honey in your mouth, but it will turn sour in your stom- 10 ach!" • So I took the small scroll from the hand of the angel, and I ate it! It was sweet in my mouth, but when I swallowed it, it turned sour in my stomach.

11 • Then I was told, "You must prophesy again about many peoples, nations, languages, and kings."

The Two Witnesses

11 Then I was given a measuring stick, and I was told, "Go and measure the Temple of God and the altar, and count the 2 number of worshipers. • But do not measure the outer courtyard, for it has been turned over to the nations. They will trample the 3 holy city for 42 months. • And I will give power to my two witnesses, and they will be clothed in burlap and will prophesy during

---

10:2 Or *book;* also in 10:8, 9, 10.   10:4 Greek *Seal up.*

예언하게 할 것인데, 그 둘은 굵은 삼베옷을 입고, 그들의 슬픔을 나타낼 것이다."

4 이 두 증인은 바로 땅 위의 주님 앞에 서 있는 올리브 나무 두 그루와 두 촛대였습니다.

5 누구든지 그들을 해치려고 하면, 그 입에서 불이 나와 원수들을 삼켜 버릴 것입니다. 이처럼 그들을 해치는 자는 죽고 말 것입니다.

6 이 증인들은 자기들이 예언하는 동안 하늘에서 비를 내리지 못하게 하고, 물을 피로 변하게 하며, 언제라도 온 땅에 온갖 재앙을 내리게 할 수 있는 능력을 가지고 있습니다.

7 두 증인의 예언이 끝나고 나면, 한 짐승이 나타나 그들과 싸우게 될 것입니다. 그 짐승은 끝이 보이지 않는* 구덩이에서 올라와 싸움을 한 뒤, 그들을 죽일 것입니다.

8 두 증인의 시체는 큰 성의 길거리에 버려질 것인데, 이 성은 비유적으로 '소돔' 혹은 '이집트' 라고 불립니다. 그곳은 바로 그들의 주님이 십자가에 못박히신 곳입니다.

9 모든 나라와 민족들이 그들의 시체를 땅에 묻지 않고, 삼 일하고 반나절 동안, 내버려 둔 채 구경할 것입니다.

10 이 땅에 살고 있는 사람들은 모두 그들의 죽음을 기뻐할 것입니다. 또 잔치를 하고, 서로 선물도 주고받으며 즐거워할 것입니다. 그것은 이 두 증인이 그들에게 너무나 많은 고통을 가져다 주었기 때문입니다.

11 그러나 삼 일하고 반나절이 지난 후, 하나님께서는 이 두 증인에게 생명의 영을 불어넣으셨습니다. 그들이 일어나자, 이 광경을 본 사람들은 무서워서 어찌할 바를 몰랐습니다.

12 그때, 하늘에서 큰 소리가 두 증인을 향하여 들려 왔습니다. "이리로 올라오너라!" 그들은 원수들이 보는 앞에서 구름을 타고 하늘로 올라갔습니다.

13 바로 그 순간, 큰 지진이 일어났습니다. 그 성의 십분의 일이 무너지고, 칠천 명이 죽었습니다. 살아남은 자들은 매우 두려워하며 하늘에 계신 하나님께 영광을 돌렸습니다.

14 두 번째 재난이 끝났습니다. 이제 세 번째 재난이 곧 올 것입니다.

일곱 번째 나팔

15 일곱 번째 천사가 나팔을 불자, 하늘에서 큰 음성이 들려왔습니다. "우리 주님과 그리스도께서 이제 이 세상을 다스리시며, 앞으로도 영원토록 다스리실 것이다."

16 그러자 하나님 앞에 앉아 있던 이십사 명의 장로들이 엎드려 하나님께 경배하였습니다.

17 그들은 말했습니다. "지금도 계시고 전에도 계셨던 전능하신 우리 주 하나님께 감사를 드립니다. 이제

those 1,260 days."

4 •These two prophets are the two olive trees and the two lampstands that stand before the Lord of all the earth. •If anyone tries to harm them, fire flashes from their mouths and consumes their enemies. This is how anyone who tries to harm them must die. •They have power to shut the sky so that no rain will fall for as long as they prophesy. And they have the power to turn the rivers and oceans into blood, and to strike the earth with every kind of plague as often as they wish.

7 •When they complete their testimony, the beast that comes up out of the bottomless pit* will declare war against them, and he will conquer them and kill them. •And their bodies will lie in the main street of Jerusalem,* the city that is figuratively called "Sodom" and "Egypt," the city where their Lord was crucified. •And for three and a half days, all peoples, tribes, languages, and nations will stare at their bodies. No one will be allowed to bury them. •All the people who belong to this world will gloat over them and give presents to each other to celebrate the death of the two prophets who had tormented them.

11 •But after three and a half days, God breathed life into them, and they stood up! Terror struck all who were staring at them. •Then a loud voice from heaven called to the two prophets, "Come up here!" And they rose to heaven in a cloud as their enemies watched.

13 •At the same time there was a terrible earthquake that destroyed a tenth of the city. Seven thousand people died in that earthquake, and everyone else was terrified and gave glory to the God of heaven. •The second terror is past, but look, the third terror is coming quickly.

The Seventh Trumpet Brings the Third Terror

15 •Then the seventh angel blew his trumpet, and there were loud voices shouting in heaven:

"The world has now become the Kingdom of our Lord and of his Christ,* and he will reign forever and ever."

16 •The twenty-four elders sitting on their thrones before God fell with their faces to the ground and worshiped him. •And they said,

---

11:7 Or *the abyss,* or *the underworld.*   11:8 Greek *the great city.*   11:15 Or *his Messiah.*

11:7 바닥이 없는 깊은

주님은 그 크신 능력으로 이 땅을 다스리실 것입니다.

18 온 세상 사람들이 화를 내고 교만하였으나, 이제는 주님께서 진노를 내리시고, 죽은 자들을 심판하실 때입니다. 또한 주님의 종들인 예언자들과 거룩한 백성들, 큰 자이든지, 작은 자이든지, 주님을 경외하는 자들을 위해 상을 베푸실 때입니다. 그리고 이 세상을 망하게 하는 자들을 멸망시키실 때가 왔습니다."

19 그러자 하늘에 있는 하나님의 성전이 열렸습니다. 그 안에 하나님께서 그의 백성에게 주신 언약궤가 보였습니다. 그 순간, 번개가 치고, 천둥과 지진이 일어나며, 큰 우박이 쏟아졌습니다.

여자와 용

12 그리고 하늘에 아주 신기한 광경이 나타났습니다. 한 여자가 해를 옷인 양 입고, 달 위에 발을 딛고, 머리에는 열두 별이 달린 왕관을 쓰고 있었습니다.

2 그 여자는 아기를 배고 있었는데, 막 아기를 낳으려는 순간이어서 고통으로 신음하고 있었습니다.

3 하늘에 또 다른 신기한 광경이 나타났습니다. 크고 붉은 용이 보였습니다. 그 용의 머리는 일곱이고, 뿔은 열이며, 각각의 머리마다 왕관이 씌워져 있었습니다.

4 그 용은 꼬리로 하늘의 별 삼분의 일을 휩쓸어 땅에 내던졌습니다. 그리고는 막 아기를 낳으려는 여자 앞에 버티고 서서, 아기를 낳기만 하면 잡아삼키려고 준비하고 있었습니다.

5 드디어 여자가 아들을 낳았습니다. 그 아기는 큰 권세를 가지고 장차 온 나라를 다스릴 분이었습니다. 그러나 아기는 하나님의 보좌 앞으로 들려 올라갔습니다.

6 그리고 여자는 하나님이 준비해 두신 광야의 한 곳으로 도망쳤는데, 그곳에서 천이백육십 일 동안, 보호받을 수 있게 하셨습니다.

7 그때, 하늘에서 전쟁이 일어났습니다. 미가엘과 그의 천사들이 용과 그의 부하들을 대항해 싸움이 일어난 것입니다.

8 그러나 용과 그의 부하들은 싸움에 패하여 하늘에서 쫓겨나고 말았습니다.

9 큰 용은 마귀 혹은 사탄이라고 불리는 바로 그 오래된 뱀이었습니다. 그 용은 온 세상을 잘못된 길로 인도하는 자였습니다. 용과 그의 부하들은 땅으로 내동댕이쳐졌습니다.

10 그때, 나는 하늘에서 큰 음성을 들었습니다. "우리 하나님의 구원과 능력과 나라와 그리스도의 권세가 이제야 나타났다. 하나님 앞에서 밤낮으로

"We give thanks to you, Lord God, the
　　Almighty,
　　the one who is and who always was,
for now you have assumed your great power
　　and have begun to reign.

18 • The nations were filled with wrath,
　　but now the time of your wrath has come.
It is time to judge the dead
　　and reward your servants the prophets,
　　as well as your holy people,
and all who fear your name,
　　from the least to the greatest.
It is time to destroy
　　all who have caused destruction on the
　　earth."

19 • Then, in heaven, the Temple of God was opened and the Ark of his covenant could be seen inside the Temple. Lightning flashed, thunder crashed and roared, and there was an earthquake and a terrible hailstorm.

The Woman and the Dragon

12 Then I witnessed in heaven an event of great significance. I saw a woman clothed with the sun, with the moon beneath her feet, and a crown of twelve stars on her head. 2 • She was pregnant, and she cried out because of her labor pains and the agony of giving birth.

3 • Then I witnessed in heaven another significant event. I saw a large red dragon with seven heads and ten horns, with seven crowns on his heads. 4 • His tail swept away one-third of the stars in the sky, and he threw them to the earth. He stood in front of the woman as she was about to give birth, ready to devour her baby as soon as it was born.

5 • She gave birth to a son who was to rule all nations with an iron rod. And her child was snatched away from the dragon and was caught up to God and to his throne. 6 • And the woman fled into the wilderness, where God had prepared a place to care for her for 1,260 days.

7 • Then there was war in heaven. Michael and his angels fought against the dragon and his angels. 8 • And the dragon lost the battle, and he and his angels were forced out of heaven. 9 • This great dragon—the ancient serpent called the devil, or Satan, the one deceiving the whole world—was thrown down to the earth with all his angels.

10 • Then I heard a loud voice shouting across the heavens,

figuratively [fígjurətivli] *ad.* 비유(상징)적으로
significance [signífikəns] *n.* 의미; 중대성
testimony [téstəmouni] *n.* 증언

우리 형제들을 고소하던 자가 이제야 쫓겨 났구나.

11 어린양의 피와 그들이 증언하던 진리의 말씀으로, 우리 형제들이 그를 이겼다. 그들은 죽음을 두려워하지 않고, 목숨을 다해 싸웠다.

12 그러므로 하늘과 하늘에 있는 모든 자들아, 기뻐하여라! 그러나 땅과 바다에 있는 자들에게는 화가 미쳤구나. 머리끝까지 화가 난 마귀가 그곳으로 내려갔으니 자기에게 시간이 얼마 남지 않았음을 알고 날뛸 것이다."

13 용은 자기가 땅에 내던져진 것을 알고, 남자 아이를 낳은 그 여자를 찾아 나섰습니다.

14 그러나 여자는 큰 독수리의 두 날개를 받아, 이미 광야의 마련된 곳으로 날아갔습니다. 그곳에서 여자는 삼 년 반 동안,* 뱀의 공격을 피하여 안전하게 지낼 수 있었습니다.

15 그러자 뱀은 여자를 휩쓸어 버리려고, 입에서 물을 홍수같이 뿜어 내었습니다.

16 그때, 땅이 입을 벌려, 용의 입에서 나오는 물을 다 삼켜 여자를 도와주었습니다.

17 화가 머리끝까지 치민 용은, 하나님의 명령을 지키고 예수님이 가르쳐 주신 진리를 굳게 간직하고 있는 여자의 남은 자손들을 공격하려고 나섰습니다.

18 용은 바닷가 모래 위에 섰습니다.*

두 짐승

13 또 나는 바다에서 한 짐승이 올라오는 것을 보았습니다. 그 짐승은 뿔이 열이고 머리가 일곱이었는데, 각각의 뿔에는 왕관이 씌워져 있었습니다. 또 머리마다 하나님을 모독하는 이름들이 쓰여 있었습니다.

2 그 짐승은 마치 표범처럼 생겼는데, 발은 곰의 발 같고 입은 사자의 입을 닮았습니다. 용은 그 짐승에게 자기의 힘과 왕좌와 권세를 주었습니다.

3 그 짐승의 머리 하나가 큰 상처를 입고 죽은 듯 하더니, 거짓말같이 그 상처가 나으며 살아났습니다. 사람들은 그 기적에 놀라며 그 짐승을 따랐습니다.

4 그 짐승에게 이처럼 큰 능력을 준 용에게 경배하고, 그 짐승에게도 역시 경배하며, 이렇게 외쳤습니다. "이 짐승보다 힘센 자가 어디 있겠는가? 누가 감히 이 짐승과 맞서 싸울 수 있겠는가?"

"It has come at last—
　salvation and power
and the Kingdom of our God,
　and the authority of his Christ.*
For the accuser of our brothers and sisters*
　has been thrown down to earth—
　the one who accuses them
　before our God day and night.

11 • And they have defeated him by the blood of the Lamb
　and by their testimony.
And they did not love their lives so much
　that they were afraid to die.

12 • Therefore, rejoice, O heavens!
　And you who live in the heavens, rejoice!
But terror will come on the earth and the sea,
　for the devil has come down to you in great anger,
　knowing that he has little time."

13 • When the dragon realized that he had been thrown down to the earth, he pursued the woman 14 who had given birth to the male child. • But she was given two wings like those of a great eagle so she could fly to the place prepared for her in the wilderness. There she would be cared for and protected from the dragon* for a time, times, and half a time.

15 • Then the dragon tried to drown the woman with a flood of water that flowed from his mouth. 16 • But the earth helped her by opening its mouth and swallowing the river that gushed out from the 17 mouth of the dragon. • And the dragon was angry at the woman and declared war against the rest of her children—all who keep God's commandments and maintain their testimony for Jesus.

18 • Then the dragon took his stand* on the shore beside the sea.

The Beast out of the Sea

13 Then I saw a beast rising up out of the sea. It had seven heads and ten horns, with ten crowns on its horns. And written on each head were 2 names that blasphemed God. • This beast looked like a leopard, but it had the feet of a bear and the mouth of a lion! And the dragon gave the beast his own power and throne and great authority.

3 • I saw that one of the heads of the beast seemed wounded beyond recovery—but the fatal wound was healed! The whole world marveled at this mir- 4 acle and gave allegiance to the beast. • They wor-

---

12:10a Or *his Messiah.*　12:10b Greek *brothers.*　12:14 Greek *the serpent;* also in 12:15. See 12:9.　12:18 Greek *Then he took his stand;* some manuscripts read *Then I took my stand.* Some translations put this entire sentence into 13:1.

12:14 한 때와 두 때와 반 때 동안

12:18 18절의 내용이 개역 성경에는 17절에 포함되어 있으나 대부분의 사본에는 18절이 따로 분리되어 있다.

5 용은 그 짐승에게 교만한 말과 하나님을 모독하는 말을 하게 하고, 마흔두 달 동안, 용의 힘을 빌어 사용할 수 있는 권세를 주었습니다.

6 그 짐승은 그 기간 동안, 하나님을 모독하고, 하나님의 이름과 성전*을 더럽히며, 하늘에 있는 모든 이들을 욕하고 다녔습니다.

7 또 하나님의 거룩한 백성을 쳐서 이기는 권세를 받아서, 이 땅의 모든 나라와 민족을 다스리게 되었습니다.

8 세상이 창조된 이후, 죽임당하신 어린양의 생명책에 기록되지 못한 땅에 사는 사람들은, 모두 이 짐승을 경배하게 될 것입니다.

9 누구든지 귀 있는 자는 들으십시오.

10 "사로잡힐 사람이라면 사로잡힐 것이며 칼로 죽임을 당할 사람이라면 칼에 죽임을 당할 것입니다." 이 말은 하나님의 거룩한 백성에게는 인내와 믿음이 필요하다는 뜻입니다.

11 그 뒤에 나는 또 한 짐승이 땅에서 올라오는 것을 보았습니다. 그 짐승은 어린양처럼 뿔이 두 개 있었는데, 용처럼 말했습니다.

12 이 두 번째 짐승은 첫 번째 짐승 앞에 서서 첫 번째 짐승과 똑같은 힘을 행사하였습니다. 그 힘으로 치명적인 상처를 입었다가 살아난 첫 번째 짐승에게, 이 땅의 살아 있는 모든 사람들이 무릎 꿇도록 강요했습니다.

13 두 번째 짐승은 큰 기적을 행하였는데, 사람들이 보는 앞에서 불이 하늘에서부터 땅으로 내려오게 하기도 하였습니다.

14 이 짐승은 이런 기적들을 행하여서 사람들을 현혹시켰습니다. 이 모든 것은 첫 번째 짐승을 경배하게 하기 위한 수단이었습니다. 또 사람들에게 칼에 맞고도 죽지 않은 첫 번째 짐승의 우상을 만들어 섬기도록 명령하였습니다.

15 두 번째 짐승은 그 우상에게 생명을 불어넣어 우상이 말을 하게 하고, 그 우상에게 절하지 않는 사람들은 다 죽이라고 명령하였습니다.

16 그 짐승은 높은 자나 낮은 자나, 부자나 가난한 자나, 노예나 자유인이나 다 그들의 오른손이나 이마에 표를 받게 하였습니다.

17 그래서 이 표가 없는 자는 아무것도 사거나 팔 수 없게 하였는데, 이 표는 짐승의 이름이나 그 이름을 뜻하는 숫자입니다.

18 지혜가 있는 자는 이 숫자의 의미를 알 수 있을 것입니다. 그 숫자는 사람의 숫자이며, 육백육십육입니다.

---

shiped the dragon for giving the beast such power, and they also worshiped the beast. "Who is as great as the beast?" they exclaimed. "Who is able to fight against him?"

⁵ •Then the beast was allowed to speak great blasphemies against God. And he was given authority to do whatever he wanted for forty-two

⁶ months. •And he spoke terrible words of blasphemy against God, slandering his name and his dwelling—that is, those who dwell in heaven.*

⁷ •And the beast was allowed to wage war against God's holy people and to conquer them. And he was given authority to rule over every tribe and people and language and nation. •And all the people who belong to this world worshiped the beast. They are the ones whose names were not written in the Book of Life that belongs to the Lamb who was slaughtered before the world was made.*

⁹ • Anyone with ears to hear
　　should listen and understand.

¹⁰ • Anyone who is destined for prison
　　will be taken to prison.
　Anyone destined to die by the sword
　　will die by the sword.

This means that God's holy people must endure persecution patiently and remain faithful.

The Beast out of the Earth

¹¹ •Then I saw another beast come up out of the earth. He had two horns like those of a lamb, but

¹² he spoke with the voice of a dragon. •He exercised all the authority of the first beast. And he required all the earth and its people to worship the first beast, whose fatal wound had been healed.

¹³ •He did astounding miracles, even making fire flash down to earth from the sky while everyone

¹⁴ was watching. •And with all the miracles he was allowed to perform on behalf of the first beast, he deceived all the people who belong to this world. He ordered the people to make a great statue of the first beast, who was fatally wounded and then

¹⁵ came back to life. •He was then permitted to give life to this statue so that it could speak. Then the statue of the beast commanded that anyone refusing to worship it must die.

¹⁶ •He required everyone—small and great, rich and poor, free and slave—to be given a mark on

¹⁷ the right hand or on the forehead. •And no one could buy or sell anything without that mark, which was either the name of the beast or the

¹⁸ number representing his name. •Wisdom is

13:6 Some manuscripts read *and his dwelling and all who dwell in heaven.*　13:8 Or *not written in the Book of Life before the world was made—the Book that belongs to the Lamb who was slaughtered.*

13:6 장막

구원 받은 자의 노래

14 그 후에 나는 어린양을 보았습니다. 어린양은 시온 산에 서 있었습니다. 그 곁에는 이마에 그분의 이름과 아버지의 이름이 새겨진 십사만 사천 명이 서 있었습니다.

2 그리고 폭포 소리 같기도 하고, 큰 천둥 소리 같기도 한 소리가 하늘로부터 들려 왔습니다. 그것은 사람들이 거문고를 타는 소리 같았습니다.

3 그들은 보좌와 네 생물과 장로들 앞에서 새 노래를 불렀습니다. 그 새 노래는 이 땅에서 구원함을 받은 십사만 사천 명 외에는 아무도 부를 수가 없었습니다.*

4 이들은 여자와 더불어 죄를 짓지 않고, 자신을 깨끗이 지킨 자들입니다. 그들은 어린양이 가는 곳이라면 어디든지 따라가는 자들이며, 하나님과 어린양에게 첫 제물로 바쳐진 이 땅의 사람들 가운데 구원 받은 자들입니다.

5 그들에게선 거짓을 찾을 수 없으며, 흠 없는 자들입니다.

세 천사

6 그 후, 나는 한 천사가 하늘 높이 날아가는 것을 보았습니다. 그 천사는 땅 위에 있는 모든 나라와 민족과 부족에게 전할 영원한 기쁜 소식을 가지고 가는 중이었습니다.

7 천사는 큰 소리로 외쳤습니다. "하나님을 두려워하고, 그분에게 찬양을 드려라. 하나님께서 온 세상을 심판하실 때가 왔으니, 하늘과 땅과 바다와 샘을 만드신 그분을 경배하여라."

8 또 한 천사가 그 뒤를 이어 날아가며 외쳤습니다. "바빌론이 무너졌다. 큰 성 바빌론이 무너졌다. 모든 민족에게 부도덕한 짓을 하게 하여 하나님의 진노를 사게 한 대가를 받았다."

9 두 천사의 뒤를 이어 세 번째 천사가 큰 소리로 외쳤습니다. "누구든지 짐승과 우상에게 경배하고, 이마나 손에 짐승의 표를 받는 자는

10 하나님의 진노의 포도주를 마시게 될 것이다. 그 진노의 포도주는 물을 타지 않은 독한 술이다. 그들은 거룩한 천사들과 어린양이 보는 앞에서 유황불로 고통을 겪게 될 것이다.

11 그 고통의 연기는 밤낮 쉬지 않고 피어 올라서, 짐승과 우상에게 경배하고 짐승의 표를 받은 자들을 괴롭힐 것이다.

12 그러므로 하나님의 거룩한 백성은 하나님의 명령을 지키고, 예수님을 끝까지 믿고 따르면서 참고 견뎌야 할 것이다."

13 또 나는 하늘에서 들리는 음성을 들었습니다. "이것을 기록하여라. 이제부터 주님을 믿고 주 안에서 죽은 자를 기뻐할 때가 왔다." 그러자 성

needed here. Let the one with understanding solve the meaning of the number of the beast, for it is the number of a man.* His number is 666.*

The Lamb and the 144,000

14 Then I saw the Lamb standing on Mount Zion, and with him were 144,000 who had his name and his Father's name written on their foreheads. 2 And I heard a sound from heaven like the roar of mighty ocean waves or the rolling of loud thunder. It was like the sound of many harpists playing together.

3 This great choir sang a wonderful new song in front of the throne of God and before the four living beings and the twenty-four elders. No one could learn this song except the 144,000 who had been redeemed from the earth. 4 They have kept themselves as pure as virgins,* following the Lamb wherever he goes. They have been purchased from among the people on the earth as a special offering* to God and to the Lamb. 5 They have told no lies; they are without blame.

The Three Angels

6 And I saw another angel flying through the sky, carrying the eternal Good News to proclaim to the people who belong to this world—to every nation, tribe, language, and people.

7 "Fear God," he shouted. "Give glory to him. For the time has come when he will sit as judge. Worship him who made the heavens, the earth, the sea, and all the springs of water."

8 Then another angel followed him through the sky, shouting, "Babylon is fallen—that great city is fallen—because she made all the nations of the world drink the wine of her passionate immorality."

9 Then a third angel followed them, shouting, "Anyone who worships the beast and his statue or who accepts his mark on the forehead 10 or on the hand must drink the wine of God's anger. It has been poured full strength into God's cup of wrath. And they will be tormented with fire and burning sulfur in the presence of 11 the holy angels and the Lamb. The smoke of their torment will rise forever and ever, and they will have no relief day or night, for they have worshiped the beast and his statue and have accepted the mark of his name."

12 This means that God's holy people must endure persecution patiently, obeying his commands and maintaining their faith in Jesus.

13 And I heard a voice from heaven saying,

13:18a Or *of humanity.* 13:18b Some manuscripts read 616. 14:4a Greek *They are virgins who have not defiled themselves with women.* 14:4b Greek *as firstfruits.*

14:3 배울 사람이 없습니다.

령께서도 "그렇다. 그들은 괴로운 수고에서 벗어날 것이다. 이는 그들의 착한 행실이 영원히 남아 있기 때문이다" 하고 말씀하셨습니다.

땅의 추수

14 눈앞에 흰 구름이 펼쳐지며, 그 구름 위에 한 분이 앉아 계신 것이 보였습니다. 그분은 '사람의 아들'이라고 불리는 예수님 같았습니다. 그분은 머리에 금관을 쓰고, 손에는 날카로운 낫을 들고 계셨습니다.

15 그때, 한 천사가 성전에서 나오더니, 구름 위에 앉아 계시는 분에게 외쳤습니다. "낫을 들어 추수를 시작하십시오. 곡식이 무르익어 거둘 때가 되었습니다."

16 그러자 그분은 땅 위로 낫을 휘둘렀고, 곡식은 추수되었습니다.

17 또 다른 천사가 하늘 성전에서 나왔습니다. 이 천사의 손에도 날카로운 낫이 하나 들려 있었습니다.

18 그때, 제단에서 불을 관리하는 천사 하나가 나오더니, 낫을 들고 있는 천사에게 외쳤습니다. "낫을 들어 포도를 수확하십시오. 포도밭의 포도송이들이 무르익었습니다."

19 천사가 낫을 휘두르자, 땅 위의 포도가 거둬져, 하나님의 진노의 술틀 속으로 던져졌습니다.

20 성 밖에 놓여진 포도주틀 속에서 포도송이들은 으깨졌고, 피가 포도주틀 밖으로 흘러 넘쳤습니다. 그 피는 말굴레에까지 이르렀고, 천육백 스타디온* 밖까지 흘러 나갔습니다.

최후의 고난

15 나는 하늘에서 크고 놀라운 또 다른 신기한 광경을 보았습니다. 일곱 천사가 마지막 재앙인 일곱 재난을 내릴 준비를 하고 있었습니다. 이 재난이 끝나면, 하나님의 진노도 끝날 것입니다.

2 나는 불이 섞인 유리 바다 같은 것을 보았습니다. 짐승과 그의 우상과 그의 이름을 상징하는 숫자와 싸워 이긴 사람들이 그 바다 곁에 서 있었습니다. 그들은 손에 하나님이 주신 거문고를 들고,

3 하나님의 종 모세와 어린양의 노래를 부르고 있었습니다. "크고 놀라운 일을 행하신 주님, 주 여호와 만군의 하나님, 주님께서 하시는 모든 일은 올바르고 참되십니다. 모든 나라의 왕이신 주님,

4 만민이 주님을 경배합니다. 주님을 찬양합니다. 오직 주님만이 거룩하신 분이십니다. 모든 백성이 주님 앞에 나와 경배합니다. 이는 주님은 의로우시고 공평하시며, 아무 흠도 없으신

"Write this down: Blessed are those who die in the Lord from now on. Yes, says the Spirit, they are blessed indeed, for they will rest from their hard work; for their good deeds follow them!"

The Harvest of the Earth

14 •Then I saw a white cloud, and seated on the cloud was someone like the Son of Man.* He had a gold crown on his head and a sharp sickle in his hand.

15 •Then another angel came from the Temple and shouted to the one sitting on the cloud, "Swing the sickle, for the time of harvest has

16 come; the crop on earth is ripe." •So the one sitting on the cloud swung his sickle over the earth, and the whole earth was harvested.

17 •After that, another angel came from the Temple in heaven, and he also had a sharp sickle.

18 •Then another angel, who had power to destroy with fire, came from the altar. He shouted to the angel with the sharp sickle, "Swing your sickle now to gather the clusters of grapes from the vines of the earth, for they are ripe for judgment."

19 •So the angel swung his sickle over the earth and loaded the grapes into the great winepress of

20 God's wrath. •The grapes were trampled in the winepress outside the city, and blood flowed from the winepress in a stream about 180 miles* long and as high as a horse's bridle.

The Song of Moses and of the Lamb

15 Then I saw in heaven another marvelous event of great significance. Seven angels were holding the seven last plagues, which

2 would bring God's wrath to completion. •I saw before me what seemed to be a glass sea mixed with fire. And on it stood all the people who had been victorious over the beast and his statue and the number representing his name. They were all holding harps that God had given

3 them. •And they were singing the song of Moses, the servant of God, and the song of the Lamb:

"Great and marvelous are your works,
　O Lord God, the Almighty.
Just and true are your ways,
　O King of the nations.*

4 • Who will not fear you, Lord,
　and glorify your name?
　For you alone are holy.
All nations will come and worship before you,
　for your righteous deeds have been
　　revealed."

14:14 Or *like a son of man*. See Dan 7:13. "Son of Man" is a title Jesus used for himself.　14:20 Greek *1,600 stadia* [300 kilometers].　15:3 Some manuscripts read *King of the ages*.

14:20 1,600스타디온은 약 296km에 해당된다.

신실한 하나님이시기 때문입니다."

5 이 광경 후에 나는 하늘의 성전인 언약의 장막이 열리는 것을 보았습니다.

6 그 안에서 일곱 가지 재난을 내릴 일곱 천사가 나왔습니다. 그들은 깨끗하고 빛나는 모시옷을 입고, 가슴에는 금띠를 두르고 있었습니다.

7 그때, 네 생물 중 하나가 일곱 천사에게 금대접을 하나씩 주었습니다. 그 대접에는 영원히 살아 계신 하나님의 진노가 가득 담겨 있었습니다.

8 성전은 하나님의 영광과 능력에서 나오는 연기로 가득 찼습니다. 어느 누구도 일곱 천사의 일곱 재난이 끝나기까지는 성전에 들어갈 수 없었습니다.

하나님의 진노의 대접

16 나는 또 성전에서 일곱 천사에게 이렇게 외치는 큰 음성을 들었습니다. "가서 하나님의 진노가 담겨 있는 일곱 대접을 땅에 쏟아라."

2 첫째 천사가 대접을 땅에 쏟았습니다. 그러자 짐승의 표를 받고 그 우상에게 경배한 자들의 몸에 더럽고 몹시 아픈 종기가 생겼습니다.

3 둘째 천사가 대접을 바다에 쏟았습니다. 그러자 바다가 죽은 사람의 피같이 되어 바다에 사는 모든 생물이 죽었습니다.

4 셋째 천사가 대접을 강과 샘에 쏟았습니다. 그러자 강물과 샘물도 피로 변했습니다.

5 나는 물을 관리하는 천사가 하나님께 말하는 소리를 들었습니다. "지금도 계시고 전에도 계셨던 거룩하신 주님, 악한 자들을 벌하시는 주님의 심판은 정당하십니다.

6 그들이 주님의 성도들과 예언자들의 피를 흘렸으니, 그들이 피를 마시는 것은 당연한 대가입니다."

7 나는 또 제단에서 나오는 소리를 들었습니다. "그렇습니다. 전능하신 주 하나님, 주님의 판단은 참되고 공평하십니다."

8 넷째 천사가 대접을 해를 향해 쏟아 붓자, 사람을 태워 버릴 만큼 뜨거운 열기가 쏟아 내렸습니다.

9 사람들은 그 뜨거운 불길에 타면서도 하나님의 이름을 모독하였습니다. 이 모든 재난을 내리시는 분이 하나님임을 알면서도, 사람들은 회개하지 않고, 하나님께 영광을 돌리지도 않았습니다.

10 다섯째 천사가 대접을 짐승의 왕좌에 쏟아 붓자, 어둠이 짐승의 나라를 뒤덮었습니다. 사람들은 고통 때문에 혀를 깨물었습니다.

11 그들은 자기들이 당하는 고통과 아픔을 하나님 탓으로 돌리며 저주하였습니다. 그러면서 회개하지

The Seven Bowls of the Seven Plagues

5 • Then I looked and saw that the Temple in heaven, God's Tabernacle, was thrown wide open. 6 • The seven angels who were holding the seven plagues came out of the Temple. They were clothed in spotless white linen* with gold 7 sashes across their chests. • Then one of the four living beings handed each of the seven angels a gold bowl filled with the wrath of God, who 8 lives forever and ever. • The Temple was filled with smoke from God's glory and power. No one could enter the Temple until the seven angels had completed pouring out the seven plagues.

16 Then I heard a mighty voice from the Temple say to the seven angels, "Go your ways and pour out on the earth the seven bowls containing God's wrath."

2 • So the first angel left the Temple and poured out his bowl on the earth, and horrible, malignant sores broke out on everyone who had the mark of the beast and who worshiped his statue.

3 • Then the second angel poured out his bowl on the sea, and it became like the blood of a corpse. And everything in the sea died.

4 • Then the third angel poured out his bowl on the rivers and springs, and they became 5 blood. • And I heard the angel who had authority over all water saying,

"You are just, O Holy One, who is and who always was,
because you have sent these judgments.
6 • Since they shed the blood
of your holy people and your prophets,
you have given them blood to drink.
It is their just reward."

7 • And I heard a voice from the altar,* saying,

"Yes, O Lord God, the Almighty,
your judgments are true and just."

8 • Then the fourth angel poured out his bowl on the sun, causing it to scorch everyone with 9 its fire. • Everyone was burned by this blast of heat, and they cursed the name of God, who had control over all these plagues. They did not repent of their sins and turn to God and give him glory.

10 • Then the fifth angel poured out his bowl on the throne of the beast, and his kingdom was plunged into darkness. His subjects ground their 11 teeth* in anguish, • and they cursed the God of

---

15:6 Other manuscripts read *white stone*; still others read *white [garments] made of linen.* 16:7 Greek *I heard the altar.* 16:10 Greek *gnawed their tongues.*

요한계시록 17장 (Korean)

도 않고, 악한 행위에서 돌이키지도 않았습니다.

12 여섯째 천사가 대접을 큰 유프라테스 강에 쏟아 부었습니다. 그러자 강물이 다 마르고 동방의 왕들이 쳐들어올 수 있는 길이 열렸습니다.

13 또 용과 짐승과 거짓 예언자의 입에서 개구리같이 생긴 악한 영 셋이 튀어나오는 것을 보았습니다.

14 이 악한 영들은 귀신들의 영이었습니다. 그들은 기적을 행할 수 있는 능력이 있었습니다. 그 영들은 전능하신 하나님의 큰 심판날에 대비하여 함께 싸울 온세계의 왕들을 모으러 나갔습니다.

15 그때, 한 음성이 들렸습니다. "보아라! 내가 생각지도 못한 때에 도둑같이 너희들에게 갈 것이다. 깨어서 옷을 단정히 입고 있는 자는 복이 있으리니, 벌거벗은 채 부끄러움을 당하지 않게 될 것이다."

16 그 악한 영들은 히브리 말로 아마겟돈이라는 곳에 왕들을 다 집결시켰습니다.

17 일곱째 천사가 대접을 공중에 쏟아 붓자, 성전 보좌에서부터 큰 음성이 울려 나왔습니다. "다 끝났다."

18 그리고는 천둥과 번개가 치며, 큰 지진이 일어났습니다. 그 지진은 역사가 생긴 이래 가장 큰 지진이었습니다.

19 큰 성이 세 조각이 나고, 온 나라의 도시들이 무너졌습니다. 하나님께서는 큰 성 바빌론의 죄악을 잊지 않으시고, 하나님의 진노의 포도주 잔을 들이키게 하셨습니다.

20 모든 섬들이 사라지고, 산들도 자취를 감추었습니다.

21 무게가 한 달란트나 되는 큰 우박들이 하늘에서 쏟아졌습니다. 사람들은 우박 때문에 재난이 너무나 커서, 하나님을 향해 저주를 퍼부었습니다. 너무나 끔찍한 재난이었습니다.

짐승을 탄 여자

17 대접을 들고 있던 일곱 천사 중 하나가 내게 와서 이렇게 말하였습니다. "나를 따라오너라. 많은 물 위에 앉은 큰 음녀가 받을 심판을 네게 보여 주겠다.

2 세상의 왕들이 그 여자와 함께 음란한 죄를 짓고, 온 세상 사람들도 그녀가 주는 음란의 포도주에 취하였다."

3 그리고 천사는 성령의 도우심으로 나를 광야로 이끌고 갔습니다. 거기서 나는 붉은 짐승 위에 올라타고 앉아 있는 한 여자를 보았습니다. 그 짐승의 몸에는 하나님을 모독하는 말들이 가득 쓰여 있었고, 일곱 머리와 열 뿔이 있었습니다.

4 그 여자는 보라색과 붉은색의 옷을 입고 금과 보

REVELATION 17 (English)

heaven for their pains and sores. But they did not repent of their evil deeds and turn to God.

12 Then the sixth angel poured out his bowl on the great Euphrates River, and it dried up so that the kings from the east could march their armies toward the west without hindrance.

13 And I saw three evil* spirits that looked like frogs leap from the mouths of the dragon, the beast, 14 and the false prophet. •They are demonic spirits who work miracles and go out to all the rulers of the world to gather them for battle against the Lord on that great judgment day of God the Almighty.

15 •"Look, I will come as unexpectedly as a thief! Blessed are all who are watching for me, who keep their clothing ready so they will not have to walk around naked and ashamed."

16 •And the demonic spirits gathered all the rulers and their armies to a place with the Hebrew name *Armageddon.**

17 •Then the seventh angel poured out his bowl into the air. And a mighty shout came from the throne in the Temple, saying, "It is finished!" 18 •Then the thunder crashed and rolled, and lightning flashed. And a great earthquake struck—the worst since people were placed on the earth. 19 •The great city of Babylon split into three sections, and the cities of many nations fell into heaps of rubble. So God remembered all of Babylon's sins, and he made her drink the cup that was filled with the wine of his fierce wrath. 20 •And every island disappeared, and all 21 the mountains were leveled. •There was a terrible hailstorm, and hailstones weighing as much as seventy-five pounds* fell from the sky onto the people below. They cursed God because of the terrible plague of the hailstorm.

The Great Prostitute

17 One of the seven angels who had poured out the seven bowls came over and spoke to me. "Come with me," he said, "and I will show you the judgment that is going to come on the great prostitute, who rules over many 2 waters. •The kings of the world have committed adultery with her, and the people who belong to this world have been made drunk by the wine of her immorality."

3 •So the angel took me in the Spirit* into the wilderness. There I saw a woman sitting on a scarlet beast that had seven heads and ten horns, and blasphemies against God were writ- 4 ten all over it. •The woman wore purple and

16:13 Greek *unclean*.　16:16 Or *Harmagedon*.
16:21 Greek *1 talent* [34 kilograms].　17:3 Or *in spirit*.

석과 진주로 온몸을 치장하고 있었습니다. 그리고 손에는 금잔이 하나 들려 있었는데, 그 안에는 음란하고 더러운 것들과 악한 것들이 가득 담겨 있었습니다.

5 그 여자의 이마에는 수수께끼 같은 의미를 담은 이름이 하나 새겨져 있었습니다. 그것은 '큰 바빌론, 음녀와 이 땅의 악한 것들의 어머니'라고 씌어진 것이었습니다.

6 그 여자는 예수님의 증인들의 피와 성도들의 피를 마시고 취해 있었습니다. 나는 그 여자를 보면서 소름이 오싹 끼쳤습니다.

7 그러자 천사가 내게 이렇게 말하였습니다. "왜 놀라느냐? 이 여자가 누구이며, 또 이 여자를 태우고 있는 짐승이 무엇을 의미하는지 내가 가르쳐 주겠다.

8 네가 본 짐승은 전에는 살아 있었으나, 이제는 죽었다. 그러나 곧 다시 살아나 끝없는* 구덩이에서 올라왔다가 영원히 멸망하게 될 것이다. 세상이 창조된 이래, 생명책에 기록되지 않은 사람들은 그 짐승을 다시 보고 놀랄 것이다. 왜냐하면 죽은 줄 알았던 짐승이 다시 나타났기 때문이다.

9 이것을 이해하려면, 지혜가 필요하다. 네가 본 짐승의 그 일곱 머리는 여자가 앉아 있는 일곱 언덕과 일곱 왕을 뜻하는 것이다.

10 그 중에 이미 다섯 왕은 죽었고, 한 왕은 살아 있으며, 일곱째 왕은 아직 오지 않았다. 마지막에 올 이 왕은 잠시 동안만 통치하게 될 것이다.

11 이전에는 살아 있었으나, 지금은 죽은 저 짐승은 여덟 번째 왕이다. 이미 그는 일곱 왕 가운데 하나이며, 곧 멸망하고 말 것이다.

12 네가 본 짐승의 그 열 뿔은 열 명의 왕을 가리킨다. 이 왕들은 아직 통치를 시작하지 않았다. 그러나 잠시 동안, 짐승과 함께 다스릴 권세를 받게 될 것이다.

13 이 왕들은 한 목적을 가지고, 짐승에게 자기들의 능력과 권세를 줄 것이다.

14 그들은 어린양을 대적해 전쟁을 일으킬 것이다. 그러나 결국 만왕의 왕이시요, 만주의 주님이신 어린양이 승리를 거두고 부름받아 선택된 충성된 주님의 병사들도 승리할 것이다."

15 천사는 다시 내게 말했습니다. "네가 본 물, 음녀가 앉아 있던 그 물은 세계의 모든 민족과 나라를 가리킨다.

16 짐승과 그 열 뿔, 즉 열 왕이 음녀를 미워하여 그녀가 가진 것을 다 빼앗고, 벌거벗겨 그녀의 살을 먹으며, 그녀를 불에 태워 죽일 것이다.

17 하나님께서는 열 왕들이 짐승에게 권력을 넘겨 주는 데 한마음이 되게 하여, 그분의 뜻을 이루어 가실 것이다. 하나님이 계획하신 모든 일이 다 이루어질 때까지, 그들이 통치할 것이다.

18 네가 본 그 여인은 이 세상 왕들을 다스리는 큰 도시

scarlet clothing and beautiful jewelry made of gold and precious gems and pearls. In her hand she held a gold goblet full of obscenities and the impurities of her immorality.

5 •A mysterious name was written on her forehead: "Babylon the Great, Mother of All Prostitutes and Obscenities in the World." 6 •I could see that she was drunk—drunk with the blood of God's holy people who were witnesses for Jesus. I stared at her in complete amazement.

7 •"Why are you so amazed?" the angel asked. "I will tell you the mystery of this woman and of the beast with seven heads 8 and ten horns on which she sits. •The beast you saw was once alive but isn't now. And yet he will soon come up out of the bottomless pit* and go to eternal destruction. And the people who belong to this world, whose names were not written in the Book of Life before the world was made, will be amazed at the reappearance of this beast who had died.

9 •"This calls for a mind with understanding: The seven heads of the beast represent the seven hills where the woman rules. They 10 also represent seven kings. •Five kings have already fallen, the sixth now reigns, and the seventh is yet to come, but his reign will be brief.

11 •"The scarlet beast that was, but is no longer, is the eighth king. He is like the other seven, and he, too, is headed for destruction.

12 •The ten horns of the beast are ten kings who have not yet risen to power. They will be appointed to their kingdoms for one brief 13 moment to reign with the beast. •They will all agree to give him their power and authority. 14 •Together they will go to war against the Lamb, but the Lamb will defeat them because he is Lord of all lords and King of all kings. And his called and chosen and faithful ones will be with him."

15 •Then the angel said to me, "The waters where the prostitute is ruling represent masses of people of every nation and language. 16 •The scarlet beast and his ten horns all hate the prostitute. They will strip her naked, eat her flesh, and burn her remains with fire. 17 •For God has put a plan into their minds, a plan that will carry out his purposes. They will agree to give their authority to the scarlet beast, and so the words of God will be fulfilled. 18 •And this woman you saw in your vision represents the great city that rules over the kings of the world."

17:8 Or *the abyss*, or *the underworld*.
17:8 바닥이 없는

바빌론의 멸망

18 그 후에 나는 다른 한 천사가 하늘에서 내려오는 것을 보았습니다. 이 천사는 큰 권세를 가졌는데, 그 영광의 광채 때문에 온 땅이 환하게 밝아졌습니다.

2 그 천사는 위엄 있는 목소리로 크게 외쳤습니다. "큰 성 바빌론이 무너졌다! 귀신의 소굴이 되고 악한 영들과 불결하고 흉칙한 새들의 동굴이 되었구나.

3 세상 모든 사람들이 음란의 독주에 취하고 세상 왕들이 그녀와 함께 음란한 죄를 짓는구나. 또 세상 장사꾼들도 그녀의 사치에 힘입어 큰 부를 누리는구나."

4 계속해서 하늘로부터 들려 오는 또 다른 음성을 들었습니다. "내 백성들아, 그 여자의 죄에 빠져들지 말고 나와라. 그러면 그녀와 함께 멸망당하지 않을 것이다.

5 그 성의 죄가 하늘에까지 닿았고, 하나님께서는 그녀의 죄악을 기억하신다.

6 그녀가 다른 사람에게 준 만큼 돌려주고, 그녀가 행한 것의 배로 갚아 주어라. 사람들에게 많은 재앙의 잔을 부어 준 만큼 두 배로 채워 그녀에게 마시게 하여라.

7 그녀가 마음껏 사치와 영화를 누렸으니, 그만큼의 고통과 슬픔으로 갚아 주어라. 그녀가 속으로 말하기를 '나는 여왕의 왕좌에 앉아 있다. 나는 과부와는 다르다. 내게는 결코 슬픔이 없을 것이다' 라고 하였다.

8 그러므로 끔찍한 이 일들이 단 하루 만에 그녀에게 임할 것이다. 죽음과 슬픔과 기근이 찾아오고, 그녀는 불에 타 죽고 말 것이다. 전능하신 하나님의 심판이 내리기 때문이다."

9 그 여자와 함께 음란한 죄를 짓고, 사치를 일삼던 세상의 왕들은, 그녀의 몸이 불에 탈 때, 피어나는 연기를 보고 슬퍼하며 목놓아 울 것입니다.

10 그녀가 당하는 고통을 무서워하여 멀리 서서 이렇게 말할 것입니다. "끔찍하다! 끔찍하다! 강한 바빌론 성이 이렇게 되다니! 순식간에 멸망이 찾아 왔구나."

11 땅 위의 장사꾼들도 그녀 때문에 슬퍼할 것입니다. 왜냐하면 더 이상 자신들의 물건을 사 줄 사람이 없기 때문입니다.

12 그들이 팔았던 물건은 금, 은, 보석, 진주, 모시, 자주 옷감, 비단, 붉은 옷감, 각종 향나무,

The Fall of Babylon

18 After all this I saw another angel come down from heaven with great authority, and the 2 earth grew bright with his splendor. ●He gave a mighty shout:

"Babylon is fallen—that great city is fallen!
　She has become a home for demons.
She is a hideout for every foul* spirit,
　a hideout for every foul vulture
　and every foul and dreadful animal.*

3 ● For all the nations have fallen*
　because of the wine of her passionate
　　immorality.
The kings of the world
　have committed adultery with her.
Because of her desires for extravagant luxury,
　the merchants of the world have grown rich."

4 ● Then I heard another voice calling from heaven,

"Come away from her, my people.
　Do not take part in her sins,
　or you will be punished with her.
5 ● For her sins are piled as high as heaven,
　and God remembers her evil deeds.
6 ● Do to her as she has done to others.
　Double her penalty* for all her evil deeds.
She brewed a cup of terror for others,
　so brew twice as much* for her.
7 ● She glorified herself and lived in luxury,
　so match it now with torment and sorrow.
She boasted in her heart,
　'I am queen on my throne.
I am no helpless widow,
　and I have no reason to mourn.'
8 ● Therefore, these plagues will overtake her
　in a single day—
　death and mourning and famine.
She will be completely consumed by fire,
　for the Lord God who judges her is mighty."

9 ●And the kings of the world who committed adultery with her and enjoyed her great luxury will mourn for her as they see the smoke rising from her 10 charred remains. ●They will stand at a distance, terrified by her great torment. They will cry out,

"How terrible, how terrible for you,
　O Babylon, you great city!
In a single moment
　God's judgment came on you."

11 ●The merchants of the world will weep and mourn for her, for there is no one left to buy their 12 goods. ●She bought great quantities of gold, silver,

---

18:2a Greek *unclean;* also in each of the two following phrases. 　18:2b Some manuscripts condense the last two lines to read *a hideout for every foul [unclean] and dreadful vulture.*　18:3 Some manuscripts read *have drunk.*　18:6a Or *Give her an equal penalty.*　18:6b Or *brew just as much.*

상아로 만든 물건, 값진 목재, 청동, 철, 대리석,

13 계피, 향료, 향수, 향유, 유향, 포도주, 올리브 기름, 고운 밀가루, 밀, 소, 양, 말, 수레, 종, 그리고 사람의 목숨까지도 있었습니다.

14 장사꾼들은 말할 것입니다. '바빌론아, 네가 그렇게도 탐내던 좋은 것들이 네 곁에서 다 떠나 버렸구나. 네가 가졌던 모든 부와 호화스런 것들이 사라졌으니, 네가 다시는 이런 것을 볼 수 없겠구나.'

15 그녀 덕택에 부자가 된 장사꾼들은, 자기들에게도 화가 미칠까 두려워 가까이 가지 못하고 멀리서 바라보며 슬프게 울 것입니다.

16 그리고 이렇게 말할 것입니다. "끔찍하다! 큰 성이 이렇게 무너지다니! 고급 모시옷과 자줏빛, 붉은빛 옷으로 치장하고 금과 보석과 진주로 꾸민, 네 모습은 어디로 갔는가?

17 한순간에 그 큰 부가 다 사라져 버렸구나!" 모든 선장과 승객들과 선원들과 바다에서 일하는 사람들이, 바빌론에서부터 멀리 떨어져서,

18 불에 타는 성을 바라보며 큰 소리로 말할 것입니다. "이 세상에 저만큼 화려했던 도시가 또 있었을까?"

19 그들은 머리에 재를 뒤집어쓰고, 슬피 울며 외칠 것입니다. "끔찍하다! 저 큰 성이 저렇게 무너지다니! 바다에서 배를 소유한 자들은 모두 저 성의 재물로 말미암아 다 부자가 되었는데! 그 부도 한순간에 사라지고 마는구나!"

20 하늘이여, 이로 말미암아 기뻐하여라! 거룩한 백성과 사도들과 예언자들아, 기뻐하여라! 그 성의 악한 행위를 하나님께서 심판하셨다!

21 그때, 한 힘센 천사가 맷돌 같은 큰 돌을 집어들어 바다에 던지며 이렇게 말했습니다. "큰 성 바빌론을 이렇게 던져 버릴 것이다. 그리하여 그 성이 다시는 일어나지 못할 것이다.

22 즐거운 음악도 그치고, 거문고와 통소와 나팔 소리도 네 귀에 다시는 들리지 않을 것이다. 일하는 자도 보이지 않고, 맷돌 가는 소리도 그칠 것이다.

23 또 등불 빛이 다시는 비치지 않으며, 신랑 신부의 즐거운 소리도 듣지 못할 것이다.

jewels, and pearls; fine linen, purple, silk, and scarlet cloth; things made of fragrant thyine wood, ivory goods, and objects made of expensive wood; and

13 bronze, iron, and marble. ● She also bought cinnamon, spice, incense, myrrh, frankincense, wine, olive oil, fine flour, wheat, cattle, sheep, horses, wagons, and bodies—that is, human slaves.

14 ● "The fancy things you loved so much
　　are gone," they cry.
　　"All your luxuries and splendor
　　are gone forever,
　　never to be yours again."

15 ● The merchants who became wealthy by selling her these things will stand at a distance, terrified by her great torment. They will weep and cry out,

16 ● "How terrible, how terrible for that great city!
　　She was clothed in finest purple and
　　　scarlet linens,
　　decked out with gold and precious stones
　　　and pearls!

17 ● In a single moment
　　all the wealth of the city is gone!"

And all the captains of the merchant ships and their passengers and sailors and crews will stand at

18 a distance. ● They will cry out as they watch the smoke ascend, and they will say, "Where is there

19 another city as great as this?" ● And they will weep and throw dust on their heads to show their grief. And they will cry out,

　　"How terrible, how terrible for that great city!
　　The shipowners became wealthy
　　by transporting her great wealth on the seas.
　　In a single moment it is all gone."

20 ● Rejoice over her fate, O heaven
　　and people of God and apostles and prophets!
　　For at last God has judged her
　　　for your sakes.

21 ● Then a mighty angel picked up a boulder the size of a huge millstone. He threw it into the ocean and shouted,

　　"Just like this, the great city Babylon
　　will be thrown down with violence
　　and will never be found again.

22 ● The sound of harps, singers, flutes, and
　　　trumpets
　　will never be heard in you again.
　　No craftsmen and no trades
　　will ever be found in you again.
　　The sound of the mill
　　will never be heard in you again.

23 ● The light of a lamp
　　will never shine in you again.
　　The happy voices of brides and grooms
　　will never be heard in you again.
　　For your merchants were the greatest

그 성의 장사꾼들은 세상을 휩쓸고 다니며 큰 돈을 벌었고, 네 속임수에 모든 나라가 속임을 당하였다.

24 이제 예언자와 거룩한 백성들과 이 땅에서 죽임당한 사람들의 피의 대가를 치러야 한다."

하늘 백성들이 하나님을 찬양하다

19 그 후에 나는 하늘에서 수많은 사람들이 부르는 노래 소리를 들었습니다. "할렐루야! 구원과 영광과 능력을 하나님께 돌려 드리자.

2 그분의 심판은 참되고 공평하다. 하나님께서는 이 땅을 음란으로 더럽힌 음녀를 심판하셨다. 하나님의 종들을 죽인 대가를 치르게 하신 것이다."

3 그들은 계속 찬송하였습니다. "할렐루야! 그녀를 태우는 연기가 영원히 그치지 않을 것이다."

4 그리고 이십사 명의 장로와 네 생물이 보좌에 앉으신 하나님께 엎드려 경배하였습니다. "아멘, 할렐루야!"

5 보좌에서 한 음성이 들렸습니다. "하나님을 섬기는 자들아, 하나님을 찬양하라! 높은 자든지, 낮은 자든지, 그분께 영광 돌리는 모든 자들아, 하나님을 찬양하라!"

6 나는 또 수많은 사람들의 소리를 들었습니다. 그 소리는 폭포 소리 같기도 하고, 천둥 소리 같기도 하였습니다. 그들은 이렇게 외치고 있었습니다. "할렐루야! 전능하신 우리 주 하나님이 다스리신다.

7 기뻐하고 즐거워하자. 하나님께 영광을 돌리자. 어린양의 결혼식이 가까웠다. 신부는 몸단장을 끝내고

8 빛나고 깨끗한 흰 모시옷을 입었으니 그 옷은 성도들의 의로운 행위를 뜻한다."

9 천사는 내게 계속 말하였습니다. "어린양의 결혼 잔치에 초대받은 자는 복이 있다고 기록하여라. 이는 하나님께서 친히 말씀하신 진리의 말씀이다."

10 내가 천사의 발 앞에 엎드려 경배하려고 하자, 천사는 이를 말리며 이렇게 말하였습니다. "내게 경배하지 마라! 나 역시 예수님의 진리를 증언하는 너와 네 형제들과 똑같은 하나님의 종일 뿐이다. 하나님께 경배하여라! 이 모든 예

---

in the world,
and you deceived the nations with your
sorcerers.

24 • In your* streets flowed the blood of the
prophets and of God's holy people
and the blood of people slaughtered all over
the world."

Songs of Victory in Heaven

19 After this, I heard what sounded like a vast crowd in heaven shouting,

"Praise the LORD!*
Salvation and glory and power belong
to our God.

2 • His judgments are true and just.
He has punished the great prostitute
who corrupted the earth with her immorality.
He has avenged the murder of his
servants."

3 • And again their voices rang out:

"Praise the LORD!
The smoke from that city ascends forever
and ever!"

4 • Then the twenty-four elders and the four living beings fell down and worshiped God, who was sitting on the throne. They cried out, "Amen! Praise the LORD!"

5 • And from the throne came a voice that said,

"Praise our God,
all his servants,
all who fear him,
from the least to the greatest."

6 • Then I heard again what sounded like the shout of a vast crowd or the roar of mighty ocean waves or the crash of loud thunder:

"Praise the LORD!
For the Lord our God,* the Almighty, reigns.

7 • Let us be glad and rejoice,
and let us give honor to him.
For the time has come for the wedding feast
of the Lamb,
and his bride has prepared herself.

8 • She has been given the finest of pure white
linen to wear."
For the fine linen represents the good deeds
of God's holy people.

9 • And the angel said to me, "Write this: Blessed are those who are invited to the wedding feast of the Lamb." And he added, "These are true words that come from God."

10 • Then I fell down at his feet to worship him, but he said, "No, don't worship me. I am a servant of God, just

---

18:24 Greek *her.*   19:1 Greek *Hallelujah;* also in 19:3, 4, 6. *Hallelujah* is the transliteration of a Hebrew term that means "Praise the LORD."   19:6 Some manuscripts read *the Lord God.*

언을 하게 하신 것은 예수님을 더 증언하기 위해
서일 뿐이다."

흰 말을 타신 분

11 나는 또 하늘이 열리고, 거기에 흰 말이 서 있는 것
을 보았습니다. 그 말에는 정의로 심판하시고 싸
우시는 '신실하시고 참된 분'이라고 불리는 분이
앉아 계셨습니다.

12 그분의 눈은 불꽃같이 빛나며, 머리에는 많은 왕
관을 쓰고 계셨습니다. 몸에는 그분의 이름이 적
혀 있었는데, 그분 외에는 그 이름을 알 수 있는 사
람이 없었습니다.

13 그분은 피 묻은 옷을 입고 계셨습니다. 그분의 이
름은 바로 '하나님의 말씀'이었습니다.

14 희고 깨끗한 옷을 입은 하늘의 군대가 흰 말을 타
고 그분의 뒤를 따르고 있었습니다.

15 그분은 입에 모든 나라를 쳐부술 날카로운 칼을
물고 계셨으며, 왕의 홀을 갖고 온 세상을 지배하
시게 될 것입니다. 또한 두 발로 전능하신 하나님
의 진노의 포도주틀을 밟으실 것입니다.

16 그분의 옷과 다리에는 '만왕의 왕, 만주의 주'라
는 칭호가 쓰여 있었습니다.

17 나는 또 태양빛 속에 한 천사가 서 있는 것을 보았는
데, 그 천사는 큰 소리로 하늘을 나는 새들을 불러모
았습니다. "하나님께서 베푸신 큰잔치에 다 오너라.

18 와서 왕들과 장군들과 위대한 용사들과 그 말들
과 말 탄 자들과 자유인이나 노예나 높은 자나 낮
은 자의 살을 먹어라!"

19 그때, 나는 짐승과 세상 왕들이 모여 말을 타신 분
과 그 군대를 대항해 전쟁을 시작하려는 것을 보
았습니다.

20 그러나 그 짐승은 거짓 예언자와 함께 붙잡혔습
니다. 이 거짓 예언자는 짐승을 위해 기적을 행하
여 짐승의 표를 받은 사람들과 그 우상에게 절하
던 자들을 미혹하던 자였습니다. 그들은 산 채로
유황이 타는 불못에 던져졌습니다.

21 그리고 그들을 따르던 군대는 말을 타신 분의 입
에서 나오는 날카로운 칼에 찔려 죽어 새들의 먹
이가 되고 말았습니다. 새들은 그 시체들을 배불
리 뜯어 먹었습니다.

천 년 왕국

20 나는 또 한 천사가 하늘에서 내려오는 것
을 보았습니다. 그 천사는 끝없는 구덩이
의 열쇠를 갖고 있었고, 손에는 큰 쇠사슬을 쥐고
있었습니다.

2 천사는 오래된 뱀, 곧 마귀인 용을 잡아 쇠사슬에
묶어 천 년 동안

3 끝없는* 구덩이에 던져 넣고, 입구를 막아 열쇠로
잠가 버렸습니다. 용은 천 년이 지나기까지 세상

---

like you and your brothers and sisters* who
testify about their faith in Jesus. Worship only
God. For the essence of prophecy is to give a
clear witness for Jesus.*"

The Rider on the White Horse

11 •Then I saw heaven opened, and a white
horse was standing there. Its rider was named
Faithful and True, for he judges fairly and
12 wages a righteous war. •His eyes were like
flames of fire, and on his head were many
crowns. A name was written on him that no
13 one understood except himself. •He wore a
robe dipped in blood, and his title was the
14 Word of God. •The armies of heaven, dressed
in the finest of pure white linen, followed him
15 on white horses. •From his mouth came a
sharp sword to strike down the nations. He
will rule them with an iron rod. He will release
the fierce wrath of God, the Almighty, like
16 juice flowing from a winepress. •On his robe
at his thigh* was written this title: King of all
kings and Lord of all lords.
17 •Then I saw an angel standing in the sun,
shouting to the vultures flying high in the sky:
"Come! Gather together for the great banquet
18 God has prepared. •Come and eat the flesh of
kings, generals, and strong warriors; of horses
and their riders; and of all humanity, both free
and slave, small and great."
19 •Then I saw the beast and the kings of the
world and their armies gathered together to
fight against the one sitting on the horse and
20 his army. •And the beast was captured, and
with him the false prophet who did mighty
miracles on behalf of the beast—miracles that
deceived all who had accepted the mark of the
beast and who worshiped his statue. Both the
beast and his false prophet were thrown alive
21 into the fiery lake of burning sulfur. •Their
entire army was killed by the sharp sword that
came from the mouth of the one riding the
white horse. And the vultures all gorged them-
selves on the dead bodies.

The Thousand Years

20 Then I saw an angel coming down
from heaven with the key to the bot-
tomless pit* and a heavy chain in his hand.
2 •He seized the dragon—that old serpent, who
is the devil, Satan—and bound him in chains
3 for a thousand years. •The angel threw him
into the bottomless pit, which he then shut
and locked so Satan could not deceive the

19:10a Greek *brothers*.　19:10b Or *is the message
confirmed by Jesus*.　19:16 Or *On his robe and
thigh*.　20:1 Or *the abyss*, or *the underworld*; also
in 20:3.

20:3 바닥이 없는

사람들을 더 이상 유혹하지 못하게 되었습니다. 그러나 천 년이 지나면, 그 용은 잠시 동안 풀려날 것입니다.

4 또 나는 몇 개의 보좌에 앉은 사람들을 보았습니다. 그들은 심판하는 권세를 받은 자들이었습니다. 그들 앞에는 예수님을 증언하고, 하나님의 말씀을 전하다가 죽은 영혼들이 서 있었습니다. 이 영혼들은 짐승과 우상에게 절하지 아니하고, 이마나 손에 짐승의 표를 받지 않은 자들이었습니다. 이들은 다시 살아나서 그리스도와 함께 천 년 동안, 다스릴 것입니다.

5 그러나 나머지 죽은 자들은 천 년이 지나갈 때까지 살아나지 못했습니다. 이것이 첫째 부활입니다.

6 이 첫째 부활에 참여하는 자들은 복되고 거룩한 자들입니다. 그들에게는 두 번째 죽음이 있을 수 없습니다. 그들은 하나님과 그리스도의 제사장이 되어, 그분과 함께 천 년 동안, 왕 노릇할 것입니다.

7 천 년이 지나면, 사탄은 감옥에서 풀려날 것입니다.

8 그리고는 온 세상에 있는 나라들, 곧 곡과 마곡을 꾀어 전쟁 준비를 할 것입니다. 모인 군대는 그 수가 너무 많아 바닷가의 모래 같을 것입니다.

9 그들은 진군하여 성도들의 진영과 하나님께서 사랑하시는 도시를 포위할 것입니다. 그러나 하늘에서 불이 내려와 그들을 불사를 것입니다.

10 그리고 그들을 꾀던 사탄은 유황이 타는 불못에 던져질 것입니다. 그곳은 이미 짐승과 거짓 예언자가 던져졌던 곳입니다. 사탄은 그곳에서 밤낮으로 영원토록 고통을 받을 것입니다.

최후의 심판

11 또 나는 크고 흰 보좌와 그 위에 앉으신 분을 보았습니다. 땅과 하늘이 그분 앞에서 흔적도 없이 사라졌습니다.

12 그리고 높은 자든지 낮은 자를 막론하고 죽은 사람들이 모두 보좌 앞에 서 있는 것을 보았습니다. 생명책이 펴져 있고, 다른 책들도 펼쳐져 있었습니다. 죽은 사람들은 그 책에 기록되어 있는 대로, 각기 행한 행위에 따라 심판을 받았습니다.

13 바다와 죽음과 지옥도 그 안에 죽어 있던 자들을 다 토해 냈으며, 그들 역시 자기들의 행위대로 심판받았습니다.

14 죽음과 지옥이 불못에 던져졌습니다. 이 불못이 두 번째 죽음입니다.

15 생명책에 이름이 기록되지 않은 자들은 누구든지 다 불못에 던져졌습니다.

새 예루살렘

21 그 후, 나는 새 하늘과 새 땅을 보았습니다. 전에 있던 하늘과 땅은 사라지고 바다도 없어졌습니다.

nations anymore until the thousand years were finished. Afterward he must be released for a little while.

4 •Then I saw thrones, and the people sitting on them had been given the authority to judge. And I saw the souls of those who had been beheaded for their testimony about Jesus and for proclaiming the word of God. They had not worshiped the beast or his statue, nor accepted his mark on their forehead or their hands. They all came to life again, and they reigned with Christ for a thousand years.

5 •This is the first resurrection. (The rest of the dead did not come back to life until the thou-
6 sand years had ended.) •Blessed and holy are those who share in the first resurrection. For them the second death holds no power, but they will be priests of God and of Christ and will reign with him a thousand years.

The Defeat of Satan

7 •When the thousand years come to an end, Satan will be let out of his prison. •He will go out to deceive the nations—called Gog and Magog—in every corner of the earth. He will gather them together for battle—a mighty army, as numberless as sand along the sea-
9 shore. •And I saw them as they went up on the broad plain of the earth and surrounded God's people and the beloved city. But fire from heaven came down on the attacking armies and consumed them.

10 •Then the devil, who had deceived them, was thrown into the fiery lake of burning sulfur, joining the beast and the false prophet. There they will be tormented day and night forever and ever.

The Final Judgment

11 •And I saw a great white throne and the one sitting on it. The earth and sky fled from his
12 presence, but they found no place to hide. •I saw the dead, both great and small, standing before God's throne. And the books were opened, including the Book of Life. And the dead were judged according to what they had
13 done, as recorded in the books. •The sea gave up its dead, and death and the grave* gave up their dead. And all were judged according to
14 their deeds. •Then death and the grave were thrown into the lake of fire. This lake of fire is
15 the second death. •And anyone whose name was not found recorded in the Book of Life was thrown into the lake of fire.

The New Jerusalem

21 Then I saw a new heaven and a new earth, for the old heaven and the old

20:13 Greek *and Hades; also in* 20:14.

2 그리고 거룩한 성, 새 예루살렘이 하나님이 계신 하늘로부터 내려오는 것을 보았습니다. 나는 마치 신랑을 위해 단장한 신부의 모습을 보는 듯했습니다.

3 보좌로부터 큰 음성이 들렸습니다. "이제 하나님의 집이 사람들 가운데 있게 될 것이다. 하나님께서 사람들과 함께 계시고, 그들은 하나님의 백성이 될 것이다. 하나님께서 친히 그들과 함께 계시며, 그들의 하나님이 되어서

4 그들의 눈에서 모든 눈물을 닦아 주실 것이다. 이제는 죽음도, 슬픔도, 울음도, 아픔도 없으며, 모든 옛것들이 다 사라질 것이다."

5 그때, 보좌에 계신 분이 말씀하셨습니다. "보아라, 내가 모든 것을 새롭게 하겠다! 내가 네게 하는 말은 진실하고 참되니 이것을 기록하여라."

6 또 그분은 이어서 말씀하셨습니다. "이제 다 이루었다! 나는 알파와 오메가이며, 처음과 마지막이다. 내가 목마른 자들에게 생명수 샘물을 거저 주겠다.

7 승리한 자들은 누구나 다 이것을 유업으로 받을 것이며, 나는 그의 하나님이 되고, 그는 나의 아들이 될 것이다.

8 그러나 비겁하고 믿지 않는 자, 악을 행하는 자, 살인하고 음란한 자, 마술을 행하고 우상 숭배하는 자, 거짓말하는 자들에게는 유황이 타는 불못이 예비되어 있을 것이다. 이것이 두 번째 죽음이다."

9 마지막 일곱 재앙이 담긴 일곱 대접을 들고 있던 일곱 천사 중 하나가 내게 다가와 말했습니다. "나를 따라오너라. 내가 어린양의 아내가 될 신부를 보여 주겠다."

10 천사는 성령의 도우심으로 나를 매우 크고 높은 산으로 데리고 올라갔습니다. 그는 내게 거룩한 성, 예루살렘이 하나님이 계신 하늘로부터 내려오는 것을 보여 주었습니다.

11 그 성은 하나님의 영광의 광채에 둘러싸여, 귀한 보석과 수정과도 같이 맑은 벽옥처럼 밝게 빛나고 있었습니다.

12 그 성에는 열두 대문이 있는 높고 큰 벽이 둘러 서 있었습니다. 각 문에는 열두 천사가 지키고 있었고, 이스라엘 열두 지파의 이름이 하나씩 기록되어 있었습니다.

13 그 문들은 동서남북으로 각각 세 개씩 있었습니다.

14 성벽 열두 주춧돌에는 어린양의 열두 사도의 이름이 새겨져 있었습니다.

15 내게 얘기하던 천사는 금으로 만들어진 자를 들고 있었는데, 그는 이 자로 성과 성문과 성벽을 재려는 참이었습니다.

16 성은 정사각형이었고, 길이와 폭이 똑같았습니다. 천사가 재어 보니 길이와 폭과 높이가 똑같이 만 이천 스타디온*이었습니다.

17 그리고 성벽 높이는 백사십사 규빗*이었습니다. 천

earth had disappeared. And the sea was also gone. • And I saw the holy city, the new Jerusalem, coming down from God out of heaven like a bride beautifully dressed for her husband.

3 • I heard a loud shout from the throne, saying, "Look, God's home is now among his people! He will live with them, and they will be his people. God himself will be with them.*

4 • He will wipe every tear from their eyes, and there will be no more death or sorrow or crying or pain. All these things are gone forever."

5 • And the one sitting on the throne said, "Look, I am making everything new!" And then he said to me, "Write this down, for what I tell you is trustworthy and true."

6 • And he also said, "It is finished! I am the Alpha and the Omega—the Beginning and the End. To all who are thirsty I will give freely from the springs of the water of life.

7 • All who are victorious will inherit all these blessings, and I will be their God, and they will be my children.

8 • "But cowards, unbelievers, the corrupt, murderers, the immoral, those who practice witchcraft, idol worshipers, and all liars—their fate is in the fiery lake of burning sulfur. This is the second death."

9 • Then one of the seven angels who held the seven bowls containing the seven last plagues came and said to me, "Come with me! I will show you the bride, the wife of the Lamb."

10 • So he took me in the Spirit* to a great, high mountain, and he showed me the holy city, Jerusalem, descending out of heaven from God. • It shone with the glory of God and sparkled like a precious stone—like jasper as clear as crystal. • The city wall was broad and high, with twelve gates guarded by twelve angels. And the names of the twelve tribes of Israel were written on the gates.

13 • There were three gates on each side—east, north, south, and west. • The wall of the city had twelve foundation stones, and on them were written the names of the twelve apostles of the Lamb.

15 • The angel who talked to me held in his hand a gold measuring stick to measure the city, its gates, and its wall. • When he measured it, he found it was a square, as wide as it was long. In fact, its length and width and height were each 1,400 miles.* • Then he

---

21:3 Some manuscripts read *God himself will be with them, their God.*　21:10 Or *in spirit.*
21:16 Greek *12,000 stadia* [2,220 kilometers].
21:16 12,000스타디온은 약 2,220km에 해당된다.
21:17 144규빗은 약 64.8m에 해당된다.

사는 사람들이 쓰는 자로 이 모든 것을 재었습니다.

18 성벽은 벽옥으로 만들어졌고, 성 전체가 유리처럼 맑은 순금으로 지어져 있었습니다.

19 성벽의 주춧돌에는 각종 보석이 박혀 있었는데, 첫째 주춧돌은 벽옥, 둘째는 사파이어, 셋째는 옥수, 넷째는 에메랄드,

20 다섯째는 홍마노, 여섯째는 홍보석, 일곱째는 황옥, 여덟째는 녹옥, 아홉째는 담황옥, 열째는 녹옥수, 열한째는 청옥, 열두째는 자수정으로 꾸며져 있었습니다.

21 열두 대문은 각각 한 개의 커다란 진주로 만들어졌고, 성의 거리는 유리처럼 맑은 순금으로 되어 있었습니다.

22 나는 성 안에서 성전을 볼 수 없었습니다. 그 이유는 전능하신 주 하나님과 어린양이 바로 성전이시기 때문입니다.

23 그 성에는 해와 달도 필요가 없었습니다. 그것은 하나님의 영광의 광채가 빛이 되고, 어린양이 그 성의 등불이 되시기 때문입니다.

24 세상 모든 민족이 그 빛 아래 걸어다니며, 온 땅의 왕들도 영광스런 모습 그대로 성으로 들어올 것입니다.

25 밤이 없기 때문에, 성문은 결코 닫히는 법이 없습니다.

26 모든 나라의 영광과 존귀가 다 이 성으로 들어올 것입니다.

27 그러나 깨끗하지 못하고 부끄러운 것이나 거짓말한 자들은 이 성에 들어올 수 없습니다. 오직 그 이름이 어린양의 생명책에 기록된 자들만이 들어갈 수 있습니다.

22 그 천사는 또 내게 생명수가 흐르는 강을 보여 주었습니다. 수정같이 맑은 그 강은 하나님과 어린양의 보좌로부터 흘러 나와

2 그 성의 넓은 거리 한가운데로 흐르고 있었습니다. 강 양쪽에는 생명나무가 있어서 일 년에 열두 번, 달마다 새로운 열매를 맺고 있었습니다. 또 그 잎은 모든 사람들을 치료하는 데 사용되었습니다.

3 하나님께서 죄 있다고 심판하실 것이 그 성에는 없었습니다. 하나님과 어린양의 보좌가 그곳에 있고, 그분의 종들은 다 그분을 섬길 것입니다.

4 그들은 하나님의 얼굴을 볼 것이며, 그들의 이마에는 하나님의 이름이 기록될 것입니다.

5 그곳에는 밤도 없고 등불이나 햇빛이 필요 없을 것입니다. 주 하나님께서 그들의 빛이 되시고, 그들은 거기서 영원히 왕처럼 살 것입니다.

6 그 천사는 또 나에게 이렇게 말하였습니다. "이것은 참되고 진실한 말씀이다. 주님은 예언자들의 영의 하나님이시다. 이제 그분께서 이렇게 천사를 보내어 앞으로 속히 일어날 일들을 알리신 것이다."

measured the walls and found them to be 216 feet thick* (according to the human standard used by the angel).

18 The wall was made of jasper, and the
19 city was pure gold, as clear as glass. The wall of the city was built on foundation stones inlaid with twelve precious stones:*
the first was jasper, the second sapphire, the
20 third agate, the fourth emerald, the fifth onyx, the sixth carnelian, the seventh chrysolite, the eighth beryl, the ninth topaz, the tenth chrysoprase, the eleventh jacinth, the twelfth amethyst.

21 The twelve gates were made of pearls—each gate from a single pearl! And the main street was pure gold, as clear as glass.

22 I saw no temple in the city, for the Lord God Almighty and the Lamb are its temple.
23 And the city has no need of sun or moon,
for the glory of God illuminates the city, and
24 the Lamb is its light. The nations will walk in its light, and the kings of the world will
25 enter the city in all their glory. Its gates will never be closed at the end of day because
26 there is no night there. And all the nations will bring their glory and honor into the city.
27 Nothing evil* will be allowed to enter, nor anyone who practices shameful idolatry and dishonesty—but only those whose names are written in the Lamb's Book of Life.

22 Then the angel showed me a river with the water of life, clear as crystal, flowing from the throne of God and of the
2 Lamb. It flowed down the center of the main street. On each side of the river grew a tree of life, bearing twelve crops of fruit,* with a fresh crop each month. The leaves were used for medicine to heal the nations.

3 No longer will there be a curse upon anything. For the throne of God and of the Lamb will be there, and his servants will worship
4 him. And they will see his face, and his
5 name will be written on their foreheads. And there will be no night there—no need for lamps or sun—for the Lord God will shine on them. And they will reign forever and ever.

6 Then the angel said to me, "Everything you have heard and seen is trustworthy and true. The Lord God, who inspires his prophets,* has sent his angel to tell his servants what will happen soon.*"

21:17 Greek *144 cubits* [65 meters].　21:19 The identification of some of these gemstones is uncertain.　21:27 Or *ceremonially unclean.*　22:2 Or *twelve kinds of fruit.*　22:6a Or *The Lord, the God of the spirits of the prophets.*　22:6b Or *suddenly,* or *quickly;* also in 22:7, 12, 20.

7 "보아라! 내가 속히 가겠다! 이 책에 기록된 예언의 말씀을 지키는 자들에게는 복이 있을 것이다."

8 나 요한은 이 모든 것을 보고 들었습니다. 내가 이 모든 것을 보고 들은 후에 이것을 보여 준 천사의 발 앞에 엎드려 경배하려고 하자,

9 천사는 내게 이렇게 말하였습니다. "내게 절하지 마라! 나 역시 너와 네 형제인 예언자들과 이 책에 기록된 말씀을 지키는 자들과 똑같은 하나님의 종일 뿐이다. 그러니 하나님만을 경배하여라!"

10 그리고 천사는 내게 지시하였습니다. "이 책에 기록된 예언의 말씀을 비밀로 하지 마라. 이 모든 일이 일어날 때가 멀지 않았다.

11 악한 일을 행하는 자는 계속 악한 일을 하도록 내버려 두고, 더러운 자는 더러운 그대로 놔 두어라. 의로운 사람은 계속 의롭게 살도록 하며, 거룩한 사람들은 계속 거룩하도록 하여라."

12 "보아라! 내가 속히 가겠다! 내가 상을 가지고 가서, 너희가 행한 대로 갚아주며 상을 베풀 것이다.

13 나는 알파와 오메가이며, 처음과 마지막이요, 시작과 끝이다.

14 자기 옷을 빠는 자는 복 있는 자들이다. 그들은 생명나무의 열매를 먹을 것이며, 성문을 통해 성으로 들어가게 될 것이다.

15 악하고, 마술을 행하며, 음란하고 살인하고, 우상을 숭배하며, 거짓말을 즐겨하던 자들은 성 밖에서 성 안으로 들어오지 못할 것이다.

16 나 예수는 온 교회에 이 모든 것을 증언하기 위해 천사를 보냈다. 나는 다윗의 뿌리이자 자손이며 빛나는 새벽별이다.

17 성령과 신부가 "오소서!" 하고 말씀하십니다. 이 말을 들은 사람들도 모두 "오소서!" 하고 외칩시다. 누구든지 목마른 자는 와서 생명수를 마음껏 마시십시오.

18 이 책에 기록된 예언의 말씀을 듣는 모든 이들에게 경고합니다. 만일 누구든지 이 말씀에 다른 것을 덧붙이는 사람이 있으면 하나님께서 이 책에 기록된 재앙을 그에게 내리실 것입니다.

19 또 만일 누구든지 이 예언의 말씀에서 어느 하나라도 빼는 자는 하나님께서 이 책에 기록된 생명나무와 거룩한 성에 참여할 특권을 빼앗아 버리실 것입니다.

20 이 모든 것을 증언하신 분, 예수님께서 말씀하십니다. "그렇다, 내가 속히 가겠다." 아멘. 주 예수여, 어서 오소서!

21 주 예수님의 은혜가 여러분 모두에게 함께하시기를 기도합니다. 아멘.

Jesus Is Coming

7 • "Look, I am coming soon! Blessed are those who obey the words of prophecy written in this book.*"

8 • I, John, am the one who heard and saw all these things. And when I heard and saw them, I fell down to worship at the feet of the angel

9 who showed them to me. • But he said, "No, don't worship me. I am a servant of God, just like you and your brothers the prophets, as well as all who obey what is written in this book. Worship only God!"

10 • Then he instructed me, "Do not seal up the prophetic words in this book, for the time is

11 near. • Let the one who is doing harm continue to do harm; let the one who is vile continue to be vile; let the one who is righteous continue to live righteously; let the one who is holy continue to be holy."

12 • "Look, I am coming soon, bringing my reward with me to repay all people according

13 to their deeds. • I am the Alpha and the Omega, the First and the Last, the Beginning and the End."

14 • Blessed are those who wash their robes. They will be permitted to enter through the gates of the city and eat the fruit from the tree of

15 life. • Outside the city are the dogs—the sorcerers, the sexually immoral, the murderers, the idol worshipers, and all who love to live a lie.

16 • "I, Jesus, have sent my angel to give you this message for the churches. I am both the source of David and the heir to his throne.* I am the bright morning star."

17 • The Spirit and the bride say, "Come." Let anyone who hears this say, "Come." Let anyone

18 who is thirsty come. Let anyone who desires drink freely from the water of life. • And I solemnly declare to everyone who hears the words of prophecy written in this book: If anyone adds anything to what is written here, God will add to that person the plagues described in

19 this book. • And if anyone removes any of the words from this book of prophecy, God will remove that person's share in the tree of life and in the holy city that are described in this book.

20 • He who is the faithful witness to all these things says, "Yes, I am coming soon!" Amen! Come, Lord Jesus!

21 • May the grace of the Lord Jesus be with God's holy people.*

22:7 Or *scroll;* also in 22:9, 10, 18, 19.   **22:16** Greek *I am the root and offspring of David.*   **22:21** Other manuscripts read *be with all;* still others read *be with all of God's holy people.* Some manuscripts add *Amen.*

✪ 성경의 원본과 사본

성경 각 권의 원본은 모두 분실되었거나 파손되어 사라졌고,
지금은 사본만 남아 있을 뿐입니다. 현재 보존되고 있는 사본들은 원본 또는 다른 사본을
베낀 것들입니다. 사본은 B.C. 11세기 경부터 사용된 파피루스에 가장 많이 기록되었으며,
그 밖에 양피지나 송아지 가죽, 점토, 나무 껍질 등도 재료로 이용되었습니다.

[1] 구약의 사본

구약 성경의 사본은 그동안 A.D. 9세기의 것이 가장 오래된 것으로 알려졌으나 사해 사본이 발견됨으로써 그 연대가 기원전까지 거슬러 올라가게 되었습니다.

(1) 사해 사본

1947년 사해 북방에 있는 동굴 속에서 구약 성경의 사본들이 적힌 가죽 두루마리들이 발견되었습니다. 이 동굴은 B.C. 2세기 말부터 A.D. 2세기 초까지 유대교의 한 종파인 에세네 파에 속한 쿰란 공동체 사람들이 사용했던 것으로 추정됩니다. 발굴 작업을 통해 에스더서를 제외한 모든 구약 성경의 단편들과 함께 외경과 당시까지 알려지지 않았던 종파의 문헌들이 발견되었습니다. 그 후 1951-1952년에 다른 동굴에서도 다른 사본들이 발견되었는데, 모두 11개의 동굴들에서 발견된 문서들은 고문서학적 분석 및 탄소 연대 측정법을 통해 B.C. 2세기경의 것으로 추정되었습니다. 그보다 앞선 것들로는 B.C. 3세기까지 거슬러 올라가는 레위기와 사무엘서의 단편들이 있고, 늦게는 A.D. 2세기경의 사본들도 발굴되었습니다.

(2) 맛소라 사본

고대 유대인들은 모음 없이 자음만으로 글을 썼으며, 구약 성경의 내용을 거의 암기하여 그것을 구전으로 후대에 전해 주었습니다. 그런데 시간이 흐르면서 히브리어는 점차 잊혀지고 대신 아람어가 통용되기 시작했습니다. 유대인들은 회당에서 율법과 예언서를 낭독했는데, 히브리어가 점차 사어(死語)가 되어가자, 히브리어로 된 율법서와 예언서를 어떻게 읽어야 할지 중대한 문제에 봉착하게 되었습니다. 그래서 B.C. 7세기부터 자음만 있던 히브리어에 모음을 달기 시작했는데, 그 작업을 주도한 유대인 학자들을 '맛소라'라 불렀고 그들에 의해서 모음이 붙은 히브리어 구약 성경을 '맛소라 사본'이라 부릅니다.

(3) 사마리아 오경

사마리아인들은 구약 성경의 모세 오경만을 그들의 유일한 경전으로 여기는데 이를 사마리아 오경이라고 합니다. 1616년 이탈리아의 한 여행가가 다마스커스에서 처음 발견했는데 단편들까지 합쳐서 150여 개의 두루마리들이 오늘날까지 보존되어 있으며, 가장 최초의 것은 A.D. 9세기경에 기록된 것이고 대부분은 14-15세기의 것들입니다. 특히 이중에서도 오늘날 가장 권위 있는 것으로 꼽히는 사마리아 오경은 세겜의 그리심 산 기슭에 위치한 사마리아 회당에 보관되어 있는 것으로, 아론의 증손자 이름이 붙여져 아비샤 두루마리라고 불립니다. 아비샤 두루마리는 적어도 9명의 필사자들에 의해 편집된 것으로 여겨지며, 이 가운데 1149년에 기록된 것이 가장 최초의 것으로 밝혀졌습니다.

[2] 신약의 사본

전체이건 부분이건 신약 성경이 기록된 그리스어 사본은 대략 5,000여 개에 이르고 그밖에도 초기 번역본에 대한 사본들이 약 1만 개 이상, 교부들의 인용문도 수천 개가 발견되었습니다. A.D. 9세기까지는 모든 사본이 그리스어 대문자로만 기록되었고, 소문자는 그 이후에 사용되었습니다. 대문자 사본으로 공식 목록에 올라 있는 것들은 214개에 달합니다. 그 중 대표적으로 다음과 같은 사본들이 유명합니다.

(1) 시내 사본

1884년 시내 산의 성 캐더린 수도원에서 독일 신학자 티셴도르프가 발견한 사본으로 4세기경의 것으로 추정됩니다. 현재 대영 박물관에 보관되어 있습니다.

(2) 알렉산드리아 사본

1627년 당시 알렉산드리아의 대주교였던 루카리스가 영국왕 찰스 1세에게 증정한 사본으로 5세기 초의 것으로 추정됩니다. 현재 대영 박물관에 보관되어 있습니다.

(3) 바티칸 사본

4세기 초의 사본으로 1457년 바티칸 도서관에 등록되어 계속 보관 중입니다.

이 밖의 중요한 대문자 사본들로는 에프라임 사본(5세기 초), 베자 사본(5, 6세기) 등이 있습니다.
한편 소문자 사본들은 9세기에서 17-18세기에 기록된 것들입니다. 모두 2,500여 개가 넘는
사본이 남아 있지만 역시 대부분 단편들입니다.

쉬운성경 &
New Living Translation 2nd Edition ⟨중⟩
Korean-English Bible

2008년 9월 5일 1판 1쇄 인쇄
2024년 2월 27일 1판 9쇄 발행

판권
본사
소유

편　　자 : 쉬운성경-NLT한영성경 편찬위원회
발 행 인 : 곽　　성　　종
발 행 처 : (주)아가페출판사

등록번호/제21-754호(1995. 4. 12)
주　　소/서울시 관악구 남부순환로 2082-33 (남현동)
전　　화/(02)584-4669

아가페 출판사